W0298829

Pour accéder au WEBDICTIONNAIRE LAROUSSE,
rendez-vous sur :

http://www.webdictionnaire.fr

Saisissez votre code personnel : **15ER74873EDA**
et consultez gratuitement l'ensemble des contenus du site.

LE PETIT LAROUSSE ILLUSTRÉ

90 000 ARTICLES

5 000 ILLUSTRATIONS

355 CARTES

160 PLANCHES

CHRONOLOGIE UNIVERSELLE

LAROUSSE

21, rue du Montparnasse 75283 Paris Cedex 06

DIRECTION GÉNÉRALE
Isabelle JEUGE-MAYNART.

Ont collaboré au Petit Larousse 2020

DIRECTION DU DÉPARTEMENT DICTIONNAIRES, ENCYCLOPÉDIES ET PÉRISCOLAIRE et DIRECTION ÉDITORIALE
Carine GIRAC-MARINIER.

Édition 2020
Noms communs : Patricia MAIRE ; Anne-Françoise ROBINSON. Noms propres : Marie-Hélène TROUVELOT.
Suivi éditorial : Monika AL MOURABIT ; Marie-Hélène TROUVELOT. Planches : Antoine CARON.

Langue française
Patricia MAIRE ; Anne-Françoise ROBINSON.

Les noms communs ont bénéficié de la contribution de Bernard CERQUIGLINI et les mots de la francophonie de celle de Marc CHEYMOL.

Pour les québécismes, l'éditeur a pu compter sur un travail de collaboration avec l'Office québécois de la langue française, représenté par Jean BÉDAR

Et au titre des éditions précédentes :

Claude NIMMO ; Jacques FLORENT.

Hélène HOUSSEMAINE-FLORENT ; Bruno DURAND ; Nicole REIN-NIKOLAEV, avec la collaboration de Michel TAMINE pour les pages de grammaire. Pour les no communs : Jean-Marie KLINKENBERG, professeur émérite à l'université de Liège, pour les belgicismes ; Gilbert SALEM, journaliste et écrivain, pour les helvétisme l'Office québécois de la langue française et l'Observatoire de néologie du français du Québec, représenté par Pierre AUGER, en collaboration avec Jean-Clau BOULANGER, tous deux professeurs à l'Université Laval, pour les québécismes ; Souleymane FAYE, professeur à l'université de Dakar, pour les africanismes.

Encyclopédie et lexique spécialisé
Marie-Hélène TROUVELOT.

Antoine CARON, Laurent GIRERD, Nadine MARTRÈS, Marianne MOUCHOT, Marion VAILLANT.

Et au titre des éditions précédentes :

Claude NIMMO ; Jacques FLORENT.

Françoise DELACROIX ; Catherine BRUGUIÈRE, Jean-Noël CHARNIOT, Anne CHARRIER, Pierre CHIESA, Philippe de LA COTARDIÈRE, Michel GIRAUD, Christelle GRISA Mathilde MAJOREL, Michel MARGOTIN, Thierry OLIVAUX, Jean-Christophe TAMISIER.

Nous remercions pour leur précieuse contribution : l'Académie de marine, Carl ADERHOLD, Sophie ALIBERT, Charles BALADIER, Luc BARANGER, Jacques-Mar BARDINTZEFF, Franck BARNU, Georges BARTHÉLEMY, Jean-Paul BAYLE, Fahmi BEDOUI, Ali BENHASSAINE, Karine BERTHELOT-GUIET, Ivan BEST, Alain BISEAU, Emmanue BOCRIE, Raymond BORNECK, Nicolas BUIRON, Agathe CHAUPLANNAZ, Patrick CHÉRUETTE, Georges CHEVALLIER, Marie-Hélène CHOPINET, Jean COLLET, Mari CORNU, Gilles COSTAZ, Thierry de LA COTARDIÈRE, Yves DESAUBIES, Jean-Claude DROUIN, Jean-Maurice DUPLAN, Marie-Thérèse EUDES, Gérard FALCONNET, Deni FORTIER, Luigi GARIBALDI, René GENTILS, Éric GEOFFROY, André GÉRARD, François GÉRÉ, Christian GRATALOUP, Michel GRENIÉ, Anne GUENAND, Élise GUILLON Pascal HÉLY, Gérard HUGONIE, Pascal JARDIN, Roger JAUNEAU, Valérie JEANNE-PERRIER, Yves KIRCHNER, Pierre LACHET, Olivier LAFONT, Jean-Louis LANOISELLÉ, Rém LARGEAU, Lucie LAUNAY, Frédéric LAUPIES, Nathalie LECOMTE, Véra LEMAIRE, Patrick MAÎTRE, Philippe MARGOTIN, Bénédicte MATHIEU, Éric MATHIVET, Carolin de MONTÉTY, Anne-Claire MOREAU, Pierre MORVAN, Pascal MOUGIN, Suzanne OUGUERGOUZ, Thierry PAQUOT, Bernard PARIZOT, Valérie PATRIN-LECLÈRE, Claud PERRICHET, Isabelle PEZRON, Vanina PIALOT, Didier PICARD, Gérard PIOUFFRE, Alain POIRIER, Alan RODNEY, Dominique SAFFAR, Aude SAMBA MIALI, Jean-Pierre SANFOURCHE, Manuela SECHILARIU, Emmanuël SOUCHIER, Catherine SOULLARD, Jean-Yves TAILLÉ, Thierry THOMASSET, Henri TINCQ, Bernard TOMA, Raphaël TOMAS Jean-François TOUBON, Liliane VÉZIER, Marie VIELLARD-RODRIGUES, Henri VILLARD, Hélène VIRET, Marc WATIN-AUGOUARD, Gilles WITZER, Sylvain ZALKIND. Pour les noms propres : Gilbert SALEM pour la Suisse, Jean-Marie KLINKENBERG pour la Belgique, Denis VAUGEOIS et Solange DESCHÊNES pour le Canada.

Lecture-correction
Élisabeth LE SAUX.

Direction artistique
Uli MEINDL.

Mise en pages : Sophie RIVOIRE ; Anna BARDON.

Documentation iconographique
Valérie PERRIN.

Dessins et planches illustrées
Au titre des éditions précédentes : Jacqueline PAJOUÈS.

Isabelle ARSLANIAN, Chantal BEAUMONT, Laurent BLONDEL, Noël BLOTTI, Paul BONTEMPS, Vincent BOULANGER, Franck BOUTTEVIN, Alain BOYER, Fabrice DADOUN, Bruno DAVID, David DUCROS, Virginie FRÉCHURET, Christian GODARD, Jean-Luc GUÉRIN, Marie GUIBERT, Denis HORVATH, Xavier HÜE, Catherine HUERTA, Christian JÉGOU, Serge LANGLOIS, Marc LEGRAND, Catherine LOGET, Daniel LORDEY, Gilbert MACÉ, François MARTIN, Emmanuel MERCIER, Patrick MORIN, Jean-Marc PARISELLE, Claude POPPÉ, François POULAIN, Bernard ROCAMORA, Dominique ROUSSEL, Dominique SABLONS, Michel SAEMANN, Tom SAM YOU, Léonie SCHLOSSER, Danièle SCHULTHESS, Jean-Claude SÉNÉE, Patrick TAËRON, Nicolas TINTELIN/Mativox, Jacques TOUTAIN, Amélie VEAUX. Archives Larousse.

Cartographie
Nadine MARTRÈS.

Cartes de géographie des pays et continents : ÉDITERRA, avec la collaboration de Nicolas GEORGET, Stéphanie RONDEAU, Jacques SABLAYROLLES ; carte des anciennes républiques soviétiques : AFDEC ; cartes de Monaco, Océanie, rugby, cartes spéciales de fin d'ouvrage (France, Belgique, Canada et Suisse) : Krystyna MAZOYER-DZIENISZEWSKA ; cartes des Régions et des départements français : K. MAZOYER-DZIENISZEWSKA, Michel MAZOYER, Nathalie COTTREL, Léonie SCHLOSSER, Victoire ZALACAIN.

Informatique éditoriale
Gabino ALONSO ; Marion PÉPIN.

Dalila ABDELKADER ; Willemine JASPARS ; Sharareh MALJAEI.

Mise en pages automatique et outils de production : Serge BOUCHER, Philippe CAZABET, Ivo KULEV.

Production
Karine MANGILI. Rebecca DUBOIS.

ISBN 978-2-03-593851-0

A l'occasion de ton passage en CM1,
nous sommes heureux de t'offrir
ce dictionnaire qui te suivra
tout au long de ta scolarité.

Nous espérons qu'il t'aidera
dans tes études
pour lesquelles nous t'adressons
tous nos vœux de réussite.

Avec toutes nos amitiés.

Virginie TOLLARD
Délégué à la Vie Scolaire
et Périscolaire

Olivier DOSNE
Maire de Joinville-le-Pont

J O I N V I L L E - L E - P O N T

www.joinville-le-pont.fr

Préface

AUX AVANT-POSTES

On entre au *Petit Larousse* comme on accède à l'Académie. Dans la solennité et l'émotion, après un aimable pugilat. Qu'un mot nouveau soit accepté rue du Montparnasse, qu'on reçoive un écrivain quai de Conti, c'est même consécration, reconnaissant une contribution éminente à la langue française, même privilège rare et pesé au trébuchet.

Si les élections académiques s'accompagnent de la discrétion feutrée des institutions pluriséculaires, le dictionnaire républicain entrouvre la porte de son laboratoire à des observateurs choisis. Historien de la langue, attentif par fonction et par goût à l'essor du vocabulaire, j'eus cet honneur.

Rendons hommage à un sacerdoce méconnu, celui des rédacteurs-lexicographes. Leur responsabilité est immense et c'est un métier exigeant. Car surveiller le lexique français ne laisse pas de répit, qu'on lise le journal, bavarde à la cantine, contemple une réclame. L'attention est toujours ailleurs, indisposant l'entourage. Il s'agit de repérer les termes dont l'emploi nouveau paraît *avéré*. Leur attestation, par son abondance et sa diversité, laisse entendre que chacun d'eux est entré dans *l'usage*. Il faut beaucoup de science et plus encore de finesse pour estimer ce dernier. Un rédacteur-lexicographe a pour mission de définir dans son domaine l'état actuel du lexique : à l'héritage d'un passé vénérable s'adjoignent des nouveautés de bon aloi, qui traduisent l'évolution du monde et des vocables.

Ensuite, comme sous la Coupole, on passe au vote. Chacun défend son candidat ; l'assemblée des rédacteurs débat, soupèse, retient. L'un insiste à juste titre sur la vitalité des préfixes, l'autre sur les effets lexicaux de l'évolution des mœurs ; un troisième évoque le monde comme il va. Spectacle émouvant, qui dessine par touches le portrait du français contemporain. Cérémonie solennelle, mais convivialement enfiévrée, qui établit la langue d'usage, en ses divers registres, acceptable par tous. Rien de moins que ce qui unit des millions de terriens, fondant l'alliance politique de soixante-quinze États.

Saluons l'œuvre de ces greffiers de l'usage contemporain : ils ont la modestie du vrai savoir et la ferveur des amants. Année après année, ils modernisent le dictionnaire, élevant avec respect, avec affection, un monument de science et d'harmonie à la gloire de notre bien le plus précieux : la langue.

Bernard CERQUIGLINI

Avant-propos

Fidèle à l'exigence de son créateur qui voulait en faire « le plus complet, le mieux informé et le plus attrayant des dictionnaires manuels », le *Petit Larousse* comporte depuis 1905 deux grandes parties – l'une consacrée aux mots de la langue française et l'autre aux noms propres. Les célèbres pages roses, où citations, proverbes, maximes et mots historiques constituent un florilège de notre mémoire collective, séparent ces deux parties. Le *Petit Larousse*, unique en son genre, est donc tout à la fois un dictionnaire de langue et un dictionnaire encyclopédique, ainsi qu'un dictionnaire visuel à l'illustration abondante et variée.

Dictionnaire de langue, car les rédacteurs du *Petit Larousse* se font l'écho des évolutions de la langue française, en rendant compte des nouveaux mots, expressions ou sens, dont l'usage est avéré, des diversités régionales, qui témoignent d'une histoire et d'une culture spécifiques, et des mots de la francophonie.

Dictionnaire encyclopédique, car le *Petit Larousse* non seulement fait la part belle aux mots issus des langues scientifiques ou techniques, mais offre également de nombreux développements encyclopédiques pour donner au lecteur des informations et des explications précises sur les grandes notions-clés du savoir, sur les entités géographiques et spatiales, sur les grands événements historiques, sur les œuvres les plus célèbres, sur les religions et les institutions françaises et étrangères, et s'enrichit chaque année de nouvelles notices sur des personnalités de premier ordre.

Dictionnaire illustré, enfin, car le *Petit Larousse* a toujours accordé une grande importance à l'iconographie : les photographies et les cartes permettent de montrer ou de situer, et les dessins et schémas éclairent le sens d'une définition ou expliquent un fonctionnement. Rassemblées en planches, autour d'une thématique particulière, des illustrations dans la grande tradition Larousse invitent à la réflexion, suscitent l'imagination, attisent la curiosité et favorisent le travail de la mémoire.

Les éditeurs

Le *Petit Larousse*, sismographe d'un nouveau siècle

CHAQUE année, le *Petit Larousse illustré* accueille des mots ou des sens nouveaux. Ils sont justifiés par leur fréquence et leur appartenance à l'usage ; on les retient aussi, le plus souvent, pour leur valeur emblématique : le néologisme de bon aloi rend compte de l'évolution du monde. Une nouvelle édition nous renseigne sur l'état actuel du lexique ; elle nous informe également sur nos pratiques, nos idées, nos mœurs, et sur leur mutation. C'est dans le vocabulaire qu'un mouvement, parfois, s'amorce ; le néologisme est alors un signe avant-coureur, le dictionnaire, un sismographe.

L'édition de 2020 est l'occasion d'examiner ce qui, en vingt ans, a formé notre modernité : une bonne centaine de mots nouveaux, parmi les 5 000 entrés au dictionnaire au cours de ces deux dernières décennies.

Les temps ont changé, avec ce millénaire. Le lexique prend acte des nouvelles façons de vivre en couple (*se pacser*), d'être parents (*monoparentalité, coparentalité*), d'habiter (*microhabitat*), de se nourrir (*bistronomie*), de rester jeune et actif (*papy-boomeur, coaching, détox*). D'édition en édition, le vocabulaire traduit un nouveau rapport à l'activité professionnelle (*RTT, compte épargne-temps*), une redéfinition de l'entreprise (*externalisation, start-up, microentreprise, autoentrepreneur*) et de la façon dont on y œuvre (*télétravailleur, cotravail*) ; si, par certains aspects, cette évolution du monde du travail peut sembler préoccupante (*burn-out*), notons que l'entrée au dictionnaire de *relocalisation* est un signe d'espoir. L'économie, plus généralement, se déploie dans la *zone euro*, dans le numérique (*dématérialisation, micropaiement, cryptomonnaie*), dans un libéralisme parfois sauvage (*disruptif, ubérisation, fonds vautour*) ; la *microfinance*, le *financement participatif* repérés par le *Petit Larousse* relèvent toutefois d'un réel sursaut civique.

Notre modernité est scientifique et technique ; si la néologie rapporte les avancées des sciences (*nanoscience*), de la médecine (*ostéodensitométrie, exosquelette, thérapie ciblée*) et de la physique (*boson de Higgs, sursaut gamma*), elle manifeste l'emprise des technologies de l'information et de la communication sur la vie quotidienne, selon une évolution que les éditions successives font apparaître. Il est d'abord question d'informatique, dont on achève de constituer le lexique (*clic, hypertexte* et *hyperlien, métadonnée*) ; on enregistre ensuite la numérisation progressive de nos pratiques les plus communes : apprendre (*ludo-éducatif, MOOC, tuto*), travailler (*FabLab, cobotique*), se distraire (*Audioguide, podcasting, audiodescription, e-sport*), communiquer (*avatar, blogueur, blogosphère, émoticône*), penser (*transhumanisme, réseau de neurones*). Le numérique est l'espace naturel de la *génération Y* et des *milléniaux* ; rappelons toutefois aux *adulescents* qu'il est aussi celui de la *cybercriminalité*, du *cyberterrorisme*, de l'équivoque *viralité*.

Ce nouveau monde, il est vrai, n'est pas sans inquiéter : le dictionnaire se fait l'écho de nos alarmes et de nos craintes. Un certain pessimisme empreint le lexique : atteintes à la santé (*légionelle, maladie orpheline, chikungunya, bisphénol A, [virus] Zika, charge mentale*), à la nourriture (*malbouffe, farine animale*), au commerce (*obsolescence programmée*), à l'environnement (*nanoparticule, écocide, gaz de schiste, particule fine, continent de plastique, glyphosate, écotoxique*), aux biens comme aux personnes. Impartial, le *Petit Larousse* a dû admettre *biopiraterie, bioterrorisme, cybercriminalité, cyberterrorisme, hacktivisme, sans-abrisme, apatride*, ainsi que, dans le domaine politique, *conspirationniste, climatosceptique, clivant, antisystème, déclinisme, europhobe, loup solitaire, zadiste, fait alternatif, post-vérité*. Notre modernité romprait-elle avec l'idée de progrès ? Le dictionnaire serait alors le greffier de cette rupture.

Néanmoins, les mots entrés dans l'usage révèlent une autre tendance qui porte à l'optimisme. La néologie exprime notamment une forte réaction écologique, dans son esprit (*bioclimatique, décroissance, agroécologie, bioéconomie, transition énergétique, croissance verte, principe pollueur-payeur*), comme dans ses pratiques (*collecte sélective, compostière, décarboner, lombricompostage, permaculture*). Des pratiques citoyennes émergent, venant enrichir le lexique (*parler-vrai, commerce équitable, altermondialiste, écocitoyen, aidant, action de groupe, déradicalisation, éducation positive, Communication non violente*) ; elles traduisent une réappropriation civique de l'espace quotidien : ville, transports, travail (*véloroute, mixité sociale, écoquartier, autopartage, art urbain, covoiturer, cotravail*) ; ce retour du civisme s'accompagne d'une reviviscence personnelle (*coaching, lâcher-prise, zénitude, pleine conscience*). L'attention au monde, à l'autre, à soi se double enfin d'un souci animalier, dont le dictionnaire-sismographe a bien perçu la discrète émergence (*bientraitance animale, véganisme, médiation animale, antispécisme, sentience*).

Signe avant-coureur d'une bienfaisante secousse sismique, civique et sociale ? L'avenir le dira. Pierre Larousse, homme des Lumières et du Progrès, s'y fût montré des plus attentifs…

Bernard CERQUIGLINI

Florilège

Voici un florilège des 5 000 nouveaux mots, sens ou expressions entrés dans le *Petit Larousse illustré* depuis vingt ans :

PETIT LAROUSSE

2000 : clic, externalisation, hypertexte, légionelle, ludo-éducatif, maladie orpheline, télétravailleur, zone euro.

2001 : bonobo, malbouffe, pacser, parler-vrai, RTT, start-up.

2002 : capoeira, farine animale, monoparentalité.

2003 : bioterrorisme, coparentalité, hyperlien.

2004 : coaching, commerce équitable, customiser, via ferrata.

2005 : altermondialiste, avatar, microentreprise, nanoscience.

2006 : cybercriminalité, écocitoyen.

2007 : Audioguide, chikungunya, compte épargne-temps, mangaka.

2008 : blogueur, kitesurf, ostéodensitométrie, podcasting.

2009 : aidant, biopiraterie, blogosphère, collecte sélective.

2010 : adulescent, bioclimatique, burn-out, décroissance, véloroute.

2011 : autoentrepreneur, autopartage, écoquartier, mixité sociale, nanoparticule.

2012 : compostière, conspirationniste, écocide, lâcher-prise, papy-boomeur, sérendipité, virelangue.

2013 : audiodescription, bientraitance, bisphénol A, cyberterrorisme, décarboner, gaz de schiste, métadonnée.

2014 : boson de Higgs, climatosceptique, cyberdéfense, écoresponsable, génération Y, lombricompostage, microfinance, ressenti.

2015 : agroécologie, art urbain, bioéconomie, dématérialisation, exosquelette, micropaiement, multivers, obsolescence programmée, thérapie ciblée, vapoter, véganisme, viralité, zénitude.

2016 : action de groupe, bistronomie, clivant, financement participatif, MOOC, particule fine, transition énergétique, tuto.

2017 : antisystème, covoiturer, déclinisme, émoticône, europhobe, exfiltrer, FabLab, loup solitaire, transhumanisme, zadiste, (virus) Zika.

2018 : continent de plastique, déradicalisation, disruptif, e-sport, fonds vautour, glyphosate, hacktivisme, permaculture, pleine conscience, sursaut gamma, ubérisation.

2019 : Communication non violente, cotravail, croissance verte, détox, écotoxique, éducation positive, fait alternatif, flexitarisme, médiation animale, microhabitat, milléniaux, post-vérité, principe pollueur-payeur, sans-abrisme.

2020 : antispécisme, apatridie, charge mentale, cobotique, cryptomonnaie, relocalisation, réseau de neurones, sentience.

Titre courant.
À gauche, en haut de la page, il rappelle le premier mot de la double page ; à droite, le dernier mot.

Niveau de langue ou marqueur d'usage.
Ils indiquent le registre auquel appartient le mot.

Étymologie.
Elle est indiquée au mot chef de la famille.

Zone entrée.
Elle comprend le libellé du mot, sa prononciation (si elle présente une difficulté), sa catégorie grammaticale, ses variantes graphiques, son pluriel (s'il est irrégulier), et fait état le cas échéant de l'orthographe rectifiée.

Catégorie grammaticale.
Elle est toujours indiquée, même dans les renvois.

Rubriques thématiques.
Certaines définitions appartenant à des lexiques spécialisés sont précédées de l'indication abrégée d'une rubrique thématique (*v. liste p. 31*).

Conjugaison.
Les verbes ont un numéro de conjugaison qui renvoie à l'un des modèles figurant dans les annexes (*v. tableaux p. 19*).

Construction.
Les constructions imposées par certains verbes ou adjectifs sont indiquées.

Sous-entrée.
Lorsqu'un mot a plusieurs catégories grammaticales, on les présente en sous-entrées précédées d'un losange.

Prononciation.
Elle est indiquée dans l'alphabet phonétique international.

Nouvelle orthographe.
Elle est indiquée, pour chaque mot concerné, par un signe typographique (▲). Le *Petit Larousse* sanctionnant l'usage, si celui de la nouvelle orthographe est suffisamment attesté, celle-ci entre dans la zone entrée de l'article après la conjonction « ou ». S'il est avéré qu'elle est plus employée que l'orthographe classique, elle vient en tête dans la zone entrée.

Précision encyclopédique.
Introduite par le symbole ➲, elle donne, au-delà de la définition, des renseignements sur la réalité désignée par le mot.

CE

CE ou **C.E.** [seə] **n.m.** (sigle). Cours élémentaire*.

CÉANS adv. (de *çà*, et de l'anc. fr. *enz*, dedans). Vx. En ces lieux ; ici. ▪ **Le maître de céans** [vx, litt. ou par plais.], le maître de maison.

CÉBETTE n.f. Région. Midi. Petit oignon blanc.

CÉBIDÉ n.m. Primate américain à queue préhensile, aux narines et aux ongles plats, tel que l'alouate, le capucin, l'atèle, le ouistiti. ➲ Les cébidés forment une famille.

CÉBISTE n. Recomm. off. pour **cibiste.**

CECI [səsi] **pron. dém. inv. 1.** La chose que l'on montre. **2.** La chose dont on va parler (par oppos. à *cela*) : *Retiens bien ceci : l'araignée n'est pas un insecte.* ▪ **Et ceci, et ce** : *Et ceci, sans aucune raison !*

CÉCIDIE n.f. Galle des végétaux.

CÉCILIE n.f. Amphibien fouisseur, aveugle et dépourvu de membres, de l'Amérique du Sud. ➲ Famille des céciliidés.

CÉCITÉ n.f. (lat. *caecitas*, de *caecus*, aveugle). Fait d'être aveugle ; état d'une personne aveugle. ▪ **Cécité psychique,** agnosie visuelle. ▪ **Cécité verbale,** alexie.

CÉDANT, E adj. et **n.** DR. Qui cède son droit, son bien.

CÉDER v.t. [11] ▲ *[12]* (du lat. *cedere*, s'en aller). **1.** Renoncer à qqch que l'on a, dont on bénéficie : *Céder sa place assise à un enfant. Je cède la parole au trésorier.* **2.** Vendre un bien, un droit : *Il veut céder sa boutique. Céder une créance.* ▪ **Céder le pas à qqn,** s'effacer devant lui ; fig., reconnaître sa supériorité. ▪ **Ne le céder en rien à** [litt.], rivaliser avec ; être l'égal de. ◆ **v.t. ind.** (À). **1.** Se plier à la volonté de : *Elle cède à tous ses caprices.* **2.** Ne pas résister ; succomber à : *Céder au sommeil.* ◆ **v.i. 1.** Ne pas résister ; se rompre : *La bandoulière du sac a cédé.* **2.** Finir par diminuer ou disparaître : *Sa colère a cédé et il nous a salués.*

CÉDÉROM [sederɔm] **n.m.** Disque compact à lecture laser, à grande capacité de mémoire, et qui stocke à la fois des textes, des images et des sons. (On écrit aussi CD-ROM ou CD-Rom.)

CÉDÉTISTE adj. et **n.** De la Confédération française démocratique du travail (CFDT).

Cedex [sedɛks] ▲ *Cédex* **n.m.** (acronyme). Courrier d'entreprise à distribution exceptionnelle.

CEDI n.m. Unité monétaire principale du Ghana, État d'Afrique occidentale.

CÉDILLE n.f. (de l'esp. *cedilla*, petit *c*). Signe graphique qui se place, en français, sous la lettre *c* devant *a, o, u* pour lui donner le son de *s*, comme dans *façade, leçon, reçu.*

CÉDRAIE n.f. Terrain planté de cèdres.

CÉDRAT n.m. (ital. *cedrato*). Fruit du cédratier, sorte de gros citron à peau épaisse, utilisé surtout en pâtisserie, en confiserie et en parfumerie.

CÉDRATIER n.m. Arbre du groupe des agrumes, dont le fruit est le cédrat. ➲ Famille des rutacées.

CÈDRE n.m. (gr. *kedros*). **1.** Grand arbre d'Asie et d'Afrique, acclimaté en Europe, à branches étalées horizontalement en plans superposés. ➲ Ordre des conifères. **2.** Québec. Thuya : *Haie de cèdres.*

▲ **cèdre** de l'Atlas (Afrique).

CÉDRIÈRE n.f. Québec. Terrain où poussent, où sont plantés des cèdres (thuyas).

CÉDULE n.f. (du lat. *scheda*, bande de papyrus). Anc. Catégorie de revenus classée par le fisc (revenu foncier, bénéfice agricole, etc.) et soumise à un régime d'imposition spécifique.

CÉGEP [seʒɛp] **n.m.** (acronyme). Au Québec, collège d'enseignement général et professionnel, précédant l'université.

CÉGÉPIEN, ENNE n. Au Québec, élève d'un cégep.

CÉGÉTISTE adj. et **n.** De la Confédération générale du travail (CGT).

CEINDRE v.t. [62] (lat. *cingere*). Litt. **1.** Mettre autour de la tête, d'une partie du corps : *Le maire avait ceint son torse de l'écharpe tricolore.* **2.** Entourer le corps, la tête, en parlant d'une chose : *Un bandeau ceignait son front.*

CEINTURE n.f. (lat. *cinctura*). **1.** Bande de matière souple servant à serrer un vêtement autour de la taille ou portée comme ornement. **2.** Partie fixe d'un vêtement qui maintient celui-ci autour de la taille. **3.** Partie du corps où se place la ceinture ; taille. **4.** Partie du squelette où s'articulent les membres supérieurs et inférieurs des vertébrés. **5.** Ce qui entoure un lieu : *Ceinture de fortifications.* **6.** ARCHIT. Moulure ou corps de moulures enserrant un volume. **7.** ARM. Anneau métallique serti sur le culot d'un projectile et qui se moule dans les rayures d'un canon. ▪ **Ceinture d'astéroïdes** [astron.], zone du Système solaire comprise entre l'orbite de Mars et celle de Jupiter, dans laquelle se concentrent la plupart des astéroïdes connus. ▪ **Ceinture de rayonnement** [astron.], zone de la magnétosphère d'une planète dans laquelle se trouvent piégées des particules chargées de haute énergie. ▪ **Ceinture de sauvetage** → **SAUVETAGE.** ▪ **Ceinture de sécurité,** bande coulissante, destinée à maintenir une personne sur le siège d'un véhicule, en cas de choc. ▪ **Ceinture de Vénus** [zool.], invertébré marin en forme de ruban aplati et transparent, carnivore, pouvant atteindre 1,50 m de long. ➲ Embranchement des cténaires. ▪ **Ceinture d'une table, d'un siège,** partie horizontale dans laquelle s'ajustent les pieds. ▪ **Ceinture fléchée** [Québec], longue ceinture de laine à franges, aux motifs en forme de flèches, qui se porte à l'occasion de certaines fêtes folkloriques. ▪ **Ceinture jaune, verte, noire, etc.,** bande de tissu dont la couleur symbolise un grade, au judo et au karaté ; ce grade ; le titulaire de ce grade. ▪ **Ceinture orthopédique** [méd.], corset destiné à corriger les déviations de la colonne vertébrale. ▪ **Ceinture verte,** espaces verts aménagés autour d'une agglomération. ▪ **Prise de ceinture,** prise portée à la taille, dans les sports de lutte. ▪ **Se serrer la ceinture** [fam.], ne pas manger à sa faim ; renoncer à qqch.

CEINTURER v.t. [3]. **1.** Entourer d'une ceinture. **2.** Saisir par le milieu du corps en vue de maîtriser : *Ceinturer un adversaire.* **3.** Entourer un lieu, un espace : *Le périphérique ceinture Paris.* **4.** SYLVIC. Entailler un arbre à sa base pour le faire mourir sur place.

CEINTURON n.m. 1. Ceinture de cuir d'un uniforme militaire, sur laquelle on peut fixer des accessoires. **2.** Large ceinture de cuir.

CELA pron. dém. inv. 1. La chose que l'on montre. **2.** La chose dont on a parlé (par oppos. à *ceci*) : *Cela dit, je ne suis pas sûr qu'il tiendra parole.* ▪ **En cela,** sur ce point.

✎ *Cela* est de plus en plus souvent remplacé par *ça* dans la langue courante.

CÉLADON adj. inv. et **n.m.** D'une couleur vert pâle. ◆ **n.m.** Porcelaine d'Extrême-Orient de cette couleur.

CÉLASTRACÉE n.f. Plante arbustive à fleurs génér. munies d'un anneau nectarifère et disposées en cymes, telle que le fusain. ➲ Les célastracées forment une famille.

CÉLÉBRANT n.m. Officiant principal d'une cérémonie religieuse.

CÉLÉBRATION n.f. Action de célébrer un événement, une cérémonie.

CÉLÈBRE adj. (du lat. *celeber*, fréquenté). Connu de tous ; réputé.

CÉLÉBRER v.t. [11], ▲ *[12]*. **1.** Marquer une date, un événement par une cérémonie, une fête : *Célébrer l'abolition de l'esclavage.* **2.** Accomplir un office liturgique : *Célébrer la messe.* **3.** Litt. Faire publiquement l'éloge de : *Le maire célèbre le courage des pompiers.*

CELEBRET [selebrɛt] **n.m. inv.** (mot lat. « qu'il célèbre »). CATH. Pièce signée de l'autorité ecclésiastique et exigée de tout prêtre qui veut célébrer la messe dans une église où il n'est pas connu.

CÉLÉBRITÉ n.f. 1. Grand renom : *Ce roman lui a valu la célébrité.* **2.** Personne célèbre : *Les célébrités se retrouvent au festival.*

CELER [səle] **v.t.** [12] (lat. *celare*). Litt. Tenir secret ; cacher ; taire.

CÉLERI ou **CÈLERI n.m.** (lombard *seleri*). Plante potagère dont on consomme les côtes des pétioles (*céleri branche*) ou la racine (*céleri-rave*). ➲ Famille des ombellifères.

▲ **céleri**

CÉLERI-RAVE ou **CÈLERI-RAVE n.m.** (pl. *céleris-raves, cèleris-raves*). Variété de céleri dont on consomme la racine.

CÉLÉRITÉ n.f. (lat. *celeritas*, de *celer*, rapide). **1.** Litt. Promptitude dans l'exécution d'une action ; rapidité. **2.** PHYS. Vitesse de propagation d'une onde.

CÉLESTA n.m. Instrument de musique à percussion, pourvu d'un clavier actionnant des marteaux qui frappent des lames d'acier et de cuivre.

CÉLESTE adj. (lat. *caelestis*, de *caelum*, ciel). **1.** Relatif au ciel : *La voûte céleste.* **2.** Relatif au ciel, séjour de la divinité, des bienheureux ; divin : *Le royaume céleste.* **3.** Litt. Qui charme par sa beauté, sa douceur : *Voix céleste.*

CÉLESTIN n.m. Religieux d'un ordre d'ermites fondé en 1251 par le futur pape Célestin V.

CÉLIBAT n.m. (du lat. *caelebs*, célibataire). État d'une personne en âge d'être mariée et qui ne l'est pas.

CÉLIBATAIRE n. et **adj.** Personne qui vit dans le célibat.

CÉLIBATTANT, E n. Fam. Jeune célibataire, gai et combatif, qui entend profiter de sa liberté.

CELLA [sɛlla] **n.f.** (mot lat. « loge »). ANTIQ. Naos (salle).

CELLE pron. dém. fém. → **CELUI.**

CELLÉRIER, ÈRE n. et **adj.** Économe d'un monastère.

CELLIER n.m. (du lat. *cella*, chambre). Pièce, lieu frais où l'on entrepose le vin et les provisions.

CELLOPHANE n.f. (nom déposé). Pellicule transparente, fabriquée à partir d'hydrate de cellulose et utilisée pour l'emballage.

CELLULAIRE adj. 1. Relatif aux cellules des prisonniers. **2.** BIOL. Relatif à la cellule ; formé de cellules : *Biologie cellulaire. Tissu cellulaire.* **3.** Se dit de matières plastiques qui contiennent des alvéoles ou des pores et qui sont utilisées dans

▲ **céladon.** Pot en céladon, Chine ; époque Song du Nord, X[e]-XIIe s. (Musée Guimet, Paris.)

Photographie.
Elle montre une image réelle de l'objet, le phénomène, l'être ou le lieu défini.

Le maniérisme

De Florence à Prague en passant par l'Espagne, la France, la Flandre, les Pays-Bas, le maniérisme essaime partout en Europe ; s'écartant de l'équilibre classique, il se caractérise par des effets irréalistes, où se côtoient des thèmes contradictoires, entre morbidité et sensualité.

▲ **Le Greco.** *Laocoon* (v. 1610) est l'un des rares sujets profanes du peintre espagnol d'origine crétoise ; on y retrouve, comme dans ses œuvres religieuses, des couleurs blafardes et des corps de personnages étirés à l'extrême, expressions hallucinées du réel. (National Gallery of Art, Washington.)

Le Pontormo. ▶ Dans la *Déposition* (v. 1527), tableau du maître-autel de l'église Santa Felicità (Florence), on note l'absence des éléments traditionnels que sont la croix et le tombeau ; la composition complexe, les tons légers et froids, les poses compliquées des personnages contribuent à l'impression d'étrangeté.

Planches.
En encadré ou sur une voire plusieurs pages, elles rassemblent, autour d'un thème important, des illustrations parfois accompagnées de commentaires, plus ou moins développés selon les cas, ou privilégient parfois la luxuriance des images.

Développement encyclopédique.
Dans un encadré sur un fond dont la couleur varie selon la discipline abordée, il offre sur le mot un discours encyclopédique, historique ou scientifique. Son contenu informatif ouvre des pistes à explorer vers d'autres articles du dictionnaire.

Homographes.
Ils sont numérotés, ce qui aide le repérage et permet de les distinguer dans les renvois.

Article.
Il comprend au plus sept grandes zones : la zone entrée, la zone des sens du mot – parfois accompagnées de remarques encyclopédiques –, la zone des locutions, la zone des remarques, le développement encyclopédique, l'illustration (dessin ou photo).

Définitions.
Elles sont présentées du sens le plus courant au sens le plus rare ou le plus ancien.

Zone des sens du mot.
À la suite de la zone entrée, on trouve l'ensemble des sens du mot. Ces définitions sont accompagnées d'exemples, plaçant le mot dans un contexte d'utilisation, et sont souvent complétées par l'indication de synonymes et de contraires.

Zone des locutions.
Elle suit la zone des sens du mot. Les locutions sont toutes précédées d'un petit carré noir.

Dessins.
Ils ont plusieurs fonctions : souligner et éclairer la définition, donner du vocabulaire sur la chose définie, expliciter un phénomène, montrer le fonctionnement ou la structure interne d'un objet.

Remarque de langue.
Annoncée par ✎, sur fond bleu, elle présente les difficultés liées au mot et les règles d'usage.

CENSEUR

le bâtiment, l'emballage, etc. **4.** TÉLÉCOMM. Se dit d'un système de radiocommunication qui fonctionne dans une zone divisée en cellules adjacentes contenant chacune un relais radioélectrique : *Téléphone cellulaire.* ▪ **Fourgon cellulaire,** pour le transport des prisonniers. ▪ **Régime cellulaire,** dans lequel les prisonniers sont isolés. ◆ **n.m.** Québec. Téléphone portable.

CELLULAR n.m. (mot angl. « cellulaire »). Étoffe ajourée réalisée avec des fils synthétiques ou naturels.

CELLULASE n.f. Enzyme, propre à certaines bactéries ou certains protozoaires, catalysant la dégradation de la cellulose.

CELLULE n.f. (lat. *cellula*). **1.** Petite pièce, génér. individuelle, où l'on vit isolé, partic. dans un monastère, une prison. **2.** APIC. Alvéole. **3.** BIOL. Élément constitutif fondamental de tout être vivant. **4.** Élément constitutif fondamental d'un ensemble : *Cellule familiale.* **5.** Groupement de base d'un parti politique, notamm. des partis communistes, à partir duquel ceux-ci s'organisent. **6.** Au sein d'un organisme, groupe de travail constitué pour traiter d'un problème particulier : *Cellule de crise.* **7.** Tête de lecture d'un lecteur de disques audio. **8.** AÉRON. Ensemble composé du fuselage, des ailes et des empennages d'un avion. **9.** CONSTR. Élément constitutif de base d'un habitat, notamm. en matière de préfabrication. **10.** INFORM. Dans un tableur, case qui se trouve à l'intersection d'une ligne et d'une colonne. **11.** TÉLÉCOMM. Zone élémentaire couverte par une station émettrice et réceptrice d'un réseau de radiocommunication cellulaire. ▪ **Cellule solaire** ou **photovoltaïque,** photopile. ▪ **Cellule souche** [biol.], cellule de l'embryon ou de certains tissus de l'adulte ayant la faculté de se diviser indéfiniment et donnant, à chaque division, une cellule identique à elle-même et une cellule qui donnera à son tour des cellules spécialisées. ➲ Les cellules souches peuvent ainsi engendrer tous les types de cellules de l'organisme ; leur utilisation est susceptible de nombreuses applications biologiques et médicales.

➲ Toute **CELLULE** est entièrement entourée d'une membrane, la membrane plasmique, et contient un cytoplasme d'apparence souvent granuleuse, du fait des nombreux ribosomes qu'il contient. La cellule des bactéries, dite *procaryote,* ne contient aucun organite, et son unique chromosome n'est pas enfermé dans un noyau. La cellule des *eucaryotes* contient de nombreux organites, limités par une ou deux membranes, notamm. un noyau, qui renferme la chromatine. Les protistes sont des eucaryotes unicellulaires. Animaux et plantes sont formés de milliards de cellules diversifiées, mais leur cycle de reproduction sexuée passe par un stade à une seule cellule, l'œuf, ou zygote.

CELLULITE n.f. 1. Dépôt de graisse sous-cutané, donnant à la peau un aspect capitonné (« peau d'orange »), localisé surtout sur les cuisses et les fesses (« culotte de cheval »). **2.** MÉD. Inflammation grave du tissu sous-cutané, d'origine infectieuse.

CELLULITIQUE adj. Relatif à la cellulite. ◆ **adj.** et **n.** MÉD. Atteint de cellulite.

CELLULOÏD n.m. (nom déposé). Matière plastique très malléable à chaud et très inflammable, obtenue en plastifiant la nitrocellulose par le camphre.

CELLULOSE n.f. Substance macromoléculaire du groupe des glucides, polymère du glucose, constituant principal et caractéristique de la paroi des cellules végétales, utilisée notamm. pour la fabrication du papier et de textiles.

CELLULOSIQUE adj. Qui est de la nature de la cellulose ; qui en contient : *Colle cellulosique.*

CELSIUS (DEGRÉ) n.m. Unité de mesure de la température (symb. °C), égale à la centième partie de l'écart entre la température de fusion de la glace (0 °C) et la température d'ébullition de l'eau (100 °C) sous la pression atmosphérique normale.

1. CELTIQUE ou **CELTE adj.** et **n.** Relatif aux Celtes.

2. CELTIQUE n.m. Groupe de langues indo-européennes parlées par les anciens Celtes.

CELUI, CELLE pron. dém. (pl. *ceux, celles*) [du lat. *ecce,* voici, et *ille,* celui-là]. Désigne la personne ou la chose dont on parle : *Celui qui a des lunettes. Ceux qui rient. Cette revue est celle dont je t'ai parlé.*

CELUI-CI, CELLE-CI pron. dém. (pl. *ceux-ci, celles-ci*). **1.** Désigne une personne ou une chose proche et que l'on peut montrer : *Celui-ci est en laine.* **2.** Désigne ce ou celui dont on vient de parler (par oppos. à *celui-là*) : *Il veut en parler à ma sœur, mais celle-ci est en vacances.*

CELUI-LÀ, CELLE-LÀ pron. dém. (pl. *ceux-là, celles-là*). **1.** Désigne une personne ou une chose éloignée que l'on montre : *Cet oiseau est une pie, celui-là est une hirondelle.* **2.** Désigne ce ou celui dont on a d'abord parlé (par oppos. à *celui-ci*) : *Elle voulait voir Odile et Anne, mais celle-ci était absente et celle-là sous la douche.*

CÉMENT n.m. (lat. *caementum*). **1.** HISTOL. Tissu dur recouvrant l'ivoire de la racine des dents. **2.** MÉTALL. Matière utilisée dans la cémentation, comme le carbone pour l'acier.

CÉMENTATION n.f. MÉTALL. Chauffage d'une pièce métallique au contact d'un cément qui, en diffusant dans sa masse (*cémentation à cœur*) ou à sa surface (*cémentation superficielle*), lui permet d'acquérir des propriétés particulières de dureté (après une trempe), de ductilité, etc.

CÉMENTER v.t. [3]. Soumettre à la cémentation.

CÉMENTITE n.f. Carbure de fer (Fe_3C), constituant principal des aciers et des fontes blanches.

CÉNACLE n.m. (du lat. *cenaculum,* salle à manger). **1.** CHRIST. Salle de Jérusalem où eut lieu la Cène, puis où les disciples reçurent le Saint-Esprit. **2.** Litt. Petit groupe de personnes animées par des idées communes : *Un cénacle philosophique.*

CENDRE n.f. (lat. *cinis, -eris*). **1.** Résidu solide, souvent pulvérulent, produit par la combustion d'une substance. **2.** GÉOL. Fines particules (moins de 2 mm) que rejette un volcan en éruption : *Un panache de cendres.* ▪ **Couver sous la cendre,** se développer sourdement avant d'éclater au grand jour. ◆ **n.f. pl. 1.** Restes des morts après incinération. **2.** CHRIST. Symbole de la pénitence dans le rite d'imposition des cendres, le mercredi des Cendres, premier jour du Carême. ▪ **Réduit en cendres** [litt.], entièrement détruit par le feu. ▪ **Renaître de ses cendres,** prendre un nouvel essor, comme le Phénix.

CENDRÉ, E adj. Qui a la couleur, gris ou gris bleuté de la cendre : *Cheveux blond cendré.* ▪ **Fromage cendré,** ou **cendré, n.m.,** fromage affiné dans les cendres de bois.

CENDRÉE n.f. Petit plomb pour la chasse du menu gibier.

CENDRER v.t. [3]. Litt. Donner une couleur cendrée à qqch.

CENDREUX, EUSE adj. 1. Litt. Qui a l'aspect, la couleur de la cendre. **2.** PÉDOL. Se dit d'un horizon qui a la couleur grise et l'aspect de la cendre, comme celui du podzol.

CENDRIER n.m. 1. Récipient destiné à recevoir les cendres de tabac. **2.** Partie d'un fourneau, d'un poêle où tombe la cendre.

CENDRILLON n.f. (de *Cendrillon,* n.pr.). Litt. Jeune fille à qui l'on réserve les travaux ménagers rebutants.

CÈNE n.f. (du lat. *cena,* dîner). CHRIST. ▪ **La Cène,** dernier repas de Jésus-Christ avec ses apôtres, la veille de sa Passion, au cours duquel il institua l'eucharistie en rompant le pain et le vin. ▪ **La sainte cène,** communion sous les deux espèces (pain et vin), dans le culte protestant.

▲ **cène.** *La Cène* (1464-1468) ; panneau central du triptyque de D. Bouts. (Église Saint-Pierre, Louvain.)

CENELLE n.f. Fruit de l'aubépine.

CENELLIER ou **SENELLIER** [sənɛlje] **n.m.** Région. (Centre) ; Québec. Aubépine.

CÉNESTHÉSIE n.f. (du gr. *koinos,* commun, et *aisthêsis,* sensation). PHYSIOL. Impression globale résultant de l'ensemble des sensations internes.

CÉNESTHÉSIQUE adj. Relatif à la cénesthésie.

CÉNESTHOPATHIE n.f. PSYCHIATR. Trouble de la cénesthésie ; modification pathologique de la représentation mentale du corps dont le malade peut reconnaître le caractère hallucinatoire.

CÉNOBITE n.m. (du gr. *koinobion,* vie en commun). CHRIST. Moine qui vit en communauté (par oppos. à *anachorète*).

CÉNOBITIQUE adj. Relatif aux cénobites.

CÉNOBITISME n.m. État du cénobite.

CÉNOTAPHE n.m. (du gr. *kenos,* vide, et *taphos,* tombeau). Monument en forme de tombeau élevé à la mémoire d'un mort, et qui ne contient pas son corps.

CÉNOZOÏQUE n.m. Ère géologique correspondant aux systèmes paléogène et néogène. ➲ Le cénozoïque a débuté il y a 65,5 millions d'années ; il a été marqué par le plissement alpin et la diversification des mammifères. Le cénozoïque regroupait autref. les ères tertiaire et quaternaire. ◆ **adj.** Relatif au cénozoïque.

CENS [sɑ̃s] **n.m.** (lat. *census*). **1.** DR. Quotité d'imposition nécessaire pour être électeur ou éligible, dans un suffrage censitaire. **2.** HIST. Redevance due par des tenanciers au seigneur du fief. **3.** ANTIQ. ROM. Recensement des citoyens qui servait notamm. au recrutement de l'armée et au recouvrement de l'impôt.

CENSÉ, E adj. (du lat. *censere,* juger). Considéré comme devant être ou devant faire qqch ; supposé : *Nul n'est censé ignorer la loi.*

✎ À distinguer de ***sensé.***

CENSÉMENT adv. D'après ce que l'on peut supposer : *Maintenant, ils sont censément arrivés.*

✎ À distinguer de ***sensément.***

CENSEUR n.m. (lat. *censor*). **1.** DR. Membre d'une commission de censure. **2.** Anc. Fonctionnaire responsable de la discipline générale dans un

a b c d e f g h i j k l m n o p q r s t u v w x y z

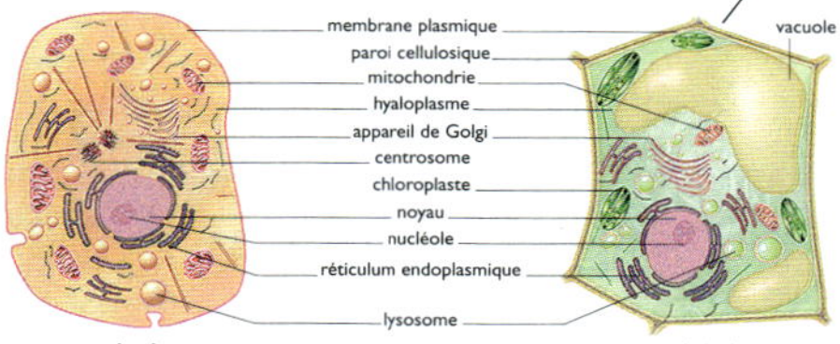

▲ **cellules** animale et végétale.

BRÉSIL n.m., en port. **Brasil,** État fédéral d'Amérique du Sud ; 8 512 000 km² ; 193 734 000 hab. (*Brésiliens*). CAP. *Brasília.* V. PRINC. *São Paulo* et *Rio de Janeiro.* LANGUE : *portugais.* MONNAIE : *real brésilien.*

INSTITUTIONS République fédérale (26 États dotés d'un gouvernement et d'un Parlement ; et un district fédéral). La Constitution de 1988 a été amendée en 1994 et en 1997. Le président de la République est élu pour 4 ans au suffrage universel. Le Congrès est composé de la Chambre des députés, élue pour 4 ans, et du Sénat, élu pour 8 ans.

GÉOGRAPHIE Le Brésil occupe la moitié de la superficie et regroupe une part égale de la population de l'Amérique du Sud. La population brésilienne, dont la croissance s'est ralentie (1,4 % par an), est très composite, mêlant Blancs, Noirs, Indiens, Asiatiques, le plus souvent métissés. Elle se concentre pour plus des trois quarts dans les villes, dont une quinzaine dépassent le million d'habi-

Article de pays.
Accompagné de la carte et du drapeau, il présente le pays, décrit sa géographie physique et économique et dresse une chronologie des principaux jalons de son histoire.

LES PRINCIPAUX FLEUVES*

fleuve	pays ou continent	superficie du bassin versant (km²)	débit moyen (m³/s)	longueur (km)
Amazone	Amérique du Sud	6 150 000	190 000	7 000
Congo	Afrique	3 800 000	42 000	4 700
Mississippi	États-Unis	3 222 000	18 000	3 780
Nil	Afrique	3 000 000	2 500	6 700
Ob	Russie	2 990 000	12 500	4 345
Ienisseï	Russie	2 600 000	19 800	3 354
Lena	Russie	2 490 000	15 500	4 270
Paraná	Amérique du Sud	2 343 000	16 000	3 000
Gange	Inde	2 165 000	16 000	3 090
Amour	Asie	1 845 000	11 000	4 440
Yangzi Jiang	Chine	1 830 000	34 500	5 980
Mackenzie	Canada	1 805 000	7 200	4 600
Volga	Russie	1 360 000	8 000	3 690
Zambèze	Afrique	1 330 000	3 500	2 660
Niger	Afrique	1 100 000	7 000	4 200
Orénoque	Venezuela	900 000	31 000	2 160

* Classés selon la superficie de leur bassin versant.

Tableau.
Certaines informations gagnent à être présentées en tableaux.

Cartographie.
Selon qu'elles sont historiques ou géographiques, les cartes placent dans leur épure des lieux et des événements les uns par rapport aux autres. Elles utilisent une signalétique permettant de faire état de données dimensionnelles, statistiques ou de toute autre nature et découpent le plan. Elles permettent de réaliser des partitions descriptives de l'espace.

Sommaire

Liste des planches

Sciences et technologies

Faune et flore

Histoire des arts

Notions-clés du savoir

Histoire

Grammaire et conjugaisons

1. L'accord du verbe avec le sujet

1 Accord au singulier

▶ Avec un sujet au singulier :
Je sors ce soir. Marie a fini son travail. La forêt est sombre.

▶ Avec plusieurs sujets :
– quand les sujets désignent un même être ou une même chose : *C'est un pilier, un poteau qui est tombé. C'est une artiste et une grande dame qui a joué ce soir.*
– quand il y a gradation : *L'irritation, la colère, la rage faisait suffoquer mon père.*
L'accord au pluriel, moins littéraire, est également possible.
– quand les sujets sont **l'un(e) ou l'autre :**
L'un ou l'autre sera élu. L'une ou l'autre finira par l'emporter.
➜ Voir l'un(e) et l'autre, ci-dessous.
– quand le sujet est **ce genre de :**
Ce genre de personnes m'intéresse.
– quand le sujet est **tout, rien, nul, aucun, personne :**
Les fleurs, les chocolats, tout lui faisait plaisir. Voyages, cadeaux, sorties, rien ne pouvait le distraire. Nul ne te connaît mieux que moi. Aucun ne les a reconnus. Je doute qu'aucun d'eux ne comprenne ton discours. Personne ne l'attendait.

REMARQUE **Aucun** ne prend pas d'**s**, sauf avec un nom qui n'a pas de singulier : *Aucuns frais. Aucunes funérailles.*

– quand le sujet est **le plus grand nombre :**
Le plus grand nombre a approuvé le projet.
➜ Voir un grand nombre, ci-dessous.

2 Accord au pluriel

▶ Avec un sujet au pluriel ou plusieurs sujets au singulier :
Nous sommes arrivés. Les enfants chantent. Sophie et Marc sont voisins. Toi ou ton frère pouvez me suivre. Mon cousin, ma sœur et moi partirons les premiers.

▶ Avec **un de ceux, une de celles :** *Je suis un de ceux qui ont réussi l'examen. Marie est une de celles qui ont été sélectionnées pour le match.*

▶ Avec **la plupart (de), nombre de, bon nombre de, une infinité de, une quantité de :** *La plupart des invités sont arrivés. La plupart étaient célibataires. Nombre de nos concitoyens n'ont pas voté. Bon nombre d'accidents auraient pu être évités. Une infinité d'oiseaux sont perchés sur l'arbre. Une quantité de gens vivent misérablement.*
➜ Voir le plus grand nombre, ci-dessus.

3 Accord au singulier ou au pluriel

▶ Quand les sujets sont coordonnés par **ou,** le verbe est au singulier si un seul sujet fait ou subit l'action :
Henri ou son frère sera président du club. L'astérie, ou étoile de mer, est un échinoderme.*
Il est au pluriel si l'on peut dire « l'un(e) et l'autre » :
Marion ou Elsa présenteront le projet avec la même conviction.
* Dans cette phrase, les deux noms sont synonymes, et le second est encadré par deux virgules.

▶ Avec **ni… ni,** l'accord est au singulier s'il y a exclusion :
Ni Paul ni Sophie n'est responsable (= aucun des deux n'est responsable).
Il est au pluriel dans le cas contraire :
Ni son séjour en Italie ni son voyage au Maroc ne l'avaient enthousiasmé.

▶ Avec **comme, de même que, mais, aussi bien, ainsi que,** le verbe est au pluriel s'il y a addition des sujets.
Il est au singulier s'il s'agit d'une comparaison :
La mémoire comme l'imagination sont indispensables pour exercer ce métier. Le coton aussi bien que la soie conviendra pour faire cette robe. Le tchèque ainsi que le russe sont des langues slaves ou *Le tchèque, ainsi que le russe, est une langue slave.*

▶ Quand la phrase commence par **vive… ! :**
Vive les vacances ! ou *Vivent les vacances !*

REMARQUE **Vive !** en tant qu'interjection est un mot invariable. Toutefois, le pluriel **vivent** est admis si l'on considère qu'il s'agit du verbe vivre au subjonctif : *(Que) vivent les arts !*

▶ Avec le verbe **égaler :** *Deux fois deux égale quatre* ou *Deux fois deux égalent quatre.*

▶ Avec **on,** le participe passé est au singulier, mais on admet le pluriel lorsque le pronom représente plusieurs personnes : *On n'est jamais si bien servi que par soi-même. On est fatigués.*

▶ Avec **l'un(e) et l'autre :**
L'un et l'autre se disent ou *L'un et l'autre se dit.*

REMARQUE Le verbe est au pluriel s'il y a réciprocité :
Elles s'épient l'une l'autre.
➜ Voir l'un(e) ou l'autre, ci-dessus.

▶ Avec **la moitié des, le tiers des, un grand (petit, certain) nombre de, peu de :** *La moitié des fruits était pourrie* (ou *étaient pourris*). *Le tiers des présents a voté* (ou *ont voté*). *Le tiers des salariés sont en congés. Un grand nombre d'élèves est absent* (ou *sont absents*). *Peu de monde est venu. Peu de personnes sont venues.*
➜ Voir aussi l'accord du participe passé.

▶ Avec **plus d'un, plus de…, plus des… :** *Plus d'une de ces personnes a été convaincue* (ou *ont été convaincues*). *Plus de la moitié des électeurs n'a pas voté. Plus des deux tiers des maisons sont détruites. Plus des trois quarts de la population est hostile à la construction d'un aéroport.*

▶ Avec un **nom collectif** (équipe, foule, groupe, majorité, centaine, multitude, partie, etc.) suivi d'un complément au pluriel, le verbe est au singulier ou au pluriel selon le sens ou selon l'intention de la personne qui parle :
La foule des curieux regarde les pompiers. L'équipe de basketteurs a été battue. La majorité des élèves déjeune à la cantine. Un groupe de touristes visitent le château. Le troupeau de moutons grossissait. Une multitude d'enfants hurlaient dans le jardin. La totalité des documents vous a été remise…

▶ Avec un **pourcentage* :** *Soixante pour cent de la population a voté* ou *Soixante pour cent ont voté. Les dix pour cent de bénéfice ont été réinvestis.*
* Quand un pourcentage pluriel est précédé de l'article **les,** l'accord se fait au pluriel.

▶ Avec **plusieurs infinitifs,** l'accord se fait au pluriel si les actions sont distinctes : *Lire et aller au cinéma sont ses deux grandes distractions.* Il se fait au singulier si les actions représentent deux aspects d'une même chose :
Bien articuler et bien parler n'est pas donné à tout le monde.

4 Accord du verbe *être*

▶ Quand le sujet est le pronom relatif **qui,** l'accord se fait en nombre et en personne avec l'antécédent :
C'est moi qui suis le plus responsable. Il n'y a que lui et moi qui sommes venus.
Mais, lorsque **qui** est précédé d'un attribut, l'accord se fait avec cet attribut : *Vous êtes la personne qui m'a le plus aidé. Nous sommes ceux qui ont gagné. Êtes-vous quelqu'un qui sait tenir sa langue ?*

▸ Le verbe **être** précédé du pronom **ce** se met généralement au pluriel si l'attribut est au pluriel : *Ce sont de gentils garçons. C'étaient les plus belles filles de la région. Étaient-ce bien tes sœurs ?*
Cependant, on rencontre souvent des exceptions à cette règle :
C'est eux que j'attends. C'est là de beaux résultats.
« *Ce n'est pas des visages, c'est des masques* » (A. France).
« *C'est des montagnes inaccessibles…* » (Bossuet).

C'est reste au singulier
– devant **nous** et **vous :** *C'est nous qui avons gagné.*
– devant l'indication de l'heure ou d'une somme : *C'est deux heures qui sonnent. C'est deux mille euros que tu me dois.*
– devant une préposition : *C'est à eux seuls que je rendrai des comptes.*
– dans des interrogations : *Est-ce tes parents qui sont là ?*
→ Voir l'accord des adjectifs et l'accord du participe passé.

2. La concordance des temps et des modes

La concordance des temps et des modes est l'ensemble des règles de syntaxe suivant lesquelles le temps et le mode du verbe d'une proposition subordonnée dépendent de ceux du verbe de la proposition principale pour exprimer la simultanéité, l'antériorité ou la postériorité d'une part, et la réalité ou l'incertitude d'une action d'autre part.

L'emploi de l'indicatif ou du subjonctif dépend du verbe de la principale. Les verbes **craindre, douter, souhaiter** et tous les verbes qui expriment l'incertitude, le doute, l'éventualité, la crainte, la supposition, l'étonnement se construisent avec le **subjonctif,** ainsi que les verbes **falloir, vouloir, exiger, ordonner :**
*Je **crains** qu'il ne **vienne** pas ; je **doute** qu'il **vienne** ; je m'**étonne** qu'il **soit venu** ; elle **veut** qu'on **vienne**.*

Les verbes **admettre, affirmer, constater, dire, penser, remarquer, savoir, soutenir, voir,** etc., qui présentent une affirmation sans idée de doute ni de crainte, commandent l'**indicatif :**
*Je lui **dis** qu'on **viendra** ; je **pense** qu'il **viendra** ; je **constate** qu'ils **sont venus**.*

▸ Quand la proposition **principale** est au **présent de l'indicatif,** la proposition **subordonnée** peut être à l'**indicatif :**
*Je **sais** qu'il **est** ambitieux* (présent, quand les actions sont simultanées).
*Je **sais** qu'il **était** ambitieux* (imparfait, quand l'action de la subordonnée est antérieure).
*Je **sais** qu'il **fut** ambitieux* (passé simple, quand l'action de la subordonnée est antérieure).
*Je **sais** qu'il **a été** ambitieux* (passé composé, quand l'action de la subordonnée est antérieure).
*Je **sais** qu'il **avait été** ambitieux* (plus-que-parfait, quand l'action de la subordonnée est antérieure).
*Je **sais** qu'il **sera** ambitieux* (futur, quand l'action de la subordonnée est postérieure).

▸ Quand la proposition **principale** est au **présent de l'indicatif,** la proposition **subordonnée** peut être au **subjonctif :**
*Je **doute** qu'il **soit** ambitieux* (subj. présent, quand les actions sont simultanées).
*Je **doute** qu'il **fût** ambitieux* (subj. imparfait, quand l'action de la subordonnée est antérieure).
*Je **doute** qu'il **ait été** ambitieux* (subj. passé, quand l'action de la subordonnée est antérieure).
*Je **doute** qu'il **eût été** ambitieux* (subj. plus-que-parfait, quand l'action de la subordonnée est antérieure).
*Je **doute** qu'il **soit** ambitieux à l'avenir* (subj. présent, quand l'action de la subordonnée est postérieure).

REMARQUE L'emploi de l'imparfait ou du plus-que-parfait du subjonctif est plutôt réservé à la langue écrite ou littéraire. Dans la conversation courante, ces temps sont remplacés par le présent ou par le passé du subjonctif : *Je doute qu'il **ait été** ambitieux* pour *Je doute qu'il **fût** ambitieux* ; ou *Je doute qu'il **eût été** ambitieux.*

▸ Quand la proposition **principale** est à un **temps passé de l'indicatif,** la proposition **subordonnée** peut être à l'**indicatif :**
*Je **savais*** (imparfait) *qu'il **était** ambitieux* (imparfait, quand les actions sont simultanées).
*Je **savais*** (imparfait) *qu'il **avait été** ambitieux* (plus-que-parfait, quand l'action de la subordonnée est antérieure).

▸ Quand la proposition **principale** est à un **temps passé de l'indicatif,** la proposition **subordonnée** peut être au **conditionnel :**
*Je **savais*** (imparfait) *qu'il **serait** ambitieux* (conditionnel présent, quand l'action de la subordonnée est postérieure).

▸ Quand la proposition **principale** est à un **temps passé de l'indicatif,** la proposition **subordonnée** peut être au **subjonctif :**
*Je **doutais*** (imparfait) *qu'il **fût** ambitieux* (subj. imparfait, quand les actions sont simultanées).
*J'**ai douté*** (passé composé) *qu'il **fût** ambitieux* (subj. imparfait, quand les actions sont simultanées).
*J'**avais douté*** (plus-que-parfait) *qu'il **fût** ambitieux* (subj. imparfait, quand les actions sont simultanées).
*Je **doutais*** (imparfait) *qu'il **eût été** ambitieux en la circonstance* (subj. plus-que-parfait, quand l'action de la subordonnée est antérieure).
*J'**ai douté*** (passé composé) *qu'il **eût été** ambitieux en la circonstance* (subj. plus-que-parfait, quand l'action de la subordonnée est antérieure).
*J'**avais douté*** (plus-que-parfait) *qu'il **eût été** ambitieux en la circonstance* (subj. plus-que-parfait, quand l'action de la subordonnée est antérieure).
*Je **doutais*** (imparfait) *qu'il **fût** ambitieux à l'avenir* (subj. imparfait, quand l'action de la subordonnée est postérieure).

REMARQUE Dans la conversation courante, l'imparfait et le plus-que-parfait du subjonctif sont remplacés par le présent et par le passé du subjonctif : *Je **doutais** qu'il **soit** ambitieux* pour *Je **doutais** qu'il **fût** ambitieux ; Je **doutais** qu'il **ait été** ambitieux* pour *Je **doutais** qu'il **eût été** ambitieux.*

▸ Quand la proposition **principale** est au **futur de l'indicatif,** la proposition **subordonnée** peut être à l'**indicatif :**
*Je **saurai** qu'il **est** ambitieux* (présent, quand les actions sont simultanées).
*Je **saurai** qu'il **était** ambitieux* (imparfait, quand l'action de la subordonnée est antérieure).
*Je **saurai** qu'il **fut** ambitieux en la circonstance* (passé simple, quand l'action de la subordonnée est antérieure).
*Je **saurai** qu'il **a été** ambitieux* (passé composé, quand l'action de la subordonnée est antérieure).
*Je **saurai** qu'il **sera** ambitieux* (futur, quand l'action de la subordonnée est postérieure).

▸ Quand la proposition **principale** est au **futur de l'indicatif,** la proposition **subordonnée** peut être au **subjonctif :**
*J'**exigerai** qu'il **soit** à l'heure* (subj. présent, quand l'action de la subordonnée est simultanée ou postérieure).
*Je ne **croirai** jamais qu'il **fût** ambitieux un jour* (subj. imparfait, quand l'action de la subordonnée est antérieure).
*J'**attendrai** que vous **ayez fini*** (subj. passé, quand l'action de la subordonnée est antérieure).

▸ Quand la proposition **principale** est au **conditionnel,** la proposition **subordonnée** est au **subjonctif :**
*Je **douterais** fort qu'il **fût** ambitieux* (subj. imparfait, quand l'action de la subordonnée est simultanée).
*Je **douterais** fort qu'il **eût été** ambitieux* (subj. plus-que-parfait, quand l'action de la subordonnée est antérieure).
*Je **douterais** fort qu'il **fût** ambitieux à l'avenir* (subj. imparfait, quand l'action de la subordonnée est postérieure).
*J'**aurais souhaité** qu'elle **fût** là* (subj. imparfait, quand l'action de la subordonnée est simultanée).
*J'**aurais souhaité** qu'elle **eût été** là* (subj. plus-que-parfait, quand l'action de la subordonnée est antérieure).
*J'**aurais souhaité** qu'elle **fût** là désormais* (subj. imparfait, quand l'action de la subordonnée est postérieure).

REMARQUES ❶ Dans la conversation courante, l'imparfait et le plus-que-parfait du subjonctif sont remplacés par le présent du subjonctif : *Je **douterais** fort qu'il **soit** ambitieux* pour *Je **douterais** fort qu'il **fût** ambitieux ; J'**aurais souhaité** qu'elle **soit** là* pour *J'**aurais souhaité** qu'elle **eût été** là.*

❷ Attention au piège orthographique : *qu'elle fût* (avec un accent circonflexe à la 3e personne de l'imparfait du subjonctif) ne doit pas être confondu avec *elle fut* (passé simple de l'indicatif).

▸ Avec les locutions conjonctives **afin que, à moins que, avant que, bien que, de crainte que, encore que,** etc.
Les locutions conjonctives *afin que, à moins que, avant que, bien que, de crainte que, encore que, jusqu'à ce que, pourvu que* se construisent avec le subjonctif : ***afin que** vous **preniez** votre temps ; **à moins que** tu ne **reconnaisses** tes torts ; **avant que** je **parte**.*
La locution *avant que* commande le subjonctif, mais *après que* se construit avec l'indicatif : *Elle sortit **après qu'il eut parlé.*** « *Il faut bonne mémoire **après qu'on a menti*** » [Corneille].
On notera que l'emploi de l'indicatif s'explique dans les deux derniers exemples qui énoncent un fait passé, accompli. Dans l'emploi du subjonctif, il s'agit d'un fait futur, éventuel.
De (telle) manière que et *de sorte que* commandent l'indicatif lorsqu'elles expriment une conséquence de fait :
*Il s'y est pris **de telle manière qu'il a cassé** le marteau.*
*Ils sont arrivés trop tard, **de sorte que** le spectacle **était terminé.***
Ces locutions commandent le subjonctif lorsqu'elles expriment un but, une conséquence voulue : *Il a construit son discours **de manière que** les enfants **puissent** comprendre. Parlez plus fort, **de sorte que** tout le monde vous **entende.***

3. L'accord du participe passé

❶ Participe passé employé sans auxiliaire

▸ Le participe passé employé sans auxiliaire s'accorde comme un adjectif :
*Un bifteck trop **cuit**. Des fleurs **parfumées.***

▸ Le participe passé **fini** employé dans une phrase exclamative avant le nom s'accorde ou ne s'accorde pas :
***Fini,** les corvées !* ou ***Finies** les corvées !*

→ Voir aussi ci-inclus, ci-joint, étant donné à leur ordre alphabétique et l'accord des adjectifs.

❷ Participe passé employé avec *être*

▸ Le participe passé des verbes conjugués avec l'auxiliaire **être** s'accorde en genre et en nombre avec le sujet du verbe, à l'exception de certains verbes pronominaux.

→ Voir les verbes pronominaux.

*Où est **partie** ta sœur ? Nos amis sont **venus** hier.*

REMARQUE La règle est identique pour les verbes **sembler, paraître, rester, demeurer :** *Les spectateurs semblent **ravis.** La maison restera **fermée** tout l'été.*

▸ Quand le sujet est **on,** le participe passé se met normalement au masculin singulier :
*On n'est jamais **trahi** que par les siens.*

▸ Cependant, on peut faire l'accord avec le sujet réel sous-entendu :
*Mes amis et moi, on est très **fatigués.***

❸ Participe passé employé avec *avoir*

▸ Le participe passé conjugué avec l'auxiliaire **avoir** s'accorde en genre et en nombre avec le complément d'objet direct du verbe, quand ce complément précède le verbe :
*Je me rappelle l'histoire **que** j'ai **lue.** Pierre a ouvert les huîtres. C'est lui qui **les** a **ouvertes.***

REMARQUE L'accord n'est donc possible que si le verbe est transitif, c'est-à-dire s'il peut avoir un complément d'objet direct.

▸ Le participe reste invariable
– s'il n'a pas de complément d'objet direct :
*Elle a **démissionné.** Ces histoires nous ont **plu.** Ils nous ont **succédé.** Ils ont beaucoup **bu.** Ces livres leur ont beaucoup **servi*.***
* Mais on écrira : *Cette personne les a longtemps **servis,*** car le verbe **servir** est transitif dans ce sens.
– si le complément direct suit le verbe :
*Nous avons **lu** une **histoire.** Elle a **reçu** de bonnes **nouvelles.***

→ Voir les participes passés toujours invariables.

❹ Participes passés des verbes *courir, coûter, durer, mesurer, peser, valoir, vivre*

▸ Ces verbes introduisent des compléments de durée, de mesure ou de prix qui ne sont pas des compléments directs mais des compléments circonstanciels. Le participe passé de ces verbes est invariable :
*Les 1 000 mètres qu'elle a **couru.** Les vingt euros que ce cédérom a **coûté.** Les deux heures que ce discours a **duré.***

▸ En revanche, on fait l'accord lorsque ces verbes sont employés transitivement (avec un complément d'objet direct) ou au sens figuré :
*Les dangers que j'ai **courus.** Les efforts que ce travail m'a **coûtés.** Les sacs que j'ai **pesés.** La gloire que cette action lui a **value.** L'histoire qu'il a **vécue.***

❺ Participe passé suivi d'un infinitif

▸ Le participe passé suivi d'un infinitif est variable s'il a pour complément d'objet direct le pronom relatif qui précède ; ce pronom est alors le sujet de l'infinitif :
*Les fruits que j'ai **vus** mûrir.* (J'ai vu quoi ? – les fruits. Qu'est-ce qui mûrit ? – les fruits.)
*La soprano que j'ai **entendue** chanter.* (J'ai entendu qui ? – la soprano. Qui est-ce qui chante ? – la soprano.)

▸ Le participe passé est invariable s'il a pour complément d'objet direct l'infinitif ; le pronom n'est pas le sujet de l'infinitif :
*Les fruits que j'ai **vu** cueillir.* (On cueille quoi ? – les fruits. Qui est-ce qui cueille ? – ce ne sont pas les fruits.)
*Les opéras que j'ai **entendu** chanter.* (On chante quoi ? – les opéras. Qui est-ce qui chante ? – ce ne sont pas les opéras.)

REMARQUE Les participes qui ont pour complément d'objet direct un infinitif sous-entendu ou une proposition sous-entendue sont toujours invariables : *Il n'a pas payé toutes les sommes qu'il aurait **dû*** (sous-entendu « payer »). *Je lui ai rendu tous les services que j'ai **pu*** (sous-entendu « lui rendre »). *Je lui ai chanté tous les morceaux qu'il a **voulu*** (sous-entendu « que je lui chante »).

▸ Le participe passé **fait** suivi d'un infinitif est invariable :
*La maison que j'ai **fait** bâtir. Les amis qu'elle a **fait** venir.*

▸ Le participe passé du verbe **laisser** suivi d'un infinitif reste invariable s'il n'a pas de complément d'objet direct ou si le complément est placé après le verbe :
*Elles ont **laissé** faire. Nous avons **laissé** partir nos filles.*
Il s'accorde avec le complément d'objet qui le précède lorsque celui-ci est aussi sujet de l'infinitif :
*Nous les avons **laissées** partir.*
Dans les autres cas, le participe passé de **laisser** demeure invariable :
*Ses moutons, il les a **laissé** abattre.*
À la forme pronominale, l'accord se fait avec le sujet de **se laisser** si celui-ci est aussi le sujet du verbe à l'infinitif :
*Elle **s'est laissée** mourir de faim.*
Le participe passé reste invariable si le sujet de **se laisser** est aussi le complément du verbe à l'infinitif :
*Elle **s'est laissé** surprendre par la nuit.*
N.B. Certains grammairiens et écrivains considèrent que le participe passé du verbe **laisser** suivi d'un infinitif doit rester invariable.

6 Le participe passé suivi d'une préposition

▸ Le participe passé est variable si le complément d'objet direct placé avant se rapporte à lui.
*Les vêtements que j'ai **donnés à** nettoyer.* (J'ai donné quoi ? – les vêtements.)
*Les gens qu'on a **empêchés de** partir.*

▸ Le participe passé est invariable si le complément se rapporte à l'infinitif :
*Les humiliations qu'il a **eu à** subir.* (Il a subi quoi ? – des humiliations.)
*Les remerciements qu'il a **oublié d'**envoyer.*

7 Participe passé suivi d'un adjectif attribut

Le participe passé suivi d'un attribut s'accorde avec le complément d'objet direct quand ce complément le précède :
*Il l'a **crue** morte. Ces travaux qu'il avait **crus** faciles. Cette plage que l'on avait **dite** polluée.*
Cependant, l'absence d'accord est fréquente et tolérée :
*Cette expédition que l'on avait **cru** facile. Ces athlètes que l'on avait **dit** découragés. Ces jeunes filles qu'il a **trouvé** belles.*

8 Participe passé des verbes impersonnels

Le participe passé des verbes impersonnels est toujours invariable :
*Les inondations qu'il y a **eu**. La patience qu'il a **fallu** ! Les chaleurs qu'il a **fait***.*
* Le verbe **faire** est transitif par nature, mais il devient impersonnel quand il est précédé du pronom neutre *il*.

9 Participe passé des verbes pronominaux

→ Voir les verbes pronominaux, l'accord des adjectifs et les participes passés toujours invariables.

10 Avec un nom collectif (*bande de, botte de, caisse de, etc.*)

Lorsque le participe passé a pour complément d'objet direct un nom collectif, il s'accorde soit avec ce nom, soit avec le complément au pluriel, selon que l'on attache plus d'importance à l'un ou à l'autre :
*La bande d'oiseaux que nous avons **vue*** (ou ***vus***)*. *Les caisses de bière qu'on a **livrées**. Les bottes de foin qu'on a **fauché**.*

* Le premier accord au singulier est un accord selon la forme ; le second est un accord selon le sens.

11 Avec un *grand nombre de, plus d'un, le peu de*, etc.

Le participe passé s'accorde soit avec l'adverbe (ou le mot collectif) et se met donc au masculin singulier, soit avec le mot complément, selon l'idée qui l'emporte :
*Le **grand nombre de** succès que vous avez **remporté*** (ou ***remportés***). *Plus d'un village a été **détruit**. **Plus d'un** de ces hommes **était averti*** (ou ***étaient avertis***). ***Le peu d'**attention que vous avez **apporté*** (ou ***apportée***) *à cette affaire.*
→ Voir l'accord du verbe avec le sujet.

12 Participe passé précédé des pronoms *l'* ou *en*

▸ Le participe passé conjugué avec **avoir** et précédé de **l'**, complément d'objet direct représentant toute une proposition, reste invariable* :
*Il faut rendre justice à ceux qui **l'ont mérité**. La chose est plus sérieuse que nous ne **l'avions pensé**.*

* On fait l'accord lorsque le pronom **l'** représente un nom déterminé : *J'ai retrouvé ma maison telle que je **l'avais laissée**.*

▸ Le participe passé précédé de **en** est invariable :
*Tout le monde m'a offert des services, mais personne ne m'**en** a **rendu**. Des photos, j'**en** ai **fait** des centaines.*

▸ Cependant, le participe s'accorde si le pronom **en** est précédé d'un adverbe de quantité *(autant, combien, plus,* etc.) :
*Autant d'ennemis il a attaqués, **autant** il **en** a **vaincus**. Il a perdu des lettres. Il ne sait pas **combien** il **en** a **perdues**.*

▸ Mais le participe passé reste invariable si l'adverbe de quantité suit le pronom **en** :
*Quant aux belles villes, j'**en** ai **tant visité**…*

REMARQUE Ces règles ne sont pas toujours observées dans l'usage ni strictement appliquées par les écrivains eux-mêmes.

4. Les participes passés toujours invariables

Les participes passés des verbes intransitifs, transitifs indirects et impersonnels employés avec l'auxiliaire *avoir* sont toujours invariables. La liste ci-dessous présente les plus courants.

abondé	chancelé	culminé	dormi	frémi	jeûné	obtempéré	persisté	pu
abouti	circulé	daigné	douté	frissonné	joui	opiné	pesté	pué
accédé	clignoté	dégoutté	duré	fructifié	langui	opté	pétillé	pullulé
afflué	coexisté	déjeuné	émigré	geint	larmoyé	oscillé	philosophé	radoté
agi	coïncidé	délibéré	éternué	gémi	lésiné	pâli	pivoté	raffolé
agonisé	commercé	démérité	étincelé	grelotté	lui	parlementé	pleurniché	râlé
appartenu	comparu	déplu	évolué	grimacé	lutté	participé	plu [plaire]	rampé
atterri	compati	dérapé	faibli	grincé	marché	pataugé	plu [pleuvoir]	réagi
bavardé	complu	dérogé	failli	grogné	médit	pâti	pouffé	rebondi
boité	concouru	détoné	fallu	hésité	menti	patienté	préexisté	récriminé
bondi	contribué	dîné	flâné	influé	miaulé	péché	préludé	regimbé
brillé	conversé	discordé	foisonné	insisté	nagé	péri	procédé	régné
bronché	convolé	discouru	fonctionné	intercédé	navigué	périclité	profité	regorgé
bruiné	coopéré	disparu	fourmillé	jailli	neigé	péroré	progressé	rejailli
cessé	correspondu	divagué	fraternisé	jasé	nui	persévéré	prospéré	relui

remédié	ricané	scintillé	souri	sympathisé	topé	trôné	vibré
renâclé	rivalisé	séjourné	subsisté	tablé	tournoyé	trotté	viré
résidé	rôdé	semblé	subvenu	tâché	toussé	trottiné	vivoté
résisté	ronflé	sévi	succédé	tardé	transigé	valsé	vogué
résonné	rougi	siégé	succombé	tâtonné	tremblé	vaqué	voltigé
resplendi	roupillé	sombré	suffi	tempêté	trembloté	végété	voyagé
ressemblé	ruisselé	sommeillé	surgi	temporisé	trimé	venté	zigzagué
retenti	rusé	soupé	surnagé	tergiversé	trinqué	verbalisé	
ri	sautillé	sourcillé	survécu	tonné	triomphé	verdoyé	

→ Voir l'accord du participe passé et les verbes pronominaux.

5. Les verbes pronominaux

Les verbes pronominaux se conjuguent avec un pronom personnel réfléchi *(me, te, se, nous, vous, se)* de la même personne que le sujet (*je, tu, il [elle, on], nous, vous, ils [elles]*).

1 Principales règles d'accord

On distingue quatre groupes de verbes pronominaux.

▸ Les verbes **toujours pronominaux** (qui n'existent pas à une autre forme) : *s'absenter, s'abstenir, s'acharner, s'agenouiller, s'efforcer, s'emparer de, se lamenter,* etc. Le participe passé de ces verbes s'accorde toujours avec le sujet :
*Ils s'agenouillent. Ils **se sont agenouillés.***
*Nous **nous** emparons du ballon. Nous **nous sommes emparés** du ballon.*
*Elle **se** lamente. Elle **s'est lamentée.***

▸ Les verbes pronominaux **réfléchis.** Le participe passé de ces verbes s'accorde avec le sujet si le pronom réfléchi est complément d'objet direct. Il reste invariable si le complément d'objet direct le suit :
*Fanny **se** lave.*
*Fanny **s'est lavée*** (c.-à-d. Fanny a lavé Fanny).
*Fanny **s'est lavé** les mains* (c.-à-d. Fanny a lavé ses mains).

▸ Les verbes pronominaux **réciproques.** Le participe passé est invariable si le pronom est complément d'objet indirect :
*Paul et Rémi **se** parlent.*
*Marie et Laura **se sont parlé.***
*Que d'hommes **se sont craints, déplu, nui, haïs** et **succédé !***

▸ Les pronominaux **passifs** ne sont pas de véritables verbes pronominaux, car le pronom « se » n'est pas, dans ce cas, un pronom réfléchi :
*Ce vin **se** boit au dessert* (c.-à-d. ce vin est bu au dessert).
*Ces jupes **se** sont portées amples* (c.-à-d. ces jupes ont été portées amples).
*Cette expression ne **s'**emploie plus aujourd'hui* (c.-à-d. cette expression n'est plus employée).

REMARQUES 1 Ne sont pas classés dans les pronominaux les verbes dont le pronom « se » signifie « à soi, pour soi » : *Elle s'est préparé un repas froid.*

2 Le participe passé des verbes *se rire, se plaire, se complaire, se déplaire* est invariable : *Ils **se sont ri** de mes efforts. Elles **se sont plu** à me tourmenter.*

2 Les cas particuliers

▸ Le participe passé suivi d'un **verbe à l'infinitif** s'accorde si le sujet du verbe pronominal est aussi sujet de l'infinitif :
*Elle **s'est sentie** mourir. Elle **s'est laissée** tomber.*
Le participe reste invariable si le sujet du verbe pronominal est aussi complément d'objet de l'infinitif :
*Elle **s'est senti** piquer par un moustique.*
*Elle **s'est laissé** enfermer. Elle **s'est fait*** avoir ; elle **s'est fait** conduire à la gare ; la robe qu'elle **s'est fait** faire.*
* Le participe passé de *faire* ou *se faire* est toujours invariable devant un infinitif.

▸ Le participe suivi d'une **préposition** et d'un infinitif est invariable :
*Elle s'est **promis de** lui parler. Elle s'est **permis d'**entrer.*

▸ Le participe passé des locutions verbales **se faire jour, se mettre à dos, se rendre compte, se faire fort** est invariable, alors que celui des locutions **se croire obligé (autorisé, fondé, tenu, etc.), se trouver court** est variable :
*Des dissensions **se sont fait jour*** (locution invariable).
*Elle **s'est mis à dos** le directeur* (locution invariable).
*Elle **s'en est rendu compte*** (locution invariable).
*Elle **s'est fait fort** de réussir* (locution invariable).
*Elle **s'est crue obligée** de venir.*
*Elles **se sont trouvées court.***

6. L'accord des adjectifs

L'adjectif qualificatif s'accorde en genre et en nombre avec le nom auquel il se rapporte : *le chat noir, la maison blanche, les jardins fleuris, des femmes actives* (adjectifs épithètes) ; *ce parc est grand ; ces poires paraissent mûres* (adjectifs attributs).

1 Accord d'un adjectif avec plusieurs noms

▸ Si les noms sont de même genre et coordonnés par **et,** l'adjectif prend leur genre et se met au pluriel :
un livre et un film passionnants ; cette plante et cette fleur sont fanées.

▸ Si les noms sont de genres différents et coordonnés par **et,** l'adjectif se met au masculin pluriel :
sa grand-mère et son grand-père paternels ;
ce pull et cette jupe sont usés.

▸ Si les noms sont de genres différents et séparés par une virgule, l'adjectif se met au masculin pluriel :
ils ont acheté une pintade, un canard, un poulet bien dodus.
Dans le cas d'une gradation, l'adjectif s'accorde avec le dernier nom : *elle avait un charme, une grâce, une beauté envoûtante.*

▸ Si les noms sont coordonnés par **ou** ou par **ni,** l'accord se fait selon le sens :
une limonade ou un citron pressé (seul le citron est pressé) ;
une orange ou un citron pressés (l'orange et le citron sont pressés) ;
il n'a ni la compétence ni le diplôme nécessaires
(la compétence et le diplôme sont nécessaires).

② Accord de deux adjectifs avec un nom au pluriel

► Suivant le sens, les adjectifs se mettent au singulier ou au pluriel :
les joueurs allemands et italiens ;
les côtés droit et gauche de la route (= le côté droit et le côté gauche).

③ Accord d'un adjectif après deux noms unis par *de*

► Si l'adjectif se rapporte à un nom suivi d'un complément, il s'accorde suivant le sens soit avec ce nom, soit avec le complément :
les joueurs de l'équipe néerlandaise ; une espèce d'animal visqueux (c'est l'animal qui est visqueux) ;
les importations de vin italien ou *les importations de vin italiennes* (dans la première phrase, il s'agit de vin d'Italie, dans la seconde, d'importations de vin par l'Italie, et l'on pourrait dire *les importations italiennes de vin*).

④ Accord d'un adjectif composé

► Si l'adjectif est composé de deux adjectifs, les deux adjectifs s'accordent :
des paroles douces-amères ;
des enfants sourds-muets.

► Si l'adjectif est composé d'un adverbe, d'une préposition ou de tout autre mot invariable et d'un adjectif, seul l'adjectif s'accorde :
*les **avant**-dernières pages ;*
*des chatons **nouveau**-nés* (= nouvellement nés) ;
*des séries télévisées **franco**-italiennes ;*
*des pois **extra**-fins.*

⑤ Accord des adjectifs employés comme adverbes

► Les adjectifs employés comme adverbes sont invariables, sauf **beau, frais, grand** et **large**, qui s'accordent dans les locutions :
*la bailler **belle**, l'échapper **belle**, des fleurs **fraîches** écloses, une fenêtre **grande** ouverte, des yeux **larges** ouverts.*

► Liste des principaux adjectifs employés comme adverbes : **bas, bon, chaud, cher, clair, court, creux, droit, dru, dur, faux, fin, fort, froid, haut, juste, mauvais, menu, raide, ras :**
*sa voiture coûte **cher**, des cheveux coupés **court**, des fines herbes hachées **menu**.*

► Accord de **attendu, compris, excepté, passé, supposé, vu :**
Ces mots peuvent être employés comme prépositions ou comme adjectifs. Dans le premier cas, ils précèdent le nom et sont invariables.
Ils s'accordent quand ils suivent le nom :
***Attendu** les événements...*
*Toutes taxes **comprises** / **y compris** la taxe sur les prestations de services. Il a des revenus confortables, **non compris** sa pension d'invalidité / sa pension d'invalidité **non comprise**.*
*Nous sommes tous là, **excepté** ta sœur / ta sœur **exceptée**, nous sommes tous là.*
***Passé** dix heures, les portes sont fermées / il est dix heures **passées**.*
***Vu** les circonstances, nous renonçons.*
→ Voir ci-inclus, ci-joint, étant donné à leur ordre alphabétique et l'accord du participe passé.

⑥ Accord des noms pris adjectivement (appositions)

► On accorde ces appositions si les deux noms représentent la même chose :
*des postes clés** (des postes considérés comme des clés, des places fortes)
des films cultes (des films qui font l'objet de cultes)
des cas limites (des cas qui sont des limites)
des arguments massues (des arguments qui sont comme des massues)
des produits phares (des produits qui attirent comme des phares)
des lycées pilotes (des lycées considérés comme des pilotes)
*des appartements témoins*** (des appartements qui servent de témoins)

► On ne fait pas l'accord si le deuxième nom est le complément du premier :
des ingénieurs maison (des ingénieurs formés par la maison)
des verres ballon (des verres qui ont la forme d'un ballon)
*des cassettes, des techniques vidéo**** (des cassettes, des techniques pour la vidéo)
des services après-vente (des services assurés après la vente)
des villes frontière (des villes situées à la frontière)

REMARQUE On peut écrire *poste clé, film culte, argument massue, produit phare, lycée pilote, appartement témoin*, etc., avec ou sans trait d'union, mais *cas limite* s'écrit sans trait d'union et, au pluriel, on peut écrire aussi des *cas limite* (des cas qui sont à la limite).

* On écrit *clés* ou *clefs*.
** Attention ! L'expression *prendre à témoin* est invariable : *il a pris les passants à témoin.*
*** Mais on écrit *des vidéos*.

⑦ Cas particuliers

► Accord des adjectifs **demi, mi** et **nu :**
Si les adjectifs **demi, mi** et **nu*** précèdent le nom, ils restent invariables et sont reliés au nom par un trait d'union : *une demi-livre, deux demi-tons, la mi-temps, nu-tête, nu-pieds.*
Si les adjectifs **demi** et **nu** suivent le nom, *demi* s'accorde en genre avec lui, et *nu* en genre et en nombre : *deux heures et demie* (= deux heures et la demie d'une heure) ; *à mains nues.*
* À l'exception de *nue(s)-propriété(s)* et de *nu(s, es)-propriétaire(s)*, qui s'accordent.

► Les adjectifs **beau, fou, mou, nouveau, vieux :**
Les adjectifs **beau, fou, mou, nouveau, vieux** font **bel, fol, mol, nouvel, vieil** devant un nom masculin singulier qui commence par une voyelle ou par un « h » muet :
*un **bel** homme, un **fol** amour, un **mol** oreiller, un **nouvel** appareil, un **vieil** immeuble.*

► L'adjectif **feu :**
L'adjectif **feu** ne prend pas un **x** au pluriel mais un **s**.
Il est invariable quand il précède l'article ou le possessif :
***feu** ma tante, **feu** mes oncles.*
Dans le cas contraire, il s'accorde en genre et en nombre avec le nom : *ma **feue** tante, mes **feus** oncles.*

► L'adjectif **flambant** dans la locution ***flambant neuf*** est toujours invariable, mais **neuf** peut varier en genre et en nombre ou rester invariable :
*une voiture **flambant** neuf* ou *une voiture **flambant** neuve.*

► Les adjectifs suivants ne s'emploient qu'au masculin : **aquilin, avant-coureur, ballot** (fam.), **benêt, coulis, coûtant, échéant, grégeois, précurseur, salant, salaud** (très fam.), **saur, vairon.**

► Les adjectifs suivants ne s'emploient qu'au féminin : **bée, bissextile, cochère, crasse, dive, enceinte, épinière, faîtière, gammée, grège, infuse, océane** (litt.), **palière, patronnesse, peccante** (vx), **philosophale, picrocholine, pie** (au sens de pieuse), **porte, poulinière, régale, tourière, trémière, vaticane, vomique.**

► En règle générale, les adjectifs indéfinis **aucun, chaque** et **nul** sont suivis d'un nom au singulier :
***aucun** enfant, **chaque** matin, **nul** espoir, **nulle** envie.*
Cependant, **aucun** et **nul** peuvent se mettre au pluriel si le nom n'a pas de singulier : ***aucunes** funérailles, **nuls** frais.*
→ Voir aussi même et tout à leur ordre alphabétique.

► Les adjectifs cardinaux :
Les adjectifs cardinaux sont invariables en genre (sauf « un » qui prend la marque du féminin) et en nombre (sauf « vingt » et « cent » qui, dans certains cas, peuvent prendre la marque du pluriel) :

***quatre** ans, **cent** euros, **cent trois** euros, **vingt** jours, **mille** nuits ; **quatre-vingt-cinq** euros, **quatre-vingts** euros* (= quatre fois vingt), ***deux cents** euros* (= deux fois cent).

▶ Accord de l'adjectif après **avoir l'air :**
L'adjectif s'accorde avec le nom quand il s'agit de noms de choses :
*cette poire **a l'air bonne.***

S'il s'agit de personnes, l'accord se fait avec le sujet ou, plus rarement, avec le mot *air* :
*cette femme **a l'air intelligente*** ou *cette femme **a l'air** intelligent ; ils **ont l'air tristes*** ou *ils **ont l'air** triste.*

➜ Voir l'accord des adjectifs de couleur, le pluriel des noms et adjectifs d'origine étrangère, les participes passés invariables, l'accord du participe passé, le participe présent, le pluriel des noms et des adjectifs et l'accord du verbe avec le sujet.

7. L'accord des adjectifs de couleur

1 S'accordent en genre et en nombre

a. Les adjectifs simples désignant une couleur :

alezan	châtain	incarnat	roux
bai	cramoisi	jaune	vermeil
beige	écarlate	mauve	vert
bis	écru	noir	violet
blanc	fauve	pers	
bleu	glauque	pourpre	
blond	grège	rose	
brun	gris	rouge	

Ex. : *Des nattes **brunes,** des joues **cramoisies,** des pommes **vermeilles.***

b. Les adjectifs dérivés d'adjectifs ou de noms de couleur, comme :

ambré	jaunâtre	rosé
basané	mordoré	rougeâtre
blanchâtre	noirâtre	rougeaud
bleuâtre	noiraud	rouquin
brunâtre	olivâtre	rubicond
cuivré	opalescent	verdâtre
doré	orangé	violacé

Ex. : *Des teintes **orangées,** des figures **rougeaudes,** des perruques **rouquines.***

2 Sont invariables en genre et en nombre

a. Les adjectifs d'origine étrangère et les noms pris adjectivement :

abricot	bistre	céladon	cuivre	indigo	miel	pie	tango
acajou	bitume	cerise	cyclamen	isabelle	moutarde	pistache	tête-de-Maure
acier	bordeaux	chair	ébène	ivoire	nacre	pivoine	tête-de-nègre
amarante	brique	chamois	émeraude	jade	noisette	platine	thé
ambre	bronze	champagne	épinard	jonquille	ocre	prune	tilleul
améthyste	caca d'oie	châtaigne	feuille-morte	kaki	olive	rouille	tomate
anthracite	café	chocolat	filasse	lavande	or	sable	topaze
arc-en-ciel	canari	ciel	framboise	lie-de-vin	orange	safran	turquoise
ardoise	cannelle	citron	fuchsia	lilas	paille	saphir	vanille
argent	capucine	cognac	garance	lin	parme	saumon	vermillon
aubergine	caramel	coquelicot	gorge-de-pigeon	magenta	pastel	sépia	vert-de-gris
auburn	carmin	corail	grenat	marine	pêche	serin	vison...
aurore	carotte	crème	groseille	marron	perle	soufre	
azur	cassis	crevette	havane	mastic	pervenche	tabac	

Ex. : *Des jupes **fuchsia,** des chaussures **havane,** des cheveux **platine.***

REMARQUE **Écarlate, fauve, incarnat, mauve, pourpre** et **rose** sont assimilés à de véritables adjectifs et s'accordent comme indiqué dans le premier tableau.

b. Les adjectifs suivis d'un nom qui précise la nuance, comme :

bleu azur	gris ardoise	rouge tomate
bleu ciel	gris perle	vert amande
bleu horizon	gris souris	vert bouteille
bleu marine	jaune citron	vert olive
bleu nuit	jaune maïs	vert pistache...
bleu roi	jaune paille	
bleu turquoise	jaune serin	
gris acier	noir de jais	

Ex. : *Des marinières **bleu marine,** des écharpes **gris perle,** des fourrures **noir de jais.***

c. Les adjectifs suivis par un autre adjectif qui précise la nuance :
Ex. : *Des blouses **bleu foncé,** des cheveux **châtain clair,** des juments **gris pommelé,** des laques **rouge brique.***

REMARQUE Quand ces adjectifs désignent une couleur résultant de deux couleurs, ils sont reliés par un trait d'union : *des encres **bleu-noir,** des céramiques **bleu-vert.***

d. Les adjectifs simples, mais associés pour décrire un même objet :
Ex. : *Des drapeaux **bleu, blanc, rouge*** (= tricolores) ; *des chemises rayées **bleu et blanc*** (= bicolores).

REMARQUE Si l'accord est fait, cela signifie que plusieurs objets sont désignés : *des drapeaux **bleus, blancs, rouges*** (= des drapeaux qui sont chacun d'une seule couleur).

8. Le genre des noms et les noms à double genre

En français, les noms sont répartis en deux classes grammaticales, correspondant à la notion de genre : le masculin et le féminin. D'autres langues, comme le grec, le latin ou l'allemand, ont trois genres : le masculin, le féminin et le neutre.

Le genre des noms est purement conventionnel et surtout déterminé par l'usage (*arbre* est masculin, bien que dérivé du latin *arbor*, qui est féminin). Une même chose peut être de genre différent d'une langue à une autre : ainsi les mots *soleil* et *lune* sont respectivement masculin et féminin en français, alors qu'en allemand *Sonne* (le soleil) est féminin et *Mond* (la lune) est masculin.

Le genre grammatical (masculin/féminin) est souvent associé au genre naturel (mâle/femelle) : *un chat/une chatte, le boucher/la bouchère, mon frère/ma sœur*. Certains noms qui désignent indifféremment l'un ou l'autre sexe ont un genre commun et sont dits « épicènes » *(artiste, enfant, élève, snob…)*. D'autres n'ont pas d'équivalent féminin dans la langue française parlée en France *(assassin, monstre, prédécesseur, successeur, témoin, vainqueur, voyou…)*, mais en ont parfois un en français de Belgique, du Canada ou de Suisse *(une prédécesseure, une successeure…)*.

Certains noms féminins ne s'appliquent qu'à des hommes : *une estafette, une gouape, une frappe…*, et certains noms masculins ne s'appliquent qu'à des femmes : *un bas-bleu, un succube, un tendron* (très jeune fille)…

Il est fréquent d'hésiter sur le genre d'un nom, notamment lorsque celui-ci se termine par **-e** ou par **-ée**.
Les deux listes ci-dessous présentent les noms qui sont fréquemment objet d'erreurs.

❶ Les noms suivants sont masculins

un agrume	un caducée	un météore
l'amiante	un camée	un ovule
un antidote	un cerne	un périgée
un antre	un effluve	un planisphère
un apogée	un emblème	un tentacule
un armistice	un équinoxe	un testicule
un aromate	un esclandre	
un astérisque	un haltère	
un astéroïde	un hémisphère	
un astragale	un hyménée (litt.)	
un augure	un hypogée	

❷ Les noms suivants sont féminins

une acné	une échappatoire	une orthographe
une algèbre	une écritoire	la réglisse (plante)
une amnistie	une épithète	une scolopendre
une anagramme	une escarre	une stalactite
une anicroche	des immondices [n.f. pl.]	une stalagmite
une apocalypse	une météorite	
une apostrophe	la nacre	
des arrhes [n.f. pl.]	une oasis	
une azalée	une octave	
une caténaire	une orbite	
une ébène		

❸ Les noms suivants ont le double genre

aigle : un aigle et une aigle [enseigne militaire] : *les aigles romaines.*

amour est masculin au singulier : *un grand amour*, et féminin au pluriel dans la langue littéraire : *les amours enfantines.*

cartouche : une cartouche et un cartouche [inscription ornementale].

couple : un couple [deux êtres] et une couple (litt.) [deux choses].

crêpe : une crêpe et un crêpe [tissu et caoutchouc].

délice est masculin au singulier : *ce gâteau est un délice*, et féminin au pluriel dans la langue littéraire : *les délices infinies du rêve.*

gens est masculin pluriel quand l'adjectif est placé après : *des gens intelligents*, et féminin pluriel quand il est placé avant : *de vieilles gens.*

geste : un geste et la geste [ensemble d'exploits] : *chanson de geste ; les faits et gestes d'une personne.*

gîte : un gîte et la gîte [terme de marine].

greffe : une greffe et un greffe [juridiction].

livre : un livre et une livre [poids et monnaie].

manche : une manche et un manche.

manœuvre : une manœuvre et un manœuvre.

mode : une mode et un mode.

œuvre : une œuvre [travail, réalisation] et un œuvre [sens en construction et ensemble des productions d'un artiste] : *l'œuvre gravé de Picasso.*

orge : une orge [la céréale entière] et un orge [grains d'orge sans leur enveloppe] : *orge mondé, orge perlé.*

orgue est masculin au singulier : *un orgue de tribune*, et féminin au pluriel : *les grandes orgues.*

parallèle : une parallèle [une droite] et un parallèle [cercle parallèle à l'équateur].

pendule : une pendule et un pendule [instrument de radiesthésie].

physique : la physique et le physique.

poste : une poste et un poste.

tour : une tour et un tour.

voile : une voile et un voile.

N.B. Les noms à double genre proprement dits sont ceux qui ont la même étymologie (*un aigle/une aigle, un couple/une couple,* etc.) ; ceux qui sont d'origine différente constituent des mots différents (*un livre/une livre, un manche/une manche,* etc.).

❹ Les noms féminins en *-é* et en *-ée*

Les noms féminins qui désignent une qualité ou un défaut se terminent toujours par **-é** : *l'amitié, la beauté, la bonté, la charité, la méchanceté, la pitié, la sévérité*, etc.
Ceux qui désignent une contenance ou une durée ont toujours leur finale en **-ée** : *brassée, cuillerée, pelletée, pincée, journée, matinée*, etc.

❺ Le genre des noms de villes

En l'absence de règle et par souci de simplification, les noms de villes et de localités s'accordent le plus souvent au féminin : *Lille est grande ; San Francisco est connue pour la douceur de son climat.*
Mais les noms de villes comportant un article défini masculin s'accordent au masculin : *Le Caire est situé sur le Nil ; Le Havre a été détruit en 1944.*

→ Voir le pluriel des noms et des adjectifs d'origine étrangère et le pluriel des noms et des adjectifs.

9. Le pluriel des noms et des adjectifs

Le pluriel des noms communs et des adjectifs se forme en ajoutant un *s* au singulier :
un avion, des avions ; une voiture, des voitures.
Il est aimable, ils sont aimables.

1 Exceptions

▶ Les noms et adjectifs terminés par **s**, **x** et **z** ne changent pas au pluriel :
un avis, des avis ; un prix, des prix ; un nez, des nez.
Il est mauvais, ils sont mauvais. Il est vieux, ils sont vieux.

▶ Les noms et adjectifs en **-al** ont leur pluriel en **-aux** (*un cheval, des chevaux* [1] *; un journal, des journaux ; un tribunal, des tribunaux*), sauf les noms suivants :
bal, cal, carnaval, cérémonial, chacal, choral, étal, festival, gavial, narval, nopal, pal, récital, régal, rorqual, santal, serval, sisal, qui ont un pluriel régulier en **-s** : *des bals, des cals, des carnavals,* etc.

1. Le pluriel de *fer à cheval* est *fers à cheval*.
Les mots *idéal* et *val* ont deux pluriels : *idéals* et *idéaux*, *vals* et *vaux*.

▶ Les noms et adjectifs en **-au**, **-eau** et **-eu** ont leur pluriel en **-aux**, **-eaux** et **-eux**, sauf les mots suivants :
grau, landau, sarrau, bleu (et ses composés), *émeu, enfeu, feu* (l'adjectif), *lieu* (le poisson), *pneu* (et ses composés), *richelieu,* qui ont un pluriel régulier en **-s** : *des graus, des landaus,* etc.

▶ Certains noms en **-ou** ont leur pluriel en **-oux** :
un bijou, des bijoux ; un caillou, des cailloux ; un chou, des choux ; un genou, des genoux ; un hibou, des hiboux ; un joujou, des joujoux ; un pou, des poux.
Les autres suivent la règle générale du pluriel :
un clou, des clous ; un verrou, des verrous, etc.

▶ Certains noms en **-ail** ont leur pluriel en **-aux** :
un bail, des baux ; un corail, des coraux ; un soupirail, des soupiraux ; un vantail, des vantaux ; un vitrail, des vitraux.
Les autres suivent la règle générale du pluriel :
un épouvantail, des épouvantails ; un gouvernail, des gouvernails ; un rail, des rails, etc.

REMARQUE *Ail* a deux pluriels : *ails* et *aulx*, mais le second est plus rare et ancien.

2 Cas particuliers

▶ Les notes de musique :
Le nom des notes de musique est invariable :
des do bémol, des fa dièse.

▶ Les jours de la semaine :
Au pluriel, le nom des jours de la semaine prend un **s** :
Il va au cinéma tous les lundis.
Mais on écrit :
Il va au cinéma tous les lundis soir (« soir » a la fonction d'un adverbe).

▶ Les noms toujours pluriels :
Les noms suivants ne s'emploient qu'au pluriel :
accordailles, affres, aguets, alentours, ambages, annales, appas, appointements, archives, armoiries, arrérages, arrhes, atours, condoléances, confins, décombres, fiançailles, frais, funérailles, honoraires, mœurs, obsèques, ossements, sévices, ténèbres, etc.

▶ L'accord en nombre des adjectifs :
• Avec plusieurs noms coordonnés par **et**, par **ou** et par **ni**, avec un nom au pluriel,
→ Voir l'accord des adjectifs.

• Avec le pronom personnel **on :**
On est un pronom masculin singulier, mais l'accord peut se faire au pluriel quand « on » représente un nom pluriel :
On *n'est jamais* ***sûr*** *de rien* [2]*.* ***On*** *est tous* ***égaux*** *devant la loi.*
Marie et moi, ***on*** *est* ***heureuses*** [3] *de partir en vacances.*

2. Dans cette phrase, « on » signifie « chacun », « tout homme ».
3. Dans la langue soutenue, on dirait :
Marie et moi sommes heureuses de partir en vacances.

• Avec **peu de,** l'accord se fait avec le nom qui suit :
Peu de *monde est* ***satisfait. Peu d'****hommes sont* ***satisfaits.***
Peu de *femmes sont* ***satisfaites.***

• Avec **plus d'un :**
– Si **plus d'un** est suivi d'un nom au singulier, l'accord se fait avec ce nom : ***Plus d'un*** *invité était* ***gai.***
– Si **plus d'un** est suivi d'un nom au pluriel, l'accord se fait soit avec le mot collectif et se met donc au masculin singulier, soit avec le mot complément :
Plus d'un de *ces hommes m'était* ***inconnu*** ou ***Plus d'un de*** *ces hommes m'étaient* ***inconnus.***

• Avec **la totalité de, le plus grand nombre de,** l'accord se fait au singulier :
La totalité des *candidats était très émue.*
Le plus grand nombre *de spectateurs demeurait impassible.*

• Avec **la plupart (de),** l'accord se fait au pluriel :
La plupart des [4] *enfants étaient* ***contents.***
La plupart [5] *sont déjà* ***guéris*** (ou ***guéries***).
Ces avions sont anciens ; ***la plupart*** *ont été* ***construits*** *il y a plus de trente ans.*

4. « La plupart de » suivi d'un nom au singulier est rare et vieilli, sauf dans l'expression « la plupart du temps ».
5. Avec « la plupart », l'accord se fait avec le complément sous-entendu :
la plupart (des enfants) ou *la plupart (des personnes).*

→ Voir l'accord du verbe avec le sujet.
Avec l'expression avoir l'air, avec un nom en apposition,
→ Voir l'accord des adjectifs.
Avec les adjectifs indéfinis aucun, chaque et nul,
→ Voir l'accord des adjectifs.

▶ Les noms déposés :
Les noms déposés sont légalement des noms propres invariables* et ne peuvent prendre la marque du pluriel qu'avec l'accord de leurs propriétaires : *des* ***Coton-Tige,*** *des* ***Escalator,*** *des* ***Peugeot,*** etc.
* L'accord de ces noms est grammaticalement correct : *des* ***Caddies,*** *des* ***Escalators,*** *des* ***Cotons-Tiges.***

▶ Les noms de produits :
Les noms des produits prennent un **s** au pluriel :
des ***bourgognes,*** *des* ***camemberts,*** *des* ***champagnes,*** etc.

▶ Les noms propres :
Les **noms propres** sont, en principe, **invariables** puisqu'ils désignent une personne ou un lieu uniques :
les ***Goncourt,*** *les* ***Durand,*** *les deux* ***Marie.***
Il n'y a pas deux ***Prague*** *mais il existe deux* ***Vienne.***
Cependant, l'accord du pluriel, qui se faisait en latin, était de règle jusqu'au XVIIIe siècle.
Aujourd'hui, la tendance générale est à l'invariabilité, mais certains noms de familles illustres ou de dynasties prennent la marque du pluriel :
les ***Bourbons,*** *les* ***Capets,*** *les* ***Césars,*** *les* ***Condés,*** *les* ***Constantins,*** *les* ***Curiaces,*** *les* ***Guises,*** *les* ***Horaces,*** *les* ***Paléologues,*** *les* ***Plantagenêts,*** *les* ***Stuarts,*** *les* ***Tudors.***
Mais on écrit sans **s** : *les* ***Hohenzollern,*** *les* ***Romanov,*** *les* ***Habsbourg,*** *les* ***Visconti,*** *les* ***Borgia,*** *les* ***Bonaparte.***
Les **noms propres employés comme noms communs** prennent la marque du pluriel :
« *J'ai vu des* ***Sophocles,*** *des* ***Archimèdes,*** *des* ***Platons*****…* »
(P. Valéry).
* Ces noms sont employés au pluriel par effet de style. On pourrait dire *des hommes comme Sophocle, Archimède et Platon.* En revanche, lorsqu'un nom propre est précédé d'un article pluriel mais désigne une seule personne,

il reste au singulier : « *Ici, les **Joffre,** les **Castelnau,** les **Fayolle,** les **Foch,** les **Pétain** » (P. Valéry).*

N.B. Les noms géographiques peuvent prendre la marque du pluriel s'ils s'appliquent à des réalités distinctes : *les **Amériques,** les **Guyanes,** les deux **Corées.***

Les **noms d'artistes** utilisés pour désigner leurs œuvres sont en principe invariables :
*Le musée a acheté des **Rembrandt** et des **Raphaël.***

N.B. On rencontre parfois l'orthographe avec **s**, qui n'est pas considérée comme fautive : *Le musée a acheté des **Rembrandts** et des **Raphaëls.***

Les **noms de personnes** ou **d'êtres** qui désignent des **œuvres d'art** prennent la marque du pluriel :
*Il a admiré plusieurs **Dianes** et plusieurs **Apollons.***

Les **noms de journaux, de revues,** les titres de **romans,** de **pièces de théâtre** sont toujours invariables :
*des **Figaro,** des **Officiel des spectacles,** des **Macbeth.***

→ Voir l'accord des adjectifs, le pluriel des noms composés, l'accord des adjectifs de couleur, le pluriel des noms et des adjectifs d'origine étrangère, le participe présent, l'adjectif verbal et le nom, l'accord du participe passé.

10. Le pluriel des noms et des adjectifs d'origine étrangère

En règle générale, les noms et les adjectifs empruntés aux langues étrangères prennent un *-s* au pluriel : *des agendas, des autodafés, des biftecks, des cocktails, des judokas, des pizzerias, des toreros, des zakouskis.*

Certains noms ont conservé le pluriel d'origine étrangère à côté du pluriel français ; toutefois, ce dernier tend à s'imposer : *des businessmans* (ou *des businessmen*), *des matchs* (ou *des matches*), *des scénarios* (ou *des scenarii*), etc.

Les noms et les adjectifs d'origine étrangère terminés par *-s, -x* et *-z* sont invariables, comme ils le sont en français : *des box, des cumulus, des edelweiss, des kibboutz, des gens relax, des danses sioux, des tumulus, des xérès.*

1 Noms empruntés au latin

des accessits	des intérims	des quorums
des albums	des médiums	des quotas
des aléas	des mémentos	des référendums
des alibis	des mémorandums	des sanatoriums
des alinéas	des péplums	des solariums
des déficits	des quatuors	des spécimens
des forums	des quidams	des ultimatums…

REMARQUES 1 Certains noms d'origine latine, dont une partie appartient à la langue religieuse, restent invariables : *des Ave, des credo, des ex-voto, des Kyrie, des magnificat, des Pater, des requiem, des Te Deum, des nota bene, des post-scriptum, des vade-mecum, des veto,* etc. D'autres ont conservé la forme latine du pluriel : *un erratum, des errata.*

2 Un petit nombre de noms acceptent les deux pluriels : *un maximum, des maximums* ou *des maxima ; un minimum, des minimums* ou *des minima ; un optimum, des optimums* ou *des optima ; un stimulus, des stimulus* ou *des stimuli ; un oculus, des oculus* ou *des oculi.*

2 Noms et adjectifs empruntés à l'italien

des agios	des graffitis**	des piccolos
des altos	des imbroglios	des prima donna*
des andantes	des imprésarios	des raviolis
des arias	des lazzis**	des églises rococo
des cannellonis	des macaronis	des scénarios*
des confettis	des mezzo-sopranos	des solos*
des duos	des opéras(-)bouffes	des sopranos*
des fiascos	des pianoforte	des spaghettis…

* On peut dire aussi *des prime donne, des scenarii, des soli, des soprani,* mais ces pluriels, dits savants, ont souvent un air de pédanterie.

** Le pluriel italien en *-i* se rencontre parfois : *des graffiti, des lazzi,* etc.

3 Noms et adjectifs empruntés à l'allemand

des blockhaus	des kaisers	des schuss
des ersatz	des vases kitsch	des talwegs
des diktats	des lieds/des lieder	des vasistas…

4 Noms et adjectifs empruntés à l'anglais ou à l'anglo-américain

Les noms composés avec *man* font leur pluriel en *mans* : *des barmans, des gentlemans, des jazzmans,* mais les formes anglaises coexistent : *des barmen, des gentlemen, des jazzmen.* Ceux qui se terminent par *y* ont leur pluriel en *-ys : des dandys, des jurys, des whiskys,* mais on trouve aussi la terminaison anglaise en *-ies : des whiskies.*
Enfin, ceux qui ont une terminaison en *-ch* ou en *-sh* ont aussi deux pluriels : le pluriel francisé *-chs* et *-shs* : *des sandwichs, des flashs,* et le pluriel d'origine en *-ches* et *-shes : des sandwiches, des flashes.*
Toutefois, comme pour les mots venus des autres langues, le pluriel français tend à se généraliser.

5 Les adjectifs sont invariables en anglais. En les intégrant dans la langue française, on a conservé cette règle pour la plupart d'entre eux.

des parents **cool**	des plates-formes **offshore**
des whiskys **dry**	ou **off shore**
des joueurs **fair-play**	des billets **open**
des couleurs **flashy**	les balles sont **out**
des lampes **flood**	des chanteurs **pop**
des boxeurs **groggy**	des groupes **punk**
des chansons **jazzy**	des appareils **reflex**
des boxeurs **knock-out**	des concerts **rock**
des concerts **live**	des actrices **sexy**
des lunettes **new-look**	des gens **smart**
des courses **non-stop**	des pneus **tubeless**
des festivals **off**	des montres **waterproof…**

6 Les adjectifs issus de noms de peuples

En règle générale, ces adjectifs s'accordent en nombre si ces mots peuvent être facilement francisés : des habitations *hottentotes,* des coutumes *inuites,* des villes *khmères,* des villages *kurdes,* des bonnets *mandchous,* des guerriers *maoris,* des villages *peuls,* des coutumes *tamoules.* D'autres sont invariables : des tissages *aymara,* des agriculteurs *haoussa,* des poteries *jivaro,* les peintures de sable *navajo,* les peuples *quechua,* des chansons *yiddish.*

Cependant, l'accord est encore hésitant pour un certain nombre d'entre eux. Souvent invariables dans les textes scientifiques, ils prennent la marque du pluriel dans la langue courante : les traditions *aymara*/les traditions *aymaras* ; des cités *haoussa* / des cités *haoussas…*

→ Voir le pluriel des noms composés et le pluriel des noms et des adjectifs.

11. Le pluriel des noms composés

Un nom composé est constitué de plusieurs mots séparés ou non par des traits d'union : *à-propos, après-demain, chef-lieu, chasse-neige, pomme de terre, chef d'orchestre, self-made-man.* Le pluriel d'un nom composé varie en fonction de la catégorie grammaticale de chacun de ses composants.

Si un nom composé est formé avec un verbe, un adverbe, une préposition ou un préfixe, le verbe, l'adverbe, la préposition et le préfixe sont invariables : *des attrape-nigauds, des arrière-boutiques, des à-côtés, des agro-industries, des mini-ordinateurs.*

S'il est formé avec un nom ou un adjectif, ceux-ci prennent ou non la marque du pluriel selon le sens : *des boutons-pression, des bracelets-montres, des arcs-en-ciel, des chassés-croisés, des petits-suisses, des petits-beurre.*

1 Les noms composés formés d'un adjectif et d'un nom : tous deux prennent la marque du pluriel.

une basse-cour .... des basses-cours
un beau-frère .... des beaux-frères
un château fort .... des châteaux forts
un court-circuit .... des courts-circuits
un haut-relief .... des hauts-reliefs
une longue-vue .... des longues-vues
un petit déjeuner .... des petits déjeuners
une plate-bande .... des plates-bandes...

→ Voir l'accord des adjectifs et l'accord des adjectifs de couleur.

2 Les noms composés formés de deux noms en apposition : tous deux prennent la marque du pluriel.

un chef-lieu .... des chefs-lieux
un chêne-liège .... des chênes-lièges
un chirurgien-dentiste .... des chirurgiens-dentistes
un crédit-bail .... des crédits-bails
un drap-housse .... des draps-housses
une loi-cadre .... des lois-cadres
un maître-nageur .... des maîtres-nageurs
un mot-clé .... des mots-clés...

REMARQUE Le mot *volte-face* est invariable pour des raisons étymologiques : *volte* vient du verbe italien *voltare,* tourner.

3 Les noms composés formés d'un nom et de son complément : le premier nom seul prend la marque du pluriel.

un abri-sous-roche .... des abris-sous-roche
un amour-en-cage .... des amours-en-cage
une année-lumière .... des années-lumière
une assurance-vie .... des assurances-vie
une barbe à papa .... des barbes à papa
un chef-d'œuvre .... des chefs-d'œuvre
un chèque-service .... des chèques-service
un fer à cheval .... des fers à cheval
une pomme de terre .... des pommes de terre
un timbre-poste .... des timbres-poste...

REMARQUE Attention à certains pluriels irréguliers : *des **œils**-de-bœuf, des **ciels** de lits, des **chevaux**-d'arçons* ou *des **cheval**-d'arçons.*

Les mots suivants ne prennent pas d's pour permettre la liaison : *des coq-à-l'âne, des face-à-face, des pot-au-feu, des tête-à-tête.*

4 Les noms composés formés d'un mot invariable et d'un nom (ou d'un adjectif) : le nom seul prend la marque du pluriel.

un à-coup .... des à-coups
un aéro-club .... des aéro-clubs
un à-pic .... des à-pics
un après-rasage .... des après-rasages
un ciné-club .... des ciné-clubs
un en-tête .... des en-têtes
un haut-parleur .... des haut-parleurs
un micro-ordinateur .... des micro-ordinateurs
un nouveau-né* .... des nouveau-nés...

REMARQUE Quelques noms sont invariables en raison du sens : *des après-midi, des sans-abri, des sans-cœur, des sans-gêne.*

* Dans *nouveau-né* et *mort-né, nouveau* et *mort* sont considérés comme des adverbes : *des brebis mort-nées, nouveau-nées.*

5 Les noms composés formés d'un verbe et de son complément : le verbe est invariable et le nom prend ou ne prend pas la marque du pluriel.[1]

▶ Le nom prend la marque du pluriel s'il peut être compté :

un chauffe-bain .... des chauffe-bains
un couvre-lit .... des couvre-lits
un essuie-glace .... des essuie-glaces
un porte-bébé .... des porte-bébé(s)
un tire-bouchon .... des tire-bouchons

▶ Le nom reste invariable s'il est unique ou abstrait :

un abat-jour .... des abat-jour
un aide-mémoire .... des aide-mémoire
un casse-croûte .... des casse-croûte
un chasse-neige .... des chasse-neige
un gratte-ciel .... des gratte-ciel

1. Dans le cadre de la réforme de l'orthographe, le second élément prend toujours la marque du pluriel.

REMARQUES 1 Certains noms composés admettent les deux orthographes au singulier : *un gobe-mouche(s), des gobe-mouches ; un ouvre-boîte* ou *un ouvre-boîtes, des ouvre-boîtes.* D'autres admettent les deux formes au pluriel : *un amuse-gueule, des amuse-gueule* ou *des amuse-gueules ; un trouble-fête, des trouble-fête* ou *des trouble-fêtes.*

2 Certains noms composés gardent toujours la marque du pluriel : *un essuie-mains, des essuie-mains ; un pare-chocs, des pare-chocs ; un presse-papiers, des presse-papiers.*

6 Les noms composés avec le mot *garde*[1] :

▶ si le nom composé désigne une personne, le mot *garde* prend la marque du pluriel ;

▶ si le nom composé désigne une chose, le mot *garde* est invariable.

▶ Le nom qui suit prend ou non la marque du pluriel, en fonction du sens.

une personne

un (une) garde-barrière .... des gardes-barrière(s)
un garde-chasse .... des gardes-chasse(s)
un (une) garde-malade .... des gardes-malade(s)...

une chose

un garde-boue .... des garde-boue
un garde-fou .... des garde-fous
un garde-manger .... des garde-manger...

1. Dans le cadre de la réforme de l'orthographe, le second élément prend toujours la marque du pluriel.

7 Les noms composés formés d'une expression ou de deux verbes : tous les mots sont invariables.

un garde-à-vous .... des garde-à-vous
un je-ne-sais-quoi .... des je-ne-sais-quoi
un rendez-vous .... des rendez-vous
un va-et-vient .... des va-et-vient...

8 Principaux noms composés d'origine anglo-américaine[1] :

un after-shave	des after-shave
un baby-foot	des baby-foot
un baby-sitter	des baby-sitters
un best-seller	des best-sellers
un camping-car	des camping-cars
un check-up	des check-up
une cover-girl	des cover-girls
un cow-boy	des cow-boys
un disc-jockey	des disc-jockeys
un eye-liner	des eye-liners
un fast-food	des fast-foods
un free-shop	des free-shops
une garden-party	des garden-partys ou des garden-parties
un happy end	des happy ends
un hold-up	des hold-up
un hot dog	des hot dogs
un irish(-)coffee	des irish(-)coffees
un milk-shake	des milk-shakes
un one-man-show	des one-man-show
un pop-corn	des pop-corn
un press-book	des press-books
un pull-over	des pull-overs
un punching-ball	des punching-balls
un self-made-man	des self-made-mans ou des self-made-men
un self-service	des self-services
un soap opera	des soap operas
une start-up	des start-up
un steeple-chase	des steeple-chases
un story-board	des story-boards
un sweat-shirt	des sweat-shirts
un talk-show	des talk-shows
un talkie-walkie	des talkies-walkies
un tee-shirt	des tee-shirts
un top(-)model	des top(-)models
un week-end	des week-ends…

1. Dans le cadre de la réforme de l'orthographe, lorsque ces mots sont soudés, ils prennent la marque normale du pluriel.

9 Les noms déposés

Les noms déposés sont légalement des noms propres invariables : *des Cocotte-Minute, des Coton-Tige…*

REMARQUE L'accord est cependant correct d'un point de vue grammatical : *des Cocottes-Minute, des Cotons-Tiges.*

→ Voir le pluriel des noms et des adjectifs et le pluriel des noms et des adjectifs d'origine étrangère.

12. Le participe présent, l'adjectif verbal et le nom

▸ **Le participe présent** se termine par **-ant.**
Il peut être employé comme verbe (participe présent proprement dit) ou comme adjectif (adjectif verbal). L'adjectif verbal et le nom correspondant peuvent avoir une terminaison en **-ent.**

▸ **Le participe présent** proprement dit est invariable et souvent suivi d'un complément. Il marque une action ou un état passager :
*Des enfants **obéissant** à leurs parents.*
*J'ai croisé une bande d'enfants **hurlant** dans les rues.*
*Il est soudain devenu grossier, **provoquant** l'indignation générale.*

REMARQUE Le gérondif est une forme verbale invariable, précédée de la préposition **en.** Le sujet sous-jacent est identique au sujet du verbe principal. Il sert à décrire certaines circonstances de l'action : ***En sortant,** j'ai vu qu'il pleuvait. Il est mort **en mangeant** des champignons vénéneux.*

▸ **L'adjectif verbal** (ou participe présent adjectivé) employé comme adjectif qualificatif s'accorde en genre et en nombre. Il marque une qualité, un état durables :
*Ils ont des enfants **obéissants.***
*Ils ont eu peur de la meute **hurlante.***
*Elle avait une allure **provocante.***

L'adjectif verbal et le nom correspondant ont le plus souvent la terminaison en **-ant** du participe présent :
*Des lumières **clignotant** dans la nuit. Les feux **clignotants** signalent un danger. Il a allumé ses **clignotants.***

▸ Il y a parfois des différences orthographiques entre ces trois termes. Ces discordances portent particulièrement sur les verbes terminés par **-ger, -quer** et **-guer.**

Participe présent	Adjectif verbal	Nom
adhérant	adhérent, e : *Une branche **adhérente** au tronc.*	un(e) adhérent(e)
affluant	affluent, e : *Une rivière **affluente.***	un affluent
coïncidant	coïncident, e : *Des faits **coïncidents.***	
communiquant	communicant, e : *Des chambres **communicantes.***	
convainquant	convaincant, e : *Un raisonnement **convaincant.***	
convergeant	convergent, e : *Une lentille **convergente.***	
détergeant	détergent, e : *Un produit **détergent.***	un détergent
différant	différent, e : *Des raisons **différentes. Différentes** raisons.*	
divergeant	divergent, e : *Une lentille **divergente.***	
équivalant	équivalent, e : *Des parts **équivalentes.***	un équivalent
excellant	excellent, e : *Un **excellent** roman.*	
extravaguant	extravagant, e : *Une idée **extravagante.***	un(e) extravagant(e)
fabriquant		un(e) fabricant(e)
fatiguant	fatigant, e : *Un voyage **fatigant.***	
influant	influent, e : *Des gens **influents.***	
naviguant	navigant, e : *Le personnel **navigant.***	un(e) navigant(e)
négligeant	négligent, e : *Une employée **négligente.***	
précédant	précédent, e : *Le jour **précédent.***	un précédent
provoquant	provocant, e : *Une attitude **provocante.***	
somnolant	somnolent, e : *Un élève **somnolent.***	
suffoquant	suffocant, e : *Une chaleur **suffocante.***	
vaquant	vacant, e : *Un poste **vacant.***	

REMARQUES ❶ Attention, il n'y a pas de différence orthographique entre le participe présent et l'adjectif verbal de *exiger* : ***Exigeant** beaucoup de lui-même, il se permettait d'exiger également beaucoup des autres. Il est très **exigeant** avec ses employés.*
❷ On peut dire *Partir à trois heures **sonnantes*** (adjectif) ou *Partir à trois heures **sonnant*** (participe présent), mais seuls sont corrects : *à une heure **sonnant,** à midi **sonnant,** à minuit **sonnant.***

13. Les tableaux de conjugaison

REMARQUE Le conditionnel est considéré tantôt comme un mode, tantôt comme un temps de l'indicatif permettant d'exprimer le futur dans une phrase au passé, une condition, une éventualité ou la conséquence d'un fait supposé.

	1. AVOIR	2. ÊTRE	3. CHANTER	4. ARGUER (1)	5. COPIER
Indicatif présent	j'ai tu as il, elle a nous avons vous avez ils, elles ont	je suis tu es il, elle est nous sommes vous êtes ils, elles sont	je chante tu chantes il, elle chante nous chantons vous chantez ils, elles chantent	j'argue tu argues il, elle argue nous arguons vous arguez ils, elles arguent	je copie tu copies il, elle copie nous copions vous copiez ils, elles copient
Indicatif imparfait	il, elle avait	il, elle était	il, elle chantait	il, elle arguait	il, elle copiait
Indicatif passé simple	il, elle eut ils, elles eurent	il, elle fut ils, elles furent	il, elle chanta ils, elles chantèrent	il, elle argua ils, elles arguèrent	il, elle copia ils, elles copièrent
Indicatif futur	j'aurai il, elle aura	je serai il, elle sera	je chanterai il, elle chantera	j'arguerai il, elle arguera	je copierai il, elle copiera
Conditionnel présent	j'aurais il, elle aurait	je serais il, elle serait	je chanterais il, elle chanterait	j'arguerais il, elle arguerait	je copierais il, elle copierait
Subjonctif présent	que j'aie qu'il, elle ait que nous ayons qu'ils, elles aient	que je sois qu'il, elle soit que nous soyons qu'ils, elles soient	que je chante qu'il, elle chante que nous chantions qu'ils, elles chantent	que j'argue qu'il, elle argue que nous arguions qu'ils, elles arguent	que je copie qu'il, elle copie que nous copiions qu'ils, elles copient
Subjonctif imparfait	qu'il, elle eût qu'ils, elles eussent	qu'il, elle fût qu'ils, elles fussent	qu'il, elle chantât qu'ils, elles chantassent	qu'il, elle arguât qu'ils, elles arguassent	qu'il, elle copiât qu'ils, elles copiassent
Impératif	aie ayons ayez	sois soyons soyez	chante chantons chantez	argue arguons arguez	copie copions copiez
Participe présent	ayant	étant	chantant	arguant	copiant
Participe passé	eu, eue	été	chanté, e	argué, e	copié, e

(1) Certains auteurs mettent un tréma sur le *e* ou sur le *i* *(j'arguë, nous arguïons)*.

	6. PAYER (1)		7. ESSUYER (2)	8. CRÉER	9. AVANCER
Indicatif présent	je paie tu paies il, elle paie nous payons vous payez ils, elles paient	je paye tu payes il, elle paye nous payons vous payez ils, elles payent	j'essuie tu essuies il, elle essuie nous essuyons vous essuyez ils, elles essuient	je crée tu crées il, elle crée nous créons vous créez ils, elles créent	j'avance tu avances il, elle avance nous avançons vous avancez ils, elles avancent
Indicatif imparfait	il, elle payait	il, elle payait	il, elle essuyait	il, elle créait	il, elle avançait
Indicatif passé simple	il, elle paya ils, elles payèrent	il, elle paya ils, elles payèrent	il, elle essuya ils, elles essuyèrent	il, elle créa ils, elles créèrent	il, elle avança ils, elles avancèrent
Indicatif futur	je paierai il, elle paiera	je payerai il, elle payera	j'essuierai il, elle essuiera	je créerai il, elle créera	j'avancerai il, elle avancera
Conditionnel présent	je paierais il, elle paierait	je payerais il, elle payerait	j'essuierais il, elle essuierait	je créerais il, elle créerait	j'avancerais il, elle avancerait
Subjonctif présent	que je paie qu'il, elle paie que nous payions qu'ils, elles paient	que je paye qu'il, elle paye que nous payions qu'ils, elles payent	que j'essuie qu'il, elle essuie que nous essuyions qu'ils, elles essuient	que je crée qu'il, elle crée que nous créions qu'ils, elles créent	que j'avance qu'il, elle avance que nous avancions qu'ils, elles avancent
Subjonctif imparfait	qu'il, elle payât qu'ils, elles payassent	qu'il, elle payât qu'ils, elles payassent	qu'il, elle essuyât qu'ils, elles essuyassent	qu'il, elle créât qu'ils, elles créassent	qu'il, elle avançât qu'ils, elles avançassent
Impératif	paie payons payez	paye payons payez	essuie essuyons essuyez	crée créons créez	avance avançons avancez
Participe présent	payant	payant	essuyant	créant	avançant
Participe passé	payé, e	payé, e	essuyé, e	créé, e	avancé, e

(1) Pour certains grammairiens, le verbe *rayer* (et ses composés) garde le *y* dans toute sa conjugaison.
(2) Sauf les verbes en *-eyer (capeyer, faseyer, grasseyer, volleyer)* qui gardent le *y* dans toute la conjugaison : *je grasseye, je grasseyerai.*

	10. MANGER	11. CÉDER/11.* CÉDER (1)	12. SEMER	13. RAPIÉCER (1)	14. ACQUIESCER
Indicatif présent	je mange tu manges il, elle mange nous mangeons vous mangez ils, elles mangent	je cède tu cèdes il, elle cède nous cédons vous cédez ils, elles cèdent	je sème tu sèmes il, elle sème nous semons vous semez ils, elles sèment	je rapièce tu rapièces il, elle rapièce nous rapiéçons vous rapiécez ils, elles rapiècent	j'acquiesce tu acquiesces il, elle acquiesce nous acquiesçons vous acquiescez ils, elles acquiescent
Indicatif imparfait	il, elle mangeait	il, elle cédait	il, elle semait	il, elle rapiéçait	il, elle acquiesçait
Indicatif passé simple	il, elle mangea ils, elles mangèrent	il, elle céda ils, elles cédèrent	il, elle sema ils, elles semèrent	il, elle rapiéça ils, elles rapiécèrent	il, elle acquiesça ils, elles acquiescèrent
Indicatif futur	je mangerai il, elle mangera	je céderai/cèderai* il, elle cédera/cèdera*	je sèmerai il, elle sèmera	je rapiécerai il, elle rapiécera	j'acquiescerai il, elle acquiescera
Conditionnel présent	je mangerais il, elle mangerait	je céderais/cèderais* il, elle céderait/cèderait*	je sèmerais il, elle sèmerait	je rapiécerais il, elle rapiécerait	j'acquiescerais il, elle acquiescerait
Subjonctif présent	que je mange qu'il, elle mange que nous mangions qu'ils, elles mangent	que je cède qu'il, elle cède que nous cédions qu'ils, elles cèdent	que je sème qu'il, elle sème que nous semions qu'ils, elles sèment	que je rapièce qu'il, elle rapièce que nous rapiécions qu'ils, elles rapiècent	que j'acquiesce qu'il, elle acquiesce que nous acquiescions qu'ils, elles acquiescent
Subjonctif imparfait	qu'il, elle mangeât qu'ils, elles mangeassent	qu'il, elle cédât qu'ils, elles cédassent	qu'il, elle semât qu'ils, elles semassent	qu'il, elle rapiéçât qu'ils, elles rapiéçassent	qu'il, elle acquiesçât qu'ils, elles acquiesçassent
Impératif	mange mangeons mangez	cède cédons cédez	sème semons semez	rapièce rapiéçons rapiécez	acquiesce acquiesçons acquiescez
Participe présent	mangeant	cédant	semant	rapiéçant	acquiesçant
Participe passé	mangé, e	cédé, e	semé, e	rapiécé, e	acquiescé

(1) Dans la 9e édition de son dictionnaire (1992), l'Académie écrit au futur et au conditionnel *je cèderai, je cèderais ; je rapiècerai, je rapiècerais.*

	15. SIÉGER/15.* SIÉGER (1 et 2)	16. APPELER (3)	17. INTERPELLER	18. DÉPECER	19. ENVOYER
Indicatif présent	je siège tu sièges il, elle siège nous siégeons vous siégez ils, elles siègent	j'appelle tu appelles il, elle appelle nous appelons vous appelez ils, elles appellent	j'interpelle tu interpelles il, elle interpelle nous interpellons vous interpellez ils, elles interpellent	je dépèce tu dépèces il, elle dépèce nous dépeçons vous dépecez ils, elles dépècent	j'envoie tu envoies il, elle envoie nous envoyons vous envoyez ils, elles envoient
Indicatif imparfait	il, elle siégeait	il, elle appelait	il, elle interpellait	il, elle dépeçait	il, elle envoyait
Indicatif passé simple	il, elle siégea ils, elles siégèrent	il, elle appela ils, elles appelèrent	il, elle interpella ils, elles interpellèrent	il, elle dépeça ils, elles dépecèrent	il, elle envoya ils, elles envoyèrent
Indicatif futur	je siégerai/siègerai* il, elle siégera/siègera*	j'appellerai il, elle appellera	j'interpellerai il, elle interpellera	je dépècerai il, elle dépècera	j'enverrai il, elle enverra
Conditionnel présent	je siégerais/siègerais* il, elle siégerait/siègerait*	j'appellerais il, elle appellerait	j'interpellerais il, elle interpellerait	je dépècerais il, elle dépècerait	j'enverrais il, elle enverrait
Subjonctif présent	que je siège qu'il, elle siège que nous siégions qu'ils, elles siègent	que j'appelle qu'il, elle appelle que nous appelions qu'ils, elles appellent	que j'interpelle qu'il, elle interpelle que nous interpellions qu'ils, elles interpellent	que je dépèce qu'il, elle dépèce que nous dépecions qu'ils, elles dépècent	que j'envoie qu'il, elle envoie que nous envoyions qu'ils, elles envoient
Subjonctif imparfait	qu'il, elle siégeât qu'ils, elles siégeassent	qu'il, elle appelât qu'ils, elles appelassent	qu'il, elle interpellât qu'ils, elles interpellassent	qu'il, elle dépeçât qu'ils, elles dépeçassent	qu'il, elle envoyât qu'ils, elles envoyassent
Impératif	siège siégeons siégez	appelle appelons appelez	interpelle interpellons interpellez	dépèce dépeçons dépecez	envoie envoyons envoyez
Participe présent	siégeant	appelant	interpellant	dépeçant	envoyant
Participe passé	siégé	appelé, e	interpellé, e	dépecé, e	envoyé, e

(1) Dans la 9e édition de son dictionnaire (1992), l'Académie écrit au futur et au conditionnel *je siègerai, je siègerais.*
(2) *Assiéger* se conjugue comme *siéger*, mais son participe passé est variable.
(3) Selon la réforme de l'orthographe, les verbes de cette conjugaison s'alignent sur la conjugaison 12, à l'exception de *appeler, jeter* et leurs composés.

	20. ALLER (1)	21. FINIR (2)	22. HAÏR	23. OUVRIR	24. FUIR
Indicatif présent	je vais tu vas il, elle va nous allons vous allez ils, elles vont	je finis tu finis il, elle finit nous finissons vous finissez ils, elles finissent	je hais tu hais il, elle hait nous haïssons vous haïssez ils, elles haïssent	j'ouvre tu ouvres il, elle ouvre nous ouvrons vous ouvrez ils, elles ouvrent	je fuis tu fuis il, elle fuit nous fuyons vous fuyez ils, elles fuient
Indicatif imparfait	il, elle allait	il, elle finissait	il, elle haïssait	il, elle ouvrait	il, elle fuyait
Indicatif passé simple	il, elle alla ils, elles allèrent	il, elle finit ils, elles finirent	il, elle haït ils, elles haïrent	il, elle ouvrit ils, elles ouvrirent	il, elle fuit ils, elles fuirent
Indicatif futur	j'irai il, elle ira	je finirai il, elle finira	je haïrai il, elle haïra	j'ouvrirai il, elle ouvrira	je fuirai il, elle fuira
Conditionnel présent	j'irais il, elle irait	je finirais il, elle finirait	je haïrais il, elle haïrait	j'ouvrirais il, elle ouvrirait	je fuirais il, elle fuirait
Subjonctif présent	que j'aille qu'il, elle aille que nous allions qu'ils, elles aillent	que je finisse qu'il, elle finisse que nous finissions qu'ils, elles finissent	que je haïsse qu'il, elle haïsse que nous haïssions qu'ils, elles haïssent	que j'ouvre qu'il, elle ouvre que nous ouvrions qu'ils, elles ouvrent	que je fuie qu'il, elle fuie que nous fuyions qu'ils, elles fuient
Subjonctif imparfait	qu'il, elle allât qu'ils, elles allassent	qu'il, elle finît qu'ils, elles finissent	qu'il, elle haït qu'ils, elles haïssent	qu'il, elle ouvrît qu'ils, elles ouvrissent	qu'il, elle fuît qu'ils, elles fuissent
Impératif	va allons allez	finis finissons finissez	hais haïssons haïssez	ouvre ouvrons ouvrez	fuis fuyons fuyez
Participe présent	allant	finissant	haïssant	ouvrant	fuyant
Participe passé	allé, e	fini, e	haï, e	ouvert, e	fui, e

(1) *Aller* fait à l'impér. *vas* dans *vas-y. S'en aller* fait à l'impér. *va-t'en, allons-nous-en, allez-vous-en.* Aux temps composés, le verbe *être* peut se substituer au verbe *aller* : *avoir été, j'ai été*, etc. Aux temps composés du pronominal *s'en aller, en* se place normalement avant l'auxiliaire : *je m'en suis allé(e)*, mais la langue courante dit de plus en plus *je me suis en allé(e).*
(2) *Maudire* (tableau 84) et *bruire* (tableau 85) se conjuguent sur *finir*, mais le participe passé de *maudire* est *maudit, maudite*, et *bruire* est défectif.

	25. DORMIR (1)	26. MENTIR (2)	27. ACQUÉRIR	28. VENIR	29. CUEILLIR
Indicatif présent	je dors tu dors il, elle dort nous dormons vous dormez ils, elles dorment	je mens tu mens il, elle ment nous mentons vous mentez ils, elles mentent	j'acquiers tu acquiers il, elle acquiert nous acquérons vous acquérez ils, elles acquièrent	je viens tu viens il, elle vient nous venons vous venez ils, elles viennent	je cueille tu cueilles il, elle cueille nous cueillons vous cueillez ils, elles cueillent
Indicatif imparfait	il, elle dormait	il, elle mentait	il, elle acquérait	il, elle venait	il, elle cueillait
Indicatif passé simple	il, elle dormit ils, elles dormirent	il, elle mentit ils, elles mentirent	il, elle acquit ils, elles acquirent	il, elle vint ils, elles vinrent	il, elle cueillit ils, elles cueillirent
Indicatif futur	je dormirai il, elle dormira	je mentirai il, elle mentira	j'acquerrai il, elle acquerra	je viendrai il, elle viendra	je cueillerai il, elle cueillera
Conditionnel présent	je dormirais il, elle dormirait	je mentirais il, elle mentirait	j'acquerrais il, elle acquerrait	je viendrais il, elle viendrait	je cueillerais il, elle cueillerait
Subjonctif présent	que je dorme qu'il, elle dorme que nous dormions qu'ils, elles dorment	que je mente qu'il, elle mente que nous mentions qu'ils, elles mentent	que j'acquière qu'il, elle acquière que nous acquérions qu'ils, elles acquièrent	que je vienne qu'il, elle vienne que nous venions qu'ils, elles viennent	que je cueille qu'il, elle cueille que nous cueillions qu'ils, elles cueillent
Subjonctif imparfait	qu'il, elle dormît qu'ils, elles dormissent	qu'il, elle mentît qu'ils, elles mentissent	qu'il, elle acquît qu'ils, elles acquissent	qu'il, elle vînt qu'ils, elles vinssent	qu'il, elle cueillît qu'ils, elles cueillissent
Impératif	dors dormons dormez	mens mentons mentez	acquiers acquérons acquérez	viens venons venez	cueille cueillons cueillez
Participe présent	dormant	mentant	acquérant	venant	cueillant
Participe passé	dormi	menti	acquis, e	venu, e	cueilli, e

(1) *Endormir* se conjugue comme *dormir*, mais son participe passé est variable.
(2) *Démentir* se conjugue comme *mentir*, mais son participe passé est variable.

	30. MOURIR	31. PARTIR	32. REVÊTIR	33. COURIR	34. FAILLIR (1)
Indicatif présent	je meurs tu meurs il, elle meurt nous mourons vous mourez ils, elles meurent	je pars tu pars il, elle part nous partons vous partez ils, elles partent	je revêts tu revêts il, elle revêt nous revêtons vous revêtez ils, elles revêtent	je cours tu cours il, elle court nous courons vous courez ils, elles courent	je faillis, faux tu faillis, faux il, elle faillit, faut nous faillissons, faillons vous faillissez, faillez ils, elles faillissent, faillent
Indicatif imparfait	il, elle mourait	il, elle partait	il, elle revêtait	il, elle courait	il, elle faillissait, faillait
Indicatif passé simple	il, elle mourut ils, elles moururent	il, elle partit ils, elles partirent	il, elle revêtit ils, elles revêtirent	il, elle courut ils, elles coururent	il, elle faillit ils, elles faillirent
Indicatif futur	je mourrai il, elle mourra	je partirai il, elle partira	je revêtirai il, elle revêtira	je courrai il, elle courra	je faillirai, faudrai il, elle faillira, faudra
Conditionnel présent	je mourrais il, elle mourrait	je partirais il, elle partirait	je revêtirais il, elle revêtirait	je courrais il, elle courrait	je faillirais, faudrais il, elle faillirait, faudrait
Subjonctif présent	que je meure qu'il, elle meure que nous mourions qu'ils, elles meurent	que je parte qu'il, elle parte que nous partions qu'ils, elles partent	que je revête qu'il, elle revête que nous revêtions qu'ils, elles revêtent	que je coure qu'il, elle coure que nous courions qu'ils, elles courent	que je faillisse, faille qu'il, elle faillisse, faille que nous faillissions, faillions qu'ils, elles faillissent, faillent
Subjonctif imparfait	qu'il, elle mourût qu'ils, elles mourussent	qu'il, elle partît qu'ils, elles partissent	qu'il, elle revêtît qu'ils, elles revêtissent	qu'il, elle courût qu'ils, elles courussent	qu'il, elle faillît qu'ils, elles faillissent
Impératif	meurs mourons mourez	pars partons partez	revêts revêtons revêtez	cours courons courez	faillis, faux faillissons, faillons faillissez, faillez
Participe présent	mourant	partant	revêtant	courant	faillissant, faillant
Participe passé	mort, e	parti, e	revêtu, e	couru, e	failli

(1) La conjugaison de *faillir* la plus employée est celle qui a été refaite sur *finir*. Les formes conjuguées de ce verbe sont rares.

	35. DÉFAILLIR (1)	36. BOUILLIR	37. SAILLIR (2)	38. OUÏR (3)	39. RECEVOIR
Indicatif présent	je défaille tu défailles il, elle défaille nous défaillons vous défaillez ils, elles défaillent	je bous tu bous il, elle bout nous bouillons vous bouillez ils, elles bouillent	il, elle saille ils, elles saillent	j'ouïs, ois tu ouïs, ois il, elle ouït, oit nous ouïssons, oyons vous ouïssez, oyez ils, elles ouïssent, oient	je reçois tu reçois il, elle reçoit nous recevons vous recevez ils, elles reçoivent
Indicatif imparfait	il, elle défaillait	il, elle bouillait	il, elle saillait	il, elle ouïssait, oyait	il, elle recevait
Indicatif passé simple	il, elle défaillit ils, elles défaillirent	il, elle bouillit ils, elles bouillirent	il, elle saillit ils, elles saillirent	il, elle ouït ils, elles ouïrent	il, elle reçut ils, elles reçurent
Indicatif futur	je défaillirai il, elle défaillira	je bouillirai il, elle bouillira	il, elle saillera	j'ouïrai, orrai il, elle ouïra, orra	je recevrai il, elle recevra
Conditionnel présent	je défaillirais il, elle défaillirait	je bouillirais il, elle bouillirait	il, elle saillerait	j'ouïrais, orrais il, elle ouïrait, orrait	je recevrais il, elle recevrait
Subjonctif présent	que je défaille qu'il, elle défaille que nous défaillions qu'ils, elles défaillent	que je bouille qu'il, elle bouille que nous bouillions qu'ils, elles bouillent	qu'il, elle saille qu'ils, elles saillent	que j'ouïsse, oie qu'il, elle ouïsse, oie que nous ouïssions, oyions qu'ils, elles ouïssent, oient	que je reçoive qu'il, elle reçoive que nous recevions qu'ils, elles reçoivent
Subjonctif imparfait	qu'il, elle défaillît qu'ils, elles défaillissent	qu'il, elle bouillît qu'ils, elles bouillissent	qu'il, elle saillît qu'ils, elles saillissent	qu'il, elle ouït qu'ils, elles ouïssent	qu'il, elle reçût qu'ils, elles reçussent
Impératif	défaille défaillons défaillez	bous bouillons bouillez	*inusité*	ouïs, ois ouïssons, oyons ouïssez, oyez	reçois recevons recevez
Participe présent	défaillant	bouillant	saillant	oyant	recevant
Participe passé	défailli	bouilli, e	sailli	ouï, e	reçu, e

(1) On trouve aussi *je défaillerai, tu défailleras*, etc., pour le futur, et *je défaillerais, tu défaillerais*, etc., pour le conditionnel.
(2) Il s'agit ici du verbe 1. *saillir*. (V. à son ordre alphabétique.)
(3) V. rem. au verbe à son ordre alphabétique.

	40. DEVOIR (1)	41. MOUVOIR (1)	42. ÉMOUVOIR	43. VOULOIR	44. POUVOIR (2)
Indicatif présent	je dois tu dois il, elle doit nous devons vous devez ils, elles doivent	je meus tu meus il, elle meut nous mouvons vous mouvez ils, elles meuvent	j'émeus tu émeus il, elle émeut nous émouvons vous émouvez ils, elles émeuvent	je veux tu veux il, elle veut nous voulons vous voulez ils, elles veulent	je peux, puis tu peux il, elle peut nous pouvons vous pouvez ils, elles peuvent
Indicatif imparfait	il, elle devait	il, elle mouvait	il, elle émouvait	il, elle voulait	il, elle pouvait
Indicatif passé simple	il, elle dut ils, elles durent	il, elle mut ils, elles murent	il, elle émut ils, elles émurent	il, elle voulut ils, elles voulurent	il, elle put ils, elles purent
Indicatif futur	je devrai il, elle devra	je mouvrai il, elle mouvra	j'émouvrai il, elle émouvra	je voudrai il, elle voudra	je pourrai il, elle pourra
Conditionnel présent	je devrais il, elle devrait	je mouvrais il, elle mouvrait	j'émouvrais il, elle émouvrait	je voudrais il, elle voudrait	je pourrais il, elle pourrait
Subjonctif présent	que je doive qu'il, elle doive que nous devions qu'ils, elles doivent	que je meuve qu'il, elle meuve que nous mouvions qu'ils, elles meuvent	que j'émeuve qu'il, elle émeuve que nous émouvions qu'ils, elles émeuvent	que je veuille qu'il, elle veuille que nous voulions qu'ils, elles veuillent	que je puisse qu'il, elle puisse que nous puissions qu'ils, elles puissent
Subjonctif imparfait	qu'il, elle dût qu'ils, elles dussent	qu'il, elle mût qu'ils, elles mussent	qu'il, elle émût qu'ils, elles émussent	qu'il, elle voulût qu'ils, elles voulussent	qu'il, elle pût qu'ils, elles pussent
Impératif	dois devons devez	meus mouvons mouvez	émeus émouvons émouvez	veux, veuille voulons, veuillons voulez, veuillez	*inusité*
Participe présent	devant	mouvant	émouvant	voulant	pouvant
Participe passé	dû, due, dus, dues	mû, mue, mus, mues	ému, e	voulu, e	pu

(1) Selon la réforme de l'orthographe, au participe passé, *redevoir* fait *redu* et *mouvoir* fait *mu*.
(2) À la forme interrogative, avec inversion du sujet, on a seulement *puis-je* ?

	45. SAVOIR	46. VALOIR	47. PRÉVALOIR	48. VOIR	49. PRÉVOIR
Indicatif présent	je sais tu sais il, elle sait nous savons vous savez ils, elles savent	je vaux tu vaux il, elle vaut nous valons vous valez ils, elles valent	je prévaux tu prévaux il, elle prévaut nous prévalons vous prévalez ils, elles prévalent	je vois tu vois il, elle voit nous voyons vous voyez ils, elles voient	je prévois tu prévois il, elle prévoit nous prévoyons vous prévoyez ils, elles prévoient
Indicatif imparfait	il, elle savait	il, elle valait	il, elle prévalait	il, elle voyait	il, elle prévoyait
Indicatif passé simple	il, elle sut ils, elles surent	il, elle valut ils, elles valurent	il, elle prévalut ils, elles prévalurent	il, elle vit ils, elles virent	il, elle prévit ils, elles prévirent
Indicatif futur	je saurai il, elle saura	je vaudrai il, elle vaudra	je prévaudrai il, elle prévaudra	je verrai il, elle verra	je prévoirai il, elle prévoira
Conditionnel présent	je saurais il, elle saurait	je vaudrais il, elle vaudrait	je prévaudrais il, elle prévaudrait	je verrais il, elle verrait	je prévoirais il, elle prévoirait
Subjonctif présent	que je sache qu'il, elle sache que nous sachions qu'ils, elles sachent	que je vaille qu'il, elle vaille que nous valions qu'ils, elles vaillent	que je prévale qu'il, elle prévale que nous prévalions qu'ils, elles prévalent	que je voie qu'il, elle voie que nous voyions qu'ils, elles voient	que je prévoie qu'il, elle prévoie que nous prévoyions qu'ils, elles prévoient
Subjonctif imparfait	qu'il, elle sût qu'ils, elles sussent	qu'il, elle valût qu'ils, elles valussent	qu'il, elle prévalût qu'ils, elles prévalussent	qu'il, elle vît qu'ils, elles vissent	qu'il, elle prévît qu'ils, elles prévissent
Impératif	sache sachons sachez	vaux valons valez	prévaux prévalons prévalez	vois voyons voyez	prévois prévoyons prévoyez
Participe présent	sachant	valant	prévalant	voyant	prévoyant
Participe passé	su, e	valu, e	prévalu, e	vu, e	prévu, e

	50. POURVOIR	51. ASSEOIR	51. BIS ASSOIR	52. SURSEOIR	53. SEOIR (1)
Indicatif présent	je pourvois tu pourvois il, elle pourvoit nous pourvoyons vous pourvoyez ils, elles pourvoient	j'assieds tu assieds il, elle assied nous asseyons vous asseyez ils, elles asseyent	j'assois tu assois il, elle assoit nous assoyons vous assoyez ils, elles assoient	je sursois tu sursois il, elle sursoit nous sursoyons vous sursoyez ils, elles sursoient	il, elle sied ils, elles siéent
Indicatif imparfait	il, elle pourvoyait	il, elle asseyait	il, elle assoyait	il, elle sursoyait	il, elle seyait
Indicatif passé simple	il, elle pourvut ils, elles pourvurent	il, elle assit ils, elles assirent	il, elle assit ils, elles assirent	il, elle sursit ils, elles sursirent	*inusité*
Indicatif futur	je pourvoirai il, elle pourvoira	j'assiérai il, elle assiéra	j'assoirai il, elle assoira	je surseoirai il, elle surseoira	il, elle siéra
Conditionnel présent	je pourvoirais il, elle pourvoirait	j'assiérais il, elle assiérait	j'assoirais il, elle assoirait	je surseoirais il, elle surseoirait	il, elle siérait
Subjonctif présent	que je pourvoie qu'il, elle pourvoie que nous pourvoyions qu'ils, elles pourvoient	que j'asseye qu'il, elle asseye que nous asseyions qu'ils, elles asseyent	que j'assoie qu'il, elle assoie que nous assoyions qu'ils, elles assoient	que je sursoie qu'il, elle sursoie que nous sursoyions qu'ils, elles sursoient	qu'il, elle siée qu'ils, elles siéent
Subjonctif imparfait	qu'il, elle pourvût qu'ils, elles pourvussent	qu'il, elle assît qu'ils, elles assissent	qu'il, elle assît qu'ils, elles assissent	qu'il, elle sursît qu'ils, elles sursissent	*inusité*
Impératif	pourvois pourvoyons pourvoyez	assieds asseyons asseyez	assois assoyons assoyez	sursois sursoyons sursoyez	*inusité*
Participe présent	pourvoyant	asseyant	assoyant	sursoyant	seyant
Participe passé	pourvu, e	assis, e	assis, e	sursis	*inusité*

(1) *Seoir* a ici le sens de « convenir ». Aux sens de « être situé », « siéger », *seoir* a seulement un participe présent *(séant)* et un participe passé *(sis, e)*.

	54. PLEUVOIR (1)	55. FALLOIR	56. ÉCHOIR	57. DÉCHOIR	58. CHOIR
Indicatif présent	il pleut	il faut	il, elle échoit ils, elles échoient	je déchois tu déchois il, elle déchoit nous déchoyons vous déchoyez ils, elles déchoient	je chois tu chois il, elle choit *inusité* *inusité* ils, elles choient
Indicatif imparfait	il pleuvait	il fallait	il, elle échoyait	*inusité*	*inusité*
Indicatif passé simple	il plut	il fallut	il, elle échut ils, elles échurent	il, elle déchut ils, elles déchurent	il, elle chut ils, elles churent
Indicatif futur	il pleuvra	il faudra	il, elle échoira, écherra	je déchoirai il, elle déchoira	je choirai, cherrai il, elle choira, cherra
Conditionnel présent	il pleuvrait	il faudrait	il, elle échoirait, écherrait	je déchoirais il, elle déchoirait	je choirais, cherrais il, elle choirait, cherrait
Subjonctif présent	qu'il pleuve	qu'il faille	qu'il, elle échoie qu'ils, elles échoient	que je déchoie qu'il, elle déchoie que nous déchoyions qu'ils, elles déchoient	*inusité*
Subjonctif imparfait	qu'il plût	qu'il fallût	qu'il, elle échût qu'ils, elles échussent	qu'il, elle déchût qu'ils, elles déchussent	qu'il, elle chût
Impératif	*inusité*	*inusité*	*inusité*	*inusité*	*inusité*
Participe présent	pleuvant	*inusité*	échéant	*inusité*	*inusité*
Participe passé	plu	fallu	échu, e	déchu, e	chu, e

(1) *Pleuvoir* connaît au figuré une troisième personne du pluriel : *les injures pleuvent, pleuvaient, plurent, pleuvront, pleuvraient...*

	59. VENDRE	60. ROMPRE	61. PRENDRE	62. CRAINDRE	63. BATTRE
Indicatif présent	je vends tu vends il, elle vend nous vendons vous vendez ils, elles vendent	je romps tu romps il, elle rompt nous rompons vous rompez ils, elles rompent	je prends tu prends il, elle prend nous prenons vous prenez ils, elles prennent	je crains tu crains il, elle craint nous craignons vous craignez ils, elles craignent	je bats tu bats il, elle bat nous battons vous battez ils, elles battent
Indicatif imparfait	il, elle vendait	il, elle rompait	il, elle prenait	il, elle craignait	il, elle battait
Indicatif passé simple	il, elle vendit ils, elles vendirent	il, elle rompit ils, elles rompirent	il, elle prit ils, elles prirent	il, elle craignit ils, elles craignirent	il, elle battit ils, elles battirent
Indicatif futur	je vendrai il, elle vendra	je romprai il, elle rompra	je prendrai il, elle prendra	je craindrai il, elle craindra	je battrai il, elle battra
Conditionnel présent	je vendrais il, elle vendrait	je romprais il, elle romprait	je prendrais il, elle prendrait	je craindrais il, elle craindrait	je battrais il, elle battrait
Subjonctif présent	que je vende qu'il, elle vende que nous vendions qu'ils, elles vendent	que je rompe qu'il, elle rompe que nous rompions qu'ils, elles rompent	que je prenne qu'il, elle prenne que nous prenions qu'ils, elles prennent	que je craigne qu'il, elle craigne que nous craignions qu'ils, elles craignent	que je batte qu'il, elle batte que nous battions qu'ils, elles battent
Subjonctif imparfait	qu'il, elle vendît qu'ils, elles vendissent	qu'il, elle rompît qu'ils, elles rompissent	qu'il, elle prît qu'ils, elles prissent	qu'il, elle craignît qu'ils, elles craignissent	qu'il, elle battît qu'ils, elles battissent
Impératif	vends vendons vendez	romps rompons rompez	prends prenons prenez	crains craignons craignez	bats battons battez
Participe présent	vendant	rompant	prenant	craignant	battant
Participe passé	vendu, e	rompu, e	pris, e	craint, e	battu, e

	64. METTRE	65. MOUDRE	66. COUDRE	67. ABSOUDRE (1)	68. RÉSOUDRE (2)
Indicatif présent	je mets tu mets il, elle met nous mettons vous mettez ils, elles mettent	je mouds tu mouds il, elle moud nous moulons vous moulez ils, elles moulent	je couds tu couds il, elle coud nous cousons vous cousez ils, elles cousent	j'absous tu absous il, elle absout nous absolvons vous absolvez ils, elles absolvent	je résous tu résous il, elle résout nous résolvons vous résolvez ils, elles résolvent
Indicatif imparfait	il, elle mettait	il, elle moulait	il, elle cousait	il, elle absolvait	il, elle résolvait
Indicatif passé simple	il, elle mit ils, elles mirent	il, elle moulut ils, elles moulurent	il, elle cousit ils, elles cousirent	il, elle absolut ils, elles absolurent	il, elle résolut ils, elles résolurent
Indicatif futur	je mettrai il, elle mettra	je moudrai il, elle moudra	je coudrai il, elle coudra	j'absoudrai il, elle absoudra	je résoudrai il, elle résoudra
Conditionnel présent	je mettrais il, elle mettrait	je moudrais il, elle moudrait	je coudrais il, elle coudrait	j'absoudrais il, elle absoudrait	je résoudrais il, elle résoudrait
Subjonctif présent	que je mette qu'il, elle mette que nous mettions qu'ils, elles mettent	que je moule qu'il, elle moule que nous moulions qu'ils, elles moulent	que je couse qu'il, elle couse que nous cousions qu'ils, elles cousent	que j'absolve qu'il, elle absolve que nous absolvions qu'ils, elles absolvent	que je résolve qu'il, elle résolve que nous résolvions qu'ils, elles résolvent
Subjonctif imparfait	qu'il, elle mît qu'ils, elles missent	qu'il, elle moulût qu'ils, elles moulussent	qu'il, elle cousît qu'ils, elles cousissent	qu'il, elle absolût qu'ils, elles absolussent	qu'il, elle résolût qu'ils, elles résolussent
Impératif	mets mettons mettez	mouds moulons moulez	couds cousons cousez	absous absolvons absolvez	résous résolvons résolvez
Participe présent	mettant	moulant	cousant	absolvant	résolvant
Participe passé	mis, e	moulu, e	cousu, e	absous, oute	résolu, e

(1) Le passé simple et le subjonctif imparfait, admis par Littré, sont rares.
(2) Il existe un participe passé *résous, résoute* (rare), avec le sens de « transformé » *(Un brouillard résous en pluie)*.

	69. SUIVRE	70. VIVRE (1)	71. PARAÎTRE (2)	72. NAÎTRE (2)	73. CROÎTRE (2)
Indicatif présent	je suis tu suis il, elle suit nous suivons vous suivez ils, elles suivent	je vis tu vis il, elle vit nous vivons vous vivez ils, elles vivent	je parais tu parais il, elle paraît nous paraissons vous paraissez ils, elles paraissent	je nais tu nais il, elle naît nous naissons vous naissez ils, elles naissent	je croîs tu croîs il, elle croît nous croissons vous croissez ils, elles croissent
Indicatif imparfait	il, elle suivait	il, elle vivait	il, elle paraissait	il, elle naissait	il, elle croissait
Indicatif passé simple	il, elle suivit ils, elles suivirent	il, elle vécut ils, elles vécurent	il, elle parut ils, elles parurent	il, elle naquit ils, elles naquirent	il, elle crût ils, elles crûrent
Indicatif futur	je suivrai il, elle suivra	je vivrai il, elle vivra	je paraîtrai il, elle paraîtra	je naîtrai il, elle naîtra	je croîtrai il, elle croîtra
Conditionnel présent	je suivrais il, elle suivrait	je vivrais il, elle vivrait	je paraîtrais il, elle paraîtrait	je naîtrais il, elle naîtrait	je croîtrais il, elle croîtrait
Subjonctif présent	que je suive qu'il, elle suive que nous suivions qu'ils, elles suivent	que je vive qu'il, elle vive que nous vivions qu'ils, elles vivent	que je paraisse qu'il, elle paraisse que nous paraissions qu'ils, elles paraissent	que je naisse qu'il, elle naisse que nous naissions qu'ils, elles naissent	que je croisse qu'il, elle croisse que nous croissions qu'ils, elles croissent
Subjonctif imparfait	qu'il, elle suivît qu'ils, elles suivissent	qu'il, elle vécût qu'ils, elles vécussent	qu'il, elle parût qu'ils, elles parussent	qu'il, elle naquît qu'ils, elles naquissent	qu'il, elle crût qu'ils, elles crûssent
Impératif	suis suivons suivez	vis vivons vivez	parais paraissons paraissez	nais naissons naissez	croîs croissons croissez
Participe présent	suivant	vivant	paraissant	naissant	croissant
Participe passé	suivi, e	vécu, e	paru, e	né, e	crû

(1) *Survivre* se conjugue comme *vivre*, mais son participe passé est toujours invariable.
(2) Selon la réforme de l'orthographe, on écrit *paraitre, naitre* et *croitre*.

	74. ACCROÎTRE (1)	75. RIRE	76. CONCLURE (2)	77. NUIRE (3)	78. CONDUIRE
Indicatif présent	j'accrois tu accrois il, elle accroît nous accroissons vous accroissez ils, elles accroissent	je ris tu ris il, elle rit nous rions vous riez ils, elles rient	je conclus tu conclus il, elle conclut nous concluons vous concluez ils, elles concluent	je nuis tu nuis il, elle nuit nous nuisons vous nuisez ils, elles nuisent	je conduis tu conduis il, elle conduit nous conduisons vous conduisez ils, elles conduisent
Indicatif imparfait	il, elle accroissait	il, elle riait	il, elle concluait	il, elle nuisait	il, elle conduisait
Indicatif passé simple	il, elle accrut ils, elles accrurent	il, elle rit ils, elles rirent	il, elle conclut ils, elles conclurent	il, elle nuisit ils, elles nuisirent	il, elle conduisit ils, elles conduisirent
Indicatif futur	j'accroîtrai il, elle accroîtra	je rirai il, elle rira	je conclurai il, elle conclura	je nuirai il, elle nuira	je conduirai il, elle conduira
Conditionnel présent	j'accroîtrais il, elle accroîtrait	je rirais il, elle rirait	je conclurais il, elle conclurait	je nuirais il, elle nuirait	je conduirais il, elle conduirait
Subjonctif présent	que j'accroisse qu'il, elle accroisse que nous accroissions qu'ils, elles accroissent	que je rie qu'il, elle rie que nous riions qu'ils, elles rient	que je conclue qu'il, elle conclue que nous concluions qu'ils, elles concluent	que je nuise qu'il, elle nuise que nous nuisions qu'ils, elles nuisent	que je conduise qu'il, elle conduise que nous conduisions qu'ils, elles conduisent
Subjonctif imparfait	qu'il, elle accrût qu'ils, elles accrussent	qu'il, elle rît qu'ils, elles rissent	qu'il, elle conclût qu'ils, elles conclussent	qu'il, elle nuisît qu'ils, elles nuisissent	qu'il, elle conduisît qu'ils, elles conduisissent
Impératif	accrois accroissons accroissez	ris rions riez	conclus concluons concluez	nuis nuisons nuisez	conduis conduisons conduisez
Participe présent	accroissant	riant	concluant	nuisant	conduisant
Participe passé	accru, e	ri	conclu, e	nui	conduit, e

(1) *Décroître* et *recroître* se conjuguent comme *accroître*, mais le participe passé de *recroître* est *recrû*.
(2) *Inclure* se conjugue comme *conclure*, mais son participe passé est *inclus, incluse*.
(3) *Luire* et *reluire* connaissent une autre forme de passé simple : *je luis, je reluis*, etc.

	79. ÉCRIRE	80. SUFFIRE	81. CONFIRE (1)	82. DIRE	83. CONTREDIRE
Indicatif présent	j'écris tu écris il, elle écrit nous écrivons vous écrivez ils, elles écrivent	je suffis tu suffis il, elle suffit nous suffisons vous suffisez ils, elles suffisent	je confis tu confis il, elle confit nous confisons vous confisez ils, elles confisent	je dis tu dis il, elle dit nous disons vous dites ils, elles disent	je contredis tu contredis il, elle contredit nous contredisons vous contredisez ils, elles contredisent
Indicatif imparfait	il, elle écrivait	il, elle suffisait	il, elle confisait	il, elle disait	il, elle contredisait
Indicatif passé simple	il, elle écrivit ils, elles écrivirent	il, elle suffit ils, elles suffirent	il, elle confit ils, elles confirent	il, elle dit ils, elles dirent	il, elle contredit ils, elles contredirent
Indicatif futur	j'écrirai il, elle écrira	je suffirai il, elle suffira	je confirai il, elle confira	je dirai il, elle dira	je contredirai il, elle contredira
Conditionnel présent	j'écrirais il, elle écrirait	je suffirais il, elle suffirait	je confirais il, elle confirait	je dirais il, elle dirait	je contredirais il, elle contredirait
Subjonctif présent	que j'écrive qu'il, elle écrive que nous écrivions qu'ils, elles écrivent	que je suffise qu'il, elle suffise que nous suffisions qu'ils, elles suffisent	que je confise qu'il, elle confise que nous confisions qu'ils, elles confisent	que je dise qu'il, elle dise que nous disions qu'ils, elles disent	que je contredise qu'il, elle contredise que nous contredisions qu'ils, elles contredisent
Subjonctif imparfait	qu'il, elle écrivît qu'ils, elles écrivissent	qu'il, elle suffît qu'ils, elles suffissent	qu'il, elle confît qu'ils, elles confissent	qu'il, elle dît qu'ils, elles dissent	qu'il, elle contredît qu'ils, elles contredissent
Impératif	écris écrivons écrivez	suffis suffisons suffisez	confis confisons confisez	dis disons dites	contredis contredisons contredisez
Participe présent	écrivant	suffisant	confisant	disant	contredisant
Participe passé	écrit, e	suffi	confit, e	dit, e	contredit, e

(1) *Circoncire* se conjugue comme *confire*, mais son participe passé est *circoncis, circoncise*.

	84. MAUDIRE	85. BRUIRE (1)	86. LIRE	87. CROIRE	88. BOIRE
Indicatif présent	je maudis tu maudis il, elle maudit nous maudissons vous maudissez ils, elles maudissent	je bruis tu bruis il, elle bruit *inusité*	je lis tu lis il, elle lit nous lisons vous lisez ils, elles lisent	je crois tu crois il, elle croit nous croyons vous croyez ils, elles croient	je bois tu bois il, elle boit nous buvons vous buvez ils, elles boivent
Indicatif imparfait	il, elle maudissait	il, elle bruyait	il, elle lisait	il, elle croyait	il, elle buvait
Indicatif passé simple	il, elle maudit ils, elles maudirent	*inusité*	il, elle lut ils, elles lurent	il, elle crut ils, elles crurent	il, elle but ils, elles burent
Indicatif futur	je maudirai il, elle maudira	je bruirai il, elle bruira	je lirai il, elle lira	je croirai il, elle croira	je boirai il, elle boira
Conditionnel présent	je maudirais il, elle maudirait	je bruirais il, elle bruirait	je lirais il, elle lirait	je croirais il, elle croirait	je boirais il, elle boirait
Subjonctif présent	que je maudisse qu'il, elle maudisse que nous maudissions qu'ils, elles maudissent	*inusité*	que je lise qu'il, elle lise que nous lisions qu'ils, elles lisent	que je croie qu'il, elle croie que nous croyions qu'ils, elles croient	que je boive qu'il, elle boive que nous buvions qu'ils, elles boivent
Subjonctif imparfait	qu'il, elle maudît qu'ils, elles maudissent	*inusité*	qu'il, elle lût qu'ils, elles lussent	qu'il, elle crût qu'ils, elles crussent	qu'il, elle bût qu'ils, elles bussent
Impératif	maudis maudissons maudissez	*inusité*	lis lisons lisez	crois croyons croyez	bois buvons buvez
Participe présent	maudissant	*inusité*	lisant	croyant	buvant
Participe passé	maudit, e	bruit	lu, e	cru, e	bu, e

(1) Traditionnellement, *bruire* ne connaît que les formes de l'indicatif présent, imparfait (*je bruyais, tu bruyais*, etc.), futur, et les formes du conditionnel ; *bruisser* (conjugaison 3) tend de plus en plus à supplanter *bruire*, en particulier dans toutes les formes défectives.

	89. FAIRE	90. PLAIRE (1)	91. TAIRE	92. EXTRAIRE	93. CLORE (2)
Indicatif présent	je fais tu fais il, elle fait nous faisons vous faites ils, elles font	je plais tu plais il, elle plaît nous plaisons vous plaisez ils, elles plaisent	je tais tu tais il, elle tait nous taisons vous taisez ils, elles taisent	j'extrais tu extrais il, elle extrait nous extrayons vous extrayez ils, elles extraient	je clos tu clos il, elle clôt nous closons vous closez ils, elles closent
Indicatif imparfait	il, elle faisait	il, elle plaisait	il, elle taisait	il, elle extrayait	*inusité*
Indicatif passé simple	il, elle fit ils, elles firent	il, elle plut ils, elles plurent	il, elle tut ils, elles turent	*inusité*	*inusité*
Indicatif futur	je ferai il, elle fera	je plairai il, elle plaira	je tairai il, elle taira	j'extrairai il, elle extraira	je clorai il, elle clora
Conditionnel présent	je ferais il, elle ferait	je plairais il, elle plairait	je tairais il, elle tairait	j'extrairais il, elle extrairait	je clorais il, elle clorait
Subjonctif présent	que je fasse qu'il, elle fasse que nous fassions qu'ils, elles fassent	que je plaise qu'il, elle plaise que nous plaisions qu'ils, elles plaisent	que je taise qu'il, elle taise que nous taisions qu'ils, elles taisent	que j'extraie qu'il, elle extraie que nous extrayions qu'ils, elles extraient	que je close qu'il, elle close que nous closions qu'ils, elles closent
Subjonctif imparfait	qu'il, elle fît qu'ils, elles fissent	qu'il, elle plût qu'ils, elles plussent	qu'il, elle tût qu'ils, elles tussent	*inusité*	*inusité*
Impératif	fais faisons faites	plais plaisons plaisez	tais taisons taisez	extrais extrayons extrayez	clos *inusité*
Participe présent	faisant	plaisant	taisant	extrayant	closant
Participe passé	fait, e	plu	tu, e	extrait, e	clos, e

(1) Selon la réforme de l'orthographe, on écrit *il (elle) plait*.
(2) Le verbe *enclore* possède les formes *nous enclosons, vous enclosez* et *enclosons, enclosez*. Selon la réforme de l'orthographe, on écrit *il déclot* et *il enclot*.

	94. VAINCRE	95. FRIRE
Indicatif présent	je vaincs tu vaincs il, elle vainc nous vainquons vous vainquez ils, elles vainquent	je fris tu fris il, elle frit *inusité*
Indicatif imparfait	il, elle vainquait	*inusité*
Indicatif passé simple	il, elle vainquit ils, elles vainquirent	*inusité*
Indicatif futur	je vaincrai il, elle vaincra	je frirai il, elle frira
Conditionnel présent	je vaincrais il, elle vaincrait	je frirais il, elle frirait
Subjonctif présent	que je vainque qu'il, elle vainque que nous vainquions qu'ils, elles vainquent	*inusité*
Subjonctif imparfait	qu'il, elle vainquît qu'ils, elles vainquissent	*inusité*
Impératif	vaincs vainquons vainquez	fris *inusité*
Participe présent	vainquant	*inusité*
Participe passé	vaincu, e	frit, e

Préfixes

I. Préfixes d'origine grecque ou mots grecs entrant dans la composition de mots français

préfixes	*sens*	*exemples*
a- ou an-	privation	acéphale ; athée ; analphabète ; anarchie
acanth(o)-	épine	acanthacée ; acanthe
acro-	élevé	acrobate ; acrostiche
actino-	rayon	actinique ; actinométrie
adéno-	glande	adénoïde
aéro-	air	aéronaute ; aérophagie
agro-	champ	agronome
allo-	autre	allopathie ; allotropie
amphi-	1. autour	amphithéâtre
	2. doublement	amphibie ; amphibologie
ana-	1. de bas en haut	anastrophe
	2. en arrière, à rebours	anachronisme
andro-	homme	androgyne
anémo-	vent	anémomètre
angi(o)-	vaisseau ; capsule	angiome ; angiosperme
anth(o)-	fleur	anthémis ; anthologie
anthrac(o)-	charbon	anthracite
anthropo-	homme	anthropologie ; anthropophage
anti-	contre	antialcoolique ; antireligieux
ap(o)-	hors de ; à partir de ; loin de	apostasie ; apostrophe ; apogée ; aphélie
archéo-	ancien	archéologie
arch(i)-	1. au plus haut degré	archicube
	2. qui commande, qui est au-dessus	archevêque ; archidiacre
arithm(o)-	nombre	arithmétique
artério-	artère	artériosclérose
arthr(o)-	articulation	arthrite ; arthropode
astér(o)-, astr(o)-	astre, étoile	astérisque ; astronaute
auto-	de soi-même	autobiographie ; autodidacte
bactéri(o)-	bâton	bactéricide ; bactériologie
baro-	pesant	baromètre
bary-	lourd	barycentre ; baryum
biblio-	livre	bibliographie ; bibliothèque
bio-	vie	biographie ; biologie
blasto-	germe	blastoderme
bléphar(o)-	paupière	blépharite
brachy-	court	brachycéphale
brady-	lent	bradycardie ; bradypsychie
brom(o)-	puanteur	brome ; bromure
bronch(o)-	bronches	broncho-pneumonie
bryo-	mousse	bryophyte
butyr(o)-	beurre	butyrique
caco-, cach-	mauvais	cacophonie ; cachexie
calli-	beau	calligraphie
carcin(o)-	cancer	carcinome ; carcinologie
cardi(o)-	cœur	cardiaque ; cardiogramme
cata-	1. de haut en bas	catabatique
	2. en dessous	catatonie
cén(o)-	commun	cénobite ; cénesthésie
céphal(o)-	tête	céphalalgie ; céphalopode
chalco-	cuivre	chalcographie
chéir(o)-, chir(o)-	main	chéiroptère ; chiromancie
chlor(o)-	vert	chlorate ; chlorhydrique
chol(é)-	bile	cholagogue ; cholédoque
chondr(o)-	cartilage	chondrome
chromat(o)-, chrom(o)-	couleur	chromatique ; chromosome
chron(o)-	temps	chronologie ; chronomètre
chrys(o)-	or	chrysanthème ; chrysolite
cinémat(o)-, ciné-, cinét(o)-	mouvement	cinématographe ; cinétique
cœl(o)-	creux	cœlacanthe ; cœlomate
cœli(o)-	ventre	cœlioscopie ; cœliaque
conch(o)-	coquille	conchoïde
copro-	excrément	coprolithe ; coprophage
cosm(o)-	monde	cosmogonie ; cosmopolite
cryo-	froid	cryoclastie ; cryogénie
crypt(o)-	caché	cryptogame
cyan(o)-	bleu	cyanure
cyber-	gouverner	cybernétique
cycl(o)-	cercle	cyclique ; cyclone
cyto-	cellule	cytologie

préfixes	*sens*	*exemples*
dactyl(o)-	doigt	dactylographie
déca-	dix	décamètre
dém(o)-	peuple	démocrate ; démographie
derm(o)-, dermato-	peau	derme ; dermatologie
di(a)-	séparé de ; à travers	diaphane ; diorama
didact-	enseigner	didactique
diplo-	double	diplocoque
dodéca-	douze	dodécagone
dolicho-	long	dolichocéphale
dynam(o)-	force	dynamite ; dynamomètre
dys-	1. difficulté	dyspepsie
	2. mauvais état	dysfonctionnement
échin(o)-	hérisson	échinoderme
ecto-	en dehors	ectoplasme
électr(o)-	ambre jaune	électrochoc
embryo-	fœtus	embryologie
en-	dans	encéphale ; endémie
encéphal(o)-	cerveau	encéphalogramme
end(o)-	à l'intérieur	endocarde ; endocrine
entér(o)-	entrailles	entérite
entomo-	insecte	entomologiste
éo-	aurore	éocène
épi-	sur	épiderme ; épitaphe
épistém(o)-	science	épistémologie
erg(o)-	action ; travail	ergatif ; ergonomie
ethn(o)-	peuple	ethnie ; ethnologie
étho-	caractère	éthogramme ; éthologie
eu-	bien	euphémisme ; euphonie
exo-	au-dehors	exotisme
galact(o)-	lait	galactose ; galaxie
gam(o)-	mariage	gamète
gastro-	ventre	gastropode ; gastronome
gé(o)-	terre	géographie ; géologie
géront(o)-	vieillard	gérontocratie
gloss(o)-	langue	glossaire
gluc(o)-, glyc(o)-, glycér(o)-	doux, sucré	glucose ; glycogène ; glycérine
graph(o)-	écrire	graphologie
gyn(éco)-	femme	gynécée ; gynécologie
gyro-	cercle	gyroscope
hapl(o)-	simple	haploïde ; haplologie
hect(o)-	cent	hectomètre ; hectare
héli(o)-	soleil	héliothérapie
hémat(o)-, hémo-	sang	hématose ; hémorragie
hémi-	demi, moitié	hémicycle ; hémisphère
hépat(o)-	foie	hépatique
hept(a)-	sept	heptaèdre
hétéro-	autre	hétérogène
hex(a)-	six	hexagone ; hexose
hiér(o)-	sacré	hiéroglyphe
hipp(o)-	cheval	hippodrome
hist(o)-	tissu	histologie
holo-	entier	holoprotéine
homéo-, hom(o)-	semblable	homéopathie ; homologue
hor(o)-	heure	horoscope
hydr(o)-	eau	hydravion ; hydrologie
hygro-	humide	hygromètre ; hygroscope
hyper-	1. sur, au-dessus	hypermétrope
	2. excès	hypertrophie, hypertension
hypn(o)-	sommeil	hypnose ; hypnotisme
hypo-	sous ; insuffisance	hypogée ; hypotension
hystér(o)-	utérus	hystérographie
icon(o)-	image	icône ; iconoclaste
idé(o)-	idée	idéogramme ; idéologie
idi(o)-	particulier	idiome ; idiotisme
iso-	égal	isomorphe ; isotherme
kilo-	mille	kilogramme
laryng(o)-	gorge	laryngologie
leuco-	blanc	leucocyte
litho-	pierre	lithographique
log(o)-	discours, science	logomachie
macro-	grand	macrocéphale ; macrocosme
méga-, mégalo-	grand	mégalithe ; mégalomane

préfixes	*sens*	*exemples*
mél(o)-	chant	mélodique ; mélodrame
més(o)-	milieu	mésosphère
méta-	1. changement 2. après	métamorphose métaphysique
métr(o)-	mesure	métrique ; métronome
micro-	petit	microbe ; microcosme
mis(o)-	haine	misanthrope ; misogyne
mném(o)-	mémoire	mnémotechnique
mon(o)-	seul	monogramme ; monolithe
morpho-	forme	morphologie
my(o)-	muscle	myalgie ; myopathie
myco-	champignon	mycologie
myél(o)-	moelle	myéline ; myélocyte
myri(a)-	dix mille	myriade
myth(o)-	légende	mythologie
nécro-	mort	nécrologie ; nécropole
néo-	nouveau	néologisme ; néophyte
néphr(o)-	rein	néphrite
neur(o)-, névr(o)-	nerf	neurologie ; névralgie
noso-	maladie	nosologie
octa-, octo-	huit	octaèdre ; octogone
odont(o)-	dent	odontologie
olig(o)-	peu nombreux	oligarchie
onir(o)-	songe	onirique
ophtalm(o)-	œil	ophtalmologie
ornitho-	oiseau	ornithologiste
oro-	montagne	orographie
ortho-	droit	orthographe ; orthopédie
osté(o)-	os	ostéite ; ostéomyélite
ot(o)-	oreille	oto-rhino-laryngologie ; otite
oxy-	aigu, acide	oxyton ; oxygène
pachy-	épais	pachyderme
paléo-	ancien	paléographie ; paléolithique
pan-, pant(o)-	tout	panthéisme ; pantographe
par(a)-	1. voisin de 2. protection contre	paralangage ; paratyphoïde parapluie ; parachute
path(o)-	souffrance	pathogène ; pathologie
péd(o)-	enfant	pédiatrie ; pédophile
penta-	cinq	pentagone
péri-	autour	périphérie ; périphrase
phago-	manger	phagocyte
pharmac(o)-	médicament	pharmaceutique ; pharmacopée
pharyng(o)-	gosier	pharyngite
phén(o)-	apparaître ; briller	phénotype ; phénol
phil(o)-	aimer	philanthrope ; philatélie
phon(o)-	voix, son	phonographe ; phonologie
photo-	lumière	photographe
phyllo-	feuille	phylloxéra

préfixes	*sens*	*exemples*
phys(io)-	nature	physiocrate ; physique
phyt(o)-	plante	phytophage
pleur(o)-	côté	pleurite
plouto-	richesse	ploutocratie
pneumato-, pneumo-	poumon	pneumatophore ; pneumonie
pod(o)-	pied	podomètre
poly-	nombreux	polyèdre ; polygone
pro-	1. devant 2. pour ; partisan de 3. à la place de	prognathe pro-occidental proconsul
prot(o)-	premier	prototype
pseud(o)-	faux	pseudonyme
psych(o)-	âme	psychologue
ptéro-	aile	ptérodactyle
pyo-	pus	pyogène
pyr(o)-	feu	pyrotechnie
rhéo-	couler	rhéologie ; rhéostat
rhino-	nez	rhinocéros
rhizo-	racine	rhizome ; rhizopode
rhodo-	rose	rhododendron
sarco-	chair	sarcophage
saur(o)-	lézard	saurien
schizo-	fendre	schizophrénie
séma-	signe	sémaphore
sémio-	signe, signal	sémiotique
sidér(o)-	fer	sidérurgique
solén(o)-	tuyau	solénoïde
somat(o)-	corps	somatique
spélé(o)-	caverne	spéléologie
sphér(o)-	globe	sphérique ; sphéroïde
stéré(o)-	solide	stéréoscope
stomat(o)-	bouche	stomatologie
syn-, sym-	avec, ensemble	synthèse ; sympathie
tachy-	rapide	tachymètre
tauto-	le même	tautologie
taxi-	arrangement	taxidermie ; taxinomie
techn(o)-	art, technique	technicien ; technologie
télé-	de loin, à distance	télépathie ; téléphone
tétra-	quatre	tétragone
thalasso-	mer	thalassothérapie
théo-	dieu	théocratie ; théologie
therm(o)-	chaleur	thermomètre
top(o)-	lieu	topographie ; toponymie
typo-	caractère	typographie ; typologie
urano-	ciel	uranoscope
ur(o)-	urine	urémie
xén(o)-	étranger	xénophobe
xér(o)-	sec	xérophile
xylo-	bois	xylophone
zoo-	animal	zoologie

II. Préfixes d'origine latine ou mots latins entrant dans la composition de mots français

préfixes	*sens*	*exemples*
ab-, abs-	loin de ; séparation	abduction ; abstinence
ad-	vers ; ajouté à	adhérence ; adventice
ambi-	de part et d'autre	ambidextre ; ambivalence
anté-	avant ; antériorité	antédiluvien ; antépénultième
bi-, bis-	deux	bipède ; biplace
centi-	centième partie	centimètre
circon-, circum-	autour	circonlocution ; circumnavigation
co-, col-, com-, con-, cor-	avec	coadjuteur ; collection ; compère ; concitoyen ; corrélatif
cupr(o)-	cuivre	cuproalliage
dé-	cessation	dépolitiser
déci-	dixième partie	décimale ; décimètre
dis-	séparé de	disjoindre ; dissymétrie
équi-	égal	équidistant
ex-	1. hors de 2. qui a cessé d'être	expatrier ; exporter ex-député ; ex-ministre
extra-	1. extrêmement 2. hors de	extra-dry ; extrafin extraordinaire ; extraterritorial
in-, im-	dans	infiltrer ; immerger
il-, im-, in-, ir-	privé de	illettré ; impropre ; inexact ; irresponsable
inter-	entre	interallié ; interligne ; international
intra-	au-dedans	intramusculaire
juxta-	auprès de	juxtalinéaire ; juxtaposer

préfixes	*sens*	*exemples*
mi-	(à) moitié	mi-temps
milli-	division par mille	millimètre, millibar
multi-	nombreux	multicolore ; multiforme
octa-, octo-	huit	octaèdre ; octosyllabe
omni-	tout	omniscient ; omnivore
pén(é)-	presque	pénéplaine ; pénultième
pluri-	plusieurs	pluridisciplinaire
post-	après ; postériorité	postdater ; postscolaire
pré-	devant ; antériorité	préétabli ; préhistoire
pro-	en avant	projeter ; prolonger
quadr(i)-, quadru-	quatre	quadrilatère ; quadrupède
quasi-	presque	quasi-contrat
quinqu-	cinq	quinquagénaire, quinquennal
radio-	rayon	radiographie ; radiologie
r(e)-, ré-	de nouveau	rouvrir ; réargenter
rétro-	en retour ; en arrière	rétroactif ; rétrograder
semi-	à demi ; partiellement	semi-aride
simili-	semblable	similigravure ; similicuir
sub-	sous	subalterne, subdéléguer ; subdiviser
super-, supra-	au-dessus	superstructure ; supranational
sus-	au-dessus	susnommé
trans-	au-delà de ; à travers	transformer ; transhumant
tri-	trois	tripartite ; trisaïeul
ultra-	au-delà de	ultrason ; ultraviolet
uni-	un	uniforme
vice-	à la place de	vice-amiral ; vice-consul

Suffixes

I. Suffixes d'origine grecque

suffixes	*sens*	*exemples*
-algie	douleur	névralgie
-archie	commandement	hiérarchie
-arque	qui commande	monarque
-bare	pression	isobare
-blaste	germe	endoblaste
-bole	qui lance	discobole
-carpe	fruit	péricarpe
-cène	récent	éocène
-céphale	tête	dolichocéphale
-coque	graine	gonocoque
-cosme	monde	macrocosme
-crate, -cratie	pouvoir, force	aristocrate ; ploutocratie
-cycle	roue	tricycle
-cyte	cellule	leucocyte
-dactyle	qui a des doigts	ptérodactyle
-doxe	opinion	paradoxe
-drome	course	hippodrome
-èdre	face, base	dodécaèdre
-émie	sang	urémie
-game	qui engendre	cryptogame
-gamie	mariage, union	polygamie
-gène	qui engendre	hydrogène ; pathogène
-gone	angle	polygone
-gramme	un écrit	télégramme
-graphe	qui écrit	dactylographe
-graphie	art d'écrire	sténographie
-gyne	femme	misogyne
-hydre	eau	anhydre
-iatre	qui soigne	pédiatre
-lâtrie	adoration	idolâtrie
-lithe, -lite	pierre	monolithe ; chrysolite
-logie	science, étude	psychologie
-logue	qui étudie, spécialiste	astrologue
-mancie	divination	cartomancie
-mane	qui a la passion, la manie de	kleptomane
-manie	passion, obsession	anglomanie

suffixes	*sens*	*exemples*
-mètre, -métrie	mesure	centimètre ; audiométrie
-nome	qui règle ; loi	économe
-nomie	art de mesurer	astronomie
-oïde	qui a la forme	sinusoïde
-ome	maladie, tumeur	angiome ; fibrome
-onyme	qui porte le nom	patronyme
-pathe, -pathie	malade de ; maladie	névropathe ; myopathie
-pédie	éducation	encyclopédie
-phage, -phagie	manger	anthropophage ; aérophagie
-phane	qui brille	diaphane
-phile, -philie	aimer	russophile ; francophilie
-phobe, -phobie	craindre	anglophobe ; agoraphobie
-phone, -phonie	voix, son	microphone ; électrophone ; radiophonie ; téléphonie
-phore	qui porte	sémaphore
-pithèque	singe	anthropopithèque
-pode	pied	myriapode
-pole	ville	métropole
-pole	vendre	monopole
-ptère	aile	hélicoptère
-saure	lézard	dinosaure
-scope, -scopie	voir ; vision	télescope ; radioscopie
-sphère	globe	stratosphère
-taphe	tombeau	cénotaphe
-technie	science, art	pyrotechnie
-thèque	armoire, boîte	bibliothèque
-thérapie	traitement médical	héliothérapie ; radiothérapie
-therme, -thermie	chaleur	isotherme ; géothermie
-tomie	action de couper	trachéotomie
-type, -typie	impression	linotype ; phototypie
-urie	urine	albuminurie

II. Suffixes d'origine latine

suffixes	*sens*	*exemples*
-cide	qui tue	infanticide
-cole	1. relatif à la culture	vinicole ; viticole
	2. qui habite	cavernicole
-culteur, -culture	cultiver	agriculteur ; horticulture
-fère	qui porte	mammifère
-fique	qui produit	frigorifique

suffixes	*sens*	*exemples*
-forme	qui a la forme de	cunéiforme ; filiforme
-fuge	qui fuit ou fait fuir	transfuge ; vermifuge
-grade	qui marche	plantigrade
-lingue	langue	bilingue
-pare	qui enfante	ovipare
-pède	pied	bipède ; quadrupède
-vore	qui se nourrit	carnivore ; herbivore

III. Dérivation suffixale en français

Suffixes servant à former des noms

suffixes	*sens*	*exemples*
-ace, -asse	péjoratif	populace ; fillasse
-ade	action ; collectif	bravade ; citronnade
-age	action ; collectif	balayage ; pelage
-aie	plantation de végétaux	pineraie ; roseraie
-ail	instrument	éventail ; soupirail
-aille	péjoratif collectif	ferraille ; mangeaille
-ain, -aine	origine	romain ; thébain
-aine	collectif	centaine ; dizaine
-aire	agent	commissionnaire ; incendiaire
-aison, -ion, -tion, -ation, -sion, -ison	action	livraison ; production ; augmentation ; aspersion ; guérison
-ance	résultat de l'action	appartenance ; croyance ; espérance
-ard	péjoratif	chauffard ; fuyard
-at	profession, état	internat ; rectorat
-âtre	péjoratif	bellâtre ; marâtre
-ature, -ure	action ; instrument	armature ; peinture
-aud	péjoratif	lourdaud ; maraud
-cule, -ule	diminutif	animalcule ; globule
-eau, -elle, -ille	diminutif	chevreau ; radicelle ; brindille
-ée	contenu	assiettée ; maisonnée
-ement, -ment	action	renouvellement ; stationnement

suffixes	*sens*	*exemples*
-er, -ier, -ière	agent	boucher ; épicier ; pâtissier
-erie	local ; qualité ; etc.	charcuterie ; épicerie ; pruderie
-esse	défaut ; qualité	maladresse ; sagesse
-et, -ette	diminutif	garçonnet ; fillette
-eté, -té, -ité	qualité	propreté ; générosité ; humanité
-eur, -ateur	agent	rôdeur ; dessinateur
-ie	état	maladie ; jalousie
-ien, -en	1. profession	chirurgien
	2. origine	parisien
-is	résultat d'une action, état	fouillis ; gâchis ; hachis ; taillis
-ise	défaut ; qualité	gourmandise ; franchise
-isme	doctrine, école	communisme ; existentialisme
-iste	1. qui exerce un métier	bouquiniste ; dentiste ; chauffagiste
	2. adepte d'une doctrine	existentialiste ; socialiste
-ite	état maladif	gastrite ; méningite
-itude	qualité	exactitude ; servitude
-oir, -oire	instrument	perchoir ; baignoire
-ole	diminutif	bestiole ; carriole
-on, -eron, -illon	diminutif	aiglon ; chaton ; moucheron ; aiguillon
-ot	diminutif	chariot ; îlot

Suffixes servant à former des adjectifs

suffixes	*sens*	*exemples*
-able, -ible, -uble	possibilité	aimable ; audible ; soluble
-ain, -ien	habitant	africain ; indien
-ais, -ois	habitant	japonais ; chinois
-al	qualité	glacial ; vital
-an	origine	birman ; persan
-ard	péjoratif	richard ; vantard
-asse	péjoratif	blondasse ; fadasse
-âtre	péjoratif	bleuâtre ; douceâtre ; rougeâtre
-aud	péjoratif	noiraud ; rustaud
-é	état	bosselé ; dentelé
-el	qui cause	accidentel ; mortel
-esque	qualité	pédantesque ; romanesque
-et, -elet	diminutif	propret ; aigrelet
-eux	dérivé du nom	peureux ; valeureux
-ier	qualité	altier ; hospitalier
-if	qualité	maladif ; oisif
-ile	capable d'être	fissile ; rétractile
-in	diminutif ou péjoratif	blondin ; libertin
-ique	qui a rapport à	chimique ; ironique
-iste	qui se rapporte à	égoïste ; réaliste
-ot	diminutif ; péjoratif	pâlot ; vieillot
-u	qualité	barbu ; charnu

Suffixes servant à former des verbes

suffixes	*sens*	*exemples*
-ailler	péjoratif	rimailler ; tournailler
-asser	péjoratif	bavasser ; rêvasser
-eler	dérivé du nom	écarteler ; renouveler
-er	dérivé du nom	destiner ; exploiter
-eter	diminutif	tacheter ; voleter
-ifier	qui rend ; qui cause	bêtifier ; pétrifier
-iller	diminutif	fendiller ; mordiller
-iner	mouvement répété et rapide	piétiner ; trottiner
-ir	dérivé d'adjectif	grandir ; noircir ; rougir ; verdir
-iser	qui rend	angliciser ; ridiculiser
-ocher	souvent péjoratif	effilocher ; rabibocher
-onner	diminutif	chantonner ; mâchonner
-oter	péjoratif	vivoter
-ouiller	diminutif ; péjoratif	mâchouiller
-oyer	devenir	nettoyer ; poudroyer

Prononciation du français

Ont été indiquées dans cet ouvrage les prononciations des mots français qui présentent une difficulté. Afin que nos lecteurs étrangers puissent, aussi bien que les lecteurs français, lire ces prononciations, nous avons suivi le tableau des sons du français de l'Association phonétique internationale, en le simplifiant.

consonnes

[p]	*p*	dans *p*as, dé*p*asser, ca*p*
[t]	*t*	dans *t*u, é*t*aler, lu*tt*e
[k]	*c, k, qu*	dans *c*aste, a*cc*ueillir, *k*épi, *qu*e
[b]	*b*	dans *b*eau, a*b*îmer, clu*b*
[d]	*d*	dans *d*ur, bro*d*er, ble*d*
[g]	*g*	dans *g*are, va*gu*e, zi*g*za*g*
[f]	*f*	dans *f*ou, a*ff*reux, che*f*
[v]	*v*	dans *v*ite, ou*v*rir
[s]	*s*	dans *s*ouffler, cha*ss*e, héla*s* !
[z]	*z ou s*	dans *z*one, ga*z*, rai*s*on
[ʃ]	*ch*	dans *ch*eval, mâ*ch*er, Au*ch*
[ʒ]	*j ou g*	dans *j*ambe, â*g*é, pa*g*e
[l]	*l*	dans *l*arge, mo*ll*esse, ma*l*
[r]	*r*	dans *r*ude, ma*r*i, ouv*r*i*r*
[m]	*m*	dans *m*aison, a*m*ener, blê*m*e
[n]	*n*	dans *n*ourrir, fa*n*al, dolme*n*
[ɲ]	*gn*	dans a*gn*eau, bai*gn*er
[χ]	*j*	espagnol dans *j*ota
[ŋ]	*ng*	planni*ng*, ri*ng*, ginse*ng*

voyelles orales

[i]	*i*	dans *i*l, hab*i*t, d*î*ner, *y*pér*i*te
[e]	*é*	dans th*é*, d*é*
[ɛ]	*è*	dans *ê*tre, proc*è*s, d*ai*s
[a]	*a*	dans *a*voir, P*a*ris, p*a*tte
[ɑ]	*a*	dans *â*ne, p*â*te, m*â*t
[ɔ]	*o*	dans *o*r, r*o*be
[o]	*o*	dans d*o*s, chev*au*x
[u]	*ou*	dans *ou*vrir, c*ou*vert, l*ou*p
[y]	*u*	dans *u*ser, t*u*, s*û*r
[œ]	*eu*	dans c*œ*ur, p*eu*r, n*eu*f
[ø]	*eu*	dans f*eu*, j*eu*, p*eu*
[ə]	*e*	dans l*e*, pr*e*mier

voyelles nasales

[ɛ̃]	*in*	dans *in*térêt, p*ain*, s*ein*
[œ̃]	*un*	dans al*un*, parf*um*
[ɑ̃]	*an, en*	dans bl*an*c, *en*trer
[ɔ̃]	*on*	dans *on*dée, b*on*, h*on*te

semi-voyelles ou semi-consonnes

[j]	*y*	voyelle dans *y*eux, l*i*eu
[ɥ]	*u*	voyelle dans h*u*ile, l*u*i
[w]	*ou*	voyelle dans *ou*i, L*ou*is

REM. Le *h* initial dit « aspiré » empêche les liaisons. Il est précédé d'un astérisque * dans le dictionnaire.

Notice sur les signes spéciaux

Nombre de pays ont adopté l'alphabet latin. Certains y ont adjoint des lettres supplémentaires affectées de signes spéciaux appelés « signes diacritiques ». Plutôt que d'utiliser des transcriptions fondées sur des à-peu-près phonétiques et manquant de rigueur scientifique, nous avons jugé bon d'indiquer dans la partie noms propres les signes diacritiques pour tous les alphabets latins. Ainsi le lecteur connaîtra-t-il l'orthographe réelle de chaque nom. Pour les langues qui ne se servent pas de l'alphabet latin, nous avons utilisé des systèmes de transcription ou de translittération cohérents, mais qui ne bouleversent pas trop les traditions solidement implantées en France. Le lecteur pourra, s'il le désire, consulter dans la partie langue les alphabets arabe, hébreu, grec et cyrillique (russe, bulgare, serbe).

Pour l'écriture chinoise, le système de transcription adopté est le « pinyin ». L'écriture pinyin, créée par les Chinois eux-mêmes, est, en effet, internationale et maintenant utilisée couramment dans les quotidiens français.

Afin de faciliter la recherche, nous avons multiplié les renvois, qui conduiront des diverses graphies approximatives d'un nom propre à son orthographe exacte. Dans le cas où la tradition a imposé solidement une habitude de transcription, nous avons suivi l'usage, mais en précisant en second lieu la graphie exacte.

Dans la partie langue, l'orthographe des entrées d'origine étrangère est conforme aux traditions graphiques françaises. S'il y a lieu, l'orthographe usitée dans les éditions érudites est donnée dans le corps de l'article après la mention *Graphie savante*.

Principaux signes diacritiques des alphabets latins

lettre	*langue*	*prononciation approximative*
ä	allemand, suédois et finnois	è dans père
ä	slovaque	intermédiaire entre *a* et *ê*
á	hongrois et tchèque	*a* dans patte (mais long)
ã	portugais	*en* dans *encore*
â	roumain	intermédiaire entre *u* et *i*
å	danois, norvégien, suédois	*ô* dans hôte
ă	roumain	*eu* dans *feu*
ą	polonais	*on* dans *oncle*
ç	turc et albanais	*tch* dans *tchèque*
ć	serbo-croate	*t* (mouillé) dans *tiare*
ć	polonais	*tch* (mouillé)
č	serbo-croate et tchèque	*tch* dans *tchèque*
ď	tchèque	*d* (mouillé) dans *diable*
ë	albanais	*eu* dans *feu*
ě	tchèque	*iè* dans *bielle*
ẽ	portugais	*é* fermé nasal
ę	polonais	*in* dans *fin*
ğ	turc	*gh* (faible) ou *y* (devant les voyelles *e, i, ö, ü*)
í	tchèque et hongrois	*i* long
ı	turc	entre *i* et *é*
î	roumain	intermédiaire entre *u* et *i*
ł	polonais	*l* vélaire dans l'anglais *well*
ń	polonais	*gn* dans *agneau*
ñ	espagnol	*gn* dans *agneau*
ň	tchèque	*gn* dans *agneau*
ö	allemand, finnois, hongrois, turc	*œu* dans *œuvre*
ö	allemand, suédois	*eu* dans *feu* ou *peu*
ő	hongrois	*eu* long et fermé dans *jeu*
ó	hongrois et tchèque	*ô* dans *nôtre*
ó	polonais	*ou* dans *fou*
õ	portugais	*on* dans *oncle*
ø	danois et norvégien	*eu* dans *feu* ou *peut*
ř	tchèque	*rj* dans *bourgeon* *rch* dans *perche*
š	serbo-croate et tchèque	*ch* dans *cheval*
ş	turc et roumain	*ch* dans *cheval*
ś	polonais	*ch* (mouillé) dans *chien*
ť	tchèque	*t* (mouillé) dans *tien*
ţ	roumain	*ts* dans *tsar*
ü	allemand, hongrois et turc	*u* dans *tu*
ű	hongrois	*u* dans *bûche*
ú	hongrois et slovaque	*ou* long
ů	tchèque	*ou* long
ý	tchèque	*i* dans *ville* (mais long)
ź	polonais	*g* (mouillé) dans *gîte*
ż	polonais	*g* dans *gêne*
ž	serbo-croate et tchèque	*j* dans *jambe*

Abréviations et signes conventionnels

abrév.	abréviation
absol.	absolument (signale un verbe transitif employé sans complément d'objet direct : *manger trop vite*)
abusif	emploi abusif ; abusivement
adj.	adjectif ; adjective
adv.	adverbe ; adverbial
affl.	affluent
all.	allemand
altér.	altération
amér.	américain
anc.	ancien ; anciennement (signale un mot dont l'emploi n'est ni vieux ni vieilli, mais qui désigne une réalité aujourd'hui disparue ou devenue rare : *pince-nez*)
anc. fr.	ancien français
angl.	anglais
anglic.	anglicisme
anglo-amér.	anglo-américain
appos.	apposition
apr. J.-C.	après Jésus-Christ
ar.	arabe
arg.	argot ; argotique
arg. mil.	argot militaire
arg. scol.	argot scolaire
arrond.	arrondissement
art.	article
auj.	aujourd'hui
autref.	autrefois
auxil.	auxiliaire
av. J.-C.	avant Jésus-Christ
brit.	britannique
cant.	canton
cap.	capitale
ch.-l.	chef-lieu
chin.	chinois
coll.	collection
collab.	collaboration
comm.	commune
conj.	conjonction ; conjonctif
CONTR.	contraire
cour.	courant ; couramment
déf.	défini
dém.	démonstratif
dép.	département
dial.	dialecte ; dialectal
didact.	didactique
dimin.	diminutif
ecclés.	ecclésiastique
éd.	édition
ellipt.	elliptique ; elliptiquement
en partic.	en particulier
env.	environ
esp.	espagnol
ex.	exemple
exclam.	exclamation ; exclamatif
f., fém.	féminin
fam.	familier ; familièrement
fig.	figuré ; au figuré
fl.	fleuve
fr.	français
gaul.	gaulois
génér.	généralement
germ.	germanique
gr.	grec
hab.	habitants
haut.	hauteur
hébr.	hébreu
hispano-amér.	hispano-américain
hongr.	hongrois
id.	idem
ill., illustr.	illustration
impér.	impératif (mode)
impers.	impersonnel (verbe)
ind.	indirect ; en construction indirecte
indéf.	indéfini
indic.	indicatif (mode)
inf.	infinitif
infl.	influence
injur.	injurieux (mot employé pour blesser ou pour nuire à la réputation de qqn : *charognard*)
interj.	interjection ; interjectif
interr.	interrogation ; interrogatif
inv.	invariable
iron.	ironique ; ironiquement
ital.	italien
jap.	japonais
lat.	latin
lat. pop.	latin populaire
lat. sc.	latin scientifique
litt.	littéraire (mot que l'on utilise surtout à l'écrit ou dans des relations sociales réglées par des conventions, et qui produit un effet de sérieux ou d'élégance : *fluer, diamantin*)
loc.	locution
long.	longueur
m.	mort
m., masc.	masculin

max.	maximal
médiév.	médiéval
mod.	moderne
myth.	mythologie ; mythologique
n.	nom
néerl.	néerlandais
norv.	norvégien
notamm.	notamment
n.pr.	nom propre
num.	numéral
onomat.	onomatopée ; onomatopéique
ord.	ordinal
orig.	origine
orig. incert.	origine incertaine
p.	participe ; page ; pour
par anal.	par analogie
par ex.	par exemple
par exagér.	par exagération
par ext.	par extension
par oppos.	par opposition à
par plais.	par plaisanterie
partic.	particulièrement
p.-ê.	peut-être
péjor.	péjoratif ; péjorativement (mot qui indique le mépris dans lequel est tenu qqn ou qqch : *beauf* ; *humanitarisme*)
pers.	personne ; personnel
pl.	pluriel
poét.	poétique
polon.	polonais
port.	portugais
poss.	possessif
p.p. adj.	participe passé adjectivé
p. passé	participe passé
p. présent	participe présent
préf.	préfixe ; préfecture
prép.	préposition ; prépositive
princ.	principal
princip.	principalement
pron.	pronom ; pronominal
prov.	proverbe ; province
provenç.	provençal
qqch	quelque chose
qqn	quelqu'un
r. dr.	rive droite
recomm. off.	recommandation officielle
région.	régional
relat.	relatif
relig.	religion
REM.	remarque
r. g.	rive gauche
riv.	rivière
s.	siècle
sanskr.	sanskrit
scand.	scandinave
scol.	scolaire
seulem.	seulement
sing.	singulier
spécial.	spécialement
subj.	subjonctif (mode)
suff.	suffixe
suppl.	supplément
symb.	symbole
SYN.	synonyme
tch.	tchèque
très fam.	très familier ; très familièrement (mot grossier, parfois injurieux : *chlinguer*)
v.	verbe ; voir ; vers ; ville
var.	variante
v.i.	verbe intransitif
vieilli	vieilli (mot qui tend à sortir de l'usage, mais qui reste compris de la plupart des locuteurs : *filouter*). Voir *anc.* et *vx.*
v.pr.	verbe pronominal
v.t.	verbe transitif
v.t. ind.	verbe transitif indirect
vulg.	vulgaire ; vulgairement (signale un mot renvoyant à une réalité frappée de tabou, le plus souvent d'ordre sexuel ou excrémentiel : *chiasse*)
vx	vieux (mot qui n'est généralement plus compris ni employé : *jocrisse*). Voir *anc.* et *vieilli.*
*	se reporter au terme précédé de l'étoile
→	voir

Rubriques

ACOUST.	Acoustique
ADMIN.	Administration
AÉRON.	Aéronautique
AGRIC.	Agriculture
AGROALIM.	Agroalimentaire
ALCHIM.	Alchimie
ALP.	Alpinisme
ANAT.	Anatomie
ANTHROP.	Anthropologie sociale
ANTIQ.	Antiquité
ANTIQ. GR.	Antiquité grecque
ANTIQ. GR. ET ROM.	Antiquité grecque et romaine
ANTIQ. ROM.	Antiquité romaine
APIC.	Apiculture
ARBOR.	Arboriculture
ARCHÉOL.	Archéologie
ARCHIT.	Architecture
ARM.	Armement
ART MOD.	Art moderne et contemporain
ARTS APPL.	Arts décoratifs et appliqués
ASTROL.	Astrologie
ASTRON.	Astronomie
ASTRONAUT.	Astronautique
AUDIOVIS.	Audiovisuel
AUTOM.	Automobile
BANQUE	Terme particulier au vocabulaire de la banque
BIJOUT.	Bijouterie, joaillerie
BIOCHIM.	Biochimie
BIOL.	Biologie
BIOL. CELL.	Biologie cellulaire
BOIS	Industrie du bois
BOT.	Botanique
BOUCH.	Boucherie
BOURSE	Terme particulier au vocabulaire de la Bourse
BROD.	Broderie, dentelle
BX-ARTS	Beaux-arts
CARTOGR.	Cartographie
CATH.	Catholicisme
CHASSE	Terme particulier au vocabulaire de la chasse
CH. DE F.	Chemin de fer
CHIM.	Chimie
CHIM. INDUSTR.	Chimie industrielle
CHIM. MINÉR.	Chimie minérale
CHIM. ORG.	Chimie organique
CHIRURG.	Chirurgie
CHRIST.	Christianisme
CINÉMA	Terme particulier au vocabulaire du cinéma
COMM.	Commerce ; commercial
COMPTAB.	Comptabilité
CONSTR.	Construction
COST.	Histoire du costume
COUT.	Couture
CRISTALLOGR.	Cristallographie
CUIRS	Industrie des cuirs
CUIS.	Cuisine
CYCL.	Cycles et motocycles
DANSE	Terme particulier au vocabulaire de la danse
DÉMOGR.	Démographie
DESS. INDUSTR.	Dessin industriel
DR.	Droit
DR. ADMIN.	Droit administratif
DR. CANON	Droit canon
DR. CIV.	Droit civil
DR. COMM.	Droit commercial
DR. CONSTIT.	Droit constitutionnel
DR. FISC.	Droit fiscal
DR. INTERN.	Droit international
DR. MAR.	Droit maritime
DR. PÉN.	Droit pénal
ÉCOL.	Écologie
ÉCON.	Économie
ÉLECTR.	Électricité
ÉLECTROACOUST.	Électroacoustique

ÉLECTROMAGN.	Électromagnétisme
ÉLECTRON.	Électronique
ÉLECTROTECHN.	Électrotechnique
ÉLEV.	Élevage
EMBRYOL.	Embryologie
ÉNERG.	Énergie
ENSEIGN.	Enseignement
ENTOMOL.	Entomologie
ÉPISTÉMOL.	Épistémologie
ÉQUIT.	Équitation
ETHNOL.	Ethnologie
ÉTHOL.	Éthologie
FAUCONN.	Fauconnerie
FÉOD.	Féodalité
FIN.	Finances publiques, institutions financières
FORTIF.	Fortification
GÉNÉT.	Génétique
GÉOGR.	Géographie
GÉOL.	Géologie
GÉOMORPH.	Géomorphologie
GÉOPHYS.	Géophysique
GRAMM.	Grammaire
GRAV.	Gravure, lithographie, estampe
HÉRALD.	Héraldique
HIST.	Histoire
HISTOL.	Histologie
HORLOG.	Horlogerie
HORTIC.	Horticulture
HYDROL.	Hydrologie
ICON.	Iconographie, symbolique
IMAG. MÉD.	Imagerie médicale
IMMUNOL.	Immunologie
IMPRIM.	Imprimerie
INDUSTR.	Industrie
INFORM.	Informatique
JEUX	Terme particulier au vocabulaire des jeux
LING.	Linguistique
LITTÉR.	Littérature
LOG.	Logique
MANUT.	Manutention et stockage
MAR.	Marine ; maritime
MATÉR.	Matériaux
MATH.	Mathématiques
MÉCAN.	Mécanique
MÉCAN. INDUSTR.	Mécanique industrielle
MÉD.	Médecine
MENUIS.	Menuiserie
MÉTALL.	Métallurgie
MÉTÉOROL.	Météorologie
MÉTROL.	Métrologie
MICROBIOL.	Microbiologie
MIL.	Langage militaire
MIN.	Mines
MINÉRALOG.	Minéralogie
MUS.	Musique
MYCOL.	Mycologie
MYTH. GR.	Mythologie grecque
MYTH. GR. ET ROM.	Mythologie grecque et romaine
MYTH. ROM.	Mythologie romaine
NAVIG.	Navigation intérieure
NEUROL.	Neurologie
NUCL.	Génie nucléaire
NUMISM.	Numismatique
OCCULT.	Occultisme
OCÉANOL.	Océanologie
OPT.	Optique
ORFÈVR.	Orfèvrerie
ORNITH.	Ornithologie
OUTILL.	Outillage
PALÉONT.	Paléontologie
PAPET.	Industrie du papier, papeterie
PARAPSYCHOL.	Parapsychologie
PÊCHE	Terme particulier au vocabulaire de la pêche
PÉDOL.	Pédologie
PEINT.	Peinture artistique
PEINT. INDUSTR.	Peinture industrielle
PÉTROL.	Pétrologie
PÉTROLE	Industrie du pétrole
PHARM.	Pharmacie
PHILOS.	Philosophie
PHON.	Phonétique
PHOTOGR.	Photographie
PHYS.	Physique
PHYS. NUCL.	Physique nucléaire
PHYSIOL.	Physiologie
POLIT.	Politique
PRÉHIST.	Préhistoire
PSYCHAN.	Psychanalyse
PSYCHIATR.	Psychiatrie
PSYCHOL.	Psychologie
PSYCHOPATHOL.	Psychopathologie
RADIODIFF.	Radiodiffusion
REL.	Reliure
RELIG.	Religion
RHÉT.	Rhétorique
SCULPT.	Sculpture
SOCIOL.	Sociologie
SPÉLÉOL.	Spéléologie
SPORTS	Terme du vocabulaire sportif
STYL.	Stylistique
SYLVIC.	Sylviculture
TECHN.	Technique
TÉLÉCOMM.	Télécommunications
TÉLÉV.	Télévision
TEXT.	Textiles
THÉÂTRE	Terme particulier au vocabulaire du théâtre
THÉOL. CHRÉT.	Théologie chrétienne
THERM.	Thermique (chauffage, industrie du froid)
THERMODYN.	Thermodynamique
TOPOGR.	Topographie
TRAV. PUBL.	Travaux publics
URBAN.	Urbanisme, mobilier urbain
VÉNER.	Vénerie
VERR.	Verrerie, cristallerie
VERSIF.	Versification
VÉTÉR.	Médecine et chirurgie vétérinaires
VITIC.	Viticulture
ZOOL.	Zoologie

Crédits des illustrations des lettrines

Noms communs – **A** : © okalinichenko/Fotolia.com, © Ilya Zonov/Shutterstock ; **B** : © okalinichenko/Fotolia.com, © high_resolution/Fotolia.com, © Nerthuz/Shutterstock ; **C** : © okalinichenko/Fotolia.com, © Insdes/Fotolia.com, © sabonisr/Fotolia.com ; **D** : © okalinichenko/Fotolia.com, © koya979/Fotolia.com ; **E** : © rina_ro/Fotolia.com, © okalinichenko/Fotolia.com, © wizdata/Fotolia.com, © Insdes/Fotolia.com, © petovarga/Shutterstock ; **F** : © Vadym Tynenko/Fotolia.com, © okalinichenko/Fotolia.com, © mattiamarty/Fotolia.com, © Insdes/Fotolia.com ; **G** : © vvoe/Fotolia.com, © chubphong/Fotolia.com, © Anna Velichkovsky/Fotolia.com **H** : © Eric Martinez/Fotolia.com, © Pylypenko/Fotolia.com, © okalinichenko/Fotolia.com, © zenina/Fotolia.com ; **I** : © okalinichenko/Fotolia.com, © Catmando/Shutterstock, © Sundra/Shutterstock ; **JK** : © okalinichenko/Fotolia.com, © aleciccotelli/Fotolia.com, © alphabe/Fotolia.com, © okalinichenko/Fotolia.com, © kuco/Fotolia.com ; **L** : © modera76/Fotolia.com, © nerthuz/Fotolia.com ; **M** : © freehandz/Fotolia.com, © Friedberg/Fotolia.com, © Insdes/Fotolia.com, © Kisika/Fotolia.com ; **N** : © 3dsculptor/Fotolia.com, © kuco/Fotolia.com, © bluebay2014/Fotolia.com, © Olga Zakharova/Shutterstock, © Seafowl/Shutterstock ; **O** : © shin28/Fotolia.com, © kuco/Fotolia.com, © la_balaur/Fotolia.com, © Sergey Mikhaylov/Shutterstock ; **P** : © okalinichenko/Fotolia.com, © adimas/Fotolia.com, © wizdata/Fotolia.com, © Insdes/Fotolia.com, © namosh/Fotolia.com ; **Q** : © christophkadur/Shutterstock ; **R** : © Gennadij Kurilin/Fotolia.com, © Tanja Esser/Fotolia.com, © fotokalle/Fotolia.com, © depiano/Fotolia.com, © Gee/Fotolia.com ; **S** : © April Cat/Fotolia.com, © alphabe/Fotolia.com, © LaCozza/Fotolia.com, © 3drenderings/Fotolia.com ; **T** : © tsuneomp/Fotolia.com, © i-picture/Fotolia.com, © bioraven/Shutterstock, © Rina_Ro/Shutterstock ; **U** : © okalinichenko/Fotolia.com, © spline_x/Shutterstock ; **V** : © okalinichenko/Fotolia.com ; **WX** : © lxlalexlxl/Fotolia.com, © photosvac/Fotolia.com ; **YZ** : © freehandz/Fotolia.com © Abbie /Shutterstock.

Noms propres – **A** : © Garik Barseghyan/Fotolia.com, © ankdesign/Fotolia.com, © robodread/Shutterstock ; **B** : © XtravaganT/Fotolia.com, © Dina Melnikova/Shutterstock, © kobfujar/Fotolia.com ; **C** : © okalinichenko/Fotolia.com, © lienangelo/Fotolia.com, ©RomanYa/Shutterstock ; **D** : © Roberto Castillo/Shutterstock, © S. Hanusch/Shutterstock, © la_balaur/Fotolia.com, © Erica Guilane-Nachez/Fotolia.com ; **E** : © zzve/Fotolia.com, © IRStone/Fotolia.com, © okalinichenko/Fotolia.com, © Mikhail Zahranichny/Fotolia.com, © mishabender/Shutterstock, © MarArt/Shutterstock ; **F** : © MarcoGiudice/Fotolia.com, © okalinichenko/Fotolia.com , © Hilch/Shutterstock, © olies/Shutterstock ; **G** : © Erica Guilane-Nachez/Fotolia.com, © IRStone/Fotolia.com, ©KateVogel/Shutterstock, © Lorelyn Medina/Shutterstock ; **H** : © isaxar/Shutterstock, © IR Stone/Shutterstock, © mishabender/Shutterstock ; **I** : © okalinichenko/Fotolia.com, ©Kuco/Shutterstock, © Danussa/Shutterstock, © Galinapremiere/Shutterstock ; **J** : © okalinichenko/Fotolia.com, © kuco/Fotolia.com, © Canicula/Shutterstock ; **K** : © Rashevska Nataliia/Shutterstock, © Mike Demidov/Shutterstock, © isaxar/Shutterstock, © Alexey Painter/Shutterstock ; **L**:©Morphart/Fotolia.com,©IRStone/Shutterstock,©Click49/Shutterstock;**M**:©Click49/Shutterstock,©kuco/Fotolia.com,©RomanYa/Shutterstock,©Galinapremiere/Shutterstock,©Hein Nouwens/Shutterstock;**N**:©jim80/Fotolia.com,©Yoko Design/Shutterstock,©IRStone/Fotolia.com,©mixform design/Shutterstock;**O**:©grop/Shutterstock,©Sundra/Fotolia.com, © soosh/Shutterstock, © Art'nLera/Shutterstock ; **P** : © Isaxar/Fotolia.com, © Canicula/Shutterstock, © XtravaganT/Fotolia.com, © Viktoriya/Shutterstock ; **U** : © Erica Guilane-Nachez/Fotolia.com, © diez-artwork/Fotolia.com ; **V** : © glowonconcept/Fotolia.com, © shymko-svitlana/Shutterstock, © scimmery/Shutterstock, © Galinapremiere/Shutterstock, © Viktoriya/Shutterstock ; **W** : © Erica Guilane-Nachez/Fotolia.com, © IR Stone/Shutterstock ; **XYZ** : © alongzo/Shutterstock, © iralu/Shutterstock, © lauralis/Shutterstock.

Les autres dessins des lettrines proviennent des Archives Larousse.

A **n.m. inv.** Première lettre de l'alphabet français et la première des voyelles. ▪ **A,** symbole de l'ampère. ▪ **A** [mus.], *la,* dans le système de notation en usage dans les pays anglo-saxons et germaniques. ▪ **A3,** format normalisé de papier de dimension 29,7 × 42 cm. ▪ **A4,** format normalisé de papier de dimension 21 × 29,7 cm. ▪ **Bombe A,** bombe nucléaire de fission. ▪ **De A à Z,** du début à la fin. ▪ **Prouver par a + b,** rigoureusement. ▪ **Triple A** ou **AAA,** meilleure note susceptible d'être attribuée par une agence de notation à un titre financier (obligation), généralement émis par un État. ➲ Le triple A correspond à la grande confiance que l'agence de notation met dans la solvabilité de l'État émetteur d'obligations. (→ **dette souveraine, notation souveraine**).

A **n.m. inv.** (de *apprenti*). Signe que les conducteurs qui viennent d'avoir le permis de conduire doivent apposer à l'arrière de leur véhicule.

À **prép.** (du lat. *ad,* vers). **1.** Exprime un rapport de lieu, de temps, de destination, de possession, de moyen, de manière, de prix : *Être à Paris. Partir à sept heures. Aboutir à un échec. Ce stylo est à moi. Pêcher à la ligne. Marcher à reculons. Une glace à deux euros.* **2.** Introduit un complément d'objet indirect ou un complément d'attribution, un complément du nom ou de l'adjectif : *Participer à un jeu. Prêter de l'argent à un ami. Appartenir à un parti. Difficile à faire.*

AA [aa] **n.m. inv.** (mot d'orig. hawaïenne). **GÉOMORPH.** Coulée de lave présentant une surface constituée de blocs chaotiques.

ABACA **n.m.** (esp. *abacá*). Bananier des Philippines, dont les feuilles fournissent une matière textile, le chanvre de Manille. ➲ Famille des musacées.

ABAISSABLE **adj.** Que l'on peut abaisser, replier : *Rallonge abaissable.*

ABAISSANT, E **adj.** Qui abaisse moralement.

ABAISSE **n.f. CUIS.** Morceau de pâte aplati au rouleau pour foncer un moule.

ABAISSE-LANGUE **n.m.** (pl. *abaisse-langues*). **MÉD.** Petite spatule avec laquelle on appuie sur la langue pour examiner la bouche et la gorge.

ABAISSEMENT **n.m. 1.** Action d'abaisser qqch. **2.** Fait d'abaisser qqn, de s'abaisser.

ABAISSER **v.t. [3]** (de *baisser*). **1.** Faire descendre ; mettre à un niveau plus bas : *Abaisser une manette.* **2.** Diminuer l'importance, la valeur de : *Abaisser les prix.* **3.** Faire perdre sa dignité à : *La misère abaisse l'être humain.* ▪ **Abaisser une perpendiculaire** [math.], tracer une perpendiculaire à une droite passant par un point extérieur à cette droite. ◆ **S'ABAISSER** **v.pr. (À).** Perdre sa dignité ; se compromettre.

ABAISSEUR **adj.m.** et **n.m.** Se dit d'un muscle qui abaisse une partie du corps.

ABAJOUE **n.f.** Poche de la joue de certains mammifères (notamm. le hamster, certains singes), servant de réserve à aliments.

ABANDON **n.m.** (de l'anc. fr. *à bandon,* au pouvoir de). **1.** Action d'abandonner, de cesser d'occuper : *Abandon de poste.* **2. SPORTS.** Fait de renoncer à poursuivre une compétition. **3.** Litt. Fait de s'abandonner : *Parler avec abandon.* ▪ **À l'abandon,** laissé sans soin : *Des terres, une maison à l'abandon.*

ABANDONNER **v.t. [3]. 1.** Se retirer définitivement d'un lieu : *Abandonner la ville pour la campagne* ; cesser d'occuper : *Abandonner le pouvoir.* **2.** Cesser volontairement : *Abandonner ses études, la lutte.* **3.** Absol. Renoncer à continuer : *Le boxeur a abandonné.* **4.** Laisser au pouvoir de qqn : *Abandonner à un notaire la gestion de son patrimoine.* **5.** Faire défaut à qqn : *Ses forces l'ont abandonné.* ◆ **S'ABANDONNER** **v.pr. (À).** Se laisser aller à : *S'abandonner au désespoir.*

ABANDONNIQUE **adj.** et **n. PSYCHOL.** Qui vit dans la crainte d'être abandonné : *Enfant abandonnique.*

ABAQUE **n.m.** (du gr. *abax,* table à calcul). **1.** Diagramme, graphique donnant par simple lecture la solution approchée d'un problème numérique. **2.** Anc. Table pour le calcul à l'aide de jetons. **3. ARCHIT.** Tablette surmontant le corps d'un chapiteau (SYN. **tailloir**).

ABASOURDIR [-zurdir] **v.t. [21]** (de l'anc. fr. *basourdir,* tuer). **1.** Jeter dans la stupéfaction : *Cette décision nous a abasourdis.* **2.** Étourdir par un grand bruit.

ABASOURDISSANT, E **adj.** Qui abasourdit.

ABASOURDISSEMENT **n.m.** Fait d'être abasourdi.

ABAT **n.m.** ▪ **Pluie d'abat** [vx], averse violente et abondante.

ABÂTARDIR **v.t. [21]. 1.** Faire perdre les qualités de sa race à : *Abâtardir une race taurine.* **2.** Faire perdre ses qualités originelles ; faire dégénérer. ◆ **S'ABÂTARDIR** **v.pr.** Perdre de ses qualités originelles.

ABÂTARDISSEMENT **n.m.** Fait d'être abâtardi.

ABATIS **n.m.** Québec. Terrain dont on a abattu les arbres sans l'essoucher.

ABAT-JOUR **n.m. inv.,** ▲ ***n.m.*** *(pl. abat-jours).* Dispositif fixé autour d'une lampe et destiné à diriger la lumière tout en protégeant les yeux de l'éblouissement.

ABATS **n.m. pl.** Parties comestibles des animaux de boucherie ne consistant pas en chair (rognons, foie, mou, etc.).

ABAT-SON **n.m.** (pl. *abat-sons*) ou **ABAT-SONS** **n.m. inv.** Ensemble des lames obliques posées dans les baies des clochers pour rabattre vers le sol le son des cloches.

ABATTABLE **adj.** Qui peut être abattu, rabattu : *Lit abattable.*

ABATTAGE **n.m. 1.** Action d'abattre : *Abattage des arbres.* **2.** Action de tuer un animal de boucherie. **3.** Action de fragmenter une roche, un minerai dans un gisement : *Abattage mécanique, hydraulique, à l'explosif.* ▪ **Vente à l'abattage,** par grandes quantités, avec un bénéfice unitaire réduit.

ABATTANT **n.m.** Tablette mobile d'un meuble, que l'on peut abaisser ou relever.

ABATTÉE **n.f. 1.** Mouvement d'un navire qui change de route. **2.** Mouvement d'un voilier dont l'axe s'écarte du lit du vent. **3.** Piqué brusque d'un avion, survenant à la suite d'un décrochage aérodynamique.

ABATTEMENT **n.m. 1.** Fait d'être abattu ; affaiblissement physique ou moral : *Un état de grand abattement.* **2.** Déduction faite sur une somme à payer. **3.** Réduction du montant sur lequel sont calculés un impôt, une charge sociale, un revenu.

ABATTEUR **n.m.** Personne qui abat des arbres, des animaux.

ABATTIS **n.m.** Coupe faite dans une forêt. ◆ **n.m. pl. 1.** Abats de volaille. **2.** Fam. Bras et mains ; pieds et jambes. ▪ **Numérote tes abattis !** [fam.], prépare-toi à te battre ! ; assure-toi que tu es indemne après cette bagarre !

ABATTOIR **n.m. 1.** Établissement où l'on abat et où l'on prépare les animaux destinés à la consommation. **2.** Fam. Endroit où l'on massacre des gens, notamm. la guerre.

ABATTRE **v.t. [63]** (bas lat. **abbatuere*). **1.** Faire tomber : *Abattre un mur, un arbre.* **2.** Tuer un animal. **3.** Tuer qqn avec une arme à feu. **4.** Ôter ses forces physiques ou morales à : *Ce deuil l'a abattu.* ▪ **Abattre de la besogne,** exécuter rapidement et efficacement des tâches nombreuses. ▪ **Abattre ses cartes** ou **son jeu,** étaler ses cartes, son jeu ; fig., dévoiler à l'adversaire son plan, ses moyens d'action. ◆ **v.i. MAR.** S'écarter du lit du vent (par oppos. à *lofer*). ◆ **S'ABATTRE** **v.pr. 1.** Tomber brusquement : *La grêle s'est abattue sur la région* ; se laisser tomber : *L'aigle s'abat sur sa proie.* **2.** Survenir soudainement et brutalement : *Le malheur s'est abattu sur cette famille.*

1. ABATTU, E **adj.** Sans force physique ou morale.

2. ABATTU **n.m.** Position du chien d'un fusil désarmé.

ABAT-VENT **n.m. inv.,** ▲ ***n.m.*** *(pl. abat-vents).* Appareil placé sur une cheminée, à l'extrémité du conduit, pour faciliter le tirage.

ABBASSIDE **adj.** et **n.** Relatif aux Abbassides ; qui fait partie de cette dynastie.

ABBATIAL, E, AUX [-sjal, -sjo] **adj. 1.** Relatif à une abbaye. **2.** Relatif à un abbé, une abbesse.

ABBATIALE [-sjal] **n.f.** Église d'une abbaye.

ABBAYE [abei] **n.f. 1. CHRIST.** Communauté de moines ou de moniales gouvernée par un abbé ou une abbesse ; ensemble des bâtiments abritant ces moines ou moniales. **2.** Suisse. Confrérie de tireurs ; concours de tir et fête organisés par cette confrérie.

ABBÉ n.m. (lat. *abbas*, de l'araméen *abba*, père). **1.** Supérieur élu d'une abbaye. **2.** Afrique. Prêtre d'origine africaine (par oppos. à *père*).

ABBESSE n.f. Supérieure d'une abbaye.

ABBEVILLIEN n.m. Faciès industriel du paléolithique ancien, caractérisé par de grossiers bifaces et un outillage fruste sur éclat. ➲ L'abbevillien précède l'acheuléen.

ABC [abese] **n.m. inv.** Base d'un art, d'une technique : *L'abc du bouturage.*

S'ABCÉDER v.pr. [11], ▲ *[11*]*. MÉD. Devenir le siège d'un abcès.

ABCÈS [apsɛ] **n.m.** (du lat. *abscessus*, corruption). Amas de pus bien délimité, dans un tissu, un organe. ▪ **Abcès chaud**, abcès présentant les signes de l'inflammation aiguë. ▪ **Abcès de fixation**, abcès provoqué artificiellement pour localiser une infection générale (procédé auj. abandonné) ; fig., action visant à limiter l'extension d'un phénomène néfaste ou dangereux. ▪ **Abcès froid**, abcès très rare, sans inflammation aiguë, et génér. tuberculeux. ▪ **Crever** ou **vider l'abcès**, dénouer, souvent avec une certaine violence, une situation critique.

ABDICATAIRE adj. et n. Qui a abdiqué.

ABDICATION n.f. Action d'abdiquer.

ABDIQUER v.t. [3] (lat. *abdicare*). **1.** Renoncer à une fonction, un pouvoir ; spécial., renoncer à l'autorité souveraine : *Abdiquer la couronne.* **2.** Absol. En parlant d'un souverain, renoncer à sa charge. **3.** Renoncer à un sentiment, une opinion : *Abdiquer toute fierté.* **4.** Renoncer à imposer sa volonté : *Parents qui abdiquent toute autorité.* ◆ **v.i.** Renoncer à agir ; capituler : *Abdiquer devant les difficultés.*

ABDOMEN [-mɛn] **n.m.** (mot lat.). **1.** Région inférieure du tronc de l'homme et des mammifères, séparée du thorax par le diaphragme, s'ouvrant en bas sur le petit bassin, et contenant la plus grande partie de l'appareil digestif et de l'appareil urinaire. **2.** Partie postérieure du corps des arthropodes, notamm. des insectes, située à l'arrière du thorax, où sont localisées la plupart des fonctions physiologiques (respiration, excrétion, reproduction).

ABDOMINAL, E, AUX adj. De l'abdomen : *Douleurs abdominales.*

ABDOMINAUX n.m. pl. **1.** Muscles constituant les parois antérieures et latérales de l'abdomen. **2.** Exercices de gymnastique destinés à renforcer ces muscles : *Faire des abdominaux.* Abrév. (fam.) **abdos.**

ABDUCTEUR adj.m. (du lat. *abductor*, qui écarte). ▪ **Muscle abducteur** [anat.], qui produit l'abduction (SYN. **abducteur**). ▪ **Tube abducteur** [chim.], qui recueille les gaz dans une réaction chimique. ◆ **n.m.** Muscle abducteur.

ABDUCTION n.f. PHYSIOL. Mouvement par lequel un membre ou un segment de membre (pouce) s'écarte sur le côté.

ABÉCÉDAIRE n.m. (de *abcd*). Vieilli. Livre illustré pour l'apprentissage de l'alphabet, de la lecture.

ABÉE n.f. Ouverture par laquelle passe l'eau actionnant la roue d'un moulin.

ABEILLE n.f. (provenç. *abelha*, du lat. *apis*). Insecte social vivant dans une ruche et produisant le miel et la cire. ➲ Ordre des hyménoptères. ▪ **Abeille charpentière**, xylocope. ▪ **Nid-d'abeilles**, v. à son ordre alphabétique.

ABÉLIEN, ENNE adj. (de N. *Abel*, n.pr.). ▪ **Groupe abélien** [math.], groupe commutatif*.

ABER [abɛr] **n.m.** (mot celt.). Région. (Bretagne). Ria.

ABERDEEN-ANGUS [abərdinãgys] **n. inv.** et **adj. inv.** Bovin d'une race de boucherie à robe noire, dépourvue de cornes, originaire d'Écosse.

ABERRANCE n.f. MATH. Singularité présentée dans une série statistique par une grandeur qui s'écarte nettement de la valeur moyenne.

ABERRANT, E adj. (du lat. *aberrare*, s'écarter). Qui s'écarte du bon sens, de la norme ; absurde : *Une idée aberrante.*

ABERRATION n.f. **1.** Erreur de jugement. **2.** ASTRON. Écart entre la direction apparente d'un astre et sa direction réelle, dû aux mouvements de la Terre et à la vitesse de la lumière. **3.** OPT. Défaut de l'image donnée par un système optique, dû à la constitution même de ce système. ▪ **Aberration chromatique**, aberration d'un système dioptrique due à la dispersion d'une lumière complexe qui entraîne l'existence d'une distance focale particulière pour chaque longueur d'onde. ▪ **Aberration chromosomique**, anomalie génétique de un ou de plusieurs chromosomes, portant sur le nombre (trisomie, par ex.) ou la structure (délétion, translocation, etc.), atteignant un groupe de cellules (cellules cancéreuses) ou l'individu entier. ▪ **Aberration géométrique**, aberration d'un système optique due au caractère astigmatique de celui-ci.

ABÊTIR v.t. [21] (de 2. *bête*). Rendre bête, stupide. ◆ **S'ABÊTIR** v.pr. Devenir stupide.

ABÊTISSANT, E adj. Qui abêtit : *Ce travail répétitif est abêtissant.*

ABÊTISSEMENT n.m. Action d'abêtir ; état qui en résulte.

ABHORRER v.t. [3] (lat. *abhorrere*). Litt. Avoir en horreur ; détester : *Abhorrer le mensonge.*

ABIÉTACÉE ou **ABIÉTINÉE** n.f. BOT. Pinacée.

ABÎME, ▲ *ABIME* **n.m.** (du gr. *abussos*, sans fond). **1.** Gouffre très profond ; précipice qui semble insondable. **2.** Fig. Ce qui sépare profondément des personnes : *Il y a un abîme entre ces deux générations.* ▪ **En abîme** → **ABYME.** ▪ **Être au bord de l'abîme**, dans une situation désastreuse.

ABÎMÉ, E, ▲ *ABIMÉ, E* **adj.** En mauvais état.

ABÎMER, ▲ *ABIMER* **v.t. [3].** Mettre en mauvais état ; endommager : *La pluie a abîmé son chapeau.* ◆ **S'ABÎMER** v.pr. **1.** Subir des détériorations : *La viande s'abîme à l'air libre.* **2.** Litt. Disparaître comme dans un abîme : *Le navire s'abîma dans la mer.* **3.** Litt. Se plonger dans : *S'abîmer dans ses pensées.*

AB INTESTAT [abɛ̃tɛsta] **loc. adj. inv.** et **loc. adv.** (du lat. *intestatus*, qui n'a pas testé). DR. ▪ **Succession ab intestat**, dont les biens sont attribués aux héritiers selon les règles légales, en l'absence de testament.

ABIOTIQUE adj. Se dit d'un facteur écologique indépendant des êtres vivants (par oppos. à *biotique*).

ABJECT, E [abʒɛkt] **adj.** (du lat. *abjectus*, rejeté). Dont la bassesse suscite le mépris : *Une action abjecte. Un homme abject.*

ABJECTEMENT adv. D'une façon abjecte.

ABJECTION n.f. Abaissement moral ; infamie.

ABJURATION n.f. Action d'abjurer.

ABJURER v.t. [3] (du lat. *abjurare*, nier par serment). Renoncer solennellement à une religion, une opinion.

ABLATIF n.m. (lat. *ablativus*). LING. Cas des langues à déclinaison exprimant la séparation, l'éloignement, l'origine.

ABLATION n.f. (bas lat. *ablatio*). **1.** CHIRURG. Action d'enlever totalement ou partiellement un organe, un tissu ou un corps étranger (SYN. **exérèse**). **2.** ASTRON., ASTRONAUT. Décomposition, fusion, sublimation, etc., de la surface d'un matériau soumis à un flux de chaleur intense. **3.** GÉOMORPH. Perte de matériaux subie par un relief.

ABLETTE n.f. (du lat. *albulus*, blanchâtre). Poisson d'eau douce comestible, à dos vert métallique et à ventre argenté, abondant dans les cours d'eau et les lacs européens. ➲ Famille des cyprinidés.

ABLUTION n.f. (du lat. *abluere*, laver). **1.** RELIG. Acte rituel de purification du corps par l'eau. **2.** Dans le catholicisme, rite de purification du calice, au cours de la messe. **3.** Dans les religions orientales, rite de purification du corps. ▪ **Faire ses ablutions** [fam.], sa toilette.

ABNÉGATION n.f. (du lat. *abnegatio*, renoncement). Sacrifice de soi au bénéfice d'autrui : *Faire preuve d'abnégation.*

ABO [abeo] **(SYSTÈME)** **n.m.** (du nom des groupes sanguins A, B, AB, O). Ensemble de quatre groupes sanguins érythrocytaires découverts en 1900 par K. Landsteiner, et qui sont à la base de la transfusion sanguine.

ABOI n.m. (de *aboyer*). VÉNER. Cri du chien courant devant l'animal arrêté. ◆ **n.m. pl.** ▪ **Bête aux abois** [véner.], réduite à faire face aux chiens qui aboient. ▪ **Être aux abois**, dans une situation désespérée.

ABOIEMENT n.m. Cri du chien.

ABOLIR v.t. [21] (du lat. *abolere*, détruire). Abroger une loi, une coutume : *Abolir la peine de mort.*

ABOLITION n.f. Action d'abolir : *L'abolition de l'esclavage.*

ABOLITIONNISME n.m. Doctrine prônant l'abolition d'une loi, d'un usage (notamm. de l'esclavage, autref., et de la peine de mort, auj.).

ABOLITIONNISTE adj. et n. Relatif à l'abolitionnisme ; qui en est partisan.

ABOMINABLE adj. **1.** Qui provoque l'aversion, l'horreur : *Un crime abominable.* **2.** Extrêmement désagréable : *Quel temps abominable !*

ABOMINABLEMENT adv. **1.** De façon abominable, ignoble. **2.** À un très haut degré : *Coûter abominablement cher.*

ABOMINATION n.f. **1.** Litt. Irrésistible dégoût qu'inspire qqch, qqn : *Avoir le mensonge, les menteurs en abomination.* **2.** Action, parole abominable : *Dire des abominations.*

ABOMINER v.t. [3] (lat. *abominari*). Litt. Avoir en horreur ; détester.

ABONDAMMENT adv. En grande quantité ; copieusement.

1. ABONDANCE n.f. **1.** Grande quantité ; profusion : *L'abondance des légumes sur le marché.* **2.** Ressources considérables, supérieures au nécessaire : *Vivre dans l'abondance.* ▪ **Parler d'abondance** [litt.], avec aisance et en improvisant.

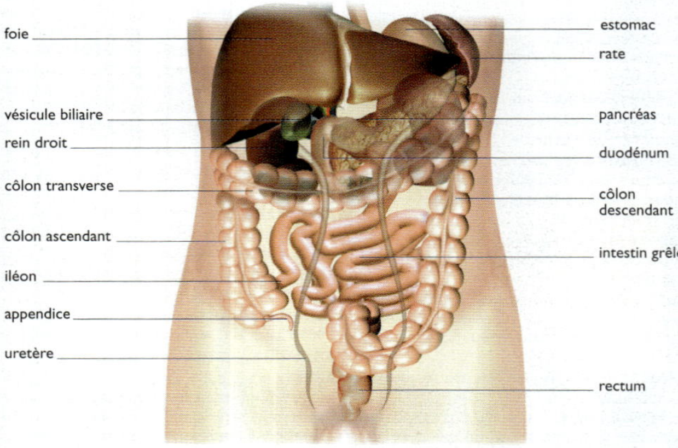

▲ **abdomen.** Les principaux organes de l'abdomen.

Les abeilles

La ruche comporte trois types d'abeilles : une unique femelle féconde, la *reine* (elle vit jusqu'à 5 ans et peut pondre jusqu'à 2 000 œufs par jour) ; quelques centaines de mâles, les *faux bourdons* (ils ne vivent que de 1 à 2 mois et n'ont qu'un rôle reproducteur) ; plusieurs dizaines de milliers de femelles stériles, les *ouvrières* (leur vie n'excède pas 5 semaines en période de récolte, et 5 mois pendant l'hivernage), qui assurent de multiples tâches : construction des rayons de cire, récolte et stockage du pollen et du nectar pour nourrir la colonie, soins aux larves et défense de la ruche. En butinant, les abeilles (domestiques et sauvages) assurent la pollinisation d'un grand nombre de plantes, sauvages ou cultivées : plus de 80 % des cultures dans le monde dépendent d'elles et des autres insectes pollinisateurs. Partout, cependant, leurs populations sont en déclin à cause, notamm., de l'épandage de pesticides ; des agriculteurs sont ainsi amenés à louer des ruches le temps de la floraison de leurs arbres ou à suppléer manuellement (en Chine, par ex.) à la fonction pollinisatrice des abeilles.

Reine entourée d'ouvrières sur un rayon constitué d'alvéoles. Ces alvéoles servent pour le stockage du miel et du pollen. C'est également là que les œufs sont pondus, et que les larves se développent jusqu'au stade adulte.

ruche à cadres mobiles

mâle ou **faux bourdon**

femelle ou **reine**

ouvrière avec sa corbeille à pollen

DÉVELOPPEMENT LARVAIRE D'UNE OUVRIÈRE

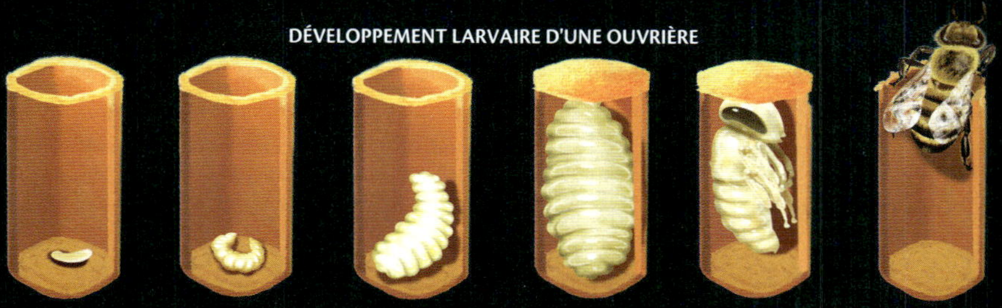

JOURS	1	3	8	13	19	21
	œuf		larve	larve ayant tissé son cocon	nymphe	insecte adulte

2. ABONDANCE **n.** Bovin d'une race laitière à robe pie rouge, originaire de Haute-Savoie.

ABONDANT, E adj. Qui existe en grande quantité : *Pluie, récolte abondante.*

ABONDEMENT n.m. (de *abonder*). Versement complémentaire effectué par une entreprise à un organisme, dans le cadre d'un plan d'épargne d'entreprise ou de l'actionnariat des salariés.

ABONDER v.i. [3] (lat. *abundare*). Exister en grande quantité : *Le gibier abonde ici.* ▪ **Abonder dans le sens de qqn,** approuver pleinement ses paroles. ▪ **Abonder en,** posséder, produire en grande quantité ; regorger de : *La région abonde en fruits.*

ABONNÉ, E adj. et **n. 1.** Titulaire d'un abonnement. **2.** Fam. Coutumier de qqch : *Chanteur abonné au succès.* ▪ **Aux abonnés absents,** se dit d'une personnalité politique, d'un organisme, qui, en cas de problème, se prétendent indisponibles et injoignables : *La ministre est aux abonnés absents.*

ABONNEMENT n.m. 1. Convention ou marché, souvent à forfait, pour la fourniture régulière d'un produit ou l'usage habituel d'un service : *Abonnement à Internet.* **2.** DR. Procédé de recouvrement de certains impôts portant sur un même objet et qui permet au contribuable de se libérer contre un paiement global à termes réguliers.

ABONNER v.t. [3] (de l'anc. fr. *bodne,* borne frontière). Prendre un abonnement pour qqn : *Abonner un ami à une revue.* ◆ **S'ABONNER v.pr.** Souscrire un abonnement pour soi-même.

ABONNIR v.t. [21] (de *1. bon*). Rendre meilleur : *Faire vieillir un vin pour l'abonnir.* ◆ **S'ABONNIR v.pr.** Devenir meilleur.

ABORD n.m. 1. Manière d'accueillir qqn : *Être d'un abord facile.* **2.** Action d'aborder un lieu ; accès : *L'abord du rond-point est dangereux.* ▪ **Au premier abord,** ou **de prime abord** [litt.], à première vue. ▪ **(Tout) d'abord,** avant tout ; pour commencer. ◆ **n.m. pl. 1.** Alentours d'un lieu ; environs : *Encombrements aux abords de Rennes.* **2.** BOUCH. Maniements situés de part et d'autre de la base de la queue des bovins à l'engrais.

ABORDABLE adj. 1. Où l'on peut aborder : *Rivage difficilement abordable.* **2.** Se dit d'une personne d'un abord facile ; accessible. **3.** Que l'on peut payer ; dont le montant n'est pas trop élevé.

ABORDAGE n.m. MAR. **1.** Assaut donné d'un navire à un autre : *Monter à l'abordage.* **2.** Collision accidentelle entre deux bateaux. **3.** Action d'atteindre un rivage, d'aborder.

ABORDER v.i. [3] (de *bord*). Arriver au rivage ; atteindre la terre : *Aborder à Marseille.* ◆ **v.t. 1.** S'approcher de qqn et lui parler. **2.** Atteindre un lieu, un passage que l'on doit emprunter : *Aborder un virage.* **3.** En parlant d'un navire, venir bord contre bord avec un autre pour l'attaquer ou en le heurtant accidentellement. **4.** Commencer à étudier qqch, à en parler : *Aborder un problème, une question.*

ABORIGÈNE adj. et **n.** (lat. *aborigines,* de *origo, -inis,* origine). **1.** Qui est originaire du pays où il vit. **2.** (Avec une majuscule). Autochtone de l'Australie. ◆ **adj.** Se dit d'un végétal originaire du pays où il pousse : *Plante aborigène.*

ABORTIF, IVE adj. 1. Se dit d'un produit, d'un procédé qui provoque l'avortement. **2.** Qui s'arrête avant le terme de son évolution normale : *Éruption abortive.* ◆ **n.m.** Produit abortif.

ABOUCHEMENT n.m. Action d'aboucher.

ABOUCHER v.t. [3]. 1. Appliquer l'un contre l'autre des conduits par leurs ouvertures : *Aboucher deux tuyaux.* **2.** (À, AVEC). Mettre en rapport des personnes : *Aboucher un informaticien avec un éditeur.* ◆ **S'ABOUCHER v.pr.** (AVEC). Péjor. Se mettre en rapport avec : *S'aboucher avec un individu louche.*

ABOULER v.t. [3] (de *boule*). Fam. Donner ; remettre : *Aboule ton portable !*

ABOULIE n.f. (du gr. *aboulia,* irréflexion). Difficulté pathologique à agir, à prendre une décision, fréquente dans la dépression et l'hystérie.

ABOULIQUE adj. et **n.** Atteint d'aboulie.

ABOUT n.m. Extrémité d'une pièce préparée en vue de certains assemblages.

ABOUTAGE n.m. Assemblage de courtes pièces de bois dans le sens de leur longueur.

ABOUTEMENT n.m. Action d'abouter.

ABOUTER v.t. [3] (de *bout*). Joindre par les bouts : *Abouter deux tuyaux.*

ABOUTI, E adj. Qui a été mené à bien : *Un projet abouti.*

ABOUTIR v.t. ind. [21] (À) [de *bout*]. **1.** Toucher par une extrémité à : *Cette rue aboutit à la Seine.* **2.** Avoir pour résultat, pour conséquence : *Cet incident a abouti à une catastrophe humanitaire.* ◆ **v.i.** Avoir une issue favorable : *Les pourparlers ont abouti.*

ABOUTISSANT n.m. ▪ **Les tenants et les aboutissants** → **2. TENANT.**

ABOUTISSEMENT n.m. Fait d'aboutir ; résultat : *Quel est l'aboutissement de vos démarches ?*

ABOYER [abwaje] **v.i. [7]** (lat. *baubari*). **1.** Pousser son cri, en parlant du chien. **2.** Fam. Crier, hurler, en parlant de qqn. ◆ **v.t. ind. (À, APRÈS, CONTRE).** Fam. Manifester son mécontentement sous forme d'invectives : *Aboyer après qqn.*

ABOYEUR, EUSE adj. ZOOL. Qui aboie. ◆ **n.** Personne dont le métier exige qu'elle parle en criant.

ABRACADABRA n.m. OCCULT. Mot qui servait à construire des pentacles à valeur thérapeutique ou, en alchimie, symbolique.

ABRACADABRANT, E adj. Bizarre et extravagant : *Une histoire abracadabrante.*

ABRACADABRANTESQUE adj. Qui suscite l'incrédulité par son caractère improbable ou incohérent : *Une affirmation abracadabrantesque.*

ABRASER v.t. [3] (du lat. *abrasus,* de *abradere,* racler). MÉCAN. INDUSTR. User par frottement à l'aide d'abrasifs.

ABRASIF, IVE adj. et **n.m.** Se dit d'une substance susceptible d'user, de polir par frottement : *Poudre abrasive.*

ABRASIMÈTRE n.m. Appareil servant à déterminer la résistance d'un matériau à l'abrasion.

ABRASION n.f. Action, fait d'abraser.

ABRÉACTION n.f. PSYCHAN. Décharge émotionnelle par laquelle un sujet se libère d'un événement oublié qui l'avait traumatisé.

ABRÉGÉ n.m. 1. Forme réduite d'un texte ; résumé : *Un abrégé du discours du président.* **2.** Ouvrage contenant le résumé d'une science, d'une technique : *Un abrégé d'histoire.* ▪ **En abrégé,** en peu de mots ; en employant des abréviations.

ABRÈGEMENT n.m. Action d'abréger ; fait d'être abrégé.

ABRÉGER v.t. [15], ▲ *[15*]* (du lat. *brevis,* bref). **1.** Diminuer la durée de ; écourter. **2.** Diminuer la longueur d'un texte : *Abréger un compte rendu.* **3.** Raccourcir un mot par suppression d'une partie des lettres ou des syllabes : *On abrège couramment « télévision » en « télé ».* ◆ **S'ABRÉGER v.pr.** Être réduit à telle abréviation : *« Heure » s'abrège en « h ».*

ABREUVEMENT n.m. Action d'abreuver les animaux.

ABREUVER v.t. [3] (du lat. *bibere,* boire). **1.** Faire boire un animal domestique. **2.** Mouiller abondamment : *Les pluies ont abreuvé la terre.* ▪ **Abreuver qqn de qqch,** l'en accabler : *Abreuver qqn de louanges, d'injures.* ◆ **S'ABREUVER v.pr. 1.** Boire, en parlant d'un animal. **2.** Fig., litt. Se délecter de ; se repaître de.

ABREUVOIR n.m. 1. Lieu ou installation (auge, par ex.) où boivent les animaux domestiques. **2.** Québec. Dans les lieux publics, appareil pourvu d'un mécanisme commandant un jet d'eau potable.

ABRÉVIATIF, IVE adj. Qui sert à noter une abréviation : *Le point est un signe abréviatif.*

ABRÉVIATION n.f. Réduction d'un mot ou d'une suite de mots ; mot ou suite de lettres qui en résultent : *Dans ce dictionnaire, « conj. » est l'abréviation de « conjonction ».* (V. tableau *abréviations.*)

ABRI n.m. (du lat. *apricare,* se chauffer au soleil). Lieu où l'on peut se mettre à couvert des intempéries, du danger ; installation construite à cet effet : *Un abri souterrain.* ▪ **Abri fiscal** [dr.], niche fiscale. ▪ **Abri météorologique,** construction légère destinée à isoler des capteurs et des instruments de mesures météorologiques des effets parasites de l'environnement. ▪ **À l'abri (de),** à couvert (de) : *À l'abri d'un porche ;* hors d'atteinte (de) : *Mettre des documents à l'abri.*

▲ abri météorologique

ABRIBUS [-bys] **n.m.** (nom déposé). Abri implanté à une station d'autobus, comportant génér. des panneaux publicitaires.

ABRICOT n.m. (catalan *a[l]bercoc,* de l'ar.). Fruit de l'abricotier, à noyau lisse, à peau et chair jaune orangé. ◆ **adj. inv.** D'une couleur tirant sur le jaune orangé.

ABRICOTÉ, E adj. Qui tient de l'abricot : *Pêche abricotée.*

ABRICOTER v.t. [3]. Napper un gâteau, un entremets d'une fine couche de confiture d'abricots (ou de gelée de groseille).

ABRICOTIER n.m. Arbre à fleurs blanches ou roses paraissant avant les feuilles, cultivé pour son fruit, l'abricot. ➲ Famille des rosacées.

▲ abricotier

ABRICOTINE n.f. Suisse. Eau-de-vie d'abricot.

ABRIER v.t. [5] (de *abri*). Québec. **1.** Couvrir pour protéger : *Abrier un bébé.* **2.** Fig. Cacher ; dissimuler. ◆ **S'ABRIER v.pr.** Se couvrir pour se protéger : *S'abrier sous une couverture.*

ABRI-SOUS-ROCHE n.m. (pl. *abris-sous-roche*). Emplacement situé sous un surplomb rocheux et qui servait d'habitation à l'époque préhistorique.

ABRITÉ, E adj. Qui est à l'abri du vent : *Une vallée bien abritée.*

ABRITER **v.t. [3]. 1.** Mettre à l'abri ; protéger des intempéries, d'un danger. **2.** Avoir comme occupant : *Foyer qui abrite deux cents jeunes.* ◆ **S'ABRITER** **v.pr. 1.** Se mettre à l'abri de qqch ; se protéger : *S'abriter du vent.* **2.** Se mettre à l'abri derrière qqn, une loi : *Il s'abrite derrière son chef de service.*

ABRIVENT **n.m.** Palissade protégeant les cultures du vent.

ABROGATIF, IVE ou **ABROGATOIRE** **adj.** Qui a pour effet d'abroger : *Décret abrogatif.*

ABROGATION **n.f.** Action d'abroger une loi, un décret, etc.

ABROGEABLE **adj.** Qui peut être abrogé.

ABROGER **v.t. [10]** (lat. *abrogare*). **DR.** Annuler une loi, un décret.

ABROUTISSEMENT **n.m.** Dégâts provoqués par le gibier, partic. certains ongulés (cerfs, chevreuils) sur des plantations ou des semis d'arbres, ou d'autres végétaux forestiers.

ABRUPT, E [abrypt] **adj.** (lat. *abruptus*). **1.** Dont la pente est raide : *Une falaise abrupte.* **2.** Rude et entier, en parlant de qqn, de son comportement. ◆ **n.m.** Pente très raide.

ABRUPTEMENT **adv.** De façon abrupte, brutale.

ABRUTI, E **adj.** et **n.** [Souvent injur.]. Qui n'est pas intelligent ; idiot : *Espèce d'abruti !*

ABRUTIR **v.t. [21]** (de *brute*). Fatiguer au point de rendre stupide : *Abrutir un élève de travail.* ◆ **S'ABRUTIR** **v.pr. 1.** Devenir stupide en agissant de telle ou telle manière : *À ne regarder que ces émissions, ils vont s'abrutir.* **2.** S'exténuer à faire qqch : *S'abrutir de travail.*

ABRUTISSANT, E **adj.** Qui abrutit.

ABRUTISSEMENT **n.m.** Action d'abrutir ; état qui en résulte.

ABS [abeɛs] **n.m.** (sigle de l'all. *Antiblockiersystem*). **AUTOM.** Antiblocage de sécurité.

ABSCISSE [apsis] **n.f.** (du lat. *abscissa*, coupée). **MATH. 1.** Nombre qui indique la position d'un point sur un axe. **2.** Première coordonnée d'un point, dans un repère cartésien.

ABSCONS, E [apskɔ̃, ɔ̃s] **adj.** (lat. *absconsus*). Litt. Difficile à comprendre : *Raisonnement abscons.*

ABSENCE [apsɑ̃s] **n.f. 1.** Fait de n'être pas présent : *Signaler l'absence d'un élève. Absence d'harmonie d'un décor.* **2.** Moment d'inattention ; brève perte de mémoire : *L'acteur a eu une absence.* **3. DR.** État, constaté par le juge, d'une personne n'ayant pas reparu à son domicile et ne donnant plus de ses nouvelles. **4. MÉD.** Crise d'épilepsie caractérisée par une perte de conscience et une immobilité de quelques secondes, sans chute ni convulsions. ◆ **n.f. pl. MÉD.** Forme d'épilepsie, classée dans le petit mal épileptique, constituée de la répétition des crises d'absence.

ABSENT, E [apsɑ̃, ɑ̃t] **adj.** et **n.** (lat. *absens*). **1.** Qui n'est pas dans le lieu où l'on pourrait s'attendre à le trouver : *Il est absent pour la semaine. Elle est absente de Paris.* **2. DR.** Dont l'absence est constatée par le juge. ◆ **adj.** Qui manifeste de la distraction : *Avoir l'air absent.*

ABSENTÉISME [apsɑ̃-] **n.m.** Fait d'être fréquemment absent d'un lieu, notamm. du lieu de travail, de ne pas participer à une activité, etc. : *L'absentéisme scolaire.*

ABSENTÉISTE [apsɑ̃-] **adj.** et **n.** Qui est fréquemment absent ; qui pratique l'absentéisme.

S'ABSENTER [apsɑ̃-] **v.pr. [3]. 1.** S'éloigner momentanément d'un lieu : *S'absenter de son domicile.* **2.** Absol. Être absent de son lieu de travail : *Je m'absenterai dans la matinée.*

ABSIDAL, E, AUX ou **ABSIDIAL, E, AUX** [apsi-] **adj.** De l'abside : *Chapelle absidale.*

ABSIDE [apsid] **n.f.** (du gr. *hapsis*, voûte). Espace de plan cintré ou polygonal formant l'extrémité du chœur de nombreuses églises.

ABSIDIOLE [apsi-] **n.f.** Chacune des petites chapelles s'ouvrant sur l'abside, voire sur le transept.

ABSINTHE [apsɛ̃t] **n.f.** (gr. *apsinthion*). Plante aromatique contenant une essence amère, dont on tire une liqueur ; cette liqueur. ➲ Famille des composées. Accusée d'être toxique, la liqueur d'absinthe a été interdite en France entre 1915 et 2011.

▲ **absinthe**

1. ABSOLU, E [apsɔ-] **adj.** (du lat. *absolutus*, achevé). **1.** Sans restriction : *Une confiance absolue.* **2.** Sans nuance ni concession : *Un caractère absolu.* **3.** Qui tient de soi-même sa propre justification ; sans limitation : *Monarchie absolue.* ▪ **Âge absolu,** datation d'un site géologique obtenue directement par un ou plusieurs marqueurs géochimiques (isotopes radioactifs). ▪ **Alcool absolu** [chim. org.], presque pur (moins de 1 % d'eau). ▪ **Au sens absolu,** se dit d'un verbe transitif employé sans complément d'objet direct. ▪ **Datation absolue,** méthode utilisée en archéologie et qui permet, grâce à la calibration, de calculer le temps réel qui nous sépare d'une culture du passé. ▪ **Valeur absolue d'un nombre** [math.], le nombre réduit à ses chiffres (23 est la valeur absolue de + 23 et de − 23). ➲ Notée $|a|$, la valeur absolue est égale à *a* si *a* est positif, à − *a* si *a* est négatif.

2. ABSOLU [apsɔ-] **n.m. 1.** Ce qui existe indépendamment de toute condition, de toute représentation (par oppos. à *relatif*). **2.** Ce qui ne connaît aucune limitation, aucune imperfection ; valeur suprême : *Soif d'absolu.* ▪ **Dans l'absolu,** sans tenir compte des circonstances ; en théorie. ▪ **L'absolu** [philos.], être existant par lui-même, parfait (tel Dieu) ; principe fondateur.

ABSOLUMENT [apsɔ-] **adv. 1.** (Devant un adj.). À un très haut degré : *C'est absolument faux.* **2.** Sans restriction ni réserve ; à tout prix : *Je dois absolument partir.* ▪ **Verbe transitif employé absolument,** sans complément.

ABSOLUTION [apsɔ-] **n.f. 1. CHRIST.** Rémission des péchés accordée par un prêtre : *Donner l'absolution.* **2. DR.** Action d'absoudre l'auteur d'une infraction, l'exemptant de toute sanction pénale.

ABSOLUTISME [apsɔ-] **n.m.** Régime politique dans lequel tous les pouvoirs sont sous l'autorité du seul chef de l'État.

ABSOLUTISTE [apsɔ-] **adj.** et **n.** Qui relève de l'absolutisme ; qui en est partisan.

ABSOLUTOIRE [apsɔ-] **adj.** ▪ **Excuse absolutoire,** fait précis, prévu par la loi, dont la constatation par le juge entraîne l'exemption de la peine.

ABSORBABLE [apsɔ-] **adj.** Qui peut être absorbé : *Substance aisément absorbable par l'organisme.*

ABSORBANT, E [apsɔ-] **adj. 1.** Qui absorbe un liquide : *Tissu absorbant.* **2.** Qui occupe entièrement l'esprit : *Travail absorbant.*

ABSORBER [apsɔ-] **v.t. [3]** (du lat. *absorbere*, avaler). **1.** Laisser pénétrer par imprégnation et retenir : *L'éponge absorbe l'eau.* **2.** Ingérer une boisson, un aliment, etc. : *Le malade n'absorbe plus rien.* **3.** Faire disparaître en neutralisant : *Le noir absorbe la lumière.* **4. DR.** Intégrer une entreprise par absorption. **5.** Occuper tout le temps de qqn : *Cette recherche l'absorbe totalement.* ◆ **S'ABSORBER** **v.pr. (DANS).** Être occupé entièrement par : *S'absorber dans la résolution d'une énigme.*

ABSORBEUR [apsɔ-] **n.m. TECHN. 1.** Dispositif, appareil, dont la fonction est d'absorber un rayonnement, un gaz, des particules, etc. **2.** Élément d'une machine frigorifique à absorption dans lequel le fluide frigorigène est condensé.

ABSORPTIOMÉTRIE [apsɔ-] **n.f.** Examen de radiologie mesurant, à l'aide d'un ordinateur, l'absorption de rayonnements X par les tissus, en partic. pour le diagnostic d'ostéoporose.

ABSORPTION [apsɔ-] **n.f. 1.** Action d'absorber ; son résultat. **2. PHYS.** Phénomène par lequel une partie de l'énergie de rayonnements électromagnétiques ou corpusculaires est dissipée dans un milieu matériel. **3. DR.** Procédé de regroupement des sociétés consistant pour une société à faire apport de son actif et de son passif à une autre société avant d'être dissoute. **4. PHYSIOL.** Pénétration d'une substance venant de l'extérieur dans un organisme vivant. **5. CHIM., PHYS.** Propriété présentée par les solides ou les liquides de retenir certains gaz ou liquides dans la totalité de leur volume. ▪ **Absorption intestinale** [physiol.], passage des substances nutritives de l'intestin dans le sang.

ABSORPTIVITÉ [apsɔ-] **n.f. PHYS.** Pouvoir d'absorption d'un corps.

ABSOUDRE [apsudr] **v.t. [67],** ▲ *p. passé absout, e* (du lat. *absolvere*, délier). **1. CHRIST.** Remettre ses péchés à un pénitent par le sacrement dit « de réconciliation » (pénitence) ; pardonner. **2. DR.** Exempter de sa peine l'auteur d'une infraction ; gracier.

ABSOUTE [apsut] **n.f. CHRIST.** Ensemble de prières dites autour du cercueil, à la fin de l'office des morts.

ABSTÈME [apstɛm] **adj.** et **n.** Qui s'abstient de boissons alcooliques pour des raisons religieuses, morales ou médicales.

S'ABSTENIR [aps-] **v.pr. [23]** (du lat. *abstinere*, tenir éloigné). **1. (DE).** Renoncer délibérément à : *S'abstenir de parler.* **2. (DE).** Se priver volontairement de : *S'abstenir d'alcool.* **3.** Renoncer

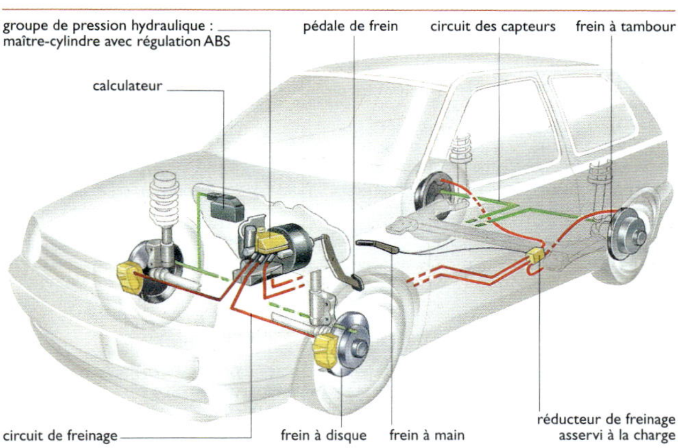

▲ **ABS**

ABRÉVIATIONS USUELLES

■ TITRES

D.	Dom
Dr, D^{r}	docteur
Esq.	Esquire (terme honorifique anglais)
F.	Frère
FF.	Frères
LL. AA.	Leurs Altesses
LL. AA. II.	Leurs Altesses Impériales
LL. AA. RR.	Leurs Altesses Royales
LL. EE.	Leurs Excellences
LL. EEm.	Leurs Éminences
LL. GGr.	Leurs Grâces
M.	Monsieur
Me, M^{e}	Maître
Mes, M^{es}	Maîtres
Mgr, Mgr	Monseigneur
Mlle, Mlle	Mademoiselle
Mlles, Mlles	Mesdemoiselles
Mme, Mme	Madame
Mmes, Mmes	Mesdames
MM.	Messieurs
N. S.-P.	Notre Saint-Père
N. T. C. F.	Notre très cher frère
P.	Père
Pr, P^{r}	professeur
R. P.	Révérend Père
RR. PP.	Révérends Pères
S. A.	Son Altesse
S. A. I.	Son Altesse Impériale
S. A. R.	Son Altesse Royale
S. A. S.	Son Altesse Sérénissime
S. E., S. Exc.	Son Excellence
S. Em.	Son Éminence
S. Gr.	Sa Grâce
S. M.	Sa Majesté
S. M. R.	Sa Majesté Royale
S. S.	Sa Sainteté
S. T. G. M.	Sa Très Gracieuse Majesté

■ ABRÉVIATIONS RELIGIEUSES

A. M. D. G.	ad majorem Dei gloriam (pour la plus grande gloire de Dieu)
A. T.	Ancien Testament
I. H. S.	Iesus Hominum Salvator (« Jésus sauveur des hommes »)
I. N. R. I.	Iesus Nazarenus Rex Iudaeorum (« Jésus, le Nazaréen, roi des Juifs »)
N.-S.	Notre-Seigneur
N.-S. J.-C.	Notre-Seigneur Jésus-Christ
N. T.	Nouveau Testament
O. F. M.	ordre des Frères mineurs (franciscains)
O. P.	ordre des Prêcheurs (dominicains)
O. S.-B.	ordre de Saint-Benoît (bénédictins)
S. J.	Compagnie ou Société de Jésus (jésuites)

■ DIVISIONS ET SUBDIVISIONS D'OUVRAGES

append.	appendice
art.	article
ch.	chant
chap.	chapitre
fasc.	fascicule
f. ; ff.	feuillet ; feuillets
f^{o} ; ff^{os}	folio ; folios
liv.	livre
p. ; pp.	page ; pages
part.	partie
pl.	planche
r^{o}	recto
sc.	scène
sect.	section
suppl.	supplément
t.	tome
v^{o}	verso
vol.	volume

■ INDICATIONS BIBLIOGRAPHIQUES

c.	circa (vers)
cf., conf.	confer (se rapporter à)
coll.	collection
et al.	et alii (et d'autres)
et seq.	et sequens (et [pages] suivantes)
ibid.	ibidem (là même, au même endroit)
id.	idem (le même)
i. e.	id est (c'est-à-dire)
i. h. l.	in hoc loco (en ce lieu)
in-4°, in-8°	in-quarto (« en quatre »), in-octavo (« en huit »)
loc. cit.	loco citato (endroit cité)
ms., mss.	manuscrit(s)
N. D. É. ou N. d. É.	note de l'éditeur
N. D. L. R.	note de la rédaction
N. d. T.	note du traducteur
op. cit.	opere citato (ouvrage cité)
pass.	passim (en divers endroits)
q. v.	quod vide (auquel se référer)
rel.	relié
sq. ; sqq.	sequens ; sequentes (suivant ; suivants)
var.	variante, variable

■ INDICATIONS DE TEMPS

A. D.	Anno Domini (apr. J.-C.)
apr. J.-C.	après Jésus-Christ
av. J.-C.	avant Jésus-Christ
a. m.	ante meridiem (avant midi)
p. m.	post meridiem (après midi)

■ ABRÉVIATIONS COMMERCIALES ET ADMINISTRATIVES

B P, B. P.	boîte postale
B. P. E.	bon pour euros
Cie, Cie	Compagnie
c/o	care of (aux bons soins de)
fco	franco
HT, H. T.	hors taxes
N. B.	nota bene
P. C. C.	pour copie conforme
P. C. V.	à PerCeVoir
p. i.	par intérim
p. o.	par ordre
p. p. c.	pour prendre congé
P-S, P.-S.	post-scriptum
R. S. V. P.	répondez s'il vous plaît
s. d.	sans date
S. F.	sans frais
S. G. D. G.	sans garantie du gouvernement
s. l.	sans lieu
s. l. n. d.	sans lieu ni date
S. V. P.	s'il vous plaît
TTC, T. T. C.	toutes taxes comprises

■ ABRÉVIATIONS UTILISÉES PAR LES GRAVEURS

del., delin.	delineavit (dessiné par)
inv.	invenit (inventé par)
pinx.	pinxit (peint par)
sculp., sc.	sculpsit (gravé par)

■ ABRÉVIATIONS DIVERSES

A, A.	autoroute
av.	avenue
bd	boulevard
B O, B. O.	Bulletin officiel
c.-à-d.	c'est-à-dire
C C, C. C.	corps consulaire
C D, C. D.	corps diplomatique
C. Q. F. D.	ce qu'il fallait démontrer
E. V.	en ville
faub., fg	faubourg
HMS	Her (ou His) Majesty's Ship
HP	horse power
HS, H. S.	hors service
J O, J. O.	Journal officiel
(R) N, (R.) N.	(route) nationale
QG, Q. G.	Quartier général
RAS, R. A. S.	rien à signaler
S I	Système International (d'unités)
SS	Steamship
T. I. R.	transit international par route
V F, V. F.	version française
V O, V. O.	version originale

■ SIGNES SPÉCIAUX

@	arobase
©	copyright
®	registered (nom déposé)
TM	trademark (nom déposé)
&	et
†	décédé (à, en...)
§	paragraphe(s)
$	dollar
€	euro
£	livre
¥	yen

à agir : *Dans le doute, abstiens-toi.* **4.** Spécial. Ne pas prendre part à un vote.

ABSTENTION [aps-] **n.f. 1.** Action de s'abstenir de faire qqch. **2.** Spécial. Fait de ne pas participer à un vote : *Taux d'abstention.*

ABSTENTIONNISME [aps-] **n.m.** Attitude de ceux qui s'abstiennent de voter.

ABSTENTIONNISTE [aps-] **adj.** et **n.** Qui relève de l'abstentionnisme ; qui en est partisan.

ABSTINENCE [aps-] **n.f. 1.** Action de s'interdire certains plaisirs, en partic. les plaisirs sexuels ; arrêt volontaire de la consommation d'alcool. **2.** Privation, dans un but de pénitence, de certains aliments, partic. des aliments carnés, pendant certains jours de l'année.

ABSTINENT, E [aps-] **adj.** et **n.** Qui pratique l'abstinence, notamm. en ce qui concerne l'alcool.

ABSTRACT [apstrakt] **n.m.** (mot angl.). Résumé d'un texte scientifique, d'un article de revue.

ABSTRACTION [apstraksjɔ̃] **n.f. 1.** Opération par laquelle la pensée isole l'un des caractères d'un objet et le considère indépendamment : *À quel âge un enfant est-il capable d'abstraction ?* **2.** Élément ainsi isolé ; idée abstraite : *La bonté est une abstraction.* ■ **Faire abstraction de qqch,** ne pas en tenir compte : *Essayez de faire abstraction de ses antécédents.* ■ **L'abstraction,** l'art abstrait.

ABSTRAIRE [apstrɛr] **v.t. [92]** (du lat. *abstrahere,* tirer, arracher). Isoler par la pensée l'un des caractères d'un objet. ◆ **S'ABSTRAIRE v.pr. 1.** S'isoler mentalement pour réfléchir, méditer. **2.** Laisser momentanément de côté qqch de préoccupant : *Comment s'abstraire de toutes ces souffrances ?*

ABSTRAIT, E [apstrɛ, ɛt] **adj. 1.** Qui résulte d'une abstraction : *Idée abstraite.* **2.** Privé de réalité concrète ou de références à des éléments matériels (par oppos. à *concret*) : *Une explication trop abstraite.* ■ **L'art abstrait,** qui ne cherche pas à représenter la réalité tangible ; non figuratif. ◆ **n.m.** Ce qui est abstrait : *Se perdre dans l'abstrait.* ■ **L'abstrait,** l'art abstrait. ■ **Un abstrait,** un peintre abstrait.

➲ De tout temps, peintres et sculpteurs ont utilisé le pouvoir que possèdent les lignes, les volumes, les couleurs de constituer des ensembles ordonnés, capables d'agir sur la sensibilité et la pensée. Mais ils n'estimaient pas possible de dissocier ce pouvoir d'une évocation, plus ou moins ressemblante, du monde visible (à l'exception, partielle, des artistes islamiques). Ce n'est qu'à partir de 1910 que certains peintres, en Occident, renoncent à la représentation. Kandinsky, le premier, définit un courant lyrique et romantique de l'abstraction, projection de la vision imaginaire de l'artiste ; c'est au contraire dans la construction géométrique la plus épurée que Malevitch, Tatline (initiateur du constructivisme*) ou Mondrian trouvent le lieu de rencontre de leur sens spatial et de leur volonté rationnelle. De ces deux pôles de l'art **ABSTRAIT** seront issues plusieurs variantes : art concret* (géométrique), expressionnisme* abstrait (fondé sur le geste ou sur l'irradiation chromatique), art informel, non-figuration, art cinétique*, art minimal*, etc.

L'art abstrait

Comme Eugène Delacroix l'écrivait dès les années 1850, si la couleur est bien employée dans un tableau, il est possible de saisir ce que celui-ci exprime uniquement par ses effets chromatiques, en le regardant de loin, sans en identifier le sujet. Il était inévitable qu'un jour les artistes se demandent s'il était vraiment nécessaire d'avoir un sujet. Telle fut la genèse au XXe s. de l'art abstrait, qui ne renvoie pas aux apparences du monde visible, mais procède par lignes représentatives et interactions de couleurs.

Vassily Kandinsky. *Improvisation n° 35* (1914). Quelques années avant cette toile, en observant un de ses paysages par hasard retourné, où le motif n'était plus reconnaissable, le peintre avait eu le pressentiment d'un univers inédit et merveilleux. (Kunstmuseum, Bâle.)

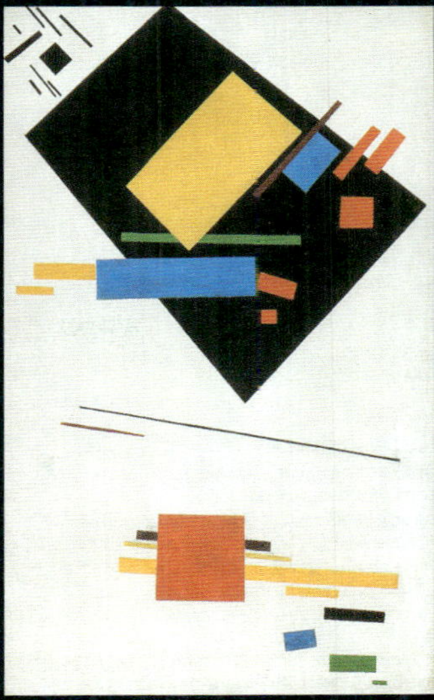

Kazimir Malevitch. *Suprématisme* (1915). Refusant toute fonction de représentation, l'artiste compose un espace géométrisé dont les accords de rythme sont comparables à ceux que la musique organise dans le temps. (Stedelijk Museum, Amsterdam.)

Pierre Soulages. Peinture sur papier, 1959 (sans titre). Vigueur gestuelle et monumentalité, associées au clair-obscur, caractérisent le travail de Soulages, qui a été inspiré par la rigueur de l'architecture romane. (MNAM, Paris.)

Paul Klee. *Eros* (1923). Toute œuvre de Klee est une « aventure des lignes », selon le mot d'Henri Michaux. Une aventure des couleurs aussi, qui libèrent les énergies spatiales propres à l'art graphique tel que le conçoit cet artiste. (Coll. part.)

Frank Stella. *Agbatana II* (1968). La réinterprétation des formes – des courbes géométriques comme de la toile – et des rapports de couleurs offre au peintre une liberté de langage qui lui permet de développer un style brillant et décoratif. (Musée d'Art moderne, Saint-Étienne.)

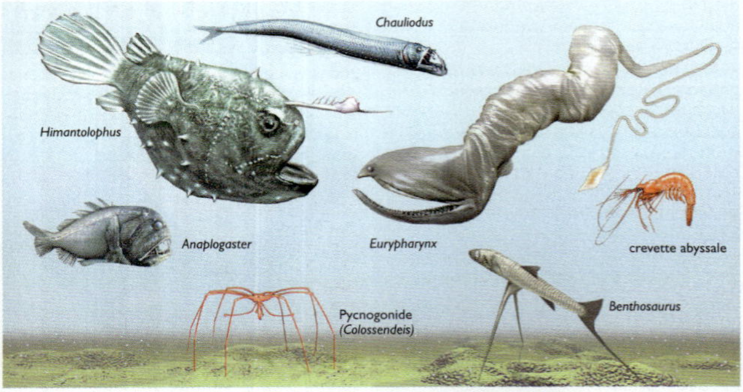

▲ **abysse.** Quelques représentants de la faune des abysses.

ABSTRAITEMENT adv. De façon abstraite.

ABSTRUS, E [apstry, yz] **adj.** (lat. *abstrusus*). Litt. Difficile à comprendre.

ABSURDE [apsyrd] **adj.** (du lat. *absurdus*, dissonant). **1.** Contraire à la logique, à la raison : *Une hypothèse absurde.* **2. PHILOS.** Caractérisé par l'absence de sens préétabli, de finalité donnée. ◆ **n.m.** Ce qui est absurde. ▪ **L'absurde** [philos., littér.], l'absurdité du monde et celle de la condition humaine, qui n'apparaissent justifiées par rien : *Le théâtre de l'absurde.* ▪ **Raisonnement par l'absurde** [log.], qui valide une proposition en montrant que sa négation conduit à une contradiction (SYN. **apagogie**).

➲ La conscience de l'**ABSURDE,** déjà présente chez Schopenhauer dont elle nourrit le pessimisme, est au cœur de l'existentialisme français (Camus, Sartre), qui en explore les dimensions éthique et esthétique.
Sous le nom de *théâtre de l'absurde*, on regroupe les œuvres de certains auteurs dramatiques (Beckett, Ionesco, Adamov) qui, dans les années 1950, ont porté à la scène cette vision du monde.

ABSURDEMENT [apsy-] **adv.** De façon absurde.

ABSURDITÉ [apsy-] **n.f. 1.** Caractère de ce qui est absurde : *L'absurdité d'une décision.* **2.** Action ou parole absurde.

ABUS [aby] **n.m.** (du lat. *abusus*, mauvais usage). **1.** Usage injustifié ou mauvais usage de qqch : *L'abus d'alcool, de tabac.* **2. DR.** Usage excessif d'un droit, d'une fonction par son titulaire : *Abus de pouvoir, d'autorité.* ▪ **Abus de biens sociaux,** délit commis par un gérant de société qui use des biens ou des crédits de celle-ci à des fins personnelles ou au profit d'une autre société au sein de laquelle ledit gérant a des intérêts. ▪ **Abus de confiance,** délit consistant à tromper la confiance d'autrui, et notamm. à détourner des objets ou des valeurs confiés à titre précaire. ▪ **Abus de droit,** opération ayant pour objet d'éluder l'impôt par des contrats ou conventions dont on dissimule la véritable portée. ▪ **Il y a de l'abus** [fam.], c'est exagéré ; cela dépasse les bornes.

ABUSER v.t. ind. [3] (DE). 1. Faire un usage mauvais ou excessif de : *Abuser du tabac. Abuser de la naïveté de qqn.* **2.** Absol. Dépasser la mesure : *Il ne faut pas abuser !* ▪ **Abuser d'une personne,** la violer. ◆ **v.t.** Litt. Tromper qqn en profitant de sa complaisance ou de sa crédulité : *Ils ont abusé les souscripteurs.* ◆ **S'ABUSER v.pr.** Litt. Faire erreur ; se méprendre. ▪ **Si je ne m'abuse** [litt.], si je ne me trompe pas.

ABUSIF, IVE adj. 1. Qui constitue un abus : *Pénalités abusives.* **2.** Qui profite abusivement de son rôle : *Mère abusive.* **3. LING.** Se dit de l'emploi d'un mot dans un sens qu'il n'a pas selon la norme ou dans une discipline. ▪ **Pratique abusive** [dr. comm.] (souvent pl.), agissement contraire aux règles de la concurrence et qui consiste, pour une entreprise, à abuser de sa position dominante sur le marché, notamm. en appliquant des prix trop bas, trop élevés ou discriminatoires.

ABUSIVEMENT adv. De façon abusive.

ABUSUS [abyzys] **n.m.** (mot lat.). **DR. CIV.** Droit de disposer à son gré du bien dont on est propriétaire.

ABYME n.m. (du gr. *abussos*, sans fond). ▪ **En abyme,** se dit d'une œuvre citée et emboîtée à l'intérieur d'une autre en la reflétant (récit à l'intérieur d'un récit, petite image intégrée dans une grande, etc.) : *Mise en abyme.* (On écrit aussi *en abîme.*)

ABYSSAL, E, AUX adj. Relatif aux abysses ; qui vit dans les abysses : *La faune abyssale.* ▪ **Plaine abyssale,** vaste région des grandes profondeurs dont le fond est plat.

ABYSSE n.m. (du gr. *abussos*, sans fond). Partie des océans située au-delà du talus continental à des profondeurs génér. supérieures à 2 000 m.

1. ABYSSIN, E ou **ABYSSINIEN, ENNE adj.** et **n.** De l'Abyssinie.

2. ABYSSIN n.m. et **adj.m.** Chat d'une race à la tête triangulaire, au corps svelte, au pelage fauve.

ABZYME [abzim] **n.f.** (mot angl.). **BIOCHIM.** Anticorps doué de propriétés catalytiques de type enzymatique.

ACABIT [akabi] **n.m.** (orig. incert.). Péjor. ▪ **De cet** ou **du même acabit,** de cette sorte ; de la même sorte : *Évitons les gens de cet acabit.*

ACACIA [akasja] **n.m. 1.** Arbre ou arbrisseau souvent épineux des régions tropicales, à feuilles réduites au pétiole simplement élargi, dont un grand nombre d'espèces sont cultivées, sous le nom impropre de *mimosa*, pour leurs fleurs jaunes odorantes réunies en petites têtes sphériques. ➲ Sous-famille des mimosacées. **2.** Cour. (Abusif en botanique). Robinier.

ACADÉMICIEN, ENNE n. 1. Membre d'une académie. **2.** Spécial. Membre de l'Académie française.

ACADÉMIE n.f. (lat. *academia*, du gr.). **1.** Société de gens de lettres, de savants ou d'artistes : *Une académie artistique, scientifique.* **2.** Circonscription administrative de l'enseignement, en France : *L'académie de Grenoble.* **3.** Belgique. Fédération d'établissements universitaires. **4.** Lieu où l'on s'exerce à la pratique d'un art, d'un jeu, etc. : *Une académie de dessin, de billard.* **5. BX-ARTS.** Figure dessinée, peinte ou sculptée d'après un modèle vivant et nu : *Une académie d'homme.* ▪ **L'Académie,** v. partie n.pr. **ACADÉMIE FRANÇAISE.**

ACADÉMIQUE adj. 1. Relatif à une académie artistique, scientifique, etc. **2.** Péjor. Se dit d'un style, d'une œuvre conventionnels et sans originalité. **3.** Belgique, Suisse. Universitaire : *Année académique.* **4.** Québec. (Emploi critiqué). Relatif au collège ou à l'université. ▪ **Quart d'heure académique** [Belgique, Suisse, Afrique centrale], période de quinze minutes qui précède le début effectif d'un cours ; par ext., retard toléré avant le début d'une réunion, d'un rendez-vous.

ACADÉMISME n.m. 1. Tendance chez un artiste, en partic. du XVIIe au XIXe s., à observer les enseignements formels des académies, à mouler sa production dans des cadres esthétiques traditionnels ; caractère des œuvres qui en résultent. (→ **classicisme**). **2.** Par ext. Absence d'originalité.

ACADIANISME n.m. Mot, sens, expression ou construction propres au français parlé en Acadie.

ACADIEN, ENNE adj. et **n.** De l'Acadie. ◆ **n.m.** Variété de français parlée dans l'est du Canada.

AÇAI [asaj] **n.m.** Baie rouge pourpre produite par un palmier originaire d'Amazonie et servant génér. à la fabrication de boissons et de sorbets.

ACAJOU n.m. (port. *acaju*). **1.** Arbre des régions tropicales dont il existe plusieurs espèces appartenant à des genres différents, en Afrique (*Khaya*) et en Amérique (*Swietenia*). ➲ Famille des méliacées. **2.** Bois de cet arbre, d'une teinte rougeâtre, très employé en menuiserie et en ébénisterie. ▪ **Acajou à pommes,** anacardier. ▪ **Acajou de Cayenne,** bois d'amarante*. ▪ **Acajou de Ceylan,** melia. ◆ **adj. inv.** D'une couleur brun rougeâtre : *Des tentures acajou.*

ACALCULIE n.f. (de *1. calcul*). **MÉD.** Trouble neurologique caractérisé par une perturbation de l'utilisation des chiffres et des nombres.

ACALÈPHE n.m. Scyphozoaire.

ACALORIQUE adj. Sans calories : *Régime acalorique.*

ACANTHACÉE n.f. Plante tropicale ou méditerranéenne, herbacée ou arbustive, dont certaines espèces telles que l'acanthe sont ornementales. ➲ Les acanthacées forment une famille.

ACANTHASTER [-tastɛr] **n.m.** Grande étoile de mer des océans Indien et Pacifique, pourvue de nombreux bras et couverte de piquants venimeux. ➲ La prolifération périodique de l'*acanthaster pourpre*, qui se nourrit essentiellement de coraux, accélère la destruction des récifs coralliens.

ACANTHE n.f. (du gr. *akantha*, épine). Plante ornementale des régions méditerranéennes, à feuilles longues (50 cm env.), très découpées et recourbées, d'un beau vert. ➲ Famille des acanthacées. ▪ **Feuille d'acanthe,** ou **acanthe,** ornement d'architecture imité de la feuille de cette plante et caractéristique du chapiteau corinthien.

▲ **acanthes** ornementales.

ACANTHOCÉPHALE n.m. Animal vermiforme parasite de l'intestin des vertébrés, possédant une trompe protractile hérissée de crochets. ➲ Long. 1 à 10 cm selon l'espèce ; les acanthocéphales forment un minuscule embranchement.

ACANTHOPTÉRYGIEN n.m. (du gr. *akantha*, épine, et *pterugion*, nageoire). Poisson téléostéen aux nageoires soutenues par des rayons épineux, tel que l'épinoche, la rascasse, la perche, le thon ou le poisson volant. ➲ Les acanthoptérygiens forment le plus vaste groupe de poissons actuels.

▲ **académisme.** *Albaydé* (1848), par Alexandre Cabanel. (Musée Fabre, Montpellier.)

A CAPPELLA, ▲ *À CAPELLA* [akapela] **loc. adv.** (mots ital. « à chapelle »). ▪ **Chanter a cappella** [mus.], sans accompagnement instrumental, en parlant d'un soliste ou d'un chœur. ◆ **loc. adj. inv.** Se dit d'œuvres musicales religieuses exécutées sans accompagnement d'instruments.

ACARIÂTRE adj. (du lat. *Acharius*, n. d'un évêque de Noyon du VIIe s., qui passait pour guérir la folie). D'une humeur difficile à supporter.

ACARICIDE adj. et **n.m.** Se dit d'un produit qui détruit les acariens.

ACARIEN n.m. Arthropode de très petite taille (quelques mm au plus), représenté par de nombreuses espèces dont certaines, comme le sarcopte de la gale, le trombidion, la tique, sont parasites. ➲ Les acariens forment un ordre de la classe des arachnides.

ACAULE adj. (du lat. *caulis*, tige). Se dit d'une plante sans tige, ne présentant au-dessus du sol qu'une rosette de feuilles et parfois une hampe florale nue, comme le *pissenlit*.

ACCABLANT, E adj. Qui accable : *Un témoignage accablant. Chaleur accablante.*

ACCABLEMENT n.m. État d'une personne accablée, très abattue, physiquement ou moralement.

ACCABLER v.t. [3] (de l'anc. fr. *chaable*, bois abattu par le vent). **1. (DE).** Imposer à qqn qqch de pénible : *Accabler qqn de reproches, de taxes.* **2.** Mettre dans un état d'abattement : *La chaleur accable les estivants.* **3.** Prouver la culpabilité de : *Ce témoignage l'accable.*

ACCALMIE n.f. 1. Calme momentané du vent ou de la mer ; embellie. **2.** Diminution ou cessation momentanée d'une activité intense : *Accalmie sur les marchés boursiers.*

ACCAPARANT, E adj. Qui occupe complètement.

ACCAPAREMENT n.m. Action d'accaparer ; fait d'être accaparé.

ACCAPARER v.t. [3] (ital. *accaparrare*). **1.** S'emparer de qqch à son seul profit ; se réserver l'usage de : *Accaparer le pouvoir, la conversation.* **2.** Retenir qqn près de soi : *Ils ont accaparé le guide pendant la visite.* **3.** Occuper complètement le temps, la pensée de qqn : *Son travail l'accapare.*

ACCAPAREUR, EUSE n. et **adj.** Personne qui accapare des biens de consommation ; spéculateur.

ACCASTILLAGE n.m. (de l'esp. *castillo*, château). **1.** Anc. Ensemble des superstructures émergées d'un navire. **2.** Ensemble des accessoires, notamm. de pont (manilles, poulies, taquets, winchs, etc.) que l'on trouve sur un navire de faible tonnage. **3. CONSTR.** Ensemble des accessoires relatifs aux ouvrants (poignées, paumelles, etc.).

ACCÉDANT, E n. (À). Personne qui accède à : *Les accédants à la propriété.*

ACCÉDER v.t. ind. [11], ▲ *[11*]* **(À). 1.** Avoir accès à un lieu : *On accède au jardin par la cuisine.* **2.** Atteindre un état, une situation, etc. : *Accéder à de hautes fonctions.* **3.** Répondre favorablement à un désir, une demande, etc.

ACCELERANDO, ▲ *ACCÉLÉRANDO* [akselerɑ̃do] **adv.** (mot ital.). **MUS.** Avec accélération du tempo. ◆ **ACCÉLÉRANDO n.m.** Passage exécuté dans le tempo accelerando : *Des accélérandos.*

ACCÉLÉRATEUR, TRICE adj. Se dit d'une force, d'un dispositif qui accélèrent qqch. ◆ **n.m. 1.** Organe (génér. pédale ou poignée) commandant l'admission du mélange gazeux dans le moteur d'un véhicule et qui permet de faire varier la vitesse de celui-ci. **2. CHIM.** Substance qui augmente la vitesse d'une réaction. **3.** Adjuvant destiné à réduire la durée de prise du béton, du plâtre. **4. ÉCON.** Principe d'accélération*. ▪ **Accélérateur (de particules)** [phys.], appareil permettant de communiquer de l'énergie à des particules chargées, destiné à l'étude des structures de la matière.

ACCÉLÉRATION n.f. 1. Accroissement de la vitesse, à un moment donné ou pendant un temps donné, d'un corps en mouvement. **2. MÉCAN.** Variation de la vitesse d'un mobile par unité de temps. **3.** Rapidité accrue d'exécution : *Accélération des travaux.* ▪ **Principe d'accélération** [écon.], principe selon lequel une variation dans la demande de biens de consommation induit une variation plus grande de l'investissement (SYN. **accélérateur**).

ACCÉLÉRÉ n.m. CINÉMA. Effet spécial, réalisé le plus souvent à la prise de vues, donnant l'illusion de mouvements plus rapides que dans la réalité.

ACCÉLÉRER v.t. [11], ▲ *[11*]* (lat. *accelerare*). Accroître la vitesse de : *Accélérer le rythme de production.* ◆ **v.i.** Aller plus vite : *Le train accélère.* ◆ **S'ACCÉLÉRER v.pr.** Devenir plus rapide : *Son pouls s'accélère.*

ACCÉLÉROMÈTRE n.m. Appareil servant à mesurer l'accélération d'un mouvement.

ACCENT n.m. (du lat. *accentus*, intonation). **1.** Prononciation, intonation, rythme propres à l'élocution dans une région, un milieu : *L'accent du Midi.* **2. PHON.** Mise en relief d'une syllabe, d'un mot ou d'un groupe de mots dans la chaîne parlée : *Accent tonique.* **3.** Inflexion expressive de la voix : *Un accent d'ironie.* **4.** Signe graphique placé sur une voyelle pour noter un fait phonétique ou grammatical : *Accent aigu (´), accent grave (`), accent circonflexe (^).* ▪ **Mettre l'accent sur**, attirer l'attention sur.

ACCENTEUR n.m. Oiseau passereau chanteur d'Europe et d'Asie qui vit d'insectes et de graines. ➲ Famille des prunellidés.

ACCENTUATION n.f. 1. Fait d'accentuer, de s'accentuer : *Accentuation de la chute des valeurs boursières.* **2. PHON.** Action d'accentuer une syllabe ou un mot. **3.** Action d'affecter un accent à certaines voyelles.

ACCENTUÉ, E adj. 1. Fortement marqué : *Visage aux traits accentués.* **2.** Qui porte un accent : *Syllabe accentuée.*

ACCENTUEL, ELLE adj. PHON. Qui porte l'accent ; relatif à l'accent.

ACCENTUER v.t. [3]. 1. Rendre plus marqué, plus significatif : *Accentuer une ressemblance. Accentuer son effort.* **2.** Prononcer une syllabe, un mot en les marquant d'un accent. **3.** Placer un accent sur une voyelle. ◆ **S'ACCENTUER v.pr.** Devenir plus intense : *Le froid s'est accentué.*

ACCEPTABILITÉ n.f. LING. Fait, pour un énoncé, d'être correctement émis, et signifiant pour l'interlocuteur : *Degré d'acceptabilité d'une phrase.*

ACCEPTABLE adj. 1. Qui peut être accepté, toléré : *Offre acceptable.* **2. LING.** Caractérisé par l'acceptabilité : *Énoncé acceptable.*

ACCEPTANT, E adj. et **n. DR.** Qui donne son consentement à une offre de contrat.

ACCEPTATION n.f. Fait d'accepter qqch : *Acceptation d'un don.*

ACCEPTER v.t. [3] (lat. *acceptare*). Consentir à prendre, à recevoir : *Accepter un cadeau, des responsabilités.* ▪ **Accepter une lettre de change**, s'engager à la payer à l'échéance, génér. en apposant sa signature sur l'acte. ◆ **S'ACCEPTER v.pr.** Supporter d'être ce que l'on est, avec ses défauts et ses qualités.

ACCEPTEUR n.m. 1. CHIM. Atome ou groupe d'atomes qui attire les électrons de liaison (CONTR. **1. donneur**). **2.** Fragment d'ADN situé juste avant un exon codant et qui permet sa lecture.

ACCEPTION n.f. Sens particulier dans lequel un mot est employé : *Les différentes acceptions du mot* pierre. ▪ **Sans acception de personne** [litt.], sans préférence ni faveur à l'égard de qui que ce soit : *Rendre la justice sans acception de personne.*

ACCÈS [aksɛ] **n.m.** (lat. *accessus*). **1.** Possibilité d'accéder à un lieu : *Accès interdit à toute personne étrangère au service* ; moyen d'y entrer : *L'accès de l'immeuble est difficile pour les handicapés.* **2. INFORM.** Procédure de recherche ou d'enregistrement d'une donnée dans une mémoire d'ordinateur. **3.** Manifestation intense et de courte durée d'une affection, d'un sentiment : *Accès de fièvre.*

ACCESSIBILITÉ n.f. 1. Caractère de ce qui est accessible. **2.** Pour un bâtiment, un véhicule de transport en commun, etc., fait d'être accessible aux handicapés. **3. GÉOGR.** Ensemble des moyens pour relier deux lieux.

ACCESSIBLE adj. 1. Qui peut être atteint, abordé : *Sommet accessible aux randonneurs* ; dans lequel on peut pénétrer : *Jardin accessible aux visiteurs.* **2.** Se dit de qqn que l'on peut facilement approcher. **3.** Que l'on peut comprendre : *Exposé accessible à tous.*

ACCESSION n.f. 1. Action d'accéder à qqch : *Accession à la propriété.* **2. DR. CIV.** Extension du droit de propriété par suite du rattachement d'une chose accessoire à la chose principale. **3. DR. INTERN.** Adhésion à une convention internationale d'États n'ayant pas participé à l'élaboration de celle-ci.

ACCESSIT [aksɛsit] **n.m.** (mot lat. « il s'est approché »). Distinction honorifique accordée aux lauréats les plus proches du premier prix : *Obtenir un accessit de géographie.*

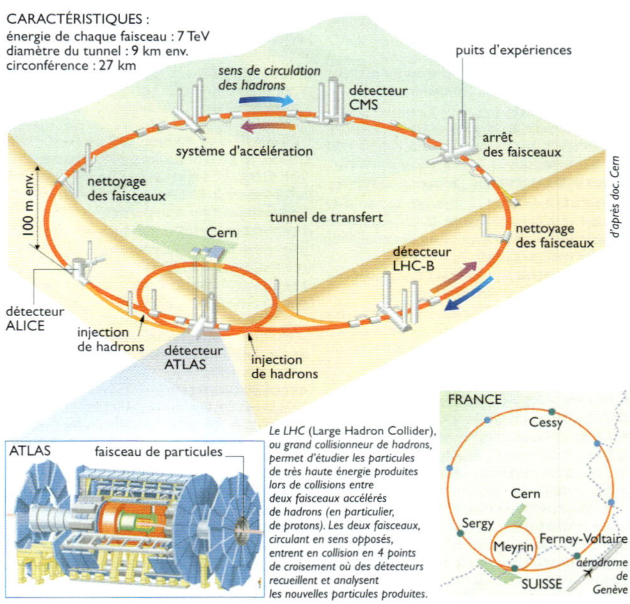

Le LHC (Large Hadron Collider), ou grand collisionneur de hadrons, permet d'étudier les particules de très haute énergie produites lors de collisions entre deux faisceaux accélérés de hadrons (en particulier, de protons). Les deux faisceaux, circulant en sens opposés, entrent en collision en 4 points de croisement où des détecteurs recueillent et analysent les nouvelles particules produites.

▲ **accélérateur de particules.** Principe et site du grand collisionneur de hadrons (LHC) du Cern.

1. ACCESSOIRE adj. (du lat. *accedere*, ajouter). Qui suit ou accompagne une chose principale : *Des frais accessoires.* ▪ **Minéraux accessoires,** minéraux (apatite, zircon, etc.) des roches magmatiques dont les proportions, peu importantes, ne sont pas prises en compte dans la classification de ces roches. ▪ **Nerfs accessoires,** onzième paire de nerfs crâniens (SYN. [anc.] **nerfs spinaux**). ◆ **n.m.** Ce qui est accessoire : *Distinguer l'accessoire de l'essentiel.*

2. ACCESSOIRE n.m. (Souvent pl.). **1.** Pièce destinée à compléter un élément principal ou à aider à son fonctionnement : *Accessoires d'automobile.* **2. DR.** Bien indissociable d'un bien principal au regard de la propriété (édifice construit sur un terrain, par ex.). **3.** Article de mode qui complète l'habillement (sac à main, bijou, etc.). **4.** Objet, élément du décor, des costumes, dans la mise en scène d'une pièce de théâtre, d'un film. ◆ **n.m. pl. DR.** Droits inséparables de la créance qu'ils garantissent (caution, gage, hypothèque, privilège, etc.).

ACCESSOIREMENT adv. De façon accessoire, secondaire.

ACCESSOIRISER v.t. [3]. Compléter une toilette avec des accessoires.

ACCESSOIRISTE n. 1. Personne qui s'occupe des accessoires, dans un théâtre, un studio de cinéma ou de télévision. **2.** Commerçant assurant la vente au détail des accessoires d'automobile et de motocyclette.

ACCIDENT n.m. (du lat. *accidens*, qui survient). **1.** Événement imprévu et soudain qui provoque des dommages : *Accident de chemin de fer.* **2.** Événement fortuit qui modifie ou interrompt le cours de qqch : *Les accidents d'une longue carrière.* **3. MUS.** Altération (dièse, bémol ou bécarre) étrangère à la tonalité. **4. PHILOS.** Attribut non nécessaire, qualité relative et contingente (par oppos. à *essence, substance*). ▪ **Accident de parcours,** événement imprévu sans réelle gravité, qui ne remet pas en cause une évolution favorable. ▪ **Accident de terrain,** inégalité du relief. ▪ **Accident de trajet** [dr.], qui survient sur le trajet entre le domicile et le lieu de travail. ▪ **Accident du travail** [dr.], qui survient pendant le travail ou à cause du travail. ▪ **Accident ischémique transitoire (AIT),** accident neurologique cérébral localisé et réversible, de durée inférieure à vingt-quatre heures, provoqué par une ischémie. ▪ **Accident vasculaire cérébral (AVC),** affection soudaine du cerveau, d'origine artérielle, correspondant soit à une hémorragie, soit à un infarctus d'une région cérébrale. ▪ **Par accident,** par hasard.

ACCIDENTÉ, E adj. Dont le relief présente des inégalités : *Terrain accidenté.* ◆ **adj.** et **n.** Qui a subi un accident : *Les accidentés du travail.*

ACCIDENTEL, ELLE adj. 1. Dû à un accident : *Mort accidentelle.* **2.** Dû au hasard : *Une rencontre accidentelle.* **3. PHILOS.** Relatif à un accident ; non nécessaire (par oppos. à *essentiel, substantiel*).

ACCIDENTELLEMENT adv. De façon accidentelle.

ACCIDENTER v.t. [3]. 1. Causer un accident à : *Accidenter sa nouvelle voiture.* **2.** Litt. Rompre le déroulement uniforme de : *Bien des péripéties ont accidenté ce voyage.*

ACCIDENTOGÈNE adj. Qui peut provoquer des accidents : *Un virage accidentogène.*

ACCIDENTOLOGIE n.f. Étude scientifique des accidents, notamm. ceux qui mettent en jeu des véhicules transportant des personnes, de leurs causes et de leurs conséquences.

ACCIPITRIDÉ n.m. Oiseau rapace diurne tel que les faucons, les aigles, les buses, les vautours, etc., ayant des serres puissantes et un bec fortement recourbé. ➲ Les accipitridés forment une famille.

ACCISE n.f. Au Canada, en Belgique, impôt indirect frappant certains produits ou objets de consommation (alcool, carburant, tabac, etc.). (En Belgique, le mot s'emploie toujours au pluriel.)

ACCLAMATION n.f. Cri de joie ou d'enthousiasme collectif : *Les acclamations de la foule.* ▪ **Par acclamation,** unanimement ou massivement, sans recourir à un scrutin : *Être élu par acclamation.*

ACCLAMER v.t. [3] (lat. *acclamare*). Saluer par des cris d'enthousiasme.

ACCLIMATABLE adj. Qui peut être acclimaté.

ACCLIMATATION n.f. Action d'acclimater un être vivant à un nouveau milieu ; son résultat.

ACCLIMATEMENT n.m. Adaptation d'un être vivant à un nouvel environnement, à un nouveau climat, etc. : *L'acclimatement à l'altitude.*

ACCLIMATER v.t. [3]. 1. Adapter un animal, un végétal à un nouveau climat. **2.** Fig. Faire admettre qqch peu à peu : *Acclimater un usage.* ◆ **S'ACCLIMATER v.pr.** S'adapter à un nouveau milieu : *Ces oiseaux ne se sont pas acclimatés en France. Il a du mal à s'acclimater à la ville.*

ACCOINTANCES n.f. pl. (du lat. *accognitus*, connu). Péjor. Relations, fréquentations jugées peu recommandables : *Avoir des accointances avec la pègre.*

S'ACCOINTER v.pr. [3] (AVEC). Péjor. Se lier avec : *S'accointer avec des gens louches.*

ACCOLADE n.f. 1. Action de serrer qqn entre ses bras en signe d'amitié ou lors d'une remise de décoration : *Donner, recevoir l'accolade.* **2.** Signe, caractère typographique ({) servant à réunir des mots, des lignes, etc. **3. ARCHIT.** Arc formé de deux courbes symétriques alternativement convexes et concaves, et qui évoque une accolade horizontale.

ACCOLAGE n.m. ARBOR. Fixation de rameaux d'arbres fruitiers, de sarments à des piquets ou à des fils de palissage.

ACCOLEMENT n.m. Action d'accoler, de réunir.

ACCOLER v.t. [3] (de *col*, cou). **1.** Réunir par un trait, une accolade : *Accoler deux paragraphes.* **2.** Faire figurer une chose à côté d'une autre : *Accoler une particule à son nom.* **3.** Pratiquer l'accolage.

ACCOMMODANT, E adj. Avec qui on peut trouver un accord.

ACCOMMODAT n.m. BIOL. Caractère adaptatif nouveau acquis par un être vivant hors de son milieu habituel, qui ne peut être transmis à sa descendance.

ACCOMMODATION n.f. 1. Action d'accommoder qqch à un usage, à une fin ; fait de s'accommoder. **2. BIOL.** Adaptation à un nouveau milieu par acquisition d'accommodats. **3. PHYSIOL.** Augmentation de la courbure du cristallin de l'œil, qui permet de maintenir l'image sur la rétine quand un objet se rapproche. **4. PSYCHOL.** Chez Piaget, transformation des schèmes d'action et de pensée pour s'adapter à une situation nouvelle.

ACCOMMODEMENT n.m. Arrangement à l'amiable. ▪ **Accommodements raisonnables** [Québec], compromis destinés à concilier les droits et devoirs des citoyens avec les particularités culturelles et religieuses d'un individu, d'une communauté.

ACCOMMODER v.t. [3] (lat. *accommodare*). **1.** Apprêter un mets : *L'art d'accommoder les restes.* **2.** Mettre une chose en accord avec une autre : *Accommoder ses paroles aux circonstances.* ◆ **v.i. PHYSIOL.** Réaliser l'accommodation, en parlant de l'œil. ◆ **S'ACCOMMODER v.pr. 1. (À).** Litt. S'adapter à : *S'accommoder aux circonstances.* **2. (DE).** Accepter ce qui se présente : *S'accommoder des changements.*

ACCOMPAGNANT, E n. Personne qui en accompagne une autre régulièrement : *Un accompagnant de personnes âgées.*

ACCOMPAGNATEUR, TRICE n. 1. MUS. Personne qui accompagne la partie principale avec un instrument ou avec la voix. **2.** Personne qui accompagne et guide un groupe (de touristes, de voyageurs, etc.) ou une autre personne (enfant, infirme, notamm.).

ACCOMPAGNEMENT n.m. 1. Action, fait d'accompagner. **2.** Ce qui accompagne : *Des cailles servies avec un accompagnement de raisins.* **3. MUS.** Partie, ensemble des parties vocales ou instrumentales secondaires soutenant la partie principale. **4.** Ensemble de mesures et d'actions mises en place pour aider, soutenir ou soulager des personnes en difficulté : *Accompagnement médical, psychologique, social.*

ACCOMPAGNER v.t. [3] (de *compagnon*). **1.** Aller quelque part avec qqn : *Il l'a accompagnée à la gare.* **2.** Mettre en place des mesures visant à atténuer les effets négatifs de qqch : *Accompagner les restructurations.* **3. MUS.** Soutenir par un accompagnement musical : *Accompagner un chanteur au piano.* **4.** Faire en même temps : *Accompagner ses paroles d'un geste de menace.* **5.** Aller avec ; être joint à : *Une lettre accompagne le paquet.* ◆ **S'ACCOMPAGNER v.pr. 1.** Avoir qqch comme élément associé : *Mutations industrielles qui s'accompagnent de bouleversements sociaux.* **2.** En parlant d'un chanteur, jouer lui-même l'accompagnement musical sur un instrument.

1. ACCOMPLI, E adj. 1. Qui est arrivé à son terme : *Dix ans accomplis.* **2.** Parfait dans son genre : *Une diplomate accomplie.* ▪ **Le fait accompli,** ce sur quoi il n'est plus possible de revenir : *Mettre qqn devant le fait accompli.*

2. ACCOMPLI n.m. GRAMM. Forme verbale ou ensemble de formes verbales indiquant une action achevée (SYN. **2. parfait, perfectif**).

ACCOMPLIR v.t. [21] (du lat. *complere*, remplir). **1.** Exécuter ce qui est prescrit ou promis : *Accomplir son devoir.* **2.** Mener jusqu'à son terme : *Accomplir son mandat.* ◆ **S'ACCOMPLIR v.pr. 1.** Devenir une réalité. **2.** Trouver une pleine satisfaction dans qqch : *S'accomplir dans son travail.*

ACCOMPLISSEMENT n.m. Action d'accomplir ; fait d'être accompli ; réalisation.

ACCON ou **ACON n.m.** (mot poitevin). Chaland à fond plat servant au chargement et au déchargement des navires.

ACCONAGE ou **ACONAGE n.m.** Opération de chargement ou de déchargement des navires.

ACCONIER ou **ACONIER n.m.** Entrepreneur en acconage.

▲ **accords parfaits**

ACCORD n.m. 1. Harmonie entre des personnes proches par leurs idées, leurs sentiments ; entente. **2.** Consentement donné à une action ; assentiment : *Donner son accord.* **3.** Arrangement, convention entre plusieurs parties : *Accord entre deux grandes puissances. Accord interprofessionnel.* **4.** Correspondance entre plusieurs choses ; harmonie : *Des accords de couleurs inattendus.* **5. MUS.** Ensemble d'au moins trois sons musicaux émis simultanément : *Accord consonant, dissonant.* **6. MUS.** Action d'accorder un instrument ; son résultat : *Accord d'un violon en sol, ré, la, mi.* **7. GRAMM.** Rapport entre des mots dont l'un régit les autres : *Accord en genre et en nombre de l'adjectif avec le nom.* V. *Mémento de grammaire*, § 1. ▪ **Accord d'association,** accord conclu entre l'Union européenne et un ou plusieurs États tiers, ou États candidats à l'adhésion (par ex., les Accords euro-méditerranéens d'association). ▪ **Accord de coopération,** accord conclu entre l'Union européenne et un ou plusieurs États tiers ou organisations internationales, en vue de développer les relations commerciales et la coopération économique, financière ou scientifique. ▪ **Accord parfait** [mus.], superposant la tonique, la médiante et la dominante. ▪ **Accord parfait majeur** [mus.], dont la tierce est majeure et la quinte juste. ▪ **Accord parfait mineur** [mus.], dont la tierce est mineure et la quinte juste. (→ **dominante**). ▪ **D'accord,** c'est entendu ; oui. ▪ **D'un commun accord,** avec le consentement de tous. ▪ **Se mettre d'accord,** parvenir à s'entendre.

ACCORDAILLES n.f. pl. Vx. Fiançailles.

ACCORD-CADRE n.m. (pl. *accords-cadres*). Accord entre partenaires sociaux, servant de modèle à des accords ultérieurs plus détaillés.

ACCORDÉON n.m. (all. *Akkordion*). Instrument de musique portatif, à touches ou à boutons, dont les anches de métal sont mises en vibration par un soufflet. ▪ **En accordéon,** qui présente des plis comparables à ceux d'un soufflet d'accordéon : *Pantalon en accordéon* ; irrégulier, tantôt ralenti, tantôt fluide : *Circulation en accordéon.*

ACCORDÉONISTE n. Instrumentiste qui joue de l'accordéon.

ACCORDER v.t. [3] (lat. pop. *accordare*, de *cor, cordis*, cœur). **1.** Consentir à donner, à octroyer à qqn : *Je t'accorde une heure.* **2.** Mettre en harmonie : *Accorder ses actes à ses principes. Accorder la couleur des coussins et celle des rideaux.* **3. MUS.** Régler la justesse d'un instrument de musique. **4. MUS.** Mettre des instruments au même diapason. **5. LING.** Appliquer à un mot les règles de l'accord. ◆ **S'ACCORDER** v.pr. **1.** Être ou se mettre d'accord : *Tous s'accordent à la regretter, pour dire qu'il roulait trop vite.* **2.** Être en accord, en harmonie. **3. LING.** Être en accord grammatical avec un autre mot : *L'adjectif s'accorde avec le nom.*

ACCORDEUR, EUSE n. Personne qui accorde certains instruments de musique. ◆ n.m. Appareil électronique ou acoustique qui permet d'accorder certains instruments de musique (piano, guitare, hautbois, par ex.).

ACCORDOIR n.m. **MUS.** Outil, clé pour accorder.

ACCORE n.f. (du moyen néerl. *schore*). Pièce de bois qui étaie un navire pendant sa construction.

ACCORT, E adj. (de l'ital. *accorto*, avisé). Litt. (Génér. au fém.). Gracieux et avenant : *Une accorte vendeuse.*

ACCOSTAGE n.m. Action d'accoster ; son résultat. ▪ **Ouvrage d'accostage,** ouvrage réalisé pour permettre aux navires de s'amarrer et de séjourner dans un port (quai, ponton, duc-d'Albe, etc.).

ACCOSTER v.t. [3] (de l'anc. fr. *coste*, côte). **1.** Se ranger bord à bord avec, en parlant d'un navire : *Accoster le quai, un autre navire.* **2.** Aborder qqn, parfois d'une façon importune.

ACCOTEMENT n.m. **1.** Partie d'une route comprise entre la chaussée et le fossé. **2.** Partie d'une voie de chemin de fer comprise entre le rail et la crête voisine de la couche de ballast.

ACCOTER v.t. [3] (du lat. *cubitus*, coude). Appuyer qqch d'un côté. ◆ **S'ACCOTER** v.pr. S'appuyer : *S'accoter à un mur, contre un mur.*

ACCOTOIR n.m. Appui pour les bras sur les côtés d'un siège (SYN. **accoudoir**).

ACCOUCHÉE n.f. Femme venant d'accoucher.

ACCOUCHEMENT n.m. Ensemble des phénomènes (contractions utérines, par ex.) qui aboutissent à l'expulsion du fœtus et du placenta, à la fin de la grossesse. ▪ **Accouchement prématuré,** qui a lieu trop tôt, avant le 270ᵉ jour d'absence de règles, mais après le 180ᵉ jour. ▪ **Accouchement psychoprophylactique** ou **sans douleur** [cour.], auquel la femme a été préparée par un entraînement destiné à atténuer les sensations pénibles et à permettre une relaxation maximale pendant le travail.

ACCOUCHER v.i. ou v.t. ind. [3] (de *1. coucher*). Mettre un enfant au monde : *Accoucher d'une fille.* ▪ **Accouche !** [fam.], parle ; explique-toi. ◆ v.t. Aider une femme à mettre au monde un enfant.

ACCOUCHEUR, EUSE n. Médecin qui pratique des accouchements. ◆ n.f. Belgique. Sage-femme.

ACCOUDEMENT n.m. Fait de s'accouder.

S'ACCOUDER v.pr. [3]. S'appuyer d'un coude, des coudes : *S'accouder à* ou *sur qqch.*

▲ **accordéon**

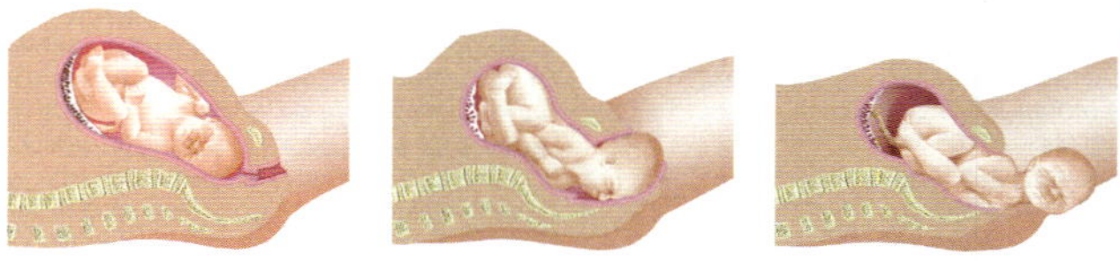

▲ **accouchement**

ACCOUDOIR n.m. Partie latérale d'un siège, partie rabattable d'un siège d'automobile sur laquelle une personne peut s'accouder (SYN. **accotoir**).

ACCOUPLE n.f. Lien pour attacher ensemble les chiens de chasse.

ACCOUPLEMENT n.m. **1.** Action d'accoupler : *Accoupler des mots sans suite.* **2. ZOOL.** Rapprochement physique de deux individus de même espèce et de sexe opposé, assurant la reproduction. **3.** Jonction, liaison de deux ou de plusieurs éléments mécaniques ; dispositif assurant une telle liaison. ▪ **Accouplement raisonné** [zool.], choix de deux reproducteurs à accoupler en vue de l'amélioration génétique d'un troupeau, d'une race.

ACCOUPLER v.t. [3]. **1.** Solidariser dans le fonctionnement : *Accoupler des machines.* **2.** Réunir des animaux par deux : *Accoupler des chevaux à une carriole.* **3. ZOOL.** Unir pour la reproduction le mâle et la femelle d'une même espèce. ◆ **S'ACCOUPLER** v.pr. **ZOOL.** S'unir pour la reproduction.

ACCOURCIR v.t. [21]. Vx. Rendre plus court.

ACCOURCISSEMENT n.m. Vx. Diminution de longueur ou de durée.

ACCOURIR v.i. [33] (auxil. *avoir* ou *être*) [lat. *accurrere*]. Venir en hâte : *Ils sont accourus. Elles ont accouru.*

ACCOUTREMENT n.m. Habillement bizarre ou ridicule.

ACCOUTRER v.t. [3] (du lat. *consutura*, couture). Habiller d'une manière bizarre ou ridicule. ◆ **S'ACCOUTRER** v.pr. S'habiller bizarrement.

ACCOUTUMANCE n.f. **1.** Fait de s'accoutumer à qqch : *Accoutumance au bruit, à la douleur.* **2. MÉD.** Tolérance croissante aux effets d'un produit.

ACCOUTUMÉ, E adj. Dont on a l'habitude : *Se retrouver à l'heure accoutumée.* ▪ **À l'accoutumée,** à l'ordinaire ; d'habitude : *Comme à l'accoutumée.*

ACCOUTUMER v.t. [3]. Disposer qqn à supporter, à faire qqch. ◆ **S'ACCOUTUMER** v.pr. (À). Prendre progressivement l'habitude de ; s'adapter à.

ACCOUVAGE n.m. Technique de l'incubation et de l'éclosion des œufs au moyen de couveuses artificielles.

ACCOUVEUR, EUSE n. Personne qui pratique l'accouvage.

ACCRÉDITATION n.f. Action d'accréditer ; fait d'être accrédité.

ACCRÉDITER v.t. [3] (de *crédit*). **1.** Rendre croyable, vraisemblable : *Ces incidents accréditent les rumeurs de krach.* **2. BANQUE.** Ouvrir un crédit au moyen d'un accréditif. **3.** Donner l'autorité nécessaire en tant que représentant d'un pays à qqn : *Accréditer un ambassadeur.* **4.** Pour une administration, une institution, délivrer une autorisation d'accès à un journaliste, un photographe, etc. ◆ **S'ACCRÉDITER** v.pr. Devenir croyable ; se confirmer : *Le bruit de sa démission s'accrédite peu à peu.*

ACCRÉDITIF, IVE adj. Qui accrédite. ◆ n.m. **BANQUE.** Instruction donnée par un banquier à un autre banquier, sur l'ordre d'un client, de tenir à la disposition de celui-ci une certaine somme ou de lui ouvrir un crédit.

ACCRESCENT, E adj. **BOT.** Qui continue à croître après la fécondation, en parlant d'une partie de la fleur autre que l'ovaire.

ACCRÉTER v.t. [11], ▲ *[11*]*. **ASTRON.** Capturer par accrétion.

ACCRÉTION n.f. **1. ASTRON.** Capture de matière par un astre sous l'effet de la gravitation. **2. GÉOL.** Accroissement d'une région continentale ou océanique par apport de matériaux.

ACCRO adj. et n. Fam. **1.** Dépendant d'une drogue. **2.** Qui est passionné par qqch : *Un accro de jazz.*

ACCROBRANCHE n.m. (nom déposé). Activité sportive itinérante pratiquée en forêt et combinant le grimper et le déplacement d'arbre en arbre en suivant un parcours sécurisé démontable (cordes, plateformes, etc.).

ACCROC [akro] n.m. (de *accrocher*). **1.** Trou fait dans un tissu par un objet qui accroche : *Faire un accroc à sa jupe.* **2.** Fig. Incident ; péripétie : *Un voyage sans accroc.*

ACCROCHAGE n.m. **1.** Action d'accrocher qqch : *L'accrochage d'un tableau. Un accrochage entre deux véhicules.* **2.** Fam. Action de s'accrocher, de se disputer : *Ils ont parfois de sérieux accrochages.* **3. MIL.** Bref engagement entre détachements adverses de faible effectif. **4. BX-ARTS.** Exposition temporaire, au sein d'un musée, d'une partie de son fonds.

ACCROCHE n.f. Élément textuel ou visuel d'une publicité, début d'un article de presse, conçu pour attirer l'attention.

ACCROCHE-CŒUR n.m. (pl. *accroche-cœur*[s]). Mèche de cheveux aplatie en boucle sur le front ou la tempe.

ACCROCHE-PLAT n.m. (pl. *accroche-plat*[s]). Dispositif muni de griffes pour accrocher une assiette ou un plat au mur.

ACCROCHER v.t. [3] (de *croc*). **1.** Suspendre à un crochet, à un clou, etc. : *Accrocher un tableau au mur.* **2.** Faire un accroc à : *Accrocher un collant.* **3.** Heurter légèrement, en parlant d'un véhicule ou de son conducteur : *Il a accroché un bus.* **4.** Fam. Aborder qqn en l'arrêtant dans sa marche. ◆ v.i. Fam. Avoir un bon contact avec qqn : *Je n'accroche pas avec elle.* ◆ **S'ACCROCHER** v.pr. **1.** Se retenir avec force : *S'accrocher à une branche.* **2.** Fam. Être tenace : *Il va falloir s'accrocher.* **3.** Fam. Se disputer ; se quereller. **4. MIL.** Engager brièvement le combat. ▪ **Tu peux te l'accrocher !** [très fam.], tu peux être sûr que tu ne l'auras pas !

ACCROCHEUR, EUSE adj. Fam. **1.** Qui retient l'attention : *Titre accrocheur.* **2.** Qui montre de la ténacité. ◆ adj. et n. Fam. Qui persévère dans ce qu'il entreprend ; tenace.

ACCROIRE v.t. (lat. *accredere*). ▪ **En faire accroire à qqn** [litt.], le tromper ; l'abuser.

✎ Usité seulem. à l'inf. avec les v. ***faire*** et ***laisser***.

ACCROISSEMENT n.m. Fait d'accroître, de s'accroître. ▪ **Accroissement naturel** [démogr.], différence entre le nombre de naissances et le nombre de décès dans une population pour une période donnée.

ACCROÎTRE, ▲ *ACCROITRE* v.t. [74] (lat. *accrescere*). Augmenter l'importance, l'intensité de : *Accroître la richesse d'un pays. Cela ne fait qu'accroître son anxiété.* ◆ **S'ACCROÎTRE** v.pr. Devenir plus important, plus intense.

S'ACCROUPIR v.pr. [21]. S'asseoir sur ses talons.

ACCROUPISSEMENT n.m. Position d'une personne accroupie.

ACCRU, E adj. Plus grand : *Des charges accrues.*

ACCRUE n.f. **1.** Augmentation de la surface d'un terrain par le retrait des eaux. **2.** Augmentation de la surface d'une forêt par extension sur un terrain voisin. **3.** Parcelle abandonnée par la culture et qui s'est couverte naturellement de végétaux forestiers.

ACCU n.m. (abrév. de *accumulateur*). Fam., vieilli. Accumulateur électrique. ▪ **Recharger ses accus,** reconstituer ses forces.

ACCUEIL n.m. **1.** Action, manière d'accueillir : *Un accueil chaleureux.* **2.** Lieu où, dans une administration, une entreprise, on accueille les visiteurs ; réception. ▪ **Centre d'accueil,** destiné à recevoir des sinistrés, des réfugiés, etc.

ACCUEILLANT, E adj. Qui fait bon accueil : *Une famille accueillante.*

ACCUEILLIR v.t. [29]. **1.** Venir recevoir qqn qui arrive : *Aller accueillir un ami à la gare* ; lui réserver un certain accueil : *Accueillir qqn à bras ouverts, froidement.* **2.** Donner l'hospitalité à qqn. **3.** Avoir telle réaction face à qqch : *Comment a-t-elle accueilli la nouvelle ?*

ACCULER v.t. [3]. **1.** Pousser contre un obstacle qui empêche de reculer ou dans un lieu sans issue : *Ils l'avaient acculé au fond de la ruelle.* **2.** Mettre dans l'impossibilité de se soustraire à une situation fâcheuse : *Ses créanciers l'ont acculé à la faillite.*

ACCULTURATION n.f. ETHNOL. Processus par lequel un individu, un groupe social ou une société entrent en contact avec une culture différente de la leur et l'assimilent en partie.

ACCULTURÉ, E adj. Qui a subi un processus d'acculturation.

ACCUMULATEUR n.m. **1.** ÉNERG. Tout dispositif susceptible d'emmagasiner de l'énergie et de la restituer. **2.** INFORM. Registre de l'unité centrale d'un ordinateur où sont enregistrés les résultats des opérations effectuées. ▪ **Accumulateur de froid** → **2. FROID.** ▪ **Accumulateur électrique,** dispositif destiné à emmagasiner de l'énergie sous forme chimique ou mécanique pour la restituer sous la forme d'un courant électrique continu : *Batterie d'accumulateurs d'une automobile.* Abrév. (fam.) **accu.** ▪ **Accumulateur hydraulique** [énerg.], appareil qui emmagasine de l'énergie sous forme de pression d'un fluide. ▪ **Accumulateur thermique** ou **de chaleur,** appareil capable d'emmagasiner et de restituer de la chaleur.

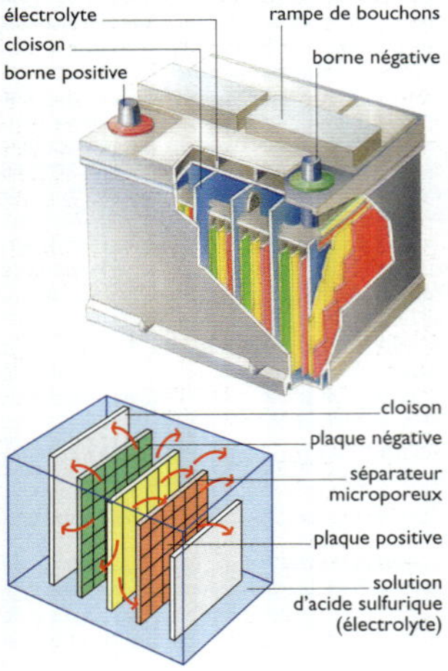

▲ **accumulateur**

ACCUMULATION n.f. **1.** Action d'accumuler ; son résultat. **2.** GÉOMORPH. Entassement de matériaux détritiques sous l'action des eaux courantes, des glaciers, du vent, de la mer, etc. ▪ **Accumulation du capital,** opération consistant à accroître le capital en incorporant sans cesse le résultat des investissements successifs réalisés. ▪ **Chauffage à** ou **par accumulation,** dispositif de chauffage électrique utilisant le courant pendant les heures creuses et restituant à la demande la chaleur ainsi accumulée.

ACCUMULER v.t. [3] (lat. *accumulare*). Mettre ensemble en grande quantité : *Accumuler des documents, des témoignages.* ◆ **S'ACCUMULER** v.pr. Se mettre en tas : *La neige s'accumule en congères* ; s'ajouter les uns aux autres : *Les difficultés s'accumulent.*

ACCUSATEUR, TRICE adj. et n. Qui accuse : *Un regard accusateur.* ◆ n.m. ▪ **Accusateur public** [hist.], membre du ministère public auprès du tribunal criminel, pendant la Révolution française.

ACCUSATIF n.m. LING. Cas des langues à déclinaison exprimant la relation entre le verbe et le complément le plus directement affecté par l'action verbale.

ACCUSATION n.f. **1.** Action d'accuser, de présenter comme coupable ; son résultat. **2.** DR. Fait de déférer devant la cour d'assises la connaissance d'un crime. ▪ **L'accusation** [dr.], le ministère public, par oppos. à *la défense.*

ACCUSATOIRE adj. DR. ▪ **Système accusatoire,** système procédural dans lequel le rôle assigné au juge est celui d'un arbitre entre l'accusation et la défense (par oppos. au *système inquisitoire,* dans lequel le juge joue un rôle prépondérant dans la conduite de l'instance et la recherche des preuves).

ACCUSÉ, E n. **1.** Personne à qui l'on impute une infraction. **2.** DR. Personne à qui est imputé un crime, et qui est jugée en cour d'assises. ◆ n.m. ▪ **Accusé de réception,** avis informant l'expéditeur que l'objet envoyé a été reçu par le destinataire.

ACCUSER v.t. [3] (lat. *accusare*). **1.** Présenter qqn comme coupable : *On l'a accusé de négligence.* **2.** DR. Déférer qqn devant la cour d'assises pour une infraction de nature criminelle : *Il est accusé de meurtre.* **3.** Mettre en évidence, en relief : *Un maquillage qui accuse les traits.* **4.** Laisser apparaître : *Son visage accuse la fatigue.* ▪ **Accuser le coup** [fam.], laisser voir que l'on est affecté, touché. ▪ **Accuser réception,** faire savoir que l'on a reçu un envoi. ◆ **S'ACCUSER** v.pr. **1.** S'avouer coupable de qqch : *Il s'accuse de cet oubli.* **2.** Apparaître avec plus de netteté ; s'accentuer.

ACE [ɛs] n.m. (mot angl.). Balle de service que l'adversaire ne parvient pas à toucher, au tennis.

ACÉDIE n.f. (lat. *acedia*). Litt. État spirituel de mélancolie dû à l'indifférence, au découragement ou au dégoût.

ACÉPHALE adj. Se dit d'une statue, d'une figure sans tête.

ACÉRACÉE n.f. (du lat. *acer,* érable). Arbre à grandes feuilles opposées, à fruits composés de deux samares, tel que l'érable. ➲ Les acéracées forment une famille.

ACERBE adj. (du lat. *acerbus,* aigre). Qui a une intention blessante ; caustique : *Des paroles acerbes.*

ACERBITÉ n.f. Caractère de ce qui est acerbe.

ACÉRÉ, E adj. **1.** Dont la pointe, le tranchant sont aiguisés : *Griffes acérées.* **2.** Fig. D'une vivacité blessante : *Critique acérée.*

ACÉRER v.t. [11], ▲ *[11*].* Munir d'acier la pointe ou le tranchant d'un outil.

ACÉRICOLE adj. Qui concerne l'acériculture.

ACÉRICULTEUR, TRICE n. Au Québec, personne qui exploite une érablière.

ACÉRICULTURE n.f. (du lat. *acer,* érable). Au Québec, exploitation d'une érablière pour produire du sirop d'érable et d'autres dérivés.

ACÉROLA ou **ACÉROLE** n.f. (esp. *acerola,* de l'ar.). Fruit comestible ressemblant à une cerise et riche en vitamine C, produit par *l'acérolier,* arbuste de la zone tropicale américaine et antillaise. (On dit aussi *cerise des Antilles.*)

ACESCENCE n.f. Tendance d'une boisson fermentée à devenir acide.

ACESCENT, E adj. Qui devient acide : *Bière acescente.*

ACÉTABULAIRE n.f. Algue verte unicellulaire de la Méditerranée, formée d'un disque porté par un long pédicelle. ➲ Long. de 5 à 8 cm (l'une des plus grandes formes unicellulaires connues) ; classe des chlorophycées.

ACETABULUM [asetabylɔm], ▲ ***ACÉTABULUM*** n.m. (mot lat. « calice »). ANAT. Cavité articulaire de l'os iliaque, recevant la tête du fémur (SYN. **cotyle, cavité cotyloïde**).

ACÉTAL n.m. (pl. *acétals*). CHIM. ORG. Corps obtenu par addition des alcools sur les aldéhydes (nom générique).

ACÉTALDÉHYDE n.m. CHIM. ORG. Éthanal.

ACÉTAMIDE n.m. Amide de l'acide acétique (CH_3CONH_2).

ACÉTATE n.m. (du lat. *acetum,* vinaigre). **1.** CHIM. ORG. Sel ou ester de l'acide acétique. **2.** Québec. Feuille d'acétate de cellulose utilisée comme transparent pour rétroprojecteur. ▪ **Acétate (de cellulose)** [chim. org.], ester acétique de la cellulose, constituant de fibres textiles, de matières plastiques, de films, etc.

ACÉTIFICATION n.f. Fait d'être acétifié ; transformation en vinaigre.

ACÉTIFIER v.t. [5]. Convertir du vin en vinaigre, de l'alcool éthylique en acide acétique.

ACÉTIQUE adj. ▪ **Acide acétique,** acide (CH_3CO_2H), produit d'oxydation de l'éthanol auquel le vinaigre doit sa saveur (SYN. **acide éthanoïque**). ▪ **Fermentation acétique,** fermentation qui donne naissance au vinaigre.

ACÉTOBACTER [-tɛr] n.m. Bactérie responsable de la transformation de l'alcool en acide acétique.

ACÉTONE n.f. Liquide incolore (CH_3COCH_3), volatil et inflammable, utilisé comme solvant.

ACÉTONÉMIE n.f. MÉD. Augmentation de la concentration de corps cétoniques dans le sang.

ACÉTONÉMIQUE adj. Relatif à l'acétonémie.

ACÉTONURIE n.f. MÉD. Augmentation de la concentration de corps cétoniques dans les urines.

ACÉTYLCHOLINE [-kɔ-] n.f. Substance formée à partir d'acide acétique et de choline, faisant partie des neurotransmetteurs. ➲ L'acétylcholine est présente dans l'encéphale, les nerfs somatiques et les nerfs végétatifs.

ACÉTYLCOENZYME A n.f. Substance associant l'acide acétique et une coenzyme, jouant un rôle capital dans le métabolisme des cellules.

ACÉTYLE n.m. Groupement (CH_3CO—) dérivant de l'acide acétique.

ACÉTYLÈNE n.m. Hydrocarbure non saturé (alcyne) gazeux ($HC{\equiv}CH$), produit notamm. en traitant le carbure de calcium par l'eau.

ACÉTYLÉNIQUE adj. Qui dérive de l'acétylène.

ACÉTYLSALICYLIQUE adj. ▪ **Acide acétylsalicylique,** aspirine.

ACÉTYLURE n.m. Dérivé métallique de l'acétylène.

ACHAINE n.m. → **AKÈNE.**

ACHALANDAGE n.m. **1.** Ensemble des marchandises qu'un commerçant propose à sa clientèle. **2.** Québec. Fréquentation en grand nombre d'un lieu, en partic. d'un magasin : *L'achalandage du centre commercial est en hausse.*

ACHALANDÉ, E adj. (de 2. *chaland*). **1.** (Emploi critiqué mais cour.). Fourni en marchandises ; approvisionné : *Boutique bien achalandée.* **2.** Québec. Très fréquenté ; passant : *Un quartier, un magasin, une autoroute achalandés.* **3.** Québec. Où il y a affluence : *Une période achalandée.*

ACHALANDER v.t. [3]. Fournir un magasin en marchandises.

ACHALANT, E adj. Québec. Fam. Qui cause du désagrément, du souci : *Un bruit achalant.* ◆ adj. et n. Qui ennuie, dérange : *Des vendeurs achalants.*

ACHALASIE [-ka-] n.f. (du gr. *khalasis,* relâchement). MÉD. Perte de la coordination des mouvements du tube digestif, entraînant un arrêt du transit et une dilatation en amont.

ACHALER v.t. [3]. Québec. Fam. Contrarier ; incommoder ; importuner.

ACHARDS [aʃar] n.m. pl. (mot malais). Condiment d'origine indienne composé de fruits et de légumes macérés dans du vinaigre.

ACHARISME [-ʃa-] n.m. Doctrine du théologien musulman Achari (v. 873 - v. 935) et de son école.

ACHARNÉ, E adj. Qui manifeste une ardeur opiniâtre : *Une travailleuse acharnée* ; où se manifeste une grande ardeur : *Une lutte acharnée.*

ACHARNEMENT n.m. Fait de s'acharner : *S'entraîner avec acharnement.* ▪ **Acharnement thérapeutique,** fait d'employer tous les moyens médicaux pour maintenir en vie un malade qu'on estime dans un état désespéré ; fig., obstination déraisonnable à poursuivre un objectif jugé irréalisable ou à maintenir une ligne de conduite inopérante : *Le sauvetage de cette entreprise en déficit chronique relève de l'acharnement thérapeutique.*

S'ACHARNER v.pr. [3] (de l'anc. fr. *charn*, chair). **1. (SUR, CONTRE).** Poursuivre qqn, qqch avec violence, hostilité : *S'acharner sur sa proie. Le sort s'acharne contre cette famille.* **2.** Mettre beaucoup de ténacité dans ce qu'on entreprend ; persévérer dans une action : *Il s'acharne à découvrir la vérité.*

ACHAT n.m. 1. Action d'acheter : *L'achat d'une maison.* **2.** Ce qui est acheté : *Déballer ses achats.*

ACHE n.f. (lat. *apium*). Plante à feuilles découpées et à petites fleurs blanches en ombelles, dont une espèce cultivée est le céleri. ➲ Famille des ombellifères.

ACHEB [akɛb] **n.m.** (mot ar.). Formation végétale du Sahara, constituée de plantes éphémères qui se développent après une averse.

ACHÉEN, ENNE [-ke-] **adj.** Des Achéens.

ACHÉMÉNIDE [-ke-] **adj.** Des Achéménides.

ACHEMINEMENT n.m. Action d'acheminer, de s'acheminer : *L'acheminement des secours.*

ACHEMINER v.t. [3]. Transporter vers un lieu : *Acheminer du ravitaillement par avion.* ◆ **S'ACHEMINER v.pr. 1.** Se diriger vers un lieu. **2.** Avancer vers l'aboutissement de qqch : *S'acheminer vers un accord.*

ACHETABLE adj. Qui peut être acheté.

ACHÈTE [akɛt] **n.m. ZOOL.** Hirudinée.

ACHETER v.t. [12] (du lat. *captare*, chercher à prendre). **1.** Obtenir, se procurer qqch en payant : *Acheter une voiture.* **2.** Payer la complicité, la bienveillance de qqn : *Acheter un témoin.* **3.** Fig. Obtenir avec beaucoup de peine : *Acheter très cher sa liberté.* ◆ **S'ACHETER v.pr. 1.** Se procurer qqch à prix d'argent. **2.** Pouvoir être acheté : *Modèle qui s'achète dans les boutiques spécialisées.*

ACHETEUR, EUSE n. 1. Personne qui achète qqch pour son compte personnel. **2.** Personne chargée de faire les achats de marchandises pour une entreprise (grand magasin, en partic.). ◆ **adj.** ▪ **Fièvre acheteuse** [fam., souvent par plais.], besoin compulsif d'acheter, de consommer.

ACHEULÉEN [aʃøleɛ̃] **n.m.** (de *Saint-Acheul*, localité de la Somme). Faciès culturel du paléolithique ancien, caractérisé par des industries à bifaces. ➲ Il apparaît en Afrique il y a 1 000 000 d'années, et se répand en Europe vers – 500 000. ◆ **ACHEULÉEN, ENNE adj.** Relatif à l'acheuléen.

ACHEVÉ, E adj. Parfait en son genre : *C'est le type achevé de l'élégante. C'est d'un ridicule achevé.* ◆ **n.m.** ▪ **Achevé d'imprimer,** texte légal placé à la fin d'un livre (SYN. **colophon**).

ACHÈVEMENT n.m. Action d'achever ; exécution complète : *L'achèvement des travaux.*

ACHEVER v.t. [12] (de l'anc. fr. *chef*, bout). **1.** Mener à son terme ce qui est commencé. **2.** Donner le dernier coup qui tue : *Achever un cheval blessé.* **3.** Mener au découragement ; accabler : *Ce dernier malheur l'a achevé.* ◆ **S'ACHEVER v.pr. 1.** Arriver à son terme : *Les vacances s'achèvent.* **2.** Se terminer par qqch ; avoir pour fin : *Le film s'achève sur une scène magnifique.*

ACHIGAN [aʃigɑ̃] **n.m.** (mot algonquien). Québec. Black-bass.

ACHILLÉE [akile] **n.f.** Plante à feuilles très découpées, à fleurs jaunes ou blanchâtres, dont l'espèce la plus commune est la mille-feuille. ➲ Famille des composées.

ACHOLIE [akɔli] **n.f. MÉD.** Arrêt de la sécrétion de la bile par le foie, entraînant une décoloration des selles et une jaunisse.

ACHONDROPLASIE [akɔ̃dʀo-] **n.f.** Maladie héréditaire caractérisée par une ossification trop précoce des cartilages de conjugaison, provoquant un nanisme marqué surtout aux membres.

ACHOPPEMENT n.m. ▪ **Pierre d'achoppement,** obstacle, difficulté qui peuvent être une cause d'échec.

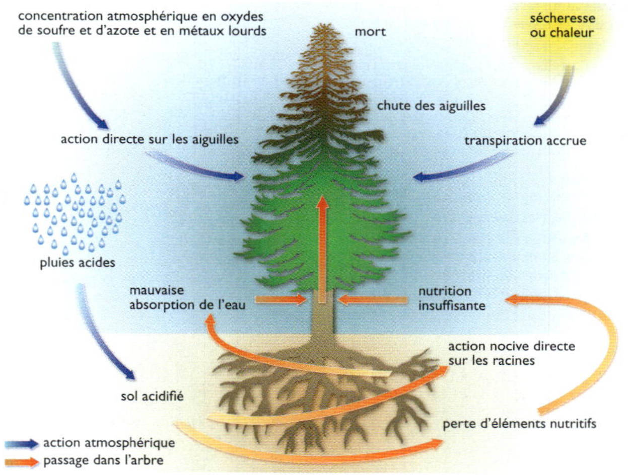

▲ **acide.** Les pluies acides et leur action sur l'environnement.

ACHOPPER v.i. [3]. 1. Litt. Buter du pied contre qqch. **2.** Être arrêté par une difficulté : *La négociation achoppe sur le dernier point.*

ACHOURA [aʃuʀa] **n.f.** (mot ar.). Fête religieuse musulmane qui a lieu le 10e jour de la nouvelle année. ➲ Les chiites commémorent ce jour-là la mort de Husayn par un deuil solennel ; pour les sunnites, c'est un jour de jeûne facultatif.

ACHROMAT [akʀɔma] **n.m. OPT.** Combinaison de lentilles constituant un système achromatique.

ACHROMATIQUE [-kʀɔ-] **adj.** (du gr. *khrôma*, couleur). **1. OPT.** Qui laisse passer la lumière blanche sans la décomposer, sans produire d'irisations. **2.** Se dit d'un constituant cellulaire qui ne prend pas les colorants.

ACHROMATISER [-kʀɔ-] **v.t. [3]. OPT.** Remédier à l'aberration chromatique d'un système optique.

ACHROMATISME [-kʀɔ-] **n.m.** Propriété d'un système optique achromatique.

ACHROMATOPSIE [-kʀɔ-] **n.f.** Affection de l'œil empêchant de distinguer les couleurs.

ACHROME [akʀɔm] **adj. PHOTOGR.** En noir et blanc.

ACHROMIE [-kʀɔ-] **n.f. MÉD.** Leucodermie.

ACHYLIE [aʃili] **n.f.** Anomalie du suc gastrique qui ne contient ni pepsine ni acide chlorhydrique.

ACICULAIRE adj. MINÉRALOG. Qui cristallise en fines aiguilles.

1. ACIDE adj. (lat. *acidus*). **1.** Qui a une saveur aigre, piquante : *Boisson trop acide.* **2.** Fig. Qui est désagréable ou blessant : *Paroles acides.* **3. CHIM.** Qui a les propriétés d'un acide. **4. ÉCOL.** Se dit de précipitations (pluies, brouillards, etc.) polluées par les fumées industrielles et contenant de l'acide sulfurique et de l'acide nitrique, nuisibles en partic. à la végétation et aux forêts. ▪ **Roche acide** [pétrol.], roche magmatique contenant plus de 65 % de silice. ➲ La rhyolite est une roche acide. ▪ **Sol acide** [pédol.], dont le pH est inférieur à 6,5.

2. ACIDE n.m. 1. CHIM. Composé pouvant fournir des protons H^+. **2.** Fam. LSD.

ACIDE-ALCOOL n.m. (pl. *acides-alcools*). Composé organique renfermant des fonctions acide et des fonctions alcool (nom générique).

ACIDIFIABLE adj. Qui peut être converti en acide.

ACIDIFIANT, E adj. et **n.m.** Se dit d'une substance qui a la propriété de transformer en acide, de rendre acide.

ACIDIFICATION n.f. CHIM. Fait de transformer ou d'être transformé en acide.

ACIDIFIER v.t. [5]. CHIM. Transformer en acide.

ACIDIMÈTRE n.m. 1. Appareil pour doser les acides. **2.** Appareil pour déterminer l'acidité du lait et du vin.

ACIDIMÉTRIE n.f. Mesure de la concentration d'un acide.

ACIDIPHILE ou **ACIDOPHILE adj. 1. BOT.** Se dit d'une plante qui se développe bien sur les sols acides (bruyère, ajonc, etc.). **2. HISTOL.** Éosinophile.

ACIDITÉ n.f. 1. Saveur acide, aigre : *L'acidité d'un fruit vert.* **2. CHIM.** Caractère acide d'un corps. **3.** Fig. Caractère mordant ; causticité : *Des paroles pleines d'acidité.*

ACID JAZZ n.m. inv. Musique apparue en Grande-Bretagne à la fin des années 1980, associant, par échantillonnage, le rap au jazz, à la soul ou au funk.

ACIDO-ALCALIMÉTRIE (pl. *acido-alcalimétries*), ▲ *ACIDOALCALIMÉTRIE* **n.f. CHIM.** Mesure de l'acidité ou de la basicité d'un milieu, grâce à la détermination de son pH.

ACIDO-BASIQUE (pl. *acido-basiques*), ▲ *ACIDOBASIQUE* **adj.** Qui fait intervenir des acides et des bases : *Dosage acido-basique.* ▪ **Équilibre acido-basique,** rapport constant entre les acides et les bases présents dans l'organisme, qui se traduit par la stabilité du pH sanguin.

ACIDOCÉTOSE n.f. MÉD. Acidose avec excès de corps cétoniques dans le sang, observée notamm. au cours du jeûne, du diabète.

ACIDOPHILE adj. → **ACIDIPHILE.**

ACIDOSE n.f. MÉD. Concentration excessive d'acide dans le plasma sanguin et les liquides interstitiels : *Acidose respiratoire.*

ACID ROCK n.m. inv. Musique apparue en Californie dans les années 1960, en liaison avec le mouvement de la contre-culture, et traduisant les sensations éprouvées sous l'emprise de stupéfiants (SYN. **rock psychédélique**).

ACIDULÉ, E adj. De saveur légèrement acide : *Bonbon acidulé.*

ACIDULER v.t. [3]. Rendre une boisson légèrement acide par adjonction de vinaigre, de citron.

ACIER n.m. (du lat. *acies*, pointe). Alliage principalement de fer et de carbone (moins de 1,8 %), susceptible d'acquérir par traitement mécanique et thermique des propriétés très variées. ▪ **Acier allié,** acier dont les constituants (nickel, cuivre, chrome, etc.) sont en proportions notables. ▪ **Acier à l'oxygène,** acier obtenu par l'un des procédés d'aciérie de convertissage de la fonte en acier. ▪ **Acier au creuset,** acier élaboré par fusion des éléments d'alliage dans un creuset. ▪ **Acier inoxydable,** acier allié à base de nickel et de chrome, résistant aux divers agents de corrosion à température ambiante ou modérée (300 °C). ▪ **Acier maraging,** alliage de fer et de nickel, à basse teneur en carbone, qui présente des caractéristiques mécaniques élevées, mises à profit notamm. dans l'industrie aéronautique. ▪ **Acier moulé,** acier dur, obtenu par moulage de fonderie. ▪ **Acier rapide,** acier allié très dur, employé pour la fabrication des outils de coupe à grande vitesse. ■ **Avoir des nerfs d'acier,** garder son calme en toutes circonstances.

➲ L'**ACIER** est élaboré par affinage de la fonte ou par fusion de ferrailles récupérées et, en quantité très limitée, par réduction directe du minerai. La structure et les propriétés des aciers dépendent de la teneur en carbone, de la présence ou non d'éléments d'addition et des traitements thermiques ou physico-chimiques subis.

ACIÉRAGE n.m. Méthode permettant de donner à un métal une dureté identique à celle de l'acier.

ACIÉRÉ, E adj. Recouvert d'acier.

ACIÉRER v.t. [11], ▲ *[11*]*. GRAV. ■ **Aciérer un cuivre,** le recouvrir, après gravure, d'une mince couche d'acier pour le rendre plus résistant.

ACIÉRIE n.f. Usine où l'on produit de l'acier.

ACIÉRISTE n. Spécialiste de la fabrication de l'acier.

ACINÉSIE n.f. → **AKINÉSIE.**

ACINEUSE adj.f. HISTOL. ■ **Glande acineuse,** glande, telle que les glandes mammaires, dont les parties sécrétrices sont des acini.

ACINUS [asinys] n.m. (pl. *acini*), ▲ *n.m. inv.* (mot lat. « grain de raisin »). HISTOL. Masse arrondie de quelques cellules sécrétrices, à l'extrémité des canaux de certaines glandes.

ACMÉ n.m. ou n.f. (du gr. *akmê*, sommet). Litt. Point le plus élevé ; apogée : *L'acmé d'une carrière.*

ACMÉISME n.m. École littéraire russe apparue vers 1912, qui réagit contre le symbolisme par la célébration de la vie et la simplicité du style. ➲ Principaux représentants : N. Goumilev, A. Akhmatova, O. Mandelstam.

ACNÉ n.f. (du gr. *akmê*, pointe). Dermatose due à une inflammation des follicules pilo-sébacés, caractérisée par des boutons (comédons, papules), siégeant princip. sur le visage.

ACNÉIQUE adj. Relatif à l'acné.

ACŒLOMATE [ase-] n.m. ZOOL. Animal sans cœlome. ➲ Les cnidaires, les vers plats, les nématodes sont des acœlomates.

ACOLYTAT n.m. CHRIST. Ministère institué dans l'Église latine et conservé par la réforme liturgique de 1969.

ACOLYTE n.m. (du gr. *akolouthos*, serviteur). Péjor. Complice d'une mauvaise action : *Les acolytes du kidnappeur.*

ACOMPTE n.m. Paiement partiel à valoir sur le montant d'une somme à payer.

ACON, ACONAGE, ACONIER n.m. → **ACCON, ACCONAGE** et **ACCONIER.**

ACONIT [-nit] n.m. (gr. *akoniton*). Plante vénéneuse des régions montagneuses d'Europe et d'Asie centrale, à feuilles vert sombre et à fleurs bleues ou violettes possédant un pétale supérieur en forme de casque, cultivée comme plante d'ornement. ➲ Famille des renonculacées.

ACONITINE n.f. Alcaloïde toxique qui est extrait de la racine de l'aconit napel.

A CONTRARIO, ▲ *À CONTRARIO* loc. adj. inv. et loc. adv. (mots lat. « par la raison des contraires »). Se dit d'un raisonnement dont la forme est identique à celle d'un autre, mais dont l'hypothèse et, par conséquent, la conclusion sont inverses.

ACOQUINEMENT n.m. Péjor. Association avec des gens douteux.

S'ACOQUINER v.pr. [3]. Péjor. Se lier avec des personnes peu recommandables.

ACORE n.m. Plante des marais originaire d'Asie du Sud-Est et de l'Inde, aussi appelée *roseau aromatique.* ➲ Famille des aracées.

À-CÔTÉ n.m. (pl. *à-côtés*). Ce qui est accessoire, en supplément : *Les à-côtés d'une question. Les petits à-côtés imprévus d'un séjour à la montagne.*

À-COUP n.m. (pl. *à-coups*). Arrêt brusque immédiatement suivi d'une reprise ; rupture dans la continuité d'un mouvement. ■ **Par à-coups,** de façon intermittente, irrégulière.

ACOUPHÈNE n.m. (du gr. *akouein*, entendre, et *phainein*, apparaître). MÉD. Sensation auditive (bourdonnement, sifflement, etc.) perçue en l'absence de tout stimulus extérieur.

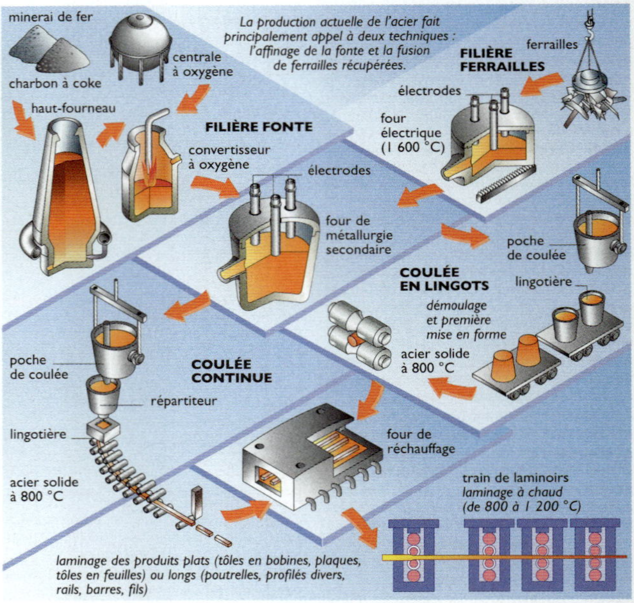

▲ **acier.** Élaboration de l'acier.

ACOUSMATIQUE adj. (du gr. *akousmatikos*, habitué à écouter). Se dit d'une production sonore dont on ne voit pas les exécutants : *Programme de musique acousmatique.*

ACOUSTICIEN, ENNE n. Spécialiste de l'acoustique.

ACOUSTIQUE adj. (du gr. *akouein*, entendre). Relatif à la perception des sons. ◆ n.f. **1.** Partie de la physique qui étudie les sons. **2.** Qualité d'un lieu du point de vue de la propagation des sons.

ACQUÉREUR n.m. Personne qui acquiert un bien ; acheteur.

ACQUÉRIR v.t. [27] (lat. *acquirere*). **1.** Devenir propriétaire d'un bien, d'un droit par achat, échange, succession : *Acquérir une terre par héritage.* **2.** Obtenir grâce à un effort, à l'expérience, au temps : *Acquérir de l'habileté.* **3.** Procurer à qqn : *Cela lui a acquis l'estime générale.*

ACQUÊT n.m. DR. Bien acquis par les époux, ensemble ou séparément, durant le mariage, à titre onéreux, et qui entre dans la masse commune, dans le régime de la communauté légale (par oppos. à *bien propre*).

ACQUIESCEMENT n.m. Fait d'acquiescer.

ACQUIESCER [akjese] v.i. ou v.t. ind. [14] (À) [du lat. *acquiescere*, se reposer]. Dire oui : *Acquiescer d'un signe de tête* ; donner son assentiment : *Acquiescer à une demande.*

ACQUIS, E adj. (de *acquérir*). **1.** Que l'on a acquis, obtenu (par oppos. à *inné, héréditaire*) : *Caractères acquis.* **2.** Qui a été obtenu, reconnu une fois pour toutes et ne peut être contesté : *Fait acquis. Droits, avantages acquis.* **3.** Entièrement gagné, dévoué à une idée, à qqn : *Être acquis à une cause. Je vous suis tout acquis.* ◆ n.m. Ce qui est acquis ; ensemble de connaissances, d'avantages, de droits, etc., obtenus par une action : *Ces mesures sont un acquis considérable.*

ACQUISITIF, IVE adj. DR. Relatif à une acquisition ; qui équivaut à une acquisition.

ACQUISITION n.f. **1.** Action d'acquérir : *Faire l'acquisition d'une voiture. L'acquisition du langage.* **2.** Ce que l'on a acquis : *Montre-moi ta dernière acquisition.*

ACQUIT n.m. (de *acquitter*). Reconnaissance écrite d'un paiement. ■ **Par acquit de conscience,** pour être sûr ; pour éviter un regret ou un remords. ■ **Pour acquit,** formule apposée au verso d'un chèque, au bas d'un billet, pour certifier qu'ils ont été payés.

ACQUIT-À-CAUTION n.m. (pl. *acquits-à-caution*). Document administratif, contresigné par une caution, qui permet à un redevable de faire circuler certaines marchandises soumises à l'impôt indirect sans paiement préalable.

ACQUITTÉ, E n. Accusé déclaré non coupable par la cour d'assises.

ACQUITTEMENT n.m. **1.** Fait d'acquitter ce qu'on doit : *Acquittement d'une dette.* **2.** Fait pour un accusé d'être acquitté par la cour d'assises.

ACQUITTER v.t. [3] (de *quitte*). **1.** Payer ce qu'on doit : *Acquitter ses impôts, une facture.* **2.** Déclarer non coupable : *Acquitter un accusé.* ◆ **S'ACQUITTER** v.pr. (DE). Accomplir ce à quoi l'on est tenu : *S'acquitter d'une promesse.*

ACRA n.m. Boulette de morue pilée ou d'éléments divers, enrobée de pâte à beignet et frite à l'huile bouillante. ➲ Cuisine antillaise.

ACRE n.f. (mot angl.). Ancienne mesure agraire, variable d'un pays à l'autre. ➲ Elle valait en France 52 ares env.

ÂCRE adj. (lat. *acer, acris*). Irritant au goût, à l'odorat : *L'odeur âcre de la fumée.*

ÂCRETÉ n.f. Caractère de ce qui est âcre.

ACRIDIDÉ n.m. Insecte orthoptère sauteur à antennes courtes, tel que le criquet migrateur. ➲ Les acrididés forment une famille.

ACRIDIEN n.m. Insecte orthoptère tel que le criquet. ➲ Le groupe des acridiens comprend notamm. la famille des acrididés.

ACRIMONIE n.f. (lat. *acrimonia*). Litt. Mauvaise humeur qui se manifeste par un ton, des propos acerbes ; aigreur.

ACRIMONIEUX, EUSE adj. Litt. Qui manifeste de l'acrimonie.

ACROBATE n. (du gr. *akrobatein*, marcher sur la pointe des pieds). **1.** Artiste qui exécute des exercices d'agilité, d'équilibre ou de force dans un cirque, un music-hall, etc. **2.** Fig. Personne qui recourt à des procédés habiles mais peu conventionnels : *Un acrobate de la finance.*

ACROBATIE [-si] n.f. **1.** Art de l'acrobate ; exercice exécuté par un acrobate. **2.** Fig. Comportement, procédé habile et ingénieux, mais souvent dangereux ou discutable. ■ **Acrobatie aérienne,** voltige.

ACROBATIQUE adj. Qui tient de l'acrobatie : *Un numéro de clowns acrobatique. Un redressement financier acrobatique.*

ACROCÉPHALE adj. et **n.** Atteint d'acrocéphalie.

ACROCÉPHALIE n.f. (du gr. *akros*, extrême, et *kephalê*, tête). **MÉD.** Malformation du crâne, dont la hauteur exagérée donne une forme en pain de sucre à la tête.

ACROCYANOSE [akrɔsjanoz] **n.f.** (du gr. *akros*, extrémité, et *kuanos*, bleu). **MÉD.** Trouble vasomoteur des extrémités (mains, pieds) caractérisé par une cyanose permanente.

ACRODYNIE n.f. (du gr. *akros*, extrémité, et *odunê*, douleur). Maladie infantile touchant les extrémités (mains, pieds, nez), qui sont tuméfiées, douloureuses, cyanosées, et provoquant des troubles nerveux et circulatoires.

ACROLÉINE n.f. (du lat. *acer, acris*, âcre, et *oléine*). **CHIM. ORG.** Aldéhyde éthylénique ($CH_2{=}CH{-}CH{=}O$), liquide volatil suffocant, obtenu par oxydation ménagée du propylène.

ACROMÉGALIE n.f. (du gr. *akros*, extrémité, et *megas, -alos*, grand). **MÉD.** Hypertrophie des os de la face et des extrémités des membres, due à un excès de sécrétion d'hormone somatotrope.

ACROMION n.m. (du gr. *akros*, extrême, et *ômos*, épaule). **ANAT.** Apophyse de l'omoplate en forme de spatule.

ACRONYME n.m. Sigle prononcé comme un mot ordinaire (ex. : *CAPES* ou *C.A.P.E.S.*).

✎ Un acronyme peut conserver la graphie traditionnelle des sigles : ***O.N.U.*** ou ***ONU***, ou être intégré à la langue standard : ***ovni, sida.*** Dans le premier cas, il reste invariable ; dans le second, il prend la marque du pluriel : ***des ovnis.***

ACROPOLE n.f. (du gr. *akros*, élevé, et *polis*, ville). **1.** Partie la plus élevée des cités grecques, servant de citadelle. **2.** Par ext. Cité protohistorique fortifiée, située sur une hauteur. ▪ **L'Acropole,** v. partie n.pr.

ACROSPORT n.m. Anc. Gymnastique acrobatique.

ACROSTICHE n.m. (du gr. *akros*, extrême, et *stikhos*, vers). Pièce de vers composée de telle sorte qu'en lisant dans le sens vertical la première lettre de chaque vers on trouve un mot-clé, le thème du poème, le nom de l'auteur ou celui du dédicataire.

ACROTÈRE n.m. (du gr. *akrôtêrion*, partie supérieure). **ARCHIT. 1.** Socle parfois disposé à chacune des extrémités et au sommet d'un fronton ou d'un pignon, et portant en général un ornement ; cet ornement. **2.** Muret masquant un toit plat ou une terrasse.

1. ACRYLIQUE adj. ▪ **Acide acrylique,** acide $H_2C{-}CH{=}CO_2H$ aux esters polymérisables en résines acryliques, transparentes et thermoplastiques. ▪ **Peinture acrylique,** ou **acrylique, n.f.,** peinture-émulsion obtenue par la dispersion de pigments dans un latex dû à la polymérisation d'un monomère acrylique.

2. ACRYLIQUE adj. et **n.m.** Se dit d'une fibre textile synthétique, polymère de l'acrylonitrile.

ACRYLONITRILE n.m. CHIM. ORG. Composé ($H_2C{=}CH{-}C{\equiv}N$) que l'on obtient à partir du propylène, l'un des principaux monomères industriels (SYN. **nitrile acrylique**).

ACTANT n.m. 1. LING. Être ou objet qui accomplit l'action exprimée par le verbe (SYN. **1. agent, 1. sujet**). **2. LITTÉR.** Personnage d'une œuvre narrative défini selon la fonction qu'il occupe dans le système du récit (sujet, objet, destinataire ou destinateur, par ex.).

ACTANTIEL, ELLE adj. ▪ **Schéma actantiel** [littér.], analyse d'une œuvre narrative qui fait l'économie de la notion de personnage pour dégager les fonctions occupées par les différents actants du récit.

1. ACTE n.m. (du lat. *actum*, chose faite). **1.** Toute action humaine adaptée à une fin, de caractère volontaire ou involontaire, et considérée comme un fait objectif et accompli : *Acte instinctif. Acte de bravoure.* **2. DR.** Écrit constatant une opération ou une situation juridique : *Actes de l'état civil. Acte de vente.* ▪ **Acte juridique,** décision, opération destinée à produire un effet de droit. ▪ **Acte manqué** [psychan.], acte qui n'atteint pas de but conscient, mais qui réalise un désir inconscient. ▪ **Dont acte,** bonne note est prise. ▪ **En acte** [philos.], qui est déjà réalisé (par oppos. à *en puissance*). ▪ **Faire acte de,** donner la preuve de ; témoigner de : *Faire acte de bonne volonté.* ▪ **Passage à l'acte** [psychan.], réalisation d'une tendance, d'un désir impulsif jusque-là contenu (SYN. **acting-out**). ▪ **Prendre acte,** faire constater un fait : *Nous prenons acte de votre accord, que vous acceptez.*

➲ En droit, les **ACTES** peuvent être *authentiques* (établis par un officier public [notaire, officier de l'état civil...] et obligatoires dans certains cas [contrat de mariage, vente d'immeuble...]) ou *sous seing privé* (établis et signés par les parties elles-mêmes et en principe non soumis à des conditions de forme particulières).

2. ACTE n.m. (du lat. *actus*, représentation scénique). Chacune des principales divisions d'une pièce de théâtre ou d'un opéra. ➲ La division en actes tend à disparaître dans l'écriture dramatique contemporaine.

ACTÉE n.f. (lat. *actaea*). Plante malodorante des forêts de montagne, cour. appelée *cimicaire*. ➲ Famille des renonculacées.

ACTER v.t. [3]. Prendre acte de : *Acter une décision.*

ACTEUR, TRICE n. 1. Artiste qui joue dans une pièce de théâtre ou un film. **2.** Personne qui prend une part déterminante dans une action : *Les acteurs d'une escroquerie.*

ACTH [aseteaʃ] **n.f. inv.** (sigle de l'angl. *adreno-cortico-trophic-hormone*). Corticostimuline.

1. ACTIF, IVE adj. 1. Qui agit ou manifeste de l'énergie : *Rester actif malgré l'âge* ; qui implique de l'activité : *Des recherches actives.* **2.** Qui joue un rôle effectif : *Secteur actif* ; qui est en exercice, en activité : *Membre actif.* **3.** Qui agit ; qui donne des résultats : *Médicament actif.* **4. INFORM.** Se dit d'un dispositif logiciel ou matériel en cours d'utilisation au moment considéré. ▪ **Armée active,** ensemble des forces armées présentes sous les drapeaux en temps de paix. ▪ **Citoyen actif** [hist.], qui avait le droit de vote, notamm. lors d'un suffrage censitaire (par oppos. à *citoyen passif*). ▪ **Élément actif,** dans une application micro-informatique à interface graphique, élément (document, fenêtre, icône, etc.) sur lequel agit l'utilisateur et qui apparaît génér. de façon contrastée sur l'écran. ▪ **Forme, voix active** [gramm.], dans laquelle le sujet du verbe est l'agent (CONTR. **1. passif**). ▪ **Population active,** ensemble des personnes qui exercent une activité professionnelle rémunérée ou recherchent un emploi. ▪ **Sécurité active,** dans un véhicule automobile, sécurité préventive assurée par des fonctions comme le freinage, la direction et la suspension. ▪ **Vie active,** période de la vie où l'on exerce une activité professionnelle.

2. ACTIF, IVE n. Personne appartenant à la population active.

3. ACTIF n.m. 1. COMPTAB. Ensemble des biens et des créances détenus par une entreprise et portés à son bilan (par oppos. à *passif*). **2. DR.** Ensemble des éléments positifs (biens et droits) qui constituent le patrimoine d'une personne physique ou morale. **3. GRAMM.** Forme, voix active. ▪ **Actif immatériel** [surtout pl.], ensemble des biens incorporels* qui font partie du patrimoine d'une personne physique ou morale. ➲ Cette appellation recouvre princip. les marques, les brevets, les droits d'auteur et autres droits de propriété intellectuelle, le savoir-faire, l'image de marque, etc. ▪ **Avoir qqch à son actif,** le compter au nombre de ses réussites.

ACTINE n.f. BIOCHIM. Protéine présente dans les structures filamenteuses de la cellule, où elle intervient dans les mouvements liés à la membrane plasmique. ➲ Les fibres d'actine jouent, avec la myosine, un rôle dans la contraction musculaire.

ACTING-OUT [aktiŋaut] **n.m. inv.** (mot angl.). **PSYCHAN.** Expression soudaine de sentiments refoulés ; passage à l'acte*.

ACTINIDE n.m. Élément chimique radioactif, naturel ou artificiel, de numéro atomique compris entre 89 et 103.

ACTINIDIE ou **ACTINIDIA n.m.** Arbuste grimpant, sarmenteux et ornemental, dont une espèce, l'actinidie de Chine, est cultivée dans les régions tempérées pour son fruit, le kiwi. ➲ Famille des actinidiacées.

ACTINIE n.f. (du gr. *aktis, -inos*, rayon). **ZOOL.** Polype solitaire, dépourvu de squelette externe calcaire, doté de nombreux tentacules, vivant fixé aux rochers littoraux et appelé cour. *anémone de mer* ou *ortie de mer.* ➲ Classe des anthozoaires.

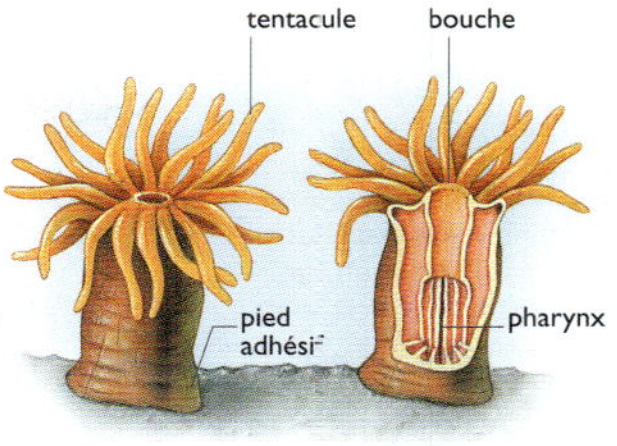

▲ **actinies**

ACTINIQUE adj. 1. Se dit des radiations qui exercent une action chimique. ➲ Les rayons ultraviolets sont actiniques. **2. MÉD.** Provoqué par une exposition exagérée au rayonnement solaire : *Kératose actinique.*

ACTINISME n.m. Propriété des radiations actiniques.

ACTINITE n.f. MÉD. Lucite.

ACTINIUM [-ɔm] **n.m. 1.** Métal radioactif. **2.** Élément chimique (Ac), de numéro atomique 89.

ACTINOLOGIE n.f. Étude de l'action des radiations du spectre solaire sur l'homme et les tissus vivants.

ACTINOMÈTRE n.m. Appareil servant à l'actinométrie.

ACTINOMÉTRIE n.f. Mesure de l'intensité des radiations, et notamm. des radiations solaires.

ACTINOMYCÈTE n.m. Bactérie du sol formant des filaments ramifiés. ➲ Les actinomycètes jouent un rôle important dans la formation de l'humus ; certains fournissent des antibiotiques.

ACTINOTE n.f. MINÉRALOG. Amphibole calcique, magnésienne et ferreuse, de couleur verte.

1. ACTION n.f. (lat. *actio*). **1.** Fait d'agir, de manifester sa volonté en accomplissant qqch (par oppos. à la pensée, à la réflexion) : *Passer à l'action. Homme d'action.* **2.** Ce que l'on fait : *Mobile d'une action* ; manifestation concrète de la volonté de qqn, d'un groupe : *Action d'éclat.* **3.** Effet produit par qqch ou qqn agissant d'une manière déterminée : *L'action de l'acide sur le métal. L'action du gouvernement sur les prix* ; manière d'agir : *Un remède à action lente.* **4. MÉCAN.** Grandeur, ayant les dimensions d'une énergie multipliée par un temps, permettant à l'aide du calcul différentiel d'exprimer les lois du mouvement. **5.** Mouvement collectif organisé en vue d'un effet particulier : *Action revendicative.* **6.** Engagement militaire limité dans sa durée et ses objectifs ; combat. **7.** Ensemble des événements d'un récit, d'une pièce, d'un film : *L'action du roman est située au siècle dernier* ; progression dramatique d'une œuvre ; péripéties : *Ce film manque d'action.* **8.** Exercice d'un droit en justice : *Intenter une action.* **9. ART MOD.** Performance. **10.** Suisse. Vente promotionnelle. ▪ **Action de grâce(s)** [christ.], remerciement adressé à Dieu pour un bienfait. ▪ **Action de groupe** (angl. *class action*), action judiciaire collective, ouverte aux associations de consommateurs agréées, permettant aux victimes d'un même préjudice matériel d'obtenir réparation. ➲ Inspirée de la *class action* du droit anglo-américain, elle peut être engagée dans les litiges de *consommation de masse* (vente de biens ou de services), mais ne couvre pas les préjudices corporels ou moraux. ▪ **Action directe,** méthode d'activité syndicale ou politique qui s'exprime par le recours à la violence. ▪ **Mettre en action,** réaliser : *Mettre un plan en action.* ▪ **Principe de moindre action** [mécan.], principe selon lequel, dans le mouvement réel d'un système entre deux positions, l'action est minimale. ▪ **Verbe d'action** [gramm.], exprimant une action (par oppos. à *verbe d'état*).

2. ACTION n.f. (orig. obsc.). Titre de propriété représentant une part du capital, dans une société anonyme, une société en commandite par actions.

ACTIONNAIRE n. Personne qui possède des actions d'une société.

ACTIONNARIAL, E, AUX adj. Relatif aux actionnaires, à l'actionnariat.

ACTIONNARIAT n.m. **1.** Division en actions du capital d'une entreprise. **2.** Fait d'être actionnaire : *Actionnariat des salariés.* **3.** Ensemble des actionnaires.

ACTIONNER v.t. [3]. **1.** Faire fonctionner, partic. une machine, un mécanisme : *Chute d'eau qui actionne une turbine.* **2.** DR. Intenter une action en justice contre qqn.

ACTIONNEUR n.m. Dispositif mécanique, électrique, pneumatique ou hydraulique permettant d'agir sur une machine, un système, pour modifier son fonctionnement ou son état.

ACTIONNISME n.m. Courant de la sociologie qui fonde l'explication des faits sociaux sur les actions produites par les individus.

ACTION RESEARCH [akʃənrizœrtʃ] n.f. (pl. *action researches*). [Anglic. déconseillé]. Recherche-action.

ACTIVABLE adj. CHIM., INFORM. Que l'on peut activer.

ACTIVATEUR, TRICE adj. et n.m. Se dit d'une substance qui augmente l'activité de qqch.

ACTIVATION n.f. **1.** Action d'activer : *L'inondation a engendré une activation de l'épidémie.* **2.** CHIM. Augmentation de la réactivité d'un corps, notamm. par absorption de radiations. ▪ **Activation nucléaire,** opération consistant à rendre radioactif un élément chimique en l'exposant à des radiations (génér. un flux de neutrons).

ACTIVE n.f. Armée active. ▪ **Officier, sous-officier d'active,** de carrière.

ACTIVÉ, E adj. CHIM. Rendu plus apte à agir par un procédé d'activation : *Charbon activé.*

ACTIVEMENT adv. De façon active ; énergiquement : *Assassin activement recherché.*

ACTIVER v.t. [3]. **1.** Rendre plus vif, plus actif : *Activer le feu.* **2.** Rendre plus rapide : *Activer des préparatifs.* **3.** CHIM. Soumettre à l'activation. **4.** INFORM. Rendre actif un élément logiciel ou matériel. ◆ **S'ACTIVER** v.pr. Déployer une grande activité.

ACTIVISME n.m. **1.** Attitude politique qui préconise l'action directe. **2.** Péjor. Attitude morale qui insiste sur les nécessités de la vie et de l'action, plus que sur les principes. **3.** HIST. Mouvement politique belge pro-flamand ayant reçu le soutien de l'occupant allemand pendant la Première Guerre mondiale.

ACTIVISTE adj. et n. Relatif à l'activisme ; qui en est partisan.

ACTIVITÉ n.f. **1.** Ensemble des phénomènes par lesquels se manifestent certaines formes de vie, un processus, un fonctionnement : *Activité réflexe, intellectuelle. Volcan en activité.* **2.** Vivacité et énergie dans l'action de qqn ; dynamisme, animation constatés quelque part : *Période d'intense activité.* **3.** Action d'une personne, d'une entreprise, d'une nation dans un domaine défini : *Activité professionnelle. Avoir de nombreuses activités. L'activité culturelle d'une région* ; domaine dans lequel s'exerce cette action : *Usine qui étend son activité à de nouveaux secteurs.* **4.** PHYS. NUCL. Nombre de désintégrations nucléaires spontanées qu'une source radioactive subit par unité de temps. ▪ **Activité solaire,** ensemble de phénomènes (taches, éruptions, sursauts, etc.) qui affectent certaines régions du Soleil, suivant un cycle d'env. onze ans. ▪ **En activité,** en exercice, en service, en parlant d'un fonctionnaire, d'un militaire ; en fonctionnement : *Usine en activité.*

ACTORAT n.m. Exercice du métier d'acteur ou d'enseignant de l'art dramatique : *École d'actorat.*

ACTU n.f. (abrév.). Fam. Actualité. ◆ **n.f. pl.** Actualités.

ACTUAIRE n. (angl. *actuary*, du lat.). FIN. Spécialiste de l'application de la statistique, notamm. du calcul des probabilités, aux opérations de finance et d'assurance.

ACTUALISATION n.f. **1.** Action d'actualiser. **2.** PHILOS. Passage de la virtualité à la réalité, de la puissance à l'acte. **3.** PSYCHOL. Processus de mobilisation des potentialités personnelles, préalable à l'action.

ACTUALISER v.t. [3]. **1.** Rendre actuel ; adapter à l'époque présente ; mettre à jour : *Actualiser les programmes scolaires.* **2.** ÉCON. Calculer la valeur d'un flux monétaire qui se réalisera à une date ultérieure, en tenant compte de la dépréciation dans le temps de ce flux.

ACTUALISME n.m. GÉOL. Doctrine selon laquelle les phénomènes du passé s'expliquent de la même manière que ceux qui sont actuellement observables.

ACTUALITÉ n.f. (lat. *actualitas*). **1.** Caractère de ce qui appartient ou convient au moment présent : *L'actualité d'un roman. Un sujet d'actualité.* **2.** Ensemble des événements récents : *L'actualité médicale.* **3.** Ensemble des réalisations ou des projets en cours d'une personne ou d'une organisation : *L'actualité d'un comédien, d'une entreprise.* Abrév. (fam.) **actu.** ◆ **n.f. pl.** Informations récentes, surtout à la télévision, à la radio et, anc., au cinéma ; nouvelles. Abrév. **actus.**

ACTUARIAT n.m. **1.** Technique appliquée par les actuaires. **2.** Fonction d'actuaire.

ACTUARIEL, ELLE adj. FIN. ▪ **Calculs actuariels,** effectués par des actuaires. ▪ **Taux actuariel,** taux de rendement produit par un capital dont les intérêts et le remboursement sont assurés par une série de versements échelonnés dans le temps.

ACTUEL, ELLE adj. **1.** Qui existe dans le moment présent, à l'époque présente : *La politique actuelle du gouvernement.* **2.** Qui concerne l'époque présente : *Les tendances musicales actuelles.* **3.** PHILOS. Qui existe en acte, conçu comme réel, effectif (par oppos. à *virtuel*).

ACTUELLEMENT adv. En ce moment ; maintenant : *Actuellement, l'urgence est de trouver un vaccin.*

ACUITÉ n.f. (du lat. *acutus*, aigu). **1.** Caractère de ce qui est aigu, vif : *Acuité d'un son, d'une douleur.* **2.** Pouvoir de discrimination d'un organe des sens : *Acuité visuelle* ; puissance de pénétration : *Intelligence d'une grande acuité.*

ACULÉATE n.m. (du lat. *aculeus*, aiguillon). Insecte hyménoptère portant un aiguillon venimeux à l'extrémité de l'abdomen, tel que l'abeille, la fourmi, la guêpe.

ACUMINÉ, E adj. BOT. Qui se termine en une pointe fine et allongée : *Feuille acuminée.*

ACUPUNCTEUR, TRICE [-pɔ̃k-] ou **ACUPONCTEUR, TRICE** n. Médecin exerçant l'acupuncture.

ACUPUNCTURE [-pɔ̃k-] ou **ACUPONCTURE** n.f. Discipline médicale d'origine chinoise, qui consiste à piquer certains points du corps, situés le long des méridiens, avec des aiguilles spéciales.

ACUTANGLE adj. GÉOMÉTR. Se dit d'un triangle dont les trois angles sont aigus.

ACYCLIQUE adj. Se dit d'un phénomène qui n'est pas soumis à un cycle. ▪ **Composé acyclique** [chim. org.], composé organique à chaîne ouverte.

ACYLATION n.f. Fixation d'un groupement acyle sur une molécule.

ACYLE n.m. CHIM. ORG. Groupement organique RCO—.

ADA n.m. inv. (de *Ada*, n.pr.). INFORM. Langage de programmation évolué permettant les traitements numériques et le contrôle des temps d'exécution.

1. ADAGE n.m. (du lat. *adagium*, maxime). Maxime ancienne et populaire empruntée au droit coutumier ou écrit : « *Nul n'est censé ignorer la loi* » *est un adage.*

2. ADAGE n.m. (ital. *adagio*). DANSE. **1.** Exercices lents destinés à parfaire l'équilibre des danseurs et la ligne de leurs mouvements. **2.** Première partie d'un pas de deux.

ADAGIO [adadʒjo] adv. (mot ital., de *ad agio*, à l'aise). MUS. Selon un tempo lent. ◆ **n.m.** Morceau exécuté dans le tempo adagio : *Des adagios.*

ADAMANTIN, E adj. (du gr. *adamantinos*, dur comme l'acier). Litt. Qui a la dureté, l'éclat du diamant. ▪ **Cellules adamantines** [histol.], qui produisent l'émail des dents.

ADAMIQUE adj. Relatif à Adam.

ADAMISME n.m. Doctrine de certains hérétiques chrétiens du IIe s. qui paraissaient nus dans les assemblées pour exprimer l'état d'innocence d'Adam au moment de la Création.

ADAPTABILITÉ n.f. Caractère de ce qui est adaptable.

ADAPTABLE adj. Qui peut être adapté.

1. ADAPTATEUR n.m. Instrument, dispositif permettant d'adapter un objet à une utilisation pour laquelle il n'est pas conçu : *Adaptateur pour prises de courant.*

2. ADAPTATEUR, TRICE n. Personne qui adapte une œuvre littéraire au cinéma, au théâtre.

ADAPTATIF, IVE adj. ÉCOL. Qui contribue à une adaptation ; qui réalise une adaptation.

ADAPTATION n.f. **1.** Action d'adapter ; fait de s'adapter ; état qui en résulte. **2.** Transposition d'une œuvre littéraire dans un autre mode d'expression ; l'œuvre ainsi réalisée. **3.** BIOL. Caractère héréditaire d'un animal ou d'un végétal, qui favorise sa survie dans son milieu. ➲ La transformation en nageoires des pattes avant des cétacés est une adaptation de ces mammifères au milieu aquatique.

ADAPTER v.t. [3] (lat. *adaptare*, de *aptus*, apte). **1.** Ajuster un objet à un autre : *Adapter un robinet à un tuyau* ; mettre en accord : *Adapter les moyens au but.* **2.** Arranger une œuvre littéraire pour la transmettre à un nouveau public ; la transposer dans un autre mode d'expression (théâtre, cinéma, radio, télévision, etc.). ◆ **S'ADAPTER** v.pr. (À). Se mettre en harmonie avec ; se conformer à : *S'adapter aux circonstances.*

ADDAX [adaks] n.m. (mot lat.). Antilope gris clair des confins sahariens, aux cornes spiralées.

ADDENDA [adɛ̃da] n.m. inv., ▲ *n.m.* (mot lat. « choses à ajouter », de *addere*, ajouter). Ajout d'articles, de notes, etc., fait à un ouvrage pour le compléter.

ADDICTIF, IVE adj. MÉD. Relatif à l'addiction. ▪ **Conduite addictive** [méd.], comportement répétitif plus ou moins incoercible et nuisible à la santé (toxicomanie, alcoolisme, tabagisme, etc.) [SYN. **addiction**].

ADDICTION n.f. (mot angl.). Conduite addictive.

ADDICTOLOGIE n.f. Discipline médicale qui étudie l'addiction et sa prévention.

ADDICTOLOGUE n. Spécialiste d'addictologie.

ADDISON (MALADIE BRONZÉE D') n.f. Insuffisance de sécrétion des glandes surrénales, qui se traduit par une grande fatigue et une couleur brune de la peau.

1. ADDITIF, IVE adj. ▪ **Grandeur additive** [phys.], qui peut faire l'objet d'une opération d'addition. ➲ Une longueur, une masse sont des grandeurs additives.

2. ADDITIF n.m. **1.** Produit que l'on ajoute à un autre pour en améliorer les caractéristiques, les propriétés. (Pour les adhésifs ou les produits pétroliers, on dit aussi *adjuvant.*) **2.** Paragraphe, clause ajoutés à un texte.

ADDITION n.f. (lat. *additio*). **1.** Action d'ajouter ; ce que l'on ajoute. **2.** MATH. Opération (notée +) par laquelle on ajoute un nombre à un autre, une fonction à une autre, ou par laquelle on compose des vecteurs. ➲ À ces *termes*, elle fait correspondre leur *somme*. **3.** Facture de ce que l'on a dépensé au café, au restaurant, etc. ▪ **Réaction d'addition** [chim.], dans laquelle plusieurs molécules s'unissent pour en donner une nouvelle. ▪ **Table d'addition** [math.], tableau donnant les premières sommes.

ADDITIONNEL, ELLE adj. Qui est ajouté : *Article additionnel d'une loi.*

ADDITIONNER v.t. [3]. **1.** Réunir en un seul nombre des unités ou des fractions d'unités ; en calculer le total par l'opération de l'addition. **2.** Ajouter une chose à une autre : *Additionner son thé de miel.*

ADDITIONNEUR n.m. INFORM. Organe de calcul analogique ou numérique permettant d'effectuer la somme de deux nombres.

ADDITIVÉ, E adj. ▪ **Carburant additivé,** contenant des additifs qui accroissent l'indice d'octane.

ADDUCTEUR adj.m. et **n.m.** ▪ **Canal adducteur,** qui amène les eaux à un réservoir, à une usine. ▪ **Muscle adducteur,** qui produit l'adduction (SYN. **adducteur**). ◆ **n.m.** Muscle adducteur.

ADDUCTION n.f. (lat. *adductio*). **1.** PHYSIOL. Mouvement par lequel un membre ou un segment de membre (pouce), qui était écarté sur le côté, se remet dans sa position de repos. **2.** Action de conduire un fluide (eau, gaz) vers des installations de traitement puis de distribution.

ADDUIT n.m. CHIM. Résultat d'une réaction d'addition. ➲ L'acroléine est un adduit d'eau et d'acétylène.

ADÉNINE n.f. BIOCHIM. Substance dérivée de la purine, faisant partie des bases azotées.

ADÉNITE n.f. (du gr. *adên*, glande). Inflammation d'un ganglion lymphatique.

ADÉNOCARCINOME n.m. Tumeur maligne développée à partir d'un tissu glandulaire (SYN. **carcinome glandulaire**).

ADÉNOGRAMME n.m. MÉD. Examen au microscope de la répartition des types de cellules d'un ganglion lymphatique.

ADÉNOÏDE adj. 1. Qui se rapporte au tissu glandulaire. **2.** Qui concerne le tissu lymphoïde, constituant notamm. les ganglions lymphatiques. ▪ **Végétations adénoïdes** → **VÉGÉTATION.**

ADÉNOÏDECTOMIE n.f. Ablation chirurgicale des végétations adénoïdes.

ADÉNOME n.m. Tumeur bénigne qui se développe à partir d'un tissu glandulaire.

ADÉNOPATHIE n.f. Affection des ganglions lymphatiques.

ADÉNOSINE n.f. GÉNÉT. Nucléoside, formé d'adénine et de ribose, dont les dérivés phosphorés (nucléotides) jouent un rôle important dans la fourniture d'énergie aux cellules (*adénosine triphosphate* ou ATP), dans la transmission du message hormonal (*adénosine monophosphate cyclique* ou AMP cyclique) et dans la synthèse de l'ARN.

ADÉNOVIRUS n.m. Virus dont le patrimoine génétique est constitué d'une molécule d'ADN.

ADENT n.m. MENUIS. Entaille oblique destinée à l'assemblage d'une pièce de bois.

ADEPTE n. (du lat. *adeptus*, qui a obtenu). **1.** Membre d'un mouvement, d'un groupement demandant un engagement personnel : *Adeptes d'une secte.* **2.** Partisan convaincu d'une doctrine ou de son promoteur : *Les adeptes de la décroissance.* **3.** Personne qui pratique une certaine activité : *Un adepte du ski de fond.*

ADÉQUAT, E [adekwa, at] **adj.** (du lat. *adaequatus*, rendu égal). Qui correspond parfaitement à son objet : *Trouver l'expression adéquate.*

ADÉQUATEMENT adv. De façon adéquate.

ADÉQUATION [-kwa-] **n.f.** Conformité à l'objet, au but que l'on se propose : *L'adéquation d'un traitement à une maladie.*

ADHÉRENCE n.f. 1. État d'une chose qui tient à une autre par un contact étroit, qui est fortement liée, collée : *La bonne adhérence d'un pneu à la route.* **2.** MÉD. Accolement anormal de deux organes ou tissus par du tissu fibreux (brides) : *Adhérence des deux feuillets de la plèvre.*

1. ADHÉRENT, E adj. Qui colle fortement à ; adhésif : *Revêtement très adhérent à son support.*

2. ADHÉRENT, E n. Membre d'une association, d'un parti politique, etc.

ADHÉRER v.t. ind. [11], ▲ *[11*]* **(À)** [lat. *adhaerere*]. **1.** Être fortement attaché à ; coller : *Papier qui adhère mal au mur.* **2.** Fig. Souscrire à une idée, une opinion ; s'inscrire à un parti, une association.

ADHÉSIF, IVE adj. Se dit d'une matière qui permet l'adhérence à une surface : *Pansement adhésif.* ◆ **n.m. 1.** Substance capable de fixer deux surfaces entre elles. **2.** Ruban, papier adhésif.

ADHÉSION n.f. 1. Action de souscrire à une idée, à une doctrine, de s'inscrire à un parti, à une association. **2.** DR. INTERN. Déclaration par laquelle un État s'engage à respecter les termes d'une convention dont il n'a pas été initialement signataire. ▪ **Contrat d'adhésion,** dont toutes les clauses sont imposées à l'avance par l'un des contractants, sans pouvoir être discutées par l'autre (abonnement au gaz, au téléphone, transports, etc.).

ADHÉSIVITÉ n.f. Aptitude d'un matériau à adhérer à un autre.

AD HOC [adɔk] **loc. adj. inv.** (mots lat. « pour cela »). Qui convient à la situation, au sujet : *Choisir les mots ad hoc.*

AD HOMINEM [adɔminɛm] **loc. adj. inv.** (mots lat. « à l'homme »). ▪ **Argument ad hominem,** argument dirigé contre la personne même de l'adversaire.

ADIABATIQUE adj. (du gr. *adiabatos*, impénétrable). THERMODYN. ▪ **Transformation adiabatique,** sans échange de chaleur avec l'extérieur.

ADIABATISME n.m. THERMODYN. État d'un système qui n'émet ni ne reçoit aucune quantité de chaleur.

ADIANTUM [-tɔm] ou **ADIANTE n.m.** (lat. *adiantum*, du gr.). Fougère d'origine tropicale cultivée en appartement ou en serre, appelée aussi *capillaire de Montpellier* ou *cheveu-de-Vénus* à cause de ses fins pétioles noirs. ➲ Famille des adiantacées.

ADIEU interj. et **n.m.** (de *à* et *Dieu*). S'emploie pour saluer qqn que l'on ne reverra pas de longtemps ou que l'on ne reverra plus : *Tout est fini entre nous, adieu ! Des adieux déchirants.* ▪ **Dire adieu à qqch,** y renoncer. ◆ **interj.** Région. (Midi). Au revoir ; bonjour : *Adieu ! Comment vas-tu ?*

ADIPEUX, EUSE adj. (du lat. *adeps, adipis*, graisse). **1.** Qui a les caractères de la graisse ; qui renferme de la graisse. **2.** Excessivement gras ; bouffi : *Un visage adipeux.* ▪ **Tissu adipeux,** tissu conjonctif comportant une importante proportion de vacuoles graisseuses.

ADIPIQUE adj. CHIM. ORG. ▪ **Acide adipique,** acide carboxylique double utilisé dans la fabrication du Nylon.

ADIPOCYTE n.m. Cellule arrondie de l'organisme contenant des lipides.

ADIPOSE n.f. État morbide déterminé par la surcharge graisseuse du tissu cellulaire.

ADIPOSITÉ n.f. Accumulation de graisse dans un tissu, une région du corps.

ADIPOSO-GÉNITAL, E, AUX, ▲ *ADIPOSOGÉNITAL, E, AUX* **adj.** ▪ **Syndrome adiposo-génital,** associant une obésité et des troubles génitaux.

ADJACENT, E adj. (lat. *adjacens*). Qui est dans le voisinage immédiat de : *Jardins adjacents.* ▪ **Angles adjacents,** angles ayant même sommet, un côté commun, et situés de part et d'autre de ce côté. ▪ **Côté adjacent d'un angle dans un triangle rectangle,** le côté de cet angle qui n'est pas l'hypoténuse.

1. ADJECTIF n.m. (du lat. *adjectivum*, qui s'ajoute). Mot qui qualifie ou détermine le substantif auquel il est joint. V. *Mémento de grammaire*, § 6, 7, 9, 10. ▪ **Adjectif verbal,** adjectif issu du participe présent du verbe. V. *Mémento de grammaire*, § 12.

2. ADJECTIF, IVE ou **ADJECTIVAL, E, AUX adj.** Qui a le caractère de l'adjectif : *« À l'emporte-pièce » est une locution adjective.*

ADJECTIVEMENT adv. Avec la valeur d'un adjectif.

ADJECTIVER ou **ADJECTIVISER v.t. [3].** Transformer en adjectif ; utiliser comme adjectif.

ADJOINDRE v.t. [62] (du lat. *adjungere*, ajouter). Associer une personne, une chose à une autre. ◆ **S'ADJOINDRE v.pr.** Engager comme aide : *S'adjoindre un collaborateur.*

ADJOINT, E n. et **adj.** Personne associée à une autre pour la seconder. ▪ **Adjoint (au maire),** en France, conseiller municipal, élu par les autres conseillers, chargé de fonctions spécifiques que lui délègue le maire.

ADJONCTION n.f. Action, fait d'adjoindre ; ce que l'on adjoint : *L'adjonction d'une carte mémoire à un ordinateur.*

ADJUDANT, E n. (esp. *ayudante*). Sous-officier d'un grade intermédiaire entre ceux de sergent-chef et d'adjudant-chef. ◆ **n.m.** Suisse. Sous-officier supérieur.

ADJUDANT-CHEF, ADJUDANTE-CHEF n. (pl. *adjudants-chefs, adjudantes-chefs*). Sous-officier d'un grade intermédiaire entre ceux d'adjudant et de major.

ADJUDICATAIRE n. Bénéficiaire d'une adjudication.

ADJUDICATEUR, TRICE n. Personne qui met en adjudication.

ADJUDICATION n.f. DR. Dans une vente aux enchères, attribution d'un bien à celui qui offre le meilleur prix.

ADJUGER v.t. [10] (lat. *adjudicare*). **1.** DR. Concéder par adjudication. **2.** Attribuer un avantage, une récompense : *Le prix lui a été adjugé à l'unanimité.* ◆ **S'ADJUGER v.pr.** Faire sien ; s'approprier : *S'adjuger la meilleure part.*

ADJURATION n.f. Litt. Action d'adjurer.

ADJURER v.t. [3] (lat. *adjurare*). Litt. Prier instamment : *Je vous adjure de dire la vérité.*

ADJUVANT, E adj. et **n.m.** MÉD. Se dit d'un traitement d'importance secondaire, ajouté à un traitement principal pour renforcer son action ou limiter ses effets indésirables : *Médicament adjuvant.* ◆ **n.m.** Produit que l'on ajoute à un autre pour en améliorer les caractéristiques, dans différents domaines techniques. (Pour les adhésifs ou les produits pétroliers, on dit aussi *additif.*)

AD LIBITUM [adlibitɔm] **loc. adv.** (mots lat.). À volonté ; au choix. Abrév. **ad lib.**

AD LITEM [adlitɛm] **loc. adj. inv.** (mots lat. « pour un procès »). DR. Limité au seul procès en cause : *Procuration ad litem.*

ADM ou **A.D.M. n.f.** (sigle). Arme de destruction massive.

ADMETTRE v.t. [64] (lat. *admittere*). **1.** Laisser entrer dans un lieu, au sein d'un groupe : *Les chiens ne sont pas admis. Admettre un malade à l'hôpital.* **2.** Accepter qqn qui a satisfait à certaines exigences : *Admettre un candidat à un concours, à un emploi.* **3.** Laisser la possibilité d'exister à : *Affaire qui n'admet aucun retard.* **4.** Reconnaître pour vrai : *Admettre le bien-fondé d'une remarque.*

ADMINICULE n.m. DR. Élément de preuve.

ADMINISTRATEUR, TRICE n. 1. Personne qui gère les biens, les affaires d'un particulier, d'une société, de l'État. **2.** Membre d'un conseil d'administration. ▪ **Administrateur civil,** haut fonctionnaire chargé, au sein de l'administration centrale d'un ministère, des fonctions de conception et de direction. ▪ **Administrateur de biens,** mandataire effectuant des opérations d'administration et de gestion, et des transactions sur des biens immobiliers. ▪ **Administrateur de site** ou **de serveur,** personne responsable de la maintenance et du suivi d'un site ou d'un serveur, sur Internet (SYN. **webmestre**). ▪ **Administrateur judiciaire,** mandataire chargé par décision de justice, dans le redressement judiciaire d'une entreprise, de surveiller, d'assister ou de remplacer le débiteur et de proposer au tribunal un projet de plan de redressement. ▪ **Administrateur réseau,** personne responsable du maintien et de l'évolution de l'infrastructure du réseau informatique au sein d'une entreprise.

ADMINISTRATIF, IVE adj. Relatif à l'Administration, à une administration. ◆ **n.** Personne relevant de l'Administration.

ADMINISTRATION n.f. 1. Action d'administrer ; gestion. **2.** Service public : *L'administration des Douanes.* ▪ **Acte d'administration,** opération juridique commandée par la gestion courante d'un patrimoine ou d'un bien. ▪ **Administration légale,** régime selon lequel sont régis les biens d'un mineur. ▪ **L'Administration** [spécial.], l'ensemble des services de l'État ; la fonction publique.

ADMINISTRATIVEMENT adv. Par la voie administrative ; du point de vue de l'Administration.

ADMINISTRÉ, E n. Personne relevant d'une administration.

ADMINISTRER v.t. [3] (du lat. *administrare*, servir). **1.** Gérer les affaires publiques ou privées : *Administrer un pays.* **2.** Fam. Infliger : *Administrer une correction, des coups.* ▪ **Administrer les sacrements** [christ.], les conférer. ▪ **Administrer une preuve** [dr.], la produire en justice. ▪ **Administrer un médicament,** le faire absorber ; l'introduire dans l'organisme.

ADMIRABLE adj. Digne d'admiration : *Une conduite admirable.*

ADMIRABLEMENT adv. D'une manière admirable ; extrêmement bien.

ADMIRATEUR, TRICE n. Personne qui admire.

ADMIRATIF, IVE adj. Qui manifeste de l'admiration : *Regard admiratif. Un lecteur admiratif lui a écrit.*

ADMIRATION n.f. Sentiment éprouvé à l'égard de qqch ou de qqn qui réalise un certain idéal de grandeur, de noblesse, de beauté : *Être en admiration devant un paysage, devant qqn.*

ADMIRATIVEMENT adv. Avec admiration.

ADMIRER v.t. [3] (du lat. *admirari*, s'étonner de). **1.** Éprouver un sentiment d'admiration à l'égard de qqn, de qqch. **2.** Considérer avec étonnement ou, iron., avec réprobation : *J'admire son effronterie.*

ADMIS, E adj. et **n.** Accepté à un examen, un concours.

ADMISSIBILITÉ n.f. Fait d'être admissible à un examen, un concours.

ADMISSIBLE adj. (lat. *admissus*). Considéré comme possible ; acceptable : *Excuse admissible.* ◆ **adj.** et **n.** Qui est admis à se présenter aux épreuves orales d'un examen, d'un concours, après avoir réussi les épreuves écrites.

ADMISSION n.f. 1. Action d'admettre ; son résultat : *L'admission à un concours, à un emploi.* **2.** Entrée des gaz dans le cylindre ou dans la chambre de combustion d'un moteur : *Soupape d'admission.* ▪ **Admission à la cote,** introduction à la Bourse de valeurs mobilières.

ADMITTANCE n.f. PHYS. Inverse de l'impédance.

ADMONESTATION n.f. Litt. Remontrance sévère ; réprimande.

ADMONESTER v.t. [3] (lat. *admonere*). Litt. Adresser une sévère remontrance à ; tancer.

ADMONITION n.f. Litt. Avertissement fait à qqn sur sa conduite.

ADN ou **A.D.N.** [adeɛn] **n.m.** (sigle de *acide désoxyribonucléique*). **1.** Acide nucléique caractéristique des chromosomes, constitué de deux brins enroulés en double hélice et formés chacun d'une succession de nucléotides. **2.** Fig. Caractéristique fondamentale d'une entreprise, d'un système, porteuse de son identité et de son savoir-faire : *L'information en temps réel est l'ADN d'Internet.*

➲ Support de l'information génétique, la molécule d'**ADN** peut être comparée à une longue échelle de corde. Les barreaux sont formés d'une paire de bases azotées, avec quatre variantes possibles : adénine-thymine, thymine-adénine, guanine-cytosine, cytosine-guanine. La succession (ou séquence) des bases représente le message génétique.

ADO n. (abrév.). Fam. Adolescent.

ADOBE [adɔb] **n.m.** (mot esp.). Brique rudimentaire mêlée de paille et séchée au soleil.

ADOLESCENCE n.f. Période de la vie entre l'enfance et l'âge adulte, pendant laquelle se produit la puberté et se forme la pensée abstraite.

ADOLESCENT, E n. et **adj.** (lat. *adolescens*). Personne qui est dans l'adolescence. Abrév. (fam.) **ado.** ◆ **adj.** Relatif à l'adolescence : *Les révoltes adolescentes.*

1. ADONIS [-nis] **n.m.** (du gr. *Adônis*, n. myth.). Litt. Jeune homme d'une beauté remarquable.

2. ADONIS [-nis] **n.f.** Plante d'Europe et d'Asie à feuilles très divisées et à larges fleurs rouges ou jaunes. ➲ Famille des renonculacées.

ADONNER v. impers. [3]. ▪ **Ça adonne bien** [Québec], ça convient ; ça tombe bien. ◆ **S'ADONNER v.pr. 1.** (À). Se livrer avec ardeur à qqch ; se laisser aller à un penchant néfaste : *S'adonner à la boisson.* **2.** Québec. S'entendre ; s'accorder.

ADOPTABLE adj. Qui peut être adopté.

ADOPTANT, E adj. et **n.** Qui adopte : *Famille adoptante.*

ADOPTÉ, E adj. et **n.** Qui a fait l'objet d'une adoption.

ADOPTER v.t. [3] (du lat. *adoptare*, choisir). Faire sienne une idée : *J'ai adopté votre point de vue ;* admettre ou prendre par choix, par décision : *Adopter des mesures exceptionnelles.* ▪ **Adopter un enfant,** le prendre légalement pour fils ou pour fille, et créer un lien de filiation légale. ▪ **Adopter un projet, une proposition de loi, un texte,** les approuver par un vote.

ADOPTIANISME n.m. Hérésie chrétienne de la fin du IIe s., professant que le Christ n'est pas Fils de Dieu de toute éternité, mais qu'il le devient lors de son baptême, au cours duquel il est adopté par Dieu.

ADOPTIF, IVE adj. 1. Qui a été adopté : *Fille adoptive.* **2.** Qui adopte : *Père adoptif.* **3.** Relatif à l'adoption : *Filiation adoptive.*

ADOPTION n.f. Action d'adopter ; son résultat. ▪ **Adoption plénière,** dans laquelle l'enfant adopté s'intègre complètement à la famille de l'adoptant et perd tout lien avec sa famille d'origine. ▪ **Adoption simple,** dans laquelle les liens avec la famille d'origine ne sont pas rompus. ▪ **Patrie, pays, famille d'adoption,** que l'on a choisis.

ADORABLE adj. 1. Dont le charme, l'agrément est extrême : *Une adorable maison.* **2.** Très gentil : *Un enfant adorable.*

ADORABLEMENT adv. De façon exquise.

ADORATEUR, TRICE n. 1. Personne qui rend un culte à une divinité, à un objet divinisé : *Les adorateurs du Soleil.* **2.** Personne qui éprouve une grande admiration pour qqn : *Star entourée de ses adorateurs.*

ADORATION n.f. 1. Action d'adorer. **2.** Amour ardent pour qqn : *Son amour confine à l'adoration.*

ADORER v.t. [3] (du lat. *adorare*, prier). **1.** Rendre un culte à un dieu, à un objet divinisé. **2.** Aimer passionnément : *Il adore sa femme.* **3.** Fam. Apprécier beaucoup : *Adorer le chocolat.*

ADOS [ado] **n.m.** (de *adosser*). Talus pour protéger les plantes des intempéries.

ADOSSÉ, E adj. HÉRALD. Se dit de deux animaux représentés sur l'écu dos à dos (CONTR. **affronté**).

ADOSSEMENT n.m. État de ce qui est adossé ; fait d'être adossé.

ADOSSER v.t. [3]. Appuyer contre un support en faisant porter le dos ou la face arrière : *Adosser un appentis à ou contre un mur.* ◆ **S'ADOSSER v.pr.** (À, CONTRE). **1.** S'appuyer le dos contre qqch. **2.** Par ext. S'appuyer sur : *S'adosser à la loi, à l'histoire.* **3. ÉCON.** En parlant d'une entreprise, s'allier à un groupe industriel ou financier pour bénéficier de son savoir-faire ou de sa puissance.

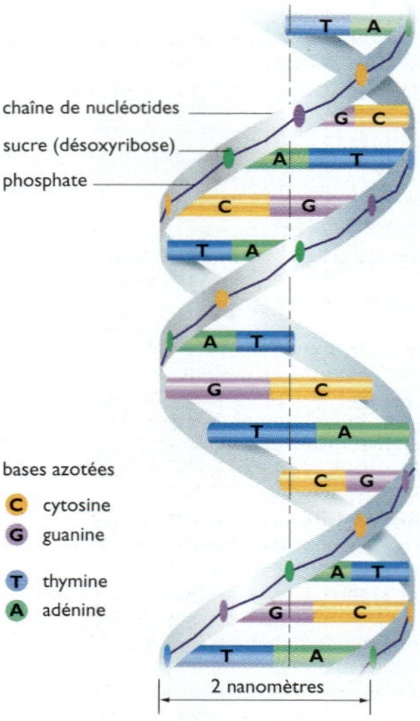

▲ **ADN.** Structure en double hélice de la molécule d'ADN.

ADOUBEMENT n.m. 1. Au Moyen Âge, cérémonie au cours de laquelle un homme était armé chevalier. **2.** Fig. Action d'adouber ; son résultat.

▲ **adoubement.** Enluminure (XIVe s.) extraite du *Roman de Troie* (XIIe s.).

ADOUBER v.t. [3] (du francique **dubban*, frapper). **1.** Armer chevalier par l'adoubement. **2.** Fig. Reconnaître comme faisant partie des meilleurs : *Humoriste adoubé par ses pairs.*

ADOUCIR v.t. [21]. 1. Rendre plus doux à la vue, au toucher, etc. : *Ce savon adoucit la peau.* **2.** Fig. Rendre moins pénible, moins rude : *Adoucir une sanction.* ▪ **Adoucir l'eau,** en éliminer les sels de calcium et de magnésium. ▪ **Adoucir un acier,** réduire, par oxydation, sa teneur en carbone pour limiter les variations de ses propriétés mécaniques. ◆ **S'ADOUCIR v.pr.** Devenir plus doux : *Le temps, son caractère s'est adouci.*

ADOUCISSANT, E adj. et **n.m. 1.** Se dit d'un produit qui rend la peau plus douce : *Lait adoucissant.* **2.** Se dit d'un produit qui adoucit l'eau. ◆ **n.m.** Produit de lavage qui débarrasse l'eau de son calcaire et qui conserve aux textiles leur moelleux.

ADOUCISSEMENT n.m. 1. Action d'adoucir ; fait de s'adoucir : *Adoucissement de la température.* **2. ARCHIT.** Élément décoratif ou structurel placé entre deux surfaces et comblant un angle.

ADOUCISSEUR n.m. Appareil servant à adoucir l'eau et à empêcher la formation de tartre dans les tuyaux.

AD PATRES [adpatrɛs] **loc. adv.** (mots lat. « vers les ancêtres »). Fam. ▪ **Aller ad patres,** mourir. ▪ **Envoyer ad patres,** tuer.

ADRAGANTE adj.f. (du gr. *tragos*, bouc, et *akantha*, épine). ▪ **Gomme adragante,** substance mucilagineuse qui exsude du tronc d'arbrisseaux du genre *Astragale*, et qui sert de colle dans la préparation des étoffes, des papiers, des cuirs. ➲ Elle est aussi utilisée en pharmacie et en pâtisserie.

ADRÉNALINE n.f. (du lat. *ad*, auprès de, et *ren*, rein). Substance jouant un rôle d'hormone et de neurotransmetteur, sécrétée par les nerfs végétatifs sympathiques et surtout par la glande médullosurrénale. ➲ L'adrénaline accélère le rythme cardiaque, augmente la pression artérielle, dilate les bronches et les pupilles, élève la glycémie. ▪ **Poussée d'adrénaline** [fig.], vif accès de colère ou d'enthousiasme : *La poussée d'adrénaline que donne le kitesurf.*

ADRÉNERGIQUE adj. Se dit d'un élément (neurone, récepteur d'un neurone) qui agit grâce à l'adrénaline ou à la noradrénaline. ◆ **adj.** et **n.m.** Se dit d'une substance qui agit de la même façon que l'adrénaline ou la noradrénaline (SYN. **sympathomimétique ;** CONTR. **adrénolytique**).

ADRÉNOLYTIQUE adj. et **n.m.** Se dit d'une substance qui s'oppose à l'action de l'adrénaline et de la noradrénaline au niveau des cellules nerveuses ou musculaires (SYN. **sympatholytique ;** CONTR. **adrénergique**).

ADRESSAGE n.m. INFORM. Action d'adresser.

1. ADRESSE n.f. 1. Indication précise du domicile de qqn : *Donner son adresse. Carnet d'adresses.* **2. DR. CONSTIT.** Réponse faite par les représentants de la nation au discours du trône, dans une monarchie constitutionnelle. **3. INFORM.** Localisation codée d'une information dans une mémoire électronique. ▪ **Adresse électronique,** désignation conventionnelle qui identifie un utilisateur de courrier électronique et permet d'acheminer les messages qui lui sont destinés. (On emploie aussi les abrév. anglo-amér. *e-mail* [imɛl] et fr. *mél.*)

2. ADRESSE n.f. Habileté physique ou intellectuelle : *Ce jeu exige de l'adresse. Éluder une question avec adresse.*

ADRESSER v.t. [3] (de *dresser*). **1.** Faire parvenir à qqn : *Adresser une lettre à son député.* **2.** Dire à l'intention de qqn : *Adresser des compliments, des reproches à qqn.* **3. INFORM.** Pourvoir une information d'une adresse. ▪ **Adresser la parole à qqn,** lui parler. ◆ **S'ADRESSER v.pr. (À). 1.** Adresser la parole à : *Je m'adresse à vous tous.* **2.** Avoir recours à qqn : *S'adresser au responsable.* **3.** Être destiné à qqn : *Cette remarque ne s'adresse pas à vous.*

ADRET [adrɛ] **n.m.** (du provenç. *adreit*, droit). Versant d'une vallée de montagne exposé au soleil (SYN. **endroit ;** CONTR. **ubac**).

ADROIT, E adj. (de 3. *droit*). **1.** Qui manifeste de l'adresse, de l'habileté et de la précision : *Un artisan adroit. Une manœuvre adroite.* **2.** Qui fait preuve d'intelligence, d'habileté pour parvenir à un résultat : *Une adroite négociatrice.*

ADROITEMENT adv. Avec adresse, habileté.

ADSL n.m. (sigle de l'angl. *asymmetric digital subscriber line*, ligne asymétrique numérique d'abonné). Réseau large bande sur une ligne de téléphone, dédié à la transmission de données multimédias et audiovisuelles.

ADSORBANT, E adj. et **n.m. CHIM., PHYS.** Se dit d'un corps qui adsorbe.

ADSORBER v.t. [3] (du lat. *sorbere*, avaler). **CHIM., PHYS.** Fixer par adsorption.

ADSORPTION n.f. CHIM., PHYS. Phénomène par lequel des solides ou des solutions retiennent à leur surface des molécules, des ions en phase gazeuse ou liquide.

ADSTRAT n.m. (du lat. *ad*, près de, et de *substrat*). **LING.** Ensemble de faits concordants qui apparaissent dans des langues différentes mais en contact géographique, politique ou culturel.

ADULAIRE n.f. Pierre fine, variété d'orthose, translucide et incolore (SYN. **pierre de lune**).

ADULATEUR, TRICE n. Litt. Personne qui adule ; flagorneur.

ADULATION n.f. Litt. Flatterie excessive ou servile.

ADULER v.t. [3] (lat. *adulari*). **1.** Vx. Flatter servilement. **2.** Témoigner une admiration passionnée à qqn : *Une vedette que le public adule.*

ADULESCENCE n.f. Phénomène générationnel touchant certains jeunes gens qui, en dépit de leur entrée dans l'âge adulte, continuent d'avoir un comportement comparable à celui qu'ont généralement les adolescents ; période de la vie où s'observe ce phénomène.

ADULESCENT, E n. et **adj.** (de *adulte* et *adolescent*). Jeune adulte qui continue d'avoir un comportement comparable à celui qu'ont généralement les adolescents.

ADULTE adj. (du lat. *adultus*, qui a grandi). Parvenu au terme de sa croissance, de son développement : *Plante adulte.* ◆ **n.** Personne parvenue à sa maturité physique, intellectuelle et psychologique.

ADULTÉRATION n.f. Vieilli. Action d'adultérer ; falsification.

1. ADULTÈRE adj. (lat. *adulter*). Qui se livre à l'adultère. ◆ **n.** Litt. Personne adultère.

2. ADULTÈRE n.m. (lat. *adulterium*). Violation du devoir de fidélité entre époux.

ADULTÉRER v.t. [11], ▲ *[11*]* (du lat. *adulterare*, falsifier). Vieilli. Modifier en falsifiant : *Adultérer un texte.*

ADULTÉRIN, E adj. et **n.** ▪ **Enfant adultérin,** né d'un adultère.

AD VALOREM [advalɔrɛm] **loc. adj. inv.** (mots lat. « selon la valeur »). ▪ **Droits ad valorem,** droits calculés sur la valeur d'un produit (par oppos. à *spécifique*).

ADVECTION n.f. (du lat. *advectio*, transport). **MÉTÉOROL.** Déplacement d'une masse d'air dans le sens horizontal (CONTR. **convection**).

ADVENIR v.i. [28] (auxil. *être*) [lat. *advenire*]. Arriver par hasard : *Voici ce qu'il advint.* ▪ **Advienne que pourra,** peu importent les conséquences.

✎ Ce verbe est usité seulem. aux 3es pers., au p. passé et à l'inf.

ADVENTICE adj. (du lat. *adventicius*, supplémentaire). **1.** Qui s'ajoute accessoirement : *Remarques adventices.* **2. AGRIC.** Qui pousse sur un terrain cultivé sans avoir été semé. ➲ Le chiendent, l'ivraie, la cuscute sont des plantes adventices. ▪ **Idée adventice** [philos.], chez Descartes, idée qui vient des sens (par oppos. à *idée innée, idée factice*).

ADVENTIF, IVE adj. (lat. *adventicius*). **BOT.** Se dit d'un organe qui se développe en un endroit différent de son lieu de croissance ordinaire, et notamm. d'une racine qui pousse le long d'une tige. ▪ **Cône adventif** [géol.], petit cône volcanique annexe édifié par une éruption.

ADVENTISTE n. et **adj.** (de l'angl. *advent*, avènement). Membre d'un mouvement religieux protestant, né aux États-Unis au XIXe s., qui attend un second avènement du Messie et pratique l'austérité.

ADVERBE n.m. (du lat. *ad*, auprès de, et *verbum*, verbe). Mot invariable dont la fonction est de modifier le sens d'un verbe, d'un adjectif ou d'un autre adverbe : *« Vite » dans « marcher vite » est un adverbe.*

ADVERBIAL, E, AUX adj. Qui a le caractère de l'adverbe : *« À tâtons » est une locution adverbiale.*

ADVERBIALEMENT adv. Avec la valeur d'un adverbe.

ADVERSAIRE n. 1. Personne que l'on affronte dans un conflit, un combat, un jeu ; ennemi ; concurrent. **2.** Personne opposée à une doctrine, une idée, etc. : *Les adversaires du libéralisme.*

ADVERSATIF, IVE adj. GRAMM. Se dit d'une conjonction ou d'un adverbe qui marque une opposition (par ex. : *mais, cependant*).

ADVERSE adj. (du lat. *adversus*, qui est en face). Qui est en opposition avec : *Deux groupes adverses.* ▪ **Partie adverse** [dr.], contre laquelle on plaide.

ADVERSITÉ n.f. Litt. Situation où le sort est contraire ; infortune.

ADYNAMIE n.f. (du gr. *dunamis*, force). **MÉD.** Diminution de la mobilité par faiblesse musculaire, accompagnant certaines maladies.

AÈDE n.m. (gr. *aoidos*). Poète grec de l'époque primitive, qui chantait ou récitait en s'accompagnant sur la lyre.

ÆGAGROPILE [ega-] ou **ÉGAGROPILE n.m.** (du gr. *aigagros*, chèvre sauvage, et *pilos*, boule de laine). Concrétion de poils et de débris que l'on trouve dans l'estomac des ruminants.

ÆGYRINE [eʒi-] **n.f.** Silicate de fer et de sodium, de la famille des pyroxènes.

ÆPYORNIS ou **ÉPYORNIS** [epjɔrnis] **n.m.** (du gr. *aipus*, élevé, et *ornis*, oiseau). Grand oiseau fossile de Madagascar, voisin de l'autruche, disparu au XVIIe s. ➲ Haut. 3 m.

AÉRAGE n.m. Ventilation forcée dans les galeries d'une mine.

AÉRATEUR n.m. Appareil, dispositif permettant l'aération d'une pièce. ▪ **Aérateur transtympanique** [méd.], drain posé dans la membrane du tympan pour traiter une otite chronique (SYN. [cour.] **yoyo,** [cour.] **diabolo**).

AÉRATION n.f. Action d'aérer ; fait d'être aéré.

AÉRAULIQUE n.f. Partie de la physique qui étudie l'écoulement naturel de l'air, des gaz dans les conduits. ◆ **adj.** Relatif à l'aéraulique.

AÉRÉ, E adj. 1. Dont l'air est renouvelé : *Un logement bien aéré.* **2.** Qui n'est pas trop chargé en texte, en images, etc. : *Brochure de présentation aérée.* ▪ **Centre aéré,** organisme qui propose pour les enfants scolarisés des activités de plein air à la journée, pendant les vacances.

AÉRER v.t. [11], ▲ *[11*]* (du lat. *aer*, air). **1.** Renouveler l'air dans un espace clos. **2.** Exposer à l'air : *Aérer des draps.* **3.** Rendre moins massif, moins dense : *Aérer un rapport en espaçant les paragraphes.* ◆ **S'AÉRER v.pr.** Aller prendre l'air. ▪ **S'aérer (l'esprit),** chasser ses préoccupations en changeant d'occupation, de lieu.

AÉRIEN, ENNE adj. 1. Qui se trouve dans l'air, à l'air : *Câble aérien.* **2.** Relatif à l'air : *Courants aériens de l'atmosphère.* **3.** Relatif aux avions, à l'aviation : *Les transporteurs aériens.* **4.** Qui semble léger comme l'air : *Une grâce aérienne.* ▪ **Droit aérien,** régissant l'usage de l'espace aérien.

AÉROBIC n.f. (anglo-amér. *aerobics*). Gymnastique qui active la respiration et l'oxygénation des tissus par des mouvements rapides, exécutés en musique.

AÉROBIE adj. et **n.m.** (du gr. *aêr*, air, et *bios*, vie). **1. BIOL.** Se dit d'une cellule ou d'un organisme qui ne peut vivre qu'en présence d'oxygène (CONTR. **anaérobie**). **2. PHYSIOL.** Se dit d'un phénomène qui se déroule en présence d'oxygène : *Exercice musculaire aérobie* (CONTR. **anaérobie**). **3. TECHN.** Se dit d'un moteur qui fait appel à l'oxygène de l'air pour alimenter la réaction de combustion développant l'énergie utilisable.

AÉROBIOLOGIE n.f. Étude des micro-organismes et des pollens, spores, acariens, etc., présents dans l'atmosphère.

AÉROBIOLOGIQUE adj. Relatif à l'aérobiologie.

AÉROBIOSE n.f. MICROBIOL. Condition nécessaire à la vie d'un micro-organisme, d'un phénomène aérobie.

AÉRO-CLUB (pl. *aéro-clubs*), ▲ **AÉROCLUB n.m.** Club dont les membres pratiquent en amateurs des activités aéronautiques, et notamm. le vol à moteur et le vol à voile.

AÉROCOLIE n.f. MÉD. Accumulation de gaz dans le côlon.

AÉROCONDENSEUR n.m. Condenseur à air.

AÉRODROME n.m. Terrain pourvu des installations et des équipements nécessaires pour le décollage, l'atterrissage et la maintenance des avions.

AÉRODYNAMIQUE adj. 1. Qui est spécialement conçu pour offrir peu de résistance à l'air : *Carrosserie aérodynamique.* **2.** Relatif à l'aérodynamique, à ses applications. ◆ **n.f.** Partie de la physique traitant des phénomènes qui se créent autour d'un mobile en déplacement dans l'air.

AÉRODYNAMISME n.m. Caractère aérodynamique d'un véhicule.

AÉRODYNE n.m. Tout appareil plus lourd que l'air et capable de voler.

AÉROFREIN n.m. Dispositif placé sur les ailes d'un avion dont la sortie symétrique freine celui-ci de manière aérodynamique.

AÉROGARE n.f. 1. Ensemble des bâtiments d'un aéroport réservés aux voyageurs et aux marchandises. **2.** Lieu de départ et d'arrivée des services d'autocars assurant la liaison avec l'aéroport ou les aéroports, dans une ville.

AÉROGASTRIE n.f. MÉD. Accumulation d'air dans l'estomac.

AÉROGEL n.m. CHIM. INDUSTR. Gel rempli d'air, ou d'un gaz, formant des structures tridimensionnelles d'une grande légèreté.

AÉROGÉNÉRATEUR n.m. Générateur d'énergie électrique utilisant l'énergie du vent.

AÉROGLISSEUR n.m. Véhicule de transport, terrestre ou marin, dont la sustentation est assurée par un coussin d'air comprimé (SYN. **hovercraft**).

AÉROGRAPHE n.m. Pulvérisateur projetant des couleurs liquides sous la pression d'air comprimé.

AÉROLOGIE n.f. Branche de la météorologie qui étudie les propriétés des hautes couches de l'atmosphère.

AÉROLOGIQUE adj. Relatif à l'aérologie.

AÉROMOBILE adj. Susceptible d'aéromobilité.

AÉROMOBILITÉ n.f. Aptitude d'une formation militaire à s'affranchir des servitudes du terrain en utilisant l'espace aérien.

AÉROMODÉLISME n.m. Construction de modèles réduits d'avions et d'hélicoptères ; loisir ainsi pratiqué.

AÉROMODÉLISTE n. Personne qui pratique l'aéromodélisme.

AÉRONAUTE n. (du gr. *aêr*, air, et *nautês*, matelot). Pilote ou passager d'un aérostat.

AÉRONAUTIQUE n.f. Ensemble des sciences et techniques de la construction des aéronefs et de la navigation aérienne. ▪ **L'aéronautique navale,** les forces aériennes d'une marine militaire. ◆ **adj.** Relatif à la navigation aérienne.

AÉRONAVAL, E, ALS adj. Relatif à la fois à la marine et à l'aviation. ◆ **n.f.** ▪ **L'aéronavale,** l'aéronautique navale, en France.

AÉRONEF n.m. Tout appareil capable de s'élever et d'évoluer dans les airs.

AÉRONOMIE n.f. Science qui étudie la physique et la chimie de la haute atmosphère.

AÉROPHAGIE n.f. MÉD. Déglutition d'air entraînant une aérogastrie lorsqu'elle est excessive.

AÉROPHONE n.m. Instrument de musique dont le son est produit par la vibration de la colonne d'air.

AÉROPLANE n.m. Vieilli ou par plais. Avion.

AÉROPORT n.m. Ensemble des bâtiments et des équipements nécessaires au trafic aérien public, desservant génér. une ville ; organisme qui administre, gère un tel ensemble.

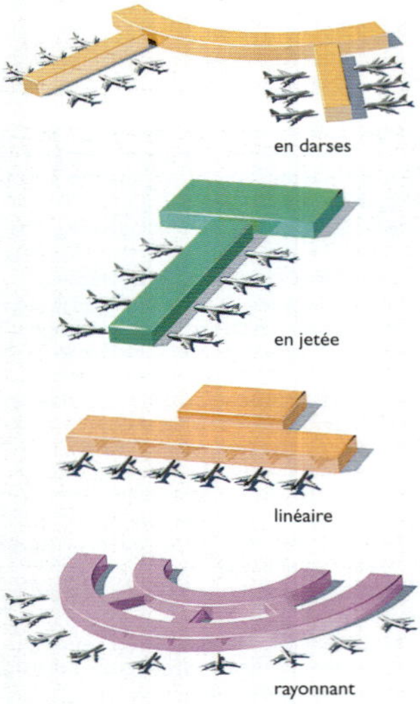

▲ **aéroport.** Différentes configurations d'aéroport.

AÉROPORTÉ, E adj. Transporté par voie aérienne et parachuté sur l'objectif : *Troupes aéroportées* (à distinguer des *troupes aérotransportées**).

AÉROPORTUAIRE adj. Relatif à un aéroport : *Trafic aéroportuaire.*

AÉROPOSTAL, E, AUX adj. Relatif à la poste aérienne.

AÉRORÉFRIGÉRANT, E adj. et **n.m. ÉNERG.** Se dit d'un appareil ou d'une installation permettant, au contact de l'air, de refroidir l'eau réchauffée par une source d'énergie (dans une centrale thermique ou nucléaire, un équipement de climatisation, par ex.).

AÉROSCOPE n.m. Appareil mesurant la quantité de poussières contenues dans l'air.

AÉROSOL n.m. 1. Suspension de particules très fines, solides ou, plus souvent, liquides, dans un gaz. **2.** Conditionnement permettant de projeter cette suspension.

AÉROSPATIAL, E, AUX [-sjal, o] **adj.** Relatif à la fois aux domaines aéronautique et spatial. ◆ **n.f.** ▪ **L'aérospatiale,** la construction, les techniques aérospatiales.

AÉROSTAT [aerɔsta] **n.m.** (du gr. *aêr,* air, et *statos,* soutenu). Appareil dont la sustentation est assurée par un gaz plus léger que l'air ambiant (ballon, dirigeable, etc.).

AÉROSTATION n.f. Technique de la construction ou de la manœuvre des aérostats.

AÉROSTATIQUE n.f. Partie de la physique qui traite des lois régissant l'équilibre des gaz à l'état de repos (SYN. **statique des gaz**).

AÉROSTIER, ÈRE n. Pilote d'un aérostat.

AÉROTECHNIQUE n.f. Ensemble des techniques ayant pour objet l'application de l'aérodynamique à l'étude et à la mise au point des aéronefs ou des engins spatiaux. ◆ **adj.** Qui concerne l'aérotechnique.

AÉROTERRESTRE adj. MIL. Se dit d'une formation composée d'éléments des armées de terre et de l'air, ou d'opérations les mettant en jeu.

AÉROTHERME n.m. Appareil de chauffage à air pulsé, destiné aux locaux de grandes dimensions.

AÉROTHERMIQUE adj. Se dit de phénomènes à la fois thermiques et aérodynamiques provoqués par l'écoulement de l'air aux très grandes vitesses.

AÉROTRAIN n.m. (nom déposé). Anc. Véhicule expérimental à coussin d'air, glissant à grande vitesse sur une voie monorail.

AÉROTRANSPORTÉ, E adj. Transporté par voie aérienne et déposé au sol : *Troupes aérotransportées* (à distinguer des *troupes aéroportées**).

ÆSCHNE [ɛskn] **n.f.** Grande libellule à vol très rapide, à abdomen sombre rayé de bleu ou de jaune. ➲ Envergure 7,5 cm.

ÆTHUSE [etyz] ou **ÉTHUSE n.f.** (du gr. *aithussein,* enflammer). Plante très toxique, appelée aussi *petite ciguë.* ➲ Famille des ombellifères.

AFAT ou **A.F.A.T.** [afat] **n.f.** (acronyme). Anc. Auxiliaire féminine de l'armée de terre.

AFFABILITÉ n.f. Litt. Qualité, comportement d'une personne affable ; courtoisie.

AFFABLE adj. (du lat. *affabilis,* d'un abord facile). Qui accueille aimablement les gens ; courtois : *Une personne affable.*

AFFABLEMENT adv. Avec affabilité.

AFFABULATEUR, TRICE n. Personne qui transforme la réalité, construit des récits purement imaginaires.

AFFABULATION n.f. 1. Manière mensongère de présenter la réalité. **2.** Trame, organisation des événements intervenant dans une œuvre de fiction.

AFFABULER v.i. [3]. Travestir la réalité ; fabuler.

AFFACTURAGE n.m. BANQUE. Transfert de créances commerciales d'une entreprise à un organisme financier qui se charge, contre rémunération, de leur recouvrement en supportant les risques de non-paiement.

AFFADIR v.t. [21] (de *fade*). **1.** Rendre fade ; faire perdre sa saveur à : *Affadir une sauce en l'allongeant.* **2.** Fig. Diminuer la vigueur de : *Digression qui affadit un récit.*

AFFADISSANT, E adj. Qui affadit.

AFFADISSEMENT n.m. Fait de devenir fade ; perte de saveur.

AFFAIBLI, E adj. Devenu faible : *Un malade affaibli.*

AFFAIBLIR v.t. [21]. Rendre faible ; faire perdre de sa vigueur, de sa force : *La maladie l'a beaucoup affaibli.* ◆ **S'AFFAIBLIR v.pr.** Devenir faible : *Sa vue s'affaiblit. Le sens de ce mot s'est affaibli.*

AFFAIBLISSANT, E adj. Qui affaiblit.

AFFAIBLISSEMENT n.m. Fait de s'affaiblir ; perte de force, d'intensité.

AFFAIRE n.f. (de *1. faire*). **1.** Ce que l'on a à faire : *Vaquer à ses affaires.* **2.** Entreprise commerciale ou industrielle. **3.** Situation délictueuse dont le règlement est confié à la justice : *Plaider une affaire.* **4.** Ensemble de faits, en marge de la loi, qui vient à la connaissance du public ; scandale : *Une affaire de fausses factures.* **5.** Situation périlleuse, embarrassante : *Se tirer, être hors d'affaire.* **6.** Suite d'opérations financières, commerciales : *Traiter une affaire* ; transaction commerciale : *Affaire conclue.* **7.** Chose qui concerne qqn en particulier ; intérêt personnel : *C'est son affaire, pas la mienne.* **8.** Situation indéfinie impliquant plusieurs personnes : *Une affaire délicate.* **9.** Ce dont il est question ; ce dont il s'agit : *Racontez-moi cette affaire.* **10.** Vx. Querelle engageant l'honneur. ▪ **Affaire de,** question de : *C'est affaire de goût.* ▪ **Avoir affaire à qqn** [vx], l'avoir comme adversaire ; être en rapport avec lui. ▪ **Être à son affaire** [fam.], se plaire à ce que l'on fait. ▪ **Faire l'affaire,** convenir. ▪ **Faire son affaire de qqch,** s'en charger personnellement et avec soin. ▪ **La belle affaire !** [fam.], qu'est-ce que cela peut faire ? ◆ **n.f. pl. 1.** Effets, objets personnels : *Mettez vos affaires dans ce tiroir.* **2.** Ensemble des activités financières, commerciales, industrielles ; milieu où elles se pratiquent : *Elle est dans les affaires.* ▪ **Administration des Affaires maritimes,** qui intervient dans tout ce qui a trait à la marine non militaire. ▪ **Être aux affaires,** à la direction de l'État. ▪ **Femme, homme d'affaires,** dont le métier est lié au commerce ou à la finance ; fig., qui sait judicieusement gérer ses ressources.

AFFAIRÉ, E adj. Qui est très occupé.

AFFAIREMENT n.m. Fait d'être affairé.

S'AFFAIRER v.pr. [3]. S'occuper activement ; s'activer : *S'affairer dans la cuisine. S'affairer auprès d'un malade.*

AFFAIRISME n.m. Comportement des affairistes.

AFFAIRISTE n. Péjor. Homme, femme d'affaires sans scrupules.

AFFAISSEMENT n.m. Fait de s'affaisser, d'être affaissé : *Affaissement de terrain.*

AFFAISSER v.t. [3] (de *faix*). Provoquer l'affaissement, l'effondrement de : *Les pluies ont affaissé la route.* ◆ **S'AFFAISSER v.pr. 1.** Fléchir, s'enfoncer sous un poids. **2.** Tomber sans force sous son propre poids, en parlant de qqn. **3.** Diminuer de stature : *Vieillard qui s'affaisse avec l'âge.*

AFFAITAGE ou **AFFAITEMENT n.m.** Dressage d'un oiseau de proie pour la chasse.

AFFALEMENT n.m. Fait de s'affaler, d'être affalé.

AFFALER v.t. [3] (du néerl. *afhalen,* tirer en bas [un cordage]). **MAR.** Faire descendre : *Affaler un chalut, une voile.* ◆ **S'AFFALER v.pr.** Se laisser tomber lourdement : *S'affaler dans un fauteuil.*

AFFAMÉ, E adj. et **n.** Qui a grand faim ; qui souffre de la faim. ◆ **adj.** ▪ **Affamé de,** avide de : *Être affamé de pouvoir.*

AFFAMER v.t. [3] (du lat. *fames,* faim). Faire souffrir de la faim en privant de nourriture.

AFFAMEUR, EUSE n. Personne, groupe qui affament autrui, notamm. en créant une situation de disette.

AFFECT [afɛkt] **n.m. 1. PSYCHOL.** Impression élémentaire d'attraction ou de répulsion qui est à la base de l'affectivité. **2. PSYCHAN.** Émotion liée à la satisfaction d'une pulsion qui, lorsqu'elle est refoulée, se convertit en angoisse ou détermine un symptôme névrotique.

1. AFFECTATION n.f. 1. Destination à un usage déterminé : *Affectation du rez-de-chaussée aux activités artisanales.* **2.** Désignation à une fonction, à un poste.

2. AFFECTATION n.f. Manque de sincérité dans la manière d'agir, de parler.

AFFECTÉ, E adj. Qui manque de naturel ; maniéré : *Langage affecté.*

1. AFFECTER v.t. [3] (de l'anc. fr. *afaitier,* façonner). **1.** Destiner à un usage déterminé : *Affecter des fonds à une dépense.* **2.** Attacher qqn à un service, à une formation militaire ; nommer à un poste.

2. AFFECTER v.t. [3] (du lat. *affectare,* feindre). **1.** Montrer avec ostentation une manière d'être qui n'est pas naturelle ; feindre des sentiments. **2.** Avoir, prendre telle ou telle forme : *Cristaux qui affectent la forme de cônes.*

3. AFFECTER v.t. [3] (du lat. *affectus,* sentiment). **1.** Causer une douleur morale : *Cette nouvelle l'a beaucoup affecté.* **2.** Causer une altération physique à : *Cette maladie affecte surtout les reins.* ◆ **S'AFFECTER v.pr. (DE).** Litt. S'affliger de.

AFFECTIF, IVE adj. Qui relève de la sensibilité, des sentiments : *Réaction affective.* ◆ **adj.** et **n.** Qui se laisse guider par les sentiments plus que par la raison.

AFFECTION n.f. (du lat. *affectio,* disposition physique ou morale). **1.** Attachement que l'on éprouve pour qqn : *Donner à qqn des marques d'affection.* **2. MÉD.** Altération de la santé : *Une affection nerveuse.* ▪ **Affection de longue durée (ALD),** en France, maladie reconnue par la Sécurité sociale comme exigeant un traitement prolongé et coûteux, pour laquelle le patient peut bénéficier d'une exonération du ticket modérateur.

AFFECTIONNÉ, E adj. Qui a de l'affection : « *Votre neveu affectionné...* »

✎ S'emploie à la fin d'une lettre, avant la signature.

AFFECTIONNER v.t. [3]. Avoir de l'affection pour qqn, un goût particulier pour qqch.

AFFECTIVITÉ n.f. PSYCHOL. Ensemble des phénomènes affectifs (émotions, sentiments, passions, etc.).

AFFECTUEUSEMENT adv. De façon affectueuse.

AFFECTUEUX, EUSE adj. Qui manifeste de l'affection ; tendre.

AFFÉRENT, E adj. (du lat. *afferre*, apporter). **1. DR.** Qui revient à qqn : *La part afférente à un héritier.* **2. ANAT.** Se dit d'un vaisseau sanguin, d'un nerf qui arrive à un organe, à un centre nerveux (CONTR. **efférent**).

AFFERMAGE n.m. Action d'affermer un bien rural.

AFFERMER v.t. [3]. DR. Donner ou prendre un bien rural à bail.

AFFERMIR v.t. [21] (du lat. *firmus*, ferme). Rendre ferme, solide, stable. ◆ **S'AFFERMIR v.pr.** Devenir plus ferme : *Son autorité s'affermit.*

AFFERMISSEMENT n.m. Action d'affermir.

AFFÉTERIE ou **AFFÈTERIE n.f.** Litt. Recherche excessive ou prétentieuse dans les manières, le langage.

AFFICHAGE n.m. 1. Action d'afficher ; son résultat. **2.** Visualisation de données, de mesures par des procédés mécaniques ou électroniques : *Affichage numérique, analogique.*

AFFICHE n.f. Feuille imprimée, souvent illustrée, portant un avis officiel, publicitaire, etc., placardée dans un lieu public. ■ **Mettre, être à l'affiche,** annoncer, être annoncé par des affiches, en parlant d'un spectacle. ■ **Tenir l'affiche,** être représenté longtemps, en parlant d'un spectacle. ■ **Tête d'affiche,** artiste dont le nom est inscrit en première ligne et/ou en gros caractères sur l'affiche d'un spectacle (film, pièce de théâtre, etc.) ; fig., personne de premier plan ; vedette : *Les têtes d'affiche d'un parti politique.*

AFFICHER v.t. [3] (de *1. ficher*). **1.** Apposer un écrit, une affiche sur un support : *Afficher un appel à témoins.* **2.** Absol. Poser, coller une affiche : *Défense d'afficher.* **3.** Annoncer par voie d'affiche : *Afficher une vente publique.* **4.** Annoncer au moyen d'un panneau d'affichage, d'un écran, etc. : *Afficher un score.* **5.** Montrer avec ostentation un sentiment, une opinion, etc. : *Afficher son mépris.* ◆ **S'AFFICHER v.pr.** Se montrer ostensiblement avec qqn.

AFFICHETTE n.f. Petite affiche.

1. AFFICHEUR, EUSE n. 1. Personne qui pose des affiches. **2.** Professionnel qui fait poser des affiches publicitaires ; annonceur qui utilise l'affiche comme support.

2. AFFICHEUR n.m. Organe d'affichage d'un appareil horaire, d'un appareil électronique, etc.

AFFICHISTE n. Artiste créateur d'affiches.

AFFIDAVIT [-vit] **n.m.** (mot lat. « il affirma »). Déclaration faite sous serment, devant une autorité, par les porteurs étrangers de certaines valeurs mobilières pour obtenir l'exonération d'impôt touchant ces valeurs, déjà taxées dans leur pays d'origine ; certificat authentifiant cette déclaration.

AFFIDÉ, E n. et adj. (du lat. *affidare*, promettre). Litt. Personne dévouée à une autre pour commettre un méfait.

AFFILAGE n.m. Action d'affiler.

AFFILÉ, E adj. Bien aiguisé : *Un couteau affilé.* ■ **Avoir la langue bien affilée,** être bavard et médisant.

D'AFFILÉE loc. adv. Sans interruption ; sans discontinuer.

AFFILER v.t. [3] (du lat. *filum*, fil). Donner du fil à un outil tranchant préalablement affûté, afin de réaliser une arête sans bavure ni morfil.

AFFILIATION n.f. Action d'affilier, de s'affilier ; fait d'être affilié.

AFFILIÉ, E adj. et **n.** Qui appartient à une association, à un organisme, etc.

AFFILIER v.t. [5] (du lat. *filius*, fils). Admettre qqn dans un parti, un groupement. ◆ **S'AFFILIER v.pr.** (**À**). S'inscrire en tant que membre dans une organisation.

AFFILOIR n.m. Instrument qui sert à affiler.

AFFINAGE n.m. Action d'affiner ; opération par laquelle on affine : *L'affinage de l'acier, des huîtres.*

AFFINE adj. MATH. ■ **Fonction affine,** fonction réelle de la variable réelle x de la forme $x \to f(x) = ax + b$, a et b étant réels. ■ **Géométrie affine,** géométrie des propriétés invariantes par des transformations du premier degré. ■ **Repère affine,** formé, sur une droite, par deux points distincts ; dans un plan, par trois points non alignés ; dans l'espace, par quatre points non coplanaires.

AFFINEMENT n.m. Action d'affiner ; fait de s'affiner.

AFFINER v.t. [3] (de *2. fin*). **1.** Éliminer les impuretés, les éléments non désirés : *Affiner des métaux.* **2.** Rendre plus fin ; faire paraître plus fin : *Coiffure qui affine le visage.* **3.** Rendre plus précis ou plus subtil : *Affiner une méthode de calcul. Affiner l'esprit de qqn.* ■ **Affiner du fromage,** lui donner le degré de maturation souhaité pour qu'il acquière son identité et sa saveur. ➲ L'affinage, de durée variable, s'effectue dans des conditions spécifiques de température et d'humidité. ◆ **S'AFFINER v.pr. 1.** Devenir plus fin : *Sa taille s'est affinée.* **2.** Achever son affinage, en parlant d'un fromage.

AFFINERIE n.f. Établissement industriel où l'on affine les métaux.

AFFINEUR, EUSE n. Personne qui conduit une opération d'affinage.

AFFINITÉ n.f. (du lat. *affinitas*, voisinage). **1.** Ressemblance entre deux choses ; analogie. **2. BIOL.** Ensemble de ressemblances entre deux espèces ou deux groupes, suggérant une proximité dans la classification. **3.** Concordance naturelle de goûts, de sentiments entre personnes : *Affinité de caractères.* **4. CHIM.** Aptitude ou tendance d'un ou de plusieurs corps à se combiner avec un ou plusieurs autres. ■ **Affinité d'axe D, de direction Δ et de rapport k** [math.], transformation ponctuelle plane conservant l'abscisse et multipliant l'ordonnée par k (D étant l'axe des abscisses et Δ celui des ordonnées). ■ **Et plus si affinités,** formule d'usage dans les

L'art de l'affiche

L'affiche moderne à grand tirage est née dans les années 1865-1870 en France sous l'impulsion de Jules Chéret, qui avait mis à profit les progrès apportés en Angleterre à la chromolithographie. Malgré la spécificité de média publicitaire qu'elle a acquise dans les sociétés industrielles visant à la consommation de masse, elle a toujours cherché à se diversifier soit en empruntant aux avant-gardes artistiques, soit en s'ouvrant à de nouveaux discours – qu'ils soient politiques, culturels ou sociétaux.

▲ **William Bradley** (1868-1962). Affiche (1895) de l'artiste américain pour l'ouvrage *The Modern Poster* (« l'Affiche moderne ») édité par Charles Scribner's Sons à New York. Adepte de l'Art nouveau, comme de nombreux affichistes, Bradley contribue ici à la vogue du japonisme.

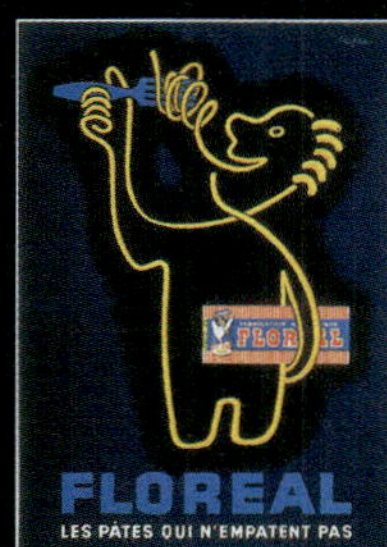

◄ **Raymond Savignac.** Affiche (v. 1950) de l'artiste français pour les pâtes Floréal. Simplification du trait et calembour du slogan publicitaire sont caractéristiques d'un style qui privilégie l'humour pour faire passer le message.

▲ **Affiche politique éditée lors des événements de mai 1968.** La stylisation du dessin d'usine se mêle au symbolisme révolutionnaire de la couleur rouge dans ce type d'affiche estampillée au seul nom d'« Atelier populaire » pour témoigner d'un engagement collectif.

▲ **Roman Cieślewicz** (1930-1996). Affiche (1981) de l'artiste français d'origine polonaise pour la ville de Montreuil (Seine-Saint-Denis). Graphiste de grand renom, Cieślewicz procède volontiers par effets de collage ou de photomontage « pour que l'image soit maximale et que l'information soit maximale ».

petites annonces ou sur les sites de rencontres, parfois utilisée par plais. : *Nos usines vont fabriquer un modèle ensemble, et plus si affinités.*

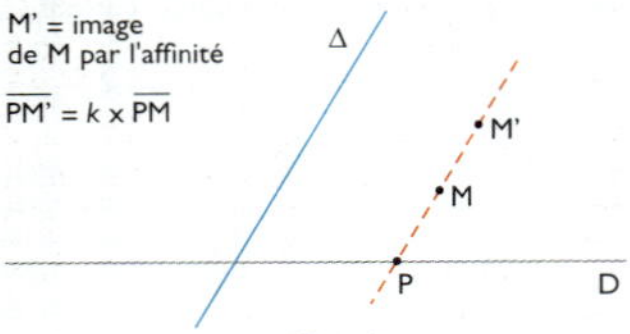

▲ **affinité**

AFFINS [afɛ̃] **n.m. pl. ANTHROP.** ■ **Les affins,** les parents par alliance.

AFFIQUET n.m. (de l'anc. fr. *affiche,* agrafe). Petit bijou qui s'agrafait à un vêtement, un chapeau.

AFFIRMATIF, IVE adj. 1. Qui affirme, contient une affirmation : *Une réponse affirmative.* **2.** Qui affirme, soutient qqch : *Il s'est montré affirmatif.* ◆ **adv.** Oui, dans les transmissions : « *M'entendez-vous ? — Affirmatif !* »

AFFIRMATION n.f. 1. Action d'affirmer ; énoncé par lequel on affirme. **2. DR.** Déclaration solennelle par laquelle on proclame la vérité d'un fait, l'exactitude d'un acte.

AFFIRMATIVE n.f. Phrase par laquelle on approuve ou affirme qqch : *Répondre par l'affirmative.* ■ **Dans l'affirmative,** dans le cas d'une réponse affirmative.

AFFIRMATIVEMENT adv. Par l'affirmative.

AFFIRMER v.t. [3] (du lat. *affirmare,* rendre ferme). **1.** Assurer qu'une chose est vraie : *J'affirme qu'il ment.* **2.** Manifester clairement : *Affirmer sa personnalité.* ◆ **S'AFFIRMER v.pr.** Manifester sa personnalité.

1. AFFIXE n.m. (du lat. *affixus,* attaché). **LING.** Élément qui se met au commencement (préfixe), à l'intérieur (infixe) ou à la fin (suffixe) d'un mot pour en modifier le sens ou la valeur grammaticale : *Dans « ensemencement », « en- » et « -ment » sont des affixes adjoints au mot « semence ».*

2. AFFIXE n.f. MATH. Nombre complexe de forme $x + iy$, associé au point M du plan, de coordonnées (x, y).

AFFLEUREMENT n.m. 1. Fait d'apparaître à la surface de la terre ou de la mer : *Des affleurements rocheux.* **2. GÉOL.** Site où la roche constituant le sous-sol apparaît à la surface.

AFFLEURER v.t. [3] (de *à* et *fleur*). **1.** Mettre de niveau deux pièces de bois, le parement de deux éléments contigus : *Affleurer à la ponceuse les battants d'une porte.* **2.** Arriver au niveau d'une surface, d'un point : *La rivière affleure les quais.* ◆ **v.i.** Apparaître à la surface : *Écueil qui affleure.*

AFFLICTIF, IVE adj. ■ **Peine afflictive et infamante** → **PEINE.**

AFFLICTION n.f. (lat. *afflictio*). Litt. Ce qui afflige ; douleur profonde : *Sa mort nous plonge dans l'affliction.*

AFFLIGEANT, E adj. 1. Qui cause de l'affliction. **2.** Qui inspire la consternation ou le rejet : *Son dernier film est affligeant.*

AFFLIGER v.t. [10] (du lat. *affligere,* accabler). Causer une profonde douleur morale à : *Sa mort m'afflige.* ◆ **S'AFFLIGER v.pr. (DE).** Éprouver de l'affliction du fait de : *S'affliger de ne pouvoir aider qqn.*

AFFLUENCE n.f. Arrivée ou présence de nombreuses personnes en un même lieu : *Le métro aux heures d'affluence.*

AFFLUENT, E adj. et **n.m.** Se dit d'un cours d'eau qui se jette dans un autre : *Rivière affluente. L'Oka est un affluent de la Volga.*

AFFLUER v.i. [3] (du lat. *affluere,* couler vers). **1.** Couler abondamment vers : *Le sang a afflué à son visage.* **2.** Arriver en grand nombre en un lieu : *Les manifestants affluent sur la place.*

AFFLUX [afly] **n.m. 1.** Mouvement d'un fluide vers un point : *Un afflux de sang à la tête.* **2.** Arrivée en un même lieu d'un grand nombre de personnes : *Un afflux de touristes.*

AFFOLANT, E adj. 1. Qui provoque une vive émotion : *Une nouvelle affolante.* **2.** Fam. Très inquiétant : *Des chiffres affolants.*

AFFOLÉ, E adj. 1. Qui manifeste une émotion violente, un grand trouble. **2. ÉLECTROMAGN.** Se dit d'une aiguille aimantée qui montre des déviations subites et irrégulières sous l'action des perturbations du champ magnétique.

AFFOLEMENT n.m. 1. Fait de s'affoler, d'être affolé. **2.** État d'une aiguille aimantée affolée.

AFFOLER v.t. [3] (de *à* et *fol,* forme anc. de *fou*). **1.** Faire perdre son sang-froid à qqn, à un animal ; rendre comme fou. **2.** Inquiéter au plus haut point : *Sa conduite m'affole.* ◆ **S'AFFOLER v.pr.** Perdre son sang-froid.

AFFOUAGE n.m. (de l'anc. fr. *affouer,* chauffer). **DR.** Droit de prendre du bois ou de participer au produit de l'exploitation du bois dans les forêts appartenant aux communes ; la part de ce bois revenant à chaque personne.

AFFOUAGÉ, E ou **AFFOUAGISTE n.** Personne qui jouit du droit d'affouage.

AFFOUAGER v.t. [10]. DR. 1. Dresser la liste des habitants d'une commune qui jouissent du droit d'affouage. **2.** Dans une forêt, déterminer les coupes dont les produits seront partagés en vertu du droit d'affouage.

AFFOUILLEMENT n.m. Ravinement d'un terrain meuble sous l'action de l'eau.

AFFOUILLER v.t. [3]. Causer l'affouillement de.

AFFOURAGEMENT, ▲ *AFFOURRAGEMENT* **n.m.** Action d'affourager.

AFFOURAGER, ▲ *AFFOURRAGER* **v.t. [10].** Distribuer du fourrage au bétail.

AFFOURCHER v.t. [3]. MAR. Mouiller un navire sur deux ancres dont les chaînes forment un V.

AFFRANCHI, E adj. et **n. 1. HIST.** Libéré de la servitude : *Esclave affranchi.* **2.** Qui manifeste une totale indépendance à l'égard des conventions sociales : *Une génération affranchie.* **3.** Arg. Vieilli. Qui vit en marge des lois.

AFFRANCHIR v.t. [21] (de *2. franc*). **1. (DE).** Rendre libre, indépendant : *Affranchir les collectivités locales de la tutelle de l'État.* **2. HIST.** Donner la liberté à un esclave, un serf. **3.** Arg. Informer d'un secret ; renseigner. ■ **Affranchir une lettre, un paquet,** en acquitter le port. ◆ **S'AFFRANCHIR v.pr. (DE).** Se rendre libre ; se défaire de : *S'affranchir de toute obligation.*

AFFRANCHISSEMENT n.m. Action d'affranchir ; son résultat.

AFFRES n.f. pl. (p.-ê. de l'anc. provenç. *affre,* horreur). Litt. Très vive inquiétude accompagnée de terreur : *Les affres d'une prise d'otages.*

AFFRÈTEMENT n.m. Louage d'un navire, d'un avion.

AFFRÉTER v.t. [11], ▲ *[11*]* (de *1. fret*). Prendre un navire, un avion en louage.

AFFRÉTEUR n.m. Personne qui loue un navire, un avion (par oppos. au *fréteur,* qui le donne à bail).

AFFREUSEMENT adv. 1. De façon affreuse ; atrocement. **2.** À un très haut degré ; extrêmement : *Je me suis couché affreusement tard.*

AFFREUX, EUSE adj. (de *affres*). **1.** Qui suscite l'horreur, le dégoût : *Un spectacle affreux. Un affreux personnage.* **2.** Très laid : *D'affreux bibelots.* **3.** Qui cause un vif désagrément : *Quel temps affreux !*

AFFRIANDER v.t. [3] (de *1. friand*). Vx. Attirer en flattant le goût ; allécher.

AFFRIOLANT, E adj. 1. Qui tente ; qui attire : *Des promesses affriolantes.* **2.** Qui excite le désir : *Un décolleté affriolant.*

AFFRIOLER v.t. [3] (de l'anc. fr. *friolet,* gourmand). **1.** Attirer par qqch d'agréable. **2.** Exciter le désir.

AFFRIQUÉE adj.f. et **n.f.** (du lat. *affricare,* frotter contre). **PHON.** Se dit d'une consonne occlusive au début de son émission et constrictive à la fin (ex. : [ts]).

AFFRONT n.m. Marque publique de mépris : *Infliger un affront à qqn. Subir un affront.*

AFFRONTÉ, E adj. HÉRALD. Se dit de deux animaux représentés sur l'écu face à face (CONTR. **adossé**).

AFFRONTEMENT n.m. Action d'affronter ; fait de s'affronter : *L'affrontement de deux idéologies.*

AFFRONTER v.t. [3] (de *front*). **1.** Aborder résolument, de front ; aller avec courage au-devant de : *Affronter l'ennemi, le danger, un grave problème.* **2. TECHN.** Mettre de front, de niveau : *Affronter deux vantaux.* ◆ **S'AFFRONTER v.pr. 1.** Être en compétition : *Les deux thèses s'affrontent.* **2. (À).** Être aux prises avec : *S'affronter à une crise très grave.*

AFFUBLEMENT n.m. Habillement ridicule ; accoutrement.

AFFUBLER v.t. [3] (du lat. pop. **affibulare,* agrafer, de *fibula,* agrafe). **1.** Vêtir d'une manière ridicule. **2.** Attribuer qqch de ridicule à qqn : *On l'avait affublé d'un sobriquet.* ◆ **S'AFFUBLER v.pr. (DE).** S'habiller de qqch de ridicule.

AFFUSION n.f. Procédé d'hydrothérapie consistant à verser de l'eau en nappe et d'une faible hauteur sur une partie du corps.

AFFÛT, ▲ *AFFUT* **n.m.** (de *affûter*). **1.** Support du canon d'une bouche à feu, qui sert à la pointer, à la déplacer (par oppos. à *tube*). **2.** Endroit où l'on se poste pour guetter le gibier. ■ **Être à l'affût de,** guetter l'occasion, le moment favorable pour.

AFFÛTAGE, ▲ *AFFUTAGE* **n.m.** Action d'affûter, d'aiguiser.

AFFÛTER, ▲ *AFFUTER* **v.t. [3]** (de *fût*). Rendre tranchantes les arêtes d'un outil de coupe.

AFFÛTEUSE, ▲ *AFFUTEUSE* **n.f.** Machine à affûter.

AFFÛTIAUX, ▲ *AFFUTIAUX* [afytjo] **n.m. pl.** Fam., vx. Objets de parure sans valeur.

AFGHAN, E [afgɑ̃, an] **adj.** et **n.** De l'Afghanistan ; de ses habitants. ■ **Lévrier afghan,** lévrier d'une race à poil long, élevé comme chien d'agrément, originaire d'Afghanistan, où il sert pour la chasse et la garde. ◆ **n.m.** Pachto.

AFGHANI n.m. Unité monétaire principale de l'Afghanistan.

AFIBRINOGÉNÉMIE n.f. MÉD. Absence de fibrinogène dans le plasma sanguin.

AFICIONADO [-sjɔ-] **n.m.** (mot esp.). **1.** Amateur de courses de taureaux. **2.** Par ext. Grand amateur de : *Les aficionados du football.*

AFIN DE loc. prép., AFIN QUE loc. conj. (de *1. fin*). Marque l'intention, le but : *Afin d'oublier. Afin qu'il sache.*

AFLATOXINE n.f. Nom générique d'une série de toxines sécrétées par des moisissures.

AFOCAL, E, AUX adj. Se dit d'un système optique dont les foyers sont rejetés à l'infini.

À-FONDS n.m. pl. Suisse. ■ **Faire les à-fonds,** effectuer un grand nettoyage.

A FORTIORI, ▲ *À FORTIORI* [afɔrsjɔri] **loc. adv.** (mots lat.). À plus forte raison.

AFRICAIN, E adj. et **n.** De l'Afrique ; de ses habitants.

AFRICANISATION n.f. Action d'africaniser ; fait d'acquérir un caractère africain.

AFRICANISER v.t. [3]. 1. Donner un caractère africain à. **2.** Remplacer les cadres européens par des cadres africains, dans les pays d'Afrique noire.

AFRICANISME n.m. Mot, sens, expression ou construction propres au français parlé en Afrique noire.

AFRICANISTE n. Spécialiste des langues et des civilisations africaines.

AFRICANITÉ n.f. Caractère spécifique de la culture africaine.

AFRIKAANS, ▲ *AFRIKANS* [-kɑ̃s] **n.m.** Langue néerlandaise parlée en Afrique du Sud.

AFRIKANER [-nɛr] ou **AFRIKAANDER** [-kɑ̃dɛr] **adj.** et **n.** Se dit des habitants de l'Afrique du Sud, le plus souvent de souche néerlandaise, parlant l'afrikaans.

AFRO adj. inv. Se dit d'une coiffure où les cheveux, frisés et non coupés, forment une masse volumineuse autour du visage.

AFRO-AMÉRICAIN, E adj. et **n.** (pl. *afro-américains, es*). Qui est d'origine africaine, aux États-Unis.

AFRO-ASIATIQUE adj. (pl. *afro-asiatiques*). Qui concerne à la fois l'Afrique et l'Asie.

AFRO-BEAT (pl. *afro-beats*) ou **AFROBEAT** [afrobit] **n.m.** Courant musical qui mêle des modes d'expression africains (percussions et chant) et d'autres d'origine afro-américaine (funk et free-jazz, surtout).

AFRO-BRÉSILIEN, ENNE adj. et **n.** (pl. *afro-brésiliens, ennes*). Qui est d'origine africaine, au Brésil.

AFRO-CUBAIN, E adj. et **n.** (pl. *afro-cubains, es*). Qui est d'origine africaine, à Cuba.

AFRO-ROCK (pl. *afro-rocks*), ▲ ***AFROROCK*** **n.m.** Style musical né de la rencontre des traditions musicales africaines et d'une instrumentation électrifiée.

AFTER [aftœr] **n.m.** (pl. *afters*) [mot angl. « après »]. Réception, fête organisée après la fermeture des établissements ouverts la nuit.

AFTER-SHAVE [aftœrʃɛv] **n.m. inv.**, ▲ ***AFTERSHAVE n.m.*** (mot angl.). Lotion après-rasage*.

AFU ou **A.F.U. n.m.** ou **n.f.** (acronyme de *assistance au freinage d'urgence*). **AUTOM.** Système électronique d'assistance qui, en cas d'urgence, amplifie la force de freinage initiale et permet d'obtenir une décélération maximale.

AGAÇANT, E adj. Qui agace, irrite : *Un tic agaçant.*

AGACE ou **AGASSE n.f.** Vx ou région. (Nord). Pie (oiseau).

AGACEMENT n.m. Sentiment d'impatience ; énervement : *Il ne pouvait cacher son agacement.*

AGACER v.t. [9] (du lat. *acies*, tranchant [des dents]). **1.** Causer de l'irritation à : *Bruit qui agace.* **2.** Provoquer par jeu ; taquiner. **3.** Produire une sensation désagréable sur : *Acidité qui agace les dents.*

AGACERIE n.f. Litt. (Surtout pl.). Regard, parole destinés à provoquer, à aguicher.

AGADA ou **AGGADAH n.f.** (mot hébr. « récit »). Dans le Talmud, ce qui ne fait pas partie de la halakha et ne revêt donc pas une autorité religieuse contraignante (récits légendaires, croyances astrologiques, par ex.).

AGALACTIE [-lakti] ou **AGALAXIE n.f. MÉD.** Absence ou cessation de la sécrétion lactée.

AGAME n.m. Lézard terrestre ou arboricole, répandu en Afrique et sur le pourtour de la Méditerranée orientale. ➲ Famille des agamidés.

AGAMI n.m. (mot caraïbe). Oiseau d'Amérique du Sud, de la taille d'un coq, à plumage noir aux reflets métalliques bleu et vert, appelé aussi *oiseau-trompette* à cause du cri éclatant du mâle. ➲ Ordre des gruiformes.

AGAMIDÉ n.m. Lézard des régions chaudes de l'Ancien Monde, tel que les agames, le moloch et le fouette-queue. ➲ Les agamidés forment une famille.

AGAMMAGLOBULINÉMIE n.f. IMMUNOL. Déficit profond ou absence de gammaglobulines, et donc d'anticorps, dans le plasma sanguin.

AGAPANTHE n.f. (du gr. *agapan*, aimer). Plante vivace, originaire d'Afrique du Sud, cultivée pour ses longues feuilles semblables à celles de l'iris et ses fleurs blanches ou bleues. ➲ Famille des amaryllidacées ou des liliacées.

AGAPE n.f. (du gr. *agapê*, amour). Repas pris en commun par les premiers chrétiens. ◆ **n.f. pl.** Repas entre amis : *De joyeuses agapes.*

AGAR-AGAR n.m. (pl. *agars-agars*) [mot malais]. Mucilage obtenu à partir d'algues marines originaires des océans Indien et Pacifique, utilisé en bactériologie comme milieu de culture, dans l'industrie comme produit d'encollage, et en cuisine pour la préparation des gelées (SYN. **gélose**).

AGARIC n.m. (du gr. *agarikon*, sorte de champignon). Champignon à chapeau génér. blanc et à lamelles roses ou brunes, dont plusieurs espèces, tel le champignon de couche, sont comestibles. ➲ Classe des basidiomycètes.

AGARICALE n.f. Champignon basidiomycète tel que l'agaric, l'amanite, le cortinaire, le tricholome. ➲ Les agaricales forment un ordre.

AGASSE n.f. → **AGACE.**

AGATE n.f. (du gr. *Akhatês*, n. anc. d'un cours d'eau de Sicile). **MINÉRALOG.** Silice, variété de calcédoine, divisée en zones concentriques de colorations diverses.

▲ **agate**

AGAVACÉE n.f. Plante monocotylédone des régions tropicales, arbustive ou arborescente, telle que l'agave, le yucca, le dragonnier. ➲ Les agavacées forment une famille.

AGAVE n.m. (du gr. *agauos*, admirable). Plante originaire du Mexique, très ornementale, dont les feuilles fournissent des fibres textiles (sisal) et la sève diverses boissons alcooliques (pulque, tequila). ➲ L'agave ne fleurit qu'une seule fois, parfois au bout de plusieurs dizaines d'années, en produisant une inflorescence haute de 10 m ; famille des agavacées.

▲ **agave**

AGE n.m. (du francique **hagja*). Pièce maîtresse longitudinale de la charrue, sur laquelle se fixent le soc et toutes les autres pièces.

ÂGE n.m. (du lat. *aetas*, âge). **1.** Temps écoulé depuis la naissance : *Cacher son âge.* **2.** Période de la vie correspondant à une phase de l'évolution de l'être humain : *Un sport praticable à tout âge.* **3.** Période de l'évolution du monde, de l'humanité : *L'âge du bronze.* **4. GÉOL.** Durée d'un étage ou son équivalent géochronologique. ▪ **Âge légal,** âge fixé par la loi pour l'exercice de certains droits civils ou politiques. ▪ **Âge mental,** niveau de développement intellectuel d'un enfant tel qu'il est mesuré par certains tests (notion due à A. Binet) ; par ext., capacité psychologique et intellectuelle moyenne d'un groupe de sujets à un âge donné. ▪ **Bas âge,** petite enfance. ▪ **Classe d'âge,** groupe d'individus dont l'âge se situe dans les mêmes limites. ▪ **Entre deux âges,** entre la jeunesse et la vieillesse ; ni jeune ni vieux. ▪ **L'âge,** la vieillesse ; le vieillissement : *Les effets de l'âge.* ▪ **Quatrième âge,** période qui suit le troisième âge et qui correspond à la sénescence. ▪ **Troisième âge,** période qui suit la cessation des activités professionnelles ; la retraite.

ÂGÉ, E adj. D'un certain âge : *Les personnes âgées.* ▪ **Âgé de,** qui a tel âge : *Âgé de 20 ans.*

AGENCE n.f. (ital. *agenzia*). **1.** Entreprise commerciale proposant génér. des services d'intermédiaire entre les professionnels d'une branche d'activité et leurs clients : *Agence de voyages. Agence de publicité.* **2.** Organisme administratif chargé d'une mission d'information et de coordination dans un domaine déterminé. **3.** Succursale d'une banque. **4.** Ensemble des bureaux, des locaux occupés par une agence. ▪ **Agence de notation (financière)** → **NOTATION.** ▪ **Agence de presse,** agence qui vend des informations (dépêches, articles, reportages) ou des photographies aux médias, aux entreprises et aux institutions.

AGENCEMENT n.m. Action ou manière d'agencer : *L'agencement d'un appartement.*

AGENCER v.t. [9] (du lat. *genitus*, [bien] né). Disposer selon un ordre : *Agencer des rayonnages* ; harmoniser les éléments de : *Agencer une cérémonie.* ◆ **S'AGENCER v.pr.** Être organisé plus ou moins harmonieusement : *Les différentes parties de l'intrigue s'agencent bien.*

AGENDA [-ʒɛ̃-] **n.m.** (mot lat. « ce qui doit être fait »). **1.** Carnet prédaté permettant d'inscrire jour par jour son emploi du temps. **2.** Fig. Ensemble de choses à traiter dans une période donnée ; emploi du temps : *Avoir un agenda chargé.* ▪ **Agenda électronique,** ordinateur de poche muni des fonctions d'agenda et de carnet d'adresses (SYN. **organiseur**). ▪ **Agenda 21,** programme de mise en œuvre du développement durable au XXIe s., appelé aussi *Action 21*, adopté en 1992 par les pays de l'ONU à la conférence de Rio* ; ensemble de mesures définies par une collectivité locale pour appliquer ce programme.

AGENDER [aʒɛ̃de] ou [aʒɑ̃de] **v.t. [3].** Suisse. Inscrire dans un agenda ; fixer une date.

AGÉNÉSIE n.f. (du gr. *genesis*, formation). **MÉD.** Absence totale de développement d'un tissu, d'un organe survenue avant la naissance.

AGENOUILLEMENT n.m. Action de s'agenouiller ; fait d'être agenouillé.

S'AGENOUILLER v.pr. [3]. Se mettre à genoux.

AGENOUILLOIR n.m. Petit banc de bois sur lequel on s'agenouille pour prier.

1. AGENT n.m. (du lat. *agere*, agir). **1.** Tout ce qui agit, opère : *Les agents d'érosion. Agents pathogènes.* **2. INFORM.** Logiciel qui exécute de lui-même certaines tâches, afin de répondre aux demandes de l'utilisateur ou à celles d'autres éléments logiciels. **3. LING.** Actant. ▪ **Agent atmosphérique** ou **météorique,** chacun des phénomènes (précipitations, vents, températures, etc.) qui participent à l'érosion. ▪ **Complément d'agent,** complément d'un verbe passif, introduit par les prép. *par* ou *de*, et représentant le sujet de la phrase active correspondante. (Ex. : dans *la souris a été mangée par le chat, le chat* est complément d'agent.)

2. AGENT, E n. Personne chargée de gérer, d'administrer pour le compte d'autrui : *Agent immobilier.* ▪ **Agent (artistique),** intermédiaire entre les artistes et les producteurs de musique, de chanson, de cinéma, etc. ▪ **Agent d'affaires,** commerçant qui se charge de gérer en tant qu'intermédiaire les affaires d'autrui. ▪ **Agent d'assurances,** personne représentant une ou plusieurs compagnies d'assurances, pour le compte desquelles elle fait souscrire des contrats. ▪ **Agent de bord** [Québec], personne dont le métier est de veiller à la sécurité et au confort des passagers d'un avion. ▪ **Agent de change** [anc.], officier ministériel chargé de la négociation des valeurs mobilières. ➲ Depuis 1996, cette charge relève des prestataires de services d'investissement. ▪ **Agent de maîtrise,** salarié se situant entre l'ouvrier et le cadre. ▪ **Agent de police,** fonctionnaire subalterne, génér. en uniforme, chargé de la police de la voie publique (SYN. **gardien de la paix**). ▪ **Agent économique,** personne physique ou morale participant à l'activité économique. ▪ **Agent littéraire,** intermédiaire entre les éditeurs et les auteurs ou traducteurs. ▪ **Agent public,** personne qui, par son travail ou son action, participe à une mission de service public. ▪ **Agent secret,** membre d'un service de renseignements.

AGERATUM, ▲ ***AGÉRATUM*** [aʒeratɔm] ou **AGÉRATE n.m.** (du gr. *agêraton*, marjolaine ou origan). Plante ornementale des jardins, aux fleurs génér. bleues. ➲ Famille des composées.

AGGADAH n.f. → **AGADA.**

AGGIORNAMENTO [adʒjɔrnamɛnto] **n.m.** (mot ital. « mise à jour »). **1.** Terme appliqué par le pape Jean XXIII au renouvellement de l'Église romaine mis en œuvre par le deuxième concile du Vatican (1962-1965). **2.** Par ext. Adaptation au monde actuel, à ses changements : *Un aggiornamento politique.*

AGGLO n.m. (abrév.). Fam. Aggloméré.

AGGLOMÉRANT n.m. Liant servant à agglomérer.

AGGLOMÉRAT n.m. **1.** Dépôt détritique, peu ou non cimenté, d'éléments de plus de 2 mm. **2.** Assemblage hétéroclite de choses, de personnes : *Un agglomérat de propositions, de touristes.*

AGGLOMÉRATION n.f. **1.** Action d'agglomérer. **2.** Ensemble urbain formé par une ville et sa banlieue ; groupe d'habitations : *L'agglomération lyonnaise.*

AGGLOMÉRÉ n.m. **1.** Bois reconstitué, obtenu par l'agglomération sous forte pression de copeaux, de sciure, etc., mêlés de colle. Abrév. (fam.) **agglo.** **2.** Matériau de construction moulé associant des agrégats à un liant. **3. MIN.** Objet solide de formes diverses (boulets, briquettes, pellets, etc.) obtenu à partir de particules fines mélangées ou non à un liant et mis en forme par compression ou extrusion.

AGGLOMÉRER v.t. [11], ▲ *[11*]* (du lat. *agglomerare*, amasser). Réunir en une seule masse des éléments auparavant distincts : *Agglomérer du sable et du ciment.* ▪ **Population agglomérée,** population groupée dans des villes, des bourgs ou des gros villages. ◆ **S'AGGLOMÉRER** v.pr. Se réunir en un tas, une masse compacte ; s'agglutiner.

AGGLUTINANT, E adj. et n.m. Qui agglutine ; qui réunit en collant. ◆ **adj.** ▪ **Langue agglutinante** [ling.], langue qui exprime les rapports syntaxiques par l'agglutination, comme le turc, le finnois.

AGGLUTINATION n.f. **1.** Action d'agglutiner ; fait de s'agglutiner, d'être agglutiné. **2. IMMUNOL.** Phénomène grâce auquel le système immunitaire défend un organisme vivant contre les cellules étrangères, en groupant celles-ci en petites masses, par l'intermédiaire d'agglutinines. **3. LING.** Juxtaposition au radical d'affixes distincts pour exprimer les rapports syntaxiques, caractéristique des langues agglutinantes. **4. LING.** Formation d'un mot par la réunion de deux ou plusieurs mots distincts à l'origine (ex. : *au jour d'hui* devenu *aujourd'hui*).

AGGLUTINER v.t. [3] (lat. *agglutinare*, de *gluten*, colle). Joindre en collant, en formant une masse : *L'humidité a agglutiné les bonbons dans le sachet.* ◆ **S'AGGLUTINER** v.pr. (À). Former une masse compacte : *Les curieux s'agglutinent devant la porte.*

AGGLUTININE n.f. **IMMUNOL.** Anticorps, présent dans le sérum sanguin, se fixant sur un antigène particulier (agglutinogène) porté par des cellules étrangères, et provoquant l'agglutination de celles-ci.

AGGLUTINOGÈNE n.m. **IMMUNOL.** Antigène correspondant à une agglutinine.

AGGRAVANT, E adj. Qui aggrave ; qui accentue la gravité de. ▪ **Circonstances aggravantes** → **CIRCONSTANCE.**

AGGRAVATION n.f. Fait de s'aggraver : *L'aggravation d'une maladie, d'un conflit.*

AGGRAVÉ, E adj. **DR.** Se dit d'une infraction commise avec des circonstances aggravantes : *Vol aggravé.*

AGGRAVÉE n.f. (de *gravier*). **VÉTÉR.** Inflammation du pied d'un animal qui a marché ou couru longtemps sur un sol dur et caillouteux.

AGGRAVER v.t. [3]. Rendre plus grave, plus difficile à supporter : *Aggraver ses torts. Aggraver la peine de qqn.* ◆ **S'AGGRAVER** v.pr. Devenir plus grave ; empirer : *La situation s'est beaucoup aggravée.*

AGHA, ▲ *AGA* n.m. (mot turc). Anc. **1.** Officier de la cour du sultan, dans l'Empire ottoman. **2.** Chef au-dessus du caïd, en Algérie.

AGILE adj. (du lat. *agilis*, qui se meut facilement). **1.** Qui bouge avec aisance et vivacité : *Il n'est plus aussi agile qu'à vingt ans.* **2.** Prompt à comprendre ; vif : *Esprit agile.*

AGILEMENT adv. Avec agilité.

AGILITÉ n.f. **1.** Aptitude à se mouvoir avec rapidité : *Agilité d'un danseur.* **2.** Aptitude à comprendre vite : *Agilité d'esprit.*

AGIO [aʒjo] **n.m.** (mot ital.). [Surtout au pl.]. Ensemble des frais (intérêts et commissions) prélevés par un banquier à son client à l'occasion d'une opération bancaire.

A GIORNO, ▲ *À GIORNO* [adʒjɔrno] **loc. adj. inv.** et **loc. adv.** (mots ital.). ▪ **Éclairage a giorno,** comparable à la lumière du jour.

AGIOTAGE n.m. **BOURSE.** Spéculation frauduleuse sur les fonds publics, les changes, les valeurs mobilières.

AGIR v.i. [21] (lat. *agere*). **1.** Entrer ou être en action ; faire qqch : *Ne restez pas là à regarder, agissez.* **2.** Produire un effet, exercer une influence : *Le médicament n'a pas agi sur ce patient.* **3.** Adopter telle attitude ; se conduire : *Agir en homme d'honneur. Vous avez mal agi.* ◆ **v.t.** Litt. Faire agir ; animer : *La passion qui l'agit.* ◆ **S'AGIR v.pr. impers.** ▪ **Il s'agit de** (+ n.), il est question de : *C'est de votre avenir qu'il s'agit.* ▪ **Il s'agit de** (+ inf.), il est nécessaire de : *Il s'agit de faire vite.*

ÂGISME n.m. Discrimination ou ségrégation à l'encontre de personnes âgées.

AGISSANT, E adj. Qui est très actif : *Les minorités agissantes.*

AGISSEMENT n.m. (Surtout pl.). Action blâmable ou coupable : *Le maire ne cautionne pas les agissements de son adjoint.*

1. AGITATEUR, TRICE n. Personne qui provoque ou entretient des troubles sociaux ou politiques.

2. AGITATEUR n.m. **CHIM.** Dispositif, instrument servant à remuer un mélange lors d'une réaction. ➲ *L'agitateur magnétique* permet un mélange permanent.

AGITATION n.f. **1.** État de ce qui est animé de mouvements continuels et irréguliers : *L'agitation de la mer.* **2.** Trouble se manifestant par des mouvements désordonnés : *L'agitation d'un malade.* **3.** État de mécontentement d'ordre politique ou social, se traduisant par des manifestations, des désordres publics.

AGITATO adv. **MUS.** En indiquant un caractère inquiet et tourmenté.

AGITÉ, E adj. Qui manifeste de l'agitation. ◆ **adj.** et **n.** Qui est en proie à l'agitation : *Malade agité.* ▪ **Agité du bocal** (de *À l'agité du bocal*, pamphlet de L.-F. Céline contre J.-P. Sartre) [fam., péjor.], se dit d'une personne remuante, énervée ou débitant des propos décousus ou insolites.

AGITER v.t. [3] (du lat. *agitare*, pousser). **1.** Secouer vivement en tous sens : *Agiter un flacon.* **2.** Causer une vive émotion à ; troubler : *Une violente colère l'agitait.* ▪ **Agiter une question,** en débattre avec d'autres. ◆ **S'AGITER** v.pr. **1.** Remuer vivement en tous sens. **2.** Manifester un mécontentement d'ordre politique ou social.

AGIT-PROP [aʒitprɔp] **n.f. inv.** (abrév. de *agitation-propagande*, par le russe). **1. HIST.** Technique de diffusion des idées révolutionnaires, notamm. sur les lieux de travail, qui fut utilisée en Russie soviétique et en URSS après la révolution de 1917. **2.** Agitation militante : *L'agit-prop apparue dans les sommets mondiaux.*

AGLOSSA n.m. (du gr. *glôssa*, langue). Papillon voisin de la pyrale, dont la chenille, appelée à tort *teigne de la graisse*, se nourrit de débris végétaux. ➲ Ordre des lépidoptères.

AGLYPHE adj. Se dit des serpents n'ayant aucune dent creusée d'un sillon, tels que les boas, les pythons et la majorité des couleuvres. ➲ La plupart des serpents aglyphes n'ont pas de glandes venimeuses.

AGNAT, E [agna, at] **n.** et **adj.** (lat. *agnatus*, de *agnasci*, naître à côté). Parent par agnation.

AGNATHE [agnat] **n.m.** Vertébré aquatique à respiration branchiale, dépourvu de mâchoires. ➲ Les agnathes forment un sous-embranchement comprenant de nombreuses formes fossiles et dont les représentants actuels, lamproies et myxines, sont rassemblés dans le groupe des cyclostomes.

AGNATION [agnasjɔ̃] **n.f. ANTHROP.** Parenté par les hommes uniquement (dite aussi *parenté civile*, seule reconnue par le droit romain, par oppos. à la *parenté naturelle*, ou *cognation*).

AGNATIQUE [agnatik] **adj.** Relatif à l'agnation.

AGNEAU n.m. (lat. *agnellus*, dimin. de *agnus*, agneau). **1.** Petit de la brebis. **2.** Chair comestible de cet animal : *De l'agneau rôti.* **3.** Fourrure, cuir de cet animal. ▪ **Agneau pascal,** agneau immolé chaque année par les juifs pour commémorer la sortie d'Égypte. ▪ **Doux comme un agneau,** d'une douceur extrême. ▪ **L'Agneau de Dieu,** Jésus-Christ.

▲ **agneau**

AGNELAGE n.m. Mise bas, chez la brebis ; époque de l'année où elle se produit.

AGNELÉE n.f. Portée d'une brebis.

AGNELER v.i. [12]. Mettre bas, en parlant de la brebis.

AGNELET n.m. Petit agneau.

AGNELINE n.f. et adj.f. Laine courte, soyeuse et frisée, provenant de la première tonte de l'agneau.

AGNELLE n.f. Agneau femelle.

AGNOSIE [agnɔzi] **n.f.** (du gr. *gnôsis*, connaissance). **MÉD.** Affection neurologique, due à une lésion du cortex cérébral, caractérisée par une perturbation de la reconnaissance des informations sensitives.

AGNOSIQUE [agnɔ-] **adj.** Relatif à l'agnosie. ◆ **adj.** et **n.** Atteint d'agnosie.

AGNOSTICISME [agnɔ-] **n.m.** Doctrine philosophique qui déclare l'absolu inaccessible à l'esprit humain et professe une complète ignorance touchant la nature intime, l'origine et la destinée des choses.

AGNOSTIQUE [agnɔ-] **adj.** et **n.** Relatif à l'agnosticisme ; qui en est partisan.

AGNUS-CASTUS [agnyskastys] **n.m. BOT.** Gattilier.

AGNUS DEI [aɲusdei] **n.m. inv.** (mots lat. « agneau de Dieu »). **CATH.** Prière de la messe, avant la communion, commençant par ces mots. ◆ **AGNUS-DEI n.m. inv.** Médaillon de cire blanche portant l'image d'un agneau, bénit par le pape.

AGONIE n.f. (du gr. *agônia*, lutte). **1.** État d'affaiblissement progressif des fonctions vitales et de la conscience qui, dans certains cas, précède immédiatement la mort. **2.** Fig. Disparition progressive ; déclin : *L'agonie d'un régime politique.* ▪ **Être à l'agonie,** sur le point de mourir.

AGONIR v.t. [21] (altér., d'apr. *agonie*, de l'anc. fr. *ahonnir*, faire honte). ▪ **Agonir qqn d'injures,** l'en accabler : *Il les agonissait d'insultes.*

AGONISANT, E adj. et n. Qui est à l'agonie.

AGONISER v.i. [3] (du gr. *agônizesthai*, combattre). Être à l'agonie.

AGONISTE adj. et n.m. **1.** Se dit d'un muscle qui produit le mouvement désiré (par oppos. à *antagoniste*). **2.** Se dit d'une substance qui a la même action qu'une autre (par oppos. à *antagoniste*) : *Agoniste de l'adrénaline.*

AGORA n.f. **1. ANTIQ. GR.** Place bordée d'édifices publics, centre de la vie politique, religieuse et économique de la cité. **2.** Dans une ville moderne, large espace piétonnier génér. couvert.

AGORAPHOBE adj. Relatif à l'agoraphobie. ◆ **adj.** et **n.** Atteint d'agoraphobie.

AGORAPHOBIE n.f. (du gr. *agora*, place publique, et *phobos*, crainte). **PSYCHIATR.** Phobie caractérisée par la peur des espaces découverts et de la foule.

AGOUTI n.m. (mot guarani). Gros rongeur au corps trapu, haut sur pattes, des forêts humides de l'Amérique du Sud et des Antilles. ➲ Long. 50 cm env. ; famille des dasyproctidés.

▲ agouti

AGRAFAGE n.m. Action d'agrafer ; son résultat.

AGRAFE n.f. (de l'anc. fr. *grafe*, crochet). **1.** Pièce de métal servant à attacher ensemble plusieurs feuilles de papier. **2.** Crochet servant à réunir les bords opposés d'un vêtement. **3.** Languette qui sert à accrocher un stylo au rebord d'une poche. **4. CHIRURG.** Petite lame de métal à deux pointes servant à fermer les plaies. **5.** Crampon plat ou coudé utilisé en maçonnerie pour solidariser les pierres d'un mur, un placage et la structure qui le supporte, etc. **6. ARCHIT.** Clef d'un arc traitée en bossage mouluré ou sculpté (console, mascaron, etc.).

AGRAFER v.t. [3]. **1.** Attacher avec une agrafe ; assembler à l'aide d'agrafes. **2.** Fam. Retenir qqn pour lui parler : *Agrafer un voisin au passage.* **3.** Fam. Arrêter : *Les gendarmes l'ont agrafé.*

AGRAFEUSE n.f. Appareil servant à poser des agrafes métalliques.

AGRAINAGE n.m. Action de répandre du grain dans une forêt, pour attirer le gibier (faisans, perdrix, sangliers).

AGRAINER v.t. [3]. **1.** Nourrir des oiseaux d'élevage avec du grain. **2. CHASSE.** Procéder à un agrainage.

AGRAIRE adj. (lat. *agrarius*, de *ager, agri*, champ). Relatif aux terres cultivées, à l'agriculture, à la propriété agricole : *Surfaces et mesures agraires. Civilisation agraire.* ▪ **Lois agraires** [Antiq. rom.], lois qui admettaient les plébéiens au partage de l'*ager publicus* (terres appartenant à l'État). ▪ **Réforme agraire**, visant à modifier la répartition des terres en faveur des non-possédants et des petits propriétaires.

AGRAMMATICAL, E, AUX adj. **LING.** Qui ne répond pas aux critères de la grammaticalité : *Phrase agrammaticale.*

AGRAMMATISME n.m. (du gr. *gramma*, lettre). **MÉD.** Trouble neurologique, observé dans les aphasies, au cours duquel le malade utilise un langage de style télégraphique.

AGRANDIR v.t. [21]. **1.** Rendre plus grand ou plus important : *Agrandir une maison. Agrandir une photo.* **2.** Faire paraître plus grand : *Ce carrelage clair agrandit la pièce.* ◆ **S'AGRANDIR** v.pr. **1.** Devenir plus grand : *Ville qui s'agrandit.* **2.** Spécial. Agrandir son logement ou en prendre un plus grand.

AGRANDISSEMENT n.m. **1.** Action d'agrandir ; fait de s'agrandir. **2. PHOTOGR.** Opération qui consiste à tirer une épreuve agrandie d'une photographie ; épreuve ainsi obtenue.

AGRANDISSEUR n.m. **PHOTOGR.** Appareil servant à exécuter les agrandissements.

AGRANULOCYTOSE n.f. **MÉD.** Diminution extrême (neutropénie) ou disparition de certains globules blancs (granulocytes) du sang.

AGRAPHIE n.f. (du gr. *graphein*, écrire). **MÉD.** Trouble neurologique caractérisé par une perturbation du langage écrit, observé dans les aphasies et les apraxies.

AGRARIEN, ENNE n. et adj. **1.** Partisan de la défense des intérêts des grands propriétaires (Allemagne, fin du XIXe s.). **2. HIST.** Partisan de la répartition des terres entre ceux qui les cultivent.

AGRÉABLE adj. **1.** Qui procure du plaisir. **2.** Avec qui on a plaisir à se retrouver.

AGRÉABLEMENT adv. De façon agréable.

AGRÉÉ, E adj. Qui a reçu l'agrément d'une autorité.

AGRÉER [agree] v.t. [8] (de *gré*). Recevoir favorablement ; accepter : *Agréer une demande. Veuillez agréer mes salutations distinguées.* ◆ **v.t. ind. (À).** Litt. Convenir à : *Sa proposition agréait à tous.*

AGRÉGAT n.m. **1.** Substance, masse formée d'éléments primitivement distincts, unis intimement et solidement entre eux. ➲ Le sol est un agrégat de particules minérales et de ciments colloïdaux. **2. ÉCON.** Grandeur comptable caractérisant l'évolution d'une économie nationale (PIB, revenu national, etc.). **3. MUS.** Superposition libre de sons, ne répondant pas aux procédés d'analyse de l'harmonie classique.

AGRÉGATEUR n.m. (anglo-amér. *aggregator*). Site Web ou logiciel qui, automatiquement et régulièrement, détecte et rassemble les mises à jour de sites prédéterminés par un internaute, et les lui adresse.

AGRÉGATIF, IVE n. Personne qui prépare le concours de l'agrégation.

AGRÉGATION n.f. **1.** Action d'agréger, de réunir des éléments distincts pour former un tout homogène ; son résultat. **2. SOCIOL.** Processus (dit aussi *effet d'agrégation*) par lequel une multitude d'actions individuelles séparées produisent en se combinant un phénomène social, dont l'émergence peut n'être ni prévue ni désirée par les individus. **3.** Concours auquel se présentent, en France, les candidats au titre d'agrégé ; ce titre : *Passer l'agrégation d'anglais.* **4.** En Belgique, cycle d'études spécialisées, sanctionné par un examen, habilitant à professer dans l'enseignement supérieur du degré supérieur (les trois dernières années d'humanités).

AGRÉGÉ, E n. et adj. **1.** En France, personne reçue à l'agrégation et pouvant de ce fait exercer les fonctions de professeur titulaire en lycée ainsi que dans certains secteurs de l'enseignement supérieur (droit, sciences économiques, médecine, pharmacie). **2.** En Belgique, titulaire d'un diplôme d'agrégation.

AGRÉGER v.t. [15], ▲ *[15*]* (du lat. *aggregare*, rassembler). **1.** Réunir en un tout des éléments distincts : *Agréger des communes rurales à un pôle urbain.* **2.** Admettre qqn dans un groupe constitué. ◆ **S'AGRÉGER** v.pr. **(À).** Se joindre à un groupe ; s'y associer.

AGRÉMENT n.m. (de *agréer*). **1.** Fait d'agréer, de consentir à qqch : *Décider avec, sans l'agrément de ses supérieurs.* **2.** Acceptation, reconnaissance par une autorité, génér. officielle : *Agrément d'un permis de construire.* **3. DR.** Permission accordée par l'État à une personne physique ou morale, nécessaire pour exercer certaines activités (sécurité, services à la personne, notamm.) : *Faire une demande d'agrément.* **4. DR.** Disposition par laquelle l'État fait participer certaines entités (entreprises, associations) à une action d'intérêt général, en fixant les conditions auxquelles elles doivent se soumettre pour bénéficier, en retour, d'avantages juridiques ou matériels. **5.** Qualité par laquelle qqn ou qqch est agréable : *Voisinage plein d'agrément.* **6. MUS.** Formule d'ornementation mélodique, dans la musique ancienne. ▪ **Art d'agrément** [vx], pratiqué en amateur. ▪ **D'agrément,** destiné au seul plaisir : *Jardin, voyage d'agrément.*

AGRÉMENTER v.t. [3]. Rendre plus attrayant par des éléments ajoutés : *Agrémenter un récit de détails piquants.*

AGRÈS n.m. (de l'anc. scand. *greida*, équiper). Chacun des appareils utilisés en gymnastique artistique (anneaux, barres, poutre, etc.), en éducation physique (corde à grimper), au cirque (trapèze). ◆ **n.m. pl.** Vx ou litt. Éléments du gréement d'un navire (poulies, voiles, vergues, cordages, etc.).

AGRESSER v.t. [3] (du lat. *aggredi*, attaquer). **1.** Commettre une agression sur qqn : *Agresser un passant.* **2.** Provoquer qqn par ses paroles ou son comportement. **3.** Constituer une nuisance pour : *Pluies acides agressant la couverture forestière.*

AGRESSEUR adj.m. et n.m. Qui commet une agression : *Il n'a pas identifié ses agresseurs* ; qui attaque sans avoir été provoqué : *Pays agresseur.*

AGRESSIF, IVE adj. **1.** Qui manifeste de l'hostilité, de l'agressivité : *Interlocuteur agressif.* **2.** Qui a un caractère d'agression : *Remarques agressives.* **3.** Fig. Qui choque par son caractère excessif : *Publicité, couleur agressive.*

AGRESSION n.f. **1.** Attaque non provoquée et brutale : *Être victime d'une agression.* **2. ÉTHOL.** Affrontement entre deux ou plusieurs animaux de la même espèce ou d'espèces différentes. ➲ L'agression est un élément fondamental des relations sociales au sein d'une espèce. **3.** Nuisance (due notamm. à l'environnement visuel ou sonore) qui porte atteinte à l'intégrité psychologique ou physiologique des personnes : *Les agressions de la vie urbaine.* ▪ **Agression sexuelle** [dr.], toute atteinte sexuelle commise avec violence, contrainte, menace ou surprise.

AGRESSIVEMENT adv. Avec agressivité.

AGRESSIVITÉ n.f. **1.** Disposition à être agressif ; caractère agressif de qqn, de qqch. **2. PSYCHAN.** Expression des pulsions destructrices (thanatos), distinctes des pulsions sexuelles (éros).

AGRESTE adj. (du lat. *agrestis*, champêtre). Litt. Relatif aux champs, à la campagne ; champêtre.

AGRICOLE adj. (du lat. *agricola*, laboureur). **1.** Qui concerne l'agriculture : *Lycée agricole.* **2.** Qui se consacre à l'agriculture : *Travailleur agricole.*

AGRICULTEUR, TRICE n. Personne qui cultive la terre ; personne dont l'activité professionnelle a pour objet de mettre en valeur une exploitation agricole.

AGRICULTURE n.f. Activité économique ayant pour objet la transformation et la mise en valeur du milieu naturel afin d'obtenir les produits végétaux et animaux utiles à l'homme, en partic. ceux qui sont destinés à son alimentation. ▪ **Agriculture raisonnée** → **RAISONNÉ.** ▪ **Agriculture urbaine** → **URBAIN.** ▪ **Agriculture verticale** → **VERTICAL.**

S'AGRIFFER v.pr. [3] (de *griffe*). Vieilli. S'agripper avec les mains, les ongles.

AGRILE n.m. (du lat. *ager, agri*, champ). Bupreste vert métallique d'Europe occidentale vivant sur le chêne et le peuplier. ➲ Ordre des coléoptères.

AGRION n.m. (du gr. *agrios*, sauvage). Insecte du groupe des demoiselles, de coloration variable (bleue, verte, rouge, etc.) à reflets métalliques, souvent avec des motifs noirs. ➲ Ordre des odonates.

AGRIOTE n.m. (du gr. *agrios*, sauvage). Insecte coléoptère du groupe des taupins.

AGRIPAUME n.f. Plante vivace à fleurs roses, autref. cultivée pour ses prétendues vertus antirabiques ou pour calmer les douleurs de l'accouchement (SYN. **cardiaque**). ➲ Famille des labiées.

AGRIPPEMENT n.m. Action d'agripper, de s'agripper. ▪ **Réflexe d'agrippement** [méd.], réflexe par lequel la main saisit un objet qui frotte la paume, observé chez le nouveau-né et dans certaines affections neurologiques.

AGRIPPER v.t. [3] (de l'anc. fr. *grippe*, vol). Prendre vivement en serrant avec les doigts : *Le voleur agrippa le sac de la passante et s'enfuit.* ◆ **S'AGRIPPER** v.pr. **(À).** S'accrocher fermement.

AGRITOURISME ou **AGROTOURISME** n.m. Ensemble des structures d'accueil proposées aux touristes dans les exploitations agricoles (gîtes ruraux, chambres d'hôte, campings, etc.) (SYN. **tourisme rural**).

AGROALIMENTAIRE adj. Relatif à l'élaboration, à la transformation et au conditionnement des produits d'origine princip. agricole destinés à la consommation humaine et animale : *Industries agroalimentaires.* ◆ **n.m.** ▪ **L'agroalimentaire,** l'ensemble des industries agroalimentaires.

AGROBIOLOGIE n.f. Agriculture fondée sur la valorisation des processus biologiques naturels ; agriculture biologique.

AGROCARBURANT n.m. Type de biocarburant issu de la filière agricole et obtenu à partir de végétaux cultivés, des déchets de ces cultures ou de lisiers.

AGROCHIMIE n.f. Ensemble des activités de l'industrie chimique fournissant des produits pour l'agriculture, engrais et pesticides notamm.

AGROCHIMIQUE adj. Relatif à l'agrochimie.

AGROCHIMISTE n. Spécialiste d'agrochimie.

AGROCLIMATOLOGIE n.f. Application de la climatologie à l'agriculture.

AGROÉCOLOGIE n.f. Mode de production agricole prenant en compte la protection de l'environnement et le respect des ressources naturelles.

AGROÉCOSYSTÈME n.m. Ensemble constitué de un ou plusieurs agrosystèmes et de un ou plusieurs écosystèmes juxtaposés et en interaction les uns avec les autres.

AGROFORESTERIE n.f. Culture associant la production forestière à une production agricole temporaire ou non.

AGRO-INDUSTRIE n.f. (pl. *agro-industries*). Ensemble des industries dont l'agriculture est le débouché (matériel agricole, engrais, etc.) ou le fournisseur (agroalimentaire).

AGRO-INDUSTRIEL, ELLE adj. (pl. *agro-industriels, elles*). Relatif à l'agro-industrie.

AGROLOGIE n.f. Partie de l'agronomie qui a pour objet l'étude des terres cultivables.

AGROMÉTÉOROLOGIE n.f. Ensemble des moyens scientifiques et techniques prenant en compte les données météorologiques et agronomiques pour aider à la conduite des exploitations agricoles.

AGRONOME n. (du gr. *agros*, champ, et *nomos*, loi). Spécialiste de l'agronomie. ▪ **Ingénieur agronome,** diplômé d'une école nationale supérieure d'agronomie.

AGRONOMIE n.f. 1. Étude scientifique des relations entre les plantes cultivées, le sol, le climat et les techniques agricoles. **2.** Étude scientifique de tous les processus concernant l'agriculture.

AGRONOMIQUE adj. Relatif à l'agronomie.

AGROPASTORAL, E, AUX adj. Qui concerne l'agriculture et l'élevage : *Populations agropastorales.*

AGROSTIS [-tis] ou **AGROSTIDE n.f.** Herbe vivace, abondante dans les prés et les pelouses. ➲ Famille des graminées.

AGROSYSTÈME n.m. Ensemble des relations entre les cultures, les techniques de production agricole et le milieu environnant.

AGROTIS [-tis] **n.m.** Papillon nocturne à ailes brunâtres, dont la chenille s'attaque aux céréales et aux betteraves. ➲ Famille des noctuidés.

AGROTOURISME n.m. → **AGRITOURISME.**

AGRUME n.m. (ital. *agruma*). **1.** Arbre, génér. du genre *Citrus*, cultivé dans les régions tropicales et méditerranéennes, pour ses fruits. **2.** (Surtout au pl.). Fruit d'un arbre de ce genre (citron, orange, mandarine, pamplemousse, etc.) et des genres *Fortunella* (kumquat) et *Poncirus*.

AGRUMICULTURE n.f. Culture des agrumes.

AGUARDIENTE [agwardjɛ̃t] ou [-djɛnte] **n.f.** (mot esp.). Eau-de-vie, dans les pays de langue espagnole, en partic. les pays d'Amérique du Sud.

AGUERRIR v.t. [21] (de *guerre*). **1.** Habituer aux fatigues, aux dangers de la guerre : *Aguerrir des troupes.* **2.** Fig. Accoutumer à des situations pénibles : *Cette expédition les a aguerris au froid.* ◆ **S'AGUERRIR v.pr.** Devenir plus résistant : *Elle s'est aguerrie à* ou *contre la douleur.*

AGUETS [agɛ] **n.m. pl.** (de l'anc. fr. *à guet*, en guettant). ▪ **Être aux aguets,** guetter pour surprendre ou n'être pas surpris.

AGUEUSIE n.f. (du gr. *geusis*, goût). Diminution marquée ou perte totale du sens gustatif.

AGUEUSIQUE adj. et **n.** Relatif à l'agueusie ; qui en est atteint.

AGUI n.m. MAR. ▪ **Nœud d'agui** [vieilli], boucle formée par un nœud de chaise.

AGUICHAGE n.m. Recomm. off. pour **teasing.**

AGUICHANT, E adj. Qui aguiche.

AGUICHE n.f. Recomm. off. pour **teaser.**

AGUICHER v.t. [3] (de l'anc. fr. *guiche*, courroie). Chercher à séduire qqn par des coquetteries.

AGUICHEUR, EUSE adj. et **n.** Qui aguiche.

AGUILLER v.t. [3] (de l'anc. fr. *aguillier*, placer en haut). Suisse. **1.** Placer qqch dans un endroit élevé, souvent instable ou difficile d'accès. **2.** Empiler des objets en équilibre instable : *Aguiller des verres* ; mettre en tas : *Aguiller du bois.* ◆ **S'AGUILLER v.pr.** (SUR, DANS). Se jucher ; se percher : *S'aguiller sur* ou *dans un arbre.*

AH interj. 1. Accentue l'expression d'un sentiment, d'une idée, etc. : *Ah ! quelle belle vue !* **2.** Redoublé, sert à transcrire le rire : *Ah ! Ah ! Que c'est drôle !*

AHA ou **A.H.A.** [aaʃa] **n.m.** (sigle de *alpha-hydroxy-acide*). Substance à base d'acides de fruits utilisée en cosmétique.

AHAN [aɑ̃] **n.m.** Litt., vx. Souffle bruyant marquant un effort pénible.

AHANER [aane] **v.i. [3].** Litt. Respirer bruyamment à la suite d'un grand effort : *Les joueurs ahanent à la fin du match.*

AHURI, E adj. et **n.** (de *hure*). Étonné au point d'en paraître stupide : *Être ahuri de voir le prix des nouveaux portables.*

AHURIR v.t. [21]. Étonner au plus haut point ; méduser : *Un pareil spectacle à la télévision les a ahuris.*

AHURISSANT, E adj. Qui provoque l'ahurissement.

AHURISSEMENT n.m. État d'une personne ahurie.

AÏ [ai] **n.m.** (mot tupi-guarani). Mammifère arboricole de l'Amérique du Sud que ses mouvements très lents ont également fait nommer *paresseux* (SYN. **bradype**). ➲ Ordre des xénarthres.

AIDANT, E n. Personne qui s'occupe d'une personne dépendante (âgée, malade ou handicapée).

1. AIDE n.f. 1. Action d'aider qqn ; soutien, secours apporté par qqn ou par qqch : *Offrir son aide à qqn.* **2.** Spécial. Secours financier : *Aide à la reconversion des entreprises. Aide au cinéma, au développement.* **3.** INFORM. Assistance intégrée associée à un logiciel, sous forme de pages de documentation à visualiser organisées dans un ordre thématique ou alphabétique. **4.** HIST. Service militaire ou, à titre exceptionnel, financier, dû par le vassal au seigneur. ▪ **Aide en ligne** [inform.], aide relative au logiciel en cours d'utilisation, qui peut être activée sans quitter ce dernier. ▪ **Aide juridique,** aide, accordée aux personnes démunies, qui comprend, en France, l'aide à l'accès au droit et l'aide juridictionnelle, permettant de prendre en charge les frais d'un procès en demande ou en défense devant toute juridiction. ▪ **Aide médicale à la procréation,** assistance médicale à la procréation. ▪ **Aide sociale,** en France, système de secours matériel ou financier accordé par les collectivités publiques à certaines catégories de personnes dont les ressources sont insuffisantes ; au Canada, ensemble des prestations versées par l'État aux personnes démunies. ▪ **Aide sociale à l'enfance (ASE),** en France, service départemental chargé de la protection et de la prise en charge matérielle, éducative et psychologique des mineurs considérés comme étant en danger. ➲ Son rôle peut être étendu aux mineurs émancipés et aux majeurs de moins de 21 ans. ▪ **À l'aide de,** grâce à ; au moyen de : *Marcher à l'aide d'une canne.* ◆ **n.f. pl. 1.** ÉQUIT. Moyens dont dispose le cavalier pour guider le cheval. **2.** HIST. Dans la France de l'Ancien Régime, impôts indirects. ▪ **Aides artificielles** [équit.], rênes, éperons, cravache, etc. ▪ **Aides naturelles** [équit.], assiette, jambes, mains. ▪ **Cour des aides** [hist.], cour qui jugeait des procès relatifs aux tailles, aux aides et aux gabelles.

2. AIDE n. Personne qui aide, qui seconde qqn dans un travail, une fonction ; assistant. ▪ **Aide de camp,** officier attaché à la personne d'un chef d'État, d'un général, etc. ◆ **n.f.** ▪ **Aide familiale,** en France, personne, diplômée de l'État, envoyée dans certaines familles défavorisées moyennant un paiement tarifé en fonction des ressources de la famille (SYN. **travailleuse familiale**). ▪ **Aide maternelle,** en France, personne, diplômée de l'État, qui s'occupe des jeunes enfants dans les crèches, les collectivités ou les familles. ▪ **Aide ménagère,** en France, travailleuse sociale déléguée par les centres d'aide sociale pour s'occuper des personnes âgées.

AIDE-ÉDUCATEUR, TRICE n. (pl. *aides-éducateurs, trices*). En France, personne chargée par l'Éducation nationale de renforcer l'action des enseignants, d'assister les élèves et de contribuer à la prévention de la violence dans les établissements.

AÏD-EL-FITR ou **AÏD-EL-SÉGHIR, n.m. inv.** Fête religieuse musulmane marquant la fin du ramadan.

AÏD-EL-KÉBIR ou **AÏD-EL-ADHA, n.m. inv.** Fête religieuse musulmane commémorant le sacrifice d'Abraham, célébrée à l'époque du pèlerinage annuel à La Mecque et marquée notamm. par l'immolation de moutons.

AIDE-MÉMOIRE n.m. inv., ▲ *n.m. (pl. aide-mémoires).* Abrégé de l'essentiel d'une matière, d'un programme d'examen ; recueil de dates, de formules.

AIDER v.t. [3] (lat. *adjutare*). Fournir un secours, une assistance à : *Aider qqn dans son travail, à accomplir une tâche. Aider les réfugiés.* ◆ **v.t. ind.** (À). Rendre plus aisé ; faciliter : *Aider au succès d'une entreprise.* ◆ **S'AIDER v.pr.** (DE). Tirer parti de : *S'aider d'une échelle.*

AIDE-SOIGNANT, E n. (pl. *aides-soignants, es*). Auxiliaire médical chargé de donner les soins courants aux malades.

AÏE [aj] **interj.** Exprime la douleur, l'inquiétude, etc. : *Aïe ! Ça fait mal ! Aïe, aïe, aïe, elle va être furieuse !*

AÏEUL, E [ajœl] **n.** (pl. *aïeuls, aïeules*) [du lat. *avus*, grand-père]. Litt. Grand-père, grand-mère.

AÏEUX [ajø] **n.m. pl.** Litt. Ancêtres. ▪ **Mes aïeux !,** exprime l'étonnement, l'admiration.

1. AIGLE n.m. (du lat. *aquila*). **1.** Grand oiseau rapace diurne de l'hémisphère Nord, qui construit son aire en haute montagne *(aigle royal)* ou dans les plaines boisées *(aigle impérial).* ➲ Envergure 2,50 m env. ; cri : l'aigle glatit, trompette. Le petit est l'aiglon ; ordre des falconiformes. **2.** Lutrin dont le pupitre est porté par une figure d'aigle (attribut de saint Jean l'Évangéliste). ▪ **Aigle de mer,** raie de grande taille, à aiguillon venimeux. ➲ Envergure

▲ **agrumes**

de 1,50 m à 2,60 m ; famille des myliobatidés. ▪ **Aigle pêcheur,** balbuzard, pygargue. ▪ **Ce n'est pas un aigle** [fam.], il n'est guère intelligent. ▪ **Yeux, regard d'aigle,** yeux vifs ; vue perçante.

2. AIGLE n.f. 1. Femelle de l'oiseau rapace. **2. HÉRALD.** Figure représentant un aigle. **3. MIL.** Enseigne nationale ou militaire figurant un aigle : *Les aigles napoléoniennes.*

AIGLEFIN n.m. → **ÉGLEFIN.**

AIGLON, ONNE n. Petit de l'aigle. ▪ **L'Aiglon** [hist.], Napoléon II.

AIGRE adj. (du lat. *acer,* pointu, piquant). **1.** Qui a une acidité désagréable au goût : *Des fruits aigres.* **2.** Fig. Désagréable à l'oreille : *Une voix aigre.* **3.** Fig. Qui manifeste de l'amertume ou de la rancœur ; acerbe : *Une remarque aigre.* ◆ **n.m.** Goût, odeur aigres. ▪ **Tourner à l'aigre,** devenir virulent, s'envenimer, en parlant d'une discussion, d'un débat, etc.

AIGRE-DOUX, -DOUCE adj. (pl. *aigres-doux, -douces*). **1.** D'un goût à la fois acide et sucré. **2.** Fig. Désagréable ou blessant, en dépit d'une apparente douceur : *Réflexions aigres-douces.*

AIGREFIN n.m. Vieilli. Personne qui vit de procédés indélicats.

AIGRELET, ETTE adj. Légèrement aigre : *Groseilles aigrelettes. Voix aigrelette.*

AIGREMENT adv. Avec aigreur.

AIGREMOINE n.f. Plante herbacée des prés et des bois, à fleurs jaunes et à fruits hérissés de crochets. ➲ Famille des rosacées.

AIGRETTE n.f. (du provenç. *aigron,* héron). **1.** Faisceau de plumes qui surmonte la tête de certains oiseaux (héron, hibou). **2.** Faisceau de poils porté par divers fruits et graines, et qui favorise leur dispersion par le vent. **3.** Ornement vestimentaire en forme de bouquet de plumes ; plumet. **4.** Ornement, bijou fait de gemmes ou de perles montées en faisceau. **5.** Grand héron blanc et gris perle des régions tropicales et méditerranéennes, portant, au moment de la reproduction, de longues plumes autrefois recherchées pour la parure. ➲ Ordre des ciconiiformes.

AIGREUR n.f. 1. Fait d'être aigre ; caractère de ce qui est aigre : *L'aigreur des fruits verts. L'aigreur d'une réflexion.* **2.** (Surtout pl.). Sensation aigre ou amère dans la bouche ou l'estomac.

AIGRI, E adj. et **n.** Rendu agressif et irritable par des déceptions, des échecs, des épreuves.

AIGRIR v.t. [21]. 1. Rendre aigre. **2.** Fig. Rendre amer et irritable : *Les déceptions l'ont aigri.* ◆ **v.i.** Devenir aigre : *Le lait a aigri* (SYN. **surir**). ◆ **S'AIGRIR v.pr.** Devenir amer et irritable : *Il s'est aigri avec l'âge.*

AIGRISSEMENT n.m. Fait d'aigrir ; fait de s'aigrir.

AIGU, UË, ▲ *ÜE* [egy] **adj.** (du lat. *acutus,* pointu). **1.** Terminé en pointe : *La lame aiguë d'un poignard.* **2.** Se dit d'un son d'une fréquence élevée : *Les voix aiguës des chanteuses traditionnelles.* **3.** D'une grande acuité : *Un regard aigu. Une intelligence aiguë. Avoir un sens aigu de la réalité.* **4.** Qui est à son paroxysme : *Douleur aiguë. Conflit aigu.* ▪ **Accent aigu,** montant de gauche à droite (par oppos. à *accent grave*). ▪ **Angle aigu,** plus petit que l'angle droit. ▪ **Maladie aiguë,** qui évolue rapidement (CONTR. **2. chronique**). ◆ **n.m.** Son aigu ; ensemble des sons aigus : *Amplificateur qui rend bien les aigus. Chanteuse à l'aise dans l'aigu.*

AIGUAIL [ɛgaj] **n.m.** (mot poitevin). Litt. ou région. Rosée sur les feuilles.

▲ **aigle** royal.

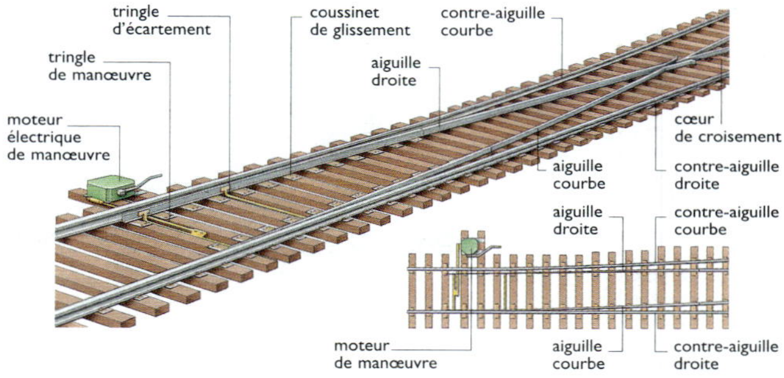

▲ **aiguillage**

AIGUE-MARINE n.f. (pl. *aigues-marines*) [du provenç. *aiga marina,* eau de mer]. Pierre fine, variété de béryl, dont la transparence et la couleur bleu clair nuancé de vert évoquent l'eau de mer.

AIGUIÈRE [ɛgjɛr] **n.f.** (provenç. *aiguiera,* du lat. *aqua,* eau). Anc. Vase à pied, muni d'un bec et d'une anse, destiné à contenir de l'eau.

AIGUILLAGE [egɥijaʒ] **n.m. 1. CH. DE F.** Partie mobile d'un branchement de voie, constituée par deux lames mobiles solidaires l'une de l'autre. **2. CH. DE F.** Manœuvre d'un tel dispositif : *Poste d'aiguillage.* **3.** Fig. Action d'orienter une personne, une action : *L'enquête a connu plusieurs changements d'aiguillage.* ▪ **Erreur d'aiguillage,** [ch. de f.], manœuvre qui engage un train sur une mauvaise voie ; fig., mauvaise orientation donnée à une personne, à une action.

AIGUILLAT [egɥija] **n.m.** Requin vivipare comestible, pourvu d'aiguillons venimeux, cour. appelé *chien de mer.* ➲ Famille des squalidés.

▲ **aiguille.** L'aiguille du Dru, dans le groupe de l'aiguille Verte, massif du Mont-Blanc (France).

AIGUILLE [egɥij] **n.f.** (du lat. *acus,* pointe). **1.** Petite tige d'acier trempé et poli, dont une extrémité est pointue et l'autre percée d'un trou (chas) pour passer le fil : *Aiguilles à coudre, à broder.* **2.** Tige métallique servant à divers usages : *L'aiguille d'une seringue.* **3.** Tige rigide qui indique les heures *(petite aiguille),* les minutes *(grande aiguille),* les secondes *(trotteuse)* sur un cadran de montre, d'horloge. **4. CH. DE F.** Portion de rail mobile d'un aiguillage. **5. GÉOGR.** Sommet effilé d'une montagne. **6. ARCHIT.** Élément vertical et effilé d'un bâtiment (pinacle, flèche, etc.). **7. BOT.** Feuille rigide et aiguë des conifères : *Aiguilles de pin.* **8.** Nom commun à plusieurs espèces de poissons minces et longs (orphies, syngnathidés, etc.). ▪ **Aiguille à tricoter,** mince tige plus ou moins rigide et longue utilisée pour tricoter. ▪ **Chercher une aiguille dans une botte de foin,** chercher une chose presque impossible à trouver. ▪ **De fil en aiguille,** en passant progressivement d'une idée, d'une parole, d'un acte à l'autre. ▪ **Talon aiguille,** talon de forme très effilée vers le bas.

AIGUILLÉE [egɥije] **n.f.** Longueur de fil enfilée sur une aiguille.

AIGUILLER [egɥije] **v.t. [3]. 1.** Diriger un véhicule ferroviaire, un train, en manœuvrant un aiguillage. **2.** Fig. Diriger vers telle activité ; orienter : *Aiguiller un élève vers des études scientifiques.*

AIGUILLETAGE [egɥi-] **n.m.** Procédé de fabrication de feutres et de non-tissés, consistant à enchevêtrer des fibres textiles dans une trame à l'aide d'aiguilles munies de barbelures.

AIGUILLETÉ, E [egɥi-] **adj.** Fabriqué selon la technique de l'aiguilletage : *Moquette aiguilletée.*

AIGUILLETER [egɥi-] **v.t. [16],** ▲ *[12].* Procéder à l'aiguilletage de.

AIGUILLETTE [egɥi-] **n.f. 1.** Partie du rumsteck. **2.** Mince tranche de chair prélevée sur le ventre d'une volaille, canard surtout, de chaque côté du bréchet. **3. MIL.** Ornement d'uniforme fait de cordons tressés. **4.** Anc. Cordon ferré aux deux bouts qui servait à fermer ou à garnir les vêtements. **5. ZOOL.** Orphie.

AIGUILLEUR [egɥi-] **n.m.** Agent du chemin de fer chargé de la manœuvre des aiguillages et des signaux. ▪ **Aiguilleur du ciel,** contrôleur de la navigation aérienne.

AIGUILLIER, ▲ *AIGUILLER* [egɥije] **n.m.** Étui à aiguilles.

AIGUILLON [egɥi-] **n.m. 1. ENTOMOL.** Dard de certains insectes hyménoptères (abeilles, guêpes, etc.). **2. BOT.** Épine d'une cactacée. **3.** Anc. Bâton muni d'une pointe de fer, utilisé pour conduire les bœufs. **4.** Fig., litt. Ce qui stimule, excite : *L'aiguillon de la jalousie.*

AIGUILLONNER [egɥi-] **v.t. [3]. 1.** Anc. Piquer un bœuf avec un aiguillon. **2.** Fig., litt. Inciter à l'action : *La faim les aiguillonnait.*

AIGUILLOT [egɥi-] **n.m. MAR.** Pièce métallique mâle qui constitue avec le femelot (pièce femelle) l'axe de pivotement du gouvernail.

AIGUISAGE ou **AIGUISEMENT** [egi-] **n.m.** Action d'aiguiser (SYN. **repassage**).

AIGUISE-CRAYON [egi-] **n.m.** (pl. *aiguise-crayons*). Québec. Taille-crayon.

AIGUISER [egize] **v.t. [3]. 1.** Rendre tranchant ; affûter (SYN. **repasser**). **2.** Fig. Rendre plus vif : *La marche avait aiguisé son appétit.*

AIGUISOIR [egi-] **n.m.** Instrument servant à aiguiser.

AÏKIDO [ajkido] **n.m.** (mot jap. « la voie de la paix »). Art martial défensif d'origine japonaise, pratiqué à mains nues et fondé sur la neutralisation de l'adversaire par des mouvements de rotation et d'esquive, et l'utilisation de clés aux articulations.

AIL [aj] **n.m.** (lat. *allium*). Plante potagère à bulbe dont les gousses, à l'odeur forte et au goût piquant, sont utilisées en cuisine : *Des ails.* ➲ Famille des liliacées. ▪ **Ail d'Espagne,** rocambole.

✎ Pl. anc. ***aulx.***

AILANTE n.m. (d'un mot malais « arbre du ciel »). Arbre des régions tropicales, à feuilles composées pennées, planté sur les voies publiques et connu sous le nom de *vernis du Japon.* ➲ Haut. 20-30 m ; famille des simaroubacées.

AILE **n.f.** (lat. *ala*). **1.** Membre mobile (chez les oiseaux, les chauves-souris) ou appendice (chez les insectes) assurant le vol. **2.** Morceau de volaille cuite comprenant l'aile et sa partie charnue. **3.** Chacun des principaux plans de sustentation d'un avion. **4.** Partie latérale du nez. **5.** Partie de la carrosserie d'une automobile qui recouvre partiellement chaque roue. **6.** Courant d'un parti, d'un groupe, qui manifeste une orientation particulière. **7.** ARCHIT. Corps de bâtiment complémentaire, construit à l'alignement du bâtiment principal ou formant retour. **8.** MIL. Partie latérale d'une armée terrestre ou navale rangée en ordre de bataille. **9.** SPORTS. Extrémité de la ligne d'attaque d'une équipe de football, de rugby, etc. **10.** BOT. Chacun des deux pétales latéraux de la corolle des papilionacées ; expansion membraneuse de certains organes (tiges, fruits, graines, etc.). **11.** Bord d'un plat, d'une assiette, séparé du fond par le marli. ▪ **Aile bâtarde,** alule. ▪ **Aile de pigeon,** au football, action de plier la jambe pour frapper le ballon, du pied, à mi-hauteur. ▪ **Aile libre** [sports], engin servant au vol libre et constitué essentiellement d'une carcasse légère tendue d'une voilure et d'un harnais auquel on se suspend. ▪ **Ailes d'un moulin à vent,** châssis mobiles garnis de toile qui meuvent le mécanisme, entraînant les meules. ▪ **Aile volante,** avion dont le fuselage est plus ou moins intégré dans l'épaisseur de l'aile. ▪ **Avoir des ailes,** se sentir léger, insouciant ; se mouvoir avec rapidité et légèreté. ▪ **Battre de l'aile,** être en difficulté ; péricliter. ▪ **Donner des ailes à qqn,** le faire courir très vite ; l'inciter à agir. ▪ **D'un coup d'aile,** sans s'arrêter et rapidement. ▪ **Voler de ses propres ailes,** s'affranchir d'une tutelle et agir seul.

AILÉ, E **adj.** Pourvu d'ailes : *Insectes ailés.*

AILERON **n.m.** **1.** Nageoire triangulaire des poissons de grande taille (requin, espadon). **2.** Nageoire dorsale de certains mammifères cétacés. **3.** Extrémité de l'aile d'une volaille. **4.** AÉRON. Volet articulé placé à l'arrière et à l'extrémité d'une aile d'avion, et dont la manœuvre permet à celui-ci de virer. **5.** ARCHIT. Chacune des deux consoles renversées pouvant jouer le rôle d'adoucissement de part et d'autre d'une lucarne ou de la partie supérieure d'une façade (églises des XVIIe-XVIIIe s.).

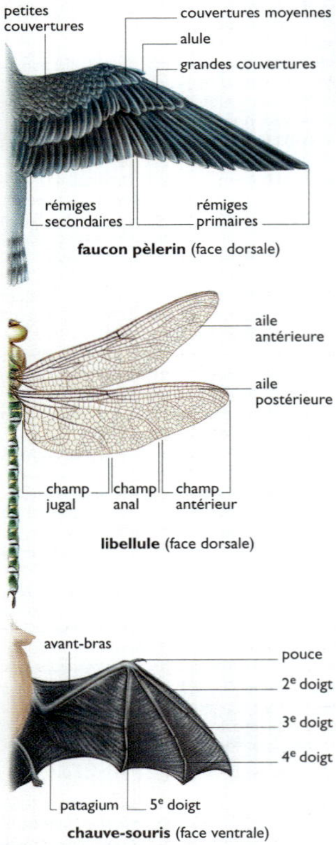

▲ **aile.** Morphologie comparée de l'aile de trois animaux.

▲ **aile libre.** Vol en aile libre (deltaplane).

▲ **ailerons**

AILETTE **n.f.** **1.** Élément stabilisateur de l'empennage arrière de certains projectiles : *Bombe à ailettes.* **2.** Élément (plaquette, lamelle) destiné à améliorer la transmission de la chaleur par un appareil de chauffage, un cylindre de moteur, etc. **3.** Aube du rotor d'une turbine.

AILIER, ÈRE **n.** **1.** Joueur qui se trouve placé aux extrémités de la ligne d'attaque d'une équipe de football, de rugby, etc. **2.** AÉRON. Équipier extérieur d'une patrouille de chasse.

AILLADE [ajad] **n.f.** Croûton de pain frotté d'ail et arrosé d'huile d'olive.

AILLER [aje] **v.t.** [3]. Garnir ou frotter d'ail : *Ailler un gigot.*

AILLEURS **adv.** (du lat. pop. *in aliore loco,* dans un autre lieu). En un autre lieu : *Allons ailleurs. Venir d'ailleurs.* ▪ **Aller voir ailleurs** [par euphémisme], tromper son conjoint, lui être infidèle : *Dans leur couple, chacun est libre d'aller voir ailleurs.* ▪ **Être ailleurs** ou **avoir la tête ailleurs,** être distrait. ◆ **n.m.** Litt. Ce qui est lointain et différent : *Le rêve d'un ailleurs.* ◆ **loc. adv.** ▪ **D'ailleurs,** de plus : *Tu n'aimes pas l'opéra, d'ailleurs il n'y avait plus de places* ; pourtant : *Sa remarque, d'ailleurs fondée, n'a pas été retenue.* ▪ **Par ailleurs,** d'un autre côté ; d'autre part : *Vous savez bien, par ailleurs, qu'il refuse de les rencontrer.*

AILLOLI **n.m.** → **AÏOLI.**

AIMABLE **adj.** Qui manifeste de la politesse et de la gentillesse : *Un homme aimable. Des paroles aimables.*

AIMABLEMENT **adv.** Avec amabilité.

1. AIMANT **n.m.** (du gr. *adamas,* diamant). **1.** Oxyde de fer et de titane qui attire naturellement le fer et quelques autres métaux. **2.** Matériau, dispositif qui, comme l'aimant naturel, produit un champ magnétique extérieur.

2. AIMANT, E **adj.** Porté à aimer : *Des enfants aimants.*

AIMANTATION **n.f.** Action d'aimanter ; fait d'être aimanté.

AIMANTER **v.t.** [3]. Communiquer à un corps la propriété de l'aimant.

AIMER **v.t.** [3] (lat. *amare*). **1.** Éprouver pour qqn de l'affection, un attachement très vif : *Aimer ses enfants.* **2.** Éprouver pour qqn une inclination très vive fondée à la fois sur la tendresse et l'attirance physique : *Il l'a follement aimée.* **3.** Absol. Éprouver de l'amour : *Aimer sans retour.* **4.** Avoir un penchant pour qqch : *Aimer la danse. Aimer lire. Elle aime que l'on soit à l'heure.* **5.** Se développer particulièrement bien dans tel lieu, en parlant des plantes : *La betterave aime les terres profondes.* ▪ **Aimer à** (+ inf.), éprouver du plaisir à : *Il aime à écouter le bruit du ressac.* ▪ **Aimer mieux,** préférer : *J'aime mieux la voiture que le train.* ◆ **S'AIMER** **v.pr.** Éprouver une affection ou un amour mutuels.

AINE **n.f.** (lat. *inguen*). Partie antérieure de la hanche, située entre la cuisse et l'abdomen. ▪ **Pli de l'aine,** pli de flexion de la cuisse sur l'abdomen.

AÎNÉ, E, ▲ *AINÉ, E* **n.** et **adj.** (de l'anc. adv. *ainz,* avant, et de *né*). **1.** Premier-né, dans une fratrie : *L'aînée de la famille.* **2.** Frère ou sœur né avant d'autres, au sein d'un tel groupe : *L'aîné des frères.* **3.** Personne plus âgée qu'une autre : *Il est mon aîné de trois ans.*

AÎNESSE, ▲ *AINESSE* **n.f.** Priorité d'âge entre frères et sœurs. ▪ **Droit d'aînesse** [hist.], droit, aboli en 1790, qu'avait l'aîné de prendre dans la succession des parents plus que les autres enfants.

AINSI **adv.** (de 3. *si,* du lat *sic*). **1.** De cette façon : *Ne lui parlez pas ainsi.* **2.** Litt. De même : *Comme un naufragé à une épave, ainsi s'accroche-t-il à cet espoir.* **3.** Par conséquent : *Ainsi, je conclus que vous êtes d'accord.* ▪ **Ainsi soit-il,** formule qui termine les prières chrétiennes. ◆ **AINSI QUE** **loc. conj.** **1.** De la manière que : *Ainsi que je l'ai expliqué.* **2.** Et aussi : *Elle parle l'italien ainsi que le russe.*

AÏOLI ou **AILLOLI** [ajɔli] **n.m.** (mot provenç. de *ai,* ail, et *oli,* huile). **1.** Mayonnaise à base d'ail pilé et d'huile d'olive. **2.** Plat de morue et de légumes pochés servi avec cette sauce. ➲ Cuisine provençale.

1. AIR **n.m.** (lat. *aer*). **1.** Mélange gazeux contenant princip. de l'azote et de l'oxygène, et qui forme l'atmosphère. **2.** Ce mélange gazeux, en tant que milieu de vie : *Le bon air.* **3.** Vent léger ; souffle : *Le soir, il y a un peu d'air. Ouvrir une fenêtre pour faire un courant d'air.* **4.** Espace qu'occupe l'air : *Avion qui s'élève dans l'air* ou *dans les airs.* ▪ **Air comprimé,** dont on réduit le volume par compression en vue d'utiliser l'énergie produite au moment de la détente. ▪ **Air liquide,** liquéfié par détentes et compressions successives, et utilisé dans l'industrie (trempe métallurgique, préparation de l'oxygène ou de l'azote liquide, etc.). ▪ **C'est dans l'air,** on en parle souvent : *Ces idées sont dans l'air* ; c'est imminent : *Sa nomination est dans l'air.* ▪ **Donner de l'air,** aérer. ▪ **En l'air,** vers le haut : *Regarder en l'air* ; fig., sans fondement : *Paroles en l'air.* ▪ **Être, mettre en l'air,** en désordre. ▪ **L'air,** l'aviation, l'aéronautique, les transports aériens : *Hôtesse de l'air. Armée de l'air.* ▪ **L'air du temps,** ce qui est d'actualité, occupe les esprits et fonde les grandes tendances de l'opinion : *L'air du temps est à la prudence.* ▪ **Ne pas manquer d'air** [fam.], faire preuve d'une certaine impudence. ▪ **Prendre l'air,** s'envoler, en parlant d'un avion, d'un aérostat ; sortir de chez soi pour se promener.

➲ L'**AIR** pur est constitué, en volume, de 21 % d'oxygène et de 78 % d'azote ; il renferme en outre de l'argon (environ 1 %) et des traces d'autres gaz (néon, krypton, xénon, hélium). La pression exercée par l'air est appelée *pression atmosphérique.* L'air ordinaire contient aussi, en proportions variables, de la vapeur d'eau, du gaz carbonique, des traces d'ozone, et tient en suspension des aérosols minéraux ou organiques (poussières, micro-organismes, etc.).

2. AIR **n.m.** (de *1. air*). Manière d'être, apparence d'une personne : *Un air gentil. Prendre un air* *indigné.* ▪ **Avoir l'air,** paraître : *Sa dernière phrase avait l'air d'une menace.* [L'accord de l'adj. attribut se fait avec le sujet quand il s'agit de noms de choses. (Ex. : *Cette poire a l'air bonne.*) S'il s'agit de personnes, l'accord se fait avec le sujet ou avec le mot *air.* (Ex. : *Cette femme a l'air intelligente* ou *intelligent.*) Si *air* est déterminé par un complément, l'adj. s'accorde obligatoirement avec *air.* (Ex. : *Elle avait l'air doux d'une éducatrice.*)] ▪ **Avoir un air de famille,** présenter une certaine ressemblance, en parlant de personnes ou de choses. ▪ **N'avoir l'air de rien,** donner l'impression fausse d'être insignifiant, facile ou sans valeur. ▪ **Prendre des airs** ou **de grands airs,** affecter la supériorité.

3. AIR n.m. (ital. *aria*). **1.** Mélodie instrumentale : *Un air de flûte.* **2.** Pièce musicale chantée : *Le grand air de « Tosca ».*

AIRAIN n.m. (du lat. *aes, aeris,* bronze). Vx. Alliage à base de cuivre. ▪ **D'airain** [vx, litt.], impitoyable : *Cœur d'airain.*

AIRBAG n.m. Coussin destiné à protéger les passagers d'un véhicule automobile lors d'un choc, en se gonflant instantanément de gaz. Recomm. off. **coussin gonflable.**

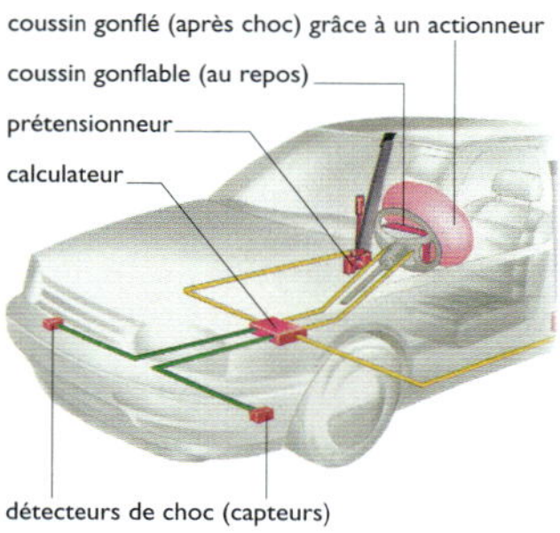

▲ airbag

AIRE n.f. (du lat. *area,* emplacement). **1.** Terrain délimité et aménagé pour une activité, une fonction : *Aire de jeu, de stationnement, d'atterrissage.* **2.** Zone, secteur où se produit un fait observable : *Aire d'activité. Aire linguistique.* **3.** Terrain où l'on bat le grain, en partic. le blé. **4.** Nid des oiseaux de proie ou surface plane sur laquelle ils le construisent. **5.** MATH. Nombre mesurant une surface ; mesure d'une surface. **6.** PHYSIOL. Région anatomique ayant un rôle déterminé : *Aires cérébrales.* **7.** Surface occupée par une espèce animale ou végétale. ▪ **Aire culturelle,** extension géographique d'une culture ou d'une civilisation. ▪ **Aire de lancement,** pas de tir. ▪ **Aire de vent** [mar.], trente-deuxième partie de la rose des vents (SYN. **rhumb**). ▪ **Aire urbaine** → **URBAIN.**

AIREDALE [ɛrdɛl] ou **AIREDALE-TERRIER** [ɛrdɛltɛrje] (pl. *airedale-terriers*) **n.m.** (mots angl.). Grand terrier anglais à poil dur, très robuste, élevé comme chien de chasse ou d'agrément.

AIRELLE n.f. (du provenç. *aire,* du lat. *atra,* noire). **1.** Sous-arbrisseau montagnard à baies rouges ou noires rafraîchissantes. ➲ Famille des éricacées. **2.** Fruit de cet arbrisseau, proche de la myrtille.

AIRER v.i. [3]. FAUCONN. Faire son nid, en parlant d'un oiseau de proie.

AIS [ɛ] **n.m.** (du lat. *axis,* planche). Planchette ou plaque d'une matière rigide, utilisée dans différentes opérations de reliure.

AISANCE n.f. (du lat. *adjacentia,* environs). **1.** Manière aisée et naturelle d'accomplir telle ou telle action, de se comporter en société : *S'exprimer avec aisance.* **2.** Situation de fortune qui permet le bien-être : *Vivre dans l'aisance.* ◆ **n.f. pl.** ▪ **Lieux d'aisances** [vieilli], toilettes.

1. AISE n.f. (du lat. *adjacens,* situé auprès). Litt. État moral et physique d'une personne satisfaite : *Vous me comblez d'aise.* ▪ **À l'aise** ou **à mon, ton, son, votre aise,** dans une position, un vêtement confortables : *Il est à l'aise dans son vieux pantalon* ; sans gêne physique : *Vous serez à votre aise dans ce fauteuil* ; sans embarras ni appréhension : *Quand elle est devant son ordinateur, elle est à son aise.* ▪ **À l'aise !** [fam.], facilement : *J'aurai terminé ce soir, à l'aise !* ▪ **En parler à son aise,** sans tenir compte de la situation ou des difficultés d'autrui. ▪ **En prendre à son aise,** agir avec désinvolture. ◆ **n.f. pl.** ▪ **Aimer ses aises,** le bien-être. ▪ **Prendre ses aises,** s'installer confortablement sans se soucier de gêner les autres.

2. AISE adj. Litt. ▪ **Être bien** ou **fort aise de, que,** être content de, que.

AISÉ, E adj. 1. Qui se fait sans peine : *Un nom aisé à retenir.* **2.** Qui a une certaine fortune : *Famille aisée.*

AISÉMENT adv. Avec aisance.

AISSEAU n.m. (de *ais*). CONSTR. Bardeau.

AISSELIER n.m. Lien de renfort, souvent courbe, entre une pièce de charpente verticale et une pièce horizontale.

AISSELLE n.f. (lat. *axilla*). **1.** ANAT. Cavité située sous l'épaule, à la jonction du bras et du thorax. **2.** BOT. Partie située au-dessus de l'insertion d'une feuille sur le rameau qui la porte.

AISY [ɛzi] **n.m.** (de l'anc. fr. *aisil,* vinaigre). Liquide acide obtenu par l'action de ferments lactiques sur le lactosérum, dans la fabrication du gruyère.

AIT ou **A.I.T. n.m.** (sigle). Accident ischémique transitoire.

AIXOIS, E adj. et **n.** D'Aix-en-Provence ; d'Aix-les-Bains.

AJOINTER v.t. [3]. Joindre bout à bout : *Ajointer des planches.*

AJONC [aʒɔ̃] **n.m.** (du prélatin **jauga*). Arbrisseau à feuilles épineuses et à fleurs jaunes, croissant dans les landes sur les sols siliceux. ➲ Sous-famille des papilionacées.

AJOUR n.m. BROD. Jour.

AJOURÉ, E adj. Percé, orné de jours : *Nappe ajourée.*

AJOURER v.t. [3]. Pratiquer des jours, des ouvertures dans : *Ajourer un napperon, un garde-corps.*

AJOURNÉ, E n. et **adj.** Candidat à un examen renvoyé à une session ultérieure.

AJOURNEMENT n.m. Renvoi à une date ultérieure.

AJOURNER v.t. [3]. Renvoyer à un autre jour : *Ajourner un rendez-vous.* ▪ **Ajourner un candidat,** le renvoyer à une session d'examen ultérieure.

AJOUT n.m. Ce qui est ajouté ; addition.

AJOUTE n.f. Belgique. Ajout ; addition ; annexe.

AJOUTER v.t. [3] (du lat. *juxta,* près de). **1.** Joindre une chose à une autre : *Ajouter une rallonge à une table* ; mettre en plus : *Ajouter du sel aux légumes.* **2.** Dire en plus : *Ajouter quelques mots.* ▪ **Ajouter foi à qqch** [litt.], y croire. ◆ **S'AJOUTER v.pr. (À).** Venir en plus de.

AJUSTAGE n.m. Opération consistant à donner à une pièce mécanique la dimension exacte nécessaire pour qu'elle s'adapte parfaitement à une autre.

AJUSTÉ, E adj. Serré au buste et à la taille par des pinces : *Chemisier ajusté.*

AJUSTEMENT n.m. 1. Action d'ajuster ; son résultat : *Ajustement des tarifs, d'un vêtement.* **2.** MÉCAN. INDUSTR. Degré de liberté ou de serrage entre deux pièces assemblées. ▪ **Ajustement structurel,** mesure prônée par certaines organisations monétaires internationales pour aider les pays en développement les plus endettés à recréer les conditions de la croissance.

▲ airelle

AJUSTER v.t. [3] (du lat. *justus,* juste). **1.** Adapter parfaitement une chose à une autre ; façonner qqch de façon à réaliser un assemblage parfait : *Ajuster un vêtement, un couvercle de boîte.* **2.** MÉCAN. INDUSTR. Procéder à l'ajustage de. **3.** Rendre juste ; conformer à une norme : *Ajuster une balance, les prix.* **4.** Rendre précis : *Ajuster un tir.* **5.** Prendre pour cible : *Ajuster un lièvre.* **6.** Arranger de façon appropriée : *Ajuster sa cravate.* ◆ **S'AJUSTER v.pr.** Avoir une taille, une forme permettant un assemblage parfait.

AJUSTEUR, EUSE n. Personne qui procède à l'ajustage de pièces mécaniques.

AJUTAGE n.m. (de *ajuster*). TECHN. Orifice percé dans la paroi d'un réservoir ou d'une canalisation pour permettre l'écoulement d'un fluide.

AKATHISIE n.f. MÉD. Difficulté à rester dans la même position ; impatience motrice.

AKÈNE ou **ACHAINE** [akɛn] **n.m.** (du gr. *khainein,* s'ouvrir). BOT. Fruit sec indéhiscent, à une seule graine (gland, noisette).

▲ akènes

AKINÉSIE ou **ACINÉSIE n.f.** (du gr. *kinêsis,* mouvement). MÉD. Symptôme neurologique, typique de la maladie de Parkinson, consistant en une difficulté à réaliser les mouvements volontaires.

AKKADIEN, ENNE adj. et **n.** D'Akkad. ◆ **n.m.** Langue sémitique de la Mésopotamie ancienne, écrite en caractères cunéiformes.

AKVAVIT n.m. → **AQUAVIT.**

al n.f. (symb.). Année-lumière.

ALABASTRITE n.f. Albâtre gypseux.

ALACRITÉ n.f. (lat. *alacritas*). Litt. Gaieté entraînante.

ALAIRE adj. En parlant d'un animal ou d'un avion, relatif à l'aile. ▪ **Masse alaire d'un avion,** rapport entre sa masse et la surface de sa voilure.

ALAISE ou **ALÈSE n.f.** (du lat. *latus,* large). Pièce de tissu imperméabilisée, destinée à protéger un matelas.

ALAISÉ, E adj. → **ALÉSÉ.**

ALAMBIC n.m. (ar. *al-anbīq*). Appareil pour distiller, en partic. l'alcool : *Alambic de bouilleur de cru.*

ALAMBIQUÉ, E adj. D'une subtilité excessive : *Discours alambiqué.*

ALANDIER n.m. Foyer d'un four de céramiste.

ALANGUI, E adj. Qui manifeste un état de langueur : *Regard alangui.*

ALANGUIR v.t. [21]. Enlever de son énergie à : *La chaleur les alanguit.* ◆ **S'ALANGUIR** v.pr. Perdre de son énergie.

ALANGUISSEMENT n.m. État de langueur.

ALANINE n.f. (de *aldéhyde* et *protéine*). BIOCHIM. Aminoacide des organismes vivants, notamm. présent au sein des protéines.

ALAOUITE adj. et n. → **ALAWITE.**

ALARMANT, E adj. Qui alarme, effraie, inquiète.

ALARME n.f. (de l'ital. *all'arme*, aux armes !). **1.** Appareil, dispositif destiné à prévenir d'un danger : *Tirer le signal d'alarme.* **2.** Litt. Inquiétude due à l'imminence d'un danger : *Une explosion a jeté l'alarme dans le quartier.* ▪ **Donner** ou **sonner l'alarme,** prévenir d'un danger.

ALARMER v.t. [3]. Plonger dans la crainte, l'inquiétude : *Alarmer la population.* ◆ **S'ALARMER** v.pr. (DE). Éprouver de l'angoisse pour ; s'inquiéter : *Il n'y a pas lieu de s'alarmer de ce retard.*

ALARMISME n.m. Tendance à être alarmiste.

ALARMISTE n. Personne qui répand des bruits alarmants. ◆ adj. De nature à alarmer : *Nouvelles alarmistes.*

ALAWITE ou **ALAOUITE** adj. et n. Relatif aux Alawites ; qui en est membre.

ALBACORE n.m. Autre nom du thon jaune.

ALBANAIS, E adj. et n. De l'Albanie ; de ses habitants. ◆ n.m. Langue indo-européenne parlée en Albanie, ainsi que par les communautés albanaises de Macédoine et du Kosovo.

ALBANOPHONE adj. et n. De langue albanaise.

ALBÂTRE n.m. (lat. *alabaster*). **1.** Variété de calcaire translucide, de teinte variable (on dit aussi *albâtre calcaire*). **2.** Variété de gypse blanc, très finement cristallisé, utilisé en sculpture (on dit aussi *albâtre gypseux*). **3.** Objet, sculpture d'albâtre. ▪ **D'albâtre,** qui a la blancheur de l'albâtre : *Un teint d'albâtre.*

▲ **albatros** hurleur.

ALBATROS [albatros] n.m. (du port. *alcatraz*). Grand oiseau palmipède des mers australes et du Pacifique nord, excellent voilier. ➲ Envergure 3 m env. ; ordre des procellariiformes.

ALBÉDO n.m. (du lat. *albus*, blanc). ASTRON. Fraction de la lumière et de l'énergie reçues que réfléchit ou diffuse un corps non lumineux.

ALBIGEOIS, E adj. et n. D'Albi. ▪ **La croisade des albigeois***, v. partie n.pr. ▪ **Les albigeois** [hist.], les cathares du pays d'Oc.

ALBINISME n.m. (du lat. *albus*, blanc). MÉD. Anomalie héréditaire de l'homme et de certains animaux, due au défaut d'un pigment, la mélanine, et caractérisée par une peau très blanche, des cheveux blancs ou blond paille, ou un pelage blanc, un iris rosé.

ALBINOS [-nos] adj. et n. Atteint d'albinisme.

ALBITE n.f. MINÉRALOG. Feldspath sodique [$Na(Si_3AlO_8)$].

ALBRAQUE n.f. Ensemble de galeries rassemblant les venues d'eau d'une mine avant leur pompage.

ALBUGINÉE n.f. ANAT. Membrane enveloppant certains organes, partic. le testicule.

ALBUGO n.m. (mot lat.). MÉD. Tache blanche qui se forme sur la cornée ou sur un ongle.

ALBUM [albɔm] n.m. (mot all., du lat. *albus*, blanc). **1.** Cahier cartonné destiné à recevoir des photographies, des dessins, etc. : *Album de timbres.* **2.** Livre dans lequel l'illustration, l'image dominent ; recueil de documents iconographiques. **3.** Production musicale comportant plusieurs morceaux qui forment une unité artistique : *Son dernier album est un succès.*

ALBUMEN [albymɛn] n.m. **1.** Blanc d'œuf. **2.** BOT. Tissu riche en réserves nutritives, qui avoisine la plantule dans certaines graines.

ALBUMINE n.f. Substance organique protéique, visqueuse à l'état pur, soluble dans l'eau, coagulable par la chaleur, contenue dans le blanc d'œuf, le plasma sanguin, le lait, etc. ▪ **Avoir de l'albumine** [cour.], être atteint d'une protéinurie ; avoir une maladie des reins.

ALBUMINÉ, E adj. BOT. Se dit d'une graine pourvue d'albumen.

ALBUMINURIE n.f. Vieilli. Protéinurie.

ALCADE n.m. (esp. *alcalde*, de l'ar. *alqāḍī*, le juge). **1.** Maire, en Espagne et en Amérique latine. **2.** Anc. Juge, en Espagne et en Amérique latine.

ALCALI n.m. (de l'ar. *al-qilyi*, la soude). CHIM. Vx. Hydroxyde dont la solution aqueuse est basique.

ALCALIFIANT, E adj. Qui a la propriété de rendre alcalin.

ALCALIMÈTRE n.m. CHIM. Appareil servant à déterminer la masse d'anhydride carbonique dans les substances carbonatées.

ALCALIMÉTRIE n.f. Détermination du titre d'une solution basique.

ALCALIN, E adj. (de *alcali*). CHIM. MINÉR. **1.** Se dit d'un métal de la première colonne de la classification périodique, qui décompose l'eau à froid en produisant un hydroxyde (base forte). **2.** Qui contient une base ou qui en a les propriétés. ◆ n.m. Métal alcalin.

ALCALINISER v.t. [3]. Rendre alcalin.

ALCALINITÉ n.f. Basicité.

ALCALINO-TERREUX, EUSE (pl. *alcalino-terreux, euses*), ▲ *ALCALINOTERREUX, EUSE (pl. alcalinoterreux, euses)* adj. ▪ **Métal alcalino-terreux,** calcium, strontium, baryum et radium (SYN. **alcalino-terreux**). ◆ n.m. Métal alcalino-terreux.

ALCALOÏDE [alkalɔid] n.m. (de *alcali*). CHIM. ORG., PHARM. Composé organique azoté et basique tiré d'un végétal (nom générique). ➲ La morphine, la quinine, la strychnine sont des alcaloïdes.

ALCALOSE n.f. MÉD. Caractère basique excessif du plasma sanguin.

ALCANE n.m. CHIM. ORG. Hydrocarbure saturé acyclique, de formule générale C_nH_{2n+2} (nom générique) [SYN. **paraffine**].

ALCARAZAS [-zas] n.m. (esp. *alcarraza*, de l'ar.). Cruche ou vase de terre poreuse où l'eau se rafraîchit par évaporation.

▲ **alcarazas** (Espagne).

ALCAZAR n.m. (mot esp., de l'ar.). Palais fortifié des souverains maures d'Espagne ou de leurs successeurs chrétiens.

ALCÈNE n.m. CHIM. ORG. Hydrocarbure acyclique à double liaison, de formule générale C_nH_{2n} (nom générique) [SYN. **oléfine**].

ALCHÉMILLE [alkemij] n.f. Plante herbacée vivace poussant en touffes dans les lieux incultes. ➲ Famille des rosacées.

ALCHIMIE n.f. (de l'ar. *al-kīmiyā'*, la chimie). **1.** Science occulte centrée sur la recherche d'inspiration spirituelle, ésotérique, d'un remède universel (élixir, panacée, pierre philosophale) capable d'opérer une transmutation de l'être, de la matière (et, notamm., la transmutation en or des métaux vils). **2.** Fig. Suite complexe de réactions et de transformations : *L'alchimie de la mémoire.*

➲ Au Moyen Âge, l'**ALCHIMIE** était la science par excellence, dont l'un des buts consistait à découvrir la *pierre philosophale*. En Occident, elle apparut à Alexandrie aux IIe et IIIe s. Transmise par les Arabes aux Européens, elle y prospéra du XIIe au XVIIe s. (avec Albert le Grand, R. Bacon, N. Flamel, etc.). Parfois, elle influença favorablement la pensée de certains savants (Paracelse, le père de la médecine hermétique, et peut-être même Newton).

ALCHIMIQUE adj. Relatif à l'alchimie.

ALCHIMISTE n. Personne qui pratique l'alchimie.

ALCOOL [alkɔl] n.m. (de l'ar. *al-kuḥl*, antimoine pulvérisé). **1.** CHIM. ORG. Tout composé organique oxygéné de formule ROH, où R est un groupement organique. **2.** Toute boisson contenant de l'alcool : *Les alcools sont interdits aux mineurs ;* Spécial., boisson à fort titre en alcool : *Alcool de prune.* ▪ **Alcool à 90°, 70°, 60°** [pharm.], solution aqueuse d'alcool éthylique dénaturé, contenant en volume 90 %, 70 %, 60 % d'alcool, utilisée comme antiseptique. ▪ **Alcool (éthylique),** liquide incolore, C_2H_5OH, qui bout à 78 °C et se solidifie à – 112 °C (SYN. **éthanol**). ➲ L'alcool éthylique est obtenu par la distillation de jus sucrés fermentés (raisin, par ex.) ou de matières amylacées (grains, fécules, etc.) transformées en glucose.

ALCOOLAT n.m. Liquide obtenu par distillation de l'alcool sur une substance aromatique. ➲ L'eau de Cologne est un alcoolat.

ALCOOLATURE n.f. Produit obtenu par macération d'une plante dans l'alcool.

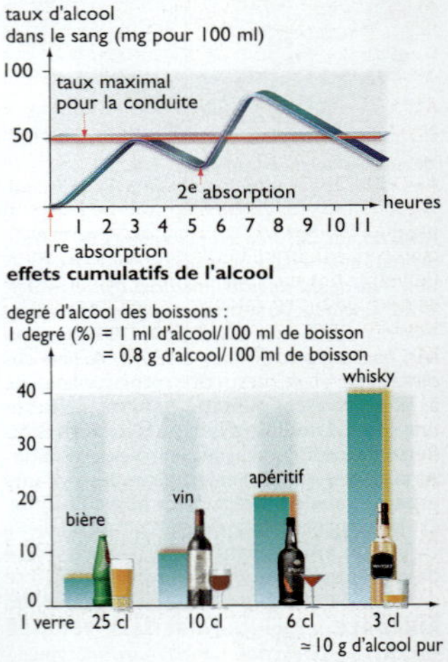

▲ **alcoolémie**

ALCOOLÉMIE n.f. Concentration d'alcool dans le sang. ➲ En France, pour les conducteurs de véhicules automobiles, l'alcoolémie ne doit pas dépasser 0,50 g/l.

ALCOOLIER n.m. Fabricant industriel d'alcool.

ALCOOLIFICATION n.f. Transformation d'une substance en alcool par fermentation (SYN. **alcoolisation**).

ALCOOLIQUE adj. **1.** Qui contient de l'alcool : *Solution alcoolique.* **2.** Relatif à l'alcool, partic. à l'alcool éthylique : *Fermentation alcoolique.* **3.** Qui résulte de l'alcoolisme : *Délire alcoolique.* ◆ adj. et n. Qui est atteint d'alcoolisme chronique.

ALCOOLISABLE adj. Qui peut être converti en alcool.

ALCOOLISATION n.f. **1.** Action d'alcooliser qqch ; son résultat. **2.** Consommation excessive d'alcool. **3.** MÉD. Injection locale d'alcool, génér. autour d'un nerf, dans un but antalgique. **4.** Alcoolification.

ALCOOLISÉ, E adj. **1.** Qui contient de l'alcool ; à quoi l'on a ajouté de l'alcool : *Boisson alcoolisée.* **2.** Qui est sous l'emprise de l'alcool : *Un* *conducteur alcoolisé* ; où l'on consomme beaucoup d'alcool : *Une soirée alcoolisée.*

ALCOOLISER v.t. [3]. **1.** Ajouter de l'alcool à. **2. CHIM. ORG.** Transformer en alcool.

ALCOOLISME n.m. **1.** Abus de boissons alcooliques. **2. MÉD.** Maladie liée à un abus chronique de boissons alcooliques, avec dépendance à l'alcool (SYN. **éthylisme**). ➲ La cirrhose, la polynévrite, les troubles psychiques sont les principales complications de cette maladie. ▪ **Syndrome d'alcoolisme fœtal** [méd.], ensemble d'anomalies constatées chez l'enfant (faible poids à la naissance, malformations, déficience intellectuelle, instabilité), résultant de l'absorption d'alcool par la mère pendant la grossesse.

ALCOOLOGIE n.f. Discipline médicale qui étudie l'alcoolisme pour en organiser la prévention.

ALCOOLOGUE n. Spécialiste d'alcoologie.

ALCOOMÈTRE n.m. Densimètre pour mesurer la teneur en alcool des vins, des liqueurs, etc. (SYN. **pèse-alcool**).

ALCOOMÉTRIE n.f. Ensemble des procédés employés pour la détermination de la richesse en alcool des vins, des liqueurs, etc.

ALCOTEST ou **ALCOOTEST** n.m. (nom déposé). Éthylotest de la marque de ce nom.

ALCÔVE n.f. (esp. *alcoba*, de l'ar.). Renfoncement ménagé dans une chambre pour recevoir un lit. ▪ **D'alcôve,** relatif à la vie intime, amoureuse : *Secret d'alcôve. Public friand d'histoires d'alcôves.*

ALCOYLATION [-kɔi-] n.f. Fixation d'un groupement alcoyle sur une molécule (SYN. **alkylation**).

ALCOYLE [-kɔil] n.m. **CHIM. ORG.** Groupement de formule générale $—C_nH_{2n+1}$, obtenu par soustraction d'un atome d'hydrogène à un alcane (SYN. **alkyle**).

ALCYNE [alsin] n.m. **CHIM. ORG.** Hydrocarbure acyclique à triple liaison de formule générale C_nH_{2n-2} (nom générique).

ALCYON [alsjɔ̃] n.m. (gr. *alkuôn*). **1. MYTH. GR.** Oiseau fabuleux qui passait pour ne faire son nid que sur une mer calme et dont la rencontre était tenue pour un heureux présage. **2. ZOOL.** Polype s'abritant dans une loge squelettique calcaire, vivant en colonies importantes sur les fonds rocheux. ➲ Ordre des alcyonaires.

ALCYONAIRE n.m. Invertébré de l'embranchement des cnidaires, représenté par un polype à huit tentacules, vivant génér. en colonies arborescentes, tel que l'alcyon. ➲ Les alcyonaires forment un ordre.

ALD ou **A.L.D.** n.f. (sigle). Affection de longue durée.

ALDÉHYDE n.m. **1.** Nom usuel de l'*éthanal* (CH_3CHO), liquide volatil formé par déshydrogénation ou par oxydation de l'éthanol. **2.** Composé organique contenant un groupe $–CH=O$ (nom générique).

ALDÉHYDIQUE adj. Relatif aux aldéhydes.

AL DENTE [aldɛnte] **loc. adj. inv.** et **loc. adv.** (mots ital. « à la dent »). Se dit d'aliments, notamm. des pâtes, cuits de manière à rester fermes sous la dent.

ALDIN, E adj. ▪ **Caractères aldins,** caractères d'imprimerie qu'Alde Manuce* créa et fit graver.

ALDOHEXOSE n.m. Glucide (ose) à 6 atomes de carbone comportant une fonction aldéhydique, libre ou non.

ALDOL n.m. **CHIM. ORG.** Produit de condensation entre un anion énolate et un dérivé carbonylé, aldéhyde ou cétone.

ALDOPENTOSE [-pɛ̃toz] n.m. Glucide (ose) à 5 atomes de carbone comportant une fonction aldéhydique, libre ou non.

ALDOSE n.m. **CHIM. ORG.** Ose à fonction aldéhyde.

ALDOSTÉRONE n.f. **PHYSIOL.** Hormone corticosurrénale qui agit au niveau du rein, provoquant la rétention du sodium et de l'eau, et favorisant l'élimination du potassium.

ALE [ɛl] n.f. (mot néerl.). Bière anglaise légère, fabriquée avec du malt torréfié.

ALÉA n.m. (du lat. *alea*, coup de dé). [Surtout pl.]. Incertitude sur l'évolution d'une situation ; risque : *Les aléas boursiers, climatiques.* ▪ **Aléa thérapeutique,** risque d'effets indésirables inhérent à un traitement, même en l'absence de faute de la part du médecin.

ALÉATOIRE adj. Soumis au hasard ; incertain : *Bénéfices aléatoires.* ▪ **Musique aléatoire,** dont la forme ou l'exécution inclut une part d'indétermination. ▪ **Œuvre aléatoire** [art mod.], œuvre plastique (notamm. cinétique) ou littéraire dans laquelle l'auteur introduit des éléments de hasard selon un code préétabli. ▪ **Variable aléatoire** [math.], variable indéterminée recevant une valeur de la réalisation d'un événement aléatoire ; application d'un ensemble appelé *univers* et muni d'une probabilité dans l'ensemble des nombres réels.

> ➲ L'expression **MUSIQUE ALÉATOIRE** est née dans les années 1950, en liaison avec des expériences de J. Cage, puis de K. Stockhausen et de P. Boulez. La musique aléatoire est apparue par réaction contre le sérialisme intégral.

ALÉATOIREMENT adv. De façon aléatoire.

ALÉMANIQUE adj. et n. Qui appartient à la Suisse de langue allemande. ◆ **adj.** et **n.m.** Se dit des dialectes parlés notamm. en Suisse allemande et en Alsace.

ALÊNE n.f. (germ. **alisna*). Poinçon pour percer le cuir.

ALÉNOIS adj.m. (altér. de l'anc. fr. *orlenois*, d'Orléans). ▪ **Cresson alénois,** cresson cultivé dans les jardins et utilisé comme condiment.

ALENTOUR adv. (de *à l'entour*). Aux environs ; tout autour : *Le château domine les bois alentour.* ▪ **D'alentour,** des environs : *Les villages d'alentour.*

ALENTOURS n.m. pl. **1.** Lieux qui entourent un endroit, un édifice : *Les alentours du palais.* **2.** Fond décoratif de tapisserie, entourant le sujet central (au XVIIIe s., notamm.). ▪ **Aux alentours,** dans les environs : *Il n'y a pas de gare aux alentours.* ▪ **Aux alentours de,** à proximité de : *Aux alentours de Pau* ; fig., approximativement : *La rentabilité se situe aux alentours de 12 %.*

ALEPH [alɛf] n.m. inv. **1.** Première lettre de l'alphabet hébreu. **2. MATH.** Symbole utilisé par G. Cantor pour désigner les cardinaux des ensembles infinis bien ordonnés.

ALÉPINE n.f. (de *Alep*, n. pr.). Étoffe dont la chaîne est de soie et la trame de laine.

ALÉRION n.m. **HÉRALD.** Petite aigle sans bec ni pattes, ayant les ailes déployées.

1. ALERTE n.f. (de l'ital. *all'erta*, sur la hauteur). **1.** Appel, signal qui prévient de l'imminence d'un danger : *Alerte à la bombe* ; l'état de danger ainsi signalé : *L'alerte a duré deux heures.* **2.** Fait insolite qui signale un danger : *Cette syncope est une alerte.* ▪ **En état d'alerte,** prêt à intervenir : *Les pompiers sont en état d'alerte.* ▪ **Lanceur d'alerte,** personne physique ou morale qui prend l'initiative de dénoncer publiquement l'utilisation de certaines technologies ou substances dangereuses pour la santé publique et l'environnement, et la transgression de certaines règles déontologiques ou légales. ◆ **interj.** ▪ **Alerte !,** cri lancé pour prévenir d'un danger imminent.

2. ALERTE adj. **1.** Agile et vif dans ses mouvements : *Vieillard alerte.* **2.** Qui fait preuve de vivacité intellectuelle : *Esprit alerte.*

ALERTEMENT adv. Avec aisance et vivacité.

ALERTER v.t. [3]. **1.** Prévenir qqn d'un danger afin qu'il se tienne prêt. **2.** Attirer l'attention de : *Le bruit m'a alertée.*

ALÉSAGE n.m. **MÉCAN. INDUSTR.** Usinage très précis de la surface intérieure d'une pièce, amenant celle-ci à la cote prévue. ▪ **Alésage d'un cylindre de moteur,** son diamètre intérieur.

ALÈSE n.f. → **ALAISE.**

ALÉSÉ, E, ALÉZÉ, E ou **ALAISÉ, E** adj. **HÉRALD.** Se dit d'une pièce raccourcie qui ne touche pas les bords de l'écu.

ALÉSER v.t. [11], ▲*[11*]* (de l'anc. fr. *alaisier*, élargir). Procéder à l'alésage de.

ALÉSEUR, EUSE n. Ouvrier travaillant sur une aléseuse.

ALÉSEUSE n.f. Machine à aléser.

ALÉSOIR n.m. Outil servant à aléser.

ALÉTHIQUE adj. (du gr. *alêthês*, vrai). **LOG.** Se dit d'une proposition ou d'une modalité qui ne concerne que le vrai, le faux et l'indéterminé (par oppos. à *déontique*).

ALEURITE [alørit] n.m. (du gr. *aleuritês*, farineux). Arbre d'Extrême-Orient représenté par plusieurs espèces, notamm. l'*arbre à huile*, dont les graines fournissent une huile siccative (huile de bois de Chine), et le *bancoulier*, qui donne une huile purgative. ➲ Famille des euphorbiacées.

ALEURODE n.m. Hémiptéroïde blanchâtre, dont diverses espèces attaquent le chou, le chêne, etc. ➲ Ordre des homoptères.

ALEURONE n.f. **BOT.** Substance protéique de réserve qui forme des grains microscopiques dans les cotylédons ou l'albumen de certaines graines.

ALEVIN [alvɛ̃] n.m. (du lat. *allevare*, élever). Très jeune poisson. ➲ On utilise des alevins pour repeupler les étangs, les rivières ou pour commencer un élevage.

ALEVINAGE n.m. Action d'aleviner.

ALEVINER v.t. [3]. Peupler d'alevins : *Aleviner un étang.*

ALEVINIER n.m. ou **ALEVINIÈRE** n.f. Étang où l'on élève les alevins.

ALEXANDRA n.m. Cocktail composé de cognac, de crème fraîche et de crème de cacao.

1. ALEXANDRIN, E adj. et n. D'Alexandrie (Égypte). ◆ **adj.** ▪ **Art alexandrin,** art hellénistique dont Alexandrie fut le foyer principal à partir du IIIe s. av. J.-C. ▪ **Poésie alexandrine,** poésie érudite et raffinée, qui eut pour principaux représentants Callimaque, Apollonios de Rhodes, Lycophron et Théocrite.

2. ALEXANDRIN n.m. (du n. d'un poème du XIIe s., *Romans d'Alexandre*). Vers français de douze syllabes.

ALEXANDRITE n.f. Pierre fine constituée par du chrysobéryl, verte à la lumière du jour et rouge à la lumière électrique.

ALEXIE n.f. (du gr. *lexis*, lecture). Trouble neurologique caractérisé par une perturbation de la capacité à lire (SYN. **cécité verbale**).

ALEXITHYMIE n.f. **PSYCHOL.** Déficit de verbalisation des émotions.

ALEZAN, E [alzɑ̃, an] **adj.** et **n.m.** (esp. *alazán*, de l'ar.). Se dit d'un cheval dont la robe et les crins sont jaune rougeâtre : *Jument alezane. Un alezan.*

ALÉZÉ, E adj. → **ALÉSÉ.**

ALFA n.m. (ar. *ḥalfā*). Herbe d'Afrique du Nord et d'Espagne, appelée aussi *spart* ou *sparte*, employée à la fabrication d'articles de sparterie, de cordages, d'espadrilles, de tissus grossiers, de papier d'imprimerie, etc. ➲ Famille des graminées.

ALFALFA n.m. Variété de luzerne appréciée pour ses apports en vitamines, minéraux et oligoéléments.

ALFATIER, ÈRE adj. Relatif à l'alfa.

ALGARADE n.f. (esp. *algarada*, de l'ar.). Querelle vive et inattendue.

ALGAZELLE n.f. (ar. *al-ghazāl*). Antilope du Sahara, à cornes longues et fines, un peu recourbées vers l'arrière. ➲ Groupe des oryx.

ALGÈBRE n.f. (de l'ar. *al-djabr*, la réduction). **1.** Branche des mathématiques qui, dans sa partie classique, se consacre à la résolution des équations par des formules explicites, ainsi qu'à la théorie des nombres réels et complexes, et, dans sa partie moderne, étudie des structures telles que les groupes. **2.** Fig., fam. Chose difficile à comprendre : *C'est de l'algèbre pour moi.* ▪ **Algèbre de Boole** ou **de la logique** [log.], structure algébrique appliquée à l'étude des relations logiques. ➲ Les opérations de réunion, d'intersection et de complémentation y expriment respectivement la disjonction, la conjonction, la négation logiques.

ALGÉBRIQUE adj. **1.** Relatif à l'algèbre. **2.** Affecté d'un signe : *Mesure algébrique d'un vecteur.* ▪ **Accroissement algébrique,** nombre qui est positif quand il traduit une augmentation et négatif dans le cas d'une diminution (SYN.

variation). ▪ **Équation algébrique,** équation de la forme P(*x*) = 0, où P(*x*) est un polynôme et *x* une inconnue. ▪ **Géométrie algébrique,** partie des mathématiques issue de l'étude des courbes algébriques. ▪ **Nombre algébrique,** nombre réel, racine d'une équation algébrique à coefficients entiers.

ALGÉBRIQUEMENT adv. Suivant les règles de l'algèbre.

ALGÉBRISTE n. Spécialiste de l'algèbre.

ALGÉRIANISME n.m. Mot, sens d'un mot ou tournure propres au français d'Algérie.

ALGÉRIEN, ENNE adj. et **n.** De l'Algérie ; de ses habitants.

ALGÉROIS, E adj. et **n.** D'Alger.

ALGIDE adj. (du lat. *algidus*, glacé). **MÉD.** Caractérisé par une algidité.

ALGIDITÉ n.f. MÉD. Refroidissement des extrémités provoquant une sensation de froid intense.

ALGIE n.f. MÉD. Toute douleur physique.

ALGINATE n.m. Sel de l'acide alginique, utilisé notamm. dans les industries pharmaceutique, alimentaire et textile.

ALGINE n.f. (de *algue*). Substance gélatineuse formée au contact de l'eau par le mucilage de certaines algues brunes.

ALGINIQUE adj. ▪ **Acide alginique,** substance macromoléculaire, principal constituant de l'algine.

ALGIQUE adj. MÉD. Qui concerne la douleur.

ALGOCULTURE n.f. Culture d'algues marines à usage industriel ou alimentaire.

ALGODYSTROPHIE n.f. Syndrome douloureux d'une main, d'un pied ou de tout un membre, avec troubles vasomoteurs et trophiques, et déminéralisation osseuse prononcée.

ALGOL n.m. (mot angl., de *algorithmic language*). **INFORM.** Langage de programmation conçu pour des applications scientifiques.

1. ALGOLOGIE n.f. (du lat. *alga*, algue). Étude scientifique des algues. (On dit aussi *phycologie*.)

2. ALGOLOGIE n.f. (du gr. *algos*, douleur). Discipline médicale qui se consacre à l'étude et au traitement de la douleur.

ALGOLOGUE n. Spécialiste d'algologie.

ALGONQUIEN, ENNE adj. et **n.m. 1.** Se dit d'une famille de langues amérindiennes (comprenant notamm. celles des Cris, des Ojibwa et des Algonquins). **2.** Par ext. Se dit des peuples qui parlent les langues algonquiennes.

ALGORITHME n.m. (de l'ar. *al-Khārezmi*, surnom d'un savant d'expression arabe du IXᵉ s.). **MATH.** Ensemble de règles dont l'application permet d'effectuer une opération plus ou moins complexe.

ALGORITHMIQUE adj. Qui peut être exprimé par un algorithme. ◆ **n.f.** Science des algorithmes, utilisée notamm. en informatique.

ALGOTHÉRAPIE n.f. Partie de la phytothérapie qui utilise les algues marines.

ALGUE n.f. (lat. *alga*). Organisme végétal, génér. aquatique, pratiquant la photosynthèse, tel que les fucus (algues pluricellulaires) et les diatomées (algues unicellulaires). ▪ **Algue bleue,** cyanobactérie. ▪ **Algue brune,** phéophycée. ▪ **Algue rouge,** rhodophycée. ▪ **Algue verte,** chlorophycée.

ALIAS [aljas] **adv.** Autrement appelé : *Romain Gary, alias Émile Ajar.* ◆ **n.m.** Fausse identité ; nom d'emprunt : *L'un de ses nombreux alias.*

ALIBI n.m. (mot lat. « ailleurs »). **1. DR.** Moyen de défense par lequel un suspect, un accusé prouve sa présence, au moment d'un crime, d'un délit, en un autre lieu que celui où ils ont été commis. **2.** Fig. Ce qui sert d'excuse ; prétexte.

ALIBOUFIER n.m. BOT. Styrax.

ALICAMENT n.m. (de *aliment* et *médicament*). Produit alimentaire dans lequel ont été introduits des éléments considérés comme bénéfiques pour la santé.

ALICANTE n.m. Vin liquoreux produit dans la province d'Alicante. ▪ **Alicante Bouschet,** cépage teinturier du midi de la France, à raisin rouge.

ALIDADE n.f. (ar. *al-idāda*). **1.** Règle graduée portant un instrument de visée permettant de mesurer les angles verticaux, utilisée pour tracer les directions sur une carte. **2.** Partie mobile d'un théodolite.

ALIEN [aljɛn] **n. 1.** Être venu d'ailleurs ; extraterrestre. **2.** Fig. Personne étrangère à un milieu ; espèce animale ou végétale qui apparaît dans un milieu qui n'est pas le sien.

ALIÉNABILITÉ n.f. DR. Caractère de ce qui peut être aliéné.

ALIÉNABLE adj. DR. Qui peut être aliéné.

ALIÉNANT, E adj. Qui restreint la liberté ; contraignant : *Un travail aliénant.*

ALIÉNATION n.f. 1. DR. Transmission à autrui d'un bien ou d'un droit : *Aliénation d'une propriété.* **2.** Fait de perdre un droit naturel : *Aliénation de la liberté.* **3. PHILOS.** État de l'individu dépossédé de lui-même par la soumission de son existence à un ordre de choses auquel il participe mais qui le domine. ➲ Notion développée par Hegel dans le cadre de sa philosophie de l'esprit, par Feuerbach au sujet de la religion, puis par Marx dans son analyse matérialiste de la société. ▪ **Aliénation (mentale)** [vieilli], nom donné aux troubles psychiatriques qui nécessitent l'hospitalisation permanente du malade.

ALIÉNÉ, E n. Vieilli. Malade mental dont l'état justifie l'internement.

ALIÉNER v.t. [11], ▲*[11*]* (lat. *alienare*). **1. DR.** Transmettre à autrui la propriété d'un bien, d'un droit : *Aliéner une terre.* **2.** Abandonner un droit naturel : *Aliéner son indépendance.* **3.** Rendre une personne hostile à qqn : *Cette manière d'agir lui a aliéné tout le monde.* **4. PHILOS.** Entraîner l'aliénation de. ◆ **S'ALIÉNER v.pr.** Détourner de soi : *Elle s'est aliéné toutes les sympathies.*

ALIÉNISTE n. et **adj.** Vx. Psychiatre.

ALIGNÉ, E adj. MATH. ▪ **Points alignés,** qui appartiennent à une même droite.

ALIGNEMENT n.m. 1. Action d'aligner, de s'aligner. **2.** Ensemble de choses alignées, rangées. **3. PRÉHIST.** Ensemble de pierres levées (menhirs) disposées en lignes parallèles : *Les alignements de Carnac.* **4. DR.** Détermination, par l'autorité administrative, des limites d'une voie publique ; servitude qui en résulte pour les riverains : *Maison frappée d'alignement.* ▪ **Alignement des astres** ou **des planètes** [fig.], conjonction exceptionnelle de facteurs favorables (en économie, notamm.).

ALIGNER v.t. [3]. 1. Ranger, présenter sur une ligne droite : *Aligner des élèves.* **2.** Faire coïncider, mettre en conformité une chose avec une autre : *Aligner sa politique sur celle d'un autre État.* ▪ **Aligner des arguments, des chiffres, des faits, etc.,** les énoncer en nombre pour convaincre. ◆ **S'ALIGNER v.pr. 1.** Se ranger, être rangé sur une même ligne. **2. (SUR).** Se conformer à qqch ; imiter qqn.

ALIGOT n.m. Purée de pommes de terre additionnée de tomme fraîche. ➲ Cuisine auvergnate.

ALIGOTÉ n.m. et **adj.m.** Cépage blanc de Bourgogne ; vin issu de ce cépage.

ALIMENT n.m. (du lat. *alere*, nourrir). **1.** Ce qui sert de nourriture à un être vivant : *Des aliments naturels.* **2.** Fig. Ce qui est de nature à entretenir l'activité d'un phénomène : *L'incendie a trouvé un aliment dans ces matières inflammables.* ◆ **n.m. pl. DR.** Ce qui est nécessaire à l'entretien d'une personne (logement, nourriture, etc.).

ALIMENTAIRE adj. 1. Propre à servir d'aliment : *Denrées, conserves alimentaires.* **2.** Relatif à l'alimentation : *Industrie alimentaire. La chaîne alimentaire.* **3.** Qui n'a d'autre objet que d'assurer les moyens d'existence : *Il a fait quelques films alimentaires.* ▪ **Obligation alimentaire** [dr.], obligation légale d'assister matériellement ses proches parents. ▪ **Pension alimentaire** [dr.], versée en exécution d'une obligation alimentaire. ◆ **n.m.** ▪ **L'alimentaire,** le secteur économique de l'alimentation.

ALIMENTATION n.f. 1. Action d'alimenter, de s'alimenter. **2.** Produits servant à alimenter ; commerce de ces produits. **3.** Approvisionnement d'une arme à feu en munitions, d'un moteur en combustible, etc. **4.** Dispositif fournissant l'énergie nécessaire au fonctionnement d'un circuit électrique ou électronique.

➲ Il est important de diversifier les sources de l'**ALIMENTATION**, d'observer un certain équilibre énergétique entre les repas et d'éviter le grignotage, qui favorise la prise de poids. L'apport calorique quotidien recommandé est, en moyenne, de 2 050 calories (kcal) chez la femme et de 2 500 calories chez l'homme adulte, avec 50 à 55 % de glucides, 30 à 35 % de lipides et le restant de protéines.
En pratique, il faut manger des céréales et des légumes verts pour leur apport en fibres, consommer des fruits, ne pas manger trop de viande, favoriser les poissons (plus maigres), préférer les huiles végétales riches en acides gras insaturés aux autres huiles ou aux matières grasses animales, boire régulièrement de l'eau. L'alimentation de l'enfant doit, pour assurer sa croissance, être plus abondante et plus riche en glucides.

ALIMENTER v.t. [3]. 1. Fournir des aliments à ; nourrir : *Alimenter un malade avec du bouillon.* **2.** Pourvoir qqch de ce qui est nécessaire à son fonctionnement : *Le barrage alimente la ville en eau.* **3.** Fournir à un phénomène, un sentiment de quoi se développer : *La rumeur a alimenté l'inquiétude.* ▪ **Alimenter la conversation,** l'entretenir. ◆ **S'ALIMENTER v.pr.** Absorber des aliments : *Le malade ne s'alimente plus.*

ALINÉA n.m. (du lat. *ad lineam*, à la ligne). Retrait au début d'une ligne annonçant un nouveau paragraphe, dans un texte ; texte compris entre deux retraits.

ALIOS [aljɔs] **n.m.** (mot gascon). Grès imperméable rougeâtre ou noirâtre, constitué par des grains de sable agglutinés sous une couverture sableuse, présent notamm. dans la forêt landaise.

▲ algues

ALIPHATIQUE adj. (du gr. *aleiphar*, *-atos*, graisse). CHIM. ORG. Se dit d'un hydrocarbure à chaîne linéaire (par oppos. à *aromatique*).

ALIQUOTE [-kɔt] **adj.** et **n.f.** MATH. Vx. ■ **Partie aliquote d'un nombre,** diviseur de ce nombre autre que lui-même.

ALISE ou **ALIZE n.f.** (germ. **aliza*). Fruit rouge de l'alisier, aigrelet mais d'un goût agréable.

ALISIER ou **ALIZIER n.m.** Arbre du groupe des sorbiers, à feuilles lobées et à fleurs blanches, dont le bois est utilisé en ébénisterie. ➲ Famille des rosacées.

ALISMA ou **ALISME n.m.** Plantain d'eau.

ALISMATACÉE n.f. Plante herbacée vivace des eaux douces, à fleurs génér. blanches, telle que le plantain d'eau, la sagittaire. ➲ Les alismatacées forment une famille.

ALITEMENT n.m. Action de s'aliter ; fait d'être alité.

ALITER v.t. [3] (de *lit*). Faire garder le lit à : *Une pneumonie l'a alitée plusieurs semaines.* ◆ **S'ALITER v.pr.** Garder le lit par suite de maladie.

ALIZARINE n.f. (de l'ar.). Matière colorante rouge extraite autref. de la racine de la garance, obtenue auj. par synthèse.

ALIZE n.f. → **ALISE.**

ALIZÉ n.m. et **adj.m.** (de l'esp. *alisios*). Vent régulier qui souffle des hautes pressions subtropicales vers les basses pressions équatoriales. ➲ L'alizé de l'hémisphère Nord souffle du nord-est vers le sud-ouest ; l'alizé de l'hémisphère Sud, du sud-est vers le nord-ouest.

ALIZIER n.m. → **ALISIER.**

ALKÉKENGE [-kɑ̃ʒ] **n.f.** (du persan *kākunadj*). Plante ornementale dont le calice, après floraison, s'accroît en une sorte de cage membraneuse orangée, entourant une grosse baie (SYN. **coqueret, amour-en-cage**). ➲ Genre *Physalis*.

ALKYLATION n.f. Alcoylation.

ALKYLE n.m. Alcoyle.

ALLAITEMENT n.m. Action d'allaiter.

ALLAITER v.t. [3]. Nourrir de lait, de son lait.

1. ALLANT, E adj. Litt. Qui se déplace avec aisance ; actif : *Elle n'est plus très allante.*

2. ALLANT n.m. Dynamisme ; entrain : *Il est plein d'allant.*

ALLANTOÏDE n.f. (du gr. *allantoeidês*, boyau). EMBRYOL. Annexe embryonnaire à rôle nourricier, présente chez les reptiles, les oiseaux et les mammifères.

ALLANTOÏDIEN, ENNE adj. Relatif à l'allantoïde.

ALLANTOÏNE n.f. BIOCHIM. Substance d'élimination de déchets azotés, chez les mammifères non humains, provenant de l'oxydation de l'acide urique et entrant dans la confection de produits cosmétiques.

ALLÉCHANT, E adj. 1. Qui fait envie ; appétissant : *Une odeur alléchante.* **2.** Fig. Qui séduit par le plaisir que l'on en attend : *Une offre alléchante.*

ALLÉCHER v.t. [11], ▲ *[11*]* (lat. *allectare*). **1.** Faire envie en flattant l'odorat, le goût. **2.** Fig. Attirer par l'espérance de qqch d'agréable, de profitable.

ALLÉE n.f. (de *1. aller*). **1.** Voie bordée d'arbres, de haies, de plates-bandes. **2.** Passage entre des rangées de chaises, de bancs : *Le cortège nuptial remonte l'allée centrale.* **3.** Québec. Au golf, fairway. ■ **Allée couverte** [archéol.], monument mégalithique en forme de couloir, constitué d'orthostates et de dalles de couverture, utilisé comme sépulture collective. ◆ **n.f. pl.** ■ **Allées et venues,** déplacements de personnes qui vont et viennent.

ALLÉGATION n.f. (lat. *allegatio*). Énoncé d'un fait : *Contrôler la véracité d'une allégation.*

ALLÈGE n.f. (de *alléger*). **1.** CONSTR. Paroi de remplissage servant d'appui à une baie. **2.** MAR. Engin flottant employé pour le chargement et le déchargement des navires.

ALLÉGÉ, E adj. et **n.m.** Se dit d'un produit alimentaire débarrassé de tout ou partie de ses graisses ou de ses sucres : *Fromage allégé.*

1. ALLÉGEANCE n.f. (angl. *allegiance*). **1.** HIST. Obligation de fidélité et d'obéissance à un souverain, un seigneur, une nation : *Un serment d'allégeance.* **2.** Fig. Manifestation de soutien, de soumission : *Les députés lui ont fait allégeance.*

2. ALLÉGEANCE n.f. (de *alléger*). SPORTS. Handicap en temps, rendu par un yacht à un autre, dans une régate ou une course-croisière.

ALLÉGEMENT ou **ALLÈGEMENT n.m. 1.** Diminution de poids, de charge. **2.** SPORTS. Mouvement déchargeant les skis du poids du corps pour permettre un déplacement latéral.

ALLÉGER v.t. [15], ▲ *[15*]* (du lat. *levis*, léger). **1.** Rendre moins lourd : *Alléger le cartable d'un écolier.* **2.** Fig. Rendre moins pesant ; réduire : *Ils devraient alléger les prélèvements.*

ALLÉGORIE n.f. (lat. *allegoria*). **1.** Représentation, expression d'une idée par une figure dotée d'attributs symboliques (dans l'art) ou par le développement continu et rigoureux d'une métaphore (dans la littérature). **2.** Œuvre utilisant cette forme d'expression.

ALLÉGORIQUE adj. Qui relève de l'allégorie.

ALLÉGORIQUEMENT adv. De façon allégorique.

ALLÈGRE adj. (du lat. *alacer*, vif). Plein d'un entrain joyeux : *Marcher d'un pas allègre.*

ALLÈGREMENT adv. Avec allégresse.

ALLÉGRESSE n.f. Joie très vive qui s'extériorise : *Un long cri d'allégresse monta du public.*

ALLEGRETTO, ▲ ***ALLÉGRETTO*** [alegreto] **adv.** (mot ital.). MUS. Selon un tempo moins rapide qu'allegro. ◆ **ALLÉGRETTO n.m.** Morceau de musique exécuté dans le tempo allegretto : *Des allégrettos.*

ALLEGRO, ▲ ***ALLÉGRO*** [alegro] **adv.** (mot ital.). MUS. Selon un tempo rapide évoquant la gaieté. ◆ **ALLÉGRO n.m.** Morceau de musique exécuté dans le tempo allegro ; en partic., premier mouvement d'une sonate : *Des allégros.*

ALLÉGUER v.t. [11], ▲ *[11*]* (lat. *allegare*). Invoquer comme justification ; prétexter : *Il a allégué que sa femme était malade.*

ALLÈLE adj. et **n.m.** (du gr. *allêlos*, l'un l'autre). GÉNÉT. Se dit d'une variante d'un gène, résultant d'une mutation et héréditaire, assurant la même fonction que le gène initial mais selon ses modalités propres. ➲ Tout gène peut avoir plusieurs allèles, qui déterminent souvent l'apparition de caractères héréditaires différents.

ALLÉLUIA [aleluja] **interj.** (de l'hébr. *hallelouyah*, louez Dieu). Acclamation d'allégresse, dans la liturgie juive et chrétienne. ◆ **n.m. 1.** Chant d'allégresse succédant au graduel, au cours de la messe. **2.** Litt. Cri de joie. **3.** Plante herbacée du genre *Oxalis*, aussi appelée *pain de coucou*, qui fleurit vers Pâques. ➲ Famille des oxalidacées.

ALLEMAND, E adj. et **n.** De l'Allemagne ; de ses habitants. ◆ **n.m.** Langue indo-européenne du groupe germanique, parlée princip. en Allemagne, en Autriche et en Suisse. ◆ **n.f. 1.** Danse d'origine germanique, exécutée en couple et pratiquée sous plusieurs formes en France, entre le XVIᵉ et le XIXᵉ s. **2.** Composition instrumentale de tempo modéré et de rythme binaire, génér. en deux parties avec reprises, ouvrant souvent une suite. **3.** THÉÂTRE. Répétition, après installation du décor, de tous les mouvements de la mise en scène à un rythme accéléré, sans dire la totalité des dialogues.

ALLÈNE n.m. Hydrocarbure ($H_2C{=}C{=}CH_2$) possédant deux liaisons éthyléniques (SYN. **propadiène**).

1. ALLER v.i. [20] (auxil. *être*) [du lat. *ambulare*, marcher, *vadere* et *ire*, aller]. **1.** Se déplacer d'un lieu à un autre : *Aller à Compiègne. Nous irons à pied.* **2.** Mener d'un lieu à un autre : *Ce chemin va au village.* **3.** Agir ; se comporter : *Aller vite dans son travail.* **4.** Être dans tel état de santé ; se porter : *Comment allez-vous ?* **5.** Être adapté à ; convenir : *Cette robe vous va bien.* **6.** En parlant d'un mécanisme, d'affaires, etc., fonctionner : *Les affaires vont mal.* ■ **Aller** (+ inf.), être sur le point de : *Je vais partir.* ■ **Aller de soi** ou **aller sans dire,** être évident. ■ **Aller (en)** (+ p. présent), exprime la progression : *Le mal va en augmentant. En janvier, le froid va croissant.* ■ **Aller sur tel âge,** être sur le point de l'atteindre : *Il va sur ses treize ans.* ■ **Allons !, Allez !, Va !,** interjections que l'on emploie pour encourager ou stimuler qqn. ■ **Allons donc !,** marque l'incrédulité, l'impatience. ■ **Il y va de qqch,** il s'agit de : *Il y va de notre sécurité.* ■ **Se laisser aller à,** s'abandonner à : *Se laisser aller à la colère.* ■ **Y aller fort** [fam.], exagérer. ◆ **S'EN ALLER v.pr. 1.** Quitter un lieu ; partir : *Nous nous en allons demain.* **2.** Litt. Mourir : *Le malade s'en est allé doucement.* **3.** En parlant d'une chose, disparaître : *La tache s'en va au lavage.*

✎ ***Aller*** fait à l'impér. ***vas*** dans ***vas-y. S'en aller*** fait à l'impér. ***va-t'en, allons-nous-en, allez-vous-en.***

2. ALLER n.m. 1. Trajet d'un endroit à un autre : *À l'aller et au retour.* **2.** Billet qui permet de faire ce trajet : *Un aller simple pour Paris.* ■ **Aller et retour** → **ALLER-RETOUR.**

ALLERGÈNE n.m. IMMUNOL. Antigène responsable d'une allergie.

ALLERGIE n.f. (du gr. *allos*, autre, et *ergon*, réaction). **1.** État d'un organisme vivant dont le système immunitaire réagit d'une manière spécifique, inhabituelle et excessive à une substance chimique étrangère *(allergène)* avec laquelle il a été une première fois en contact *(sensibilisation)*. **2.** Fig. Incapacité à supporter qqn ou qqch ; hostilité instinctive : *Son allergie à tout changement est bien connue.*

ALLERGIQUE adj. 1. Qui relève de l'allergie : *Être allergique au pollen.* **2.** Fig. Qui éprouve de l'aversion pour qqn, qqch : *Elle est allergique aux flatteries.*

ALLERGISANT, E adj. Susceptible de provoquer une allergie.

ALLERGOLOGIE n.f. Discipline médicale qui étudie les mécanismes de l'allergie et les maladies allergiques.

ALLERGOLOGUE ou **ALLERGOLOGISTE n.** Spécialiste d'allergologie.

ALLER-RETOUR n.m. (pl. *allers-retours*). **1.** Trajet effectué dans les deux sens ; titre de transport correspondant. (On dit aussi *aller et retour* [pl. *allers et retours*].) **2.** BOURSE. Opération financière d'achat et de vente, dans la journée, d'une valeur mobilière afin de tirer profit de la variation de son cours.

ALLEU n.m. (du francique **al-ôd*). HIST. Terre libre ne relevant d'aucun seigneur et exempte de toute redevance (SYN. **franc-alleu**).

ALLEUTIER n.m. Propriétaire d'un alleu.

ALLIACÉ, E adj. Qui contient de l'ail ; qui en a le goût, l'odeur : *Vinaigrette alliacée.*

ALLIAGE n.m. Produit de caractère métallique résultant de l'incorporation d'un ou de plusieurs éléments, métalliques ou non, à un métal.

➲ Les **ALLIAGES** les plus courants sont ceux du fer (aciers alliés), du cuivre (bronze, laiton, cupronickel, maillechort), du plomb (alliage antifriction), du nickel, du chrome, du titane, de l'aluminium (Duralumin, Alpax), du zinc (Zamak). Les alliages légers sont surtout à base d'aluminium et de magnésium.

ALLIAIRE n.f. Plante à fleurs blanches, à odeur d'ail et à saveur piquante. ➲ Famille des crucifères.

ALLIANCE n.f. 1. Union contractée entre souverains, entre États : *L'Alliance atlantique.* **2.** Accord entre des personnes, des groupes : *Il a fait alliance avec mes pires ennemis.* **3.** Lien juridique existant entre un homme et une femme, et leurs familles, par l'effet du mariage. **4.** Anneau de mariage. **5.** Combinaison de choses différentes ; association : *Une alliance de mièvrerie et d'audace.* **6.** Union électorale conclue entre deux formations politiques. **7.** RELIG. (Avec une majuscule). Pacte conclu, selon la Bible, entre Dieu et le peuple hébreu. ➲ C'est, pour les chrétiens, l'*Ancienne Alliance* (ou *Première Alliance*). **8.** ANTHROP. Système dans lequel le mariage se transmet de génération en génération et se répète entre les mêmes groupes (notamm. chez les Dravidiens et les aborigènes d'Australie). ■ **Alliance de mots** [styl.], oxymore. (Ex. : *Se faire une douce violence.*) ■ **La Nouvelle Alliance** ou **Deuxième Alliance,** celle qui lie Dieu à l'ensemble des chrétiens.

ALLIÉ, E adj. et **n. 1.** Uni par traité : *Les pays alliés.* **2.** Uni par alliance : *Parents et alliés.* ■ **Les Alliés** [spécial.], l'ensemble des pays engagés dans les combats contre l'Allemagne pendant les deux guerres mondiales. ◆ **n.** Personne, groupe qui apportent leur aide, leur soutien : *J'ai trouvé en elle une alliée sûre.*

ALLIER v.t. [5] (du lat. *alligare*, lier). **1.** Réaliser un alliage : *Allier du fer et du carbone pour faire de la fonte.* **2.** (À, AVEC). Fig. Associer une chose abstraite à une autre : *Allier la tendresse à la fermeté.* ◆ **S'ALLIER** v.pr. (À, AVEC). **1.** S'unir par un traité, le mariage, etc. **2.** En parlant de choses, se combiner.

ALLIGATOR n.m. (mot angl., de l'esp.). Reptile crocodilien de l'Amérique et de la Chine. ➲ Famille des alligatoridés.

ALLITÉRATION n.f. (du lat. *ad*, vers, et *littera*, lettre). STYL. Répétition d'une consonne ou d'un groupe de consonnes (par oppos. à *assonance*), dans des mots qui se suivent, produisant un effet d'harmonie imitative ou suggestive. (Ex. : *Pour qui sont ces serpents qui sifflent sur vos têtes ?* [Racine].)

ALLÔ, ▲ *ALLO* **interj.** Sert conventionnellement d'appel dans les conversations téléphoniques : *Allô ! Qui est à l'appareil ?*

ALLOC n.f. (abrév.). Fam. Allocation (somme allouée).

ALLOCATAIRE n. **1.** Personne qui perçoit une allocation. **2.** Personne à qui est reconnu, en France, le droit aux prestations familiales.

ALLOCATION n.f. **1.** Action d'allouer qqch à qqn : *L'allocation d'une indemnité de déplacement.* **2.** Somme allouée : *Baisse de l'allocation chômage.* ▪ **Allocation logement,** prestation destinée à payer une partie du loyer. ▪ **Allocations familiales,** prestation financière assurée aux familles.

ALLOCENTRISME n.m. PSYCHOL. Tendance à centrer son attention ou ses activités sur autrui plutôt que sur soi-même (par oppos. à *égocentrisme*).

ALLOCHTONE [alɔktɔn] **adj.** et **n.m.** GÉOL. Se dit des terrains sédimentaires ayant subi un important déplacement horizontal et qui reposent sur des terrains autochtones. ◆ **adj.** ÉCOL. Se dit d'une espèce introduite récemment dans la région considérée.

ALLOCUTAIRE n. LING. Personne à qui s'adresse le locuteur.

ALLOCUTION n.f. Discours assez court mais de caractère officiel : *L'allocution télévisée du chef de l'État.*

ALLODYNIE n.f. MÉD. Douleur déclenchée par une stimulation normalement non douloureuse.

ALLOGAMIE n.f. BOT. Pollinisation d'une fleur par le pollen d'une autre fleur, provenant ou non de la même plante.

ALLOGÈNE adj. et n. Se dit d'une population d'arrivée récente dans un lieu, un pays (CONTR. **aborigène, autochtone, indigène**).

ALLOGREFFE n.f. Homogreffe.

ALLONGE n.f. **1.** Crochet de boucherie. **2.** SPORTS. Longueur des bras d'un boxeur.

ALLONGÉ, E adj. **1.** Étendu de tout son long : *Rester allongé.* **2.** Étiré en longueur : *Une variété de fraise allongée.* ▪ **Café allongé,** additionné d'eau (par oppos. à *serré*). ▪ **Mine** ou **figure allongée,** qui exprime la déconvenue.

ALLONGEMENT n.m. **1.** Action d'augmenter en longueur ou en durée ; résultat de cette action : *Allongement des vacances.* **2.** Rapport de l'envergure d'une aile d'avion à sa largeur moyenne.

ALLONGER v.t. [10]. **1.** Rendre plus long : *Allonger une robe, un texte.* **2.** Faire paraître plus long : *Un vêtement qui allonge la silhouette.* **3.** Étendre qqn ; coucher : *Allonger un blessé sur une civière.* ▪ **Allonger le pas,** marcher plus vite. ▪ **Allonger son corps, ses bras, ses jambes,** les déployer ; les étendre. ▪ **Allonger un coup** [fam.], l'asséner. ▪ **Allonger une sauce,** y ajouter du liquide. ▪ **Allonger une somme** [fam.], la verser. ◆ **v.i.** ▪ **Les jours, les nuits allongent,** leur durée s'accroît. ◆ **S'ALLONGER** v.pr. **1.** S'étendre de tout son long : *S'allonger par terre.* **2.** Devenir ou paraître plus long : *Son visage s'est allongé à l'adolescence.*

ALLOPATHE n. Médecin qui traite selon les principes de l'allopathie.

ALLOPATHIE n.f. (du gr. *allos*, autre, et *pathos*, maladie). Nom que les homéopathes donnent à la médecine officielle moderne (par oppos. à *homéopathie*).

ALLOPATHIQUE adj. Relatif à l'allopathie.

ALLOPHONE adj. et n. Se dit d'une personne dont la langue maternelle n'est pas celle de la communauté dans laquelle elle se trouve.

ALLOSAURE n.m. Reptile dinosaurien carnivore du jurassique de l'Amérique du Nord, l'un des plus grands prédateurs terrestres de cette période. ➲ Long. 10 m ; ordre des saurischiens.

ALLOSOME n.m. Rare. Hétérochromosome.

ALLOSTÉRIE n.f. (du gr. *allos*, autre, et *stereon*, relief). BIOCHIM. Propriété de certaines protéines dont la configuration peut être modifiée sous l'influence de petites molécules.

ALLOSTÉRIQUE adj. Relatif à l'allostérie.

ALLOTIR v.t. [21]. Diviser en lots des biens destinés à être partagés, vendus : *Allotir une propriété.*

ALLOTISSEMENT n.m. **1.** Partage d'un patrimoine en lots. **2.** Entreposage de marchandises dans un ordre qui facilite leur reconnaissance par leur propriétaire et leur enlèvement, une fois les formalités douanières accomplies.

ALLOTROPIE n.f. (du gr. *allos*, autre, et *tropos*, manière d'être). Propriété de certains corps (carbone, phosphore, soufre) d'exister sous plusieurs formes physiques. ➲ Les fullerènes sont des variétés allotropiques du carbone.

ALLOTROPIQUE adj. Relatif à l'allotropie.

ALLOUER v.t. [3] (du lat. *locare*, louer). Accorder ; attribuer : *Allouer une indemnité, des crédits.*

ALL-OVER [ɔlɔvɛr] ou [ɔlɔvœr] **n.m. inv.** (mot angl.). PEINT. Technique de recouvrement de la toile supprimant toute profondeur de champ.

ALLUMAGE n.m. **1.** Action d'allumer ; fait de s'allumer : *L'allumage d'une lampe, du chauffage.* **2.** Inflammation du mélange gazeux dans un moteur à explosion. **3.** Dispositif assurant cette inflammation : *Panne d'allumage.* ▪ **Avance, retard à l'allumage,** inflammation du mélange combustible d'un moteur à explosion avant, après le moment où le piston est au bout de sa course de compression. ▪ **Retard à l'allumage** [fam.], lenteur dans la compréhension d'une situation, la prise d'une décision ou sa mise en œuvre : *Retard à l'allumage dans l'application de la loi de finances.*

ALLUMÉ, E adj. et n. Fam. **1.** Un peu fou ; extravagant : *Une chanteuse complètement allumée.* **2.** Qui est passionné pour qqch : *Un allumé de l'informatique.*

ALLUME-CIGARE n.m. (pl. *allume-cigares*) ou **ALLUME-CIGARES** n.m. inv. Dispositif pour allumer les cigarettes, les cigares.

ALLUME-FEU n.m. (pl. *allume-feu[x]*). Ce qui sert à allumer le feu (préparation très inflammable, petit bois, etc.).

ALLUME-GAZ n.m. inv. Petit appareil pour allumer le gaz par échauffement d'un filament ou par production d'étincelles.

ALLUMER v.t. [3] (du lat. *luminare*, éclairer). **1.** Mettre le feu à ; enflammer : *Allumer un incendie. Allumer une cigarette.* **2.** Rendre lumineux ; éclairer : *Allumer le salon. Sa chambre est allumée.* **3.** Fam. Provoquer le désir de qqn ; aguicher. **4.** Fam. Critiquer qqn violemment : *Les journalistes l'ont allumé.* ▪ **Allumer la guerre, les passions** [litt.], les provoquer. ▪ **Allumer le chauffage, la télévision, la radio,** les faire fonctionner. ◆ **S'ALLUMER** v.pr. **1.** Prendre feu : *Le bois mouillé a du mal à s'allumer.* **2.** Devenir lumineux : *Les lampadaires s'allument à la nuit tombée.* **3.** Se mettre en marche ; fonctionner : *L'ordinateur ne s'allume plus.*

ALLUMETTE n.f. **1.** Brin de bois, de carton, dont l'une des extrémités est imprégnée d'une composition qui s'enflamme par frottement. **2.** Gâteau feuilleté long et mince, couvert ou non d'une garniture : *Allumette aux anchois.* ▪ **Pommes allumettes,** frites très fines.

ALLUMEUR n.m. Dispositif qui provoque la déflagration ou la combustion d'un mélange inflammable dans un moteur à combustion interne.

ALLUMEUSE n.f. Fam., péjor. Femme qui cherche à aguicher les hommes.

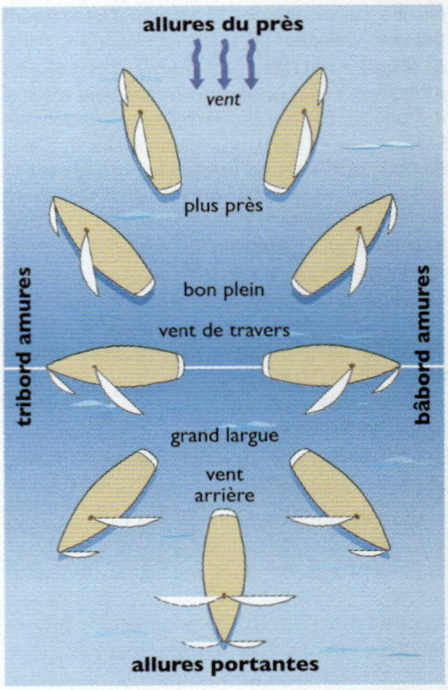

▲ **allures** d'un voilier.

ALLURE n.f. (de *1. aller*). **1.** Façon plus ou moins rapide de se déplacer : *Elle a fait tout le trajet sans changer d'allure. Les principales allures d'un cheval sont le pas, le trot, le galop.* **2.** Rythme auquel agit qqn ; vitesse : *Si tu relis à cette allure, tu n'auras jamais fini !* **3.** MAR. Direction que suit un bateau à voiles par rapport au vent. **4.** Manière de marcher, de se conduire, de se présenter ; attitude : *Une allure digne. Une drôle d'allure.* **5.** Aspect de qqch ; apparence : *Une maison d'allure modeste.* ▪ **À toute allure,** très vite. ▪ **Avoir de l'allure,** avoir de la distinction, de la classe : *Cette mannequin a de l'allure* ; Québec, avoir du sens ; être acceptable : *Une offre qui a de l'allure.*

Le rôle du circuit d'allumage est de produire une étincelle, fournie par les bougies et destinée à enflammer le mélange air/essence. La bobine transforme le courant basse tension de la batterie en courant haute tension ; le condensateur emmagasine des charges électriques et l'allumeur distribue le courant haute tension aux différentes bougies.

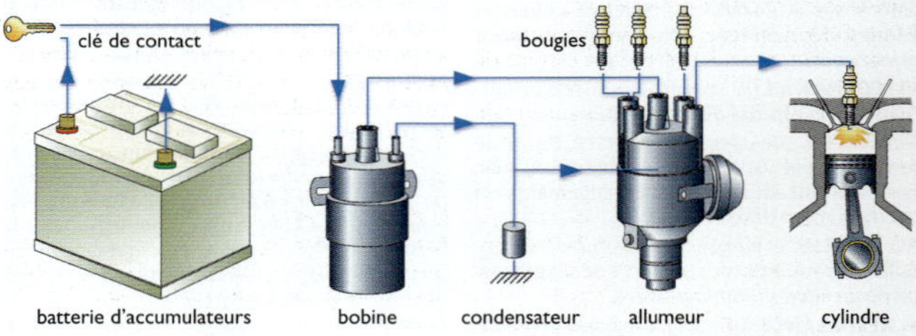

▲ **allumage.** Système d'allumage classique d'un moteur à explosion.

ALLURÉ, E adj. Fam. Qui a, qui donne de l'élégance : *Un vêtement alluré.*

ALLUSIF, IVE adj. Qui contient une allusion : *Phrases allusives* ; qui procède par allusions : *Il reste très allusif.*

ALLUSION n.f. (du lat. *alludere,* badiner). Propos qui évoque une personne, une chose sans en faire expressément mention : *À quoi faites-vous allusion ?*

ALLUSIVEMENT adv. De façon allusive.

ALLUVIAL, E, AUX adj. Qui est produit, constitué par des alluvions : *Plaine alluviale.*

ALLUVION n.f. (lat. *alluvio*). [Surtout pl.]. Dépôts de sédiments (boues, sables, graviers, galets) abandonnés par un cours d'eau quand la pente ou le débit sont devenus insuffisants.

ALLUVIONNAIRE adj. Relatif aux alluvions.

ALLUVIONNEMENT n.m. Formation, apport d'alluvions.

ALLYLE n.m. (du lat. *allium,* ail). Groupement $(-CH_2-CH=CH_2)$ de l'alcool allylique, dont certains composés existent dans l'essence d'ail.

ALLYLIQUE adj. ▪ **Alcool allylique,** alcool éthylénique $(HO-CH_2-CH=CH_2)$, préparé à partir des pétroles et servant à la synthèse de la glycérine.

ALMA MATER [-matɛr] **n.f. sing.** (mots lat. « mère nourricière »). **1.** Belgique, Suisse. Université. **2.** Québec. Université, collège où l'on a fait ses études.

ALMANACH [-na] **n.m.** (ar. *almanākh*). Calendrier, souvent illustré, comportant des indications astronomiques, météorologiques, ainsi que des renseignements d'ordre varié (médecine, cuisine, astrologie, etc.).

ALMANDIN n.m. MINÉRALOG. Grenat alumino-ferreux brun-rouge, recherché comme gemme.

ALMICANTARAT n.m. (de l'ar. *al-muqantarōt,* l'astrolabe). ASTRON. Cercle parallèle à l'horizon sur la sphère céleste (SYN. **cercle de hauteur, parallèle de hauteur**).

ALOÈS [alɔɛs] **n.m.** (gr. *aloê*). Plante originaire princip. de l'Afrique du Sud, cultivée aussi en Asie et en Amérique, et dont les feuilles charnues fournissent une résine amère, employée comme purgatif et en teinturerie. ➲ Famille des liliacées.

▲ aloès

ALOE VERA [alɔevera] **n.m. inv.** (mots lat. « aloès vrai »). Aloès cultivé pour ses propriétés médicinales ou comme plante ornementale.

ALOE VERA n.m. inv. (nom déposé). Substance médicinale ou produit cosmétique extraits de l'aloe vera.

ALOGIQUE adj. Qui ne répond pas aux lois de la logique.

ALOI n.m. (de l'anc. fr. *aloier,* faire un alliage). ▪ **De bon, de mauvais aloi,** de bonne, de mauvaise qualité : *Une plaisanterie de mauvais aloi* ; qui mérite, ou non, l'estime : *Un succès de bon aloi.*

ALOPÉCIE n.f. MÉD. Chute ou absence, partielle ou généralisée, des cheveux ou des poils.

ALORS adv. (de *lors*). **1.** À ce moment-là : *J'habitais à Lyon, il avait alors vingt ans.* **2.** En conséquence : *Elle hésitait, alors j'ai insisté.* **3.** Fam. Marque l'interrogation, l'impatience, l'indifférence : *Alors, tu viens ? Ça alors !* ◆ **ALORS QUE loc. conj. 1.** Marque la simultanéité : *Je l'ai connue alors que j'étais étudiant.* **2.** Marque l'opposition : *Elle est sortie alors que je le lui avais défendu.* ▪ **Alors même que** (+ cond.), marque une opposition, par rapport à une hypothèse : *Alors même que vous me le jureriez, je ne le croirais pas.*

ALOSE n.f. (lat. *alausa,* du gaul.). Poisson voisin de la sardine, à chair estimée, se développant dans la mer et venant pondre dans les cours d'eau au printemps. ➲ Famille des clupéidés.

ALOUATE n.m. (mot de la Guyane). Singe hurleur*.

ALOUETTE n.f. (lat. *alauda,* du gaul.). Oiseau passereau insectivore d'Europe, d'Asie et d'Afrique du Nord, à plumage brunâtre, commun dans les champs et nichant au sol. ➲ Cri : l'alouette grisolle ; famille des alaudidés.

▲ alouette

ALOURDIR v.t. [21]. 1. Rendre lourd, plus lourd : *Ces livres alourdissent la valise. Le ravalement va alourdir nos charges.* **2.** Encombrer de choses superflues ; surcharger : *Alourdir un texte.* **3.** Rendre moins vif : *L'âge a alourdi sa démarche.* ◆ **S'ALOURDIR v.pr.** Devenir ou paraître plus lourd.

ALOURDISSEMENT n.m. État de qqn, de qqch qui est rendu plus lourd : *L'alourdissement des taxes.*

ALOYAU [alwajo] **n.m.** (de l'anc. fr. *aloel,* alouette). BOUCH. Morceau de bœuf correspondant à la région du rein et de la croupe, et renfermant le filet, le contre-filet et le romsteck.

ALPAGA n.m. (quechua *alpaca*). **1.** Ruminant voisin du lama, forme domestiquée du guanaco, élevé dans les Andes pour sa longue fourrure laineuse. **2.** Fibre textile douce et soyeuse provenant de cette fourrure. **3.** Tissu en armure toile composée de fibres naturelles ou artificielles et de fibres d'alpaga.

ALPAGE n.m. Pâturage d'été, en haute montagne.

ALPAGUER v.t. [3] (de l'arg. *alpague,* vêtement). Arg. Appréhender ; arrêter : *La police a alpagué son complice.*

ALPAX n.m. (nom déposé). Alliage d'aluminium et de silicium utilisé en fonderie.

ALPE n.f. Région. Alpage.

ALPESTRE adj. (mot ital.). Propre aux Alpes : *La végétation alpestre.*

ALPHA n.m. inv., ▲ *n.m.* Première lettre de l'alphabet grec (Α, α), correspondant au *a* français. ▪ **L'alpha et l'oméga,** le commencement et la fin. ▪ **Rayonnement** ou **particule alpha** [phys. nucl.], rayonnement constitué de noyaux d'hélium émis par des corps radioactifs. ▪ **Rythme alpha,** rythme des ondes rapides, régulières et de petites amplitudes, recueillies par l'électroencéphalogramme, et qui témoignent d'une réaction d'éveil du cortex.

ALPHA-AMINOACIDE n.m. Aminoacide, constituant fondamental des protéines, dont la fonction amine se trouve en position alpha, c'est-à-dire sur le même carbone que la fonction acide.

ALPHABET n.m. (de *alpha* et *bêta,* noms des deux premières lettres de l'alphabet gr.). Liste de toutes les lettres servant à transcrire les sons d'une langue et énumérées selon un ordre conventionnel.

ALPHABÈTE adj. et **n.** Burundi, Maroc. Se dit d'une personne qui sait lire et écrire.

ALPHABÉTIQUE adj. 1. Qui utilise un alphabet (par oppos. à *idéographique*). **2.** Qui suit l'ordre des lettres de l'alphabet : *Classement alphabétique.*

ALPHABÉTIQUEMENT adv. Selon l'ordre alphabétique.

ALPHABÉTISATION n.f. Action d'alphabétiser ; son résultat.

ALPHABÉTISÉ, E adj. et **n.** Se dit de qqn qui a appris à lire et à écrire à l'âge adulte.

ALPHABÉTISER v.t. [3]. Apprendre à lire et à écrire à qqn : *Alphabétiser les immigrés.*

ALPHABÉTISEUR, EUSE n. Afrique. Personne qui apprend à lire à des adultes.

ALPHABÉTISME n.m. Système d'écriture alphabétique.

ALPHANUMÉRIQUE adj. Qui comporte à la fois des chiffres et des caractères alphabétiques : *Clavier alphanumérique.*

ALPIN, E adj. (lat. *alpinus*). **1.** Des Alpes. **2.** De la haute montagne : *Régions alpines. Plantes alpines.* **3.** GÉOL. Relatif à l'orogenèse du cénozoïque et aux formes de relief qu'elle a engendrées : *Plissement alpin.* **4.** Qui concerne l'alpinisme : *Club alpin.* **5.** Se dit d'une race de chèvres à robe génér. chamoisée, très répandue, exploitée pour la production de lait. ▪ **Chasseur alpin, troupe alpine,** fantassin, unité spécialisés dans le combat de montagne. ▪ **Combiné, ski alpin** → **2. COMBINÉ, SKI.**

ALPINISME n.m. Sport des ascensions en montagne.

LES GRANDES DATES DE L'ALPINISME

sommet	situation	première ascension
Mont Blanc	Alpes	1786
Mont Rose (pointe Dufour)	Alpes	1855
Eiger	Alpes	1858
Cervin	Alpes	1865
Kilimandjaro	Afrique	1889
Aconcagua	Andes	1897
Mont McKinley	Alaska	1913
Mont Logan	Canada	1925
Annapurna	Himalaya	1950
Fitz Roy	Andes	1952
Everest	Himalaya	1953
K2	Karakorum	1954
Kangchenjunga	Himalaya	1955

▲ **alpinisme** en cordée sur une paroi englacée.

ALPINISTE n. Personne qui pratique l'alpinisme.

ALPISTE n.m. (esp. *alpista*). Graminée cultivée pour ses graines qui servent de nourriture aux oiseaux en cage.

ALQUIFOUX n.m. Sulfure de plomb pulvérulent qui servait à vernir les poteries et à les imperméabiliser.

ALSACE n.m. Vin d'Alsace.

ALSACIEN, ENNE adj. et **n.** De l'Alsace ; de ses habitants. ◆ **n.m.** Dialecte germanique alémanique parlé en Alsace.

ALTAÏQUE adj. De l'Altaï. ▪ **Langues altaïques,** famille de langues turques, mongoles et toungouses.

ALTÉA n.m. → **ALTHÉA.**

ALTER [altɛr] **adj.** et **n.** (abrév.). Fam. Altermondialiste.

ALTÉRABILITÉ n.f. Caractère de ce qui peut être altéré.

ALTÉRABLE adj. Qui peut s'altérer.

ALTÉRANT, E adj. 1. Qui altère, dénature. **2.** Litt. Qui provoque la soif (par oppos. à *désaltérant*).

ALTÉRATION n.f. (lat. *alteratio*). **1.** Action d'altérer la nature de qqch : *L'altération des couleurs, de l'état d'un malade.* **2. GÉOL.** Modification chimique superficielle d'une roche, due notamm. aux agents atmosphériques. **3. MUS.** Signe conventionnel placé au début d'un morceau musical par lequel un son se trouve élevé ou abaissé d'un ou de deux demi-tons chromatiques. ➲ Le bémol (♭) abaisse la note d'un demi-ton ; le dièse (#) hausse la note d'un demi-ton ; le bécarre (♮) annule tout dièse ou bémol précédent.

ALTERCATION n.f. (lat. *altercatio*). Querelle brève et violente.

ALTER EGO [altɛrego] **n.m. inv.** (mots lat. « un autre moi-même »). Personne à qui l'on se fie totalement et que l'on charge éventuellement d'agir à sa place.

ALTÉRER v.t. [11], ▲ *[11*]* (lat. *alterare*). **1.** Modifier en mal la forme ou la nature de ; détériorer : *Le soleil altère les couleurs. Sa voix est altérée par l'émotion.* **2.** Changer la vraie valeur, la vraie nature de qqch ; dénaturer : *Altérer les faits.* **3.** Litt. Donner soif à. ▪ **Altérer une note** [mus.], la hausser ou la baisser d'un ou de deux demi-tons chromatiques. ◆ **S'ALTÉRER** v.pr. Subir une détérioration : *Sa santé s'est altérée.*

ALTÉRITE n.f. Roche due à l'altération d'une autre roche.

ALTÉRITÉ n.f. (lat. *alteritas*). Caractère de ce qui est autre ; différence : *L'altérité des cultures.*

ALTERMONDIALISATION n.f. Ensemble des conceptions des altermondialistes.

ALTERMONDIALISME n.m. Mouvement de la société civile qui conteste le modèle libéral imposé par la mondialisation et revendique un mode de développement plus soucieux de l'homme et de son environnement.

ALTERMONDIALISTE adj. et n. Relatif à l'altermondialisme ; qui en est partisan. Abrév. (fam.) **alter.**

ALTERNANCE n.f. **1.** Fait de se succéder dans le temps, en parlant de deux ou plusieurs choses : *Alternance des saisons.* **2.** Action d'alterner deux ou plusieurs choses : *Alternance de lignes bleues et vertes.* **3.** Succession au pouvoir, dans un cadre démocratique, de deux tendances politiques différentes. **4.** Formation* en alternance ; situation d'un alternant. **5. PHYS.** Demi-période d'un phénomène alternatif. **6. LING.** Changement subi par une voyelle ou une consonne à l'intérieur d'un système morphologique (ex. : all. *nehmen/nimm/nahm*). ▪ **En alternance,** tour à tour ; alternativement.

ALTERNANT, E adj. Qui alterne. ◆ **n.** (de *alternance*). Personne dont la formation est assurée pour partie en entreprise et pour partie en centre d'enseignement.

ALTERNAT n.m. Fait, pour des phénomènes différents, de se succéder régulièrement.

ALTERNATEUR n.m. Générateur de tensions et de courants électriques alternatifs.

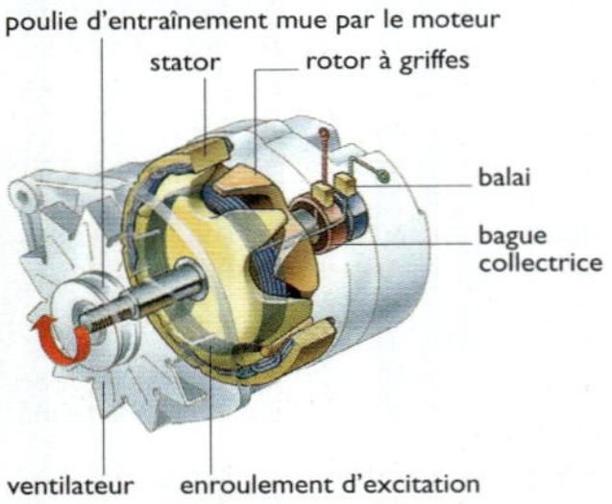

▲ **alternateur.** Structure d'un alternateur d'automobile.

ALTERNATIF, IVE adj. **1.** Qui propose un choix entre deux possibilités : *Proposition alternative.* **2.** Qui propose de concevoir autrement le système de production et de consommation : *Mouvement alternatif.* **3.** (Emploi critiqué). Qui constitue une solution de remplacement. **4.** Se dit d'un courant périodique dont la valeur moyenne dans le temps est nulle (par oppos. à *continu*). ➲ Le courant alternatif le plus fréquemment utilisé varie de façon sinusoïdale. ▪ **Énergie alternative,** type de production énergétique non polluante et qui préserve les ressources naturelles. ▪ **Fait alternatif** (calque de l'angl. *alternative fact*), information, fabriquée ou très approximative, présentée comme un fait réel venant infirmer ou contredire une information, a priori incontestable, préalablement diffusée par un média ; par ext., cour., contre-vérité manifeste, mensonge grossier. ▪ **Médecine alternative** (surtout pl.), approche de la santé et des traitements différente de celle que propose la médecine officielle moderne (SYN. **médecine douce, médecine parallèle**).

ALTERNATIVE n.f. **1.** Obligation de choisir entre deux possibilités : *Se trouver devant une alternative très embarrassante.* **2.** (Emploi critiqué). Solution de remplacement : *Le tramway sera peut-être l'alternative à la voiture.* **3.** Succession de phénomènes ou d'états opposés : *Passer par des alternatives d'espoir et de découragement.* **4.** Investiture solennelle conférée à un *matador de novillos* (ou *novillero*) pour l'élever au rang de *matador de toros.*

ALTERNATIVEMENT adv. En alternance ; tour à tour.

ALTERNE adj. (lat. *alternus*). **1. BOT.** Disposé un à un, en spirale, le long de la tige, en parlant d'une feuille, d'une fleur. **2. MATH.** Se dit des angles situés de part et d'autre de la sécante coupant deux droites (*angles alternes externes,* à l'extérieur des droites, *angles alternes internes,* à l'intérieur des droites).

ALTERNÉ, E adj. Qui s'effectue tour à tour ; en alternance : *stationnement unilatéral alterné.* ▪ **Circulation alternée** → **CIRCULATION.** ▪ **Résidence alternée** [dr.], mode de garde des enfants habitant alternativement chez le père et la mère, après la séparation du couple.

ALTERNER v.i. [3] (lat. *alternare*). **1.** Se succéder plus ou moins régulièrement, en parlant de deux ou plusieurs choses qui forment contraste : *La voix de l'enfant alternait avec celle de son père.* **2.** Faire tour à tour qqch : *Nous avons alterné au volant.* ◆ **v.t.** Faire se succéder régulièrement : *Alterner les activités.*

ALTESSE n.f. (ital. *altezza,* de *alto,* haut). Titre d'honneur donné aux princes, aux princesses.

ALTHÉA ou **ALTÉA** n.m. Hibiscus arbustif des régions tempérées, originaire d'Asie, très florifère. ➲ Famille des malvacées.

ALTIER, ÈRE adj. (ital. *altiero,* de *alto,* fier). Litt. Qui manifeste de l'orgueil, de la fierté : *Une allure altière.*

ALTIMÈTRE n.m. (du lat. *altus,* haut). Appareil servant à mesurer l'altitude.

ALTIMÉTRIE n.f. Mesure des altitudes.

ALTIPORT n.m. Aérodrome à caractéristiques spéciales aménagé en montagne.

ALTISE n.f. (du gr. *haltikos,* sauteur). Insecte coléoptère sauteur, aux couleurs métalliques, qui s'attaque aux plantes potagères et à la vigne. ➲ Famille des chrysomélidés.

ALTISTE n. Instrumentiste qui joue de l'alto.

ALTITUDE n.f. (lat. *altitudo*). **1.** Élévation au-dessus du sol : *L'avion prend de l'altitude.* **2.** Élévation verticale d'un point, d'une région au-dessus du niveau moyen de la mer : *Grimper à plus de 1 500 mètres d'altitude.* ▪ **Mal d'altitude** → **3. MAL.**

ALTO n.m. (mot ital. « haut »). **1.** Voix de femme la plus grave ; chanteuse qui possède une voix d'alto (SYN. **contralto**). **2.** Instrument de musique à 4 cordes frottées à l'aide d'un archet, accordées à la quinte grave du violon, respectivement sur le *do,* le *sol,* le *ré* et le *la.* ◆ **adj. et n.m.** Se dit d'un instrument de musique dont l'échelle sonore correspond à peu près à celle de la voix d'alto.

ALTOCUMULUS [-lys] **n.m.** Nuage d'altitude moyenne (vers 4 000 m), formé de gros flocons aux contours assez nets et disposés en groupes ou en files (ciel pommelé).

ALTOSTRATUS [-tys] **n.m.** Nuage d'altitude moyenne (entre 2 000 m et 6 000 m), de grande étendue (jusqu'à plusieurs centaines de kilomètres), qui a la forme d'un voile grisâtre assez foncé.

ALTRUISME n.m. (du lat. *alter,* autre). Disposition de caractère qui pousse à s'intéresser aux autres, à se montrer désintéressé (par oppos. à *égoïsme*).

ALTRUISTE adj. et n. Qui manifeste de l'altruisme ; généreux.

ALTUGLAS n.m. (nom déposé). Matière synthétique très résistante, translucide ou colorée.

ALU n.m. (abrév.). Fam. Aluminium.

ALUCITE n.f. (lat. *alucita*). Papillon aux ailes gris-jaune, voisin des teignes, dont la chenille cause des dégâts aux céréales.

ALUETTE n.f. Jeu de cartes par levées, pratiqué avec 48 cartes dites « espagnoles » et incluant des mimiques codifiées à l'intention de son partenaire.

ALULE n.f. (du lat. *alula,* petite aile). **ORNITH.** Ensemble des plumes insérées sur le deuxième doigt des oiseaux, intervenant dans la stabilisation du vol (SYN. **aile bâtarde**).

ALUMINATE n.m. **CHIM.** Sel dans lequel l'alumine joue un rôle acide.

ALUMINE n.f. (du lat. *alumen, -inis,* alun). **MINÉRALOG.** Oxyde d'aluminium (Al_2O_3) qui, sous sa forme cristallisée, constitue le corindon*.

ALUMINER v.t. [3]. Recouvrir d'une mince couche d'aluminium.

ALUMINERIE n.f. Usine de fabrication de l'aluminium.

ALUMINEUX, EUSE adj. Qui contient de l'alumine.

ALUMINIAGE n.m. **1. MÉTALL.** Procédé de protection par une mince couche d'aluminium. **2.** Aluminisation.

ALUMINISATION n.f. **VERR.** Opération de dépôt d'aluminium sur le verre des miroirs (SYN. **aluminiage, aluminure**).

ALUMINIUM [alyminjɔm] **n.m. 1.** Métal blanc brillant, léger, de densité 2,7, et qui fond à 660 °C. **2.** Élément chimique (Al), de numéro atomique 13, de masse atomique 26,9815.

➲ L'**ALUMINIUM** est un métal ductile et malléable, qui s'altère peu à l'air. Son composé le plus important est son oxyde, l'alumine, obtenu à partir de la bauxite.

ALUMINOSILICATE n.m. **CHIM. MINÉR.** Silicate contenant de l'aluminium.

ALUMINOTHERMIE n.f. Production de hautes températures par réaction exothermique d'aluminium en poudre sur divers oxydes métalliques.

ALUMINURE n.f. Aluminisation.

ALUN [alœ̃] **n.m.** (lat. *alumen*). **CHIM. MINÉR.** Sulfate d'aluminium et de potassium, ou composé analogue aux propriétés astringentes. ➲ L'alun aide à fixer les teintures.

ALUNAGE n.m. Action d'aluner une étoffe.

ALUNER v.t. [3]. Imprégner une étoffe d'alun.

ALUNIR [alynir] **v.i. [21]** (de *Lune*). Se poser sur la Lune.

✎ Terme condamné par l'Académie des sciences et l'Académie française, qui recommandent ***atterrir sur la Lune.***

ALUNISSAGE n.m. Action d'alunir. Recomm. off. **atterrissage sur la Lune.**

ALVÉOLAIRE adj. **1.** En forme d'alvéole : *Espaces alvéolaires.* **2.** Relatif aux alvéoles (apicoles, géomorphologiques, etc.). **3.** Relatif aux alvéoles des dents. ▪ **Consonne alvéolaire,** ou **alvéolaire, n.f.** [phon.], articulée avec la pointe de la langue au niveau des alvéoles des dents.

ALVÉOLE n.f. (lat. *alveolus*). **1.** Cavité où s'encastre qqch : *Creuser des alvéoles dans un mur pour y poser des bibelots.* **2. APIC.** Cavité de section hexagonale, à parois de cire, des rayons façonnés par les abeilles (SYN. **cellule**). **3. ANAT.** Sac microscopique du tissu pulmonaire situé à l'extrémité d'une bronchiole, où s'effectuent les échanges respiratoires. **4. ANAT.** Cavité des os maxillaires, où est enchâssée une dent. **5. GÉOMORPH.** Petite cavité arrondie dans une roche, due à l'érosion

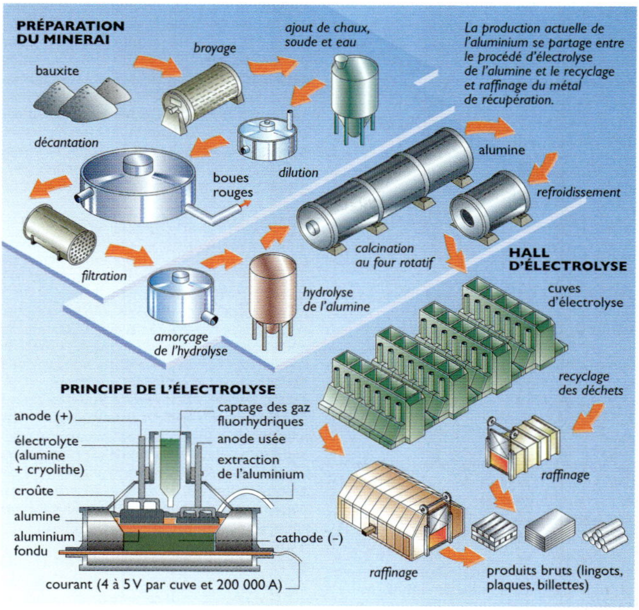

▲ **aluminium.** Élaboration de l'aluminium.

chimique ou mécanique ; grande dépression creusée par l'érosion dans un plateau granitique.

✎ Ce mot était autref. masculin.

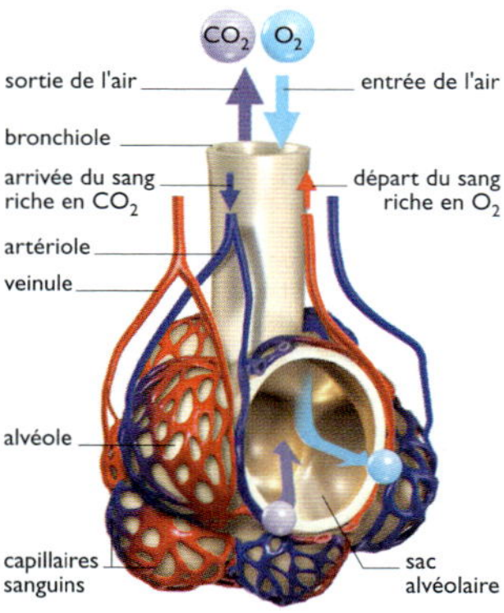

▲ **alvéole** pulmonaire.

ALVÉOLÉ, E adj. Qui présente des alvéoles.

ALVÉOLITE n.f. Inflammation des alvéoles pulmonaires ; inflammation d'une alvéole dentaire.

ALVIN, E adj. (du lat. *alvus*, ventre). Relatif à la partie terminale de l'intestin.

ALYA n.f. (mot hébr. « montée »). Émigration vers Israël des Juifs de la Diaspora.

ALYSSE n.f. ou **ALYSSON n.m.** (du gr. *alusson*, plante contre la rage). Plante à fleurs jaunes ou blanches, parfois cultivée comme ornementale. ➲ Famille des crucifères.

ALYTE n.m. (du gr. *alutos*, qu'on ne peut délier). Amphibien anoure d'Europe, appelé aussi *crapaud accoucheur.* ➲ Le mâle aide la femelle à expulser ses œufs, puis en prend soin jusqu'à l'éclosion ; famille des discoglossidés.

ALZHEIMER [alzajmɛr] **(MALADIE D') n.f.** Maladie neurologique dégénérative de cause inconnue, caractérisée par une atrophie diffuse du cortex cérébral provoquant une démence progressive.

✎ On trouve aussi ***un Alzheimer*** ou ***un alzheimer.***

➲ La maladie d'**ALZHEIMER** est la cause la plus fréquente de démence. Après des troubles de la mémoire apparaissent le déficit intellectuel, les troubles du comportement social, du langage (aphasie), de la motricité (apraxie), de la perception (agnosie).

AMABILITÉ n.f. Caractère d'une personne aimable. ◆ **n.f. pl.** Paroles, actions aimables : *Échanger des amabilités.*

AMADOU n.m. (mot provenç.). Substance spongieuse provenant de l'amadouvier du chêne et préparée pour prendre feu facilement : *Briquet à amadou.*

AMADOUER v.t. [3]. Rendre plus conciliant en se montrant aimable ou flatteur ; enjôler. ◆ **S'AMADOUER v.pr.** Devenir plus conciliant.

AMADOUVIER n.m. Champignon non comestible, à chapeau blanchâtre épais (10-20 cm), vivant sur les troncs des arbres feuillus qu'il parasite et dont on tire l'amadou. ➲ Classe des basidiomycètes.

AMAIGRI, E adj. Devenu maigre : *Visage amaigri.*

AMAIGRIR v.t. [21]. Rendre qqn maigre ; lui faire perdre du poids. ◆ **S'AMAIGRIR v.pr.** Devenir maigre ; perdre du poids.

AMAIGRISSANT, E adj. Qui fait maigrir : *Régime amaigrissant.*

AMAIGRISSEMENT n.m. Fait de maigrir.

AMALGAMATION n.f. 1. Action d'amalgamer ; son résultat. **2. CHIM., MIN.** Procédé qui permet d'extraire, à l'aide du mercure, l'or et l'argent natifs contenus dans les minerais.

AMALGAME n.m. (ar. *al-mulgam*). **1.** Alliage du mercure et d'un autre métal : *Amalgame d'or.* **2.** Alliage de métaux divers (argent, étain) employé pour obturer les cavités dentaires (SYN. [cour.] **plombage**). **3.** Mélange de choses ou de personnes très différentes. **4.** Assimilation abusive à des fins polémiques, notamm. en politique : *Faire l'amalgame entre manifestants et casseurs.*

AMALGAMER v.t. [3]. Rapprocher ou mélanger des éléments divers. ◆ **S'AMALGAMER v.pr.** Se fondre en un tout.

AMAN [amɑ̃] **n.m.** (ar. *amān*). Dans l'islam, octroi de la vie sauve à un ennemi vaincu.

AMANCHER v.t. [3] (de *1. manche*). **1.** Québec, Acadie, Louisiane. Mettre un manche sur un outil ; emmancher. **2.** Acadie, Louisiane. Commencer qqch ; mettre en route une affaire : *Amancher l'anglais. Amancher un commerce.* **3.** Québec. Fam. Tromper ; duper. ◆ **S'AMANCHER v.pr. 1.** Québec. Fam. Prendre des dispositions pour : *S'amancher pour arriver à l'heure.* **2.** Louisiane. S'entendre avec qqn, être de connivence avec lui (dans le domaine politique, notamm.) : *Les deux candidats se sont amanchés pour les prochaines élections.* **3.** Louisiane. Vivre en concubinage : *Les jeunes ne se marient plus, ils préfèrent s'amancher.*

AMANDAIE ou **AMANDERAIE n.f.** Lieu planté d'amandiers.

AMANDE n.f. (du gr. *amugdalê*). **1.** Graine comestible de l'amandier, riche en substances lipidiques et glucidiques. **2.** Graine contenue dans un noyau : *L'amande d'un noyau de pêche.* ▪ **Amande de mer,** pétoncle. ▪ **Yeux en amande,** dont la forme oblongue rappelle celle de l'amande.

AMANDIER n.m. Arbre aux fleurs blanches apparaissant tôt au printemps, cultivé pour ses graines ou amandes. ➲ Famille des rosacées.

AMANDINE n.f. 1. Tartelette garnie d'une préparation à base d'amandes. **2.** Liqueur aux amandes.

AMANITE n.f. (gr. *amanitês*). Champignon à lamelles, ayant un anneau et une volve, très commun dans les forêts de l'hémisphère Nord et dont certaines espèces sont vénéneuses (*amanite tue-mouches*) ou mortelles (*amanite phalloïde, amanite printanière*) et d'autres, comestibles (*amanite des Césars*). [V. planche *champignons*.] ▪ **Amanite rougeâtre,** golmote. ▪ **Amanite vaginée,** coucoumelle. ▪ **Amanite vireuse** → **VIREUX.**

▲ **amanites**

AMANT, E n. (de l'anc. fr. *amer*, aimer). Vx. Personne qui éprouve un amour partagé pour qqn de l'autre sexe : *Chimène, amante du Cid.* ◆ **n.m. 1.** Homme avec qui une femme a des relations sexuelles en dehors du mariage. **2.** Partenaire sexuel.

AMAP ou **A.M.A.P.** [amap] **n.f.** (nom déposé ; acronyme de *Association pour le maintien d'une agriculture paysanne*). Association qui organise l'achat périodique de la production d'une exploitation agricole par un groupe de consommateurs.

AMARANTACÉE n.f. Plante herbacée, à minuscules fleurs verdâtres, dont certaines espèces sont ornementales, telle l'amarante. ➲ Les amarantacées forment une famille.

AMARANTE n.f. (gr. *amarantos*). Plante ornementale aux fleurs rouges groupées en longues grappes, appelée aussi *queue-de-renard*, ou *passe-velours.* ➲ Famille des amarantacées. ▪ **Bois d'amarante,** bois des Guyanes et du Brésil, rouge vineux, appelé aussi *acajou de Cayenne.* ◆ **adj. inv.** D'une couleur rouge bordeaux.

AMARETTO n.m. (mot ital.). **1.** Macaron italien. **2.** Liqueur à base d'amandes de noyaux d'abricot.

AMAREYEUR, EUSE n. (de *marée*). Personne qui travaille dans les parcs à huîtres.

AMARIL, E adj. (esp. *amarillo*, jaune). Relatif à la fièvre jaune.

AMARINER v.t. [3]. MAR. 1. Habituer un équipage à la mer, aux manœuvres. **2.** Faire occuper par un équipage un navire pris à l'ennemi.

AMARNIEN, ENNE adj. D'Amarna, ville de l'Égypte ancienne.

AMARRAGE n.m. 1. Action d'amarrer ; son résultat. **2. ASTRONAUT.** Opération au cours de laquelle deux véhicules spatiaux établissent entre eux une liaison rigide.

AMARRE n.f. 1. Câble, cordage pour maintenir en place un navire. **2.** Acadie. Tout lien (corde, ficelle, câble, etc.). ▪ **Amarre de soulier** [Acadie], lacet.

AMARRER v.t. [3] (néerl. *aenmarren*). **1.** Attacher qqch avec des amarres, des cordes, etc. : *Amarrer des bagages sur le toit d'une voiture.* **2.** Région. (Ouest) ; Acadie. Attacher ; nouer : *Amarrer ses lacets.* **3.** La Réunion. Séduire qqn, le conquérir ; retenir qqn sentimentalement, se l'attacher affectivement. **4.** Antilles. Envoûter, ensorceler qqn.

AMARYLLIDACÉE n.f. Plante monocotylédone vivace, bulbeuse, telle que l'amaryllis, le perce-neige, le narcisse. ➲ Les amaryllidacées forment une famille.

AMARYLLIS [amarilis] n.f. Plante bulbeuse originaire d'Afrique du Sud, à grandes fleurs d'un rouge éclatant, d'odeur suave, aussi appelée *lis Saint-Jacques.* ➲ Famille des amaryllidacées.

AMAS [amɑ] n.m. **1.** Accumulation de choses réunies de façon désordonnée ; tas : *Un amas de ferraille, de paperasses.* **2.** Concentration d'étoiles ou de galaxies liées par la gravitation. ▪ **Amas galactique** ou **ouvert,** amas faiblement concentré de quelques centaines d'étoiles. ▪ **Amas globulaire,** amas sphérique très concentré de plusieurs centaines de milliers d'étoiles.

AMASSER v.t. [3] (de *1. masse*). Réunir en quantité importante ; accumuler : *Amasser de l'argent, des connaissances.* ◆ **S'AMASSER** v.pr. **1.** Se trouver en grand nombre : *Les preuves s'amassent contre lui.* **2.** Se rassembler en grand nombre : *La foule s'amassait sur la place.*

AMATEUR, TRICE n. et adj. (lat. *amator*). **1.** Personne qui pratique un sport, qui s'adonne à un art, pour son plaisir, sans en faire profession (par oppos. à *professionnel*) : *Orchestre de musiciens amateurs.* **2.** Personne qui a une attirance particulière pour qqch : *Il est grand amateur de peinture.* **3.** Fam. Acheteur éventuel, notamm. d'œuvres d'art. ◆ **n.m.** Péjor. Personne qui manque de zèle et d'application : *C'est du travail d'amateur.*

✎ Au Québec, la forme fém. ***amateure*** prévaut.

AMATEURISME n.m. **1.** Situation, statut d'une personne qui pratique un sport, un art en amateur. **2.** Péjor. Manque de sérieux, d'application : *On critique son amateurisme.*

AMAUROSE n.f. (du gr. *amauros*, obscur). Cécité transitoire ou définitive, due à une lésion du nerf optique ou des centres nerveux, sans lésion de l'œil lui-même.

A MAXIMA, ▲ *À MAXIMA* loc. adj. inv. (mots lat.). DR. ▪ **Appel a maxima,** appel formé par le ministère public pour diminuer la peine prononcée.

AMAZONE n.f. (gr. *Amazôn*). **1.** Femme qui monte à cheval. **2.** Longue jupe portée par une femme pour monter à cheval. **3.** Arg. Prostituée en voiture. ▪ **Monter en amazone,** avec les deux jambes du même côté d'un cheval, du siège arrière d'une moto, etc.

AMAZONIEN, ENNE adj. et n. De l'Amazone ; de l'Amazonie.

AMAZONITE n.f. Pierre fine constituée par du feldspath potassique vert clair à vert bleuté, presque opaque.

AMBAGES n.f. pl. (du lat. *ambages*, détours). Litt. ▪ **Sans ambages,** d'une manière directe ; sans détour : *Il m'a déclaré sans ambages qu'il venait m'emprunter de l'argent.*

AMBASSADE n.f. (ital. *ambasciata*, du germ.). **1.** Mission, fonction d'un ambassadeur. **2.** Ensemble du personnel diplomatique et des services assurant cette mission ; bâtiment qui les abrite.

AMBASSADEUR, DRICE n. **1.** Personne représentant en permanence un État auprès d'un État étranger. **2.** Personne chargée de représenter une marque, une spécialité : *Une ambassadrice de la chanson française.*

AMBIANCE n.f. **1.** Atmosphère d'un lieu, d'une réunion : *Une ambiance chaleureuse.* **2.** Fam. Bonne humeur ; gaieté : *Elle met de l'ambiance partout.* ▪ **Ambiance !** ou **bonjour l'ambiance !,** se dit d'un propos, d'un incident qui crée une atmosphère tendue. ▪ **D'ambiance,** se dit d'un éclairage tamisé, d'une musique de fond discrète.

AMBIANCER v.t. et v.i. [9] (mot du fr. d'Afrique). Mettre de l'ambiance, de l'animation quelque part : *Elle a ambiancé la piste de danse.* ◆ **S'AMBIANCER** v.pr. **1.** Afrique. Faire la fête, spécial., sortir en boîte de nuit : *Il ne pense qu'à aller s'ambiancer.* **2.** Se mettre dans une ambiance de fête : *Mettre de la musique pour s'ambiancer.*

AMBIANCEUR, EUSE n. Personne qui met de l'ambiance, qui aime faire la fête. ◆ **n.m.** Afrique. Homme qui fréquente les bars, les boîtes de nuit.

AMBIANT, E adj. (du lat. *ambiens*, entourant). **1.** Propre au milieu dans lequel on vit : *Température ambiante.* **2.** Se dit du contexte intellectuel, moral dans lequel on vit : *La démoralisation ambiante.*

AMBIDEXTRE adj. et n. (du lat. *ambo*, deux, et *dexter*, droit). Qui se sert avec autant d'habileté de chacune de ses deux mains : *Un joueur de tennis ambidextre.*

AMBIDEXTRIE n.f. Possibilité d'utiliser l'une ou l'autre main selon le geste considéré.

AMBIGU, UË, ▲ *ÜE* adj. (du lat. *ambigere*, être indécis). **1.** Dont le sens est interprétable de différentes façons : *Elle m'a répondu en termes ambigus.* **2.** Difficile à cerner ; énigmatique : *Un personnage ambigu.*

AMBIGUÏTÉ, ▲ *AMBIGÜITÉ* [ɑ̃bigɥite] n.f. **1.** Caractère de ce qui est ambigu : *L'ambiguïté d'une situation* ; ce qui est ambigu : *Sa réponse ne comporte aucune ambiguïté.* **2.** LOG. Propriété d'un système d'axiomes dont tous les modèles ne sont pas isomorphes.

AMBIGUMENT adv. Rare. De façon ambiguë.

AMBIOPHONIE n.f. Procédé de reproduction électroacoustique du son au moyen de plusieurs haut-parleurs disposés autour de la zone d'écoute et produisant un effet tridimensionnel.

AMBITIEUSEMENT adv. De façon ambitieuse.

AMBITIEUX, EUSE adj. et n. Qui manifeste de l'ambition : *Un politicien ambitieux.* ◆ **adj.** Qui témoigne de l'ambition : *Projet ambitieux.*

AMBITION n.f. (lat. *ambitio*). **1.** Désir ardent de réussite, de fortune, etc. : *Elle est dévorée d'ambition.* **2.** Désir profond de qqch ; but : *Sa seule ambition est d'être heureux.*

AMBITIONNER v.t. [3]. Désirer vivement : *Ambitionner les honneurs. Ambitionner d'être une vedette.*

AMBIVALENCE n.f. (du lat. *ambo*, deux, et *valere*, valoir). **1.** Caractère de ce qui a deux aspects radicalement différents ou opposés. **2.** PSYCHOL. Disposition d'un sujet qui éprouve simultanément deux sentiments contradictoires vis-à-vis d'un même objet (amour et haine, par ex.).

AMBIVALENT, E adj. **1.** Qui a un double sens : *Une déclaration ambivalente.* **2.** Qui manifeste des sentiments, des goûts contradictoires.

AMBLE n.m. (du lat. *ambulare*, marcher). **1.** Allure d'un cheval qui, au trot ou au pas, lève en même temps les deux jambes du même côté : *Aller l'amble.* **2.** Allure identique chez d'autres quadrupèdes (chameau, girafe, ours, etc.).

AMBLER v.i. [3]. Aller l'amble.

AMBLEUR, EUSE adj. Qui va l'amble.

AMBLYOPE adj. et n. Atteint d'amblyopie (SYN. [cour.] **malvoyant**).

AMBLYOPIE n.f. (du gr. *amblus*, affaibli, et *ôps*, œil). MÉD. Diminution de l'acuité visuelle fonctionnelle sans lésion organique (SYN. [cour.] **malvoyance**).

AMBLYOSCOPE n.m. MÉD. Appareil utilisé pour examiner la vision binoculaire.

AMBLYSTOME ou **AMBYSTOME** n.m. Amphibien urodèle des États-Unis et du Mexique, dont la larve est l'axolotl.

AMBON n.m. (gr. *ambôn*). Chacune des deux petites tribunes symétriques autrefois placées à l'entrée du chœur de certaines basiliques chrétiennes, pour la lecture de l'épître et de l'évangile.

AMBRE n.m. (ar. *anbar*). Résine fossile provenant de conifères, qui poussaient notamm. sur l'emplacement de l'actuelle mer Baltique. (Dit aussi *ambre jaune*, ou *succin*.) ▪ **Ambre gris,** concrétion intestinale fournie par le cachalot et entrant dans la composition de parfums. ◆ **adj. inv.** D'une couleur jaune doré ou rougeâtre.

AMBRÉ, E adj. **1.** Parfumé à l'ambre gris ; qui en a le parfum. **2.** De la couleur de l'ambre jaune : *Vin ambré.*

AMBRER v.t. [3]. Parfumer à l'ambre gris.

AMBRETTE n.f. **1.** Variété d'hibiscus originaire de l'Asie tropicale et naturalisée en Égypte et aux Antilles. **2.** Graine de cet arbuste, à forte odeur d'ambre et de musc.

AMBROISIE n.f. (du gr. *ambrosia*, nourriture des dieux). **1.** MYTH. GR. Nourriture à base de miel procurant l'immortalité. **2.** Plante annuelle d'origine américaine, dont une espèce très répandue, l'ambroisie à feuilles d'armoise, présente des fleurs au pollen allergisant. ➲ Famille des composées.

AMBROSIEN, ENNE adj. Relatif au rite attribué à saint Ambroise.

AMBULACRAIRE adj. Relatif aux ambulacres.

AMBULACRE n.m. (du lat. *ambulare*, marcher). ZOOL. Zone du test des échinodermes percée de trous (trous ambulacraires) laissant le passage aux ventouses locomotrices, ou podions.

AMBULANCE n.f. **1.** Véhicule pour le transport des malades ou des blessés. **2.** Anc. Hôpital mobile qui suivait les troupes en campagne. ▪ **Tirer sur l'ambulance** [fam.], s'acharner sur une personne déjà affaiblie ou en difficulté.

AMBULANCIER, ÈRE n. Auxiliaire médical chargé du transport des malades en ambulance.

AMBULANT, E adj. (du lat. *ambulare*, marcher). Qui se déplace selon les besoins de sa profession ou d'une activité : *Marchand ambulant.*

AMBULATOIRE adj. Se dit d'un acte chirurgical qui permet de sortir de l'hôpital quelques heures après l'intervention.

AMBYSTOME n.m. → **AMBLYSTOME.**

ÂME n.f. (du lat. *anima*, souffle, vie). **1.** Principe de vie et de pensée qui anime le corps de l'homme. **2.** Ce principe, conçu comme un être spirituel séparable du corps, immortel et destiné à être jugé. **3.** Individu, du point de vue moral, intellectuel, etc. : *Une âme généreuse.* **4.** Sens moral personnel ; sensibilité : *En votre âme et conscience.* **5.** Personne qui anime, dirige qqch : *Elle est l'âme de ce projet.* **6.** Litt. Habitant : *Un village de 900 âmes.* **7.** Petite baguette de bois placée dans un instrument à cordes et qui communique les vibrations à toutes les parties. **8.** Partie centrale d'une pièce ou d'une structure composite : *Âme d'une électrode, d'un câble.* **9.** SCULPT. Noyau, génér. en bois, d'une sculpture revêtue de feuilles de métal (dans l'art médiéval, notamm.). **10.** ARM. Évidement intérieur d'une bouche à feu. ▪ **Avec âme,** avec sentiment : *Chanter avec âme.* ▪ **Bonne âme,** personne compatissante ; iron., personne malveillante. ▪ **Errer comme une âme en peine,** se sentir triste et désemparé. ▪ **État(s) d'âme,** sentiment(s) éprouvé(s) dans une situation donnée : *Il a décidé les licenciements sans état(s) d'âme.* ▪ **Rendre l'âme,** mourir.

AMÉLIORABLE adj. Qui peut être amélioré.

AMÉLIORANT, E adj. Se dit d'une plante ou d'une technique culturale qui améliore la fertilité du sol.

AMÉLIORATION n.f. **1.** Action d'améliorer ; son résultat : *Apporter des améliorations à un logiciel.* **2.** Fait de s'améliorer : *Son travail est en nette amélioration.*

AMÉLIORER v.t. [3] (du lat. *melior*, meilleur). Rendre meilleur ; changer en mieux : *Améliorer la qualité d'un produit.* ◆ **S'AMÉLIORER** v.pr. Devenir meilleur : *Sa santé s'est améliorée.*

AMEN [amɛn] n.m. inv. (mot lat., de l'hébr.). Mot signifiant « ainsi soit-il », terminant une prière juive ou chrétienne. ▪ **Dire amen** [fam.], donner son approbation.

AMÉNAGEABLE adj. Qui peut être aménagé.

AMÉNAGEMENT n.m. **1.** Action d'aménager qqch ; son résultat. **2.** GÉOGR. Transformation volontaire d'un espace géographique au bénéfice de la société qui l'occupe. ▪ **Aménagement des examens,** dans l'enseignement scolaire et supérieur, adaptation des conditions d'examen et de concours au handicap d'un candidat (majoration de la durée de l'épreuve, aide humaine ou technique, etc.). ▪ **Aménagement du temps de travail,** organisation du temps de travail qui apporte une plus grande flexibilité aux salariés et à l'entreprise. ▪ **Aménagement du territoire,** politique de transformation du territoire national par les pouvoirs publics pour en améliorer l'équilibre et l'efficacité économique.

AMÉNAGER **v.t. [10]** (de *1. ménager*). **1.** Transformer pour rendre plus pratique, plus agréable : *Aménager un appartement.* **2.** Apporter des modifications à un texte : *Aménager une loi.* **3. SYLVIC.** Prévoir la gestion d'une forêt.

AMÉNAGEUR, EUSE **n.** Personne, organisme spécialisés dans les études d'aménagement du territoire et des agglomérations urbaines.

AMÉNAGISTE **n. 1. SYLVIC.** Personne qui organise l'aménagement d'une forêt. **2.** Suisse. Aménageur.

AMENDABLE **adj. 1.** Qui peut être amendé. **2.** Suisse. Passible d'une amende.

AMENDE **n.f.** Sanction consistant en une somme d'argent payable à l'État. ▪ **Faire amende honorable,** reconnaître ses torts. ▪ **Mettre qqn à l'amende,** lui infliger par jeu une sanction légère ou un gage.

AMENDEMENT **n.m. 1.** Modification apportée, au cours des débats, à un projet de loi soumis à une assemblée législative. **2. AGRIC.** Action d'amender un sol ; son résultat. **3. AGRIC.** Substance organique ou minérale incorporée au sol en quantité importante pour le rendre plus fertile.

AMENDER **v.t. [3]** (du lat. *emendare*, enlever la faute). **1.** Modifier un texte par amendement. **2. AGRIC.** Apporter un amendement à un sol. **3.** Suisse. Infliger une amende à qqn. ◆ **S'AMENDER** **v.pr.** Litt. Devenir meilleur.

AMÈNE **adj.** (du lat. *amoenus*, agréable). **1.** Litt. Qui charme par sa douceur : *Un visage amène.* **2.** Iron. Désagréable ou hostile : *Des propos amènes.*

AMENÉE **n.f. TRAV. PUBL.** ▪ **Tuyau, canal d'amenée,** partie d'une adduction qui permet d'amener l'eau, un fluide.

AMENER **v.t. [12]** (de *mener*). **1.** Faire venir qqn avec soi. **2.** Porter, transporter vers un lieu : *Le tram vous amènera à la gare.* **3.** Pousser, entraîner qqn à faire qqch : *Son métier l'amène à voyager beaucoup.* **4.** Être à l'origine de ; occasionner : *La grève risque d'amener des perturbations.* **5. MAR.** Abaisser : *Amener les voiles.* ▪ **Amener les couleurs** [mar.], abaisser le pavillon d'un navire en signe de reddition. ◆ **S'AMENER** **v.pr.** Fam. Venir : *Tu t'amènes ?*

AMÉNITÉ **n.f.** (du lat. *amoenitas*, charme). Litt. Politesse mêlée de douceur. ▪ **Sans aménité,** de façon rude. ◆ **n.f. pl.** Iron. Paroles blessantes : *Un échange d'aménités.*

AMÉNORRHÉE **n.f.** (du gr. *mên*, mois, et *rheîn*, couler). **MÉD.** Absence de règles.

AMENUISEMENT **n.m.** Fait de s'amenuiser.

AMENUISER **v.t. [3]** (du lat. *minutiare*, rendre petit). Rendre qqch plus petit. ◆ **S'AMENUISER** **v.pr.** Devenir moins important : *Tes chances de réussir s'amenuisent.*

1. AMER, ÈRE **adj.** (lat. *amarus*). **1.** Qui a une saveur aigre, parfois désagréable : *Ce café est amer.* **2.** Qui blesse par sa cruauté : *Railleries amères.* **3.** Litt. Qui cause de la tristesse, de l'amertume : *Des souvenirs amers.* **4.** Qui est déçu et plein de ressentiment : *Son échec l'a rendue amère.*

2. AMER **n.m.** Liqueur obtenue par infusion de plantes amères.

3. AMER **n.m.** (du normand *merc*, borne). **MAR.** Objet, bâtiment fixe et visible situé sur une côte et servant de point de repère pour la navigation.

AMÈREMENT **adv.** Avec amertume, tristesse.

AMÉRICAIN, E **adj.** et **n.** Des États-Unis d'Amérique ; de ses habitants : *Boston est une ville américaine. L'entrée en guerre des Américains.* ◆ **adj.** De l'Amérique : *Le continent américain.* ▪ **Nuit américaine** [cinéma], effet spécial permettant de filmer de jour une scène censée se dérouler la nuit. ▪ **Vedette américaine,** artiste qui passe sur une scène de music-hall juste avant la vedette principale. ◆ **n.m.** Anglais parlé aux États-Unis, dit aussi *anglo-américain.* ◆ **n.f. 1.** Voiture américaine. **2.** Course cycliste sur piste par relais. **3.** Anc. Voiture hippomobile à deux ou quatre roues. ▪ **Homard à l'américaine** → **HOMARD.**

AMÉRICANISATION **n.f.** Action d'américaniser ; fait de s'américaniser.

AMÉRICANISER **v.t. [3].** Donner un caractère américain à. ◆ **S'AMÉRICANISER** **v.pr.** Adopter les manières, les usages des Américains du Nord, leur mode de vie.

AMÉRICANISME **n.m. 1.** Mot, tournure propres à l'anglais ou à l'espagnol d'Amérique. **2.** Tendance à s'inspirer de ce qui se fait aux États-Unis, du mode de vie américain. **3.** Ensemble des sciences de l'homme et de la nature ayant pour objet le continent américain.

AMÉRICANISTE **n.** et **adj.** Spécialiste de l'étude du continent américain. ◆ **adj.** Relatif à l'américanisme.

AMERICANO [ame-] **n.m.** (nom déposé). Cocktail d'origine italienne, génér. à base de vermouth rouge et de bitter, et de zestes d'orange et de citron.

AMÉRICIUM [-sjɔm] **n.m.** Élément chimique (Am), artificiel et radioactif, de numéro atomique 95.

AMÉRINDIANISME **n.m.** Mot, tournure d'origine amérindienne.

AMÉRINDIEN, ENNE **adj.** Des Amérindiens (SYN. [cour.] **indien**).

AMERLOQUE **n.** Fam., péjor. Américain des États-Unis.

AMERRIR **v.i. [21].** Se poser sur la mer, sur l'eau, en parlant d'un hydravion ou d'un vaisseau spatial.

AMERRISSAGE **n.m.** Action d'amerrir.

AMERTUME **n.f.** (lat. *amaritudo*). **1.** Saveur amère : *L'amertume d'une tisane.* **2.** Fig. Sentiment de tristesse mêlé de déception : *Des paroles pleines d'amertume.*

AMÉTABOLE **adj.** Se dit des insectes primitifs qui se développent sans subir de métamorphoses. ➲ Les collemboles sont des insectes amétaboles.

AMÉTHYSTE **n.f.** (gr. *amethustos*). Pierre fine, variété violette de quartz. ◆ **adj. inv.** De couleur violette.

AMÉTROPE **adj.** et **n.** Atteint d'amétropie.

AMÉTROPIE **n.f.** (du gr. *metron*, mesure, et *ôps*, œil). **MÉD.** Anomalie de la réfraction des rayons lumineux dans l'œil (myopie, hypermétropie, astigmatisme), les empêchant de converger sur la rétine (SYN. **trouble de la réfraction oculaire ;** CONTR. **emmétropie**).

AMEUBLEMENT **n.m.** Ensemble des meubles et des objets qui garnissent et décorent une habitation, un lieu de travail : *Un ameublement high-tech.*

AMEUBLIR **v.t. [21]. 1. AGRIC.** Rendre une terre plus meuble. **2. DR.** Pour des époux, faire entrer par convention un immeuble dans la communauté en le rendant fictivement meuble (SYN. **mobiliser**).

AMEUBLISSEMENT **n.m.** Action d'ameublir la terre ; son résultat.

AMEUTER **v.t. [3]** (de *meute*). **1.** Rassembler en faisant du bruit, du scandale : *Ameuter le voisinage.* **2. VÉNER.** Mettre des chiens en meute.

AMHARIQUE **n.m.** Langue sémitique parlée en Éthiopie.

AMI, E **n.** (lat. *amicus*). **1.** Personne pour laquelle on a de l'amitié : *Un vieil ami. Ils ont peu d'amis.* **2.** Personne qui a du goût pour qqch : *Les amis de la nature.* **3. INFORM.** Membre d'un réseau social auquel un autre membre accorde l'accès à ses données personnelles : *Avoir de nombreux amis sur Facebook.* ▪ **(Petit) ami, (petite) amie,** amoureux, amoureuse ; compagnon, compagne. ◆ **adj. 1.** Qui est lié d'amitié avec qqn : *Nous avons été très amis autrefois.* **2.** Qui témoigne de dispositions favorables ; accueillant : *Un pays ami.* ◆ **n.m. LING.** ▪ **Faux ami,** terme d'une langue qui ressemble à un terme d'une autre langue, mais n'a pas le même sens.

AMIABLE **adj.** (bas lat. *amicabilis*). Qui concilie des intérêts opposés : *Accord amiable.* ▪ **À l'amiable,** sans intervention de la justice ; de gré à gré. ▪ **Amiable compositeur** [dr.], arbitre autorisé par les parties à trancher un litige dans le cadre d'un compromis.

AMIANTE **n.m.** (du gr. *amiantos*, incorruptible). **MINÉRALOG.** Silicate hydraté de calcium et de magnésium (amphibole), à texture fibreuse, résistant à l'action du feu. ➲ La fabrication et la vente de produits contenant de l'amiante sont interdites, en France, depuis 1997.

AMIANTE-CIMENT **n.m.** (pl. *amiantes-ciments*). Matériau fait d'amiante et de ciment, longtemps utilisé en France dans les secteurs du bâtiment et des travaux publics. ➲ Son emploi est interdit, en France, depuis 1997.

AMIBE **n.f.** (du gr. *amoibê*, permutation). Protozoaire des eaux douces ou salées, des sols humides, se déplaçant grâce à des pseudopodes, dont certaines espèces parasitent l'intestin de l'homme. ➲ Taille entre 30 et 500 micromètres ; classe des rhizopodes.

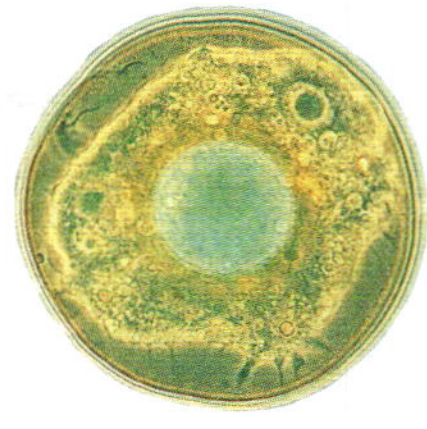

▲ amibe

AMIBIASE **n.f. MÉD.** Infection parasitaire due aux amibes, inapparente ou provoquant des troubles, surtout intestinaux et hépatiques.

AMIBIEN, ENNE **adj. MÉD.** Causé par une amibe : *Dysenterie amibienne.* ◆ **n.m.** Protozoaire tel que l'amibe.

AMIBOÏDE **adj.** Qui évoque les mouvements des amibes.

AMICAL, E, AUX **adj. 1.** Qui manifeste de l'amitié : *Un geste très amical. Voisin amical.* **2.** Se dit d'une rencontre sportive sans enjeu : *Un match amical.*

AMICALE **n.f.** Association de personnes de la même profession, de la même école, s'adonnant aux mêmes loisirs, etc.

AMICALEMENT **adv.** De façon amicale.

AMIDE **n.m.** Composé organique dérivant d'un acide carboxylique en substituant au groupe OH un groupe NR′R″, R′ et R″ étant des atomes d'hydrogène (H) ou des alcoyles.

AMIDON **n.m.** (du lat. *amylum*, fleur de farine, du gr.). **1.** Substance organique de réserve formée de molécules de glucose condensées, qui s'accumule dans certaines parties des végétaux (racines, tubercules, fruits, graines). **2.** Solution colloïdale d'amidon dans l'eau, utilisée pour empeser le linge.

AMIDONNAGE **n.m.** Action d'amidonner.

AMIDONNER **v.t. [3].** Imprégner d'amidon.

AMIDONNERIE **n.f.** Usine où l'on fabrique l'amidon ; industrie de l'amidon.

AMIDONNIER, ÈRE **adj.** Relatif à l'amidon. ◆ **n.** Industriel de l'amidonnerie.

AMIGNE **n.f.** Vin blanc du Valais.

AMIMIE **n.f. NEUROL.** Perte plus ou moins complète de l'expression par les gestes, observée dans certaines affections neurologiques.

AMIMIQUE **adj.** et **n.** Atteint d'amimie.

AMINCIR **v.t. [21].** Rendre ou faire paraître plus mince : *Ce pull t'amincit.* ◆ **S'AMINCIR** **v.pr.** Devenir plus mince : *La tige s'amincit à son extrémité.*

AMINCISSANT, E **adj.** Qui amincit : *Une crème amincissante.*

AMINCISSEMENT **n.m.** Action d'amincir ; fait de s'amincir.

AMINE **n.f.** Composé organique dérivant de l'ammoniac par substitution à l'hydrogène d'un ou de plusieurs groupements alcoyles (nom générique). ➲ Les *amines* se répartissent en trois classes : amines primaires RNH_2, secondaires RR′NH et tertiaires RR′R″N.

AMINÉ, E **adj.** ▪ **Acide aminé,** aminoacide.

A MINIMA, ▲ *À MINIMA* **loc. adj. inv.** (mots lat.). **DR.** ▪ **Appel a minima,** appel formé par le ministère public pour augmenter la peine prononcée.

AMINOACIDE **n.m. BIOCHIM.** Substance organique ayant une fonction amine et une fonction acide (SYN. **acide aminé**).

AMINOPLASTE **n.m. CHIM. ORG.** Matériau thermodurcissable obtenu par polycondensation d'un composé renfermant des fonctions amines avec un aldéhyde. ➲ Les aminoplastes les plus répandus sont des résines utilisées dans l'industrie pour préparer des vernis, des adhésifs, etc.

AMINOSIDE **n.m.** Dérivé d'oside comportant une fonction amine. ➲ Les aminosides constituent une catégorie d'antibiotiques.

1. AMIRAL **n.m.** (pl. *amiraux*) [de l'ar. *'amīr al-bahr*, prince de la mer]. Officier général d'une marine militaire. ▪ **Amiral de France,** dignité équivalente à celle de maréchal de France (non décernée depuis 1869).

2. AMIRAL, E, AUX **adj.** Se dit d'une entreprise considérée comme le fleuron du groupe auquel elle appartient : *Société amirale d'un consortium.* ▪ **Bâtiment amiral,** navire ayant à son bord un amiral commandant une force navale (SYN. **vaisseau amiral**).

AMIRALE **n.f.** Femme d'un amiral.

AMIRAUTÉ **n.f.** **1.** Corps des amiraux ; haut commandement de la marine militaire. **2.** Siège du commandement d'un amiral. ▪ **L'Amirauté** [hist.], le ministère de la Marine, en Grande-Bretagne.

AMISH [amiʃ] **n. inv.** et **adj. inv.** Membre d'un groupe mennonite américain concentré essentiellement en Pennsylvanie, caractérisé par son austérité et par sa tenue vestimentaire d'un autre âge.

AMITIÉ **n.f.** (lat. *amicitia*). **1.** Sentiment d'affection, de sympathie qu'une personne éprouve pour une autre ; relation qui en résulte : *Leur amitié date du collège.* **2.** Relations entre collectivités fondées sur la bonne entente : *Renforcer les liens d'amitié qui unissent deux pays.* ▪ **Amitié particulière** [vieilli], liaison homosexuelle, notamm. entre adolescents. ◆ **n.f. pl.** Témoignages d'affection : *Fais-leur mes amitiés.*

AMITIEUX, EUSE **adj.** Région. (Nord, Normandie) ; Belgique. Fam. Affectueux ; gentil.

AMITOSE **n.f.** **BIOL. CELL.** Mode de division cellulaire simplifié.

AMM ou **A.M.M.** [aɛmɛm] **n.f.** (sigle de *autorisation de mise sur le marché*). Autorisation de commercialiser une nouvelle spécialité pharmaceutique, délivrée par les autorités sanitaires au laboratoire pharmaceutique concerné.

AMMOCÈTE **n.f.** **ZOOL.** Larve dulcicole de la lamproie, aussi appelée *chatouille.*

AMMODYTE **n.f.** Vipère à tête triangulaire des Balkans et du Proche-Orient, dite *vipère des sables*, considérée comme le plus venimeux des serpents européens. ➲ Famille des vipéridés.

AMMONIAC **n.m.** (gr. *ammôniakon*). Composé gazeux d'azote et d'hydrogène (NH_3), à l'odeur très piquante. (On dit aussi *gaz ammoniac.* C'est l'une des molécules primordiales de l'Univers.) ▪ **Sel ammoniac,** nom commercial du chlorure d'ammonium.

AMMONIACAL, E, AUX **adj.** Qui contient de l'ammoniac ; qui en a les propriétés.

AMMONIAQUE **n.f.** Solution aqueuse de gaz ammoniac.

AMMONITE **n.f.** (du lat. *Ammonis cornu*, corne d'Ammon, dieu de Thèbes). Mollusque fossile à coquille cloisonnée et enroulée, caractéristique de l'ère secondaire. ➲ Classe des céphalopodes.

AMMONIUM [-njɔm] **n.m.** Cation NH_4^+, que ses propriétés chimiques apparentent à un cation alcalin, tel que le potassium K^+.

1. AMMOPHILE **n.f.** (du gr. *ammos*, sable). Guêpe solitaire qui paralyse ses proies (chenilles, araignées) d'un coup d'aiguillon, et les transporte dans un terrier afin de nourrir ses larves. ➲ Famille des sphégidés.

2. AMMOPHILE **n.m.** **BOT.** Oyat.

AMNÉSIE **n.f.** (du gr. *amnêsia*, oubli). Trouble neurologique consistant en une diminution ou une perte de la mémoire. ▪ **Amnésie post-traumatique,** incapacité, inconsciente et involontaire, liée à un syndrome de stress post-traumatique*, de se souvenir de l'événement traumatisant. ➲ Cette amnésie, partielle ou totale, qui n'est consécutive ni à une blessure physique ni à l'absorption de drogue ou d'alcool, peut perdurer jusqu'à plusieurs dizaines d'années après le traumatisme.

AMNÉSIQUE **adj.** Relatif à l'amnésie. ◆ **adj.** et **n.** Atteint d'amnésie.

AMNIOCENTÈSE [-sẽtɛz] **n.f.** **MÉD.** Ponction de la cavité utérine pendant la grossesse pour prélever du liquide amniotique aux fins d'analyse.

AMNIOS [-njɔs] **n.m.** (gr. *amnion*). **EMBRYOL.** Annexe embryonnaire à rôle protecteur, présente chez les reptiles, les oiseaux et les mammifères.

AMNIOSCOPIE **n.f.** **MÉD.** Examen endoscopique du liquide amniotique à travers le col de l'utérus.

AMNIOTE **n.m.** Animal vertébré dont l'embryon est enveloppé d'un amnios (reptile, oiseau, mammifère).

AMNIOTIQUE **adj.** Qui appartient à l'amnios ou qui s'y rapporte. ▪ **Liquide amniotique,** qui remplit la poche formée par l'amnios et dans lequel baigne l'embryon.

AMNISTIABLE **adj.** Qui peut être amnistié.

AMNISTIANT, E **adj.** Qui entraîne l'amnistie.

AMNISTIE **n.f.** (du gr. *amnêstia*, pardon). Loi qui fait disparaître le caractère délictueux des faits en faisant obstacle aux poursuites pénales, ce qui a pour effet d'effacer la condamnation ; effet juridique d'une telle loi : *Faits couverts par l'amnistie.*

AMNISTIÉ, E **adj.** et **n.** À qui une amnistie a été accordée.

AMNISTIER **v.t.** [5]. Accorder une amnistie à : *Amnistier les petites infractions, certains contrevenants.*

AMOCHER **v.t.** [3]. Fam. **1.** Endommager qqch par un choc. **2.** Blesser qqn en le frappant.

AMODIATION **n.f.** **DR.** Exploitation d'une terre ou d'une mine moyennant une redevance périodique.

AMOINDRIR **v.t.** [21]. **1.** Diminuer la force, l'importance de : *Cette erreur a amoindri son autorité.* **2.** Enlever à qqn une partie de ses forces physiques ou morales ; affaiblir : *Son accident l'a beaucoup amoindri.* ◆ **S'AMOINDRIR** **v.pr.** Devenir moindre ; perdre de ses forces.

AMOINDRISSEMENT **n.m.** Fait d'être amoindri.

AMOK **n.m.** (mot malais). Accès de folie meurtrière observé chez les Malais.

AMOLLIR **v.t.** [21] (de *mol*, anc. forme de *mou*). Rendre mou. ◆ **S'AMOLLIR** **v.pr.** Devenir mou.

AMOLLISSANT, E **adj.** Qui amollit : *Un climat amollissant.*

AMOLLISSEMENT **n.m.** **1.** Action d'amollir ; fait de s'amollir ; état qui en résulte. **2.** Fig. Relâchement progressif.

AMOME **n.m.** (gr. *amômon*). Plante d'Afrique tropicale voisine du gingembre, dont les graines sont consommées sous le nom de *maniguette*, ou *graine de paradis.* ➲ Famille des zingibéracées.

AMONCELER **v.t.** [16], ▲ *[12]*. Réunir en monceau, en tas ; entasser : *Le vent amoncelle la neige devant la porte.* ◆ **S'AMONCELER** **v.pr.** Former un tas : *Le courrier en retard s'amoncelle sur son bureau* ; s'accumuler : *Les preuves s'amoncellent contre lui.*

AMONCELLEMENT, ▲ *AMONCÈLEMENT* **n.m.** Action d'amonceler ; entassement qui en résulte : *Un amoncellement d'ordures.*

AMONT **n.m.** (du lat. *ad*, vers, et *mons*, montagne). Partie d'un cours d'eau qui est du côté de la source, par rapport à un point considéré (CONTR. **1. aval**). ▪ **À l'amont (de), en amont (de)** [fig.], au début d'un processus quelconque : *L'industrie du bois se situe à l'amont de la production du papier. Reprendre l'enquête en amont.* ▪ **En amont de,** plus près de la source, par rapport à un point considéré : *Sur la Loire, Orléans est en amont de Tours.* ◆ **adj. inv.** Se dit du ski ou du skieur qui est du côté de la montagne.

AMONTILLADO [amɔntijado] **n.m.** (mot esp.). Variété de xérès.

AMORAL, E, AUX **adj.** Indifférent aux préceptes moraux.

AMORALISME **n.m.** **1.** Attitude d'une personne amorale. **2.** Philosophie qui nie tout fondement objectif et universel à la morale.

AMORALITÉ **n.f.** Caractère de ce qui est amoral ; conduite amorale.

AMORÇAGE **n.m.** **1.** Action d'amorcer qqch : *Amorçage d'une pompe. L'amorçage des discussions.* **2.** **CHIM. ORG.** Déclenchement d'une réaction de polymérisation par l'ajout de certaines substances. **3.** **ÉLECTROTECHN.** Arc électrique se formant à travers un isolant entre deux conducteurs de polarités différentes lorsque la tension a dépassé les limites d'éclatement de l'isolant (SYN. **claquage**). **4.** Processus provoquant l'éclatement d'une charge explosive. **5.** **INFORM.** Opération consistant, pour un ordinateur, à vérifier son environnement (bus, mémoire, périphériques, etc.) et à charger son système d'exploitation, dès sa mise sous tension.

AMORCE **n.f.** (de l'anc. fr. *amordre*, mordre). **1.** Ce qui constitue la phase initiale de qqch ; début : *L'amorce d'une négociation.* **2.** Morceau de film ou de bande magnétique utilisé pour mettre en place le dispositif. **3.** Petite masse d'explosif dont la détonation enflamme la charge d'une cartouche, d'un obus ou d'une mine. **4.** Produit jeté dans l'eau pour attirer le poisson ; appât. **5.** **INFORM.** Programme généralement stocké en mémoire morte et destiné à assurer le démarrage d'un ordinateur.

AMORCER **v.t.** [9]. **1.** Commencer à exécuter, à réaliser qqch : *Amorcer la conversation. Le pilote amorce la descente.* **2.** Préparer un appareil, un dispositif pour le mettre en état de fonctionner : *Amorcer une pompe.* **3.** Jeter l'amorce dans l'eau ; garnir d'un appât : *Amorcer un hameçon.* **4.** Chercher à attirer le poisson en jetant de l'amorce. ◆ **S'AMORCER** **v.pr.** Commencer à se manifester, à se produire : *La décrue du fleuve s'amorce. Le dialogue s'amorce.*

AMORÇOIR **n.m.** Ustensile de pêche pour déposer l'amorce au fond de l'eau.

AMOROSO **adv.** (mot ital.). **MUS.** D'une manière tendre.

AMORPHE **adj.** (du gr. *amorphos*, sans forme). **1.** Qui est ou paraît sans énergie ; apathique. **2.** **PHYS.** Se dit d'un corps non cristallisé.

AMORTI, E **adj.** **PHYS.** Se dit d'un mouvement vibratoire et oscillatoire qui subit un amortissement. ◆ **n.m.** Action de diminuer ou de supprimer le rebond d'une balle, d'un ballon, dans certains sports. ◆ **n.f.** Balle résultant d'un amorti.

AMORTIR **v.t.** [21] (du lat. *mors, mortis*, mort). **1.** Diminuer l'effet, la force de qqch : *Amortir un choc. Le tapis amortit le bruit des pas.* **2.** Rentabiliser un bien en l'utilisant : *Amortir l'achat d'une machine.* **3.** **FIN.** Rembourser un emprunt à termes échelonnés ; rembourser un capital, une fraction de capital. **4.** **COMPTAB.** Déterminer la perte subie par la valeur d'actif des immobilisations qui se déprécient avec le temps, et l'imputer soit aux coûts de revient, soit aux résultats. ◆ **S'AMORTIR** **v.pr.** Perdre de sa force, de son intensité ; diminuer : *Le bruit de la mer s'amortit dès qu'on a passé le virage.*

AMORTISSABLE **adj.** **COMPTAB.** Qui peut être amorti : *Rente amortissable.*

AMORTISSEMENT **n.m.** **1.** Action d'amortir ou de s'amortir : *Amortissement d'un choc.* **2.** **COMPTAB.** Constatation comptable de la dépréciation subie par un bien par suite de l'usure, du vieillissement ou de l'obsolescence. **3.** **BANQUE.** Remboursement d'un emprunt par tranches successives. **4.** **PHYS.** Diminution d'amplitude d'un mouvement oscillatoire et vibratoire. **5.** **ARCHIT.** Ornement stabilisateur, placé en couronnement d'un comble, d'une coupole ou d'un fronton, sous forme d'épi, de pinacle, de statue, etc.

AMORTISSEUR **n.m.** Dispositif qui amortit la violence d'un choc, les vibrations d'une machine, etc. : *Changer les amortisseurs d'une voiture.*

AMOUILLANTE **n.f.** et **adj.f.** Vache qui va vêler.

AMOUR **n.m.** (lat. *amor*). **1.** Sentiment très intense, englobant la tendresse et l'attirance physique, qui unit deux personnes : *Éprouver de l'amour pour qqn.* **2.** Affection entre les membres d'une famille : *Amour paternel.* **3.** Mouvement de dévotion, de dévouement qui porte vers une divinité, un idéal, une autre personne, etc. : *L'amour de Dieu, de la vérité, du prochain.* **4.** Goût très marqué pour qqch ; passion : *Son amour du jeu le perdra.* **5.** Représentation allégorique de l'amour, souvent sous la forme d'un enfant ailé, armé d'un arc. ▪ **Amour blanc,** poisson herbivore originaire de Chine, importé en Europe pour nettoyer les voies d'eau envahies par les plantes.

➲ Famille des cyprinidés. ▪ **Faire l'amour,** avoir des relations sexuelles. ▪ **Un amour de** [fam.], qqn ou qqch de charmant, d'adorable : *C'est un amour d'enfant ! Un amour de petit chat.* ◆ **n.m. pl.** Suisse. Dernières gouttes d'une bouteille de vin.

✎ Dans la langue littéraire, ce mot est féminin au pluriel : ***Les amours enfantines.***

S'AMOURACHER **v.pr. [3] (DE).** Péjor. Éprouver pour qqn un amour soudain et passager.

AMOUR-EN-CAGE **n.m.** (pl. *amours-en-cage*). **BOT.** Alkékenge.

1. AMOURETTE **n.f.** Amour passager ; passade.

2. AMOURETTE **n.f.** (du lat. *amalusta,* camomille). Plante telle que la brize. (Désigne parfois aussi le muguet.) ▪ **Bois d'amourette,** bois d'une espèce d'acacia utilisé en marqueterie.

AMOURETTES **n.f. pl.** (de l'anc. provenç. *amoretas,* testicules de coq). Morceau de moelle épinière des animaux de boucherie, utilisé en garniture de bouchée, vol-au-vent, etc.

AMOUREUSEMENT **adv.** Avec amour.

AMOUREUX, EUSE **adj.** et **n.** Qui éprouve de l'amour pour qqn : *Tomber amoureux. Elle a rendez-vous avec son amoureux.* ◆ **adj.** Relatif à l'amour ; qui manifeste de l'amour : *Des regards amoureux.* ◆ **n.** Personne qui a un goût très vif pour qqch : *Un amoureux de la peinture.*

AMOUR-PROPRE **n.m.** (pl. *amours-propres*). Sentiment de sa propre valeur, de sa dignité : *Il n'a aucun amour-propre.*

AMOVIBILITÉ **n.f.** Fait d'être amovible.

AMOVIBLE **adj.** (du lat. *amovere,* éloigner). **1.** Qui peut être enlevé, séparé d'un ensemble : *Roue amovible.* **2.** Qui peut être destitué ou déplacé, en parlant de certains fonctionnaires.

1. AMP ou **A.M.P.** [aɛmpe] **n.m.** (sigle). Adénosine monophosphate.

2. AMP ou **A.M.P.** **n.f.** (sigle). **MÉD.** Assistance ou aide médicale à la procréation.

AMPÉLIDACÉE **n.f.** (du gr. *ampelos,* vigne). Vitacée.

AMPÉLOGRAPHIE **n.f.** (du gr. *ampelos,* vigne). Étude descriptive de la vigne.

AMPÉLOLOGUE **n.** Spécialiste de la vigne.

AMPÉLOPSIS [-psis] **n.m.** Arbrisseau grimpant dont certaines espèces, telles que les vignes vierges, sont utilisées comme plantes d'ornement. ➲ Famille des vitacées.

AMPÉRAGE **n.m.** Intensité d'un courant électrique.

AMPÈRE **n.m.** (de A. M. *Ampère*). **PHYS.** Unité de mesure d'intensité de courant électrique (symb. A), équivalant à l'intensité d'un courant constant qui, maintenu dans deux conducteurs parallèles, rectilignes, de longueur infinie, de section circulaire négligeable et placés à une distance de 1 mètre l'un de l'autre, dans le vide, produirait entre ces conducteurs une force de 2×10^{-7} newton par mètre de longueur. ➲ L'ampère est l'une des sept unités de base du système international d'unités.

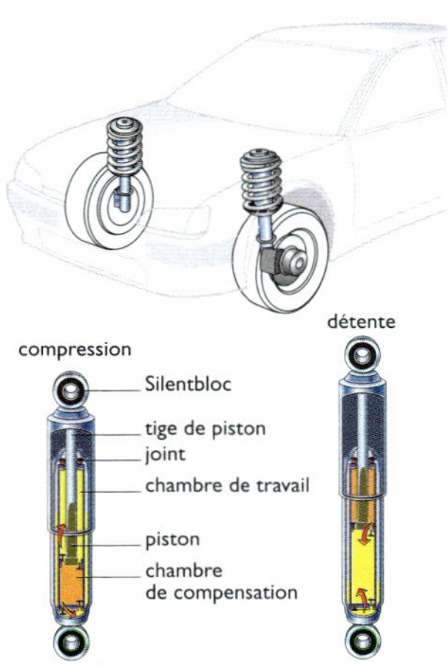

▲ **amortisseur.** Structure et fonctionnement d'un amortisseur d'automobile.

AMPÈRE-HEURE (pl. *ampères-heures*), ▲ *AMPÈREHEURE* **n.m.** Quantité d'électricité (symb. Ah) transportée pendant une heure par un courant de 1 ampère. ➲ 1 ampère-heure = 3 600 coulombs.

AMPÈREMÈTRE **n.m.** Instrument, gradué en ampères, destiné à mesurer l'intensité d'un courant électrique.

AMPHÉTAMINE **n.f. 1.** Substance qui stimule l'activité cérébrale, diminue le sommeil et la faim. ➲ N'est presque plus employée comme médicament. **2.** (Abusif). Amphétaminique.

AMPHÉTAMINIQUE **adj.** et **n.m.** Se dit d'une substance apparentée à l'amphétamine.

AMPHI **n.m.** (abrév.). Fam. Amphithéâtre.

AMPHIARTHROSE **n.f.** (du gr. *amphi,* des deux côtés, et de *arthrose*). **ANAT.** Articulation semi-mobile, permettant seulement des mouvements limités, telle qu'un disque entre deux vertèbres.

AMPHIBIE **adj.** et **n.m.** (du gr. *amphi,* des deux côtés, et *bios,* vie). **1. ÉCOL.** Qui vit dans le milieu aquatique et dans le milieu terrestre. **2.** Qui peut se mouvoir sur terre et sur l'eau : *Véhicule amphibie.* ▪ **Opération amphibie** [mil.], menée conjointement par des forces navales, terrestres et aériennes, notamm. lors d'un débarquement.

AMPHIBIEN **n.m.** Vertébré à peau nue, à température variable et à respiration à la fois pulmonaire et cutanée, dont la larve aquatique est munie de branchies. ➲ Les amphibiens forment une classe.

AMPHIBOLE **n.f.** (du gr. *amphibolos,* ambigu). Silicate de fer et de magnésium, noir, brun ou vert, constituant des roches magmatiques et métamorphiques.

AMPHIBOLITE **n.f.** Roche métamorphique constituée essentiellement d'amphibole.

AMPHIBOLOGIE **n.f.** (du gr. *amphibolos,* équivoque). **LING.** Double sens présenté par une phrase en raison de sa construction ou du choix de certains mots (ex. : *Les magistrats jugent les enfants coupables* [= les enfants qui sont coupables ; ou : que les enfants sont coupables]).

AMPHIBOLOGIQUE **adj.** Qui présente une amphibologie ; ambigu.

AMPHICTYON **n.m.** **ANTIQ. GR.** Député au conseil de l'amphictyonie.

AMPHICTYONIE **n.f.** (gr. *amphiktuonia*). **ANTIQ. GR.** Association de cités, puis de peuples autour d'un sanctuaire commun.

AMPHIGOURI **n.m.** (orig. obsc.). Litt. Écrit ou discours inintelligible.

AMPHIGOURIQUE **adj.** Litt. Dont le style est embrouillé et obscur.

AMPHIMIXIE **n.f.** (du gr. *amphi,* des deux côtés, et *mixis,* mélange). **BIOL.** Caryogamie.

AMPHIOXUS [-ɔksys] **n.m.** Animal marin ressemblant à un petit poisson, mais dépourvu notamm. de membres et d'organes visuels. ➲ Genre *Branchiostoma.*

AMPHIPHILE **adj.** **CHIM.** Se dit de certaines molécules qui ont une partie (tête) hydrophile et une partie (queue) hydrophobe.

AMPHIPODE **n.m.** Petit crustacé à corps comprimé latéralement, vivant en eau douce (gammare) ou dans la mer (talitre). ➲ Les amphipodes forment un ordre.

AMPHIPRION **n.m.** (du gr. *priôn,* scie). Poisson-clown.

AMPHISBÈNE **n.m.** (du gr. *amphi,* des deux côtés, et *bainein,* marcher). Reptile fouisseur apode des régions tropicales, aux yeux atrophiés, dont la tête et la queue ont le même aspect. ➲ Sous-ordre des lacertiliens.

AMPHITHÉÂTRE **n.m.** (gr. *amphitheatron*). **1. ANTIQ. ROM.** Vaste édifice à gradins, de plan souvent elliptique, élevé pour les combats de gladiateurs ou de bêtes sauvages. **2.** Grande salle de cours à gradins. Abrév. (fam.) **amphi. 3.** Ensemble des places situées au-dessus des balcons et des galeries, dans un théâtre.

AMPHITRYON **n.m.** (de *Amphitryon,* n. myth.). Litt. Personne qui offre à dîner ; hôte.

AMPHOLYTE **n.m.** **CHIM.** Électrolyte ayant à la fois la fonction acide et la fonction basique.

AMPHORE **n.f.** (lat. *amphora,* du gr.). **ANTIQ.** Vase à deux anses symétriques, au col rétréci, avec ou sans pied, servant à conserver et à transporter les aliments.

▲ **amphore** attique à figures noires (VIᵉ s. av. J.-C.), exécutée par Exékias. (Château-musée, Boulogne-sur-Mer.)

AMPHOTÈRE **adj.** **CHIM.** Se dit d'une substance, d'un ion qui peut avoir un rôle tantôt acide, tantôt basique.

AMPLE **adj.** (lat. *amplus*). **1.** Se dit d'un vêtement large : *Veste, manteau amples.* **2.** Qui est abondant, a du volume, de vastes dimensions : *Faire une ample provision de souvenirs. Une voix ample.* **3.** Se dit d'un vin dont l'arôme, le bouquet et la saveur sont très riches et complets.

AMPLEMENT **adv.** Avec ampleur ; largement : *C'est amplement suffisant.*

AMPLEUR **n.f. 1.** Caractère de ce qui est ample : *Donner de l'ampleur à une robe.* **2.** Caractère de ce qui est important, étendu ; portée de qqch : *Nul ne connaît encore l'ampleur de la catastrophe.*

AMPLI **n.m.** (abrév.). Fam. Amplificateur.

AMPLIATIF, IVE **adj.** **DR.** Qui ajoute à ce qui a été dit dans un acte ou une requête.

AMPLIATION **n.f.** (du lat. *ampliatio,* agrandissement). **DR. 1.** Copie authentique ayant valeur d'original d'un acte administratif. **2.** Acte ajoutant à ce qui a été dit dans un acte ou une requête. ▪ **Ampliation thoracique** [physiol.], augmentation du volume de la cage thoracique pendant l'inspiration.

AMPLIFIANT, E **adj.** Qui amplifie.

AMPLIFICATEUR, TRICE **adj.** Qui amplifie, exagère l'effet de qqch. ◆ **n.m. 1.** Dispositif permettant d'accroître l'amplitude d'une grandeur physique, en partic. un signal électrique, sans distorsion notable. **2.** Spécial. Ce dispositif, avant les haut-parleurs, sur une chaîne électroacoustique. Abrév. (fam.) **ampli.**

AMPLIFICATION **n.f.** Action d'amplifier ; son résultat : *Les ONG réclament l'amplification de l'aide humanitaire.* ▪ **Amplification génique,** technique de laboratoire permettant de multiplier un gène présent en très faible quantité (SYN. **PCR**).

AMPLIFIER **v.t. [5].** Accroître le volume, l'étendue ou l'importance de : *La chaleur amplifie la croissance de cette algue. Les journaux ont amplifié l'incident.* ◆ **S'AMPLIFIER** **v.pr.** Devenir plus grand, plus important : *Le recul boursier s'est amplifié.*

AMPLIFORME **adj.** et **n.m.** Se dit d'un soutien-gorge dont les bonnets rembourrés font paraître la poitrine plus forte.

▲ **amphithéâtre** romain d'el-Djem, anciennement Thysdrus, en Tunisie (IIIᵉ s. apr. J.-C.).

AMPLITUDE **n.f.** **1.** Maximum de la valeur absolue d'une grandeur variable. **2.** Différence entre la plus grande et la plus petite valeur d'une distribution statistique. ▪ **Amplitude journalière** [météorol.], écart entre les températures minimale et maximale d'une même journée. ▪ **Amplitude thermique annuelle** [météorol.], écart entre la moyenne de température du mois le plus froid et celle du mois le plus chaud.

AMPLI-TUNER **n.m.** (pl. *amplis-tuners*). Élément d'une chaîne haute-fidélité regroupant un amplificateur, un préamplificateur et un tuner (récepteur radio).

AMPOULE **n.f.** (du lat. *ampulla*, fiole renflée). **1.** Enveloppe de verre étanche, transparente ou translucide, renfermant un dispositif de production de lumière et utilisée pour l'éclairage. **2.** Cloque de la peau, pleine de sérosité et due à des frottements prolongés : *Ces chaussures me font des ampoules.* **3.** Tube de verre effilé à au moins l'une des extrémités, destiné à contenir un médicament liquide ; contenu de ce tube. ▪ **La sainte ampoule** [hist.], vase contenant le saint chrême pour sacrer les rois de France.

AMPOULÉ, E **adj.** Se dit d'un style, d'un discours prétentieux, emphatique.

AMPUTATION **n.f.** Ablation chirurgicale totale ou partielle d'un membre ou d'un organe.

AMPUTÉ, E **adj.** et **n.** Qui a subi une amputation.

AMPUTER **v.t.** **[3]** (lat. *amputare*). **1.** Pratiquer une amputation : *Amputer un pied. Amputer un blessé.* **2.** Fig. Retrancher une partie d'un tout : *La censure a amputé son film.*

S'AMUÏR [amɥir] **v.pr.** **[21]** (du lat. *mutus*, muet). **PHON.** Devenir muet ; ne plus être prononcé.

AMUÏSSEMENT **n.m.** **PHON.** Fait de s'amuïr.

AMULETTE **n.f.** (lat. *amuletum*). Objet que l'on porte sur soi et auquel on accorde des vertus magiques ; grigri.

AMURE **n.f.** **MAR.** **1.** Anc. Cordage qui retient le point inférieur d'une voile carrée du côté d'où vient le vent. **2.** Côté d'où vient le vent. ▪ **Naviguer bâbord** ou **tribord amures,** en recevant le vent par bâbord ou tribord. ▪ **Point d'amure,** angle inférieur avant d'une voile trapézoïdale ou triangulaire.

AMURER **v.t.** **[3]**. **MAR.** Assujettir une voile par le point d'amure.

AMUSANT, E **adj.** Qui amuse : *Un jeu très amusant.*

AMUSE-BOUCHE **n.m.** (pl. *amuse-bouche*[s]). Terme utilisé dans les restaurants pour *amuse-gueule.*

AMUSE-GUEULE **n.m.** (pl. *amuse-gueule*[s]). Petit gâteau ou petit-four salé, canapé, verrine, etc., servis avec l'apéritif.

AMUSEMENT **n.m.** Action d'amuser ; fait de s'amuser ; divertissement.

AMUSER **v.t.** **[3]** (de *muser*). **1.** Distraire agréablement : *Ses délicieuses gaffes m'amusent beaucoup.* **2.** Détourner l'attention de : *Il a amusé le gardien pendant qu'elle se glissait à l'intérieur.* ◆ **S'AMUSER** **v.pr.** **1.** Passer le temps agréablement ; se distraire : *Les enfants s'amusent dans le jardin.* **2.** **(À).** Prendre plaisir à : *Il s'amuse à créer des applications informatiques.* **3.** **(DE).** Se moquer de qqn : *S'amuser des petites manies de ses collègues.* **4.** Perdre son temps : *Il ne s'agit pas de s'amuser en chemin.*

AMUSETTE **n.f.** Fam., vx. Petit amusement.

AMUSEUR, EUSE **n.** Personne qui amuse, divertit.

AMUSIE **n.f.** **MÉD.** Incapacité à chanter ou à reconnaître une musique entendue.

AMYGDALE [amidal] **n.f.** (du gr. *amugdalê*, amande). **ANAT.** Chacun des organes lymphoïdes de la gorge. ▪ **Amygdale cérébelleuse** → **CÉRÉBELLEUX.** ▪ **Amygdale cérébrale** → **CÉRÉBRAL.** ▪ **Amygdale linguale,** située à la base de la langue. ▪ **Amygdale (palatine),** située au fond de la bouche et sur le côté, sous le palais. ▪ **Amygdale pharyngée,** située sur la paroi postérieure du rhino-pharynx, en arrière des fosses nasales. ➲ Dénommées *végétations adénoïdes* lorsqu'elles sont hypertrophiées.

AMYGDALECTOMIE **n.f.** Ablation chirurgicale des amygdales.

AMYGDALITE **n.f.** Inflammation des amygdales.

AMYLACÉ, E **adj.** De la nature de l'amidon ; qui contient de l'amidon.

AMYLASE **n.f.** Enzyme du tube digestif provoquant la dégradation par hydrolyse de l'amidon des aliments.

AMYLE **n.m.** (du lat. *amylum*, amidon). **CHIM. ORG.** Groupement $—C_5H_{11}$ entrant dans la constitution des composés amyliques.

AMYLÈNE **n.m.** Hydrocarbure issu de la déshydratation de l'alcool amylique.

AMYLIQUE **adj.** Qui renferme un groupement amyle. ▪ **Alcool amylique,** alcool $C_5H_{11}OH$, produit notamm. dans la fermentation de la fécule de pomme de terre.

AMYLOSE **n.f.** Maladie due à l'infiltration des tissus (rein, foie, etc.) par une substance anormale.

AMYOTROPHIE **n.f.** (du gr. *mus*, muscle, et *trophê*, nourriture). **MÉD.** Atrophie d'un ou de plusieurs muscles striés squelettiques.

AMYOTROPHIQUE **adj.** Relatif à l'amyotrophie. ▪ **Sclérose latérale amyotrophique (SLA)** → **SCLÉROSE.**

AN **n.m.** (lat. *annus*). **1.** Période de révolution de la Terre autour du Soleil. **2.** (Précédé d'un adj. num. cardinal). Indique l'âge : *Avoir vingt ans.* **3.** Intervalle de temps légal compris entre le 1er janvier et le 31 décembre, dans notre calendrier : *L'an prochain.* **4.** Durée de douze mois complets sans précision sur le début de la période : *Un stage de deux ans.* ▪ **Bon an mal an,** une bonne année en compensant une mauvaise ; l'un dans l'autre. ▪ **Le jour de l'An, le Nouvel An, le premier de l'An,** le premier jour de l'année. ▪ **S'en moquer comme de l'an quarante** [fam.], n'y attacher aucune importance.

ANA **n.m. inv.**, ▲ *n.m.* Litt. Recueil d'anecdotes, de bons mots d'un auteur.

ANABAPTISME [-batism] **n.m.** Mouvement issu de la Réforme qui considère le baptême des enfants comme nul, faute d'un acte personnel de foi, et ne reconnaît comme valide que celui des adultes, baptisés une seconde fois.

ANABAPTISTE **adj.** Qui s'inspire de l'anabaptisme. ◆ **adj.** et **n.** Qui professe l'anabaptisme.

ANABLEPS [-blɛps] **n.m.** Poisson des mangroves d'Amérique tropicale, aux gros yeux saillants lui permettant de voir dans l'air et sous l'eau. ➲ Famille des anablépidés.

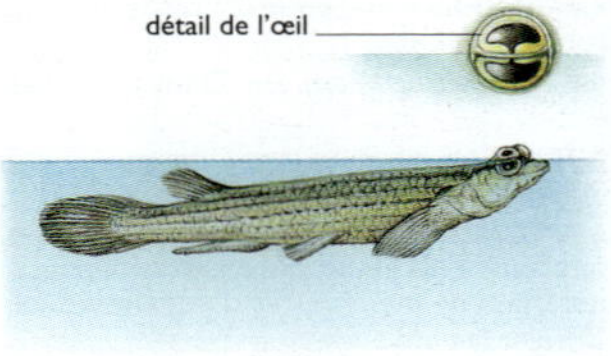

▲ **anableps**

ANABOLISANT, E **adj.** et **n.m.** Se dit d'une substance qui favorise l'anabolisme. ▪ **Stéroïdes anabolisants,** utilisés soit comme médicaments, par ex. contre l'ostéoporose, soit comme dopants par les sportifs.

ANABOLISME **n.m.** **BIOCHIM.** Ensemble des réactions chimiques des organismes vivants, permettant la synthèse de substances à partir des éléments de base fournis par l'alimentation, et aboutissant à la construction ou au renouvellement des tissus (par oppos. à *catabolisme*).

ANABOLITE **n.m.** **PHYSIOL.** Toute substance produite lors de l'anabolisme.

ANACARDE **n.m.** Fruit de l'anacardier, à graine oléagineuse et comestible (SYN. **noix de cajou**).

ANACARDIACÉE **n.f.** Arbre ou arbuste, tropical ou subtropical, dont plusieurs espèces sont cultivées, tel que l'anacardier, le pistachier, le sumac, le manguier. ➲ Les anacardiacées forment une famille.

ANACARDIER **n.m.** Arbre de l'Amérique tropicale dont une espèce, appelée *acajou à pommes*, est cultivée pour ses fruits. ➲ Famille des anacardiacées.

ANACHORÈTE [-kɔ-] **n.m.** (du gr. *anakhôrein*, s'éloigner). **1.** **CHRIST.** Moine ermite vivant dans la solitude (par oppos. à *cénobite*). **2.** Litt. Personne qui mène une vie retirée.

ANACHRONIQUE [-krɔ-] **adj.** **1.** Entaché d'anachronisme : *Un détail anachronique dans un film historique.* **2.** En retard sur son époque : *Une méthode de travail anachronique.*

ANACHRONISME [-krɔ-] **n.m.** (du gr. *ana*, en arrière, et *khronos*, temps). **1.** Erreur qui consiste à ne pas situer un événement à sa date ou dans son époque ; confusion entre des époques différentes. **2.** Ce qui appartient à un autre âge : *La monarchie est-elle aujourd'hui un anachronisme ?*

ANACLINAL, E, AUX **adj.** Se dit d'un cours d'eau dont la direction d'écoulement est contraire au pendage.

ANACOLUTHE **n.f.** (du gr. *anakolouthon*, sans liaison). **LING.** Rupture dans la construction syntaxique d'une phrase. (Ex. : *Rentré chez lui, sa femme était malade.*)

ANACONDA **n.m.** Grand serpent constricteur non venimeux des eaux douces d'Amérique du Sud tropicale (SYN. **eunecte**). ➲ Famille des boïdés.

ANACRÉONTIQUE **adj.** **LITTÉR.** Qui rappelle l'œuvre d'Anacréon.

ANACROISÉS **n.m. pl.** (nom déposé ; de *anagramme* et *mots croisés*). Jeu de mots croisés consistant à reconstituer des mots présentés dans l'ordre alphabétique de leurs lettres.

ANACROUSE **n.f.** (du gr. *ana*, avant, et *krousis*, action de frapper). **MUS.** Note ou groupe de notes précédant la première barre de mesure et menant au premier temps fort.

ANAÉROBIE **adj.** et **n.m.** (du gr. *aêr*, air, et *bios*, vie). **1.** **BIOL.** Se dit d'une cellule ou d'un organisme qui peut vivre en l'absence d'oxygène *(anaérobie facultatif)* ou qui ne peut vivre qu'en l'absence d'oxygène *(anaérobie strict)* [CONTR. **aérobie**]. **2.** **PHYSIOL.** Se dit d'un phénomène qui se déroule en l'absence d'oxygène (CONTR. **aérobie**).

ANAÉROBIOSE **n.f.** Mode de vie anaérobie.

ANAGLYPHE **n.m.** (du gr. *anagluphos*, ciselé). Photographie ou projection stéréoscopique en deux couleurs complémentaires, restituant l'impression du relief.

ANAGLYPTIQUE **adj.** et **n.f.** Se dit d'une écriture ou d'une impression en relief à l'usage des aveugles.

ANAGOGIE **n.f.** (du gr. *anagôgê*, action d'élever l'âme). **CHRIST.** Mode d'interprétation des Écritures par lequel on s'élève du sens littéral au sens spirituel.

ANAGOGIQUE **adj.** **CHRIST.** Relatif à l'anagogie.

ANAGRAMME **n.f.** (du gr. *anagramma*, renversement de lettres). Mot formé des lettres d'un autre mot disposées dans un ordre différent. (Ex. : *gare* est l'anagramme de *rage.*)

ANAL, E, AUX **adj.** Relatif à l'anus. ▪ **Stade anal** [psychan.], second stade du développement de la libido chez l'enfant, selon Freud (SYN. **stade sadique-anal**).

ANALEPSE **n.f.** **STYL.** Procédé de style par lequel on revient sur un événement antérieur au récit en cours.

ANALEPTIQUE **adj.** et **n.m.** Se dit d'un médicament qui stimule l'activité respiratoire ou cardiaque.

ANALGÉSIE **n.f.** (du gr. *algos*, douleur). Suppression de la sensibilité à la douleur.

ANALGÉSIQUE **adj.** et **n.m.** Se dit d'une substance, d'un médicament qui produit l'analgésie.

ANALITÉ **n.f.** **PSYCHAN.** Ensemble des déterminations psychiques liées au stade anal*.

ANALLERGIQUE **adj.** Qui ne provoque pas d'allergie.

ANALOGIE **n.f.** (du gr. *analogia*, correspondance). **1.** Rapport de ressemblance que présentent deux ou plusieurs choses ou personnes : *Il existe une analogie entre ces deux crimes.* **2.** **LING.** Apparition dans une langue de nouvelles formes à partir de correspondances qui existent entre des termes d'une même classe. ▪ **Par analogie,** d'après les rapports de ressemblance constatés entre deux choses.

ANALOGIQUE adj. **1.** Fondé sur l'analogie : *Raisonnement analogique.* **2.** TECHN. Qui représente, traite ou transmet des données sous la forme de variations continues d'une grandeur physique (par oppos. à *numérique*) : *Signal, décodeur analogique.* ▪ **Dictionnaire analogique,** qui regroupe les mots en fonction des relations sémantiques qu'ils entretiennent entre eux.

ANALOGIQUEMENT adv. Par analogie.

ANALOGUE adj. Qui offre des rapports de similitude avec autre chose ; similaire ; comparable : *Les deux témoins ont des versions analogues.* ◆ n.m. Ce qui ressemble à : *Son oratorio n'a pas d'analogue dans la musique contemporaine.*

ANALPHABÈTE adj. et n. Qui n'a jamais appris à lire ni à écrire.

ANALPHABÉTISME n.m. État d'une personne, d'une population analphabète.

ANALYCITÉ ou **ANALYTICITÉ** n.f. LOG. Propriété d'un énoncé analytique.

ANALYSABLE adj. Que l'on peut analyser.

ANALYSANT, E n. Personne qui est en cure psychanalytique. (Terme préférable à celui d'*analysé,* selon J. Lacan.)

ANALYSE n.f. (du gr. *analusis,* décomposition). **1.** Action d'identifier dans une substance les éléments constituants et d'en déterminer la teneur : *Analyse de sang.* **2.** Étude faite en vue de discerner les différentes parties d'un tout, de déterminer ou d'expliquer les rapports qu'elles entretiennent les unes avec les autres (opération inverse de la synthèse) : *Analyse d'une œuvre littéraire.* **3.** INFORM. Ensemble des travaux comprenant l'étude détaillée d'un problème, la conception d'une méthode permettant de le résoudre et la définition précise du traitement correspondant sur ordinateur. **4.** MATH. Partie des mathématiques issue de l'étude des fonctions numériques d'une variable réelle. **5.** Psychanalyse. ▪ **Analyse de la valeur** → VALEUR. ▪ **Analyse didactique,** à laquelle doit se soumettre tout futur psychanalyste. ▪ **Analyse grammaticale** [ling.], étude de la nature et de la fonction des mots dans une proposition. ▪ **Analyse logique** [ling.], étude de la nature et de la fonction des propositions dans une phrase. ▪ **En dernière analyse,** après avoir tout bien examiné ; en définitive.

ANALYSÉ, E n. Personne qui a entrepris une cure psychanalytique. (On dit plutôt *analysant.*)

ANALYSER v.t. [3]. **1.** Étudier par l'analyse ; soumettre à une analyse : *Analyser l'eau de mer. Analyser les résultats d'une élection.* **2.** Soumettre à une psychanalyse. ◆ **S'ANALYSER** v.pr. **1.** Pouvoir être décomposé en éléments constituants. **2.** Étudier ses propres sentiments, son comportement.

ANALYSEUR n.m. Appareil permettant de faire une analyse.

ANALYSTE n. **1.** Spécialiste de l'analyse mathématique, informatique, financière, etc. **2.** Psychanalyste.

ANALYSTE-PROGRAMMEUR, EUSE n. (pl. *analystes-programmeurs, euses*). Informaticien chargé des travaux d'analyse et de la programmation correspondante.

ANALYTICITÉ n.f. → ANALYCITÉ.

1. ANALYTIQUE adj. (du gr. *analutikos,* qui peut être résolu). **1.** Qui procède par voie d'analyse : *Un esprit analytique* (CONTR. **synthétique**). **2.** Qui comporte une analyse ; qui en résulte : *Compte rendu analytique.* **3.** Psychanalytique. ▪ **Énoncé analytique** [log.], proposition dans laquelle le prédicat est contenu dans le sujet. (Ex. : *Tous les octogénaires ont au moins quatre-vingts ans.*) ▪ **Géométrie analytique,** étude des courbes, surfaces, etc., représentées par des équations dans un système de coordonnées. ▪ **Philosophie analytique,** courant de pensée anglo-saxon du XXᵉ s. qui s'oppose aux vastes synthèses abstraites et propose une analyse des faits et des énoncés reposant sur des bases de la logique issue du cercle de Vienne. ➲ Elle est représentée, notamm., par J. L. Austin et W. Quine.

2. ANALYTIQUE n.f. PHILOS. ▪ **Analytique transcendantale,** étude des formes a priori de l'entendement, chez Kant.

ANALYTIQUEMENT adv. Par voie d'analyse ; d'une manière analytique.

ANAMNÈSE n.f. (du gr. *anamnêsis,* souvenir). **1.** Ensemble des renseignements que le médecin recueille en interrogeant un malade sur l'histoire de sa maladie. **2.** CHRIST. Prière de l'office eucharistique qui suit la consécration.

ANAMORPHOSE n.f. (du gr. *anamorphoun,* transformer). **1.** Image déformée d'un objet donnée par certains systèmes optiques (miroirs courbes, notamm.). **2.** BX-ARTS. Représentation peinte, dessinée, etc., volontairement déformée d'un objet, d'un motif quelconque, dont l'apparence réelle ne peut être perçue qu'en regardant l'image sous un angle particulier ou au moyen d'un miroir courbe. **3.** CARTOGR. Représentation cartographique mettant en évidence un phénomène donné (PIB, densité de population, etc.) et non une réalité géographique (forme ou relief d'un pays, par ex.). ➲ Une *carte par anamorphose* représente chaque entité cartographiée (pays, département, etc.) de façon proportionnelle, c'est-à-dire selon sa valeur par rapport à celle des autres entités.

▲ **anamorphose** à miroir cylindrique. Figure d'Indien, par Elias Baeck (1740). (Musée des Arts décoratifs, Paris.)

ANANAS [anana(s)] n.m. Plante herbacée pluriannuelle, basse, cultivée dans les régions tropicales pour son gros fruit, à pulpe sucrée et savoureuse ; ce fruit. ➲ Famille des broméliacées. (V. planche *fruits tropicaux.*)

ANAPESTE n.m. Dans la poésie grecque et latine, pied composé de deux syllabes brèves, suivies d'une longue.

ANAPHASE n.f. BIOL. CELL. Troisième phase de la division cellulaire.

ANAPHORE n.f. (lat. *anaphora,* du gr.). **1.** STYL. Reprise d'un mot ou d'un groupe de mots au début de phrases ou de membres de phrases qui se suivent, produisant un effet de renforcement, de symétrie. **2.** LING. Processus consistant à reprendre par un pronom un autre segment du discours antérieur. (Ex. : « en » dans *des vacances, j'en ai besoin.*)

ANAPHORÈSE n.f. (gr. *anaphorêsis*). CHIM., PHYS. Migration vers l'anode de particules colloïdales en suspension, dans l'électrophorèse.

ANAPHORIQUE adj. et n.m. LING. Se dit d'un terme qui sert à une anaphore.

ANAPHRODISIAQUE adj. et n.m. Didact. Se dit d'une substance propre à diminuer le désir sexuel (CONTR. **aphrodisiaque**).

ANAPHRODISIE n.f. Diminution ou absence de désir sexuel.

ANAPHYLACTIQUE adj. Propre à l'anaphylaxie : *État, choc anaphylactique.*

ANAPHYLAXIE n.f. (du gr. *ana,* contraire, et *phulaxis,* protection). IMMUNOL. Forme d'allergie aiguë, dont les symptômes apparaissent immédiatement après le contact avec l'antigène.

ANAPLASIE n.f. (du gr. *anaplasis,* reconstitution). MÉD. Perte des caractères morphologiques et fonctionnels d'un groupe de cellules, qui s'observe dans les cancers les plus graves.

ANAR n. et adj. (abrév.). Fam. Anarchiste.

ANARCHIE n.f. (du gr. *anarkhia,* absence de commandement). **1.** Anarchisme. **2.** État de trouble, de désordre dû à l'absence d'autorité politique, à la carence des lois. **3.** État de confusion générale : *L'anarchie règne dans ce service.*

ANARCHIQUE adj. Qui tient de l'anarchie ; qui est en proie à l'anarchie : *Une gestion anarchique.*

ANARCHIQUEMENT adv. De façon anarchique.

ANARCHISANT, E adj. et n. Qui tend vers l'anarchisme ; qui a des sympathies pour l'anarchisme.

ANARCHISME n.m. Doctrine politique qui préconise la suppression de l'État et de toute contrainte sociale sur l'individu (SYN. **anarchie**).

➲ Mouvement très diversifié, l'**ANARCHISME** se développa en Europe, dans la seconde moitié du XIXᵉ s., comme un substitut aux courants révolutionnaires misant sur la conquête de l'État. Proudhon en fut le premier inspirateur et le Russe Bakounine, l'un des principaux théoriciens.

ANARCHISTE n. et adj. Partisan de l'anarchisme. Abrév. (fam.) **anar.** ◆ adj. Qui relève de l'anarchisme.

ANARCHO-SYNDICALISME (pl. *anarcho-syndicalismes*), ▲ *ANARCHOSYNDICALISME* [-ko-] n.m. Tendance du syndicalisme ouvrier qui réclame pour les syndicats la gestion des affaires économiques sous le contrôle direct des travailleurs.

ANARCHO-SYNDICALISTE (pl. *anarcho-syndicalistes*), ▲ *ANARCHOSYNDICALISTE* [-ko-] n. et adj. Partisan de l'anarcho-syndicalisme. ◆ adj. Qui relève de l'anarcho-syndicalisme.

ANARTHRIE n.f. (du gr. *anarthria,* faiblesse d'articulation). PSYCHOL. Incapacité d'articuler les mots à la suite d'une lésion cérébrale.

ANASARQUE n.f. (du gr. *ana,* à travers, et *sarx, sarkos,* chair). MÉD. Œdème généralisé.

ANASTIGMAT ou **ANASTIGMATIQUE** adj.m. **1.** Dépourvu d'astigmatisme. **2.** Se dit d'un objectif photographique corrigé de l'astigmatisme.

ANASTOMOSE n.f. (du gr. *anastomôsis,* ouverture). ANAT. Réunion bout à bout ou par un segment intermédiaire, naturelle ou chirurgicale, de deux conduits, de deux nerfs.

ANASTOMOSER v.t. [3]. Réunir par anastomose chirurgicale. ◆ **S'ANASTOMOSER** v.pr. Former une anastomose.

ANASTYLOSE n.f. (du gr. *anastellein,* remonter). ARCHÉOL. Reconstruction d'un édifice ruiné, exécutée surtout avec les éléments retrouvés sur place.

ANATEXIE n.f. (du gr. *anatêxis,* fonte). GÉOL. Processus ultime du métamorphisme consistant en une fusion partielle ou totale des roches de la croûte continentale, et donnant naissance à un magma.

ANATHÉMATISER v.t. [3]. **1.** CATH. Frapper d'anathème. **2.** Fig. Blâmer publiquement et solennellement.

ANATHÈME n.m. (du gr. *anathema,* malédiction). **1.** CATH. Excommunication majeure prononcée contre un hérétique ou contre un pécheur que l'on veut priver des sacrements. **2.** Fig. Condamnation publique ; blâme solennel : *Jeter l'anathème sur les fraudeurs.* ◆ n. Personne frappée de cette sentence.

ANATIDÉ n.m. Oiseau palmipède au corps massif et au bec aplati bordé de lamelles cornées lui permettant de filtrer la vase, tel que le canard, l'oie, le cygne, l'eider. ➲ Ordre des ansériformes.

ANATIFE n.m. (du lat. *anas, anatis,* canard). Crustacé marin ressemblant extérieurement à un mollusque, en raison de sa coquille calcaire formée de plaques disjointes, et vivant fixé aux bois flottants par un fort pédoncule (SYN. **bernacle**). ➲ Sous-classe des cirripèdes.

▲ **anatifes**

ANATOCISME n.m. (du gr. *ana*, de nouveau, et *tokos*, intérêt). Capitalisation des intérêts d'une somme prêtée, calculée en principe sur une année.

ANATOLIEN, ENNE adj. et n. De l'Anatolie. ◆ n.m. Groupe de langues indo-européennes parlées en Anatolie au IIe et au Ier millénaire av. J.-C.

ANATOMIE n.f. (lat. *anatomia*, du gr. *anatemnein*, disséquer). **1.** Étude scientifique de la forme et de la structure des organes de l'homme, des animaux et des plantes : *Anatomie végétale.* **2.** Cette structure elle-même : *L'anatomie d'un oursin.* **3.** Fam. Forme extérieure du corps humain ; physique : *Une belle anatomie.* ▪ **Anatomie pathologique,** anatomopathologie.

ANATOMIQUE adj. **1.** Relatif à l'anatomie. **2.** Qui est spécialement adapté à l'anatomie humaine : *Siège anatomique.*

ANATOMIQUEMENT adv. Du point de vue de l'anatomie.

ANATOMISTE n. Spécialiste d'anatomie.

ANATOMOPATHOLOGIE n.f. MÉD. Étude des altérations organiques des tissus et des cellules provoquées par la maladie.

ANATOMOPATHOLOGISTE n. Spécialiste d'anatomopathologie.

ANATOXINE n.f. Substance préparée à partir de la toxine d'un micro-organisme qui a perdu son pouvoir toxique mais conservé son pouvoir immunisant, et utilisée comme vaccin.

ANCESTRAL, E, AUX adj. Qui vient des ancêtres : *Des coutumes ancestrales.*

ANCÊTRE n. (du lat. *antecessor*, prédécesseur). **1.** Ascendant d'une personne, d'une famille, antérieur aux parents. **2.** Initiateur lointain d'une idée, d'une doctrine ; précurseur. ◆ n. pl. **1.** Ascendants antérieurs aux grands-parents ; aïeux. **2.** Ceux qui ont vécu avant nous.

ANCHE n.f. (du francique *°ankja*, tuyau). Languette dont les vibrations produisent les sons dans certains instruments à vent (clarinettes, hautbois, saxophones…) et dans certains tuyaux de l'orgue. ◆ n.f. pl. Instruments à anche.

ANCHOÏADE [ɑ̃ʃɔjad] n.f. Purée d'anchois mélangée d'huile d'olive. ➲ Cuisine provençale.

ANCHOIS n.m. (anc. provenç. *anchoia*). Petit poisson, commun en Méditerranée, qui est le plus souvent conservé dans la saumure ou dans l'huile. ➲ Famille des engraulidés.

▲ **anchois**

1. ANCIEN, ENNE adj. (du lat. *ante*, avant). **1.** Qui existe depuis longtemps ; qui date de longtemps : *Le chœur de cette église est très ancien.* **2.** Qui appartient à une époque révolue : *Les langues anciennes. Tout ça, c'est de l'histoire ancienne, n'en parlons plus !* **3.** Qui n'est plus en fonction : *Un ancien ministre* ; qui avait un autre usage : *Une ancienne grange accueille les concerts.* ▪ **Ancien français** → **FRANÇAIS.** ◆ n.m. Ce qui est ancien, notamm. meubles, objets, constructions : *Se meubler en ancien.*

2. ANCIEN, ENNE n. Personne qui en a précédé d'autres dans une fonction, un travail. ◆ n.m. **1.** (Avec une majuscule). Personnage ou écrivain de l'Antiquité gréco-romaine. **2.** Afrique. Homme à qui son âge confère le rang de notable, dans un village.

ANCIENNEMENT adv. À une époque révolue ; autrefois.

ANCIENNETÉ n.f. **1.** État de ce qui est ancien : *L'ancienneté d'une coutume.* **2.** Temps passé dans une fonction, un emploi, à partir du jour de la nomination.

ANCILLAIRE [ɑ̃silɛr] adj. (du lat. *ancilla*, servante). ▪ **Amours ancillaires** [litt. ou par plais.], avec une servante.

ANCOLIE n.f. (du lat. *aquilegus*, qui recueille l'eau). Plante vivace à fleurs bleues, roses ou blanches, dont chacun des cinq pétales est muni d'un éperon recourbé. ➲ Famille des renonculacées.

ANCRAGE n.m. **1.** Action d'ancrer un bateau. **2.** Action, manière d'ancrer qqch, en partic. un élément de construction (poutre, câble, etc.), à un point fixe ; dispositif assurant une telle fixation. **3.** Fig. Fait d'être implanté ; enracinement : *L'ancrage de l'idée de justice dans l'esprit de nos contemporains.* ▪ **Point d'ancrage,** endroit de l'habitacle d'un véhicule où est fixée une ceinture de sécurité ; fig., élément fondamental autour duquel s'organise un ensemble : *Cette mesure est le point d'ancrage de la réforme.*

ANCRE n.f. (lat. *ancora*, du gr.). **1.** Pièce d'acier, génér. à deux pattes formant becs, qui, en s'accrochant au fond, permet d'immobiliser un navire auquel elle est reliée par un câble ou une chaîne : *Mouiller, lever l'ancre.* **2.** CONSTR. Pièce fixée à l'extrémité d'un tirant maintenant un mur ou un élément de charpente. **3.** HORLOG. Pièce de l'échappement qui donne l'impulsion d'entretien à l'ensemble balancier et spiral ou au pendule. **4.** PSYCHOL. Information privilégiée, servant de cadre de référence pour juger et interpréter. ▪ **Ancre (de lien)** [inform.], texte ou image cliquables contenant un lien pointant vers un endroit précis de la même page ou d'une autre page d'un site Web. ▪ **Lever l'ancre** [fam.], s'en aller.

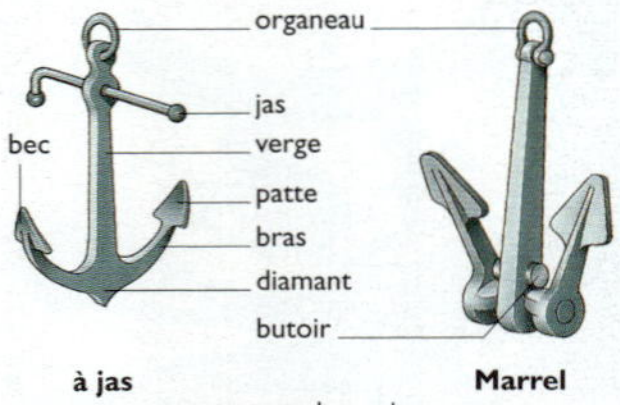

▲ **ancres** de marine.

ANCRER v.t. [3]. **1.** Immobiliser un bateau au moyen d'une ancre. **2.** Assujettir solidement à un point fixe : *Ancrer un piton dans la roche.* **3.** CONSTR. Consolider à l'aide d'une ancre : *Ancrer un mur.* **4.** Fixer profondément un sentiment, une idée chez qqn ; inculquer : *Qui vous a ancré ces préjugés dans la tête ?* ◆ **S'ANCRER** v.pr. S'établir à demeure ; s'installer : *Cet investisseur a réussi à s'ancrer en Chine.*

ANDAIN n.m. (du lat. *ambitus*, pourtour). Alignement de foin, de céréales ou d'autres végétaux fauchés et déposés sur le sol.

ANDALOU, SE adj. et n. De l'Andalousie.

ANDALOUSITE n.f. MINÉRALOG. Silicate d'alumine ($SiAl_2O_5$), caractéristique du métamorphisme de contact.

ANDANTE [ɑ̃dɑ̃t(e)] adv. (mot ital.). MUS. Selon un tempo modéré. ◆ n.m. Morceau de musique exécuté dans le tempo andante : *Des andantes.*

ANDANTINO adv. (mot ital.). MUS. Selon un tempo moins lent qu'andante. ◆ n.m. Morceau exécuté dans le tempo andantino : *Des andantinos.*

ANDÉSITE n.f. (de *Andes*). MINÉRALOG. Lave à structure porphyrique, composée essentiellement de phénocristaux zonés de plagioclase, associés à des pyroxènes et à des amphiboles.

ANDIN, E adj. et n. Des Andes.

ANDORRAN, E adj. et n. De la principauté d'Andorre ; de ses habitants.

ANDOUILLE n.f. (du lat. *inducere*, introduire). **1.** Produit de charcuterie cuite emballé dans un boyau noir, constitué du tube digestif des animaux de boucherie, en partic. du porc, et consommé froid. **2.** Fam. Personne sotte ou maladroite : *Espèce d'andouille !*

ANDOUILLER n.m. (du lat. *ante*, devant, et *oculus*, œil). Ramification des bois du cerf et des autres cervidés. ▪ **Andouiller de massacre,** première ramification à partir de la tête.

ANDOUILLETTE n.f. Charcuterie cuite, emballée dans un boyau, faite princip. d'intestins de porc, parfois de veau, et consommée chaude.

ANDROCÉE n.m. (du gr. *andros*, homme, et *oikia*, maison). BOT. Ensemble des étamines d'une fleur.

ANDROCÉPHALE adj. (du gr. *andros*, homme, et *kephalê*, tête). Se dit d'une statue d'animal à tête humaine.

ANDROGÈNE adj. et n.m. Se dit d'une hormone naturelle ou médicamenteuse, comme la testostérone, qui provoque le développement des caractères sexuels masculins.

ANDROGENÈSE ou **ANDROGÉNIE** n.f. BIOL. Développement de l'œuf à partir du seul noyau spermatique.

ANDROGÉNÉTIQUE adj. Relatif à l'action des androgènes.

ANDROGÉNIQUE adj. Relatif aux androgènes. ▪ **Déficit androgénique lié à l'âge (DALA),** andropause.

ANDROGYNE adj. (du gr. *andros*, homme, et *gunê*, femme). **1.** Qui tient des deux sexes. **2.** BOT. Monoïque. ◆ n.m. Être androgyne.

ANDROGYNIE n.f. Caractère de l'androgyne.

ANDROÏDE n. Automate à apparence humaine.

ANDROLOGIE n.f. Discipline médicale qui étudie l'appareil génital masculin.

ANDROLOGIQUE adj. Relatif à l'andrologie.

ANDROLOGUE n. Spécialiste d'andrologie.

ANDROPAUSE n.f. Ensemble des troubles parfois observés chez l'homme après 50 ans, équivalent de la ménopause chez la femme. ➲ Le terme officiel est *déficit androgénique lié à l'âge.*

ÂNE n.m. (lat. *asinus*). **1.** Mammifère voisin du cheval, à longues oreilles et au pelage génér. gris, domestiqué comme bête de somme ou de trait. ➲ Cri : l'âne brait ; famille des équidés. **2.** Personne ignorante, à l'esprit borné.

ANÉANTIR v.t. [21] (de *néant*). **1.** Détruire entièrement : *La grêle a anéanti les récoltes.* **2.** Ôter ses forces physiques ou morales à ; abattre : *Ces mauvaises nouvelles l'ont anéantie.* ◆ **S'ANÉANTIR** v.pr. Être réduit à néant ; s'effondrer : *Nos espoirs se sont anéantis.*

ANÉANTISSEMENT n.m. Action d'anéantir ; fait d'être anéanti : *Les armes nucléaires pourraient conduire à l'anéantissement du genre humain.*

ANECDOTE n.f. (du gr. *anekdota*, choses inédites). Bref récit d'un fait curieux, amusant ou peu connu.

ANECDOTIER, ÈRE n. Litt. Personne qui recueille ou raconte des anecdotes.

ANECDOTIQUE adj. Qui tient de l'anecdote ; qui ne touche pas à l'essentiel : *Détail purement anecdotique.* ◆ n.m. Ce qui est anecdotique.

ANÉLASTICITÉ n.f. Propriété d'un matériau dont l'élasticité imparfaite a pour origine un phénomène de frottement intérieur.

ANÉLASTIQUE adj. Qui possède la propriété d'anélasticité.

ANÉMIE n.f. (du gr. *anaimia*, manque de sang). **1.** MÉD. Diminution de la concentration en hémoglobine du sang, quelle qu'en soit la cause (carence en fer, par ex.). **2.** Fig. Affaiblissement : *L'anémie de l'industrie.* ▪ **Anémie falciforme** [méd.], drépanocytose.

ANÉMIÉ, E adj. Qui tend vers l'anémie : *Un organisme anémié.*

ANÉMIER v.t. [5]. Rendre anémique.

ANÉMIQUE adj. Relatif à l'anémie. ◆ adj. et n. Atteint d'anémie.

ANÉMOMÈTRE n.m. (du gr. *anemos*, vent, et *metron*, mesure). Instrument qui sert à mesurer la vitesse d'écoulement d'un fluide gazeux, en partic. la vitesse du vent.

ANÉMONE n.f. (gr. *anemônê*). Plante herbacée dont plusieurs espèces sont cultivées pour leurs fleurs décoratives. ➲ Famille des renonculacées. ▪ **Anémone de mer** [zool.], actinie. ▪ **Anémone des bois,** dont les fleurs blanches ou roses éclosent au printemps.

L'anatomie humaine

L'APPAREIL CIRCULATOIRE

La circulation sanguine apporte à chaque cellule ce dont elle a besoin (nutriments et oxygène) et emporte ses déchets (gaz carbonique). Le sang sort du cœur par les artères ; il y revient par les veines. On distingue la *grande circulation*, qui distribue le sang à tous les organes par l'aorte et ses branches, et qui revient au cœur par les deux veines caves, et la *petite circulation*, qui assure la réoxygénation du sang au moyen de l'artère et des veines pulmonaires.

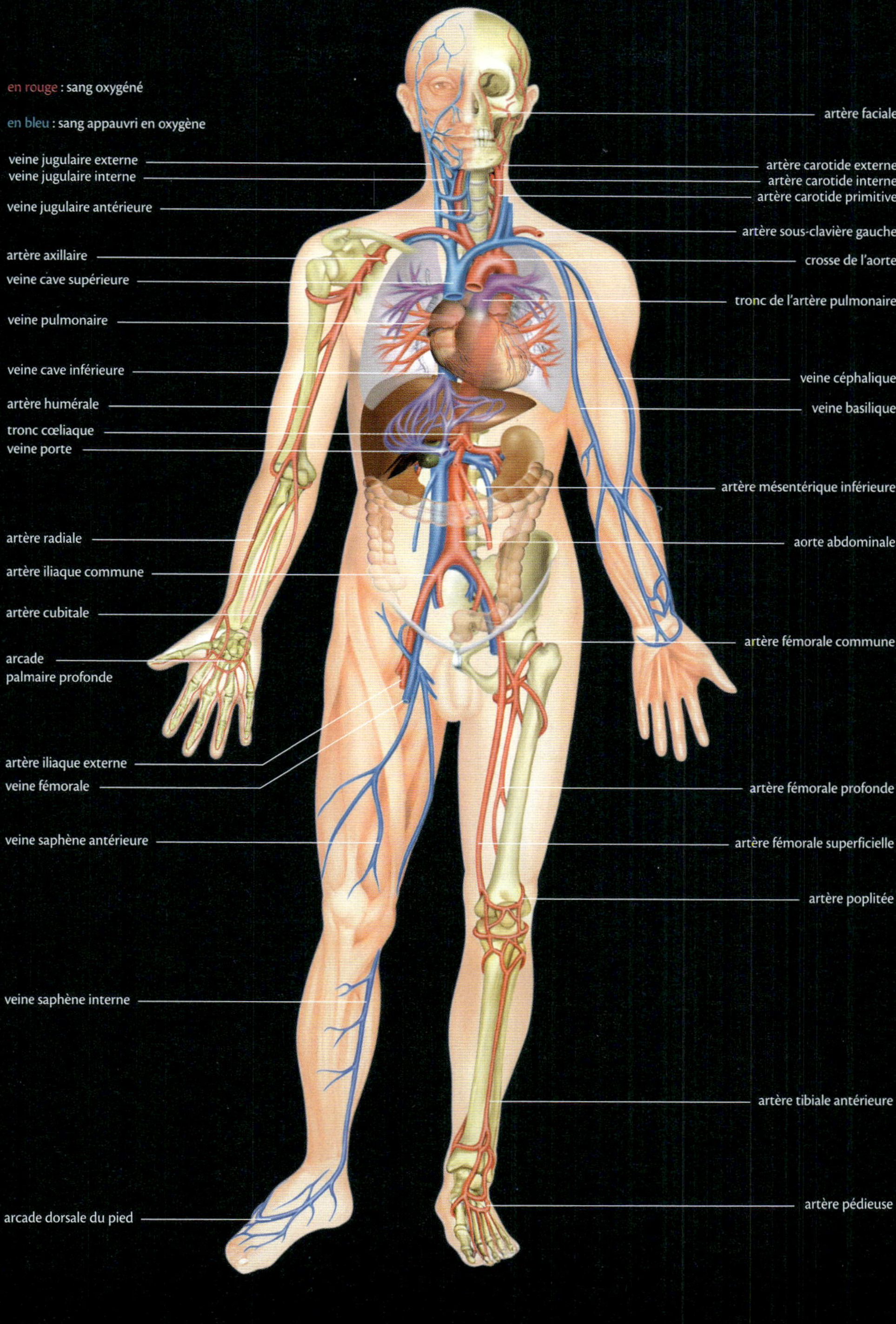

L'anatomie humaine

LES MUSCLES SQUELETTIQUES

Le corps humain comporte trois types de muscles : les *muscles lisses*, ou *viscéraux*, dont la contraction est inconsciente et involontaire (bronches, tube digestif, voies urinaires...) ; les *muscles striés squelettiques*, insérés sur les os, dont la contraction est contrôlée par le cerveau de manière consciente (mouvements) ou inconsciente (maintien de postures) ; le *muscle strié cardiaque*, ou *myocarde*, dont la structure est semblable à celle des muscles striés mais se contracte spontanément.

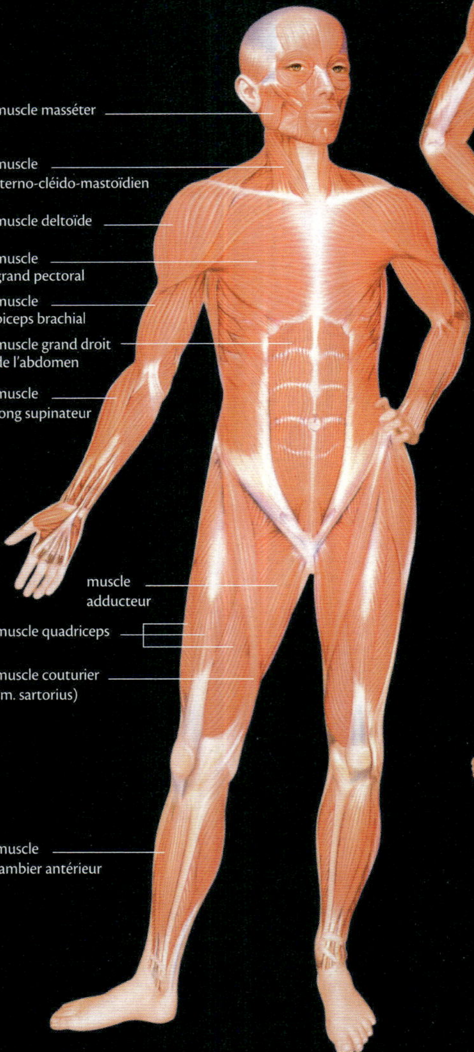

FACE ANTÉRIEURE

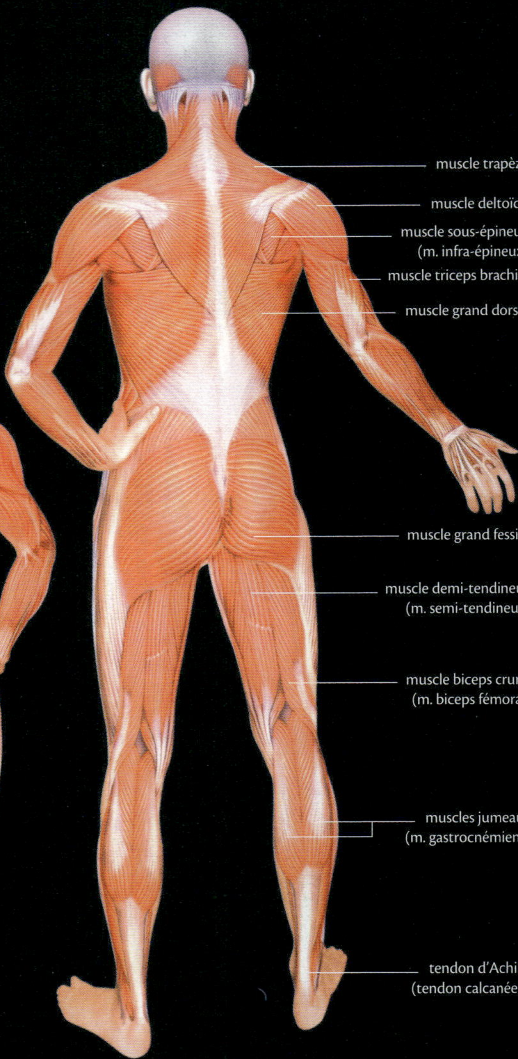

FACE POSTÉRIEURE

L'anatomie humaine

LE SQUELETTE

Le squelette compte environ 230 os. Il est constitué de deux parties principales : le squelette du tronc (crâne, colonne vertébrale, côtes et sternum), et le squelette des membres supérieurs et inférieurs et de leurs racines (épaule, bassin).
Les os du squelette jouent un rôle indispensable dans le mouvement, en formant une charpente solide et stable, à partir de laquelle les muscles peuvent agir de manière efficace et coordonnée. Enfin, le squelette protège les viscères, notamment le cerveau, la moelle épinière, le cœur et les poumons.

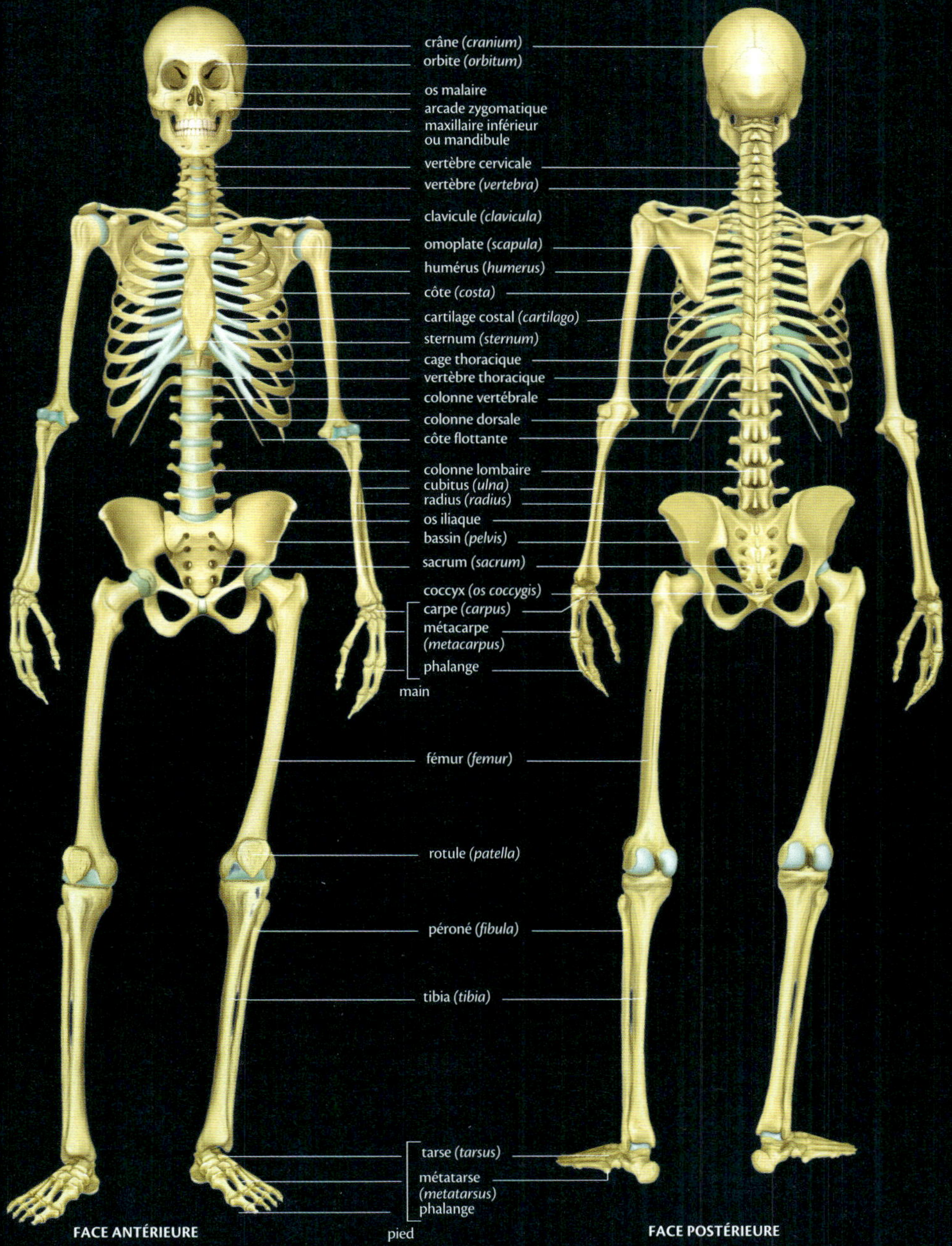

Les mots en italique concernent la nomenclature internationale.

L'anatomie humaine

LE SYSTÈME NERVEUX

Le *système nerveux central* comprend le cerveau et la moelle épinière. Il perçoit et analyse les informations, coordonne les différentes fonctions du corps et assure la vie psychique et émotionnelle. Le *système nerveux périphérique* est composé de nerfs qui envoient au cerveau les informations sensorielles ou sensitives et transmettent aux muscles les ordres moteurs. Le *système nerveux végétatif* (ici non représenté) est composé de nerfs sympathiques et parasympathiques qui régulent le fonctionnement des viscères.

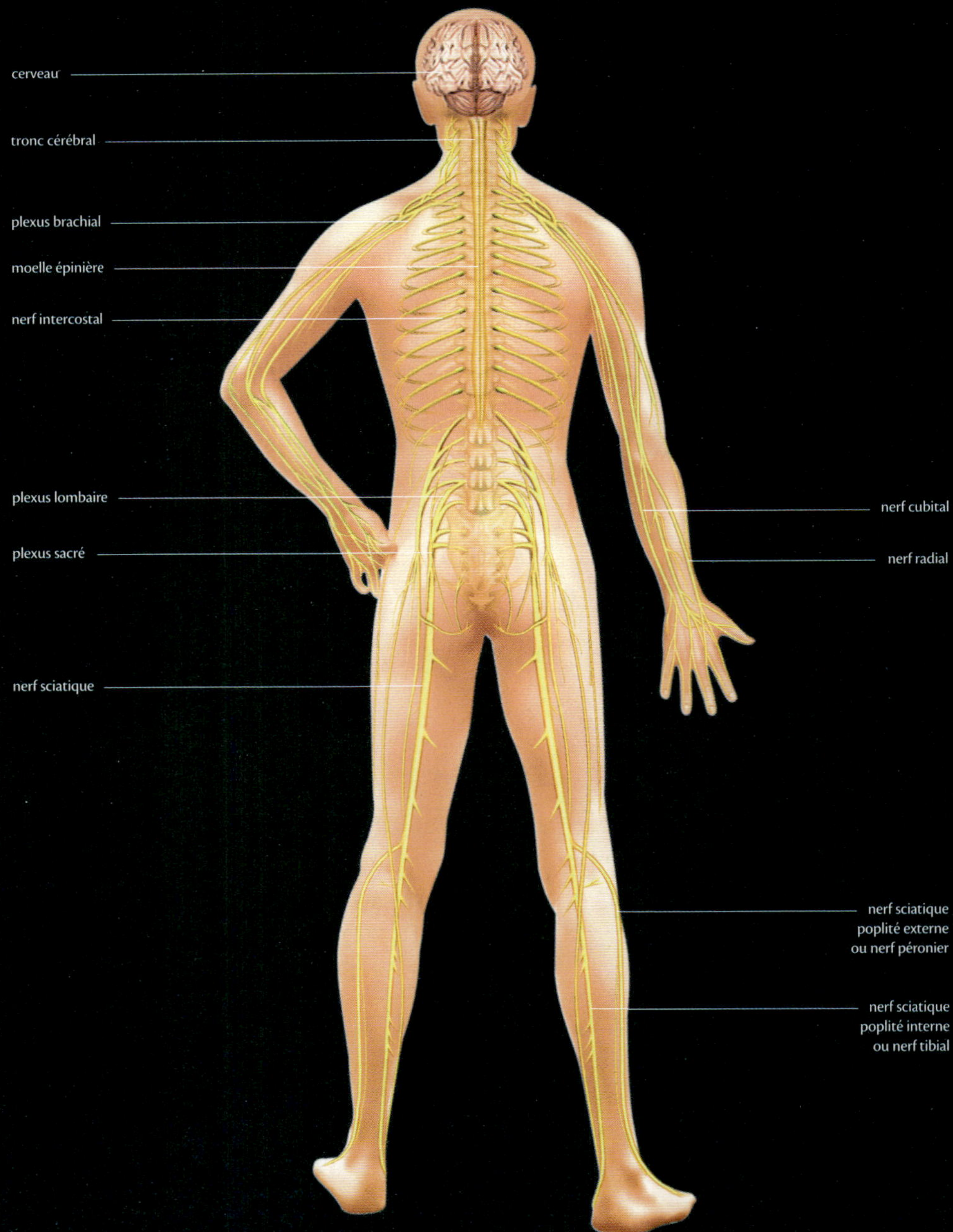

ANÉMOPHILE adj. Se dit d'une plante dont la pollinisation est effectuée par le vent.

ANÉMOPHILIE n.f. BOT. Pollinisation par le vent.

ANENCÉPHALE [anɑ̃sefal] **adj.** et **n.** Atteint d'anencéphalie.

ANENCÉPHALIE n.f. Absence d'encéphale.

ANÉPIGRAPHE adj. ARCHÉOL. Se dit d'un monument, d'une médaille, d'une monnaie dépourvus d'inscription.

ANÉRECTION n.f. MÉD. Absence ou fugacité de l'érection.

ANERGIE n.f. (d'apr. *allergie*). **IMMUNOL.** Disparition d'une allergie.

ÂNERIE n.f. Parole ou acte stupide : *Dire des âneries.*

ANÉROÏDE adj. ▪ **Baromètre anéroïde,** fonctionnant par déformation élastique d'une capsule ou d'un tube métallique.

ÂNESSE n.f. Femelle de l'âne.

ANESTHÉSIANT, E adj. et **n.m.** Anesthésique.

ANESTHÉSIE n.f. (du gr. *anaisthêsia,* insensibilité). **1.** Perte de la sensibilité à la douleur (analgésie), à la température ou au toucher, due à la lésion de fibres nerveuses ou à l'action d'un médicament. ➲ L'anesthésie générale associe une analgésie et une narcose. **2.** Fig. État de désintérêt ; indifférence : *L'anesthésie d'un parti après son échec aux élections.* ▪ **Anesthésie péridurale** → **PÉRIDURAL.**

ANESTHÉSIER v.t. [5]. 1. Pratiquer une anesthésie sur qqn, sur une partie du corps. **2.** Fig. Rendre insensible ; endormir : *Anesthésier l'opinion publique.*

ANESTHÉSIOLOGIE n.f. Spécialité médicale qui étudie l'anesthésie et les techniques qui s'y rattachent (réanimation, notamm.).

ANESTHÉSIQUE adj. Qui se rapporte à l'anesthésie. ◆ **adj.** et **n.m.** Se dit d'un procédé, d'un agent tel que le froid, d'un médicament utilisé pour produire l'anesthésie (SYN. **anesthésiant**).

ANESTHÉSISTE n. Médecin ou infirmier qui pratique l'anesthésie.

ANESTHÉSISTE-RÉANIMATEUR, TRICE n. (pl. *anesthésistes-réanimateurs, trices*). Médecin pratiquant l'anesthésiologie et la réanimation.

ANETH [anɛt] **n.m.** Ombellifère aromatique à feuilles vert foncé et à fleurs blanches, cour. appelée *faux anis, fenouil bâtard.*

ANEUPLOÏDE adj. Se dit d'une cellule en état d'aneuploïdie.

ANEUPLOÏDIE n.f. BIOL. CELL. État d'une cellule dont le nombre de chromosomes n'est pas un multiple du nombre haploïde de l'espèce.

ANÉVRYSMAL, E, AUX ou **ANÉVRISMAL, E, AUX adj.** Relatif à l'anévrysme.

ANÉVRYSME ou **ANÉVRISME n.m.** (du gr. *aneurusma,* dilatation de l'artère). **MÉD.** Poche latérale formée par dilatation de la paroi d'une artère ou du cœur : *Une rupture d'anévrysme peut provoquer une hémorragie.*

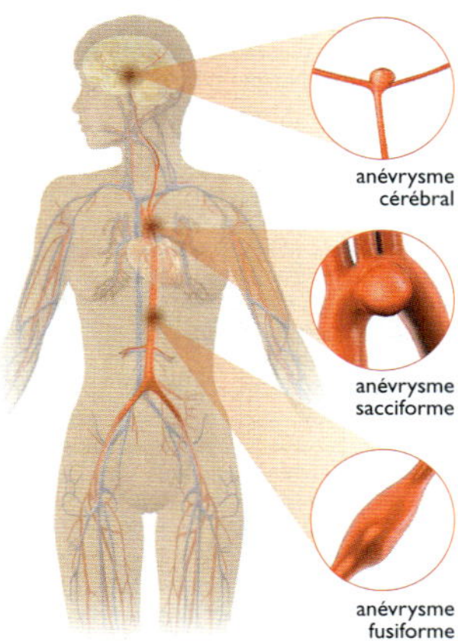

▲ **anévrysmes** artériels.

ANFRACTUOSITÉ n.f. (du bas lat. *anfractuosus,* tortueux). Cavité profonde et irrégulière : *Les anfractuosités d'un rocher.*

ANGARIE n.f. (du gr. *aggareia,* servitude). **DR. INTERN.** Réquisition exercée par un État, en temps de guerre, de véhicules et de navires étrangers se trouvant sur son territoire ou dans ses ports.

1. ANGE n.m. (lat. *angelus,* du gr. *aggelos,* messager). **1.** Être spirituel, intermédiaire entre Dieu et l'homme. **2.** Terme d'affection : *Mon ange.* **3.** Fig. Personne parfaite ou douée d'une éminente qualité : *Cette femme est un ange de douceur.* ▪ **Ange gardien,** ange attaché à la personne de chaque fidèle pour le protéger, dans diverses confessions chrétiennes, partic. dans le catholicisme ; fam., toute personne qui exerce sur une autre une surveillance vigilante. ▪ **Être aux anges,** au comble de la joie. ▪ **Un ange passe,** se dit lorsqu'une conversation est interrompue par un long silence. ▪ **Une patience d'ange,** une patience exemplaire.

2. ANGE n.m. ▪ **Ange de mer,** poisson marin du groupe des requins, au corps déprimé rappelant la raie. ➲ Famille des squatinidés.

ANGÉIOLOGIE n.f. → **ANGIOLOGIE.**

ANGÉITE n.f. MÉD. Inflammation des vaisseaux.

1. ANGÉLIQUE adj. 1. De la nature de l'ange. **2.** Digne d'un ange : *Voix, patience angélique.*

2. ANGÉLIQUE n.f. 1. Plante ombellifère aromatique de grande taille (jusqu'à 2 m), cultivée pour ses propriétés médicinales et pour aromatiser des liqueurs. **2.** Tige confite de cette plante.

ANGÉLIQUEMENT adv. De façon angélique.

ANGÉLISME n.m. 1. Refus des réalités charnelles, matérielles, par désir de pureté extrême. **2.** Refus d'admettre la réalité par excès de candeur ; naïveté.

ANGELOT [ɑ̃ʒlo] **n.m. ICON.** Jeune ange.

ANGÉLUS [ɑ̃ʒelys] **n.m.** (du lat. *angelus,* ange). **1. CHRIST.** (Avec une majuscule). Prière en latin, commençant par ce mot, récitée ou chantée le matin, à midi et le soir. **2.** Sonnerie de cloche annonçant cette prière.

ANGEVIN, E adj. et **n. 1.** D'Angers. **2.** D'Anjou.

ANGIECTASIE n.f. MÉD. Dilatation d'un vaisseau.

ANGINE n.f. (lat. *angina,* de *angere,* serrer à la gorge). Inflammation aiguë du fond de la bouche et du pharynx. ▪ **Angine de poitrine,** syndrome caractérisé par des douleurs aiguës de la poitrine, dû à une insuffisance coronaire, et pouvant évoluer vers l'infarctus (SYN. **angor**).

ANGINEUX, EUSE adj. Relatif à l'angine de poitrine.

ANGIOCHOLITE [-kɔ-] **n.f. MÉD.** Inflammation, génér. infectieuse, des voies biliaires (canalicules hépatiques, canal cholédoque).

ANGIOGENÈSE n.f. MÉD. Développement de vaisseaux capillaires à partir de capillaires préexistants.

ANGIOGRAPHIE n.f. (du gr. *angeion,* vaisseau, et *graphein,* écrire). Radiographie des vaisseaux après injection d'une substance opaque aux rayons X.

ANGIOLOGIE ou **ANGÉIOLOGIE** [ɑ̃ʒejɔlɔʒi] **n.f.** Partie de l'anatomie qui étudie les vaisseaux sanguins et lymphatiques.

ANGIOLOGUE n. Spécialiste d'angiologie.

ANGIOMATOSE n.f. Maladie caractérisée par des angiomes multiples de la peau et des organes.

ANGIOME n.m. (du gr. *aggeion,* vaisseau). **MÉD.** Malformation locale constituée de vaisseaux sanguins ou lymphatiques, ressemblant à une tumeur bénigne (SYN. **tache de vin**).

ANGIOPLASTIE n.f. Technique chirurgicale ou semi-chirurgicale de réparation des vaisseaux ou de correction de leur diamètre. ▪ **Angioplastie transluminale percutanée,** technique utilisée pour dilater une sténose artérielle grâce à une sonde introduite par piqûre, à travers la peau, dans la lumière de l'artère.

ANGIOSCANNER [ɑ̃ʒjɔskanɛr] **n.m.** Scanographie des vaisseaux sanguins (veines et artères) après injection dans ceux-ci d'un produit de contraste* permettant de mieux les visualiser.

ANGIOSPERME n.f. (du gr. *angeion,* boîte, et *sperma,* graine). Végétal phanérogame dont les organes reproducteurs sont condensés en une fleur et dont les graines fécondées sont enfermées dans un fruit (SYN. [cour.] **plante à fleurs**). ➲ Les angiospermes forment un sous-embranchement d'env. 250 000 espèces.

ANGIOTENSINE n.f. CHIM. ORG. Substance peptidique agissant notamm. en stimulant la sécrétion d'aldostérone, et servant à augmenter une pression artérielle trop basse. ➲ Les inhibiteurs du système rénine-angiotensine sont de puissants hypotenseurs.

ANGLAIS, E adj. et **n.** De l'Angleterre ; de ses habitants. ◆ **n.m.** Langue indo-européenne du groupe germanique, parlée princip. en Grande-Bretagne et aux États-Unis. ◆ **n.f. 1.** Écriture cursive, penchée à droite (italique). **2.** Boucle de cheveux longue et roulée en spirale. **3.** Cerise d'une variété au goût acidulé. ▪ **À l'anglaise,** sans prendre congé : *S'en aller, filer à l'anglaise* ; cuis., cuit à la vapeur ou à l'eau bouillante : *Pommes à l'anglaise.*

➲ L'**ANGLAIS** est, toutes variantes confondues, la langue maternelle d'environ 320 millions de personnes dans le monde (Grande-Bretagne, États-Unis, États du Commonwealth) ; langue privilégiée des relations internationales, il est également prépondérant dans le domaine de la recherche scientifique et dans celui des nouvelles technologies.

ANGLE n.m. (lat. *angulus*). Intersection de deux lignes, de deux surfaces ; coin : *À l'angle de la rue et du boulevard.* ▪ **Angle de demi-droites** [math.], figure formée par deux demi-droites (les *côtés*) de même origine (le *sommet*). ▪ **Angle de prise de vue(s),** espace déterminé par l'objectif d'une caméra ou d'un appareil photographique. ▪ **Angle de vecteurs** [math.], couple de vecteurs. ▪ **Arrondir les angles,** réduire les difficultés, les dissensions. ▪ **Sous l'angle de,** du point de vue de.

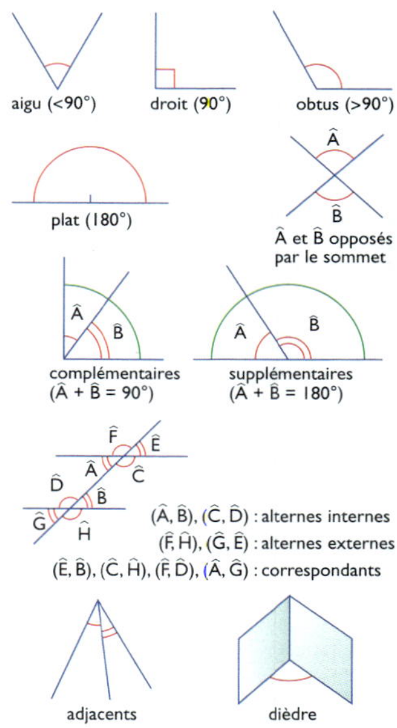

▲ **angles.** Types d'angles et propriétés de quelques angles.

ANGLET n.m. ARCHIT. Moulure creuse, de profil angulaire, séparant notamm. des bossages.

ANGLICAN, E adj. et **n.** (mot angl.). **1.** De l'anglicanisme. **2.** Qui professe cette religion.

ANGLICANISME n.m. Doctrines et institutions de l'Église d'Angleterre depuis sa séparation d'avec Rome, au XVIe s.

➲ L'**ANGLICANISME** a pour origine un désaccord personnel entre le pape et le roi Henri VIII, qui se proclama, en 1534, chef suprême de l'Église d'Angleterre. La reine Élisabeth Ire lui donna la forme d'une voie moyenne entre le protestantisme et le catholicisme. La confession anglicane s'est étendue ensuite aux Églises dites *épiscopaliennes* des pays anglophones, notamm. les États-Unis.

ANGLICISATION n.f. Fait d'angliciser, de s'angliciser ; résultat de cette action.

ANGLICISER v.t. [3]. Donner un caractère, un accent anglais à. ◆ **S'ANGLICISER v.pr. 1.** Prendre le caractère anglais, les manières anglaises. **2.** Adopter la langue anglaise.

ANGLICISME n.m. 1. Tournure, locution propre à la langue anglaise. **2.** Emprunt à l'anglais.

ANGLICISTE n. Spécialiste de la langue, de la littérature et de la civilisation anglaises.

ANGLO-AMÉRICAIN, E adj. et **n.** (pl. *anglo-américains, es*). **1.** Commun à l'Angleterre et aux États-Unis d'Amérique. **2.** Des Américains de souche anglo-saxonne. ◆ **n.m.** Anglais parlé aux États-Unis.

ANGLO-ARABE adj. et **n.** (pl. *anglo-arabes*). Se dit d'une race de chevaux qui provient de croisements entre le pur-sang et l'arabe.

ANGLOMANE adj. et **n.** Qui admire, imite exagérément les usages anglais.

ANGLOMANIE n.f. Comportement des anglomanes.

ANGLO-NORMAND, E adj. et **n.** (pl. *anglo-normands, es*). **1.** Qui réunit des éléments anglais et normands. **2.** Se dit d'une ancienne race de chevaux, issue des races anglaise et normande, auj. regroupée avec d'autres dans la race *selle français*. **3. HIST.** Qui appartient à la culture française (normande, angevine) établie en Angleterre après la conquête normande (1066). ◆ **n.m.** Dialecte de langue d'oïl parlé des deux côtés de la Manche entre 1066 et la fin du XIVe s.

ANGLOPHILE adj. et **n.** Favorable aux Anglais, à ce qui est anglais.

ANGLOPHILIE n.f. Sympathie pour le peuple anglais, pour ce qui est anglais.

ANGLOPHOBE adj. et **n.** Qui ressent, manifeste de l'anglophobie.

ANGLOPHOBIE n.f. Aversion pour les Anglais, pour ce qui est anglais.

ANGLOPHONE adj. et **n.** De langue anglaise.

ANGLO-SAXON, ONNE adj. et **n.** (pl. *anglo-saxons, onnes*). **1.** De civilisation britannique. **2. HIST.** Des Anglo-Saxons. ◆ **n.m. LING.** Anglais ancien.

ANGOISSANT, E adj. Qui cause de l'angoisse : *Une attente angoissante.*

ANGOISSE n.f. (du lat. *angustia*, resserrement). **1.** Grande inquiétude née du sentiment d'une menace imminente mais vague : *L'angoisse du lendemain.* **2.** Pour l'existentialisme, expérience fondamentale à travers laquelle l'homme peut appréhender l'absence de sens de son existence dans le monde et face au néant. **3. MÉD.** Anxiété oppressante, se manifestant par des troubles physiques (spasmes, sudation, dyspnée, etc.).

ANGOISSÉ, E adj. et **n.** Qui éprouve de l'angoisse : *Il conseille le yoga aux angoissés.* ◆ **adj.** Qui dénote de l'angoisse : *Une voix angoissée.*

ANGOISSER v.t. [3]. Causer de l'angoisse. ◆ **S'ANGOISSER v.pr.** ou, fam., **ANGOISSER v.i.** Éprouver de l'angoisse.

ANGOLAIS, E adj. et **n.** De l'Angola ; de ses habitants.

ANGON n.m. Javelot à fer barbelé, utilisé par les Francs.

ANGOR n.m. MÉD. Angine de poitrine.

ANGORA adj. et **n.** (de *Angora*, auj. *Ankara*). Se dit de certains animaux (chat, lapin) qui présentent des poils longs et soyeux : *Une chèvre angora.* ◆ **adj.** et **n.m.** Se dit d'une fibre textile constituée de poil de chèvre (appelée aussi *mohair*) ou de lapin angoras (laine angora).

ANGSTRÖM, ▲ *ANGSTRŒM* [ɑ̃gstrøm] **n.m.** (de *Angström*). Unité de mesure de longueur d'onde et des dimensions atomiques (symb. Å), valant 10^{-10} m. ➲ Il est recommandé d'employer plutôt le nanomètre. 1 Å = 0,1 nm.

ANGUIFORME [ɑ̃gi-] **adj.** Qui a la forme d'un serpent (SYN. **serpentiforme**).

ANGUILLE [ɑ̃gij] **n.f.** (lat. *anguilla*). Poisson osseux à chair délicate, à corps allongé et à nageoires réduites, à peau glissante, vivant dans les cours d'eau, mais dont la ponte a lieu dans la mer des Sargasses. ➲ Les larves s'appellent *civelles*, ou *pibales* ; famille des anguillidés. ▪ **Anguille de mer,** congre. ▪ **Anguille électrique,** grand gymnote. ▪ **Il y a anguille sous roche,** qqch se prépare et on cherche à le dissimuler.

ANGUILLÈRE [ɑ̃gijɛr] **n.f.** Vivier à anguilles.

ANGUILLIFORME [ɑ̃giji-] **n.m.** Poisson tel que l'anguille, le congre, la murène et d'autres poissons allongés, sans nageoires pelviennes. ➲ Les anguilliformes forment un ordre.

ANGUILLULE [ɑ̃gilyl] ou [ɑ̃gijyl] **n.f.** Petit ver dont plusieurs espèces sont de redoutables parasites des végétaux (blé, betterave), des animaux et de l'homme. ➲ Classe des nématodes.

ANGULAIRE adj. (lat. *angularis*). **MATH.** Relatif aux angles ; de la nature des angles. ▪ **Pierre angulaire,** pierre d'angle censée assurer la solidité d'un bâtiment ; fig., élément essentiel, fondamental : *L'éducation, pierre angulaire de notre société.* ▪ **Secteur angulaire** [math.], portion illimitée d'un plan, définie par un angle de demi-droites.

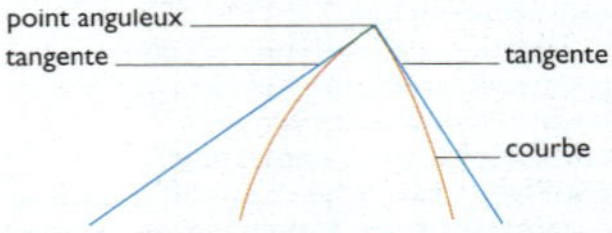

▲ **anguleux.** Point anguleux d'une courbe.

ANGULEUX, EUSE adj. Qui présente des angles, des arêtes vives. ▪ **Point anguleux** [math.], point d'une courbe admettant deux tangentes distinctes. ▪ **Visage anguleux,** dont les traits sont fortement prononcés.

ANGUSTURE ou **ANGUSTURA n.f.** (de *Angostura*, n. anc. d'une ville du Venezuela). Écorce de certains arbustes d'Amérique du Sud, de la famille des rutacées, autref. employée comme fébrifuge et tonique, et auj. distillée comme amer apéritif. ▪ **Fausse angusture,** écorce du vomiquier.

ANHARMONIQUE adj. MATH. Vx. ▪ **Rapport anharmonique,** birapport.

ANHÉLER v.i. [11], ▲ *[11*]* (lat. *anhelare*). Litt., vx. Respirer péniblement.

ANHIDROSE ou **ANIDROSE n.f. MÉD.** Absence ou diminution sensible de la transpiration.

ANHISTORIQUE adj. Qui ne tient pas compte du point de vue historique.

ANHYDRE adj. (du gr. *hudôr*, eau). **CHIM.** Qui ne contient pas d'eau : *Sel anhydre.*

ANHYDRIDE n.m. Corps qui peut donner naissance à un acide en se combinant avec l'eau. ▪ **Anhydride carbonique,** dioxyde de carbone*.

ANHYDRITE n.f. Sulfate anhydre de calcium ($CaSO_4$), plus dur que le gypse.

ANHYDROBIOSE n.f. BIOL. Suspension temporaire des activités vitales, permettant à un organisme végétal ou animal de supporter une longue dessiccation.

ANHYPOTHÉTIQUE adj. PHILOS. Se dit, en métaphysique, de ce qui ne dépend d'aucun principe antérieur, est absolument premier (par ex. l'Idée du Bien, chez Platon).

ANICROCHE n.f. (p.-ê. de 2. *croche*). Fam. Petit ennui ; incident : *Un voyage sans anicroche.*

ANIDROSE n.f. → **ANHIDROSE.**

ÂNIER, ÈRE n. Personne qui conduit des ânes.

ANILINE n.f. (du port. *anil*, indigo). Amine cyclique ($C_6H_5—NH_2$), dérivée du benzène, base de nombreux colorants synthétiques.

ANIMADVERSION n.f. (du lat. *animadversio*, blâme). Litt. Antipathie déclarée ; hostilité.

1. ANIMAL n.m. (mot lat., de *anima*, vie). **1.** Être vivant, génér. capable de se mouvoir, se nourrissant de substances organiques et dont les cellules ne possèdent ni chlorophylle ni paroi cellulosique (par oppos. à *végétal*). **2.** Être animé, dépourvu du langage (par oppos. à *homme*). ➲ Au regard du droit français, c'est un être vivant doué de sensibilité, qui, tout en étant soumis au régime des biens, est protégé par des lois particulières. **3.** Injur., vieilli. Personne stupide, grossière ou brutale. **4. CHASSE.** Gibier poursuivi. ▪ **Nouvel animal de compagnie** → **NAC.**

2. ANIMAL, E, AUX adj. (du lat. *animalis*, animé). **1.** Propre aux animaux (par oppos. à *végétal*) : *Le règne animal.* **2.** Propre à l'animal, aux animaux (par oppos. à l'*homme*). ▪ **Pôle animal** [embryol.], pôle dorsal de l'œuf des vertébrés (par oppos. à *pôle végétatif*).

ANIMALCULE n.m. Vieilli. Animal très petit, visible seulement au microscope.

ANIMALERIE n.f. 1. Lieu où se trouvent, dans un laboratoire, les animaux destinés aux expériences. **2.** Magasin spécialisé dans la vente d'animaux de compagnie.

ANIMALIER, ÈRE adj. Qui se rapporte à la représentation des animaux : *Peinture animalière.* ▪ **Parc animalier,** où les animaux vivent en liberté. ◆ **n. 1.** Artiste qui représente des animaux. **2.** Personne chargée de l'élevage des animaux, dans un laboratoire, un zoo.

ANIMALISER v.t. [3]. Litt. Rabaisser à l'état d'animal.

ANIMALITÉ n.f. 1. Ensemble des caractères propres à l'animal. **2.** Comportement bestial ; bestialité.

ANIMATEUR, TRICE n. 1. Personne qui présente et anime une émission de radio ou de télévision, un spectacle, une réunion. **2.** Recomm. off. pour **disc-jockey. 3.** Personne chargée d'organiser et d'encadrer des activités, dans une collectivité.

ANIMATION n.f. 1. Action d'animer un groupe, un lieu, de créer ou d'entretenir des relations entre les personnes ; cette action : *Animation socioculturelle.* **2.** Entrain qui se manifeste au sein d'un groupe : *Mettre de l'animation dans un dîner.* **3.** Ardeur, fougue mise dans une action : *Discuter avec animation.* **4. CINÉMA.** Technique consistant à filmer l'une après l'autre une suite d'images fixes (dessinées, photographiées, numérisées, etc.), que leur projection plus ou moins accélérée fera paraître animées : *Film d'animation.*

ANIMATIQUE n.f. Application des nouvelles technologies au cinéma d'animation.

ANIMATRONIQUE n.f. et **adj.** (abrév. de *animal* et *électronique*). Créature de forme animale ou humaine, robotisée ou animée mécaniquement, qui est utilisée dans les parcs d'attractions ou pour le tournage de films fantastiques, de science-fiction, etc. : *Dinosaures animatroniques.* ▪ **L'animatronique,** l'ensemble des procédés et des techniques permettant de fabriquer ce type de créatures.

ANIME [-me] **n.m. inv.** (mot jap., de l'angl. *animation*). Dessin animé japonais qui s'inspire du manga.

ANIMÉ, E adj. Plein d'animation : *Une rue animée. Une discussion animée.* ◆ **adj.** et **n.m. LING.** Se dit d'un nom désignant un être vivant (par oppos. à *non animé*). ▪ **Être animé,** être vivant.

ANIMELLES n.f. pl. (ital. *animella*). Mets composé de testicules d'animal, en partic. de bélier.

ANIMER v.t. [3] (lat. *animare*). **1.** Donner du mouvement, du dynamisme à un lieu, un groupe : *Le festival anime cette région, très calme le reste de l'année. Voilà une boutade qui va animer la conversation !* **2.** Pousser à agir : *La passion qui l'anime.* ▪ **Animer un débat, une émission,** les présenter et les mener. ◆ **S'ANIMER v.pr.** Devenir vivant, plein d'animation : *Le débat s'anime.*

ANIMISME n.m. (du lat. *anima*, âme). Forme de religion qui attribue une âme aux animaux, aux phénomènes et aux objets naturels.

ANIMISTE adj. et **n.** Qui appartient à l'animisme ; adepte de l'animisme.

ANIMOSITÉ n.f. (du lat. *animositas*, courage, puis violence). Sentiment d'hostilité à l'égard de qqn : *Être en butte à l'animosité d'un adversaire.*

ANION n.m. CHIM. Ion de charge électrique négative (CONTR. **cation**).

ANIONIQUE adj. Relatif aux anions.

ANIS [ani(s)] **n.m.** (gr. *anison*). Nom commun à la badiane *(anis étoilé)* et à plusieurs ombellifères (pimprenelle, cumin, fenouil) cultivées pour leurs fruits utilisés dans la préparation de tisanes et pour parfumer diverses boissons alcoolisées. ▪ **Faux anis,** aneth.

ANISÉ n.m. Liqueur parfumée à l'anis.

ANISER v.t. [3]. Aromatiser avec de l'anis.

ANISETTE n.f. Liqueur composée avec de l'esprit d'anis vert, de l'alcool, de l'eau et du sucre.

Le cinéma d'animation

L'ère du cinéma d'animation s'ouvre avec les inventions du Français Émile Reynaud (« praxinoscope » en 1876, « théâtre optique » en 1892). Mais c'est l'Américain James Stuart Blackton (1875-1941) qui découvre la prise de vues image par image (1906). Aux États-Unis, les techniques se perfectionnent, ouvrant la voie aux recherches de Pat Sullivan (1887-1933) et Otto Messmer (1892-1983). Walt Disney inaugure les longs-métrages d'animation. Tex Avery entraîne le cartoon vers la loufoquerie et le délire. Dans la seconde moitié du XXe s., la tradition tchèque des marionnettes animées s'impose, bientôt relayée sur la scène internationale par l'animation japonaise, tandis que la diversité des œuvres comble désormais enfants comme adultes. Aujourd'hui, en permettant notamment de réaliser certains films en trois dimensions (3D), la technologie numérique renouvelle le genre de manière spectaculaire.

Félix le Chat. Conçu par Pat Sullivan et Otto Messmer, Félix le Chat est l'un des personnages les plus populaires de l'histoire de la bande dessinée et du film d'animation. Il a fait l'objet de nombreux feuilletons à épisodes de 1919 jusqu'au début des années 1930.

Blanche-Neige et les sept nains. Après avoir inventé Mickey (1928), le cinéaste et producteur Walt Disney a fait rêver un vaste public avec des créatures anthropomorphes qui imposèrent son style « arrondi ». *Blanche-Neige et les sept nains* (1937) de David Hand (1900-1986), premier long-métrage d'animation susceptible de rivaliser avec le cinéma traditionnel, marque un tournant dans l'histoire du genre.

Les Vieilles Légendes tchèques. Après la Seconde Guerre mondiale, Jiří Trnka adapte au cinéma la tradition théâtrale des marionnettes de bois. *Les Vieilles Légendes tchèques* (1952), son chef-d'œuvre, est le film le plus représentatif de l'école tchèque experte dans l'animation de poupées et autres objets.

Le Roi et l'Oiseau. Paul Grimault est considéré comme le père du cinéma d'animation français. Son art, nourri en grande partie par les contes d'Andersen, culmine avec *le Roi et l'Oiseau* (1980), ultime version de son dessin animé *la Bergère et le Ramoneur* sorti en France en 1953.

Wallace et Gromit. Les aventures de Wallace et Gromit (ici *le Mauvais Pantalon* de Nick Park [né en 1958], 1993) mettent en scène des figurines en Plastiline®, une pâte à modeler résistant à la chaleur des projecteurs. Elles reflètent le goût de leurs créateurs pour l'animation expérimentale.

Toy Story. Fruit du savoir-faire des studios Disney et Pixar en matière de technologie numérique, *Toy Story* (John Lasseter [né en 1957], 1995) est le premier long-métrage d'animation entièrement réalisé en images de synthèse.

Le Voyage de Chihiro. Dessiné entièrement à la main – Miyazaki Hayao n'a eu recours à l'ordinateur que pour coloriser son film –, *le Voyage de Chihiro* (2001) a révélé au grand public l'extraordinaire force visuelle et narrative de l'animation japonaise.

ANISOGAMIE n.f. BIOL. Modalité de fécondation dans laquelle les deux gamètes diffèrent par leur comportement et, éventuellement, par leur morphologie.

ANISOLE n.m. Éther méthylique du phénol ($CH_3O—C_6H_5$), bon solvant des composés organiques et utilisé dans la synthèse de produits pétrochimiques.

ANISOTROPE adj. PHYS. Relatif aux corps et aux milieux dont les propriétés diffèrent selon la direction considérée.

ANISOTROPIE n.f. Caractère des corps ou des milieux anisotropes.

ANKYLOSAURE n.m. Dinosaure herbivore du crétacé de l'hémisphère Nord, dont le corps et la tête étaient recouverts d'une cuirasse formée de plaques osseuses et dont la queue se terminait en massue. ➲ Long. de 5 à 10 m ; ordre des ornithischiens.

ANKYLOSE n.f. (du gr. *agkulôsis*, courbure). MÉD. Disparition complète ou partielle de la mobilité d'une articulation, due à une maladie ou à un traumatisme articulaire.

ANKYLOSÉ, E adj. **1.** MÉD. Atteint d'ankylose. **2.** Fig. Qui a perdu sa rapidité à agir ou réagir : *Esprit ankylosé.*

ANKYLOSER v.t. [3]. Provoquer l'ankylose de. ◆ **S'ANKYLOSER** v.pr. **1.** Être atteint d'ankylose. **2.** Fig. Perdre son dynamisme, sa vivacité : *Région dont l'économie s'ankylose.*

ANKYLOSTOME n.m. Ver parasite de l'intestin grêle de l'être humain, fréquent dans les pays chauds, qui provoque une anémie chronique. ➲ Classe des nématodes.

ANNAL, E, AUX adj. Qui dure un an.

ANNALES n.f. pl. **1.** Ouvrage qui rapporte les événements année par année. **2.** Litt. Recueil d'événements concernant un domaine particulier : *Le succès de ces figurines restera dans les annales du marketing.*

ANNALISTE n. Auteur d'annales.

ANNALITÉ n.f. DR. Caractère de ce qui dure un an.

ANNAMITE adj. et n. De l'Annam.

ANNEAU n.m. (lat. *annellus*). **1.** Cercle de matière, génér. dure, auquel on peut attacher ou suspendre qqch : *Anneaux de rideau.* **2.** Cercle, souvent de métal précieux, que l'on porte au doigt : *Anneau d'argent.* **3.** Ce qui évoque la forme d'un cercle : *Anneau routier.* **4.** MATH. Ensemble E muni de deux lois de composition interne, notées + (loi additive) et × (loi multiplicative), telles que (E, +) a une structure de groupe commutatif, et que la loi × est associative et distributive par rapport à la loi +. ➲ L'ensemble Z des entiers relatifs muni de l'addition et de la multiplication a une structure d'anneau. **5.** ASTRON. Zone circulaire de matière entourant certaines planètes (Jupiter, Saturne, Uranus, Neptune), formée d'une multitude de fragments solides de petites dimensions, se déplaçant chacun avec sa vitesse propre. **6.** ZOOL. Chacune des subdivisions externes d'animaux segmentés, comme les annélides ou les arthropodes (SYN. **métamère, segment**). **7.** MYCOL. Membrane entourant le pied de certains champignons, située génér. dans la partie supérieure de celui-ci. ■ **Anneau de port,** amarrage fixe pour un bateau, comportant génér. un branchement d'eau potable et d'électricité. ■ **Anneau épiscopal** ou **pastoral,** porté par les évêques. ■ **Anneau gastrique** [méd.], dans le traitement des obésités majeures (IMC supérieur à 40), dispositif placé, par cœlioscopie, au niveau du tiers supérieur de l'estomac afin d'en réduire le volume. ■ **Anneaux de collisions** ou **de stockage** [phys.], dispositif permettant à deux faisceaux de particules d'énergie élevée, circulant en sens inverse, de se croiser (SYN. **collisionneur**). ◆ n.m. pl. Agrès mobile de gymnastique artistique masculine, composé essentiellement de deux cercles métalliques fixés aux extrémités de cordes accrochées à un portique.

ANNÉE n.f. (lat. *annus*). **1.** Période de douze mois, correspondant conventionnellement à la durée de la révolution de la Terre autour du Soleil. **2.** Cette période considérée dans sa durée : *Depuis combien d'années travaillez-vous ?* **3.** Cette période, considérée dans sa situation relative par rapport à l'ère chrétienne : *En quelle année êtes-vous né ?* **4.** Période de révolution d'une planète autour du Soleil : *Année martienne.* ■ **Année civile** ou **calendaire,** du 1er janvier au 31 décembre. ■ **Année de lumière** [vieilli], année-lumière. ■ **Année scolaire,** de la rentrée des classes aux vacances d'été. ■ **Année sidérale,** période de révolution de la Terre mesurée par rapport aux étoiles. ■ **Année tropique,** période moyenne séparant deux équinoxes de printemps consécutifs. ■ **Les Années folles,** période allant de 1918 à 1929, caractérisée par l'influence culturelle nord-américaine et par une effervescence artistique dont Paris fut le centre. ■ **Souhaiter la bonne année à qqn,** lui adresser ses vœux le 1er janvier pour le Nouvel An.

➲ La date du commencement de l'**ANNÉE** a varié selon les peuples et les époques. Chez les Romains, Romulus la fixa au 1er mars, avant que César ne l'établisse au 1er janvier. En France, l'usage a longtemps varié selon les provinces. Au XIIe s., l'Église fixa le début de l'année à Pâques, et, en 1564, Charles IX le rétablit au 1er janvier. Sous la Révolution, la Convention nationale fit coïncider l'année civile avec les saisons, en décrétant que l'année commencerait le jour de l'équinoxe d'automne (calendrier républicain).

ANNÉE-LUMIÈRE n.f. (pl. *années-lumière*). Unité de longueur (symb. al) équivalant à la distance parcourue en un an par la lumière dans le vide, soit $9{,}461 \times 10^{12}$ km. ■ **À des années-lumière de,** extrêmement éloigné de : *Leurs points de vue sont à des années-lumière l'un de l'autre.*

ANNELÉ, E adj. ZOOL. Qui présente une succession d'anneaux. ■ **Colonne annelée** [archit.], colonne baguée*.

ANNELER v.t. [16], ▲ *[12].* ■ **Anneler un taureau, un porc,** passer un anneau dans ses naseaux, son groin, afin de le maintenir immobilisé ou de l'empêcher de fouir le sol.

ANNELET n.m. **1.** Petit anneau. **2.** ARCHIT. Chacun des trois filets séparant le gorgerin de l'échine, dans le chapiteau dorique.

ANNÉLIDE n.f. Ver annelé, aquatique ou terrestre, au corps constitué d'une succession de segments sans pattes (ou *métamères*), tel que le lombric, la sangsue et les néréides. ➲ Les annélides forment un embranchement.

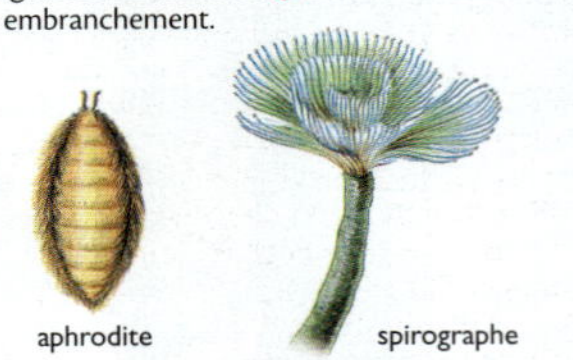

▲ **annélide.** Annélides polychètes.

ANNEXE adj. (du lat. *annexus*, joint). Qui se rattache à une chose principale : *Un article annexe de la loi.* ◆ n.f. **1.** Bâtiment, service annexe : *L'annexe de la mairie est ouverte le samedi.* **2.** Document comptable rassemblant toutes les informations nécessaires à l'étude approfondie de la situation d'une entreprise, et qui complète celles du bilan et du compte de résultat. ■ **Annexes de l'utérus** [anat.], les ovaires et les trompes. ■ **Annexes embryonnaires** [anat.], organes temporaires extérieurs à l'embryon, qui le nourrissent et le protègent durant son développement (amnios, placenta, etc.).

▲ **anneau.** Gymnaste effectuant un exercice aux anneaux.

ANNEXER v.t. [3]. **1.** Rattacher à une chose principale ; joindre : *Annexer un témoignage à un dossier.* **2.** Faire passer tout ou partie d'un territoire sous la souveraineté d'un autre État. ◆ **S'ANNEXER** v.pr. S'attribuer de façon exclusive : *Elle s'est annexé la meilleure place.*

ANNEXION n.f. Action d'annexer, de rattacher, en partic. un territoire ; le territoire ainsi annexé.

ANNEXIONNISME n.m. Politique visant à l'annexion d'un ou de plusieurs pays à un autre.

ANNEXIONNISTE adj. et n. Qui vise à l'annexion d'un pays à un autre ; partisan d'une politique d'annexion.

ANNEXITE n.f. MÉD. Inflammation des annexes de l'utérus.

ANNIHILATION n.f. **1.** Action d'annihiler ; son résultat : *C'est l'annihilation de tous ses espoirs.* **2.** PHYS. Réaction entre une particule et son antiparticule, au cours de laquelle celles-ci disparaissent pour se transformer en un ensemble d'autres particules, génér. plus légères.

ANNIHILER v.t. [3] (du lat. *ad*, vers, et *nihil*, rien). **1.** Réduire à rien ; anéantir : *Son revirement a annihilé tous nos efforts.* **2.** Paralyser la volonté de qqn.

ANNIVERSAIRE adj. (du lat. *annus*, année, et *vertere*, tourner). Qui rappelle un événement arrivé à pareil jour une ou plusieurs années auparavant : *Jour anniversaire de l'armistice.* ◆ n.m. Retour annuel d'un jour marqué par un événement, en partic. du jour de la naissance ; la fête, la cérémonie qui l'accompagne : *Venez fêter son anniversaire.*

ANNONACÉE ou **ANONACÉE** n.f. Arbuste de l'Amérique tropicale et équatoriale dont plusieurs espèces, telle l'annone, fournissent des fruits comestibles. ➲ Les annonacées forment une famille.

ANNONCE n.f. **1.** Action d'annoncer, de faire connaître : *L'annonce de la mort d'un chanteur célèbre.* **2.** Ce qui laisse prévoir un événement ; signe précurseur : *L'annonce du printemps.* **3.** Avis verbal ou écrit donné à qqn ou au public : *Mettre une annonce chez les commerçants pour retrouver son chat.* **4.** Déclaration d'intention faite avant le début du jeu, dans une partie de cartes. ■ **Effet d'annonce,** impact produit sur l'opinion par le simple fait d'annoncer une mesure, un événement. ■ **Petite annonce,** par laquelle un particulier, une société, etc., offrent ou demandent un emploi, un logement, un véhicule, etc.

ANNONCÉ, E adj. Se dit d'un événement qui ne peut manquer de se produire : *Sa défaite annoncée aux élections.*

ANNONCER v.t. [9] (lat. *annuntiare*, de *nuntius*, messager). **1.** Faire savoir : *La météo annonce de la pluie pour demain* ; rendre public : *Annoncer la démission d'un ministre.* **2.** Être le signe de ; présager : *Silence qui annonce un désaccord.* ◆ **S'ANNONCER** v.pr. **1.** Commencer de telle ou telle manière : *La saison touristique s'annonce bien.* **2.** Suisse. ADMIN. Se présenter ; se faire connaître : *Annoncez-vous au guichet.*

ANNONCEUR n.m. Personne ou société qui fait passer une annonce publicitaire dans les médias.

ANNONCIATEUR, TRICE adj. Qui annonce, présage : *Signe annonciateur de beau temps.*

ANNONCIATION n.f. **1.** CHRIST. Message de l'ange Gabriel à la Vierge Marie lui annonçant qu'elle mettra le Messie au monde ; fête instituée par l'Église en mémoire de cette annonce. **2.** ICON. Représentation artistique de cette annonce (SYN. **salutation angélique**).

ANNONCIER, ÈRE n. Vieilli. Personne chargée de la composition et de la mise en pages des annonces d'un journal.

1. ANNONE n.f. (lat. *annona*). ANTIQ. ROM. **1.** Impôt en nature perçu dans l'Empire sur le produit de la récolte annuelle. **2.** Service public assurant l'approvisionnement en céréales, et surtout en blé, de la ville.

2. ANNONE ou **ANONE** n.f. **1.** Arbre des régions tropicales, dont certaines espèces sont cultivées pour leurs fruits charnus (chérimole, pomme cannelle, corossol) [SYN. **annonier**]. ➲ Famille des annonacées. **2.** Fruit comestible de cet arbre.

ANNONIER ou **ANONIER** **n.m.** Annone (arbre).

ANNOTATEUR, TRICE **n.** Personne qui annote.

ANNOTATION **n.f.** Action d'annoter un ouvrage, un devoir d'élève ; le commentaire, l'appréciation ainsi portés.

ANNOTER **v.t. [3].** Faire par écrit des remarques, des commentaires sur un texte, un ouvrage.

ANNUAIRE **n.m.** (du lat. *annuus,* annuel). Ouvrage publié chaque année, donnant la liste des membres d'une profession, des abonnés à un service, etc. : *Annuaire de l'Administration.*

ANNUALISATION **n.f.** Action d'annualiser ; son résultat. ▪ **Annualisation du temps de travail,** modulation du temps de travail sur l'ensemble de l'année (1 607 h), sans dépassement du maximum journalier (10 h) ou hebdomadaire (48 h).

ANNUALISER **v.t. [3].** Donner une périodicité annuelle à qqch.

ANNUALITÉ **n.f.** Caractère de ce qui est annuel.

ANNUEL, ELLE **adj.** **1.** Qui dure un an : *Plante annuelle.* **2.** Qui revient chaque année : *Fête annuelle.*

ANNUELLEMENT **adv.** Par an ; chaque année.

ANNUITÉ **n.f.** **DR.** **1.** Paiement annuel au moyen duquel un emprunteur se libère progressivement d'une dette, capital et intérêts. **2.** Fraction des actifs amortie en un an par une entreprise. **3.** Équivalence d'une année de service pour le calcul des droits à une pension, à la retraite, etc.

ANNULABLE **adj.** Qui peut être annulé.

ANNULAIRE **adj.** (du lat. *annellus,* anneau). Qui a la forme d'un anneau. ▪ **Éclipse annulaire de Soleil,** durant laquelle le Soleil déborde autour du disque de la Lune comme un anneau lumineux. ◆ **n.m.** Le quatrième doigt de la main, qui porte ordinairement l'anneau de mariage.

ANNULATIF, IVE **adj.** **DR.** Qui annule.

ANNULATION **n.f.** Action d'annuler ; son résultat : *L'annulation d'une commande.* ▪ **Annulation (rétroactive)** [psychan.], mécanisme de défense, caractéristique de la névrose obsessionnelle, par lequel un sujet essaie d'effacer, d'invalider un comportement en produisant un comportement de signification directement opposée.

ANNULER **v.t. [3]** (du lat. *nullus,* nul). Déclarer nul ; invalider : *Annuler une élection.* ◆ **S'ANNULER** **v.pr.** Produire un résultat nul en s'opposant ; se neutraliser : *Forces qui s'annulent.*

ANNUS HORRIBILIS [anysɔribilis] **n.f.** (mots lat. « année horrible »). Année particulièrement catastrophique, dans un domaine donné, notamm : *2013 : annus horribilis pour le* (ou *du*) *chômage.*

ANOBIIDÉ **n.m.** Coléoptère xylophage tel que les vrillettes.

ANOBLI, E **adj.** et **n.** Qui a reçu un titre de noblesse.

ANOBLIR **v.t. [21]** (de *noble*). Accorder, conférer un titre de noblesse à.

✎ À distinguer de ***ennoblir.***

ANOBLISSEMENT **n.m.** Action d'anoblir ; fait d'accéder à la noblesse.

ANODE **n.f.** (du gr. *ana,* en montant, et *hodos,* chemin). **1.** **CHIM.** Électrode où a lieu la réaction d'oxydation. **2.** **ÉLECTR.** Électrode reliée à la borne positive du générateur extérieur (pour un électrolyseur, ou un tube électronique) [par oppos. à *cathode*].

ANODIN, E **adj.** (du gr. *odunê,* douleur). **1.** Sans gravité ; sans danger : *Blessure anodine.* **2.** Sans intérêt : *Un personnage anodin.*

ANODIQUE **adj.** Relatif à l'anode.

ANODISATION **n.f.** **MÉTALL.** Oxydation superficielle d'une pièce métallique prise comme anode dans une électrolyse, afin d'en améliorer la résistance à la corrosion et parfois la coloration.

ANODISER **v.t. [3].** Procéder à l'anodisation de.

ANODONTE **n.m.** (du gr. *odous, odontos,* dent). Grand mollusque bivalve d'eau douce, dont la charnière est dépourvue de dents (SYN. **moule d'étang**).

ANODONTIE [-dɔ̃si] **n.f.** Malformation caractérisée par l'absence totale ou partielle de dents.

ANOMAL, E, AUX **adj.** (du gr. *ômalos,* pareil). Qui s'écarte de la règle générale ; exceptionnel.

ANOMALIE **n.f.** (du gr. *anômalia,* inégalité). **1.** Écart, irrégularité par rapport à une norme, à un modèle. **2.** **BIOL.** Déviation du type normal.

ANOMALURE **n.m.** Rongeur arboricole d'Afrique tropicale, capable de vols planés. ➲ Famille des anomaluridés.

ANOMIE **n.f.** (gr. *anomia*). **1.** État de désorganisation, de déstructuration d'un groupe, d'une société, dû à la disparition partielle ou totale des normes et des valeurs communes à ses membres. **2.** **SOCIOL.** Concept de É. Durkheim (repris notamm. par T. Parsons) qui définit un état pathologique de la société lié à la division du travail.

ANOMIQUE **adj.** Relatif à l'anomie.

ANOMOURE **n.m.** Crustacé décapode marcheur à l'abdomen replié sous le thorax, tel que les pagures. ➲ Les anomoures forment un sous-ordre.

ÂNON **n.m.** Petit de l'âne.

ANONACÉE **n.f.** → **ANNONACÉE.**

ANONE **n.f.** → **2. ANNONE.**

ANONIER **n.m.** → **ANNONIER.**

ÂNONNEMENT **n.m.** Action d'ânonner.

ÂNONNER **v.i.** et **v.t. [3]** (de *ânon*). Lire, réciter avec peine et en hésitant.

ANONYMAT **n.m.** État de qqn, de qqch qui est anonyme.

ANONYME **adj.** et **n.** (du gr. *anônumos,* sans nom). Dont on ignore le nom : *Poètes anonymes de l'Antiquité. Don d'un généreux anonyme.* ◆ **adj.** **1.** Dont l'auteur est inconnu : *Lettre anonyme.* **2.** Sans particularité ; sans originalité ; quelconque : *Un appartement anonyme.* ▪ **Société anonyme** → **SOCIÉTÉ.**

ANONYMEMENT **adv.** En gardant l'anonymat.

ANONYMISATION **n.f.** Fait d'anonymiser ; son résultat.

ANONYMISER **v.t. [3]** Rendre anonyme : *Anonymiser un CV.*

ANOPHÈLE **n.m.** (du gr. *anôphelês,* nuisible). Moustique dont la femelle peut transmettre le paludisme. ➲ Famille des culicidés.

ANORAK **n.m.** (mot inuit, de *anoré,* le vent). Veste de sport parfois matelassée, avec ou sans capuchon, pour se protéger de la pluie et du froid.

ANOREXIE **n.f.** (gr. *anorexia*). **MÉD.** Perte, organique ou fonctionnelle, de l'appétit. ▪ **Anorexie mentale,** affection psychiatrique touchant surtout l'adolescente, caractérisée par un refus plus ou moins systématique de s'alimenter.

ANOREXIGÈNE **adj.** Se dit d'une substance qui provoque une diminution de l'appétit.

ANOREXIQUE **adj.** Propre à l'anorexie. ◆ **adj.** et **n.** Atteint d'anorexie.

ANORGANIQUE **adj.** **MÉD.** Se dit d'un trouble fonctionnel ou psychologique qui semble indépendant de toute lésion d'organe.

ANORGASMIE **n.f.** Absence ou insuffisance d'orgasme.

ANORMAL, E, AUX **adj.** (lat. *anormalis*). **1.** Contraire à l'ordre habituel : *Température anormale pour la saison.* **2.** Contraire à l'ordre juste des choses : *Il est anormal que l'on meure de faim aujourd'hui.* ◆ **adj.** et **n.** Très instable psychologiquement.

ANORMALEMENT **adv.** De façon anormale.

ANORMALITÉ **n.f.** Caractère de ce qui est anormal.

ANORTHITE **n.f.** Feldspath plagioclase, silicate d'aluminium et de calcium $[Ca(Si_2Al_2O_8)]$.

ANOSMIE **n.f.** (du gr. *osmê,* odeur). Diminution ou perte complète de l'odorat.

ANOSOGNOSIE **n.f.** Incapacité pour un malade de reconnaître l'affection dont il est atteint.

ANOURE **n.m.** (du gr. *oura,* queue). Amphibien terrestre ou arboricole au corps trapu dépourvu de queue, aux membres postérieurs adaptés au saut, tel que la grenouille, le crapaud, la rainette. ➲ Les anoures forment un ordre.

ANOVULANT **n.m.** Québec. Comprimé de synthèse œstroprogestatif, destiné à bloquer l'ovulation ; pilule (contraceptive). [On dit aussi *pilule anovulante.*]

ANOVULATION **n.f.** Absence, normale ou pathologique, d'ovulation.

ANOVULATOIRE **adj.** **MÉD.** Qui se rapporte à l'anovulation. ▪ **Cycle anovulatoire,** qui se termine par un saignement utérin, sans avoir été précédé d'une ovulation.

ANOXÉMIE **n.f.** **MÉD.** Diminution importante de la concentration d'oxygène dans le sang.

ANOXIE **n.f.** (de *oxygène*). **MÉD.** Diminution importante de la quantité d'oxygène dans les tissus.

ANSE **n.f.** (lat. *ansa*). **1.** Partie recourbée en arc, en anneau, par laquelle on prend un récipient, un panier. **2.** **GÉOGR.** Petite baie peu profonde. ▪ **Arc en anse de panier** [archit.], arc surbaissé dessinant un demi-ovale. ▪ **Faire danser l'anse du panier,** majorer à son profit le prix de courses faites pour qqn.

ANSÉ, E **adj.** Se dit d'un objet dont l'une des extrémités est terminée par un petit anneau qui permet de le saisir : *Bougeoir ansé.* ▪ **Croix ansée** [hérald.], dans l'Égypte ancienne, croix suspendue à une anse, dont l'extrémité supérieure se termine par un petit anneau.

ANSÉRIFORME **n.m.** (du lat. *anser,* oie). Oiseau, génér. palmipède, à l'allure de canard, mais dont certaines espèces sont des échassiers à bec crochu, tel que le kamichi et les anatidés. ➲ Les ansériformes forment un ordre.

ANSÉRINE **n.f.** **BOT.** **1.** Chénopode. **2.** Potentille.

ANTABUSE **adj.** (nom déposé). ▪ **Effet Antabuse,** réaction brusque de l'organisme (bouffée de chaleur, par ex.) en cas d'ingestion d'alcool, chez des sujets prenant certains médicaments.

ANTAGONIQUE **adj.** En antagonisme ; en opposition : *Forces antagoniques.*

ANTAGONISME **n.m.** **1.** Lutte, opposition entre des personnes, des groupes sociaux, des doctrines, etc. **2.** **MÉD.** Opposition entre les actions de deux systèmes, de deux organes, de deux substances chimiques, de deux médicaments.

ANTAGONISTE **n.** et **adj.** (gr. *antagônistês*). Personne, groupe, en lutte avec un(e) autre, en opposition. ◆ **adj.** **1.** Qui s'oppose à ; contraire : *Des thèses antagonistes.* **2.** Se dit d'un organe, d'une substance qui s'oppose à l'action d'un autre organe, d'une autre substance (par oppos. à *agoniste*).

ANTALGIE **n.f.** Abolition ou atténuation de la douleur : *Antalgie locale.*

ANTALGIQUE **adj.** et **n.m.** (du gr. *anti,* contre, et *algos,* douleur). **MÉD.** Se dit d'une substance, d'un procédé propres à calmer la douleur : *Un puissant antalgique* (SYN. **antidouleur**).

D'ANTAN **loc. adj.** (du lat. pop. **anteannum,* l'année précédente). Litt. Du temps passé : *Les dimanches d'antan.*

ANTANACLASE **n.f.** (gr. *antanaklasis*). **STYL.** Répétition d'un même mot pris dans un sens différent. (Ex. : *Le cœur a ses raisons que la raison ne connaît point* [Pascal].)

ANTARCTIQUE [ɑ̃tar(k)tik] **adj.** Relatif à l'Antarctique.

ANTE [ɑ̃t] **n.f.** (du lat. *anta,* pilastre). **ARCHIT.** Pilier ou pilastre cornier.

ANTEBOIS **n.m.** → **ANTIBOIS.**

ANTÉCÉDENCE **n.f.** **GÉOMORPH.** Situation dans laquelle un cours d'eau maintient son tracé au travers d'un relief en cours de soulèvement.

1. ANTÉCÉDENT, E **adj.** (lat. *antecedens*). **1.** Qui précède ; antérieur. **2.** **GÉOMORPH.** Qui présente un phénomène d'antécédence.

2. ANTÉCÉDENT **n.m.** **1.** Fait antérieur : *Il n'y a pas d'antécédent dans la jurisprudence.* **2.** **LING.** Élément qui précède un pronom relatif et auquel celui-ci se rapporte. **3.** **LOG.** Le premier des deux termes d'une relation d'implication (le second étant le *conséquent*). **4.** **MUS.** Première partie d'une phrase ou d'un sujet de fugue (suivie de son *conséquent,* ou *réponse*). ▪ **Antécédent d'un élément *y* d'un ensemble B par une fonction *f* d'un ensemble A dans B** [math.], élément *x* de A ayant *y* pour image par *f.* ◆ **n.m. pl.** Actes antérieurs de qqn permettant de comprendre, de juger sa conduite actuelle : *Ses antécédents ont pesé dans le verdict.*

ANTÉCHRIST n.m. Adversaire du Messie qui, selon certaines apocalypses juives et surtout chrétiennes, doit venir juste avant la fin du monde pour s'opposer à l'établissement du Royaume de Dieu.

ANTÉDILUVIEN, ENNE adj. **1.** Qui a précédé le Déluge. **2.** Fig., par plais. Très ancien : *Un ordinateur antédiluvien.*

ANTÉFIXE n.f. ARCHIT. Chacun des éléments décoratifs, génér. en céramique, pouvant garnir la ligne inférieure d'un versant de toit.

ANTÉHYPOPHYSE n.f. ANAT. Partie antérieure, glandulaire, de l'hypophyse.

ANTÉISLAMIQUE adj. Antérieur à l'islam (SYN. **préislamique**).

ANTENAIS, E adj. (du lat. *annotinus*, âgé d'un an). Se dit d'un ovin dans sa deuxième année.

ANTÉNATAL, E, ALS adj. MÉD. Qui s'effectue ou se produit avant la naissance : *Diagnostic anténatal.*

ANTENNATE n.m. Arthropode muni d'antennes et de mandibules tel que les insectes, les mille-pattes, les crustacés et les péripates (SYN. **mandibulate**). ➲ Les antennates forment un sous-embranchement.

ANTENNE n.f. (du lat. *antenna*, vergue). **1.** Appendice allongé, pair et mobile, situé en avant de la tête des insectes, des crustacés et de certains annélides, siège de fonctions sensorielles tactiles ou gustatives. **2.** Élément du dispositif d'émission ou de réception des ondes radioélectriques. **3.** AUDIOVIS. Connexion qui permet le passage en direct de qqn, la retransmission directe d'une émission : *Garder, rendre l'antenne.* **4.** Service dépendant d'un organisme, d'un établissement principal : *Une antenne du Palais de justice.* **5.** Vergue oblique qui soutient une voile latine. ▪ **Antenne médicale,** unité mobile ou poste de secours destinés aux interventions de première urgence. ▪ **Avoir des antennes,** avoir des sources d'information plus ou moins secrètes ; fam., avoir de l'intuition. ▪ **Être à l'antenne** [audiovis.], passer en direct.

ANTENNE-RELAIS n.f. (pl. *antennes-relais*). Émetteur-récepteur d'ondes radio servant à l'acheminement des communications dans un réseau de téléphonie mobile.

ANTENNISTE n. Spécialiste de la pose d'antennes de télévision.

ANTÉPÉNULTIÈME adj. Qui vient immédiatement avant l'avant-dernier. ◆ **n.f.** LING. Syllabe qui précède l'avant-dernière syllabe d'un mot.

ANTÉPISODE n.m. Québec. Préquelle.

ANTÉPOSER v.t. [3]. LING. Placer un élément de la phrase devant un autre.

ANTÉPOSITION n.f. Position d'un élément avant un autre.

ANTÉPRÉDICATIF, IVE adj. LOG. Antérieur à toute proposition prédicative : *Expérience antéprédicative.*

ANTÉRIEUR, E adj. (lat. *anterior*). **1.** Qui précède qqn, qqch dans le temps : *Ces faits sont antérieurs à mon entrée dans l'entreprise.* **2.** Qui est placé devant, en avant : *La partie antérieure du corps.* **3.** PHON. Dont l'articulation se situe dans la partie avant de la cavité buccale.

ANTÉRIEUREMENT adv. À une époque antérieure.

ANTÉRIORITÉ n.f. Caractère de ce qui est antérieur dans le temps : *Antériorité d'un dépôt de brevet.*

ANTÉROGRADE adj. (du lat. *anterior*, plus avant, et *gradi*, marcher). ▪ **Amnésie antérograde,** dans laquelle le malade ne peut plus mémoriser les faits nouveaux.

ANTÉVERSION n.f. ANAT. Inclinaison naturelle en avant de l'axe vertical d'un organe : *Antéversion de l'utérus.*

ANTHÉMIS [ɑ̃temis] n.f. (du gr. *anthos*, fleur). Plante herbacée aromatique, dont plusieurs espèces sont appelées abusivement *camomille.* ➲ Famille des composées.

ANTHÈRE n.f. (du gr. *anthêros*, fleuri). Partie supérieure de l'étamine des plantes à fleurs, dans laquelle se forment les grains de pollen, et qui s'ouvre à maturité pour laisser échapper ceux-ci.

ANTHÉRIDIE n.f. BOT. Organe où se forment les anthérozoïdes, chez les végétaux supérieurs.

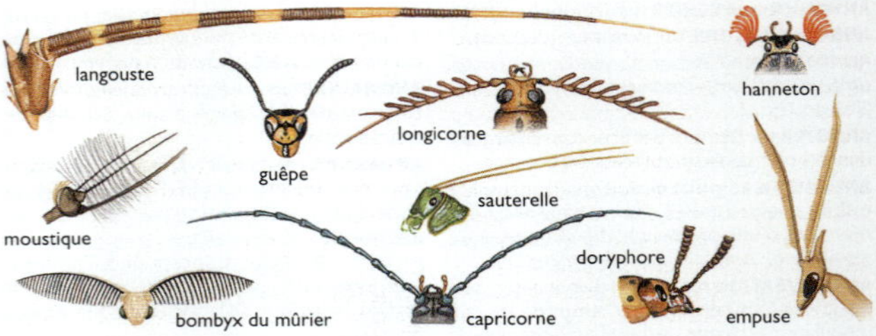

▲ **antennes.** Morphologie comparée des antennes de quelques animaux.

ANTHÉROZOÏDE n.m. BOT. Gamète mâle, chez les végétaux supérieurs. (Pour certaines plantes, on dit aussi *spermatozoïde.*)

ANTHOLOGIE n.f. (du gr. *anthos*, fleur, et *legein*, choisir). Recueil de morceaux choisis d'œuvres littéraires ou musicales.

ANTHONOME n.m. Charançon nuisible aux arbres fruitiers et au cotonnier. ➲ Ordre des coléoptères.

ANTHOZOAIRE n.m. ZOOL. Invertébré de l'embranchement des cnidaires, représenté uniquement par des polypes à cavité gastrique cloisonnée, vivant isolés *(actinies)* ou en colonies *(madrépores, corail).* ➲ Les anthozoaires constituent une classe.

ANTHRACÈNE n.m. Hydrocarbure à trois cycles benzéniques.

ANTHRACITE n.m. (gr. *anthrax*). Charbon de très faible teneur en matières volatiles (moins de 6 à 8 %) qui brûle sans fumée, en dégageant beaucoup de chaleur. ◆ **adj. inv.** Gris foncé.

ANTHRACITEUX, EUSE adj. Qui ressemble à l'anthracite ; qui en contient.

ANTHRACNOSE n.f. (du gr. *anthrax*, charbon, et *nosos*, maladie). Maladie cryptogamique de la vigne, du haricot, etc., caractérisée par l'apparition de taches brunes sur les rameaux, les feuilles ou les fruits.

ANTHRACOSE n.f. Maladie professionnelle des mineurs due à la présence de poussières de charbon dans les poumons.

ANTHRAQUINONE n.f. Composé dérivé de l'anthracène, servant à préparer des colorants.

ANTHRAX n.m. (mot gr. « charbon »). MÉD. **1.** Réunion de plusieurs furoncles. **2.** Nom anglais de la maladie du charbon*.

ANTHRÈNE n.m. (du gr. *anthrênê*, sorte de guêpe). Insecte, voisin des dermestes, dont la larve se développe dans des substances animales sèches (poils, plumes, etc.) et nuit aux fourrures, tapis et tissus. ➲ Ordre des coléoptères.

ANTHROPIQUE adj. **1.** Se dit d'un paysage, d'un sol, etc., dont la formation résulte de l'intervention humaine : *Érosion anthropique.* **2.** Dû à l'activité humaine : *Pollution anthropique.* ▪ **Principe anthropique,** principe de la cosmologie moderne selon lequel l'existence de l'homme impose a posteriori des conditions nécessaires à la structure de l'Univers. ➲ Le *principe anthropique faible* pose que seuls certains modèles d'univers sont compatibles avec l'existence d'êtres intelligents ; discuté et souvent récusé, le *principe anthropique fort* postule que l'Univers devait conduire à l'apparition de l'homme.

ANTHROPISATION n.f. Processus par lequel les populations humaines modifient ou transforment l'environnement naturel.

ANTHROPOBIOLOGIE n.f. Anthropologie physique et physiologique.

ANTHROPOCÈNE n.m. (du gr. *anthrôpos*, homme, et *kainos*, nouveau). Période actuelle des temps géologiques, où les activités humaines ont de fortes répercussions sur les écosystèmes de la planète (biosphère) et les transforment à tous les niveaux. ➲ On fait coïncider le début de l'anthropocène avec celui de la révolution industrielle, au XVIIIe s.

ANTHROPOCENTRIQUE adj. Propre à l'anthropocentrisme.

ANTHROPOCENTRISME n.m. Conception, attitude qui rapporte toute chose de l'Univers à l'homme.

ANTHROPOÏDE n.m. et adj. (du gr. *anthrôpos*, homme). Grand singe partageant avec l'homme des caractères tels que l'absence de queue et un volume crânien très important (orang-outan, chimpanzé, gorille et gibbon).

ANTHROPOLOGIE n.f. (du gr. *anthrôpos*, homme, et *logos*, science). Étude de la dimension sociale de l'homme.

➲ L'**ANTHROPOLOGIE** s'est constituée au XIXe s. Comparative, elle vise à l'intercompréhension des sociétés et des cultures. On y distingue des sous-disciplines. *L'anthropologie sociale et culturelle* étudie toutes les manifestations de la vie en société (lien de parenté, mariage, naissance, initiation, funérailles, et plus généralement modes de vie, coutumes et rites). *L'anthropologie culturelle* est parfois distinguée de la précédente, surtout dans la tradition américaine, par un intérêt spécifique pour les modes de vie, les langues, les mythes des peuples. *L'anthropologie économique* analyse les formes de production et de répartition des biens. *L'anthropologie historique* met les formes sociales en relation avec l'histoire particulière de chaque peuple. *L'anthropologie politique* s'attache aux formes d'autorité et de pouvoir, et spécialement à la formation de l'État. *L'anthropologie religieuse* s'intéresse aux systèmes des rites et mythes, ainsi qu'aux expressions sociales des religions universelles. *L'anthropologie physique,* ou *anthropobiologie,* étudie les caractéristiques morphologiques et biologiques des populations humaines. *L'anthropologie moléculaire* étudie la parenté génétique entre populations ou entre ethnies, sur la base de comparaisons de l'ADN. La *paléoanthropologie,* ou *paléontologie humaine,* étudie les hommes fossiles et les espèces apparentées.

ANTHROPOLOGIQUE adj. Qui relève de l'anthropologie.

ANTHROPOLOGUE n. Spécialiste d'anthropologie. ▪ **Anthropologue social,** ethnologue.

ANTHROPOMÉTRIE n.f. (du gr. *anthrôpos*, homme, et *metron*, mesure). Branche de l'anthropologie physique ayant pour objet tout ce qui, dans l'organisme humain, peut être mesuré (poids des organes, pression artérielle, etc.). ▪ **Anthropométrie judiciaire,** méthode d'identification des criminels fondée essentiellement, de nos jours, sur l'étude des empreintes digitales et génétiques (ADN).

ANTHROPOMÉTRIQUE adj. Qui relève de l'anthropométrie.

ANTHROPOMORPHE adj. Dont la forme rappelle celle de l'homme.

ANTHROPOMORPHIQUE adj. Qui relève de l'anthropomorphisme.

ANTHROPOMORPHISME n.m. (du gr. *anthrôpos*, homme, et *morphê*, forme). Tendance à attribuer aux objets, aux animaux et aux créations mythiques des caractères propres à l'homme : *L'anthropomorphisme dans les fables de La Fontaine.*

ANTHROPONYME n.m. LING. Nom de personne.

ANTHROPONYMIE n.f. (du gr. *anthrôpos*, homme, et *onoma*, nom). LING. Étude des noms de personnes.

ANTHROPOPHAGE adj. et n. (du gr. *anthrôpos*, homme, et *phagein*, manger). Qui pratique l'anthropophagie.

ANTHROPOPHAGIE n.f. Pour un homme, fait de manger de la chair humaine.

ANTHROPOPHILE adj. Se dit des animaux et des plantes qui vivent dans un milieu habité ou fréquenté par l'homme.

ANTHROPOSOPHIE n.f. Philosophie fondée par R. Steiner, qui développe une gnose chrétienne et propose un système éducatif encore très vivant dans les pays de langue allemande.

ANTHURIUM [-rjɔm] **n.m.** Plante ornementale à belles feuilles et à inflorescence très colorée, originaire d'Amérique tropicale. ➲ Famille des aracées.

ANTHYLLIS [ɑ̃tilis] ou **ANTHYLLIDE** [ɑ̃tilid] **n.f.** Plante herbacée dont une espèce, la *vulnéraire*, est cultivée comme fourrage. ➲ Sous-famille des papilionacées.

ANTIACARIEN, ENNE adj. et **n.m.** Se dit d'un produit, d'un traitement contre les acariens.

ANTIACIDE adj. Se dit d'un médicament qui compense une trop forte acidité du système digestif, notamm. en cas d'aigreurs d'estomac.

ANTIACNÉIQUE adj. et **n.m.** Se dit d'un produit pharmaceutique destiné à traiter l'acné.

ANTIACRIDIEN, ENNE adj. Relatif à la lutte contre les acridiens.

ANTIADHÉSIF, IVE adj. et **n.m.** Se dit d'un revêtement qui empêche les adhérences, notamm. sur les récipients destinés à la cuisson.

ANTIAÉRIEN, ENNE adj. Qui s'oppose à l'action des avions ou des engins aériens, protège de leurs effets : *Abri antiaérien.*

ANTI-ÂGE adj. inv. et **n.m. inv.**, ▲ *ANTIÂGE adj. et n.m.* Se dit d'un produit (cosmétique, gélule, etc.) visant à atténuer les effets du vieillissement, spécial. de la peau.

ANTIAGRÉGANT n.m. ▪ **Antiagrégant plaquettaire,** substance qui s'oppose à l'agrégation des plaquettes dans les vaisseaux sanguins. (On l'appelle abusivement *antiplaquettaire*.)

ANTIALCOOLIQUE adj. Qui combat l'alcoolisme.

ANTIALLERGIQUE adj. Propre à traiter, à prévenir les allergies : *Propriétés antiallergiques des antihistaminiques.*

ANTIAMÉRICAIN, E adj. et **n.** Qui fait preuve d'antiaméricanisme.

ANTIAMÉRICANISME n.m. Hostilité à l'égard des États-Unis, de leur politique ou de leur civilisation.

ANTIANGINEUX ou **ANTIANGOREUX n.m.** Médicament destiné à traiter ou prévenir l'angine de poitrine.

ANTI-ANGIOGENÈSE (pl. *anti-angiogenèses*) ou **ANTIANGIOGENÈSE n.f.** Traitement médicamenteux qui inhibe la formation naturelle de nouveaux vaisseaux sanguins afin de priver d'oxygène les tumeurs cancéreuses.

ANTIASTHMATIQUE [ɑ̃tiasmatik] **adj.** et **n.m.** Se dit d'un médicament propre à combattre l'asthme.

ANTIATOME n.m. Atome d'antimatière.

ANTIATOMIQUE adj. Qui s'oppose aux effets du rayonnement ou des projectiles atomiques.

ANTIAUTORITAIRE adj. Hostile à toute forme d'oppression, politique ou intellectuelle.

ANTIBACTÉRIEN, ENNE adj. et **n.m.** Se dit d'une substance active contre les bactéries.

ANTIBÉLIER n.m. Dispositif placé sur une canalisation en vue d'amortir les ondes de choc engendrées par de brusques variations de pression.

ANTIBIOGRAMME n.m. Examen de laboratoire permettant de déterminer quels antibiotiques peuvent enrayer le développement d'une souche de bactéries décelée chez un malade.

ANTIBIORÉSISTANCE n.f. Capacité d'une bactérie à résister à l'action d'un antibiotique.

ANTIBIOTHÉRAPIE n.f. MÉD. Traitement par les antibiotiques.

ANTIBIOTIQUE adj. et **n.m.** Se dit d'une substance naturelle (produite surtout par les champignons inférieurs et par certaines bactéries) ou synthétique, qui empêche la croissance des bactéries ou les détruit.

ANTIBLOCAGE n.m. AUTOM. ▪ **Antiblocage de sécurité,** dispositif de régulation du système de freinage qui limite le risque de blocage des roues (SYN. **ABS**).

ANTIBOIS ou **ANTEBOIS n.m.** Baguette disposée sur le plancher d'une pièce pour empêcher le contact des meubles avec les murs.

ANTIBROUILLAGE n.m. Procédé visant à faire échec au brouillage des émissions d'ondes électromagnétiques.

ANTIBROUILLARD adj. inv. et **n.m.**, ▲ *adj.* Propre à percer le brouillard : *Phares antibrouillard. Des antibrouillards.*

ANTIBRUIT adj. inv., ▲ *adj.* Destiné à protéger du bruit : *Des murs antibruit.*

ANTICABRAGE adj. et **n.m. AUTOM.** Se dit d'un dispositif mécanique ou électronique qui empêche la partie avant d'un véhicule de se soulever sous l'effet de la puissance d'une accélération.

ANTICALCAIRE adj. inv. et **n.m.**, ▲ *adj.* Se dit d'un produit qui prévient ou désincruste les dépôts calcaires dans un appareil, un circuit, une canalisation.

ANTICANCÉREUX, EUSE adj. et **n.m.** Se dit d'un médicament, d'un procédé employé contre le cancer.

ANTICAPITALISTE adj. et **n.** Hostile au système capitaliste.

ANTICATHODE n.f. Plaque métallique qui, dans un tube électronique, reçoit les rayons cathodiques et émet des rayons X.

ANTICHAMBRE n.f. (ital. *anticamera*). **1.** Pièce commandant une ou plusieurs autres pièces ; salle d'attente à l'entrée d'un appartement, d'un bureau. **2.** Fig. Ce qui précède immédiatement qqch : *Une loi autoritaire, antichambre de la tyrannie.* ▪ **Faire antichambre,** attendre avant d'être reçu.

ANTICHAR adj. Qui s'oppose à l'action des chars, des blindés.

ANTICHOC adj. Qui permet de se protéger des chocs : *Nouveaux casques antichocs.*

ANTICHOLINERGIQUE [-kɔ-] **adj.** et **n.m. MÉD.** Se dit d'une substance antagoniste des récepteurs de l'acétylcholine et qui inhibe le système nerveux parasympathique (SYN. **parasympatholytique, vagolytique**).

ANTICHÔMAGE adj. inv. Se dit de ce qui lutte ou contribue à lutter contre le chômage.

ANTICHRÈSE [-krɛz] **n.f.** (du gr. *anti*, contre, et *khrêsis*, usage). **DR.** Sûreté réelle permettant au créancier d'entrer en possession d'un immeuble du débiteur (par oppos. à *gage*) et d'en percevoir les fruits jusqu'à extinction de la dette.

ANTICIPATION n.f. 1. Action d'anticiper : *Anticipation de remboursement.* **2.** Action de prévoir, d'imaginer des situations, des événements futurs : *Ne faisons pas d'anticipation sur les résultats du second tour.* ▪ **Anticipation économique,** ensemble des hypothèses portant sur les indicateurs économiques en vue d'éclairer les stratégies à adopter. ▪ **Par anticipation,** par avance. ▪ **Roman, film d'anticipation,** dont l'action se passe dans l'avenir, dans un monde futur.

ANTICIPATOIRE adj. Didact. Qui anticipe.

ANTICIPÉ, E adj. Qui se produit avant la date prévue ; prématuré : *Retraite anticipée.* ▪ **Remerciements anticipés,** formule de politesse utilisée dans une lettre, pour remercier à l'avance du service demandé.

ANTICIPER v.t. [3] (du lat. *anticipare*, devancer). Faire, exécuter avant la date prévue ou fixée : *Anticiper un paiement.* ◆ **v.t. ind.** (**SUR**). **1.** Disposer de qqch qui n'existe pas encore : *Anticiper sur un héritage.* **2.** Absol. Agir comme si une chose s'était produite : *Un homme politique doit savoir anticiper.* **3.** Prévoir ce qui va arriver et y adapter par avance sa conduite : *Anticiper sur l'évolution de la situation. Anticiper un problème.* ▪ **N'anticipons pas,** attendons la suite des événements.

ANTICLÉRICAL, E, AUX adj. et **n.** Opposé à l'influence ou à l'ingérence du clergé dans les affaires publiques.

ANTICLÉRICALISME n.m. Attitude, politique anticléricale.

ANTICLINAL, E, AUX adj. (mot angl., du gr. *anti*, contre, et *klinein*, faire pencher). **GÉOL.** ▪ **Pli anticlinal,** ou **anticlinal, n.m.,** pli dont la convexité est tournée vers le haut (CONTR. **synclinal**).

ANTICOAGULANT, E adj. et **n.m. MÉD.** Se dit d'une substance qui s'oppose à la coagulation du sang.

ANTICOLONIALISME n.m. Opposition au colonialisme.

ANTICOLONIALISTE adj. et **n.** Relatif à l'anticolonialisme ; qui en est partisan.

ANTICOMMUNISME n.m. Attitude d'hostilité à l'égard du communisme.

ANTICOMMUNISTE adj. et **n.** Relatif à l'anticommunisme ; qui fait preuve d'anticommunisme.

ANTICONCEPTIONNEL, ELLE adj. Qui empêche la fécondation et la conception d'un enfant.

ANTICONCURRENTIEL, ELLE adj. ÉCON. Qui s'oppose au libre jeu de la concurrence.

ANTICONFORMISME n.m. Attitude d'opposition aux usages établis, aux traditions : *Par anticonformisme, il refuse de se marier.*

ANTICONFORMISTE adj. et **n.** Qui fait preuve d'anticonformisme.

ANTICONSTITUTIONNEL, ELLE adj. Contraire à la Constitution : *Le projet de loi a été déclaré anticonstitutionnel.*

ANTICONSTITUTIONNELLEMENT adv. D'une manière anticonstitutionnelle.

ANTICORPS n.m. Substance (immunoglobuline) synthétisée par les cellules du système immunitaire et capable de se fixer spécifiquement sur un antigène.

ANTICORROSION adj. inv., ▲ *adj.* Qui protège les métaux contre la corrosion.

ANTICRYPTOGAMIQUE adj. et **n.m.** Fongicide.

ANTICYCLIQUE adj. Se dit d'une politique visant à atténuer les effets des mouvements cycliques de l'économie.

ANTICYCLONAL, E, AUX ou **ANTICYCLONIQUE adj.** Relatif à un anticyclone.

ANTICYCLONE n.m. MÉTÉOROL. Centre de hautes pressions atmosphériques.

ANTIDATE n.f. (du lat. *ante*, avant, et de *date*). Date apposée sur un acte, antérieure à la date réelle.

ANTIDATER v.t. [3]. Apposer une antidate sur.

ANTIDÉFLAGRANT, E adj. Se dit des systèmes et équipements conçus pour ne pas produire d'explosion dans des atmosphères inflammables et pour résister à une déflagration.

ANTIDÉMARRAGE adj. inv. et **n.m.**, ▲ *adj.* Se dit d'un dispositif antivol empêchant le démarrage d'un véhicule.

ANTIDÉMOCRATIQUE adj. Opposé ou contraire à la démocratie, à ses principes.

ANTIDÉPLACEMENT n.m. MATH. Transformation ponctuelle du plan ou de l'espace conservant les distances sans conserver l'orientation.

ANTIDÉPRESSEUR adj.m. et **n.m. MÉD.** Se dit d'un médicament psychotrope qui combat la dépression.

ANTIDÉRAPANT, E adj. et **n.m.** Se dit d'un matériau qui empêche de déraper : *Semelles antidérapantes.*

ANTIDÉTONANT, E adj. et **n.m.** Se dit d'un produit ajouté au carburant d'un moteur à explosion pour en augmenter l'indice d'octane afin d'empêcher le cliquetis.

ANTIDIPHTÉRIQUE adj. Propre à combattre ou prévenir la diphtérie.

ANTIDIURÉTIQUE adj. et **n.m.** Se dit d'une substance qui diminue le débit urinaire.

ANTIDOPAGE adj. inv., ▲ *adj.* Qui s'oppose à la pratique du dopage dans les sports.

ANTIDOTE n.m. (du gr. *antidotos*, donné contre). **1.** (**À, DE**). Médicament agissant contre une substance toxique (SYN. [cour.] **contrepoison**). **2.** (**À, DE, CONTRE**). Remède contre un mal moral, psychologique : *Le rire est un antidote à la morosité.*

ANTIDOULEUR adj. inv., ▲ *adj.* Qui vise à atténuer la souffrance physique : *Consultation antidouleur. Des centres antidouleur.* ▪ **Médicament antidouleur,** ou **antidouleur, n.m.,** antalgique.

ANTIÉCONOMIQUE adj. Contraire à une bonne gestion économique.

ANTIEFFRACTION adj. inv. Se dit d'un dispositif destiné à empêcher les effractions : *Portes antieffraction.*

ANTIÉMÉTIQUE adj. et n.m. Se dit d'un médicament propre à combattre les vomissements.

ANTIÉMEUTE adj. inv., ▲ *adj.* Se dit d'un dispositif, de forces de sécurité destinés à combattre les émeutes.

ANTIENNE [ɑ̃tjɛn] n.f. (du gr. *antiphônos*, qui répond à). **1.** Verset chanté avant et après un psaume. **2.** Litt. Propos ressassés à satiété : *Il reprend tous les jours la même antienne.*

ANTIESCLAVAGISTE adj. et n. Opposé à l'esclavage.

ANTIÉTATIQUE adj. Opposé à une trop grande emprise de l'État.

ANTIFADING [-fadiŋ] n.m. RADIODIFF. Dispositif limitant l'effet du fading.

ANTIFASCISTE adj. et n. Opposé au fascisme.

ANTIFERROMAGNÉTISME n.m. Propriété de certains cristaux dont les atomes présentent des moments magnétiques orientés alternativement dans un sens et dans l'autre.

ANTIFONGIQUE adj. et n.m. (du lat. *fongus*, champignon). Se dit d'un médicament qui agit contre les mycoses (SYN. **antimycosique**).

ANTIFORME n.f. GÉOL. Pli dont la convexité est tournée vers le haut (CONTR. **synforme**).

ANTIFRICTION adj. inv., ▲ *adj.* ▪ **Alliage antifriction**, alliage dont les propriétés réduisent le frottement et qui est utilisé dans la fabrication d'organes de machines en mouvement.

ANTIFUMÉE adj. inv. et n.m., ▲ *adj.* PÉTROLE. Se dit d'une substance qui produit une combustion plus complète et élimine les fumées d'un combustible liquide.

ANTI-G adj. inv. Se dit d'une combinaison utilisée en vol par les pilotes de chasse ou les spationautes pour atténuer les effets de l'accélération et de la décélération (dont l'intensité s'exprime à l'aide d'une unité symbolisée par *g*).

ANTIGANG adj. inv. ▪ **Brigade antigang,** ou **antigang,** n.f. [anc.], service de police judiciaire luttant contre la grande criminalité (hold-up, enlèvements). [Elle a été remplacée par la *brigade de recherche et d'intervention*.]

ANTIGEL adj. inv. et n.m., ▲ *adj.* Substance qui, ajoutée à un liquide, en abaisse notablement le point de congélation.

ANTIGÉLIF n.m. Adjuvant qui garantit le béton durci contre l'altération par le gel.

ANTIGÈNE n.m. IMMUNOL. Substance chimique isolée ou portée par une cellule, un micro-organisme, qui, introduite dans l'organisme, est susceptible de provoquer une réaction spécifique du système immunitaire visant à la détruire ou à la neutraliser.

ANTIGÉNIQUE adj. Relatif aux antigènes.

ANTIGIVRANT, E adj. et n.m. Propre à empêcher la formation de givre : *Dispositifs antigivrants d'un avion.*

ANTIGLISSE adj. inv., ▲ *adj.* ▪ **Vêtement antiglisse,** vêtement de ski fait dans un tissu de texture rêche qui accroche la neige et empêche de glisser sur la pente en cas de chute.

ANTIGOUVERNEMENTAL, E, AUX adj. Opposé au gouvernement, à sa politique.

ANTIGUERRE adj. inv. et n. inv., ▲ *adj. et n.* Qui s'oppose à la guerre : *Les antiguerre appellent à manifester.*

ANTIHALO adj. inv. et n.m., ▲ *adj.* PHOTOGR. Se dit d'une couche qui évite le halo.

ANTIHÉROS n.m. Personnage de fiction ne présentant pas les caractéristiques du héros traditionnel.

ANTIHISTAMINIQUE adj. et n.m. Se dit d'une substance qui s'oppose à l'action de l'histamine de l'organisme. ➲ Les antihistaminiques sont actifs dans l'urticaire et les affections allergiques.

ANTIHYGIÉNIQUE adj. Contraire à l'hygiène.

ANTI-IMPÉRIALISME n.m. (pl. *anti-impérialismes*). Opposition à l'impérialisme sous toutes ses formes.

ANTI-IMPÉRIALISTE adj. et n. (pl. *anti-impérialistes*). Relatif à l'anti-impérialisme ; qui en est partisan.

ANTI-INFECTIEUX, EUSE adj. et n.m. (pl. *anti-infectieux, euses*). Se dit d'un médicament propre à combattre l'infection.

ANTI-INFLAMMATOIRE adj. et n.m. (pl. *anti-inflammatoires*). MÉD. Se dit d'un médicament propre à combattre l'inflammation. ➲ On distingue les anti-inflammatoires stéroïdiens (corticoïdes) et non stéroïdiens (AINS).

ANTI-INFLATIONNISTE adj. (pl. *anti-inflationnistes*). Propre à lutter contre l'inflation.

ANTIJEU n.m. Action contraire aux règles ou à l'esprit du jeu : *Pénalité pour antijeu.*

ANTILLAIS, E adj. et n. Des Antilles.

ANTILLANISME n.m. Mot, tournure, expression propres au français parlé aux Antilles.

ANTILOGIE n.f. MATH. Proposition fausse quelle que soit la valeur de vérité de ses composants.

ANTILOPE n.f. (angl. *antelope*). Mammifère ruminant sauvage d'Afrique (gnou, bubale) ou d'Asie (nilgaut), dont la peau souple et légère est utilisée dans la confection de vêtements. ➲ Famille des bovidés.

▲ **antilope** (addax).

ANTIMALARIQUE adj. Antipaludéen.

ANTIMATIÈRE n.f. Forme de la matière constituée d'antiparticules.

ANTIMÉRIDIEN n.m. Méridien dont la longitude diffère de 180° de celle du méridien considéré.

ANTIMIGRAINEUX, EUSE adj. et n.m. Se dit d'un médicament utilisé dans le traitement contre la migraine.

ANTIMILITARISME n.m. Hostilité à l'égard des institutions et de l'esprit militaires.

ANTIMILITARISTE adj. et n. Relatif à l'antimilitarisme ; qui fait preuve d'antimilitarisme.

ANTIMISSILE adj. MIL. Destiné à neutraliser l'action de missiles assaillants : *Arme, système antimissiles.*

ANTIMITE adj. inv. et n.m., ▲ *adj.* Se dit d'un produit qui protège les lainages, les fourrures, etc., contre les mites : *Boule antimite.*

ANTIMITOTIQUE adj. et n.m. Se dit d'une substance qui s'oppose à la division des cellules (mitose), empêchant ainsi leur multiplication. ◆ n.m. Médicament anticancéreux.

ANTIMOINE n.m. (ar. *'ithmid*). **1.** Non-métal d'un blanc d'argent, cassant, fondant vers 630 °C, de densité 6,6, et qui se rapproche de l'arsenic. **2.** Élément chimique (Sb), de numéro atomique 51, de masse atomique 121,757.

ANTIMONARCHISTE adj. et n. Hostile à la monarchie.

ANTIMONDIALISATION n.f. Courant d'opinion qui manifeste son hostilité aux buts et aux effets de la mondialisation de l'économie.

ANTIMONDIALISTE adj. et n. Relatif à l'antimondialisation ; qui est hostile à la mondialisation de l'économie.

ANTIMONIATE n.m. Sel d'un acide oxygéné dérivé de l'antimoine.

ANTIMONIÉ, E adj. Qui contient de l'antimoine.

ANTIMONIURE n.m. Combinaison de l'antimoine avec un corps simple.

ANTIMYCOSIQUE adj. et n.m. Antifongique.

ANTINATALISTE adj. Qui vise à réduire la natalité.

ANTINATIONAL, E, AUX adj. Contraire à l'intérêt national.

ANTINAZI, E n. et adj. Adversaire du nazisme.

ANTINEUTRINO n.m. Antiparticule du neutrino.

ANTINEUTRON n.m. Antiparticule du neutron.

ANTINOMIE n.f. (du gr. *anti*, contre, et *nomos*, loi). LOG. **1.** Contradiction entre deux idées, deux principes, deux propositions, qui appelle un arbitrage. **2.** Contradiction entre deux lois, deux principes, à l'intérieur d'une théorie déductive.

ANTINOMIQUE adj. Qui forme une antinomie : *Deux propositions antinomiques.*

ANTINUCLÉAIRE adj. et n. Hostile à l'emploi de l'énergie et des armes nucléaires.

ANTIONCOGÈNE n.m. Gène suppresseur* de tumeur.

ANTIOXYDANT, E adj. et n.m. Se dit d'un agent qui ralentit la dégradation des aliments et de certains matériaux ou composés organiques due aux effets de l'oxydation.

ANTIPALUDÉEN, ENNE ou **ANTIPALUDIQUE** adj. et n.m. Se dit d'un médicament propre à combattre le paludisme (SYN. **antimalarique**).

ANTIPANIQUE adj. inv., ▲ *adj.* Se dit d'une porte dont l'ouverture vers l'extérieur s'exerce par simple poussée sur une barre.

ANTIPAPE n.m. HIST. Pape élu irrégulièrement et non reconnu par l'Église romaine.

ANTIPARASITAIRE adj. et n.m. Se dit d'un médicament utilisé dans le traitement des maladies dues aux parasites.

ANTIPARASITE adj. et n.m. Se dit d'un dispositif qui diminue la production ou l'action des perturbations affectant la réception des émissions radiophoniques et télévisées.

ANTIPARASITER v.t. [3]. Munir d'un antiparasite.

ANTIPARLEMENTAIRE adj. et n. Opposé au régime parlementaire.

ANTIPARLEMENTARISME n.m. Opposition au régime parlementaire.

ANTIPARTICULE n.f. Particule (positron, antiproton, antineutron, etc.), de masse égale, mais de propriétés électromagnétiques et de charge baryonique ou leptonique opposées à celles d'une particule de matière (électron, proton, neutron).

ANTIPASTI n.m. pl., ▲ *n.m.* (pl. de l'ital. *antipasto*, entrée). Assortiment de légumes ou de poissons marinés, de fruits de mer, de charcuteries, de fromages, etc., servis en apéritif ou en hors-d'œuvre.

ANTIPATHIE n.f. (du gr. *anti*, contre, et *pathos*, passion). Hostilité instinctive à l'égard de qqn ou de qqch ; aversion : *Avoir de l'antipathie pour les fraudeurs, pour la fraude.*

ANTIPATHIQUE adj. Qui inspire de l'antipathie : *Un personnage antipathique.*

ANTIPATINAGE adj. inv. et n.m. Se dit d'un dispositif, notamm. électronique, empêchant les roues motrices d'un véhicule de patiner sur une chaussée glissante.

ANTIPATRIOTIQUE adj. Contraire au patriotisme, aux intérêts de la patrie.

ANTIPATRIOTISME n.m. Attitude antipatriotique.

ANTIPELLICULAIRE adj. Se dit d'un produit qui agit contre les pellicules : *Lotion antipelliculaire.*

ANTIPERSONNEL adj. inv., ▲ *adj.* Se dit des armes et des engins destinés à mettre les personnes hors de combat, sans s'attaquer au matériel.

ANTIPERSPIRANT, E adj. et n.m. Antisudoral.

ANTIPHLOGISTIQUE adj. (du gr. *anti*, contre, et *phlox*, flamme). MÉD. Vx. Qui combat les inflammations.

ANTIPHONAIRE n.m. (du gr. *anti*, contre, et *phônê*, voix). CHRIST. Livre liturgique contenant les chants exécutés par le chœur à l'office ou à la messe.

ANTIPHRASE n.f. STYL. Emploi d'un mot dans le sens contraire à celui qu'il a habituellement, par ironie ou euphémisme. (Ex. : *Bien visé !* à qqn qui vient de manquer son but.)

ANTIPLAQUETTAIRE n.m. (Abusif). Antiagrégant plaquettaire.

ANTIPODE n.m. (du gr. *anti*, contre, et *pous, podos*, pied). **1.** Lieu de la Terre diamétralement opposé à un autre lieu : *La Nouvelle-Zélande est à l'antipode ou aux antipodes de la France.* **2.** Région très lointaine : *Habiter aux antipodes.* **3.** BOT. Une des cellules du sac embryonnaire de l'ovule des angiospermes, située à l'opposé de l'oosphère. ■ **Être à l'antipode** ou **aux antipodes de,** être à l'opposé de : *Votre raisonnement est à l'antipode du bon sens.*

ANTIPODISTE n. Acrobate qui, couché sur le dos, exécute des tours d'adresse avec les pieds.

ANTIPOISON adj. inv., ▲ *adj.* ■ **Centre antipoison,** établissement spécialisé dans la prévention et le traitement des intoxications.

ANTIPOLLUTION adj. inv., ▲ *adj.* Destiné à éviter ou à diminuer la pollution.

ANTIPROTÉASE n.f. MÉD. Molécule utilisée dans le traitement du sida qui, en inhibant l'action de la protéase responsable de la maturation du virus, bloque la prolifération de celui-ci.

ANTIPROTECTIONNISTE adj. et n. ÉCON. Opposé au protectionnisme.

ANTIPROTON n.m. Antiparticule du proton, de charge négative.

ANTIPRURIGINEUX, EUSE adj. et n.m. Se dit d'un médicament qui combat le prurit.

ANTIPSYCHIATRIE n.f. Mouvement de remise en question de la psychiatrie traditionnelle, selon lequel la société provoque les troubles psychiatriques et se sert des psychiatres pour les contrôler.

ANTIPSYCHOTIQUE adj. et n.m. Se dit d'un médicament psychotrope utilisé contre les psychoses.

ANTIPUTRIDE adj. Qui empêche la putréfaction.

ANTIPYRÉTIQUE adj. et n.m. Se dit d'une substance qui diminue la fièvre (SYN. **fébrifuge**).

ANTIQUAILLE n.f. Fam., péjor. Objet, meuble ancien de peu de valeur.

ANTIQUAIRE n. (lat. *antiquarius*). Commerçant spécialisé dans la vente et l'achat de meubles et d'objets d'art anciens.

ANTIQUARK [-kwark] n.m. Antiparticule du quark.

1. ANTIQUE adj. (lat. *antiquus*). **1.** Qui appartient à l'Antiquité : *La Rome antique.* **2.** Qui date d'une époque reculée : *Une antique croyance.* **3.** Par plais. ou péjor. Très vieux ; passé de mode : *Une antique machine à écrire.*

2. ANTIQUE n.m. Art antique ; ensemble des productions artistiques de l'Antiquité : *Copier l'antique.*

3. ANTIQUE n.f. ou n.m. **1.** Litt. Objet d'art de l'Antiquité : *Une collection d'antiques.* **2.** Famille de caractères typographiques formés de traits d'égale épaisseur et sans empattements.

ANTIQUISANT, E adj. Qui s'inspire de l'antique.

ANTIQUITÉ n.f. **1.** Caractère de ce qui est très ancien : *L'antiquité d'une famille.* **2.** Temps très ancien : *Cette pratique remonte à la plus haute antiquité.* **3.** (Souvent pl.). Œuvre d'art de l'Antiquité : *Musée des antiquités.* **4.** Objet ancien : *Magasin d'antiquités.* ■ **L'Antiquité,** v. partie n.pr.

ANTIRABIQUE adj. MÉD. Qui est employé contre la rage.

ANTIRACISME n.m. Opposition au racisme.

ANTIRACISTE adj. et n. Relatif à l'antiracisme ; qui fait preuve d'antiracisme.

ANTIRADAR adj. MIL. **1.** Destiné à neutraliser les radars ennemis. **2.** Destiné à détruire les radars ennemis : *Missiles antiradars.*

ANTIRADIATION adj. Qui protège de certaines radiations, partic. de celles des corps radioactifs.

ANTIREFLET adj. inv., ▲ *adj.* Se dit d'un traitement qui supprime la lumière réfléchie sur la surface des verres d'optique, par dépôt d'un fluorure métallique ; son résultat : *Lunettes antireflet.*

ANTIRÉGLEMENTAIRE, ▲ *ANTIRÈGLEMENTAIRE* adj. Contraire au règlement.

ANTIREJET adj. inv., ▲ *adj.* Se dit d'une substance qui s'oppose au phénomène de rejet de greffe.

ANTIRELIGIEUX, EUSE adj. Opposé à la religion.

ANTIRÉPUBLICAIN, E adj. et n. Opposé au régime républicain.

ANTIRÉTROVIRAL, E, AUX adj. et n.m. Se dit d'un traitement ou d'un médicament actif contre un rétrovirus.

ANTIRIDES, ▲ *ANTIRIDE* adj. et n.m. Se dit d'un produit de beauté destiné à prévenir les rides ou à les atténuer.

ANTIROI n.m. HIST. Dans le Saint Empire, roi élu en période de crise alors qu'un autre roi ou empereur était en exercice.

ANTIROUILLE adj. inv. et n.m., ▲ *adj.* Se dit d'une substance propre à préserver de la rouille ou à la faire disparaître.

ANTIROULIS adj. Se dit d'un dispositif qui s'oppose à l'apparition du roulis d'un véhicule dans un virage ou qui, sur un bateau, tend à le diminuer.

ANTISALISSURE adj. inv., ▲ *adj.* Se dit de fibres qui ont été traitées de manière à ne pas retenir la saleté : *Moquettes antisalissure.*

ANTISATELLITE adj. inv., ▲ *adj.* MIL. Destiné à neutraliser ou à détruire les satellites ennemis.

ANTISCIENTIFIQUE adj. Opposé à la science ; contraire à l'esprit scientifique.

ANTISCORBUTIQUE adj. Qui prévient ou permet de combattre le scorbut.

ANTISÈCHE n.f. Fam. Aide-mémoire, feuille sur laquelle un élève a copié des dates, des formules, etc., et qu'il utilise en fraude à un examen.

ANTISÉGRÉGATIONNISTE adj. et n. Hostile à la ségrégation raciale.

ANTISÉMITE adj. et n. Hostile aux Juifs.

ANTISÉMITISME n.m. Doctrine ou attitude d'hostilité systématique à l'égard des Juifs.

> ➲ Apparu dans l'Empire romain, l'**ANTISÉMITISME** se développe dans l'Europe chrétienne avec la multiplication des ghettos et des mesures d'exclusion. Dans la seconde moitié du XIXe s., l'antisémitisme se nourrit des théories pseudo-scientifiques du racisme ; il se manifeste surtout en Allemagne, en France (affaire Dreyfus) et dans l'Est européen (pogroms). De 1940 à 1945, au nom de l'idéologie national-socialiste, entre 5 et 6 millions de Juifs d'Europe sont exterminés.

ANTISEPSIE n.f. (du gr. *anti*, contre, et *sêpsis*, putréfaction). Destruction des micro-organismes pathogènes capables de provoquer des infections ; ensemble des méthodes concourant à cet effet.

ANTISEPTIQUE adj. Se dit d'un agent, d'un médicament utilisé pour l'antisepsie. ◆ n.m. Médicament antiseptique.

ANTISÉROTONINERGIQUE adj. Se dit d'une substance qui s'oppose aux effets de la sérotonine de l'organisme.

ANTISIDA adj. inv., ▲ *adj.* Destiné à combattre le sida : *Des génériques antisida pour l'Afrique* ; relatif à la lutte contre le sida : *Associations antisida.*

ANTISISMIQUE adj. Conçu pour résister aux séismes : *Immeubles antisismiques* (SYN. **parasismique**).

ANTISOCIAL, E, AUX adj. **1.** Hostile à la société, à l'ordre social. **2.** Contraire au progrès social : *Mesure antisociale.*

ANTI-SOUS-MARIN, E adj. (pl. *anti-sous-marins, es*). Qui détecte, combat les sous-marins : *Lutte anti-sous-marine.*

ANTISOVIÉTIQUE adj. HIST. Hostile au régime de l'URSS.

ANTISPASMODIQUE adj. et n.m. Se dit d'un médicament qui calme les spasmes (SYN. **spasmolytique**).

ANTISPÉCISME n.m. Vision du monde qui récuse, par oppos. au *spécisme*, la notion de hiérarchie entre les espèces animales et, partic., la supériorité de l'être humain sur les animaux. ➲ Accordant à tous les individus, indépendamment de l'espèce à laquelle ils appartiennent, un même statut moral, l'antispécisme combat toutes les formes de maltraitance et d'exploitation animales.

ANTISPORTIF, IVE adj. Contraire à l'esprit sportif.

ANTISTATIQUE n.m. et adj. Produit qui empêche ou limite la formation de l'électricité statique.

ANTISTRESS adj. inv. Qui combat le stress.

ANTISTROPHE n.f. Strophe répondant, selon la même construction, à une strophe précédente, dans la poésie grecque ancienne.

ANTISUDORAL, E, AUX adj. et n.m. Qui combat une transpiration excessive (SYN. **antiperspirant**).

ANTISYMÉTRIQUE adj. MATH. Se dit d'une relation binaire dans un ensemble qui, si elle est vérifiée pour un couple quelconque (a, b) d'éléments distincts, ne l'est pas pour (b, a).

ANTISYNDICAL, E, AUX adj. Contraire à l'action des syndicats ou à leurs droits.

ANTISYSTÈME adj. inv. et n. Se dit de qqn, d'un groupe, d'un parti qui s'oppose au système politique en place, avec ses formations légales et leurs élus professionnels.

ANTITABAC adj. inv., ▲ *adj.* Destiné à lutter contre l'usage du tabac : *Campagne antitabac.*

ANTITACHE adj. inv., ▲ *adj.* Se dit d'un produit qui, appliqué sur un tissu, favorise la disparition des taches.

ANTITERRORISME n.m. Lutte contre le terrorisme.

ANTITERRORISTE adj. Relatif à la lutte contre le terrorisme ; qui combat le terrorisme.

ANTITÉTANIQUE adj. Qui combat le tétanos.

ANTITHÈSE n.f. (du gr. *anti*, contre, et *thesis*, thèse). **1.** STYL. Figure opposant dans un même énoncé deux mots ou expressions contraires afin de souligner une idée par effet de contraste. (Ex. : *grand jusque dans les plus petites choses.*) **2.** PHILOS. Proposition contraire ou contradictoire à une thèse, qui manifeste la limite de la raison (dans la philosophie critique de Kant) ou qui constitue la négation permettant de dépasser la thèse (dans la pensée dialectique de Hegel et de Marx). ■ **L'antithèse de,** l'opposé de : *Elle est l'antithèse de sa sœur.*

ANTITHÉTIQUE adj. Qui constitue une antithèse.

ANTITHYROÏDIEN, ENNE adj. et n.m. MÉD. Qui combat l'hyperthyroïdie.

ANTITOUT adj. inv. Fam. Qui est systématiquement hostile à tout ce qu'on lui propose.

ANTITOXINE n.f. Anticorps élaboré par l'organisme et qui neutralise une toxine d'un micro-organisme.

ANTITOXIQUE adj. et n.m. Se dit d'une substance qui combat les effets d'un poison ou d'une toxine.

ANTITRUST adj. inv., ▲ *adj.* ■ **Loi antitrust,** loi qui interdit la constitution de monopoles en vue de sauvegarder la concurrence sur les marchés.

ANTITUBERCULEUX, EUSE adj. et n.m. Se dit d'un médicament qui combat la tuberculose.

ANTITUMORAL, E, AUX adj. et n.m. Se dit d'un médicament, d'un procédé employé contre une tumeur.

ANTITUSSIF, IVE adj. et n.m. Se dit d'un médicament qui calme ou supprime la toux.

ANTIULCÉREUX, EUSE adj. et n.m. Se dit d'un médicament actif contre les ulcères de l'estomac et du duodénum.

ANTIVARIOLIQUE adj. Se dit d'un médicament qui combat la variole.

ANTIVÉNÉNEUX, EUSE adj. Rare. Se dit d'une substance qui combat le poison d'un aliment (champignon, poisson) naturellement toxique.

ANTIVÉNÉRIEN, ENNE adj. Se dit de ce qui combat les maladies vénériennes.

ANTIVENIMEUX, EUSE adj. Se dit de ce qui combat l'action toxique des venins.

ANTIVIRAL, E, AUX adj. et n.m. Se dit d'une substance active contre les virus.

ANTIVIRUS n.m. INFORM. Logiciel utilitaire qui détecte et détruit les virus s'attaquant à la mémoire d'un ordinateur.

ANTIVOL adj. inv. et n.m., ▲ *adj.* Se dit d'un dispositif de sécurité destiné à empêcher les vols : *Un antivol de moto.*

ANTOINISME n.m. Mouvement d'inspiration chrétienne, combattant la maladie par l'esprit, fondé en 1910 par le mineur belge Louis Antoine.

ANTONOMASE n.f. (gr. *antonomasia*). STYL. Figure par laquelle un individu est désigné par un nom commun (*le Troyen* pour *Énée*), ou par laquelle un nom propre est pris pour un nom commun (*un harpagon* pour *un avare*).

ANTONYME n.m. (du gr. *anti*, contre, et *onoma*, nom). LING. Contraire (CONTR. **synonyme**).

ANTONYMIE n.f. Relation qui unit des mots antonymes.

ANTRE n.m. (lat. *antrum*). **1.** Litt. Grotte servant d'abri à un animal sauvage ; repaire : *Un antre profond.* **2.** Litt. Lieu mystérieux et inquiétant : *L'antre des terroristes.* **3.** ANAT. Cavité naturelle. ■ **Antre pylorique** [anat.], qui, dans l'estomac, précède le pylore.

ANTRUSTION [ɑ̃trystjɔ̃] **n.m.** (de l'anc. haut all. *trôst* ou *trust*, fidélité). **HIST.** Guerrier de l'entourage *(truste)* des rois mérovingiens.

ANURIE n.f. (du gr. *oûron*, urine). Arrêt de la sécrétion urinaire par les reins.

ANUS [anys] **n.m.** (mot lat. « anneau »). Orifice extérieur du rectum. ▪ **Anus artificiel** [chirurg.], orifice cutané créé par intervention chirurgicale, appareillé d'une poche adhésive et faisant fonction d'anus.

ANUSCOPIE n.f. Examen endoscopique de l'anus.

ANXIÉTÉ n.f. (lat. *anxietas*). **1.** Vive inquiétude née de l'incertitude d'une situation, de l'appréhension d'un événement ; angoisse. **2. PSYCHOL.** État émotionnel de tension nerveuse, de peur, fort et souvent chronique. **3. PSYCHIATR.** État psychique caractérisé par l'attente d'un danger imminent indéterminé, accompagnée de malaise, de peur et de sentiment d'impuissance.

ANXIEUSEMENT adv. Avec anxiété.

ANXIEUX, EUSE adj. et **n.** Qui éprouve une vive et douloureuse inquiétude : *Plus la soirée avançait, plus nous étions anxieux. C'est une anxieuse.* ◆ **adj.** Qui s'accompagne d'anxiété : *Attente anxieuse.* ▪ **Anxieux de,** impatient, désireux de.

ANXIOGÈNE adj. PSYCHOL. Qui suscite l'anxiété ou l'angoisse.

ANXIOLYTIQUE adj. et **n.m.** Se dit de tout agent, médicamenteux ou non (l'alcool, par ex.), qui apaise l'anxiété.

AOC ou **A.O.C.** [aose] **n.f.** (sigle). Appellation d'origine contrôlée.

AOP ou **A.O.P.** [aope] **n.f.** (sigle). Appellation d'origine protégée.

AORISTE n.m. (du gr. *oristos*, borné). **LING.** Temps de la conjugaison en grec, en sanskrit, etc., exprimant une action en train de se finir, ou de commencer, ou un énoncé général, parfois avec une valeur de passé.

AORTE n.f. (gr. *aortê*). **ANAT.** Artère qui naît à la base du ventricule gauche du cœur et qui donne naissance à toutes les artères portant le sang oxygéné dans les différentes parties du corps.

AORTIQUE adj. Relatif à l'aorte. ▪ **Arcs aortiques,** arcs osseux et vasculaires de la tête et du thorax des vertébrés.

AORTITE n.f. MÉD. Inflammation de l'aorte.

AOÛT, ▲ *AOUT* [u(t)] **n.m.** (du lat. *Augustus*, consacré à Auguste). Huitième mois de l'année : *Paris a été libéré en août 1944.* ▪ **Le 15 Août,** fête légale de l'Assomption.

▲ **aoûtat**

AOÛTAT, ▲ *AOUTAT* [auta] **n.m.** Larve d'un acarien, le trombidion, dont la piqûre entraîne de vives démangeaisons. ➲ Long. 1 mm env.

AOÛTÉ, E, ▲ *AOUTÉ, E* [(a)ute] **adj.** Se dit d'un rameau fortifié à la fin de l'été.

AOÛTEMENT, ▲ *AOUTEMENT* [(a)utmɑ̃] **n.m.** Lignification des rameaux en fin d'été.

AOÛTIEN, ENNE, ▲ *AOUTIEN, ENNE* [ausjɛ̃, ɛn] **n.** Personne qui prend ses vacances au mois d'août.

APACHE adj. Des Apaches. ◆ **n.m.** Arg. Vieilli. Malfaiteur.

APADANA n.f. ARCHÉOL. Salle du trône, hypostyle, dans les palais des rois achéménides.

APAGOGIE n.f. (du gr. *apagôgê*, action de faire dévier du droit chemin). **LOG.** Raisonnement par l'absurde*.

APAISANT, E adj. Qui apaise : *Des paroles apaisantes.*

APAISEMENT n.m. Action d'apaiser ; fait de s'apaiser.

APAISER v.t. [3] (de *paix*). **1.** Ramener au calme : *Apaiser les riverains mécontents.* **2.** Satisfaire un besoin, un désir ; assouvir : *Apaiser sa soif.* ◆ **S'APAISER v.pr.** Revenir au calme : *Au matin, la tempête s'apaisa enfin.*

APANAGE n.m. (de l'anc. fr. *apaner*, donner du pain). **HIST.** Portion du domaine royal dévolue aux frères ou aux fils puînés du roi jusqu'à extinction des descendants mâles de ceux-ci. ▪ **Avoir l'apanage de** [litt.], l'exclusivité de. ▪ **Être l'apanage de qqn** [litt.], lui appartenir en propre.

APARTÉ n.m. (du lat. *a parte*, à part). **1.** Ce qu'un acteur dit à part soi, et qui, selon les conventions théâtrales, n'est entendu que des spectateurs. **2.** Paroles échangées à l'écart, en présence d'autres personnes. ▪ **En aparté,** à part soi : *Je m'en suis fait la réflexion en aparté* ; seul à seul avec qqn : *Il me l'a dit en aparté.*

APARTHEID [aparted] **n.m.** (mot afrikaans). **1. HIST.** Régime de ségrégation systématique des gens de couleur appliqué en Afrique du Sud entre 1913 et 1991. **2.** Par ext. Discrimination, voire exclusion, d'une partie de la population, qui ne dispose pas des mêmes droits, lieux d'habitation ou emplois que le reste de la collectivité.

APATHIE n.f. (du gr. *apatheia*, insensibilité). Incapacité d'agir due à une absence de volonté, d'énergie ; inertie.

APATHIQUE adj. Qui fait preuve d'apathie ; amorphe.

APATITE n.f. MINÉRALOG. Phosphate de calcium présent dans les roches magmatiques et métamorphiques.

APATOSAURE n.m. PALÉONT. Brontosaure.

APATRIDE adj. et **n.** (de *patrie*). Sans nationalité légale.

APATRIDIE n.f. Absence de nationalité légale ; situation d'une personne apatride.

APERCEPTION n.f. PHILOS. Pour l'esprit, acte de prendre conscience de lui-même, de son état intérieur.

APERCEVOIR v.t. [39] (de *percevoir*). **1.** Voir, discerner de façon soudaine ou fugitive : *J'ai cru l'apercevoir dans la foule.* **2.** Découvrir ce que l'on ne saisissait pas nettement : *Commencer à apercevoir les causes d'un échec.* ◆ **S'APERCEVOIR v.pr. (DE).** Se rendre compte de : *Elle s'est aperçue de votre absence, que vous étiez absent.*

APERÇU n.m. Vue d'ensemble, souvent sommaire : *Donner un aperçu de la situation.*

APÉRIODIQUE adj. 1. Dont la grandeur tend vers une limite sans osciller : *Phénomène apériodique.* **2. MÉTROL.** Se dit d'un appareil de mesure qui atteint sa position de régime sans oscillation.

APÉRITEUR, TRICE adj. et **n.m. DR.** Qui joue le rôle de principal assureur, dans le cas d'assurances multiples.

APÉRITIF, IVE adj. (du lat. *aperire*, ouvrir). Litt. Qui stimule l'appétit : *Promenade apéritive.* ◆ **n.m.** Boisson, le plus souvent alcoolisée, prise avant le repas ; moment où l'on sert cette boisson.

APÉRO n.m. Fam. Apéritif.

APERTURE n.f. PHON. Ouverture plus ou moins grande du canal buccal dans l'articulation d'un phonème.

APESANTEUR n.f. Disparition apparente des effets de la pesanteur terrestre, notamm. à l'intérieur d'un engin spatial (SYN. **impesanteur**).

APÉTALE adj. BOT. Qui n'a pas de pétales. ◆ **n.f.** Plante dont les fleurs sont dépourvues de pétales et de sépales (ex. : chêne, gui, saule, ortie, betterave).

À-PEU-PRÈS n.m. inv. Approximation grossière : *Cette traduction n'est qu'un à-peu-près.*

APEURER v.t. [3]. Faire peur à qqn.

APEX [apɛks] **n.m.** (mot lat. « pointe »). **1.** Pointe, sommet d'un organe animal ou végétal. **2. BIOL. CELL.** Pôle sécréteur d'une cellule de glande exocrine. **3. ASTRON.** Point de la sphère céleste situé dans la constellation d'Hercule et vers lequel semblent se diriger le Soleil et le Système solaire.

APHASIE n.f. (du gr. *phasis*, parole). Affection neurologique caractérisée par une perturbation de l'expression ou de la compréhension du langage parlé et écrit.

APHASIQUE adj. Relatif à l'aphasie. ◆ **adj.** et **n.** Atteint d'aphasie.

APHÉLANDRA n.m. Plante ornementale d'Amérique tropicale, cultivée en serre chaude et en appartement. ➲ Famille des acanthacées.

APHÉLIE n.m. (du gr. *apo*, loin de, et *hêlios*, Soleil). **ASTRON.** Point de l'orbite d'un corps gravitant autour du Soleil (planète, comète, etc.) qui est le plus éloigné de celui-ci (CONTR. **périhélie**).

APHÉRÈSE n.f. (du gr. *aphairein*, enlever). **PHON.** Suppression d'un ou de plusieurs phonèmes au début d'un mot (par oppos. à *apocope*). [Ex. : *bus* pour *autobus*.]

APHIDIEN, APHIDOÏDE ou **APHIDÉ n.m.** Insecte piqueur de petite taille, dont plusieurs espèces sont nuisibles aux plantes, tel que le puceron, le phylloxéra et la cochenille. ➲ Ordre des homoptères.

APHONE adj. (du gr. *phônê*, voix). Qui n'a pas ou n'a plus de voix.

APHONIE n.f. Extinction de voix.

APHORISME n.m. (du gr. *aphorismos*, définition). Sentence où s'opposent la concision d'une expression et la richesse d'une pensée, dont l'objectif est moins d'exprimer une vérité que de contraindre à réfléchir.

APHRODISIAQUE adj. et **n.m.** Se dit d'une substance qui est censée stimuler le désir sexuel (CONTR. **anaphrodisiaque**).

APHRODITE n.f. Ver annélide marin des fonds vaseux ou sableux, au corps ovale et bombé, recouvert de fines soies rappelant un pelage (SYN. **souris de mer, taupe de mer**). ➲ Classe des polychètes.

APHTE n.m. (du gr. *aptein*, brûler). Ulcération superficielle mais douloureuse de la muqueuse buccale (joues, gencives, langue, lèvres) ou génitale.

APHTEUX, EUSE adj. Caractérisé par la présence d'aphtes. ▪ **Fièvre aphteuse,** maladie épizootique due à un virus et atteignant surtout les ruminants et le porc.

API n.m. ▪ **Pomme d'api,** petite pomme sucrée rouge et blanc.

API ou **A.P.I.** [api] **n.m.** (sigle). Alphabet phonétique* international.

▲ **apesanteur.** Cosmonautes en apesanteur à l'intérieur de la station orbitale Mir.

À-PIC **n.m.** (pl. *à-pics*). Versant abrupt et vertical d'une falaise, d'une montagne.

APICAL, E, AUX **adj.** (du lat. *apex*, sommet). **HISTOL.** Qui se rapporte à l'apex d'un organe, d'une cellule (CONTR. **basal**). ▪ **Consonne apicale,** ou **apicale,** **n.f.** [phon.], réalisée par une mise en contact de la pointe de la langue *(apex)* avec le palais dur, les alvéoles ou les dents.

APICOLE **adj.** (du lat. *apis*, abeille, et *colere*, cultiver). Qui concerne l'élevage des abeilles.

APICULTEUR, TRICE **n.** Personne qui élève des abeilles.

APICULTURE **n.f.** Élevage des abeilles pour le miel, la cire, etc., qu'elles produisent.

APIDÉ **n.m.** Insecte hyménoptère phytophage, mellifère, tel que l'abeille, le bourdon, le xylocope. ➲ Les apidés forment une famille.

APIFUGE **adj.** Qui éloigne les abeilles : *Produit apifuge.*

APION **n.m.** (du gr. *apios*, poire). Charançon dont la larve attaque certaines légumineuses. ➲ Ordre des coléoptères.

APIQUAGE **n.m.** Action d'apiquer.

APIQUER **v.t.** [3]. **MAR.** Faire pencher ou incliner un espar pour qu'il soit vertical.

APITHÉRAPIE **n.f.** Utilisation thérapeutique des produits des abeilles.

APITOIEMENT **n.m.** Fait de s'apitoyer.

APITOYER **v.t.** [7] (de *pitié*). Susciter la pitié, la compassion de : *Elle cherche à nous apitoyer sur son sort.* ◆ **S'APITOYER** **v.pr.** (**SUR**). Être pris d'un sentiment de pitié pour.

APIVORE **adj.** et **n.** (du lat. *apis*, abeille). Se dit d'un animal qui se nourrit d'abeilles ou de couvains d'abeilles.

APLANAT **n.m.** et **adj.** **PHOTOGR.** Objectif aplanétique.

APLANÉTIQUE **adj.** (du gr. *planê*, aberration). **OPT.** Qui possède la propriété d'aplanétisme : *Système, lentille aplanétiques.*

APLANÉTISME **n.m.** Qualité d'un système optique qui produit une image nette (sans aberration géométrique) d'un objet.

APLANIR **v.t.** [21] (de 2. *plan*). **1.** Rendre plan, uni, ce qui est inégal, raboteux ; niveler. **2.** Fig. Faire disparaître ce qui fait obstacle : *Aplanir les difficultés.* ◆ **S'APLANIR** **v.pr.** Disparaître, en parlant de difficultés.

APLANISSEMENT **n.m.** Action d'aplanir ; fait d'être aplani.

APLASIE **n.f.** (du gr. *plassein*, façonner). **MÉD.** **1.** Insuffisance congénitale du développement d'un tissu, d'un organe, dont l'agénésie est la forme grave. **2.** Insuffisance du développement de cellules, d'un tissu, survenant après la naissance et réversible : *Aplasie médullaire.*

1. À-PLAT (pl. *à-plats*) ou **APLAT** **n.m.** Surface, plage de couleur uniforme, dans une peinture, une impression, etc.

2. À-PLAT (pl. *à-plats*) ou **APLAT** **n.m.** Propriété d'une feuille de papier de se présenter d'une manière plane, sans aucun défaut superficiel.

APLATI, E **adj.** Rendu plat ; dont la courbure est peu accentuée ou nulle.

APLATIR **v.t.** [21]. Rendre plat, plus plat : *Aplatir ses cheveux avec du gel.* ◆ **v.i.** Au rugby, poser ou plaquer le ballon dans l'en-but. ◆ **S'APLATIR** **v.pr.** **1.** Devenir plat ; présenter une surface plate : *La Terre s'aplatit aux pôles.* **2.** Tomber de tout son long, à plat ventre. **3.** Fam. Se jeter violemment contre : *La voiture s'est aplatie contre un platane.* **4.** Fam. Adopter une attitude servile devant qqn.

APLATISSEMENT **n.m.** **1.** Action d'aplatir ; fait de s'aplatir, d'être aplati. **2.** **ASTRON.** Quotient de la différence entre le rayon équatorial et le rayon polaire d'une planète, par le rayon équatorial de cette dernière.

APLATISSEUR **n.m.** Machine à écraser partiellement le grain pour l'alimentation du bétail.

APLITE **n.f.** **PÉTROL.** Roche magmatique filonienne aux minéraux de très petite taille.

APLOMB **n.m.** **1.** Verticalité donnée par le fil à plomb. **2.** Stabilité, équilibre d'un corps érigé verticalement. **3.** Fam. Assurance d'une personne sûre d'elle : *Cette expérience lui a donné de l'aplomb.* **4.** Péjor. Audace, hardiesse effrontée : *Quel aplomb !* ▪ **D'aplomb,** vertical et équilibré ; fam., en bonne santé. ◆ **n.m. pl.** Position des membres d'un animal, notamm. d'un cheval, par rapport au sol.

APNÉE **n.f.** (du gr. *pnein*, respirer). Suspension, volontaire ou non, de la respiration : *Plonger en apnée.* ▪ **Syndrome des apnées du sommeil,** ensemble de troubles (fatigue, maux de tête) liés à des apnées trop fréquentes pendant le sommeil et compliqués à long terme d'affections cardiovasculaires.

APNÉISTE **n.** Personne qui pratique la plongée sous-marine en apnée.

APOASTRE **n.m.** **ASTRON.** Point de l'orbite d'un astre gravitant autour d'un autre où la distance des deux corps est maximale (CONTR. **périastre**).

APOCALYPSE **n.f.** (du gr. *apokalupsis*, révélation). **1.** Catastrophe épouvantable qui évoque la fin du monde. **2.** Écrit relatif aux mystères de la fin des temps, dans le judaïsme et le christianisme. ➲ Le livre de Daniel et l'Apocalypse de Jean font partie de la Bible (Ancien et Nouveau Testament) ; les autres apocalypses sont considérées comme apocryphes. **3.** Spécial. (Avec une majuscule). Apocalypse de Jean (v. partie n.pr.).

APOCALYPTIQUE **adj.** **1.** Qui a le caractère d'une catastrophe. **2.** Relatif aux apocalypses, en partic. à celle de Jean.

APOCOPE **n.f.** (du gr. *apokoptein*, retrancher). **PHON.** Chute d'un ou de plusieurs phonèmes à la fin d'un mot (par oppos. à *aphérèse*). [Ex. : *ciné* pour *cinéma*.]

APOCOPÉ, E **adj.** **PHON.** Qui a subi une apocope.

APOCRYPHE **adj.** (du gr. *apokruptein*, cacher). Dont l'authenticité n'est pas établie : *Un testament apocryphe.* ◆ **n.m.** Livre qui, se présentant comme inspiré par Dieu, n'est pas reconnu comme faisant partie du canon biblique juif ou chrétien.

APOCYNACÉE **n.f.** (du gr. *apo*, loin de, et *kuon*, chien). Arbrisseau à tiges rampantes, à fleurs bleues, blanches ou pourpres, tel que la pervenche, le laurier-rose et le frangipanier. ➲ Les apocynacées forment une famille.

APODE **adj.** (du gr. *pous, podos*, pied). Qui n'a pas de pieds, de pattes, de nageoires. ◆ **n.m.** Amphibien vermiforme et fouisseur tel que la cécilie. ➲ Les apodes forment un ordre.

APODICTIQUE **adj.** (du gr. *apodeiknunai*, démontrer). **PHILOS.** Se dit d'un jugement ou d'une démonstration caractérisés par la nécessité logique et l'universalité (par oppos. à *assertorique*).

APODOSE **n.f.** **1.** **LING.** Proposition principale placée après une proposition subordonnée, ou *protase.* **2.** **STYL.** Phase descendante d'une période oratoire.

APOENZYME **n.f.** ou **n.m.** **BIOCHIM.** Partie protéique de certaines enzymes, qui, associée à une partie non protéique, la coenzyme, forme l'enzyme complète.

APOGAMIE **n.f.** **BOT.** Développement d'un embryon végétal à partir d'une cellule végétative, génér. diploïde, sans recours à la fécondation.

APOGÉE **n.m.** (du gr. *apo*, loin de, et *gê*, Terre). **ASTRON.** Point de l'orbite d'un corps gravitant autour de la Terre qui est le plus éloigné de celle-ci (CONTR. **périgée**). ▪ **À l'apogée de** [fig.], au sommet de : *Être à l'apogée de sa carrière.*

APOLIPOPROTÉINE **n.f.** **BIOCHIM.** Partie protéique d'une lipoprotéine.

APOLITIQUE **adj.** et **n.** Qui se place en dehors de la politique ; qui ne s'occupe pas de politique.

APOLITISME **n.m.** Caractère de ce qui est apolitique ; attitude d'une personne apolitique.

APOLLINIEN, ENNE **adj.** **1.** **MYTH. GR.** Relatif à Apollon. **2.** **PHILOS.** Chez Nietzsche, équilibré, mesuré, serein (par oppos. à *dionysiaque*).

APOLLON **n.m.** (du n. de *Apollon*). **1.** Papillon parnassien aux ailes postérieures ocellées de rouge, tel que l'apollon commun. ➲ Famille des papilionidés. **2.** Homme d'une grande beauté.

1. APOLOGÉTIQUE **adj.** Relatif à l'apologie ; qui contient une apologie.

2. APOLOGÉTIQUE **n.f.** Discipline de la théologie visant à montrer la pertinence des croyances et des rites d'un groupe religieux.

APOLOGIE **n.f.** (du gr. *apologia*, défense). Discours ou écrit visant à défendre, justifier qqn, qqch : *Faire l'apologie d'un homme d'État, du nucléaire.*

APOLOGISTE **n.** **1.** Auteur d'une apologie. **2.** **CHRIST.** Auteur chrétien, spécial. du IIe s., qui élabora une apologie de la foi nouvelle.

APOLOGUE **n.m.** (du gr. *apologos*, récit). Court récit en prose ou en vers, comportant un enseignement ou une morale.

APOMIXIE **n.f.** **BIOL.** Reproduction sexuée sans fécondation, observable notamm. chez certaines plantes supérieures.

APOMORPHE **adj.** **BIOL.** Dans l'analyse cladistique, se dit d'un caractère biologique dérivé par rapport à son état ancestral (CONTR. **plésiomorphe**).

APOMORPHIE **n.f.** État apomorphe d'un caractère biologique.

APOMORPHINE **n.f.** Produit non toxicomanogène résultant de la déshydratation de la morphine, et utilisé dans les cas d'empoisonnement pour son action vomitive puissante.

APONÉVROSE **n.f.** **ANAT.** Membrane conjonctive qui enveloppe les muscles ou qui fixe les muscles aux os.

APONÉVROTIQUE **adj.** Relatif à l'aponévrose.

APOPHANTIQUE **adj.** **PHILOS.** Se dit d'un énoncé qui peut être dit vrai ou faux.

APOPHATIQUE **adj.** Caractère d'un énoncé qui se limite à dire ce qu'n'est pas son objet.

APOPHATISME **n.m.** Pensée selon laquelle le discours sur Dieu et l'absolu ne peut être que négatif.

APOPHTEGME [apɔftɛgm] **n.m.** (du gr. *apophthegma*, sentence). Litt. Parole mémorable exprimée de façon concise et claire.

APOPHYSAIRE **adj.** Relatif à l'apophyse.

APOPHYSE **n.f.** (du gr. *apo*, hors de, et *phusis*, croissance). **ANAT.** Excroissance naturelle de la surface d'un os.

APOPLECTIQUE **adj.** Vieilli. Relatif à l'apoplexie.

APOPLEXIE **n.f.** (du gr. *plessein*, frapper). Vieilli. Perte de connaissance brutale due génér. à une hémorragie cérébrale.

APOPTOSE **n.f.** **BIOL.** Mécanisme de mort cellulaire programmée, intervenant pendant le développement de l'embryon, lors de la différenciation des organes, puis durant toute la vie, et permettant le renouvellement de nombreuses lignées de cellules du corps.

APORÉTIQUE **adj.** Qui a le caractère d'une aporie.

APORIE **n.f.** (du gr. *aporia*, difficulté). **PHILOS.** Contradiction insoluble qui apparaît dans un raisonnement.

APOSIOPÈSE **n.f.** **STYL.** Interruption d'une phrase par un silence brusque.

APOSTASIE **n.f.** (du gr. *apostasis*, abandon). **1.** Abandon public et volontaire d'une religion, partic. de la foi chrétienne ou musulmane. **2.** Fig. Renonciation publique à un parti, une doctrine.

APOSTASIER **v.t.** et **v.i.** [5]. Faire acte d'apostasie.

APOSTAT, E **adj.** et **n.** Qui a apostasié.

APOSTER **v.t.** [3] (de 2. *poste*). Vieilli. Mettre qqn en poste pour qu'il guette, surveille.

A POSTERIORI, ▲ *À POSTÉRIORI* [apɔsterjɔri] **loc. adv.** et **loc. adj. inv.** (loc. lat. « en partant de ce qui est après »). En se fondant sur l'expérience, sur les faits constatés (CONTR. **a priori**).

APOSTILLE **n.f.** (de l'anc. fr. *postille*, annotation). **DR.** Addition ou modification faite en marge d'un acte.

APOSTOLAT **n.m.** (du gr. *apostolos*, envoyé de Dieu). **1.** Mission d'un apôtre ou des apôtres. **2.** Activité de propagation de la foi chrétienne. **3.** Activité à laquelle on se consacre de façon désintéressée : *L'humanitaire est pour elle un apostolat.*

APOSTOLICITÉ **n.f.** **1.** Caractère de ce qui est apostolique. **2.** **CATH.** Fait, pour l'Église catholique, de rester fidèle à l'Église des apôtres par une suite ininterrompue d'évêques légitimes (la *succession apostolique*).

APOSTOLIQUE **adj.** **CATH.** **1.** Qui vient des apôtres ; qui est conforme à leur mission. **2.** Qui émane du Saint-Siège ou le représente : *Nonce* *apostolique*. ▪ **Lettres apostoliques,** ensemble des encycliques, bulles, brefs et motu proprio qui font partie du magistère du pape.

1. APOSTROPHE n.f. (du gr. *apostrophê*, action de se détourner). **1.** Interpellation brusque et peu courtoise. **2.** STYL. Figure de style par laquelle un locuteur s'adresse directement à une personne, à un animal ou à une chose personnifiée. **3.** GRAMM. Fonction du mot qui désigne la personne à qui l'on s'adresse (ex. : *toi*, dans *Toi, viens ici !*).

2. APOSTROPHE n.f. (du gr. *apostrophos*, signe courbé). Signe (') servant à indiquer une élision (en français, de *a* [l'eau], *e* [j'ai], *i* [s'il], *u* [t'as vu ?]).

APOSTROPHER v.t. [3]. S'adresser brusquement ou brutalement à qqn : *Apostropher les passants.*

APOTHÉCIE n.f. (du gr. *apothêkê*, réservoir). MYCOL. Organe reproducteur en forme de coupe, où se forment les asques de certains champignons ascomycètes (les discomycètes) et de la plupart des lichens.

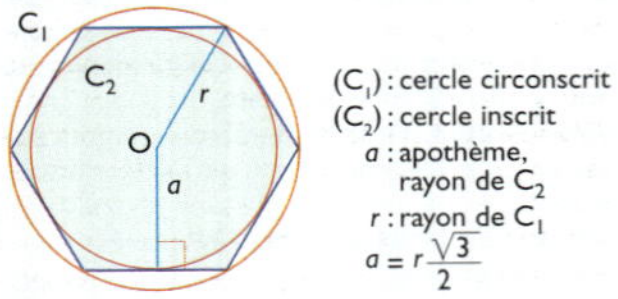

▲**apothème** d'un hexagone régulier.

APOTHÈME n.m. (du gr. *apotithenai*, abaisser). MATH. Segment joignant le centre d'un polygone régulier à l'intersection d'une perpendiculaire abaissée du centre sur un côté.

APOTHÉOSE n.f. (du gr. *theos*, dieu). **1.** Dernière partie, la plus brillante, d'une manifestation artistique, sportive : *Son concert a été l'apothéose du festival.* **2.** Honneurs extraordinaires rendus à une personne. **3.** ANTIQ. GR. ET ROM. Déification d'un héros, d'un souverain après sa mort.

APOTHICAIRE n.m. (du gr. *apothêkê*, magasin). Vx. Pharmacien. ▪ **Compte d'apothicaire,** minutieux, compliqué et mesquin.

APÔTRE n.m. (du gr. *apostolos*, envoyé de Dieu). **1.** Chacun des douze disciples choisis par Jésus-Christ (Pierre, André, Jacques le Majeur, Jean, Philippe, Barthélemy, Matthieu, Thomas, Jacques le Mineur, Simon, Jude et Judas [remplacé après sa mort par Matthias]). **2.** Un de ceux qui, tels Paul ou Barnabé, ont été les premiers messagers de l'Évangile : *Saint Paul, l'Apôtre des gentils.* **3.** Propagateur, défenseur d'une doctrine, d'une opinion, etc. : *Martin Luther King, l'apôtre de la non-violence.* ▪ **Faire le bon apôtre,** affecter une franchise et une probité que l'on n'a pas.

APPALACHIEN, ENNE adj. Des Appalaches. ▪ **Relief appalachien,** relief composé de chaînons et vallées parallèles résultant de l'action de l'érosion sur une ancienne chaîne de montagnes plissée, entièrement aplanie puis resoulevée.

APPARAÎTRE, ▲APPARAITRE v.i. [71] (auxil. *être*) [lat. *apparere*]. **1.** Commencer à être : *Quand la vie est-elle apparue sur Terre ?* **2.** Devenir visible à qqn : *Les premières rougeurs sont apparues sur le visage.* **3.** Fig. Se faire jour ; devenir manifeste : *Les conséquences de sa décision lui apparaissent maintenant.* **4.** (Suivi d'un adj.). Se présenter à l'esprit de telle manière : *Elle nous apparaissait déterminée et confiante.* ▪ **Il apparaît que** [fig.], on constate que.

APPARAT n.m. (du lat. *apparare*, préparer). Éclat particulier dans la tenue ou le maintien de qqn, dans le décor d'une cérémonie : *Costume d'apparat.*

APPARATCHIK n.m. (mot russe). Péjor. Membre de l'appareil d'un parti, partic. d'un parti communiste, d'un syndicat.

APPARAUX n.m. pl. (anc. pl. de *appareil*). MAR. Ensemble des équipements nécessaires à la manœuvre ou au travail d'un navire : *Apparaux de mouillage, de levage.*

APPAREIL n.m. (du lat. *apparare*, préparer). **1.** Objet, machine, dispositif formés d'un assemblage de pièces et destinés à produire un certain résultat : *Des appareils de mesure. Un appareil à distribuer les billets de banque.* **2.** Appareil photo. **3.** Téléphone : *Qui est à l'appareil ?* **4.** Avion : *Appareil moyen-courrier.* **5.** Ensemble des organismes assurant la direction et l'administration d'un parti, d'un syndicat, etc. **6.** PHYSIOL. Ensemble d'organes qui concourent à une même fonction, génér. de nature et de structure différentes, mais reliés anatomiquement entre eux (par oppos. à *système*) : *L'appareil respiratoire.* **7.** MÉD. Pièce, dispositif placés à l'intérieur ou à l'extérieur de l'organisme pour soutenir ou remplacer un organe, une partie du corps, une fonction. **8.** ARCHIT. Type de taille et d'agencement des éléments d'une maçonnerie de pierre ou de brique : *Mur en grand appareil isodome* (SYN. **opus**). **9.** CUIS. Préparation de base d'un type de plat donné : *Appareil à soufflé.* **10.** SPORTS. Agrès. ▪ **Appareil (dentaire),** prothèse dentaire : *Porter un appareil.* ▪ **Appareil psychique** [psychan.], modèle représentant le psychisme comme un ensemble de fonctions différentes, correspondant à des parties différentes. ▪ **Dans le plus simple appareil,** tout nu.

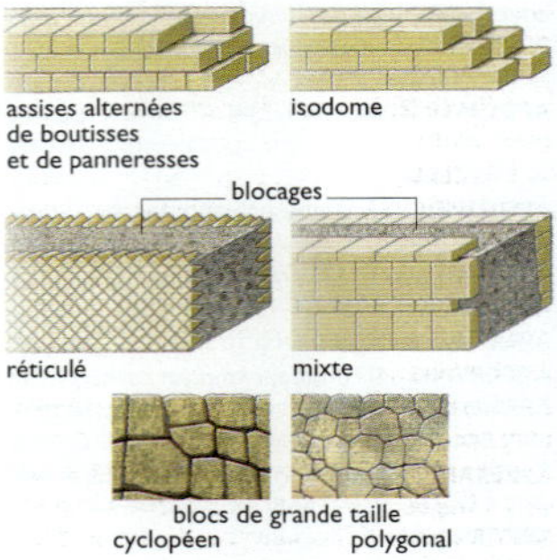

▲**appareils** en architecture.

APPAREILLABLE adj. MÉD. Qui peut être appareillé.

1. APPAREILLAGE n.m. (de *appareil*). **1.** Ensemble d'appareils et d'accessoires : *Appareillage électrique.* **2.** CHIRURG. Ensemble des prothèses, des dispositifs et des systèmes d'aide à un malade ; pose ou installation de ces systèmes.

2. APPAREILLAGE n.m. (de 2. *appareiller*). MAR. Manœuvre de départ d'un navire ; ce départ.

3. APPAREILLAGE n.m. (de *1. appareiller*). ARCHIT. Disposition des éléments d'une maçonnerie de pierre ou de brique.

APPAREILLEMENT n.m. Réunion de deux animaux de trait pour l'exécution d'un travail.

1. APPAREILLER v.t. [3] (du lat. *apparare*, préparer). **1.** ARCHIT. Projeter et réaliser l'appareil d'une façade ou d'un membre d'architecture (colonne, voûte, etc.), dits alors *appareillés*. **2.** MÉD. Munir un malade d'un appareillage, en partic. d'une prothèse.

2. APPAREILLER v.i. [3]. MAR. Quitter le port, le mouillage.

3. APPAREILLER v.t. [3] (de *pareil*). Mettre ensemble des choses semblables : *Appareiller des assiettes.*

APPAREILLEUR n.m. Ouvrier chargé de tracer ou de mettre en œuvre l'appareillage d'une maçonnerie, d'un pavage, etc.

APPAREMMENT [-amɑ̃] adv. D'après les apparences.

APPARENCE n.f. (du lat. *apparens*, apparaissant). **1.** Ce qui se présente immédiatement à la vue, à la pensée : *Villa de belle apparence. Il ne faut pas se fier aux apparences.* **2.** PHILOS. Aspect sensible, perçu du réel, par oppos. à la réalité en soi. ▪ **Contre toute apparence,** contrairement à ce qui a été vu, pensé. ▪ **En apparence,** d'après ce que l'on voit. ▪ **Sauver les apparences,** ne rien laisser paraître qui puisse nuire à la réputation, aller contre les convenances.

APPARENT, E adj. **1.** Qui apparaît clairement ; visible : *Des vêtements à coutures apparentes. Il est parti, sans raison apparente.* **2.** Qui ne correspond pas à la réalité : *Sa cordialité n'est qu'apparente.* **3.** ASTRON. Qui caractérise un paramètre physique ou cinématique tel qu'il est observé : *Mouvement apparent du Soleil autour de la Terre.*

APPARENTÉ, E adj. **1.** Allié par le mariage. **2.** Lié par un accord électoral. **3.** Qui présente des traits communs avec : *Virus apparenté à celui du sida.*

APPARENTEMENT n.m. Faculté offerte, dans certains systèmes électoraux, à des listes de candidats de se grouper pour le décompte des voix, afin de remporter des sièges.

S'APPARENTER v.pr. [3] (À). **1.** Avoir des traits communs avec. **2.** S'allier par mariage. **3.** Pratiquer l'apparentement dans une élection.

APPARIEMENT n.m. Action d'apparier ; fait de s'apparier.

APPARIER v.t. [5]. Assortir par paires, par couples. ◆ **S'APPARIER** v.pr. ZOOL. Se mettre en couple, notamm. en parlant des oiseaux.

APPARITEUR n.m. (lat. *apparitor*). Huissier, dans une université.

APPARITION n.f. (lat. *apparitio*). **1.** Fait d'apparaître, de devenir visible : *L'apparition de l'homme sur la Terre.* **2.** Manifestation d'un être, naturel ou surnaturel : *L'apparition de la Vierge* ; l'être ainsi apparu : *Il prétend qu'il a vu des apparitions.* **3.** Action de se montrer dans un lieu, en parlant de qqn : *À chacune de ses apparitions sur scène, c'était une ovation. Elle n'a fait qu'une apparition à la fête.*

APPAROIR v. impers. DR. ▪ **Il appert que,** il ressort avec évidence que.

✎ Usité à l'inf. et à la 3e pers. de l'indic. présent seulem.

APPARTEMENT n.m. Ensemble de pièces destiné à l'habitation, dans un immeuble. ▪ **Achat, vente par appartement(s)** [fam.], achat, vente d'un groupe industriel ou financier par secteur d'activité ou par filiale.

APPARTENANCE n.f. **1.** Fait d'appartenir : *Députée sans appartenance politique.* **2.** MATH. Propriété d'être un élément d'un ensemble. ➲ La relation d'appartenance est notée ∈ ; *x* appartient à E se note $x \in E$.

APPARTENIR v.t. ind. [28] (du lat. *pertinere*, se rattacher à). **1.** Être la propriété de : *Ce stylo ne lui appartient pas.* **2.** Faire partie d'un ensemble ; se rattacher à : *Ces marques appartiennent à un groupe international* ; relever de : *La perruche appartient à la même famille que l'ara.* ▪ **Il appartient à qqn de,** il est de son devoir de : *Il m'appartient de décider.* ◆ **S'APPARTENIR** v.pr. ▪ **Ne plus s'appartenir,** ne plus être libre de ses actions.

APPAS, ▲APPÂTS n.m. pl. (de *appâter*). Litt. Charmes physiques d'une femme, en partic. sa poitrine.

APPASSIONATO adv. MUS. Avec passion.

APPÂT n.m. Nourriture placée dans un piège ou fixée à un hameçon. ▪ **L'appât de qqch** [litt.], ce qui excite la cupidité, le désir : *L'appât du gain.*

APPÂTER v.t. [3] (de *appât*). **1.** Attirer avec un appât : *Appâter des poissons avec des vers.* **2.** Attirer par qqch d'alléchant : *Pour les appâter, on leur promet des gains immédiats.*

APPAUVRIR v.t. [21]. Rendre pauvre, plus pauvre. ◆ **S'APPAUVRIR** v.pr. Devenir pauvre, plus pauvre : *Les plus démunis s'appauvrissent encore.*

APPAUVRISSEMENT n.m. Action d'appauvrir ; fait de s'appauvrir : *L'appauvrissement d'une population, d'une langue.*

APPEAU n.m. (de *appel*). CHASSE. Petit instrument avec lequel on imite le cri des animaux pour les attirer.

APPEL n.m. **1.** Action d'inviter à venir, à agir : *Appel au secours, à l'insurrection.* **2.** Action de nommer successivement les personnes d'un groupe pour s'assurer de leur présence : *Faire l'appel.* **3.** Ce qui exerce un attrait sur qqn : *L'appel du large.* **4.** DR. Voie de recours contre une décision de justice rendue en première instance : *Faire appel d'un jugement.* **5.** DANSE. Élan pris sur un pied pour amorcer un saut. **6.** SPORTS. Appui qui précède le saut, au terme de la course d'élan. ▪ **Appel d'air,** dispositif créant une dépression dans un foyer, pour faciliter l'entrée de l'air nécessaire à la combustion. ▪ **Appel de prépa-**

ration à la défense (APD)** [mil., vieilli], journée défense et citoyenneté. ▪ **Appel du pied** [fam.], invite implicite : *Son discours est un appel du pied aux centristes.* ▪ **Appel (téléphonique),** action d'appeler qqn au téléphone ; fait d'être appelé au téléphone. ▪ **Cour administrative d'appel** [dr.], juridiction chargée de juger en appel les décisions des tribunaux administratifs. ▪ **Cour d'appel** [dr.], juridiction chargée de juger en appel les décisions des tribunaux judiciaires du premier degré. ▪ **Créer un appel d'air** [souvent péjor.], entraîner, provoquer l'afflux massif de personnes ou de choses : *Ces nouvelles mesures d'aide aux étrangers ne risquent-elles pas de créer un appel d'air ? Ce dispositif fiscal devrait créer un appel d'air pour les investissements étrangers.* ▪ **Faire appel à,** avoir recours à ; solliciter : *Faire appel aux bonnes volontés.* ▪ **Faire** ou **interjeter appel** [dr.], engager un recours en justice contre une décision rendue en première instance. ▪ **Prix d'appel** [comm.], prix pratiqué sur un produit d'appel. ▪ **Produit d'appel** [comm.], vendu avec une très faible marge bénéficiaire. ▪ **Sans appel,** irrévocable.

APPELANT, E adj. et **n. 1. DR.** Qui fait appel d'une décision juridictionnelle. **2. TÉLÉCOMM.** Qui appelle par téléphone. ◆ **n.m. CHASSE. 1.** Oiseau vivant utilisé pour attirer ses congénères libres. **2.** Objet utilisé comme leurre pour attirer du gibier d'une espèce donnée.

APPELÉ, E n. MIL. Jeune soumis à la journée défense et citoyenneté. ◆ **n.m. HIST.** Jeune homme incorporé dans l'armée pour effectuer son service militaire.

APPELER v.t. [16] (du lat. *appellare,* aborder). **1.** Inviter à venir, à prêter attention, à agir, au moyen d'une parole, d'un cri, d'un geste : *Tu n'entends pas que je t'appelle ! Appeler le médecin, un taxi.* **2.** Entrer ou chercher à entrer en communication téléphonique avec qqn : *Appelez-moi vers cinq heures.* **3.** Obliger qqn à venir : *Appeler un témoin à comparaître devant le tribunal.* **4.** Désigner par un nom : *Appeler son fils Titouan.* **5.** Rendre souhaitable, nécessaire : *Cette déclaration appelle une sanction diplomatique.* **6. INFORM.** Commander l'exécution d'une séquence d'instructions considérée comme un sous-ensemble autonome d'un programme. ▪ **Appeler qqn à un poste, à une fonction,** l'y nommer. ▪ **Se faire appeler Arthur** [fam.], se faire réprimander. ◆ **v.t. ind.** ▪ **En appeler à,** s'en remettre à : *J'en appelle à votre civisme.* ◆ **S'APPELER v.pr.** Avoir pour nom.

APPELETTE n.f. (angl. *applet*). Appliquette.

APPELLATIF, IVE n.m. et **adj. LING.** Terme utilisé pour interpeller l'interlocuteur.

APPELLATION n.f. (lat. *appellatio*). Façon d'appeler, de nommer : *« Roman » est une appellation bien élogieuse pour ce modeste récit.* ▪ **Appellation d'origine,** dénomination garantissant l'origine d'un produit. ▪ **Appellation d'origine contrôlée (AOC),** désignation légale de certains produits agricoles (vins, fromages), s'appliquant à un milieu géographique délimité et garantissant les caractéristiques et qualités des produits. ▪ **Appellation d'origine protégée (AOP),** label européen qui protège la dénomination d'un produit agricole fabriqué dans une aire géographique délimitée, selon un savoir-faire traditionnel spécifique.

▲ **appeaux**

APPENDICE [-pɛ̃-] **n.m.** (du lat. *appendix,* ce qui est suspendu). **1.** Partie qui complète, prolonge une partie principale. **2.** Expansion articulée, génér. paire, du corps des insectes et des crustacés, jouant un rôle dans la détection et le toucher (antennes), la locomotion (pattes), la nutrition (pièces buccales). **3.** Ensemble de notes, de notices, de documents placé à la fin d'un ouvrage. ▪ **Appendice (iléo-cæcal** ou **vermiculaire)** [anat.], diverticule creux, en forme de doigt de gant, abouché au cæcum : *Se faire opérer de l'appendice.*

APPENDICECTOMIE [-pɛ̃-] **n.f. CHIRURG.** Ablation de l'appendice iléo-cæcal.

APPENDICITE [-pɛ̃-] **n.f. MÉD.** Inflammation de l'appendice iléo-cæcal.

1. APPENDICULAIRE [-pɛ̃-] **adj. ANAT.** De l'appendice.

2. APPENDICULAIRE [-pɛ̃-] **n.m.** Animal marin du groupe des tuniciers, qui garde toute sa vie un aspect larvaire et constitue une partie du plancton. ➲ Embranchement des urocordés.

APPENDRE v.t. [59]. Vx. Suspendre des drapeaux, des ex-voto, etc.

APPENTIS [apɑ̃ti] **n.m.** (de *appendre*). **1.** Comble à une seule pente, adossé à une partie d'édifice plus élevée. **2.** Bâtiment couvert d'un toit à une seule pente.

APPENZELL [apɛnzɛl] **n.m.** (de *Appenzell,* n.pr.). Fromage suisse à pâte dure, présenté en meules d'env. 10 kg.

IL APPERT → APPAROIR.

APPERTISATION n.f. (de N. *Appert*). Procédé de conservation des denrées alimentaires par stérilisation à la chaleur, en vase clos.

APPERTISER v.t. [3]. Traiter une denrée alimentaire par appertisation.

APPESANTIR v.t. [21]. Rendre plus lourd, moins vif : *La fatigue appesantit sa démarche.* ◆ **S'APPESANTIR v.pr. (SUR).** Insister trop longuement sur : *Inutile de s'appesantir sur ce sujet.*

APPESANTISSEMENT n.m. Action, fait de s'appesantir.

APPÉTENCE n.f. (du lat. *appetentia,* désir). Désir instinctif qui porte une personne à satisfaire ses envies, ses penchants naturels.

APPÉTISSANT, E adj. Qui excite l'appétit ; qui provoque le désir.

APPÉTIT n.m. (du lat. *appetere,* convoiter). **1.** Envie de manger : *Cette histoire m'a coupé l'appétit ! Avoir bon appétit.* **2.** Vif désir de qqch : *Le marché des portables suscite de nombreux appétits.* **3.** Inclination vers qqch ; désir : *Appétit sexuel.* ▪ **Bon appétit !,** souhait adressé à qqn avant le repas. ▪ **Mettre qqn en appétit,** lui donner le désir de manger ; fig., lui donner l'envie de faire ou d'avoir qqch.

APPLAUDIMÈTRE n.m. Enregistreur, le plus souvent fictif, de l'intensité et de la durée des applaudissements, censé fournir la mesure de la popularité d'un orateur, d'une vedette.

APPLAUDIR v.t. et **v.i. [21]** (lat. *applaudere*). **1.** Marquer son admiration en battant des mains : *Applaudir une chanteuse, une pièce.* **2.** Approuver entièrement : *J'applaudis votre initiative.* ◆ **v.t. ind. (À).** Manifester son approbation : *On ne peut qu'applaudir à cette décision.* ◆ **S'APPLAUDIR v.pr. (DE).** Litt. Se féliciter de qqch ; s'en réjouir.

APPLAUDISSEMENT n.m. (Surtout pl.). Action d'applaudir : *Le chanteur quitta la scène sous les applaudissements.*

APPLAUDISSEUR, EUSE n. Personne qui applaudit.

APPLICABILITÉ n.f. Caractère de ce qui est applicable.

APPLICABLE adj. Susceptible d'être appliqué.

APPLICATEUR adj. et **n.m.** Qui sert à étaler un produit : *Bouchon applicateur de cirage.*

APPLICATIF, IVE adj. et **n.m.** Relatif à une application informatique.

APPLICATION n.f. 1. Action d'appliquer une chose sur une autre : *L'application d'un désinfectant sur une plaie.* **2.** Mise en pratique : *Nouvelles applications d'une théorie. L'application stricte de la loi.* **3.** Soin que l'on prend à la réalisation d'une tâche : *Travailler avec application.* **4. BOURSE.** Opération d'achat et de vente d'un même montant de titres par des clients différents chez un même intermédiaire en Bourse et qui, n'étant pas effectuée sur le marché, n'influence pas les cours. **5. MATH.** Opération qui consiste à faire correspondre à tout élément d'un ensemble A un élément d'un ensemble B et un seul. **6. INFORM.** Programme, ou ensemble de programmes, destiné à aider l'utilisateur d'un ordinateur, d'un téléphone, etc., dans le traitement d'une tâche précise ou pour l'obtention d'informations.

APPLIQUE n.f. Appareil d'éclairage qui se fixe au mur. ▪ **Décor** ou **relief d'applique,** ou **applique,** en arts décoratifs, ornement se détachant en relief sur un fond.

APPLIQUÉ, E adj. 1. Qui manifeste un soin méticuleux : *Un élève appliqué. Une écriture appliquée.* **2.** Se dit de tout domaine d'activité scientifique qui a des applications concrètes. ▪ **Arts appliqués,** ensemble des activités visant à la production d'éléments de décor, d'objets, d'usage pratique ou non, ayant une valeur esthétique (ébénisterie, céramique, orfèvrerie, bijouterie, ferronnerie, vitrail, etc.) [SYN. **arts décoratifs**].

APPLIQUER v.t. [3] (lat. *applicare*). **1.** Mettre une chose sur une autre : *Appliquer du papier peint sur un mur. Appliquer du rouge sur ses lèvres.* **2.** Mettre en œuvre, en pratique : *Appliquer une règle, la loi.* ◆ **S'APPLIQUER v.pr. (À). 1.** S'adapter convenablement ; convenir : *Cette remarque s'applique aussi à vous.* **2.** Apporter beaucoup de soin, d'attention à : *S'appliquer à satisfaire la clientèle.*

APPLIQUETTE n.f. Petite application interactive que l'utilisateur d'un système informatique charge avec un navigateur, à partir d'une page Web d'un serveur, pour l'exécuter sur sa machine (SYN. **appelette**).

APPOGGIATURE [apɔdʒjatyr] **n.f.** (ital. *appoggiatura*). **MUS.** Note d'ornement étrangère à l'accord sur lequel elle s'appuie.

APPOINT n.m. 1. Complément en petite monnaie d'une somme due. **2.** Ce qui s'ajoute à qqch pour le compléter : *Chauffage d'appoint.* ▪ **Faire l'appoint,** compléter une somme en petite monnaie ; par ext., payer un achat en remettant la somme exacte.

APPOINTAGE n.m. Action de rendre pointu.

APPOINTÉ n.m. Suisse. Soldat de première classe.

APPOINTEMENTS n.m. pl. Rémunération fixe attachée à un poste, à un emploi, à une fonction ; salaire.

1. APPOINTER v.t. [3]. Verser des appointements à qqn.

2. APPOINTER v.t. [3]. Tailler en pointe.

APPONDRE v.t. [59] (du lat. *apponere,* ajouter). Région. (Savoie) ; Suisse. Joindre, fixer bout à bout : *Appondre des cordages.*

APPONSE n.f. Région. (Savoie) ; Suisse. Pièce ajoutée, appondue.

APPONTAGE n.m. AÉRON. Prise de contact d'un avion, d'un hélicoptère avec le pont d'un bâtiment porteur (notamm. porte-aéronefs).

APPONTEMENT n.m. Plateforme fixe le long de laquelle un navire vient s'amarrer pour le chargement ou le déchargement.

APPONTER v.i. [3]. Réaliser un appontage.

APPORT n.m. 1. Action d'apporter qqch : *Limiter l'apport de calories.* **2.** Ce qui est apporté ; contribution : *L'apport de Verdi à la lutte de libération de l'Italie.* **3. DR.** Ensemble de biens, de capitaux que l'on apporte à une société en contrepartie de parts sociales ou actions.

APPORTER v.t. [3] (lat. *apportare*). **1.** Porter avec soi en un lieu : *Je vous ai apporté des bonbons. Apportez vos affaires de sport.* **2.** Mettre à la disposition de qqn ; fournir : *Apporter des capitaux dans une entreprise.* **3.** Produire un effet, un résultat : *Son arrivée a apporté du renouveau dans le département.*

APPORTEUR n.m. DR. Personne qui fait un apport.

APPOSER v.t. [3]. **1.** Mettre sur qqch : *Apposer une affiche sur un mur.* **2.** Inscrire une marque sur qqch : *Apposer un visa sur un passeport.* ▪ **Apposer les scellés** [dr.], appliquer le sceau de justice sur la porte d'un local, sur un meuble, pour qu'on ne puisse soustraire aucun des objets qu'ils renferment. ▪ **Apposer une clause à un acte** [dr.], l'y insérer.

APPOSITION n.f. (lat. *appositio*). **1.** Action d'apposer qqch : *L'apposition de la signature est obligatoire.* **2.** LING. Procédé par lequel un terme (nom, adjectif) ou une proposition qualifient un nom ou un pronom en leur étant juxtaposés ; le mot ou la proposition ainsi juxtaposés. (Ex. : Paris, *capitale de la France.*)

APPRÉCIABILITÉ n.f. Rare. Caractère de ce qui est appréciable.

APPRÉCIABLE adj. **1.** Qui peut être apprécié, évalué : *Appréciable à l'œil nu.* **2.** Dont on peut estimer la valeur : *D'appréciables avantages.*

APPRÉCIATEUR, TRICE n. Personne qui apprécie, estime la valeur de qqch, qqn.

APPRÉCIATIF, IVE adj. Qui marque l'appréciation.

APPRÉCIATION n.f. **1.** Action d'apprécier ; estimation : *L'appréciation d'une distance.* **2.** Jugement porté sur : *Les appréciations de ses professeurs sont élogieuses.*

APPRÉCIER v.t. [5] (du lat. *pretium*, prix). **1.** Déterminer la valeur, l'importance de : *Apprécier une distance, les conséquences d'un fait.* **2.** Juger bon, agréable : *Apprécier l'aide de qqn.* **3.** Reconnaître des qualités à : *Apprécier un vin, un acteur.* ◆ **S'APPRÉCIER** v.pr. Prendre de la valeur : *L'euro s'est apprécié par rapport au dollar.*

APPRÉHENDER v.t. [3] (du lat. *apprehendere*, saisir). **1.** Procéder à l'arrestation de qqn : *Appréhender un malfaiteur.* **2.** Redouter la venue de qqch de désagréable ; craindre : *J'appréhende ce voyage en avion, de prendre l'avion.* **3.** Saisir intellectuellement ; comprendre : *Appréhender toute la complexité du réel.*

APPRÉHENSIF, IVE adj. Porté à la crainte ; anxieux.

APPRÉHENSION n.f. **1.** Crainte vague, indéfinie ; inquiétude. **2.** PHILOS. Acte par lequel l'esprit saisit un objet de pensée, comprend qqch.

APPRENANT, E n. Personne qui suit un enseignement.

APPRENDRE v.t. [61] (du lat. *apprehendere*, saisir). **1.** Acquérir la connaissance, la pratique de : *Apprendre le piano, à utiliser un ordiphone.* **2.** Faire acquérir la connaissance, la pratique de : *Apprendre à skier à un enfant.* **3.** Communiquer un savoir, une information : *C'est le maire qui a appris la nouvelle aux parents.*

APPRENTI, E n. **1.** Personne qui apprend un métier, qui est en apprentissage. **2.** Personne encore peu habile ; novice : *C'est du travail d'apprenti.* ▪ **Apprenti sorcier,** personne qui met en route un processus qu'elle ne peut contrôler.

APPRENTISSAGE n.m. **1.** Situation d'un apprenti ; temps pendant lequel on est apprenti. **2.** Action d'apprendre un métier manuel ; formation professionnelle des apprentis. **3.** Action d'apprendre un métier intellectuel, un art, etc. **4.** ÉTHOL. Processus d'acquisition, par un animal ou un être humain, de connaissances ou de comportements nouveaux, sous l'effet des interactions avec l'environnement. ▪ **Faire l'apprentissage de qqch,** l'apprendre par l'expérience. ▪ **Taxe d'apprentissage,** en France, taxe imposée aux employeurs, qui contribue au financement de l'enseignement technologique et professionnel (dont fait partie l'apprentissage).

APPRÊT n.m. **1.** Traitement que l'on fait subir à certaines matières premières (cuirs, tissus, fils, etc.) avant de les travailler ou de les livrer au commerce ; matière utilisée pour ce traitement. **2.** Préparation, enduit que l'on applique sur une surface à peindre. **3.** Litt. Manières affectées : *Elle est franche et sans apprêt.* **4.** En passementerie, tout assemblage de fils retors entrant dans le tissage des franges, galons, macarons, etc. **5.** En boulangerie, période de fermentation de la pâte au repos avant l'enfournement.

APPRÊTÉ, E adj. Litt. Dépourvu de simplicité, de naturel ; maniéré.

APPRÊTER v.t. [3] (du lat. *praesto*, à la portée de). **1.** Sout. Disposer pour une utilisation : *Apprêter le dîner, une salle d'opération.* **2.** TECHN. Donner de l'apprêt à : *Apprêter une étoffe.* ◆ **S'APPRÊTER** v.pr. **1.** (À). Être sur le point de : *S'apprêter à sortir.* **2.** Faire des préparatifs de toilette : *S'apprêter pour le gala.*

APPRIVOISABLE adj. Qui peut être apprivoisé.

APPRIVOISEMENT n.m. Action d'apprivoiser ; son résultat.

APPRIVOISER v.t. [3] (du lat. *privatus*, privé, domestique). **1.** Rendre un animal moins sauvage. **2.** Rendre une personne plus sociable : *Elle a réussi à apprivoiser le nouveau venu.* ◆ **S'APPRIVOISER** v.pr. Devenir moins farouche.

APPROBATEUR, TRICE adj. et n. Qui manifeste une approbation : *Un murmure approbateur.*

APPROBATIF, IVE adj. Qui contient une approbation : *Mention approbative.*

APPROBATION n.f. (lat. *approbatio*). Action d'approuver : *Donner son approbation.*

APPROBATIVEMENT adv. En guise d'approbation.

APPROCHABLE adj. Que l'on peut approcher.

APPROCHANT, E adj. ▪ **Quelque chose, rien d'approchant,** quelque chose, rien de semblable.

APPROCHE n.f. **1.** Mouvement par lequel on approche de qqch, qqn : *L'approche du promeneur a fait fuir les oiseaux.* **2.** Proximité d'un événement, d'un moment : *L'approche des examens.* **3.** Manière d'aborder un sujet : *Une approche sociologique de la crise.* **4.** AÉRON. Ensemble des manœuvres qu'un avion doit effectuer à proximité d'un aérodrome avant d'atterrir. ▪ **Travaux d'approche,** ensemble de démarches mises en œuvre pour atteindre un but.

APPROCHÉ, E adj. À peu près exact. ▪ **Valeurs approchées d'un réel *x*,** nombres réels *a* et *b* vérifiant $a < x < b$, où *a* est une valeur approchée par défaut et *b* est une valeur approchée par excès.

APPROCHER v.t. [3] (bas lat. *appropiare*, de *prope*, près de). **1.** Mettre près ou plus près de qqn, de qqch : *Approche ton bureau du mien.* **2.** Venir près de qqn : *Ne m'approche pas, j'ai la grippe !* **3.** Avoir accès auprès de qqn : *La ministre est difficile à approcher.* **4.** Établir un contact avec qqn, en vue d'une négociation : *Il a été approché par un cabinet de recrutement.* ◆ v.t. ind. (DE). **1.** Venir auprès de : *Approcher du rivage.* **2.** Être près d'atteindre un moment, un lieu, un but, etc. : *Approcher de la quarantaine, du succès.* ◆ v.i. Être de plus en plus proche : *L'été approche.* ◆ **S'APPROCHER** v.pr. (DE). Aller ou venir près de.

APPROFONDIR v.t. [21]. **1.** Examiner plus avant : *Approfondir l'analyse d'un sondage.* **2.** Creuser, rendre plus profond : *Approfondir un fossé.* ◆ **S'APPROFONDIR** v.pr. Devenir plus profond : *Le mystère s'approfondit.*

APPROFONDISSEMENT n.m. Action d'approfondir ; fait de s'approfondir.

APPROPRIATION n.f. Action d'approprier, de s'approprier : *Appropriation des moyens de production par la collectivité.*

APPROPRIÉ, E adj. Qui convient ; adéquat : *Trouver le traitement approprié.*

APPROPRIER v.t. [5] (lat. *appropriare*, de *proprius*, propre). Rendre adéquat à une destination ; adapter : *Approprier une ancienne caserne à un usage d'habitation.* ◆ **S'APPROPRIER** v.pr. Se donner la propriété de ; s'attribuer : *S'approprier le mérite d'une invention.*

APPROUVABLE adj. Qui peut être approuvé.

APPROUVER v.t. [3] (lat. *approbare*). **1.** Considérer qqch comme juste, louable : *J'approuve votre modération.* **2.** Donner raison à qqn : *Je vous approuve de les avoir aidés.* **3.** Autoriser par décision administrative : *Le Sénat a approuvé le budget.* ▪ **Lu et approuvé,** formule dont le signataire fait précéder sa signature au bas d'un acte, pour en approuver les termes.

APPROVISIONNEMENT n.m. Action d'approvisionner ; ensemble des fournitures, des produits destinés à approvisionner : *Approvisionnement en eau, en légumes.*

APPROVISIONNER v.t. [3]. **1.** Pourvoir, munir qqn, qqch de ce qui lui est nécessaire (vivres, matériel, énergie, argent, etc.) : *Approvisionner un hypermarché en fruits bio.* **2.** Placer une cartouche, un chargeur dans le magasin d'une arme à feu. ▪ **Approvisionner un compte en banque,** y déposer de l'argent. ◆ **S'APPROVISIONNER** v.pr. Se fournir en provisions.

APPROVISIONNEUR, EUSE n. Personne chargée, dans le commerce de détail, d'approvisionner les rayons où les produits sont présentés.

APPROXIMATIF, IVE adj. **1.** Qui résulte d'une approximation : *Le nombre approximatif des manifestants.* **2.** Qui n'approche que de loin la réalité : *Un compte rendu approximatif.*

APPROXIMATION n.f. (du lat. *proxime*, très proche). **1.** MATH. Évaluation approchée d'une grandeur. **2.** Approche imprécise de la réalité : *La situation mérite mieux que des approximations.* ▪ **Méthode des approximations successives** [math.], méthode permettant d'établir une suite indéfinie d'approximations de plus en plus voisines d'un nombre cherché.

APPROXIMATIVEMENT adv. De façon approximative ; à peu près.

APPUI n.m. **1.** Ce qui sert à maintenir la stabilité de qqch ; soutien : *Barre d'appui.* **2.** Aide matérielle ou morale apportée à qqn : *Je compte sur votre appui.* **3.** MIL. Aide fournie par une unité, par une arme à une autre : *Appui aérien, naval.* ▪ **À l'appui,** pour servir de confirmation : *Preuves à l'appui.* ▪ **Appareil d'appui** [trav. publ.], dispositif par l'intermédiaire duquel, dans certains ponts, la partie supérieure (tablier) est supportée par les appuis (piles ou culées).

APPUI-BRAS n.m. (pl. *appuis-bras*) ou **APPUIE-BRAS** n.m. inv. Support pour appuyer le bras dans un siège d'automobile, de train, d'avion.

APPUI-TÊTE n.m. (pl. *appuis-tête*) ou **APPUIE-TÊTE** n.m. inv., ▲ *n.m. (pl. appuie-têtes).* Dispositif adapté au dossier d'un siège et destiné à soutenir la tête, à protéger la nuque en cas de choc (SYN. **repose-tête**).

APPUYÉ, E adj. Qui insiste trop : *Une allusion appuyée.*

APPUYER [apɥije] v.t. [7] (du lat. *podium*, base). **1.** Placer une chose contre une autre qui lui sert de support : *Appuyer une échelle contre un mur. Appuyer ses coudes sur la table.* **2.** Fig. Apporter son soutien à : *Appuyer un candidat, un projet de loi.* **3.** MIL. Apporter un appui à une troupe : *Les chars appuient l'infanterie.* ◆ v.t. ind. (SUR). **1.** Exercer une pression sur : *Appuyer sur la pédale de frein.* **2.** Insister avec force sur ; souligner : *Appuyer sur la nécessité d'agir vite.* ◆ v.i. ▪ **Appuyer là où ça fait mal,** aborder sans détour un sujet qui embarrasse son interlocuteur. ◆ **S'APPUYER** v.pr. **1.** (À, SUR). Se servir de qqch, de qqn comme d'un soutien : *S'appuyer à une balustrade. Appuie-toi sur mon bras.* **2.** Se fonder sur qqch : *S'appuyer sur des témoignages.* **3.** Fam. Faire qqch contre son gré : *S'appuyer une corvée.*

APRAGMATIQUE adj. et n. Atteint d'apragmatisme.

APRAGMATISME n.m. (du gr. *pragmateia*, activité). PSYCHOPATHOL. Trouble d'origine psychique se traduisant par l'incapacité de réaliser une action.

APRAXIE n.f. (du gr. *praxis*, action). PSYCHOPATHOL. Incapacité d'exécuter des mouvements coordonnés (écriture, marche), sans atteinte de la motricité ni de la sensibilité.

APRAXIQUE adj. Relatif à l'apraxie. ◆ adj. et n. Atteint d'apraxie.

ÂPRE adj. (lat. *asper*). **1.** Rude au goût : *Fruit âpre.* **2.** Pénible à supporter : *Un froid âpre.* **3.** Plein d'acharnement : *La discussion fut âpre.* ▪ **Âpre au gain,** cupide.

ÂPREMENT adv. De façon âpre, violente.

APRÈS prép. et adv. (du lat. *ad pressum*, auprès de). **1.** Marque la postériorité dans le temps : *Après dîner. Nous en reparlerons après.* **2.** Marque la postériorité dans l'espace : *Première rue après le carrefour. Courir après un lièvre.* **3.** Indique une relation, une hiérarchie : *Seul maître après Dieu.* ▪ **Après quatre heures** [Belgique], partie de la journée qui suit le goûter. ▪ **Après quoi,** ensuite. ▪ **D'après,** postérieur : *Le jour d'après.* ▪ **Être après qqn** [fam.], le harceler. ▪ **Par après** [Belgique], par la suite. ◆ **n.m. inv.** Période qui suit un événement important : *Réfléchir à l'après.* ◆ **APRÈS QUE** loc. conj. (Suivi de l'indic.). Une fois que : *Après que tu auras fini.* ◆ **D'APRÈS** loc. prép. **1.** À l'imitation de : *Peindre d'après nature.* **2.** Selon : *D'après lui, tout va bien.*

APRÈS-COUP n.m. (pl. *après-coups*). PSYCHAN. Remaniement ultérieur d'expériences passées en fonction d'expériences nouvelles.

APRÈS-DEMAIN adv. Le second jour après celui où l'on est.

APRÈS-DÎNER n.m. (pl. *après-dîners*). Vx ou région. Temps qui suit le dîner.

APRÈS-GUERRE n.m. ou n.f. (pl. *après-guerres*). Période qui suit une guerre.

APRÈS-MIDI n.m. inv. ou n.f. inv., ▲ *n.m. ou n.f.* (*pl. après-midis*). Partie de la journée comprise entre midi et le soir.

APRÈS-RASAGE adj. inv. et n.m. (pl. *après-rasages*). Se dit d'un produit (surtout lotion) que l'on applique sur le visage pour calmer l'irritation due au rasoir (SYN. **after-shave**).

APRÈS-SHAMPOOING ou **APRÈS-SHAMPOING** [-ʃɑ̃pwɛ̃] **n.m.** et **adj. inv.** (pl. *après-shampooings, après-shampoings*). Produit cosmétique que l'on applique sur les cheveux lavés pour les démêler et les embellir.

APRÈS-SKI n.m. (pl. *après-skis*). Chaussure fourrée que l'on porte à la montagne lorsqu'on ne skie pas.

APRÈS-SOLEIL adj. inv. et n.m. (pl. *après-soleils*). Se dit d'un produit hydratant la peau après l'exposition au soleil.

APRÈS-VENTE adj. inv., ▲ *adj.* (*pl. après-ventes*). ▪ **Service après-vente,** service d'une entreprise qui effectue un ensemble d'opérations (installation, réparation, formation, etc.) après la vente d'un bien.

ÂPRETÉ n.f. **1.** Caractère de ce qui est âpre : *L'âpreté de l'hiver.* **2.** Attitude violente : *Se défendre avec âpreté.*

A PRIORI, ▲ *À PRIORI* **loc. adv.** et **loc. adj. inv.** (loc. lat. « en partant de ce qui est avant »). **1.** En se fondant sur des données admises avant toute expérience : *Un raisonnement a priori.* **2.** Avant tout examen approfondi : *A priori, je ne suis pas contre !* (CONTR. **a posteriori**). ◆ **n.m. inv.** Préjugé qui ne tient pas compte des réalités : *Avoir des a priori.*

APRIORIQUE adj. Fondé sur l'a priori.

APRIORISME n.m. Péjor. Méthode de raisonnement fondée sur des a priori.

À-PROPOS n.m. inv. Pertinence de l'acte, du geste ; sens de la repartie : *Faire preuve d'à-propos.*

APS [apeɛs] **n.m.** (sigle de l'anglo-amér. *Advanced Photographic System*). Système photographique dans lequel le film photosensible, conditionné en cassette, peut enregistrer diverses informations (date, heure, choix du cadrage, notamm.). ➲ Ce système n'est exploitable que par des appareils eux-mêmes dits *APS.*

APSARA ou **APSARAS** [apsara] **n.f.** (mot hindi). Dans la mythologie hindoue, divinité inférieure, ou nymphe, représentée en musicienne ou en danseuse.

APSIDE n.f. (du gr. *apsis,* voûte). ASTRON. Apoastre ou périastre d'une orbite. ▪ **Ligne des apsides,** droite joignant l'apoastre au périastre d'une orbite.

APTE adj. (du lat. *aptus,* fait pour). Capable de : *Apte à ce poste de travail.* ▪ **Être déclaré apte,** bon pour le service national.

APTÈRE adj. (du gr. *pteron,* aile). **1.** ZOOL. Dépourvu d'ailes ou doté d'ailes très réduites et inaptes au vol : *La puce est un insecte aptère.* **2.** ARCHIT. Se dit d'un temple sans portiques à colonnes sur les faces latérales. **3.** SCULPT. Se dit des statues de personnages sacrés représentés sans leurs ailes. ▪ **Victoire aptère** [Antiq. gr.], statue de la Victoire représentée sans ailes pour qu'elle reste à Athènes.

APTÉRYGOTE n.m. Insecte primitif, dépourvu d'ailes et se développant sans métamorphoses, tel que le lépisme et les collemboles. ➲ Les aptérygotes forment une sous-classe.

APTÉRYX n.m. Oiseau ratite de Nouvelle-Zélande, plus connu sous le nom de *kiwi.*

APTITUDE n.f. **1.** Disposition naturelle ou acquise de qqn à faire qqch. **2.** Fait d'être apte au service national. **3.** DR. Qualité d'une personne habilitée à : *Aptitude à recevoir un legs.*

APTONYME n.m. (de l'angl. *apt,* approprié). Nom de famille qui semble refléter plaisamment l'occupation, professionnelle notamm., de qqn. (Ex. : Mme *Piedroit,* podologue.)

APUREMENT n.m. COMPTAB. Fait d'apurer. ▪ **Apurement du passif,** procédure par laquelle un débiteur rembourse tout ou partie de ses dettes.

APURER v.t. [3] (de *1. pur*). COMPTAB. **1.** Vérifier et arrêter définitivement un compte. **2.** Solder son passif.

APYRE adj. (du gr. *pur,* feu). TECHN. Inaltérable au feu.

APYRÉTIQUE adj. MÉD. Qui ne s'accompagne pas de fièvre ; qui n'a pas de fièvre.

APYREXIE n.f. (du gr. *pur,* feu). MÉD. Absence de fièvre.

APYROGÈNE adj. MÉD. Qui ne provoque pas de fièvre.

AQUABIKING [akwabajkiŋ] ou **AQUABIKE** [akwabajk] **n.m.** (mot anglo-amér.). Activité sportive pratiquée en piscine, qui consiste à pédaler dans l'eau sur une sorte de vélo sans roues.

AQUACOLE [akwa-] ou **AQUICOLE** [akɥi-] **adj.** **1.** Qui vit dans l'eau. **2.** Qui a trait à l'aquaculture.

AQUACULTEUR, TRICE n. Professionnel qui pratique l'aquaculture.

AQUACULTURE n.f. (du lat. *aqua,* eau). Élevage des animaux aquatiques ; culture des plantes aquatiques.

AQUAFORTISTE n. (de l'ital. *acquaforte,* eau-forte). Graveur à l'eau-forte.

AQUAGYM [akwaʒim] **n.f.** (nom déposé). Gymnastique aquatique.

AQUAMANILE n.m. (du lat. *aqua,* eau, et *manus,* main). Aiguière pour le lavage des mains, en usage au Moyen Âge.

AQUANAUTE n. OCÉANOL. Personne qui, grâce à un appareillage spécial (submersible, par ex.), effectue des plongées d'une durée relativement longue.

AQUAPLANAGE ou **AQUAPLANING** [akwaplaniŋ] **n.m.** (mot angl.). Perte d'adhérence d'un véhicule automobile ou d'une motocyclette, due à la présence d'une mince pellicule d'eau entre la chaussée et les pneus.

AQUAPLANE n.m. Sport consistant à se tenir debout sur une planche tirée sur l'eau par un bateau à moteur ; cette planche.

AQUARELLE [akw-] **n.f.** (de l'ital. *acquarello,* couleur détrempée). **1.** Peinture délayée à l'eau, légère, appliquée le plus souvent sur du papier blanc. **2.** Œuvre exécutée selon ce procédé.

AQUARELLÉ, E adj. Rehaussé à l'aquarelle : *Dessin aquarellé.*

AQUARELLISTE n. Artiste qui peint à l'aquarelle.

AQUARIOPHILE [akwa-] **n.** Personne qui pratique l'aquariophilie.

AQUARIOPHILIE n.f. Élevage en aquarium de poissons d'ornement.

AQUARIUM [akwarjɔm] **n.m.** (mot lat. « réservoir »). **1.** Réservoir transparent dans lequel on entretient des animaux et des plantes aquatiques. **2.** Parc zoologique* consacré aux espèces des milieux aquatiques.

AQUATINTE [akwa-] **n.f.** (de l'ital. *acqua tinta,* eau teinte). Gravure à l'eau-forte imitant le lavis.

AQUATIQUE adj. (lat. *aquaticus*). **1.** Qui croît, vit dans l'eau ou près de l'eau : *Plante, insecte aquatiques.* **2.** Où il y a de l'eau : *Le paysage aquatique des rizières.*

▲ **aptéryx**

▲ **aquarelle.** *La Montagne Sainte-Victoire vue des Lauves* (1902-1906), par Paul Cézanne. (Coll. privée.)

AQUAVIT ou **AKVAVIT** [akwavit] **n.m.** (mot suédois « eau-de-vie »). Eau-de-vie de grain ou de pomme de terre des pays scandinaves, aromatisée de substances végétales diverses.

AQUEDUC [akdyk] **n.m.** (du lat. *aquae ductus,* conduit d'eau). **1.** Canal d'adduction d'eau, aérien ou souterrain. **2.** Ouvrage d'art supportant ce canal. **3.** ANAT. Nom donné à certains canaux de l'organisme : *Aqueduc de Fallope.*

AQUEUX, EUSE [akø, øz] **adj.** (du lat. *aquosus,* humide). **1.** Qui est de la nature de l'eau. **2.** Qui contient de l'eau : *Fruit aqueux.* ▪ **Humeur aqueuse,** liquide contenu dans la partie antérieure de l'œil, en avant du cristallin. ▪ **Solution aqueuse** [chim.], solution dont le solvant est l'eau.

À QUIA loc. adv. → **QUIA (À).**

AQUICOLE adj. → **AQUACOLE.**

AQUIFÈRE [akɥifɛr] **n.m.** et **adj.** GÉOL. Formation géologique perméable où s'écoule une nappe d'eau souterraine ; cette nappe d'eau.

AQUILIN [akilɛ̃] **adj.m.** (du lat. *aquila,* aigle). ▪ **Nez aquilin,** nez fin et recourbé en bec d'aigle.

AQUILON [akilɔ̃] **n.m.** Poét. Vent du nord.

AQUITAIN, E [akitɛ̃, ɛn] **adj.** et **n.** D'Aquitaine.

AQUOSITÉ [akozite] **n.f.** Caractère de ce qui est aqueux.

ARA n.m. (mot tupi). Grand perroquet d'Amérique latine, à longue queue et au plumage vivement coloré. ➲ Famille des psittacidés.

ARABE adj. Qui se rapporte aux Arabes. ▪ **Chiffres arabes** → **CHIFFRE.** ◆ **n m.** Langue sémitique parlée princip. en Afrique du Nord, au Proche-Orient et dans la péninsule arabique. *(V. tableau page suivante.)*

➲ L'**ARABE** dialectal, diversifié, réservé pour l'essentiel à la pratique orale, est la langue maternelle de quelque 230 millions de personnes ; il est à distinguer de l'arabe littéraire ou classique, d'emploi à la fois écrit et oral, qui représente la langue de la religion, de la science et, génér., de la culture.

ARABESQUE n.f. (ital. *arabesco*). **1.** Ornement peint ou sculpté fondé sur la répétition symétrique de motifs végétaux plus ou moins stylisés. **2.** Entrelacement de lignes sinueuses. **3.** DANSE. Pose dans laquelle une jambe est levée en arrière et un bras tendu en avant.

ARABICA n.m. **1.** Caféier originaire d'Arabie, le plus cultivé dans le monde. **2.** Café qu'il produit.

ARABIQUE adj. De l'Arabie. ▪ **Gomme arabique** → **GOMME.**

ARABISANT, E n. et adj. Spécialiste de la langue et de la civilisation arabes.

1 lettres isolées		3 médianes		5 nom	
2 finales		4 initiales		6 valeur	

1	2	3	4	5	6
ا	ـا	ـا	ا	alif	ā
ب	ـب	ـبـ	بـ	bā'	b
ت	ـت	ـتـ	تـ	tā'	t
ث	ـث	ـثـ	ثـ	thā'	th, th *angl. sourd*
ج	ـج	ـجـ	جـ	djīm	dj
ح	ـح	ـحـ	حـ	ḥā'	h
خ	ـخ	ـخـ	خـ	khā'	kh, ch *all.*, j *esp.*
د	ـد	ـد	د	dāl	d
ذ	ـذ	ـذ	ذ	dhāl	dh, th *angl. sonore*
ر	ـر	ـر	ر	rā'	r *roulé*
ز	ـز	ـز	ز	zāy	z
س	ـس	ـسـ	سـ	sīn	s
ش	ـش	ـشـ	شـ	chīn	ch
ص	ـص	ـصـ	صـ	ṣād	s *emphat.*
ض	ـض	ـضـ	ضـ	ḍād	d *emphat.*
ط	ـط	ـطـ	طـ	ṭā'	t *emphat.*
ظ	ـظ	ـظـ	ظـ	ẓā'	z *emphat.*
ع	ـع	ـعـ	عـ	'ayn	' *laryngale*
غ	ـغ	ـغـ	غـ	ghayn	rh, gh, r, *grasseyé*
ف	ـف	ـفـ	فـ	fā'	f
ق	ـق	ـقـ	قـ	qāf	q
ك	ـك	ـكـ	كـ	kāf	k
ل	ـل	ـلـ	لـ	lām	l
م	ـم	ـمـ	مـ	mīm	m
ن	ـن	ـنـ	نـ	nūn	n
ه	ـه	ـهـ	هـ	hā'	h
و	ـو	ـو	و	wāw	ū, w
ي	ـي	ـيـ	يـ	yā'	ī, y
particularités du persan					
پ	ـپ	ـپـ	پـ	pe	p
چ	ـچ	ـچـ	چـ	tche	tch
ژ	ـژ	ـژ	ژ	zhe	zh
گ	ـگ	ـگـ	گـ	gāf	g
particularités de l'ourdou					
ٹ	ـٹ	ـٹـ	ٹـ	ṭe	t
ڈ	ـڈ	ـڈ	ڈ	ḍal	d
ڑ	ـڑ	ـڑ	ڑ	ṛe	r

▲**arabe.** Alphabet arabe.

ARABISATION n.f. Action d'arabiser ; fait d'être arabisé.

ARABISER v.t. [3]. Donner un caractère arabe à : *Arabiser l'enseignement.*

ARABISME n.m. **1.** Particularité propre à la civilisation arabe. **2.** Idéologie du nationalisme arabe. **3.** Tournure propre à la langue arabe.

ARABITÉ n.f. Caractère de ce qui est arabe.

ARABLE adj. (du lat. *arare*, labourer). Qui peut être labouré : *Terre arable.*

ARABO-ANDALOU, SE adj. (pl. *arabo-andalous, es*). Relatif à l'Andalousie arabe (VIIIe au XVe s.) : *Art arabo-andalou.* ▪ **Musique arabo-andalouse,** genre musical classique du Maghreb, né de la rencontre entre la musique arabe orientale, la musique afro-berbère du Maghreb et la musique profane d'Andalousie.

ARABO-ISLAMIQUE adj. (pl. *arabo-islamiques*). Qui concerne à la fois l'islam et le monde arabe.

ARABOPHONE adj. et n. De langue arabe.

ARAC n.m. → **ARAK.**

ARACÉE n.f. (du gr. *aron*, arum). Plante monocotylédone à l'épi floral enveloppé dans une grande bractée (spathe), telle que l'arum, le philodendron, l'acore et le taro. ➲ Les aracées forment une famille.

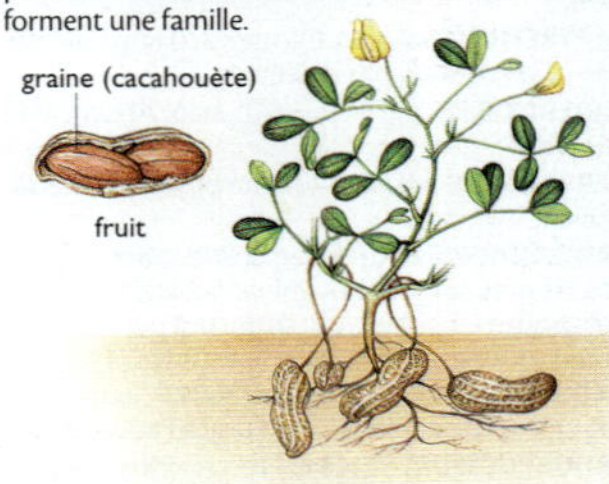

▲**arachide**

ARACHIDE n.f. (lat. *arachidna*, du gr. *arakidna*, gesse). Légumineuse annuelle cultivée dans les pays chauds, qui enterre ses fruits après la fécondation et dont la graine, la cacahouète, fournit une huile alimentaire ou est consommée après torréfaction. ➲ Sous-famille des papilionacées. ▪ **Beurre d'arachide** [Québec], pâte onctueuse à base de graines d'arachide grillées et moulues.

ARACHNÉEN, ENNE [arak-] adj. **1.** Relatif à l'araignée. **2.** Fig. Qui a la légèreté de la toile d'araignée.

ARACHNIDE [arak-] n.m. (du gr. *arakhnê*, araignée). Arthropode terrestre dépourvu d'antennes et de mandibules, mais possédant des chélicères et 4 paires de pattes locomotrices, tel que les araignées, les scorpions et les acariens. ➲ Les arachnides forment une classe.

ARACHNOÏDE [arak-] n.f. ANAT. Une des trois méninges, située entre la pie-mère et la dure-mère.

ARACK n.m. → **ARAK.**

ARAGONITE n.f. (de *Aragon*, région d'Espagne). MINÉRALOG. Carbonate de calcium en aiguilles ou en fibres.

ARAIGNÉE n.f. (lat. *aranea*). **1.** Arthropode à 4 paires de pattes et à abdomen non segmenté relié à la région antérieure par un étroit pédicelle. ➲ Sous-classe des aranéides. **2.** BOUCH. Pièce de bœuf ou de cheval très tendre provenant des muscles tapissant le bassin. **3.** PÊCHE. Grand filet rectangulaire à mailles carrées. **4.** OUTILL. Crochet de fer à plusieurs branches. ▪ **Araignée d'eau,** hydromètre. ▪ **Araignée de mer,** maïa. ▪ **Avoir une araignée au plafond** [fam.], avoir l'esprit dérangé.

ARAIRE n.m. (du lat. *arare*, labourer). Instrument à traction animale, utilisé pour le travail superficiel du sol, qui rejette la terre de part et d'autre du sillon sans la retourner.

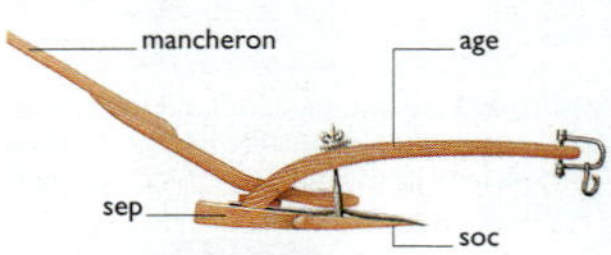

▲**araire**

ARAK, ARAC ou **ARACK** n.m. (de l'ar. *'araq*, liqueur de palmier). Eau-de-vie tirée de la distillation de différents produits fermentés (riz, canne à sucre, sève palmiste, orge, raisin, dattes).

ARALDITE n.f. (nom déposé). Nom commercial de matières plastiques et de colles à base de résines époxydes.

ARALIA n.m. Arbuste à feuilles persistantes, palmées et brillantes, dont plusieurs espèces sont utilisées comme plantes d'ornement. ➲ Famille des hédéracées.

ARALIACÉE n.f. BOT. Hédéracée.

ARAMÉEN, ENNE adj. Qui se rapporte aux Araméens. ◆ n.m. Langue sémitique parlée durant l'Antiquité dans tout le Proche-Orient, qui survit localement et à travers le syriaque.

ARAMIDE adj. (de 2. *aromatique* et de *amide*). Se dit de fibres et de fils synthétiques qui possèdent de très bonnes propriétés mécaniques et/ou une excellente résistance à la chaleur (le Kevlar, par ex.).

ARAMON n.m. Cépage très productif répandu dans le midi de la France.

ARANÉIDE n.m. Arthropode tel que l'araignée, possédant des chélicères en crochets reliés à des glandes venimeuses, 3 ou 4 paires d'yeux et des filières abdominales permettant l'élaboration de toiles. ➲ Les aranéides forment une sous-classe.

ARASEMENT n.m. **1.** Action d'araser ; état de ce qui est arasé. **2.** CONSTR. Dernière assise d'un mur, parfaitement horizontale.

ARASER v.t. [3] (du lat. *radere*, raser). **1.** User un relief jusqu'à disparition des saillies. **2.** Mettre de niveau les assises d'une construction.

ARATOIRE adj. (du lat. *arare*, labourer). Qui concerne le labourage, plus génér. le travail de la terre.

ARAUCARIA n.m. (de *Arauco*, région du Chili). Grand conifère d'Amérique du Sud et d'Océanie, aux feuilles en écailles triangulaires entourant les rameaux, souvent cultivé dans les parcs européens. ➲ Famille des araucariacées.

ARAWAK [arawak] n.m. Famille de langues amérindiennes parlées par les Arawak.

ARBALÈTE n.f. (du lat. *arcuballista*, de *arcus*, arc, et *ballista*, baliste). Arme de trait composée d'un arc monté sur un fût et bandé à la main ou par un mécanisme (cric, moufle).

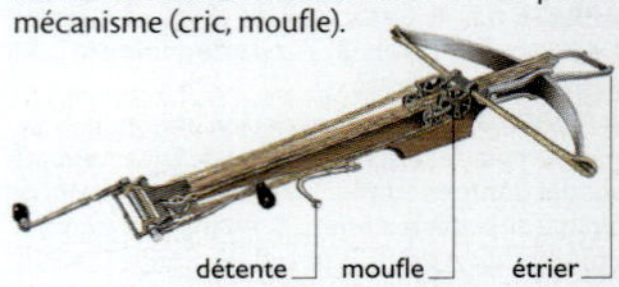

▲**arbalète** à moufle.

ARBALÉTRIER n.m. **1.** CONSTR. Pièce inclinée d'une ferme, assemblée au sommet du poinçon et à l'extrémité de l'entrait. **2.** HIST. Soldat armé d'une arbalète. **3.** Poisson comestible du groupe des balistes, des eaux côtières de l'Atlantique et de la Méditerranée.

ARBITRAGE n.m. **1.** Action d'arbitrer : *L'arbitrage d'un match.* **2.** Procédure de règlement d'un litige par l'intermédiaire d'un arbitre, d'un conflit entre nations par des juges de leur choix ; sentence ainsi rendue. **3.** BOURSE. Opération spéculative consistant à vendre un titre pour s'en procurer un autre, jugé plus performant.

ARBITRAGISTE n. Professionnel spécialiste des arbitrages en Bourse.

ARBITRAIRE adj. **1.** Qui résulte du libre choix et ne répond à aucune nécessité logique : *L'arobase est un signe arbitraire.* **2.** Qui découle du bon plaisir de qqn, au détriment de la loi ou de la justice : *Arrestation arbitraire.* ◆ n.m. Autorité qui s'exerce sans autre règle que le bon plaisir : *Cette décision confine à l'arbitraire.* ▪ **Arbitraire du signe** [ling.], absence de relation de causalité ou de nécessité entre les deux faces du signe, le signifiant et le signifié. ➲ Notion introduite par F. de Saussure.

ARBITRAIREMENT adv. De façon arbitraire.

ARBITRAL, E, AUX adj. **1.** Prononcé par voix d'arbitre. **2.** Composé d'arbitres.

ARBITRALEMENT adv. Par l'intermédiaire d'un arbitre.

1. ARBITRE n. (lat. *arbiter*). **1.** Personne choisie par les parties intéressées pour trancher un différend. **2.** Personne, groupe capable d'imposer son autorité : *L'arbitre des élégances. Être l'arbitre d'une crise politique.* **3.** Personne chargée de diriger une rencontre sportive dans le respect des règlements.

2. ARBITRE n.m. (du lat. *arbitrium*, jugement). **PHILOS.** ▪ **Libre arbitre,** pouvoir de l'homme de se déterminer, d'opérer des choix par sa seule volonté.

ARBITRER v.t. [3] (lat. *arbitrari*). Juger ou contrôler en qualité d'arbitre : *Arbitrer un litige, un match.*

ARBORÉ, E adj. **ÉCOL.** Planté d'arbres dispersés : *Terrain arboré.*

ARBORER v.t. [3] (de l'anc. ital. *arborare*, dresser un mât). **1.** Hisser un drapeau, déployer une bannière afin que tout le monde les voie. **2.** Porter avec ostentation : *Adolescent qui arbore sa casquette de marque.* **3.** Montrer ouvertement ; afficher : *Arborer ses opinions.*

ARBORESCENCE n.f. **1.** État d'un végétal arborescent. **2.** Partie arborescente d'un végétal. **3.** Forme arborescente ; arborisation : *Les arborescences du givre.* **4. INFORM.** Structure hiérarchisée de données, de fichiers.

ARBORESCENT, E adj. (lat. *arborescens*). Qui a la forme d'un arbre : *Fougères arborescentes.*

ARBORETUM, ▲ *ARBORÉTUM* [arbɔretɔm] **n.m.** (mot lat.). Parc planté d'arbres de nombreuses espèces, souvent exotiques, rassemblés pour leur étude, leur exposition au public ou leur conservation.

ARBORICOLE adj. **1.** Se dit d'un animal qui vit sur les arbres. **2.** Qui concerne l'arboriculture.

ARBORICULTEUR, TRICE n. Personne qui cultive des arbres, en partic. des arbres fruitiers.

ARBORICULTURE n.f. Culture des arbres et, partic., des arbres fruitiers.

ARBORISATION n.f. Dessin naturel évoquant des ramifications ; arborescence : *Les arborisations de l'agate.*

ARBORISÉ, E adj. **1.** Qui présente des arborisations. **2.** Suisse. Arboré.

ARBOUSE n.f. (provenç. *arbousso*, du lat. *arbutus*, arbousier). Fruit de l'arbousier, dont on fait une liqueur.

ARBOUSIER n.m. Arbrisseau du bassin méditerranéen, à feuilles rappelant celles du laurier, dont le fruit, comestible, est l'arbouse. ➲ Famille des éricacées.

ARBOVIROSE n.f. Maladie infectieuse due à un arbovirus (dengue, fièvre jaune, par ex.).

ARBOVIRUS n.m. Virus transmis à un vertébré par la piqûre d'un arthropode (moustique, tique, etc.) et responsable d'une arbovirose.

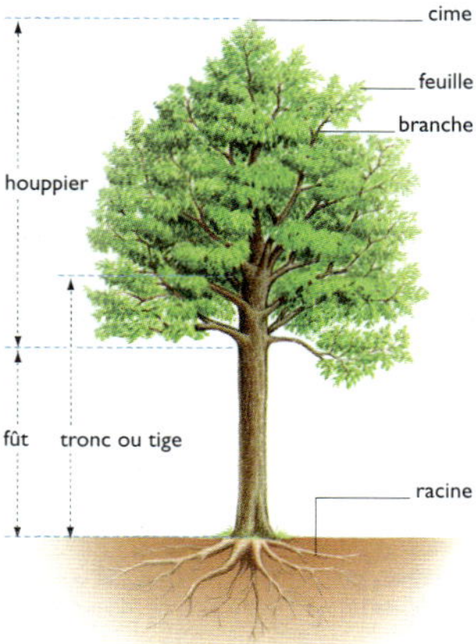

▲ **arbre.** Les différentes parties de l'arbre.

ARBRE n.m. (lat. *arbor*). **1.** Grande plante ligneuse vivace dont la tige principale, ou tronc, ne se ramifie en branches qu'à partir d'une certaine hauteur. **2. MÉCAN.** Axe qui transmet un mouvement : *Arbre à cames.* **3. LING., INFORM.** Représentation hiérarchisée d'une structure syntaxique, logique. ▪ **Arbre à pain,** artocarpus. ▪ **Arbre à palabres** [Afrique], sous lequel se réunissent les anciens du village. ▪ **Arbre à perruque,** fustet. ▪ **Arbre de Jessé** [icon.], représentation en enluminure, vitrail, bas-relief, etc., de l'arbre généalogique légendaire du Christ, censé descendre de Jessé, père de David. ▪ **Arbre de Judée,** originaire des régions méditerranéennes, souvent cultivé pour ses fleurs ornementales apparaissant avant les feuilles au printemps (SYN. **2. gainier**). ➲ Sous-famille des césalpiniacées. ▪ **Arbre du voyageur,** ravenala. ▪ **Arbre généalogique,** figure arborescente dont les ramifications représentent schématiquement la filiation des membres d'une famille. ▪ **Arbre moteur,** directement entraîné par la machine motrice. (En marine, on dit *arbre de couche.*)

ARBRE-DE-NOËL n.m. (pl. *arbres-de-Noël*). **PÉTROLE.** Ensemble des dispositifs (raccords, vannes, etc.) qui constituent la tête d'un puits éruptif en production.

ARBRISSEAU n.m. (lat. *arbuscula*). Végétal ligneux à tige ramifiée dès la base, qui ne s'élève qu'à une faible hauteur (1 à 4 m).

ARBUSTE n.m. (lat. *arbustum*). Végétal ligneux à tige non ramifiée dès la base et dont la hauteur ne dépasse pas 7 m.

ARBUSTIF, IVE adj. **1.** Relatif à l'arbuste ; composé d'arbustes : *Végétation arbustive.* **2.** De la taille d'un arbuste.

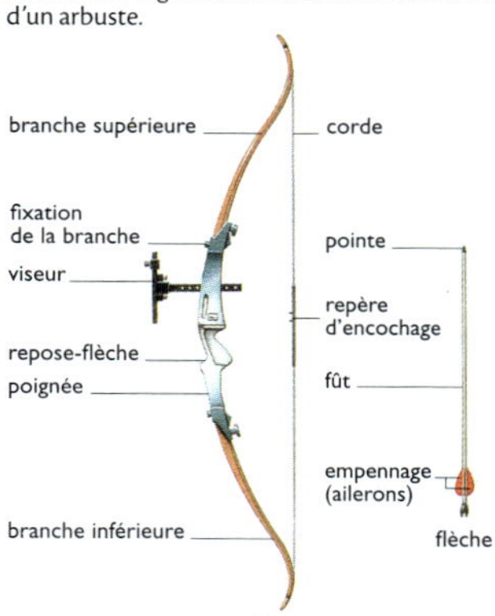

▲ **arc** de tir.

ARC n.m. (lat. *arcus*). **1.** Arme formée d'une tige flexible dont les extrémités sont reliées par une corde que l'on tend fortement pour lancer des flèches : *Tir à l'arc. Bander son arc.* **2.** Objet, forme, ligne dont la courbure rappelle celle d'un arc : *L'arc des sourcils.* **3. ANAT.** Partie courbe de certains organes : *Arc d'une vertèbre.* **4. ARCHIT.** Membre architectonique franchissant un espace en dessinant une ou plusieurs courbes (haut d'une baie, renfort d'une voûte...). ➲ Dans les architectures anciennes, l'arc est fait de claveaux, parfois de briques ou de simple blocage. Il peut comporter des sections de droites au lieu de courbes. ▪ **Arc de cercle** [math.], portion continue d'un cercle (ou, plus génér., d'une courbe) située entre deux de ses points. ➲ La mesure d'un arc de cercle s'exprime en degrés, grades ou radians, et parfois en sous-unités du degré (appelées *minutes* ou *secondes d'arc*). ▪ **Arc de triomphe** [archit.], monument commémoratif formant une ou plusieurs arches et orné éventuellement d'inscriptions, de sculptures. ▪ **Arc électrique,** conduction gazeuse qui s'établit entre deux conducteurs, accompagnée d'une température et d'une lumière intenses : *Lampe à arc.* ▪ **Arc insulaire** [géol.], guirlande d'îles constituées de volcans avec en marge une fosse océanique : *L'arc insulaire des Petites Antilles.* ➲ Cette disposition résulte de la subduction de la croûte océanique. ▪ **Arc réflexe** [physiol.], trajet suivi par le potentiel d'action nerveux, d'un récepteur sensoriel à l'effecteur (en général un muscle), au cours d'un réflexe simple.

1. ARCADE n.f. (ital. *arcata*). **1.** Baie libre (sans dispositif de fermeture) faite d'un arc reposant sur deux piédroits, des piliers ou des colonnes partant du sol. **2.** (Au pl.) Suite d'arcades ; galerie à arcades. **3. ANAT.** Organe, partie du corps en forme d'arc. ▪ **Arcade sourcilière** [anat.], proéminence sur laquelle poussent les sourcils.

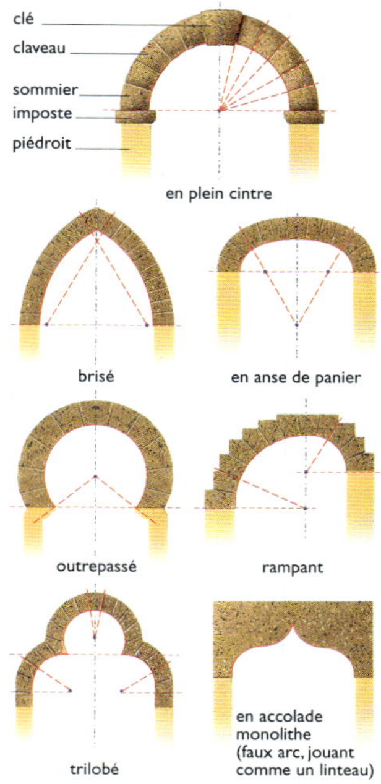

▲ **arcs**

2. ARCADE n.f. (mot angl. « galerie marchande »). Suisse. Petit local commercial. ▪ **Salle d'arcade,** local commercial pour jeux d'arcade.

ARCADIEN, ENNE adj. et n. D'Arcadie. ◆ **n.m.** Dialecte du grec ancien parlé en Arcadie.

ARCANE n.m. (du lat. *arcanus*, secret). Opération mystérieuse dont le secret est connu des seuls initiés : *L'arcane fascinant de la création musicale.* ◆ **n.m. pl. 1.** Pratiques mystérieuses ; secrets : *Les nombreux arcanes de la politique.* **2.** Lames du jeu de tarot divinatoire.

ARCASSE n.f. Dans la construction navale en bois, partie renforcée de la charpente arrière du navire.

ARCATURE n.f. **ARCHIT.** Suite décorative de petites baies surmontées d'un arc, ouvertes ou aveugles.

ARC-BOUTANT (pl. *arcs-boutants*), ▲ *ARCBOUTANT* **n.m.** Maçonnerie en arc élevée à l'extérieur d'un édifice pour soutenir un mur en reportant la poussée des voûtes sur une culée, caractéristique de l'architecture gothique.

▲ **arcs-boutants** de la cathédrale Saint-Étienne de Metz (XIIIe s. - restaurés fin XIXe s.).

ARC-BOUTEMENT (pl. *arcs-boutements*), ▲ *ARCBOUTEMENT* **n.m.** Fait d'arc-bouter, de s'arc-bouter.

ARC-BOUTER, ▲ *ARCBOUTER* **v.t. [3]** (de *arc-boutant*). Soutenir au moyen d'un arc-boutant : *Arc-bouter une voûte.* ◆ **S'ARC-BOUTER** v.pr. (CONTRE, À, SUR).

Prendre fortement appui sur une partie du corps pour exercer un effort de résistance : *S'arc-bouter contre une porte pour la garder fermée.*

ARC-DOUBLEAU (pl. *arcs-doubleaux*), ▲ **ARCDOUBLEAU n.m.** Doubleau.

ARCEAU n.m. 1. ARCHIT. Petit arc décoratif, employé en série linéaire. **2.** Objet en forme de petit arc : *Les arceaux du jeu de croquet.*

ARC-EN-CIEL n.m. (pl. *arcs-en-ciel* [arkɑ̃sjɛl]). Arc lumineux coloré parfois visible dans le ciel, à l'opposé du soleil, pendant une averse. (V. planche *phénomènes naturels**.) ◆ **adj. inv.** Qui présente les couleurs de l'arc-en-ciel : *Des foulards arc-en-ciel.*

ARCHAÏQUE [arkaik] **adj. 1.** Qui appartient à une époque passée : *Une pratique archaïque* ; qui n'est plus en usage : *« Cherra » est le futur archaïque du verbe « choir ».* **2. BX-ARTS.** Antérieur aux époques classiques : *Une statuette égyptienne archaïque.* ▪ **Époque archaïque** [Antiq. gr.], époque qui correspond à l'expansion commerciale, à la prospérité et au premier épanouissement artistique (900 - 490 av. J.-C.).

ARCHAÏSANT, E [arkaizɑ̃, ɑ̃t] **adj.** Qui imite un style ancien ; qui contient des archaïsmes.

ARCHAÏSME [arkaism] **n.m.** (gr. *arkhaismos*). **1.** Caractère de ce qui date d'une autre époque. **2.** Caractère d'une œuvre d'art, ou d'une partie de celle-ci, qui se rattache par le style à une époque antérieure. **3.** Mot, forme, construction qui ne sont plus en usage.

ARCHANGE [arkɑ̃ʒ] **n.m.** (du gr. *arkhein*, commander, et *aggelos*, ange). Ange d'un ordre supérieur : *Les archanges Gabriel, Michel et Raphaël.*

1. ARCHE n.f. (lat. *arcus*). **1.** Partie d'un pont formée de la voûte prenant appui sur les deux piles qui la portent. **2.** Arcade d'une certaine profondeur, voûtée. **3. VERR.** Four accessoire pour recuire le verre (nom générique).

2. ARCHE n.f. (du lat. *arca*, coffre). ▪ **L'arche d'alliance,** anc., coffre où les Hébreux gardaient les Tables de la Loi ; mod., armoire où est enfermé le rouleau de la Torah. ▪ **L'arche de Noé,** selon la Bible, vaisseau que Noé construisit sur l'ordre de Dieu pour sauver du Déluge sa famille et les espèces animales.

ARCHÉE [arke] **n.f.** Micro-organisme unicellulaire procaryote vivant dans des milieux très variés, parfois hostiles (sources sulfureuses très chaudes, par ex.). ➲ Appelées autref. *archéobactéries*, les archées forment auj. un groupe à part entière, distinct de celui des bactéries.

ARCHÉEN [-ke-] **n.m.** (du gr. *arkhaios*, ancien). **GÉOL.** Partie la plus ancienne du précambrien (2,5 milliards d'années et plus). ◆ **ARCHÉEN, ENNE adj.** De l'archéen.

ARCHÉGONE [-ke-] **n.m.** (du gr. *arkhê*, commencement). **BOT.** Organe microscopique femelle en forme de bouteille, contenant l'oosphère, chez les mousses, les cryptogames vasculaires et les gymnospermes.

ARCHELLE n.f. Belgique. Étagère pourvue de crochets pour la suspension de récipients à anse.

ARCHÉO [-ke-] **adj.** et **n.** Fam. En politique, se dit d'une personne ou d'un courant refusant toute évolution.

ARCHÉOBACTÉRIE [-ke-] **n.f.** Vieilli. Archée.

ARCHÉOLOGIE [-ke-] **n.f.** (du gr. *arkhaios*, ancien, et *logos*, science). Science qui recherche, met au jour, classe et analyse les vestiges matériels des sociétés disparues afin d'appréhender les activités de l'homme à travers le temps et ses comportements, individuels ou collectifs, dans un environnement donné. ▪ **Archéologie préventive** → **PRÉVENTIF.**

➲ L'**ARCHÉOLOGIE** scientifique fait appel à des méthodes très élaborées de fouille et de datation ; elle utilise l'avion et le satellite pour le repérage des sites terrestres et des navires spécialisés pour l'exploration des fonds sous-marins.

ARCHÉOLOGIQUE [-ke-] **adj.** Propre à l'archéologie ; relatif aux époques ainsi étudiées.

ARCHÉOLOGUE [-ke-] **n.** Spécialiste d'archéologie.

ARCHÉOMAGNÉTISME [-ke-] **n.m.** Magnétisme terrestre dans le passé archéologique ; science qui l'étudie.

ARCHÉOPTÉRYX [arkeɔpteriks] **n.m.** Oiseau fossile du jurassique associant des caractères d'oiseau et de dinosaure.

▲ **archéoptéryx.** Reconstitution probable.

ARCHER, ÈRE n. Tireur à l'arc.

ARCHÈRE n.f. FORTIF. Ouverture pratiquée dans une muraille pour tirer à l'arc ou à l'arbalète.

ARCHERIE n.f. 1. Technique du tir à l'arc. **2.** Matériel de tir à l'arc. **3. HIST.** Troupe d'archers.

ARCHET n.m. (dimin. de *arc*). **1.** Baguette souple tendue de crins, qui sert à faire vibrer, par frottement, les cordes de certains instruments (violon, par ex.). **2. ENTOMOL.** Organe de l'appareil stridulant des sauterelles.

ARCHÈTERIE n.f. Fabrication et commerce d'archets.

ARCHETIER, ÈRE n. Fabricant d'archets.

ARCHÉTYPAL, E, AUX ou **ARCHÉTYPIQUE** [-ke-] **adj.** Qui concerne, constitue un archétype.

ARCHÉTYPE [-ke-] **n.m.** (du gr. *arkhetupon*, modèle primitif). **1.** Modèle sur lequel sont construits un ouvrage, une œuvre : *« Le Voleur de bicyclette » est l'archétype des films néoréalistes.* **2. PHILOS.** Idée, forme du monde intelligible de laquelle participe toute réalité sensible, chez Platon. **3. PHILOS.** Idée qui sert de modèle à une autre, pour les empiristes. **4. PSYCHAN.** Chez Jung et ses disciples, structure de l'inconscient collectif qui apparaît dans les productions culturelles d'un peuple, dans l'imaginaire d'un sujet.

ARCHEVÊCHÉ n.m. Étendue de la juridiction d'un archevêque ; sa résidence (SYN. **métropole**).

ARCHEVÊQUE n.m. 1. Titre honorifique conféré à certains évêques. **2.** Anc. Évêque à la tête d'une province ecclésiastique.

ARCHICHANCELIER n.m. Dignitaire de la cour de Napoléon Ier.

ARCHICHLAMYDÉE [-kla-] **n.f.** Plante dicotylédone à fleurs apétales ou dialypétales. ➲ Les archichlamydées forment une sous-classe.

ARCHICONFRÉRIE n.f. CATH. Association pieuse servant de centre à des sociétés affiliées.

ARCHICUBE n.m. Arg. scol. Ancien élève de l'École normale supérieure.

ARCHIDIACRE n.m. Ancien titre de prélat, collaborateur de l'évêque d'un diocèse, auj. appelé *vicaire épiscopal.*

ARCHIDIOCÈSE n.m. Diocèse d'un archevêque.

ARCHIDUC n.m. Prince de la maison d'Autriche.

ARCHIDUCHESSE n.f. 1. Princesse de la maison d'Autriche. **2.** Femme, fille d'un archiduc.

ARCHIÉPISCOPAL, E, AUX adj. Relatif à l'archevêque.

ARCHIÉPISCOPAT n.m. Dignité d'archevêque ; durée de sa fonction.

ARCHIMANDRITE n.m. (gr. *arkhimandritês*). **1.** Titre honorifique conféré à certains moines orthodoxes. **2.** Anc. Supérieur de monastère, dans les Églises chrétiennes orientales.

ARCHIPEL n.m. (ital. *arcipelago*, du gr. *pelagos*, mer). Groupe d'îles : *L'archipel des Cyclades.* ▪ **Archipel métropolitain mondial,** ensemble des grandes métropoles qui jouent un rôle moteur dans la mondialisation de l'économie.

ARCHIPHONÈME n.m. PHON. Phonème qui neutralise les traits distinctifs communs à deux phonèmes que d'autres traits différencient dans certaines positions : *L'archiphonème* [P] *neutralise dans* [ɔPty] (obtus) *l'opposition de* [b] *et de* [p].

ARCHIPRÊTRE n.m. Anc. Curé de l'église principale d'une ville ou d'une circonscription du diocèse.

ARCHITECTE n. (gr. *arkhitektôn*, maître constructeur). **1.** Professionnel qui conçoit les plans ainsi qu'éventuellement la décoration d'un édifice, et qui en contrôle l'exécution. **2.** Litt. Personne qui conçoit un ensemble complexe et qui participe à sa réalisation : *Les architectes de la construction européenne.* ▪ **Architecte des Bâtiments de France,** fonctionnaire d'État chargé de la conservation des monuments classés et de la maîtrise de l'urbanisation environnante. ▪ **Architecte naval,** ingénieur spécialisé dans la conception d'un navire ou d'un engin marin.

ARCHITECTONIQUE n.f. 1. Organisation, structure d'une œuvre artistique. **2. PHILOS.** Chez Kant, art des systèmes, théorie de ce qu'il y a de scientifique dans la connaissance en général. ◆ **adj. 1.** Relatif à l'art de construire, aux techniques de la construction. **2. PHILOS.** Chez Aristote, se dit d'une science à laquelle sont soumis les objectifs de sciences subordonnées, ou de la fin dernière de l'homme à laquelle toutes les fins sont ordonnées.

ARCHITECTURAL, E, AUX adj. Relatif à l'architecture ; qui évoque une œuvre d'architecture.

ARCHITECTURE n.f. 1. Art de concevoir et de construire un bâtiment dans le respect des contraintes fonctionnelles, esthétiques, techniques et réglementaires déterminées ; science de l'architecte. Abrév. (fam.) **archi. 2.** Fig. Ce qui constitue l'ossature d'une œuvre ; organisation : *L'architecture d'un exposé. Architecture d'un système informatique.* ▪ **Architecture durable,** qui cherche à limiter son impact sur l'environnement afin de préserver la qualité de vie des générations futures.

ARCHITECTURER v.t. [3]. Construire, agencer une œuvre avec rigueur.

ARCHITRAVE n.f. (mot ital. « poutre maîtresse »). **ARCHIT.** Partie inférieure d'un entablement, linteau ou plate-bande reposant directement sur les supports.

ARCHIVAGE n.m. Action de recueillir, de classer et de conserver des documents.

ARCHIVER v.t. [3]. Procéder à l'archivage de : *Archiver les articles relatifs à une affaire.*

ARCHIVES n.f. pl. (du gr. *arkheion*, ce qui est ancien). **1.** Ensemble des documents du passé touchant aux peuples, pays, familles et institutions. **2.** Lieu où sont conservés de tels documents. **3.** (Au sing.). **INFORM.** Ensemble de fichiers qui ont été sauvegardés sur un support de stockage, sous forme compressée ou non ; ensemble de données mises à la disposition du public pour être téléchargées via Internet. ▪ **Images d'archives,** ou **archives,** recomm. off. pour **stock-shot.**

ARCHIVISTE n. 1. Personne qui conserve des archives. **2.** Spécialiste de la conservation, du classement, de l'étude des archives, des documents historiques.

ARCHIVISTE-PALÉOGRAPHE n. (pl. *archivistes-paléographes*). Spécialiste d'archivistique et de paléographie. ➲ Ce titre est réservé en France aux élèves diplômés de l'École nationale des chartes.

ARCHIVISTIQUE n.f. Science des archives.

ARCHIVOLTE n.f. (ital. *archivolto*). **ARCHIT.** Face verticale moulurée d'un arc.

ARCHONTAT [arkɔ̃ta] **n.m. ANTIQ. GR.** Dignité d'archonte ; durée de sa charge.

ARCHONTE [arkɔ̃t] **n.m.** (du gr. *arkhôn*, qui commande). **ANTIQ. GR.** Haut magistrat, dans diverses cités.

ARÇON n.m. (du lat. *arcus*, arc). **1.** Armature de la selle, formée de deux parties cintrées, le pommeau et le troussequin, reliées entre elles. **2.** Sarment de vigne ayant subi l'arcure.

ARCTIQUE [ar(k)tik] **adj.** (du gr. *arktos*, du nord). Du pôle Nord et des régions environnantes.

ARCURE [arkyr] **n.f. AGRIC.** Opération qui consiste à courber un sarment de vigne, une branche d'arbre fruitier afin qu'ils produisent plus de fruits.

ARDEMMENT [ardamɑ̃] **adv.** Avec ardeur ; vivement : *Il souhaite ardemment vous rencontrer.*

ARDENNAIS, E adj. et **n.** De la région ou du département des Ardennes.

1. ARDENT, E adj. (du lat. *ardens*, brûlant). **1.** Qui est très chaud et cause une sensation de brûlure : *Soleil ardent. Tisons ardents.* **2.** Fig. Plein de vivacité, d'ardeur ; passionné : *Débat ardent. Un ardent révolutionnaire.* **3.** Fig. Se dit d'une couleur vive ; éclatant : *Des cheveux d'un roux ardent.* **4.** MAR. Se dit d'un voilier qui a tendance à présenter son avant face au vent (par oppos. à *mou*). ▪ **Chambre ardente** [hist.], dans la France d'Ancien Régime, tribunal d'exception qui jugeait des criminels d'État. ▪ **Chapelle ardente**, chambre mortuaire éclairée de cierges, souvent tendue de noir. ▪ **Soif ardente**, qui brûle la gorge.

2. ARDENT n.m. MÉD. Anc. ▪ **Mal des ardents**, forme gangreneuse de l'ergotisme, qui sévit sous forme d'épidémie du Xe au XIIe s. (SYN. **feu de Saint-Antoine**).

ARDEUR n.f. (lat. *ardor*). **1.** Énergie impétueuse qui pousse à faire qqch ; fougue : *Une équipe pleine d'ardeur.* **2.** Acharnement avec lequel qqch est fait : *L'ardeur de la défense nous a ébranlés.* **3.** Litt. Chaleur extrême : *L'ardeur du soleil.*

ARDILLON n.m. (du germ.). **1.** Pointe métallique d'une boucle de ceinture, de courroie. **2.** PÊCHE. Partie de l'hameçon qui tient le poisson enferré.

ARDITI n.m. pl. (pl. de l'ital. *ardito*, hardi). Corps francs, dans l'armée italienne, pendant la Première Guerre mondiale.

ARDOISE n.f. (mot gaul.). **1.** Roche schisteuse, gris foncé, se divisant facilement en plaques utilisées dans certaines régions pour couvrir les toits. **2.** Tablette, naguère faite d'ardoise, sur laquelle ce que l'on écrit à la craie ou avec un crayon spécial (dit *crayon d'ardoise*) peut aisément s'effacer. **3.** Fam. Somme due chez un commerçant, dans un café, etc. : *Avoir une ardoise chez le boucher.* ◆ **adj. inv.** Qui a la couleur gris foncé ou gris bleuté de l'ardoise.

ARDOISÉ, E adj. De la couleur de l'ardoise.

1. ARDOISIER, ÈRE adj. Relatif à l'ardoise : *Industrie ardoisière.*

2. ARDOISIER n.m. 1. Personne qui exploite une ardoisière ou qui y travaille. **2.** Belgique. Couvreur.

ARDOISIÈRE n.f. Carrière d'ardoise.

ARDU, E adj. (du lat. *arduus*, escarpé). Difficile à comprendre, à faire ; compliqué : *Un dossier ardu. Une tâche ardue.*

ARE n.m. (du lat. *area*, surface). Unité de mesure des surfaces agricoles (symb. a), valant 100 m^2.

AREC [arɛk] ou **ARÉQUIER n.m.** (port. *areca*). Palmier à tige élancée des régions chaudes de l'Asie du Sud-Est, dont le fruit (noix d'arec) contient une amande dont on extrait un cachou.

ARÉCACÉE n.f. Plante monocotylédone tropicale à tige ligneuse (stipe), terminée par un bouquet de feuilles larges et découpées, pouvant atteindre 40 m de hauteur, telle que les palmiers (SYN. **palmacée**). ➲ Les arécacées forment une famille.

ARÉFLEXIE n.f. MÉD. Absence de réflexes.

ARÉIQUE adj. (du gr. *rheîn*, couler). HYDROL. Se dit d'une région dépourvue d'un réseau hydrographique permanent. ➲ 17 % des surfaces émergées de la Terre sont aréiques.

ARÉISME n.m. Caractère d'une région aréique.

ARELIGIEUX, EUSE adj. Qui n'appartient à aucune religion.

ARÉNA n.m. (lat. *arena*). Québec. Bâtiment comportant une patinoire entourée de gradins.

ARÉNACÉ, E adj. PÉTROL. **1.** Se dit des roches détritiques entrant dans la classe des arénites. **2.** Se dit d'un terrain riche en éléments siliceux, sans plus de cohérence que le sable.

ARÉNAVIRUS n.m. Nom générique d'un groupe de virus responsables de plusieurs zoonoses transmissibles à l'homme (fièvres hémorragiques d'Amérique du Sud, d'Afrique, fièvre de Lassa et chorioméningite lymphocytaire).

ARÈNE n.f. (du lat. *arena*, sable). **1.** ANTIQ. Aire sablée d'un cirque, d'un amphithéâtre où se déroulaient les jeux. **2.** Aire sablée du lieu où se déroulent les courses de taureaux. **3.** Fig. Espace public où s'affrontent des partis, des courants d'idées, etc. : *Les permanents de l'arène médiatique.* **4.** PÉTROL. Sable de texture grossière, résultant de la désagrégation de roches cristallines. ◆ **n.f. pl.** Édifice où se déroulaient les jeux dans l'Antiquité et où ont lieu aujourd'hui les courses de taureaux : *Les arènes de Nîmes.*

ARÉNICOLE adj. Se dit d'un animal qui vit dans le sable. ◆ **n.f.** Ver sédentaire vivant dans un tube en U creusé dans les sables marins. ➲ Classe des polychètes.

ARÉNISATION n.f. PÉTROL. Désagrégation des roches cristallines en arènes.

ARÉNITE n.f. Roche sédimentaire meuble dont la dimension des éléments est comprise entre 62,5 µm et 2 mm (SYN. **1. sable**).

ARÉOGRAPHIE n.f. (de *Arès*, n. myth., et du gr. *graphein*, décrire). ASTRON. Description de la surface de la planète Mars.

ARÉOLAIRE adj. ANAT. Relatif à l'aréole. ▪ **Érosion aréolaire** [géomorph.], qui s'exerce surtout latéralement et nivelle les reliefs sans incision de ravines ou de gorges. ▪ **Vitesse aréolaire** [mécan.], vitesse de balayage d'une aire par un rayon.

ARÉOLE n.f. (lat. *areola*). **1.** ANAT. Disque pigmenté qui entoure le mamelon du sein. **2.** MÉD. Zone rougeâtre qui entoure un point inflammatoire.

ARÉOMÈTRE n.m. (du gr. *araios*, peu dense). Densimètre.

ARÉOPAGE n.m. (du gr. *Areios pagos*, colline d'Arès). Litt. Assemblée de personnes compétentes, savantes : *Un aréopage de médecins a confirmé ce diagnostic.* ▪ **L'Aréopage**, v. partie n.pr.

ARÉQUIER n.m. → **AREC.**

ARÊTE n.f. (du lat. *arista*, épi). **1.** Os du squelette des poissons. **2.** BOT. Barbe de l'épi de certaines graminées (orge, seigle, etc.). **3.** ARCHIT. Angle saillant formé par la rencontre de deux surfaces. **4.** ANAT. Ligne osseuse saillante : *L'arête du nez.* **5.** GÉOGR. Limite aiguë qui sépare les deux versants d'une montagne. ▪ **Arête d'un dièdre, d'un trièdre, d'un polyèdre** [math.], frontière commune à deux faces. ▪ **Voûte d'arêtes** [archit.], compartiment voûté dont la structure semble résulter, dans le cas le plus simple, de l'intersection à angle droit de deux berceaux de même hauteur.

ARÊTIER n.m. CONSTR. Ligne saillante formée par la rencontre de deux pans de couverture.

ARÊTIÈRE n.f. et **adj.f.** CONSTR. Chacune des tuiles recouvrant l'arêtier.

AREU interj. Imite les premiers sons émis par un bébé.

ARGAN n.m. Fruit de l'arganier. ▪ **Huile d'argan**, extraite du noyau de l'argan et utilisée en cosmétologie et en cuisine.

ARGANIER n.m. Arbre épineux du Sud marocain, aux feuilles et fruits consommés par les ruminants et à l'amande oléagineuse. ➲ Famille des sapotacées.

ARGENT n.m. (lat. *argentum*). **1.** Métal précieux blanc, brillant, très ductile, fondant à 960 °C, de densité 10,5. **2.** Élément chimique (Ag), de numéro atomique 47, de masse atomique 107,8682. **3.** Monnaie, en pièces ou en billets : *Retirer de l'argent au distributeur* ; richesse qu'elle représente : *Ils n'ont pas beaucoup d'argent.* **4.** HÉRALD. Un des deux métaux employés comme émail, représenté blanc et uni. ▪ **Argent au jour le jour** [Bourse], liquidités que les banques se procurent sur le marché interbancaire. ▪ **D'argent**, qui, par sa couleur, rappelle l'argent poli. ▪ **En avoir, en vouloir pour son argent**, en proportion de ce qu'on a déboursé, ou, fig., de l'effort entrepris. ▪ **Faire de l'argent**, s'enrichir : *Spéculateurs qui font de l'argent.* ▪ **Homme, femme d'argent**, qui aiment l'argent et savent le faire fructifier.

ARGENTAGE n.m. Action d'argenter.

ARGENTAN ou **ARGENTON n.m.** Alliage de nickel, de cuivre et de zinc, dont la couleur blanche rappelle celle de l'argent.

ARGENTÉ, E adj. 1. Recouvert d'argent : *Bague en métal argenté.* **2.** Litt. Qui évoque l'argent, par sa couleur ou son éclat : *Les fils argentés d'une toile d'araignée.* **3.** Fam. Qui a de l'argent ; fortuné.

ARGENTER v.t. [3]. **1.** TECHN. Recouvrir d'argent. **2.** Litt. Donner la blancheur, l'éclat de l'argent à : *Le soleil argentait la mer.*

ARGENTERIE n.f. Vaisselle et accessoires de table en argent ou en métal argenté.

ARGENTIER n.m. Dans la France du Moyen Âge et de l'Ancien Régime, officier de la Maison du roi chargé de l'ameublement et de l'habillement. ▪ **Grand argentier** [fam.], ministre des Finances.

ARGENTIFÈRE adj. Se dit d'un minerai qui renferme de l'argent.

1. ARGENTIN, E adj. Litt. Dont le son clair évoque celui de l'argent : *Des rires argentins.*

2. ARGENTIN, E adj. et **n.** De l'Argentine ; de ses habitants.

ARGENTIQUE adj. 1. CHIM. Se dit d'un composé à base d'argent. **2.** Se dit de la photographie utilisant un support (plaque, pellicule) rendu photosensible par des procédés chimiques, par oppos. à la photographie numérique.

ARGENTITE n.f. MINÉRALOG. Sulfure d'argent.

ARGENTON n.m. → **ARGENTAN.**

ARGENTURE n.f. TECHN. Dépôt d'une couche d'argent à la surface d'une pièce. ➲ Cette technique est utilisée notamm. pour la fabrication des miroirs.

ARGIEN, ENNE adj. et **n.** D'Argos.

ARGILE n.f. (lat. *argilla*). **1.** MINÉRALOG. Silicate hydraté se présentant sous forme de feuillets et, parfois, de fibres. ➲ La kaolinite, la montmorillonite, la chlorite sont des argiles. **2.** Roche sédimentaire meuble, imperméable, grasse au toucher et qui, imbibée d'eau, peut être façonnée : *Un vase d'argile.*

ARGILEUX, EUSE adj. 1. De la nature de l'argile. **2.** Qui est constitué d'argile ; qui en contient.

ARGININE n.f. Acide aminé présent dans les protéines et intervenant dans la formation de l'urée.

ARGIOPE n.f. (du gr. *argos*, brillant, et *ôps*, œil). Araignée des régions chaudes ou tempérées, qui tisse sa toile près du sol dans les herbes. ➲ Famille des aranéidés.

ARGON n.m. 1. Gaz peu réactif, incolore, constituant environ le centième de l'atmosphère terrestre. **2.** Élément chimique (Ar), de numéro atomique 18, de masse atomique 39,948.

ARGONAUTE n.m. (de *Argonautes*, n. myth.). Mollusque possédant huit tentacules munis de ventouses, dont la femelle fabrique une coquille calcaire blanche pour abriter sa ponte. ➲ Long. 20 cm pour la femelle, 1 cm pour le mâle ; classe des céphalopodes.

ARGOT n.m. (orig. inconnue). **1.** Vocabulaire particulier à un groupe social, à une profession ; jargon : *L'argot des médecins.* **2.** Langage des malfaiteurs, du milieu : *L'argot des prisons.*

ARGOTIER, ÈRE n. Personne qui parle l'argot.

ARGOTIQUE adj. Propre à l'argot : *Dictionnaire du français argotique.*

ARGOTISME n.m. Mot, expression argotiques.

ARGOTISTE n. Spécialiste de l'étude de l'argot.

ARGOUSE n.f. Baie orangée comestible, riche en vitamines (C et E), poussant en masses compactes sur les branches de l'argousier.

ARGOUSIER n.m. Arbuste épineux des régions tempérées d'Europe et d'Asie, au feuillage argenté, cultivé pour ses fruits, les argouses. ➲ Famille des éléagnacées.

ARGOUSIN [arguzɛ̃] **n.m.** (esp. *alguacil*). Litt., vieilli. Agent de police.

ARGUER [argɥe] ou [arge], ▲ **ARGÜER** [argɥe] **v.t.** [4] (lat. *arguere*, prouver). Litt. **1.** Tirer comme conséquence ; déduire : *Que peut-on arguer de ce revirement de la ministre ?* **2.** Prendre comme argument ; prétexter : *Il a argué qu'il y avait une grève du métro.* ◆ **v.t. ind.** (DE). Utiliser qqch comme argument ; prétexter : *Arguer d'un rendez-vous pour s'esquiver.*

ARGUMENT n.m. (lat. *argumentum*). **1.** Raisonnement qui appuie une affirmation, une thèse, une demande : *Des arguments convaincants.* **2.** Trame narrative d'une œuvre littéraire, théâtrale, chorégraphique ou lyrique. **3.** LOG. Proposition ou ensemble de propositions dont on cherche à tirer une conséquence. ▪ **Argument**

d'un nombre complexe [math.], angle formé par l'axe des abscisses et le vecteur représentant ce nombre dans un repère orthonormé.

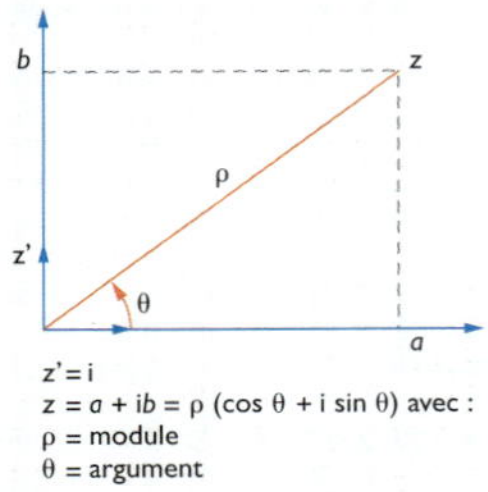

▲argument d'un nombre complexe

ARGUMENTAIRE n.m. **1.** Ensemble d'arguments à l'appui d'une opinion. **2.** COMM. Liste d'arguments de vente à l'usage d'un vendeur.

ARGUMENTATEUR, TRICE n. Sout. Personne qui aime argumenter.

ARGUMENTATIF, IVE adj. Qui concerne l'argumentation : *Un texte argumentatif.*

ARGUMENTATION n.f. **1.** Action d'argumenter ; ensemble d'arguments. **2.** Ensemble des techniques de communication destinées à provoquer ou à accroître l'adhésion de l'interlocuteur aux thèses qui lui sont présentées.

ARGUMENTER v.i. [3]. Présenter des arguments, une argumentation : *Argumenter sur, en faveur de, contre qqn, qqch.* ◆ v.t. Justifier, appuyer par des arguments un discours, une idée : *Argumenter son refus de voter une loi.*

ARGUS [argys] n.m. (de *Argus*, n. myth.). **1.** Publication qui fournit certaines informations spécialisées à ses lecteurs. **2.** Litt., vx. Surveillant vigilant. **3.** Grand oiseau gallinacé voisin du faisan, originaire des forêts de l'Indonésie et de la Malaisie. ➲ Famille des phasianidés. ▪ **Cote Argus,** ou **Argus** (nom déposé), cote de la marque Argus des véhicules d'occasion. ▪ **L'Argus de l'automobile** ou, ellipt., **L'Argus** (nom déposé), périodique proposant notamm. une cote (appelée *Argus* ou *Cote Argus*) des véhicules d'occasion.

ARGUTIE [argysi] n.f. (lat. *argutia*). Sout. Subtilité excessive qui dissimule le manque de sérieux d'un raisonnement : *Se perdre en arguties.*

ARGYRISME n.m. (du gr. *arguros*, argent). MÉD. Intoxication par les sels d'argent.

ARGYRONÈTE n.f. (du gr. *arguros*, argent, et *nein*, filer). Araignée aquatique qui tisse dans l'eau, entre les plantes, une sorte de cloche qu'elle remplit d'air et où elle se tient à l'affût. ➲ Famille des agélénidés.

1. ARIA n.m. (de l'anc. fr. *harier*, harceler). Vieilli. Désagrément ; tracas.

2. ARIA n.f. (mot ital. « air »). MUS. **1.** Mélodie vocale ou instrumentale, avec accompagnement : *Des arias de Bach.* **2.** Air chanté par un soliste, dans un opéra.

ARIANISME n.m. Doctrine chrétienne d'Arius et de ses adeptes, niant la divinité du Christ.

ARIDE adj. (lat. *aridus*). **1.** Dépourvu d'humidité ; sec : *Sol, région arides.* **2.** Difficile et dépourvu d'attrait ; rébarbatif : *Un travail aride.* **3.** Litt. Sans générosité ni imagination ; sec : *Cœur aride.* ▪ **Climat aride,** caractérisé par des pluies très faibles et irrégulières dans le temps et l'espace. ➲ On en rencontre deux types : le *climat aride chaud*, aux latitudes tropicales, avec des journées très chaudes et des nuits fraîches ; le *climat aride froid*, aux latitudes moyennes, avec des hivers froids et des étés chauds.

ARIDITÉ n.f. État de ce qui est aride.

ARIEN, ENNE adj. et n. Relatif à l'arianisme ; qui en est partisan.

ARIETTE n.f. (ital. *arietta*). MUS. Courte mélodie de caractère gracieux.

ARILLE [arij] n.m. (du lat. *arillus*, grain de raisin). BOT. Tégument charnu entourant la graine de certaines plantes (if, nymphéa, etc.), avec laquelle il constitue un faux-fruit.

ARIOSO n.m. (mot ital., de *aria*, air). MUS. Forme vocale tenant à la fois du récitatif et de l'aria : *Des ariosos.*

ARISER ou **ARRISER** v.t. [3] (de 2. *ris*). MAR. Diminuer, en prenant des ris, la surface d'une voile.

ARISTOCRATE n. Membre de l'aristocratie.

ARISTOCRATIE [-si] n.f. (du gr. *aristokrateia*, gouvernement des meilleurs). **1.** Classe des nobles, des privilégiés. **2.** Gouvernement exercé par cette classe. **3.** Litt. Petit nombre de personnes qui se distinguent dans un domaine quelconque ; élite : *L'aristocratie de la cuisine française.*

ARISTOCRATIQUE adj. **1.** De l'aristocratie : *Une famille aristocratique.* **2.** Digne d'un aristocrate ; raffiné : *Des manières aristocratiques.*

ARISTOCRATIQUEMENT adv. De façon aristocratique.

ARISTOCRATISME n.m. Conception politique élitiste qui réserve le pouvoir aux meilleurs par l'intelligence, le rang ou la fortune.

ARISTOLOCHE n.f. (du gr. *aristos*, le meilleur, et *lokhos*, accouchement). Plante grimpante, à fleurs jaunes en tube évasé, dont certaines espèces sont cultivées pour les tonnelles. ➲ Famille des aristolochiacées.

ARISTOTÉLICIEN, ENNE adj. et n. Propre à l'aristotélisme ; adepte de cette philosophie.

ARISTOTÉLISME n.m. **1.** Philosophie d'Aristote. **2.** Courant, ensemble des courants réactualisant la philosophie d'Aristote ou s'en inspirant, en partic. dans les pensées islamique (Avicenne, Averroès), juive (Maimonide) et chrétienne du Moyen Âge (Albert le Grand, Thomas d'Aquin).

ARITHMÉTICIEN, ENNE n. Spécialiste d'arithmétique.

ARITHMÉTIQUE n.f. (lat. *arithmetica*, du gr. *arithmos*, nombre). Branche des mathématiques qui étudie les propriétés élémentaires des nombres entiers. ◆ adj. Qui relève de l'arithmétique : *Opération arithmétique.*

ARITHMÉTIQUEMENT adv. De façon arithmétique.

ARITHMOMANCIE n.f. OCCULT. Divination par les nombres.

ARKOSE n.f. Grès feldspathique résultant de la cimentation d'une roche granitique ou gneissique.

ARLEQUIN n.m. (de l'anc. fr. *Hellequin*, n. d'un diable). ▪ **Habit d'arlequin** [litt.], ensemble composé de parties disparates, évoquant le vêtement bariolé d'Arlequin.

ARLEQUINADE n.f. Litt. Conduite, situation digne d'Arlequin ; bouffonnerie.

ARLÉSIEN, ENNE adj. et n. D'Arles. ◆ n.f. ▪ **L'Arlésienne,** personne dont on parle tout le temps et qu'on ne voit jamais (par allusion à l'opéra de Bizet où ce personnage ne paraît pas sur la scène).

ARMADA n.f. (mot esp.). Grand nombre : *Une armada de supporteurs* ; grande quantité : *Une armada de camions.*

ARMAGNAC n.m. Eau-de-vie de vin de la région d'Armagnac.

ARMAILLI n.m. (mot dial.). Suisse. Vacher, partic. dans le canton de Fribourg.

ARMATEUR n.m. Personne qui arme, exploite un navire.

ARMATURE n.f. (lat. *armatura*). **1.** Assemblage de pièces, génér. métalliques, formant ou renforçant l'ossature, la charpente d'un objet, d'un ouvrage, etc. : *L'armature d'un abat-jour.* **2.** Partie rigide qui sous-tend un bonnet de soutien-gorge. **3.** Fig. Base d'un projet, d'une organisation : *L'écotaxe est l'armature de leur réforme.* **4.** ÉLECTROTECHN.

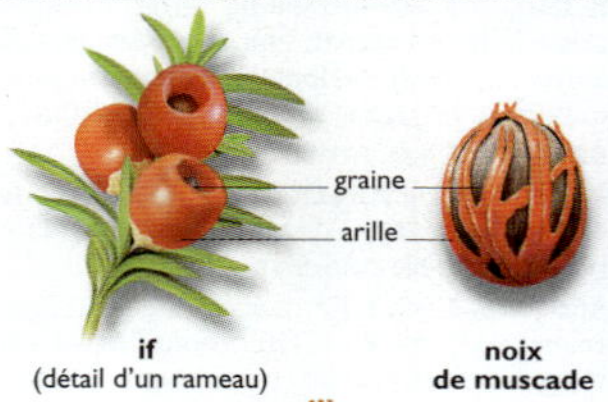

▲arille

Chacun des deux conducteurs d'un condensateur séparés par un isolant, le diélectrique. **5.** MUS. Ensemble des altérations (dièse, bémol) constitutives de la tonalité d'une pièce musicale, placées après la clef et avant le chiffre de mesure (SYN. **armure**).

ARME n.f. (lat. *arma*). **1.** Objet, appareil, engin servant à attaquer ou à se défendre, par nature ou par usage : *L'arme a été retrouvée près de la victime.* **2.** Fig. Moyen quelconque d'attaque, de lutte : *La ruse est sa meilleure arme.* **3.** Élément de l'armée de terre chargé d'une mission particulière au combat (infanterie, artillerie, blindés). ▪ **À armes égales,** en disposant de moyens de même importance. ▪ **Arme à feu,** qui emploie la force explosive de la poudre. ▪ **Arme blanche,** arme de main dont l'action résulte d'une partie en métal (poignard, par ex.). ▪ **Arme de destruction massive (ADM)** ou **arme non conventionnelle** [mil.], arme nucléaire, biologique ou chimique provoquant des pertes matérielles ou humaines très supérieures à celles causées par les armes classiques. ▪ **Arme de poing,** arme à feu ou courte arme blanche que l'on utilise serrée dans la main (pistolet, poignard). ▪ **Arme individuelle** [mil.], servie par un seul homme (fusil, par ex.), par oppos. à *arme collective* (canon, par ex.). ▪ **Arme par destination** [dr. pén.], tout objet qui, par oppos. à une *arme par nature*, n'est pas initialement conçu pour être une arme, mais est utilisé ou destiné à être utilisé par celui qui le porte pour tuer, blesser ou menacer qqn. ➲ Un animal peut aussi être une arme par destination. ▪ **Passer l'arme à gauche** [fam.], mourir. ◆ n.f. pl. **1.** Pratique de l'escrime (épée, fleuret, sabre) : *Salle, maître d'armes.* **2.** HÉRALD. Armoiries : *Les armes de Montpellier.* **3.** (Précédé de l'art. déf.). Carrière militaire. ▪ **Faire ses premières armes,** débuter dans la carrière militaire ; fig., débuter dans une carrière, une activité. ▪ **Fait d'armes,** exploit militaire ; acte de bravoure. ▪ **Passer par les armes,** fusiller. ▪ **Prise d'armes,** cérémonie militaire rassemblant les troupes.

1. ARMÉ, E adj. **1.** Muni d'une arme, d'armes : *Un groupe armé a attaqué le caissier.* **2.** CONSTR. Renforcé par une armature : *Béton, verre armé.*

2. ARMÉ n.m. Position d'une arme prête à tirer.

ARMÉE n.f. **1.** Ensemble des forces militaires d'un État : *L'armée française. Armée de l'air.* **2.** MIL. Ensemble des hommes réunis sous un commandement militaire unique en vue d'opérations déterminées : *L'armée d'Italie.* **3.** MIL. Grande unité terrestre groupant plusieurs divisions : *Général d'armée.* **4.** Grande quantité de personnes ; armada : *Une armée de touristes.* ▪ **Armée mexicaine** [fam.], organisation dont le fonctionnement est entravé par une hiérarchie pléthorique. ▪ **Armée rouge,** v. partie n.pr. ▪ **La Grande Armée** [mil.], celle de Napoléon Ier.

ARMEMENT n.m. **1.** Action de pourvoir en armes : *L'armement des recrues, d'un bastion.* **2.** Ensemble des armes dont est équipé qqn, qqch : *Renouveler l'armement d'une compagnie, d'un char.* **3.** (Souvent pl.). Ensemble des moyens dont dispose un État pour assurer sa sécurité : *La course aux armements.* **4.** Étude et technique du fonctionnement des armes : *Un cours d'armement.* **5.** MAR. Action de munir un navire de ce qui est nécessaire à son fonctionnement et à sa sécurité. **6.** MAR. Exploitation commerciale d'un navire, à titre de propriétaire ou de locataire ; entreprise d'un armateur.

➲ L'électronique, les systèmes d'information, de détection et de guidage permettent à présent de mettre en service des **ARMEMENTS** très performants. Les armes sont regroupées en « systèmes d'armes », en raison de la diversité des composantes qui entrent dans leur environnement et concourent à leur fonctionnement. Les armements conventionnels recouvrent l'ensemble des moyens classiques, terrestres, aériens ou maritimes. Les armes de destruction massive se distinguent des armements conventionnels. Il s'agit des armes nucléaires, biologiques ou chimiques (NBC). Les armes nucléaires ont joué un rôle majeur pendant la guerre froide en favorisant l'émergence du concept de dissuasion, spécialement après la mise au point de missiles balistiques (crise de Cuba, 1962). La menace qu'elles représentent à l'échelle mondiale a conduit à élaborer le traité sur la non-prolifération des armes nucléaires (TNP), entré en vigueur en 1970 et signé auj. par quelque 190 États.

ARMÉNIEN, ENNE adj. et **n.** De l'Arménie ; de ses habitants. ◆ **n.m.** Langue indo-européenne parlée par les Arméniens. ➲ Elle s'écrit depuis le début du Vᵉ s. à l'aide d'un alphabet propre, et selon trois normes littéraires : classique, qui eut le monopole de l'écrit jusqu'au XIXᵉ s., occidentale (Turquie et diaspora) et orientale (Arménie et Iran).

ARMER v.t. [3] (lat. *armare*). **1.** Pourvoir d'armes : *Armer des volontaires, un pays.* **2.** Lever et équiper des troupes : *Armer cent mille hommes.* **3.** Fig. Donner à qqn les moyens d'affronter une situation : *Cette maladie l'a armé contre la douleur.* **4.** Placer une arme à feu en position d'armé. **5.** Procéder à l'armement d'un navire. **6.** Mettre un mécanisme en position de déclenchement : *Armer un appareil photo.* ◆ **S'ARMER v.pr. (DE).** Se munir de : *S'armer d'un bâton* ; faire provision de : *Armez-vous de patience.*

ARMET n.m. Casque en métal, en usage du XVᵉ au XVIIᵉ s.

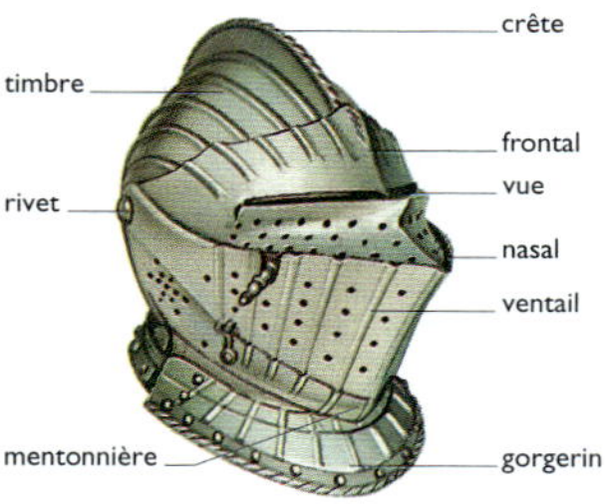

▲ **armet**

1. ARMILLAIRE [armilɛr] **adj.** (du lat. *armilla,* bracelet). **ASTRON.** ▪ **Sphère armillaire,** assemblage de cercles figurant les mouvements apparents des astres et au centre desquels un globe représente la Terre, utilisé autref. comme instrument pédagogique ou décoratif.

2. ARMILLAIRE [armilɛr] **n.f.** Champignon parasite des racines des arbres. ➲ Classe des basidiomycètes.

ARMISTICE n.m. (du lat. *arma,* armes, et *sistere,* arrêter). Convention par laquelle des belligérants suspendent les hostilités sans mettre fin à l'état de guerre : *L'armistice du 11 novembre 1918.*

ARMOIRE n.f. (lat. *armarium*). **1.** Meuble de rangement, à tablettes, fermé par des portes : *Armoire à pharmacie.* **2.** Québec. Placard : *Armoires de cuisine.* ▪ **Armoire frigorifique,** grand réfrigérateur ou congélateur vertical à porte, parfois vitrée. ▪ **Armoire normande** ou **à glace** [fam.], personne de forte carrure.

ARMOIRIES n.f. pl. (de l'anc. fr. *armoier,* orner d'armes héraldiques). **HÉRALD.** Ensemble des signes, devises et ornements de l'écu d'un territoire ou d'une famille (SYN. **armes, blason**). [V. planche *héraldique*.]

ARMOISE n.f. (du lat. *artemisia,* plante d'Artémis). Plante aromatique des régions tempérées, dont plusieurs espèces sont cultivées (armoise commune, génépi, absinthe, estragon). ➲ Famille des composées.

ARMORIAL, E, AUX adj. Relatif aux armoiries. ◆ **n.m.** Recueil des armoiries d'une province ou d'une famille.

ARMORICAIN, E adj. et **n.** De l'Armorique. ◆ **adj.** ▪ **Homard à l'armoricaine** → **HOMARD.** ▪ **Le Massif armoricain,** v. partie n.pr.

ARMORIER v.t. [5]. Orner d'armoiries.

ARMURE n.f. (lat. *armatura*). **1.** Ensemble des pièces protectrices qui recouvraient le corps de l'homme d'armes au Moyen Âge. **2.** Fig. Moyen de protection : *Une armure de dédain.* **3. TEXT.** Mode d'entrecroisement des fils de chaîne et de trame d'un tissu : *Armure toile, sergé.* **4. MUS.** Armature.

ARMURERIE n.f. Atelier, magasin d'armurier.

ARMURIER n.m. 1. Celui qui fabrique, répare ou vend des armes. **2. MIL.** Celui qui est chargé de l'entretien des armes.

ARN ou **A.R.N.** [aɛrɛn] **n.m.** (sigle). Acide ribonucléique, formé d'une seule chaîne de nucléotides, indispensable à la synthèse des protéines à partir du programme génétique porté par l'ADN. ➲ Il existe trois variétés d'ARN : *l'ARN messager, l'ARN de transfert* et *l'ARN ribosomique.*

ARNAQUE n.f. Fam. Escroquerie ; tromperie.

ARNAQUER v.t. [3] (du picard *harnacher,* travestir). Fam. Tromper qqn, souvent pour le voler : *Arnaquer un client.*

ARNAQUEUR, EUSE n. Fam. Personne qui arnaque.

ARNICA n.m. ou **n.f.** (du gr. *ptarmica,* plante sternutatoire). **1.** Plante vivace des montagnes, très toxique, à fleurs jaunes ressemblant à des marguerites. ➲ Famille des composées. **2.** Teinture extraite de cette plante, utilisée traditionnellement en usage externe contre les contusions.

AROBASE ou **ARROBE n.f.** (orig. incert.). **IMPRIM., INFORM.** Caractère typographique @, utilisé dans les adresses de courrier électronique.

✎ On trouve aussi ***un arobas.***

AROLLE ou **AROLE n.m.** Suisse. Espèce de pin (*Pinus cembro*) qui croît dans les Alpes.

AROMATE n.m. Substance végétale odoriférante utilisée en médecine, en parfumerie ou en cuisine.

AROMATHÉRAPIE n.f. Partie de la phytothérapie qui utilise les huiles essentielles.

AROMATICIEN, ENNE n. Professionnel qui crée ou reconstitue les saveurs, arômes ou senteurs de divers produits (alimentaires, cosmétiques, etc.).

1. AROMATIQUE adj. De la nature des aromates ; qui en a le parfum, le goût.

2. AROMATIQUE n.m. et **adj. CHIM. ORG.** Molécule organique dotée d'une grande stabilité due à la circulation d'électrons autour de cycles génércarbonés. ➲ Le benzène et les hydrocarbures benzéniques, l'azulène sont des molécules aromatiques.

AROMATISANT, E adj. et **n.m.** Se dit d'une substance qui sert à aromatiser.

AROMATISATION n.f. 1. Action d'aromatiser. **2. CHIM. ORG.** Réaction par laquelle un composé organique est transformé par déshydrogénation en composé aromatique.

AROMATISER v.t. [3]. Parfumer avec une substance aromatique : *Aromatiser une compote avec de la cannelle.*

ARÔME n.m. (du gr. *arôma,* parfum). Émanation qui s'exhale de certaines substances végétales ou animales : *L'arôme du café frais.*

ARONDE n.f. (lat. *hirundo*). Vx. Hirondelle. ▪ **À** ou **en queue d'aronde,** en forme de queue d'hirondelle, plus large à une extrémité qu'à l'autre. ▪ **Assemblage à queue d'aronde,** dans lequel le tenon et la mortaise ont cette forme.

ARPÈGE n.m. (de l'ital. *arpeggio,* jeu de la harpe). **MUS.** Accord exécuté en jouant successivement les notes.

ARPÉGER v.t. [15], ▲ *[15*].* **MUS.** ▪ **Arpéger un accord,** l'exécuter en arpège (par oppos. à *plaquer*).

ARPENT n.m. (du gaul.). Ancienne mesure agraire divisée en 100 perches et variable suivant les régions (de 35 à 50 ares).

ARPENTAGE n.m. Évaluation de la superficie des terres selon les méthodes de la topographie ; ensemble de ces méthodes.

ARPENTER v.t. [3]. 1. Mesurer la superficie d'un terrain. **2.** Parcourir à grands pas : *Il arpentait impatiemment son bureau.*

ARPENTEUR n.m. Spécialiste des levés de terrain. (Dénomination remplacée par celle de *géomètre topographe.*)

ARPENTEUSE n.f. et **adj.f. ENTOMOL.** Chenille de la phalène (papillon géomètre*), qui, pour progresser, replie son corps d'une manière telle qu'elle donne l'impression de mesurer le chemin qu'elle parcourt.

ARPÈTE ou **ARPETTE n.** (de l'all. *Arbeiter,* travailleur). Fam., vieilli. Jeune apprenti.

ARPION n.m. Arg. Pied.

ARQUÉ, E adj. Courbé en arc : *Jambes arquées.*

ARQUEBUSADE n.f. Décharge d'arquebuse.

ARQUEBUSE n.f. (de l'all. *Hâkenbüchse*). Anc. Arme d'épaule, en usage en France de la fin du XVᵉ s. au début du XVIIᵉ s., dont la mise à feu se faisait au moyen d'une mèche ou d'un rouet.

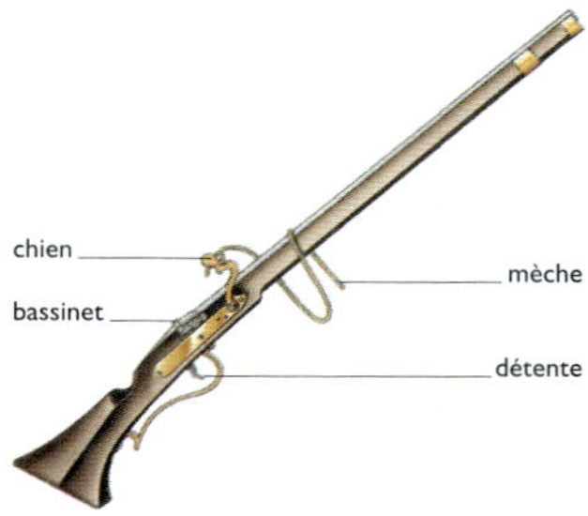

▲ **arquebuse** à mèche (XVIᵉ s.).

ARQUEBUSIER n.m. HIST. Soldat armé d'une arquebuse.

ARQUER [arke] **v.t. [3]** (lat. *arquare*). Courber en arc : *Arquer une pièce de bois.* ◆ **v.i.** ▪ **Ne plus pouvoir arquer** [arg.], ne plus pouvoir marcher sous l'effet de la fatigue.

ARRACHAGE n.m. Action d'arracher qqch : *L'arrachage de la vigne.*

À L'ARRACHE loc. adv. Fam. **1.** Sous la contrainte du temps et de la nécessité : *Le ministre a fait voter la loi à l'arrache.* **2.** En se débrouillant : *Vidéo réalisée à l'arrache* ; au gré des circonstances : *Des jeunes qui vivent à l'arrache.*

▲ **armures** du XIIᵉ et du XIVᵉ s.

ARRACHÉ n.m. Exercice d'haltérophilie consistant à soulever la barre d'un seul mouvement continu au-dessus de la tête, au bout d'un ou des deux bras tendus. ▪ **À l'arraché** [fam.], grâce à un effort violent, et souvent de justesse : *Victoire remportée à l'arraché.*

ARRACHE-CLOU n.m. (pl. *arrache-clous*). Outil servant à arracher les clous.

ARRACHEMENT n.m. 1. Action d'arracher, d'enlever brusquement : *L'arrachement des arbres brisés par la tempête.* **2.** Séparation brutale, moralement douloureuse ; déchirement : *Le départ de son frère a été un arrachement.* **3.** Petit glissement de terrain.

D'ARRACHE-PIED, ▲ *D'ARRACHEPIED* **loc. adv.** Avec acharnement et persévérance : *Les négociateurs ont discuté d'arrache-pied.*

ARRACHER v.t. [3] (du lat. *eradicare*, déraciner). **1.** Enlever avec effort ce qui tient à autre chose : *Arracher des mauvaises herbes. Arracher une affiche du mur.* **2.** Prendre par la force : *Ils lui ont arraché son portable.* **3.** Obtenir avec peine, de force ou par ruse ; soutirer : *Arracher une promesse à qqn.* **4.** Provoquer une réaction : *La douleur lui arracha des larmes.* **5. (À).** Fig. Faire sortir d'un état, d'une occupation : *La sonnette l'arracha à sa rêverie. Impossible de l'arracher à son travail.* ◆ **S'ARRACHER v.pr. 1. (DE, À).** S'éloigner, quitter à regret ; se soustraire avec peine : *S'arracher de son fauteuil, à ses pensées.* **2.** Fam. Se disputer la compagnie de qqn, la possession de qqch : *On s'arrache cette animatrice, son dernier DVD.* ▪ **S'arracher les cheveux** [fam.], être désespéré.

ARRACHEUR, EUSE n. Personne qui arrache qqch. ▪ **Mentir comme un arracheur de dents** [fam.], effrontément.

ARRACHEUSE n.f. Machine agricole destinée à l'arrachage des plantes à tubercules (pommes de terre) ou à fortes racines (betteraves).

ARRAISONNEMENT n.m. Action d'arraisonner un navire, un avion.

ARRAISONNER v.t. [3] (de *raison*). **1.** Arrêter en mer un navire et contrôler son état sanitaire, sa cargaison, l'identité de son équipage, etc. **2.** Contrôler en vol un avion.

ARRANGEABLE adj. Que l'on peut arranger.

ARRANGEANT, E adj. Avec qui on s'arrange facilement ; accommodant : *Un responsable de service arrangeant.*

ARRANGEMENT n.m. 1. Action de disposer des choses d'une certaine manière ; manière dont qqch est arrangé : *Modifier l'arrangement des meubles.* **2.** Accord amiable conclu entre deux parties ; compromis : *Trouver un arrangement avec un adversaire.* **3. MUS.** Transformation d'une œuvre écrite pour certaines voix, certains instruments ou ensembles, en vue de son exécution par des voix, des instruments ou des ensembles différents. ▪ **Arrangement d'ordre *p* d'un ensemble de cardinal *n*** [math.], groupement ordonné de *p* éléments, tous distincts, pris dans cet ensemble. [On dit aussi *arrangement de* n *objets pris* p *à* p. Le nombre de ces arrangements est $A_n^p = n(n-1)\ldots(n-p+1)$.]

ARRANGER v.t. [10]. 1. Mettre en ordre ; disposer harmonieusement : *Arranger des bibelots sur une étagère.* **2.** Mettre ou remettre en ordre, en place, en état, en conformité : *Arranger sa coiffure. Arranger un programme scolaire pour des enfants en difficulté.* **3.** Procéder à l'arrangement d'une œuvre musicale. **4.** Régler de manière satisfaisante : *Arranger un litige entre copropriétaires.* **5.** Fixer les modalités de qqch ; organiser : *Arranger une entrevue entre deux ministres.* **6.** Convenir à qqn ; satisfaire : *Ce changement de date m'arrange.* **7.** Fam. Dire du mal de qqn : *La critique l'a drôlement arrangé !* ◆ **S'ARRANGER v.pr. 1.** Se mettre d'accord ; s'entendre : *Arrangez-vous avec son assistant.* **2.** Évoluer favorablement ; bien finir : *La situation s'est arrangée.* **3. (POUR).** Prendre des dispositions en vue de qqch : *Arrange-toi pour venir ce soir.* **4. (DE).** Se contenter de qqch, malgré les inconvénients ; s'accommoder : *Le délai est court, mais on s'en arrangera.*

ARRANGEUR, EUSE n. Musicien qui fait un arrangement musical.

ARRÉRAGES n.m. pl. (de *1. arrière*). **DR. 1.** Intérêts versés au titulaire d'une rente ou d'une pension. **2.** Ce qui reste dû d'une rente ou d'un revenu.

ARRESTATION n.f. Action d'arrêter qqn par autorité de justice ou de police ; résultat de cette action : *Ils sont en état d'arrestation.*

ARRÊT n.m. 1. Action d'arrêter, de s'arrêter : *L'arrêt des cours a lieu en juin. Ne pas descendre avant l'arrêt complet du train.* **2.** Endroit où s'arrête un véhicule de transport public : *Le prochain arrêt.* **3. TECHN.** Pièce destinée à limiter la course d'un élément mobile. **4. DR.** Décision rendue par une juridiction supérieure : *Arrêt de la Cour de cassation.* ▪ **Arrêt de travail,** interruption du travail pour une période de congé ou pour une raison physiologique (maladie, maternité, accident). ▪ **Arrêt de volée,** au rugby, réception du ballon provenant de l'adversaire par un joueur situé sur la ligne des 22 m de son équipe ou en arrière de cette ligne, qui crie « marque » pour indiquer son intention d'arrêter le jeu. ▪ **Arrêt (de) maladie,** interruption de travail due à un accident de santé. ▪ **Chien d'arrêt,** qui s'immobilise quand il sent le gibier. ▪ **Coup d'arrêt,** interruption brutale imposée à un mouvement, un processus : *Ce scandale a mis un coup d'arrêt à sa carrière.* ▪ **Être** ou **tomber en arrêt devant qqch,** rester immobile sous l'effet de la surprise, de la convoitise, etc. ▪ **Maison d'arrêt,** prison où sont incarcérés les personnes placées en détention provisoire et les condamnés à une courte peine. ▪ **Sans arrêt,** continuellement ; sans relâche. ◆ **n.m. pl. MIL.** Punition infligée à un militaire, l'astreignant à rester en dehors du service en un lieu déterminé : *Mettre qqn aux arrêts.* ▪ **Arrêts de rigueur** [mil., anc.], sanction privative de liberté subie en totalité dans un local dit *d'arrêts.*

1. ARRÊTÉ n.m. Décision exécutoire de certaines autorités administratives : *Arrêté municipal, préfectoral.* ▪ **Arrêté de compte** [banque], opération consistant à déterminer la position du solde d'un compte.

2. ARRÊTÉ, E adj. Qui a été décidé de façon irrévocable : *Elle a des idées bien arrêtées sur ce sujet.*

ARRÊTE-BŒUF n.m. inv., ▲ *n.m. (pl. arrête-bœufs).* **BOT.** Bugrane.

ARRÊTER v.t. [3] (du lat. *restare*, rester). **1.** Empêcher d'avancer, d'agir : *Une barrière arrête les vélos ;* interrompre le mouvement, la marche, le fonctionnement, le déroulement de : *Pommade qui arrête les saignements de nez. On n'arrête pas le progrès.* **2.** Appréhender qqn et le retenir prisonnier. **3.** Décider qqch de façon définitive ; fixer : *Arrêter la conduite à tenir.* **4. (DE)** [+ inf.]. Ne pas poursuivre une activité, une action : *Elle a arrêté de fumer il y a cinq ans.* **5. COUT.** Nouer les fils de ; maintenir au moyen d'un point ou d'une série de points : *Arrêter une couture, les mailles d'un tricot.* ▪ **Arrêter son regard, sa pensée sur qqn, qqch,** y prêter attention ; s'y attarder. ▪ **Ne pas arrêter de** (+ inf.), faire qqch de manière répétitive : *Il n'arrête pas de se plaindre.* ◆ **v.i. 1.** Cesser d'avancer, de faire qqch : *Ne crie pas comme ça, arrête !* **2. CHASSE.** Se tenir immobile, en parlant d'un chien d'arrêt qui a senti le gibier. ◆ **S'ARRÊTER v.pr. 1.** Cesser d'avancer, de fonctionner : *Ma montre s'est arrêtée.* **2.** Ne pas aller au-delà d'un certain point ; se terminer : *Le roman s'arrête à la veille de la guerre.*

ARRHES [ar] **n.f. pl.** (du lat. *arrha*, gage). Somme d'argent remise par l'une des parties à la conclusion d'un contrat, pour en assurer l'exécution : *Verser des arrhes pour réserver une chambre.*

ARRIÉRATION n.f. Vieilli. ▪ **Arriération intellectuelle** ou **mentale,** déficience intellectuelle importante.

1. ARRIÈRE adv. (du lat. *ad*, vers, et *retro*, en arrière). Du côté opposé ; en sens contraire : *Avoir le vent arrière.* ▪ **En arrière,** dans le sens opposé à celui vers lequel on regarde : *Regarder en arrière ;* à une certaine distance derrière : *Rester en arrière ;* à une période antérieure : *Le narrateur revient en arrière.* ▪ **Faire machine** ou **marche arrière,** revenir sur ce que l'on a dit ; rabattre de ses prétentions. ◆ **adj. inv.** Situé dans la partie postérieure : *Les roues arrière d'un véhicule.* ◆ **interj.** ▪ **Arrière !,** reculez ! : *Arrière, laissez passer !* ◆ **EN ARRIÈRE DE loc. prép.** Derrière.

2. ARRIÈRE n.m. 1. Partie postérieure : *L'arrière d'un véhicule, d'un navire.* **2. MIL.** Zone en dehors des combats, en temps de guerre (CONTR. **front**). ◆ **n.m. pl. 1. MIL.** Zone située derrière la ligne de front et par laquelle une armée assure son ravitaillement et ses communications. **2.** Base sûre à partir de laquelle on développe ses activités : *Assurer ses arrières.* ◆ **n. SPORTS.** Joueur placé près de son but et qui participe notamm. à sa défense, dans les sports d'équipe.

1. ARRIÉRÉ, E adj. 1. Péjor. En retard sur son époque : *Des idées arriérées.* **2.** Péjor. Dont le développement est en retard : *Région arriérée.* **3.** Qui demeure impayé : *Dette arriérée.* ◆ **adj. et n.** Vx. Qui est atteint d'une arriération intellectuelle.

2. ARRIÉRÉ n.m. 1. Somme qui n'a pas été payée à la date convenue : *Payer des intérêts sur les arriérés.* **2.** Retard dans un domaine quelconque : *Un arriéré de travail.*

ARRIÈRE-BAN n.m. (pl. *arrière-bans*). **HIST.** Pouvoir de commandement exercé par le suzerain sur ses arrière-vassaux.

ARRIÈRE-BEC n.m. (pl. *arrière-becs*). **CONSTR.** Saillie d'une pile de pont, du côté de l'aval, destinée à faciliter l'écoulement de l'eau.

ARRIÈRE-BOUCHE n.f. (pl. *arrière-bouches*). **ANAT.** Partie postérieure de la bouche, qui communique avec le nez par les choanes, avec les oreilles par les trompes d'Eustache, avec l'estomac par l'œsophage et avec les poumons par le larynx.

ARRIÈRE-BOUTIQUE n.f. (pl. *arrière-boutiques*). Pièce située derrière une boutique.

ARRIÈRE-CHŒUR [-kœr] **n.m.** (pl. *arrière-chœurs*). Chœur situé derrière le maître-autel où, dans une église conventuelle, les religieux cloîtrés sont isolés des laïques.

ARRIÈRE-CORPS n.m. inv. ARCHIT. Partie d'un bâtiment en retrait de l'alignement principal.

ARRIÈRE-COUR n.f. (pl. *arrière-cours*). Cour située à l'arrière d'un bâtiment.

ARRIÈRE-COUSIN, E n. (pl. *arrière-cousins, es*). Cousin à un degré éloigné.

ARRIÈRE-CUISINE n.f. (pl. *arrière-cuisines*). Petite pièce située derrière une cuisine.

ARRIÈRE-FOND n.m. (pl. *arrière-fonds*). Ce qu'il y a de plus profond, de plus secret chez qqn : *Un arrière-fond de tristesse.*

ARRIÈRE-GARDE n.f. (pl. *arrière-gardes*). Détachement de sûreté agissant en arrière d'une troupe en marche pour la couvrir et la renseigner. ▪ **Combat d'arrière-garde,** mené en vain pour empêcher des changements inéluctables.

ARRIÈRE-GORGE n.f. (pl. *arrière-gorges*). **ANAT.** Partie du pharynx située derrière les amygdales (SYN. **oropharynx**).

ARRIÈRE-GOÛT (pl. *arrière-goûts*), ▲ **ARRIÈRE-GOUT** *(pl. arrière-gouts)* **n.m. 1.** Goût que laisse à la bouche un mets, une boisson et qui diffère de ce que l'on avait d'abord senti : *Ce vin a un arrière-goût de bouchon.* **2.** Fig. Sentiment qui subsiste après le fait qui l'a provoqué : *Un arrière-goût d'amertume.*

ARRIÈRE-GRAND-MÈRE n.f. (pl. *arrière-grands-mères*). Mère du grand-père ou de la grand-mère.

ARRIÈRE-GRAND-ONCLE n.m. (pl. *arrière-grands-oncles*). Frère de l'arrière-grand-père ou de l'arrière-grand-mère.

ARRIÈRE-GRAND-PÈRE n.m. (pl. *arrière-grands-pères*). Père du grand-père ou de la grand-mère.

ARRIÈRE-GRANDS-PARENTS n.m. pl. Le père et la mère des grands-parents.

ARRIÈRE-GRAND-TANTE n.f. (pl. *arrière-grands-tantes*). Sœur de l'arrière-grand-père ou de l'arrière-grand-mère.

ARRIÈRE-MAIN n.f. (pl. *arrière-mains*). Partie postérieure d'un animal, notamm. du cheval, comprenant la croupe et les membres postérieurs.

ARRIÈRE-NEVEU, ARRIÈRE-NIÈCE n. (pl. *arrière-neveux, arrière-nièces*). Petit-neveu ; petite-nièce.

ARRIÈRE-PAYS n.m. inv. Région située en arrière des côtes, à l'intérieur (par oppos. à *littoral*) ; hinterland : *L'arrière-pays niçois.*

ARRIÈRE-PENSÉE n.f. (pl. *arrière-pensées*). Pensée, intention que l'on ne manifeste pas : *Ce revirement cache une arrière-pensée.*

ARRIÈRE-PETIT-FILS, ARRIÈRE-PETITE-FILLE n. (pl. *arrière-petits-fils, arrière-petites-filles*). Fils, fille du petit-fils ou de la petite-fille.

ARRIÈRE-PETIT-NEVEU, ARRIÈRE-PETITE-NIÈCE n. (pl. *arrière-petits-neveux, arrière-petites-nièces*). Fils, fille d'un petit-neveu, d'une petite-nièce.

ARRIÈRE-PETITS-ENFANTS n.m. pl. Enfants du petit-fils, de la petite-fille.

ARRIÈRE-PLAN n.m. (pl. *arrière-plans*). Plan le plus reculé dans un paysage, un tableau, une photographie (par oppos. à *premier plan*). ▪ **À l'arrière-plan,** dans une position secondaire : *Reléguer qqn à l'arrière-plan.*

ARRIÈRE-PORT n.m. (pl. *arrière-ports*). Partie d'un port la plus éloignée de l'entrée.

ARRIÉRER v.t. [11], ▲ *[11*]*. Reporter un paiement.

ARRIÈRE-SAISON n.f. (pl. *arrière-saisons*). Période qui termine la belle saison ; fin de l'automne : *Ici, les arrière-saisons sont froides.*

ARRIÈRE-SALLE n.f. (pl. *arrière-salles*). Salle située derrière la salle principale.

ARRIÈRE-TRAIN n.m. (pl. *arrière-trains*). Partie postérieure du corps d'un quadrupède.

ARRIÈRE-VASSAL n.m. (pl. *arrière-vassaux*). HIST. Vassal d'un seigneur, lui-même vassal d'un autre seigneur.

ARRIMAGE n.m. Action d'arrimer ; son résultat.

ARRIMER v.t. [3] (du moyen angl. *rimen*, arranger). Disposer méthodiquement et fixer solidement le chargement d'un navire, d'un véhicule, d'un avion.

ARRIMEUR n.m. Docker qui arrime les marchandises à bord des navires.

ARRISER v.t. [3] → **ARISER.**

ARRIVAGE n.m. Arrivée de marchandises, de matériel, par un moyen de transport quelconque ; ces marchandises elles-mêmes : *Attendre un nouvel arrivage d'écrans plats.*

ARRIVANT, E n. Personne qui arrive quelque part : *Les derniers arrivants.*

ARRIVÉ, E adj. **1.** Parvenu à destination : *Nous voici arrivés.* **2.** Qui a réussi socialement : *Un homme arrivé.*

ARRIVÉE n.f. Action d'arriver ; moment ou lieu précis de cette action : *L'arrivée des coureurs du marathon. Attendre l'arrivée du printemps.* ▪ **Arrivée d'air, d'essence, etc.,** alimentation en air, essence, etc. ; canalisation, ouverture par laquelle se fait cette alimentation.

ARRIVER v.i. [3] (auxil. *être*) [du lat. *ripa*, rive]. **1.** Parvenir à destination, au terme de sa route : *Après plusieurs mois en mer, la navigatrice est enfin arrivée.* **2.** Venir d'un lieu : *Cette lettre arrive de Rome. L'eau arrive par ce tuyau.* **3.** Atteindre une certaine taille, un certain niveau : *Il lui arrive à l'épaule.* **4.** Atteindre, aborder un état, une étape : *Arriver à l'âge de la retraite.* **5.** Réussir à obtenir qqch : *Je suis arrivée à le convaincre* ; parvenir à faire qqch : *Arriver à traverser à la nage.* **6.** Réussir socialement : *Vouloir arriver à tout prix.* **7.** Se produire ; avoir lieu : *Tout peut arriver.* ▪ **En arriver à** (+ n.), aborder un nouveau point : *J'en arrive à la conclusion.* ▪ **En arriver à** (+ inf.), aboutir à tel sentiment, comportement : *J'en arrive à douter de moi-même.* ◆ **v. impers. 1.** Se produire ; survenir : *Il est arrivé un drame.* **2.** Se produire parfois : *Il arrive qu'il neige à cette saison. Il m'arrive de le revoir.*

ARRIVISME n.m. Comportement de l'arriviste.

ARRIVISTE n. et adj. Péjor. Personne qui veut réussir à tout prix ; ambitieux sans scrupules.

ARROBE n.f. → **AROBASE.**

ARROCHE n.f. (du gr. *atraphaxus*). Plante à feuilles triangulaires dont une espèce est comestible. ➲ Famille des chénopodiacées. ▪ **Arroche puante,** vulvaire.

ARROGAMMENT adv. Avec arrogance.

ARROGANCE n.f. Attitude hautaine, méprisante : *Il nous a dévisagés avec arrogance.*

ARROGANT, E adj. et n. (du lat. *arrogans*, revendiquant). Qui manifeste de l'arrogance ; hautain.

S'ARROGER v.pr. [10] (du lat. *arrogare*, demander pour soi). S'attribuer indûment : *Ils se sont arrogé des pouvoirs excessifs. Les privilèges qu'il s'est arrogés.*

✎ *S'arroger* ne s'accorde qu'avec le complément d'objet.

ARROI n.m. Litt. Équipage accompagnant un grand personnage : *Arriver en grand arroi.*

ARRONDI, E adj. Qui présente une forme ronde : *La surface arrondie d'une loupe.* ◆ **adj.** et **n.f.** PHON. Se dit d'une voyelle articulée avec les lèvres poussées en avant : *Le son* [y] *dans* rue. ◆ **n.m. 1.** Partie, ligne arrondie : *L'arrondi des joues.* **2.** AÉRON. Manœuvre finale d'atterrissage permettant d'amener l'avion tangentiellement au sol. **3.** MATH. Lors d'un calcul, valeur approchée que l'on prend d'un nombre, le plus proche possible de sa valeur exacte pour une précision déterminée (par oppos. à *troncature*) : *2,5 est un arrondi de 2,47 au dixième près.*

ARRONDIR v.t. [21]. **1.** Donner une forme ronde, courbe à : *La danseuse arrondit son dos.* **2.** Fig. Augmenter la surface, la valeur de ; agrandir : *Arrondir une propriété, un portefeuille d'actions.* **3.** MATH. Effectuer un arrondi sur une valeur numérique. ▪ **Arrondir une jupe,** en égaliser l'ourlet. ◆ **S'ARRONDIR** v.pr. Devenir plus rond ; augmenter en valeur, en surface.

1. ARRONDISSEMENT n.m. En France, subdivision administrative des départements et de certaines grandes villes.

2. ARRONDISSEMENT n.m. MATH. Fait d'arrondir une somme, un total.

ARRONDISSURE n.f. IMPRIM. Opération consistant à arrondir le dos d'un livre à relier.

ARROSABLE adj. Que l'on peut arroser.

ARROSAGE n.m. Action d'arroser.

ARROSÉ, E adj. **1.** Qui reçoit de l'eau, des précipitations : *Une région très arrosée.* **2.** Parcouru par un cours d'eau : *Pays arrosé par le Nil.* **3.** Fam. Accompagné de vin, d'alcool : *Repas bien arrosé.* ▪ **Café arrosé,** mêlé d'alcool.

ARROSER v.t. [3] (du lat. *ros, roris*, rosée). **1.** Mouiller en répandant de l'eau ou un liquide : *Arroser des plantes. Les pompiers arrosent les bâtiments voisins.* **2.** Couler à travers : *Le Danube arrose Vienne.* **3.** Répandre abondamment qqch sur : *Les enfants nous arrosaient de confettis.* **4.** Bombarder longuement et méthodiquement : *Arroser les lignes ennemies.* **5.** Servir avec du vin, de l'alcool : *Arroser un repas.* **6.** Fam. Fêter un événement en offrant à boire : *Il faut arroser ce succès.* **7.** Fam. Verser de l'argent à qqn en échange d'un service : *Arroser un personnage influent.* ◆ **S'ARROSER** v.pr. ▪ **Ça s'arrose** [fam.], c'est un événement qui se fête en buvant qqch.

ARROSEUR n.m. **1.** Employé qui arrose les rues. **2.** Appareil utilisé pour irriguer les cultures. ▪ **L'arroseur arrosé** [fam.], celui qui est victime de ses propres machinations.

ARROSEUSE n.f. Véhicule destiné à l'arrosage des rues.

ARROSOIR n.m. Récipient portatif servant à l'arrosage des plantes.

ARROW-ROOT [arorut] n.m. (pl. *arrow-roots*) [mot angl., de *arrow*, flèche, et *root*, racine]. Fécule comestible extraite des rhizomes ou des bulbes de diverses plantes tropicales.

ARROYO [arɔjo] n.m. (mot esp.). GÉOMORPH. Chenal ordinairement à sec, transformé en torrent temporaire après les pluies, dans les pays tropicaux.

ARS [ar(s)] n.m. (du lat. *armus*, épaule). Point d'union de l'avant-bras du cheval avec le poitrail.

ARSENAL n.m. (ital. *arsenale*, de l'ar.). **1.** Centre de construction et d'entretien des navires de guerre : *L'arsenal de Toulon.* **2.** Anc. Fabrique d'armes et de matériel militaire. **3.** Grande quantité d'armes : *La police a découvert des arsenaux clandestins.* **4.** Fig. Ensemble de moyens d'action, de lutte : *L'arsenal des lois. Arsenal répressif.* **5.** Équipement ; attirail : *L'arsenal d'un randonneur.*

ARSÉNIATE n.m. CHIM. MINÉR. Sel de l'acide arsénique.

ARSENIC n.m. (du gr. *arsenikon*). **1.** Corps simple de couleur grise, à l'éclat métallique, de densité 5,7, se sublimant vers 450 °C en répandant une odeur d'ail. **2.** Élément chimique (As), de numéro atomique 33, de masse atomique 74,9216. ▪ **Arsenic blanc,** anhydride arsénieux*, utilisé comme poison.

ARSENICAL, E, AUX ou **ARSÉNIÉ, E** adj. Qui contient de l'arsenic.

ARSÉNIEUX adj.m. ▪ **Anhydride arsénieux,** oxyde d'arsenic (As_2O_3), très toxique, aussi appelé *arsenic blanc.*

ARSÉNIQUE adj.m. ▪ **Acide arsénique,** acide H_3AsO_4. ▪ **Anhydride arsénique,** anhydride As_2O_5.

ARSÉNITE n.m. Sel de l'acide arsénieux.

ARSÉNIURE n.m. Combinaison de l'arsenic avec un corps simple.

ARSINE n.f. CHIM. MINÉR. Corps dérivé de l'arséniure d'hydrogène AsH_3 par substitution de groupements carbonés à l'hydrogène.

ARSOUILLE n.m. ou n.f. Fam. **1.** Vieilli. Voyou. **2.** Belgique. Enfant espiègle.

ART n.m. (lat. *ars, artis*). **1.** Aptitude, habileté à faire qqch : *Avoir l'art de trouver les mots qui réconfortent.* **2.** Ensemble des moyens, des procédés, des règles intéressant une activité, une profession ; activité, conduite considérée comme un ensemble de règles à observer : *Art militaire. Art culinaire.* **3.** Création d'objets ou de mises en scène spécifiques destinés à produire chez l'homme un état de sensibilité plus ou moins lié au plaisir esthétique : *Les grands créateurs d'art. L'art plastique* ; ensemble des œuvres artistiques d'un pays, d'une époque : *L'art japonais. L'art précolombien.* **4.** Chacun des domaines où s'exerce la création esthétique, artistique : *Le tag est-il un nouvel art ?* **5.** Manière de faire qui manifeste un sens esthétique : *Cuisinier qui présente ses plats avec art.* ▪ **Art(s) déco,** style mis en vedette en 1925 par l'« Exposition internationale des arts décoratifs et industriels modernes » de Paris, mais dont les fondements sont antérieurs à la Première Guerre mondiale. (V. planche *Art déco*.) ▪ **Art et essai,** label de qualité décerné, en France, par le Centre national de la cinématographie à des salles de cinéma qui programment des films de valeur reconnue. ▪ **Art nouveau,** mouvement de rénovation des arts décoratifs et de l'architecture survenu en Occident dans la dernière décennie du XIXᵉ s. (SYN. **modern style**). [V. planche *Art nouveau*.] ▪ **Art poétique,** ouvrage ou pièce poétiques proposant des règles ou des préceptes permettant de bien écrire. ▪ **Art urbain** → **URBAIN.** ▪ **Homme de l'art,** spécialiste d'une discipline, partic. médecin. ▪ **L'art pour l'art,** doctrine esthétique qui fait de la perfection formelle le but ultime de l'art (principaux représentants : T. Gautier, Banville, Leconte de Lisle, Heredia, Sully Prudhomme). ▪ **Le huitième art,** la télévision. ▪ **Le neuvième art,** la bande dessinée. ▪ **Le septième art,** le cinéma. ◆ **n.m. pl.** Ensemble de disciplines artistiques, notamm. celles qui sont consacrées à la beauté ou à l'expressivité des lignes, des formes, des couleurs, appelées aussi *beaux-arts.* ▪ **Arts plastiques** → **1. PLASTIQUE.**

ARTEFACT ou **ARTÉFACT** [artefakt] n.m. (du lat. *artis factum*, effet de l'art). Didact. Phénomène d'origine artificielle ou accidentelle, rencontré au cours d'une observation ou d'une expérience.

ARTEL n.m. (mot russe). HIST. En URSS, société coopérative de travailleurs.

ARTÉMIA n.f. (du gr. *artemia*, bonne santé). Crustacé des estuaires et des lagunes, qui supporte des salures très différentes, dont les larves sont utilisées en aquariophilie pour nourrir les poissons et les coraux. ➲ Sous-classe des branchiopodes.

ARTÈRE n.f. (gr. *artêria*). **1.** ANAT. Vaisseau qui porte le sang du cœur aux organes. **2.** Importante voie de communication urbaine : *Ce boulevard est la principale artère de la ville.*

ARTÉRIECTOMIE n.f. Ablation chirurgicale d'un segment d'artère.

ARTÉRIEL, ELLE adj. ANAT. Relatif aux artères : *Pression artérielle.*

ARTÉRIOGRAPHIE n.f. Radiographie des artères et de leurs branches après injection directe d'un produit opaque aux rayons X.

ARTÉRIOLE n.f. ANAT. Petite artère.

ARTÉRIOPATHIE n.f. MÉD. Toute affection des artères.

ARTÉRIOSCLÉREUX, EUSE adj. Relatif à l'artériosclérose. ◆ **adj.** et **n.** Atteint d'artériosclérose.

ARTÉRIOSCLÉROSE n.f. Maladie dégénérative de la paroi des artères, aboutissant à leur épaississement et à leur durcissement.

a b c d e f g h i j k l m n o p q r s t u v w x y z

Le style Art déco

Comme les « Années folles » succèdent à la « Belle Époque », l'Art déco succède au « modern style » (Art nouveau). Au lendemain de la Première Guerre mondiale, les Français vivent dans l'illusion d'une gloire retrouvée et d'une paix universelle. La haute bourgeoisie adhère alors à un style de vie brillant qui prolonge l'esprit hédoniste propre au début du XXe s. Outre la fidélité à une tradition d'élégance, le goût des couleurs franches et l'interprétation géométrique des formes de la nature caractérisent ce nouveau style, qui inspire les créateurs dans une variété de domaines des arts appliqués : ameublement, verrerie et cristallerie, orfèvrerie, porcelaine, et qui touche aussi l'architecture.

◄ **Émile Jacques Ruhlmann.** Petite armoire (v. 1922) en bois d'amarante, avec décor floral en marqueterie d'ébène et d'ivoire, destinée à la riche clientèle qui fit la vogue du style Art déco. (Musée des Arts décoratifs, Paris.)

René Lalique. ► Pendule « le Jour et la Nuit » (1926), en pâte de verre moulée, au caractéristique décor figuré qui demeure d'esprit classique. (Coll. Lalique, Paris.)

Le paquebot *Île-de-France*, lancé en 1927. ► Vue de la salle à manger du transatlantique, dont la fastueuse décoration fut un fleuron de l'Art déco à son apogée.

ARTÉRIOTOMIE n.f. Incision chirurgicale de la paroi d'une artère.

ARTÉRITE n.f. **MÉD.** Maladie des artères, le plus souvent due à l'athérome.

ARTÉRITIQUE adj. Relatif à l'artérite. ◆ **adj.** et **n.** Atteint d'artérite.

ARTÉSIEN, ENNE adj. et n. De l'Artois. ◆ **adj.** ▪ **Puits artésien,** sondage ou forage qui donne une eau, un liquide jaillissant naturellement.

ARTHRALGIE n.f. (du gr. *arthron*, articulation). **MÉD.** Douleur articulaire.

ARTHRITE n.f. Maladie rhumatismale inflammatoire des articulations.

ARTHRITIQUE adj. Relatif à l'arthrite. ◆ **adj.** et **n.** Atteint d'arthrite.

ARTHRODÈSE n.f. Intervention chirurgicale consistant à bloquer définitivement une articulation pour la rendre stable.

ARTHRODIE n.f. **ANAT.** Articulation mobile dont les deux os ont une surface articulaire plane.

ARTHROGRAPHIE n.f. Radiographie d'une articulation après injection d'un produit opaque aux rayons X.

ARTHROPATHIE n.f. **MÉD.** Toute maladie des articulations.

ARTHROPLASTIE n.f. Intervention chirurgicale sur une articulation pour lui rendre sa mobilité.

ARTHROPODE n.m. (du gr. *arthron*, articulation, et *pous, podos*, pied). Animal invertébré, à squelette externe chitineux, dont le corps est segmenté et dont les membres ou appendices sont composés d'articles. ➲ Les arthropodes (crustacés, myriapodes, insectes, arachnides, etc.) constituent un embranchement renfermant 80 % de toutes les espèces animales.

ARTHROSCANNER n.m. Scanographie d'une articulation après injection dans celle-ci d'un produit de contraste* permettant de mieux la visualiser.

ARTHROSCOPIE n.f. **MÉD.** Examen endoscopique d'une cavité articulaire.

ARTHROSE n.f. (du gr. *arthron*, articulation). Maladie rhumatismale dégénérative, correspondant à la destruction du cartilage des articulations, et dont la fréquence augmente avec le vieillissement. ➲ L'arthrose du genou et celle de la hanche sont partic. fréquentes.

ARTHURIEN, ENNE adj. **LITTÉR.** Relatif au roi Arthur.

ARTICHAUT n.m. (lombard *articiocco*, de l'ar.). **1.** Plante potagère vivace, dont les feuilles forment une volumineuse rosette, cultivée pour ses capitules. ➲ Famille des composées. **2.** Ce capitule, dont on mange le réceptacle (ou *fond*) et la base des bractées (ou *feuilles*). ▪ **Artichaut d'Espagne,** pâtisson. ▪ **Cœur d'artichaut,** partie centrale de l'artichaut qui porte les feuilles les plus tendres ; fig., personne qui tombe amoureuse très facilement ou qui se montre volage.

ARTICHAUTIÈRE n.f. Terrain planté d'artichauts.

ARTICLE n.m. (du lat. *articulus*, articulation). **1.** Écrit formant un tout distinct, dans une publication : *Un long article à la une.* **2.** Sujet dont on parle ; point : *C'est un article sur lequel il ne transige pas.* **3.** Objet proposé à la vente : *Articles de maroquinerie.* **4. DR.** Division, partie génér. référencée d'un traité, d'une loi, d'un contrat, d'un compte, d'un chapitre budgétaire, etc. **5. INFORM.** Élément de base d'un fichier contenant des données. **6. INFORM.** Message envoyé sur un forum pour alimenter la discussion. **7. LING.** Déterminant du nom, placé avant celui-ci, marquant sa valeur définie ou indéfinie, le nombre et souvent le genre de celui-ci. **8. ZOOL.** Partie d'un membre, d'un appendice qui s'articule à une autre, chez les arthropodes. ▪ **À l'article de la mort,** sur le point de mourir. ▪ **Article de foi** [christ.], vérité fondamentale de la foi, contenue dans les symboles (comme le Credo) ou les définitions des conciles ; par ext., opinion, croyance inébranlable : *Tout ce qu'elle dit est pour lui article de foi.* ▪ **Faire l'article,** faire valoir une marchandise ; fig., faire les louanges de qqch, de qqn.

ARTICULAIRE adj. **ANAT.** Relatif aux articulations : *Douleur articulaire.* ▪ **Surface articulaire,** partie d'un os par laquelle s'établit le contact avec un second os, au sein d'une articulation.

ARTICULATEUR n.m. **PHON.** Organe qui participe à l'émission des sons de la parole (lèvres, langue, palais, etc.).

ARTICULATION n.f. (lat. *articulatio*). **1.** Jonction entre deux os ; ensemble des éléments qui assurent cette jonction : *Le coude est l'articulation du bras avec l'avant-bras.* **2.** Liaison entre les parties d'un discours, d'un livre, etc. ; leur organisation : *Veiller à la bonne articulation des parties d'un exposé.* **3. ZOOL.** Région du tégument des arthropodes où la chitine s'amincit, permettant les mouvements des segments. **4. MÉCAN. INDUSTR.** Élément de liaison (axe ou rotule) de deux pièces mécaniques ayant un déplacement angulaire relatif. **5. DR.** Énumération point par point de faits qui motivent une action en justice. **6. PHON.** Action, manière d'articuler les sons d'une langue.

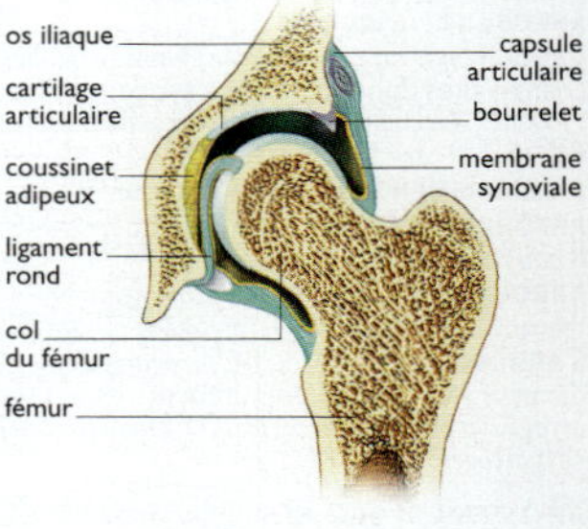

▲ **articulation** de la hanche (coupe).

ARTICULATOIRE adj. PHON. Qui concerne l'articulation des sons du langage.

1. ARTICULÉ, E adj. 1. Qui comporte une, des articulations : *Jouet articulé.* **2.** Énoncé, exprimé nettement : *Mot bien articulé.*

2. ARTICULÉ n.m. ZOOL. Vx. Arthropode. ▪ **Articulé dentaire,** position respective des dents du maxillaire supérieur et du maxillaire inférieur.

ARTICULER v.t. [3] (lat. *articulare*). **1.** Émettre des sons du langage : *Il n'arrive pas à articuler son nom.* **2.** Absol. Prononcer des mots distinctement : *Ce comédien a appris à articuler.* **3.** Faire l'articulation d'un discours, d'un livre, etc. **4. MÉCAN. INDUSTR.** Réaliser l'articulation de pièces mécaniques. ◆ **S'ARTICULER v.pr. 1.** Former une articulation : *L'humérus s'articule avec l'omoplate.* **2.** Former un ensemble cohérent : *Les parties de son discours s'articulent bien entre elles.*

ARTIFICE n.m. (du lat. *artificium*, art, métier). Litt. Procédé ingénieux pour tromper qqn ou corriger la réalité : *User d'artifices pour parvenir à ses fins. Les artifices d'une mise en scène.* ▪ **Feu d'artifice,** attraction de plein air composée de tirs détonants et d'effets pyrotechniques, parfois accompagnés de musique ; fig., succession rapide de traits d'esprit. ▪ **Pièce d'artifice** ou **artifice** [mil.], composition fulminante pouvant déclencher une action explosive.

ARTIFICIEL, ELLE adj. 1. Produit par une technique humaine, et non par la nature : *Lac artificiel.* **2.** Qui n'est pas déterminé par la nature ou la réalité : *La société de consommation crée des besoins artificiels.* **3.** Qui manque d'authenticité ; factice : *Sa gentillesse est artificielle.*

ARTIFICIELLEMENT adv. De façon artificielle, factice.

ARTIFICIER n.m. Personne qui tire des feux d'artifice, qui manie des explosifs.

ARTIFICIEUSEMENT adv. Litt. Avec ruse, hypocrisie.

ARTIFICIEUX, EUSE adj. Litt. Qui use d'artifices ; hypocrite.

ARTILLERIE n.f. (de l'anc. fr. *artillier*, équiper d'engins de guerre). **1.** Ensemble des bouches à feu, de leurs munitions et de leur matériel de transport : *Pièce d'artillerie.* **2.** Partie de l'armée affectée à leur service : *Artillerie navale, nucléaire.* ▪ **Grosse artillerie** ou **artillerie lourde,** moyens puissants ; fig., arguments sans finesse mais qui portent.

ARTILLEUR n.m. Militaire qui sert dans l'artillerie.

ARTIMON n.m. (lat. *artemo*). **MAR.** Plus petit mât arrière d'un voilier qui en comporte deux ou davantage ; voile que porte ce mât.

ARTIODACTYLE [artjo-] **n.m. ZOOL.** Ongulé herbivore ayant un nombre pair de doigts à chaque patte. ➲ Les artiodactyles forment un ordre comprenant les ruminants, les porcins et les camélidés.

ARTISAN, E n. (ital. *artigiano*, de *arte*, art). Professionnel qui exerce à son compte un métier manuel, souvent à caractère traditionnel. ▪ **Artisan taxi,** chauffeur exploitant un taxi pour son propre compte. ▪ **Être l'artisan de,** l'auteur de : *Cette ministre est l'artisan* ou *l'artisane de la réforme.*

ARTISANAL, E, AUX adj. 1. Propre à l'artisan, à l'artisanat (par oppos. à *industriel*). **2.** Qui est fait manuellement ou avec des moyens rudimentaires.

ARTISANALEMENT adv. De manière artisanale.

ARTISANAT n.m. Métier, technique de l'artisan ; ensemble des artisans.

ARTISON n.m. Région. (Bourgogne). Fam. Mite.

ARTISTE n. 1. Personne qui pratique un des beaux-arts, un de leurs prolongements contemporains ou un des arts appliqués. **2.** Interprète d'une œuvre théâtrale, musicale, cinématographique, etc. : *Des artistes de tous horizons : comédiens, chanteurs, musiciens.* ▪ **Représentation, vue d'artiste,** dessin, schéma fidèle aux spécifications techniques d'un objet, d'un ensemble, etc., dont l'étude est en cours. ▪ **Travail d'artiste,** très habile. ◆ **adj.** Qui a le goût des arts, l'amour du beau : *Un milieu artiste.*

ARTISTEMENT adv. Avec un goût artistique certain.

L'Art nouveau

Dès la fin du XIXe s., le « modern style » se propage dans toute l'Europe. Il cristallise la révolte des artistes contre le ressassement des styles anciens au cours de ce siècle et libère leur imagination dans la quête d'une richesse décorative dont les lignes courbes inspirées de la nature sont la caractéristique. Horta, en Belgique, et Guimard, en France, en sont les pionniers dans le domaine de l'architecture.

▲ **Victor Horta.** Vue d'un salon et de l'escalier de la maison Horta à Bruxelles (1898), où l'architecte, auteur également de la ferronnerie et du mobilier, fit triompher les lignes sinueuses.

▲ **Émile Gallé.** Vase en verre et céramique, pièce unique exécutée pour l'Exposition universelle de Paris de 1900 par cet illustre représentant de l'école de Nancy. (Coll. part.)

▲ **Alfons Mucha.** Tête byzantine, dite « la Brune » (1897), figure de médaillon qui a son pendant (« la Blonde »), comme souvent chez cet artiste créateur de somptueux bijoux.

Gustav Klimt. ▶ *L'Accomplissement* (1905-1909), carton de décoration murale destinée au palais du banquier Stoclet à Bruxelles. (Coll. part.)

▲ **Antonio Gaudí.** Casa Batlló à Barcelone (1904-1906), dite aussi « Maison des os » parce que l'audacieux architecte s'est inspiré du squelette humain dans les détails de la façade.

a b c d e f g h i j k l m n o p q r s t u v w x y z

ARTISTIQUE adj. 1. Relatif à l'art, aux arts : *Sens artistique.* **2.** Fait avec art : *Patinage artistique.*

ARTISTIQUEMENT adv. De façon artistique.

ARTIVISTE n. (de *art* et *activiste*). Artiste qui pratique l'intervention militante sur un mode créatif alliant humour, détournement et effet de surprise, afin d'interpeller le spectateur sur des sujets de société.

ARTOCARPUS [-pys] ou **ARTOCARPE n.m.** (du gr. *artos*, pain, et *karpos*, fruit). Arbre d'Océanie et d'Asie tropicale, dont les gros fruits contiennent une chair amylacée que l'on consomme cuite, et aussi appelé *arbre à pain.* ➲ Famille des moracées.

▲ **artocarpus** ou arbre à pain.

ARTOTHÈQUE n.f. Organisme de prêt d'œuvres d'art.

ART-THÉRAPIE n.f. (pl. *arts-thérapies*). Méthode utilisant des modes d'expression artistiques (arts plastiques génér., mais aussi musique, danse, etc.) à des fins psychothérapiques.

ARTY adj. inv. (mot angl.). Fam. Qui présente ou revendique une dimension artistique, génér. innovante : *Habiter un quartier arty de Marseille.*

ARUM [arɔm] **n.m.** (mot lat.). Plante herbacée monocotylédone dont il existe de nombreuses espèces spontanées (le pied-de-veau, à spathe verte et à baies rouges toxiques) ou cultivées (*arum blanc*, à spathe blanche) [SYN. **gouet**]. ➲ Famille des aracées.

ARUSPICE n.m. → **HARUSPICE.**

ARVALE n.m. et **adj. ANTIQ. GR. ET ROM.** Membre d'un collège consacré au culte d'une divinité agricole, Dea Dia.

ARVINE n.f. Vin blanc du Valais.

ARYANISATION n.f. HIST. Sous l'Occupation, ensemble des mesures de spoliation visant à transférer la propriété d'entreprises détenues par des personnes d'origine juive à des personnes réputées « aryennes ».

ARYEN, ENNE adj. et **n. 1.** Relatif aux Aryens. **2.** De « race pure » et « supérieure », dans la doctrine nazie.

ARYLAMINE n.f. CHIM. ORG. Amine aromatique formée d'un groupement aryle.

ARYLE n.m. Groupement carboné dérivé des composés aromatiques (nom générique).

ARYTÉNOÏDE adj. ANAT. ▪ **Cartilage aryténoïde,** ou **aryténoïde, n.m.,** cartilage mobile du larynx, qui tend la corde vocale.

ARYTHMIE n.f. MÉD. Trouble du rythme du cœur, caractérisé par une irrégularité des contractions.

ARYTHMIQUE adj. Propre à l'arythmie.

AS [as] **n.m.** (mot lat. « poids », puis « monnaie »). **1.** Face du dé, moitié du domino ou carte à jouer, génér. la plus forte, marquée d'un seul point. **2.** Le numéro un, dans les courses de chevaux et les jeux de hasard. **3.** Personne qui excelle dans une activité ; champion : *Un as du foot.* **4. NUMISM.** Unité monétaire de bronze de la Rome antique. ▪ **Être plein aux as** [fam.], avoir beaucoup d'argent. ▪ **Passer à l'as** [fam.], être oublié, escamoté.

ASA FŒTIDA [azafetida] **n.f. inv.** (mots lat.). Ase fétide.

ASANA [asana] **n.f.** (mot sanskr.). Posture de yoga.

ASBESTOSE n.f. MÉD. Pneumoconiose due à l'inhalation prolongée de poussières d'amiante.

ASBL ou **A.S.B.L. n.f.** (sigle). Belgique. Association sans but lucratif.

ASCARIDIASE ou **ASCARIDIOSE n.f. MÉD.** Maladie parasitaire provoquée par l'ascaris.

ASCARIS [-ris] ou **ASCARIDE n.m.** (du gr. *askaris*). Ver parasite de l'intestin grêle de l'homme, du cheval, du porc, etc. ➲ Long. 15 à 25 cm ; classe des nématodes.

ASCENDANCE n.f. (de *1. ascendant*). **1.** Ensemble des ascendants dont est issue une personne ; origine : *Une ascendance bretonne.* **2. MÉTÉOROL.** Courant aérien se déplaçant de bas en haut.

1. ASCENDANT, E adj. Qui va en montant : *Des vents ascendants.*

2. ASCENDANT n.m. 1. Influence intellectuelle ou morale qu'une personne exerce sur d'autres : *Professeur qui a de l'ascendant sur ses élèves.* **2. ASTROL.** Point de l'écliptique qui se lève à l'horizon au moment de la naissance d'un individu : *Il est Lion, ascendant Balance.* **3.** (Surtout pl.). Parent dont qqn descend ; ancêtre.

ASCENSEUR n.m. (du lat. *ascendere*, monter). **1.** Appareil permettant le transport vertical des personnes dans les bâtiments. **2. INFORM.** Bande verticale ou horizontale qui, dans les fenêtres des interfaces de nombreux logiciels, sert à faire défiler le contenu à afficher (SYN. **barre de défilement**). ▪ **Ascenseur social,** possibilité de promotion sociale par les études, la formation, le travail, etc. ▪ **Renvoyer l'ascenseur** [fam.], répondre à une faveur, un service par une action comparable.

ASCENSION n.f. (lat. *ascensio*). **1.** Fait de s'élever, d'aller vers le haut : *L'ascension d'un cerf-volant.* **2.** Action de monter, de gravir, d'escalader : *L'ascension de la falaise leur a pris longtemps.* **3.** Fig. Fait de s'élever socialement : *Ascension professionnelle.* ▪ **Ascension droite** [astron.], l'une des deux coordonnées équatoriales permettant de repérer la position d'un point sur la sphère céleste, analogue à la longitude sur la Terre. ▪ **L'Ascension** [christ.], élévation de Jésus au ciel, quarante jours après Pâques ; fête commémorant cet événement.

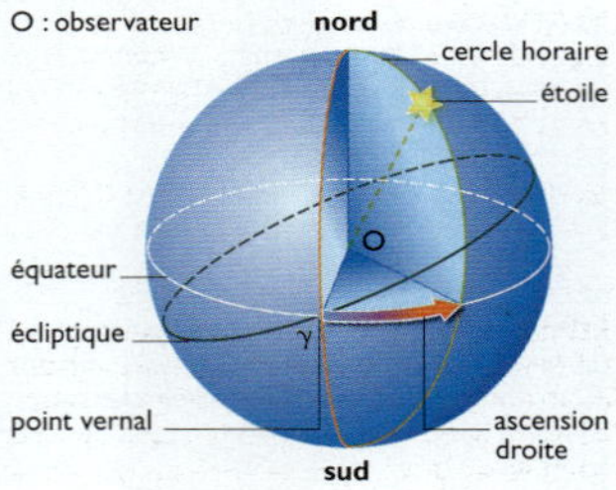

▲ **ascension droite**

ASCENSIONNEL, ELLE adj. Qui tend à monter ou à faire monter : *Le mouvement ascensionnel de l'air chaud.* ▪ **Force ascensionnelle,** qui provoque l'ascension. ▪ **Parachute ascensionnel,** conçu pour s'élever dans les airs sous l'effet de la vitesse du véhicule qui le tracte.

ASCENSORISTE n. Spécialiste de l'installation et de la maintenance des ascenseurs.

ASCÈSE [asɛz] **n.f.** (du gr. *askêsis*, exercice). Discipline de vie visant à la perfection spirituelle.

ASCÈTE [asɛt] **n. 1.** Personne qui pratique l'ascèse. **2.** Personne qui s'impose une vie rude et austère.

ASCÉTIQUE adj. D'ascète ; propre à l'ascèse.

ASCÉTISME n.m. 1. Caractère de ce qui est conforme à l'ascèse. **2.** Pratique de l'ascèse.

ASCIDIE [asidi] **n.f.** (du gr. *askidion*, petite outre). **1.** Animal marin vivant fixé aux rochers, en solitaire ou en colonie. ➲ Les ascidies forment une classe. **2.** Organe en forme d'urne prolongeant la feuille de certaines plantes carnivores telles que le népenthès.

ASCII [aski] **(CODE) n.m.** (acronyme de l'angl. *American standard code for information interchange*). Code normalisé utilisé pour l'échange de données informatiques, qui définit les représentations d'un jeu de caractères à l'aide de combinaisons de sept éléments binaires. ➲ Ce code offre 128 combinaisons différentes. Il en existe une version étendue à 8 éléments, offrant 256 combinaisons, mais qui n'est pas normalisée.

ASCITE [asit] **n.f. MÉD.** Épanchement d'un liquide séreux dans la cavité péritonéale, provoquant une distension de l'abdomen.

ASCITIQUE adj. Relatif à l'ascite.

ASCLÉPIADACÉE n.f. Plante dicotylédone gamopétale, renfermant un suc âcre et laiteux, toxique, telle que l'asclépiade. ➲ Les asclépiadacées forment une famille.

ASCLÉPIADE n.f. ou **ASCLÉPIAS** [-pjas] **n.m.** Plante d'Amérique du Nord et d'Afrique, aussi appelée *dompte-venin*, cultivée pour ses fleurs roses et ses fruits. ➲ Famille des asclépiadacées.

ASCOMYCÈTE n.m. (du gr. *askos*, outre, et *mukês*, champignon). Champignon dont les spores se forment dans des asques, et comprenant notamm. la levure de bière, le pénicillium, la pézize, la morille, la truffe. ➲ Les ascomycètes forment une classe.

ASCORBIQUE adj. ▪ **Acide ascorbique,** vitamine hydrosoluble dont la carence provoque le scorbut (SYN. **vitamine C**).

ASDIC n.m. (acronyme de l'angl. *allied submarine detection investigation committee*). Appareil de détection sous-marine par ultrasons. ➲ Mis au point en Grande-Bretagne dans les années 1920, il est à l'origine du sonar.

ASE n.f. (mot gr. « dégoût »). ▪ **Ase fétide,** résine malodorante extraite de la férule, autref. utilisée en médecine, appelée aussi *asa fœtida.*

ASÉISMIQUE adj. → **ASISMIQUE.**

ASELLE n.m. Petit crustacé d'eau douce, voisin du cloporte. ➲ Ordre des isopodes.

ASÉMANTIQUE [ase-] **adj. LING.** Se dit d'une phrase qui n'a pas de sens tout en pouvant être grammaticalement correcte.

ASEPSIE [asɛ-] **n.f.** (du gr. *sêpsis*, infection). Absence de micro-organismes dans un milieu ou sur un objet ; ensemble des méthodes permettant de maintenir cet état.

ASEPTIQUE adj. Qui est dans un état d'asepsie (par oppos. à *septique*) ; qui n'est pas dû à un micro-organisme (par oppos. à *infectieux*).

ASEPTISATION n.f. Action d'aseptiser.

ASEPTISÉ, E adj. 1. Stérilisé. **2.** Fig. Dépourvu de personnalité, d'originalité : *Les textes de ses chansons sont aseptisés.*

ASEPTISER v.t. [3]. MÉD. Rendre aseptique ; stériliser.

ASEXUÉ, E [asɛksɥe] **adj.** Qui n'a pas de sexe. ▪ **Multiplication asexuée** [bot.], qui s'effectue sans l'intermédiaire de cellules reproductrices (par bouture, drageon, stolon, etc.) [SYN. **multiplication végétative**].

ASHKÉNAZE [aʃkenaz] **adj.** et **n.** Relatif aux Ashkénazes ; qui appartient à cette communauté.

ASHRAM [aʃram] **n.m.** (sanskr. *asrama*). En Inde, lieu de retraite où un gourou dispense un enseignement spirituel à ses adeptes.

ASIAGO [asjago] **n.m.** Fromage à râper au lait de vache, fabriqué dans la région d'Asiago (Italie).

ASIALIE [asjali] **n.f.** (du gr. *sialon*, salive). **MÉD.** Absence de sécrétion de la salive.

ASIATE n. et **adj.** Injur., raciste. Personne originaire d'Asie.

ASIATIQUE adj. et **n.** D'Asie ; des Asiatiques.

ASILAIRE adj. Parfois péjor. Relatif à l'hôpital psychiatrique (autref. appelé *asile*).

1. ASILE n.m. (du gr. *asulon*, lieu inviolable). **1.** Lieu où l'on peut trouver un abri, une protection : *Cette église a servi d'asile aux sans-papiers. Donner asile à des réfugiés.* **2.** Litt. Endroit où l'on peut se reposer, trouver le calme ; refuge : *Ce parc est un asile de verdure.* **3.** Vieilli. Hôpital psychiatrique. ▪ **Droit d'asile,** protection accordée par un État à un réfugié politique.

2. ASILE n.m. (du lat. *asilus*, taon). Mouche velue qui capture ses proies en vol. ➲ Famille des asilidés.

ASINERIE n.f. Ferme d'élevage consacrée à une ou plusieurs races d'ânes.

ASINIEN, ENNE adj. (du lat. *asinus*, âne). **ZOOL.** Propre à l'âne.

ASISMIQUE [asi-] ou **ASÉISMIQUE** [ase-] **adj.** Se dit d'une zone qui ne présente pas d'activité sismique.

ASOCIAL, E, AUX [asɔ-] **adj.** et **n.** Inadapté aux normes sociales ; qui manifeste le refus de s'y conformer.

ASOCIALITÉ n.f. Comportement des sujets asociaux ; situation de ceux qui se placent en dehors des circuits de production.

ASOMATOGNOSIE [asɔmatɔgnozi] **n.f. PSYCHOPATHOL.** Trouble du schéma corporel.

ASPARAGINE n.f. Acide aminé dérivé de l'acide aspartique, présent dans les protéines et abondant dans les jeunes pousses d'asperge.

ASPARAGUS [-gys] **n.m.** (gr. *asparagos*). Plante voisine de l'asperge, ornementale, dont le feuillage finement découpé est utilisé par les fleuristes pour agrémenter les bouquets. ➲ Famille des liliacées.

ASPARTAME ou **ASPARTAM** [aspartam] **n.m.** (angl. *aspartame*). Dipeptide à pouvoir sucrant élevé mais apportant moins de calories que le sucre.

ASPARTIQUE adj. ▪ **Acide aspartique,** acide aminé présent dans les protéines et intervenant dans la formation de l'urée et dans la synthèse des acides nucléiques (ADN, ARN).

ASPE ou **ASPLE n.m.** (all. *Haspel*). **TECHN.** Dévidoir qui sert à tirer la soie des cocons.

ASPECT [aspɛ] **n.m.** (lat. *aspectus*). **1.** Manière dont qqn ou qqch se présente à la vue ; allure : *Elle a l'aspect d'une chanteuse de rock. L'aspect pittoresque d'un vieux quartier.* **2.** Manière d'envisager une question, un problème ; angle : *Nous avons examiné cette affaire sous tous ses aspects.* **3. LING.** Expression de l'action verbale dans sa durée, son déroulement, son achèvement, etc. ; ensemble des procédés grammaticaux que cette expression met en œuvre. **4. ASTROL.** Distance angulaire particulière entre deux astres, à laquelle est attribuée une influence sur la destinée.

ASPERGE n.f. (lat. *asparagus*). **1.** Plante potagère pérennante, cultivée pour ses pousses, ou *turions*, qui s'élèvent d'une tige souterraine. ➲ Famille des liliacées. **2.** Pousse de cette plante que l'on consomme cuite. **3.** Fam. Personne grande et maigre.

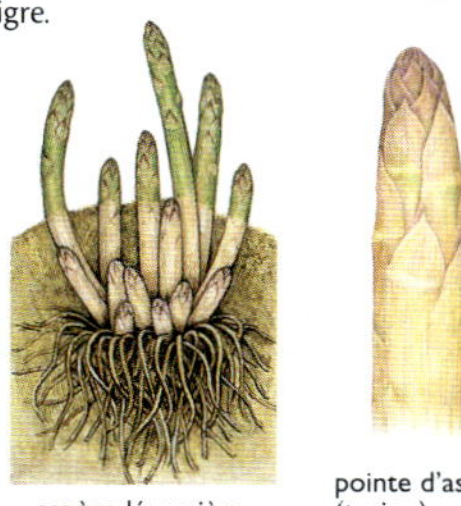

espèce légumière — pointe d'asperge (turion)

▲ **asperge**

ASPERGER v.t. [10] (lat. *aspergere*). Mouiller en projetant de l'eau ; éclabousser : *Le bus nous a aspergés en roulant dans le caniveau.* ◆ **S'ASPERGER v.pr.** Projeter un liquide sur soi : *Elle s'est aspergée d'eau froide.*

ASPERGER [aspɛrgɛr] **(SYNDROME D') n.m.** Forme rare d'autisme dans laquelle l'acquisition du langage et les fonctions intellectuelles ou cognitives sont préservées.

ASPERGILLE [-ʒil] **n.f.** ou **ASPERGILLUS** [-ʒilys] **n.m.** Champignon se développant sous la forme d'une moisissure sur les substances sucrées (partic., les confitures) ou en décomposition. ➲ Classe des ascomycètes.

ASPERGILLOSE [-ʒiloz] **n.f. MÉD.** Affection très rare atteignant surtout les poumons, due au champignon aspergille.

ASPÉRITÉ n.f. (lat. *asperitas*). [Souvent pl.]. Saillie, inégalité d'une surface : *Enlever les aspérités d'une planche avec un rabot.*

ASPERME adj. BOT. Se dit d'un fruit qui ne produit pas de graines.

ASPERMIE n.f. MÉD. Absence d'émission de sperme.

ASPERSEUR n.m. Arroseur rotatif employé dans l'irrigation par aspersion (SYN. **sprinkler**).

ASPERSION n.f. 1. Action d'asperger, de s'asperger. **2. CATH.** Action de projeter de l'eau bénite.

ASPERSOIR n.m. 1. Pomme d'arrosoir. **2. CATH.** Goupillon pour l'eau bénite.

ASPHALTAGE n.m. Action d'asphalter ; son résultat.

ASPHALTE n.m. (gr. *asphaltos*). **1.** Calcaire imprégné de bitume qui sert au revêtement des trottoirs, des chaussées, etc. : *Un camion déverse de l'asphalte fumant sur la route.* **2.** Cour. Bitume.

ASPHALTER v.t. [3]. Couvrir d'asphalte.

ASPHALTIER n.m. Navire aménagé pour le transport de l'asphalte liquide.

ASPHODÈLE n.m. (gr. *asphodelos*). Plante bulbeuse à fleurs blanches du sud de l'Europe, dont une espèce est ornementale. ➲ Famille des liliacées.

ASPHYXIANT, E adj. Qui asphyxie.

ASPHYXIE n.f. (du gr. *asphuxia*, arrêt du pouls). **1.** État d'un organisme qui manque d'oxygène, à la suite d'une gêne ou d'un arrêt des fonctions respiratoires. **2.** Fig. Paralysie plus ou moins complète d'un secteur d'activité ; stagnation : *L'asphyxie des transports.*

ASPHYXIÉ, E adj. et **n.** Victime d'une asphyxie.

ASPHYXIER v.t. [5]. Causer l'asphyxie de. ◆ **S'ASPHYXIER v.pr. 1.** Mourir d'asphyxie. **2.** Fig. Souffrir d'asphyxie ; dépérir : *Secteur industriel qui s'asphyxie.*

1. ASPIC n.m. (lat. *aspis*, du gr.). Vipère des lieux secs et pierreux, au museau retroussé, l'une des trois espèces vivant en France.

2. ASPIC ou **SPIC n.m.** (provenç. *espic*). Grande lavande fournissant une huile essentielle utilisée en parfumerie.

3. ASPIC n.m. (orig. obsc.). **CUIS.** Entrée froide moulée et enrobée de gelée : *Aspic de volaille.*

ASPIDISTRA n.m. Plante d'appartement originaire d'Asie, cultivée pour ses larges feuilles lisses, vert foncé. ➲ Famille des liliacées.

1. ASPIRANT, E adj. Qui aspire : *Pompe aspirante.*

2. ASPIRANT, E n. 1. MIL. Grade précédant celui de sous-lieutenant. **2. MAR.** Grade précédant celui d'enseigne de vaisseau de deuxième classe.

ASPIRATEUR n.m. 1. Appareil ménager servant à aspirer les poussières, les menus déchets : *Passe l'aspirateur dans ta chambre.* **2.** Appareil qui aspire des fluides, des matières pulvérulentes, etc. : *Aspirateur chirurgical.*

ASPIRATION n.f. 1. Action d'aspirer. **2. PHON.** Souffle perceptible combiné à un son (ex. : *hop !* en français). **3.** Mouvement, élan vers un idéal, un but : *L'aspiration à la paix, à l'égalité.*

ASPIRÉ, E adj. ▪ **Consonne aspirée,** ou **aspirée, n.f.** [phon.], consonne qui s'accompagne d'une aspiration. ▪ **H aspiré** [phon.], marquant l'interdiction d'une liaison et d'une élision, en français.

ASPIRER v.t. [3] (lat. *aspirare*). **1.** Faire pénétrer l'air dans ses poumons ; inspirer : *Aspirer une bouffée d'air frais.* **2.** Attirer un liquide, une substance en créant un vide partiel : *Aspirer de l'eau avec une paille. Aspirer la poussière.* ◆ **v.t. ind. (À).** Souhaiter ardemment : *Aspirer à un contrat stable, à devenir célèbre.*

ASPIRINE n.f. (nom déposé dans certains pays). Médicament utilisé comme antalgique, antipyrétique, antiagrégant plaquettaire et anti-inflammatoire non stéroïdien (SYN. **acide acétylsalicylique**).

ASPIRO-BATTEUR (pl. *aspiro-batteurs*), ▲ *ASPIROBATTEUR* **n.m.** Aspirateur-balai pour le dépoussiérage et le battage des tapis, des moquettes.

ASPLE n.m. → **ASPE.**

ASPLÉNIUM [-njɔm] **n.m.** Fougère dont les deux espèces principales, *Asplenium nidus* et *Asplenium bulbiferum*, sont utilisées comme plantes d'ornement. ➲ Famille des aspléniacées.

ASQUE n.m. (du gr. *askos*, outre). **BOT.** Organe microscopique en forme de sac, à l'intérieur duquel se forment les spores des champignons ascomycètes (quatre ou huit selon les espèces).

ASSAGIR v.t. [21]. Rendre plus sage. ◆ **S'ASSAGIR v.pr.** Devenir sage, raisonnable : *Depuis qu'ils ont un nouveau professeur, ils se sont assagis.*

ASSAGISSEMENT n.m. Fait de s'assagir.

ASSAI [asaj] **adv.** (mot ital. « beaucoup »). **MUS.** Très. ▪ **Allegro, lento assai,** très vite ; très lentement.

ASSAILLANT, E n. Personne qui donne l'assaut : *Repousser les assaillants.*

ASSAILLIR v.t. [35] (lat. *assilire*). **1.** Se jeter sur qqn ; attaquer : *Un malfaiteur les a assaillis en pleine rue.* **2.** Tourmenter sans répit ; obséder : *Ces souvenirs m'assaillent.* **3.** Importuner sans cesse ; harceler : *Les paparazzis assaillent les célébrités.*

ASSAINIR v.t. [21]. 1. Rendre sain ou plus sain ; purifier : *Assainir une cave humide.* **2.** Fig. Ramener à la normale : *Assainir la situation financière d'une entreprise.* ◆ **S'ASSAINIR v.pr.** Devenir sain ou plus sain.

ASSAINISSEMENT n.m. 1. Action d'assainir ; son résultat : *L'assainissement du marché boursier.* **2.** Ensemble de techniques d'évacuation et de traitement des eaux usées et des boues résiduaires : *Des travaux d'assainissement.*

ASSAINISSEUR n.m. 1. Désodorisant. **2.** Appareil pulsant de l'ozone dans un local.

ASSAISONNEMENT n.m. CUIS. 1. Mélange d'ingrédients (sel, épices, aromates, vinaigre, huile, etc.) utilisé en faible proportion pour relever le goût d'un mets. **2.** Action d'assaisonner un mets.

ASSAISONNER v.t. [3] (de *saison*). **1.** Incorporer un assaisonnement à un mets : *Assaisonner la salade.* **2.** Fig. Rehausser un style, un propos d'éléments plaisants, piquants ; pimenter. **3.** Fam., vx. Réprimander.

ASSAMAIS n.m. Langue indo-aryenne parlée en Assam.

1. ASSASSIN n.m. (de l'ar. *hachchāchī*, fumeur de haschisch). Auteur d'un meurtre avec préméditation.

2. ASSASSIN, E adj. Litt. **1.** Qui a commis un assassinat ; qui a servi à le perpétrer : *Main assassine.* **2.** Plein d'une séduction provocante : *Des regards assassins.* **3.** Qui manifeste de la malveillance : *Insinuation assassine.*

ASSASSINAT n.m. Meurtre commis avec préméditation.

ASSASSINER v.t. [3]. 1. Commettre un assassinat ; tuer avec préméditation. **2.** Fam. Exiger de qqn un paiement excessif.

ASSAUT n.m. (lat. *assultus*). **1.** Action d'assaillir : *La police se lance à l'assaut du repaire des terroristes ;* attaque vive et violente : *Un assaut meurtrier.* **2.** Fig. Vive attaque verbale : *Le ministre a subi l'assaut des députés.* **3.** Combat ou exercice d'escrime. ▪ **Faire assaut de** [fig.], lutter pour être le meilleur en matière de ; rivaliser : *Ils font assaut d'offres promotionnelles.* ▪ **Prendre d'assaut,** s'emparer par la force de.

ASSEAU n.m. ou **ASSETTE n.f.** (du lat. *ascia*, hache). Marteau de couvreur dont la tête est munie à l'une de ses extrémités d'un tranchant, utilisé pour couper les lattes, les ardoises.

ASSÈCHEMENT n.m. Action d'assécher ; son résultat.

ASSÉCHER v.t. [11], ▲ *[11*]* (lat. *assiccare*). Ôter l'eau de ; mettre à sec : *Assécher le bassin des phoques pour le nettoyer.* ◆ **S'ASSÉCHER v.pr.** Devenir sec.

ASSEMBLAGE n.m. 1. Action d'assembler des éléments d'un tout ; ensemble qui en résulte : *Assemblage d'une charpente.* **2.** Réunion d'éléments divers ou hétéroclites : *Un assemblage d'idées ne fait pas un programme.* **3. ART MOD.** Œuvre à trois dimensions tirant effet de la réunion d'objets divers (depuis le cubisme et dada). ▪ **Langage d'assemblage** [inform.], assembleur.

ASSEMBLÉ n.m. ou **ASSEMBLÉE n.f. DANSE.** Saut exécuté en dégageant une jambe, avant réception sur les pieds joints.

ASSEMBLÉE n.f. 1. Réunion de personnes dans un même lieu ; public : *Son entrée déchaîna l'assemblée.* **2.** Ensemble institutionnel ou statutaire de personnes formant un corps constitué, une société ; lieu où ces organismes se réunissent : *Assemblée des actionnaires.* **3.** Organe délibérant, élu par le peuple, chargé de le représenter dans la gestion des affaires de l'État (Assemblée nationale, en France). ▪ **L'Assemblée fédérale,** nom donné à certains Parlements fédéraux (par ex., le Bundestag en Allemagne). ▪ **La Haute Assemblée,** le Sénat, en France.

a b c d e f g h i j k l m n o p q r s t u v w x y z

ASSEMBLER v.t. [3] (du lat. *simul*, ensemble). **1.** Mettre des choses ensemble pour former un tout cohérent : *Assembler les pièces d'un puzzle.* **2. INFORM.** Réunir des éléments, en parlant d'un assembleur. ◆ **S'ASSEMBLER** v.pr. **1.** Se regrouper en un même lieu : *Les badauds se sont assemblés.* **2.** Aller bien ensemble : *Qui se ressemble s'assemble.*

ASSEMBLEUR n.m. **INFORM. 1.** Langage de programmation utilisant des formes mnémoniques et non numériques pour représenter les instructions directement exécutables par un ordinateur (SYN. **langage d'assemblage**). **2.** Programme traduisant en langage machine un programme écrit en langage d'assemblage. **3.** Personne ou société qui vend sous sa marque des ordinateurs construits à partir de sous-ensembles produits par d'autres fabricants.

ASSEMBLEUSE n.f. **IMPRIM.** Machine effectuant l'assemblage des cahiers ou des feuillets d'un volume.

ASSÉNER [11], ▲ *[11*]* ou **ASSENER** [12] [asene] v.t. (de l'anc. fr. *sen*, sens, direction). Exprimer avec force une opinion : *Asséner un démenti.* ▪ **Asséner un coup,** le porter avec violence.

ASSENTIMENT n.m. (du lat. *assentire*). Acte par lequel on approuve qqch ; consentement : *Le maire a donné son assentiment à ce projet.*

ASSEOIR [51], ▲ *ASSOIR [51 bis]* [aswar] v.t. (lat. *assidere*). **1.** Installer qqn sur un siège : *L'infirmière assied ou asseoit ou assoit le malade dans son lit.* **2.** Poser sur qqch de solide : *Asseoir une statue sur un socle.* **3.** Établir de manière stable ; consolider : *Asseoir la démocratie, la paix.* ▪ **Asseoir l'impôt,** en établir l'assiette ; en fixer la base. ▪ **J'en suis resté assis** [fam.], stupéfait ; déconcerté. ◆ **S'ASSEOIR** v.pr. Se mettre sur un siège, sur son séant.

ASSERMENTATION n.f. Québec, Suisse. Prestation de serment.

ASSERMENTÉ, E adj. et n. Qui a prêté serment devant un tribunal ou pour l'exercice d'une fonction, d'une profession. ▪ **Prêtre, curé, évêque assermenté** [hist.], qui, en 1790, avait prêté serment à la Constitution civile du clergé (par oppos. à *réfractaire*) [SYN. **jureur**].

ASSERMENTER v.t. [3]. **DR.** Faire prêter serment à qqn.

ASSERTION n.f. (lat. *assertio*). **1.** Proposition que l'on avance et que l'on soutient comme vraie ; affirmation : *Ces assertions sont invérifiables.* **2. LOG.** Opération qui consiste à poser la vérité d'une proposition, génér. symbolisée par le signe ⊢ devant elle ; cette proposition.

ASSERTORIQUE adj. (du lat. *asserere*, affirmer). **PHILOS.** ▪ **Jugement assertorique,** qui énonce une vérité de fait, sans la poser comme nécessaire (par oppos. à *jugement apodictique*).

ASSERVIR v.t. [21] (de *serf*). **1.** Réduire un peuple en servitude. **2. TECHN.** Relier deux grandeurs physiques de manière que l'une obéisse aux variations de l'autre.

ASSERVISSANT, E adj. Qui asservit ; aliénant : *Un métier asservissant.*

ASSERVISSEMENT n.m. **1.** Action d'asservir ; état de celui, de ce qui est asservi ; sujétion : *L'asservissement d'un peuple.* **2. TECHN.** Action d'asservir une grandeur physique à une autre. **3. TECHN.** Système automatique dont le fonctionnement tend à annuler l'écart entre une grandeur commandée et une grandeur de commande.

ASSESSEUR, E n. (lat. *assessor*). Personne qui siège à côté d'une autre pour l'assister dans ses fonctions.

✎ Au fém., on rencontre aussi ***une assesseur.***

ASSETTE n.f. → **ASSEAU.**

ASSEZ adv. (lat. *satis*). **1.** En quantité suffisante ; suffisamment : *Avez-vous assez mangé ? Je n'ai pas assez d'œufs pour faire un gâteau.* **2.** Marque une intensité modérée ou élevée : *C'est assez bon. Ça me plaît assez.* ▪ **Assez bien de** [région. (Nord) ; Belgique], bon nombre de ; pas mal de. ▪ **En avoir assez de,** ne plus pouvoir supporter ; être excédé par.

ASSIBILATION n.f. (du lat. *adsibilare*, siffler). **PHON.** Passage de certaines occlusives à la constrictive : *Il y a eu assibilation du* [t] *dans* inertie.

ASSIDU, E adj. (lat. *assiduus*). **1.** Qui fréquente un lieu, qqn avec régularité : *Un étudiant assidu aux cours.* **2.** Qui manifeste de la constance, de l'application à une tâche : *Une aide-soignante assidue. Un travail assidu.*

ASSIDUITÉ n.f. **1.** Présence régulière à un enseignement, un travail, etc. **2.** Application constante. ◆ **n.f. pl.** Empressement peu discret auprès d'une femme : *Il la poursuivait de ses assiduités.*

ASSIDÛMENT, ▲ *ASSIDUMENT* adv. Avec assiduité.

ASSIÉGÉ, E adj. Dont on fait le siège : *Ville assiégée.* ◆ **adj.** et **n.** (Surtout pl.). Qui subit un siège.

ASSIÉGEANT, E adj. et n. Qui assiège.

ASSIÉGER v.t. [15], ▲ *[15*]*. **1.** Faire le siège de. **2.** Harceler qqn de sollicitations, de demandes importunes : *Assiéger son député pour obtenir une dérogation.*

ASSIETTE n.f. (du lat. *assidere*, asseoir). **1.** Pièce de vaisselle à fond plat ou creux et à bord incliné : *Une assiette à soupe* ; son contenu : *Une assiette de soupe.* **2.** Manière d'être assis à cheval. **3.** Stabilité d'une chose posée sur une autre ; assise : *L'assiette d'une statue.* **4. AÉRON.** Attitude d'un avion par rapport à l'horizontale ou à la verticale terrestres. **5. MAR.** Angle de la ligne de quille par rapport à la ligne de flottaison. **6. DR.** Base de calcul d'une cotisation, d'un impôt. ▪ **Assiette anglaise** [cuis.], assortiment de viandes froides. ▪ **Assiette profonde** [Belgique], assiette creuse. ▪ **L'assiette au beurre** [vx], la source des profits. ▪ **Ne pas être dans son assiette** [fam.], ne pas être dans son état normal ; être mal à l'aise.

ASSIETTÉE n.f. Contenu d'une assiette.

ASSIGNAT n.m. Papier-monnaie créé sous la Révolution française et dont la valeur était assignée sur les biens nationaux.

ASSIGNATION n.f. **1.** Action d'assigner qqch à qqn ; attribution : *L'assignation d'un poste à un enseignant.* **2. DR.** Citation à comparaître en justice. ▪ **Assignation à résidence** [dr.], obligation faite à qqn de résider en un lieu précis.

ASSIGNER v.t. [3] (lat. *assignare*). **1.** Attribuer, prescrire qqch à qqn : *On leur a assigné la mission de former les élèves de sixième à l'Internet.* **2. DR.** Citer qqn en justice. **3. FIN.** Affecter un bien, des fonds en paiement d'une dette, d'une obligation.

ASSIMILABLE adj. Qui peut être assimilé.

ASSIMILATEUR, TRICE adj. **1.** Qui opère l'assimilation : *Fonction assimilatrice.* **2.** Fig. Qui assimile facilement : *L'activité assimilatrice d'un enfant.*

ASSIMILATION n.f. **1.** Action d'assimiler ; son résultat. **2. PHON.** Modification apportée à l'articulation d'un phonème par les phonèmes environnants (par ex., *sub* devient *sup* dans *supporter*). **3. PHYSIOL.** Processus par lequel les êtres vivants élaborent leur propre substance à partir d'éléments puisés dans le milieu environnant. ▪ **Assimilation chlorophyllienne** [vx], photosynthèse.

ASSIMILÉ, E n. **DR.** Personne qui a le statut d'une catégorie donnée sans en avoir le titre : *Fonctionnaires et assimilés.*

ASSIMILER v.t. [3] (lat. *assimilare*, de *similis*, pareil). **1.** Rendre semblable ; considérer comme semblable : *Assimiler un cas à un autre.* **2.** Fondre des personnes dans un groupe social ; les doter des caractères communs à ce groupe : *Assimiler des immigrants.* **3. PHYSIOL.** Transformer, convertir en substances utiles à l'organisme : *Ce bébé a du mal à assimiler les laitages.* ▪ **Assimiler des connaissances, des idées,** les comprendre, les intégrer. ◆ **S'ASSIMILER** v.pr. (À). **1.** Se considérer comme semblable à qqn. **2.** Se fondre dans un groupe social : *Des étrangers qui se sont bien assimilés.* **3.** Pouvoir être considéré comme semblable à qqch.

ASSIS, E adj. **1.** Installé sur un siège ; appuyé sur son séant. **2.** Fig. Solidement fondé, établi : *Une situation assise.* ▪ **Magistrature assise,** ensemble des magistrats (juges) qui siègent au tribunal où ils rendent la justice (par oppos. à *magistrature debout*). ▪ **Place assise,** où l'on peut s'asseoir.

ASSISE n.f. (de *asseoir*). **1.** Base qui donne de la stabilité, de la solidité ; fondement : *Les assises d'une théorie.* **2.** Rang d'éléments accolés (pierres, briques), de même hauteur, dans une construction. **3. BIOL.** Ensemble de cellules disposées en une couche uniforme à la base d'un tissu. ▪ **Assise génératrice** [bot.], qui produit les tissus secondaires de la tige et de la racine (liège, liber, bois).

ASSISES n.f. pl. **1.** Séances tenues par des magistrats pour juger les crimes ; lieu où se tiennent ces séances. **2.** Congrès d'un mouvement, d'un parti politique, d'un syndicat, etc. ▪ **Cour d'assises,** juridiction chargée de juger les crimes. ➲ La cour d'assises est une juridiction mixte (3 magistrats, 9 jurés). L'appel de ses arrêts est porté devant une autre cour d'assises, qui comprend alors 12 jurés.

ASSISTANAT n.m. **1.** Fonction d'assistant, partic. dans les industries du spectacle. **2.** Péjor. Fait d'être assisté, secouru.

ASSISTANCE n.f. **1.** Action d'assister, d'être présent à une réunion, une cérémonie, etc. : *Assistance irrégulière aux cours.* **2.** Ensemble de personnes réunies en un même lieu ; auditoire, public : *L'assistance applaudit.* **3.** Action d'assister qqn, de lui venir en aide : *Prêter assistance à un SDF.* ▪ **Assistance** ou **aide médicale à la procréation (AMP),** procréation* médicalement assistée. ▪ **Assistance publique** [anc.], administration qui était chargée en France de venir en aide aux personnes les plus défavorisées. (On dit auj. *aide sociale*, mais cette dénomination subsiste à Paris et à Marseille, où l'*Assistance publique* est chargée de la gestion des hôpitaux.) ▪ **Assistance technique,** aide internationale apportée à un pays en développement. ▪ **Société d'assistance,** société qui assure par contrat la prestation de certains services de dépannages et de secours.

1. ASSISTANT, E n. Personne qui assiste qqn, le seconde. ▪ **Assistant(e) maternel(le),** professionnel(le) agréé(e), en France, pour la garde d'enfants. ▪ **Assistant(e) social(e),** personne chargée de remplir un rôle d'assistance (morale, médicale, juridique ou matérielle) auprès des individus ou des familles. ◆ **n.m. pl.** Personnes présentes en un lieu, qui assistent à qqch ; assistance, public.

2. ASSISTANT n.m. Logiciel interactif qui aide l'utilisateur d'un système informatique dans l'exécution d'une tâche en le guidant à chaque étape. ▪ **Assistant personnel,** ordinateur de poche qui assure des fonctions de communication, de prise de notes, de gestion d'adresses et de rendez-vous. (On dit aussi *assistant numérique personnel* ou *assistant électronique*.)

1. ASSISTÉ, E n. et adj. [Souvent péjor.]. Personne qui bénéficie d'une assistance, notamm. financière.

2. ASSISTÉ, E adj. **AUTOM.** Pourvu d'un dispositif destiné à amplifier, réguler ou répartir l'effort exercé par l'utilisateur grâce à un apport extérieur d'énergie : *Direction assistée.* ▪ **Conception, fabrication, publication, etc., assistées par ordinateur,** qui utilisent les ressources de l'informatique.

ASSISTER v.t. [3] (lat. *assistere*). **1.** Porter aide ou secours à qqn : *Assister un blessé.* **2.** Aider qqn dans son activité ; seconder : *Se faire assister par une secrétaire.* **3. DR.** Plaider en justice pour qqn. ◆ **v.t. ind.** (À). **1.** Être présent à : *Assister à un spectacle.* **2.** Être le témoin de ; constater : *On assiste à un renversement de situation.*

ASSOCIATIF, IVE adj. **1.** Relatif à une association : *Les militants associatifs.* **2. MATH.** Se dit d'une loi de composition interne ⊤ définie sur un ensemble E lorsque, pour tout triplet (a, b, c) d'éléments de E, on a $(a \top b) \top c = a \top (b \top c)$. ▪ **Mouvement associatif,** réunissant des personnes à des fins culturelles, sociales, etc., ou pour défendre des intérêts communs. ◆ **n.** Membre d'un mouvement associatif.

ASSOCIATION n.f. **1.** Action d'associer, de s'associer ; son résultat : *L'association de deux architectes, de deux styles dans un projet.* **2.** Groupement de personnes réunies dans un dessein commun, non lucratif : *Association professionnelle, sportive.* ▪ **Association d'idées,** processus psychologique par lequel une idée ou une image en évoque une autre. ▪ **Association libre** [psychan.], méthode par laquelle le sujet est invité à exprimer tout ce qui lui vient à l'esprit, sans discrimination. ▪ **Association végétale** [écol.], ensemble des plantes d'espèces différentes vivant dans un même milieu, en relation les unes avec les autres.

ASSOCIATIONNISME **n.m.** **PHILOS.** Doctrine qui fait de l'association des idées et des représentations la base de la vie mentale et le principe de la connaissance. ➲ Elle a notamm. été soutenue par D. Hume et J. S. Mill.

ASSOCIATIVITÉ **n.f.** **MATH.** Propriété d'une loi de composition interne associative.

ASSOCIÉ, E **n.** et **adj.** **DR.** Personne liée avec d'autres par des intérêts communs : *Prendre une associée.*

ASSOCIER **v.t.** **[5]** (du lat. *socius*, compagnon). **1.** Mettre ensemble ; combiner : *Associer des subventions publiques et privées.* **2.** Faire participer qqn à qqch : *Il nous a associés au succès du film.* ◆ **S'ASSOCIER** **v.pr.** **1.** **(À).** Participer à qqch : *S'associer à un mouvement de solidarité.* **2.** **(À, AVEC).** S'unir avec qqn en vue d'une entreprise commune : *S'associer avec quelques collègues pour former une chorale.* **3.** **(À).** Partager les vues de : *Je m'associe à ses déclarations.* **4.** **(À).** Former un ensemble harmonieux avec : *Le galon du rideau s'associe bien à la couleur de la moquette.*

ASSOIFFÉ, E **adj.** Qui a soif. ▪ **Assoiffé de,** avide de : *Il est assoiffé de reconnaissance.*

ASSOIFFER **v.t.** **[3].** Donner soif.

ASSOLEMENT **n.m.** **AGRIC.** Répartition des cultures entre les parcelles d'une exploitation, d'une surface cultivée, à un moment donné.

ASSOLER **v.t.** **[3]** (de 2. *sole*). Réaliser l'assolement de.

ASSOMBRIR **v.t.** **[21].** **1.** Rendre ou faire paraître plus sombre : *Ces rideaux assombrissent le bureau.* **2.** Rendre triste : *L'accident a assombri la fin du festival.* ◆ **S'ASSOMBRIR** **v.pr.** **1.** Devenir sombre : *Le ciel s'assombrit.* **2.** Fig. Devenir inquiétant : *L'avenir de l'entreprise s'assombrit.*

ASSOMBRISSEMENT **n.m.** Fait d'assombrir, de s'assombrir.

ASSOMMANT, E **adj.** Fam. Ennuyeux à l'excès ; fatigant : *Un film assommant.*

ASSOMMER **v.t.** **[3]** (du lat. *somnus*, sommeil). **1.** Frapper d'un coup qui renverse, étourdit, tue. **2.** Fam. Ennuyer énormément.

ASSOMMEUR, EUSE **n.** Personne qui assomme.

ASSOMMOIR **n.m.** Vx. Débit de boissons de dernière catégorie.

ASSOMPTION **n.f.** (du lat. *assumere*, prendre avec soi). **CHRIST.** Élévation miraculeuse de la Vierge au ciel après sa mort (dogme défini par Pie XII en 1950) ; jour où l'Église catholique en célèbre la fête (15 août). ➲ Les chrétiens orientaux, qui ne reconnaissent pas ce dogme, célèbrent la *Dormition* de la Vierge.

ASSOMPTIONNISTE **n.m.** Religieux d'une congrégation catholique fondée à Nîmes en 1845 par le Père d'Alzon et consacrée notamm. à des activités de presse.

ASSONANCE **n.f.** (du lat. *assonare*, faire écho). **1.** **STYL.** Répétition d'un même son vocalique dans une phrase (par oppos. à *allitération*). **2.** **VERSIF.** Rime réduite à l'identité de la dernière voyelle accentuée (ex. : *sombre, tondre ; peintre, feindre ; âme, âge*).

ASSONANCÉ, E **adj.** Caractérisé par l'assonance.

ASSORTI, E **adj.** Qui est en accord, en harmonie : *Un couple bien assorti. Cravate assortie à un veston.* ▪ **Magasin, rayon bien assorti,** pourvu d'un grand choix d'articles.

ASSORTIMENT **n.m.** **1.** Série de choses formant un ensemble ; variété : *Un assortiment de couleurs.* **2.** **CUIS.** Présentation d'aliments variés mais appartenant à une même catégorie : *Un assortiment de fruits de mer, de fromages.* **3.** Collection de marchandises de même genre, chez un commerçant : *Un assortiment de thés.*

ASSORTIR **v.t.** **[21]** (de *sorte*). **1.** Réunir des choses qui s'harmonisent : *Assortir des fleurs pour composer un bouquet.* **2.** Ajouter à : *Assortir un contrat d'une clause restrictive.* ◆ **S'ASSORTIR** **v.pr.** **1.** **(À).** Être en harmonie avec : *L'écharpe s'assortit à la jupe.* **2.** **(DE).** S'accompagner de ; être complété par : *Son discours s'assortissait de gestes bravaches.*

ASSOUPI, E **adj.** **1.** À demi endormi. **2.** Fig. Qui a perdu de son acuité, s'est apaisé : *Des rancœurs assoupies.*

ASSOUPIR **v.t.** **[21]** (du lat. *sopire*, endormir). **1.** Endormir à demi. **2.** Fig. Atténuer l'intensité, la force de ; calmer : *Ce comprimé a assoupi la douleur.* ◆ **S'ASSOUPIR** **v.pr.** **1.** S'endormir à demi. **2.** Fig. Se calmer ; s'atténuer.

ASSOUPISSANT, E **adj.** Qui a la propriété d'assoupir.

ASSOUPISSEMENT **n.m.** Fait de s'assoupir, d'être assoupi ; sommeil léger.

ASSOUPLIR **v.t.** **[21].** **1.** Rendre plus souple : *Assouplir des chaussures neuves.* **2.** Rendre moins rigoureux : *Assouplir un règlement.* ◆ **S'ASSOUPLIR** **v.pr.** Devenir plus souple.

ASSOUPLISSANT ou **ASSOUPLISSEUR** **n.m.** Produit de rinçage qui évite au linge de devenir rêche après son lavage dans une eau calcaire.

ASSOUPLISSEMENT **n.m.** Action d'assouplir ; fait de s'assouplir : *Exercices d'assouplissement.*

ASSOURDIR **v.t.** **[21].** **1.** Rendre comme sourd par l'excès de bruit : *Ce marteau-piqueur m'assourdit.* **2.** Rendre moins sonore ; amortir : *La neige assourdit les bruits.*

ASSOURDISSANT, E **adj.** Qui assourdit : *Un vacarme assourdissant.*

ASSOURDISSEMENT **n.m.** Action d'assourdir.

ASSOUVIR **v.t.** **[21]** (du bas lat. *assopire*, endormir). Satisfaire un besoin, une envie, un sentiment : *Assouvir sa faim, sa curiosité.*

ASSOUVISSEMENT **n.m.** Action, fait d'assouvir.

ASSUÉTUDE **n.f.** (lat. *assuetudo*). **MÉD.** Vieilli. Dépendance à une drogue.

ASSUJETTI, E **n.** et **adj.** **DR.** Personne entrant dans le champ d'application d'un impôt ou d'une taxe, ou tenue de s'affilier à un organisme.

ASSUJETTIR **v.t.** **[21]** (de *sujet*). **1.** Placer un peuple, une nation sous sa domination ; asservir : *Une grande puissance qui a assujetti de petits pays.* **2.** **DR.** Soumettre qqn à une obligation stricte : *Assujettir les citoyens à l'impôt.* **3.** Fixer une chose de manière qu'elle soit stable ou immobile : *Assujettir les battants du vantail avec des crochets.* ◆ **S'ASSUJETTIR** **v.pr.** Litt. Se soumettre, se plier à qqch.

ASSUJETTISSANT, E **adj.** Qui assujettit, astreint ; contraignant.

ASSUJETTISSEMENT **n.m.** Action d'assujettir ; fait d'être assujetti.

ASSUMER **v.t.** **[3]** (lat. *assumere*). **1.** Prendre à son compte ; accepter les conséquences de : *Le maire assume la fonction de ministre, les erreurs de son prédécesseur.* **2.** Absol. Endosser les conséquences de ses actes : *J'ai pris cette décision, j'assume.* ◆ **S'ASSUMER** **v.pr.** Se prendre en charge ; s'accepter tel que l'on est.

ASSURAGE **n.m.** **ALP., SPÉLÉOL.** Action d'assurer ; dispositif (corde, baudrier) servant à assurer.

ASSURANCE **n.f.** **1.** Parole, acte qui servent à garantir ; certitude : *Je veux avoir l'assurance que tu ne lui diras rien.* **2.** Confiance en soi : *Elle prend chaque jour un peu plus d'assurance.* **3.** **DR.** Garantie accordée par un assureur à un assuré de l'indemniser d'éventuels dommages, moyennant une prime ou une cotisation ; document attestant cette garantie. ▪ **Assurances sociales** [dr.], système d'assurance destiné à garantir les personnes contre la maladie, l'invalidité, la vieillesse, etc. (On dit auj., en France, *Sécurité sociale.*)

ASSURANCE-CRÉDIT **n.f.** (pl. *assurances-crédits*). Opération d'assurance garantissant un créancier contre le risque de non-paiement de la part de son débiteur.

ASSURANCE-MALADIE **n.f.** (pl. *assurances-maladie*). Système de protection sociale contre les risques liés à la maladie, accordé à tout cotisant ainsi qu'à sa famille.

ASSURANCE-VIE **n.f.** (pl. *assurances-vie*). Contrat d'assurance garantissant le versement d'un capital ou d'une rente en faveur du conjoint ou de tout autre ayant droit désigné par l'assuré, au décès de ce dernier.

1. ASSURÉ, E **adj.** **1.** Plein d'assurance, de fermeté ; décidé : *Entrer en scène d'un pas assuré.* **2.** Qui ne peut manquer de se produire ; certain : *Leur victoire est assurée.*

2. ASSURÉ, E **n.** Personne garantie par un contrat d'assurance. ▪ **Assuré social,** personne affiliée à un régime d'assurances sociales.

ASSURÉMENT **adv.** De façon certaine ; sûrement.

ASSURER **v.t.** **[3]** (du lat. *securus*, sûr). **1.** Donner comme sûr, certain ; certifier : *Le candidat assure qu'il tiendra ses promesses. La vendeuse nous a assurés de la qualité de ce produit.* **2.** Mettre à l'abri du danger ; protéger : *Assurer l'avenir de ses enfants.* **3.** Garantir la réalisation ou le bon fonctionnement de : *Assurer le ravitaillement d'un village enneigé. Assurer une permanence la nuit.* **4.** **ALP., SPÉLÉOL.** Garantir d'une chute par un dispositif approprié (corde, piton, etc.). **5.** Garantir, faire garantir par un contrat d'assurance : *Assurer sa maison.* ◆ **v.i.** Fam. **1.** Exceller dans tel domaine : *Dans les scènes comiques, elle assure.* **2.** Se montrer à la hauteur : *Un chef d'équipe qui assure.* ◆ **S'ASSURER** **v.pr.** **1.** Rechercher la confirmation de qqch ; vérifier : *Il s'est assuré que le gîte contenait bien trois chambres.* **2.** Se garantir le concours de qqn, l'usage de qqch : *S'assurer une bonne retraite.* **3.** Se protéger contre qqch ; souscrire un contrat d'assurance.

ASSUREUR **n.m.** Personne qui s'engage à couvrir un risque moyennant le paiement d'une somme déterminée par contrat.

ASSYRIEN, ENNE **adj.** et **n.** De l'Assyrie ; de ses habitants.

ASSYRIOLOGIE **n.f.** Étude de la civilisation, des antiquités assyriennes et, plus génér., de l'Orient ancien.

ASSYRIOLOGUE **n.** Spécialiste d'assyriologie.

ASTABLE **adj.** Se dit d'un montage électronique multivibrateur comportant deux états instables et capable de basculer périodiquement et spontanément de l'un à l'autre

ASTACICULTURE **n.f.** (du lat. *astacus*, écrevisse). Élevage des écrevisses.

ASTATE **n.m.** (du gr. *astatos*, instable). Élément chimique instable et radioactif (At), de numéro atomique 85, du groupe des halogènes.

ASTATIQUE **adj.** **PHYS.** Qui présente un état d'équilibre indifférent : *Système astatique.*

ASTER [astɛr] **n.m.** (mot lat. « étoile », du gr.). **1.** Plante herbacée souvent cultivée pour ses fleurs décoratives aux coloris variés. ➲ Famille des composées. **2.** **BIOL. CELL.** Ensemble de microtubules disposés autour des centrioles pendant la division cellulaire.

ASTÉRACÉE **n.f.** **BOT.** Composée.

ASTÉRÉOGNOSIE [-gnozi] **n.f.** (du gr. *stereos*, solide, et *gnôsis*, connaissance). **MÉD.** Impossibilité de reconnaître la forme et le volume des objets par le toucher, due à une lésion du cortex cérébral.

ASTÉRIDE **n.m.** Échinoderme prédateur et mobile muni de bras pourvus de petites ventouses sur la face inférieure. ➲ Les astérides forment une classe.

ASTÉRIE **n.f.** Étoile de mer.

ASTÉRISQUE **n.m.** (du gr. *asteriskos*, petite étoile). Signe, caractère typographique en forme d'étoile (*), indiquant un renvoi ou une particularité lexicale.

ASTÉROÏDE **n.m.** (du gr. *astêr*, astre, et *eidos*, aspect). Petit corps rocheux ou métallique, de forme génér. irrégulière, qui gravite autour du Soleil. ➲ Les astéroïdes se rencontrent princip. entre l'orbite de Mars et celle de Jupiter *(ceinture principale d'astéroïdes)* et au-delà *(ceinture de Kuiper).*

▲ **astéroïde.** Vue d'artiste de l'astéroïde Steins.

ASTÉROSISMOLOGIE [-sismo-] **n.f.** Étude des vibrations des étoiles fournissant des informations sur leur structure interne.

ASTHÉNIE **n.f.** (du gr. *sthenos*, force). **MÉD.** Affaiblissement général de l'organisme.

ASTHÉNIQUE **adj.** Relatif à l'asthénie. ◆ **adj.** et **n.** Atteint d'asthénie.

ASTHÉNOSPHÈRE **n.f.** **GÉOL.** Couche plastique (à l'échelle des temps géologiques) du manteau supérieur, située sous la lithosphère.

ASTHMATIQUE [asmatik] **adj.** Relatif à l'asthme. ◆ **adj.** et **n.** Atteint d'asthme.

ASTHME [asm] **n.m.** (du gr. *asthma*, respiration difficile). Maladie caractérisée par des accès de gêne expiratoire dus à un spasme bronchique.

ASTI **n.m.** Vin blanc récolté près d'Asti (Italie), dont la variété mousseuse, l'*asti spumante*, est réputée.

ASTICOT **n.m.** Larve apode des mouches telles que les mouches à viande, qui déposent leurs œufs sur des matières en décomposition.

ASTICOTER **v.t.** **[3].** Fam. Contrarier qqn pour des bagatelles ; taquiner.

ASTIGMATE **adj.** et **n.** (du gr. *stigma*, point). **MÉD.** Atteint d'astigmatisme.

ASTIGMATIQUE **adj.** **OPT.** Qui présente un astigmatisme.

ASTIGMATISME **n.m.** **1. MÉD.** Anomalie de la vision, due à des inégalités de courbure de la cornée ou à un manque d'homogénéité dans la réfringence des milieux transparents de l'œil. **2. OPT.** Défaut d'un instrument d'optique ne donnant pas d'un point une image ponctuelle (CONTR. **stigmatisme**).

ASTIQUAGE **n.m.** Action d'astiquer.

ASTIQUER **v.t.** **[3]** (du francique *stikjan, ficher). Faire briller en frottant : *Astiquer les cuivres.*

ASTRAGALE **n.m.** (gr. *astragalos*). **1. ANAT.** Os du tarse qui s'articule avec le tibia et le péroné. **2. ARCHIT.** Moulure située à la jonction du fût et du chapiteau d'une colonne, sur le pourtour d'un lambris mural ou au nez d'une marche d'escalier. **3.** Plante fourragère dont une espèce du Moyen-Orient fournit la gomme adragante. ➲ Famille des légumineuses.

ASTRAKAN, ▲ *ASTRACAN* **n.m.** (de *Astrakhan*, n.pr.). Fourrure de jeune agneau d'Asie, à poil frisé.

ASTRAL, E, AUX **adj.** Relatif aux astres.

ASTRE **n.m.** (gr. *astron*). **1.** Corps céleste naturel. **2. ASTROL.** Corps céleste en tant qu'il est supposé influer sur la vie des hommes.

ASTREIGNANT, E **adj.** Qui tient sans cesse occupé : *Un métier astreignant.*

ASTREINDRE **v.t.** **[62]** (du lat. *astringere*, serrer). Soumettre qqn à une tâche pénible, ardue ; contraindre : *Le médecin l'a astreint à un régime sévère.* ◆ **S'ASTREINDRE** **v.pr.** **(A).** S'imposer de faire qqch ; s'obliger à : *S'astreindre à un régime, à se lever tôt.*

ASTREINTE **n.f.** **1. DR.** Obligation faite à un débiteur de payer une somme déterminée par jour de retard. **2.** Obligation rigoureuse ; contrainte : *Les astreintes du travail en équipe.* ▪ **Être d'astreinte,** être tenu de se rendre disponible pour assurer les urgences d'un service.

ASTRINGENCE **n.f.** Qualité de ce qui est astringent.

ASTRINGENT, E **adj.** et **n.m.** **MÉD.** Se dit d'une substance qui resserre et assèche les tissus, et peut faciliter leur cicatrisation.

ASTROBLÈME **n.m.** (du gr. *blêma*, blessure). **GÉOMORPH.** Cratère fossile dû à l'impact d'une grosse météorite.

ASTROCYTE **n.m.** **HISTOL.** Cellule de la névroglie, en forme d'étoile.

ASTROLABE **n.m.** (gr. *astrolabos*). **1.** Instrument servant à observer l'instant où une étoile atteint une hauteur déterminée. **2.** Anc. Instrument permettant d'obtenir, pour une latitude donnée, une représentation plane simplifiée du ciel à une date quelconque.

ASTROLOGIE **n.f.** Art divinatoire qui cherche à déterminer l'influence présumée de certains astres sur les événements terrestres et la destinée humaine, à partir de l'étude de leur déplacement dans le zodiaque et de leurs positions relatives dans le ciel.

➲ L'**ASTROLOGIE** occidentale, dont l'âge d'or fut le XVIe s. (Cardan, G. Della Porta, Nostradamus, etc.), vient des Chaldéens et, au-delà, des hindous. Elle comprend notamm. l'*astrologie généthliaque* (qui s'intéresse partic. à l'horoscope du jour de naissance) et l'*astrologie judiciaire* (qui s'attache à tirer de l'horoscope des conjectures sur l'individu). En usage depuis des millénaires, l'astrologie chinoise repose sur douze signes annuels portant des noms d'animaux.

ASTROLOGIQUE **adj.** Relatif à l'astrologie.

ASTROLOGUE **n.** Personne qui pratique l'astrologie.

ASTROMÉTRIE **n.f.** Partie de l'astronomie ayant pour objet la mesure de la position des astres et la détermination de leurs mouvements (SYN. **astronomie de position**).

ASTROMÉTRIQUE **adj.** Relatif à l'astrométrie.

ASTROMÉTRISTE **n.** Spécialiste d'astrométrie.

ASTROMOBILE **n.f.** Véhicule conçu pour se déplacer à la surface d'un astre autre que la Terre (SYN. **rover**).

ASTRONAUTE **n.** Occupant d'un vaisseau spatial, dans la terminologie anglo-américaine (→ **cosmonaute, spationaute, taïkonaute**).

ASTRONAUTIQUE **n.f.** (du gr. *astron*, astre, et *nautikê*, navigation). Science de la navigation dans l'espace ; ensemble des activités humaines relatives aux vols spatiaux.

ASTRONEF **n.m.** Véhicule spatial.

ASTRONOME **n.** Spécialiste d'astronomie.

ASTRONOMIE **n.f.** (lat. *astronomia*, du gr.). Science qui étudie la position, les mouvements, la structure et l'évolution des corps célestes. ▪ **Astronomie de position,** astrométrie. ▪ **Astronomie fondamentale,** astrométrie et mécanique céleste.

ASTRONOMIQUE **adj.** **1.** Relatif à l'astronomie : *Observation astronomique.* **2.** Fam. Très élevé ; excessif : *Les chiffres astronomiques des dépenses de publicité.*

ASTRONOMIQUEMENT **adv.** Suivant les lois de l'astronomie.

ASTROPARTICULE **n.f.** **1.** Domaine de recherche situé à l'interface de l'astrophysique et de la physique des particules. **2.** (Génér. au pl.). Particule élémentaire constituant un objet d'étude en astrophysique.

ASTROPHOTOGRAPHIE **n.f.** Photographie des astres.

ASTROPHYSICIEN, ENNE **n.** Spécialiste d'astrophysique.

ASTROPHYSIQUE **n.f.** Partie de l'astronomie qui étudie la nature, les propriétés physiques, la formation et l'évolution des astres.

ASTUCE **n.f.** (du lat. *astutia*, ruse). **1.** Manière habile d'agir pour obtenir qqch, de surmonter un obstacle : *Il a fait preuve d'astuce pour s'en sortir.* **2.** Trouvaille pratique et ingénieuse : *Elle connaît les astuces des bricoleurs.* **3.** Fam. Jeu de mots ; plaisanterie : *Ses astuces tombent à plat.*

ASTUCIEUSEMENT **adv.** De façon astucieuse.

ASTUCIEUX, EUSE **adj.** **1.** Qui fait preuve d'astuce : *Une décoratrice astucieuse.* **2.** Qui dénote de l'habileté ; ingénieux : *Un moyen astucieux.*

ASYMBOLIE **n.f.** **NEUROL.** Tout déficit de la reconnaissance des symboles lors d'une atteinte du cortex cérébral.

ASYMÉTRIE **n.f.** Absence de symétrie.

ASYMÉTRIQUE **adj.** Qui n'est pas symétrique : *Barres asymétriques.* ▪ **Conflit, guerre asymétrique,** conflit opposant des combattants dont les forces sont très déséquilibrées, et dans lequel les plus faibles tentent de compenser leur infériorité par des moyens alternatifs (terrorisme, guérilla, par ex.). ◆ **n.f.** **MAR.** Voile établie aux allures portantes, amurée à l'étrave ou à l'extrémité du beaupré.

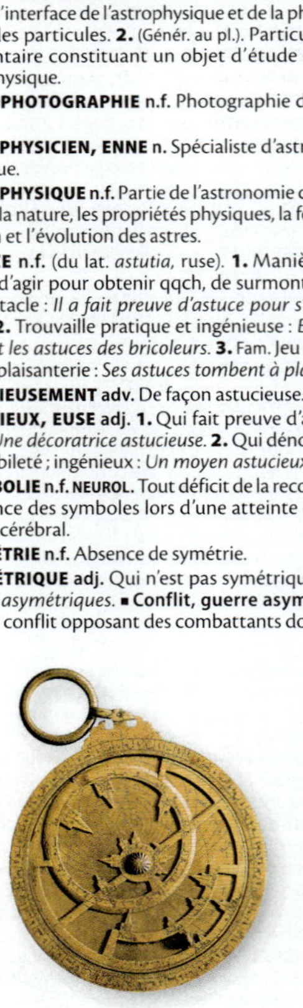

▲ **astrolabe** en cuivre d'origine arabe (IXe s.).

ASYMPTOMATIQUE **adj.** Se dit d'une maladie, d'un trouble qui ne s'accompagnent pas de symptômes.

ASYMPTOTE **adj.** et **n.f.** (du gr. *asumptôtos*, qui ne coïncide pas). **MATH.** ▪ **Droite asymptote à une courbe,** droite telle que la distance d'un point de cette courbe à cette droite tend vers zéro quand le point s'éloigne à l'infini.

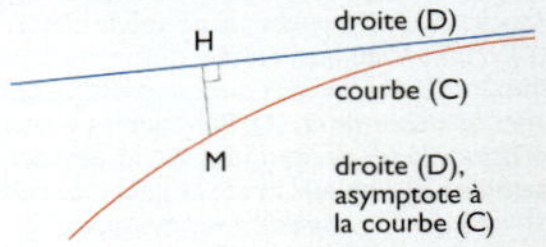

▲ **asymptote**

ASYMPTOTIQUE **adj.** Relatif à la droite asymptote.

ASYNCHRONE [asɛ̃kron] **adj.** **PHYS.** Qui n'est pas synchrone. ▪ **Machine asynchrone,** moteur ou générateur électrique à courants alternatifs dont la fréquence des forces électromotrices induites n'est pas dans un rapport constant avec la vitesse.

ASYNCHRONISME **n.m.** Manque de synchronisme.

ASYNDÈTE **n.f.** (du gr. *asundeton*, absence de liaison). **STYL.** Suppression, à effet stylistique, des mots de liaison (conjonctions, adverbes) dans une phrase ou entre deux phrases (ex. : *Enfants, parents, il a tout sur les bras*).

ASYNERGIE **n.f.** Trouble neurologique, dû à une atteinte du cervelet, empêchant le sujet d'associer des mouvements simples dans des actes complexes.

ASYSTOLE **n.f.** **MÉD.** Forme d'arrêt cardiaque dans laquelle le cœur est immobile et sans activité électrique.

ATACA **n.m.** → **ATOCA.**

ATARAXIE **n.f.** (du gr. *ataraxia*, absence de trouble). **PHILOS.** Quiétude absolue de l'âme (principe du bonheur selon l'épicurisme et le stoïcisme).

ATAVIQUE **adj.** Relatif à l'atavisme.

ATAVISME **n.m.** (du lat. *atavus*, ancêtre). **1.** Réapparition, chez un sujet, de certains caractères ancestraux disparus depuis une ou plusieurs générations. **2.** Cour. Hérédité. **3.** Ensemble de traits de caractère transmis par les ascendants : *Un double atavisme artistique.*

ATAXIE **n.f.** (du gr. *ataxia*, désordre). **NEUROL.** Absence ou difficulté de coordination des mouvements volontaires, due par ex. à une atteinte de la moelle épinière ou du cervelet.

ATAXIQUE **adj.** Relatif à l'ataxie. ◆ **adj.** et **n.** Atteint d'ataxie.

ATCHOUM **interj.** Imite le bruit fait en éternuant.

ATÈLE **n.m.** (du gr. *atelês*, incomplet). Singe de l'Amérique du Sud, aussi appelé *singe-araignée* à cause de la très grande longueur de ses membres. ➲ Famille des cébidés.

ATÉLECTASIE **n.f.** **MÉD.** Affaissement d'alvéoles pulmonaires, dépourvues d'air à la suite de l'obstruction d'une bronche.

ATELIER **n.m.** (de l'anc. fr. *astelle*, morceau de bois). **1.** Local où travaillent des artisans, des ouvriers ; ensemble des personnes qui y travaillent. **2.** Groupe de travail : *Animer des ateliers de vidéo, d'écriture.* **3. BX-ARTS.** Local où travaille un artiste peintre, un sculpteur, etc. ; ensemble des élèves ou des collaborateurs d'un même maître. **4.** Loge des francs-maçons ; local où ils se réunissent.

ATELLANES **n.f. pl.** (de *Atella*, ville des Osques). **ANTIQ. ROM.** Pièces de théâtre bouffonnes.

ATÉMI **n.m.** (mot jap.). Coup frappé avec le tranchant de la main, le coude, le genou ou le pied, dans les arts martiaux japonais.

ATEMPOREL, ELLE **adj.** Qui ne dépend pas du temps, n'est pas concerné par le temps : *Un décor d'opéra atemporel.*

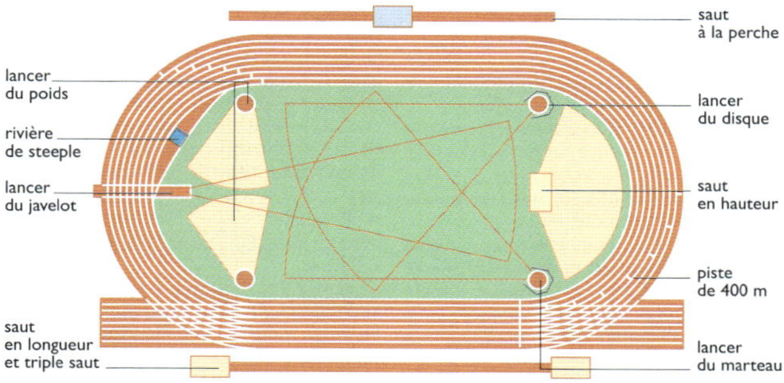

Course de fond.

Lancer du poids.

Saut en hauteur en fosbury.

▲ **athlétisme**

ATER [atɛr] **n.** (acronyme de *attaché temporaire d'enseignement et de recherche*). Titulaire d'un doctorat ou doctorant assurant sur contrat un service d'enseignement à l'université, pour une durée limitée et contre engagement à se présenter aux concours de recrutement.

ATÉRIEN n.m. (de *Bir al-Ater*, lieu-dit d'Algérie). Faciès culturel propre au Maghreb de la fin du paléolithique moyen et du début du paléolithique supérieur (vers – 40 000 à – 30 000), caractérisé par des pointes pédonculées retouchées des deux côtés. ◆ **ATÉRIEN, ENNE adj.** Relatif à l'atérien.

ATERMOIEMENT n.m. DR. Délai accordé à un débiteur pour l'exécution de ses engagements. ◆ **n.m. pl.** Action d'atermoyer, de remettre à plus tard un choix, une décision : *Assez d'atermoiements, donnez votre réponse.*

ATERMOYER [atɛrmwaje] **v.i. [7]** (de l'anc. fr. *termoyer*, vendre à terme). Chercher à gagner du temps en ajournant une décision ; tergiverser.

ATHANOR n.m. (de l'ar. *al-tannur*, le four). Fourneau d'alchimiste.

ATHÉE adj. et **n.** (du gr. *theos*, dieu). Qui nie l'existence de Dieu, de toute divinité.

ATHÉISME n.m. Attitude, doctrine d'une personne athée.

ATHÉMATIQUE adj. LING. Qui n'est pas thématique.

ATHÉNÉE n.m. (du gr. *athênaion*, temple d'Athéna). Belgique. Établissement d'enseignement secondaire.

ATHÉNIEN, ENNE adj. et **n.** D'Athènes.

ATHERMIQUE adj. THERMODYN. Qui ne dégage ni n'absorbe de chaleur : *Réaction athermique.*

ATHÉROME n.m. (gr. *athêrôma*). **MÉD.** Dépôt de plaques riches en cholestérol sur la paroi interne des artères, finissant par provoquer l'athérosclérose.

ATHÉROSCLÉROSE n.f. Maladie dégénérative des artères, due à l'athérome et comportant un épaississement et un durcissement de leur paroi gênant la circulation sanguine.

ATHÉTOSE n.f. (du gr. *athetos*, non fixé). Affection neurologique caractérisée par des mouvements involontaires lents et ondulants, prédominant à la tête, aux mains et aux pieds.

ATHÉTOSIQUE adj. Relatif à l'athétose. ◆ **adj.** et **n.** Atteint d'athétose.

ATHLÈTE n. (du gr. *athlêtês*, lutteur). **1.** Personne qui pratique un sport, et en partic. l'athlétisme. **2.** Personne ayant une musculature très développée : *Une carrure d'athlète.*

ATHLÉTIQUE adj. 1. Propre à un athlète : *Un corps athlétique.* **2.** Relatif à l'athlétisme : *Les performances athlétiques de l'année.*

ATHLÉTISME n.m. Ensemble de disciplines sportives comprenant des courses de plat et d'obstacles, des concours de saut et de lancer, et des épreuves de marche.

➲ Sport individuel, l'**ATHLÉTISME** fait appel à des gestes naturels – marcher, courir, sauter, lancer – et requiert des qualités spécifiques – vitesse, endurance, détente et force. L'athlétisme se décompose en plusieurs types d'épreuves : les courses plates (du 100 m au 10 000 m) ; les courses d'obstacles (haies et steeple) ; les concours de saut (hauteur, longueur, triple saut et perche) et de lancer (poids, disque, marteau, javelot) ; les épreuves combinées : décathlon (hommes), heptathlon (femmes) ; les relais et, hors stade, la marche, le marathon et le cross.

ATHREPSIE n.f. (du gr. *threpsis*, action de nourrir). **MÉD.** Forme de cachexie du nourrisson en phase terminale de dénutrition.

ATHYMIE ou **ATHYMHORMIE n.f.** (du gr. *thumos*, cœur, sentiment, et *hormein*, exciter). **PSYCHIATR.** État d'indifférence affective apparente du schizophrène.

ATLANTE n.m. (de *Atlas*, n. myth.). Statue d'homme soutenant un entablement, une corniche, etc. (SYN. **télamon**).

ATLANTIQUE adj. De l'océan Atlantique ou des pays qui le bordent.

ATLANTISME n.m. Attitude politique des partisans du pacte de l'Atlantique Nord et, plus génér., de ceux qui s'alignent sur la politique des États-Unis ou privilégient l'Occident plutôt que la nation ou l'Europe.

ATLAS n.m. (de *Atlas*, n. myth.). **1.** Recueil ordonné de cartes géographiques, historiques, etc. : *Atlas archéologique.* **2. ANAT.** Première vertèbre du cou.

ATMAN [atman] **n.m.** (mot sanskr.). **1.** Dans l'hindouisme, souffle vital, âme, personne. **2.** Dans le bouddhisme, l'âme éternelle.

ATMOSPHÈRE n.f. (du gr. *atmos*, vapeur, et *sphaira*, sphère). **1.** Air que l'on respire en un lieu : *La pluie a rafraîchi l'atmosphère.* **2.** Fig. Milieu dans lequel on vit et dont on subit l'influence : *Vivre dans une atmosphère familiale paisible. Une atmosphère de travail.* **3.** Couche gazeuse constituant l'enveloppe la plus externe de la Terre et d'autres corps célestes. **4.** Couche extérieure d'une étoile d'où provient le rayonnement de celle-ci. **5.** Anc. Unité de pression des gaz, équivalant à 1,01 × 10^5 pascals.

➲ La couche d'air qui enveloppe la Terre et forme l'**ATMOSPHÈRE** ne se limite pas au domaine dans lequel circulent les nuages. On distingue successivement, en partant de la surface terrestre : la *troposphère* (principal domaine de la météorologie), la *stratosphère*, la *mésosphère*, la *thermosphère*, l'*ionosphère* →

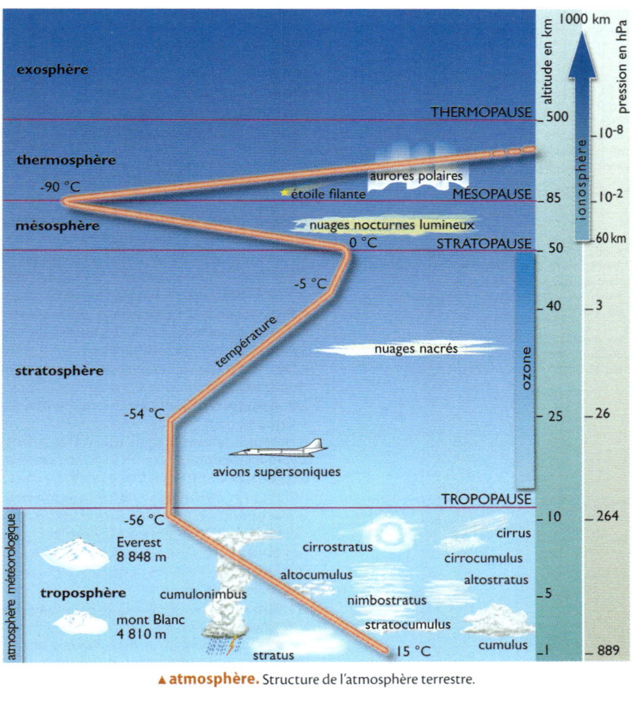

▲ **atmosphère.** Structure de l'atmosphère terrestre.

a b c d e f g h i j k l m n o p q r s t u v w x y z

→ et la *magnétosphère.* La pression décroît lorsque l'altitude augmente. Au sol, la pression atmosphérique standard est de 1 013 hectopascals (hPa) ; elle est sensiblement plus faible dans les dépressions (960 à 965 hPa) et plus forte dans les anticyclones (1 035 à 1 040 hPa).
D'autres planètes que la Terre, comme Vénus, Mars, Jupiter, Saturne, Uranus et Neptune, ou de gros satellites naturels, comme Titan, possèdent une atmosphère, chacune présentant une composition et des conditions physiques particulières.

ATMOSPHÉRIQUE adj. Relatif à l'atmosphère : *Conditions atmosphériques.* ▪ **Moteur atmosphérique,** moteur dont les cylindres sont alimentés en air à la pression atmosphérique, sans surpression ni alimentation forcée.

ATOCA ou **ATACA n.m.** (mot amérindien). Québec. Canneberge : *Dinde aux atocas.*

ATOLL n.m. (mot des îles Maldives). Île des mers tropicales, formée de récifs coralliens qui entourent une lagune centrale d'eau peu profonde, le *lagon.*

▲ **atoll.** L'île de Tetiaroa (Polynésie française), formant un atoll.

ATOME n.m. (du gr. *atomos,* insécable). **1.** Constituant élémentaire de la matière, assemblage de particules fondamentales. ➲ Un corps constitué d'atomes identiques est un *corps simple.* **2.** Très petite quantité de qqch : *Vous n'avez pas un atome d'humour.* **3. PHILOS.** Selon l'atomisme antique, être indivisible, sans commencement ni fin, cause première de tout ce qui est. ▪ **Atome de parenté** [anthrop.], structure de parenté la plus élémentaire, fondant tous les systèmes de parenté. ➲ Dégagée par C. Lévi-Strauss, elle comporte le plus souvent Ego, le père, la mère et le frère de la mère. ▪ **Avoir des atomes crochus avec qqn** [fam.], bien s'entendre avec lui.

ATOME-GRAMME n.m. (pl. *atomes-grammes*). Masse en grammes d'une mole d'atomes d'un élément chimique.

ATOMICITÉ n.f. 1. CHIM. Nombre d'atomes contenus dans une molécule. **2. ÉCON.** Caractère de l'offre ou de la demande sur un marché où les vendeurs ou les acheteurs sont suffisamment nombreux pour qu'aucun d'eux ne puisse, par sa seule action, exercer une influence sur le fonctionnement du marché et, par voie de conséquence, sur la détermination du prix.

ATOMIQUE adj. Relatif aux atomes. ▪ **Arme atomique,** arme utilisant les réactions de fission du plutonium ou de l'uranium, employée pour la première fois en 1945 (→ **nucléaire, thermonucléaire**). ▪ **Énergie atomique** [vieilli], énergie nucléaire. ▪ **Masse atomique,** rapport de la masse de l'atome d'un élément chimique au douzième de la masse du carbone 12. ▪ **Numéro** ou **nombre atomique,** numéro d'ordre d'un élément dans la classification périodique, égal au nombre de ses électrons et à celui de ses protons.

ATOMISATION n.f. Éclatement d'un ensemble ; désagrégation : *L'atomisation de la cellule familiale.*

ATOMISÉ, E adj. et **n. MÉD.** Qui a subi les effets des radiations nucléaires.

ATOMISER v.t. [3]. **1.** Détruire avec des armes atomiques. **2.** Réduire un corps en fines particules, à partir de son état liquide. **3.** Fig. Diviser un groupe, un ensemble cohérent ; désagréger : *Sa déroute électorale a atomisé ce parti.* **4.** Fig., fam. Réduire à néant ; faire disparaître complètement ; tuer ; détruire : *Internet n'a pas mis longtemps à atomiser le Minitel.*

ATOMISEUR n.m. Appareil servant à disperser finement des liquides, solutions ou suspensions.

ATOMISME n.m. PHILOS. Doctrine antique selon laquelle l'univers est formé d'atomes qui se combinent entre eux de façon fortuite et mécanique. ➲ Elle a été exposée principalement par Démocrite et Lucrèce.

ATOMISTE n. et **adj. 1.** Spécialiste de la physique atomique ou de l'énergie nucléaire. **2.** Partisan de l'atomisme philosophique.

ATONAL, E, ALS ou **AUX adj. MUS.** Écrit suivant les principes de l'atonalité.

ATONALITÉ n.f. Écriture musicale contemporaine, caractérisée en partic. par l'abandon des règles de l'harmonie et de la tonalité classiques, et utilisant les douze degrés de la gamme chromatique. ➲ Les grands représentants de l'atonalité sont Schoenberg, Berg, Webern, Boulez, Stockhausen, Xenakis.

ATONE adj. (du gr. *atonos,* relâché). **1.** Qui manque de dynamisme ; apathique : *Des élèves atones.* **2. PHON.** Se dit d'une voyelle ou d'une syllabe qui ne porte pas d'accent tonique. **3. MÉD.** Se dit d'un muscle atteint d'une atonie, d'un organe dont la consistance est diminuée. ▪ **Œil, regard atone,** sans expression ; éteint. ▪ **Plaie atone** [méd.], plaie torpide*.

ATONIE n.f. Caractère d'une chose atone, d'une personne qui manque de vitalité : *L'importance de l'enjeu a tiré les électeurs de leur atonie.* ▪ **Atonie musculaire,** hypotonie musculaire.

ATONIQUE adj. Qui a rapport à l'atonie ou qui en résulte.

ATOPIE n.f. Prédisposition génétique familiale à des allergies communes comme le rhume des foins, la conjonctivite ou l'eczéma.

ATOPIQUE adj. Se dit d'une maladie liée à l'atopie : *Dermatite (ou eczéma) atopique.*

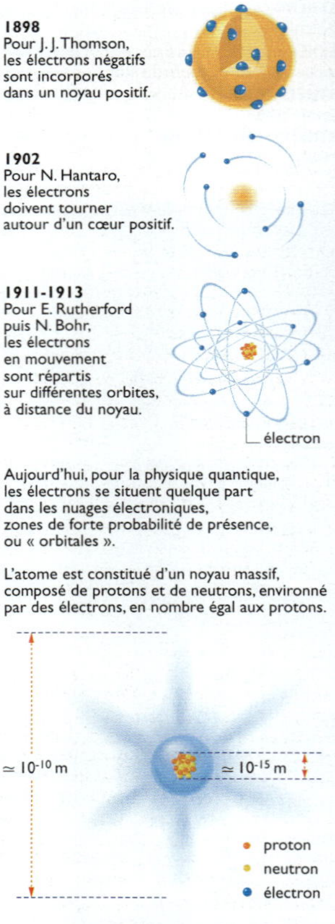

▲ **atome.** Historique de la représentation de l'atome.

ATOURS n.m. pl. (de l'anc. fr. *atourner,* disposer). Litt. L'ensemble des vêtements, de la parure d'une femme : *Être vêtue de ses plus beaux atours.*

ATOUT n.m. (de *tout*). **1.** Couleur choisie ou prise au hasard et qui l'emporte sur les autres, dans certains jeux de cartes. **2.** Fig. Chance, moyen de réussir : *Votre expérience est un sérieux atout.*

ATOXIQUE adj. MÉD. Dépourvu de toxicité.

ATP ou **A.T.P. n.m.** (sigle). **BIOCHIM.** Adénosine triphosphate.

ATRABILAIRE adj. et **n.** Litt. Facilement irritable ; coléreux.

ATRABILE n.f. (du lat. *atra bilis,* bile noire). **MÉD.** Anc. Substance hypothétique du corps humain qui passait pour causer la mélancolie et l'hypocondrie.

ATRACTYLIGÉNINE n.f. BIOCHIM. Terpène double dont deux dérivés, très toxiques, ont été isolés d'un chardon, *Atractylis gummifera.*

ÂTRE n.m. (du gr. *ostrakon,* morceau de brique). Partie de la cheminée où l'on fait le feu ; la cheminée elle-même : *Les bûches se consument dans l'âtre.*

ATRÉSIE n.f. (du gr. *trêsis,* trou). **MÉD.** Étroitesse ou occlusion complète d'un orifice ou d'un conduit naturel.

ATRIAU n.m. Suisse. Crépinette ronde.

ATRIUM [atrijɔm] **n.m.** (mot lat.). **1. ANTIQ. ROM.** Pièce principale qui commandait la distribution de la maison, avec une ouverture carrée au centre du toit pour recueillir les eaux de pluie. **2.** Dans l'architecture contemporaine (hôtelière, commerciale, etc.), grand espace intérieur vitré commandant les autres locaux.

▲ **atrium.** Dans une maison d'Herculanum, atrium avec compluvium et impluvium (fin du IIe s. av. J.-C.).

ATROCE adj. (lat. *atrox*). **1.** Qui provoque la répulsion par sa cruauté ; barbare : *Des exécutions atroces.* **2.** Très pénible à supporter ; insoutenable : *Des souffrances atroces.* **3.** Épouvantable : *Un temps atroce* ; hideux : *Une couleur atroce.*

ATROCEMENT adv. De manière atroce.

ATROCITÉ n.f. 1. Caractère de ce qui est atroce : *L'atrocité des massacres.* **2.** Action cruelle : *La guerre et son cortège d'atrocités.*

ATROPHIE n.f. (du gr. *atrophia,* privation de nourriture). **MÉD.** Diminution de volume d'une cellule, d'un tissu, d'un organe, survenant après la naissance.

ATROPHIÉ, E adj. Atteint d'atrophie (CONTR. **hypertrophié**).

ATROPHIER v.t. [5]. **1. MÉD.** Faire subir une atrophie. **2.** Fig. Provoquer l'affaiblissement de. ◆ **S'ATROPHIER v.pr. 1. MÉD.** Être atteint d'atrophie. **2.** Perdre de sa vigueur ; se dégrader.

ATROPINE n.f. (lat. *atropa*). **MÉD.** Alcaloïde extrait de la belladone, l'une des principales substances anticholinergiques.

ATSEM [atsɛm] **n.** (acronyme de *agent territorial spécialisé des écoles maternelles*). Personnel communal sans responsabilité pédagogique propre, qui assiste les enseignants dans chaque classe maternelle.

S'ATTABLER **v.pr. [3].** S'asseoir à une table pour manger, jouer ou travailler.

ATTACHANT, E adj. Qui attire la sympathie, l'intérêt : *Un enfant attachant. Son œuvre est attachante.*

ATTACHE **n.f. 1.** Ce qui sert à attacher (lien, courroie, etc.). **2.** ANAT. Partie du corps où est fixé un muscle, un ligament. ▪ **Port d'attache** [mar.], où un navire est immatriculé. ◆ **n.f. pl.** Liens amicaux ou familiaux : *Je n'ai plus d'attaches là-bas.*

1. ATTACHÉ, E adj. 1. Qui se ferme de telle façon : *Robe attachée dans le dos.* **2.** Qui a un lien amical ou affectif avec : *Il lui est très attaché.* ▪ **Fichier attaché** [inform.], fichier inclus dans un message électronique selon un format propre (SYN. **fichier joint, pièce jointe**).

2. ATTACHÉ, E n. Membre d'une ambassade, d'un cabinet ministériel, etc. : *Attaché militaire.* ▪ **Attaché(e) de presse,** personne chargée d'assurer les relations avec les médias, dans une entreprise ou une institution.

ATTACHÉ-CASE [-kɛz] **n.m.** (pl. *attachés-cases*) [de l'angl.]. Mallette plate et rigide servant de porte-documents.

ATTACHEMENT **n.m. 1.** Sentiment d'affection éprouvé pour qqn ou qqch. **2.** DR. ADMIN. Procédure permettant de constater, contradictoirement et au fur et à mesure de leur déroulement, les conditions dans lesquelles sont exécutés les travaux dans un marché public.

ATTACHER **v.t. [3]** (anc. fr. *estachier*). **1.** Mettre un lien à : *Ils ont attaché le gardien au radiateur ;* réunir ensemble avec une agrafe, une chaîne, etc. : *Attacher ses cheveux avec un ruban.* **2.** Lier, associer durablement : *Attacher son nom à une invention.* **3.** Attribuer une qualité, une valeur à : *Attacher de l'importance, du prix, de l'intérêt à la vie familiale.* ◆ **v.i.** Coller au fond d'un récipient pendant la cuisson : *L'omelette a attaché.* ◆ **S'ATTACHER v.pr. (À). 1.** Éprouver un sentiment durable pour : *S'attacher à une région.* **2.** S'appliquer à qqch : *S'attacher à promouvoir le commerce équitable.*

ATTAGÈNE **n.m.** (gr. *attagên*). Petit coléoptère dont les larves brunes s'attaquent aux fourrures, aux tapis, etc.

ATTAQUABLE adj. Qui peut être attaqué.

ATTAQUANT, E adj. et **n.** Qui attaque, engage le combat. ◆ **n.** Joueur qui fait partie de la ligne d'attaque, dans certains sports d'équipe.

ATTAQUE **n.f. 1.** Action d'attaquer ; agression : *Attaque à main armée.* **2.** Critique violente ; accusation : *Il ignore les attaques de l'opposition.* **3.** Action militaire pour conquérir un objectif ou pour détruire des forces ennemies. **4.** SPORTS. Action offensive ; ensemble des joueurs participant à cette action, dans les sports d'équipe. **5.** MÉD. Accès subit d'une maladie. **6.** Cour. Accident vasculaire cérébral (par ex. hémorragie cérébrale). **7.** CHIM. Action à la surface d'un corps. ▪ **Être d'attaque** [fam.], être en forme.

ATTAQUER **v.t. [3]** (de l'ital. *attaccare*, attacher ; commencer). **1.** Agresser physiquement ; assaillir : *Attaquer un passant.* **2.** Critiquer avec une certaine violence : *Attaquer les choix gouvernementaux.* **3.** Intenter une action judiciaire : *Il va les attaquer en justice.* **4.** Détruire peu à peu ; ronger : *L'acide attaque la pierre.* **5.** Commencer l'exécution de qqch : *J'attaque son dernier roman.* **6.** Fam. Commencer à manger : *On attaque ce camembert ?* ◆ **S'ATTAQUER v.pr. (À).** Affronter sans hésiter : *S'attaquer aux casseurs ;* entreprendre qqch de difficile : *S'attaquer au racisme.*

ATTARDÉ, E adj. et **n. 1.** Qui est resté en arrière. **2.** Qui est en retard sur son époque. **3.** Dont l'intelligence s'est peu développée : *Un enfant attardé.*

S'ATTARDER **v.pr. [3]. 1.** Rester longtemps quelque part : *S'attarder à bavarder chez des amis.* **2.** Prendre son temps pour faire qqch : *S'attarder à évoquer de bons souvenirs.*

ATTEINDRE **v.t. [62]** (du lat. *attingere*, toucher). **1.** Toucher en blessant, avec un projectile : *Une balle l'a atteint au bras.* **2.** Avoir un effet nuisible sur : *Cette maladie atteint les moutons.* **3.** Troubler profondément ; bouleverser : *Vos critiques l'ont atteint.* **4.** Parvenir à toucher qqch qui est loin : *Aide-moi à atteindre le haut de l'armoire, le fond de la malle.* **5.** Parvenir à un état, un lieu : *Atteindre la quarantaine. Nous avons atteint le sommet dans l'après-midi.* **6.** Réussir à entrer en contact avec ; joindre : *Il est difficile à atteindre.* ◆ **v.t. ind. (À).** Parvenir avec effort : *Atteindre au bonheur.*

ATTEINT, E adj. Qui est affecté de : *Être atteint d'un mal incurable.* ▪ **Être un peu atteint** [fam.], être un peu fou.

ATTEINTE **n.f. 1.** Action, fait d'atteindre. **2.** Préjudice matériel ou moral : *Résister aux atteintes du froid. Porter atteinte à la réputation de qqn.* ▪ **Hors d'atteinte,** qui ne peut être touché.

ATTELAGE **n.m. 1.** Action ou manière d'atteler un ou plusieurs animaux ; ensemble des animaux attelés. **2.** ÉQUIT. Discipline comprenant des épreuves de dressage, d'endurance et de maniabilité pour des chevaux attelés à une voiture. **3.** CH. DE F. Dispositif d'accrochage de plusieurs véhicules entre eux.

ATTELER **v.t. [16],** ▲ *[12]* (lat. pop. *attelare*). **1.** Attacher des animaux à une voiture, à un instrument, à une machine agricole. **2.** Faire entreprendre à qqn une tâche pénible et génér. de longue haleine. **3.** CH. DE F. Accrocher des voitures ou des wagons. **4.** Relier une machine agricole, un véhicule à un véhicule moteur pour les tracter. ◆ **S'ATTELER v.pr. (À).** Entreprendre un travail long et difficile : *Il s'attelle à son doctorat.*

ATTELLE **n.f.** (lat. *assula*, de *assis*, planche). Appareil orthopédique (plaque, gouttière, etc.) fixé contre un membre pour le maintenir, en cas de fracture, de rhumatisme.

ATTENANT, E adj. (du lat. *attinere*, tenir, concerner). Qui jouxte ; adjacent : *Le terrain attenant au parc.*

ATTENDRE **v.t.** et **v.i. [59]** (lat. *attendere*). **1.** Rester quelque part jusqu'à ce qu'arrive qqn, qqch : *Je t'attends depuis une heure. Attendre un taxi.* **2.** Absol. Patienter : *Il déteste attendre.* **3.** Compter sur ; espérer : *Attendre un colis, l'accord de son supérieur.* **4.** Être prêt pour qqn, en parlant d'une chose : *Le dîner nous attend.* ▪ **En attendant,** jusqu'à ce moment ; en tout cas ; toujours est-il. ◆ **v.t. ind. (APRÈS).** Compter avec impatience sur : *Il attend après cette somme.* ◆ **S'ATTENDRE v.pr. (À).** Considérer comme probable : *Elle ne s'attendait pas à un refus.*

ATTENDRIR **v.t. [21]. 1.** Toucher la sensibilité de qqn ; émouvoir : *Vos larmes l'ont attendri.* **2.** Rendre moins dur : *Attendrir de la viande.* ◆ **S'ATTENDRIR v.pr.** Être ému, touché : *Elle s'est attendrie sur leur sort.*

ATTENDRISSANT, E adj. Qui attendrit, émeut.

ATTENDRISSEMENT n.m. Fait de s'attendrir sur qqn, qqch, d'être attendri.

ATTENDRISSEUR **n.m.** BOUCH. Appareil pour attendrir la viande.

1. ATTENDU prép. En raison de ; vu : *Attendu les événements.* ◆ **ATTENDU QUE loc. conj.** Vu que ; puisque : *Attendu qu'il n'est pas là, partons.*

2. ATTENDU **n.m.** DR. (Surtout au pl.). Alinéa qui énonce les arguments et moyens sur lesquels sont fondés une requête, un jugement, etc.

ATTENTAT **n.m.** Acte de violence de nature à mettre en péril les institutions d'un État, à faire des victimes, à détruire des biens. ▪ **Attentat à la pudeur** [dr., vieilli], atteinte ou agression sexuelle.

ATTENTATOIRE adj. DR. Qui porte atteinte à qqch : *Mesure attentatoire à la dignité humaine.*

ATTENTE **n.f. 1.** Action d'attendre qqn ou qqch ; temps pendant lequel on attend. **2.** Souhait non formulé ; espérance : *Répondre à l'attente de ses électeurs.* ▪ **Contre toute attente,** contrairement aux prévisions : *Contre toute attente, il a gagné.*

ATTENTER **v.t. ind. [3] (À)** [lat. *attentare*]. Commettre un attentat contre : *Ils voulaient attenter à la vie du chef de l'État.* ▪ **Attenter à ses jours** ou **à sa vie,** tenter de se suicider.

ATTENTIF, IVE adj. 1. Qui prête attention ; qui dénote l'attention : *Un auditoire attentif.* **2.** Qui manifeste de la prévenance, des attentions : *Une mère attentive. Des soins attentifs.*

ATTENTION **n.f.** (lat. *attentio*). **1.** Action de se concentrer sur ; application : *Examiner une photo avec attention.* **2.** Marque d'affection, d'intérêt ; égard : *Une délicate attention.* ▪ **À l'attention de,** formule par laquelle on désigne le destinataire d'une lettre. ▪ **Faire attention à,** prendre garde à : *Faites attention à la marche ! ;* être attentif à : *Faites bien attention à vos bagages.* ◆ **interj.** ▪ **Attention !,** prenez garde !

ATTENTIONNÉ, E adj. Plein d'attentions, de gentillesse ; prévenant.

ATTENTISME **n.m.** POLIT. Attitude consistant à attendre pour décider et agir en fonction des événements ; prudence opportuniste.

ATTENTISTE adj. et **n.** Qui pratique l'attentisme.

ATTENTIVEMENT adv. Avec attention : *Écouter attentivement.*

ATTÉNUANT, E adj. Qui atténue. ▪ **Circonstances atténuantes** → **CIRCONSTANCE.**

ATTÉNUATEUR n.m. Dispositif qui permet de diminuer l'amplitude d'une grandeur électrique.

ATTÉNUATION n.f. Action d'atténuer, fait de s'atténuer ; diminution.

ATTÉNUER **v.t. [3]** (du lat. *attenuare*, affaiblir). Diminuer la force, l'intensité de qqch : *Le double vitrage atténue le bruit de la rue.* ◆ **S'ATTÉNUER v.pr.** Devenir moins fort : *La douleur s'est atténuée sous l'effet du médicament.*

ATTERRAGE **n.m.** MAR. Approche de la terre, d'un port.

ATTERRANT, E adj. Qui provoque la consternation ; affligeant.

ATTERRER **v.t. [3]** (de *terre*). Jeter dans la consternation, l'affliction ; accabler : *La gravité de son acte nous atterre.*

ATTERRIR **v.i. [21]. 1.** Prendre contact avec le sol, en parlant d'un avion, d'un engin spatial, etc. **2.** Arriver en vue de la terre, en parlant d'un navire. **3.** Fam. Se trouver inopinément en un lieu : *La lettre a finalement atterri sur son bureau.*

ATTERRISSAGE n.m. Action d'atterrir ; son résultat. ▪ **Atterrissage sur la Lune,** recomm. off. pour **alunissage.**

ATTERRISSEMENT n.m. Amas de terres, de sables apportés par les eaux.

ATTERRISSEUR n.m. 1. Engin spatial destiné à se poser à la surface d'un corps céleste. **2.** Partie de l'avion qui permet le roulage, le décollage et l'atterrissage, et qui participe au freinage au sol.

ATTESTATION n.f. Déclaration verbale ou écrite qui témoigne de la véracité d'un fait : *Attestation de domicile.*

ATTESTÉ, E adj. LING. Se dit d'un mot, d'une forme connus par un emploi daté.

ATTESTER **v.t. [3]** (lat. *attestari*, de *testis*, témoin). **1.** Certifier la vérité ou l'authenticité de : *J'atteste qu'elle a dit la vérité.* **2.** Constituer une preuve ou un témoignage : *La cassette de vidéosurveillance atteste la vérité de son témoignage.* **3.** Litt. Prendre à témoin : *Attester le ciel de.*

ATTICISME **n.m.** (gr. *attikismos*). Style élégant et sobre propre aux auteurs attiques des Ve et IVe s. av. J.-C., d'Eschyle à Démosthène.

ATTIÉDIR **v.t. [21].** Sout. Rendre tiède : *Le soleil attiédit la pierre du seuil.*

ATTIÉDISSEMENT n.m. Sout. Action d'attiédir ; son résultat.

ATTIFEMENT n.m. Fam., péjor. Action, manière d'attifer ou de s'attifer.

ATTIFER **v.t. [3]** (de l'anc. fr. *tifer*, parer). Fam., péjor. Habiller avec mauvais goût ou ridiculement ; accoutrer. ◆ **S'ATTIFER v.pr.** Fam. S'habiller d'une manière bizarre.

ATTIGER **v.i. [10]** (de l'esp. *aquejar*, tourmenter). Arg., vieilli. Exagérer.

ATTINER **v.t. [3]** Acadie, Louisiane. Fam. Taquiner ; provoquer ; agacer : *Arrête d'attiner ta sœur !*

1. ATTIQUE adj. Relatif à l'Attique, à Athènes et à leurs habitants : *L'art attique.* ◆ **n.m.** Dialecte ionien qui était la langue de l'Athènes antique.

2. ATTIQUE **n.m.** ARCHIT. Couronnement horizontal décoratif ou petit étage terminal d'une construction, placé au-dessus d'une corniche ou d'une frise importante.

ATTIRABLE adj. Qui peut être attiré.

ATTIRAIL n.m. (de l'anc. fr. *atirer*, disposer). Ensemble d'objets divers et encombrants, destinés à un usage précis : *Des attirails de pêcheur à la ligne, de bricoleur.*

ATTIRANCE n.f. 1. Action d'attirer ; fait d'être attiré : *L'attirance du vide.* **2.** Attrait exercé par qqn ou qqch : *Il éprouve de l'attirance pour sa voisine, pour les métiers d'art.*

ATTIRANT, E adj. Qui attire, séduit ; attrayant.

ATTIRER v.t. [3] (de *tirer*). **1.** Amener à soi par une action physique : *L'aimant attire le fer.* **2.** Exercer un attrait, de l'intérêt : *Cette femme l'attire. La dernière escale m'attire particulièrement.* **3.** Provoquer en retour ; occasionner : *Son impertinence va lui attirer des difficultés.* ◆ **S'ATTIRER v.pr.** Provoquer tel événement que l'on aura à subir : *Vous allez vous attirer des ennuis, si vous recommencez.*

ATTISEMENT n.m. Litt. Action d'attiser.

ATTISER v.t. [3] (du lat. *titio*, tison). **1.** Ranimer les flammes : *Le vent attise l'incendie.* **2.** Litt. Augmenter l'intensité de ; exacerber : *Attiser la fureur de qqn.*

ATTITRÉ, E adj. 1. Qui est chargé en titre d'un emploi, d'un rôle : *L'humoriste attitré d'un journal.* **2.** Que l'on se réserve exclusivement : *Avoir sa place attitrée.*

ATTITUDE n.f. (de l'ital. *attitudine*, posture). **1.** Manière de tenir son corps ; posture : *L'attitude fringante d'un jeune.* **2. DANSE.** Pose en appui sur une jambe tendue, tandis que l'autre, fléchie, est levée en avant, sur le côté ou en arrière. **3.** Manière d'être avec les autres ; comportement : *Vous devez changer d'attitude.* **4.** En psychologie sociale, disposition profonde, durable et d'intensité variable à produire un comportement donné. **5. AÉRON., ASTRONAUT.** Orientation d'un avion, d'un engin spatial par rapport à trois axes de référence. ▪ **Échelle d'attitude** [psychol.], technique permettant d'inférer et de mesurer, à partir de comportements observés, l'intensité de l'attitude qui les a produits.

ATTITUDINAL, E, AUX adj. Qui concerne l'attitude psychologique de qqn.

ATTO- préf. Préfixe (symbole a) qui multiplie par 10^{-18} l'unité devant laquelle il est placé.

ATTOQUER v.t. [3] (de *accoter*). Acadie. Placer une chose contre une autre qui lui sert d'appui ; appuyer : *Attoquer un livre sur une étagère.* ◆ **S'ATTOQUER v.pr.** S'appuyer : *S'attoquer contre un mur.*

ATTORNEY [-nɛ] **n.m.** (mot angl., de l'anc. fr. *atorné*, préposé à). Homme de loi, dans les pays anglo-saxons. ▪ **Attorney général,** ministre de la Justice, aux États-Unis ; membre du gouvernement qui représente la Couronne auprès des tribunaux, en Grande-Bretagne.

ATTOUCHEMENT n.m. 1. Action de toucher légèrement, en partic. avec la main. **2.** Spécial. Caresse abusive : *Enfant victime d'attouchements.*

ATTRACTIF, IVE adj. 1. Qui a la propriété d'attirer : *La force attractive d'un aimant.* **2.** (Emploi critiqué). Qui présente un attrait ; attrayant : *Des prix particulièrement attractifs.*

ATTRACTION n.f. (lat. *attractio*, de *attrahere*, tirer à soi). **1.** Force en vertu de laquelle un corps est attiré par un autre : *L'attraction terrestre.* **2.** Action de ce qui attire, séduit : *Une attraction mutuelle.* **3.** Distraction mise à la disposition du public dans certains lieux : *Parc d'attractions. Les attractions de la fête foraine.* **4.** Numéro de cirque qui passe en intermède d'un spectacle de music-hall ou de variétés. **5.** Objet d'intérêt ou de curiosité : *Elle a été l'attraction de la soirée.* **6. LING.** Modification subie par un mot sous l'influence d'un autre mot. ▪ **Loi de l'attraction universelle,** loi, énoncée par I. Newton, selon laquelle deux corps s'attirent mutuellement, en raison directe de leurs masses, en raison inverse du carré de leur distance et selon la droite qui les joint.

ATTRACTIVITÉ n.f. Caractère de ce qui est attractif, attrayant.

ATTRAIRE v.t. [92]. DR. ▪ **Attraire qqn en justice,** l'assigner ou le citer devant un tribunal.

ATTRAIT n.m. (du lat. *attrahere*, attirer). Qualité par laquelle qqn, qqch attire, plaît : *Sa sœur est pleine d'attrait. L'attrait de la nouveauté.*

ATTRAPADE n.f. Fam., vx. Réprimande.

ATTRAPE n.f. Objet destiné à tromper par jeu, par plaisanterie : *Magasin de farces et attrapes.*

ATTRAPE-MOUCHE n.m. (pl. *attrape-mouches*). Plante carnivore dont les fleurs ou les feuilles emprisonnent les insectes (dionée, drosera, etc.).

ATTRAPE-NIGAUD n.m. (pl. *attrape-nigauds*). Ruse grossière qui ne trompe que les naïfs.

ATTRAPER v.t. [3] (de *1. trappe*). **1.** Saisir qqn ou qqch qui bouge : *Attrape-le, il m'a pris mon baladeur. Attraper le ballon.* **2.** Prendre au piège : *Attraper un renard.* **3.** Fam. Contracter une maladie : *Attraper une bronchite.* **4.** Fam. Faire des reproches à ; gronder : *Leur père les a attrapés.* **5.** Tromper par une ruse : *Tu m'as bien attrapé en acceptant !* ◆ **S'ATTRAPER v.pr.** Être contagieux, en parlant d'une maladie : *La varicelle s'attrape facilement.*

ATTRAPE-TOUT adj. inv., ▲ *ATTRAPETOUT adj.* Se dit d'un parti politique dont le programme peu précis permet d'attirer une grande variété d'électeurs.

ATTRAYANT, E adj. Qui présente de l'attrait ; séduisant : *Une proposition attrayante.*

ATTRIBUABLE adj. Qui peut être attribué.

ATTRIBUER v.t. [3] (lat. *attribuere*). **1.** Accorder comme avantage : *Attribuer des fonds à un organisme.* **2.** Considérer qqn comme l'auteur de : *On attribue la cause de l'incendie à un fumeur imprudent.* **3.** Considérer qqch comme la cause de : *Attribuer son mal de tête au travail sur écran.* ◆ **S'ATTRIBUER v.pr.** Faire sien : *Il s'est attribué tout le mérite de notre succès.*

ATTRIBUT n.m. (du lat. *attributum*, chose attribuée). **1.** Ce qui appartient en propre à qqn ou à qqch : *La parole est un attribut de l'homme.* **2.** Symbole attaché à une fonction : *La balance est l'attribut de la Justice.* **3. PHILOS.** Propriété d'une substance. **4. GRAMM.** Terme (adjectif, nom, etc.) qualifiant le sujet ou le complément d'objet direct par l'intermédiaire d'un verbe (*être, devenir*, etc., pour l'attribut du sujet ; *rendre, nommer*, etc., pour l'attribut de l'objet). **5. LOG.** Prédicat.

ATTRIBUTAIRE n. DR. Personne à qui a été attribué qqch.

ATTRIBUTIF, IVE adj. LOG. Qui indique ou énonce un attribut.

ATTRIBUTION n.f. Action d'attribuer : *L'attribution d'un rôle à une actrice.* ▪ **Attribution (causale)** [psychol.], fait d'imputer qqch à qqn ou à qqch. ▪ **Complément d'attribution** [gramm.], nom ou pronom qui désigne la personne ou la chose à laquelle s'adresse un don, un discours, etc., ou à laquelle appartient un être ou une chose. (Ex. : *amie* dans *Donner un livre à une amie.*) [On dit aussi *complément d'objet second.*] ◆ **n.f. pl. 1.** Pouvoirs qui sont attribués à qqn : *Nous allons préciser vos nouvelles attributions.* **2. DR.** Dévolution d'un bien en faveur d'un copartageant.

ATTRISTANT, E adj. Qui rend triste.

ATTRISTER v.t. [3]. Rendre triste : *L'idée de ne plus les voir m'attriste.* ◆ **S'ATTRISTER v.pr. (DE).** Devenir triste à cause de qqch.

ATTRITION n.f. (du lat. *attritio*, action de broyer). **MIL.** Forme de stratégie par laquelle on recherche l'épuisement des ressources humaines et matérielles de l'adversaire.

ATTROUPEMENT n.m. Rassemblement de personnes sur la voie publique.

ATTROUPER v.t. [3]. Rassembler des personnes. ◆ **S'ATTROUPER v.pr.** Se réunir en foule : *Intrigués, des badauds se sont attroupés.*

ATYPIE n.f. ou **ATYPISME n.m.** Absence de conformité à un modèle pris comme référence.

ATYPIQUE adj. Qui diffère du type habituel : *Une série télévisée atypique. Une sénatrice atypique.*

AU art. masc. (pl. *aux*). Contraction de *à le* (pl. *à les*).

AUBADE n.f. (provenç. *aubada*). **MUS.** Concert donné à l'aube sous les fenêtres de qqn.

AUBAIN n.m. (du lat. *alibi*, ailleurs). **HIST. 1.** Dans la France du Moyen Âge, étranger à une seigneurie. **2.** Dans la France d'Ancien Régime, étranger fixé dans le royaume sans être naturalisé.

AUBAINE n.f. (de *aubain*). **1.** Avantage inespéré : *Ce remboursement d'impôt est une aubaine !* **2. HIST.** Droit par lequel la succession d'un aubain décédé sans postérité était attribuée au seigneur ou au roi.

1. AUBE n.f. (du lat. *albus*, blanc). Première lueur du jour. ▪ **À l'aube** ou **dès l'aube,** très tôt. ▪ **À l'aube de** [litt.], au commencement de.

2. AUBE n.f. (du lat. ecclés. *alba*, robe blanche). **CHRIST.** Longue robe de tissu blanc portée par les célébrants et les clercs pendant les offices liturgiques, ainsi que par les premiers communiants.

3. AUBE n.f. (du lat. *alapa*, soufflet). **TECHN. 1.** Partie d'une roue hydraulique sur laquelle s'exerce l'action du fluide moteur. **2.** Partie d'une turbomachine servant à canaliser un fluide.

AUBÉPINE n.f. (du lat. *alba spina*, épine blanche). Arbre ou arbrisseau épineux à fleurs blanches ou roses odorantes, à baies rouges comestibles (cenelles). ➲ Famille des rosacées.

AUBÈRE adj. et **n.m.** (esp. *hobero*). Se dit d'un cheval dont la robe est composée d'un mélange de poils blancs et alezans.

AUBERGE n.f. (anc. fr. *herberge*). **1.** Restaurant, hôtel au cadre intime et chaleureux, génér. situé à la campagne. **2.** Anc. Établissement simple, situé à la campagne et offrant le vivre et le couvert pour une somme modique. ▪ **Auberge espagnole,** lieu où l'on ne trouve que ce que l'on apporte. ▪ **On n'est pas sortis de l'auberge** [fam.], on est loin d'en avoir fini avec les difficultés.

AUBERGINE n.f. (catalan *alberginia*, de l'ar.). **1.** Plante potagère annuelle surtout cultivée dans les régions méditerranéennes pour son fruit comestible. ➲ Famille des solanacées. **2.** Fruit de cette plante, génér. violet, grosse baie charnue de forme ovale. ◆ **adj. inv.** De la couleur violet sombre de l'aubergine.

▲ **aubergine**

AUBERGISTE n. Personne qui tient une auberge.

AUBETTE n.f. (de l'anc. fr. *hobe*, cabane). Région. (Nord, Alsace) ; Belgique. **1.** Kiosque à journaux. **2.** Abri pour attendre les transports en commun.

AUBIER n.m. (du lat. *albus*, blanc). **BOT.** Partie jeune du tronc et des branches d'un arbre, située à la périphérie, sous l'écorce, constituée par les dernières couches annuelles de bois encore vivant et de teinte plus claire que le cœur (par oppos. à *bois parfait*).

AUBIN n.m. (de l'anc. fr. *hober*, sauter). Allure défectueuse d'un cheval qui galope avec les antérieurs et trotte avec les postérieurs.

AUBRAC n. et **adj.** Bovin à robe fauve d'une race rustique originaire de l'Aubrac, exploitée pour la boucherie.

AUBURN [obœrn] **adj. inv.,** ▲ *adj.* (mot angl.). Se dit de cheveux d'un brun tirant légèrement sur le roux.

AUCUBA n.m. (jap. *aokiba*). Arbrisseau ornemental venant du Japon, à feuilles coriaces vert et jaune, et à fruits rouge vif. ➲ Famille des cornacées.

AUCUN, E adj. indéf. et **pron. indéf.** (du lat. *aliquis*, quelqu'un, et *unus*, un seul). [Avec la négation *ne*]. Pas un ; nul ; personne : *Aucun n'a eu un tel* *succès. Elle n'a eu aucune difficulté.* ▪ **D'aucuns** [litt.], quelques-uns.

✎ L'adj. indéf. ne s'emploie au pl. que devant un nom sans sing. : ***Aucuns frais supplémentaires ne sont à prévoir.***

AUCUNEMENT adv. Pas du tout.

AUDACE n.f. (lat. *audacia*). **1.** Grand courage : *Il lui a fallu de l'audace pour être tête de liste.* **2.** Hardiesse effrontée : *Elle a eu l'audace de l'interrompre !*

AUDACIEUSEMENT adv. Avec audace.

AUDACIEUX, EUSE adj. et **n.** Qui manifeste de l'audace.

AU-DEDANS (DE) loc. adv. et **loc. prép.** À l'intérieur (de).

AU-DEHORS (DE) loc. adv. et **loc. prép.** À l'extérieur (de).

AU-DELÀ (DE) loc. adv. et **loc. prép.** Plus loin (que). ◆ **AU-DELÀ n.m. inv.** ▪ **L'au-delà,** ce qui vient après la vie terrestre.

AU-DESSOUS (DE) loc. adv. et **loc. prép.** À un point inférieur ; plus bas (que).

AU-DESSUS (DE) loc. adv. et **loc. prép.** À un point supérieur ; plus haut (que).

AU-DEVANT (DE) loc. adv. et **loc. prép.** À la rencontre (de).

AUDIBILITÉ n.f. Fait d'être audible.

AUDIBLE adj. (du lat. *audire*, entendre). **1.** Perceptible à l'oreille. **2.** Qui peut être entendu sans difficulté ou sans déplaisir.

AUDIENCE n.f. 1. Entretien accordé par une personnalité : *Solliciter une audience. Recevoir qqn en audience.* **2. DR.** Séance au cours de laquelle une juridiction interroge les parties, entend les plaidoiries et rend sa décision (jugement ou arrêt). **3.** Intérêt suscité auprès du public : *Ce projet a rencontré une audience favorable.* **4.** Pourcentage de personnes touchées par un média : *L'audience de la chaîne progresse.* ▪ **Audience publique** [admin.], au Canada, séance publique au cours de laquelle une commission d'enquête ou un organisme habilité entend les points de vue des personnes ou des groupes concernés par une question ou un problème déterminés. ▪ **Délit d'audience** [dr.], manquement à ses obligations professionnelles commis par un avocat pendant une audience.

AUDIENCIA [odjɛnsja] **n.f.** (mot esp.). **HIST.** Cour qui administrait la justice royale, dans les royaumes hispaniques et dans les possessions espagnoles d'Amérique.

AUDIENCIER, ÈRE n. DR. ▪ **Huissier audiencier,** Huissier chargé du service intérieur des tribunaux.

AUDIMAT [odimat] **n.m.** (nom déposé). **1.** Audimètre utilisé par les chaînes de radio ou de télévision. **2.** Par ext. Taux d'écoute d'une chaîne de télévision ou de radio.

AUDIMÈTRE n.m. Dispositif adapté à un récepteur de radio ou de télévision et placé dans un échantillon de foyers pour mesurer l'audience d'une émission.

AUDIMÉTRIE n.f. Mesure de l'audience d'une émission de télévision ou de radio.

AUDIMUTITÉ n.f. Mutité congénitale sans surdité, neurologique ou psychique.

AUDIO adj. inv., ▲ ***adj.*** Qui concerne l'enregistrement ou la transmission des sons.

AUDIOCONFÉRENCE n.f. Téléconférence assurée grâce à des moyens de télécommunication ne permettant que la transmission de la parole.

AUDIODESCRIPTION n.f. Procédé permettant de rendre un film, une exposition ou un spectacle accessible aux non-voyants grâce à une voix off qui en décrit les principaux éléments constitutifs : *Téléfilm présenté en audiodescription.*

AUDIODISQUE n.m. Disque sur lequel sont enregistrés des sons.

AUDIOFRÉQUENCE n.f. Fréquence correspondant à des sons audibles.

AUDIOGRAMME n.m. Courbe représentant l'acuité auditive selon la fréquence des sons.

AUDIOGUIDE n.m. (nom déposé). Appareil portatif permettant au visiteur d'une exposition, d'un site d'entendre des commentaires préenregistrés sur ce qui lui est présenté.

AUDIOLOGIE n.f. Discipline qui étudie l'audition.

AUDIOMÈTRE n.m. Appareil permettant de mesurer l'acuité auditive.

AUDIOMÉTRIE n.f. Mesure de l'acuité auditive.

AUDIONUMÉRIQUE adj. Se dit d'un support d'enregistrement sur lequel les sons sont enregistrés sous forme d'échantillons numériques.

AUDIOPHILE n. Personne passionnée par les équipements de reproduction électroacoustique.

AUDIOPHONE n.m. Petit appareil acoustique que certains malentendants portent à l'oreille pour renforcer les sons.

AUDIOPROTHÈSE n.f. Dispositif d'amplification des sons, posé sur ou dans l'oreille pour corriger une surdité (SYN. **prothèse acoustique, prothèse auditive**).

AUDIOPROTHÉSISTE n. Technicien qui délivre, adapte et contrôle les audioprothèses.

AUDIOTEX n.m. (nom déposé). Service téléphonique permettant d'accéder à des informations vocales.

AUDIOVISION n.f. Procédé qui permet de rendre un film accessible à un public non voyant ou malvoyant en intercalant dans la bande-son des commentaires descriptifs des images.

AUDIOVISUEL, ELLE adj. Qui appartient aux méthodes d'information, de communication ou d'enseignement utilisant l'image et/ou le son. ◆ **n.m.** Ensemble des méthodes, des techniques utilisant l'image et/ou le son.

➲ L'histoire de l'**AUDIOVISUEL** remonte à l'invention du phonographe par Edison, en 1877. Il comprend auj. les secteurs du téléphone, de la radio, du cinéma, de la télévision, de la photographie, de la vidéo et du multimédia. Créateur de nouveaux métiers, l'audiovisuel est devenu un enjeu économique capital, tout en démocratisant l'accès à l'information, à la culture et au divertissement.

AUDIT [odit] **n.m.** (de l'angl. *internal auditor*). **1.** Procédure de contrôle de la comptabilité et de la gestion d'une entreprise, et de l'exécution de ses objectifs. **2.** Par ext. Toute étude systématique des conditions de fonctionnement d'une entreprise (audit fiscal, audit social, etc.). **3.** Personne chargée de cette mission (SYN. **auditeur**).

AUDITER v.t. [3]. Soumettre une entreprise à un audit.

AUDITEUR, TRICE n. 1. Personne qui écoute un cours, un concert, une émission radiophonique, etc. **2.** Audit. ▪ **Auditeur libre,** statut universitaire non diplômant, qui permet à qqn d'assister à certains cours, sans avoir les obligations ni les avantages attachés à la qualité d'étudiant.

AUDITIF, IVE adj. Qui concerne l'ouïe ou l'oreille en tant qu'organe de l'ouïe : *Perception auditive.* ▪ **Nerf auditif,** nerf crânien assurant l'audition et l'équilibration.

AUDITION n.f. (lat. *auditio*, de *audire*, entendre). **1.** Fonction qui permet au sens de l'ouïe de s'exercer : *Trouble de l'audition.* **2.** Action d'entendre, d'écouter : *L'audition des témoins.* **3.** Présentation par un artiste d'un extrait de son répertoire, en vue d'obtenir un engagement : *Courir les auditions.*

AUDITIONNER v.t. [3]. Faire passer une audition à un acteur, à un chanteur, etc. ◆ **v.i.** En parlant d'un artiste, passer une audition.

AUDITOIRE n.m. (lat. *auditorium*). **1.** Ensemble des auditeurs, de ceux qui écoutent ; assistance : *Un auditoire très attentif.* **2.** Belgique, Suisse. Grande salle de cours ou de conférences.

AUDITORAT ou **AUDITORIAT n.m. 1.** Grade ou fonction d'auditeur (au Conseil d'État, à la Cour des comptes). **2.** Période durant laquelle est assurée la formation professionnelle des auditeurs de justice, élèves de l'École nationale de la magistrature (ENM).

AUDITORIUM [-rjɔm] **n.m.** (mot lat.). Salle aménagée pour l'audition des œuvres musicales ou théâtrales, pour les émissions de radio ou de télévision et, au cinéma ou à la télévision, pour l'enregistrement de sons après le tournage.

AUDOMAROIS, E adj. et **n.** De Saint-Omer.

AUDONIEN, ENNE adj. et **n.** De Saint-Ouen.

AUGE n.f. (du lat. *alveus*, cavité). **1.** Récipient dans lequel boivent et mangent les animaux domestiques. **2. CONSTR.** Bac rectangulaire servant à préparer le plâtre, le mortier, etc. **3.** Vide entre les branches du maxillaire inférieur des quadrupèdes, notamm. du cheval. **4. GÉOMORPH.** Vallée à fond plat et à versants raides, génér. d'origine glaciaire.

AUGÉE n.f. Vx. Contenu d'une auge.

AUGERON, ONNE adj. et **n.** Du pays d'Auge.

AUGET n.m. 1. Petite auge d'une turbine. **2.** Élément d'une turbine Pelton servant à dévier l'écoulement du fluide.

AUGETTE n.f. Petite auge.

AUGMENT n.m. LING. Affixe préposé à la racine verbale dans la conjugaison de certaines formes du passé (en grec, par ex.).

AUGMENTATIF, IVE adj. et **n.m. LING.** Se dit d'un préfixe (ex. : *super-*) ou d'un suffixe (ex. : *-issime*) servant à renforcer le sens d'un mot.

AUGMENTATION n.f. 1. Accroissement en quantité, en valeur, etc. : *Augmentation des prix, du nombre des chômeurs.* **2.** Somme qui vient s'ajouter à une autre : *Donner une augmentation à un collaborateur.* **3.** Ajout d'une ou de plusieurs mailles sur un rang de tricot. ▪ **Augmentation de capital,** accroissement du capital d'une société par apport en nature ou en numéraire, ou par incorporation des réserves figurant au bilan.

AUGMENTÉ, E adj. Se dit d'une information pour laquelle un complément est proposé sur Internet par un organe de presse écrite. ▪ **Réalité augmentée,** superposition d'images de synthèse en 2D ou 3D à des prises de vues filmées en temps réel.

AUGMENTER v.t. [3] (du lat. *augere*, accroître). **1.** Rendre plus grand, plus important : *Augmenter les petits salaires.* **2.** Accroître le prix de : *Augmenter l'essence.* **3.** Faire bénéficier d'une rémunération plus élevée : *Augmenter qqn de dix pour cent.* ◆ **v.i. 1.** Croître en quantité, en intensité, etc. : *Sa peur augmente.* **2.** Devenir plus cher : *Les légumes augmentent en hiver.* ◆ **S'AUGMENTER v.pr.** S'accroître de tant.

1. AUGURE n.m. (lat. *augur*). **ANTIQ. ROM.** Prêtre chargé d'interpréter les présages tirés du vol, du chant des oiseaux, etc.

2. AUGURE n.m. (lat. *augurium*). **ANTIQ. ROM.** Présage tiré d'un signe céleste. ▪ **Être de bon, de mauvais augure,** présager une issue heureuse, malheureuse. ▪ **Oiseau de mauvais augure,** personne dont la présence et les paroles annoncent qqch de fâcheux.

AUGURER v.t. [3]. Sout. Tirer un présage de : *Cette réaction du public nous permet d'augurer le succès.* ▪ **Augurer bien, mal de qqch,** pressentir que l'issue en sera favorable ou non.

1. AUGUSTE adj. (du lat. *augustus*, consacré par les augures). Litt. Qui est imposant et solennel. ◆ **n.m. HIST.** Titre des empereurs romains.

2. AUGUSTE n.m. (de *Auguste*, n.pr.). Clown grimé de couleurs violentes, accoutré de façon grotesque, qui se livre à des pitreries (par oppos. à *clown blanc*).

AUGUSTIN, E n. CHRIST. Religieux qui suit les règles spirituelles de saint Augustin.

AUGUSTINIEN, ENNE adj. Qui concerne les doctrines théologiques de saint Augustin.

AUGUSTINISME n.m. 1. Doctrine de saint Augustin, en partic. sur la grâce sanctifiante. **2.** Dénomination donnée aux pensées héritières de celle de saint Augustin (dont fait partie le jansénisme).

AUJOURD'HUI adv. (de l'anc. fr. *hui*, du lat. *hodie*, en ce jour). **1.** Au jour où l'on est ; ce jour : *Il arrive aujourd'hui.* **2.** Au temps où nous vivons : *La médecine d'aujourd'hui.* ◆ **n.m. inv.** Époque actuelle ; temps présent : *Des aujourd'hui moroses.*

AULA [ola] **n.f.** (mot lat.). Suisse. Grande salle d'une université, d'un musée, etc.

AULIQUE adj. (du lat. *aula*, cour). **HIST. 1.** Qui appartient à la cour des rois. **2.** Qui relève du tribunal particulier de certains princes allemands.

AULNAIE [onɛ] ou **AUNAIE n.f.** Lieu planté d'aulnes.

AULNE [on] ou **AUNE** **n.m.** (lat. *alnus*). Arbre de l'hémisphère Nord poussant sur les sols humides, dont l'espèce la plus courante est le vergne (ou verne). ➲ Famille des bétulacées.

▲aulne

AULOFFÉE, ▲ ***AULOFÉE*** **n.f.** (de *aller au lof*). **MAR.** Mouvement d'un voilier qui vient dans le lit du vent.

AULX **n.m. pl.** → **AIL.**

AUMÔNE **n.f.** (du gr. *eleêmosunê*, pitié). **1.** Don fait aux pauvres : *Faire, demander l'aumône.* **2.** Fig. Ce que l'on accorde avec condescendance : *Faire à qqn l'aumône d'un sourire.*

AUMÔNERIE **n.f.** **1.** Charge d'aumônier. **2.** Lieu où un aumônier exerce ses fonctions : *L'aumônerie d'une prison.*

AUMÔNIER **n.m.** Religieux ou laïque attaché à un corps ou à un établissement pour y assurer le service et l'enseignement religieux.

AUMÔNIÈRE **n.f.** **1.** **CUIS.** Préparation faite de feuilles de pâte à crêpe très croustillantes, superposées et rassemblées en forme de bourse. **2.** Anc. Bourse portée à la ceinture.

AUNAIE **n.f.** → **AULNAIE.**

1. AUNE **n.m.** → **AULNE.**

2. AUNE **n.f.** (du francique **alina*, avant-bras). Ancienne mesure de longueur, utilisée surtout pour les étoffes et valant env. 1,20 m. ▪ **À l'aune de qqch,** en prenant cette chose comme référence : *On ne mesure pas la qualité d'un roman à l'aune de ses ventes.*

AUNÉE **n.f.** **BOT.** Inule.

AUPARAVANT **adv.** (de *avant*). Avant cela : *Elle viendra, mais auparavant elle téléphonera.*

AUPRÈS DE **loc. prép.** **1.** Tout près de ; à côté de : *Venez auprès du feu.* **2.** En s'adressant à : *Faites-en la demande auprès du maire.* **3.** En comparaison de : *Ce logiciel n'est rien auprès de celui qui va sortir.* **4.** Dans l'opinion de : *Il cherche à me nuire auprès d'eux.* ◆ **AUPRÈS** **adv.** Dans le voisinage : *Les maisons bâties auprès.*

AUQUEL **pron. relat. et pron. interr. sing.** → **LEQUEL.**

AURA **n.f.** (mot lat. « souffle »). **1.** Litt. Atmosphère spirituelle qui enveloppe un être ou une chose : *Une aura de mystère.* **2.** **MÉD.** Vx. Symptôme qui annonce une crise d'une maladie telle que l'épilepsie. **3.** Dans les sciences occultes, halo visible aux seuls initiés.

AURÉLIE **n.f.** Méduse transparente, teintée de bleu, commune dans les mers tempérées, à l'ombrelle frangée de tentacules. ➲ Classe des scyphozoaires.

AURÉOLE **n.f.** (du lat. ecclés. *aureola corona*, couronne d'or). **1.** **BX-ARTS.** Nimbe. **2.** Fig. Rayonnement qu'une personne acquiert par ses actes ; prestige : *L'auréole de la victoire.* **3.** Cercle lumineux autour d'un astre. **4.** Tache en anneau laissée par un liquide qui a séché : *Le détachant a laissé une auréole sur le tissu.*

AURÉOLER **v.t.** **[3].** Litt. Entourer d'une auréole : *Sa chevelure auréolait son visage.* ▪ **Être auréolé de prestige, de gloire,** en être paré.

AUREUS [oreys] **n.m.** (mot lat. « pièce d'or »). Monnaie d'or de la Rome antique.

1. AURICULAIRE **adj.** (lat. *auricularius*). **1.** Relatif à l'oreille. **2.** Relatif aux oreillettes du cœur. ▪ **Témoin auriculaire** [dr.], qui a entendu de ses propres oreilles ce qu'il rapporte.

2. AURICULAIRE **n.m.** Cinquième doigt de la main.

AURICULE **n.f.** **ANAT.** Prolongement des oreillettes du cœur.

AURICULOTHÉRAPIE **n.f.** Traitement dérivé de l'acupuncture, qui vise à traiter des affections par des piqûres en différents points du pavillon de l'oreille.

AURIFÈRE **adj.** (du lat. *aurum*, or, et *ferre*, porter). Qui contient de l'or : *Sable aurifère.*

AURIGE **n.m.** (du lat. *auriga*, cocher). **ANTIQ.** Conducteur de char, dans les courses.

AURIGNACIEN **n.m.** (de *Aurignac*). Faciès culturel du paléolithique supérieur (– 30 000 à – 25 000), commun à l'ensemble de l'Europe, où apparaissent les premières formes de l'art. ◆ **AURIGNACIEN, ENNE** **adj.** Relatif à l'aurignacien.

1. AURIQUE **adj.** (néerl. *oorig*, du lat. *auris*, oreille). **MAR.** ▪ **Voile aurique,** de forme trapézoïdale.

2. AURIQUE **adj.** (du lat. *aurum*, or). **CHIM.** Qui contient de l'or : *Sel aurique.*

AUROCHS, ▲ ***AUROCH*** [ɔrɔk] **n.m.** (all. *Auerochs*). Bœuf sauvage noir, de grande taille, dont l'espèce est éteinte depuis 1627.

AURORAL, E, AUX **adj.** **1.** Litt. De l'aurore. **2.** Relatif à une aurore polaire.

AURORE **n.f.** (lat. *aurora*). **1.** Lueur qui précède le lever du soleil ; moment où le soleil va se lever : *Il se lève dès l'aurore.* **2.** Fig., litt. Commencement : *L'aurore d'un monde nouveau.* ▪ **Aurore polaire** ou **boréale** ou **australe,** phénomène lumineux fréquent dans le ciel des régions polaires, luminescence de la haute atmosphère sous l'action de particules électrisées issues du Soleil. ▪ **Aux aurores,** très tôt le matin. ◆ **adj. inv.** D'un rose doré.

AUSCITAIN, E **adj.** et **n.** D'Auch.

AUSCULTATION **n.f.** (lat. *auscultatio*). **MÉD.** Technique diagnostique consistant à écouter les bruits produits par les organes (cœur, poumons), à l'aide d'un stéthoscope.

AUSCULTATOIRE **adj.** Relatif à l'auscultation.

AUSCULTER **v.t.** **[3]** (du lat. *auscultare*, écouter). Pratiquer une auscultation : *Ausculter un patient.*

AUSPICE **n.m.** (lat. *auspicium*, de *avis*, oiseau, et *spicere*, examiner). [Surtout pl.]. **ANTIQ. ROM.** Présage tiré du vol, du chant, du comportement des oiseaux. ▪ **Sous d'heureux, de funestes auspices,** dans des circonstances favorables, extrêmement défavorables. ▪ **Sous les auspices de qqn** [litt.], sous sa protection.

AUSSI **adv.** (du lat. *aliud*, autre chose, et *sic*, ainsi). **1.** Marque l'égalité : *Elle est aussi grande que toi. Si tu es content, moi aussi.* **2.** Introduit un ajout : *Il y avait aussi des journalistes étrangers.* **3.** Marque l'intensité : *Je ne savais pas que c'était aussi difficile.* ▪ **Aussi bien que,** de même que : *Ceci concerne les anciens aussi bien que les nouveaux.* ▪ **Aussi... que** (+ subj.), exprime la concession : *Aussi surprenant que cela paraisse, c'est pourtant vrai.* ◆ **conj.** Marque la conséquence : *C'est grave, aussi vous ai-je immédiatement appelé.*

AUSSIÈRE ou ***HAUSSIÈRE** **n.f.** (du lat. *helcium*, corde de halage). **MAR.** Gros cordage employé pour l'amarrage, le touage des navires et pour les manœuvres de force.

AUSSITÔT **adv.** (de *aussi* et *tôt*). Au moment même ; sur l'heure : *Je l'ai appelé et il est venu aussitôt.* ▪ **Aussitôt dit, aussitôt fait,** l'action a suivi immédiatement la décision. ◆ **AUSSITÔT QUE** **loc. conj.** Dès que.

AUSTÉNITE **n.f.** (de *Austen*, n.pr.). **MÉTALL.** Constituant micrographique des aciers et des fontes.

AUSTÉNITIQUE **adj.** Relatif à l'austénite.

AUSTÈRE **adj.** (du lat. *austerus*, âpre au goût). **1.** Régi par de sévères et rigides principes moraux : *Un vieillard austère. Une vie austère.* **2.** Dépouillé de tout ornement : *Une bâtisse austère.*

AUSTÈREMENT **adv.** De façon austère.

AUSTÉRITÉ **n.f.** **1.** Manière de vivre rigoureuse et sévère ; rigorisme. **2.** Absence de tout ornement, de toute fantaisie : *L'austérité d'une façade.* ▪ **Politique d'austérité** [écon.], visant à limiter les dépenses des agents économiques afin de réduire les tensions inflationnistes.

AUSTRAL, E, ALS ou **AUX** **adj.** (du lat. *auster*, vent du midi). De la moitié sud du globe terrestre, de la sphère céleste ou d'un astre (CONTR. **boréal**).

AUSTRALIEN, ENNE **adj.** et **n.** De l'Australie ; de ses habitants.

AUSTRALOPITHÈQUE **n.m.** Hominidé fossile d'Afrique, apparu il y a plus de 5 millions d'années, dont plusieurs espèces ont été décrites, notamm. l'espèce *Australopithecus afarensis*, à laquelle appartient le squelette baptisé « Lucy ». ➲ Les australopithèques, dont la marche bipède était imparfaite et qui grimpaient aux arbres, avaient une taille comprise entre 1,10 m et 1,50 m ; ils ne sont pas tous considérés comme des ancêtres directs de l'homme.

AUSTRO-HONGROIS, E **adj.** et **n.** (pl. *austro-hongrois, es*). **HIST.** De l'Autriche-Hongrie.

AUSTRONÉSIEN, ENNE **adj.** et **n.m.** Se dit d'une famille de langues dont le domaine s'étend de Taïwan à la Nouvelle-Zélande et de Madagascar à l'île de Pâques, en exceptant l'Australie et une partie de la Nouvelle-Guinée, et qui comprend notamm. l'indonésien et le polynésien (SYN. **malayo-polynésien**).

AUTAN **n.m.** (mot provenç.). Vent du sud-est soufflant sur le haut Languedoc et les régions situées à l'ouest des Corbières et de la Montagne Noire.

AUTANT **adv.** (du lat. *aliud*, autre chose, et *tantum*, tellement). **1.** Marque l'égalité de quantité, de valeur, de nombre, etc. : *Il mange autant que vous. Il n'y a pas autant d'hommes que de femmes ici.* **2.** Marque une idée de grande quantité, de degré élevé : *Nous n'avions jamais autant ri.* **3.** Belgique. Tant : *Mettons qu'il gagne autant par mois.* ▪ **Autant** (+ inf.), il y a autant d'avantages à : *Autant tout lui dire.* ▪ **D'autant,** dans la même proportion : *Faites un versement, vous réduirez la somme d'autant.* ▪ **D'autant plus, moins, mieux... que** (+ indic.), indique l'intensité proportionnelle à la cause exprimée : *Il est d'autant plus content qu'il ne s'y attendait pas.* ▪ **Pour autant,** malgré cela. ▪ **Tout autant,** aussi bien. ◆ **loc. conj.** ▪ **D'autant que,** vu, attendu que. ▪ **(Pour) autant que,** dans la mesure où : *Pour autant que je le sache.*

AUTARCIE **n.f.** (gr. *autarkeia*, de *autos*, soi-même, et *arkein*, suffire). **1.** Politique économique d'un pays qui tend à se suffire à lui-même en n'effectuant aucun échange avec des pays tiers. **2.** Doctrine préconisant cette politique.

AUTARCIQUE **adj.** Fondé sur l'autarcie.

AUTEL **n.m.** (lat. *altare*). **1.** **ANTIQ.** Construction destinée à la réception des offrandes, à la célébration des sacrifices à la divinité. **2.** **CHRIST.** Table où l'on célèbre l'eucharistie.

AUTEUR, E **n.** (du lat. *auctor*, celui qui produit). **1.** Personne qui est à l'origine d'une chose, responsable d'un acte : *L'auteur d'une réforme, d'un vol.* **2.** Créateur d'une œuvre littéraire, artistique, etc. **3.** **DR.** Personne de qui une autre (l'*ayant cause*) tient un droit ou une obligation. ▪ **Droits d'auteur,** droits moraux et patrimoniaux d'un auteur sur son œuvre (artistique, littéraire, technique [logiciels], etc.). ▪ **Film, cinéma d'auteur,** film, cinéma exprimant l'imaginaire et le style personnels d'un réalisateur, par oppos. aux productions à visée commerciale.

AUTEUR-COMPOSITEUR, AUTEURE-COMPOSITRICE **n.** Artiste qui écrit les paroles et compose la musique de chansons.

AUTHENTICITÉ **n.f.** Caractère de ce qui est authentique.

AUTHENTIFICATION **n.f.** **1.** Action d'authentifier. **2.** Processus par lequel un système informatique s'assure de l'identité d'un utilisateur.

AUTHENTIFIER **v.t.** **[5].** **1.** Rendre authentique : *Le cachet du notaire authentifie l'acte.*

2. Reconnaître comme authentique : *Authentifier une œuvre de Gauguin.*

AUTHENTIQUE adj. (du gr. *authentikos*, qui agit de sa propre autorité). **1.** Dont l'exactitude, l'origine est incontestable : *Une histoire authentique. Un authentique manuscrit de Cioran.* **2.** D'une sincérité totale : *Une émotion authentique.* **3. DR.** Revêtu des formes légales.

AUTHENTIQUEMENT adv. De façon authentique.

AUTISME n.m. (du gr. *autos*, soi-même). **1.** Trouble du développement neurologique caractérisé par une altération des interactions sociales (repli pathologique sur soi), de la communication (langage) et du comportement. **2.** Fig., par exagér. Déni de réalité qui pousse à s'isoler et à refuser de communiquer, et, particulièrement, d'écouter autrui.

➲ L'**AUTISME** infantile, parfois appelé *trouble autistique*, a une origine neurochimique et génétique. Il apparaît avant 3 ans et se traduit par le contact difficile avec l'entourage, le retard variable de langage, l'absence de jeux d'imitation, les activités répétitives et les gestes stéréotypés. Le « spectre » autistique est aussi présent dans une trentaine de maladies psychiques.

AUTISTE adj. et **n.** Atteint d'autisme.

AUTISTIQUE adj. Relatif à l'autisme.

1. AUTO n.f. (abrév.). Automobile. ▪ **Autos tamponneuses,** petites voitures électriques à deux places qui s'entrechoquent sur une piste, dans les fêtes foraines.

2. AUTO n.m. → **AUTO SACRAMENTAL.**

AUTOACCUSATEUR, TRICE adj. Qui relève de l'autoaccusation.

AUTOACCUSATION n.f. Fait de s'accuser soi-même.

AUTOADHÉSIF, IVE adj. Autocollant.

AUTOALLUMAGE n.m. Inflammation spontanée et accidentelle du mélange carburé dans un moteur à explosion.

AUTOAMORÇAGE n.m. Amorçage spontané d'une machine ou d'une réaction, sans intervention d'un agent extérieur.

AUTOANALYSE n.f. Analyse du sujet par lui-même, recourant aux techniques psychanalytiques de l'association libre et de l'interprétation des rêves. ➲ Elle est considérée comme impossible par la psychanalyse freudienne.

AUTOANTICORPS n.m. Anticorps anormal, élaboré par un organisme vivant contre lui-même, lors d'une auto-immunité.

AUTOBIOGRAPHE n. Auteur d'une autobiographie.

AUTOBIOGRAPHIE n.f. Biographie d'une personne écrite par elle-même.

AUTOBIOGRAPHIQUE adj. Relatif à la vie même de l'auteur.

AUTOBLOQUEUR n.m. ALP., SPÉLÉOL. Appareil employé pour l'ascension ou la descente de passages verticaux par glissements et coincements successifs le long d'une corde.

AUTOBRONZANT, E adj. et **n.m.** Se dit d'un produit cosmétique permettant de bronzer sans soleil.

AUTOBUS n.m. (de *1. auto* et *omnibus*). Véhicule automobile de transport en commun urbain et suburbain. Abrév. **bus.** ▪ **Autobus scolaire** [Québec], servant à transporter les élèves entre leur domicile et l'école.

AUTOCAR n.m. Véhicule automobile de transport en commun, routier ou touristique. Abrév. **car.**

AUTOCARAVANE n.f. Recomm. off. pour **camping-car, motor-home.**

AUTOCARISTE n. Propriétaire d'une compagnie d'autocars ; conducteur d'autocar.

AUTOCASSABLE adj. Se dit d'une ampoule pharmaceutique qui peut se casser sans lime.

AUTOCÉLÉBRATION n.f. Action de faire son propre éloge.

AUTOCENSURE n.f. Censure effectuée par qqn sur ses propres écrits, ses propres paroles, ses propres actes.

S'AUTOCENSURER v.pr. [3]. Pratiquer l'autocensure.

AUTOCENTRÉ, E adj. Qui centre tout sur soi-même, rapporte tout à soi ; égocentrique. ▪ **Développement autocentré** [écon.], développement d'un pays fondé sur ses propres ressources matérielles et humaines, et ne faisant pas appel à l'extérieur, notamm. à l'échange international.

AUTOCÉPHALE adj. Se dit des Églises et des évêques métropolitains orthodoxes ayant acquis leur autonomie.

AUTOCHENILLE n.f. Automobile montée sur chenilles à l'arrière et/ou à l'avant.

AUTOCHROME [-krom] **adj.** Qui enregistre les couleurs par synthèse* additive. ◆ **n.f.** Plaque photographique autochrome.

AUTOCHTONE [-ktɔn] **adj.** et **n.** (du gr. *khthôn*, terre). Originaire du pays qu'il habite (SYN. **aborigène, indigène**). ◆ **adj. 1.** Des habitants du pays : *Les coutumes autochtones.* **2. GÉOL.** Se dit de couches géologiques sédimentaires qui n'ont pas subi de déplacement et sur lesquelles se sont avancées parfois les nappes de charriage, dites *allochtones.*

AUTOCINÉTISME n.m. PSYCHOL. Illusion de mouvement.

AUTOCLAVE adj. et **n.m.** (du lat. *clavis*, clé). Se dit d'un récipient à parois épaisses et à fermeture hermétique conçu pour réaliser sous pression soit une réaction industrielle, soit la cuisson ou la stérilisation à la vapeur.

AUTOCOLLANT, E adj. Qui adhère à une surface par simple pression (SYN. **autoadhésif**). ◆ **n.m.** Image, vignette autocollante (SYN. **sticker**).

AUTOCOMMUTATEUR n.m. TÉLÉCOMM. Central téléphonique automatisé.

AUTOCONCURRENCE n.f. Concurrence qu'un produit fait à d'autres produits de la même entreprise ou du même groupe d'entreprises.

AUTOCONDUCTION n.f. ÉLECTR. Production de courant dans un corps placé à l'intérieur d'un solénoïde sans être relié à un circuit électrique.

AUTOCONSERVATION n.f. Principe de conservation des ovocytes ou des spermatozoïdes, par congélation ou vitrification, envisagé quand la fertilité est menacée par un traitement médical stérilisant (chimiothérapie, par ex.).

AUTOCONSOMMATION n.f. ÉCON. Fait de consommer ce que l'on produit soi-même.

AUTOCOPIANT, E adj. ▪ **Papier autocopiant,** papier servant à obtenir des autocopies.

AUTOCOPIE n.f. Procédé de reproduction d'un original (texte, dessin) par pression localisée, sans papier carbone intercalaire ; épreuve ainsi obtenue.

AUTOCORRECTION n.f. Correction spontanée d'une erreur.

AUTOCOUCHETTE, AUTOCOUCHETTES ou **AUTOS-COUCHETTES adj. inv.** Se dit d'un train qui permet le transport simultané de voyageurs, en couchettes, et de leurs voitures.

AUTOCRATE n.m. (du gr. *autokratês*, qui gouverne par lui-même). Souvent péjor. Monarque absolu.

AUTOCRATIE [-si] **n.f.** Système politique dominé par un monarque absolu.

AUTOCRATIQUE adj. Qui relève de l'autocratie.

AUTOCRITIQUE n.f. Critique de sa propre conduite, notamm. dans le domaine politique : *Ils ont fait leur autocritique.*

AUTOCUISEUR n.m. Récipient métallique à fermeture hermétique, destiné à la cuisson des aliments à la vapeur sous pression.

AUTODAFÉ n.m. (du port. *auto da fé*, acte de foi). **1. HIST.** En Espagne et dans l'Empire espagnol, proclamation solennelle d'un jugement de l'Inquisition ; exécution de ce jugement condamnant au supplice du feu. **2.** Destruction par le feu : *Des autodafés de livres.*

AUTODÉFENSE n.f. Action de se défendre par ses seuls moyens.

AUTODÉRISION n.f. Dérision aux dépens de soi-même.

AUTODESTRUCTEUR, TRICE adj. Qui vise à se détruire soi-même.

AUTODESTRUCTION n.f. Destruction de soi-même.

AUTODÉTERMINATION n.f. Libre choix du statut politique d'un pays par ses habitants.

S'AUTODÉTRUIRE v.pr. [78]. Se détruire soi-même : *Adolescent qui s'autodétruit.*

AUTODICTÉE n.f. Exercice scolaire consistant en la retranscription, de mémoire, d'un texte de quelques lignes.

AUTODIDACTE adj. et **n.** (du gr. *didaskein*, enseigner). Qui s'est instruit lui-même.

AUTODIRECTEUR, TRICE adj. Qui peut se diriger vers son objectif sans intervention extérieure : *Missile autodirecteur.* ◆ **n.m.** Équipement optronique servant à guider automatiquement une arme aéroportée vers sa cible (SYN. **tête chercheuse**).

AUTODISCIPLINE n.f. Discipline que s'impose volontairement un individu ou un groupe.

AUTO-ÉCOLE (pl. *auto-écoles*), ▲ *AUTOÉCOLE* **n.f.** École où l'on enseigne la conduite automobile.

AUTOÉDITION n.f. Édition d'un ouvrage par son auteur sans autre intermédiaire qu'un imprimeur.

AUTOÉLÉVATEUR, TRICE adj. Se dit d'un engin susceptible de modifier une de ses dimensions verticales par coulissement de certains de ses éléments : *Chariot autoélévateur.* ▪ **Plateforme autoélévatrice,** support de travail en mer prenant appui sur le fond grâce à des piles verticales susceptibles d'être hissées pour permettre le déplacement du support en flottaison.

AUTOENTREPRENEUR, EUSE n. Personne qui crée une entreprise individuelle, grâce à des formalités simplifiées, pour exercer une activité professionnelle indépendante, à titre principal ou complémentaire.

AUTOÉROTIQUE adj. Qui relève de l'autoérotisme.

AUTOÉROTISME n.m. Recherche d'une satisfaction sexuelle sans recours à un partenaire.

AUTOEXCITATEUR, TRICE adj. Se dit d'une machine électrique dans laquelle le courant continu alimentant les inducteurs est fourni par l'induit.

AUTOFÉCONDATION n.f. BIOL. Union de gamètes mâle et femelle produits par un même individu, animal ou végétal, permettant à celui-ci d'assurer sa propre fécondation (SYN. **autogamie**).

AUTOFICTION n.f. LITTÉR. Autobiographie empruntant les formes narratives de la fiction romanesque.

AUTOFINANCEMENT n.m. ÉCON. Technique de financement des investissements d'une entreprise au moyen d'un prélèvement sur les bénéfices réalisés.

S'AUTOFINANCER v.pr. [9]. Avoir recours à l'autofinancement.

AUTOFLAGELLATION n.f. Autocritique ou repentance excessive.

S'AUTOFLAGELLER v.pr. [3]. Pratiquer l'autoflagellation.

AUTOFOCUS [-kys] **adj.** (mot angl., de *to focus*, mettre au point). Se dit d'un système de mise au point automatique équipant un appareil photo, une caméra, un projecteur, etc. ◆ **n.m.** Appareil équipé de ce système.

AUTOGAME adj. (du gr. *gamein*, épouser). Capable de se reproduire par autofécondation, surtout en parlant des végétaux.

AUTOGAMIE n.f. Autofécondation.

AUTOGÈNE adj. ▪ **Soudage autogène,** soudage de deux pièces d'un même métal sans utilisation d'un métal d'apport.

AUTOGÉRÉ, E adj. Soumis à l'autogestion.

AUTOGESTION n.f. 1. Gestion d'une entreprise ou d'une collectivité publique par l'ensemble du personnel ou ses représentants. **2.** Système de gestion collective, en économie socialiste.

AUTOGESTIONNAIRE adj. Relatif à l'autogestion.

AUTOGIRE n.m. (esp. *autogiro*, du lat. *girare*, tourner). Aéronef muni d'un rotor dont le mouvement n'assure que la sustentation de l'appareil, et non sa propulsion (à la différence de l'hélicoptère).

AUTOGOAL [otogol] **n.m.** (faux anglic.). Belgique, Suisse. **1. SPORTS.** But marqué contre son camp, au football. **2.** Fig. Action que l'on accomplit contre ses propres intérêts : *Refuser une telle proposition, c'est s'infliger un autogoal.*

AUTOGRAPHE adj. (du gr. *graphein*, écrire). Écrit de la main même de l'auteur : *Lettre autographe de Madame de Sévigné.* ◆ **n.m.** Écrit ou signature autographe d'un personnage célèbre : *Signer un autographe.*

AUTOGRAPHIE n.f. Procédé de report sur pierre lithographique d'un dessin exécuté à l'encre grasse sur un papier spécial ; lithographie ainsi obtenue.

AUTOGREFFE n.f. MÉD. Greffe à partir d'un greffon prélevé sur le sujet lui-même (SYN. **autoplastie**).

AUTOGUIDAGE n.m. Procédé permettant à un mobile (aéronef, missile) de diriger lui-même son mouvement vers le but assigné.

AUTOGUIDÉ, E adj. Dirigé par autoguidage.

AUTO-IMMUN, E adj. (pl. *auto-immuns, es*). **MÉD.** Se dit d'un processus, d'une maladie dus à l'auto-immunité.

AUTO-IMMUNITÉ ou **AUTO-IMMUNISATION n.f.** (pl. *auto-immunités, auto-immunisations*). État d'un organisme vivant qui produit des anticorps *(autoanticorps)* dirigés contre ses propres antigènes.

AUTO-INDUCTANCE n.f. (pl. *auto-inductances*). **ÉLECTROMAGN.** Quotient du flux d'induction magnétique à travers un circuit par le courant qui le parcourt (SYN. **inductance propre, self-inductance**).

AUTO-INDUCTION n.f. (pl. *auto-inductions*). **ÉLECTROMAGN.** Induction produite dans un circuit électrique par les variations du courant qui le parcourt (SYN. **self-induction**).

AUTO-INFECTION n.f. (pl. *auto-infections*). Infection due aux microbes qui existent normalement dans un organisme, sans y avoir jusqu'alors provoqué de troubles. ➲ Ces germes deviennent virulents lorsqu'il y a une diminution de résistance de l'organisme.

AUTO-INTOXICATION n.f. (pl. *auto-intoxications*). Ensemble des troubles provoqués par des poisons élaborés dans l'organisme lui-même. ➲ L'auto-intoxication peut être due à un défaut d'élimination des déchets normaux produits par les différents métabolismes ou à la production de déchets anormaux.

AUTOLIMITATION n.f. Limitation que quelqu'un s'impose lui-même.

AUTOLISSANT, E adj. Autonivelant.

AUTOLOGUE adj. Se dit d'une greffe de tissu ou d'une transfusion sanguine dont le receveur est aussi le donneur (par oppos. à *hétérologue*).

AUTOLUBRIFIANT, E adj. MÉCAN. Qui assure sa propre lubrification au contact d'une autre surface.

AUTOLYSE n.f. 1. BIOL. CELL. Destruction de cellules sous l'action de leurs propres enzymes. ➲ Le blettissement des fruits résulte d'une autolyse. **2. PSYCHIATR.** Suicide.

AUTOMATE n.m. (du gr. *automatos*, qui se meut par lui-même). **1.** Jouet, objet figurant un être vivant dont il simule les mouvements grâce à un mécanisme. **2.** Péjor. Personne dénuée de réflexion ou d'initiative. **3.** Dispositif assurant un enchaînement automatique et continu d'opérations arithmétiques et logiques. **4.** Machine, mécanisme automatiques ; robot industriel. **5.** Suisse. Distributeur automatique. ▪ **Automate programmable** [inform.], type de processeur (programmable) destiné à des applications industrielles.

AUTOMATICIEN, ENNE n. Spécialiste de l'automatique (science), de l'automatisation.

AUTOMATICITÉ n.f. Caractère de ce qui est automatique : *L'automaticité d'un mécanisme, d'un réflexe.*

AUTOMATION n.f. (mot angl.). Vieilli. Mode d'organisation d'un ensemble de procédés ou de systèmes visant à rendre automatique une suite d'opérations.

1. AUTOMATIQUE adj. 1. Qui fonctionne sans intervention humaine, par des moyens mécaniques, électroniques, etc. (par oppos. à *manuel*) : *Fermeture automatique des portes.* **2.** Qui ne fait pas intervenir la pensée consciente : *Geste automatique.* **3.** Qui se produit en vertu de règles préétablies : *Reconduction automatique d'un bail.* ▪ **Arme automatique,** arme à feu pouvant tirer plusieurs coups sans être rechargée. ▪ **Écriture automatique,** technique d'écriture spontanée, sans sujet préconçu et sans contrôle rationnel, à la base du surréalisme.

2. AUTOMATIQUE n.m. 1. Réseau téléphonique automatique. **2.** Arme automatique.

3. AUTOMATIQUE n.f. Science et technique de l'automatisation, groupant les méthodes et les technologies propres à la conception et à l'utilisation des systèmes automatiques.

AUTOMATIQUEMENT adv. 1. De façon automatique. **2.** De façon inéluctable.

AUTOMATISATION n.f. 1. Fait d'automatiser l'exécution d'une tâche, d'une suite d'opérations, etc. **2.** Exécution totale ou partielle de tâches techniques par des machines fonctionnant sans intervention humaine.

AUTOMATISER v.t. [3]. Rendre un processus, un fonctionnement automatique.

AUTOMATISME n.m. 1. Qualité d'une installation automatique. **2.** Mécanisme, système automatique. **3.** Acte accompli sans intervention de la volonté, par habitude ou après apprentissage. ▪ **Automatisme psychologique,** chez Pierre Janet, activité reproductrice inconsciente (par oppos. à *activité créatrice*).

AUTOMÉDICATION n.f. Prise de médicaments sans avis médical.

AUTOMITRAILLEUSE n.f. Véhicule blindé rapide, à roues, armé d'un canon ou de mitrailleuses.

AUTOMNAL, E, AUX adj. De l'automne.

AUTOMNE [otɔn] **n.m.** (lat. *autumnus*). Saison qui succède à l'été et précède l'hiver, et qui, dans l'hémisphère boréal, commence le 22 ou le 23 septembre et finit le 21 ou le 22 décembre. ▪ **À l'automne de la vie** [litt.], à l'approche de la vieillesse.

1. AUTOMOBILE adj. 1. Se dit d'un véhicule qui possède son propre moteur de propulsion. **2.** Relatif aux automobiles, aux voitures : *Industrie automobile.*

2. AUTOMOBILE ou **AUTO n.f. 1.** Véhicule terrestre léger, à moteur, constitué d'un châssis génér. sur quatre roues et utilisé princip. pour le transport des personnes (SYN. **voiture**). [V. planche *automobiles de légende*.] **2.** Pratique, utilisation, sport de l'automobile.

AUTOMOBILISTE n. Personne qui conduit une automobile.

AUTOMORPHISME n.m. MATH. Isomorphisme d'un ensemble sur lui-même.

1. AUTOMOTEUR, TRICE adj. Se dit d'un véhicule capable de se déplacer par ses propres moyens sans être tracté ou poussé.

2. AUTOMOTEUR n.m. 1. Bâtiment porteur motorisé pour le transport fluvial. **2.** Pièce d'artillerie sous tourelle montée sur un châssis de char. **3.** Rame automotrice Diesel.

AUTOMOTRICE n.f. Véhicule ferroviaire pour le transport de voyageurs, se déplaçant grâce à son propre moteur.

AUTOMUTILATION n.f. Violence physique que l'on s'inflige à soi-même ; blessure ainsi produite.

AUTONETTOYANT, E adj. Qui assure son nettoyage par son propre fonctionnement. ➲ Le four autonettoyant fonctionne par catalyse ou pyrolyse.

AUTONIVELANT, E adj. Se dit d'un enduit très fluide permettant d'obtenir une parfaite planéité des surfaces (SYN. **autolissant**).

AUTONOME adj. (du gr. *autos*, soi-même, et *nomos*, loi). Qui jouit de l'autonomie : *Région autonome. Peu à peu, l'enfant devient autonome.* ▪ **Gestion autonome,** organisation d'une entreprise telle que chaque service, chaque atelier est indépendant des autres. ◆ **adj.** et **n.** Se dit de certains contestataires, génér. de la mouvance d'extrême gauche, qui rejettent toute organisation politique.

AUTONOMIE n.f. 1. Possibilité, pour un organisme, un individu, de décider sans en référer à un pouvoir central. **2.** Capacité d'un individu à vivre en ne dépendant pas d'autrui. **3.** Distance que peut parcourir un véhicule à moteur sans nouvel apport de carburant. **4.** Temps pendant lequel un appareil peut fonctionner sans nouvel apport de carburant, d'énergie ou sans intervention extérieure. **5. PHILOS.** Capacité à trouver en soi et par soi-même la loi de sa pensée et de son action. ▪ **Autonomie financière,** situation d'un organisme qui administre, gère librement ses propres ressources.

AUTONOMISATION n.f. 1. Fait de devenir autonome. **2. PSYCHOL.** Acquisition par un enfant de son autonomie dans le comportement.

AUTONOMISER v.t. [3]. Rendre autonome : *Autonomiser les universités.* ◆ **S'AUTONOMISER v.pr.** Devenir autonome : *Adolescent qui s'autonomise.*

AUTONOMISME n.m. Revendication militante de l'autonomie politique, souvent d'inspiration régionaliste.

AUTONOMISTE n. et **adj.** Partisan de l'autonomisme.

AUTONYME n.m. et **adj. LING.** Mot, signe qui se désigne lui-même. (Ex. : *chat* dans *chat prend un s au pluriel.*)

AUTONYMIE n.f. LING. Fait d'être autonyme.

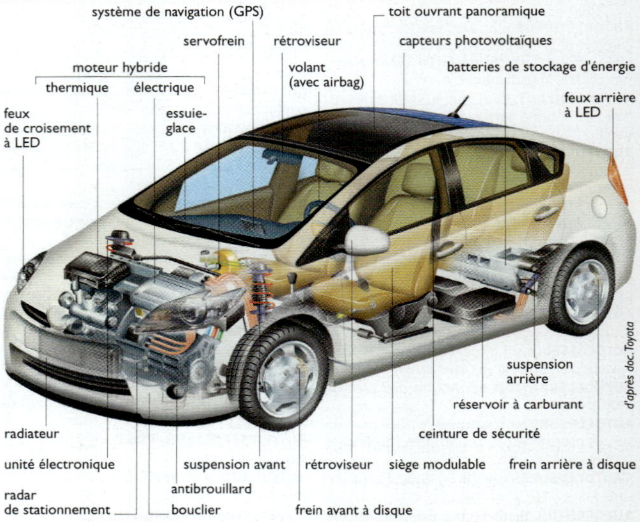

▲ **automobile.** Écorché d'une voiture de tourisme à motorisation hybride.

Le sport automobile

Les compétitions automobiles réunissent les courses sur circuit (de vitesse – formule 1 – et d'endurance – Vingt-Quatre Heures du Mans), les rallyes et, plus marginales, les courses de côtes, les compétitions de dragster (surtout aux États-Unis) et de karting. Né à la fin du XIXe siècle, le sport automobile a suivi l'évolution de la technique et des marques, de la première course en France (Paris-Rouen) en 1894 à la « Croisière jaune » (1931-1932), puis cette discipline a connu un grand développement après 1945 (création du championnat du monde de formule 1 en 1950).

▲ **Course de formule 1.** La formule 1 réunit les voitures les plus rapides, des monoplaces. Compétition la plus prisée, le Championnat du monde de formule 1 donne lieu à deux classements, celui des pilotes et celui des constructeurs, qui disputent une vingtaine de Grands Prix sur des circuits prestigieux (Monaco, Monza en Italie, Singapour...). Parmi les pilotes les plus titrés figurent l'Argentin Fangio, le Français Prost, le Brésilien Senna, les Allemands Schumacher et Vettel.

▲ **Rallye.** Les rallyes sont des courses sur route avec des épreuves spéciales de vitesse et des itinéraires de liaison. Ils sont disputés sur asphalte, sur terre ou sur des parcours enneigés. Les voitures sont dérivées des modèles de série, mais sont nettement plus puissantes. Le rallye de Monte-Carlo, créé en 1911, demeure célèbre. Le Français Loeb constitue la référence, avec neuf titres de champion du monde (de 2004 à 2012). Dans les Rallyes-Raids, qui traversent parfois des continents, comme le Dakar, créé en 1978, les concurrents, outre leurs qualités de pilotage, doivent posséder un sens aigu de la navigation.

Vingt-Quatre Heures du Mans. ▶ Dans cette épreuve reine de l'endurance en circuit, qui date de 1923, le classement s'effectue en fonction de la distance parcourue. La vitesse est toujours primordiale (avec des pointes à 350 km/h), mais la fiabilité des voitures comme la résistance des pilotes (qui se relaient à trois par voiture) deviennent déterminantes. En 2012, la victoire a été acquise pour la première fois sur un prototype à moteur hybride.

AUTOPALPATION n.f. Méthode de dépistage du cancer du sein chez la femme, consistant à palper soi-même ses seins.

AUTOPARTAGE n.m. Système de location de voitures en milieu urbain, qui permet d'utiliser les véhicules en libre-service et de façon ponctuelle.

AUTO-PATROUILLE (pl. *autos-patrouilles*), ▲ *AUTOPATROUILLE* n.f. Québec. Véhicule de police.

AUTOPHAGIE n.f. **BIOL. CELL.** Processus par lequel une cellule dégrade et recycle une partie de ses composants.

AUTOPLASTIE n.f. **MÉD. 1.** Réparation d'une région cutanée lésée par autogreffe d'un fragment de peau voisin. **2.** Autogreffe.

AUTOPOMPE n.f. Véhicule à incendie muni d'une pompe.

AUTOPORTANT, E ou **AUTOPORTEUR, EUSE** adj. **1. CONSTR.** Dont la stabilité résulte de la seule rigidité de la forme : *Voûte autoportante.* **2. AUTOM.** Se dit d'une carrosserie qui ne repose pas sur un châssis séparé, mais qui constitue elle-même la structure du véhicule.

AUTOPORTRAIT n.m. Portrait d'un artiste par lui-même.

AUTOPROCLAMÉ, E adj. Proclamé de sa propre autorité : *Président autoproclamé. République autoproclamée.*

S'AUTOPROCLAMER v.pr. **[3].** Se nommer à telle fonction, à telle dignité ; s'octroyer tel statut : *S'autoproclamer État souverain.*

AUTOPRODUCTION n.f. **1.** Production, par un agent économique qui n'y est pas normalement destiné, de biens et de services (réparer sa voiture, rénover soi-même son logement, par ex.). **2.** Réalisation d'un enregistrement musical par un artiste qui, à cette fin, en assure le financement et cumule souvent plusieurs fonctions (auteur-compositeur, interprète, ingénieur du son, etc.).

AUTOPRODUIRE v.t. **[78].** Assurer l'autoproduction d'un enregistrement musical : *Le chanteur a autoproduit son premier album.*

AUTOPROPULSÉ, E adj. Qui assure sa propre propulsion : *Fusée autopropulsée.*

AUTOPROPULSEUR n.m. et adj.m. Dispositif assurant l'autopropulsion.

AUTOPROPULSION n.f. Propriété d'un engin de se propulser par ses propres moyens.

▲ **autoportrait.** Peinture de Paul Gauguin, réalisée entre 1893 et 1894 : *Portrait de l'artiste.* (Musée d'Orsay, Paris.)

AUTOPSIE n.f. (du gr. *autopsia*, vision par soi-même). Dissection et examen d'un cadavre pour déterminer les causes de la mort.

AUTOPSIER v.t. **[5].** Pratiquer une autopsie.

AUTOPUBLICATION n.f. Publication par son auteur d'un document sur Internet.

AUTOPUNITIF, IVE adj. Qui relève d'une autopunition : *Conduite autopunitive.*

AUTOPUNITION n.f. **PSYCHIATR.** Punition qu'un sujet s'inflige en réponse à un sentiment de culpabilité.

AUTORADIO n.m. Poste récepteur de radiodiffusion sonore destiné à fonctionner dans une automobile.

AUTORADIOGRAPHIE n.f. Empreinte laissée sur une émulsion photographique par un objet contenant un produit radioactif.

AUTORAIL n.m. Automotrice à moteur thermique.

AUTORÉALISATEUR, TRICE adj. ▪ **Prophétie autoréalisatrice,** prédiction qui, à partir d'une analyse souvent tendancieuse d'une situation donnée, influe sur les comportements de telle sorte que ce qu'annonçait la prédiction finit par advenir (annoncer une pénurie de sucre, par ex., pousse les gens à en acheter énormément, ce qui finit par provoquer une véritable pénurie).

AUTORÉFÉRENCE n.f. **LOG.** Caractéristique d'un énoncé qui porte sur lui-même.

AUTORÉGLAGE n.m. Propriété d'un appareil de retrouver, après une perturbation, un régime établi.

AUTORÉGULATEUR, TRICE adj. Qui opère sa propre régulation.

AUTORÉGULATION n.f. Régulation d'une installation, d'une machine par elle-même.

a b c d e f g h i j k l m n o p q r s t u v w x y z

Les automobiles de légende

L'automobile a transformé les sociétés, chaque décennie apportant son lot d'innovations technologiques. Populaires, performants ou prestigieux, certains modèles d'exception sont entrés dans la légende.

La « Jamais-Contente » (1899). Ce véhicule électrique est le premier à franchir la barre des 100 km/h.

Fardier de Cugnot (1771). Conçu par Joseph Cugnot, ce tracteur de 7 m est mû par une machine à vapeur.

Ford T (1908). La firme, fondée en 1903, invente les chaînes de montage, lance la voiture pour tous et crée un nouveau modèle économique.

Limousine de Dion-Bouton (1912). Albert de Dion et Georges Bouton comptent parmi les pionniers de la construction automobile.

Rolls Royce Silver Ghost (1906). Puissance, confort et raffinement pour cette mythique Rolls Royce considérée alors comme la meilleure voiture au monde.

Bugatti type 35 (1924). Fiable et élégante, cette automobile sportive remporte plus de 2 000 victoires en courses. Record absolu !

Citroën Traction Avant (1934). Avec sa tenue de route inégalée, la « Traction » se rend célèbre sous l'Occupation puis est plébiscitée par les bandes de gangsters.

Cadillac Eldorado (1959). Associé au rêve américain, ce cabriolet ultra luxueux apparaît lors de la cérémonie d'investiture d'Eisenhower.

Mercedes 300 SL (1954). Ce coupé fait sensation avec un premier moteur à injection, des portes à ouverture « papillon » et des vitesses de pointe à 235 km/h.

Citroën DS (1955). Adopté par le général de Gaulle, le véhicule fuselé est révolutionnaire : direction assistée, injection électronique, phares pivotants, suspension hydropneumatique...

Chevrolet Corvette C1 (millésime 1961). Pas moins de 6 générations de Corvette se sont succédé depuis 1953.

PETITS GABARITS, MAIS GRANDE POPULARITÉ.
Qu'elles soient rustiques comme la 2CV ou citadines comme la Mini ou la Fiat 500, les petites voitures entrent aussi dans la légende et sont souvent rééditées dans des versions très « tendance ». Dans les années 1950, la 4CV puis la Dauphine sont vendues à des millions d'exemplaires. La « voiture-bulle », Isetta, proche du scooter, rencontre aussi le succès. Quant à la Trabant, elle est devenue un symbole de l'ex-Allemagne de l'Est.

Volkswagen Coccinelle (1938, version cabriolet 1979)

Renault Dauphine (1956)

Isetta 300 (1954)

Fiat 500 (1957)

Mini (1959)

Citroën 2CV (1949)

Trabant 601 (1957)

Ford Mustang (1964). Le petit bolide fut immortalisé au cinéma par Steve McQueen dans *Bullitt* (1968).

Aston Martin fête ses 100 ans. La marque britannique créée en 1913 lance la **DB4 GT** en 1958 : en 2012, les modèles DB restent toujours associés à James Bond au cinéma (*Skyfall*).

Jaguar type E (1961). Le roadster anglais fait figure d'œuvre d'art : il fut exposé au Museum of Modern Art de New York.

Alpine Renault (1962). Cette voiture sportive affiche un palmarès impressionnant en rallyes et en « côtes » dans les années 1960 et 1970.

Lamborghini Miura (1966). La firme automobile, créée en 1963, surprend dès ses débuts avec ce bolide au design audacieux et aux performances exceptionnelles.

Maserati Ghibli (1966). Avec ses lignes basses d'une grande pureté, la Ghibli est l'une des plus belles réalisations de la marque au trident.

Porsche 911 Carrera RSR (1974). La Porsche 911 reste, depuis sa sortie en 1963, l'une des voitures préférées de nombreux passionnés.

Ferrari « Enzo » (2002). Baptisé ainsi en l'honneur du fondateur de la marque, ce modèle d'exception a été construit à seulement 399 exemplaires.

AUTORÉPARABLE adj. Qui, en cas de défaut, peut se réparer automatiquement.

AUTOREVERSE [-rivers] adj. inv. et n.m., ▲ *adj.* (mot angl.). Vieilli. Se dit d'un magnétophone muni d'un dispositif permettant le retournement automatique de la bande en fin de course.

AUTORISATION n.f. **1.** Action d'autoriser ; permission donnée par qqn : *Sortir sans l'autorisation de ses parents.* **2.** Document constatant cette permission : *Une autorisation de sortie du territoire.* ▪ **Autorisation de mise sur le marché** → **AMM.**

AUTORISÉ, E adj. **1.** Qui bénéficie d'une autorisation : *Visite autorisée.* **2.** Qui fait autorité : *Information confirmée par une source autorisée.* ▪ **Personne autorisée,** qui a l'autorité pour déclarer, faire qqch.

AUTORISER v.t. [3] (du lat. *auctor*, auteur). **1.** Donner la permission, le droit de : *On m'a autorisé à vous parler de ce projet.* **2.** Rendre possible ou légitime : *Les nouvelles de ce matin autorisent quelque espoir.* ◆ **S'AUTORISER** v.pr. (DE). S'appuyer sur un droit, un précédent, un prétexte : *S'autoriser de la déclaration du préfet pour demander un délai de paiement.*

AUTORITAIRE adj. **1.** Qui impose son autorité d'une manière absolue : *Régime autoritaire. Une personne autoritaire.* **2.** Qui manifeste la volonté d'être obéi : *Père autoritaire.*

AUTORITAIREMENT adv. De façon autoritaire.

AUTORITARISME n.m. Caractère autoritaire.

AUTORITÉ n.f. (lat. *auctoritas*). **1.** Pouvoir de commander, de décider, de se faire obéir : *En vertu de l'autorité du chef de l'État.* **2.** Personne, organisme qui exercent cette autorité : *Décision de l'autorité compétente.* **3.** Qualité par laquelle qqn se fait obéir : *Avoir de l'autorité.* **4.** Personne ou ouvrage auxquels on se réfère, que l'on peut invoquer pour justifier qqch : *C'est une autorité en matière de cinéma iranien.* ▪ **Autorité de la chose jugée** [dr.], effet attribué par la loi aux décisions de justice et qui interdit sous certaines conditions de remettre en discussion ce qui a fait l'objet d'un jugement définitif. ▪ **Autorité parentale,** exercée en commun par les père et mère ou, à défaut, par l'un des deux jusqu'à la majorité ou l'émancipation d'un mineur. ▪ **D'autorité** ou **de sa propre autorité,** sans consulter quiconque. ▪ **Faire autorité,** s'affirmer comme référence indiscutable. ◆ **n.f. pl.** Représentants de la puissance publique ; hauts fonctionnaires : *Les autorités militaires.*

AUTOROUTE n.f. Route dont les sens de circulation sont séparés par un terre-plein central, conçue pour une circulation automobile rapide et sûre, aux accès spécialement aménagés et sans croisement à niveau : *Une nouvelle autoroute.* ▪ **Autoroute électronique** ou **de l'information,** réseau de télécommunication à haut débit permettant de transmettre, de manière interactive, des textes et des données audiovisuelles et informatiques. ▪ **Autoroute ferroviaire,** système de ferroutage fonctionnant avec des trains constitués de wagons pour les poids lourds et de voitures pour les chauffeurs.

AUTOROUTIER, ÈRE adj. Relatif aux autoroutes.

AUTO SACRAMENTAL [-mẽtal] ou **AUTO** n.m. (pl. *autos sacramentals* ou *autos sacramentales, autos*) [mots esp. « drame du saint sacrement »]. Représentation dramatique donnée en Espagne, surtout aux XVIe et XVIIe s., le jour de la Fête-Dieu, sur des scènes de théâtre dressées dans les rues.

AUTOSAISINE n.f. DR. Fait, pour une juridiction ou une administration qui en a la capacité, de se saisir elle-même.

AUTOSATISFACTION n.f. Contentement de soi.

AUTO-SCOOTER n.f. (pl. *autos-scooters*). Belgique. Auto tamponneuse.

AUTOSCOPIE n.f. **1.** Technique audiovisuelle de formation, reposant sur l'analyse en groupe de sa propre image filmée. **2.** Hallucination rare où l'on se voit soi-même.

AUTOS-COUCHETTES adj. inv. → **AUTOCOUCHETTE.**

AUTOSEXABLE adj. Se dit de races d'oiseaux qui possèdent un caractère particulier, visible dès l'éclosion, permettant de distinguer les mâles des femelles.

AUTOSOME [-zom] n.m. Chromosome quelconque, à l'exception des chromosomes sexuels.

AUTOSOMIQUE [-zomik] adj. D'un autosome. ▪ **Maladie autosomique,** due à une anomalie d'un autosome, et dont la transmission héréditaire est indépendante du sexe du sujet.

AUTO-STOP, ▲ *AUTOSTOP* n.m. sing. Pratique consistant à faire signe à un automobiliste de s'arrêter pour se faire transporter gratuitement. Abrév. (fam.) **stop.**

AUTO-STOPPEUR, EUSE (pl. *auto-stoppeurs, euses*), ▲ *AUTOSTOPPEUR, EUSE* n. Personne qui pratique l'auto-stop. Abrév. (fam.) **stoppeur.**

AUTOSUBSISTANCE n.f. Organisation économique mise en place par un groupe social pour subvenir lui-même à l'essentiel de ses besoins.

AUTOSUFFISANCE n.f. **1.** Caractère d'une personne, d'un pays autosuffisants. **2.** LOG. Caractéristique d'un énoncé autosuffisant.

AUTOSUFFISANT, E adj. Dont les ressources suffisent à assurer les besoins essentiels, sans appel à une aide extérieure.

AUTOSUGGESTION n.f. Fait, pour un sujet, de se persuader lui-même de qqch.

AUTOSURVEILLANCE n.f. Méthode thérapeutique permettant à un diabétique de surveiller lui-même sa glycémie et de fixer les doses d'insuline nécessaires.

AUTOTEST n.m. Examen biologique réalisable et interprétable à domicile par un non-professionnel de santé.

AUTOTOMIE n.f. Mutilation réflexe d'une partie du corps (appendices des crustacés, queue des lézards), observée chez certains animaux et leur permettant d'échapper à leurs prédateurs.

AUTOTOUR n.m. Circuit touristique avec location de voiture et nuits d'hôtel réservées par un voyagiste.

AUTOTRACTÉ, E adj. Se dit d'un engin, en partic. d'une tondeuse à gazon, à traction autonome.

AUTOTRANSFUSION n.f. Injection à un sujet, pendant une opération chirurgicale, de son propre sang, recueilli pendant l'opération ou prélevé avant.

AUTOTREMPANT, E adj. MÉTALL. Se dit d'un alliage dont la trempe est produite par un refroidissement normal à l'air.

AUTOTROPHE adj. BIOL. Se dit d'organismes (les végétaux chlorophylliens, certaines bactéries) capables de se développer à partir des seuls éléments minéraux (par oppos. à *hétérotrophe*).

AUTOTROPHIE n.f. BIOL. Caractère d'un organisme autotrophe.

1. AUTOUR n.m. (du lat. *accipiter*, épervier). Grand rapace diurne à longue queue des régions tempérées de l'hémisphère Nord, très apprécié en fauconnerie. ➲ Famille des accipitridés.

2. AUTOUR adv. (de 2. *tour*). En faisant le tour de tel espace : *Un gigot avec des mogettes autour. Tout autour, il y a des étagères pleines de livres.* ◆ **AUTOUR DE** loc. prép. **1.** Dans l'espace qui fait le tour de : *La Terre tourne autour du Soleil.* **2.** Dans le voisinage : *Les supporteurs se pressent autour du stade.* **3.** Fam. Environ ; à peu près : *Elle a autour de 50 ans.* **4.** À partir d'un thème : *Il fait des mystères autour de cette affaire.*

AUTOVACCIN n.m. Vaccin obtenu par la culture du microbe même qui a déterminé l'infection en évolution. ➲ Il a été surtout utilisé pour combattre la furonculose.

1. AUTRE adj. et pron. indéf. (lat. *alter*). **1.** Qui n'est pas semblable ; différent : *Ce poème est d'une autre inspiration. Je l'ai connu autre qu'il (n')est aujourd'hui.* **2.** Qui vient en supplément : *Voulez-vous un autre café ?* **3.** Qui complète un premier élément ou une série : *Les premiers sont là, les autres vont arriver. Les pommiers, les cerisiers et autres arbres fruitiers.* ▪ **À d'autres !** [fam.], exprime le doute, l'incrédulité : *Il est acteur ? À d'autres !* ▪ **Autre part,** ailleurs. ▪ **D'autre part,** en outre. ▪ **De part et d'autre,** des deux côtés. ▪ **De temps à autre,** quelquefois. ▪ **En avoir vu d'autres,** avoir eu suffisamment d'expériences pour ne pas se laisser impressionner par la situation présente. ▪ **Entre autres,** notamment. ▪ **L'autre jour,** un de ces jours derniers. ▪ **Sans autre** [Suisse], avec simplicité ; sans façon.

2. AUTRE n.m. PHILOS. Catégorie de l'être et de la pensée, qualifiant l'hétérogène, le divers, le multiple (par oppos. au *même*). ▪ **L'Autre** [psychan.], chez Lacan, lieu où se situe, au-delà du partenaire imaginaire, ce qui, antérieur et extérieur au sujet, le détermine néanmoins.

AUTREFOIS adv. Dans un passé lointain.

AUTREMENT adv. **1.** Dans le cas contraire ; sinon : *Tout s'est bien passé, autrement on nous aurait prévenus.* **2.** De façon différente : *Tu devrais t'y prendre autrement.* **3.** À un plus haut degré : *La crise est autrement sérieuse.* ▪ **Autrement dit,** en d'autres mots. ▪ **Autrement plus, moins** (+ adj.), beaucoup plus, moins : *Ce logiciel est autrement plus convivial que le précédent.* ▪ **Pas autrement** [fam.], guère : *Je n'en suis pas autrement surpris.*

AUTRICHIEN, ENNE adj. et n. D'Autriche ; de ses habitants.

AUTRUCHE n.f. (du lat. *avis*, oiseau, et *struthio*, autruche). **1.** Oiseau de grande taille, d'Afrique et du Proche-Orient, aux longues pattes adaptées à la course et aux ailes inaptes au vol, parfois élevé pour ses plumes ou sa chair. ➲ Haut. 2,60 m env. ; sous-classe des ratites. **2.** Peau tannée de cet oiseau, utilisée en maroquinerie. ▪ **Politique de l'autruche,** refus de prendre en considération un danger, une menace.

▲ **autruches.** Un couple d'autruches africaines (femelle à gauche, mâle au centre) et ses autruchons.

AUTRUCHON n.m. Petit de l'autruche.

AUTRUI pron. indéf. inv. Toute personne autre que soi ; l'ensemble des hommes, en dehors de soi-même : *Apprendre à respecter autrui.*

AUTUNITE n.f. (de *Autun*, n.pr.). MINÉRALOG. Phosphate d'uranium et de calcium.

AUVENT n.m. (lat. pop. **antevannum*, p.-ê. d'orig. gaul.). Petit toit, génér. en appentis, couvrant un espace à l'air libre devant une baie, une façade.

AUVERGNAT, E adj. et n. De l'Auvergne. ◆ **n.m.** Dialecte de langue d'oc, parlé en Auvergne.

AUXILIAIRE n. (du lat. *auxilium*, secours). **1.** Personne qui apporte son aide, son concours : *Elle m'a été une auxiliaire précieuse dans ce dossier.* **2.** Personne recrutée pour un emploi à titre provisoire. **3.** Spécial. En France, fonctionnaire non titulaire de l'Administration dont le statut, comme celui des contractuels et des vacataires, offre une moindre garantie de l'emploi. ▪ **Auxiliaire de justice,** homme de loi qui concourt à l'administration de la justice (avocat, expert, huissier, etc.). ▪ **Auxiliaire de vie,** personne dont le métier consiste à aider une personne en situation de dépendance dans les actes de la vie quotidienne afin de favoriser son maintien à domicile. ▪ **Auxiliaire de vie scolaire (AVS),** personne dont le métier est d'aider un enfant atteint d'un handicap, dans sa vie quotidienne à l'école ou lors des sorties de classe, afin de favoriser son insertion scolaire. ▪ **Auxiliaire médical,** personne (infirmier, kinésithérapeute, orthophoniste, etc.) qui traite les malades par délégation du médecin. ◆ **n.m.** et **adj.** GRAMM. Verbe ou locution verbale qui, perdant sa signification particulière, sert à former les temps composés des autres verbes (*j'ai aimé, je suis parti*) ou à exprimer certains aspects de l'action verbale (*il va partir, elle vient de partir*). ➲ Les verbes *avoir, être, faire* et *laisser* servent d'auxiliaires. ◆ **n.m. pl. 1.** MAR. Appareils nécessaires au fonctionnement des machines propulsives, à la sécurité et à la vie à bord d'un navire. **2.** ANTIQ. ROM. Troupes étrangères servant dans l'armée. ◆ **adj.** Qui aide, temporairement ou accessoirement : *Maître auxiliaire. Moteur auxiliaire.*

AUXILIARIAT n.m. Fonction de maître auxiliaire, dans l'enseignement secondaire.

AUXINE n.f. BIOCHIM. Hormone végétale qui favorise notamm. la croissance en longueur des plantes.

AUXQUELS, AUXQUELLES pron. relat. et pron. interr. pl. → **LEQUEL.**

AVACHI, E adj. **1.** Se dit d'un vêtement devenu sans forme, sans tenue à la suite d'un usage prolongé. **2.** Fam. Sans énergie physique ou morale : *Un être avachi, sans réaction devant la vie.*

S'AVACHIR v.pr. [21] (du francique *waikjan*, rendre mou). **1.** Perdre sa forme, sa fermeté : *Ses bottes se sont avachies.* **2.** S'affaler : *S'avachir dans un fauteuil.*

AVACHISSEMENT n.m. Action de s'avachir ; fait d'être avachi.

1. AVAL n.m. (pl. *avals*) [de *à* et *val*]. Partie d'un cours d'eau comprise entre un point quelconque et l'embouchure ou le confluent (CONTR. **amont**). ▪ **En aval (de),** plus près de l'embouchure ou du confluent, par rapport à un point considéré : *Sur la Loire, Nantes est en aval de Tours* ; fig., ce qui, dans un processus quelconque, est plus près du point d'aboutissement : *La distribution est en aval de la production.* ◆ **adj. inv.** Se dit du ski ou du skieur qui est du côté du bas de la montagne.

2. AVAL n.m. (pl. *avals*) [ital. *avallo*, de l'ar.]. **1.** DR. Garantie donnée sur un effet de commerce ou lors de l'octroi d'un prêt par un tiers qui s'engage à en payer le montant s'il n'est pas acquitté par le signataire ou le bénéficiaire. **2.** Approbation donnée à la réalisation d'une action : *Donner son aval à un projet, à une dépense.*

AVALANCHE n.f. (mot savoyard). **1.** Importante masse de neige qui dévale les flancs d'une montagne, en entraînant souvent de la boue, des pierres, etc. **2.** Fig. Grande quantité de choses survenant en même temps ; kyrielle : *Cela a déclenché une avalanche de procès.* ▪ **Cône d'avalanche,** amas de débris au débouché d'un couloir d'avalanche.

AVALANCHEUX, EUSE adj. Comportant un risque d'avalanche : *Couloir avalancheux.*

AVALANT, E adj. (de *1. aval*). NAVIG. Se dit d'un bateau allant vers l'aval d'une voie navigable.

AVALER v.t. [3] (de *1. aval*). Faire descendre par la gorge : *Avaler sa salive.* ▪ **Dur à avaler** [fam.], très difficile à croire, à accepter, à supporter. ▪ **Faire avaler qqch à qqn** [fam.], lui faire croire qqch en abusant de sa crédulité. ▪ **Vouloir tout avaler** [fam.], être plein de fougue et croire qu'aucun obstacle ne nous résistera.

AVALEUR, EUSE n. ▪ **Avaleur de sabres,** bateleur qui introduit, réellement ou par simulation, une lame dans son gosier et dans son œsophage.

AVALISER v.t. [3]. **1.** DR. Revêtir un effet de commerce d'un aval. **2.** Appuyer en donnant sa caution : *La direction a avalisé sa décision.*

AVALOIR n.m. (de *avaler*). **1.** Belgique. Bouche d'égout. **2.** Avaloire.

À-VALOIR n.m. inv. COMPTAB. Paiement partiel ; acompte.

AVALOIRE n.f. ou **AVALOIR** n.m. Pièce du harnais entourant la croupe du cheval attelé, lui permettant de faire reculer le véhicule (SYN. **reculement**).

AVANCE n.f. **1.** Action d'avancer ; progression : *L'avance des secours.* **2.** Distance ou espace de temps qui sépare qqn de qqn qui le suit : *L'avance du groupe de tête a diminué.* **3.** Gain de temps par rapport au moment prévu : *Prendre de l'avance dans son travail.* **4.** Paiement anticipé de tout ou partie d'une somme due : *J'ai versé une avance* ; prêt consenti dans des conditions déterminées : *Demander une avance sur son salaire.* **5.** MÉCAN. INDUSTR. Déplacement relatif d'un outil et de la pièce usinée dans le sens de l'effort de coupe. ▪ **À l'avance** ou **d'avance** ou **en avance** ou **par avance,** avant l'heure fixée ; par anticipation : *Arriver en avance à un rendez-vous.* ▪ **Il n'y a pas d'avance** [Belgique], cela ne sert à rien. ◆ **n.f. pl.** Premières démarches faites en vue d'une réconciliation, d'une relation amicale ou amoureuse : *Faire des avances à qqn.*

AVANCÉ, E adj. **1.** Situé en avant, dans l'espace ou dans le temps : *Position avancée. Stade avancé d'une maladie.* **2.** En avance dans son évolution : *Cet enfant est très avancé pour son âge.* **3.** Progressiste ; d'avant-garde : *Des idées avancées.* **4.** Sur le point de se gâter : *Viande avancée.* ▪ **Tu es, vous êtes bien avancé** [iron.], tu t'es, vous vous êtes donné beaucoup de mal pour rien.

AVANCÉE n.f. **1.** Fait d'avancer ; progrès : *Les avancées de la médecine.* **2.** Partie qui fait saillie : *L'avancée d'un toit.*

AVANCEMENT n.m. **1.** Action d'avancer, de progresser, en parlant de qqch : *L'avancement des travaux.* **2.** Promotion dans une carrière : *Obtenir de l'avancement.*

AVANCER v.t. [9] (lat. pop. **abantiare*, de *abante*, devant). **1.** Porter, pousser en avant dans l'espace : *Avancer le pied droit. Avancer un siège pour qqn.* **2.** Faire qu'un événement ait lieu avant le moment prévu : *Avancer son départ, la date d'un rendez-vous.* **3.** Faire progresser qqch : *Avancer son travail* ; faire gagner du temps à qqn : *Voulez-vous relire ce texte, cela m'avancerait.* **4.** Mettre en avant une idée : *Avancer une hypothèse.* ▪ **Avancer de l'argent,** en prêter. ◆ **v.i. 1.** Se déplacer en avant : *Ils avancent lentement.* **2.** Faire des progrès : *Avancer dans sa carrière* ; approcher du terme : *L'enquête avance à grands pas.* **3.** Indiquer une heure postérieure à l'heure réelle : *Montre qui avance.* **4.** Faire saillie. ◆ **S'AVANCER** v.pr. **1.** Se porter en avant : *S'avancer à la rencontre de qqn.* **2.** Fig. Se hasarder à dire, à faire : *Je me suis avancé en disant qu'il accepterait.* **3.** Prendre de l'avance dans une tâche : *Avance-toi dans les préparatifs.*

AVANÇON n.m. PÊCHE. Partie terminale d'une ligne de pêche (SYN. **empile**).

AVANIE n.f. (ital. *avania*). Affront public ; humiliation : *Tout politique est exposé à subir des avanies.*

1. AVANT prép. et adv. (du lat. *abante*, auparavant). **1.** Indique l'antériorité, dans le temps ou dans l'espace : *Trois cents ans avant Jésus-Christ. Ils viennent à 8 heures, mais je serai rentrée avant. Arrêtez-vous avant le pont.* **2.** Indique un degré supérieur dans une hiérarchie, sur une échelle de valeurs : *Faire passer le bonheur avant la richesse.* ▪ **Avant tout** ou **avant toute chose,** d'abord ; surtout. ▪ **D'avant,** antérieur ; précédent : *L'année d'avant.* ▪ **En avant (de),** devant. ▪ **Mettre en avant,** alléguer comme justification : *Mettre en avant son âge.* ◆ **n.m. inv.** Période qui précède un événement important : *Idéaliser l'avant.* ◆ **AVANT QUE loc. conj.** ou **AVANT DE loc. prép.** Indique l'antériorité dans le temps : *Avant qu'il (ne) parte. Avant de partir.*

2. AVANT n.m. **1.** Partie antérieure : *L'avant d'un véhicule.* **2.** Zone de combats, en temps de guerre. ▪ **Aller de l'avant** [fig.], progresser malgré les obstacles. ▪ **D'avant,** situé à l'avant : *Gaillard d'avant.* ▪ **Mettre de l'avant** [Québec], mettre en avant, en valeur : *Mettre de l'avant une idée, un produit.* ◆ **n. 1.** SPORTS. Joueur de la ligne d'attaque, dans de nombreux sports d'équipe. **2.** Au rugby, joueur participant notamm. aux touches et aux mêlées ordonnées. ◆ **adj. inv.** Situé à l'avant, dirigé vers l'avant : *Les roues avant.*

AVANTAGE n.m. (de *1. avant*). **1.** Ce qui est utile ou profitable : *Les horaires flexibles sont un avantage.* **2.** DR. Gain résultant d'un acte juridique ou d'une disposition légale. **3.** Au tennis, point marqué par un des joueurs lorsque la marque est de 40 partout. ▪ **Prendre l'avantage sur,** l'emporter sur qqn, sur un groupe : *Elle a réussi à prendre l'avantage sur ses concurrents.* ▪ **Profiter de son avantage,** de sa supériorité actuelle. ▪ **Tirer avantage de,** tirer profit de. ◆ **n.m. pl.** ▪ **Avantages en nature,** éléments de rémunération fournis par l'employeur à un salarié et qui ne sont pas versés en argent (logement, nourriture, etc.).

AVANTAGER v.t. [10]. **1.** Faire profiter d'un avantage ; favoriser : *Cette décision avantage nos concurrents.* **2.** Mettre en valeur : *Cette coiffure l'avantage.*

AVANTAGEUSEMENT adv. De façon avantageuse.

AVANTAGEUX, EUSE adj. **1.** Qui procure un avantage, un profit : *Un prêt avantageux.* **2.** Peu coûteux : *Ce nouveau conditionnement est avantageux.* **3.** Sûr de soi ; vaniteux. **4.** Qui est à l'avantage de qqn ; flatteur : *Sous un jour avantageux.*

AVANT-BASSIN n.m. (pl. *avant-bassins*). Partie d'un port située avant le bassin principal.

AVANT-BEC n.m. (pl. *avant-becs*). Éperon dont est munie, en amont, la base d'une pile de pont pour diviser l'eau et éloigner les objets flottants.

AVANT-BRAS n.m. inv. **1.** Partie du membre supérieur de l'homme comprise entre le coude et le poignet. **2.** ZOOL. Région du membre antérieur comprise entre le coude et le genou, chez les quadrupèdes.

AVANT-CALE n.f. (pl. *avant-cales*). MAR. Partie d'une cale de construction qui se trouve au-dessous du niveau de la mer.

AVANT-CENTRE n. (pl. *avants-centres*). Joueur placé au centre de la ligne d'attaque, notamm. au football.

AVANT-CONTRAT n.m. (pl. *avant-contrats*). DR. Convention conclue provisoirement en vue de la réalisation d'une convention future.

AVANT-CORPS n.m. inv. Partie d'un bâtiment en avancée sur l'alignement principal.

AVANT-COUR n.f. (pl. *avant-cours*). Cour qui précède la cour principale d'un édifice.

AVANT-COUREUR adj.m. (pl. *avant-coureurs*). Qui annonce un événement prochain : *Signes avant-coureurs.*

AVANT-DERNIER, ÈRE adj. et n. (pl. *avant-derniers, ères*). Situé immédiatement avant le dernier.

AVANT-GARDE n.f. (pl. *avant-gardes*). **1.** MIL. Détachement de sûreté rapprochée précédant une troupe en marche pour la renseigner et faciliter son engagement. **2.** Groupe artistique novateur, revendiquant la rupture avec ce qui l'a précédé. ▪ **D'avant-garde,** en avance sur son temps. ▪ **Être à l'avant-garde (de),** être novateur ; être à la tête de qqch.

AVANT-GARDISME n.m. (pl. *avant-gardismes*). Fait d'être d'avant-garde.

AVANT-GARDISTE adj. et n. (pl. *avant-gardistes*). Qui se situe à l'avant-garde. ◆ **adj.** Relatif à l'avant-gardisme.

AVANT-GOÛT (pl. *avant-goûts*), ▲ **AVANT-GOUT** (*pl. avant-gouts*) **n.m.** Première impression que procure l'idée d'un événement à venir : *Un avant-goût de la vie en entreprise.*

AVANT-GUERRE n.m. ou n.f. (pl. *avant-guerres*). Période ayant précédé chacune des deux guerres mondiales.

AVANT-HIER [avɑ̃tjɛr] **adv.** L'avant-veille du jour où l'on est.

AVANT-MAIN n.m. (pl. *avant-mains*). Partie antérieure d'un animal, notamm. d'un cheval, comprenant la tête, l'encolure, le poitrail et les membres antérieurs.

AVANT-MIDI n.m. inv. ou n.f. inv., ▲ *n.m. (pl. avant-midis).* Belgique, Québec. Matinée.

AVANT-MONT n.m. (pl. *avant-monts*). Relief situé en bordure d'une chaîne montagneuse principale.

AVANT-PAYS n.m. inv. Région peu accidentée qui borde une chaîne de montagnes.

AVANT-PLAN n.m. (pl. *avant-plans*). Belgique. Premier plan.

AVANT-PORT n.m. (pl. *avant-ports*). **1.** Partie d'un port entre la passe d'entrée et les bassins. **2.** Port créé en aval d'un port primitif, génér. sur un estuaire.

AVANT-POSTE n.m. (pl. *avant-postes*). MIL. Détachement de sûreté disposé en avant d'une troupe en station.

AVANT-PREMIÈRE n.f. (pl. *avant-premières*). Présentation d'un spectacle, d'un film avant la première représentation, la première projection publique. ▪ **En avant-première,** avant la présentation officielle et publique : *Journal qui révèle en avant-première la mode d'hiver.*

AVANT-PROJET n.m. (pl. *avant-projets*). Étude préparatoire d'un projet.

AVANT-PROPOS n.m. inv. Introduction placée en tête d'un ouvrage, où l'auteur expose ses intentions.

AVANT-SCÈNE n.f. (pl. *avant-scènes*). THÉÂTRE. **1.** Partie de la scène en avant du rideau. **2.** Loge placée sur le côté de la scène.

AVANT-TEXTE n.m. (pl. *avant-textes*). LITTÉR. Ensemble de notes, de brouillons, de manuscrits, etc., rédigé par un écrivain au cours des phases de préparation et de rédaction d'une œuvre.

AVANT-TOIT n.m. (pl. *avant-toits*). Toit faisant saillie sur la façade d'un bâtiment.

AVANT-TRAIN n.m. (pl. *avant-trains*). Vieilli. Partie avant d'une voiture comprenant la suspension, le mécanisme de direction et, parfois, les organes moteurs et tracteurs.

AVANT-TROU n.m. (pl. *avant-trous*). MENUIS. Amorce de trou pratiquée pour faciliter le percement d'un trou ou le positionnement de pointes ou de vis.

AVANT-VEILLE n.f. (pl. *avant-veilles*). Le jour qui précède la veille ; deux jours auparavant.

AVARE adj. et n. (du lat. *avarus*, avide). Qui aime amasser de l'argent et rechigne à le dépenser. ◆ adj. ▪ **Avare de,** économe de : *Avare de paroles, de son temps.*

AVARICE n.f. Attachement excessif à l'argent ; pingrerie.

AVARICIEUX, EUSE adj. et n. Litt. Qui montre de l'avarice dans les plus petites choses.

AVARIE n.f. (ital. *avaria*, de l'ar.). DR. Dommage survenu à un navire, à un véhicule ou à leur cargaison.

AVARIÉ, E adj. Se dit d'un aliment qui n'est plus propre à la consommation : *De la viande avariée.*

AVARIER v.t. [5]. Causer des dommages à : *Avarier un bateau, des provisions.*

AVATAR n.m. (du sanskr. *avatāra*, descente de Vishnou sur terre). **1.** Chacune des incarnations de Vishnou, dans la religion hindoue. **2.** Transformation subie par qqch ; métamorphose : *Le projet a connu bien des avatars avant de se concrétiser.* **3.** (Abusif). Événement fâcheux ; incident. **4.** INFORM. Personnage virtuel que l'utilisateur d'un ordinateur choisit pour le représenter graphiquement, dans un jeu électronique ou dans un lieu virtuel de rencontre.

AVC ou **A.V.C.** n.m. (sigle). Accident vasculaire cérébral.

AVE [ave] ou **AVE MARIA** [avemarja] n.m. inv. (mot lat. « salut »). CATH. Prière à la Vierge.

AVEC prép. (du lat. pop. **apud-hoc*, avec cela). **1.** Indique un rapport de relation (accompagnement, appartenance, accord, association) : *Venir avec ses collègues. Un studio avec mezzanine. Elle est aimable avec nous.* **2.** Indique la manière : *Je le ferai avec joie.* **3.** Indique le moyen, l'instrument : *Sélectionner le texte avec la souris.* **4.** Indique la cause : *Avec ce verglas, j'ai mis une heure de plus.* **5.** Indique la simultanéité : *Son angoisse revient avec le crépuscule.* ◆ adv. Fam. Indique le moyen, l'accompagnement : *Elle saisit un journal et s'éventa avec.* ◆ **D'AVEC** loc. prép. Exprime un rapport de différence, de séparation : *Démêler le vrai d'avec le faux. Divorcer d'avec son mari.*

AVELINE n.f. (du lat. *nux abellana*, noisette d'Abella). Grosse noisette, fruit de l'avelinier.

AVELINIER n.m. Variété cultivée de noisetier à gros fruits.

AVEN [avɛn] n.m. (mot du Rouergue). GÉOL. Gouffre. (V. dessin *relief karstique**.)

1. AVENANT n.m. DR. Acte écrit qui modifie les clauses primitives d'un contrat.

2. AVENANT, E adj. (de l'anc. fr. *avenir*, convenir). Qui plaît par son air aimable, sa grâce : *Des manières avenantes.*

À L'AVENANT loc. adv. En accord ; en harmonie : *Un discours bêtifiant et des questions à l'avenant.*

AVÈNEMENT n.m. (de l'anc. fr. *avenir*, arriver). **1.** Accession au pouvoir suprême : *Avènement d'une reine.* **2.** Venue, établissement de qqch d'important : *Avènement d'une ère de justice.* ▪ **L'avènement du Messie** [relig.], sa venue sur terre.

AVENIR n.m. (de la loc. *le temps à venir*). **1.** Temps futur : *Dans un proche avenir* ; ce qui arrivera dans les temps futurs : *Préparer l'avenir.* **2.** Situation, sort, réussite futurs : *Compromettre son avenir.* **3.** Les générations futures : *L'avenir lui rendra justice.* ▪ **À l'avenir,** à partir de maintenant ; désormais. ▪ **D'avenir,** qui doit se développer, s'imposer dans le futur : *Métiers, techniques d'avenir.* ▪ **Emploi d'avenir,** catégorie d'emplois créée dans certains secteurs d'activité (association d'utilité sociale ou environnementale, collectivité locale, entreprise à fort potentiel de création d'emplois, notamm.) pour faciliter l'insertion et la formation professionnelles de jeunes non ou peu qualifiés.

AVENT n.m. (du lat. *adventus*, arrivée). CHRIST. Période de quatre semaines de l'année liturgique, qui précède et prépare la fête de Noël.

AVENTURE n.f. (du lat. pop. **adventura*, les choses qui doivent arriver). **1.** Événement imprévu et surprenant : *Il m'est arrivé une drôle d'aventure.* **2.** Entreprise qui comporte des risques : *Il est ennemi de toute aventure.* **3.** Liaison amoureuse sans lendemain. ▪ **À l'aventure,** sans but fixé : *Partir à l'aventure.* ▪ **Dire la bonne aventure,** prédire l'avenir. ▪ **Par aventure** ou **d'aventure** [litt.], par hasard.

AVENTURÉ, E adj. Qui est affirmé sans certitude : *Hypothèse aventurée.*

AVENTURER v.t. [3]. Exposer à des risques : *Aventurer une somme au jeu.* ◆ **S'AVENTURER** v.pr. Courir un risque : *S'aventurer dans un immeuble abandonné.*

AVENTUREUX, EUSE adj. **1.** Qui aime l'aventure : *Esprit aventureux.* **2.** Plein d'aventures, de risques : *Existence aventureuse.*

AVENTURIER, ÈRE n. **1.** Personne qui aime l'aventure. **2.** Péjor. Personne sans scrupule.

AVENTURINE n.f. Pierre fine et d'ornementation constituée par du quartz à inclusions de mica lui donnant un aspect pailleté.

AVENTURISME n.m. Péjor. Tendance à prendre des décisions hâtives et opportunistes (en politique, notamm.).

AVENTURISTE adj. et n. Qui fait preuve d'aventurisme.

AVENU, E adj. (de l'anc. fr. *avenir*, arriver). DR. ▪ **Nul et non avenu,** considéré comme sans effet et n'ayant jamais existé.

AVENUE n.f. **1.** Grande voie urbaine. Abrév. **av.** **2.** Large allée plantée d'arbres qui conduit à une demeure, à un lieu public. **3.** Fig. (Souvent au pl.). Voies et moyens permettant d'atteindre un but : *Les avenues du pouvoir.*

AVÉRÉ, E adj. Reconnu vrai : *Si le fait est avéré, il sera en mauvaise posture.*

S'AVÉRER v.pr. [11], ▲[11*] (du lat. *verus*, vrai). Révéler son caractère : *L'escalade s'avéra impossible. Il s'est avéré un bon gestionnaire.*

AVERS [avɛr] n.m. (du lat. *adversus*, qui est en face). NUMISM. Côté face d'une monnaie, d'une médaille, qui contient l'élément principal (par oppos. à *revers*).

AVERSE n.f. (de *à verse*). Pluie subite et abondante, de courte durée : *L'averse a rafraîchi l'atmosphère.*

AVERSION n.f. (du lat. *aversio*, action de se détourner). Répugnance extrême : *Avoir de l'aversion pour, contre qqn, qqch.*

AVERTI, E adj. **1.** Qui a reçu les informations nécessaires : *Un homme averti en vaut deux.* **2.** Qui possède les compétences nécessaires : *Une chroniqueuse avertie.*

AVERTIR v.t. [21] (lat. *advertere*). Attirer l'attention de ; prévenir : *Avertir qqn d'un danger.*

AVERTISSEMENT n.m. **1.** Action d'avertir, de faire savoir. **2.** Appel à l'attention ou à la prudence : *Il a négligé les avertissements du médecin.* **3.** Fait de réprimander : *Recevoir un avertissement.* **4.** Courte préface en tête d'un livre ; avant-propos. **5.** Imprimé officiel adressé au contribuable pour lui signifier de payer un impôt ou une taxe. **6.** CH. DE F. Signal présentant un feu jaune et annonçant à distance un signal d'arrêt.

AVERTISSEUR, EUSE adj. et n.m. Se dit d'un dispositif destiné à avertir : *Panneau avertisseur. Un avertisseur d'incendie.*

AVESTIQUE n.m. Langue iranienne de l'Avesta.

AVEU n.m. (de *avouer*). **1.** Déclaration par laquelle on avoue, ou révèle qqch : *Recueillir les aveux d'un criminel. Faire l'aveu de son amour.* **2.** HIST.

L'aviation civile

En moins d'un siècle, l'aviation est passée du premier vol soutenu, propulsé et contrôlé des frères Wright aux vols long-courriers réguliers. Parmi les grandes dates de l'aviation commerciale figurent celles de l'apparition du turboréacteur (De Havilland 106 Comet, 1949), du long-courrier à grande capacité (Boeing 747, 1969 ; Airbus A380, 2007, le plus gros avion civil jamais conçu), des commandes de vol entièrement automatiques (Airbus A320, 1988).

◄ **Latécoère 28-1 (1928).** Monoplan aux lignes racées pour son époque, le Latécoère 28-1 fut utilisé aussi bien pour l'acheminement du courrier que pour le transport de passagers.

Lockheed Constellation (1946). ► Symbole de la renaissance du transport aérien après la Seconde Guerre mondiale, le quadrimoteur Lockheed Constellation fut l'un des plus remarquables avions de ligne à hélices.

◄ **Boeing 787 « Dreamliner » (2011).** Le fuselage et les ailes de ce long-courrier sont réalisés en grande partie en matériaux composites (plastiques renforcés de fibres de carbone) afin de réduire la consommation de carburant et les rejets de CO_2.

▲ **avion** de transport commercial Airbus A380.

Acte juridique par lequel un vassal déclare qu'il tient un bien en fief de son seigneur. ▪ **De l'aveu de,** selon le témoignage de. ▪ **Homme sans aveu** [litt.], homme sans foi ni loi. ▪ **Passer aux aveux,** avouer sa culpabilité.

AVEUGLANT, E adj. 1. Qui aveugle, éblouit : *Une lumière aveuglante.* **2.** Qu'il est impossible de ne pas voir ; flagrant : *Une preuve aveuglante.*

AVEUGLE adj. (du lat. **ab oculis*, sans yeux). **1.** Privé de la vue. **2.** Privé de clairvoyance sous l'influence d'une passion : *La colère rend aveugle.* **3.** Qui ne connaît pas de limites : *Confiance aveugle.* **4.** Qui frappe au hasard, sans discernement : *Attentat aveugle.* **5.** Qui ne reçoit pas la lumière du jour : *Pièce, couloir aveugles.* ▪ **Essai thérapeutique en aveugle** [méd.], méthode d'étude d'un traitement par comparaison avec un traitement connu, dans laquelle soit seuls les malades *(essai en simple aveugle)*, soit les malades et les médecins *(essai en double aveugle)* ignorent lequel des deux traitements est donné. ▪ **Fenêtre** ou **arcade aveugle,** simulée ou obstruée. ▪ **Tache** ou **point aveugle** [physiol.], zone du champ visuel où la vision est impossible, correspondant sur la rétine à la naissance du nerf optique. ▪ **Vallée aveugle,** fermée à l'aval par une contre-pente au pied de laquelle les eaux s'infiltrent. ◆ **n.** Personne privée de la vue ; non-voyant.

AVEUGLEMENT n.m. Manque de discernement par passion, par obstination.

AVEUGLÉMENT adv. Sans discernement ni réflexion : *Obéir aveuglément.*

AVEUGLE-NÉ, E adj. et **n.** (pl. *aveugles-nés, -nées*). Qui est aveugle de naissance.

AVEUGLER v.t. [3]. 1. Rendre aveugle. **2.** Brouiller la vue par éblouissement : *Les hautes flammes aveuglent les pompiers.* **3.** Priver de discernement, de lucidité : *La haine l'aveugle.* **4.** Boucher ; colmater : *Aveugler une fenêtre, une voie d'eau.* ◆ **S'AVEUGLER v.pr.** (SUR). Se tromper : *S'aveugler sur ses propres capacités.*

À L'AVEUGLETTE loc. adv. 1. Sans y voir ; à tâtons : *Chercher l'interrupteur à l'aveuglette.* **2.** Fig. Sans réfléchir : *Décider à l'aveuglette.*

AVEULIR v.t. [21]. Litt. Rendre veule, sans volonté. ◆ **S'AVEULIR v.pr.** Litt. Devenir veule.

AVEULISSEMENT n.m. Litt. Fait de s'aveulir, d'être aveuli.

AVIAIRE adj. (du lat. *avis*, oiseau). Qui concerne les oiseaux : *Peste, grippe aviaire.*

AVIATEUR, TRICE n. Pilote ou membre de l'équipage technique d'un avion.

AVIATION n.f. (du lat. *avis*, oiseau). **1.** Ensemble des techniques et des activités relatives à l'utilisation des aéronefs. ➲ On distingue l'aviation civile et l'aviation militaire. **2.** Afrique. Aéroport ; aérodrome. ▪ **Aviation commerciale,** secteur de l'aviation civile comprenant les transports aériens réguliers et non réguliers effectués contre rémunération ou en vertu d'un contrat de location. ▪ **Aviation d'affaires,** secteur de l'aviation civile concernant la mise en œuvre d'avions par des sociétés pour le transport de passagers et de biens pour leurs affaires. ▪ **Aviation générale,** ensemble des activités de l'aviation civile autres que l'aviation commerciale (vols d'instruction, d'essai ou d'entraînement, vols d'affaires et vols d'agrément). ▪ **Aviation militaire,** conçue et employée à des fins militaires ; armée de l'air. *(V. planche page suivante.)*

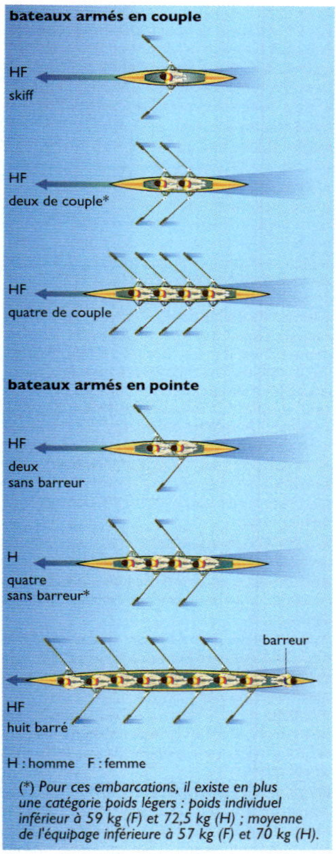

▲ **aviron.** Catégories olympiques.

AVICOLE adj. Qui concerne l'aviculture.

AVICULTEUR, TRICE n. Personne qui pratique l'aviculture.

AVICULTURE n.f. Élevage des oiseaux, des volailles.

AVIDE adj. (lat. *avidus*). **1.** Qui éprouve de l'avidité : *Avide d'argent, de connaissances.* **2.** Qui exprime l'avidité : *Des yeux avides.*

AVIDEMENT adv. Avec avidité.

AVIDITÉ n.f. Désir ardent et immodéré de qqch.

AVIFAUNE n.f. ÉCOL. Partie de la faune d'un lieu constituée par les oiseaux.

AVILIR v.t. [21]. Abaisser jusqu'à rendre méprisable : *De tels mensonges vous avilissent.* ◆ **S'AVILIR v.pr.** Devenir méprisable.

AVILISSANT, E adj. Qui avilit, déshonore : *Des comportements avilissants.*

AVILISSEMENT n.m. Action d'avilir ; fait de s'avilir.

AVINÉ, E adj. Qui a bu trop de vin : *Brutes avinées ;* qui dénote l'ivresse : *Voix, haleine avinée.*

AVINER v.t. [3]. Imbiber de vin un tonneau avant de le remplir.

AVION n.m. (du lat. *avis*, oiseau). Appareil de navigation aérienne plus lourd que l'air se déplaçant dans l'atmosphère à l'aide de moteurs à hélice ou à réaction, et dont la sustentation est assurée par des ailes. ▪ **Avion spatial,** petit véhicule spatial, placé en orbite basse autour de la Terre par une fusée, et qui revient au sol en vol plané hypersonique.

AVION-CARGO n.m. (pl. *avions-cargos*). Avion de gros tonnage destiné uniquement au transport du fret.

AVION-CITERNE n.m. (pl. *avions-citernes*). Avion transporteur de carburant destiné à ravitailler en vol d'autres appareils.

AVION-ÉCOLE n.m. (pl. *avions-écoles*). Avion destiné à la formation des pilotes.

AVIONIQUE n.f. 1. Application des techniques de l'électronique et de l'informatique à l'aviation. **2.** Ensemble des équipements électroniques et informatiques d'un avion, d'un aéronef.

AVIONNERIE n.f. Québec. **1.** Usine de construction aéronautique. **2.** Industrie aéronautique.

AVIONNEUR n.m. Constructeur d'avions, spécial. de cellules d'avions.

AVIRON n.m. (de l'anc. fr. *viron*, tour). **1.** MAR. Rame. **2.** Canotage pratiqué comme sport, souvent sur des plans d'eau aménagés, à bord d'embarcations spéciales.

L'aviation militaire

D'abord confinée à des missions d'observation, l'aviation connaîtra au cours de la Première Guerre mondiale un prodigieux développement, aussi bien dans le domaine technologique que dans le domaine des doctrines d'emploi (création de la chasse et de l'aviation de bombardement). La Seconde Guerre mondiale suscitera de nouveaux progrès (radar, propulsion à réaction). Au cours des années 1970-1980, les missions de l'aviation militaire s'organisent autour de trois axes : le combat, le transport et l'appui.

▲ **Nieuport Ni 17-C (1916).** Chasseur français de la Première Guerre mondiale, le Ni 17-C est ici sous les couleurs de l'aviation italienne en 1917.

▲ **Messerschmitt BF 109-F3 (1941).** L'un des plus célèbres chasseurs allemands de la Seconde Guerre mondiale, le Messerschmitt combattit sur tous les fronts.

▲ **Rafale B01.** C'est la version biplace de l'avion de combat le plus performant de l'armée française. La sophistication du système d'armes du Rafale le rend apte à toutes les missions de combat (attaque au sol, frappe nucléaire, appui-feu).

▼ **Drone militaire Barracuda.** Depuis les années 2000, ces petits aéronefs sans pilote interviennent de plus en plus lors des conflits. Équipés d'armements ou de matériels de reconnaissance, ces appareils, souvent furtifs, sont télécommandés par des opérateurs éloignés des zones de combat.

AVIS n.m. (de la loc. *ce m'est avis*, il me semble). **1.** Ce que l'on pense d'un sujet, que l'on exprime dans une discussion ou à la demande de qqn : *Donner son avis. Partager l'avis de qqn.* **2.** Point de vue exprimé officiellement par un organisme, une assemblée, après délibération, et n'ayant pas force de décision : *Avis du Conseil d'État.* **3.** Information diffusée auprès du public, notamm. par voie d'affiche. ▪ **Avis au lecteur,** courte préface en tête d'un livre. ▪ **Être d'avis de** (+ inf.), **que** (+ subj.), penser, estimer que : *Je suis d'avis que nous partions tout de suite.*

AVISÉ, E adj. Qui agit avec prudence et sagacité : *Un conseiller avisé* ; qui manifeste un comportement réfléchi : *Des paroles avisées.*

1. AVISER v.t. **[3]** (de *1. viser*). Litt. Apercevoir : *Il avisa sa cousine dans la foule.* ◆ **v.i.** Réfléchir avant de décider : *Je ne peux pas vous répondre tout de suite, j'aviserai.* ◆ **S'AVISER** v.pr. **1.** Prendre conscience de : *Elle s'est avisée de ma présence* ou *que j'étais présent.* **2.** (DE) [+ inf.]. Avoir l'audace de : *Ne t'avise pas de le contredire !*

2. AVISER v.t. **[3]** (de *avis*). Donner une information ; avertir : *Aviser qqn de son départ.*

AVISO n.m. (de l'esp. *barca de aviso*, barque pour porter des avis). **MIL.** Bâtiment léger conçu pour les missions lointaines, l'escorte, la protection des côtes et la lutte anti-sous-marine.

AVITAILLEMENT n.m. Action d'avitailler.

AVITAILLER v.t. **[3]** (de l'anc. fr. *vitaille*, victuailles). Approvisionner un navire en vivres, en matériel ; ravitailler un avion en carburant.

AVITAILLEUR n.m. Navire, avion chargé d'avitailler.

AVITAMINOSE n.f. **MÉD.** Ensemble des troubles dus à une carence en vitamines.

AVIVAGE n.m. **1. TEXT.** Action d'aviver une couleur. **2.** Polissage très poussé des métaux.

AVIVÉ n.m. Pièce de bois, brute de sciage, ne présentant que des arêtes vives.

AVIVEMENT n.m. **CHIRURG.** Mise à nu des tissus sains d'une plaie, par ablation des zones nécrosées.

AVIVER v.t. **[3]** (du lat. *vivus*, vif). **1.** Donner de l'éclat à : *Le vent avive le teint.* **2.** Fig. Rendre plus vif : *Cette visite a avivé son chagrin.* **3. CHIRURG.** Pratiquer un avivement : *Aviver les bords d'une escarre.* **4.** Couper des pièces de bois à arêtes vives : *Aviver une poutre.* **5.** Donner du brillant à : *Aviver une pièce métallique, un marbre.*

AVOCAILLON n.m. Fam., péjor. Avocat médiocre.

AVOCASSIER, ÈRE adj. Vieilli, péjor. Relatif aux avocats.

1. AVOCAT, E n. (du lat. *advocatus*, celui qui est appelé au secours). **1.** Auxiliaire de justice qui conseille, assiste et représente ses clients en justice. **2.** Personne qui intercède pour qqn, qqch : *Se faire l'avocat d'un collègue, d'un projet.* ▪ **Avocat commis d'office,** désigné par le bâtonnier pour défendre une personne dans un procès pénal. ▪ **Avocat du diable** [cath.], officier des tribunaux ecclésiastiques qui intervient contradictoirement, par ex. dans un procès de canonisation ou de nullité de mariage ; fig., personne qui, par jeu ou pour susciter des objections, défend une cause qu'elle sait mauvaise. ▪ **Avocat général,** membre du ministère public assistant, en France, le procureur général, notamm. auprès de la Cour de cassation et des cours d'appel. ▪ **L'ordre des avocats,** ensemble des avocats inscrits à un barreau et représentés par un conseil que préside un bâtonnier.

2. AVOCAT n.m. (mot caraïbe). Fruit comestible de l'avocatier, en forme de poire, à pulpe fondante.

AVOCATIER n.m. Arbre originaire d'Amérique centrale, cultivé pour son fruit, l'avocat. ➲ Famille des lauracées.

AVOCETTE n.f. (ital. *avocetta*). Oiseau échassier des marais côtiers d'Eurasie, à long bec recourbé vers le haut, au plumage noir et blanc. ➲ Ordre des charadriiformes.

AVODIRÉ n.m. **1.** Arbre d'Afrique tropicale, à bois tendre, blanc et brillant, utilisé en menuiserie légère. ➲ Famille des méliacées. **2.** Le bois de cet arbre.

AVOGADRO (NOMBRE D') n.m. Nombre des éléments constitutifs d'une mole (atomes, molécules, ions, etc.). ➲ La valeur actuellement admise pour cette constante physico-chimique est de $6{,}0221367 \times 10^{23}$ mol^{-1}.

AVOINE n.f. (lat. *avena*). Céréale dont les grains, portés par des grappes lâches, servent surtout à l'alimentation des animaux, en partic. des chevaux. ➲ Famille des graminées. ▪ **Folle avoine,** avoine sauvage, adventice de nombreuses cultures.

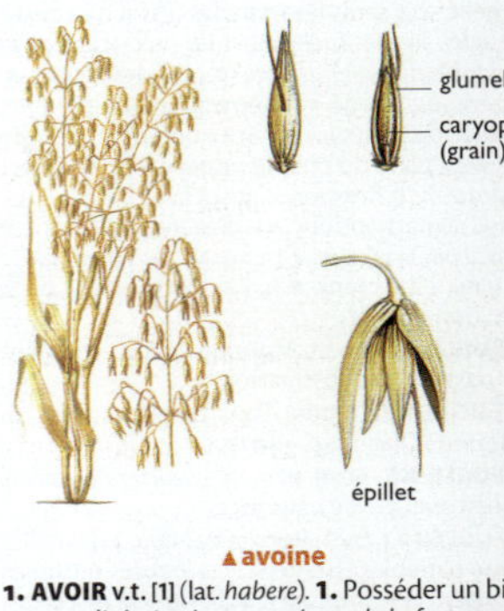

▲ **avoine**

1. AVOIR v.t. **[1]** (lat. *habere*). **1.** Posséder un bien, une qualité : *Avoir une maison, de la fortune. Il a du mérite d'avoir refusé.* **2.** Présenter une certaine caractéristique : *Avoir les cheveux bruns. Maison qui a un jardin.* **3.** Être dans telle relation avec des personnes : *Elle a des petits-enfants, de nombreux amis, des collègues charmants.* **4.** Être dans tel état, physique, moral ou intellectuel : *Avoir faim, soif. Avoir pitié, peur. Avoir raison.* **5.** Fam. Jouer un tour à ; duper : *Nous l'avons bien eu.* ▪ **Avoir à** (+ inf.), devoir le faire : *J'ai à travailler.* ▪ **Avoir bon, avoir mauvais** [Belgique], éprouver du plaisir ; se sentir mal à l'aise. ▪ **Avoir dur** ou **difficile** [Belgique], éprouver de la difficulté à faire qqch. ▪ **En avoir après** ou **contre,** être irrité contre. ◆ **v. auxiliaire** Sert à former les temps composés des verbes transitifs, des impersonnels et de quelques intransitifs. (Ex. : *J'ai écrit. Il a plu.*) ◆ **IL Y A loc. impers.** ▪ **Il n'y a qu'à,** il suffit de. ▪ **Il y a,** il est ; il existe : *Il y a des gens dans la rue* ; depuis : *Il y a une heure qu'il dort.*

2. AVOIR n.m. **1.** Argent, biens qu'une personne possède : *Voilà tout mon avoir.* **2. COMPTAB.** Partie d'un compte où l'on porte les sommes dues à qqn. **3.** Crédit dont un client dispose chez un commerçant. ▪ **Avoir fiscal,** créance sur le Trésor égale à la moitié des dividendes nets distribués aux actionnaires des sociétés françaises, qu'ils peuvent déduire de leur impôt sur le revenu.

AVOIRDUPOIS ou **AVOIRDUPOIDS** n.m. Système de mesures de masses appliqué dans les pays anglo-saxons à toutes les marchandises autres que les métaux précieux, les pierreries et les médicaments.

AVOISINANT, E adj. Qui avoisine : *Les maisons avoisinantes.*

AVOISINER v.t. [3]. Être voisin, proche de : *La maison avoisine la route. Les dégâts avoisinent le million.*

AVORTÉ, E adj. Qui a échoué : *Une tentative avortée.*

AVORTEMENT n.m. **1. MÉD.** Expulsion spontanée ou provoquée de l'embryon ou du fœtus humain, avant qu'il soit viable. **2.** Fig. Échec : *L'avortement de leur projet.*

➲ On distingue plusieurs sortes d'**AVORTEMENT** : l'*avortement spontané* (cour. appelé *fausse couche*), dû à une maladie ou sans cause connue, et l'*avortement provoqué.* Celui-ci est pratiqué soit pour des raisons thérapeutiques et appelé alors *interruption médicale de grossesse (IMG)*, soit pour des raisons non thérapeutiques et appelé alors *interruption volontaire de grossesse (IVG).*

AVORTER v.i. [3] (lat. *abortare,* de *ortus,* né). **1.** Expulser un embryon ou un fœtus non viable. **2.** Fig. Ne pas aboutir ; échouer : *La réforme a avorté.* ◆ v.t. Provoquer l'avortement chez une femme.

AVORTEUR, EUSE n. Péjor. Personne qui pratique un avortement illégal.

AVORTON n.m. **1.** Péjor. Être chétif et mal fait. **2.** Plante ou animal qui n'a pas atteint un développement normal.

AVOUABLE adj. Qui peut être avoué sans honte : *Un péché mignon avouable.*

AVOUÉ n.m. (du lat. *advocatus,* qui est appelé auprès). **DR.** Anc. Officier ministériel seul compétent pour représenter les parties devant les cours d'appel. ➲ Les professions d'avoué et d'avocat ont fusionné en 2012 sous l'appellation commune d'*avocat.*

AVOUER v.t. [3] (du lat. *advocare,* recourir à). **1.** Reconnaître que l'on a fait qqch de blâmable, de regrettable : *Avouer un mensonge, que l'on a menti. Il a avoué deux autres cambriolages.* **2.** Absol. Reconnaître sa culpabilité : *Le bandit a avoué.* **3.** Reconnaître comme vrai, réel : *Avouer son amour. J'avoue que je suis soulagé qu'il parte.* ◆ **S'AVOUER** v.pr. Se reconnaître comme : *Elle s'est avouée vaincue.*

AVRIL n.m. (lat. *aprilis*). Quatrième mois de l'année. ▪ **Poisson d'avril,** farce traditionnelle du 1er avril.

AVULSION n.f. (du lat. *avellere,* arracher). **CHIRURG.** Extraction d'une dent par arrachement.

AVUNCULAIRE [avɔ̃-] adj. (du lat. *avunculus,* oncle maternel). **ANTHROP.** Relatif à l'oncle, à la tante : *L'autorité avunculaire.*

AVUNCULAT [avɔ̃-] n.m. **ANTHROP.** Système d'organisation sociale propre aux sociétés à filiation matrilinéaire, et dans lequel la responsabilité principale de l'enfant est assumée par son oncle maternel.

AWACS [awaks] n.m. (acronyme de l'anglo-amér. *airborne warning and control system*). Système de surveillance électronique utilisant des radars embarqués à bord d'avions spécialisés ; avion ainsi équipé.

AWALÉ [awale] ou **WALÉ** [wale] n.m. (mot baoulé). Jeu africain consistant à accumuler des pions (graines, cailloux) en les prenant dans les cases évidées d'un parcours où celles-ci se font face six à six.

AXE n.m. (du lat. *axis,* essieu). **1.** Ligne réelle ou fictive qui divise qqch en deux parties en principe symétriques : *L'axe du corps humain, d'une rue.* **2.** Grande voie de communication : *Les camionneurs bloquent les axes routiers.* **3.** Direction générale que l'on donne à une action : *Le nouvel axe de la politique extérieure.* **4.** Lien politique, économique ou financier qui rend solidaires deux pays, deux groupes, deux systèmes. **5. MATH.** Droite orientée munie d'une origine et d'une unité. **6. MÉCAN. INDUSTR.** Pièce autour de laquelle tournent un ou plusieurs éléments : *Axe d'une roue de brouette.* **7. BOT.** Tige d'un végétal (tige principale, rameau ou racine) qui supporte des éléments latéraux. **8. ANAT.** Ensemble d'organes disposés approximativement en ligne et ayant entre eux des relations hiérarchisées, tel l'*axe cérébro-spinal.* ▪ **Axe de révolution** [math.], droite fixe autour de laquelle tourne une courbe donnée (*courbe génératrice*) engendrant une surface de révolution. ▪ **Axe de symétrie d'une figure** [math.], axe d'une symétrie dans laquelle la figure est globalement invariante. ▪ **Axe du monde** [astron.], axe joignant les pôles de la sphère céleste. ▪ **Axe d'un cercle** [math.], droite perpendiculaire au plan du cercle et passant par son centre. ▪ **Axe d'une rotation** [math.], droite de l'espace dont les points restent invariants dans une rotation. ▪ **Axe d'une symétrie** [math.], droite du plan définissant une symétrie axiale. ▪ **Axe optique d'une lentille,** axe joignant les centres de ses deux faces. ▪ **Axe rouge,** grande artère urbaine le long de laquelle le stationnement est interdit pour faciliter la circulation. ▪ **Axes de référence** [math.], axes définis par un repère cartésien. ▪ **L'Axe,** v. partie n.pr.

AXEL n.m. (du n. du patineur *Axel* Paulsen). En patinage artistique, saut dans lequel le patineur effectue une rotation d'un tour et demi en l'air.

AXÉNIQUE ou **AXÈNE** adj. Se dit d'un animal, d'un végétal ou d'une culture de cellules obtenus puis maintenus en milieu stérile, et donc exempts de tout germe contaminant.

AXER v.t. [3]. **1.** Orienter suivant un axe. **2.** Organiser autour d'un thème, d'une idée : *Ils ont axé la campagne sur les dangers de l'alcool au volant.*

AXIAL, E, AUX adj. Relatif à un axe ; disposé suivant un axe : *Éclairage axial d'une rue.* ▪ **Symétrie axiale** [math.], transformation ponctuelle du plan telle que le segment joignant un point quelconque et son image ait pour médiatrice une droite donnée, l'axe de symétrie (SYN. **réflexion, symétrie orthogonale**).

AXILLAIRE [aksilɛr] adj. (du lat. *axilla,* aisselle). **ANAT.** De l'aisselle. ▪ **Bourgeon axillaire** [bot.], bourgeon latéral placé à l'aisselle d'une feuille.

AXIOLOGIE n.f. (du gr. *axios,* valable, et *logos,* science). Théorie des valeurs morales.

AXIOLOGIQUE adj. Relatif à l'axiologie.

AXIOMATIQUE adj. Relatif aux axiomes ; qui se fonde sur des axiomes. ▪ **Théorie axiomatique,** forme achevée d'une théorie déductive construite à partir d'axiomes et développée au moyen de règles d'inférence. ◆ n.f. Ensemble de notions premières (*axiomes*) admises sans démonstration et formant la base d'une branche des mathématiques, le contenu de cette branche se déduisant de l'ensemble par le raisonnement.

AXIOMATISATION n.f. **MATH., LOG.** Procédé qui consiste à poser en principes indémontrables les propositions primitives dont sont déduits les théorèmes d'une théorie déductive.

AXIOMATISER v.t. [3]. Soumettre à une axiomatisation.

AXIOME n.m. (du gr. *axiôma,* estime). **1.** Énoncé indiscuté ; vérité admise par tous : *Les axiomes de la communication.* **2. MATH., LOG.** Vérité admise sans démonstration et sur laquelle se fonde une science, un raisonnement ; principe posé hypothétiquement à la base d'une théorie déductive (SYN. **proposition première**).

AXIS [aksis] n.m. (mot lat. « axe »). **1. ANAT.** Deuxième vertèbre cervicale. **2.** Petit cerf de l'Inde au pelage roux tacheté de blanc.

AXISYMÉTRIQUE adj. **MATH.** Invariant lors d'une symétrie axiale par rapport à une droite.

AXOA [aʃoa] n.m. (mot basque « hachis »). Ragoût de veau aux poivrons et aux piments d'Espelette. ➲ Spécialité basque.

AXOLOTL [aksɔlɔtl] n.m. (mot nahuatl). **ZOOL.** Forme larvaire de l'amblystome, à respiration branchiale, capable de se reproduire sans avoir pris la forme adulte (phénomène de néoténie).

▴ axolotl

AXONE n.m. Prolongement du neurone qui conduit le message nerveux de ce neurone vers d'autres cellules.

AXONGE n.f. Graisse de porc fondue, utilisée comme excipient pour des préparations dermatologiques.

AXONOMÉTRIE n.f. Mode de représentation graphique d'une figure à trois dimensions, dans lequel les arêtes du trièdre de référence sont le plus souvent projetées suivant des droites faisant entre elles des angles de 120°, les dimensions linéaires restant proportionnelles. ➲ Les droites parallèles restent parallèles dans une telle représentation.

AXONOMÉTRIQUE adj. Relatif à l'axonométrie.

AYANT CAUSE n.m. (pl. *ayants cause*). **DR.** Personne à qui les droits d'une autre personne (*l'auteur*) ont été transmis.

AYANT DROIT n.m. (pl. *ayants droit*). **DR.** **1.** Personne qui a des droits à qqch. **2.** Personne qui bénéficie d'un régime d'assurance sociale par l'intermédiaire d'une autre personne.

AYATOLLAH n.m. (de l'ar. *āyāt Allāh,* signe de Dieu). **1.** Titre donné aux chefs religieux de l'islam chiite, dont ils sont l'instance suprême. **2.** Fam. Personne disposant d'un pouvoir considérable qu'elle exerce de manière intransigeante et rétrograde : *Les ayatollahs de la diététique.*

AYE-AYE [ajaj] n.m. (pl. *ayes-ayes*). Mammifère primate arboricole et insectivore de Madagascar, à grands yeux, de mœurs nocturnes. ➲ Sous-ordre des lémuriens.

AYUNTAMIENTO [ajuntamjɛnto] n.m. (mot esp., de *ayuntar,* réunir). Conseil municipal, en Espagne.

AYURVÉDA n.m. (du sanskr. *āyur,* vie, et *veda,* connaissance, science). Médecine traditionnelle fondée sur la philosophie indienne qui vise à favoriser l'harmonie entre le corps et l'esprit, entre l'individu et son environnement.

AYURVÉDIQUE adj. Relatif à l'ayurvéda : *Massage ayurvédique.*

AZALÉE n.f. (du gr. *azaleos,* sec). Arbuste originaire des montagnes d'Asie, voisin du rhododendron, dont on cultive diverses variétés pour la beauté de leurs fleurs. ➲ Famille des éricacées.

▴ azalée

AZÉOTROPE n.m. et adj. (du gr. *zein,* bouillir, et *tropos,* action de tourner). **PHYS., CHIM.** Mélange de deux liquides qui bout à température constante.

AZERBAÏDJANAIS, E ou **AZÉRI, E** adj. et n. De l'Azerbaïdjan ; de ses habitants. ◆ n.m. Langue turque parlée en Azerbaïdjan.

AZEROLE [azrɔl] n.f. (esp. *acerola,* de l'ar.). Fruit de l'azerolier, ressemblant à une petite cerise jaune et dont on fait des confitures.

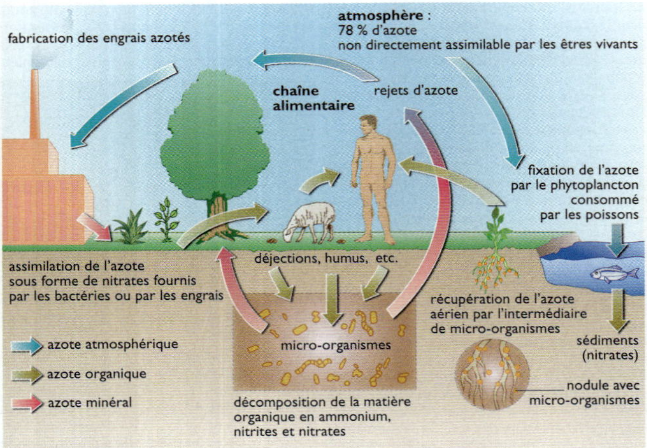

Les micro-organismes orchestrent le cycle de l'azote. Certains d'entre eux fixent l'azote atmosphérique et le transforment en azote minéral assimilable par les plantes, d'autres décomposent la matière organique pour réinjecter de l'azote minéral dans la chaîne alimentaire.
L'azote circule ainsi en permanence entre l'atmosphère, les sols, les océans et les êtres vivants.
Mais cet équilibre complexe est menacé par les activités humaines, notamment par l'usage massif des engrais azotés.

▲ **azote.** Cycle de l'azote.

AZEROLIER [azrɔlje] **n.m.** Grande aubépine cultivée pour son fruit dans les régions méditerranéennes.

AZERTY adj. inv. et **n.m. inv.** Se dit du clavier dactylographique utilisé dans les pays francophones (par oppos. à *qwerty*).

AZIDOTHYMIDINE n.f. AZT.

AZILIEN n.m. (du *Mas-d'Azil*, dans l'Ariège). Faciès culturel épipaléolithique ou mésolithique, dans lequel l'outillage lithique tend à se miniaturiser. ➲ Il succède au magdalénien et se répand entre le XIe et le VIIIe millénaire. Il est caractérisé par des galets peints ou gravés de motifs géométriques. ◆ **AZILIEN, ENNE adj.** Relatif à l'azilien.

AZIMUT [-myt] **n.m.** (de l'ar. *al-samt*, le droit chemin). Angle que fait le plan vertical passant par un point donné avec le plan méridien du lieu considéré, compté dans le sens des aiguilles d'une montre à partir du sud en astronomie et à partir du nord en géodésie. ▪ **Azimut magnétique,** angle formé par le méridien géographique d'un lieu et le nord magnétique. ▪ **Défense tous azimuts** [mil., fam., vieilli], système de défense capable de s'opposer à toute agression, d'où qu'elle vienne. ▪ **Tous azimuts** [fam.], dans toutes les directions : *Ces jeunes sociétés recrutent tous azimuts.*

AZIMUTAL, E, AUX adj. Qui représente ou qui mesure les azimuts.

AZIMUTÉ, E adj. Fam. Fou.

AZOÏQUE adj. et **n.m.** (de *azote*). Se dit d'un composé organique contenant le groupement —N=N—, utilisé dans certains colorants comme l'hélianthine.

AZOLLA n.f. Petite fougère aquatique dont la décomposition fournit un engrais naturel pour la culture du riz. ➲ Famille des azollacées.

AZONAL, E, AUX adj. GÉOGR. Qui peut se produire en tous les points du globe, quelle que soit leur latitude.

AZOOSPERMIE [azɔɔspɛrmi] **n.f.** (du gr. *zôon*, animal, et *sperma*, semence). **MÉD.** Absence de spermatozoïdes dans le sperme, cause de stérilité.

AZORER v.t. [3]. Suisse. Fam. Réprimander ; gronder : *Se faire azorer.*

AZOTE n.m. (du gr. *zôê*, vie). **1.** Corps simple et gazeux (N_2), incolore et inodore. **2.** Élément chimique (N), de numéro atomique 7, de masse atomique 14,0067. ▪ **Cycle de l'azote,** cycle écologique comprenant l'ensemble des transformations et des combinaisons de l'azote sur la Terre, par l'intermédiaire des êtres vivants. ▪ **Dioxyde d'azote,** composé chimique (NO_2) de couleur brun-rouge, toxique, se formant par la combinaison, dans l'atmosphère, du monoxyde d'azote et de l'oxygène. ➲ Le dioxyde d'azote est l'un des principaux polluants atmosphériques. Il se transforme en acide nitrique, agent en partie responsable des pluies acides.

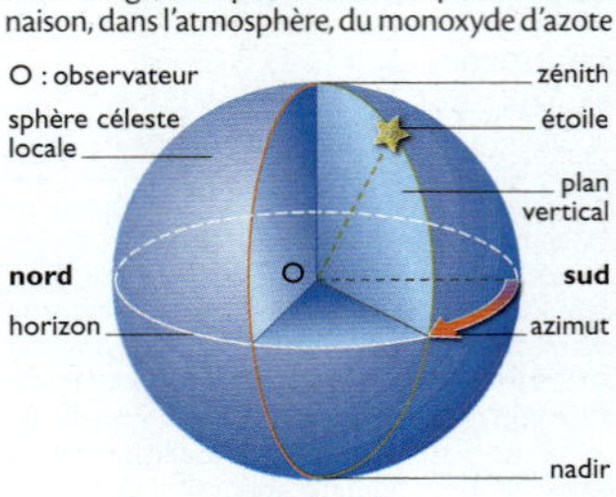

▲ **azimut**

➲ L'**AZOTE** gazeux (N_2), constituant 78 % en poids de l'atmosphère terrestre, est obtenu industriellement par distillation de l'air liquide. On utilise l'azote à l'état liquide (– 196 °C) pour la congélation rapide des aliments, la conservation du sperme, les systèmes de refroidissement, la cryothérapie. L'atome d'azote entre dans la composition de l'ammoniac, des molécules biologiques (acides aminés, protéines, acides nucléiques, ATP) et de nombreux engrais (nitrates).

AZOTÉ, E adj. Qui contient de l'azote.

AZOTÉMIE n.f. Quantité d'azote présente dans le sang sous forme de composés azotés, à l'exception de l'azote protéique.

AZOTHYDRIQUE adj. ▪ **Acide azothydrique,** acide HN_3 (explosif).

AZOTOBACTER [-tɛr] **n.m.** Bactérie vivant dans le sol et pouvant fixer l'azote de l'atmosphère.

AZOTURE n.m. CHIM. Base conjuguée de l'acide azothydrique HN_3.

AZOTURIE n.f. Quantité d'azote présente dans les urines sous forme de composés azotés, à l'exception de l'azote des protéines. ➲ Taux normal : 10 à 18 g par litre.

AZT [azɛdte] **n.m.** (nom déposé ; sigle de *azidothymidine*). Médicament antiviral utilisé dans le traitement de l'infection par le VIH, partic. du sida (SYN. **zidovudine**).

AZTÈQUE adj. et **n.** Relatif aux Aztèques, à leur civilisation.

AZULEJO, ▲ *AZULÉJO* [azulexo] ou [azuleʒo] **n.m.** (de l'esp. *azul*, bleu). En Espagne et au Portugal, revêtement constitué d'un assemblage de carreaux de faïence portant un décor à dominante bleue ; chacun de ces carreaux.

AZULÈNE n.m. Hydrocarbure aromatique à la belle fluorescence bleue, utilisé dans les lessives comme azurant.

AZUR n.m. (de l'ar. *lâzaward*, lapis-lazuli). **1.** Bleu clair et intense, notamm. celui du ciel. **2.** Litt. Le ciel lui-même. **3. ARTS APPL.** Verre ou émail coloré en bleu par l'oxyde de cobalt (SYN. **safre, smalt**). **4. HÉRALD.** La couleur bleue du blason. ◆ **adj. inv.** De couleur bleue : *Des banderoles azur.*

AZURAGE n.m. TECHN. Addition d'azurant au cours du blanchiment d'un tissu, d'un papier, d'un linge, pour en aviver l'éclat.

AZURANT n.m. Colorant bleu ou violet utilisé pour l'azurage.

AZURÉ, E adj. Litt. D'un bleu azur.

AZURÉEN, ENNE adj. De la Côte d'Azur : *Les plages azuréennes.*

AZURER v.t. [3]. Procéder à l'azurage de.

AZURITE n.f. MINÉRALOG. Carbonate de cuivre hydraté, de couleur bleue.

AZYGOS [-gɔs] **adj.** et **n.f.** (du gr. *azugos*, non accouplé). **ANAT.** ▪ **Veine azygos,** chacune des trois veines du système des veines caves qui drainent le sang des parois thoracique et abdominale.

AZYME adj. et **n.m.** (du gr. *azumos*, sans levain). Se dit d'un pain sans levain. ▪ **Pain azyme,** utilisé rituellement pour la Pâque juive (*fête des Azymes*) ; chez les catholiques, pain dont on fait les hosties.

bicyclettes

bateau

baobab

B **n.m. inv.** Deuxième lettre de l'alphabet français et la première des consonnes. ➲ *B* note l'occlusive bilabiale sonore. ▪ **B** [mus.], *si* bémol, dans le système de notation germanique ; *si* naturel, dans le système anglo-saxon. ▪ **Film de série B,** film médiocre ou à petit budget. ▪ **Plan B** [fam.], solution de remplacement.

B.A. [bea] **n.f.** (sigle). Souvent iron. Bonne action : *Faire sa B.A.*

B.A.-BA [beaba] **n.m. inv.** Notions élémentaires : *Apprendre le b.a.-ba du métier.*

1. BABA **adj.** (onomat.). Fam. Stupéfait : *Elles en sont babas.*

2. BABA **n.m.** (mot polon.). Gâteau fait avec une pâte levée additionnée de raisins secs, et imbibé, après cuisson, de rhum ou de kirsch.

3. BABA **n.m.** (mot créole). La Réunion. Bébé.

BABA COOL [-kul] ou **BABA** **n.** (pl. *babas* [*cool*]) [du hindi *bābā*, papa, et de l'angl. *cool*, calme]. Fam. Personne qui, dans les années 1970, adoptait le mode de vie et les thèmes non violents, écologiques, du mouvement hippie.

BABEL **n.f.** ▪ **(Tour de) Babel,** lieu où l'on parle un grand nombre de langues différentes ; endroit où règne une grande confusion, où tout le monde parle sans pouvoir s'entendre.

BABÉLIEN, ENNE **adj.** Qui évoque la diversité ou la confusion des langues de la tour de Babel : *L'Europe, mosaïque babélienne.*

BABÉLISME **n.m.** Jargon incompréhensible ; galimatias.

BABELUTTE **n.f.** Région. (Nord) ; Belgique. Sucre d'orge aromatisé au miel ou à la cassonade.

BABEURRE **n.m.** (de *1. bas* et *beurre*). Résidu liquide de la fabrication du beurre, obtenu après barattage de la crème.

BABICHE **n.f.** Québec. Lanière de peau (d'orignal, de bœuf, etc.) utilisée notamm. pour la fabrication de raquettes à neige et de fonds de sièges artisanaux.

BABIES [bebiz] **n.f. pl.** Chaussures basses avec bride.

BABIL [babil] **n.m.** (de *babiller*). **1.** Litt. Bavardage continuel, enfantin ou futile. **2.** Vocalisations spontanées émises par les nourrissons (SYN. **babillage, lallation**).

BABILLAGE **n.m.** **1.** Action de babiller. **2.** Babil d'un nourrisson : *Le babillage d'un bébé de deux mois.*

1. BABILLARD, E **adj.** et **n.** Vx ou Suisse. Qui parle beaucoup.

2. BABILLARD **n.m.** Québec, Rwanda. Tableau d'affichage.

BABILLER **v.i.** [3] (onomat.). **1.** Parler beaucoup et à propos de rien. **2.** Faire des vocalisations, en parlant d'un nourrisson.

BABINE **n.f.** **1.** Lèvre pendante de certains mammifères (chameau, singe, par ex.). **2.** Fam. (Surtout pl.). Lèvres. ▪ **Se lécher** ou **se pourlécher les babines de qqch** [fam.], s'en délecter à l'avance.

BABINSKI (SIGNE DE) **n.m.** Extension réflexe du gros orteil vers le haut en réponse au frottement de la plante du pied, signe d'atteinte du faisceau pyramidal.

BABIOLE **n.f.** (de l'ital. *babbola*, bêtise). Fam. Objet, chose de peu de valeur.

BABIROUSSA **n.m.** (du malais *babi*, porc, et *rusa*, cerf). Porc sauvage de Célèbes, à canines supérieures très recourbées. ➲ Famille des suidés.

▲ **babiroussa**

BABISME **n.m.** Doctrine religieuse du Bab.

BABOLER **v.i.** [3]. Suisse. Parler de manière indistincte.

BÂBORD **n.m.** (du néerl. *bakboord*, bord du dos). MAR. Côté gauche d'un navire, en regardant vers l'avant (par oppos. à *tribord*).

BÂBORDAIS **n.m.** MAR. Membre d'équipage faisant partie de la bordée de bâbord, qui prend le quart en alternance avec les tribordais.

BABOUCHE **n.f.** (ar. *bābūch*, du persan). Chaussure légère, pantoufle de cuir sans quartier ni talon.

BABOUCHKA **n.f.** (mot russe « grand-mère »). Vieille femme russe.

BABOUIN **n.m.** (de *babine*). Singe terrestre d'Afrique, au museau allongé comme celui d'un chien (d'où son nom de *cynocéphale*), vivant en société organisée. ➲ Sous-ordre des catarhiniens.

▲ **babouins** s'épouillant (femelle à gauche, mâle à droite).

BABOUK **n.f.** La Réunion. Araignée marron des régions tropicales vivant dans les jardins et les maisons, et prédatrice de blattes. ➲ Genre *Heteropoda* ; famille des sparassidés.

BABOUVISME **n.m.** Doctrine de Babeuf et de ses disciples.

BABY [bebi] **adj. inv.** et **n.m.** (pl. *babys* ou *babies* [bebiz]) [mot angl. « bébé »]. Se dit d'une demi-dose de whisky.

BABY-BEEF [bebibif] **n.m. inv.** (mot angl.). Jeune bovin, génér. mâle et non castré, engraissé pour sa viande, abattu à l'âge de douze à quinze mois.

BABY-BOOM (pl. *baby-booms*), ▲ *BABYBOUM* [babibum] ou [bebi-] **n.m.** (mot angl.). Augmentation soudaine de la natalité.

BABY-BOOMEUR, EUSE ou **BABY-BOOMER** [babibumœr] ou [bebi-] **n.** (pl. *baby-boomeurs, euses* ou *baby-boomers*) [angl. *baby-boomer*]. Personne née pendant le baby-boom qui a suivi la Seconde Guerre mondiale.

BABY-FOOT **n.m. inv.**, ▲ *BABYFOOT* **n.m.** [babifut] (mot angl. « football miniature »). Football de table comportant des figurines que l'on actionne à l'aide de tiges mobiles.

BABYLONIEN, ENNE **adj.** et **n.** De Babylone ; de Babylonie.

BABY-SITTER (pl. *baby-sitters*), ▲ *BABYSITTEUR, EUSE* [babisitœr] ou [bebi-] **n.** (de l'angl. *baby*, bébé, et *to sit*, surveiller). Personne payée pour garder occasionnellement des enfants en l'absence de leurs parents.

BABY-SITTING (pl. *baby-sittings*), ▲ *BABYSITTING* [babisitiŋ] ou [bebi-] **n.m.** Activité d'un baby-sitter.

BABY-TEST [bebitest] **n.m.** (pl. *baby-tests*) [mot angl.]. Test permettant d'apprécier le niveau de développement psychomoteur et intellectuel d'un enfant d'âge préscolaire.

1. BAC **n.m.** (du bas lat. *baccarium*, vase à vin ou à eau). **1.** Bateau large et plat assurant la traversée d'un cours d'eau, d'un lac, d'un bras de mer, pour les voyageurs, les véhicules, etc. **2.** Récipient, souvent de forme rectangulaire, servant à divers usages : *Bac à légumes. Bac à glace d'un réfrigérateur.* **3.** Présentoir en forme de casier où sont proposés les disques à la vente : *Son album sera dans les bacs demain.* **4.** Belgique. Casier à bouteilles : *Bac de bière.*

2. BAC **n.m.** (abrév.). Baccalauréat. ▪ **Bac + 1, + 2, etc.,** du niveau de formation correspondant à l'accomplissement de une, deux, etc., années d'études supérieures après le baccalauréat.

BAC [bak] **n.f.** (acronyme). Brigade anticriminalité.

BACANTE **n.f.** → **2. BACCHANTE.**

BACCALAURÉAT **n.m.** (lat. médiév. *baccalaureatus*, de *baccalarius*, jeune gentilhomme, avec infl. de *bacca lauri*, baie de laurier). **1.** Le premier des grades universitaires, sanctionné par un diplôme qui marque le terme des études secondaires ; l'examen permettant son obtention. Abrév. **bac.** ➲ Il existe actuellement, en France, trois séries de baccalauréats pour l'enseignement général, huit pour l'enseignement technologique, auxquelles s'ajoutent les divers baccalauréats professionnels. **2.** En Belgique et au Québec, diplôme sanctionnant le premier cycle universitaire.

BACCARA n.m. (mot provenç.). Jeu de cartes opposant un banquier, qui distribue les cartes, à des joueurs appelés *pontes*.

BACCARAT n.m. Cristal de la manufacture de Baccarat.

BACCHANALE [bakanal] **n.f.** (du lat. *Bacchanalia*, fêtes de Bacchus). Vieilli ou Suisse. Fête tournant à l'orgie. ◆ **n.f. pl. ANTIQ. GR. ET ROM.** Fêtes en l'honneur de Bacchus (mystères dionysiaques de l'Italie ou dionysies grecques).

1. BACCHANTE [bakɑ̃t] **n.f.** (du lat. *bacchans*, qui célèbre les fêtes de Bacchus). Prêtresse du culte de Bacchus.

2. BACCHANTE ou **BACANTE n.f.** (p.-ê. de l'all. *Backe*, joue). Fam. (Surtout pl.). Moustache.

BACCIFORME [baksi-] **adj.** Se dit des fruits en forme de baie.

BÂCHAGE n.m. Action de bâcher.

BACHAT n.m. (anc. fr. *bachas*). Région. (Sud-Est). Bassin en pierre ou en bois servant d'abreuvoir ou d'auge.

BÂCHE n.f. (anc. fr. *baschoe*, du lat. *bascauda*, baquet). **1.** Toile épaisse et imperméabilisée ; pièce de cette toile servant à protéger des intempéries. **2. TECHN.** Réservoir d'eau pour l'alimentation d'une machine (chaudière, par ex.). **3.** Région. (Nord). Baïne.

BÂCHÉE n.f. Afrique. Camionnette dont la partie arrière est recouverte d'une bâche amovible.

BACHELIER, ÈRE n. (de l'anc. fr. *bacheler*, jeune gentilhomme). Personne qui a obtenu le baccalauréat. ◆ **n.m. FÉOD.** Jeune homme, en partic. vassal, n'ayant pas encore reçu de fief.

BÂCHER v.t. [3]. Couvrir d'une bâche. ▪ **Bâcher les cours** [La Réunion], ne pas y assister, les manquer volontairement. ◆ **v.i. 1.** Suisse. Cesser son activité ; terminer sa journée de travail : *Allez, il est tard, on bâche !* **2.** Suisse. Renoncer à agir ; abandonner ; capituler : *Devant l'ampleur des difficultés, il a fini par bâcher.*

BACHI-BOUZOUK (pl. *bachi-bouzouks*), ▲ *BACHIBOUZOUK* **n.m.** (mot turc « mauvaise tête »). Soldat irrégulier de l'armée ottomane.

BACHIQUE adj. 1. Relatif à Bacchus, à son culte : *Fête bachique.* **2.** Qui évoque une bacchanale ; qui célèbre le vin, l'ivresse : *Poème bachique.* ▪ **Chanson bachique,** chanson à boire.

BACHOT n.m. Fam., vieilli. Baccalauréat.

BACHOTAGE n.m. Fam. Action de bachoter.

BACHOTER v.i. [3]. Fam. Préparer le programme du baccalauréat ou d'un concours à un rythme soutenu et dans le seul souci d'être reçu.

BACILLAIRE [basilɛr] **adj.** Relatif aux bacilles, aux bactéries. ◆ **adj.** et **n.** Se dit d'un malade atteint de tuberculose pulmonaire, contagieux par les bacilles contenus dans ses crachats.

BACILLARIOPHYCÉE [basila-] **n.f. BOT.** Diatomée.

BACILLE [basil] **n.m.** (du lat. *bacillum*, baguette). Bactérie en forme de bâtonnet droit.

BACILLIFORME adj. En forme de bâtonnet ou de bacille.

BACKGAMMON [bakgamɔn] **n.m.** (du moy. angl. *gamen*, jeu, et *back*, en arrière). Jeu de société pratiqué à l'aide de deux dés par deux joueurs disposant de 15 pions, qu'ils font progresser sur des tables comportant 24 cases en forme de flèche, groupées en quatre compartiments. ➲ Le jeu est proche du trictrac et du jacquet.

BACK-OFFICE n.m. (pl. *back-offices*) [mot angl.]. **BOURSE.** Ensemble des agents chargés de la gestion administrative des opérations d'une salle de marché. Recomm. off. **post-marché.**

BÂCLAGE n.m. Fam. Action de bâcler ; exécution rapide et peu soignée.

BÂCLE n.f. Pièce de bois ou de métal qui maintient une porte fermée.

BÂCLER v.t. [3] (du bas lat. **bacculare*, fermer, de *baculum*, bâton). Fam. Faire à la hâte et sans soin : *Il a bâclé son rapport.*

BACON [bekɔn] **n.m.** (mot angl., du francique **bakko*, jambon). Pièce de porc salée et fumée, débitée en tranches minces.

BACTÉRICIDE adj. et **n.m.** Se dit d'un produit, en partic. antibiotique, qui tue les bactéries.

BACTÉRIE n.f. (du gr. *baktêria*, bâton). Microorganisme dont la cellule ne comporte pas de noyau, présent dans tous les milieux sous des formes très variées, telles que les staphylocoques, les actinomycètes et le colibacille.

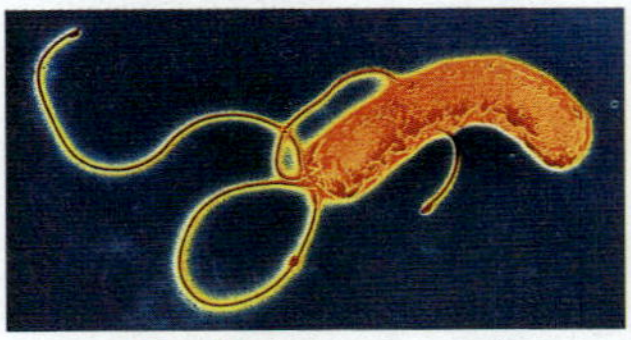

▲ **bactérie** *(Helicobacter pylori).*

BACTÉRIÉMIE n.f. MÉD. Présence de bactéries dans le sang, de courte durée et bénigne (par oppos. à *septicémie*).

BACTÉRIEN, ENNE adj. Relatif aux bactéries : *Contamination bactérienne.*

BACTÉRIOLOGIE n.f. Partie de la microbiologie qui étudie les bactéries.

BACTÉRIOLOGIQUE adj. Relatif à la bactériologie. ▪ **Arme, guerre bactériologique,** qui utilise les bactéries porteuses de maladies contagieuses.

BACTÉRIOLOGISTE n. Spécialiste de bactériologie.

BACTÉRIOPHAGE n.m. et **adj.** Virus infectant les bactéries (SYN. **phage**).

BACTÉRIOSTATIQUE adj. et **n.m. PHARM.** Se dit d'un produit, en partic. antibiotique, qui empêche la multiplication des bactéries sans les tuer.

BADABOUM interj. (onomat.). Imite le bruit d'une chute.

BADAMIER n.m. (du persan *bādām*, amande). Arbre ornemental d'Afrique et d'Asie tropicale dont le bois, mi-dur et léger, est employé en menuiserie. ➲ Famille des combrétacées.

BADAUD, E n. et **adj.** (de *bader*). Passant qui flâne dans la rue et s'arrête pour regarder : *Disperser les badauds.* (Le féminin *badaude* est rare.)

BADER v.i. [3] (du provenç. *badar*, regarder bouche bée). Région. (Midi). **1.** Se promener sans but ; flâner. **2.** Rester bouche bée de stupéfaction ou d'admiration.

BADERNE n.f. Fam., péjor. ▪ **Vieille baderne,** homme (spécial. militaire) borné et rétrograde.

BADGE [badʒ] **n.m.** (mot angl.). **1.** Insigne distinctif muni d'une inscription ou d'un dessin et porté en broche. **2. INFORM.** Document d'identité codé, lisible par des appareils spéciaux (lecteurs de badge, badgeuses). **3.** Insigne scout indiquant une compétence particulière.

BADGER v.i. [10]. INFORM. Introduire son badge dans un lecteur pour accéder à un local ou en sortir, ou pour enregistrer ses horaires de travail.

BADGEUSE n.f. Machine pour badger.

BADIANE n.f. (du persan *bādiān*, anis). Arbuste originaire du Viêt Nam, dont le fruit, appelé *anis étoilé*, est utilisé pour la fabrication de boissons anisées. ➲ Famille des magnoliacées.

BADIGEON n.m. Enduit à base de lait de chaux, pour le revêtement et la protection des murs.

BADIGEONNAGE n.m. Action de badigeonner.

BADIGEONNER v.t. [3]. 1. Peindre avec du badigeon. **2.** Enduire d'une préparation pharmaceutique liquide : *Badigeonner la gorge d'un malade.*

BADIGEONNEUR, EUSE n. Péjor. Mauvais peintre.

BADIGOINCES n.f. pl. Fam., vieilli. Lèvres.

1. BADIN, E adj. (mot provenç. « sot »). Litt. Qui manifeste une gaieté légère, un caractère enjoué : *Un ton badin.*

2. BADIN n.m. (du n. de l'inventeur). **AÉRON.** Appareil pour mesurer la vitesse relative d'un avion par rapport à l'air ambiant.

BADINAGE n.m. Action de badiner ; attitude, propos badins.

BADINE n.f. (de *badiner*). Baguette mince et flexible que l'on tient à la main pour l'utiliser comme cravache.

BADINER v.i. [3]. Agir, parler par jeu : *Je disais ça pour badiner.* ◆ **v.t. ind. (AVEC, SUR).** [Surtout en tournure négative]. Prendre qqch à la légère ; plaisanter : *On ne badine pas avec l'amour.*

BADINERIE n.f. Litt. Parole ou action badine.

BAD-LANDS, ▲ *BADLANDS* [badlɑ̃ds] **n.f. pl.** (mot angl. « mauvaises terres »). **GÉOMORPH.** Terrains érodés par le ruissellement torrentiel en de multiples ravins qui ne laissent entre eux que des crêtes.

BADMINTON [badmintɔn] **n.m.** (mot angl.). Sport pratiqué sur un court, consistant à se renvoyer un volant avec des raquettes par-dessus un filet tendu entre des poteaux à 1,55 m de hauteur.

BAECKEOFFE ou **BAECKEOFE** [bekəɔf] **n.m.** (mot alsacien, de l'all. *backen*, cuire, et *Ofen*, four). Plat en terrine fait de couches superposées de viandes (mouton, porc, bœuf), de pommes de terre et d'oignons, arrosé de vin blanc et cuit lentement au four. ➲ Spécialité alsacienne.

BAES, BAESINE [bas, bazin] **n.** Belgique. **1.** Patron de café. **2.** Propriétaire d'un logement universitaire.

BAFA [bafa] **n.m.** (acronyme de *brevet d'aptitude aux fonctions d'animateur*). Diplôme délivré par l'État, accessible dès 17 ans, permettant d'exercer à titre non professionnel la fonction d'animateur dans le cadre d'*accueils collectifs de mineurs* (colonies de vacances, centres de loisirs, etc.).

BAFFE n.f. (de l'onomat. *baf*). Fam. Gifle.

BAFFLE n.m. (mot angl. « écran »). **ÉLECTROACOUST. 1.** Écran rigide, monté sur un haut-parleur, limitant les effets d'interférence sonore entre les deux faces de la membrane. **2.** Cour. Enceinte acoustique.

BAFOUER v.t. [3] (du provenç. *bafar*, se moquer de). Traiter sans pitié avec une intention outrageante ; ridiculiser : *Ils l'ont bafoué devant tous.*

BAFOUILLAGE n.m. Fam. Action de bafouiller ; bredouillage.

BAFOUILLE n.f. Fam. Lettre (missive).

BAFOUILLER v.i. et **v.t. [3]** (p.-ê. du lyonnais *barfouiller*, parler mal). Fam. Parler d'une manière embarrassée ; bredouiller : *Bafouiller des excuses.*

BAFOUILLEUR, EUSE n. et **adj.** Fam. Personne qui bafouille.

BÂFRER v.t. et **v.i. [3]** (de *baf*, onomat.). Fam. Manger avidement et avec excès.

BÂFREUR, EUSE n. Fam. Personne qui bâfre ; glouton.

BAGAD n.m. (mot breton). Formation musicale bretonne comprenant princip. des joueurs de biniou et de bombarde.

BAGAGE n.m. (de l'anc. fr. *bagues*, paquet). **1.** Article de voyage dans lequel on transporte ses affaires : *Bagage de cabine.* **2.** (Le plus souvent pl.). Ensemble des affaires, des objets que l'on emporte avec soi en voyage : *Mettre ses bagages sur un chariot.* **3.** Fig. Ensemble des connaissances acquises dans un domaine par qqn : *Son bagage informatique lui a ouvert des portes.* ▪ **Partir avec armes et bagages** [fam.], en emportant tout. ▪ **Plier bagage,** partir.

BAGAGISTE n. 1. Employé chargé de porter les bagages, dans un hôtel, une gare, un aéroport. **2.** Industriel fabriquant des bagages.

BAGARRE n.f. (du provenç. *bagarro*, tumulte). **1.** Échange de coups, entre plusieurs personnes ; rixe. **2.** Fig. Vive compétition ; lutte : *La bagarre de l'Internet à ultra haut débit.* ▪ **Chercher la bagarre,** avoir un comportement agressif et provocateur.

BAGARRER v.i. [3]. Fam. Lutter pour atteindre un but : *Elle a bagarré pour avoir ce poste.* ◆ **SE BAGARRER v.pr. 1.** Prendre part à une bagarre ; se battre. **2.** Fig. Déployer de l'énergie pour une cause, un objectif ; batailler : *Se bagarrer pour obtenir des crédits.*

BAGARREUR, EUSE adj. et **n.** Fam. Qui aime la bagarre.

BAGASSE n.f. (de l'esp. *bagazo*, marc). Résidu ligneux de la canne à sucre, restant après l'extraction du jus sucré.

BAGATELLE n.f. (de l'ital. *bagatella*, tour de bateleur). **1.** Chose, objet de peu de valeur ; babiole : *Ce sont des bagatelles trouvées aux puces* ; vétille :

Être puni pour une bagatelle. **2. MUS.** Morceau court et léger, de ton intime, souvent pour le piano. **3.** Québec. Dessert confectionné avec des morceaux de gâteau, de la crème fouettée ou pâtissière, de la confiture et des fruits, disposés en couches superposées. ▪ **La bagatelle** [fam.], l'amour physique. ▪ **La bagatelle de** [souvent iron.], la somme de : *Ça lui a coûté la bagatelle de 10 000 euros.*

BAGEL [bagœl] **n.m.** (mot anglo-amér., du yiddish *beygl*). Petit pain en forme d'anneau, à la mie très ferme.

BAGGY n.m. et adj. inv. (pl. *baggys* ou *baggies*) [mot anglo-amér.]. Pantalon taillé ample, qui se porte bas sur les hanches : *Des jeans baggy.*

BAGNARD n.m. Anc. Personne purgeant une peine de bagne ; forçat.

BAGNE n.m. (de l'ital. *bagno*, établissement de bains). **1.** Établissement, lieu où était subie la peine des travaux forcés ou de la relégation ; la peine elle-même. ➲ Les bagnes coloniaux français furent supprimés en 1938. **2.** Fig. Lieu où l'on est astreint à un travail, à une activité très pénibles : *Cette entreprise, c'est le bagne !*

BAGNES n.m. (de *Val de Bagnes*). Fromage du Valais, à pâte dure.

BAGNOLE n.f. (mot picard). Fam. Automobile.

BAGOU ou **BAGOUT n.m.** (de l'anc. fr. *bagouler*, parler inconsidérément). Fam. Grande facilité de parole : *Avoir du bagou.*

BAGUAGE n.m. Opération consistant à baguer un oiseau, un axe de machine, à pratiquer une incision annulaire sur un arbre.

BAGUE n.f. (néerl. *bagge*). **1.** Anneau plus ou moins ouvragé, orné ou non d'une pierre, que l'on porte au doigt. **2.** Objet en forme d'anneau : *Bague de cigare.* **3. MAR.** Anneau en fer ou en cordage servant à divers usages. **4. OUTILL.** Pièce annulaire assurant la fixation, le guidage, le serrage, la lubrification, etc., d'éléments de révolution : *Bague de roulement. Bague de collier.* **5. ORNITH.** Anneau fixé sur la patte d'un oiseau, notamm. pour étudier ses déplacements. **6. ARCHIT.** Moulure pleine, ornementée ou non, ceinturant une colonne. ▪ **Avoir la bague au doigt** [fam.], être marié. ▪ **Bague tuberculinique** [méd.], bague au chaton muni de fines pointes imprégnées de tuberculine, utilisée pour piquer la peau lors du diagnostic de la tuberculose.

BAGUÉ, E adj. Garni d'une bague, d'un anneau : *Main aux doigts bagués.* ▪ **Colonne baguée** [archit.], dont le fût est orné de bagues (SYN. **annelé**).

BAGUENAUDE n.f. (provenç. *baganaudo*). **1.** Fruit du baguenaudier. **2.** Fam., vieilli. Promenade ; flânerie.

SE **BAGUENAUDER v.pr. [3]** ou **BAGUENAUDER v.i.** Fam. Se promener sans but ; flâner.

BAGUENAUDIER n.m. Arbuste des régions chaudes et tempérées d'Eurasie, à fleurs jaunes et à gousses renflées, cultivé pour l'ornementation (SYN. **séné d'Europe**). ➲ Sous-famille des papilionacées.

1. BAGUER v.t. [3] (de l'anc. fr. *bagues*, habits). **COUT.** Maintenir deux épaisseurs de tissu avec des points de bâti allongés, invisibles à l'endroit.

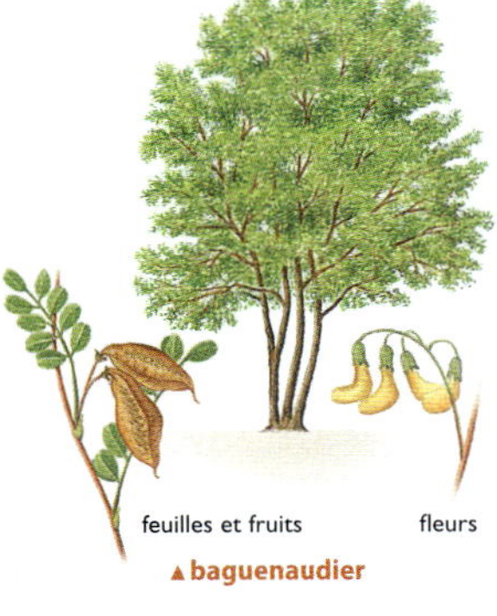

▲ **baguenaudier**

2. BAGUER v.t. [3]. 1. Garnir d'une bague : *Baguer des cigares.* **2. ORNITH.** Identifier, marquer un oiseau au moyen d'une bague.

BAGUETTE n.f. (du lat. *baculum*, bâton). **1.** Petit bâton mince, plus ou moins long et flexible : *Baguette de chef d'orchestre.* **2.** Bâton, souvent de coudrier, avec lequel les sourciers, les radiesthésistes prétendent découvrir des sources, des objets perdus ou cachés. **3.** Pain long d'environ 250 g. **4. ARCHIT., MENUIS.** Petite moulure de finition, souvent arrondie. **5.** Ornement linéaire et vertical d'un bas, d'une chaussette. ▪ **Baguette de fusil,** servant à nettoyer le canon du fusil et, autref., à le charger. ▪ **Baguette magique,** baguette chargée d'un pouvoir magique, avec laquelle les fées et les magiciens opèrent leurs enchantements, dans les contes. ▪ **Baguettes de tambour,** petits bâtons courts à l'extrémité façonnée en forme d'olive, à l'aide desquels on bat du tambour ; fam., cheveux longs et raides. ▪ **D'un coup de baguette magique,** comme par enchantement. ▪ **Marcher à la baguette** [fam.], obéir sans discussion. ▪ **Mener qqn à la baguette** [fam.], le diriger avec une autorité inflexible.

BAGUIER n.m. Petit coffret, écrin ou coupe à tige centrale, pour ranger des bagues et autres bijoux.

BAH interj. Exprime le doute, l'indifférence : *Bah ! inutile d'insister !*

BAHAÏ, E ou **BÉHAÏ, E adj.** et **n.** Relatif au bahaïsme ; qui en est adepte.

BAHAÏSME ou **BÉHAÏSME n.m.** Mouvement syncrétique religieux, né du babisme, fondé par Bahā' Allāh (1817-1892).

BAHT [bat] **n.m.** Unité monétaire principale de la Thaïlande.

BAHUT n.m. (orig. inconnue). **1.** Buffet rustique long et bas. **2.** Fam. Taxi ; automobile ; camion. **3.** Arg. scol. Lycée. **4.** Coffre de voyage, au Moyen Âge. **5. CONSTR.** Mur bas destiné à porter les arcades d'un cloître, une grille, etc.

BAI, E adj. et **n.m.** (du lat. *badius*, brun). Se dit d'un cheval dont la robe est brun roussâtre, et dont les crins et l'extrémité des membres sont noirs : *Des juments baies.*

1. BAIE n.f. (orig. obsc.). Échancrure du littoral plus ou moins ouverte : *La baie du Mont-Saint-Michel. La baie d'Hudson.*

▲ **baies.** Exemples de baies à graines.

2. BAIE n.f. (lat. *baca*). Fruit charnu à graines ou à pépins, sans noyau, comme le raisin ou la groseille.

3. BAIE n.f. (de l'anc. fr. *baer*, être ouvert). Ouverture fermée (fenêtre, porte) ou non (arcade) d'une façade : *Baie vitrée.*

BAIGNADE n.f. 1. Action de se baigner : *Baignade interdite.* **2.** Endroit d'une rivière, d'un lac où l'on peut se baigner : *Une baignade aménagée.*

BAIGNER v.t. [3] (lat. *balneare*). **1.** Plonger dans l'eau ou un autre liquide, notamm. pour laver, soigner : *Baigner un enfant. Baigner son doigt blessé dans un désinfectant.* **2.** Mettre en contact avec un liquide ; humecter : *Baigner ses paupières d'eau fraîche.* **3.** Litt. Traverser, en parlant d'un fleuve : *L'Arno baigne Florence* ; border, en parlant de la mer : *La Méditerranée baigne la Provence.* **4.** Fig., litt. Envelopper de tous côtés : *Le soleil baigne la campagne.* ◆ **v.i. 1.** Être immergé dans, être mouillé par un liquide : *Un rôti baignant dans son jus.* **2.** Fig. Être enveloppé par, imprégné de : *Depuis ce succès, elle baigne dans la joie.* ▪ **Baigner dans son sang** [fam.], être couvert de son propre sang. ▪ **Ça baigne (dans l'huile)** [fam.], tout va bien. ◆ **SE BAIGNER v.pr.** Prendre un bain.

BAIGNEUR, EUSE n. Personne qui se baigne. ◆ **n.m. 1.** Poupée figurant un bébé. **2.** Arg. Postérieur.

BAIGNOIRE n.f. 1. Appareil sanitaire de forme génér. allongée, dans lequel on prend des bains. **2.** Loge de rez-de-chaussée, dans un théâtre. **3.** Partie supérieure d'un kiosque de sous-marin, qui sert de passerelle. ▪ **Baignoire sabot,** baignoire de longueur réduite comportant deux niveaux différents, dont le plus élevé est utilisé pour s'asseoir.

BAIL [baj] **n.m.** (pl. *baux*) [de *bailler*]. **DR.** Convention par laquelle un bailleur donne la jouissance d'un bien meuble ou immeuble pour un prix et un temps déterminés ; contrat qui constate le bail et qui définit les rapports entre le propriétaire et le locataire. ▪ **Bail commercial,** bail d'un local à usage artisanal, commercial ou industriel. ▪ **Ça fait un bail** [fam.], il y a longtemps. ▪ **Donner à bail,** concéder contractuellement la location d'un bien.

BAILLE n.f. (ital. *baglia*). ▪ **La baille** [arg.], l'eau ; la mer. ▪ **La Baille** [arg. mil.], l'École navale.

BÂILLEMENT n.m. 1. Action de bâiller : *Un bâillement d'ennui.* **2.** Fait de bâiller, d'être entrouvert ; ouverture d'une chose qui bâille : *Le bâillement d'une chemise mal fermée.*

BAILLER v.t. [3] (du lat. *bajulare*, porter sur le dos). Vx ou dial. ; Acadie. Donner : *Bailler de l'argent à qqn.* ▪ **La bailler bonne ou belle à qqn** [litt.], lui faire croire une chose fausse.

BÂILLER v.i. [3] (lat. *batare*). **1.** Ouvrir largement et involontairement la bouche, par sommeil, faim, ennui ou fatigue. **2.** Présenter une ouverture ; être mal fermé, mal ajusté : *Veste qui bâille.*

BAILLEUR, ERESSE n. DR. Personne qui donne à bail (par oppos. à *preneur*) ; loueur. ◆ **n.m.** ▪ **Bailleur de fonds,** personne qui procure des capitaux à une entreprise ou un particulier.

BÂILLEUR, EUSE n. Personne qui bâille.

BAILLI n.m. (de l'anc. fr. *baillir*, administrer). Dans la France du Moyen Âge et de l'Ancien Régime, agent du roi qui était chargé de fonctions administratives et judiciaires. (D'abord responsables de missions temporaires, les baillis, appelés *sénéchaux* dans le Midi, devinrent v. 1260 des officiers sédentaires placés à la tête des bailliages ; à partir du XVe s., leurs pouvoirs diminuèrent.)

BAILLIAGE n.m. HIST. 1. Circonscription administrative et judiciaire d'un bailli. **2.** Tribunal du bailli.

BÂILLON n.m. (de *bâiller*). Bandeau ou tampon que l'on met sur ou dans la bouche de qqn pour l'empêcher de parler ou de crier.

BÂILLONNEMENT n.m. Action de bâillonner.

BÂILLONNER v.t. [3]. 1. Mettre un bâillon à qqn. **2.** Fig. Mettre dans l'impossibilité de s'exprimer librement ; museler : *Bâillonner l'opposition.*

BAIN n.m. (lat. *balneum*). **1.** Action de se baigner, de baigner qqn, qqch : *Prendre une douche plutôt qu'un bain.* **2.** Eau, liquide dans lequel on se baigne, on baigne qqch, une partie du corps, etc. : *Faire couler un bain. Bain d'eau aseptisée.* **3.** Préparation dans laquelle on immerge qqch pour le soumettre à une opération quelconque ; récipient contenant cette solution : *Bain colorant. Bain de trempe.* **4.** Exposition à qqch ; immersion dans un milieu quelconque : *Bain de soleil. Bain de boue.* ▪ **Bain bouillonnant,** baignoire munie d'un équipement qui produit un bouillonnement destiné à masser, à décontracter. (Au Québec, on dit *bain tourbillon.*) ▪ **Bain de bouche,** soins de la bouche pratiqués avec une solution ; la solution elle-même. ▪ **Bain de foule,** pour une personnalité, action d'aller au-devant de la foule et de serrer des mains. ▪ **Bain de soleil,** exposition prolongée du corps au soleil. ▪ **Petit, grand bain,** partie la moins, la plus profonde d'une piscine. ▪ **Se mettre dans le bain** [fam.], s'initier à un travail, à une affaire. ▪ **Se remettre dans le bain** [fam.], reprendre contact avec qqch, un milieu ; se réhabituer. ◆ **n.m. pl. 1.** Établissement public où l'on prend des bains, des douches. **2.** Vieilli. (S'emploie aussi dans des noms de villes). Station thermale : *Aller aux bains. Thonon-les-Bains.*

BAÏNE n.f. (mot basque « petit bassin »). Région. (Sud-Ouest). GÉOMORPH. Cuvette séparée de la mer par un banc de sable, qui, sous l'effet de la marée, se remplit d'eau puis se vide en créant un fort courant vers le large, dangereux pour les nageurs.

BAIN-MARIE n.m. (pl. *bains-marie*) [de *Marie*, sœur de Moïse]. **1.** Eau bouillante dans laquelle on plonge un récipient contenant un aliment, une préparation à chauffer doucement : *Cuisson au bain-marie.* **2.** Récipient à deux compartiments pour la cuisson au bain-marie.

BAÏONNETTE n.f. (de *Bayonne*, où cette arme fut fabriquée). **1.** Lame effilée qui s'adapte au bout d'un fusil. **2.** Dispositif de fixation qui évoque celui d'une baïonnette (ergots engagés dans des crans d'arrêt) : *Douille à baïonnette d'une ampoule électrique.*

BAÏRAM, BAYRAM [bairam] ou **BEÏRAM** [beiram] n.m. (turc *bayram*). Chacune des deux fêtes musulmanes (Aïd-el-Fitr, Aïd-el-Kébir), chez les Turcs.

BAISE n.f. **1.** Vulg. Relations sexuelles. **2.** Belgique. Baiser.

BAISE-EN-VILLE n.m. inv. Fam., vieilli. Petite valise avec un nécessaire de nuit.

BAISEMAIN n.m. Action d'effleurer d'un baiser la main d'une femme en signe de politesse ou celle d'un souverain en signe de respect.

BAISEMENT n.m. RELIG. Baiser rituel d'un objet sacré.

1. BAISER v.t. [3] (lat. *basiare*). **1.** Donner un baiser à ; poser ses lèvres sur. **2.** Vulg. Avoir des relations sexuelles avec. **3.** Très fam. Duper ; tromper. ▪ **Se faire baiser** [très fam.], être dupé.

2. BAISER n.m. Action de poser ses lèvres sur ; geste de la main portée aux lèvres et simulant un baiser : *L'enfant envoyait des baisers.* ▪ **Baiser de Judas,** démonstration d'affection hypocrite.

BAISOTER v.t. [3]. Fam. Donner de petits baisers répétés.

BAISSE n.f. Action, fait de baisser : *La baisse du pouvoir d'achat.* ▪ **Jouer à la baisse** [Bourse], spéculer sur la baisse des cours, sur le marché à terme.

BAISSER v.t. [3] (du lat. *bassus*, bas). **1.** Mettre plus bas : *Baisser un store.* **2.** Diriger vers le bas une partie du corps : *Baisser le front sur son travail. Refuser de baisser les yeux.* **3.** Diminuer la force, l'intensité de : *Baisser le son, la lumière. Il termina en baissant la voix.* ◆ v.i. **1.** Descendre à un niveau inférieur ; décroître : *Le niveau de la mer baisse déjà.* **2.** Diminuer de valeur, de prix, d'intensité : *Les prix vont baisser.* **3.** Perdre de sa force ; décliner : *Sa vue baisse.* ◆ **SE BAISSER** v.pr. S'incliner ; se pencher.

BAISSIER, ÈRE n. Personne qui, à la Bourse, spécule sur la baisse des cours des valeurs mobilières. ◆ adj. Relatif à la baisse des cours.

BAJOUE n.f. (de *1. bas* et *joue*). **1.** Partie latérale de la tête de certains animaux (veau, cochon, en partic.), qui s'étend de l'œil à la mâchoire. **2.** Fam. Joue humaine flasque et pendante. **3.** Rare. Abajoue.

BAJOYER [baʒwaje] n.m. (de *bajoue*). TECHN. **1.** Mur consolidant les rives d'un cours d'eau, de part et d'autre d'un pont, pour empêcher le courant d'attaquer les culées. **2.** Paroi latérale d'une chambre d'écluse.

BAKCHICH [bakʃiʃ] n.m. (du persan *bakchîden*, donner). Fam. Pot-de-vin : *Verser des bakchichs.*

BAKÉLITE n.f. (nom déposé). Résine synthétique obtenue par condensation d'un phénol avec l'aldéhyde formique et employée comme succédané de l'ambre, de l'écaille, etc.

BAKLAVA n.m. (mot turc). Gâteau oriental de pâte feuilletée, au miel et aux amandes.

BAKUFU [bakufu] n.m. (mot jap.). Au Japon, gouvernement des shoguns, inauguré au XIIᵉ s.

BAL n.m. (pl. *bals*) [de l'anc. fr. *baler*, danser]. Réunion où l'on danse ; lieu où se tient cette réunion : *Les bals populaires.* ▪ **Bal de têtes** [vieilli], où les danseurs sont grimés à la ressemblance de personnages connus. ▪ **Mener le bal,** diriger une action collective. ▪ **Ouvrir le bal,** être le premier à danser ; fig., être le premier à entreprendre une action, à commencer à faire qqch.

BALADE n.f. (de *ballade*). Fam. Promenade : *Une balade en forêt.*

BALADER v.t. [3]. Fam. **1.** Promener : *Balader des enfants.* **2.** Traîner avec soi qqch de lourd ou d'encombrant. ◆ v.i. ▪ **Envoyer balader** [fam.], éconduire qqn vivement : *Ils m'ont envoyé balader* ; abandonner qqch : *Envoyer balader son travail.* ◆ **SE BALADER** v.pr. Fam. Se promener.

1. BALADEUR, EUSE adj. Fam. Qui aime se balader, se promener. ▪ **Avoir la main baladeuse** [fam.], faire des caresses déplacées. ▪ **Micro baladeur,** ou **baladeur, n.m.,** micro muni d'un long fil qui permet de le déplacer.

2. BALADEUR n.m. **1.** Appareil électronique miniaturisé de reproduction du son et/ou de l'image, muni d'écouteurs, destiné à un usage individuel et génér. nomade : *Baladeur MP3.* **2.** HORLOG. Roue montée sur un support pouvant tourner autour d'un axe et prendre deux positions.

BALADEUSE n.f. Lampe électrique munie d'un long fil qui permet de la déplacer.

BALADIN n.m. (mot provenç., de *balar*, danser). Anc. Comédien ambulant ; saltimbanque.

BALADO n.m. (de *baladeur*). Québec. Podcast.

BALADODIFFUSION n.f. Québec. Mode de diffusion de fichiers audio ou vidéo, qui permet aux internautes de les télécharger automatiquement et de les transférer sur un baladeur numérique.

BALAFON n.m. (mot mandé). Instrument de musique à percussion de l'Afrique noire, comparable au xylophone.

BALAFRE n.f. (de l'anc. fr. *leffre*, lèvre). Longue entaille faite par une arme ou un instrument tranchant, partic. au visage ; cicatrice qu'elle laisse.

BALAFRÉ, E adj. et n. Qui présente une ou plusieurs balafres : *Un visage balafré.*

BALAFRER v.t. [3]. Faire une balafre à.

BALAI n.m. (du gaul. *banatlo*, genêt). **1.** Ustensile utilisé pour le nettoyage des sols et composé d'un long manche terminé par une brosse ou un faisceau de branchettes, de fibres animales ou végétales, etc. **2.** Fam. Dernier métro, dernier train ou dernier autobus d'un réseau circulant en fin de journée. **3.** Fam. Année d'âge : *Elle a trente balais.* **4.** FAUCONN. Queue des oiseaux de proie. **5.** ÉLECTROTECHN. Pièce conductrice destinée à assurer, par contact glissant, la liaison électrique entre un organe mobile et un contact fixe. ▪ **Balai d'essuie-glace,** partie active d'un essuie-glace comprenant un support métallique, un jeu de biellettes articulées et une raclette en caoutchouc qui se déplace sur la vitre à nettoyer. ▪ **Balai mécanique,** balai à brosses rotatives montées sur un petit chariot. ▪ **Coup de balai** [fam.], renvoi massif du personnel d'une entreprise ; déstockage massif de marchandises. ▪ **Du balai !** [fam.], à la porte ! ; dehors ! ▪ **Manche à balai** → **1. MANCHE.**

BALAI-BROSSE n.m. (pl. *balais-brosses*). Brosse très dure montée sur un manche à balai.

BALAIS [balɛ] adj.m. (lat. *balascus*, de l'ar.). ▪ **Rubis balais,** rubis de couleur rose pâle.

BALAISE adj. et n. → **BALÈZE.**

BALALAÏKA n.f. (mot russe). Instrument de la famille du luth, à caisse triangulaire, à trois cordes, en usage en Russie.

BALAN ou **BALLANT** n.m. (de *balancer*). Suisse. ▪ **Être sur le balan,** être indécis.

BALANCE n.f. (du lat. *bis*, deux fois, et *lanx*, plateau). **1.** Instrument servant à comparer des masses, par oppos. au *dynamomètre*, qui mesure des forces (et donc des poids). ➲ Dans sa forme classique (balance de Roberval), elle possède deux plateaux fixés aux extrémités d'un fléau reposant sur un couteau. Les balances électroniques utilisent en fait un dynamomètre. **2.** Symbole de la Justice, figuré par deux plateaux suspendus à un fléau. **3.** Fig. État d'équilibre entre deux situations, deux groupes : *La balance des forces en présence.* **4.** Arg. Dénonciateur. **5.** Filet dont la forme évoque un plateau de balance, pour la pêche aux crevettes, aux écrevisses. **6.** ACOUST. Réglage de l'équilibre sonore entre les deux voies d'une chaîne stéréophonique, ou du niveau général d'un ensemble de sources sonores. **7.** COMPTAB. Montant représentant la différence entre le crédit et le débit d'un compte ; tout document comptable présenté de manière à constater l'égalité entre les débits et les crédits. ▪ **Balance commerciale,** document comptable qui fait apparaître le solde des importations et des exportations de marchandises. ▪ **Balance des blancs,** réglage, automatique ou manuel, d'un appareil photo ou d'une caméra numériques permettant de corriger les couleurs de l'image en fonction de la lumière ambiante. ▪ **Balance des paiements,** document comptable retraçant l'ensemble des règlements entre un pays et un autre ou plusieurs autres pays. ▪ **Balance romaine** → **1. ROMAINE.** ▪ **Faire pencher la balance en faveur** ou **du côté de,** avantager qqn ; faire prévaloir qqch. ▪ **Jeter qqch dans la balance,** faire ou dire qqch de décisif : *Jeter toute son autorité dans la balance.* ▪ **La Balance,** constellation et signe du zodiaque (v. partie n.pr.). ▪ **Mettre en balance,** peser le pour et le contre ; comparer. ▪ **Peser (lourd) dans la balance,** avoir une grande importance : *Ses arguments n'ont pas pesé lourd dans la balance.* ▪ **Tenir la balance égale entre deux personnes, deux choses,** ne privilégier aucune des personnes ou des choses comparées. ▪ **Une Balance, n.f. inv.,** personne née sous le signe de la Balance.

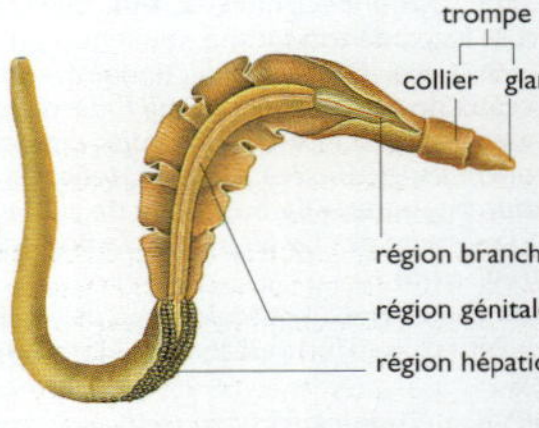

▲ **balanoglosse** (anatomie).

BALANCÉ, E adj. Harmonieusement équilibré : *Une phrase balancée.* ▪ **Bien balancé** [fam.], se dit d'une personne dont le corps est harmonieusement bâti.

1. BALANCELLE n.f. (de *balancer*). Siège de jardin, à plusieurs places, suspendu à une structure fixe et permettant de se balancer.

2. BALANCELLE n.f. (génois *baransella*). Anc. Embarcation pointue aux deux extrémités, dont le mât portait une grande voile latine.

BALANCEMENT n.m. **1.** Mouvement alternatif d'un corps, d'un objet d'un côté, puis de l'autre de son centre d'équilibre : *Le balancement d'une cloche qui sonne.* **2.** Équilibre harmonieux : *Le balancement d'une phrase.*

BALANCER v.t. [9] (de *balance*). **1.** Mouvoir alternativement d'un côté, puis de l'autre : *Balancer les bras en marchant.* **2.** Fam. Jeter au loin : *Balancer des cailloux par-dessus un mur.* **3.** Fam. Se débarrasser de qqch : *Balancer des vieux papiers.* **4.** Arg. Dénoncer : *Il a balancé ses complices.* ▪ **Balancer un coup, une gifle** [fam.], les asséner. ◆ v.i. **1.** Aller d'un côté et de l'autre ; osciller : *Les mâts des voiliers balancent dans le vent.* **2.** Litt. Être indécis ; hésiter : *Sans balancer davantage, il partit.* ◆ **SE BALANCER** v.pr. **1.** Se mouvoir d'un côté et de l'autre d'un point fixe. **2.** Faire de la balançoire. ▪ **S'en balancer** [fam.], s'en moquer.

BALANCIER n.m. **1.** Pièce oscillant autour d'un axe et qui sert à régulariser ou à stabiliser un mouvement : *Balancier d'une horloge.* **2.** Longue perche de bois ou de métal utilisée par les funambules pour assurer leur équilibre. **3.** Machine utilisée autref. pour frapper les monnaies et, de nos jours, pour la frappe des médailles. **4.** REL. Presse à dorer. **5.** ZOOL. Organe stabilisateur des diptères, qui remplace chez ces insectes les ailes postérieures.

BALANCINE n.f. **1.** AÉRON. Roulette placée au bout des ailes d'un avion pour l'équilibrer pendant ses évolutions au sol. **2.** MAR. Cordage soutenant l'extrémité libre d'un espar.

BALANÇOIRE n.f. (de *balancer*). **1.** Siège suspendu par deux câbles et sur lequel on se balance. **2.** Longue pièce de bois ou de métal mise en équilibre sur un point d'appui, et sur laquelle basculent alternativement deux personnes assises chacune à un bout.

BALANE n.f. Petit crustacé fixé sur les rochers littoraux ou sur les coquillages, entouré de plaques calcaires blanches formant au centre un opercule. ➲ Sous-classe des cirripèdes.

BALANITE n.f. (du gr. *balanos*, gland). **MÉD.** Inflammation du gland de la verge.

BALANOGLOSSE n.m. **ZOOL.** Animal vermiforme fouisseur des plages. ➲ Seul représentant de la classe des entéropneustes.

BALAYAGE n.m. **1.** Action de balayer. **2.** Décoloration de fines mèches prises sur la masse de la chevelure. **3. TECHN.** Exploration séquentielle d'une surface ou d'un espace tridimensionnel par un faisceau d'ondes électromagnétiques ou d'électrons : *Microscope, radiomètre à balayage.*

BALAYER [balɛje] v.t. [6]. **1.** Nettoyer avec un balai : *Tu balaieras ton bureau.* **2.** Pousser, écarter au moyen d'un balai : *Balayer des feuilles mortes.* **3.** Fig. Faire disparaître ; chasser : *Le vent balaie les nuages. Ce contretemps a balayé nos espoirs.* **4.** Parcourir un espace, une surface, etc. ; explorer : *Les projecteurs balaient le ciel.* **5. TECHN.** Exécuter un balayage : *Balayer une zone au radar.*

BALAYETTE n.f. Petit balai.

BALAYEUR, EUSE n. Personne préposée au balayage des rues.

BALAYEUSE n.f. Machine à balayer.

BALAYURES n.f. pl. Déchets ramassés avec un balai.

BALBOA n.m. Unité monétaire principale du Panama.

BALBUTIANT, E adj. Qui balbutie.

BALBUTIEMENT n.m. **1.** Action de balbutier ; paroles indistinctes. **2.** (Surtout pl.). Débuts tâtonnants ; premiers essais : *Les balbutiements de la thérapie génique.*

BALBUTIER [balbysje] v.i. [5] (lat. *balbutire*, de *balbus*, bègue). **1.** Articuler avec hésitation ; bredouiller : *L'émotion le fait balbutier.* **2.** En parlant de qqch, en être seulement à ses débuts : *Le tourisme spatial balbutie encore.* ◆ v.t. Prononcer en bredouillant : *Balbutier une excuse.*

BALBUZARD n.m. (angl. *baldbuzzard*). Oiseau de proie piscivore qu'on rencontre sur les côtes, les étangs. ➲ Famille des accipitridés. (V. ill. *rapaces*.)

BALCON n.m. (ital. *balcone*). **1.** Plateforme de faible largeur munie d'un garde-corps, en saillie sur une façade, devant une ou plusieurs baies. **2.** Chacune des galeries au-dessus de l'orchestre, dans les salles de spectacle. (Le balcon inférieur est aussi appelé *corbeille* ou *mezzanine*.) **3. MAR.** Rambarde de sécurité à l'avant ou à l'arrière d'un yacht.

BALCONNET n.m. Soutien-gorge découvrant le haut de la poitrine.

BALDAQUIN n.m. (ital. *baldacchino*, étoffe de soie de Bagdad). **1.** Tenture dressée au-dessus d'un lit, d'un trône, etc. : *Lit à baldaquin.* **2. ARCHIT.** Dais à colonnes au-dessus d'un autel, d'un trône, etc.

BALE n.f. → **2. BALLE.**

BALEINE n.f. (lat. *balaena*). **1.** Mammifère marin, génér. de très grande taille, qui possède des fanons au lieu de dents. ➲ Le petit est le baleineau. Sous-ordre des mysticètes. **2.** Par ext. Cétacé à dents tel que le cachalot et l'orque. **3.** Lame ou tige flexible, auj. en métal, en matière plastique (autref. tirée des fanons de la baleine), pour tendre un tissu, renforcer une armature, etc. : *Baleine de parapluie.* ▪ **Baleine à bosse,** jubarte ; mégaptère. ▪ **Baleine franche,** baleine vraie (par oppos. à *balénoptère*), ainsi désignée parce qu'elle ne coule pas lorsqu'elle est mortellement blessée. ➲ Long. 18 m ; poids 50 t. ▪ **Rire comme une baleine** [fam.], sans retenue, en ouvrant grand la bouche.

➲ La **BALEINE** se nourrit du plancton (en partic. de krill) retenu dans ses fanons. En remontant à la surface, elle expire de l'air saturé de vapeur d'eau. De nombreuses espèces de baleines ont été chassées à l'excès pour leur viande et leur graisse (jusqu'à 30 t d'huile par animal), et sont devenues très rares. La chasse de ce cétacé, d'abord réglementée, a été interdite en 1986.

BALEINÉ, E adj. Se dit d'un vêtement, d'un parapluie, etc., muni de baleines.

BALEINEAU n.m. Petit de la baleine.

1. BALEINIER, ÈRE adj. Relatif à la chasse à la baleine. ◆ n.m. Navire équipé pour la chasse à la baleine.

2. BALEINIER n.m. Marin travaillant sur un baleinier.

BALEINIÈRE n.f. **1.** Canot de service, léger et étroit, à bord des navires de commerce. **2.** Embarcation légère et pointue aux deux extrémités, servant autref. à la chasse à la baleine.

BALÉNOPTÈRE n.m. Rorqual.

BALESTRON n.m. **MAR.** Espar servant à établir certaines voiles auriques.

BALÈVRE n.f. (de *lèvre*). **CONSTR. 1.** Saillie d'une pierre sur une autre, dans un mur. **2.** Bavure de ciment ou de mortier à un joint.

BALÈZE ou **BALAISE** adj. et n. (du provenç. *balès*, gros). Fam. Très fort, physiquement ou intellectuellement.

BALINAIS, E adj. et n. De Bali.

BALINT [balint] **(GROUPE)** n.m. **PSYCHAN.** Groupe de discussion et de travail réunissant des médecins et des travailleurs sociaux sous la présidence d'un psychanalyste, pour faire prendre conscience des processus psychiques intervenant dans la relation avec le malade.

BALISAGE n.m. **1.** Action de disposer des balises. **2.** Ensemble des balises et autres signaux disposés pour indiquer des dangers à éviter, la route à suivre : *Balisage d'un port, d'un aérodrome.*

1. BALISE n.f. (port. *baliza*, du lat. *palus*, pieu). **1.** Marque, objet (piquet, perche) indiquant le tracé d'une voie (canal, chemin de fer, etc.). **2.** Dispositif mécanique, optique, sonore ou radioélectrique destiné à signaler un danger ou à délimiter une voie de circulation maritime ou aérienne : *Balise de détresse.* **3. IMPRIM., INFORM.** Dans un système de composition ou de traitement de texte, marque destinée à identifier un élément tout en lui attribuant certaines caractéristiques (SYN. **tag**).

2. BALISE n.f. Fruit du balisier.

BALISER v.t. [3]. Munir de balises : *Baliser une piste, un texte.* ◆ v.i. Fam. Avoir peur.

BALISEUR n.m. Navire équipé pour placer ou relever les bouées et ravitailler les phares.

BALISIER n.m. (mot des Caraïbes). Plante monocotylédone originaire de l'Inde et cultivée dans les régions chaudes pour son rhizome, riche en féculents, et dont certaines espèces ont des fleurs décoratives. ➲ Famille des cannacées.

1. BALISTE n.f. (lat. *ballista*). Machine de guerre servant à lancer des projectiles, en usage dans l'Antiquité et au Moyen Âge.

2. BALISTE n.m. Poisson des récifs coralliens aux vives couleurs, capable de broyer coquillages et crustacés. ➲ Ordre des tétraodontiformes.

BALISTICIEN, ENNE n. Spécialiste de balistique.

BALISTIQUE n.f. (de *1. baliste*). Science qui étudie les mouvements des corps lancés dans l'espace et, plus spécial., ceux des projectiles. ◆ adj. Qui relève de la balistique : *Missile balistique.* ▪ **Trajectoire balistique,** trajectoire d'un projectile soumis à la seule force de la gravitation.

▲ **balisier**

BALIVAGE n.m. **SYLVIC.** Choix et marquage des baliveaux.

BALIVEAU n.m. (de l'anc. fr. *baïf*, qui regarde attentivement). **1. SYLVIC.** Arbre réservé dans la coupe d'un taillis pour qu'il puisse croître en futaie. **2. CONSTR.** Perche d'un échafaudage.

BALIVERNE n.f. (Surtout pl.). Propos futile, souvent erroné ; billevesée ; sornette.

BALKANIQUE adj. Des Balkans.

BALKANISATION n.f. (de *Balkans*). Processus qui aboutit à la fragmentation en de nombreux États de ce qui constituait auparavant une entité territoriale et politique. (On dit aussi *libanisation*.)

BALKANISER v.t. [3]. Morceler par balkanisation. ◆ **SE BALKANISER** v.pr. Se fractionner, se diviser, au détriment de la cohésion, de l'efficacité.

BALLADE n.f. (du provenç. *balada*, danse). **1.** Petit poème lyrique qui apparaît au XIVe s. et se compose de trois strophes suivies d'un envoi ou d'une demi-strophe. **2.** Poème narratif mis à la mode en Allemagne et en Angleterre à la fin du XVIIe s., relatant de façon pathétique une tradition historique ou légendaire. **3. MUS.** Pièce vocale ou instrumentale inspirée par une ballade littéraire ou qui en reflète l'atmosphère : *Ballades romantiques. Ballade pour piano.* **4. MUS.** Anc. Chanson de danse.

1. BALLANT, E adj. (de *baller*). Se dit d'une partie du corps qui se balance, qui pend : *Rester les bras ballants.*

2. BALLANT n.m. Balancement d'un véhicule mal équilibré : *La camionnette a pris du ballant.* ▪ **Être sur le ballant** → **BALAN.**

BALLAST n.m. (mot angl. « lest pour navires »). **1.** Couche de pierres concassées qui maintiennent et assujettissent les traverses d'une voie ferrée ; matériau que constituent ces pierres concassées. **2. MAR.** Compartiment étanche servant au transport de liquide (mazout, eau douce) dans le fond d'un navire. **3. MAR.** Lest solide ou liquide chargé dans le fond d'un navire pour augmenter sa stabilité. **4. MAR.** Compartiment dont le remplissage à l'eau de mer permet la plongée d'un sous-marin, et la vidange, sa remontée en surface.

▲ **baleines**

5. ÉLECTR. Composant utilisé dans un circuit pour absorber certaines fluctuations (température, tension, courant, etc.) ou variations transitoires. **6.** Appareillage d'alimentation, notamm. pour les lampes à néon, fournissant une tension élevée permettant leur allumage.

BALLASTAGE n.m. Action de ballaster.

BALLASTER v.t. [3]. 1. Répartir du ballast sur une voie de chemin de fer. **2.** Équilibrer un navire en remplissant ou en vidant ses ballasts.

BALLASTIÈRE n.f. Carrière d'où l'on extrait le ballast.

1. BALLE n.f. (ital. *palla*). **1.** Objet sphérique pouvant rebondir et servant à divers jeux ou sports : *Balle de tennis, de golf.* **2.** Au tennis, service. **3.** Projectile des armes à feu portatives. ▪ **Balle de set, de match,** au tennis, au tennis de table, service pouvant être décisif pour le gain, par l'un ou l'autre des joueurs, d'un set, d'un match. ▪ **Enfant de la balle,** artiste élevé et formé dans le milieu des métiers du spectacle. ▪ **La balle est dans le camp de qqn,** c'est à lui de faire des propositions, de répondre. ▪ **Prendre** ou **saisir la balle au bond,** saisir immédiatement l'occasion. ▪ **Renvoyer la balle,** répliquer, riposter vivement. ▪ **Se renvoyer la balle,** se rejeter mutuellement une responsabilité. ▪ **Se tirer une balle dans le pied** [fam.], se nuire gravement, par maladresse ou inconscience.

2. BALLE ou **BALE n.f.** (de l'anc. fr. *baler*, vanner). Enveloppe du grain des céréales.

3. BALLE n.f. (du francique **balla*). Gros paquet de marchandises.

4. BALLE n.f. (de *1. balle*). Fam., vieilli. Franc (monnaie) : *Donne-moi cent balles.* ▪ **À deux balles** [fam.], sans recherche ; sans profondeur ; médiocre : *Faire de l'humour, de la psychologie à deux balles.*

BALLE-MOLLE ou **BALLE MOLLE n.f.** (pl. *balles*[-]*molles*). Québec. Sport apparenté au base-ball, mais qui se joue avec une balle plus grosse et moins dure.

BALLER v.i. [3] (de l'anc. fr. *baler*, remuer). Litt. Osciller ; pendre.

BALLERINE n.f. (ital. *ballerina*). **1.** Danseuse de ballet. **2.** Chaussure de femme qui rappelle un chausson de danse.

BALLET n.m. (ital. *balletto*). **1.** Composition chorégraphique destinée à être représentée en public par un ou plusieurs danseurs. **2.** Troupe donnant des spectacles chorégraphiques. (On dit aussi *compagnie de ballet.*) **3.** Composition musicale destinée à accompagner un spectacle chorégraphique. **4.** Fig. Allées et venues, en partic. de diplomates, d'hommes politiques, lors de négociations : *Le ballet des ministres a repris ce matin.* ▪ **Ballet blanc** ou **romantique,** ballet-pantomime du XIXᵉ s., comportant un ou plusieurs épisodes fantastiques dansés en tutu blanc. ▪ **Ballet classique,** ballet-pantomime à grand spectacle, féerique et exotique, de la fin du XIXᵉ s. ▪ **Ballet de cour,** spectacle conjuguant chant, musique et danse, interprété par le roi et les courtisans, en France, aux XVIᵉ et XVIIᵉ s. ▪ **Corps de ballet,** ensemble des danseurs d'un théâtre formant une compagnie.

➲ Le **BALLET** classique occidental trouve son origine, à la Renaissance, dans les divertissements des cours d'Italie puis de France (*ballet de cour*). La danse de scène devient l'affaire des seuls professionnels peu après la création, en 1669 à l'Opéra de Paris, de la première troupe institutionnelle de ballet. Jusqu'au XVIIIᵉ s., elle n'est encore qu'un élément parmi d'autres dans un ouvrage lyrique (opéra-ballet) ou dans une pièce de théâtre (comédie-ballet). Elle affirme son autonomie avec l'émergence du ballet-pantomime, qui s'impose v. 1750 à toute l'Europe. Les années 1830 sont marquées par l'avènement du *ballet romantique* où se répand l'usage des pointes.
Le répertoire classique ne cesse de s'enrichir dans la seconde moitié du XIXᵉ s., puis de se renouveler profondément au XXᵉ s., alors même que se multiplient les formes d'expression chorégraphique (néoclassicisme, expressionnisme, modern dance, danse postmoderne*, danse contemporaine, danse jazz, hip-hop).

BALLET-PANTOMIME n.m. (pl. *ballets-pantomimes*). Spectacle qui relate une histoire à l'aide de mouvements dansés et de gestes imitatifs.

1. BALLON n.m. (ital. *pallone*). **1.** Grosse balle à jouer, ronde ou ovale, génér. gonflée d'air : *Un ballon de rugby, de basket.* **2.** Poche de caoutchouc léger gonflée d'air ou de gaz et qui peut s'envoler : *Ballon d'enfant.* **3.** Aérostat de taille variable utilisé à des fins scientifiques, sportives ou militaires. **4.** Verre à boire de forme sphérique ; son contenu : *Un ballon de vin rouge. Des verres ballon.* **5.** Suisse. Petit pain de forme sphérique. **6. CHIM.** Vase de verre de forme sphérique. ▪ **Avoir du ballon** [danse], se dit d'un danseur qui saute haut et rebondit avec souplesse. ▪ **Ballon au poing,** sport opposant deux équipes de six joueurs, pratiqué en Picardie et qui se joue avec un ballon frappé à l'aide du poignet. ▪ **Ballon d'essai,** expérience faite dans le but de sonder le terrain, l'opinion ; test. ▪ **Ballon dirigeable** → **DIRIGEABLE.** ▪ **Ballon d'oxygène,** réservoir contenant de l'oxygène, pour les malades ; fig., ce qui a un effet tonique, bienfaisant. ▪ **Ballon réchauffeur,** appareil de production d'eau chaude à réservoir équipé d'un échangeur, cour. appelé *ballon d'eau chaude* ou *cumulus.*

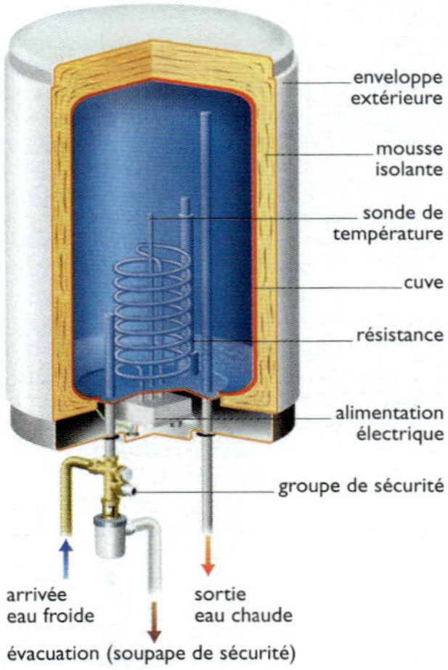

▲ **ballon** d'eau chaude.

2. BALLON n.m. (all. *Belchen*). Sommet arrondi, dans le massif des Vosges : *Le ballon d'Alsace.*

BALLONNÉ, E adj. Distendu ; gonflé : *Ventre ballonné.*

BALLONNEMENT n.m. Météorisme ; flatulence.

BALLONNER v.t. [3]. ▪ **Ballonner le ventre, l'estomac,** l'enfler, le distendre par l'accumulation de gaz.

BALLONNET n.m. Petit ballon.

BALLON-SONDE n.m. (pl. *ballons-sondes*). Ballon muni d'appareils enregistreurs destinés à l'étude météorologique de la haute atmosphère.

BALLOT n.m. (de 3. *balle*). **1.** Paquet de marchandises. **2.** Fam., vieilli. Sot ; nigaud. ◆ **adj.m.** Fam. Idiot ; stupide : *Je trouve ça ballot.*

BALLOTE n.f. (lat. *ballota*). Plante des décombres, à odeur fétide et à fleurs mauves, dont l'extrait a des propriétés sédatives (SYN. **marrube noir**). ➲ Famille des labiées.

BALLOTIN n.m. Emballage en carton pour les confiseries : *Un ballotin de chocolats.*

BALLOTTAGE, ▲ *BALLOTAGE* **n.m.** Situation dans laquelle aucun des candidats n'a réuni au premier tour la majorité requise, dans un scrutin majoritaire à deux tours : *Candidats en ballottage.* ▪ **Scrutin de ballottage,** dernier tour du scrutin, pour lequel la majorité relative suffit.

BALLOTTEMENT, ▲ *BALLOTEMENT* **n.m.** Mouvement de ce qui ballotte, est ballotté : *Le ballottement du train nous berçait.*

BALLOTTER, ▲ *BALLOTER* **v.t. [3]** (de l'anc. fr. *ballotte*, petite balle). **1.** Remuer de côté et d'autre ; balancer : *La tempête ballotte les navires.* **2.** Fig. (Surtout au passif). Faire passer qqn d'une personne à une autre, d'un sentiment à un autre : *Être ballotté entre son père et sa mère, entre la curiosité et la peur.* ◆ **v.i.** Remuer ou être remué en tous sens : *Violon qui ballotte dans son étui.*

BALLOTTINE, ▲ *BALLOTINE* **n.f. CUIS.** Petite galantine roulée, composée de volaille et de farce (SYN. **dodine**).

BALLOUNE ou **BALOUNE n.f.** (angl. *balloon*). Québec. Fam. **1.** Petit ballon gonflable. **2.** Éthylotest : *Souffler dans la balloune.* ▪ **Partir sur une balloune** [Québec, fam.], s'enivrer.

BALL-TRAP (pl. *ball-traps*), ▲ *BALLTRAP* [baltrap] **n.m.** (mot angl., de *ball*, boule, et *trap*, ressort). Appareil à ressort lançant en l'air des disques d'argile servant de cibles pour le tir au fusil ; tir pratiqué avec cet appareil.

BALLUCHON ou **BALUCHON n.m.** (de 3. *balle*). Fam. Paquet de vêtements, de linge ; petit ballot. ▪ **Faire son balluchon,** partir.

BALNÉAIRE adj. (lat. *balnearius*). Se dit d'un lieu de séjour situé au bord de la mer et de ses installations : *Station balnéaire.*

BALNÉOTHÉRAPIE n.f. Traitement médical par les bains.

BÂLOIS, E adj. et **n.** De Bâle.

BALOUNE n.f. → **BALLOUNE.**

1. BALOURD, E adj. et **n.** (de l'ital. *balordo*, sot). Dépourvu de finesse, de tact ; lourdaud : *Elle est un peu balourde. C'est un gros balourd.*

2. BALOURD n.m. MÉCAN. INDUSTR. Déséquilibre dans une pièce tournante dont le centre de gravité ne se trouve pas sur l'axe de rotation.

BALOURDISE n.f. 1. Caractère balourd. **2.** Parole, action qui vient mal à propos ; maladresse : *Commettre une balourdise.*

BALSA [balza] **n.m.** (mot esp.). Arbre d'Amérique tropicale (Équateur) à bois très léger (densité 0,15), utilisé pour l'aviation, les emballages, l'isolation phonique et la construction des modèles réduits. ➲ Famille des bombacacées.

BALSAMIER [-za-] ou **BAUMIER n.m. 1.** Arbre d'Afrique et d'Amérique tropicales, dont l'écorce produit des résines aromatiques avec lesquelles on confectionne des baumes. ➲ Famille des burséracées. **2.** Par ext. Nom donné à des arbres (myroxyle, conifères, etc.) produisant des baumes.

BALSAMINE [-za-] **n.f.** (du lat. *balsamum*, baume). Plante herbacée sauvage ou cultivée, aux fleurs de couleurs vives, appelée aussi *impatiente*, car son fruit, à maturité, éclate au moindre contact en projetant des graines. ➲ Famille des balsaminacées.

BALSAMIQUE [-za-] **adj.** Qui a les propriétés, en partic. l'odeur, d'un baume : *Senteurs balsamiques.* ▪ **Vinaigre balsamique,** vinaigre de vin issu de cépages sélectionnés et vieilli en fûts de chêne. ➲ Origine italienne.

BALTE adj. et **n., n.m.** Baltique.

BALTHAZAR n.m. (de *Balthazar*, dernier roi de Babylone). Grosse bouteille de champagne, d'une contenance de 12 litres (16 bouteilles ordinaires).

BALTIQUE ou **BALTE adj.** et **n.** De la Baltique ou des pays Baltes. ◆ **n.m.** Groupe de langues indo-européennes comprenant le lituanien et le letton.

BALUCHITHÉRIUM [-rjɔm] **n.m.** (de *Baloutchistan*, n.pr.). Mammifère herbivore fossile, le plus grand de tous les mammifères terrestres connus, qui vivait dans les forêts d'Asie centrale durant l'oligocène (SYN. **indricothérium**). ➲ Long. 8 m, haut. 6 m ; famille des rhinocéros.

BALUCHON n.m. → **BALLUCHON.**

BALUSTRADE n.f. (ital. *balaustrata*). **1.** Rangée de balustres, portée par un socle et couronnée d'une tablette d'appui. **2.** Clôture ou garde-corps diversement ajouré.

BALUSTRE n.m. (ital. *balaustro*). **ARCHIT.** Colonnette ou court pilier renflé et mouluré, génér. employés avec d'autres et assemblés avec eux par une tablette pour former une balustrade, un appui, un motif décoratif. ▪ **En balustre,** se dit d'un pied de siège, d'un support d'accotoir, d'un pied de verre, etc., tournés en forme de balustre.

BALZACIEN, ENNE adj. Relatif à Balzac ; qui évoque son œuvre.

BALZANE n.f. (ital. *balzano*). Tache de poils blancs sur la partie inférieure des membres de certains chevaux.

Le ballet

Aux grandes œuvres de la danse classique, dont la tradition s'est perpétuée par l'entremise d'institutions prestigieuses et d'artistes d'exception comme le fut Rudolf Noureïev, se sont ajoutées au XXe s. les créations des pionniers de la danse moderne – telle Martha Graham –, qui contribuent aujourd'hui encore à la richesse du répertoire chorégraphique. Partout dans le monde se produisent de florissantes compagnies, dirigées par de grands artistes dont les recherches font du ballet contemporain le reflet d'un art vivant, car sans cesse renouvelé.

Martha Graham. La chorégraphe dans *Appalachian Spring* (1944), ballet emblématique de la modern dance. Avec celle-ci s'instaura un langage gestuel destiné à exprimer toute la gamme des impulsions naturelles qui sont à l'origine de nos actes.

Rudolf Noureïev. Pas de deux avec Margot Fonteyn en 1962. Le plus illustre chorégraphe-interprète de son temps fit carrière au Royal Ballet de Londres (1961-1977), avant de présider aux destinées du corps de ballet de l'Opéra de Paris (1983-1989).

Maurice Béjart. *Le Marteau sans maître* (1973), ballet de l'époque bruxelloise du chorégraphe, qui le conçut en se fondant sur un poème de René Char et une partition de musique sérielle due à Pierre Boulez.

Pina Bausch. La chorégraphe, fondatrice du Tanztheater (« théâtre dansé ») de Wuppertal, dans *Café Müller* (1978), son œuvre culte, d'inspiration autobiographique, qui donna l'élan au courant hérité de l'expressionnisme.

William Forsythe. *One Flat Thing Reproduced* (2009). De formation classique, William Forsythe mêle deux univers où le vocabulaire traditionnel, aux lignes pures, sert de support à une vision déstructurée.

Angelin Preljocaj. *Blanche Neige* (2008), œuvre phare de la danse contemporaine qui revisite à la fois le conte des frères Grimm et la musique de Gustav Mahler, dans des costumes signés Jean-Paul Gaultier (ici, Céline Galli dans le rôle de la reine).

BAMAKOIS, E adj. et **n.** De Bamako.

BAMBARA ou **BAMANAN n.m.** Langue nigéro-congolaise du groupe mandingue, parlée en Afrique de l'Ouest, notamm. au Mali.

BAMBIN n.m. (ital. *bambino*). Fam. Petit enfant.

BAMBOCHADE n.f. (ital. *bambocciata*). Petit tableau représentant un sujet populaire ou pittoresque (scène de corps de garde ou de cabaret, beuverie, rixe de paysans).

BAMBOCHARD, E ou **BAMBOCHEUR, EUSE adj.** et **n.** Fam., vieilli. Qui aime faire la fête ; noceur.

BAMBOCHE n.f. (de *bambochade*). Fam., vieilli. Fête débridée.

BAMBOCHER v.i. [3]. Fam., vieilli. Faire la fête, la noce.

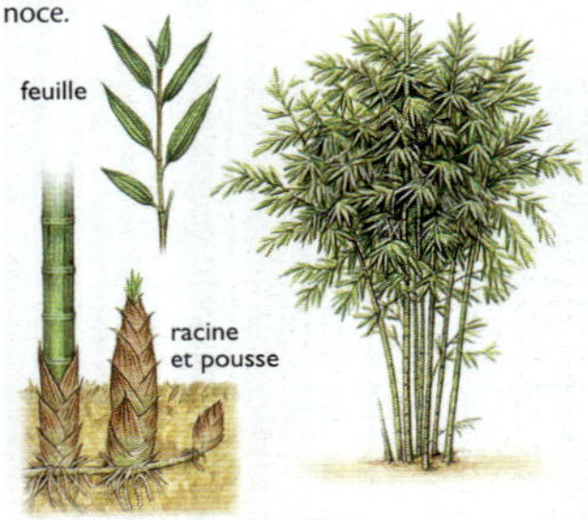

▲ **bambou**

BAMBOU n.m. (malais *bambu*). **1.** Plante des régions tropicales ou subtropicales, à tige cylindrique, creuse et ligneuse, aux nœuds proéminents, à croissance rapide, et qui peut atteindre 40 m de hauteur. ➲ Ses bourgeons sont comestibles (pousses de bambou). Famille des graminées. **2.** Canne faite d'une tige de bambou. ■ **Coup de bambou** [fam.], fatigue extrême et soudaine ; insolation ; note à payer d'un montant excessif, en partic. au restaurant, au café.

BAMBOULA n.f. (mot bantou « tambour »). Fam., vieilli. ■ **Faire la bamboula,** la fête.

BAMBOUSERAIE n.f. Lieu planté de bambous.

1. BAN n.m. (mot francique « proclamation »). **1.** Sonnerie de clairon et roulement de tambour commençant ou clôturant certaines cérémonies militaires : *Ouvrir, fermer le ban.* **2.** Applaudissements rythmés en l'honneur de qqn : *Un ban pour les mariés !* **3.** HIST. Pouvoir de commandement du seigneur sur ses vassaux. **4.** HIST. Proclamation officielle, publique de qqch. **5.** HIST. Condamnation à l'exil, au bannissement. ■ **À ban** [Suisse], interdit d'accès : *Une vigne à ban.* ■ **Convoquer le ban et l'arrière-ban,** tous les membres d'un groupe ou toutes les ressources possibles en hommes. ■ **Être en rupture de ban** [hist.], enfreindre une condamnation à l'exil, au bannissement ; fig., vivre en ayant rompu avec son milieu social, sa famille. ■ **Mettre qqn au ban de la société,** le déclarer indigne ; le condamner devant l'opinion publique. ◆ **n.m. pl.** Annonce de mariage affichée à la mairie, et parfois à l'église : *Publier les bans.*

2. BAN n.m. (mot croate). HIST. Dignitaire, chez les Slaves du Sud et en Valachie ; spécial., représentant du roi de Hongrie en Croatie.

1. BANAL, E, AUX adj. (de *1. ban*). HIST. Qui bénéficiait du droit de banalité : *Moulins banaux.*

2. BANAL, E, ALS adj. (de *1. ban*). Dépourvu d'originalité ; commun ; ordinaire : *Des propos banals.*

BANALEMENT adv. De façon banale.

BANALISATION n.f. Action de banaliser ; fait d'être banalisé.

BANALISER v.t. [3]. 1. Rendre banal, ordinaire, commun : *Banaliser la violence.* **2.** Supprimer les signes distinctifs de : *Une voiture de police banalisée.* **3.** Placer des locaux, des bâtiments, etc., sous le droit commun. ■ **Banaliser une voie** [ch. de f.], l'équiper afin que les trains puissent y circuler dans les deux sens. ◆ **SE BANALISER v.pr.** Devenir banal, courant : *Cette pratique s'est banalisée.*

BANALITÉ n.f. 1. Caractère de ce qui est banal ; platitude : *Ce roman est d'une grande banalité.* **2.** Propos, idée, écrit sans originalité ; lieu commun : *Dire des banalités.* **3.** HIST. Dans la France du Moyen Âge et de l'Ancien Régime, servitude consistant dans l'usage obligatoire et public d'un bien appartenant au seigneur : *Banalité des moulins.*

BANANA SPLIT n.m. inv. (de l'angl. *banana,* banane, et *split,* tranche). Dessert composé de banane, de glace à la vanille, de crème Chantilly et d'amandes pilées.

BANANE n.f. (port. *banana,* d'une langue de Guinée). **1.** Fruit comestible du bananier, oblong, à peau jaune à maturité, à pulpe riche en amidon. **2.** Fam. Butoir de pare-chocs. **3.** Fam. Décoration militaire. **4.** Fam. Coiffure masculine consistant en une mèche frontale gonflée à la brosse en un mouvement souple d'avant en arrière. **5.** Fam. Grand hélicoptère à deux rotors. **6.** Fam. Sourire : *Avoir la banane.* ■ **Fiche banane,** fiche mâle à lames cintrées. ■ **Sac banane,** ou **banane,** petit sac souple se portant à la taille grâce à une ceinture.

BANANERAIE n.f. Plantation de bananiers.

1. BANANIER n.m. 1. Plante à feuilles longues (jusqu'à 2 m), entières, que l'on cultive dans les régions chaudes pour ses fruits, les bananes, groupées en régimes. ➲ Famille des musacées. **2.** Cargo aménagé pour le transport des bananes.

▲ **bananier**

2. BANANIER, ÈRE adj. Qui concerne la culture des bananes. ■ **République bananière,** État où le pouvoir réel est aux mains de puissances économiques étrangères.

BANASTE n.f. Région. (Midi). Grand panier en osier, muni de deux anses.

BANAT n.m. (de *2. ban*). HIST. Territoire administré par un ban.

BANC n.m. (germ. *banki*). **1.** Long siège avec ou sans dossier, où peuvent s'asseoir plusieurs personnes ; ce siège, réservé à certaines personnes dans une assemblée, un tribunal, etc. : *Banc d'écolier. Être assis au banc des accusés.* **2.** Bâti en bois ou en métal, utilisé par de nombreux corps de métiers : *Banc de tourneur.* **3.** Amas de matière formant un dépôt ou constituant un obstacle : *Banc de sable. Banc de brume.* **4.** GÉOL. Couche rocheuse, génér. dure : *Banc de calcaire.* ■ **Banc de neige** [Québec], amoncellement de neige. ■ **Banc de poissons,** grand nombre de poissons d'une même espèce réunis à certaines époques. ■ **Banc d'essai,** installation permettant de déterminer les caractéristiques d'un moteur, d'une machine ; fig., ce qui permet d'éprouver les capacités de qqn, de qqch. ■ **Banc d'œuvre,** banc d'église autrefois réservé aux marguilliers.

BANCABLE ou **BANQUABLE adj.** Se dit d'un effet de commerce susceptible d'être réescompté par une banque centrale.

BANCAIRE adj. Relatif à la banque : *Une agence bancaire.*

1. BANCAL, E, ALS adj. (de *banc*). **1.** Qui boite fortement ; claudicant. **2.** Se dit d'un meuble qui a des pieds de hauteur inégale : *Des tabourets bancals.* **3.** Fig. Qui ne repose pas sur des bases rigoureuses : *Raisonnement bancal.*

2. BANCAL n.m. (pl. *bancals*). Sabre à lame courbe de la cavalerie légère (v. 1800).

BANCARISATION n.f. Tendance des banques à influencer la vie des ménages en leur permettant d'ouvrir des comptes, afin de drainer de multiples ressources.

BANCASSURANCE n.f. (nom déposé). Pratique des opérations d'assurance par les banques.

BANCASSUREUR n.m. Établissement bancaire qui, à ses activités d'origine, a ajouté celles de la Bancassurance.

BANCHAGE n.m. Action de bancher.

BANCHE n.f. (de *banc*). Panneau de coffrage pour la construction des murs en béton ou en pisé.

BANCHER v.t. [3]. CONSTR. **1.** Mettre en place des banches. **2.** Couler du béton dans des banches.

1. BANCO n.m. (mot ital. « banque »). ■ **Faire banco,** tenir seul l'enjeu contre le banquier, à certains jeux. ◆ **interj.** Fam. Chiche !

2. BANCO n.m. Afrique. Matériau de construction traditionnel, sorte de pisé.

BANCOULIER n.m. (de *Bancoulen,* v. de Sumatra). Arbre d'Asie méridionale, cultivé pour son fruit donnant une huile comestible. ➲ Famille des euphorbiacées.

BANCROCHE adj. Fam., vx. Bancal.

BANC-TITRE n.m. (pl. *bancs-titres*). CINÉMA, TÉLÉV. Dispositif constitué par une caméra fixe et par un plateau perpendiculaire à son axe optique, sur lequel sont placés les documents plans à filmer (génériques, sous-titres, etc.) ; procédé consistant en l'utilisation de ce dispositif.

BANDA [bɑ̃da] **n.f.** Région. (Sud-Ouest). Fanfare qui accompagne les défilés de rue lors des ferias (grandes fêtes annuelles).

BANDAGE n.m. 1. Action de bander une partie du corps ; pansement ainsi constitué : *Il avait la tête entourée d'un bandage.* **2.** Cercle métallique ou bande de caoutchouc entourant la jante d'une roue.

BANDAGISTE n. Personne qui fabrique et vend des bandages chirurgicaux.

BANDANA n.m. (hindi *bandhnu*). Petit carré de coton de couleurs vives, servant génér. de foulard.

1. BANDE n.f. (du francique **binda,* lien). **1.** Morceau d'étoffe, de papier, etc., long et étroit, servant à lier, serrer, couvrir, protéger qqch : *Une bande de papier collant.* **2.** Pièce de tissu utilisée pour faire un pansement, un bandage : *On a mis une bande autour du genou du blessé.* **3.** Ce qui entoure, borde ou délimite qqch : *Bande de terrain. Bande de couleur.* **4.** Ornement plus long que large qui se distingue d'un ensemble : *Agrémenter un manteau d'une bande de velours.* **5.** HÉRALD. Pièce honorable qui va de l'angle dextre du chef à l'angle senestre de la pointe (par oppos. à *barre*). **6.** Rebord élastique qui entoure le tapis d'un billard. **7.** Dispositif d'assemblage de cartouches pour alimenter des armes automatiques. **8.** MATH. Région d'un plan limitée par deux droites parallèles. ■ **Bande (de fréquence)** [télécomm.], ensemble des fréquences comprises entre deux limites. ■ **Bande de roulement,** partie d'un pneumatique en contact avec le sol. ■ **Bande dessinée (BD),** succession de vignettes organisées en séquences, qui mêlent dessins et texte pour raconter une histoire. Abrév. (fam.) **bédé.** ■ **Bande d'usure,** partie amovible rapportée sur une pièce soumise à un frottement pour la préserver de l'usure. ■ **Bande magnétique,** ruban servant de support d'enregistrement des sons, des images, des données informatiques, etc. ■ **Bande originale (BO),** édition de la musique originale d'un film. ■ **Bande passante** [télécomm.], intervalle de fréquences dans lequel un système mécanique ou électronique laisse passer un signal sans distorsion notable. ➲ Dans le cas d'une transmission, plus la bande passante est large, plus la quantité d'informations qui peut être véhiculée est importante. ■ **Bande perforée** [anc.], bande de papier ou de plastique utilisée pour enregistrer des chiffres et des lettres sous forme de perforations. ■ **Bande publique** [télécomm.], recomm. off. pour **citizen band.** ■ **Bandes lombardes** [archit.], jambes faiblement saillantes en répétition sur un mur et reliées à leur sommet par une frise d'arceaux, dans le premier art roman. ■ **En bande** [archit.], se dit d'un immeuble moderne de grandes dimensions et de forme allongée (SYN. **barre**) ; se dit d'une suite de maisons construites ensemble, accolées. ■ **Par la bande** [fam.], indirectement : *J'ai appris son retour par la bande.* ■ **Théorie des bandes** [phys.], théorie quantique de la physique des solides, qui prévoit que les niveaux d'énergie des électrons dans un cristal se répartissent en *bandes permises* séparées par des *bandes interdites*.

2. BANDE **n.f.** (du germ. *bandwa*, étendard). **1.** Groupe de personnes réunies par affinités ou pour faire qqch ensemble : *Une bande de copains.* **2.** Groupe d'animaux se déplaçant ensemble. ▪ **Bande amérindienne** ou **indienne**, au Canada, subdivision, légalement reconnue, d'une nation amérindienne ou indienne. ▪ **Bande (organisée)**, groupe de personnes agissant de manière concertée pour préparer et commettre une infraction. ▪ **Faire bande à part** [fam.], se tenir à l'écart du reste du groupe sans vouloir s'y mêler.

3. BANDE **n.f.** (de 2. *bande*). **MAR.** Inclinaison que prend un navire sur un bord, sous l'effet du vent ou du poids d'une cargaison mal répartie (SYN. **2. gîte**).

BANDÉ, E **adj.** **HÉRALD.** Se dit de toute pièce de l'écu divisée en un nombre pair de parties égales d'émaux alternés dans le sens de la bande.

BANDE-ANNONCE **n.f.** (pl. *bandes-annonces*). **CINÉMA, TÉLÉV.** Montage d'extraits de film, d'émission, destiné à leur attirer le plus de public possible.

BANDEAU **n.m.** **1.** Bande étroite de tissu qui sert à entourer la tête, ou à empêcher de voir : *Le bandeau d'un joueur de tennis. Les otages avaient un bandeau sur les yeux.* **2.** Titre placé au-dessus de la manchette d'un journal. **3.** Petite frise (texte ou illustration) en tête d'un chapitre ou d'un article. **4. INFORM.** Bannière. **5. ARCHIT.** Large moulure plate ou bombée ; assise en saillie sur un mur, pour écarter les eaux de ruissellement. ▪ **Avoir un bandeau sur les yeux,** ne pas voir la réalité telle qu'elle est ; être aveuglé par la passion, par un préjugé.

BANDELETTE **n.f.** **1.** Petite bande de tissu. **2. ARCHIT.** Petite moulure plate.

BANDER **v.t.** [3]. **1.** Entourer avec une bande : *Bander un bras écorché.* **2.** Couvrir d'un bandeau : *Bander les yeux de qqn.* **3.** Tendre les muscles pour un effort déterminé. **4.** Raidir en tendant : *Bander un arc.* ◆ **v.i.** Vulg. Avoir une érection.

BANDERA [bɑ̃dera] ou [bandera] **n.f.** (mot esp. « drapeau »). Unité tactique de divers corps de l'armée espagnole.

BANDERILLE [bɑ̃drij] **n.f.** (esp. *banderilla*). Petit javelot orné de rubans que le torero plante par paires sur le garrot des taureaux.

BANDERILLERO [bɑ̃derilero] ou [banderijero], ▲*BANDÉRILLÉRO* **n.m.** (mot esp.). Torero chargé de planter les banderilles.

BANDEROLE **n.f.** (ital. *banderuola*). **1.** Bande d'étoffe longue et étroite, attachée à un mât ou à une hampe, et qui porte souvent des dessins ou des inscriptions : *Les manifestants déploient leurs banderoles.* **2. ICON.** Au Moyen Âge, figuration, dans une peinture, un bas-relief, etc., d'un large ruban portant une inscription, les paroles que prononce un personnage (SYN. **phylactère**).

BANDE-SON **n.f.** (pl. *bandes-son*). Ensemble des éléments sonores d'un film ou d'un document audiovisuel.

BANDE-VIDÉO **n.f.** (pl. *bandes-vidéo*). Bande magnétique servant à l'enregistrement des images et des sons associés. ▪ **Bande-vidéo promotionnelle,** recomm. off. pour **clip.**

BANDIT **n.m.** (ital. *bandito*). **1.** Personne qui pratique le vol, l'attaque à main armée. **2.** Fam., vieilli. Personne malhonnête. ▪ **Bandit manchot** [fam.], machine à sous.

BANDITISME **n.m.** Ensemble des actions criminelles commises ; les organisations qui les commettent : *Lutter contre le grand banditisme.*

BANDONÉON **n.m.** (all. *Bandoneon*). Petit accordéon possédant un soufflet de section carrée, utilisé notamm. dans les orchestres de tango.

BANDOTHÈQUE **n.f.** Vieilli. Collection de bandes magnétiques contenant des programmes informatiques.

BANDOULIÈRE **n.f.** (esp. *bandolera*). Bande de cuir, d'étoffe posée sur une épaule et traversant le torse en diagonale pour soutenir une arme, un

La bande dessinée

De *la Famille Fenouillard*, « histoire en images » du pionnier Christophe publiée dans *le Petit Français illustré* de 1889 à 1893, à la modernité graphique des auteurs s'attachant à créer sous les contraintes technique et formelle de l'Oubapo (OUvroir de BAndes dessinées POtentielles, mouvement fondé en 1992), la bande dessinée n'a jamais cessé d'évoluer. Mariant avec subtilité le texte et l'image, ouvrant progressivement son champ d'investigation traditionnel de l'humour et de l'aventure à des thématiques plus « adultes », elle s'est imposée comme un formidable moyen d'expression, universel et en phase avec son époque.

▲ **La ligne claire.** *Le Lotus bleu* (1936 ; première publication en couleurs, 1946). Caractérisé par un trait linéaire et réaliste sans ombre ni volume, le style graphique de Hergé fit école sous l'expression – forgée en 1977 par le dessinateur néerlandais Joost Swarte (né en 1947) – *de klare lijn* : « la ligne claire ». (© Hergé/Moulinsart 2010)

◀ **Les comics.** Désignant au début du XXe s. les séries comiques publiées dans la presse anglo-américaine, puis plus globalement toutes sortes d'histoires (humoristiques ou non), les comics doivent leur popularité aux super-héros dont ils ont propagé la légende. Superman est le premier d'entre eux. (Dessin de Joe Shuster, vers 1950, Galerie 9e Art, Paris)

▲ **Le roman graphique.** *Songe d'un matin d'hiver [Corto Maltese/les Celtiques]* (1972). Grand maître du noir et blanc, conteur hors pair, Hugo Pratt est considéré comme l'un des pères du roman graphique. Puisant son inspiration dans la littérature épique et les romans d'aventures, il ouvre le neuvième art à un lectorat plus adulte. (© Cong SA)

◀ **Le manga.** *One Piece, À l'aube d'une grande aventure* (1997) d'Eiichiro Oda (né en 1975). En provenance du Japon, le manga est soumis à des codes graphiques précis. L'un des principaux est la « déformation » outrancière des personnages dans l'expression des sentiments. (© 1997 by Eiichiro Oda/Shueisha Inc.)

La nouvelle bande dessinée française. ▶ *L'Ancien Temps. Le roi n'embrasse pas* (2009). Auteur éclectique, Joann Sfar renouvelle la bande dessinée d'expression française. Il met son style alerte et proche du croquis au service d'histoires débridées. (Ouvrage réalisé avec Brigitte Findakly, © Éditions Gallimard)

sac, etc. ▪ **En bandoulière,** se dit de ce qui est porté avec une bandoulière : *Porter son fusil en bandoulière.*

BANETTE n.f. (nom déposé). Pain à base de farine sélectionnée, moins long et plus renflé que la baguette.

BANG n.m. (onomat.). Bruit violent d'un avion qui franchit le mur du son (bang sonique). ◆ **interj.** Imite le bruit d'une explosion.

BANGA n.m. Mayotte. **1.** Anc. Case en torchis où dormait l'adolescent jusqu'à son mariage. **2.** Mod. Case en tôle, sans eau ni électricité.

BANGIÉE ou **BANGIOPHYCÉE n.f.** Algue rouge primitive, telle que la porphyra. ➲ Les bangiées forment une sous-classe.

BANGLADAIS, E ou **BANGLADESHI, E adj.** et **n.** Du Bangladesh ; de ses habitants.

BANIAN n.m. (mot tamoul « marchand »). Grand figuier de l'Inde aux racines adventives aériennes.

BANJO [bɑ̃(d)ʒo] **n.m.** (mot anglo-amér., de l'esp.). Instrument de la famille du luth, à caisse ronde, dont la table d'harmonie est formée d'une membrane.

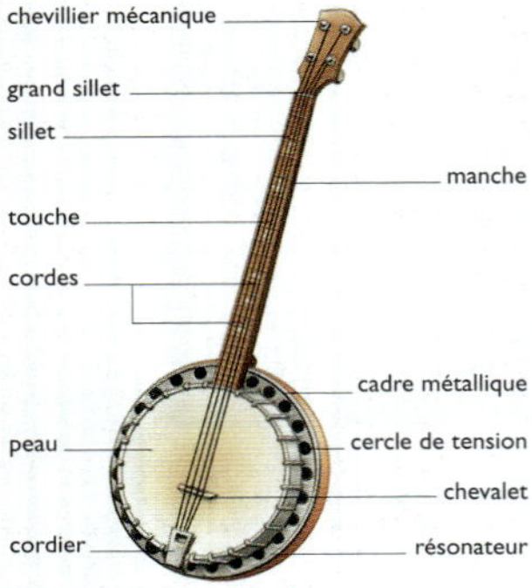

▲**banjo**

BANLIEUE n.f. (de *1. ban* et *lieue*). Ensemble des localités qui constituent la périphérie d'une agglomération : *La grande banlieue.*

BANLIEUSARD, E n. Personne qui habite la banlieue d'une grande ville, notamm. de Paris.

BANNE n.f. (lat. *benna*). **1.** Bâche protégeant des intempéries, au-dessus de la devanture d'un magasin. **2.** Grand panier d'osier.

BANNERET n.m. (de *1. ban*). **HIST.** Seigneur d'un fief ayant suffisamment de vassaux pour les mener se battre sous sa bannière.

BANNETON n.m. (de *banne*). Petit panier sans anse, doublé de toile, où l'on met le pain à lever avant la cuisson.

BANNETTE n.f. 1. Petite banne en osier. **2. MAR.** Couchette, à bord d'un bateau.

BANNI, E n. et **adj.** Personne condamnée au bannissement ; proscrit.

BANNIÈRE n.f. (de *1. ban*). **1.** Étendard d'une confrérie, d'une corporation, etc. **2. HIST.** Pièce d'étoffe attachée à la hampe d'une lance et portée devant le chevalier qui conduit ses hommes au combat ; l'ensemble de cette troupe. **3. INFORM.** Partie d'une page Web contenant un message publicitaire qui pointe vers le site de l'annonceur (SYN. **bandeau**). ▪ **C'est la croix et la bannière** [fam.], c'est difficile à obtenir, à faire. ▪ **Se ranger sous la bannière de qqn,** adhérer à ses idées et lutter à ses côtés.

BANNIR v.t. [21] (du francique **bannjan*, proclamer). **1.** Écarter définitivement ; exclure : *Bannir un mot de son vocabulaire.* **2.** Condamner au bannissement.

BANNISSEMENT n.m. Peine interdisant à un citoyen de séjourner dans son pays. ➲ Cette peine, tombée en désuétude, fut supprimée en France en 1993.

BANON n.m. (de *Banon*, localité des Alpes-de-Haute-Provence). Fromage de chèvre AOC au lait cru affiné et emballé dans une feuille de châtaignier.

BANQUABLE adj. → **BANCABLE.**

BANQUE n.f. (de l'ital. *banca*, table de changeur). **1.** Établissement qui reçoit des fonds du public, accorde des crédits et met à la disposition de sa clientèle des moyens de paiement ; siège local de cette entreprise : *Succursale de banque.* **2.** Branche de l'activité économique constituée par les banques et les établissements de même nature : *La banque au Moyen Âge.* **3.** Fonds d'argent remis à celui qui tient le jeu et destiné à payer ceux qui gagnent, dans certains jeux. **4. MÉD.** Organisme qui recueille, conserve et distribue des tissus, des organes (cornées, sang, os, peau, etc.). ▪ **Banque centrale,** banque d'émission qui a en charge la politique monétaire d'un État ou d'une zone monétaire (comme la zone euro) et qui, en qualité de banque dite « de premier rang », encadre les activités des autres banques, dites « de second rang ». ▪ **Banque de données** [inform.], ensemble de données relatives à un domaine, organisées par traitement informatique, accessibles en ligne et à distance. ▪ **Banque d'émission,** dotée du monopole d'émission des billets de banque. ▪ **Banque d'épreuves,** ensemble d'épreuves communes au concours d'entrée de plusieurs établissements d'enseignement supérieur d'une même filière. ▪ **Banque systémique,** banque dont la faillite pourrait mettre en péril l'ensemble du système financier et impacter fortement l'économie mondiale, en raison de son importance, de la variété et du volume de ses activités. ▪ **Faire sauter la banque,** gagner tout l'argent que la banque, le banquier a risqué, dans certains jeux.

BANQUER v.i. [3]. Fam. Payer.

BANQUEROUTE n.f. (de l'ital. *banca rotta*, banc rompu, allusion au vieil usage de rompre le banc, ou comptoir, du banqueroutier). **1.** Délit commis par le responsable d'une personne morale de droit privé qui, en cas de redressement ou de liquidation judiciaire, agit frauduleusement (par ex., en détournant une partie de l'actif). **2.** Échec total : *La banqueroute électorale d'un parti.*

BANQUEROUTIER, ÈRE n. Personne coupable d'une banqueroute.

BANQUET n.m. (de l'ital. *banchetto*, petit banc). Grand repas organisé pour fêter un événement important ; festin.

BANQUETER v.i. [16], ▲ *[12]*. **1.** Prendre part à un banquet. **2.** Faire bonne chère ; festoyer.

BANQUETTE n.f. (languedocien *banqueta*). **1.** Banc rembourré ou canné. **2.** Siège d'un seul tenant, prenant toute la largeur d'une automobile : *La banquette arrière.* **3.** Siège à dossier en forme de banc, dans le métro, le train, etc. **4. ARCHIT.** Banc de pierre dans l'embrasure d'une fenêtre. **5. TRAV. PUBL.** Plateforme ménagée à mi-pente ou au sommet d'un talus pour renforcer sa stabilité et faciliter la circulation piétonne. ▪ **Banquette de tir** [fortif.], partie surélevée du sol d'une tranchée, permettant de tirer par-dessus le parapet.

BANQUETTE-LIT n.f. (pl. *banquettes-lits*). Siège à dossier rabattable et transformable en lit.

BANQUIER, ÈRE n. 1. Personne qui dirige ou gère une banque. **2.** Personne qui tient la banque, dans un jeu.

BANQUISE n.f. (scand. *pakis*). Couche de glace formée par congélation de l'eau de mer, dans les régions polaires.

▲**banquise.** Dislocation de la banquise antarctique.

BANQUISTE n.m. Homme de cirque ou de spectacle forain.

BANTOU, E adj. ou **BANTU** [bɑ̃tu] **adj. inv. en genre** Relatif aux Bantous. ◆ **n.m.** Famille de langues africaines parlées dans la moitié sud du continent africain.

BANTOUSTAN n.m. En Afrique du Sud, au temps de l'apartheid, territoire attribué aux différentes ethnies noires.

BANYULS [baɲuls] **n.m.** (de *Banyuls-sur-Mer*, n.pr.). Vin doux naturel du Roussillon.

BAOBAB n.m. (ar. *bū ḥibab*). Arbre des régions tropicales de l'Ancien Monde, au tronc pouvant atteindre 25 m de circonférence et aux fruits comestibles (pain de singe). ➲ Famille des bombacacées.

▲**baobab**

BAPTÊME [batɛm] **n.m.** (du gr. *baptizein*, immerger). **1. CHRIST.** Sacrement qui, en effaçant le péché originel, marque l'entrée dans l'Église ; cérémonie qui l'accompagne. ➲ Le baptême est, avec la communion (sainte cène), l'un des deux sacrements reconnus par la théologie protestante. **2.** Belgique. Arg. scol. Bizutage. ▪ **Baptême civil,** cérémonie laïque célébrée dans une mairie et ayant pour un enfant la valeur d'un rite de passage. ▪ **Baptême de l'air,** premier vol en avion. ▪ **Baptême de la ligne** ou **des tropiques,** cérémonie burlesque qui a lieu quand on passe l'équateur ou un tropique pour la première fois. ▪ **Baptême du feu,** premier combat militaire ; fig., première expérience. ▪ **Baptême d'une cloche, d'un navire, etc.,** leur bénédiction solennelle. ▪ **Nom de baptême** [christ.], prénom que l'on reçoit le jour du baptême.

BAPTISÉ, E n. Personne qui a reçu le baptême.

BAPTISER [batize] **v.t. [3]** (du gr. *baptizein*, immerger). **1.** Administrer le baptême à qqn. **2.** Donner un nom, une appellation à : *Cette manifestation a été baptisée « marche verte ».* **3.** Fam. Salir qqch de neuf avec un liquide : *Il a renversé du vin et baptisé la nappe.* ▪ **Baptiser du vin, du lait** [fam.], y ajouter de l'eau.

BAPTISMAL, E, AUX [batismal, o] **adj.** Relatif au baptême : *Fonts baptismaux.*

BAPTISME [batism] **n.m. CHRIST.** Mouvement issu de l'anabaptisme, contemporain de Luther.

BAPTISTE [batist] **adj.** et **n.** Relatif au baptisme.

BAPTISTÈRE [batistɛr] **n.m.** Bâtiment annexe ou chapelle d'une église destinés à l'administration du baptême.

BAQUET n.m. (dimin. de *1. bac*). **1.** Petite cuve de bois servant à divers usages domestiques. **2.** Siège bas d'une voiture de sport.

1. BAR n.m. (du néerl. *baers*, perche). Poisson marin à chair estimée, voisin de la perche, appelé aussi *loup*. ➲ Famille des moronidés.

2. BAR n.m. (mot angl. « barre de comptoir »). **1.** Débit de boissons, dont une partie est aménagée pour consommer debout ou assis sur des tabourets hauts devant un comptoir : *Entrer dans un bar.* **2.** Comptoir où l'on peut consommer : *S'accouder au bar.* **3.** Meuble, éventuellement à roulettes, où l'on range les verres et les alcools. ▪ **Bar à (+ n.),** établissement commercial où l'on peut consommer un type particulier de boissons ou d'aliments : *Bar à jus de fruits, à salades, à soupes* ; établissement commercial ou espace d'un grand magasin où sont prodigués des soins de beauté ciblant une partie du visage, les mains, etc. : *Bar à franges.* ■ **Bar à café** [Suisse], établissement qui ne sert que des boissons non alcoolisées. ■ **Bar à talons** [Suisse], petite cordonnerie qui exécute immédiatement les réparations. ■ **Bar à vins,** où l'on peut boire au verre des vins de qualité. ■ **Bar laitier** [Québec], établissement servant des produits laitiers glacés.

3. BAR n.m. (du gr. *baros,* pesanteur). Unité de mesure de pression (symb. bar) valant 10^5 pascals, utilisée pour mesurer les pressions des fluides et, partic., en météorologie, la pression atmosphérique. ➲ Un bar est presque égal à une atmosphère.

BARACHOIS n.m. 1. Sur les côtes du golfe du Saint-Laurent (Canada), petite baie peu profonde protégée par une barre sablonneuse coupée par un chenal ; la barre elle-même. **2.** La Réunion. Crique peu profonde pour accoster et débarquer un bateau.

BARAGOUIN n.m. (du breton *bara,* pain, et *gwin,* vin). Fam. Langage incompréhensible ; charabia : *Je ne comprends rien à ce baragouin.*

BARAGOUINAGE n.m. Fam. Action de baragouiner ; paroles incompréhensibles.

BARAGOUINER v.t. et **v.i. [3].** Fam. **1.** Parler mal une langue : *Baragouiner le russe.* **2.** Dire qqch de manière incompréhensible : *Qu'est-ce que tu baragouines ?*

BARAGOUINEUR, EUSE n. Fam. Personne qui baragouine.

BARAKA n.f. (mot ar. « bénédiction »). Fam. Chance : *Avoir la baraka.*

BARAQUE n.f. (ital. *baracca*). **1.** Construction légère en planches : *Des baraques foraines.* **2.** Fam. Maison peu confortable ou en mauvais état. ■ **Casser la baraque** [fam.], remporter un succès fracassant, en parlant d'un spectacle, d'un artiste. ■ **Casser la baraque de qqn,** le faire échouer dans ce qu'il a entrepris.

BARAQUÉ, E adj. Fam. Qui a une forte carrure : *Une nageuse baraquée.*

BARAQUEMENT n.m. Grande baraque ou ensemble de constructions rudimentaires et provisoires : *Les rescapés ont été installés dans des baraquements.*

BARAQUER v.i. [3] (ar. *baraka*). S'accroupir, en parlant du chameau, du dromadaire.

BARATERIE n.f. (de l'anc. fr. *barater,* tromper). **DR. MAR.** Préjudice volontaire causé aux armateurs, aux chargeurs ou aux assureurs d'un navire par le capitaine ou un membre de l'équipage.

BARATIN n.m. (de l'anc. fr. *barater,* tromper). Fam. Bavardage destiné à séduire ou à tromper ; boniment : *C'est du baratin !*

BARATINER v.i. et **v.t. [3].** Fam. Faire du baratin. ■ **Baratiner qqn** [fam.], chercher à le convaincre ou à le séduire par de belles paroles.

BARATINEUR, EUSE adj. et **n.** Fam. Qui sait baratiner ; bonimenteur.

BARATTAGE n.m. Brassage de la crème du lait pour obtenir le beurre par séparation de la matière grasse et du babeurre.

BARATTE n.f. Appareil pour faire le barattage.

BARATTER v.t. [3] (de l'anc. fr. *barate,* agitation). Faire le barattage de.

BARBACANE n.f. (de l'ar.). **1. ARCHIT.** Ouverture verticale étroite pour aérer et éclairer un local. **2. FORTIF.** Au Moyen Âge, ouvrage fortifié génér. circulaire couvrant une porte de place.

BARBANT, E adj. Fam. Ennuyeux.

BARBAQUE n.f. (du roumain *berbec,* mouton, ou de l'esp. *barbacoa,* animal rôti). Fam. Viande, génér. de mauvaise qualité.

BARBARE adj. et **n.** (du gr. *barbaros,* étranger). **1.** D'une grande cruauté ; inhumain : *Un tyran barbare.* **2. ANTIQ.** Pour les Grecs et les Romains, se disait de tout étranger à leurs civilisations respectives (v. partie n.pr.). ◆ **adj. 1.** Contraire à l'usage ou au bon goût : *Musique barbare.* **2. LING.** Contraire aux normes de la langue, aux usages de ses locuteurs : *Terme barbare.*

➲ L'histoire a aussi qualifié de « **BARBARES** » les peuples – Goths, Vandales, Burgondes, Suèves, Huns, Alains, Francs, etc. – qui, du IIIe au VIe s. de notre ère, envahirent l'Empire romain et fondèrent des États plus ou moins durables.

BARBARESQUE adj. et **n.** (de l'ital. *barbaresco,* berbère). De l'ancienne Barbarie, l'Afrique du Nord actuelle.

BARBARIE n.f. 1. Caractère barbare de qqn, de qqch ; cruauté : *La barbarie d'un despote, d'une répression.* **2.** Absence de civilisation, d'humanité : *La barbarie nazie.*

BARBARISME n.m. LING. Faute de langage consistant à employer un mot qui n'existe pas ou à déformer un mot ; mot ainsi employé.

1. BARBE n.f. (lat. *barba*). **1.** Ensemble des poils qui poussent sur le menton, les joues de l'homme. **2. ZOOL.** Touffe de poils sous la mâchoire de certains animaux. **3. ZOOL.** Chacun des filaments finement ramifiés implantés dans le tuyau d'une plume d'oiseau. **4. BOT.** Pointe des épis de céréales. **5.** Filament (en partic., filament métallique) qui reste attaché au bord d'une découpure peu franche. ■ **À la barbe de qqn,** sous ses yeux ; malgré lui. ■ **Barbe à papa,** confiserie faite de filaments de sucre aromatisé enroulés sur un bâtonnet. ■ **(C'est) la barbe !** ou **quelle barbe !** [fam.], marque l'impatience, l'agacement. ■ **Parler dans sa barbe,** de façon inintelligible ; marmonner. ■ **Rire dans sa barbe,** intérieurement. ■ **Vieille barbe** [péjor.], personne dont les idées et la conduite sont d'un autre âge.

2. BARBE n.m. et **adj.** (de l'ital. *barbero,* barbare). Cheval de selle originaire d'Afrique du Nord.

BARBEAU n.m. (lat. *barbus*). **1.** Poisson d'eau douce portant deux paires de barbillons, à chair estimée mais aux œufs toxiques. ➲ Famille des cyprinidés. **2.** Arg. Proxénète.

BARBECUE [barbəkju] **n.m.** (mot anglo-amér., de l'esp. d'Amérique *barbacoa*). **1.** Appareil de cuisson à l'air libre, mobile ou fixe, fonctionnant le plus souvent au charbon de bois, pour griller la viande ou le poisson. **2.** Repas en plein air où l'on utilise un barbecue : *Organiser des barbecues dans son jardin.* ■ **Sauce barbecue,** sauce aigre-douce au goût fumé, préparée avec du ketchup, du miel et du vinaigre, qui accompagne les plats de viande.

BARBE-DE-CAPUCIN n.f. (pl. *barbes-de-capucin*). Chicorée sauvage amère que l'on mange en salade.

BARBELÉ, E adj. (du lat. *barba,* barbe). Garni de dents et de pointes : *Flèche barbelée.* ■ **Fil de fer barbelé,** ou **barbelé, n.m.,** fil de fer muni de pointes, servant de clôture ou de moyen de défense : *Les barbelés du camp.*

BARBELURE n.f. Aspérité disposée en barbe d'épi.

BARBER v.t. [3]. Fam. Ennuyer : *Ce film m'a barbé.* ◆ **SE BARBER v.pr.** Fam. S'ennuyer.

BARBET, ETTE n. et **adj.** (de *1. barbe*). Griffon à poil long et frisé.

BARBICHE n.f. Touffe de barbe au menton.

BARBICHETTE n.f. Fam. Petite barbiche. ■ **Se tenir par la barbichette,** procéder à un chantage mutuel.

BARBICHU, E adj. et **n.** Fam., vieilli. Qui porte une barbiche.

BARBIER, ÈRE n. Personne dont le métier est de tailler la barbe, de raser le visage.

BARBIFIER v.t. [5]. Fam. Ennuyer.

BARBILLON n.m. 1. Filament charnu olfactif ou gustatif, placé des deux côtés de la bouche, chez certains poissons (barbeau, poisson-chat). **2. ZOOL.** Repli de la peau situé sous la langue du bœuf ou du cheval. **3.** Barbeau commun ; petit barbeau (poisson).

BARBITURIQUE n.m. (de l'all.). Médicament utilisé contre l'épilepsie et, naguère, comme hypnotique.

BARBITURISME n.m. ou **BARBITUROMANIE n.f.** Toxicomanie aux barbituriques.

BARBON n.m. (de l'ital. *barbone,* grande barbe). Péjor. Homme d'un âge avancé.

BARBOTAGE n.m. 1. Action de barboter dans l'eau. **2.** Fam. Vol ; larcin. **3. CHIM.** Passage d'un gaz à travers un liquide.

BARBOTE ou **BARBOTTE n.f.** Loche (poisson).

BARBOTER v.i. [3] (anc. fr. *bourbeter*). **1.** S'agiter dans l'eau ou la boue : *Les enfants barbotent dans la baignoire.* **2. CHIM.** Traverser un liquide, en parlant d'un gaz. ◆ **v.t.** Fam. Voler ; dérober : *Il a barboté des DVD.*

1. BARBOTEUR, EUSE n. Fam. Personne qui dérobe qqch.

2. BARBOTEUR n.m. Dans les blanchisseries, appareil dans lequel le linge à laver est brassé mécaniquement dans une lessive ou une eau savonneuse.

BARBOTEUSE n.f. 1. Vêtement de jeune enfant, d'une seule pièce, formant une culotte courte légèrement bouffante. **2.** Québec. Pataugeoire.

BARBOTIN n.m. 1. MAR. Couronne en acier sur laquelle viennent s'engager les maillons d'une chaîne d'ancre. **2.** Roue dentée reliée au moteur et entraînant la chenille d'un véhicule automoteur chenillé.

BARBOTINE n.f. (de *barboter*). **1.** Pâte délayée utilisée pour les raccords et les décors en céramique, ou pour les pièces obtenues par coulage. **2.** Mélange très fluide de ciment et d'eau pour jointoyer un carrelage.

BARBOTTE n.f. → **BARBOTE.**

BARBOUILLAGE ou **BARBOUILLIS n.m.** Action de barbouiller ; peinture ainsi obtenue.

BARBOUILLE n.f. Fam., péjor. Mauvaise peinture.

BARBOUILLER v.t. [3] (de *bourbe*). **1.** Salir grossièrement ; tacher : *Barbouiller son visage de chocolat.* **2.** Peindre sans soin ; peinturlurer : *Barbouiller un mur.* ■ **Barbouiller du papier** [fam.], écrire des choses sans intérêt. ■ **Être barbouillé** ou **avoir l'estomac barbouillé,** avoir la nausée.

BARBOUILLEUR, EUSE n. Péjor. Mauvais peintre.

BARBOUZE n.m. ou **n.f.** (de *1. barbe*). Fam. Agent d'un service secret (service de police ou de renseignements).

BARBU, E adj. et **n.m.** Qui a de la barbe. ◆ **n.m.** Fam., péjor. Militant islamiste.

BARBUE n.f. (de *barbu*). Poisson marin à chair estimée, voisin du turbot et atteignant 70 cm de longueur. ➲ Famille des scophthalmidés.

BARBULE n.f. ZOOL. Ramification des barbes d'une plume d'oiseau (SYN. **crochet**).

BARCAROLLE, ▲ *BARCAROLE* **n.f.** (de l'ital. *barcarolo,* gondolier). **1.** Chanson des gondoliers vénitiens. **2.** Pièce vocale ou instrumentale au rythme ternaire, en vogue à l'époque romantique.

BARCASSE n.f. Grosse barque.

BARCELONAIS, E adj. et **n.** De Barcelone.

BARDA n.m. (de l'ar. *barda'a,* bât d'âne). **1.** Arg. mil. Chargement du soldat ; paquetage. **2.** Fam. Équipement encombrant que l'on emporte avec soi ; attirail : *Pose ton barda ici.*

BARDAGE n.m. CONSTR. 1. Système d'éléments de parement qui se fixe sur une ossature secondaire en bois, acier, PVC, etc. (par oppos. à *vêtage, vêture*). **2.** Revêtement en bardeaux. **3.** Transport d'un matériau sur un chantier.

BARDANE n.f. (orig. obsc.). Plante à fleurs purpurines, commune dans les décombres, et dont les bractées crochues s'accrochent au pelage des animaux. ➲ Famille des composées.

BARDASSER v.t. [3]. Québec, fam. **1.** Manipuler ou déplacer qqch sans précaution et bruyamment : *Bardasser des casseroles, des meubles.* **2.** Traiter qqn sans ménagement ; le réprimander plus ou moins vivement ; rudoyer : *La vieille dame s'est fait bardasser par un voisin.* ◆ **v.i. 1.** Faire du bruit, du remue-ménage : *Arrête un peu de bardasser !* **2.** S'occuper à toutes sortes de choses, en partic. faire du ménage, du rangement, du tri : *J'ai passé la journée à bardasser dans mes papiers.*

1. BARDE n.m. (lat. *bardus,* du gaul.). **1.** Poète et chanteur celte. **2.** Poète lyrique.

2. BARDE n.f. (de l'ar. *barda'a,* bât d'âne). **1. CUIS.** Tranche de lard servant à envelopper une pièce de viande à rôtir. **2.** Au Moyen Âge, armure qui protégeait le poitrail et la croupe du cheval.

1. BARDEAU n.m. (de *2. barde*). **CONSTR. 1.** Planchette en forme de tuile, pour couvrir une toiture ou une façade, notamm. en montagne (SYN. **aisseau**). **2.** Planchette fixée sur les solives et formant une aire pour recevoir un carrelage.

2. BARDEAU n.m. → **BARDOT.**

1. BARDER v.t. [3] (de *2. barde*). **1. CUIS.** Envelopper une pièce de viande à rôtir d'une barde pour réduire le dessèchement à la cuisson. **2.** Couvrir d'une armure. ■ **Être bardé de,** abondamment pourvu de : *Être bardé de diplômes, de certitudes.*

2. BARDER v. impers. [3]. ▪ **Ça barde, ça va barder** [fam.], c'est, cela devient dangereux ou violent.

BARDIS n.m. MAR. Cloison longitudinale qui permet d'empêcher le ripage de la cargaison dans la cale d'un navire.

BARDOLINO n.m. Vin rouge léger italien, récolté à l'est du lac de Garde.

BARDOT ou **BARDEAU** n.m. (ital. *bardotto*). Hybride produit par l'accouplement d'un cheval et d'une ânesse. ➲ L'hybride d'un âne et d'une jument est le mulet.

BARE-FOOT [bɛrfut] **n.m. inv.** (mot angl. « pied nu »). Sport comparable au ski nautique, mais qui se pratique pieds nus.

BARÈME n.m. (de *Barrême*, n. d'un mathématicien). Table ou répertoire de données chiffrées : *Barème des tarifs.*

BARÉMIQUE adj. Belgique. Relatif aux barèmes.

BARESTHÉSIE n.f. (du gr. *baros*, pression, et *aisthêsis*, sensibilité). MÉD. Sensibilité qui permet d'évaluer le degré de pression et les différences de poids ou de pression exercés sur le corps.

BARÉTER v.i. [11], ▲ *[11*]* (lat. *barrire*). Barrir.

1. BARGE n.f. (bas lat. *barga*). **1.** Bateau à fond plat et pont ouvert pour le transport des marchandises en vrac. **2.** Bateau à fond plat, gréé d'une voile carrée.

2. BARGE n.f. (du lat. *bardea*). Oiseau échassier des marais et des plages vaseuses d'Europe et d'Asie, plus haut sur pattes que la bécasse. ➲ Famille des scolopacidés.

3. BARGE adj. et n. → **BARJO.**

BARGUIGNER [bargiɲe] **v.i. [3]** (du francique **borganjan*, emprunter). Vieilli ou litt. ▪ **Sans barguigner,** sans hésiter ; sans rechigner.

BARIATRIQUE adj. (du gr. *baros*, lourd). MÉD. Relatif à l'obésité. ▪ **Chirurgie bariatrique,** type d'intervention visant à réduire l'obésité (par ex., la pose d'un anneau gastrique).

BARIBAL n.m. (pl. *baribals*). Ours noir d'Amérique du Nord, excellent grimpeur, qui se nourrit de fruits et d'insectes. ➲ Famille des ursidés.

BARIGOULE n.f. (provenç. *barigoulo*). ▪ **Artichaut à la barigoule,** braisé et farci. ➲ Cuisine provençale.

BARIL [bari(l)] **n.m.** (lat. *barriculus*). **1.** Petit tonneau ; son contenu. **2.** Emballage pour la poudre à laver : *Baril de lessive.* **3.** Mesure de capacité (symb. bbl) valant 158,98 l, utilisée pour les produits pétroliers : *Le prix du baril a baissé.*

BARILLET [barijɛ] **n.m. 1.** Magasin cylindrique et mobile d'un revolver, destiné à recevoir les cartouches. **2.** Partie cylindrique d'un bloc de sûreté, dans une serrure. **3.** HORLOG. Ensemble du système moteur, à poids ou à ressort, d'un appareil horaire mécanique.

BARIOLAGE n.m. Assemblage disparate de couleurs ; bigarrure.

BARIOLÉ, E adj. Marqué de couleurs vives et souvent mal assorties ; bigarré : *Une robe bariolée.*

BARIOLER v.t. [3] (de *barrer* et de l'anc. fr. *rioler*, rayer). Peindre de couleurs vives et peu harmonieuses.

BARIOLURE n.f. Rare. Mélange de couleurs contrastées.

BARISTA n. (mot ital. « serveur »). Serveur spécialisé dans la préparation du café.

BARJAQUER v.i. [3]. Région. (Provence, Savoie) ; Suisse. Parler pour ne rien dire ; bavarder.

BARJO, BARJOT ou **BARGE** adj. et n. (verlan de *jobard*). Fam. Un peu fou ; farfelu : *Elles sont complètement barjos.*

BARKHANE n.f. (turc *barkan*). GÉOMORPH. Dune mobile en forme de croissant, dont les cornes sont dans le sens du vent, avec une pente douce « au vent » et une pente raide, concave, « sous le vent ».

BARLONG, BARLONGUE [barlɔ̃, ɔ̃g] **adj.** (du lat. *bis*, deux fois, et de *1. long*). ARCHIT. Se dit d'une pièce, de la voûte d'une travée, de forme allongée et disposée, en principe, perpendiculairement à l'axe du bâtiment.

BARMAID [barmɛd] **n.f.** (mot angl.). Serveuse de bar.

BARMAN [barman] **n.m.** (pl. *barmans* ou *barmen* [-mɛn]) [mot angl.]. Serveur de bar qui sert au comptoir les boissons qu'il prépare.

BAR-MITSVA n.f. inv. (mot hébr.). Cérémonie qui célèbre la majorité religieuse du jeune juif. ➲ La même cérémonie pour une jeune juive est dite *bat-mitsva*.

BARN n.m. (mot angl.). Unité d'aire, valant 10^{-28} m², utilisée pour évaluer les sections efficaces (symb. b).

BARNABITE n.m. (du n. du cloître de *Saint-Barnabé*, à Milan). Religieux de l'ordre catholique des clercs réguliers de Saint-Paul, fondé en Italie en 1530.

1. BARNACHE n.f. → **BERNACHE.**

2. BARNACHE n.f. → **BERNACLE.**

BARNUM n.m. (de *Barnum*, n.pr.). **1.** Petit kiosque à journaux. **2.** Grande tente à toit plat et à parois amovibles, utilisée lors de réceptions ou de foires. **3.** Événement artistique, sportif, etc., bénéficiant d'un intense tapage médiatique ; émission de télévision à grand spectacle.

BAROGRAPHE n.m. Baromètre enregistreur.

BAROLO n.m. Vin rouge italien récolté dans le Piémont.

BAROMÈTRE n.m. (du gr. *baros*, pesanteur, et *metron*, mesure). **1.** Instrument servant à mesurer la pression atmosphérique : *Le baromètre est au beau fixe.* **2.** Fig. Ce qui permet de mesurer certaines variations ou tendances et les exprime ; indicateur : *Sa présence est considérée comme un baromètre des intentions du président.*

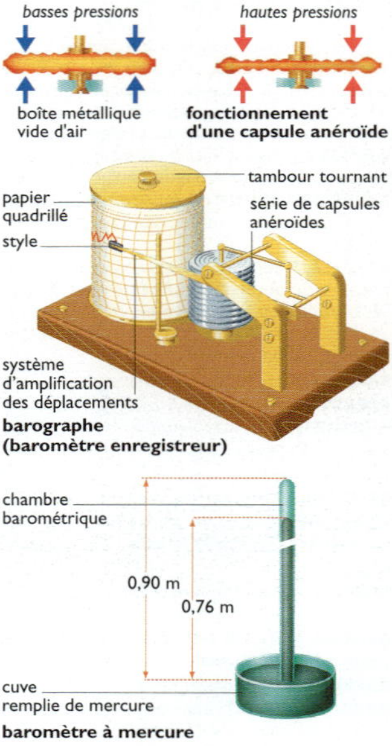

▲ **baromètres**

BAROMÉTRIE n.f. Partie de la physique traitant des mesures de la pression atmosphérique.

BAROMÉTRIQUE adj. Qui se rapporte au baromètre, à la barométrie : *Pression barométrique.*

1. BARON n.m. (du francique **baro*, homme libre). **1.** HIST. Seigneur féodal relevant directement du roi ou d'un grand feudataire. **2.** En France, noble possédant un titre nobiliaire entre celui de vicomte et celui de chevalier. **3.** Fig. Personnage très important dans un domaine : *Un baron de la presse. Un baron de la drogue.*

2. BARON n.m. BOUCH. Morceau de mouton ou d'agneau comprenant les gigots, les selles et les filets.

BARONET ou **BARONNET** n.m. Titre de noblesse créé en 1611 par Jacques Iᵉʳ, en Angleterre.

BARONNAGE n.m. HIST. **1.** Qualité de baron. **2.** Ensemble des barons.

BARONNE n.f. **1.** Femme titulaire d'une baronnie. **2.** Épouse d'un baron.

BARONNIE n.f. **1.** HIST. Terre d'un baron. **2.** Fig. Pouvoir local plus ou moins autonome ; fief.

BAROQUE n.m. (du port. *barroco*, perle irrégulière). Style artistique et littéraire né en Italie à la faveur de la Réforme catholique et qui a régné sur une grande partie de l'Europe et de l'Amérique latine aux XVIIᵉ et XVIIIᵉ s. ◆ **adj. 1.** Qui appartient au baroque : *Une église baroque.* **2.** Fig. Qui est original, excentrique : *Sa sœur est vraiment baroque* ; qui est inattendu, bizarre : *En voilà une question baroque.*

C'est au début du XXᵉ s. que les historiens de l'art ont fait du **BAROQUE** un concept d'esthétique générale s'appliquant au style brillant de la période qui va de la Renaissance au néoclassicisme.

➲ **BX-ARTS.** Le baroque prévaut en architecture avant de s'étendre à la sculpture et à la peinture. Il touche d'abord l'Italie, trouvant sa première expression à Rome, chez les architectes chargés de terminer l'œuvre de Michel-Ange (Maderno et Bernin, suivis entre autres de Borromini et de Pierre de Cortone), puis l'Europe centrale. En Belgique, Rubens est le peintre baroque par excellence. Au XVIIIᵉ s. s'épanouissent les styles rocaille* et rococo*.

➲ **MUS.** Le baroque rompt avec le style polyphonique, au profit de l'ornementation et de la virtuosité. Il favorise l'apparition de formes – sonate, concerto – et de genres nouveaux – opéra, oratorio, cantate. Monteverdi puis Vivaldi, en Italie, Bach et Händel, en Allemagne, Purcell, en Angleterre, et, en France, M. A. Charpentier, F. Couperin et Rameau portent l'écriture baroque à son apogée.

➲ **LITTÉR.** Le baroque, défini d'abord négativement comme l'envers du classicisme*, est caractérisé par le goût du pathétique, une composition structurée fondée sur un système d'antithèses, d'analogies et de symétries, l'emploi d'images saisissantes. Ses représentants les plus typiques sont, en France, les poètes de la fin du XVIᵉ s. et du début du XVIIᵉ s. (Maurice Scève, Jean de Sponde, Agrippa d'Aubigné) ; en Italie, Giambattista Marino ; en Espagne, Góngora y Argote ; en Allemagne, Andreas Gryphius et Grimmelshausen. Le théâtre baroque regroupe un ensemble de dramaturgies (italienne, espagnole, anglaise, française) de la fin du XVIᵉ s. et du début du XVIIᵉ s., ayant en commun leur affranchissement des règles spatio-temporelles, leur goût de l'ambiguïté et du spectaculaire. Il s'oppose au théâtre classique*.

BAROQUEUX, EUSE n. Musicien prônant, à l'origine dans l'interprétation d'une œuvre de la période baroque, le respect des conditions d'exécution de l'époque de composition. ➲ Le mouvement est né dans les années 1960.

BAROQUISANT, E adj. De tendance baroque.

BAROQUISME n.m. Caractère d'une œuvre d'art baroque.

BAROTRAUMATISME n.m. (du gr. *baros*, pesanteur). MÉD. Lésion provoquée par une brusque variation de pression, par ex. au cours d'une plongée sous-marine : *Barotraumatisme du tympan.*

BAROUD [barud] **n.m.** (de l'ar. *barud*, poudre explosive). Arg. mil. Combat. ▪ **Baroud d'honneur,** combat désespéré livré seulement pour l'honneur.

BAROUDER v.i. [3]. Fam. **1.** Participer à des combats. **2.** Mener une vie aventureuse.

BAROUDEUR, EUSE n. Fam. **1.** Personne qui aime le baroud, le combat. **2.** Personne dynamique, qui aime les risques ; aventurier.

BAROUF n.m. (de l'ital. *baruffa*, bagarre). Fam. Vacarme ; tapage : *Les voisins font du barouf.*

BARQUE n.f. (anc. provenç. *barca*). Petit bateau mû à la voile, à la rame ou par un moteur. ▪ **Bien, mal mener sa barque** [fam.], bien, mal conduire ses affaires, sa vie. ▪ **Charger la barque** [fam.], avoir des exigences, des ambitions excessives.

BARQUETTE n.f. **1.** Tartelette en forme de barque. **2.** Récipient léger et rigide, utilisé pour le conditionnement des denrées alimentaires. **3.** AUTOM. Type de carrosserie à deux portes, ouverte, dont la forme évoque une petite barque.

L'art baroque

Le terme « baroque » a une origine précise : il désignait, en joaillerie, une perle fine irrégulière ou une pierre mal taillée. Le baroque était donc l'anormal, l'excessif. C'est pourtant sous ce nom qu'est connu l'un des plus importants mouvements de l'histoire de l'art, procédant, il est vrai, en architecture mais aussi en sculpture et en peinture, par la profusion des sources d'inspiration et par les exubérances formelles quand il s'agit d'exalter la foi chrétienne.

Ange en bois sculpté. Exécuté en 1719 pour le calvaire de l'église Saint-Gall de Prague par Ferdinand Maximilien Brokof (1688-1731), artiste réputé dans toute l'Europe centrale, il traduit la tendance au lyrisme et au pathétique propre au baroque.

Petrus Paulus Rubens. *Le Rapt des filles de Leucippe* (v. 1618). Castor et Pollux, fils de Zeus et de Léda, enlèvent les deux filles du roi de Messénie : impétuosité sous-tendue par la composition, sensualité éclatante des corps féminins. (Ancienne Pinacothèque, Munich.)

Andrea Pozzo (1642-1709). *Le Triomphe de saint Ignace* (v. 1690), fresque exécutée à la voûte de l'église S. Ignazio à Rome. L'espace réel de la nef se trouve prolongé par un trompe-l'œil architectural peuplé de figures volantes. Cet art illusionniste escamote avec une grande virtuosité la consistance physique de la voûte.

Giambattista Tiepolo. Fresques (1752-1753) du salon d'honneur *(Kaisersaal)* de la Résidence des princes-évêques de Würzburg (Bavière), fastueux palais dû notamm. à l'architecte J. B. Neumann. Avec des effets de théâtralité toute vénitienne, elles célèbrent la gloire de l'empereur Frédéric Barberousse.

La cathédrale de Murcie. Façade, dessinée en 1737 par Jaime Bort (?-1754) [tour du XVIe s.]. Le baroque espagnol (comme ceux du Mexique et d'autres pays d'Amérique latine) aime ces compositions mouvementées, comparables à de grands retables.

L'Aleijadinho. L'église St-François-d'Assise à Ouro Preto, construite et décorée à partir de 1767. Elle exprime tout le charme, transporté dans le Nouveau Monde, de l'architecture portugaise, avec ses structures principales en pierre se détachant sur fond de crépi blanc, comme au temps du gothique manuélin.

BARRACUDA [-ku-] **n.m.** (mot esp.). Grand poisson marin, carnassier, connu pour son agressivité, et aussi appelé *brochet de mer.* ➲ Long. max. 2 m ; famille des sphyrénidés.

▲ **barracuda**

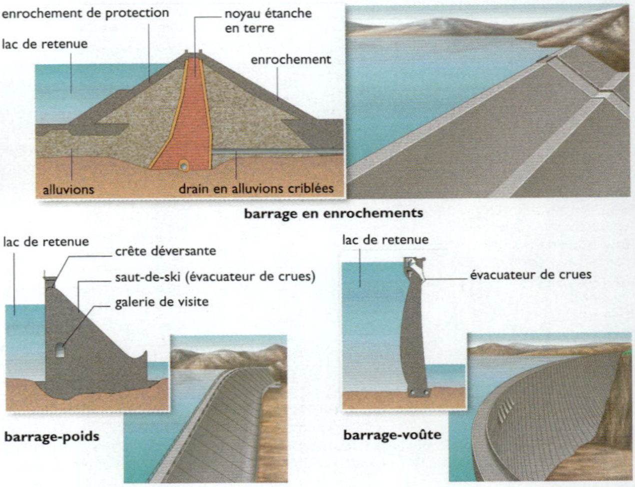

▲ **barrages**

BARRAGE n.m. (de *barre*). **1.** Action de barrer le passage, de faire obstacle : *Effectuer le barrage d'une rue ;* l'obstacle lui-même : *Un barrage de police.* **2. PSYCHOL.** Soudaine interruption dans le cours de la pensée, dans la réalisation d'un acte. **3. TRAV. PUBL.** Ouvrage artificiel coupant le lit d'un cours d'eau pour en assurer la régulation, et servant à alimenter les villes en eau, à irriguer les cultures ou à produire de l'énergie. ▪ **Barrage roulant** [mil.], rideau de feu établi par l'artillerie devant une formation qui attaque. ▪ **Match de barrage,** ou **barrage** [sports], destiné à départager des équipes ou des concurrents à égalité ou à les qualifier pour les places restantes de la phase finale d'une compétition ou d'un championnat. ▪ **Tir de barrage,** tir d'artillerie destiné à briser une offensive ennemie ; fig., série d'actions qui visent à faire échouer une initiative que l'on désapprouve : *La majorité a opposé un tir de barrage à cet amendement.*

BARRAGE-POIDS n.m. (pl. *barrages-poids*). Barrage en béton, à profil triangulaire, résistant à la poussée de l'eau par son seul poids.

BARRAGE-VOÛTE n.m. (pl. *barrages-voûtes*). Barrage en béton à courbure convexe tournée vers l'amont, et repoussant la poussée de l'eau sur les rives par des effets d'arc.

BARRAGISTE n. SPORTS. Équipe, concurrent disputant un match de barrage.

BARRANCO n.m. (mot esp.). Ravin entaillant les pentes d'un volcan.

BARRE n.f. (du gaul.). **1.** Longue et étroite pièce de bois, de métal, etc., rigide et droite. **2.** Objet de matière quelconque ayant cette forme : *Barre de chocolat.* **3. ARCHIT.** Immeuble moderne de grandes dimensions et de forme allongée : *Barres et tours de HLM* (SYN. **immeuble en bande**). **4. MÉTALL.** Produit en forme de parallélépipède rectangle ; lingot : *Barre d'or.* **5. DANSE.** Pièce de bois cylindrique, fixée horizontalement au mur, pour servir d'appui aux danseurs lors des cours ; ensemble d'exercices pratiqués debout avec l'appui de cette barre. **6. SPORTS.** Traverse horizontale fixant le niveau à franchir aux sauts en hauteur et à la perche. **7.** Fig. Niveau déterminant ; limite : *Le dollar est passé sous la barre de 1,50 euro.* **8. MAR.** Organe de commande du gouvernail d'un navire (barre franche, barre à roue). **9.** Barrière d'un tribunal derrière laquelle sont appelés les témoins et où plaident les avocats : *Appeler un témoin à la barre.* **10.** Crête rocheuse verticale : *La barre des Écrins.* **11.** Haut-fond formé à l'embouchure d'un fleuve par le contact des eaux fluviales et marines ; déferlement violent des vagues sur ces hauts-fonds. **12.** Trait graphique droit : *La barre du « t ».* **13. INFORM.** Dans une application à interface graphique, bande rectangulaire sur l'écran, comportant des zones actives (icônes, boutons, etc.) ou des informations : *Barre de défilement, de menus, d'outils, de titre.* **14. HÉRALD.** Pièce honorable qui va de l'angle senestre du chef à l'angle dextre de la pointe (par oppos. à *bande*). ▪ **Avoir barre sur qqn,** prendre l'avantage sur lui. ▪ **Avoir une barre sur l'estomac** [fam.], une douleur aiguë sur toute la largeur de cet organe. ▪ **Barre à disques** [sports], barre d'acier dont les extrémités peuvent recevoir les disques métalliques constituant la charge demandée en haltérophilie. ▪ **Barre à mine,** tige d'acier à extrémité en biseau, utilisée comme levier ou pour amorcer un trou de mine. ▪ **Barre au sol** ou **à terre** [danse], ensemble d'exercices d'échauffement pratiqués au sol, en position assise ou couchée ; [sports], gymnastique douce inspirée de ces exercices d'étirement, qui permet de développer souplesse et tonicité musculaire. ➲ Malgré son nom, elle s'effectue sans barre. ▪ **Barre de commande** [nucl.], barre faite d'un matériau absorbeur de neutrons, destinée au réglage ou à l'arrêt de la réaction en chaîne, dans un réacteur. ▪ **Barre de défilement** [inform.], ascenseur. ▪ **Barre de direction** [autom.], barre de liaison entre la direction et la roue. ▪ **Barre de mesure** [mus.], ligne verticale en travers de la portée pour séparer les mesures. ▪ **Barre de plongée,** organe de commande des gouvernails de profondeur d'un sous-marin. ▪ **Barre de réaction** [autom.], pièce qui permet l'application du couple moteur à l'essieu. (On dit aussi *barre Panhard.*) ▪ **Barre de torsion** [autom.], barre élastique qui tient lieu de ressort pour assurer la suspension d'un véhicule. ▪ **Barre fixe,** agrès de gymnastique artistique masculine, formé d'une traverse horizontale soutenue par deux montants verticaux. ▪ **Barre oblique** ou **de fraction,** slash. ▪ **Barres asymétriques,** agrès de gymnastique artistique féminine, composé de deux barres fixes parallèles horizontales, reposant chacune sur des montants verticaux de hauteurs différentes. ▪ **Barres parallèles,** agrès de gymnastique artistique masculine, composé de deux barres horizontales parallèles fixées à la même hauteur sur des montants verticaux. ▪ **Barre tendre** [Québec], préparation moulée en forme de barre, faite d'un mélange de céréales et de fruits séchés. ▪ **Barre (transversale)** [sports], au football, au handball, etc., l'élément horizontal d'un but : *Frapper la barre transversale.* ▪ **Code à barres** → **CODE-BARRES.** ▪ **Placer haut la barre,** donner, se donner des objectifs ambitieux. ▪ **Prendre, tenir la barre,** prendre, avoir la direction d'une entreprise. ◆ **n.f. pl. 1.** Anc. Jeu de course-poursuite entre des joueurs partagés en deux camps. **2. ZOOL.** Espace entre les incisives et les molaires, chez le cheval (où l'on place le mors), le bœuf, le lapin.

▲ **barre.** Exercice aux barres asymétriques.

1. BARRÉ, E adj. 1. Fermé à la circulation : *Route barrée.* **2. HÉRALD.** Se dit de l'écu divisé en un nombre pair de parties égales d'émaux alternés, dans le sens de la barre. **3. SPORTS.** Se dit d'une embarcation comprenant un barreur : *Le quatre barré.* **4.** Fig., fam. Un peu fou ; délirant : *Ce type est vraiment barré.* ▪ **Dent barrée,** dont la racine déviée rend l'extraction malaisée.

2. BARRÉ n.m. Appui simultané d'un doigt, plus rarement de deux, sur plusieurs cordes d'un instrument de musique (en partic. la guitare).

BARREAU n.m. 1. Petite barre de bois, de métal qui sert de soutien, de fermeture, etc. : *Les barreaux d'une chaise, d'une prison.* **2.** Place autref. réservée aux avocats dans un prétoire, délimitée par une barre de bois. **3.** Par ext. Ensemble des avocats auprès d'un même tribunal de grande instance : *Être inscrit au barreau de Toulouse.* ▪ **Être derrière les barreaux** [fam.], en prison.

BARREAUDER v.t. [3]. Maghreb, La Réunion. Garnir de barreaux : *Barreauder un balcon.*

BARRER v.t. [3]. 1. Empêcher le passage en constituant un obstacle : *Un arbre barrait la route.* **2.** Annuler d'un trait ; rayer : *Barrer un mot.* **3.** Région. (Ouest) ; Québec. Fermer à clé ; verrouiller. **4. MAR.** Tenir la barre d'une embarcation pour la gouverner. ▪ **Barrer la route à qqn,** l'empêcher d'arriver à ses fins. ▪ **Être bien, mal barré** [fam.], être bien, mal engagé dans une affaire ; s'annoncer bien, mal, en parlant d'une affaire. ◆ **SE BARRER v.pr.** Fam. S'en aller : *Elle s'est barrée en voiture.*

1. BARRETTE n.f. (ital. *barretta*). **CHRIST.** Bonnet carré, à trois ou quatre cornes, des ecclésiastiques. ▪ **Recevoir la barrette,** être nommé cardinal.

2. BARRETTE n.f. 1. Épingle à fermoir pour les cheveux. **2.** Bijou en forme de broche longue et étroite. **3.** Ruban de décoration monté sur un petit support rectangulaire : *La barrette du Mérite national.* **4.** Petite tige rigide utilisée pour fixer les pointes d'un col de chemise, percées d'un œillet. ▪ **Barrette de mémoire** [inform.], module électronique enfichable regroupant sur un même support plusieurs composants de mémoire vive.

BARREUR, EUSE n. Personne qui manœuvre la barre d'une embarcation ; personne qui rythme la cadence des avirons. ▪ **Barreur de feu** → **COUPEUR.**

BARRICADE n.f. (de *barrique*). Obstacle fait de matériaux divers entassés en travers d'une rue pour se protéger lors de combats ou pour s'opposer aux forces de l'ordre : *Dresser des barricades.* ▪ **Être de l'autre côté de la barricade,** du parti adverse. ▪ **Monter aux barricades** [Suisse], monter au créneau.

BARRICADER v.t. [3]. 1. Fermer par des barricades : *Barricader une rue.* **2.** Fermer solidement : *Barricader une porte.* ◆ **SE BARRICADER v.pr.** S'enfermer avec soin et détermination dans un lieu : *La forcenée s'est barricadée chez elle.*

BARRIÈRE n.f. (de *barre*). **1.** Assemblage de pièces de bois, de métal, etc., qui ferme un passage et forme clôture : *La barrière du jardin.* **2.** Obstacle naturel : *Barrière de corail.* **3.** Ce qui fait obstacle à la liberté des échanges : *Les barrières douanières. Barrières sociales, culturelles.* **4. HIST.** Clôture établie à l'entrée d'une ville pour permettre la perception de l'octroi. ▪ **Barrière de confinement** [nucl.], enceinte destinée à empêcher la dissémination des produits radioactifs dans l'environnement d'une installation nucléaire. ▪ **Barrière de dégel,** signal routier interdisant aux véhicules lourds de circuler sur une voie pendant le dégel. ▪ **Barrière des espèces,** obstacle, spécial. génétique, à la reproduction d'une espèce avec une autre ou à la contamination entre deux espèces. ▪ **Barrière Nadar** [Belgique], barrière mobile servant à contenir la foule.

BARRIQUE n.f. (provenç. *barrica*). Tonneau d'une capacité d'environ 200 l ; son contenu.

BARRIR v.i. [21] (lat. *barrire*). Pousser son cri, en parlant de l'éléphant (SYN. **baréter**).

BARRISSEMENT n.m. Cri de l'éléphant.

BARROT n.m. (de *barre*). **MAR.** Élément de charpente d'un navire, perpendiculaire à l'axe longitudinal, et soutenant les ponts.

BARTAVELLE n.f. (provenç. *bartavelo*). Perdrix des montagnes d'Eurasie, voisine de la perdrix rouge. ➲ Famille des phasianidés.

BARTHOLINITE n.f. (de *Bartholin*, n.pr.). **MÉD.** Inflammation des glandes situées de part et d'autre de la vulve, dans le périnée.

BARYCENTRE n.m. ▪ **Barycentre des points $A_1, \ldots, A_n$ respectivement affectés des coefficients $a_1, \ldots, a_n$** [math.], le point G défini par $a_1\overrightarrow{A_1G}+\ldots+a_n\overrightarrow{A_nG}=\vec{0}$ ($a_1, \ldots, a_n$, parfois appelés *poids*, sont des nombres réels de somme non nulle). ➲ Pour tout point P : $\overrightarrow{PG}=\dfrac{a_1\overrightarrow{PA_1}+\ldots+a_n\overrightarrow{PA_n}}{a_1+\ldots+a_n}$.

BARYON n.m. (du gr. *barus*, lourd). **PHYS.** Particule soumise aux interactions fortes (hadron de type fermion), ayant un spin demi-entier (par oppos. à *méson*).

BARYONIQUE adj. Qui se rapporte aux baryons.

BARYTE n.f. CHIM. MINÉR. Hydroxyde de baryum $Ba(OH)_2$.

BARYTINE ou **BARYTITE n.f. MINÉRALOG.** Sulfate de baryum naturel.

BARYTON n.m. (du gr. *barutonos*, qui a un ton grave). **1.** Voix d'homme intermédiaire entre le ténor et la basse ; chanteur qui a cette voix. **2.** Tout instrument baryton. ◆ **adj.** Se dit d'un instrument de musique à vent, dont l'échelle sonore correspond à celle de la voix de baryton : *Saxophone baryton.*

BARYUM [barjɔm] **n.m.** (du gr. *barus*, lourd). **1.** Métal alcalino-terreux blanc argenté, qui fond à 850 °C, de densité 3,6, et qui décompose l'eau à froid. **2.** Élément chimique (Ba), de numéro atomique 56, de masse atomique 137,327.

BARZOÏ [barzɔj] **n.m.** (mot russe). Lévrier de grande taille, à poil long, originaire de Russie (SYN. **lévrier russe**).

1. BAS, BASSE adj. (lat. *bassus*). **1.** Peu élevé ; qui a une faible hauteur : *Table basse.* **2.** Dont le niveau, l'altitude est faible : *Marée basse.* **3.** Incliné vers le bas : *Le chien a l'oreille basse.* **4.** Inférieur en intensité ou en hauteur : *Parler à voix basse. Elle n'arrive pas à chanter les notes basses.* **5.** Qui est faible en valeur, en qualité : *Ils ont dû le vendre à bas prix. Les bas salaires. Être chargé des basses besognes.* **6.** Peu élevé, dans une hiérarchie : *Le bas clergé.* **7.** Dépourvu d'élévation morale ; méprisable : *L'envie est un sentiment bas.* **8.** Se dit de la partie tardive d'une période historique : *Le Bas-Empire romain.* ▪ **Bas morceaux,** les moins chers, en boucherie. ▪ **Basses eaux,** niveau d'un cours d'eau à l'époque de l'année où le débit est le plus faible. ▪ **Ciel bas,** couvert de nuages situés à une faible altitude. ▪ **Dire qqch à voix basse,** sans élever la voix ; doucement. ◆ **adv. 1.** À faible hauteur : *L'avion volait trop bas.* **2.** Avec une faible intensité : *Elle chantonnait tout bas.* ▪ **Bas les pattes !** [fam.], ne me touchez pas ! ; lâchez-moi ! ▪ **Être bien bas** ou **très bas** [fam.], dans un mauvais état physique ou moral. ▪ **Jeter bas qqch,** le renverser ou le détruire. ▪ **Mettre bas,** mettre au monde des petits, en parlant d'une femelle de mammifère. ◆ **loc. adv.** et **loc. prép.** ▪ **À bas !,** cri d'hostilité envers qqn ou qqch : *À bas la censure !* ▪ **En bas,** vers le bas ; au-dessous : *J'habite en bas.* ▪ **En bas de,** dans la partie inférieure de : *Sa maison est en bas de la rue.*

2. BAS n.m. Partie inférieure : *Le bas de la page.* ▪ **Des hauts et des bas** → **2. HAUT.**

3. BAS n.m. (de *bas-de-chausses*). Vêtement féminin, en textile à mailles, qui gaine le pied et la jambe jusqu'au haut de la cuisse. ▪ **Bas de laine** [fam.], économies.

BASAL, E, AUX adj. 1. Qui constitue la base de qqch : *Métabolisme basal.* **2. HISTOL.** Situé à la base d'un appendice, d'un organe ou d'une cellule (CONTR. **apical**). ▪ **Membrane basale,** ou **basale, n.f.** [histol.], membrane microscopique située à la base d'un tissu épithélial, tel que l'épiderme.

BASALTE n.m. (du gr. *basanos*, pierre de touche). Roche volcanique basique, de couleur sombre, contenant essentiellement des plagioclases, des pyroxènes et des olivines. ➲ Le basalte forme des coulées de lave et présente, lorsqu'il est épais de quelques mètres, une structure prismatique (orgues) ; cette roche magmatique provient de la fusion partielle du manteau supérieur.

BASALTIQUE adj. Constitué de basalte : *Roches basaltiques.*

BASANE n.f. (du provenç. *bazana*, doublure). **1.** Peau de mouton tannée utilisée en sellerie, maroquinerie, reliure, etc. **2.** Peau souple qui garnit en partie les pantalons des cavaliers.

BASANÉ, E adj. Qui a la peau bronzée par le soleil ou naturellement brune : *Un visage basané.*

BASANITE n.f. Roche volcanique basique à ultrabasique contenant essentiellement des plagioclases, des feldspathoïdes, des olivines et des pyroxènes. (→ **basalte**).

BAS-BLEU n.m. (pl. *bas-bleus*). Vieilli, péjor. Femme pédante à prétentions littéraires.

BAS-CÔTÉ n.m. (pl. *bas-côtés*). **1.** Partie de l'accotement d'une route accessible aux piétons. **2. ARCHIT.** Collatéral d'une église moins élevé que le vaisseau central.

BASCULANT, E adj. Qui peut basculer : *Benne basculante.*

BASCULE n.f. (de *1. bas* et de l'anc. fr. *baculer*, frapper le derrière). **1.** Appareil de pesée à l'aide duquel on mesure la masse d'une voiture, d'un wagon, de bagages, etc. **2.** Balançoire dont l'une des extrémités s'abaisse quand l'autre s'élève. **3. ÉLECTRON.** Dispositif à deux positions d'équilibre, capable de basculer alternativement de l'une à l'autre sous l'action d'excitations successives (SYN. **multivibrateur**). ▪ **À bascule,** qui bascule et permet de se balancer : *Fauteuil à bascule.*

BASCULEMENT n.m. 1. Action de basculer ; fait de basculer. **2.** Changement brusque d'opinion : *Le basculement d'un député de l'opposition dans la majorité.*

BASCULER v.i. [3]. 1. Perdre son équilibre ; tomber : *Voiture qui bascule dans le ravin.* **2.** Changer brutalement de position, d'orientation : *La situation a basculé vers le drame.* ◆ **v.t. 1.** Renverser en faisant pivoter : *Basculer une brouette.* **2.** Fig. Faire changer de direction, de destination : *Basculer l'appel d'un auditeur sur l'antenne.*

BASCULEUR n.m. Dispositif mécanique permettant de changer la position angulaire d'un objet par basculement.

BAS-CULOTTE n.m. (pl. *bas-culottes*). Québec. (Souvent pl.). Sous-vêtement féminin en une pièce, composé de deux bas fixés à une culotte.

BAS-DE-CASSE n.m. inv. Minuscule d'imprimerie.

BAS-DE-CHAUSSES n.m. inv. Partie inférieure des chausses, qui couvrait les jambes. (On trouve parfois la forme *bas-de-chausse.*)

BASE n.f. (lat. *basis*). **1.** Support sur lequel repose un objet ; assise : *La base d'une colonne.* **2.** Partie inférieure d'un objet : *La base d'une montagne. Base du nez.* **3.** Ensemble des militants d'un parti, d'un syndicat, par rapport aux dirigeants : *La base a voté la poursuite de la grève.* **4.** Côté ou face perpendiculaires à la hauteur d'un polygone ou d'un solide : *Base d'un triangle, d'une pyramide.* **5.** Principe fondamental d'un raisonnement, d'un calcul, d'un système : *Elle est à la base de ce projet. Établir les bases d'un accord.* **6.** Distance mesurée sur le terrain et sur laquelle reposent les opérations de triangulation et d'arpentage. **7. LING.** Radical nu d'un mot, sans aucune désinence ; racine : *Le verbe « parler » a pour base « parl ».* **8.** Composant principal d'un produit : *Détergent à base de plantes.* **9.** Crème fluide qui s'applique sur le visage avant le maquillage. **10. MIL.** Zone de réunion et de transit des moyens nécessaires à la conduite d'opérations militaires ; organisme chargé de ces missions. **11. MIL.** Lieu de stationnement et d'entretien du personnel et du matériel : *Base navale.* **12. ÉLECTRON.** Électrode commandant le passage du courant entre l'émetteur et le collecteur. **13. CHIM.** Espèce pouvant capter des protons H^+. ▪ **Base arrière** [mil.], zone d'organisation et de repli, notamm. dans le cadre d'une activité illégale. ▪ **Base azotée,** chacune des cinq espèces de molécules organiques entrant dans la composition des acides nucléiques et dont la séquence détermine l'information génétique. (Ce sont l'adénine et la guanine, dites *puriques*, la cytosine, la thymine et [dans l'ARN] l'uracile, dites *pyrimidiques*.) ▪ **Base de connaissances** [inform.], ensemble structuré d'informations représentant les connaissances acquises dans un domaine donné et qui constitue l'un des éléments d'un système expert. ▪ **Base de défense** [mil.], en France, principale entité administrative de la Défense à l'échelle locale. ➲ Créées à partir de 2009, les bases de défense assurent la gestion et la mise à disposition des ressources (humaines, financières et matérielles), mutualisées, destinées au soutien et à l'administration des forces armées. ▪ **Base de données** [inform.], ensemble de données, logiquement organisé pour être exploité au moyen d'un logiciel appelé *système de gestion de base de données (SGBD).* ▪ **Base de lancement** [astronaut.], lieu où sont réunies les installations nécessaires à la préparation, au lancement et au contrôle en vol des engins spatiaux. ▪ **Base de vitesse,** parcours prévu pour les essais de vitesse des navires. ▪ **Base d'un espace vectoriel** [math.], famille de vecteurs telle que tout vecteur de l'espace peut être écrit, d'une manière unique, comme combinaison linéaire des vecteurs de la famille. ▪ **Base d'un système de numération** [math.], entier naturel qui caractérise un système de numération : *Écrire les nombres en base deux.*

BASE-BALL (pl. *base-balls*), ▲ **BASEBALL** [bɛzbol] **n.m.** (mot anglo-amér.). Sport dérivé du cricket, très populaire aux États-Unis. *(V. ill. page suivante.)*

BASEDOW [bazədo] **(MALADIE DE) n.f.** Maladie de la glande thyroïde, d'origine auto-immune, caractérisée par un goitre, une hyperthyroïdie et une exophtalmie.

BASELLE n.f. (d'une langue de l'Inde). Plante herbacée comestible d'Amérique et d'Asie tropicales, cultivée en Chine. ➲ Famille des basellacées.

BASER v.t. [3]. 1. Choisir comme principe fondamental de ; fonder : *Baser son verdict sur des preuves.* **2. MIL.** Donner un point d'attache, une base à : *Baser une unité de chars dans une ville frontière.* ◆ **SE BASER v.pr. (SUR).** Déterminer son opinion d'après qqch : *Sur quoi vous basez-vous pour affirmer cela ?*

BAS-FOND (pl. *bas-fonds*), ▲ **BASFOND n.m. 1.** Fond éloigné de la surface de la mer, d'un cours d'eau (CONTR. **haut-fond**). **2.** Terrain en contrebas des terrains voisins. ◆ **n.m. pl.** Quartiers misérables d'une ville ; catégories misérables de la population.

BASIC [bazik] **n.m.** (acronyme de l'angl. *beginner's all purpose symbolic instruction code*). **INFORM.** Langage de programmation évolué, adapté à l'utilisation interactive de micro-ordinateurs.

BASICITÉ n.f. CHIM. 1. Propriété moléculaire liée à la présence de paires d'électrons disponibles pour la fixation d'un proton H^+, ou d'une autre particule acide. **2.** Qualité d'un milieu aqueux dont le pH est supérieur à 7 (SYN. **alcalinité**).

BASIDE n.f. (de *base*). Expansion microscopique, en forme de massue, portant deux ou quatre spores, chez les champignons basidiomycètes.

BASIDIOMYCÈTE n.m. Champignon dont les spores se forment sur des basides. ➲ Les basidiomycètes forment une classe.

BASILAIRE adj. ANAT. Qui sert de base ou qui appartient à la base d'un organe : *Tronc basilaire.* ▪ **Apophyse basilaire,** nom donné parfois au corps de l'occipital, qui limite le trou occipital en avant. ▪ **Tronc basilaire,** tronc artériel formé par l'anastomose terminale des deux artères vertébrales. ➲ Il se termine en deux branches : les artères cérébrales postérieures.

a b c d e f g h i j k l m n o p q r s t u v w x y z

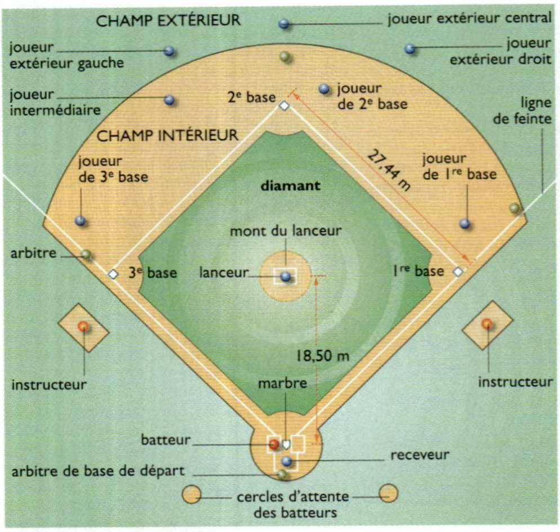

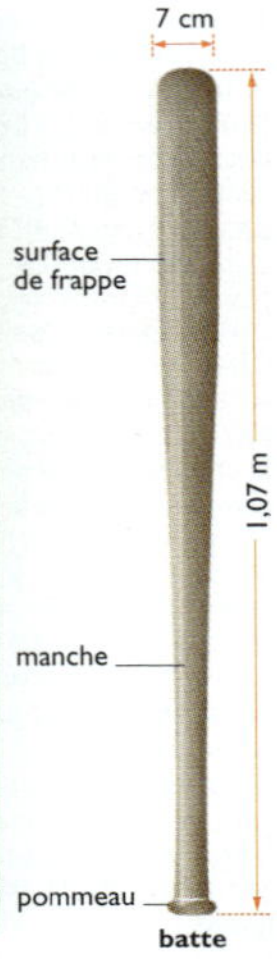

Batteur (à gauche) en position de réception.

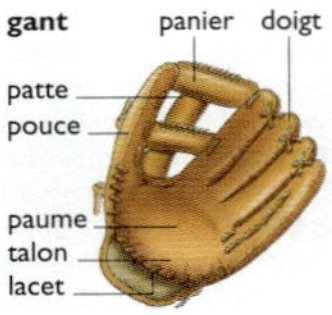

▲ **base-ball**

BASILEUS [baziløs] **n.m.** (mot gr. « roi »). **HIST.** Titre officiel de l'empereur byzantin après 630.

1. BASILIC n.m. (du gr. *basiliskos*, petit roi). **1.** Grand lézard à crête dorsale d'Amérique tropicale, voisin de l'iguane, capable de courir dressé sur ses pattes postérieures. **2. MYTH. GR.** Reptile fabuleux auquel était attribué le pouvoir de tuer par son seul regard.

2. BASILIC n.m. (du gr. *basilikon*, plante royale). Plante originaire de l'Inde, employée comme aromate et comme condiment. ➲ Famille des labiées.

BASILICAL, E, AUX adj. ARCHIT. Relatif à une basilique, à son plan.

1. BASILIQUE n.f. (lat. *basilica*, du gr.). **1. ANTIQ. ROM.** Édifice rectangulaire, génér. divisé en nefs parallèles et terminé par une abside, qui abritait diverses activités publiques. **2.** Église bâtie sur le plan des basiliques romaines. **3.** Église dotée par le pape d'une dignité particulière : *La basilique du Sacré-Cœur, à Paris.*

2. BASILIQUE adj. (du gr. *basilikos*, royal). **ANAT.** ▪ **Veine basilique,** ou **basilique, n.f.,** veine superficielle de la face interne du bras.

BASIN n.m. (anc. fr. *bombasin*, de l'ital.). **1.** Tissu damassé présentant des effets de bandes longitudinales. **2.** Étoffe croisée dont la chaîne est de fil et la trame de coton.

1. BASIQUE adj. CHIM. Qui a les propriétés d'une base. ▪ **Roche basique** [pétrol.], roche magmatique qui contient entre 45 et 52 % de silice, comme le basalte et le gabbro.

2. BASIQUE adj. Qui sert de base ; fondamental : *Le français basique.* ◆ **n.m.** Élément fondamental d'une garde-robe : *Le jean fait partie des basiques.*

BÂSIR v.i. [3] (du gaul.). Acadie. Disparaître brusquement ; partir.

BAS-JOINTÉ, E adj. (pl. *bas-jointés, es*). Se dit d'un cheval dont le paturon est très incliné sur l'horizontale.

BASKET [-kɛt] **n.f.** Chaussure de sport à tige haute, en toile renforcée, munie d'une semelle souple antidérapante.

BASKET-BALL (pl. *basket-balls*), ▲ ***BASKETBALL*** [baskɛtbol] ou **BASKET** [-kɛt] **n.m.** (mot anglo-amér. « balle au panier »). Sport opposant deux équipes de cinq joueurs qui doivent lancer un ballon dans le panier suspendu de l'équipe adverse.

➲ La partie de **BASKET-BALL** se dispute en quatre quarts-temps de 10 min effectives de jeu chacun (12 min aux États-Unis). Le joueur en possession du ballon ne peut progresser qu'en dribblant. Il ne peut conserver le ballon plus de 5 s sans exécuter une passe, un dribble ou un tir. Les paniers marqués en cours de jeu comptent pour deux points (trois points pour un tir réussi au-delà de 6,75 m) ; ceux marqués sur lancer franc (sanctionnant une faute personnelle), pour un point. Le basket-ball est sport olympique depuis 1936 pour les hommes et depuis 1976 pour les femmes.

BASKETTEUR, EUSE n. Joueur de basket-ball.

BASM ou **B.A.S.M.** [beaɛsɛm] **n.f.** (sigle). **MIL.** Bombe à sous-munitions*.

BAS-MÂT n.m. (pl. *bas-mâts*). **MAR.** Partie inférieure d'un mât composé.

BASMATI n.m. (mot hindi). Variété de riz indien à grain long, réputé pour son parfum.

BASOCHE n.f. (du lat. *basilica*, église). **1.** Anc. Corps et juridiction des clercs du parlement. **2.** Fam., péjor., vieilli. Ensemble des gens de loi.

BASOPHILE adj. HISTOL. Se dit d'un composant cellulaire ou tissulaire qui fixe les colorants basiques.

BASQUAISE adj.f. Se dit d'une préparation à base d'oignons, de tomates et de poivrons : *Des poulets basquaise* ou *à la basquaise.*

1. BASQUE n.f. (du provenç. *basta*, pli faufilé). **COST.** Partie rapportée à la taille d'un corsage, d'une veste. ◆ **n.f. pl.** Pans ouverts rapportés au dos de la jaquette masculine. ▪ **Être (toujours) pendu aux basques de qqn,** le suivre partout.

2. BASQUE adj. et **n.** Du Pays basque ; de ses habitants. ◆ **n.m.** Langue non indo-européenne parlée par les Basques, qui la dénomment *euskera.*

BAS-RELIEF n.m. (pl. *bas-reliefs*). Sculpture adhérant à un fond, dont elle se détache avec une faible saillie. (On écrit : *un bas-relief* mais *une sculpture en bas relief.*)

BAS-ROUGE n.m. (pl. *bas-rouges*). Beauceron (chien).

1. BASSE n.f. (ital. *basso*). **1.** Partie la plus grave d'une composition instrumentale ou vocale. **2.** Voix masculine la plus grave, appelée autref. *basse-contre* ; chanteur qui a cette voix. **3.** Celui des instruments d'une famille instrumentale dont l'échelle sonore correspond approximativement à l'échelle sonore de la voix de basse : *Basse de violon, violoncelle.* **4.** Contrebasse, en jazz. **5.** Son grave : *Haut-parleur qui rend bien les basses.* ▪ **Basse chantante,** basse-taille. ▪ **Basse chiffrée** [mus.], partie la plus basse d'une composition instrumentale ou vocale, dont certaines notes (notes chiffrées) sont surmontées d'un chiffre qui indique l'accord à exécuter. ▪ **Basse continue** [mus.], du XVIe au XVIIe s., partie la plus basse d'une composition instrumentale, génér. chiffrée, confiée, tout au long du morceau, à un instrument polyphonique (clavecin, orgue, etc.) [SYN. **continuo**]. ▪ **Basse obstinée** [mus.], partie la plus basse d'une composition instrumentale répétant le même motif. ◆ **adj.** Se dit d'une basse (instrument) : *Trombone basse.*

2. BASSE n.f. (de *1. bas*). **MAR.** Fond rocheux situé à faible profondeur.

BASSE-COUR (pl. *basses-cours*), ▲ ***BASSECOUR*** **n.f.** Cour, bâtiment d'une ferme où l'on élève la volaille et les lapins ; l'ensemble des animaux qui y vivent.

BASSE-FOSSE (pl. *basses-fosses*), ▲ ***BASSEFOSSE*** **n.f.** Cachot souterrain d'un château fort.

BASSEMENT adv. De façon basse, vile : *Vous avez agi bassement.*

BASSESSE n.f. 1. Manque d'élévation morale : *La délation est une preuve de bassesse.* **2.** Action vile, déshonorante ; ignominie : *Commettre des bassesses.*

1. BASSET n.m. Chien courant, aux pattes courtes et parfois torses.

2. BASSET n.m. (ital. *bassetto*). **MUS.** Vx. ▪ **Cor de basset,** clarinette alto.

BASSE-TAILLE (pl. *basses-tailles*), ▲ ***BASSETAILLE*** **n.f.** Timbre de voix masculine entre le baryton et la basse (SYN. **basse chantante**). ▪ **Émaux de** ou **sur basse-taille,** émaux translucides sur or ou argent champlevé et finement ciselé.

BASSIN n.m. (lat. pop. **baccinus*, du gaul.). **1.** Large récipient portatif. **2.** Vase plat destiné à recevoir les déjections d'un malade alité. **3.** Pièce d'eau servant d'ornement ou de réservoir. **4.** Réceptacle des eaux d'une fontaine ; vasque. **5.** Piscine et, spécial., chacune des parties d'une piscine de profondeur variable : *Le petit et le grand bassin.* **6.** Plan d'eau aménagé pour différents usages : *Bassin de pisciculture. Bassin de radoub.* **7.** Partie d'un port limitée par des quais et des digues. ➲ Dans les mers sans marée, on a des *bassins ouverts*, ou *darses* ; dans les mers à marée, on distingue les *bassins de marée*, qui communiquent librement avec la mer, et les *bassins à flot*, reliés à l'avant-port par une écluse. **8. GÉOGR.** Région drainée par un fleuve et ses affluents : *Le bassin du Saint-Laurent.* **9. GÉOL.** Vaste gisement sédimentaire formant une unité géographique et géologique : *Bassin houiller, minier.* **10. ANAT.** Ceinture osseuse formée à la base du tronc par le sacrum, le coccyx et les deux os iliaques (os du bassin) ; cavité circonscrite par cette ceinture, comprenant, en haut, le *grand bassin*, faisant partie de l'abdomen, et, en bas, le *petit bassin*, ou *pelvis.* ▪ **Bassin d'audience,** ensemble des personnes susceptibles d'être touchées par un média. ▪ **Bassin d'effondrement** [géol.], graben (sur les continents) ; rift (génér. sous les océans). ▪ **Bassin d'emploi,** zone géographique offrant

▲ **bas-relief** égyptien représentant la reine Tiy (XVIIIe dynastie). [Musées royaux d'Art et d'Histoire, Bruxelles.]

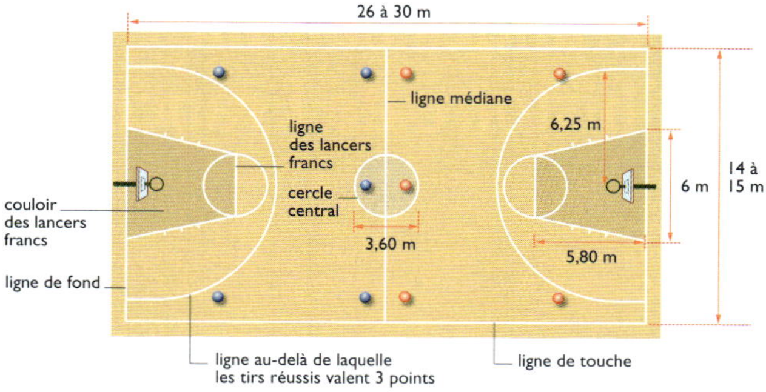

Un dribble.

Un tir en extension.

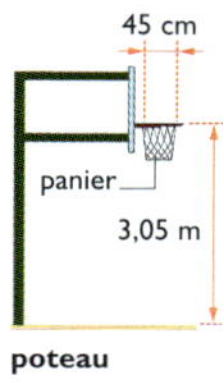

▲basket-ball

des disponibilités de main-d'œuvre. ▪ **Bassin océanique** [géol.], région océanique profonde délimitée par le talus continental et les chaînes de monts sous-marins. ▪ **Bassin (sédimentaire)** [géol.], vaste dépression naturelle qui est ou a été une zone de sédimentation : *Le Bassin parisien.* ▪ **Bassin(-)versant,** territoire recevant les précipitations qui alimentent un cours d'eau.

BASSINANT, E adj. Fam. Qui bassine, importune ; ennuyeux.

BASSINE n.f. Récipient large ou profond à usages domestiques ou industriels ; son contenu.

BASSINER v.t. [3]. 1. Humecter légèrement une partie du corps. **2.** Fam. Importuner qqn par ses propos ; ennuyer. **3.** Anc. Chauffer un lit avec une bassinoire.

BASSINET n.m. 1. Petit bassin servant de récipient ; cuvette. **2.** ANAT. Partie élargie des voies excrétrices du rein, qui fait suite aux grands calices et se continue par l'uretère. **3.** ARM. Casque en usage aux XIIIe et XIVe s. **4.** ARM. Partie de la platine des armes à feu qui recevait la poudre de l'amorce. ▪ **Cracher au bassinet** [fam.], donner de l'argent à contrecœur : *Les abonnés ont encore dû cracher au bassinet.*

BASSINOIRE n.f. Anc. Bassin à long manche et couvercle ajouré que l'on passait, garni de braises, dans un lit pour le chauffer.

BASSISTE n. 1. Contrebassiste. **2.** Instrumentiste qui joue de la guitare basse.

1. BASSON n.m. (ital. *bassone*). Instrument de musique en bois, à vent et à anche double, formant dans l'orchestre la basse de la famille des hautbois.

2. BASSON n.m. ou **BASSONISTE n.** Instrumentiste qui joue du basson.

BASTA interj. (ital. *basta*). Ça suffit ! ; c'est assez !

BASTAING [bastɛ̃] **n.m.** Pièce de bois de charpente à arêtes vives, de section inférieure à celle du madrier.

BASTAQUE n.f. (de l'anc. angl.). MAR. Hauban supplémentaire amovible, fixé vers l'arrière.

BASTER v.i. [3] (de l'ital. *bastare*, suffire). Suisse. Céder ; renoncer.

BASTIDE n.f. (provenç. *bastida*). **1.** Région. (Provence). Maison de campagne. **2.** Au Moyen Âge, ouvrage de fortification semblable à une bastille ; ville neuve fortifiée, dans le sud-ouest de la France.

BASTIDON n.m. Région. (Provence). Petite bastide.

BASTILLE n.f. (altér. de *bastide*). **1.** Anc. Au Moyen Âge, ouvrage de défense renforçant un point d'une enceinte, notamm. à l'entrée d'une ville. **2.** Fig. Ensemble d'idées défendues par les privilégiés ; symbole d'asservissement : *Il reste des bastilles à prendre.* ▪ **La Bastille,** v. partie n.pr.

BASTINGAGE n.m. (provenç. *bastengo*). MAR. Garde-corps. (→ **pavois**).

BASTION n.m. (de *bastille*). **1.** FORTIF. À partir du XVIe s., ouvrage pentagonal en saillie sur une enceinte fortifiée. **2.** Fig. Ce qui constitue une position forte, un soutien inébranlable ; fief : *Ils ont perdu un de leurs bastions aux élections.*

BASTIONNÉ, E adj. FORTIF. Muni de bastions.

BASTON n.f. ou **n.m. 1.** Arg. Bagarre : *Chercher la baston.* **2.** Coup de vent ; tempête.

BASTONNADE n.f. (ital. *bastonata*). Volée de coups de bâton.

SE BASTONNER v.pr. [3]. Arg. Se battre ; se bagarrer.

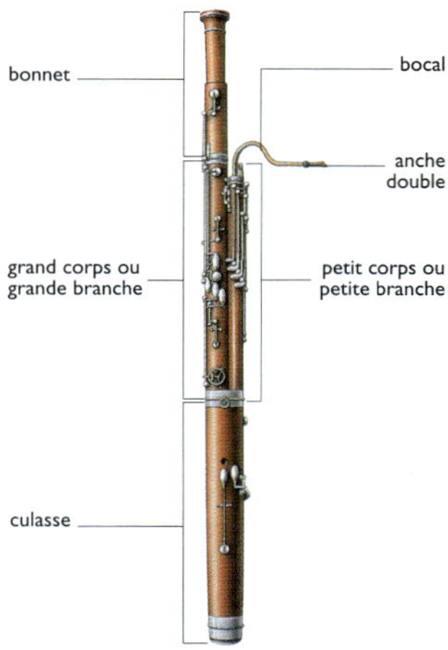

▲basson

BASTOS [-tos] **n.f.** (de *Bastos*, n. d'une marque de cigarettes). Arg. Balle d'arme à feu.

BASTRINGUE n.m. Fam. **1.** Vieilli. Bal populaire ; guinguette. **2.** Vieilli. Orchestre populaire bruyant et tapageur. **3.** Suisse. Fête ou manifestation de grande ampleur. (Peut aussi être fém.) **4.** Désordre bruyant ; vacarme. **5.** Ensemble d'objets hétéroclites ; bazar. ▪ **Piano bastringue** [vieilli], piano désaccordé utilisé dans les cafés, les guinguettes.

BAS-VENTRE n.m. (pl. *bas-ventres*). Partie inférieure du ventre.

BAT ou **B.A.T.** [beate] **n.m.** (sigle). IMPRIM. Bon à tirer.

BÂT n.m. (du gr. *bastazein*, porter). Appareil en bois placé sur le dos des bêtes de somme pour le transport des fardeaux. ▪ **C'est là que le bât blesse,** c'est sur ce point qu'une difficulté s'élève, qu'un problème se pose.

BATACLAN n.m. (onomat.). Fam. Attirail embarrassant ; barda. ▪ **Et tout le bataclan,** et tout le reste : *Il me faut un marteau, des clous et tout le bataclan.*

BATAILLE n.f. (du lat. *battualia*, sorte d'escrime). **1.** Combat important entre deux groupes armés : *Livrer bataille. La bataille de Solferino. (V. planche page suivante.)* **2.** Lutte, combat réels ou simulés : *Bataille de boules de neige.* **3.** Combat d'idées : *Mener une bataille contre le racisme.* **4.** Jeu de cartes par levées, pratiqué à deux avec 32 ou 52 cartes, dans lequel une carte plus forte permet de prendre celle de l'adversaire. ▪ **Bataille navale,** jeu de société dans lequel chacun des deux joueurs, disposant d'un certain nombre de navires placés sur une grille, doit, par approximations, repérer et couler la flotte adverse. ▪ **Cheval de bataille** → **CHEVAL.** ▪ **En bataille,** en désordre : *Cheveux, vêtements en bataille.*

BATAILLER v.i. [3]. 1. En venir aux mains ; se battre. **2.** Fig. Lutter sans relâche : *Ils ont dû batailler pour faire passer cette loi.*

BATAILLEUR, EUSE adj. et **n.** Qui manifeste un goût pour la bataille ; querelleur : *Des garçons batailleurs. Un tempérament batailleur.*

BATAILLON n.m. (ital. *battaglione*). **1.** Unité militaire composée de plusieurs compagnies. **2.** Fig. Groupe composé de nombreuses personnes ; légion : *Ils ont embauché un bataillon d'informaticiens.* **3.** Anc. Troupe de soldats composée de plusieurs compagnies. ▪ **Bataillon d'infanterie légère d'Afrique** [anc.], bataillon disciplinaire, créé en 1832, où étaient incorporés des délinquants. Abrév. (arg.) **bat d'Af.** ▪ **Inconnu au bataillon** [fam.], se dit de qqn dont personne n'a jamais entendu parler.

1. BÂTARD, E adj. et **n.** (du germ.). **1.** Péjor., vieilli. Se disait d'un enfant né hors mariage. **2.** Se dit d'un animal qui n'est pas de race pure : *Un bâtard de cocker.* ◆ **adj.** Qui tient de deux espèces différentes : *Une solution bâtarde.*

2. BÂTARD n.m. Pain d'une demi-livre, plus court que la baguette.

BÂTARDE n.f. Type d'écriture de la fin du XVe s., intermédiaire entre la ronde et l'anglaise.

BATARDEAU n.m. (anc. fr. *bastart*). Digue, barrage provisoires établis pour assécher la partie où l'on veut exécuter des travaux.

BÂTARDISE n.f. État de bâtard.

BATAVE adj. et **n.** (du lat. *Batavi*). De la Hollande ; de ses habitants.

BATAVIA n.f. (de *batave*). Laitue à feuilles dentées et croquantes.

BÂTÉ, E adj. ▪ **Âne bâté,** personne sotte ou ignorante.

BATEAU n.m. (anc. angl. *bât*). **1.** Construction, de toutes sortes et de toutes dimensions, susceptible de naviguer sur les voies intérieures ou en mer : *Bateau de plaisance, de pêche. Bateau pneumatique.* **2.** (En appos.). En forme de bateau : *Des décolletés bateau.* **3.** Dépression du trottoir, devant un garage, un passage pour piétons. ▪ **Monter un bateau à qqn** ou **mener qqn en bateau** [fam.], inventer une histoire pour le tromper. ◆ **adj. inv.** Fam. Banal ; rebattu : *Des thèmes de conférence bateau.*

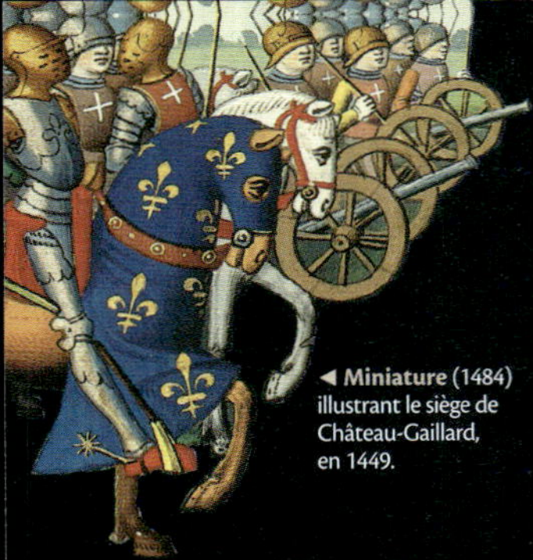

◄ **Miniature** (1484) illustrant le siège de Château-Gaillard, en 1449.

Les grandes batailles de l'histoire de France

L'histoire de la France est jalonnée de grandes batailles. Certaines ont une incidence immédiate et profonde : modification du territoire, consolidation ou chute d'un régime, par exemple. D'autres ne prennent leur sens que bien plus tard. D'autres encore, malgré leur faible importance d'un point de vue militaire ou politique, deviennent légendaires...

Une défaite qui unit

Sur le territoire de ce qui allait devenir la France, le siège d'**Alésia** (52 av. J.-C.) s'achève sur la reddition de Vercingétorix. C'est la fin de la résistance gauloise aux armées romaines. D'abord perçue comme le sésame ayant permis à la France d'intégrer la civilisation romaine, Alésia devient, après la guerre franco-allemande de 1871, le symbole de la résistance de la « nation française ».

Le sort des dynasties

La bataille médiévale met face à face de petites forces armées et s'achève parfois par la mort d'une des têtes couronnées qui y participent. C'est le moyen le plus sûr d'asseoir une légitimité. Ainsi, à **Vouillé** (507), Clovis défait les Wisigoths et assure l'avenir des Mérovingiens. À **Poitiers** (732), en écrasant les troupes d'Abd al-Rahman, Charles Martel – grand-père de Charlemagne –, le « sauveur de l'Occident », installe sa dynastie. En battant Otton à **Bouvines** (1214), Philippe Auguste offre l'image, nouvelle, du souverain rassembleur.

Au cours de la guerre de Cent Ans, deux conceptions de la bataille s'affrontent. Deux sociétés aussi. Au pragmatisme de l'Angleterre déployant ses archers professionnels s'oppose le panache d'une France de chevaliers : après trois lourdes défaites – **Crécy** (1346), **Poitiers** (1356) et **Azincourt** (1415) –, cette dernière finit par gagner la guerre. Ultime manifestation du code chevaleresque : à **Marignan** (1515), Bayard fait chevalier François Ier.

Sous les règnes de Louis XIV et de ses descendants, la bataille, moins décisive, devient plutôt un préalable à l'action diplomatique (par exemple **Fontenoy**, en 1745), à l'exception de **Rocroi** (1643), victoire qui sauve le royaume de l'invasion espagnole. Désormais, c'est dans les colonies que les affrontements se révèlent cruciaux : la défaite de Montcalm dans les **plaines d'Abraham** (1759), face à l'Anglais Wolfe, fait perdre le Canada à la France.

▲ **Alésia (52 av. J.-C.).** Vercingétorix se rend à Jules César. Grâce à un puissant réseau de fortifications, le général romain a fait, pendant deux mois, le siège de la place-forte où le chef gaulois s'était retranché avec 80 000 guerriers (gravure sur bois d'après un tableau de H. Motte, 1880).

▲ **Azincourt (1415).** Harcelés par les archers anglais, les chevaliers français s'empêtrent dans leurs lourdes armures et finissent massacrés par les fantassins : la noblesse du royaume de France est anéantie, son administration civile et militaire, décapitée (miniature française, 1484).

▼ **Fontenoy (1745).** La victoire des Français contre les troupes de la coalition anglo-hollandaise aboutit à une éphémère occupation des Pays-Bas (peinture de P. Lenfant, 1757, château de Versailles).

La nation en guerre

Avec la Révolution française, la bataille retrouve un sens historique. **Valmy** (1792) marque la première des victoires de la démocratie en armes, où une armée de citoyens l'emporte face aux armées professionnelles. D'abord mobilisée pour défendre le pays contre l'agression austro-prussienne, l'armée de la République prend l'offensive et conquiert, avec **Jemmapes**, les Pays-Bas autrichiens – l'actuelle Belgique. Un territoire perdu peu après, puis de nouveau gagné à **Fleurus** (1794), ce qui y inaugure deux décennies de présence française. L'armée française au service de la nation sera le fer de lance de la Révolution, puis de l'Empire, adoptant la stratégie napoléonienne fondée sur le mouvement et la surprise. Après les succès de la campagne d'Italie (**Rivoli**, **Marengo**), **Austerlitz** (1805) en signe le point d'orgue. Mais la méthode s'avère coûteuse en hommes : les victoires (**Eylau**) sont de plus en plus meurtrières. La défaite de **Waterloo** (1815), enfin, clôt l'épopée et laisse la France exsangue.

▲ **Valmy (1792).** Au cri de « Vive la Nation ! », les Français repoussent les Prussiens au pied du moulin de Valmy en Argonne (peinture de H. Vernet, 1826, National Gallery, Londres).

L'ombre de l'Empire

Au cours du XIXe siècle, l'ombre des batailles napoléoniennes plane et les différents régimes tentent inlassablement de renouer avec la victoire militaire pour asseoir leur légitimité. La prise d'**Alger** (1830) par les troupes du comte de Bourmont vise à redorer le blason du régime finissant de Charles X, alors que **Sébastopol** (1855), lors de la guerre de Crimée, ou **Solferino** (1859) sont célébrées comme le renouveau de la gloire impériale, celle de Napoléon III cette fois. Mais, pour n'avoir pas compris que les moyens matériels et la logistique avaient pris le pas sur les charges héroïques, l'armée française est défaite à **Sedan** (1870) : la désillusion est terrible, provoquant la chute du second Empire et la proclamation de la république.

◀ **Rivoli (1797).** Vainqueur des Autrichiens, Bonaparte devient un personnage politique incontournable (peinture de H. F. Philippoteaux, 1844, château de Versailles).

La guerre de masse

Les débuts de la Première Guerre mondiale sont endeuillés par une série de défaites tragiques pour la France, et il faut le sursaut de la bataille de la **Marne** (1914) pour que se rétablisse la situation. L'inadaptation de la stratégie de l'état-major français entraîne des pertes immenses : le paroxysme est atteint avec la bataille du **Chemin des Dames** (1917), dans l'Aisne, où, avec l'offensive de Nivelle, 30 000 hommes perdent la vie en une dizaine de jours. Toutefois, déjà, une nouvelle conception de la bataille, plus défensive, était apparue avec **Verdun** (1916). À cet affrontement, symbole par excellence de la Grande Guerre, participeront la plupart des régiments français.

En 1939, calquant ses schémas stratégiques sur un modèle ancien, l'état-major français ne mesure pas l'importance des progrès technologiques et matériels mis au point en Allemagne. Après les défaites du printemps 1940 (**Dunkerque**, notamm.), P. Pétain demande l'armistice, que certains, groupés autour du général de Gaulle à Londres, refusent. Le salut de la France viendra de l'extérieur, avec le **débarquement allié du 6 juin 1944**. Durant la décolonisation, l'armée française continue de se battre, mais c'est sur le plan politique que l'essentiel se joue : **Diên Biên Phu** (1954) confirme la fin de l'Indochine française ; la bataille d'**Alger** (1956-1957) ne stoppera pas le processus d'indépendance de l'Algérie.

◀ **Opération Overlord (6 juin 1944).** Malgré une résistance allemande parfois acharnée, ce qui fut la plus grande opération amphibie de tous les temps permet la libération de la France.

▲ **Diên Biên Phu (1954).** La garnison française subit une défaite retentissante face aux troupes viêt-minh du général Võ Nguyên Giáp : c'est la fin de l'Indochine française.

BATEAU-CITERNE n.m. (pl. *bateaux-citernes*). Bateau aménagé pour le transport des liquides en vrac.

BATEAU-FEU ou **BATEAU-PHARE** n.m. (pl. *bateaux-feux, bateaux-phares*). Bateau muni d'un phare et mouillé près des endroits dangereux.

BATEAU-LAVOIR n.m. (pl. *bateaux-lavoirs*). Ponton arrimé à la berge d'un cours d'eau, où l'on venait laver le linge.

BATEAU-MOUCHE n.m. (pl. *Bateaux-Mouches*) [nom déposé]. Bateau qui assure un service de promenade d'agrément sur la Seine, à Paris.

BATEAU-PHARE n.m. → **BATEAU-FEU.**

BATEAU-PILOTE n.m. (pl. *bateaux-pilotes*). Petit bateau qui se porte au-devant des navires pour leur donner un pilote s'ils entrent au port ou pour débarquer leur pilote s'ils en sortent.

BATEAU-POMPE n.m. (pl. *bateaux-pompes*). Navire léger de lutte contre l'incendie dans les zones portuaires.

BATEAU-PORTE n.m. (pl. *bateaux-portes*). Caisson flottant qui sert de fermeture à un bassin de radoub.

BATÉE n.f. (de *battre*). Récipient peu profond permettant de séparer, dans un mélange de sable et d'eau, les particules légères et les particules lourdes (or, diamants) par la force centrifuge.

BATELAGE n.m. (de l'anc. fr. *batel*, bateau). **1.** Droit payé à un batelier. **2.** Service de bateaux assurant la liaison des navires entre eux ou avec la côte.

BATELET n.m. Litt. Petit bateau.

BATELEUR, EUSE n. (de l'anc. fr. *baastel*, tour d'escamoteur). Vieilli. Personne qui fait des tours d'acrobatie ou d'adresse sur les places publiques ; saltimbanque.

BATELIER, ÈRE n. Personne dont le métier est de conduire un bateau sur les cours d'eau (SYN. **2. marinier**). ◆ **adj.** Qui concerne la navigation intérieure, la batellerie.

BATELLERIE n.f. **1.** Industrie du transport fluvial. **2.** Ensemble des bateaux de navigation intérieure.

BÂTER v.t. [3]. Mettre un bât sur une bête de somme.

BAT-FLANC n.m. (pl. *bat-flancs*). **1.** Pièce de bois qui sépare deux chevaux dans une écurie ou dans un van, ou deux vaches dans une étable. **2.** Cloison entre deux lits dans un dortoir. **3.** Plateforme rabattable qui peut servir de lit dans les prisons, les casernes, etc.

BATH [bat] **adj. inv.** Fam., vieilli. Gentil ; agréable.

BATHOLITE n.m. GÉOL. Massif de roches plutoniques de grandes dimensions (de l'ordre de 10 à 100 km^2), en forme de dôme ou de culot, et recoupant les terrains encaissants.

BATHYAL, E, AUX [batjal, o] **adj.** (du gr. *bathus*, profond). Qui concerne la zone océanique située sur la pente continentale, approximativement entre 300 et 3 000 m de profondeur.

BATHYMÉTRIE n.f. Mesure, par sondage, des profondeurs marines.

BATHYMÉTRIQUE adj. Relatif à la bathymétrie : *Carte bathymétrique.*

BATHYSCAPHE n.m. (du gr. *bathus*, profond, et *skaphê*, barque). Engin de plongée à grande profondeur, autonome et habitable, dont la flottabilité est contrôlée par un système de lest largable. ➲ Le bathyscaphe est auj. remplacé par des sous-marins plus maniables (*Nautile, Shinkai*, par ex.).

BATHYSONDE n.f. (nom déposé). Instrument équipé de capteurs et de bouteilles de prélèvements, servant à effectuer des mesures océanographiques de la surface jusqu'au fond des océans.

1. BÂTI, E adj. ▪ **Bien, mal bâti,** se dit d'une personne bien, mal proportionnée. (On écrit aussi *malbâti, e.*) ▪ **Propriété, terrain bâtis,** sur lesquels est construit un bâtiment.

2. BÂTI n.m. **1.** Assemblage de pièces de menuiserie ou de charpente. **2.** Support sur lequel sont assemblées les diverses pièces d'une machine. **3.** COUT. Série de grands points pour maintenir deux tissus bord à bord ; faufil.

BATIFOLAGE n.m. Fam. Action de batifoler.

BATIFOLER v.i. [3] (de l'ital. *battifolle*, boulevard où l'on s'amuse). Fam. Perdre son temps à des choses futiles.

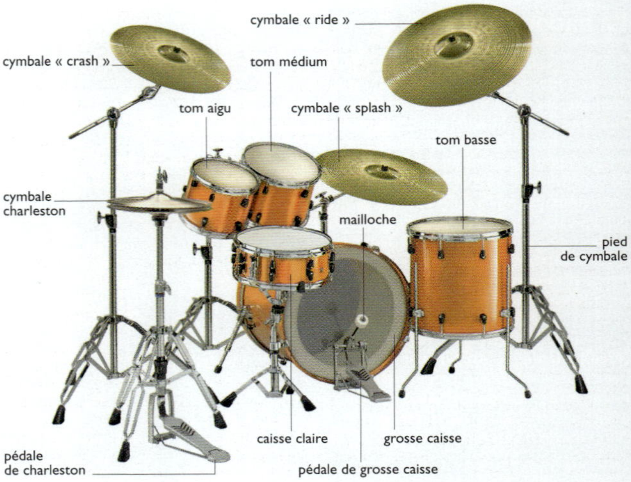

▲ **batterie.** Percussions d'une batterie jazz-rock.

BATIFOLEUR, EUSE n. Fam. Personne qui aime batifoler.

BATIK n.m. (mot malais). Technique artisanale de teinture fondée sur l'application préalable sur l'étoffe de réserves à la cire ; le tissu ainsi décoré.

BATILLAGE [-jaʒ] **n.m.** Déferlement des vagues de sillage d'un bateau contre la berge d'un cours d'eau.

BÂTIMENT n.m. (de *bâtir*). **1.** Toute construction destinée à servir d'abri et à isoler ; édifice : *L'usine comporte plusieurs bâtiments.* **2.** Ensemble des métiers et industries en rapport avec la construction : *Travailler dans le bâtiment.* **3.** Engin de navigation ; bateau : *Bâtiment de guerre.*

BÂTIR v.t. [21] (du francique *bastjan). **1.** Élever une construction sur le sol ; construire. **2.** Fig. Concevoir et établir un ensemble complexe ; échafauder : *Il a bâti toute une histoire sur une rumeur.* **3.** COUT. Assembler à grands points deux pièces de tissu ; faufiler. ◆ **SE BÂTIR** v.pr. Se couvrir de constructions : *Le quartier se bâtit.*

BÂTISSE n.f. Gros bâtiment sans caractère.

BÂTISSEUR, EUSE n. Personne qui bâtit, édifie, fonde qqch : *Les bâtisseurs de cathédrales. Des bâtisseurs d'empire.*

BATISTE n.f. (du n. de son créateur, *Baptiste de Cambrai*). Toile de lin très fine et très serrée utilisée en lingerie.

BAT-L'EAU n.m. inv. Moment de la chasse à courre où le gibier poursuivi se jette à l'eau.

BAT-MITSVA n.f. inv. → **BAR-MITSVA.**

BATOILLER [batɔje] **v.i.** [3] (de *battre*). Suisse. Fam. Bavarder.

BÂTON n.m. (lat. *bastum*). **1.** Long morceau de bois rond, qu'on peut tenir à la main et qui sert à s'appuyer, à frapper, etc. **2.** Tige d'acier sur laquelle s'appuie le skieur. **3.** Objet de matière consistante présenté sous forme de petit bâton : *Bâton de craie, de réglisse. Bâton de rouge à lèvres.* **4.** Sport de combat, voisin de la canne, se pratiquant avec un bâton tenu des deux mains. **5.** Trait vertical que font les enfants qui apprennent à écrire, que l'on trace pour compter, etc. **6.** Fam., vieilli. Un million de centimes de franc. ▪ **Bâton de golf** [Québec], club de golf. ▪ **Bâton de hockey** [Québec], crosse de hockey. ▪ **Bâton de maréchal,** insigne de commandement du maréchal ; fig., la situation la plus élevée à laquelle qqn puisse prétendre. ▪ **Bâton de vieillesse,** personne qui est le soutien d'une personne âgée. ▪ **Bâtons rompus** [archit.], dans l'art roman, ornement courant fait de boudins brisés disposés en zigzag, en frette, etc. ▪ **Mettre des bâtons dans les roues à qqn,** lui susciter des difficultés. ▪ **Parler à bâtons rompus,** en passant librement d'un sujet à l'autre.

BÂTONNAT n.m. Dignité de bâtonnier ; durée de cette fonction.

BÂTONNER v.t. [3]. Frapper à coups de bâton.

BÂTONNET n.m. Objet ayant la forme d'un petit bâton : *Bâtonnets de surimi.* ▪ **Cellule en bâtonnet,** ou **bâtonnet** [histol.], photorécepteur de la rétine, sensible à l'intensité lumineuse, jouant un rôle important dans la vision en faible luminosité et dans la discrimination des contrastes.

BÂTONNIER, ÈRE n. Président, élu par ses confrères, du conseil de l'ordre des avocats d'un barreau.

BATOUDE n.f. (ital. *battuta*). Long tremplin utilisé par les acrobates dans les cirques.

BATRACIEN n.m. Vx. Amphibien.

BATTAGE n.m. **1.** Action de battre qqch : *Le battage des tapis.* **2.** Fam. Publicité tapageuse : *Faire du battage autour d'un film.* **3.** AGRIC. Séparation des grains de leurs épis, de leurs gousses : *Le battage du blé, du colza.* **4.** TRAV. PUBL. Enfoncement d'un pieu, d'une palplanche, etc., au moyen d'un engin frappant sur sa tête : *Battage au mouton.* **5.** En tapisserie de lisse, interpénétration de deux ou plusieurs couleurs par des sortes de hachures. ▪ **Battage d'or** [métall.], martelage manuel de plaques d'or pour les transformer en feuilles.

1. BATTANT, E adj. ▪ **Le cœur battant,** avec une émotion intense. ▪ **Pluie battante,** qui tombe avec violence. ▪ **Porte battante,** munie d'un gond permettant l'ouverture dans les deux sens et la fermeture automatique. ▪ **Tambour battant** → **TAMBOUR.**

2. BATTANT, E n. Personne combative et énergique : *Elle a un tempérament de battante.*

3. BATTANT n.m. **1.** Pièce métallique suspendue à l'intérieur d'une cloche et qui vient en frapper la paroi. **2.** MENUIS. Partie d'une porte, d'une fenêtre, d'un meuble, mobile autour de gonds (SYN. **ouvrant, vantail**). **3.** MAR. Partie d'un pavillon flottant librement (par oppos. à *guindant*).

BATTE n.f. (de *battre*). **1.** Outil servant à battre, à tasser, à écraser, etc., dont la forme varie en fonction de sa destination. **2.** Au cricket et au base-ball, bâton servant à frapper la balle.

BATTÉE n.f. Partie fixe d'une tête d'écluse sur laquelle vient s'appuyer ou battre un vantail lorsque l'on ferme la porte.

BATTELLEMENT n.m. CONSTR. Double épaisseur de tuiles plates ou d'ardoises formant le bord inférieur d'un toit.

BATTEMENT n.m. **1.** Choc dont la répétition, rythmée ou non, entraîne un bruit ; bruit ainsi produit : *Des battements de mains.* **2.** Mouvement alternatif rapide : *Elle approuva d'un battement de cils.* **3.** DANSE. Mouvement de va-et-vient d'une jambe, exécuté en l'air, le buste droit et en équilibre sur l'autre jambe. **4.** Pulsation rythmique du cœur et du système circulatoire. **5.** PHYS. Variation périodique de l'amplitude d'une oscillation résultant de la superposition de deux vibrations de fréquences voisines. **6.** Intervalle de temps entre deux actions, deux événements ; pause : *Battement de vingt minutes entre deux séances.* **7.** Pièce métallique d'arrêt de volets, à leur fermeture.

BATTERIE n.f. (de *battre*). **1. ÉLECTR.** Groupement de dispositifs de même type (accumulateurs, piles, condensateurs, etc.) couplés de façon à agir simultanément : *La batterie d'un portable. Batterie (d'accumulateurs) d'une voiture.* **2.** Réunion d'éléments de même nature destinés à fonctionner ensemble, ou d'éléments qui se complètent : *Batterie de projecteurs. Batterie de cuisine.* **3. MIL.** Réunion de pièces d'artillerie et du matériel nécessaire à leur fonctionnement. **4. MIL.** Lieu, ouvrage fortifié où sont disposées des pièces d'artillerie : *Batteries côtières.* **5. MIL.** Unité élémentaire d'un régiment d'artillerie. **6. DANSE.** Croisement rapide ou choc des jambes au cours d'un saut ; ensemble des sauts ainsi exécutés. **7. MUS.** Ensemble des instruments à percussion d'un orchestre. **8. MUS.** Instrument composé de plusieurs percussions joué par un seul musicien et popularisé par le jazz. **9. MUS.** Formule rythmique destinée au tambour. ■ **Batterie de tests,** ensemble de tests d'aptitude. ■ **Mettre une arme en batterie** [mil.], la mettre en état de tirer. ◆ **n.f. pl.** Moyens que l'on se donne pour atteindre un but : *Il faut changer nos batteries.* ■ **Dévoiler ses batteries,** révéler ses intentions.

1. BATTEUR, EUSE n. **1.** Personne qui effectue le battage du grain, des métaux, etc. **2. MUS.** Joueur d'instruments à percussion, en partic. de batterie (→ **drummer**). **3.** Au cricket et au base-ball, joueur qui renvoie la balle avec une batte.

2. BATTEUR n.m. **1.** Appareil électroménager servant à battre, à mélanger des préparations culinaires diverses. **2.** Dans une batteuse agricole, rouleau muni de battes tournant à grande vitesse.

BATTEUSE n.f. **AGRIC.** Machine fixe servant à séparer les grains des céréales de leurs épis et de leurs enveloppes.

BATTLE [batəl] **n.f.** ou **n.m.** (mot anglo-amér.). Joute de chanteurs ou de danseurs devant un jury composé de professionnels ou d'anonymes. ➲ À l'origine improvisée, elle est issue du milieu du rap et du hip-hop.

BATTLE-DRESS [batəldrɛs] **n.m. inv.** (mot angl. « vêtement de combat »). **1.** Tenue de combat. **2.** Courte veste de toile.

BATTOIR n.m. **1.** Anc. Palette de bois utilisée pour essorer le linge. **2.** Fam. Main large et puissante.

BATTRE v.t. **[63]** (lat. *battuere*). **1.** Donner des coups à une personne, un animal ; frapper. **2.** Remporter la victoire sur ; vaincre : *L'Espagne a battu l'Angleterre par trois à zéro.* **3.** Frapper qqch dans un but précis : *Battre un tapis.* **4. AGRIC.** Séparer les grains de leurs épis, de leur gousse. **5.** Heurter à coups répétés : *La pluie bat les fenêtres.* **6.** Agiter pour mélanger : *Battre des œufs.* ■ **Battre le fer pendant qu'il est chaud,** profiter sans tarder d'une occasion favorable. ■ **Battre le pavé,** errer sans but. ■ **Battre les bois, la région, le pays,** les parcourir en cherchant qqch ou qqn. ■ **Battre les cartes,** les mélanger. ■ **Battre qqn comme plâtre,** le frapper violemment. ■ **Battre un record,** l'améliorer. ◆ **v.i. 1.** Frapper à coups réguliers : *La mer bat contre la jetée.* **2.** Produire des mouvements rapides et répétés : *Battre des mains.* ■ **Battre en retraite,** se retirer en combattant ; fig., cesser de soutenir une opinion. ◆ **SE BATTRE v.pr. 1. (CONTRE, AVEC).** Engager la lutte ; combattre : *Elle s'est battue contre ses agresseurs.* **2.** Combattre l'un contre l'autre : *Ils se sont battus en duel.* ■ **Se battre contre, pour qqch,** mobiliser son énergie contre, pour cette chose ; batailler : *Se battre contre la discrimination, pour la justice.*

BATTU, E adj. **1.** Qui a reçu de nombreux coups : *Un enfant battu.* **2.** Vaincu dans une bataille, une compétition : *Une équipe battue.* **3.** Foulé, durci par une pression répétée : *Terre battue.* ■ **Avoir l'air d'un chien battu,** avoir l'air humble et craintif. ■ **Sentiers battus,** manières banales d'agir, de penser : *Il faut sortir des sentiers battus.* ■ **Yeux battus,** cernés à cause de la fatigue, du chagrin.

BATTUE n.f. Action de battre les bois, les taillis, les champs pour en faire sortir le gibier et le rabattre vers le chasseur, et, par ext., pour rechercher qqn : *Organiser une battue.*

BATTURE n.f. Québec. Partie du rivage découverte à marée basse : *Les battures du Saint-Laurent.*

BATUCADA n.f. (mot port. du Brésil « battement »). Musique inspirée de la samba et exécutée par un ensemble d'instruments à percussion.

BAU n.m. (pl. *baux*) [du francique **balk*, poutre]. Vx. Barrot. ■ **Maître bau** [mod.], le plus grand barrot du navire ; l'endroit où le navire est le plus large.

BAUD [bo] **n.m.** (de É. *Baudot*, n.pr.). **TÉLÉCOMM.** Unité de mesure de la rapidité de modulation d'un signal, correspondant au nombre d'états significatifs du signal transmis par seconde.

BAUDELAIRIEN, ENNE adj. Relatif à Baudelaire, à son œuvre.

BAUDET n.m. (de l'anc. fr. *bald, baud,* hardi). **1.** Âne reproducteur. **2.** Fam. Âne. ■ **Être chargé comme un baudet** [fam.], lourdement chargé.

BAUDRIER n.m. (anc. fr. *baldrei*). **1.** Bande de cuir ou d'étoffe portée en écharpe et qui soutient une arme, un tambour, le ceinturon. **2. ALP., SPÉLÉOL.** Harnais constitué de sangles (ceinture, bretelles, cuissardes) utilisé pour s'encorder.

BAUDROIE n.f. (provenç. *baudroi*). Poisson commun de l'Atlantique et de la Méditerranée, comestible, à tête énorme couverte d'appendices et d'épines, appelé cour. *lotte de mer.* ➲ Famille des lophiidés.

▲ **baudroie**

BAUDRUCHE n.f. **1.** Pellicule de caoutchouc dont on fait des ballons très légers ; ballon très léger. **2.** Fig. Personne insignifiante ou veule. **3.** Fine pellicule faite avec le gros intestin du bœuf ou du mouton et qui servait à fabriquer des ballons.

BAUGE n.f. (mot gaul. « terre argileuse »). **1.** Gîte fangeux du sanglier. **2.** Fig. Lieu très sale.

BAUME n.m. (lat. *balsamum*, du gr.). **1.** Substance résineuse odorante sécrétée par certaines plantes et employée autref. en pharmacie et dans l'industrie. **2.** Préparation médicamenteuse à application cutanée, génér. antalgique ou anti-inflammatoire : *Baume pour les lèvres.* ■ **Mettre du baume au cœur,** redonner de la joie, du courage en consolant un peu.

BAUMIER n.m. → **BALSAMIER.**

BAUQUIÈRE n.f. (de *bau*). **MAR.** Ceinture intérieure d'un navire, servant à lier les couples entre eux et à soutenir les barrots.

BAUX n.m. pl. → **BAIL.**

BAUXITE n.f. (de *Baux-de-Provence*, n.pr.). Roche sédimentaire rougeâtre, composée surtout d'alumine, avec oxyde de fer et argile, exploitée comme minerai d'aluminium.

BAVARD, E adj. et n. (de *bave*). **1.** Qui parle beaucoup, souvent inutilement ; loquace. **2.** Qui ne sait pas garder un secret : *Méfie-toi, il est bavard.* ◆ **n.m.** Arg. Avocat.

BAVARDAGE n.m. **1.** Action de bavarder. **2.** (Surtout pl.). Propos futiles, médisants ou indiscrets ; commérage.

BAVARDER v.i. **[3]. 1.** Parler beaucoup et futilement. **2.** Parler de manière indiscrète et médisante : *Bavarder sur le compte de qqn.*

BAVAROIS, E adj. et n. De la Bavière ; de ses habitants.

BAVAROISE n.f. ou **BAVAROIS** n.m. Entremets froid composé d'une crème anglaise additionnée de gélatine.

BAVASSER v.i. **[3]** (de *baver*). Fam., péjor. Bavarder ; cancaner.

BAVE n.f. (lat. pop. *baba*). **1.** Salive qui s'écoule de la bouche d'une personne, ou de la gueule d'un animal. **2.** Liquide visqueux sécrété par certains mollusques : *La bave d'un escargot.*

BAVER v.i. **[3]. 1.** Laisser échapper de la bave. **2.** En parlant d'un liquide, s'étaler en produisant des souillures : *Encre qui bave.* ■ **Baver de,** manifester sans retenue le sentiment que l'on éprouve : *Baver d'envie.* ■ **Baver sur** [fam.], dénigrer. ■ **En baver (des ronds de chapeau)** [fam.], avoir beaucoup d'ennuis ; se donner beaucoup de mal.

BAVETTE n.f. **1.** Partie du tablier qui couvre la poitrine. **2. BOUCH.** Nom donné à plusieurs morceaux de bœuf découpés dans la partie abdominale. ■ **Tailler une bavette avec qqn** [fam.], faire la causette avec lui.

BAVEUX, EUSE adj. Qui laisse échapper de la bave. ■ **Omelette baveuse,** peu cuite et moelleuse.

BAVOIR n.m. Pièce de tissu protégeant des taches la poitrine des bébés.

BAVOLET n.m. (de *1. bas* et *volet*). Anc. Volant flottant derrière un chapeau de femme.

BAVURE n.f. **1.** Trace d'encre qui empâte les lettres d'un texte. **2.** Excédent de métal laissé par les joints d'un moule ou d'une matrice. **3.** Faute dans la conduite d'une action ; conséquence fâcheuse qui en découle : *Bavure policière.* ■ **Sans bavure(s)** [fam.], d'une manière irréprochable.

1. BAYADÈRE n.f. (port. *bailadeira*). Danseuse sacrée de l'Inde.

2. BAYADÈRE adj. Se dit d'un tissu orné de larges rayures multicolores.

BAYER v.i. **[3]** (du lat. *batare*, bâiller). ■ **Bayer aux corneilles** [fam.], rêvasser.

BAYONNE n.m. Jambon cru, salé et séché, fabriqué dans la région de Bayonne.

BAYOU n.m. (d'un mot amérindien). Louisiane. Bras secondaire du Mississippi, ou méandre abandonné.

BAYRAM n.m. → **BAÏRAM.**

BAZAR n.m. (mot port., du persan *bâzâr*). **1.** Marché public en Orient, en Afrique du Nord, en Asie du Sud-Est. **2.** Magasin où l'on vend toutes sortes d'articles. **3.** Fam. Lieu où règne le désordre ; ensemble d'objets hétéroclites en désordre : *Quel bazar, ici !* **4.** Belgique. Fam. Objet quelconque ; machin. **5.** Arg. mil. Élève officier de deuxième année, à Saint-Cyr.

BAZARDER v.t. **[3].** Fam. **1.** Vendre qqch rapidement et à bas prix. **2.** Se débarrasser de qqch ; jeter : *Elle bazarde un tas de vieilleries.*

BAZOOKA [bazuka] **n.m.** (mot anglo-amér.). Lance-roquettes antichar portable.

BCBG ou **B.C.B.G.** [besebeʒe] **loc. adj.** (sigle). Fam. Bon chic* bon genre : *Une tenue très BCBG.*

BCD ou **B.C.D.** n.f. (sigle de *bibliothèque centre de documentation*). Bibliothèque des écoles maternelle et primaire, destinée à familiariser les enfants avec les livres et la recherche documentaire.

BCG ou **B.C.G.** n.m. (nom déposé, sigle de [*vaccin*] *bilié de Calmette et Guérin*). Vaccin antituberculeux.

BD ou **B.D.** n.f. (sigle). Fam. Bande dessinée.

BEACH-VOLLEY [bitʃvɔlɛ] **n.m.** (pl. *beach-volleys*) [mot angl.]. Volley-ball de plage opposant deux équipes de deux joueurs.

BEAGLE [bigəl] ou [bigl] **n.m.** (mot angl.). Chien courant d'origine anglaise, basset à pattes droites.

BÉANCE n.f. Litt. État de ce qui est béant. ■ **Béance du col de l'utérus** [méd.], ouverture anormale du col, cause d'accouchement prématuré en cas de grossesse.

BÉANT, E adj. (de *béer*). Largement ouvert : *Une plaie béante.*

BÉARNAIS, E adj. et n. Du Béarn ; de ses habitants. ■ **Le Béarnais,** Henri IV. ■ **Sauce béarnaise,** ou **béarnaise, n.f.,** sauce émulsionnée, à base d'échalotes, d'estragon, de beurre et d'œufs.

BEAT [bit] **n.m.** (mot angl. « battement »). Temps fort de la mesure, dans le jazz, le rock, la pop music.

BÉAT, E adj. (lat. *beatus*). **1.** Qui manifeste un contentement un peu niais : *Un sourire béat.* **2. RELIG.** Qui a la sérénité d'un bienheureux.

BÉATEMENT adv. D'un air béat.

BÉATIFICATION n.f. **CATH.** Acte solennel par lequel le pape inscrit un fidèle défunt au rang des bienheureux.

BÉATIFIER v.t. **[5]** (lat. *beatificare*). Mettre au rang des bienheureux par l'acte de la béatification.

BÉATIFIQUE adj. **RELIG.** Qui procure la béatitude. ■ **Vision béatifique,** contemplation de Dieu que les élus auront au ciel.

BÉATITUDE **n.f.** (lat. *beatitudo*). **1. RELIG.** Félicité céleste des élus. **2.** Bonheur parfait. ◆ **n.f. pl. CHRIST.** ▪ **Les Béatitudes,** les huit sentences de Jésus-Christ qui ouvrent le Sermon sur la montagne et qui commencent dans l'Évangile par le mot *Beati* (« Bienheureux »).

BEATNIK [bitnik] **n.** (mot anglo-amér.). Adepte du mouvement social et littéraire américain appelé Beat Generation*.

1. BEAU ou **BEL, BELLE** **adj.** (lat. *bellus*). **1.** Qui éveille une émotion esthétique ; qui suscite un plaisir admiratif : *Une belle femme. Un beau concerto. Un beau paysage.* **2.** Qui procure du plaisir ; agréable : *Il faisait un beau soleil. Faire un beau voyage.* **3.** Qui témoigne de l'élévation morale : *Un beau geste de solidarité.* **4.** Qui est remarquable par son importance ; considérable : *Amasser une belle fortune. J'ai eu une belle peur.* **5.** Qui est très satisfaisant ; qui convient parfaitement : *C'est un beau résultat.* ▪ **De plus belle,** de plus en plus : *La pluie tombe de plus belle.* ▪ **Du beau monde,** une société brillante. ▪ **Le bel âge,** la jeunesse. ▪ **Un beau jour** ou **un beau matin,** à un moment indéterminé. ◆ **adv.** ▪ **Avoir beau** (+ inf.), s'efforcer en vain de : *J'ai beau insister, il ne veut pas.* ▪ **Bel et bien,** réellement : *Elle s'est bel et bien trompée.* ▪ **Il fait beau,** le temps est ensoleillé. ▪ **Il ferait beau voir** [litt.], il serait choquant que : *Il ferait beau voir qu'ils refusent.*

✎ ***Bel,*** adj.m. sing., est employé devant un mot masc. sing. commençant par une voyelle ou un *h* muet.

2. BEAU **n.m.** Ce qui suscite un plaisir esthétique, de l'admiration ; beauté : *Chaque époque a sa notion du beau.* ▪ **C'est du beau !** [iron.], il n'y a pas de quoi être fier. ▪ **Faire le beau,** en parlant d'un chien, se tenir dressé sur ses pattes de derrière en levant ses pattes de devant ; en parlant de qqn, se pavaner. ▪ **Vieux beau** [péjor.], homme âgé qui cherche encore à plaire.

1. BEAUCERON, ONNE **adj.** et **n.** De la Beauce ; de ses habitants.

2. BEAUCERON **n.m.** Chien de berger français, à poil court, appelé aussi *bas-rouge.*

BEAUCOUP **adv.** (de *1. beau* et *coup*). **1.** Avec un verbe, exprime la quantité, l'intensité : *Boire, manger beaucoup. J'aime beaucoup ce livre.* **2.** Avec un nom, ou employé nominalement, indique un grand nombre de personnes, une grande quantité de choses : *Ils ont beaucoup d'enfants. Beaucoup sont d'accord. Il gagne beaucoup. Il y aurait beaucoup à dire.* **3.** Renforce les adv. *plus, moins, trop* : *Sa maison est beaucoup plus petite. Tu prends beaucoup trop de crédits.* ▪ **De beaucoup,** souligne l'importance d'une différence ; considérablement : *Ce vin est de beaucoup meilleur. Elle les surpasse de beaucoup.*

BEAUF **n.m.** (abrév.). Fam. **1.** Beau-frère. **2.** Péjor. Français moyen aux idées étroites et bornées, se comportant génér. avec vulgarité. ◆ **adj.** Péjor. Relatif aux beaufs.

BEAU-FILS **n.m.** (pl. *beaux-fils*). **1.** Fils que la personne que l'on épouse a eu d'un autre mariage. **2.** Gendre.

BEAUFORT **n.m.** (de *Beaufort*, n.pr.). Fromage AOC à pâte pressée cuite, fabriqué en Savoie sous forme de meule de 20 à 70 kg, reconnaissable par son talon concave.

BEAUFORT (ÉCHELLE DE) **n.f.** Échelle utilisée pour mesurer la force du vent, graduée de 0 à 12 degrés, due à sir Francis Beaufort.

BEAU-FRÈRE **n.m.** (pl. *beaux-frères*). **1.** Mari de la sœur ou de la belle-sœur. **2.** Frère du conjoint.

BEAUJOLAIS **n.m.** Vin récolté dans les vignobles du Beaujolais.

BEAU-PARENT **n.m.** (pl. *beaux-parents*). Dans une famille recomposée, conjoint ou conjointe du père ou de la mère de l'enfant. ◆ **n.m. pl.** Père et mère du conjoint.

BEAU-PÈRE **n.m.** (pl. *beaux-pères*). **1.** Père du conjoint. **2.** Mari de la mère, pour les enfants issus d'un autre mariage de celle-ci.

BEAUPRÉ **n.m.** (néerl. *boegspriet*). **MAR.** Mât placé plus ou moins obliquement à l'avant d'un voilier.

BEAUTÉ **n.f.** **1.** Caractère de ce qui est beau, conforme à un idéal esthétique : *La beauté d'une église, d'un ciel.* **2.** Qualité d'une personne belle : *Son visage est d'une grande beauté.* **3.** Caractère de ce qui est intellectuellement ou moralement digne d'admiration : *La beauté d'un roman, d'un geste de solidarité.* **4. PHYS.** Saveur du quark b (abrév. de l'angl. *bottom*), l'un des six quarks fondamentaux. ▪ **De toute beauté,** très beau. ▪ **En beauté,** de façon magistrale : *Il a conclu son discours en beauté.* ▪ **Être en beauté,** paraître plus beau que d'habitude. ▪ **Se faire, se refaire une beauté** [fam.], se maquiller et se coiffer ; rectifier son maquillage et sa coiffure. ▪ **Soins de beauté,** qui entretiennent et embellissent le visage et le corps. ▪ **Une beauté,** une personne très belle. ◆ **n.f. pl.** Les choses belles : *Découvrir les beautés de sa région.*

BEAUX-ARTS [bozar] **n.m. pl.** Nom donné à l'architecture et aux arts plastiques et graphiques (sculpture, peinture, gravure), parfois à la musique et à la danse.

➲ Le terme **BEAUX-ARTS** est apparu au XVIIIe s., par oppos. à celui d'*arts appliqués.* Son utilisation est auj. parfois remise en question, notamm. à cause de pratiques artistiques bousculant la relation jusque-là évidente entre l'art et la notion de *beau.*

BEAUX-ENFANTS **n.m. pl.** Dans une famille recomposée, enfants d'un conjoint nés d'une union antérieure.

BÉBÉ **n.m.** (onomat.). **1.** Tout petit enfant : *Bébé pleure.* **2.** Fam. Enfant ou adulte dont la conduite est puérile, qui manque de maturité. **3.** Petit d'un animal : *Un bébé chimpanzé.* **4.** Fam. Tâche lourde ou délicate : *Refiler le bébé à qqn.* ▪ **Jeter le bébé avec l'eau du bain** [fam.], rejeter qqch en totalité, sans tenir compte des éléments positifs qui y sont présents. ▪ **Syndrome du bébé secoué** [méd.], traumatisme cérébral observé chez un nourrisson, souvent âgé de moins d'un an, qui a été secoué brutalement. ➲ Les secouements (seuls ou avec choc) peuvent entraîner des séquelles neurologiques graves ou le décès.

BÉBÉ-ÉPROUVETTE **n.m.** (pl. *bébés-éprouvette*). Enfant qui est le fruit d'une grossesse obtenue par implantation dans l'utérus maternel d'un ovule fécondé in vitro.

BÉBELLE **n.f.** Fam. **1.** Québec, Acadie, Louisiane. Jouet. **2.** Québec. Objet clinquant. ▪ **Faire bébelle à qqn** [Belgique, fam.], lui dire ou lui faire des amabilités appuyées, souvent hypocrites : *Faire bébelle à son chef, à une vieille tante.*

BÉBÊTE **adj.** Fam. Un peu bête.

BE-BOP [bibɔp] **n.m.** (mot anglo-amér.). Style de jazz, né à New York au début des années 1940, caractérisé par le développement de la section rythmique et la fracture des mélodies par des dissonances et des effets chromatiques. ➲ Parmi les représentants du be-bop figurent C. Parker, D. Gillespie, B. Powell, A. Blakey.

BEC **n.m.** (lat. *beccus*, d'orig. gaul.). **1.** Organe saillant de la tête des oiseaux, constitué par les deux mâchoires dépourvues de dents et les pièces cornées qui les recouvrent. **2.** Fam. Bouche : *Ferme ton bec.* **3.** Québec, Suisse. Fam. Baiser. **4.** Extrémité effilée ou en pointe d'un objet : *Le bec d'une plume. Bec verseur.* **5.** Extrémité effilée en biseau de certains instruments à vent, que l'on tient entre les lèvres et à laquelle est assujettie l'anche : *Le bec d'une clarinette.* **6.** Pointe de terre au confluent de deux cours d'eau : *Le bec d'Ambès.* **7.** Partie en saillie qui protège la base des piles d'un pont. ▪ **Avoir une prise de bec avec qqn** [fam.], se disputer avec lui. ▪ **Bec de bord d'attaque,** dispositif placé au bord d'attaque de l'aile d'un avion, ayant pour but d'augmenter la cambrure de celle-ci. ▪ **Bec de gaz** [anc.], lampadaire pour l'éclairage public au gaz. ▪ **Bec sucré** [fam.], personne qui aime les sucreries. ▪ **Rester le bec dans l'eau** [fam.], être à court d'arguments ; être dans une situation sans issue. ▪ **Se défendre bec et ongles** [fam.], avec acharnement. ▪ **Tomber sur un bec** [fam.], rencontrer une difficulté imprévue qui conduit à l'échec.

Échelle de Beaufort

degré Beaufort	vitesse en km/h	dénomination du vent
0	< 1	calme
1	1-5	très légère brise
2	6-11	légère brise
3	12-19	petite brise
4	20-28	jolie brise
5	29-38	bonne brise
6	39-49	vent frais
7	50-61	grand frais
8	62-74	coup de vent
9	75-88	fort coup de vent
10	89-102	tempête
11	103-117	violente tempête
12	> 117	ouragan

▲ **bec.** Différentes formes de becs.

BÉCANE **n.f.** (p.-ê. de l'arg. *bécant*, oiseau de basse-cour, de *bec*). Fam. **1.** Bicyclette ; cyclomoteur ; moto. **2.** Toute machine sur laquelle qqn travaille (machine-outil, micro-ordinateur, etc.).

BÉCARD **n.m.** (de *bec*). **1.** Saumon mâle adulte, dont la mâchoire inférieure est crochue. **2.** Brochet adulte.

BÉCARRE **n.m.** (ital. *bequadro*). **MUS.** Signe d'altération (♮) qui ramène à sa hauteur première une note précédemment modifiée par un dièse ou un bémol. ◆ **adj. inv.** Se dit d'une note affectée d'un bécarre.

▲ **bécarre**

BÉCASSE **n.f.** (de *bec*). **1.** Oiseau échassier migrateur aux pattes courtes, à bec long, mince et flexible. ➲ Cri : la bécasse croule. Famille des scolopacidés. **2.** Fam. Femme, fille sotte.

BÉCASSEAU **n.m.** **1.** Petit échassier migrateur des rivages, voisin des chevaliers, à bec plus court que la bécasse. ➲ Famille des scolopacidés. **2.** Petit de la bécasse.

BÉCASSINE **n.f.** Oiseau échassier des régions marécageuses de l'hémisphère Nord, voisin de la bécasse mais plus petit, au bec très long. ➲ Famille des scolopacidés. ▪ **Bécassine de mer,** orphie.

BEC-CROISÉ **n.m.** (pl. *becs-croisés*). Oiseau passereau à gros bec, se nourrissant de graines et vivant dans les forêts de conifères des montagnes de l'hémisphère Nord. ➲ Famille des fringillidés.

BEC-DE-CANE **n.m.** (pl. *becs-de-cane*). **1.** Serrure fonctionnant sans clé, au moyen d'une béquille ou d'un bouton. **2.** Poignée de porte dont la forme évoque un bec de cane.

BEC-DE-LIÈVRE **n.m.** (pl. *becs-de-lièvre*). **MÉD.** Malformation consistant en une fente de la lèvre supérieure, et éventuellement du palais, dans le prolongement d'une narine.

BEC-DE-PERROQUET **n.m.** (pl. *becs-de-perroquet*). **MÉD.** Ostéophyte d'une vertèbre.

BECFIGUE **n.m.** (ital. *beccafico*). Région. (Midi). Passereau à bec fin (tel que la farlouse, le gobe-mouches gris), ainsi nommé en automne lorsqu'il se nourrit de fruits et qu'on le chasse pour sa chair savoureuse.

BÊCHAGE n.m. Action de bêcher la terre.

BÉCHAMEL n.f. (du n. de l'inventeur, L. de *Béchamel*). Sauce blanche composée à partir d'un roux blanc additionné de lait.

BÊCHE n.f. Outil composé d'une large lame de métal, plate et tranchante, ou d'une fourche à deux dents ou plus, adaptée à un long manche, pour retourner la terre.

1. BÊCHER v.t. [3] (p.-ê. lat. *bessicare*). Retourner la terre avec une bêche.

2. BÊCHER v.i. et **v.t. [3]** (d'un mot dial. *béquer*, frapper du bec). Fam. Se montrer hautain et méprisant.

BÊCHEUR, EUSE n. et **adj.** Fam. Personne prétentieuse, méprisante.

BÊCHEVETER v.t. [16], ▲ *[12]*. Vx. Ranger, placer tête-bêche.

BÉCOT n.m. (de *bec*). Fam. Petit baiser.

BÉCOTER v.t. [3]. Fam. Donner de petits baisers à. ◆ **SE BÉCOTER v.pr.** Se donner de petits baisers : *Amoureux qui se bécotent.*

BECQUÉE ou **BÉQUÉE n.f.** Quantité de nourriture qu'un oiseau prend dans son bec pour la porter à ses petits.

BECQUER v.t. [3] (de *bec*). Belgique, La Réunion. Frapper à coups de bec : *Le coq n'arrête pas de becquer les poules.*

BECQUEREL n.m. (de H. *Becquerel*, n.pr.). Unité de mesure d'activité d'une source radioactive (symb. Bq), équivalant à l'activité d'une quantité de nucléide radioactif pour laquelle le nombre de transitions nucléaires spontanées par seconde est égal à 1.

BECQUET ou **BÉQUET n.m.** (de *bec*). **1.** Petit papier collé sur une épreuve d'imprimerie pour signaler une modification. **2.** AUTOM. Surface de carrosserie située à l'avant et à l'arrière d'une automobile pour en améliorer l'aérodynamisme.

BECQUETER ou **BÉQUETER v.t. [16],** ▲ *[12]*, ▲ **BÈQUETER** *[12]* (de *bec*). Attraper avec le bec, en parlant d'un oiseau.

BECTANCE n.f. Fam., vieilli. Nourriture.

BECTER v.t. et **v.i. [3]** (de *bec*). Fam. Manger.

BEDAINE n.f. (de l'anc. fr. *boudine*, nombril). Fam. Gros ventre.

BÉDANE n.m. (de *bec* et de l'anc. fr. *ane*, canard). Ciseau plus épais que large.

BÉDÉ n.f. (de *BD*). Fam. Bande dessinée : *Des bédés.*

BEDEAU n.m. (du francique **bidil*, messager de justice). Anc. Employé laïque d'une église, chargé de veiller au bon déroulement des offices, des cérémonies.

BÉDÉGAR n.m. (persan *bâdarvard*). Galle chevelue du rosier et de l'églantier, produite par la piqûre et la ponte d'un insecte hyménoptère parasite, le cynips.

BÉDÉPHILE n. et **adj.** Amateur de bandes dessinées.

BÉDÉTHÈQUE n.f. 1. Collection de bandes dessinées. **2.** Meuble, lieu où on les entrepose.

BEDON n.m. Fam. Ventre rebondi ; bedaine.

BEDONNANT, E adj. Fam. Qui a du ventre.

BEDONNER v.i. [3]. Fam. Prendre du ventre.

BÉDOUIN, E adj. Qui se rapporte aux Bédouins ; qui fait partie de ce peuple.

BEDOUME n.f. (mot dial.). Suisse. Fam. Femme stupide.

BÉE adj.f. ▪ **Être, rester bouche bée,** être, rester frappé d'admiration, de stupeur.

BÉER v.i. [8] (du lat. pop. **batare*, être ouvert). Litt. Être grand ouvert.

BEFFROI n.m. (haut all. *bergfrid*). **1.** Tour de guet, dans une ville, équipée d'une cloche qui servait à sonner l'alarme : *Les beffrois de Gand et de Lille.* **2.** Anc. Tour en bois montée sur roues, qui servait à l'attaque des remparts.

BÉGAIEMENT n.m. Trouble de la parole caractérisé par le fait de répéter involontairement ou de ne pas pouvoir prononcer certaines syllabes ; perturbation occasionnelle de l'élocution ressemblant à ce trouble.

BÉGARD n.m. Au Moyen Âge, membre d'un mouvement de renouveau spirituel à tendance panthéiste, considéré comme hérétique.

BÉGAYANT, E adj. Qui bégaie.

BÉGAYER [begɛje] **v.i. [6]** (de *bègue*). Être affecté d'un bégaiement. ◆ **v.t.** Exprimer qqch avec embarras ; balbutier : *Bégayer un vague merci.*

BÉGONIA n.m. (du n. de *Bégon*). Plante originaire de l'Amérique et de l'Asie méridionales, cultivée pour son feuillage décoratif et ses fleurs vivement colorées. ➲ Famille des bégoniacées.

BÉGU, UË, ▲ *ÜE* **adj.** ZOOL. **1.** Situé en avant des incisives inférieures (par oppos. à *grignard*), en parlant des incisives supérieures d'un quadrupède. **2.** Se dit d'un cheval chez qui la dépression centrale des incisives s'use tardivement avec l'âge.

BÈGUE adj. et **n.** (de l'anc. fr. *béguer*, bégayer, du néerl.). Atteint de bégaiement.

BÉGUEULE adj. et **n.** (de *bée* et *gueule*). Fam. Qui manifeste une pruderie excessive ou affectée.

1. BÉGUIN n.m. (de *embéguiner*, se mettre qqch dans la tête). **1.** Fam., vieilli. Penchant amoureux passager : *Avoir le béguin pour qqn.* **2.** Personne qui en est l'objet.

2. BÉGUIN n.m. (de *béguine*). **1.** Coiffe à capuchon portée par les béguines. **2.** Anc. Bonnet de nourrisson, souvent en dentelle, noué sous le menton.

BÉGUINAGE n.m. Communauté de béguines ; ensemble des bâtiments de cette communauté.

BÉGUINE n.f. Femme d'une communauté religieuse chrétienne où l'on entre sans prononcer de vœux perpétuels, notamm. aux Pays-Bas et en Belgique.

BÉGUM [begɔm] **n.f.** (de l'ourdou *begam*, princesse). En Inde, titre d'honneur donné aux princesses.

BÉHAÏ, E adj. et **n.** → **BAHAÏ.**

BÉHAÏSME n.m. → **BAHAÏSME.**

BÉHAVIORISME n.m. (de l'anglo-amér. *behavior*, comportement). École de psychologie scientifique qui ne prend en considération que les relations entre les stimulus et les réponses (SYN. **comportementalisme**).

BÉHAVIORISTE adj. et **n.** Relatif au béhaviorisme ; partisan du béhaviorisme (SYN. **comportementaliste**).

BEIGE adj. et **n.m.** Brun très clair tirant sur le jaune : *Des chaussures beige foncé.*

BEIGEASSE ou **BEIGEÂTRE adj.** Péjor. Qui tire sur le beige ; d'un beige sale.

1. BEIGNE n.f. (de l'anc. fr. *bugne*, bosse). Fam. Gifle.

2. BEIGNE n.m. Québec. Pâtisserie traditionnelle en forme d'anneau, faite d'une pâte sucrée frite.

BEIGNET n.m. Préparation composée d'une pâte plus épaisse que la pâte à crêpe, enrobant ou non un aliment (fruit, morceau de viande, de poisson, etc.), et que l'on fait frire.

BEÏRAM n.m. → **BAÏRAM.**

BÉJAUNE n.m. 1. Jeune oiseau dont la partie membraneuse du bec est encore jaune. **2.** Litt., vieilli. Jeune homme sot et inexpérimenté.

BÉKÉ n. Antilles. Créole martiniquais ou guadeloupéen descendant d'immigrés blancs.

1. BEL adj.m. sing. → **1. BEAU.**

2. BEL n.m. (de Graham *Bell*, n.pr.). Unité sans dimension (symb. B) utilisée essentiellement pour exprimer le rapport des valeurs de deux puissances sonores. ➲ Le logarithme décimal de ce rapport est, par définition, l'écart en bels entre les deux puissances. Il exprime un niveau d'intensité du son, dans le cas de deux puissances sonores dont l'une, prise comme référence, est égale à 10^{-12} W.

▲ **beffroi** de la ville de Gand (XIVe s.).

BÊLANT, E adj. 1. Se dit d'un animal qui bêle. **2.** Péjor. Qui évoque un bêlement : *Voix bêlante.*

BELCANTISTE adj. Relatif au bel canto.

BEL CANTO, ▲ *BELCANTO* **n.m. inv.** (mots ital. « beau chant »). Style de chant fondé sur la beauté du son et la recherche de la virtuosité.

BÊLEMENT n.m. 1. Cri des moutons et des chèvres. **2.** Péjor. Voix chevrotante.

BÉLEMNITE n.f. (du gr. *belemnitês*, pierre en forme de flèche). Mollusque fossile, caractéristique de l'ère secondaire, voisin des calmars actuels, et dont on retrouve surtout le rostre. ➲ Classe des céphalopodes.

BÊLER v.i. [3] (lat. *belare*). **1.** Pousser son cri, en parlant du mouton, de la chèvre. **2.** Péjor. Parler d'une voix chevrotante ou geignarde.

BEL-ÉTAGE n.m. inv. Belgique. Rez-de-chaussée surélevé.

BELETTE n.f. (de *belle*). Petit mammifère carnivore d'Eurasie et d'Afrique du Nord, au pelage fauve sur le dos et au ventre blanc. ➲ Long. 17 cm env. ; famille des mustélidés.

▲ **belette**

BELGE adj. et **n.** De la Belgique ; de ses habitants.

BELGICISME n.m. Mot, tournure propres au français de Belgique.

BELGITUDE n.f. Belgique. Ensemble de valeurs culturelles propres aux Belges ; caractère de ce qui est belge.

BÉLIER n.m. (p.-ê. du néerl. *belhamel*, mouton à sonnette). **1.** Mouton mâle. ➲ Cri : le bélier blatère. **2.** Dans l'Antiquité et au Moyen Âge, machine de guerre faite d'une forte poutre terminée par une masse métallique souvent façonnée en tête de bélier, qui servait à défoncer les murs, les portes d'un lieu assiégé. **3.** (Employé en appos., avec ou sans trait d'union.) Se dit d'un véhicule qui est utilisé à la manière d'un bélier du Moyen Âge : *Vol à la voiture bélier.* ▪ **Bélier hydraulique,** dispositif pour faire remonter une masse liquide dans une conduite, en utilisant le seul effet dynamique du liquide amont. ▪ **Coup de bélier,** onde de pression provoquée dans une conduite d'eau par la manœuvre brutale d'une vanne ; par ext., effort violent exercé à l'encontre d'une institution, d'une doctrine. ▪ **Le Bélier,** constellation et signe du zodiaque (v. partie n.pr.). ▪ **Un Bélier, n.m. inv.,** personne née sous ce signe.

BÉLIÈRE n.f. Sonnette attachée au cou du bélier de tête d'un troupeau.

BÉLINOGRAMME n.m. Document transmis par bélinographe.

BÉLINOGRAPHE n.m. (de É. *Belin*, n.pr.). Anc. Appareil de télécopie à cylindre utilisant, à la réception, un procédé photographique.

BÉLÎTRE, ▲ *BÉLITRE* **n.m.** (du néerl. *bedelaer*, mendiant). Vx, injur. Homme de rien.

BELLADONE n.f. (de l'ital. *belladonna*, belle dame). Plante herbacée des taillis et décombres, à baies noires de la taille d'une cerise, très vénéneuse, dont certains alcaloïdes, tels que l'atropine, sont utilisés en médecine (SYN. **belle-dame**). ➲ Famille des solanacées.

▲ **belladone**

BELLÂTRE **n.m.** (de *1. bel*). Péjor., vieilli. Homme d'une beauté fade, imbu de sa personne.

1. BELLE **adj.f.** → **1. BEAU.**

2. BELLE **n.f.** **1.** Belle femme ; jolie fille : *La Belle et la Bête.* **2.** La femme aimée : *Il a rendez-vous avec sa belle.* **3.** Partie qui départage deux joueurs, deux équipes à égalité. ▪ **Belle de Fontenay,** pomme de terre d'une variété assez petite et à chair blanche. ▪ **En dire, en faire, en entendre de belles** [fam., iron.], dire, faire, entendre des choses qui attirent la réprobation. ▪ **Se faire la belle** [arg.], s'évader de prison.

BELLE-DAME **n.f.** (pl. *belles-dames*). **1.** Arroche des jardins ; belladone. **2.** Papillon du groupe des vanesses.

BELLE-DE-JOUR **n.f.** (pl. *belles-de-jour*). Liseron.

BELLE-DE-NUIT **n.f.** (pl. *belles-de-nuit*). Mirabilis.

BELLE-DOCHE **n.f.** (pl. *belles-doches*). Fam. Belle-mère ; mère du conjoint.

BELLE-FAMILLE **n.f.** (pl. *belles-familles*). Famille du conjoint.

BELLE-FILLE **n.f.** (pl. *belles-filles*). **1.** Fille que la personne que l'on épouse a eue d'un autre mariage. **2.** Épouse du fils.

BELLEMENT **adv.** Litt. ou vx. De belle façon.

BELLE-MÈRE **n.f.** (pl. *belles-mères*). **1.** Mère du conjoint. **2.** Épouse du père pour les enfants d'un autre mariage de celui-ci.

BELLES-LETTRES **n.f. pl.** Ensemble des arts littéraire, rhétorique et poétique.

BELLE-SŒUR **n.f.** (pl. *belles-sœurs*). **1.** Sœur du conjoint. **2.** Épouse du frère ou du beau-frère.

BELLÉTRIEN, ENNE **n.** Suisse. Membre de la société d'étudiants de Belles-Lettres. ◆ **adj.** Suisse. ▪ **Esprit bellétrien,** artiste ; frondeur.

BELLICISME **n.m.** (du lat. *bellicus*, belliqueux). Tendance à préconiser l'emploi de la force pour résoudre un litige dans les relations internationales.

BELLICISTE **n.** et **adj.** Partisan du bellicisme.

BELLIFONTAIN, E **adj.** et **n.** De Fontainebleau.

BELLIGÉRANCE **n.f.** Situation d'un pays en état de guerre.

BELLIGÉRANT, E **adj.** (du lat. *bellum*, guerre, et *gerere*, faire). Se dit d'un pays en état de guerre avec un autre (par oppos. à ceux qui restent neutres). ◆ **n.m. pl.** Pays en état de guerre.

BELLIQUEUX, EUSE **adj.** (lat. *bellicosus*). **1.** Qui aime la guerre et cherche à la provoquer : *Des déclarations belliqueuses.* **2.** Qui manifeste un goût pour la querelle : *Écrivain belliqueux.*

BELLOT, OTTE **adj.** et **n.** Région. Dont la beauté est attendrissante.

BELLUAIRE **n.m.** (du lat. *bellua*, bête fauve). **ANTIQ. ROM.** Gladiateur qui combattait les bêtes féroces (SYN. **1. bestiaire**).

BELON **n.f.** (de *Belon*, n.pr.). Huître plate et de forme arrondie, indigène en Europe de l'Ouest.

BELOTE **n.f.** (du n. de F. *Belot*). Jeu de cartes pratiqué avec un jeu de 32 cartes, par deux équipes de deux joueurs chacune qui marquent des points en fonction des annonces et des plis.

▲ **béluga** (mammifère marin).

BÉLUGA [beluga] ou **BÉLOUGA** **n.m.** (russe *bieluha*, de *bielyi*, blanc). **1.** Mammifère marin proche du narval, de couleur blanche, habitant les mers arctiques. ➲ Ordre des cétacés. **2.** Région. (Bretagne). Dauphin ou gros poisson (thon, requin). **3.** Espèce d'esturgeon de la mer Caspienne, réputée pour son caviar.

BELVÉDÈRE **n.m.** (ital. *belvedere*, de *bello*, beau, et *vedere*, voir). Pavillon ou terrasse au sommet d'un édifice ou sur un tertre, d'où l'on peut voir au loin.

BEMBERG **n.m.** (nom déposé). **1.** Fibre artificielle issue de la cellulose du bois (viscose cuproammoniacale). **2.** Étoffe fine et légère obtenue à partir de cette fibre, utilisée en confection féminine ou pour les doublures de vêtements.

BÉMOL **n.m.** (ital. *bemolle*). **1.** **MUS.** Signe d'altération (♭) qui baisse d'un demi-ton la note qu'il précède. **2.** Fig. Atténuation d'une critique ; nuance apportée dans un flot de louanges : *Un seul bémol pour ce nouveau modèle : le prix.* ◆ **adj. inv.** Se dit d'une note affectée d'un bémol.

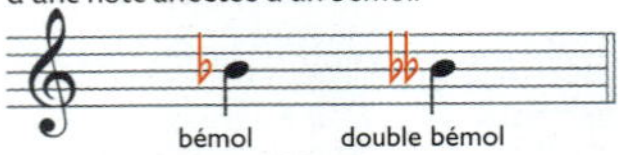

▲ **bémol**

BÉMOLISER **v.t.** [3]. **1.** **MUS.** Affecter une note d'un bémol. **2.** Fam. Adoucir, atténuer ses propos.

BEN [bɛ̃] **adv.** (de *1. bien*). Fam. Eh bien.

BENAISE **adj.** (altér. de *bien aise*). Région. (Ouest, Charente). Qui éprouve une sensation de bien-être, surtout après avoir bien mangé et bien bu.

BÉNARD, E **adj.** (de *Bernard*). Se dit d'une serrure, d'un verrou s'actionnant des deux côtés par une clé à tige pleine, dite *clé bénarde.* ◆ **n.f.** Serrure bénarde.

BENDIR [bɛndir] **n.m.** Grand tambour sur cadre d'Afrique du Nord, au timbre nasillard produit par une membrane en peau de chèvre, sous laquelle sont placées deux cordes de tension, que l'on frappe des mains.

BÉNÉDICITÉ **n.m.** (du lat. *benedicite*, bénissez). **CATH.** Prière qui se récite avant le repas et dont le premier mot, en latin, est *Benedicite.*

BÉNÉDICTIN, E **n.** et **adj.** (du lat. *Benedictus*, Benoît). Religieux de l'ordre fondé, v. 529, par saint Benoît de Nursie et dont le monastère du Mont-Cassin, en Italie, fut le berceau. ▪ **Travail de bénédictin,** qui exige de la patience et de la minutie.

BÉNÉDICTINE **n.f.** (nom déposé). Liqueur préparée à l'origine par des bénédictins, à partir de plantes macérées dans l'alcool.

BÉNÉDICTION **n.f.** Acte sacerdotal par lequel un religieux bénit qqn, qqch. ▪ **C'est une bénédiction,** un bienfait qui arrive au bon moment.

BÉNEF **n.m.** (abrév.). Fam. Bénéfice.

BÉNÉFICE **n.m.** (du lat. *beneficium*, bienfait). **1.** Profit financier réalisé par une entreprise, un commerce, etc., grâce à son activité. **2.** Fig. Avantage, bienfait tiré de qqch : *Perdre le bénéfice de ses efforts.* **3.** **HIST.** Revenu attaché à un office ecclésiastique ; terre concédée par le suzerain à un vassal en échange de certains devoirs. **4.** **PSYCHAN.** Avantage inconscient qu'un sujet tire de la formation de symptômes, sous forme de réduction des tensions issues d'une situation conflictuelle. ▪ **Bénéfice de discussion** [dr.], possibilité pour une caution d'exiger d'un créancier qu'il poursuive d'abord le débiteur sur ses biens. ▪ **Bénéfice de division** [dr.], possibilité, en cas de pluralité de cautions, d'obliger le créancier à fractionner son action en paiement entre toutes les cautions solvables au jour des poursuites. ▪ **Bénéfice d'inventaire** [dr.], prérogative accordée par la loi permettant à l'héritier de ne payer les dettes successorales qu'à concurrence de l'actif qu'il recueille. ▪ **Sous bénéfice d'inventaire** [cour.], sous réserve de vérification.

BÉNÉFICIAIRE **adj.** et **n.** Qui profite d'un bénéfice, d'un avantage : *Le bénéficiaire d'un héritage.* ◆ **adj.** Qui concerne un bénéfice financier ; qui en produit un : *Opération bénéficiaire.*

1. BÉNÉFICIER **n.m.** **CHRIST.** Personne jouissant d'un bénéfice ecclésiastique.

2. BÉNÉFICIER **v.t. ind.** [5]. **1.** (**DE**). Tirer un profit, un avantage de : *Il bénéficie de la bonne réputation de sa famille.* **2.** (**DE**). Obtenir le bénéfice, l'avantage de : *Elle a bénéficié des circonstances atténuantes.* **3.** (**À**). Apporter un profit, un avantage à : *L'avancée technologique ne bénéficie pas à tous.*

BÉNÉFIQUE **adj.** Qui a un effet positif ; favorable.

BENÊT **adj.m.** et **n.m.** (du lat. *benedictus*, béni). Un peu bête : *Un grand benêt.*

BÉNÉVOLAT **n.m.** Situation d'une personne qui accomplit un travail bénévole.

BÉNÉVOLE **adj.** et **n.** (du lat. *benevolus*, bienveillant). Qui fait qqch volontairement et sans être rémunéré : *Les bénévoles des associations caritatives.* ◆ **adj.** Fait sans obligation et à titre gracieux : *Une aide bénévole.*

BÉNÉVOLEMENT **adv.** De façon bénévole.

1. BENGALI [bɛ̃gali] **n.m.** Petit passereau au plumage marqué de couleurs vives, originaire de l'Afrique tropicale et de l'Asie, souvent élevé en volière. ➲ Famille des plocéidés.

2. BENGALI, E [bɛ̃gali] **adj.** et **n.** Du Bengale ; de ses habitants. ◆ **n.m.** Langue indo-aryenne parlée au Bengale.

BÉNICHON **n.f.** (de *bénédiction*). Suisse. Fête populaire marquant, dans le canton de Fribourg, la fin de l'été et la descente de l'alpage.

BÉNIGNITÉ [beniɲite] **n.f.** Caractère de ce qui est bénin.

BÉNIN, IGNE **adj.** (du lat. *benignus*, bienveillant). Sans conséquence grave : *Tumeur bénigne.*

BENIOFF (PLAN DE) **n.m.** Zone peu épaisse, inclinée de 15 à 75°, définie par les foyers des séismes et qui s'enfonce sous une marge continentale ou un arc insulaire. ➲ Cette zone traduit la subduction d'une plaque océanique sous une plaque continentale ou une autre plaque océanique.

BÉNI-OUI-OUI **n.m. inv.** (de l'ar. *ben*, fils de). Fam., péjor. Personne approuvant systématiquement les paroles, les actes du pouvoir en place.

BÉNIR **v.t.** [21] (lat. *benedicere*, de *bene*, bien, et *dicere*, dire). **1.** Appeler la protection de Dieu sur une personne, un groupe, un objet. **2.** Montrer une grande reconnaissance envers ; se féliciter de : *Je la bénis de m'avoir aidé.* ▪ **Être béni des dieux,** être favorisé par le sort.

BÉNISSEUR, EUSE **adj.** et **n.** Fam., iron. Qui prodigue à l'envi des approbations et des louanges.

BÉNIT, E **adj.** Qui a été rituellement sanctifié : *Eau bénite. Pain bénit.* ▪ **C'est pain bénit** [fam.], c'est une aubaine.

BÉNITIER **n.m.** (anc. fr. *eaubenoitier*). **1.** Vase, bassin à eau bénite dans une église. **2.** Mollusque lamellibranche, parfois de très grande taille (60 à 120 cm) et dont chacune des valves était autref. utilisée comme bénitier (SYN. **tridacne**).

BENJAMIN, E [bɛ̃-] **n.** (de *Benjamin*, plus jeune fils de Jacob). Le plus jeune enfant d'une famille ; la plus jeune personne d'un groupe. ◆ **n.** et **adj.** Jeune sportif appartenant à une tranche d'âge dont les limites, variables selon les sports, se situent autour de 12 ans.

BENJOIN [bɛ̃-] **n.m.** (lat. bot. *benzoe*, de l'ar.). Résine aromatique tirée du tronc d'un styrax de l'Asie méridionale, et utilisée traditionnellement comme antiseptique.

BENNE **n.f.** (du lat. *benna*, chariot). **1.** Caisson intégré ou non à un véhicule pour le transport de matières ou de matériaux (camion à benne) ou des passagers (benne de téléphérique) : *Benne à ordures.* **2.** Appareil génér. dépendant d'une grue, pour la préhension et le déplacement des matériaux.

BENOÎT, E, ▲ *BENOIT, E* **adj.** (du lat. *benedictus*, béni). Litt. Qui est d'une douceur hypocrite.

BENOÎTE, ▲ *BENOITE* **n.f.** (de *benoît*). Plante herbacée des lieux ombragés ou des montagnes, à fleurs jaunes. ➲ Famille des rosacées.

BENOÎTEMENT, ▲ *BENOITEMENT* **adv.** Litt. De façon benoîte.

BENTHIQUE [bɛ̃-] **adj.** Du fond des océans, des mers, des lacs : *Dépôt benthique.*

BENTHOS [bɛ̃tos] **n.m.** (mot gr. « profondeur »). **ÉCOL.** Ensemble des organismes vivant au fond ou près du fond des mers ou des eaux douces.

BENTO [bɛnto] **n.m.** Au Japon, coffret compartimenté contenant les mets d'un repas ; repas contenu dans ce coffret.

BENTONITE [bɛ̃-] **n.f.** (de Fort *Benton*, dans le Wyoming). Argile à fort pouvoir adsorbant et décolorant.

BENZÈNE [bɛ̃-] **n.m.** (du lat. bot. *benzoe*, benjoin). Prototype des hydrocarbures aromatiques et premier terme (C_6H_6) de la série des hydrocarbures benzéniques.

BENZÉNIQUE **n.m.** et **adj.** Hydrocarbure dérivé du benzène et formant une sous-classe des hydrocarbures aromatiques (naphtalène, anthracène, etc.).

BENZIDINE n.f. Arylamine servant à la préparation de colorants azoïques.

BENZINE n.f. Mélange d'hydrocarbures provenant de la rectification du benzol, utilisé comme solvant et détachant.

BENZOATE n.m. Sel ou ester de l'acide benzoïque.

BENZODIAZÉPINE n.f. Médicament utilisé contre l'anxiété, l'insomnie, l'épilepsie et les convulsions.

BENZOÏQUE adj.m. ▪ **Acide benzoïque,** acide aromatique $C_6H_5CO_2H$, que l'on prépare industriellement à partir du toluène.

BENZOL n.m. Mélange de benzène et de toluène, extrait des goudrons de houille.

BENZOPYRÈNE n.m. Hydrocarbure aromatique à cinq cycles. ➲ Le 3,4-benzopyrène, cancérogène, se rencontre notamm. dans les goudrons produits lors d'une cuisson au barbecue.

BENZOYLE [bɛ̃zɔil] **n.m.** Groupement aromatique univalent C_6H_5CO—, dérivé de l'acide benzoïque.

BENZYLE n.m. Groupement aromatique univalent $C_6H_5CH_2$—.

BENZYLIQUE adj. Qui contient le groupement benzyle. (Ex. : *alcool benzylique* $C_6H_5CH_2OH$.)

BÉOTIEN, ENNE [-sjɛ̃, ɛn] **adj.** et **n. 1.** De Béotie. **2.** Qui manque de goût et ne s'intéresse pas aux lettres et aux arts. **3.** Qui est incompétent dans un domaine : *Un béotien en informatique.*

BÉOTISME n.m. Litt. Manque de goût ; lourdeur d'esprit.

BEP ou **B.E.P.** [beəpe] **n.m.** (sigle de *brevet d'études professionnelles*). Diplôme d'ouvrier ou d'employé qualifié sanctionnant une formation de deux années en lycée professionnel.

BÉQUÉE n.f. → **BECQUÉE.**

BÉQUET n.m. → **BECQUET.**

BÉQUETER v.t. [12] → **BECQUETER.**

BÉQUILLARD, E adj. et **n.** Fam. Qui marche avec des béquilles.

BÉQUILLE n.f. (de *bec*). **1.** Bâton surmonté d'une petite traverse s'appuyant dans le creux de l'aisselle, utilisé pour marcher par les personnes infirmes ou blessées. **2.** Support pour maintenir à l'arrêt un véhicule à deux roues. **3.** Fig. Ce qui sert de soutien ou pallie un manque, une faiblesse. **4.** Étai, pièce de bois, de métal, etc., pour maintenir vertical un navire échoué. **5.** Organe de manœuvre d'une serrure.

BÉQUILLER v.t. [3]. Étayer un navire avec une ou plusieurs béquilles.

BER [bɛr] **n.m.** (lat. pop. **bertium*). Charpente sur laquelle repose un navire de faible tonnage en construction ou en réparation, et qui épouse la forme de la coque (SYN. **berceau**).

BERBÈRE adj. (p.-ê. du lat. *barbarus*, étranger). Des Berbères. ◆ **n.m.** Langue chamito-sémitique parlée par les Berbères, qui la dénomment de façon générale *tamazight.*

BERBÉRIDACÉE n.f. Arbuste ou plante herbacée de l'hémisphère Nord, à feuilles épineuses, tels l'épine-vinette et le mahonia. ➲ Les berbéridacées forment une famille.

BERBÉROPHONE adj. et **n.** De langue berbère.

BERCAIL n.m. sing. (du lat. *berbex*, brebis). Fam. Foyer familial ; pays natal : *Rentrer au bercail.*

BERÇANTE ou **BERCEUSE n.f.** et **adj.f.** Québec. Chaise ou fauteuil à bascule : *Chaise berçante.*

BERCE n.f. (all. *Bartsch*). Plante commune dans les lieux humides, à grandes ombelles portant des fleurs blanches, également appelée *patte d'ours.* ➲ Famille des ombellifères.

▴ **berceau.** Voûte en berceau plein cintre de l'église Sainte-Foy à Conques (XIe s.).

BERCEAU n.m. (dimin. de *ber*). **1.** Lit d'un tout jeune enfant, souvent conçu de façon à pouvoir l'y bercer. **2.** Fig. Lieu de naissance, d'origine : *Silicon Valley, berceau de l'informatique contemporaine.* **3. MAR.** Ber. **4. AÉRON.** Support d'un moteur d'avion. ▪ **Au berceau** ou **dès le berceau,** dès la petite enfance. ▪ **Berceau de verdure,** voûte de végétation, supportée ou non par une armature de treillage. ▪ **En berceau,** en forme de voûte : *Arbres courbés en berceau.* ▪ **Voûte en berceau,** ou **berceau** [archit.], voûte dont la forme résulte de la translation d'un arc selon une droite ou une courbe : *Berceau brisé, plein cintre.*

BERCEMENT n.m. Action de bercer ; mouvement qui berce.

BERCER v.t. [9] (de l'anc. fr. *bers*). **1.** Balancer d'un mouvement doux et régulier. **2.** Procurer un sentiment de calme ; apaiser : *Cette musique douce nous berce.* **3.** Litt. Pousser à de vaines espérances par des paroles trompeuses : *Bercer l'opinion de propos lénifiants.* ▪ **Être bercé de récits, d'idées,** les avoir acquis dès l'enfance : *Elle a été bercée de musique et de poésie.* ◆ **SE BERCER v.pr. (DE).** Se tromper soi-même avec : *Se bercer d'espérances.*

BERCEUR, EUSE adj. Qui berce, apaise.

1. BERCEUSE n.f. Chanson au rythme lent, pour endormir les enfants ; pièce musicale dans le même style.

2. BERCEUSE n.f. et **adj.f.** → **BERÇANTE.**

BÉRET n.m. (béarnais *berret*). Coiffure d'homme souple, sans visière ni bords, dont la calotte ronde et plate est resserrée autour de la tête sur une lisière intérieure ; coiffure de femme imitant le béret d'homme.

BÉRÉZINA ou **BÉRÉZINA n.f.** (de *Berezina*, n.pr.). Fam. Échec complet de qqch ; défaite catastrophique de qqn : *Une bérézina électorale.*

BERGAMASQUE n.f. Danse folklorique de la région de Bergame, exécutée en deux rondes avant formation des couples et pratiquée du XVe au XVIIIe s.

BERGAMOTE n.f. (ital. *bergamotta*, du turc). **1.** Fruit du bergamotier, dont la peau fournit une essence utilisée notamm. pour fabriquer les eaux de Cologne. **2.** Bonbon parfumé à la bergamote.

BERGAMOTIER n.m. Agrume cultivé pour ses fruits, les bergamotes.

1. BERGE n.f. (lat. pop. **barica*). Bord d'un cours d'eau.

2. BERGE n.f. (mot tsigane). Fam. Année d'âge : *Il a cinquante berges.*

1. BERGER, ÈRE n. (du lat. *berbex*, brebis). Personne qui garde un troupeau de moutons, qui le soigne. ▪ **Bon, mauvais berger** [litt.], bon, mauvais guide ou conseiller. ▪ **Étoile du berger,** Vénus (planète). ▪ **Réponse du berger à la bergère** [fam.], réplique du tac au tac qui clôt une discussion.

2. BERGER n.m. Chien de berger : *Berger des Pyrénées.*

BERGÈRE n.f. Large fauteuil à joues pleines, qui a un dossier rembourré et un coussin sur le siège.

BERGERIE n.f. 1. Bâtiment où l'on abrite et soigne les moutons. **2.** Comptoir de vente de forme circulaire, dans un magasin. **3.** Anc. Poème, souvent galant, qui évoque des amours pastorales. **4.** Anc. Tableau, tapisserie à sujet pastoral et galant.

BERGERONNETTE n.f. (de *bergère*). Oiseau passereau insectivore d'Europe, d'Asie et d'Afrique du Nord, vivant près des cours d'eau, à la longue queue toujours en mouvement (SYN. **hochequeue, lavandière**).

BÉRIBÉRI n.m. (mot d'une langue de l'Inde). Maladie due à une carence en vitamine B1, caractérisée par une insuffisance cardiaque compliquée d'œdèmes, ou par des troubles neurologiques.

BÉRIMBAU [berimbo] **n.m.** (pl. *bérimbaus*). Instrument de musique d'origine brésilienne, dont l'unique corde est tendue entre les extrémités d'un arc et frappée avec une tige de bois.

BERK ou **BEURK interj.** Fam. Exprime le dégoût, l'écœurement : *Berk ! Que c'est sale !*

BERKÉLIUM [-ljɔm] **n.m.** (de *Berkeley*, n.pr.). Élément chimique radioactif artificiel (Bk), de numéro atomique 97.

BERLINE n.f. (de *Berlin*, n.pr.). **1.** Automobile carrossée en conduite intérieure, à quatre portes et quatre glaces latérales. **2.** Wagonnet de mine. **3.** Anc. Voiture hippomobile fermée, à suspension, à quatre roues et à deux fonds.

BERLINETTE n.f. AUTOM. Type de carrosserie à deux portes, sportive et surbaissée, dérivé du coupé.

BERLINGOT n.m. (de l'ital. *berlingozzo*, gâteau). **1.** Bonbon aromatisé de forme tétraédrique, aux minces filets colorés. **2.** Emballage commercial de forme tétraédrique, pour les liquides.

BERLINOIS, E adj. et **n.** De Berlin ; de ses habitants.

BERLUE n.f. (de l'anc. fr. *belluer*, éblouir). Fam. ▪ **Avoir la berlue,** avoir une mauvaise vue ; fig., être le jouet d'une illusion, d'une erreur de jugement.

BERME n.f. (du néerl. *berm*, talus). **1.** Espace étroit ménagé entre un canal ou un fossé et la levée de terre qui le borde pour éviter les éboulements et servir de chemin. **2.** Belgique, Suisse. Terre-plein séparant les deux chaussées d'une voie rapide ou d'une autoroute.

BERMUDA n.m. (mot anglo-amér.). Short s'arrêtant au-dessus du genou.

BERMUDIEN, ENNE adj. (de *Bermudes*, n.pr.). **MAR.** ▪ **Gréement bermudien,** à voile trapézoïdale enverguée sur une corne courte et légère hissée avec une seule drisse.

BERNACHE ou **BARNACHE n.f.** Oie sauvage d'Amérique et d'Europe septentrionales hivernant en Europe occidentale. ➲ Famille des anatidés. ▪ **Bernache du Canada,** oie sauvage d'Amérique du Nord, au long cou noir marqué d'une tache blanche lui couvrant la gorge et les joues.

BERNACLE, BERNACHE ou **BARNACHE n.f.** (irlandais *bairneach*). **ZOOL.** Anatife.

BERNARDIN, E n. Religieux, religieuse cisterciens.

BERNARD-L'ERMITE ou **BERNARD-L'HERMITE n.m. inv.** (mot languedocien). Pagure.

BERNE n.f. (p.-ê. du néerl. *berm*, repli). ▪ **Drapeau en berne,** hissé à mi-drisse en signe de deuil.

BERNER v.t. [3] (de l'anc. fr. *brener*, vanner le blé). Tromper en affirmant des choses fausses ; duper : *Elle nous a bernés.*

1. BERNIQUE ou **BERNICLE n.f.** (breton *bernic*). Patelle.

2. BERNIQUE interj. (p.-ê. du normand *emberniquer*, salir). Vieilli. Marque la déception ou appuie un refus.

BERNOIS, E adj. et **n.** De Berne.

BÉROT n.m. Suisse. **1.** Petit chariot à deux roues pour transporter des fardeaux ; diable. **2.** Petit chariot pour faire les courses.

BERRICHON, ONNE adj. et **n.** Du Berry. ◆ **n.m.** Dialecte de langue d'oïl parlé dans le Berry. ▪ **Berrichon du Cher,** race française de moutons réputés pour la production de viande.

▴ **bergeronnette**

BERRUYER, ÈRE adj. et **n.** De Bourges.

BERSAGLIER [bɛrsalje] **n.m.** (de l'ital. *bersagliere*, tirailleur). Soldat de l'infanterie légère, dans l'armée italienne.

BERTHE n.f. COST. Sorte de volant, souvent en dentelle, qui agrémentait le décolleté des robes de femmes, très en vogue entre 1830 et 1860.

BÉRYL n.m. MINÉRALOG. Gemme constituée de silicate d'aluminium et de béryllium. ▪ **Béryl bleu-vert,** aigue-marine. ▪ **Béryl jaune,** héliodore. ▪ **Béryl rose,** morganite. ▪ **Béryl vert,** émeraude.

BÉRYLLIUM [-ljɔm] **n.m. 1.** Métal léger, gris, qui fond à 1 280 °C, de densité 1,85. **2.** Élément chimique (Be), de numéro atomique 4, de masse atomique 9,0122. ➲ Le béryllium est utilisé en

a b c d e f g h i j k l m n o p q r s t u v w x y z

alliage ou comme modérateur de neutrons dans les réacteurs nucléaires. Ses composés sont très toxiques.

À TOUT(E) BERZINGUE loc. adv. Fam. À toute allure ; à toute vitesse.

BESACE n.f. (du lat. *bis*, deux fois, et *saccus*, sac). **1.** Long sac s'ouvrant en son milieu et dont les extrémités forment des poches. **2.** CONSTR. Rencontre de deux pans de maçonnerie dont les éléments sont liés d'une assise à l'autre.

BESAIGUË, ▲ *BESAIGÜE* [bəzɛgy] **n.f.** Arme d'hast qui était formée d'un fer de hache à deux ailerons emmanché à une longue hampe.

BESANT n.m. (du lat. *bysantium*, monnaie de Byzance). **1.** ARCHIT. Chacun des disques saillants employés en nombre pour orner des bandeaux ou des archivoltes, dans l'art roman. **2.** HÉRALD. Petit meuble d'armoiries circulaire, toujours d'or ou d'argent (par oppos. au *tourteau*). **3.** NUMISM. Monnaie d'or de l'Empire byzantin.

BÉSEF ou **BÉZEF adv.** (de l'ar. *bezzef*, à foison). Fam. ▪ **Pas bésef**, pas beaucoup.

BÉSICLES n.f. pl. (de *béryl*, pierre fine dont on faisait des loupes). Vx ou par plais. Lunettes : *Mets tes bésicles.*

BÉSIGUE n.m. Jeu de cartes pratiqué à deux avec 2 jeux mélangés de 32 cartes, et dans lequel la combinaison de la dame de pique et du valet de carreau est appelée *bésigue*.

BESOGNE n.f. (anc. fém. de *besoin*). Travail imposé à qqn par sa profession ou par les circonstances : *J'ai achevé ma besogne.* ▪ **Aller vite en besogne,** travailler rapidement ; fig., brûler les étapes ; tirer des conclusions hâtives.

BESOGNER v.i. [3]. Péjor., vieilli. Faire un travail pénible, pour un maigre résultat.

BESOGNEUX, EUSE adj. et **n. 1.** Péjor. Qui travaille scrupuleusement mais médiocrement : *Un élève besogneux.* **2.** Vx. Se dit de qqn qui vit difficilement de ce qu'il gagne ; se dit de la vie ainsi menée.

BESOIN n.m. (p.-ê. du francique **bisunnia*, soin). **1.** État d'insatisfaction dû au sentiment que qqch d'indispensable nous manque ; nécessité d'y remédier qui en résulte : *Besoin de boire, de dormir. Il a besoin de distraction.* **2.** Ce qui est nécessaire ou indispensable : *Les vacances sont un besoin.* ▪ **Au besoin,** si nécessaire. ▪ **Avoir besoin de** (+ inf.) ou **avoir besoin que** (+ subj.), être dans la nécessité de : *J'ai besoin de savoir* ; sentir la nécessité que : *Elle a besoin que vous l'aidiez.* ▪ **Avoir besoin de qqn, qqch,** avoir besoin de la présence de qqn, du recours à qqch. ▪ **Besoin primaire,** besoin dont la satisfaction permet la subsistance. ▪ **Besoin secondaire,** besoin non vital, dont la satisfaction peut sembler accessoire. ▪ **Être dans le besoin,** manquer d'argent. ▪ **Si besoin est** ou **s'il en est besoin,** si cela est nécessaire. ◆ **n.m. pl. 1.** Ce qui est nécessaire à la vie et que l'on obtient avec de l'argent : *Subvenir aux besoins de qqn.* **2.** Fait d'uriner, de déféquer : *Faire ses besoins.* ▪ **Pour les besoins de la cause,** dans le seul but de démontrer ce que l'on dit.

BESSEMER [bɛsmɛr] **n.m.** (de H. *Bessemer*, n.pr.). MÉTALL. Convertisseur pour transformer la fonte en acier par insufflation d'air sous pression.

BESSIF adv. (mot ar. « par le sabre »). Maghreb ou arg. Par force, par contrainte : *Il voulait que je travaille bessif avec lui* ; par la force des choses, nécessairement : *Il l'écoutait, bessif, parce qu'il lui faisait confiance.*

BESSON, ONNE n. (du lat. *bis*, deux fois). Dial. Jumeau, jumelle, en parlant d'agneaux.

BESSONNIÈRE n.f. Dial. Brebis ayant mis bas des jumeaux.

1. BESTIAIRE n.m. (lat. *bestiarius*, de *bestia*, bête). ANTIQ. ROM. Belluaire.

2. BESTIAIRE n.m. (lat. *bestiarium*). **1.** Traité ou recueil d'images inventoriant des animaux réels ou imaginaires, au Moyen Âge. **2.** Iconographie animalière d'une œuvre ou d'un ensemble d'œuvres (médiévales, notamm.) ; le type de vision qu'elle comporte. **3.** Recueil de poèmes ou de fables sur les animaux.

BESTIAL, E, AUX adj. (lat. *bestialis*). Qui ressemble ou fait ressembler à une bête : *Individu, comportement bestial.*

BESTIALEMENT adv. De façon bestiale.

BESTIALITÉ n.f. Caractère bestial d'une personne, d'une action.

BESTIAU n.m. (pl. *bestiaux*) [anc. fr. *bestial*]. Fam. Animal quelconque. ◆ **BESTIAUX n.m. pl.** Bétail.

BESTIOLE n.f. (lat. *bestiola*). Petite bête.

BEST OF [bɛstɔf] **n.m. inv.** (mots angl. « le meilleur de »). Sélection des meilleurs passages d'une œuvre ; anthologie ; compilation.

BEST-SELLER (pl. *best-sellers*), ▲ *BESTSELLER* [bɛstsɛlœr] **n.m.** (mot angl. « le mieux vendu »). **1.** Livre qui se vend très bien. **2.** Grand succès commercial.

1. BÊTA n.m. inv., ▲ *n.m.* Deuxième lettre de l'alphabet grec (Β, ß), correspondant au *b* français. ▪ **Rayons bêta** [phys.], flux d'électrons ou de positrons émis par certains éléments radioactifs. ▪ **Version bêta,** ou **bêta, n.f.,** dans un processus de production, informatique notamm., deuxième version d'un produit testée avant finalisation : *Tester la version bêta d'un logiciel.*

2. BÊTA, ASSE adj. et **n.** Fam. Qui est sot ; nigaud.

BÊTABLOQUANT, E adj. et **n.m.** MÉD. Se dit d'une substance qui inhibe les récepteurs dits *bêta* des neurones du système nerveux sympathique, et qui peut être employée contre l'hypertension et l'angine de poitrine.

BÊTACAROTÈNE n.m. BIOCHIM. Variété de carotène*.

BÉTAIL n.m. sing. (du lat. *bestia*, bête). ▪ **Gros bétail,** chevaux, ânes, mulets, bovins. ▪ **Le bétail,** les animaux d'élevage d'une ferme, élevés en troupeaux, à l'exception des volailles, des lapins (SYN. **bestiaux, bêtes**). ▪ **Petit bétail,** moutons, chèvres, porcs. ▪ **Traiter qqn comme du bétail,** sans ménagement.

BÉTAILLÈRE n.f. Véhicule pour le transport du bétail.

BÊTA-LECTEUR, TRICE n. (pl. *bêta-lecteurs, trices*) [angl. *beta reader*]. Personne non professionnelle proposant, via Internet, un avis ou des corrections sur la version provisoire d'un texte (de fiction, génér.) avant sa publication.

BÊTASTIMULANT, E adj. et **n.m.** MÉD. Se dit d'une substance qui stimule les récepteurs dits *bêta* des neurones du système nerveux sympathique, et qui peut être employée contre l'asthme.

BÊTATHÉRAPIE n.f. MÉD. Traitement par les rayons bêta.

BÊTATRON n.m. PHYS. Accélérateur de particules servant à produire des électrons de haute énergie.

1. BÊTE n.f. (lat. *bestia*). **1.** Tout animal autre que l'homme : *Bêtes fauves.* **2.** (Souvent pl.). Vermine, insectes, vers, etc. : *Vieille maison pleine de bêtes.* **3.** L'instinct animal de l'homme : *Dompter la bête en soi.* ▪ **Bête à bon Dieu,** coccinelle. ▪ **Bête à concours** [fam.], personne qui réussit dans ses études, plus par sa ténacité que par son intelligence. ▪ **Bête de scène, de télévision, etc.** [fam.], artiste très doué pour la scène, la télévision, etc. ▪ **Bête noire,** sanglier. ▪ **Chercher la petite bête** [fam.], s'évertuer à découvrir un défaut sans importance. ▪ **Comme une bête** [fam.], exprime une très grande intensité : *Elle travaille comme une bête.* ▪ **La bête** [christ.], symbole du mal dans l'Apocalypse de Jean. ▪ **La bête immonde,** le nazisme. ▪ **La bête noire de qqn,** la personne, la chose qu'il déteste ou redoute : *Ce critique est la bête noire des cinéastes.* ▪ **Sale bête,** personne méprisable et dangereuse. ◆ **n.f. pl.** Le bétail : *Mener les bêtes au pâturage.*

2. BÊTE adj. 1. Dépourvu d'intelligence ; sot : *Il est trop bête pour saisir la nuance. Un sourire bête.* **2.** Qui est désolant, regrettable : *C'est bête, que tu ne viennes pas.* **3.** Se dit d'une personne distraite : *Que je suis bête ! J'ai encore oublié ma clé !* ▪ **Bête à pleurer,** complètement stupide. ▪ **Bête comme chou** [fam.], facile à comprendre ou à faire. ▪ **Bête comme ses pieds** [fam.], très bête. ▪ **Rester tout bête,** sans réaction sous l'effet de la stupeur.

BÉTEL n.m. (port. *betel*). **1.** Poivrier grimpant originaire de Malaisie, dont les feuilles séchées ont des vertus toniques et astringentes. ➲ Famille des pipéracées. **2.** Feuille de cette plante, que l'on chique, mélangée à de la chaux et de la noix d'arec (en Inde, Extrême-Orient, Asie du Sud-Est, Mélanésie).

BÊTEMENT adv. Étourdiment : *J'ai bêtement laissé passer l'heure.* ▪ **Tout bêtement,** tout simplement : *J'ai tout bêtement trouvé ton adresse dans l'annuaire.*

BÊTIFIANT, E adj. Fam. Qui bêtifie : *Une présentatrice bêtifiante.*

BÊTIFIER v.i. [5]. Fam. S'exprimer d'une façon puérile : *Bêtifier devant un bébé.*

BÊTISE n.f. (de 2. *bête*). **1.** Manque d'intelligence, de jugement ; stupidité : *Sa bêtise risque de tout compromettre.* **2.** Parole, action dénuée d'intelligence : *Arrêtez ces bêtises !* **3.** Action imprudente ou répréhensible : *Vous avez fait une bêtise en refusant ce poste.* **4.** Chose sans importance ; bagatelle : *Se disputer pour une bêtise.* **5.** Berlingot à la menthe, spécialité de Cambrai. ▪ **Faire une bêtise** [par euphém.], commettre envers autrui ou soi-même un acte d'une extrême gravité (meurtre, suicide, par ex.) : *Avant de se jeter par la fenêtre, elle avait dit qu'elle allait faire une bêtise.*

BÊTISIER n.m. Sottisier.

BÉTOINE n.f. (lat. *bettonica*). Plante des prés et des haies, à fleurs mauves et à feuilles crénelées. ➲ Famille des labiées.

BÉTON n.m. (lat. *bitumen*). **1.** Matériau de construction obtenu par agrégation de granulats au moyen d'un liant, et, spécial., par un mélange de graviers, de sable, de ciment, d'adjuvants et d'eau. **2.** Regroupement d'un maximum de joueurs en défense, au football : *Jouer le béton.* **3.** Fam. Ce qui est sûr, solide : *Ils ont un alibi en béton. Cette excuse, c'est du béton.* ◆ **adj. inv.** Fam. Inattaquable : *Des arguments béton.*

> ➲ Le **BÉTON** est utilisé aujourd'hui pour édifier des constructions de toute nature. Dans l'architecture et le génie civil, on fait appel à deux techniques importantes : le *béton armé*, qui est coulé sur une armature métallique, et le *béton précontraint*, béton armé dans lequel sont tendus des câbles ou des tiges d'acier, qui, une fois relâchés, mettent le matériau en compression. Le béton ordinaire pour ouvrages d'art contient environ 65 % de mortier en volume. On utilise aussi des types de béton particuliers : le *béton aéré* (dans lequel on a laissé des bulles d'air qui améliorent son ouvrabilité et sa résistance au gel), le *béton léger* (béton cellulaire notamm.), le *béton lourd* (à base de plomb), etc. Depuis les années 1980 ont été développés les *bétons à hautes performances, très hautes performances* ou *ultra hautes performances*, employés dans la construction d'immeubles de grande hauteur et dans les grands ouvrages de génie civil.

BÉTONNAGE n.m. Action de bétonner.

BÉTONNÉ, E adj. 1. Fam. Conçu ou réalisé pour être inattaquable : *Mon dossier est bétonné.* **2.** Couvert de bâtiments de piètre qualité : *Un littoral bétonné.*

BÉTONNER v.t. [3]. 1. Construire avec du béton. **2.** Fam. Rendre impossible à contester : *L'avocate bétonne sa plaidoirie.* ◆ **v.i.** Jouer le béton, au football.

BÉTONNEUR n.m. Péjor. Promoteur, entrepreneur qui construit sans souci de l'environnement.

BÉTONNEUSE n.f. (Emploi critiqué). Bétonnière.

BÉTONNIÈRE n.f. Machine employée pour le malaxage du béton, dont la partie essentielle est une cuve tournante recevant le mélange.

BETTE ou **BLETTE n.f.** (lat. *beta* ou *blitum*). Plante potagère de la même espèce que la betterave, cultivée pour ses feuilles et ses pétioles aplatis, appelés *côtes*. ➲ Famille des chénopodiacées. ▪ **Bette à carde,** poirée.

BETTERAVE n.f. (de *bette* et *rave*). Plante bisannuelle cultivée pour sa racine charnue. ➲ Genre *Beta*. ▪ **Betterave fourragère,** cultivée pour l'alimentation des animaux. ▪ **Betterave potagère,** cultivée pour l'alimentation humaine et comme source de colorant biologique (*betterave rouge*). ▪ **Betterave sucrière,** dont la racine, très riche en saccharose, sert à fabriquer du sucre.

1. BETTERAVIER, ÈRE adj. Qui se rapporte à la production ou à l'utilisation de la betterave.

2. BETTERAVIER n.m. Producteur de betteraves.

BÉTULACÉE **n.f.** Arbre ou arbuste à feuilles caduques, aux fleurs disposées en chatons, de l'hémisphère Nord, tel que le bouleau, l'aulne, le charme, le noisetier. ➲ Les bétulacées forment une famille.

BÉTYLE **n.m.** (gr. *baitulos*, de l'hébr. *Bêth-El*, maison du Seigneur). **ARCHÉOL.** Pierre levée, symbole de la divinité dans les civilisations du Moyen-Orient.

BEUGLANT **n.m.** Fam., vieilli. Café-concert populaire, à la fin du XIXe s.

BEUGLANTE **n.f.** Fam. Chanson braillée à tue-tête. ▪ **Pousser une beuglante** [fam.], faire des reproches bruyants à qqn.

BEUGLEMENT **n.m.** **1.** Cri du bœuf, de la vache et du taureau (SYN. **meuglement**). **2.** Fam. Grand cri ; son puissant et désagréable : *Les beuglements d'une sirène.*

BEUGLER **v.i.** **[3]** (du lat. *buculus*, jeune taureau). **1.** Pousser des beuglements, en parlant d'un bovin. **2.** Fam. Émettre un son puissant et désagréable : *La radio beugle.* ◆ **v.t.** Fam. Crier qqch à tue-tête : *Beugler des insultes.*

BEUR **n.** (altér. du verlan *rebeu*, arabe). Fam. Jeune d'origine maghrébine né en France de parents immigrés. ◆ **adj. inv. en genre** Fam. Relatif aux beurs : *La culture beur. Les traditions beurs.*

BEURETTE **n.f.** Fam. Jeune fille beur.

BEURK **interj.** → **BERK.**

BEURRE **n.m.** (lat. *butyrum*, du gr.). **1.** Matière grasse alimentaire fabriquée à partir de la crème de lait de vache. **2.** Purée d'aliments écrasés dans du beurre : *Beurre d'échalote, de homard.* **3.** Matière grasse alimentaire extraite d'un végétal : *Beurre de cacao.* ▪ **Battre le beurre** [Belgique, fam.], s'embrouiller. ▪ **Beurre blanc,** sauce à base de vinaigre et d'échalotes, à laquelle on incorpore du beurre. ▪ **Beurre clarifié,** obtenu après décantation du beurre de commerce, ne brûlant pas à haute température. ▪ **Beurre d'arachide** → **ARACHIDE.** ▪ **Beurre d'érable** [Québec], pâte à tartiner préparée à partir de sirop d'érable. ▪ **Beurre noir** ou **noisette,** formant une sauce brun-noir, par cuisson. ▪ **Compter pour du beurre** [fam.], être considéré comme quantité négligeable. ▪ **Faire son beurre** [fam.], réussir dans les affaires ; s'enrichir. ▪ **Mettre du beurre dans les épinards** [fam.], améliorer ses revenus, en parlant de qqn ; apporter un supplément de revenu, en parlant de qqch. ▪ **Œil au beurre noir** [fam.], meurtri par un coup. ◆ **adj. inv.** D'une couleur jaune très pâle.

1. BEURRÉ, E **adj.** **1.** Couvert de beurre. **2.** Fam. Ivre.

2. BEURRÉ **n.m.** Poire d'une variété à chair fondante.

BEURRÉE **n.f.** Région. (Ouest) ; Québec. Tartine de beurre, de confiture, etc. : *Préparer des beurrées pour les enfants.*

BEURRER **v.t.** **[3].** Couvrir de beurre : *Beurrer un moule à tarte.*

BEURRERIE **n.f.** **1.** Industrie du beurre. **2.** Fabrique de beurre.

BEURRIER **n.m.** Récipient dans lequel on conserve, on sert du beurre. ◆ **BEURRIER, ÈRE** **adj.** Relatif au beurre, à l'industrie du beurre.

BEUVERIE **n.f.** Réunion où l'on boit jusqu'à l'ivresse. ▪ **Beuverie express** (de l'angl. *binge drinking*, alcoolisation massive), absorption massive d'alcool génér. effectuée en groupe et visant à devenir ivre le plus rapidement possible. (On dit aussi *biture express.*) ➲ Ce phénomène, qui touche en particulier les jeunes, reste mal évalué en France.

▲ **betteraves**

BÉVUE **n.f.** (de *bé-*, préf. péjor., et de *vue*). Erreur grossière due à l'ignorance, à la maladresse : *Commettre une bévue.*

BEY [bɛ] **n.m.** (mot turc « seigneur »). **HIST.** **1.** Souverain vassal du sultan : *Le bey de Tunis.* **2.** Haut fonctionnaire, officier supérieur, dans l'Empire ottoman.

BEYLICAL, E, AUX **adj.** Relatif au bey.

BEYLICAT **n.m.** Pouvoir d'un bey ; région soumise à son autorité.

BEYLISME **n.m.** (de H. *Beyle*, n. pr.). Attitude des héros de Stendhal (conscience de soi, énergie, recherche du bonheur).

BEYROUTHIN, E [berutɛ̃, in] **adj.** et **n.** De Beyrouth.

BÉZEF **adv.** → **BÉSEF.**

BÉZOARD **n.m.** (port. *bezuar*, du persan). Concrétion de l'estomac et des intestins des herbivores, à laquelle on attribuait autref. une valeur d'antidote.

BHAKTI **n.f.** (mot sanskr.). Dans l'hindouisme, union, par l'amour et la dévotion, de tout être avec la vérité de soi et du divin.

BHARATANATYAM **n.f.** (mot sanskr.). La plus ancienne des danses traditionnelles du sud de l'Inde.

BI **adj.** et **n. inv.** (abrév.). Fam. Bisexuel.

BIACIDE **n.m.** Diacide.

1. BIAIS, E **adj.** (mot provenç.). Qui est oblique par rapport à une direction principale.

2. BIAIS **n.m.** **1.** Ligne, direction oblique par rapport au plan générateur : *Biais d'un mur.* **2.** Moyen détourné, habile d'atteindre un but : *Trouver un biais pour refuser une invitation.* **3.** **COUT.** Diagonale d'un tissu par rapport à ses deux droits-fils : *Vêtement taillé dans le biais.* **4.** **MATH.** Distorsion systématique d'une évaluation ou d'un échantillon statistique choisi de façon défectueuse. ▪ **De** ou **en biais,** obliquement ; de travers. ▪ **Par le biais de,** par le moyen indirect de : *Nous l'avons su par le biais de la secrétaire.* ▪ **Regarder de biais,** sans se faire remarquer.

BIAISÉ, E **adj.** Légèrement faussé par rapport à la réalité : *Résultat biaisé.*

BIAISER **v.i.** **[3].** **1.** User de moyens détournés : *Biaiser pour persuader qqn.* **2.** Être de biais ; aller en biais : *Ce mur biaise un peu.* ◆ **v.t.** **1.** **MATH.** Introduire un biais dans : *Écart qui biaise des résultats.* **2.** Donner une fausse interprétation de : *Biaiser des statistiques.*

BIARROT, E **adj.** et **n.** De Biarritz.

BIATHLÈTE [bia-] **n.** Sportif pratiquant le biathlon.

BIATHLON [bia-] **n.m.** Épreuve de ski nordique comportant une course de fond entrecoupée de tirs au fusil.

BIAURICULAIRE [bio-] **adj.** **1.** Qui se rapporte aux deux oreilles. **2.** Qui se rapporte aux deux oreillettes cardiaques.

BIAXE [biaks] **adj.** **OPT.**, **MINÉRALOG.** Se dit des milieux qui comportent deux axes optiques.

BIBANDE **adj.** et **n.m.** Se dit d'un téléphone portable apte à fonctionner sur deux bandes de fréquences correspondant à deux réseaux téléphoniques distincts, pour capter automatiquement le meilleur signal.

BIBASIQUE **adj.** Dibasique.

BIBELOT **n.m.** (de *bib*, onomat.). Petit objet décoratif.

BIBERON **n.m.** (du lat. *bibere*, boire). Petite bouteille munie d'une tétine et servant à l'allaitement artificiel des nouveau-nés ; son contenu.

BIBERONNER **v.i.** et **v.t.** **[3].** Fam. Boire de l'alcool avec excès. ◆ **v.t.** **1.** Nourrir au biberon : *Biberonner un girafon.* **2.** Fig., fam. Inculquer, faire aimer qqch à qqn ; nourrir de : *Une génération qu'on a biberonnée aux jeux vidéo.*

1. BIBI **n.m.** Fam., vieilli. Petit chapeau de femme.

2. BIBI **pron. pers.** Fam. Moi : *Et qui va le faire ? C'est bibi !*

BIBINE **n.f.** Fam. Boisson alcoolisée, en partic. bière, de mauvaise qualité.

BIBITTE ou **BIBITE** **n.f.** (de *1. bête*). Québec. Fam. **1.** Insecte ; moustique. **2.** Tout animal : *Une grosse bibitte.* **3.** Être étrange, inconnu ; individu suspect. **4.** Fig. Problème. ▪ **Bibitte à patate,** doryphore. ▪ **Chercher des bibittes** [fig.], des problèmes là où il n'y en a pas.

BIBLE **n.f.** (du lat. *biblia*, livres sacrés, du gr.). **1.** Exemplaire de la Bible. **2.** Fig. Ouvrage qui fait autorité dans un domaine, sur un sujet, etc. ▪ **La Bible,** v. partie n.pr. ▪ **Papier bible,** papier d'imprimerie à la fois mince, léger et opaque.

BIBLIOBUS [-bys] **n.m.** Bibliothèque itinérante installée dans un véhicule automobile.

BIBLIOGRAPHE **n.** (du gr. *biblion*, livre, et *graphein*, écrire). **1.** Spécialiste du livre en tant qu'objet éditorial ou documentaire. **2.** Auteur d'une bibliographie.

BIBLIOGRAPHIE **n.f.** **1.** Liste des ouvrages cités ou utilisés dans un livre. **2.** Répertoire des écrits (livres, articles) traitant d'une question, concernant un auteur.

BIBLIOGRAPHIQUE **adj.** Relatif à la bibliographie.

BIBLIOLOGIE **n.f.** Ensemble des disciplines qui ont le livre pour centre d'intérêt (bibliographie, histoire du livre, psychologie de la lecture, etc.).

BIBLIOMÉTRIE **n.f.** Partie de la bibliologie qui s'applique à l'étude quantitative de la production, de la distribution et de la consommation de livres, de périodiques et d'autres documents imprimés.

BIBLIOPHILE **n.** (du gr. *biblion*, livre et *philos*, ami). Amateur de livres rares et précieux.

BIBLIOPHILIE **n.f.** Amour des livres ; art et science du bibliophile.

BIBLIOTHÉCAIRE **n.** Personne responsable de la conservation et de la mise à disposition du public d'une collection d'ouvrages.

BIBLIOTHÉCONOMIE **n.f.** Science et technique de l'aménagement et de la gestion d'une bibliothèque.

BIBLIOTHÈQUE **n.f.** (du gr. *biblion*, livre, et *thêkê*, armoire). **1.** Lieu, pièce ou établissement, public ou privé, où une collection de livres, d'imprimés, de manuscrits, etc., est conservée, consultée ou prêtée. **2.** Meuble à étagères pour ranger les livres. **3.** Collection de livres, d'imprimés, de logiciels, de programmes informatiques, etc. ▪ **Bibliothèque de gare,** kiosque où l'on vend des livres et des journaux, dans une gare.

BIBLIQUE **adj.** Relatif à la Bible.

BIBLIQUEMENT **adv.** D'une manière biblique ; à la manière de ce qui est décrit dans la Bible.

BIBLISTE **n.** Spécialiste des études bibliques ; exégète.

BIC **n.m.** (nom déposé). Stylo à bille de la marque de ce nom.

BICAMÉRAL, E, AUX **adj.** Relatif au bicamérisme.

BICAMÉRISME ou **BICAMÉRALISME** **n.m.** (du lat. *camera*, chambre). Système politique comportant deux assemblées législatives.

BICARBONATE **n.m.** **CHIM.** **MINÉR.** **1.** Hydrogénocarbonate. **2.** Carbonate acide d'un métal alcalin. ▪ **Bicarbonate de sodium,** sel basique de sodium présent dans l'organisme, utilisé pour le traitement de l'acidose et, parfois, des douleurs d'estomac.

BICARBONATÉ, E **adj.** Qui contient un bicarbonate, partic. du bicarbonate de sodium.

BICARBURATION **n.f.** **AUTOM.** Système permettant l'usage alterné de deux carburants (GPL ou GNV et essence), dans un véhicule.

BICARRÉ, E **adj.** **MATH.** Se dit d'une équation du quatrième degré de forme générale $ax^4 + bx^2 + c = 0$, dont la résolution s'obtient en remplaçant x^2 par la variable y.

BICATÉNAIRE **adj.** **BIOCHIM.** Se dit d'une macromolécule formée par l'association de deux chaînes polymères, telle que la molécule d'ADN.

BICENTENAIRE **adj.** Deux fois centenaire : *Un chêne bicentenaire.* ◆ **n.m.** Commémoration d'un événement qui a eu lieu deux cents ans auparavant.

BICÉPHALE **adj.** (du gr. *kephalê*, tête). **1.** Qui a deux têtes : *Monstre bicéphale.* **2.** Fig. Qui est partagé entre deux chefs : *Présidence bicéphale.*

BICEPS [bisɛps] **adj.m.** (mot lat. « à deux têtes »). **ANAT.** Cour. Muscle qui fléchit l'avant-bras sur le bras. ▪ **Muscle biceps,** ou **biceps,** **n.m.** [anat.], muscle dont une extrémité se divise en deux corps musculaires distincts ayant chacun un tendon.

a b c d e f g h i j k l m n o p q r s t u v w x y z

BICHE n.f. (du lat. *bestia*, bête). **1.** Femelle du cerf et des cervidés. **2.** Afrique. Gazelle ; antilope. **3.** Fam. Terme d'affection : *Ma biche.*

BICHER v.i. [3]. Fam., vieilli. Se réjouir. ■ **Ça biche,** ça va bien.

BICHETTE n.f. Fam. Terme d'affection : *Ma bichette.*

BICHIQUE n.m. La Réunion. Alevin d'un gobie, pêché principalement de novembre à avril lors de sa remontée des rivières, et qui entre dans la composition d'un mets très recherché. ➲ Espèce *Sicyopterus lagocephalus*, famille des gobiidés.

BICHLAMAR [biʃlamar] **n.m.** (du port. *bicho do mar*, bête de la mer). Pidgin mélanésien utilisé pour le commerce, dans les îles du Pacifique sud.

BICHOF, BISCHOF ou **BISHOP** n.m. (de l'all. *Bischof*, évêque). Infusion ou macération d'orange ou de citron dans du vin.

BICHON, ONNE n. (abrév. de *barbichon*, chien barbet). Petit chien d'agrément à poil long.

BICHONNAGE n.m. Fam. Action de bichonner ; fait de se bichonner.

BICHONNER v.t. [3] (de *bichon*). Fam. **1.** Parer avec soin et recherche ; pomponner. **2.** Entourer de soins attentifs : *Bichonner ses collaborateurs.* ◆ **SE BICHONNER** v.pr. Fam. Se parer avec recherche et coquetterie.

BICHROMATE [bikrɔ-] **n.m.** Sel de l'anhydride chromique ; partic., sel de potassium, jaune orangé, de formule $K_2Cr_2O_7$.

BICHROMIE [bikrɔ-] **n.f.** IMPRIM. Procédé de synthèse des couleurs utilisant deux couleurs de base, génér. complémentaires l'une de l'autre.

BICIPITAL, E, AUX adj. Relatif au biceps.

BICKFORD [bikfɔrd] **n.m.** (de W. *Bickford*, n. de l'inventeur). ■ **Cordeau Bickford,** ou **Bickford,** cordeau de matière fusante pour l'allumage des explosifs (SYN. **mèche lente**).

BICOLORE adj. Qui comporte deux couleurs.

BICONCAVE adj. Qui présente deux faces concaves opposées : *Lentille biconcave.*

BICONVEXE adj. Qui présente deux faces convexes opposées.

BICOQUE n.f. (de l'ital. *bicocca*, petite forteresse). Fam. **1.** Péjor. Maison de médiocre apparence. **2.** Toute maison : *Ils vont acheter une bicoque.*

BICORNE n.m. (du lat. *bicornis*, à deux cornes). Chapeau d'uniforme à deux pointes.

BICORPS adj. et n.m. AUTOM. Se dit d'une carrosserie composée de deux volumes principaux, le compartiment moteur et l'habitacle.

BICOT n.m. Fam. Chevreau.

BICOURANT adj. inv. CH. DE F. Se dit d'une locomotive qui fonctionne sous courants alternatif et continu.

BICROSS n.m. Vélo proche du VTT, aux roues plus petites et sans changement de vitesse ; sport pratiqué avec ce vélo.

BICULTURALISME n.m. Coexistence officielle, institutionnelle, de deux cultures, notamm. de deux langues dans un même pays (par ex. Belgique, Canada).

BICULTUREL, ELLE adj. Qui comporte deux cultures.

BICUSPIDE adj. ANAT. Qui comporte deux pointes : *Valvule bicuspide.*

BICYCLE n.m. Québec. Fam. Bicyclette ; motocyclette.

BICYCLETTE n.f. Engin de locomotion formé d'un cadre portant à l'avant une roue directrice commandée par un guidon et, à l'arrière, une roue motrice entraînée par un pédalier (SYN. **vélo**).

BICYCLIQUE adj. Se dit d'une molécule qui comporte deux cycles.

BIDASSE n.m. Fam. Simple soldat.

BIDE n.m. (de *bidon*). Fam. **1.** Ventre. **2.** Échec : *Faire un bide.*

BIDET n.m. (de l'anc. fr. *bider*, trotter). **1.** Appareil sanitaire bas, fixe ou mobile, sur la cuvette duquel on s'assied pour ses ablutions intimes. **2.** Petit cheval de selle ou de trait léger. **3.** Péjor. Cheval.

BIDIMENSIONNEL, ELLE adj. Qui comporte deux dimensions.

BIDOCHE n.f. Fam. Mauvaise viande ; toute viande.

BIDON n.m. (p.-ê. du scand. *bida*, vase). **1.** Récipient que l'on peut fermer, pour le transport d'un liquide : *Bidon de détergent, de peinture.* **2.** Fam. Ventre. ■ **Arranger les bidons** [Belgique, fam.], régler un problème ou un conflit par des solutions improvisées. ■ **C'est, ce n'est pas du bidon** [fam.], c'est, ce n'est pas un mensonge. ◆ **adj. inv.** Fam. Qui n'est pas réellement ce qu'il paraît être : *Des propositions bidon. Élections bidon.*

BIDONNAGE n.m. Fam. Action de bidonner.

BIDONNANT, E adj. Fam. Très amusant ; désopilant.

BIDONNER v.t. [3]. Fam. Truquer ; falsifier : *Bidonner un reportage.* ◆ **SE BIDONNER** v.pr. Fam. Rire.

BIDONVILLE n.m. Agglomération de constructions sommaires, édifiées à partir de matériaux de récupération et dont les habitants vivent dans des conditions précaires.

BIDONVILLOIS, E n. Maghreb. Habitant d'un bidonville. ◆ **adj.** Relatif au bidonville, aux bidonvillois : *Concentration de l'habitat bidonvillois.*

BIDOU n.m. Québec. Fam. Billet de banque (dollar, partic.) ; argent : *Ne t'inquiète pas, il a des bidous.*

BIDOUILLAGE n.m. Fam. Action de bidouiller.

BIDOUILLER v.t. [3]. Fam. Bricoler : *Bidouiller une application informatique.*

BIDOUILLEUR, EUSE n. Fam. Personne qui bidouille.

BIDULE n.m. Fam. Objet, personne indéterminés : *J'ai rencontré bidule hier.*

BIEF [bjɛf] **n.m.** (du gaul. **bedum*, canal). **1.** Section d'un canal ou d'un cours d'eau comprise entre deux écluses ou entre deux chutes, deux rapides. **2.** Canal de dérivation amenant l'eau à une machine hydraulique.

BIELLE [bjɛl] **n.f.** Barre rectiligne destinée à transmettre un mouvement entre deux pièces articulées à ses extrémités suivant des axes parallèles.

BIELLETTE n.f. Petite bielle.

BIÉLORUSSE adj. et n. De la Biélorussie ; de ses habitants. (On dit aussi *bélarusse* ou *bélarussien*.) ◆ **n.m.** Langue slave orientale parlée en Biélorussie.

1. BIEN adv. (lat. *bene*). **1.** Conformément à l'idée que l'on se fait du bien : *Elle a bien agi.* **2.** De manière satisfaisante : *Cette robe te va bien. Ils ont bien vendu leur appartement.* **3.** Indique l'intensité : *Merci bien. Je suis bien content de vous voir.* **4.** Assurément ; réellement : *Nous sommes bien le 15 ? Je sais bien que vous l'aviez dit.* **5.** Au moins : *Vous en aurez bien pour mille euros.* ■ **Aller bien,** être en bonne santé. ■ **Bien de** (+ n. sing.), **bien des** (+ n. pl.), beaucoup de : *J'ai eu bien du plaisir à vous voir. Bien des gens pensent cela.* ■ **C'est bien fait,** c'est une punition méritée. ■ **Eh bien !,** marque l'étonnement, la surprise, une hésitation : *Eh bien ! À vrai dire…* ■ **Être bien avec qqn,** en bons termes avec lui. ■ **Être bien fait,** être beau, en parlant de qqn. ■ **Faire bien,** faire bon effet : *Ce tableau fait bien dans le salon.* ■ **Faire bien de,** avoir raison de. ■ **Il faut, il fallait bien,** c'est, c'était nécessaire. ■ **Moi bien** [Belgique], moi oui ; moi si : *Vous ne le croyez pas ? Moi bien.* ■ **Tant bien que mal,** avec des difficultés. ■ **Vouloir bien,** accepter de. ◆ **loc. conj.** ■ **Bien que** (+ subj.), quoique : *Bien que (je sois) malade, je viendrai.* ■ **(Tant et) si bien que** (+ indic.), de sorte que : *Il est allé trop vite si bien que tout a échoué.*

2. BIEN adj. inv. **1.** Conforme à l'idée que l'on se fait du bien : *Des gens bien. Ces idées sont très bien.* **2.** Exprime l'approbation : *C'est vraiment très bien.* **3.** Qui a des qualités morales : *Nos voisins sont bien.* **4.** En bonne santé ; en forme : *Tu n'es pas bien ?* ■ **Bien de sa personne,** se dit d'une personne belle. ■ **Nous voilà bien,** dans une situation difficile.

3. BIEN n.m. **1.** Ce qui est conforme à un idéal, à la morale, à la justice : *Faire le bien* (CONTR. **3. mal**). **2.** Ce qui procure un avantage moral, matériel ou physique à qqn : *C'est pour ton bien que je te dis cela. La santé est un bien précieux.* **3.** (Souvent pl.). Ce que l'on possède : *Dilapider son bien.* **4.** (Souvent pl.). DR. Chose matérielle ou droit dont une personne dispose et qui lui appartient : *Biens meubles et immeubles.* **5.** (Souvent pl.). ÉCON. Moyen matériel servant à satisfaire un besoin ou participant au processus de production : *Biens de consommation et biens de production.* ■ **Avoir du bien,** posséder un patrimoine important. ■ **Bien mal acquis** [dr.], bien de toute nature (mobilier, immobilier, financier, etc.) soustrait au patrimoine public par un dirigeant politique, au moyen de procédés délictueux ou criminels. ■ **Biens collectifs,** biens, services pouvant être utilisés par plusieurs personnes à la fois, pour l'égale satisfaction de chacune d'elles. ■ **Biens nationaux** [hist.], ensemble des biens confisqués par l'État pendant la Révolution française et revendus à de nouveaux propriétaires. ➲ Leur vente aboutit à un transfert massif des propriétés de l'Église et de la noblesse vers la bourgeoisie. ■ **Cela fait du bien,** cela a un effet heureux ; c'est bon pour la santé. ■ **Dire du bien** ou **parler en bien,** élogieusement. ■ **En tout bien tout honneur,** sans mauvaises intentions. ■ **Grand bien vous fasse !** [iron.], se dit quand qqn s'intéresse à une chose que l'on dédaigne. ■ **Homme de bien,** altruiste. ■ **Le bien** [philos.], ce qui fonde en valeur toute chose, toute action. ■ **Le bien commun,** l'intérêt général. ■ **Le souverain bien** [philos.], bon par lui-même, sans rien au-dessus, devant être visé par-dessus tout.

BIEN-AIMÉ, E (pl. *bien-aimés, es*), ▲ *BIENAIMÉ, E* **adj.** et **n.** Litt. **1.** Tendrement aimé : *Mes enfants bien-aimés.* **2.** Aimé d'amour : *Mon mari bien-aimé. Ce poème célèbre sa bien-aimée.*

BIEN-DIRE n.m. inv., ▲ *BIENDIRE n.m.* Litt. Art de s'exprimer avec élégance.

BIÉNERGIE [bienɛrʒi] **n.f.** Système de chauffage permettant l'usage alterné de deux énergies.

BIEN-ÊTRE n.m. inv., ▲ *BIENÊTRE n.m.* **1.** Sensation agréable résultant de l'absence de besoins et de préoccupations : *Ressentir du bien-être.* **2.** Aisance matérielle ou financière : *L'aspiration de tous au bien-être.*

BIENFACTURE n.f. Suisse. Bonne qualité d'un objet, d'un travail.

BIENFAISANCE [bjɛ̃fəzɑ̃s] **n.f.** ■ **De bienfaisance,** dont l'objet est de secourir les gens dans le besoin : *Un gala de bienfaisance.*

BIENFAISANT, E [bjɛ̃fəzɑ̃, ɑ̃t] **adj.** (de *1. bien* et *1. faire*). Qui a un effet salutaire : *Thérapie bienfaisante.*

BIENFAIT n.m. **1.** Conséquence bénéfique de qqch : *Les bienfaits de la fleur d'oranger.* **2.** Vx ou litt. Acte de générosité : *Combler qqn de bienfaits.*

BIENFAITEUR, TRICE n. **1.** Personne qui apporte son soutien, son aide ; donateur : *Une généreuse bienfaitrice.* **2.** Personne dont l'action bénéficie à un grand nombre de personnes : *Les bienfaiteurs de l'humanité.* ■ **Membre bienfaiteur,** qui apporte son soutien financier à une association.

BIEN-FONDÉ (pl. *bien-fondés*), ▲ *BIENFONDÉ* **n.m.** Conformité au droit : *Le bien-fondé d'une réclamation.*

BIEN-FONDS (pl. *biens-fonds*), ▲ *BIENFONDS* **n.m.** DR. CIV. Bien immeuble constitué par des terres ou des bâtiments.

1. BIENHEUREUX, EUSE adj. Litt. **1.** Qui est très heureux. **2.** Qui rend heureux : *Une bienheureuse coïncidence.*

2. BIENHEUREUX, EUSE n. CATH. Personne dont l'Église a reconnu les mérites et les vertus par la béatification et qu'elle a admise à un culte plus restreint que celui réservé aux saints canonisés.

BIEN-JUGÉ (pl. *bien-jugés*), ▲ *BIENJUGÉ* **n.m.** Décision judiciaire rendue conformément au droit.

BIENNAL, E, AUX adj. (lat. *biennalis*, de *annus*, an). **1.** Bisannuel. **2.** Qui dure deux ans : *Mandat biennal.* ◆ **n.f.** Exposition, festival organisés tous les deux ans : *La Biennale de Venise.*

BIEN-PENSANCE (pl. *bien-pensances*), ▲ *BIENPENSANCE* **n.f.** **1.** Opinion, comportement des bien-pensants : *Le poids de la bien-pensance.* **2.** Ensemble des bien-pensants : *La bien-pensance a vivement réagi.*

BIEN-PENSANT, E (pl. *bien-pensants, es*), ▲ *BIENPENSANT, E* **adj.** et **n.** Péjor. Dont les convictions sont jugées traditionnelles et conformistes : *La foule bien-pensante.*

BIENSÉANCE n.f. **1.** Ce qu'il convient de dire ou de faire en société : *Les règles de la bienséance.* **2.** Terme de la critique classique désignant l'ensemble des règles que l'écrivain doit respecter dans son œuvre de façon à ne pas choquer le goût de son public.

BIENSÉANT, E adj. (de *1. bien* et *seoir*). Litt. Conforme à la bienséance.

BIENTÔT adv. (de *1. bien* et *tôt*). Dans un avenir proche ; dans peu de temps. ▪ **À bientôt !,** s'emploie pour prendre congé.

BIENTRAITANCE n.f. Fait de bien traiter un enfant, une personne âgée ou dépendante, un malade, etc. ; l'ensemble des bons traitements eux-mêmes. ▪ **Bientraitance animale,** ensemble des dispositions destinées à procurer à des animaux qui vivent au contact de l'homme (élevage, compagnie, laboratoire, parcs zoologiques) des conditions d'existence permettant de satisfaire leurs besoins physiologiques et comportementaux, et assurant ainsi leur bien-être.

BIENVEILLAMMENT adv. Litt. Avec bienveillance.

BIENVEILLANCE n.f. Disposition favorable envers autrui : *Faire preuve de bienveillance.*

BIENVEILLANT, E adj. (de *1. bien* et de *veuillant*, anc. p. présent de *vouloir*). Qui manifeste de la bienveillance : *Une bienveillante intervention.*

BIENVENIR v.i. Litt. ▪ **Se faire bienvenir de qqn,** être bien accueilli par lui. (Usité seulem. à l'inf.)

BIENVENU, E adj. Qui arrive à point nommé : *Une augmentation est toujours bienvenue.* ◆ **n.** Personne que l'on accueille avec plaisir : *Soyez les bienvenus.*

BIENVENUE n.f. Formule de courtoisie pour accueillir qqn : *Bienvenue aux nouveaux membres de notre association.* ▪ **De bienvenue,** qui est fait pour bien accueillir qqn : *Cadeau, discours de bienvenue.*

1. BIÈRE n.f. (néerl. *bier*). Boisson fermentée légèrement alcoolisée, préparée à partir de céréales germées, principalement de l'orge, et parfumée avec du houblon. ▪ **Ce n'est pas de la petite bière** [fam.], c'est une chose, une personne importante.

2. BIÈRE n.f. (francique **bera*). Cercueil : *Mise en bière.*

BIERGOL [biɛrgɔl] **n.m.** Diergol.

BIERMER [birmɛr] **(MALADIE DE) n.f.** Maladie due à une carence en vitamine B12, comprenant une anémie et des troubles digestifs et neurologiques.

BIÉROLOGIE n.f. Science de la dégustation de la bière ; science des techniques brassicoles et de leur histoire (SYN. **zythologie**).

BIÈVRE n.m. (bas lat. *beber*, mot d'orig. gaul.). **ZOOL. 1.** Harle du Grand Nord. ➲ Famille des anatidés. **2.** Vx. Castor.

BIFACE n.m. PRÉHIST. Outil de pierre taillé sur ses deux faces.

BIFFAGE ou **BIFFEMENT n.m.** Action de biffer ; son résultat.

BIFFE n.f. Arg. mil. ▪ **La biffe,** l'infanterie.

BIFFER v.t. [3] (de l'anc. fr. *biffe*, étoffe rayée). Rayer ce qui est écrit : *Biffer des noms dans une liste.*

BIFFIN n.m. 1. Arg. mil. Fantassin. **2.** Arg. Chiffonnier.

BIFFURE n.f. Trait par lequel on biffe un mot ; rature.

BIFIDE adj. (lat. *bifidus*). Fendu en deux parties : *Langue bifide des serpents.*

BIFIDUS [-dys] **n.m.** Bactérie utilisée comme ferment dans certains produits laitiers.

BIFILAIRE adj. Se dit d'un enroulement constitué par deux fils isolés et juxtaposés, que le courant parcourt en sens opposés.

BIFLÈCHE adj. ▪ **Affût biflèche d'un canon,** formé de deux flèches s'ouvrant en V.

BIFOCAL, E, AUX adj. OPT. Qui a deux distances focales. ▪ **Verres bifocaux d'une paire de lunettes,** taillés en deux parties de distances focales différentes, l'une pour la vision à distance, l'autre pour la vision rapprochée.

BIFRONS [bifrɔ̃s] **adj.** et **n.m. ANTIQ. ROM.** Se dit d'une statue ou d'un buste à deux visages opposés.

BIFTECK [biftɛk] **n.m.** (de l'angl. *beef*, bœuf, et *steak*, tranche). Tranche de bœuf à griller (SYN. **steak**). ▪ **Défendre son bifteck** [fam.], ses intérêts.

BIFURCATION n.f. 1. Division en deux branches, en deux voies : *Bifurcation de l'artère pulmonaire.* **2.** Point où une voie de communication se divise en deux ; fourche. **3.** Fig. Changement d'orientation : *Une bifurcation vers des études scientifiques.*

BIFURQUER v.i. [3] (du lat. *bifurcus*, fourchu). Se diviser en deux branches. ◆ **v.t. ind. (SUR, VERS). 1.** Prendre une autre direction : *Le convoi a bifurqué vers le sud.* **2.** Fig. Prendre une autre orientation : *Bifurquer vers l'humanitaire.*

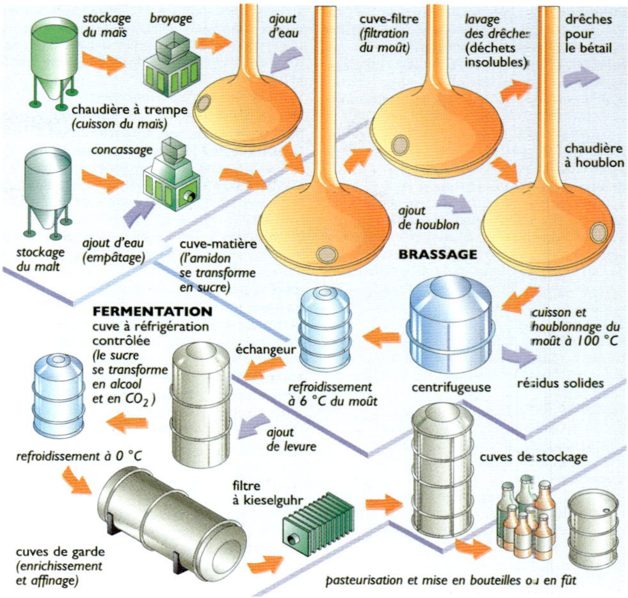

▲ **bière.** Élaboration de la bière.

BIGAME adj. et **n.** (du gr. *gamos*, mariage). **DR. CIV.** Marié à deux personnes en même temps.

BIGAMIE n.f. État d'une personne bigame.

BIGARADE n.f. (du provenç. *bigarrado*, bigarré). Orange amère utilisée en confiserie, en confiturerie et dans la fabrication du curaçao.

BIGARADIER n.m. Agrume qui produit la bigarade et dont les fleurs fournissent une essence parfumée, l'essence de néroli, et l'eau de fleur d'oranger.

BIGARRÉ, E adj. (de *bigarrer*). **1.** Aux couleurs variées : *Ailes bigarrées d'un papillon.* **2.** Litt. Composé d'éléments variés : *Une foule bigarrée assistait à la cérémonie d'investiture.*

BIGARREAU n.m. (de *bigarrer*). Cerise rouge, rose ou blanche, à chair très ferme et sucrée.

BIGARRER v.t. [3]. Litt. Marquer de bigarrures.

BIGARRURE n.f. 1. Assemblage de couleurs et de dessins très variés : *Les bigarrures d'un tissu ethnique.* **2.** Litt. Réunion d'éléments variés.

BIG BAND [bigbɑ̃d] **n.m.** (pl. *big bands*). Grand orchestre de jazz (par oppos. à *combo*).

BIG BANG ou **BIG-BANG n.m. sing.,** ▲ *BIGBANG n.m.* [bigbɑ̃g] (mot anglo-amér. « gros bang »). **1.** Événement assimilable à une gigantesque explosion, qui serait à l'origine de l'expansion de l'Univers ; théorie cosmologique décrivant l'évolution de l'Univers consécutive à cet événement. **2.** Fig. Bouleversement provoquant un changement radical dans un secteur : *Le big bang de l'énergie solaire.*

BIG DATA [bigdata] **n.m. inv.** (mot angl. « données volumineuses »). Domaine technologique dédié à l'analyse de très grands volumes de données informatiques (petaoctets), issus d'une grande variété de sources, tels les moteurs de recherche et les réseaux sociaux ; ces grands volumes de données. Recomm. off. **mégadonnées.**

BIGLE adj. et **n.** Fam., vieilli. Bigleux.

BIGLER v.i. [3] (du lat. pop. **bisoculare*, loucher). Fam. Loucher. ◆ **v.t.** Fam. Regarder avec convoitise : *Il bigle mon baladeur !*

BIGLEUX, EUSE adj. et **n.** Fam. Qui a la vue basse ; qui louche.

BIGNONE [biɲɔn] **n.f.** (du n. de J.-P. *Bignon*). Arbrisseau lianescent, originaire d'Amérique ou d'Asie, cultivé pour ses longues fleurs orangées en doigt de gant. ➲ Famille des bignoniacées.

BIGNONIACÉE [biɲɔ-] **n.f.** Arbre, arbuste ou liane d'Amérique tropicale, aux fleurs très décoratives, tels que la bignone, le catalpa, le jacaranda. ➲ Les bignoniacées forment une famille.

BIGOPHONE n.m. 1. Fam. Téléphone. **2.** Sorte de mirliton.

BIGOPHONER v.i. [3]. Fam. Téléphoner.

BIGOREXIE n.f. (de l'angl. *big*, grand, gros, et du gr. *orexis*, désir). Addiction caractérisée par un besoin irrépressible de pratiquer intensivement une activité sportive (pour développer sa masse musculaire, notamm.), malgré le risque de blessure ou d'épuisement et, parfois même, aux dépens de sa vie professionnelle et familiale.

BIGORNE n.f. (mot provenç., du lat. *bicornis*, à deux cornes). **1.** Petite enclume d'orfèvre. **2.** Arg. Vieilli. Rixe.

BIGORNEAU n.m. (de *bigorne*). Mollusque gastéropode comestible, appelé aussi *vigneau* ou *escargot de mer.* ➲ Genre *Littorina.*

BIGORNER v.t. [3]. Fam. **1.** Endommager qqch. **2.** Donner des coups à qqn. ◆ **SE BIGORNER v.pr.** Fam. Se battre.

BIGOT, E adj. et **n.** Qui fait preuve de bigoterie.

BIGOTERIE n.f. ou **BIGOTISME n.m.** Péjor. Dévotion étroite et excessive.

BIGOUDEN [bigudɛ̃] (au fém. [bigudɛn]), ▲ *BIGOUDEN, ÈNE* **adj.** et **n.** (mot breton). De la région de Pont-l'Abbé (Finistère). ◆ **n.m.** Coiffe traditionnelle des femmes du pays bigouden.

BIGOUDI n.m. Petit rouleau sur lequel on enroule des mèches de cheveux pour les boucler.

BIGOURDAN, E adj. et **n.** De la Bigorre.

BIGRE interj. (de *bougre*). Vieilli. Exprime l'étonnement, la surprise : *Bigre ! C'est une grosse somme !*

BIGREMENT adv. Fam. Beaucoup ; très.

BIGUE n.f. (du provenç. *biga*, poutre). **MANUT.** Appareil de levage formé d'un montant ou d'un bâti articulé en pied, d'inclinaison variable, portant un palan à son extrémité supérieure.

BIGUINE [bigin] **n.f. 1.** Danse récréative des Antilles exécutée en couple, opposant le balancement des hanches à l'immobilité des épaules, et introduite en France métropolitaine dans les années 1920. **2.** Musique originaire des Antilles françaises, fréquemment improvisée, accompagnant cette danse.

BIHEBDOMADAIRE adj. Qui a lieu, qui paraît deux fois par semaine.

BIHOREAU n.m. Oiseau échassier d'Europe centrale et méridionale, proche du héron, à plumage vert foncé sur le dos. ➲ Famille des ardéidés.

BIJECTIF, IVE adj. MATH. ▪ **Application bijective,** application à la fois injective et surjective, qui établit entre les éléments de deux ensembles une correspondance telle que tout élément de l'un a un correspondant et un seul dans l'autre (SYN. **bijection, correspondance biunivoque**).

BIJECTION n.f. Application bijective*.

BIJOU n.m. (pl. *bijoux*) [du breton *bizou*, anneau]. **1.** Objet de parure, d'une matière précieuse et finement travaillé. **2.** Objet, monument remarquable, d'une facture, d'une finition particulièrement soignée : *Cette chapelle est un bijou de l'art roman.* ▪ **Bijoux de famille** [fam.], biens immobiliers de l'État : *Selon les défenseurs du patrimoine national, l'État braderait ses bijoux de famille.*

BIJOUTERIE n.f. 1. Industrie et commerce des bijoux. **2.** Magasin, rayon où l'on vend des bijoux. **3.** Ensemble des articles fabriqués et vendus par le bijoutier.

BIJOUTIER, ÈRE n. Personne qui fabrique ou vend des bijoux. ▪ **Bijoutier-joaillier,** joaillier.

BIKINI n.m. (nom déposé). Maillot de bain formé d'un slip et d'un soutien-gorge de dimensions très réduites.

BILABIAL, E, AUX adj. PHON. ▪ **Consonne bilabiale,** ou **bilabiale, n.f.,** consonne labiale réalisée avec la participation des deux lèvres (ex. : [p], [b], [m]).

BILAME n.m. OUTILL. Bande métallique double, formée de deux lames minces et étroites de métaux inégalement dilatables, soudées par laminage, et qui s'incurve sous l'effet d'une variation de température. ➲ Les bilames sont utilisés dans les thermostats, les disjoncteurs.

BILAN n.m. (de l'ital. *bilancio*, balance). **1.** Compte de synthèse présentant une image du patrimoine de l'entreprise à une date donnée. **2.** Inventaire des conséquences d'un événement : *Le bilan humain et matériel de la catastrophe est très lourd.* ▪ **Bilan de compétences,** évaluation par un conseiller professionnel des savoirs, acquis, aptitudes et motivations d'une personne, dans le but de définir un projet professionnel ou un projet de formation. ▪ **Bilan de santé,** examen de santé. ▪ **Bilan hydrique,** état comparatif en un lieu des précipitations et de l'eau qui reste effectivement dans le sol durant une période donnée. ▪ **Bilan hydrologique,** état comparatif des précipitations et de leur devenir (évaporation, écoulement, infiltration) dans un bassin fluvial durant une année ou une saison. ▪ **Bilan psychologique,** profil psychologique. ▪ **Bilan social,** document annuel et obligatoire qui récapitule en chiffres la politique sociale et salariale d'une entreprise, relative aux trois dernières années.

BILANGUE adj. Se dit d'une section ou d'une classe permettant à un élève d'apprendre deux langues vivantes dès la sixième ; se dit de cet élève. (Ne pas confondre avec une classe *bilingue*, où les élèves étudient d'autres disciplines [histoire, par ex.] dans une langue étrangère ou régionale.)

BILATÉRAL, E, AUX adj. (du lat. *latus, lateris*, côté). **1.** Qui se rapporte aux deux côtés, aux deux faces d'une chose, d'un organisme : *Stationnement bilatéral.* **2. DR.** Qui engage les deux parties contractantes : *Convention bilatérale.*

BILATÉRALEMENT adv. De façon bilatérale.

BILATÉRALISME n.m. ÉCON. Organisation des échanges internationaux fondée sur des accords directs entre deux États.

BILATÉRALITÉ n.f. Caractère de ce qui est bilatéral.

BILBOQUET n.m. (de l'anc. fr. *biller*, jouer au bâtonnet, et *bouquet*, petite boule). **1.** Jouet composé d'un petit bâton pointu relié par une cordelette à une boule percée d'un trou. ➲ Le jeu consiste à enfiler la boule sur l'extrémité pointue du bâton, après l'avoir jetée en l'air. **2. IMPRIM.** Travail d'impression peu important (affiche, faire-part, etc.), par oppos. aux travaux dits *de labeur* (SYN. **travaux de ville**).

BILE n.f. (lat. *bilis*). Liquide jaune verdâtre sécrété par le foie, accumulé dans la vésicule biliaire et déversé dans le duodénum pour permettre la digestion des lipides. ▪ **Décharger** ou **déverser sa bile** [fam.], se soulager en laissant libre cours à sa colère. ▪ **Échauffer la bile à qqn** [litt., vieilli], le mettre en colère. ▪ **Se faire de la bile** [fam.], s'inquiéter.

SE BILER v.pr. [3]. Fam. S'inquiéter.

BILEUX, EUSE adj. Fam. Qui s'inquiète facilement.

BILHARZIE [bilarzi] **n.f.** Ver parasite du système circulatoire de l'homme, responsable de la bilharziose. ➲ Long. 2 cm env. ; classe des trématodes.

BILHARZIOSE n.f. Infection parasitaire due aux bilharzies, atteignant l'intestin, le rectum, le foie ou l'appareil urinaire (SYN. **schistosomiase**).

BILIAIRE adj. Relatif à la bile. ▪ **Vésicule biliaire,** réservoir situé sous le foie, où la bile s'accumule entre les repas.

BILIÉ, E adj. Qui contient de la bile. ➲ Le BCG est un vaccin bilié.

BILIEUX, EUSE adj. Se dit d'un teint pâle et cireux. ◆ **adj.** et **n.** Enclin à la colère, à la mauvaise humeur : *Un chroniqueur bilieux.*

BILINÉAIRE adj. ANTHROP. ▪ **Filiation bilinéaire,** dans laquelle les droits et les devoirs sont déterminés à la fois par l'ascendance agnatique (patrilinéaire) et par l'ascendance utérine (matrilinéaire).

BILINGUE adj. (lat. *bilinguis*). **1.** Qui est en deux langues : *Site bilingue.* **2.** Où l'on parle deux langues : *Région bilingue.* ◆ **adj.** et **n.** Qui parle, connaît deux langues.

BILINGUISME [bilɛ̃gɥism] **n.m.** Pratique usuelle de deux langues par un individu ou une collectivité.

BILIRUBINE n.f. Pigment de la bile, dont l'accumulation dans l'organisme produit la jaunisse.

BILL [bil] **n.m.** (mot angl.). **1.** Projet de loi soumis au Parlement, en Grande-Bretagne. **2.** Par ext. La loi votée.

BILLAGE n.m. MÉTALL. Grenaillage.

BILLARD n.m. (de *1. bille*). **1.** Jeu d'adresse consistant à pousser des boules (ou *billes*) avec un bâton droit, appelé *queue*, sur une table spéciale. **2.** Table rectangulaire, à rebords (ou *bandes*) élastiques, recouverte d'un tapis vert, servant au jeu de billard. **3.** Lieu, salle où l'on joue au billard. **4.** Fam. Table d'opération chirurgicale : *Passer sur le billard.* ▪ **Billard américain ,** jeu pratiqué avec 15 boules de couleurs différentes et une boule blanche (« boule de choc »), utilisée pour envoyer les autres boules dans les 6 trous du billard. ➲ Il est aussi appelé *pool.* ▪ **Billard britannique,** jeu pratiqué avec 22 boules sur un billard à 6 trous. ➲ Il est aussi appelé *snooker.* ▪ **Billard électrique,** jeu pratiqué sur un plateau incliné parsemé de plots qu'il faut toucher avec des billes de métal et surmonté d'un tableau de comptage lumineux (SYN. **1. flipper**). ▪ **Billard français,** jeu pratiqué avec 3 boules (deux blanches, une rouge) sur un billard sans trou. ▪ **C'est du billard** [fam.], c'est très facile.

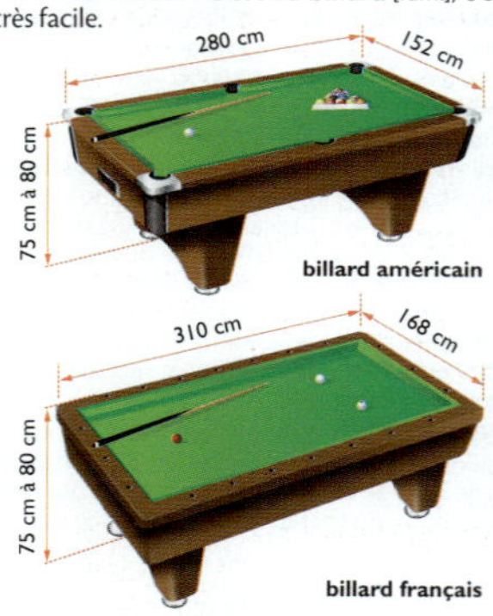

▲ **billards.** Dimensions des tables de billard.

BILLBERGIA [bilbɛrʒja] **n.m.** Plante ornementale d'intérieur, originaire d'Amérique du Sud, aux feuilles en gouttières et aux fleurs verdâtres bordées de bractées aux couleurs vives. ➲ Famille des broméliacées.

1. BILLE n.f. (p.-ê. du francique **bikkil*, dé). **1.** Petite boule en verre, en porcelaine, parfois en métal, utilisée dans des jeux d'enfants : *Jouer aux billes.* **2.** Boule d'ivoire avec laquelle on joue au billard. **3. OUTILL.** Sphère d'acier très dur utilisée dans les organes de liaison (butées, paliers, glissières, roulements, etc.). **4.** Fam. Visage : *Il a vraiment une bonne bille.* **5.** Indicateur d'inclinaison latérale d'un avion. ▪ **Bille en tête** [fam.], sans hésitation ni ménagement : *Elle m'a déclaré bille en tête que c'était une mauvaise idée.* ▪ **Reprendre** ou **retirer ses billes** [fam.], se retirer d'une affaire, d'une entreprise. ▪ **Stylo, crayon (à) bille,** dans lequel une petite sphère métallique dépose en roulant sur le papier l'encre grasse contenue dans un réservoir.

2. BILLE n.f. (du lat. pop. **bilia*, tronc d'arbre). **SYLVIC.** Tronçon découpé dans une grume.

BILLER v.t. [3]. MÉTALL. 1. Grenailler. **2.** Mesurer la dureté d'une pièce métallique par l'enfoncement d'une bille.

BILLET n.m. (anc. fr. *billette*). **1.** Imprimé ou écrit constatant un droit ou une convention : *Billet de cinéma, de loto.* **2.** Petit article de journal, souvent polémique ou satirique. **3.** Courte lettre que l'on adresse à qqn. ▪ **Billet à ordre,** billet où le souscripteur s'engage à payer une somme d'argent déterminée à une date donnée, au bénéficiaire ou à son ordre. ▪ **Billet (de banque),** monnaie en papier. ▪ **Billet de logement** [mil., anc.], document autorisant un militaire à loger chez un particulier. ▪ **Billet doux,** lettre d'amour. ▪ **Billets de trésorerie,** titres émis par des entreprises non bancaires et qui, placés sur le marché des capitaux à court terme, leur permettent de faire face à leurs obligations de trésorerie. ▪ **Je vous fiche mon billet que** [fam.], je vous certifie que.

BILLETAGE n.m. (de *billet*). Afrique. Mode de paiement par lequel les travailleurs perçoivent directement et en espèces leur salaire à la caisse de leur lieu de travail : *Les ouvriers de la commune sont payés par billetage.*

BILLETÉ, E adj. HÉRALD. Semé de billettes.

BILLETTE n.f. (de *2. bille*). **1.** Petit lingot d'acier laminé. **2. ARCHIT.** Tronçon de tore constituant, par sa répétition, un motif décoratif de l'art roman. **3. HÉRALD.** Petit meuble d'armoiries en forme de rectangle, posé verticalement et génér. employé en nombre.

BILLETTERIE n.f. 1. Ensemble des opérations ayant trait à l'émission et à la délivrance de billets, dans le domaine des transports, des spectacles, etc. ; lieu où les billets sont délivrés. **2.** Distributeur automatique de billets de banque ou de titres de transport (→ **guichet automatique**).

BILLETTISTE n. 1. Personne qui, dans une agence, délivre les billets de voyage ou de spectacle. **2.** Vieilli. Auteur d'un billet de presse.

BILLEVESÉE [bilvəze] **n.f.** Litt. (Souvent pl.). Propos vide de sens ; baliverne : *Débiter des billevesées.*

BILLION [biljɔ̃] **n.m.** (de *million*). Un million de millions (10^{12}).

1. BILLON [bijɔ̃] **n.m.** (de *2. bille*). **AGRIC.** Exhaussement de terre obtenu par certaines formes de labour qui adossent les bandes de terre retournées.

2. BILLON [bijɔ̃] **n.m.** (de *bille*, au sens anc. de « lingot »). **NUMISM.** Toute pièce de monnaie faite d'un alliage pauvre en métal précieux.

BILLONNAGE n.m. Labourage en billons.

BILLOT n.m. 1. Tronc de bois gros et court sur lequel on coupe la viande, le bois, etc., ou sur lequel travaillent certains artisans. **2.** Pièce de bois sur laquelle on décapitait les condamnés. ▪ **Avoir la tête sur le billot,** être dans une situation périlleuse : *Le directeur a la tête sur le billot.* ▪ **La tête sur le billot,** même si ma, sa, etc., vie en dépendait : *La tête sur le billot, il nierait encore.*

BILOBÉ, E adj. Partagé en deux lobes.

BILOUTE n.m. et **adj.** Région. (Nord). Terme d'affection (pour désigner un petit garçon ou un homme, partic.) : *Ça va, (mon) biloute ?*

BIMANE adj. et **n. ZOOL.** Qui a deux mains à pouces opposables.

BIMBELOTERIE n.f. 1. Fabrication ou commerce de bibelots. **2.** Ensemble de bibelots.

BIMBELOTIER, ÈRE n. Vx. Personne qui fabrique ou vend des bibelots.

BIMBO [bimbo] **n.f.** (arg. anglo-amér., p.-ê. de l'ital. *bimbo*, bébé). Péjor. Jeune femme à la mode, pulpeuse et sexy, souvent superficielle.

BIMÉDIA **n.m.** et **adj.** Quotidien ou périodique ayant une version papier et une version électronique (site Internet).

BIMENSUEL, ELLE **adj.** (du lat. *mensis*, mois). Qui se produit, paraît deux fois par mois. ◆ **n.m.** Périodique bimensuel.

BIMESTRE **n.m.** Durée de deux mois.

BIMESTRIEL, ELLE **adj.** Qui se produit, paraît tous les deux mois. ◆ **n.m.** Périodique bimestriel.

BIMÉTAL **n.m.** (nom déposé). Ensemble métallique monobloc formé par adhésion de deux métaux ou alliages différents.

BIMÉTALLIQUE **adj.** Composé de deux métaux.

BIMÉTALLISME **n.m.** Système monétaire établi sur un double étalon (or et argent) [par oppos. à *monométallisme*].

BIMILLÉNAIRE **adj.** Qui a deux mille ans. ◆ **n.m.** Commémoration d'un événement qui a eu lieu deux mille ans auparavant.

BI-MODE (pl. *bi-modes*) ou **BIMODE** **adj.** Qui utilise deux modes de fonctionnement. ▪ **Téléphone bi-mode,** téléphone mobile utilisant le WiFi et le GSM.

BIMOTEUR **adj.m.** et **n.m.** Se dit d'un avion qui a deux moteurs.

BINAGE **n.m.** Action de biner la terre.

1. BINAIRE **adj.** (lat. *binarius*, de *bini*, deux par deux). **1.** Qui met en jeu deux éléments : *Le rythme binaire d'un poème.* **2.** Qui procède de façon simpliste ou manichéenne : *Une argumentation binaire.* **3.** MATH. Se dit d'une relation reliant deux éléments d'un ensemble. ▪ **Composé binaire** [chim.], formé de deux éléments. ▪ **Couleur binaire** [opt.], complémentaire. ▪ **Coupe binaire** [mus.], division d'un morceau de musique en deux parties. ▪ **Mesure binaire** [mus.], dont chaque temps est divisible par deux. ▪ **Numération binaire** [math.], qui a pour base le nombre deux, et n'a que deux chiffres, 0 et 1.

2. BINAIRE **n.f.** ASTRON. Étoile double physique.

BINATIONAL, E, AUX **adj.** et **n.** Qui a une double nationalité. ◆ **adj.** Qui relève de deux États.

BINDI [bindi] **n.m.** (du sanskr. *bindu*, point). Marque, génér. circulaire et de couleur rouge, symbole de prospérité domestique, apposée sur le front, siège de la sagesse dans la tradition hindouiste. ➲ Au nord de l'Inde, il est réservé aux femmes mariées ; ailleurs, chacune peut le porter tel un maquillage.

BINER **v.t.** [3] (provenç. *binar*, du lat. *bini*, deux par deux). AGRIC. **1.** Vx. Faire un deuxième labour avant les semailles d'automne. **2.** Ameublir le sol avec un instrument aratoire entre les rangs d'une culture.

BINET-SIMON (TEST ou **ÉCHELLE DE)** **n.m.** ou **n.f.** Test psychologique portant sur le niveau de l'intelligence, de l'attention, de la mémoire, etc.

1. BINETTE **n.f.** (de *biner*). Outil de jardinier servant au binage ou au sarclage.

2. BINETTE **n.f.** (de *trombine*). **1.** Fam. Visage. **2.** Québec. Recomm. off. pour **smiley.**

BINEUSE **n.f.** Machine agricole pour le binage.

BINGO [bingo] **n.m.** (mot anglo-amér.). Jeu de hasard proche du loto. ◆ **interj.** Exprime la satisfaction d'avoir gagné : *Bingo ! J'ai décroché un contrat !*

BINIOU **n.m.** (mot breton). Cornemuse bretonne.

BINOCLARD, E **adj.** et **n.** Fam., péjor. Qui porte des lunettes.

BINOCLE **n.m.** (du lat. *oculus*, œil). Anc. Paire de lunettes sans branches se fixant sur le nez. ◆ **n.m. pl.** Fam. Lunettes.

BINOCULAIRE **adj.** **1.** Relatif aux deux yeux : *Vision binoculaire.* **2.** Se dit d'un système optique à deux oculaires : *Loupe, télescope binoculaires.*

BINÔME **n.m.** (du lat. médiév. *binomium*, quantité algébrique à deux termes). **1.** MATH. Polynôme composé de deux termes, ceux-ci étant des monômes de degrés ou de variables différents. **2.** Fam. Ensemble de deux éléments ou personnes : *Un binôme d'accompagnants.* **3.** Arg. scol. Condisciple avec qui l'on fait une recherche, un exposé.

BINOMIAL, E, AUX **adj.** MATH. Relatif au binôme. ▪ **Coefficient binomial,** entier naturel $C_n^k \left(0 \leqslant k \leqslant n\right)$, aussi noté $\binom{n}{k}$, coefficient de $x^{n-k}y^k$ dans le développement de $(x+y)^n$. ▪ **Loi binomiale,** loi de probabilité d'une variable aléatoire discrète X pouvant prendre toute valeur entière de 0 à n, la probabilité que X soit égal à k étant $C_n^k p^k q^{n-k}$, avec $0 < p < 1$, $q = 1 - p$,

$$C_n^k = \frac{n!}{k!(n-k)!}$$ (n et p paramètres de la loi).

BINOMINAL, E, AUX **adj.** BIOL. Qui utilise une suite de deux mots (un nom suivi d'un adjectif ou d'un autre nom) pour désigner une espèce, selon le système créé par Linné. ➲ *Homo sapiens* désigne l'homme, *Rattus rattus*, le rat noir, etc.

BIN'S [bins] ou **BINZ** [binz] **n.m.** (abrév. de *cabinets*). Fam. Grand désordre ; situation confuse.

BINTJE [bintʃ] ou [binʒ] **n.f.** Pomme de terre d'une variété à chair peu ferme.

1. BIO **adj. inv.,** ▲ *adj.* (de *biologique*). Fam. Cultivé sans engrais ni pesticides chimiques : *Des tomates bio.* ◆ **n.m.** Fam. ▪ **Le bio,** l'agriculture, l'alimentation bio.

2. BIO **n.f.** (abrév.). Fam. Biographie.

BIOACCUMULATION **n.f.** Accumulation d'une substance toxique (métaux lourds par ex.) dans une chaîne alimentaire.

BIOAGRESSEUR **n.m.** Être vivant s'attaquant aux plantes (puceron, mildiou, plante adventice, etc.).

BIOASTRONOMIE **n.f.** **1.** Exobiologie. **2.** Partie de l'astronomie qui contribue à la recherche et à l'étude de la vie extraterrestre.

BIOBIBLIOGRAPHIE **n.f.** Étude de la vie et des œuvres d'un écrivain.

BIOCARBURANT **n.m.** Carburant obtenu à partir de végétaux cultivés ou de leurs déchets, de lisiers, de boues d'épuration, etc., et qui peut être utilisé comme additif ou substitué aux carburants pétroliers. [On dit aussi *carburant vert*. Les biocarburants issus de la filière agricole sont appelés *agrocarburants*.]

BIOCATALYSEUR **n.m.** Substance exerçant à très faible dose une fonction physiologique dans les organismes (vitamines, hormones, enzymes et oligoéléments).

BIOCÉNOSE ou **BIOCŒNOSE** [biosenoz] **n.f.** (du gr. *bios*, vie, et *koinos*, commun). ÉCOL. Ensemble des êtres vivants (animaux, végétaux, micro-organismes) présents dans un même milieu ou *biotope* (SYN. **communauté**).

BIOCHIMIE **n.f.** Étude des substances et des réactions chimiques (notamm. métaboliques) des organismes vivants (SYN. **chimie biologique**).

BIOCHIMIQUE **adj.** Relatif à la biochimie ; relatif aux réactions chimiques de l'organisme.

BIOCHIMISTE **n.** Spécialiste de biochimie.

BIOCIDE **adj.** et **n.m.** Se dit d'un produit qui détruit les micro-organismes.

BIOCLIMATIQUE **adj.** **1.** Relatif à la bioclimatologie. **2.** Se dit d'une architecture, d'un habitat qui visent à tirer parti du rayonnement solaire pour le chauffage et la climatisation afin de réduire la consommation d'énergie.

BIOCLIMATOLOGIE **n.f.** Étude de l'influence du climat sur les êtres vivants et sur la santé.

BIOCŒNOSE **n.f.** → **BIOCÉNOSE.**

BIOCOMBUSTIBLE **n.m.** Tout combustible, solide, liquide ou gazeux, obtenu à partir de la biomasse, animale ou végétale.

BIOCOMPATIBILITÉ **n.f.** Compatibilité avec un organisme vivant.

BIOCOMPATIBLE **adj.** MÉD. Se dit d'une substance, d'un matériau tolérés par l'organisme et donc implantables.

BIOCONVERSION **n.f.** BIOL. Transformation d'une substance organique en une ou plusieurs autres par l'action des micro-organismes.

BIODÉCHET **n.m.** Élément solide et biodégradable des ordures ménagères.

BIODÉGRADABILITÉ **n.f.** Qualité d'une substance biodégradable.

BIODÉGRADABLE **adj.** Qui peut être décomposé sous l'action des champignons et des micro-organismes présents dans le milieu : *Couches-culottes, plastique biodégradables.*

BIODÉGRADATION **n.f.** Décomposition d'un produit biodégradable.

BIODESIGN [bjodizajn] **n.m.** Tendance du design s'inspirant de formes naturelles, végétales ou animales, génér. arrondies.

BIODIESEL, ▲ *BIODIÉSEL* **n.m.** Biocarburant produit à partir d'oléagineux qui, incorporé au gazole, peut être utilisé dans les moteurs Diesel.

BIODISPONIBILITÉ **n.f.** Critère évaluant le taux et la vitesse d'absorption du principe actif d'un médicament ou d'un nutriment en fonction de son mode d'administration ou d'ingestion.

BIODIVERSITÉ **n.f.** Diversité des espèces vivantes et de leurs caractères génétiques. (V. planche *classification du vivant**.)

➲ Connaître et préserver la **BIODIVERSITÉ**. La *biodiversité spécifique* correspond à la diversité des espèces. La *biodiversité écosystémique* concerne les milieux et les communautés qui les peuplent. La *biodiversité génétique* se traduit par la variabilité des gènes au sein d'une espèce (et de ses sous-espèces). La *biodiversité domestique* est l'ensemble des espèces (et de leurs variétés) domestiquées par l'homme. Si plus de 1,7 million d'espèces animales et végétales sont déjà connues, leur nombre réel est très difficile à évaluer (entre 5,5 et 30 millions). Partout, la biodiversité est en danger : le monde scientifique s'accorde pour affirmer que la sixième extinction de masse de l'histoire de la vie a débuté, due aux activités humaines. Les nombreux programmes de protection échouent à enrayer le phénomène.

BIODYNAMIE **n.f.** Méthode d'agriculture, princip. appliquée à la vigne, n'utilisant ni pesticides ni engrais chimiques et tenant compte du rythme des saisons et de la nature.

BIOÉCONOMIE **n.f.** Ensemble des activités économiques liées à l'utilisation et à la valorisation des ressources naturelles, conduites dans le cadre d'un développement durable.

BIOÉLECTRIQUE **adj.** Se dit des phénomènes électriques produits par les êtres vivants.

BIOÉLÉMENT **n.m.** Élément constitutif des tissus vivants.

BIOÉNERGÉTIQUE **adj.** Relatif à la bioénergie.

BIOÉNERGIE **n.f.** **1.** Énergie renouvelable obtenue par transformation chimique de la biomasse. (V. planche *énergies renouvelables*.) **2.** PSYCHOL. Thérapeutique inspirée des théories de W. Reich et visant à restaurer l'équilibre psychosomatique par la libération des flux énergétiques.

BIOÉTHANOL **n.m.** Éthanol obtenu à partir de matières végétales (céréales, betterave, canne à sucre, etc.), constituant un biocarburant qui peut être ajouté à l'essence.

BIOÉTHIQUE **n.f.** Étude des problèmes moraux soulevés par la recherche biologique, médicale ou génétique, et par certaines de ses applications.

BIOFEEDBACK **n.m.** MÉD. Méthode de rééducation utilisant l'action du système nerveux sur les réactions physiologiques.

BIOFILM **n.m.** Mince couche de micro-organismes adhérant à une surface (plaque dentaire, flore intestinale, etc.). ➲ C'est sans doute le mode de vie majoritaire des micro-organismes, qui se regroupent et interagissent.

BIOGAZ **n.m.** Gaz, princip. composé de méthane, produit par fermentation de matières biologiques et fournissant une énergie renouvelable.

BIOGENÈSE **n.f.** **1.** Première étape de l'évolution du vivant, des premières molécules douées de propriétés biologiques jusqu'à la cellule eucaryote. **2.** Apparition de la vie sur la Terre.

BIOGÉNÉTIQUE **adj.** et **n.f.** Qui concerne l'origine ou le développement de la vie.

BIOGÉOGRAPHIE **n.f.** Étude scientifique de la répartition des espèces vivantes végétales et animales.

BIOGÉOGRAPHIQUE **adj.** Relatif à la biogéographie.

BIOGRAPHE **n.** Auteur d'une biographie.

BIOGRAPHIE **n.f.** (du gr. *bios*, vie, et *graphein*, écrire). Histoire écrite de la vie de qqn. Abrév. (fam.) **bio.**

BIOGRAPHIER **v.t.** [5]. Écrire la biographie de qqn.

BIOGRAPHIQUE **adj.** Relatif à la biographie.

BIO-INDUSTRIE n.f. (pl. *bio-industries*). Exploitation industrielle des techniques de bioconversion à des fins alimentaires, pharmaceutiques, énergétiques, etc.

BIO-INFORMATIQUE n.f. (pl. *bio-informatiques*). Discipline qui, grâce à l'utilisation de méthodes informatiques perfectionnées, vise à rassembler, gérer et interpréter les données obtenues en biologie dans le domaine de la génomique, en vue d'une meilleure compréhension du fonctionnement des cellules.

BIOLOGIE n.f. (du gr. *bios*, vie, et *logos*, science). **1.** Science qui étudie la forme, le fonctionnement, la reproduction, la diversité des êtres vivants, actuels ou fossiles, ainsi que les relations qu'ils établissent entre eux et avec l'environnement. **2.** Spécial. Étude du cycle reproductif des espèces vivantes. ▪ **Biologie cellulaire,** cytologie. ▪ **Biologie médicale,** ensemble de disciplines médicales à caractère scientifique (par ex. l'embryologie humaine) ; spécialité médicale qui s'occupe de l'identification et de l'analyse des substances et des micro-organismes, en partic. dans le sang. ▪ **Biologie moléculaire,** étude des êtres vivants à partir des propriétés et des structures des macromolécules constitutives de leurs cellules.

➲ La **BIOLOGIE** au sens large se confond avec les « sciences naturelles ». La zoologie et la botanique en sont les deux branches maîtresses, qui se divisent elles-mêmes en de nombreuses disciplines, étudiant les êtres vivants d'après leur forme *(morphologie)*, leur organisation *(anatomie)*, leurs tissus *(histologie)*, leurs cellules *(cytologie)*, leur fonctionnement *(physiologie)*, leurs maladies *(pathologie)*, leur comportement *(éthologie)*, leurs relations avec l'environnement *(écologie)*, etc. D'autres disciplines de la biologie étudient aussi le développement des êtres vivants *(embryologie)*, les formes fossiles *(paléontologie)*, les caractéristiques de leur patrimoine héréditaire *(génétique)*, ou s'intéressent à des problèmes généraux tels que l'apparition de la vie, l'évolution des espèces, la classification des êtres vivants *(systématique, taxinomie)*. Certains êtres vivants font l'objet d'études particulières, tels les organismes microscopiques *(microbiologie)*. Plus récemment, biologie et biochimie ont convergé pour donner naissance à la *biologie moléculaire*.

BIOLOGIQUE adj. **1.** Relatif à la biologie. **2.** Qui est produit sans engrais ni pesticides de synthèse : *Agriculture biologique*. Abrév. (fam.) **bio.** ▪ **Arme biologique,** utilisant des organismes vivants ou des toxines.

BIOLOGISTE n. Spécialiste de biologie.

BIOLUMINESCENCE n.f. Émission de lumière par certaines espèces animales (insectes comme le ver luisant et la luciole, mollusques comme la pholade, divers céphalopodes et poissons) ou par des micro-organismes, utile à la capture des proies ou à la rencontre des deux sexes.

BIOLUMINESCENT, E adj. Relatif à la bioluminescence ; dont l'émission de lumière est d'origine biologique.

BIOMAGNÉTISME n.m. Sensibilité et réactivité des êtres vivants aux champs magnétiques.

BIOMARQUEUR n.m. **GÉNÉT., MÉD.** Marqueur.

BIOMASSE n.f. **1.** Masse des êtres vivants occupant, à un moment donné, un biotope* bien défini. ➲ La biomasse d'une forêt comprend aussi bien ses arbres, ses plantes et ses animaux que ses micro-organismes. La biomasse totale est la masse représentée par l'ensemble des êtres vivants de la Terre. **2.** Partie biodégradable des déchets et résidus agricoles, industriels et ménagers, utilisable comme énergie.

BIOMATÉRIAU n.m. **MÉD.** Substance, matière biocompatible telle que le silicone.

BIOME [bjom] n.m. **ÉCOL.** Chacun des grands milieux de la planète (océan, forêt, prairie, ensemble des eaux douces, etc.).

BIOMÉCANIQUE n.f. Application des lois de la mécanique à la biologie ou à la médecine.

BIOMÉDECINE n.f. Domaine de la médecine comprenant l'assistance médicale à la procréation, le diagnostic prénatal et les prélèvements d'organes, de cellules et de tissus.

BIOMÉDICAL, E, AUX adj. Qui concerne la biologie médicale.

BIOMÉTHANE n.m. Gaz obtenu par épuration du biogaz et dont les propriétés chimiques sont équivalentes à celles du gaz naturel.

BIOMÉTRIE n.f. **1.** Étude statistique des dimensions et de la croissance des êtres vivants. **2.** Mesure des dimensions du corps humain, d'un organe. **3.** Technique permettant de contrôler l'identité de qqn par la reconnaissance automatique de certaines de ses caractéristiques physiques préalablement enregistrées (empreintes digitales, visage, voix, etc.).

BIOMÉTRIQUE adj. Relatif à la biométrie.

BIOMIMÉTISME n.m. Démarche d'innovation durable qui consiste à transférer et à adapter à l'espèce humaine les solutions déjà élaborées par la nature (faune, flore, etc.). ➲ La fermeture contact (ou *scratch*) a été créée par biomimétisme sur le modèle du fruit de la bardane.

BIOMOLÉCULAIRE adj. Relatif à la biologie moléculaire et à ses applications : *Génie biomoléculaire*.

BIOMORPHIQUE adj. Se dit d'une œuvre d'art moderne qui évoque des formes organiques.

BIOMORPHISME n.m. Caractère biomorphique que peut prendre une œuvre plastique ou graphique (abstraite, surréaliste, etc.).

BIONIQUE n.f. (anglo-amér. *bionics*, de *biology* et *electronics*). Discipline cherchant à appliquer des processus biologiques à des systèmes mécaniques et électroniques, dans le domaine militaire, industriel ou médical (prothèses bioniques, par ex.). ◆ **adj.** Relatif à la bionique.

BIOPÉTROLE n.m. Pétrole obtenu en cultivant des microalgues et en reproduisant de façon accélérée le processus naturel de formation du pétrole fossile. ➲ Le biopétrole est une source d'énergie renouvelable. (→ **pétrole**).

BIOPHYSICIEN, ENNE n. Spécialiste de biophysique.

BIOPHYSIQUE n.f. Étude des phénomènes biologiques, en partic. des processus de transformation d'énergie, par les méthodes de la physique.

BIOPIC n.m. (de l'angl. *biographical picture*, film biographique). Film dont le scénario s'inspire de la vie d'un personnage célèbre.

BIOPIRATERIE n.f. ou **BIOPIRATAGE** n.m. Appropriation (dépôt de brevets) et exploitation par des sociétés commerciales, dans des conditions jugées illégales ou inéquitables, de ressources biologiques ou génétiques propres à certaines régions.

BIOPLASTIQUE n.m. Plastique biodégradable, issu de ressources renouvelables (amidon, par ex.) ou non ; plastique non biodégradable, bien qu'issu de ressources renouvelables.

BIOPSIE n.f. Prélèvement d'un fragment de tissu ou d'organe sur un être vivant pour l'examen au microscope.

BIOPUCE n.f. **BIOCHIM.** Support d'analyse miniaturisé constitué d'une petite plaque (verre, silicium ou un autre matériau inerte), sur laquelle ont été fixées des molécules biologiques (fragments d'ADN [*puces à ADN*], protéines [*puces à protéines*]), permettant d'en révéler la présence dans l'échantillon mis en contact avec la plaque. ➲ Ses applications concernent le diagnostic médical, la recherche pharmaceutique, le contrôle agroalimentaire, les sciences de l'environnement, etc.

BIORAFFINERIE n.f. Raffinerie transformant la biomasse afin de produire notamm. des biocarburants.

BIORÉACTEUR n.m. Appareil permettant de cultiver des micro-organismes pour un usage économique (dans l'industrie agroalimentaire ou pharmaceutique) ou environnemental (dépollution, dégradation des déchets).

BIORYTHME n.m. Rythme biologique.

BIOSCIENCES n.f. pl. Sciences de la vie.

BIOSÉCURITÉ n.f. Ensemble des mesures visant à prévenir et à contrer les dangers liés à l'utilisation d'agents biologiques pathogènes. ➲ Sont notamm. concernés les laboratoires de recherche biologique, les hôpitaux, l'agriculture et certaines industries (biotechnologies, agroalimentaire).

BIOSPHÈRE n.f. Ensemble des écosystèmes de la planète, comprenant tous les êtres vivants et leurs milieux. ➲ La biosphère correspond à la mince couche (20 km max.) de l'atmosphère, de l'hydrosphère et de la lithosphère où la vie est présente.

BIOSTASIE n.f. **GÉOMORPH.** Phase de stabilisation dans l'évolution des milieux, où la végétation couvre les versants et limite l'érosion (CONTR. **rhexistasie**).

BIOSYNTHÈSE n.f. **BIOL.** Synthèse.

BIOTECHNOLOGIE ou **BIOTECHNIQUE** n.f. (Génér. au pl.). Technique produisant par manipulations génétiques des molécules biologiques ou des organismes transgéniques, en vue d'applications industrielles (agroalimentaire, pharmacie, etc.).

BIOTECHNOLOGIQUE ou **BIOTECHNIQUE** adj. (Génér. au pl.). Relatif à la biotechnologie.

BIOTERRORISME n.m. Forme de terrorisme ayant recours à des agents biologiques pathogènes (ceux de la variole, de la maladie du charbon, de la peste, du botulisme, etc.), dispersés dans l'atmosphère ou acheminés par voie postale.

BIOTERRORISTE adj. et n. Qui commet un acte de bioterrorisme, y participe.

BIOTHÉRAPIE n.f. Méthode qui vise à soigner les maladies par des micro-organismes (par ex. des levures) ou des substances biologiques (par ex. la bile).

BIOTINE n.f. **BIOCHIM.** Vitamine hydrosoluble dont la carence se traduit par des troubles cutanés, des nausées et parfois des convulsions (SYN. **vitamine B8, vitamine H**).

BIOTIQUE adj. Se dit d'un facteur écologique lié aux êtres vivants (par oppos. à *abiotique*).

BIOTITE n.f. (de J.-B. *Biot*, n.pr.). **MINÉRALOG.** Mica noir, parfois abondant dans certaines roches magmatiques et métamorphiques.

BIOTOPE n.m. **ÉCOL.** Aire géographique de dimensions variables, souvent très petites, offrant des conditions constantes ou cycliques aux espèces constituant la biocénose.

BIOTYPE n.m. Élément de la biotypologie ; type physique d'être humain.

BIOTYPOLOGIE n.f. Discipline tentant d'établir des classifications des êtres humains en types physiques.

BIOVIGILANCE n.f. **1.** Surveillance sanitaire du prélèvement, de la conservation et de l'utilisation médicale de produits biologiques collectés sur l'homme ou sur l'animal (cellules, tissus, organes). **2.** Surveillance des applications industrielles et agricoles des biotechnologies, notamm. en ce qui concerne les risques d'impact sur l'environnement des cultures d'OGM.

BIOXYDE [bjɔksid] n.m. Vieilli. Dioxyde.

BIP n.m. (onomat.). **1.** Signal sonore bref, parfois répété, émis par certains appareils (répondeur téléphonique, récepteur de radiomessagerie, etc.) (SYN. **bip-bip**). **2.** Appareil de radiomessagerie émettant ce signal (SYN. **bipeur**).

BIPALE adj. Qui a deux pales.

BIPARE adj. **BOT.** ▪ **Cyme bipare,** dans laquelle deux rameaux floraux prennent naissance sur celui qui les précède (par oppos. à *cyme unipare*).

BIPARTI, E ou **BIPARTITE** adj. **1. BOT.** Divisé en deux éléments : *Feuille bipartie*. **2.** Constitué par l'association de deux partis politiques : *Gouvernement bipartite*.

BIPARTISME n.m. Organisation de la vie politique d'un État en fonction de deux partis qui alternent au pouvoir.

BIPARTITE n.f. Belgique. Coalition gouvernementale formée de deux partis.

BIPARTITION n.f. Division en deux parties.

BIPASSE n.m. ou **BY-PASS,** ▲ *BYPASS* [bajpas] n.m. inv. (angl. *by-pass*). **HYDROL.** Circuit de dérivation réalisé sur le trajet d'un fluide et servant à éviter ou à isoler un appareil.

BIP-BIP (pl. *bips-bips*), ▲ *BIPBIP* n.m. Bip.

BIPÈDE n. et adj. (lat. *bipes, -pedis*). **1.** Animal qui marche sur deux pieds. **2.** Fam., par plais. Personne quelconque ; individu. ◆ **n.m.** Ensemble de deux membres, chez un cheval.

BIPÉDIE n.f. État d'un être bipède.

BIPENNE ou **BIPENNÉ, E** adj. (du lat. *penna*, plume). **BIOL.** Se dit d'organes végétaux (feuilles) ou animaux (antennes, tentacules) dont l'axe porte deux rangées symétriques d'éléments identiques, courts et serrés.

BIPER v.t. [3]. Prévenir qqn au moyen d'un bip.

BIPEUR n.m. Bip (appareil).

BIPHASÉ, E adj. **ÉLECTROTECHN.** Se dit d'un système polyphasé sinusoïdal dont les deux phases fournissent des tensions égales et de signe contraire.

BIPHÉNYLE n.m. Diphényle.

BIPIED n.m. Support du canon d'une arme à feu reposant sur le sol par deux pieds en V renversé.

BIPLACE adj. et n.m. Se dit d'un véhicule et surtout d'un avion à deux places.

BIPLAN n.m. Avion ayant deux plans de sustentation placés l'un au-dessus de l'autre.

BIPOINT n.m. **MATH.** Couple de deux points.

BIPOLAIRE adj. Qui a deux pôles : *Le monde bipolaire du XXe s.* ▪ **Coordonnées bipolaires** [math.], système de coordonnées dans lequel un point est déterminé par ses distances à deux points fixes. ▪ **Trouble bipolaire** → **2. TROUBLE**.

BIPOLARISATION n.f. Situation dans laquelle la vie politique tend à s'articuler en fonction de deux partis ou de deux coalitions de partis.

BIPOLARISÉ, E adj. Caractérisé par la bipolarisation ou la bipolarité.

BIPOLARITÉ n.f. État de ce qui est bipolaire.

BIPOUTRE adj. Qui comporte deux poutres parallèles.

BIQUE n.f. (de *biche*). Fam. Chèvre. ▪ **Vieille bique** [péjor.], vieille femme méchante.

BIQUET, ETTE n. Fam. **1.** Chevreau. **2.** Terme d'affection : *Mon biquet.* ◆ **adj.** Suisse. Mignon.

BIQUOTIDIEN, ENNE adj. Qui a lieu deux fois par jour.

BIRAPPORT n.m. **MATH.** ▪ **Birapport de quatre points A, B, C, D d'un axe,** le quotient $\frac{\overline{CA}}{\overline{CB}}:\frac{\overline{DA}}{\overline{DB}}$.

BIRBE n.m. (de l'ital. *birba*, vaurien). Péjor. ▪ **Vieux birbe,** vieillard ennuyeux.

BIRDIE n.m. Au golf, score sur un trou, d'un point de moins que le par.

BIRÉACTEUR n.m. Avion à deux turboréacteurs.

BIRÉFRINGENCE n.f. **OPT.** Propriété qu'ont certains milieux de dédoubler un rayon lumineux qui les traverse.

BIRÉFRINGENT, E adj. **OPT.** Qui produit une double réfraction.

BIRÈME n.f. **ANTIQ. ROM.** Galère à deux rangs de rames.

BIRIBI n.m. (de l'ital. *biribisso*, jeu de hasard). Arg. mil. Anciennes compagnies disciplinaires d'Afrique du Nord.

BIRMAN, E adj. et n. De la Birmanie ; de ses habitants. ◆ **n.m.** Langue de la famille sino-tibétaine, parlée en Birmanie et dans le sud-est de l'Assam.

BIROTOR n.m. et adj. Aéronef à deux rotors.

BIRR n.m. Unité monétaire principale de l'Éthiopie.

1. BIS, E [bi, biz] adj. (orig. inconnue). Gris brunâtre : *Cotonnade bise.* ▪ **Pain bis,** qui contient du son.

2. BIS [bis] adv. (mot lat. « deux fois »). Désigne un numéro répété une seconde fois : *J'habite au 7 bis.* ◆ **interj.** et **n.m.** Cri que l'on adresse à un artiste pour demander la répétition de ce qu'il vient d'interpréter : *Elle a bien mérité un bis.*

BISAÏEUL, E [bizajœl] n. (pl. *bisaïeuls, bisaïeules*). Père, mère d'un aïeul.

BISANNUEL, ELLE adj. Qui revient tous les deux ans (SYN. **biennal**). ▪ **Plante bisannuelle,** dont le cycle vital est de deux ans.

BISBILLE [bisbij] n.f. (de l'ital. *bisbiglio*, murmure). Fam. ▪ **Être en bisbille avec qqn,** être en désaccord avec lui pour un motif futile.

BISBROUILLE n.f. Belgique. Fâcherie ; brouille.

1. BISCAÏEN, ENNE ou **BISCAYEN, ENNE** [biskajɛ̃, ɛn] adj. et n. De la Biscaye.

2. BISCAÏEN ou **BISCAYEN** n.m. Anc. Mousquet de gros calibre, à longue portée ; balle de ce fusil.

BISCHOF n.m. → **BICHOF.**

BISCÔME n.m. Suisse. Gâteau proche du pain d'épice.

BISCORNU, E adj. **1.** De forme irrégulière : *Les chambres du haut sont biscornues.* **2.** Fam. Saugrenu : *Quelle idée biscornue !*

BISCOTEAU ou **BISCOTO** n.m. Fam. Biceps.

BISCOTTE n.f. (de l'ital. *biscotto*, biscuit). Tranche de pain de mie grillée au four industriellement.

BISCOTTERIE n.f. Fabrique de biscottes.

BISCUIT n.m. (de *2. bis* et *cuit*). **1.** Gâteau sec fait de farine, d'œufs, de matières grasses et de sucre, pouvant se conserver longtemps, tel que boudoir, croquet, galette, etc. **2.** Gâteau à pâte levée : *Biscuit de Savoie. Biscuit roulé.* **3.** Pâte céramique, notamm. porcelaine cuite et non émaillée, imitant le marbre ; objet (figurine, statuette, etc.) fait en cette matière. ▪ **Biscuit (rose) de Reims,** petit gâteau sec rectangulaire, teinté de carmin, parfumé à la vanille et saupoudré de sucre glace.

BISCUITER v.t. [3]. Amener la faïence, la porcelaine à l'état de biscuit.

BISCUITERIE n.f. **1.** Fabrication de biscuits ; industrie de la fabrication des biscuits. **2.** Fabrique de biscuits.

BISCUITIER n.m. Industriel de la biscuiterie.

1. BISE n.f. (mot francique). Vent froid soufflant du nord ou du nord-est.

2. BISE n.f. (de *biser*). Fam. Baiser.

BISEAU n.m. (p.-ê. de *2. bis*). Bord taillé obliquement : *Le biseau d'un miroir.* ▪ **En biseau,** taillé obliquement.

BISEAUTAGE n.m. Action de biseauter ; son résultat.

BISEAUTER v.t. [3]. **1.** Tailler en biseau. **2.** Marquer des cartes à jouer sur la tranche pour pouvoir les reconnaître et tricher.

BISER v.t. [3]. Fam., vx. Donner une bise à.

BISET n.m. (de *1. bis*). Pigeon sauvage, gris bleuté, dont sont issus les pigeons domestiques et les pigeons de ville.

BISEXUALITÉ n.f. **1.** Caractère des plantes et des animaux bisexués. **2. PSYCHAN.** Coexistence, dans le psychisme, de deux potentialités sexuelles, l'une féminine et l'autre masculine. **3.** Pratique sexuelle indifféremment homosexuelle ou hétérosexuelle.

BISEXUÉ, E adj. Hermaphrodite.

BISEXUEL, ELLE adj. et n. Qui pratique la bisexualité.

BISHOP n.m. → **BICHOF.**

BISMUTH n.m. (all. *Wismut*). **1.** Métal d'un blanc jaunâtre, fondant à 271,3 °C, de densité 9,8, cassant et facile à réduire en poudre. **2.** Élément chimique (Bi), de numéro atomique 83, de masse atomique 208,9804.

BISOC [bisɔk] n.m. Charrue à deux socs.

BISON n.m. (lat. *biso*). Grand bovidé sauvage, aux cornes courtes, caractérisé par son encolure massive et bossue, et son grand collier de fourrure laineuse. ➲ Le *bison d'Amérique* (haut. au garrot 1,80 m ; masse 900 kg) et le *bison d'Europe*, un peu plus petit, ne subsistent plus que dans les réserves ou en captivité.

bison d'Amérique

bison d'Europe

▲ **bisons**

BISONTIN, E adj. et n. (lat. *Bisontii*). De Besançon.

BISOU ou **BIZOU** n.m. Fam. Baiser : *Gros bisous.*

BISOUNOURS n. inv. et adj. inv. (de *Bisounours*, nom déposé d'ours en peluche de la marque de ce nom ; de *bisou* et *nounours*). Souvent péjor. Personne d'une grande naïveté, dont l'excessive bonté ou l'optimisme béat nourrissent une vision idéalisée du monde, en perpétuel décalage avec la réalité. (On écrit aussi *un, une, des Bisounours.*)

BISPHÉNOL n.m. (de *2. bis* et *phénol*). **CHIM.** Famille de composés organiques de synthèse. ▪ **Bisphénol A (BPA),** composé chimique utilisé dans la fabrication de plastiques rigides de type polycarbonates et de résines époxy. ➲ En 2015, la France a élargi à tous les contenants alimentaires l'interdiction de l'utilisation du BPA, déjà en vigueur pour les biberons en raison de sa toxicité.

BISQUE n.f. Potage fait d'un coulis de crustacés : *Bisque d'écrevisses.*

BISQUER v.i. [3]. Fam. ▪ **Faire bisquer qqn,** le faire enrager.

BISSAB ou **BISSAP** n.m. (mot wolof). Afrique. Hibiscus dont les fleurs rouges fournissent une boisson rafraîchissante et un ingrédient culinaire ; cette boisson et cet ingrédient.

BISSE n.m. Suisse. Petit canal d'irrigation, dans le Valais.

BISSECTEUR adj.m. **MATH.** ▪ **Plan bissecteur,** demi-plan ayant pour frontière l'arête d'un angle dièdre et divisant cet angle en deux angles dièdres égaux.

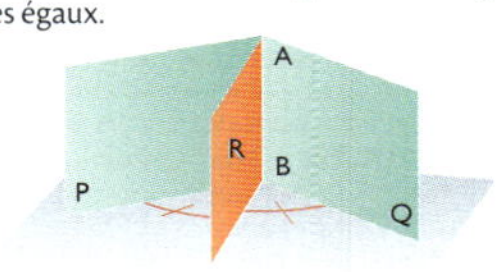

plan R bissecteur du dièdre PABQ

▲ **bissecteur.** Plan bissecteur.

BISSECTION n.f. **MATH.** Partage d'un angle ou d'un secteur du plan ou de l'espace en deux angles égaux ou en secteurs isométriques.

BISSECTRICE n.f. **MATH.** ▪ **Bissectrice extérieure d'un angle de demi-droites,** droite passant par le sommet et perpendiculaire à la bissectrice intérieure. ▪ **Bissectrice intérieure d'un angle de demi-droites,** demi-droite issue du sommet et divisant l'angle en deux angles égaux. ▪ **Bissectrices d'un triangle,** les bissectrices intérieures de ses angles. ➲ Elles se coupent en un point, centre du cercle inscrit.

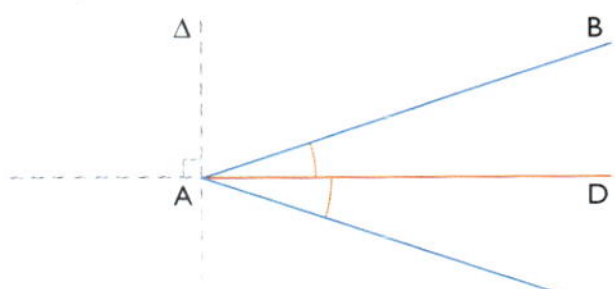

bissectrice intérieure (AD) et bissectrice extérieure (Δ) de l'angle $\widehat{BAC}$

▲ **bissectrice**

BISSEL n.m. (du n. de *Bissel*). **CH. DE F.** Essieu porteur de locomotive qui peut se déplacer par rapport à la machine pour faciliter sa capacité d'évolution dans les courbes.

BISSER v.t. [3] (de *2. bis*). **1.** Répéter ou faire répéter : *Bisser une chanson, un pianiste.* **2.** Belgique. Redoubler une année universitaire. **3.** Afrique centrale. Inviter une femme à danser pour la seconde fois : *J'ai bien aimé danser avec cette femme, je vais la bisser.*

BISSEUR, EUSE n. Belgique. Personne qui bisse une année universitaire.

BISSEXTILE adj.f. (du lat. *bis*, deux fois, et *sextus*, sixième). ▪ **Année bissextile,** année qui comporte un jour de plus en février, soit 366 jours, et qui revient tous les quatre ans.

➲ Une année **BISSEXTILE** doit avoir son millésime divisible par 4. Mais, si le millésime est divisible par 100, il doit aussi l'être par 400 : 2000 était bissextile ; 1700, 1800 et 1900 ne l'ont pas été.

BISTABLE adj. **ÉLECTRON.** ▪ **Bascule bistable,** circuit comportant deux états stables, et pouvant passer de l'un à l'autre sous l'action d'une commande extérieure.

BISTORTE n.f. (du lat. pop **bistorta*, deux fois tordue). Plante des prés humides de montagne, à fleurs roses, dont le rhizome est tordu en S. ➲ Famille des polygonacées.

BISTOUILLE n.f. Région. (Nord) ; Belgique. Café mêlé d'eau-de-vie.

BISTOURI n.m. Instrument chirurgical à lame courte servant à faire des incisions dans les tissus. ▪ **Bistouri électrique,** petit instrument à pointe utilisant la chaleur produite par les courants de haute fréquence, et servant à inciser des tissus ou à coaguler de petits vaisseaux.

BISTOURNAGE n.m. VÉTÉR. Castration par torsion sous-cutanée du cordon testiculaire.

BISTOURNER v.t. [3]. Castrer par bistournage.

BISTRE n.m. Couleur brun jaunâtre préparée à partir de la suie et utilisée jadis en lavis. ◆ **adj. inv.** D'un brun jaunâtre : *Des jupes bistre.*

BISTRÉ, E adj. Qui a la couleur du bistre.

BISTRONOMIE n.f. (de *bistrot* et *gastronomie*). Cuisine raffinée et inventive, de type gastronomique, mais servie dans un restaurant simple, non étoilé (bistrot, café ou brasserie).

BISTRONOMIQUE adj. Relatif à la bistronomie : *Restaurant, menu bistronomique.*

BISTROT ou **BISTRO** n.m. (orig. obscure). **1.** Fam. Débit de boissons, de taille génér. modeste, où l'on sert aussi de la restauration légère ; café. **2.** Fam., vieilli. Patron de café. ▪ **Style bistrot,** style de meubles, d'objets des bistrots du début du XXe s., remis à la mode dans les années 1960.

BISTROTIER, ÈRE n. Fam. Personne qui tient un bistrot. ◆ **adj.** Relatif aux bistrots : *Le renouveau de la cuisine bistrotière.*

BISULFATE n.m. Sulfate acide $MHSO_4$, où M est un métal alcalin.

BISULFITE n.m. Sulfite acide $MHSO_3$, où M est un métal alcalin.

BISULFURE n.m. Disulfure.

BIT [bit] n.m. (mot anglo-amér., de *binary digit,* unité discrète de système binaire). INFORM. Unité élémentaire d'information ne pouvant prendre que deux valeurs distinctes (notées 1 et 0).

BITCOIN [bitkɔjn] n.m. (mot angl., de *bit,* unité d'information binaire, et *coin,* pièce de monnaie). Unité monétaire d'un système de paiement virtuel permettant à une communauté d'utilisateurs d'échanger entre eux des biens et des services sur Internet ; ce système de paiement. ➲ Dépourvu de cours légal, le bitcoin, créé en 2009, ne peut toutefois servir à payer des impôts. Par ailleurs, un commerçant a le droit de le refuser.

BITE ou **BITTE** n.f. (orig. incert.). Vulg. Pénis.

BITENSION n.f. Caractère d'un appareil électrique pouvant être utilisé sous deux tensions différentes.

BITERROIS, E adj. et n. (du lat. *Biterrae,* Béziers). De Béziers.

BITONAL, E, ALS ou **AUX** adj. MUS. Qui utilise simultanément deux tonalités différentes.

BITONIAU n.m. Fam. Petite partie d'un dispositif mécanique (bouton, vis, etc.) : *Les bitoniaux de l'interphone sont cassés.*

BITORD n.m. MAR. Cordage composé de deux ou trois fils simples retordus ensemble.

BITOS [bitos] n.m. Arg. Chapeau.

1. BITTE n.f. (scand. *biti*). MAR. Pièce de bois ou d'acier, cylindrique, fixée verticalement sur le pont d'un navire pour enrouler les amarres. ▪ **Bitte (d'amarrage),** gros fût cylindrique, en acier ou en béton, à tête renflée, fixé sur un quai pour l'amarrage des navires (SYN. **bollard**).

2. BITTE n.f. → **BITE.**

BITTER [bitɛr] n.m. (mot néerl. « amer »). Boisson apéritive, génér. non alcoolisée, parfumée avec des extraits de plantes et des substances amères (gentiane, quinquina, etc.).

BITTURE n.f. → **BITURE.**

SE BITTURER v.pr. [3] → **SE BITURER.**

BITUMAGE n.m. Action de bitumer ; son résultat.

BITUME n.m. (lat. *bitumen*). **1.** Matière organique naturelle ou provenant de la distillation du pétrole, à base d'hydrocarbures, brun-noir ou noire, très visqueuse ou solide, utilisée dans le bâtiment et les travaux publics (revêtement des routes, par ex.) ; asphalte. **2.** Couleur brun foncé, brillante, utilisée jadis en peinture.

BITUMER v.t. [3]. Recouvrir de bitume.

BITUMINEUX, EUSE ou **BITUMEUX, EUSE** adj. Qui contient du bitume ou du goudron. ▪ **Sable bitumineux,** mélange de bitume, de sable, d'eau et d'argile, à partir duquel on produit du pétrole.

BITURBINE adj. Se dit d'un avion ou d'un hélicoptère doté de deux turbines à gaz.

BITURE ou **BITTURE** n.f. Fam., vieilli. ▪ **À toute biture,** à toute vitesse. ▪ **Prendre une biture,** s'enivrer.

SE BITURER ou **SE BITTURER** v.pr. [3]. Fam., vieilli. S'enivrer.

BIUNIVOQUE [biynivɔk] adj. MATH. ▪ **Correspondance biunivoque,** application bijective*.

BIVALENCE n.f. Caractère de ce qui est bivalent.

BIVALENT, E adj. **1.** Qui a deux rôles, deux fonctions. **2.** CHIM. Se dit d'un corps qui possède la valence 2 (SYN. **divalent**). ▪ **Logique bivalente,** logique qui ne considère que deux valeurs de vérité, le vrai et le faux (par oppos. à *logique plurivalente*).

BIVALVE adj. BIOL. Qui a deux valves : *Une coquille bivalve.* ◆ **n.m.** Lamellibranche.

BIVEAU n.m. Sorte d'équerre à branche mobile des tailleurs de pierre et des sculpteurs sur pierre.

BIVITELLIN, E adj. Dizygote.

BIVOUAC [bivwak] n.m. (suisse all. *Biwacht*). Campement léger et provisoire en plein air ; lieu de ce campement.

BIVOUAQUER v.i. [3]. Camper en plein air.

BIWA [biwa] n.m. Luth à frettes d'origine japonaise, dont les quatre (ou cinq) cordes sont pincées ou frappées par un médiator d'os ou de bois en forme d'éventail ouvert.

BIZARRE adj. (de l'ital. *bizzarro,* extravagant). **1.** Qui sort de l'ordinaire ; insolite : *Une sculpture bizarre.* **2.** Qui n'est pas dans son état normal : *Je la trouve bizarre depuis hier.*

BIZARREMENT adv. De façon bizarre ; étrangement.

BIZARRERIE n.f. **1.** Caractère de ce qui est bizarre, étrange. **2.** Chose ou action bizarre, surprenante : *Les bizarreries de l'orthographe.*

BIZARROÏDE adj. Fam. Qui surprend par son aspect insolite.

BIZET n.m. Mouton d'Auvergne d'une race très rustique, à laine grise.

DE BIZINGUE loc. adv. Suisse. Fam. De travers.

BIZOU n.m. → **BISOU.**

BIZUT ou **BIZUTH** [bizy] n.m. (orig. obscure). Arg. scol. **1.** Élève de première année, notamm. dans une grande école et dans les classes des lycées qui y préparent. **2.** Novice ; débutant.

BIZUTAGE n.m. Arg. scol. Action de bizuter.

BIZUTER v.t. [3]. Arg. scol. Faire subir à un bizut des épreuves d'initiation. ➲ Ces épreuves peuvent constituer un délit en cas de brimades ou de violences.

BLA-BLA ou **BLA-BLA-BLA** n.m. inv., ▲ *BLABLA,* ▲ *BLABLABLA n.m.* (onomat.). Fam. Propos sans intérêt.

BLABLATER v.i. [3] Fam. Se répandre en paroles vaines, creuses.

BLACK n. et adj. Fam. Personne à la peau foncée. (Le nom prend une majuscule.)

BLACK-BASS, ▲ *BLACKBASS* n.m. inv. (mot angl. « perche noire »). Perche noire américaine, appelée au Québec *achigan,* introduite en France au XIXe s. et que l'on élève dans les étangs. ➲ Famille des centrarchidés.

BLACKBOULAGE n.m. Fam. Action de blackbouler ; son résultat.

BLACKBOULER v.t. [3] (de l'angl. *to blackball,* rejeter avec une boule noire). **1.** Fam. Infliger un échec à qqn : *Il a été blackboulé aux dernières élections.* **2.** Fam. Rejeter qqch : *Blackbouler un budget.* **3.** Vieilli. Repousser par un vote où apparaît une majorité de boules noires.

BLACK JACK (pl. *black jacks*), ▲ *BLACKJACK* [blak(d)ʒak] n.m. (mots anglo-amér.). Jeu de cartes pratiqué par sept joueurs au maximum faisant face à un croupier. ➲ Faire *black jack* consiste à totaliser 21 avec les deux premières cartes.

BLACKLISTÉ, E ou **BLACK-LISTÉ, E** adj. Inscrit sur une liste noire ; désigné comme indésirable.

BLACKLISTER ou **BLACK-LISTER** v.t. [3] (angl. *to blacklist*). Inscrire qqn sur une liste noire ; le désigner comme indésirable.

BLACK-OUT n.m. inv., ▲ *BLACKOUT n.m.* [blakawt] (de l'angl. *blackout,* obscurcissement). Mesure de défense antiaérienne consistant à plonger un lieu dans l'obscurité totale. ▪ **Faire le black-out sur,** faire le silence complet sur un sujet.

BLACK-ROT (pl. *black-rots*), ▲ *BLACKROT* [blakrɔt] n.m. (mot angl. « pourriture noire »). Maladie de la vigne due à un champignon microscopique, formant des taches noires sur les feuilles et flétrissant les grains de raisin.

BLAFARD, E adj. (de l'all.). D'un blanc terne ; livide : *Un teint blafard.*

BLAFF n.m. Plat fait de poissons coupés en morceaux et cuits dans un court-bouillon très épicé. ➲ Cuisine antillaise.

BLAGUE n.f. (du néerl. *blagen,* se gonfler). **1.** Fam. Histoire imaginée pour faire rire ou pour tromper ; plaisanterie. **2.** Fam. Action irréfléchie, maladroite : *Il nous a fait la blague de diffuser le courriel à toute la maison.* **3.** Petit sac à tabac. ▪ **Blague à part** [fam.], sérieusement. ▪ **Sans blague !** [fam.], marque l'étonnement, le doute, l'ironie.

BLAGUER v.i. [3]. Fam. Dire des blagues ; plaisanter. ◆ **v.t.** Fam. Railler qqn sans méchanceté ; taquiner : *Ils la blaguent parce qu'elle rougit sans cesse.*

BLAGUEUR, EUSE adj. et n. Fam. Qui aime blaguer, plaisanter.

BLAIR n.m. (de *blaireau*). Arg. Nez.

BLAIREAU n.m. (de l'anc. fr. *blaire,* tacheté). **1.** Mammifère carnivore plantigrade de l'hémisphère Nord, au corps allongé et bas sur pattes. ➲ Famille des mustélidés. **2.** Gros pinceau pour savonner la barbe. **3.** Fam. Individu antipathique, conformiste et borné.

▲ blaireau

BLAIRER v.t. [3] (de *blair*). Fam. ▪ **Ne pas pouvoir blairer qqn,** ne pas pouvoir le supporter.

BLÂMABLE adj. Qui mérite le blâme : *Action, idée blâmable.*

BLÂME n.m. **1.** Sanction disciplinaire ; réprimande : *Recevoir un blâme.* **2.** Jugement condamnant le comportement ou les paroles de qqn ; réprobation, reproche : *En prenant cette décision, il s'est attiré le blâme de ses collègues.*

BLÂMER v.t. [3] (du gr. *blasphêmein*). **1.** Exprimer sa réprobation à l'égard de qqn ou de son comportement ; désapprouver. **2.** Infliger un blâme à qqn : *Blâmer un élève.*

1. BLANC, BLANCHE adj. (du germ. **blank,* clair, brillant). **1.** De la couleur de la neige ou d'une couleur pâle : *Pendant le décollage de l'avion, il était blanc de peur.* **2.** De couleur claire : *Raisin blanc.* **3.** Parfaitement propre ; immaculé : *Ta chemise n'est plus très blanche.* **4.** Qui ne porte aucun signe écrit ; vierge : *Page blanche.* **5.** Fig. Qui n'a commis aucune faute morale ; innocent : *Il est sorti blanc comme neige de cette affaire.* **6.** Qui n'est marqué par aucun profit, aucune perte notable, aucun succès : *Opération blanche. Année blanche pour ce sportif.* **7.** Relatif aux Blancs : *Une chanteuse de jazz blanche.* ▪ **Bière blanche,** ou **blanche, n.f.,** bière blonde non filtrée. ▪ **Bois blanc,** bois léger (sapin, peuplier, hêtre, aulne) utilisé pour faire des meubles à bon marché : *Une table en bois blanc.* ▪ **Bruit blanc** [acoust.], signal sonore dont toutes les fréquences audibles (de 20 à 20 000 Hz) sont représentées avec la même puissance. ▪ **Bulletin blanc,** bulletin de vote qui ne porte aucune inscription, aucun nom. ▪ **Examen blanc,** que l'on passe avant l'épreuve officielle, à titre de préparation : *Bac blanc.* ▪ **Fromage blanc,** lait caillé égoutté, à texture onctueuse ou granuleuse. ▪ **Lumière blanche,** lumière résultant de la combinaison de toutes les couleurs du spectre solaire. ▪ **Marche blanche,** marche collective silencieuse organisée à la suite d'un fait divers tragique. ▪ **Mariage blanc,** qui n'est pas consommé charnellement. ▪ **Nuit blanche,** passée sans dormir. ▪ **Plan blanc,** ensemble de mesures mises en place dans les établissements de santé, publics et privés, confrontés à une situation exceptionnelle (afflux massif de victimes lors d'une catastrophe, d'une épidémie, d'un attentat), permettant le déploiement rapide de moyens humains et matériels adaptés. ▪ **Produits blancs** → **PRODUIT.** ▪ **Sauce blanche** [cuis.], préparée à partir d'un roux mouillé avec de l'eau. ▪ **Substance blanche** [anat.], tissu du système nerveux central (cerveau, moelle) contenant des fibres nerveuses myélinisées, et servant à conduire les messages. ▪ **Vin blanc,** vin peu coloré, jaune très pâle à jaune ambré. ▪ **Voix blanche,** sans timbre.

2. BLANC, BLANCHE n. (Avec une majuscule). **1.** Personne dont la peau est peu pigmentée, pauvre en mélanine (SYN. **leucoderme**). **2. HIST.** Insurgé vendéen, pendant la Révolution française ; adversaire des bolcheviques de Russie, après la révolution de 1917.

3. BLANC n.m. 1. Sensation produite sur l'œil par la lumière blanche ; couleur obtenue par synthèse additive trichrome du rouge, du vert et du bleu : *Le blanc de la neige blesse ses yeux.* **2.** Matière colorante blanche : *Le clown a du blanc sur le visage.* **3.** Partie d'une page où rien n'est écrit ni imprimé : *Laisser un blanc à gauche pour des annotations.* **4.** Silence dans un débat, une conversation ; lacune dans un récit ; trou de mémoire : *Il y eut un blanc dans la discussion.* **5.** Partie blanche de qqch : *Blanc d'une laitue.* **6.** Chair blanche tenant à la poitrine d'une volaille : *Blanc de dinde.* **7.** Linge de maison : *Faire une lessive de blanc.* **8.** Vin blanc : *Un verre de blanc.* ▪ **Blanc de baleine,** substance huileuse contenue dans la tête du cachalot, et utilisée en cosmétique (SYN. **spermaceti**). ▪ **Blanc de blancs,** vin blanc provenant de raisins blancs. ▪ **Blanc de céruse** ou **d'argent,** céruse. ▪ **Blanc de champignon,** mycélium du champignon de couche, servant à sa multiplication dans les champignonnières. ▪ **Blanc de chaux,** dissolution de chaux éteinte dans de l'eau, utilisée pour badigeonner les murs. ▪ **Blanc de cuisson,** mélange d'eau, de farine et de jus de citron dans lequel on fait cuire certains aliments (abats, légumes) pour leur conserver leur couleur blanche. ▪ **Blanc de l'œil,** région antérieure de la sclérotique. ▪ **Blanc d'Espagne** ou **de Meudon,** variété de calcite très pure utilisée dans des produits d'entretien ou dans des peintures. ▪ **Blanc d'œuf,** l'un des constituants de l'œuf, visqueux et transparent, riche en albumine (SYN. **albumen**). ▪ **Chauffer à blanc,** de manière à rendre blanc : *Chauffer un métal à blanc* ; fig., de manière à préparer ou exciter : *Public chauffé à blanc.* ▪ **Maladie du blanc,** ou **blanc,** maladie cryptogamique attaquant les arbres fruitiers et les plantes d'ornement. ▪ **Saigner qqn à blanc,** l'épuiser ; le ruiner. ▪ **Signer en blanc,** apposer sa signature sur un papier en laissant la place pour écrire qqch dont on assume par avance la responsabilité. ▪ **Tir, cartouche à blanc,** sans projectile.

BLANC-BEC n.m. (pl. *blancs-becs*). Fam., péjor. Jeune homme sans expérience et prétentieux.

BLANC-ÉTOC [blɑ̃ketɔk] ou **BLANC-ESTOC** [-ɛs-] **n.m.** (pl. *blancs-étocs, blancs-estocs*). **SYLVIC.** Coupe à blanc.

BLANCHAILLE n.f. Menus poissons blancs (ablettes, gardons, etc.) que l'on pêche à la ligne ou qui servent d'appât.

BLANCHÂTRE adj. D'une couleur qui tire sur le blanc.

BLANCHE n.f. 1. MUS. Note valant la moitié d'une ronde, ou deux noires, ou quatre croches. **2.** Bière blanche.

BLANCHET n.m. IMPRIM. Pièce de caoutchouc toilé, enroulée sur un cylindre (dit *de blanchet*), qui permet, dans l'impression offset, le transfert de l'encre de l'élément imprimant sur le papier.

BLANCHEUR n.f. État de ce qui est blanc.

BLANCHIMENT n.m. 1. Action de blanchir ; son résultat : *Blanchiment d'une façade.* **2.** Action de décolorer certaines matières (papier, textiles, etc.) en utilisant des solutions chimiques. **3.** Action de blanchir de l'argent.

BLANCHIR v.t. [21]. 1. Rendre blanc ; recouvrir d'une matière blanche : *Blanchir un mur à la chaux.* **2.** Rendre propre ; laver. **3.** Précuire quelques minutes un aliment dans de l'eau bouillante : *Blanchir des légumes.* **4.** Démontrer l'innocence de qqn ; disculper : *Ce témoignage la blanchit.* **5.** Faire disparaître toute preuve de l'origine frauduleuse ou criminelle de certains fonds : *Blanchir l'argent de la prostitution.* **6.** Québec. Dans certains sports d'équipe, battre un adversaire sans lui laisser marquer un seul point au cours d'une partie. ◆ **v.i.** Devenir blanc. ▪ **Blanchir sous le harnois** → **HARNOIS.**

BLANCHISSAGE n.m. 1. Action de blanchir le linge. **2.** Action de raffiner le sucre.

BLANCHISSANT, E adj. 1. Qui rend blanc : *Gel blanchissant.* **2.** Qui commence à blanchir : *Une barbe blanchissante.*

BLANCHISSEMENT n.m. Fait de blanchir, de devenir blanc.

BLANCHISSERIE n.f. 1. Établissement qui se charge du lavage et du repassage du linge. **2.** Métier de blanchisseur.

BLANCHISSEUR, EUSE n. Personne dont le métier est de laver et de repasser le linge.

BLANCHON n.m. Québec. Petit du phoque du Groenland, à fourrure blanche.

BLANC-MANGER n.m. (pl. *blancs-mangers*). Entremets froid à base de lait d'amande.

BLANC-SEING [blɑ̃sɛ̃] **n.m.** (pl. *blancs-seings*). **DR.** Document signé en blanc ; signature apposée sur un tel document.

BLANDICE n.f. (du lat. *blandus*, caressant). Litt. (Surtout pl.). Charme trompeur.

1. BLANQUETTE n.f. (de *1. blanc*). Plat de viande blanche bouillie servi avec une sauce à base de bouillon liée avec du beurre et de la farine.

2. BLANQUETTE n.f. (du provenç.). Vin blanc mousseux produit dans la région de Limoux (Aude).

BLAPS [blaps] **n.m.** Grand coléoptère noir d'Europe et d'Asie centrale, qui vit dans les lieux obscurs. ➲ Famille des ténébrionidés.

BLASE ou **BLAZE n.m.** Arg. **1.** Nom. **2.** Nez.

BLASÉ, E adj. et **n.** Qui ne s'enthousiasme plus pour rien.

BLASER v.t. [3] (du néerl. *blasen*, gonfler). Rendre indifférent par lassitude ou par dégoût : *Le succès l'a blasé.*

BLASON n.m. (orig. obscure). **HÉRALD. 1.** Ensemble des armoiries qui composent un écu. **2.** Héraldique.

BLASONNER v.t. [3]. Décrire des armoiries suivant les règles de l'héraldique.

BLASPHÉMATEUR, TRICE n. et **adj.** Personne qui blasphème.

BLASPHÉMATOIRE adj. Qui contient ou constitue un blasphème.

BLASPHÈME n.m. (du gr. *blasphêmia*, parole impie). Parole, discours qui insultent la divinité, la religion ou ce qui est considéré comme sacré.

BLASPHÉMER v.t. et **v.i. [11],** ▲ *[11*]*. Proférer des blasphèmes contre qqn, qqch.

BLAST n.m. (mot angl.). **MÉD.** Ensemble des lésions organiques provoquées par l'onde de choc d'une explosion.

BLASTODERME n.m. (du gr. *blastos*, bourgeon, et *derma*, peau). **EMBRYOL.** Ensemble de cellules embryonnaires constituant les parois de la blastula.

BLASTOGENÈSE n.f. Formation du blastoderme.

BLASTOMÈRE n.m. EMBRYOL. Cellule provenant d'une des premières divisions de l'œuf fécondé.

BLASTOPORE n.m. EMBRYOL. Orifice unique de l'embryon des animaux au stade gastrula. ➲ Il devient la bouche des invertébrés, l'anus des vertébrés.

BLASTULA n.f. EMBRYOL. Stade du développement de l'embryon qui se présente sous la forme d'une sphère creuse à paroi épithéliale. ➲ La blastula succède à la morula et précède la gastrula.

BLATÉRER [11], ▲ *[11*]* **v.i.** (lat. *blaterare*). Pousser son cri, en parlant du chameau, du bélier.

BLATTE n.f. (lat. *blatta*). Insecte aplati, de mœurs nocturnes, coureur rapide, appelé aussi *cafard, cancrelat* ou *meunier*, dont plusieurs espèces tropicales répandues dans le monde se nourrissent de déchets alimentaires. ➲ Ordre des dictyoptères.

BLAZE n.m. → **BLASE.**

BLAZER [blazœr] ou [blazɛr] **n.m.** (mot angl., de *to blaze*, flamboyer). **1.** Veste croisée ou droite, génér. en tissu bleu marine. **2.** Veste de flanelle rayée aux couleurs d'un collège anglais.

BLÉ n.m. (du francique **blad*, produit d'un champ). **1.** Plante herbacée annuelle, cultivée pour son grain dont on tire une farine pour faire notamm. le pain et les pâtes alimentaires. ➲ Famille des graminées. **2.** Fam. Argent : *Il n'a plus de blé.* ▪ **Blé d'Inde** [Québec], maïs. ▪ **Blé noir,** sarrasin. ▪ **Manger son blé en herbe,** dépenser d'avance son revenu.

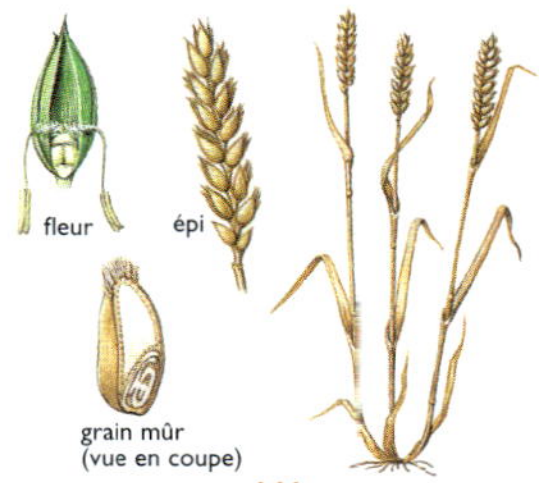

▲ blé

BLED [blɛd] **n.m.** (de l'ar. *blad*, pays). **1.** Intérieur des terres, en Afrique du Nord. **2.** Fam. Village isolé : *Un bled perdu dans la montagne.*

BLÊME adj. 1. Se dit d'un visage, d'un teint très pâle ; livide : *Être blême de douleur.* **2.** D'un blanc terne ; blafard : *La lueur blême de l'aube.*

BLÊMIR v.i. [21] (p.-ê. du francique). Devenir blême ; pâlir.

BLÊMISSEMENT n.m. Fait de blêmir.

BLENDE [blɛ̃d] **n.f.** (mot all.). Sulfure de zinc (ZnS), principal minerai de ce métal.

BLENDER [blɛndœr] **n.m.** (de l'angl. *to blend*, mélanger). Mixeur à bol haut servant à broyer finement les ingrédients de soupes, de milk-shakes, de smoothies, etc., de façon à obtenir un liquide mousseux et onctueux.

BLENNIE n.f. (du gr.). Poisson des eaux douces et du littoral, à grosse tête et à corps allongé. ➲ Ordre des perciformes.

BLENNORRAGIE n.f. (du gr. *blenna*, mucus, et *rhagê*, éruption). Maladie sexuellement transmissible due au gonocoque, provoquant l'inflammation de certaines régions de l'appareil uro-génital (urètre, prostate et vessie chez l'homme ; vessie et col de l'utérus chez la femme) [SYN. **gonococcie, gonorrhée**].

BLENNORRAGIQUE adj. Relatif à la blennorragie.

BLÉPHARITE n.f. (du gr. *blepharon*, paupière). **MÉD.** Inflammation des paupières.

BLÉPHAROPLASTIE n.f. Réfection chirurgicale des paupières.

BLÈSEMENT n.m. Défaut de prononciation d'une personne qui blèse. ➲ Le zézaiement en est la forme la plus courante.

BLÉSER v.i. [11], ▲ *[11*]* (du lat. *blaesus*, bègue). Substituer systématiquement, en parlant, une consonne à une autre.

BLÉSOIS, E adj. et **n.** De Blois.

BLESSANT, E adj. Qui blesse moralement ; offensant : *Des propos blessants.*

BLESSÉ, E adj. et **n.** Qui a reçu une, des blessures : *Légèrement blessé. De nombreux blessés.* ◆ **adj.** Qui a été offensé : *Il a été blessé de n'être pas invité.*

BLESSER v.t. [3] (du francique). **1.** Frapper ou percuter en faisant une plaie, une lésion. **2.** Causer une sensation désagréable : *Sons aigus qui blessent l'oreille* ; faire mal à : *Ces chaussures me blessent.* **3.** Faire souffrir moralement ; offenser : *Cette critique l'a blessé.* ◆ **SE BLESSER v.pr.** Se faire une blessure.

BLESSURE n.f. 1. Lésion locale du corps produite par un choc, un coup, la chaleur, etc. **2.** Souffrance morale ; humiliation : *Blessure due à un échec.*

BLET, BLETTE [blɛ, ɛt] **adj.** (du francique). Atteint par le blettissement : *Des poires blettes.*

BLETSE ou **BLETZ** [blɛts] **n.m.** (alémanique *blätz*). Suisse. Rustine.

BLETTE n.f. → **BETTE.**

BLETTIR v.i. [21]. Devenir blet.

BLETTISSEMENT n.m. ou **BLETTISSURE** n.f. Excès de maturité d'un fruit qui provoque un début de décomposition.

BLETZ n.m. → **BLETSE.**

1. BLEU, E adj. (francique *blao*). **1.** De la couleur du ciel diurne sans nuages. **2.** Qui tire sur cette couleur, en parlant de la peau : *Des mains bleues de froid.* **3.** Se dit d'une viande grillée très peu cuite : *Tournedos bleu.* ▪ **Colère, peur bleue,** colère très violente ; peur intense. ▪ **Être bleu de** [Belgique], être épris de, passionné par. ▪ **Sang bleu** → **SANG.** ▪ **Zone bleue,** zone urbaine à stationnement réglementé.

2. BLEU n.m. (pl. *bleus*). **1.** Couleur bleue : *Le bleu de ses yeux.* **2.** Rayonnement lumineux situé entre le violet et le vert dans le spectre solaire, d'une longueur d'onde moyenne de 470 nm. **3.** Matière colorante bleue : *Se mettre du bleu sur les paupières.* **4.** Cour. Ecchymose : *Il est sorti de la bagarre couvert de bleus.* **5.** Vêtement de travail en toile bleue : *Un bleu de chauffe.* **6.** Fromage au lait de vache, à pâte persillée : *Du bleu d'Auvergne.* **7.** Fam. Jeune soldat ; nouvel élève ; nouveau venu. ▪ **Bleu ardoise,** tirant sur le gris. ▪ **Bleu canard,** bleu-vert. ▪ **Bleu ciel,** bleu clair. ▪ **Bleu de Prusse,** bleu foncé mêlé de vert. ▪ **Bleu électrique,** bleu vif, très lumineux. ▪ **Bleu Klein** (de *Y. Klein,* n.pr.), peinture à base de pigment outremer fixé par un liant original dont la formule a été déposée ; par ext., abusif, bleu outremer intense et mat. ▪ **Bleu marine,** très foncé. ▪ **Bleu outremer,** tirant sur le violet. ▪ **Bleu pétrole,** soutenu, tirant sur le vert. ▪ **Bleu roi,** bleu soutenu, celui du drapeau français. (On dit aussi *bleu drapeau.*) ▪ **Cuisson au bleu,** mode de préparation de certains poissons qui sont jetés vivants dans un court-bouillon. ▪ **Des bleus à l'âme** [litt.], les séquelles de blessures psychologiques ou morales. ▪ **N'y voir que du bleu** [fam.], ne rien comprendre à ce qui se passe.

3. BLEU, E n. Sportif sélectionné en équipe de France, notamm. dans les sports de ballon. ◆ **n.m. pl.** HIST. ▪ **Les Bleus,** la faction représentant le parti aristocratique, dans les villes de l'Empire byzantin (par oppos. aux *Verts*) ; pendant la Révolution française, nom que les vendéens donnaient aux soldats de la République (vêtus d'un uniforme bleu).

BLEUÂTRE adj. D'une couleur qui tire sur le bleu.

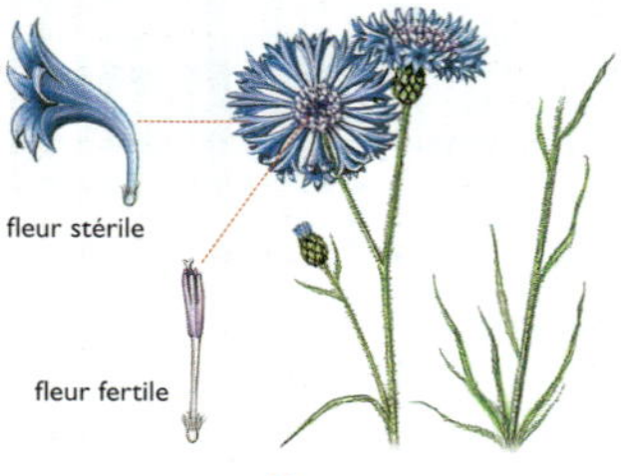

▲ **bleuet**

BLEUET n.m. 1. Centaurée à fleurs bleues, commune dans les champs de blé. ➲ Famille des composées. **2.** Québec. Nom donné aux variétés nord-américaines de la myrtille : *Muffin, tarte aux bleuets.*

BLEUETIER [bløtje] **n.m.** Québec. Petit arbrisseau qui produit le bleuet. ➲ Genre *Vaccinium* ; famille des éricacées.

BLEUETIÈRE [bløtjɛr] **n.f.** Québec. Terrain où pousse, où l'on cultive le bleuet.

BLEUIR v.t. [21]. Rendre bleu. ◆ **v.i.** Devenir bleu : *Bleuir de froid.*

BLEUISSEMENT n.m. Fait de devenir bleu.

BLEUSAILLE n.f. Arg. mil. Ensemble des jeunes soldats, des bleus.

BLEUTÉ, E adj. Légèrement coloré en bleu.

BLIAUD ou **BLIAUT n.m.** COST. Longue tunique de dessus portée par les hommes et les femmes, au Moyen Âge.

BLIBLIS [-blis] **n.m. pl.** Algérie. Pois chiches grillés.

BLINDAGE n.m. 1. Action de blinder. **2.** MIL. Revêtement protégeant les matériels aériens, navals et terrestres des effets de projectiles divers. **3.** Ensemble des équipements (plaques de métal, par ex.) qui renforcent une porte. **4.** Dispositif de protection contre la propagation des champs électriques ou magnétiques, des rayonnements radioactifs. **5.** TRAV. PUBL. Coffrage en bois, acier ou béton destiné à éviter les éboulements.

À TOUTE BLINDE loc. adv. Fam. À toute vitesse.

BLINDÉ, E adj. Équipé d'un blindage : *Porte blindée.* ▪ **Arme blindée cavalerie (ABC),** arme des forces terrestres, équipée d'engins blindés, chargée de renseigner et de combattre par le feu et par le choc. ▪ **Division blindée (DB),** grande unité composée surtout d'engins blindés. ▪ **Engin blindé,** ou **blindé, n.m.,** véhicule de combat plus ou moins armé pourvu d'un blindage d'acier ou d'aluminium.

BLINDER v.t. [3] (de l'all. *blenden,* aveugler). **1.** Protéger par un revêtement des effets des projectiles. **2.** Protéger un appareil électrique par une enveloppe conductrice, reliée à la masse, et résistante mécaniquement. **3.** Fam. Rendre moins vulnérable ; endurcir : *Tous ces échecs l'ont blindée.* **4.** Afrique centrale. Protéger contre les attaques des forces occultes, partic. ▪ **Blinder une porte,** la munir d'un blindage. ◆ **SE BLINDER v.pr. 1.** Fam. S'endurcir contre qqch. **2.** Afrique centrale. Se protéger contre le mauvais sort, la malchance, en ayant recours à des moyens occultes (port d'amulettes, par ex.).

BLING-BLING [bliŋbliŋ] **n.m. inv.** (onomat.). Fam. Étalage clinquant de richesse destiné à déclencher un bruit médiatique. ◆ **adj. inv.** Fam. Qui fait un étalage tapageur de sa richesse : *Rappeurs bling-bling.*

BLINI n.m. (du russe). Petite crêpe épaisse de blé et de sarrasin, servie avec des œufs de poisson ou du poisson fumé. ➲ Cuisine russe.

BLINQUER v.i. [3] (du néerl.). Belgique. Fam. Reluire ; briller.

BLISTER [blistɛr] **n.m.** (mot angl.). Coque de plastique transparent sous laquelle sont présentées des marchandises de petite taille.

BLITZ [blits] **n.m.** (mot angl., de l'all. *Blitzkrieg,* guerre éclair). **1.** Aux échecs, partie éclair. **2.** HIST. (Avec une majuscule). Période de bombardement de la Grande-Bretagne par l'aviation allemande, en 1940.

BLITZKRIEG [blitskrig] **n.m.** (mot all.). **1.** Guerre éclair. **2.** Fig. Opération politique (élection, nomination, etc.) fulgurante.

BLIZZARD [blizar] **n.m.** (mot anglo-amér.). Vent glacial du nord, accompagné de tempêtes de neige (Canada, nord des États-Unis).

1. BLOC n.m. (mot néerl. « tronc d'arbre abattu »). **1.** Masse compacte et pesante : *Un bloc de glace.* **2.** Ensemble de feuilles collées les unes aux autres d'un côté et facilement détachables : *Bloc d'ordonnances d'un médecin.* **3.** Bloc-notes. **4.** Groupement de partis, d'États, etc., qui ont des intérêts communs : *L'ancien bloc de l'Est.* **5.** FORTIF. Massif bétonné doté de moyens de feu et d'observation. **6.** Fam. Cellule d'un commissariat ; prison : *Il a passé la nuit au bloc.* ▪ **À bloc,** à fond : *Visser un couvercle à bloc.* ▪ **Bloc de contrôle** [Bourse], quantité de titres assurant le contrôle de la société émettrice. ▪ **Bloc de sûreté,** ensemble d'organes qui commandent des mécanismes de fermeture (serrure, verrou, etc.), constitué essentiellement par un dispositif cylindrique mobile à l'intérieur d'une pièce fixe. ▪ **Bloc de titres,** importante quantité de titres négociée par des intermédiaires en dehors d'une séance boursière. ▪ **Bloc opératoire,** ensemble des installations servant aux opérations chirurgicales. ▪ **En bloc,** en totalité ; sans entrer dans le détail : *Elle a tout nié en bloc.* ▪ **Faire bloc,** s'unir étroitement : *Nous devons faire bloc contre eux.*

2. BLOC n.m. (de l'angl. *block,* obstruction). MÉD. Ralentissement ou blocage de la conduction de l'influx électrique aux cellules nerveuses ou musculaires. ▪ **Bloc anesthésique,** que l'on provoque par infiltration d'un anesthésique local autour des nerfs d'un membre. ▪ **Bloc cardiaque,** trouble de la conduction affectant les cellules (tissu nodal) qui commandent la contraction du cœur.

BLOCAGE n.m. 1. Action de bloquer ; son résultat : *Blocage d'un site Internet par un virus. Blocage des salaires.* **2.** PSYCHOL. Impossibilité d'agir ou de réagir intellectuellement sous le coup d'un choc émotionnel. **3.** CONSTR. Maçonnerie formée de matériaux divers, irréguliers, jetés dans un mortier, servant notamm. à remplir l'espace entre les deux parements d'un mur. ▪ **Minorité de blocage,** nombre d'actions d'une société par actions détenues par une ou plusieurs personnes et qui leur permet de s'opposer à certaines décisions.

BLOC-CUISINE n.m. (pl. *blocs-cuisines*). Ensemble d'éléments (évier, plaque de cuisson, etc.) servant à équiper un studio.

BLOC-CYLINDRES n.m. (pl. *blocs-cylindres*). Ensemble des cylindres d'un moteur, fabriqués en fonderie en un seul bloc.

BLOC-DIAGRAMME n.m. (pl. *blocs-diagrammes*). Représentation en perspective et en coupe d'un type de paysage géologique.

BLOC-EAU n.m. (pl. *blocs-eau*). Gaine de canalisations groupant l'alimentation en eau et la vidange de plusieurs appareils sanitaires.

BLOC-ÉVIER n.m. (pl. *blocs-éviers*). Élément de cuisine préfabriqué comprenant une ou plusieurs cuves, et une ou plusieurs paillasses.

BLOCK n.m. (de l'angl. *to block,* fermer). CH. DE F. Dispositif électrique de signalisation par cantons pour empêcher le rattrapage d'un train par un autre circulant sur la même voie.

BLOCKBUSTER n.m. (mot anglo-amér.). **1.** Film à gros budget publicitaire destiné à produire des profits record. Recomm. off. **grosse machine. 2.** PHARM. Médicament qui procure des recettes très importantes à la société qui le commercialise.

BLOCKCHAIN n.f. (mot angl. « chaîne de bloc »). **1.** Technologie de stockage et de transmission de l'information, transparente et décentralisée, qui permet de valider et sécuriser n'importe quel échange de données. **2.** Spécial. Base de données libre d'accès dans laquelle sont stockées chronologiquement, sous forme de blocs non modifiables liés les uns aux autres, les transactions successives effectuées entre ses utilisateurs depuis sa création. Recomm. off. **bloc de chaînes.**

BLOCKHAUS [blɔkos] **n.m.** (de l'all. *Block,* bloc, et *Haus,* maison). **1.** Petit ouvrage fortifié, pour

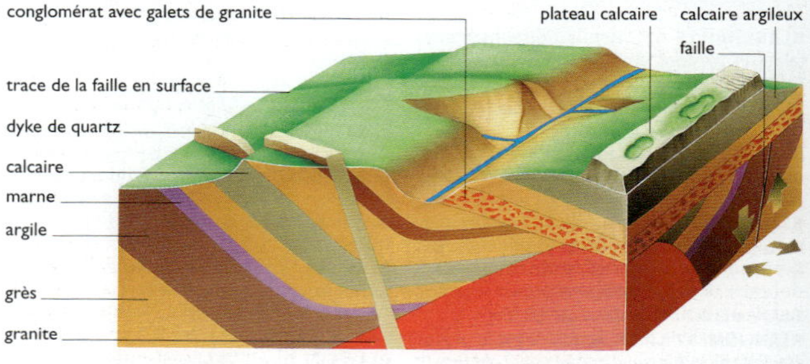

▲ **bloc-diagramme.** Représentation d'une structure géologique en bloc-diagramme.

la défense d'un point particulier. **2.** Poste de commandement blindé des grands navires militaires modernes. **3.** Pièce ou bâtiment conçus pour stocker des copies ou les négatifs originaux des films dans de bonnes conditions de température et d'humidité.

BLOC-MOTEUR **n.m.** (pl. *blocs-moteurs*). Ensemble constitué par le moteur, l'embrayage et la boîte de vitesses d'une automobile ou d'un camion.

BLOC-NOTES **n.m.** (pl. *blocs-notes*). Ensemble de feuilles de papier détachables sur lesquelles on prend des notes (SYN. **1. bloc**).

BLOCUS [blɔkys] **n.m.** (néerl. *blochuus*). **1.** Encerclement d'une ville, d'un port, d'un pays tout entier pour l'empêcher de communiquer avec l'extérieur et de se ravitailler. **2.** Belgique. Bloque. ▪ **Blocus économique,** ensemble des mesures prises contre un pays pour le priver de toute relation commerciale.

BLOG ou **BLOGUE** **n.m.** (angl. *blog*). Site Web sur lequel un internaute tient une chronique personnelle ou consacrée à un sujet particulier (SYN. **weblog**).

BLOGAGE **n.m.** Action de publier un blog. (→ **microblogage**).

BLOGOSPHÈRE **n.f.** Communauté interactive formée par les blogueurs et les blogs qu'ils animent : *La blogosphère lycéenne.*

BLOGUER **v.i.** Tenir un blog.

BLOGUEUR, EUSE **n.** Personne qui tient un blog.

BLOND, E **adj.** (du germ.). D'une couleur se situant entre le châtain clair et le doré : *Chevelure blonde.* ▪ **Bière blonde,** ou **blonde, n.f.,** fabriquée à partir de malts de couleur claire. ▪ **Tabac blond,** dont l'évolution a été arrêtée au stade du jaunissement de la feuille, suivi d'un séchage à l'air chaud. ◆ **adj.** et **n.** Qui a des cheveux blonds. ◆ **n.m.** Couleur blonde.

BLONDASSE **adj.** Péjor. D'un blond fade.

BLONDE **n.f.** **1.** Bière blonde. **2.** Cigarette de tabac blond. **3.** Dentelle aux fuseaux, faite à l'origine en soie écrue. **4.** Québec. Fam. Petite amie ; épouse. ▪ **Blonde d'Aquitaine,** race bovine, originaire du sud-ouest de la France, élevée pour sa viande.

BLONDEUR **n.f.** État de ce qui est blond.

BLONDIN **n.m.** (du n. de C. *Blondin*). Appareil de transport aérien comportant un chariot équipé d'une benne ou d'un crochet et qui se déplace sur des câbles tendus entre deux pylônes.

BLONDINET, ETTE ou **BLONDIN, E** **adj.** et **n.** Se dit d'un enfant, d'une jeune personne qui a les cheveux blonds.

BLONDIR **v.i.** **[21].** Devenir blond. ▪ **Faire blondir** [cuis.], faire rissoler légèrement dans un corps gras. ◆ **v.t.** Rendre blond.

BLOODY MARY [blœdimeri] **n.m. inv.** (mots angl. « Marie la Sanglante »). Cocktail à base de vodka, de jus de tomate et de citron.

BLOOM [blum] **n.m.** (mot angl.). **MÉTALL.** Grosse barre d'acier de section rectangulaire, obtenue en passant plusieurs fois un lingot dans un laminoir.

BLOOMER [blumœr] **n.m.** (mot anglo-amér.). **1.** Short féminin légèrement bouffant inspiré du bloomer des enfants. **2.** Short moulant pour compétitions sportives. **3.** Anc. Culotte bouffante, resserrée en haut des cuisses, que portaient les enfants.

BLOQUE **n.f.** Belgique. Arg. scol. Période de préparation des examens, dans l'enseignement supérieur (SYN. **blocus**).

BLOQUER **v.t.** **[3]** (de *1. bloc*). **1.** Empêcher de bouger, de se déplacer ; immobiliser : *Bloquer un portail, un écrou.* **2.** Rendre un passage, une voie impraticables ; barrer : *Les pompiers ont bloqué la rue.* **3.** **CONSTR.** Remplir ou maçonner avec du blocage. **4.** Regrouper des éléments distincts : *Bloquer tous ses cours en début de semaine.* **5.** Suspendre la libre disposition de qqch ou l'accès à qqch : *Bloquer un compte en banque, des crédits.* **6.** Provoquer un blocage psychologique. **7.** Belgique. Arg. scol. Bûcher ; potasser. ▪ **Bloquer le ballon,** l'arrêter dans sa course en l'attrapant, au football, au rugby, etc. ◆ **SE BLOQUER** **v.pr.** **1.** Être empêché de fonctionner ; s'immobiliser : *La clé s'est bloquée.* **2.** Avoir une attitude de refus, un blocage psychologique.

BLOQUEUR **n.m.** ▪ **Bloqueur de publicité** (anglo-amér. *adblocker,* de *advert,* publicité, et *blocker,* bloqueur) [inform.], logiciel permettant de bloquer l'affichage des publicités (bandeaux publicitaires, liens sponsorisés, pop-up) sur les sites Web visités.

SE BLOTTIR **v.pr.** **[21]** (p.-ê. du bas all. *blotten,* écraser). **1.** Se replier sur soi-même : *Le chat se blottit sous le fauteuil.* **2.** Chercher refuge auprès de : *L'enfant alla se blottir contre sa mère.*

BLOUSANT, E **adj.** Se dit d'un vêtement qui blouse.

BLOUSE **n.f.** (orig. obscure). **1.** Vêtement de travail porté pour protéger ses vêtements : *Blouse de chimiste.* **2.** Corsage de femme en tissu léger et de forme ample. ▪ **Les blouses blanches,** le personnel médical.

1. BLOUSER **v.t.** **[3].** Fam., vieilli. Tromper ; abuser.

2. BLOUSER **v.i.** **[3].** Avoir de l'ampleur donnée par des fronces, en parlant d'un vêtement.

BLOUSON **n.m.** Veste d'allure sportive, courte et ample, serrée aux poignets et à la taille. ▪ **Blouson noir,** jeune voyou qui était vêtu d'un blouson de cuir noir ; jeune délinquant (de 1955 à 1965, env.).

BLOUSSE **n.f.** **TEXT.** Ensemble de déchets de laine, de coton ou d'étoupe recueillis lors du peignage.

BLUE-JEAN [bludʒin] **n.m.** (pl. *blue-jeans*) ou **BLUE-JEANS** [bludʒins] **n.m. inv.,** ▲ ***BLUEJEAN n.m.*** (mot anglo-amér. « treillis bleu »). Jean.

BLUES [bluz] **n.m.** (mot anglo-amér. « mélancolie »). **1.** Complainte du folklore afro-américain, née dans le sud des États-Unis (delta du Mississippi), d'abord rurale puis urbaine, caractérisée par une formule harmonique constante et un rythme à quatre temps, dont le style a influencé le jazz et la plupart des formes musicales dérivées du rock. **2.** Fam. Mélancolie : *Avoir le blues.*

BLUETOOTH [blutus] **n.m.** (nom déposé). Technologie de connexion sans fil à courte portée permettant de relier des appareils numériques (équipements informatiques, téléphoniques, audiovisuels).

BLUETTE **n.f.** (de l'anc. fr. *belluer,* éblouir). **1.** Vieilli. Petit ouvrage littéraire sans prétention. **2.** Historiette (récit, film) sentimentale.

BLUFF [blœf] **n.m.** (mot anglo-amér.). **1.** Procédé classique au poker, consistant à miser gros sans avoir un bon jeu, pour que l'adversaire renonce à jouer. **2.** Attitude, parole d'une personne qui veut donner le change.

BLUFFANT, E **adj.** Fam. Qui stupéfie, impressionne : *Ce nouveau robot est bluffant.*

BLUFFER [blœfe] **v.t.** et **v.i.** **[3].** **1.** Au poker, faire un bluff. **2.** Cacher sa situation réelle ou ses intentions pour leurrer qqn. ◆ **v.t.** Fam. Provoquer chez qqn une surprise mêlée d'admiration.

BLUFFEUR, EUSE **n.** et **adj.** Personne qui bluffe.

BLUSH [blœʃ] **n.m.** (de l'angl. *to blush,* rougir). Fard à joues sec, applicable au pinceau.

BLUTAGE **n.m.** Action de bluter ; son résultat.

BLUTER **v.t.** **[3]** (moyen néerl. *biutelen*). Faire passer la farine à travers un tamis pour la séparer du son.

BLUTOIR **n.m.** Grand tamis pour bluter la farine.

BMX **n.m.** (nom déposé). Bicross de la marque de ce nom.

BO ou **B.O.** [beo] **n.f.** (sigle). Bande originale.

BOA **n.m.** (mot lat. « serpent d'eau »). **1.** Serpent d'Amérique tropicale, non venimeux, mesurant jusqu'à 4 m et se nourrissant d'animaux qu'il étouffe. ➲ Famille des boïdés. (V. planche *serpents.*) **2.** Rouleau de plumes d'autruche, que les femmes portaient autour du cou vers 1900.

BOAT PEOPLE [botpipœl] **n. inv.** (mots angl. « gens des bateaux »). Réfugié abandonnant son pays sur une embarcation de fortune.

1. BOB **n.m.** (du prénom *Robert*). Chapeau cloche en toile.

2. BOB **n.m.** (abrév.). Bobsleigh.

BOB **n.m.** (nom déposé ; dimin. de *Robert,* n.pr.). Belgique. Conducteur acceptant de ne pas boire d'alcool lors d'une sortie, afin d'être en mesure de reconduire ses compagnons en toute sécurité : *Ce soir, je veux bien faire le Bob.* (On rencontre parfois *la Bobette,* au fém.)

BOBARD **n.m.** Fam. Fausse nouvelle ; mensonge : *Ce bobard a été repris par de nombreux sites.*

BOBÈCHE **n.f.** (p.-ê. de *bobine*). Disque de verre ou de métal, adapté à un bougeoir pour arrêter les coulures de bougie.

BOBET, ETTE **adj.** et **n.** Région. (Savoie) ; Suisse. Fam. Sot ; benêt.

BOBETTES **n.f. pl.** Québec. Fam. Sous-vêtement féminin ou masculin (culotte, slip, caleçon) habillant le corps, de la taille au haut des cuisses.

BOBINAGE **n.m.** **1.** Action de bobiner ; son résultat. **2.** **ÉLECTROTECHN.** Enroulement de fils conducteurs formant, sur une machine ou un appareil, un même circuit électrique.

BOBINE **n.f.** (onomat.). **1.** Petit cylindre en bois, en métal ou en plastique, autour duquel on enroule du fil, de la ficelle, du ruban, une pellicule photographique, etc. ; le cylindre et la matière enroulée : *Il me faudrait une autre bobine de ficelle.* **2.** **ÉLECTROTECHN.** Ensemble de spires conductrices, génér. coaxiales, connectées en série. **3.** Fam. Visage ; expression du visage : *Ne fais pas cette bobine !* ▪ **Bobine d'allumage** [électrotechn.], petite bobine d'induction servant à allumer le mélange, dans un moteur à explosion. ▪ **Bobine d'induction** [électrotechn.], bobine dont le noyau favorise l'induction magnétique.

BOBINEAU **n.m.** → **BOBINOT.**

BOBINER **v.t.** **[3].** Enrouler qqch sur une bobine (fil électrique, fibre textile, etc.).

BOBINETTE **n.f.** Anc. Petite pièce de bois mobile, qui servait à fermer les portes.

BOBINEUR, EUSE **n.** **TEXT.** Personne chargée du bobinage dans une filature.

BOBINEUSE **n.f.** **ÉLECTROTECHN.** Machine à bobiner.

BOBINOIR **n.m.** **TEXT.** Machine à bobiner.

BOBINOT ou **BOBINEAU** **n.m.** **1.** Support utilisé pour disposer en bobines les fibres textiles. **2.** Partie centrale d'une bobine de papier pour rotative, qui reste inutilisée. **3.** Film en rouleau utilisé en cours de montage cinématographique.

1. BOBO **n.m.** (onomat.). Douleur ou blessure légère, dans le langage enfantin : *De tout petits bobos.*

2. BOBO **n.** (de l'anglo-amér. *bourgeois bohemian,* bourgeois bohème). Fam. Personne génér. citadine, aisée et cultivée, affichant un anticonformisme éclairé. ◆ **adj.** Relatif aux bobos.

BOBOÏSATION **n.f.** Fam. **1.** Transformation d'un lieu (quartier, partic.) populaire par l'arrivée en nombre de bobos ; gentrification. **2.** Par ext., péjor. Fait d'adopter les manières de penser ou de vivre des bobos, leurs usages, leurs comportements : *Dénoncer la boboïsation des médias.*

BOBOLOGIE **n.f.** (de *1. bobo*). Fam., péjor. Ensemble des maux bénins qui occasionnent des interventions ou des consultations médicales souvent abusives, aux urgences, notamm.

BOBONNE **n.f.** Fam., péjor. Femme uniquement soucieuse des soins du ménage et de ses enfants.

BOBSLEIGH [bɔbslɛg] **n.m.** (mot angl.). Sorte de traîneau monté sur des patins avec lequel on glisse sur des pistes de glace ; sport pratiqué avec cet engin. Abrév. **bob.**

▲ **bobsleigh.** Course de bobsleigh à quatre équipiers (bob à quatre).

BOBTAIL [bɔbtɛl] **n.m.** Chien de berger, d'origine anglaise, au poil long et abondant.

BO BUN ou **BO-BUN** **n.m. inv.,** ▲ ***BOBUN n.m.*** [bobun] (mot vietnamien). Plat complet composé de nouilles de riz, de fins morceaux de bœuf, de crudités, d'herbes parfumées, de cacahouètes concassées, et parfois de nems. ➲ Cuisine vietnamienne.

BOCAGE **n.m.** (mot normand). Région où les champs et les prés sont enclos par des haies ou des rangées d'arbres, et où l'habitat est génér. dispersé en fermes et en hameaux.

BOCAGER, ÈRE **adj.** Relatif au bocage : *Paysage bocager.*

BOCAL **n.m.** (pl. *bocaux*) [ital. *boccale*]. Récipient en verre ou en grès à large ouverture ; son contenu : *Un bocal à confiture, de cornichons.*

BOCARD **n.m.** (de l'all.). Appareil à pilon pour le broyage des minerais ou la production de poudres.

a b c d e f g h i j k l m n o p q r s t u v w x y z

BOCARDER **v.t. [3].** Broyer au bocard.

BOCHE adj. et **n.** (de l'arg. anc. *alboche*). Péjor., vieilli. Allemand.

BOCK n.m. (de l'all. *Bockbier*, bière très forte). Verre à bière d'une contenance d'un quart de litre. ▪ **Bock (à injection),** récipient muni d'un tube souple terminé par une canule, utilisé pour les lavements, les injections, etc.

BODEGA [-de-] ou **BODÉGA n.f.** (mot esp.). En Espagne et dans le midi de la France, bar à vins.

BODEGÓN [-degɔn] **n.m.** (mot esp.). Dans la peinture espagnole, forme de nature morte privilégiant la représentation sobre d'aliments et d'ustensiles de cuisine.

BODHI n.f. (du sanskr.). Stade final de la méditation bouddhique, caractérisé par l'éveil ou l'illumination de la conscience et illustré par l'expérience qu'en fit le Bouddha.

BODHISATTVA [bɔdisatva] **n.m.** (mot sanskr.). Sage destiné à devenir bouddha mais qui retarde cette délivrance pour exercer sa compassion envers tous les êtres.

BODY n.m. (pl. *bodys* ou *bodies*) [mot angl. « corps »]. Vêtement féminin d'une seule pièce, couvrant le tronc et fermant par pressions à l'entrejambe.

BODYBOARD [bɔdibɔrd] **n.m.** (nom déposé). Planche courte sur laquelle on surfe couché ou à genoux ; sport pratiqué avec cette planche.

BODYBUILDING ou **BODY-BUILDING** [bɔdibildiŋ] ou [-byldiŋ] **n.m.** (pl. *body-buildings*) [mot angl.]. Culturisme.

BOETTE ou **BOËTE** [bwɛt] **n.f.** (du breton *boued*, nourriture). Appât que l'on met à l'hameçon ou amorce pour la pêche en mer.

1. BŒUF [bœf] (au pl. [bø]) **n.m.** (lat. *bos, bovis*). **1.** Animal de l'espèce bovine. **2.** Mâle châtré adulte de l'espèce bovine. **3.** Viande de cet animal. **4.** Réunion de musiciens de jazz jouant pour leur seul plaisir, parfois en improvisant : *Faire un bœuf.* ▪ **Bœuf à bosse,** zébu. ▪ **Bœuf musqué,** ovibos. ▪ **Fort comme un bœuf,** très fort. ▪ **Souffler comme un bœuf** [fam.], être très essoufflé.

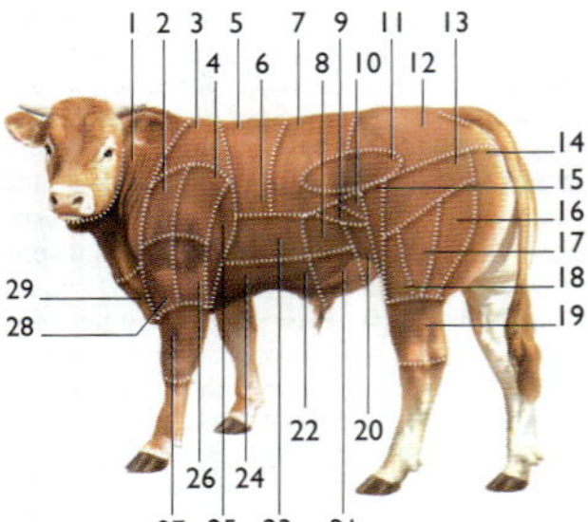

1. Collier
2. Macreuse à pot-au-feu
3. Basses côtes
4. Paleron
5. Côtes
6. Entrecôtes
7. Faux-filet
8. Bavette de flanchet
9. Hampe
10. Onglet
11. Filet
12. Rumsteck ou romsteck (croupe)
13. Poire, merlan et tende-de-tranche
14. Rond de gîte
15. Aiguillette
16. Gîte à la noix
17. Araignée
18. Mouvant et rond de tranche
19. Gîte arrière
20. Bavette d'aloyau
21. Flanchet
22. Tendron
23. Plat de côtes
24. Poitrine
25. Macreuse à bifteck
26. Jumeau à bifteck
27. Gîte avant
28. Jumeau à pot-au-feu
29. Gros bout de poitrine

▲ **bœuf.** Les morceaux de boucherie (bœuf limousin).

2. BŒUF adj. inv. Fam. Surprenant et considérable : *Son arrivée dans cette tenue a fait un effet bœuf.*

BOF interj. Exprime le doute, l'indifférence, l'ironie : *Bof ! Il dit ce qu'il veut, ça m'est égal.*

BOGEY [bɔɡɛ] **n.m.** (mot angl.). Au golf, score sur un trou, d'un point de plus que le par.

BOGGIE n.m. → **BOGIE.**

BOGHEAD [bɔɡɛd] **n.m.** (du n. d'un village d'Écosse). Charbon dur, qui brûle en laissant beaucoup de cendres.

BOGHEI [bœɡi] **n.m.** Anc. Buggy.

BOGIE [bɔʒi] ou **BOGGIE** [bɔɡi] **n.m.** (angl. *bogie*). Châssis à deux ou parfois trois essieux portant l'extrémité d'un véhicule ferroviaire et relié au châssis principal par une articulation à pivot.

BOGOMILE n. (du bulgare *Bog*, Dieu, et *mil*, ami). Membre d'une secte chrétienne dualiste bulgare du Xᵉ s., dont la doctrine inspira, notamm., les cathares.

1. BOGUE n.f. (breton *bolc'h*). Enveloppe du marron et de la châtaigne, recouverte de piquants.

2. BOGUE ou **BUG** [bœɡ] **n.m.** (de l'angl. *bug*, défaut, avec infl. de *1. bogue*). **INFORM.** Défaut de conception ou de réalisation d'un programme, se manifestant par des anomalies de fonctionnement.

BOGUÉ, E ou **BUGGÉ, E** [bœɡe] **adj. INFORM.** Se dit d'un logiciel qui contient des bogues.

BOGUER ou **BUGGER** [bœɡe] **v.i. [3]. INFORM.** Présenter un bogue, une anomalie de fonctionnement, en parlant d'un matériel informatique : *Mon ordinateur bogue sans arrêt.*

BOGUET n.m. 1. Anc. Buggy. **2.** Suisse. Cyclomoteur.

1. BOHÈME adj. et **n.** (de *Bohême*, n.pr.). Vieilli. Qui a des habitudes de vie irrégulières ou en marge de la société : *Fréquenter les bohèmes. La vie de bohème.*

2. BOHÈME [bɔɛm] **n.f.** Vieilli. Ensemble des gens menant une vie de bohème ; ce genre de vie.

BOHÊME adj. CHRIST. ▪ **Frères bohêmes,** frères moraves*.

BOHÉMIEN, ENNE adj. et **n. 1.** De Bohême. **2.** Vieilli. Rom.

BOHRIUM [bɔrjɔm] **n.m.** (de N. *Bohr*, n.pr.). Élément chimique artificiel (Bh), de numéro atomique 107, de masse atomique 264,12.

BOILLE [bɔj] ou **BOUILLE n.f.** Suisse. Grand bidon cylindrique servant à transporter du lait.

1. BOIRE v.t. [88] (lat. *bibere*). **1.** Avaler un liquide : *Boire de l'eau. Le bébé a bu son biberon.* **2.** Absol. Absorber de l'alcool avec excès : *Il a arrêté de boire.* **3.** Absorber un liquide, en parlant de qqch : *La terre a bu la pluie.* ▪ **Boire les paroles de qqn,** l'écouter très attentivement, avec admiration. ▪ **Il y a à boire et à manger** [fam.], des avantages et des inconvénients ; du vrai et du faux. ◆ **SE BOIRE v.pr.** Devoir être bu de telle façon : *Ce vin se boit frais.*

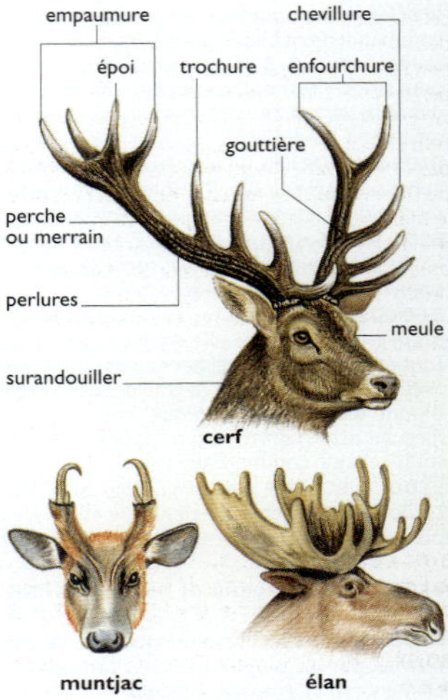

▲ **bois.** Différentes formes de bois.

2. BOIRE n.m. ▪ **Le boire et le manger,** le fait de boire et de manger. ▪ **En perdre le boire et le manger,** être tellement absorbé ou préoccupé par qqch qu'on en oublie les nécessités de la vie.

BOIS n.m. (du germ. *bosk*, buisson). **1.** Lieu couvert ou planté d'arbres : *Traverser un bois. Le bois de Boulogne.* **2.** Matière compacte et fibreuse, plus ou moins dure, formée par les vaisseaux transporteurs de sève, aux parois riches en cellulose et en lignine, et qui constitue le tronc, les racines et les branches des plantes ligneuses : *Bois de chauffage.* **3.** Objet ou partie d'un objet en bois : *Le bois d'une hache.* **4.** Club de golf à tête en bois, destiné aux coups les plus longs. **5.** Gravure obtenue à l'aide d'un bois gravé. ▪ **Avoir la gueule de bois** [fam.], avoir mal à la tête et la langue pâteuse après des excès d'alcool. ▪ **Bois composite** → **COMPOSITE.** ▪ **Bois de Panama,** écorce d'une rosacée du Chili, aux propriétés analogues à

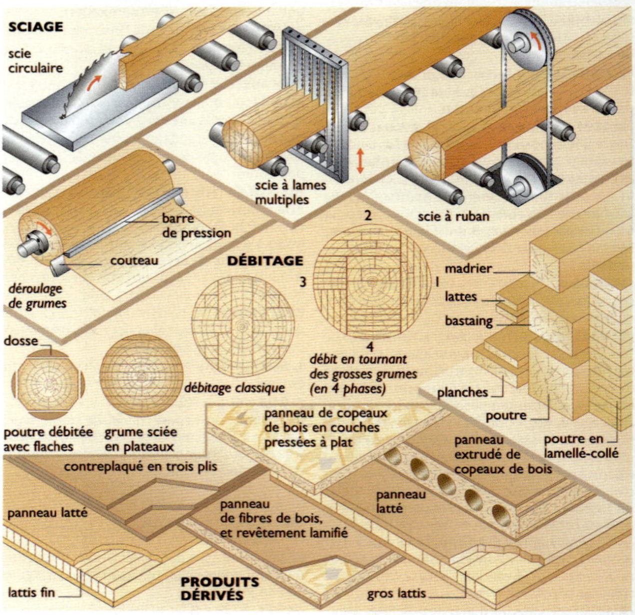

▲ **bois.** Principaux modes de transformation du bois et produits obtenus.

celles du savon. ▪ **Bois franc** [Québec], bois dur des arbres à feuilles caduques : *Un plancher de bois franc.* ▪ **Envoyer du bois** [fam.], être efficace, performant : *Leur bassiste envoie du bois, il assure vraiment* ; produire une vive impression, faire de l'effet : *Avec cette tenue, elle envoie du bois !* ▪ **Ne pas être de bois,** ne pas manquer de sensibilité ou de sensualité. ▪ **Toucher du bois,** conjurer le mauvais sort en touchant un objet en bois. ◆ **n.m. pl. 1.** Famille des instruments à vent en bois (hautbois, clarinette, cor anglais, basse) ou dont le timbre est comparable à celui des instruments en bois (flûte, saxophone). **2.** Cornes caduques des cervidés : *Les bois d'un cerf.*

➲ Le **BOIS** possède une certaine rigidité, une bonne résistance aux agents chimiques, des qualités d'isolant thermique ainsi que la capacité d'absorber les efforts brusques. Ses usages sont multiples : combustible, construction, ébénisterie, lutherie, tonnellerie, fabrication du papier et du carton.

BOISAGE n.m. MIN. **1.** Action de boiser. **2.** Ensemble des éléments de soutènement (en bois ou en métal) des chantiers d'exploitation et des galeries d'une mine.

BOISÉ, E adj. Garni, planté d'arbres : *Vallon boisé.* ◆ **n.m.** Québec. Lieu couvert d'arbres : *La protection des boisés urbains.* ◆ **adj.** et **n.m.** Qui a la senteur du bois : *Une senteur boisée. Le boisé d'un vin.*

BOISEMENT n.m. Action de boiser un lieu ; plantation d'arbres forestiers.

BOIS-ÉNERGIE ou **BOIS ÉNERGIE** n.m. inv. Bois utilisé pour la production d'énergie calorifique et se présentant sous diverses formes (rondins, granulés, plaquettes, notamm.). [V. planche *énergies renouvelables*.]

BOISER v.t. [3]. **1.** Planter un terrain d'arbres. **2.** MIN. Soutenir par un boisage.

BOISERIE n.f. Ouvrage de menuiserie dont on revêt les murs intérieurs d'une habitation.

BOISEUR n.m. Ouvrier chargé de la pose du boisage.

BOISSEAU n.m. (lat. *buxitellum*). **1.** Trou conique d'un robinet, dans lequel on introduit la clé. **2.** Chacun des tuyaux courts qui s'emboîtent pour former les conduits de fumée, les évacuations sanitaires, etc. **3.** Anc. Mesure de capacité pour les grains et les produits analogues ; récipient dont le contenu équivalait à cette mesure. ➲ Le boisseau de Paris contenait env. 12,8 l. ▪ **Mettre** ou **garder qqch sous le boisseau,** dissimuler qqch qui mériterait d'être connu.

BOISSELIER n.m. Personne qui travaille dans la boissellerie.

BOISSELLERIE n.f. Fabrication et commerce d'objets en bois (bobines, portemanteaux, etc.).

BOISSON n.f. (du lat. *bibere*, boire). **1.** Liquide que l'on boit : *Veux-tu une boisson chaude ?* **2.** Liquide alcoolisé destiné à la consommation : *Les boissons fermentées et les boissons distillées.* ▪ **Être pris de boisson,** être ivre. ▪ **La boisson,** l'alcoolisme : *Échapper à la boisson.*

BOÎTE, ▲ *BOITE* n.f. (lat. pop. *buxida*, du gr. *puxis*, buis). **1.** Contenant en matière rigide (bois, métal, etc.), avec ou sans couvercle, de forme et de dimensions variables : *Boîte à bijoux. Boîte de comprimés.* **2.** Contenu d'une boîte : *Manger une boîte de sardines.* **3.** Fam. Lieu de travail ; entreprise. ▪ **Boîte à gants,** aménagement situé dans la planche de bord d'une automobile, pour le rangement d'objets divers. ▪ **Boîte à musique,** instrument à cylindre, qui, mû par un ressort, actionne les lames en acier d'un clavier produisant des airs de musique. ▪ **Boîte à outils,** ensemble de moyens et de méthodes permettant de réaliser un projet, de redresser une situation compliquée. ▪ **Boîte à rythmes,** instrument de musique électronique contenant des sons de batterie et de percussions. ▪ **Boîte à tartines** [Belgique], boîte contenant le casse-croûte d'un écolier ou d'un ouvrier. ▪ **Boîte aux lettres** ou **à lettres,** réceptacle destiné à recevoir les lettres que l'on expédie ou reçoit par la poste ; inform., espace dans lequel l'utilisateur stocke les messages qu'il envoie ou reçoit via un service de messagerie électronique. ▪ **Boîte crânienne,** crâne. ▪ **Boîte de conserve,** boîte métallique destinée à contenir des produits alimentaires stérilisés ou des liquides. ▪ **Boîte de dialogue** [inform.], fenêtre qu'un logiciel affiche sur l'écran d'un ordinateur pour demander des renseignements à l'utilisateur. ▪ **Boîte (de nuit),** établissement ouvert la nuit, où l'on peut écouter de la musique, danser et boire : *Sortir en boîte.* ▪ **Boîte d'essieu,** dispositif qui reçoit l'extrémité de l'essieu d'un véhicule ferroviaire et qui en assure le graissage sur les paliers ou les roulements à rouleaux. ▪ **Boîte de vitesses,** organe renfermant les trains d'engrenages du changement de vitesse d'un véhicule automobile. ▪ **Boîte noire,** équipement placé à bord d'un avion, qui conserve, en cas d'accident, l'enregistrement des paramètres de fonctionnement du matériel et les conversations du personnel navigant. ▪ **Boîte postale (BP),** boîte aux lettres d'un bureau de poste, où le destinataire se fait adresser son courrier ; cette adresse. ▪ **Boîte vocale** → **VOCAL.** ▪ **Dans la boîte** [cinéma, audiovis., fam.], la prise est réussie : *Coupez, c'est dans la boîte !* ▪ **En boîte** [audiovis., fam.], le tournage (film, série) est terminé : *La deuxième saison est en boîte.* ▪ **Mettre qqn en boîte** [fam.], se moquer de lui. ▪ **Ouvrir la boîte de Pandore*,** s'exposer, par une initiative imprudente, à de grands maux (v. aussi n.pr.).

BOÎTE-BOISSON n.f. (pl. *boîtes-boissons*). Canette métallique contenant une boisson.

BOITEMENT n.m. Fait de marcher en boitant ; claudication.

BOITER v.i. [3] (sans doute de *pied bot*). **1.** Marcher en inclinant le corps d'un côté plus que de l'autre, à cause d'une infirmité ou d'une gêne momentanée. **2.** Manquer de stabilité ; être bancal : *Un vieux fauteuil qui boite.* **3.** Fig. Manquer de cohérence : *Votre raisonnement boite.*

BOITERIE n.f. Irrégularité de la démarche d'une personne, d'un cheval qui boite.

BOITEUX, EUSE adj. et n. Se dit de qqn, d'un animal qui boite. ◆ **adj.** Se dit de qqch qui boite ; bancal : *Une table boiteuse. Un arrangement boiteux.*

BOÎTIER, ▲ *BOITIER* n.m. **1.** Boîte, coffret à compartiments : *Un boîtier de manucure.* **2.** Boîte renfermant un mécanisme, une pile, etc. : *Le boîtier d'une montre, d'un portable.* **3.** Corps d'un appareil photographique, sur lequel s'adapte l'objectif. ▪ **Boîtier numérique,** boîte en métal ou en plastique renfermant divers matériels informatiques (processeur, disque dur, connecteur ADSL), utilisés partic. pour les offres regroupant Internet, la télévision et la téléphonie.

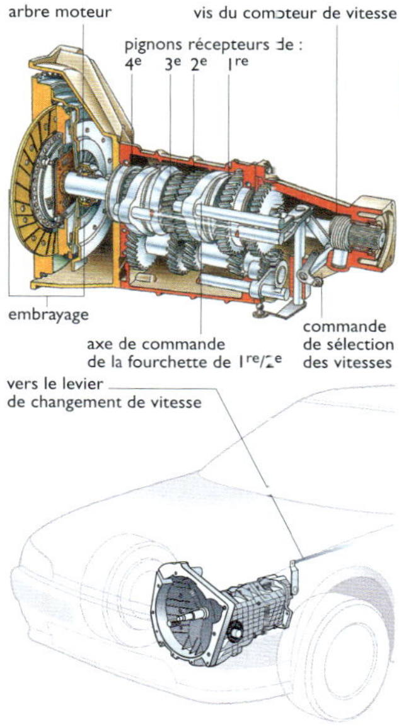

▲ **boîte de vitesses** d'une automobile.

BOITILLEMENT n.m. Action de boitiller.

BOITILLER v.i. [3]. Boiter légèrement.

BOITON ou **BOÎTON** n.m. (mot gaul.). Suisse. Porcherie.

BOIT-SANS-SOIF n. inv. Fam. Personne qui boit de l'alcool avec excès.

1. BOL n.m. (angl. *bowl*). **1.** Récipient hémisphérique, sans anse, qui sert à contenir certaines boissons : *Sortir les bols pour le petit déjeuner* ; son contenu : *Un bol de café.* **2.** Fam. Chance : *Tu as du bol de partir au ski. Manque de bol, il a raté son train.* ▪ **En avoir ras le bol** [fam.], ne plus supporter qqn, qqch.

2. BOL n.m. (du gr. *bôlos*, bouchée). Anc. Grosse gélule médicamenteuse destinée aux chevaux et aux bovins. ▪ **Bol alimentaire,** petite masse d'aliments correspondant à une déglutition.

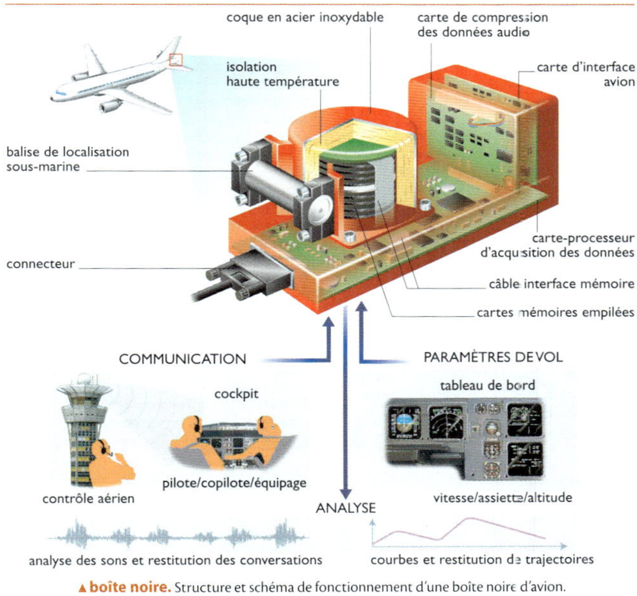

▲ **boîte noire.** Structure et schéma de fonctionnement d'une boîte noire d'avion.

BOLCHEVIQUE ou **BOLCHEVIK,** ▲ *BOLCHÉVIQUE* **adj.** et **n.** (russe *bolchevik*). **HIST.** De la fraction du Parti ouvrier social-démocrate russe qui suivit Lénine après la scission (1903) avec les mencheviques ; du Parti communiste de Russie, puis d'URSS.

BOLCHEVISME, ▲ *BOLCHÉVISME* **n.m.** Doctrine des bolcheviques.

BOLDO n.m. (mot esp.). Arbre originaire du Chili dont les feuilles ont des propriétés médicinales.

BOLDUC n.m. (de *Bois-le-Duc*, n.pr.). Ruban utilisé pour ficeler les paquets.

BOLÉE n.f. Contenu d'un bol.

BOLÉRO n.m. (de l'esp. *bolero*, danseur). **1.** Danse d'origine andalouse, exécutée en couple sur un air chanté. ➲ Né au XVIIIe s., le boléro a connu son apogée comme danse professionnelle théâtrale au XIXe s. **2. MUS.** Pièce instrumentale fondée sur la répétition invariable d'un schéma rythmique. **3.** Veste droite, non boutonnée, s'arrêtant à la taille.

BOLET n.m. (lat. *boletus*). Champignon charnu, dont la face inférieure du chapeau est constituée de tubes serrés, et dont plusieurs espèces, en particulier celles que l'on dénomme *cèpes*, sont comestibles. ➲ Classe des basidiomycètes. (V. planche *champignons*.)

BOLETALE [bɔlɛtal] **n.f.** Champignon basidiomycète à chapeau charnu portant des tubes, cour. appelé *bolet*. ➲ Les boletales forment un ordre.

BOLIDE n.m. (du lat. *bolis, -idis*, jet). **1.** Véhicule très rapide. **2.** Météore partic. brillant offrant l'aspect d'une boule de feu.

BOLINCHE n.f. (esp. *boliche*). Filet tournant et coulissant utilisé pour pêcher la sardine et l'anchois.

BOLINCHEUR n.m. Navire utilisant une bolinche.

BOLIVAR n.m. (de S. *Bolívar*, n.pr.). **1.** Unité monétaire principale du Venezuela. **2.** Chapeau haut de forme, évasé et à larges bords, en usage au XIXe s.

BOLIVIANO n.m. Unité monétaire principale de la Bolivie.

BOLIVIEN, ENNE adj. et **n.** De la Bolivie ; de ses habitants.

BOLLANDISTE n.m. Membre d'une société catholique, créée au XVIIe s. par le jésuite Jean Bolland, qui effectue et publie des recherches sur la vie des saints *(Acta sanctorum)*.

BOLLARD n.m. (mot angl.). **MAR.** Bitte d'amarrage.

BOLOGNAIS, E adj. (de *Bologne*, n.pr.). ▪ **Sauce bolognaise,** à base de tomates et de viande hachée. ➲ Cuisine italienne.

BOLOMÈTRE n.m. (angl. *bolometer*). Appareil à résistance électrique servant à mesurer l'énergie rayonnante (infrarouge, visible et ultraviolette).

BOLONAIS, E adj. et **n.** De Bologne.

BOLOS [bɔlɔs] **n.** (orig. incert.). Fam. Personne naïve ou peu courageuse, au comportement ridicule, voire stupide ; bouffon : *Tu nous as lâchés au dernier moment, t'es qu'un bolos !*

1. BOMBAGE n.m. VERR. Cintrage au four des feuilles de verre.

2. BOMBAGE n.m. Action d'écrire, de dessiner avec de la peinture en bombe dans un espace public ; ce qui est ainsi tracé (tag, graff).

BOMBANCE n.f. (de l'anc. fr. *bobance*, orgueil). Fam., vieilli. Repas copieux ; festin. ▪ **Faire bombance,** manger beaucoup.

BOMBARDE n.f. 1. Instrument à vent en bois à anche double, de tonalité grave. **2.** Bouche à feu primitive tirant des boulets de pierre (XIVe-XVIe s.).

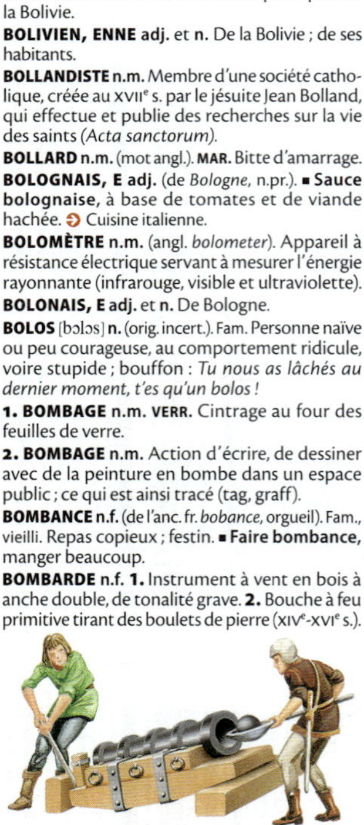

▲ bombarde

BOMBARDEMENT n.m. 1. Action de bombarder. **2. PHYS. NUCL.** Projection sur une cible de particules émises par une substance radioactive ou accélérées par des appareils spéciaux (cyclotron, notamm.). ▪ **Bombardement stratégique,** visant à détruire le potentiel de guerre et les ressources économiques de l'adversaire. ▪ **Bombardement tactique,** limité à des objectifs purement militaires, à la destruction des forces armées adverses.

BOMBARDER v.t. [3] (du lat. *bombus*, bruit sourd). **1.** Attaquer un objectif avec des bombes, des projectiles explosifs : *Bombarder une ville.* **2.** Lancer en grand nombre des projectiles sur : *Les invités bombardaient les mariés de grains de riz.* **3.** Fig. Harceler qqn de demandes importunes : *Il la bombarde de lettres.* **4. PHYS. NUCL.** Effectuer un bombardement. **5.** Fam. Nommer soudainement qqn à un poste, un emploi : *On l'a bombardée ministre.*

BOMBARDIER n.m. 1. Avion chargé d'une mission de bombardement. **2.** Membre de l'équipage d'un bombardier chargé du largage des bombes. **3.** Insecte coléoptère d'Europe qui, lorsqu'il est menacé, produit une légère détonation en projetant par l'anus un liquide acide. ➲ Famille des carabidés. ▪ **Bombardier d'eau,** avion ou hélicoptère équipé de réservoirs d'eau, utilisé pour la lutte contre les incendies de forêt.

BOMBARDON n.m. Le plus grave des instruments de la famille des bombardes, employé dans les fanfares.

1. BOMBE n.f. (ital. *bomba*). **1.** Projectile creux chargé de matière explosive ou incendiaire et muni d'un appareil de mise à feu : *Larguer une bombe sur un site industriel* ; tout dispositif explosif : *Une alerte à la bombe.* **2.** Récipient métallique contenant un liquide sous pression (laque, désodorisant, insecticide) destiné à être vaporisé. **3.** Coiffure hémisphérique rigide, à visière, que portent les cavaliers. **4.** Fam. Personne particulièrement séduisante : *Son frère est une bombe.* ▪ **Bombe à fragmentation,** bombe libérant à basse altitude des mines, des missiles ou de petites bombes qui poursuivent leur trajectoire pour anéantir l'ennemi dans une zone donnée ou pour l'empêcher d'y accéder. ▪ **Bombe à retardement** → **RETARDEMENT.** ▪ **Bombe glacée,** entremets glacé en forme de demi-sphère ou de cône. ▪ **Bombe nucléaire,** dont la puissance explosive utilise l'énergie nucléaire. (On distingue les *bombes de fission*, dites *atomiques* ou *A*, et les *bombes de fusion*, dites *thermonucléaires* ou *H* [→ **nucléaire**].) ▪ **Bombe volcanique** [géol.], fragment de lave d'une taille supérieure à celle des lapilli, issu d'une projection volcanique et qui s'est solidifié dans l'atmosphère. ▪ **C'est de la bombe** [fam.], c'est magnifique, extraordinaire : *Ce nouveau téléphone, c'est de la bombe.* ▪ **Faire l'effet d'une bombe** [fam.], provoquer la stupéfaction, le scandale.

2. BOMBE n.f. (de *bombance*). Fam. ▪ **Faire la bombe,** faire la fête ; festoyer.

BOMBÉ, E adj. Qui a une forme arrondie : *Un front bombé.* ▪ **Voûte bombée,** voûte d'arêtes ou d'ogives dont la clé est plus haute que le sommet des arcs qui l'encadrent.

BOMBEMENT n.m. Fait d'être bombé : *Le bombement des feuilles dû à un herbicide.*

1. BOMBER v.t. [3]. 1. Rendre convexe : *Bomber sa main contre son oreille.* **2.** Donner une forme convexe à : *Bomber la crête d'une muraille.* ▪ **Bomber le torse,** faire l'important. ◆ **v.i. 1.** Présenter une convexité : *Le mur du nord bombe.* **2.** Fam. Aller très vite : *Il va falloir bomber pour finir à l'heure.*

2. BOMBER v.t. [3]. Tracer avec de la peinture en bombe : *Bomber un logo* ; couvrir de bombages : *Bomber une façade.*

3. BOMBER [bɔ̃bœr] **n.m.** (de l'anglo-amér. *bomber jacket*, blouson d'aviateur). Blouson plus ou moins bouffant en fibre synthétique satinée, à poignets et à taille élastiques, pourvu de poches zippées en diagonale.

BOMBINETTE n.f. Fam. Petite bombe.

BOMBONNE n.f. → **BONBONNE.**

BOMBYX n.m. (gr. *bombux*). Papillon nocturne aux ailes duveteuses, dont une espèce, le *bombyx du mûrier*, a pour chenille le ver à soie. ➲ Famille des bombycidés.

BÔME n.f. (néerl. *boom*). **MAR.** Espar horizontal sur lequel est enverguée la partie basse d'une voile aurique ou triangulaire.

BÔMÉ, E adj. MAR. Muni d'une bôme : *Un génois bômé.*

1. BON, BONNE adj. (lat. *bonus*). **1.** Qui présente les qualités requises par son état ou sa fonction ; qui convient : *Un bon ordinateur. Un bon pianiste. J'ai une bonne raison de refuser.* **2.** Qui procure de l'agrément : *Il nous a préparé un très bon repas. Passer de bonnes vacances.* **3.** Dont l'effet est bénéfique : *Un bon massage.* **4.** Qui aime faire le bien : *Il est bon avec ceux qui sont dans le besoin* ; qui manifeste de la bonté : *Un bon sourire. Une bonne action.* **5.** Qui est conforme à une norme : *Le compte est bon. Libéré pour bonne conduite.* **6.** Qui marque un degré important, une intensité élevée : *J'ai un bon rhume. Attendre une bonne heure.* **7. SPORTS.** Se dit de la balle, du ballon tombés dans les limites du jeu, notamm. au tennis, au tennis de table, au volley-ball. **8.** S'emploie dans des formules de souhait : *Bon voyage !* ▪ **À quoi bon ?,** à quoi cela servirait-il ? ▪ **Avoir qqn à la bonne** [fam.], l'estimer. ▪ **Bon à** (+ inf.), **bon pour** (+ n.), qui est dans les conditions voulues pour : *Ces pneus sont bons à changer. Si vous aimez partager, vous êtes bon pour la colocation.* ▪ **Bon pour...,** mention manuscrite précédant le montant d'une somme d'argent ou le nom d'une opération *(bon pour pouvoir)*, apposée encore dans certains cas par le signataire d'un acte sous seing privé au-dessus de sa signature. ▪ **C'est bon,** c'est suffisant ; d'accord. ▪ **En avoir de bonnes** [fam.], exagérer : *Tout finir pour demain, il en a de bonnes !* ▪ **Il est bon de** (+ inf.), **il est bon que** (+ subj.), il est souhaitable ou préférable de, que : *Il est bon de s'en souvenir, qu'elle sache la vérité.* ▪ **Une bonne (histoire),** amusante ; stupéfiante : *Je vais vous en raconter une bonne.* ◆ **n.m. 1.** Ce qui est bon, agréable : *Il y a du bon et du moins bon dans ce qu'il dit.* **2.** (Surtout pl.). Personne juste, vertueuse : *Les bons et les méchants.* ◆ **n.** ▪ **Un bon à rien,** un incapable. ◆ **adv.** ▪ **Il fait bon,** le temps est doux. ▪ **Il fait bon** (+ inf.), il est agréable de : *Il fait bon dormir.* ▪ **Pour de bon,** sérieusement ; définitivement : *Il est parti pour de bon.* ▪ **Sentir bon,** avoir une odeur agréable. ◆ **interj.** Exprime une décision, une constatation, etc. : *Bon ! c'est d'accord, je lui parlerai.* ▪ **Ah bon ?,** exprime l'étonnement.

2. BON n.m. Document qui autorise à recevoir qqch : *Bon de réduction.* ▪ **Bon à composer, bon à graver, bon à tirer (BAT)** [imprim.], formule d'acceptation portée sur une épreuve, indiquant à l'imprimeur qu'il peut effectuer la composition, la gravure, le tirage. ▪ **Bon de caisse,** bon à ordre ou au porteur émis par une entreprise ou un établissement financier en contrepartie d'un prêt, portant intérêts et remboursable à une échéance fixe. ▪ **Bon du Trésor,** titre représentant un emprunt à court terme émis par l'État pour financer sa trésorerie.

BONAMIA n.m. Protozoaire parasite de l'huître plate, apparu en 1979 dans les élevages bretons et dont les ravages ont été considérables.

BONAPARTISME n.m. 1. Attachement à la dynastie de Napoléon Bonaparte. **2.** Forme de gouvernement autoritaire et plébiscitaire, ratifiée par le suffrage universel.

BONAPARTISTE adj. Relatif au bonapartisme. ◆ **adj.** et **n.** Partisan du bonapartisme.

BONASSE adj. Péjor. Qui manifeste une bonté excessive par faiblesse ou naïveté.

BONBEC n.m. Fam. Petite friandise ; bonbon.

BONBON n.m. (redoublement de *1. bon*). **1.** Confiserie, friandise sucrée et aromatisée. **2.** Belgique. Gâteau sec. ◆ **adv.** ▪ **Coûter bonbon** [fam.], très cher.

BONBONNE ou **BOMBONNE n.f.** (provenç. *boumbouno*). Bouteille de contenance variable, souvent de forme renflée.

BONBONNIÈRE n.f. Boîte qui contient habituellement des bonbons.

BON-CHRÉTIEN n.m. (pl. *bons-chrétiens*). Poire williams*.

BOND n.m. 1. Mouvement brusque de détente des membres inférieurs ou arrière par lequel une personne ou un animal s'élance vers l'avant ou vers le haut ; saut : *D'un bond, elle enjamba la flaque.* **2.** Mouvement d'un objet qui rebondit : *Bonds et rebonds d'une balle de tennis.* **3.** Fig. Progrès soudain et important ; hausse : *Les ventes ont fait un bond.* **4. MIL.** Chacune des étapes successives de la progression d'une formation au combat. ▪ **Faire faux bond à qqn,** manquer à une promesse ; ne pas venir à un rendez-vous.

BONDAGE **n.m.** (mot angl., de *to bond*, lier). Pratique sexuelle qui consiste à attacher son partenaire.

BONDE **n.f.** (du gaul.). **1.** Orifice d'écoulement d'un appareil sanitaire (lavabo, évier, etc.) ; élément servant à boucher cet orifice. **2.** Trou rond pratiqué dans une des douves d'un tonneau, pour le remplir ; bouchon qui ferme ce trou. **3.** Fermeture du trou d'écoulement des eaux d'un étang ou d'une claire.

BONDÉ, E **adj.** (de *bonde*). Qui ne peut contenir plus de personnes ; comble : *Le théâtre est bondé.*

BONDELLE **n.f.** (du gaul.). Poisson du genre corégone, vivant dans le lac de Neuchâtel, considéré comme une sous-espèce du lavaret.

BONDÉRISATION **n.f.** Protection spéciale de métaux ferreux contre la rouille, avant peinture ou vernissage.

BONDÉRISER **v.t. [3]** (de l'angl. *to bond*, lier). Effectuer une bondérisation.

BONDIEUSERIE **n.f.** Fam., péjor. **1.** Dévotion exagérée et superficielle ; bigoterie. **2.** Objet de piété de mauvais goût.

BONDIR **v.i. [21]** (du lat. *bombire*, faire du bruit). **1.** Faire un ou plusieurs bonds ; sauter : *Le lièvre bondissait à travers champs.* **2.** Sursauter sous le coup d'une émotion violente : *Ils ont bondi de joie. Ta décision l'a fait bondir.* **3.** Se précipiter : *À cette nouvelle, elle bondit dans mon bureau.*

BONDISSEMENT **n.m.** Action de bondir.

BONDON **n.m.** Bouchon de la bonde d'un tonneau.

BONDRÉE **n.f.** (breton *bondrask*). ▪ **Bondrée apivore,** buse à longue queue d'Eurasie et d'Afrique, qui se nourrit principalement de couvains d'abeilles et de guêpes. ➲ Famille des accipitridés.

BON ENFANT **adj. inv.** Plein de bienveillance et de candeur : *Elles sont bon enfant.*

BONGO **n.m.** (mot esp.). Instrument de percussion d'origine latino-américaine, constitué par deux petits tambours fixés l'un à l'autre.

BONHEUR **n.m.** (de *1. bon* et *heur*). **1.** État de complète satisfaction, de plénitude : *On lit le bonheur sur son visage.* **2.** Événement heureux ; circonstance favorable ; chance : *J'ai eu le bonheur de me présenter au moment où ils recrutaient.* ▪ **Au petit bonheur (la chance),** au hasard. ▪ **Avec bonheur,** avec un résultat heureux. ▪ **Par bonheur,** heureusement. ▪ **Porter bonheur,** porter chance. ▪ **Trouver son bonheur,** trouver ce que l'on cherche.

BONHEUR-DU-JOUR **n.m.** (pl. *bonheurs-du-jour*). Petit bureau de dame génér. marqueté et portant, en retrait, un gradin à casiers (XVIIIe s.).

BONHOMIE, ▲ *BONHOMMIE* **n.f.** Caractère d'une personne bonhomme, de ses manières ; bonté.

1. BONHOMME **n.m.** (pl. *bonshommes* [bɔ̃zɔm]). **1.** Fam. Individu jugé sympathique ou, au contraire, inspirant la réserve ou la méfiance : *C'est un drôle de bonhomme hirsute et peu communicatif.* (Le fém. *bonne femme* figure à son ordre alphabétique.) **2.** Représentation humaine grossièrement dessinée ou façonnée : *Bonhomme de neige.* ▪ **Aller son petit bonhomme de chemin** [fam.], poursuivre une action tranquillement, sans hâte ni vantardise. ▪ **Bonhomme sept heures** [Québec], personnage imaginaire que l'on évoque pour faire peur aux enfants. ▪ **Un grand bonhomme** [fam.], un homme qui force l'admiration, le respect. ▪ **Un petit bonhomme** [fam.], un petit garçon.

2. BONHOMME **adj.** À la fois simple et bienveillant ; débonnaire : *Un sourire bonhomme.*

BONI **n.m.** (mot lat., de *bonum*, bien). **FIN.** **1.** Excédent de la dépense prévue ou des fonds alloués sur les sommes réellement dépensées. **2.** Bénéfice. ▪ **Boni de liquidation,** lors d'une dissolution de société, différence positive entre le montant de l'actif net et le montant des apports effectués à la société dissoute.

BONICHE **n.f.** → **BONNICHE.**

BONICHON **n.m.** Fam., vieilli. Petit bonnet.

BONIFICATION **n.f.** **1.** Avantage, points supplémentaires accordés à un concurrent dans une épreuve sportive. **2. GÉOGR.** Travaux de drainage, d'irrigation, etc., destinés à améliorer la qualité des terres agricoles. **3. BANQUE.** Suisse. Versement ; crédit.

BONIFIÉ, E **adj.** Devenu meilleur. ▪ **Taux bonifié** [banque], inférieur aux taux pratiqués sur le marché.

BONIFIER **v.t. [5].** **1.** Rendre meilleur : *Le vieillissement bonifie le vin.* **2. BANQUE.** Suisse. Créditer. ◆ **SE BONIFIER** **v.pr.** Devenir meilleur : *Son caractère se bonifie.*

BONIMENT **n.m.** (de l'arg. *bonir*, dire). Péjor. Discours habile et trompeur pour flatter, séduire ou convaincre.

BONIMENTER **v.i. [3].** Débiter des boniments.

BONIMENTEUR, EUSE **n.** Personne qui raconte des boniments.

BONITE **n.f.** (esp. *bonito*). **1.** Poisson comestible de la Méditerranée et de l'Atlantique tropical, voisin du maquereau (SYN. **pélamide**). ➲ Genre *Sarda*, famille des scombridés. **2.** Poisson, voisin du thon, des mêmes régions que le précédent. ➲ Genre *Euthynnus* ; famille des scombridés.

BONJOUR **interj.** et **n.m.** Terme par lequel on salue qqn que l'on rencontre dans la journée : *Bonjour, as-tu bien dormi ? Un bonjour très froid.*

BON MARCHÉ **adj. inv.** Que l'on peut acquérir pour peu d'argent : *Des cédéroms bon marché.*

BONNE **n.f.** Vieilli. ▪ **Bonne (à tout faire),** employée de maison logée chez ses employeurs et chargée des travaux de ménage.

BONNE FEMME **n.f.** (pl. *bonnes femmes*). Fam. Femme ou fille considérée avec plus ou moins d'affection, d'admiration ou de mépris : *Une sacrée bonne femme.* (Le masc. *bonhomme* figure à son ordre alphabétique.) ▪ **Remède de bonne femme** [fam.], remède populaire d'une efficacité douteuse. ▪ **Une petite bonne femme** [fam.], une petite fille.

BONNE-MAIN **n.f.** (pl. *bonnes-mains*). Suisse. Pourboire.

BONNE-MAMAN **n.f.** (pl. *bonnes-mamans*). Grand-mère, dans le langage enfantin.

BONNEMENT **adv.** ▪ **Tout bonnement,** tout simplement.

BONNET **n.m.** (orig. incert.). **1.** Coiffure souple et sans bords, qui emboîte la tête : *Bonnet de bain.* **2.** Chacune des deux poches d'un soutien-gorge. **3. ZOOL.** Deuxième poche de l'estomac des ruminants. ▪ **Avoir la tête près du bonnet** [fam.], se mettre facilement en colère. ▪ **Bonnet à poil** ou **d'ourson,** coiffure militaire, portée notamm. par la Garde napoléonienne. ▪ **Bonnet de nuit,** porté autref. pour dormir ; fig., fam., personne triste et ennuyeuse. ▪ **C'est bonnet blanc et blanc bonnet** [fam.], cela revient au même. ▪ **Deux têtes sous un même** ou **sous un seul bonnet** [fam.], deux personnes toujours du même avis. ▪ **Gros bonnet** [fam.], personne importante. ▪ **Prendre sous son bonnet** [fam.], sous sa responsabilité.

BONNET-DE-PRÊTRE **n.m.** (pl. *bonnets-de-prêtre*). Pâtisson.

BONNETEAU **n.m.** (de *bonnet*). Jeu d'argent dans lequel le parieur doit repérer une des trois cartes que le bonneteur retourne et intervertit rapidement sous ses yeux.

BONNETERIE [bɔnɛtri], ▲ *BONNÈTERIE* **n.f.** Industrie, commerce des articles d'habillement en étoffe à mailles ; ces articles (bas, collants, slips, etc.).

BONNETEUR **n.m.** Au bonneteau, personne qui tient les cartes et prend les paris.

BONNETIER, ÈRE **n.** Fabricant, marchand d'articles de bonneterie.

BONNETIÈRE **n.f.** Étroite et haute armoire, autref. à coiffes, auj. à linge.

BONNETTE **n.f.** (de *bonnet*). **1. PHOTOGR.** Lentille dont on coiffe un objectif pour en modifier la distance focale. **2. MAR.** Petite voile carrée supplémentaire, en toile légère, installée au vent arrière de part et d'autre des voiles principales pour augmenter la surface de la voilure.

BONNICHE ou **BONICHE** **n.f.** Fam., péjor. Bonne.

BONNOTTE **n.f.** Pomme de terre primeur d'une variété petite et ronde, à chair jaune pâle, cultivée à Noirmoutier.

BONOBO **n.m.** (d'une langue du Congo). Chimpanzé des forêts de la rive gauche du fleuve Congo,

▲ **bonobo**

moins corpulent que le chimpanzé commun, mais au comportement social plus affirmé.

BON-PAPA **n.m.** (pl. *bons-papas*). Grand-père, dans le langage enfantin.

BONSAÏ [bɔ̃zaj] **n.m.** (mot jap.). Arbre nain cultivé en pot, obtenu par la taille récurrente des racines et des rameaux, et la ligature des tiges.

▲ **bonsaï**

BONSOIR **interj.** et **n.m.** Terme par lequel on salue, le soir, qqn que l'on rencontre ou que l'on quitte : *Bonsoir, à demain ! Je vous souhaite le bonsoir.*

BONTÉ **n.f.** (lat. *bonitas*). Caractère d'une personne bonne, bienveillante : *Aurais-tu la bonté de m'offrir un café ?* ◆ **n.f. pl.** Actes de bienveillance : *Je n'oublierai jamais toutes vos bontés.*

BONUS [bɔnys] **n.m.** (mot lat. « bon »). **1.** Réduction de la prime d'assurance automobile accordée aux assurés qui n'ont pas eu d'accident ou qui n'ont pas engagé leur responsabilité lors d'un accident (CONTR. **malus**). **2.** Fig. Ce qui vient en plus ou en mieux, dans un montant, un résultat : *Le magasin vous offre un bonus de 10 euros.* **3. FIN.** Part variable du salaire versé par une banque à ses traders chargés de lui faire réaliser le maximum de profits en jouant sur les cours de la Bourse et des monnaies. **4.** Ensemble des suppléments (interviews, making of, etc.) contenus dans un DVD. ▪ **Bonus écologique** → **ÉCOLOGIQUE.**

BONZE, ESSE **n.** (du jap. *bozu*, prêtre). Moine, nonne bouddhiste. ◆ **n.m.** Fam., péjor. Personne prétentieuse, qui aime donner des leçons.

BOOGIE-WOOGIE (pl. *boogie-woogies*), ▲ *BOOGIEWOOGIE* [bugiwugi] **n.m.** (mot anglo-amér.). **1.** Style de blues, né vers 1930 aux États-Unis, caractérisé par un jeu pianistique qui oppose au rythme régulier et rapide de la main gauche les variations jouées par la main droite. **2.** Danse d'origine afro-américaine, exécutée en couple sur ce style de musique.

BOOK [buk] **n.m.** (mot angl.). Press-book.

BOOKMAKER, ▲ *BOOKMAKEUR* [bukmɛkœr] **n.m.** (angl. *bookmaker*). Personne qui reçoit les paris sur les courses de chevaux ou sur d'autres événements (sportifs, politiques, etc.).

BOOLÉEN, ENNE [buleɛ̃, -ɛn] ou **BOOLIEN, ENNE** [buljɛ̃, -ɛn] **adj. MATH.** Relatif aux théories de George Boole. ▪ **Variable booléenne,** susceptible de prendre deux valeurs différentes (par ex. 0 et 1).

BOOM [bum], ▲ *BOUM* **n.m.** (de l'anglo-amér. *boom*, détonation). Développement soudain et rapide d'un phénomène : *Le boom de la Bourse. Un boom démographique.*

BOOMER [bumœr], ▲ *BOOMEUR* **n.m.** (mot angl.). [Anglic. déconseillé]. Haut-parleur de graves.

BOOMERANG [bumrũg] **n.m.** (d'une langue d'Australie). **1.** Arme de jet des aborigènes d'Australie, faite d'une lame étroite de bois coudée, capable en tournant sur elle-même de revenir à son point de départ si la cible est manquée. **2.** Engin pour le jeu et le sport analogue à cette arme ; jeu, sport consistant à le lancer. **3.** Fig. Acte hostile qui se retourne contre son auteur : *Son mensonge a fait boomerang.* ▪ **Génération boomerang** [fam.], ensemble des adultes qui, après avoir quitté le domicile parental, sont contraints d'y revenir pour des raisons financières (perte d'emploi, divorce, etc.).

1. BOOSTER [bustœr], ▲ *BOOSTEUR* **n.m.** (mot angl. « propulseur »). **1. ASTRONAUT.** Propulseur auxiliaire destiné à accroître la poussée d'une fusée, notamm. au décollage. Recomm. off. **propulseur auxiliaire, pousseur. 2.** Amplificateur destiné à accroître la puissance d'un autoradio et à améliorer la qualité du son fourni. Recomm. off. **suramplificateur.**

2. BOOSTER [buste] **v.t. [3]** (angl. *to boost*). Fam. Stimuler ; développer : *Booster les échanges commerciaux avec l'Afrique.*

BOOTLEGGER [butlegœr] **n.m.** (mot anglo-amér.). **HIST.** Contrebandier d'alcool, aux États-Unis, pendant la prohibition.

BOOTS [buts] **n.m. pl.** (mot angl.). Bottillons sans lacets, s'arrêtant au-dessus des chevilles.

BOQUETEAU n.m. Bouquet d'arbres isolé ; bosquet.

BORA n.f. (mot slovène). Vent froid et violent du nord-est, qui souffle sur l'Adriatique.

BORAGINACÉE n.f. → **BORRAGINACÉE.**

BORAIN, E adj. et **n.** → **BORIN.**

BORANE n.m. CHIM. Composé de bore et d'hydrogène BH_3 existant sous la forme du dimère B_2H_6, et prototype de la famille des boranes.

BORASSUS [-sys] ou **BORASSE n.m.** Palmier d'Inde et d'Afrique, fournissant un bourgeon (cœur de palmier) et des fruits comestibles, et dont la sève sert à préparer une boisson (vin de palme) [SYN. **rônier**].

BORATE n.m. Sel de l'acide borique.

BORATÉ, E adj. Qui contient un borate.

BORAX n.m. (ar. *bawraq*). **CHIM. MINÉR.** Borate hydraté de sodium ($Na_2B_4O_7$, $10H_2O$), utilisé notamm. pour la décoration de la porcelaine et la préparation du perborate.

BORBORYGME n.m. (gr. *borborugmos*). **1.** Bruit causé par le déplacement des gaz et des liquides dans le tube digestif ; gargouillement. **2.** (Souvent pl.). Son, parole indistincts.

BORCHTCH n.m. → **BORTSCH.**

BORD n.m. (du francique **bord*, bord de vaisseau). **1.** Partie qui forme le pourtour, la limite d'une surface, d'un objet : *Bords effilochés d'une nappe. Le bord d'un bassin.* **2.** Limite d'une étendue d'eau ; rivage ; rive : *Vacances au bord de la mer. Le bord du lac.* **3.** Côté d'un navire : *Prendre les amures de tel bord.* **4.** Le navire lui-même : *Monter à bord.* **5. MAR.** Bordée. ▪ **À pleins bords,** en quantité abondante. ▪ **Bord d'attaque, de fuite,** partie frontale, postérieure d'une aile d'avion. ▪ **Être à bord d'un véhicule,** à l'intérieur. ▪ **Être au bord de,** sur le point de tomber dans une situation critique : *Être au bord de la ruine.* ▪ **Être du bord de qqn** ou **du même bord que qqn** [fam.], avoir les mêmes idées politiques. ▪ **Sur les bords** [fam.], un peu ; légèrement : *Paresseux sur les bords.* ▪ **Virer de bord** [mar.], changer d'amure ; fig., changer entièrement d'opinion.

BORD-CÔTES n.m. (pl. *bords-côtes*). Bande de tricot extensible permettant de resserrer les poignets, la ceinture ou les encolures.

BORDE ou **BORDERIE n.f.** Vx ou région. (Sud-Ouest). Petite exploitation agricole.

BORDÉ n.m. MAR. Ensemble des planches ou des tôles constituant la coque extérieure d'un navire.

BORDEAUX n.m. Vin d'appellation d'origine contrôlée du département de la Gironde. ◆ **adj. inv.** D'une couleur rouge foncé.

BORDÉE n.f. (de *bord*). **1. MAR.** Distance parcourue entre deux virements de bord par un navire qui louvoie : *Tirer une bordée* (SYN. **bord**). **2. MAR.** Chacune des deux parties d'un équipage organisées en vue du quart. **3.** Anc. Ensemble des canons rangés sur chaque bord d'un navire. **4.** Décharge simultanée des canons d'une même batterie. **5.** Fam. Grande quantité de : *Une bordée d'injures.* ▪ **Bordée de neige** [Québec], chute de neige très abondante. ▪ **Tirer une bordée** [fam.], descendre à terre pour boire et s'amuser, en parlant des marins.

BORDEL n.m. (provenç. *bordelou*). **1.** Vulg. Maison de prostitution. **2.** Très fam. Grand désordre. ◆ **interj.** Très fam. Exprime la colère.

BORDELAIS, E adj. et **n.** De Bordeaux ; du Bordelais.

BORDELAISE n.f. 1. Tonneau employé dans le commerce des vins de Bordeaux et qui contient de 225 à 230 litres. **2.** Bouteille, d'une contenance de 68 à 72 centilitres, utilisée notamm. pour les vins de Bordeaux.

BORDÉLIQUE adj. Très fam. Où règne un grand désordre ; qui est très désordonné.

BORDER v.t. [3]. 1. Garnir le bord de : *Border une allée de tilleuls.* **2.** Occuper le bord : *Des villas bordent le front de mer.* **3. MAR.** Mettre en place le bordé d'un bateau. **4.** Fixer des limites à l'action de qqn, au développement de qqn ; encadrer : *Border un député, une campagne médiatique.* (On dit aussi *bordurer.*) ▪ **Border une voile** [mar.], en raidir l'écoute ou les écoutes. ▪ **Border un lit, qqn dans son lit,** replier le bord des draps et des couvertures sous le matelas.

BORDEREAU n.m. État récapitulatif d'opérations financières, commerciales, etc.

BORDERIE n.f. → **BORDE.**

BORDIER, ÈRE adj. (de *bord*). ▪ **Mer bordière,** située en bordure d'un continent. ◆ **adj.** et **n.** Suisse. Riverain.

BORDIGUE ou **BOURDIGUE n.f.** (provenç. *bourdigo*). Enceinte de claies, sur le bord de la mer, pour prendre ou garder du poisson.

BORDURE n.f. 1. Partie la plus excentrique d'une surface ; bord : *En bordure du pré.* **2. MAR.** Lisière inférieure d'une voile. **3.** Ce qui garnit le bord de qqch : *Papier à lettres à bordure dorée.* ▪ **Bordure de trottoir,** rangée de pierres ou de blocs de béton placée au bord d'un trottoir. ▪ **En bordure de,** le long de : *Parking en bordure d'un parc.*

BORDURETTE n.f. URBAN. Dispositif de séparation placé entre deux voies de circulation et génér. destiné à protéger un couloir d'autobus.

BORE n.m. (de *borax*). **CHIM. 1.** Non-métal solide, extrêmement dur, brun-noir, de densité 2,34, trivalent. **2.** Élément chimique (B), de numéro atomique 5, de masse atomique 10,811.

BORÉAL, E, ALS ou **AUX adj.** (du lat. *boreas*, vent du nord). De la moitié nord du globe terrestre, de la sphère céleste ou d'un astre : *Aurore boréale* (CONTR. **austral**).

BORÉE n.m. Litt. Vent du nord.

BORE-OUT [bɔrawt] **n.m. inv.** (mot angl.). **MÉD.** Syndrome d'épuisement professionnel dû à l'ennui provoqué par le manque de travail ou l'absence de tâches intéressantes à effectuer, engendrant une démotivation, une dévalorisation de soi, ainsi qu'une intense fatigue physique et psychique. (→ **burn-out**).

BORGNE adj. et **n.** (orig. incert.). Qui ne voit que d'un œil. ◆ **adj.** ▪ **Fenêtre borgne,** disposée de façon à donner du jour sans permettre de voir à l'extérieur. ▪ **Hôtel borgne,** malfamé. ▪ **Mur borgne,** dépourvu d'ouvertures. ▪ **Trou borgne** [techn.], qui ne traverse pas complètement une pièce : *Écrou à trou borgne.*

BORIE n.f. (mot provenç.). Région. (Provence). Petite construction en pierres sèches.

BORIN, E ou **BORAIN, E adj.** et **n.** Du Borinage.

BORIQUE adj. ▪ **Acide borique,** acide oxygéné dérivé du bore (H_3BO_3).

BORIQUÉ, E adj. Qui contient de l'acide borique.

BORNAGE n.m. DR. Opération qui consiste à mettre en place des bornes délimitant une propriété privée.

BORNE n.f. (lat. *bodina*, du gaul.). **1.** Pierre ou autre marque destinée à matérialiser la limite d'un terrain, à marquer un repère, à barrer un passage, etc. **2.** Fam. Kilomètre : *Il habite à dix bornes d'ici.* **3.** Dispositif évoquant par sa forme une borne : *Borne d'incendie. Borne téléphonique d'autoroute.* **4.** (Souvent pl.). Limite : *Son insolence ne connaît plus de bornes.* **5. ÉLECTROTECHN.** Point ou composant d'un circuit destiné à établir une connexion (SYN. **pôle**). ▪ **Borne interactive,** système de consultation d'informations multimédias (texte, son, vidéo, etc.), sur un écran vidéo installé dans un lieu public. ▪ **Borne kilométrique,** indiquant sur les routes les distances entre les localités. ▪ **Borne supérieure, inférieure d'un ensemble ordonné A** [math.], le plus petit, le plus grand, s'il existe, des majorants ou des minorants de A. ▪ **Dépasser** ou **franchir les bornes,** aller au-delà de ce qui est permis, convenable. ▪ **Sans bornes,** illimité : *Une admiration sans bornes.*

BORNÉ, E adj. 1. Étroitement limité : *Possibilités d'évolution de carrière bornées.* **2.** Limité intellectuellement ; obtus : *Un esprit borné.* **3. MATH.** Se dit d'un ensemble ayant une borne inférieure et une borne supérieure.

BORNE-FONTAINE n.f. (pl. *bornes-fontaines*). **1.** Petite fontaine en forme de borne. **2.** Québec. Borne d'incendie.

BORNER v.t. [3]. 1. Délimiter à l'aide de bornes ; marquer la limite de : *Borner un terrain.* **2.** Fig. Enfermer dans des limites ; restreindre : *Borner ses recherches à l'essentiel.* ◆ **SE BORNER v.pr. (À). 1.** Se limiter à : *Ses visites se bornent à quelques minutes.* **2.** Se contenter de : *Je me borne à vous rappeler votre promesse.*

BORNOYER v.i. [7] (de *borgne*). **TECHN.** Viser d'un œil, en fermant l'autre, pour vérifier si une ligne est droite, si une surface est plane. ◆ **v.t.** Tracer une ligne droite avec des jalons en fermant un œil et en visant de l'autre : *Bornoyer les arbustes d'une haie.*

BOROSILICATE n.m. CHIM. MINÉR. Combinaison d'un borate avec un silicate.

BOROSILICATÉ, E adj. ▪ **Verre borosilicaté,** verre à base de borosilicate utilisé pour la verrerie culinaire et le flaconnage de pharmacie.

BOROUGH [borɔ] **n.m.** (mot angl.). Circonscription administrative d'une ville, notamm. en Grande-Bretagne et aux États-Unis.

BORRAGINACÉE ou **BORAGINACÉE n.f.** (lat. *borrago, -ginis*). Plante dicotylédone herbacée, à la tige et aux feuilles velues, telle que la bourrache, le myosotis, l'héliotrope, la pulmonaire. ➲ Les borraginacées forment une famille.

BORRÉLIOSE n.f. Maladie infectieuse due à une bactérie du type des spirochètes, transmise par les poux ou les tiques, et se manifestant par des poussées fébriles successives.

BORTSCH ou **BORCHTCH,** ▲ *BORTCH* [bɔrtʃ] **n.m.** (russe *bortsch*). Pot-au-feu à base de chou et de betterave, servi avec de la crème aigre. ➲ Cuisine russe.

BORURATION n.f. MÉTALL. Procédé de cémentation par le bore.

BORURE n.m. Composé de bore et d'un autre corps simple.

BOSCO n.m. MAR. Maître de manœuvre.

BOSCOYO n.m. Louisiane. Racine aérienne du cipre.

BOSKOOP, ▲ *BOSCOP* [bɔskɔp] **n.f.** (de *Boskoop*, v. des Pays-Bas). Pomme d'une variété à chair ferme.

BOSNIAQUE adj. et **n.** Des Musulmans de la Bosnie-Herzégovine. ➲ Ayant longtemps désigné tous les habitants de cet État, le terme remplace, depuis 1995, celui de Musulman, pour désigner l'une des nationalités qui, avec les Serbes et les Croates, composent ce pays. Toutefois, il est parfois encore employé abusivement à la place de *bosnien.* ◆ **n.m.** Langue slave. ➲ Elle a le statut de langue officielle, avec le croate et le serbe, en Bosnie-Herzégovine.

BOSNIEN, ENNE adj. et **n.** De la Bosnie-Herzégovine ; de ses habitants. ➲ Le terme est employé officiellement pour désigner tous les citoyens de cet État, au-delà de leur appartenance ethnique, qu'il s'agisse de Bosniaques (Musulmans), de Serbes ou de Croates.

BOSON n.m. (de S. *Bose*, n.pr.). **PHYS.** Toute particule qui, obéissant à la statistique de Bose-Einstein (tels les mésons, les photons, etc.), a un spin entier. ▪ **Boson de Higgs,** particule dont la découverte, faite en 2012 et considérée comme quasi certaine, permettrait de valider le modèle standard des particules élémentaires. ▪ **Boson intermédiaire W** ou **Z,** particule médiatrice de l'interaction faible. ▪ **Boson vecteur,** boson véhiculant soit l'interaction électromagnétique (photon), soit l'interaction forte (gluon), soit l'interaction faible (W, Z).

BOSQUET n.m. (ital. *boschetto*). Groupe d'arbres ou d'arbustes ; boqueteau.

BOSS n.m. (mot anglo-amér., du néerl.). Fam. Patron : *Nos boss se sont rencontrés.*

BOSSAGE n.m. **1.** ARCHIT. Chacune des saillies en pierre ménagées à dessein sur le nu d'un mur pour recevoir des sculptures ou servir d'ornement. ➲ Nombreux types : *en table* (plat), *arrondi*, *en pointe de diamant*, *rustique*, *vermiculé*, etc. **2.** MÉCAN. Partie saillante peu élevée d'une pièce.

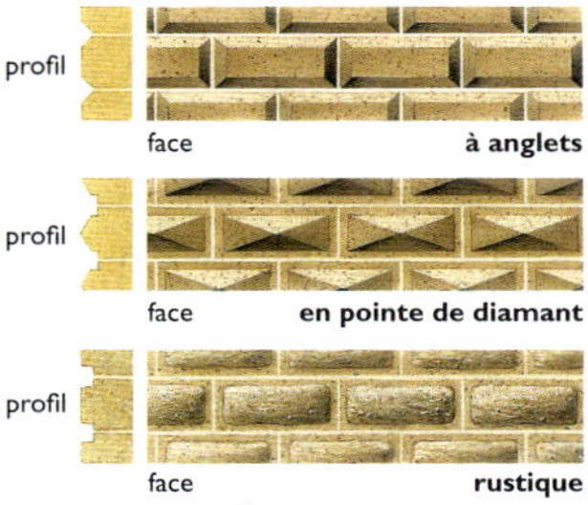

▲ **bossages**

BOSSA-NOVA (pl. *bossas-novas*), ▲ *BOSSANOVA* n.f. (mots port. « nouvelle vague »). Musique de danse brésilienne proche de la samba, rythmée, intimiste et syncopée ; danse brésilienne récréative.

BOSSE n.f. (p.-ê. du francique). **1.** Gonflement qui apparaît à la suite d'un coup, du fait d'un épanchement sanguin. **2.** Saillie arrondie du dos provoquée par une cyphose de la colonne vertébrale. **3.** Protubérance naturelle sur le dos de certains animaux : *La bosse du dromadaire.* **4.** Relief naturel du crâne humain. **5.** Élévation, saillie arrondie : *Cette route est pleine de bosses.* **6.** MAR. Cordage, filin court, dont une extrémité est amarrée à un point fixe d'un bateau, et qui sert à divers usages : *Bosse d'amarrage, de remorque.* ▪ **Avoir la bosse de** [fam.], être singulièrement doué pour : *Elle a la bosse des affaires.* ▪ **Bosse de débranchement** [ch. de f.], portion de voie en dos-d'âne, placée, dans un triage, en tête du faisceau de débranchement, et sur laquelle on pousse par refoulement les trains dont les attelages ont été convenablement coupés. ▪ **(Relevé) en bosse** [arts appl.], se dit d'un décor exécuté en fort relief. ▪ **Ronde-bosse,** v. à son ordre alphabétique. ▪ **Rouler sa bosse** [fam.], mener une vie aventureuse.

BOSSELER v.t. [16], ▲ *[12].* Déformer par des bosses accidentelles ; cabosser.

BOSSELLEMENT, ▲ *BOSSÈLEMENT* n.m. Fait de bosseler ; fait d'être bosselé.

BOSSELURE n.f. **1.** Ensemble des bosses d'une surface. **2.** Décor dû au travail en bosse.

1. BOSSER v.t. [3]. MAR. Fixer avec une bosse.

2. BOSSER v.i. et v.t. [3] (de *bosser du dos*, être courbé). Fam. Travailler : *Elle ne bosse plus ici. Bosser les partiels.*

BOSSETTE n.f. **1.** Ornement en saillie des deux côtés d'un mors de cheval. **2.** Petit renflement sur la détente d'une arme à feu. **3.** Suisse. Tonneau allongé et monté sur roues pour recevoir le raisin vendangé.

BOSSEUR, EUSE adj. et n. Fam. Qui travaille beaucoup.

BOSSOIR n.m. MAR. Appareil de levage servant à hisser ou à mettre à l'eau une embarcation, ou à manœuvrer des ancres.

BOSSU, E adj. et n. Qui a une bosse, par suite d'une déformation de la colonne vertébrale. ▪ **Rire comme un bossu** [fam.], se tordre de rire.

BOSSUER v.t. [3]. Vx. Déformer par des bosses ; cabosser.

BOSTON [bɔstɔ̃] n.m. (de *Boston*, n.pr.). **1.** Danse d'origine américaine, exécutée en couple, en vogue à la fin du XIXe s. aux États-Unis et en Europe. **2.** Musique de danse, de rythme ternaire, apparentée à la valse lente.

BOSTRYCHE n.m. (du gr. *bostrukhos*, boucle de cheveux). Insecte coléoptère xylophage, dont les larves creusent des galeries dans le bois des résineux.

BOT, BOTE adj. (du germ. **butta*, émoussé). Se dit d'un segment de membre atteint d'une déformation, congénitale ou acquise : *Pied bot.*

BOTANIQUE n.f. (du gr. *botanê*, plante). Science qui étudie les végétaux. ◆ adj. Relatif à l'étude des végétaux : *Jardin botanique.* ▪ **Plante botanique,** plante d'ornement vendue sous sa forme sauvage.

BOTANISTE n. Spécialiste de botanique.

BOTHRIOCÉPHALE n.m. (du gr. *bothrion*, petite cavité, et *kephalê*, tête). Ver voisin du ténia, pouvant atteindre 15 m, parasite de l'intestin de l'homme et de quelques mammifères, et dont la larve a pour hôtes certains poissons d'eau douce. ➲ La contamination s'opère par l'absorption de poissons mal cuits.

BOTHROPS n.m. Crotale sans sonnette, très venimeux (SYN. **trigonocéphale**).

BOTRYTIS [-tis] n.m. (du gr. *botrus*, grappe). Champignon parasite, dont une espèce provoque la muscardine sur le ver à soie et une autre la pourriture noble sur la vigne. ➲ Classe des ascomycètes.

BOTSARD, E [bɔtsar] adj. Suisse. Qui est barbouillé de ; sale : *Tu as de la confiture jusqu'aux oreilles, tu es tout botsard !*

1. BOTTE n.f. (du néerl. *bote*, poignée de lin). Assemblage de végétaux de même nature liés ensemble : *Une botte de foin, d'œillets rouges.*

2. BOTTE n.f. (de l'ital. *botta*, coup). **1.** Coup de pointe donné avec le fleuret ou l'épée. **2.** Fig. Attaque vive et imprévue qui déconcerte l'adversaire.

3. BOTTE n.f. (p.-ê. de *bot*). **1.** Chaussure à tige montante qui enferme le pied et la jambe, génér. jusqu'au dessous du genou : *Bottes de caoutchouc.* **2.** Arg. scol. Ensemble des élèves sortis les premiers de l'École polytechnique. ▪ **Bruit de bottes,** menace de guerre. ▪ **Être à la botte de qqn,** lui être entièrement dévoué. ▪ **(Rester) droit dans ses bottes** [fam.], ferme, résolu face aux difficultés. ▪ **Sous la botte,** opprimé militairement : *Pays sous la botte d'un occupant.*

BOTTELAGE n.m. Action de botteler.

BOTTELER v.t. [16], ▲ *[12].* Assembler (foin, paille, etc.) en bottes.

BOTTELEUSE n.f. Machine à botteler.

BOTTER v.t. [3]. **1.** Chausser qqn de bottes. **2.** Fam. Donner un coup de pied à, dans : *Je vais te botter le derrière si tu recommences.* **3.** Absol. Au rugby, frapper le ballon avec le pied : *Il a botté en touche.* **4.** Fam. Convenir ; plaire : *Ce jeu me botte.*

BOTTEUR n.m. Joueur chargé de transformer les essais, de tirer les pénalités, au rugby.

BOTTIER, ÈRE n. Artisan qui confectionne des chaussures et des bottes sur mesure.

BOTTILLON n.m. Chaussure à tige montante, souvent fourrée.

BOTTIN n.m. (nom déposé ; de S. *Bottin*, n.pr.). Annuaire téléphonique. ▪ **Le Bottin mondain,** répertoire des gens du monde, de l'aristocratie.

BOTTINE n.f. Chaussure montante (au-dessus de la cheville), ajustée, à boutons ou à lacets.

BOTULIQUE ou **BOTULINIQUE** adj. Relatif au botulisme. ▪ **Toxine botulique,** toxine responsable du botulisme. ➲ Elle est employée dans le traitement du torticolis congénital et d'autres affections nerveuses avec contracture. Du fait de son action paralysante sur le plan neuromusculaire, elle est également utilisée pour atténuer les rides.

BOTULISME n.m. (du lat. *botulus*, boudin). Maladie de l'homme et de diverses espèces animales, due à l'ingestion d'un clostridium ou de sa toxine, entraînant des paralysies.

BOUBOU n.m. (mot mandingue). Longue tunique flottante portée en Afrique noire : *Des boubous multicolores.*

BOUC n.m. (gaul. **bucco*). **1.** Mâle de la chèvre. **2.** Petite barbe qu'un homme porte au menton. ▪ **Bouc émissaire,** personne rendue responsable de toutes les fautes.

1. BOUCAN n.m. (du tupi-guarani). Viande fumée, chez les Caraïbes.

2. BOUCAN n.m. (orig. incert.). Fam. Grand bruit ; vacarme.

BOUCANAGE n.m. Action de boucaner.

BOUCANE n.f. Québec, Acadie, Louisiane, La Réunion. Fam. Fumée.

BOUCANÉ n.m. (de *boucaner*). La Réunion. Viande fumée : *Le boucané se mange en rougail ou frit dans l'huile.*

BOUCANER v.t. [3] (de *1. boucan*). Fumer de la viande, du poisson.

BOUCANIER n.m. **1.** Aventurier qui chassait le bœuf sauvage, aux Antilles, pour boucaner la viande ou faire le commerce des peaux. **2.** Aventurier ; pirate.

BOUCANTIER n.m. (de *2. boucan*). Côte d'Ivoire. **1.** Artiste pratiquant la danse du coupé-décalé*. **2.** Personne qui aime afficher son aisance matérielle et se faire remarquer par un style de vie ostentatoire (virées en boîte, voitures de luxe, vêtements de marque, bijoux clinquants, etc.).

BOUCAU n.m. (mot provenç.). Région. (Midi). Entrée d'un port.

BOUCAUD ou **BOUCOT** n.m. Région. Crevette grise.

BOUCHAGE n.m. Action de boucher.

BOUCHAIN n.m. MAR. Partie courbe de la carène d'un navire comprise entre les fonds et la partie verticale de la muraille.

BOUCHARDE n.f. **1.** Marteau de tailleur de pierre, à deux têtes carrées et découpées en pointes de diamant. **2.** Rouleau de métal dont la périphérie est munie d'aspérités régulières pour lisser une surface en mortier.

BOUCHARDER v.t. [3]. Travailler la pierre avec une boucharde.

BOUCHE n.f. (lat. *bucca*). **1.** Cavité formant le segment initial du tube digestif de l'homme et de certains animaux, permettant d'ingérer des aliments, de respirer et de parler. **2.** Les lèvres qui limitent cette partie du corps : *Bouche barbouillée de chocolat.* **3.** Ouverture d'une cavité, d'un conduit : *Bouche de métro, d'égout, d'aération.* **4.** Partie du canon d'une arme à feu par où sort le projectile. ▪ **À bouche que veux-tu,** à pleine bouche : *S'embrasser à bouche que veux-tu.* ▪ **Bouche à feu,** arme à feu non portative (canon, mortier, etc.). ▪ **Bouche à nourrir,** personne dont on doit assurer la subsistance : *Avoir cinq bouches à nourrir.* ▪ **Bouche cousue,** sans parler. ▪ **Bouche d'incendie,** prise d'eau à l'usage des pompiers. ▪ **De bouche à oreille,** de vive voix et directement. ▪ **Faire la fine bouche,** faire le difficile. ▪ **Fermer la bouche à qqn,** le faire taire. ▪ **Fine bouche,** gourmet. ▪ **La bouche en cœur** [fam.], avec une naïveté, une bonne volonté feintes. ▪ **Métiers** ou **commerces de bouche,** liés au secteur économique de l'alimentation ou de la restauration. ▪ **Pour la bonne bouche,** garder le meilleur pour la fin. ◆ n.f. pl. **1.** Embouchure d'un fleuve : *Les bouches du Nil.* **2.** Entrée d'un golfe, d'un détroit : *Les bouches de Bonifacio.*

BOUCHÉ, E adj. **1.** Fermé par un obstacle : *Le conduit est bouché. Baignoire bouchée.* **2.** Qui n'offre aucune perspective : *L'horizon politique est bouché.* **3.** Fam. Qui comprend lentement ; borné. ▪ **Cidre bouché,** cidre pétillant conservé dans des bouteilles fermées d'un bouchon de liège et d'un muselet. ▪ **Ciel, temps bouché,** couvert, sans visibilité.

BOUCHE-À-BOUCHE n.m. inv. Technique de respiration artificielle, dans laquelle le sauveteur souffle dans la bouche de la victime.

BOUCHE-À-OREILLE n.m. inv. Transmission orale d'une information de personne à personne : *Le bouche-à-oreille a fait le succès du film.*

BOUCHÉE n.f. **1.** Quantité d'aliments portée à la bouche en une fois. **2.** CUIS. Croûte en pâte feuilletée garnie de compositions diverses : *Bouchée aux fruits de mer.* **3.** Gros bonbon de chocolat fourré. ▪ **Mettre les bouchées doubles,** aller plus vite. ▪ **Ne faire qu'une bouchée de qqch, de qqn,** l'avaler gloutonnement ; le vaincre facilement. ▪ **Pour une bouchée de pain,** pour un prix dérisoire.

BOUCHE-PORES n.m. inv., ▲ *BOUCHE-PORE n.m. (pl. bouche-pores).* Enduit spécial destiné à obturer les pores de la surface du bois avant de le vernir.

1. BOUCHER v.t. [3] (de l'anc. fr. *bousche*, touffe d'herbe). **1.** Fermer une ouverture : *Boucher un trou dans le mur. Boucher un flacon de parfum.* **2.** Barrer une voie : *Le camion bouche la rue ;* empêcher le passage de ; obstruer : *Des cheveux* *bouchent le lavabo.* ▪ **Boucher la vue,** faire écran. ◆ **SE BOUCHER v.pr.** ▪ **Se boucher les oreilles, les yeux,** refuser d'entendre, de voir.

2. BOUCHER, ÈRE n. (de *bouc*). Personne qui abat le bétail et le débite ; personne qui prépare et vend la viande au détail. ◆ **n.m. 1.** Fig. Homme cruel, sanguinaire ; bourreau. **2.** Fam. Chirurgien, dentiste maladroit.

BOUCHÈRE n.f. Suisse. Fissure infectée à la commissure des lèvres.

BOUCHERIE n.f. 1. Commerce de la viande ; boutique où l'on vend de la viande. **2.** Massacre ; carnage : *Répression qui tourne à la boucherie.*

BOUCHE-TROU n.m. (pl. *bouche-trous*). Fam. Personne ou objet qui ne servent qu'à combler une place vide, à faire nombre.

BOUCHOLEUR ou **BOUCHOTEUR n.m.** Vieilli. Mytiliculteur.

BOUCHON n.m. (de l'anc. fr. *bousche,* touffe d'herbe). **1.** Objet qui sert à boucher, à fermer une ouverture : *Bouchon d'un tube de dentifrice ;* pièce qui se loge dans le goulot d'une bouteille, d'un flacon : *Bouchon de champagne.* **2.** Ce qui bouche un conduit ou une voie de circulation : *Bouchon de cérumen. Automobilistes pris dans un bouchon.* **3.** Flotteur d'une ligne de pêche. **4.** Poignée de paille tortillée servant, notamm., à essuyer et à frictionner un cheval. **5.** Région. (Lyonnais). Petit restaurant rustique. **6.** Anc. Jeu de tir consistant à renverser avec un palet un bouchon qui supporte des pièces de monnaie. ▪ **C'est plus fort que de jouer au bouchon !** [fam.], c'est extraordinaire ou intolérable. ▪ **En bouchon,** chiffonné, tortillé et roulé en boule : *Mettre sa chemise en bouchon.* ▪ **Pousser** ou **lancer trop loin le bouchon** [fam.], aller trop loin dans ses prétentions ; exagérer.

BOUCHONNÉ, E adj. ▪ **Vin bouchonné,** qui a un goût de bouchon.

BOUCHONNER v.t. [3]. Frotter un animal avec un bouchon de paille pour le nettoyer. ▪ **Bouchonner du linge,** le mettre en bouchon. ◆ **v.i.** Fam. Former un bouchon, un embouteillage.

BOUCHONNIER, ÈRE n. Personne qui fabrique ou vend des bouchons de liège.

BOUCHOT n.m. (mot poitevin). Ensemble de pieux alignés et enfoncés dans la vase, sur lesquels se fait l'élevage des moules.

BOUCHOTEUR n.m. → **BOUCHOLEUR.**

BOUCHOYER v.t. [7] (de 2. *boucher*). Suisse. Abattre et dépecer un animal (un porc, en partic.).

BOUCHURE n.f. Région. (Centre). Haie vive.

BOUCLAGE n.m. 1. Action de boucler, de fermer, d'enfermer ; fait d'être bouclé : *Il s'est enfui malgré le bouclage du quartier.* **2.** TECHN. Canalisation ou circuit assurant une circulation permanente entre deux réseaux.

BOUCLE n.f. (lat. *buccula*). **1.** Anneau muni d'une traverse munie d'un ardillon, servant à assujettir les deux extrémités d'une courroie, d'une ceinture, etc. ; objet d'ornement en forme d'anneau : *Une boucle de ceinture en écaille.* **2.** Ce qui s'enroule en forme d'anneau et se ferme sur soi-même : *Faire une boucle à ses lacets.* **3.** Mèche de cheveux enroulée sur elle-même : *Des boucles châtains.* **4.** Itinéraire qui ramène au point de départ : *Les cyclistes ont fait une boucle de quinze kilomètres.* **5.** Méandre accentué d'un cours d'eau : *Les boucles de la Seine.* **6.** En patinage artistique, figure composée de deux cercles de dimensions différentes et se coupant mutuellement. **7.** INFORM. Ensemble d'instructions d'un programme dont l'exécution est répétée jusqu'à la vérification d'un critère donné ou l'obtention d'un certain résultat. **8.** TECHN. Suite d'effets telle que le dernier réagit sur le premier. **9.** Vieilli. Looping. ▪ **Boucle d'oreille,** bijou qui se fixe au lobe de l'oreille. ▪ **Boucle locale radio,** système de télécommunication sans fil, à haut débit. ▪ **En boucle,** se dit d'un mode de diffusion dans lequel la séquence est répétée plusieurs fois : *Cours de la Bourse qui défilent en boucle.* ▪ **La Grande Boucle,** le Tour de France cycliste.

BOUCLÉ, E adj. Qui a des boucles : *Cheveux bouclés.*

BOUCLEMENT n.m. Suisse. COMPTAB. Clôture des comptes.

BOUCLER v.t. [3]. 1. Attacher avec une boucle : *Boucler sa ceinture de sécurité.* **2.** Fam. Fermer : *Boucler la maison tous les soirs.* **3.** Fam. Maintenir qqn dans un endroit clos ; enfermer : *On les a bouclés dans leur appartement pendant l'arrestation du voisin.* **4.** En parlant de forces militaires ou policières, encercler une zone pour la contrôler : *L'armée a bouclé la zone sud.* **5.** Donner la forme d'une boucle : *Boucler ses cheveux.* **6.** Accomplir un parcours, une tâche ; achever : *Le commissaire a bouclé son enquête.* **7.** ÉLEV. Passer un anneau dans le nez d'un animal (taureau, en partic.). ▪ **Boucler la boucle,** revenir à son point de départ. ▪ **Boucler sa valise, ses bagages,** les fermer en vue du départ. ▪ **Boucler son budget,** équilibrer les recettes et les dépenses. ▪ **Boucler un journal, une édition,** en terminer la composition ; y insérer le dernier élément pour assurer la fabrication. ▪ **La boucler** [fam.], se taire. ◆ **v.i. 1.** Former des boucles : *Ses cheveux bouclent davantage quand il pleut.* **2.** INFORM. Entrer dans un processus de calcul sans fin, génér. par suite d'une erreur de programmation.

BOUCLETTE n.f. Petite boucle de cheveux.

BOUCLIER n.m. (de l'anc. fr. *escu bocler,* écu garni d'une boucle). **1.** Arme défensive portée au bras pour parer les coups de l'adversaire. **2.** Système de protection des opérations de terrassement dans des terrains meubles, lors du percement de cavités. **3.** Fig. Moyen de défense, de protection : *L'humour est un excellent bouclier.* **4.** GÉOL. Vaste surface de terrains très anciens (précambriens) nivelés par l'érosion et formant l'ossature des continents : *Le bouclier canadien.* ▪ **Bouclier fiscal,** dispositif limitant le montant des impôts directs dus par un contribuable. ▪ **Bouclier humain,** otage placé sur un site stratégique pour entraver une action militaire adverse ; par ext., toute personne que l'on place devant soi sous la contrainte pour dissuader d'une attaque. ▪ **Bouclier thermique,** blindage des cabines spatiales ou des ogives de missiles balistiques, pour les protéger contre l'échauffement lors de la rentrée dans l'atmosphère. ▪ **Levée de boucliers,** protestation générale contre un projet, une mesure.

BOUCOT n.m. → **BOUCAUD.**

BOUDDHA n.m. 1. Dans le bouddhisme, celui qui est éveillé à la connaissance absolue. **2.** Statue, statuette représentant un bouddha.

BOUDDHIQUE adj. Relatif au bouddhisme : *Les temples bouddhiques.*

BOUDDHISME n.m. Religion et philosophie orientale, fondée par le Bouddha (Shakyamuni).

➲ Le **BOUDDHISME** propage les quatre « nobles vérités » qui constituaient l'enseignement moral du Bouddha (« l'Éveillé » ou « l'Illuminé »). Il se veut une réponse à la douleur, identifiée avec l'existence elle-même. Pour sortir du cycle des naissances et des morts, c'est-à-dire pour atteindre le nirvana, il faut commencer par se libérer de la cause de la souffrance, le désir, lié intimement à la vie. Aux deux courants principaux que sont le *bouddhisme du petit véhicule (hinayana)* et le *bouddhisme du grand véhicule (mahayana)* s'ajoute, au Tibet, le *bouddhisme tantrique (vajrayana).*

BOUDDHISTE adj. et **n.** Qui appartient au bouddhisme ; adepte du bouddhisme.

BOUDER v.i. [3] (onomat.). Marquer du dépit, de la mauvaise humeur par une attitude renfrognée. ◆ **v.t. 1.** Montrer son mécontentement à qqn : *Il me boude toujours.* **2.** Se montrer indifférent à l'égard de qqch : *Le public a boudé son dernier film.*

BOUDERIE n.f. Action de bouder : *Ses bouderies peuvent durer.*

BOUDEUR, EUSE adj. et **n.** Qui manifeste de la bouderie : *Une moue boudeuse.*

BOUDIN n.m. (onomat. *bod,* exprimant le gonflement). **1.** Préparation de charcuterie cuite à base de sang et de gras de porc, mise dans un boyau. **2.** Tout objet long et cylindrique non rigide : *Un boudin de pâte à modeler.* **3.** Mèche ou fusée employée pour la mise à feu d'une mine. **4.** ARCHIT. Moulure demi-cylindrique (SYN. **tore**). **5.** CH. DE F. Saillie interne du bandage d'une roue de véhicule ferroviaire, assurant son maintien sur les rails (SYN. **mentonnet**). **6.** Fam., péjor. Fille, femme grosse et sans grâce. ▪ **Boudin blanc,** fait avec une farce à base de viande blanche maigre, princip. de volaille. ▪ **Ressort à boudin,** constitué d'un fil métallique roulé en hélice. ▪ **Tourner** ou **finir en eau de boudin** [fam.], se terminer par un échec.

BOUDINÉ, E adj. Fam. **1.** Qui forme des bourrelets : *Des doigts boudinés.* **2.** Serré dans ses vêtements : *Elle est boudinée dans son corsage.*

BOUDINER v.t. [3]. Fam. Serrer en faisant des bourrelets : *Ce body la boudine.*

BOUDOIR n.m. (de *bouder*). **1.** Biscuit allongé saupoudré de sucre. **2.** Anc. Petit salon où une dame recevait ses intimes.

BOUE n.f. (du gaul.). **1.** Terre ou poussière détrempée d'eau : *L'inondation a laissé une épaisse couche de boue.* **2.** GÉOL. Dépôt fin imprégné d'eau. **3.** Dépôt qui se forme au fond d'un récipient : *La boue au fond d'un tonneau.* ▪ **Boues d'épuration,** déchets ultimes* produits par l'épuration des eaux usées. ▪ **Traîner qqn dans la boue** ou **couvrir qqn de boue,** l'accabler de propos infamants.

BOUÈBE n.m. (de l'all. *Buebe,* altér. de *Bube,* petit garçon). Suisse. Fam. Petit enfant ; marmot.

BOUÉE n.f. (du germ. *baukn,* signal). **1.** Anneau gonflable en matière souple (caoutchouc, plastique, etc.), qui sert à maintenir une personne à la surface de l'eau. **2.** Corps flottant disposé en mer pour repérer un point, marquer un danger, supporter certains appareils de signalisation, etc. : *Bouée lumineuse.* ▪ **Bouée de sauvetage,** destinée à être jetée à une personne tombée à l'eau ; fig., ce qui peut tirer qqn d'une situation désespérée : *Ce chèque a été ma bouée de sauvetage.*

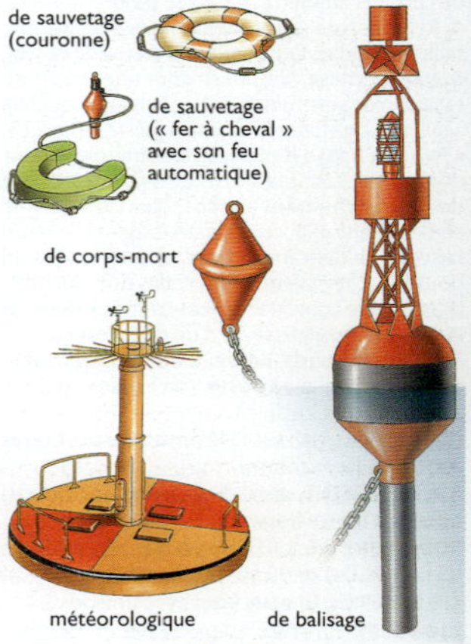

▲ **bouées**

BOUETTE n.f. Québec. Fam. Boue : *Jouer dans la bouette.*

1. BOUEUX, EUSE adj. Plein de boue : *Chaussures boueuses.*

2. BOUEUX n.m. Fam. Éboueur.

BOUFFANT, E adj. Qui est comme gonflé : *Chevelure, jupe bouffante.* ▪ **Papier bouffant,** papier épais sans apprêt.

BOUFFARDE n.f. (de *bouffée*). Fam. Grosse pipe.

1. BOUFFE adj. (de l'ital. *opera buffa,* opéra comique). ▪ **Opéra(-)bouffe,** v. à son ordre alphabétique.

2. BOUFFE ou **BOUFFETANCE n.f.** Fam. Nourriture ; repas.

BOUFFÉE n.f. (de 1. *bouffer*). **1.** Exhalaison ou aspiration par la bouche ou par le nez : *Une bouffée d'air frais. Souffler une bouffée de cigarette.* **2.** Mouvement passager de l'air : *Des bouffées de vent entrent par la lucarne.* **3.** Accès brusque et passager d'un sentiment : *Bouffée d'orgueil, de rage.* ▪ **Bouffée de chaleur,** sensation brusque et passagère d'échauffement du visage. ▪ **Bouffée**

délirante [psychiatr.], apparition soudaine d'un délire, pouvant faire suite à un épisode traumatisant (deuil, situation d'échec).

1. BOUFFER v.i. [3] (de l'onomat. **buff*, suggérant qqch de gonflé). Prendre du volume : *Manches qui bouffent.*

2. BOUFFER v.t. [3] (de *1. bouffer*). Fam. **1.** Manger. **2.** Consommer : *Moteur qui bouffe beaucoup d'huile.* **3.** Occuper tout le temps de qqn ; accaparer : *Son travail bouffe toutes ses soirées.* **4.** Afrique. Absol. Spolier l'État, en dilapidant les fonds publics ou en s'enrichissant par des malversations (pots-de-vin, trafic d'influence, etc.) : *Ici, la corruption est flagrante : tout le monde bouffe.* ▪ **Bouffer du curé, du flic** [fam.], tenir sur eux des propos injurieux. ▪ **Je l'aurais bouffé** [fam.], j'étais très en colère contre lui. ◆ **SE BOUFFER v.pr.** Fam. ▪ **Se bouffer le nez,** se disputer.

BOUFFETANCE n.f. → **2. BOUFFE.**

BOUFFETTE n.f. Anc. Petite touffe de rubans, petite houppe de laine, de soie, employée comme ornement.

BOUFFEUR, EUSE adj. et **n.** Fam. Mangeur.

BOUFFI, E adj. Gonflé de façon malsaine : *Un visage bouffi.* ▪ **Bouffi d'orgueil,** d'une grande vanité. ▪ **Hareng bouffi,** ou **bouffi, n.m.,** hareng saur peu fumé.

BOUFFIR v.t. et **v.i. [21]** (var. de *1. bouffer*). Enfler de façon disgracieuse : *L'alcool a bouffi son visage.*

BOUFFISSURE n.f. Gonflement des tissus cutanés et sous-cutanés.

1. BOUFFON n.m. (ital. *buffone*). **1.** Personne dont les plaisanteries font rire ; pitre : *Le bouffon de la classe.* **2.** Personnage grotesque que les rois entretenaient auprès d'eux pour les divertir. **3.** Personnage du fou, au théâtre. **4.** Fam. Personne que sa conduite rend ridicule : *Dans le milieu de la politique, il est considéré comme un bouffon.*

2. BOUFFON, ONNE adj. Qui prête à rire par son caractère grotesque ; burlesque : *Situation bouffonne.*

BOUFFONNER v.i. [3]. Vx. Faire ou dire des bouffonneries.

BOUFFONNERIE n.f. Action ou parole bouffonne ; caractère de ce qui est bouffon.

BOUGAINVILLÉE [-vile] **n.f.** ou **BOUGAINVILLIER** [-vilje] **n.m.** (de *Bougainville*, n.pr.). Plante grimpante originaire d'Amérique, aux larges bractées rouge violacé, cultivée pour l'ornement. ➲ Famille des nyctaginacées.

BOUGE n.m. (lat. *bulga*, du gaul.). **1.** Logement misérable et malpropre ; café, bar mal fréquenté. **2.** Partie la plus renflée d'un tonneau. **3.** Convexité transversale des ponts d'un navire.

BOUGÉ n.m. PHOTOGR. Mouvement de l'appareil photo au moment du déclenchement, qui produit une image floue.

BOUGEOIR n.m. (de *bougie*). Petit chandelier sans pied, muni d'une anse ou d'un manche et sur lequel on fixe une bougie.

BOUGEOTTE n.f. Fam. ▪ **Avoir la bougeotte,** avoir la manie de bouger sans cesse ; avoir l'envie de se déplacer, de voyager.

BOUGER v.i. [10] (du lat. *bullire*, bouillir). **1.** Faire un mouvement ; remuer : *Le bébé bouge en dormant. Personne n'a bougé.* **2.** Fam. Sortir de chez soi, d'un lieu : *Nous n'avons pas bougé pendant les vacances.* **3.** (En tournure négative). Changer d'aspect : *Lainage qui ne bouge pas au lavage.* **4.** Passer à l'action, notamm. pour protester ; s'agiter : *Les syndicats bougent.* ◆ **v.t.** Changer de position ; déplacer : *Bouger la tête en signe de refus. Bouge ta chaise, elle gêne.* ◆ **SE BOUGER v.pr.** Fam. Agir : *Tu dois te bouger.* ▪ **Bouge-toi de là !** [fam.], va-t'en !

BOUGIE n.f. (de *Bougie*, n.pr.). **1.** Bâtonnet cylindrique de cire, de paraffine, etc., entourant une mèche et fournissant une flamme qui éclaire. **2.** Pièce d'allumage électrique d'un moteur à explosion. **3. MÉD.** Sonde introduite dans un canal naturel pour le dilater.

BOUGNAT n.m. (de *charbougna*, prononciation auvergnate de *charbonnier*). Fam., vieilli. Débitant de boissons et marchand de charbon, souvent d'origine auvergnate.

BOUGON, ONNE adj. et **n.** Qui est de mauvaise humeur ; grognon.

BOUGONNEMENT n.m. Attitude, propos de qqn qui bougonne.

BOUGONNER v.i. et **v.t. [3]** (onomat.). Maugréer entre ses dents ; grommeler.

BOUGRE n.m. (du bas lat. *bulgarus*, bulgare). Fam., vieilli. Individu : *Un pauvre bougre. Il n'est pas mauvais bougre.* ▪ **Bougre de,** espèce de : *Bougre d'idiot !* ◆ **interj.** Fam., vieilli. Exprime la surprise, l'admiration.

BOUGREMENT adv. Fam., vieilli. Très ; extrêmement.

BOUGRESSE n.f. Fam., vieilli. Femme méchante ou méprisable.

BOUI-BOUI (pl. *bouis-bouis*), ▲ *BOUIBOUI* **n.m.** Fam., souvent péjor. Petit café, restaurant médiocre.

BOUILLABAISSE n.f. (provenç. *bouiabaisso*). Soupe provençale préparée à partir de divers poissons et crustacés, et relevée d'ail, de safran, d'huile d'olive, etc.

BOUILLANT, E adj. 1. Qui bout : *Plonger les pâtes dans l'eau bouillante.* **2.** Très chaud ; brûlant : *Ce café est bouillant.* **3.** Fig. Plein de fougue ; ardent : *Un bouillant jeune homme.*

BOUILLASSE n.f. Fam. Boue.

BOUILLAUD [bujo] **(MALADIE DE) n.f.** Rhumatisme articulaire aigu.

1. BOUILLE n.f. (de l'arg. *bouillote*, tête). Fam. Visage : *Une bouille toute ronde.*

2. BOUILLE n.f. → **BOILLE.**

BOUILLETTE n.f. Appât de synthèse très utilisé pour la pêche à la carpe.

BOUILLEUR n.m. 1. Cylindre destiné à augmenter la surface de chauffe d'une chaudière. **2.** Élément d'une machine thermique, dans lequel la vapeur est extraite d'une solution ou d'un mélange. ▪ **Bouilleur de cru,** agriculteur ayant le droit de distiller ou de faire distiller sa propre récolte (vin, cidre, etc.) pour sa consommation personnelle. ➲ Ce privilège n'est plus transmissible depuis 1960.

BOUILLI, E adj. Qui a été porté à ébullition ou cuit dans un liquide en ébullition : *De la viande bouillie.* ▪ **Cuir bouilli** [anc.], cuir préparé par ébullition pour la confection d'objets moulés. ◆ **n.m.** Viande bouillie : *Bouilli de bœuf.*

BOUILLIE n.f. 1. Aliment plus ou moins pâteux composé de farine, de lait ou d'eau bouillis ensemble. **2.** Pâte très fluide : *Pain transformé en bouillie par la pluie.* ▪ **Bouillie bordelaise,** préparation à base de chaux et de sulfate de cuivre pour traiter les végétaux (la vigne, notamm.). ▪ **Bouillie explosive,** explosif semi-liquide, que l'on peut injecter dans un trou de mine. ▪ **C'est de la bouillie pour les chats** [fam.], c'est un récit, un texte confus, incompréhensible. ▪ **En bouillie,** écrasé.

BOUILLIR v.i. [36] (lat. *bullire*). **1.** En parlant d'un liquide, être agité sous l'effet de la chaleur, en dégageant des bulles de vapeur. ➲ L'eau pure bout à 100 °C sous la pression atmosphérique normale. **2.** Être animé d'un sentiment vif : *Bouillir de colère, d'impatience.* **3.** Être cuit dans un liquide qui bout : *Les pâtes bouillent.* **4.** Contenir un liquide qui bout : *La cocotte bout.* ▪ **Avoir le sang qui bout dans les veines,** être plein d'énergie, de fougue. ▪ **Faire bouillir la marmite** [fam.], assurer la subsistance de sa famille. ◆ **v.t.** Fam. Faire bouillir : *Bouillir des pommes de terre.*

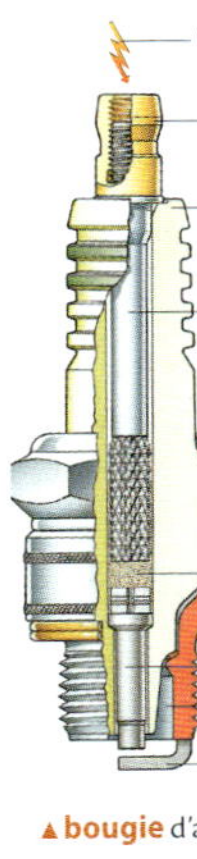

▲ **bougie** d'allumage d'un moteur à explosion.

BOUILLOIRE n.f. Récipient en métal avec bec, anse et couvercle, qui sert à faire bouillir de l'eau.

BOUILLON n.m. (de *bouillir*). **1.** Potage clair obtenu en faisant bouillir dans l'eau de la viande, des légumes. **2.** (Surtout pl.). Bulle qui s'élève à la surface d'un liquide bouillant : *Cuire à petits bouillons.* **3.** (Surtout pl.). Flot de liquide qui s'écoule vivement : *L'eau sort à gros bouillons du tuyau.* **4.** Fam. Ensemble des exemplaires invendus d'un journal. **5. COUT.** Pli bouffant d'une étoffe. **6.** Cavité remplie de gaz, formée lors du refroidissement du verre fondu. ▪ **Boire un bouillon** [fam.], avaler de l'eau en nageant ; fig., essuyer un échec, souvent financier. ▪ **Bouillon de culture,** solution nutritive stérilisée, utilisée comme milieu de culture pour les bactéries ; fig., milieu favorable à qqch. ▪ **Bouillon d'onze heures** [fam.], breuvage empoisonné.

BOUILLON-BLANC n.m. (pl. *bouillons-blancs*). Plante couverte d'un duvet blanc ou gris, à larges feuilles et à fleurs jaunes, poussant dans les lieux incultes (SYN. **molène**). ➲ Famille des scrofulariacées.

BOUILLONNANT, E adj. Qui bouillonne.

BOUILLONNÉ n.m. COUT. Bande de tissu froncée en bouillons.

BOUILLONNEMENT n.m. État de ce qui bouillonne ; effervescence : *Le bouillonnement des idées.*

BOUILLONNER v.i. [3] (de *bouillon*). **1.** Produire des bouillons : *La lave bouillonne dans le cratère.* **2.** Fig. Être en effervescence ; s'agiter : *Sa tête bouillonne de projets.* ◆ **v.t. COUT.** Faire des bouillons, un bouillonné à.

BOUILLOTTE n.f. 1. Récipient, génér. en caoutchouc pouvant contenir de l'eau chaude et utilisé pour chauffer un lit. **2.** Vx. Bouilloire.

BOUILLOTTER, ▲ *BOUILLOTER* **v.i. [3].** Bouillir doucement, à petits bouillons.

SE BOUJOUTER v.pr. [3]. Région. (Normandie). Se dire bonjour en s'embrassant sur les joues.

BOUKHA n.f. Eau-de-vie de figue produite en Tunisie.

BOULAGE n.m. Action de donner à un morceau de pâte à pain la forme d'une boule.

BOULAIE n.f. Terrain planté de bouleaux.

BOULANGE n.f. Fam. Métier ou commerce de boulanger.

1. BOULANGER v.i. et **v.t. [10].** Faire du pain.

2. BOULANGER, ÈRE n. (du picard *boulenc*). Personne qui fait et vend du pain. ◆ **adj.** Relatif à la boulangerie. ▪ **Pommes boulangères,** pommes de terre en tranches fines cuites au four, souvent avec des oignons.

BOULANGERIE n.f. 1. Boutique du boulanger. **2.** Profession du boulanger ; secteur économique correspondant.

BOULANGISME n.m. Mouvement politique français qui réunit autour du général Boulanger, entre 1885 et 1889, divers opposants nationalistes et antiparlementaires.

BOULANGISTE adj. et **n.** Relatif au boulangisme ; qui en est partisan.

BOULE n.f. (lat. *bulla*). **1.** Objet sphérique : *Une boule de cuivre.* **2.** Passoire en forme de boule creuse : *Boule à thé.* **3.** Objet sphérique destiné à rouler : *Boule de pétanque.* **4.** Objet approximativement sphérique : *Boule de glace.* **5.** Belgique. Bonbon à sucer. **6.** Miche de pain ronde. **7.** Fam. Tête. ▪ **Avoir la boule à zéro** [fam.], être tondu. ▪ **Avoir les yeux en boules de loto** [fam.], ronds et proéminents. ▪ **Avoir une boule dans la gorge,** être angoissé. ▪ **Boule à facettes** → **FACETTE.** ▪ **Boule de Berlin** [Belgique, Suisse], gros beignet fourré à la confiture ou à la crème pâtissière. ▪ **Boule de centre A et de rayon *r*** [math.], ensemble des éléments d'un espace métrique dont la distance à A est inférieure à *r*. ▪ **Boule de commande** [inform.], dispositif de pointage constitué d'une boule dont la rotation dans son boîtier permet de déplacer le pointeur à l'écran.

▪ **Boule de cristal,** boule de verre servant à prédire l'avenir. ▪ **Boule de gomme,** bonbon rond à base de gomme. ▪ **Boule de loto,** jeton, sphère utilisés au jeu du loto. ▪ **En boule,** enroulé sur lui-même : *Le chat s'est roulé en boule.* ▪ **Être, se mettre en boule** [fam.], en colère. ▪ **Faire boule de neige,** grossir, prendre de l'ampleur. ▪ **La boule,** jeu de casino dans lequel les numéros gagnants sont désignés, parmi neuf possibles, par une boule lancée dans un plateau en forme de cuvette. ▪ **Perdre la boule** [fam.], devenir fou ; s'affoler. ▪ **Vente à la boule de neige,** système de vente, interdit en France, incitant un client à devenir lui-même vendeur et procurant à son initiateur des gains financiers proportionnels au nombre de personnes impliquées dans la chaîne. ◆ **n.f. pl.** Jeu qui se joue avec des boules (pétanque, boule lyonnaise, etc.). ▪ **Avoir les boules** [fam.], être angoissé, déprimé ou exaspéré.

BOULÉ n.m. ▪ **Au boulé,** se dit d'un sirop de sucre en ébullition, lorsque quelques gouttes de ce sirop versées dans de l'eau froide forment une boule molle.

BOULÊ [bulɛ] **n.f.** (mot gr.). **ANTIQ. GR.** Haute assemblée d'une cité, notamm. d'Athènes. ➲ La *boulê* étudiait les projets de loi, qu'elle proposait au vote de l'*ecclésia*, et contrôlait l'administration aussi bien que la politique extérieure.

BOULEAU n.m. (du gaul.). Arbre des pays froids et tempérés, à écorce blanche et à bois blanc, utilisé en menuiserie et en papeterie. ➲ Famille des bétulacées.

▲ **bouleau**

BOULE-DE-NEIGE n.f. (pl. *boules-de-neige*). **BOT.** Obier.

BOULEDOGUE [buldɔg] **n.m.** (angl. *bull-dog*, de *bull*, taureau, et *dog*, chien). Chien d'agrément de petite taille, à la tête carrée très forte, aux oreilles droites.

BOULÉGUER v.t. [11] (provenç. *boulégá*). Région. (Sud-Est). Agiter ; remuer ; secouer : *Bouléguer des pièces dans sa poche.*

BOULER v.i. [3]. Rouler sur soi-même, comme une boule. ▪ **Envoyer bouler** [fam.], éconduire vivement.

BOULET n.m. 1. Projectile de pierre ou de métal, en forme de boule, dont on chargeait les canons (XIVe-XIXe s.). **2.** Boule de métal fixée à une chaîne que l'on attachait au pied des forçats. **3.** Fam. Personne à charge, contrainte dont on ne peut se libérer. **4.** Objet sphérique de nature variée (aggloméré de charbon, de particules fines, pièce de métal utilisée pour le broyage, etc.). **5.** Articulation des membres des chevaux et des ruminants, entre le canon et le paturon. ▪ **Avoir un boulet au pied** [fam.], être entravé par une obligation pénible. ▪ **Comme un boulet de canon,** très vite. ▪ **Tirer à boulets rouges sur qqn,** l'attaquer très violemment.

BOULETAGE n.m. TECHN. Technique consistant à mettre du minerai sous forme de boulettes.

BOULETÉ, E adj. Se dit d'un cheval, d'un bovin dont le boulet est déplacé, porté en avant.

BOULETTE n.f. 1. Petite boule. **2.** Préparation culinaire façonnée en forme de petite boule destinée à être frite. **3.** Fam. Erreur ; maladresse : *Faire une boulette.*

BOULEVARD n.m. (du néerl. *bolwerc*, ouvrage de fortification). Large rue, génér. plantée d'arbres : *Les boulevards des Maréchaux ceinturent Paris.* Abrév. **bd.** ▪ **Le Boulevard,** milieu qui fréquentait les Grands Boulevards, à Paris (XIXe s.). ▪ **Ouvrir un boulevard à** [fam.], favoriser, par maladresse ou complaisance, le développement d'un phénomène génér. jugé néfaste. ▪ **Théâtre de boulevard,** théâtre de caractère léger, privilégiant le vaudeville et la comédie de mœurs. ➲ Il est caractéristique de la programmation des salles situées sur les Grands Boulevards, à Paris. ◆ **n.m. pl.** ▪ **Les Grands Boulevards,** les boulevards qui vont de la République à la Madeleine, à Paris.

BOULEVARDIER, ÈRE adj. Propre au théâtre de boulevard.

BOULEVERSANT, E adj. Qui bouleverse : *Un souvenir bouleversant.*

BOULEVERSEMENT n.m. Action, fait de bouleverser ; état, situation, émotion qui en résultent : *Des bouleversements au sein d'une équipe.*

BOULEVERSER [bulvɛrse] **v.t. [3]** (de *boule* et *verser*). **1.** Provoquer une émotion violente ; retourner : *Ce documentaire l'a bouleversé.* **2.** Mettre en complet désordre : *Il a bouleversé tous les dossiers.* **3.** Renouveler totalement ; révolutionner : *La thérapie génique a bouleversé la médecine.*

BOULGOUR n.m. (mot turc). Blé concassé que l'on consomme cuit à l'eau ou à la vapeur. ➲ Cuisine orientale.

BOULIER n.m. Appareil fait de boules coulissant sur des tiges et servant à calculer.

BOULIMIE n.f. (du gr. *bous*, bœuf, et *limos*, faim). **1.** Trouble psychique caractérisé par l'absorption de grandes quantités de nourriture, non provoquée par la faim. **2.** Fig. Désir ardent de qqch : *Une boulimie d'achats pendant les soldes.*

BOULIMIQUE adj. Relatif à la boulimie. ◆ **adj. et n.** Atteint de boulimie.

BOULIN n.m. Pièce de bois horizontale d'un échafaudage fixée dans la maçonnerie ; trou laissé par cette pièce après qu'on l'a déposée.

BOULINE n.f. MAR. Manœuvre amarrée à une voile, pour lui faire prendre le vent le mieux possible.

BOULINGRIN n.m. (de l'angl. *bowling-green*, gazon pour le jeu de boules). Parterre de gazon limité par un talus plus ou moins incliné.

BOULISTE n. Joueur de boules.

BOULOCHER v.i. [3]. En parlant d'un tricot, d'un tissu, former de petites boules pelucheuses sous l'effet de frottements.

BOULODROME n.m. Terrain pour le jeu de boules.

BOULON n.m. (de *boule*). **1.** Ensemble constitué d'une vis et d'une tête, souvent associé à un écrou. **2. TECHN.** Tige ancrée dans un terrain pour le consolider. ▪ **Serrer** ou **resserrer les boulons** [fam.], renforcer l'application des règlements, la discipline, le contrôle des dépenses, etc.

BOULONNAGE n.m. TECHN. Action de boulonner ; ensemble des boulons d'un assemblage.

BOULONNAIS, E adj. et n. 1. De Boulogne-Billancourt. **2.** De Boulogne-sur-Mer. **3.** Du Boulonnais. ◆ **n.m.** Cheval de trait de race française, originaire de la Manche.

BOULONNER v.t. [3]. TECHN. Solidariser par serrage avec un, des boulons. ◆ **v.i.** Fam., vieilli. Travailler.

BOULONNERIE n.f. Industrie et commerce des boulons, écrous, rondelles, etc. ; ces produits.

1. BOULOT, OTTE adj. et n. (de *boule*). Fam. Petit et rondelet.

2. BOULOT n.m. (orig. obscure). Fam. Travail ; emploi. ▪ **Petit boulot** [fam.], emploi précaire et souvent mal rémunéré.

BOULOTTER, ▲ *BOULOTER* **v.t. [3].** Fam., vieilli. Manger.

1. BOUM interj. (onomat.). Exprime le bruit sourd causé par une chute, une explosion, etc. : *Boum ! tout a sauté !*

2. BOUM n.m. (onomat.). Fam. ▪ **En plein boum,** en pleine activité.

3. BOUM n.f. Fam., vieilli. Réunion festive de jeunes chez l'un d'entre eux.

BOUMER v.i. [3]. Fam. ▪ **Ça boume,** ça va.

1. BOUQUET n.m. (du francien *boscet*, petit bois). **1.** Touffe serrée d'arbustes : *Un bouquet de genêts.* **2.** Assemblage décoratif de fleurs, de feuillages : *Un bouquet de roses.* **3.** Arôme d'un vin, perçu lorsqu'on le boit : *Ce bourgogne a du bouquet.* **4.** Final d'un feu d'artifice. **5.** Dans une opération d'acquisition en viager, partie du prix d'achat immédiatement payée au vendeur. ▪ **Bouquet de programmes** [télév.], ensemble de programmes de télévision diffusés par un opérateur de télévision par câble, un réseau ADSL ou un satellite. ▪ **Bouquet énergétique** → **ÉNERGÉTIQUE.** ▪ **Bouquet garni,** assortiment de plantes aromatiques ajouté à l'eau de cuisson. ▪ **C'est le bouquet !** [fam.], c'est le comble !

2. BOUQUET n.m. (de *bouc*). Grosse crevette rose (SYN. **palémon**).

BOUQUETÉ, E adj. ▪ **Vin bouqueté,** qui a beaucoup de bouquet.

BOUQUETIÈRE n.f. Personne qui compose, vend des bouquets de fleurs. ▪ **Bouquetière de légumes** [cuis.], plat de légumes présentés en bouquet.

BOUQUETIN n.m. (provenç. *boc estaign*). Chèvre sauvage des montagnes d'Eurasie et d'Afrique, à longues cornes incurvées et annelées. ➲ Famille des bovidés.

1. BOUQUIN n.m. (de *bouc*). **CHASSE.** Lièvre ou lapin mâle.

2. BOUQUIN n.m. (néerl. *boeckin*). Fam. Livre.

BOUQUINER v.i. et v.t. [3]. Fam. Lire.

BOUQUINEUR, EUSE n. Fam. Personne qui aime bouquiner, lire.

BOUQUINISTE n. Vendeur de livres d'occasion.

BOUR n.m. (mot alémanique). Suisse. Au jeu de yass, valet d'atout.

BOURBE n.f. (gaul. **borva*). Boue noire et épaisse qui se dépose au fond des eaux croupissantes (marais, étangs).

BOURBEUX, EUSE adj. Plein de bourbe : *L'eau de l'étang est bourbeuse.*

BOURBIER n.m. 1. Lieu bourbeux, où l'on s'enlise : *La pluie a transformé le champ en bourbier.* **2.** Fig. Situation inextricable ; impasse.

BOURBILLON n.m. (de *bourbe*). **MÉD.** Partie centrale blanchâtre d'un furoncle.

BOURBON n.m. (de *Bourbon*, n. d'un comté du Kentucky). Whisky à base de maïs, produit aux États-Unis.

BOURBONIEN, ENNE adj. Relatif aux Bourbons. ▪ **Nez bourbonien,** busqué.

BOURBONNAIS, E adj. et n. Du Bourbonnais.

BOURBOUILLE n.f. Affection cutanée bénigne observée en climat tropical, consistant en une éruption de petits boutons rouges.

BOURDAINE n.f. Arbuste des bois d'Europe occidentale, voisin du nerprun, dont les tiges sont utilisées en vannerie et dont l'écorce est laxative. ➲ Famille des rhamnacées.

BOURDE n.f. Fam. Erreur grossière ; bévue : *J'ai fait une bourde en le prenant pour son frère.*

BOURDIGUE n.f. → **BORDIGUE.**

1. BOURDON n.m. Anc. Long bâton de pèlerin terminé à sa partie supérieure par un ornement en forme de gourde ou de pomme.

▲ **bourdon**

2. BOURDON n.m. (onomat.). **1.** Insecte à corps velu et à abdomen marqué de trois larges bandes, voisin de l'abeille, vivant en groupes peu nombreux. ➲ Ordre des hyménoptères. À ne pas confondre avec le *faux-bourdon*. **2. MUS.** Grosse cloche à son grave. **3. MUS.** Jeu de l'orgue, qui fait sonner des tuyaux bouchés rendant une sonorité douce et moelleuse. ▪ **Avoir le bourdon** [fam.], être triste, mélancolique. ▪ **Faux bourdon,** abeille mâle.

3. BOURDON n.m. (de *bourde*). IMPRIM. Omission d'un mot, d'une phrase, d'un passage entier d'un texte composé ou imprimé.

BOURDONNANT, E adj. Qui bourdonne.

BOURDONNEMENT n.m. **1.** Bruit fait par des insectes qui battent des ailes : *Bourdonnement des mouches dans l'étable.* **2.** Bruit sourd et continu d'un moteur, d'une foule, etc. ▪ **Bourdonnement d'oreille,** acouphène de tonalité grave et sourde.

BOURDONNER v.i. [3]. Faire entendre un bruit sourd et continu : *Le ventilateur bourdonne. Ses oreilles bourdonnent.*

BOURG [bur] n.m. (lat. *burgus*, du germ.). **1.** Agglomération centrale d'une commune rurale. **2.** Vieilli. Gros village qui sert de marché pour les villages voisins.

BOURGADE n.f. Petit bourg.

BOURGE n. (abrév.). Fam., souvent péjor. Bourgeois : *Un quartier de bourges.*

BOURGEOIS, E n. (de *bourg*). **1.** Personne qui appartient à la bourgeoisie (par oppos. à *ouvrier, paysan*, etc.) ou qui en a les manières. **2.** Personne conformiste et sans idéal, préoccupée de son seul confort matériel. **3.** Au Moyen Âge et sous l'Ancien Régime, habitant d'une ville jouissant des privilèges concédés à cette ville. **4.** Suisse. Personne qui a droit de bourgeoisie. ▪ **En bourgeois** [vieilli], en civil. ▪ **Épater le bourgeois,** faire impression sur le public. ◆ adj. **1.** Propre aux bourgeois, à la bourgeoisie : *Une éducation bourgeoise.* **2.** Souvent péjor. Qui adhère aux valeurs de la bourgeoisie (par oppos. à *artiste, ouvrier*, etc.) ; bien-pensant : *Il est devenu très bourgeois.* **3.** Qui témoigne d'une certaine aisance matérielle : *Immeuble bourgeois.* **4.** Suisse. Se dit des partis du centre et de droite. ▪ **Cuisine bourgeoise,** simple et de qualité. ▪ **Habitation bourgeoise** [dr.], habitation à usage privé, non professionnel.

BOURGEOISE n.f. Fam., vieilli. Épouse.

BOURGEOISEMENT adv. De façon bourgeoise ; dans l'aisance. ▪ **Habiter bourgeoisement un immeuble** [dr.], à des fins seulement privées, non professionnelles.

BOURGEOISIAL, E, AUX adj. Suisse. De la bourgeoisie.

BOURGEOISIE n.f. **1.** Ensemble des personnes qui n'exercent pas un travail manuel et dont les revenus sont relativement élevés et réguliers : *Grande, moyenne et petite bourgeoisie.* **2.** Selon le marxisme, classe sociale détentrice des moyens de production et d'échange dans le régime capitaliste (par oppos. à *prolétariat*). **3.** Suisse. Droit de cité, citoyenneté dans une commune.

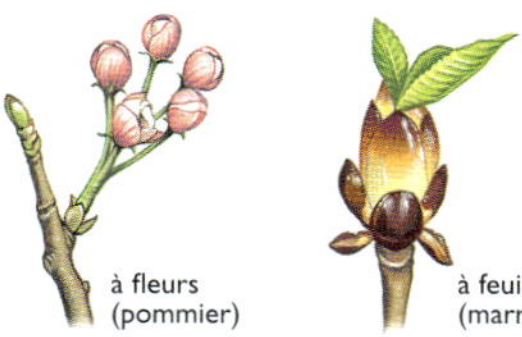

▲ **bourgeons**

BOURGEON n.m. (du lat. *burra*, bourre). Petite formation végétale pointue, souvent renflée, constituant en un point d'une plante une ébauche d'organes (feuilles ou fleurs), qui se développera après son éclosion. ▪ **Bourgeon charnu** ou **conjonctif** [méd.], petite masse de tissu conjonctif comblant la perte de substance d'une plaie. ▪ **Bourgeon du goût** [histol.], organe récepteur des saveurs situé sur la langue.

BOURGEONNEMENT n.m. **1.** BOT. Fait de bourgeonner ; apparition des bourgeons. **2.** ZOOL. Mode de reproduction asexuée de certains animaux aquatiques (cnidaires, ectoproctes, ascidies), à partir d'une formation analogue à un bourgeon.

BOURGEONNER v.i. [3]. **1.** En parlant d'une plante, produire des bourgeons. **2.** Fig. En parlant de la peau, se couvrir de boutons : *Un front qui bourgeonne.*

BOURGMESTRE [burgmɛstr] n. (de l'all. *Bürgermeister*, maître du bourg). Belgique. Premier magistrat d'une commune (SYN. **maïeur**).

BOURGOGNE n.m. Vin récolté en Bourgogne. ◆ adj. inv. Québec. D'une couleur rouge violacé qui rappelle celle du vin.

BOURGUEIL n.m. Vin rouge récolté en Touraine.

BOURGUIGNON, ONNE adj. et n. De la Bourgogne. ◆ adj. ▪ **Bœuf bourguignon,** ou **bourguignon,** n.m., ragoût de bœuf aux oignons et au vin rouge.

BOURGUIGNONNE n.f. Bouteille utilisée pour les vins de Bourgogne.

BOURLINGUE n.f. Fam. Vie de voyages, d'aventures.

BOURLINGUER v.i. [3] (orig. incert.). **1.** MAR. Lutter dans une forte mer par suite du mauvais temps, en parlant d'un navire. **2.** Fam. Voyager beaucoup ; mener une vie aventureuse.

BOURLINGUEUR, EUSE n. Fam. Personne qui aime bourlinguer ; aventurier.

BOURONNER v.i. [3]. Suisse. Se consumer lentement ; couver sous la cendre.

BOURRACHE n.f. (de l'ar. *abū'araq*, père de la sueur). Plante annuelle très velue, à grandes fleurs bleues, fréquente sur les décombres, employée en tisane comme diurétique et sudorifique. ➲ Famille des borraginacées.

▲ **bourrache**

BOURRADE n.f. Coup brusque donné pour pousser qqn ou comme marque d'amitié.

BOURRAGE n.m. **1.** Action de remplir, de bourrer. **2.** Matière servant à bourrer : *Le fauteuil perd son bourrage.* **3.** Matière insérée à l'intérieur d'un motif de broderie, avant de le broder, pour lui donner plus de relief. **4.** Incident de fonctionnement d'une machine, d'un appareil qui bourre. ▪ **Bourrage de crâne** [fam.], propagande intensive.

BOURRASQUE n.f. (ital. *burrasca*). Coup de vent bref et violent.

BOURRASSER v.t. [3]. Québec. Rudoyer ; malmener ; maltraiter.

BOURRATIF, IVE adj. Fam. Se dit d'un aliment qui bourre, alourdit l'estomac.

1. BOURRE n.f. (lat. *burra*). **1.** Amas de poils d'origine animale utilisé en bourrellerie, pour la confection de feutre ou comme matériau isolant ; matière constituée par des poils, des fibres ou des déchets de fibres en vrac. **2.** Déchets ou toute autre matière servant à bourrer une pièce de literie, de mobilier. **3.** Tampon de calage d'une charge explosive, dans une cartouche, par ex. **4.** BOT. Duvet d'un bourgeon. ▪ **De première bourre** [fam.], d'excellente qualité.

2. BOURRE n.f. (de *bourrer*). Fam. ▪ **Être à la bourre,** être très pressé parce que en retard.

3. BOURRE n.m. Arg., vx. Policier.

BOURRÉ, E adj. Fam. **1.** Plein ; bondé. **2.** Ivre.

BOURREAU n.m. (de *bourrer*, maltraiter). **1.** En France, personne qui exécutait les peines corporelles prononcées par une juridiction répressive, notamm. la peine de mort. **2.** Personne qui torture qqn : *Les bourreaux nazis.* ▪ **Bourreau des cœurs** [fam.], grand séducteur. ▪ **Bourreau de travail** [fam.], personne qui travaille sans relâche.

1. BOURRÉE n.f. **1.** Danse folklorique du centre de la France, qui, stylisée, fut aussi danse de bal et danse théâtrale à la cour de Louis XIV. **2.** Pièce instrumentale de tempo rapide et de rythme binaire.

2. BOURRÉE n.f. Suisse. Grande affluence ; grande quantité : *Une bourrée de fautes.*

BOURRELÉ, E adj. (de *bourreau*). Litt. ▪ **Bourrelé de remords,** torturé par le remords.

BOURRÈLEMENT n.m. Litt. Souffrance morale torturante.

BOURRELET n.m. (de l'anc. fr. *bourrel*, bourre). **1.** Gaine remplie de bourre, de matière élastique, servant à protéger des chocs, obstruer une ouverture, etc. **2.** TECHN. Partie saillante, arrondie, longeant ou faisant le tour de qqch. **3.** Fam. Renflement adipeux à certains endroits du corps : *Avoir des bourrelets à la taille.*

BOURRELIER, ÈRE n. (de l'anc. fr. *bourrel*, bourre). Personne qui fabrique et vend des pièces de harnais pour animaux de trait, et, accessoirement, des articles de cuir (courroies, sacs, etc.).

BOURRELLERIE n.f. Profession, commerce du bourrelier.

BOURRE-PIF n.m. (pl. *bourre-pifs*). Arg. **1.** Coup de poing. **2.** Situation conflictuelle ; lutte acharnée.

BOURRER v.t. [3] (de *1. bourre*). **1.** Garnir de bourre une pièce de literie, de mobilier. **2.** Remplir qqch en tassant : *Bourrer son sac de voyage.* **3.** Faire manger abondamment ; gaver : *Bourrer les enfants de pain.* **4.** Faire acquérir des connaissances trop vite et en trop grande quantité par qqn : *Bourrer des élèves de mathématiques.* ▪ **Bourrer le crâne à qqn** [fam.], l'intoxiquer par de la propagande ; lui raconter des balivernes. ▪ **Bourrer qqn de coups,** le battre violemment. ◆ v.i. **1.** Fam. Remplir l'estomac. **2.** Tomber en panne par accumulation de matière (papier, film, par ex.) en un point du circuit d'alimentation ou de fonctionnement : *L'imprimante bourre.* **3.** Fam. Aller vite ; se hâter. ◆ **SE BOURRER** v.pr. Fam. Manger avec excès. ▪ **Se bourrer la gueule** [très fam.], s'enivrer.

BOURRETTE n.f. Déchets de soie naturelle obtenus pendant la filature de la schappe.

BOURRICHE n.f. Cageot fermé pour le transport du gibier, du poisson, des coquillages ; son contenu : *Bourriche d'huîtres.*

BOURRICHON n.m. Fam. ▪ **Monter le bourrichon à qqn,** l'exciter contre qqn, qqch. ▪ **Se monter le bourrichon,** se faire des illusions.

BOURRICOT n.m. (esp. *borrico*). Petit âne.

BOURRIDE n.f. (provenç. *bourrido*). Bouillabaisse liée à l'aïoli et aux jaunes d'œufs. ➲ Spécialité de Sète.

BOURRIN n.m. Fam. Cheval.

BOURRINE n.f. Maison rurale traditionnelle du Marais breton vendéen, dont les murs sont en terre et le toit en roseaux.

BOURRIQUE n.f. (esp. *borrico*). **1.** Âne ; ânesse. **2.** Fam. Personne têtue, stupide. ▪ **Faire tourner qqn en bourrique,** l'exaspérer par des caprices ou des taquineries incessants.

BOURRIQUET n.m. Fam. Petit âne.

BOURROIR n.m. Tige de bois ou de matière plastique servant à vérifier un trou de mine, à y pousser les cartouches d'explosif et à tasser le matériau de bourrage.

1. BOURRU, E adj. (de *1. bourre*). Qui a un caractère brusque et bougon.

2. BOURRU, E adj. ▪ **Vin bourru,** vin en fin de fermentation, encore chargé en gaz carbonique et non clarifié.

1. BOURSE n.f. (du gr. *bursa*, outre en cuir). **1.** Petit sac pour mettre de l'argent, de menus objets. **2.** Argent dont on dispose : *Ouvrir sa bourse à un ami.* **3.** Allocation accordée à un élève, un étudiant ou un chercheur pour l'aider à poursuivre ses études. ▪ **À la portée de toutes les bourses,** bon marché. ▪ **Bourse séreuse** [anat.], poche de liquide, génér. proche d'une articulation, facilitant les glissements des muscles ou des tendons. ▪ **Sans bourse délier,** gratuitement. ◆ n.f. pl. Enveloppe cutanée des testicules (SYN. **scrotum**).

2. BOURSE n.f. (de *Van der Burse*, banquiers à Bruges). **1.** Édifice, institution où est organisé le marché des valeurs mobilières ; ce marché : *Jouer en Bourse.* **2.** Milieu des opérateurs en Bourse : *La Bourse s'affole.* ▪ **Bourse de commerce,** marché sur lequel sont négociées des marchandises, des matières premières. ▪ **Bourse du travail,** lieu de réunion où les divers syndicats centralisent cours professionnels, bibliothèques et services de renseignements. ▪ **Coup de Bourse,** spéculation réussie.

➲ Les principales **BOURSES** de valeurs sont celles de New York, Tokyo, Londres, Paris, Toronto et Amsterdam. En France ont été créés en 1996 trois marchés dits « réglementés » (premier marché, second marché, nouveau marché) qui sont restés en vigueur jusqu'en 2005. →

→ Depuis 2007, le marché boursier est administré par le groupe New York Stock Exchange (NYSE)-Euronext (ce dernier étant une Bourse qui fédère les places d'Amsterdam, de Bruxelles, de Paris et de Lisbonne). En novembre 2013, NYSE-Euronext a fusionné avec Intercontinental Exchange (ICE). L'année suivante, ICE a revendu Euronext, tout en conservant le Liffe (marché dérivé* basé à Londres).

BOURSE-À-PASTEUR **n.f.** (pl. *bourses-à-pasteur*). **BOT.** Capselle.

BOURSICOTAGE **n.m.** Action de boursicoter.

BOURSICOTER **v.i.** **[3]** (de l'anc. fr. *boursicot*, petite bourse). Acheter ou vendre de petites quantités de valeurs mobilières en Bourse.

BOURSICOTEUR, EUSE **n.** Personne qui boursicote.

1. BOURSIER, ÈRE **adj.** et **n.** Qui bénéficie d'une bourse d'études. ◆ **n.** Suisse. Trésorier d'une commune.

2. BOURSIER, ÈRE **adj.** Relatif à la Bourse : *Opérations boursières.* ◆ **n.** Professionnel qui opère en Bourse.

BOURSOUFLÉ, E, ▲ *BOURSOUFFLÉ, E* **adj.** **1.** Enflé par endroits ; bouffi : *Un visage boursouflé.* **2.** Fig. Vide et emphatique ; grandiloquent : *Un style boursouflé.*

BOURSOUFLEMENT ou **BOURSOUFLAGE,** ▲ *BOURSOUFFLEMENT,* ▲ *BOURSOUFFLAGE* **n.m.** Fait de se boursoufler ; état qui en résulte.

BOURSOUFLER, ▲ *BOURSOUFFLER* **v.t.** **[3].** Rendre boursouflé ; gonfler. ◆ **SE BOURSOUFLER** **v.pr.** Devenir boursouflé : *Peinture qui se boursoufle.*

BOURSOUFLURE, ▲ *BOURSOUFFLURE* **n.f.** **1.** Partie boursouflée de qqch. **2.** Fig. Caractère emphatique d'un texte ; grandiloquence.

BOUSCUEIL **n.m.** Québec. Amoncellement chaotique de glaces sous l'effet du vent, de la marée, d'un courant.

BOUSCULADE **n.f.** **1.** Agitation, désordre d'une foule où l'on se bouscule ; poussée qui bouscule : *Quelle bousculade à la sortie du match !* **2.** Grande hâte ; précipitation désordonnée : *Dans la bousculade du départ, nous avons oublié les billets.*

BOUSCULER **v.t.** **[3]** (du moyen fr. *bousser*, heurter, et *culer*, marcher à reculons). **1.** Heurter en renversant : *Elle a bousculé le guéridon* ; écarter violemment des personnes pour s'ouvrir un passage : *Bousculer tout le monde pour passer le premier.* **2.** Apporter un renouvellement brutal, un changement complet dans : *Bousculer les traditions familiales.* **3.** Traiter sans ménagement ; rudoyer. **4.** Inciter à aller plus vite ; presser. ◆ **SE BOUSCULER** **v.pr.** **1.** Se pousser mutuellement : *Les enfants se bousculent pour avoir le dernier gâteau.* **2.** Se succéder de façon désordonnée : *Les souvenirs se bousculent dans ma tête.* ▪ **Se bousculer au portillon** [fam.], arriver en grand nombre et en désordre.

BOUSE **n.f.** (orig. inconnue). Excrément des bovins.

BOUSEUX **n.m.** Fam., péjor. Paysan.

BOUSIER **n.m.** Coléoptère d'Europe et du Proche-Orient qui façonne des boulettes de bouse pour la nourriture de ses larves (scarabée sacré, par ex.). ➲ Familles des géotrupidés et des scarabéidés.

BOUSILLAGE **n.m.** Fam. Action de bousiller.

BOUSILLER **v.t.** **[3]** (de *bouse*). Fam. **1.** Détériorer, détruire qqch : *Il a bousillé sa moto.* **2.** Exécuter grossièrement et très vite une tâche : *Il a bousillé le remplacement de la vitre cassée.* **3.** Tuer qqn.

BOUSILLEUR, EUSE **n.** Fam. Personne qui bousille, détruit.

BOUSIN **n.m.** (de *bouse*). Tourbe de qualité inférieure.

BOUSSOLE **n.f.** (de l'ital. *bussola*, petite boîte). **1.** Boîte au centre de laquelle est placée une aiguille aimantée qui pivote librement et indique le nord magnétique. **2.** Fig. Ce qui sert de repère moral, d'axe de conduite : *Pour les décisions importantes, le ministre préfère se fier à sa boussole intérieure plutôt qu'à l'avis de ses conseillers.* ▪ **Perdre la boussole** [fam.], perdre la tête en s'affolant.

BOUSTIFAILLE **n.f.** Fam. Nourriture.

BOUSTROPHÉDON **n.m.** (du gr. *bous*, bœuf, et *strephein*, tourner). Écriture archaïque (grec, étrusque) que l'on lisait alternativement de gauche à droite et de droite à gauche.

BOUT **n.m.** (de *bouter*, frapper). **1.** Partie extrême d'une chose, partic. d'un objet long ; extrémité : *Des ciseaux à bouts ronds.* **2.** Limite extrême ; fin : *Le bout du tunnel. On ne voit pas le bout de ce travail.* **3.** Limite des forces, des possibilités de qqn : *Elle a tenu jusqu'au bout.* **4.** Fragment de qqch ; morceau : *Un bout de pain.* **5. MAR.** Cordage. (On prononce [but].) ▪ **À tout bout de champ,** constamment : *Son portable sonne à tout bout de champ.* ▪ **Au bout de,** après une durée de : *Elle est arrivée au bout de une heure.* ▪ **Bois de bout,** bois utilisé, notamm. par les graveurs, sous forme de blocs taillés perpendiculairement aux fibres et non pas dans le sens du fil (par oppos. à *bois de fil*). [On dit aussi *bois debout*.] ▪ **Bout à bout,** l'un à la suite de l'autre. ▪ **Bout au vent** [mar.], face au vent. ▪ **Bout de canapé,** petite table basse placée à côté d'un canapé. ▪ **Bout de chou** (pl. *bouts de chou*) ou **petit bout,** terme affectueux pour désigner un petit enfant. ▪ **Bout d'essai** [cinéma], séquence tournée pour apprécier un comédien. ▪ **En connaître un bout** [fam.], savoir beaucoup de choses. ▪ **Être à bout,** être épuisé ; être sur le point de craquer nerveusement. ▪ **Être à bout de qqch,** ne plus en avoir : *Être à bout de patience, d'arguments.* ▪ **Mettre les bouts** [fam.], s'enfuir. ▪ **Ne pas savoir par quel bout prendre qqn,** ne pas savoir comment se comporter avec une personne revêche ou peu conciliante. ▪ **Pousser qqn à bout,** provoquer sa colère. ▪ **Prendre qqch, qqn par le bon bout, par le mauvais bout,** entreprendre une action, une approche de façon appropriée pour en assurer le succès, de façon maladroite et aller à l'échec. ▪ **Tenir le bon bout** [fam.], être près de réussir. ▪ **Tirer à bout portant,** de très près. ▪ **Un bout de,** désigne qqch ou qqn de petit : *Un bout de jardin. Un (petit) bout de femme.* ▪ **Venir à bout de,** terminer, réussir qqch ; triompher de qqn.

BOUTADE **n.f.** (de *bouter*, pousser). Mot d'esprit, vif et imprévu ; saillie.

BOUTARGUE **n.f.** → **POUTARGUE.**

BOUT-DEHORS **n.m.** (pl. *bouts-dehors*) ou **BOUTE-HORS** **n.m. inv.,** ▲ *BOUTEHORS n.m. inv.* **MAR.** Pièce de mâture permettant de gréer une voile supplémentaire ; espar horizontal ou légèrement oblique en avant de l'étrave, sur lequel est amuré le foc.

BOUTE-EN-TRAIN **n.m. inv.,** ▲ *BOUTENTRAIN n.m.* (de *bouter* et *train*). **1.** Personne qui a le don d'animer joyeusement une réunion, une fête : *Les cadettes sont les boute-en-train de la famille.* **2. ÉLEV.** Mâle ou femelle traités aux androgènes, utilisés pour détecter les femelles en chaleur (juments, par ex.).

BOUTEFAS [butfa], ▲ *BOUTÉFAS* [butefa] **n.m.** Suisse. Gros saucisson de porc.

BOUTEFEU **n.m.** **1.** Anc. Bâton muni d'une mèche, servant à enflammer la charge d'une bouche à feu. **2.** Fam. Personne qui suscite ou exacerbe les passions et les querelles ; provocateur.

BOUTE-HORS **n.m. inv.** → **BOUT-DEHORS.**

BOUTEILLE **n.f.** (du lat. *buttis*, tonneau). **1.** Récipient de forme variable, à goulot étroit, en verre, en plastique, etc., destiné aux liquides, en partic. aux boissons ; son contenu. **2.** Récipient génér. de 70 à 75 cl, pour le vin d'appellation contrôlée et dont la forme varie selon les régions : *Une bouteille de bordeaux.* **3.** Le vin ; les boissons alcoolisées : *Aimer la bouteille.* **4.** Récipient métallique pour contenir des gaz sous pression : *Bouteille d'oxygène.* ▪ **Avoir, prendre de la bouteille** [fam.], de l'expérience ou de l'âge. ▪ **Bouteille de Leyde** [électr.], premier condensateur électrique, construit par P. Van Musschenbroek en 1746. ▪ **Bouteille isotherme,** contenant à deux parois de verre entre lesquelles on a fait le vide, placé dans une enveloppe renfermant un isolant. ▪ **Bouteille magnétique** [électr.], dispositif à électroaimants permettant de confiner un plasma. ▪ **C'est la bouteille à l'encre** [fam.], une situation confuse, embrouillée. ▪ **Lancer ou jeter une bouteille à la mer,** lancer un message en espérant qu'il trouvera un destinataire.

BOUTEILLER ou **BOUTILLIER,** ▲ *BOUTILLER* **n.m.** **HIST.** Officier chargé de l'intendance du vin à la cour d'un roi, d'un prince.

BOUTEILLERIE **n.f.** **1.** Usine où l'on fabrique les bouteilles. **2.** Industrie, fabrication, commerce des bouteilles.

BOUTEILLON **n.m.** (de *Bouthéon*, n. de l'inventeur). Anc. Marmite utilisée par les militaires.

BOUTER **v.t.** **[3]** (du francique **bôtan*, frapper). ▪ **Bouter hors, dehors** [vx], pousser dehors ; chasser : *Bouter l'occupant hors de son pays.* ▪ **Bouter le feu** [Suisse], mettre le feu.

BOUTEROLLE, ▲ *BOUTEROLE* **n.f.** (de *bouter*). Outil à tête ronde des orfèvres, des graveurs en pierres fines.

BOUTILLIER **n.m.** → **BOUTEILLER.**

BOUTIQUE **n.f.** (provenç. *botica*). **1.** Local où se tient un commerce de détail ; magasin. **2.** Magasin où un grand couturier vend sous sa griffe des accessoires ou sa ligne de prêt à porter. ▪ **Parler boutique** [fam.], s'entretenir de sujets professionnels.

BOUTIQUIER, ÈRE **n.** Personne qui tient une boutique ; commerçant. ◆ **adj.** Péjor. D'un esprit étroit et corporatiste.

BOUTIS **n.m.** (de *bouter*). **BROD.** **1.** Travail à l'aiguille originaire de Marseille, qui consiste à assembler deux étoffes en fin coton en y brodant des motifs que l'on met ensuite en relief par un bourrage. **2.** Couvre-lit, tenture, etc., réalisés selon cette technique. **3.** Cour. (Abusif en broderie). Piqué.

BOUTISSE **n.f.** (de *bout*). Élément de construction dont la plus grande dimension est placée dans l'épaisseur d'un mur et qui présente une de ses extrémités en parement (par oppos. à *carreau* et à *panneresse*).

BOUTOIR **n.m.** (de *bouter*). **1.** Ensemble formé par le groin et les canines du sanglier. **2.** Outil tranchant du maréchal-ferrant. ▪ **Coup de boutoir,** attaque violente ; propos brusque et blessant.

BOUTON **n.m.** (de *bouter*). **1.** Bourgeon dont l'éclosion donne une fleur : *Un bouton de rose.* **2.** Petite lésion cutanée. **3.** Petite pièce de matière dure servant à fermer ou à orner un vêtement. **4.** Pièce mobile servant à actionner manuellement un mécanisme (serrure, ressort, etc.) ou un appareil électrique : *Le bouton marche/arrêt d'un lave-linge.* **5. INFORM.** Élément d'une interface graphique sur lequel l'utilisateur peut cliquer pour déclencher une action. **6. CHASSE.** Insigne d'un équipage de vénerie ; membre de cet équipage. ▪ **Donner des boutons à qqn** [fam.], l'exaspérer ; l'écœurer.

BOUTON-D'ARGENT **n.m.** (pl. *boutons-d'argent*). Renoncule à fleurs blanches, poussant surtout dans les endroits humides et ombragés de haute montagne.

BOUTON-D'OR **n.m.** (pl. *boutons-d'or*). Renoncule à fleurs jaunes, dont il existe plusieurs espèces, notamm. la renoncule âcre.

BOUTONNAGE **n.m.** Action de boutonner ; manière dont se boutonne un vêtement.

BOUTONNER **v.t.** **[3].** Fermer par des boutons : *Boutonner son manteau.* ◆ **v.i. BOT.** Se couvrir de boutons. ◆ **v.i.** ou **SE BOUTONNER** **v.pr.** Se fermer par des boutons.

BOUTONNEUX, EUSE **adj.** Dont la peau est couverte de boutons : *Un nez boutonneux.*

BOUTONNIER, ÈRE **n.** Personne qui fabrique des boutons.

BOUTONNIÈRE **n.f.** **1.** Fente faite à un vêtement pour y passer un bouton. **2.** Petite incision chirurgicale. **3.** Arg. Blessure provoquée par une arme blanche. **4. GÉOMORPH.** Dépression allongée, créée par l'érosion dans un anticlinal à faible pendage.

BOUTON-POUSSOIR **n.m.** (pl. *boutons-poussoirs*). **1.** Bouton, muni d'un ressort de rappel, sur lequel on doit appuyer pour actionner ou arrêter un appareil, notamm. électrique, déclencher le fonctionnement d'un mécanisme, etc. **2.** Bouton de condamnation situé dans le centre du bouton de certaines serrures.

BOUTON-PRESSION **n.m.** (pl. *boutons-pression*) ou **PRESSION** **n.f.** Petit bouton qui entre par pression dans un œillet métallique.

BOUTRE **n.m.** (ar. *bût*). Petit voilier arabe dont l'arrière est surélevé et l'avant effilé.

BOUT-RIMÉ **n.m.** (pl. *bouts-rimés*). Anc. Pièce de vers composée sur des rimes données.

BOUTURAGE n.m. Multiplication des végétaux par bouture.

BOUTURE n.f. (de *bouter*). Partie prélevée sur une plante qui, placée en terre humide, développe des racines adventives et est à l'origine d'un nouveau pied.

BOUTURER v.t. **[3].** Reproduire une plante par boutures. ◆ **v.i.** Produire des drageons, en parlant d'une plante.

BOUVERIE n.f. (de *bœuf*). Étable à bœufs.

BOUVET n.m. (dimin. de *bœuf*). Rabot de menuisier servant à faire des rainures, des languettes.

BOUVETEUSE n.f. Machine à bois servant à faire la rainure et la languette sur les deux côtés des frises pour parquet.

1. BOUVIER, ÈRE n. (du lat. *bos, bovis*, bœuf). Personne qui conduit ou garde les bœufs.

2. BOUVIER n.m. ▪ **Bouvier des Flandres,** chien de bouvier de haute taille, à poil rêche et hirsute, originaire des Flandres.

BOUVIÈRE n.f. Petit poisson d'Europe centrale et occidentale qui pond ses œufs dans des mollusques bivalves aquatiques. ➲ Famille des cyprinidés.

BOUVILLON n.m. Jeune bovin castré.

BOUVREUIL n.m. (de *bouvier*). Passereau des bois et des jardins, à tête et à ailes noires, à dos gris et à ventre rose (femelle) ou rouge (mâle), se nourrissant de fruits et de graines. ➲ Famille des fringillidés.

▲ **bouvreuil** mâle.

BOUZOUKI ou **BUZUKI** [buzuki] n.m. (mot gr.). Instrument de la famille du luth, à long manche et à caisse bombée, utilisé dans la musique grecque.

BOVARYSME n.m. (du n. de l'héroïne du roman de Flaubert *Madame Bovary*). Comportement qui consiste à fuir dans le rêve l'insatisfaction éprouvée dans la vie.

BOVIDÉ n.m. (du lat. *bos, bovis*, bœuf). Mammifère ongulé ruminant, muni génér. de cornes persistantes, tel que l'antilope, le bison et la gazelle, et dont certaines espèces sont domestiquées (bovins, ovins, caprins). ➲ Les bovidés forment une famille.

BOVIN, E adj. Relatif au bœuf. ▪ **Espèce bovine,** ensemble des animaux de la lignée du taureau domestique et du zébu. ▪ **Regard bovin,** morne et inexpressif. ◆ **n.m.** Bovidé tel que le bœuf, le buffle, le bison.

BOVINÉ ou **BOVIN** n.m. Mammifère bovidé portant des cornes chez les deux sexes, tel que le bœuf, le buffle, le bison et le yack. ➲ Les bovinés forment une sous-famille.

BOWAL [bɔval] n.m. (mot africain). **GÉOMORPH.** Butte ou plateau à bords raides issu du dégagement d'une cuirasse latéritique par l'érosion, en climat tropical.

BOWLING [buliŋ] ou [boliŋ] n.m. (mot angl.). Jeu d'origine américaine, consistant à lancer des boules de 4 à 7 kg contre des quilles ; lieu où se pratique ce jeu.

BOW-STRING [bostriŋ] n.m. (pl. *bow-strings*) [mot angl.]. Pont constitué de deux poutres avec tablier inférieur, chaque poutre étant formée d'une membrure supérieure en forme d'arc et d'un tirant inférieur.

BOW-WINDOW [bowindo] n.m. (pl. *bow-windows*) [mot angl.]. Oriel.

1. BOX n.m. (mot angl.). **1.** Dans une écurie, local individuel fermé pour un cheval non attaché. **2.** Compartiment cloisonné d'une salle commune (dortoir, prétoire, etc.) : *Le box des accusés.* **3.** Garage individuel : *Tous les box sont loués.*

2. BOX ou **BOX-CALF** (pl. *box-calfs*), ▲ *BOXCALF* n.m. (mot anglo-amér.). Cuir de veau teint, tanné au chrome et lissé : *Un sac en box.*

▲ **boxe**

BOXE n.f. (de l'angl. *box*, coup). Sport de combat où deux adversaires s'affrontent à coups de poing, avec des gants spéciaux. (On dit aussi *boxe anglaise*.) ▪ **Boxe américaine,** sport de combat qui emprunte ses techniques à la fois aux boxes anglaise et française et au karaté, et qui se pratique avec des protections aux pieds et aux poings (SYN. **full-contact**). ▪ **Boxe française,** sport de combat issu de la savate et de la boxe anglaise. ▪ **Boxe thaïe,** sport de combat proche de la boxe américaine, autorisant les coups de coude et de genou, et se pratiquant pieds nus et avec des gants.

➲ Les combats de **BOXE** ont lieu sur un ring, estrade carrée de 5,50 m à 7,30 m de côté. Chez les professionnels, ils se disputent en reprises (ou « rounds ») de trois minutes, au nombre de 6 à 12. Pour chaque boxeur, le but est de toucher son adversaire le plus grand nombre de fois possible, de la tête jusqu'à la ceinture. La position de combat de base est appelée la « garde ». Les principaux coups d'attaque sont le direct, le crochet, l'uppercut et le swing. Une victoire par knock-out (K.-O.) a lieu lorsque l'adversaire se trouve dans l'incapacité de reprendre le combat après dix secondes d'arrêt. Le vainqueur aux points est celui qui totalise le plus de coups portés et non parés.

1. BOXER v.i. **[3].** Pratiquer la boxe. ◆ **v.t.** Fam. Frapper qqn à coups de poing.

2. BOXER [bɔksɛr] n.m. (mot all. « boxeur »). Chien de garde et d'accompagnement, voisin du dogue allemand et du bouledogue.

3. BOXER [bɔksœr] n.m. (mot angl.). Slip couvrant le haut des cuisses.

BOXER-SHORT [bɔksœrʃɔrt] n.m. (pl. *boxer-shorts*) [mot angl.]. Short de sport doublé d'un slip.

BOXEUR, EUSE n. Personne qui pratique la boxe.

BOX-OFFICE (pl. *box-offices*), ▲ *BOXOFFICE* n.m. (mot anglo-amér.). Cote de succès d'un spectacle, d'un acteur, etc., calculée selon le montant des recettes.

BOY [bɔj] n.m. (mot angl. « garçon »). **1.** Danseur faisant partie d'une revue de music-hall. **2.** Anc. Jeune serviteur indigène, dans les pays colonisés.

BOYARD [bɔjar] n.m. (mot russe). **HIST.** Noble de haut rang en Russie et dans d'autres pays de l'Europe orientale.

BOYAU [bwajo] n.m. (pl. *boyaux*) [du lat. *botellus*, petite saucisse]. **1.** (Surtout au pl.). Intestin d'animal. **2.** Mince chambre à air placée dans une enveloppe cousue et collée sur la jante d'une bicyclette. **3. FORTIF.** Fossé étroit reliant les positions de combat entre elles et vers les arrières. **4.** Passage long et étroit : *Les boyaux d'une grotte.* ▪ **Boyau d'arrosage, d'incendie** [Québec], tuyau d'arrosage, d'incendie. ▪ **Corde de boyau,** ou **boyau,** corde faite avec l'intestin de certains animaux. ◆ **n.m. pl.** Fam. Viscères de l'homme.

BOYAUDERIE n.f. Préparation des boyaux, pour l'alimentation, l'industrie ; lieu où on l'effectue.

BOYAUDIER, ÈRE adj. Relatif à la boyauderie.

SE BOYAUTER v.pr. **[3].** Fam., vieilli. Se tordre de rire.

BOYCOTT ou **BOYCOTTAGE** [bɔj-] n.m. (angl. *boycott*). Cessation volontaire de toutes relations, en partic. commerciales, avec un groupe, un pays, afin d'exercer une pression ou des représailles : *Appeler au boycott de certains produits.*

BOYCOTTER v.t. **[3].** **1.** Pratiquer le boycott de : *Boycotter le vin d'un pays.* **2.** S'abstenir collectivement de participer à un événement de la vie publique : *Boycotter les élections.*

BOYCOTTEUR, EUSE adj. et n. Qui boycotte.

BOY-SCOUT (pl. *boy-scouts*), ▲ *BOYSCOUT* [bɔjskut] n.m. (mot angl.). Vieilli. Scout.

BP ou **B.P.** n.f. (sigle). Boîte postale.

BPA ou **B.P.A.** [bepea] n.m. (sigle). Bisphénol A.

BPCO ou **B.P.C.O.** [bepeseo] n.f. (sigle). Bronchopneumopathie chronique obstructive.

BPM n.m. (sigle de l'angl. *beat per minute*, battement par minute). Unité de mesure exprimant le tempo d'un morceau et correspondant au nombre de battements émis en une minute. ➲ Ce terme est surtout employé pour la musique électronique.

BRABANÇON, ONNE adj. et n. Du Brabant.

BRABANT n.m. (de *Brabant*, n.pr.). Anc. Charrue à traction animale, génér. réversible, très utilisée entre 1880 et 1950.

BRACAILLON n.m. Suisse. Fam. Ouvrier peu soigneux ou maladroit.

BRACELET n.m. (de *bras*). **1.** Bijou, rigide ou non, qui se porte autour du poignet, du bras, voire de la cheville. **2.** Lanière ou dispositif articulé métallique permettant de porter une montre au poignet. **3.** Pièce de cuir ou d'étoffe que certains travailleurs ou sportifs fixent autour du poignet pour le protéger. ▪ **Bracelet électronique,** dispositif de contrôle à distance fixé, par décision de justice, à la cheville ou au poignet d'un condamné afin de restreindre ou d'interdire ses déplacements.

BRACELET-MONTRE n.m. (pl. *bracelets-montres*). Bracelet d'une montre qui se porte au poignet (SYN. **montre-bracelet**).

BRACHIAL, E, AUX [brakjal, o] adj. (du lat. *brachium*, bras). **ANAT.** Relatif au bras.

BRACHIATION [-kjasjɔ̃] n.f. Mode de déplacement de certains singes, qui se balancent de branche en branche à l'aide des seuls bras.

BRACHIOCÉPHALIQUE [-kjɔ-] adj. **ANAT.** Relatif au bras et à la tête.

BRACHIOPODE [-kjɔ-] n.m. Invertébré marin à coquille bivalve (valves dorsale et ventrale), fixé aux roches par un pédoncule. ➲ Les brachiopodes forment un embranchement.

BRACHIOSAURE [-kjo-] n.m. Reptile dinosaurien herbivore du jurassique d'Europe, d'Afrique et d'Amérique du Nord, l'un des plus grands dinosaures quadrupèdes. ➲ Long. 25 m, masse 80 t ; genre *Brachiosaurus*, groupe des saurischiens.

BRACHYCÉPHALE [-ki-] adj. et n. **ANTHROP.** Qui a le crâne aussi large que long (CONTR. **dolichocéphale**).

BRACHYCÈRE [-ki-] n.m. Insecte diptère au corps trapu et aux antennes courtes, tel que les taons et les mouches. ➲ Les brachycères forment un sous-ordre.

BRACHYOURE [-kjur] n.m. Crustacé décapode marcheur, à abdomen très court rabattu sous le céphalothorax, tel que les crabes et l'araignée de mer. ➲ Les brachyoures constituent un sous-ordre.

BRACONNAGE n.m. Action de braconner ; délit constitué par cette action.

BRACONNER v.i. **[3]** (du provenç. *bracon*, chien de chasse). Chasser ou pêcher sans respecter la loi, les interdictions.

BRACONNIER, ÈRE n. Personne qui braconne.

BRACTÉE n.f. (lat. *bractea*). **BOT.** Petite feuille, génér. différente des autres, à la base d'un pédoncule floral.

BRADEL (RELIURE À LA) n.f. Reliure dans laquelle le bloc des cahiers cousus est emboîté dans une couverture cartonnée.

BRADER v.t. **[3]** (du néerl. *braden*, gaspiller). Se débarrasser de qqch à bas prix ou à n'importe quel prix ; liquider : *Brader son stock.*

BRADERIE n.f. Vente de marchandises d'occasion ; liquidation de soldes.

BRADEUR, EUSE n. Personne qui brade.

BRADYCARDIE n.f. (du gr. *bradus*, lent). **MÉD., PHYSIOL.** Lenteur du rythme cardiaque, normale ou pathologique.

BRADYKININE n.f. **BIOCHIM.** Substance polypeptidique contenue dans les plaquettes, mise en évidence dans le plasma au cours de réactions inflammatoires ou allergiques et qui, ainsi que d'autres substances, telle l'histamine, agirait comme médiateur dans les manifestations pathologiques de l'allergie.

BRADYPE **n.m.** (du gr. *bradus*, lent). **ZOOL.** Aï.

BRADYPNÉE **n.f.** **MÉD.** Lenteur du rythme respiratoire.

BRADYPSYCHIE [-psiʃi] **n.f.** **MÉD.** Ralentissement de la pensée, observé dans différentes affections.

BRAGUETTE **n.f.** (de l'anc. fr. *brague*, culotte). Ouverture verticale sur le devant d'un pantalon.

BRAHMANE **n.m.** (sanskr. *brāhmana*). Membre de la caste sacerdotale, la première des castes hindoues.

BRAHMANIQUE **adj.** Relatif au brahmanisme.

BRAHMANISME **n.m.** Système religieux qui, au sein de l'hindouisme, vise à ramener celui-ci, par de nouveaux textes et commentaires, à l'orthodoxie du védisme originel.

BRAHMI **n.f.** (sanskr. *brāhmī*). Ancienne écriture de l'Inde.

BRAI **n.m.** (gaul. **bracu*). Résidu pâteux de la distillation de la houille ou du pétrole.

BRAIES **n.f. pl.** (mot gaul.). Pantalon ample que portaient les Gaulois, les Germains et divers peuples de l'Europe septentrionale.

BRAILLARD, E ou **BRAILLEUR, EUSE** **adj.** et **n.** Fam. Qui braille.

BRAILLE **n.m.** (de L. *Braille*, n.pr.). Écriture en relief à l'usage des aveugles : *Un livre en braille.*

BRAILLEMENT **n.m.** Fam. Action de brailler ; cri de celui qui braille.

BRAILLER **v.t.** et **v.i.** **[3]** (du lat. **bragere*, braire). Fam. **1.** Parler, crier ou pleurer très fort. **2.** Chanter mal et fort. ◆ **v.i.** Pousser son cri, en parlant du paon.

BRAILLEUR, EUSE **adj.** et **n.** → **BRAILLARD.**

BRAIMENT **n.m.** Cri de l'âne.

BRAINSTORMING [brɛnstɔrmiŋ] **n.m.** (mot anglo-amér.). Recherche d'idées originales dans un groupe, par la libre expression, sur un sujet donné, de tout ce qui vient à l'esprit de chacun. Recomm. off. **remue-méninges.**

BRAIN-TRUST (pl. *brain-trusts*), ▲ *BRAINTRUST* [brɛntrœst] **n.m.** (mot anglo-amér.). Équipe restreinte d'experts, de techniciens, etc., au service d'une direction, dans une entreprise, un ministère, etc.

BRAIRE **v.i.** **[92]** (mot gaul.). **1.** Pousser son cri, en parlant de l'âne. **2.** Région. (Nord) ; Belgique. Pleurer.

BRAISAGE **n.m.** Action de braiser ; son résultat.

1. BRAISE **n.f.** (germ. **brasa*). Résidu, ardent ou éteint, de la combustion du bois.

2. BRAISE **n.f.** Arg., vieilli. Argent (monnaie).

BRAISER **v.t.** **[3]**. Faire cuire à feu doux, dans un récipient clos : *Braiser des endives.*

BRAISIÈRE **n.f.** **1.** Marmite en fonte dont le couvercle en creux est destiné à recevoir de l'eau pour éviter l'évaporation pendant la cuisson à feu doux. **2.** Récipient destiné à contenir de la braise.

1. BRAME **n.f.** Ébauche d'acier servant à la fabrication de la tôle.

2. BRAME ou **BRAMEMENT** **n.m.** Cri de rut du cerf ou du daim.

BRAMER **v.i.** **[3]** (du provenç. *bramar*, crier). Crier, en parlant du cerf, du chevreuil ou du daim (SYN. **raire**).

BRANCARD **n.m.** (du normand *branque*, branche). **1.** Pièce longitudinale d'une brouette, d'une voiture à bras ; chacune des deux pièces qui prolongent une voiture ou une machine agricole et entre lesquelles est attelé un animal de trait. **2.** Civière formée de deux bras entre lesquels est tendue une toile. ▪ **Ruer dans les brancards** [fam.], protester vivement ; se rebeller.

BRANCARDAGE **n.m.** Ramassage et transport d'un blessé, d'un malade sur un brancard.

BRANCARDER **v.t.** **[3]**. Effectuer un brancardage.

BRANCARDIER, ÈRE **n.** Porteur de brancard ; préposé au service des brancards pour blessés.

BRANCHAGE **n.m.** Ensemble des branches d'un arbre ; ramure. ◆ **n.m. pl.** Branches coupées.

BRANCHE **n.f.** (du bas lat. *branca*, patte). **1.** Ramification du tronc d'un arbre, d'un arbrisseau ou d'un arbuste. **2.** Ramification ou division d'un élément principal formant axe ou centre : *Branches d'un candélabre.* **3.** Élément mobile de certains objets articulés : *Branches de compas, de lunettes.* **4.** Division d'un arbre généalogique : *La branche aînée d'une famille.* **5.** Division d'une science, d'une discipline, etc. : *Beaucoup d'étudiants choisissent cette branche.* **6.** **ÉCON.** Ensemble d'entreprises fabriquant le même type de biens ou de produits. ▪ **Avoir de la branche** [fam., vieilli], de l'élégance, de la distinction. ▪ **Branche de chocolat** [Suisse], barre de chocolat de forme cylindrique. ▪ **S'accrocher** ou **se raccrocher aux branches,** utiliser tous les moyens pour se sortir d'affaire. ▪ **Scier la branche sur laquelle on est assis,** compromettre sa propre situation par des actions inconsidérées. ▪ **Vieille branche** [fam.], camarade ; copain.

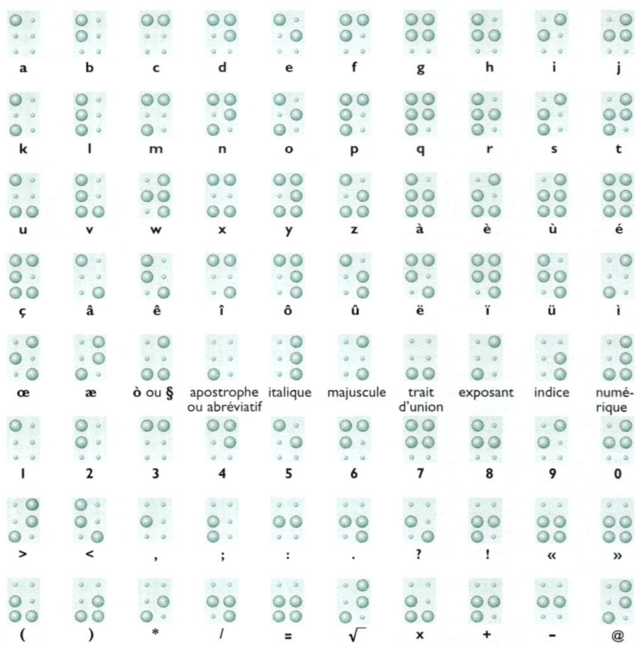

Les gros points, en relief, représentent les caractères ;
les petits points servent à indiquer la position relative des gros dans chaque groupe de six.

▲ **braille**

BRANCHÉ, E **adj.** et **n.** Fam. Au courant ; à la mode.

BRANCHEMENT **n.m.** **1.** Action de brancher : *Branchement d'un lecteur DVD à un téléviseur.* **2.** Circuit secondaire partant d'une alimentation principale pour aboutir au point d'utilisation. ▪ **Branchement (de voie)** [ch. de f.], appareil permettant de dédoubler une voie et dont la partie principale est l'aiguillage.

BRANCHER **v.t.** **[3]**. **1.** Raccorder à une canalisation, une conduite, un circuit électrique. **2.** Par ext. Mettre en marche un appareil : *Brancher un ordinateur.* ▪ **Ça me branche** [fam.], ça m'intéresse ; ça me plaît. ◆ **SE BRANCHER** **v.pr.** **1.** (**SUR**). Capter le programme d'une station radiophonique ou d'une chaîne de télévision. **2.** (**SUR**). Fam. S'intéresser particulièrement à qqch ; se mettre à participer à une activité. **3.** Québec. Fam. Se décider ; choisir.

BRANCHETTE **n.f.** Petite branche.

BRANCHIAL, E, AUX **adj.** Relatif aux branchies.

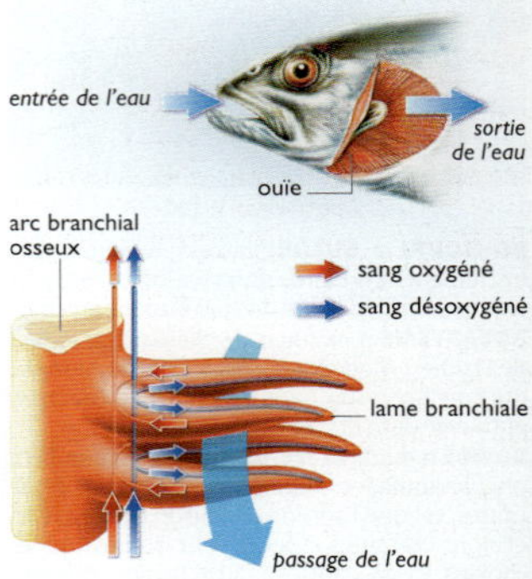

▲ **branchies** de poisson.

BRANCHIE **n.f.** (gr. *brankhia*). Organe respiratoire de nombreux animaux aquatiques (poissons, têtards, mollusques, crustacés), qui absorbe l'oxygène dissous dans l'eau et y rejette le gaz carbonique.

BRANCHIOPODE [-kjɔ-] **n.m.** (du gr. *brankhia*, branchies, et *pous, podos*, pied). Petit crustacé d'eau douce très primitif, tel que la daphnie. ➲ Les branchiopodes constituent une sous-classe.

BRANCHITUDE **n.f.** Fam. Caractère de ce qui est branché, à la pointe de la mode ; ensemble des personnes branchées : *Ce café est un haut lieu de la branchitude londonienne.*

BRANCHU, E **adj.** Qui a beaucoup de branches.

BRANDADE **n.f.** (provenç. *brandado*, de *brandar*, remuer). Préparation de morue à la provençale, pilée avec de l'huile d'olive, de l'ail et de la crème.

BRANDE **n.f.** (du lat. *branda*, bruyère). Végétation (bruyères, ajoncs, fougères, genêts) formant des landes en milieu tempéré océanique ; terrain où pousse cette végétation.

BRANDEBOURG **n.m.** (de *Brandebourg*, n. pr.). Galon formant des dessins variés, entourant les boutonnières ou en tenant lieu.

BRANDEBOURGEOIS, E **adj.** et **n.** De Brandebourg ; du Brandebourg.

BRANDIR **v.t.** **[21]** (de l'anc. fr. *brand*, épée). **1.** Lever qqch d'un geste menaçant : *Il brandit sa canne et ils s'enfuirent.* **2.** Agiter qqch en l'air, pour attirer l'attention : *Brandir son chapeau pour attirer l'attention de qqn.* **3.** Fig. Agiter la menace de : *Brandir la menace d'une grève.*

BRANDON n.m. (du germ. **brand*, tison). **1.** Débris enflammé. **2.** Vx. Tortillon de paille servant de torche. ▪ **Brandon de discorde** [litt.], cause de querelle, de conflit. ◆ **n.m. pl.** Suisse. ▪ **Les Brandons,** fête traditionnelle pour célébrer la fin de l'hiver.

BRANDY n.m. (pl. *brandys* ou *brandies*) [mot angl., de *to brand*, brûler]. Eau-de-vie, en Angleterre.

BRANLANT, E adj. Qui branle : *Table branlante. Une démocratie branlante.*

BRANLE n.m. **1.** Mouvement d'oscillation, de va-et-vient : *Le branle d'une cloche.* **2.** Danse française, exécutée en chaîne, surtout en cercle, et parfois accompagnée d'une chanson, pratiquée dans toute la société du XVᵉ au XVIIᵉ s. **3.** Musique de danse d'origine populaire, de rythme binaire ou ternaire. ▪ **Mettre en branle,** en mouvement, en action.

BRANLE-BAS, ▲ *BRANLEBAS* **n.m. inv.** (de l'anc. fr. *branle*, hamac, et de *1. bas*). Grande agitation qui précède une action : *Chaque matin, c'est le branle-bas dans toute la maison.* ▪ **Branle-bas de combat,** préparation au combat d'un navire de guerre ; fig., préparatifs avant une action importante.

BRANLEMENT n.m. Oscillation, balancement continus.

BRANLER v.i. [3] (de *brandir*). Être instable ; manquer d'équilibre : *Un fauteuil qui branle.* ▪ **Branler dans le manche** [fam.], manquer de solidité. ◆ **v.t.** Très fam. Faire : *Qu'est-ce que tu branles ?* ▪ **Branler la tête,** la remuer. ◆ **SE BRANLER v.pr.** Vulg. Se masturber. ▪ **S'en branler** [très fam.], s'en moquer.

BRANLEUR, EUSE n. Très fam. Paresseux.

BRANQUE adj. et n. Arg. Idiot ; fou.

BRANQUIGNOL n.m. Fam. Individu peu sérieux, sur lequel on ne peut pas compter.

BRANTE n.f. Suisse. Anc. Hotte étanche servant à la vendange.

BRAQUAGE n.m. **1.** Action de braquer les roues d'une voiture, les parties orientables d'une machine. **2.** Fam. Attaque à main armée ; hold-up. ▪ **Angle de braquage,** angle formé par les roues directrices avec l'axe longitudinal d'un véhicule, lorsque l'on tourne à fond le volant. ▪ **Rayon de braquage,** rayon du cercle décrit par les roues directrices d'un véhicule lorsqu'elles sont braquées au maximum.

1. BRAQUE n.m. (ital. *bracco*). Chien d'arrêt à poil ras et à oreilles pendantes.

2. BRAQUE adj. et n. Fam. Un peu fou ; fantasque.

BRAQUEMART n.m. (du néerl. *breecmes*, couteau). Épée courte et large (XIIIᵉ-XVᵉ s.).

BRAQUER v.t. [3] (du lat. *brachium*, bras). **1.** Diriger une arme, un instrument d'optique sur un objectif : *Braquer ses jumelles sur le mont Blanc.* **2.** Orienter les roues directrices d'un véhicule, la gouverne d'un avion, etc., dans la direction voulue. **3.** Fam. Se livrer à une attaque à main armée. ▪ **Braquer les yeux sur,** fixer son regard sur. ▪ **Braquer qqn contre,** le rendre hostile à : *Braquer qqn contre sa famille.* ◆ **v.i.** Avoir tel rayon de braquage : *Cette voiture braque bien.* ◆ **SE BRAQUER v.pr.** Prendre une attitude d'hostilité, de rejet systématiques ; se buter.

BRAQUET n.m. Rapport de démultiplication entre le pédalier (ou plateau) et le pignon d'une bicyclette.

BRAQUEUR, EUSE n. Fam. Auteur d'un braquage.

BRAS n.m. (lat. *brachium*). **1.** Partie du membre supérieur de l'homme comprise entre l'épaule et le coude : *Le bras et l'avant-bras.* **2.** Cour. Le membre supérieur en entier. **3.** ZOOL. Région du membre antérieur comprise entre l'épaule et le coude, chez le cheval. **4.** ZOOL. Tentacule des céphalopodes : *Les huit bras de la pieuvre.* **5.** ZOOL. Pince de certains crustacés : *Les bras de l'écrevisse.* **6.** Objet, partie d'objet dont la forme évoque un bras : *Les bras d'une ancre.* **7.** Partie d'un siège où l'on repose le bras : *Les bras d'un fauteuil.* **8.** GÉOGR. Division d'un fleuve, d'une mer. ▪ **À bout de bras,** les bras tendus ; fig., par ses seuls efforts : *Elle a porté tout le projet à bout de bras.* ▪ **À bras raccourci(s)** ou **à tour de bras,** avec une grande violence. ▪ **Avoir le bras long,** avoir de l'influence. ▪ **Avoir qqn sur les bras,** à sa charge. ▪ **Baisser les bras,** renoncer. ▪ **Bras armé,** partie d'une organisation chargée de l'exécution de tâches souvent brutales ou illégales : *Le bras armé des séparatistes.* ▪ **Bras cassé** [fam.], personne inutile, paresseuse ou incapable. ▪ **Bras de fer,** jeu ou sport dans lequel deux adversaires assis face à face, coudes en appui, mains empoignées, essaient chacun de rabattre le bras de l'autre sur la table ; fig., épreuve de force. ▪ **Bras de levier** [mécan.], distance d'une force à son point d'appui, mesurée perpendiculairement à la direction de cette force. ▪ **Bras dessus, bras dessous,** en se donnant le bras. ▪ **Bras de suspension,** élément de la suspension, sur une automobile. ▪ **Bras d'honneur,** geste de mépris, de dérision effectué avec l'avant-bras, que l'on replie en serrant le poing. ▪ **Couper bras et jambes,** ôter toute force ; frapper de stupéfaction. ▪ **Coûter un bras** → **COÛTER.** ▪ **Être, tomber dans les bras de Morphée,** dormir ; s'endormir. ▪ **Gros bras** [fam.], personne qui étale sa force. ▪ **Jouer petit bras** [fam.], agir sans conviction. ▪ **Le bras droit de qqn,** son principal assistant. ▪ **Recevoir à bras ouverts,** accueillir chaleureusement. ▪ **Se croiser les bras,** ne rien faire.

BRASAGE n.m. MÉTALL. Opération consistant à assembler deux pièces métalliques par apport d'un métal à l'état liquide.

BRASER v.t. [3] (de *1. braise*). Assembler par brasage.

BRASERO, ▲ *BRASÉRO* [brazero] **n.m.** (mot esp.). Récipient métallique transportable, percé de trous et rempli de braise, servant au chauffage en plein air.

BRASIER n.m. **1.** Foyer de chaleur d'un incendie ; fournaise. **2.** Litt. Ce qui révèle la violence des sentiments, des luttes : *Le brasier des passions.*

BRASILLER v.i. [3] (de *1. braise*). Litt. Scintiller.

À BRAS-LE-CORPS loc. adv. **1.** Par le milieu du corps : *Le policier saisit l'enfant à bras-le-corps.* **2.** Fig. D'une manière décidée : *Prendre les difficultés à bras-le-corps.*

BRASQUE n.f. (ital. du Nord *brasca*). MÉTALL. Enduit passé sur la surface d'un matériau réfractaire non métallique pour empêcher qu'il ne réagisse avec un métal.

1. BRASSAGE n.m. Action de brasser : *Brassage de la bière* ; fait de se brasser : *Brassage des peuples.*

2. BRASSAGE n.m. MAR. Action de brasser une vergue.

BRASSARD n.m. (de *bras*). Bande d'étoffe, ruban, crêpe, etc., que l'on porte au bras.

BRASSE n.f. (du lat. *brachia*, les bras). **1.** Nage ventrale où bras et jambes agissent symétriquement et donnent l'impulsion en avant par détente simultanée. **2.** MAR. Anc. Longueur qui valait 1,66 m. ➲ Les marins britanniques emploient encore la brasse de six pieds (env. 1,83 m). ▪ **Brasse coulée,** nom parfois donné à la brasse pour signifier qu'elle présente une phase d'immersion. ▪ **Brasse papillon** → **PAPILLON.**

BRASSE-CAMARADE n.m. (pl. *brasse-camarades*). Québec. Bousculade, altercation, dans un groupe de personnes : *Pendant la manifestation, il y a eu du brasse-camarade.*

BRASSÉE n.f. **1.** Ce que peuvent contenir les deux bras : *Une brassée d'œillets.* **2.** Québec. Quantité de linge, de vêtements qu'on peut laver à la machine en une seule fois : *Une brassée de serviettes.*

1. BRASSER v.t. [3] (de l'anc. fr. *brais*, orge). Mêler en remuant. ▪ **Brasser des affaires,** en traiter beaucoup. ▪ **Brasser la bière,** mélanger du malt avec l'eau pour obtenir un moût qui donnera la bière par fermentation. ◆ **SE BRASSER v.pr.** Se mélanger en un tout.

2. BRASSER v.t. [3] (de *bras*). MAR. Orienter les vergues pour profiter au mieux du vent.

BRASSERIE n.f. **1.** Lieu où l'on fabrique la bière. **2.** Industrie de la fabrication de la bière. **3.** Établissement où l'on sert des boissons, notamm. de la bière, et des repas vite préparés. **4.** Spécial. Grand café-restaurant, au décor typique (Art nouveau ou Art déco, partic., souvent classé), caractérisé par son service dynamique.

1. BRASSEUR, EUSE n. Personne qui fabrique de la bière et la vend en gros. ▪ **Brasseur d'affaires,** homme qui traite de nombreuses affaires.

2. BRASSEUR, EUSE n. Personne qui nage la brasse.

BRASSICOLE adj. Relatif à la bière, à la brasserie.

BRASSIÈRE n.f. (de *bras*). **1.** Chemise en tissu fin ou chandail en laine pour bébé, qui se ferme dans le dos. **2.** Type de soutien-gorge ou de haut moulant qui s'enfile par la tête. **3.** Pull ou tee-shirt couvrant le torse et s'arrêtant sous la poitrine. ▪ **Brassière de sauvetage** → **SAUVETAGE.**

BRASSIN n.m. (de *1. brasser*). Ensemble des matières réunies dans la cuve où l'on fabrique le moût qui donnera la bière.

BRASUCADE [brazukad] **n.f.** (de l'occitan *brasucado*, grillade de châtaignes). Région. (Sud-Ouest). Cuisson au gril sur des braises ; plat ainsi cuisiné ; fête où l'on déguste ce type de plat : *Brasucade de moules.* ➲ Spécialité languedocienne.

BRASURE n.f. **1.** Assemblage de pièces métalliques obtenu par brasage. **2.** Métal d'apport servant au brasage.

BRAVACHE adj. et n.m. (ital. *bravaccio*). Qui affecte la bravoure : *Ce n'est qu'un bravache.*

BRAVADE n.f. (ital. *bravata*). Action, attitude de défi : *Elle a dit ça par bravade.*

BRAVE adj. et n. (ital. *bravo*, du lat. *barbarus*, barbare). Qui ne craint pas le danger : *Une femme brave qui entra dans la Résistance.* ▪ **Mon brave,** s'emploie par condescendance à l'égard d'un inférieur (ou présumé tel). ◆ **adj. 1.** (Avant le n.). Bon et honnête : *De braves gens.* **2.** Gentil, mais un peu simple : *Il est bien brave.*

BRAVEMENT adv. Avec bravoure.

BRAVER v.t. [3]. **1.** Affronter sans peur : *Braver le froid, la faim.* **2.** Transgresser orgueilleusement : *Braver les interdits.*

BRAVISSIMO interj. (mot ital., superlatif de *bravo*). Exprime une vive approbation.

BRAVO interj. (mot ital.). Exclamation pour approuver, applaudir, notamm. un spectacle : *Bravo ! Une autre !* ◆ **n.m.** (Souvent pl.). Cri d'approbation ; applaudissement : *Les bravos de la salle en délire.*

BRAVOURE n.f. (ital. *bravura*). Qualité d'une personne brave, notamm. au combat. ▪ **Morceau de bravoure,** morceau à effet, passage brillant d'une œuvre artistique.

BRAYON [brɛjɔ̃] **n.m.** Acadie. Chiffon ; serpillière.

1. BREAK [brɛk] **n.m.** (mot angl.). **1.** Automobile à carrosserie intermédiaire entre la berline et le véhicule utilitaire, comportant à l'arrière une banquette amovible ou articulée et un hayon qui permettent d'utiliser ce véhicule comme une fourgonnette. **2.** Anc. Voiture hippomobile ouverte, à quatre roues, à siège élevé sur le devant et sièges latéraux.

2. BREAK [brɛk] **n.m.** (mot angl. « interruption »). **1.** Courte interruption du jeu de l'orchestre de jazz, pour faire place au soliste. **2.** Fam. Moment de répit, de repos ; pause : *Faire un break pour prendre un café.* **3.** SPORTS. Écart creusé entre deux adversaires, deux équipes. **4.** En boxe, ordre de l'arbitre pour interrompre un corps-à-corps.

BREAKDANCE [brɛkdɛns] **n.f.** (mot anglo-amér.). Style de danse hip-hop, né dans les ghettos des États-Unis, dans les années 1970, caractérisé par des mouvements au sol acrobatiques, exécutés autour d'un point de repère, parfois sur un accompagnement de musique rap.

BREAKFAST [brɛkfəst] **n.m.** (mot angl.). Vieilli. Petit déjeuner à l'anglaise.

BREBIS n.f. (lat. pop. **berbix*). Mouton femelle.

▲ brebis

1. BRÈCHE n.f. (de l'anc. haut all. *brecha*, fracture). **1.** Ouverture faite dans un mur, un rempart, une haie : *Colmater une brèche.* **2.** Brisure dans le tranchant d'une lame, le rebord d'un verre, d'une assiette, etc. ▪ **Battre en brèche,** attaquer vivement. ▪ **Être toujours sur la brèche,** en action. ■ **Faire une brèche dans,** endommager ; entamer : *Elle a fait une brèche dans ses économies.* ■ **S'engouffrer dans la brèche,** suivre une pratique initiée par qqn d'autre ou profiter du précédent qu'il a créé : *D'autres associations n'ont pas tardé à s'engouffrer dans la brèche.*

2. BRÈCHE n.f. (d'un mot ligure « pierre cassée »). PÉTROL. Conglomérat formé d'éléments anguleux.

BRÉCHET n.m. (de l'angl. *brisket*, poitrine). Crête médiane du sternum de la plupart des oiseaux, sur laquelle s'insèrent les muscles des ailes.

BREDELE [bredələ] **n.m. pl.** (mot alsacien « petits-fours »). Région. (Est). Petits gâteaux secs, de formes et de parfums divers, préparés pour les fêtes de Noël. ➲ Spécialité alsacienne.

BREDOUILLAGE, BREDOUILLEMENT ou **BREDOUILLIS** n.m. Fait de bredouiller ; paroles indistinctes.

BREDOUILLE adj. ■ **Rentrer bredouille,** en parlant d'un chasseur, d'un pêcheur, sans avoir rien pris ; fig., n'avoir rien obtenu d'une démarche.

BREDOUILLER v.i. et v.t. **[3]** (anc. fr. *bredeler*, de *bretonner*, bégayer). Dire qqch de manière confuse : *Bredouiller un remerciement.*

BREDOUILLEUR, EUSE adj. et n. Qui bredouille.

BREDOUILLIS n.m. → **BREDOUILLAGE.**

1. BREF, BRÈVE adj. (lat. *brevis*). **1.** De courte durée : *Un bref séjour.* **2.** Exprimé en peu de mots : *Sa réponse fut brève.* ■ **D'une voix brève** ou **d'un ton bref,** de façon sèche et autoritaire. ■ **Être bref,** s'exprimer d'une manière concise. ■ **Syllabe, voyelle brève,** ou **brève,** n.f. [phon.], dont la durée d'émission est courte (par oppos. à *longue*). ◆ **adv.** En un mot qui tranche la question : *Bref, on ne le verra plus.*

2. BREF n.m. CATH. Acte du pape portant sur un sujet précis, de moindre importance qu'une bulle.

BREFFAGE n.m. Québec. Briefing.

BREFFER v.t. **[3].** Québec. Briefer.

BREGMA [brɛgma] **n.m.** (mot gr.). ANAT. Fontanelle antérieure, entre les os pariétaux et le frontal.

BRÉHAIGNE adj. Se dit des juments qui possèdent des canines, et qui sont génér. inféconds.

BREITSCHWANZ [brɛtʃvɑ̃ts] **n.m.** (mot all. « large queue »). Fourrure d'agneau karakul mort-né ou prématuré.

BRELAN n.m. (de l'anc. haut all. *bretling*, table). Au poker, combinaison de trois cartes de même valeur : *Brelan d'as.*

BRÈLE n.f. Belgique. (Surtout pl.). Brin de ciboulette.

BRÊLE n.f. et adj. (de l'ar. *bghel*, mulet, par l'arg. mil.). Fam. Personne stupide ou incompétente ; imbécile ; nul : *Quelle grosse brêle, celui-là !*

BRELOQUE n.f. **1.** Petit bijou que l'on porte attaché à un bracelet, à une chaîne, etc. **2.** MIL. Sonnerie de clairon, batterie de tambour qui servait à faire rompre les rangs à une troupe rassemblée. ■ **Battre la breloque** [fam., vieilli], mal fonctionner ou battre irrégulièrement, en parlant d'un mécanisme ; déraisonner, en parlant de qqn.

BRÈME n.f. (francique **brahsima*). Poisson d'eau douce, au corps comprimé et plat. ➲ Famille des cyprinidés.

BRENT [brɛnt] **n.m.** Pétrole provenant de la mer du Nord, dont le prix sert de référence pour le marché européen.

BRÉSIL ou **BRÉSILLET** n.m. **1.** Arbre d'Amérique tropicale, aussi appelé *flamboyant*, dont le bois, rouge-orangé, a été utilisé comme teinture avant l'apparition des colorants synthétiques. ➲ Sous-famille des césalpiniacées. **2.** Cette teinture.

BRÉSILIEN, ENNE adj. et n. Du Brésil ; de ses habitants. ◆ **n.m.** Portugais parlé au Brésil.

BRÉSILLER v.t. **[3].** Litt. Réduire en poudre. ◆ **v.i.** ou **SE BRÉSILLER v.pr.** Litt. Tomber en poussière.

BRÉSILLET n.m. → **BRÉSIL.**

BRESSAN, E adj. et n. De la Bresse ; de Bourg-en-Bresse.

BRETÈCHE ou **BRETESSE** n.f. (du lat. médiév. *brittisca*, fortification bretonne). FORTIF. Logette rectangulaire en saillie sur une façade, faite pour en renforcer la défense.

BRETELLE n.f. (de l'anc. haut all. *brittil*, rêne). **1.** Courroie passée sur l'épaule pour porter un objet pesant, un sac, un fusil, etc. **2.** Bande de tissu passant sur les épaules et retenant certains vêtements (pantalon, robe) ou sous-vêtements (soutien-gorge). **3.** Raccordement entre une autoroute et le reste du réseau routier. **4.** Ensemble d'appareils permettant la jonction dans les deux sens de deux voies de chemin de fer parallèles contiguës. ■ **Remonter les bretelles à qqn** [fam.], lui faire des remontrances.

BRETESSE n.f. → **BRETÈCHE.**

BRETESSÉ, E adj. HÉRALD. Se dit d'une pièce qui est crénelée symétriquement des deux côtés.

BRETON, ONNE adj. et n. De la Bretagne. ◆ **n.m.** Langue celtique parlée dans l'ouest de la Bretagne.

BRETONNANT, E adj. et n. Qui a conservé la langue et les coutumes bretonnes : *La Bretagne bretonnante.*

BRETTE n.f. (de l'anc. fr. *bret*, breton). Épée de duel, longue et étroite, en usage aux XVIᵉ et XVIIᵉ s.

BRETTEUR n.m. (de *brette*). Vx. Homme qui aime se battre à l'épée.

BRETZEL [brɛtzɛl] **n.m.** ou **n.f.** (mot all. d'Alsace). Biscuit sec alsacien en forme de huit, saupoudré de sel et de graines de cumin.

BREUVAGE n.m. (de l'anc. fr. *boivre*, boire, du lat. *bibere*). **1.** Litt. ou péjor. Boisson : *Un drôle de breuvage énergisant.* **2.** Québec. Boisson non alcoolisée accompagnant un repas, en partic. au restaurant.

1. BRÈVE adj.f. → **1. BREF.**

2. BRÈVE n.f. **1.** Voyelle ou syllabe brève. **2.** Information de dernière minute, courte ou d'importance secondaire. **3.** Passereau des forêts équatoriales de l'Ancien Monde, aux vives couleurs. ➲ Famille des pittidés.

BREVET n.m. (de 2. *bref*). **1.** Diplôme ou certificat délivré, après examen, par l'État, sanctionnant certaines études, attestant certaines aptitudes et donnant certains droits : *Brevet de pilote.* **2.** Spécial. Examen sanctionnant la fin du collège. ■ **Acte en brevet** [dr.], acte notarié dont l'original est remis à l'intéressé (par oppos. à la *minute*, qui est conservée par le notaire). ■ **Brevet de technicien,** diplôme qui se prépare en trois ans, après la classe de troisième, et qui donne le titre de technicien ou d'agent technique. ■ **Brevet de technicien supérieur** → **BTS.** ■ **Brevet d'études professionnelles** → **BEP.** ■ **Brevet d'invention** [dr.], titre de propriété délivré au déposant d'une invention, qui confère à son titulaire une exclusivité temporaire d'exploitation. ■ **Brevet informatique et Internet (B2I)** [nom déposé], attestation validant l'aptitude à utiliser l'ordinateur et Internet, délivrée en fin d'école primaire, puis à la fin du premier et du second cycle de l'enseignement secondaire. ■ **Brevet unique européen,** titre unique de propriété visant à protéger une innovation technique sur l'ensemble du territoire de l'Union européenne (sauf en Italie et en Espagne). ➲ Il est délivré par l'Office européen des brevets.

BREVETABILITÉ n.f. Qualité de ce qui est brevetable.

BREVETABLE adj. Se dit de ce qui est susceptible de faire l'objet d'un brevet : *Médicaments brevetables.*

BREVETAGE n.m. Action de breveter une invention.

BREVETÉ, E adj. **1.** Qui est titulaire d'un brevet. **2.** Qui est garanti par un brevet : *Appareil breveté.*

BREVETER v.t. **[16]**, ▲ *[12]*. Protéger par un brevet : *Breveter un procédé de fabrication.*

BRÉVÉTOXINE n.f. Neurotoxine produite par des algues rouges proliférant lors des marées dites « rouges ». ➲ Sa grande toxicité pour les poissons, les cétacés et l'homme vient de ce qu'elle bloque la propagation de l'influx nerveux.

BRÉVIAIRE n.m. (du lat. ecclés. *breviarium*, abrégé). **1.** Livre contenant les prières à lire chaque jour par les prêtres et les moines catholiques ; l'ensemble de ces prières. **2.** Litt. Livre auquel on se réfère souvent et que l'on considère comme un modèle.

BRÉVILIGNE adj. et n. Didact. Se dit de qqn qui a des membres courts et un aspect plutôt trapu (CONTR. **longiligne**).

BREXIT n.m. (mot angl., de *Britain*, Grande-Bretagne, et *exit*, sortie). Retrait de la Grande-Bretagne de l'Union européenne ; processus politique conduisant à ce retrait. (On parle aussi de *Grexit* [pour la Grèce], de *Frexit* [pour la France].)

1. BRIARD, E adj. et n. De la Brie.

2. BRIARD n.m. Chien de berger français, à poil long.

BRIBE n.f. (onomat.). [Surtout pl.]. **1.** Restes d'un repas ; petits morceaux d'un aliment. **2.** Fragment d'un tout : *Il lui reste des bribes de souvenirs.*

BRIC-À-BRAC n.m. inv. (onomat.). Amas d'objets divers et en mauvais état, entassés n'importe comment ; fatras.

BRICELET n.m. Suisse. Galette très fine et croustillante.

DE BRIC ET DE BROC loc. adv. (onomat.). Avec des éléments de toute provenance : *Se meubler de bric et de broc. Culture acquise de bric et de broc.*

1. BRICK n.m. (angl. *brig*, abrév. du fr. *brigantin*). Navire à deux mâts gréés à voiles carrées.

2. BRICK ou **BRIK** n.m. (de l'ar.). Galette très fine à base de blé dur. ➲ Cuisine marocaine et tunisienne.

BRICK-GOÉLETTE n.m. (pl. *bricks-goélettes*). Navire à voiles à deux mâts, à gréement carré au mât de misaine et aurique au grand mât.

BRICOLAGE n.m. **1.** Action de bricoler ; son résultat. **2.** Réparation provisoire, sommaire.

BRICOLE n.f. (de l'ital. *briccola*, machine de guerre). **1.** Chose sans importance ; babiole. **2.** Fam. Ennui : *S'il continue, il va lui arriver des bricoles.* **3.** Pièce du harnais placée sur le poitrail du cheval.

BRICOLER v.i. **[3].** **1.** Faire des petites réparations, des aménagements de ses propres mains. **2.** Gagner sa vie en faisant de petits travaux peu rentables. ◆ **v.t.** Fam. Construire, réparer sommairement : *Il a bricolé un site Internet pour notre association.*

BRICOLEUR, EUSE n. et adj. Fam. Personne qui bricole.

BRIDE n.f. (du moy. haut all. *bridel*, rêne). **1.** Pièce de harnais placée sur la tête du cheval, comprenant notamm. les mors, et d'où partent les rênes. **2.** Suite de points de chaînette formant une boutonnière ou réunissant les parties d'une broderie. **3.** MÉD. Bande de tissu conjonctif fibreux formant une adhérence entre deux organes, deux tissus : *Bride péritonéale.* **4.** OUTILL. Lien en forme de collier ou de demi-collier, pour unir ou consolider deux ou plusieurs pièces. ■ **À bride abattue** ou **à toute bride,** très vite. ■ **Avoir la bride sur le cou,** pouvoir agir en toute liberté. ■ **Lâcher la bride à,** donner toute liberté à. ■ **Tenir la bride à qqn,** limiter sa liberté. ■ **Tourner bride,** faire demi-tour.

BRIDÉ, E adj. ■ **Yeux bridés,** yeux aux paupières étirées latéralement.

BRIDER v.t. **[3].** **1.** Mettre la bride à un cheval, à un âne, etc. **2.** Fig. Empêcher de se manifester ; réfréner : *Brider ses envies.* **3.** Limiter la puissance d'un moteur, d'une machine. **4.** Vieilli. Serrer trop : *Cette robe la bride à la taille.* **5.** MAR. Réunir plusieurs cordages avec un filin. **6.** Fixer deux ou plusieurs objets avec une bride. ■ **Brider une volaille,** la ficeler pour la faire cuire (SYN. **trousser**).

1. BRIDGE n.m. (mot anglo-amér.). Jeu de cartes par levées, pratiqué entre deux équipes de deux joueurs, avec un jeu de 52 cartes, et consistant à réaliser le contrat déterminé par la plus forte enchère : *Faire un bridge.*

2. BRIDGE n.m. (mot angl. « pont »). Appareil dentaire remplaçant une ou plusieurs dents contiguës, et fixé à ses extrémités sur deux dents saines.

BRIDGER v.i. **[10].** Jouer au bridge.

BRIDGEUR, EUSE n. Personne qui joue au bridge.

BRIDON n.m. Bride de harnais simple, équipée du seul mors de filet.

BRIE n.m. Fromage au lait de vache, à pâte molle et à croûte fleurie, fabriqué dans la Brie.

BRIÉ, E adj. (de l'anc. normand *brier*, marteler). ■ **Pain brié,** pain à croûte striée, dont la mie compacte, obtenue par compression avant la cuisson, permet de le conserver longtemps. ➲ Spécialité normande.

BRIEFER [brife] **v.t. [3]** (de *briefing*). Fam. Donner des instructions à : *Briefer son équipe.*

✎ Au Québec, on dit *breffer.*

BRIEFING [brifiŋ] **n.m.** (mot anglo-amér.). **1. MIL.** Réunion d'information avant une mission aérienne où l'on donne aux équipages les dernières instructions. **2.** Fig. Réunion d'un groupe de travail pour définir les objectifs, les méthodes, les moyens, etc. Abrév. (fam.) **brief.**

✎ Au Québec, on dit *breffage.*

BRIÈVEMENT adv. En peu de mots : *Exposez brièvement votre problème.*

BRIÈVETÉ n.f. (lat. *brevitas*). Courte durée : *Brièveté d'un discours, d'une belle journée.*

BRIFFER v.i. et **v.t. [3]** (onomat.). Arg. Manger.

BRIGADE n.f. (de l'ital. *brigata,* troupe). **1.** Groupement de plusieurs régiments dédiés à une mission particulière : *Brigade blindée, logistique.* **2.** Service de police ou de gendarmerie spécialisé dans un secteur particulier de délinquance : *Brigade de répression du banditisme.* **3.** Équipe d'ouvriers, d'employés qui travaillent ensemble sous la surveillance d'un chef. ■ **Brigade anticriminalité (BAC),** unité de la police nationale destinée à surprendre en flagrant délit les auteurs d'infractions. ■ **Brigade de gendarmerie** [vieilli], la plus petite unité de cette arme, qui était installée dans chaque chef-lieu de canton.

1. BRIGADIER, ÈRE n. 1. Dans l'arme blindée, le train et l'artillerie, grade équivalant à celui de caporal. **2.** Chef d'une brigade de gendarmerie. ◆ **n.m.** Suisse. ■ **Colonel brigadier,** commandant d'une brigade.

2. BRIGADIER n.m. Bâton servant à frapper les trois coups, au théâtre.

BRIGADIER-CHEF, BRIGADIÈRE-CHEF n. (pl. *brigadiers-chefs, brigadières-chefs*). Grade intermédiaire entre ceux de brigadier et de maréchal des logis.

BRIGADISTE n. Membre des Brigades internationales ou des Brigades rouges.

BRIGAND n.m. (de l'ital. *brigante,* qui va en troupe). **1.** Personne qui se livre à des vols à main armée. **2.** Vieilli. Personne malhonnête, sans aucun scrupule.

BRIGANDAGE n.m. Vol à main armée commis génér. par des bandes organisées.

BRIGANDER v.t. [3]. Suisse. Fam. Malmener ; maltraiter.

BRIGANTIN n.m. (ital. *brigantino*). Voilier à deux mâts dont seul celui de l'avant est gréé de voiles carrées.

BRIGANTINE n.f. (de *brigantin*). **MAR.** Voile trapézoïdale enverguée sur la corne d'artimon.

BRIGUE n.f. (de l'ital. *briga,* lutte). Litt. Manœuvre, ruse pour triompher d'un concurrent ; intrigue.

BRIGUER v.t. [3]. Chercher à obtenir ; souhaiter ardemment : *Il brigue le poste de directeur.*

BRIK n.m. → **2. BRICK.**

BRILLAMMENT [brijamɑ̃] **adv.** De façon brillante ; remarquablement : *Un film brillamment réalisé.*

BRILLANCE n.f. 1. Qualité de ce qui brille ; éclat lumineux. **2.** Vx. Luminance.

BRILLANT, E adj. 1. Qui brille ; qui est lumineux : *La mer est brillante dans le couchant.* **2.** Fig. Qui se fait remarquer par son intelligence, son aisance, etc. : *Un pianiste brillant.* ■ **Ne pas être brillant,** être médiocre : *Sa santé n'est pas brillante.* ◆ **n.m. 1.** Qualité de ce qui brille : *Le brillant de ces perles a disparu.* **2.** Diamant arrondi taillé à 57 ou 58 facettes pour être monté en bijou.

BRILLANTAGE n.m. Action de brillanter ; son résultat.

BRILLANTER v.t. [3]. 1. Tailler les plus petites facettes d'une pierre de bijouterie, en partic. d'un diamant. **2.** Donner un aspect brillant à une pièce métallique.

BRILLANTEUR n.m. TECHN. Produit ajouté à un bain de revêtement électrolytique pour brillanter une surface métallique.

BRILLANTINE n.f. Préparation parfumée pour assouplir les cheveux et leur donner du brillant.

BRILLANTINER v.t. [3]. Mettre de la brillantine sur.

BRILLER v.i. [3] (ital. *brillare,* du lat. *beryllus,* béryl). **1.** Émettre ou réfléchir une vive lumière ; être lumineux : *Les étoiles brillent dans le ciel. Son collier brille.* **2. (DE).** S'illuminer à cause de ; pétiller : *Des yeux qui brillent de colère, d'intelligence.* **3.** Fig. Se faire remarquer par une qualité particulière : *Cette metteuse en scène brille par son audace.*

BRIMADE n.f. (de *brimer*). **1.** Épreuve plus ou moins brutale que les anciens imposent aux nouveaux dans certaines écoles, à l'armée, etc. **2.** Mesure vexatoire venant de qqn qui veut faire sentir son autorité : *Les brimades d'un supérieur.*

BRIMBALER v.t. et **v.i. [3]** → **BRINGUEBALER.**

BRIMBORION n.m. (du lat. ecclés. *breviarium,* bréviaire). Litt. Petit objet de peu de valeur.

BRIMER v.t. [3] (de *brume*). Soumettre à des brimades. ■ **Se sentir brimé,** éprouver un sentiment d'injustice, de frustration.

BRIN n.m. 1. Petite partie d'une chose mince et allongée ; petite tige : *Un brin d'herbe, de muguet.* **2.** Petite quantité de : *Elle nous apporte un brin de fantaisie* ; un petit peu de : *Éprouver un brin d'inquiétude.* **3.** Fil qui, tordu avec d'autres, forme un câble ou un cordage. **4.** Partie d'une courroie ou d'un câble passant sur une poulie ou un tambour, et transmettant le mouvement. ■ **Un beau brin de fille** [fam.], une belle fille. ■ **Un brin,** un petit peu : *Il s'est montré un brin désinvolte.*

BRINDEZINGUE adj. Fam., vieilli. **1.** Ivre. **2.** Un peu fou.

BRINDILLE n.f. (de *brin*). Branche très mince et légère ; morceau de branche sèche : *Les brindilles s'enflamment bien.*

BRINGÉ, E adj. Se dit d'un animal, de sa robe, marqués de bringeures.

BRINGEURE [brɛ̃ʒyr], ▲ *BRINGEÜRE* **n.f.** Bande de poils noirs traversant la robe, génér. de tonalité rouge, d'un chien ou d'un bovin.

1. BRINGUE n.f. (p.-ê. de l'all. *bring dirs,* porter un toast). Fam. **1.** Fête entre amis où l'on boit beaucoup : *Ils ont fait la bringue toute la nuit.* **2.** Suisse. Querelle ; chicane : *Une bringue de voisinage.* **3.** Suisse. Rabâchage ; rengaine.

2. BRINGUE n.f. (p.-ê. de *brin*). Fam. ■ **Grande bringue,** fille ou femme grande et maigre.

BRINGUEBALER, BRINQUEBALER ou **BRIMBALER v.t.** et **v.i. [3]** (de *bribe* et *trimbaler*). Fam. Secouer de droite à gauche ; osciller : *Les bagages bringuebalent dans le coffre.*

BRINGUER v.i. [3]. Fam. Faire la fête. ◆ **v.t.** Suisse. Fam. Insister exagérément pour obtenir qqch ; harceler.

BRIO n.m. (mot ital.). **1.** Vivacité brillante dans la conversation. **2.** Technique, exécution brillante.

BRIOCHE n.f. (du normand *brier,* broyer). **1.** Pâtisserie légère, à base de farine, de levure, de beurre et d'œufs, le plus souvent en forme de boule surmontée d'une boule plus petite. **2.** Fam. Ventre rebondi : *Avoir de la brioche.*

BRIOCHÉ, E adj. Qui se rapproche de la brioche par son goût et sa consistance : *Pain brioché.*

BRIOCHIN, E adj. et **n.** De Saint-Brieuc.

BRION n.m. MAR. Partie arrondie de l'avant de la coque d'un navire, faisant la liaison entre l'étrave et la quille.

1. BRIQUE n.f. (néerl. *bricke*). **1.** Matériau de construction à base d'argile, en forme de parallélépipède rectangle, moulé mécaniquement et cuit au four (sauf pour les *briques crues*) : *Un mur de ou en briques.* **2.** Emballage en forme de brique : *Briques alimentaires recyclables* ; produit présenté sous cette forme : *Une brique de lait.* **3.** Fam., vieilli. Un million de centimes de francs. ■ **Avoir une brique dans le ventre** [Belgique, fam.], être profondément attaché à la notion de propriété immobilière et partic. à l'idée de faire construire son habitation. ■ **Brique de verre,** pavé en verre épais. ◆ **adj. inv.** D'une couleur rougeâtre.

2. BRIQUE n.f. (du germ. **brekan,* briser). Suisse. Éclat ; fragment ; tesson.

BRIQUER v.t. [3] (de *1. brique*). Fam. Nettoyer à fond en frottant.

1. BRIQUET n.m. (de *1. brique*). Petit appareil servant à produire du feu : *Allume la bougie avec ton briquet.* ■ **Sabre briquet,** sabre court utilisé dans l'infanterie aux XVIIIe et XIXe s.

2. BRIQUET n.m. (de *2. braque*). Chien courant de taille moyenne.

BRIQUETAGE n.m. 1. Action de briqueter. **2.** Maçonnerie de briques. **3.** Enduit auquel on donne l'apparence de la brique.

BRIQUETER v.t. [16], ▲ *[12].* **CONSTR. 1.** Paver avec des briques. **2.** Couvrir de briquetage.

BRIQUETERIE [brikɛtri], ▲ *BRICUÈTERIE* **n.f.** Usine où l'on fabrique des briques.

BRIQUETEUR n.m. Ouvrier qui construit des ouvrages en brique.

BRIQUETIER n.m. Ouvrier d'une briqueterie ; personne qui la dirige.

BRIQUETTE n.f. 1. Petite brique. **2.** Petite brique de nature variée (tourbe, lignite, servant de combustibles, minerai de fer, argile, etc.).

BRIS n.m. (de *briser*). **DR.** Rupture illégale et intentionnelle d'une clôture, d'un scellé : *Condamné pour bris de vitrine.*

BRISANCE n.f. Propriété d'un explosif qui le rend plus ou moins apte à rompre des corps résistants.

1. BRISANT, E adj. Qui possède une brisance élevée.

2. BRISANT n.m. Écueil sur lequel les vagues déferlent et se brisent. ◆ **n.m. pl.** Lame qui se brise sur un écueil.

BRISCARD ou **BRISQUARD n.m.** (de *brisque*). **MIL.** Soldat chevronné. ■ **Un vieux briscard** [fam.], un homme expérimenté et rusé.

BRISE n.f. Petit vent frais. ■ **Brise de mer,** qui souffle, le jour, de la mer vers la terre. ■ **Brise de montagne,** qui souffle, au crépuscule, de la montagne vers la vallée. ■ **Brise de terre,** qui souffle, la nuit, de la terre vers la mer. ■ **Brise de vallée,** qui souffle, le matin, de la vallée vers les sommets.

BRISÉ, E adj. MENUIS. Qui peut se replier sur lui-même, en parlant d'un volet ou d'un vantail de porte. ■ **Arc brisé** [archit.], arc à deux branches concaves se rejoignant en pointe au faîte. ■ **Comble brisé** [archit.], dont le toit présente deux pentes différentes sur le même versant, séparées par une arête saillante horizontale dite *ligne de brisis.* ■ **Fronton brisé** [archit.], dont les rampants sont interrompus avant le faîte. ■ **Ligne brisée** [math.], succession de segments de droites tels que deux segments consécutifs forment un angle non plat. ■ **Pâte brisée** [cuis.], pâte faite d'un mélange de farine et de beurre, utilisée en partic. pour les tartes et les croustades.

BRISE-BÉTON n.m. inv., ▲ *n.m. (pl. brise-bétons).* Appareil pour briser les ouvrages en béton par percussion.

BRISE-BISE n.m. inv., ▲ *n.m. (pl. brise-bises).* Rideau court garnissant la partie inférieure des fenêtres.

BRISE-COPEAUX n.m. inv., ▲ *BRISE-COPEAU n.m. (pl. brise-copeaux).* Partie d'un outil de coupe contre laquelle les copeaux viennent se briser en fragments.

BRISÉES n.f. pl. VÉNER. Branches d'arbres que le veneur rompt pour marquer le passage d'un animal. ■ **Aller** ou **marcher sur les brisées de qqn,** entrer en concurrence avec lui.

BRISE-FER n. inv., ▲ *n. (pl. brise-fers).* Fam. Personne maladroite qui casse les objets les plus solides ; brise-tout.

BRISE-GLACE n.m. (pl. *brise-glaces*). **1.** Navire équipé d'une étrave renforcée pour briser la glace et frayer un passage dans les mers arctiques. **2.** Construction en amont d'une pile de pont pour la protéger des glaces flottantes.

BRISE-JET n.m. inv., ▲ *n.m. (pl. brise-jets).* Dispositif (tuyau, petite grille, etc.) adapté à un robinet d'eau pour régulariser son débit.

BRISE-LAMES n.m. inv., ▲ *BRISE-LAME n.m. (pl. brise-lames).* Ouvrage construit à l'entrée d'un port ou d'une rade pour les protéger contre la houle du large en cas de tempête.

BRISEMENT n.m. Action de briser, de se briser ou d'être brisé : *Le brisement de sa voix révéla son émotion.*

BRISE-MOTTES n.m. inv., ▲ *BRISE-MOTTE n.m. (pl. brise-mottes).* **AGRIC.** Rouleau à disques pour écraser les mottes de terre.

BRISER v.t. [3] (mot gaul.). **1.** Mettre en pièces ; casser : *Briser un vase.* **2.** Fig. Faire cesser subitement ; anéantir : *Ce scandale a brisé sa carrière.* **3.** Venir à bout de ; réussir à vaincre : *Briser une rébellion, la volonté de qqn.* **4.** Épuiser moralement ou physiquement : *La mort de leur enfant les a brisés.* ▪ **Briser le cœur à qqn,** lui causer une grande peine. ◆ **v.t. ind. (AVEC).** Cesser toute relation avec ; rompre : *Briser avec un ami.* ▪ **Brisons là** [vx ou par plais.], cessons cette discussion. ◆ **SE BRISER v.pr.** Se diviser en heurtant un obstacle, en parlant des vagues.

BRISE-SOLEIL n.m. inv., ▲ *n.m.* (*pl. brise-soleils*). Avancée de façade, en avant des baies vitrées, pour les protéger du soleil en été.

BRISE-TOUT n. inv., ▲ *BRISETOUT n.* Fam. Personne maladroite qui casse tout ce qu'elle touche ; brise-fer.

BRISEUR, EUSE n. Litt. Personne qui brise qqch. ▪ **Briseur de grève,** personne qui travaille alors que les autres sont en grève, dans une entreprise.

BRISE-VENT n.m. inv., ▲ *n.m.* (*pl. brise-vents*). Rideau d'arbres ou petite haie qui protège les plantes du vent (SYN. **coupe-vent**).

BRISIS [brizi] **n.m.** (de *briser*). **ARCHIT.** Partie inférieure, en pente raide, d'un versant de toit brisé.

BRISOLÉE n.f. Suisse. Repas de châtaignes et de fromage, dans le Valais.

BRISQUARD n.m. → **BRISCARD.**

BRISQUE n.f. Vx. Chevron d'un soldat rengagé.

BRISTOL n.m. (de *Bristol*, n.pr.). **1.** Papier ou carte plus ou moins épais, fortement satiné, de qualité supérieure. **2.** Vieilli. Carte de visite.

BRISURE n.f. **1.** Fente, fêlure dans un objet brisé ; fragment d'objet brisé : *Les brisures d'une statuette.* **2. MÉCAN. INDUSTR.** Joint articulé de deux parties d'un ouvrage, permettant de les replier l'une sur l'autre. **3. HÉRALD.** Modification apportée aux armoiries d'une famille pour distinguer une branche cadette ou bâtarde de la branche principale ou légitime. ➲ La *bordure* est une brisure plate faisant le tour de l'écu.

BRITANNIQUE adj. et n. Du Royaume-Uni de Grande-Bretagne et d'Irlande du Nord ; de Grande-Bretagne.

BRITPOP n.f. (mot angl., abrév. de *British pop*, pop britannique). Genre musical apparu au milieu des années 1990, influencé par la musique britannique des années 1960, notamm. celle des Beatles.

BRITTONIQUE adj. Qui se rapporte aux peuples celtes établis en Grande-Bretagne entre le Ier millénaire et le Ier s. av. J.-C.

BRIZE n.f. (du gr. *briza*, céréale). Herbe des prés et des bois, à épillets larges, courts et tremblotants, appelée aussi *amourette.* ➲ Famille des graminées.

BROC [bro] **n.m.** (gr. *brokhis*). Récipient haut, à col resserré et à bec, muni d'une anse latérale, pour transporter les liquides ; son contenu.

BROCANTE n.f. Commerce, métier de brocanteur. ▪ **Faire une brocante** [région. (Nord)], faire du travail au noir.

BROCANTER v.i. [3] (du haut all. *brocko*, morceau). Acheter, vendre ou troquer des objets d'occasion ; chiner.

BROCANTEUR, EUSE n. Commerçant qui achète et revend des objets d'occasion.

1. BROCARD n.m. (du normand *broquer*, piquer). Litt. (Souvent pl.). Moquerie offensante ; quolibet.

2. BROCARD n.m. (du picard *broque*, broche). Chevreuil mâle âgé de plus d'un an.

BROCARDER v.t. [3]. Litt. Railler par des brocards.

BROCART n.m. (de l'ital. *broccato*, tissu broché). Étoffe brochée de soie, d'or ou d'argent.

BROCATELLE n.f. (ital. *broccatello*). **1.** Sorte de marbre coquillier. **2.** Étoffe de soie brochée à riches ornements.

BROCCIO [brɔtʃjo] ou **BROCCIU** [brɔtʃju] **n.m.** Fromage frais AOC au lait de chèvre ou de brebis, fabriqué en Corse.

BROCHAGE n.m. **1.** Action de brocher les livres ; son résultat. **2.** Procédé de tissage faisant apparaître sur un tissu de fond certains motifs décoratifs à l'aide de trames supplémentaires. **3.** Utilisation d'une fraise rectiligne, ou *broche*, pour usiner ou calibrer des trous dans du métal.

BROCHANT, E adj. **HÉRALD.** Se dit d'une pièce qui passe par-dessus une autre. ▪ **Et, brochant sur le tout** [litt.], et en plus ; et pour comble. ▪ **Pièce brochant sur le tout** [hérald.], qui traverse tout l'écu ou qui passe sur deux pièces ou davantage.

BROCHE n.f. (du lat. *brocchus*, saillant). **1.** Bijou muni d'une épingle permettant de le fixer sur un vêtement. **2.** Tige de fer pointue sur laquelle on enfile une viande pour la faire rôtir : *Un gigot à la broche.* **3.** Tige métallique recevant une bobine sur un métier à filer ; ensemble mécanique dont elle fait partie. **4.** Tige métallique d'une serrure, qui pénètre dans le trou d'une clé forée. **5.** Québec. Fil de fer : *Une clôture de broche.* **6. CHIRURG.** Tige introduite à travers les os pour réduire ou immobiliser une fracture. **7. TECHN.** Arbre d'une machine-outil destiné à recevoir un outillage (fraise, par ex.) ; outil pour calibrer un trou cylindrique ou pour exécuter des rainures. **8. ÉLECTR.** Partie mâle d'une prise de courant. ▪ **Gâteau à la broche,** pâtisserie cuite en versant une pâte liquide sur une broche conique tournant devant un feu de bois. ➲ Spécialité pyrénéenne et aveyronnaise. ◆ **n.f. pl.** Québec. Fam. Appareil d'orthodontie : *Il porte des broches.*

BROCHÉ n.m. Étoffe tissée selon le procédé du brochage.

BROCHER v.t. [3] (de *broche*). **1.** Plier, assembler, coudre et couvrir des feuilles sortant de l'imprimerie pour en faire un livre. **2.** Tisser une étoffe de fils d'or, de soie, etc., pour faire apparaître des dessins en relief sur un fond uni. **3.** Usiner, calibrer au moyen d'une broche.

BROCHET n.m. (de *broche*). Poisson d'eau douce très vorace, aux mâchoires garnies de dents très nombreuses (700 env.), et qui peut dépasser 1 m de long. ➲ Famille des ésocidés. ▪ **Brochet de mer,** nom de plusieurs poissons marins carnassiers, tels que le barracuda et le spet.

▲ **brochet**

BROCHETON n.m. Jeune brochet.

BROCHETTE n.f. **1.** Petite broche sur laquelle on enfile des morceaux de viande, de poisson, de légumes, pour les faire griller. **2.** Ce qui grille sur la brochette : *Nous avons mangé des brochettes de bœuf.* ▪ **Une brochette de** [fam.], une rangée, un groupe de : *Il y avait une brochette de stars au premier rang.*

BROCHEUR, EUSE n. Personne qui broche les livres. ◆ **n.f.** Machine pour brocher les livres.

BROCHURE n.f. **1.** Petit livre broché ; plaquette : *Une brochure publicitaire.* **2.** Dessin d'un tissu broché.

BROCOLI n.m. (de l'ital. *broccoli*, pousses de chou). Plante potagère de deux types : le *brocoli pommé* (chou-fleur vert) et le *brocoli à jets*, dont on consomme les pousses florales charnues. ➲ Famille des crucifères.

BRODEQUIN n.m. (esp. *borcegui*). Forte chaussure, à tige montant au-dessus de la cheville, pour le travail ou la marche.

BRODER v.t. [3] (francique **bruzdôn*). **1.** Orner une étoffe de dessins en relief, à l'aiguille ou à la machine : *Broder une nappe, un mouchoir.* **2.** Fig. Absol. Amplifier un récit en inventant des détails, des fioritures : *Raconter sa vie en brodant un peu.*

BRODERIE n.f. **1.** Art d'exécuter à l'aiguille ou à la machine des motifs ornementaux (dessins, lettres, etc.) sur une étoffe servant de support ; ouvrage ainsi réalisé. **2. MUS.** Note étrangère ornant conjointement une note réelle.

BRODEUR, EUSE n. Personne qui travaille dans la broderie.

BROIEMENT n.m. Broyage.

BROKER [brɔkœr], ▲ *BROKEUR* **n.m.** (mot angl. « courtier »). Intermédiaire qui effectue les transactions sur les valeurs mobilières, dans les Bourses anglo-saxonnes.

BROL n.m. Belgique. Fam. Ensemble d'objets disparates ; désordre.

BROMATE n.m. Sel de l'acide bromique.

1. BROME n.m. (du gr. *brômos*, puanteur). **1.** Nonmétal liquide rouge foncé, analogue au chlore (famille des halogènes), bouillant à 58,78 °C en donnant des vapeurs rouges et suffocantes. **2.** Élément chimique (Br), de numéro atomique 35, de masse atomique 79,904.

2. BROME n.m. (lat. *bromos*, du gr.). Herbe très commune dans les prés, les bois et les lieux incultes. ➲ Famille des graminées.

BROMÉ, E adj. **CHIM.** Qui contient du brome.

BROMÉLIACÉE n.f. Plante monocotylédone d'Amérique tropicale, souvent épiphyte, aux feuilles épineuses, telle que l'ananas, le billbergia, le tillandsia. ➲ Les broméliacées forment une famille.

BROMHYDRIQUE adj. ▪ **Acide bromhydrique,** hydracide (HBr) formé par combinaison du brome et de l'hydrogène.

BROMIQUE adj. ▪ **Acide bromique,** acide oxygéné du brome ($HBrO_3$).

BROMURE n.m. **1.** Combinaison du brome avec un corps simple. ➲ Certains bromures étaient utilisés autref. comme sédatifs. **2.** Papier photographique au bromure d'argent. **3. IMPRIM.** Épreuve de photogravure ou de photocomposition sur papier au bromure d'argent.

BRONCA n.f. (mot esp.). Protestation collective ; tollé : *L'intervention du ministre a provoqué une bronca.*

BRONCHE n.f. (gr. *brogkhia*). **ANAT.** Conduit par lequel l'air est transféré de la trachée aux bronchioles.

BRONCHECTASIE ou **BRONCHIECTASIE** [brɔ̃ʃ(j)ɛktazi] **n.f.** (de *bronche* et du gr. *ekstasis*, dilatation). **MÉD.** Dilatation pathologique des bronches.

BRONCHER v.i. [3] (p.-ê. du lat. pop. **bruncare*, trébucher). **1.** (Surtout en tournure négative). Manifester son désaccord, sa mauvaise humeur par des paroles ou des gestes : *Il a écouté le verdict sans broncher.* **2.** Faire un faux pas, trébucher, en parlant d'un cheval.

BRONCHIOLE [brɔ̃ʃjɔl] ou [brɔ̃kjɔl] **n.f. ANAT.** Petite bronche aboutissant aux alvéoles pulmonaires.

BRONCHIOLITE [brɔ̃kjɔ-] ou [brɔ̃ʃjɔ-] **n.f. MÉD.** Inflammation des bronchioles due à un virus, très fréquente chez les nourrissons.

BRONCHIQUE adj. Des bronches.

BRONCHITE n.f. **MÉD.** Inflammation des bronches. ▪ **Bronchite chronique** [méd., vieilli], bronchopneumopathie chronique obstructive.

BRONCHITEUX, EUSE adj. et n. Qui est sujet aux bronchites.

BRONCHITIQUE adj. Relatif à la bronchite. ◆ **adj. et n.** Atteint de bronchite.

BRONCHODILATATEUR, TRICE [brɔ̃kɔ-] **n.m. et adj. PHARM.** Substance provoquant une augmentation du diamètre des bronches, ce qui diminue la gêne respiratoire au cours de l'asthme et de la bronchite chronique.

BRONCHO-PNEUMONIE (pl. *broncho-pneumonies*) ou **BRONCHO-PNEUMOPATHIE** (pl. *broncho-pneumopathies*), ▲ *BRONCHOPNEUMONIE, BRONCHOPNEUMOPATHIE* [brɔ̃ko-] **n.f.** Affection diffuse des petites bronches et des alvéoles pulmonaires, souvent d'origine virale dans les formes aiguës. ▪ **Bronchopneumopathie chronique obstructive (BPCO),** maladie chronique caractérisée par l'altération progressive des alvéoles pulmonaires et des petites bronches. ➲ Elle est causée princip. par le tabagisme. On l'appelle parfois encore cour. *bronchite chronique.*

BRONCHORRHÉE [-kɔ-] **n.f. MÉD.** Augmentation des sécrétions bronchiques se traduisant par des crachats.

BRONCHOSCOPE [-kɔ-] **n.m.** Endoscope utilisé pour pratiquer la bronchoscopie.

BRONCHOSCOPIE [-kɔ-] **n.f.** Examen endoscopique de la trachée et des bronches.

BRONCHOSPASME [-kɔ-] **n.m.** Constriction des bronches observée dans la crise d'asthme.

BRONTOSAURE n.m. (du gr. *brontê*, tonnerre, et *saura*, lézard). Reptile dinosaurien herbivore du jurassique d'Amérique du Nord, qui dépassait 20 m de long (SYN. **apatosaure**). ➲ Groupe des saurischiens.

BRONZAGE n.m. **1.** Fait de s'exposer au soleil pour bronzer ; coloration brune qui en résulte. **2.** Action, fait de bronzer un objet ; son résultat.

BRONZANT, E adj. Se dit d'un produit qui accélère le bronzage de la peau.

BRONZE n.m. (ital. *bronzo*). **1.** Alliage de cuivre et d'étain à forte proportion de cuivre. **2.** Sculpture, objet d'art ou accessoire décoratif en bronze. ■ **Âge du bronze,** période préhistorique durant laquelle s'est diffusée la métallurgie du bronze (IIIe millénaire), précédant l'âge du fer (vers 1000 av. J.-C.).

▲ **bronze.** Léopard : détail d'une sculpture nigériane du XVIe s. (Musée national, Lagos.)

BRONZÉ, E adj. et n. Qui est basané, hâlé.

BRONZER v.t. [3]. **1.** Brunir, hâler la peau. **2.** Donner l'aspect ou la couleur du bronze à. ◆ v.i. Devenir brun de peau au soleil ou sous l'effet d'un procédé artificiel : *Tu as bien bronzé en Crète.*

BRONZETTE n.f. Fam. Action de se faire bronzer : *Faire une petite bronzette.*

BRONZIER, ÈRE n. Praticien ou artiste qui pratique la fonte et/ou la ciselure des bronzes.

BROOK [bruk] n.m. (mot angl. « ruisseau »). Obstacle de steeple-chase constitué par un fossé rempli d'eau.

BROQUELIN n.m. Débris provenant de la manipulation des feuilles de tabac, incorporés dans le mélange servant à la fabrication des cigarettes.

BROSSAGE n.m. Action de brosser ; son résultat.

BROSSE n.f. (du lat. *bruscum,* excroissance de l'érable). **1.** Ustensile formé d'une monture portant des poils, des filaments plus ou moins souples, et utilisé pour nettoyer, polir, frotter, etc. : *Brosse à cheveux, à ongles.* **2.** Pinceau plat d'artiste peintre, aux poils d'égale longueur. **3.** Pinceau rond et large de peintre en bâtiment. **4.** Houppe de poils située à la face interne des tarses postérieurs des abeilles, et qui sert à ramasser le pollen. **5.** Belgique. Balai ; balayette. ■ **Cheveux en brosse,** coupés courts et droits.

BROSSER v.t. [3]. **1.** Frotter avec une brosse pour nettoyer, faire briller, enlever les poils, etc. : *Brosser sa veste. Elle brosse son chien.* **2.** Ébaucher ou peindre à grands traits une forme, un tableau : *Brosser un ciel d'hiver.* **3.** Belgique. Balayer. **4.** Belgique. Fam. Ne pas assister à un cours ; sécher. ■ **Brosser un tableau,** décrire qqch sans entrer dans les détails : *Il a brossé un tableau de notre situation financière.* ◆ **SE BROSSER** v.pr. **1.** Frotter avec une brosse : *Se brosser les dents.* **2.** Fam. Devoir se passer de qqch que l'on était sûr d'obtenir : *Pour sa prime, il peut toujours se brosser !*

BROSSERIE n.f. Fabrication et commerce des brosses, balais, plumeaux, etc.

BROSSIER, ÈRE n. Personne qui travaille dans la brosserie.

BROU n.m. (de *brout,* pousse verte). Enveloppe verte des fruits à écale, tels que les noix : *Les brous des amandes.* ■ **Brou de noix,** teinture brune tirée du brou de la noix.

BROUET n.m. (de l'anc. fr. *breu, bro,* bouillon). Litt., vx. Aliment grossier, presque liquide.

BROUETTAGE n.m. Transport à la brouette.

BROUETTE n.f. (du bas lat. *birota,* véhicule à deux roues). Petite caisse évasée, montée sur une roue et munie de deux brancards, servant au transport à bras de petites charges.

BROUETTÉE n.f. Contenu d'une brouette : *Une brouettée de terre.*

BROUETTER v.t. [3]. Transporter dans une brouette.

BROUHAHA n.m. (onomat.). Bruit de voix confus et tumultueux émanant d'une foule.

BROUILLADE n.f. (provenç. *brouiado*). CUIS. Préparation à base d'œufs brouillés : *Une brouillade d'asperges.*

BROUILLAGE n.m. Trouble apporté à la réception de signaux radioélectriques par la superposition, volontaire ou non, de signaux différents ; action de provoquer ce trouble.

BROUILLAMINI n.m. Fam., vieilli. Confusion, complication inextricable ; imbroglio.

1. BROUILLARD n.m. (de *broue,* brouillard blanc). Concentration, à proximité du sol, de fines gouttelettes d'eau en suspension formant un nuage qui limite la visibilité à moins de 1 km (par oppos. à *brume*). ■ **Être dans le brouillard** [fam.], ne pas voir clairement la situation. ■ **Foncer dans le brouillard** [fam.], se lancer sans réfléchir dans une action.

2. BROUILLARD n.m. (de *brouiller*). COMPTAB. Registre sur lequel on inscrit toute opération commerciale journalière (SYN. **main courante**).

BROUILLARDEUX, EUSE adj. Couvert de brouillard.

BROUILLE n.f. Mésentente entre des personnes ; fâcherie : *La brouille entre deux frères.*

BROUILLÉ, E adj. ■ **Œufs brouillés,** œufs cuits à feu très doux et dont le jaune est dilué dans le blanc. ■ **Teint brouillé,** pâle et terne.

BROUILLER v.t. [3] (de l'anc. fr. *brou,* bouillon). **1.** Mêler en agitant : *Brouiller des œufs.* **2.** Rendre trouble : *Produit qui brouille une solution chimique.* **3.** Rendre confus : *Ces témoignages contradictoires ont brouillé les esprits.* **4.** Désunir des personnes : *Brouiller des familles.* ■ **Brouiller une émission de radio,** la perturber par le brouillage. ■ **Être brouillé avec une science, une technique** [fam.], ne pas y comprendre grand-chose. ◆ **SE BROUILLER** v.pr. **1.** Devenir trouble, confus : *Mes souvenirs se brouillent.* **2.** Cesser d'être en bons termes avec qqn : *Elle s'est brouillée avec son collègue.* **3.** Devenir gris, pluvieux, en parlant du temps.

BROUILLEUR n.m. Émetteur radioélectrique qui produit un brouillage.

1. BROUILLON, ONNE adj. et n. (de *brouiller*). Qui manque d'ordre, de clarté : *Cette enfant est brouillonne.*

2. BROUILLON n.m. (de *brouiller*). Premier état d'un écrit destiné à être recopié : *Les brouillons de ses poèmes.*

BROUILLONNER v.t. [3]. Vieilli. Écrire au brouillon.

BROUILLY n.m. Vin d'un cru renommé du Beaujolais.

BROUM interj. Imite le ronflement d'un moteur.

BROUSSAILLE n.f. (de l'anc. fr. *brosse,* buisson). Végétation formée d'arbustes et de plantes épineuses, caractéristique des sous-bois et des terres incultes : *Un feu de broussailles.* ■ **Cheveux, barbe, sourcils en broussaille,** hirsutes.

BROUSSAILLEUX, EUSE adj. **1.** Couvert de broussailles. **2.** Touffu et emmêlé : *Cheveux broussailleux.*

BROUSSARD, E n. **1.** Personne qui vit dans la brousse, qui en a l'expérience. **2.** Afrique. Fam., péjor. Provincial ; péquenot.

BROUSSE n.f. (du provenç. *brousso,* broussaille). **1.** Végétation caractéristique des régions tropicales, composée d'arbrisseaux, d'arbustes ; terrain où pousse cette végétation. **2.** Contrée sauvage, à l'écart des centres urbains. **3.** Fam. Campagne isolée.

BROUTARD n.m. Veau qui a brouté de l'herbe avant le sevrage, en complément du lait maternel.

BROUTER v.t. [3] (de l'anc. fr. *brost,* pousse). Manger l'herbe ou les jeunes pousses en les prélevant sur place, en parlant du bétail.

BROUTILLE n.f. Chose sans importance : *Perdre son temps à des broutilles.*

BROWNIE [broni] n.m. (mot anglo-amér.). Petit gâteau carré au chocolat, garni notamm. de noix de pécan. ➲ Cuisine des États-Unis.

BROWNIEN [bronjɛ̃] adj.m. (de R. *Brown,* n.pr.). PHYS. ■ **Mouvement brownien,** mouvement incessant des particules microscopiques en suspension dans un liquide ou dans un gaz, dû à l'agitation thermique des molécules du fluide.

BROWNING [broniŋ] n.m. (du n. de J. M. *Browning*). Pistolet automatique de 7,65 mm.

BROYAGE n.m. Action de broyer ; son résultat (SYN. **broiement**).

BROYAT n.m. Produit obtenu par broyage.

BROYER v.t. [7] (du germ. **brekan,* briser). **1.** Réduire en miettes par choc ou par pression : *Broyer des grains de café, des pierres.* **2.** Écraser par accident : *La machine lui a broyé deux doigts.* **3.** Fig. Briser par les difficultés, les souffrances : *La marche forcée vers la modernisation les a broyés.* ■ **Broyer du noir,** être déprimé ; avoir des idées sombres.

BROYEUR, EUSE adj. et n. Qui broie. ■ **Insecte broyeur,** qui coupe ou broie ses aliments grâce à ses mandibules. ◆ n.m. Machine à broyer.

BRRR interj. Exprime une sensation de froid ou un sentiment de crainte.

BRU n.f. (lat. *brutis,* de l'all. *Braut,* fiancée). Vieilli ou région. Épouse du fils ; belle-fille.

BRUANT n.m. (de *bruire*). Petit passereau de l'Ancien Monde, dont une espèce est l'ortolan. ➲ Famille des embérizidés.

BRUCELLA [brysela] n.f. (du n. de D. *Bruce*). Groupe de bactéries, agents de la brucellose.

BRUCELLES n.f. pl. (bas lat. *bersella*). Pince très fine à ressort pour saisir de très petits objets : *Des brucelles de philatéliste.*

BRUCELLOSE n.f. Maladie infectieuse animale, transmissible à l'homme, due à une bactérie du genre des brucellas (SYN. **fièvre de Malte, fièvre ondulante, mélitococcie**).

BRUCHE n.f. (lat. *bruchus*). Insecte coléoptère aux élytres courts, qui s'attaque aux graines de légumineuses (pois, haricots, lentilles). ➲ Famille des bruchidés.

BRUCHON n.m. (mot dial.). Suisse. Grain de poussière ; petit débris.

BRUCINE n.f. (lat. sc. *brucea,* du n. de J. *Bruce*). Alcaloïde extrait de la noix vomique.

BRUGNON n.m. (provenç. *brugnoun*). Type de pêche à peau lisse dont le noyau adhère à la chair.

BRUGNONIER n.m. Type de pêcher produisant les brugnons.

BRUINE n.f. (du lat. *pruina,* gelée blanche). Petite pluie très fine ; crachin.

BRUINER v. impers. [3]. Tomber en bruine.

BRUINEUX, EUSE adj. Chargé de bruine. ■ **Pluie bruineuse,** qui tombe sous forme de bruine.

BRUIRE v.i. [85] (du lat. pop. **brugere,* braire, croisé avec *rugire,* rugir). Litt. Faire entendre un bruissement.

✎ Un verbe du 1er groupe, *bruisser,* s'est créé à partir des formes en *-ss-* de *bruire.*

BRUISSANT, E adj. Litt. Qui bruit.

BRUISSEMENT n.m. Litt. Bruit faible et confus : *Le bruissement des feuilles dans le vent.*

BRUISSER v.i. [3]. Bruire : *La cime des arbres bruisse.*

✎ *Bruisser* tend à remplacer *bruire* dans ses formes défectives.

BRUIT n.m. (de *bruire*). **1.** Ensemble des sons produits par des vibrations, perceptibles par l'ouïe : *Le bruit de la pluie. Le bruit qui monte de la rue.* **2.** Ensemble des sons sans harmonie : *Les voisins font du bruit.* **3.** Nouvelle répandue dans le public ; rumeur : *Un bruit court à son sujet.* **4.** INFORM., TÉLÉCOMM. Perturbation indésirable qui se superpose au signal et aux données utiles, dans un canal de transmission ou un système de traitement de l'information. ■ **Bruit blanc** → **1. BLANC.** ■ **Faire du bruit,** en parlant d'un événement, avoir un grand retentissement : *Son remplacement par une femme a fait du bruit.* ■ **Faux bruit,** nouvelle infondée.

BRUITAGE n.m. Reconstitution artificielle au théâtre, dans un film, à la radio, etc., des bruits qui accompagnent l'action.

BRUITER v.t. [3]. Effectuer le bruitage d'un spectacle, d'un film, d'une émission.

BRUITEUR, EUSE n. Spécialiste du bruitage.

BRÛLAGE, ▲ *BRULAGE* **n.m. 1.** Destruction par le feu des chaumes, des broussailles, etc. **2.** Action de brûler la pointe des cheveux après une coupe. **3.** Action de décaper à la flamme les vieilles peintures. ▪ **Brûlage de culotte** [Belgique], enterrement de vie de jeune fille ou de vie de garçon.

BRÛLANT, E, ▲ *BRULANT, E* **adj. 1.** Qui est très chaud et donne une sensation de brûlure : *L'eau de la douche est brûlante.* **2.** Qui éprouve une sensation de forte chaleur ; qui est très chaud : *Son front est brûlant.* **3.** Qui témoigne de l'ardeur, de la passion : *Un regard brûlant.* **4.** Qui est d'actualité et soulève les passions : *Un sujet brûlant.* ◆ **n.m.** Belgique. Brûlures d'estomac.

BRÛLÉ, E, ▲ *BRULÉ, E* **adj. 1.** Détruit par le feu : *Des véhicules brûlés.* **2.** Fam. Qui n'a plus aucun crédit : *Être brûlé chez ses fournisseurs.* **3.** Fam. Se dit d'une personne dont l'activité clandestine, illicite a été découverte. ▪ **Cerveau brûlé** ou **tête brûlée,** personne prête à prendre tous les risques. ◆ **adj.** et **n.** Qui souffre de brûlures : *Un grand brûlé.* ◆ **n.m.** Ce qui est brûlé : *Une odeur de brûlé.* ▪ **Sentir le brûlé,** prendre mauvaise tournure : *Leur partenariat sent le brûlé.*

BRÛLE-GUEULE n.m. inv., ▲ *BRULE-GUEULE* **n.m.** (pl. *brule-gueules*). Pipe à tuyau très court.

BRÛLEMENT, ▲ *BRULEMENT* **n.m.** Québec. (Surtout pl.). Sensation de forte chaleur ou d'irritation ; brûlure : *Des brûlements d'estomac.*

BRÛLE-PARFUM n.m. (pl. *brûle-parfums*) ou **BRÛLE-PARFUMS n.m. inv.,** ▲ *BRULE-PARFUM* **n.m.** (pl. *brule-parfums*). Vase dans lequel on fait brûler des parfums (SYN. **cassolette**).

À BRÛLE-POURPOINT, ▲ ▲ *BRULE-POURPOINT* **loc. adv.** Brusquement et sans ménagement : *Il lui déclara à brûle-pourpoint qu'il ne l'aimait plus.*

BRÛLER, ▲ *BRULER* **v.t. [3]** (de l'anc. fr. *usler*, croisé avec l'anc. v. *bruir*, brûler). **1.** Détruire par le feu : *Brûler des feuilles mortes.* **2.** Endommager, altérer par le feu ou des produits chimiques : *Brûler un rôti. L'acide a brûlé la pierre.* **3.** Causer une sensation de brûlure, de forte chaleur : *La soupe m'a brûlé la langue. L'eau de la piscine brûle les yeux.* **4.** Tuer par le supplice du feu. **5.** Utiliser comme source d'énergie pour le chauffage, l'éclairage : *Brûler du mazout, de l'électricité.* **6.** Dépasser sans s'arrêter un signal d'arrêt : *Brûler un feu rouge.* **7.** Soumettre à l'action du feu pour transformer ; griller : *Brûler du café.* ▪ **Brûler la cervelle à qqn** [fam.], le tuer d'un coup de feu tiré dans la tête. ▪ **Brûler la politesse à qqn** [litt.], passer devant lui ou le quitter brusquement. ▪ **Brûler les étapes,** aller trop vite dans une action, un raisonnement. ▪ **Brûler sa culotte** [Belgique], enterrer sa vie de jeune fille ou sa vie de garçon, souvent en affrontant une série d'épreuves ludiques qui se termine par le brûlage d'une culotte (slip, caleçon, etc.) ou d'un pantalon. ◆ **v.i. 1.** Se consumer sous l'action du feu : *Du bois qui brûle trop vite.* **2.** Être détruit, endommagé par le feu : *Des centaines d'hectares de forêt ont brûlé. Le rôti a brûlé.* **3.** Dégager des flammes : *Feu qui brûle dans la cheminée.* **4.** Se consumer ou fonctionner en éclairant : *La bougie brûle. Sa lampe a brûlé toute la nuit.* **5.** Être très chaud, brûlant : *Son front brûle.* **6.** Éprouver une sensation de chaleur excessive : *Brûler de fièvre.* **7.** Éprouver un sentiment très vif : *Brûler de zèle* ; désirer ardemment : *Je brûle de tout lui dire.* **8.** Dans certains jeux, être sur le point de trouver l'objet caché, la solution, etc. ◆ **SE BRÛLER v.pr.** Subir les effets du feu, d'une chaleur intense.

BRÛLERIE, ▲ *BRULERIE* **n.f. 1.** Atelier, usine où l'on torréfie du café. **2.** Distillerie d'eau-de-vie.

BRÛLEUR, ▲ *BRULEUR* **n.m.** Appareil assurant le mélange d'un combustible (solide, liquide ou gazeux) et d'un comburant (oxygène, air) afin d'en permettre la combustion.

BRÛLIS, ▲ *BRULIS* **n.m. AGRIC. 1.** Action de brûler les végétaux d'un terrain (à distinguer de l'*écobuage*). **2.** Partie de végétation naturelle incendiée ou de champs dont les végétaux ont été brûlés afin de préparer le sol à la culture. ▪ **Agriculture sur brûlis,** forme d'agriculture traditionnelle alternant de courtes périodes (1 à 3 ans) de culture manuelle et de longues périodes de repousse de la végétation naturelle.

BRÛLOIR, ▲ *BRULOIR* **n.m.** Appareil de torréfaction du café.

BRÛLON, ▲ *BRULON* **n.m.** Suisse. Odeur de brûlé.

BRÛLOT, ▲ *BRULOT* **n.m.** (de *brûler*). **1.** Journal, tract, article, essai violemment polémique : *Cet article est un brûlot contre le pouvoir.* **2. MAR.** Anc. Petit bâtiment rempli de matières inflammables employé pour incendier les vaisseaux ennemis. **3.** Eau-de-vie flambée avec du sucre. **4.** Québec. Minuscule insecte diptère dont la piqûre provoque une sensation de brûlure.

BRÛLURE, ▲ *BRULURE* **n.f. 1.** Lésion des tissus provoquée par la chaleur, des produits caustiques ou par des rayonnements. **2.** Trace, trou faits par qqch qui a brûlé : *Une brûlure de cigarette sur un canapé.* **3.** Sensation de forte chaleur, d'irritation : *Des brûlures d'estomac.*

BRUMAIRE n.m. (de *brume*). Deuxième mois du calendrier républicain, commençant le 22, le 23 ou le 24 octobre et finissant le 20, le 21 ou le 22 novembre.

BRUME n.f. (du lat. *bruma*, hiver). **1.** Brouillard léger, laissant une visibilité supérieure à 1 km (par oppos. au *brouillard* proprement dit). **2. MAR.** Brouillard de mer : *Signaux de brume.* **3.** Fig., litt. Manque de clarté de la pensée : *Les brumes de l'alcool.*

BRUMEUX, EUSE adj. 1. Couvert de brume : *Landes brumeuses.* **2.** Litt. Qui manque de clarté : *Explications brumeuses.*

BRUN, E adj. (bas lat. *brunus*, du germ.). **1.** D'une couleur marron foncé : *Un ours brun.* **2.** Qui est bronzé, hâlé : *Avoir la peau brune.* **3.** Relatif au nazisme ou au néonazisme : *La peste brune.* ▪ **Bière brune,** ou **brune, n.f.,** bière de couleur foncée fabriquée à partir de malts spéciaux. ▪ **Produits bruns** → **PRODUIT.** ▪ **Sauce brune,** sauce à base d'un roux brun, coloré sur le feu, additionné de bouillon. ▪ **Sol brun,** sol fertile des régions tempérées de plaine ou de basse montagne, développé sur de nombreux matériaux, sous couvert forestier. ▪ **Tabac brun,** dont la fermentation a été poussée jusqu'à son terme et qui a été torréfié. ◆ **adj.** et **n.** Qui a les cheveux bruns : *Un brun aux yeux noirs.* ◆ **n.m.** Couleur brune.

BRUNANTE n.f. Québec. ▪ **À la brunante,** au crépuscule.

BRUNÂTRE adj. Qui tire sur le brun.

BRUNCH [brœnʃ] **n.m.** (pl. *brunchs* ou *brunches*) [mot angl., de *breakfast*, petit déjeuner, et *lunch*, déjeuner]. Repas tardif pris dans la matinée, tenant lieu de petit déjeuner et de déjeuner. (Au Québec, on prononce [brɔnʃ].)

BRUNCHER v.i. [3]. Prendre un brunch.

BRUNE n.f. 1. Cigarette de tabac brun. **2.** Bière brune. **3.** Race bovine laitière à robe brun clair. ▪ **À la brune** [litt.], au crépuscule.

BRUNET, ETTE n. Personne brune.

BRUNI n.m. Poli d'un métal, d'une dorure.

BRUNIR v.t. [21]. 1. Rendre brun : *Le soleil brunit la peau. L'air brunit les bananes.* **2.** Polir la surface des métaux au brunissoir (par oppos. à *matir*). ◆ **v.i.** Devenir brun de peau ; bronzer.

BRUNISSAGE n.m. Action de brunir un métal.

BRUNISSEMENT n.m. Action de brunir la peau ; fait de devenir brun.

BRUNISSOIR n.m. Outil d'orfèvre, de bronzier, de doreur ou de graveur pour brunir les métaux et les revêtements métalliques.

BRUNISSURE n.f. Action de donner une teinte brune à une étoffe.

BRUNOISE n.f. CUIS. Garniture de légumes taillés en dés.

BRUSCHETTA [bruskɛta] **n.f.** (mot ital., du lat. pop. *brusicare*, griller). Tranche de pain grillée, frottée d'ail, assaisonnée d'huile d'olive et souvent agrémentée de légumes, de fromage, etc. ➲ Cuisine italienne.

BRUSHING [brœʃiŋ] **n.m.** (nom déposé). Mise en forme des cheveux, mèche après mèche, à l'aide d'un séchoir à main et d'une brosse.

BRUSQUE adj. (de l'ital. *brusco*, âpre). **1.** Qui manifeste une certaine brutalité, de la rudesse : *Une personne un peu brusque.* **2.** Qui arrive de façon soudaine, imprévue : *Une brusque chute des températures.*

BRUSQUEMENT adv. D'une manière brusque, brutale.

BRUSQUER v.t. [3]. 1. Traiter qqn avec rudesse, sans ménagement : *Il brusque ses élèves.* **2.** Hâter la fin, précipiter le cours de qqch : *Cette révélation a brusqué la libération des otages.*

BRUSQUERIE n.f. 1. Comportement, manières brusques ; rudesse. **2.** Caractère brusque, soudain de qqch : *La brusquerie d'une rupture.*

BRUT, E [bryt] **adj.** (du lat. *brutus*, lourd, stupide). **1.** Qui n'a pas été façonné, poli ; qui n'a pas subi de transformation : *Du bois brut. De la soie brute.* **2.** Qui n'a pas subi certaines déductions de frais, taxes ou retenues (par oppos. à *net*) : *Salaire brut.* **3.** Qui est brutal, sauvage : *Il ne connaît que la force brute.* **4.** Se dit d'un champagne ou d'un vin mousseux dont la teneur en sucre est très faible (entre 1 et 2 %). ▪ **Art brut,** art spontané pratiqué par des personnes échappant au conditionnement culturel (autodidactes, enfants, malades mentaux, par ex.). ➲ Un musée (Collection d'art brut, issue du Foyer de l'art brut de J. Dubuffet [1947]) lui est consacré à Lausanne. Par ailleurs, il est particulièrement bien représenté au LaM de Villeneuve-d'Ascq. ▪ **Brut de décoffrage** [fam.], sans élaboration ni finition ; sans nuances : *Des revendications brutes de décoffrage.* ▪ **Pétrole brut,** non raffiné. ▪ **Poids brut,** poids de la marchandise et de son emballage, d'un véhicule avec son chargement. ◆ **adv.** Sans défalcation de poids ou de frais : *Ce colis pèse 2 kilos brut. Ils ont gagné 1 million brut.* ◆ **n.m. 1.** Salaire brut. **2.** Pétrole brut. **3.** Champagne brut.

BRUTAL, E, AUX adj. et **n.** (bas lat. *brutalis*). Qui agit avec violence, grossièreté. ◆ **adj. 1.** Qui est direct et sans ménagement : *Une franchise brutale.* **2.** Qui est soudain, inattendu : *Une mort brutale.*

BRUTALEMENT adv. De façon brutale.

BRUTALISATION n.f. Aggravation de la brutalité, de la violence dans les relations sociales.

BRUTALISER v.t. [3]. Traiter de façon brutale.

BRUTALISME n.m. Tendance architecturale, apparue au milieu des années 1950 en Grande-Bretagne (œuvres de Peter [1923-2003] et Alison [1928-1993] Smithson), qui privilégiait l'emploi de matériaux bruts, la franchise des structures, la non-dissimulation des dispositifs techniques.

BRUTALITÉ n.f. 1. Caractère d'une personne brutale. **2.** Caractère d'un événement brusque, soudain. **3.** (Souvent pl.). Acte brutal : *Exercer des brutalités sur qqn.*

BRUTE n.f. 1. Personne grossière, inculte : *Cet automobiliste est une brute.* **2.** Personne d'une violence excessive.

BRUTION [-tjɔ̃] **n.m.** Arg. scol. Élève ou ancien élève du prytanée militaire de La Flèche.

BRUXELLOIS, E [brysɛlwa, az] **adj.** et **n.** De Bruxelles.

BRUXISME n.m. ou **BRUXOMANIE n.f.** (du gr. *brukhein*, grincer des dents). Tendance à grincer des dents.

BRUYAMMENT [brɥijamɑ̃] **adv.** En faisant du bruit.

BRUYANT, E [brɥijɑ̃, ɑ̃t] **adj. 1.** Qui fait beaucoup de bruit. **2.** Où il y a beaucoup de bruit : *Rue bruyante.*

▲ **bruyère**

BRUYÈRE [bryjɛr] ou [brɥijɛr] **n.f.** (bas lat. *brucus*). Plante à fleurs violettes ou roses poussant sur les sols siliceux, où elle forme des landes d'aspect caractéristique. ➲ Famille des éricacées. ▪ **Terre de bruyère,** terre acide formée par la décomposition des feuilles de bruyère.

BRYONE n.f. (du gr. *bruônia*, vigne blanche). Plante grimpante à fleurs verdâtres, commune dans les haies, dont la racine et les baies sont toxiques. ➲ Famille des cucurbitacées.

BRYOPHYTE n.f. (du gr. *bruon*, mousse, et *phuton*, plante). Végétal, le plus souvent terrestre, sans racines ni vaisseaux, mais génér. pourvu de feuilles, tel que les mousses et les hépatiques. ➲ Les bryophytes forment un embranchement.

BRYOZOAIRE n.m. (du gr. *bruon*, mousse, et *zôon*, animal). Ectoprocte.

BTP ou **B.T.P. n.m.** (sigle). Secteur économique du bâtiment et des travaux publics.

BTS ou **B.T.S. n.m.** (sigle de *brevet de technicien supérieur*). Diplôme du premier cycle de l'enseignement supérieur, préparé en deux ans (dans les sections de techniciens supérieurs des lycées) par les bacheliers ou les titulaires du brevet de technicien.

BTU n.m. (sigle de l'angl. *British thermal unit*). Unité anglo-saxonne de mesure calorifique, équivalant à 1 055,06 joules.

BUANDERIE n.f. (de *buandier*). **1.** Pièce d'une maison réservée à la lessive. **2.** Québec. Blanchisserie.

BUANDIER, ÈRE n. Vx. Personne qui lave le linge.

BUBALE n.m. (du gr. *boubalos*, buffle). Antilope africaine à cornes en U ou en lyre.

BUBON n.m. (gr. *boubôn*). **MÉD.** Inflammation d'un ganglion lymphatique de l'aine, au cours d'une IST ou de la peste.

BUBONIQUE adj. Caractérisé par la présence de bubons : *Peste bubonique.*

BUCCAL, E, AUX adj. (du lat. *bucca*, bouche). Relatif à la bouche.

BUCCIN [byksɛ̃] **n.m.** (lat. *buccinum*). **1.** Gros mollusque gastéropode comestible des côtes de l'Atlantique (SYN. **bulot**). **2. ANTIQ. ROM.** Trompette romaine en corne, en bois ou en airain, à usage militaire.

BUCCINATEUR [byksinatœr] **adj.m.** ▪ **Muscle buccinateur,** ou **buccinateur, n.m.,** muscle de la joue qui tire en arrière la commissure des lèvres.

BUCCO-DENTAIRE (pl. *bucco-dentaires*), ▲ *BUCCODENTAIRE* **adj.** Qui se rapporte à la bouche et aux dents.

BUCCO-GÉNITAL, E, AUX, ▲ *BUCCOGÉNITAL, E, AUX* **adj.** Se dit d'un rapport sexuel qui fait intervenir la bouche et les organes génitaux.

BÛCHE, ▲ *BUCHE* **n.f.** (du germ. **busk*, baguette). Gros morceau de bois de chauffage. ▪ **Bûche de Noël,** gâteau traditionnel composé d'une génoise fourrée de crème au beurre et affectant la forme d'une bûche. ▪ **Prendre** ou **ramasser une bûche** [fam.], tomber.

1. BÛCHER, ▲ *BUCHER* **n.m.** (de *bûche*). **1.** Lieu où l'on empile le bois à brûler. **2.** Amas de bois sur lequel on brûlait les condamnés au supplice du feu ; ce supplice.

2. BÛCHER, ▲ *BUCHER* **v.t.** et **v.i.** [3]. **1.** Fam. Étudier avec ardeur : *Bûcher la géo* ; travailler sans relâche : *Il bûche tous les soirs.* **2.** Québec. Abattre des arbres.

BÛCHERON, ONNE, ▲ *BUCHERON, ONNE* **n.** (anc. fr. *boscheron*, de **bosc*, bois). Personne qui travaille à l'abattage des arbres en forêt.

BÛCHERONNAGE, ▲ *BUCHERONNAGE* **n.m. SYLVIC.** Coupe et ébranchage d'arbres effectués en forêt.

BÛCHERONNER, ▲ *BUCHERONNER* **v.i. [3]. SYLVIC.** Couper des arbres en forêt.

BÛCHETTE, ▲ *BUCHETTE* **n.f.** Menu morceau de bois sec.

BÛCHEUR, EUSE, ▲ *BUCHEUR, EUSE* **n.** Fam. Personne qui étudie avec ardeur.

BUCOLIQUE adj. (gr. *boukolikos*, de *boukolos*, bouvier). **1.** Qui évoque la poésie pastorale. **2.** Qui aime la vie à la campagne : *D'humeur bucolique.* ◆ **n.f. LITTÉR.** Anc. Poème évoquant des scènes ou des sentiments liés à la vie pastorale.

BUCRANE n.m. (du gr. *bous*, bœuf, et *kranion*, crâne). **ANTIQ. GR. ET ROM.** Motif ornemental figurant un crâne de bœuf.

▲ **bucrane**

BUDDLEIA [bydleja] **n.m.** (du n. de *Buddle*). Arbuste originaire de Chine, aux petites fleurs en grappes très parfumées attirant de nombreux papillons. ➲ Famille des loganiacées.

BUDGET n.m. (mot angl., de l'anc. fr. *bougette*, petit sac). **1.** Ensemble des comptes décrivant les ressources et charges de l'État, des collectivités ou établissements publics, pour un exercice annuel. **2.** Ensemble des recettes et des dépenses d'un particulier, d'une famille, d'un groupe ; somme dont on dispose : *Ils ont établi un budget pour leur mariage.*

BUDGÉTAIRE adj. Qui se rapporte au budget, à un budget : *L'année budgétaire.* ▪ **Contrôle budgétaire,** ensemble des mesures qui, dans une entreprise, visent à établir des prévisions chiffrées, à constater les écarts entre celles-ci et les résultats effectivement obtenus et à décider des moyens à mettre en œuvre pour atteindre les objectifs fixés.

BUDGÉTISATION n.f. Inscription d'une somme au budget.

BUDGÉTISER [3] ou **BUDGÉTER [11],** ▲ *[11*]* **v.t.** Inscrire une dépense, une recette au budget.

BUDGÉTIVORE adj. et **n.** Fam., péjor. Qui émarge au budget de l'État ; qui grève le budget.

BUÉE n.f. (de l'anc. fr. *buer*, faire la lessive). Vapeur d'eau condensée en fines gouttelettes : *Vitres couvertes de buée.*

BUFFET n.m. 1. Meuble, souvent à deux corps superposés, où l'on range la vaisselle et les verres. **2.** Table où sont servis les mets, les boissons, dans une réception ; l'ensemble de ces mets et boissons. **3.** Café-restaurant, dans une gare. **4. MUS.** Ouvrage décoratif en menuiserie qui renferme le mécanisme d'un orgue et qui met en valeur sa tuyauterie. **5.** Arg. Ventre ; estomac. ▪ **Buffet d'eau** [sculpt.], fontaine adossée à un mur, à vasques ou bassins étagés.

BUFFETIER, ÈRE n. Personne qui tient un buffet de gare ou le buffet d'un train.

BUFFLE n.m. (ital. *bufalo*). Mammifère ruminant aux longues cornes arquées, dont il existe plusieurs espèces en Europe méridionale, en Asie et en Afrique. ➲ Cri : le buffle souffle ; famille des bovidés. ▪ **Buffle domestique,** karbau.

▲ **buffle** d'Afrique.

BUFFLETERIE [byflɛtri] ou [byflətri], ▲ *BUFFLÈTERIE* **n.f.** Partie de l'équipement militaire individuel, à l'origine en cuir de buffle, servant à soutenir les armes et les cartouches.

BUFFLON ou **BUFFLETIN n.m.** Jeune buffle.

BUFFLONNE ou **BUFFLESSE n.f.** Femelle du buffle.

BUG n.m., BUGGÉ, E adj., BUGGER v.i. [3] → **2. BOGUE, BOGUÉ** et **BOGUER.**

BUGGY [bœgi] **n.m.** (mot angl. « cabriolet »). **1.** Automobile tout-terrain à moteur à l'arrière, à carrosserie simplifiée ouverte, à pneus très larges. **2.** Anc. Voiture hippomobile découverte, à deux roues (SYN. **boghei, boguet**).

1. BUGLE n.m. (mot angl., de l'anc. fr. *bugle*, bœuf). Instrument à vent à pistons de la famille des saxhorns, proche du clairon.

2. BUGLE n.f. (bas lat. *bugula*). Plante herbacée dont une espèce à fleurs bleues est commune dans les bois frais à sols argileux. ➲ Famille des labiées.

BUGLOSSE n.f. (du gr. *bouglôssa*, langue de bœuf). Plante herbacée velue, à fleurs bleu violacé, qui pousse dans les lieux incultes. ➲ Famille des boraginacées.

BUGNE n.f. (forme provenç. de 2. *beigne*). Languette de pâte frite à l'huile et saupoudrée de sucre. ➲ Spécialité lyonnaise.

BUGRANE n.f. (du lat. *bucranium*, tête de bœuf). Plante épineuse à fleurs roses, appelée aussi *arrête-bœuf*, commune dans les champs. ➲ Sous-famille des papilionacées.

BUILDING [bildiŋ] ou [byldiŋ] **n.m.** (mot anglo-amér.). Vaste immeuble à nombreux étages.

BUIRE n.f. (du francique **buk*, ventre). **ARTS APPL.** Nom de diverses cruches anciennes.

BUIS [bɥi] **n.m.** (lat. *buxus*). Arbuste à feuilles simples, vert foncé, persistantes, souvent utilisé dans les jardins, et dont le bois, très dur, est employé pour le tournage et la sculpture. ➲ Famille des buxacées. ▪ **Buis bénit** [cath.], branche de buis que le prêtre bénit le jour des Rameaux.

▲ **buis**

BUISSON n.m. (altér. de l'anc. fr. *boisson*, petit bois). **1.** Touffe d'arbrisseaux sauvages et rameux. **2. CUIS.** Plat composé d'éléments dressés en pyramide : *Buisson d'écrevisses.* ▪ **Arbre en buisson,** taillé de façon à rester d'une faible hauteur. ▪ **Battre les buissons** [chasse], les frapper avec un bâton pour faire lever le gibier.

BUISSON-ARDENT n.m. (pl. *buissons-ardents*). Arbuste méditerranéen épineux et ornemental (SYN. **pyracantha**). ➲ Famille des rosacées.

BUISSONNEUX, EUSE adj. Couvert de buissons ; qui a l'aspect d'un buisson.

BUISSONNIER, ÈRE adj. Litt. Qui s'écarte des sentiers battus et fuit la contrainte : *Une œuvre buissonnière.* ▪ **Faire l'école buissonnière,** se promener, jouer au lieu d'aller en classe.

BULBAIRE adj. ANAT. Relatif au bulbe rachidien.

BULBE n.m. (du lat. *bulbus*, oignon). **1. BOT.** Organe végétal souterrain formé par un bourgeon entouré de feuilles rapprochées et charnues, remplies de réserves nutritives permettant à une plante de reformer chaque année ses parties aériennes : *Bulbe de l'oignon, du safran, de la tulipe* (SYN. **oignon**). **2. ANAT.** Partie renflée de certains organes : *Bulbe olfactif.* **3. ARCHIT.** Dôme, toiture à renflement bulbeux. **4. MAR.** Renflement de la partie inférieure de l'étrave de certains navires, destiné à diminuer la résistance à l'avancement ; renflement de la quille d'un bateau de plaisance. ▪ **Bulbe galactique** → **GALACTIQUE.** ▪ **Bulbe (rachidien)** [anat.], portion inférieure de l'encéphale, contenant en partic. des centres réflexes respiratoires et cardiaques. ▪ **Groupe bulbe** [électr.], ensemble composé d'une turbine à hélice et d'un alternateur, installé dans un caisson étanche en forme de bulbe, et utilisé dans les centrales hydroélectriques de basse chute et les usines marémotrices.

▲ **bulbe** de jacinthe.

BULBEUX, EUSE adj. 1. BOT. Pourvu ou formé d'un bulbe. **2.** En forme de bulbe : *Dôme bulbeux.*

BULBICULTURE n.f. Culture des bulbes de plantes d'ornement (tulipe, glaïeul, etc.).

a b c d e f g h i j k l m n o p q r s t u v w x y z

BULBILLE n.f. (de *bulbe*). **BOT.** Petit bulbe se développant sur les organes aériens de certaines plantes (ficaire, ail) et qui s'en détache, s'enracine et donne naissance à une nouvelle plante.

BULGARE adj. et n. De la Bulgarie ; de ses habitants. ◆ **n.m.** Langue slave méridionale parlée en Bulgarie.

BULGE [bœldʒ] **n.m.** (mot angl. « bosse »). **MAR.** Compartiment en forme de renflement rapporté, aménagé à l'extérieur de la carène d'un navire de guerre pour éloigner de celle-ci le point d'explosion d'une torpille.

BULL [byl] **n.m.** (abrév.). Fam. Bulldozer.

BULLAIRE n.m. **CATH.** Recueil de bulles pontificales.

BULLDOG [buldɔg] **n.m.** (de l'angl. *bull*, taureau, et *dog*, chien). Bouledogue anglais, aux oreilles tombantes.

BULLDOZER [byldɔzɛr] ou [buldozœr], ▲ *BULLDOZEUR* [byldozœr] **n.m.** (mot anglo-amér.). **1.** Engin de terrassement sur tracteur à chenilles, très puissant. Abrév. (fam.) **bull. 2.** Fig., fam. Personne déterminée que rien n'arrête : *Cette ministre est un vrai bulldozer !*

1. BULLE n.f. (du lat. médiév. *bulla*, sceau). **1. HIST.** Sceau de métal attaché à un acte pour l'authentifier. **2. CATH.** Lettre apostolique d'intérêt général portant le sceau du pape. **3. ANTIQ. ROM.** Amulette en forme de petite boule, que les garçons de naissance libre portaient autour du cou.

2. BULLE n.f. (du lat. *bulla*, bulle d'eau). **1.** Globule d'air, de gaz qui s'élève à la surface d'un liquide, d'une matière en fusion : *Des bulles dans le champagne.* **2.** Fig. Espace où l'on se sent protégé ou qui nous coupe du monde : *Une bulle d'amitié et de partage. Élites enfermées dans leur bulle.* **3.** Arg. scol. Zéro : *Avoir une bulle en dictée.* **4. MÉD.** Lésion cutanée formée par le soulèvement local de l'épiderme, et remplie d'un liquide clair (SYN. **ampoule, cloque, phlyctène**). **5.** Élément graphique défini par une ligne fermée, qui sort de la bouche des personnages de bandes dessinées et qui renferme leurs paroles, leurs pensées (SYN. **phylactère**). **6. MÉD.** Enceinte stérile transparente dans laquelle vivent certains enfants (dits *enfants bulle*) atteints de déficit immunitaire grave. ▪ **Bulle de savon,** globe constitué par une mince pellicule d'eau savonneuse remplie d'air. ▪ **Bulle financière** [écon.], hausse du cours d'une ou de plusieurs grandeurs financières (titres, devises, indices), liée aux anticipations spéculatives et aux comportements mimétiques des investisseurs sur les marchés. ▪ **Bulle magnétique** [inform.], petite zone magnétisée dont la création et la circulation sur un support permettent la réalisation de mémoires de grande capacité (*mémoires à bulles*). ▪ **Bulle spéculative** [Bourse], écart anormal, positif ou négatif, entre le prix d'un actif et son cours théorique, susceptible d'entraîner des spéculations. ▪ **Coincer la bulle** [fam.], paresser.

3. BULLE adj. inv. et n.m. ▪ **Papier bulle,** papier grossier et jaunâtre.

BULLÉ, E adj. ▪ **Verre bullé,** dans lequel sont enfermées des bulles dans le but de produire un effet artistique.

BULLER v.i. [3]. Fam. Rester à ne rien faire ; paresser.

BULLETIN n.m. (anc. fr. *bullette*). **1.** Publication périodique de textes officiels ou d'annonces obligatoires. **2.** Rapport périodique des enseignants et de l'administration d'un établissement d'enseignement sur le travail et la conduite d'un élève. **3.** Certificat ou récépissé délivré à un usager : *Le contrôleur nous a délivré un bulletin de retard.* ▪ **Bulletin de salaire** ou **de paie,** document attestant le paiement d'une rémunération salariale et le montant des prélèvements obligatoires. ▪ **Bulletin de santé,** rapport périodique sur l'état de santé d'une personnalité importante. ▪ **Bulletin de versement** [Suisse], formule postale utilisée pour envoyer de l'argent. ▪ **Bulletin de vote,** billet ou feuille servant à exprimer un vote. ▪ **Bulletin d'informations,** résumé des nouvelles de la journée, à la radio, à la télévision.

BULLETIN-RÉPONSE n.m. (pl. *bulletins-réponse*[*s*]). Imprimé à remplir et à renvoyer pour participer à un jeu, à un concours.

BULLEUX, EUSE adj. **MÉD.** Se dit d'une affection, d'une dermatose qui s'accompagne de bulles.

BULL-FINCH (pl. *bull-finch*[*e*]*s*), ▲ *BULLFINCH* [bulfinʃ] **n.m.** (mot angl.). Obstacle de steeple-chase constitué par un talus de terre surmonté d'une haie.

BULLIONISME n.m. (de l'angl. *bullion*, lingot). Courant mercantiliste espagnol du XVIe s. qui recommandait l'enrichissement par les métaux précieux (or, argent).

BULL-TERRIER (pl. *bull-terriers*), ▲ *BULLTERRIER* [bul-] **n.m.** Chien d'agrément anglais à tête conique.

BULOT n.m. Buccin (coquillage).

BUN [bœn] **n.m.** (mot angl.). Petit pain rond en pâte levée.

BUNA n.m. (nom déposé ; de *butadiène* et *Na*, symbole du sodium). Élastomère de synthèse obtenu par polymérisation du butadiène.

BUNGALOW [bœ̃galo] **n.m.** (mot angl., de l'hindi *bangla*, [maison] du Bengale). **1.** Habitation indienne à un étage, entourée de vérandas. **2.** Construction légère servant de résidence de vacances, en partic. à l'intérieur d'un camping, d'un ensemble hôtelier. **3.** Québec. Maison de plain-pied.

✎ Au Québec, on prononce [bɔngalo].

1. BUNKER [bunkœr] **n.m.** (mot all. « soute »). Réduit fortifié ; casemate.

2. BUNKER [bœnkœr] **n.m.** (mot angl.). Au golf, fosse sableuse sur le parcours d'un trou.

BUNKÉRISER [bunkerize] **v.t.** [3] (de *1. bunker*). Isoler qqn, qqch pour les préserver des atteintes du monde extérieur. ◆ **SE BUNKÉRISER v.pr.** S'isoler pour se préserver des atteintes du monde extérieur : *Le maire se bunkérise.*

BUNRAKU [bunraku] **n.m.** (mot jap.). Spectacle traditionnel de marionnettes, au Japon.

BUNSEN [bœ̃zɛn] **(BEC) n.m.** Brûleur à gaz utilisé autref. en laboratoire. ➲ À cause de sa flamme nue, on ne l'emploie plus.

BUPRESTE n.m. (du gr. *bouprêstis*, qui fait enfler les bœufs). Insecte coléoptère de coloration métallique dont la larve vit dans le bois des arbres les plus divers. ➲ Famille des buprestidés.

BURALISTE n. **1.** Personne préposée à un bureau de paiement, de recette, de poste, etc. **2.** Personne qui tient un bureau de tabac.

1. BURE n.f. (du lat. *burra*, bourre). **1.** Grosse étoffe de laine brune. **2.** Vêtement fait de bure : *Bure de moine.*

2. BURE n.m. (de l'anc. haut all. *bur*, maison). **MIN.** Puits vertical reliant deux ou plusieurs galeries.

BUREAU n.m. (de *1. bure*). **1.** Table, munie ou non de tiroirs, sur laquelle on écrit. ➲ Les variétés *à cylindre* et *en dos d'âne* (ou *en pente*, ou *à dessus brisé*) se présentent comme des meubles qu'il faut ouvrir pour en utiliser la table. **2.** Pièce pour le travail, où se trouve notamm. ce meuble ; son mobilier. **3.** Lieu de travail des employés d'une administration, d'une entreprise : *Elle est au bureau.* **4.** Personnel d'un bureau : *Tout le bureau était d'accord.* **5.** Établissement assurant au public des services administratifs, commerciaux, etc. : *Bureau de poste. Bureau de vote.* **6.** Service ou organisme chargé d'une fonction particulière : *Bureau d'études. Bureau d'état-major.* **7.** Organe dirigeant les travaux d'une assemblée délibérante, d'une commission, d'un parti politique, d'un syndicat. **8. INFORM.** Surface de travail visualisée à l'écran d'un ordinateur, sur laquelle sont disposées les icônes et les fenêtres. ▪ **Bureau centralisateur** → **CENTRALISATEUR.** ▪ **Bureau paysager** → **PAYSAGER.** ▪ **Deuxième bureau** [anc.], service de renseignements de l'armée.

BUREAUCRATE n. Péjor. **1.** Fonctionnaire imbu de l'importance de son rôle, dont il abuse auprès du public. **2.** Employé de bureau.

BUREAUCRATIE n.f. **1.** Pouvoir ou influence d'un appareil administratif (d'État, d'un parti, d'une entreprise, etc.). **2.** Péjor. Ensemble des fonctionnaires, des bureaucrates, envisagé dans sa puissance parfois abusive.

BUREAUCRATIQUE adj. Propre à la bureaucratie.

BUREAUCRATISATION n.f. Action de bureaucratiser ; son résultat.

BUREAUCRATISER v.t. [3]. Soumettre à une bureaucratie ; transformer en bureaucratie.

BUREAUTICIEN, ENNE n. Spécialiste de la Bureautique.

BUREAUTIQUE n.f. (nom déposé). Ensemble des techniques informatiques et téléinformatiques visant à l'automatisation des tâches administratives et de secrétariat, des travaux de bureau.

BURELÉ, E adj. Se dit de l'écu divisé en burelles.

BURELLE ou **BURÈLE** n.f. (de *burelé*). **HÉRALD.** Fasce diminuée de largeur, toujours figurée en nombre.

BURETTE n.f. (de l'anc. fr. *buire*, flacon). **1.** Petit flacon à goulot long et étroit : *Les burettes d'un huilier.* **2. CHRIST.** Flacon contenant l'eau ou le vin de la messe. **3.** Récipient métallique muni d'un tube effilé destiné à injecter de l'huile dans les rouages d'une machine. **4. CHIM.** Tube de verre gradué muni d'un robinet à sa partie inférieure.

BURGAU n.m. **1.** Coquille de divers gros gastéropodes marins, recherchée pour sa nacre. **2.** Burgaudine.

BURGAUDINE n.f. Nacre fournie par le burgau, souvent teintée de vert, très utilisée en incrustation et pour la fabrication de boutons (SYN. **burgau**).

BURGER [bœrgœr] **n.m.** (de *hamburger*). Sandwich rond, produit de base de la restauration rapide.

BURGRAVE n.m. (de l'all. *Burg*, forteresse, et *Graf*, comte). Commandant militaire d'une ville ou d'une place forte, dans le Saint Empire.

BURIN n.m. (anc. ital. *burino*). **1.** Ciseau d'acier que l'on pousse à la main pour graver sur les métaux, le bois. **2.** Estampe, gravure obtenue au moyen d'un burin. **3.** Ciseau percuté par un marteau ou mécaniquement et destiné à couper les métaux, dégrossir les pièces, etc.

BURINAGE n.m. Action de buriner.

BURINÉ, E adj. ▪ **Visage, traits burinés,** marqués de sillons, de rides, comme travaillés au burin.

BURINER v.t. [3]. **1.** Graver au burin. **2.** Travailler une pièce de métal au burin.

BURINISTE n. Graveur au burin.

BURKA n.f. → **BURQA.**

BURKINABÉ, E, BURKINAIS, E adj. et n. ou **BURKINABÈ** adj. inv. et n. inv. Du Burkina ; de ses habitants.

BURKINI [byr-] **n.m.** (de *burqa* et *Bikini*). Vêtement en maille extensible composé d'une longue tunique à capuche et d'un pantalon, que portent certaines femmes musulmanes pour se baigner.

BURLAT n.f. Variété de bigarreau.

BURLE n.f. Région. (Massif central). Vent du nord sec et froid, qui souffle en hiver.

BURLESQUE adj. (de l'ital. *burla*, plaisanterie). **1.** D'un comique extravagant : *Situation burlesque.* **2.** Qui relève du burlesque en tant que genre littéraire ou cinématographique. ◆ **n.m. 1.** Caractère d'une chose, d'une personne ridicule, absurde. **2.** Genre littéraire parodique traitant en style bas un sujet noble, spécial. en France au XVIIe s. **3.** Genre cinématographique caractérisé par un comique extravagant, plus ou moins absurde, et fondé sur une succession rapide de gags. **4.** Auteur qui pratique le genre burlesque.

BURLESQUEMENT adv. De façon burlesque.

BURLINGUE n.m. Arg. Bureau (lieu de travail).

BURNOUS [byrnu(s)] **n.m.** (ar. *bournous*). **1.** Manteau d'homme en laine, à capuchon, porté par les Arabes. **2.** Manteau ou cape à capuchon pour enfants en bas âge.

BURN-OUT [bœrnawt] **n.m. inv.** (mot angl.). **MÉD.** Syndrome d'épuisement professionnel caractérisé par une fatigue physique et psychique intense, générée par des sentiments d'impuissance et de désespoir.

BURON n.m. (du germ. *bur*, cabane). Région. (Auvergne). Petite construction en pierre où l'on fabrique le fromage. ➲ Rares sont ceux qui, aujourd'hui, ont pu garder ou retrouver une activité économique. Certains ont été transformés en restaurant, en refuge de montagne ou en gîte rural.

BURQA ou **BURKA** [burka] ou [byrka] **n.f.** (mot hindi, de l'ar.). Vêtement traditionnel porté par certaines femmes musulmanes (surtout en Afghanistan) dissimulant leur corps de la tête aux pieds et seulement muni d'une ouverture ajourée au niveau des yeux.

BURRATA [burata] **n.f.** (mot ital.). Fromage à pâte filée proche de la mozzarella, au cœur crémeux, originaire des Pouilles.

BURSÉRACÉE **n.f.** Arbre d'Amérique et d'Afrique orientale, qui produit fréquemment des résines aromatiques, tel que le balsamier. ➲ Les burséracées forment une famille.

BURUNDAIS, E **adj.** et **n.** Du Burundi ; de ses habitants.

1. BUS [bys] **n.m.** (abrév.). Autobus.

2. BUS [bys] **n.m.** (de l'angl. *omnibus*). INFORM. Dans un ordinateur, ensemble de conducteurs électriques transmettant des données.

BUSARD **n.m.** (de *1. buse*). Oiseau rapace diurne fréquentant le voisinage des marais d'Europe, d'Afrique et d'Asie. ➲ Famille des accipitridés. (V. ill. *rapaces*.)

BUSC [bysk] **n.m.** (de l'ital. *busco*, bûchette). **1.** COST. Lame de métal, parfois apparente et ouvragée, insérée dans la basquine puis dans le corset. ➲ Le busc apparaît au XVIe s. avec la mode des corsages rigides. **2.** Coude de la crosse d'un fusil. **3.** Pièce en saillie sur laquelle vient buter le bas des portes d'une écluse.

1. BUSE **n.f.** (lat. *buteo*). **1.** Rapace diurne aux formes lourdes, au bec et aux serres faibles, se nourrissant de rongeurs, de reptiles, de petits oiseaux. ➲ Famille des accipitridés. (V. ill. *rapaces*.) **2.** Fam., péjor. Personne ignorante et sotte.

2. BUSE **n.f.** (du moy. néerl. *bu[y]se*, conduit). **1.** Tuyau, conduite génér. de fort diamètre, assurant l'écoulement d'un fluide. **2.** Pièce raccordant un appareil de chauffage au conduit de fumée. **3.** Tuyau dont l'extrémité étranglée augmente la vitesse de sortie d'un fluide.

3. BUSE **n.f.** (mot wallon « haut-de-forme »). Belgique. Fam. Échec à un examen.

BUSER **v.t. [3].** Belgique. Fam. Faire échouer ; recaler.

BUSH [buʃ] **n.m.** (pl. *bushes*) [mot angl. « broussailles »]. Formation végétale adaptée à la sécheresse (Afrique orientale, Madagascar, Australie), constituée d'arbustes serrés et d'arbres bas isolés.

BUSHIDO [buʃido] **n.m.** (mot jap. « la voie du guerrier »). Code d'honneur des samouraïs.

BUSINESS [biznεs] **n.m.** (mot angl. « affaire »). Fam. **1.** Activité économique, commerciale ou financière ; affaires. **2.** Affaire compliquée ou louche : *Ton business te conduira en prison.*

BUSINESSMAN [biznεsman] **n.m.** (pl. *businessmans* ou *-men*) [mot anglo-amér.]. Homme d'affaires.

> ✎ On trouve aussi la forme fém. ***businesswoman*** [-wuman] (pl. ***businesswomans*** ou ***businesswomen***).

BUSQUÉ, E **adj.** **1.** De courbure convexe : *Nez busqué.* **2.** COST. Muni d'un busc : *Corsage busqué.*

BUSQUER **v.t. [3].** Vx. Courber ; arquer.

BUSSEROLE **n.f.** (provenç. *bouisserolo*, de *bouis*, buis). Arbrisseau des montagnes, appelé aussi *raisin d'ours*, à fruits rouges comestibles. ➲ Famille des éricacées.

BUSTE **n.m.** (de l'ital. *busto*, poitrine). **1.** Partie supérieure du tronc, de la taille au cou. **2.** Poitrine de la femme. **3.** Représentation, partic. en ronde bosse, de la partie supérieure du corps humain (tête et portion variable du buste).

1. BUSTIER **n.m.** Sous-vêtement féminin qui enserre le buste et laisse les épaules nues.

2. BUSTIER, ÈRE **n.** Sculpteur spécialisé dans l'exécution des bustes.

BUT [by(t)] **n.m.** **1.** Point matériel que l'on vise ; cible : *La flèche est passée à côté du but.* **2.** Point où l'on doit parvenir : *Le but de la randonnée est l'abbaye du Thoronet.* **3.** Dans certains sports, espace délimité que doit franchir le ballon ; franchissement de cet espace et point(s) acquis à cette occasion : *Marquer deux buts.* **4.** Fin que l'on se propose d'atteindre : *Son but est de nous faire découvrir la nature. Le Premier ministre poursuit son but.* ▪ **But pulsionnel** [psychan.], activité vers laquelle tend la pulsion, produite par elle, et visant à la satisfaction de celle-ci. ▪ **Dans le but de**, dans l'intention de. ▪ **De but en blanc**, à brûle-pourpoint.

BUTADIÈNE **n.m.** Hydrocarbure diéthylénique $H_2C{=}CH{-}CH{=}CH_2$, utilisé dans la fabrication du caoutchouc synthétique.

BUTANE **n.m.** Alcane gazeux C_4H_{10}, que l'on emploie, liquéfié sous faible pression, comme combustible.

BUTANIER **n.m.** Navire spécialisé dans le transport du butane liquéfié (→ **méthanier**).

BUTÉ, E **adj.** Qui se bute, s'obstine ; têtu.

BUTÉE **n.f.** (de *1. buter*). **1.** Masse de terre ou de maçonnerie destinée à équilibrer une poussée. **2.** OUTILL. Pièce ou organe destinés à supporter un effort axial.

BUTÈNE ou **BUTYLÈNE** **n.m.** Alcène C_4H_8.

1. BUTER **v.t. ind. [3]** (de *but*). **1.** Appuyer contre qqch : *L'arc bute contre la voûte.* **2.** Heurter qqch, un obstacle : *Dans le noir, il a buté contre une chaise.* **3.** Fig. Être arrêté par une difficulté : *Il bute sur la prononciation de certains mots.* ◆ **v.t.** Amener qqn à une attitude d'entêtement, de refus systématique. ◆ **SE BUTER** **v.pr.** S'obstiner dans une attitude ; s'entêter.

2. BUTER **v.t. [3]** → **2. BUTTER.**

BUTEUR, EUSE **n.** SPORTS. Joueur qui marque fréquemment des buts.

BUTIN **n.m.** (du moy. bas all. *bûte*, partage). **1.** Ce que l'on enlève à l'ennemi à l'occasion d'une guerre. **2.** Produit d'un vol, d'un pillage. **3.** Litt. Produit d'une recherche : *Le butin des fouilles d'un archéologue.*

BUTINER **v.i.** et **v.t. [3].** Aller de fleur en fleur en amassant du pollen ou du nectar, en parlant de certains insectes, et en partic. des abeilles.

BUTINEUR, EUSE **adj.** et **n.f.** Qui butine ; dont le rôle est de butiner : *Une abeille butineuse.*

BUTÔ **n.m.** (abrév. du jap. *ankoku-butô*, danse des ténèbres). Courant chorégraphique japonais où les danseurs, poudrés de blanc, évoluent avec une grande économie de mouvements. ➲ Il a été créé dans les années 1960 par Hijikata Tatsumi (1928-1986) et Ohno Kazuo (1906-2010).

BUTOIR **n.m.** **1.** Obstacle artificiel placé à l'extrémité d'une voie ferrée (SYN. **heurtoir**). **2.** OUTILL. Pièce contre laquelle vient buter l'organe mobile d'un mécanisme. **3.** Fig. (Souvent en appos.). Limite stricte fixée à l'avance : *Vendredi est la date butoir pour renvoyer les réponses.*

BUTOME **n.m.** (du gr. *boutomos*, qui coupe la langue des bœufs). Plante du bord des eaux, à fleurs roses en ombelles, appelée aussi *jonc fleuri.* ➲ Famille des butomacées.

BUTOR **n.m.** (lat. *butio*). **1.** Oiseau échassier voisin du héron, à plumage fauve tacheté de noir, nichant dans les roseaux. ➲ Famille des ardéidés. **2.** Fig. Homme grossier et stupide ; goujat.

▲ **butor**

BUTTAGE **n.m.** AGRIC. Action de butter.

BUTTE **n.f.** (de *but*). **1.** Légère élévation de terrain ; tertre. **2.** MIL. Tertre naturel ou artificiel portant la cible : *Butte de tir.* **3.** AGRIC. Masse de terre accumulée au pied d'une plante ou sur un rang de culture. ▪ **Butte résiduelle** [géomorph.], hauteur taillée dans une roche tendre auparavant surmontée d'une roche dure. ▪ **Butte témoin**, relief isolé formé d'une roche dure surmontant des roches tendres et qui témoigne de l'extension ancienne de cette formation. ▪ **Être en butte à qqch**, être exposé à, menacé par qqch : *En butte aux critiques.*

1. BUTTER **v.t. [3].** AGRIC. Entourer une plante, un rang de culture d'une butte de terre (SYN. **chausser**).

2. BUTTER ou **BUTER** **v.t. [3]** (de l'arg. *butte*, échafaud). Arg. Tuer ; assassiner.

BUTTOIR ou **BUTTEUR** **n.m.** AGRIC. Instrument utilisé pour former des buttes de terre au pied des plantes.

BUTYLE **n.m.** Groupement $—C_4H_9$ dérivé du butane.

BUTYLÈNE **n.m.** → **BUTÈNE.**

BUTYLIQUE **adj.** Se dit d'un composé (alcool, aldéhyde, ester, etc.) contenant le groupement butyle.

BUTYRATE **n.m.** Sel de l'acide butyrique.

BUTYREUX, EUSE **adj.** (du lat. *butyrum*, beurre). Qui a la nature ou l'apparence du beurre. ▪ **Taux butyreux**, quantité de matière grasse contenue dans un kilogramme de lait.

BUTYRINE **n.f.** Matière grasse que contient le beurre.

BUTYRIQUE **adj.** Relatif au beurre. ▪ **Acide butyrique** [chim. org.], acide organique $H_3C{—}CH_2{—}CH_2{—}COOH$, entrant dans la composition du beurre et d'autres lipides. ▪ **Fermentation butyrique** [chim. org.], transformation de certains corps (sucres, amidon, acide lactique) en acide butyrique et en d'autres substances sous l'action de divers micro-organismes.

BUTYROMÈTRE **n.m.** Instrument servant à mesurer la teneur du lait en matière grasse.

BUVABLE **adj.** (de *boire*). **1.** Que l'on peut boire ; qui n'est pas désagréable à boire. **2.** Fig., fam. (Surtout en tournure négative). Acceptable ; supportable : *Cet acteur n'est vraiment pas buvable.*

BUVANT **n.m.** Bord aminci d'un verre à boire.

BUVARD **n.m.** **1.** Papier non collé propre à absorber l'encre fraîche ; feuille de ce papier (on dit aussi *papier buvard*). **2.** Sous-main recouvert d'un buvard.

BUVÉE **n.f.** Breuvage alimentaire pour les animaux d'élevage, formé de son, de farine, etc., mélangés à de l'eau.

BUVETIER, ÈRE **n.** Personne qui tient une buvette.

BUVETTE **n.f.** Petit local, comptoir où l'on sert à boire dans un lieu public.

BUVEUR, EUSE **n.** **1.** Personne qui boit habituellement et avec excès du vin ou des boissons alcoolisées. **2.** Personne qui est en train de boire. **3.** Personne qui a l'habitude de boire qqch : *Un buveur de café.*

BUXACÉE **n.f.** Nom de famille attribué au buis et aux plantes voisines.

BUZUKI **n.m.** → **BOUZOUKI.**

BUZZ [bœz] **n.m.** (mot angl. « bourdonnement »). **1.** Forme de publicité dans laquelle le consommateur contribue à lancer un produit via des courriels, des blogs ou d'autres médias en ligne. **2.** Par ext. Retentissement médiatique, notamm. autour de ce qui est perçu comme étant à la pointe de la mode (événement, film, spectacle, personnalité, etc.) ; bruit médiatique : *La gaffe du ministre a fait le buzz.*

BUZZER [bœze] **v.i.** et **v.t. [3]** (de *buzz*). Alimenter le buzz, notamm. en postant ou en consultant des vidéos sur Internet : *La maladresse du ministre buzze depuis une semaine.*

BYE-BYE ou **BYE,** ▲ *BYEBYE* [bajbaj] **interj.** (angl. *good bye*). Fam. Au revoir ; adieu.

BY-PASS, ▲ *BYPASS* [bajpas] **n.m. inv.** (mot angl.). Bipasse. ▪ **By-pass gastrique**, dans le traitement des obésités majeures (IMC supérieur à 40), intervention chirurgicale qui consiste à modifier le trajet des aliments en évitant une partie de l'estomac et le haut de l'intestin grêle. (On dit aussi *court-circuit gastrique*.)

BYSSUS [bisys] **n.m.** (du gr. *bussos*, coton). Faisceau de filaments, rappelant des fibres textiles, sécrétés par certains mollusques lamellibranches, comme les moules, pour se fixer sur leur support.

BYZANTIN, E **adj.** et **n.** De Byzance ; de l'Empire byzantin. ▪ **Discussion, querelle byzantine**, oiseuse par ses excès de subtilité.

BYZANTINISME **n.m.** Tendance aux discussions byzantines.

BYZANTINISTE ou **BYZANTINOLOGUE** **n.** Spécialiste de byzantinologie.

BYZANTINOLOGIE **n.f.** Étude de l'histoire et de la civilisation byzantines.

corail

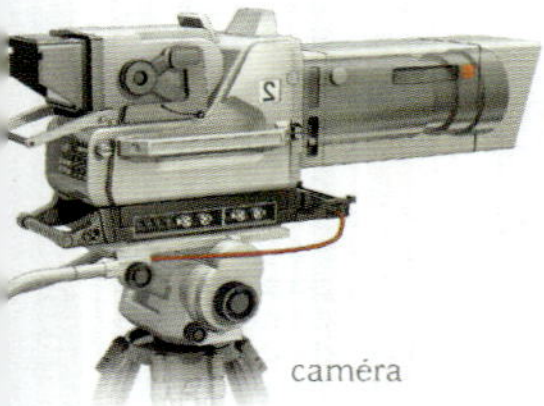
caméra

carrousel

catamaran

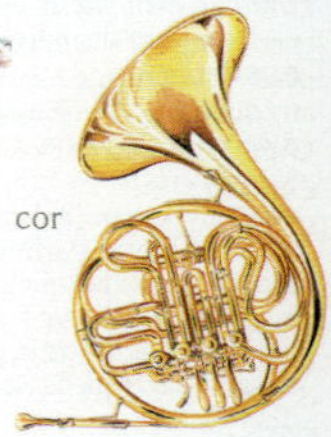
cor

C n.m. inv. Troisième lettre de l'alphabet et la deuxième des consonnes. ■ ℂ [math.], ensemble des nombres complexes. ■ **C,** notation de 100 dans la numération romaine. ■ **c,** symbole de centi-, de centime. ■ **C** [mus.], *do*, dans le système de notation en usage dans les pays anglo-saxons et germaniques. ■ **C et ₵** [mus.], signes de mesure. ■ **C4** [Belgique], document remis par l'employeur à un salarié licencié. ■ **Donner, recevoir son C4** [Belgique] [inform.], licencier ; être licencié. ■ **Langage C** [inform.], langage de programmation utilisé pour l'écriture de systèmes d'exploitation. ■ **Langage C++** [inform.], langage de programmation de haut niveau inspiré du *langage C*, mais qui intègre les fonctionnalités de la programmation orientée objet.

CA ou **C.A.** [sea] **n.m.** (sigle). Chiffre d'affaires.

1. ÇA pron. dém. Fam. Cette chose-là ; cela.

2. ÇA n.m. inv. (du pron. all. *Es*). PSYCHAN. Instance psychique constituant le pôle pulsionnel de la personnalité, dans la seconde topique proposée par Freud. ➲ Le *ça*, dont les contenus sont inconscients, est le réservoir premier de l'énergie psychique ; il entre en conflit avec le *moi* et le *surmoi* qui, du point de vue génétique, en sont des différenciations.

ÇÀ adv. (lat. pop. *ecce hac*). ■ **Çà et là,** de côté et d'autre. ◆ **interj.** Marque l'étonnement, l'impatience : *Ah çà ! Je ne vous crois pas !*

CAATINGA [kaatinga] **n.f.** (mot tupi). Formation végétale xérophile de l'intérieur du nord-est du Brésil (sertão), constituée d'arbustes épineux et de cactées.

CAB [kab] **n.m.** (mot angl.). Voiture hippomobile à deux roues dont le cocher occupait un siège élevé derrière les passagers.

CABALE n.f. 1. Vx. Kabbale. **2.** Vieilli. Science occulte tendant à la communication avec le monde surnaturel. **3.** Ensemble de menées secrètes, d'intrigues dirigées contre qqn, qqch ; groupe de personnes réunies dans ce but.

CABALER v.i. [3]. Litt. Monter une cabale.

CABALISTE n. → **KABBALISTE.**

CABALISTIQUE adj. 1. Vx. Kabbalistique. **2.** Qui présente un aspect mystérieux : *Inscription cabalistique.*

CABAN n.m. (ital. *gabbano*, de l'ar. *qabā*). **1.** Manteau court, avec ou sans capuchon, en gros drap imperméabilisé, en usage dans la marine. **2.** Longue veste de tissu épais.

CABANE n.f. (provenç. *cabana*). **1.** Petite construction rudimentaire faite de matériaux grossiers : *Une cabane de chantier.* **2.** Suisse. Refuge de montagne. **3.** Abri destiné aux animaux : *Cabane à lapins.* ■ **Cabane à sucre** [Québec], dans une érablière, bâtiment où l'on fabrique le sirop d'érable et des produits dérivés. ■ **En cabane** [arg.], en prison.

CABANER v.t. [3]. MAR. Mettre une embarcation la quille en l'air. ◆ **v.i.** MAR. Chavirer.

CABANON n.m. 1. Petite cabane. **2.** Région. (Provence). Petite maison de campagne. **3.** Chalet de plage.

CABARET n.m. (mot picard, de *cambrette*, petite chambre). **1.** Établissement de spectacle où l'on peut consommer des boissons, dîner, danser. **2.** Vx. Débit de boissons ; bar.

CABARETIER, ÈRE n. Vx. Personne qui tenait un cabaret, un bar.

CABAS [kabɑ] **n.m.** (mot provenç.). Sac à provisions souple, en paille tressée ou en tissu.

CABÈCHE n.f. (esp. *cabeza*). Fam., vx. Tête.

CABÉCOU n.m. Fromage AOC au lait de chèvre fabriqué dans le Sud-Ouest.

CABERNET n.m. Cépage rouge cultivé dans la Gironde et le Val de Loire ; vin issu de ce cépage.

CABESTAN n.m. (mot provenç.). Treuil à axe vertical, employé pour les manœuvres exigeant de gros efforts.

CABIAI [kabjɛ] **n.m.** (mot tupi). Rongeur d'Amérique du Sud (SYN. **capybara**). ➲ C'est le plus gros des rongeurs (jusqu'à 1,20 m) ; famille des hydrochœridés.

▲ **cabiai**

CABILLAUD n.m. (néerl. *kabeljauw*). Morue fraîche.

CABILLOT n.m. (provenç. *cabilhot*). MAR. Cheville en bois ou en métal servant au tournage des manœuvres à bord d'un navire.

CABINE n.f. (de *cabane*). **1.** Petite chambre à bord d'un navire. **2.** Réduit isolé, petite construction à usage déterminé : *Une cabine d'essayage. Cabine téléphonique.* **3.** Habitacle d'un ascenseur. **4.** Espace aménagé pour le conducteur sur un camion, un engin de travaux publics, une motrice de chemin de fer *(cabine de conduite)* ou pour l'équipage d'un aéronef ou d'un vaisseau spatial ; sur un avion de transport, partie du fuselage réservée aux passagers. ■ **Cabine de bain,** où l'on se change à la plage ou à la piscine. ■ **Cabine de projection,** local qui abrite les appareils de projection d'une salle de cinéma.

CABINET n.m. (de *cabine*). **1.** Local où s'exerce une profession libérale ; clientèle d'une personne exerçant une telle profession : *Cabinet de médecins, d'avocats.* **2.** Ensemble des membres du gouvernement d'un État ; ensemble des collaborateurs d'un ministre, d'un préfet : *La chef de cabinet a démissionné.* **3.** Type particulier de département d'un musée, d'une bibliothèque : *Cabinet des estampes.* **4.** Petite pièce servant de dépendance ou de complément à une pièce principale : *Cabinet de débarras.* **5.** Meuble à compartiments, à tiroirs et à portes, pour ranger des objets précieux : *Cabinet d'ébène.* ■ **Cabinet de curiosités,** lieu accueillant une collection personnelle d'objets singuliers de diverses provenances, relatifs au passé, à l'histoire naturelle, à la science ou à l'art. ➲ Apparu à la Renaissance, il disparaît progressivement au XIXᵉ s., détrôné par le musée. Il suscite auj. un regain d'intérêt chez les collectionneurs privés. ■ **Cabinet de toilette,** petite salle d'eau attenante à une chambre. ■ **Cabinet noir,** pièce de débarras sans fenêtre ; fig., officine de renseignement agissant pour le compte d'un dirigeant. ◆ **n.m. pl.** Lieu réservé aux besoins naturels ; toilettes.

▲ **cabinet** en ébène de style flamand ; milieu du XVIIᵉ s. (Musée des Arts décoratifs, Paris.)

CÂBLAGE n.m. 1. Action de câbler. **2.** ÉLECTROTECHN. Ensemble des câbles destinés à alimenter et relier un appareil ou une installation électrique à un réseau. **3.** SYLVIC. Débardage d'arbres abattus réalisé à l'aide de câbles.

CÂBLE n.m. (mot normand). **1.** Gros cordage en fibres textiles ou synthétiques, ou en fils métalliques. **2.** Faisceau de fils conducteurs, de fibres optiques protégés par des gaines isolantes, utilisé pour l'alimentation électrique ou dans les réseaux de télécommunications. ■ **Télévision par câble(s),** ou **câble,** télédistribution.

CÂBLÉ, E adj. Relié à un réseau de télédistribution : *Quartier câblé* ; diffusé par télédistribution : *Chaîne câblée.*

CÂBLEAU ou **CÂBLOT n.m.** Petit câble.

CÂBLER v.t. [3] (de *câble*). **1.** Tordre ensemble plusieurs éléments pour en faire un câble. **2.** Relier un territoire, un immeuble à un réseau de télécommunications audiovisuelles par un câble en cuivre ou une fibre optique. **3.** Établir les connexions d'un appareil électrique ou électronique.

CÂBLERIE **n.f.** Entreprise où l'on fabrique des câbles ; fabrication et commerce des câbles.

CÂBLEUR, EUSE **n.** **ÉLECTROTECHN.** Spécialiste de la réalisation du câblage.

CÂBLIER **n.m.** Navire aménagé pour la pose et la réparation des câbles sous-marins.

CÂBLISTE **n.** Agent qui manœuvre les câbles lors des déplacements d'une caméra, à la télévision.

CÂBLODISTRIBUTEUR **n.m.** Entreprise qui diffuse des programmes de télévision par câble.

CÂBLODISTRIBUTION **n.f.** Télédistribution.

CÂBLO-OPÉRATEUR **n.m.** (pl. *câblo-opérateurs*). Entreprise de télécommunications qui met en place ou gère les accès par câble à la télévision, au téléphone et à Internet.

CÂBLOT **n.m.** → **CÂBLEAU.**

CABOCHARD, E **adj.** et **n.** Fam. Qui n'en fait qu'à sa tête.

CABOCHE **n.f.** (de l'anc. fr. *caboce*, tête). **1.** Fam. Tête. **2.** Gros clou à tête large et ronde, utilisé notamm. en cordonnerie. **3.** Base de la manoque rassemblant après ligature les pétioles des feuilles de tabac assemblées.

CABOCHON **n.m.** (de *caboche*). **1.** Pierre fine arrondie et polie, non taillée à facettes. **2.** Clou à tête décorative. **3.** Pièce de protection de certains éléments du système optique d'un véhicule : *Cabochon de clignotant.*

1. CABOSSE **n.f.** Fruit du cacaoyer.

2. CABOSSE **n.f.** Suisse. Bosse ou creux de ce qui est cabossé.

CABOSSÉ, E **adj.** Qui est déformé par des bosses ou des creux : *Portière avant cabossée.* ◆ **adj.** et **n.** Se dit d'une personne sur qui le sort s'est acharné : *Les cabossés de la vie.*

CABOSSER **v.t.** **[3]** (de *bosse*). Déformer par des bosses ou des creux.

1. CABOT **n.m.** (abrév.). Fam. Cabotin.

2. CABOT **n.m.** (p.-ê. du lat. *caput*, tête). **1.** Fam. Chien. **2.** Poisson commun en Méditerranée, à chair estimée, du genre muge.

3. CABOT **n.m.** Arg. mil. Caporal.

CABOTAGE **n.m.** Navigation marchande le long des côtes, et spécial. entre les ports d'un même pays.

CABOTER **v.i.** **[3]** (du moy. fr. *cabo*, promontoire). Faire du cabotage ; naviguer à faible distance des côtes.

CABOTEUR **n.m.** Navire qui pratique le cabotage.

CABOTIN, E **n.** et **adj.** (de *Cabotin*, n. d'un comédien du XVIIe s.). **1.** Acteur médiocre qui a une haute opinion de lui-même. **2.** Personne au comportement affecté, théâtral.

CABOTINAGE **n.m.** Comportement, attitude du cabotin.

CABOTINER **v.i.** **[3].** Avoir une attitude affectée et prétentieuse.

CABOULOT **n.m.** Vieilli, litt. ou Antilles. Petit café à clientèle populaire.

CABRER **v.t.** **[3]** (du lat. *capra*, chèvre). **1.** Faire dresser un animal, en partic. un cheval, sur les membres postérieurs. **2.** Fig. Amener qqn à une attitude d'opposition, de révolte : *Votre intransigeance le cabre encore plus.* ▪ **Cabrer un avion,** relever son nez. ◆ **SE CABRER** **v.pr.** **1.** Se dresser sur ses membres postérieurs, en partic. en parlant d'un cheval. **2.** Fig. Adopter une attitude d'opposition, de révolte.

CABRI **n.m.** (provenç. *cabrit*). **1.** Chevreau. **2.** Antilles, La Réunion. Chèvre.

CABRIOLE **n.f.** (de l'ital. *capriola*, saut de chèvre). **1.** Demi-tour exécuté en sautant légèrement ; bond agile. **2.** **DANSE.** Grand saut au cours duquel les jambes tendues battent l'une contre l'autre. **3.** **ÉQUIT.** Figure de haute école exécutée par un cheval qui se cabre puis rue avant que ses membres antérieurs ne touchent le sol.

CABRIOLER **v.i.** **[3].** Faire des cabrioles.

CABRIOLET **n.m.** (de *cabrioler*). **1.** Automobile décapotable. **2.** Anc. Voiture hippomobile légère à deux roues, ouverte et à capote. **3.** Chaise ou fauteuil à dossier légèrement concave, en usage au milieu du XVIIIe s.

CABUS [kaby] **n.m.** et **adj.m.** (du lat. *caput*, tête). Chou pommé à feuilles lisses.

Cac 40 [kakkarɑ̃t] **n.m. inv.** (nom déposé ; acronyme de *cotation assistée en continu*). Indice boursier établi à partir du cours des quarante valeurs mobilières les plus représentatives du marché, servant de référence à la Bourse française.

CACA **n.m.** Excrément, dans le langage enfantin. ◆ **adj. inv.** et **n.m. inv.** ▪ **Caca d'oie,** jaune verdâtre.

CACABER **v.i.** **[3]** (lat. *cacabare*). Pousser son cri, en parlant de la perdrix, de la caille.

CACAHOUÈTE ou **CACAHUÈTE** [kakawɛt] **n.f.** (esp. *cacahuate*, du nahuatl). Fruit ou graine de l'arachide que l'on consomme torréfiés, et qui fournissent une huile alimentaire et un tourteau. ▪ **Partir en cacahouète** [fam.], évoluer de manière incontrôlée ; partir à la dérive : *Étourdi par son succès, il est parti en cacahouète.*

CACAILLE **n.f.** Belgique. Fam. Objet sans valeur.

CACAO **n.m.** (mot esp., du nahuatl). Graine (fève) du cacaoyer, riche en matière grasse, d'où l'on tire le beurre de cacao et le cacao en poudre, et qui sert à fabriquer le chocolat.

CACAOTÉ, E **adj.** Qui contient du cacao.

CACAOUI ou **KAKAWI** **n.m.** (mot algonquien). Canard des régions arctiques dont le mâle se distingue par une longue queue effilée. ➲ Famille des anatidés.

CACAOYER [-ɔje] ou **CACAOTIER** **n.m.** Petit arbre de sous-bois, originaire de l'Amérique du Sud, cultivé princip. en Afrique, pour produire du cacao. ➲ Famille des sterculiacées. ◆ **CACAOYER, ÈRE** **adj.** Relatif au cacao.

▲ **cacaoyer**

CACAOYÈRE [-ɔjɛr] ou **CACAOTIÈRE** **n.f.** Plantation de cacaoyers.

CACARDER **v.i.** **[3]** (onomat.). Pousser son cri, en parlant de l'oie.

CACATOÈS **n.m.** (mot malais). Perroquet d'Océanie et de l'Asie du Sud-Est, au plumage uni et à la huppe érectile très colorée. ➲ Famille des psittacidés. (V. planche *oiseaux de cage ou de volière.*)

CACATOIS **n.m.** (de *cacatoès*). **MAR.** Petite voile carrée, placée au-dessus du perroquet ; mât supportant cette voile.

CACHAÇA [kaʃasa] **n.f.** Eau-de-vie brésilienne de jus de canne à sucre, composant de base de cocktails, en partic. de la caïpirinha.

CACHALOT **n.m.** (port. *cacholotte*, de *cachola*, caboche). Grand mammifère cétacé odontocète (18 m), aux dents fixées à la mâchoire inférieure, se nourrissant de grands calmars, et capable de plonger à plus de 1 000 m de profondeur. ➲ On en tirait autrefois le spermaceti et l'ambre gris.

1. CACHE **n.f.** Lieu secret pour cacher qqch ou pour se cacher.

2. CACHE **n.m.** Feuille de carton, de papier, etc., destinée à cacher une partie d'une surface. ▪ **Mémoire cache,** ou **cache** [inform.], zone de mémoire dans laquelle sont stockées les données fréquemment utilisées ou les pages de sites Web qui viennent d'être visitées.

CACHE-CACHE **n.m. inv.,** ▲ *CACHECACHE* **n.m.** Jeu de reconnaissance dans lequel tous les joueurs se cachent, à l'exception d'un seul qui cherche à découvrir les autres.

CACHE-CŒUR **n.m.** (pl. *cache-cœurs*). Vêtement féminin ayant la forme d'un gilet dont les pans se croisent sur la poitrine et se nouent par des liens.

CACHE-COL **n.m.** (pl. *cache-cols*). Écharpe courte et étroite.

CACHECTIQUE **adj.** Relatif à la cachexie. ◆ **adj.** et **n.** Atteint de cachexie.

CACHE-FLAMME **n.m.** (pl. *cache-flammes*). Appareil fixé au bout du canon de certaines armes pour dissimuler les lueurs au départ du coup.

CACHEMIRE **n.m.** **1.** Tissu fin fait avec le poil de chèvres du Cachemire. **2.** Vêtement en cachemire.

CACHE-MISÈRE **n.m. inv.,** ▲ **n.m.** (pl. *cache-misères*). Fam. **1.** Vêtement ample porté pour cacher une tenue négligée. **2.** Fig. Ce qui cache les défauts ou masque l'absence de valeur de qqch : *Cette émission littéraire est un cache-misère.*

CACHE-NEZ **n.m. inv.** Longue écharpe de laine protégeant du froid le cou et le bas du visage.

CACHE-POT **n.m.** (pl. *cache-pots*). Vase décoratif qui sert à dissimuler un pot de fleurs.

CACHE-POUSSIÈRE **n.m. inv.,** ▲ **n.m.** (pl. *cache-poussières*). **1.** Long pardessus ample et léger porté autref. par les automobilistes. **2.** Belgique. Blouse de travail.

CACHE-PRISE **n.m.** (pl. *cache-prises*). Dispositif de sécurité que l'on enfonce dans les alvéoles d'une prise de courant pour en rendre les contacts inaccessibles.

CACHER **v.t.** **[3]** (du lat. *coactare*, serrer). **1.** Placer dans un lieu secret, pour soustraire à la vue, aux recherches : *Cacher ses papiers personnels.* **2.** Empêcher de voir : *Un mur cache le parc.* **3.** Dissimuler ce qu'on ne veut pas révéler : *Ces propositions cachent un piège.* **4.** Ne pas exprimer : *Cacher sa déception.* ▪ **Cacher son jeu** ou **ses cartes,** ne pas laisser paraître ses intentions. ◆ **SE CACHER** **v.pr.** Se soustraire aux regards, aux recherches. ▪ **Ne pas se cacher de qqch,** en convenir : *Elle ne se cache pas de son intervention ou d'être intervenue en leur faveur.* ▪ **Se cacher de qqn,** lui cacher ce qu'on fait.

CACHE-RADIATEUR **n.m.** (pl. *cache-radiateurs*). Revêtement pour dissimuler un radiateur d'appartement.

CACHÈRE **adj. inv.** → **KASHER.**

CACHEROUT ou **KASHROUT** [kaʃrut] **n.f.** (de l'hébr. *kashrout*, fait de convenir). Ensemble des prescriptions alimentaires du judaïsme.

CACHE-SEXE **n.m.** (pl. *cache-sexes*). **1.** Triangle de tissu ou d'une autre matière, couvrant le sexe. **2.** Fig., fam. Ce qui sert à masquer une action blâmable ou gênante.

CACHET **n.m.** (de *cacher*). **1.** Tampon en métal ou en caoutchouc portant en relief le nom, la raison sociale, etc., de son possesseur ; empreinte

▲ **cachalot**

apposée à l'aide de ce tampon. **2.** HIST. Sceau gravé, destiné à imprimer sur la cire les armes, le signe de qqn. **3.** Marque distinctive qui retient l'attention : *Ces toits de lauses ont du cachet.* **4.** Anc. Préparation médicamenteuse en poudre contenue dans une enveloppe de pain azyme. **5.** Cour. Comprimé : *Cachet d'aspirine.* **6.** Rétribution perçue par un artiste pour une collaboration à un spectacle, une émission. **7.** Premier jour d'émission d'un timbre-poste. ▪ **Cachet de la poste,** portant le lieu et la date de dépôt d'une lettre, d'un colis, etc. ▪ **Courir le cachet** [vieilli], pour un acteur, vivre de petits rôles médiocres. ▪ **Lettre de cachet** → **LETTRE.**

CACHETAGE n.m. 1. Action de cacheter ; son résultat. **2.** Rebouchage d'un ouvrage en béton avec un ciment à prise rapide.

CACHE-TAMPON n.m. (pl. *cache-tampons*). Jeu d'enfants dans lequel un des joueurs cache un objet que les autres doivent trouver.

CACHETÉ, E adj. Se dit d'une enveloppe fermée. ▪ **Vin cacheté,** vin en bouteille dont le bouchon est recouvert de cire ; vin fin.

CACHETER v.t. [16], ▲ *[12].* **1.** Fermer une enveloppe en la collant. **2.** Sceller avec de la cire portant ou non un cachet.

CACHETONNER v.i. [3]. Fam., vieilli. Pour un artiste, courir le cachet.

CACHETTE n.f. Lieu propre à cacher ou à se cacher ; cache. ▪ **En cachette,** en secret ; à la dérobée : *Sortir en cachette.* ▪ **En cachette de qqn,** à son insu.

CACHEXIE n.f. (gr. *kakhexia,* de *kakos,* mauvais, et *hexis,* constitution). MÉD. État d'affaiblissement et d'amaigrissement extrêmes, lors d'une dénutrition ou de la phase terminale de certaines maladies.

CACHOT n.m. (de *cacher*). Cellule où un prisonnier est mis à l'isolement.

CACHOTTERIE, ▲ *CACHOTERIE* **n.f.** Fam. (Souvent pl.). Secret de peu d'importance : *Faire des cachotteries.*

CACHOTTIER, ÈRE, ▲ *CACHOTIER, ÈRE* **adj.** et **n.** Fam. Qui aime faire des cachotteries.

CACHOU n.m. (pl. *cachous*) [port. *cacho,* du tamoul *kāsu*]. **1.** Substance extraite de la noix d'arec ; pastille aromatique parfumée avec cette substance. **2.** Substance extraite du bois d'un acacia de l'Inde et employée en tannerie. ◆ **adj. inv.** De la couleur noirâtre du cachou.

CACHUCHA [katʃutʃa] **n.f.** (mot esp.). **1.** Danse espagnole d'origine andalouse exécutée en solo par un homme ou par une femme. **2.** Pièce instrumentale de rythme ternaire, proche du boléro.

CACIQUE n.m. (mot esp., de l'arawak). **1.** Notable local, en Espagne et en Amérique espagnole. **2.** Chef de certaines tribus amérindiennes. **3.** Fam., souvent péjor. Personnage important : *Les caciques d'un parti politique.* **4.** Arg. scol. Premier au concours d'entrée à l'École normale supérieure et, par ext., à un autre concours.

CACOCHYME [-ʃim] **adj.** et **n.** (du gr. *kakokhumos,* humeur mauvaise). Litt., souvent par plais. Se dit d'une personne en mauvaise santé ; souffreteux.

CACOGRAPHE n. Litt. Personne qui écrit mal, fautivement.

CACOGRAPHIE n.f. (du gr. *kakos,* mauvais, et *graphein,* écrire). Litt. Mauvaise écriture, du point de vue du style, de l'orthographe ou de la graphie.

CACOPHONIE n.f. (du gr. *kakos,* mauvais, et *phônê,* voix). **1.** Ensemble de sons, de bruits discordants. **2.** Rencontre de mots, de syllabes, de sons désagréable : *La cacophonie d'un texte.*

CACOPHONIQUE adj. Qui tient de la cacophonie : *Musique cacophonique.*

CACOSMIE n.f. (du gr. *kakos,* mauvais, et *osmê,* odeur). MÉD. Perception d'une odeur désagréable, réelle ou imaginaire, d'origine infectieuse, neurologique ou hallucinatoire.

CACOU n.m. Région. (Sud-Est). **1.** Frimeur un peu vulgaire. **2.** Petit voyou. ▪ **Faire le cacou,** faire l'intéressant.

CACTACÉE ou **CACTÉE n.f.** Plante dicotylédone originaire des régions arides d'Amérique, adaptée à la sécheresse par ses tiges charnues, gorgées d'eau, par ses feuilles réduites à des aiguillons et par une photosynthèse très particulière. ➲ Les cactacées forment une famille.

CACTUS [kaktys] **n.m.** (du gr. *kaktos,* artichaut épineux). Plante de la famille des cactacées ; plante succulente épineuse.

▲ **cactus**

CADASTRAL, E, AUX adj. Relatif au cadastre : *Plan cadastral.*

CADASTRE n.m. (mot provenç., du bas gr. *katastikhon,* liste). **1.** Ensemble des documents faisant foi du découpage d'un territoire en parcelles bâties et non bâties et du nom de leurs propriétaires. **2.** En France, administration qui a la charge d'établir et de conserver ces documents.

CADASTRER v.t. [3]. Soumettre un territoire aux opérations du cadastre.

CADAVÉREUX, EUSE adj. Qui a l'apparence d'un cadavre ; cadavérique : *Teint cadavéreux.*

CADAVÉRIQUE adj. 1. Propre au cadavre : *Marbrures cadavériques.* **2.** Cadavéreux. ▪ **Rigidité cadavérique,** raideur du corps, d'origine musculaire, pouvant persister de la deuxième heure au troisième jour après la mort.

CADAVRE n.m. (lat. *cadaver*). **1.** Corps d'un homme ou d'un animal mort. **2.** Fam. Bouteille dont on a bu le contenu. ▪ **Avoir un cadavre dans le placard** [fam.], avoir un secret honteux ; être l'auteur d'une action peu avouable. ▪ **Cadavre ambulant** [fam.], personne très maigre. ▪ **Cadavre exquis,** jeu collectif consistant à composer des phrases à partir de mots que chacun écrit à tour de rôle en ignorant ce qu'a écrit le joueur précédent ; dessin obtenu par une procédure comparable. ➲ « Le *cadavre exquis* a bu le vin nouveau » est une des premières phrases créées par les surréalistes, qui pratiquèrent beaucoup ce jeu.

1. CADDIE ou **CADDY** [kadi] **n.m.** (mot angl. « commissionnaire »). Personne qui porte les clubs d'un joueur de golf (SYN. **2. cadet**).

2. CADDIE [kadi] **n.m.** (nom déposé). **1.** Petit chariot utilisé en libre-service pour transporter achats ou bagages. **2.** Poussette équipée d'un sac, utilisée pour faire le marché.

CADE n.m. (mot provenç.). Genévrier du midi de la France.

CADEAU n.m. (du provenç. *capdel,* lettre capitale, du lat. *caput*). **1.** Chose offerte à qqn ; présent : *Recevoir des cadeaux.* **2.** (S'emploie en appos., avec ou sans trait d'union) Qui sert à présenter un cadeau : *Des paquets-cadeaux.* ▪ **Ne pas faire de cadeau à qqn** [fam.], n'accepter aucune erreur de sa part.

CADEAUTER v.t. [3]. Afrique. Offrir en cadeau : *Il m'a cadeauté ce livre.* (On écrit aussi *cadoter.*)

CADENAS n.m. (du lat. *catena,* chaîne). Petite serrure mobile, munie d'un arceau métallique destiné à passer dans des pitons fermés, des maillons de chaîne.

CADENASSER v.t. [3]. Fermer avec un cadenas.

CADENCE n.f. (ital. *cadenza*). **1.** Rythme régulier et mesuré d'une succession de sons, de mouvements, d'actions, créant souvent un effet de répétition : *Apprendre à marcher en cadence.* **2.** Rythme d'exécution d'une tâche, d'une fonction : *Cadences difficiles à suivre.* **3.** MUS. Enchaînement d'accords lors de la suspension ou de la conclusion d'une phrase musicale. **4.** MUS. Passage de virtuosité autref. réservé au soliste d'un concerto. ▪ **Cadence de tir d'une arme,** nombre de coups tirés à la minute.

CADENCÉ, E adj. Dont le rythme est régulier et marqué : *Avancer au pas cadencé.*

CADENCER v.t. [9]. Donner un rythme régulier à : *Cadencer sa marche, son discours.*

CADÈNE n.f. (provenç. *cadena*). MAR. Pièce métallique fixée à la coque et sur laquelle sont ridés les haubans.

CADENETTE n.f. (du n. du seigneur de *Cadenet*). Au XVIIIe s., tresse de cheveux portée de chaque côté du visage par certains militaires.

1. CADET, ETTE n. et **adj.** (du gascon *capdet,* chef). **1.** Enfant qui vient après l'aîné ou qui est plus jeune qu'un ou plusieurs enfants de la même famille. **2.** Personne moins âgée et sans relation de parenté : *Elle est ma cadette de deux ans.* **3.** Jeune sportif appartenant à une tranche d'âge dont les limites varient, selon les sports, autour de 15 ans. ▪ **C'est le cadet de mes, ses soucis** [fam.], c'est ce qui me, le préoccupe le moins. ◆ **adj.** ▪ **Branche cadette,** lignée issue d'un cadet.

2. CADET n.m. 1. Élève officier. **2.** Au golf, caddie. **3.** Anc. Jeune gentilhomme destiné à la carrière militaire.

CADI n.m. (ar. *qāḍī*). Juge musulman dont la compétence s'étend aux questions en rapport avec la religion.

CADMIAGE n.m. Opération de revêtement d'une surface métallique par dépôt électrolytique de cadmium.

CADMIER v.t. [5]. Recouvrir de cadmium.

CADMIUM [kadmjɔm] **n.m.** (all. *Kadmium,* du gr.). **1.** Métal mou, d'un blanc très brillant, de densité 8,6, fondant à 320,9 °C. **2.** Élément chimique (Cd), de numéro atomique 48, de masse atomique 112,411. ➲ Le cadmium est utilisé pour protéger l'acier ; il est aussi employé dans des alliages à bas point de fusion, avec le plomb ou l'étain, et sous forme de sels, qui fournissent notamm. des pigments pour la peinture.

CADONNER v.t. [3] (de *cadeau* et *donner*). Afrique de l'Ouest et centrale. Offrir en cadeau. (On écrit parfois *cadeauner.*)

CADOR n.m. (de l'ar.). Arg. **1.** Chien. **2.** Personne puissante ou très compétente dans son domaine ; as : *Un cador en informatique.*

CADRAGE n.m. 1. Mise en place du sujet dans les limites du cadre du viseur d'un appareil de prise de vue(s). **2.** Détermination des dimensions et de l'échelle de reproduction d'un document destiné à être intégré dans la mise en page d'une publication. **3.** MIN. Installation des cadres de soutènement.

▲ **cadran solaire** du XVIe s. (Cathédrale de Chartres.)

CADRAN n.m. (du lat. *quadrans,* quart). **1.** Surface portant les divisions d'une grandeur (temps, pression, vitesse, etc.) et devant laquelle se déplace une aiguille qui indique la valeur de cette grandeur : *Cadran d'une horloge, d'un baromètre.* **2.** Anc. Dispositif manuel d'appel d'un poste téléphonique analogique. ▪ **Cadran solaire,** surface portant des divisions correspondant aux heures du jour et qui, d'après la projection de l'ombre d'un style éclairé par le Soleil, indique l'heure. ▪ **Faire le tour du cadran** [fam.], dormir pendant douze heures.

CADRAT n.m. (du lat. *quadratus*, carré). IMPRIM. Blanc de composition typographique, utilisé notamm. pour compléter les lignes creuses.

CADRATIN n.m. IMPRIM. Blanc de composition de même épaisseur que le caractère utilisé et servant à donner le renfoncement des alinéas.

1. CADRE n.m. (de l'ital. *quadro*, carré). **1.** Bordure en bois, en métal, etc., d'une glace, d'un tableau, etc. **2.** Algérie. Tableau, gravure accrochés au mur. **3.** Ce qui borne, limite l'action de qqn, de qqch ; ce qui circonscrit un sujet ; sphère : *Dans le cadre de la loi. Sans sortir du cadre de mes fonctions.* **4.** Milieu dans lequel on vit ; environnement : *Vivre dans un cadre agréable.* **5.** Ensemble des tubes formant l'ossature d'une bicyclette, d'une motocyclette. **6.** Soutènement principal d'une galerie de mine, trapézoïdal ou cintré. **7.** Caisse de grandes dimensions, à portes ou à toit ouvrant, pour le transport des marchandises. **8.** Châssis de bois placé dans une ruche afin que les abeilles y établissent leurs rayons. **9.** CINÉMA. Limite du champ filmé. **10.** INFORM. Subdivision rectangulaire d'une page HTML qui n'est pas affectée par les modifications des autres. ▪ **Dans le cadre de,** dans les limites de ; dans le contexte de : *Négociation menée dans le cadre d'un sommet mondial.*

2. CADRE n. (de *1. cadre*). **1.** Salarié exerçant, par délégation du chef d'entreprise, une fonction de direction, de conception ou de contrôle. **2.** Personne qui exerce une fonction d'encadrement dans une organisation, une association. ◆ n.m. MIL. ▪ **Cadre de réserve,** catégorie d'officiers généraux qui, cessant d'être pourvus d'un emploi, restent à la disposition du ministre. ▪ **Le Cadre noir,** corps enseignant de l'École nationale d'équitation, composé de civils et de militaires, à Saumur.

CADRER v.i. [3]. Avoir un rapport avec ; concorder : *Ces résultats cadrent avec nos prévisions. J'ai tout vérifié, cela ne cadre pas.* ◆ **v.t.** Effectuer un cadrage.

CADREUR, EUSE n. CINÉMA, TÉLÉV. Technicien chargé du maniement d'une caméra et de la détermination du champ de prise de vues pour composer l'image (SYN. **opérateur de prises de vues**).

CADUC, CADUQUE adj. (lat. *caducus*). **1.** BOT. Qui tombe chaque année : *Feuilles caduques du chêne* (CONTR. **persistant**). **2.** ZOOL. Qui tombe après avoir rempli sa fonction : *Bois caducs du cerf.* **3.** Qui n'a plus cours ; dépassé : *Une conception caduque de l'économie.*

CADUCÉE n.m. (lat. *caduceus*). **1.** Emblème des médecins, composé d'une baguette autour de laquelle s'enroule le serpent d'Asclépios et que surmonte un miroir symbolisant la prudence. **2.** MYTH. GR. Principal attribut d'Hermès, formé d'une baguette de laurier ou d'olivier surmontée de deux ailes et entourée de deux serpents entrelacés.

CADUCIFOLIÉ, E adj. (de *caduc*). BOT. Qui perd ses feuilles en hiver, ou à la saison sèche dans les régions tropicales ; formé de tels arbres, en parlant d'une forêt (SYN. **décidu** ; CONTR. **sempervirent**).

CADUCITÉ n.f. DR. Caractère d'un acte juridique qu'un fait postérieur invalide.

CADUQUE n.f. ANAT. Couche formée par la muqueuse utérine au cours de la grossesse, en périphérie de la poche des eaux, et expulsée au moment de la délivrance.

CADURCIEN, ENNE adj. et n. De Cahors.

CÆCAL, E, AUX [sekal, o] adj. Du cæcum.

CÆCUM [sekɔm] n.m. (mot lat.). ANAT. Partie initiale du gros intestin, portant l'appendice vermiculaire.

CAENNAIS, E [kanɛ, ɛz] adj. et n. De Caen.

CÆSIUM n.m. → **CÉSIUM.**

CAF [kaf] ou **C.A.F.** [seaɛf] adj. inv. et adv. (sigle de *coût assurance fret*). MAR. Se dit d'une vente maritime dont le prix convenu comprend, outre le coût de la marchandise, le transport jusqu'au port de destination, assurance comprise.

1. CAFARD, E n. (de l'ar. *kāfir*, renégat). Fam. Personne qui cafarde ; mouchard. (Le féminin est rare.)

2. CAFARD n.m. **1.** Blatte. **2.** Fam. Idées noires ; tristesse : *Avoir le cafard.*

CAFARDAGE n.m. Fam. Action de dénoncer qqn.

CAFARDER v.i. et v.t. [3]. Fam. Rapporter ce qui devrait être tu. ◆ **v.i.** Fam. Être triste.

CAFARDEUR, EUSE n. et adj. Fam. Dénonciateur.

CAFARDEUX, EUSE adj. Fam. Qui dénote de la tristesse ou la provoque : *Ambiance cafardeuse.*

CAFÉ n.m. (ital. *caffè*, de l'ar. *qahwa*). **1.** Graine ou fève du caféier, contenant un alcaloïde (*caféine*), torréfiée pour développer arôme et saveur. **2.** Denrée que constituent les graines torréfiées du caféier : *Un paquet de café.* **3.** Boisson obtenue en versant de l'eau bouillante sur les graines de café torréfiées et moulues ou sur la poudre de grains de café solubilisée ou lyophilisée : *Cafés au lait.* **4.** Établissement où l'on sert des boissons et de la restauration légère. **5.** Moment où l'on boit le café, après un repas : *Je vous rejoindrai pour le café.* ▪ **Café gourmand** → **GOURMAND.** ▪ **Café littéraire,** café où se rencontrent des écrivains, des artistes. ➲ Sur le modèle des cafés littéraires ont été créés des cafés philosophiques, historiques, etc. ◆ **adj. inv.** Brun presque noir.

CAFÉ-CONCERT n.m. (pl. *cafés-concerts*). Café où l'on pouvait assister, à partir des années 1850, à des spectacles de variétés. Abrév. (fam.) **caf' conc'.** (Le café-concert prendra à partir des années 1920 le nom de *music-hall*.)

CAFÉIER n.m. Arbuste tropical cultivé pour ses drupes contenant les graines (ou fèves) de café. ➲ Famille des rubiacées. ◆ **CAFÉIER, ÈRE** adj. Relatif au café.

▲ caféier

CAFÉIÈRE n.f. Plantation de caféiers.

CAFÉINE n.f. Alcaloïde du café, présent aussi dans le thé, le cacao et le kola, excitant du système nerveux.

CAFETAN ou **CAFTAN** n.m. (ar. *qafṭān*). Robe d'apparat longue, avec ou sans manches, souvent richement brodée, portée dans les pays musulmans.

CAFÉTÉRIA n.f. (esp. *cafeteria*). Établissement implanté dans un centre commercial ou administratif, une université, etc., où l'on peut consommer, souvent en libre-service, des boissons, des repas légers.

CAFÉ-THÉÂTRE n.m. (pl. *cafés-théâtres*). **1.** Petite salle où se donnent des pièces de théâtre relativement courtes, des spectacles souvent en marge des circuits traditionnels. **2.** Genre théâtral orienté vers un comique souvent facile et dominé par le one-man-show.

CAFETIER n.m. Vieilli. Patron d'un café.

CAFETIÈRE n.f. **1.** Appareil ménager utilisé pour préparer et servir le café. **2.** Arg. Tête.

CAFOUILLAGE ou **CAFOUILLIS** n.m. Fam. Fonctionnement défectueux, déroulement confus de qqch.

CAFOUILLER v.i. [3] (mot picard, de *cacher* et *fouiller*). Fam. **1.** Fonctionner mal : *Ce moteur de recherches cafouille un peu.* **2.** Agir d'une manière confuse et inefficace : *Le témoin a cafouillé.*

CAFOUILLEUR, EUSE n. Personne qui cafouille.

CAFOUILLEUX, EUSE adj. Fam. Qui cafouille : *Discussion cafouilleuse.*

CAFOUILLIS n.m. → **CAFOUILLAGE.**

CAFTAN n.m. → **CAFETAN.**

CAFTER v.i. et v.t. [3]. Arg. scol. Moucharder ; dénoncer.

CAFTEUR, EUSE n. Arg. scol. Personne qui cafte.

CAGE n.f. (du lat. *cavea*, creux). **1.** Espace clos par des barreaux ou du grillage pour enfermer des oiseaux ou d'autres animaux. **2.** MÉTALL. Bâti double d'un laminoir. **3.** Dans certains sports (football, hockey, handball), volume délimité par les poteaux, la barre transversale et les filets qui y sont fixés. **4.** Enceinte grillagée ouverte entourant la zone de lancement du disque et du marteau. **5.** Fam. Prison. ▪ **Cage de Faraday** [phys.], dispositif à paroi conductrice, permettant d'isoler électriquement les corps placés à l'intérieur. ▪ **Cage d'escalier, d'ascenseur,** espace ménagé à l'intérieur d'un bâtiment pour recevoir un escalier, un ascenseur ; l'ascenseur lui-même. ▪ **Cage thoracique** [anat.], ensemble du squelette thoracique (vertèbres dorsales, côtes et sternum), contenant le cœur et les poumons.

CAGEOT n.m. ou **CAGETTE** n.f. **1.** Emballage léger, à claire-voie, pour le transport des fruits, des légumes, etc. (SYN. **clayette**). **2.** Le contenu de cet emballage : *Un cageot de pêches.*

CAGET n.m. ou **CAGEROTTE** n.f. Natte en osier utilisée pour égoutter et affiner les fromages.

CAGIBI n.m. (mot dial.). Fam. Petite pièce servant d'espace de rangement ; débarras.

CAGNA n.f. (de l'annamite *canha*, paillote). Arg. Abri ; maison.

CAGNARD n.m. **1.** Région. (Midi). Soleil ardent. **2.** Suisse. Petite pièce servant de débarras.

CAGNE n.f. Région. (Sud-Ouest) Fam. Envie de ne rien faire ; flemme : *Il faudrait que je range, mais j'ai la cagne.*

CAGNEUX, EUSE adj. et n. **1.** Se dit de qqn dont les jambes sont rapprochées à la hauteur des genoux et écartées à la hauteur des pieds ; se dit du genou, du membre ainsi déformé. **2.** Se dit d'un animal, notamm. du cheval, dont les pieds sont tournés en dedans.

CAGNOTTE n.f. (provenç. *cagnoto*). **1.** Caisse commune des membres d'une association, d'un groupe ; somme recueillie par cette caisse. **2.** Dans certains jeux de hasard, somme d'argent qui s'accumule au fil des tirages et que qqn peut gagner dans sa totalité.

CAGOLE n.f. Région. (Sud-Est). Jeune femme extravertie, un peu écervelée et vulgaire.

CAGOT, E n. et adj. (mot béarnais). **1.** Litt. Faux dévot. **2.** Dans la France du Moyen Âge et de l'Ancien Régime, personne mise à l'écart de la société. ➲ Les mesures d'exception qui frappaient les cagots furent abolies à la fin du XVIIᵉ s.

CAGOU n.m. Oiseau échassier de Nouvelle-Calédonie, à aigrette, à bec et à pattes rouges, devenu rare et protégé. ➲ Ordre des gruiformes.

▲ cagou

CAGOUILLE n.f. Région. (Ouest). Escargot.

CAGOULARD n.m. **1.** HIST. Membre de la Cagoule. **2.** Québec. Malfaiteur qui agit le visage couvert d'une cagoule.

CAGOULE n.f. (du lat. *cucullus*, capuchon). **1.** Coiffure en laine encadrant de très près le visage et couvrant le cou. **2.** Capuchon percé à l'endroit des yeux. **3.** Manteau de moine, sans manches, surmonté d'un capuchon. ▪ **La Cagoule,** v. partie n.pr.

CAHIER n.m. (du lat. *quaterni*, quatre à quatre). **1.** Assemblage de feuilles de papier cousues ou attachées ensemble, pour écrire, dessiner, etc. : *Cahier à spirale. Cahier de musique.* **2.** IMPRIM.

Grande feuille imprimée, pliée, découpée au format et assemblée, constituant une partie d'un livre, d'un magazine, etc. : *Cahier de 16, 24, 32 pages.* ■ **Cahier des charges** [dr.], document écrit qui, dans le cadre d'un contrat administratif, détermine les obligations réciproques de l'Administration et de son cocontractant ; recueil des caractéristiques que doivent présenter un matériel, un produit technique à l'étude ou en cours de réalisation. ■ **Cahier de textes,** cahier mentionnant les leçons à apprendre, les devoirs à faire par chaque élève. ◆ **n.m. pl.** ■ **Cahiers de doléances** → **DOLÉANCE.**

CAHIN-CAHA, ▲ *CAHINCAHA* **adv.** (onomat.). Fam. Tant bien que mal : *Le nouveau chantier avance cahin-caha.*

CAHORS n.m. Vin rouge produit dans la région de Cahors.

CAHOT n.m. Soubresaut d'un véhicule, dû aux inégalités d'une chaussée.

CAHOTANT, E adj. 1. Qui cahote ou provoque des cahots : *Charrette cahotante. Chemin cahotant.* **2.** Fig. Qui est irrégulier : *Écriture, vie cahotante.*

CAHOTEMENT n.m. Fait de cahoter, d'être cahoté.

CAHOTER v.t. [3] (de l'all. *hotten,* faire balancer). Secouer par des cahots ; ballotter. ◆ **v.i.** Être secoué, ballotté ; bringuebaler.

CAHOTEUX, EUSE adj. Qui provoque des cahots : *Chemin cahoteux.*

CAHUTE, ▲ *CAHUTTE* **n.f.** (de *cabane* et *hutte*). Petite cabane.

CAÏD n.m. (ar. *qā'id*). **1. HIST.** Chef militaire, dans les pays arabes. **2.** Fam. Chef de bande : *Un caïd de la drogue.*

CAÏDAT n.m. Domination exercée par un chef de bande, un caïd.

CAÏEU ou **CAYEU n.m.** (mot picard). **BOT.** Petit bulbe secondaire qui se développe sur le côté du bulbe de certaines plantes.

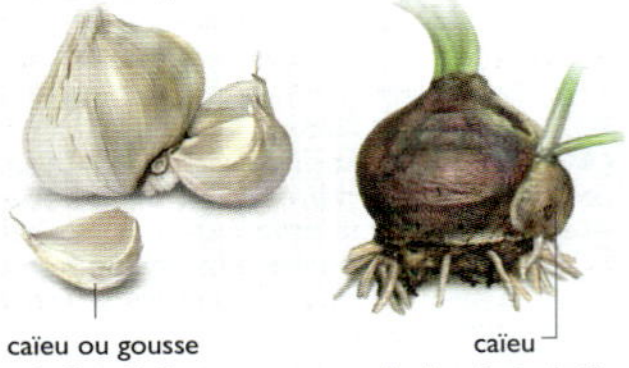

bulbe d'ail **bulbe de jacinthe**
▲ **caïeux**

CAILLAGE n.m. → **CAILLEMENT.**

CAILLANT, E adj. Belgique. Fam. Très froid : *Il fait caillant.*

CAILLASSAGE n.m. Fam. Action de caillasser ; jet de pierres.

CAILLASSE n.f. (de *caillou*). **1.** Fam. Cailloux ; pierraille : *Marcher dans la caillasse.* **2.** Pierre dure, d'un gris blanchâtre, pour la construction des murs et l'empierrement.

CAILLASSER v.t. [3]. Fam. Jeter des pierres sur : *Caillasser un bus.*

CAILLE n.f. (onomat.). Oiseau voisin de la perdrix, migrateur (en France, au printemps et en été), habitant les champs et les prairies des plaines. ➲ Cri : la caille margote, carcaille ou courcaille ; famille des phasianidés.

CAILLÉ n.m. 1. Lait caillé. **2.** Partie du lait obtenue par coagulation et servant à fabriquer le fromage.

CAILLEBOTIS [-ti] **n.m.** Treillis de bois, de métal, etc., servant de plancher amovible dans les endroits humides ou boueux.

CAILLEBOTTE n.f. Masse de lait caillé.

CAILLE-LAIT n.m. inv., ▲ *n.m. (pl. caille-laits).* **BOT.** Gaillet blanc, dont le suc fait cailler le lait.

CAILLEMENT ou **CAILLAGE n.m.** Action de faire cailler ; fait de se prendre en caillots.

CAILLER v.t. [3] (lat. *coagulare*). Figer ; coaguler : *La présure caille le lait.* ◆ **v.i.** ou **SE CAILLER v.pr. 1.** Se prendre en caillots : *Le sang caille* ou *se caille à l'air.* **2.** Fam. Avoir froid : *Je caille* ou *je me caille ici.* ■ **Ça caille** [fam.], il fait froid.

CAILLETEAU n.m. Petit de la caille.

CAILLETTE n.f. (du lat. *coagulum,* caillé). **1.** Dernière poche de l'estomac des ruminants, qui sécrète le suc gastrique. **2.** Hachis de viande de porc, de feuilles de bettes et d'épinards, entouré d'une crépine et cuit au four. ➲ Spécialité du Sud-Est.

CAILLOT n.m. Masse semi-solide provenant d'une substance liquide coagulée. ➲ Le caillot de sang est formé de filaments de fibrine qui retiennent les globules sanguins et laissent s'échapper le sérum.

CAILLOU n.m. (pl. *cailloux*) [du gaul.]. **1.** Fragment de pierre de petite dimension. **2.** Fam. Crâne ; tête. **3.** Arg. Pierre précieuse ; diamant. ■ **Caillou dans la chaussure,** incident ou situation, personne ou groupe qui embarrassent grandement une personnalité ou un parti politique : *Cette sénatrice est un caillou dans la chaussure du gouvernement.* ■ **Le Caillou** [fam.], la Nouvelle-Calédonie.

CAILLOUTAGE n.m. 1. Action de caillouter ; partie d'un ouvrage garnie de cailloux. **2.** Maçonnerie composée de cailloux noyés dans un mortier. **3.** Poterie à pâte fine, dure et blanche.

CAILLOUTER v.t. [3]. Garnir de cailloux : *Caillouter une chaussée.*

CAILLOUTEUX, EUSE adj. Plein de cailloux : *Sentier caillouteux.*

CAILLOUTIS n.m. GÉOL. Accumulation meuble de cailloux.

CAÏMAN n.m. (esp. *caimán,* mot caraïbe). Reptile crocodilien de l'Amérique centrale et méridionale, voisin du crocodile, à museau court et large et dont le cuir est recherché en maroquinerie. ➲ Famille des alligatoridés.

CAÏON ou **CAYON n.m.** (mot franco-provenç.). Région. (Savoie) ; Suisse. Cochon, porc.

CAÏPIRINHA [kajpiriɲa] **n.f.** Cocktail d'origine brésilienne, à base de cachaça et de citron vert.

CAÏQUE n.m. (ital. *caicco,* mot turc). Embarcation longue et étroite des mers du Levant, manœuvrée à l'aviron.

CAIRN [kɛrn] **n.m.** (mot irlandais). **1.** Couverture de pierres recouvrant les sépultures mégalithiques. **2.** Monticule de pierres édifié par des alpinistes, des randonneurs pour marquer un repère, indiquer un passage, etc.

CAIROTE adj. et **n.** Du Caire.

CAISSE n.f. (lat. *capsa*). **1.** Coffre génér. de bois servant à l'emballage et au transport des marchandises, au rangement, etc. : *Caisse de sodas. Caisse à outils.* **2. HORTIC.** Grand bac rempli de terre où l'on cultive des arbustes sensibles au froid. **3.** Boîte qui renferme un mécanisme ou protège un ensemble délicat : *Caisse d'une horloge.* **4.** Carrosserie d'un véhicule. **5.** Fam. Automobile. **6. MUS.** Cylindre de certains instruments à percussion ; instrument de musique à percussion. **7.** Meuble, coffre ou tiroir où un commerçant range sa recette ; la recette elle-même : *Compter la caisse.* **8.** Comptoir d'un magasin où sont payés les achats ; guichet d'une administration où se font les paiements ; fonds qui y sont déposés. **9.** Organisme financier ou administratif qui reçoit des fonds en dépôt pour les gérer : *Caisse d'épargne.* **10.** Organisme de gestion d'un régime de sécurité sociale, de retraite, etc. : *Caisse des cadres.* ■ **Caisse claire** [mus.], tambour de hauteur moyenne, monté sur pied et frappé avec deux baguettes. ■ **Caisse de résonance** → **RÉSONANCE.** ■ **Caisse des écoles,** établissement public institué dans chaque commune ou arrondissement pour favoriser la fréquentation de l'école publique, et alimenté par des dons et des subventions. ■ **Caisse du tympan** → **TYMPAN.** ■ **Caisse mobile,** caisse pour le transport des marchandises, dont les dimensions ne sont pas normalisées. ➲ Le *conteneur* a des dimensions normalisées. ■ **Grosse caisse** [mus.], gros tambour frappé avec une mailloche. ■ **Livre de caisse,** registre où sont inscrits les mouvements de fonds d'un établissement commercial ou bancaire.

CAISSERIE n.f. Industrie de la fabrication des caisses.

CAISSETTE n.f. Petite caisse.

CAISSIER, ÈRE n. Personne qui tient la caisse d'un établissement.

CAISSON n.m. (de *caisse*). **1. TRAV. PUBL.** Enceinte étanche retenant l'air et permettant de travailler au-dessous du niveau de l'eau. **2. MAR.** Coffres métalliques étanches assurant la flottabilité de certaines embarcations. **3. ARCHIT.** Chacun des compartiments creux, plus ou moins moulurés et ornés, pouvant structurer ou garnir un plafond, une voûte. ■ **Maladie des caissons,** lésion due à la décompression, touchant notamm. plongeurs et astronautes, caractérisée par l'apparition de bulles de gaz dans le sang. ■ **Se faire sauter le caisson** [fam.], se tuer d'une balle dans la tête.

CAITYA [ʃait ja] **n.m.** (mot sanskr.). Pour les bouddhistes, lieu saint, édifice consacré.

CAJOLER v.t. [3]. Entourer d'attentions affectueuses, de paroles tendres ; câliner : *Une mère qui cajole son bébé.* ◆ **v.i.** Pousser son cri, en parlant du geai.

CAJOLERIE n.f. (Surtout pl.). Paroles, gestes caressants ; câlinerie.

CAJOLEUR, EUSE adj. et **n.** Qui cajole ; caressant.

CAJOU n.m. (pl. *cajous*) [mot tupi]. ■ **Noix de cajou,** anacarde.

CAJUN [kaʒœ̃] **adj.** et **n.** (de *acadien*). Relatif aux Cajuns, à leur culture : *Les parlers cajuns. La cuisine cajun.* ◆ **n.m.** Variété de français parlé par les Cajuns.

CAKE [kɛk] **n.m.** (mot angl.). Gâteau constitué d'une pâte aux œufs levée, dans laquelle on incorpore des fruits confits et des raisins secs, généralement imbibés de rhum.

CAKE-WALK (pl. *cake-walks*), ▲ *CAKEWALK* [kɛkwɔk] **n.m.** (mot anglo-amér., de *cake* et *walk,* promenade). **1.** Danse d'origine afro-américaine, exécutée en couple, qui connut son apogée aux États-Unis et en Europe vers 1900. **2.** Musique de danse, née dans le sud des États-Unis dans les années 1890, inspirée par le ragtime.

CAL n.m. (pl. *cals*) [lat. *callum*]. **1.** Callosité. **2. BOT.** Amas de cellulose gélifiée qui, en hiver, obstrue les vaisseaux de certaines plantes comme la vigne. **3. BOT.** Amas de cellules végétales obtenu en culture, pouvant se différencier en tissu fonctionnel. ■ **Cal (osseux)** [histol.], substance apparaissant entre deux fragments osseux fracturés et servant à les souder. ■ **Cal vicieux** [méd.], qui se forme alors que les deux fragments fracturés sont en mauvaise position.

CALADE n.f. (du provenç. *calada,* paver). Région. (Provence). Rue pavée, génér. en pente.

CALADIUM [-djɔm] ou **CALADION n.m.** (lat. *caladium*). Plante monocotylédone ornementale d'appartement, originaire de l'Amérique du Sud, à feuillage coloré. ➲ Famille des aracées.

CALAGE n.m. 1. Action de caler dans une certaine position. **2.** Mise en place de la forme d'impression sur la machine à imprimer.

CALAMAR n.m. → **CALMAR.**

CALAMBAC ou **CALAMBOUR n.m.** (mot malais). Bois d'Insulinde et d'Océanie utilisé en tabletterie.

CALAME n.m. (lat. *calamus*). Roseau taillé utilisé dans l'Antiquité pour écrire.

CALAMINAGE n.m. Fait, pour un métal, de se calaminer.

CALAMINE n.f. (bas lat. *calamina*). **1.** Résidu de la combustion d'un carburant qui encrasse les cylindres d'un moteur à explosion. **2.** Oxyde qui apparaît à la surface d'une pièce métallique fortement chauffée.

SE CALAMINER v.pr. [3]. Se couvrir de calamine.

CALAMISTRÉ, E adj. (lat. *calamistratus*). **1.** Se dit de cheveux gominés. **2.** Vx. Se dit d'une chevelure frisée au fer.

CALAMITE n.f. Arbre fossile de l'ère primaire, ressemblant à une prêle géante, atteignant 30 m de haut. ➲ Embranchement des équisétophytes.

CALAMITÉ n.f. (lat. *calamitas*). Malheur public ; catastrophe : *Cette tempête est une calamité.*

CALAMITEUX, EUSE adj. Litt. **1.** Qui s'accompagne de calamités ; qui a le caractère d'une calamité ; désastreux : *Un événement calamiteux pour l'économie.* **2.** Qui semble frappé par une calamité ; misérable : *Un groupe de réfugiés calamiteux.*

CALAMUS [-mys] **n.m.** (mot lat.). **ORNITH.** Axe creux et rigide d'une plume d'oiseau (SYN. **tuyau**).

CALANCHER v.i. [3] (de *1. caler*). Arg. Mourir.

CALANDRAGE n.m. Opération consistant à calandrer les étoffes, le papier.

1. CALANDRE n.f. (du gr. *kulindros*, cylindre). **1.** TECHN. Machine à cylindres pour lisser, lustrer, glacer ou vaporiser les étoffes, le papier, etc. **2.** Garniture, le plus souvent en matière plastique ou en métal, placée devant le radiateur d'une automobile.

2. CALANDRE n.f. (provenç. *calandra*). **1.** Grosse alouette des pourtours de l'Europe méridionale. **2.** Charançon dont les larves dévorent les grains de céréales.

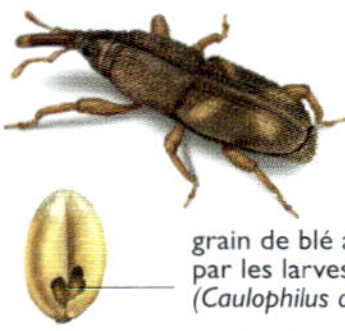

grain de blé attaqué par les larves de la calandre *(Caulophilus oryzae)*

▲ calandre

CALANDRER v.t. [3]. TECHN. Passer à la calandre.

CALANQUE n.f. (provenç. *calanco*). Crique étroite et profonde, aux parois rocheuses escarpées : *Les calanques de Marseille.*

CALAO n.m. (mot malais). Oiseau des forêts tropicales d'Asie méridionale et d'Afrique, caractérisé par un énorme bec surmonté d'un casque. ➲ Ordre des coraciiformes.

▲ calao

CALATHÉA n.m. (du gr. *kalathos*, corbeille). Plante ornementale à rhizome, d'origine tropicale, aux feuilles tachetées ou rayées. ➲ Famille des marantacées.

▲ calathéas

CALCAIRE adj. (lat. *calcarius*, de *calx, calcis*, chaux). Qui contient du carbonate de calcium : *Roche, terrain calcaires.* ◆ n.m. Roche sédimentaire formée essentiellement de carbonate de calcium.

CALCANÉUM [-neɔm] n.m. (lat. *calcaneum*). ANAT. Os du tarse qui forme la saillie du talon.

CALCÉDOINE n.f. (de *Chalcédoine*, n.pr.). Silice translucide cristallisée, très utilisée en joaillerie dans l'Antiquité pour les bijoux et les cachets. ➲ La calcédoine rouge orangé est la *cornaline*, la brune la *sardoine*, la verte la *chrysoprase*, la verte à taches rouges l'*héliotrope* ; l'*agate* et l'*onyx* sont de plusieurs tons.

CALCÉMIE n.f. MÉD. Concentration de calcium dans le sang.

CALCÉOLAIRE n.f. (lat. *calceolus*). Plante ornementale, originaire de l'Amérique du Sud, dont les fleurs globuleuses ressemblent à des sabots. ➲ Famille des scrofulariacées.

CALCICOLE adj. BOT. Qui prospère sur un sol riche en calcaire.

CALCIF n.m. Fam. Caleçon ; slip.

CALCIFÉROL n.m. Vitamine liposoluble, présente dans l'alimentation, mais surtout synthétisée dans la peau à partir du cholestérol sous l'action du soleil, et dont la carence provoque le rachitisme chez l'enfant et l'ostéomalacie chez l'adulte. (SYN. **vitamine D**). ➲ Le calciférol regroupe deux composés, l'ergocalciférol et le cholécalciférol.

CALCIFICATION n.f. Fixation de sels de calcium dans les tissus de l'organisme.

CALCIFIÉ, E adj. Transformé en sels de calcium insolubles ; qui contient ces sels en abondance.

CALCIFUGE adj. BOT. Qui ne se plaît pas en terrain calcaire.

CALCIN n.m. (de *calciner*). **1.** Croûte qui se forme à la surface des pierres de taille exposées aux intempéries. **2.** Verre recyclé issu de la récupération. (→ **groisil**).

CALCINATION n.f. Action de calciner ; fait de se calciner.

CALCINÉ, E adj. Complètement brûlé : *Décombres calcinés.*

CALCINER v.t. [3] (du lat. *calx, calcis*, chaux). **1.** Transformer des pierres calcaires en chaux par chauffage intense. **2.** Soumettre à une température trop élevée ; brûler : *Calciner un rôti.*

CALCIOTHERMIE n.f. MÉTALL. Opération de réduction permettant d'obtenir certains métaux (uranium, plutonium, thorium) grâce à la réaction du calcium sur des composés des éléments à extraire (génér. des fluorures).

CALCIQUE adj. Qui contient du calcium ; qui se rapporte au calcium.

CALCITE n.f. Carbonate de calcium ($CaCO_3$), minéral principal des roches calcaires. ➲ Les stalactites et les stalagmites sont formées de calcite.

CALCITONINE n.f. PHYSIOL. Hormone de la glande thyroïde qui abaisse la concentration sanguine du calcium et empêche le calcium osseux de retourner vers le sang.

CALCIUM [kalsjɔm] n.m. (du lat. *calx, calcis*, chaux). **1.** Métal blanc, mou, de densité 1,55, fondant à 840 °C, obtenu par électrolyse de son chlorure et qui décompose l'eau à la température ordinaire. **2.** Élément chimique (Ca), de numéro atomique 20, de masse atomique 40,078.

> ➲ Dans le corps humain, le **CALCIUM** est indispensable à la solidité des os et au fonctionnement des cellules musculaires et nerveuses. Les produits laitiers constituent la principale source élémentaire de calcium.

CALCIURIE n.f. MÉD. Concentration urinaire du calcium.

CALCSCHISTE [kalkʃist] n.m. Schiste calcaire.

1. CALCUL n.m. (de *calculer*). **1.** Mise en œuvre des règles élémentaires d'opérations (addition, soustraction, multiplication, division) sur les nombres. **2.** Transformation d'une quantité mathématique en appliquant les règles des techniques opératoires correspondant aux opérations qui interviennent : *Calcul différentiel, matriciel, vectoriel.* **3.** Action de calculer, d'évaluer la probabilité de qqch ; prévision : *Selon ses calculs, tout sera prêt.* **4.** Ensemble de mesures habilement combinées pour obtenir un résultat : *Tu fais un mauvais calcul. Agir par calcul.* ▪ **Calcul mental,** effectué de tête.

2. CALCUL n.m. (du lat. *calculus*, petit caillou). MÉD. Concrétion pierreuse qui se forme dans un canal (par ex. l'urètre) ou un organe (par ex. la vésicule biliaire), au cours d'une lithiase.

CALCULABILITÉ n.f. Caractère de ce qui est calculable.

CALCULABLE adj. Qui peut être calculé.

1. CALCULATEUR, TRICE adj. et n. **1.** Qui effectue des calculs ; qui sait calculer. **2.** Souvent péjor. Qui agit par calcul ; roublard : *Il est très calculateur.*

2. CALCULATEUR n.m. Machine de traitement de l'information susceptible d'effectuer automatiquement des opérations numériques, logiques ou analogiques. (Lorsque la machine traite des informations numériques à l'aide d'un programme pouvant être modifié à volonté, on parle plutôt d'*ordinateur*.)

CALCULATOIRE adj. MATH. Relatif au calcul.

CALCULATRICE n.f. Petite machine qui effectue de façon automatique des opérations numériques.

CALCULER v.t. [3] (lat. *calculare*). **1.** Déterminer par le calcul : *Calculer le montant que chacun doit verser.* **2.** Déterminer par la pensée, le raisonnement, en fonction de certains facteurs ; évaluer : *Calculer les conséquences d'un échec.* **3.** Combiner en vue d'un but déterminé ; préparer habilement : *Orateur qui calcule ses effets.* **4.** Fam. Prêter attention à ; prendre en considération : *Depuis sa promotion, il ne nous calcule plus.* ◆ v.i. **1.** Opérer sur des nombres : *L'ordinateur calcule vite.* **2.** Dépenser avec mesure ou parcimonie ; compter. ▪ **Machine à calculer,** servant à faire automatiquement certains calculs.

CALCULETTE n.f. Calculatrice électronique de poche.

CALCULEUX, EUSE adj. MÉD. Relatif aux calculs.

CALDARIUM [kaldarjɔm] n.m. (mot lat.). ANTIQ. ROM. Partie des thermes où se trouvaient les piscines chaudes ; étuve.

CALDEIRA [kaldera] n.f. (mot port. « chaudron »). GÉOL. Vaste dépression d'origine volcanique, de forme grossièrement circulaire, causée par l'effondrement de la partie centrale d'un volcan.

CALDOCHE adj. et n. Fam. Se dit des Blancs de Nouvelle-Calédonie, de souche coloniale.

1. CALE n.f. (all. *Keil*). Objet que l'on place sous ou contre un autre pour mettre celui-ci d'aplomb ou l'immobiliser : *Placer une pierre en guise de cale derrière la roue d'une voiture.*

2. CALE n.f. (de 2. *caler*). MAR. **1.** Volume interne d'un navire, destiné à recevoir la cargaison. **2.** Partie annexe d'un quai en pente douce, prévue pour le chargement, le déchargement et le halage des bateaux. ▪ **Cale de construction,** plan incliné sur lequel on construit les navires. ▪ **Cale sèche** ou **de radoub,** bassin que l'on peut mettre à sec pour y réparer un navire. ▪ **Être à fond de cale** [fam.], sans ressources.

CALÉ, E adj. Fam. **1.** Qui connaît beaucoup de choses ; fort : *Elle est calée en droit international.* **2.** Difficile à comprendre ; ardu : *Un problème calé.* **3.** Rassasié ; repu.

CALEBASSE n.f. (esp. *calabaza*). **1.** Fruit du calebassier et de la gourde, qui, vidé ou séché, sert de récipient. **2.** Fam. Tête.

CALEBASSIER n.m. Arbre d'Amérique tropicale. ➲ Famille des bignoniacées.

CALÈCHE n.f. (all. *Kalesche*). Anc. Voiture hippomobile découverte, suspendue, à quatre roues, munie à l'avant d'un siège à dossier, à l'arrière d'une capote à soufflet.

CALEÇON n.m. (ital. *calzoni*). **1.** Sous-vêtement masculin à jambes longues ou, le plus souvent, courtes. **2.** Afrique. Sous-vêtement féminin ou masculin (slip, boxer, etc.), habillant le corps de la taille aux cuisses. **3.** Pantalon féminin très collant, génér. en maille.

CALEÇONNADE n.f. Péjor., vieilli. Spectacle de boulevard à thèmes scabreux.

CALÉDONIEN, ENNE adj. et n. De Calédonie ; qui se rapporte aux Calédoniens. ◆ adj. GÉOL. Relatif à l'orogenèse qui s'est déroulée du cambrien à la fin du silurien, et aux formes de relief qu'elle a engendrées : *Chaîne calédonienne. Plissement calédonien.*

CALE-ÉTALON n.f. (pl. *cales-étalons*). TECHN. Prisme parallélépipédique en acier trempé rectifié servant dans les ateliers à la vérification des calibres de contrôle.

CALÉFACTION n.f. (du lat. *calefacere*, chauffer). PHYS. Phénomène par lequel une goutte d'eau jetée sur une plaque très chaude reste soutenue par la vapeur qu'elle émet.

CALEMBOUR n.m. (orig. obscure). Jeu de mots fondé sur la différence de sens entre des mots qui se prononcent de la même façon : « *Ne pas confondre la sensualité et la sangsue alitée* » est un calembour.

CALEMBREDAINE n.f. (Souvent pl.). Propos extravagant, futile ; sornette ; fadaise.

CALENDAIRE adj. Relatif au calendrier civil (du 1er janvier au 31 décembre) : *Organisation calendaire d'un planning.*

CALENDES n.f. pl. (lat. *calendae*). Premier jour du mois, chez les Romains. ■ **Renvoyer aux calendes grecques** [fam.], remettre à une date qui n'arrivera pas, les mois grecs n'ayant pas de calendes.

CALENDOS [-dos] **n.m.** Fam. Camembert.

CALENDRIER n.m. (du lat. *calendarium*, registre de dettes). **1.** Système de division du temps fondé sur les principaux phénomènes astronomiques (révolution de la Terre autour du Soleil ou de la Lune autour de la Terre). **2.** Tableau des jours de l'année indiquant éventuellement la commémoration des saints, les fêtes liturgiques ou laïques, etc. **3.** Programme précis, échelonné dans le temps dont on dispose : *Avoir un calendrier très chargé. Établir un calendrier de fabrication.*

➲ Le **CALENDRIER** actuel d'usage international dérive du calendrier romain réformé en 46 av. J.-C. par Jules César *(calendrier julien)*, qui, en introduisant une année bissextile* tous les 4 ans, aboutit à une durée moyenne de l'année civile de 365,25 j. Or, l'année astronomique des saisons *(année tropique)*, fondée sur la révolution de la Terre autour du Soleil, est sensiblement plus courte (365,2422 j). Au cours des siècles, l'écart n'a donc cessé de se creuser : au XVIe s. il atteignait 10 j, entraînant une dérive correspondante des dates de début des saisons. La réforme opérée en 1582 par le pape Grégoire XIII *(calendrier grégorien)* a rétabli la concordance (le lendemain du jeudi 4 octobre 1582 fut le vendredi 15 octobre) et permis d'éviter une nouvelle dérive trop rapide en supprimant certaines années bissextiles. Ainsi ne subsiste plus désormais qu'une très faible erreur, de l'ordre de 1 jour en 3 000 ans.

CALENDULA [kalɛ̃dyla] **n.m.** (mot lat.). **BOT.** Souci.

CALE-PIED n.m. (pl. *cale-pieds*). Butoir qui maintient le pied du cycliste sur la pédale.

CALEPIN n.m. (de A. *Calepino*, n.pr.). **1.** Petit carnet : *Je vais le noter dans* ou *sur mon calepin.* **2. ARCHIT.** Ensemble de dessins au 1/20 de l'appareil d'une construction.

1. CALER v.t. [3] (de *1. cale*). **1.** Immobiliser avec une ou plusieurs cales : *Caler une armoire, la porte.* **2. TECHN.** Mettre au point le fonctionnement d'un mécanisme, d'une machine ; régler : *Caler un compresseur, une presse à imprimer.* ◆ **v.i. 1.** S'arrêter brusquement en parlant d'un moteur, d'un véhicule. **2.** Fam. Abandonner ce que l'on a entrepris : *J'ai calé sur la dernière question.* **3.** Fam. Ne pas pouvoir manger davantage : *Pas de dessert, je cale.* ◆ **SE CALER** v.pr. S'installer confortablement : *Se caler dans un coin du canapé.*

2. CALER v.t. [3] (provenç. *calar*). **1. MAR.** Présenter un certain tirant d'eau maximal, en parlant d'un navire : *Caler 20 pieds.* **2.** Bloquer en demandant un effort trop grand : *Caler son moteur.* ◆ **v.i.** Québec. S'enfoncer dans l'eau, dans une matière liquide ou meuble ; s'enliser : *Caler dans la vase.*

CALETER v.i. [3] → **CALTER.**

CALFAT n.m. Ouvrier qui calfate les navires.

CALFATAGE n.m. Action de calfater.

CALFATER v.t. [3] (provenç. *calafatar*, du gr.). **MAR.** Rendre étanche la coque, le pont d'un navire en bois, en bourrant d'étoupe les joints des bordés et en les recouvrant de brai ou de mastic.

CALFEUTRAGE ou **CALFEUTREMENT** n.m. Action de calfeutrer ; son résultat.

CALFEUTRER v.t. [3] (de *calfater*, sous l'infl. de *feutre*). Boucher les fentes d'une ouverture afin d'empêcher l'air et le froid de pénétrer : *Calfeutrer une porte avec un bourrelet.* ◆ **SE CALFEUTRER** v.pr. Rester enfermé : *Ils sont casaniers et se calfeutrent chez eux.*

CALIBRAGE n.m. Action de calibrer ; son résultat.

CALIBRATION n.f. **ARCHÉOL.** Rapprochement entre les courbes de datation obtenues par les méthodes physico-chimiques (carbone 14) et la dendrochronologie, afin d'obtenir la datation absolue*.

CALIBRE n.m. (de l'ar. *qâlib*, forme). **1.** Diamètre intérieur d'une pièce tubulaire ; diamètre extérieur d'un objet sphérique. **2. ARM.** Diamètre intérieur de l'âme d'une bouche à feu ; diamètre d'un projectile ; rapport entre la longueur du tube et le diamètre de l'âme d'une bouche à feu. **3.** Arg. Revolver : *Un gros calibre.* **4. CHASSE.** Unité correspondant au nombre de balles que l'on pouvait fondre dans une livre de plomb, variable selon le diamètre du fusil. **5. TECHN.** Instrument matérialisant une longueur et servant de comparaison pour le contrôle des fabrications mécaniques. ■ **De ce calibre**, de cette importance ; de cette nature : *Une erreur de ce calibre sera difficile à rattraper.* ■ **Un gros, un petit calibre** [fam.], une personne considérée du point de vue de son importance dans un domaine.

CALIBRER v.t. [3]. **TECHN. 1.** Classer, trier selon le calibre : *Calibrer des pommes de terre.* **2. IMPRIM.** Estimer le nombre de signes d'un texte pour en évaluer la longueur, avant qu'il soit composé. **3. MIL.** Mettre au calibre voulu : *Calibrer un obus.*

CALIBREUR n.m. Machine pour calibrer, trier certains produits agricoles.

CALIBREUSE n.f. Machine pour calibrer des pièces de bois selon l'usage auquel elles sont destinées.

CALICE n.m. (lat. *calix*). **1. ARCHÉOL.** Vase à boire ; coupe. **2. CATH.** Vase sacré dans lequel est consacré le vin lors de l'eucharistie. **3. BOT.** Ensemble des sépales d'une fleur. **4. ANAT.** Cavité excrétrice du rein. ➲ Les petits calices se réunissent en grands calices, qui aboutissent au bassinet. ■ **Boire le calice jusqu'à la lie** → **LIE.**

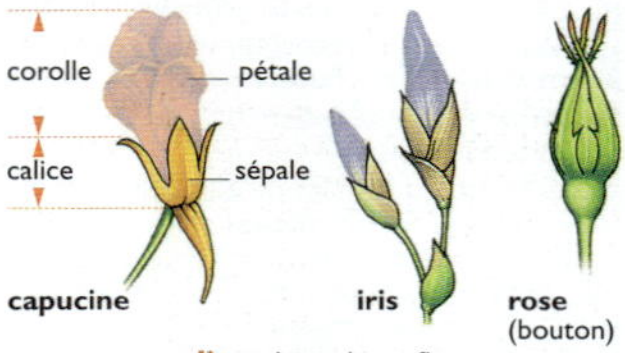

▲ **calices** de quelques fleurs.

CALICHE n.m. **MINÉRALOG.** Évaporite, considérée comme un minerai, dont on extrait des nitrates, au Chili.

CALICOT n.m. (de *Calicut*, n.pr.). **1.** Tissu de coton. **2.** Vieilli. Bande d'étoffe portant une inscription ; banderole.

CALICULE n.m. **BOT.** Ensemble de feuilles semblables à des sépales, doublant ceux-ci à l'extérieur, chez certaines fleurs (œillet, fraisier, etc.).

CALIFAT ou **KHALIFAT** n.m. **1.** Fonction de calife ; durée de règne d'un calife. **2.** Territoire soumis à l'autorité d'un calife.

CALIFE ou **KHALIFE** n.m. (ar. *khalīfa*, successeur). **1.** Successeur du Prophète à la tête de la communauté musulmane. **2.** Dans l'islam, l'homme, en tant que « représentant » de Dieu sur terre. ■ **Devenir calife à la place du calife** (du personnage de la BD *Iznogoud*, créée par René Goscinny et Jean Tabary [1962]), prendre la place de celui qui a le pouvoir, souvent par des moyens peu scrupuleux.

CALIFORNIEN, ENNE adj. et n. De la Californie ; de ses habitants.

CALIFORNIUM [-njɔm] **n.m.** Élément chimique radioactif (Cf), de numéro atomique 98, obtenu artificiellement.

À CALIFOURCHON loc. adv. (du breton *kall*, testicules, et de *fourche*). Dans la position d'un homme à cheval : *S'asseoir à califourchon.*

1. CÂLIN, E adj. et n. Qui manifeste de la tendresse ; affectueux : *Enfant câlin. Voix câline.*

2. CÂLIN n.m. Geste tendre : *Enfant qui fait un câlin à sa mère.*

CÂLINER v.t. [3] (mot normand « se reposer à l'ombre »). Faire des câlins à ; cajoler : *Câliner un bébé.*

CÂLINERIE n.f. (Surtout pl.). Attitude, manières câlines ; cajolerie.

CALIORNE n.f. (provenç. *caliourno*). **MAR.** Gros palan à poulies multiples.

CALISSON n.m. (provenç. *calissoun*). Confiserie en forme de losange, faite de pâte d'amandes, au dessus glacé. ➲ Spécialité d'Aix-en-Provence.

CALLEUX, EUSE adj. Qui présente des cals, des callosités : *Mains calleuses.* ■ **Corps calleux** [anat.], épaisse lame contenant des fibres nerveuses qui font communiquer entre eux les deux hémisphères cérébraux.

CALL-GIRL (pl. *call-girls*), ▲ **CALLGIRL** [kolgœrl] **n.f.** (mot angl., de *to call*, appeler, et *girl*, fille). Prostituée que l'on appelle par téléphone.

CALLIGRAMME n.m. (de *Calligrammes*, recueil de G. Apollinaire, de *calligraphie* et *idéogramme*). Texte, le plus souvent poétique, dont la disposition typographique représente le thème ou la figure qu'il évoque.

CALLIGRAPHE n. Artiste qui compose des calligraphies.

CALLIGRAPHIE n.f. (gr. *kalligraphia*). Art de former d'une façon élégante et ornée les caractères de l'écriture ; écriture ainsi formée.

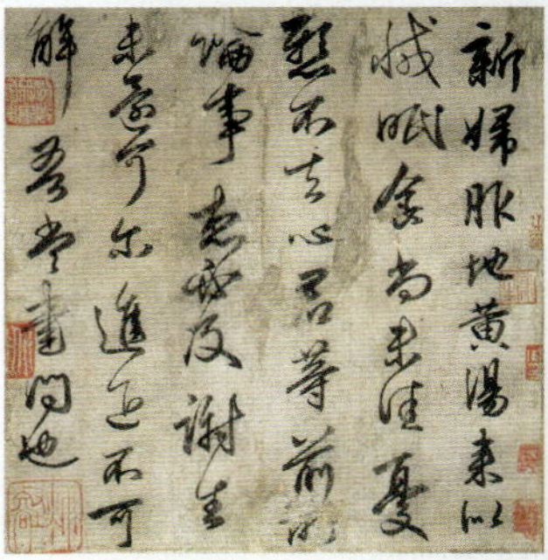

▲ **calligraphie** chinoise de Wang Toien Tore (IIe s.).

CALLIGRAPHIER v.t. et v.i. [5]. Écrire en calligraphie.

CALLIGRAPHIQUE adj. Relatif à la calligraphie.

CALLIPYGE adj. (du gr. *kallos*, beauté, et *pugê*, fesse). **1.** Se dit d'une statue qui a de belles fesses : *Une Vénus callipyge.* **2.** Par plais. Se dit d'une femme aux fesses rebondies.

CALLOSITÉ n.f. (lat. *callositas*). Petite lésion cutanée épaisse et dure due au frottement, affectant les pieds, les mains, etc. (SYN. **cal**).

CALMANT, E adj. et n.m. Sédatif : *Prendre des calmants.*

CALMAR ou **CALAMAR** n.m. (ital. *calamaro*). Mollusque céphalopode marin voisin de la seiche, à coquille interne cornée *(plume)*, possédant 2 bras et 8 tentacules, excellent nageur, dont une espèce, l'*encornet*, est très appréciée pour sa chair. ➲ Certaines espèces de calmars des profondeurs dépassent 17 m de long, dont 6 m pour le corps.

1. CALME adj. **1.** Sans agitation ; tranquille : *Habiter une rue calme. Des voisins calmes.* **2.** Qui reste maître de soi ; serein : *La victime est restée calme pendant la plaidoirie.* **3.** Qui a une activité réduite : *La boutique est calme pendant les vacances.* ◆ **n.** Personne qui manifeste habituellement une parfaite maîtrise de soi.

2. CALME n.m. (du gr. *kauma*, chaleur brûlante). **1.** Absence d'agitation ; tranquillité : *Elle a besoin de calme pour écrire.* **2.** Maîtrise de soi ; sang-froid : *Malgré la tempête, la navigatrice garde son calme.* ■ **Calmes équatoriaux**, zone de vents faibles correspondant à la région du globe où se produisent d'importants mouvements ascendants.

CALMEMENT adv. Avec calme ; posément.

CALMER v.t. [3]. **1.** Faire cesser un état d'agitation ; apaiser : *Sa déclaration a calmé les manifestants.* **2.** Rendre moins intense ; atténuer : *Un massage calmera son mal de dos.* ■ **Calmer le jeu** [fam.], détendre une situation trop tendue. ◆ **SE CALMER** v.pr. **1.** Devenir moins intense : *Le vent s'est calmé.* **2.** Retrouver son sang-froid ; s'apaiser : *Calme-toi, c'est fini.*

CALMIR v.i. [21]. MAR. Devenir calme : *La mer, le vent calmissent.*

CALO n.m. (esp. *caló*). Argot espagnol moderne, très riche en mots gitans.

CALOMNIATEUR, TRICE n. Personne qui calomnie ; diffamateur.

CALOMNIE n.f. (lat. *calumnia*). Accusation mensongère qui blesse la réputation, l'honneur ; diffamation.

CALOMNIER v.t. [5]. Attaquer qqn par des calomnies ; dénigrer : *Il dit que son adversaire l'a calomnié.*

CALOMNIEUSEMENT adv. De façon calomnieuse.

CALOMNIEUX, EUSE adj. Qui constitue ou contient une calomnie.

CALOPORTEUR n.m. et adj.m. Fluide chargé d'évacuer la chaleur d'une machine thermique (moteur, climatiseur, etc.).

CALORIE n.f. (du lat. *calor*, chaleur). **1.** Unité de mesure de la quantité de chaleur (symb. cal), équivalant à la quantité de chaleur nécessaire pour élever de 1 °C la température de 1 gramme d'eau à 15 °C sous la pression atmosphérique normale, et qui vaut 4,1855 joules. ➲ Cette unité n'est plus légale en France. **2.** MÉD. (Avec une majuscule). Ancienne unité de mesure (symb. kcal), valant 1 000 calories, encore largement utilisée pour exprimer la valeur énergétique des aliments ou les dépenses et les besoins énergétiques de l'organisme.

CALORIFÈRE n.m. **1.** Vieilli. Appareil de chauffage par production d'air chaud. **2.** Québec. Radiateur à eau chaude relié à un appareil de chauffage central ; radiateur électrique.

CALORIFIQUE adj. Qui produit de la chaleur, des calories.

CALORIFUGE adj. et n.m. Qui empêche la déperdition de chaleur.

CALORIFUGEAGE n.m. Action de calorifuger ; son résultat.

CALORIFUGER v.t. [10]. Recouvrir avec un matériau calorifuge.

CALORIMÈTRE n.m. Appareil servant à mesurer les quantités de chaleur fournies ou reçues par un corps.

CALORIMÉTRIE n.f. PHYS. Mesure des quantités de chaleur.

CALORIMÉTRIQUE adj. Relatif à la calorimétrie.

CALORIQUE adj. **1.** Relatif à la chaleur. **2.** MÉD. Énergétique : *Une boisson calorique.* ▪ **Ration calorique,** en diététique, quantité de Calories nécessaires à un organisme : *La ration calorique varie selon les individus.*

CALORISATION n.f. MÉTALL. Cémentation des métaux par l'aluminium.

1. CALOT n.m. (de *calotte*). Coiffure militaire à deux pointes, sans bords et sans visière.

2. CALOT n.m. (mot dial. « noix écalée »). **1.** Grosse bille à jouer. **2.** Arg. Œil.

CALOTIN n.m. (de *calotte*). Fam., péjor. Partisan du cléricalisme ; bigot.

CALOTTE n.f. (du moyen fr. *cale*, bonnet). **1.** Petit bonnet rond ne couvrant que le sommet du crâne : *Calotte de chirurgien.* **2.** Partie du chapeau qui emboîte le crâne. **3.** Coiffure liturgique du clergé catholique, blanche pour le pape, rouge pour les cardinaux, violette pour les évêques. **4.** Québec. Casquette. **5.** Fam., vieilli. Tape donnée sur la tête, la joue. ▪ **Calotte chauffante,** chauffe-ballon. ▪ **Calotte crânienne** [anat.], partie supérieure de la boîte crânienne. ▪ **Calotte glaciaire,** masse de glace et de neige recouvrant les régions polaires et le sommet de certaines montagnes. ▪ **Calotte sphérique** [math.], portion d'une sphère limitée par un plan ne passant pas par le centre de la sphère. ▪ **La calotte** [fam., péjor.], le clergé ; les calotins.

CALOTTER v.t. [3]. Fam., vieilli. Donner une calotte à ; gifler.

CALQUAGE n.m. Action de calquer.

CALQUE n.m. (ital. *calco*). **1.** Reproduction d'un dessin obtenue en calquant. **2.** Papier-calque. **3.** Reproduction exacte de qqch ; copie : *Ce château est un calque du château de Chambord.* **4.** LING. Transposition d'un mot ou d'une construction d'une langue dans une autre par traduction : « *Libre-penseur* » *est un calque de l'anglais* « *free thinker* ».

CALQUER v.t. [3] (ital. *calcare*). **1.** Reproduire un dessin sur un papier-calque qui le recouvre : *Calquer une carte.* **2.** Imiter exactement ; copier : *Ils ont calqué leur système sur le nôtre.*

CALTER v.i. ou **SE CALTER** v.pr. [3]. Fam. S'en aller rapidement.

✎ On écrit aussi ***caleter*** et ***se caleter,*** qui s'emploient seulem. à l'inf. et au p. passé.

CALUGER v.i. [10] (de *luge*). Suisse. **1.** Se renverser avec une luge. **2.** Fig. Échouer.

CALUMET n.m. (forme normande de *chalumeau*). Pipe à long tuyau des Indiens de l'Amérique du Nord, pourvue d'une grande valeur symbolique et utilisée dans divers rituels sociaux (conclusion d'alliances, par ex.). *Fumer le calumet de la paix.*

CALURE n.f. Suisse. Fam. Personne calée, compétente, qui fait autorité dans son domaine.

CALVADOS [-dos] n.m. Eau-de-vie de cidre. Abrév. (fam.) **calva.**

CALVAIRE n.m. (lat. *calvaria*, traduisant le gr. *Golgotha*). **1.** Représentation, notamm. sculptée, de la scène du Calvaire. **2.** Croix en plein air, commémorant la Passion du Christ. **3.** Longue suite de souffrances ; martyre : *La maladie de son mari a été un calvaire.* ▪ **Fille du Calvaire,** calvairienne.

CALVAIRIENNE n.f. Religieuse appartenant à la congrégation de bénédictines réformées établie à Poitiers par Antoinette d'Orléans et le Père Joseph (1617) [SYN. **fille du Calvaire**].

CALVILLE [-vil] n.f. (de *Calleville*, village normand). Nom de nombreuses variétés anciennes de pommes.

CALVINISME n.m. Doctrine religieuse protestante issue de la pensée réformatrice de Calvin. ➲ Parti de Genève puis implanté en France, aux Pays-Bas, en Écosse et en Suisse, le calvinisme s'est développé en Amérique du Nord et sur d'autres continents.

CALVINISTE adj. et n. Relatif au calvinisme ; qui le professe. ➲ Les Églises calvinistes sont parfois appelées *réformées* (en France, par ex.) ou *presbytériennes* (en Écosse).

CALVITIE [-si] n.f. (lat. *calvities*). Perte des cheveux, partielle ou totale : *Une calvitie précoce.*

CALYPSO n.m. (de *Calypso*, n. myth.). **1.** Danse originaire de la Jamaïque, avec balancements et ondulations du corps. **2.** Air chanté sur le rythme d'une marche scandée.

CAMAÏEU [kamajø] n.m. (p.-ê. de l'ar. *qamā'il*, bouton de fleur). **1.** Peinture monochrome, utilisant différents tons d'une même couleur, du clair au foncé : *Peindre en camaïeu.* (Un camaïeu gris ou jaunâtre est appelé *grisaille*.) **2.** Gravure en camaïeu (SYN. **clair-obscur**).

CAMAIL n.m. (pl. *camails*) [provenç. *capmalh*]. **1.** Courte pèlerine portée notamm. par certains ecclésiastiques catholiques. **2.** Ensemble de longues plumes du cou et de la poitrine, chez le coq et les espèces voisines. **3.** Anc. Capuchon de mailles qui se portait sur ou sous le casque.

CAMALDULE n. Moine ermite ou moniale de l'ordre fondé par saint Romuald en 1012 à Camaldoli, en Toscane.

CAMARADE n. (de l'esp. *camarada*, chambrée). **1.** Personne avec laquelle on partage une activité (étude, loisirs, etc.) ; condisciple ; compagnon. **2.** Appellation utilisée entre membres d'un parti de gauche, d'un syndicat ouvrier.

CAMARADERIE n.f. Entente, solidarité entre camarades.

CAMARD, E adj. et n. (de *camus*). Litt. Qui a le nez plat et comme écrasé. ◆ **CAMARDE** n.f. ▪ **La Camarde** [litt.], la mort.

CAMARGUAIS, E adj. et n. De la Camargue.

CAMARILLA [-rija] n.f. (mot esp.). **1.** HIST. Coterie influente à la cour d'Espagne. **2.** Litt. Ensemble des personnes qui exercent une influence, souvent occulte, sur un chef d'État, un gouvernement.

CAMBALER ou **CAMBOULER** v.t. [3] (provenç. *cambala*). Région. (Midi). Transporter qqn sur le porte-bagages d'un véhicule à deux roues.

CAMBER v.t. [3]. Suisse. Enjamber.

CAMBIAL, E, AUX ou **CAMBIAIRE** adj. (de l'ital. *cambio*, change). Relatif au change monétaire.

CAMBISTE n. (ital. *cambista*). Professionnel qui assure la négociation des opérations de change monétaire.

CAMBIUM [kɑ̃bjɔm] n.m. (mot lat. « change »). BOT. Assise génératrice du bois et du liber secondaires des plantes vivaces.

CAMBODGIEN, ENNE adj. et n. Du Cambodge ; de ses habitants. ◆ n.m. Khmer (langue).

CAMBOUIS [kɑ̃bwi] n.m. (orig. inconnue). Huile ou graisse noircie, oxydée par le frottement des organes d'une machine. ▪ **Mettre les mains dans le cambouis,** participer activement à la réalisation d'une tâche ingrate ou difficile.

CAMBOULER v.t. → **CAMBALER.**

CAMBRAGE n.m. Action de cambrer un objet.

CAMBRÉ, E adj. **1.** Qui présente une cambrure : *Avoir les pieds cambrés.* **2.** Qui se cambre : *Un officier avança, le buste cambré.*

CAMBREMENT n.m. Fait de se cambrer.

CAMBRER v.t. [3] (du picard *cambre*). Courber en forme d'arc. ◆ **SE CAMBRER** v.pr. Creuser les reins, se redresser en bombant le torse.

CAMBRÉSIEN, ENNE adj. et n. De Cambrai ; du Cambrésis.

CAMBRIEN [kɑ̃brijɛ̃] n.m. (de *Cambria*, n. lat. du pays de Galles). GÉOL. Système du paléozoïque. ➲ Le cambrien est la première période de l'ère primaire, de – 542 à – 488 millions d'années, au cours de laquelle sont apparus les trilobites. ◆ **CAMBRIEN, ENNE** adj. Du cambrien.

CAMBRIOLAGE n.m. Action de cambrioler ; vol commis par effraction, escalade, etc.

CAMBRIOLER [kɑ̃brijɔle] v.t. [3] (du provenç. *cambro*, chambre). Dévaliser une habitation, un magasin en s'y introduisant par effraction, escalade, etc.

CAMBRIOLEUR, EUSE n. Personne qui cambriole.

CAMBROUSSE n.f. (provenç. *cambrousso*). Fam., péjor. Campagne : *Une maison en pleine cambrousse.*

CAMBRURE n.f. **1.** Courbure en arc ; état de ce qui est cambré : *Cambrure du dos.* **2.** Pièce qui, dans la semelle d'une chaussure, soutient la voûte plantaire.

CAMBUSE n.f. (néerl. *kombuis*). **1.** Magasin d'un navire contenant les vivres et le vin. **2.** Fam. Chambre, maison sans confort.

CAMBUSIER n.m. Membre de l'équipage d'un navire, chargé de la gestion de la cambuse.

1. CAME n.f. (de l'all. *Kamm*, peigne). MÉCAN. INDUSTR. Pièce tournante, génér. disque non circulaire à saillie ou encoche, servant à transformer un mouvement de rotation en un mouvement de translation : *Arbre à cames.*

2. CAME n.f. (de *camelote*). Fam. **1.** Marchandise de mauvaise qualité ; pacotille. **2.** Drogue. ▪ **C'est pas ma came** [fam.], c'est qqch que je n'aime pas : *Le camping, c'est pas ma came.*

CAMÉ, E n. et adj. (de 2. *came*). Fam. Drogué.

CAMÉE n.m. (ital. *cameo*). Bijou, médaillon de pierre fine ou dure, ciselé d'un motif en relief (par oppos. à *intaille*) tirant éventuellement parti des couches de différentes couleurs du matériau (agate, onyx, etc.).

▲ **camée** romain. Apothéose de Germanicus.

CAMÉLÉON n.m. (du gr. *khamaileôn*, lion nain). **1.** Lézard arboricole insectivore, doué d'homochromie, remarquable par sa queue préhensile, ses yeux indépendants et sa langue visqueuse et protractile, vivant en Afrique et dans une partie de l'Asie. ➲ Ordre des lacertiliens. **2.** Fig. (Aussi employé comme adj.). Personne qui change d'apparence, d'attitude, d'opinion, etc. selon les circonstances : *Le plus caméléon de nos acteurs. Ce député est un caméléon.*

▲ **caméléon**

CAMÉLÉONESQUE adj. Changeant comme un caméléon.

CAMÉLIA ou **CAMELLIA n.m.** (lat. *camellia*). **1.** Arbrisseau d'origine asiatique dont il existe de nombreuses espèces ornementales. ➲ Famille des théacées. **2.** Grande fleur très décorative de cet arbrisseau.

▲ **camélia**

CAMÉLIDÉ n.m. (du lat. *camelus*, chameau). Mammifère ongulé des régions arides (Afrique du Nord, Asie centrale, Amérique du Sud), sans cornes, doté de canines supérieures et de larges coussinets plantaires, tel que le chameau, le dromadaire, le lama. ➲ Les camélidés forment une famille.

CAMELINE ou **CAMÉLINE n.f.** (bas lat. *chamaemelina*). Plante à petites fleurs jaunes et aux graines fournissant autref. une huile siccative. ➲ Famille des crucifères.

CAMELLE n.f. (provenç. *camello*). Tas de sel extrait d'un marais salant.

CAMELLIA n.m. → **CAMÉLIA.**

CAMELOT n.m. (de l'arg. *coesmelot*, petit mercier). Marchand forain vendant des objets de pacotille. ■ **Camelot du roi** [hist.], militant de l'Action française. ◆ **n.** Québec. Personne qui distribue les journaux à domicile.

CAMELOTE n.f. Fam. Marchandise de qualité inférieure ; pacotille.

CAMEMBERT n.m. (de *Camembert*, comm. de l'Orne). **1.** Fromage au lait de vache, à pâte molle et à croûte fleurie, originaire de Normandie. **2.** Fam. Graphique rond divisé en secteurs : *Le camembert des élus à l'Assemblée.*

CAMÉO n.m. (de l'angl. *cameo appearance*). Dans un film, brève apparition d'une vedette de cinéma ou d'une personne célèbre qui n'est pas toujours mentionnée au générique.

SE CAMER v.pr. [3] (de 2. *came*). Fam. Se droguer.

CAMÉRA n.f. (angl. *camera*, du lat.). Appareil de prise de vues, pour le cinéma, la télévision ou la vidéo.

CAMERAMAN [kameraman] (pl. *cameramans* ou *cameramen* [-mɛn]), ▲ **CAMÉRAMAN** *(pl. caméramans)* **n.m.** (Anglic. déconseillé). Cadreur.

CAMÉRIER n.m. (ital. *cameriere*). **CATH.** Dignitaire ecclésiastique ou laïque attaché à la personne du pape.

CAMÉRISTE n.f. (esp. *camarista*, de *camara*, chambre). **1. HIST.** Dame d'honneur des femmes nobles, en Italie et en Espagne. **2.** Litt. Femme de chambre.

CAMERLINGUE n.m. (ital. *camerlingo*). **CATH.** Cardinal qui, pendant la vacance du Saint-Siège, a la charge de gérer les affaires courantes et de convoquer le conclave.

CAMEROUNAIS, E adj. et **n.** Du Cameroun ; de ses habitants.

CAMÉSCOPE n.m. (nom déposé ; de *caméra* et *magnétoscope*). Caméra vidéo portative à magnétoscope intégré.

1. CAMION n.m. (orig. inconnue). **1.** Gros véhicule automobile pour le transport de lourdes charges. **2.** Seau à peinture, souvent de forme rectangulaire. ■ **Tombé du camion** [fam.], se dit d'un ensemble de marchandises volées ou détournées et mises en vente à prix cassés : *Vêtements griffés, ordinateurs tombés du camion.*

2. CAMION n.m. BROD. Épingle courte et très fine qui maintient l'ouvrage sur le carreau de la dentellière.

CAMION-CITERNE n.m. (pl. *camions-citernes*). Camion servant au transport en vrac de liquides ou de matières pulvérulentes.

CAMIONNAGE n.m. Transport par camion.

CAMIONNER v.t. [3]. Transporter par camion : *Camionner des fruits, des meubles.*

CAMIONNETTE n.f. Petit camion léger et rapide dont la charge utile ne dépasse pas 1 500 kg.

CAMIONNEUR, EUSE n. Personne qui conduit un camion ; routier. ◆ **n.m.** Entrepreneur en camionnage.

CAMISARD n.m. (du languedocien *camiso*, chemise). Calviniste cévenol en lutte contre l'administration et les armées de Louis XIV, après la révocation de l'édit de Nantes (1685). ➲ Dirigée par des chefs populaires, tels J. Cavalier et Abraham Mazel, la révolte des camisards dura de 1702 à 1710.

CAMISOLE n.f. (provenç. *camisola*). **1.** Anc. Veste légère en lingerie qui était portée par les femmes dans l'intimité. **2.** Québec, Suisse. Maillot de corps. ■ **Camisole chimique** [psychiatr., péjor.], thérapeutique médicamenteuse par psychotropes calmant le malade. ■ **Camisole de force** [psychiatr., anc.], blouse enserrant le thorax et les bras, utilisée pour maîtriser certains malades.

CAMOMILLE [-mij] **n.f.** (gr. *khamaimêlon*). Plante odorante (famille des composées) dont plusieurs espèces (*camomille romaine, camomille sauvage* ou *matricaire*) sont consommées en infusion pour leurs vertus digestives. ■ **Camomille puante**, anthémis d'une espèce à odeur fétide.

CAMORRA n.f. (mot ital.). Association secrète de malfaiteurs, branche napolitaine de la Mafia.

CAMOUFLAGE n.m. 1. Art de dissimuler du matériel de guerre, des troupes, à l'observation ennemie : *Tenue de camouflage.* **2.** Technique de transmission codée où ne sont chiffrés que les mots et les noms propres essentiels. **3.** Fig. Action de dissimuler ou de déguiser la réalité : *Sa jovialité n'est qu'un camouflage.* ■ **(Imprimé) camouflage**, vêtement, tissu, etc., aux motifs tachetés caractéristiques, génér. dans les teintes de vert kaki et de brun, inspirés du camouflage militaire : *Une jupe (imprimé) camouflage.*

CAMOUFLER v.t. [3] (de l'anc. fr. *camouflet*, fumée). **1.** Dissimuler ou maquiller du matériel de guerre, des troupes. **2.** Dissimuler sous une apparence trompeuse ; déguiser : *Camoufler un crime en suicide.* ◆ **SE CAMOUFLER v.pr.** Fam. Se cacher.

CAMOUFLET n.m. (de l'anc. fr. *chault mouflet*, fumée que l'on souffle au nez). **1.** Litt. Blessure d'amour-propre due à une parole, une situation humiliante ; affront : *Essuyer un camouflet.* **2. FORTIF.** Fourneau de mine destiné à écraser une galerie souterraine adverse.

CAMP n.m. (du lat. *campus*, champ). **1.** Lieu aménagé pour le stationnement ou l'instruction d'une formation militaire. **2.** Lieu où l'on fait du camping ; campement. **3.** Espace clos et gardé, aménagé afin de regrouper des personnes en grand nombre et d'en disposer au mépris des droits de l'homme. ➲ Camps de travail*, de concentration* ou d'extermination*, ils auront été une pièce maîtresse des systèmes totalitaires du XXe s. **4.** Dans certains sports ou jeux, terrain défendu par une équipe ; cette équipe. **5.** Groupe de personnes défendant une idée et qui s'oppose à un autre ; parti : *Le camp des écologistes.* ■ **Camp retranché**, portion de terrain où campe une armée, entourée d'une enceinte fortifiée. ■ **Camp volant**, provisoire. ■ **La balle est dans le camp de qqn**, c'est à lui de faire des propositions, de répondre. ■ **Lever, ficher** [fam.], **foutre** [très fam.] **le camp**, s'en aller.

CAMPAGNARD, E adj. et **n.** Relatif à la campagne ; qui vit à la campagne ; rural.

CAMPAGNE n.f. (anc. fr. *champaigne*, du lat. *campus*, champ). **1.** Étendue de pays plat et découvert (par oppos. à *bois*, à *montagne*, etc.). **2.** Les régions rurales, les champs, par oppos. à la *ville* : *L'air de la campagne.* **3. GÉOGR.** Paysage rural ouvert (SYN. **2. champagne, openfield**). **4.** Région. (Provence). Exploitation agricole. **5.** Région. (Provence). Maison de campagne : *Acheter une campagne.* **6.** Expédition militaire ; ensemble d'opérations menées sur un théâtre déterminé : *La campagne de Russie.* **7.** Ensemble de travaux ou d'activités coordonnés entrepris avec un but déterminé et d'une durée préalablement calculée : *Campagne de mise à jour d'un dictionnaire.* **8.** Ensemble concerté d'actions destinées à exercer une influence sur l'opinion, sur certaines personnes, etc. : *Campagne électorale, publicitaire.* ■ **Battre la campagne**, la parcourir en tous sens pour faire lever le gibier, inquiéter l'ennemi, etc. ; fig., déraisonner ; divaguer. ■ **Campagne de fouilles** [archéol.], ensemble de recherches effectuées méthodiquement dans une aire géographique ou sur un site déterminés. ■ **Entrer en campagne**, commencer une entreprise quelconque. ■ **Maison de campagne**, résidence secondaire en dehors des villes. ■ **Se mettre en campagne**, commencer à faire des démarches ou des recherches dans une intention précise.

CAMPAGNOL n.m. (ital. *campagnolo*). Petit rongeur terrestre ou nageur, à queue courte et velue, très nuisible à l'agriculture. ➲ Famille des muridés.

CAMPANAIRE adj. Relatif aux cloches, à leur fabrication.

CAMPANE n.f. (du lat. *campana*, cloche). **ARCHIT.** Corbeille, en forme de cloche renversée, de certains chapiteaux.

CAMPANIFORME adj. ARCHÉOL. Qui a la forme d'une cloche.

CAMPANILE n.m. (mot ital.). **1.** Tour isolée d'une église, contenant les cloches. **2.** Petit clocher, souvent en charpente, sur le faîte d'un bâtiment.

CAMPANISTE n. Personne qui conçoit, installe, entretient et restaure les cloches et les horloges d'édifices.

CAMPANULACÉE n.f. Plante dicotylédone à fleurs en cloche, telle que la campanule, la raiponce, la lobélie. ➲ Les campanulacées forment une famille.

CAMPANULE n.f. (ital. *campanula*). Plante des champs et des montagnes, dont les fleurs bleu violacé ont la forme d'une cloche. ➲ Famille des campanulacées.

CAMPÉ, E adj. ■ **Bien campé**, bien écrit, bien construit, en parlant d'un récit ; bien interprété, en parlant d'un personnage de fiction.

CAMPÊCHE n.m. (de *Campeche*, n.pr.). **1.** Bois lourd et dur, riche en tanin, d'un arbre de l'Amérique tropicale du genre *Hæmatoxylon.* ➲ Sous-famille des césalpiniacées. **2.** Matière colorante extraite de ce bois.

CAMPEMENT n.m. 1. Lieu équipé d'installations, d'abris provisoires ; camping : *Un campement de scouts.* **2.** Ensemble des personnes vivant dans un campement : *Le soir, le campement se réunit autour d'un feu.* **3.** Fig. Installation provisoire et rudimentaire : *Pour l'instant, mon studio est un campement.*

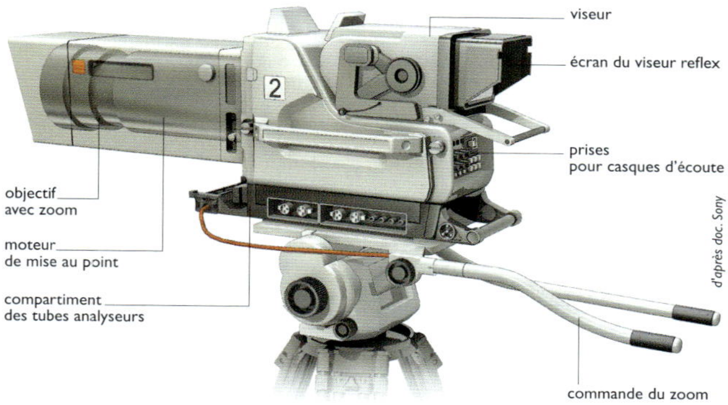

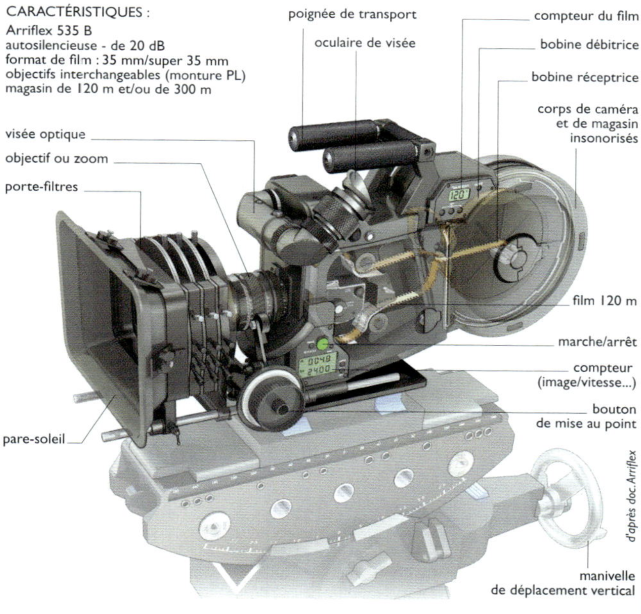

▲ **caméras.** Caméra de plateau de télévision (en haut), caméra professionnelle de cinéma (en bas).

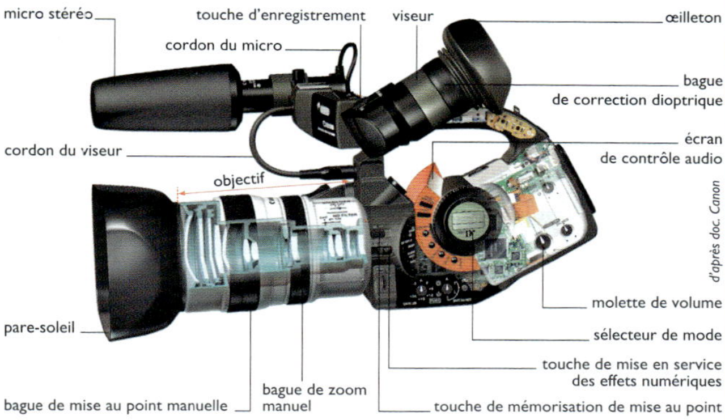

▲ **Caméscope** numérique.

CAMPER v.i. [3]. **1.** Établir un camp militaire ; s'y établir. **2.** Faire du camping. **3.** S'installer provisoirement quelque part : *En attendant de trouver un logement, elle campe chez sa sœur.* ▪ **Camper sur ses positions,** ne pas démordre d'une opinion. ◆ **v.t. 1.** Exprimer, représenter un personnage, une scène avec vigueur, précision : *Il campe un colonel Chabert terriblement émouvant.* **2.** Vx. Installer des troupes dans un camp militaire. **3.** Vieilli. Poser qqch hardiment : *Camper son chapeau sur la tête.* ◆ **SE CAMPER** v.pr. Prendre une pose assurée ou fière et provocante ; se planter : *Il se campa devant le ministre.*

CAMPEUR, EUSE n. Personne qui fait du camping.

CAMPHRE n.m. (ar. *kāfūr*). **1.** Substance aromatique cristallisée extraite du camphrier. **2.** Substance synthétique légèrement antalgique mais toxique, utilisée dans les pommades.

CAMPHRÉ, E adj. Qui contient du camphre : *Huile camphrée.*

CAMPHRIER n.m. Laurier d'Asie orientale et d'Océanie, dont on extrait le camphre.

CAMPING [kɑ̃piŋ] n.m. (mot angl.). **1.** Mode de séjour touristique ou sportif consistant à vivre sous la tente, dans une caravane, un camping-car, en utilisant un matériel adapté à la vie en plein air. **2.** Terrain aménagé pour cette activité.

CAMPING-CAR n.m. (pl. *camping-cars*). Fourgonnette aménagée pour faire du camping. Recomm. off. **autocaravane.**

CAMPING-GAZ n.m. inv. (nom déposé). Petit réchaud de camping à gaz butane.

CAMPO ou **CAMPOS** [kɑ̃po] n.m. (du lat. *dare campos*, donner congé). Fam., vieilli. ▪ **Donner campo à qqn,** lui accorder un moment de repos, une pause.

CAMPUS [kɑ̃pys] n.m. (mot anglo-amér., du lat.). **1.** Vaste terrain construit de bâtiments universitaires et de résidences étudiantes, aux allures de parc, aux États-Unis et au Canada. **2.** Ensemble universitaire regroupant unités d'enseignement et résidences étudiantes.

CAMUS, E [kamy, yz] adj. (orig. incert.). Se dit d'une personne qui a un nez court et plat ; se dit du nez lui-même.

CANADA n.f. Pomme reinette d'une variété à peau jaune ou gris-beige.

CANADAIR n.m. (nom déposé). Bombardier d'eau de la marque de ce nom.

▲ **Canadair**

CANADIANISME n.m. Mot, tournure propres au français ou à l'anglais parlés au Canada.

CANADIEN, ENNE adj. et n. Du Canada ; de ses habitants.

CANADIENNE n.f. **1.** Veste doublée à col enveloppant et à poches, inspirée de celle des trappeurs canadiens. **2.** Petite tente de camping à deux mâts.

CANAILLE n.f. (ital. *canaglia*, de *cane*, chien). **1.** Individu méprisable, malhonnête. **2.** Par plais. Enfant espiègle ; coquin : *Petite canaille !* ◆ adj. **1.** Dont l'honnêteté est douteuse : *Méfiez-vous, il est un peu canaille.* **2.** D'une vulgarité un peu étudiée : *Prendre des airs canailles.*

CANAILLERIE n.f. Litt. **1.** Caractère canaille de qqn, de qqch. **2.** Acte de canaille.

CANAL n.m. (pl. *canaux*) [lat. *canalis*]. **1.** Voie d'eau artificielle creusée pour la navigation. **2.** Bras de mer : *Le canal de Mozambique.* **3.** ANAT. Structure anatomique tubulaire. **4.** ANAT. Conduit naturel permettant l'écoulement de liquides de l'organisme : *Canal cholédoque de la bile.* **5.** ANAT. Zone

a b c d e f g h i j k l m n o p q r s t u v w x y z

de passage rétrécie entre deux régions : *Canal carpien du poignet.* **6.** Voie par laquelle transite l'information entre émetteur et récepteur, dans la théorie de la communication ; moyen de communication. **7. ARCHIT.** Petite moulure creuse, génér. de forme arrondie. ▪ **Canal d'amenée,** servant à conduire les eaux qui alimentent une ville, une centrale hydroélectrique ou nucléaire. ▪ **Canal de distribution** [comm.], filière suivie par un produit pour aller du producteur au consommateur. ▪ **Canal latéral,** construit le long d'un cours d'eau non navigable. ▪ **Canal membranaire** [biochim.], complexe de protéines localisé dans la membrane des cellules, permettant un passage sélectif à travers celle-ci de certains ions (sodium, potassium, calcium, chlorures). ➲ Les canaux ioniques membranaires jouent un rôle essentiel dans la propagation du signal nerveux. ▪ **Canal (radioélectrique),** partie du spectre des fréquences radioélectriques destinée à être utilisée par un émetteur de radio ou de télévision. ▪ **Par le canal de,** par l'intermédiaire, le biais de : *Il a appris la nouvelle par le canal d'un collègue.*

CANALICULE n.m. **ANAT.** Petit canal. ▪ **Canalicules biliaires,** canaux microscopiques qui recueillent la bile à l'intérieur du foie.

CANALISABLE adj. Qui peut être canalisé.

CANALISATION n.f. **1.** Action de canaliser ; son résultat : *La canalisation d'un cours d'eau.* **2.** Tuyauterie assurant la circulation d'un fluide ; conduit : *Canalisation d'eau, de gaz.* **3. ÉLECTROTECHN.** Ensemble comprenant les conducteurs électriques isolés, des câbles et leurs éléments de protection et de fixation.

CANALISER v.t. [3]. **1.** Rendre navigable en aménageant comme un canal, en régularisant le débit : *Canaliser une partie d'un fleuve.* **2.** Diriger dans une direction déterminée en empêchant l'éparpillement, la dispersion : *Canaliser les spectateurs d'un match vers la sortie. Le sport canalise son énergie.*

CANANÉEN, ENNE adj. et n. Du pays de Canaan. ◆ **n.m.** Groupe de langues sémitiques comprenant notamm. le phénicien et l'hébreu.

CANAPÉ n.m. (du gr. *kônôpeion,* moustiquaire). **1.** Long siège à dossier et accotoirs, pour plusieurs personnes. ➲ L'ottomane et le sofa sont des variétés de ce meuble apparu au XVIIe s. **2.** Petite tranche de pain de mie, fraîche ou grillée, garnie de préparations diverses. **3.** Tranche de pain frite au beurre sur laquelle on dresse certains mets (menu gibier à plume, en partic.) : *Cailles sur canapé.*

CANAPÉ-LIT n.m. (pl. *canapés-lits*). Canapé transformable en lit (SYN. **convertible**).

▲ **canards de Barbarie**

CANARD n.m. (de l'anc. fr. *caner,* caqueter). **1.** Oiseau palmipède de la famille des anatidés, bon voilier et migrateur à l'état sauvage, se nourrissant de particules végétales ou de petites proies aquatiques retenues dans son bec filtrant. ➲ Cri : le canard cancane, nasille ; la femelle du canard est la cane ; le petit, le caneton ou canardeau. **2.** Fausse note criarde ; couac. **3.** Morceau de sucre trempé dans le café ou l'alcool. **4.** Tasse à bec pour faire boire les malades. **5.** Fam. Fausse nouvelle. **6.** Fam. Journal. ▪ **Canard boiteux** [fam.], membre d'un groupe qui ne réussit pas aussi bien que les autres : *Le canard boiteux du gouvernement ;* entreprise qu'une mauvaise gestion a mise en difficulté. ▪ **Canard de Barbarie,** canard domestique de couleur noire panachée de blanc, bronzée ou blanche. ▪ **Plan(-)canard** [aéron.], empennage horizontal placé à l'avant du fuselage d'un avion à aile delta, afin d'améliorer les performances de l'appareil aux basses vitesses ainsi que sa manœuvrabilité. ▪ **Vilain petit canard,** dans un groupe, personne qui n'est pas dans les normes fixées et qui subit railleries et brimades (par allusion au conte d'Andersen).

CANARDEAU n.m. Petit du canard (SYN. **caneton**).

CANARDER v.t. [3]. Fam. Tirer sur qqn, surtout avec une arme à feu, en étant soi-même à l'abri.

CANARDIÈRE n.f. **1.** Mare pour les canards. **2.** Partie d'un étang aménagée pour prendre au filet les canards sauvages.

1. CANARI n.m. (esp. *canario*). Serin des îles Canaries, de couleur jaune verdâtre, souche des races domestiques. ➲ Famille des fringillidés. ◆ **adj. inv.** D'un jaune tirant sur le vert.

2. CANARI n.m. (d'une langue de Guyane). Afrique, Antilles. Récipient en terre cuite pour l'eau potable.

CANASSON n.m. (de *canard*). Fam., péjor. Cheval.

CANASTA n.f. (mot esp. « corbeille »). Jeu de cartes par combinaisons, pratiqué le plus souvent par quatre joueurs avec deux jeux de 52 cartes et 4 jokers, et consistant à réaliser des séries de 7 cartes de même valeur appelées elles aussi *canastas.*

CANCALE n.f. Huître plate de Cancale.

1. CANCAN n.m. (du lat. *quanquam,* quoique). Fam. Bavardage malveillant ; commérage : *Ces cancans l'ont obligé à démissionner.*

2. CANCAN n.m. (de *canard*). **1.** Musique de danse écrite sur un rythme à 2/4 très rapide. **2.** Danse française, variante du quadrille. ▪ **French cancan,** ou **cancan,** danse de scène française, exécutée par des girls dans certains music-halls ou cabarets depuis la fin du XIXe s.

CANCANER v.i. [3]. **1.** Pousser son cri, en parlant du canard. **2.** Fam. Faire des commérages ; jaser.

CANCANIER, ÈRE adj. et n. Qui a l'habitude de faire des cancans, des commérages.

CANCER n.m. (mot lat. « crabe »). **1.** Ensemble de cellules indifférenciées qui, échappant au contrôle de l'organisme, se multiplient indéfiniment, envahissent les tissus voisins en les détruisant, et se répandent dans l'organisme en métastases ; la maladie qui en résulte (SYN. **tumeur maligne**). **2.** Fig. Mal qui se répand dangereusement au sein d'un groupe : *Le cancer de la corruption.* ▪ **Le Cancer,** constellation et signe du zodiaque (v. partie n.pr.). ▪ **Un Cancer, n. inv.,** personne née sous le signe du Cancer.

➲ Le **CANCER** peut atteindre tous les organes et tous les tissus. Quelle qu'en soit la localisation, la cellule cancéreuse présente des anomalies caractéristiques, reconnaissables au microscope. Le tissu cancéreux a une structure anarchique profondément modifiée par rapport au tissu d'origine et il envahit les tissus voisins. Il se dissémine à distance par voie sanguine ou lymphatique (métastases). Le facteur déclenchant qui transforme une cellule normale en cellule cancéreuse peut être chimique (constituant de la fumée de cigarette), physique (rayonnement ionisant), biologique (infection virale). Il induit un déséquilibre entre deux sortes de gènes cellulaires, les oncogènes (qui provoquent le cancer) et les gènes suppresseurs de tumeur (qui s'opposent au cancer). Selon l'organe atteint, le cancer se manifeste par une grande variété de signes cliniques, mais un diagnostic de plus en plus précoce, fondé essentiellement sur l'examen d'anatomie pathologique (biopsie), permet d'instituer un traitement plus efficace (chirurgie, radiations, chimiothérapie, immunothérapie).

CANCÉREUX, EUSE adj. De la nature du cancer : *Cellule cancéreuse.* ◆ **adj. et n.** Atteint d'un cancer.

CANCÉRIGÈNE adj. et n.m. → **CANCÉROGÈNE.**

CANCÉRISATION n.f. Dégénérescence cancéreuse d'un tissu.

SE **CANCÉRISER** v.pr. [3]. Subir une cancérisation.

CANCÉROGÈNE ou **CANCÉRIGÈNE** adj. et n.m. Qui peut provoquer ou favoriser l'apparition d'un cancer : *Virus, substance, radiation cancérogènes* (SYN. **carcinogène, oncogène**). ▪ **Cancérogène, mutagène, reprotoxique** → **CMR.**

CANCÉROGENÈSE n.f. Processus de formation du cancer (SYN. **carcinogenèse**).

CANCÉROLOGIE n.f. Discipline médicale qui étudie et traite le cancer (SYN. **carcinologie, oncologie**).

CANCÉROLOGIQUE adj. Relatif à la cancérologie.

CANCÉROLOGUE n. Médecin spécialiste du cancer.

CANCÉROPHOBIE n.f. Crainte morbide et injustifiée du cancer.

CANCHE n.f. **1.** Graminée sauvage dont une espèce est fourragère. **2.** Arbrisseau des montagnes (Alpes), voisin de la myrtille, à baies rouges. ➲ Famille des éricacées.

CANCOILLOTTE [kɑ̃kwajɔt] ou [kɑ̃kɔjɔt] n.f. (de l'anc. fr. *caillote,* lait caillé). Fromage semi-liquide fabriqué en Franche-Comté, à partir de metton.

CANCRE n.m. (du lat. *cancer,* crabe). Fam. Élève paresseux et nul.

CANCRELAT n.m. (néerl. *kakkerlak*). Blatte.

CANDELA [kɑ̃dela], ▲ *CANDÉLA* n.f. (mot lat. « chandelle »). Unité de mesure d'intensité lumineuse (symb. cd) équivalant à l'intensité lumineuse, dans une direction donnée, d'une source qui émet un rayonnement monochromatique de fréquence 540×10^{12} hertz et dont l'intensité énergétique dans cette direction est 1/683 watt par stéradian.

CANDÉLABRE n.m. (lat. *candelabrum*). **1.** Chandelier ou flambeau à plusieurs branches. **2.** Ornement vertical fait de coupes, de vases superposés associés à des arabesques, caractéristique de l'art de la Renaissance. **3.** Vx. Lampadaire de voie publique.

▲ **candélabre.** Détail d'un bas-relief (début du XVIe s.) provenant du château de Gaillon. (Musée du Louvre, Paris.)

CANDEUR n.f. (du lat. *candor,* blancheur). Ingénuité proche de la naïveté ; parfaite innocence ; crédulité : *La candeur des enfants.*

CANDI, E adj. (de l'ar. *qandī,* sucre cristallisé). ▪ **Fruit candi,** enrobé de sucre candi : *Une orange candie.* ▪ **Sucre candi,** purifié et cristallisé en gros cristaux.

CANDIDA n.m. (mot lat. « blanche »). Champignon microscopique apparenté aux levures, responsable des candidoses.

CANDIDAT, E n. (lat. *candidatus,* de *candidus,* blanc, les candidats aux fonctions publiques s'habillant de blanc, à Rome). **1.** Personne qui aspire à un titre, qui se présente à une élection : *Elle est candidate à la mairie.* **2.** Personne qui postule un emploi : *Chaque candidat passe un entretien.* **3.** Personne qui se présente à un examen, à un concours.

CANDIDATER v.t. ind. [3] (de *candidat*). Postuler à un emploi, une fonction, etc. : *Candidater au* ou *pour le poste d'informaticien.*

CANDIDATURE n.f. Fait d'être candidat ; action de se porter candidat : *Dépôt en ligne des candidatures.*

CANDIDE adj. (du lat. *candidus,* blanc). Qui manifeste de la candeur ; ingénu : *Des enfants candides. Regard, question candides.*

CANDIDEMENT adv. Avec candeur ; naïvement.

CANDIDOSE n.f. **MÉD.** Infection mycosique due à un champignon du genre *Candida,* atteignant surtout la peau ou les muqueuses buccales (muguet) ou génitales (vaginite).

CANDIR v.t. [21] (de *candi*). **1.** Cristalliser du sucre. **2.** Enrober des bonbons d'un sirop de sucre. ◆ **SE CANDIR** v.pr. Se cristalliser, en parlant du sucre.

CANDISATION n.f. Action de candir le sucre, les fruits.

CANDOMBLÉ n.m. (d'un mot africain). Culte à prédominance d'éléments africains (transes, prières), comparable au vaudou et pratiqué au Brésil ; lieu, espace où il se célèbre.

CANE n.f. **1.** Canard femelle. **2.** Oiseau aquatique de la famille des anatidés, telle la cane de Guinée, appelée aussi *canard musqué*.

CANÉ, E ou **CANNÉ, E** adj. Fam. Épuisé ; mort.

CANEBIÈRE ou **CANNEBIÈRE** n.f. (du provenç. *canèbe*). Chènevière.

CANÉFICIER n.m. **BOT.** Cassier d'une espèce antillaise ornementale.

CANEPETIÈRE n.f. Petite outarde à collier blanc d'Europe méridionale, d'Asie et du Nord-Ouest africain.

CANÉPHORE n.f. (gr. *kanêphoros*). **ANTIQ. GR.** Porteuse d'une corbeille sacrée, dans les processions de la Grèce antique ; sa représentation sculptée.

1. CANER v.i. **[3]** (de *cane*). Fam., vieilli. Reculer devant le danger, la difficulté.

2. CANER ou **CANNER** v.i. **[3]** (de l'arg. *canne*, jambe). Fam. **1.** Mourir. **2.** Vieilli. S'en aller ; s'enfuir.

CANETAGE ou **CANNETAGE** n.m. **TEXT.** Opération consistant à enrouler sur une canette le fil destiné à constituer la trame d'un tissu.

CANETIÈRE ou **CANNETIÈRE** n.f. **TEXT.** Machine à enrouler le fil de trame sur une canette.

CANETON n.m. Canardeau.

1. CANETTE n.f. Jeune cane.

2. CANETTE ou **CANNETTE** n.f. (du lat. *canna*, tuyau). **1.** Petite bouteille à bière ; son contenu. **2.** Petite boîte métallique contenant une boisson (bière, soda, etc.) ; son contenu (SYN. **boîte-boisson**). **3. TEXT.** Cylindre contenu dans la navette autour duquel on enroule le fil de trame sur un métier à tisser et le fil à coudre ou à broder sur une machine à coudre.

CANEVAS [kanva] n.m. (de l'anc. fr. *chenevas*, chanvre). **1.** Grosse toile à tissage peu serré utilisée comme support dans la tapisserie ou la dentelle à l'aiguille. **2.** Ensemble des points principaux d'une œuvre littéraire, d'un exposé ; trame : *Le canevas d'un roman.* **3.** Ensemble de points géodésiques connus en position, servant à un levé cartographique.

CANGUE n.f. (port. *canga*). En Chine, carcan qui enserrait le cou et les poignets des prisonniers.

CANICHE n.m. (de *cane*). Chien d'agrément à l'abondante toison bouclée.

CANICULAIRE adj. Se dit d'une période de grande chaleur ou de la chaleur elle-même ; torride : *Un été caniculaire.*

CANICULE n.f. (du lat. *canicula*, petite chienne, n. donné à l'étoile Sirius). **1.** Période de très grande chaleur de l'été ; cette chaleur. **2. ASTRON.** Époque où l'étoile Sirius se lève et se couche avec le Soleil, et qui marquait jadis le début de l'été (à la latitude du Caire).

CANIDÉ n.m. (du lat. *canis*, chien). Mammifère carnivore digitigrade au museau allongé, au corps élancé, aux pattes hautes et aux griffes non rétractiles, tel que le loup, le chien, le chacal. ➲ Les canidés forment une famille.

CANIER n.m. Région. (Provence). Lieu où poussent les roseaux.

CANIF n.m. (mot germ.). **1.** Petit couteau de poche à une ou plusieurs lames repliables. **2.** Tige d'acier emmanchée, à biseau affûté, outil de graveur sur bois de fil. ▪ **Donner un coup de canif au** ou **dans le contrat** [fam.], ne pas respecter un engagement ; pour un conjoint, commettre une infidélité.

CANIN, E adj. (lat. *caninus*, de *canis*, chien). Relatif au chien : *Une exposition canine.*

CANINE n.f. Dent souvent pointue, située entre les incisives et les prémolaires. ➲ Les canines sont très développées chez les carnivores et les porcins, réduites ou absentes chez les mammifères végétariens.

CANISSE n.f. → **CANNISSE.**

CANITIE [-si] n.f. (lat. *canities*, de *canus*, blanc). Décoloration du système pileux, normale ou pathologique.

CANIVEAU n.m. (orig. obscure). **1.** Canal d'évacuation des eaux, placé de chaque côté d'une chaussée. **2.** Conduit dans lequel on pose les câbles électriques et leurs gaines. ▪ **De caniveau** [péjor.], se dit d'une presse racoleuse et médiocre.

CANNA n.m. (mot lat. « roseau »). Nom générique des balisiers.

CANNABACÉE ou **CANNABINACÉE** n.f. Plante dicotylédone de l'hémisphère Nord tempéré, telle que le houblon et le chanvre. ➲ Les cannabacées forment une minuscule famille.

CANNABIQUE adj. Relatif au cannabis.

CANNABIS [-bis] n.m. (mot lat. « chanvre »). **1.** Nom scientifique du chanvre, pour toutes ses variétés. **2.** Cour. Chanvre indien (*Cannabis sativa*). **3.** Plante dont on tire une drogue aux propriétés analogues à celles du chanvre indien. **4.** Drogue dérivée du chanvre indien, telle que le haschisch ou la marijuana, consommée pour ses propriétés psychotropes.

➲ Le **CANNABIS** se présente sous forme d'herbes ou de feuilles (marijuana, kif), ou de résine (haschisch). À faible dose, il désinhibe, entraîne ivresse et euphorie, sentiment de relaxation, de légèreté et de flottement, ainsi que diminution de la douleur. À forte dose, il a une action hallucinogène qui peut se traduire par des épisodes délirants avec une tendance suicidaire, des accès de violence et une incoordination motrice. Il peut provoquer d'autres effets secondaires : nausées, vomissements, accélération cardiaque, irritabilité, troubles de la mémoire, perte de la notion du temps, crises schizophréniques et paranoïaques.

CANNABISME n.m. Usage du cannabis.

CANNAGE n.m. Action de canner un siège ; la garniture elle-même.

CANNAIE n.f. Lieu planté de cannes, de roseaux.

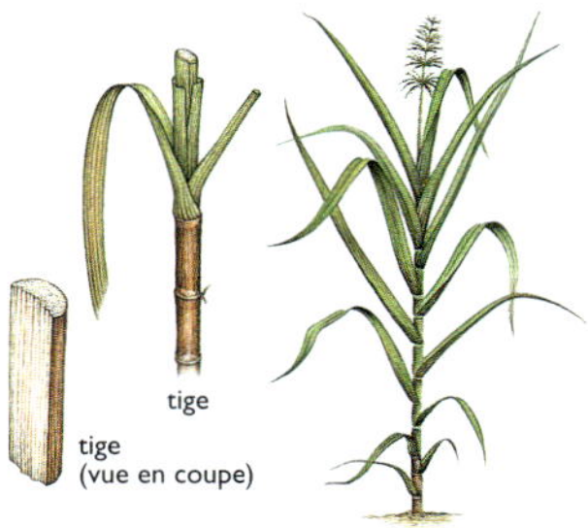

▲ **canne à sucre**

CANNE n.f. (provenç. *cana*). **1.** Bâton au manche souvent recourbé, sur lequel on s'appuie en marchant. **2.** Long tube servant à souffler le verre. **3.** Nom usuel de certains roseaux ou bambous. **4.** Sorte d'escrime pratiquée avec une canne de bois tenue d'une main. **5.** Fam. Jambe. ▪ **Canne anglaise**, munie d'un support pour l'avant-bras et d'une poignée pour la main (SYN. **canne-béquille**). ▪ **Canne à pêche**, perche flexible à l'extrémité de laquelle s'attache la ligne ; gaule. ▪ **Canne à sucre**, plante tropicale haute de 2 à 5 m, cultivée pour le sucre extrait de sa tige. ➲ Famille des graminées. ▪ **Canne blanche**, utilisée par une personne aveugle ou malvoyante.

1. CANNÉ, E adj. Garni de lanières entrelacées de jonc, de rotin, etc. : *Une chaise cannée.*

2. CANNÉ, E adj. → **CANÉ.**

CANNE-BÉQUILLE n.f. (pl. *cannes-béquilles*). Canne anglaise.

CANNEBERGE n.f. (orig. inconnue). Arbrisseau des tourbières des régions froides, à baies comestibles (famille des éricacées) ; cette baie rouge, à goût acidulé. (Au Québec, on dit aussi *atoca*.)

CANNEBIÈRE n.f. → **CANEBIÈRE.**

CANNE-ÉPÉE n.f. (pl. *cannes-épées*). Canne creuse dissimulant une épée.

1. CANNELÉ, E adj. Orné de cannelures.

2. CANNELÉ n.m. Petit gâteau à pâte molle, à fine croûte caramélisée, parfumé au rhum et à la vanille, cuit dans un moule à cannelures. ➲ Spécialité du Bordelais.

CANNELER v.t. **[16]**, ▲ *[12]*. Orner de cannelures : *Canneler une colonne.*

CANNELIER n.m. Arbre de l'Inde, du Sri Lanka, de Chine, dont l'écorce fournit la cannelle. ➲ Genre *Cinnamomum* ; famille des lauracées.

1. CANNELLE n.f. (lat. *cannella*). Poudre de l'écorce du cannelier, obtenue par raclage et employée comme aromate. ▪ **Pomme cannelle**, fruit comestible d'une espèce d'annone. ◆ **adj. inv.** De la couleur brun clair de la cannelle.

2. CANNELLE n.f. (de l'anc. fr. *canne*, tuyau). **1.** Robinet que l'on met à une cuve, un tonneau. **2. TEXT.** Bobine réceptrice d'un métier à tisser.

CANNELLONI n.m. (mot ital.). Pâte alimentaire roulée en cylindre et farcie : *Des cannellonis.* ➲ Cuisine italienne.

CANNELURE n.f. **1.** Rainure rectiligne en creux, à la surface d'une matière, d'un objet, etc. **2. ARCHIT.** Chacune des moulures verticales ou en hélice creusées sur le fût d'une colonne, le plat d'un pilastre, etc. **3. BOT.** Strie longitudinale sur la tige de certaines plantes. **4. GÉOMORPH.** Sillon rectiligne ou légèrement courbe creusé par l'érosion dans les roches qui affleurent, large de quelques millimètres à plusieurs dizaines de centimètres, long de plusieurs mètres. **5. MÉCAN. INDUSTR.** Rainure longitudinale sur une pièce mécanique de révolution. **6.** Chacune des stries parallèles qui ornementent la tranche d'une pièce de monnaie.

1. CANNER v.t. **[3].** Garnir le fond, le dossier d'un siège d'un treillis de rotin, de jonc.

2. CANNER v.i. → **2. CANER.**

CANNETAGE n.m. → **CANETAGE.**

CANNETIÈRE n.f. → **CANETIÈRE.**

CANNETILLE n.f. Fil de métal (or, argent, etc.) enroulé en spirale, que l'on utilise en broderie.

CANNETTE n.f. → **2. CANETTE.**

CANNEUR, EUSE ou **CANNIER, ÈRE** n. Personne qui canne les sièges.

1. CANNIBALE adj. et n. (esp. *canibal*, d'un mot caraïbe). Anthropophage. ◆ **adj.** Qui dévore les animaux de sa propre espèce.

2. CANNIBALE n.m. Belgique. Steak tartare servi sur un toast.

CANNIBALESQUE adj. Qui relève du cannibalisme.

CANNIBALISATION n.f. Action de cannibaliser ; son résultat : *La cannibalisation d'un ancien modèle par un nouveau.*

CANNIBALISER v.t. **[3]** (angl. *to cannibalize*). **1.** Récupérer les pièces détachées en bon état d'un objet, d'un appareil hors d'usage : *Cannibaliser un ordinateur.* **2. COMM.** En parlant d'un produit, concurrencer un autre produit de la même entreprise, lui prendre des parts de marché.

CANNIBALISME n.m. Fait pour un homme, un animal de manger ses congénères.

▲ **cannes à pêche**

CANNIER, ÈRE n. → **CANNEUR.**

CANNISSE ou **CANISSE** n.f. (mot provenç.). Tige de roseau dont l'assemblage en claies sert notamm. de coupe-vent (surtout dans le Midi).

CANOË [kanɔe], ▲ *CANOÉ* **n.m.** (angl. *canoe*, de l'arawak). Embarcation légère et portative, à fond plat, mue à la pagaie simple : *Descendre les gorges du Verdon en canoë* ; sport pratiqué avec cette embarcation : *Faire du canoë.*

CANOÉISTE n. Céiste.

CANOË-KAYAK n.m. sing., ▲ *CANOÉ-KAYAK n.m.* Ensemble des épreuves disputées en canoë et en kayak.

1. CANON n.m. (ital. *cannone*, de *canna*, tube). **1.** Pièce d'artillerie non portative servant à lancer des projectiles lourds : *Canon antichar, automoteur, de campagne.* **2.** Arme principale d'un char, montée sur tourelle. **3.** Dans une arme à feu, tube par où passe le projectile : *Nettoyer le canon d'un fusil, d'un revolver.* **4.** Chez les équidés, les ruminants, partie d'un membre comprise entre le jarret et le boulet (à l'arrière) ou bien entre le genou et le boulet (à l'avant). **5.** Au XVIIe s., ornement enrubanné qui s'attachait au bas de la culotte. ▪ **Canon à électrons,** dispositif producteur d'un faisceau intense d'électrons. ▪ **Canon à neige,** appareil utilisé pour projeter de la neige artificielle sur les pistes de ski (SYN. **enneigeur**). ▪ **Canon de guidage, de perçage** [mécan. industr.], cylindre creux destiné à guider un foret.

2. CANON n.m. (de *1. canon*). Fam. Verre de vin.

3. CANON n.m. (du gr. *kanôn*, règle). **1.** THÉOL. CHRÉT. Décret, règle concernant la foi ou la discipline religieuse : *Les canons de l'Église.* **2.** Ensemble des textes de la Bible tenus pour être d'inspiration divine et officiellement reconnus. **3.** Ensemble de règles servant à déterminer les proportions du corps humain selon un idéal esthétique (à l'origine, dans la statuaire grecque) ; cet idéal. **4.** Litt. Principe servant de règle ; objet pris comme type idéal : *Les canons de la beauté changent avec les époques.* **5.** MUS. Composition à deux ou plusieurs voix répétant à intervalle et à distance fixes le même dessin mélodique : *Chanter en canon.* ◆ **adj.** ▪ **Droit canon,** droit ecclésiastique (SYN. **droit canonique**). ➲ Il est régi par un Code pour l'Église latine et un Code pour les Églises d'Orient.

4. CANON adj. inv. et n.m. (de *3. canon*). Fam. Se dit d'une femme au physique très attirant : *Des filles canon.*

CAÑON n.m. → **CANYON.**

CANONIAL, E, AUX adj. **1.** Réglé par les canons de l'Église. **2.** Relatif aux chanoines.

CANONICAT n.m. (du lat. *canonicus*, chanoine). Dignité, office de chanoine.

CANONICITÉ n.f. CHRIST. Caractère de ce qui est canonique.

CANONIQUE adj. **1.** CHRIST. Conforme aux canons de l'Église. **2.** Conforme aux règles, à la norme : *Une phrase canonique.* **3.** MATH. Se dit, pour certaines notions générales, de leur exemplaire le plus simple : *Base canonique d'un espace vectoriel.* ▪ **Âge canonique,** âge respectable (par allusion à l'âge minimal de quarante ans imposé aux servantes des ecclésiastiques). ▪ **Droit canonique** [christ.], droit canon.

CANONIQUEMENT adv. CHRIST. De façon canonique.

CANONISABLE adj. Susceptible d'être canonisé.

CANONISATION n.f. CATH. Proclamation solennelle du pape et cérémonie par lesquelles, au terme d'une longue enquête, ou *procès*, un bienheureux est inscrit au nombre des saints.

CANONISER v.t. [3] (lat. *canonizare*, du gr. *kanonizein*, régler). Inscrire un bienheureux au nombre des saints au terme d'un procès de canonisation.

CANONISTE n.m. Théologien spécialiste du droit canon.

CANONNADE n.f. Échange ou succession de coups de canon.

CANONNAGE n.m. Action de canonner.

CANONNER v.t. [3]. Tirer au canon sur un objectif.

CANONNIER n.m. Militaire spécialisé dans le service des canons.

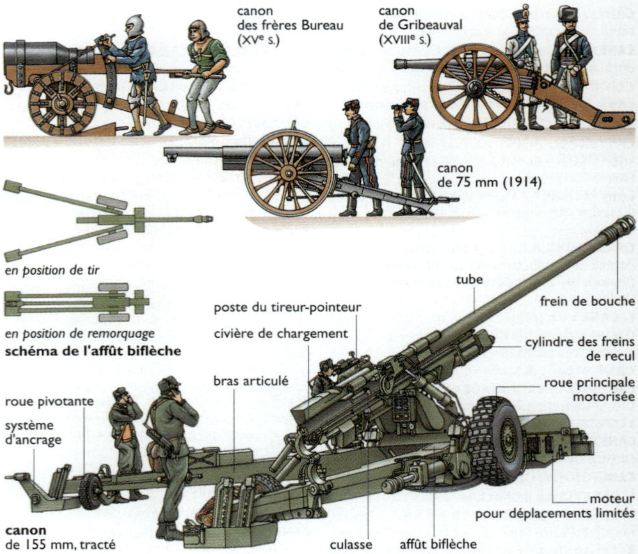

▲ **canons**

CANONNIÈRE n.f. MAR. Bâtiment léger armé de canons et employé sur les fleuves et près des côtes.

CANOPE n.m. (lat. *canopus*). Urne funéraire de l'Égypte pharaonique, au couvercle en forme de tête humaine ou animale, qui renfermait les viscères des morts.

✎ Peut s'employer en appos. : *Vase canope.*

▲ **canope.** Vases canopes (Basse Époque) en bois stuqué et peint. (Musée du Louvre, Paris.)

CANOPÉE n.f. (angl. *canopy*). ÉCOL. Étage sommital d'une forêt. ➲ La *canopée* des forêts tropicales est partic. dense et riche en espèces vivantes.

CANOT n.m. (esp. *canoa*, d'un mot caraïbe). **1.** Embarcation non pontée mue à la rame, à la voile ou au moteur : *Se promener en canot sur un lac.* **2.** Québec. Embarcation légère, à extrémités pointues, mue à la pagaie : *Canot d'écorce, de fibre de verre.* ▪ **Canot de sauvetage,** embarcation munie de caissons d'insubmersibilité et destinée à porter secours en mer aux passagers des navires en perdition. ▪ **Canot pneumatique,** embarcation en toile imperméabilisée, gonflée d'air ou d'un gaz inerte.

CANOTAGE n.m. Action de canoter : *Le canotage est interdit sur ce lac.*

CANOT-CAMPING n.m. sing. Québec. Excursion de plusieurs jours en canot, au cours de laquelle on campe.

CANOTER v.i. [3]. Manœuvrer un canot ; se promener en canot.

CANOTEUR, EUSE n. Personne qui canote.

CANOTIER n.m. **1.** Rameur faisant partie de l'équipage d'un canot. **2.** Chapeau de paille à calotte et bords plats.

CANTABILE [-bile] adv. (mot ital.). MUS. En jouant de manière expressive, comme si l'on chantait. ◆ **n.m.** Morceau joué cantabile.

CANTAL n.m. (pl. *cantals*). Fromage AOC au lait de vache, à pâte pressée non cuite, fabriqué en Auvergne.

CANTALOUP n.m. (de *Cantalupo*, villa du pape, près de Rome). Melon à peau lisse et à chair orange.

CANTATE n.f. (ital. *cantata*). Composition musicale à une ou plusieurs voix avec accompagnement instrumental sur un sujet sacré ou profane : *Les cantates de Bach.*

CANTATILLE [-tij] n.f. Petite cantate de chambre.

CANTATRICE n.f. (mot ital.). Chanteuse professionnelle d'opéra ou de chant classique.

CANTER [kɑ̃tɛr] n.m. (mot angl.). Galop d'essai effectué par les chevaux immédiatement avant une course.

CANTHARELLALE n.f. Champignon basidiomycète tel que les chanterelles, les hydnes, les clavaires et la fistuline. ➲ Les cantharellales forment un ordre.

CANTHARIDE n.f. (lat. *cantharis, -idis*). Insecte coléoptère vert doré, fréquent sur les frênes.

CANTHARIDINE n.f. Substance active toxique extraite des cantharides.

CANTILÈNE n.f. (ital. *cantilena*). Au Moyen Âge, poème chanté à caractère épique, dérivant de séquences en latin.

CANTILEVER [-ləvər] adj.m. et n.m. (mot anglo-amér.). TRAV. PUBL. Se dit d'une structure comportant des consoles sur lesquelles s'appuient en porte à faux des poutres secondaires et, en partic., d'un pont dont les poutres principales sont prolongées de manière à supporter une poutre de portée réduite.

CANTILLATION [-tilasjɔ̃] n.f. (du lat. *cantilare*, fredonner). Sorte de déclamation employée pour les lectures publiques de prières ou de textes sacrés (Bible, Coran).

CANTINE n.f. (de l'ital. *cantina*, cave). **1.** Service qui prépare les repas d'une collectivité ; réfectoire où sont pris ces repas : *Déjeuner à la cantine du collège.* **2.** Petite malle, utilisée en partic. par les militaires : *Préparer sa cantine.* **3.** Service qui permet aux détenus d'acheter des produits courants en complément de ceux fournis gratuitement par l'administration pénitentiaire, ainsi que des journaux, du tabac, etc. **4.** Suisse. Vaste tente dressée en plein air pour une fête, une manifestation. **5.** Afrique. Petite boutique installée sur un marché ou sur la voie publique. ▪ **Discours de cantine** [Suisse], discours électoral, souvent conventionnel.

CANTINER v.i. [3]. Fam. Faire des achats à la cantine d'une prison.

CANTINIER, ÈRE n. Personne qui tient une cantine.

CANTINIÈRE n.f. Anc. Femme qui tenait la cantine d'un régiment.

CANTIQUE n.m. (lat. *canticum*). Chant d'action de grâces ; chant religieux en langue vulgaire.

CANTOCHE n.f. Arg. scol. Cantine.

CANTON n.m. (mot provenç. « coin »). **1.** En France, subdivision territoriale d'un arrondissement : *Un chef-lieu de canton.* **2.** En Suisse, chacun des États qui composent la Confédération. **3.** Au Luxembourg, chacune des principales divisions administratives. **4.** Au Québec, division territoriale génér. rectangulaire et dont la superficie habituelle est de cent milles carrés (25 888 hectares). **5. HÉRALD.** Pièce honorable de forme carrée, en général dans un angle de l'écu. ▪ **Canton (de voie),** unité de découpage d'une voie ferrée servant de base à la signalisation d'espacement des trains.

CANTONADE n.f. (provenç. *cantonada*). Coulisse d'un théâtre. ▪ **À la cantonade,** en s'adressant à un personnage qui est en coulisse ; sans paraître s'adresser précisément à qqn : *Le ministre annonça à la cantonade qu'il tiendrait une conférence de presse.*

CANTONAIS, E adj. et **n.** De Canton. ◆ **n.m.** Dialecte chinois parlé au Guangdong et au Guangxi, et largement diffusé en Asie et en Océanie (SYN. **yue**).

CANTONAL, E, AUX adj. Relatif au canton. ▪ **Élections cantonales,** ou **cantonales, n.f. pl.** [vieilli], élections départementales*.

CANTONNEMENT n.m. 1. Établissement temporaire de troupes dans des lieux habités ; lieu où cantonne une troupe : *Les soldats sont bloqués dans leurs cantonnements.* **2. DR.** Délimitation d'un terrain ; terrain ainsi délimité. **3. DR.** Limitation du droit d'un créancier. **4. CH. DE F.** Ensemble des dispositions prises pour éviter le rattrapage d'un train par un autre circulant sur la même voie et dans le même sens.

CANTONNER v.t. [3]. 1. Mettre à l'écart : *Cantonner des moutons atteints de fièvre aphteuse ;* limiter les activités, les attributions de qqn : *Cantonner qqn à des tâches subalternes.* **2. ARCHIT.** Garnir dans les angles. ▪ **Cantonner des troupes,** les installer dans des cantonnements. ◆ **v.i.** Pour une troupe, s'installer dans un cantonnement. ◆ **SE CANTONNER v.pr. 1.** Se tenir à l'écart ; se confiner : *Elle se cantonne dans son bureau pour travailler.* **2. (À).** Se limiter à ; se borner à : *Il s'est cantonné à une explication sommaire.*

CANTONNIER n.m. Ouvrier chargé de l'entretien des routes et de leurs bordures.

CANTONNIÈRE n.f. (du provenç. *canton*, coin). **1.** Bande d'étoffe masquant le haut des rideaux au-dessus d'une fenêtre. **2.** Garniture métallique qui renforce les coins d'une malle, d'un coffre, etc.

CANTOR n.m. (all. *Kantor*). Musicien chargé du chant liturgique ou de la direction de la chapelle, dans certaines grandes églises allemandes.

CANTRE n.m. (orig. obscure). **TEXT.** Partie de l'ourdissoir ou du bâti munie de broches pour recevoir les bobines de fil.

CANULAR n.m. (de *canuler*). Fam. Action ou propos visant à abuser de la crédulité de qqn ; mystification.

CANULARESQUE adj. Fam. Qui tient du canular.

CANULE n.f. (lat. *cannula*). Petit tuyau introduit dans un orifice de l'organisme pour permettre le passage d'air ou de liquides.

CANULER v.t. [3] (de *canule*). Fam., vieilli. Ennuyer ; importuner.

CANUT, USE [kany, yz] **n.** (p.-ê. de *canette*, bobine de fil). Ouvrier spécialisé dans le tissage de la soie, à Lyon. ▪ **La révolte des Canuts*,** v. partie n.pr.

CANYON [kanjɔn] ou **CAÑON** [kanjɔn] ou [kanjɔ̃] **n.m.** (de l'hispano-amér. *cañon*, conduit). Vallée profonde aux parois verticales, creusée par un cours d'eau : *Le Grand Canyon du Colorado, aux États-Unis.* ▪ **Canyon sous-marin,** dépression allongée et étroite, à versants escarpés, des fonds océaniques.

▲ **canyon.** Le canyon de Horseshoe Bend, en Arizona.

CANYONISME ou **CANYONING** [kanjɔniŋ] **n.m.** Sport mêlant la randonnée, la nage en eau vive et l'escalade, et consistant à descendre des cours d'eau encaissés au profil accidenté.

CANYONISTE n. Personne qui pratique le canyonisme.

CANZONE [kɑ̃tsɔne] **n.f.** (mot ital.). **1.** Chanson italienne à plusieurs voix ; transcription pour orgue ou pour luth de cette chanson ; pièce instrumentale ouvrant la voie à la sonate préclassique. **2. LITTÉR.** En Italie, petit poème lyrique divisé en stances.

CAO ou **C.A.O.** [seao] **n.f.** (sigle). Conception assistée par ordinateur.

CAODAÏSME n.m. Religion du mouvement Cao Dai, fondée en 1926 au Viêt Nam par Ngô Van Chiêu (1878-1926), caractérisée par un syncrétisme où se fondent bouddhisme, confucianisme et christianisme.

CAOUA n.m. (ar. *qahwa*). Fam. Café (boisson).

CAOUANNE, ▲ *CAOUANE* **n.f.** (mot caraïbe). Caret (tortue).

CAOUTCHOUC [kautʃu] **n.m.** (d'une langue de l'Équateur). **1.** Substance élastique et résistante provenant de la coagulation du latex d'arbres tropicaux, notamm. des hévéas, traitée de façon industrielle par vulcanisation. ➲ Aujourd'hui, outre l'industrie des joints adhésifs et des colles, du matériel électrique (isolants), de la chaussure, de la construction (amortisseurs de vibrations et de bruits), de la pharmacie (préservatifs), du textile ou du jouet, l'industrie des pneumatiques reste la principale consommatrice du caoutchouc naturel. **2.** Plante grimpante originaire de l'Amérique du Sud, cultivée en appartement. ➲ Famille des moracées. **3.** Vieilli. Vêtement, chaussure en caoutchouc ou imperméabilisés au caoutchouc : *Mettre des caoutchoucs pour aller au jardin.* **4.** Fam., vx. Élastique (fil). ▪ **Caoutchouc Mousse** (nom déposé), caoutchouc à faible densité, à alvéoles plus ou moins régulières. ▪ **Caoutchouc synthétique,** élastomère de synthèse.

CAOUTCHOUTAGE n.m. Action de caoutchouter ; son résultat.

CAOUTCHOUTER v.t. [3]. Enduire de caoutchouc, notamm. pour imperméabiliser.

CAOUTCHOUTEUX, EUSE adj. Qui a l'élasticité, la consistance ou l'aspect du caoutchouc : *Un steak caoutchouteux.*

CAOUTCHOUTIER, ÈRE adj. Se dit d'une plante qui produit le caoutchouc.

CAP n.m. (du lat. *caput*, tête). **1.** Pointe de terre qui s'avance dans la mer : *Le cap Horn.* **2.** Direction de l'axe d'un navire, de l'arrière à l'avant : *Maintenir le cap à* ou *vers l'ouest.* ▪ **De pied en cap,** des pieds à la tête : *Vêtu de neuf de pied en cap.* ▪ **Doubler** ou **passer le cap de,** franchir une étape difficile, décisive : *Passer le cap de la cinquantaine.* ▪ **Mettre le cap sur,** se diriger vers.

CAP ou **C.A.P.** [seape] **n.m.** (sigle de *certificat d'aptitude professionnelle*). Diplôme décerné à la fin des études de l'enseignement technique court.

CAPABLE adj. (lat. *capabilis*, de *capere*, contenir). **1.** Absol. Qui a des aptitudes, des compétences : *Un technicien très capable.* **2. (DE).** Qui a le pouvoir de faire qqch, de manifester une qualité, de produire un effet ; susceptible de : *Il est capable de gentillesse. Elle est capable de déboguer n'importe quel programme. Une seule chose est capable de l'émouvoir.* **3. DR.** Qui est légalement apte à exercer certains droits. ▪ **Arc capable associé à un angle** α **et à deux points A et B** [math.], arc de cercle composé de tous les points à partir desquels le segment [AB] est vu sous un angle constant et de mesure α. ▪ **Être capable de tout,** être prêt à tout faire, même de mauvaises actions, pour arriver à ses fins.

CAPACIMÈTRE n.m. Appareil servant à la mesure des capacités électriques.

CAPACITAIRE n. Personne qui a obtenu le certificat de capacité en droit.

CAPACITATION n.f. Afrique. Formation visant à renforcer des compétences acquises dans un domaine : *Un stage de capacitation.*

CAPACITÉ n.f. (lat. *capacitas*). **1.** Propriété de contenir qqch ; contenance d'un récipient : *Un aquarium d'une capacité de dix litres.* **2. ÉLECTR.** Grandeur caractéristique d'un condensateur, égale au quotient de sa charge par la différence de potentiel entre ses armatures. ➲ L'unité SI de capacité est le farad. **3.** Aptitude à faire, à comprendre qqch ; compétence : *Elle a la capacité d'apprendre une langue en quelques mois. Je doute de ses capacités.* **4. DR.** Aptitude légale. ▪ **Capacité calorifique** ou **thermique** [thermodyn.], quantité de chaleur qu'il faut fournir à un corps pour augmenter sa température de 1 °C. ▪ **Capacité civile** [dr.], aptitude à avoir des droits et des obligations, et à pouvoir les exercer. ▪ **Capacité d'une mémoire électronique** [inform.], quantité d'informations qu'elle peut contenir. ▪ **Capacité en droit,** diplôme délivré par les facultés de droit aux élèves non bacheliers. ▪ **Capacité pulmonaire vitale,** la plus grande quantité d'air qu'on puisse faire entrer dans les poumons en partant de l'état d'expiration forcée. ➲ Elle est de 3,5 litres en moyenne chez l'adulte.

CAPACITIF, IVE adj. ÉLECTR. ▪ **Dispositif, circuit capacitif,** dont la grandeur essentielle est la capacité électrique.

CAPARAÇON n.m. (esp. *caparazón*). **1.** Épaisse toile matelassée protégeant le cheval du picador. **2.** Anc. Housse d'ornement pour les chevaux, dans une cérémonie.

CAPARAÇONNER v.t. [3]. 1. Couvrir un cheval d'un caparaçon. **2.** Recouvrir entièrement qqn, une partie du corps, de qqch d'épais, qui protège.

CAPE n.f. (provenç. *capa*). **1.** Manteau ample, sans manches, plus ou moins long, porté sur les épaules, avec ou sans fentes pour passer les bras : *La cape d'un torero.* **2.** Robe d'un cigare. ▪ **Être, mettre à la cape** [mar.], interrompre sa route pour parer le mauvais temps et, pour cela, gréer une petite voile très solide appelée *voile de cape.* ▪ **Rire sous cape,** à part soi, en cachette. ▪ **Roman, film de cape et d'épée,** roman, film d'aventures qui met en scène des héros chevaleresques et batailleurs.

CAPÉ, E adj. Se dit d'un sportif sélectionné en équipe nationale : *Le joueur le plus capé du XV de France.*

CAPÉER v.i. → **CAPEYER.**

CAPELAGE n.m. MAR. Ensemble des boucles des manœuvres dormantes qui entourent l'extrémité d'une vergue, la tête d'un mât, etc. ; point de la vergue, du mât où s'appliquent ces boucles.

CAPELAN n.m. (mot provenç. « chapelain »). Poisson osseux de l'Atlantique nord, voisin de l'éperlan. ➲ Famille des osméridés.

CAPELER v.t. [16], ▲ *[12]* (du provenç. *capelar*, coiffer). **MAR. 1.** Disposer le capelage sur. **2.** Entourer avec la boucle d'une manœuvre.

CAPELET n.m. (mot provenç.). Tumeur molle qui se développe à la pointe du jarret du cheval.

CAPELINE n.f. (ital. *cappellina*). Chapeau de femme à grands bords souples.

CAPER v.t. [3]. ■ **Caper un cigare,** l'enrober d'une cape.

CAPES ou **C.A.P.E.S.** [kapɛs] n.m. (acronyme de *certificat d'aptitude au professorat de l'enseignement du second degré*). Certificat donnant accès aux fonctions de professeur titulaire d'une discipline d'enseignement général, en collège ou en lycée ; concours permettant son obtention.

CAPÉSIEN, ENNE [kapesjɛ̃, ɛn] n. Titulaire du CAPES.

CAPET n.m. Suisse. Calotte d'armailli, de religieux.

CAPET ou **C.A.P.E.T.** [kapɛt] n.m. (acronyme de *certificat d'aptitude au professorat de l'enseignement technique*). Certificat et concours homologues au CAPES pour l'enseignement en lycée d'une discipline technologique.

1. CAPÉTIEN, ENNE [kapesjɛ̃, ɛn] adj. et n. Relatif à la dynastie des Capétiens.

2. CAPÉTIEN, ENNE [kapetjɛ̃, ɛn] n. Titulaire du CAPET.

CAPEYER [kapeje] [7] ou **CAPÉER** [8] v.i. MAR. Mettre, rester à la cape.

CAPHARNAÜM [kafarnaɔm] n.m. (de *Capharnaüm*, n.pr.). Endroit très encombré et en désordre : *Ce grenier est un véritable capharnaüm.*

CAP-HORNIER n.m. (pl. *cap-horniers*). Anc. **1.** Grand voilier qui suivait les routes doublant le cap Horn. **2.** Marin, capitaine qui naviguait sur ces voiliers.

1. CAPILLAIRE [kapilɛr] adj. (lat. *capillaris*, de *capillus*, cheveu). **1.** Relatif aux cheveux ; destiné aux cheveux : *Lotion capillaire.* **2.** Fin comme un cheveu : *Tube capillaire.* ■ **Vaisseau capillaire,** ou **capillaire, n.m.** [anat.], vaisseau microscopique à paroi très fine, contenant du sang ou de la lymphe. ➲ Les capillaires sanguins reliant les artérioles et les veinules apportent l'oxygène aux cellules et évacuent les déchets et le gaz carbonique.

2. CAPILLAIRE [kapilɛr] n.m. Fougère à pétioles noirs, longs et fins, des fentes de rochers et de murs. ➲ Famille des polypodiacées. ■ **Capillaire de Montpellier,** adiantum.

CAPILLARITE n.f. MÉD. Inflammation des vaisseaux capillaires cutanés.

CAPILLARITÉ n.f. Ensemble des phénomènes relatifs au comportement des liquides dans des tubes très fins et à toutes les situations où une surface de séparation entre deux fluides (liquide-gaz, par ex.) rencontre une paroi solide. ➲ La capillarité joue, par ex., un rôle dans la montée de la sève.

CAPILLICULTEUR, TRICE n. Spécialiste de capilliculture.

CAPILLICULTURE n.f. Ensemble des soins donnés aux cheveux.

CAPILOTADE n.f. (esp. *capirotada*). Vx. Ragoût fait de restes coupés en petits morceaux. ■ **En capilotade** [fam.], se dit d'une partie du corps où l'on a mal : *Avoir les pieds en capilotade* ; se dit de qqch qui est écrasé : *Des fruits en capilotade.*

1. CAPITAINE n. (du lat. *caput, -itis*, tête, chef). **1.** Officier des armées de terre, de l'air et de la gendarmerie dont le grade est situé entre celui de lieutenant et celui de commandant. **2.** Officier qui commande un navire de commerce. **3.** Chef d'une équipe sportive. ■ **Capitaine au long cours,** officier de la marine marchande pouvant assurer le commandement des navires de commerce les plus importants. ➲ Le brevet de capitaine au long cours a cessé d'être délivré en 1981 ; il est remplacé par celui de capitaine de 1re classe de la navigation maritime. ■ **Capitaine de corvette, de frégate, de vaisseau,** grades successifs des officiers supérieurs dans la marine militaire française.

2. CAPITAINE n.m. Afrique. Poisson osseux des eaux côtières et des fleuves d'Afrique occidentale, très apprécié pour sa chair. ➲ Long. max. 1,80 m ; poids 90 kg ; famille des polynémidés.

CAPITAINERIE n.f. Bureau du capitaine d'un port.

1. CAPITAL, E, AUX adj. (lat. *capitalis*, de *caput, -itis*, tête). **1.** Considéré comme essentiel ; qui prime tout le reste ; décisif, primordial : *C'est capital pour elle d'avoir cet argent. Un témoignage capital.* **2.** Qui entraîne la mort d'un accusé : *La peine capitale.* ■ **Lettre capitale,** ou **capitale, n.f.** [imprim.], majuscule. ■ **Péchés capitaux** [théol. chrét.], les sept péchés qui sont la source des autres péchés (orgueil, avarice, luxure, envie, gourmandise, colère, paresse).

2. CAPITAL n.m. (pl. *capitaux*). **1.** Ensemble des biens, monétaires ou autres, possédés par une personne ou une entreprise, constituant un patrimoine et pouvant rapporter un revenu : *Acquérir 10 % du capital d'une société informatique.* **2.** Somme d'argent représentant l'élément principal d'une dette et produisant des intérêts. **3.** Fig. Ensemble des ressources (intellectuelles, morales, etc.) dont dispose qqn, qqch ; patrimoine : *Ces excès entament son capital santé. Le capital culturel d'une ville.* ■ **Capital circulant,** partie du capital physique incorporée (matières premières) ou détruite (énergie) lors du processus de production. ■ **Capital fixe,** partie du capital physique permettant plusieurs cycles de production (chaînes de montage, par ex.). ■ **Capital humain,** ensemble des aspects qualitatifs du travail mis en œuvre dans le processus de production (savoir-faire, état de santé, par ex.). ■ **Capital physique** ou **technique,** machines et instruments entrant dans le processus de production (on dit aussi *biens d'équipement*). ■ **Capital social** [comptab.], montant des sommes ou des biens apportés à une société et de leurs accroissement ou réduction ultérieurs, figurant au passif des bilans. ◆ n.m. pl. Actifs immobilisés ou en circulation dont dispose une entreprise.

CAPITALE n.f. (de *ville* ou *lettre capitale*). **1.** Ville où siège le gouvernement d'un État. **2.** Ville devenue un centre très actif d'industries, de services : *Hollywood, capitale du cinéma américain.* **3.** IMPRIM. Lettre majuscule : *Composer un titre en capitales.* ■ **Petite capitale** [imprim.], lettre majuscule de la hauteur d'une minuscule.

CAPITALISABLE adj. Qui peut être capitalisé.

CAPITALISATION n.f. **1.** Action de capitaliser : *Capitalisation des intérêts.* **2.** Système de financement volontaire des régimes de retraite, sous forme de placements en valeurs mobilières gérés par des fonds* de pension. **3.** Dans le cadre du cursus LMD* de l'enseignement supérieur, système permettant de conserver les crédits déjà acquis jusqu'à la validation du diplôme. ■ **Capitalisation boursière,** valeur d'une société cotée en Bourse, calculée en multipliant le cours du titre par le nombre d'actions qui composent le capital.

CAPITALISER v.t. [3]. **1.** Ajouter au capital les intérêts qu'il produit. **2.** Calculer un capital à partir du taux d'intérêt servi. **3.** Fig. Accumuler en vue d'un profit ultérieur ; emmagasiner : *Capitaliser les expériences avant son premier emploi.* **4.** Dans le cadre du cursus LMD* de l'enseignement supérieur, conserver les crédits déjà acquis jusqu'à la validation du diplôme. ◆ v.i. **1.** Amasser de l'argent ; constituer un capital. **2.** (SUR). Fig. Retirer un bénéfice, un avantage de qqch ; tirer profit de qqch : *La ville a su capitaliser sur son image pour attirer de nouveaux touristes.*

CAPITALISME n.m. **1.** Système économique et social fondé sur la propriété privée des moyens de production et d'échange. ➲ Le capitalisme se caractérise par la recherche du profit, l'initiative individuelle, la concurrence entre les entreprises. **2.** Spécial. Mode de production caractérisé, selon la théorie marxiste, par la recherche de la plus-value fondée sur l'exploitation des travailleurs par les propriétaires des moyens de production et d'échange.

CAPITALISTE n. et adj. **1.** Personne qui possède des capitaux et les investit dans des entreprises, directement ou par l'intermédiaire de la Bourse. **2.** Fam., péjor. Personne très riche. ◆ adj. Qui se rapporte au capitalisme : *Régime capitaliste.*

CAPITALISTIQUE adj. ÉCON. **1.** Relatif au capital. **2.** Se dit d'une activité de production utilisant davantage de capital physique (machines) que de main-d'œuvre.

CAPITAL-RISQUE n.m. sing. ■ **Société de capital-risque,** société investissant des capitaux dans une jeune entreprise innovante (start-up) présentant des risques financiers.

CAPITAL-RISQUEUR n.m. (pl. *capital-risqueurs*). Personne ou société finançant la création ou le développement d'entreprises à risques mais à fort potentiel de croissance, en escomptant une plus-value rapide de leur capital.

CAPITAN n.m. (de *Capitan*, personnage de la comédie ital.). Litt., vieilli. Fanfaron ; bravache.

CAPITATION n.f. (lat. *capitatio*, de *caput, -itis*, tête). HIST. Impôt prélevé sur chaque individu mâle, partic. en France de 1695 à la Révolution.

CAPITE n.f. Suisse. Petite maison isolée ; poste de garde.

CAPITEUX, EUSE adj. (ital. *capitoso*, du lat. *caput, -itis*, tête). Litt. Qui porte à la tête et enivre : *Parfum, vin capiteux.*

CAPITOLE n.m. (du lat. *Capitolium*, temple de Jupiter). ARCHIT. Édifice servant de centre à la vie municipale ou parlementaire, dans certaines grandes villes.

CAPITOLIN, E adj. ANTIQ. ROM. Du Capitole : *Le temple de Jupiter Capitolin.*

CAPITON n.m. (de l'ital. *capitone*, grosse tête). **1.** Capitonnage. **2.** Garniture d'un siège à piqûres losangées et boutons. **3.** MÉD. Épaississement du tissu adipeux sous-cutané.

CAPITONNAGE n.m. **1.** Action de capitonner ; fait d'être capitonné : *Le capitonnage d'une porte d'entrée.* **2.** Rembourrage protecteur (SYN. **capiton**).

CAPITONNER v.t. [3]. Garnir d'un capiton, d'un rembourrage : *Capitonner un fauteuil.*

CAPITOUL n.m. (mot languedocien). HIST. Magistrat municipal de Toulouse.

1. CAPITULAIRE adj. (lat. *capitularis*). Relatif à un chapitre de chanoines, de religieux : *Salle capitulaire.*

2. CAPITULAIRE n.m. HIST. Acte législatif des souverains carolingiens.

CAPITULARD, E adj. et n. Péjor. Partisan de la capitulation.

CAPITULATION n.f. **1.** Abandon d'une opinion ; renonciation : *La capitulation d'un maire face aux exigences de ses administrés.* **2.** Action de se rendre à l'ennemi ; convention réglant la reddition d'une place, d'une armée ou des forces militaires d'un État. ◆ n.f. pl. HIST. Conventions réglant le statut des étrangers, en partic. dans l'Empire ottoman (v. 1569-1923).

CAPITULE n.m. (du lat. *capitulum*, petite tête). BOT. Inflorescence caractéristique de la famille des composées, formée de petites fleurs serrées les unes contre les autres et insérées sur le pédoncule élargi en plateau : *Les capitules de la marguerite.*

CAPITULER v.i. [3] (du lat. *capitulare*, faire une convention). **1.** Se rendre à l'ennemi : *L'armée en déroute a capitulé.* **2.** Renoncer par force ou par raison ; céder : *L'État a capitulé, l'aéroport ne se construira pas ici.*

CAPODASTRE n.m. (ital. *capotasto*). Dispositif qui se fixe sur le manche d'une guitare pour en modifier la tonalité par pression sur les cordes.

CAPOEIRA [kapwɛra] n.f. (du guarani *caa apuera*, île à l'herbe rase). Art martial du Brésil se pratiquant avec un accompagnement musical. ➲ À la fois lutte et danse, rituel et jeu, la capoeira fut pratiquée à l'origine par les esclaves pour dissimuler un entraînement au combat qui leur était interdit.

CAPON, ONNE adj. et n. (forme provenç. de *chapon*). Fam., vx ou Antilles. Lâche ; poltron.

CAPONNIÈRE n.f. (ital. *capponiera*). FORTIF. Petit ouvrage dont les armes flanquent les fossés d'une place forte.

1. CAPORAL, E, AUX n. (ital. *caporale*, de *capo*, tête). Militaire dont le grade est situé entre celui de soldat et celui de caporal-chef. ■ **Le Petit Caporal,** surnom donné à Napoléon Ier par ses soldats.

2. CAPORAL n.m. (pl. *caporaux*). Anc. Tabac à fumer élaboré à partir de feuilles séchées à l'air puis torréfiées.

CAPORAL-CHEF, CAPORALE-CHEF n. (pl. *caporaux-chefs, caporales-chefs*). Militaire dont le grade est situé entre celui de caporal et celui de sergent.

CAPORALISER v.t. [3]. Imposer un régime autoritaire à.

CAPORALISME n.m. **1.** Régime politique militaire. **2.** Autoritarisme étroit et mesquin : *Le caporalisme des petits chefs.*

1. CAPOT **n.m.** (de *cape*). **1.** Partie mobile de la carrosserie d'une automobile, recouvrant et protégeant le moteur. **2.** Couvercle amovible protégeant les parties fragiles, bruyantes ou dangereuses d'un moteur ou d'une machine. **3.** MAR. Pièce de toile protégeant les objets contre la pluie ou les embruns, sur un navire. **4.** MAR. Trou à fermeture étanche par lequel on pénètre dans un sous-marin.

2. CAPOT **adj. inv.** Se dit d'un joueur de cartes qui n'a fait aucune levée.

1. CAPOTAGE **n.m.** Recouvrement d'un moteur ou d'une machine par un capot.

2. CAPOTAGE **n.m.** Pour un véhicule, fait de capoter.

CAPOTE **n.f.** (de *1. capot*). **1.** Toit mobile, en matériau souple, d'un cabriolet automobile, d'un landau, etc. : *Remets la capote, il pleut.* **2.** Manteau à capuchon. **3.** Manteau des troupes à pied. **4.** Petit chapeau de femme, garni d'ornements divers. ▪ **Capote (anglaise)** [fam.], préservatif masculin.

1. CAPOTER **v.t. [3].** Rabattre la capote d'une voiture.

2. CAPOTER **v.i. [3]** (du provenç. *faire cabot*, saluer). **1.** Se retourner complètement, en parlant d'une voiture. **2.** Fam. Ne pas aboutir, en parlant d'un projet ; échouer : *La négociation a capoté.* **3.** Québec. Fam. Perdre la tête.

CAPPADOCIEN, ENNE **adj.** et **n.** De la Cappadoce.

A CAPPELLA **loc. adv.** → **A CAPPELLA.**

CAPPUCCINO [kaputʃino] **n.m.** (mot ital. « capucin »). Café au lait mousseux.

CÂPRE **n.f.** (ital. *cappero*). Bouton à fleur du câprier qui se confit dans le vinaigre et sert de condiment : *Une raie aux câpres.*

CAPRICANT, E **adj.** (du lat. *capra*, chèvre). Litt. Fantasque.

CAPRICCIO [kapritʃjo] **n.m.** (mot ital.). MUS. Caprice.

CAPRICE **n.m.** (de l'ital. *capriccio*, frisson). **1.** Désir, exigence soudains et irréfléchis ; lubie : *L'enfant a fait un caprice pour avoir une nouvelle console de jeux. Ne cède plus à ses caprices.* **2.** Amour passager ; passade. **3.** Changement et irrégularité auxquels sont exposées certaines choses ; variation : *Les caprices de la Bourse, du vent.* **4.** MUS. Morceau instrumental ou vocal de forme libre (SYN. **capriccio**). **5.** Œuvre d'imagination, d'une fantaisie très libre, en peinture, gravure ou dessin (XVIIe et XVIIIe s.).

CAPRICIEUSEMENT **adv.** De façon capricieuse.

CAPRICIEUX, EUSE **adj.** et **n.** Qui agit par caprice : *Une star capricieuse.* ◆ **adj.** Sujet à des changements brusques, imprévus : *Une humeur capricieuse. Un été capricieux.*

CAPRICORNE **n.m.** (lat. *capricornus*, de *caper*, bouc, et *cornu*, corne). Insecte coléoptère au corps étroit et aux longues antennes. ➲ Famille des cérambycidés ; le grand capricorne du chêne, xylophage nocturne redouté, vit sur les chênes, où sa larve creuse de profondes galeries. ▪ **Le Capricorne,** constellation et signe du zodiaque (v. partie n.pr.). ▪ **Un Capricorne, n. inv.,** personne née sous le signe du Capricorne.

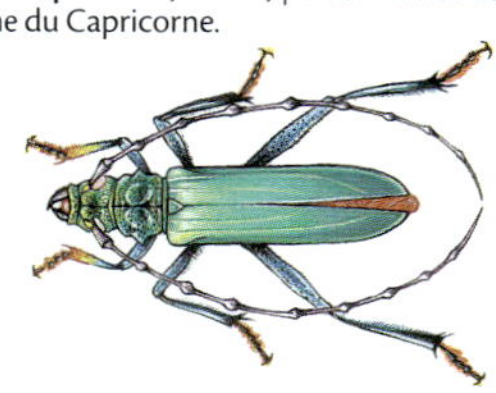

▲ capricorne musqué.

CÂPRIER **n.m.** Arbuste épineux méditerranéen qui produit les câpres. ➲ Famille des capparidacées.

CAPRIFOLIACÉE **n.f.** (du lat. *caprifolium*, chèvrefeuille). Plante arbustive ou grimpante à fleurs gamopétales, à baies rouges ou noires, telle que le chèvrefeuille, la viorne, le sureau. ➲ Les caprifoliacées forment une famille.

1. CAPRIN, E **adj.** (du lat. *capra*, chèvre). Relatif aux chèvres : *Race caprine.*

2. CAPRIN ou **CAPRINÉ** **n.m.** Mammifère ruminant doté de cornes rabattues en arrière, tel que la chèvre, le chamois et le bouquetin (SYN. **oviné**). ➲ Les caprins, ou caprinés, constituent une sous-famille de bovidés.

CAPRIQUE **adj.** CHIM. ORG. ▪ **Acide caprique,** acide gras présent dans les beurres de chèvre, de vache, de cacao.

CAPROLACTAME **n.m.** Composé chimique donnant par polycondensation un polyamide utilisé pour fabriquer des fibres synthétiques telles que le Nylon.

CAPRYLIQUE **adj.** CHIM. ORG. ▪ **Acide caprylique,** acide gras présent dans le beurre de chèvre et dans de nombreuses matières grasses.

CAPSAGE **n.m.** (du lat. *capsa*, boîte). Action de placer parallèlement des feuilles de tabac afin de réaliser un bon hachage.

CAPSELLE **n.f.** (du lat. *capsella*, coffret). Plante herbacée, à fruits en forme de cœur aplati, telle que la capselle bourse-à-pasteur. ➲ Famille des crucifères.

CAPSIDE **n.f.** MICROBIOL. Assemblage de protéines entourant le matériel génétique (ADN, ARN) d'un virus.

CAPSIEN **n.m.** (de *Capsa*, n. antique de Gafsa). Faciès culturel du paléolithique final et de l'épipaléolithique, en Afrique du Nord, durant lequel le mode de vie devient sédentaire ou semi-nomade. ◆ **CAPSIEN, ENNE** **adj.** Relatif au capsien.

CAPSULAGE **n.m.** Action de capsuler ; son résultat.

CAPSULAIRE **adj.** Relatif à une capsule. ▪ **Fruit capsulaire,** fruit sec s'ouvrant à maturité selon des orifices non linéaires. ▪ **Ligament capsulaire** [anat.], épaississement fibreux qui renforce les capsules des articulations.

CAPSULE **n.f.** (lat. *capsula*). **1.** Petit couvercle en métal ou en plastique pour boucher une bouteille. **2.** ANAT. Membrane fibreuse enveloppant un organe ou une articulation : *Capsule du rein.* **3.** Enveloppe de certains médicaments qui, en se dissolvant, libère le principe actif. **4.** BOT. Fruit sec qui s'ouvre par des fentes (œillet) ou des pores (pavot). **5.** CHIM. Petit récipient hémisphérique pour porter les liquides à ébullition. **6.** Alvéole en cuivre contenant la poudre d'amorçage des fusils dits *à capsule* (XIXe s.). **7.** Québec. Production écrite, orale ou audiovisuelle qui traite, de manière condensée, d'un sujet ou d'un thème donné : *Capsule linguistique, humoristique, d'information.* ▪ **Capsule spatiale,** véhicule spatial récupérable ; petit conteneur conçu pour être éjecté d'un engin spatial et récupéré au sol.

CAPSULE-CONGÉ **n.f.** (pl. *capsules-congés*). Attestation de paiement de droits sur les vins et alcools, sous forme de capsule à apposer sur chaque bouteille.

CAPSULER **v.t. [3].** Garnir d'une capsule le goulot d'une bouteille.

CAPTAGE **n.m.** **1.** Action de capter ; son résultat : *Le captage des eaux d'une source.* **2.** En aquaculture, collecte du naissain fixé sur des supports artificiels.

CAPTATEUR, TRICE **n.** DR. Personne qui use de captation.

CAPTATIF, IVE **adj.** PSYCHOL. Qui a tendance à vouloir concentrer sur soi l'affection de son entourage.

CAPTATION **n.f.** (lat. *captatio*). **1.** DR. Fait de s'emparer d'un héritage ou de soustraire des dons à qqn par des manœuvres répréhensibles. **2.** AUDIOVIS. Enregistrement d'un spectacle scénique ; film qui en est tiré : *La captation d'un opéra.*

CAPTATOIRE **adj.** DR. Qui a pour objet la captation.

CAPTCHA **n.m.** (nom déposé ; acronyme de l'angl. *Completely Automated Public Turing test to tell Computers and Humans Apart*). Test d'identification d'un internaute, utilisé par des sites ou des services Web pour s'assurer qu'il s'agit bien d'un humain et non d'un automate informatique, et qui consiste, le plus souvent, à saisir une série de lettres et/ou de chiffres représentés de manière déformée sur une image ; cette image.

CAPTER **v.t. [3]** (du lat. *captare*, chercher à prendre). **1.** Recevoir au moyen d'appareils radioélectriques : *Ici, nous ne captons pas les nouvelles chaînes.* **2.** Recueillir une énergie, un fluide pour l'utiliser : *Capter le rayonnement solaire, un cours d'eau.* **3.** Assurer le passage du courant électrique du réseau au moteur d'un véhicule (génér. ferroviaire). **4.** Retenir l'attention, l'intérêt de qqn, parfois par ruse ; gagner : *Ce site fait tout pour capter l'adhésion des internautes.* **5.** Fam. Comprendre : *Il ne capte rien de ce qu'on lui dit.*

CAPTEUR **n.m.** TECHN. Dispositif qui délivre, à partir d'une grandeur physique, une autre grandeur, souvent électrique, fonction de la première et directement utilisable pour la mesure ou la commande (SYN. **détecteur, senseur**). ▪ **Capteur solaire,** dispositif recueillant l'énergie solaire pour la transformer en énergie thermique.

CAPTIEUX, EUSE [kapsjø, øz] **adj.** (lat. *captiosus*). Litt. Qui vise à tromper par une apparence de vérité ou de raison ; spécieux : *Un argument captieux.*

1. CAPTIF, IVE **adj.** et **n.** (lat. *captivus*). **1.** Litt. Qui a été capturé par l'ennemi ; prisonnier de guerre. **2.** Qui est privé de liberté : *Animaux captifs.*

2. CAPTIF, IVE **adj.** ▪ **Ballon captif,** aérostat retenu au sol par un câble. ▪ **Marché captif** [écon.], marché qui, par nature, est réservé en exclusivité (ou en quasi-exclusivité) à des concurrents en très petit nombre (restaurants d'autoroutes, par ex.).

CAPTIVANT, E **adj.** Qui captive ; passionnant : *Un récit captivant.*

CAPTIVER **v.t. [3]** (lat. *captivare*). Retenir l'attention en suscitant un grand intérêt ; passionner : *Ce roman me captive.*

CAPTIVITÉ **n.f.** **1.** État d'une personne détenue dans une prison, un camp, etc. ; internement : *Une longue captivité.* **2.** Absence de liberté, spécial. pour un animal sauvage : *Loups en captivité.*

CAPTURE **n.f.** (du lat. *capere*, prendre). **1.** Action de capturer ; fait d'être capturé. **2.** Ce qui est capturé ; prise : *Ce brochet est une belle capture.* **3.** HYDROL. Détournement d'une section d'un cours d'eau par une rivière voisine. ▪ **Capture d'écran** [inform.], enregistrement dans le presse-papiers ou dans un fichier de tout ou partie de ce qui est affiché sur l'écran d'un ordinateur.

CAPTURER **v.t. [3].** S'emparer par la force de : *Capturer un évadé. Capturer le navire des pirates.*

CAPUCHE **n.f.** (de *cape*). Capuchon d'un vêtement.

CAPUCHON **n.m.** (ital. *cappuccio*). **1.** Partie d'un vêtement en forme de bonnet ample, qui recouvre la tête et peut se rabattre dans le dos ; capuche. **2.** Bouchon d'un stylo, d'un tube, etc. **3.** ZOOL. Partie élargie du cou des cobras en position de combat.

CAPUCHONNÉ, E **adj.** Qui porte un capuchon.

1. CAPUCIN, E **n.** (de l'ital. *cappuccino*, petit capuchon). Religieux d'une branche réformée de l'ordre des Franciscains, créée au XVIe s.

2. CAPUCIN **n.m.** **1.** Petit singe platyrhinien d'Amérique centrale et de Colombie, appelé aussi *saï.* ➲ Famille des cébidés. **2.** CHASSE. Lièvre.

CAPUCINADE **n.f.** (de *1. capucin*). Litt., vx. Tirade ennuyeuse et moralisatrice.

CAPUCINE **n.f.** (de *1. capucin*). Plante ornementale originaire des montagnes d'Amérique du Sud, à feuilles rondes et à fleurs orangées. ➲ Famille des tropéolacées. ◆ **adj. inv.** D'une couleur tirant sur le rouge orangé.

▲ capucine

CAP-VERDIEN, ENNE (pl. *cap-verdiens, ennes*) ou **CAPVERDIEN, ENNE** **adj.** et **n.** Du Cap-Vert ; de ses habitants.

CAPYBARA **n.m.** (mot amérindien). ZOOL. Cabiai.

CAQUE **n.f.** (anc. scand. *kaggr*). Barrique où l'on conserve les harengs salés ou fumés.

CAQUELON **n.m.** Poêlon assez profond en terre ou en fonte.

a b c d e f g h i j k l m n o p q r s t u v w x y z

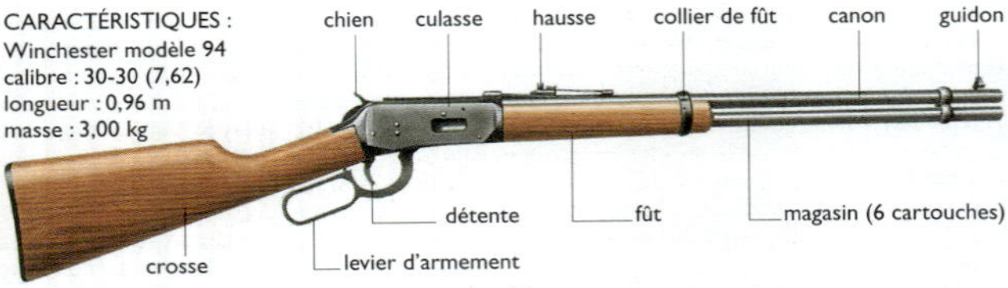

▲ carabine

CAQUET n.m. (de *caqueter*). **1.** En parlant de la poule, action de caqueter ; caquetage. **2.** Vieilli. Bavardage indiscret. ▪ **Rabattre le caquet à qqn,** le faire taire ; le remettre à sa place.

CAQUETAGE ou **CAQUÈTEMENT** n.m. **1.** Cri de la poule ; caquet. **2.** Fam. Bavardage futile et gênant.

CAQUETANT, E adj. Qui caquette.

CAQUETER v.i. [16], ▲ *[12]* (onomat.). **1.** Pousser son cri, en parlant de la poule sur le point de pondre ou qui a pondu. **2.** Fam. Parler sans arrêt et de choses futiles ; jacasser.

1. CAR conj. (du lat. *quare*, c'est pourquoi). Introduit l'explication, la raison de la proposition précédente ; parce que : *Il fait un régime car il doit perdre 5 kilos.*

2. CAR n.m. (abrév.). Autocar.

CARABE n.m. (lat. *carabus*). Insecte coléoptère carnassier, à corps allongé noir ou de couleur métallique. ➲ Famille des carabidés.

CARABIDÉ n.m. Insecte coléoptère prédateur aux élytres souvent soudés, tel que les carabes. ➲ Les carabidés forment une famille.

CARABIN n.m. (de l'anc. fr. *escarrabin*, personne qui ensevelit les pestiférés). Fam. Étudiant en médecine.

CARABINE n.f. (du moyen fr. *carabin*, soldat). Fusil léger, souvent court, à canon rayé, utilisé comme arme de guerre, de chasse ou de sport.

CARABINÉ, E adj. Fam. Très fort ; intense : *Un rhume carabiné.*

CARABINIER n.m. **1.** En Italie, dénomination des gendarmes *(carabinieri)*. **2.** Anc. Soldat à cheval ou à pied, armé d'une carabine (XVIIe-XIXe s.). ▪ **Arriver comme les carabiniers** [fam.], arriver trop tard.

CARABISTOUILLES n.f. pl. (de *bistouille*). Belgique. Fam. Calembredaines ; fariboles.

CARACAL n.m. (pl. *caracals*) [mot esp., du turc *kara kulak*, oreille noire]. Lynx d'Afrique et d'Asie du Sud-Ouest, à oreilles noires prolongées par une longue touffe de poils et à robe fauve.

CARACO n.m. (orig. obscure). **1.** Sous-vêtement féminin droit et court, couvrant le buste, souvent porté avec une culotte assortie. **2.** Anc. Corsage à manches et basques, flottant sur la jupe ou cintré, porté autref. par les paysannes.

CARACOLER v.i. [3] (de l'esp. *caracol*, escargot). **1.** Aller de droite et de gauche avec vivacité et légèreté : *Les poulains caracolent dans le pré.* **2.** Fig. Occuper une place dominante, sans grand risque d'être concurrencé : *La ministre caracole en tête des sondages.*

▲ **caractères** de composition.

CARACTÈRE n.m. (du gr. *kharaktêr*, signe gravé). **1.** Manière habituelle de réagir propre à chaque personne ; personnalité : *Un caractère enjoué, jaloux.* **2.** Aptitude à affirmer sa personnalité ; fermeté : *Elle a fait preuve de caractère pour s'imposer à ce poste.* **3.** Ce qui donne à qqch son originalité ; cachet : *Une bâtisse sans caractère.* **4.** Marque distinctive de qqch ou de qqn : *Noter les principaux caractères d'un coléoptère* ; état ou qualité propre de qqn, de qqch : *Cette mutation n'a aucun caractère officiel.* **5.** GÉNÉT. Chacune des particularités physiques ou biologiques de l'organisme commandées par un ou plusieurs gènes, et dont l'ensemble constitue le phénotype. **6.** Lettre ou signe typographique ayant un dessin particulier et servant à la composition des textes : *Caractère gras, romain.* **7.** Élément, symbole d'une écriture : *Caractères arabes, grecs.* **8.** INFORM. Symbole (lettre, chiffre, etc.) pouvant faire l'objet d'un traitement ; quantité d'information (génér. multiple de 8 bits) considérée comme unité à traiter par certains organes d'un ordinateur.

CARACTÉRIEL, ELLE adj. et n. Se dit d'une personne, en partic. d'un enfant, en conflit pathologique et plus ou moins permanent avec son entourage. ◆ adj. Qui affecte le caractère : *Trouble caractériel.*

CARACTÉRISATION n.f. Action de caractériser ; manière dont qqn ou qqch est défini.

CARACTÉRISÉ, E adj. Qui est nettement marqué ; typique : *Des symptômes caractérisés.*

CARACTÉRISER v.t. [3]. **1.** Mettre en relief les traits distinctifs de ; définir : *Caractériser le mode d'action d'une nouvelle molécule médicamenteuse.* **2.** Constituer le trait dominant de ; distinguer : *Ce style de musique caractérise la dernière décennie. La gentillesse qui la caractérise.* ◆ **SE CARACTÉRISER** v.pr. (PAR). Avoir pour signe distinctif : *Ce vin se caractérise par son âpreté.*

CARACTÉRISTIQUE adj. Qui constitue le signe distinctif de ; spécifique : *Un plat caractéristique de la cuisine alsacienne.* ◆ n.f. **1.** Caractère distinctif de qqn ou de qqch : *Les caractéristiques d'une imprimante laser.* **2.** MATH. Partie entière d'un logarithme décimal.

CARACTÉROLOGIE n.f. Étude et classification psychologique des types de caractère. ➲ Elle est auj. considérée comme dépassée.

CARACUL n.m. → **KARAKUL.**

CARAFE n.f. (ital. *caraffa*, de l'ar.). **1.** Bouteille à base large et à col étroit : *Une carafe en cristal* ; son contenu : *Une carafe d'eau.* **2.** Fam. Tête. ▪ **Rester en carafe** [fam.], attendre vainement. ▪ **Tomber en carafe** [fam.], tomber en panne.

CARAFON n.m. **1.** Petite carafe. **2.** Fam. Tête.

CARAÏBE adj. et n. De la Caraïbe.

CARAÏTE adj. et n. → **KARAÏTE.**

CARAMBOLAGE n.m. **1.** Série de collisions, notamm. entre plusieurs véhicules qui se suivent. **2.** Au billard, action de caramboler ; son résultat.

CARAMBOLE n.f. (esp. *carambola*, du malais). **1.** Fruit comestible du carambolier, jaune, à côtes saillantes, à pulpe juteuse et acidulée. **2.** Vx. Au billard, la bille rouge.

CARAMBOLER v.i. [3]. Au billard, toucher la bille rouge et la bille de l'adversaire avec sa bille. ◆ v.t. Fam. En parlant d'un véhicule automobile, heurter plusieurs obstacles ou d'autres véhicules ; percuter. ◆ **SE CARAMBOLER** v.pr. En parlant de véhicules automobiles, se heurter les uns les autres.

CARAMBOLIER n.m. Petit arbre originaire de l'Inde, dont le fruit est la carambole. ➲ Famille des oxalidacées.

CARAMBOUILLE n.f. ou **CARAMBOUILLAGE** n.m. (esp. *carambola*). Escroquerie qui consiste à revendre au comptant une marchandise sans avoir fini de la payer.

CARAMEL n.m. (du lat. *cannamella*, canne à sucre). **1.** Produit obtenu en chauffant du sucre humecté d'eau. **2.** Bonbon fait avec du sucre, un corps gras (crème, lait) et un parfum. ◆ adj. inv. D'une couleur entre le beige et le roux.

CARAMÉLÉ, E adj. **1.** Qui a un goût de caramel. **2.** Qui a la couleur ou l'aspect du caramel.

CARAMÉLISATION n.f. Transformation du sucre en caramel sous l'effet de la chaleur.

CARAMÉLISÉ, E adj. Recouvert ou additionné de caramel ; qui a le goût du caramel : *Un gâteau caramélisé.*

CARAMÉLISER v.i. [3]. Se transformer en caramel, en parlant du sucre. ◆ v.t. Recouvrir de caramel.

CARAPACE n.f. (esp. *carapacho*). **1.** Revêtement squelettique, dur et solide, qui protège le corps de certains animaux (tortues, crustacés, tatous). **2.** Fig. Ce qui isole qqn des contacts extérieurs, le protège : *Une carapace d'indifférence.* **3.** MÉTALL. Moule à paroi mince, en sable additionné de résine thermodurcissable, ou en céramique, utilisé pour couler surtout de petites pièces métalliques avec précision.

SE CARAPATER v.pr. [3] (de l'arg. *se carrer*, se cacher, et *patte*, jambe). Fam. S'enfuir.

CARAQUE n.f. (ar. *karrāka*). Grand navire à voiles, très élevé sur l'eau, utilisé au Moyen Âge et jusqu'à la fin du XVIe s.

CARASSIN n.m. (mot lorrain). Poisson d'eau douce voisin de la carpe. (Le carassin doré est aussi appelé *cyprin doré* ou *poisson rouge*.)

CARASSON n.m. Région. (Sud-Ouest). Échalas pour la vigne.

CARAT n.m. (de l'ar. *qīrāt*, poids). **1.** Quantité d'or contenue dans un alliage, exprimée en vingt-quatrièmes de la masse totale. ➲ Depuis 1995, en France, l'indication du titre doit s'effectuer exclusivement en millièmes. **2.** Fam., vieilli. Année d'âge. ▪ **Carat (métrique),** unité de mesure de masse de 2 dg, employée dans le commerce des diamants et des pierres précieuses. ▪ **Dernier carat** [fam.], dernière limite : *Je t'attendrai jusqu'à midi dernier carat.*

CARAVAGESQUE ou **CARAVAGISTE** adj. et n. Qui appartient ou se rattache au caravagisme.

CARAVAGISME n.m. Courant pictural issu de l'œuvre du Caravage, caractérisé par son réalisme et, très souvent, par la vigueur des contrastes d'ombre et de lumière.

CARAVANE n.f. (persan *kārwān*). **1.** Remorque de camping aménagée pour plusieurs personnes et tractée par une voiture. **2.** Groupe de voyageurs, de nomades, de marchands qui traversent ensemble un désert, sur des bêtes de somme ou en voiture. **3.** Groupe de personnes voyageant ensemble : *Caravane de randonneurs.*

CARAVANIER, ÈRE n. **1.** Personne qui pratique le caravaning. **2.** Personne conduisant des bêtes de somme dans une caravane, ou faisant partie d'un groupe traversant des régions désertiques.

CARAVANING [-niŋ] n.m. (mot angl.). Camping en caravane.

CARAVANSÉRAIL n.m. (turc *karwanserai*, du persan). Anc. Bâtiments, hôtellerie pour les caravanes, en Orient, pouvant aussi servir d'entrepôts.

▲ **caravelle** (XVe s.).

CARAVELLE n.f. (port. *caravela*). Navire rapide et de petit tonnage, gréé de voiles latines (XVe-XVIe s.).

CARBAMATE n.m. Sel ou ester de l'acide carbamique.

CARBAMIQUE adj. ▪ **Acide carbamique,** acide NH_2CO_2H, inconnu à l'état libre, mais isolable par ses sels et ses esters (carbamates).

CARBET n.m. (mot tupi). Antilles. Petite cabane ou grande case ouverte servant d'abri.

CARBOCATION [-katjɔ̃] **n.m. CHIM. ORG.** Cation dont la charge positive est portée par un atome de carbone.

CARBOCHIMIE n.f. Chimie industrielle des produits issus de la cokéfaction de la houille à haute température.

CARBOCHIMIQUE adj. Relatif à la carbochimie.

CARBONADE n.f. → **CARBONNADE.**

CARBONADO n.m. (mot brésilien « charbonneux »). Diamant noir utilisé dans les outils de forage des roches.

CARBONARA adj. et **n.f.** (mot ital.). ▪ **Pâtes à la carbonara,** servies avec une sauce à base de crème fraîche et de jaunes d'œufs, contenant des lardons et recouverte de parmesan râpé.

CARBONARISME n.m. HIST. Mouvement politique dont les membres formaient une société secrète qui lutta contre la domination napoléonienne dans le royaume de Naples (1806-1815), puis contre les souverains italiens, et qui se développa aussi en France après 1818 (SYN. **charbonnerie**).

CARBONARO n.m. (pl. *carbonaros* ou *carbonari*) [mot ital. « charbonnier »]. Membre du carbonarisme.

CARBONATATION n.f. 1. CHIM. MINÉR. Absorption de gaz carbonique par une solution. **2.** Fixation de gaz carbonique par une molécule.

CARBONATE n.m. 1. Sel ou ester de l'acide carbonique. **2.** Minéral caractérisé par l'ion $(CO_3)^{2-}$, dont les principales variétés sont l'aragonite, la calcite et la dolomite.

CARBONATÉ, E adj. GÉOL. Se dit d'une roche essentiellement formée de carbonate (ex. : calcaire, dolomie).

CARBONATER v.t. [3]. Procéder à la carbonatation de.

CARBONE n.m. (lat. *carbo, -onis,* charbon). **1.** Corps simple non métallique, se présentant sous forme cristallisée (diamant, graphite), moléculaire (fullerènes) ou amorphe plus ou moins pure (anthracite, houille, lignite). **2.** Élément chimique (C), de numéro atomique 6 et de masse atomique 12,011. ▪ **Carbone 14** (^{14}C ou **C14**), isotope radioactif du carbone prenant naissance dans l'atmosphère et permettant la datation d'échantillons d'origine animale ou végétale (SYN. **radiocarbone**). ▪ **Cycle du carbone,** cycle écologique comprenant l'ensemble des transformations et des combinaisons du carbone sur la Terre, par l'intermédiaire des êtres vivants. ▪ **Dioxyde de carbone,** gaz (CO_2) résultant de la combinaison du carbone avec l'oxygène (SYN. **gaz** ou **anhydride carbonique**). ▪ **Empreinte carbone,** volume de gaz à effet de serre produit par une activité, un véhicule, un individu, etc., et exprimé en *équivalent CO_2* ou *équivalent carbone.* ▪ **Fibre de carbone,** matériau composite ultraléger, utilisé notamm. pour la réalisation de pièces de carrosserie ou de mécanique de certains véhicules. ▪ **Papier carbone,** ou **carbone,** papier enduit d'une couche pigmentée transférable par pression, utilisé pour obtenir des copies d'un document. ▪ **Puits de carbone** → **PUITS.**

➲ Le **CARBONE** est bon conducteur de la chaleur et de l'électricité. On ne peut le fondre (infusible) ; il est combustible et a la propriété de donner des électrons (réducteur). Il forme de très nombreux composés dits « organiques », dont l'étude et la synthèse constituent la *chimie organique.* Il entre dans la composition de tous les tissus animaux ou végétaux.

➲ Le **DIOXYDE DE CARBONE** est incolore, inodore et plus lourd que l'air (d = 1,52). Solidifié (– 78,5 °C), il constitue la neige carbonique. Il est l'un des principaux gaz à effet de serre*.

CARBONÉ, E adj. 1. Qui contient du carbone. **2.** Qui produit du dioxyde de carbone : *Le pétrole est une source d'énergie carbonée.* ▪ **Roches carbonées,** roches sédimentaires d'origine organique, essentiellement formées de carbone (charbon, pétrole, etc.).

CARBONEUTRE adj. Québec. Qui vise à réduire les émissions de gaz à effet de serre ou à compenser celles qui n'ont pu être évitées, dans une démarche écologiquement responsable : *Une entreprise carboneutre.*

CARBONIFÈRE n.m. GÉOL. Système du paléozoïque. ➲ Le carbonifère est la période de l'ère primaire, de – 359 à – 299 millions d'années, au cours de laquelle se sont formés les grands dépôts de houille. ◆ **adj.** Du carbonifère.

CARBONIQUE adj. ▪ **Gaz** ou **anhydride carbonique,** dioxyde de carbone*.

CARBONISAGE n.m. TEXT. Opération consistant à imprégner la laine d'un acide pour détruire les impuretés végétales qu'elle peut contenir.

CARBONISATION n.f. ÉNERG. Transformation d'un corps en charbon, notamm. par combustion incomplète.

CARBONISER v.t. [3]. 1. ÉNERG. Transformer en charbon par carbonisation : *Carboniser du bois.* **2.** Rôtir une viande à l'excès ; calciner.

CARBONITRURATION n.f. Procédé thermochimique de cémentation de l'acier par le carbone et l'azote.

CARBONNADE ou **CARBONADE n.f.** (Surtout au pl.). Région. (Nord-Est) ; Belgique. Morceaux de bœuf bouillis et cuits à l'étuvée : *Carbonnades flamandes.*

CARBONYLE n.m. CHIM. ▪ **Carbonyle** ou **radical carbonyle,** groupement carboné divalent (—CO—). ▪ **Groupe carbonyle,** groupe C=O caractéristique des cétones et des aldéhydes.

CARBONYLÉ, E adj. Se dit d'un composé qui contient le groupement carbonyle.

CARBORANE n.m. Nom générique des composés de bore, de carbone et d'hydrogène.

CARBORUNDUM [-rɔ̃dɔm] **n m.** (nom déposé). Carbure de silicium (SiC), utilisé comme abrasif.

CARBOXYHÉMOGLOBINE n.f. BIOCHIM. Combinaison du monoxyde de carbone avec l'hémoglobine, qui se forme au cours de l'intoxication par le monoxyde de carbone.

CARBOXYLASE n.f. BIOCHIM. Enzyme qui catalyse la fixation de molécules de gaz carbonique sur divers composés organiques, intervenant dans le métabolisme des glucides et des lipides.

CARBOXYLE n.m. Groupement —COOH des acides carboxyliques.

CARBOXYLIQUE adj. ▪ **Acide carboxylique,** acide RCOOH qui contient le groupement carboxyle.

CARBURANT adj.m. Qui contient un hydrocarbure. ◆ **n.m. 1.** Combustible liquide fournissant l'énergie d'un moteur thermique. **2. MÉTALL.** Produit utilisé pour enrichir en carbone un métal ou un alliage.

CARBURATEUR n.m. Organe d'un moteur à explosion qui réalise le mélange gazeux de carburant et d'air.

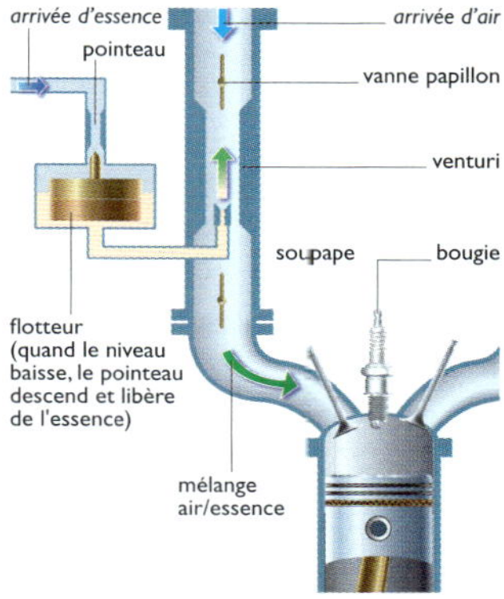

▲ **carburateur**

CARBURATION n.f. 1. TECHN. Formation, dans le carburateur, du mélange gazeux combustible. **2. MÉTALL.** Enrichissement en carbone d'un produit métallique.

CARBURE n.m. (du lat. *carbo,* charbon). **CHIM.** Combinaison de carbone et d'un autre corps simple. ▪ **Carbure de calcium,** composé (CaC_2) utilisé pour produire de l'acétylène (lampes de mine).

CARBURÉ, E adj. 1. Qui contient du carbure, du carbone. **2.** Qui résulte du mélange d'air et de carburant : *Mélange carburé.*

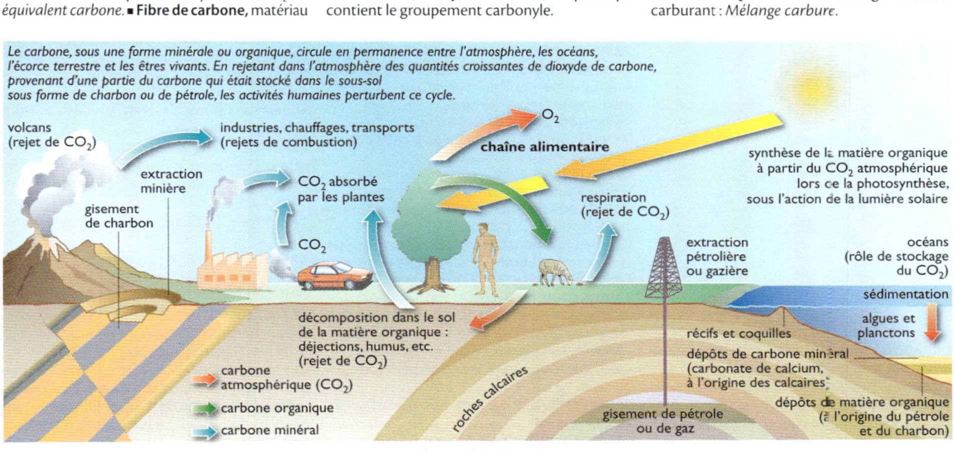

▲ **carbone.** Cycle du carbone.

CARBURÉACTEUR n.m. **AÉRON.** Carburant pour moteur à réaction ou turbine à gaz.

CARBURER v.t. [3]. **1. MÉTALL.** Enrichir en carbone un métal ou un alliage. **2. TECHN.** Mélanger un carburant à l'air. ◆ **v.i.** Fam. Faire travailler son esprit ; réfléchir. ■ **Ça carbure** [fam.], ça va bien, vite, rondement. ■ **Carburer à** [fam.], avoir besoin de telle boisson pour travailler : *Elle carbure au café.*

CARCAILLER ou **COURCAILLER** v.i. [3] (onomat.). Pousser son cri, en parlant de la caille.

CARCAJOU n.m. (mot algonquien). Glouton (mammifère).

CARCAN n.m. (lat. médiév. *carcanum*). **1.** Ce qui entrave la liberté, qui contraint, asservit ; joug : *Le carcan de la misère, de la bureaucratie.* **2. HIST.** Collier de fer qui servait à attacher un criminel au poteau d'exposition publique.

CARCASSE n.f. (orig. inconnue). **1.** Squelette d'un animal. **2. BOUCH.** Corps d'un animal après abattage, sans les abats ni les issues, destiné à la consommation. **3. BOUCH.** Corps d'une volaille sans les cuisses ni les ailes : *Carcasse de canard.* **4.** Fam. Corps d'une personne : *Traîner sa vieille carcasse.* **5.** Armature de certains objets : *Carcasse d'abat-jour. Pneu à carcasse radiale.*

CARCÉRAL, E, AUX adj. (du lat. *carcer, -eris*, prison). Relatif à la prison, au système pénitentiaire : *La vie carcérale.*

CARCINOGÈNE adj. et n.m. Cancérogène.

CARCINOGENÈSE n.f. (du gr. *karkinos*, cancer). Cancérogenèse.

CARCINOÏDE adj. et n.m. Se dit d'une variété de tumeur bénigne ou peu maligne atteignant surtout le tube digestif.

CARCINOLOGIE n.f. Cancérologie.

CARCINOMATEUX, EUSE adj. De la nature du carcinome.

CARCINOME n.m. (gr. *karkinôma*). Cancer développé à partir d'un tissu épithélial (SYN. **épithélioma**). ■ **Carcinome glandulaire,** adénocarcinome.

CARDAGE n.m. Action de carder ; son résultat.

CARDAMINE n.f. (gr. *kardaminê*). Plante des prés humides à fleurs blanches ou rose pâle, cour. appelée *cressonnette.* ➲ Famille des crucifères.

CARDAMOME n.f. (gr. *kardamômon*). Plante d'Asie dont les graines odorantes et de saveur poivrée sont souvent employées, au Proche-Orient, pour parfumer le café. ➲ Famille des zingibéracées.

CARDAN n.m. (de J. *Cardan*, n.pr.). **AUTOM.** Mécanisme transmettant aux roues motrices et directrices leur mouvement de rotation. ■ **Joint de cardan,** ou **cardan** [mécan. industr.], mécanisme permettant à la fois le déplacement angulaire dans toutes les directions de deux arbres dont les axes sont concourants et la transmission du mouvement de rotation de ces arbres.

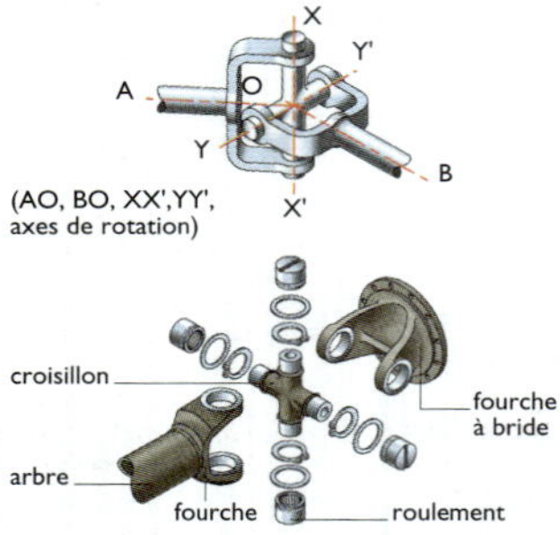

▲ **cardan.** Transmission à cardan.

1. CARDE n.f. (provenç. *cardo*). Côte comestible des feuilles de cardon et de bette.

2. CARDE n.f. (mot picard). **1.** Tête épineuse de la cardère, utilisée autref. pour le cardage. **2. TEXT.** Machine garnie de pointes métalliques pour peigner les matières textiles ; peigne muni de pointes d'acier pour le cardage à la main.

CARDÉ n.m. **1.** Fil génér. composé de fibres courtes et grossières et n'ayant pas subi l'opération de peignage. **2.** Étoffe réalisée avec du cardé.

CARDER v.t. [3]. Peigner, démêler des fibres textiles avec la carde.

CARDÈRE n.f. (lat. *carduus*). Chardon haut sur tige, commun dans les fossés et les lieux incultes, utilisé autref. dans l'industrie textile et appelé cour. *chardon à foulon.* ➲ Famille des dipsacacées.

▲ **cardère**

CARDEUR, EUSE n. Ouvrier qui carde.

CARDEUSE n.f. Machine à carder.

CARDIA n.m. (du gr. *kardia*, cœur). **ANAT.** Orifice supérieur de l'estomac, où se termine l'œsophage.

1. CARDIAL, E, AUX adj. Relatif au cardia.

2. CARDIAL n.m. (du lat. *cardium*, n. de divers mollusques). **PRÉHIST.** Courant de diffusion du néolithique en Méditerranée (VIIe-V^e millénaire), caractérisé par une poterie décorée par l'impression d'un coquillage.

CARDIALGIE n.f. **MÉD.** Douleur siégeant dans la région du cœur ou du cardia.

CARDIAQUE adj. (gr. *kardiakos*). Relatif au cœur : *Nerf cardiaque.* ◆ **adj. et n.** Atteint d'une maladie chronique du cœur. ◆ **n.f. BOT.** Agripaume.

CARDIGAN n.m. (mot angl., du n. du comte de *Cardigan*). Veste de tricot sans col, à manches longues, qui se boutonne par-devant.

1. CARDINAL, E, AUX adj. (du lat. *cardinalis*, principal). **MATH.** Qui exprime la quantité, par oppos. à l'ordre. ■ **Adjectif numéral cardinal,** ou **cardinal, n.m.,** adjectif qui exprime une quantité précise, le nombre d'éléments d'un ensemble (ex. : *un, deux, trois*, etc.) [par oppos. à *ordinal*]. ■ **Points cardinaux,** les quatre points de repère géographiques permettant de s'orienter (nord, est, sud, ouest). ■ **Vertus cardinales** [théol. chrét.], les quatre vertus fondamentales : justice, prudence, tempérance, force.

2. CARDINAL n.m. **MATH. 1.** Nombre des éléments d'un ensemble fini. **2.** Pour un ensemble infini, caractérisation de la multiplicité des éléments.

3. CARDINAL n.m. **CATH.** Chacun des prélats qui composent le Sacré Collège. ➲ Les cardinaux participent à l'élection du pape, en deçà d'une limite d'âge fixée à 80 ans et d'un plafond de 120 électeurs.

4. CARDINAL n.m. Passereau d'Amérique, dont le mâle a un plumage rouge écarlate. ➲ Famille des fringillidés.

CARDINALAT n.m. **CATH.** Dignité de cardinal.

CARDINALICE adj. **CATH.** Relatif aux cardinaux. ■ **Le Collège cardinalice,** autre nom, plus moderne, du Sacré Collège.

CARDIOFRÉQUENCEMÈTRE n.m. Appareil que l'on porte au poignet pour mesurer sa fréquence cardiaque au cours d'un effort.

CARDIOGRAMME n.m. Courbe d'enregistrement graphique des mouvements cardiaques.

CARDIOGRAPHE n.m. Appareil utilisé pour la cardiographie.

CARDIOGRAPHIE n.f. Étude des mouvements du cœur à l'aide d'appareils enregistreurs.

CARDIOÏDE n.f. **MATH.** Courbe en forme de cœur.

CARDIOLOGIE n.f. Spécialité médicale qui traite du cœur et des vaisseaux sanguins, en partic. de leurs maladies.

CARDIOLOGIQUE adj. Relatif à la cardiologie.

CARDIOLOGUE n. Médecin spécialiste de cardiologie.

CARDIOMÉGALIE n.f. **MÉD.** Augmentation de volume du cœur.

CARDIOMYOPATHIE n.f. Myocardiopathie.

CARDIOPATHIE n.f. Toute maladie du cœur.

CARDIO-PULMONAIRE (pl. *cardio-pulmonaires*), ▲ *CARDIOPULMONAIRE* **adj.** Relatif au cœur et aux poumons.

CARDIOTOMIE n.f. **CHIRURG.** Ouverture du cœur par incision.

CARDIOTONIQUE adj. et n.m. Se dit d'une substance renforçant les contractions du cœur, en partic. d'un médicament prescrit contre l'insuffisance cardiaque (SYN. **tonicardiaque**).

CARDIO-TRAINING (pl. *cardio-trainings*), ▲ *CARDIOTRAINING* [-trɛniŋ] **n.m.** (du gr. *kardia*, cœur, et de l'angl. *training*, entraînement). Activité physique, pratiquée en salle sur des appareils électroniques, destinée à entretenir les capacités cardiaques.

CARDIO-VASCULAIRE (pl. *cardio-vasculaires*), ▲ *CARDIOVASCULAIRE* **adj.** Qui concerne le cœur et les vaisseaux. ➲ L'infarctus du myocarde, l'hypertension artérielle sont des maladies cardio-vasculaires.

CARDITE n.f. ■ **Cardite rhumatismale,** inflammation des tissus du cœur, consécutive à un rhumatisme articulaire aigu.

CARDON n.m. (mot provenç. « chardon »). Plante potagère vivace, dont on consomme la base charnue des feuilles (carde) après étiolement. ➲ Famille des composées.

CARÊME n.m. (du lat. *quadragesima dies*, le quarantième jour). **1. CHRIST.** Temps de pénitence consacré à la préparation de Pâques et s'étendant du mercredi des Cendres au jeudi saint, soit quarante jours. **2. CHRIST.** Jeûne observé pendant cette période : *Faire carême.* **3.** Antilles. Saison sèche. **4.** Afrique. Jeûne du ramadan. ■ **Arriver comme marée en carême,** fort à propos, comme le poisson pendant le carême. ■ **Arriver comme mars en carême,** avec une régularité absolue. ■ **Face de carême,** visage maigre, blême et triste.

CARÊME-PRENANT n.m. (pl. *carêmes-prenants*). Vieilli. Les trois jours gras qui précèdent le carême.

CARÉNAGE n.m. **1. MAR.** Action de caréner un navire. **2.** Élément extérieur à la carrosserie d'un véhicule automobile, qui raccorde des surfaces discontinues pour diminuer la résistance de l'air.

CARENCE n.f. (du lat. *carere*, manquer). **1.** Fait pour une personne, une autorité de se dérober devant ses obligations ; situation qui en résulte : *Dénoncer les carences du gouvernement.* **2. MÉD.** Absence ou présence en quantité insuffisante d'une ou de plusieurs substances indispensables à l'organisme (vitamine, oligoélément, etc.). **3. ÉCON.** Manque de ressources d'un débiteur. ■ **Carence affective,** absence ou insuffisance de relations affectives de l'enfant avec sa mère pendant la première enfance. ■ **Délai de carence** [dr.], période légale pendant laquelle une personne, notamm. un assuré social malade, n'est pas indemnisée.

CARENCÉ, E adj. **MÉD.** Atteint d'une carence.

CARÈNE n.f. (du lat. *carina*, coquille de noix). **1. MAR.** Partie immergée de la coque d'un navire, sous la ligne de flottaison (SYN. **œuvres vives**). **2. BOT.** Pièce formée par les deux pétales inférieurs soudés, dans la fleur des papilionacées. ■ **Centre de carène,** centre de gravité de la partie immergée d'un navire.

CARÉNER v.t. [11], ▲ *[11*]*. **1.** Nettoyer, réparer la carène d'un navire. **2.** Donner une forme aérodynamique à une carrosserie ; pourvoir un véhicule d'un carénage.

CARENTIEL, ELLE [-sjɛl] adj. **MÉD.** Relatif, consécutif à une carence.

CARESSANT, E adj. **1.** Qui manifeste de la tendresse ; câlin : *Enfant caressant.* **2.** Qui a la douceur d'une caresse : *Voix caressante.*

CARESSE n.f. **1.** Attouchement tendre, affectueux ou sensuel. **2.** Litt. Frôlement doux et agréable : *La caresse du vent printanier.*

CARESSER v.t. [3] (de l'ital. *carezzare*, chérir). **1.** Faire des caresses à : *La mère caresse son bébé pour le calmer. Caresser son chat.* **2.** Litt. Effleurer agréablement : *La brise lui caresse le visage.* ■ **Caresser une idée, un rêve,** en entretenir l'espoir avec complaisance.

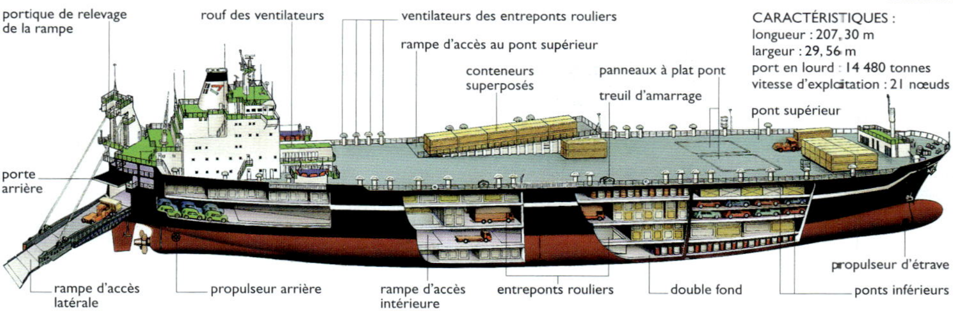

▲ **cargo.** Coupe d'un cargo roulier porte-conteneurs.

1. CARET n.m. (mot malais). **1.** Grande tortue répandue dans les mers chaudes et tempérées du globe (SYN. **caouanne**). ➲ Long. max. 1,30 m ; genre *Caretta*. **2.** Tortue marine des mers tropicales, chassée pour sa chair et ses écailles. ➲ Long. max. 0,90 m ; genre *Eretmochelys*.

▲ **caret**

2. CARET n.m. (du picard *car*, char). Dévidoir utilisé par les cordiers. ▪ **Fil de caret,** fil de fibres naturelles servant à fabriquer les cordages.

CAREX [karɛks] **n.m.** (mot lat.). **BOT.** Laîche.

CAR-FERRY (pl. *car-ferrys* ou *car-ferries*), ▲ **CARFERRY n.m.** (mots angl.). Navire qui assure le transport simultané de passagers et de véhicules, motorisés ou non. Recomm. off. **(navire) transbordeur.**

CARGAISON n.f. (du provenç. *cargar*, charger). **1.** Ensemble des marchandises transportées par un navire, un avion, un camion (SYN. **1. fret**). **2.** Fam. Grande quantité.

CARGNEULE n.f. **MINÉRALOG.** Roche sédimentaire carbonatée d'aspect caverneux, due à la transformation de dolomies par dissolution de la dolomite sous l'action d'eaux sulfatées.

CARGO n.m. (de l'angl. *cargo-boat*, navire de charge). Navire destiné au transport des marchandises. ▪ **Cargo mixte,** cargo qui transporte aussi des passagers. ▪ **Cargo spatial,** véhicule spatial automatique (sans équipage), permettant de transporter du fret et de ravitailler une station spatiale en orbite.

CARGUE n.f. **MAR.** Cordage servant à replier ou à serrer une voile contre la vergue ou le mât.

CARGUER v.t. [3] (du provenç. *cargar*, charger). **MAR.** Serrer une voile autour d'un espar (vergue, bôme, mât) à l'aide de cargues.

CARI n.m. → **CURRY.**

CARIACOU n.m. Petit cerf d'Amérique du Sud, aux bois courts (12 cm), dont la hauteur au garrot dépasse rarement 60 cm, aussi appelé *mazama rouge*. ➲ Famille des cervidés.

CARIATIDE n.f. → **CARYATIDE.**

CARIBÉEN, ENNE adj. et n. De la Caraïbe.

CARIBOU n.m. (mot algonquien). **1.** Renne de l'Amérique du Nord. **2.** Québec. Boisson traditionnelle faite d'un mélange de vin et d'alcool.

CARICATURAL, E, AUX adj. **1.** Qui tient de la caricature ; grotesque : *Ton attitude manichéenne est caricaturale.* **2.** Qui déforme la réalité en exagérant certaines caractéristiques : *Ce reportage donne une vision caricaturale de la vie en banlieue.*

CARICATURE n.f. (ital. *caricatura*, de *caricare*, charger). **1.** Dessin, peinture, etc., donnant de qqn, de qqch une image déformée et volontairement satirique : *Les caricatures de Daumier.* **2.** Description comique ou satirique d'une personne, d'une société : *Ce film est une caricature du monde de la télévision.* **3.** Personne laide et ridicule.

CARICATURER v.t. [3]. **1.** Faire une caricature de qqn. **2.** Représenter qqch en le déformant.

CARICATURISTE n. Dessinateur qui fait des caricatures.

CARIE n.f. (du lat. *caries*, pourriture). Maladie cryptogamique des plantes, notamm. du blé, dont elle attaque le grain. ▪ **Carie (dentaire),** maladie dentaire due à la destruction progressive de l'émail et de la dentine, aboutissant à la formation d'une cavité grandissante.

CARIÉ, E adj. Se dit d'une dent attaquée par la carie.

CARIER v.t. [5]. Gâter par l'effet d'une carie. ◆ **SE CARIER** v.pr. Être attaqué par une carie.

CARILLON n.m. (du bas lat. *quaternio*, groupe de quatre objets). **1.** Série de cloches fixes, frappées de l'extérieur, disposées de manière à fournir une ou plusieurs gammes permettant l'exécution de mélodies. **2.** Sonnerie de cloches, vive et gaie, du carillon. **3.** Horloge sonnant les quarts et les demies, et faisant entendre un air pour marquer les heures. ▪ **Carillon électrique,** sonnerie électrique à deux ou plusieurs tons.

CARILLONNÉ, E adj. ▪ **Fête carillonnée,** fête solennelle, annoncée par des carillons.

CARILLONNEMENT n.m. Action de carillonner ; son, mélodie produits par un carillon.

CARILLONNER v.i. [3]. **1.** Sonner en carillon : *Les cloches carillonnaient.* **2.** Fam. Appuyer longuement sur une sonnette. ◆ **v.t. 1.** Annoncer par des carillons : *Carillonner une fête.* **2.** Faire savoir à grand bruit ; claironner.

CARILLONNEUR, EUSE n. Personne chargée du service d'un carillon.

CARINATE n.m. (du lat. *carina*, coquille de noix). Oiseau dont le sternum est muni d'un bréchet. ➲ Les carinates forment une sous-classe regroupant l'ensemble des oiseaux, manchots et ratites mis à part.

CARIOCA adj. et n. (de *Carioca*, n. d'une rivière de la région de Rio). De Rio de Janeiro.

CARIOGÈNE adj. Qui favorise la carie dentaire.

CARISTE n. Personne qui conduit un chariot automoteur de manutention.

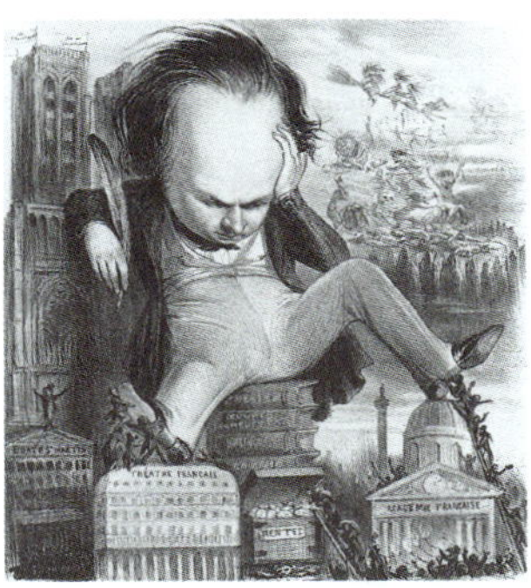

▲ **caricature** parue dans *le Panthéon charivarique* en 1841 : Victor Hugo à cheval sur le Théâtre-Français et l'Académie française.

CARITATIF, IVE adj. (du lat. *caritas*, charité). **1.** Relatif à la vertu chrétienne de charité. **2.** Qui a pour objet de fournir aux plus démunis une aide matérielle ou morale ; charitable.

CAR-JACKING [kardʒakiŋ] **n.m.** (pl. *car-jackings*) [de l'angl. *car*, voiture, et *hijacking*, piraterie aérienne]. Vol d'un véhicule automobile sur la voie publique avec violences ou menaces sur son conducteur.

CARLIN n.m. (de *Carlin*, surnom de l'acteur Carlo Bertinazzi). Petit chien à poil ras et au museau aplati.

CARLINE n.f. (du provenç. *carlino*, chardon). Plante des lieux secs et des dunes, aux feuilles épineuses. ➲ Famille des composées.

CARLINGUE n.f. (scand. *kerling*). **1.** Pièce longitudinale placée au fond d'un navire, parallèlement à la quille, pour renforcer la structure. **2.** Partie du fuselage d'un avion occupée par l'équipage et les passagers.

CARLISME n.m. Doctrine et mouvement politique des partisans de don Carlos* (Charles de Bourbon) et de ses descendants, qui tentèrent de s'emparer du trône d'Espagne lors de trois guerres : 1833-1839, 1846-1849, 1872-1876.

CARLISTE adj. et n. Relatif au carlisme ; qui en est partisan.

CARMAGNOLE n.f. (de *Carmagnola*, ville ital.). Veste courte portée pendant la Révolution. ▪ **La Carmagnole,** v. partie n.pr.

CARME n.m. (du mont *Carmel*, n.pr.). Religieux de l'ordre du Carmel, ordre contemplatif institué en Syrie au XIIe s., rangé au XIIIe s. parmi les ordres mendiants.

CARMÉLITE n.f. (de *Carmel*, n.pr.). Religieuse de la branche féminine de l'ordre du Carmel, demeurée contemplative ➲ Les *carmélites déchaussées* suivent la réforme instituée par sainte Thérèse d'Ávila.

CARMIN n.m. (ar. *qirmiz*). Matière colorante d'un rouge légèrement violacé, tirée autref. de la femelle de la cochenille ; la couleur correspondante. ◆ **adj. inv.** De la couleur du carmin.

CARMINÉ, E adj. Qui est teinté de carmin ; rouge vif.

CARNAGE n.m. (du lat. *caro, carnis*, chair). Massacre sanglant de personnes ; tuerie de nombreux animaux.

CARNASSIER, ÈRE adj. (mot provenç., du lat. *caro, carnis*, chair). **1.** Se dit d'un animal qui se nourrit princip. de proies animales vivantes ou mortes. **2.** Qui caractérise le mode d'alimentation des animaux carnassiers. ▪ **Dent carnassière,** ou **carnassière, n.f.** [zool.], grosse dent coupante spécifique des mammifères de l'ordre des carnivores.

CARNASSIÈRE n.f. (provenç. *carnassiero*). **1. CHASSE.** Sac pour mettre le gibier ; gibecière. **2. ZOOL.** Dent carnassière.

CARNATION n.f. Coloration de la peau ; teint.

CARNAVAL n.m. (pl. *carnavals*) [ital. *carnevale*, de *carnelevare*, ôter la viande]. **1. CATH.** Temps de réjouissances profanes, depuis l'Épiphanie jusqu'au mercredi des Cendres. **2.** Réjouissances auxquelles on se livre pendant le carnaval (bals, cortèges, mascarades). **3.** Avec une majuscule). Mannequin grotesque personnifiant le carnaval, enterré ou brûlé le mercredi des Cendres : *Sa Majesté Carnaval.*

Les plantes carnivores

Certains végétaux peuvent retenir – ou même capturer de façon active – de petits animaux pour, ensuite, les « digérer ». Mal enracinées et poussant dans des milieux pauvres en azote, les plantes carnivores trouveraient ainsi des compléments nutritifs essentiels.

Attirés par l'odeur dégagée par la dionée attrape-mouche, des insectes se posent sur la plante, ce qui déclenche une fermeture rapide des mâchoires.

Les poils disséminés sur les tiges de *Byblis liniflora* sont recouverts d'une résine défensive qui piège les éventuels parasites.

Les feuilles à la base de ce drosera attirent des insectes qui se collent à l'extrémité gluante de ses poils rouges, lesquels s'enroulent ensuite autour des proies.

Chez l'utriculaire, le piège est actif : des petites outres subaquatiques sont équipées d'un poil sensitif qui détecte les mouvements d'un animal et commande l'ouverture d'un clapet ; la proie est alors capturée par aspiration.

Les feuilles visqueuses de la grassette forment un piège mortel.

Sarracenia flava

Darlingtonia californica

Nepenthes alata

Nepenthes alata est une plante grimpante épiphyte qui présente, au bout de ses feuilles, une urne remplie d'un liquide sucré. Comme chez *Sarracenia flava* ou *Darlingtonia californica*, des insectes (voire de petits vertébrés, comme des lézards ou des jeunes rongeurs), attirés par le suc, glissent depuis le haut de l'urne, recouverte d'une cire, jusqu'à la zone inférieure, où ils sont digérés.

CARNAVALESQUE adj. 1. Relatif au carnaval. **2.** Qui évoque le carnaval ; grotesque.

CARNE n.f. (mot normand). Fam. **1.** Viande dure. **2.** Vx. Vieux cheval.

CARNÉ, E adj. (du lat. *caro, carnis*, chair). **1.** Qui est d'une couleur chair ; rose très pâle : *Œillet carné.* **2.** Qui se compose surtout de viande : *Alimentation carnée.*

CARNEAU n.m. (anc. forme de *créneau*). Ouverture pratiquée dans la voûte d'un four ou à l'arrière d'une chaudière pour le passage des flammes.

CARNET n.m. (du bas lat. *quaternio*, groupe de quatre). **1.** Petit cahier de poche servant à inscrire des notes, des comptes, etc. ; calepin. **2.** Assemblage d'imprimés, de tickets, de timbres, etc., détachables : *Carnet de chèques.* ▪ **Carnet d'adresses,** petit cahier alphabétique où l'on note le nom et les coordonnées des personnes avec qui l'on souhaite rester en contact ; par ext., réseau constitué par toutes les personnes ainsi répertoriées ; base de données contenant notamm. les adresses électroniques des personnes avec qui l'on est en contact. ▪ **Carnet de commandes,** ensemble des commandes reçues par une entreprise. ▪ **Carnet de mariage** [Belgique], livret de famille. ▪ **Carnet d'épargne** [Belgique, Suisse], livret d'épargne. ▪ **Carnet de voyage,** journal tenu par un voyageur sous la forme de notes et/ou de dessins, de collages, etc. ◆ **n.m. pl.** Petits cahiers contenant des notes personnelles ou confidentielles : *Les carnets de tournage de Catherine Deneuve. Les carnets du directeur du contre-espionnage.*

CARNETTISTE n. Personne qui tient un carnet de voyage.

CARNIER n.m. (mot provenç.). **CHASSE.** Petite carnassière ; gibecière.

CARNIVORE adj. et **n.** (du lat. *caro, carnis*, chair, et *vorare*, dévorer). Qui se nourrit de chair. ▪ **Plante carnivore,** susceptible de capturer et de digérer des insectes ou d'autres petits animaux. ◆ **n.m.** Mammifère terrestre muni de griffes, de fortes canines (crocs) et de molaires tranchantes (carnassières) adaptées à un régime surtout carné, tel que le loup, l'ours, l'hyène, le blaireau, le lion, etc. ➲ Les carnivores forment un ordre.

CARNOTZET ou **CARNOTSET** [karnɔtzɛ] **n.m.** Suisse. Local aménagé pour boire entre amis, situé génér. dans une cave.

CAROLINGIEN, ENNE adj. et **n.** Relatif aux Carolingiens, à leur dynastie : *Les rois carolingiens.*

CARONADE n.f. (de *Carron*, v. d'Écosse). Canon gros et court, tirant à mitraille (XVIIIe et XIXe s.).

CARONCULE n.f. (lat. *caruncula*). **1. ANAT.** Excroissance charnue. **2. ZOOL.** Excroissance charnue, rouge, ornant la tête et le cou de certains animaux (dindon, coq, pigeon, casoar). ▪ **Caroncule lacrymale** [anat.], située à l'angle interne des paupières.

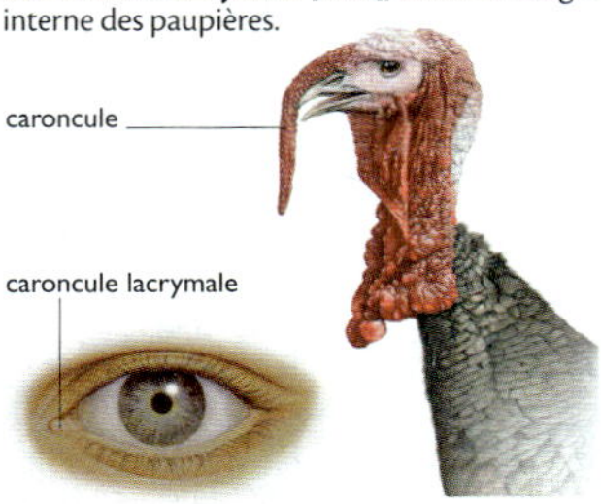

▲ **caroncules** d'œil humain et de dindon.

CAROTÈNE n.m. Pigment orangé du groupe des caroténoïdes, abondant chez les végétaux (carotte) et les animaux. ➲ Le bêtacarotène, présent dans de nombreux végétaux alimentaires, a des propriétés d'antioxydant et d'immunostimulant. Il est utilisé par les cellules ou converti en vitamine A.

CAROTÉNOÏDE adj. et **n.m.** Se dit de chacun des pigments colorés (du jaune au rouge) qui abondent chez les végétaux et les animaux herbivores. ➲ Les caroténoïdes sont utilisés comme colorants alimentaires et peuvent être transformés en vitamine A par l'organisme.

CAROTIDE adj. (gr. *karôtides*, de *karoûn*, assoupir). **ANAT.** ▪ **Artère carotide,** ou **carotide, n.f.,** artère latérale du cou conduisant le sang du cœur à la tête.

CAROTIDIEN, ENNE adj. Relatif à la carotide.

CAROTTAGE n.m. 1. TECHN. Extraction de carottes de terrain. **2.** Fam. Petite escroquerie.

CAROTTE n.f. (lat. *carota*, du gr.). **1.** Plante bisannuelle cultivée pour sa racine pivotante comestible. ➲ Famille des ombellifères. **2.** Racine de la carotte, que l'on consomme crue ou cuite : *Des carottes râpées.* **3.** Mode de présentation, en France, du tabac à chiquer, roulé en forme de carotte ; enseigne des bureaux de tabac, évoquant cette forme. **4. TECHN.** Échantillon cylindrique de terrain prélevé en profondeur au moyen d'un carottier. ▪ **Carotte rouge** [Suisse], betterave rouge. ▪ **La carotte et le bâton,** l'alternance de promesses et de menaces. ▪ **Les carottes sont cuites** [fam.], le dénouement est proche ; l'affaire est perdue. ◆ **adj. inv.** De couleur rouge tirant sur le roux : *Cheveux carotte.*

▲ **carotte**

CAROTTER v.t. [3]. 1. Fam. Soutirer qqch à qqn par ruse. **2. TECHN.** Extraire une carotte de terrain.

CAROTTEUR, EUSE ou **CAROTTIER, ÈRE adj.** et **n.** Fam. Qui carotte, commet de petites escroqueries.

CAROTTIER n.m. TECHN. Outil placé à l'extrémité d'une tige de forage et destiné à prélever des carottes du sous-sol.

CAROUBE ou **CAROUGE n.f.** (ar. *kharrūba*). Fruit du caroubier, gousse à pulpe sucrée, d'usage alimentaire.

CAROUBIER n.m. Grand arbre méditerranéen à feuilles persistantes. ➲ Famille des césalpiniacées.

CARPACCIO [karpatʃjo] **n.m.** (de V. *Carpaccio*, n.pr.). **1.** Viande de bœuf crue, coupée en fines lamelles nappées d'huile d'olive et de citron. ➲ Cuisine italienne. **2.** Tout mets cru (poisson, volaille, légume, fruit) servi finement tranché : *Un carpaccio de saumon, d'ananas.*

CARPATIQUE adj. Des Carpates.

1. CARPE n.f. (lat. *carpa*). Poisson des rivières et des étangs d'Europe et d'Asie, élevé pour sa chair et dont certaines variétés sont appréciées des aquariophiles. ➲ Famille des cyprinidés. ▪ **Muet comme une carpe,** qui ne dit pas un mot.

▲ **carpe**

2. CARPE n.m. (du gr. *karpos*, jointure). **ANAT.** Ensemble des os du poignet.

CARPEAU n.m. Carpillon.

CARPELLE n.m. (du gr. *karpos*, fruit). **BOT.** Pièce florale portant les ovules et formant, seule ou soudée à d'autres, le pistil des fleurs.

CARPETBAGGER [karpɛtbagœr] **n.m.** (mot anglo-amér., de *carpetbag*, sac de voyage). **HIST.** Sobriquet donné par les sudistes aux nordistes venus s'installer dans les États du Sud après la guerre de Sécession.

CARPETTE n.f. (angl. *carpet*, de l'anc. fr.). **1.** Petit tapis, souvent rectangulaire descente de lit. **2.** Fam. Personne servile.

CARPICULTURE n.f. Élevage des carpes.

CARPIEN, ENNE adj. ANAT. Du carpe. ▪ **Canal carpien,** anneau situé devant le carpe, fermé en avant par un ligament et contenant des tendons et le nerf médian. ▪ **Syndrome du canal carpien** [méd.], affection, due à la compression d'un nerf passant dans le poignet, qui se manifeste par des engourdissements douloureux des mains.

CARPILLON n.m. Jeune carpe (SYN. **carpeau**).

CARPOCAPSE n.f. (du gr. *karpos*, fruit, et *kaptein*, cacher). Papillon, également appelé *pyrale des pommes*, dont la chenille se développe dans les pommes et les poires.

CARPOPHORE n.m. BOT. Organe massif et sporifère des champignons basidiomycètes, formé génér. d'un chapeau et d'un pied. ➲ Il constitue la partie visible de ces champignons.

CARQUOIS n.m. (bas lat. *tarcasius*, du persan). Étui à flèches.

CARRARE n.m. Marbre blanc extrait à Carrare (Italie).

CARRE n.f. (de *carrer*, donner une forme carrée). **1.** En cordonnerie, arête formée par l'intersection de la surface plantaire et des surfaces latérales (versants) de la forme. **2.** Épaisseur d'un objet plat coupé à angle droit : *La carre d'une planche.* **3.** Baguette d'acier bordant la semelle d'un ski. **4.** Tranchant de l'arête d'un patin à glace. **5.** Région. (Savoie) ; Suisse. Violente averse, souvent de courte durée.

1. CARRÉ, E adj. (lat. *quadratus*). **1.** Qui a la forme d'un carré. **2.** Dont les dimensions rappellent celles d'un carré ; quadrangulaire : *Tour carrée.* **3.** Qui a des angles bien marqués : *Un visage carré.* **4.** Qui fait preuve de détermination et de franchise : *Elle est carrée dans ses opinions, en affaires.* ▪ **Mât gréé carré** [mar.], qui porte des voiles carrées. ▪ **Mètre, kilomètre carré,** aire égale à celle d'un carré dont le côté a un mètre, un kilomètre. ▪ **Racine carrée d'un nombre** → **RACINE.** ▪ **Trois-mâts carré** [mar.], gréé de voiles carrées. ▪ **Voile carrée** [mar.], rectangulaire, enverguée horizontalement.

2. CARRÉ n.m. 1. Quadrilatère plan dont les quatre côtés ont même longueur et dont les angles sont droits. **2.** Pièce servant de salon, de salle à manger aux officiers ou aux officiers mariniers d'un navire. **3. MIL.** Formation d'une troupe faisant front des quatre faces. **4.** Réunion de quatre cartes à jouer de même valeur : *Carré d'as.* **5.** Arg. scol. Élève de deuxième année d'une classe préparatoire aux grandes écoles. ▪ **Carré de l'Est,** fromage au lait de vache, à pâte molle et à croûte fleurie, de forme carrée, originaire de l'est de la France. ▪ **Carré d'un nombre** [math.], produit de deux facteurs égaux à ce nombre. ▪ **Carré magique** [math.], matrice carrée telle que la somme des éléments de chaque ligne, chaque colonne et chaque diagonale est constante. ▪ **Carré parfait** [math.], nombre entier qui est le carré d'un entier.

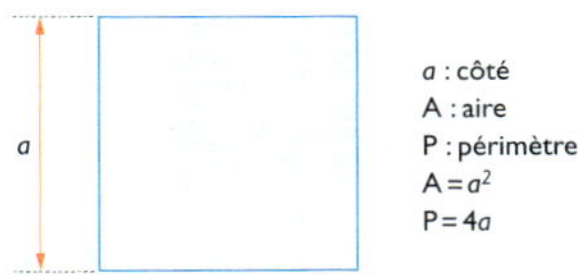

▲ **carré**

CARRÉ (MALADIE DE) n.f. Maladie infectieuse, contagieuse, due à un virus (*virus de Carré*), encore appelée *maladie du jeune chien.* ➲ La maladie, qui peut atteindre de nombreux chiots non immunisés, est foudroyante. La vaccination assure une protection efficace.

a b c d e f g h i j k l m n o p q r s t u v w x y z

▲ **carrosseries** d'automobiles.

CARREAU n.m. (du lat. *quadrus*, carré). **1.** Plaque, génér. carrée, de céramique, de marbre, etc., utilisée en assemblage pour le pavage des sols, le revêtement des murs. **2.** Sol pavé de carreaux. **3.** Partie vitrée d'une menuiserie. **4.** Dessin de forme carrée servant de motif décoratif ou faisant partie d'un quadrillage : *Jupe à carreaux verts et rouges. Feuilles de classeur à gros carreaux.* **5.** Une des quatre couleurs du jeu de cartes, dont la marque est un losange rouge ; carte de cette couleur. **6.** Terrain regroupant l'ensemble des installations de surface d'une mine. **7.** Suisse. Carré de jardin. **8.** BROD. Métier de dentellière, constitué par un coussin pouvant affecter diverses formes. **9.** Gros fer à repasser de tailleur. **10.** Grosse flèche d'arbalète munie d'un fer à quatre faces. ▪ **Le carreau des Halles** [anc.], partie des Halles de Paris où l'on vendait les fruits et les légumes. ▪ **Mettre au carreau,** tracer sur un modèle (dessin, carton) un quadrillage qui permettra de le reproduire à une échelle différente. ▪ **Se tenir à carreau** [fam.], être sur ses gardes ; se tenir bien tranquille. ▪ **Sur le carreau** [fam.], à terre, assommé ou tué ; éliminé d'une compétition.

CARREAUTÉ, E adj. Québec. À carreaux : *Chemise carreautée.*

CARRÉE n.f. Arg. Chambre.

CARREFOUR n.m. (du bas lat. *quadrifurcus*, à quatre fourches). **1.** Lieu où se croisent plusieurs routes ou rues ; croisement. **2.** Circonstance importante où l'on doit faire un choix : *Tu es à un carrefour de ta vie : soit tu continues tes études, soit tu travailles.* **3.** Rencontre organisée en vue d'une confrontation d'idées ; séminaire.

CARRELAGE n.m. Action de carreler ; pavage ou revêtement de carreaux.

CARRELER v.t. [16], ▲ *[12]*. **1.** Revêtir de carreaux : *Carreler un sol, un mur.* **2.** Quadriller une surface pour réaliser un dessin.

CARRELET n.m. **1.** Plie (poisson). **2.** Filet de pêche carré monté sur deux cerceaux croisés suspendus à une perche. **3.** Grosse aiguille de bourrelier à pointe coupante quadrangulaire. **4.** Suisse. Morceau d'un aliment coupé en petits cubes : *Carrelets de lard.*

CARRELEUR, EUSE n. Ouvrier qui pose des carrelages.

CARRÉMENT adv. **1.** Sans détour ; franchement : *Dis-lui carrément ce que tu en penses.* **2.** Fam. Complètement : *Ce qu'il a fait est carrément abject.*

SE CARRER v.pr. [3]. S'installer confortablement : *Se carrer dans un canapé.*

CARRICK n.m. (p.-ê. mot angl. « voiture légère »). Redingote ou manteau à plusieurs collets, à la mode au XIXe s.

CARRIER n.m. Ouvrier qui travaille dans une carrière.

1. CARRIÈRE n.f. (du lat. *carrus*, char). **1.** Grand manège d'équitation en terrain découvert. **2.** Profession comportant des étapes à franchir : *Les carrières de la politique, de l'enseignement.* ▪ **Donner carrière à** [litt.], donner libre cours à. ▪ **Faire carrière,** gravir les échelons d'une hiérarchie. ▪ **La Carrière,** la diplomatie.

2. CARRIÈRE n.f. (du lat. *quadrus*, carré). MIN. Exploitation de matériaux, généralement destinés à la construction et non soumis à une législation spécifique. ➲ Les carrières sont à ciel ouvert ou souterraines. Dans le Code minier français, c'est la nature des matériaux exploités qui distingue les *mines* (substances minérales soumises à une législation spécifique) des *carrières*.

CARRIÉRISME n.m. Péjor. Comportement, état d'esprit d'un carriériste.

CARRIÉRISTE n. Péjor. Personne qui ne recherche que sa réussite professionnelle sans s'embarrasser de scrupules.

CARRIOLE n.f. (mot provenç., du lat. *carrus*, char). **1.** Véhicule à deux roues, muni de brancards, parfois recouvert d'une bâche. **2.** Québec. Traîneau hippomobile sur patins bas.

CARROM [karɔm] n.m. Jeu de tir consistant à envoyer des pions dans l'un des quatre trous d'un plateau carré, à l'aide d'un palet.

CARRON n.m. Suisse. Grosse brique en terre cuite ou en ciment.

CARROSSABLE adj. Se dit d'une voie où les véhicules peuvent circuler : *Cette route n'est pas carrossable en hiver.*

CARROSSAGE n.m. **1.** Action de carrosser un véhicule ; son résultat. **2.** Angle que fait l'axe de la fusée d'une roue avec le plan horizontal de la route.

CARROSSE n.m. (ital. *carrozza*). Véhicule hippomobile d'apparat, à quatre roues, fermé et suspendu. ▪ **La cinquième roue du carrosse,** personne inutile ou considérée comme telle.

CARROSSER v.t. [3]. **1.** Munir d'une carrosserie. **2.** Dessiner la carrosserie de.

CARROSSERIE n.f. **1.** Habillage du mécanisme roulant d'un véhicule, reposant sur les roues par l'intermédiaire de la suspension. **2.** Habillage d'un appareil ménager (réfrigérateur, lave-vaisselle, etc.). **3.** Industrie, technique du carrossier.

CARROSSIER n.m. **1.** Professionnel spécialisé dans la tôlerie automobile, qui répare les voitures accidentées. **2.** Concepteur, dessinateur de carrosseries automobiles.

CARROUSEL [karuzɛl] n.m. (ital. *carosello*). **1.** Parade au cours de laquelle les cavaliers exécutent des figures convenues ; lieu où se tient cette parade. **2.** Fig. Circulation intense ; succession rapide : *Le carrousel des camions aux abords du chantier.* **3.** Belgique, Suisse. Manège forain.

CARROYAGE [karwajaʒ] n.m. CARTOGR. Quadrillage d'une carte, facilitant le repérage des lieux par un index.

CARROYER [karwaje] v.t. [7]. Appliquer un carroyage sur une carte.

CARRURE n.f. (de *carrer*, donner une forme carrée). **1.** Largeur du dos d'une personne d'une épaule à l'autre : *Homme de forte carrure.* **2.** Largeur d'un vêtement entre les épaules. **3.** Forte personnalité de qqn ; envergure : *Une femme de cette carrure n'abandonne pas la lutte.*

CARRY n.m. → **CURRY.**

CARTABLE n.m. **1.** Sac à plusieurs compartiments pour porter des livres, des cahiers, etc. **2.** Québec. Reliure pour feuilles mobiles, munie d'anneaux.

CARTE n.f. (du lat. *charta*, papier). **1.** Petit carton fin et rectangulaire, portant sur une face une figure de couleur, avec lequel on joue à divers jeux : *Distribuer les cartes pour jouer au bridge.* **2.** Document, imprimé prouvant l'identité de qqn ou permettant d'exercer certains droits, de bénéficier de certains avantages, etc. : *Carte d'identité, de séjour. Carte de fidélité, d'abonnement.* **3.** Liste des plats dans un restaurant. **4.** Représentation conventionnelle, génér. plane, de phénomènes localisés, concrets ou abstraits : *Carte géographique. Carte de densité de population. Carte génétique ou génique. Carte physique d'un génome.* **5.** INFORM. Support de montage de circuits électroniques pouvant être inséré dans un micro-ordinateur pour en étendre les capacités dans un domaine donné (numérisation et restitution du son ou des images, télécommunications, etc.) : *Carte graphique. Carte*

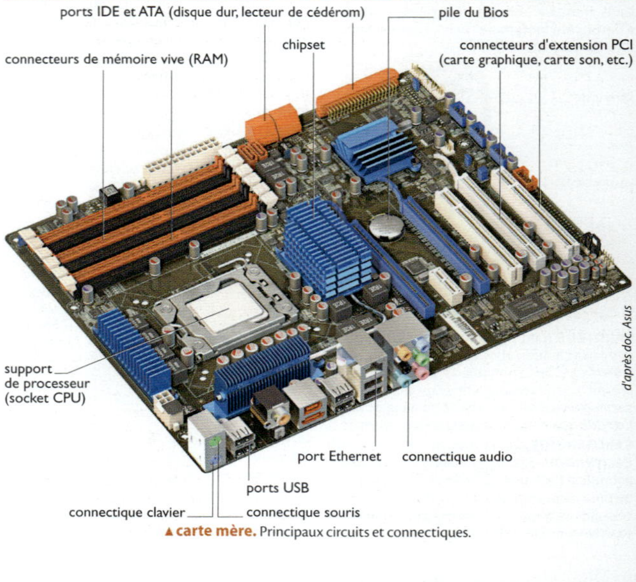

▲ **carte mère.** Principaux circuits et connectiques.

d'extension mémoire.* ■ **À la carte,** selon un libre choix : *Horaires à la carte.* ■ **Brouiller les cartes,** compliquer une situation ; semer la confusion. ■ **Carte à puce** [inform.], carte en plastique, de format normalisé, dotée d'une puce mémorisant et traitant des données, utilisée notamm. pour le paiement (carte bancaire) ou l'identification personnelle (carte d'assurance maladie). ➲ Les cartes à puce présentent un niveau de sécurisation des données supérieur à celui des cartes magnétiques. ■ **Carte blanche,** liberté entière qu'a qqn d'agir à sa guise : *Elle a carte blanche pour conduire le projet. Donner, laisser carte blanche à qqn.* ■ **Carte de visite,** petit rectangle de bristol sur lequel figurent le nom de qqn ou la raison sociale d'une entreprise, l'adresse, etc. ■ **Carte forcée,** obligation à laquelle on ne peut échapper. ■ **Carte grise,** certificat d'immatriculation d'un véhicule automobile, délivré, en France, par la préfecture ou la sous-préfecture du domicile du titulaire. ■ **Carte magnétique** [inform.], carte en plastique, de format normalisé, dotée de pistes magnétiques mémorisant des données. ■ **Carte mémoire** → **1. MÉMOIRE.** ■ **Carte mère** [inform.], carte qui regroupe les principaux circuits d'un micro-ordinateur ainsi que les connecteurs d'extension et les interfaces pour les périphériques. ■ **Carte perforée** [inform.], carte sur laquelle des perforations codaient des informations à traiter, en mécanographie. ■ **Carte (postale),** carte souple et rectangulaire dont le recto présente une photo, un dessin et dont le verso est destiné à la correspondance. ■ **Carte scolaire,** système régissant l'affectation des élèves selon leur domicile dans les établissements publics du premier et du second degré. ■ **Carte SIM** (abrév. de l'angl. *subscriber identity module,* module d'identité d'abonné) [inform.], carte d'abonné à un service téléphonique mobile (norme GSM) intégrée dans le combiné. ■ **Jouer la carte de,** essayer qqch parmi plusieurs possibilités offertes : *Le maire joue la carte de la transparence.* ■ **Jouer sa dernière carte,** mettre en œuvre l'ultime moyen dont on dispose. ■ **Le dessous des cartes,** ce que l'on dissimule d'une affaire, d'un événement. ■ **Mettre** ou **jouer cartes sur table,** agir à découvert, sans rien dissimuler. ■ **Repas à la carte,** dont les plats sont choisis sur la carte (par oppos. à *menu*).

CARTEL n.m. (de l'ital. *cartello,* affiche). **1.** Entente réalisée entre des entreprises juridiquement indépendantes d'un même secteur d'activité, afin de limiter la concurrence en s'accordant sur les prix et le partage du marché. **2.** Entente entre plusieurs pays pour limiter la production de leurs ressources et en fixer conjointement le prix face à d'autres pays. **3.** Entente réalisée entre des groupements professionnels, syndicaux, politiques, etc., en vue d'une action commune. **4.** Entente locale ou régionale de narcotrafiquants. **5.** BX-ARTS. Plaquette, étiquette sur le cadre d'un tableau, le socle d'une sculpture, portant une inscription qui identifie l'œuvre. **6.** Pendule murale, portée ou non par un socle en cul-de-lampe. ➲ Apparu au XVIIe s., le cartel est de forme chantournée à l'époque Louis XV.

CARTE-LETTRE n.f. (pl. *cartes-lettres*). Carte mince, pliée en deux, se fermant par des bords gommés, affranchie comme une lettre.

CARTELLISATION n.f. Association d'entreprises en cartel.

CARTELLISER v.t. [3]. Organiser des entreprises en cartel.

CARTER [karter] n.m. (mot angl., de J. H. *Carter*). Enveloppe protectrice des organes d'un mécanisme, pouvant contenir un fluide : *Carter de boîte de vitesses.*

CARTE-RÉPONSE n.f. (pl. *cartes-réponse*[s]). Carte jointe à un questionnaire et utilisée pour y répondre.

CARTERIE n.f. (nom déposé). Établissement qui vend des cartes postales.

CARTÉSIANISME n.m. (de *Cartesius,* n. lat. de Descartes). **1.** Philosophie de Descartes. **2.** Tendance, pour un philosophe, une philosophie, à se réclamer de la pensée de Descartes ou à y être rattachés.

CARTÉSIEN, ENNE adj. et n. Relatif à la philosophie de Descartes ; qui en est partisan. ◆ adj. Méthodique et rationnel : *Esprit cartésien.* ■ **Coordonnées cartésiennes d'un point dans un repère** $(O,\vec{i})$, **ou** $(O,\vec{i},\vec{j})$, **ou** $(O,\vec{i},\vec{j},\vec{k})$ [math.], réels *x,* ou *x* et *y,* ou *x, y* et *z,* tels que $\overrightarrow{OM}=x\vec{i}$, ou $\overrightarrow{OM}=x\vec{i}+y\vec{j}$, ou $\overrightarrow{OM}=x\vec{i}+y\vec{j}+z\vec{k}$. ■ **Équation cartésienne d'une ligne** ou **d'une surface,** équation portant sur les coordonnées cartésiennes d'un point de la ligne ou de la surface. ■ **Produit cartésien de deux ensembles E et F** [math.], ensemble, noté E × F, des couples *(x, y)* où *x* ∈ E et *y* ∈ F. ■ **Repère cartésien d'une droite, d'un plan** ou **de l'espace** [math.], couple $(O,\vec{i})$, triplet $(O,\vec{i},\vec{j})$ ou quadruplet $(O,\vec{i},\vec{j},\vec{k})$, formé d'un point O (l'*origine*) et d'une base $\vec{i}$ de la droite, ou $(\vec{i},\vec{j})$ du plan, ou $(\vec{i},\vec{j},\vec{k})$ de l'espace.

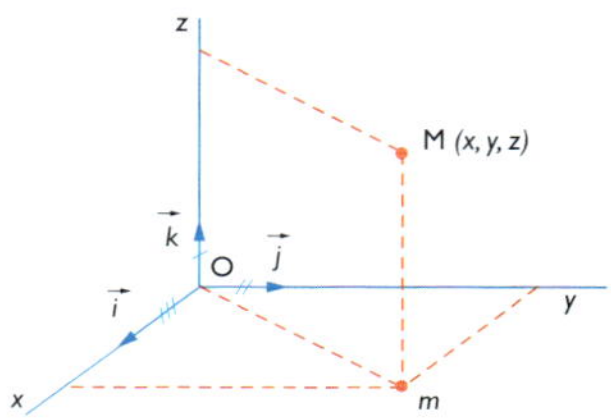

▲ **cartésien.** Coordonnées cartésiennes.

CARTHAGINOIS, E adj. et n. De Carthage.

CARTHAME n.m. Composée du midi de la France, aux capitules vivement colorés, autrefois utilisés en teinture jaune ou rouge. ➲ Aujourd'hui, on sélectionne les variétés oléagineuses.

CARTILAGE n.m. (lat. *cartilago*). ANAT. Tissu élastique qui représente chez le nouveau-né la quasi-totalité du squelette et qui subsiste en partie chez l'adulte (surfaces articulaires, ailes du nez, lobes des oreilles, trachée et grosses bronches).

CARTILAGINEUX, EUSE adj. De la nature du cartilage. ■ **Poisson cartilagineux,** chondrichtyen (par oppos. à *poisson osseux*).

CARTISANE n.f. En passementerie, pièce de matière rigide recouverte de fils de soie, d'or, etc., et formant relief dans un tissu.

CARTOGRAMME n.m. Diagramme statistique porté sur un fond de carte.

CARTOGRAPHE n. Spécialiste de cartographie.

CARTOGRAPHIE n.f. **1.** Ensemble des opérations de conception, d'élaboration, de dessin et d'édition des cartes, des plans. **2.** Représentation d'un phénomène par une carte : *Cartographie du bruit dans une ville.* ■ **Cartographie automatique,** cartographie assistée par ordinateur, à partir d'un fonds conventionnel numérisé ou d'une base de données. ■ **Cartographie du génome,** ensemble des opérations de localisation et d'isolement des gènes contenus dans l'ADN des chromosomes.

CARTOGRAPHIER v.t. [5]. Dresser une carte.

CARTOGRAPHIQUE adj. Relatif à la cartographie.

CARTOMANCIE n.f. (du gr. *manteia,* divination). Divination par les cartes à jouer, notamm. par celles du tarot.

CARTOMANCIEN, ENNE n. Personne qui pratique la cartomancie.

CARTON n.m. (ital. *cartone*). **1.** Papier composé de plusieurs couches de matières fibreuses, dont la masse au mètre carré est supérieure à 224 g, et plus rigide que le papier. **2.** Emballage fabriqué dans cette matière : *Carton à chapeaux.* **3.** BX-ARTS. Modèle à grandeur d'exécution d'une fresque, d'une tapisserie, d'un vitrail, etc., exécuté sur papier, carton ou toile. **4.** Cible pour le tir d'entraînement. **5.** CARTOGR. Petite carte complémentaire d'une carte principale, à une échelle différente : *Carton de situation.* **6.** Au football, carte brandie par l'arbitre pour signifier à un joueur qu'il est sanctionné par un avertissement *(carton jaune)* ou par une expulsion *(carton rouge)* ; ces sanctions. **7.** Fam. Dans différents sports, score d'un match où une équipe a écrasé l'autre. **8.** CINÉMA. Intertitre. ■ **Carton à dessin,** grand portefeuille pour ranger des dessins, des gravures, etc. ■ **Carton ondulé,** constitué d'un papier cannelé contrecollé sur une ou deux faces avec un papier de couverture. ■ **Dans les cartons,** en projet. ■ **Faire un carton** [fam.], tirer sur qqn et l'atteindre ; fig., remporter un succès éclatant. ■ **Prendre** ou **ramasser un carton** [fam.], subir une défaite sévère.

CARTON-FEUTRE n.m. (pl. *cartons-feutres*). Carton à base de déchets textiles, de texture lâche, et qui, après imprégnation de goudron, sert pour l'isolation et l'étanchéité des toitures légères.

CARTONNAGE n.m. **1.** Fabrication des objets en carton. **2.** Boîte, emballage en carton. **3.** REL. Procédé par lequel une couverture, en carton rigide, est reliée au corps d'ouvrage par emboîtage.

CARTONNER v.t. [3]. Relier un ouvrage par cartonnage. ◆ v.i. Fam. Obtenir un vif succès : *Son dernier film cartonne.*

CARTONNERIE n.f. **1.** Fabrique de carton. **2.** Fabrication, commerce du carton.

CARTONNEUX, EUSE adj. Qui a la consistance, l'aspect du carton.

1. CARTONNIER, ÈRE n. Personne qui fabrique ou vend du carton, des objets en carton. ◆ adj. ■ **Peintre cartonnier,** spécialisé dans la production de cartons de tapisserie.

2. CARTONNIER n.m. Vieilli. Meuble de bureau à compartiments contenant des boîtes en carton pour le classement de dossiers.

CARTON-PAILLE n.m. (pl. *cartons-pailles*). Carton fabriqué à base de paille mélangée à de vieux papiers ou à des cartons récupérés.

CARTON-PÂTE n.m. (pl. *cartons-pâtes*). Mélange de pâte à papier et de matières plastiques, susceptible d'être moulé : *Des marionnettes en carton-pâte.* ■ **En carton-pâte,** factice : *Un décor de cinéma en carton-pâte.*

CARTOON [kartun] n.m. (mot angl. « dessin »). Chacun des dessins d'une bande dessinée, d'un film d'animation ; cette bande dessinée ; ce film.

CARTOPHILE ou **CARTOPHILISTE** n. Collectionneur de cartes postales.

CARTOPHILIE n.f. Passe-temps du cartophile.

CARTOTHÈQUE n.f. Lieu où sont conservées et classées des cartes géographiques.

1. CARTOUCHE n.f. (ital. *cartuccia,* de *carta,* papier). **1.** Munition d'une arme de guerre ou de chasse comprenant, en un seul ensemble, un projectile (balle, obus, plombs) et une charge propulsive incluse dans un étui ou une douille munis d'une amorce. **2.** Charge d'explosif ou de poudre prête au tir. **3.** Recharge d'encre pour un stylo, de gaz pour un briquet, etc. **4.** Emballage groupant plusieurs paquets de cigarettes, boîtes d'allumettes, etc. **5.** Boîtier contenant un logiciel vidéo, permettant son chargement dans un appareil de lecture ; ce logiciel. ■ **Brûler sa** ou **ses dernière(s) cartouche(s),** utiliser ses dernières ressources ou ses derniers arguments.

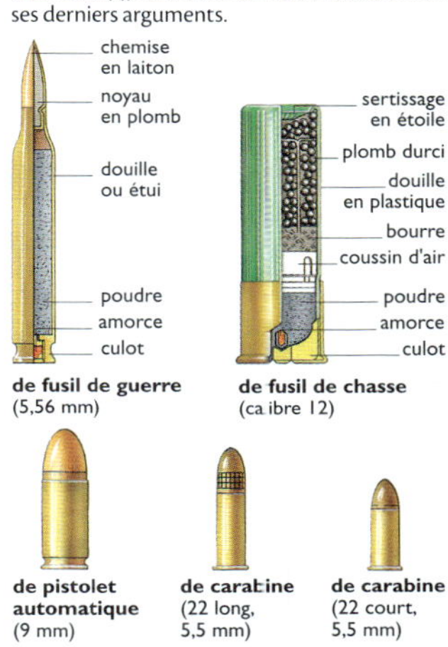

▲ **cartouches**

2. CARTOUCHE n.m. (de l'ital. *cartoccio,* cornet de papier). **1.** Ornement, souvent en forme de feuille de papier à demi déroulée, servant de support et d'encadrement à une inscription. **2.** Emplacement réservé au titre, dans un dessin, une carte géographique, etc. **3. ARCHÉOL.** Boucle ovale qui isole les deux principaux noms du pharaon, dans une inscription hiéroglyphique.

CARTOUCHERIE **n.f.** Usine où l'on fabrique des cartouches d'armes légères.

CARTOUCHIÈRE **n.f.** Ceinture à compartiments pour recevoir les cartouches.

CARTULAIRE **n.m.** (du lat. *charta*, papier). **HIST.** Recueil d'actes attestant les titres et privilèges d'une communauté religieuse ou laïque.

CARVI **n.m.** (ar. *karawīya*). Plante des prairies dont les fruits aromatiques sont utilisés en assaisonnement ; fruit de cette plante. ➲ Famille des ombellifères.

CARY **n.m.** → **CURRY.**

CARYATIDE ou **CARIATIDE** **n.f.** (gr. *karuatides*). Statue féminine servant de support architectonique vertical.

▲ **caryatides** de l'Éréchthéion, sur l'Acropole d'Athènes (fin du Ve s. av. J.-C.).

CARYER [karje] **n.m. BOT.** Hickory.

CARYOCINÈSE **n.f.** (du gr. *karuon*, noyau, et *kinêsis*, mouvement). **BIOL. CELL.** Division du noyau cellulaire au cours de la mitose.

CARYOGAMIE **n.f. BIOL. 1.** Fusion des noyaux du gamète mâle et du gamète femelle (SYN. **amphimixie**). **2.** Fusion des deux noyaux du mycélium secondaire des champignons.

CARYOLYTIQUE **adj.** et **n.m.** Se dit d'une substance, d'un médicament qui détruisent le noyau des cellules.

CARYOPHYLLACÉE ou **CARYOPHYLLÉE** **n.f.** (du gr. *karuophullon*, giroflier). Plante dicotylédone à feuilles opposées et à tige renflée comportant des nœuds, telle que l'œillet, la saponaire, etc. ➲ Les caryophyllacées forment une famille.

CARYOPSE **n.m.** (du gr. *karuon*, noyau, et *opsis*, apparence). **BOT.** Fruit sec des graminées, indéhiscent, soudé à la graine unique qu'il contient.

CARYOTYPE **n.m.** (du gr. *karuon*, noyau). **GÉNÉT. 1.** Représentation photographique des chromosomes d'une cellule dans leur état de condensation maximale, réunis par paires d'exemplaires identiques et classés par dimension. **2.** Ensemble des chromosomes des cellules d'un être vivant.

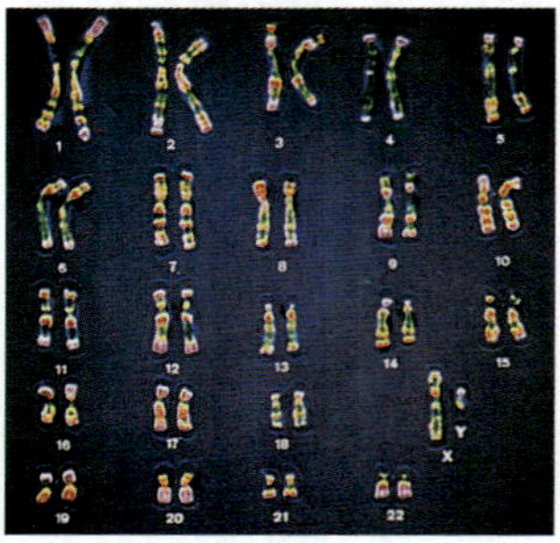

▲ **caryotype** masculin normal (46, XY).

1. CAS **n.m.** (du lat. *casus*, chute). **1.** Ce qui arrive ou peut arriver ; circonstance ; situation : *Ce cas est de plus en plus fréquent. Dans le cas contraire, nous ne pourrons accepter votre dossier.* **2. DR.** Situation particulière par rapport à la loi : *Ce cas est prévu à l'article 16 de nos statuts. Un cas de légitime défense.* **3.** Manifestation d'une maladie chez qqn : *Plusieurs cas de méningite.* **4.** Personne qui se singularise par son comportement : *Ta sœur est vraiment un cas !* ■ **Au cas** ou **dans le cas où**, à supposer que : *Au cas où vous changeriez d'avis.* ■ **Auquel cas**, dans ces circonstances. ■ **Cas de conscience** → **CONSCIENCE.** ■ **Cas de figure**, situation envisagée par hypothèse. ■ **Cas fortuit** [dr.], événement imprévisible qui rend impossible l'exécution d'une obligation contractuelle ou délictuelle et dont le débiteur se trouve ainsi libéré. ■ **En ce cas**, dans ces conditions ; alors. ■ **En tout cas** [fam.], quoi qu'il en soit. ■ **Faire grand cas de, ne faire aucun cas de**, attacher de l'importance à ; n'attacher aucune importance à.

2. CAS **n.m.** (du lat. *casus*, terminaison). **LING.** Forme variable prise par certains mots selon leur fonction dans la phrase, dans les langues à déclinaisons.

CASANIER, ÈRE **adj.** et **n.** Qui aime à rester chez soi : *Les nerds sont souvent casaniers.*

CASAQUE **n.f.** (du persan *kazāgand*, jaquette). **1.** Veste des jockeys. **2.** Veste de femme à manches bouffantes, recouvrant la jupe jusqu'aux hanches. **3.** Manteau à manches larges, porté par les hommes aux XVIe et XVIIe s. ■ **Tourner casaque** [fam.], changer de parti, d'opinion.

CASAQUIN **n.m.** Anc. Veste courte, peu cintrée, tombant sur les hanches, portée sur les jupes à paniers et les crinolines.

CASBAH [kazba] **n.f.** (mot arabe). Citadelle ou palais d'un chef, en Afrique du Nord ; quartier entourant ce palais.

CASCABELLE **n.f.** Ensemble des plaques cornées situées à l'extrémité de la queue des crotales.

CASCADE **n.f.** (ital. *cascata*, de *cascare*, tomber). **1.** Chute d'eau naturelle ou artificielle. **2.** Acrobatie exécutée par un cascadeur. ■ **En cascade**, à la suite l'un de l'autre et rapidement ; en série.

CASCADER **v.i. [3].** Litt. Tomber en cascade.

CASCADEUR, EUSE **n. 1.** Acrobate spécialiste des chutes volontaires, des sauts dangereux. **2.** Artiste spécialisé qui double les scènes dangereuses dans les films.

CASCATELLE **n.f.** Litt. Petite cascade.

CASCO **n.f.** (de l'all.). Suisse. Assurance automobile.

1. CASE **n.f.** (du lat. *casa*, hutte). **1.** Habitation en paille, en branches d'arbres, etc., dans les pays tropicaux. **2.** La Réunion. Maison.

2. CASE **n.f.** (esp. *casa*). **1.** Espace délimité par le croisement de lignes horizontales et verticales sur une surface quelconque (feuille, plateau de jeu, etc.) : *Les cases d'une grille de mots croisés.* **2.** Compartiment d'un meuble, d'un tiroir, etc. ; casier. ■ **Avoir une case en moins** ou **une case vide** [fam.], être un peu fou. ■ **Case à équipements**, compartiment d'un lanceur spatial qui rassemble les principaux équipements électriques et permet d'assurer notamm. les fonctions de guidage, de localisation, de pilotage et de sauvegarde. ■ **Case postale** [Suisse], boîte postale. ■ **Revenir** ou **retourner à la case départ** [fam.], se retrouver au point de départ.

CASÉEUX, EUSE [kazeø, øz] **adj.** (du lat. *caseus*, fromage). **MÉD.** Se dit d'une lésion qui a l'aspect du fromage : *Nécrose caséeuse de la tuberculose.*

CASÉIFICATION ou **CASÉATION** **n.f. 1.** Transformation du lait en fromage. **2. MÉD.** Transformation d'un tissu en lésion caséeuse.

CASÉINE **n.f.** (du lat. *caseus*, fromage). Substance protéique constituant la majeure partie des protides du lait. ■ **Caséine végétale**, protéine extraite des tourteaux de grains ou de fruits.

CASEMATE **n.f.** (ital. *casamatta*, du gr. *khasma*, gouffre). **1.** Abri enterré d'un fort, destiné à loger les troupes ou à entreposer les munitions. **2.** Petit ouvrage fortifié, élément constitutif de la ligne de défense.

CASER **v.t. [3]. 1.** Placer dans un espace souvent réduit : *J'ai réussi à caser tous les DVD dans le tiroir.* **2.** Fam. Procurer un emploi à qqn ; marier son fils, sa fille. ◆ **SE CASER** **v.pr.** Fam. **1.** Trouver un emploi, une situation. **2.** Se marier.

CASERNE **n.f.** (du provenç. *cazerna*, groupe de quatre). Bâtiment affecté au logement des militaires ; ensemble des militaires qui y sont logés.

CASERNEMENT **n.m. 1.** Action de caserner ; fait d'être caserné. **2.** Ensemble des bâtiments et des locaux affectés à des troupes militaires (caserne, intendance, etc.).

CASERNER **v.t. [3].** Installer des militaires dans une caserne (SYN. **encaserner**).

CASETTE ou **CAZETTE** **n.f.** Étui en terre réfractaire qui protège des flammes les pièces céramiques en cours de cuisson.

CASEYEUR **n.m.** Bateau spécialement conçu et équipé pour la pêche à l'aide de casiers.

CASH [kaʃ] **adv.** (mot angl. « argent liquide »). Fam. **1.** Comptant : *Payer cash.* **2.** Franchement : *Parler cash.* ◆ **n.m.** Fam. Argent liquide ; espèces : *Avoir du cash sur soi.* ◆ **adj.** Fam. Sincère ; franc : *Je vais être cash avec toi.*

CASHER **adj. inv.** → **KASHER.**

CASH-FLOW (pl. *cash-flows*), ▲ CASHFLOW [kaʃflo] **n.m.** (de l'angl. *cash*, argent, et *flow*, écoulement). Ensemble constitué par le bénéfice net après impôt, auquel sont ajoutés les amortissements, et les réserves et provisions n'ayant pas le caractère de dettes (SYN. **marge brute d'autofinancement**). ➲ Il représente la capacité d'autofinancement de l'entreprise.

CASIER **n.m. 1.** Compartiment d'un espace de rangement, affecté ou non à des objets spécifiques ; case. **2.** Nasse pour la pêche des crustacés, des poissons, des mollusques. ■ **Casier fiscal** [dr.], relevé des impositions et des amendes dont un contribuable a été l'objet. ■ **Casier judiciaire** [dr.], lieu où sont centralisés et classés les bulletins mentionnant les antécédents judiciaires de qqn ; ensemble de ces bulletins.

CASING [keziŋ] **n.m.** (mot angl.). **1. PÉTROLE.** Tubage. **2.** Caisson étanche et calorifuge enveloppant le faisceau tubulaire des chaudières modernes et constituant la chambre de chauffe.

CASINO **n.m.** (mot ital., de *casa*, maison). Établissement pour jeux d'argent, comportant génér. une salle de spectacle.

CASINOTIER, ÈRE **n.** Propriétaire, exploitant d'un casino.

CASOAR **n.m.** (malais *kasuvari*). **1.** Oiseau coureur d'Australie et de Nouvelle-Guinée, au plumage semblable à du crin, au casque osseux coloré sur le dessus de la tête et aux pattes armées de fortes griffes. ➲ Famille des casuariidés. **2.** Plumet rouge et blanc ornant le shako des saint-cyriens depuis 1855.

▲ **casoar**

CASQUE **n.m.** (esp. *casco*). **1.** Coiffure en métal, en cuir, etc., pour protéger la tête. **2.** Appareil individuel de réception du son, constitué essentiellement de deux écouteurs montés sur un support formant serre-tête. **3.** Appareil électrique sous lequel on s'assied pour se sécher les cheveux par ventilation d'air chaud. **4.** Mollusque gastéropode carnivore des mers chaudes, à coquille épaisse et ventrue. **5. BOT.** Partie supérieure recourbée des fleurs de certaines plantes (orchidées, sauge, etc.), constituée d'un ou de plusieurs pétales (ou sépales). ▪ **Casque bleu,** membre de la force militaire internationale de l'ONU, créée en 1948.

CASQUÉ, E adj. Coiffé d'un casque.

CASQUER v.t. [3]. Fam. Payer, génér. une somme importante : *Elle a casqué 600 euros sans broncher.* ◆ **v.i.** Fam. Payer : *C'est son tour de casquer.*

CASQUETTE n.f. (de *casque*). **1.** Coiffure à calotte plate, munie d'une visière. **2.** Fam. Fonction sociale, qui confère autorité pour faire qqch : *Parler sous la double casquette de sénateur et de conseiller régional.*

CASSABLE adj. Qui peut se casser, être cassé.

CASSAGE n.m. Action de casser.

CASSANDRE n.f. (de *Cassandre,* n.pr.). Personne qui prédit une issue défavorable aux événements, au risque de déplaire ou de ne pas être crue : *Les cassandres de la science.*

CASSANT, E adj. 1. Qui se casse facilement : *Des cheveux secs et cassants.* **2.** Qui manifeste une raideur tranchante ; dur : *Il est cassant avec ses subordonnés.* ▪ **Pas cassant** [fam.], pas fatigant.

CASSATE n.f. (ital. *cassata*). Crème glacée faite de tranches diversement parfumées et garnie de fruits confits.

1. CASSATION n.f. (de *casser*). **DR.** Annulation, par une cour suprême, d'une décision (jugement, arrêt) rendue en dernier ressort par une juridiction inférieure.

2. CASSATION n.f. (de l'ital. *cassazione,* départ). **MUS.** Suite instrumentale composée de morceaux brefs, légers, d'allure volontiers populaire, et qui était exécutée en plein air (seconde moitié du XVIIIe s.).

1. CASSE n.f. 1. Action de casser ; fait de se casser ; objets cassés : *Quand je fais la vaisselle, il y a toujours de la casse. Payer la casse.* **2.** Altération d'origine enzymatique ou physico-chimique qui affecte certains vins : *Casse brune des vins nouveaux.* ▪ **Mettre, envoyer une voiture à la casse** [fam.], la mettre, l'envoyer chez un ferrailleur qui pourra récupérer le métal et les pièces détachées.

2. CASSE n.f. (de l'ital. *cassa,* caisse). **IMPRIM.** Anc. Boîte plate divisée en compartiments de taille inégale, contenant les caractères employés pour la composition typographique. ▪ **Bas de casse,** partie inférieure de la casse, où se trouvent les lettres minuscules ; ces lettres elles-mêmes. (On écrit aussi *bas-de-casse.*)

3. CASSE n.f. → **1. CASSIER.**

4. CASSE n.m. (de *casser*). Arg. Cambriolage avec effraction.

CASSÉ, E adj. 1. Qui ne fonctionne plus : *Ma montre est cassée.* **2.** Se dit d'une personne âgée qui est voûtée, courbée. ▪ **Blanc cassé,** mêlé d'une pointe de gris ou de couleur. ▪ **Voix cassée,** éraillée, tremblante.

CASSEAU n.m. 1. IMPRIM. Petite casse contenant les caractères spéciaux qui ne figurent pas dans la casse normale. ➲ Le terme est utilisé, par ext., en photocomposition ; en PAO, il s'agit de l'insertion de caractères spéciaux. **2.** Québec. Emballage à claire-voie utilisé pour le conditionnement des petits fruits. ▪ **Maigre comme un casseau** [Québec, fam.], très maigre.

CASSE-COU adj. inv. et **n. inv.,** ▲ ***adj. et n.*** (*pl. casse-cous*). Fam. Qui veut ignorer les risques encourus : *Ces sportifs sont des casse-cou.* ◆ **n.m. inv.** ▪ **Crier casse-cou à qqn** [fam.], l'avertir d'un danger.

CASSE-CROÛTE n.m. inv., ▲ ***CASSE-CROUTE n.m.*** (*pl. casse-croutes*). **1.** Collation légère absorbée rapidement ; sandwich. **2.** Québec. Snack-bar.

CASSE-CUL adj. inv., ▲ ***adj.*** (*pl. casse-culs*). Très fam. Ennuyeux.

CASSE-GRAINE n.m. inv., ▲ ***n.m.*** (*pl. casse-graines*). Fam. Casse-croûte.

CASSE-GUEULE adj. inv., ▲ ***adj.*** (*pl. casse-gueules*). Très fam. Se dit d'un lieu dangereux, d'une entreprise hasardeuse.

CASSE-NOISETTES n.m. inv., ▲ ***CASSE-NOISETTE n.m.*** (*pl. casse-noisettes*). Pince pour casser les noisettes.

CASSE-NOIX n.m. inv. 1. Pince pour casser les noix. **2.** Oiseau d'Eurasie, vert et brun moucheté de blanc, qui enterre des graines pour l'hiver. ➲ Famille des corvidés.

CASSE-PIEDS n. inv. et **adj. inv.,** ▲ ***CASSE-PIED n. et adj.*** (*pl. casse-pieds*). Fam. Importun ; gêneur. ◆ **adj. inv.** Fam. Qui ennuie : *Que ce film est casse-pieds !*

CASSE-PIERRE n.m. (pl. *casse-pierres*) ou **CASSE-PIERRES n.m. inv. BOT.** Pariétaire.

CASSE-PIPE n.m. (pl. *casse-pipes*) ou **CASSE-PIPES n.m. inv.** Fam. ▪ **Aller au casse-pipe,** affronter une situation délicate qui risque de mal se terminer. ▪ **Le casse-pipe,** la guerre ; la zone des combats.

CASSER v.t. [3] (du lat. *quassare,* secouer fortement). **1.** Mettre en morceaux, sous l'action d'un choc, d'un coup : *J'ai cassé une assiette.* **2.** Causer une fracture à un membre, à une articulation, etc. **3.** Mettre hors d'usage un appareil : *Tu as cassé le lecteur, on n'entend plus rien.* **4.** Interrompre le cours de qqch : *Casser une amitié.* **5. DR.** Annuler une décision juridictionnelle rendue en dernier ressort. **6.** Faire perdre sa situation à un fonctionnaire ; révoquer. **7.** Destituer un militaire. ▪ **À tout casser** [fam.], extraordinaire : *Un concert à tout casser* ; au maximum, en parlant d'une quantité : *Tu en auras pour vingt euros, à tout casser.* ▪ **Casser la tête** ou **les oreilles à qqn** [fam.], le fatiguer par trop de bruit, de paroles. ▪ **Casser les pieds à qqn** [fam.], l'importuner ; l'agacer. ▪ **Casser les prix,** baisser fortement les prix de vente. ▪ **Ne rien casser** ou **ne pas casser des briques** ou **ne pas casser trois pattes à un canard** [fam.], être sans originalité, sans intérêt particulier. ◆ **v.i.** Se briser sous l'action d'un choc : *La laisse du chien a cassé.* ◆ **SE CASSER v.pr. 1.** Se faire une fracture : *Elle s'est cassé le bras.* **2.** Fam. S'en aller. ▪ **Ne pas se casser** [fam.], ne pas se fatiguer ; se laisser aller. ▪ **Se casser la tête** [fam.], se tourmenter pour résoudre une difficulté.

CASSEROLE n.f. (de l'anc. fr. *casse,* poêle). **1.** Ustensile de cuisine cylindrique, à fond plat et à manche, qui sert à cuire des aliments. **2.** Fam. Son, voix, instrument de musique faux ou peu mélodieux : *Ce piano est une casserole.* **3.** Fam. Événement, action dont les conséquences négatives nuisent à la réputation de qqn : *Il traîne quelques casseroles.* **4.** Belgique. Marmite. ▪ **Casserole à pression** [Belgique], autocuiseur. ▪ **Passer à la casserole** [fam.], être tué ; subir une épreuve pénible.

CASSE-TÊTE n.m. inv., ▲ ***n.m.*** (*pl. casse-têtes*). **1.** Massue rudimentaire dont une extrémité porte ou forme une protubérance. **2.** Travail, problème difficile à résoudre. **3.** Québec. Puzzle. ▪ **Casse-tête (chinois),** jeu de patience, manuel ou électronique, consistant à combiner ou à emboîter des éléments de formes variées ; tout jeu reposant sur un grand nombre de combinaisons.

CASSETIN n.m. Compartiment d'une casse d'imprimerie.

CASSETTE n.f. (de l'anc. fr. *casse,* caisse). **1.** Boîtier hermétique contenant une bande magnétique destinée à l'enregistrement et à la reproduction du son, d'images, de données. **2.** Vx. Coffret où l'on conserve des objets précieux : *La cassette d'Harpagon.*

CASSETTOTHÈQUE n.f. Collection de bandes magnétiques en cassettes.

CASSEUR, EUSE n. 1. Personne qui fait le commerce des pièces détachées et du métal des voitures mises à la casse. **2.** Personne qui se livre, au cours d'une manifestation, à des déprédations sur la voie publique, dans des locaux administratifs, etc. **3.** Arg. Cambrioleur.

CASSE-VITESSE n.m. inv., ▲ ***n.m.*** (*pl. casse-vitesses*). Ralentisseur.

1. CASSIER n.m. ou **CASSE n.f.** Arbuste des régions chaudes, à fleurs jaunes et à fruits en gousse, dont une espèce est le canéficier des Antilles (SYN. **séné**). ➲ Famille des césalpiniacées.

2. CASSIER n.m. ou **CASSIE n.f.** Acacia cultivé dans les régions méditerranéennes pour ses petites fleurs jaunes très parfumées. ➲ Nom sc. *Acacia farnesiana* ; sous-famille des mimosacées.

CASSIN n.m. (de *casser,* blesser). Suisse. **1.** Cloque ; durillon ; cal. **2.** Fam. Gros ventre.

CASSINE n.f. Vx. Petite maison isolée où l'on pouvait se retrancher et s'embusquer, au cours d'un combat.

1. CASSIS [kasis] **n.m.** (lat. *cassia*). **1.** Baie noire comestible, produite par un arbuste voisin du groseillier, et dont on fait une liqueur. **2.** L'arbuste lui-même (SYN. **cassissier**). ➲ Famille des grossulariacées. **3.** La liqueur fabriquée grâce à ces baies.

2. CASSIS [kasi] **n.m.** (de *casser*). Brusque dénivellation concave et transversale, sur la chaussée d'une route (CONTR. **dos-d'âne**).

CASSISSIER n.m. BOT. Cassis.

CASSITÉRITE n.f. (du gr. *kassiteros,* étain). **MINÉRALOG.** Oxyde d'étain (SnO_2), principal minerai de ce métal.

CASSOLETTE n.f. (de *cassole,* récipient). **1.** Petit récipient pouvant aller au four ; mets préparé en cassolette : *Cassolette de poisson.* **2.** Brûle-parfum.

CASSONADE n.f. (de *casson,* pain de sucre). Sucre roux qui n'a été raffiné qu'une fois.

CASSOULET n.m. (mot languedocien, de *cassolo,* terrine). Ragoût de haricots blancs et de confit (d'oie, de canard, de mouton ou de porc, selon la recette). ➲ Cuisine du Sud-Ouest.

CASSURE n.f. 1. Endroit où un objet est cassé ; brisure. **2.** Pli d'un tissu, d'une draperie. **3.** Rupture de liens affectifs ; brouille : *Cela a provoqué une cassure dans leur amitié.*

CASTAGNE n.f. (du gascon *castagna,* châtaigne). Fam. Échange de coups ; bagarre.

CASTAGNER v.t. [3]. Fam. Battre ; frapper. ◆ **SE CASTAGNER v.pr.** Fam. Se battre.

CASTAGNETTES n.f. pl. (de l'esp. *castañeta,* petite châtaigne). Instrument à percussion typique de la danse flamenca, composé essentiellement de deux petits éléments creusés que l'on fait résonner en les frappant l'un contre l'autre dans la main.

CASTARD ou **CASTAR adj.m.** et **n.m.** Belgique. Costaud.

CASTE n.f. (port. *casta,* du lat. *castus,* pur). **1.** Groupe social qui se distingue par des privilèges et le rejet de toute personne n'appartenant pas à son milieu. **2.** Groupe social, héréditaire et endogame, composé d'individus partageant un même statut hiérarchique et exerçant génér. une activité professionnelle commune, caractéristique de la société indienne. **3. ZOOL.** Chez les insectes sociaux, ensemble des individus adultes assurant les mêmes fonctions (les soldats chez les termites, les ouvrières chez les abeilles).

> ➲ En Inde, le système des **CASTES,** pourtant aboli par la Constitution de 1950, répartit la population dans quatre principaux « ordres » *(varna),* que forment, selon leur degré de pureté décroissante : les *brahmanes* (prêtres et enseignants), puis les *kshatriya* (nobles et guerriers), les *vaishya* (marchands et agriculteurs) et les *shudra* (artisans et serviteurs). Les « hors-castes », ou intouchables, pratiquent les métiers les plus impurs.

CASTÉ, E adj. et **n.** Qui a été choisi au cours d'un casting : *Tous les castés n'ont pas participé à l'émission.*

CASTEL n.m. (mot provenç.). Litt. Maison ressemblant à un château ; manoir.

CASTELET n.m. Petit théâtre de marionnettes.

CASTELPERRONIEN n.m. PRÉHIST. Châtelperronien.

CASTER v.t. [3]. Effectuer un casting.

CASTEUR, EUSE n. Personne chargée d'un casting.

CASTILLAN, E adj. et **n.** De la Castille. ◆ **n.m.** Dialecte qui, au Moyen Âge, a donné naissance à l'espagnol ; l'espagnol lui-même.

CASTILLONNAIS n.m. Se dit d'une race de chevaux de selle rustiques, princip. élevés en Ariège.

CASTINE n.f. (all. *Kalkstein*). Calcaire utilisé dans l'élaboration de la fonte au haut-fourneau, comme fondant et comme épurateur.

CASTING [kastiŋ] **n.m.** (mot angl. « distribution [des rôles] »). Sélection des acteurs, des figurants, etc., pour un film, un spectacle, une émission de télévision ; ensemble des acteurs sélectionnés. Recomm. off. **distribution artistique.** ▪ **Erreur de casting** [fam.], attribution inadéquate d'un rôle à un acteur ; erreur de recrutement, notamm. à un poste important ; la personne ainsi recrutée.

CASTOR **n.m.** (mot gr.). **1.** Mammifère rongeur d'Amérique du Nord et d'Europe, à pattes postérieures palmées et à queue aplatie, construisant des digues de branchages dans les cours d'eau. ➲ Famille des castoridés. **2.** Fourrure de cet animal. ▪ **Mouvement des castors,** groupement de personnes construisant en commun leurs maisons. ➲ Ce mouvement a été créé en Suède en 1927.

▲ **castor** d'Amérique.

CASTORETTE **n.f.** Fourrure (de lapin ou synthétique) traitée de façon à rappeler celle du castor.

CASTORÉUM [-reɔm] **n.m.** Sécrétion odorante de la région anale du castor, employée en pharmacie et en parfumerie.

CASTRAMÉTATION **n.f.** **ANTIQ.** Art de choisir l'emplacement d'un camp et de l'aménager.

CASTRAT **n.m.** (ital. *castrato*). **1.** Individu mâle qui a subi la castration. **2.** Anc. Chanteur masculin dont la voix d'enfant a été conservée par castration.

CASTRATEUR, TRICE **adj.** **1.** **PSYCHAN.** Qui provoque un complexe de castration. **2.** Cour. Très sévère ou très autoritaire.

CASTRATION **n.f.** Ablation ou destruction d'un organe (testicules ou ovaires) nécessaire à la reproduction. (Terme employé plus cour. pour les individus mâles.) ▪ **Castration chimique** [méd.], traitement médicamenteux visant à supprimer la production d'hormones sexuelles. ▪ **Complexe de castration** [psychan.], réponse fantasmatique aux questions que suscite chez le jeune enfant la différence anatomique des sexes. ➲ Il est lié au stade phallique et à l'organisation œdipienne.

CASTRER **v.t.** **[3]** (lat. *castrare*). Pratiquer la castration sur ; châtrer.

CASTRISME **n.m.** Doctrine ou pratique politique qui s'inspire des idées de Fidel Castro.

CASTRISTE **adj.** et **n.** Relatif au castrisme ; qui en est partisan.

CASTRUM [kastrɔm] **n.m.** (mot lat.). **ANTIQ. ROM.** Camp fortifié, provisoire ou définitif, qui s'apparente à une ville.

CASUARINA **n.m.** (mot lat.). Grand arbre originaire d'Océanie et d'Indonésie, mais répandu en Afrique, à croissance rapide et à bois très dur. ➲ Seul représentant de l'ordre des casuarinales.

CASUEL, ELLE **adj.** (du lat. *casualis*, fortuit). Qui peut arriver ou non, selon les circonstances ; éventuel. ◆ **n.m.** Revenu attaché aux fonctions ecclésiastiques.

CASUISTE **n.m.** (esp. *casuista*). Théologien spécialiste de la casuistique.

CASUISTIQUE **n.f.** **1.** **CHRIST.** Partie de la théologie morale qui traite des cas de conscience. **2.** Litt. Tendance à argumenter avec une subtilité excessive, notamm. sur les problèmes de morale.

CASUS BELLI [kazysbɛlli] **n.m. inv.** (mots lat. « cas de guerre »). Acte de nature à provoquer une déclaration de guerre entre deux États.

CATA **n.f.** (abrév.). Fam. Catastrophe : *Je suis en retard, c'est la cata !*

CATABATIQUE **adj.** **MÉTÉOROL.** Propre à un vent descendant.

CATABOLIQUE **adj.** Relatif au catabolisme.

CATABOLISME **n.m.** **BIOCHIM.** Ensemble des réactions de dégradation biochimique de substances organiques (par oppos. à *anabolisme*). ➲ Le catabolisme permet d'éliminer des substances ou de produire de l'énergie, et aboutit à la formation de déchets.

CATABOLITE **n.m.** **BIOCHIM.** Substance chimique résultant de la dégradation d'une autre substance.

CATACHRÈSE [-krɛz] **n.f.** (du gr. *katakhrêsis*, abus). **STYL.** Procédé qui consiste à utiliser un mot au-delà de son sens propre (ex. : « les flancs d'un navire »).

CATACLYSMAL, E, AUX **adj.** De la nature d'un cataclysme, d'un désastre (SYN. **cataclysmique**).

CATACLYSME **n.m.** (du gr. *kataklusmos*, inondation). **1.** Grand bouleversement causé par un phénomène naturel (tremblement de terre, cyclone, etc.). **2.** Bouleversement total dans la situation d'un groupe humain ; désastre : *L'explosion de la centrale nucléaire a été un cataclysme.*

CATACLYSMIQUE **adj.** **1.** Cataclysmal. **2.** Qui concerne un cataclysme géologique, météorologique, etc.

CATACOMBE **n.f.** (du lat. *tumba*, tombe). [Surtout pl.] Vaste souterrain ayant servi de sépulture ou d'ossuaire. ➲ Les catacombes romaines étaient creusées pour servir de cimetières ; les catacombes de Paris sont d'anciennes carrières aménagées en ossuaires.

CATADIOPTRE **n.m.** Dispositif optique permettant de réfléchir les rayons lumineux vers leur source d'émission, utilisé en circulation routière pour la signalisation et la sécurité.

CATADIOPTRIQUE **adj.** Relatif à un système optique comprenant des lentilles et un miroir.

CATAFALQUE **n.m.** (ital. *catafalco*). Estrade décorative élevée pour recevoir un cercueil lors d'une cérémonie funéraire.

CATAIRE ou **CHATAIRE** **n.f.** (du bas lat. *cattus*, chat). Plante à fleurs blanches, à odeur forte, appelée aussi *herbe-aux-chats*, car elle attire ces animaux. ➲ Famille des labiées.

CATALAN, E **adj.** et **n.** De la Catalogne. ◆ **n.m.** Langue romane parlée en Catalogne, aux îles Baléares et dans le Roussillon.

CATALEPSIE **n.f.** (du gr. *katalêpsis*, attaque). **PSYCHIATR.** Perte momentanée de l'initiative motrice avec conservation des attitudes, le corps restant figé dans son attitude d'origine.

CATALEPTIQUE **adj.** De la nature de la catalepsie. ◆ **adj.** et **n.** Atteint de catalepsie.

CATALOGAGE **n.m.** **1.** Action de dresser un catalogue. **2.** Péjor. Fait de cataloguer qqn.

CATALOGNE **n.f.** Québec. Étoffe tissée artisanalement, utilisant en trame des bandes de tissu.

CATALOGUE **n.m.** (gr. *katalogos*). **1.** Liste énumérative, commentée ou non : *Catalogue d'une bibliothèque. Le catalogue des saints.* **2.** Livre, brochure contenant une liste d'articles, de produits proposés à la vente ; fonds constitué par ces articles : *Le catalogue d'un magasin.*

CATALOGUER **v.t.** **[3]**. **1.** Inscrire selon un certain ordre ; dresser le catalogue de : *Cataloguer les films d'une vidéothèque. Cataloguer un musée.* **2.** Péjor. Ranger définitivement qqn dans une catégorie jugée médiocre ; étiqueter : *Cataloguer qqn comme une mauvaise langue.*

CATALPA **n.m.** (mot amérindien). Arbre ornemental à très grandes feuilles et à fleurs en grosses grappes, originaire de l'Amérique du Nord et de l'Asie orientale. ➲ Famille des bignoniacées.

CATALYSE **n.f.** (du gr. *katalusis*, action de dissoudre). **CHIM.** Accélération d'une réaction chimique par une substance *(catalyseur)* qui intervient dans la réaction et qui est régénérée à la fin de celle-ci. ➲ La catalyse abaisse la barrière d'énergie que doivent franchir les réactants.

CATALYSER **v.t.** **[3]**. **1.** **CHIM.** Opérer une catalyse. **2.** Fig. Provoquer ou accélérer une réaction : *Sa démission a catalysé le mécontentement des adhérents.*

CATALYSEUR **n.m.** **1.** **CHIM.** Corps qui catalyse. ➲ Un catalyseur est actif à des concentrations très faibles. **2.** Fig. Élément (personne, événement) qui provoque une réaction : *Quel a été le catalyseur de la crise ?* **3.** Dispositif anti-pollution ajouté au système d'échappement d'un véhicule à moteur.

CATALYTIQUE **adj.** **CHIM.** Relatif à la catalyse. ▪ **Pot catalytique** → **POT.** ▪ **Quantité catalytique,** quantité très faible d'un ingrédient essentiel à un processus (par oppos. à *quantité stœchiométrique*).

CATAMARAN **n.m.** (mot angl., du tamoul *kattu*, lien, et *maram*, bois). Navire à voiles ou à moteur comportant deux coques accouplées. (V. photo voile.)

CATAPHOTE **n.m.** (nom déposé). Catadioptre de la marque de ce nom.

CATAPLASME **n.m.** (gr. *kataplasma*). **MÉD.** Anc. Préparation, de la consistance d'une bouillie, que l'on appliquait, entre deux linges, sur une partie du corps pour combattre une inflammation.

CATAPLECTIQUE **adj.** Relatif à la cataplexie.

CATAPLEXIE **n.f.** (du gr. *kataplêxis*, stupeur). **NEUROL.** Perte brutale mais de courte durée du tonus musculaire, sans perte de conscience, et due à une émotion vive.

CATAPULTAGE **n.m.** Action de catapulter ; fait d'être catapulté.

CATAPULTE **n.f.** (gr. *katapeltês*). Anc. Machine de guerre pour lancer des projectiles. ▪ **Catapulte (à vapeur),** dispositif utilisant la force d'expansion de la vapeur pour le lancement des avions, à bord des porte-avions.

CATAPULTER **v.t.** **[3]**. **1.** Lancer avec une catapulte : *Catapulter un bombardier.* **2.** Lancer loin et avec force : *Le choc a catapulté la valise à l'avant du véhicule.* **3.** Fam. Placer soudainement qqn à un poste élevé.

CATARACTE **n.f.** (gr. *katarraktês*). **1.** Chute d'eau importante sur le cours d'un fleuve. **2.** **MÉD.** Opacité du cristallin évoluant vers une cécité partielle ou totale.

CATARHINIEN **n.m.** Singe de l'Ancien Monde, à narines rapprochées, à queue non préhensile, tel que le cercopithèque, le macaque, le babouin. ➲ Les catarhiniens constituent un sous-ordre.

CATARRHAL, E, AUX **adj.** Relatif au catarrhe. ▪ **Fièvre catarrhale** [vétér.], maladie virale des ruminants, non contagieuse, transmise par un moucheron piqueur, et qui se manifeste notamm. par une cyanose de la langue (SYN. **maladie de la langue bleue**).

CATARRHE **n.m.** (du gr. *katarrhos*, écoulement). **MÉD.** Inflammation des muqueuses respiratoires, avec sécrétions abondantes. ▪ **Catarrhe nasal** [vieilli], coryza.

CATASTROPHE **n.f.** (gr. *katastrophê*). **1.** Événement subit qui cause un bouleversement, pouvant entraîner des destructions, des morts : *Catastrophe ferroviaire.* Abrév. (fam.) **cata.** **2.** (En appos., avec ou sans trait d'union). Qui dépeint ou évoque un accident grave, un événement catastrophique : *Films catastrophe.* **3.** **THÉÂTRE.** Événement décisif qui amène le dénouement d'une tragédie. ▪ **Catastrophe naturelle,** déchaînement subit des forces de la nature, entraînant des victimes et d'importants dégâts (tempête, inondation, séisme, éruption volcanique, avalanche…). ▪ **En catastrophe,** en hâte et en essayant d'éviter le pire. ▪ **Théorie des catastrophes** [math.], théorie mathématique issue des travaux de René Thom (1972) et visant à décrire des phénomènes discontinus à l'aide de modèles continus simples.

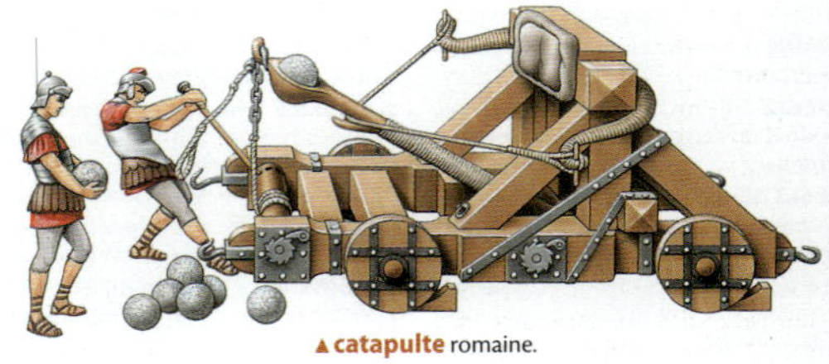

▲ **catapulte** romaine.

CATASTROPHER v.t. [3]. Fam. Jeter dans un grand abattement.

CATASTROPHIQUE adj. Qui a le caractère d'une catastrophe.

CATASTROPHISME n.m. **1.** Tendance à imaginer des catastrophes, à envisager le pire. **2.** GÉOL. Théorie qui attribuait à des cataclysmes les changements survenus à la surface de la Terre.

CATASTROPHISTE adj. **1.** GÉOL. Relatif au catastrophisme. **2.** Fam. Qui imagine toujours le pire.

CATATONIE n.f. PSYCHIATR. Manifestation de la schizophrénie ou d'une encéphalopathie associant une immobilité ou des gestes stéréotypés, un refus de parler et de s'alimenter, une absence de réaction aux stimulations.

CATATONIQUE adj. Relatif à la catatonie. ◆ adj. et n. Atteint de catatonie.

CAT-BOAT [katbot] n.m. (pl. *cat-boats*) [mot angl.]. Voilier gréé d'un seul mât et d'une seule voile.

CATCH [katʃ] n.m. (de l'angl. *catch as catch can*, attrape comme tu peux). Lutte libre, très spectaculaire, admettant presque toutes les prises qui ne sont pas portées à fond.

CATCHER v.i. [3]. Pratiquer le catch.

CATCHEUR, EUSE n. Personne qui pratique le catch.

CATÉCHÈSE n.f. (du gr. *katêkhêsis*, enseignement). CHRIST. Instruction religieuse.

CATÉCHINE n.f. Polyphénol du groupe des flavonoïdes (contenu notamm. dans le thé, le cacao, la vigne), qui a des propriétés antioxydantes.

CATÉCHISER v.t. [3] (gr. *katêkhizein*). **1.** Instruire dans la religion chrétienne. **2.** Péjor. Endoctriner.

CATÉCHISME n.m. **1.** Enseignement de la foi et de la morale chrétiennes ; cours où cet enseignement est dispensé. **2.** Résumé dogmatique des principes fondamentaux d'une doctrine, d'une opinion.

CATÉCHISTE n. Personne qui enseigne le catéchisme.

CATÉCHOLAMINE [-kɔlamin] n.f. PHYSIOL. Substance du groupe des amines, telles l'adrénaline, la noradrénaline ou la dopamine, qui joue le rôle de neurotransmetteur ou d'hormone.

CATÉCHUMÉNAT [-kymena] n.m. État et formation des catéchumènes.

CATÉCHUMÈNE [-kymɛn] n. (gr. *katêkhoumenos*). CHRIST. Personne, génér. adulte, que l'on instruit pour la disposer à recevoir le baptême.

CATÉGORIE n.f. (gr. *katêgoria*, de *katêgorein*, énoncer). **1.** Ensemble de personnes ou de choses de même nature : *Une voiture de la catégorie des monospaces. Il est de la catégorie des perfectionnistes.* **2.** PHILOS. Chez Aristote, chacun des genres les plus généraux de l'être, irréductibles les uns aux autres (substance, quantité, qualité, relation, lieu, temps, position, avoir, agir, subir) ; chez Kant, chacun des douze concepts fondamentaux de l'entendement pur, servant de forme a priori de la connaissance. **3.** BIOL. Niveau hiérarchique dans la classification des êtres vivants. ➲ L'espèce, le genre, la tribu, l'ordre, la classe, l'embranchement et le règne sont des catégories. ▪ **Catégorie socioprofessionnelle** → **SOCIOPROFESSIONNEL.**

CATÉGORIEL, ELLE adj. Qui concerne une ou plusieurs catégories de personnes : *Revendications catégorielles.*

CATÉGORIQUE adj. **1.** Qui ne laisse aucune possibilité de doute, d'équivoque : *Sa réponse a été catégorique.* **2.** Qui exprime un avis, une opinion d'une manière nette et sans réplique : *Le témoin est catégorique : il n'y avait personne.* **3.** PHILOS. Qui ne comporte ni condition ni alternative : *Jugement, impératif catégorique.*

CATÉGORIQUEMENT adv. De façon catégorique : *Nier catégoriquement.*

CATÉGORISATION n.f. Classement par catégories.

CATÉGORISER v.t. [3]. Classer par catégories.

CATELLE n.f. Suisse. Carreau de faïence vernissé revêtant un poêle, le sol ou les parois d'une cuisine, d'une salle de bains.

CATÉNAIRE adj. (du lat. *catena*, chaîne). CH. DE F. ▪ **Suspension caténaire,** ou **caténaire,** n.f., système de suspension du fil d'alimentation en énergie électrique (appelé *fil de contact*) des locomotives ou des automotrices.

CATGUT [katgyt] n.m. (mot angl., de *cat*, chat, et *gut*, boyau). CHIRURG. Fil résorbable utilisé pour les sutures et les ligatures.

CATHARE n. et adj. Adepte d'un mouvement religieux du Moyen Âge, d'origine chrétienne (→ **albigeois**).

➲ Apparue au XIe s., la doctrine des **CATHARES** se répandit au XIIe dans le Midi toulousain. Dualiste, elle oppose le Bien, principe créateur du monde spirituel, et le Mal, principe créateur de la matière, dont l'homme doit se détacher pour s'unir à Dieu. L'Église, unie à la monarchie capétienne, entreprit la croisade dite « des albigeois » (1208-1244), qui mit fin au mouvement cathare.

CATHARISME n.m. Doctrine spirituelle des cathares.

CATHARSIS [-sis] n.f. (mot gr. « purification »). **1.** PSYCHAN. Décharge émotionnelle libératrice, liée à l'extériorisation du souvenir d'événements traumatisants et refoulés. **2.** Effet de purification produite chez les spectateurs par une représentation dramatique, selon Aristote.

CATHARTIQUE adj. PSYCHAN. Relatif à la catharsis. ▪ **Méthode cathartique,** méthode psychothérapique reposant sur la recherche de la catharsis chez le patient. ➲ Elle a été pratiquée par Freud avant la mise au point de la méthode psychanalytique proprement dite.

CATHÉDRAL, E, AUX adj. (du lat. *cathedra*, siège épiscopal). Relatif au siège de l'autorité épiscopale.

CATHÉDRALE n.f. (de *église cathédrale*). Église épiscopale d'un diocèse. ▪ **À la cathédrale,** se dit d'un style caractérisé par l'imitation du décor des cathédrales gothiques, à la mode sous la Restauration et sous Louis-Philippe. ▪ **Verre cathédrale** (en appos.), verre translucide à surface inégale.

CATHÈDRE n.f. CHRIST. Chaire.

CATHERINETTE n.f. Vieilli. Jeune fille (et, plus partic., ouvrière de la mode) qui coiffe* sainte Catherine le 25 novembre.

CATHÉTER [-tɛr] n.m. (mot gr.). MÉD. Sonde creuse que l'on introduit dans un canal naturel.

CATHÉTÉRISME n.m. Introduction d'un cathéter dans un canal naturel à des fins diagnostiques *(cathétérisme cardiaque, urétral)* ou thérapeutiques *(cathétérisme œsophagien, duodénal).*

CATHÉTOMÈTRE n.m. (du gr. *kathetos*, vertical). TOPOGR. Instrument servant à mesurer la distance verticale de deux points.

CATHODE n.f. (du gr. *kata*, en bas, et *hodos*, chemin). **1.** ÉLECTR. Électrode de sortie du courant dans un électrolyseur, ou électrode qui est la source primaire d'électrons dans un tube électronique (par oppos. à *anode*). **2.** CHIM. Électrode où a lieu la réaction de réduction.

CATHODIQUE adj. **1.** Relatif à une cathode. **2.** Fam. Relatif à la télévision comme moyen de communication : *Les stars cathodiques.* ▪ **Écran cathodique** [vieilli], surface fluorescente sur laquelle se forme l'image, dans un tube cathodique. ▪ **Rayons cathodiques** [vieilli], faisceau d'électrons émis par la cathode d'un tube à vide parcouru par un courant. ▪ **Tube cathodique** [vieilli], tube à vide dans lequel les rayons cathodiques sont dirigés sur un écran, où leur impact produit une image visible.

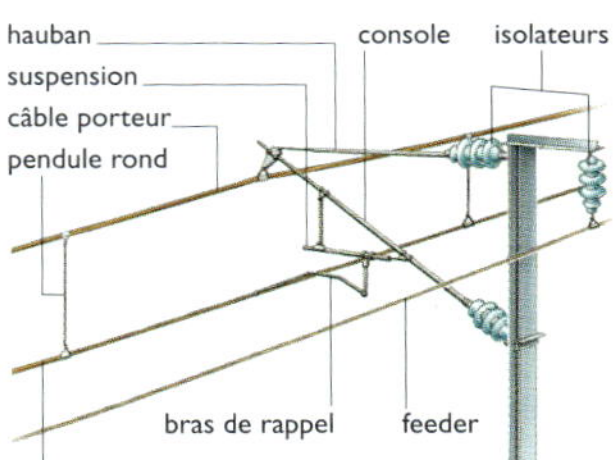

▲ **caténaire**

CATHODOLUMINESCENCE n.f. Luminescence provoquée par l'impact d'un électron rapide. ➲ Les anciens écrans de téléviseur, d'ordinateur, etc., produisaient leur lumière par cathodoluminescence.

CATHOLICISME n.m. Confession des chrétiens qui reconnaissent l'autorité du pape en matière de dogme et de morale. ▪ **Catholicisme libéral,** courant qui, après 1830, vit le progrès de l'Église dans l'acceptation des libertés proclamées par la Révolution française. ▪ **Catholicisme social,** mouvement, né au XIXe s., visant à promouvoir une réforme des structures économiques et sociales dans l'esprit de l'Évangile.

➲ Le mot **CATHOLICISME** induit un caractère essentiel de l'Église de Jésus-Christ considérée comme la seule dépositaire des vérités de la foi : celui d'une universalité de droit. Le catholicisme repose sur un triple fondement : l'Écriture, qui est la parole de Dieu révélée aux hommes ; la Tradition, qui est la continuation de l'action divine et la somme des enseignements du pape et des conciles ; l'Église, qui est l'institution placée sous la juridiction du pape (ou souverain pontife), successeur de l'apôtre Pierre. La pratique de la foi prend appui sur les sept sacrements* que reconnaît l'Église catholique.

CATHOLICITÉ n.f. **1.** Conformité d'une doctrine à celle que professe l'Église catholique. **2.** Ensemble des membres de l'Église catholique.

CATHOLICOS [-kɔs] n.m. (mot gr.). Chef religieux de certaines Églises chrétiennes orientales (en Arménie, par ex.).

CATHOLIQUE adj. et n. (du gr. *katholikos*, universel). Qui professe le catholicisme. ◆ adj. Relatif au catholicisme. ▪ **Pas (très) catholique** [fam.], qui n'est pas conforme à la règle ; qui inspire la méfiance ; louche : *Une personne, une entreprise pas très catholique.*

EN CATIMINI loc. adv. (p.-ê. du gr. *katamênia*, menstrues). En se cachant ; discrètement.

CATIN n.f. Fam., vieilli. Prostituée.

CATION [katjɔ̃] n.m. CHIM. Ion de charge électrique positive (CONTR. **anion**).

CATIONIQUE [-tjɔnik] adj. Qui se rapporte aux cations.

CATIR v.t. [21]. TEXT. Donner du lustre à une étoffe en la pressant.

CATISSAGE n.m. Action de catir.

CATOBLÉPAS [-pas] n.m. (du gr. *katôblepon*, antilope d'Afrique). Chez les Anciens, animal fantastique à la tête cornue rattachée au corps par un long cou grêle.

CATOGAN n.m. (du n. du général angl. *Cadogan*). **1.** Nœud ou ruban retenant les cheveux sur la nuque. **2.** Chignon bas sur la nuque.

CATOPTRIQUE n.f. (du gr. *katoptron*, miroir). Partie de l'optique qui traite de la réflexion de la lumière. ◆ adj. Relatif à la réflexion de la lumière.

CATTLEYA [katleja] n.m. Plante de l'Amérique tropicale, cultivée en serre pour ses très belles fleurs. ➲ Famille des orchidacées.

1. CAUCASIEN, ENNE adj. et n. Du Caucase.

2. CAUCASIEN, ENNE ou **CAUCASIQUE** adj. ▪ **Langues caucasiennes** ou **caucasiques,** famille de langues de la région du Caucase, à laquelle appartiennent notamm. le géorgien et le tchétchène.

CAUCHEMAR n.m. (de l'anc. fr. *caucher*, fouler, et du néerl. *mare*, fantôme). **1.** Rêve pénible, angoissant et oppressant. **2.** Idée, chose ou personne qui effraie ou importune : *Encore une réunion, quel cauchemar !*

CAUCHEMARDER v.i. [3]. Fam. Faire des cauchemars.

CAUCHEMARDESQUE ou **CAUCHEMARDEUX, EUSE** adj. Qui produit une impression analogue à celle d'un cauchemar.

CAUCHOIS, E adj. et n. Du pays de Caux.

CAUCUS [-kys] n.m. (mot anglo-amér.). Au Canada et aux États-Unis, réunion à huis clos des dirigeants d'un parti politique ; personnes ainsi réunies.

a b c d e f g h i j k l m n o p q r s t u v w x y z

CAUDAL, E, AUX adj. (du lat. *cauda*, queue). **ZOOL.** Relatif à la queue d'un animal : *Plumes caudales.* ▪ **Nageoire caudale,** ou **caudale, n.f.,** nageoire terminant la queue des cétacés, des poissons, des crustacés nageurs (crevettes).

CAUDATAIRE n.m. Celui qui, dans les cérémonies, porte la traîne du pape, d'un prélat ou d'un roi.

CAUDÉ, E adj. ANAT. En forme de queue : *Tubercule caudé du foie.*

CAUDILLO [kodijo] ou [kaodijo] **n.m.** (mot esp. « capitaine »). **1.** Au XIXe s., en Espagne et en Amérique latine, général arrivé au pouvoir à la suite d'un pronunciamiento. **2.** Titre porté par le général Franco à partir de 1936.

CAUDRETTE n.f. PÊCHE. Filet en forme de poche, monté sur un cerceau.

CAULERPE n.f. Algue verte originaire des mers tropicales, introduite accidentellement en Méditerranée au milieu des années 1980. ➲ Classe des chlorophycées.

▲ **caulerpe**

CAULINAIRE adj. BOT. Relatif à la tige d'une plante.

CAURI [kori] ou **CAURIS** [koris] **n.m.** (mot tamoul). Coquillage du groupe des porcelaines, qui a longtemps servi de monnaie en Inde et en Afrique noire.

CAUSAL, E, ALS ou **AUX adj.** (lat. *causalis*). Qui annonce un rapport de cause à effet. ▪ **Proposition causale,** ou **causale, n.f.** [gramm.], proposition donnant la raison ou le motif de l'action exprimée par le verbe principal.

CAUSALGIE n.f. (du gr. *kausis*, brûlure, et *algos*, douleur). Douleur permanente donnant l'impression d'une brûlure lancinante exacerbée au moindre contact.

CAUSALITÉ n.f. Rapport qui unit la cause à l'effet. ▪ **Principe de causalité** [philos.], selon lequel tout phénomène a une cause, les mêmes causes, dans les mêmes conditions, produisant les mêmes effets.

CAUSANT, E adj. Fam. (Surtout en tournure négative). Qui parle volontiers : *Tu n'es pas très causant ce matin.*

CAUSATIF, IVE adj. et **n.m. LING.** Factitif.

CAUSE n.f. (lat. *causa*). **1.** Ce qui produit un effet, détermine un phénomène ; ce par quoi qqch existe ; origine : *On ne connaît pas la cause de cette panne.* **2.** Ce pourquoi on fait qqch ; motif : *Les causes qui l'ont conduit à refuser sont d'ordre personnel.* **3. DR.** Motif pour lequel qqn se détermine à un contrat, à une convention ; avantage matériel ou moral que propose le contractant. **4.** Affaire pour laquelle qqn comparaît en justice : *L'avocat des causes célèbres.* **5.** Ensemble d'intérêts, d'idées que l'on se propose de soutenir : *La cause de l'enfance maltraitée.* ▪ **À cause de,** en raison de ; en considération de ; par la faute de. ▪ **En connaissance de cause,** en personne qui s'y entend, qui sait. ▪ **En tout état de cause,** de toute manière. ▪ **Être en cause,** faire l'objet d'un débat ; être incriminé. ▪ **Être (la) cause de,** être la raison de ; causer : *Ils sont cause de notre échec.* ▪ **Faire cause commune avec qqn,** unir ses intérêts aux siens. ▪ **La bonne cause** [souvent iron.], celle que l'on considère comme juste. ▪ **La cause est entendue,** l'affaire est jugée. ▪ **Mettre en cause,** incriminer. ▪ **Pour cause de,** en raison de : *Le magasin est fermé pour cause de travaux.* ▪ **Prendre fait et cause pour qqn,** prendre son parti sans réserve.

1. CAUSER v.t. [3]. Être la cause de qqch : *Le verglas a causé des accidents.*

2. CAUSER v.i. [3] (du lat. *causari*, plaider). **1.** S'entretenir familièrement avec qqn : *Nous avons causé hier.* **2.** Fam. Parler trop ou avec malveillance ; jaser : *Les gens commencent à causer.* ◆ **v.t. ind.** Fam. Parler à qqn : *Ce n'est pas à toi que je cause !*

CAUSERIE n.f. Petite conférence sans prétention.

CAUSETTE n.f. INFORM. Recomm. off. pour **2. chat.** ▪ **Faire la causette** ou **un brin de causette** [fam.], converser familièrement avec qqn.

CAUSEUR, EUSE n. et **adj.** Personne qui possède l'art de parler : *Un brillant causeur.*

CAUSEUSE n.f. Petit canapé à deux places.

CAUSSE n.m. (mot provenç., du lat. *calx, calcis*, chaux). Plateau calcaire des régions tempérées, présentant des formes de relief karstique.

CAUSSENARD, E adj. et **n.** Des Causses, plateaux du Massif central.

CAUSTICITÉ n.f. 1. Caractère d'une substance caustique. **2.** Litt. Caractère corrosif, incisif : *La causticité d'un critique, d'une satire.*

1. CAUSTIQUE adj. et **n.m.** (du gr. *kaustikos*, brûlant). Qui attaque les tissus de l'organisme. ➲ La soude, la potasse sont des substances caustiques. ◆ **adj.** Incisif dans la moquerie ; mordant.

2. CAUSTIQUE n.f. OPT. Surface tangente aux rayons lumineux issus d'un même point et ayant traversé un instrument optique imparfait.

CAUTÈLE n.f. (lat. *cautela*, de *cavere*, prendre garde). Litt., vx. Prudence mêlée de ruse.

CAUTELEUX, EUSE adj. Litt. Qui manifeste à la fois de la défiance et de la ruse ; matois.

CAUTÈRE n.m. (du gr. *kautêrion*, brûlure). **MÉD.** Agent physique (tige métallique chauffée) ou chimique, utilisé pour brûler un tissu en vue de détruire des parties malades ou d'obtenir une action hémostatique. ▪ **Un cautère sur une jambe de bois,** un remède inutile ; un moyen inefficace.

CAUTÉRISATION n.f. Action de cautériser ; son résultat.

CAUTÉRISER v.t. [3]. Brûler avec un cautère : *Cautériser une plaie.*

CAUTION n.f. (du lat. *cautio*, précaution). **1.** Engagement, pris par qqn, de se substituer au débiteur dans le cas où celui-ci ne paierait pas sa dette. **2.** Somme versée pour servir de garantie. **3.** Personne qui s'engage à se substituer au débiteur en cas de non-remboursement : *Se porter caution.* **4.** Garantie morale donnée par une personne influente : *Je l'ai fait avec la caution du directeur* ; cette personne : *La maire est notre caution.* ▪ **Société de caution mutuelle,** société ayant pour objet de cautionner les engagements professionnels de ses membres. ▪ **Sujet à caution,** dont la vérité n'est pas établie ; douteux : *Information sujette à caution.*

CAUTIONNEMENT n.m. 1. Contrat par lequel qqn se porte caution auprès d'un créancier. **2.** Dépôt de fonds exigé par la loi pour la candidature à une élection, la soumission d'une offre de services à l'État, l'exercice d'une profession (comptable public, par ex.).

CAUTIONNER v.t. [3]. 1. Donner son appui à un groupe et aux idées qu'il défend ou qu'il met en œuvre : *Les députés refusent de cautionner une telle démarche.* **2. DR.** Se porter caution pour qqn.

CAVAGE n.m. TRAV. PUBL. Endroit creusé ; excavation.

1. CAVAILLON n.m. (anc. provenç. *cavalhon*, du lat. *caballio*, petit cheval). Bande de terre non travaillée, située entre les pieds de vigne.

2. CAVAILLON n.m. (de *Cavaillon*, n. pr.). Variété méridionale de melon.

CAVALCADE n.f. (piémontais *cavalcada*). **1.** Fam. Course agitée et bruyante d'un groupe de personnes. **2.** Vx. Défilé d'une troupe de cavaliers, notamm. de soldats.

CAVALCADER v.i. [3]. Courir en troupe désordonnée.

1. CAVALE n.f. (ital. *cavalla*). Poét. Jument.

2. CAVALE n.f. Arg. Évasion d'une prison. ▪ **En cavale** [arg.], en fuite.

CAVALER v.i. [3]. Fam. **1.** Courir à toutes jambes. **2.** Rechercher les aventures amoureuses. ◆ **v.t.** Fam., vieilli. Importuner. ◆ **SE CAVALER v.pr.** Fam. S'enfuir ; s'évader.

CAVALERIE n.f. 1. Composante de l'armée constituée à l'origine par des troupes à cheval, auj. équipée de chars de combat et de véhicules blindés. **2.** Fraude financière consistant à créditer artificiellement un compte bancaire (chèques croisés, effets de complaisance, etc.).

CAVALEUR, EUSE adj. et **n.** Fam. Qui cavale, recherche les aventures amoureuses.

1. CAVALIER, ÈRE n. (ital. *cavaliere*). **1.** Personne à cheval. **2.** Personne avec laquelle on forme un couple, dans une réception, un bal. ▪ **Faire cavalier seul,** distancer ses concurrents, dans une course ; fig., agir isolément. ◆ **n.m. 1.** Militaire servant dans la cavalerie. **2.** Pièce du jeu d'échecs. **3.** Carte du tarot, entre la dame et le valet. **4.** Clou à deux pointes, recourbé en U (SYN. **crampillon**). **5.** Pièce adaptable servant au repérage de fiches ou de dossiers. **6. FORTIF.** Ouvrage surélevé, à l'intérieur d'un bastion, accroissant la puissance de feu. ▪ **Cavalier législatif,** disposition, contenue dans un projet ou une proposition de loi, qui n'a aucun rapport avec le sujet traité par le texte en cours d'examen. ➲ En France, la Constitution interdit ce type de dispositions.

2. CAVALIER, ÈRE adj. Sans gêne et désinvolte : *Des manières cavalières.* ▪ **Allée, piste cavalière,** aménagée pour les promenades à cheval.

CAVALIÈREMENT adv. De façon cavalière, désinvolte.

CAVATINE n.f. (ital. *cavatina*). **MUS.** Pièce vocale pour soliste, dans un opéra.

1. CAVE n.f. (du bas lat. *cava*, fossé). **1.** Local souterrain, souvent voûté ; pièce en sous-sol d'un bâtiment, servant de débarras, de cellier, etc. **2.** Local, souterrain ou non, où l'on conserve le vin, pour sa consommation personnelle (bouteilles) ou pour la vente (bouteilles, fûts, cuves). **3.** Réserve de vins : *Le fleuron de sa cave est un vieux bordeaux.* **4.** Meuble pour le rangement et la conservation du vin. **5.** Dancing, boîte de nuit en sous-sol. ▪ **Cave à cigares, à liqueurs,** coffret à cigares, à bouteilles de liqueurs.

2. CAVE n.f. Somme que chaque joueur place devant lui pour payer ses enjeux, partic. au poker.

3. CAVE adj. (lat. *cavus*). Litt. Creux : *Joues caves.* ▪ **Veine cave** [anat.], chacune des deux grosses veines (*veine cave supérieure* et *veine cave inférieure*) qui collectent tout le sang désoxygéné de la circulation générale et aboutissent à l'oreillette droite du cœur.

4. CAVE n.m. 1. Arg. Personne qui n'est pas du milieu. **2.** Fam. Niais.

CAVEAU n.m. 1. Fosse aménagée dans un cimetière ou construction souterraine sous un édifice, servant de sépulture. **2. HIST.** Cabaret, café littéraire (XVIIIe - XIXe s.). **3.** Mod. Théâtre de chansonniers.

CAVEÇON n.m. (ital. *cavezza*). Pièce de harnais, voisine du licol, servant à mettre un cheval à la longe.

CAVÉE n.f. Région. (Nord-Ouest). Chemin creux.

1. CAVER v.t. [3] (lat. *cavare*). Litt., vx. Creuser une roche, en parlant de l'eau.

2. CAVER v.t. [3]. Vieilli. Miser au jeu.

CAVERNE n.f. (lat. *caverna*). **1.** Cavité naturelle assez vaste, dans un rocher, une montagne, sous la terre. **2. MÉD.** Cavité pathologique, en partic. tuberculeuse, creusée dans un organe : *Caverne du poumon.* ▪ **L'homme des cavernes,** de la préhistoire.

CAVERNEUX, EUSE adj. MÉD. Se dit d'un organe qui présente des cavernes. ▪ **Corps caverneux** [anat.], tissu érectile des organes génitaux (clitoris, verge). ▪ **Voix caverneuse,** grave, qui semble sortir des entrailles.

CAVERNICOLE adj. et **n.m. ÉCOL.** Se dit d'un animal qui vit dans les milieux souterrains.

CAVET n.m. (ital. *cavetto*). **ARCHIT.** Moulure creuse dont le profil est proche du quart de cercle.

CAVIAR n.m. (turc *khâviâr*). Mets composé d'œufs d'esturgeon égrenés et salés, préparés en semi-conserve. ▪ **Gauche caviar** → **3. GAUCHE.**

CAVIARDAGE n.m. Action de caviarder ; censure.

CAVIARDER v.t. [3] (de *caviar*, enduit noir dont on recouvrait les articles censurés d'un journal). Supprimer un passage d'un texte, d'un article ; censurer.

CAVISTE n. Personne qui élabore les vins chez un producteur ; personne qui a la charge d'une cave à vins chez un restaurateur.

CAVITAIRE adj. MÉD. Relatif à une caverne.

CAVITATION n.f. PHYS. Formation de cavités remplies de vapeur ou de gaz au sein d'un liquide en mouvement, lorsque la pression en un point du liquide devient inférieure à la tension de vapeur de celui-ci.

CAVITÉ n.f. (bas lat. *cavitas*). Creux, espace vide dans un corps solide : *Cavités souterraines. Cavités du cœur.* ▪ **Cavité articulaire** [anat.], d'une articulation mobile (diarthrose), limitée par la membrane synoviale, et contenant le liquide synovial.

CAVURNE n.m. (de *caveau* et *urne*). Petit caveau aménagé dans un cimetière et destiné à recevoir une ou plusieurs urnes funéraires.

CAYEU n.m. → **CAÏEU.**

CAYON n.m. → **CAÏON.**

CAZETTE n.f. → **CASETTE.**

CB ou **C.B.** [sibi] **n.f.** (sigle angl.). **1.** Citizen band. **2.** Appareil émetteur-récepteur pour la citizen band.

CCD ou **C.C.D. n.m.** (sigle de l'angl. *charge coupled device*, dispositif à transfert de charge). Capteur de lumière utilisé dans de nombreux systèmes de prises de vue numériques (caméras, appareils photo numériques).

CCN ou **C.C.N. n.m.** (sigle). Centre chorégraphique national.

CCP ou **C.C.P. n.m.** (sigle). Anc. Compte chèques postal.

CD n.m. (sigle). Compact Disc.

CDD ou **C.D.D. n.m.** (sigle). Contrat à durée déterminée.

CDI ou **C.D.I. n.m.** (sigle). **1.** Au collège et au lycée, centre de documentation et d'information. **2.** Contrat à durée indéterminée.

CD-I n.m. inv. (sigle). Compact Disc interactif.

CD-ROM ou **CD-Rom** [sederɔm] **n.m. inv.** (abrév. de l'angl. *compact disc read only memory*, disque compact à mémoire morte). Cédérom.

CDV n.m. (sigle). Compact Disc vidéo.

1. CE pron. dém. inv. (du lat. pop. **ecce hoc*, voici ceci). Indique un objet présent, présent à l'esprit, sa nature : *Est-ce intéressant ? Ce ne sont pas mes lunettes. C'est une pomme. C'est une idée géniale.* ▪ **Ce faisant,** en faisant cela ; de la sorte. ▪ **Ce que…,** comme ; combien : *Si tu savais ce qu'on a ri !* ▪ **C'est… qui, que, dont,** s'emploient pour mettre en relief un élément de la phrase : *C'est moi qui ai raison. C'est la commune dont il est le maire.* ▪ **Et ce,** rappelle ce qui vient d'être dit : *Elle a refusé, et ce malgré une offre alléchante.* ▪ **Sur ce,** sur ces entrefaites.

✎ S'élide en **c'** devant **e**.

2. CE ou **CET, CETTE adj. dém.** (pl. *ces*) [du lat. pop. **ecce iste*, voici celui-ci]. **1.** Détermine la personne ou la chose que l'on montre ou dont on a parlé : *Ce pain est rassis. Cet enfant est adorable. Ces livres sont beaux.* **2.** Détermine un nom qui désigne un moment proche : *Cette nuit, j'ai fait un cauchemar.*

✎ ***Ce*** devient ***cet*** devant un mot masc. commençant par une voyelle ou un ***h*** muet.

CE ou **C.E.** [seə] **n.m.** (sigle). Cours élémentaire*.

CÉANS adv. (de *çà*, et de l'anc. fr. *enz*, dedans). Vx. En ces lieux ; ici. ▪ **Le maître de céans** [vx, litt. ou par plais.], le maître de maison.

CÉBETTE n.f. Région. (Midi). Petit oignon blanc.

CÉBIDÉ n.m. Primate américain à queue préhensile, aux narines et aux ongles plats, tel que l'alouate, le capucin, l'atèle, le ouistiti. ➲ Les cébidés forment une famille.

CÉBISTE n. Recomm. off. pour **cibiste.**

CECI [səsi] **pron. dém. inv. 1.** La chose que l'on montre. **2.** La chose dont on va parler (par oppos. à *cela*) : *Retiens bien ceci : l'araignée n'est pas un insecte.* ▪ **Et ceci,** et ce : *Et ceci, sans aucune raison !*

CÉCIDIE n.f. Galle des végétaux.

CÉCILIE n.f. Amphibien fouisseur, aveugle et dépourvu de membres, de l'Amérique du Sud. ➲ Famille des céciliidés.

CÉCITÉ n.f. (lat. *caecitas*, de *caecus*, aveugle). Fait d'être aveugle ; état d'une personne aveugle. ▪ **Cécité psychique,** agnosie visuelle. ▪ **Cécité verbale,** alexie.

CECRL n.m. (sigle de *cadre européen commun de référence pour les langues*). Norme européenne qui gradue (de A1 à C2) la progression de la compétence langagière d'un apprenant, et balise ainsi l'apprentissage des langues étrangères.

CÉDANT, E adj. et **n. DR.** Qui cède son droit, son bien.

CÉDER v.t. [11], ▲ *[11*]* (du lat. *cedere*, s'en aller). **1.** Renoncer à qqch que l'on a, dont on bénéficie : *Céder sa place dans le bus. Je cède la parole au trésorier.* **2.** Vendre un bien, un droit : *Il veut céder sa boutique. Céder une créance.* ▪ **Céder le pas à qqn,** s'effacer devant lui ; fig., reconnaître sa supériorité. ▪ **Ne le céder en rien à** [litt.], rivaliser avec ; être l'égal de. ◆ **v.t. ind. (À). 1.** Se plier à la volonté de : *Céder aux caprices de qqn.* **2.** Ne pas résister ; succomber à : *Céder au sommeil.* ◆ **v.i. 1.** Ne pas résister ; se rompre : *La digue a cédé.* **2.** Finir par diminuer ou disparaître : *Sa fièvre a cédé.*

CÉDÉROM [sederɔm] **n.m.** Disque compact à lecture laser, à grande capacité de mémoire, et qui stocke à la fois des textes, des images et des sons. (On écrit aussi *CD-ROM* ou *CD-Rom.*)

CÉDÉTISTE adj. et **n.** De la Confédération française démocratique du travail (CFDT).

Cedex [sedɛks], ▲ ***Cédex*** **n.m.** (acronyme). Courrier d'entreprise à distribution exceptionnelle.

CEDI n.m. Unité monétaire principale du Ghana, État d'Afrique occidentale.

CÉDILLE n.f. (de l'esp. *cedilla*, petit *c*). Signe graphique qui se place, en français, sous la lettre *c* devant *a, o, u* pour lui donner le son de *s*, comme dans *façade, leçon, reçu.*

CÉDRAIE n.f. Terrain planté de cèdres.

CÉDRAT n.m. (ital. *cedrato*). Fruit du cédratier, sorte de gros citron à peau épaisse, utilisé surtout en pâtisserie, en confiserie et en parfumerie.

CÉDRATIER n.m. Arbre du groupe des agrumes, dont le fruit est le cédrat. ➲ Famille des rutacées.

CÈDRE n.m. (gr. *kedros*). **1.** Grand arbre d'Asie et d'Afrique, acclimaté en Europe, à branches étalées horizontalement en plans superposés. ➲ Ordre des conifères. **2.** Québec. Thuya : *Haie de cèdres.*

▲ **cèdre** de l'Atlas (Afrique).

CÉDRIÈRE n.f. Québec. Terrain où poussent, où sont plantés des cèdres (thuyas).

CÉDULE n.f. (du lat. *scheda*, bande de papyrus). Anc. Catégorie de revenus classée par le fisc (revenu foncier, bénéfice agricole, etc.) et soumise à un régime d'imposition spécifique.

CÉGEP [seʒɛp] **n.m.** (acronyme). Au Québec, collège d'enseignement général et professionnel, précédant l'université.

CÉGÉPIEN, ENNE n. Au Québec, élève d'un cégep.

CÉGÉTISTE adj. et **n.** De la Confédération générale du travail (CGT).

CEINDRE v.t. [62] (lat. *cingere*). Litt. **1.** Mettre autour de la tête, d'une partie du corps : *Le maire avait ceint son torse de l'écharpe tricolore.* **2.** Entourer le corps, la tête, en parlant d'une chose : *Un bandeau ceignait son front.*

CEINTURE n.f. (lat. *cinctura*). **1.** Bande de matière souple servant à serrer un vêtement autour de la taille ou portée comme ornement. **2.** Partie fixe d'un vêtement qui maintient celui-ci autour de la taille. **3.** Partie du corps où se place la ceinture ; taille. **4.** Partie du squelette où s'articulent les membres supérieurs et inférieurs des vertébrés. **5.** Ce qui entoure un lieu : *Ceinture de fossés.* **6. ARCHIT.** Moulure ou corps de moulures enserrant un volume. **7. ARM.** Anneau métallique serti sur le culot d'un projectile et qui se moule dans les rayures d'un canon. ▪ **Ceinture d'astéroïdes** [astron.], zone du Système solaire comprise entre l'orbite de Mars et celle de Jupiter, dans laquelle se concentrent la plupart des astéroïdes connus. ▪ **Ceinture de rayonnement** [astron.], zone de la magnétosphère d'une planète dans laquelle se trouvent piégées des particules chargées de haute énergie. ▪ **Ceinture de sauvetage** → **SAUVETAGE.** ▪ **Ceinture de sécurité,** bande coulissante, destinée à maintenir une personne sur le siège d'un véhicule, en cas de choc. ▪ **Ceinture de Vénus** [zool.], invertébré marin en forme de ruban aplati et transparent, carnivore, pouvant atteindre 1,50 m de long. ➲ Embranchement des cténaires. ▪ **Ceinture d'une table, d'un siège,** partie horizontale dans laquelle s'ajustent les pieds. ▪ **Ceinture fléchée** [Québec], longue ceinture de laine à franges, aux motifs en forme de flèches, qui se porte à l'occasion de certaines fêtes folkloriques. ▪ **Ceinture jaune, verte, noire, etc.,** bande de tissu dont la couleur symbolise un grade, au judo et au karaté ; ce grade ; le titulaire de ce grade. ▪ **Ceinture orthopédique** [méd.], corset destiné à corriger les déviations de la colonne vertébrale. ▪ **Ceinture verte,** espaces verts aménagés autour d'une agglomération. ▪ **Prise de ceinture,** prise portée à la taille, dans les sports de lutte. ▪ **Se serrer la ceinture** [fam.], ne pas manger à sa faim ; renoncer à qqch.

CEINTURER v.t. [3]. 1. Entourer d'une ceinture. **2.** Saisir par le milieu du corps en vue de maîtriser : *Ceinturer un adversaire.* **3.** Entourer un lieu, un espace : *Le périphérique ceinture Paris.* **4. SYLVIC.** Entailler un arbre à sa base pour le faire mourir sur place.

CEINTURON n.m. 1. Ceinture de cuir d'un uniforme militaire, sur laquelle on peut fixer des accessoires. **2.** Large ceinture de cuir.

CÉISTE n. Personne qui pratique le canoë (SYN. **canoéiste**).

CELA pron. dém. inv. 1. La chose que l'on montre. **2.** La chose dont on a parlé (par oppos. à *ceci*) : *Je m'oppose à tout cela.* ▪ **En cela,** sur ce point.

✎ ***Cela*** est de plus en plus souvent remplacé par ***ça*** dans la langue courante.

CÉLADON adj. inv. et **n.m.** D'une couleur vert pâle. ◆ **n.m.** Porcelaine d'Extrême-Orient de cette couleur.

▲ **céladon.** Pot en céladon, Chine ; époque Song du Nord, xe-xiie s. (Musée Guimet, Paris.)

CÉLASTRACÉE n.f. Plante arbustive à fleurs génér. munies d'un anneau nectarifère et disposées en cymes, telle que le fusain. ➲ Les célastracées forment une famille.

CÉLÉBRANT n.m. Officiant principal d'une cérémonie religieuse.

CÉLÉBRATION n.f. Action de célébrer un événement, une cérémonie.

CÉLÈBRE adj. (du lat. *celeber*, fréquenté). Connu de tous ; réputé.

CÉLÉBRER v.t. [11], ▲ *[11*]*. **1.** Marquer une date, un événement par une cérémonie, une fête : *Célébrer la victoire.* **2.** Accomplir un office liturgique : *Célébrer la messe.* **3.** Litt. Faire publiquement l'éloge de : *Le maire célèbre le courage des pompiers.*

CELEBRET [selebrɛt] **n.m. inv.** (mot lat. « qu'il célèbre »). **CATH.** Pièce signée de l'autorité ecclésiastique et exigée de tout prêtre qui veut célébrer la messe dans une église où il n'est pas connu.

CÉLÉBRITÉ n.f. 1. Grand renom : *Ce roman lui a valu la célébrité.* **2.** Personne célèbre : *Les célébrités se retrouvent au festival.*

CELER [sәle] **v.t. [12]** (lat. *celare*). Litt. Tenir secret ; cacher ; taire.

CÉLERI ou **CÈLERI n.m.** (lombard *seleri*). Plante potagère dont on consomme les côtes des pétioles *(céleri branche)* ou la racine *(céleri-rave).* ➲ Famille des ombellifères.

▲ céleri

CÉLERI-RAVE ou **CÈLERI-RAVE n.m.** (pl. *céleris-raves, cèleris-raves*). Variété de céleri dont on consomme la racine.

CÉLÉRITÉ n.f. (lat. *celeritas*, de *celer*, rapide). **1.** Litt. Promptitude dans l'exécution d'une action ; rapidité. **2. PHYS.** Vitesse de propagation d'une onde.

CÉLESTA n.m. Instrument de musique à percussion, pourvu d'un clavier actionnant des marteaux qui frappent des lames d'acier et de cuivre.

CÉLESTE adj. (lat. *caelestis*, de *caelum*, ciel). **1.** Relatif au ciel : *La voûte céleste.* **2.** Relatif au ciel, séjour de la divinité, des bienheureux ; divin : *Le royaume céleste.* **3.** Litt. Qui charme par sa beauté, sa douceur : *Voix céleste.*

CÉLESTIN n.m. Religieux d'un ordre d'ermites fondé en 1251 par le futur pape Célestin V.

CÉLIBAT n.m. (du lat. *caelebs*, célibataire). État d'une personne en âge d'être mariée et qui ne l'est pas.

CÉLIBATAIRE n. et **adj.** Personne qui vit dans le célibat.

CÉLIBATTANT, E n. Fam. Jeune célibataire, gai et combatif, qui entend profiter de sa liberté.

CELLA [sɛlla] **n.f.** (mot lat. « loge »). **ANTIQ.** Naos (salle).

CELLE pron. dém. fém. → **CELUI.**

CELLÉRIER, ÈRE n. et **adj.** Économe d'un monastère.

CELLIER n.m. (du lat. *cella*, chambre). Pièce, lieu frais où l'on entrepose le vin et les provisions.

CELLOPHANE n.f. (nom déposé). Pellicule transparente, fabriquée à partir d'hydrate de cellulose et utilisée pour l'emballage.

CELLULAIRE adj. 1. Relatif aux cellules des prisonniers. **2. BIOL.** Relatif à la cellule ; formé de cellules : *Biologie cellulaire. Tissu cellulaire.* **3.** Se dit de matières plastiques qui contiennent des alvéoles ou des pores et qui sont utilisées dans le bâtiment, l'emballage, etc. **4. TÉLÉCOMM.** Se dit d'un système de radiocommunication qui fonctionne dans une zone divisée en cellules adjacentes contenant chacune un relais radioélectrique : *Téléphone cellulaire.* ▪ **Fourgon cellulaire,** pour le transport des prisonniers. ▪ **Régime cellulaire,** dans lequel les prisonniers sont isolés. ◆ **n.m.** Québec. Téléphone portable.

CELLULAR n.m. (mot angl. « cellulaire »). Étoffe ajourée réalisée avec des fils synthétiques ou naturels.

CELLULASE n.f. Enzyme, propre à certaines bactéries ou certains protozoaires, catalysant la dégradation de la cellulose.

CELLULE n.f. (lat. *cellula*). **1.** Petite pièce, génér. individuelle, où l'on vit isolé, partic. dans un monastère, une prison. **2. APIC.** Alvéole. **3. BIOL.** Élément constitutif fondamental de tout être vivant. **4.** Élément constitutif fondamental d'un ensemble : *Cellule familiale.* **5.** Groupement de base d'un parti politique, notamm. des partis communistes, à partir duquel ceux-ci s'organisent. **6.** Au sein d'un organisme, groupe de travail constitué pour traiter d'un problème particulier : *Cellule de crise.* **7.** Tête de lecture d'un lecteur de disques audio. **8. AÉRON.** Ensemble composé du fuselage, des ailes et des empennages d'un avion. **9. CONSTR.** Élément constitutif de base d'un habitat, notamm. en matière de préfabrication. **10. INFORM.** Dans un tableur, case qui se trouve à l'intersection d'une ligne et d'une colonne. **11. TÉLÉCOMM.** Zone élémentaire couverte par une station émettrice et réceptrice d'un réseau de radiocommunication cellulaire. ▪ **Cellule solaire** ou **photovoltaïque,** photopile. ▪ **Cellule souche** [biol.], cellule de l'embryon ou de certains tissus de l'adulte ayant la faculté de se diviser indéfiniment et donnant, à chaque division, une cellule identique à elle-même et une cellule qui donnera à son tour des cellules spécialisées. ➲ Les cellules souches peuvent ainsi engendrer tous les types de cellules de l'organisme ; leur utilisation est susceptible de nombreuses applications biologiques et médicales.

➲ Toute **CELLULE** est entièrement entourée d'une membrane, la membrane plasmique, et contient un cytoplasme d'apparence souvent granuleuse, du fait des nombreux ribosomes qu'il contient. La cellule des bactéries, dite *procaryote*, ne contient aucun organite, et son unique chromosome n'est pas enfermé dans un noyau. La cellule des *eucaryotes* contient de nombreux organites, limités par une ou deux membranes, notamm. un noyau, qui renferme la chromatine. Les protistes sont des eucaryotes unicellulaires. Animaux et plantes sont formés de milliards de cellules diversifiées, mais leur cycle de reproduction sexuée passe par un stade à une seule cellule, l'œuf, ou zygote.

CELLULITE n.f. 1. Dépôt de graisse sous-cutané, donnant à la peau un aspect capitonné (« peau d'orange »), localisé surtout sur les cuisses et les fesses (« culotte de cheval »). **2. MÉD.** Inflammation grave du tissu sous-cutané, d'origine infectieuse.

CELLULITIQUE adj. Relatif à la cellulite. ◆ **adj.** et **n. MÉD.** Atteint de cellulite.

CELLULOÏD n.m. (nom déposé). Matière plastique très malléable à chaud et très inflammable, obtenue en plastifiant la nitrocellulose par le camphre.

CELLULOSE n.f. Substance macromoléculaire du groupe des glucides, polymère du glucose, constituant principal et caractéristique de la paroi des cellules végétales, utilisée notamm. pour la fabrication du papier et de textiles.

CELLULOSIQUE adj. Qui est de la nature de la cellulose ; qui en contient : *Colle cellulosique.*

CELSIUS (DEGRÉ) n.m. Unité de mesure de la température (symb. °C), égale à la centième partie de l'écart entre la température de fusion de la glace (0 °C) et la température d'ébullition de l'eau (100 °C) sous la pression atmosphérique normale.

1. CELTIQUE ou **CELTE adj.** et **n.** Relatif aux Celtes.

2. CELTIQUE n.m. Groupe de langues indo-européennes parlées par les anciens Celtes.

CELUI, CELLE pron. dém. (pl. *ceux, celles*) [du lat. *ecce*, voici, et *ille*, celui-là]. Désigne la personne ou la chose dont on parle : *Celui qui a des lunettes. Ceux qui rient. Cette revue est celle dont je t'ai parlé.*

CELUI-CI, CELLE-CI pron. dém. (pl. *ceux-ci, celles-ci*). **1.** Désigne une personne ou une chose proche et que l'on peut montrer : *Celui-ci est en laine.* **2.** Désigne ce ou celui dont on vient de parler (par oppos. à *celui-là*) : *Il veut en parler à ma sœur, mais celle-ci est en vacances.*

CELUI-LÀ, CELLE-LÀ pron. dém. (pl. *ceux-là, celles-là*). **1.** Désigne une personne ou une chose éloignée que l'on montre : *Cet oiseau est une pie, celui-là est une hirondelle.* **2.** Désigne ce ou celui dont on a d'abord parlé (par oppos. à *celui-ci*) : *Elle voulait voir Odile et Anne, mais celle-ci était absente et celle-là sous la douche.*

CÉMENT n.m. (lat. *caementum*). **1. HISTOL.** Tissu dur recouvrant l'ivoire de la racine des dents. **2. MÉTALL.** Matière utilisée dans la cémentation, comme le carbone pour l'acier.

CÉMENTATION n.f. MÉTALL. Chauffage d'une pièce métallique au contact d'un cément qui, en diffusant dans sa masse *(cémentation à cœur)* ou à sa surface *(cémentation superficielle)*, lui permet d'acquérir des propriétés particulières de dureté (après une trempe), de ductilité, etc.

CÉMENTER v.t. [3]. Soumettre à la cémentation.

CÉMENTITE n.f. Carbure de fer (Fe_3C), constituant principal des aciers et des fontes blanches.

CÉNACLE n.m. (du lat. *cenaculum*, salle à manger). **1. CHRIST.** Salle de Jérusalem où eut lieu la Cène, puis où les disciples reçurent le Saint-Esprit. **2.** Litt. Petit groupe de personnes animées par des idées communes : *Un cénacle philosophique.*

CENDRE n.f. (lat. *cinis, -eris*). **1.** Résidu solide, souvent pulvérulent, produit par la combustion d'une substance. **2. GÉOL.** Fines particules (moins de 2 mm) que rejette un volcan en éruption : *Un panache de cendres.* ▪ **Couver sous la cendre,** se développer sourdement avant d'éclater au grand jour. ◆ **n.f. pl. 1.** Restes des morts après incinération. **2. CHRIST.** Symbole de la pénitence dans le rite d'imposition des cendres, le mercredi des Cendres, premier jour du Carême. ▪ **Réduit en cendres** [litt.], entièrement détruit par le feu. ▪ **Renaître de ses cendres,** prendre un nouvel essor, comme le Phénix.

CENDRÉ, E adj. Qui a la couleur, gris ou gris bleuté, de la cendre : *Cheveux blond cendré.* ▪ **Fromage cendré,** ou **cendré, n.m.,** fromage affiné dans les cendres de bois.

CENDRÉE n.f. Petit plomb pour la chasse du menu gibier.

CENDRER v.t. [3]. Litt. Donner une couleur cendrée à qqch.

CENDREUX, EUSE adj. 1. Litt. Qui a l'aspect, la couleur de la cendre. **2. PÉDOL.** Se dit d'un horizon qui a la couleur grise et l'aspect de la cendre, comme celui du podzol.

CENDRIER n.m. 1. Récipient destiné à recevoir les cendres de tabac. **2.** Partie d'un fourneau, d'un poêle où tombe la cendre.

CENDRILLON n.f. (de *Cendrillon*, n.pr.). Litt. Jeune fille à qui l'on réserve les travaux ménagers rebutants.

CÈNE n.f. (du lat. *cena*, dîner). **CHRIST.** ▪ **La Cène,** dernier repas de Jésus-Christ avec ses apôtres, la veille de sa Passion, au cours duquel il institua l'eucharistie en rompant le pain et le vin. ▪ **La sainte cène,** communion sous les deux espèces (pain et vin), dans le culte protestant.

CENELLE n.f. Fruit de l'aubépine.

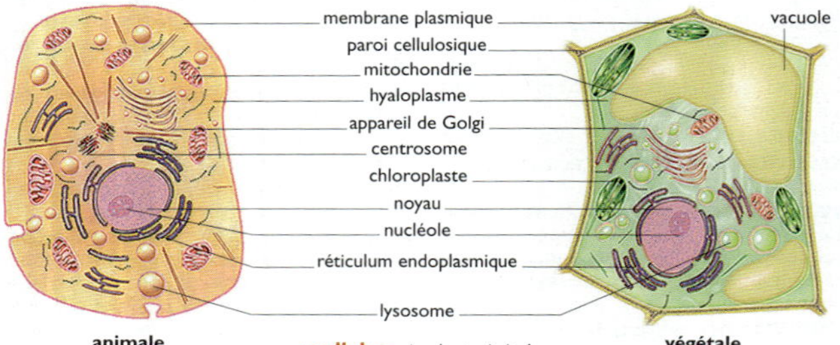

▲ **cellules** animale et végétale.

CENELLIER ou **SENELLIER** [sənɛlje] **n.m.** Région. (Centre) ; Québec. Aubépine.

CÉNESTHÉSIE n.f. (du gr. *koinos*, commun, et *aisthêsis*, sensation). **PHYSIOL.** Impression globale résultant de l'ensemble des sensations internes.

CÉNESTHÉSIQUE adj. Relatif à la cénesthésie.

CÉNESTHOPATHIE n.f. PSYCHIATR. Trouble de la cénesthésie ; modification pathologique de la représentation mentale du corps dont le malade peut reconnaître le caractère hallucinatoire.

CÉNOBITE n.m. (du gr. *koinobion*, vie en commun). **CHRIST.** Moine qui vit en communauté (par oppos. à *anachorète*).

CÉNOBITIQUE adj. Relatif aux cénobites.

CÉNOBITISME n.m. État du cénobite.

CÉNOTAPHE n.m. (du gr. *kenos*, vide, et *taphos*, tombeau). Monument en forme de tombeau élevé à la mémoire d'un mort, et qui ne contient pas son corps.

CÉNOZOÏQUE n.m. Ère géologique correspondant aux systèmes paléogène et néogène. ➲ Le cénozoïque a débuté il y a 65,5 millions d'années ; il a été marqué par le plissement alpin et la diversification des mammifères. Le cénozoïque regroupait autref. les ères tertiaire et quaternaire. ◆ **adj.** Relatif au cénozoïque.

CENS [sɑ̃s] **n.m.** (lat. *census*). **1. DR.** Quotité d'imposition nécessaire pour être électeur ou éligible, dans un suffrage censitaire. **2. HIST.** Redevance due par des tenanciers au seigneur du fief. **3. ANTIQ. ROM.** Recensement des citoyens qui servait notamm. au recrutement de l'armée et au recouvrement de l'impôt.

CENSÉ, E adj. (du lat. *censere*, juger). Considéré comme devant être ou devant faire qqch ; supposé : *Nul n'est censé ignorer la loi.*

✎ À distinguer de ***sensé***.

CENSÉMENT adv. D'après ce que l'on peut supposer : *Maintenant, ils sont censément arrivés.*

✎ À distinguer de ***sensément***.

CENSEUR n.m. (lat. *censor*). **1. DR.** Membre d'une commission de censure. **2.** Anc. Fonctionnaire responsable de la discipline générale dans un lycée. ➲ Fonction correspondante auj. : *proviseur adjoint*. **3.** Personne qui s'érige en juge intransigeant d'autrui. **4. ANTIQ. ROM.** Sous la République, magistrat curule chargé du cens et de la surveillance des mœurs.

CENSIER n.m. HIST. Registre foncier d'un seigneur, contenant la liste des tenanciers et de leurs tenures. ◆ **CENSIER, ÈRE adj.** Relatif au cens.

CENSITAIRE [sɑ̃sitɛr] **adj.** ▪ **Suffrage censitaire,** système dans lequel le droit de vote est réservé aux contribuables versant un montant minimal (*cens*) d'impôts. ◆ **n.m.** Tenancier qui devait le cens à un seigneur.

CENSIVE n.f. HIST. Terre assujettie au cens annuel.

CENSORAT n.m. ANTIQ. ROM. Fonction de censeur.

CENSORIAL, E, AUX adj. Relatif à la censure.

CENSURABLE adj. Qui peut être censuré.

CENSURE n.f. (lat. *censura*). **1.** Contrôle exercé par l'État sur la presse ou la création artistique et qui permet de décider des autorisations et des interdictions : *Visa de censure d'un film.* **2.** Action de censurer, d'interdire tout ou partie d'une communication quelconque. **3.** Sanction prononcée contre un officier ministériel, un parlementaire. **4. PSYCHAN.** Fonction psychique interdisant l'accès d'un contenu inconscient au système préconscient-conscient. **5. DR.** Fonction de censeur ; exercice de cette fonction. ▪ **Commission de censure,** groupe de personnes chargées de l'examen qui conduit à autoriser ou à interdire une publication, une œuvre artistique. ▪ **Motion de censure,** motion émanant, en France, de l'Assemblée nationale, qui met en cause la responsabilité du gouvernement et peut entraîner la démission de celui-ci.

▲ **cène.** *La Cène* (1464-1468) ; panneau central du triptyque de D. Bouts. (Église Saint-Pierre, Louvain.)

CENSURER v.t. [3]. **1.** Pratiquer la censure contre : *Censurer une chanson.* **2.** Voter une motion de censure : *Censurer le gouvernement.*

1. CENT adj. num. (lat. *centum*). **1.** Dix fois dix : *Cent enfants ont envoyé un dessin.* **2.** Un grand nombre de : *Il y a cent façons de passer de bonnes vacances.* **3.** Centième : *Page deux cent.* ◆ **n.m. 1.** (Inv.). Nombre exprimant la centaine : *Cinquante et cinquante font cent.* **2.** Centaine : *Plusieurs cents d'huîtres.* ▪ **À cent pour cent** [fam.], tout à fait : *Je la soutiens à cent pour cent !* ▪ **Cent pour cent,** entièrement : *Une jupe cent pour cent coton.* ▪ **Pour cent,** pour une quantité de cent unités : *Douze pour cent (12 %).*

✎ *Cent* prend un *s* quand il est précédé d'un adj. de nombre qui le multiplie et n'est pas immédiatement suivi d'un autre adj. num. : ***Deux cents. Trois cent dix. Deux cent mille.***

2. CENT [sɛnt] **n.m.** Monnaie divisionnaire valant 1/100 de l'unité monétaire principale de nombreux pays anglo-saxons (dollar, rand, shilling, etc.), ainsi que 1/100 d'euro (prononcé [sɑ̃] pour l'euro, en France, et [sɛnt] en Belgique).

CENTAINE n.f. (lat. *centena*). **1.** Groupe de cent ou d'environ cent unités : *Il y a une centaine d'années.* **2.** Grand nombre : *Ils arrivent par centaines.*

CENTAURE n.m. (gr. *kentauros*). **MYTH. GR.** Être fabuleux, au buste et au visage d'homme, au corps de cheval.

CENTAURÉE n.f. (du gr. *kentauriê*, plante du centaure). Plante dicotylédone à fleurs en tubes, génér. bleues, roses ou violettes, disposées en capitules, telle que le bleuet et la jacée. ➲ Famille des composées. ▪ **Petite centaurée,** plante à fleurs roses, tubulaires, disposées en inflorescences ramifiées. ➲ Famille des gentianacées.

CENTAVO [sɛntavo] **n.m.** (mot esp.). Monnaie divisionnaire valant 1/100 de l'unité monétaire principale de nombreux pays de langue espagnole ou portugaise.

1. CENTENAIRE adj. et **n.** (lat. *centenarius*). Qui a cent ans ou plus. ◆ **adj.** Qui existe depuis au moins cent ans : *Une entreprise centenaire.*

2. CENTENAIRE n.m. Commémoration d'un événement qui a eu lieu cent ans auparavant.

CENTENNAL, E, AUX adj. Qui a lieu tous les cent ans.

CENTÉSIMAL, E, AUX adj. (lat. *centesimus*). **1.** Se dit des fractions dont le dénominateur est cent. **2. MÉTROL.** Relatif aux divisions d'une échelle graduée en cent parties égales.

CENT-GARDE n.m. (pl. *cent-gardes*). Cavalier de la garde d'honneur (1854-1870) de Napoléon III.

CENTI- [sɑ̃ti] **préf.** Préfixe (symb. c) qui, placé devant une unité, la divise par 10^2.

CENTIARE n.m. Centième partie de l'are (symb. ca), équivalant à 1 m^2.

CENTIÈME adj. num. ord. et **n.** (lat. *centesimus*). Qui occupe un rang marqué par le nombre 100. ▪ **Pour la centième fois,** une nouvelle fois après un trop grand nombre d'autres. ◆ **n.m.** et **adj.** Quantité désignant le résultat d'une division par 100 : *La centième partie ou le centième d'une somme.*

CENTIGRADE n.m. Centième partie du grade (unité d'angle) [symb. cgr]. ▪ **Thermomètre, degré centigrade,** procédant d'une échelle de température à cent degrés (l'échelle Celsius). ➲ Terme abandonné depuis 1948.

CENTIGRAMME n.m. Centième partie du gramme (symb. cg).

CENTILAGE n.m. MATH. Division d'une distribution statistique en cent classes d'effectifs égaux.

CENTILE n.m. MATH. Chacune des 99 valeurs répartissant une distribution statistique en 100 classes d'effectif égal.

CENTILITRE n.m. Centième partie du litre (symb. cl).

CENTIME n.m. 1. Monnaie divisionnaire valant 1/100 de franc, de dinar algérien, de dirham marocain. **2.** En France et en Belgique, monnaie divisionnaire valant 1/100 d'euro (SYN. **2. cent**).

CENTIMÈTRE n.m. 1. Centième partie du mètre (symb. cm). **2.** Ruban divisé en centimètres, servant à mesurer : *Centimètre de couturière.*

CENTIMÉTRIQUE adj. Relatif au centimètre.

CENTON n.m. (du lat. *cento, -onis*, vêtement rapiécé). **1. LITTÉR.** Texte en vers ou en prose composé de fragments empruntés à divers auteurs ou à divers écrits d'un même auteur : *Un centon d'Homère ;* chacun de ces fragments. **2. MUS.** Œuvre musicale formée de morceaux de différents compositeurs.

CENT-PIEDS n.m. inv. Polynésie. Scolopendre.

CENTRAGE n.m. 1. Action de centrer un objet. **2. MÉCAN. INDUSTR.** Détermination du centre d'une face de pièce ; action de disposer les axes de plusieurs pièces mécaniques pour les faire coïncider. ▪ **Centrage optique** [mécan. industr.], opération d'alignement des centres de courbure des surfaces de lentilles par rapport à un axe.

1. CENTRAL, E, AUX adj. 1. Qui est au centre, près du centre ; relatif au centre : *Europe centrale.* **2.** Qui constitue le centre, le pivot d'un ensemble organisé ; qui centralise : *Fichier central. Administration centrale.* **3.** Qui constitue le point principal ; essentiel : *L'idée centrale d'une thèse.* ▪ **Force centrale,** force dont le support passe par un point fixe. ▪ **Maison** ou **prison centrale,** ou **centrale, n.f.,** lieu où sont incarcérés les détenus condamnés à des peines de plus d'un an.

2. CENTRAL n.m. (pl. *centraux*). ▪ **Central téléphonique,** lieu où aboutissent les lignes du réseau d'un opérateur téléphonique, mises en communication à l'aide d'équipements de commutation. ▪ **Le central,** le court principal d'un stade de tennis.

CENTRALE n.f. 1. Usine génératrice d'énergie électrique : *Centrale hydroélectrique, nucléaire, thermique.* *(V. ill. page suivante.)* **2.** Confédération nationale de syndicats de salariés. **3.** Prison centrale. ▪ **Centrale à béton,** usine où se fabrique le béton. ▪ **Centrale d'achats,** organisme commercial gérant les commandes d'approvisionnement des magasins qui lui sont affiliés. ▪ **Centrale vapeur,** appareil de repassage constitué d'un fer à vapeur puissant et d'un générateur de vapeur indépendant.

➲ Il existe plusieurs types de **CENTRALES**. Une *centrale électrique* produit de l'électricité au moyen de générateurs à courant alternatif, entraînés par des appareils moteurs utilisant différentes formes naturelles d'énergie : thermique, éolienne, solaire, géothermique, hydraulique ou marémotrice. Dans une *centrale thermique*, classique ou nucléaire, on porte de l'eau à ébullition sous haute pression et la vapeur ainsi produite fait tourner des turboalternateurs. Une *centrale thermique classique* utilise la chaleur provenant de la combustion d'une énergie fossile (fioul, gaz naturel ou charbon). Une *centrale nucléaire* produit de l'électricité à partir de la chaleur dégagée par la fission provoquée du noyau de certains atomes lourds, l'isotope 235 de l'uranium par exemple. Cette chaleur sert à vaporiser de l'eau dans le générateur de vapeur, laquelle vapeur est dirigée vers les turboalternateurs. Une *centrale hydroélectrique* utilise l'énergie cinétique de l'eau, qui, par sa vitesse, actionne des turbines hydrauliques entraînant des alternateurs.

CENTRALIEN, ENNE n. Élève ou ancien élève de l'École centrale des arts et manufactures.

CENTRALISATEUR, TRICE adj. et **n.** Qui centralise. ▪ **Bureau centralisateur,** bureau de vote recensant les résultats obtenus dans tous les bureaux d'une circonscription électorale ; par ext., dans un canton, commune où est établi ce bureau de vote. ➲ Il a remplacé le chef-lieu de canton en 2014.

La **centrale thermique** au fioul de Porcheville B (Yvelines, France) utilise un combustible fossile pour produire la chaleur qui vaporise l'eau ; la vapeur actionne un turboalternateur qui produit l'électricité.

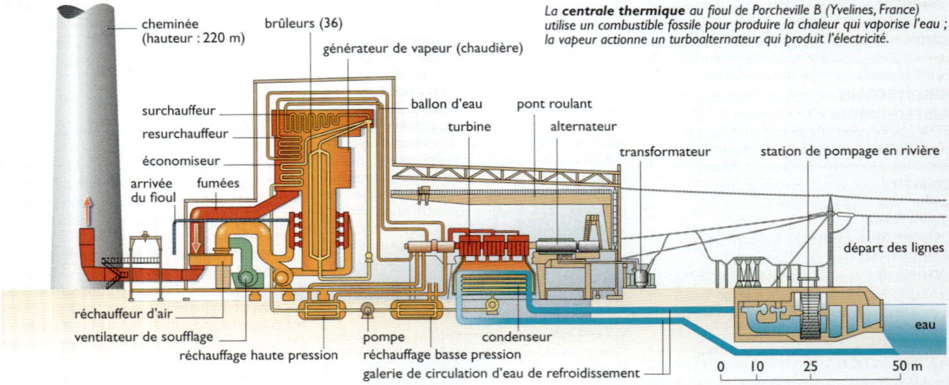

La **centrale hydroélectrique** de lac Laforge-1 (baie James, Québec, Canada) utilise l'eau d'une retenue pour actionner une turbine électrique qui entraîne un alternateur.

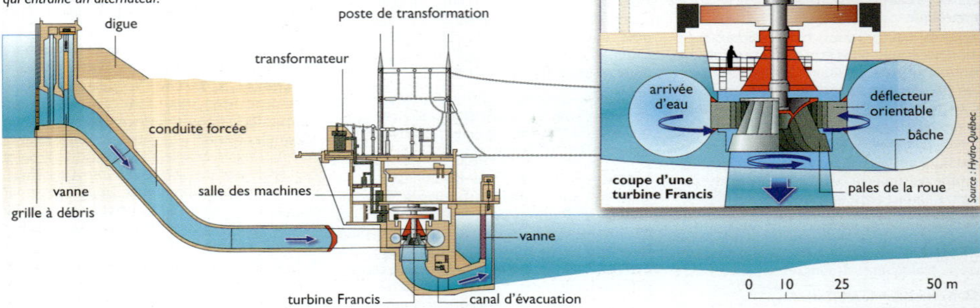

▲ **centrales.** Coupes schématiques d'une centrale thermique et d'une centrale hydroélectrique.

CENTRALISATION **n.f.** Action de centraliser ; son résultat.

CENTRALISER **v.t. [3]. 1.** Rassembler en un centre unique : *La Croix-Rouge centralise les dons qui arrivent de partout.* **2.** Faire dépendre d'un organisme, d'un pouvoir central : *Centraliser les services administratifs.*

CENTRALISME **n.m.** Système d'organisation reposant sur la centralisation des décisions. ▪ **Centralisme démocratique,** mode d'organisation propre aux partis communistes, impliquant notamm. la soumission de la minorité à la majorité dans l'application de la ligne politique.

CENTRALISTE **n.** Partisan du centralisme.

CENTRALITÉ **n.f.** Caractère de ce qui est central, essentiel : *La centralité de la question économique.*

CENTRAMÉRICAIN, E **adj.** et **n.** De l'Amérique centrale.

CENTRE **n.m.** (lat. *centrum,* du gr. *kentron,* pointe). **1. MATH.** Point situé à égale distance (le rayon) de tous les points d'un cercle ou d'une sphère. **2.** Milieu d'un espace quelconque : *Le chêne est au centre du parc.* **3.** Courant politique qui se situe entre la droite et la gauche ; ensemble des membres de ce courant. **4. SPORTS.** Dans certains sports d'équipe, joueur qui se trouve au milieu de la ligne d'attaque ; pour un joueur, action de centrer. **5.** Point où convergent ou d'où rayonnent des forces, des activités : *La Jamaïque est le centre de la musique reggae.* **6.** Siège principal ou notable d'une activité : *Un centre universitaire* ; lieu où sont regroupées, pour une fin commune, des personnes, des activités : *Centre antidouleur.* **7.** Partie d'une ville où une activité est dominante : *Centre des affaires.* **8.** Bureau, organisme centralisateur : *Centre de documentation.* **9.** Fig. Point principal, essentiel : *La parité des salaires est au centre de la question.* **10.** Fig. Personne vers laquelle convergent l'attention, l'intérêt : *Elle est le centre de tous les regards.* ▪ **Angle au centre** [math.], angle ayant pour sommet le centre d'un cercle. ▪ **Centre chorégraphique national (CCN),** compagnie bénéficiant d'un soutien conventionné de l'État et de la ville, du département ou de la Région où elle est installée. ▪ **Centre commercial,** ensemble regroupant des magasins de détail et divers services (banque, poste, etc.). ▪ **Centre d'action** [météorol.], anticyclone ou dépression ayant un caractère durable ou permanent, jouant un rôle majeur dans la circulation atmosphérique. ▪ **Centre d'appels,** service d'assistance commerciale ou technique par téléphone ou par Internet. (Dans le cas de l'assistance technique, on parle aussi de *centre de support.*) ▪ **Centre de données,** lieu qui regroupe un ensemble de serveurs assurant des missions de traitement de données, génér. pour une entreprise. ▪ **Centre de rétention administrative (CRA),** établissement fermé où sont placés les étrangers en situation irrégulière avant leur reconduite à la frontière. ▪ **Centre de symétrie d'une figure** [math.], point, s'il existe, tel que tous les points de la figure soient deux à deux symétriques par rapport à lui. ▪ **Centre de valorisation organique (CVO),** centre de traitement des déchets organiques (herbe tondue, fleurs fanées, épluchures, etc.), où s'effectue le processus naturel de fermentation permettant leur transformation en compost ou en biogaz. ▪ **Centre d'information et d'orientation (CIO),** centre dépendant de l'Éducation nationale, dans lequel le public peut trouver informations et conseils sur les enseignements et les professions. ▪ **Centre dramatique national,** organisme institué dans certaines villes de France à partir de 1947, pour y produire un théâtre populaire et décentralisé. ▪ **Centre éducatif fermé,** lieu alternatif à la prison destiné à certains mineurs après plusieurs cas de récidive ou de réitération. ▪ **Centre optique,** point de l'axe d'une lentille tel qu'à tout rayon lumineux intérieur à la lentille, et passant par ce point, correspondent un rayon incident et un rayon émergent parallèles l'un à l'autre.

CENTRÉ, E **adj.** Qui a un centre. ▪ **Système centré** [opt.], ensemble de lentilles ou de miroirs dont les centres de courbure sont alignés sur une même droite, dite *axe optique.* ▪ **Variable aléatoire centrée** [math.], variable ayant une espérance mathématique nulle.

CENTRE-AVANT **n.** (pl. *centres-avants*). Belgique. Avant-centre.

CENTRER **v.t. [3]. 1.** Ramener au centre ; placer au milieu : *Centrer un titre dans une page.* **2.** Orienter essentiellement sur : *La campagne est centrée sur les problèmes économiques.* **3. SPORTS.** Envoyer le ballon de l'aile vers l'axe du terrain. ▪ **Centrer une pièce** [techn.], la fixer en son centre, en déterminer le centre, faire coïncider son axe avec celui d'un dispositif.

CENTRE-VILLE **n.m.** (pl. *centres-villes*). Partie centrale d'une ville, la plus animée ou la plus ancienne.

CENTRIFUGATION **n.f.** Séparation des constituants d'un mélange par la force centrifuge.

CENTRIFUGE **adj.** Qui tend à éloigner du centre : *Force centrifuge* (CONTR. **centripète**). ▪ **Pompe centrifuge,** pompe rotative dont le principe est fondé sur l'action de la force centrifuge.

CENTRIFUGER **v.t. [10].** Soumettre à l'action de la force centrifuge ; passer à la centrifugeuse.

CENTRIFUGEUSE **n.f.** ou **CENTRIFUGEUR** **n.m.** Appareil qui effectue la centrifugation. ◆ **n.f.** Appareil ménager électrique servant à faire des jus de fruits ou de légumes.

CENTRIOLE **n.m. BIOL. CELL.** Corpuscule cylindrique, formé de microtubules, constituant du centrosome et de la base des flagelles.

CENTRIPÈTE **adj.** Qui tend à rapprocher du centre : *Force centripète* (CONTR. **centrifuge**).

CENTRISME **n.m.** Attitude, conception politique des centristes.

CENTRISTE **adj.** et **n.** Qui se situe politiquement au centre.

CENTROMÈRE **n.m. BIOL. CELL.** Constriction présente dans chaque chromosome, et qui divise celui-ci en quatre bras formant deux à deux les chromatides.

CENTROSOME n.m. BIOL. CELL. Organite situé près du noyau dans la plupart des cellules, constitué de deux centrioles perpendiculaires entre eux, qui intervient dans la division cellulaire et dans les battements des cils et des flagelles.

CENT-SUISSE n.m. (pl. *cent-suisses*). Soldat suisse appartenant à la compagnie des cent-suisses affectée à la garde des rois de France (1481-1792).

CENTUPLE adj. et n.m. (lat. *centuplus*). Qui vaut cent fois une quantité donnée. ▪ **Au centuple,** cent fois plus ; fig., en quantité beaucoup plus grande.

CENTUPLER v.t. [3]. Multiplier par cent ; porter au centuple. ◆ v.i. Augmenter dans une très forte proportion.

CENTURIE n.f. (lat. *centuria*). ANTIQ. ROM. Unité politique, administrative et militaire formée, à l'origine, de cent citoyens.

CENTURION n.m. Officier commandant une centurie, dans la légion romaine.

CÉNURE ou **CŒNURE** [senyr] n.m. Ténia parasite du chien et du mouton. ➲ Chez le mouton, sa larve provoque le tournis.

CEP n.m. (du lat. *cippus*, pieu). Pied de vigne.

CÉPAGE n.m. Plant de vigne, considéré dans sa spécificité ; variété de vigne.

CÈPE n.m. (du gascon *cep*, tronc). Dénomination commune à plusieurs espèces de bolets comestibles : *Cèpe de Bordeaux.*

CÉPÉE n.f. SYLVIC. Ensemble de tiges ou rejets de bois sortant de la souche d'un arbre qui a été coupé (SYN. 2. **trochée**).

CEPENDANT conj. (de *1. ce* et *3. pendant*). Marque une opposition, une restriction ; néanmoins ; pourtant. ▪ **Cependant que,** pendant que ; tandis que. ◆ adv. Litt. Pendant ce temps.

CÉPHALÉE ou **CÉPHALALGIE** n.f. (gr. *kephalaia*). MÉD. Mal de tête. ▪ **Céphalée de tension,** mal de tête princip. provoqué par la tension psychique (le stress, par ex.).

CÉPHALIQUE adj. ANAT. Relatif à la tête.

CÉPHALISATION n.f. Formation progressive de l'encéphale au cours de l'évolution des espèces.

CÉPHALOCORDÉ n.m. Animal marin proche des vertébrés primitifs, tel que l'amphioxus, dont l'axe squelettique est une corde dorsale.

CÉPHALOPODE n.m. (du gr. *képhalê*, tête, et *pous, podos*, pied). Mollusque marin carnivore et chasseur, à la tête portant des tentacules munis de ventouses, au bec corné venimeux, se propulsant en expulsant de l'eau par un siphon. ➲ Les céphalopodes forment une classe.

CÉPHALORACHIDIEN, ENNE ou **CÉPHALO-RACHIDIEN, ENNE** (pl. *céphalo-rachidiens, ennes*) adj. Qui concerne la tête et la colonne vertébrale. ▪ **Liquide céphalorachidien,** liquide circulant entre les méninges, dans les ventricules de l'encéphale et dans le canal central de la moelle.

CÉPHALOSPORINE n.f. Médicament antibiotique proche des pénicillines.

CÉPHALOTHORAX n.m. Région antérieure du corps de certains invertébrés arthropodes (crustacés, arachnides), chez lesquels la tête et le thorax sont soudés.

CÉPHÉIDE n.f. (du lat. *Cepheus*, n. myth.). ASTRON. Étoile variable présentant des pulsations à courte ou à moyenne période, de un jour à quelques semaines.

CÉRAMBYCIDÉ n.m. Insecte coléoptère au long corps et à longues antennes, et dont les larves creusent des galeries dans les arbres (SYN. **longicorne**).

CÉRAME adj. (gr. *keramos*). ▪ **Grès cérame,** grès vitrifié dans la masse.

CÉRAMIDE n.m. BIOCHIM. Molécule organique, formée par la combinaison d'un acide gras à chaîne longue et d'un alcool aminé, constituant principal de certains lipides complexes des membranes cellulaires ainsi que de la myéline du système nerveux. ➲ Certains céramides d'origine végétale entrent dans la composition de produits cosmétiques.

CÉRAMIQUE n.f. (gr. *keramikos*). **1.** Art de fabriquer les poteries et autres objets de terre cuite, de faïence, de porcelaine. **2.** Objet en terre cuite. ◆ adj. Qui concerne la fabrication des poteries et autres pièces de terre cuite, y compris la faïence, le grès, la porcelaine. ▪ **Matériau céramique,** ou **céramique, n.f.,** matériau manufacturé qui n'est ni un métal ni un produit organique. ➲ Les céramiques industrielles, également appelées *céramiques techniques*, se répartissent en deux grandes familles : les oxydes et les non-oxydes. Les verres minéraux, qui sont pour la plupart des combinaisons d'oxydes, se rattachent de ce fait à la première famille.

▲ **céramique.** Panneau décoratif (XVIIe s.) d'un pavillon de jardin du palais royal d'Ispahan. (Victoria and Albert Museum, Londres.)

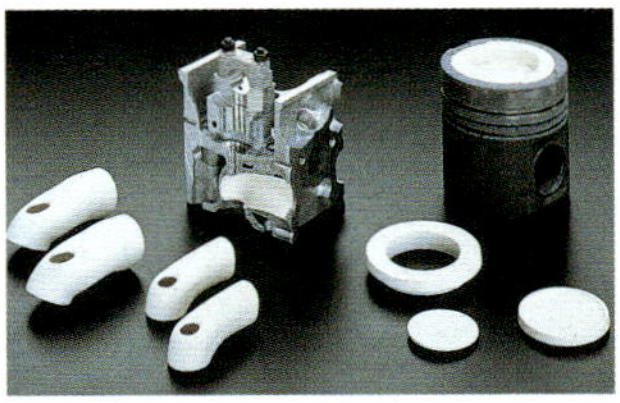

▲ **céramique.** Pièces d'automobile en céramiques industrielles (en blanc).

CÉRAMISTE n. Personne qui fabrique ou décore de la céramique.

CÉRAMOLOGUE n. Spécialiste de l'étude des céramiques.

CÉRASTE n.m. (du gr. *kerastês*, qui a des cornes). Serpent venimeux d'Afrique et d'Asie, appelé aussi *vipère à cornes*, à cause des deux pointes situées au-dessus de ses yeux. ➲ Famille des vipéridés.

CÉRAT n.m. (lat. *ceratum*). Médicament externe à base de cire et d'huile, destiné à une application cutanée.

CERBÈRE n.m. (de *Cerbère*, n. myth.). Litt. Portier sévère et intraitable.

CERCAIRE n.f. (du gr. *kerkos*, queue). ZOOL. Larve des douves.

CERCEAU n.m. (du lat. *circus*, cercle). **1.** Cercle léger utilisé dans certains jeux ou sports (gymnastique rythmique). **2.** Cercle ou arceau de bois, de métal, servant d'armature, de support : *Cerceaux d'un lampion.* **3.** Cercle de bois ou de métal servant à maintenir les douves d'un tonneau, d'un baquet.

CERCLAGE n.m. **1.** Action de cercler ; son résultat. **2.** CHIRURG. Opération consistant à serrer un fil, une bande autour d'un organe, d'un canal naturel.

CERCLE n.m. (lat. *circulus*). **1.** Courbe plane fermée dont tous les points sont situés à égale distance d'un point fixe du même plan, le centre. **2.** MATH. Vx. Disque. **3.** Division territoriale ou administrative de certains États. **4.** Dessin, objet ayant une forme circulaire ; rond : *Un cercle représente la tête du bonhomme.* **5.** Réunion de personnes, ensemble de choses disposées en rond : *Un cercle de badauds.* **6.** Groupement de personnes réunies dans un but particulier : *Cercle littéraire* ; local où elles se réunissent : *Un tournoi de bridge a lieu au cercle.* **7.** Ensemble des personnes que l'on fréquente, des choses constituant un domaine d'occupation : *Un petit cercle d'amis. Élargir le cercle de ses activités.* ▪ **Cercle de famille,** la proche famille. ▪ **Cercle de hauteur** [astron.], almicantarat. ▪ **Cercle horaire d'un astre,** demi-grand cercle de la sphère céleste passant par l'astre et les pôles célestes. ▪ **Cercle vertueux** [écon.], enchaînement de mécanismes qui, par un effet cumulatif, favorisent l'amélioration d'une situation ; par ext., enchaînement de faits favorables et de décisions judicieuses. ▪ **Cercle vicieux** [log.], raisonnement défectueux où l'on donne pour preuve ce qu'il faut démontrer ; par ext., enchaînement de faits désastreux que l'on ne peut arrêter. ▪ **Le premier cercle,** les personnes, les milieux les plus proches d'un pouvoir, du pouvoir.

CERCLER v.t. [3]. Garnir de cercles : *Cercler un tonneau.*

CERCOPITHÈQUE n.m. (du gr. *kerkos*, queue, et *pithêkos*, singe). Singe à longue queue, dont il existe en Afrique plusieurs espèces. ➲ Sous-ordre des catarhiniens.

CERCUEIL [sɛrkœj] n.m. (du gr. *sarkophagos*, qui mange la chair). Long coffre dans lequel on enferme le corps d'un mort (SYN. 2. **bière**).

CERDAN, E ou **CERDAGNOL, E** adj. et n. De Cerdagne.

CÉRÉALE n.f. (de *Cérès*, n. myth.). Plante cultivée, génér. de la famille des graminées, dont les grains, surtout réduits en farine, servent à la nourriture de l'homme et des animaux domestiques, et qui peut aussi être récoltée avant maturité des grains pour servir de fourrage. ◆ n.f. pl. Préparation alimentaire à base de blé, de maïs, d'avoine, etc., que l'on consomme génér. au petit déjeuner avec du lait et du sucre.

CÉRÉALICULTURE n.f. Culture des céréales.

1. CÉRÉALIER, ÈRE adj. Relatif aux céréales. ◆ n.m. Navire de charge spécialisé dans le transport des grains en vrac.

2. CÉRÉALIER n.m. Producteur de céréales.

CÉRÉBELLEUX, EUSE adj. (du lat. *cerebellum*, cervelle). ANAT. Relatif au cervelet. ▪ **Amygdale cérébelleuse,** petit lobe situé sur la face inférieure de chaque hémisphère du cervelet.

CÉRÉBRAL, E, AUX adj. (du lat. *cerebrum*, cerveau). **1.** Relatif au cerveau : *Accident vasculaire cérébral.* **2.** Qui concerne l'esprit, la pensée. ▪ **Amygdale cérébrale,** amas de neurones situé en avant du lobe temporal, jouant un rôle essentiel dans les émotions. ◆ adj. et n. Chez qui prédomine l'activité intellectuelle.

CÉRÉBRALITÉ n.f. Activité du cerveau, considéré comme siège des facultés intellectuelles ; intellectualité.

CÉRÉBROSPINAL, E, AUX ou **CÉRÉBRO-SPINAL, E, AUX** adj. ANAT. Qui concerne le cerveau et la moelle épinière : *Méningite cérébrospinale.*

CÉRÉMONIAL n.m. (pl. *cérémonials*). **1.** Ensemble des règles qui président aux cérémonies civiles, militaires ou religieuses. **2.** CHRIST. Livre contenant les règles liturgiques des cérémonies religieuses.

CÉRÉMONIE n.f. (du lat. *caeremonia*, caractère sacré). **1.** Forme extérieure solennelle et régulière d'un culte, d'un moment de la vie sociale : *La cérémonie de clôture des jeux Olympiques.* **2.** Marque exagérée de civilité ; excès de politesse. ▪ **Faire des cérémonies,** faire des manières. ▪ **Sans cérémonie,** en toute simplicité.

CÉRÉMONIEL, ELLE adj. Qui concerne les cérémonies, les rites.

CÉRÉMONIEUSEMENT adv. De façon cérémonieuse.

CÉRÉMONIEUX, EUSE adj. Qui fait trop de cérémonies ; formaliste, solennel.

CERF [sɛr] n.m. (lat. *cervus*). Ruminant des forêts d'Europe, d'Asie et d'Amérique, atteignant 1,50 m de haut et vivant en troupeau. ➲ La femelle du cerf est la biche, le petit est le faon ; le mâle porte des bois d'autant plus développés et ramifiés qu'il est âgé ; à un an, c'est un daguet, vers six ou sept ans, un dix-cors. Cri : le cerf brame, rait, rée. Famille des cervidés. ▪ **Cerf de Virginie,** cervidé des forêts d'Amérique du Nord, plus petit que le cerf d'Europe, cour. appelé *chevreuil* au Canada.

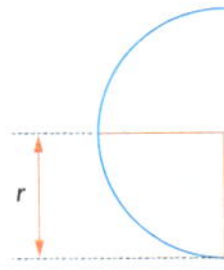

▲ **cercle**

CERFEUIL **n.m.** (gr. *khairephullon*). **1.** Plante aromatique originaire de Russie méridionale, à feuilles d'un vert vif, très découpées, cultivée comme condiment. ➲ Genre *Anthriscus*. **2.** Plante vivace de l'Europe tempérée, proche de la précédente, mais génér. toxique, telle que le *cerfeuil doré*, ou le *cerfeuil tubéreux*. ➲ Genre *Chaerophyllum*.

CERF-VOLANT [sɛrvɔlɑ̃] **n.m.** (pl. *cerfs-volants*). **1.** Jouet constitué d'une armature sur laquelle on tend un morceau de papier ou d'étoffe, et que l'on fait voler dans le vent au bout d'une longue ficelle. **2.** Activité de loisir pratiquée avec un cerf-volant. **3.** ZOOL. Lucane.

CERF-VOLISTE **n.** (pl. *cerfs-volistes*). Personne qui pratique le cerf-volant (SYN. **lucaniste, lucanophile**).

CÉRIFÈRE **adj.** BOT. Se dit d'une plante dont certaines glandes sécrètent de la cire.

CERISAIE **n.f.** Lieu planté de cerisiers.

CERISE **n.f.** (lat. *cerasum*, du gr. *kerasion*). Fruit comestible du cerisier, à noyau, à chair très juteuse et sucrée. ▪ **La cerise sur le gâteau** [fam.], ce qui vient s'ajouter à un ensemble d'éléments positifs ou, iron., négatifs. ◆ **adj. inv.** De la couleur rouge vif de la cerise.

CERISE-PAYS **n.f.** (pl. *cerises-pays*). Antilles. Acérola.

CERISIER **n.m.** Arbre fruitier à fleurs blanches, dont les variétés cultivées se rattachent à deux espèces : le merisier, ou cerisier doux, qui donne des cerises douces, et le griottier, d'où proviennent les cerises acides. ➲ Famille des rosacées. ▪ **Cerisier des Antilles,** malpighie. ▪ **Cerisier des oiseaux,** merisier.

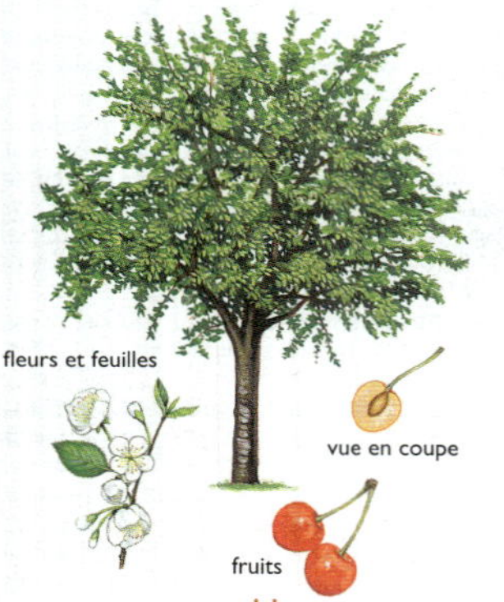

▲ **cerisier**

CÉRITE ou **CÉRITHE** **n.m.** (lat. *cerithium*). Mollusque gastéropode marin à coquille allongée, très abondant à l'état fossile dans les roches de l'éocène (calcaire grossier parisien).

CÉRIUM [serjɔm] **n.m.** (de l'astéroïde *Cérès*). **1.** Métal dur, brillant, le plus commun du groupe des lanthanides, et qui, allié au fer (ferrocérium), entre dans la composition des pierres à briquet. **2.** Élément chimique (Ce), de numéro atomique 58, de masse atomique 140,115.

CERMET **n.m.** (de *céramique* et *métal*). Matériau composite formé de produits céramiques enrobés dans un liant métallique.

CERNAGE **n.m.** Opération consistant à sectionner le pivot et les racines de jeunes plants en vue de favoriser le développement du chevelu.

CERNE **n.m.** (du lat. *circinus*, cercle). **1.** Cercle bleuâtre autour des yeux ; marbrure autour d'une plaie, d'une contusion, etc. **2.** BOT. Couche concentrique d'accroissement annuel, visible sur la coupe transversale d'un tronc d'arbre. ➲ Le nombre des cernes donne l'âge de l'arbre. **3.** Contour épais, accusé, dans un dessin, une peinture. **4.** Tache en anneau ; auréole.

CERNÉ, E **adj.** ▪ **Yeux cernés,** soulignés d'une zone bleuâtre.

CERNEAU **n.m.** **1.** Chair d'une noix écalée, entière ou fractionnée. **2.** Noix ou demi-noix avant maturité.

CERNER **v.t.** [3] (du lat. *circinare*, faire un cercle). **1.** Entourer comme d'un cercle : *Les montagnes qui cernent la vallée.* **2.** Marquer d'un trait appuyé le contour d'une figure, d'une forme : *Cerner le soleil d'un trait jaune vif.* ▪ **Cerner un arbre** [bot.], enlever un anneau d'écorce de son tronc afin de le faire sécher sur pied. ▪ **Cerner une noix,** la séparer de sa coque. ▪ **Cerner un problème, une question,** les délimiter nettement.

CERQUE **n.m.** ZOOL. Appendice sensoriel pair porté à l'extrémité de l'abdomen par certains insectes (grillons, éphémères, forficules, etc.).

CERS [sɛrs] **n.m.** (mot languedocien). Vent violent d'ouest ou de sud-ouest, qui souffle sur le bas Languedoc.

CERTAIN, E **adj.** (du lat. *certus*, sûr). [Après le n.] **1.** Considéré comme vrai, indubitable : *Son désintéressement est certain* ; qui ne manquera pas de se produire : *Leur victoire est certaine.* **2.** Se dit de qqn qui est sûr de ce qu'il affirme : *Le témoin est certain que le feu était rouge.* ▪ **Corps certain** [dr.], telle chose bien déterminée, par opposition à une chose fongible. ▪ **Date certaine** [dr.], jour à partir duquel l'existence d'un acte sous seing privé ne peut plus être contestée. ▪ **Événement certain** [math.], dont la probabilité est égale à l'unité. ◆ **adj. indéf.** (Avant le n.). **1.** (Au sing.). Que l'on ne peut ou ne veut préciser : *Un certain nombre de personnes. Une certaine Zoé demande à vous voir.* **2.** (Au pl.). Quelques ; plusieurs : *Certaines chansons de cet album sont des reprises.* ◆ **pron. indéf. pl.** Quelques-uns ; plusieurs : *Certains apprécient ce genre de films.*

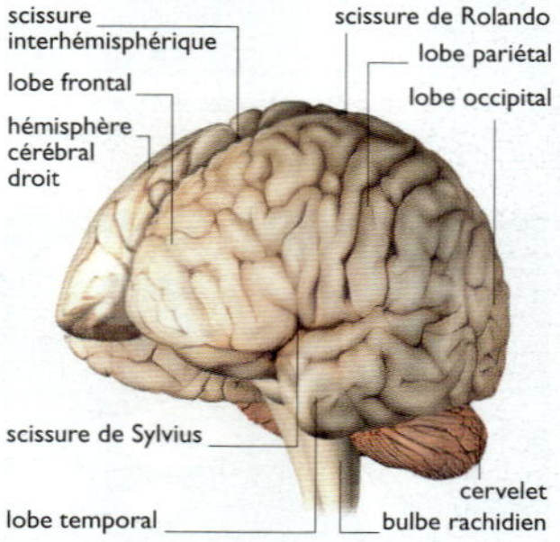

les régions du cerveau

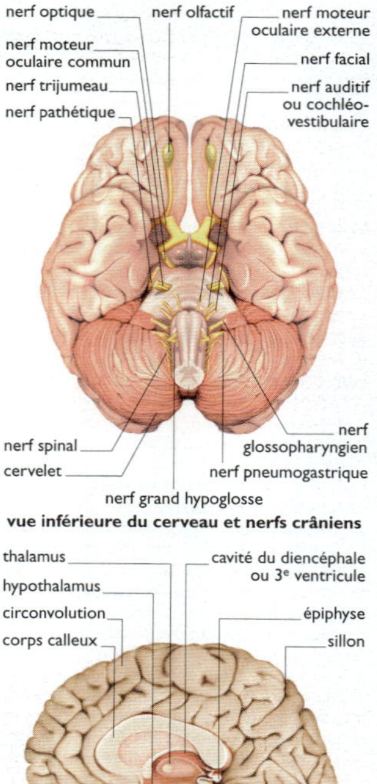

vue inférieure du cerveau et nerfs crâniens

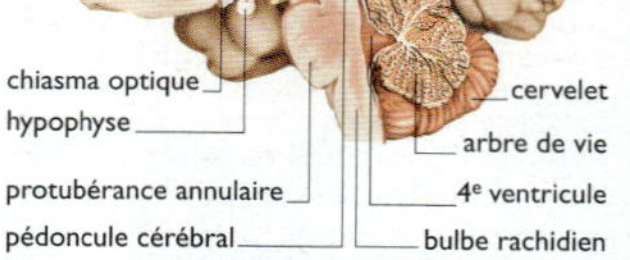

vue en coupe du cerveau

▲ **cerveau**

CERTAINEMENT **adv.** Sans aucun doute ; assurément : *Viendrez-vous demain ? — Certainement.*

CERTES **adv.** (lat. *certo*). **1.** Bien sûr ; assurément. **2.** Marque une concession : *La région est belle, certes, mais de là à s'y installer...*

CERTIFICAT **n.m.** (du lat. *certus*, assuré, et *facere*, faire). **1.** Écrit officiel, ou dûment signé d'une personne compétente, qui atteste un fait : *Un certificat médical.* **2.** Nom donné à certains diplômes. ▪ **Certificat (d'études),** appellation usuelle du certificat d'études primaires (CEP), supprimé en 1989 en France métropolitaine. ▪ **Certificat d'aptitude au professorat de l'enseignement du second degré** → **CAPES.** ▪ **Certificat d'aptitude au professorat de l'enseignement technique** → **CAPET.** ▪ **Certificat d'aptitude professionnelle** → **CAP.** ▪ **Certificat de dépôt,** titre de créances négociables sur le marché à court terme, émis par les banques et les établissements de crédit détenus par les entreprises et les OPCVM. ▪ **Certificat de travail,** attestation écrite obligatoire, délivrée par l'employeur au salarié à l'expiration de son contrat de travail. ▪ **Certificat d'urbanisme,** document indiquant dans quelles conditions un terrain est constructible.

CERTIFICATEUR **adj.m.** et **n.m.** DR. Qui garantit en sous-ordre la solvabilité d'une première caution.

CERTIFICATION **n.f.** DR. **1.** Assurance donnée par écrit. **2.** Attestation de conformité d'une denrée ou d'un produit à des caractéristiques ou à des normes préétablies.

CERTIFIÉ, E **n.** et **adj.** Professeur titulaire du CAPES ou du CAPET.

CERTIFIER **v.t.** [5]. **1.** Affirmer que qqch est vrai ; assurer : *L'expert certifie que ce tableau a été peint au* XVII*e s.* **2.** BANQUE. Garantir qu'un chèque est tiré sur un compte provisionné. ▪ **Copie certifiée conforme** [dr.], copie attestée conforme au document original par l'autorité compétente.

CERTITUDE **n.f.** **1.** Ce qui est certain : *Son implication dans cette affaire est une certitude.* **2.** Sentiment que l'on a de la vérité, de la réalité de qqch ; conviction : *J'ai la certitude d'être déjà venu ici.*

CÉRULÉEN, ENNE **adj.** (lat. *caeruleus*). Litt. Bleu ciel.

CÉRUMEN [-mɛn] **n.m.** (du lat. *cera*, cire). Substance grasse, jaune-brun, formée dans le conduit auditif externe par les glandes sébacées qui le tapissent.

CÉRUMINEUX, EUSE **adj.** Relatif au cérumen.

CÉRUSE **n.f.** (lat. *cerussa*). Carbonate basique de plomb, autref. utilisé en peinture (SYN. **blanc de céruse, blanc d'argent**). ➲ La céruse est un poison violent.

CÉRUSÉ, E **adj.** ▪ **Bois cérusé,** bois ayant subi une finition à l'aide d'un produit qui en souligne le dessin naturel et qui contenait autref. de la céruse.

CERVEAU **n.m.** (du lat. *cerebellum*, cervelle). **1.** ANAT. Partie supérieure de l'encéphale, formée des deux hémisphères cérébraux et du diencéphale. **2.** Cour. L'encéphale dans son ensemble. **3.** Siège des facultés mentales ; esprit : *Il a le cerveau un peu dérangé.* **4.** Centre de direction, d'organisation ; personne qui a conçu, préparé un coup, une affaire : *Le cerveau d'un cambriolage.* ▪ **C'est un cerveau,** une personne exceptionnellement intelligente.

➲ Le **CERVEAU** est un organe extrêmement complexe. Il renferme deux types de cellules, les *neurones* et les *cellules gliales*. Les neurones ont pour fonction d'envoyer et de recevoir les impulsions nerveuses, tandis que les cellules gliales nourrissent et protègent les neurones dont elles assurent en outre le soutien squelettique. Le cerveau humain renferme au total plus de 100 milliards de neurones, répartis en des milliers de types distincts. →

Les images du cerveau

La recherche biomédicale et les techniques d'imagerie permettent de visualiser le cerveau humain en activité. Ainsi, petit à petit, le cerveau nous livre quelques-uns des secrets de son fonctionnement. L'imagerie médicale révèle également certains effets dramatiques de pathologies cérébrales.

IMAGES ANATOMIQUES

L'imagerie par résonance magnétique (IRM) fournit une coupe anatomique du cerveau vivant.

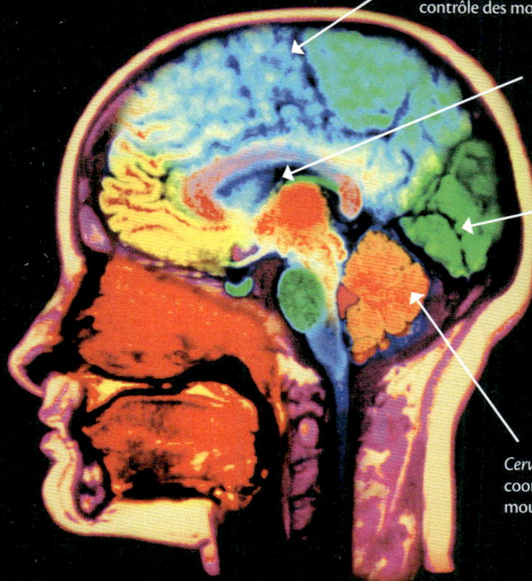

Aires sensorielle et motrice du cortex cérébral : traitement des sensations et contrôle des mouvements.

Zones sous-corticales : transfert d'informations, mémorisation, émotions

Lobe occipital : traitement des informations visuelles.

Cervelet : coordination des mouvements.

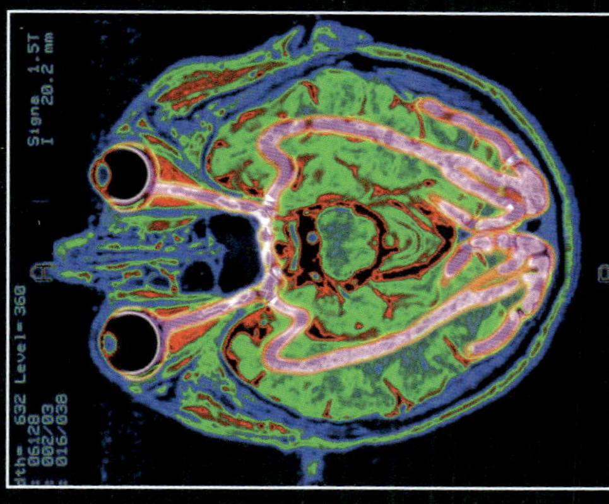

Un autre plan de coupe, en IRM, montre les globes oculaires – en rose – avec le trajet des neurones de la vision jusqu'au cortex occipital.

IMAGES FONCTIONNELLES

IRM et tomographie par émission de positrons, mettant en évidence les zones les plus actives (couleurs chaudes) de l'hémisphère gauche du cerveau.

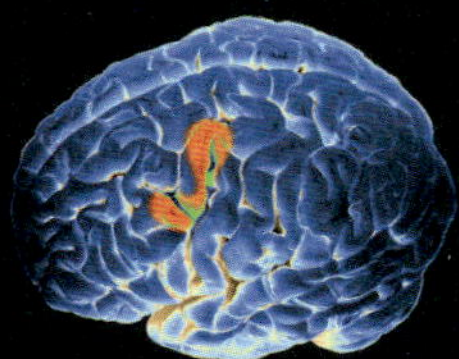

Le sujet parle :
cortex temporal (aire du langage).

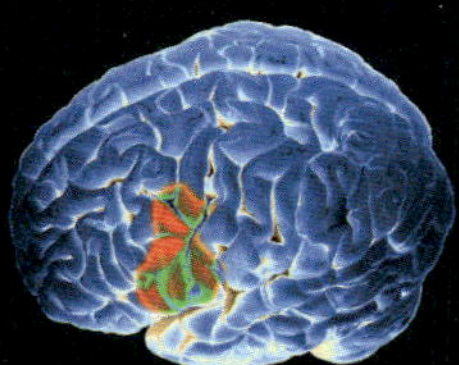

Le sujet pense à des mots :
cortex frontal (fonctions cognitives).

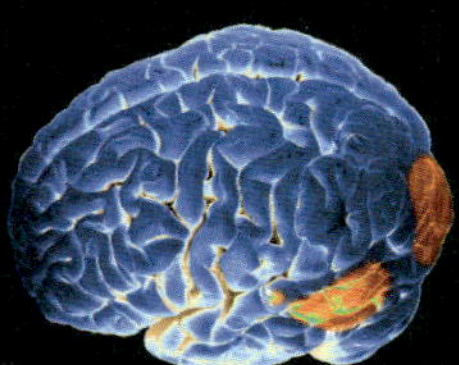

Le sujet lit des mots :
cortex occipital (vision) et temporal (compréhension).

IMAGES DE PATHOLOGIES VISUALISÉES PAR DIFFÉRENTES TECHNIQUES

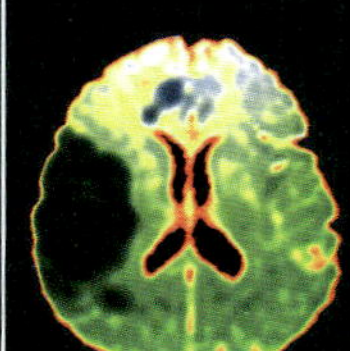

Interruption de la circulation sanguine dans l'hémisphère droit : troubles sensoriels et moteurs (IRM).

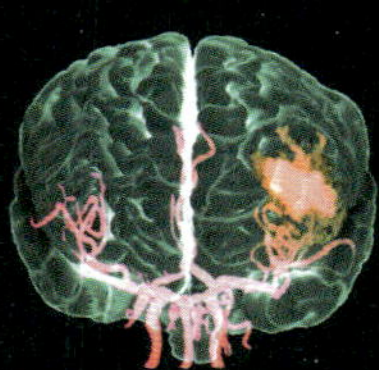

Hémorragie cérébrale dans l'hémisphère gauche : hémiplégie (partie droite du corps) et aphasie (IRM).

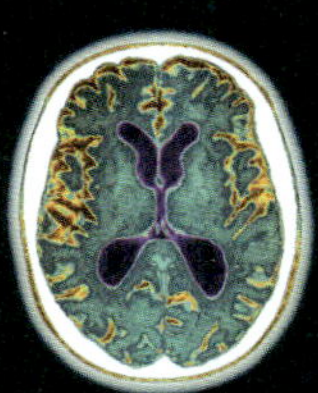

Dégénérescence du tissu cérébral (couleurs chaudes ; en violet : ventricules cérébraux) dans la maladie d'Alzheimer (IRM).

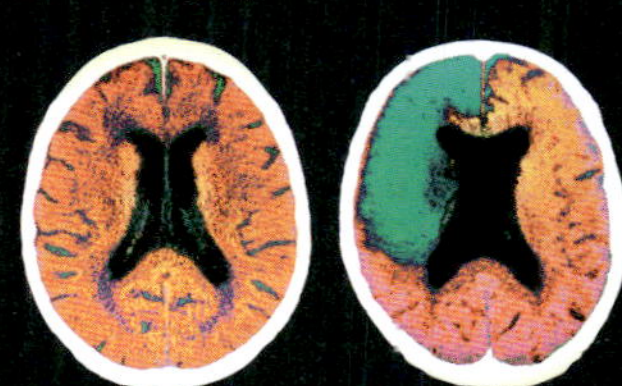

Cerveaux de deux sujets de 65 ans. À gauche, cerveau normal. À droite, embolie cérébrale massive dans l'hémisphère droit (scanners).

→ Les connexions entre neurones, ou *synapses*, donnent naissance aux processus mentaux et comportementaux. Plus de 100 substances chimiques, appelées *neurotransmetteurs* (acétylcholine, dopamine, sérotonine, par ex.), traversent les synapses et régulent l'activité des neurones. Les hémisphères cérébraux sont les principaux responsables des sensations conscientes, des mouvements volontaires, du langage, de la mémoire et des émotions. Les techniques modernes d'imagerie permettent de visualiser l'activité cérébrale, d'identifier les régions du cerveau utilisées pour divers aspects du raisonnement et du comportement, et de localiser d'éventuelles altérations anatomiques ou fonctionnelles. Le fonctionnement du cerveau soulève encore beaucoup d'interrogations.

CERVELAS [sɛrvəla] **n.m.** (ital. *cervellato*). Saucisson cuit, dont il existe différentes variétés régionales.

CERVELET n.m. (de *cerveau*). **ANAT.** Partie de l'encéphale située sous le cerveau et en arrière du tronc cérébral, intervenant dans le tonus musculaire, le maintien de l'équilibre, les mouvements automatiques et la coordination des mouvements volontaires.

CERVELLE n.f. (lat. *cerebella*). **1.** Substance constituant le cerveau. **2.** Siège des facultés intellectuelles : *Il n'a rien dans la cervelle.* **3. CUIS.** Cerveau de certains animaux (agneau, veau), destiné à la consommation. ■ **Ça lui trotte dans la cervelle** [fam.], ça le préoccupe. ■ **Sans cervelle,** étourdi.

CERVICAL, E, AUX adj. (du lat. *cervix, -icis*, cou). **ANAT. 1.** Relatif au cou : *Vertèbre cervicale.* **2.** Relatif à un col (utérus, fémur) : *Glaire cervicale.*

CERVICALGIE n.f. MÉD. Douleur ayant son siège au niveau du cou, de la nuque.

CERVICITE n.f. MÉD. Inflammation du col de l'utérus.

CERVIDÉ n.m. (du lat. *cervus*, cerf). Mammifère ruminant tel que le cerf, le chevreuil, le daim, l'élan, le renne, portant des cornes pleines, ramifiées et caduques, appelées *bois.* ➲ Les cervidés forment une famille.

CERVOISE n.f. (gaul. **cervesia*). Bière faite avec de l'orge ou d'autres céréales, consommée dans l'Antiquité.

CES adj. dém. pl. → **2. CE.**

CÉSALPINIACÉE ou **CÉSALPINIOÏDÉE n.f.** Plante légumineuse originaire des régions tropicales, dont de nombreuses espèces sont cultivées, telle que l'arbre de Judée, le caroubier, le cassier, le févier et le gainier. ➲ Famille des fabacées.

1. CÉSAR n.m. (de Jules *César*). **1. ANTIQ. ROM.** Titre donné aux successeurs de Jules César, puis, à partir d'Hadrien (117-138), à l'héritier de l'Empire. **2.** Souverain autocrate.

2. CÉSAR n.m. (du n. du sculpteur *César*). Distinction honorifique décernée annuellement, en France, dans le domaine du cinéma. *(V. liste des lauréats des césars page 2026.)*

CÉSARIEN, ENNE adj. 1. ANTIQ. ROM. Relatif à César, aux césars. **2.** Relatif aux régimes politiques de dictature militaire.

CÉSARIENNE n.f. (du lat. *caedere*, couper). Opération chirurgicale qui consiste à extraire le fœtus par incision de la paroi abdominale et de l'utérus, quand l'accouchement est impossible par les voies naturelles.

CÉSARISÉ, E adj. CINÉMA. Qui a été récompensé par un césar : *Acteur, film césarisé.*

1. CÉSARISER v.t. [3]. CHIRURG. Pratiquer une césarienne sur.

2. CÉSARISER v.t. [3]. CINÉMA. Décerner un césar à.

CÉSARISME n.m. Dictature qui s'appuie ou prétend s'appuyer sur le peuple.

CÉSIUM ou **CÆSIUM** [sezjɔm] **n.m.** (du lat. *caesius*, bleu). **1.** Métal alcalin, mou, jaune pâle. **2.** Élément chimique (Cs), de numéro atomique 55, de masse atomique 132,9054.

CESSANT, E adj. ■ **Toute(s) affaire(s) cessante(s),** avant toute autre chose ; immédiatement.

CESSATION n.f. Action, fait de cesser ; arrêt : *Cessation définitive de fonction. Cessation du travail.* ■ **Cessation de paiements,** situation d'un commerçant, d'une entreprise qui ne peut faire face à son passif exigible au moyen de son actif disponible, ce qui entraîne le dépôt de bilan.

CESSE n.f. ■ **N'avoir (pas) de cesse que** (+ subj.), ne pas s'arrêter avant que, de : *Elle n'aura de cesse qu'on n'ait accepté son projet.* ■ **Sans cesse,** sans discontinuer : *Il pleut sans cesse.*

CESSER v.t. [3] (lat. *cessare*). Mettre fin à ; arrêter : *Cesser les échanges avec un pays. Cesse de te plaindre !* ◆ **v.i.** Prendre fin : *L'orage a cessé.*

CESSEZ-LE-FEU n.m. inv. Cessation des hostilités ; trêve.

CESSIBILITÉ n.f. DR. Caractère de ce qui peut être cédé.

CESSIBLE adj. DR. Qui peut ou qui doit être cédé.

CESSION n.f. (lat. *cessio*). **DR.** Transmission à un autre de la chose ou du droit dont on est propriétaire ou titulaire.

✎ Ne pas confondre avec ***session.***

CESSION-BAIL n.f. (pl. *cessions-baux*). Technique de crédit dans laquelle l'emprunteur transfère au prêteur la propriété d'un bien que l'emprunteur rachète progressivement, suivant une formule de location assortie d'une promesse unilatérale de vente.

CESSIONNAIRE n. DR. Bénéficiaire d'une cession.

C'EST-À-DIRE adv. Introduit une explication, une précision, une rectification : *Il souffre de céphalées, c'est-à-dire de maux de tête.* Abrév. **c.-à-d.** ◆ **C'EST-À-DIRE QUE loc. conj.** Introduit une explication.

CESTE n.m. (lat. *caestus*). **ANTIQ. ROM.** Gantelet, parfois garni de plomb, dont se servaient les athlètes pour le pugilat.

CESTODE n.m. (du gr. *kestos*, ceinture, et *eidos*, forme). Ver plat, endoparasite des mammifères, tel que le ténia, l'échinocoque et le bothriocéphale. ➲ Les cestodes forment une classe.

CÉSURE n.f. (lat. *caesura*, de *caedere*, couper). **VERSIF.** Repos ménagé dans un vers après une syllabe accentuée. ➲ Elle coupe l'alexandrin en deux hémistiches. ■ **Année de césure,** période de un ou deux semestres pendant laquelle un étudiant peut suspendre un cursus obligatoire, notamm. pour acquérir une expérience professionnelle, suivre une formation différente ou mener à bien un projet plus personnel. ➲ Parenthèse visant à l'acquisition d'une expérience complémentaire, l'année de césure est à distinguer d'une année sabbatique.

CET, CETTE adj. dém. → **2. CE.**

CET ou **C.E.T. n.f.** (sigle). Contribution économique territoriale.

CÉTACÉ n.m. (lat. *cetacea*). Mammifère marin, au corps pisciforme, aux membres antérieurs transformés en nageoires, et pourvu d'une puissante nageoire caudale horizontale, tel que la baleine, le cachalot, le dauphin. ➲ Les cétacés forment un ordre.

CÉTANE n.m. Hexadécane. ■ **Indice de cétane,** grandeur caractérisant l'aptitude à l'allumage d'un carburant pour moteur Diesel.

CÉTEAU n.m. Petit poisson plat, commun sur les côtes charentaises. ➲ Famille des soléidés.

CÉTÈNE n.m. Molécule $H_2C{=}C{=}O$ ayant deux liaisons doubles adjacentes. ➲ C'est le prototype d'une famille d'intermédiaires réactifs, les cétènes.

CÉTOHEXOSE n.m. BIOCHIM. Ose à six atomes de carbone, comportant une fonction cétone, libre ou non.

CÉTOINE n.f. (lat. *cetonia*). Insecte coléoptère au corps trapu, d'un vert doré métallique, qui se nourrit de fleurs, en partic. de roses. ➲ Famille des scarabéidés.

▲ **cétoine** dorée.

CÉTONE n.f. Molécule $RR'C{=}O$ dotée d'un groupement carbonyle $C{=}O$ entre R et R', deux groupements hydrocarbonés. ➲ Le terme le plus simple de la série est l'acétone, avec R et R' = $-CH_3$.

CÉTONÉMIE n.f. Concentration des corps cétoniques dans le sang.

CÉTONIQUE adj. Relatif aux cétones ; qui a la fonction cétone.

CÉTONURIE n.f. MÉD. Concentration des corps cétoniques dans les urines ; taux de cette concentration.

1. CÉTOSE n.m. CHIM. ORG. Ose à fonction cétone.

2. CÉTOSE n.f. MÉD. Augmentation de la cétonémie, pouvant aboutir à l'acidocétose.

CEUX, CELLES pron. dém. → **CELUI.**

CÉVENOL, E adj. et **n.** Des Cévennes. ■ **Épisode cévenol,** phénomène caractérisé par de fortes pluies continues tombant en automne sur le massif des Cévennes, et pouvant entraîner d'importantes inondations ; par ext., abusif, ce phénomène quand il touche les régions méditerranéennes. (On dit aussi *pluies cévenoles.*)

CEVICHE [sevitʃe] **n.m.** (mot du Pérou). Plat de poisson cru mariné dans du jus de citron. ➲ Cuisine du Pérou.

CÉZANNIEN, ENNE adj. Relatif à Cézanne, à sa manière.

CÉZIGUE ou **CÉZIG pron. pers.** → **SÉZIGUE.**

Cf. ou **cf. adv.** Confer.

1. CFA ou **C.F.A. n.m.** (sigle de *centre de formation d'apprentis*). Établissement d'enseignement dispensant aux jeunes sous contrat d'apprentissage une formation générale, associée à une formation technologique et pratique qui complète celle reçue en entreprise.

2. CFA (FRANC) n.m. → **1. FRANC.**

CFAO ou **C.F.A.O. n.f.** (sigle). Conception et fabrication assistées par ordinateur.

1. CFC ou **C.F.C. n.m.** (sigle). Chlorofluorocarbure.

2. CFC ou **C.F.C. n.m.** (sigle). Suisse. Certificat fédéral de capacité, diplôme de fin d'apprentissage.

CFP (FRANC) n.m. → **1. FRANC.**

CGS ou **C.G.S. n.m.** (sigle). Ancien système d'unités dont les unités fondamentales sont le centimètre, le gramme, la seconde.

CHAABI ou **CHAÂBI** [ʃaabi] **n.m.** (mot ar. « populaire »). Genre musical, vocal et instrumental, propre à la culture populaire de l'Algérois.

CHABICHOU n.m. Fromage AOC de chèvre du Poitou, à pâte molle et à croûte fleurie.

CHABIN, E n. et **adj.** Antilles. Personne de parents noirs ou métis, à la peau peu pigmentée et aux cheveux blonds ou roux.

CHÂBLE n.m. Suisse. Dévaloir.

CHABLER v.t. [3]. Région. ■ **Chabler les noix,** les gauler.

1. CHABLIS n.m. Vin blanc sec récolté dans la région de Chablis.

2. CHABLIS n.m. (de *chabler*, frapper). Arbre renversé par le vent.

CHABLON n.m. (all. *Schablone*). Suisse. Pochoir.

CHABOT n.m. (provenç. *cabotz*). Poisson à grosse tête et à large bouche (SYN. **1. cotte**). ➲ Famille des cottidés.

CHABRAQUE ou **SCHABRAQUE n.f.** (all. *Schabracke*, du turc). **1.** Pelage du dos de certains mammifères, lorsque la couleur du poil diffère de celle du reste du corps. **2.** Anc. Couverture d'un cheval de cavalerie. **3.** Fam., vieilli ou région. Prostituée.

CHABROT ou **CHABROL n.m.** (mot occitan). Région. (Sud-Ouest). ■ **Faire chabrot** ou **chabrol,** finir sa soupe en y versant du vin et en buvant à même l'assiette.

▲ **chacal** à chabraque.

CHACAL n.m. (pl. *chacals*) [turc *tchaqal*, du persan]. Mammifère carnassier d'Asie et d'Afrique, qui se nourrit de rongeurs, d'oiseaux, d'insectes et de charognes. ➲ Cri : le chacal jappe ; famille des canidés.

CHA-CHA-CHA n.m. inv., ▲ *CHACHACHA n.m.* [tʃatʃatʃa] **1.** Danse d'origine cubaine, dérivée du mambo, exécutée en couple, en vogue dans les années 1950 aux États-Unis et en Europe. **2.** Musique de rythme à 4/4 accompagnant cette danse.

CHACHLIK [ʃaʃlik] **n.m.** (mot russe). Brochette de mouton mariné dans du vinaigre épicé. ➲ Cuisine du Caucase.

CHACONNE ou **CHACONE** n.f. (esp. *chacona*). **1.** Danse originaire d'Amérique latine, introduite en Espagne (XVIe s.) puis en France (XVIIe s.), où elle fut exécutée sur scène dans les ballets de cour, puis dans les opéras de Lully et de Rameau. **2.** Pièce instrumentale à trois temps et à variations, écrite sur une basse obstinée.

CHACUN, E pron. indéf. (du lat. *quisque unus*, chaque, un, et *cata unum*, un par un). **1.** Toute personne, toute chose faisant partie d'un groupe : *Chacun des clients recevra un cadeau. Chacune de ces bagues a été faite à la main.* **2.** (Au masc.). Toute personne : *Chacun en pense ce qu'il veut.* ▪ **Tout un chacun,** tout le monde.

CHADOUF n.m. (mot ar.). Balancier utilisé en Égypte pour tirer l'eau des puits et des cours d'eau.

CHÆNICHTHYS [keniktis] **n.m.** Poisson osseux des mers froides de l'hémisphère Sud, remarquable par son sang dépourvu de globules rouges. ➲ Famille des chænichthydés.

CHAFIISME n.m. Une des quatre grandes écoles juridiques de l'islam sunnite, fondée par l'imam al-Chafii (767-820).

CHAFIITE adj. et n. Relatif au chafiisme ; adepte du chafiisme.

CHAFOUIN, E adj. (de *1. chat* et *fouin*, anc. masc. de *fouine*). Sournois et rusé : *Un visage chafouin.*

1. CHAGRIN, E adj. (de *1. chat* et *grigner*). Litt. **1.** Qui éprouve de la tristesse, du déplaisir. **2.** Qui est enclin à la morosité, à la mauvaise humeur : *Un esprit chagrin.*

2. CHAGRIN n.m. Souffrance morale ; tristesse : *Avoir du chagrin. Chagrins d'amour.*

3. CHAGRIN n.m. (turc *çâgri*). Cuir grenu, en peau de chèvre ou de mouton, utilisé en reliure. ▪ **Une peau de chagrin,** une chose qui rétrécit, diminue sans cesse.

CHAGRINANT, E adj. Qui chagrine, attriste.

1. CHAGRINER v.t. [3]. 1. Causer du chagrin à ; peiner : *Cette nouvelle m'a chagriné.* **2.** Causer du déplaisir à ; contrarier : *Cela me chagrine qu'il arrête ses études.*

2. CHAGRINER v.t. [3]. Préparer une peau à la façon du chagrin.

CHAH ou **SHAH** n.m. (mot persan « roi »). Titre porté par des souverains du Moyen-Orient (Iran), de l'Asie centrale et de l'Inde.

CHAHUT n.m. Agitation bruyante organisée pendant un cours, dans un lieu public, génér. pour protester contre qqch, qqn.

CHAHUTER v.i. [3] (de *chat-huant*). Faire du chahut. ◆ **v.t.** Traiter sans ménagement ; malmener : *Chahuter un orateur.*

CHAHUTEUR, EUSE adj. et **n.** Qui fait du chahut.

CHAI n.m. (du gaul. **caio*). Lieu destiné à la vinification et/ou à la conservation des vins et des eaux-de-vie. ▪ **Maître de chai,** personne responsable des soins à donner aux vins et aux eaux-de-vie entreposés dans un chai.

CHAÎNAGE, ▲ *CHAINAGE* **n.m. 1. CONSTR.** Armature métallique destinée à empêcher l'écartement des murs d'une construction en maçonnerie ; mise en place de cette armature. **2.** Action de mesurer à la chaîne d'arpenteur.

CHAÎNE, ▲ *CHAINE* **n.f.** (lat. *catena*). **1.** Succession d'anneaux en métal, en plastique, etc., engagés les uns dans les autres, pour servir de lien, de parure, etc. : *Une chaîne d'ancre. Médaillon suspendu à une chaîne en or.* **2.** Lien flexible fait de maillons métalliques articulés s'engrenant sur des pignons, et servant à transmettre sans glissement un mouvement de rotation entre deux arbres parallèles : *Chaîne de vélo.* **3.** Ensemble d'établissements commerciaux appartenant à la même organisation : *Une chaîne d'hôtels.* **4.** Figure de danse dans laquelle les danseurs se tiennent, le plus souvent par la main. **5.** Zone terrestre où les sédiments, découverts et plissés, constituent un ensemble allongé de montagnes : *La chaîne des Pyrénées.* **6.** Ensemble des fils parallèles disposés dans le sens de la longueur d'un tissu, entre lesquels passe la trame. **7.** Système de reproduction du son comprenant une source (tuner, magnétophone, lecteur de cassettes ou de disques compacts, etc.), un élément amplificateur et des éléments reproducteurs (baffles ou enceintes acoustiques) : *Chaîne haute-fidélité.* **8.** Réseau d'émetteurs de radiodiffusion ou de télévision diffusant simultanément le même programme. **9.** Organisme responsable de la programmation et du contenu des émissions de radio ou de télévision diffusées sur un canal permanent. **10. CHIM. ORG.** Suite d'atomes de carbone disposés en chaîne ouverte (série aliphatique) ou en chaîne fermée (série cyclique). **11.** Pilier appareillé incorporé à un mur pour lui donner de la solidité. ▪ **Chaîne alimentaire** [écol.], ensemble d'êtres vivants se nourrissant les uns des autres. ➲ Les premiers maillons de la chaîne sont autotrophes (végétaux ou bactéries). Ils sont consommés par des animaux (herbivores), eux-mêmes proies d'autres animaux (carnivores). ▪ **Chaîne d'action** [techn.], chaîne d'asservissement qui achemine en sens unique des signaux sur le parcours compris entre un organe de mesure ou un comparateur et l'installation réglée. ▪ **Chaîne d'arpenteur,** chaîne de 10 mètres pour mesurer les longueurs sur le terrain. ▪ **Chaîne d'asservissement** ou **de régulation** [techn.], ensemble d'éléments ayant pour rôle d'assurer l'émission, la transmission et la réception de signaux pour réaliser un asservissement. ▪ **Chaîne de fabrication** ou **de montage,** succession de postes de travail conçue pour réduire les temps morts et les manutentions dans la fabrication d'un produit. ▪ **Chaîne de solidarité,** ensemble de personnes qui s'unissent pour en aider une ou plusieurs autres. ▪ **Chaîne du froid,** ensemble des opérations de fabrication, de transport, de stockage et de distribution des produits réfrigérés ou surgelés. ▪ **Chaîne opératoire** [archéol.], processus technologique qui va de la conception à la réalisation d'un produit de l'industrie humaine. ▪ **Chaîne parlée** [ling.], succession dans le temps d'unités linguistiques formant des énoncés. ▪ **Chaîne volontaire,** association de plusieurs entreprises industrielles pour organiser en commun les achats, la gestion et la vente. ▪ **Faire la chaîne,** se placer à la suite les uns des autres pour se passer qqch ; Algérie, faire la queue. ▪ **Réaction en chaîne,** réaction chimique ou nucléaire qui, en se déclenchant, produit les corps ou l'énergie nécessaires à sa propagation ; fig., suite de phénomènes déclenchés les uns par les autres. ▪ **Travail à la chaîne,** organisation du travail assujettie à une chaîne de fabrication ou de montage. ◆ **n.f. pl. 1.** Dispositif adapté aux pneus d'une voiture pour rouler sur un sol peu adhérent, la neige ou la glace. **2.** Fig., litt. Lien créant un état de dépendance : *Peuple qui brise ses chaînes.*

CHAÎNER, ▲ *CHAINER* **v.t. [3]. 1.** Faire le chaînage d'un mur. **2.** Munir des pneus de chaînes. **3.** Mesurer avec une chaîne d'arpenteur.

CHAÎNETIER, ÈRE n. → **CHAÎNISTE.**

CHAÎNETTE, ▲ *CHAINETTE* **n.f. 1.** Petite chaîne servant de lien, de parure. **2. MATH.** Courbe dessinée par un fil homogène pesant, flexible et inextensible, suspendu par ses extrémités à deux points fixes.

CHAÎNEUR, EUSE, ▲ *CHAINEUR, EUSE* **n.** Personne qui mesure avec une chaîne d'arpenteur.

CHAÎNIER, ▲ *CHAINIER* **n.m.** Forgeron travaillant à la fabrication des chaînes.

CHAÎNISTE ou **CHAÎNETIER, ÈRE,** ▲ *CHAINISTE,* ▲ *CHAINETIER, ÈRE* **n.** Fabricant de chaînes de bijouterie.

CHAÎNON, ▲ *CHAINON* **n.m. 1.** Anneau d'une chaîne (SYN. **maillon**). **2.** Fig. Élément d'une série, indispensable pour établir une continuité ou une suite logique : *Le chaînon manquant d'une généalogie.* **3.** Partie d'une chaîne de montagnes.

CHAIR n.f. (lat. *caro, carnis*). **1.** Tissu musculaire et conjonctif du corps humain et animal, recouvert par la peau : *Le chirurgien incise la chair.* **2.** Enveloppe corporelle, charnelle, par oppos. à *l'esprit*, à *l'âme*, au *divin* : *Péché de la chair.* **3.** Ensemble des désirs, des appétits physiques ; instinct sexuel : *Nous sommes de chair et de sang.* **4.** Viande animale hachée servant à la préparation de certains aliments : *Chair à saucisse.* **5.** Pulpe des fruits : *Une poire à la chair juteuse.* ▪ **Couleur chair,** rose très pâle. ▪ **En chair et en os,** en personne. ▪ **Être bien en chair,** être un peu grassouillet. ▪ **Ni chair ni poisson,** se dit d'une personne indécise. ◆ **n.f. pl.** Parties nues des figures peintes ou sculptées, par oppos. aux draperies.

CHAIRE n.f. (lat. *cathedra*). **1.** Tribune d'où un professeur ou un prédicateur parle à son auditoire. **2.** Poste de professeur d'université : *La chaire de philosophie.* **3.** Siège apostolique ; papauté : *La chaire de saint Pierre.* **4.** Siège épiscopal (SYN. **cathèdre**). **5.** Siège de bois à haut dossier et accotoirs pleins, en usage au Moyen Âge et à la Renaissance.

▲ **chaire** en ivoire de l'archevêque Maximien de Ravenne ; art byzantin, VIe s. (Musée épiscopal de Ravenne.)

CHAISE n.f. (de *chaire*). **1.** Siège à dossier, sans bras. **2. MAR.** Planche ou siège pour monter dans la mâture d'un navire. ▪ **Chaise à porteurs** [anc.], siège fermé, dans lequel on se faisait porter par deux hommes. ▪ **Chaise de poste** [anc.], voiture à cheval pour le transport rapide du courrier et des voyageurs. ▪ **Chaise électrique,** instrument en forme de siège muni d'électrodes pour l'électrocution des condamnés à mort, dans certains États des États-Unis. ▪ **Chaise longue,** fauteuil, génér. en toile et pliable, dans lequel on peut s'allonger. ▪ **Chaise percée,** siège équipé d'un pot de chambre. ▪ **Chaises musicales** [par plais.], pratique consistant à muter des personnes d'un poste de direction à un autre, au risque de laisser certaines sans attributions (par allusion au jeu du même nom, où le nombre de chaises est inférieur de un au nombre de joueurs). ▪ **Être assis entre deux chaises,** être dans une position instable, une situation incertaine. ▪ **Mener une vie de bâton de chaise,** vivre de façon agitée, déréglée. ▪ **Nœud de chaise** [mar.], nœud marin utilisé notamm. pour pratiquer une boucle temporaire à l'extrémité d'un cordage. ▪ **Politique de la chaise vide,** attitude qui consiste à ne pas venir siéger à une assemblée.

CHAISIER, ÈRE n. 1. Fabricant de chaises. **2.** Loueur de chaises dans un jardin public.

CHAKRA n.m. (mot sanskr. « roue, disque »). Dans le yoga, chacun des centres énergétiques invisibles supposés appartenir à un individu.

1. CHALAND n.m. (gr. *khelandion*). Bateau non ponté, à fond plat, pour transporter les marchandises sur les cours d'eau et dans les rades.

2. CHALAND, E n. (de l'anc. fr. *chaloir*, avoir de l'intérêt). Vx. Client d'une boutique.

CHALAND-CITERNE n.m. (pl. *chalands-citernes*). Chaland spécialement conçu pour le transport des liquides en vrac.

CHALANDISE n.f. (de *2. chaland*). ▪ **Zone de chalandise,** aire d'attraction commerciale d'un magasin, d'un centre commercial, d'une localité, d'une région.

CHALAZE n.f. (gr. *khalaza*). **1. ZOOL.** Tortillon axial du blanc d'œuf des oiseaux. **2. BOT.** Point où le faisceau vasculaire venu du placenta s'épanouit dans l'ovule d'une fleur.

CHALAZION [ʃa-] **n.m.** Petit kyste inflammatoire du bord de la paupière.

CHALCOCITE ou **CHALCOSINE** [kalkɔ-] **n.f.** Sulfure de cuivre (Cu_2S).

CHALCOGRAPHIE [kalkɔ-] **n.f.** (du gr. *khalkos*, cuivre). **1.** Art de graver sur cuivre. **2.** Établissement où sont conservées des planches gravées, dont on tire des épreuves.

CHALCOLITHIQUE [kalkɔ-] **adj.** (du gr. *khalkos*, cuivre, et *lithos*, pierre). ▪ **Période chalcolithique,** ou **chalcolithique, n.m.,** période de transition entre le néolithique et l'âge du bronze (IVe-IIIe millénaire av. notre ère), où l'on commence à utiliser le cuivre et l'or, et pendant laquelle apparaissent de profonds changements dans l'organisation sociale.

CHALCOPYRITE [kalkɔ-] **n.f.** Sulfure de cuivre et de fer ($CuFeS_2$).

CHALCOSINE n.f. → **CHALCOCITE.**

CHALDÉEN, ENNE [kaldeɛ̃, ɛn] **adj.** et **n.** De la Chaldée. ◆ **adj.** ▪ **Rite chaldéen,** rite pratiqué par les Églises orientales nestoriennes et par celles qui s'en sont détachées pour s'unir à Rome.

CHÂLE **n.m.** (hindi *shal*, du persan). Longue pièce d'étoffe en laine, en soie, en coton, carrée ou rectangulaire, que l'on porte sur les épaules.

CHALET **n.m.** (mot de Suisse romande). **1.** Maison construite princip. en bois, conçue à l'origine pour la montagne. **2.** Québec. Maison de campagne. ▪ **Chalet de nécessité** [vx ou Antilles], édicule abritant des toilettes publiques.

CHALEUR **n.f.** (lat. *calor*). **1.** Qualité de ce qui est chaud : *La chaleur d'un radiateur.* **2.** Température élevée d'un corps, d'un lieu : *Quelle chaleur dans ce bureau !* **3.** Une des formes de l'énergie qui élève la température, dilate, fait fondre ou décompose les corps, etc. **4.** Ardeur, fougue manifestée dans les sentiments : *Plaider une cause avec chaleur.* ▪ **Chaleur massique** ou **spécifique,** quantité de chaleur nécessaire pour élever de 1 °C la température d'un corps ayant une masse égale à l'unité. ▪ **Être en chaleur,** rechercher le mâle, en parlant des femelles d'animaux domestiques. ◆ **n.f. pl. 1.** Période de l'année où il fait très chaud : *Les grandes chaleurs.* **2.** Période où les femelles des mammifères sont en chaleur.

CHALEUREUSEMENT **adv.** De façon chaleureuse.

CHALEUREUX, EUSE **adj.** Qui manifeste de l'enthousiasme, de la chaleur ; cordial : *Un accueil chaleureux.*

CHALIN **n.m.** (mot d'anc. fr. « chaleur »). Acadie. Éclair de chaleur.

✎ On dit aussi ***feu chalin.***

CHÂLIT **n.m.** (du lat. *lectus*, lit). Bois de lit, ou armature métallique d'un lit.

CHALLENGE [tʃalɛndʒ] ou [ʃalɑ̃ʒ], ▲ *CHALENGE* **n.m.** (de l'angl. *challenge*, défi). **1.** Épreuve sportive ; tournoi ; la récompense obtenue à cette occasion. **2.** Fig. Entreprise difficile dans laquelle on s'engage comme pour gagner ; défi : *Je prends cette expérience comme un challenge.*

CHALLENGER ou **CHALLENGEUR** [tʃalɛndʒœr] ou [ʃalɑ̃ʒœr] **n.m.,** ▲ *CHALENGEUR, EUSE* **n.** (angl. *challenger*). Athlète défiant officiellement le détenteur d'un titre (souvent opposé à *tenant du titre*).

CHALOIR **v. impers.** (du lat. *calere*, être chaud, ardent). Litt. ▪ **Peu me chaut** ou **m'en chaut,** peu m'importe.

✎ Ce verbe ne s'emploie plus que dans cette loc. figée.

CHALOUPE **n.f.** (de l'anc. fr. *eschalope*, coquille de noix). **1.** Grand canot à rames ou à moteur, embarqué sur les navires pour transporter les passagers jusqu'à la côte ou pour les évacuer en cas de naufrage. **2.** Québec. Embarcation légère utilisée notamm. pour la pêche sportive.

CHALOUPÉ, E **adj.** ▪ **Danse, démarche chaloupée,** que l'on fait en chaloupant.

CHALOUPER **v.i. [3].** Marcher ou danser en balançant beaucoup les hanches et les épaules.

CHALUMEAU **n.m.** (du lat. *calamus*, roseau). **1.** Appareil produisant une courte flamme très chaude par combustion d'un gaz, et que l'on utilise pour souder et découper les métaux. **2.** Petit tuyau de matière plastique permettant d'aspirer un liquide ; paille.

CHALUT **n.m.** (mot dial.). Filet de pêche en forme de vaste entonnoir, traîné sur le fond de la mer ou entre deux eaux (*chalut pélagique*) par un chalutier.

CHALUTAGE **n.m.** Pêche au moyen d'un chalut.

CHALUTER **v.i. [3].** Pêcher au chalut.

CHALUTIER **n.m.** Bateau de pêche qui traîne le chalut. ◆ **CHALUTIER, ÈRE adj.** Relatif au chalut, à la pêche au chalut.

CHAMADE **n.f.** (de l'ital. *chiamata*, appel). Vx. Dans une ville assiégée, batterie de tambour ou sonnerie qui annonçait l'intention de capituler. ▪ **Battre la chamade,** en parlant du cœur, battre fort sous l'effet d'une vive émotion.

CHAMÆROPS n.m. → **CHAMÉROPS.**

SE CHAMAILLER **v.pr. [3]** (de l'anc. fr. *chapeler* et *mailler*, frapper). Fam. Se disputer pour des raisons futiles.

CHAMAILLERIE ou **CHAMAILLE** **n.f.** Fam. Dispute peu sérieuse.

CHAMAILLEUR, EUSE **adj.** et **n.** Fam. Qui aime se chamailler.

▲ **chaman.** Masque de chaman porté chez les Inuits.

CHAMAN, E [ʃaman] **n.** (mot toungouse). Dans certaines sociétés traditionnelles (d'Asie septentrionale ou d'Amérique, par ex.), personne censée communiquer avec le monde des esprits par le recours à diverses techniques : transe, extase, voyage initiatique.

CHAMANIQUE ou **CHAMANISTE** **adj.** Relatif au chamanisme.

CHAMANISME **n.m.** Système de pensée caractérisé par le rôle conféré au chaman ; ensemble des pratiques correspondantes.

CHAMARRER **v.t. [3]** (de l'esp. *zamarra*, vêtement en peau de mouton). Orner, charger de galons, d'ornements éclatants : *L'uniforme chamarré d'un officier.*

CHAMARRURE **n.f.** Ensemble d'ornements, parfois voyants et de mauvais goût.

CHAMBARD **n.m.** Fam. Grand désordre accompagné de vacarme.

CHAMBARDEMENT **n.m.** Fam. Changement, bouleversement total. ▪ **Le grand chambardement** [fam.], la révolution.

CHAMBARDER **v.t. [3]** (orig. obscure). Fam. **1.** Mettre un lieu sens dessus dessous. **2.** Bouleverser de fond en comble : *Sa venue a chambardé notre projet.*

CHAMBELLAN **n.m.** (francique **kamerling*). Officier qui était chargé de tout ce qui concernait le service intérieur de la chambre d'un souverain. ▪ **Grand chambellan,** le chambellan le plus élevé en dignité.

CHAMBERTIN **n.m.** Vin rouge de Bourgogne produit dans la commune de Gevrey-Chambertin (Côte-d'Or).

CHAMBOULEMENT **n.m.** Fam. Action de chambouler ; fait d'être chamboulé.

CHAMBOULER **v.t. [3]** (mot lorrain). Fam. **1.** Mettre qqch sens dessus dessous : *Chambouler un bureau, un programme.* **2.** Bouleverser qqn : *Il est tout chamboulé.*

CHAMBOULE-TOUT **n.m. inv.** Attraction de fête foraine consistant à renverser des personnages à l'aide d'une balle en chiffon ; jeu de massacre.

CHAMBRAGE **n.m. 1.** Action de chambrer du vin. **2.** Opération consistant à maintenir le lait à la température de pasteurisation entre le chauffage et le refroidissement.

CHAMBRANLE **n.m.** (de l'anc. fr. *chambril*, lambris). Encadrement d'une porte, d'une fenêtre, d'une cheminée.

CHAMBRAY **n.m.** TEXT. Sorte de fil-à-fil dont le fil de chaîne est souvent bleu.

CHAMBRE **n.f.** (du lat. *camera*, plafond voûté). **1.** Pièce d'une habitation où l'on dort : *Chambre à coucher. Chambre d'hôtel.* **2.** Partie du canon d'une arme à feu recevant la cartouche ou la charge. **3.** MIN. Vide créé par l'extraction d'un minerai. **4.** Assemblée parlementaire. **5.** Organisme qui représente et défend les intérêts d'une profession : *La chambre de commerce et d'industrie.* **6.** Formation particulière d'une juridiction : *Chambre d'accusation.* ▪ **Chambre à air,** tube de caoutchouc placé à l'intérieur d'un pneu et gonflé à l'air comprimé. ▪ **Chambre à gaz,** local servant aux exécutions capitales par asphyxie, dans certains États des États-Unis ; hist., salle alimentée en gaz toxique qui, dans les camps d'extermination créés par le Reich hitlérien, servait à faire mourir par groupes les déportés. ▪ **Chambre basse,** dans un Parlement bicaméral, assemblée élue au suffrage direct (en France, l'Assemblée nationale) [par oppos. à *chambre haute*]. ▪ **Chambre claire** [opt.], appareil à prismes ou à miroirs semi-argentés, pour superposer une vue directe et une vue par réflexion. ▪ **Chambre de bains, à manger, à lessive** [Suisse], salle de bains ; salle à manger ; buanderie. ▪ **Chambre de chauffe** [mar.], compartiment d'un navire où sont placés les foyers des chaudières. ▪ **Chambre de combustion,** enceinte à l'intérieur de laquelle se produit la combustion d'un mélange carburé ou celle d'un combustible solide ou liquide à l'état de poussière ou de gouttelettes. ▪ **Chambre de veille, des cartes** ou **de navigation** [mar.], local, situé à proximité immédiate de la passerelle de navigation, où sont rassemblés les instruments et les cartes. ▪ **Chambre de Wilson, de Charpak, à bulles, etc.** [phys.], instruments pour observer et matérialiser les trajectoires de particules élémentaires. ▪ **Chambre fédérale,** assemblée qui, dans les États fédéraux, représente les collectivités territoriales (cantons, États, Républiques, etc.) composant la fédération ; (au pl.) en Suisse, les deux chambres du Parlement fédéral. ▪ **Chambre forte,** pièce blindée où se trouvent les coffres, dans une banque. ▪ **Chambre froide** ou **frigorifique,** local spécialement équipé pour conserver les denrées périssables. ▪ **Chambre haute,** dans un Parlement bicaméral, assemblée nommée ou élue indirectement (en France, le Sénat) [par oppos. à *chambre basse*]. ▪ **Chambre magmatique** [géol.], zone de stockage profond d'un magma, notamm. à l'aplomb de certains volcans. ▪ **Chambre (noire),** local obscur d'un laboratoire pour le traitement et le tirage des photographies ; enceinte obscure d'un appareil photographique, recevant la surface sensible. ▪ **Chambres de l'œil** [anat.], cavités de l'œil entre la cornée et le cristallin, occupées par l'humeur aqueuse. ➲ La chambre antérieure est entre la cornée et l'iris, la postérieure entre l'iris et le cristallin. ▪ **Chambre sourde,** local spécialement aménagé pour faire des mesures acoustiques en l'absence de résonance. ▪ **Femme, valet de chambre,** serviteur travaillant pour des particuliers ou dans un hôtel. ▪ **Garder la chambre,** rester chez soi parce que l'on est malade ou fatigué. ▪ **Musique de chambre,** écrite pour une petite formation instrumentale. ▪ **Travailler en chambre,** travailler à domicile, en parlant d'un artisan.

CHAMBRÉE **n.f.** Ensemble de personnes, plus particulièrement de soldats, couchant dans une même chambre ; cette chambre.

CHAMBRER **v.t. [3].** Fam. Se moquer de qqn. ▪ **Chambrer une bouteille de vin,** la faire séjourner quelques heures dans une pièce tempérée pour que le vin soit à sa température idéale de dégustation.

CHAMBRETTE **n.f.** Petite chambre.

CHAMBREUR, EUSE **n.** Québec. Locataire d'une chambre meublée.

CHAMBRIER **n.m.** HIST. Grand officier de la chambre du roi.

CHAMBRIÈRE **n.f. 1.** Long fouet pour faire travailler les chevaux dans les manèges. **2.** Béquille de bois articulée, mise en place pour maintenir horizontal un véhicule à deux roues dételé. **3.** Litt. Femme de chambre.

CHAMBRISTE n. Personne qui pratique la musique de chambre.

CHAMEAU n.m. (lat. *camelus*, du gr.). **1.** Mammifère ruminant d'Asie centrale, à deux bosses graisseuses sur le dos, adapté à la vie dans les régions arides, où il sert de monture et d'animal de trait. ➲ Cri : le chameau blatère ; famille des camélidés. **2.** Cour. (Abusif en zoologie). Dromadaire. **3.** Fam. Personne méchante ou désagréable : *Quel chameau, cette fille !*

▲ **chameau**

CHAMELIER n.m. Conducteur de chameaux.

CHAMELLE n.f. Chameau femelle.

CHAMELON n.m. Petit du chameau.

CHAMÉROPS ou **CHAMÆROPS** [kamerɔps] **n.m.** (du gr. *khamairôps*, buisson à terre). Petit palmier du littoral méditerranéen français, formant des touffes basses de feuilles à limbes en éventail. ➲ Famille des arécacées.

▲ **chamérops**

CHAMITO-SÉMITIQUE [ka-] **adj.** et **n.m.** (pl. *chamito-sémitiques*). Se dit d'une famille de langues comprenant le sémitique, l'égyptien, le berbère, le couchitique et les langues tchadiennes.

CHAMOIS n.m. (lat. *camox*). **1.** Mammifère ruminant aux cornes droites et recourbées vers l'arrière à leur extrémité, qui vit dans les hautes montagnes de l'Europe et du Proche-Orient. ➲ Famille des bovidés. **2.** Épreuve de ski servant de test de niveau et consistant en un slalom spécial à effectuer en un temps calculé par rapport au temps de base d'un ouvreur qualifié. ▪ **Chamois des Pyrénées,** isard. ▪ **Chamois d'or, de vermeil, d'argent, de bronze,** qualifications sanctionnant le succès à l'épreuve du chamois, en ski ; personne ayant obtenu une de ces qualifications. ▪ **Peau de chamois,** peau chamoisée pour nettoyer les vitres, les chromes, etc. ◆ **adj. inv.** De couleur ocre jaune.

CHAMOISAGE n.m. Tannage des peaux de mouton ou d'agneau par traitement aux huiles de poisson.

CHAMOISER v.t. [3]. Préparer par chamoisage.

CHAMOISERIE n.f. Industrie, commerce des peaux chamoisées.

CHAMOISETTE n.f. Belgique. Chamoisine.

CHAMOISEUR, EUSE n. Personne qui travaille au chamoisage des peaux.

CHAMOISINE n.f. Tissu à essuyer dont la texture rappelle celle de la véritable peau de chamois.

CHAMONIARD, E adj. et **n.** De Chamonix ; de sa vallée.

CHAMOTTE n.f. (de l'all.). Argile cuite et concassée ajoutée à la pâte céramique afin de la rendre moins plastique.

CHAMP n.m. (du lat. *campus*, plaine). **1.** Étendue de terre cultivable : *Champ de betteraves. Labourer un champ.* **2.** Espace réservé à une activité : *Champ de foire.* **3.** Portion d'espace qu'embrasse l'œil, un objectif photographique, un instrument d'optique, une caméra : *Ce figurant n'est pas dans le champ.* **4.** Domaine dans lequel s'exerce une activité, une étude, etc. ; sphère : *Le champ de la psychanalyse.* **5.** Surface d'un tableau, d'une médaille, etc., sur laquelle se détache un motif, une inscription, etc. **6. HÉRALD.** Surface de l'écu où sont représentés les meubles. **7. PHYS.** Ensemble des valeurs que prend une grandeur physique en tous les points d'un espace déterminé ; cet espace. **8. INFORM.** Dans un enregistrement, emplacement réservé à une catégorie particulière de données (SYN. **zone**). **9. LING.** Ensemble structuré d'unités lexicales : *Champ lexical.* ▪ **À tout bout de champ** → **BOUT.** ▪ **Avoir le champ libre,** avoir liberté entière d'agir ou de parler. ▪ **Champ clos** [hist.], lieu où s'affrontaient des adversaires en combat singulier. ▪ **Champ d'action,** domaine dans lequel s'exerce l'action de qqn : *Son champ d'action est limité.* ▪ **Champ de bataille,** endroit où a lieu une bataille. ▪ **Champ de courses,** hippodrome. ▪ **Champ de manœuvre,** terrain pour l'instruction des troupes. ▪ **Champ de Mars** [anc.], champ de manœuvre. ▪ **Champ de mines,** terrain semé de mines explosives. ▪ **Champ de scalaires, de vecteurs, de tenseurs** [math.], application associant à un point de l'espace un scalaire, un vecteur, un tenseur. ▪ **Champ de tir,** terrain militaire où sont exécutés les tirs d'exercice ; base de lancement et d'expérimentation de missiles ; zone de l'espace dans laquelle une arme peut tirer. ▪ **Champ d'honneur** [litt.], champ de bataille. ▪ **Champ opératoire,** région du corps délimitée sur laquelle porte une intervention chirurgicale ; compresse stérile pour border cette région. ▪ **Champ social,** espace social autonome auquel correspondent un habitus, un système de valeurs, des relations d'interdépendance et des luttes spécifiques. ➲ Concept surtout développé par P. Bourdieu. ▪ **Champ visuel,** espace que l'on peut embrasser en gardant les yeux immobiles. ▪ **Dispositif à effet de champ** [électron.], dispositif à semi-conducteur où le courant est contrôlé par un champ électrique variable. ▪ **Effets de champ** [psychol.], interaction des éléments simultanément perçus, entraînant une interprétation globale de la perception. ▪ **Hors champ** [cinéma, télév.], recomm. off. pour **off.** ▪ **Prendre du champ,** prendre du recul. ▪ **Profondeur de champ,** intervalle entre le point le plus rapproché et le point le plus éloigné de l'appareil de prise de vues, dans lequel l'image a une netteté au moins égale à une limite donnée. ▪ **Vecteur champ électrique** [phys.] vecteur égal au rapport de la force électrique subie par une charge à la valeur de cette charge. ▪ **Vecteur champ magnétique** [phys.], vecteur lié à l'existence d'un courant électrique ou d'un aimant et servant à déterminer les forces magnétiques. ◆ **n.m. pl.** Terres cultivées. ▪ **Aux champs !** [mil.], ordonne de rendre les honneurs militaires par un roulement de tambour ou une sonnerie. ▪ **Champs ouverts,** parcelles appartenant à plusieurs exploitations, juxtaposées et non séparées par des clôtures.

1. CHAMPAGNE n.m. Vin blanc mousseux produit exclusivement en Champagne. ◆ **adj. inv.** D'une couleur jaune doré évoquant celle du champagne. (L'usage commercial de cet adjectif est considéré comme abusif.)

2. CHAMPAGNE n.f. (lat. *campania*). **1. GÉOGR.** Rare. Campagne (SYN. **openfield**). **2. HÉRALD.** Pièce occupant le tiers inférieur de l'écu. ▪ **Fine champagne,** cognac de qualité supérieure.

CHAMPAGNISATION n.f. Étape de fabrication d'un champagne par assemblage de vins blancs secs, additionnés d'une solution de sucre et de levures pour obtenir une seconde fermentation en bouteille.

CHAMPAGNISER v.t. [3]. Rendre mousseux un vin de Champagne par une seconde fermentation en bouteille.

CHAMPART n.m. (de *champ* et *part*). **1.** Mélange de blé, d'orge et de seigle semés ensemble. **2. HIST.** Part prélevée sur les récoltes, qui revenait aux seigneurs de certains fiefs.

CHAMPENOIS, E adj. et **n.** De la Champagne.

CHAMPENOISE n.f. Bouteille épaisse utilisée pour les vins de Champagne, qui contient 77,5 cl.

CHAMPÊTRE adj. (lat. *campestris*). Litt. **1.** Relatif à la campagne, aux champs ; rural. **2.** Qui évoque la vie à la campagne ; bucolique.

CHAMPI, ISSE ou **CHAMPIS, ISSE n.** et **adj.** (mot du Berry). Vx. Enfant que l'on a trouvé abandonné dans les champs.

CHAMPIGNON n.m. (anc. fr. *champegnuel*, du lat. *campus*, champ). **1.** Cryptogame sans chlorophylle, à croissance rapide dans les lieux humides et dont la reproduction s'effectue génér. par des spores. *(V. planche page suivante.)* **2.** Fam. Pédale d'accélérateur. ▪ **Champignon de couche** ou **de Paris,** agaric des champs, cultivé dans les champignonnières (SYN. **psalliote des champs**). ▪ **Champignon hallucinogène,** champignon (psilocybe, amanite tue-mouches) dont l'ingestion peut provoquer

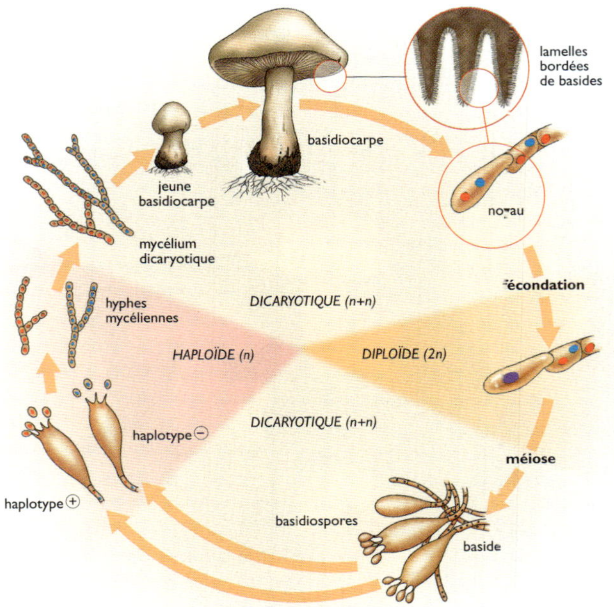

▲ **champignon.** Cycle de reproduction des basidiomycètes.

Les champignons

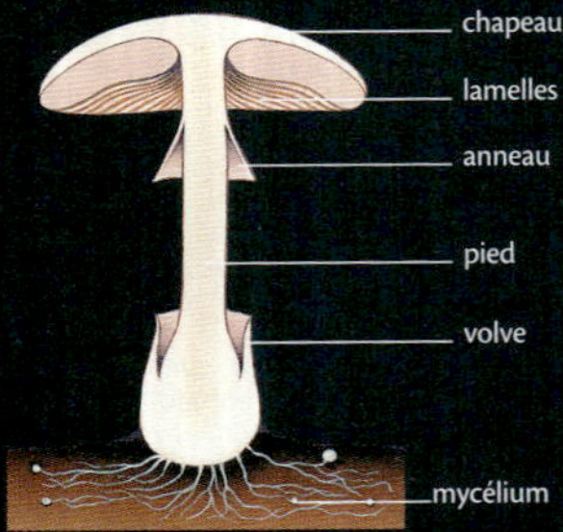

coupe d'un champignon

● **comestible** ● **non comestible, mais non vénéneux** ● **vénéneux, mais non mortel** ☠ **mortel**

☠ amanite vireuse

☠ amanite phalloïde

☠ cortinaire des montagnes

● amanite des Césars (oronge vraie)

● psalliote (champignon de couche)

● géaster hygrométrique

● lycoperdon (vesse-de-loup)

● polypore

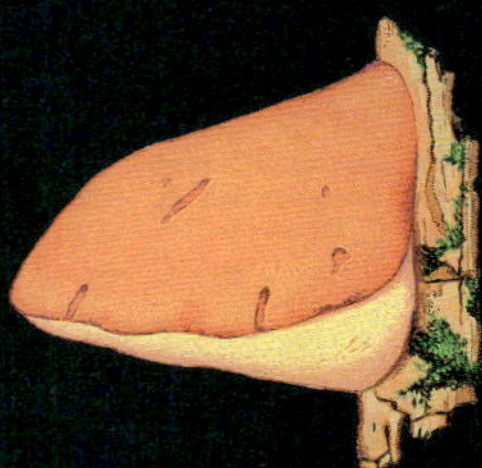

● fistuline adulte *(dessin)*
● fistuline jeune

● chanterelle (girolle)

● hydne (pied-de-mouton)

● clavaire dorée

● bolet bai

● cèpe de Bordeaux

● morille

● truffe

● bolet Satan

● ergot du seigle

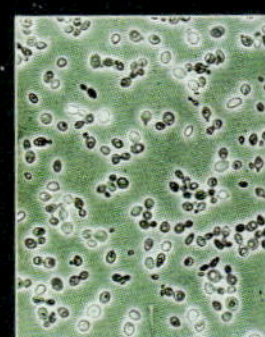

levure

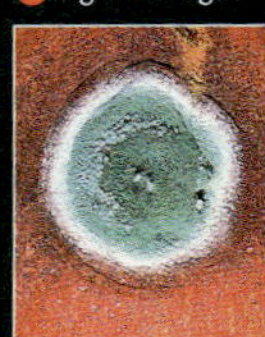

auréole de pénicillium sur la peau d'un fruit

pénicillium (agrandi 250 fois)

champignons microscopiques et moisissures

des illusions psychosensorielles, voire des hallucinations. ▪ **Champignon imparfait,** champignon supérieur, à mycélium cloisonné, dépourvu de reproduction sexuée. ▪ **Pousser comme un champignon,** grandir très vite.

➲ Certains **CHAMPIGNONS** sont formés d'une cellule unique (levures). La plupart forment un réseau de filaments, le mycélium. Chez les champignons dits *supérieurs*, le mycélium souterrain se condense génér. pour former des organes aériens portant les spores : ce sont les basidiomycètes (champignons « à chapeau » tels que les bolets et les amanites) et les ascomycètes (tels que les morilles et les truffes). Les champignons dits *inférieurs* comprennent des moisissures et de nombreux parasites des végétaux (mildiou, rouille, charbon), des animaux et de l'homme (mycoses).

CHAMPIGNONNIÈRE n.f. Cave, bâtiment équipés pour la culture des champignons.

CHAMPIGNONNISTE n. Personne qui cultive des champignons.

CHAMPION, ONNE n. (du germ.). **1.** Vainqueur d'un championnat, en sports, dans un jeu : *Championne de ski. Champion d'échecs.* **2.** Fig. Personne qui se distingue, en bien ou en mal, dans un domaine quelconque : *Un champion des romans à succès. La championne de la bévue.* **3.** Personne prenant la défense de qqn ou de qqch avec ardeur : *Se faire le champion des sans-papiers.* ◆ **n.m.** Au Moyen Âge, homme qui combattait en champ clos pour défendre sa cause ou celle d'un autre. ◆ **adj.** Fam. Excellent ; remarquable : *Pour le débogage, elle est championne.*

CHAMPIONNAT n.m. Compétition officielle à l'issue de laquelle le vainqueur, un individu ou une équipe, reçoit le titre de champion : *Remporter un championnat.*

CHAMPIS, ISSE n. et adj. → **CHAMPI.**

CHAMPLEVER [ʃɑ̃ləve] v.t. [12] (de *champ* et *1. lever*). **1.** TECHN. Creuser une surface unie selon un motif, un dessin. **2.** GRAV. Enlever les parties qui doivent donner les blancs, dans la gravure en relief ou en taille d'épargne*. **3.** En émaillerie, ménager des alvéoles dans une plaque de cuivre pour y mettre la poudre ou la pâte d'émail. ➲ Le résultat de l'opération est un émail* champlevé.

CHAMSIN n.m. → **KHAMSIN.**

CHANÇARD, E n. et adj. Fam. Personne qui a de la chance ; chanceux.

CHANCE n.f. (du lat. *cadere*, tomber). **1.** Sort favorable ; part d'imprévu heureux liée aux événements : *Elle a de la chance au jeu. Bonne chance !* **2.** (Surtout pl.). Probabilité que qqch se produise : *Il a toutes les chances d'obtenir ce poste.* ▪ **Donner sa chance à qqn,** lui donner la possibilité de réussir. ▪ **Par chance,** par bonheur. ▪ **Porter chance à qqn,** lui permettre involontairement de réussir. ▪ **Tenter sa chance,** essayer de réussir.

CHANCEL n.m. (lat. *cancellus*). Clôture basse en avant du chœur, dans les églises paléochrétiennes.

CHANCELANT, E adj. **1.** Qui chancelle : *Une démarche chancelante.* **2.** Mal assuré ; fragile : *Santé, autorité chancelante.*

CHANCELER v.i. [16], ▲ [12] (lat. *cancellare*). **1.** Vaciller sur ses pieds : *Sous le choc, elle chancela.* **2.** Fig. Manquer de force, de stabilité ; faiblir : *Sa volonté chancelle.*

CHANCELIER, ÈRE n. (du lat. *cancellarius*, huissier). **1.** Dignitaire qui a la garde des sceaux, dans un consulat, un corps, une administration. **2.** Chef du gouvernement, en Allemagne et en Autriche. **3.** En Suisse, haut fonctionnaire associé aux travaux du gouvernement. ◆ **n.m.** Dans la France d'Ancien Régime, chef suprême de la justice qui, en l'absence du souverain, préside le Conseil du roi.

CHANCELIÈRE n.f. Vx. Sac fourré destiné à tenir les pieds au chaud.

CHANCELLERIE n.f. **1.** Administration, ensemble des services qui dépendent d'un chancelier. **2.** Vx. Lieu où l'on scelle certains actes avec le sceau du souverain, de l'État. **3.** En France, administration centrale du ministère de la Justice. ▪ **Grande chancellerie de la Légion d'honneur,** organisme chargé de la direction et de la discipline de l'ordre de la Légion d'honneur, de la Médaille militaire et de l'ordre national du Mérite.

CHANCEUX, EUSE adj. et n. Qui est favorisé par la chance.

CHANCI n.m. Affection des champignons de couche due à des moisissures.

CHANCIR v.i. [21] (de l'anc. fr. *chanir*, blanchir). Vx. Moisir.

CHANCRE n.m. (du lat. *cancer, cancri*, ulcère). **1.** Ulcération de la peau et des muqueuses, due génér. à une IST. **2.** AGRIC. Plaie des rameaux et du tronc des arbres par où s'introduisent des parasites. ▪ **Chancre induré** ou **syphilitique,** lésion initiale de la syphilis. ▪ **Chancre mou,** IST d'évolution bénigne (SYN. **chancrelle**).

CHANCRELLE n.f. MÉD. Chancre mou.

CHANDAIL n.m. (abrév. de *marchand d'ail*). Vêtement en tricot qui s'arrête à la taille ou aux hanches et que l'on enfile par la tête.

CHANDELEUR n.f. (du lat. *festa candelarum*, fête des chandelles). CATH. Fête de la Présentation de Jésus au Temple et de la Purification de la Vierge, qui a lieu le 2 février.

CHANDELIER n.m. (lat. *candelabrum*). **1.** Support, notamment muni d'une pointe, pour les bougies, les cierges, les chandelles. **2.** MAR. Barre métallique verticale et percée de trous pour passer les tringles ou filières d'un garde-corps, sur un navire. ▪ **Chandelier pascal,** candélabre qui reçoit le cierge pascal.

CHANDELLE n.f. (lat. *candela*). **1.** Tige de suif, de résine, etc., entourant une mèche, utilisée autref. pour l'éclairage. **2.** Figure de voltige aérienne consistant à monter rapidement à la verticale. **3.** SPORTS. Balle ou ballon envoyés presque verticalement. **4.** CONSTR. Pièce de bois ou de métal servant d'étai. **5.** Vieilli, fam. Mucus coulant du nez. **6.** Partie d'un chablis cassé restant sur pied. ▪ **Brûler la chandelle par les deux bouts,** gaspiller son argent, sa santé par des excès de toute sorte. ▪ **Chandelle romaine,** pièce d'artifice. ▪ **Devoir une fière chandelle à qqn,** lui être redevable de qqch de très important. ▪ **Économies de bouts de chandelle,** économies réalisées sur de trop petites choses pour être vraiment utiles. ▪ **Le jeu n'en vaut pas la chandelle,** le résultat ne vaut pas le mal que l'on se donne pour l'obtenir. ▪ **Monter en chandelle,** s'élever verticalement, en parlant d'un avion. ▪ **Voir trente-six chandelles** [fam.], éprouver un éblouissement après un choc violent.

1. CHANFREIN n.m. (du lat. *caput*, tête, et *frenare*, freiner). Partie antérieure de la tête du cheval et de certains mammifères, de la base du front au nez.

2. CHANFREIN n.m. (de l'anc. fr. *chant*, côté, et *fraindre*, briser). Pan coupé étroit, au bord d'un ouvrage de maçonnerie, de menuiserie (SYN. **arête abattue**).

CHANFREINER v.t. [3]. Tailler en chanfrein.

CHANGE n.m. **1.** Opération de conversion d'une monnaie nationale en une autre monnaie nationale appelée *devise* : *Taux de change.* **2.** Action de changer un bébé. **3.** VÉNER. Ruse d'un animal poursuivi qui détourne les chiens vers une autre proie. ▪ **Change complet,** couche de bébé entourée d'une feuille de plastique qui tient lieu de culotte et qui se jette après usage. ▪ **Change fixe, flottant** → **1. FIXE, 1. FLOTTANT.** ▪ **Contrôle des changes,** intervention de l'État qui régularise les opérations de change sur les devises étrangères. ▪ **Donner le change à qqn,** arriver à lui cacher parfaitement ses intentions. ▪ **Lettre de change,** effet de commerce transmissible par lequel un créancier donne l'ordre à son débiteur de payer à une date déterminée la somme qu'il lui doit, à l'ordre de lui-même ou d'un tiers (SYN. **traite**). ▪ **Marché des changes,** marché où se font les offres et les demandes de devises. ▪ **Perdre, gagner au change,** être désavantagé, avantagé par un échange ou un changement : *Nous perdons au change avec les nouveaux voisins.*

CHANGEABLE adj. Qui peut être changé.

CHANGEANT, E adj. **1.** Sujet au changement ; variable : *Le temps est changeant.* **2.** Dont la couleur varie selon la lumière : *Cheveux aux reflets changeants.*

CHANGEMENT n.m. **1.** Action, fait de changer, de se modifier, en parlant de qqn ou de qqch : *Un changement d'attitude. Changement de poste, d'emploi du temps.* **2.** Correspondance, dans les transports en commun. ▪ **Changement de vitesse,** dispositif (levier et boîte de vitesses) qui permet de changer le rapport entre la vitesse de rotation du moteur et celle des roues motrices d'un véhicule. ▪ **Changement social,** ensemble des mécanismes permettant la transformation des sociétés.

CHANGER v.t. [10] (lat. *cambiare*). **1.** Remplacer qqn ou qqch par qqn ou qqch d'autre : *Changer l'hôtesse d'accueil d'une entreprise. Changer les rideaux d'une chambre.* **2.** Convertir une monnaie en une autre monnaie. **3.** Rendre différent ; modifier : *Cette coiffure te change. En enlevant ce mot, vous changez le sens de la phrase.* **4.** Faire passer d'un état à un autre ; transformer : *La pluie a changé le chemin en bourbier.* ▪ **Changer un bébé,** lui mettre une couche propre. ◆ **v.i.** **1.** Passer d'un état à un autre ; évoluer : *La qualité de vie a changé.* **2.** Être remplacé par qqn ou qqch d'autre : *Le trésorier change tous les ans.* ◆ **v.t. ind.** (DE). Remplacer par qqn ou qqch d'autre : *Changer de fournisseur. Changer d'appartement.* ▪ **Changer d'air,** quitter un lieu provisoirement ou définitivement. ▪ **Changer de disque** [fam.], cesser de répéter la même chose. ◆ **SE CHANGER** v.pr. Changer de vêtements.

CHANGEUR n.m. **1.** Appareil dans lequel on introduit une pièce ou un billet pour avoir de la monnaie ou des jetons. **2.** Commerçant faisant des opérations de change. **3.** Dispositif qui change automatiquement les disques sur un lecteur.

CHANLATE ou **CHANLATTE** n.f. (de *2. chant* et *latte*). CONSTR. Chevron refendu, posé dans le même sens que les lattes, en bas du versant d'un toit.

CHANNE n.f. (all. *Kanne*). Suisse. Pot d'étain.

CHANOINE n.m. (lat. *canonicus*, du gr. *kanôn*, règle). **1.** Ecclésiastique siégeant au chapitre de la cathédrale ou de la collégiale, ou doté de ce titre à des fins honorifiques. **2.** Religieux de certains ordres.

CHANOINESSE n.f. Religieuse de certaines communautés.

CHANSON n.f. (lat. *cantio, -onis*). **1.** Composition musicale divisée en couplets et destinée à être chantée : *Une chanson d'amour.* **2.** Fam. Propos répété sans cesse ; rengaine : *Ça va, on connaît la chanson !* ▪ **Chanson de geste** → **2. GESTE.**

CHANSONNETTE n.f. Petite chanson sur un sujet léger.

1. CHANSONNIER, ÈRE n. **1.** Artiste qui compose et interprète des textes ou des chansons satiriques. **2.** Québec. Artiste qui se produit dans les bars ou lors de petits événements en interprétant des chansons, souvent seul à la guitare.

2. CHANSONNIER n.m. LITTÉR. Recueil de chansons.

1. CHANT n.m. (lat. *cantus*). **1.** Action, art de chanter ; technique pour cultiver sa voix. **2.** Suite de sons modulés émis par la voix. **3.** Cris modulés de certains oiseaux mâles : *Le chant du rossignol.* **4.** Émission sonore de certains animaux (baleine, cigale, etc.). **5.** LITTÉR. Division d'un poème épique ou didactique.

2. CHANT n.m. (du lat. *canthus*, bord). CONSTR. Côté le plus petit de la section d'une pièce équarrie. ▪ **De ou sur chant,** dans le sens de la longueur et sur la face la plus petite, dans un plan vertical.

CHANTAGE n.m. **1.** Délit qui consiste génér. à extorquer de l'argent à qqn, en le menaçant de révélations ou d'imputations diffamatoires. **2.** Fig. Utilisation de moyens de pression psychologiques pour obtenir qqch de qqn : *Faire un chantage au suicide.*

CHANTANT, E adj. **1.** Qui a des intonations mélodieuses, musicales : *L'italien est une langue chantante.* **2.** Qui se chante et se retient facilement : *Un air chantant.*

CHANTÉ, E adj. Exprimé, réalisé par le chant.

CHANTEFABLE n.f. LITTÉR. Récit médiéval faisant alterner de la prose récitée et des vers chantés.

CHANTEPLEURE n.f. **1.** ARCHIT. Ouverture verticale pratiquée dans un mur pour l'écoulement des eaux d'infiltration. **2.** Robinet d'un tonneau mis en perce. **3.** Entonnoir à long tuyau percé de trous.

CHANTER v.i. [3] (lat. *cantare*). **1.** Produire avec la voix des sons mélodieux : *Nous aimons* *l'entendre chanter. Chanter faux.* **2.** Produire des sons modulés, expressifs, harmonieux, en parlant d'oiseaux, d'insectes, d'instruments de musique, etc. : *L'eau chante dans la bouilloire.* ▪ **Faire chanter qqn,** exercer un chantage sur lui. ◆ **v.t. 1.** Faire entendre un chant, une chanson : *Chanter une berceuse.* **2.** Fam. Raconter des sottises : *Qu'est-ce que tu nous chantes ?* **3.** Célébrer : *Les journalistes chantent la victoire de l'équipe.* ◆ **v.t. ind. (A).** Paraître agréable à ; plaire : *Il va au cinéma quand cela lui chante. Elle répondra si ça lui chante.*

1. CHANTERELLE n.f. (de *chanter*). **1.** Corde la plus aiguë d'un instrument à cordes et à manche. **2.** Appeau servant à appeler les oiseaux en imitant leur chant. ▪ **Appuyer sur la chanterelle** [vx], insister sur le point sensible, essentiel.

2. CHANTERELLE n.f. (du gr. *kantharos*, coupe). Champignon comestible, à chapeau en entonnoir, et dont les plis s'étendent le long du pied, tel que la girolle. ➲ Classe des basidiomycètes.

CHANTEUR, EUSE n. (lat. *cantor*). Personne dont le métier est de chanter : *Une chanteuse lyrique.* ▪ **Chanteur de charme,** qui chante surtout des chansons tendres et sentimentales (SYN. **crooner**). ▪ **Maître chanteur,** personne qui exerce un chantage sur qqn. ◆ **adj.** ▪ **Oiseau chanteur,** oiseau dont le chant est agréable (merle, rossignol, etc.) ; par ext., tout oiseau du groupe des passereaux.

CHANTIER n.m. (du lat. *cantherius*, support). **1.** Terrain où ont lieu des travaux de construction, de réparation ou d'exploitation : *Chantier forestier. Chantier naval.* **2.** Endroit où sont entassés des matériaux de construction. **3.** Fig., fam. Lieu en désordre : *Leur appartement est un vrai chantier.* **4.** Travail, projet de grande envergure : *Le chantier de la réforme de l'enseignement.* ▪ **En chantier,** en travaux. ▪ **Mettre qqch en chantier,** en commencer la réalisation.

CHANTIGNOLE ou **CHANTIGNOLLE n.f.** (de 2. *chant*). Pièce de bois soutenant les pannes d'une charpente.

CHANTILLY n.f. → **CRÈME.**

CHANTOIR n.m. (de *chanter*). Belgique. Aven de petite taille.

CHANTONNEMENT n.m. Action de chantonner.

CHANTONNER v.t. et **v.i. [3].** Chanter à mi-voix ; fredonner.

CHANTOUNG n.m. → **SHANTUNG.**

CHANTOURNEMENT n.m. Action de chantourner.

CHANTOURNER v.t. [3] (de 2. *chant* et *tourner*). **1.** Découper une pièce de bois ou de métal suivant un profil donné, notamm. un profil courbe. **2. ARTS APPL.** Donner à un objet, à une pièce un contour complexe de courbes et de contre-courbes.

CHANTRE n.m. (lat. *cantor*). **1.** Personne chargée de chanter aux offices religieux. **2.** Sout. Personne qui glorifie, loue qqn ou qqch ; laudateur : *Le chantre du pouvoir.* ▪ **Herbe aux chantres,** sisymbre.

CHANVRE n.m. (lat. *cannabis*, du gr.). **1.** Plante annuelle à feuilles palmées, cultivée pour sa tige, qui fournit une excellente fibre textile, et pour ses graines (chènevis), que l'on donne aux oiseaux de cage. ➲ Famille des cannabacées. **2.** Filasse retirée du chanvre par les opérations de rouissage, de broyage et de teillage ; textile fait de cette matière. ▪ **Chanvre d'eau,** eupatoire ; lycope. ▪ **Chanvre indien,** variété de chanvre à partir de laquelle on élabore diverses drogues (haschisch, marijuana, etc.).

CHANVRIER, ÈRE adj. Relatif au chanvre.

CHAOS [kao] **n.m.** (mot lat., du gr.). **1. PHILOS.** Confusion générale des éléments de la matière, avant la création du monde. **2.** Fig. Désordre épouvantable ; confusion générale : *Les inondations ont plongé la ville dans le chaos.* **3. GÉOMORPH.** Amas de blocs qui se constitue dans certains types de roches (grès, granite) sous l'action de l'érosion. **4. PHYS.** État physique dans lequel on ne perçoit aucun ordre. ▪ **Chaos déterministe** [phys.], propriété caractéristique d'un système dont l'évolution à long terme est imprévisible, bien qu'il obéisse à des lois. ▪ **Théorie du chaos** [math.], théorie étudiant les phénomènes dans lesquels intervient le hasard,

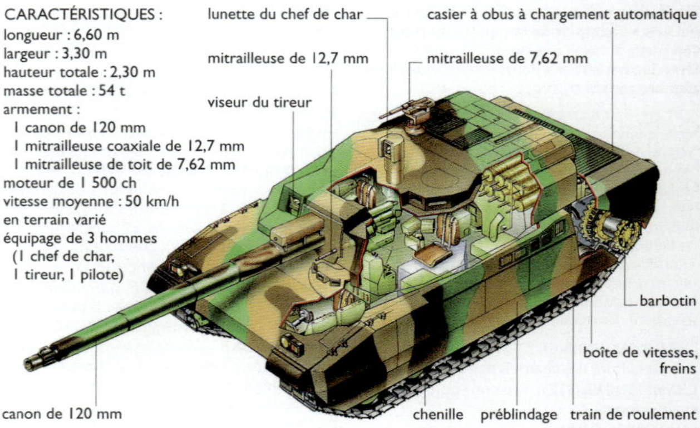

▲ **char** français Leclerc AMX.

mais qui présentent des régularités pouvant être décrites mathématiquement.

CHAOTIQUE adj. Qui tient du chaos : *Un débat chaotique.*

CHAOUCH [ʃauʃ] **n.m.** (du turc *tchaouch*, sergent). Huissier, appariteur, en Afrique du Nord et au Moyen-Orient.

CHAOURCE n.m. Fromage AOC au lait de vache, à pâte molle et à croûte fleurie, de forme cylindrique, fabriqué dans le sud de la Champagne.

CHAPARDAGE n.m. Fam. Action de chaparder.

CHAPARDER v.t. [3] (orig. obsc.). Fam. Voler des choses de peu de valeur ; dérober.

CHAPARDEUR, EUSE n. et **adj.** Fam. Personne qui chaparde.

CHAPARRAL n.m. (esp. *chaparro*). Au Mexique, association végétale à base d'arbustes et d'arbrisseaux xérophiles à feuilles persistantes.

CHAPE n.f. (du lat. *cappa*, capuchon). **1.** Couche superficielle (ciment, asphalte, etc.) destinée à conférer certaines caractéristiques à un sol : *Chape d'étanchéité.* **2.** Partie extérieure d'un pneu, constituant la bande de roulement. **3.** Pièce circulaire recevant l'extrémité d'un essieu ou d'un axe. **4. CATH.** Vêtement liturgique en forme de grande cape. ▪ **Chape de plomb,** ce qui paralyse, constitue un fardeau moral.

CHAPÉ n.m. HÉRALD. Partition en forme d'angle aigu, formée par deux lignes obliques partant du milieu du chef pour aboutir aux deux angles de la pointe de l'écu.

CHAPEAU n.m. (du lat. *cappa*, capuchon). **1.** Coiffure de forme variable, avec ou sans bord, que l'on met pour sortir : *Un chapeau de feutre gris.* **2.** Partie supérieure charnue portée par le pied des champignons basidiomycètes. **3.** Courte introduction en tête d'un article de journal ou de revue. ▪ **Avaler** ou **manger son chapeau** [fam.], être contraint de se dédire. ▪ **Chapeau chinois,** patelle. ▪ **Coup de chapeau,** salut donné en soulevant légèrement son chapeau ; fig., témoignage d'admiration, d'estime. ▪ **Démarrer sur les chapeaux de roue** [fam.], à très grande vitesse. ▪ **Porter le chapeau** [fam.], être rendu responsable d'un échec. ▪ **Tirer qqch de son chapeau** [fam.], le faire apparaître comme par magie. ▪ **Tirer son chapeau à qqn,** lui reconnaître un mérite, une supériorité. ▪ **Travailler du chapeau** [fam.], être un peu fou. ◆ **interj.** S'emploie pour exprimer l'admiration ; bravo : *Chapeau, ton article est remarquable !*

CHAPEAUTÉ, E adj. Coiffé d'un chapeau.

CHAPEAUTER v.t. [3]. Fam. Avoir une supériorité hiérarchique sur ; coiffer : *La directrice du département chapeaute plusieurs services.*

CHAPELAIN n.m. Prêtre qui dessert une chapelle privée ou un sanctuaire.

CHAPELET n.m. (dimin. de *chapeau*). **1.** Objet de piété formé d'un collier de grains ou de perles enfilés, que l'on fait glisser entre les doigts en récitant une prière ; ensemble des prières récitées. **2.** Succession d'objets ou de paroles ; kyrielle : *Un chapelet d'îles. Un chapelet de reproches.* **3. ARCHIT.** Ornement courant fait d'une suite de perles, d'olives et/ou de piécettes.

CHAPELIER, ÈRE n. Personne qui fabrique ou vend des chapeaux. ◆ **adj.** Relatif à la chapellerie.

CHAPELLE n.f. (du lat. *cappa*, capuchon). **1.** Édifice religieux comportant génér. un autel et sans qualification paroissiale. **2.** Pièce réservée au culte dans un lieu privé (hôpital, château). **3.** Partie annexe d'une église comportant un autel. **4.** Fig. Petit groupe très fermé d'artistes, d'intellectuels, etc. ; cénacle : *Chapelle littéraire.*

CHAPELLENIE [ʃapɛlni] **n.f.** Dignité de chapelain.

CHAPELLERIE n.f. Industrie, commerce des chapeaux.

CHAPELURE n.f. Préparation culinaire obtenue en pulvérisant du pain séché ou des biscottes et servant à paner ou à gratiner des mets (SYN. **panure**).

CHAPERON n.m. (de *chape*, capuchon). **1.** Femme âgée qui accompagnait une jeune fille ou une jeune femme dans le monde ; toute personne qui sort avec qqn pour le surveiller. **2.** Anc. Capuchon enveloppant la tête et le cou, et descendant jusqu'aux épaules. **3. CONSTR.** Couronnement d'un mur, à une ou deux pentes, pour faciliter l'écoulement des eaux de pluie. **4.** Bourrelet circulaire placé sur l'épaule gauche des robes de magistrats, de professeurs d'université, et d'où pend une bande d'étoffe garnie d'hermine. **5.** Petit capuchon dont on coiffe les faucons à la chasse.

CHAPERONNER v.t. [3]. Accompagner qqn en qualité de chaperon.

CHAPITEAU n.m. (du lat. *caput*, *capitis*, tête). **1. ARCHIT.** Élément élargi qui forme le sommet d'une colonne, d'un pilier et qui est génér. constitué d'une échine ou d'une corbeille surmontée d'un abaque, ou tailloir. **2.** Tente de cirque : *Dresser un chapiteau.* **3.** Partie supérieure d'un alambic.

CHAPITRAGE n.m. Segmentation d'un DVD en différents chapitres.

CHAPITRE n.m. (lat. *capitulum*). **1.** Division d'un livre, d'un traité, d'un code, etc. **2.** Assemblée tenue par des chanoines ou des religieux, des religieuses. **3.** Chacune des divisions d'un DVD, accessibles par le menu, permettant un visionnage personnalisé de son contenu. ▪ **Au** ou **sur le chapitre de,** en ce qui concerne ; à propos de. ▪ **Avoir voix au chapitre,** avoir le droit de prendre la parole et de donner son avis. ▪ **Chapitre du budget,** subdivision du budget de l'État ou d'un organisme public.

CHAPITRER v.t. [3]. Réprimander sévèrement ; sermonner.

CHAPKA n.f. (mot russe). Bonnet de fourrure à rabats pour protéger les oreilles, le front et la nuque.

CHAPON n.m. (lat. *capo*, *-onis*). Coq castré engraissé pour la consommation.

CHAPONNAGE n.m. Action de chaponner.

CHAPONNER v.t. [3]. Castrer un jeune coq.

CHAPSKA [ʃapska] **n.m.** (polon. *czapka*). Coiffure militaire polonaise adoptée par les lanciers français au XIXe s.

CHAPTALISATION n.f. Action d'ajouter du sucre au moût de raisin avant la fermentation afin d'augmenter la teneur en alcool du vin.

CHAPTALISER v.t. [3] (de J. *Chaptal*, n.pr.). ▪ **Chaptaliser du vin,** le soumettre à la chaptalisation.

CHAQUE adj. indéf. (de *chacun*). **1.** Marque la répétition dans le temps ou dans l'espace, la distribution : *Chaque dimanche, il fait du sport. Chaque objet a sa place. Elle a donné des crayons à chaque enfant.* **2.** Fam. Chacun : *Combien ça fait ? — Neuf euros chaque.*

1. CHAR n.m. (lat. *carrus*, du gaul.). **1.** Grande voiture décorée où prennent place des personnages masqués ou costumés, lors de certaines fêtes publiques : *Le défilé de chars du carnaval.* (Au Québec, on dit *char allégorique*.) **2.** Québec. Fam. Automobile : *Char usagé. Char de police.* **3. ANTIQ.** Voiture à deux roues, ouverte à l'arrière et fermée sur le devant, à usage militaire ou civil (triomphes, jeux, par ex.). ▪ **Char à bancs** [anc.], véhicule hippomobile à quatre roues, avec des bancs disposés en travers. ▪ **Char à voile,** véhicule à roues muni d'une voile et mû par la seule force du vent. ▪ **Char de combat** ou **d'assaut,** véhicule automoteur chenillé et blindé, armé de mitrailleuses, de canons, de missiles, etc. ▪ **Char funèbre** [litt.], corbillard.

2. CHAR ou **CHARRE n.m.** (de *charrier*). Arg. Exagération ; bluff. ▪ **Arrête ton char !** [fam.], arrête de raconter des histoires.

CHARABIA n.m. (p.-ê. du provenç. *charra*, bavarder). Fam. Langage incompréhensible ; style très confus ou incorrect ; galimatias.

CHARADE n.f. (de l'occitan *charrado*, causerie). Devinette où l'on doit retrouver un mot de plusieurs syllabes à partir de la définition d'un homonyme de chacune d'entre elles et de la définition du mot entier.

CHARADRIIDÉ [karadriide] **n.m.** (du gr. *kharadrios*, pluvier). Oiseau échassier migrateur de taille modeste, tel que le pluvier et le vanneau. ➲ Les charadriidés forment une famille.

CHARADRIIFORME [ka-] **n.m.** Oiseau échassier ou palmipède, tel que le pluvier, le goéland, l'avocette, le pingouin et la bécasse. ➲ Les charadriiformes forment un ordre.

CHARANÇON n.m. (du gaul.). Insecte coléoptère à tête prolongée par un long rostre, se nourrissant de végétaux (racines, graines), souvent nuisible aux cultures. ➲ Famille des curculionidés.

▲ **charançon** des noisettes.

CHARANÇONNÉ, E adj. Attaqué par les charançons.

CHARANGO [tʃarɑ̃go] **n.m.** (mot esp.). Petit luth à frettes d'origine andine, dérivé de la guitare, dont la caisse de résonance est constituée d'une carapace de tatou.

CHARBON n.m. (lat. *carbo, -onis*). **1.** Roche combustible, de couleur noire, d'origine végétale, qui renferme une forte proportion de carbone. **2.** Maladie infectieuse septicémique, due au bacille charbonneux, atteignant certains animaux domestiques (ruminants, chevaux, porcins) et l'homme. **3.** Maladie cryptogamique des céréales, causée par un champignon microscopique (genre *Ustilago*) attaquant leurs organes reproducteurs, qui sont alors remplacés par une poudre noire, les spores du champignon. ▪ **Aller au charbon** [fam.], s'astreindre à faire qqch de pénible. ▪ **Charbon à coke,** charbon qui donne par distillation un coke dur utilisé dans la sidérurgie. ▪ **Charbon actif** ou **activé,** charbon obtenu par calcination à l'abri de l'air de matières carbonées. ➲ Un traitement spécial permet d'accroître ses propriétés d'absorption des gaz, utilisées dans de multiples applications : médecine, industrie chimique, traitement des eaux, etc. ▪ **Charbon de bois,** résidu solide de la carbonisation du bois vers 300-400 °C. ▪ **Être sur des charbons ardents,** être très impatient ou très inquiet.

➲ Le **CHARBON,** caractéristique surtout de la fin du paléozoïque (le carbonifère), englobe l'anthracite, la houille et le lignite, différenciés selon leurs teneurs en carbone et en matières volatiles. C'est le plus abondant des combustibles fossiles et le mieux réparti entre les divers continents. Sa principale utilisation est la production d'énergie thermique par combustion. À la base de la révolution industrielle, le charbon a été détrôné (après 1950) par le pétrole, mais demeure la deuxième source d'énergie, assurant près de 30 % de la consommation mondiale.

▲ **charbon.** Exploitation de charbon à ciel ouvert en Afrique du Sud.

CHARBONNAGE n.m. (Surtout pl.). Ensemble des mines de charbon exploitées dans une région.

CHARBONNER v.t. [3]. Noircir avec du charbon : *Charbonner son visage pour le carnaval.* ◆ **v.i.** Se réduire en charbon, sans faire de flamme : *Mèche de bougie qui charbonne.*

CHARBONNERIE n.f. HIST. Carbonarisme.

CHARBONNEUX, EUSE adj. 1. Qui a l'aspect ou la couleur du charbon. **2.** Qui se rapporte à la maladie du charbon.

1. CHARBONNIER, ÈRE n. Personne qui vend et livre du charbon.

2. CHARBONNIER, ÈRE adj. Qui se rapporte à la production ou à la vente du charbon : *L'industrie charbonnière.* ▪ **Mésange charbonnière,** mésange à tête noire.

CHARCOT (MALADIE DE) n.f. Sclérose latérale amyotrophique.

CHARCUTAGE n.m. Fam. Action de charcuter.

CHARCUTER v.t. [3] (de *charcutier*). Fam. Opérer qqn de façon maladroite, brutale. ▪ **Charcuter un texte,** le remanier profondément en le dénaturant.

CHARCUTERIE n.f. 1. Produit à base de viande de porc cuite ou crue et salée, comme le jambon, le saucisson, le boudin, etc. : *Une assiette de charcuterie.* **2.** Boutique du charcutier. **3.** Secteur de la fabrication et du commerce des produits fabriqués à partir du porc.

CHARCUTIER, ÈRE n. (de *chair cuite*). Personne qui prépare et vend de la charcuterie et de la viande de porc. ◆ **adj.** Relatif à la charcuterie.

▲ **chardons**

CHARDON n.m. (lat. *carduus*). **1.** Plante à feuilles et à tige épineuses, à fleurs minuscules, rouge pourpré, formant des capitules globuleux. ➲ Famille des composées. **2.** Ensemble de pointes de fer courbées destiné à empêcher l'escalade d'un mur ou d'une grille. ▪ **Chardon à foulon,** cardère. ▪ **Chardon bleu,** panicaut.

CHARDONAY ou **CHARDONNAY n.m.** Cépage blanc de Bourgogne et de Champagne ; vin issu de ce cépage.

CHARDONNERET n.m. (de *chardon*) Oiseau passereau chanteur d'Europe et d'Asie occidentale, à plumage rouge, noir, jaune et blanc, qui se nourrit notamm. de graines de chardon. ➲ Famille des fringillidés.

CHARENTAISE n.f. (de *Charente*, n.pr.). Pantoufle chaude et confortable.

CHARGE n.f. 1. Ce que peut porter qqn, un animal, un véhicule : *Débarrasser un déménageur de sa charge.* **2.** (Génér. pl.). Obligation matérielle coûteuse ; dépense : *Avoir de lourdes charges familiales.* **3.** Obligation plus ou moins pénible imposée à qqn ; fardeau : *La collecte des encombrants est une charge pour la mairie.* **4.** Indice pouvant faire croire à la culpabilité de qqn ; présomption : *Ces empreintes constituent une charge contre lui.* **5.** Mission ou responsabilité confiée à qqn : *Il a la charge de convoquer les membres du comité.* **6.** Fonction publique transmissible exercée dans le cadre d'un office ministériel ; l'office lui-même : *Une charge de notaire.* **7.** Attaque d'une troupe contre une autre : *Charge à la baïonnette* ; action de charger un groupe ; assaut : *La charge des CRS contre les manifestants.* **8.** Critique virulente et parfois comique contre qqn, qqch : *Ce roman est une charge contre les milieux de la télévision.* **9. ÉLECTR.** Quantité d'électricité portée par un corps. **10. HYDROL.** Ensemble des matériaux transportés par un cours d'eau. **11. TECHN.** Substance que l'on ajoute à une matière (soie naturelle, pâte à papier, caoutchouc, matière plastique) pour lui donner certaines propriétés mécaniques, physiques ou chimiques. **12.** Quantité de poudre, d'explosif contenue dans un projectile ou une mine : *Charge de plastic.* **13.** Anc. Batterie de tambours, sonnerie de clairons donnant le signal de l'assaut. ▪ **À charge de revanche,** à la condition que l'on paiera le service rendu par un autre, équivalent. ▪ **Au pas de charge,** en marchant d'une allure rapide et décidée. ▪ **Avoir qqn à sa charge,** subvenir à ses besoins. ▪ **Charge affective** [psychol.], contenu émotionnel d'une représentation, d'un objet, pouvant déclencher des réactions affectives très fortes chez qqn. ▪ **Charge alaire,** poids théoriquement supporté par chaque mètre carré d'une aile d'avion. ▪ **Charge creuse,** charge explosive à grande puissance perforante. ▪ **Charge de combustible,** ensemble des éléments combustibles placés dans le cœur d'un réacteur nucléaire. ➲ On disait *charge nucléaire.* ▪ **Charge de la preuve** [dr.], règle de procédure qui, sauf disposition contraire, impose aux plaideurs, dans un procès, d'apporter la preuve des faits qu'ils avancent. (Au Québec et en Suisse, on dit plutôt *fardeau de la preuve.*) ▪ **Charge de rupture,** effort de traction sous lequel se rompt une structure, lors d'un essai mécanique. ▪ **Charge d'espace** ou **spatiale** [électr.], charge électrique dans une région de l'espace, due à la présence d'électrons ou d'ions. ▪ **Charge d'un accumulateur** [électr.], opération consistant à faire passer dans l'accumulateur un courant de sens inverse à celui qu'il débitera. ▪ **Charge d'une machine, d'un réseau** [électr.], puissance active ou apparente débitée ou absorbée par cette machine, ce réseau. ▪ **Charge limite** [hydrol.], charge maximale qu'un courant peut transporter par mètre cube d'eau. ▪ **Charge mentale,** poids psychologique que fait peser (plus particulièrement sur les femmes) la gestion des tâches domestiques et éducatives, engendrant une fatigue physique et, surtout, psychique. ➲ Cette préoccupation constante de la logistique du foyer, même dans les moments où elles ne sont pas dans l'exécution de ces tâches, concerne avant tout les personnes qui travaillent. ▪ **Charge nucléaire effective,** charge électrique du noyau d'un atome, moins celle des électrons internes. ▪ **Charges sociales,** ensemble des contributions obligatoires incombant à l'employeur et au salarié, pour assurer la protection sociale du salarié et de sa famille. ▪ **Charge utile,** différence entre le poids total en charge et le poids à vide d'un véhicule ; astronaut., équipement transporté par un véhicule spatial et destiné à remplir une mission déterminée. ▪ **Être à la charge de qqn,** dépendre totalement de lui pour les besoins matériels. ▪ **Femme de charge** [vx], chargée des gros travaux dans une maison. ▪ **Prendre qqn, qqch en charge,** en prendre la responsabilité, financière ou non. ▪ **Prise en charge,** acceptation par la Sécurité sociale de payer ou de rembourser les frais de traitement de l'assuré. ▪ **Revenir à la charge,** insister pour obtenir qqch. ▪ **Témoin à charge,** personne qui dépose contre un suspect.

1. CHARGÉ, E n. ▪ **Chargé d'affaires,** diplomate représentant son gouvernement auprès d'un chef d'État étranger en l'absence ou à défaut d'ambassadeur. ▪ **Chargé de cours,** enseignant non titulaire de l'enseignement supérieur. ▪ **Chargé de mission,** fonctionnaire ou membre d'un cabinet ministériel responsable d'une étude déterminée ou d'une activité.

2. CHARGÉ, E adj. ▪ **Ciel chargé,** couvert de nuages. ▪ **Estomac chargé,** qui a du mal à digérer; lourd. ▪ **Langue chargée,** recouverte d'un dépôt blanchâtre. ▪ **Lettre chargée,** contenant des valeurs et enregistrée comme telle en payant une certaine taxe. ▪ **Pièce chargée** [hérald.], pièce sur laquelle figurent une ou plusieurs autres pièces.

CHARGEMENT n.m. 1. Action de charger un véhicule, un navire, etc.; ensemble des marchandises chargées ; cargaison. **2.** Action de charger un appareil, une arme, etc. **3. INFORM.** Opération de mise en mémoire vive d'un fichier ou d'un programme, à partir d'une mémoire auxiliaire.

CHARGER v.t. [10] (lat. pop. **carricare*, de *carrus*, char). **1.** Mettre qqch de pesant sur qqn, qqch : *Charger un colis sur ses épaules. Charger des valises sur la galerie d'une voiture.* **2.** Prendre qqn, qqch en charge pour le transporter : *Le car charge un groupe d'enfants.* **3.** Introduire une cartouche dans la chambre d'une arme : *Charger un revolver.* **4.** Munir un appareil de ce qui est nécessaire à son fonctionnement : *Charger un baladeur numérique.* **5.** Emmagasiner de l'énergie dans : *Charger un accumulateur.* **6. INFORM.** Transférer des données ou un programme d'une mémoire auxiliaire à la mémoire vive d'un ordinateur. **7. (DE).** Confier à qqn une responsabilité, une mission : *Il m'a chargé de tout organiser.* **8.** Témoigner contre qqn ; incriminer : *La victime charge l'accusé.* **9.** Imposer une redevance, une obligation onéreuse : *Charger les classes moyennes d'impôts.* **10.** Se précipiter violemment sur : *Le taureau chargea le picador.* **11.** Absol. Donner l'assaut ; attaquer : *Le capitaine ordonna de charger.* **12.** Couvrir abondamment de qqch : *Une main chargée de bagues.* **13.** Exagérer les caractéristiques de qqn pour s'en moquer ; caricaturer : *Le journaliste a chargé le portrait de l'industriel.* ◆ **SE CHARGER v.pr. (DE).** Prendre sur soi la responsabilité de qqn, de qqch : *Je me charge des enfants, du rapport.*

1. CHARGEUR n.m. 1. Dispositif pour introduire successivement plusieurs cartouches dans une arme à répétition. **2.** Boîte étanche à la lumière, contenant une certaine quantité de pellicule et permettant de charger en plein jour un appareil de prise de vues. **3.** Appareil pour recharger une batterie d'accumulateurs. **4.** Engin autonome ou machine de chargement.

2. CHARGEUR n.m. 1. Négociant qui affrète un navire, y fait charger des marchandises et les expédie. **2. MIL.** Servant d'une arme collective, chargé de l'approvisionner.

CHARGEUSE n.f. 1. MIN. Machine munie d'une pelle pour charger le minerai. **2. TRAV. PUBL.** Engin à godet relevable pour ramasser des matériaux et les poser dans un camion.

CHARGEUSE-PELLETEUSE n.f. (pl. *chargeuses-pelleteuses*). **TRAV. PUBL.** Engin automoteur comportant, à l'avant, un équipement de chargeuse et, à l'arrière, un équipement de pelleteuse (SYN. **tractopelle**).

CHARIA n.f. (ar. *charī'a*). Loi révélée de l'islam, régissant la vie cultuelle et les relations sociales des musulmans.

CHARIOT, ▲ *CHARRIOT* **n.m.** (de *1. char*). **1.** Engin, automoteur ou non, utilisé pour le déplacement et parfois le levage des charges, des matériaux sur de faibles distances : *Chariot élévateur.* **2.** Véhicule à roulettes servant au transport de produits, de bagages, etc., sur des distances réduites. **3. CINÉMA.** Plateforme mobile roulant sur des rails et portant la caméra et l'opérateur pour les travellings. **4.** Partie d'une machine à écrire comportant le rouleau pour le papier et se déplaçant à chaque frappe. **5. MÉCAN. INDUSTR.** Pièce mobile d'une machine-outil sur laquelle est fixé l'outil.

CHARIOTAGE, ▲ *CHARRIOTAGE* **n.m. MÉCAN. INDUSTR.** Usinage au tour de façon à exécuter sur une pièce une surface de révolution.

CHARIOTER, ▲ *CHARRIOTER* **v.t. [3].** Exécuter au tour une opération de chariotage.

CHARISMATIQUE [ka-] **adj. 1. CHRIST.** Qui se rapporte au charisme. **2.** Se dit d'une personnalité qui sait séduire les foules, qui jouit auprès d'elles d'un grand prestige : *Leader charismatique.* ▪ **Assemblée charismatique** [christ.], assemblée religieuse faisant une part importante à l'inspiration spirituelle des participants et caractérisée par une grande ferveur. ▪ **Renouveau charismatique** [christ.], courant spirituel qui met l'accent sur la prière, les dons de l'Esprit (ou charisme), le partage des biens, et qui a été à l'origine de nouvelles communautés au XXe s., d'abord aux États-Unis puis en Europe.

CHARISME [ka-] **n.m.** (du gr. *kharisma*, grâce). **1. ANTHROP.** Autorité d'un chef, ressentie comme fondée sur certains dons surnaturels, et reposant sur l'éloquence, la mise en scène, la fascination, etc. ➲ Notion développée par Max Weber. **2.** Grand prestige d'une personnalité exceptionnelle ; ascendant qu'elle exerce sur autrui. **3. CHRIST.** Ensemble des dons spirituels extraordinaires (prophéties, miracles, etc.) octroyés par Dieu à des individus ou à des groupes.

CHARITABLE adj. 1. Qui agit par charité ; qui dénote de la charité ; généreux : *Une personne charitable.* **2.** Qui a pour but de porter secours ; caritatif : *Une œuvre charitable.*

CHARITABLEMENT adv. De façon charitable.

CHARITÉ n.f. (lat. *caritas*). **1.** Amour du prochain qui pousse à lui vouloir du bien. **2.** Acte de générosité ; secours apporté à qqn : *Faire la charité.* **3. THÉOL. CHRÉT.** Amour de Dieu et du prochain. ➲ La charité est une vertu théologale. ▪ **Vente de charité,** dont le bénéfice est versé à une œuvre.

CHARIVARI n.m. (du gr. *karêbaria*, mal de tête). Bruit assourdissant ; vacarme.

CHARLATAN n.m. (ital. *ciarlatano*, de *ciarlare*, bavarder). **1.** Péjor. Personne qui sait exploiter la crédulité des gens pour s'imposer quelque part ou pour vanter ses produits, sa science, etc. ; escroc. **2.** Anc. Personne qui vendait des drogues sur les places publiques. **3.** Afrique. Devin ; guérisseur ; sorcier.

CHARLATANERIE n.f. Péjor. Acte, procédé de charlatan ; escroquerie.

CHARLATANESQUE adj. Péjor. Qui relève du charlatanisme.

CHARLATANISME n.m. Péjor. Procédé de charlatan ; art de duper les gens.

CHARLEMAGNE n.m. Fam. ▪ **Faire charlemagne,** se retirer du jeu après avoir gagné et sans accorder de revanche.

CHARLESTON [ʃarlɛstɔn] **n.m.** (de *Charleston*, n.pr.). **1.** Danse d'origine afro-américaine, popularisée par un spectacle de Broadway (1923), puis danse de société de la fin des années 1920, aux États-Unis et en Europe. **2.** Musique au rythme rapide et syncopé accompagnant cette danse.

CHARLOT n.m. (de *Charlot*, n.pr.). Fam. Individu peu sérieux ; pitre.

CHARLOTTE n.f. 1. Coiffure à bords froncés portée dans les lieux où doit régner une grande hygiène ou sous la douche. **2.** Entremets composé de fruits ou de crème, dont on emplit un moule tapissé de tranches de pain de mie, de brioche ou de biscuits.

CHARMANT, E adj. 1. Plein de charme ; agréable à regarder ; ravissant : *Une île charmante.* **2.** Qui est très agréable dans ses relations avec autrui ; délicieux : *Un voisin charmant.* **3.** Iron. Extrêmement désagréable : *C'est charmant ! Il pleut !*

1. CHARME n.m. (du lat. *carmen*, formule magique). **1.** Attrait exercé sur qqn ; fascination : *Tomber sous le charme de qqn. Cette demeure a un charme étrange.* **2.** Qualité de qqn ou de qqch qui plaît ; séduction : *Cette comédienne a du charme.* **3.** Ensorcellement ; sortilège : *Jeter un charme.* **4.** Petit objet magique ; talisman. **5. PHYS.** Saveur de l'un des six quarks fondamentaux, le quark c. ▪ **Faire du charme à qqn,** tenter de le séduire. ▪ **Presse, photo de charme,** qui montre des jeunes femmes plus ou moins dénudées. ▪ **Rompre le charme,** faire cesser ce qui paraissait un enchantement ; reprendre conscience de la réalité. ▪ **Se porter comme un charme** [fam.], être en très bonne santé.

2. CHARME n.m. (lat. *carpinus*). Arbre des forêts d'Europe et d'Asie Mineure, à fruits entourés par des bractées trilobées, et dont le bois, blanc et dense, est employé comme bois de chauffage et en tournerie. ➲ Famille des bétulacées.

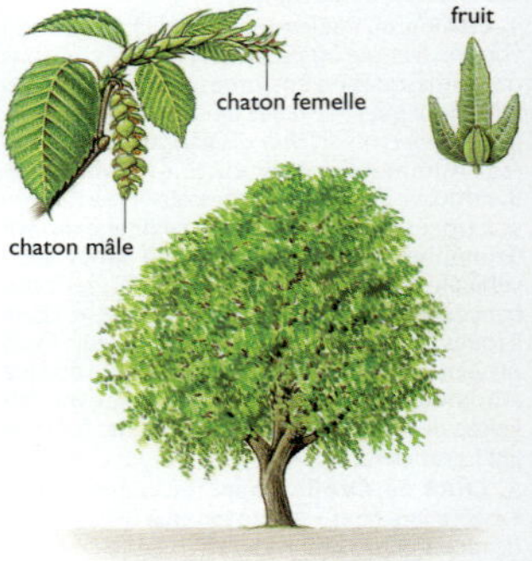

▲ charme

CHARMER v.t. [3]. Plaire irrésistiblement à qqn ; séduire : *Ton amie m'a charmé.* ▪ **Être charmé de,** avoir plaisir à, être heureux de (dans une formule de politesse) : *Je suis charmé de faire votre connaissance.*

CHARMEUR, EUSE n. Personne qui fait du charme ; séducteur : *Son frère est un charmeur.* ◆ **adj.** Qui manifeste la volonté de séduire ; aguicheur : *Un sourire charmeur.*

CHARMILLE n.f. (de *2. charme*). **1.** Allée, berceau de charmes ou d'autres arbres. **2.** Jeune charme.

CHARNEL, ELLE adj. (du lat. *caro, carnis*, chair). Qui se rapporte au corps, à la chair, aux plaisirs des sens : *Amour charnel.*

CHARNELLEMENT adv. D'une façon charnelle.

CHARNIER n.m. (du lat. *caro, carnis*, chair). **1.** Fosse où sont entassés des cadavres en grand nombre. **2.** Anc. Lieu couvert où l'on déposait les morts.

CHARNIÈRE n.f. (du lat. *cardo, -inis*, gond). **1.** Ferrure assurant la rotation d'un ouvrant par rapport au dormant. **2.** Fig. (En appos.). Se dit de ce qui sert de transition ou d'articulation entre deux périodes, deux domaines : *Une date charnière dans l'histoire de la Ve République.* **3. ANAT.** Articulation à la jonction entre deux segments de la colonne vertébrale : *Charnière lombo-sacrée.*

CHARNU, E adj. Formé de chair : *Les parties charnues du corps* ; qui a une chair abondante : *Des bras charnus.* ▪ **Fruit charnu,** fruit à pulpe épaisse et consistante : *L'abricot et la pêche sont des fruits charnus.*

CHAROGNARD n.m. 1. Animal qui se nourrit de charognes, tels les vautours, les hyènes, les chacals. **2.** Fam., injur. Personne qui tire profit du malheur des autres.

CHAROGNE n.f. (du lat. *caro, carnis*, chair). **1.** Corps d'un animal mort et déjà en putréfaction. **2.** Fam., injur. Individu immonde.

CHAROLAIS, E adj. et **n. 1.** Du Charolais. **2.** De la race des charolais : *Mouton, vache charolais.* ◆ **n.m. 1.** Mouton d'une race française réputée pour sa viande. **2.** Bovin d'une race française à robe blanche, fournissant une viande de grande qualité.

CHAROPHYTE [ka-] **n.m.** Végétal d'eau douce présentant des caractères à la fois d'algue verte et de mousse, à tige dressée, aux ramifications dichotomiques régulières. ➲ Les charophytes forment un embranchement.

CHARPENTAGE n.m. Travail de charpente d'un navire, d'un bâtiment.

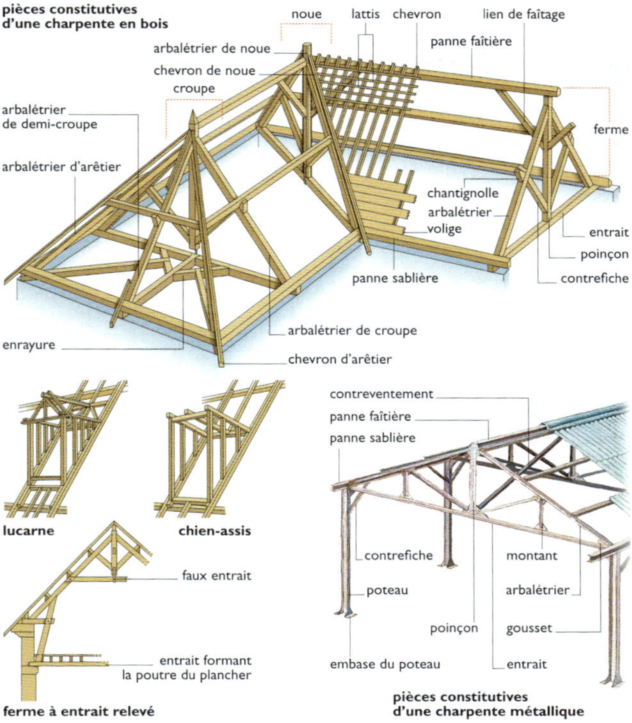

▲ **charpente.** Pièces constitutives des charpentes en bois et en métal.

CHARPENTE n.f. (lat. *carpentum*). **1.** Assemblage de pièces de bois, de métal, de béton armé, constituant ou soutenant les diverses parties d'une construction : *La charpente d'un hangar, d'un navire.* **2.** Ensemble des parties osseuses d'un être vivant ; squelette : *Il a une charpente fragile.* **3.** Ensemble des branches principales d'un arbre fruitier. ▪ **Bois de charpente,** bois propre à la construction.

CHARPENTÉ, E adj. Se dit d'un vin qui possède des tanins puissants. ▪ **Un homme bien charpenté,** qui a une forte charpente osseuse. ▪ **Un roman, une nouvelle bien charpentés,** bien structurés.

CHARPENTER v.t. [3]. Tailler des pièces de bois pour faire une charpente.

CHARPENTERIE n.f. **1.** Travail, art du charpentier. **2.** Chantier de charpente.

CHARPENTIER, ÈRE n. Personne qui effectue des travaux de charpente.

CHARPENTIÈRE adj.f. ▪ **Abeille charpentière,** xylocope.

CHARPIE n.f. (de l'anc. fr. *charpir,* déchirer). MÉD. Anc. Produit obtenu par effilage ou râpage de la toile usée, que l'on utilisait autref. pour panser les plaies. ▪ **Mettre** ou **réduire en charpie,** déchirer en menus morceaux ; déchiqueter : *Le chiot a réduit le journal en charpie.*

CHARRE n.m. → **2. CHAR.**

CHARRETÉE n.f. Contenu d'une charrette.

CHARRETIER, ÈRE n. Personne qui conduit une charrette. ▪ **Jurer comme un charretier,** souvent et très grossièrement.

CHARRETON ou **CHARRETIN** n.m. Petite charrette sans ridelles.

CHARRETTE n.f. (de *1. char*). **1.** Véhicule à deux roues, à traction animale, muni d'un brancard simple ou double et de deux ridelles, pour transporter des charges, des bagages ; son contenu. **2.** Fam. Ensemble de personnes licenciées d'une entreprise, exclues d'une organisation, expulsées d'un pays. **3.** Fam. Travail intensif effectué pour remettre à temps un projet, un ouvrage urgent. ◆ **adj. inv.** Qui est astreint à un travail intensif pour remettre à temps un projet, un ouvrage : *Ils sont tous charrette jusqu'à demain.* ◆ **interj.** Suisse. Fam. Exprime la surprise, l'admiration, l'embarras.

CHARRIAGE n.m. **1.** Action de charrier : *Le charriage des troncs d'arbres par le fleuve.* **2.** GÉOL. Poussée latérale provoquant le déplacement de formations géologiques loin de leur lieu d'origine. ▪ **Nappe de charriage,** ou **charriage** [géol.], les terrains déplacés (allochtones).

CHARRIER v.t. [5] (de *1. char*). **1.** Entraîner, emporter dans son cours : *Le fleuve charrie des troncs d'arbres.* **2.** GÉOL. Déplacer des terrains par un charriage. **3.** Fam. Se moquer de qqn. **4.** Transporter qqch en charrette, en chariot : *Charrier du foin.* ◆ **v.i.** Fam. Aller trop loin ; exagérer : *Là, tu charries !*

CHARROI n.m. Transport par charrette ou par chariot.

CHARRON n.m. (de *1. char*). Anc. Personne qui fabrique et répare des chariots, des charrettes, des voitures hippomobiles.

CHARRONNAGE n.m. Ouvrage ou métier du charron.

CHARROYER [ʃarwaje] v.t. [7]. Transporter sur des charrettes, des chariots ; charrier.

CHARRUE n.f. (lat. *carruca*). Instrument agricole pour labourer, à socs ou à disques, qui travaille d'une manière dissymétrique en rejetant et en retournant la terre d'un seul côté : *Charrue à six socs.* ▪ **Mettre la charrue avant** ou **devant les bœufs,** commencer par où l'on devrait finir.

CHARTE n.f. (du lat. *charta,* papier). **1.** Loi, règle fondamentale : *La charte d'une association.* **2.** Ensemble des lois constitutionnelles d'un État : *La Grande Charte d'Angleterre de 1215.* **3.** HIST. Titre qui consignait des droits, des privilèges, ou qui réglait des intérêts, au Moyen Âge.

CHARTE-PARTIE n.f. (pl. *chartes-parties*). MAR. Écrit constatant l'existence d'un contrat d'affrètement.

CHARTER [ʃartɛr] n.m. (mot angl. « affrètement »). Avion affrété par une compagnie de tourisme ou par un groupe de personnes, sur lequel le prix du billet est très avantageux.

CHARTISME n.m. Mouvement réformiste d'émancipation ouvrière qui anima la vie politique britannique entre 1837 et 1848.

1. CHARTISTE adj. Qui se rapporte au chartisme ; qui en est partisan.

2. CHARTISTE n. Élève ou ancien élève de l'École nationale des chartes qui forme des archivistes-paléographes (v. partie n.pr. **CHARTES**).

3. CHARTISTE n. (angl. *chartist*). FIN. Expert qui, en analysant des graphiques représentant les cours des devises ou de certains instruments financiers, peut en prévoir les fluctuations.

CHARTRAIN, E adj. et n. De Chartres.

CHARTRE n.f. → **CHARTE.**

CHARTREUSE n.f. **1.** Couvent de chartreux. **2.** Région. (Sud-Ouest). Maison de campagne, souvent longue et basse.

CHARTREUSE n.f. (nom déposé). Liqueur aromatique fabriquée autref. au couvent de la Grande-Chartreuse, auj. à Voiron (Isère).

1. CHARTREUX, EUSE n. Religieux de l'ordre contemplatif de Saint-Bruno.

2. CHARTREUX n.m. Chat à poil gris cendré.

CHARTRIER n.m. HIST. **1.** Salle où l'on classait et conservait les chartes, les titres. **2.** Recueil de chartes.

CHAS [ʃa] n.m. (du lat. *capsus,* coffre). Trou d'une aiguille, par où passe le fil.

CHASLES (RELATION DE) n.f. MATH. Propriété de l'addition de deux grandeurs orientées (vecteurs, mesures algébriques, angles...). ➲ A, B et C étant trois points, $\overrightarrow{AB} + \overrightarrow{BC} = \overrightarrow{AC}$.

CHASSANT, E adj. MIN. Se dit d'un chantier de mine qui s'éloigne de la galerie principale.

CHASSE n.f. **1.** Action de chasser un animal : *Aller à la chasse. Permis de chasse.* **2.** Espace de terrain réservé pour la chasse : *Chasse gardée.* **3.** Gibier capturé ou tué : *Vivre de la chasse.* **4.** Action de chercher, de poursuivre qqn ou qqch pour s'en emparer : *La police donne la chasse aux fugitifs. Faire la chasse aux meilleurs soldes.* **5.** Inclinaison vers l'arrière des pivots des roues directrices d'une voiture, ou de la direction d'une motocyclette ou d'une bicyclette. **6.** IMPRIM. Encombrement latéral d'un caractère typographique. ▪ **Aviation de chasse,** ou **chasse,** composante de l'armée de l'air équipée d'avions rapides, dits *avions de chasse, chasseurs* ou *intercepteurs,* capables de détruire les appareils ennemis en vol. ▪ **Chasse aérienne,** action menée par ces avions. ▪ **Chasse aux têtes** [anthrop.], dans certaines sociétés, pratique consistant à aller tuer un membre d'une communauté voisine et à rapporter sa tête pour l'accomplissement de rituels (funéraires, le plus souvent). ▪ **Chasse (d'eau),** appareil à écoulement d'eau rapide pour vidanger une cuvette de W-C. ▪ **Chasse photographique,** approche d'animaux dans leur milieu naturel, pour les photographier. ▪ **Être en chasse,** poursuivre le gibier, en parlant des chiens ; rechercher le mâle, en parlant des femelles d'animaux domestiques. ▪ **Prendre en chasse,** poursuivre : *La police a pris en chasse les malfaiteurs.*

CHÂSSE n.f. (du lat. *capsa,* boîte). Reliquaire en forme de sarcophage au couvercle à deux pentes ou en forme d'église.

CHASSÉ n.m. Pas de danse dans lequel le pied qui exécute un glissement semble chassé par l'autre qui se rapproche de lui.

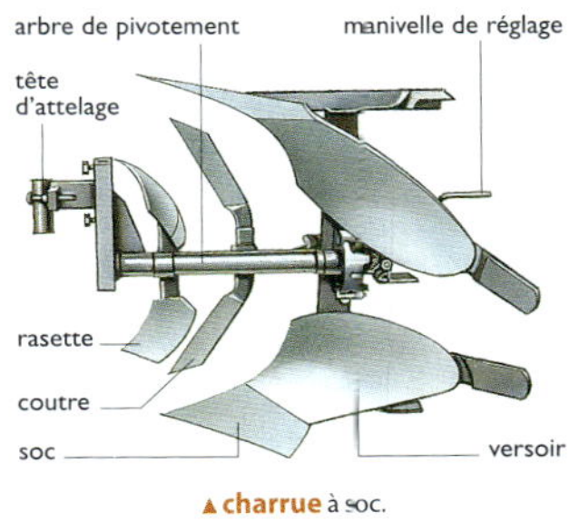

▲ **charrue** à soc.

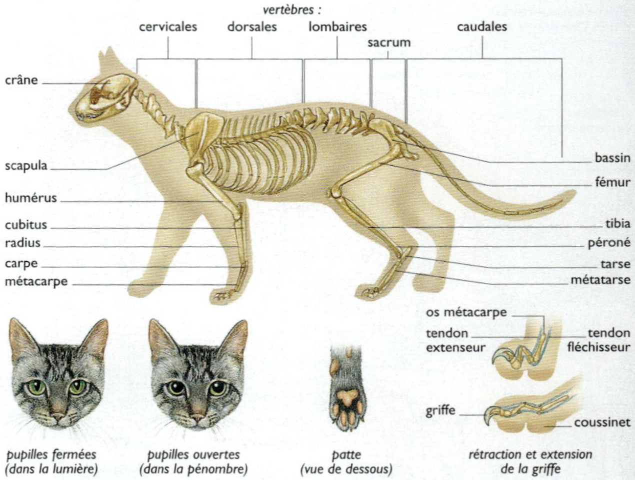

▲ **chat.** Squelette et détails de la morphologie.

CHASSE-CLOU n.m. (pl. *chasse-clous*). Outil utilisé pour enfoncer profondément la tête des clous dans le bois.

CHASSÉ-CROISÉ n.m. (pl. *chassés-croisés*). **1.** Mouvement en sens inverse de deux groupes qui se croisent : *Le chassé-croisé des vacanciers.* **2.** Suite de mouvements, d'échanges n'aboutissant pas toujours à un résultat : *Un chassé-croisé de courriels.* **3.** Final des anciens quadrilles, où les deux danseurs passaient alternativement l'un devant l'autre.

CHASSÉEN n.m. (de *Chassey-le-Camp*, v. de Saône-et-Loire). Faciès culturel du néolithique moyen en France (de – 4000 à – 3500). ◆ **CHASSÉEN, ENNE adj.** Relatif au chasséen.

CHASSE-GOUPILLE n.m. (pl. *chasse-goupilles*). Outil en acier pour faire sortir une goupille de son logement.

CHASSELAS n.m. (de *Chasselas*, v. de Saône-et-Loire). Cépage blanc surtout cultivé pour produire des raisins de table.

CHASSE-MARÉE n.m. inv., ▲ *n.m. (pl. chasse-marées).* Bateau de pêche breton à trois mâts.

CHASSE-MOUCHES n.m. inv., ▲ *CHASSE-MOUCHE n.m. (pl. chasse-mouches).* Anc. Touffe de crins fixée à un manche pour chasser les mouches.

CHASSE-MOUSTIQUES n.m. inv., ▲ *CHASSE-MOUSTIQUE n.m. (pl. chasse-moustiques).* Québec. Produit utilisé pour éloigner les moustiques.

CHASSE-NEIGE n.m. inv., ▲ *n.m. (pl. chasse-neiges).* **1.** Engin servant à déblayer la neige sur une voie de circulation. **2.** Position des skis obtenue en écartant les talons, que l'on utilise pour freiner, virer ou s'arrêter ; descente dans cette position.

CHASSE-PIERRES n.m. inv., ▲ *CHASSE-PIERRE n.m. (pl. chasse-pierres).* **CH. DE F.** Appareil fixé à l'avant d'une locomotive pour écarter des rails les pierres ou tout autre objet qui s'y trouveraient.

CHASSEPOT n.m. (de *Chassepot*, n. de l'inventeur). Fusil de guerre en usage dans l'armée française de 1866 à 1874.

CHASSER v.t. [3] (du lat. *captare*, chercher à prendre). **1.** Guetter, poursuivre un animal pour le capturer ou le tuer : *Chasser le sanglier.* **2.** Faire partir de force ou avec violence ; expulser : *Le trésorier corrompu a été chassé. La police a chassé les squatteurs.* **3.** Faire disparaître qqch ; écarter : *Le vent chasse les nuages. Ce film t'aidera à chasser tes idées noires.* ▪ **Chasser sur les terres de qqn,** braconner ; fig., empiéter sur ses droits ; copier son discours, ses arguments. ◆ **v.i. 1.** Pratiquer le sport de la chasse : *Il est parti chasser.* **2.** En parlant d'un véhicule, se déporter involontairement à droite ou à gauche ; déraper : *Les roues chassent sur le verglas.* **3. MAR.** Glisser sur le fond sans mordre, en parlant de l'ancre d'un navire au mouillage. **4. MIN.** S'éloigner de la galerie principale. **5.** Être poussé, entraîné dans une certaine direction : *Les nuages chassent vers l'ouest.* **6. IMPRIM.** Espacer la composition d'un texte ; en parlant d'un caractère, fournir un nombre de lignes plus important qu'un autre, ce qui oblige à reporter du texte dans une autre colonne ou page.

CHASSERESSE n.f. et adj.f. Poét. Femme qui chasse. ▪ **Diane chasseresse** [myth. rom.], la déesse de la Chasse.

CHASSE-ROUE n.m. (pl. *chasse-roues*). Borne ou arc métallique pour protéger des roues des voitures les murs d'angle d'un portail, d'une porte cochère.

CHÂSSES n.m. pl. (de *châssis*, fenêtre). Arg. Yeux.

1. CHASSEUR n.m. 1. Appareil de l'aviation de chasse. **2.** Navire ou véhicule militaire conçu pour une mission particulière : *Chasseur de sous-marins, de chars, de mines.* ▪ **Chasseur bombardier, d'assaut,** avion spécialisé dans l'attaque d'objectifs terrestres ou maritimes.

2. CHASSEUR, EUSE n. Personne qui chasse le gibier. ▪ **Chasseur de têtes** [anthrop.], personne qui se livre à la chasse aux têtes, dans une société qui entretient cette pratique rituelle ; professionnel spécialisé dans le recrutement des cadres de haut niveau. ▪ **Chasseur d'images,** amateur qui recherche des lieux ou des objets originaux qu'il photographie ou filme. ◆ **n.m. 1.** Employé en livrée qui fait les courses dans un hôtel, un restaurant. **2.** Soldat de certains corps d'infanterie et de cavalerie : *Les chasseurs alpins.* ◆ **adj.m.** Se dit d'une viande servie avec des champignons émincés et des échalotes hachées, déglacés au vin blanc et mouillés de sauce tomate.

CHASSEUR-CUEILLEUR n.m. (pl. *chasseurs-cueilleurs*). **ANTHROP.** Personne appartenant à une société qui fonde sa subsistance sur la chasse et la cueillette.

CHASSIE n.f. (du lat. *cacare*, déféquer). Substance visqueuse et jaunâtre qui se dépose sur le bord des paupières.

CHASSIEUX, EUSE adj. Qui a de la chassie.

CHÂSSIS n.m. (de *châsse*). **1.** Cadre fixe ou mobile, en bois ou en métal, qui entoure ou supporte qqch : *Le châssis d'une fenêtre.* **2.** Cadre de menuiserie sur lequel est tendue la toile d'un tableau. **3.** Assemblage rectangulaire qui supporte le moteur et la carrosserie d'un véhicule, la caisse d'un wagon ou l'affût de certains canons. **4. PHOTOGR.** Accessoire permettant le positionnement d'un film ou d'une plaque sensible durant une prise de vue, un tirage ou une projection. **5.** Caisse en bois, en plastique, etc., couverte de verre ou de plastique et utilisée pour abriter de jeunes plantes.

CHÂSSIS-PRESSE n.m. (pl. *châssis-presses*). **PHOTOGR.** Châssis utilisé pour le tirage des planches-contacts.

CHASSOIR n.m. Outil pour enfoncer les cercles des tonneaux.

CHASTE adj. (lat. *castus*, pur). **1.** Qui respecte les règles de la pudeur, de la décence : *Une chaste pensée.* **2.** Qui exclut les rapports sexuels ; platonique : *Un amour chaste.*

CHASTEMENT adv. De façon chaste.

CHASTETÉ n.f. (lat. *castitas*). Fait de s'abstenir des plaisirs sexuels, en partic. par conformité à une morale ou par consécration exclusive à Dieu : *Faire vœu de chasteté.*

CHASUBLE n.f. (lat. *casula*). Vêtement liturgique ayant la forme d'un manteau sans manches, que le prêtre met pour célébrer la messe. ▪ **Robe chasuble,** robe échancrée, sans manches, et dont la taille n'est pas marquée.

1. CHAT, CHATTE n. (lat. *cattus*). Mammifère carnivore au museau court et arrondi, aux griffes rétractiles, dont il existe des espèces domestiques et des espèces sauvages. ➲ Cri : le chat miaule ; famille des félidés. ▪ **Acheter chat en poche** [fam., vieilli], acheter sans regarder la marchandise. (En Belgique, on dit cour. *acheter un chat dans un sac.*) ▪ **Appeler un chat un chat** [fam.], dire les choses telles qu'elles sont. ▪ **Avoir d'autres chats à fouetter** [fam.], avoir des préoccupations plus sérieuses. ▪ **Avoir un chat dans la gorge** [fam.], être enroué. ▪ **Chat sauvage** [Québec, fam.], raton laveur. ▪ **Donner sa langue au chat** [fam.], s'avouer incapable de répondre à une question. ▪ **Il n'y a pas de quoi fouetter un chat** [fam.], ça n'est pas très grave. ▪ **Il n'y a pas un chat** [fam.], il n'y a personne. ▪ **Jouer à chat,** jouer à un jeu de poursuite dans lequel un des joueurs, le chat, poursuit et touche un autre joueur qui devient chat à son tour. ▪ **Jouer au chat et à la souris,** se dit de deux personnes dont l'une cherche vainement à atteindre l'autre, qui lui échappe sans cesse.

2. CHAT ou **TCHAT** [tʃat] **n.m.** (mot angl. « bavardage »). **INFORM.** Échange synchrone et interactif de messages textuels, généralement courts, avec d'autres internautes. Recomm. off. **causette.**

✎ Au Québec, on dit *clavardage.*

CHÂTAIGNE n.f. (lat. *castanea*). **1.** Fruit du châtaignier, riche en amidon, à l'amande divisée, aussi appelé *marron*, spécial. chez certaines variétés cultivées dont l'amande est entière. **2.** Fam. Coup de poing. ▪ **Châtaigne d'eau,** fruit de la macre, dont l'amande est comestible. ▪ **Châtaigne de mer,** oursin.

CHÂTAIGNERAIE n.f. Terrain planté de châtaigniers.

CHÂTAIGNIER n.m. Arbre des régions tempérées de l'hémisphère Nord, à feuilles longues et dentelées, à fleurs en chatons, dont les fruits (*châtaignes*), entourés d'une cupule épineuse (*bogue*), sont comestibles, et dont le bois est utilisé pour les charpentes et les parquets. ➲ Famille des fagacées.

▲ **châtaignier**

CHÂTAIN adj. (de *châtaigne*). [Inv. en genre]. D'une couleur brun clair : *Des cheveux châtains. Des barbes châtain clair.* ◆ **n.m.** Couleur brun clair.

✎ Le féminin *châtaine* est litt.

Les chats

chat sacré de Birmanie
bleu russe
american shorthair
angora
ragdoll
chartreux
ocicat
chat des forêts norvégiennes
turc Van
somali
mandarin
siamois
exotic shorthair
persan bleu
chinchilla
sphinx
american curl
scottish fold

CHATAIRE n.f. → **CATAIRE.**

CHÂTEAU n.m. (lat. *castellum*). **1.** Demeure féodale fortifiée, au Moyen Âge, également appelée *château fort*. **2.** Demeure seigneuriale ou royale, avec ses dépendances, ses jardins, son parc : *Le château de Versailles*. **3.** À partir du XIXe s., grande et belle demeure de campagne ; gentilhommière. **4.** Superstructure placée au milieu d'un navire, sur toute sa largeur, pour le logement des passagers et de l'équipage. ▪ **Bâtir des châteaux en Espagne,** faire des projets chimériques. ▪ **Château d'eau,** réservoir d'eau exhaussé. ▪ **Château de cartes,** construction que l'on fait avec des cartes à jouer ; fig., chose précaire, fragile. ▪ **Le Château** [fam.], le lieu abritant les instances suprêmes d'un organisme ; spécial., en France, le palais de l'Élysée. ▪ **Une vie de château,** une existence passée dans le luxe et l'oisiveté.

CHATEAUBRIAND ou **CHÂTEAUBRIANT** n.m. (de *Chateaubriand*, n.pr.). Épaisse tranche de filet de bœuf grillé ou poêlé.

CHÂTEAU-LA-POMPE n.m. inv. Par plais., fam. Eau du robinet.

CHÂTELAIN, E n. (lat. *castellanus*). **1.** HIST. Seigneur qui possédait un château et les terres qui en dépendaient. **2.** Propriétaire ou locataire d'un château.

CHÂTELAINE n.f. Chaîne portée en ceinture par les femmes (fin du XVIIIe s., époque romantique), à laquelle étaient suspendus de petits objets utiles.

CHÂTELET n.m. Au Moyen Âge, petit château fort commandant le passage sur une voie de communication (pont, route, etc.).

CHÂTELLENIE [ʃatɛlni] n.f. HIST. Seigneurie et juridiction d'un châtelain.

CHÂTELPERRONIEN n.m. (de *Châtelperron*, v. de l'Allier). Premier faciès culturel du paléolithique supérieur en France, correspondant au périgordien ancien (de – 35 000 à – 30 000) et contemporain des derniers néandertaliens (SYN. **castelperronien**). ◆ **CHÂTELPERRONIEN, ENNE** adj. Relatif au châtelperronien.

CHAT-HUANT n.m. (pl. *chats-huants*). Hulotte.

✎ Même au pl., le *h* de ***huant*** est aspiré.

CHÂTIER v.t. [5] (lat. *castigare*). Litt. **1.** Punir sévèrement ; corriger : *Châtier l'insolence de qqn, un insolent*. **2.** Donner le maximum de correction à son style, à son langage.

CHATIÈRE n.f. (de *1. chat*). **1.** Petite ouverture au bas d'une porte ou d'un mur pour laisser passer les chats. **2.** Trou d'aération dans les combles.

CHÂTIMENT n.m. Sanction sévère frappant un coupable ou punissant une faute : *L'opinion réclame un châtiment pour les corrompus.*

CHATOIEMENT n.m. Reflet brillant et changeant d'une pierre précieuse, d'une étoffe, etc.

1. CHATON n.m. (de *1. chat*). **1.** Jeune chat. **2.** BOT. Inflorescence composée de très petites fleurs, dont la forme rappelle la queue d'un chat. ➲ Les fleurs mâles du châtaignier, du noisetier forment des chatons. **3.** Amas de poussière d'aspect laineux ; moutons.

2. CHATON n.m. (du francique **kasto*, caisse). Partie centrale d'une bague, où est sertie une pierre ou une perle.

CHATOU n.m. → **CHATROU.**

1. CHATOUILLE n.f. Fam. (Surtout pl.). Attouchement léger et répété qui chatouille : *Faire des chatouilles à qqn.*

2. CHATOUILLE n.f. (orig. incert.). ZOOL. Ammocète.

CHATOUILLEMENT n.m. **1.** Action de chatouiller ; sensation qui en résulte. **2.** Léger picotement en certaines parties du corps ; fourmillement.

CHATOUILLER v.t. [3] (onomat.). **1.** Causer, par un attouchement léger et répété de la peau, une réaction de rire ou d'agacement. **2.** Fam. Exciter, énerver pour provoquer des réactions : *Il sait que ce sujet chatouille son rival.* **3.** Flatter agréablement ; titiller : *Chatouiller l'amour-propre de qqn.*

CHATOUILLEUX, EUSE adj. **1.** Sensible au chatouillement. **2.** Fig. Qui se vexe ou s'irrite facilement ; ombrageux : *Être très chatouilleux sur ses prérogatives.*

CHATOUILLIS n.m. Fam. Léger chatouillement.

CHATOYANT, E adj. Qui chatoie : *Une étoffe chatoyante.* ▪ **Style chatoyant,** brillant, coloré et imagé.

CHATOYER [ʃatwaje] v.i. [7] (de *1. chat*). Avoir des reflets qui changent suivant les jeux de la lumière, en parlant de pierres précieuses, d'étoffes brillantes, etc.

CHÂTRER v.t. [3] (lat. *castrare*). Enlever ou détruire les organes génitaux d'un animal, pour l'empêcher de se reproduire ou pour en obtenir un meilleur rendement dans le travail (bœuf) ou dans la production de viande (porc, chapon) ; rendre stérile : *Châtrer un chat* (SYN. **castrer**).

CHATROU ou **CHATOU** n.m. (mot créole). Antilles. Petite pieuvre comestible.

CHATTE n.f. → **1. CHAT.**

CHATTEMITE n.f. (de *chatte* et du lat. *mitis*, doux). Litt., vieilli. ▪ **Faire la chattemite,** prendre un air modeste et doux pour mieux tromper ou séduire.

CHATTER ou **TCHATTER** [tʃate] v.i. [3] (de *2. chat*). INFORM. Participer à un chat.

CHATTERIE n.f. **1.** Friandise délicate. **2.** (Surtout pl.). Paroles douces et insinuantes ; manières caressantes et hypocrites : *Elle ne se laisse pas prendre à toutes ces chatteries.*

CHATTERTON [ʃatɛrtɔn] n.m. (de *Chatterton*, n. de l'inventeur). Vieilli. Ruban adhésif employé autref. en électricité pour isoler les fils conducteurs.

CHATTEUR, EUSE ou **TCHATTEUR, EUSE** [tʃatœr, øz] n. INFORM. Personne qui participe à un chat sur Internet.

CHAT-TIGRE n.m. (pl. *chats-tigres*). Nom donné à diverses espèces de chats sauvages, notamm. au margay.

1. CHAUD, E adj. (lat. *calidus*). **1.** Qui a ou donne de la chaleur : *Le soleil est très chaud à midi* ; qui est d'une température élevée par rapport à celle du corps humain : *Prendre un bain chaud.* **2.** Qui est passionné, enthousiaste ; ardent : *C'est un chaud défenseur de cette loi.* **3.** Marqué par une forte agitation ; vif : *Le débat fut assez chaud. Le quartier chaud d'une ville.* **4.** Fam. Qui est sensuel, porté à l'amour. ▪ **Avoir la tête chaude** ou **le sang chaud,** s'emporter facilement. ▪ **Couleur chaude,** couleur du spectre dont la longueur d'onde est plus proche du rouge et du jaune que du bleu. ▪ **Ne pas être chaud pour,** ne pas être très favorable à. ▪ **Point chaud** [géol.], anomalie thermique profonde du globe terrestre, qui se traduit à la surface par un volcanisme isolé au sein d'une plaque lithosphérique continentale ou océanique ; fig., sujet qui provoque une violente contestation : *Le point chaud d'un débat* ; lieu où il risque de se produire un conflit : *La zone frontière est un point chaud.* ◆ adv. ▪ **Avoir chaud,** éprouver une sensation de chaleur. ▪ **Avoir eu chaud** [fam.], l'avoir échappé belle. ▪ **Cela ne me fait ni chaud ni froid,** cela m'est indifférent. ▪ **Manger, boire chaud,** manger un plat chaud ; boire une boisson chaude. ▪ **Tenir chaud à qqn,** lui fournir de la chaleur.

2. CHAUD n.m. Chaleur : *Elle supporte mal le chaud.* ▪ **À chaud,** au moment où vient d'avoir lieu un événement important : *Il a répondu à chaud aux journalistes.* ▪ **Au chaud,** dans un lieu où la chaleur est suffisante pour que qqch ne refroidisse pas, que qqn n'ait pas froid : *Elle est malade, elle doit rester au chaud.* ▪ **Faire chaud au cœur,** réchauffer le cœur ; faire plaisir. ▪ **Opérer à chaud** [chirurg.], en pleine crise, ou juste après un accident. ▪ **Un chaud et froid,** un refroidissement soudain qui peut provoquer un rhume ou une bronchite.

CHAUDE n.f. **1.** Vx. Feu vif pour se chauffer rapidement ; flambée. **2.** MÉTALL. Opération qui consiste à chauffer fortement et localement une pièce de métal à souder ou à marteler.

CHAUDEMENT adv. **1.** De manière à avoir ou à donner chaud : *Les skieurs s'habillent chaudement.* **2.** Avec vivacité, ardeur ; chaleureusement : *Les spectateurs encouragent chaudement les coureurs.*

CHAUDE-PISSE n.f. (pl. *chaudes-pisses*). Vulg. Blennorragie.

CHAUD-FROID n.m. (pl. *chauds-froids*). Fricassée de volaille ou salmis de gibier servis froids, nappés de leur sauce et enrobés de gelée.

CHAUDIÈRE n.f. (du lat. *caldaria*, chaudron). **1.** Générateur de vapeur d'eau ou d'eau chaude (parfois d'un autre fluide), servant au chauffage, à la production d'énergie : *Chaudière de chauffage central. Chaudière à gaz.* **2.** Québec. Seau ; son contenu : *Une chaudière d'eau.*

CHAUDRÉE n.f. (mot dial.). Soupe de poissons au vin blanc et au beurre, servie sur du pain. ➲ Spécialité charentaise.

CHAUDRON n.m. (de *chaudière*). **1.** Récipient cylindrique profond, en cuivre ou en fonte, à anse mobile, servant à cuire des aliments. **2.** Fig. Lieu clos où règne une activité génér. menaçante : *Le chaudron proche-oriental.*

CHAUDRONNERIE n.f. **1.** Métier, production, atelier du chaudronnier. **2.** Travail de façonnage de métaux en feuilles, fabrication de produits rivés, emboutis ou estampés.

CHAUDRONNIER, ÈRE n. **1.** Artisan qui fabrique, vend, répare des chaudrons, des objets en cuivre. **2.** Personne qui travaille les métaux en feuilles. ◆ adj. Relatif à la chaudronnerie.

CHAUFFAGE n.m. **1.** Action de chauffer, de se chauffer ; manière de chauffer. **2.** Appareil, installation servant à chauffer : *Le chauffage de la voiture ne fonctionne plus.* ▪ **Bois de chauffage,** bois destiné à être brûlé pour le chauffage. ▪ **Chauffage central,** distribution de chaleur dans les appartements d'un immeuble ou dans les pièces d'une maison à partir d'une source unique. ▪ **Chauffage urbain,** chauffage des immeubles à partir de centrales qui alimentent, par un réseau de canalisations, des zones urbaines entières.

CHAUFFAGISTE n. Spécialiste de l'installation et de l'entretien du chauffage central.

CHAUFFANT, E adj. Qui produit de la chaleur : *Une plaque chauffante.*

CHAUFFARD n.m. Fam., péjor. Conducteur d'automobile d'une imprudence dangereuse.

CHAUFFE n.f. Opération qui consiste à produire par combustion la chaleur nécessaire à un chauffage industriel ou domestique, et à conduire cette combustion ; durée de cette opération : *La période de chauffe va de novembre à mai.* ▪ **Surface de chauffe,** surface de transmission de la chaleur d'un appareil de chauffage industriel ou domestique.

CHAUFFE-ASSIETTE n.m. (pl. *chauffe-assiettes*). Appareil électrique pour chauffer les assiettes.

CHAUFFE-BAIN n.m. (pl. *chauffe-bains*). Appareil pour la production instantanée d'eau chaude pour la salle de bains.

CHAUFFE-BALLON n.m. (pl. *chauffe-ballons*). CHIM. Appareil de forme hémisphérique, chauffé par une résistance électrique et dans lequel vient se loger un ballon contenant des liquides à chauffer (SYN. **calotte chauffante**).

CHAUFFE-BIBERON n.m. (pl. *chauffe-biberons*). Appareil électrique pour chauffer les biberons au bain-marie.

CHAUFFE-EAU n.m. inv., ▲ *n.m. (pl. chauffe-eaux).* Appareil produisant de l'eau chaude sanitaire à partir du gaz, de l'électricité, de l'énergie solaire, etc.

CHAUFFE-MOTEUR n.m. (pl. *chauffe-moteurs*). Québec. Élément de chauffage électrique fixé dans le bloc-moteur d'une automobile pour faciliter son démarrage par grand froid.

CHAUFFE-PIEDS n.m. inv., ▲ *CHAUFFE-PIED n.m. (pl. chauffe-pieds).* Vieilli. Chaufferette.

CHAUFFE-PLAT n.m. (pl. *chauffe-plats*). Réchaud pour tenir les plats au chaud sur la table.

CHAUFFER v.t. [3] (du lat. *calere*, être chaud, et *facere*, faire). **1.** Rendre chaud ou plus chaud : *Chauffer un plat au micro-ondes. Chauffer ses mains auprès du feu.* **2.** Fig. Rendre enthousiaste et ardent ; animer : *Le présentateur chauffe le public.* ◆ v.i. **1.** Devenir chaud : *L'eau chauffe pour le thé.* **2.** Atteindre une température excessive : *L'ordinateur chauffe.* **3.** Produire de la chaleur : *À midi, le soleil chauffe.* ▪ **Ça chauffe, ça va chauffer** [fam.], il y a, il va y avoir une dispute. ◆ **SE CHAUFFER** v.pr. **1.** S'exposer à une source de chaleur : *Le chat se chauffe au soleil.* **2.** Chauffer l'endroit où l'on vit : *Se chauffer à l'électricité solaire.* ▪ **Montrer de quel bois on se chauffe,** montrer de quoi on est capable ; traiter qqn sans ménagement.

Les châteaux forts

Dans toute l'Europe féodale, le château fort devient la résidence des seigneurs, qui s'y entourent de leur cour et de leur armée. Pour des raisons stratégiques, il est érigé de préférence au sommet d'un promontoire naturel, sinon d'une motte artificielle, ou au détour d'une vallée. On y accède par un pont-levis jeté au-dessus d'un fossé et, en cas d'attaque, la défense est organisée depuis les tours qui flanquent son mur d'enceinte.

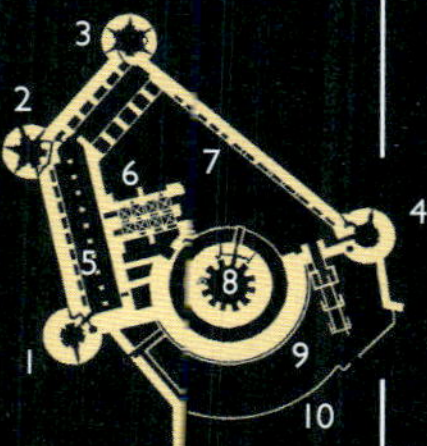

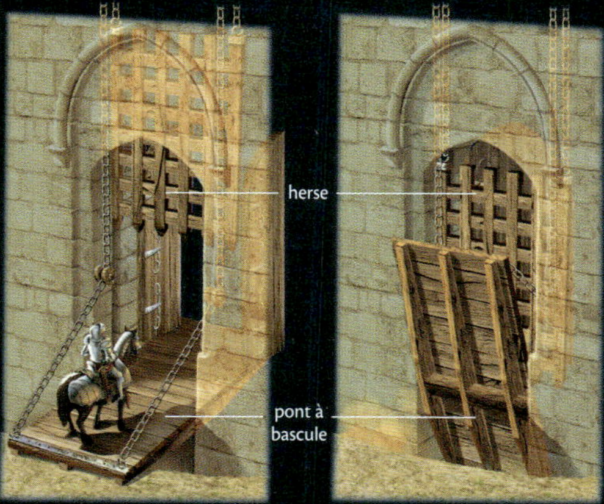

Pont-levis et herse.

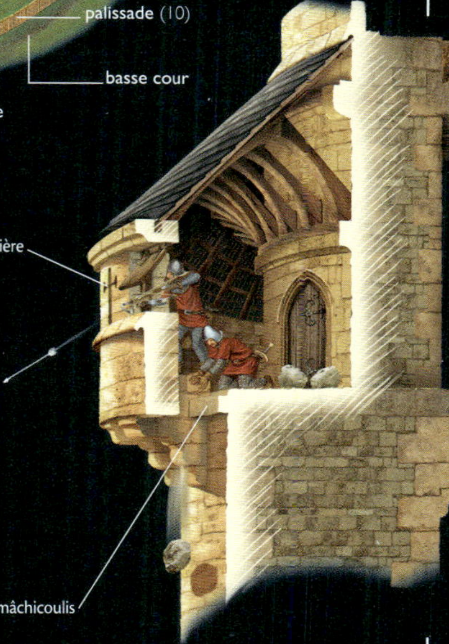

Chemin de ronde équipé de mâchicoulis et de meurtrières.

Château-Gaillard, France (fin du XIIe s.).

Château des comtes, Gand (Belgique) [XIIe-XIIIe s.].

Château de Kilchurn, Écosse (XVe s.).

CHAUFFERETTE n.f. **1.** Appareil pour se chauffer les mains ou les pieds (appareil électrique, par ex.). **2.** Anc. Boîte à couvercle percé de trous, contenant de la braise, pour se chauffer les pieds (SYN. **chauffe-pieds**). **3.** Québec. Radiateur, génér. portatif, servant de chauffage d'appoint : *Chaufferette électrique.* **4.** Québec. Dispositif de chauffage des véhicules automobiles.

CHAUFFERIE n.f. Local renfermant les appareils de production de chaleur, dans un immeuble, une usine, un navire, etc.

CHAUFFEUR n.m. **1.** Conducteur professionnel d'une automobile ou d'un camion : *Chauffeur de taxi.* **2.** Personne chargée de la conduite et de la surveillance d'un feu, d'un four, d'une chaudière. ▪ **Chauffeur de salle,** au music-hall, dans les studios de télévision et les discothèques, personne chargée d'obtenir du public une participation plus active afin d'amplifier le climat de fête collective.

CHAUFFEUSE n.f. **1.** Siège rembourré, bas et confortable, sans bras. **2.** Anc. Chaise basse pour s'asseoir auprès du feu.

CHAULAGE n.m. Action de chauler ; son résultat.

CHAULER v.t. [3]. AGRIC. **1.** Amender un sol avec de la chaux, pour en réduire l'acidité. **2.** Passer au lait de chaux les murs, le sol, les arbres, etc., pour détruire les parasites.

CHAUMARD n.m. MAR. Pièce en acier ou en fonte fixée sur le pont d'un navire pour guider les amarres.

CHAUME n.m. (lat. *calamus*). **1.** Tige creuse des graminées. **2.** Partie de la tige des céréales qui reste enracinée après la moisson. **3.** Champ après la moisson. **4.** Paille longue dont on a enlevé le grain, utilisée jadis pour couvrir les habitations dans certaines régions : *Des toits de chaume.*

CHAUMER v.t. et v.i. [3]. Récolter le chaume après la moisson.

CHAUMIÈRE n.f. Maison couverte d'un toit de chaume ; petite maison rustique. ▪ **Dans les chaumières,** au sein des familles ; dans le grand public : *La mort de la princesse a fait pleurer dans les chaumières.*

CHAUMINE n.f. Vx. Chaumière misérable.

CHAUSSAGE n.m. Action de chausser, de se chausser.

CHAUSSANT, E adj. Qui chausse bien le pied. ▪ **Article chaussant,** tout ce qui sert à chausser. ◆ n.m. Ensemble des caractéristiques d'une chaussure, qui lui permettent d'habiller correctement et confortablement le pied.

CHAUSSÉ n.m. HÉRALD. Partition en forme d'angle aigu, formée par deux lignes obliques partant de la pointe de l'écu pour aboutir aux deux angles du chef.

CHAUSSÉE n.f. (du lat. *calciata via*, chemin couvert de chaux). **1.** Partie d'une rue ou d'une route réservée à la circulation des véhicules (par oppos. à *trottoir*, à *bas-côté*) : *Ils goudronnent la chaussée.* **2.** Écueil allongé et dépassant légèrement le niveau de la mer : *La Chaussée des Géants.* **3.** Élévation de terre pour retenir l'eau d'une rivière, d'un étang, ou pour servir de chemin.

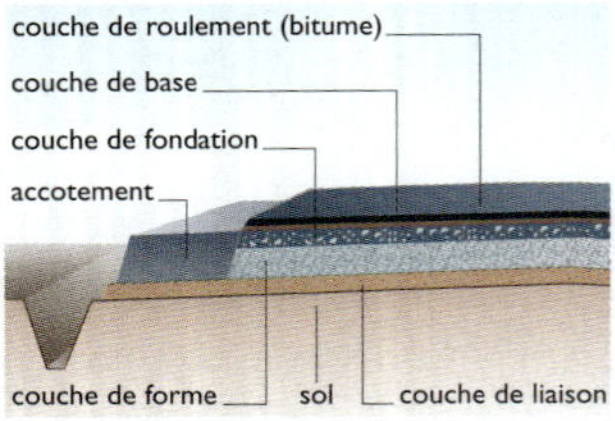

▲ **chaussée.** Coupe d'une chaussée de route.

CHAUSSE-PIED (pl. *chausse-pieds*), ▲ *CHAUSSEPIED* n.m. Lame incurvée en corne, en matière plastique ou en métal, utilisée pour entrer le pied dans une chaussure.

CHAUSSER v.t. [3] (lat. *calceare*). **1.** Mettre des chaussures, des skis, etc., à ses pieds : *Il a chaussé ses après-skis.* **2.** Fournir en chaussures : *Ce magasin chausse les très petites pointures.* **3.** S'adapter au pied de : *Ces escarpins vous chaussent très bien.* **4.** Garnir de pneus neufs les roues d'une voiture, d'une bicyclette. ▪ **Chausser les étriers,** enfoncer les pieds dans les étriers. ▪ **Chausser ses lunettes** [vieilli], les ajuster sur son nez. ▪ **Chausser une plante** [agric.], la butter. ◆ v.i. **1.** Avoir telle pointure : *Chausser du 39.* **2.** S'ajuster au pied de telle manière : *Ces bottes chaussent petit.* ◆ **SE CHAUSSER** v.pr. **1.** Mettre ses chaussures : *Se chausser avant de sortir.* **2.** Se fournir en chaussures dans tel ou tel magasin.

CHAUSSES n.f. pl. Vêtement médiéval, d'abord porté par les deux sexes, couvrant les jambes par deux parties indépendantes qui, au XIV[e] s., furent réunies et devinrent une sorte de caleçon long (*bas-de-chausses*) ou une culotte courte (*haut-de-chausses*).

CHAUSSE-TRAPE ou **CHAUSSE-TRAPPE** (pl. *chausse-trap[p]es*), ▲ *CHAUSSETRAPPE* n.f. (de l'anc. fr. *chauchier*, fouler, et *treper*, sauter). **1.** Piège à renard et autres animaux. **2.** Fig. Piège destiné à tromper qqn ; traquenard : *Ce jeu d'aventures est plein de chausse-trapes.* **3.** FORTIF. Moyen de défense constitué par un pieu camouflé au fond d'un trou ou un assemblage de pointes de fer.

CHAUSSETTE n.f. (de *chausses*). Pièce d'habillement tricotée couvrant le pied et montant jusqu'à mi-mollet ou jusqu'au genou. ▪ **Avoir le moral dans les chaussettes** [fam.], au plus bas.

CHAUSSEUR n.m. Fabricant, marchand de chaussures.

CHAUSSON n.m. (de *chausses*). **1.** Chaussure souple d'intérieur à talon bas ou sans talon, en étoffe ou en cuir ; pantoufle. **2.** Chaussure de danse. **3.** Pâtisserie faite de pâte feuilletée repliée et garnie de compote de pommes, de poires, etc.

CHAUSSURE n.f. **1.** Article d'habillement ou de protection, en cuir ou en matières synthétiques, qui recouvre le pied : *Des chaussures à talons, de marche.* **2.** Industrie, commerce de la chaussure. ▪ **Trouver chaussure à son pied** [fam.], trouver la personne ou la chose qui convient exactement.

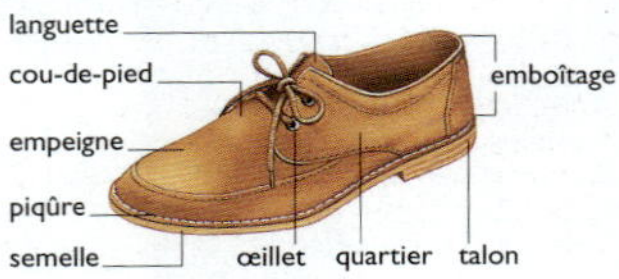

▲ **chaussure.** Éléments constitutifs d'une chaussure.

CHAUT → **CHALOIR.**

CHAUVE adj. et n. (lat. *calvus*). Qui n'a plus de cheveux ; atteint de calvitie : *Devenir chauve.* ◆ adj. Litt. Sans végétation ; pelé : *Des collines chauves.*

CHAUVE-SOURIS (pl. *chauves-souris*), ▲ *CHAUVESOURIS* n.f. Mammifère volant, le plus souvent insectivore, de l'ordre des chiroptères, qui se dirige par écholocation et se repose ou hiberne dans des lieux sombres et humides, tel que la noctule, la roussette et le vampire.

CHAUVIN, E adj. et n. (de *Chauvin*, type de soldat enthousiaste du premier Empire). Qui manifeste un patriotisme excessif, souvent agressif ; qui admire de façon exclusive son pays, sa ville, sa région.

CHAUVINISME n.m. Patriotisme, nationalisme exagéré et souvent agressif : *Le chauvinisme de certains supporteurs.*

CHAUX n.f. (du lat. *calx, calcis*, pierre). Nom donné à l'oxyde de calcium (CaO). ▪ **Bâti à chaux et à sable** [litt.], se dit d'une personne très robuste. ▪ **Chaux éteinte,** chaux hydratée $Ca(OH)_2$, obtenue par action de l'eau sur la chaux vive. ▪ **Chaux vive,** oxyde de calcium anhydre, obtenu par calcination de calcaire. ▪ **Eau de chaux** [chim. minér.], solution de chaux. ▪ **Lait de chaux,** suspension de chaux éteinte dans de l'eau, utilisée surtout comme badigeon.

CHAVIREMENT ou **CHAVIRAGE** n.m. Fait de chavirer.

CHAVIRER v.i. [3] (du provenç. *cap virar*, tourner la tête). Se renverser, se retourner, en parlant d'un bateau. ◆ v.t. **1.** Vieilli. Renverser, retourner un navire. **2.** Fig. Causer une grande émotion à ; bouleverser : *Sa disparition nous a chavirés.*

CHAYOTE ou **CHAYOTTE** [ʃajɔt] n.f. (du nahuatl). AGRIC. Plante grimpante originaire du Mexique, cultivée en Europe pour son fruit charnu en forme de grosse poire rugueuse ; ce fruit. ➲ Famille des cucurbitacées.

CHEBEC ou **CHEBEK** [ʃebɛk], ▲ *CHÉBEC* n.m. (ar. *chabbāk*). Trois-mâts de la Méditerranée, très fin, naviguant à la voile ou à l'aviron, utilisé autref. par les pirates barbaresques.

CHÈCHE n.m. Longue écharpe d'origine saharienne que l'on enroule autour de la tête.

CHÉCHIA n.f. (ar. *châchiya*). Coiffure cylindrique ou tronconique de certaines populations d'Afrique musulmane.

CHECK-LIST (pl. *check-lists*), ▲ *CHECKLIST* [(t)ʃɛklist] n.f. (mot angl.). ASTRONAUT., AÉRON. Liste d'opérations permettant de vérifier le fonctionnement de tous les organes et dispositifs d'un avion, d'une fusée avant son envol. Recomm. off. **liste de vérification.**

CHECK-UP n.m. inv., ▲ *CHECKUP n.m.* [(t)ʃɛkœp] (mot angl.). **1.** Examen médical complet ; bilan de santé. **2.** Bilan complet du fonctionnement de qqch : *Check-up d'une voiture.*

CHÉDAIL n.m. (mot dial. « patrimoine »). Suisse. Ensemble du matériel d'exploitation d'une ferme : *Le chédail et le bétail.*

CHEDDAR [ʃedar] n.m. Fromage à pâte dure fabriqué selon un procédé d'origine anglaise.

CHEDDITE n.f. (de *Chedde*, localité de Haute-Savoie). Explosif à base de chlorate de potassium ou de sodium et de dinitrotoluène.

CHEESEBURGER [tʃizbœrgœr] ou [-burgœr] n.m. (mot anglo-amér.). Hamburger auquel on ajoute du fromage.

CHEESE-CAKE (pl. *cheese-cakes*), ▲ *CHEESECAKE* [tʃizkɛk] n.m. (mot anglo-amér.). Gâteau à base de fromage blanc sucré, de biscuits secs émiettés, d'œufs et de crème fraîche.

CHEF n. (lat. *caput*, tête). **1.** Personne qui commande, qui exerce une autorité ; dirigeant : *Le chef de l'État. Un chef d'entreprise.* (En Suisse, on écrit cour. une *cheffe* au fém. Cette graphie tend à se répandre ailleurs dans la francophonie, en France notamm.) **2.** S'emploie dans la dénomination de divers grades militaires, administratifs ou privés : *Chef de bataillon. Une nouvelle chef de service. Chef des ventes.* **3.** Personne qui possède au plus haut degré l'aptitude au commandement ; leader : *Avoir l'âme d'un chef.* **4.** Fam. Personne qui excelle dans une activité ; champion : *Il a joué comme un chef.* **5.** Personne qui dirige la cuisine d'un restaurant : *La spécialité du chef.* ▪ **Chef de chœur,** musicien qui dirige un ensemble vocal. ▪ **Chef de gare,** chargé de la gestion d'une gare et de la coordination de ses différents services. ▪ **Chef de musique,** musicien qui dirige une fanfare ou une harmonie civile ou militaire. ▪ **Chef de produit,** dans une entreprise, responsable de la gestion d'un produit ou d'une famille de produits, notamm. de leur vente. ▪ **Chef de projet,** responsable chargé de lancer des produits, des procédés nouveaux. ▪ **Chef d'orchestre,** musicien qui dirige l'exécution d'une œuvre. ▪ **Chef opérateur** [cinéma, télév.], directeur de la photographie*. ▪ **En chef,** en qualité de chef : *La rédactrice en chef d'une revue.* ▪ **Petit chef** [péjor.], personne située assez bas dans la hiérarchie, qui abuse de son pouvoir sur ses subordonnés. ◆ n.m. **1.** Personne qui détient, selon des modalités très variables, une autorité particulière au sein de diverses sociétés (africaines, amérindiennes, océaniennes, etc.) : *Chef coutumier.* **2.** HÉRALD. Pièce honorable qui occupe le tiers supérieur de l'écu. ▪ **Au premier chef,** au plus haut point ; avant tout : *Cette information te concerne au premier chef.* ▪ **Chef d'accusation** [dr.], point capital sur lequel porte l'accusation. ▪ **De son (propre) chef,** de sa propre autorité.

CHEFAILLON n.m. Fam., péjor. Personne imbue de son pouvoir ; petit chef.

CHEF-D'ŒUVRE [ʃedœvr] n.m. (pl. *chefs-d'œuvre*). **1.** Ouvrage que doit réaliser tout compagnon aspirant à la maîtrise dans sa corporation. **2.** La plus belle œuvre d'un écrivain, d'un artiste. **3.** Œuvre d'art particulièrement accomplie ; joyau : *Les chefs-d'œuvre de l'architecture romane.*

4. Ce qui est parfait en son genre : *Sa réponse est un chef-d'œuvre d'insolence.*

CHEFFERIE n.f. **1.** Système social fondé sur l'autorité et le statut supérieur d'un chef coutumier, notamm. en Afrique et chez les Kanaks. **2.** Territoire régi par un chef coutumier. **3.** Québec. Direction d'un parti politique.

CHEF-LIEU n.m. (pl. *chefs-lieux*). Centre d'une division administrative. ▪ **Chef-lieu de département,** en France, préfecture.

CHEFTAINE n.f. (angl. *chieftain*). Responsable féminine d'un groupe chez les Guides de France et, anc., dans d'autres mouvements de scoutisme.

CHEIKH ou **CHEIK** [ʃɛk] **n.m.** (ar. *chaikh*). **1.** Chef de tribu arabe. **2.** Titre donné à tout musulman respectable par son âge, sa fonction, son expérience.

CHÉILITE [keilit] **n.f.** (du gr. *kheilos*, lèvre). **MÉD.** Inflammation des lèvres.

CHEIRE [ʃɛr] **n.f.** (mot auvergnat). En Auvergne, coulée volcanique dont la surface est rugueuse et chaotique.

CHÉIROPTÈRE n.m. → **CHIROPTÈRE.**

CHÉLATE [kelat] **n.m.** (du gr. *khêlê*, pince). **CHIM. ORG.** Composé dans lequel un atome métallique est pris « en pince » entre des atomes électronégatifs liés à un groupement organique.

CHÉLATEUR [ke-] **n.m. MÉD.** Substance formant avec certains poisons (métaux) un chélate éliminé dans les urines, et utilisée comme antidote en cas d'intoxication.

CHELEM ou **SCHELEM** [ʃlɛm] **n.m.** (de l'angl. *slam*, écrasement). Au whist, au bridge et au tarot, réunion de toutes les levées dans un camp. (On dit aussi *grand chelem*.) ▪ **Faire le grand chelem,** dans divers sports (rugby, tennis, etc.), remporter la totalité des victoires pour une série définie de compétitions. (Au tennis, *Grand Chelem* est une marque déposée par la Fédération internationale de tennis.) ▪ **Petit chelem,** au whist, au bridge et au tarot, toutes les levées moins une.

CHÉLEUTOPTÈRE [ke-] **n.m.** Vx. Phasmidé.

CHÉLICÉRATE [ke-] **n.m.** Arthropode doté de chélicères et dépourvu d'antennes, tel que les arachnides, les mérostomes (limules) et les pycnogonides. ➲ Les chélicérates constituent un sous-embranchement.

CHÉLICÈRE [ke-] **n.m.** (du gr. *khêlê*, pince). **ZOOL.** Appendice pair venimeux, en forme de crochet, situé à l'avant du corps des chélicérates.

CHÉLIDOINE [ke-] **n.f.** (du gr. *khelidôn*, hirondelle). Plante à fleurs jaunes, à latex orangé très toxique, commune au pied des vieux murs, appelée aussi *grande éclaire* et *herbe aux verrues*. ➲ Famille des papavéracées.

▲ **chélidoine**

CHÉLOÏDE [kelɔid] **n.f.** et **adj.** (du gr. *khêlê*, pince). **MÉD.** Cicatrice cutanée formant un bourrelet fibreux rouge.

CHÉLONIEN [ke-] **n.m.** (du gr. *khelônê*, tortue). Reptile cour. appelé *tortue*. ➲ Les chéloniens forment un ordre.

CHEMIN n.m. (lat. *camminus*, du gaul.). **1.** Voie, génér. de terre, aménagée pour aller d'un point à un autre : *Chemin vicinal. Un chemin mène de la villa à la plage.* **2.** Direction à suivre pour aller quelque part ; itinéraire : *Demander son chemin à un passant.* **3.** Distance à parcourir pour aller d'un point à un autre ; trajet : *Nous ferons le chemin ensemble.* **4.** Progression qui mène d'un point à un autre : *Ils sont en chemin.* **5.** Voie suivie, moyen employé pour atteindre un but : *Prendre un chemin détourné pour arriver à ses fins.* **6.** Longue bande décorative ou protectrice : *Chemin de table.* ▪ **Chemin de croix,** suite de quatorze tableaux représentant les scènes de la Passion du Christ. ▪ **Chemin de ronde,** passage aménagé au sommet d'une muraille fortifiée. ▪ **En chemin** ou **chemin faisant,** pendant le trajet ; au fur et à mesure du déroulement d'une action (conversation, lecture) : *Chemin faisant, nous avons découvert que nous avions un aïeul commun.* ▪ **Faire du chemin,** parcourir un long trajet ; fig., progresser : *Son idée a fait du chemin.* ▪ **Faire son chemin,** réussir dans la vie ; s'imposer, en parlant de qqch. ▪ **Ne pas s'arrêter en si bon chemin,** faire suivre un premier succès d'un autre encore plus éclatant. ▪ **Ouvrir** ou **montrer** ou **tracer le chemin,** donner l'exemple. ▪ **Passer son chemin,** ne pas s'arrêter de marcher ; fig., ne pas se laisser détourner de son objectif. ▪ **Trouver son chemin de Damas,** se convertir ; fig., trouver sa vocation.

CHEMIN DE FER n.m. (pl. *chemins de fer*) [calque de l'angl. *railway*]. **1.** Vx. Voie ferrée constituée de deux rails parallèles sur lesquels roulent les trains. **2.** Moyen de transport utilisant la voie ferrée ; train : *Voyager par chemin de fer.* **3.** (Souvent pl.). Entreprise, administration qui gère l'exploitation de ce moyen de transport : *Employé des chemins de fer.* **4. JEUX.** Baccara à un seul tableau. **5.** Outil de tailleur de pierre et de maçon, très utilisé pour le ravalement des façades.

CHEMINEAU n.m. Vx ou litt. Vagabond qui parcourt les chemins.

CHEMINÉE n.f. (du lat. *caminus*, four). **1.** Ouvrage, génér. de maçonnerie, permettant de faire du feu, comprenant un foyer et un conduit par où s'échappe la fumée : *Faire une flambée dans la cheminée.* **2.** Encadrement du foyer qui fait saillie dans une pièce : *Il y a une pendule sur la cheminée.* **3.** Conduit par où s'échappe la fumée : *Ramoner une cheminée* ; extrémité de ce conduit visible au-dessus d'un toit : *Cheminées d'usines.* **4.** Conduit pour la ventilation, l'aération : *Cheminée de la hotte d'une cuisine.* **5. GÉOL.** Zone d'un volcan où montent les laves et les projections volcaniques. **6. ALP.** Couloir étroit, presque vertical, dans un mur rocheux ou glaciaire. ▪ **Cheminée de fée** [géomorph.], colonne dégagée par les eaux de ruissellement dans une roche meuble et coiffée par un bloc résistant protecteur (SYN. **demoiselle [coiffée]**).

CHEMINEMENT n.m. **1.** Action de cheminer ; progression lente et régulière. **2. TOPOGR.** Détermination sur le terrain des coordonnées d'une ligne polygonale reliant deux points de coordonnées connues.

CHEMINER v.i. [3]. **1.** Suivre un chemin à pas lents et réguliers ; marcher : *Cheminer jusqu'à la prochaine halte.* **2.** Litt. Avoir un certain tracé : *Le sentier chemine jusqu'au sommet.* **3.** Fig. Évoluer lentement : *Cette idée chemine dans les esprits.* **4. TOPOGR.** Effectuer un cheminement.

CHEMINOT, OTE n. Employé des chemins de fer. ◆ **adj.** Qui concerne les cheminots.

CHEMISAGE n.m. **TECHN.** Opération consistant à garnir d'une chemise, d'un revêtement protecteur.

CHEMISE n.f. (bas lat. *camisia*). **1.** Vêtement masculin qui couvre le buste et les bras, comportant le plus souvent un col et un boutonnage par-devant : *Chemise à manches longues, courtes.* **2.** Dossier fait d'un cartonnage léger plié en deux, servant à classer des papiers. **3.** Enveloppe intérieure ou extérieure d'une pièce mécanique. **4. ARM.** Revêtement métallique d'un projectile. **5. CONSTR.** Revêtement en maçonnerie. ▪ **Changer d'avis comme de chemise** [fam.], être versatile. ▪ **Chemise de nuit,** vêtement de nuit en forme de robe plus ou moins longue. ▪ **Chemises brunes** [hist.], membres du Parti national-socialiste allemand, et plus partic. des SA. ▪ **Chemises noires** [hist.], groupements fascistes italiens. ▪ **Chemises rouges** [hist.], volontaires qui combattirent aux côtés de Garibaldi puis, lors de la guerre franco-allemande (1870-1871), aux côtés de la France.

CHEMISER v.t. [3]. **1. TECHN.** Effectuer le chemisage de : *Chemiser un cylindre de moteur.* **2. CUIS.** Revêtir les parois d'un moule de papier sulfurisé beurré ou d'un produit alimentaire (caramel, gelée, biscuits, par ex.).

CHEMISERIE n.f. Fabrique, magasin de chemises d'homme.

CHEMISETTE n.f. **1.** Chemise légère à manches courtes. **2.** Chemisier à manches courtes.

1. CHEMISIER, ÈRE n. Personne qui fait ou vend des chemises d'hommes.

2. CHEMISIER n.m. Corsage dont la coupe s'inspire de la chemise d'homme.

CHÉMOCEPTEUR, TRICE ou **CHÉMORÉCEPTEUR, TRICE** [ke-] **adj.** et **n.m. ANAT.** Qui est sensible aux stimulations chimiques.

CHÊNAIE n.f. Terrain planté de chênes.

CHENAL n.m. (pl. *chenaux*) [lat. *canalis*]. **1. MAR.** Passage resserré, naturel ou artificiel, permettant la navigation entre des îles, des écueils, des bancs, et donnant accès à un port ou à la haute mer : *Des chenaux signalés par des bouées.* **2.** Courant d'eau aménagé pour le service d'un moulin, d'une usine.

CHENAPAN n.m. (all. *Schnapphahn*). Enfant malicieux et indiscipliné ; garnement.

CHÊNE n.m. (gaul. **cassanus*). Grand arbre de l'hémisphère Nord tempéré, à l'écorce crevassée, aux branches noueuses, aux feuilles lobées et aux fruits (*glands*) logés dans une cupule, tel que le chêne pédonculé (rouvre), le chêne sessile, le chêne pubescent, le chêne-liège. ➲ Longévité : 600 ans en moyenne ; famille des fagacées. ▪ **Chêne vert,** chêne à feuillage persistant très touffu des régions méditerranéennes (SYN. **yeuse**).

▲ **chêne**

CHENEAU n.f. Suisse. Chéneau.

CHÉNEAU n.m. (de *chenal*). **CONSTR.** Rigole ménagée à la base d'un toit et conduisant les eaux de pluie au tuyau de descente.

CHÊNE-LIÈGE n.m. (pl. *chênes-lièges*). Chêne des régions méditerranéennes, au feuillage persistant, dont l'écorce fournit le liège, que l'on détache par larges plaques env. tous les dix ans.

CHENET n.m. (de *chien*). Chacun des deux supports métalliques sur lesquels on place les bûches dans le foyer d'une cheminée.

CHÈNEVIÈRE n.f. Champ de chanvre.

CHÈNEVIS [-vi] **n.m.** (anc. fr. *cheneve*). Graine de chanvre, donnée comme nourriture aux oiseaux de cage.

CHENI, CHENIL, CHENIS ou **CHENIT** [ʃni] **n.m.** Région. (Est) ; Suisse. Fam. Ensemble d'objets sans valeur ; désordre.

CHENIL [ʃəni(l)] **n.m.** (du lat. *canis*, chien). **1.** Local destiné à loger les chiens. **2.** Établissement qui pratique l'élevage, la vente et le gardiennage des chiens.

CHENILLE n.f. (du lat. *canicula*, petite chienne). **1.** Larve de papillon, au corps mou formé d'anneaux et génér. velu, se nourrissant de végétaux et, de ce fait, souvent très nuisible. ➲ Une seule espèce est domestiquée : le ver à soie, chenille du bombyx du mûrier. **2. AUTOM.** Bande, faite de patins articulés, interposée entre le sol et les roues d'un véhicule, lui permettant de se déplacer sur tous les terrains. **3.** Passementerie veloutée en forme de chenille. **4.** Fil de laine ou de coton auquel sont mêlés des brins de soie, donnant au tricot l'aspect du velours : *Pull (en) chenille.*

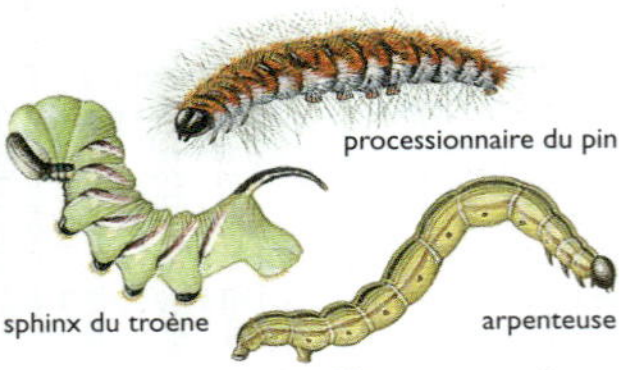

▲ chenilles

CHENILLÉ, E adj. Se dit d'un véhicule équipé de chenilles.

CHENILLETTE n.f. 1. MIL. Petit véhicule chenillé, faiblement blindé. **2.** Engin à chenilles conçu pour le damage des pistes enneigées.

CHENIS ou **CHENIT n.m.** → **CHENI.**

CHÉNOPODE [ke-] **n.m.** (du gr. *khênopous,* patte d'oie). Plante herbacée cour. appelée *ansérine,* à feuilles triangulaires, commune dans les cultures et les décombres. ➲ Famille des chénopodiacées.

CHÉNOPODIACÉE [ke-] **n.f.** Plante dicotylédone apétale à petites fleurs verdâtres, telle que l'arroche, le chénopode, l'épinard, la betterave. ➲ Les chénopodiacées forment une famille.

CHENU, E adj. (du lat. *canus,* blanc). Litt. **1.** Dont les cheveux sont blanchis par l'âge : *Un vieil homme chenu.* **2.** Se dit d'un arbre dont la cime se dépouille.

CHEPTEL [ʃɛptɛl] **n.m.** (du lat. *capitale,* le principal d'un bien). Ensemble du bétail d'une exploitation agricole, d'une région, d'un pays : *Le cheptel normand.* (On dit aussi *cheptel vif.*) ▪ **Cheptel mort,** ensemble du matériel d'une exploitation agricole.

CHÈQUE n.m. (angl. *check*). Ordre de paiement écrit par lequel une personne, titulaire d'un compte dans un établissement bancaire, effectue, à son profit ou au profit d'un tiers, le retrait ou le virement de tout ou partie des fonds portés à son crédit : *Régler par chèque postal. Encaisser un chèque.* ▪ **Chèque à ordre,** comportant le nom du bénéficiaire, transmissible par endossement. ▪ **Chèque au porteur,** ne comportant pas le nom du bénéficiaire, payable au porteur. ▪ **Chèque certifié** ou **de banque,** chèque certifiant, par le visa de l'établissement où les fonds sont déposés, qu'il est dûment provisionné et que son montant est bloqué au bénéfice du porteur de ce chèque. ▪ **Chèque de voyage,** chèque à l'usage des touristes, émis par une banque et payable par l'un quelconque de ses correspondants (SYN. **traveller's cheque**). ▪ **Chèque documentaire,** qui ne peut être payé qu'accompagné d'un certain document (facture, police d'assurance, etc.). ▪ **Chèque en blanc,** signé par le tireur, sans indication de somme ; fig., autorisation donnée à qqn d'agir à sa guise : *Le metteur en scène a donné un chèque en blanc à la costumière.* ▪ **Chèque sans provision** ou, fam., **en bois,** qui ne peut être payé faute d'un dépôt suffisant.

CHÈQUE-CADEAU n.m. (pl. *chèques-cadeaux*). Chèque anonyme d'un montant préfixé, émis à l'usage de collectivités ou de particuliers et accepté par des magasins agréés.

CHÈQUE-SERVICE n.m. (pl. *chèques-service*). Mode simplifié de règlement de certaines prestations de services (emploi à domicile, par ex.), utilisable en France par les employeurs personnes physiques, grâce à des formules de chèque mises à la disposition de ces derniers par leur banque, qui prélève directement sur leur compte les cotisations sociales correspondantes. (On dit auj. *chèque emploi-service universel* [pl. *chèques emploi-service universels*] ou *CESU.*)

CHÉQUIER n.m. Carnet de chèques.

CHER, CHÈRE adj. (lat. *carus*). **1.** Qui est l'objet d'une vive affection : *Il m'est plus cher qu'un frère.* **2.** Auquel on attache du prix, de l'importance : *Cette idée lui est chère.* **3.** (Avant le n. ou sans n.) S'emploie comme formule de politesse ou comme terme d'amitié ou de familiarité : *Chère Madame. Mes chers collègues. Venez, ma chère.* **4.** D'un prix élevé ; dispendieux : *Ces billets d'avion sont chers. Lutter contre la vie chère.* **5.** Qui vend à des prix élevés : *Boutique, hôtel chers.* ◆ **adv. 1.** À un prix élevé : *Cet ordinateur coûte cher.* **2.** Au prix de grands sacrifices : *Payer cher sa liberté.* ▪ **Ne pas donner cher de qqch,** considérer que cela n'a pas grande valeur ou n'est pas sûr. ▪ **Ne pas valoir cher,** être méprisable, en parlant de qqn.

CHERCHE-MIDI n.m. inv. Pyrrhocoris.

CHERCHER v.t. [3] (du lat. *circare,* aller autour). **1.** S'efforcer de trouver, de retrouver, de découvrir : *Chercher un site sur Internet. Chercher un document égaré sur son bureau. Nous cherchons la raison de son départ.* **2.** S'efforcer d'obtenir qqch ; désirer : *Je ne cherche que votre bien. Chercher à plaire.* **3.** S'exposer volontairement ou imprudemment ; susciter : *Chercher la bagarre. Chercher les ennuis.* **4.** Fam. Irriter qqn par des provocations continuelles ; provoquer : *Cesse de me chercher.* ▪ **Aller chercher dans les...** [fam.], atteindre un chiffre, un prix : *Une bague pareille, ça va chercher dans les mille euros.* ▪ **Aller, venir chercher,** aller, venir pour prendre et ramener qqn ou emporter qqch. ◆ **v.t. ind.** ▪ **Chercher après qqn** [fam. ou Belgique], chercher qqn. ◆ **SE CHERCHER v.pr. 1.** Essayer de se rencontrer, de se comprendre, d'être en accord : *Deux cœurs qui se cherchent.* **2.** Essayer de trouver, pour l'assumer, sa vraie personnalité, sa voie, etc. : *Adolescent qui se cherche.*

1. CHERCHEUR, EUSE n. 1. Personne qui cherche qqch : *Un chercheur d'or.* **2.** Personne qui se consacre à la recherche scientifique. ◆ **adj.** Qui aime chercher ; qui est avide de découvertes. ▪ **Tête chercheuse** → **TÊTE.**

2. CHERCHEUR n.m. ASTRON. Petite lunette à courte focale et à grand champ, montée sur un télescope afin de le diriger plus aisément sur un astre ou sur la région du ciel qu'on veut observer.

CHÈRE n.f. (du bas lat. *cara,* visage). Litt. Nourriture : *Aimer la bonne chère.*

CHÈREMENT adv. 1. Au prix de gros sacrifices : *Liberté chèrement conquise.* **2.** Litt. Tendrement : *Aimer chèrement qqn.* ▪ **Vendre chèrement sa vie,** se défendre vaillamment jusqu'à la mort.

CHERGUI n.m. (mot ar.). Algérie, Maroc. Sirocco.

CHÉRI, E adj. et **n.** Tendrement aimé : *Sa femme chérie. Mon chéri.* ◆ **adj.** Auquel on attache une grande importance ; précieux : *Liberté chérie.*

CHÉRIF n.m. (de l'ar. *charīf,* noble). Descendant de Mahomet, génér. par Ali et Fatima.

CHÉRIFIEN, ENNE adj. 1. Relatif au chérif. **2.** Du Maroc, où la dynastie régnante est d'origine chérifienne : *L'État chérifien.*

CHÉRIMOLE n.f. Fruit d'un annonier (*Annona cherimola*), riche en vitamine C.

CHÉRIMOLIER n.m. Annonier dont le fruit est la chérimole.

CHÉRIR v.t. [21] (de *cher*). **1.** Aimer tendrement : *Chérir ses enfants.* **2.** Être profondément attaché à : *Chérir son indépendance.*

CHERMÈS [kɛrmɛs] **n.m.** Puceron provoquant une galle sur certains conifères. ➲ Ordre des homoptères.

CHÉROT adj. inv. Fam. Cher ; coûteux.

CHERRY n.m. (pl. *cherrys* ou *cherries*) [mot angl. « cerise »]. Liqueur de cerise.

CHERTÉ n.f. Coût élevé de qqch : *La cherté de la vie.*

CHÉRUBIN n.m. (de l'hébr. *keroûbîm,* anges). **1. RELIG.** Catégorie d'anges, dans les traditions juive et chrétienne. **2. ICON.** Tête ou buste d'enfant portés par deux ailes. **3.** Fam. Enfant gracieux.

CHESTER [ʃɛstɛr] **n.m.** Fromage anglais, au lait de vache, à pâte dure.

CHÉTIF, IVE adj. (du lat. *captivus,* captif). **1.** De faible constitution ; malingre. **2.** Litt. Qui manque d'ampleur ; qui est insuffisant : *De chétifs revenus.*

CHÉTOGNATHE [ke-] **n.m.** Petit invertébré marin planctonique, carnassier, fusiforme. ➲ Les chétognathes forment un minuscule embranchement.

CHEVAINE, CHEVESNE ou **CHEVENNE** [ʃəvɛn] **n.m.** (du lat. *caput,* tête). Poisson d'eau douce à dos brun verdâtre et à ventre argenté, appelé aussi *meunier.* ➲ Famille des cyprinidés.

CHEVAL n.m. (pl. *chevaux*) [du lat. *caballus,* mauvais cheval]. **1.** Grand mammifère ongulé domestique, caractérisé par de longs membres reposant sur un seul doigt, coureur remarquable et monture d'usage presque universel : *Cheval de selle, de course, de labour.* ➲ Cri : le cheval hennit. La femelle est la jument ; son petit est le poulain. Famille des équidés. **2.** Art de monter à cheval : *Faire du cheval.* **3.** Viande de cheval : *Un steak de cheval.* **4.** Fam. Personne active et infatigable. ▪ **À cheval sur qqch,** à califourchon dessus ; situé sur plusieurs lieux ou périodes : *Le lac est à cheval sur trois communes* ; très strict en ce qui concerne cette chose : *Il est à cheval sur la ponctualité.* ▪ **Avoir mangé du cheval** [fam.], faire preuve d'une énergie inaccoutumée. ▪ **Cheval de bataille,** argument, thème favori. ▪ **Cheval de bois,** jouet d'enfant figurant un cheval. ▪ **Cheval de frise** [fortif.], pièce de bois munie de croisillons appointés et garnis de barbelés. ▪ **Cheval de retour** [fam., vieilli], récidiviste. ▪ **Cheval (de saut)** [sports, vieilli], table de saut. ▪ **Cheval de Troie** [hist.], gigantesque cheval de bois que les Grecs firent entrer par ruse dans Troie (v. aussi n.pr.) ; fig., moyen de se rendre insidieusement maître d'un milieu ; inform., petit programme dissimulé à l'intérieur d'un autre afin de s'introduire dans un ordinateur et d'y exécuter des tâches illicites. ▪ **Cheval fiscal,** unité de mesure utilisée par l'Administration pour le calcul de taxes sur les véhicules automobiles, fondée sur la puissance du moteur et la quantité de dioxyde de carbone qu'il émet. Abrév. **CV.** ▪ **Cheval marin,** hippocampe. ▪ **Fièvre de cheval,** forte fièvre. ▪ **Grand cheval** [fam.], grande femme d'allure peu féminine. ▪ **Ne pas être un mauvais cheval** [fam.], être plutôt gentil. ▪ **Remède de cheval,** médicament très énergique. ◆ **n.m. pl.** ▪ **Chevaux de bois,** figures d'un manège pour enfants ; ce manège. ▪ **Monter sur ses grands chevaux,** s'emporter. ▪ **Petits chevaux,** jeu de société pratiqué avec des figurines ayant une tête de cheval, dont le déplacement sur un parcours en croix est régi par le jet de dés.

CHEVAL-D'ARÇONS n.m. (pl. *chevaux-d'arçons* ou inv.) ou **CHEVAL-ARÇONS n.m. inv.** Agrès de gymnastique artistique masculine reposant sur des pieds et muni de deux arceaux permettant la voltige.

CHEVALEMENT n.m. 1. CONSTR. Assemblage de poutres pour soutenir un mur repris en sous-œuvre. **2. MIN.** Grande charpente supportant un dispositif d'extraction, au-dessus d'un puits de mine.

CHEVALER v.t. [3]. CONSTR. Étayer avec des chevalements.

CHEVALERESQUE adj. (ital. *cavalleresco*). **1.** Relatif à la chevalerie, à l'idéal du chevalier. **2.** Qui fait preuve de courtoisie et de noblesse : *Un esprit chevaleresque.*

CHEVALERIE n.f. 1. Institution féodale qui, au Moyen Âge, rassemblait les combattants à cheval, puis les nobles. **2.** Courage généreux et romanesque. ▪ **Ordre de chevalerie,** au Moyen Âge, ordre de chevaliers chargés, à l'origine, de la défense des Lieux saints ; mod., ordre honorifique.

➲ On accédait à la **CHEVALERIE** par la cérémonie de l'adoubement. Les chevaliers entraient au service d'un seigneur, qui leur concédait un fief en échange de leur aide militaire. L'Église, dans la seconde moitié du XIe s., imposa les règles religieuses et morales du code chevaleresque : protection des pauvres, des orphelins et des veuves, loyauté, fidélité, vaillance. À la fin du Moyen Âge, la chevalerie n'était plus qu'un degré de la noblesse.

CHEVALET n.m. 1. Support permettant de maintenir un objet sur lequel on travaille : *Poser une bûche sur un chevalet pour la scier.* **2.** Support sur lequel on pose un tableau (peinture) en cours d'exécution ou en exposition. **3.** Support des cordes d'un instrument de musique transmettant leurs vibrations à la table d'harmonie. **4. CONSTR.** Étai.

1. CHEVALIER n.m. 1. Premier grade de certains ordres honorifiques : *Chevalier de la Légion d'honneur.* **2.** Au Moyen Âge, combattant à cheval, puis noble ; membre d'un ordre de chevalerie. **3.** Noble dont le titre est inférieur à celui de baron. **4. ANTIQ. ROM.** Citoyen du second ordre, l'ordre équestre. ▪ **Chevalier blanc** [écon.], dans le cadre d'une OPA hostile, personne ou société qui s'allie aux dirigeants de l'entreprise visée en en rachetant les titres pour faire échouer l'offre du raider ; fig., celui qui se porte au secours d'une personne, d'un groupe en difficulté. ▪ **Chevalier d'industrie** [litt., péjor.], individu sans scrupule, qui vit d'escroqueries. ▪ **Chevalier errant,** chevalier que la tradition héroïque médiévale représente allant de pays en pays pour chercher des aventures et redresser les torts.

2. CHEVALIER n.m. Oiseau échassier migrateur d'Europe et d'Asie, voisin du bécasseau, commun en été près des étangs et des côtes. ➲ Famille des scolopacidés.

CHEVALIÈRE n.f. (de *bague à la chevalière*). Bague dont le dessus en plateau s'orne habituellement d'initiales ou d'armoiries gravées.

CHEVALIN, E adj. 1. Relatif au cheval : *L'amélioration de la race chevaline* (SYN. **équin**). **2.** Qui évoque un cheval : *Visage chevalin.* ▪ **Boucherie chevaline,** où l'on vend de la viande de cheval (SYN. **hippophagique**).

CHEVAL-VAPEUR n.m. (pl. *chevaux-vapeur*). **ÉNERG.** Ancienne unité de puissance valant environ 736 watts (symb. ch).

CHEVAUCHANT, E adj. Se dit des parties d'un assemblage qui se chevauchent : *Tuile chevauchante.*

CHEVAUCHÉE n.f. Course, randonnée, expédition à cheval.

CHEVAUCHEMENT n.m. Fait de se chevaucher ; empiétement.

CHEVAUCHER v.t. [3]. 1. Être à califourchon sur qqch. **2.** Se superposer en partie à qqch : *Chaque tuile chevauche la suivante.* ◆ **v.i.** Faire une chevauchée. ◆ **SE CHEVAUCHER v.pr.** Se superposer en partie ; empiéter l'un sur l'autre.

CHEVAU-LÉGER n.m. (pl. *chevau-légers*). Soldat d'un corps de cavalerie légère organisé en France du XVIe au XIXe s.

CHEVÊCHE n.f. (de *1. chouette*). Chouette de petite taille, commune dans les bois d'Europe, d'Asie et d'Afrique du Nord. ➲ Famille des strigidés.

CHEVELU, E adj. 1. Qui a des cheveux, partic. des cheveux longs ou abondants. **2.** Qui évoque une chevelure : *L'épi chevelu du maïs.* ▪ **Cuir chevelu,** partie de la peau qui recouvre le crâne et dans laquelle sont implantés les cheveux. ◆ **n.m.** Ensemble des petites racines d'un plant ou d'un arbre.

CHEVELURE n.f. 1. Ensemble des cheveux. **2. ASTRON.** Nébulosité entourant le noyau d'une comète, formée de gaz et de poussières éjectés par ce noyau au voisinage du Soleil.

CHEVENNE ou **CHEVESNE n.m.** → **CHEVAINE.**

CHEVET n.m. (du lat. *caput*, tête). **1.** Extrémité du lit du côté de la tête (par oppos. à *pied*). **2. ARCHIT.** Partie postérieure, externe, du chœur d'une église. ▪ **Être au chevet de qqn,** veiller une personne alitée. ▪ **Livre de chevet,** livre que l'on aime particulièrement, auquel on se réfère constamment.

CHEVÊTRE n.m. CONSTR. Élément de charpente qui réunit des éléments porteurs (pieux, colonnes, etc.) ou qui supporte un tablier de pont.

CHEVEU n.m. (pl. *cheveux*) [du lat. *capillus*, chevelure]. Poil qui pousse sur la tête de l'homme. ▪ **Avoir mal aux cheveux** [fam.], avoir mal à la tête au lendemain d'une beuverie. ▪ **Avoir un cheveu sur la langue,** zézayer. ▪ **Cheveu d'ange,** fine guirlande d'arbre de Noël ; vermicelle très fin. ▪ **Comme un cheveu sur la soupe** [fam.], mal à propos. ▪ **Couper les cheveux en quatre,** se livrer à des subtilités excessives. ▪ **Faire dresser les cheveux (sur la tête),** inspirer de l'effroi, de l'épouvante. ▪ **Ne tenir qu'à un cheveu,** dépendre de très peu de chose. ▪ **Saisir l'occasion aux** ou **par les cheveux,** dès qu'elle se présente. ▪ **Se faire des cheveux (blancs)** [fam.], se faire du souci. ▪ **Se prendre aux cheveux,** se quereller ; se battre. ▪ **Tiré par les cheveux** [fam.], amené d'une façon peu logique, peu naturelle : *La fin du film est tirée par les cheveux.* ▪ **Toucher un cheveu de la tête de qqn,** lui causer un préjudice.

CHEVEU-DE-VÉNUS n.m. (pl. *cheveux-de-Vénus*). **BOT.** Adiantum.

CHEVILLAGE n.m. 1. Action de cheviller. **2.** Ensemble des chevilles d'une menuiserie ou d'une charpente.

CHEVILLARD n.m. Boucher en gros qui vend de la viande à la cheville.

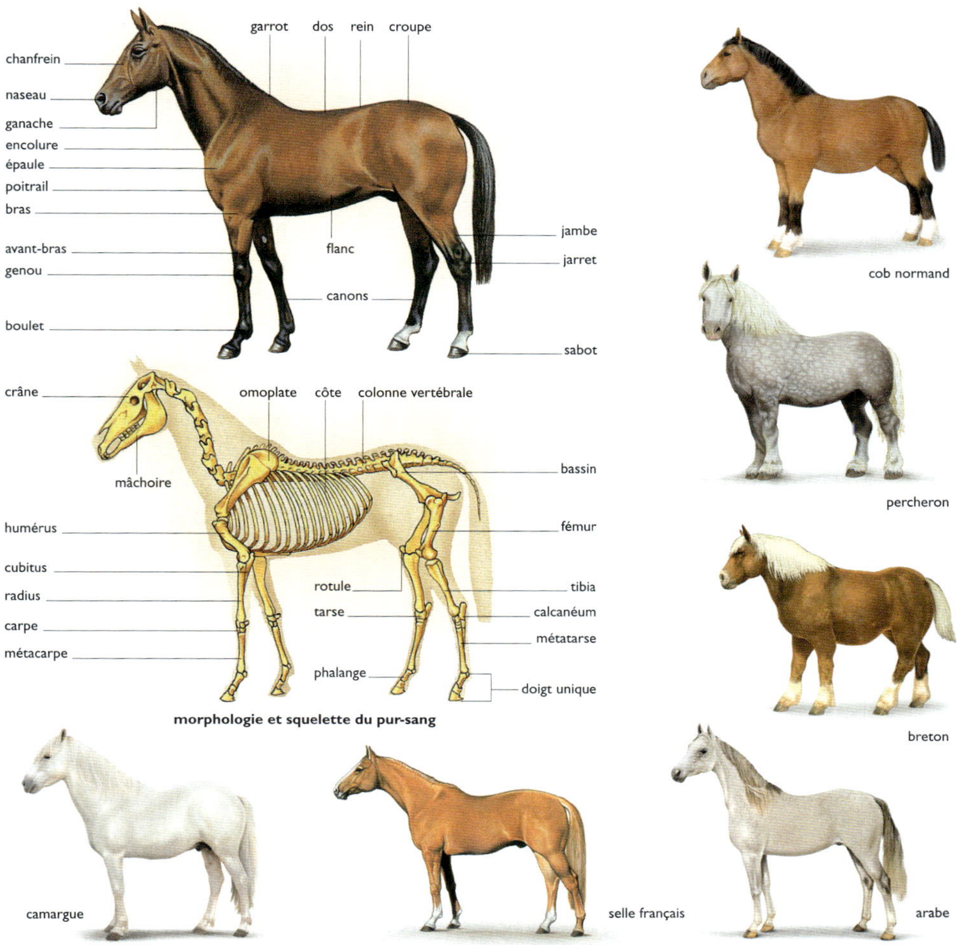

▲ **cheval.** Morphologie, squelette et exemples de races de chevaux.

CHEVILLE **n.f.** (du lat. *clavicula*, petite clé). **1.** Partie du membre inférieur unissant la jambe au pied et formée par l'articulation tibio-tarsienne et les tissus qui l'entourent. **2.** Pièce de bois fixant un assemblage de charpentes, de menuiserie. **3.** **TECHN.** Petite pièce qui consolide un assemblage ou la fixation d'une vis dans un trou (SYN. **tampon**). **4.** Mot de remplissage qui ne sert que pour la rime ou la mesure, dans un poème. **5.** Petite pièce qui sert à régler la tension des cordes d'un instrument de musique. **6.** **BOUCH.** Barre métallique à laquelle on accroche les carcasses, dans un abattoir. ■ **Avoir les chevilles qui enflent** [fam.], se montrer exagérément fier de soi. ■ **Cheville ouvrière,** grosse cheville qui joint le train avant au reste d'un véhicule hippomobile et qui sert de pivot pour l'avant-train ; fig., personne jouant un rôle essentiel dans une affaire, un organisme. ■ **Être en cheville avec qqn** [fam.], s'être mis d'accord avec lui pour agir ; lui être associé. ■ **Ne pas arriver à la cheville de qqn** [fam.], lui être très inférieur. ■ **Vente à la cheville** [bouch.], vente de viande en gros ou en demi-gros.

CHEVILLER **v.t.** [3]. **TECHN.** Assembler avec une cheville. ■ **Avoir l'âme** ou **la vie chevillée au corps,** avoir la vie dure ; être très résistant. ■ **Avoir l'espoir chevillé au corps,** ne se laisser décourager par rien.

CHEVILLETTE **n.f.** Petite cheville, élément des anciennes fermetures de porte.

CHEVILLIER [ʃəvije], ▲ *CHEVILLER* **n.m.** Extrémité du manche des instruments de musique à cordes, où sont enfoncées les chevilles.

CHEVILLURE **n.f.** Troisième ramification du bois du cerf à partir de la tête.

CHEVIOTTE **n.f.** (de l'angl. *cheviot*, race de mouton des monts Cheviot). Laine abondante et fine d'une race de mouton d'origine écossaise ; étoffe faite avec cette laine.

CHÈVRE **n.f.** (lat. *capra*). **1.** Petit ruminant à cornes arquées en arrière, aux nombreuses races sauvages et domestiques, que l'on élève princip. pour la production de lait. ➲ Cri : la chèvre bêle, chevrote ; ordre des artiodactyles. **2.** Femelle adulte de cette espèce (par oppos. à *bouc*, à *chevreau*). **3.** Femelle du chevreuil ou du chamois. **4.** **TECHN.** Appareil rustique de levage. **5.** **TECHN.** Support pour débiter les pièces de bois. ■ **Devenir chèvre** [fam.], s'énerver à en perdre la tête. ■ **Ménager la chèvre et le chou** [fam.], ne pas prendre position entre deux partis adverses. ■ **Rendre qqn chèvre** [fam.], le faire enrager. ◆ **n.m.** Fromage au lait de chèvre.

▲ **chèvre**

CHEVREAU **n.m.** **1.** Petit de la chèvre (SYN. **cabri**). **2.** Peau tannée de chèvre ou de chevreau.

CHÈVREFEUILLE **n.m.** (lat. pop. **caprifolium*). Plante grimpante aux fleurs blanc crème odorantes, dont plusieurs espèces sont ornementales. ➲ Famille des caprifoliacées.

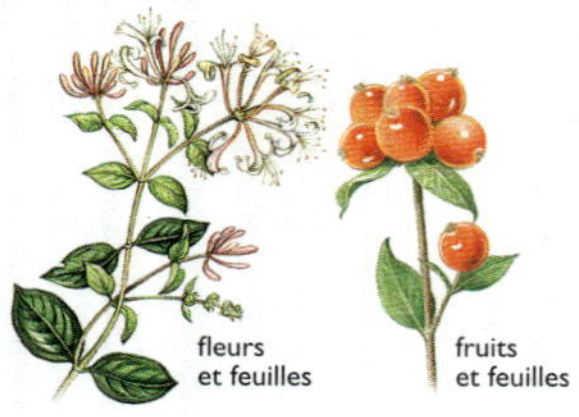

▲ **chèvrefeuille**

CHEVRER **v.i.** [12]. Suisse. ■ **Faire chevrer qqn,** le faire enrager.

CHEVRETTE **n.f.** **1.** Jeune chèvre. **2.** Femelle du chevreuil. **3.** La Réunion. Petite crevette d'eau douce.

CHEVREUIL **n.m.** (lat. *capreolus*, de *capra*, chèvre). **1.** Ruminant sauvage des forêts d'Europe et d'Asie, dont les bois, verticaux, n'ont que deux cors. ➲ Cri : le chevreuil brame, rait. La femelle est la chèvre ou la chevrette ; le petit, mâle ou femelle, est le faon de sa naissance à 6 mois, et le chevrillard de 6 mois à un an. Famille des cervidés. **2.** Québec. Cerf de Virginie.

▲ **chevreuil**

1. CHEVRIER, ÈRE **n.** Personne qui garde ou élève des chèvres.

2. CHEVRIER **n.m.** Flageolet vert.

CHEVRILLARD **n.m.** Jeune chevreuil entre 6 mois et un an.

CHEVRON **n.m.** **1.** Chacune des longues pièces reposant sur les pannes d'une charpente dans le sens de la pente du toit et recevant le lattis ou la volige de couverture. **2.** Longue pièce de bois de charpente. **3.** **ARCHIT.** Motif décoratif en forme de V, formant avec d'autres un zigzag (art roman, notamm.). **4.** Galon en V renversé placé sur la manche d'un uniforme et indiquant l'ancienneté. **5.** **HÉRALD.** Pièce honorable en forme de V, formée par la combinaison partielle de la bande et de la barre, se rencontrant à angle aigu près du bord supérieur de l'écu. ■ **Tissu à chevrons,** ou **chevron,** tissu croisé présentant des côtes en zigzag.

CHEVRONNÉ, E **adj.** **1.** Qui a de l'expérience : *Une informaticienne chevronnée.* **2.** **HÉRALD.** Se dit de l'écu couvert de chevrons.

CHEVRONNER **v.t.** [3]. Garnir une charpente de chevrons.

CHEVROTAGE **n.m.** Action de mettre bas, en parlant de la chèvre.

CHEVROTAIN **n.m.** Petit ruminant sans bois, d'Afrique et d'Asie. ➲ Famille des tragulidés.

CHEVROTANT, E **adj.** ■ **Voix chevrotante,** mal assurée et tremblotante.

CHEVROTEMENT **n.m.** Tremblement dans la voix.

CHEVROTER **v.i.** [3]. **1.** Mettre bas, en parlant de la chèvre. **2.** Chanter, parler avec des chevrotements dans la voix.

CHEVROTIN **n.m.** **1.** Très jeune chevreuil. **2.** Fromage AOC au lait de chèvre cru et entier, à pâte pressée non cuite et à croûte lavée, fabriqué en Savoie.

CHEVROTINE **n.f.** Gros plomb pour la chasse au gros gibier.

CHEWING-GUM [ʃwiŋgɔm] **n.m.** (pl. *chewing-gums*) [mot anglo-amér., de *to chew*, mâcher, et *gum*, gomme]. Pâte à mâcher à base de gomme chicle, aromatisée.

CHEZ [ʃe] **prép.** (du lat. pop. **in casa*, dans la maison). **1.** Dans la maison, le lieu de travail de qqn : *Chez elle. Chez le médecin.* **2.** Dans le pays de : *Chez les Anglais, on roule à gauche.* **3.** Au temps de : *Chez les Incas, on adorait le Soleil.* **4.** Dans l'œuvre d'un auteur, d'un artiste : *Chez Camus.* **5.** Dans le caractère, l'espèce, la classe d'un être animé : *Chez elle, l'humour est une seconde nature. Chez les abeilles.* ■ **Bien de chez nous** [fam.], représentatif, typique du pays de celui qui parle. ■ **De chez** [fam.], extrêmement ; au plus haut degré : *Il est bronzé de chez bronzé.*

CHEZ-SOI, CHEZ-MOI, CHEZ-TOI **n.m. inv.** Fam. Domicile personnel : *Aimer son petit chez-soi. J'ai trouvé mon chez-moi.*

CHIA [(t)ʃja] **n.m.** (de l'aztèque *chiyan*, huileux). Variété de sauge originaire du Mexique, cultivée pour ses graines mucilagineuses, riches en nutriments. ➲ Famille des labiées.

CHIADER **v.t.** [3]. Arg. scol. **1.** Étudier à fond une matière. **2.** Fignoler : *Elle a chiadé son dessin.*

CHIALER **v.i.** [3]. Fam. Pleurer.

CHIALEUR, EUSE **adj.** et **n.** Fam. Pleurnicheur.

CHIALEUX, EUSE **adj.** et **n.** Québec. Fam. Geignard ; bougon.

CHIANT, E **adj.** Très fam. Très ennuyeux ; très contrariant.

CHIANTI [kjɑ̃ti] **n.m.** Vin rouge de Toscane.

CHIARD **n.m.** Très fam. **1.** Enfant. **2.** Suisse. Poltron.

CHIASMA [kjasma] **n.m.** (du gr. *khiasma*, croisement). **ANAT.** Croisement de fibres formant un X. ■ **Chiasma optique,** croisement en X entre une partie des fibres du nerf optique droit et une partie des fibres du nerf optique gauche, situé à la base du cerveau.

CHIASMATIQUE **adj.** Relatif à un chiasma.

CHIASME [kjasm] **n.m.** (du gr. *khiasma*, croisement). **1.** **STYL.** Procédé qui consiste à placer les éléments de deux groupes formant une antithèse dans l'ordre inverse de celui que laisse attendre la symétrie. (Ex. : *Un roi chantait en bas, en haut mourait un dieu* [V. Hugo].) **2.** **SCULPT.** Dissymétrie dynamique des parties du corps, des membres d'une statue, dans la statuaire classique grecque.

CHIASSE **n.f.** (de *chier*). **1.** Vulg. Diarrhée. **2.** Suisse. Peur.

CHIBANI **n.m.** (mot ar. « cheveux blancs »). Immigré maghrébin de la première génération, arrivé en France au début des années 1960 pour y travailler, et qui a fait le choix, la retraite venue, de ne pas retourner dans son pays d'origine.

CHIBOUQUE **n.f.** ou **CHIBOUK** **n.m.** Pipe à long tuyau, utilisée en Turquie.

CHIC **n.m.** Allure élégante : *Elle a beaucoup de chic.* ■ **Avoir le chic de** ou **pour** [souvent iron.], réussir pleinement à : *Tu as le chic de parler quand il faut se taire !* ■ **Bon chic bon genre,** **loc. adj. inv.** [fam.], conforme au bon goût, aux conventions ; classique : *Des tenues bon chic bon genre.* Abrév. **BCBG.** ■ **De chic** [vx], en suivant son inspiration et sans préparation. ◆ **adj.** (inv. en genre). **1.** Qui a beaucoup d'élégance : *Deux vendeuses très chics.* **2.** Fam. Gentil ; serviable : *De chics copines.* ◆ **interj.** Exprime le contentement : *Chic ! Un cadeau !*

CHICANE **n.f.** **1.** Querelle de mauvaise foi, sur des détails : *Chercher chicane à qqn.* **2.** Artifice dans une procédure. **3.** Parcours en zigzag imposé par une série d'obstacles ; ces obstacles. **4.** **CHIM., TECHN.** Dispositif qui contrarie le cheminement naturel d'un fluide en mouvement. ■ **En chicane,** suivant une ligne oblique : *Se garer en chicane.* ■ **La chicane** [litt.], la procédure, dans ce qu'elle a de compliqué.

CHICANER **v.i.** [3]. Discuter sur des points de détail ; ergoter : *Il a chicané sur chaque point du texte.* ◆ **v.t.** Faire des reproches pour des riens ; critiquer.

CHICANERIE **n.f.** Vieilli. Difficulté suscitée par esprit de chicane.

CHICANEUR, EUSE ou, vx, **CHICANIER, ÈRE** **adj.** et **n.** Qui manifeste du goût pour la chicane.

CHICANO [tʃi-] **n.** et **adj.** (de l'esp. d'Amérique *mexicano*, mexicain). Fam. Mexicain émigré aux États-Unis. (On rencontre le fém. *chicana*.)

CHICHA ou **SHISHA** **n.f.** (du persan *shishe*, bouteille). Narguilé.

1. CHICHE **adj.** (d'un radical expressif *tchitch-*, qui évoque la petitesse). Vieilli. Qui répugne à dépenser : *Il est très chiche sur l'argent de poche ;* qui témoigne de cet esprit : *Un dîner bien chiche.*

2. CHICHE **adj.m.** (du lat. *cicer*, pois chiche). ■ **Pois chiche,** gros pois jaune-beige.

3. CHICHE **interj.** Fam. **1.** Exprime un défi : *Chiche que je bois tout !* **2.** En réponse, exprime qu'on prend qqn au mot : *Tu n'oseras pas ! — Chiche !* ◆ **adj.** Fam. ■ **Être chiche de,** être assez hardi pour.

Les chiens

carlin
bichon
caniche
yorkshire
cocker spaniel
grand bleu de Gascogne
épagneul breton
braque de Weimar
fox-terrier
teckel
lévrier afghan
doberman
terre-neuve
labrador
saint-bernard
berger allemand
husky

CHICHE-KEBAB [ʃiʃkebab] (pl. *chiches-kebabs*), ▲ *CHICHEKÉBAB* **n.m.** (turc *şişkebap*). Kebab.

CHICHEMENT adv. De façon chiche, parcimonieuse : *Ils vivent chichement.*

CHICHETÉ n.f. Vx ou Antilles. Avarice.

CHICHI n.m. (de *1. chiche*). Fam. (Surtout pl.). Façons maniérées ; simagrée : *Il a fait bien des chichis.*

CHICHITEUX, EUSE adj. et **n.** Fam. Qui fait des chichis.

CHICLE ou **CHICLÉ** [(t)ʃikle] **n.m.** (du nahuatl). Latex qui s'écoule du sapotier et qui sert à la fabrication du chewing-gum.

CHICON n.m. 1. Région. (Ouest). Laitue romaine. **2.** Région. (Nord) ; Belgique. Endive.

CHICORÉE n.f. (gr. *kikhorion*). **1.** Plante herbacée annuelle ou bisannuelle, à feuilles en rosette, dont on cultive plusieurs variétés, issues de l'espèce *Cichorium intybus* (chicorée witloof, chicorée à café, chicorée rouge de Trévise) ou de *Cichorium endivia* (chicorée frisée, chicorée scarole). ➲ Famille des composées. **2.** Racine torréfiée et moulue d'une espèce de chicorée que l'on mélange parfois au café.

CHICOT n.m. (d'un radical *chic-*, qui évoque la petitesse). **1.** Reste d'une branche coupée ou brisée (SYN. **moignon**). **2.** Fam. Reste d'une dent cassée ou cariée.

CHICOTE ou **CHICOTTE n.f.** (port. *chicote*). Afrique. Fouet, baguette servant aux châtiments corporels.

CHICOTER v.i. [3]. Pousser son cri, en parlant de la souris. ◆ **v.t.** Québec. Fam. Tracasser ; ennuyer ; inquiéter : *Son retard me chicote.*

CHICOTIN n.m. (altér. de *socotrin*, aloès, de *Socotra*, n.pr.). Vieilli. ▪ **Amer comme chicotin,** très amer.

CHICOUTÉ n.f. (d'une langue algonquienne). Québec. Petit fruit acidulé de couleur orangée, semblable à une framboise, qui pousse dans les tourbières des régions froides.

CHIÉE n.f. Très fam. Grande quantité de qqch.

CHIEN, CHIENNE n. (lat. *canis*). **1.** Mammifère domestique, caractérisé par un excellent odorat et une course rapide, dont il existe plus de 340 races plus ou moins liées à une fonction spécifique : chasse, garde, agrément, trait. ➲ Cri : le chien aboie, jappe, hurle. Le petit est le chiot. Famille des canidés. (*V. planche page précédente.*) **2.** Péjor. Personne servile, dont le rôle évoque celui du chien de garde. ▪ **Chien de mer,** aiguillat ; émissole. ▪ **Chien de prairie,** rongeur d'Amérique du Nord voisin des marmottes, construisant des réseaux de terriers réunis en villages, et dont le cri rappelle l'aboiement du chien. ▪ **Garder à qqn un chien de sa chienne** [fam.], garder en mémoire ce qu'il a fait pour s'en venger à l'occasion. ◆ **adj.** et **n.** Fam. (Parfois inv. en genre). Dur en affaire ; avare. ▪ **Chien, chienne de** ou **de chien,** très pénible, dur : *Chienne de vie. Vie de chien.* ◆ **n.m. 1.** Pièce d'une arme à feu qui, autref., portait le silex ; dans certains fusils modernes, masse additionnelle renforçant l'action du percuteur. **2.** Au tarot, talon. ▪ **Arriver comme un chien dans un jeu de quilles,** à un très mauvais moment. ▪ **Avoir du chien,** avoir du charme, en parlant d'une femme. ▪ **Avoir un mal de chien (pour, à),** beaucoup de mal. ▪ **Ce n'est pas (fait) pour les chiens,** cela existe pour que l'on s'en serve. ▪ **Chien de poche** [Québec, fam.], personne qui en suit toujours une autre (ami, parent, etc.), de manière risible et parfois importune : *Il est venu accompagné de son habituel chien de poche.* ▪ **Chiens écrasés** [fam.], faits divers dont la relation dans les journaux est génér. confiée à un journaliste débutant. ▪ **Comme chien et chat,** en se disputant sans cesse. ▪ **Couché en chien de fusil,** sur le côté, en repliant les jambes. ▪ **Coup de chien** [mar.], coup de vent. ▪ **Entre chien et loup,** à la tombée de la nuit. ▪ **Malade comme un chien,** très malade. ▪ **Nom d'un chien !,** juron de dépit, de surprise. ▪ **Rompre les chiens** [litt.], interrompre une conversation embarrassante. ▪ **Se regarder en chiens de faïence,** avec hostilité.

CHIEN-ASSIS n.m. (pl. *chiens-assis*). CONSTR. Sorte de petite lucarne à un rampant. ➲ Son profil évoque un chien assis.

CHIENDENT n.m. (de *chien* et *dent*). Petite plante herbacée à rhizomes, vivace et très nuisible aux cultures, dont il existe plusieurs genres (*Agropyrum*, *Cynodon*, etc.). ➲ Famille des graminées. ▪ **Brosse de** ou **en chiendent,** faite avec la racine séchée du chiendent.

CHIEN-GUIDE n.m. (pl. *chiens-guides*). Chien dressé pour guider les aveugles dans leurs déplacements.

CHIENLIT [ʃjɑ̃li] **n.f. 1.** Situation trouble évoquant le chaos ; confusion. **2.** Vx ou litt. Mascarade ; déguisement.

CHIEN-LOUP n.m. (pl. *chiens-loups*). Berger allemand.

CHIENNE n.f. → **CHIEN.**

CHIENNERIE n.f. Fam. ▪ **Chiennerie de,** exprime le dégoût ou le mépris : *Chiennerie d'époque !*

CHIER v.i. et **v.t. [5].** Vulg. Déféquer. ▪ **À chier** [très fam.], sans aucune valeur. ▪ **Ça va chier** [très fam.], ça va faire du bruit, du scandale. ▪ **Faire chier** [très fam.], importuner vivement. ▪ **Se faire chier** [très fam.], s'ennuyer ; se donner du mal pour.

CHIEUR, EUSE n. Très fam. Personne ennuyeuse, désagréable.

CHIFFE n.f. (de l'anc. fr. *chipe*, chiffon). Fam. ▪ **Chiffe molle,** personne sans énergie.

CHIFFON n.m. Lambeau de vieux linge, de tissu servant à nettoyer, essuyer. ▪ **Chiffon de papier,** document sans valeur ; contrat auquel on n'attache aucune importance. ▪ **Chiffon rouge,** sujet qui divise, provoque la discorde : *Agiter le chiffon rouge de l'immigration.* ▪ **En chiffon,** disposé sans soin ; froissé. ◆ **n.m. pl.** ▪ **Parler chiffons,** parler de vêtements, de mode.

CHIFFONNADE n.f. 1. Feuilles d'oseille, de salade, ciselées en fines lamelles, employées en garniture, crues ou fondues au beurre. **2.** Mets émincé servi en morceaux épars : *Une chiffonnade de jambon.*

CHIFFONNAGE ou **CHIFFONNEMENT n.m.** Action de chiffonner ; état de ce qui est chiffonné.

CHIFFONNE n.f. Petite branche chargée de boutons à fleurs, chez les arbres fruitiers à noyau.

CHIFFONNÉ, E adj. ▪ **Visage chiffonné,** aux traits tirés ; fatigué.

CHIFFONNER v.t. [3]. 1. Froisser une étoffe, du papier ; mettre en chiffon. **2.** Fam. En parlant d'une chose, contrarier, préoccuper qqn : *Son attitude me chiffonne.* ◆ **SE CHIFFONNER v.pr.** Se mettre en chiffon ; se froisser.

1. CHIFFONNIER, ÈRE n. Personne qui ramasse les chiffons ou les vieux objets pour les revendre. ▪ **Se battre, se disputer comme des chiffonniers** [fam.], sans aucune retenue.

2. CHIFFONNIER n.m. Petit meuble de rangement étroit et haut, à tiroirs superposés.

CHIFFRABLE adj. Qui peut être chiffré, évalué : *Un projet difficilement chiffrable.*

CHIFFRAGE n.m. 1. Action de chiffrer, de faire une évaluation chiffrée ; son résultat : *Les experts commencent le chiffrage des dégâts.* **2.** MUS. Ensemble des chiffres d'une basse chiffrée.

CHIFFRE n.m. (ital. *cifra*, de l'ar. *sifr*, zéro). **1.** Chacun des symboles servant à écrire les nombres dans un système de numération : *Un nombre de* ou *à trois chiffres.* **2.** Montant d'une somme ; total d'une évaluation : *Le chiffre de la population active.* **3.** Système d'écriture secret ; code. **4.** Combinaison d'une serrure, d'un coffre, etc. **5.** Entrelacs formé des initiales d'un ou de plusieurs noms : *Son chiffre est brodé sur la poche de sa chemise.* ▪ **Chiffre d'affaires (CA),** montant des ventes de biens et services cumulées entre deux bilans. ▪ **Chiffres arabes,** les dix signes de la numération usuelle (0, 1, 2, 3, 4, 5, 6, 7, 8, 9). ▪ **Chiffres romains,** lettres I, V, X, L, C, D, M servant de symboles pour la numération romaine et représentant respectivement 1, 5, 10, 50, 100, 500 et 1 000. ▪ **En chiffres ronds,** en faisant en sorte que le total calculé soit exprimé par un nombre entier. ▪ **Faire du chiffre** [fam.], réaliser un gros chiffre d'affaires. ▪ **Service du chiffre,** service dépendant d'un ministère, affecté à la correspondance en langage chiffré.

CHIFFRÉ, E adj. Qui utilise un code secret : *Des messages chiffrés.* ▪ **Basse chiffrée** [mus.] → **1. BASSE.**

CHIFFREMENT n.m. Opération qui consiste à transformer un texte clair en cryptogramme ; codage.

CHIFFRER v.t. [3]. 1. Évaluer par des calculs : *Chiffrer le montant d'une réparation. Chiffrer les pertes.* **2.** Affecter d'un chiffre d'ordre ; numéroter : *Chiffrer les pages d'un manuscrit.* **3.** Transcrire un message en langage chiffré. **4.** MUS. Coder des harmonies par des chiffres : *Chiffrer une basse, un accord.* **5.** Orner du linge, de la vaisselle du chiffre de qqn. ◆ **v.i.** Fam. Coûter cher : *Ces allers-retours commencent à chiffrer.* ◆ **SE CHIFFRER v.pr. 1. (À).** Atteindre le montant de : *Les fonds détournés se sont chiffrés à un million.* **2. (PAR, EN).** Se compter en : *Sa fortune se chiffre par* ou *en milliards.*

CHIFFREUR, EUSE n. Personne attachée au service du chiffre, au codage de documents.

CHIFFRIER n.m. Registre comptable faisant la preuve de la concordance entre le journal et le grand-livre.

CHIGNOLE n.f. (de l'anc. fr. *ceoignole*, manivelle). **1.** Perceuse portative, à main ou électrique. **2.** Fam. Mauvaise voiture.

CHIGNON n.m. (du lat. *catena*, chaîne). Coiffure féminine dans laquelle la chevelure est rassemblée et torsadée au sommet de la tête ou sur la nuque.

CHIHUAHUA [ʃiwawa] **n.m.** (de *Chihuahua*, n.pr.). Très petit chien d'agrément à poil ras.

CHIISME [ʃiism] **n.m.** (de l'ar. *chīa*, parti). Courant de l'islam né du schisme des partisans d'Ali à propos de la désignation du successeur du Prophète ; ensemble doctrinal commun aux différents courants qui en dérivèrent.

➲ Le **CHIISME** regroupe les musulmans qui ne reconnaissent la qualité de calife ou d'imam qu'aux descendants d'Ali, cousin et gendre de Mahomet. Il se distingue du sunnisme par le rôle assigné aux imams, par une interprétation parfois ésotérique du Coran, par des lieux saints (Nadjaf, Karbala) et des dévotions ou croyances spécifiques (Passion de Husayn, second fils d'Ali et troisième imam ; retour de l'imam « caché »). Le chiisme dit « duodécimain », qui vénère les douze successeurs d'Ali, est la religion nationale de l'Iran depuis le XVIe s.

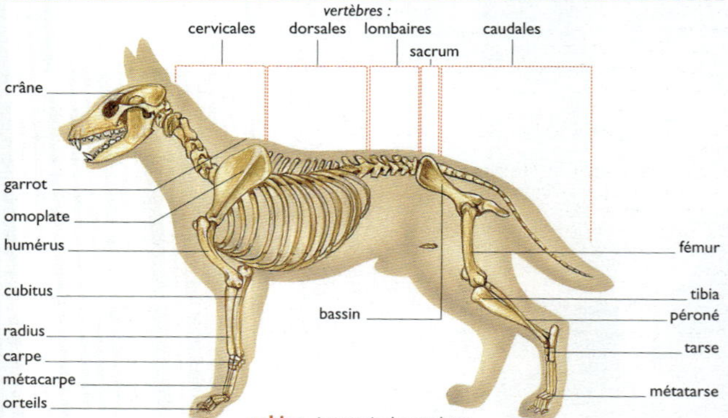

▲ **chien.** Anatomie du squelette.

CHIITE adj. et **n.** Se dit d'un musulman qui appartient à l'une des branches du chiisme (druze, alawite, ismaélien, duodécimain ou zaydite, par ex.).

CHIKUNGUNYA [ʃikuŋgunja] **n.m.** (mot swahili « celui qui marche courbé »). **1.** Virus transmis par un moustique, qui provoque une maladie épidémique se manifestant par une forte fièvre, des douleurs articulaires, des maux de tête et une éruption cutanée. **2.** Maladie due à ce virus. (On dit aussi *fièvre de chikungunya*.)

CHILI [(t)ʃili] ou **CHILE** [(t)ʃile] **n.m.** (mot esp.). Petit piment rouge d'origine mexicaine. ▪ **Chili** ou **chile con carne** [-kɔnkarne], plat mexicain très épicé à base de viande hachée et de haricots rouges.

CHILIEN, ENNE adj. et **n.** Du Chili ; de ses habitants.

CHILOM ou **SHILOM** [ʃilɔm] **n.m.** (persan *chilam*). Pipe dont le fourneau, en forme d'entonnoir, est dans le prolongement du tuyau, et qui est utilisée pour fumer le haschisch.

CHIMÈRE n.f. (lat. *chimaera*, du gr. *khimaira*). **1.** MYTH. GR. Monstre fabuleux, ayant la tête et le poitrail d'un lion, le ventre d'une chèvre, la queue d'un dragon et crachant des flammes. **2.** Construction de l'imagination ; projet irréalisable ; illusion : *Poursuivre une chimère.* **3.** BIOL. Organisme composé de deux (ou, rarement, de plusieurs) variétés de cellules ayant des origines génétiques différentes. **4.** Poisson marin cartilagineux vivant en eau profonde. ➲ Ordre des holocéphales. ▪ **La Chimère** [myth. gr.], celle qui terrorisa la Carie et fut tuée par Bellérophon.

▲ **chimère** d'Arezzo ; bronze étrusque, IVᵉ s. av. J.-C.

CHIMÉRIQUE adj. 1. Qui se complaît dans les chimères, les rêves : *Esprit chimérique.* **2.** Qui a le caractère irréel d'une chimère : *Projet chimérique.*

CHIMIE n.f. (ar. *al-kimiya*, du gr. *khêmeia*, magie noire). Science qui étudie la constitution atomique et moléculaire des corps, ainsi que leurs interactions. ▪ **Chimie biologique**, biochimie. ▪ **Chimie d'un élément**, étude chimique de cet élément : *Chimie du carbone, du brome.* ▪ **Chimie verte**, domaine de la chimie visant à limiter la pollution et à réduire la toxicité des produits chimiques et des moyens employés pour les fabriquer, ainsi que la quantité de déchets qui reste après leur utilisation.

➲ La **CHIMIE** est à la base d'un puissant secteur industriel qui commercialise auj. le plus grand nombre de produits, transformés ou de synthèse. Le XXᵉ s. a vu la chimie se diversifier en un ensemble de disciplines de plus en plus spécialisées.

La *chimie physique* étudie les interfaces entre la physique et la chimie. Elle comprend, princip. : la *thermodynamique chimique*, étude des équilibres ; la *cinétique chimique*, étude de la vitesse des réactions ; la *thermochimie*, étude des quantités de chaleur mises en jeu au cours des réactions ; la *chimie théorique*, application de la mécanique quantique ; la *photochimie*, étude de l'interaction matière-rayonnement ; l'*électrochimie*, étude de l'interaction matière-électricité. La *chimie nucléaire* traite des composés des éléments radioactifs. La *chimie analytique*, enfin, perfectionne les méthodes de l'analyse immédiate et de l'analyse élémentaire.

La *chimie organique* est la chimie du carbone et de ses composés. La *biochimie*, qui entretient d'étroites relations avec celle-ci, étudie les réactions chimiques dans les cellules et les tissus des êtres vivants. La *chimie macromoléculaire* traite de la synthèse et des propriétés des macromolécules (ou polymères), majoritairement d'origine organique. La *chimie minérale*, discipline qui traite des corps tirés du règne minéral (par opposition à la chimie organique), concerne l'étude de l'état naturel, de la préparation, des propriétés et des réactions des corps purs et de leurs composés, ainsi que la rationalisation et l'interprétation des phénomènes.

CHIMILUMINESCENCE n.f. Luminescence provoquée par un apport d'énergie chimique.

CHIMIO n.f. (abrév.). Fam. Chimiothérapie.

CHIMIORÉSISTANCE n.f. MÉD. Caractère d'une tumeur ou d'un micro-organisme résistant à la chimiothérapie.

CHIMIOSYNTHÈSE n.f. BIOCHIM. Synthèse de substances organiques utilisant l'énergie chimique de molécules minérales ou organiques (par oppos. à *photosynthèse*).

CHIMIOTACTISME n.m. BIOL. Propriété de certaines cellules ou de certains organismes d'orienter leurs déplacements en fonction de substances chimiques.

CHIMIOTHÈQUE n.f. Ensemble de produits chimiques apparentés, synthétisés en série à des fins d'essais biologiques.

CHIMIOTHÉRAPIE n.f. MÉD. Traitement par des substances chimiques, en partic. en cancérologie. Abrév. (fam.) **chimio.**

CHIMIOTHÉRAPIQUE adj. Relatif à la chimiothérapie.

CHIMIQUE adj. 1. Relatif à la chimie, aux phénomènes qu'elle étudie : *Réaction, élément chimiques.* **2.** Qui procède d'une application de la chimie ou qui en résulte : *Produits chimiques. Arme chimique.*

CHIMIQUEMENT adv. D'après les lois, les procédés de la chimie.

CHIMIQUIER n.m. Cargo conçu pour le transport de produits chimiques.

CHIMISTE n. Spécialiste de chimie.

CHIMPANZÉ n.m. (mot du Congo et de l'Angola). Singe anthropoïde de l'Afrique équatoriale, au mode de vie arboricole et terrestre, sociable, doté d'importantes capacités d'apprentissage, et dont il existe deux espèces, le chimpanzé commun (*Pan troglodytes*) et le chimpanzé « nain » ou bonobo (*Pan paniscus*). ➲ Famille des pongidés ou des hominidés. (V. planche *primates*.)

CHINAGE n.m. TEXT. Action de chiner un tissu.

CHINCHARD n.m. (de l'anc. fr. *chinche*, punaise). Poisson marin ressemblant au maquereau mais à la chair moins fine. ➲ Famille des carangidés.

CHINCHILLA [ʃɛ̃ʃila] **n.m.** (mot esp.). **1.** Rongeur de l'Amérique du Sud, élevé pour sa fourrure gris perle. ➲ Famille des chinchillidés. **2.** Fourrure de cet animal.

CHINDER v.i. [3] → **SCHINDER.**

1. CHINE n.m. Porcelaine de Chine ; objet dans cette matière : *De vieux chines.*

2. CHINE n.f. Fam. Métier, milieu des brocanteurs : *Ils sont dans la chine de père en fils.*

CHINÉ, E adj. De plusieurs couleurs mélangées : *Jersey chiné.*

1. CHINER v.t. [3]. TEXT. Teindre de couleurs différentes les fils d'un tissu pour obtenir des mélanges de dessins et de coloris.

2. CHINER v.i. [3] (de *s'échiner*). Fam. **1.** Chercher des occasions chez les brocanteurs, les antiquaires, etc. **2.** Exercer le métier de brocanteur. ◆ **v.t.** Fam., vieilli. Taquiner en plaisantant, en ironisant.

CHINEUR, EUSE n. Fam. Personne qui chine chez les brocanteurs ; fouineur.

CHINO n.m. (nom déposé). Pantalon droit en toile de coton beige.

1. CHINOIS, E adj. et **n.** De la Chine ; de ses habitants. ◆ **adj.** Fam. Qui aime la complication, les subtilités excessives. ◆ **n.m.** Langue de la famille sino-tibétaine parlée par les Chinois, aux nombreuses formes dialectales qui s'écrivent grâce à un même système idéographique. ▪ **C'est du chinois** [fam.], c'est incompréhensible (par allusion à la difficulté supposée de la langue chinoise).

➲ La Chine se décompose en sept zones dialectales : une au nord, celle du « mandarin », dont les divers dialectes, d'où a été tiré le **CHINOIS** standard, ou *putonghua*, sont parlés par 70 % de la population totale du pays ; trois au centre (*wu*, *gan* et *xiang*) et trois au sud (*min*, *hakka* et *yue* [cantonais]). La communauté d'écriture (caractères pictographiques) compense cette diversité dialectale.

Le gouvernement chinois a proposé en 1958 un système de transcription en caractères latins, le *pinyin*, visant à remplacer les multiples systèmes élaborés par les sinologues occidentaux. Ce système s'est généralisé à l'étranger.

2. CHINOIS n.m. Petite passoire fine, à fond pointu.

CHINOISER v.i. [3]. Fam. Discuter sur des détails ; ergoter.

CHINOISERIE n.f. 1. Bibelot, objet de luxe ou de fantaisie venu de Chine ou de goût chinois, mis à la mode à partir du XVIIIᵉ s. **2.** Motif ornemental, décor, œuvre d'art d'inspiration chinoise. ◆ **n.f. pl.** Fam. Exigences inutiles et compliquées : *Chinoiseries administratives.*

CHINOOK [ʃinuk] **n.m.** (mot amérindien). Vent chaud et sec qui descend des montagnes Rocheuses.

CHINTZ [ʃints] **n.m.** (hindi *chint*). Toile de coton teinte ou imprimée, d'aspect brillant et glacé.

CHINURE n.f. Aspect d'un tissu chiné.

CHIOT n.m. (lat. *catellus*). Jeune chien.

CHIOTTE n.f. Très fam. Automobile. ◆ **n.f. pl.** Vulg. Cabinets d'aisances.

CHIOURME n.f. (du génois *ciurma*, chant pour diriger les galériens). HIST. **1.** Ensemble des rameurs d'une galère. **2.** Ensemble des condamnés d'un bagne.

CHIPER v.t. [3] (de l'anc. fr. *chipe*, chiffon). Fam. Dérober ; voler : *Elle m'a chipé mon stylo.*

CHIPEUR, EUSE n. et **adj.** Fam. Voleur.

CHIPIE n.f. (de *chiper* et *1. pie*). Fam. Femme, fille désagréable.

CHIPIRON n.m. (basque *txipiroi*). Région. (Sud-Ouest). Calmar.

CHIPOLATA n.f. (de l'ital. *cipolla*, oignon). Fine saucisse de porc dans un boyau de mouton.

CHIPOTAGE n.m. Fam. Action de chipoter.

CHIPOTER v.i. [3] (de *chiper*). Fam. **1.** Faire des difficultés pour peu de chose : *On ne va pas chipoter pour* ou *sur deux euros !* **2.** Faire le difficile pour manger : *Ce bébé chipote.* ◆ **v.t.** et **v.i.** Belgique. **1.** Tripoter qqch ; fouiller dans qqch. **2.** Bricoler.

CHIPOTEUR, EUSE n. Fam. Personne qui chipote.

CHIPPENDALE [ʃipɛndal] **adj. inv.** Se dit d'un style anglais de mobilier, d'un meuble, souvent en acajou, dans le goût de l'ébéniste T. Chippendale.

CHIPS [ʃips] **n.f.** (mot angl. « éclats, copeaux »). Mince rondelle de pomme de terre frite et salée : *Une chips croustillante.* ▪ **Pommes chips**, pommes de terre ainsi découpées.

1. CHIQUE n.f. 1. Morceau de tabac à mâcher. **2.** Fam. Gonflement de la joue, souvent dû à une rage de dents. **3.** Belgique. Bonbon à sucer ou à mâcher. ▪ **Avaler sa chique** [fam., vx], mourir. ▪ **Avoir la chique** [fam.], avoir une rage de dents. ▪ **Couper la chique à qqn** [fam.], lui couper brutalement la parole ; lui causer une vive surprise. ▪ **Mou comme une chique** [fam.], sans énergie.

2. CHIQUE n.f. Variété de puce commune en Amérique intertropicale et en Afrique noire, où elle parasite les animaux domestiques, comme le porc ou le chien, et l'homme en s'introduisant sous la peau. ➲ Ordre des homoptères.

CHIQUÉ n.m. Fam. Attitude affectée et prétentieuse. ▪ **C'est du chiqué** [fam.], c'est du bluff, de la simulation ou du trucage.

CHIQUENAUDE n.f. (p.-ê. de l'onomat. *tchikk-*, imitant un bruit sec). Petit coup appliqué avec un doigt replié et raidi contre le pouce, et brusquement détendu ; pichenette.

CHIQUER v.t. [3]. Mâcher du tabac. ◆ **v.i.** Fam., vieilli. ▪ **Y a pas à chiquer**, il n'y a pas à hésiter.

CHIQUEUR, EUSE n. Personne qui chique du tabac.

CHIRAL, E, AUX [kiral, o] **adj.** CHIM., PHYS. Doté de chiralité. ▪ **Fonds chiral**, ensemble des substances naturelles présentant une chiralité, abondantes et bon marché, dans lequel les chimistes trouvent la matière première pour la synthèse de molécules complexes, comme celles de médicaments. ➲ La quinine, le limonène sont des molécules du fonds chiral.

CHIRALITÉ [ki-] **n.f. CHIM., PHYS.** Propriété de tout objet qui n'est pas superposable à son image dans un miroir. ➲ Un objet doté de chiralité est dénué de plan de symétrie (ex. une main, un tire-bouchon, un dé à jouer et la plupart des molécules du vivant).

CHIROGRAPHAIRE [ki-] **adj.** (du gr. *kheir*, main, et *graphein*, écrire). **DR.** Se dit d'une créance qui n'est garantie par aucun privilège (hypothèque, caution, etc.). ◆ **n.** Titulaire de cette créance.

CHIROMANCIE [ki-] **n.f.** (du gr. *kheir*, main, et *manteia*, divination). Procédé de divination fondé sur l'étude de la main (forme, lignes, etc.).

CHIROMANCIEN, ENNE [ki-] **n.** Personne qui exerce la chiromancie.

CHIRONOME [ki-] **n.m.** Petit moustique dont la larve, dite *ver de vase*, est abondante au fond des mares. ➲ Ordre des diptères.

CHIROPRACTEUR [ki-] **n.m.** Personne qui exerce la chiropractie. Recomm. off. **chiropraticien.**

CHIROPRACTIE ou **CHIROPRAXIE** [kiropraksi] **n.f.** (du gr. *kheir*, main, et *praktikos*, mis en action). **MÉD.** Méthode thérapeutique visant à soigner différentes affections par manipulations des vertèbres.

CHIROPRATICIEN, ENNE [ki-] **n.** Recomm. off. pour **chiropracteur.**

CHIROPRATIQUE [ki-] **n.f.** Québec. Chiropractie.

CHIROPTÈRE [ki-] ou **CHÉIROPTÈRE** [kei-] **n.m.** (du gr. *kheir*, main, et *pteron*, aile). Mammifère cour. appelé *chauve-souris*, adapté au vol grâce à des membranes alaires tendues entre quatre doigts et fixées sur les flancs, se dirigeant ou chassant par écholocation, génér. insectivore, parfois frugivore ou hématophage. ➲ Les chiroptères forment un ordre.

CHIROUBLES n.m. Cru renommé du Beaujolais.

CHIRURGICAL, E, AUX adj. Relatif à la chirurgie : *Subir une intervention chirurgicale.*

CHIRURGICALEMENT adv. Par la chirurgie.

CHIRURGIE n.f. (du gr. *kheirourgia*, opération manuelle). Spécialité médicale réalisant les traitements des maladies et des accidents par intervention manuelle et instrumentale sur l'organisme, notamm. sur ses parties internes. ▪ **Chirurgie dentaire,** odontostomatologie. ▪ **Chirurgie d'un jour** [Québec], chirurgie légère pour laquelle le patient est admis le matin de l'intervention et rentre chez lui dans la journée. ▪ **Chirurgie esthétique** → **ESTHÉTIQUE.** ▪ **Chirurgie plastique** → **1. PLASTIQUE.**

➲ La **CHIRURGIE** moderne a de nombreuses indications : réparation des traumatismes, traitement des infections (des abcès, par ex.), lutte contre les conséquences des affections (ablation d'une glande hormonale trop active, par ex.), correction de malformations, remplacement par greffe d'organes déficients.
La chirurgie recouvre de nombreuses spécialités, avec la chirurgie digestive, l'orthopédie et la traumatologie, l'urologie, la chirurgie infantile, la gynécologie, la neurochirurgie, auxquelles sont venues s'ajouter les chirurgies plastique, cardiaque, vasculaire, thoracique et endocrinienne. Par ailleurs, l'ophtalmologie, l'oto-rhino-laryngologie et la chirurgie dentaire sont assimilées à des spécialités chirurgicales. La petite chirurgie, enfin, concerne des actes chirurgicaux simples, pratiqués sans anesthésie ou sous anesthésie locale, dont certains sont réalisables par un médecin non chirurgien : incision d'un abcès, suture d'une plaie, ablation d'une petite tumeur superficielle. De plus en plus d'interventions s'effectuent sous cœlioscopie avec assistance vidéo.

CHIRURGIEN, ENNE n. Médecin spécialiste en chirurgie.

CHIRURGIEN-DENTISTE n.m. (pl. *chirurgiens-dentistes*). Dentiste.

CHISTERA [ʃistera], ▲ *CHISTÉRA* **n.m.** (mot basque). Accessoire en osier, long et recourbé, fixé au poignet pour envoyer la balle contre le fronton, à la pelote basque.

CHITINE [kitin] **n.f.** (du gr. *khitôn*, tunique). **BIOL.** Substance organique macromoléculaire, constituant principal de la cuticule des arthropodes et des tissus de certains champignons.

CHITINEUX, EUSE [ki-] **adj.** Contenant de la chitine ; formé de chitine.

1. CHITON [kitɔ̃] **n.m.** (mot gr.). **ANTIQ. GR.** Tunique fine et plissée portée par les femmes.

2. CHITON [kitɔ̃] **n.m.** Mollusque marin des rochers littoraux, dont la coquille est formée de huit plaques articulées, et appelé aussi *oscabrion.* ➲ Classe des polyplacophores.

CHIURE n.f. Excrément de mouche, d'insecte.

CHLAMYDE [klamid] **n.f.** (gr. *khlamus, -udos*). **ANTIQ. GR.** Pièce de laine drapée, attachée sur l'épaule par une fibule et servant de manteau court.

CHLAMYDIA [kla-] **n.f.** (pl. *chlamydiae* ou *chlamydias*). **MÉD.** Genre de bactérie responsable d'infections contagieuses courantes chez l'homme (IST, trachome, psittacose, ornithose).

CHLAMYDOMONAS [klamidɔmɔnas] **n.f.** Algue verte unicellulaire d'eau douce, mobile grâce à deux flagelles.

CHLASS adj. Fam. Schlass.

CHLEUH, E adj. et **n.** (de *Chleuhs*, population berbère du Maroc). Péjor., vieilli. Allemand.

CHLINGUER ou **SCHLINGUER v.i. [3].** Très fam. Sentir mauvais.

CHLOASMA [klɔasma] **n.m.** (mot gr.). Ensemble de taches brunes apparaissant notamm. sur la peau du visage au cours de la grossesse et formant le « masque de grossesse ».

CHLORAGE [klɔ-] **n.m.** Opération consistant à soumettre une matière textile à l'action du chlore.

CHLORATE n.m. Sel de l'acide chlorique.

CHLORATION n.f. 1. Assainissement de l'eau par le chlore. **2. CHIM. MINÉR.** Addition ou substitution d'un atome de chlore à un atome d'hydrogène.

CHLORDÉCONE n.m. Insecticide à base de chlore (organochloré), toxique pour l'homme et polluant durablement les sols. ➲ Utilisé aux Antilles contre le charançon du bananier, le chlordécone est interdit depuis 1993.

CHLORE [klɔr] **n.m.** (du gr. *khlôros*, vert). **1.** Gaz (Cl_2) toxique, jaune verdâtre, d'odeur suffocante. **2.** Élément chimique (Cl), de numéro atomique 17, de masse atomique 35,4527 (famille des halogènes).

CHLORÉ, E adj. CHIM. Qui contient du chlore.

CHLORELLE [klɔ-] **n.f.** Algue verte unicellulaire d'eau douce ou terrestre, dont certaines espèces vivent en symbiose avec des protozoaires ciliés ou avec des animaux invertébrés.

CHLORER v.t. [3]. 1. Procéder à la chloration. **2.** Faire subir le chlorage à un textile, à un tissu.

CHLOREUX, EUSE adj. ▪ **Acide chloreux,** acide non isolé $HClO_2$.

CHLORHYDRATE n.m. Sel de l'acide chlorhydrique et d'une base azotée.

CHLORHYDRIQUE adj. ▪ **Acide chlorhydrique,** solution acide de gaz chlorhydrique dans l'eau, utilisée dans le traitement des métaux, la production de PVC, etc. ▪ **Gaz chlorhydrique,** chlorure d'hydrogène (HCl), gaz incolore d'odeur piquante.

CHLORIQUE adj. ▪ **Acide chlorique,** acide $HClO_3$.

1. CHLORITE n.m. CHIM. MINÉR. Sel de l'acide chloreux $HClO_2$.

2. CHLORITE n.f. MINÉRALOG. Aluminosilicate de fer et de magnésium hydraté appartenant au groupe des argiles, de couleur verte, formé par altération ou par métamorphisme.

CHLOROBENZÈNE n.m. Dérivé chloré du benzène C_6H_5Cl. ➲ Il est employé comme solvant et comme intermédiaire dans la synthèse organique.

CHLOROFIBRE n.f. Fibre synthétique quasi ininflammable, fabriquée à partir de polychlorure de vinyle pur.

CHLOROFLUOROCARBURE n.m. CHIM. ORG. Organochloré gazeux (CFC) utilisé notamm. dans les bombes aérosols, les isolants, les réfrigérants. ➲ Il provoque la dissociation des molécules d'ozone* de la stratosphère.

CHLOROFORME n.m. (de *chlore* et *acide formique*). **CHIM. ORG.** Liquide incolore ($CHCl_3$), d'une odeur éthérée, résultant de l'action du chlore sur l'alcool, et utilisé jadis comme anesthésique.

CHLOROFORMER v.t. [3]. Vieilli. **1.** Pratiquer sur qqn une anesthésie générale au chloroforme. **2.** Fig. Rendre insensible, apathique ; supprimer le sens critique de.

CHLOROMÉTRIE n.f. Dosage du chlore contenu dans une solution.

CHLORO-ORGANIQUE adj. (pl. *chloro-organiques*). ▪ **Composé chloro-organique,** molécule organique ayant au moins un atome de chlore. ➲ De nombreux composés chloro-organiques possèdent une activité biologique, soit bénéfique (*chloramphénicol*), soit toxique (DDT, PCB, dioxine…).

CHLOROPHÈNE n.m. Produit chloré servant de désinfectant, en milieu hospitalier.

CHLOROPHYCÉE n.f. Algue dont le pigment principal est la chlorophylle, telle que la spirogyre, l'ulve, la caulerpe (SYN. **algue verte**). ➲ Les chlorophycées forment une classe.

CHLOROPHYLLE n.f. (du gr. *khlôros*, vert, et *phullon*, feuille). **BOT.** Pigment de nature protéique, responsable de la coloration verte des végétaux et jouant un rôle essentiel dans la photosynthèse.

CHLOROPHYLLIEN, ENNE adj. Relatif à la chlorophylle ; qui renferme de la chlorophylle.

CHLOROPHYTUM [klɔrɔfitɔm] **n.m. BOT.** Phalangère.

CHLOROPLASTE n.m. BOT. Organite des cellules végétales contenant des pigments récepteurs de l'énergie solaire, notamm. de la chlorophylle, et siège de la photosynthèse.

CHLOROSE n.f. (du gr. *khlôros*, vert). **1.** Disparition partielle de la chlorophylle dans les feuilles d'un végétal, entraînant leur jaunissement. **2. MÉD.** Vx. Anémie par carence en fer, chez la jeune fille.

CHLORURATION n.f. 1. Action de chlorurer. **2.** Opération qui consiste à introduire un chlorure ou un dérivé dans un composé. ➲ Autrefois employée pour certains minerais d'or et d'argent, elle a été remplacée par la cyanuration.

CHLORURE n.m. Combinaison du chlore avec un corps autre que l'oxygène ; en partic., sel de l'acide chlorhydrique.

CHLORURÉ, E adj. Qui contient un chlorure.

CHLORURER v.t. [3]. CHIM. Combiner avec le chlore ; transformer un corps en chlorure.

CHNEUQUER ou **SCHNEUQUER** [ʃnøke] **v.i. [3].** Suisse. Chercher avec insistance ou indiscrétion pour découvrir des choses cachées ou secrètes ; fouiller ; fouiner ; fureter : *Il ne peut pas s'empêcher de chneuquer dans les affaires des autres.*

CHNOQUE n.m. et **adj.** → **SCHNOCK.**

CHNOUF n.f. → **SCHNOUFF.**

CHOANE [kɔan] **n.f.** (du gr. *khoanê*, entonnoir). **ANAT.** Orifice postérieur d'une fosse nasale, qui la fait communiquer avec la partie supérieure du pharynx.

CHOC n.m. (de *choquer*). **1.** Rencontre brusque et parfois violente entre des personnes ou des objets ; heurt. **2. MIL.** Affrontement entre deux armées ; combat. **3.** Fig. Rencontre d'éléments opposés : *Le choc des idées.* **4.** Émotion violente et brusque ; bouleversement : *Son décès a été un choc.* **5.** Événement qui a des répercussions considérables : *Choc pétrolier.* **6.** (En appos., avec ou sans trait d'union). Qui produit un gros effet : *Une photo choc* ; qui est d'une grande portée : *Des mesures-chocs.* ▪ **Choc anaphylactique,** dû à une allergie. ▪ **Choc des civilisations** [polit.], thèse selon laquelle ce seraient la culture et l'identité qui, depuis l'effondrement du bloc soviétique au début des années 1990, détermineraient les alliances et les conflits entre États, et non plus les idéologies politiques. ➲ Cette lecture des relations internationales, due au politologue américain Samuel Huntington (1927-2008), est controversée. ▪ **Choc en retour** [météorol.], effet produit par la foudre en un lieu qu'elle ne frappe pas directement ; fig., conséquence indirecte d'un événement sur la personne qui en est à l'origine. ▪ **Choc opératoire, anesthésique,** consécutif à une opération, à l'anesthésie elle-même. ▪ **État de choc** [méd.], état aigu et grave correspondant à une insuffisance circulatoire due notamm. à un accident, une hémorragie ; fig., traumatisme lié à une violente émotion. ▪ **Traitement de choc** [psychiatr.], traitement des états psychotiques ou dépressifs graves par une violente perturbation organique (électrochoc, par ex.). ▪ **Troupes de choc** [mil.], affectées au combat en première ligne. ▪ **Unité de choc** [mil.], formation spécialisée dans les opérations difficiles à objectif limité.

CHOCARD ou **CHOQUARD n.m.** Oiseau des hautes montagnes d'Eurasie, noir, à pattes rouges et bec jaune. ➲ Famille des corvidés.

CHOCHOTTE n.f. Fam., péjor. Personne excessivement maniérée.

CHOCOLAT n.m. (esp. *chocolate*, de l'aztèque *chocolatl*). Mélange de pâte de cacao et de sucre, additionné ou non de beurre de cacao et d'autres produits (lait, noisettes, par ex.), et consommé sous diverses formes (tablette, bonbons, boisson, etc.) : *Un carré de chocolat. Une boîte de chocolats.* ◆ **adj. inv.** De couleur brun-rouge foncé. ▪ **Être chocolat** [fam.], être déçu, dupé ou bredouille : *Finalement, ils sont chocolat.*

CHOCOLATÉ, E adj. Qui contient du chocolat.

CHOCOLATERIE n.f. 1. Industrie, production du chocolat. **2.** Fabrique de chocolat ; magasin du chocolatier.

CHOCOLATIER, ÈRE n. Personne qui fabrique, vend du chocolat. ◆ **adj.** Qui se rapporte au chocolat.

CHOCOLATIÈRE n.f. Récipient à anse et à long bec verseur pour servir le chocolat liquide.

CHOCOLATINE n.f. Région. (Sud-Ouest) ; Québec. Pain au chocolat.

CHOCOTTES n.f. pl. Arg. ▪ **Avoir les chocottes,** avoir peur.

CHOÉPHORE [kɔefɔr] **n.** (gr. *khoêphoros*). **ANTIQ. GR.** Personne qui portait les offrandes aux morts.

CHŒUR [kœr] **n.m.** (lat. *chorus*, du gr. *khoros*). **1.** Groupe de personnes chantant des chants liturgiques, des polyphonies profanes : *Les chœurs de l'Opéra.* **2.** Morceau de musique polyphonique : *Le chœur des bohémiens dans « le Trouvère » de Verdi.* **3.** Fig. Ensemble de personnes ayant le même but, la même attitude : *Le chœur des antiguerre.* **4.** Partie d'une église réservée au clergé et aux chanteurs. ➲ Dans les églises en croix latine, c'est l'espace compris entre la croisée et le déambulatoire ou le fond de l'abside. **5. ANTIQ. GR.** Ensemble des acteurs *(choreutes)* incarnant le groupe social et dont les interventions, déclamées ou chantées, commentaient l'action. **6.** Fragment lyrique ou poétique, ponctuant l'action dans le théâtre classique. ▪ **Ce n'est pas un enfant de chœur** [fam.], ce n'est pas un naïf, il connaît la vie. ▪ **En chœur,** unanimement : *Le comité a voté en chœur* ; ensemble : *Reprendre un refrain en chœur.* ▪ **Enfant de chœur,** jeune garçon qui sert la messe, assiste le prêtre.

CHOFAR n.m. → **SCHOFAR.**

CHOIR v.i. [58] (du lat. *cadere*). Litt. Tomber. ▪ **Laisser choir qqn, qqch** [fam.], les abandonner : *Laisser choir ses amis, ses projets.*

CHOISI, E adj. 1. Qui dénote une certaine recherche : *S'exprimer en termes choisis.* **2.** Qui a été sélectionné parmi d'autres : *Morceaux choisis.* **3.** Qui est élégant et distingué : *Une clientèle choisie.*

CHOISIR v.t. [21] (du germ. *kausjan*, goûter). Adopter par préférence : *Ils ont choisi l'hébergement chez l'habitant. Il a choisi son frère pour le représenter chez le notaire.* ▪ **Choisir de,** se déterminer à faire qqch : *Nous avons choisi de vendre.* ▪ **Choisir son moment,** trouver le moment opportun ; iron., agir au pire moment.

CHOIX n.m. 1. Action de choisir : *Le choix d'un métier* ; ce qui est choisi : *Un bon, un mauvais choix.* **2.** Ensemble d'éléments retenus pour leur qualité : *Un choix de poèmes.* **3.** Possibilité de choisir : *Avoir le choix entre divers coloris.* **4.** Ensemble de choses, de solutions parmi lesquelles on peut choisir : *La bibliothèque présente un large choix de romans.* ▪ **Au choix,** avec liberté de choisir. ▪ **Choix d'objet** [psychan.], mode par lequel l'inconscient se rapporte à un objet (partiel ou total, imaginaire ou réel) susceptible de satisfaire la pulsion du sujet. ▪ **De choix,** de première qualité : *Un morceau de choix.* ▪ **N'avoir que l'embarras du choix,** avoir à choisir entre de nombreuses possibilités.

CHOKE-BORE ou **CHOKE** [tʃɔk(bɔr)] **n.m.** (pl. *choke-bores, chokes*) [mot angl., de *to choke*, étrangler, et *to bore*, forer]. Rétrécissement de la bouche d'une arme de chasse à canon lisse, qui concentre la gerbe de plomb, au tir.

CHOLAGOGUE [kɔ-] **adj.** et **n.m.** (du gr. *kholê*, bile, et *agein*, conduire). **MÉD.** Se dit d'une substance qui facilite l'évacuation de la bile vers l'intestin.

CHOLÉCALCIFÉROL [kɔ-] **n.m. MÉD.** Vitamine liposoluble, une des formes du calciférol (SYN. **vitamine D3**).

CHOLÉCYSTECTOMIE [kɔ-] **n.f.** (du gr. *kholê*, bile, *kustis*, vessie, et *ektomê*, ablation). Ablation chirurgicale de la vésicule biliaire.

CHOLÉCYSTITE [kɔ-] **n.f.** (du gr. *kholê*, bile, et *kustis*, vessie). **MÉD.** Inflammation de la vésicule biliaire.

CHOLÉDOQUE [kɔ-] **adj.m.** (du gr. *kholê*, bile, et *dekhesthai*, recevoir). **ANAT.** ▪ **Canal cholédoque,** ou **cholédoque, n.m.,** canal issu de la réunion du canal hépatique et du canal cystique, et qui conduit la bile au duodénum.

CHOLÉRA [kɔlera] **n.m.** (du lat. *cholera*, bile, du gr.). **1.** Maladie infectieuse épidémique produite par une bactérie, le vibrion cholérique, caractérisée par des selles très fréquentes, des vomissements, un amaigrissement rapide, un abattement profond avec abaissement de la température, et pouvant se terminer par la mort. **2.** Fam., vx. Personne méchante.

CHOLÉRÉTIQUE [kɔ-] **adj.** et **n.m. MÉD.** Se dit d'une substance qui augmente la sécrétion de la bile.

CHOLÉRIFORME [kɔ-] **adj.** Qui évoque le choléra, tout en étant dû à une autre cause : *Diarrhée cholériforme.*

CHOLÉRIQUE [kɔ-] **adj.** Relatif au choléra. ◆ **adj.** et **n.** Atteint du choléra.

CHOLESTÉROL [kɔlɛstɛrɔl] **n.m.** (du gr. *kholê*, bile, et *steros*, solide). **MÉD.** Stérol d'origine alimentaire ou synthétisé dans l'organisme, constituant des cellules et intervenant dans la synthèse des hormones stéroïdes. ➲ Le cholestérol est transporté dans le sang en étant lié à des protéines (lipoprotéines). Selon leur densité, celles-ci déposent le cholestérol sur les parois des artères (« mauvais cholestérol »), ou l'en enlèvent (« bon cholestérol »). ▪ **Avoir du cholestérol** [cour.], une forte concentration sanguine de cholestérol.

CHOLESTÉROLÉMIE [kɔ-] **n.f.** Concentration sanguine du cholestérol.

CHOLINE [kɔ-] **n.f. BIOCHIM.** Substance azotée de l'organisme, présente surtout sous forme d'esters tels que l'acétylcholine.

CHOLINERGIQUE [kɔ-] **adj. BIOCHIM.** Se dit d'un élément (neurone, récepteur d'un neurone) qui agit au niveau du système nerveux ou des muscles grâce à l'acétylcholine. ◆ **adj.** et **n.m. MÉD.** Se dit d'une substance qui reproduit les effets les plus caractéristiques de l'acétylcholine (SYN. **parasympathomimétique**).

CHOLINESTÉRASE [kɔ-] **n.f. PHYSIOL.** Enzyme qui inhibe l'excès d'activité de l'acétylcholine au niveau des synapses neuromusculaires.

CHÔMABLE adj. Se dit d'un jour qui peut être chômé.

CHÔMAGE n.m. 1. Situation d'un salarié apte au travail mais privé d'emploi ; durée de cette situation : *Être au chômage.* **2.** Déséquilibre économique survenant quand la demande de travail de la main-d'œuvre est supérieure à l'offre de travail des entreprises ; nombre de demandeurs d'emploi sur le marché du travail : *Le chômage est en augmentation.* **3.** Somme légalement versée aux chômeurs : *Toucher le chômage.* **4.** Vx. Arrêt du travail, les jours chômés. ▪ **Allocations de chômage,** allocations versées par un organisme public (le Pôle emploi, en France) à un chômeur, pour une durée déterminée. ▪ **Assurance chômage,** cotisations versées par les employeurs et les travailleurs salariés à l'organisme qui finance les allocations de chômage. ▪ **Chômage classique** ou **volontaire,** dû au refus des travailleurs d'occuper des emplois qu'ils jugent insuffisamment rémunérés. ▪ **Chômage keynésien,** dû à une demande insuffisante de biens de consommation et de biens de production, sur le plan national et international. ▪ **Chômage partiel,** dû à une chute de la production de l'entreprise entraînant un arrêt provisoire de l'activité des salariés ou une réduction de celle-ci au-dessous de la durée légale du travail. ▪ **Chômage technique,** dû au manque d'approvisionnement en matières premières ou produits semi-finis nécessaires à l'activité industrielle, ou à un sinistre (incendie, inondation, tempête, par ex.).

CHÔMÉ, E adj. Se dit d'un jour où le travail est légalement suspendu. ➲ En France, le 1er mai est chômé.

CHÔMER v.i. [3] (du bas lat. *caumare*, se reposer pendant la chaleur). Ne pas travailler, en partic. par manque d'ouvrage, d'emploi. ▪ **Ne pas chômer** [fam.], être très actif, en parlant de qqn. ◆ **v.t.** Vieilli. Célébrer une fête en ne travaillant pas : *Chômer le 1er mai.*

CHÔMEUR, EUSE n. Personne au chômage ; demandeur d'emploi.

CHONDRE [kɔ̃dr] **n.m. GÉOL.** Petit corps globuleux formé notamm. de pyroxènes et d'olivine, constituant des chondrites.

CHONDRICHTYEN [kɔ̃driktjɛ̃] **n.m.** Poisson dont le squelette reste cartilagineux chez l'adulte, tel que les requins, les raies et les chimères (par oppos. à *ostéichtyen*). ➲ Les chondrichtyens forment une classe.

CHONDRIOME [kɔ̃drijom] **n.m.** (du gr. *khondrion*, granule). **BIOL. CELL.** Ensemble des mitochondries d'une cellule.

CHONDRITE [kɔ̃-] **n.f. GÉOL.** Météorite pierreuse contenant des chondres.

CHONDROCALCINOSE [kɔ̃-] **n.f.** Maladie articulaire métabolique, se manifestant par des crises ressemblant aux crises de goutte.

CHONDRODYSTROPHIE [kɔ̃-] **n.f MÉD.** Ensemble d'affections héréditaires des os provoquant un nanisme.

CHONDROMATOSE [kɔ̃-] **n.f.** Affection des os caractérisée par la présence de nombreux chondromes.

CHONDROME [kɔ̃-] **n.m. MÉD.** Tumeur bénigne constituée à partir de tissu cartilagineux.

CHONDROSARCOME [kɔ̃-] **n.m. MÉD.** Tumeur maligne constituée à partir de tissu cartilagineux.

CHONDROSTÉEN [kɔ̃drɔsteɛ̃] **n.m.** Poisson osseux (ostéichtyen) primitif, au squelette peu ossifié et à la peau nue ou recouverte d'écailles très épaisses, tel l'esturgeon. ➲ Les chondrostéens forment un superordre.

CHOPE n.f. (alsacien *schoppe*). Récipient à anse pour boire de la bière ; son contenu.

CHOPER v.t. [3]. Fam. **1.** Attraper ; arrêter : *La police l'a chopé sans papiers.* **2.** Attraper, contracter une maladie : *Choper un rhume.* **3.** Voler ; dérober.

CHOPINE n.f. (moyen bas all. *schôpen*). **1.** Ancienne mesure de capacité, variant suivant les localités (à Paris : 0,466 l). **2.** Au Canada, ancienne mesure de capacité valant une demi-pinte (0,568 l). **3.** Fam. Bouteille de vin ; son contenu.

1. CHOPPER [tʃɔpœr], ▲ *CHOPPEUR* **n.m.** (mot angl. « hachoir »). **PRÉHIST.** Outil rudimentaire obtenu par éclatement d'un galet (dit *galet aménagé*) sur une seule face.

2. CHOPPER [ʃɔpœr], ▲ *CHOPPEUR* **n.m.** (mot anglo-amér.). Moto allongée à guidon haut, conçue pour un pilotage en position inclinée vers l'arrière, jambes tendues vers l'avant.

CHOPPING-TOOL [tʃɔpiŋtul] **n.m.** (pl. *chopping-tools*) [mot angl.]. **PRÉHIST.** Outil rudimentaire obtenu par éclatement d'un galet (dit *galet aménagé*) sur les deux faces.

CHOP SUEY [ʃɔpsju] ou [-sɥɛ] **n.m.** (pl. *chop sueys*) [mot chin.]. Plat de légumes variés, émincés et sautés, souvent accompagné de poulet ou de porc en lamelles. ➲ Cuisine chinoise.

CHOQUANT, E adj. Qui heurte la sensibilité : *Des inégalités sociales choquantes.*

CHOQUARD n.m. → **CHOCARD.**

CHOQUER v.t. [3]. 1. Contrarier, blesser qqn en heurtant ses idées, ses sentiments, ses habitudes : *Des images pénibles peuvent choquer le jeune public.* **2.** Causer un choc émotionnel à ; bouleverser : *La mort de sa sœur l'a choqué.* **3.** Litt. Donner un choc, un coup à : *Choquer les verres pour trinquer.* **4. MAR.** Mollir un cordage, une écoute.

1. CHORAL, E, AUX ou **ALS** [kɔral, o] **adj.** (du lat. *chorus*, chœur). **1.** Relatif à un chœur : *Chant choral.* **2.** Se dit d'une œuvre dont les différentes intrigues finissent par se rejoindre pour former une unique trame dramatique : *Film, livre choral.* ➲ On nomme ainsi ces œuvres en référence à la polyphonie.

2. CHORAL [kɔ-] **n.m.** (pl. *chorals*). **1.** Chant religieux, conçu à l'origine pour être chanté en chœur par les fidèles des cultes protestants. **2.** Pièce instrumentale, en partic. composition pour orgue, procédant de la mélodie d'un choral : *Les chorals de Bach.*

CHORALE [kɔ-] **n.f.** Groupe de personnes interprétant des chants écrits pour chœur.

CHORBA [ʃɔrba] **n.f.** Maghreb. Soupe à base de légumes (carottes, pois chiches, céleri, etc.) et de viande (agneau) servie le soir pendant le ramadan.

CHORDE n.f. → **2. CORDE.**

CHORDÉ n.m. → **2. CORDÉ.**

CHORÉE [kɔ-] **n.f.** (du gr. *khoreia*, danse). **MÉD.** Syndrome neurologique caractérisé par des mouvements brusques, saccadés et involontaires, commun à plusieurs affections aiguës (danse de Saint-Guy) ou chroniques.

CHORÈGE [kɔrɛʒ] **n.m.** (gr. *khorêgos*). **ANTIQ. GR.** Citoyen qui organisait à ses frais les chœurs des concours dramatiques et musicaux.

CHORÉGIE [kɔ-] **n.f.** Fonction de chorège. ◆ **n.f. pl.** Réunion de chorales en vue de festivités : *Les Chorégies d'Orange.*

CHORÉGRAPHE [kɔ-] **n.** Personne qui compose des spectacles dansés.

CHORÉGRAPHIE n.f. Art de composer et de régler un spectacle dansé ; ensemble des pas et des figures composant une danse ou un ballet.

CHORÉGRAPHIER v.t. [5]. Composer la chorégraphie d'un spectacle dansé.

CHORÉGRAPHIQUE adj. Relatif à la chorégraphie.

CHORÉIQUE adj. Relatif à la chorée. ◆ **adj.** et **n.** Atteint de chorée.

CHOREUTE [kɔrøt] **n.m.** (gr. *khoreutês*). **ANTIQ. GR.** Acteur du chœur*.

CHORIO-ÉPITHÉLIOME [kɔ-] (pl. *chorio-épithéliomes*), ▲ **CHORIOÉPITHÉLIOME n.m. MÉD.** Tumeur maligne se formant à partir d'une dégénérescence du placenta, la môle.

CHORION [kɔrjɔ̃] **n.m.** (du gr. *khorion*, membrane). **EMBRYOL.** Annexe embryonnaire externe, chez les reptiles, les oiseaux et les mammifères.

CHORISTE [kɔ-] **n.** Personne qui chante dans un chœur.

CHORIZO [(t)ʃɔrizo] **n.m.** (mot esp.). Saucisson espagnol demi-sec, assaisonné au piment rouge, dont il tire sa coloration.

CHOROÏDE [kɔrɔid] **n.f.** (gr. *khoroeidês*). **ANAT.** Membrane de l'œil comprise entre la rétine et la sclérotique.

CHOROÏDIEN, ENNE adj. De la choroïde.

CHOROÏDITE n.f. MÉD. Inflammation de la choroïde.

CHORUS [kɔrys] **n.m.** (mot lat. « chœur »). En jazz ou en rock, ensemble des mesures d'un thème fournissant aux improvisations leur trame harmonique ; improvisation d'un instrumentiste sur cette trame : *Chorus de trompette.* ■ **Faire chorus,** s'associer à d'autres pour exprimer une opinion.

CHOSE n.f. (lat. *causa*). **1.** Objet inanimé, par oppos. à être vivant. **2.** (Surtout pl.). Être, objet de la réalité par oppos. au nom : *Distinguer le mot et la chose qu'il désigne.* **3.** La réalité : *Regarder les choses en face* ; situation dans laquelle on se trouve : *Elle a bien pris la chose.* **4.** Ce qui a trait à un domaine : *Les choses de la politique.* **5.** Personne ayant perdu toute autonomie : *Ils en avaient fait leur chose.* **6.** Entité abstraite : *La sincérité est une chose rare* ; événement, action ou discours : *Il est arrivé une chose étrange. Je vais vous dire une chose.* **7. DR.** Bien susceptible d'appropriation : *Chose léguée.* ■ **Appeler les choses par leur nom,** parler franchement, crûment. ■ **C'est peu de chose,** c'est sans importance. ■ **Chose en soi** [philos.], chez Kant, la réalité telle qu'en elle-même, hors de la perception humaine, donc inconnaissable. ■ **Faire bien les choses,** ne pas hésiter à dépenser largement pour assurer la réussite de qqch. ■ **La chose publique** [litt.], ce qui concerne l'État, la collectivité. ◆ **adj.** Fam. ■ **Être** ou **se sentir tout chose,** ressentir une impression de gêne ou de malaise.

CHOSIFICATION n.f. PHILOS. Réification.

CHOSIFIER v.t. [5]. Réifier.

CHOTT [ʃɔt] **n.m.** (mot ar.). Dépression fermée des régions arides, souvent d'origine éolienne et dont le fond est occupé par une sebkra.

CHOTTE n.f. Suisse. Abri. ■ **À la chotte** [Suisse], à l'abri de la pluie.

1. CHOU n.m. (pl. *choux*) [lat. *caulis*]. **1.** Plante vivace dont il existe un grand nombre de variétés pour l'alimentation de l'homme (chou pommé [ex. cabus], chou rouge, chou de Bruxelles, brocoli, chou-fleur, etc.) et des animaux (choux fourragers). ➲ Famille des crucifères. **2.** Pâtisserie soufflée très légère, arrondie comme un chou. **3. COST.** Touffe de larges rubans, en forme de chou. ■ **Aller planter ses choux** [fam.], se retirer à la campagne. ■ **Bête comme chou** [fam.], facile à comprendre ou à faire. ■ **Bout de chou** (pl. *bouts de chou*), petit enfant. ■ **C'est chou vert et vert chou** [Belgique], c'est bonnet blanc et blanc bonnet. ■ **Chou marin,** crambe. ■ **Chou palmiste,** bourgeon comestible de certains palmiers (arec, cocotier, dattier). ■ **Être dans les choux** [fam.], être complètement distancé. ■ **Faire chou blanc** [fam.], ne pas réussir. ■ **Faire ses choux gras de qqch** [fam.], en tirer profit ; s'en régaler. ■ **Pâte à choux,** à base de beurre et d'eau auxquels on incorpore de la farine et des œufs. ◆ **adj. inv.** Fam. Gentil : *Elles sont chou de m'aider* ; mignon : *Ta sœur est chou.*

▲ **choux**

2. CHOU, CHOUTE n. Terme d'affection, de tendresse : *Alors, mes choux, vous vous amusez bien ? La pauvre choute.*

CHOUAN n.m. (de Jean *Chouan*, chef des insurgés). Insurgé royaliste des provinces de l'Ouest, pendant la Révolution française.

CHOUANNERIE n.f. ■ **La chouannerie,** v. partie n.pr.

CHOUCAS [ʃuka] **n.m.** (onomat.). Petite corneille noire à nuque grise, d'Europe et du Moyen-Orient, vivant en colonies dans des anfractuosités. ➲ Famille des corvidés.

▲ **choucas**

CHOUCHEN [ʃuʃɛn] **n.m.** (mot breton). Région. (Bretagne). Hydromel.

1. CHOUCHOU, OUTE n. Fam. Enfant, élève préféré, favori : *Ils ont leurs chouchous.*

2. CHOUCHOU n.m. Anneau de tissu froncé par un élastique et servant à tenir les cheveux.

3. CHOUCHOU n.m. Cacahuète fraîche caramélisée.

4. CHOUCHOU n.m. La Réunion, Madagascar, Maurice. Chayote : *Gratin, achards de chouchous.*

CHOUCHOUTAGE n.m. Fam. Action de chouchouter.

CHOUCHOUTER v.t. [3]. Fam. Avoir pour chouchou ; favoriser.

CHOUCROUTE n.f. (de l'alsacien *sûrkrût*, herbe sure). Chou blanc finement haché, fermenté dans de la saumure aromatisée de baies de genièvre. ■ **Choucroute (garnie),** plat préparé avec ce chou, accompagné de charcuterie, de viande de porc et de pommes de terre.

1. CHOUETTE n.f. Oiseau rapace nocturne à la tête ronde, à la face aplatie, dont il existe de nombreuses espèces en France (chevêche, effraie, hulotte, etc.). ➲ Cri : la chouette chuinte ; familles des strigidés et des tytonidés. (V. ill. *rapaces*.) ■ **Vieille chouette** [fam.], femme désagréable.

2. CHOUETTE adj. Fam. **1.** Sympathique : *Un type très chouette.* **2.** Joli : *Une chouette moto* ; agréable : *Un chouette dimanche.* ◆ **interj.** Exprime la satisfaction : *Chouette ! J'ai gagné !*

CHOUETTEMENT adv. Fam., vieilli. Agréablement.

CHOUF n.m. (de l'ar. *chouf*, regarde). Arg. Guetteur posté à un point de vente de drogue et chargé d'alerter un dealeur de l'arrivée de la police ou de toute personne suspecte lors d'une transaction.

CHOUFFER v.t. et **v.i. [3]** (de *chouf*). Arg. Faire le guet pour le compte d'un dealeur ; surveiller.

CHOU-FLEUR n.m. (pl. *choux-fleurs*). Variété de chou dont on mange la pomme, qui résulte de l'hypertrophie de l'inflorescence charnue.

CHOUIA [ʃuja] **n.m.** (mot ar.). Fam. ■ **Un chouia,** une petite quantité.

CHOUINER v.i. [3]. Fam. **1.** Pleurnicher, en parlant d'un enfant. **2.** Se plaindre de son sort ; se lamenter.

CHOULEUR n.m. MANUT. Chargeuse équipée d'une benne articulée sur un double bras à vérins.

CHOU-NAVET n.m. (pl. *choux-navets*). Rutabaga.

CHOUQUETTE n.f. Petit chou pâtissier recouvert de grains de sucre.

CHOU-RAVE n.m. (pl. *choux-raves*). Chou dont on mange la tige, renflée et charnue.

CHOURAVER ou **CHOURER v.t. [3]** (romani *tchorav*). Fam. Voler ; dérober.

CHOW-CHOW (pl. *chows-chows*), ▲ **CHOWCHOW** [ʃoʃo] **n.m.** Chien d'agrément d'une race d'origine chinoise.

CHOYER [ʃwaje] **v.t. [7]. 1.** Entourer de soins affectueux ; dorloter. **2.** Litt. Entretenir avec amour une idée ; caresser.

CHRÊME [krɛm] **n.m.** (du gr. *khrisma*, huile). **CHRIST.** Huile bénite mêlée de baume, utilisée pour les consécrations et l'administration de certains sacrements.

CHRESTOMATHIE [krɛstɔmati] ou [-si] **n.f.** (gr. *khrêstomatheia*). Didact. Recueil de textes choisis destinés à l'enseignement.

CHRÉTIEN, ENNE [kretjɛ̃, ɛn] **adj.** et **n.** (lat. *christianus*). Qui appartient à l'une des confessions issues de la prédication du Christ : *Foi chrétienne.*

CHRÉTIEN-DÉMOCRATE, CHRÉTIENNE-DÉMOCRATE adj. et **n.** (pl. *chrétiens-démocrates, chrétiennes-démocrates*). Qui appartient à certains partis démocrates-chrétiens (Allemagne et Europe du Nord).

CHRÉTIENNEMENT adv. Conformément à la religion chrétienne : *Mourir chrétiennement.*

CHRÉTIENTÉ n.f. Ensemble des pays ou des peuples unis dans la foi chrétienne.

CHRIS-CRAFT [kriskraft] **n.m. inv.** (nom déposé). Canot automobile de la marque de ce nom, au moteur génér. fixé à l'intérieur de la coque.

CHRISME [krism] **n.m.** Monogramme du Christ, formé des lettres grecques khi (X) et rhô (P) majuscules.

CHRIST [krist] **n.m.** (du gr. *khristos*, oint). Représentation du Christ, notamm. sur la Croix ; crucifix : *Un christ d'ivoire.* ■ **Le Christ,** v. partie n.pr. **JÉSUS.**

CHRISTIANIA [kristjanja] **n.m.** (de *Christiania*, anc. n. d'Oslo). Mouvement de virage et d'arrêt par changement de direction des skis, qui restent parallèles.

CHRISTIANISATION n.f. Action de christianiser ; son résultat.

CHRISTIANISER v.t. [3]. Convertir à la religion chrétienne.

CHRISTIANISME n.m. (gr. *khristianismos*). Ensemble des religions fondées sur la personne et l'enseignement de Jésus-Christ.

➲ Le **CHRISTIANISME** se fonde sur la Révélation divine inaugurée par l'Ancien Testament et pleinement manifestée par les Évangiles (« Bonne Nouvelle »). Progressivement, il élabore une foi commune centrée sur la Trinité, l'Incarnation et la Rédemption. Agité par de nombreuses crises doctrinales aux IVᵉ-Vᵉ s., il connaît de profondes divisions quand les Églises orientales, dites *orthodoxes* (XIe s.), puis protestantes (XVIe s.) se détachent de l'Église romaine. Le XXe s. a été marqué par des tentatives d'union des chrétiens (œcuménisme).

CHRISTIQUE adj. Qui concerne la personne du Christ.

CHRISTOLOGIE n.f. Partie de la théologie consacrée à la personne et à l'œuvre du Christ.

CHROMAGE n.m. MÉTALL. Dépôt d'une mince couche résistante de chrome par électrolyse (électrodéposition). ▪ **Chromage thermique,** chromisation.

CHROMATE n.m. Sel de l'acide chromique.

CHROMATIDE n.f. BIOL. CELL. Chacune des deux parties homologues d'un chromosome, réunies par le centromère avant de se séparer lors de la division cellulaire.

CHROMATINE n.f. BIOL. CELL. Substance localisée dans le noyau des cellules, constituée d'ADN et de protéines, qui s'organise en chromosomes lors de la division cellulaire.

CHROMATIQUE adj. (du gr. *khrôma,* couleur). Didact. Relatif aux couleurs. ▪ **Gamme chromatique** [mus.], formée d'une succession de demi-tons (intervalles chromatiques) représentant un douzième d'une octave tempérée (par oppos. à *diatonique*).

CHROMATISME n.m. 1. Coloration de qqch. **2. OPT.** Type d'aberration chromatique. **3. MUS.** Écriture chromatique ; caractère de ce qui est chromatique.

CHROMATOGRAMME n.m. CHIM. Diagramme d'un mélange, obtenu par chromatographie.

CHROMATOGRAPHIE n.f. CHIM. Méthode d'analyse (identification ou dosage) des constituants d'un mélange, fondée sur leur adsorption sélective par des solides pulvérulents ou leur partage en présence de phases liquides ou gazeuses.

CHROMATOPHORE n.m. ZOOL. Cellule pigmentaire du derme permettant à la peau de changer de couleur, de façon rapide et sensible, chez certains animaux (caméléon, seiche).

CHROMATOPSIE n.f. PHYSIOL. Perception visuelle des couleurs.

CHROME [krom] **n.m.** (du gr. *khrôma,* couleur). **1.** Métal blanc légèrement bleuté, dur et inoxydable, employé comme revêtement protecteur et dans certains alliages. **2.** Élément chimique (Cr), de numéro atomique 24, de masse atomique 51,9961. ◆ **n.m. pl.** Accessoires chromés d'une voiture, d'une bicyclette, etc.

CHROMER v.t. [3]. Recouvrir par chromage.

CHROMEUX, EUSE adj. Qui contient du chrome divalent.

CHROMINANCE n.f. TÉLÉV. ▪ **Signal de chrominance,** signal contenant les informations de couleur.

CHROMIQUE adj. Relatif aux composés du chrome trivalent, tels l'anhydride chromique (CrO_3) et l'acide chromique.

CHROMISATION n.f. MÉTALL. Cémentation par le chrome (SYN. **chromage thermique**).

CHROMISER v.t. [3]. Traiter une pièce métallique par chromisation.

CHROMISTE n. IMPRIM. Technicien chargé de retoucher les images numérisées obtenues en photogravure par la sélection des couleurs.

CHROMITE n.f. Minéral du groupe des spinelles, principal minerai de chrome.

CHROMO n.f. (abrév.). Chromolithographie. ◆ **n.m.** Image en couleurs, souvent de mauvais goût.

CHROMODYNAMIQUE n.f. PHYS. ▪ **Chromodynamique quantique,** théorie quantique qui rend compte des interactions fortes au moyen de particules (les gluons) considérées comme quanta d'un champ dit *champ de couleur.*

CHROMOGÈNE adj. CHIM. Qui produit des substances colorées.

CHROMOLITHOGRAPHIE n.f. Anc. **1.** Procédé lithographique de reproduction d'images en couleurs par impressions successives. **2.** Image obtenue par ce procédé. Abrév. **chromo.**

CHROMOPHORE n.m. BIOCHIM. Groupe d'atomes qui, en absorbant certaines radiations lumineuses, donne de la couleur à un composé organique. ➲ La chlorophylle (verte), le bêtacarotène (orange) ou l'hémoglobine (rouge) doivent leur couleur à leur chromophore.

CHROMOSOME [kromozom] **n.m.** (du gr. *khrôma,* couleur, et *sôma,* corps). Élément du noyau des cellules, formé d'une longue molécule d'ADN associée à des protéines. ▪ **Chromosome sexuel,** hétérochromosome.

➲ Constitués de spirales d'ADN compactées et entourées de différents types de protéines (notamment les histones), les **CHROMOSOMES** sont situés dans le noyau cellulaire, excepté chez les bactéries, dont l'unique chromosome baigne dans le cytoplasme. En dehors de quelques exceptions (telles les hématies), toutes les cellules possèdent leur propre stock chromosomique. Dans une cellule au repos, ils n'apparaissent pas individualisés et constituent la chromatine. C'est au cours de la division cellulaire qu'ils prennent leur forme caractéristique en bâtonnet.
Les chromosomes existent en un exemplaire unique dans les cellules *haploïdes* (par exemple, les gamètes), alors qu'ils sont présents en deux exemplaires dans les cellules *diploïdes.* Les gamètes humains comportent 23 chromosomes, tandis que les cellules diploïdes humaines en comportent 23 paires (46 chromosomes).

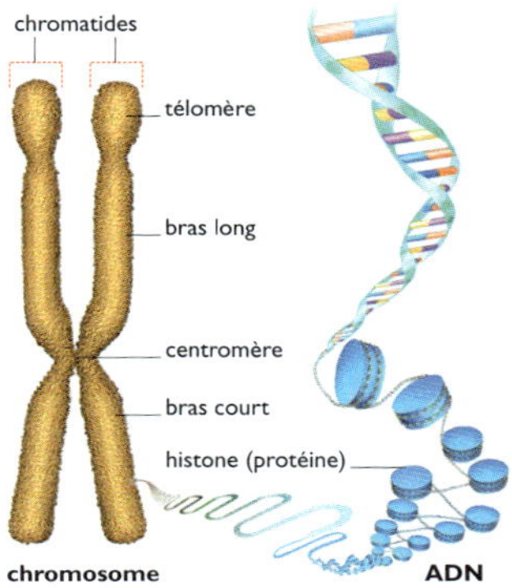

▲ **chromosome** (structure).

CHROMOSOMIQUE adj. Relatif aux chromosomes.

CHROMOSPHÈRE n.f. Région de l'atmosphère d'une étoile, en partic. du Soleil, entre la photosphère et la couronne.

SE CHRONICISER v.pr. [3]. MÉD. Devenir chronique : *Sa bronchite s'est chronicisée.*

CHRONICITÉ n.f. État, caractère de ce qui est chronique.

1. CHRONIQUE [krɔnik] **n.f.** (du gr. *khronos,* temps). **1.** Recueil de faits consignés dans l'ordre chronologique : *Une chronique de la Révolution française.* **2.** Ensemble de nouvelles, de bruits qui circulent : *Défrayer la chronique locale.* **3.** Rubrique de presse écrite ou audiovisuelle spécialisée dans un domaine de l'actualité : *Chronique théâtrale, sportive.* **4. MATH.** Ensemble des valeurs qu'une variable prend à différentes époques successives.

2. CHRONIQUE [krɔnik] **adj. 1. MÉD.** Se dit d'une maladie qui évolue lentement et se prolonge : *Rhumatisme chronique* (CONTR. **aigu**). **2.** Qui persiste ; durable : *Chômage chronique.*

CHRONIQUEMENT adv. De façon chronique : *Être chroniquement endetté.*

CHRONIQUER v.t. [3]. Consacrer une rubrique de presse à : *Chroniquer un film.*

CHRONIQUEUR, EUSE n. 1. Personne qui tient une chronique dans un journal, un périodique, à la radio, à la télévision. **2. HIST.** Auteur de chroniques.

CHRONO [krɔ-] **n.m.** (abrév.). Fam. Chronomètre. ▪ **Faire du 120, du 130 (km/h) chrono,** en mesurant la vitesse au chronomètre et non au compteur du véhicule.

CHRONOBIOLOGIE n.f. Étude scientifique des rythmes biologiques.

CHRONOBIOLOGISTE n. Spécialiste de chronobiologie.

CHRONOGRAMME n.m. MATH. Représentation graphique des valeurs d'un caractère statistique (axe des ordonnées) se succédant dans le temps (axe des abscisses).

CHRONOGRAPHE n.m. MÉTROL. Montre ou appareil horaire de précision comportant deux dispositifs indépendants, dont l'un indique l'heure et l'autre permet de mesurer directement la durée d'un phénomène grâce à ces compteurs enclenchés et arrêtés sur commande.

CHRONOLOGIE n.f. (du gr. *khronos,* temps, et *logos,* science). **1.** Science qui vise à établir les dates des faits historiques (→ **ère**). **2.** Succession des événements historiques ou d'événements pertinents relatifs à un individu, à une famille, à un mouvement, etc.

CHRONOLOGIQUE adj. Relatif à la chronologie ; conforme à la chronologie : *Le film suit l'ordre chronologique des événements.*

CHRONOLOGIQUEMENT adv. D'après la chronologie.

CHRONOMÉTRAGE n.m. Action de chronométrer.

CHRONOMÈTRE [krɔ-] **n.m.** (du gr. *khronos,* temps, et *metron,* mesure). **1.** Montre de précision dont un laboratoire officiel a contrôlé la marche dans différentes positions et sous des températures variées. **2.** Cour. Chronographe. Abrév. (fam.) **chrono.**

CHRONOMÉTRER v.t. [11], ▲ *[11*].* Relever exactement la durée d'une action telle qu'une épreuve sportive ou une opération industrielle.

CHRONOMÉTREUR, EUSE n. Personne chargée de chronométrer.

CHRONOMÉTRIE n.f. MÉTROL. Mesure précise du temps.

CHRONOMÉTRIQUE adj. Relatif à la chronométrie.

CHRONOPHAGE adj. Qui demande beaucoup de temps ou qui en fait perdre : *Activité chronophage.*

CHRONOPHOTOGRAPHIE n.f. Procédé d'analyse du mouvement par des photographies successives.

CHRONOSTRATIGRAPHIE n.f. Séquence culturelle archéologique intégrant données stratigraphiques et datation absolue.

CHRONOTACHYGRAPHE [krɔnotakigraf] **n.m.** Instrument de mesure et d'enregistrement dont l'usage est obligatoire sur les poids lourds pour contrôler la vitesse, le nombre d'heures effectuées et la distance parcourue (SYN. [cour.] **2. mouchard**).

CHRYSALIDE [kri-] **n.f.** (du gr. *khrusos,* or). Nymphe des lépidoptères, entre le stade chenille et le stade papillon. ➲ La chrysalide est souvent enfermée dans un cocon de soie.

CHRYSANTHÈME [kri-] **n.m.** (du gr. *khrusos,* or, et *anthemon,* fleur). Plante ornementale des jardins, qui fleurit au début de l'hiver et dont il existe de nombreuses variétés. ➲ Famille des composées.

CHRYSANTHÉMIQUE [kri-] **adj.** ▪ **Acide chrysanthémique,** insecticide naturel produit par les plantes de la famille des composées.

CHRYSÉLÉPHANTIN, E [kri-] **adj.** (du gr. *khrusos,* or, et *elephas,* ivoire). Se dit d'une sculpture où sont employés l'or et l'ivoire.

CHRYSOBÉRYL [kri-] **n.m.** Aluminate de béryllium, constituant des pierres fines de couleur jaune vieil or à vert.

CHRYSOCALE n.m. Alliage de cuivre, de zinc et d'étain qui imite l'or, et qui peut être travaillé sous forme de fils, barres, tiges.

CHRYSOCOLLE ou **CHRYSOCOLE** [kri-] **n.f.** Silicate hydraté de cuivre, de couleur vert bleuâtre.

CHRYSOLITE [kri-] **n.f.** (du gr. *khrusos,* or, et *lithos,* pierre). Pierre fine d'un vert jaunâtre, variété de péridot.

CHRYSOMÈLE n.f. Insecte coléoptère brillamment coloré, dont les nombreuses espèces vivent sur diverses plantes.

CHRYSOMÉLIDÉ [kri-] **n.m.** Insecte coléoptère phytophage tel que les chrysomèles, le doryphore, le criocère, la donacie. ➲ Les chrysomélidés forment une famille.

CHRYSOPHYCÉE [kri-] **n.f.** Algue d'eau douce ou marine, le plus souvent unicellulaire. ➲ Les chrysophycées forment une classe apparentée aux algues brunes.

CHRYSOPRASE [kri-] **n.f.** (du gr. *khrusos*, or, et *prason*, poireau). Calcédoine d'une variété vert pomme.

CHS ou **C.H.S.** [seaʃɛs] **n.m.** (sigle). Centre hospitalier spécialisé. ➲ Désignation officielle de l'hôpital psychiatrique.

CHSCT ou **C.H.S.C.T.** **n.m.** (sigle). Comité d'hygiène, de sécurité et des conditions de travail.

CH'TIMI **adj.** et **n.** Fam. Originaire du nord de la France. Abrév. (fam.) **chti.**

CHTONIEN, ENNE ou **CHTHONIEN, ENNE** [ktɔnjɛ̃, ɛn] **adj.** (du gr. *khthôn*, terre). **MYTH. GR. ET ROM.** ▪ **Divinités chtoniennes,** de la terre, du monde souterrain.

CHU ou **C.H.U.** [seaʃy] **n.m.** (sigle). Centre hospitalo-universitaire*.

CHUCHOTEMENT ou **CHUCHOTIS** **n.m.** Bruit de voix qui chuchotent ; murmure.

CHUCHOTER **v.t.** et **v.i.** **[3]** (onomat.). Dire à voix basse ; parler bas : *Chuchoter quelques mots à l'oreille de qqn.*

CHUCHOTERIE **n.f.** Fam., péjor. Bavardage à voix basse, souvent médisant.

CHUCHOTEUR, EUSE **n.** Personne qui chuchote.

CHUCHOTIS **n.m.** → **CHUCHOTEMENT.**

CHUINTANT, E **adj.** **PHON.** Qui chuinte. ▪ **Consonne chuintante,** ou **chuintante, n.f.,** consonne constrictive telle que le [ʃ] de *chou* et le [ʒ] de *joue*.

CHUINTEMENT **n.m.** Fait de chuinter ; bruit de ce qui chuinte.

CHUINTER **v.i.** **[3]** (onomat.). **1.** Pousser son cri, en parlant de la chouette. **2. PHON.** Prononcer un son chuintant ; substituer, dans la prononciation, une chuintante à une sifflante. **3.** Faire entendre un sifflement sourd : *Autocuiseur qui chuinte.*

CHUM [tʃɔm] **n.** (mot angl. « copain »). Québec. Fam. Ami ; copain, copine : *Sortir avec ses chums.* ◆ **n.m.** Québec. Fam. Petit ami ; amoureux ; conjoint : *Un nouveau chum.*

CHURINGA [ʃyrɛ̃ga] **n.m.** (d'une langue australienne). **ANTHROP.** Objet rituel, réceptacle de l'âme des morts ou des vivants à venir, pour les aborigènes d'Australie.

CHURRIGUERESQUE **adj.** (de *Churriguera*, n.pr.). D'un baroquisme exacerbé, s'agissant de l'architecture et de la sculpture décorative espagnoles de la première moitié du XVIIIᵉ s. (œuvres de P. de Ribera, notamm.).

CHURRO [tʃurɔ] **n.m.** (mot esp.). [Surtout pl.]. Beignet fin et allongé, orné de petites cannelures et parfois présenté enroulé sur lui-même. ➲ Spécialité espagnole.

CHUT [ʃyt] **interj.** (onomat.). Se dit pour obtenir le silence.

CHUTE **n.f.** (de *chu*, p. passé de *choir*). **1.** Fait de tomber : *Faire une chute de vélo. Chute des cheveux, des feuilles. Chute(s) de grêle, de neige, de pluie.* **2.** Fig. Fait de s'écrouler : *La chute d'un gouvernement. La chute des cours de la Bourse.* **3.** Fig., litt. Fait de tomber dans la déchéance : *Il a entraîné toute sa famille dans sa chute.* **4.** Partie qui termine un récit, un spectacle. **5.** Ce qui reste d'une matière (papier, tissu, bois, etc.) après une coupe. **6.** Aux cartes, ensemble des levées annoncées qui n'ont pas été faites. ▪ **Angle de chute,** angle que fait la trajectoire d'un projectile avec le terrain au point d'impact (SYN. **angle d'impact**). ▪ **Chute d'eau,** masse d'eau qui tombe d'une certaine hauteur et qui est entre la cascade et la cataracte. ▪ **Chute d'ornements, de festons** [arts appl.], guirlande pendante de fleurs ou de fruits. ▪ **Chute d'une voile,** sa hauteur, quand elle est étarquée. ▪ **Chute d'un toit,** sa pente. ▪ **Chute libre,** première phase du saut d'un parachutiste, avant qu'il n'ouvre son parachute ; fig., baisse rapide de valeur, de popularité, etc. ▪ **La chute** [christ.], le péché originel. ▪ **La chute des reins,** le bas du dos. ▪ **Point de chute,** endroit où qqch tombe ; fig., lieu où l'on peut loger : *Maintenant qu'elle habite à Lille, j'ai un point de chute.*

CHUTER **v.i.** **[3].** **1.** Fam. Tomber. **2.** Fig. Baisser notablement : *Les ventes ont chuté.* **3.** Aux cartes, ne pas effectuer le nombre de levées prévu.

CHUTEUR **n.m.** ▪ **Chuteur opérationnel,** parachutiste militaire employant pour des missions spéciales un parachute à ouverture retardée.

CHUTNEY [ʃœtnɛ] **n.m.** (mot angl., du hindi). Condiment aigre-doux fait de fruits ou de légumes cuits avec du vinaigre, du sucre et des épices.

CHVA **n.m.** → **SCHWA.**

CHYLE [ʃil] **n.m.** (du gr. *khulos*, suc). **PHYSIOL.** Liquide riche en lipides provenant de la digestion, circulant dans des canaux lymphatiques (chylifères) de l'intestin grêle au canal thoracique.

CHYLIFÈRE [ʃi-] **adj.** Se dit des vaisseaux qui transportent le chyle.

CHYME [ʃim] **n.m.** (du gr. *khumos*, humeur). **PHYSIOL.** Produit de la digestion gastrique à son entrée dans le duodénum.

CHYPRIOTE ou **CYPRIOTE** **adj.** et **n.** De Chypre ; de ses habitants.

1. CI **adv.** (du lat. *ecce*, voici, et *hic*, ici). Marque la proximité dans l'espace ou dans le temps : *Ces jours-ci. Ci-joint. Ceux-ci.* ▪ **De-ci de-là,** de côté et d'autre. ▪ **Par-ci par-là,** en divers endroits.

2. CI **pron. dém.** (de *ceci*). Fam. Ceci : *Exiger ci et ça.* ▪ **Comme ci comme ça,** plus ou moins bien.

CIABATTA [tʃjabata] **n.f.** (mot ital. « savate », par analogie de forme). Pain à l'huile d'olive, plat et rectangulaire, dont la mie très aérée est recouverte d'une fine croûte lisse. ➲ Spécialité italienne.

CIAO ou **TCHAO** [tʃao] **interj.** (mot ital.). **1.** Fam. Au revoir. **2.** Région. (Midi). Bonjour.

CI-APRÈS **adv.** Plus loin dans le texte ; ci-dessous ; infra.

CIBICHE **n.f.** Fam., vieilli. Cigarette.

CIBISTE **n.** Utilisateur de la citizen band (CB). Recomm. off. **cébiste.**

CIBLAGE **n.m.** Action de cibler un produit, une campagne publicitaire, un public.

CIBLE **n.f.** (du suisse alémanique *schîbe*, disque). **1.** Objet (plaque de bois, de métal, etc.) que l'on vise dans les exercices de tir. **2.** Personne ou chose qui est visée, qui est l'objet d'une attaque : *Être la cible des critiques de qqn.* **3.** Objectif ou population qu'une campagne publicitaire ou une étude de marché, un discours ou une action politique cherchent à atteindre. **4. PHYS.** Substance soumise à un bombardement par un faisceau de particules. ▪ **Cible molle,** lieu ouvert au public ne bénéficiant pas d'un haut niveau de protection (supermarché, restaurant, etc.) et étant de ce fait plus exposé à une action terroriste qu'une *cible dure* (aéroport, bâtiment officiel, par ex.), très sécurisée. ▪ **Cœur de cible,** échantillon de population directement visé par une campagne publicitaire, un discours, etc. ▪ **Langue cible** [ling.], langue dans laquelle doit être traduit un texte (par oppos. à *langue source*).

CIBLÉ, E **adj.** Destiné à une catégorie précise de personnes : *Produit ciblé. Thérapie ciblée.*

CIBLER **v.t.** **[3].** Définir précisément la cible, la clientèle de : *Cette campagne cible les adolescents.*

CIBOIRE **n.m.** (lat. *ciborium*). **CHRIST.** Vase sacré, à couvercle, où l'on conserve les hosties consacrées.

CIBORIUM [-rjɔm] **n.m.** (mot lat. « coupe »). Baldaquin surmontant un autel, dans les églises du haut Moyen Âge.

CIBOULE **n.f.** (du lat. *caepa*, oignon). Plante cultivée, voisine de l'ail, originaire de Sibérie, dont les feuilles servent de condiment (SYN. **cive**). ➲ Famille des liliacées.

CIBOULETTE **n.f.** Plante alpine cultivée pour ses feuilles qui servent de condiment (SYN. **2. civette**). ➲ Famille des liliacées.

CIBOULOT **n.m.** Fam. Tête, considérée comme le siège de la pensée : *Il n'a rien dans le ciboulot.*

CICATRICE **n.f.** (lat. *cicatrix, -icis*). **1.** Marque laissée par une plaie après guérison : *Cicatrice d'un panaris.* **2.** Fig. Trace laissée par une action violente ou une blessure morale : *Les cicatrices d'une guerre civile.*

CICATRICIEL, ELLE **adj.** Relatif aux cicatrices.

CICATRICULE **n.f.** **EMBRYOL.** Petit disque qui renferme le noyau femelle, puis l'embryon de l'œuf (reptiles, oiseaux).

CICATRISANT, E **adj.** et **n.m.** Qui favorise la cicatrisation : *Pommade cicatrisante.*

CICATRISATION **n.f.** Réparation spontanée d'un tissu de l'organisme atteint d'une lésion, aboutissant génér. à une cicatrice.

CICATRISER **v.t.** **[3]** (lat. médiév. *cicatrizare*). **1.** Aider à la cicatrisation d'une plaie. **2.** Fig. Atténuer une douleur morale. ◆ **v.i.** ou **SE CICATRISER v.pr.** Se fermer, en parlant d'une plaie.

CICÉRO **n.m.** Épaisseur de 12 points typographiques, qui sert d'unité de mesure en typographie. ➲ Le cicéro équivaut à env. 4,5 mm.

CICÉRONE [siserɔn] **n.m.** (ital. *cicerone*). Vieilli. **1.** Guide rémunéré qui fait visiter un monument, une ville à des touristes. **2.** Personne qui en guide une autre : *Elle m'a servi de cicérone à Bordeaux.*

CICHLIDÉ [siklide] **n.m.** Famille de poissons tropicaux d'eau douce, comprenant de nombreuses espèces d'aquarium.

CICINDÈLE **n.f.** (lat. *cicindela*). Insecte coléoptère à élytres verts ou bruns tachetés de jaune, qui détruit larves et limaces. ➲ Famille des cicindélidés.

▲ **cicindèle**

CICLÉE **n.f.** → **SICLÉE.**

CICLER **v.i.** **[3]** → **SICLER.**

CICLOSPORINE ou **CYCLOSPORINE** **n.f.** Médicament utilisé comme immunodépresseur lors des transplantations et des greffes, pour éviter une réaction de rejet.

CICONIIDÉ [sikɔniide] **n.m.** (du lat. *ciconia*, cigogne). Grand oiseau échassier aux pattes et au bec très allongés, tel que la cigogne, le marabout, l'ombrette. ➲ Les ciconiidés forment une famille.

CICONIIFORME [-nii-] **n.m.** Grand oiseau échassier des régions tropicales et tempérées, tel que la cigogne, le héron, l'ibis. ➲ Les ciconiiformes forment un ordre.

CI-CONTRE **adv.** En face ; vis-à-vis.

CICUTINE **n.f.** (du lat. *cicuta*, ciguë). **CHIM.** Alcaloïde de la grande ciguë, très toxique (SYN. **conicine**).

CI-DESSOUS **adv.** Plus bas dans le texte ; ci-après ; infra.

CI-DESSUS **adv.** Plus haut dans le texte ; supra.

CI-DEVANT **n. inv.** (de *1. ci* et du fr. class. *devant*, auparavant). **HIST.** Noble déchu de ses titres et de ses privilèges, sous la Révolution française.

CIDRE **n.m.** (du lat. ecclés. *sicera*, boisson enivrante). Boisson obtenue par fermentation du jus de pomme : *Une bolée de cidre.* ▪ **Cidre doux** [Suisse], sans alcool, non fermenté.

CIDRERIE **n.f.** Usine, local où l'on fabrique le cidre.

Cᴵᴱ **abrév.** Abréviation écrite de *compagnie*, utilisée dans la raison sociale de certaines sociétés pour désigner les associés qui ne sont pas expressément nommés : *Catriac, Travet et Cᴵᴱ.*

CIEL **n.m.** (lat. *caelum*). **1.** (pl. *cieux*). Espace visible au-dessus de nos têtes, que limite l'horizon ; firmament. **2.** (pl. *ciels*). État, aspect du ciel : *Ciels bleus du Midi. Ciel bas, nuageux.* **3.** (pl. *cieux*). Fond sur lequel on observe les astres : *En été, le ciel est parsemé d'étoiles.* **4.** (pl. *ciels*). L'ensemble des astres et leur influence supposée sur la destinée. **5.** (pl. *cieux*). Séjour de la Divinité, des âmes des justes après leur mort : *Notre Père qui es aux cieux.* **6.** (pl. *cieux*). La puissance divine ; Dieu : *Invoquer le ciel.* ▪ **À ciel ouvert,** à l'air libre. ▪ **Ciel de lit** (pl. *ciels*), baldaquin ou plafond du baldaquin. ▪ **Entre ciel et terre,** en l'air. ▪ **Le feu du ciel** [litt.], la foudre. ▪ **Remuer ciel et terre,** mettre tout en œuvre pour obtenir un résultat. ▪ **Sous d'autres cieux,** dans un autre pays. ▪ **Tomber du ciel,** arriver à l'improviste et au bon moment ; être stupéfait. ◆ **interj.** Litt. Exprime la surprise, l'étonnement, la douleur : *Ciel ! Qu'il a changé !* ◆ **adj. inv.** Se dit d'un bleu clair : *Des chemises (bleu) ciel.*

hémisphère Nord

hémisphère Sud

▲ **ciel** nocturne. Principales constellations avec les étoiles les plus brillantes.

CIERGE n.m. (du lat. *cera*, cire). **1.** Longue chandelle de cire que l'on brûle dans les églises. **2.** Plante grasse épineuse des régions arides d'Amérique, dont certaines espèces ont l'aspect de colonnes ou de candélabres pouvant atteindre 15 m. ➲ Famille des cactacées. ▪ **Brûler un cierge à qqn,** lui témoigner sa reconnaissance. ▪ **Cierge pascal** [christ.], grand cierge bénit la nuit de Pâques et qui reste allumé pendant tout le temps pascal.

CIGALE n.f. (provenç. *cigala*). Insecte homoptère, abondant dans les régions méditerranéennes et vivant sur les arbres, dont il puise la sève. ➲ Cri : la cigale craquette, stridule ; famille des cicadidés.

CIGARE n.m. (esp. *cigarro*). **1.** Petit rouleau de feuilles et de fragments de tabac, que l'on fume. **2.** Arg. Tête : *Recevoir un coup sur le cigare.*

CIGARETTE n.f. Cylindre de tabac haché, enveloppé dans du papier fin. ▪ **Cigarette électronique,** dispositif électronique produisant une vapeur parfois aromatisée, contenant ou non de la nicotine, que l'usager aspire puis expire comme s'il fumait une véritable cigarette. (On dit aussi *e-cigarette.*) ▪ **Pantalon cigarette,** pantalon étroit de coupe droite.

CIGARETTIER n.m. Fabricant de cigarettes.

CIGARIER, ÈRE n. Personne qui confectionne des cigares.

CIGARILLO [-rijo] n.m. (mot esp.). Petit cigare.

CI-GÎT (pl. *ci-gisent*), ▲ *CI-GIT* loc. v. (de *gésir*). Ici est enterré : *Ci-gisent deux grands poètes.* ➲ Formule ordinaire des épitaphes, précédant le nom du mort.

CIGOGNE n.f. (provenç. *cigogna*). Oiseau échassier migrateur, dont l'espèce la plus connue, la cigogne blanche à ailes noires, atteint plus d'un mètre de hauteur. ➲ Cri : la cigogne claquette, craquette ou glottore ; famille des ciconiidés.

▲ **cigognes** blanches.

CIGOGNEAU n.m. Petit de la cigogne.

CIGUË, ▲ *CIGÜE* [sigy] n.f. (lat. *cicuta*). **1.** Plante des décombres et des chemins, à feuilles pennées, qui renferme un alcaloïde toxique, la cicutine. ➲ Haut. jusqu'à 2 m pour la grande ciguë ; famille des ombellifères. **2.** Poison préparé à partir de la grande ciguë. ▪ **Petite ciguë,** æthuse.

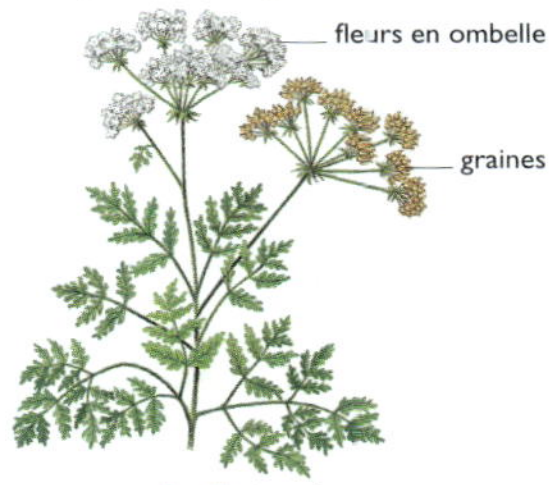

▲ **ciguë.** Grande ciguë.

CI-INCLUS, E adj. Contenu dans cet envoi.

✎ *Ci-inclus* est inv. avant le nom, variable après le nom : ***Vous trouverez la quittance ci-incluse, ci-inclus la quittance.***

CI-JOINT, E adj. Joint à cet envoi.

✎ *Ci-joint* est inv. avant le nom, variable après le nom : ***Vous trouverez les listes ci-jointes, ci-joint les listes.***

CIL n.m. (lat. *cilium*). **1.** Poil qui garnit le bord des paupières de l'homme et des singes : *Un battement de cils.* **2.** BIOL. Flagelle court.

CILIAIRE adj. Relatif aux cils. ▪ **Corps ciliaire,** anneau situé entre l'iris et la choroïde de l'œil, réglant la courbure du cristallin et sécrétant l'humeur aqueuse.

CILICE n.m. (du lat. *cilicium*, étoffe en poil de chèvre de Cilicie). Anc. Chemise ou large ceinture de crin, portée sur la peau par pénitence.

CILIÉ, E adj. BIOL. Garni de cils. ◆ n.m. Protozoaire porteur de nombreux flagelles courts appelés *cils*, tel que la paramécie et la vorticelle. ➲ Les ciliés contiennent un gros noyau et un petit, qui peut être échangé entre deux partenaires par conjugaison.

CILLEMENT n.m. Action de ciller.

CILLER [sije] v.i. [3] (de *cil*). Abaisser et relever rapidement les paupières. ▪ **Ne pas ciller,** rester immobile, impassible.

CIMAISE ou, vx, **CYMAISE** n.f. (du gr. *kumation*, petite vague). **1.** ARCHIT. Corps de moulures comprenant un talon ou une doucine et formant partie supérieure de corniche, corniche entière, ou bien, le long d'un mur, cordon de lambris à hauteur d'appui. **2.** Mur d'une salle d'exposition, dans une galerie, un musée, etc.

Le cinéma et ses techniques

La réalisation d'un film, avant sa distribution et sa sortie en salles, se déroule en plusieurs étapes : écriture du synopsis et du scénario (qui décrit chaque scène et formule les dialogues), recherche de financement par le ou les producteurs, choix des acteurs (casting), repérage et tournage. La postproduction, soit l'ensemble des opérations effectuées sur un film entre la fin du tournage et le tirage des copies en série, comprend notamment le montage, les enregistrements (bruitage, musique) et le mixage.

▲ **La caméra portée.** Elle est caractéristique d'un appareillage léger favorisant le tournage en extérieurs ou en intérieurs réels. Elle permet des prises de vues soit à bras portant, soit avec un système muni de harnais et de fixations améliorant la stabilité de l'image (un Steadicam) comme ici sur le tournage du *Petit Nicolas* (2009) de Laurent Tirard (né en 1967), avec Maxime Godart (né en 1999).

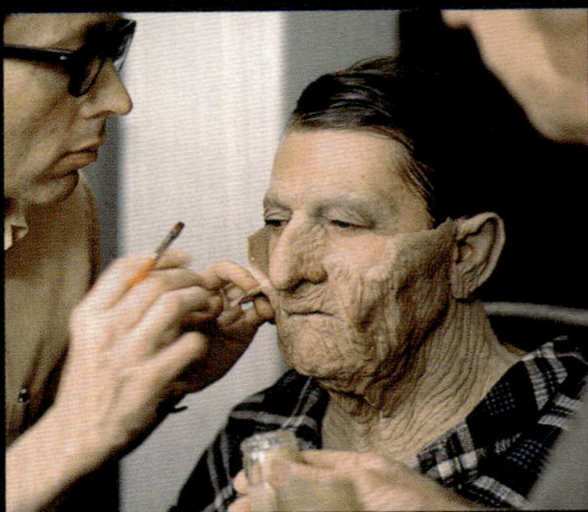

▲ **Le maquillage.** Il est destiné à obtenir un rendu satisfaisant de la peau à l'écran, mais aussi et surtout à transformer ou à vieillir l'apparence physique de l'interprète (comme ici Dustin Hoffman dans *Little Big Man* d'Arthur Penn, 1970) à l'aide de fonds de teint, de fards, de poils, de postiches ou d'un masque pour l'adapter au rôle ou à la situation.

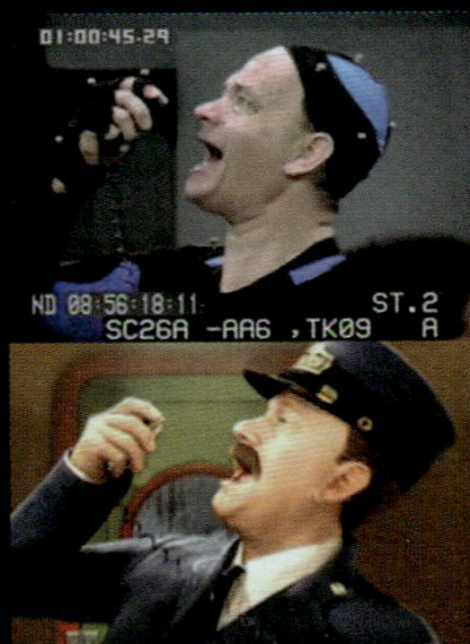

◀ **Les effets spéciaux.** Utilisés dans nombre de films, ils font de plus en plus appel aux images numériques. La *motion capture*, ou « capture de mouvement » (illustrée ici par Tom Hanks dans *le Pôle Express* de Robert Zemeckis [né en 1951], 2004), permet d'enregistrer des courbes de mouvements corporels à partir de capteurs fixés sur l'acteur. Enregistrés par une caméra reliée à un ordinateur, ces mouvements sont ensuite appliqués au personnage à animer.

◀ **Le studio.** Destiné à la prise de vues et à la prise de son, il réunit des plateaux insonorisés et protégés de la lumière naturelle ainsi que des ateliers, des entrepôts ou des loges. Le tournage en studio, propice aux reconstitutions historiques (parfois grandioses) par le biais de décors amovibles, peut exiger d'importants moyens matériels (travellings, grues, praticables, etc.).

CIME n.f. (du lat. *cyma*, pointe). Extrémité supérieure, effilée, d'une montagne, d'un arbre, etc. : *Les cimes enneigées.*

CIMENT n.m. (du lat. *caementum*, pierre brute). **1.** Matière pulvérulente formant avec l'eau une pâte plastique liante, capable d'agglomérer, en durcissant, des substances variées. ➲ Le *ciment Portland artificiel*, le plus utilisé, est obtenu en cuisant à haute température un mélange, homogénéisé et dosé, de calcaire et d'argile, et en broyant finement avec du gypse le *clinker* ainsi obtenu. Le ciment est l'un des constituants de base des bétons. **2.** Substance interposée entre deux corps durs pour les lier : *Du ciment dentaire.* **3.** Fig., litt. Ce qui unit solidement : *Le ciment d'une amitié.* **4.** GÉOL. Matière qui soude entre eux les éléments d'une roche.

CIMENTATION n.f. **1.** Action de cimenter, de lier, de couvrir avec du ciment. **2.** Procédé de colmatage des sols aquifères.

CIMENTER v.t. [3]. **1.** Lier, garnir avec du ciment. **2.** Fig., litt. Rendre plus solide ; raffermir : *L'euro a cimenté l'économie européenne.*

CIMENTERIE n.f. Fabrique de ciment.

CIMENTIER n.m. Fabricant de ciment. ◆ **CIMENTIER, ÈRE** adj. Relatif au ciment.

CIMETERRE n.m. (ital. *scimitarra*, du persan). Sabre oriental à lame courbe qui va s'élargissant vers l'extrémité.

CIMETIÈRE n.m. (du gr. *koimêtêrion*, lieu où l'on dort). **1.** Lieu où l'on regroupe les restes des morts. **2.** Lieu où sont rassemblés des objets hors d'usage : *Un cimetière de bateaux, de voitures.*

CIMICAIRE n.f. BOT. Actée.

CIMIER n.m. (de *cime*). **1.** MIL. Ornement qui forme la partie supérieure d'un casque. **2.** HÉRALD. Ornement posé au-dessus du casque qui surmonte l'écu des armoiries.

CINABRE n.m. (lat. *cinnabaris*, du gr.). **1.** Sulfure de mercure (HgS), de couleur rouge. **2.** Couleur rouge vermillon.

CINCLE n.m. (gr. *kigklos*). Passereau à plumage gris-brun d'Europe et d'Asie Mineure, vivant près des cours d'eau rapides, où il plonge et marche sur le fond à la recherche de sa nourriture (SYN. **merle d'eau**). ➲ Famille des turdidés.

CINDYNIQUE n.f. (du gr. *kindun*, *-unos*, danger). [Aussi utilisé au pl.] Ensemble des sciences et des techniques qui étudient les risques (naturels, technologiques) et leurs préventions.

CINÉ n.m. (abrév.). Fam. Cinéma.

CINÉASTE n. Auteur ou réalisateur de films.

CINÉ-CLUB (pl. *ciné-clubs*), ▲ *CINÉCLUB* n.m. Association visant à promouvoir la culture cinématographique.

CINÉGÉNIQUE adj. Dont l'image cinématographique produit un bel effet : *Un paysage cinégénique.*

CINÉMA n.m. (abrév. de *cinématographe*). **1.** Art de composer et de réaliser des films. **2.** Industrie cinématographique. **3.** Ensemble des œuvres cinématographiques d'un pays, d'un auteur, etc. **4.** Salle de spectacle destinée à la projection de films. Abrév. (fam.) **ciné**. ■ **C'est du cinéma** [fam.], de la comédie, de la frime. ■ **Cinéma d'auteur** → **AUTEUR.** ■ **Cinéma maison** [Québec], home cinéma. ■ **Faire du cinéma** ou **tout un cinéma** [fam.], faire des manières, des complications.

➲ Depuis qu'il crée des images, l'homme a inventé des procédés techniques pour fixer aussi bien ses rêves que la réalité : chambre noire, lanterne magique, etc. À la fin du XIXe s., la naissance du **CINÉMA** (cinématographe) marque l'alliance d'une technique encore récente, la photographie*, et d'un système permettant d'enregistrer puis de restituer de façon satisfaisante l'analyse d'un mouvement réel. Celle-ci ne pouvait intervenir avant l'apparition de plaques

photographiques suffisamment sensibles, vers 1870-1880. T. Edison tourne sur des films de Celluloïd des courts-métrages que le spectateur ne peut observer qu'individuellement grâce au Kinétoscope* (1891). Les frères Lumière sont les premiers à mettre au point l'appareil qui assure l'enregistrement puis la projection de films. Le 28 décembre 1895, leur première projection publique est considérée comme l'acte de naissance de l'industrie cinématographique. Dès 1896, G. Méliès, en tournant ses fictions en studio, invente les premiers trucages. Les brevets techniques se multiplient (Gaumont, Pathé, etc.). Au début du XXe s., les appareils prennent leur allure définitive : la caméra est désormais distincte du projecteur. Les apports techniques ultérieurs ne sont que des améliorations du dispositif initial, destinées à mieux donner l'illusion de la réalité. Très vite on a l'idée de colorier les films, mais c'est seulement avec le Technicolor, dans les années 1930, que commence l'essor du cinéma en couleurs. De même, si le cinéma des origines est muet, il n'en est pas moins sonore, les projections se déroulant avec un accompagnement musical. Cependant, en 1927, le succès remporté par *le Chanteur de jazz*, présenté comme le premier long-métrage « parlant », impose un nouveau type de spectacle. Une fois « parlant » et « en couleurs », le cinéma cherche encore à s'affranchir de la planéité de son image, mais le coût élevé des techniques de restitution du relief oriente son évolution vers les procédés optiques d'agrandissement et d'élargissement de l'image, comme le CinémaScope* (1953), le panoramique ou les différents formats larges ou sphériques, ou vers des procédés sonores, comme le Dolby Stéréo ou la quadriphonie.
À partir des années 1970, la télévision apporte au cinéma les techniques de la vidéo et l'ordinateur permet de réaliser des images numériques. Les systèmes Imax 2D ou 3D (salles spéciales, parcs de loisirs) installent le spectateur dans l'image, avec, pour la 3D, restitution du relief par une technique de vision stéréoscopique. La 3D s'est répandue dans les salles de cinéma classiques à la fin des années 2000 (avec le succès du film *Avatar*). Par ailleurs, depuis 2014, la technologie HFR (sigle de l'angl. *high frame rate*, haute fréquence d'images) fait passer du traditionnel 24 images/seconde à 48, voire 120 images/seconde, ce qui améliore la précision des films en 3D. Enfin, le home cinéma offre à domicile des conditions proches de celles d'une salle de cinéma.

CINÉMASCOPE **n.m.** (nom déposé). Procédé cinématographique de projection sur un écran large par rétablissement de l'image préalablement déformée à la prise de vues.

CINÉMATHÈQUE **n.f.** Organisme chargé de conserver et d'entretenir un patrimoine cinématographique et de promouvoir la culture cinématographique. ▪ **La Cinémathèque française,** v. partie n.pr.

CINÉMATIQUE **n.f.** (du gr. *kinêma, -atos,* mouvement). Partie de la mécanique qui étudie les mouvements des corps en fonction du temps, abstraction faite des forces qui les produisent. ◆ **adj.** Relatif au mouvement.

CINÉMATOGRAPHE **n.m.** (du gr. *kinêma, -atos,* mouvement, et *graphein,* écrire). **1.** (Avec une majuscule). Anc. Appareil d'enregistrement et de projection sur un écran de vues animées : *Le Cinématographe Lumière.* **2.** Vx. Art de composer des films ; cinéma.

CINÉMATOGRAPHIE **n.f.** Ensemble des procédés et des techniques mis en œuvre pour reproduire le mouvement par le film.

CINÉMATOGRAPHIQUE **adj.** Relatif au cinéma.

CINÉMATOGRAPHIQUEMENT **adv.** Par les moyens du cinéma.

CINÉMA-VÉRITÉ **n.m. inv.** École de films documentaires privilégiant l'évocation de personnes réelles dans des situations vécues ou racontées par elles (SYN. **cinéma direct**).

CINÉMOGRAPHE **n.m.** Instrument qui détermine et enregistre les vitesses.

CINÉMOMÈTRE **n.m.** Appareil servant à mesurer la vitesse linéaire d'un mobile.

CINÉ-PARC (pl. *ciné-parcs*), ▲ *CINÉPARC* **n.m.** Québec. Cinéma en plein air où le spectateur assiste à la projection depuis son automobile.

CINÉPHAGE **adj.** et **n.** Fam. Fan de cinéma.

CINÉPHILE **n.** Personne qui aime le cinéma et s'intéresse à son histoire.

CINÉPHILIE **n.f.** Intérêt passionné pour le cinéma.

1. CINÉRAIRE **adj.** (du lat. *cinis, -eris,* cendre). Qui renferme les cendres d'un corps incinéré : *Urne cinéraire.*

2. CINÉRAIRE **n.f.** Séneçon au feuillage cendré, aux fleurs pourprées, cultivé comme plante ornementale.

CINÉRITE **n.f.** GÉOL. Dépôt stratifié de cendres volcaniques.

CINÈSE **n.f.** ÉTHOL. Déplacement d'un animal provoqué par un agent externe et dont la vitesse varie selon l'intensité du stimulus.

CINESTHÉSIE **n.f.** → **KINESTHÉSIE.**

CINESTHÉSIQUE **adj.** → **KINESTHÉSIQUE.**

CINÉTHÉODOLITE **n.m.** Appareil destiné à la poursuite optique et à la photographie d'engins balistiques ou de lanceurs spatiaux.

CINÉTIQUE **adj.** (du gr. *kinêtikos,* mobile). PHYS. Qui a le mouvement pour origine. ▪ **Art cinétique,** forme d'art abstrait contemporain issue notamm. du constructivisme, fondée sur le caractère changeant de l'œuvre, son mouvement virtuel ou réel, et, parfois, sur l'illusion optique (op* art). ➲ Principaux « cinétistes » : les Français d'origine hongroise Vasarely et Nicolas Schöffer (1912-1992) et le Belge Pol Bury. ▪ **Énergie cinétique** [phys.], énergie d'un corps en mouvement. ➲ Pour un solide en translation, l'énergie cinétique est le demi-produit de sa masse par le carré de sa vitesse. ◆ **n.f. 1.** PHYS. Théorie expliquant un ensemble de phénomènes à partir des seuls mouvements des particules matérielles. **2.** Étude de la vitesse des réactions chimiques.

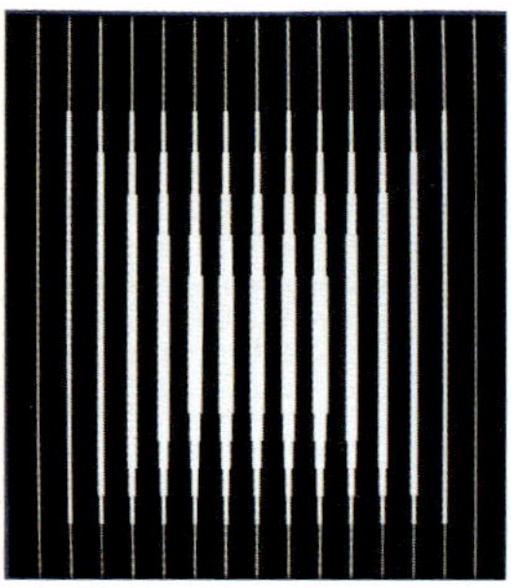

▲ **cinétique.** Art cinétique. *Bora II* (1964), par Victor Vasarely. (Galerie Denise René, Paris.)

CINÉTISME **n.m.** Caractère d'une œuvre cinétique ; art cinétique.

CINGHALAIS, E, ▲ *CINGALAIS, E* **adj.** Relatif aux Cinghalais ; qui fait partie de ce peuple. ◆ **n.m.** Langue indo-aryenne parlée au Sri Lanka.

CINGLANT, E **adj. 1.** Qui cingle : *Pluie cinglante.* **2.** Fig. Qui blesse l'amour-propre : *Remarque cinglante.*

CINGLE **n.m.** Région. (Sud-Ouest). **1.** Grande couleuvre. **2.** Méandre ; sinuosité.

CINGLÉ, E **adj.** et **n.** Fam. Fou.

1. CINGLER **v.i.** [3] (anc. scand. *sigla*). Faire voile vers un point déterminé : *Cingler vers le large.*

2. CINGLER **v.t.** [3] (de *sangler*). **1.** Frapper avec qqch de mince et de flexible : *La cavalière cingle sa monture.* **2.** Fig. Atteindre par des mots blessants : *Cingler qqn d'une exclamation méprisante.* **3.** Frapper de coups vifs et nombreux, en parlant de la pluie, de la grêle. **4.** Forger, corroyer le fer. **5.** CONSTR. Tracer une droite avec une cordelette frottée de craie.

CINNAMIQUE **adj.** CHIM. ORG. ▪ **Acides cinnamiques,** acides de formule $C_6H_5{-}CH{=}CH{-}COOH$, dont les dérivés ont l'odeur de cannelle.

CINNAMOME **n.m.** (du gr. *kinnamômon,* cannelier). Arbuste aromatique originaire des régions chaudes de l'Asie, tels le cannelier et le camphrier.

CINOCHE **n.m.** Fam. Cinéma.

CINOQUE **adj.** et **n.** → **SINOQUE.**

CINQ [sɛ̃k] ([sɛ̃] devant une consonne) **adj. num. inv.** et **n.m. inv.** (lat. pop. *cinque*). **1.** Nombre qui suit quatre dans la suite des entiers naturels : *Les cinq sens. Elle fait ses cinq comme des « s ».* **2.** Cinquième : *Tome cinq.* ▪ **Recevoir qqn cinq sur cinq** [fam.], l'entendre, le comprendre parfaitement.

CINQUANTAINE **n.f. 1.** Nombre de cinquante ou environ. **2.** Âge de cinquante ans ou environ.

CINQUANTE **adj. num. inv.** et **n.m. inv.** (lat. pop. **cinquaginta*). **1.** Cinq fois dix : *Il a reçu cinquante et une ou cinquante-deux lettres.* **2.** Cinquantième : *Page cinquante.*

CINQUANTENAIRE **adj.** Qui a entre cinquante et soixante ans : *Un noyer cinquantenaire.* ◆ **n.m.** Cinquantième anniversaire.

✎ Pour une personne, on dit ***quinquagénaire.***

CINQUANTIÈME **adj. num. ord.** et **n.** Qui occupe un rang marqué par le nombre cinquante. ◆ **n.m.** et **adj.** Quantité désignant le résultat d'une division par cinquante. ▪ **Les cinquantièmes hurlants,** zone des mers australes située entre le cinquantième et le soixantième degré de latitude sud, où les marins affrontent des tempêtes extrêmement violentes.

CINQUIÈME **adj. num. ord.** et **n.** Qui occupe un rang marqué par le nombre cinq. ▪ **Cinquième maladie,** maladie infectieuse éruptive, virale et bénigne de l'enfance (SYN. **mégalérythème épidémique**). ◆ **n.m.** et **adj.** Quantité désignant le résultat d'une division par cinq. ◆ **n.f.** Deuxième année du collège.

CINQUIÈMEMENT **adv.** En cinquième lieu.

CINTRAGE **n.m.** Action de cintrer ; son résultat.

CINTRE **n.m.** (de *cintrer*). **1.** ARCHIT. Courbure intérieure d'un arc ou d'une voûte ; cet arc, cette voûte. **2.** Charpente courbe servant de plancher et d'échafaudage pendant la construction d'une voûte. **3.** (Génér. au pl.). Partie d'un théâtre située au-dessus de la scène, d'où l'on descend et remonte décors et accessoires. **4.** Support incurvé, à crochet, permettant de suspendre des vêtements à une tringle. ▪ **Plein cintre** [archit.], cintre de courbe circulaire, habituellement un demi-cercle.

CINTRÉ, E **adj.** Fam., vieilli. Fou

CINTRER **v.t.** [3] (du lat. *cinctura,* ceinture). **1.** Donner une courbure à : *Cintrer des tubes métalliques.* **2.** Ajuster un vêtement à la taille, au buste, par des pinces.

CINTREUSE **n.f.** Machine servant à cintrer des pièces de bois ou des tubes métalliques.

CIO ou **C.I.O.** **n.m.** (sigle). Centre d'information et d'orientation.

CIPAYE [sipaj] **n.m.** (mot port., du persan *sipâhi,* soldat). Soldat indien au service des Français, des Portugais ou des Britanniques, aux XVIIIe et XIXe s.

CIPOLIN **n.m.** (ital. *cipollino,* de *cipolla,* oignon). GÉOL. Calcaire métamorphique constitué de cristaux de calcite et donnant souvent des marbres de teintes claires.

CIPPE **n.m.** (du lat. *cippus,* colonne). ARCHÉOL. Petite stèle funéraire ou votive, en forme de colonne courte ou de pilier quadrangulaire, toujours ornée d'une inscription.

CIPRE **n.m.** Louisiane. Cyprès chauve, arbre qui pousse dans l'eau.

CIPRIÈRE **n.f.** Louisiane. Marécage où poussent des cipres.

CIRAGE **n.m. 1.** Action de cirer. **2.** Produit destiné à l'entretien et au lustrage des cuirs. ▪ **Être dans le cirage** [fam.], être presque inconscient sous l'effet d'un choc ; ne rien comprendre à ce qui se passe.

CIRCADIEN, ENNE **adj.** (du lat. *circa,* environ, et *dies,* jour). ÉCOL. ▪ **Rythme circadien,** rythme biologique dont la périodicité est d'environ 24 heures (21 à 27 heures).

CIRCAÈTE [sirkaɛt] **n.m.** (du gr. *kirkos,* faucon, et *aetos,* aigle). Oiseau rapace diurne de grande taille, dont une espèce, le *circaète jean-le-blanc,* habite les régions boisées du centre et du sud de la France, se nourrissant princip. de serpents. ➲ Famille des accipitridés.

1. CIRCASSIEN, ENNE adj. et **n. 1.** De la Circassie. **2.** Des Tcherkesses.

2. CIRCASSIEN, ENNE adj. Qui concerne le cirque, les gens du cirque. ◆ **n.** Artiste du cirque ; banquiste.

CIRCONCIRE v.t. [81] (du lat. *circumcidere,* couper autour). Pratiquer la circoncision sur.

CIRCONCIS, E adj. et **n.m.** Qui a subi la circoncision.

CIRCONCISION n.f. (lat. *circumcisio*). **1.** Excision totale ou partielle du prépuce. **2.** Spécial. Excision rituelle du prépuce chez les juifs, les musulmans et divers peuples.

CIRCONFÉRENCE n.f. (du lat. *circumferre,* faire le tour). **1.** Périmètre d'un cercle : *Une roue de deux mètres de circonférence.* **2.** Pourtour d'un espace plan (d'une ville, d'un champ). **3.** Vx. Cercle.

CIRCONFLEXE adj. (du lat. *circumflexus,* fléchi autour). ▪ **Accent circonflexe,** signe diacritique (^) servant en français à indiquer une voyelle longue *(pâté)* ou à distinguer des homonymes *(du, dû)* ; signe d'accentuation grec (~) notant, sur la même voyelle, une intonation aiguë suivie d'une intonation grave.

CIRCONLOCUTION n.f. (du lat. *circum,* autour, et *locutio,* parole). Moyen détourné d'exprimer sa pensée.

CIRCONSCRIPTION n.f. (de *circonscrire*). Division administrative, militaire ou religieuse d'un territoire : *Circonscription électorale.*

CIRCONSCRIRE v.t. [79] (du lat. *circum,* autour, et *scribere,* écrire). **1.** Déterminer les limites de : *Une haie circonscrit le jardin.* **2.** Empêcher l'extension de : *Circonscrire un incendie, un conflit.* **3.** Fig. Définir avec précision ; cerner : *Circonscrire le thème d'une série de cauchemars.* ▪ **Circonscrire un cercle à un polygone** [math.], tracer un cercle passant par les sommets du polygone. ▪ **Circonscrire un polygone à un cercle** [math.], tracer un polygone dont les côtés sont tangents au cercle. ◆ **SE CIRCONSCRIRE v.pr.** Se limiter à un lieu, à une question.

CIRCONSPECT, E [sirkɔ̃spɛ, ɛkt] ou [sirkɔ̃spɛkt] **adj.** (lat. *circumspectus,* de *circumspicere,* regarder autour). Qui manifeste de la circonspection : *Répondre en termes circonspects.*

CIRCONSPECTION n.f. Attitude prudente qui incite à ne négliger aucun élément avant d'agir ; réserve.

CIRCONSTANCE n.f. (du lat. *circumstare,* se tenir autour). **1.** (Au pl.). Fait qui accompagne un événement : *Les circonstances du drame ne sont pas encore connues.* **2.** Ce qui se passe à un moment particulier : *Dans les circonstances actuelles* ; moment particulier : *Le gymnase a été transformé en dortoir pour la circonstance.* ▪ **Circonstances aggravantes** [dr.], éléments qui augmentent la gravité d'une infraction et la peine applicable. ▪ **Circonstances atténuantes** [dr.], éléments en vertu desquels le juge décide de prononcer une peine moins lourde que celle qui est applicable à l'infraction commise. ▪ **De circonstance,** inspiré par une situation précise : *Un visage de circonstance.*

CIRCONSTANCIÉ, E adj. Très détaillé ; complet : *Un exposé circonstancié des faits.*

CIRCONSTANCIEL, ELLE adj. 1. Litt. Qui dépend des circonstances : *Un discours circonstanciel.* **2.** GRAMM. Qui indique les circonstances de l'action verbale : *Subordonnée circonstancielle.*

CIRCONVALLATION n.f. (du lat. *circum,* autour, et *vallum,* palissade). Fortification établie par l'assiégeant d'une place pour se garder contre une armée se portant au secours des assiégés.

CIRCONVENIR v.t. [28] (du lat. *circumvenire,* venir autour). Manœuvrer qqn pour obtenir qqch : *Circonvenir un témoin.*

CIRCONVOISIN, E adj. Litt. Situé autour.

CIRCONVOLUTION n.f. (du lat. *circumvolvere,* rouler autour). Enroulement autour d'un axe central : *Un escalier à double circonvolution.* ▪ **Circonvolutions cérébrales** [anat.], longues saillies sinueuses à la surface du cortex cérébral des mammifères.

CIRCUIT n.m. (du lat. *circumire,* faire le tour). **1.** Parcours touristique ou sportif en boucle : *Faire le circuit des châteaux de la Loire. Le circuit du Mans.* **2.** Itinéraire compliqué : *Les travaux nous ont obligés à faire un circuit pour arriver ici.* **3.** Parcours fermé, constitué d'éléments emboîtables, sur lequel on peut faire circuler des jouets (trains, voitures). **4.** ÉLECTR., ÉLECTRON. Suite de conducteurs électriques reliés entre eux : *Circuit fermé.* **5.** Ensemble de tuyauteries assurant l'écoulement d'un fluide : *Circuit de refroidissement d'une centrale.* **6.** Ensemble de salles de cinéma relevant de la même société ou du même programmateur. **7.** Mouvement de circulation des biens financiers ou de consommation : *Les circuits de distribution de la viande.* **8.** Ensemble de compétitions dont les résultats sont pris en compte pour un classement, dans certains sports (tennis et golf, notamm.). ▪ **Circuit économique,** représentation des faits économiques comme résultat d'enchaînements d'opérations interdépendantes et non séparées. ▪ **Circuit imprimé** [électr., électron.], support de composants électroniques connectés entre eux. ▪ **Circuit intégré** [électr., électron.], circuit de faibles dimensions comportant un grand nombre de composants actifs et passifs, réalisé sur une mince plaquette de silicium. ▪ **Circuit logique** [électr., électron.], circuit intégré remplissant une fonction logique de base (NON, ET, OU). ▪ **Hors circuit,** qui n'a plus cours, en parlant de qqch ; qui a été évincé, en parlant de qqn. ▪ **Ne plus être dans le circuit** [fam.], ne plus être au courant. ▪ **Remettre dans le circuit,** remettre en circulation.

1. CIRCULAIRE adj. 1. Qui a ou rappelle la forme d'un cercle ou d'un arc de cercle : *Piste circulaire.* **2.** Qui décrit un cercle : *Mouvement circulaire.* **3.** Qui, à la manière d'un cercle, revient à son point de départ : *Raisonnement circulaire.* ▪ **Fonctions circulaires** [math.], fonctions trigonométriques (sinus, cosinus, tangente). ▪ **Permutation circulaire** [math.], permutation associant à une liste d'éléments la suite constituée des mêmes éléments, décalés d'un ou de plusieurs rangs (ex. : 1, 2, 3, 4, 5 → 3, 4, 5, 1, 2).

2. CIRCULAIRE n.f. Note administrative, professionnelle ou diplomatique, tirée à plusieurs exemplaires pour communiquer une même information à plusieurs personnes.

CIRCULAIREMENT adv. En décrivant un cercle.

CIRCULANT, E adj. ÉCON. Se dit des actifs d'un bilan dont la durée d'immobilisation est très courte.

CIRCULARISER v.t. [3]. Rendre circulaire.

CIRCULARITÉ n.f. Caractère de ce qui est circulaire et fait revenir au point de départ, sans progresser : *La circularité d'une démonstration.*

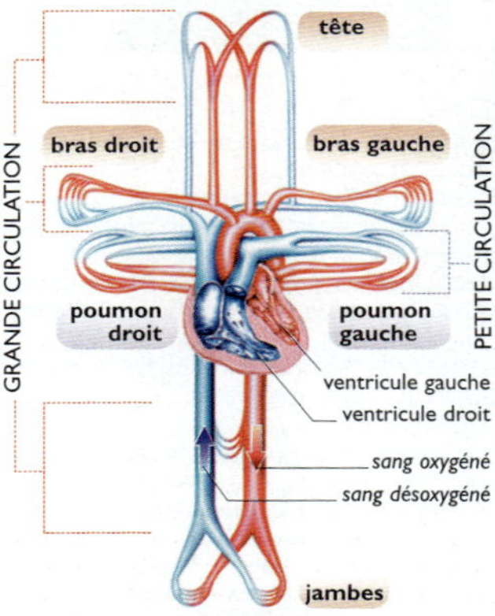

▲ circulation du sang

CIRCULATION n.f. 1. Mouvement de ce qui circule : *Circulation de l'eau dans un tuyau. Circulation d'une pétition.* **2.** Déplacement de véhicules sur une ou plusieurs voies ; trafic : *La circulation des trains reprendra ce soir. En été, il y a moins de circulation.* **3.** Échanges économiques ; ensemble de transactions : *La libre circulation des biens dans l'Union européenne.* ▪ **Circulation alternée,** dispositif qui vise à réguler le trafic en faisant alterner le sens de la circulation sur une portion de voie routière donnée : *Pendant les travaux, la route est en circulation alternée ;* mesure de restriction de la circulation routière, qui impose la circulation en alternance des véhicules à moteur thermique (un jour sur deux) en fonction de leur immatriculation, lors d'un pic de pollution atmosphérique en agglomération. ➲ Cette mesure ne s'applique pas à un certain nombre de véhicules (d'intérêt général ou peu polluants, par ex.). Sauf dérogation, les poids lourds et les véhicules sans catalyseur sont interdits de circulation. ▪ **Circulation atmosphérique,** mouvement des grandes masses d'air dans la troposphère. ▪ **Circulation douce,** mode de déplacement non motorisé ou à moteur électrique, terrestre (marche, vélo, roller, etc.) ou fluvial (aviron, voile, etc.). ▪ **Circulation (du sang),** mouvement du sang que le cœur envoie par les artères vers les organes et qui revient, par les veines, des organes vers le cœur, après être passé par les capillaires : *Elle a des problèmes de circulation.* ➲ On distingue une circulation générale, ou *grande circulation,* et une circulation pulmonaire, ou *petite circulation.* ▪ **Circulation monétaire,** utilisation des moyens de paiement à l'intérieur d'une économie au cours d'une période donnée.

CIRCULATOIRE adj. Relatif à la circulation du sang : *Troubles circulatoires.* ▪ **Appareil circulatoire,** ensemble des vaisseaux assurant la circulation du sang. (V. planche *anatomie humaine, l'appareil circulatoire.*)

CIRCULER v.i. [3] (lat. *circulare*). **1.** Se mouvoir en circuit fermé ; se déplacer dans les vaisseaux, en parlant du sang. **2.** Se déplacer sur des voies de communication : *Avec la rocade, on circule mieux.* **3.** Se transmettre d'une personne à une autre : *De faux billets de 50 euros circulent dans la région. Le bruit circule qu'elle se présentera aux élections.*

CIRCUMAMBULATION [-kɔm-] **n.f.** (du lat. *circum,* autour, et *ambulare,* marcher). Pratique magico-religieuse qui consiste à faire le tour d'un emplacement, d'un objet, d'une personne.

CIRCUMDUCTION [-kɔm-] **n.f. 1.** Mouvement de l'épaule ou de la hanche, amenant la main ou le pied à décrire un cercle. **2.** Mouvement presque circulaire que peut décrire la mâchoire inférieure chez les mammifères ruminants, l'éléphant et les primates supérieurs.

CIRCUMNAVIGATION [-kɔm-] **n.f.** Didact. Voyage maritime autour d'une vaste étendue de terre ou autour du globe.

CIRCUMPOLAIRE [-kɔm-] **adj.** Qui est ou qui se fait autour d'un pôle. ▪ **Étoile circumpolaire,** étoile assez voisine du pôle céleste pour rester toujours au-dessus de l'horizon en un lieu donné.

CIRCUMSTELLAIRE [-kɔm-] **adj.** Qui entoure une étoile.

CIRCUMTERRESTRE [-kɔm-] **adj.** ASTRON., ASTRONAUT. Qui entoure la Terre ; qui se fait autour d'elle.

CIRE n.f. (lat. *cera*). **1.** Substance grasse et fusible, de couleur jaune, sécrétée par les glandes cirières des abeilles ouvrières, qui en font les rayons de leur ruche. **2.** Substance analogue à la cire d'abeille sécrétée par divers végétaux. **3.** Préparation à base de cire d'abeille ou de cire végétale et de solvants, utilisée pour l'entretien du bois. **4.** Membrane qui recouvre la base du bec de certains oiseaux tels que les pigeons. ▪ **Arbre à cire,** cirier. ▪ **Cire à cacheter,** mélange à base de gomme-laque, utilisé pour cacheter les lettres, les bouteilles. ▪ **Fonte à la cire perdue,** procédé dans lequel le métal en fusion vient remplacer, en le faisant fondre, un modèle en cire placé dans un moule. ➲ Il est fréquemment utilisé dans la sculpture traditionnelle africaine. ▪ **Musée** ou **cabinet de cire,** musée où sont exposées des reproductions en cire de personnages célèbres, de scènes mémorables. ▪ **Une cire molle** [fam.], une personne influençable.

1. CIRÉ, E adj. ▪ **Toile cirée,** toile enduite d'une composition vernissée qui la rend brillante et imperméable.

2. CIRÉ n.m. Vêtement imperméable en tissu huilé ou plastifié.

CIRER v.t. [3]. Enduire de cire ou de cirage. ▪ **N'en avoir rien à cirer** [fam.], s'en moquer complètement.

Le cirque

Hérité de l'Antiquité, le mot *cirque* apparaît pour la première fois au fronton d'un établissement français le 28 décembre 1807, jour d'inauguration du « Cirque olympique » édifié à Paris par les Franconi. Il désigne alors un espace autant qu'un spectacle. La notion de prouesse physique va dès lors se fondre dans un ensemble de techniques, dont l'acrobatie, malgré les mutations contemporaines du genre, est le trait d'union.

◄ **L'acrobatie.** Le Cirque du Soleil (*Saltimbanco*, 2005) crée l'événement à chacune de ses tournées mondiales en axant ses productions sur les disciplines acrobatiques. Toutes les lignes de force d'une création classique y sont spectaculairement modernisées.

Le clown. ► Depuis le milieu des années 1980, de nombreuses troupes, à l'instar du Cirque Plume (*l'Atelier du peintre*, 2009), dépassent l'image archétypale de l'auguste pour atteindre à une dimension poétique et esthétique.

◄ **L'animal.** En mêlant prodigieusement voltige à cheval et chorégraphie, le Théâtre équestre Zingaro (*Battuta*, 2006) a participé au retour en grâce de l'animal dans le paysage circassien contemporain.

Les écoles. ► Constatant une lente érosion des vocations, certaines personnalités du cirque ont mis en place des structures d'enseignement. Parmi elles, on retiendra l'Académie Fratellini (ci-contre, *Hip envolée hop*, 2009) et le Centre national des arts du cirque (CNAC).

CIREUR, EUSE n. Personne qui a pour profession de cirer : *Cireur de chaussures. Cireur de parquets.*

CIREUSE n.f. Appareil électroménager qui sert à cirer les parquets.

CIREUX, EUSE adj. Qui a la couleur jaunâtre de la cire : *Un visage cireux.*

CIRIER, ÈRE adj. Se dit d'un arbre ou d'un insecte qui produit de la cire. ▪ **Abeille cirière,** ou **cirière, n.f.,** abeille qui sécrète la cire. ▪ **Arbre cirier,** ou **cirier, n.m.,** arbre cérifère d'Asie et d'Amérique tropicales, appelé aussi *arbre à cire.* ➲ Famille des myricacées.

CIRON n.m. (francique **seuro*). **1.** Acarien considéré, avant l'invention du microscope, comme le plus petit animal existant. **2.** Acarien du fromage. **3.** Suisse. Ver à bois.

CIRONNÉ, E adj. Suisse. Attaqué par le ciron ; vermoulu.

CIRQUE n.m. (lat. *circus*). **1.** ANTIQ. ROM. Enceinte à gradins où se disputaient les courses de chars et les combats de gladiateurs ; arène : *Les jeux du cirque.* **2.** Enceinte circulaire où se donnent des spectacles équestres, acrobatiques, etc. ; entreprise qui assure ce spectacle. **3.** Fig., fam. Situation difficile : *Un vrai cirque pour se garer !* ; désordre : *Quel cirque dans son bureau !* **4.** La Réunion. GÉOL. Caldeira : *Le cirque de Cilaos.* **5.** Grand cratère météoritique, aux remparts montagneux, à la surface de la Lune. ▪ **Cirque glaciaire,** dépression semi-circulaire, à bords raides, due à l'érosion glaciaire, à l'amont d'un glacier : *Le cirque de Gavarnie.*

➲ Le créateur du **CIRQUE** est l'Anglais Philip Astley (1742-1814), qui ouvrit une succursale à Paris dès 1783. Le Vénitien Antonio Franconi (1737-1836) et ses fils prirent sa suite à la Révolution. On doit à Louis Dejean (1792-1870) la construction du cirque Napoléon, l'actuel cirque d'Hiver, inauguré en 1852 et dirigé depuis 1934 par la famille Bouglione.
La plupart des cirques sont devenus des sociétés, et les raisons sociales les plus importantes sont Amar, Pinder et Alexis Gruss en France, Knie en Suisse, Roncalli et Krone en Allemagne, le Cirque de Moscou en Russie, Ringling Bros and Barnum Bailey et The Big Apple Circus aux États-Unis. La tradition du cirque acrobatique est par ailleurs très développée en Chine (Cirque de Pékin) et en Corée du Nord (Cirque de Pyongyang).
Auj. se développe un « nouveau cirque », qui renonce le plus souvent à la simple succession des numéros et à la participation systématique d'animaux pour tenter de créer des formes différentes ; les cirques Plume et Zingaro en France, les cirques Gosch ou O en Allemagne et en Suisse, le Cirque du Soleil au Canada en sont les représentants les plus significatifs.

CIRRE ou **CIRRHE** n.m. (du lat. *cirrus*, filament). **1.** ZOOL. Appendice ou prolongement en forme de fouet rameux ou de petit tentacule, aux fonctions variées, présent chez divers invertébrés. **2.** BOT. Vrille des plantes grimpantes.

CIRRHOSE n.f. (du gr. *kirros*, jaunâtre). MÉD. Maladie du foie caractérisée par une altération des cellules (hépatocytes), une sclérose et des nodules de régénération. ➲ Les causes les plus fréquentes sont l'alcoolisme et les hépatites virales.

CIRRHOTIQUE adj. Relatif à la cirrhose. ◆ **adj.** et **n.** Atteint de cirrhose.

CIRRIPÈDE n.m. (du lat. *cirrus*, filament, et *pes, pedis*, pied). Crustacé inférieur marin fixé, comme l'anatife et la balane, ou parasite, comme la sacculine. ➲ Les cirripèdes constituent une sous-classe.

CIRROCUMULUS [-lys] **n.m.** Nuage de la famille des cirrus formé par des groupes de petits flocons blancs séparés (ciel moutonné).

CIRROSTRATUS [-tys] **n.m.** Nuage de la famille des cirrus, qui forme un voile blanchâtre transparent produisant un halo autour de la Lune ou du Soleil.

CIRRUS [sirys] **n.m.** (mot lat. « filament »). Nuage blanc se formant entre 6 et 10 km d'altitude, en bandes ou filaments isolés, et qui apparaît à l'avant d'une dépression.

CIRSE n.m. (lat. *cirsium*). Chardon très épineux des terrains incultes et des lieux humides, aux fruits dotés d'aigrettes plumeuses. ➲ Famille des composées.

CIS [sis] **adj.** CHIM. Se dit d'un isomère dans lequel deux substituants se trouvent du même côté d'un plan de symétrie (par oppos. à *trans*).

CISAILLE n.f. (du lat. *caedere*, couper). [Souvent pl.]. Outil en forme de pince coupante ou de gros ciseaux, servant à couper les métaux, à élaguer les arbres, etc.

CISAILLEMENT n.m. **1.** Action de cisailler ; son résultat. **2.** Entaillage d'une pièce métallique par une pièce contiguë en mouvement transversal : *Cisaillement d'un boulon.* **3.** Variation rapide et brusque de la direction et de la vitesse du vent sur la trajectoire d'envol ou d'approche d'un avion.

CISAILLER v.t. [3]. **1.** Couper avec une cisaille : *Ils ont cisaillé le grillage pour entrer.* **2.** Rompre une pièce par cisaillement.

CISALPIN, E adj. Situé du côté des Alpes où se trouve Rome : *La Gaule Cisalpine.*

CISEAU n.m. (du lat. *caedere*, couper). **1.** Outil formé d'une lame ou d'une tige d'acier biseautée à l'une de ses extrémités, servant à travailler le bois, le fer, la pierre : *Un ciseau à bois.* **2.** SPORTS. Prise de lutte, de catch qui consiste à croiser les jambes autour de l'adversaire. ◆ **n.m. pl. 1.** Instrument en acier à deux branches mobiles croisées sur un axe et tranchantes sur leur partie intérieure : *Des ciseaux de couturière.* **2.** Mouvement des jambes évoquant un coup de ciseaux ; technique de saut en hauteur utilisant ce mouvement : *Sauter en ciseaux.*

CISÈLEMENT ou **CISELAGE** n.m. **1.** Action de ciseler ; son résultat. **2.** VITIC. Action de débarrasser une grappe de raisin des grains défectueux.

CISELER v.t. [12] (de *ciseau*). **1.** Travailler finement un ouvrage de métal, de pierre, etc. à l'aide d'un ciseau, d'un ciselet : *Ciseler de l'argent.* **2.** TEXT. Découper au moyen de ciseaux des motifs décoratifs dans une étoffe. **3. CUIS.** Faire des incisions peu profondes sur certains aliments (poisson, princip.), pour éviter leur éclatement à la cuisson ; détailler des fines herbes en menus morceaux. **4. VITIC.** Pratiquer le cisèlement.

CISELET n.m. Petit ciseau ou pointe à l'usage des bronziers, des orfèvres, des graveurs.

CISELEUR, EUSE n. Artiste, artisan qui cisèle.

CISELURE n.f. Action et art de ciseler ; décor ciselé.

CISPLATINE n.m. Complexe organométallique à base de platine utilisé en chimiothérapie anticancéreuse.

1. CISTE n.m. (gr. *kisthos*). Arbrisseau méditerranéen à fleurs ornementales blanches ou roses, dont une espèce fournit le labdanum. ➲ Famille des cistacées.

2. CISTE n.f. (lat. *cista*). **ANTIQ.** Corbeille portée notamm. lors des mystères de Déméter, de Dionysos et de Cybèle, et contenant les objets du culte.

CISTERCIEN, ENNE adj. et **n.** Relatif à l'ordre de Cîteaux.

➲ Les moines **CISTERCIENS** constituent une branche de l'ordre des Bénédictins qui connut un essor considérable en Europe sous l'impulsion de Bernard de Clairvaux. Les abbayes cisterciennes portèrent l'art roman à son apogée.

CISTRE n.m. (lat. *cithara*). Instrument de musique à long manche, à cordes pincées et à fond plat (XVIe-XVIIe s.).

CISTRON n.m. GÉNÉT. Gène, considéré sous l'angle de son fonctionnement, aboutissant à la synthèse d'une protéine.

CISTUDE n.f. (lat. *cistudo*). Tortue d'eau douce de l'Europe tempérée. ➲ Famille des émydidés.

▲ cistude

CITADELLE n.f. (ital. *cittadella*). **1.** Ouvrage fortifié qui protégeait une ville. **2.** Fig. Lieu où l'on défend, maintient certaines idées ; bastion : *Une citadelle de la contestation paysanne.*

CITADIN, E adj. (ital. *cittadino*). Relatif à la ville ; urbain. ◆ **n.** Personne habitant une ville.

CITADINE n.f. Automobile adaptée à la circulation urbaine.

CITATION n.f. (de *citer*). **1.** Passage d'un texte rapporté exactement et signalé comme tel. **2. DR.** Assignation à comparaître en justice en tant que défendeur ou témoin. **3. MIL.** Mise à l'ordre du jour, pour une action d'éclat, d'une personne, d'une unité : *Citation à l'ordre de la nation.*

CITÉ n.f. (du lat. *civitas*, ensemble des citoyens). **1.** Sout. Ville. **2.** (Avec une majuscule). Partie la plus ancienne de certaines villes : *La Cité de Carcassonne.* **3.** Dans l'Antiquité et au Moyen Âge, unité politique et économique constituée par une ville et son territoire. **4.** Groupe d'immeubles ayant la même destination : *Cité universitaire.* **5.** Ensemble de logements à loyer modéré : *La rénovation des cités.* ■ **Cité sainte** [litt.], ville vénérée par les fidèles d'une religion. ■ **Droit de cité,** droit d'être admis au nombre des citoyens, avec l'ensemble de leurs prérogatives ; fait pour qqch d'être admis, toléré. ■ **La cité céleste** [litt.], le paradis.

CITÉ-DORTOIR n.f. (pl. *cités-dortoirs*). Agglomération suburbaine essentiellement destinée au logement (SYN. **ville-dortoir**).

CITÉ-JARDIN n.f. (pl. *cités-jardins*). Quartier résidentiel largement pourvu d'espaces verts, inspiré par un modèle anglais du début du XXe s.

CITER v.t. [3] (du lat. *citare*, convoquer). **1.** Reprendre un texte, les paroles de qqn ; rapporter. **2.** Désigner avec précision ; nommer : *Citez les villes qui ont organisé les jeux Olympiques.* **3. DR.** Donner à qqn l'ordre de se présenter devant un tribunal. **4. MIL.** Faire de qqn l'objet d'une citation.

CITERNE n.f. (lat. *cisterna*, de *cista*, coffre). **1.** Réservoir où l'on recueille et conserve les eaux de pluie. **2.** Cuve fermée destinée à emmagasiner des liquides (vin, produits pétroliers, etc.). **3.** Véhicule pour le transport des matières liquides ou pulvérulentes.

CITHARE n.f. (gr. *kithara*). **1.** Lyre munie d'une grande caisse de résonance. **2.** Tout instrument à cordes tendues sur une caisse de résonance dépourvue de manche.

CITHARÈDE n. ANTIQ. GR. Personne qui chantait en s'accompagnant de la cithare.

CITHARISTE n. Instrumentiste qui joue de la cithare.

CITIZEN BAND [sitizənbɑ̃d] **n.f.** (pl. *citizen bands*) [angl. *citizen's band*]. **RADIODIFF.** Bande de fréquence autour de 27 MHz utilisée pour les communications entre particuliers, notamm. à bord de leurs véhicules. Recomm. off. **bande publique.** Abrév. **CB.**

CITOYEN, ENNE n. (de *cité*). **1.** Membre d'un État, considéré du point de vue de ses devoirs et de ses droits civils et politiques. **2.** Dans l'Antiquité, personne qui jouissait du droit de cité. **3.** Sous la Révolution française, titre substitué à « monsieur », « madame ». **4.** Fam., péjor. Individu : *Un drôle de citoyen.* ◆ **adj. 1.** Relatif à la citoyenneté et aux conditions de son exercice. **2.** Qui fait preuve de civisme : *Un comportement citoyen.* **3.** Qui cherche à concilier éthique, responsabilité et rentabilité : *Une entreprise citoyenne.*

CITOYENNETÉ n.f. 1. Qualité de citoyen. **2.** Situation créée par la pleine reconnaissance aux personnes de leur statut de citoyen.

➲ Née dans la cité athénienne, la **CITOYENNETÉ** est, selon Aristote, la capacité d'exercer le droit de suffrage et de participer à l'exercice de la puissance publique. Depuis la Déclaration* des droits de l'homme et du citoyen du 26 août 1789, la citoyenneté est au fondement de l'égalité démocratique et de l'identité nationale.

CITRATE n.m. (du lat. *citrus*, citron). Sel de l'acide citrique.

CITRIN, E adj. D'une couleur jaune citron.

CITRINE n.f. Quartz jaune (SYN. **fausse topaze**).

CITRIQUE adj. CHIM. ORG. ■ **Acide citrique,** acide carboxylique extrait du citron, des groseilles et de divers fruits.

CITRON n.m. (lat. *citrus*). **1.** Fruit du citronnier, ovoïde, de couleur jaune et renfermant un jus acide riche en vitamine C. **2.** Fam. Tête. **3.** Québec. Automobile, équipement ou appareil recelant de nombreux défauts de fabrication et de fonctionnement. ◆ **adj. inv.** De la couleur du citron.

CITRONNADE n.f. Boisson préparée avec du jus ou du sirop de citron et de l'eau sucrée.

CITRONNÉ, E adj. Qui sent le citron ; additionné de jus de citron.

CITRONNELLE n.f. 1. Graminée aromatique des régions tropicales, cultivée pour son huile essentielle. **2.** Plante contenant une huile essentielle à odeur citronnée, telle que l'armoise citronnelle, la mélisse, la verveine odorante.

CITRONNER v.t. [3]. Additionner de jus de citron.

CITRONNIER n.m. 1. Arbre du groupe des agrumes, cultivé dans les régions méditerranéennes et subtropicales, et produisant les citrons. ➲ Genre *Citrus* ; famille des rutacées. **2.** Bois de cet arbre, utilisé en ébénisterie. ■ **Citronnier de mer,** ximenia.

CITROUILLE n.f. (du lat. *citrus*, citron). Variété cultivée de courge, dont le fruit allongé, volumineux, peut atteindre 50 kg ; ce fruit. ➲ Famille des cucurbitacées.

CITRUS [sitrys] **n.m.** (mot lat. « citron »). Arbre ou arbuste d'origine tropicale, dont plusieurs espèces ont été sélectionnées et croisées pour donner les divers agrumes (citron, orange, lime, cédrat, mandarine, clémentine, pomélo, etc.). ➲ Famille des rutacées.

ÇIVAÏSME n.m. → **SHIVAÏSME.**

CIVE n.f. (du lat. *caepa*, oignon). Ciboule.

CIVELLE n.f. (du lat. *caecus*, aveugle). Jeune anguille au moment de sa montée dans les cours d'eau. ➲ Long. 8 cm.

CIVET n.m. (de *cive*). Ragoût de lièvre, de lapin ou d'autre gibier, mariné au vin rouge et cuit dans une sauce liée au sang.

1. CIVETTE n.f. (ital. *zibetto*, de l'ar.). **1.** Mammifère carnivore d'Asie du Sud-Est, à pelage gris orné de bandes et de taches noirâtres, à griffes rétractiles (*civette vraie*) ou semi-rétractiles (*civette palmiste*). ➲ Famille des viverridés. **2.** Sécrétion de la poche anale de cet animal, employée en parfumerie.

2. CIVETTE n.f. (de *cive*). Ciboulette.

CIVIÈRE n.f. (du lat. *cibarius*, qui sert au transport des provisions). Dispositif muni de bras servant à transporter des blessés, des malades, des fardeaux, etc.

1. CIVIL, E adj. (lat. *civilis*). **1.** Qui concerne les citoyens, leur collectivité, leurs rapports sociaux. **2.** Relatif aux rapports juridiques entre particuliers (par oppos. à *pénal*) : *Droit civil.* **3.** Dépourvu de caractère militaire ou religieux : *Protéger les populations civiles. Mariage civil.* **4.** Vieilli. Respectueux de la politesse, des bonnes manières ; courtois. ■ **Code civil,** ouvrage qui réunit la législation relative à l'état et à la capacité des personnes, à la famille, au patrimoine et à sa transmission, aux contrats, obligations et sûretés. ■ **Droits civils,** garantis par la loi à tous les citoyens d'un État considérés comme personnes privées. ■ **État civil** → **1. ÉTAT.** ■ **Guerre civile,** entre citoyens d'un même pays. ■ **Jour civil** → **JOUR.** ■ **Partie civile,** personne qui intente une action devant une juridiction pénale pour obtenir réparation du préjudice subi par suite d'une infraction. ■ **Société civile** → **SOCIÉTÉ.**

2. CIVIL n.m. 1. Personne dont les fonctions professionnelles ne s'exercent ni dans le domaine militaire ni dans le domaine religieux. **2.** État, condition du civil : *Dans le civil, il est professeur.* **3. DR.** Ce qui concerne les rapports juridiques entre les particuliers ; la procédure, les juridictions civiles (par oppos. à *pénal*) : *Plaider au civil.* ■ **En civil,** qui ne porte pas son uniforme : *Des policiers en civil.*

CIVILEMENT adv. 1. Selon la procédure civile : *Être poursuivi civilement* ; sans cérémonie religieuse : *Être enterré civilement.* **2.** Vieilli. Avec courtoisie ; poliment.

CIVILISATEUR, TRICE adj. et **n.** Qui propage la civilisation.

CIVILISATION n.f. 1. Action de civiliser ; fait de se civiliser. **2.** Ensemble cohérent de sociétés ou de cultures ; ensemble des caractères sociaux, culturels, etc., qu'elles partagent : *Civilisation africaine, chinoise, européenne.* **3.** Période de rayonnement, de particulière richesse culturelle d'une ou de plusieurs sociétés ; ensemble de traits correspondants : *La civilisation inca.* **4.** Ensemble des comportements, des valeurs supposés témoigner du progrès humain, de l'évolution positive des sociétés (par oppos. à *barbarie*).

CIVILISATIONNEL, ELLE adj. Propre à l'ensemble des caractères sociaux et culturels d'une civilisation donnée : *Valeurs civilisationnelles.*

CIVILISÉ, E adj. et **n.** Ayant acquis un degré de civilisation.

CIVILISER v.t. [3]. 1. Amener une société, un peuple d'un état jugé primitif ou inférieur à un état estimé supérieur d'évolution culturelle et matérielle. **2.** Imposer ses traits caractéristiques à des sociétés particulières, hétérogènes, en parlant

▲ citrouille

d'une civilisation donnée. **3.** Fam. Adoucir, polir le caractère, les manières de qqn ; éduquer. **4.** **DR.** Transformer en procès civil une affaire pénale.

CIVILISTE n. Spécialiste du droit civil.

CIVILITÉ n.f. (lat. *civilitas*). **1.** Vieilli. Respect des bienséances ; courtoisie. **2.** (Emploi critiqué). Ce qui indique le titre d'une personne du point de vue de l'état civil : *Sur le formulaire, à la rubrique « civilité », il faut cocher Mme (madame) ou M. (monsieur).* ◆ **n.f. pl.** Vieilli. Paroles de politesse ; salutations : *Échanger des civilités.*

CIVIQUE adj. (lat. *civicus*). **1.** Qui concerne le citoyen et son rôle dans la vie politique : *Voter est un devoir civique.* **2.** Propre au bon citoyen : *Avoir l'esprit civique.* ▪ **Droits civiques,** droits attachés à la qualité de citoyen. ▪ **Éducation civique,** discipline destinée à préparer les élèves à leur rôle de citoyen. (En France, on parle auj. d'*enseignement moral et civique*.) ▪ **Sens civique,** dévouement envers la collectivité, l'État ; civisme.

CIVISME n.m. Sens civique.

CLABAUD n.m. **VÉNER.** Chien courant qui clabaude.

CLABAUDAGE n.m. **1.** Cri du chien qui clabaude. **2.** Vieilli. Criaillerie ; médisance.

CLABAUDER v.i. [3] (mot d'anc. fr. « aboyer »). **1.** **VÉNER.** Aboyer hors des voies, en parlant du chien courant. **2.** Vieilli. Criailler ; médire.

CLABOTER v.i. [3] (orig. obscure). Fam., vieilli. Mourir.

CLAC interj. (onomat.). Exprime un bruit sec, un claquement.

CLADE n.m. (du gr. *klados*, rameau). **BIOL.** Grand groupe d'animaux ou de plantes caractérisé par une origine évolutive probablement commune, tel que les cordés, les plantes vasculaires.

1. CLADISTIQUE n.f. ou **CLADISME** n.m. Méthode de classification des êtres vivants selon leur parenté évolutive, fondée sur la recherche des caractères propres aux différents groupes.

2. CLADISTIQUE adj. Relatif à la cladistique : *Systématique cladistique.*

CLADOCÈRE n.m. (du gr. *klados*, rameau, et *keras*, antenne). Crustacé marin ou d'eau douce, souvent pourvu d'une carapace bivalve, nageant à l'aide d'une paire de longues antennes natatoires et dont le type est la daphnie. ➲ Les cladocères forment un ordre.

CLADOGRAMME n.m. **BIOL.** Schéma exprimant les relations de parenté probables entre plusieurs espèces ou groupes d'espèces, à partir d'une analyse cladistique des caractères apomorphes qu'ils partagent deux à deux.

CLADONIE n.f. (du gr. *klados*, rameau). Lichen foliacé à l'aspect de petit buisson, dont une espèce des régions arctiques est un véritable fourrage pour les rennes durant l'hiver.

CLAFOUTIS n.m. (mot poitevin). Gâteau cuit au four, constitué par un mélange de pâte et de fruits, notamm. de cerises. ➲ Spécialité du Limousin.

CLAIE [klɛ] n.f. (mot gaul.). **1.** Treillis d'osier, de fil métallique, à claire-voie : *Faire sécher des fruits sur des claies.* **2.** Clôture à claire-voie en bois ou en métal.

CLAIM [klɛm] n.m. (mot angl. « titre »). Concession minière de métaux ou de minéraux précieux.

1. CLAIR, E adj. (lat. *clarus*). **1.** Qui répand de la lumière, en a l'éclat : *Une flamme claire.* **2.** Qui reçoit beaucoup de lumière : *La chambre du sud est très claire.* **3.** Qui laisse passer la lumière ; transparent : *L'eau des torrents de montagne est claire.* **4.** Peu consistant : *Une sauce claire* ; peu compact : *Une forêt claire.* **5.** De couleur pâle : *Des draps bleu clair.* **6.** Se dit d'un son net, cristallin : *Un tintement clair. Une voix claire.* **7.** Facilement intelligible ; limpide : *Une explication parfaitement claire.* **8.** Sans équivoque ; évident : *Il est clair que le prix des fruits va augmenter.* **9.** Qui se fait bien comprendre : *J'ai été très claire sur ce point.* ◆ **adv.** ▪ **Il fait clair,** il fait grand jour. ▪ **Parler clair,** distinctement ; fig., avec netteté et franchise. ▪ **(Y) voir clair,** avoir une bonne vue ; fig., comprendre le sens de qqch, les intentions de qqn.

2. CLAIR n.m. **1.** Clarté répandue par un astre : *Clair de lune.* **2.** (Surtout pl.). Partie éclairée dans un tableau : *Les ombres et les clairs.* ▪ **En clair,** non chiffré et non codé : *Émission diffusée en clair* ; pour parler clairement : *En clair, je ne désire pas vendre.* ▪ **Le plus clair de,** la majeure partie de : *Le plus clair de la journée, il est devant sa console.* ▪ **Mettre au clair,** présenter sous une forme intelligible : *Mettre un brouillon au clair.* ▪ **Tirer au clair,** élucider ce qui est embrouillé, obscur : *Nous allons tirer cette affaire au clair.*

CLAIRANCE n.f. (angl. *clearance*). **PHYSIOL.** Rapport entre le débit d'élimination d'une substance chimique par un organe (foie, rein) et la concentration de la substance dans le sang, reflétant le fonctionnement de l'organe.

CLAIRE n.f. Bassin d'eau saumâtre, peu profond, où l'on affine les huîtres. ▪ **Fine de claire,** ou **claire,** huître n'ayant séjourné en claire que quelques semaines (par oppos. à *spéciale*).

CLAIREMENT adv. De façon claire ; distinctement : *J'ai clairement entendu sa porte se fermer.*

CLAIRET, ETTE adj. (de *1. clair*). Peu épais : *Bouillon clairet.* ▪ **Vin clairet,** ou **clairet,** n.m., vin rouge très léger.

CLAIRETTE n.f. Vin blanc, mousseux ou non, du Midi ; cépage blanc cultivé dans le Midi.

CLAIRE-VOIE (pl. *claires-voies*), ▲ **CLAIREVOIE** n.f. **1.** Clôture faite d'un entrecroisement de lattes, laissant passer la lumière. **2.** **ARCHIT.** Suite de baies contiguës ajourant un niveau d'un bâtiment sur la longueur de plusieurs travées. ➲ Le terme désigne le plus souvent les fenêtres hautes d'une nef d'église. **3.** **ARCHIT.** Garde-corps ou clôture ajourés. ▪ **À claire-voie,** ajouré : *Des volets à claire-voie.*

CLAIRIÈRE n.f. **1.** Endroit dégarni d'arbres, dans un bois, une forêt. **2.** **TEXT.** Endroit d'une étoffe où elle est moins serrée.

CLAIR-OBSCUR n.m. (pl. *clairs-obscurs*). **1.** **PEINT.** Procédé consistant à moduler la lumière sur un fond d'ombre, de manière à suggérer le relief et la profondeur. **2.** **GRAV.** Camaïeu. **3.** Lumière douce, tamisée.

CLAIRON n.m. (de *1. clair*). **1.** Instrument de musique à vent, sans clé ni piston, en usage surtout dans l'armée. **2.** Instrumentiste qui sonne du clairon.

CLAIRONNANT, E adj. Qui résonne puissamment : *Une voix claironnante.*

CLAIRONNER v.i. [3]. Parler d'une voix forte et claire : *Elle ne sait pas parler sans claironner.* ◆ **v.t.** Proclamer avec éclat ; clamer : *Ils claironnent qu'ils vont gagner.*

CLAIRSEMÉ, E adj. **1.** Qui est planté, semé peu serré : *Une haie clairsemée.* **2.** Fig. Peu nombreux : *Un public clairsemé.*

SE CLAIRSEMER v.pr. [12]. Perdre peu à peu ses éléments constituants ; se raréfier : *Ses cheveux se sont clairsemés.*

CLAIRVOYANCE n.f. Faculté de l'esprit à juger avec clarté ; discernement : *Analyser une situation avec clairvoyance.*

CLAIRVOYANT, E adj. **1.** Qui fait preuve de clairvoyance ; perspicace : *Elle s'est montrée clairvoyante dans le choix de ses collaborateurs.* **2.** Vx. Qui voit (par oppos. à *aveugle*).

CLAM [klam] n.m. (de l'anglo-amér. *to clam*, serrer). Mollusque marin bivalve de l'Atlantique, voisin de la praire, comestible. ➲ Famille des vénéridés.

CLAMECER v.i. → **CLAMSER.**

CLAMER v.t. [3] (lat. *clamare*). Faire savoir avec force : *Clamer son mécontentement. Clamer son innocence.*

CLAMEUR n.f. (lat. *clamor*). Cri d'une foule : *Chaque point marqué déclenche une clameur du public.*

CLAMP [klɑ̃p] n.m. (mot angl., du néerl. *klamp*, crampon). Instrument chirurgical servant à pincer les vaisseaux pour empêcher une hémorragie.

CLAMPIN n.m. (de l'anc. fr. *clopin*, boiteux). Fam. Homme paresseux ou inefficace.

CLAMSER [3] ou **CLAMECER** [klamse] [9] v.i. (orig. obscure). Fam. Mourir.

CLAN n.m. (de l'irlandais *clann*, tribu). **1.** Formation sociale écossaise ou irlandaise, regroupant un certain nombre de familles. **2.** **ANTHROP.** Unité sociale exogame, de filiation unilinéaire, se reconnaissant un ancêtre commun. **3.** Péjor. Groupe de personnes réunies par une communauté d'intérêt ou d'opinions ; coterie : *Le village s'est scindé en deux clans.*

CLANDÉ n.m. Arg. Maison de prostitution ; maison de jeu clandestine.

CLANDESTIN, E adj. (lat. *clandestinus*). **1.** Qui se fait en cachette ; secret : *Une entrée clandestine dans le pays.* **2.** Dont l'existence est contraire à la loi ; illicite : *Un trafic clandestin d'ivoire.* ▪ **Passager clandestin,** embarqué à bord d'un navire, d'un avion à l'insu de l'équipage et qui reste caché pendant la durée du voyage. ◆ **n.** Immigré ou travailleur sans papiers.

CLANDESTINEMENT adv. De façon clandestine ; secrètement.

CLANDESTINITÉ n.f. **1.** Caractère de ce qui est clandestin, caché : *Pour préserver la clandestinité de leurs réunions.* **2.** Situation de ceux qui mènent une existence clandestine : *Ils doivent rester dans la clandestinité.*

CLANIQUE adj. Relatif au clan.

CLANISME n.m. **SOCIOL.** Comportement de personnes qui recherchent leur intérêt commun en dehors des règles sociales et des lois.

CLAP n.m. (mot angl. « claquement »). **CINÉMA.** Instrument formé de deux plaquettes réunies par une charnière et qui sert au repère sonore et visuel lors du montage, grâce aux références du plan filmé qui y sont notées (SYN. **claquette, claquoir**).

CLAPET n.m. (de l'anc. fr. *claper*, frapper). **1.** Partie mobile d'une soupape. **2.** Pièce articulée d'un appareil, d'un dispositif, susceptible d'être soulevée ou abaissée, et utilisée comme un couvercle : *Téléphone à clapet.* **3.** Fam. Bouche (organe de la parole) : *Ferme ton clapet !*

CLAPIER n.m. (mot provenç.). **1.** Cabane où l'on élève les lapins. **2.** Fam. Logis exigu.

CLAPIR v.i. [21] (onomat.). Pousser son cri, en parlant du lapin.

CLAPOT n.m. Agitation faible et désordonnée de la surface de la mer sous l'effet du vent.

CLAPOTAGE ou **CLAPOTEMENT** n.m. → **CLAPOTIS.**

CLAPOTER v.i. [3] (onomat.). Produire un clapotis, en parlant de l'eau, des vaguelettes qui agitent sa surface.

CLAPOTEUX, EUSE ou **CLAPOTANT, E** adj. Qui clapote.

CLAPOTIS, CLAPOTEMENT ou **CLAPOTAGE** n.m. Agitation légère de l'eau, produisant un petit bruit ; ce bruit : *Le clapotis de la mer sur les quais.*

CLAPPEMENT n.m. Bruit sec que fait la langue en se détachant du palais.

CLAPPER v.i. [3] (onomat.). Produire un clappement.

CLAQUAGE n.m. **1.** Rupture partielle, accidentelle d'un muscle. **2.** **ÉLECTROTECHN.** Processus irréversible, dû à un champ électrique, qui transforme brusquement tout ou partie d'un milieu isolant en un milieu conducteur.

CLAQUANT, E adj. Fam. Très fatigant ; épuisant : *Un boulot claquant.*

1. CLAQUE n.f. (de *claquer*). **1.** Coup donné du plat de la main : *Recevoir une paire de claques* (SYN. **gifle**). *Une grande claque dans le dos.* **2.** Groupe de personnes payées pour applaudir un spectacle. **3.** Fam. Échec infligé à qqn, à un groupe ; défaite : *Il a pris une claque aux élections.* **4.** Partie de la tige d'une chaussure qui couvre l'empeigne et le cou-de-pied. **5.** Québec. Enveloppe en caoutchouc à semelle adhérente, protégeant les chaussures contre la pluie et la neige. ▪ **En avoir sa claque (de)** [fam.], être excédé (de) ; ne plus pouvoir supporter. ▪ **Tête à claques** [fam.], personne antipathique, déplaisante.

2. CLAQUE n.m. Vieilli. Chapeau haut de forme, à ressort, qui peut s'aplatir. (On dit aussi *chapeau claque* ou *gibus*.)

3. CLAQUE n.m. Arg. Maison de prostitution.

CLAQUEMENT n.m. Fait de claquer ; bruit de ce qui claque : *Un claquement de portière.*

CLAQUEMURER v.t. [3] (de l'anc. fr. *à claque-mur*, en un lieu si étroit que l'on se heurte aux murs). Enfermer étroitement : *Les jurés sont claquemurés pour délibérer.* ◆ **SE CLAQUEMURER** v.pr. S'enfermer chez soi ; se cloîtrer.

CLAQUER v.i. [3] (onomat.). **1.** Produire un bruit sec : *J'ai entendu claquer les portières.* **2.** Fam. Devenir inutilisable ; se casser : *Ballon, lampe qui claquent.* **3.** Fam. Mourir. ▪ **Claquer dans**

les doigts ou **dans les mains de qqn** [fam.], en parlant d'une affaire, échapper à qqn ou échouer. ▪ **Claquer des dents** [fam.], avoir très froid. ▪ **Claquer du bec** [fam.], avoir faim. ◆ **v.t. 1.** Pousser, fermer qqch violemment : *Claquer le tiroir de son bureau.* **2.** Donner une claque, des claques ; gifler. **3.** Fam. Causer une grande fatigue ; épuiser : *Le déménagement m'a claqué.* **4.** Fam. Dépenser sans compter ; dilapider : *Claquer son argent au jeu.* ◆ **SE CLAQUER v.pr.** Fam. Se fatiguer : *Elle s'est claquée à tout arranger.* ▪ **Se claquer un muscle, un tendon,** se faire un claquage lors d'un effort violent.

CLAQUETER v.i. [16], ▲ *[12]* (onomat.). Pousser son cri, en parlant de la cigogne (SYN. **craqueter**).

CLAQUETTE n.f. 1. Type de mule souvent en plastique, utilisée à la sortie du bain. **2.** Instrument formé de deux planchettes que l'on fait claquer pour donner un signal. **3. CINÉMA.** Clap. ◆ **n.f. pl.** Forme de danse d'origine américaine, caractérisée par le claquement rythmé sur le sol de la pointe et du talon de chaussures munies de plaques métalliques : *Apprendre les, faire des claquettes.*

CLAQUOIR n.m. CINÉMA. Clap.

CLARAIN n.m. Constituant le plus fréquent du charbon, d'apparence homogène et brillante.

CLARIFICATEUR, TRICE adj. Qui sert à clarifier.

CLARIFICATION n.f. 1. Action de clarifier : *Clarification d'un bouillon, des eaux d'une rivière.* **2.** Action de rendre compréhensible : *Clarification d'une affaire.*

CLARIFIER v.t. [5]. 1. Rendre clair un liquide : *Clarifier une boisson en la filtrant.* **2.** Rendre plus facile à comprendre ; élucider : *Clarifier un quiproquo.*

CLARINE n.f. (de *1. clair*). Clochette que l'on pend au cou des animaux (vaches, surtout) à l'alpage.

CLARINETTE n.f. (provenç. *clarin*). Instrument à vent, à clés et à anche simple, de la catégorie des bois.

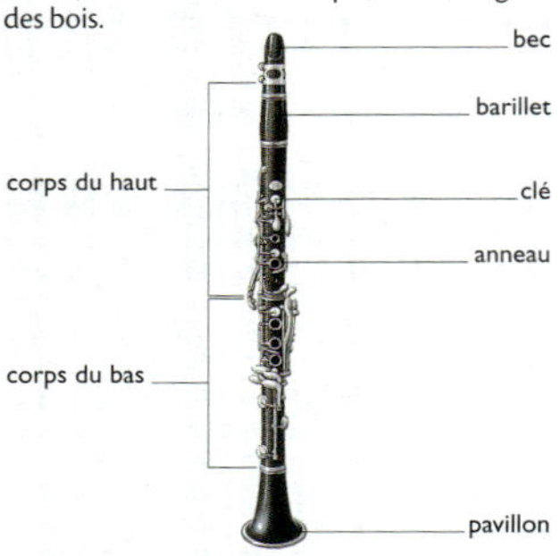

▲ **clarinette**

CLARINETTISTE n. Instrumentiste qui joue de la clarinette.

CLARISSE n.f. Religieuse de l'ordre contemplatif fondé par sainte Claire (1212) sur le modèle de la règle franciscaine.

CLARTÉ n.f. (lat. *claritas*). **1.** Lumière répandue par qqch de lumineux : *Marcher à la clarté de la lune.* **2.** Qualité de ce qui est clair, lumineux, limpide : *Apprécier la clarté de son bureau. La clarté de l'eau du torrent.* **3.** Qualité d'une chose, d'une personne facile à comprendre : *Démonstration d'une grande clarté. Exposer sa thèse avec clarté.* **4.** Dans un instrument d'optique, rapport des éclairements de la rétine mesurés avec et sans l'instrument. ◆ **n.f. pl.** Vieilli. Connaissances générales : *J'ai besoin de vos clartés sur ce sujet.*

CLASH [klaʃ] **n.m.** (pl. *clashs* ou *clashes*) [mot angl.]. Fam. Désaccord brutal et violent ; conflit.

CLASSABLE adj. Qui peut être classé.

1. CLASSE n.f. (lat. *classis*). **1.** Ensemble de personnes, de choses ayant des traits communs ; catégorie : *S'adresser à une certaine classe de lecteurs. Classes grammaticales.* **2.** Ensemble d'individus chez qui domine un sentiment d'appartenance à une communauté de valeurs, et défini en fonction d'un critère économique, historique, sociologique : *Classe bourgeoise, ouvrière.* **3.** Rang attribué à qqn, à qqch selon un ordre d'importance, de valeur, de qualité : *Un footballeur de classe internationale. Voyager en classe affaires.* **4.** Valeur, qualité exceptionnelle ; distinction : *Cette cantatrice a une grande classe.* **5.** Chacun des degrés de l'enseignement primaire et secondaire : *Entrer en classe de troisième.* **6.** Division, au sein d'un même degré, constituée par un certain nombre d'élèves ; l'ensemble de ces élèves ; salle occupée par ces élèves. **7.** Enseignement donné dans les écoles, collèges et lycées : *Faire classe tous les jours.* **8.** Section d'un enseignement artistique. **9. MIL.** Ensemble des jeunes recensés la même année, à partir de l'âge de 16 ans. **10. BIOL.** Grande division d'un embranchement d'êtres vivants, elle-même subdivisée en ordres : *Classe des oiseaux, des monocotylédones.* **11. LOG.** Collection d'objets, soit identifiée à l'ensemble (Cantor, W. Quine), soit distincte de celui-ci (von Neumann). **12. MATH.** Chacun des intervalles disjoints en lesquels on divise l'ensemble des valeurs prises par un caractère quantitatif. ▪ **Classe d'équivalence** [math.], partie d'un ensemble, sur lequel on a défini une relation d'équivalence, qui comprend tous les éléments équivalents à l'un d'entre eux. ▪ **Classe politique,** ensemble des hommes politiques d'un pays (par oppos. à *société civile*). ▪ **Classe verte** ou **de nature, classe de neige, classe de mer,** séjour à la campagne, à la montagne ou à la mer d'une classe qui partage ses activités entre les études et la découverte de la nature ou le sport. ▪ **En classe,** à l'école. ▪ **Faire ses classes** [vieilli], recevoir l'instruction militaire de base au début du service militaire ; fig., acquérir de l'expérience dans une matière. ▪ **La classe !** [fam.], quelle élégance !

2. CLASSE adj. inv. Fam. Qui a de la classe ; distingué : *Ses cousines sont très classe.*

CLASSEMENT n.m. 1. Action de classer ; manière de classer : *Le classement alphabétique.* **2.** Rang dans lequel une personne est classée : *Améliorer son classement.*

CLASSER v.t. [3]. 1. Ranger par catégories ou dans un ordre déterminé : *Classer des fichiers informatiques. Classer les factures par ordre d'arrivée.* **2.** Mettre dans une catégorie : *Ce mot est à classer comme adverbe. On classe cette députée parmi les écologistes.* **3.** Absol. (Souvent péjor.). Juger définitivement qqn ; étiqueter : *Après de tels propos, il est classé.* ▪ **Classer une affaire** [dr.], clore une instruction par un non-lieu ; considérer une affaire comme réglée, résolue. ▪ **Classer un site, un monument,** les déclarer d'intérêt historique ou esthétique et placer leur sauvegarde sous le contrôle de l'État. (→ **monument**). ◆ **SE CLASSER v.pr.** Obtenir un certain rang : *Elle s'est classée deuxième.*

CLASSEUR n.m. Meuble à compartiments, boîte de rangement ou chemise rigide où l'on classe des documents.

CLASSICISME n.m. 1. Caractère de ce qui est classique, conforme à une certaine tradition, notamm. en matière littéraire ou artistique. **2.** Doctrine littéraire et artistique se signalant par une recherche de l'équilibre, de la clarté, du naturel. **3.** Ensemble de tendances et de théories qui se manifestent en France au XVIIe s. et qui s'expriment dans des œuvres littéraires et artistiques considérées comme des modèles.

➲ **LITTÉR.** Dans l'histoire de la France, le **CLASSICISME** est incarné par la génération de 1660-1680 (La Fontaine, Corneille, Molière, Racine, Boileau, Bossuet, La Rochefoucauld, La Bruyère), qui rassemble des écrivains liés non par une doctrine, mais par une communauté de goûts : la codification par Boileau des principes de l'esthétique classique (imitation des Anciens, recherche du naturel et du vraisemblable, sens de la mesure, finesse dans l'analyse morale et psychologique, clarté du style) n'interviendra qu'après les grandes œuvres qui l'illustrent. Au théâtre prévaut la règle des trois unités.

➲ **BX-ARTS.** Le classicisme puise volontiers son inspiration dans l'antique. Les premiers maîtres en furent les Italiens de la seconde Renaissance : en architecture, surtout Bramante, les Sangallo puis Palladio ; en peinture, Raphaël et Titien, suivis, après la phase du maniérisme, par les Carrache et leurs élèves, créateurs de l'académisme. Alors même que l'Italie se vouait au baroque*, le classicisme se répandit en Europe, notamm. en Angleterre, aux Pays-Bas et plus encore en France, où son triomphe alla de pair avec celui de l'absolutisme de Louis XIV. Les Mansart l'exprimèrent pleinement, de même que Poussin et Le Lorrain, établis à Rome ; l'effort de coordination mené par Le Brun, par les Académies royales et par Colbert l'érigea en doctrine officielle à partir de 1660. L'un de ses manifestes en fut la « colonnade » du Louvre, attribuée à Claude Perrault (1667), et l'un de ses aboutissements l'œuvre de Girardon, qui embellit de statues les jardins de Le Nôtre à Versailles. Par-delà l'époque rocaille*, le classicisme architectural français atteignit à partir de 1750, avec J. A. Gabriel, sa plus haute expression de mesure et d'harmonie. À la fin du XVIIIe s., une meilleure connaissance de l'Antiquité suscita le néoclassicisme*.

➲ **MUS.** La notion de classicisme s'applique à des œuvres de la fin du XVIIIe s. (notamm. à celles de Haydn, de Mozart et de Beethoven en tant qu'héritier du « classicisme viennois »).

CLASSIEUX, EUSE adj. Fam. Qui a de la classe : *Un présentateur, un hôtel classieux.*

CLASSIFICATEUR, TRICE adj. et **n.** Qui classifie.

CLASSIFICATION n.f. Répartition par catégories selon une certaine méthode ; son résultat : *Établir une classification des insecticides.* ▪ **Classification biologique,** distribution scientifique des espèces vivantes selon des critères morphologiques, anatomiques, génétiques, etc. ▪ **Classification décimale universelle,** répartition bibliographique des connaissances humaines fondée sur la numérotation décimale. ▪ **Classification périodique des éléments** → **PÉRIODIQUE.** ▪ **Société de classification** [mar.], société qui certifie qu'un navire est construit et entretenu conformément aux normes de sécurité, en lui délivrant une cote.

➲ Les méthodes de **CLASSIFICATION BIOLOGIQUE**, établies par Linné au XVIIIe s. (et regroupées au sein d'une discipline, la *systématique* ou *taxinomie*), ont considérablement évolué, mais on utilise toujours la notion d'espèce, niveau de base de la classification de Linné. On a recensé plus de 1,4 million d'espèces, réparties, selon leurs caractères communs, dans des genres, eux-mêmes regroupés au sein de familles (par ex., le chien et le loup sont deux espèces du genre *Canis*, alors que le renard appartient au genre *Vulpes*, mais ces deux genres sont classés dans la même famille, celle des canidés). Les niveaux supérieurs de la classification sont successivement l'ordre, la classe, l'embranchement et le règne. Toutefois, cette hiérarchie rigide est auj. souvent remise en question. (→ **vivant**).

CLASSIFICATOIRE adj. Qui constitue une classification. ▪ **Parenté classificatoire** [ethnol.], qui n'est pas biologique mais reconnue selon des critères sociaux.

CLASSIFIER v.t. [5]. 1. Procéder à la classification d'un ensemble de données : *Classifier les films de l'année.* **2. MIL.** Protéger des écrits ou des supports d'images (plans, films, etc.) contenant des informations intéressant la défense ou la sûreté de l'État, en limitant leur consultation aux seules personnes autorisées par une habilitation « très secret-défense », « secret-défense » ou « confidentiel-défense ».

1. CLASSIQUE adj. (lat. *classicus*). **1.** Qui appartient à l'Antiquité gréco-romaine. **2.** Se dit des auteurs, des artistes et des œuvres qui, à partir du XVe s., s'inspirent, même très indirectement, des modèles esthétiques de l'Antiquité. **3.** Qui comporte l'enseignement de la langue et de la littérature grecques et latines (par oppos. à *moderne*). **4.** Se dit d'une époque, dans l'évolution artistique d'une civilisation, où s'allient équilibre et qualité technique (v. 490-338 av. J.-C. en Grèce ; v. 250 à 950 apr. J.-C. chez les Mayas). **5.** Qui fait autorité dans son domaine ; incontournable : *L'ouvrage de ce pédiatre est devenu la référence classique.* **6.** Qui est conforme à l'usage, à la tradition ; conventionnel : *S'habiller de façon classique.* **7.** Fam. Qui ne surprend pas ; habituel : *Il s'est mis à bafouiller, c'est la réaction classique.* ▪ **Armes classiques,** armes

Le classicisme français

La France, principalement sous le règne de Louis XIV, est un foyer majeur du classicisme, qui fait prévaloir l'ordre et la mesure, la symétrie et l'équilibre. Mais les artistes qui l'illustrent ne se sont jamais qualifiés eux-mêmes de *classiques*. C'est par l'étude de l'Antiquité (surtout romaine) et l'observation de la nature, l'une corrigeant mais aussi justifiant l'autre, qu'ils aspirent à atteindre à leur idéal de beauté et à la perfection dans l'art.

▲ **Nicolas Poussin.** *Écho et Narcisse* (v. 1630). Peintre des dieux et des héros de l'Antiquité, Poussin transmet ici toute la mélancolie du mythe magnifié par *les Métamorphoses* d'Ovide. « Tel doit être le dessin des choses qu'il exprime l'idée des mêmes choses », affirma cet artiste qui avait fait de Rome sa patrie d'adoption. (Musée du Louvre, Paris.)

▲ **Pierre Lescot.** Détail de la façade du nouveau Louvre (Paris) sur la cour Carrée, construite à partir de 1546. Ordres corinthien et composite, fidèles aux modèles antiques, contribuent à la recherche de la variété décorative plutôt que de la monumentalité à l'italienne.

▲ **Thomas Regnaudin** (1622-1706). *L'Été* (personnifié par la déesse Cérès), groupe en plomb (1674) exécuté d'après un dessin de Le Brun par un artiste qui fut élève de F. Anguier ; bassin de l'Été, dans les jardins de Versailles. Accoudée auprès d'un amour sur des gerbes aux épis gonflés, Cérès, corps opulent légèrement renversé en arrière, s'offre aux caresses du soleil fécondateur.

◄ **Jules Hardouin-Mansart.** La Chapelle royale du château de Versailles, commencée en 1699 par J. H.-Mansart, achevée en 1710 par R. de Cotte. Couronnement de l'art versaillais du « Grand Siècle », le sanctuaire frappe par sa noblesse, son unité, sa force, l'harmonie qui se dégage des proportions et d'une savante distribution de la lumière. Le décor, allégé par rapport aux conceptions de Le Brun, appartient déjà au XVIIIe s. (Au cul-de-four de l'abside, *Résurrection du Christ* par La Fosse [v. 1710].)

conventionnelles*. ■ **École classique,** ensemble de doctrines économiques développées en Grande-Bretagne entre 1776 et 1848 par les économistes libéraux (A. Smith, D. Ricardo, T.R. Malthus, J.S. Mill). ■ **Logique classique,** logique bivalente comprenant obligatoirement certaines lois, notamm. celle du tiers exclu et celle de la non-contradiction. ■ **Logiques non classiques,** ensemble des logiques modales, plurivalentes et affaiblies. ■ **Musique classique,** des grands compositeurs occidentaux, par oppos. au jazz, aux variétés (→ **classicisme**). ■ **Théâtre classique** [spécial.], théâtre des auteurs du XVIIe s. français (Racine, Corneille, Molière) qui s'inspirent de la dramaturgie gréco-latine et obéissent aux règles de la vraisemblance et de la division des genres, par oppos. au *théâtre baroque** (→ **classicisme**).

2. CLASSIQUE n.m. **1.** Écrivain ou artiste de l'Antiquité ou qui s'est inspiré de l'Antiquité (notamm. en France, au XVIIe s.). **2.** Auteur, ouvrage, œuvre qui constituent une référence dans un domaine : *Un classique du rock.* **3.** La musique classique : *N'écouter que du classique* (→ **classicisme**). ◆ **n.** Partisan du classicisme.

3. CLASSIQUE n.f. **1.** Épreuve sportive consacrée par la tradition. **2.** En cyclisme, grande course sur route disputée en une seule journée.

CLASSIQUEMENT adv. **1.** Conformément aux normes classiques. **2.** Traditionnellement : *La méthode classiquement employée.*

CLASTIQUE adj. (du gr. *klastos*, brisé). **PSYCHIATR.** ■ **Crise clastique,** caractérisée par des actes violents et imprévisibles.

CLATHRATE n.m. Composé dans lequel les molécules d'une substance sont emprisonnées dans un réseau, lui-même constitué de molécules d'une autre substance.

CLAUDICANT, E adj. Litt. Se dit d'une personne qui boite, de sa démarche.

CLAUDICATION n.f. **1.** Litt. Action de boiter. **2. MÉD.** Altération pathologique de la marche.

CLAUDIQUER v.i. [3] (lat. *claudicare*). Litt. Boiter.

CLAUSE n.f. (du lat. *claudere*, clore). **DR.** Disposition particulière d'un acte juridique. ■ **Clause compromissoire** [dr.], clause qui prévoit l'arbitrage en cas de litige. ■ **Clause de compétence générale,** clause attribuant aux collectivités territoriales un pouvoir d'intervention général dans les domaines qui relèvent de l'intérêt public local, sans qu'il soit nécessaire de spécifier leurs attributions. ■ **Clause de style** [dr.], clause commune aux actes juridiques de même nature ; fig., formule employée par habitude et qui ne porte pas à conséquence. ■ **Clause pénale** [dr.], qui fixe le montant de l'indemnité à payer en cas d'inexécution ou de mauvaise exécution du contrat. ■ **Clause résolutoire** [dr.], qui prévoit la résolution automatique de l'acte si l'une des parties ne remplit pas ses engagements ou si survient un événement imprévisible indépendant de la volonté des parties.

CLAUSTRA n.m. (pl. *claustras*) [mot lat.]. **ARCHIT.** Paroi à appareil ajouré qui clôture une baie, un espace.

CLAUSTRAL, E, AUX adj. **1.** Relatif au cloître : *La discipline claustrale.* **2.** Fig., sout. Qui rappelle l'austérité du cloître : *Un silence claustral.*

CLAUSTRATION n.f. **1.** Action de claustrer ; vie d'une personne cloîtrée. **2. PSYCHIATR.** Vieilli. Réclusion volontaire d'une personne à son domicile.

CLAUSTRER v.t. [3] (lat. *claustrare*). **1.** Vx. Enfermer dans un cloître ; cloîtrer. **2.** Enfermer dans un endroit clos et isolé : *La grippe l'a claustré chez lui.*

CLAUSTROPHOBE adj. Relatif à la claustrophobie. ◆ **adj.** et **n.** Atteint de claustrophobie.

CLAUSTROPHOBIE n.f. (de *claustrer* et du gr. *phobos*, peur). PSYCHIATR. Crainte morbide de se trouver dans un espace clos.

CLAUSULE n.f. (lat. *clausula*). STYL. Dernier membre d'une période oratoire, d'un vers, d'une strophe.

CLAVAIRE n.f. (du lat. *clava*, massue). Champignon des bois, en touffes jaunes ou blanchâtres. ➲ Classe des basidiomycètes.

CLAVARDAGE n.m. (de *clavier* et *bavardage*). Québec. Action de clavarder.

CLAVARDER v.i. [3]. INFORM. Québec. Dialoguer avec d'autres internautes, en temps réel et par clavier interposé.

CLAVEAU n.m. (du lat. *clavis*, clé). ARCHIT. Chacune des pierres en forme de coin qui, s'appuyant les unes contre les autres, constituent une plate-bande, un arc, une voûte (SYN. **voussoir**).

CLAVECIN n.m. (du lat. *clavis*, clé, et *cymbalum*, cymbale). Instrument de musique à cordes métalliques pincées, à un ou deux claviers.

CLAVECINISTE n. Instrumentiste qui joue du clavecin.

CLAVELÉ, E ou **CLAVELEUX, EUSE** adj. Atteint de clavelée.

CLAVELÉE n.f. (du lat. *clavus*, clou). VÉTÉR. Maladie contagieuse du mouton, analogue à la variole.

CLAVER v.t. [3]. **1.** ARCHIT. Construire à claveaux ; poser la clé d'une voûte. **2.** MIN. Consolider une cavité, soit par serrage du soutènement, soit par remblayage jusqu'au toit de la couche exploitée.

CLAVETAGE n.m. **1.** MÉCAN. INDUSTR. Opération qui consiste à rendre solidaires ou à bloquer deux pièces mécaniques par une clavette. **2.** IMPRIM. Saisie de textes à composer.

CLAVETER v.t. [16], ▲ *[12]*. Assembler au moyen d'une clavette.

CLAVETTE n.f. (du lat. *clavis*, clé). Petite pièce métallique disposée longitudinalement ou transversalement à deux pièces coaxiales, afin de réaliser leur liaison.

CLAVICORDE n.m. Instrument à cordes frappées et à clavier, ancêtre du piano.

CLAVICULAIRE adj. Relatif à la clavicule.

CLAVICULE n.f. (du lat. *clavicula*, petite clé). ANAT. Os antérieur de l'épaule, allongé horizontalement, s'étendant du sternum à l'omoplate.

CLAVIER n.m. (du lat. *clavis*, clé). **1.** Ensemble des touches de certains instruments de musique (piano, orgue, accordéon, etc.), d'une machine à écrire, d'un terminal informatique, d'un téléphone. **2.** Fig. Ressources d'un art, d'un artiste ; variété et étendue du talent : *Poète qui a un riche clavier.* ◆ **n.m. pl.** Ensemble d'instruments électroniques à clavier dirigés par un même musicien.

CLAVIÉRISTE n. Instrumentiste utilisant des claviers électroniques.

CLAVISTE n. IMPRIM. Personne qui effectue la saisie ou la composition de textes.

CLAYETTE [klɛjɛt] n.f. (de *claie*). **1.** Étagère amovible à claire-voie : *Clayettes d'un réfrigérateur.* **2.** Cageot.

CLAYMORE [klɛmɔr] n.f. (mot angl.). Grande épée que les guerriers écossais maniaient à deux mains (XIVe au XVIe s.).

CLAYON [klɛjɔ̃] n.m. Petite claie servant à faire égoutter les fromages, à faire sécher les fruits, etc.

CLAYONNAGE n.m. Assemblage de pieux et de branchages pour soutenir des terres.

CLAYONNER v.t. [3]. Garnir de clayonnages : *Clayonner le talus d'un cours d'eau.*

CLÉ ou **CLEF** [kle] n.f. (lat. *clavis*). **1.** Pièce métallique servant à ouvrir ou à fermer une serrure : *Fermer une porte à clé.* **2.** Dispositif servant à ouvrir ou à fermer ; outil servant à serrer ou à desserrer : *Clé plate. Clé anglaise ou à molette.* **3.** Pièce mobile qui ouvre ou bouche les trous d'un instrument à vent. **4.** Dans l'écriture chinoise, élément graphique constituant la partie porteuse de sens d'un caractère et servant à classer ce dernier dans un dictionnaire. **5.** Fig. Point stratégique commandant un accès : *Gibraltar est la clé de la Méditerranée.* **6.** (En appos., avec ou sans trait d'union). Se dit de ce qui joue un rôle capital, essentiel : *Des industries-clés. Occuper un poste clé.* **7.** Moyen de parvenir à un résultat : *La recherche scientifique est la clé du progrès.* **8.** Élément qui permet de comprendre ; solution : *Cet indice nous donne la clé de l'énigme.* **9.** Code servant au chiffrement d'un message. **10.** MUS. Signe placé en début de portée et qui identifie les notes. **11.** ARCHIT. Claveau central d'un arc, d'une voûte, qui bloque les autres pierres dans la position voulue. **12.** SPORTS. Prise de lutte, de judo portée avec le bras et immobilisant l'adversaire. ▪ **À la clé**, avec pour conséquence : *Un stage avec embauche à la clé.* ▪ **Clé de fa** [mus.], identifiant comme un *fa* la note placée sur la ligne qui passe entre les deux points. ▪ **Clé de sol** [mus.], identifiant comme un *sol* la note placée sur la ligne qui coupe la spirale de la clé. ▪ **Clé de voûte**, ce dont dépend l'équilibre d'un système, d'un raisonnement : *Cet accord est la clé de voûte de la paix.* ▪ **Clé d'ut** [mus.], identifiant comme un *ut* la note placée sur la ligne qui passe dans le renfoncement médian de la clé. ▪ **Clé électronique** ou **de protection** [inform.], dispositif physique connecté au port d'un ordinateur, pour assurer la protection d'un logiciel contre la copie. ▪ **Clés en main**, se dit d'une usine, d'un logement, d'un véhicule vendus prêts à être utilisés. ▪ **Clé sur porte** [Belgique], se dit d'un logement clés en main. ▪ **Clé USB**, support amovible de stockage de la taille d'une clé, qui se connecte au port USB d'un ordinateur. ▪ **Livre à clé**, ouvrage qui met en scène des personnages et des faits réels, mais en changeant les noms, les lieux, etc. ▪ **Mettre la clé sous la porte**, partir furtivement ; faire faillite. ▪ **Mot-clé**, v. à son ordre alphabétique. ▪ **Prendre la clé des champs**, reprendre sa liberté ; s'évader. ▪ **Sous clé**, en un lieu fermé à clé.

▲ **clés** en musique.

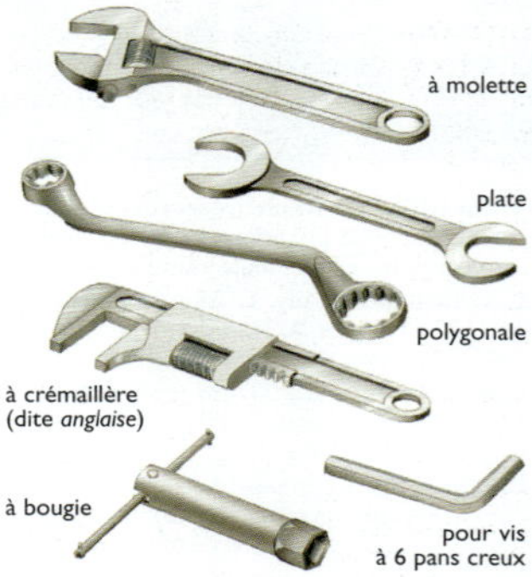

▲ **clés** de mécanique.

CLEAN [klin] adj. inv. (mot angl.). Fam. **1.** Qui est propre et soigné. **2.** Qui ne prend ni drogue ni dopant.

CLEARANCE [klirɑ̃s] n.f. (mot angl.). [Anglic. déconseillé]. Clairance.

CLEARING [kliriŋ] n.m. (mot angl.). ▪ **Accord de clearing**, accord de règlement par compensation conclu entre deux pays (le produit des exportations étant affecté au règlement d'importations) ou entre deux organismes financiers.

CLÉBARD ou **CLEBS** [klɛps] n.m. (ar. *kalb*). Fam. Chien.

CLÉDAR n.m. (de *claie*). Région. (Est) ; Suisse. Porte à claire-voie d'un pâturage, d'un jardin.

CLEF n.f. → **CLÉ.**

CLÉMATITE n.f. (gr. *klêmatitis*). Plante ligneuse grimpante, très commune dans les haies, qui conserve tout l'hiver son fruit, surmonté d'une aigrette duveteuse. ➲ Famille des renonculacées.

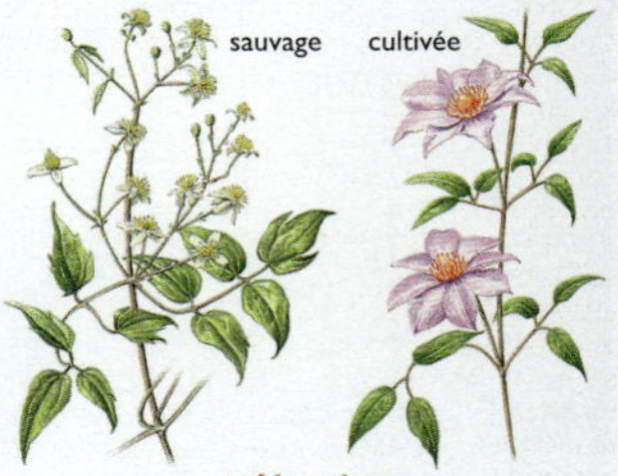

▲ **clématites**

CLÉMENCE n.f. (lat. *clementia*). **1.** Disposition qui porte à épargner un coupable ou à atténuer son châtiment ; indulgence : *Faire appel à la clémence des jurés.* **2.** Douceur du climat.

CLÉMENT, E adj. (lat. *clemens*). **1.** Qui manifeste de la clémence ; indulgent. **2.** Dont la température, le climat sont doux : *Hiver clément.*

CLÉMENTINE n.f. (de frère *Clément*, qui découvrit ce fruit). Fruit comestible du clémentinier, proche de la mandarine, à peau fine, renfermant peu ou pas de pépins.

CLÉMENTINIER n.m. Arbuste du groupe des agrumes, hybride naturel du mandarinier et de l'oranger, qui produit les clémentines. ➲ Famille des rutacées.

CLENCHE [klɛ̃ʃ] ou [klɑ̃ʃ] n.f. (francique **klinka*). **1.** Levier oscillant autour de l'axe du loquet d'une porte. **2.** Belgique. Poignée de porte.

CLEPHTE n.m. → **KLEPHTE.**

CLEPSYDRE [klɛpsidr] n.f. (gr. *klepsudra*). Horloge antique, d'origine égyptienne, mesurant le temps par un écoulement d'eau dans un récipient gradué.

CLEPTOMANE n. → **KLEPTOMANE.**

CLEPTOMANIE n.f. → **KLEPTOMANIE.**

CLERC [klɛr] n.m. (lat. *clericus*). **1.** Celui qui est entré dans l'état ecclésiastique, se consacrant au service d'une Église. **2.** Employé d'une étude d'officier public ou ministériel : *Clerc de notaire.* **3.** Litt. ou iron. Personne cultivée ; intellectuel ; lettré. ▪ **Être grand clerc en qqch**, être expert dans ce domaine. ▪ **Pas de clerc**, bévue, maladresse due à l'inexpérience.

CLERGÉ n.m. (lat. *clericatus*). Ensemble des clercs d'une religion : *Le clergé catholique.*

CLERGYMAN [klɛrdʒiman] n.m. (pl. *clergymans* ou *clergymen* [-mɛn]) [mot angl.]. Ministre du culte anglican. ▪ **Habit de clergyman**, costume ecclésiastique proche de la tenue civile, avec ou sans col romain, adopté par les prêtres catholiques après le deuxième concile du Vatican.

CLÉRICAL, E, AUX adj. et n. (lat. *clericalis*). Relatif au clergé ; partisan du cléricalisme.

CLÉRICALISME n.m. Opinion prônant l'intervention du clergé dans les affaires publiques.

CLÉRICATURE n.f. **1.** Condition de clerc, d'ecclésiastique ; ensemble des ecclésiastiques. **2.** Litt. ou iron. Ensemble des experts dans un domaine : *La cléricature des médias.*

CLERMONTOIS, E adj. et n. De Clermont-Ferrand.

CLÉROUQUE n.m. (du gr. *klêros*, lot). ANTIQ. GR. Citoyen athénien envoyé dans une clérouquie.

CLÉROUQUIE n.f. ANTIQ. GR. Colonie militaire créée par Athènes et dont les membres restaient citoyens athéniens.

1. CLIC interj. (onomat.). Exprime le bruit d'un claquement sec. ◆ **n.m.** INFORM. Enfoncement puis relâchement rapide d'un dispositif de pointage (bouton de souris, surface tactile, etc.).

2. CLIC n.m. → **CLICK.**

CLIC-CLAC n.m. inv. (nom déposé). Canapé-lit dont on rabat le dossier à l'horizontale avec l'assise pour former le matelas de couchage.

CLICHAGE n.m. **IMPRIM.** Action de faire un cliché.

CLICHÉ n.m. **1.** Image photographique négative. **2. IMPRIM.** Plaque en métal ou en plastique photopolymère portant en relief l'empreinte d'une composition typographique, en vue de sa reproduction. **3.** Fig., péjor. Idée trop souvent répétée ; lieu commun ; banalité.

CLICHEUR, EUSE n. Personne qui procède aux opérations de clichage.

CLICK ou **CLIC** n.m. (onomat.). **PHON.** Consonne caractéristique de certaines langues d'Afrique du Sud, produite par une double occlusion dans le conduit vocal.

1. CLIENT, E n. (lat. *cliens*). **1.** Personne qui reçoit, contre paiement, des fournitures commerciales ou des services : *Les clients d'un supermarché, d'un avocat.* **2. ANTIQ. ROM.** Citoyen, famille qui se plaçaient sous la protection d'un patricien, appelé *patron.*

2. CLIENT n.m. **INFORM. 1.** Programme qui fait appel à un autre programme pour exécuter une tâche. **2.** Poste à partir duquel l'utilisateur d'un réseau fait appel aux services d'un serveur distant.

CLIENTÈLE n.f. **1.** Ensemble des clients d'un commerçant, d'un médecin, d'une entreprise. **2.** Fait d'être client, et notamm. client fidèle : *Je vous retire ma clientèle.* **3.** Ensemble des partisans, des électeurs d'un parti, d'un homme politique. **4. ANTIQ. ROM.** Ensemble des clients protégés par un patron.

CLIENTÉLISME n.m. Péjor. Fait, pour un homme ou un parti politique, de chercher à augmenter son pouvoir en s'appuyant sur une clientèle gagnée et entretenue à l'aide de procédés démagogiques ou d'attribution d'avantages.

CLIENTÉLISTE adj. Relatif au clientélisme.

CLIENT-SERVEUR n.m. inv. **INFORM.** ■ **Architecture client-serveur,** architecture logicielle dans laquelle les programmes d'application, dits *clients,* font appel, dans le cadre d'un réseau, à des services génériques distants fournis par des ordinateurs appelés *serveurs.*

CLIGNEMENT n.m. Action de cligner.

CLIGNER v.t. **[3]** (du lat. *claudere,* fermer). Fermer à demi les yeux pour mieux distinguer. ◆ **v.i.** Fermer et ouvrir les paupières rapidement, de manière réflexe ; battre des paupières : *Elle ne put empêcher ses yeux de cligner dans la lumière.* ■ **Cligner de l'œil,** faire un clin d'œil à qqn.

CLIGNOTANT, E adj. Qui clignote. ◆ **n.m. 1. AUTOM.** Avertisseur lumineux à intermittence (SYN. **feu de direction**). **2.** Signe indicateur d'une évolution alarmante ; indicateur économique : *Tous les clignotants sont au rouge.*

CLIGNOTEMENT n.m. Fait de clignoter.

CLIGNOTER v.i. **[3]** (de *cligner*). **1.** S'allumer et s'éteindre par intermittence : *Des feux de détresse clignotent au loin.* **2.** Se fermer et s'ouvrir rapidement par réflexe, en parlant des yeux, des paupières ; papilloter.

CLIGNOTEUR n.m. Belgique. **AUTOM.** Clignotant.

CLIM n.f. (abrév.). Fam. Climatisation.

CLIMACTÉRIQUE adj. (gr. *klimaktêrikos*). Se dit d'un fruit (pomme, banane, avocat, pêche, etc.) dont la maturation est assurée par sa propre production d'éthylène (une hormone végétale) et peut, par conséquent, se poursuivre même après la cueillette. ➲ Les fruits climactériques (d'une même espèce ou d'espèces différentes) entreposés côte à côte agissent sur leur maturation respective.

CLIMAT n.m. (du lat. *clima,* inclinaison, du gr.). **1.** Ensemble des phénomènes météorologiques (température, humidité, ensoleillement, pression, vent, précipitations) qui caractérisent l'état moyen de l'atmosphère en un lieu donné : *Un climat océanique.* **2.** Fig. Ensemble des circonstances dans lesquelles on vit ; ambiance : *Il règne ici un climat d'insécurité.*

➲ Les **CLIMATS** actuels du globe (avec les grandes divisions : *climat océanique, climat continental, climat équatorial, climat tropical, climat polaire,* etc.) ne représentent qu'un épisode momentané dans l'histoire de la Terre.
De nombreuses variations climatiques ont affecté la planète depuis sa formation. Parmi les facteurs de variabilité naturelle du climat, les plus importants sont des paramètres cosmiques (fluctuations périodiques de la forme de l'orbite terrestre et de l'inclinaison de l'axe de rotation du globe au cours des âges) qui modifient l'ensoleillement du globe. Mais il est établi que la Terre est engagée aujourd'hui dans un processus de changement climatique, imputable essentiellement aux émissions de gaz à effet de serre liées aux activités humaines. Selon les plus récents modèles, la température moyenne à la surface du globe pourrait s'accroître d'ici à la fin du XXIe s. d'une valeur comprise entre 2 et 6 °C.

CLIMATÉRIQUE adj. (gr. *klimaktêrikos*). ■ **Année climatérique,** ou **climatérique, n.f.,** chacune des années de la vie multiples de 7 ou de 9, que les Anciens disaient critiques, surtout la soixante-troisième (*grande climatérique*), produit de 7 par 9.

CLIMATIQUE adj. Relatif au climat : *Les variations climatiques.* ■ **Station climatique,** lieu réputé pour l'action bienfaisante de son climat.

CLIMATISATION n.f. Création ou maintien de conditions déterminées de température et d'humidité dans une enceinte ou un local ; ensemble des moyens visant à ce but. Abrév. (fam.) **clim.**

CLIMATISER v.t. **[3].** Assurer la climatisation de.

CLIMATISEUR n.m. Appareil de climatisation.

CLIMATOLOGIE n.f. Science qui étudie les climats. ➲ La paléoclimatologie concerne la reconstitution des climats des temps géologiques. ■ **Climatologie médicale,** discipline qui étudie les effets néfastes ou bienfaisants du climat sur l'homme sain ou malade (SYN. **bioclimatologie**).

CLIMATOLOGIQUE adj. Relatif à la climatologie.

CLIMATOLOGUE n. Spécialiste de climatologie.

CLIMATOSCEPTIQUE adj. et n. Se dit d'une personne qui nie ou minimise l'origine anthropique du réchauffement climatique, voire le réchauffement lui-même.

CLIMAX n.m. (du gr. *klimax,* échelle). **ÉCOL.** État idéal d'équilibre atteint par l'ensemble sol-végétation d'un milieu naturel donné. ➲ La biomasse y est théoriquement maximale.

CLIN n.m. (de l'anc. fr. *cliner,* s'incliner). **MAR.** ■ **Construction à clin,** dans laquelle les planches, les tôles se recouvrent à la manière d'ardoises.

CLINAMEN [-mɛn] n.m. (mot lat.). **PHILOS.** Chez Épicure et ses disciples, déviation spontanée des atomes, qui entraîne leur agglomération et la formation des corps, et permet de comprendre la liberté humaine.

CLIN D'ŒIL n.m. (pl. *clins d'œil*). Battement de paupière adressé en signe de connivence, d'invite ou d'avertissement : *Elle m'a alerté en me faisant des clins d'œil.* ■ **En un clin d'œil,** très vite.

CLINFOC n.m. (néerl. *kleine fock*). **MAR.** Foc très léger.

CLINICAT n.m. Fonction de chef de clinique.

CLINICIEN, ENNE n. Médecin qui étudie les maladies par l'examen direct des malades.

1. CLINIQUE adj. (lat. *clinicus,* du gr. *klinê,* lit). Qui se fait en examinant le malade : *Diagnostic clinique.* ■ **Psychologie clinique,** branche de la psychologie qui procède à l'investigation approfondie de cas individuels. ■ **Signe clinique,** que le médecin décèle par un simple examen (par oppos. aux *signes biologiques* ou *radiologiques*). ■ **Tableau clinique,** ensemble des symptômes présentés par un malade ou typiques d'une maladie.

2. CLINIQUE n.f. **1.** Établissement de soins privé : *Clinique chirurgicale.* **2.** Enseignement médical donné en présence des malades ; connaissances ainsi dispensées.

CLINIQUEMENT adv. D'après les signes cliniques : *Cliniquement mort.*

CLINKER [klinkœr] n.m. (mot angl.). Produit de la cuisson des constituants du ciment à la sortie du four, avant broyage.

CLINOMÈTRE n.m. (du gr. *klinein,* incliner). **TOPOGR.** Appareil, souvent associé à une boussole, qui sert à mesurer la pente d'un terrain ou le pendage d'une couche géologique (SYN. **inclinomètre**).

1. CLINQUANT n.m. (de l'anc. fr. *clinquer,* faire du bruit). **1.** Lamelle de métal brillant, utilisée pour rehausser une broderie, une parure. **2.** Fig. Éclat faux et trompeur : *Il y a beaucoup de clinquant dans les dialogues de ses films.*

2. CLINQUANT, E adj. Qui a du brillant mais peu de valeur : *Une médaille clinquante. Des phrases clinquantes.*

1. CLIP n.m. (mot angl.). Pince à ressort sur laquelle est monté un bijou (boucle d'oreille, broche) ; le bijou lui-même.

2. CLIP n.m. (mot anglo-amér. « extrait »). Court-métrage cinématographique ou vidéo qui illustre une chanson, présente le travail d'un artiste (SYN. **vidéoclip**). Recomm. off. **bande-vidéo promotionnelle, bande promo** ou **promo.**

CLIPART [klipart] n.m. (mot angl.). **INFORM.** Collection d'images numériques ou de dessins prêts à être insérés dans des documents multimédias.

1. CLIPPER [klipœr], ▲ *CLIPPEUR* n.m. (mot angl.). Anc. Voilier rapide, destiné au transport de marchandises.

2. CLIPPER [klipe] ou **CLIPSER** [klipse] v.t. **[3]** (de l'angl. *to clip,* fixer). Fixer avec un clip, une pince à ressort.

CLIQUABLE adj. **INFORM.** Se dit d'un élément (image, mot, icône, etc.) affiché sur l'écran d'un ordinateur, sur lequel on peut cliquer pour commander une action.

CLIQUE n.f. (de l'anc. fr. *cliquer,* faire du bruit). **1.** Péjor. Groupe de personnes qui s'unissent pour intriguer ou nuire ; coterie : *Il est entouré de sa clique.* **2.** Ensemble des clairons et tambours d'une musique militaire. **3. SOCIOL.** Groupe primaire dont les membres sont liés par des obligations réciproques.

CLIQUER v.i. **[3]. INFORM.** Presser puis relâcher le bouton d'un dispositif de pointage (souris de micro-ordinateur, écran tactile, etc.).

CLIQUES n.f. pl. (de l'anc. fr. *cliques,* sabots). Fam. ■ **Prendre ses cliques et ses claques,** s'en aller en emportant tout ce que l'on a.

CLIQUET n.m. (de l'anc. fr. *cliquer,* faire du bruit). Petit levier qui empêche une roue dentée de tourner dans le sens contraire à son mouvement normal. ■ **Effet (de) cliquet,** phénomène qui empêche le retour en arrière d'un processus une fois un certain stade dépassé. ➲ Il s'observe dans divers domaines (économique, politique, biologique, etc.).

CLIQUETANT, E adj. Qui produit un cliquetis.

CLIQUETER v.i. **[16],** ▲ *[12]* (de l'anc. fr. *cliquer,* faire du bruit). Faire entendre un cliquetis : *On entend cliqueter ses bracelets.*

CLIQUETIS [klikti], **CLIQUÈTEMENT** ou **CLIQUETTEMENT** n.m. **1.** Succession de bruits légers produits par des corps qui s'entrechoquent : *Cliquetis des pièces de monnaie dans une poche.* **2.** Bruit anormal du moteur d'une automobile, dû au phénomène de détonation.

CLIQUETTE n.f. Anc. Instrument fait de deux ou trois lamelles de bois, d'os, de métal, etc., que l'on entrechoquait pour attirer l'attention, signaler sa présence : *La cliquette des lépreux.*

CLISSE n.f. (de *claie*). **1.** Claie pour égoutter les fromages. **2.** Enveloppe d'osier ou de jonc qui sert à protéger des bouteilles.

CLISSÉ, E adj. Garni d'une clisse : *Bouteille clissée.*

CLISSER v.t. **[3].** Garnir d'une clisse.

CLITOCYBE n.m. (du gr. *klitos,* incliné, et *kubê,* tête). Champignon à lamelles et à chapeau déprimé, génér. comestible, parfois toxique (*clitocybe de l'olivier*). ➲ Ordre des agaricales.

CLITORIDECTOMIE n.f. Ablation chirurgicale du clitoris.

CLITORIDIEN, ENNE adj. Relatif au clitoris.

CLITORIS [-ris] n.m. (gr. *kleitoris*). **ANAT.** Petit organe érectile situé à la partie antérieure de la vulve.

CLIVAGE n.m. **1. MINÉRALOG.** Fracture affectant les minéraux suivant des plans définis. **2.** Fig. Séparation d'un ensemble en deux groupes : *Le clivage entre la gauche et la droite.* ■ **Clivage du moi** [psychan.], coexistence au sein du moi de deux potentialités contradictoires, l'une prédisposant à tenir compte de la réalité, l'autre déniant cette réalité.

CLIVANT, E adj. Se dit de qqn, de qqch qui divise profondément l'opinion : *Un homme politique clivant. La réforme des retraites est un thème clivant.*

CLIVÉ, E adj. **PSYCHAN.** Qui présente un clivage* du moi : *Personnalité clivée.*

CLIVER v.t. [3] (du néerl. *klieven*, fendre). **MINÉRALOG.** Effectuer un clivage. ◆ **v.t.** et **v.i.** Fig. Diviser profondément ; créer un clivage : *Cette grève clive les Français. C'est un ministre qui, loin de rassembler, clive.* ◆ **SE CLIVER v.pr. 1. MINÉRALOG.** Se séparer selon des plans de clivage. **2.** Fig. Se diviser en parties distinctes ; se scinder.

CLOACAL, E, AUX [klɔakal, o] **adj. ZOOL.** Relatif au cloaque.

CLOAQUE [klɔak] **n.m.** (du lat. *cloaca*, égout). **1.** Endroit où se déversent des eaux sales, des immondices ; masse d'eau croupie et infecte ; lieu très sale. **2.** Fig., litt. Foyer de corruption morale ou intellectuelle. **3. ZOOL.** Orifice commun des voies urinaires, intestinales et génitales de certains vertébrés, notamm. des reptiles et des oiseaux.

1. CLOCHARD, E n. (de *2. clocher*). Personne qui, en milieu urbain, est sans travail ni domicile et vit de mendicité.

2. CLOCHARD n.f. (de *1. cloche*). Pomme reinette d'une variété à peau jaune.

CLOCHARDISATION n.f. Fait de se clochardiser.

CLOCHARDISER v.t. [3]. Réduire aux conditions de vie les plus misérables. ◆ **SE CLOCHARDISER v.pr.** Se trouver peu à peu marginalisé par le chômage, la misère.

1. CLOCHE n.f. (du celtique). **1.** Instrument en métal, en forme de coupe renversée, dont on tire des sons au moyen d'un battant ou d'un marteau : *La cloche de l'église sonne le glas.* **2.** Couvercle de forme hémisphérique : *Cloche à fromages.* **3. CHIM.** Vase de verre cylindrique servant à recueillir les gaz, à isoler un corps dans une atmosphère gazeuse, etc. **4.** Belgique. Ampoule ; cloque. **5.** (En appos.). Se dit d'un vêtement féminin dont la forme évasée évoque celle d'une cloche : *Jupe, chapeau cloches.* ▪ **Cloche à plongeur,** appareil en forme de cloche, permettant de travailler sous l'eau. ▪ **Courbe en cloche** [math.], courbe rappelant la forme d'une cloche, représentant la loi de Laplace-Gauss. ▪ **Déménager à la cloche de bois** [fam.], en cachette et sans payer. ▪ **Se taper la cloche** [fam.], faire un bon repas. ▪ **Son de cloche** [fam.], opinion d'une personne sur une affaire, un événement : *J'aimerais entendre un autre son de cloche.* ▪ **Sonnerie de cloche** [sports], sonnerie annonçant le dernier tour d'une course pédestre ou cycliste.

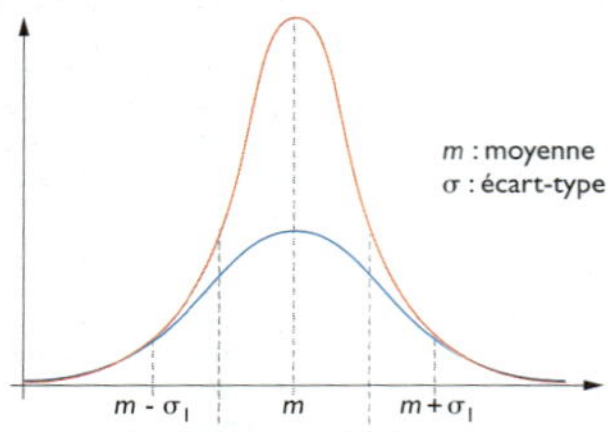

Deux exemples de courbes en cloche, représentant, en théorie des probabilités, la densité de la loi normale, qui décrit la distribution de variables aléatoires continues telles que la taille des individus d'une population.

▲ **cloche.** Courbes en cloche.

2. CLOCHE n.f. Fam., vieilli. ▪ **La cloche,** l'ensemble des clochards.

3. CLOCHE adj. et **n.f.** (de *2. clocher*). Fam. Qui se montre maladroit, stupide, incapable : *Quelle cloche, ce type !* ◆ **adj.** Fam. **1.** De médiocre qualité. **2.** Regrettable : *C'est cloche que tu ne viennes pas.*

À CLOCHE-PIED, ▲ *À CLOCHEPIED* **loc. adv.** (de *2. clocher* et *pied*). En sautant sur un pied : *Son entorse l'oblige à se déplacer à cloche-pied.*

1. CLOCHER n.m. 1. Ouvrage (tour, mur percé de baies, campanile) destiné à recevoir des cloches. **2.** Pays natal ; village où l'on demeure. ▪ **Esprit de clocher,** attachement étroit au petit cercle dans lequel on vit. ▪ **Querelles, rivalités de clocher,** purement locales et souvent insignifiantes.

2. CLOCHER v.i. [3] (du lat. *cloppus*, boiteux). Fam. Présenter un défaut ; aller de travers : *Quelque chose cloche dans cette histoire.*

CLOCHETON n.m. ARCHIT. Amortissement en forme de petit clocher.

CLOCHETTE n.f. 1. Petite cloche. **2.** Corolle de certaines fleurs, en forme de cloche : *Les clochettes du muguet.*

CLODO n. Fam. Clochard.

CLOISON n.f. (du lat. *clausus*, clos). **1.** Paroi légère, séparative et non porteuse, d'un bâtiment. **2.** Paroi qui divise un objet en compartiments : *Cloisons d'un coffret à bijoux.* **3.** Paroi séparant les différents compartiments d'un navire. **4. ANAT.** Structure membraneuse, osseuse qui sépare des cavités anatomiques : *Cloison nasale* (SYN. **septum**). **5. BOT.** Fin tissu qui divise en loges l'intérieur de certains fruits. **6.** Fig. Ce qui empêche les échanges, la communication ; barrière : *Internet fait tomber les cloisons entre les peuples.*

CLOISONNAGE n.m. CONSTR. Réalisation de cloisons (SYN. **cloisonnement**).

CLOISONNÉ, E adj. Divisé par des cloisons. ▪ **Émail cloisonné,** ou **cloisonné, n.m.,** émail dont les motifs sont délimités par de minces cloisons de métal retenant la matière vitrifiée.

CLOISONNEMENT n.m. 1. Séparation entre certaines personnes, activités, etc. : *Le cloisonnement entre les acteurs du développement.* **2. CONSTR.** Cloisonnage. **3. SYLVIC.** Ouverture de passages facilitant la gestion des peuplements forestiers.

CLOISONNER v.t. [3]. 1. Séparer par des cloisons ; compartimenter : *Cloisonner une pièce pour faire deux chambres.* **2.** Diviser en entités différentes et séparées : *Cloisonner les études universitaires.*

CLOISONNISME n.m. PEINT. Synthétisme.

▲ **cloître** du monastère cistercien d'Alcobaça, au Portugal (XIVe s.).

CLOÎTRE, ▲ *CLOITRE* **n.m.** (du lat. *claustrum*, barrière). **1.** Galerie ouverte entourant la cour centrale ou le jardin d'un monastère. **2.** Partie d'un monastère ou d'un couvent réservée aux religieux. **3.** Fig. La vie monastique, conventuelle.

CLOÎTRÉ, E, ▲ *CLOITRÉ, E* **adj. 1.** Qui vit dans un cloître et n'en sort jamais. **2.** Qui vit retiré du monde ; reclus : *Elle reste cloîtrée chez elle.*

CLOÎTRER, ▲ *CLOITRER* **v.t. [3]. 1.** Enfermer qqn dans un cloître. **2.** Tenir qqn enfermé dans une pièce, un lieu clos : *On les a cloîtrés pour réaliser un test médical.* ◆ **SE CLOÎTRER v.pr. 1.** Vivre retiré du monde. **2.** Fig. S'enfermer dans une attitude, une opinion : *Se cloîtrer dans l'indifférence.*

CLONAGE n.m. BIOL. Obtention, par des manipulations biologiques, d'une série de molécules identiques (acides nucléiques) ou d'êtres unicellulaires (bactéries) ou pluricellulaires (amphibiens, mammifères, etc.), dotés d'un patrimoine génétique identique. ▪ **Clonage de gènes,** ensemble de méthodes du génie génétique permettant l'isolement et la multiplication des gènes. ▪ **Clonage reproductif,** procédé de clonage consistant à créer, à partir d'une cellule prélevée sur le corps d'un animal ou d'un être humain adulte, un individu génétiquement identique à celui sur lequel a été effectué le prélèvement. ➲ Le noyau de la cellule est introduit dans un ovocyte énucléé ; après formation in vitro d'un embryon, celui-ci est transplanté dans l'utérus d'une mère porteuse. ▪ **Clonage thérapeutique,** procédé de clonage consistant, après transfert du noyau d'une cellule du corps d'un adulte dans un ovocyte énucléé, à créer in vitro des lignées de cellules souches, utilisables pour traiter des maladies dégénératives ou invalidantes chez le donneur du matériel génétique, sans risque de rejet immunitaire. ➲ Ce procédé reste encore au stade de la recherche.

➲ Certains phénomènes naturels peuvent être assimilés à des **CLONAGES** (vrais jumeaux, parthénogenèse, etc.). La culture de tissus cellulaires représente la technique de clonage la plus ancienne. On sait aussi cloner des plantes adultes depuis de nombreuses années, par micropropagation. Le clonage permet d'étudier les interactions entre le noyau et le cytoplasme de la cellule au début de son développement. Une étape importante a été franchie avec la naissance, en 1996, de la brebis *Dolly*, premier mammifère obtenu par clonage de cellules prélevées sur un animal adulte. Depuis, malgré une forte proportion d'échecs, le procédé a été expérimenté avec succès sur d'autres espèces animales (cochons, veaux, souris, chèvres...). Ces expériences offrent des perspectives économiques et médicales considérables, mais soulèvent aussi des questions d'éthique fondamentales, dès lors qu'il

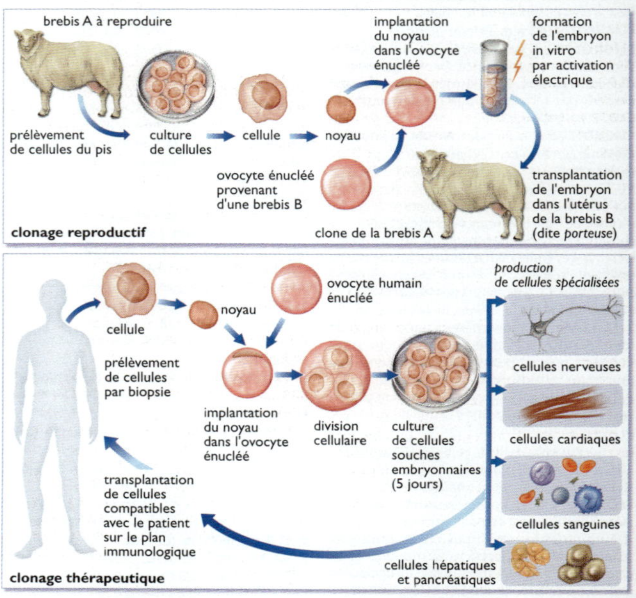

▲ **clonage.** Principe du clonage reproductif et du clonage thérapeutique.

devient techniquement possible de reproduire à l'identique un être humain adulte.

CLONAL, E, AUX adj. Qui concerne un clone ; relatif au clonage : *Vaccin clonal.*

CLONE n.m. (du gr. *klôn*, jeune pousse). **1.** BIOL. Individu ou population d'individus provenant de la reproduction végétative ou asexuée d'un individu unique. **2.** BIOL. Ensemble des cellules résultant des divisions successives d'une cellule unique ; molécule biologique, cellule ou être vivant obtenus par clonage. **3.** Fig. Individu qui semble la réplique d'un autre : *Elle est le clone de Madonna* ; imitation bon marché d'un objet de luxe : *Le clone d'un bijou célèbre.* **4.** INFORM. Équipement informatique ou électronique qui reprend les fonctionnalités d'un produit d'une marque reconnue en étant totalement compatible avec ce dernier.

CLONER v.t. [3]. BIOL. Pratiquer le clonage de.

CLONIE n.f. MÉD. Contraction brève et involontaire d'un muscle.

CLONIQUE adj. (du gr. *klonos*, agitation). MÉD. Relatif au clonus ou à la clonie.

CLONUS [klɔnys] **n.m.** MÉD. Contraction répétée d'un muscle provoquée par son étirement et entraînant une trépidation du segment de membre intéressé.

CLOPE n.m. ou **n.f.** (orig. inconnue). Fam. Mégot ; cigarette.

CLOPET n.m. (mot dial.). Suisse. Petit somme.

CLOPIN-CLOPANT, ▲ *CLOPINCLOPANT* **adv.** (de l'anc. fr. *clopin*, boiteux, et *cloper*, boiter). Fam. **1.** En boitant un peu. **2.** Fig. Avec irrégularité : *Sa boutique va clopin-clopant.*

CLOPINER v.i. [3] (de l'anc. fr. *clopin*, boiteux). Fam. Marcher en boitant un peu ; boitiller.

CLOPINETTES n.f. pl. (p.-ê. de *clope*). Fam. ▪ **Des clopinettes,** presque rien ; rien du tout : *Elle espérait une augmentation, mais elle a eu des clopinettes.*

CLOPORTE n.m. (p.-ê. de *clore* et *1. porte*). **1.** Crustacé terrestre atteignant 2 cm de long, vivant sous les pierres et dans les lieux sombres et humides. ➲ Ordre des isopodes. **2.** Fam., péjor. Individu vil, détestable.

CLOQUAGE n.m. Apparition de cloques sur une surface peinte ou vernie.

CLOQUE n.f. (mot celtique). **1.** Bulle de la peau, causée par une brûlure, un frottement, une maladie (SYN. **phlyctène**). **2.** Maladie cryptogamique des végétaux, notamm. du pêcher, qui se manifeste par des boursouflures sur les feuilles. **3.** Boursouflure se formant entre le support et un film de peinture, de vernis, etc. ▪ **Être en cloque** [très fam.], être enceinte.

CLOQUÉ, E adj. Qui présente des cloques. ▪ **Étoffe cloquée,** étoffe de coton ou de soie gaufrée.

CLOQUER v.i. [3]. Former des cloques : *Vernis qui cloque.*

CLORE v.t. [93] (lat. *claudere*). Litt. **1.** Fermer pour interdire l'accès : *Clore un portail.* **2.** Entourer d'une clôture : *Clore un jardin d'un grillage.* **3.** Mettre un terme à : *Clore un débat* ; déclarer terminé : *Clore un compte.*

1. CLOS, E adj. 1. Fermé : *Les paupières closes.* **2.** Entouré d'une clôture : *Des jardins clos.* **3.** Définitivement terminé : *L'incident est clos.* ▪ **En vase clos,** sans contact avec l'extérieur. ▪ **Maison close,** maison de prostitution. ▪ **Trouver porte close,** ne trouver personne au lieu où l'on se présente.

2. CLOS n.m. Terrain cultivé, en partic. vignoble, fermé de murs ou de haies.

CLOSEAU n.m. ou **CLOSERIE n.f.** Clos possédant une maison d'habitation.

CLOSE-COMBAT n.m. (pl. *close-combats*) [mot angl.]. Combat rapproché, à mains nues.

CLOSTRIDIUM [-djɔm] **n.m.** (du gr. *klostridion*, petit fuseau). Bactérie dont la toxine est responsable chez l'homme de maladies non contagieuses (tétanos, botulisme, gangrène gazeuse, etc.).

CLÔTURE n.f. (du lat. *claudere*, clore). **1.** Barrière qui clôt un terrain : *Il est interdit de franchir la clôture.* **2.** Enceinte d'un monastère définissant l'espace réservé aux seuls religieux de la communauté ; loi canonique interdisant l'entrée et la sortie de cette enceinte. **3.** Action de mettre fin à ; achèvement : *La cérémonie de clôture des JO.*

CLÔTURER v.t. [3]. 1. Entourer d'une clôture ; enclore : *Clôturer un verger.* **2.** Mettre fin à ; arrêter : *Clôturer une séance de délibération.* ◆ **v.i.** BOURSE. Atteindre tel taux à la fin d'une séance, en parlant d'une valeur, d'un indice.

CLOU n.m. (lat. *clavus*). **1.** Morceau de métal pointu à un bout, avec ou sans tête à l'autre et servant à fixer ou à suspendre qqch. **2.** Principale attraction d'un spectacle : *Le clou de l'exposition.* **3.** Fam., vieilli. Furoncle. ▪ **Clou de girofle,** bouton du giroflier, employé comme épice. ▪ **Enfoncer le clou** [fam.], revenir avec insistance sur un point embarrassant. ▪ **Le clou** [fam., vx], le mont-de-piété. ▪ **Maigre comme un clou,** très maigre. ▪ **Vieux clou** [fam.], vieille bicyclette. ◆ **n.m. pl.** passage clouté*. ▪ **Dans les clous, hors des clous,** à l'intérieur ou hors du passage clouté ; fig., à l'intérieur ou hors des règles définies : *Remettre qqn dans les clous.* ▪ **Des clous !** [fam.], pas du tout ! ; absolument rien !

CLOUAGE n.m. Action, manière de clouer.

CLOUER v.t. [3]. 1. Fixer avec des clous. **2.** Fam. Immobiliser qqn : *La maladie l'a cloué au lit.* ▪ **Clouer le bec à qqn** [fam.], le réduire au silence.

CLOUEUSE n.f. Machine automatique à clouer.

CLOUTAGE n.m. Action de clouter ; son résultat.

CLOUTÉ, E adj. ▪ **Passage clouté,** passage autref. limité par des rangées de clous transversales par rapport à la chaussée (SYN. **clous**). ➲ Auj. remplacé par des bandes peintes, on l'appelle *passage pour piétons.*

CLOUTER v.t. [3]. Garnir de clous : *Clouter le couvercle d'un coffret.*

CLOUTERIE n.f. Industrie de la fabrication des clous.

CLOUTIER, ÈRE n. Personne qui fabrique ou vend des clous.

CLOVISSE n.f. (provenç. *clauvisso*). Région. (Provence). Palourde.

CLOWN [klun] **n.m.** (mot angl. « rustre »). **1.** Artiste comique maquillé et grotesquement accoutré, qui, dans un cirque, exécute des pantomimes bouffonnes ou acrobatiques. ➲ Depuis le milieu des années 1980, on assiste à un renouveau de l'art du clown. L'esthétique et le langage clownesques ont notamm. été transformés par une interprétation plus poétique de la réalité. **2.** Personne qui se fait remarquer par ses facéties ; pitre. ▪ **Clown blanc,** personnage comique à la face blanche, au chapeau pointu et au costume pailleté (par oppos. à *auguste*).

CLOWNERIE [klunri] **n.f.** Facétie de clown ; pitrerie.

CLOWNESQUE [klunɛsk] **adj.** Propre au clown ; digne d'un clown.

1. CLUB [klœb] **n.m.** (mot angl. « réunion, cercle »). **1.** Association culturelle, sportive, politique. **2.** Cercle où l'on se réunit pour lire, parler, jouer. **3.** Groupe de personnes partageant les mêmes goûts ou se trouvant dans la même situation ; groupe de pays dont les conditions économiques ou les choix politiques se ressemblent : *Le club des pays émergents.* ▪ **Bienvenue au club** [fam., souvent iron.], formule adressée à une personne qui se trouve soudain dans la même situation, agréable ou désagréable, que la personne qui parle : *Vous êtes au chômage ? Bienvenue au club !* ▪ **Fauteuil club,** fauteuil de cuir rembourré des années 1930, d'allure massive.

✎ Au Québec, on prononce [klyb].

2. CLUB [klœb] **n.m.** (mot angl. « massue »). Crosse de golf.

CLUBBEUR, EUSE [klœ-] **n.** ou **CLUBBER** [klœbœr] **n.m.** (angl. *clubber*). Personne qui fréquente les boîtes de nuit.

CLUBBING [klœbiŋ] **n.m.** (mot angl.). Activité des personnes qui fréquentent les boîtes de nuit, avec ses codes vestimentaires, musicaux, langagiers, etc. : *Les adeptes du clubbing adorent ce DJ.*

CLUB-SANDWICH [klœbsɑ̃dwitʃ] **n.m.** (pl. *club[s]-sandwichs*). Sandwich composé d'aliments variés (feuilles de salade, blanc de poulet, tomate, œuf dur, etc.) placés entre deux ou trois tranches de pain de mie.

CLUE n.f. (mot provenç.). Région. (Provence). GÉOMORPH. Cluse.

CLUNISIEN, ENNE adj. et **n.** De l'ordre de Cluny.

CLUPÉIDÉ n.m. (lat. *clupea*). Poisson osseux au corps fuselé et aux reflets argentés, s'assemblant en bancs énormes, tel que le hareng, la sardine et le sprat. ➲ Les clupéidés forment une famille d'ostéichtyens.

CLUSE n.f. (mot jurassien, du lat.). GÉOMORPH. Gorge transversale dans un anticlinal (par oppos. à *combe*).

CLUSIACÉE n.f. Plante à fleurs, génér. tropicale, dont les divers organes sécrètent un latex coloré, telle que le mangoustanier et le millepertuis (SYN. **guttiféracée**). ➲ Les clusiacées forment une famille.

CLUSTER [klystɛr] ou [klœstœr] **n.m.** (mot angl. « agglomérat »). MUS. Attaque simultanée, au hasard ou non, de plusieurs notes sur un clavier, un instrument à cordes, etc.

CLYSTÈRE n.m. (lat. *clyster*, du gr. *kluzein*, laver). MÉD. Vx. Lavement.

CM ou **C.M. n.m.** (sigle). Cours moyen*.

CMR ou **C.M.R. n.m. pl.** et **adj.** (sigle de *cancérogène, mutagène, reprotoxique*). BIOCHIM. Composés chimiques susceptibles de provoquer un cancer, d'induire une mutation génétique ou d'affecter la fécondité – ou suspectés de pouvoir le faire.

CMU ou **C.M.U. n.f.** (sigle). Couverture maladie universelle.

CND ou **C.N.D. n.m. inv.** (sigle). INDUSTR., TECHN. Contrôle non destructif.

CNÉMIDE n.f. (du gr. *knêmê*, jambe). Jambière en cuir ou en métal des soldats de la Grèce antique.

CNIDAIRE n.m. (du gr. *knidê* ortie de mer). Invertébré aquatique, diploblastique, à symétrie radiaire, aux tentacules dotés de cellules urticantes (cnidoblastes), menant alternativement une vie mobile (forme méduse) et une vie fixée (forme polype). ➲ L'embranchement des cnidaires comprend trois classes : hydrozoaires, anthozoaires et scyphozoaires.

CNIDOBLASTE n.m. ZOOL. Cellule spécialisée, urticante, des tissus des cnidaires (SYN. **nématoblaste**).

CNIDOCYSTE n.m. ZOOL. Nématocyste.

CO_2 [seodø] **n.m.** (symb.). Dioxyde de carbone*. ▪ **Piégeage-stockage du CO_2,** technologie consistant à capter le dioxyde de carbone directement depuis les émissions polluantes industrielles et à le stocker dans des structures géologiques profondes. (On dit aussi *captage-stockage du CO_2*.) ▪ **Séquestration naturelle du CO_2,** processus naturel par lequel le dioxyde de carbone est capté dans l'atmosphère et conservé dans des réservoirs naturels (forêts et océans, princip.), appelés *puits de carbone.*

COACCUSÉ, E n. Personne accusée avec une ou plusieurs autres.

COACERVAT [koasɛrva] **n.m.** (du lat. *coacervatus*, accumulé). BIOL. Structure macromoléculaire fluide à plusieurs phases superposées, de concentrations différentes. ➲ Les coacervats sont parfois utilisés comme modèle pour expliquer la formation des premiers êtres vivants.

1. COACH [kotʃ] **n.m.** (pl. *coachs* ou *coaches*) [mot angl. « carrosse »]. Automobile fermée à deux portes et quatre glaces, dont les dossiers des sièges avant se rabattent pour donner accès aux places arrière.

2. COACH n.m. (pl. *coachs* ou *coaches*) [mot angl. « entraîneur »]. **1.** Personne qui entraîne une équipe, un sportif de haut niveau. **2.** Conseiller professionnel qui cherche à développer les performances d'un salarié, d'un acteur, d'un chef d'entreprise, etc.

COACHER [kotʃe] **v.t. [3]** (angl. *to coach*). **1.** Entraîner une équipe, un sportif de haut niveau. **2.** Conseiller une personne afin qu'elle utilise au mieux ses compétences.

COACHING [kotʃiŋ] **n.m.** Fonction, activité de coach.

COACQUÉREUR n.m. DR. Personne qui acquiert qqch avec une ou plusieurs autres.

COADJUTEUR n.m. (du lat. *adjutor*, aide). CATH. Évêque adjoint à un évêque ou à un archevêque, avec droit de succession.

COAGULABLE adj. Qui peut coaguler : *L'albumine est coagulable.*

COAGULANT, E adj. et n.m. Se dit d'une substance qui a la propriété de faire coaguler.

COAGULATION n.f. Phénomène par lequel un tissu ou un liquide organique (sang, lymphe, lait) se prend en une masse solide ou semi-solide telle qu'un caillot.

COAGULER v.t. [3] (lat. *coagulare*). Transformer un tissu, un liquide organique en une masse solide, en caillot : *La présure coagule le lait.* ◆ v.i. ou **SE COAGULER** v.pr. Se prendre en une masse solide ou en caillot : *Le sang se coagule à l'air.*

COAGULUM [-lɔm] n.m. (mot lat. « présure »). MÉD. Caillot.

COALESCENCE n.f. (du lat. *coalescere*, s'unir). **1.** CHIM. INDUSTR. Union des granules d'une solution colloïdale ou des gouttelettes d'une émulsion. **2.** HISTOL. Soudure de deux surfaces tissulaires voisines. **3.** PHON. Contraction de deux unités phoniques contiguës en une seule. **4.** MÉTALL. Concentration d'un constituant dispersé sous une forme globulaire par traitement thermique.

COALESCENT, E adj. Qui est soudé à un élément voisin mais distinct.

COALESCER v.t. [9]. MÉTALL. Traiter un alliage pour obtenir la coalescence d'un constituant.

COALISÉ, E adj. et n. Qui participe à une coalition.

COALISER v.t. [3] (de *coalition*). Unir en vue d'une action commune : *Le projet d'aéroport a coalisé les riverains contre lui.* ◆ **SE COALISER** v.pr. S'unir dans une coalition ; s'allier.

COALITION n.f. (mot angl., du lat.). **1.** Entente circonstancielle pour défendre un intérêt commun ou s'opposer à un même adversaire : *La coalition des associations contre l'exclusion.* **2.** Alliance militaire et politique conclue entre plusieurs États contre un adversaire commun. **3.** Anc. Action concertée entre ouvriers, patrons, commerçants, industriels pour la défense d'intérêts communs et l'obtention d'avantages économiques, professionnels.

COALTAR [kɔltar] n.m. (mot angl.). Goudron de houille. ▪ **Être dans le coaltar** [fam.], avoir l'esprit confus ; être hébété.

COAPTATION n.f. (du lat. *aptare*, adapter). BIOL. Ajustement immédiat et parfait de deux organes d'un même individu formés séparément ou de deux individus de sexe opposé (organes sexuels, notamm.).

COAPTEUR n.m. CHIRURG. Dispositif (plaque, appareil) employé dans l'ostéosynthèse pour maintenir les fragments d'os fracturés en contact.

COARCTATION n.f. (lat. *coarctatio*). MÉD. Rétrécissement de l'aorte.

COASSEMENT n.m. Cri de la grenouille, du crapaud.

COASSER v.i. [3] (onomat.). Pousser son cri, en parlant de la grenouille, du crapaud.

COASSOCIÉ, E n. Personne associée avec une ou plusieurs autres.

COASSURANCE n.f. Assurance simultanée d'un même risque par plusieurs assureurs, dans la limite de la valeur du bien garanti.

COATI n.m. (mot tupi-guarani). Mammifère carnivore de l'Amérique du Sud, à corps et à museau allongés, chassant lézards et insectes. ➲ Famille des procyonidés.

▲ coati

COAUTEUR, E n. **1.** Auteur qui travaille avec un autre à un même texte. **2.** DR. Personne qui a commis une infraction en participation directe et principale avec d'autres individus, à la différence du *complice*.

COAXIAL, E, AUX adj. Qui a le même axe qu'un autre corps. ▪ **Câble coaxial**, ou **coaxial**, n.m. [télécomm.], câble constitué par deux conducteurs circulaires concentriques, séparés par un isolant.

1. COB n.m. (mot angl.). Cheval d'une race française de trait léger élevée princip. dans la Manche.

2. COB n.m. → **KOB.**

COBALAMINE n.f. Vitamine hydrosoluble, dont la carence provoque la maladie de Biermer* (SYN. **vitamine B_{12}**).

COBALT n.m. (all. *Kobalt*). **1.** Métal blanc d'argent, malléable, de densité 8,9, fondant à 1 495 °C. **2.** Élément chimique (Co), de numéro atomique 27, de masse atomique 58,9332. ➲ Le cobalt est employé comme élément d'alliage dans des aciers devant résister à l'usure et à la corrosion ; ses sels entrent dans la préparation de certains pigments bleus. ▪ **Bombe au cobalt** [abusif], générateur de rayons β et γ utilisé pour la cobaltothérapie. ▪ **Cobalt 60** ou **cobalt radioactif,** radiocobalt.

COBALTITE ou **COBALTINE** n.f. MINÉRALOG. Sulfure d'arsenic et de cobalt.

COBALTOTHÉRAPIE ou **COBALTHÉRAPIE** n.f. MÉD. Radiothérapie par les rayons β et γ émis par le cobalt 60.

COBAYE [kɔbaj] n.m. (mot amérindien). **1.** Mammifère rongeur d'Amérique du Sud, élevé surtout comme animal de laboratoire et appelé aussi *cochon d'Inde*. ➲ Famille des caviidés. **2.** Fam. Sujet d'expérience : *Je refuse de servir de cobaye.*

COBÉE n.m. (du n. du missionnaire *Cobo*). Liane originaire du Mexique, cultivée pour ses grandes fleurs bleues en cloche. ➲ Famille des polémoniacées.

COBELLIGÉRANT, E adj. et n. ▪ **Pays cobelligérant**, qui est en guerre en même temps que d'autres contre un ennemi commun.

COBOL n.m. (acronyme de l'angl. *common business oriented language*). INFORM. Langage de programmation utilisé pour résoudre les problèmes de gestion.

COBOT n.m. (de *collaboratif* et *robot*). Robot non autonome, travaillant en collaboration directe avec un humain, en vue d'augmenter sa productivité et de réduire la pénibilité de ses tâches. (On dit aussi *robot collaboratif*.)

COBOTIQUE n.f. (de *collaboration* et *robotique*). Technologie dédiée à la conception et à la construction des cobots* (robots collaboratifs).

COBRA n.m. (mot port.). Serpent venimeux, dont certaines espèces dépassent 4 m de long. ➲ Famille des élapidés. Une variété de cobra des Indes est appelée *serpent à lunettes*. (V. planche *serpents*.)

▲ coca

1. COCA n.m. (d'une langue amérindienne). Arbuste originaire du Pérou dont les feuilles ont une action stimulante et servent à l'élaboration de la cocaïne (SYN. **cocaïer**). ➲ Famille des érythroxylacées. ◆ n.f. Substance à mâcher ayant pour base les feuilles du coca.

2. COCA n.m. inv. (abrév. ; nom déposé). Fam. Coca-Cola.

COCA-COLA n.m. inv. (nom déposé). Boisson gazeuse de la marque de ce nom. Abrév. (fam.) Coca.

COCAGNE n.f. (p.-ê. de l'ital. *cuccagna*). ▪ **Mât de cocagne**, mât enduit d'une matière glissante, au sommet duquel il faut grimper pour décrocher des récompenses qui y sont suspendues. ▪ **Pays de cocagne**, pays imaginaire où l'on dispose de tout en abondance. ▪ **Vie de cocagne**, vie de plaisirs.

COCAÏER [kɔkaje] n.m. Coca (arbuste).

COCAÏNE n.f. (de *1. coca*). Alcaloïde naturel (feuilles de coca) ou synthétique, excitant du système nerveux, dont l'usage prolongé peut aboutir à une toxicomanie.

COCAÏNOMANE n. Toxicomane à la cocaïne.

COCAÏNOMANIE n.f. Toxicomanie à la cocaïne.

COCARCINOGÈNE adj. et n.m. MÉD. Se dit de facteurs qui, lorsqu'ils sont associés, peuvent favoriser l'apparition d'un cancer.

COCARDE n.f. (de l'anc. fr. *coquard*, vaniteux). **1.** Insigne aux couleurs nationales fixé ou peint sur un véhicule, un avion, etc. **2.** Insigne circulaire aux couleurs d'une nation, d'un parti, porté autref. fixé à la coiffure. **3.** Rosace de ruban, de perles, ornant un vêtement féminin.

COCARDIER, ÈRE adj. et n. Péjor. Qui manifeste un patriotisme excessif ; chauvin.

COCASSE adj. (de l'anc. fr. *coquard*, vaniteux). D'une bizarrerie comique ; burlesque : *Une coïncidence cocasse.*

COCASSERIE n.f. Caractère de ce qui est cocasse ; chose cocasse.

COCCI [kɔksi] n.m. pl. (du gr. *kokkos*, grain). Bactéries de forme sphérique, telles que les streptocoques et les staphylocoques. (Le sing. *coccus* est peu employé.)

COCCIDIE [kɔksidi] n.f. (du gr. *kokkos*, grain, et *eidos*, apparence). Protozoaire parasite des cellules épithéliales de vertébrés et d'invertébrés. ➲ Groupe des sporozoaires.

COCCIDIOSE [kɔksidjoz] n.f. VÉTÉR. Maladie grave et très commune du bétail, du lapin et des volailles, dont l'agent est une coccidie.

COCCINELLE [kɔksinɛl] n.f. (lat. *coccinella*). Petit insecte coléoptère aux élytres orangés ou rouges ornés de points noirs, appelé aussi *bête à bon Dieu* ou *ogre des jardins*, qui se nourrit de pucerons. ➲ Famille des coccinellidés. (V. planche *insectes*.)

COCCOBACILLE n.m. Bactérie dont la forme est intermédiaire entre celle des cocci (sphériques) et celle d'un bacille (allongé).

COCCOLITE n.f. GÉOL. Plaque calcaire microscopique fossile de la coquille des coccolithophoridés. ➲ Leur accumulation durant l'ère secondaire, au crétacé, a fourni la craie.

COCCOLITHOPHORIDÉ n.m. Protiste chlorophyllien marin couvert de coccolites.

COCCYGIEN, ENNE [kɔksi-] adj. Du coccyx.

COCCYX [kɔksis] n.m. (du gr. *kokkux*, coucou). ANAT. Os situé sous le sacrum et formé par la soudure de plusieurs vertèbres atrophiées.

1. COCHE n.m. (all. *Kutsche*). Anc. Grande voiture, ancêtre de la diligence, pour le service des voyageurs. ▪ **Louper** ou **rater le coche** [fam.], manquer une occasion favorable. ▪ **Mouche du coche**, personne qui montre un zèle intempestif et stérile, par allusion à une fable de La Fontaine.

2. COCHE n.f. (lat. pop. *cocca*). **1.** Signe graphique ressemblant à un *v* ou croix que l'on inscrit dans un questionnaire, sur une liste, pour indiquer le choix effectué. **2.** Entaille faite à un corps solide ; marque servant de repère ; encoche.

COCHENILLE [kɔʃnij] n.f. (esp. *cochinilla*). **1.** Insecte hémiptéroïde se nourrissant de la sève des plantes et dont une espèce mexicaine fournit une teinture rouge, le carmin. ➲ Famille des coccidés. **2.** Cette teinture.

1. COCHER n.m. (de *1. coche*). Conducteur d'une voiture à cheval.

2. COCHER v.t. [3] (de *2. coche*). Marquer d'une entaille, d'un trait : *Cocher un nom sur une liste.*

CÔCHER ou **COCHER** v.t. [3] (du lat. *calcare*, piétiner). Couvrir la femelle, en parlant d'un oiseau de basse-cour.

COCHÈRE adj.f. (de *1. coche*). ▪ **Porte cochère**, grande porte permettant le passage des voitures dans la cour d'un bâtiment.

COCHET n.m. Jeune coq.

COCHETTE n.f. (de l'anc. fr. *coche*, truie). Jeune truie.

COCHEVIS [kɔʃvi] n.m. (orig. obscure). Alouette portant une huppe, répandue en Europe et en Asie Mineure. ➲ Famille des alaudidés.

1. COCHLÉAIRE [kɔkleɛr] adj. (de *cochlée*). ANAT. Qui se rapporte à la cochlée.

2. COCHLÉAIRE [kɔkleɛr] n.f. (du lat. *cochlear*, cuillère). Plante du littoral ou des lieux humides, très riche en vitamine C et consommée autref. pour prévenir le scorbut (SYN. **cranson**). ➲ Famille des crucifères.

COCHLÉE [kɔkle] **n.f.** (lat. *cochlea*). **ANAT.** Partie de l'oreille interne où se trouve l'organe récepteur de l'audition (*organe de Corti*) [SYN. **limaçon**].

1. COCHON n.m. (orig. inconnue). **1.** Mammifère domestique élevé pour sa chair (SYN. **porc domestique**). ➲ Cri : le cochon grogne ; famille des suidés. **2.** Fam. Viande de porc. ▪ **C'est donner de la confiture à un cochon** [fam.], c'est faire un cadeau à qqn qui ne sait pas l'apprécier à sa valeur. ▪ **Cochon de lait,** jeune cochon qui tète encore. ▪ **Cochon de mer,** marsouin. ▪ **Cochon d'Inde,** cobaye. ▪ **De cochon** [fam.], très mauvais ; très désagréable : *Un caractère, un temps de cochon.* ▪ **Être copains comme cochons** [fam.], vivre dans une très grande familiarité. ▪ **Tour de cochon** [fam.], méchanceté commise au préjudice de qqn.

2. COCHON, ONNE adj. et **n.** Fam. **1.** Qui est sale et peu soigneux dans son travail. **2.** Qui est malfaisant et déloyal. **3.** Qui est égrillard ou obscène ; paillard. ◆ **adj.** ▪ **Film, spectacle cochon** [fam.], pornographique.

COCHONCETÉ n.f. Fam. (Surtout pl.). Obscénité ; cochonnerie.

COCHONNAILLE n.f. Fam. Viande de porc diversement apprêtée ; charcuterie.

COCHONNER v.t. [3]. Fam. Exécuter grossièrement : *Il a cochonné l'installation électrique* ; faire des taches sur : *Elle a cochonné son pull.*

COCHONNERIE n.f. Fam. **1.** Chose mal faite, sans valeur ; chose désagréable. **2.** Action déloyale. **3.** Propos, geste égrillard, obscène : *Dire des cochonneries.*

COCHONNET n.m. 1. Jeune cochon ; goret ; porcelet. **2.** Petite boule servant de but au jeu de boules.

COCHYLIS [kɔkilis] ou **CONCHYLIS** [kɔ̃kilis] **n.m.** ou **n.f.** (du lat. *conchylium*, coquillage). Papillon de nuit dont la chenille attaque les grappes de la vigne. ➲ Famille des tortricidés.

COCKER [kɔkɛr] **n.m.** (mot angl.). Chien de chasse à poil long, à oreilles très longues et tombantes.

COCKNEY n. et **adj.** (mot angl.). Londonien caractérisé par son parler populaire. ◆ **n.m.** Parler populaire de Londres.

COCKPIT [kɔkpit] **n.m.** (mot angl.). **1. AÉRON.** Habitacle du personnel de conduite d'un avion. **2. MAR.** Réduit étanche à l'arrière de certains yachts, destiné à protéger le barreur.

COCKTAIL [kɔktɛl] **n.m.** (mot anglo-amér.). **1.** Mélange de boissons alcooliques ou de jus de fruits. **2.** Réception mondaine avec buffet. **3.** Fig. Mélange d'éléments divers : *Un dangereux cocktail de médicaments.* ▪ **Cocktail Molotov,** projectile incendiaire à base d'essence. ▪ **Effet cocktail,** effet toxique produit par l'exposition de l'organisme à un mélange de substances (pesticides, composés chimiques, certaines molécules végétales, etc.) qui, absorbées chacune séparément (et à dose égale), ne présentent pas ce degré de toxicité.

1. COCO n.m. (mot port.). **1.** Fruit du cocotier, appelé aussi *noix de coco.* ➲ La noix de coco fournit l'eau (ou lait) de coco, albumen liquide et blanc qui, dans le fruit mûr, forme l'amande, ou coprah. **2.** Anc. Boisson à base de jus de réglisse et d'eau. ▪ **Fibre de noix de coco,** coir. ▪ **Huile de coco,** employée dans l'alimentation et en savonnerie. (On dit aussi *huile de coprah.*)

2. COCO n.m. (de *coque*). **1.** Œuf, dans le langage enfantin. **2.** Fam. Terme d'affection. ◆ **n.m. pl.** Haricots d'une variété à écosser, blancs, au grain en forme d'œuf.

3. COCO n.m. Fam., péjor. Individu suspect ou étrange : *Un drôle de coco.*

4. COCO n. (abrév.). Fam., péjor. Communiste.

5. COCO n.f. Fam., vieilli. Cocaïne.

COCOLER v.t. [3] (mot dial.). Suisse. Fam. Choyer ; dorloter.

COCON n.m. (du provenç. *coucoun*, coque). **1. ZOOL.** Enveloppe abritant une phase immobile de la vie de certains animaux (chrysalides, pontes d'araignées, protoptère) : *Cocon du ver à soie.* **2.** Fig. Lieu protecteur et agréable : *Être élevé dans un cocon.*

COCONISATION n.f. (de *cocon*). Procédé de protection de marchandises ou de matériel par enrobage dans une enveloppe plastique avec un pistolet spécial.

COCONTRACTANT, E n. DR. Chacune des personnes qui sont parties à un contrat.

COCOONER v.i. [3]. Faire du cocooning. ◆ **v.t.** Dorloter : *Cocooner ses enfants.*

COCOONING [kɔkuniŋ] **n.m.** (mot anglo-amér.). Comportement de qqn qui recherche une atmosphère protégée et un confort douillet.

COCORICO n.m. (onomat.). **1.** Cri du coq. **2.** Expression du chauvinisme français : *Les spectateurs ont poussé des cocoricos.*

COCOTER v.i. [3] → **COCOTTER.**

COCOTERAIE n.f. Lieu planté de cocotiers.

COCOTIER n.m. Palmier des régions tropicales, atteignant 25 m de haut et dont le fruit est la noix de coco. ▪ **Secouer le cocotier** [fam.], écarter les personnes les plus âgées ou les moins utiles ; bousculer la routine.

▲ **cocotier**

1. COCOTTE n.f. (p.-ê. du moyen fr. *coquasse*, marmite). Marmite en fonte.

2. COCOTTE n.f. (onomat.). **1.** Poule, dans le langage enfantin. **2.** Papier plié de façon à ressembler vaguement à une poule. **3.** Fam. Terme d'affection adressé à une petite fille, à une jeune femme. **4.** Fam. Cheval : *Hue, cocotte !* **5.** Fam., vieilli. Femme de mœurs légères. **6.** Région. Fièvre aphteuse.

COCOTTE-MINUTE n.f. (nom déposé). Autocuiseur de la marque de ce nom.

COCOTTER ou **COCOTER v.i. [3].** Fam. Puer.

COCU, E adj. et **n.** (de *coucou*). Fam. Trompé par son conjoint, son amant, sa maîtresse.

COCUAGE n.m. Fam. État d'une personne cocue.

COCUFIER v.t. [5]. Fam. Rendre cocu ; tromper.

COCYCLIQUE adj. MATH. Se dit de points situés sur un même cercle.

COD ou **C.O.D.** [seode] **n.m.** (sigle). Complément d'objet* direct.

CODA n.f. (mot ital. « queue »). **1.** Section conclusive d'un morceau de musique. **2.** Final d'un ballet classique ; dernière partie d'un pas* de deux.

CODAGE n.m. Action d'appliquer un code pour transformer un message, des données en vue de leur transmission ou de leur traitement (SYN. **encodage**).

CODE n.m. (lat. *codex*). **1.** Ensemble des lois et dispositions réglementaires qui régissent une matière déterminée ; recueil de ces lois : *Le Code pénal.* **2.** Ensemble de règles qu'il convient de respecter : *Le code du savoir-vivre, de l'honneur.* **3.** Système de symboles permettant d'interpréter, de transmettre un message, de représenter une information, des données : *Un code secret.* **4.** Système conventionnel, rigoureusement structuré, de symboles ou de signes et de règles combinatoires intégré dans le processus de la communication : *Le code gestuel. Le code de la langue.* **5.** Ensemble des caractéristiques propres à une marque, à un domaine donnés, etc. : *Styliste qui a su renouveler habilement les codes d'une maison de couture.* **6.** Combinaison alphanumérique qui, composée sur un clavier électronique, autorise un accès : *Le code d'une carte bancaire.* ▪ **Code à barres,** code-barres. ▪ **Code génétique,** ensemble des correspondances entre les substances (bases azotées) constituant un gène et les substances (acides aminés) constituant la protéine synthétisée grâce à ce gène. ➲ Le code est matérialisé par une liste indiquant pour chaque groupe de trois nucléotides successifs (chacun associé à une base), ou codon, l'acide aminé correspondant. ▪ **Code postal,** l'ensemble de chiffres (ou, dans certains pays, de lettres) suivi éventuellement du nom d'une localité, devant figurer sur toute adresse postale pour permettre le tri automatique. ▪ **Code(-)source,** ou **code** [inform.], ensemble d'instructions écrites dans un langage lisible par l'homme et devant être traduites en langage machine pour être exécutables par un ordinateur. ▪ **Code vestimentaire** (de l'angl. *dress code*, tenue recommandée), manière dont il convient de s'habiller dans une circonstance donnée, un milieu professionnel, etc. : *Le code vestimentaire d'un mariage, d'une entreprise.* ▪ **Le Code de la route** → **ROUTE.** ▪ **QR Code,** v. à son ordre alphabétique. ◆ **n.m. pl. AUTOM.** Feux de croisement.

CODÉ, E adj. Exprimé en code : *Langage, message codé.*

CODE-BARRES n.m. (pl. *codes-barres*). Code utilisant des barres verticales, imprimé sur l'emballage d'un article et qui, lu par un lecteur optique, permet l'identification de l'article, l'affichage de son prix, la gestion informatisée du stock. (On dit aussi *code à barres.*) ▪ **Code-barres 2D** ou **code-barres à deux dimensions,** code constitué de petits carrés génér. noir et blanc, pouvant être imprimé sur une multitude de supports et qui, lu par un lecteur optique ou un téléphone intelligent, permet d'exécuter différentes opérations (connexion à un site Web, envoi de SMS, validation d'un titre de transport, etc.). ➲ Le code-barres 2D permet de stocker plus d'informations que le code-barres traditionnel.

CODÉBITEUR, TRICE n. DR. Personne qui doit exécuter une obligation, notamm. le paiement d'une somme d'argent, conjointement avec une ou plusieurs autres (SYN. **coobligé**).

CODÉCISION n.f. Procédure législative communautaire qui confère au Parlement européen le pouvoir d'arrêter les actes conjointement avec le Conseil des ministres.

CODÉINE n.f. (du gr. *kôdeia*, tête de pavot). **MÉD.** Alcaloïde de l'opium, utilisé comme antitussif et antalgique. ➲ Son emploi excessif peut aboutir à une toxicomanie.

CODEMANDEUR, ERESSE n. Personne qui forme une demande en justice conjointement avec une ou plusieurs autres.

CODER v.t. [3]. Procéder au codage d'un message, d'une information, de données : *Coder un rapport secret* (SYN. **encoder**). ◆ **v.t. ind. (POUR). GÉNÉT.** En parlant d'un gène, contenir l'information propre à la synthèse d'une protéine donnée.

CODÉTENTEUR, TRICE n. DR. Personne qui détient un bien, un record, etc., conjointement avec une ou plusieurs autres personnes.

CODÉTENU, E n. Personne détenue avec une ou plusieurs autres.

1. CODEUR, EUSE n. INFORM. Professionnel qui code des données.

2. CODEUR n.m. INFORM., TÉLÉCOMM. Dispositif réalisant automatiquement la transcription d'une information selon un code.

CODÉVELOPPEMENT n.m. Harmonisation des politiques économiques des pays industrialisés avec celles des pays en développement, tenant compte de l'interdépendance de ces groupes de pays.

CODEX n.m. (mot lat.). **1.** Vieilli. Pharmacopée. **2.** Manuscrit des Indiens de Méso-Amérique. ➲ Les plus célèbres datent d'avant la conquête espagnole. **3.** Livre formé de pages reliées, apparu au IVe s.

CODICILLAIRE [-silɛr] **adj.** Établi par un codicille.

CODICILLE [-sil] **n.m.** (lat. *codicillus*). **DR.** Disposition ajoutée à un testament pour le modifier.

CODIFICATEUR, TRICE adj. et **n.** Qui codifie.

CODIFICATION n.f. Action de codifier ; son résultat.

CODIFIER v.t. [5]. **1.** Réunir en un code des dispositions législatives ou réglementaires. **2.** Organiser en un système cohérent, rationnel ; normaliser : *Ces sports de combat sont codifiés depuis le Moyen Âge.*

CODIRECTEUR, TRICE n. Personne qui dirige avec une ou plusieurs autres.

CODIRECTION n.f. Direction exercée en commun par deux personnes ou davantage.

CODOMINANCE n.f. GÉNÉT. Propriété d'un gène allèle codominant.

CODOMINANT, E adj. **1.** GÉNÉT. Se dit de deux allèles d'un gène d'un individu hétérozygote qui s'expriment simultanément sans que l'un soit dominant par rapport à l'autre. **2.** ÉCOL. Se dit de deux ou plusieurs espèces dominant ensemble, par le nombre d'individus, une communauté biologique.

CODON n.m. GÉNÉT. Unité du code génétique formée par trois nucléotides successifs de la molécule d'ARN, qui détermine l'intégration d'un acide aminé précis dans une protéine en cours de synthèse, ou l'arrêt de cette synthèse *(codon-stop).*

CODONATAIRE adj. et n. DR. Qui reçoit une donation conjointement avec d'autres.

CODONATEUR, TRICE adj. et n. DR. Qui fait une donation conjointement avec d'autres.

COÉCHANGISTE n. DR. Personne qui fait un échange avec une autre.

COÉCRIT, E adj. Écrit en collaboration avec une ou plusieurs personnes.

COÉDITER v.t. [3]. Éditer un ouvrage en collaboration avec un ou plusieurs éditeurs.

COÉDITEUR, TRICE n. et adj. Personne ou société qui coédite un ouvrage.

COÉDITION n.f. Édition d'un ouvrage par plusieurs éditeurs.

COEFFICIENT n.m. (de *efficient*). **1.** MATH. Nombre constant placé en facteur d'une expression contenant des variables (ex. : 3 dans $3x^2$). **2.** PHYS. Nombre caractérisant certaines propriétés d'une substance : *Coefficient de dilatation.* **3.** Facteur appliqué à une grandeur quelconque ; pourcentage : *Établir un coefficient de risque.* **4.** Nombre par lequel on multiplie, dans chaque discipline, les notes d'un candidat à un examen. ▪ **Coefficient directeur d'une droite** [math.], nombre réel m défini par l'équation $y = mx + p$ de la droite dans un repère cartésien.

CŒLACANTHE [se-] n.m. (du gr. *koilos,* creux, et *akantha,* épine). Poisson marin aux nageoires charnues et au corps massif (long. 1,50 m), vivant au large des Comores et de Célèbes. ➲ Ce poisson, dont on connaît auj. deux espèces, constitue une relique du groupe des crossoptérygiens, surtout fossile.

▲ cœlacanthe

CŒLENTÉRÉ [se-] n.m. (du gr. *koilos,* creux, et *enteron,* intestin). ZOOL. Ancien embranchement regroupant les cnidaires et les cténaires.

CŒLIAQUE [se-] adj. (lat. *cœliacus*). ANAT. Qui se rapporte à la cavité abdominale. ▪ **Maladie cœliaque,** maladie auto-immune caractérisée par une intolérance permanente au gluten provoquant une altération des villosités de l'intestin grêle, à l'origine d'une malabsorption des nutriments. ➲ Elle oblige à une éviction totale et à vie du gluten. ▪ **Région cœliaque,** partie supérieure et médiane de l'abdomen, où se trouve le tronc cœliaque, entouré du plexus solaire. ▪ **Tronc cœliaque,** grosse branche de l'aorte qui irrigue les viscères abdominaux.

CŒLIOCHIRURGIE [se-] n.f. Intervention chirurgicale réalisée sous cœlioscopie et avec assistance vidéo.

CŒLIOSCOPIE [se-] n.f. Examen endoscopique de la cavité abdominale au travers d'une petite incision de la paroi de l'abdomen (SYN. **laparoscopie**). ➲ Des interventions chirurgicales sont auj. réalisées par cœlioscopie.

CŒLOMATE [se-] n.m. Animal pourvu d'un cœlome.

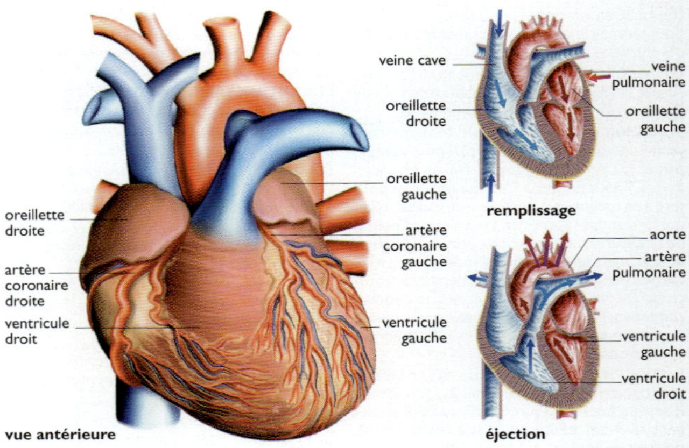

▲ **cœur** et cycle cardiaque.

CŒLOME [se-] n.m. (du gr. *koilôma,* cavité). ZOOL. Cavité du corps de la plupart des animaux triploblastiques, comprise entre le tube digestif et la paroi du corps. ➲ Le cœlome se forme au cours de la vie embryonnaire.

CŒLOMIQUE [se-] adj. Relatif au cœlome.

COEMPLOYEUR n.m. Entreprise reconnue comme employeur conjointement avec l'employeur signataire du contrat de travail, lorsque leurs activités, leurs intérêts et leur direction sont étroitement imbriqués. ➲ Le salarié peut faire valoir ses droits auprès du coemployeur en cas de litige.

COENTREPRISE n.f. DR. Filiale commune à deux entreprises, dans le cadre d'une coopération économique internationale. Recomm. off. pour **joint-venture.**

CŒNURE n.m. → **CÉNURE.**

COENZYME n.f. ou n.m. BIOCHIM. Partie non protéique de certaines enzymes, constituée génér. d'un oligoélément ou d'une vitamine.

COÉPOUSE n.f. Afrique. L'une des femmes d'un polygame par rapport à ses autres épouses.

COÉQUATION n.f. DR. FISC. Répartition réglant ce que chaque contribuable doit payer.

COÉQUIPIER, ÈRE n. Personne qui fait partie d'une équipe avec d'autres.

COERCIBLE adj. (du lat. *coercere,* contraindre). Qui peut être retenu, contenu : *Envie de rire difficilement coercible.*

COERCITIF, IVE adj. Qui agit par contrainte : *Prendre des mesures coercitives.*

COERCITION [kɔɛrsisjɔ̃] n.f. (lat. *coercitio*). Action, pouvoir de contraindre ; pression : *User de moyens de coercition.*

CŒUR n.m. (lat. *cor, cordis*). **1.** Organe musculaire creux, situé dans le thorax, de forme pyramidale, moteur central de la circulation du sang. **2.** Partie du corps où se trouve le cœur ; poitrine : *Serrer qqn sur son cœur.* **3.** Estomac : *Cette odeur soulève le cœur.* **4.** Objet en forme de cœur (bijou, fromage, etc.). **5.** Une des quatre couleurs du jeu de cartes, dont la marque est un cœur rouge ; carte de cette couleur. **6.** Partie centrale, la plus profonde de qqch : *Des biscuits au cœur fondant. Fromage fait à cœur.* **7.** Partie centrale d'un tronc d'arbre, où le bois est le plus dur : *Poutre en cœur de chêne.* **8.** Siège de l'activité principale de qqch : *Le cœur d'un réacteur.* **9.** Point essentiel : *L'emploi est au cœur de nos préoccupations.* **10.** Siège des sentiments profonds ; tendresse : *Je l'aime de tout mon cœur. Agir selon son cœur.* **11.** Siège des pensées intimes : *Il m'a dit ce qu'il avait sur le cœur.* **12.** Élan qui porte vers qqch ; ardeur : *Mettre du cœur à l'ouvrage. Le cœur n'y est plus ;* courage mis à faire qqch : *Ce premier succès lui a donné du cœur au ventre.* **13.** Amour : *Peines de cœur.* **14.** Disposition à s'intéresser à autrui ; bonté : *Ils ont le cœur sur la main. Elle a du cœur, un cœur d'or.* **15.** INFORM. Unité de calcul d'un processeur. ▪ **À cœur ouvert** ou **cœur à cœur,** avec sincérité. ▪ **Aller droit au cœur,** émouvoir vivement. ▪ **Avoir le cœur gros,** être très peiné. ▪ **Avoir le cœur serré,** éprouver du chagrin, de l'angoisse. ▪ **Avoir mal au cœur** ou **avoir le cœur au bord des lèvres,** avoir la nausée. ▪ **Cela lui tient à cœur,** il y attache un grand intérêt. ▪ **Cœur de palmier,** palmite. ▪ **De bon cœur** ou **de tout cœur,** volontiers. ▪ **En avoir le cœur net,** s'assurer de la véracité de qqch. ▪ **Être de tout cœur avec qqn,** s'associer à sa peine. ▪ **Faire contre mauvaise fortune bon cœur,** supporter la malchance avec courage. ▪ **Ne pas porter qqn dans son cœur,** éprouver de l'antipathie à son égard. ▪ **Opération à cœur ouvert** [chirurg.], dans laquelle on dévie la circulation dans un appareil, dit *cœur-poumon artificiel,* avant d'ouvrir les cavités cardiaques. ▪ **Par cœur,** de mémoire et sans faute. ▪ **Prendre qqch à cœur,** s'y intéresser vivement.

➲ Le **CŒUR** est constitué par un muscle, le *myocarde,* dont la face interne est tapissée par une mince membrane, l'*endocarde,* et la face externe recouverte par une enveloppe séreuse, le *péricarde.* Il est divisé en quatre cavités : l'oreillette et le ventricule droits, qui contiennent le sang non oxygéné ; l'oreillette et le ventricule gauches, contenant le sang oxygéné. Il n'y a pas de communication directe entre les cavités droites et les cavités gauches. L'oreillette et le ventricule du même côté communiquent entre eux par un orifice muni d'une valvule : valvule mitrale à gauche, valvule tricuspide à droite. Les oreillettes reçoivent les veines pulmonaires à gauche, les veines caves à droite. Du ventricule gauche naît l'aorte, du ventricule droit naît l'artère pulmonaire. La vascularisation du cœur est assurée par les artères coronaires. Le cœur est l'organe propulseur du sang dans l'organisme. Il agit grâce à ses contractions autonomes.

CŒUR-DE-BŒUF n.f. (pl. *cœurs-de-bœuf*). **1.** Tomate charnue en forme de cœur, d'une variété ancienne, renfermant très peu de graines. **2.** Cour. (Abusif en agronomie). Hybride de tomate récent, de grande dimension, à peau brillante et côtelée, cultivé industriellement.

CŒUR-DE-PIGEON n.m. (pl. *cœurs-de-pigeon*). Cerise d'une variété à chair ferme.

COÉVOLUTION n.f. ÉCOL. Évolution parallèle de deux espèces en étroite interaction (par ex. les plantes à fleurs et les insectes qui en assurent la pollinisation).

COEXISTENCE n.f. Existence simultanée. ▪ **Coexistence pacifique** [hist.], instauration ou maintien de relations pacifiques entre États ou blocs d'États soumis à des systèmes politiques différents.

COEXISTER v.i. [3]. Exister en même temps.

COEXTENSIF, IVE adj. LOG. Se dit d'un concept, d'un terme susceptible d'avoir la même extension qu'un autre.

COFACTEUR n.m. **1.** Facteur, élément qui exerce une action conjointement avec un ou plusieurs autres au cours d'un processus. **2.** BIOCHIM. Molécule dont la présence est nécessaire, en plus d'une enzyme, au déroulement d'une réaction enzymatique. ➲ Il s'agit souvent d'une coenzyme.

COFFERDAM [kɔfɛrdam] **n.m.** (mot angl.). **MAR.** Maille vide destinée à isoler deux compartiments étanches d'un navire.

COFFRAGE n.m. 1. Charpente en bois ou en fer destinée à prévenir les éboulements dans les puits, les tranchées, les galeries de mine. **2.** Forme destinée au moulage et à la prise du béton ; pose de cette forme.

COFFRE n.m. (du gr. *kophinos*, corbeille). **1.** Meuble de rangement parallélépipédique, dont la face supérieure est un couvercle mobile : *Un coffre à linge.* **2.** Compartiment d'un coffre-fort loué par une banque à ses clients. **3.** Espace pour le rangement des bagages à l'arrière ou à l'avant d'une voiture. **4.** Bouée servant à l'amarrage des navires. **5.** Poisson téléostéen des mers chaudes, au corps recouvert de plaques osseuses formant une carapace rigide, les nageoires étant seules mobiles. ➲ Famille des ostracionidés. ▪ **Avoir du coffre,** avoir du souffle ; avoir une voix qui porte ; fig., fam., avoir de l'audace.

COFFRE-FORT n.m. (pl. *coffres-forts*). Armoire d'acier, à serrure de sûreté, indépendante ou encastrée dans un mur.

COFFRER v.t. [3]. 1. Poser un coffrage. **2.** Fam. Mettre en prison ; incarcérer.

COFFRET n.m. 1. Petit coffre ou boîte de confection soignée : *Un coffret à bijoux.* **2.** Ensemble de disques, de cassettes, de livres, etc., vendus sous un même emballage.

COFFREUR n.m. Ouvrier spécialiste du coffrage à béton.

COFINANCEMENT n.m. Financement réalisé par un établissement prêteur associé à un ou plusieurs autres.

COFINANCER v.t. [9]. Financer par un cofinancement.

COFONDATEUR, TRICE n. Personne qui fonde qqch avec une ou plusieurs autres personnes.

COGÉNÉRATION n.f. ÉNERG. Production simultanée, à partir d'un seul combustible et dans une installation unique, de chaleur et d'énergie mécanique convertie en électricité.

COGÉRANCE n.f. Gérance exercée en commun avec une ou plusieurs autres personnes.

COGÉRANT, E n. Personne exerçant une cogérance.

COGÉRER v.t. [11], ▲ *[11*].* Gérer en commun une entreprise, un service, etc.

COGESTION n.f. 1. Gestion en commun d'un organisme. **2.** Système de direction décentralisé, dans lequel les représentants du personnel exercent conjointement avec les représentants du capital la gestion de l'entreprise.

COGITATION n.f. Fam., iron. (Surtout pl.). Action de réfléchir ; méditation.

COGITER v.i. et **v.t. [3]** (lat. *cogitare*). Fam., iron. Penser ; réfléchir : *Il cogite depuis hier. Qu'est-ce que tu cogites ?*

COGITO [kɔʒito] **n.m. inv.** (mot lat. « je pense »). **PHILOS.** Certitude première de la philosophie cartésienne : le sujet ne peut douter qu'il existe au moment où il doute.

COGNAC n.m. Eau-de-vie de vin produite dans la région de Cognac.

COGNASSIER n.m. (de *coing*). Arbre fruitier et ornemental (grandes fleurs blanches) originaire d'Asie Mineure, produisant les coings. ➲ Famille des rosacées. ▪ **Cognassier du Japon,** arbuste ornemental à fleurs rouges, voisin du cognassier.

COGNAT [kɔgna] **n.m.** (du lat. *cognatus*, parent). **ANTHROP.** Parent par cognation.

COGNATION [kɔgnasjɔ̃] **n.f. ANTHROP.** Parenté par les hommes et les femmes indifféremment (dite aussi *parenté naturelle*, reconnue par le droit canon, par oppos. à la *parenté civile*, ou *agnation*).

COGNATIQUE [kɔgnatik] **adj.** Relatif à la cognation ; par cognation. ▪ **Descendance cognatique,** descendance indifférenciée*.

COGNE n.m. Arg., vx. Agent de police ; gendarme.

COGNÉE n.f. (du lat. *cuneus*, coin). Hache à fer étroit, à long manche, qui sert à abattre les arbres, à dégrossir des pièces de bois, etc. ▪ **Jeter le manche après la cognée,** tout abandonner par découragement.

COGNEMENT n.m. 1. Action de cogner. **2.** Ensemble de bruits sourds produits par un moteur à explosion dont l'allumage est déréglé ou dont une bielle a pris du jeu.

COGNER v.i. [3] (lat. *cuneare*). **1. (À, SUR).** Donner un coup, des coups ; taper : *Cogner au plafond, sur un tuyau* ; frapper : *Cogner à la porte.* **2.** Faire entendre un cognement, en parlant d'un moteur. ◆ **v.t. 1.** Heurter qqch : *La voiture a cogné le poteau en reculant.* **2.** Fam. Frapper qqn. ◆ **SE COGNER v.pr.** Se heurter à qqch.

COGNEUR, EUSE n. Fam. Bagarreur.

COGNITICIEN, ENNE [kɔgni-] **n.** Ingénieur spécialiste de l'intelligence artificielle.

COGNITIF, IVE [kɔgni-] **adj.** (du lat. *cognitus*, connu). **PHILOS.** Qui permet de connaître ; qui concerne la connaissance. ▪ **Carte cognitive** [psychol.], représentation mentale qu'un individu se fait de l'organisation de l'espace dans lequel il se trouve. ▪ **Sciences cognitives** [philos.], sciences qui ont pour objet de décrire, d'expliquer, voire de stimuler les processus de la connaissance. ➲ Elles forment une discipline qui associe princip. la psychologie, la linguistique, l'intelligence artificielle et les neurosciences. ▪ **Thérapie cognitive** [psychiatr.], thérapie reposant sur la prise de conscience par le patient de la distorsion existant entre les événements malheureux subis et leur substitution par des pensées positives.

COGNITION [kɔgni-] **n.f.** (lat. *cognitio*). **PSYCHOL. 1.** Ensemble des grandes fonctions permettant à l'organisme d'interagir avec le milieu (perception, mémoire, intelligence, etc.) ; psychisme. **2.** Science de la vie mentale ou de l'esprit.

COGNITIVISME [kɔgni-] **n.m.** Modèle explicatif fondant les croyances sur des raisons, en sociologie de la connaissance.

COGNITIVISTE [kɔgni-] **adj.** et **n.** Relatif au cognitivisme ; qui en est partisan.

COGNITIVO-COMPORTEMENTAL, E, AUX, ▲ *COGNITIVOCOMPORTEMENTAL, E, AUX* **adj.** ▪ **Thérapie cognitivo-comportementale → THÉRAPIE.**

COHABITANT, E n. Personne qui a une habitation commune avec une ou plusieurs autres.

COHABITATION n.f. 1. Fait de cohabiter. **2.** Présence au pouvoir d'un chef de l'État et d'un gouvernement de tendances politiques opposées.

COHABITATIONNISTE adj. et **n.** Relatif à la cohabitation politique ; qui en est partisan.

COHABITER v.i. [3]. 1. Habiter ensemble sous le même toit ou sur un même territoire : *Des gens de toutes les religions cohabitent dans ce pays.* **2.** Coexister au sein d'un ensemble.

COHÉRENCE n.f. (lat. *cohaerentia*). **1.** Propriété de ce qui est cohérent ; logique : *La cohérence d'une démonstration* ; unité : *La cohérence de ce projet économique a été applaudie.* **2. PHYS.** Caractère d'un ensemble de vibrations qui présentent entre elles une différence de phase constante dans le temps.

COHÉRENT, E adj. (lat. *cohaerens*). **1.** Dont toutes les parties s'enchaînent bien et s'organisent logiquement : *Des explications cohérentes.* **2. PHYS.** Se dit de vibrations qui ont la propriété de cohérence.

▲ **cognassier**

COHÉRITER v.i. [3]. Recueillir une succession avec une ou plusieurs autres personnes.

COHÉRITIER, ÈRE n. Bénéficiaire d'une succession avec une ou plusieurs autres personnes.

COHÉSIF, IVE adj. Qui assure la cohésion ; qui joint, unit : *La solidarité est un élément cohésif.*

COHÉSION n.f. (du lat. *cohaesus*, attaché avec). **1.** Propriété d'un ensemble dont toutes les parties sont intimement unies : *La cohésion d'une équipe.* **2.** Organisation logique ; cohérence : *La cohésion d'une argumentation.* **3. PHYS., CHIM.** Force qui unit les particules d'un liquide ou d'un solide.

COHORTE n.f. (lat. *cohors, -ortis*). **1. ANTIQ. ROM.** Unité tactique de base, formant le dixième d'une légion romaine (env. 600 hommes), ou corps de troupes auxiliaires. **2.** Fam. Groupe de personnes ; troupe : *Une cohorte d'admirateurs.* **3. DÉMOGR.** Groupe de personnes ayant vécu un même événement pendant la même période.

COHUE [kɔy] **n.f.** (du breton). Foule désordonnée et bruyante ; bousculade : *À la sortie du cinéma, elle a été prise dans la cohue.*

COI, COITE [kwa, kwat] **adj.** (du lat. *quietus*, tranquille). ▪ **En rester coi,** rester muet de stupeur. ▪ **Rester, demeurer** ou **se tenir coi,** rester sans bouger ni parler.

COI ou **C.O.I.** [seoi] **n.m.** (sigle). Complément d'objet* indirect.

COIFFAGE n.m. 1. Action de coiffer ; son résultat. **2.** Pose d'un revêtement protecteur sur la pulpe dentaire lésée par une carie.

COIFFANT, E adj. Qui coiffe bien : *Chapeau coiffant.*

COIFFE n.f. (du germ. *kufia*, casque). **1.** Coiffure féminine en dentelle ou en tissu dont l'usage autref. répandu se limite auj. à des variétés régionales et à l'habit religieux. **2.** Doublure d'un chapeau, d'un casque. **3.** Fragment de la poche des eaux qui recouvre parfois la tête de l'enfant à la naissance. **4. BOT.** Enveloppe protectrice de la racine des végétaux. **5. ASTRONAUT.** Partie supérieure d'une fusée, contenant la charge utile et la protégeant lors du lancement. **6. REL.** Rebord en peau recouvrant le haut et le bas du dos d'un livre relié.

COIFFÉ, E adj. 1. Qui porte une coiffure : *Il est souvent coiffé d'une casquette.* **2.** Dont les cheveux sont peignés et en ordre. ▪ **Être né coiffé** [vx], avoir de la chance.

COIFFER v.t. [3]. 1. Arranger la chevelure de qqn ; peigner. **2.** Mettre sur sa tête : *Coiffer son chapeau en sortant.* **3.** Couvrir la tête de qqn de : *Coiffer un bébé d'un bonnet.* **4.** Avoir une supériorité hiérarchique sur ; chapeauter : *Elle coiffe les quatre services.* ▪ **Coiffer qqn au** ou **sur le poteau,** le dépasser, passer en tête sur la ligne d'arrivée, dans une course ; fig., l'emporter sur un rival au dernier moment. ▪ **Coiffer sainte Catherine** [fam.], pour une femme, être célibataire à 25 ans. ◆ **SE COIFFER v.pr. 1.** Arranger ses cheveux avec soin. **2.** Avoir tel type de coiffure : *Se coiffer en brosse.* **3. (DE).** Placer sur sa tête telle ou telle coiffure : *Il s'était coiffé d'un béret.* **4. (DE).** Fam., vx. S'enticher de.

COIFFEUR, EUSE n. Professionnel qui coupe et coiffe les cheveux.

COIFFEUSE n.f. Table de toilette munie de tiroirs et d'une glace.

COIFFURE n.f. 1. Tout ce qui couvre ou orne la tête : *Le shako est la coiffure des saint-cyriens.* **2.** Coupe ou arrangement des cheveux : *Sa nouvelle coiffure lui va bien.* **3.** Action, art de coiffer : *Salon de coiffure.* **4.** Profession des coiffeurs.

COIN n.m. (lat. *cuneus*). **1.** Angle formé par deux lignes, deux plans qui se coupent : *Tourner au coin de la rue* ; surface située dans cet angle : *Icône placée dans le coin gauche de l'écran.* **2.** Petite partie d'un espace : *Un coin de terre, de ciel bleu.* **3.** (Avec ou sans trait d'union). Partie d'un endroit affectée à un usage précis : *Le coin-cuisine. Des coins-salons. Le coin des bricoleurs.* **4.** Endroit plus ou moins déterminé ; emplacement : *C'est le coin idéal pour camper. J'ai cherché mes lunettes dans tous les coins.* **5. OUTILL.** Pièce en forme de prisme ou de biseau, en bois ou en métal, servant à fendre, à caler, à serrer, etc. **6. NUMISM.** Matrice en acier pour la frappe des monnaies, des médailles. **7. ZOOL.** Incisive latérale des herbivores. ▪ **Au coin du feu,** à côté de la cheminée. ▪ **Au coin d'un bois,** dans un endroit isolé : *Je n'aimerais pas* *le rencontrer au coin d'un bois.* ▪ **Coin de lettre,** attache métallique qui permet de réunir plusieurs feuillets par l'un de leurs coins. ▪ **Coin fenêtre, coin couloir,** place d'une voiture de chemin de fer placée près de la fenêtre, du couloir. ▪ **Coins de la bouche, de l'œil,** commissures des lèvres, des paupières. ▪ **Connaître qqch, qqn dans les coins** [fam.], parfaitement. ▪ **Dans tous les coins** ou **aux quatre coins,** partout. ▪ **Du coin** [fam.], des environs immédiats : *L'épicier du coin.* ▪ **Du coin de l'œil,** à la dérobée ; subrepticement. ▪ **En boucher un coin à qqn** [fam.], l'étonner. ▪ **Envoyer** ou **mettre un enfant au coin** [vieilli], debout, à l'angle d'une pièce, pour le punir. ▪ **Le(s) petit(s) coin(s)** [fam.], les toilettes. ▪ **Marqué** ou **frappé au coin de** [litt.], qui porte la marque de : *Une œuvre marquée au coin du génie.* ▪ **Regard en coin,** rapide et discret. ▪ **Sourire en coin,** furtif ou ironique.

COINÇAGE n.m. Action de coincer.

COINCÉ, E adj. Fam. Mal à l'aise ; inhibé : *Un adolescent coincé.*

COINCEMENT n.m. État de ce qui est coincé, bloqué : *Le coincement d'un tiroir.*

COINCER v.t. [9] (de *coin*). **1.** Empêcher de bouger en maintenant entre deux objets : *Les éboulements ont coincé deux personnes sous les décombres. Coincer un dossier entre des livres.* **2.** Empêcher la mobilité de ; bloquer : *J'ai coincé ma fermeture à glissière.* **3.** Fam. Retenir qqn en un lieu contre sa volonté : *Je l'ai coincé à la machine à café et il a dû répondre à mes questions.* **4.** Fam. Mettre dans l'impossibilité de répondre, dans l'embarras pour agir : *Le délégué l'a coincé sur la question des horaires.* **5.** Fam. Prendre en faute, sur le fait ; arrêter : *Les policiers l'ont coincé chez son amie.* ◆ **SE COINCER** v.pr. Se bloquer en empêchant un mouvement : *La clé s'est coincée. Elle s'est coincé une vertèbre.*

COINCHE n.f. (de *coincer,* acculer). Région. (Sud-Est). **JEUX.** Variante de la belote, dans laquelle on annonce le nombre de points escompté.

COÏNCIDENCE [kɔɛ̃sidɑ̃s] n.f. **1.** Fait que des événements se produisent en même temps ; situation fortuite résultant de cette simultanéité ; concomitance : *Sans cette coïncidence, aurait-il écrit ce grand roman ?* **2. MATH.** État de deux figures, de deux éléments isométriques qui se superposent point par point.

COÏNCIDENT, E [kɔɛ̃-] adj. **MATH.** Qui coïncide : *Des triangles coïncidents.*

COÏNCIDER [kɔɛ̃-] v.i. [3] (du lat. *coincidere,* arriver ensemble). **1.** Se produire en même temps : *Nous avons réussi à faire coïncider nos dates de vacances.* **2.** Concorder en tout point avec : *Les témoignages coïncident.* **3. MATH.** En parlant de deux surfaces, de deux objets, pouvoir se superposer point par point. **4. MATH.** Pour deux fonctions f et g définies sur un même ensemble A, vérifier l'égalité $f(x) = g(x)$ pour tout x de A.

COIN-COIN interj. et n.m. inv., ▲ *COINCOIN n.m.* (onomat.). Cri du canard.

COÏNCULPÉ, E [kɔɛ̃-] n. Personne inculpée (en France, mise en examen) avec une ou plusieurs autres pour la même infraction.

COING [kwɛ̃] n.m. (lat. *cotoneum,* du gr.). Fruit jaune du cognassier, piriforme, dont on fait des gelées et des pâtes.

COIR n.m. (d'une langue de l'Inde). Fibre de noix de coco utilisée en corderie, en sparterie.

COÏT [kɔit] n.m. (lat. *coitus*). **1.** Accouplement du mâle et de la femelle, chez les animaux (SYN. **copulation**). **2.** Rapport sexuel entre deux personnes. ▪ **Coït interrompu,** méthode contraceptive qui consiste à interrompre le coït avant l'éjaculation.

COITE adj.f. → **COI.**

COÏTER [kɔite] v.i. [3]. Fam. Accomplir le coït ; s'accoupler.

COITRON n.m. Suisse. Petite limace.

1. COKE [kɔk] n.m. (mot angl.). Combustible obtenu par distillation de la houille et ne contenant qu'une très faible fraction de matières volatiles. ▪ **Coke métallurgique,** coke en gros morceaux, très résistant à la compression, utilisé princip. dans les hauts-fourneaux.

2. COKE [kok] n.f. Fam. Cocaïne.

COKÉFACTION n.f. **1.** Transformation de la houille en coke. **2.** Transformation par craquage thermique des résidus lourds du pétrole en coke, ainsi qu'en gaz, essence, gazole, etc.

COKÉFIABLE adj. Transformable en coke.

COKÉFIER v.t. [5]. Transformer en coke.

COKERIE n.f. Usine qui fabrique du coke destiné à l'industrie, aux hauts-fourneaux.

COL n.m. (du lat. *collum,* cou). **1.** Partie du vêtement qui entoure le cou : *Col d'une chemise.* **2.** Partie rétrécie de certains objets, de certains organes : *Col d'une bouteille. Col du fémur.* **3.** Dépression d'une crête montagneuse, formant passage d'un versant à l'autre : *Les cols alpins.* **4.** Vx. Cou. ▪ **Col bénitier,** col roulé en biais dont le repli forme un creux par-devant. ▪ **Col blanc** [fam., vieilli], employé de bureau (par oppos. à *col bleu,* ouvrier). ▪ **Col châle,** col arrondi, croisé, large sur les épaules. ▪ **Col cheminée,** haut col roulé, ne serrant pas le cou. ▪ **Col chemisier,** col à pointes, rapporté à l'encolure par un pied de col. ▪ **Col officier** ou **col Mao,** composé d'une bande de tissu étroite, non rabattue, et fixée à une encolure ronde. ▪ **Col roulé,** col droit et haut, replié sur lui-même au ras du cou. ▪ **Faux col,** col glacé, amovible, qui s'adapte à une chemise ; fam., mousse blanche au-dessus de la bière versée dans un verre. ▪ **Se pousser** ou **se hausser du col** [fam.], prendre des airs importants ; chercher à se faire valoir.

COLA n.m. → **KOLA.**

COLATIER n.m. → **KOLATIER.**

COLBACK, ▲ *COLBAC* n.m. (turc *qalpaq*). **1.** Anc. Coiffure militaire faite d'un bonnet de fourrure évasé vers le haut et fermé par une poche conique en drap. **2.** Fam. Col ; collet : *Attraper qqn par le colback.*

COLBERTISME n.m. (de J.-B. *Colbert,* n.pr.). Politique économique mercantiliste fondée sur le principe selon lequel la puissance d'un pays dépend de ses disponibilités en métaux précieux.

COL-BLEU n.m. (pl. *cols-bleus*). Fam. Marin de la Marine nationale, en France.

COLCHICINE [kɔlʃisin] n.f. **MÉD.** Alcaloïde toxique extrait des graines de colchique, inhibiteur des divisions cellulaires et utilisé dans le traitement de la goutte.

COLCHIQUE [kɔlʃik] n.m. (gr. *kolkhikon*). Plante des prés humides fleurissant en automne, à fleurs roses, blanches ou violettes, vénéneuse par la colchicine qu'elle contient (SYN. **safran des prés, tue-chien**). ➲ Famille des liliacées.

COLCOTAR n.m. (ar. *qolqotar*). Oxyde ferrique employé pour polir les verres optiques.

COL-DE-CYGNE n.m. (pl. *cols-de-cygne*). **1. THERM.** Tuyauterie doublement coudée pour absorber la dilatation due aux produits chauds. **2.** Robinet dont l'extrémité est recourbée comme le cou d'un cygne.

COLECTOMIE n.f. Ablation chirurgicale du côlon.

COLÉE n.f. (de *col,* cou). **HIST.** Coup donné par le parrain sur la nuque de celui qui était fait chevalier, lors de la cérémonie de l'adoubement (SYN. **paumée**).

COLÉGATAIRE n. **DR.** Légataire avec une ou plusieurs autres personnes.

COLÉOPTÈRE n.m. (du gr. *koleos,* étui, et *pteron,* aile). Insecte à métamorphose complète, pourvu de pièces buccales broyeuses et d'ailes postérieures membraneuses protégées au repos par une paire d'élytres rigides, tel que le hanneton, le charançon, le carabe, la coccinelle. ➲ Les coléoptères forment un ordre.

COLÈRE n.f. (lat. *cholera,* du gr. *kholê,* bile). État affectif violent et passager résultant du sentiment d'avoir été agressé ou offensé ; emportement : *Se mettre en colère. Ses colères sont légendaires.*

COLÉREUX, EUSE ou, vieilli, **COLÉRIQUE** adj. et n. Porté à la colère ; irascible.

COLÉUS [kɔleys] n.m. (lat. *coleus,* du gr. *koleos,* étui). Plante d'ornement, originaire de Java, aux feuilles panachées de coloris très variés et aux inflorescences mauves. ➲ Famille des labiées.

COLIBACILLE n.m. (du gr. *kôlon,* gros intestin). Bactérie en forme de bacille, très répandue, vivant normalement dans l'intestin mais pouvant contaminer l'environnement, parfois source d'infection (gastro-entérites, infections urinaires, etc.), et utilisée cour. par la recherche biologique et médicale. ➲ Nom sc. *Escherichia coli* (abrév. *E. coli*).

COLIBACILLOSE n.f. **MÉD.** Infection due au colibacille.

COLIBRI n.m. (mot caraïbe). Très petit passereau d'Amérique tropicale, au plumage éclatant, au long bec avec lequel il aspire, en vol stationnaire, le nectar des fleurs (SYN. **oiseau-mouche**). ➲ Long. 6 cm ; famille des trochilidés.

▲ colibri

COLICITANT, E n. et adj. **DR.** Chacun des cohéritiers ou des copropriétaires au profit desquels se fait une vente par licitation.

COLIFICHET n.m. (de l'anc. fr. *coeffichier,* ornement d'une coiffe). Petit objet, petit bijou sans grande valeur.

COLIFORME ou **COLIMORPHE** n.m. Bacille ayant la forme et les affinités tinctoriales du colibacille, et ne pouvant en être différencié que par des cultures sur milieux spéciaux. ➲ Les coliformes sont toujours d'origine fécale.

COLIMAÇON n.m. (normand *calimachon*). Vieilli. Escargot. ▪ **Escalier en colimaçon,** escalier à vis*.

1. COLIN n.m. (du néerl. *kolefisch,* poisson-charbon). **1.** Poisson marin commun sur les côtes de l'Atlantique et de la Manche (SYN. **lieu** ou **lieu noir**). ➲ Genre *Pollachius* ; famille des gadidés. **2.** Appellation régionale du merlu. ➲ Genre *Merluccius* ; famille des gadidés.

2. COLIN n.m. (de *Colin,* prénom). Oiseau d'Amérique du Nord, voisin de la caille, introduit en France en 1959. ➲ Famille des phasianidés.

COLINÉAIRE adj. **MATH.** ▪ **Vecteurs colinéaires,** vecteurs de même direction. ➲ L'un est le produit de l'autre par un réel.

COLINÉARITÉ n.f. Propriété de deux vecteurs colinéaires.

COLIN-MAILLARD n.m. (pl. *colin-maillards*). Jeu dans lequel l'un des joueurs, qui a les yeux bandés, doit poursuivre les autres à tâtons et identifier celui qu'il a attrapé.

COLINOT ou **COLINEAU** n.m. Petit colin (poisson).

COLIN-TAMPON n.m. inv. ▪ **Se soucier de qqch comme de colin-tampon** [fam., vieilli], n'y prêter aucune attention ; s'en moquer.

1. COLIQUE n.f. (lat. *colica*). **1. MÉD.** Violente douleur abdominale. **2. MÉD.** Violente douleur causée par la migration d'un calcul dans les voies biliaires, urinaires, etc. : *Colique hépatique, néphrétique.* **3.** Fam. Diarrhée : *Avoir la colique.*

2. COLIQUE adj. Relatif au côlon.

COLIS n.m. (de l'ital. *colli,* charge sur le cou). Paquet d'objets, de marchandises destiné à être transporté : *Des sacs de colis postaux.*

COLISTIER, ÈRE n. Chacun des candidats inscrits sur une même liste électorale.

COLITE n.f. **1. MÉD.** Inflammation du côlon. **2.** Cour. Colopathie bénigne, sans inflammation.

COLLABO n. (abrév.). Fam., péjor. Collaborateur, sous l'Occupation.

COLLABORATEUR, TRICE n. **1.** Personne qui travaille avec une autre, d'autres ; collègue : *Les collaborateurs d'une encyclopédie en ligne.* **2. HIST.** Personne qui pratiquait la collaboration avec l'occupant allemand, pendant la Seconde Guerre mondiale. Abrév. (fam.) **collabo.** ▪ **Collaborateur de justice,** personne ayant commis – ou sur le point de commettre – une infraction (relevant de la criminalité organisée, partic.), qui bénéficie, en collaborant avec l'autorité administrative ou judiciaire, d'une exemption ou d'une réduction de peine.

COLLABORATIF, IVE adj. **1.** Qui fait appel à la collaboration de chacun ; contributif ; participatif : *Encyclopédie collaborative.* **2.** Qui vise à faciliter la collaboration grâce à des outils informatiques adaptés au partage et à l'échange d'informations. ▪ **Économie collaborative** ou **de partage** → **ÉCONOMIE.**

COLLABORATION n.f. 1. Action de collaborer avec qqn à qqch ; coopération : *Votre collaboration a été précieuse.* **2. HIST.** Politique de coopération d'un État ou d'une personne avec l'occupant allemand, pendant la Seconde Guerre mondiale.

COLLABORATIONNISTE adj. et **n. HIST.** Partisan d'une politique de collaboration active.

COLLABORER v.t. ind. [3] (lat. *collaborare*). **1. (À, AVEC).** Travailler avec d'autres à une œuvre commune ; coopérer, participer : *J'ai collaboré avec lui à la réalisation du film.* **2. (AVEC). HIST.** Pratiquer la politique de collaboration. ◆ **v.i. HIST.** Collaborer avec l'occupant nazi.

COLLAGE n.m. 1. Action de coller ; son résultat : *Collage d'affiches.* **2.** Fam. Liaison qui dure ; concubinage. **3.** Procédé de composition consistant à introduire dans une œuvre des éléments préexistants hétérogènes, créateurs de contrastes inattendus ; l'œuvre ainsi obtenue : *Les collages de Braque, de Picasso.* ▪ **Collage du papier,** traitement pour le rendre imperméable à l'encre. ▪ **Collage du vin,** ajout d'une substance (appelée *colle*) pour le clarifier.

▲ **collage.** *Hommage à Mlle Rivière* (1981), par Jiri Kolar. (Coll. part.)

COLLAGÈNE n.m. HISTOL. Protéine, constituant des fibres entre les cellules du tissu conjonctif : *Une crème au collagène.*

COLLAGÉNOSE n.f. Maladie due à une atteinte diffuse du collagène.

1. COLLANT, E adj. 1. Qui colle ; qui est enduit de colle ; adhésif : *Papier collant.* **2.** Très ajusté ; moulant : *Pull collant.* **3.** Fam. Se dit de qqn dont on ne peut se débarrasser ; importun.

2. COLLANT n.m. 1. Vêtement de tissu extensible couvrant le corps de la taille aux pieds : *Collant de danse.* **2.** Sous-vêtement féminin associant le slip et les bas en une seule pièce.

COLLANTE n.f. Arg. scol. Convocation à un examen.

COLLAPSUS [kɔlapsys] **n.m.** (mot lat.). **MÉD. 1.** Diminution rapide de la pression artérielle. **2.** Aplatissement d'un organe creux, notamm. du poumon au cours du pneumothorax.

COLLATÉRAL, E, AUX adj. (lat. *collateralis*). **1.** Qui est placé de part et d'autre d'une structure : *L'avenue et les rues collatérales.* **2.** Fig. Se dit des conséquences imprévues, et génér. négatives, d'une action, d'un événement, et des personnes qui les subissent : *Les victimes collatérales de l'embargo.* **3. ANAT.** Se dit d'une branche naissant sur le côté d'un nerf ou d'un vaisseau (par oppos. à *terminal*). **4.** Qui est hors de la ligne directe de parenté : *Les oncles, les cousins sont des parents collatéraux.* ▪ **Dommages** ou **dégâts collatéraux** (calque de l'anglo-amér. *collateral damage*) [par euphém.], conséquences annexes d'une opération militaire, touchant des biens ou des victimes civils. ▪ **Points collatéraux** [géogr.], points intermédiaires entre les points cardinaux (N.-E., N.-O., S.-E., S.-O.). ◆ **n.m. 1.** Parent collatéral. **2. ARCHIT.** Vaisseau latéral ou bas-côté d'une nef d'église.

1. COLLATION n.f. (du lat. *collatio*, contribution). **1.** Action de conférer un bénéfice ecclésiastique, un titre, un grade universitaire, etc. **2.** Action de comparer entre eux des textes, des documents.

2. COLLATION n.f. (du lat. *collatio*, réunion). Repas léger.

COLLATIONNEMENT n.m. Vérification faite en collationnant un texte avec un autre.

COLLATIONNER v.t. [3]. 1. Comparer entre eux des textes pour les vérifier. **2. REL.** Procéder à la collationnure.

COLLATIONNURE n.f. REL. Vérification, après assemblage, du bon ordre des cahiers et des hors-texte d'un livre.

COLLE n.f. (gr. *kolla*). **1.** Substance susceptible de maintenir ensemble, par adhérence durable, des matériaux en contact ; adhésif. **2.** Arg. scol. Interrogation de contrôle, orale ou écrite ; punition consistant à faire venir l'élève hors des heures de cours. **3.** Fam. Question difficile : *Poser une colle.*

COLLECTAGE n.m. Action de collecter.

COLLECTE n.f. (lat. *collectio*). **1.** Action de réunir des fonds, des dons, des signatures, des données. **2.** Action de ramasser : *Collecte des ordures ménagères.*

COLLECTER v.t. [3]. 1. Recueillir par une collecte : *Collecter des produits non périssables pour une banque alimentaire.* **2.** Rassembler, recueillir des produits : *Collecter le verre usagé.* ◆ **SE COLLECTER v.pr. MÉD.** Former une collection.

1. COLLECTEUR, TRICE adj. Qui collecte : *Égout collecteur.* ◆ **n.** Personne qui fait une collecte : *Collecteur de dons.*

2. COLLECTEUR n.m. 1. Canalisation qui reçoit les ramifications des conduites secondaires : *Collecteur d'eaux pluviales.* **2. ÉLECTRON.** Électrode d'un transistor. ▪ **Collecteur d'échappement,** tuyauterie qui rassemble, dans un même conduit, les gaz d'échappement des différents cylindres d'un moteur avant leur évacuation.

COLLECTIF, IVE adj. (lat. *collectivus*, de *colligere*, réunir). Qui concerne un ensemble de personnes, un groupe ; commun : *L'intérêt collectif. Sports collectifs.* ▪ **Nom collectif,** ou **collectif, n.m.** [ling.], nom qui, au singulier, désigne un ensemble d'êtres ou de choses (ex. : le mot *foule*). ◆ **n.m.** Groupe de personnes qui assurent une tâche politique, sociale, etc., de manière concertée. ▪ **Collectif budgétaire,** ou **collectif, n.m.,** en France, appellation courante des lois de finances rectificatives.

COLLECTION n.f. (lat. *collectio*). **1.** Réunion d'objets choisis pour leur beauté, leur rareté, leur intérêt ou leur prix : *Collection de timbres, d'aquarelles.* **2.** Ensemble d'ouvrages, de publications présentant une unité : *Directrice de collection chez un éditeur.* **3.** Ensemble de modèles créés et présentés chaque saison par une maison de haute couture, par certaines maisons de prêt-à-porter : *Collections d'hiver.* **4. MÉD.** Amas de liquide dans une cavité de l'organisme : *Collection de pus.*

COLLECTIONNER v.t. [3]. 1. Réunir en collection : *Il collectionne les cartes postales.* **2.** Fam. Accumuler : *Collectionner les maladresses.*

COLLECTIONNEUR, EUSE n. Personne qui fait une ou plusieurs collections.

COLLECTIONNISME n.m. PSYCHIATR. Besoin pathologique d'acquérir des objets hétéroclites et inutiles.

COLLECTIONNITE n.f. Fam. Manie d'entreprendre des collections de toute sorte.

COLLECTIVEMENT adv. De façon collective ; ensemble.

COLLECTIVISATION n.f. Action de collectiviser ; son résultat.

COLLECTIVISER v.t. [3]. Mettre la propriété des moyens de production et d'échange aux mains de la collectivité.

COLLECTIVISME n.m. ÉCON. Système économique fondé sur la propriété collective des moyens de production et donnant à l'État le pouvoir de gérer l'ensemble de l'économie nationale par la planification.

COLLECTIVISTE adj. et **n.** Relatif au collectivisme ; partisan du collectivisme.

COLLECTIVITÉ n.f. Ensemble de personnes liées par une organisation commune, des intérêts communs ; communauté. ▪ **Collectivité d'outre-mer (COM),** territoire de la France d'outre-mer possédant un statut juridique plus souple que celui des départements et Régions d'outre-mer. ▪ **Collectivité locale** ou **territoriale,** en France, circonscription administrative ayant la personnalité morale (les communes, les départements et les Régions [plus la collectivité de Corse] de la France métropolitaine, ainsi que – sous leurs statuts divers – les territoires constituant la France d'outre-mer) ; partie du territoire d'un État jouissant d'une certaine autonomie (État fédéré). ▪ **Collectivités publiques,** l'État, les collectivités locales, les établissements publics.

COLLECTOR n.m. (mot angl. « collectionneur »). Objet recherché par les collectionneurs pour son originalité ou sa rareté.

COLLÈGE n.m. (du lat. *collegium*, association). **1.** Établissement qui dispense l'enseignement du second degré, de la classe de sixième à la classe de troisième. **2.** Belgique. Établissement scolaire du niveau secondaire, dans l'enseignement libre. **3.** Réunion de personnes revêtues de la même dignité ou ayant la même fonction : *Le collège des cardinaux.* ▪ **Collège électoral,** ensemble des électeurs appelés à participer à une élection déterminée.

COLLÉGIAL, E, AUX adj. Réuni en collège ; exercé par un collège : *Direction collégiale.* ▪ **Chapitre collégial,** collège de chanoines établi dans une église qui n'a pas le titre de cathédrale. ▪ **Église collégiale,** ou **collégiale, n.f.,** qui possède un chapitre collégial. ▪ **Enseignement collégial** [Québec], dispensé dans un collège d'enseignement général et professionnel (cégep) ou un établissement assimilé.

COLLÉGIALE n.f. Église collégiale.

COLLÉGIALEMENT adv. De façon collégiale.

COLLÉGIALITÉ n.f. Caractère de ce qui est organisé ou décidé en collège.

COLLÉGIEN, ENNE n. Élève d'un collège.

COLLÈGUE n. (lat. *collega*). **1.** Personne qui remplit la même fonction ou qui travaille dans la même entreprise qu'une autre. **2.** Région. (Midi). Camarade ; ami : *Salut, collègue !*

COLLEMBOLE n.m. Très petit insecte (0,5 à 5 mm), primitif, sans ailes ni métamorphoses, qui pullule dans tous les sols végétaux. ➲ Les collemboles forment un ordre d'insectes aptérygotes.

COLLENCHYME [kɔlɑ̃ʃim] **n.m.** (du gr. *kolla*, colle, et *egkhuma*, épanchement). **BOT.** Tissu de soutien des végétaux supérieurs, formé presque uniquement de cellulose.

COLLER v.t. [3]. 1. Faire adhérer avec de la colle ou une substance gluante : *Coller les pièces d'une maquette.* **2.** Mettre tout contre ; appuyer : *L'enfant collait son visage contre la vitrine.* **3.** Fam. Ne pas quitter qqn, au point de l'importuner : *Il me colle depuis ce matin.* **4.** Fam. Placer d'autorité ou sans précaution : *Il a collé ses affaires sur mon bureau.* **5.** Fam. Imposer une chose désagréable, la présence d'une personne : *Coller la vérification des comptes à qqn.* **6.** Fam. Mettre dans l'incapacité de répondre : *L'animateur l'a collé sur une question de cinéma.* **7.** Fam. Ne pas recevoir à un examen ; recaler : *Se faire coller au bac.* **8.** Arg. scol. Punir d'une colle ; consigner. ▪ **Coller du vin,** le clarifier à l'aide de blanc d'œuf, d'ichtyocolle ou de bentonite. ◆ **v.t. ind. (À). 1.** Suivre les formes du corps ; mouler : *Un haut qui colle au buste.* **2.** Suivre de très près ; talonner : *Coureur qui colle à son concurrent.* **3.** Fam. S'adapter étroitement ; convenir : *Coller à la réalité.* ◆ **v.i. 1.** Adhérer : *Ce timbre ne colle pas.* **2.** Fam. Bien marcher ; aller au mieux : *Ça ne colle pas entre eux.* ◆ **SE COLLER v.pr.** ▪ **Se coller à qqch** [fam.], commencer à le faire ; s'y mettre : *Il va falloir que je me colle à ce rapport.*

COLLERETTE n.f. 1. COST. Volant plissé ou froncé garnissant le bord d'une encolure, d'un décolleté. **2. BOT.** Anneau fixe entourant la partie supérieure du pied de nombreux champignons. **3. MÉCAN. INDUSTR.** Bord rabattu d'une pièce, servant à son assemblage avec une autre.

COLLET n.m. (de *col*). **1.** Nœud coulant destiné à prendre des oiseaux, des lièvres, etc. : *Poser des collets.* **2. COST.** Nom donné au col entre le XIVᵉ et le XIXᵉ s., qu'il soit fixe ou mobile. **3. ANAT.** Ligne de séparation entre la racine d'une dent et sa couronne. **4. BOT.** Zone de transition entre la tige d'une plante et sa racine. **5. CONSTR.** Élargissement pratiqué à l'extrémité d'un tuyau de façon à y fixer une bride. ▪ **Collet monté,** guindé ou prude. ▪ **Prendre** ou **saisir qqn au collet** [fam.], l'arrêter.

SE COLLETAILLER v.pr. **[3]**. Québec. Se colleter.

COLLETER v.t. **[16]**, ▲ *[12]*. Tendre des collets ; prendre des animaux au collet. ◆ **SE COLLETER** v.pr. **1.** (AVEC). Vieilli. Se battre : *Se colleter avec des voyous.* **2.** (AVEC, À). Fig. Affronter une situation difficile : *Se colleter avec des soucis financiers.*

COLLEUR, EUSE n. ▪ **Colleur d'affiches,** personne qui colle des affiches.

COLLEUSE n.f. **1.** Machine à coller. **2.** CINÉMA. Appareil servant à raccorder des fragments de films lors du montage.

COLLEY [kɔlɛ] n.m. (angl. *collie*). Chien de berger écossais à tête fine et museau long, à poil long et fourrure abondante.

COLLIER n.m. (lat. *collaris*). **1.** Bijou qui se porte autour du cou : *Collier de perles.* **2.** Courroie de cuir ou cercle de métal mis au cou de certains animaux domestiques pour les tenir à l'attache. **3.** Chaîne ouvragée des hauts dignitaires de certains ordres. **4.** Pièce rembourrée du harnais qui entoure l'encolure du cheval et à laquelle s'attachent les traits. **5.** ZOOL. Partie du plumage ou de la robe autour du cou de certains animaux, dont la couleur diffère de celle du reste du corps. **6.** Barbe courte et étroite qui pousse en demi-cercle sur le bas du visage. **7.** BOUCH. Partie de la carcasse du veau et du mouton qui comprend le cou et la naissance des épaules. **8.** TECHN. Anneau plat servant à fixer un tuyau, une conduite. ▪ **Collier de serrage** [techn.], collier réglable par un dispositif à vis ou cranté. ▪ **Donner un coup de collier,** fournir un effort intense. ▪ **Franc du collier,** sincère et sans arrière-pensée. ▪ **Reprendre le collier,** se remettre au travail après une période de repos.

COLLIGER v.t. **[10]** (lat. *colligere*). Litt. Réunir pour constituer un recueil : *Colliger des cours.*

COLLIMATEUR n.m. (de *collimation*). **1.** OPT. Appareil permettant d'obtenir un faisceau de rayons lumineux parallèles. **2.** ARM. Appareil de visée pour le tir. **3.** MIL. Équipement de visualisation pour l'aide à la navigation des avions de chasse. ▪ **Avoir qqn dans le collimateur** [fam.], le surveiller de près pour être prêt à le contrer.

COLLIMATION n.f. (du lat. *collineare*, viser). OPT. Action de viser, d'orienter une lunette dans une direction déterminée.

COLLINE n.f. (lat. *collina*). Relief de faible hauteur, de forme arrondie : *Une région de collines.*

COLLISION n.f. (lat. *collisio*). **1.** Choc de deux corps en mouvement : *Collision entre deux camions.* **2.** PHYS. Interaction entre des corps, des particules, qui modifie leurs mouvements. **3.** Fig. Opposition totale ; conflit : *Une collision d'opinions.*

COLLISIONNEUR n.m. PHYS. Anneaux de collisions.

COLLOCATION n.f. (lat. *collocatio*). **1.** DR. Classement des créanciers selon l'ordre dans lequel ils doivent être payés, en vertu d'une décision de justice. **2.** LING. Association habituelle d'un mot à un autre au sein de l'énoncé (par ex., *pain* est souvent en collocation avec *frais, sec*, etc.).

✎ Ne pas confondre avec ***colocation.***

COLLODION n.m. (du gr. *kollôdês*, collant). Solution de nitrocellulose dans un mélange d'alcool et d'éther, employée en photographie, en pharmacie, etc.

COLLOÏDAL, E, AUX adj. De la nature des colloïdes. ▪ **État colloïdal,** état de dispersion de la matière au sein d'un fluide, caractérisé par des granules de dimension moyenne comprise entre 0,2 et 0,002 micromètre.

COLLOÏDE n.m. (angl. *colloid*). CHIM. Système dans lequel des particules très petites sont en suspension dans un fluide.

COLLOQUE n.m. (du lat. *colloquium*, conversation). **1.** Réunion organisée entre spécialistes de questions scientifiques, politiques, économiques, etc. ; congrès. **2.** Sout. Entretien entre deux ou plusieurs personnes.

1. COLLOQUER v.t. **[3]** (du lat. *collocare*, placer). DR. Inscrire des créanciers dans l'ordre suivant lequel ils doivent être payés.

2. COLLOQUER v.i. **[3]** (de *colloque*). Fam. Se réunir en colloque pour débattre de questions diverses.

COLLURE n.f. **1.** Tout joint réalisé par collage. **2.** CINÉMA. Raccord entre deux bandes cinématographiques réalisé par collage lors du montage.

COLLUSION n.f. (du lat. *colludere*, jouer ensemble). **1.** DR. Entente secrète entre des personnes en vue de causer un préjudice à un tiers. **2.** Fig. Accord secret dans le but de nuire : *Collusion entre les adversaires d'un candidat politique.*

COLLUSOIRE adj. DR. Fait par collusion.

▲ **colombage**

COLLUTOIRE n.m. (du lat. *colluere*, nettoyer à fond). Préparation médicamenteuse destinée à être appliquée sur les muqueuses de la cavité buccale.

COLLUVION n.f. (de *alluvion*). GÉOL. Dépôt résultant d'un transport à faible distance de produits d'érosion sur un versant.

COLLYRE n.m. (du gr. *kollurion*, onguent). Préparation médicamenteuse liquide que l'on instille en goutte dans l'œil.

COLMATAGE n.m. Action de colmater.

COLMATER v.t. **[3]** (de l'ital. *colmare*, combler). **1.** Fermer plus ou moins complètement un orifice, une fente : *Colmater une brèche dans un mur.* **2.** MIL. Rétablir la continuité d'un front après une percée de l'ennemi. **3.** Fig. Arranger, tant bien que mal, en comblant les manques : *Colmater un déficit.* **4.** AGRIC. Exhausser et fertiliser des terrains bas ou stériles au moyen de dépôts vaseux formés par les fleuves ou les mers.

COLO n.f. (abrév.). Fam. Colonie de vacances.

COLOBE n.m. (du gr. *kolobos*, tronqué). Singe d'Afrique équatoriale, au pouce réduit, au pelage long et soyeux, voisin des semnopithèques. ➲ On distingue les colobes vrais (genre *Procolobus*) et les guérézas (genre *Colobus*) ; famille des colobidés.

COLOC n. (abrév.). Fam. Colocataire. ◆ **n.f.** Fam. Colocation.

COLOCALISATION n.f. ASTRONAUT. Regroupement de satellites géostationnaires en une même position orbitale.

COLOCASE n.f. Plante tropicale cultivée en Polynésie pour son rhizome riche en féculents. ➲ Famille des aracées.

COLOCATAIRE n. Locataire d'une habitation avec d'autres personnes. Abrév. (fam.) **coloc.**

▲ **la colonisation** en 1939.

COLOCATION n.f. Location en commun. Abrév. (fam.) **coloc.**

✎ Ne pas confondre avec *collocation.*

COLOGARITHME n.m. Logarithme de l'inverse du nombre considéré :

$$\text{colog}\, x = \log (1/x) = -\log x.$$

COLOMBAGE n.m. (de l'anc. fr. *colombe*, poteau vertical). **1.** Pan de bois, type de mur ou de cloison dont les vides sont remplis par une maçonnerie légère : *Maisons à colombages.* **2.** Ensemble des poteaux d'un tel pan de bois.

COLOMBE n.f. (lat. *columba*). **1.** Nom donné à certains pigeons et tourterelles, en partic. aux variétés à plumage blanc. **2.** Poét. Pigeon blanc, considéré comme l'emblème de la douceur, de la pureté, de la paix. **3.** Partisan d'une politique de paix (par oppos. à *faucon*). **4.** Litt., vx. Jeune fille pure, innocente.

COLOMBICULTURE n.f. Art d'élever les pigeons ; élevage de pigeons.

COLOMBIEN, ENNE adj. et **n.** De la Colombie ; de ses habitants.

COLOMBIER n.m. (lat. *columbarium*). Pigeonnier en forme de tour circulaire.

1. COLOMBIN n.m. 1. Pigeon d'Europe, d'Asie occidentale et du Maroc, voisin du ramier. (On dit aussi *pigeon colombin.*) ➲ Famille des columbidés. **2.** Columbiforme.

2. COLOMBIN n.m. 1. Rouleau d'argile molle servant à confectionner des vases sans l'emploi du tour. **2.** Fam. Étron.

COLOMBINE n.f. Fiente des pigeons et des oiseaux de basse-cour, servant d'engrais.

1. COLOMBO n.m. (du bantou *kalumb* et de *Colombo*, n.pr.). **1.** Plante grimpante originaire d'Afrique de l'Est, cultivée pour sa racine aux propriétés astringentes et apéritives. ➲ Famille des ménispermacées. **2.** Cette racine.

2. COLOMBO n.m. (de *1. colombo*). **1.** Mélange d'épices d'origine indienne, composé de coriandre, ail, piment, curcuma, cannelle, etc. **2.** Ragoût de viande ou de poisson, épicé avec ce mélange. ➲ Cuisine antillaise.

COLOMBOPHILE n. et **adj.** Personne qui élève ou emploie des pigeons voyageurs.

COLOMBOPHILIE n.f. Élevage des pigeons voyageurs.

1. COLON n.m. (du lat. *colonus*, cultivateur). **1.** Habitant d'une colonie, originaire du pays colonisateur. **2.** Membre d'une colonie, d'un groupe de même origine fixé dans un autre lieu, un autre pays. **3. ANTIQ. ROM.** Sous le Bas-Empire, personne de condition libre mais attachée héréditairement au sol qu'elle cultive. **4.** Enfant d'une colonie de vacances. ▪ **Colon partiaire** → **PARTIAIRE.**

2. COLON [kɔlɔn] **n.m.** (mot esp.). Unité monétaire principale du Costa Rica et du Salvador.

CÔLON n.m. (du gr. *kôlon*, intestin). Partie de l'intestin comprise entre l'intestin grêle et le rectum (SYN. **gros intestin**). ➲ On le divise en *côlon ascendant, côlon transverse, côlon descendant* et *côlon sigmoïde.*

COLONAGE ou **COLONAT n.m. DR.** Anc. ▪ **Colonage** ou **colonat partiaire** → **PARTIAIRE.**

COLONAT n.m. ANTIQ. ROM. État, condition de colon.

COLONEL, ELLE n. (ital. *colonello*, de *colonna*, troupe en colonne). Officier supérieur du grade le plus élevé, dans les armées de terre, de l'air et dans la gendarmerie. ◆ **n.f.** Fam., vieilli. Épouse d'un colonel.

COLONIAL, E, AUX adj. Qui concerne les colonies : *La fin des guerres coloniales.* ▪ **Artillerie, infanterie, troupes coloniales,** nom donné de 1900 à 1958 à l'artillerie, à l'infanterie, aux troupes de marine chargées de la défense des territoires français d'outre-mer. ◆ **n.** et **adj.** Personne qui a vécu aux colonies.

COLONIALISME n.m. 1. Doctrine qui vise à légitimer l'occupation d'un territoire ou d'un État, sa domination politique et son exploitation économique par un État étranger ; mise en application de cette doctrine. **2.** Ensemble de comportements adoptés à l'encontre de la population d'un pays, d'une région colonisés ou considérés comme tels.

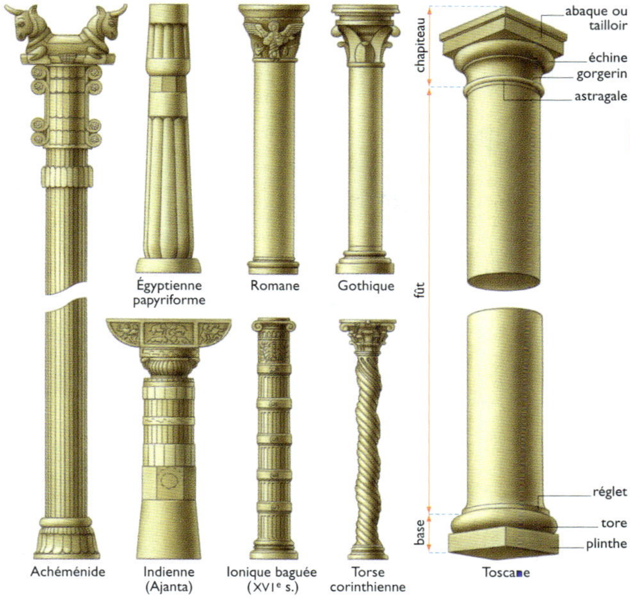

▲ **colonnes**

COLONIALISTE adj. et **n.** Relatif au colonialisme ; qui en est partisan.

COLONIE n.f. (lat. *colonia*). **1.** Territoire occupé et administré par une nation étrangère, et dont il dépend sur les plans politique, économique, culturel, etc. **2.** Groupe d'expatriés ou de descendants d'expatriés installés dans un autre pays pour y fonder une cité et exploiter le territoire ; leur implantation : *Colonies allemandes d'Amérique latine.* **3.** Ensemble de personnes d'un même pays, d'une même région, résidant dans un pays étranger, dans une autre région : *La colonie bretonne de Paris.* **4.** Groupe d'animaux de la même espèce, ayant une vie collective, égalitaire ou hiérarchisée : *Colonie de fourmis, de hérons.* ▪ **Colonie de vacances,** groupe d'enfants réunis dans un centre d'accueil pour des séjours de vacances sous la conduite de moniteurs ; ce centre. Abrév. (fam.) **colo.**

COLONISABLE adj. Qui peut être colonisé.

COLONISATEUR, TRICE adj. et **n.** Qui colonise ; qui fonde et exploite une colonie.

COLONISATION n.f. Action de coloniser ; situation qui en résulte.

➲ La **COLONISATION** européenne s'est faite en deux grandes phases. XVIe - XVIIe s. : phase de conquête avec l'implantation des Portugais en Afrique, en Inde puis au Brésil, des Espagnols en Amérique centrale et méridionale, des Français en Amérique du Nord, des Britanniques en Amérique du Nord et en Australie, des Néerlandais en Insulinde. 1830 - 1914 : création de l'Empire colonial français (12 millions de km²), de l'Empire britannique (35 millions de km²), et acquisition de colonies par la Belgique, l'Allemagne et l'Italie. 1945 - 1975 : effondrement des empires coloniaux.

COLONISÉ, E adj. et **n.** Qui subit la colonisation.

COLONISER v.t. [3]. 1. Transformer un pays en colonie. **2.** Peupler de colons : *Les Anglais ont colonisé l'Australie.* **3.** Fam. Se trouver en grand nombre dans : *Les mauvais feuilletons colonisent le petit écran.* **4. ÉCOL.** S'installer durablement dans un nouveau milieu, en parlant d'une espèce vivante.

COLONNADE n.f. (de *colonne*). Rangée de colonnes et ce qui la surmonte, entablement ou arcs.

COLONNE n.f. (lat. *columna*). **1.** Support architectural vertical composé d'un fût, dont la section est soit un cercle, soit un polygone régulier à plus de quatre côtés, et, génér., d'une base et d'un chapiteau : *Colonne dorique, ionique.* ➲ La colonne peut être *adossée, engagée, jumelée* avec une autre. **2.** Support ou ornement cylindrique : *Lit à colonnes.* **3.** Monument en forme de colonne isolée : *La colonne Vendôme, à Paris.* **4.** Ce qui s'élève en une forme cylindrique d'axe vertical : *Colonne de fumée.* **5.** Masse d'un fluide contenue dans un tube vertical : *La colonne de mercure d'un thermomètre.* **6.** Annotations, chiffres disposés verticalement les uns au-dessous des autres : *Colonne des unités, des dizaines.* **7.** Section verticale d'une page : *Ne rien inscrire dans cette colonne* ; assemblage de lignes occupant cet espace : *Les colonnes d'un dictionnaire, d'un journal.* **8. MIL.** Formation dont les éléments sont disposés sur un front étroit et en profondeur. **9.** File d'êtres vivants placés les uns derrière les autres : *Enfants rangés en colonne par deux. Une colonne de chenilles processionnaires.* **10. MATH.** Dans un tableau à double entrée (matrice, déterminant, etc.), ensemble des éléments se trouvant sur une même verticale. ▪ **Cinquième colonne** [mil.], élément travaillant sur un territoire au profit de l'adversaire. ➲ C'est sous ce nom que furent désignés en 1940 les agents des services secrets allemands opérant en France. ▪ **Colonne à distiller** [chim.], colonne cylindrique contenant des plateaux superposés où, lors d'une distillation, les molécules d'un gaz viennent se condenser, ce qui permet la séparation d'un mélange ou la purification d'un corps. ▪ **Colonne d'essence** [Suisse], pompe à essence. ▪ **Colonne montante,** canalisation principale d'eau, de gaz ou d'électricité desservant, dans un immeuble, les différentes pièces. ▪ **Colonne vertébrale,** ensemble des vertèbres (chez l'homme, les vertébrés), formant un axe osseux qui commence sous la base du crâne et se termine au niveau du bassin (SYN. **rachis**). ▪ **La colonne vertébrale de qqch** [fig.], ce qui en constitue l'axe et lui permet de se maintenir.

COLONNETTE n.f. Colonne d'un petit diamètre, au fût génér. allongé.

COLONOSCOPE n.m. → **COLOSCOPE.**

COLONOSCOPIE n.f. → **COLOSCOPIE.**

COLOPATHIE n.f. MÉD. Toute affection du côlon. ▪ **Colopathie fonctionnelle,** syndrome de l'intestin irritable*.

COLOPHANE n.f. (du gr. *kolophônia*, résine). Résine solide, résidu de la distillation de la térébenthine, utilisée notamm. par les musiciens sur les crins des archets.

COLOPHON n.m. Mention finale d'un livre (SYN. **achevé d'imprimer**).

COLOQUINTE n.f. (gr. *kolokunthis*). Plante voisine de la pastèque, dont les fruits, à pulpe amère et purgative, sont ornementaux. ➲ Famille des cucurbitacées.

▲ **coloquintes**

COLORANT, E adj. Qui colore. ◆ **n.m. 1.** Substance colorée naturelle ou synthétique, utilisée pour donner à un support ou à un matériau une coloration durable. ➲ L'opération qui conduit à ce résultat est appelée, suivant le cas, *teinture, impression, enduction, peinture* ou *coloration dans la masse.* **2. AGROALIM.** Substance employée pour colorer certains aliments.

COLORATION n.f. Action de colorer ; état de ce qui est coloré : *Spécialiste de la coloration des cheveux.*

COLORATURE n.f. (ital. *coloratura*). **1.** Passage musical faisant appel à la virtuosité vocale. **2.** (En appos.). Voix de femme apte à exécuter des vocalises aiguës : *Soprano colorature.*

COLORÉ, E adj. 1. Qui a une couleur, notamm. une couleur vive : *Vitraux en verre coloré.* **2.** Fig. Qui a de l'éclat, de l'originalité : *Langage coloré.*

COLORECTAL, E, AUX adj. MÉD. ▪ **Cancer colorectal,** qui affecte le côlon et le rectum.

COLORER v.t. [3] (lat. *colorare*). **1.** Donner une certaine couleur, une couleur plus vive à : *Le soleil couchant colore l'horizon.* **2.** Fig., litt. Donner une nuance particulière à : *Il colorait ses chroniques de critiques subtiles.* ◆ **SE COLORER v.pr.** Se teinter d'une certaine couleur : *Le couchant se colore de rouge.*

COLORIAGE n.m. 1. Action de colorier ; son résultat. **2.** (Surtout pl.). Dessin à colorier : *Un album de coloriages.*

COLORIER v.t. [5]. Appliquer des couleurs sur un dessin, un plan, etc. : *Colorier les océans en bleu.*

COLORIMÈTRE n.m. Appareil servant à définir une couleur par comparaison avec un étalon.

COLORIMÉTRIE n.f. 1. Ensemble des techniques qui permettent de définir et de cataloguer les couleurs. **2. CHIM.** Méthode d'analyse quantitative fondée sur la mesure des couleurs.

COLORIS n.m. (ital. *colorito*). **1.** Effet qui résulte du choix et de l'usage des couleurs : *Le coloris d'un peintre.* **2.** Éclat et teinte du visage, des fleurs, des fruits. **3.** Fig., litt. Éclat d'un style expressif, imagé.

COLORISATION n.f. Mise en couleurs, par un procédé électronique, des images en noir et blanc d'un film, notamm. d'un film ancien.

COLORISER v.t. [3]. Effectuer la colorisation d'un film.

COLORISTE n. 1. Peintre qui privilégie l'expression par la couleur, qui excelle dans le coloris, le chromatisme. **2.** Spécialiste de la réalisation de mélanges colorés servant à la production ou à la reproduction de couleurs (impression, teinture, peinture, etc.). **3.** Spécialiste de la mise en couleur des bâtiments. **4.** Spécialiste de la coloration des cheveux, dans un salon de coiffure.

COLOSCOPE ou **COLONOSCOPE n.m.** Endoscope pour l'examen du côlon.

COLOSCOPIE ou **COLONOSCOPIE n.f.** Examen endoscopique du côlon.

COLOSSAL, E, AUX adj. 1. Extrêmement grand : *Édifice colossal.* **2.** Qui dépasse de beaucoup la normale ; énorme : *Cette entreprise est devenue colossale.* ▪ **Ordre colossal,** composition architecturale dans laquelle colonnes ou pilastres s'élèvent sur deux étages ou plus. ▪ **Statue colossale** [sculpt.], représentation statuaire plus grande que nature.

COLOSSALEMENT adv. De façon colossale ; immensément.

COLOSSE n.m. (lat. *colossus*, du gr.). **1.** Statue colossale (d'une échelle supérieure à 1). **2.** Homme d'une taille, d'une force extraordinaire.

COLOSTOMIE n.f. Abouchement chirurgical du côlon à la peau pour créer un anus artificiel.

COLOSTRUM [kɔlɔstrɔm] **n.m.** (mot lat. « premier lait des mammifères »). **PHYSIOL.** Liquide jaunâtre et opaque sécrété par la glande mammaire durant les premiers jours qui suivent l'accouchement.

COLOURED [kɔlɔrd] **n.** (mot angl. « de couleur »). Habitant d'Afrique du Sud ayant des ascendants mixtes parmi les Africains, les Européens ou les Asiatiques.

COLPOCÈLE n.f. MÉD. Affaissement des parois du vagin, entraînant un début de prolapsus de celui-ci.

COLPORTAGE n.m. 1. Action, fait de colporter. **2.** Métier de colporteur. ▪ **Littérature de colportage,** ouvrages populaires de petit format qui étaient vendus par des marchands ambulants entre le XVIe et le XIXe s.

COLPORTER v.t. [3] (du lat. *comportare*, transporter). **1.** Transporter de petites marchandises de place en place pour les vendre. **2.** Péjor. Faire connaître partout : *Colporter une rumeur.*

COLPORTEUR, EUSE n. 1. Marchand ambulant. **2.** Péjor. (Suivi d'un complément). Personne qui propage des fausses nouvelles, des ragots, etc.

COLPOSCOPE n.m. Loupe binoculaire munie d'une source de lumière permettant de faire une colposcopie.

COLPOSCOPIE n.f. (du gr. *kolpos*, creux). **MÉD.** Examen du col de l'utérus avec un appareil optique placé dans le vagin.

COLT [kɔlt] **n.m. 1.** Pistolet à barillet appelé aussi *revolver*, inventé par l'Américain S. Colt en 1835. **2.** Pistolet automatique de 11,43 mm doté d'un chargeur de 7 cartouches, réalisé par les usines Colt et mis en service en 1911.

COLTAN [kɔltɑ̃] **n.m.** (abrév.). Minerai composé de deux minéraux (la *colombite* et la *tantalite*), et utilisé en haute technologie (électronique, aéronautique, etc.).

COLTINAGE n.m. Action de coltiner.

COLTINER v.t. [3] (de *coltin*, gilet des forts des Halles). Porter des fardeaux sur les épaules. ◆ **SE COLTINER v.pr.** Fam. Se charger d'une tâche pénible ou désagréable : *Se coltiner la vaisselle.*

COLUBRIDÉ n.m. (du lat. *coluber, -bris*, couleuvre). Serpent dont les crochets venimeux sont absents ou implantés au fond de la bouche, tel que la couleuvre et la coronelle. ➲ Les colubridés forment une famille.

COLUMBARIUM [kɔlɔ̃barjɔm] **n.m.** (mot lat. « colombier »). Bâtiment pourvu de niches où sont placées les urnes cinéraires, dans une nécropole, un cimetière.

COLUMBIDÉ [kɔlɔ̃-] **n.m.** Oiseau de taille moyenne, à tête petite et à bec grêle, au corps trapu, émettant des sons roucoulants, tel que le pigeon et la tourterelle. ➲ Les columbidés forment une famille.

COLUMBIFORME [kɔlɔ̃-] **n.m.** Oiseau au corps massif, herbivore, tel que le pigeon, dont certaines espèces insulaires inaptes au vol (*dodos*) ont été exterminées par l'homme (SYN. **1. colombin**). ➲ Les columbiformes constituent un ordre.

COLUMELLE n.f. (du lat. *columella*, colonne). **ZOOL.** Axe solide médian, notamm. d'une coquille de gastéropode ou d'un polypier.

COLVERT n.m. Canard sauvage très commun de l'hémisphère Nord, dont le mâle présente un capuchon vert en période nuptiale. ➲ Famille des anatidés.

COLZA n.m. (du néerl. *koolzaad*, semence de chou). Plante annuelle voisine du chou, à fleurs jaunes, cultivée pour ses graines fournissant une huile comestible et un tourteau utilisé dans l'alimentation du bétail. ➲ Famille des crucifères.

COM n.f. (abrév.). Fam. Communication.

COM ou **C.O.M.** [kɔm] **n.f.** (sigle). Collectivité d'outre-mer.

COMA n.m. (du gr. *kôma*, sommeil profond). **MÉD.** État caractérisé par la perte des fonctions de relation (conscience, mobilité, sensibilité), avec conservation de la vie végétative (respiration, circulation). ▪ **Coma dépassé,** coma profond, au cours duquel une survie n'est possible que par les moyens de la réanimation.

COMANDANT n.m. DR. Personne qui, avec une ou plusieurs autres, donne un mandat.

COMANDATAIRE n. DR. Personne qui est chargée d'un mandat avec une ou plusieurs autres.

COMATEUX, EUSE adj. Relatif au coma. ◆ **adj. et n.** Qui est dans le coma.

COMBAT n.m. 1. Fait de se battre avec un ou plusieurs adversaires : *S'affronter en combat singulier.* **2.** Engagement militaire limité dans l'espace et dans le temps ; escarmouche. **3.** Rencontre opposant deux adversaires, en lutte, en escrime, en boxe ou dans les arts martiaux. **4.** Fig. Lutte menée contre des difficultés ou pour défendre une cause : *Le combat contre l'exclusion.* **5.** Opposition de forces antagonistes : *Le combat du Bien et du Mal.* ▪ **Hors de combat,** dans l'incapacité de poursuivre la lutte ; dans l'impossibilité de faire face. ▪ **Littérature de combat,** littérature engagée. ▪ **Sport de combat,** sport dans lequel deux adversaires s'affrontent dans un combat.

COMBATIF, IVE, ▲ *COMBATTIF, IVE* **adj.** Qui aime le combat, la lutte, la compétition : *Un tempérament combatif.*

COMBATIVITÉ, ▲ *COMBATTIVITÉ* **n.f.** Disposition à combattre, à lutter : *Manquer de combativité.*

1. COMBATTANT, E adj. Qui combat. ◆ **n. 1.** Soldat qui prend part à un combat, à une guerre. **2.** Personne qui prend part à une rixe.

2. COMBATTANT n.m. 1. Oiseau échassier d'Europe et d'Afrique voisin du chevalier, dont les mâles, au printemps, se livrent des combats furieux, mais peu dangereux. ➲ Famille des scolopacidés. **2.** Petit poisson d'ornement, de couleurs vives, originaire de Thaïlande, et dont les mâles se livrent des combats souvent mortels. ➲ Famille des bélontiidés.

COMBATTRE v.t. [63] (du lat. *cum*, avec, et *battuere*, battre). **1.** Faire la guerre à qqn : *Combattre l'ennemi.* **2.** S'opposer fortement à qqn, qqch : *Combattre ses adversaires, le racisme.* ◆ **v.i. 1.** Livrer combat ; faire la guerre. **2. (CONTRE, POUR).** Défendre une cause, un point de vue : *Combattre pour le droit au logement.*

COMBAVA n.m. La Réunion. Variété de citron à peau verruqueuse, très parfumé, utilisé dans les currys, les rougails et les préparations alcoolisées.

COMBE n.f. (gaul. ***cumba*). **GÉOMORPH.** Vallée longitudinale ouverte dans un anticlinal (par oppos. à *cluse*) et dominée, par inversion du relief, par deux escarpements, les crêts.

COMBIEN adv. interr. (de l'anc. adv. *com*, comment, et de *1. bien*). Sert à interroger sur une quantité, une grandeur, un nombre, un prix : *Combien de temps faut-il ? Combien mesure le lanceur Ariane ? Combien ça coûte ?* ◆ **adv. exclam. 1.** Sert à indiquer un grand nombre : *Combien de fois ne l'ai-je pas mis en garde !* **2.** Litt. En incise, exprime une valeur intensive : *J'ai regretté, et combien ! votre absence.* ◆ **n.m. inv.** Fam. Précédé de l'article, indique la date, le rang, la fréquence : *Le combien*

▲ **colverts**

serons-nous demain ? L'émission est diffusée tous les combien ?

COMBIENTIÈME adj. et **n.** Fam. À quel rang ; à quel ordre : *Tu étais combientième au classement ?*

✎ Emploi incorrect pour ***combien, le quantième.***

COMBINABLE adj. Qui peut être combiné.

COMBINAISON n.f. 1. Assemblage selon une disposition, une proportion : *Une combinaison de divers extraits de films.* **2.** CHIM. Réunion de corps simples dans un composé ; ce composé. **3.** Agencement d'une serrure ou d'une clé de sûreté qui, dans une position déterminée, déclenche l'ouverture ; sur certaines serrures de coffres, lettres ou chiffres permettant ce déclenchement. **4.** Fig., souvent péjor. Ensemble de moyens employés pour assurer le succès d'une entreprise : *Se faire élire grâce à d'habiles combinaisons politiques.* **5.** Sous-vêtement féminin d'une seule pièce, maintenu par des bretelles aux épaules et habillant le corps jusqu'aux genoux. **6.** Vêtement d'une seule pièce couvrant la totalité du corps, pour le travail, le sport, etc. : *Une combinaison de ski, de plongée.* ▪ **Combinaison d'ordre *p* d'un ensemble de cardinal *n*** [math.], partie à *p* éléments de cet ensemble. ➲ Le nombre de ces combinaisons est :

$$C_n^p = \frac{n!}{p!(n-p)!}$$

On dit aussi *combinaison de* n *objets pris* p à p.

COMBINARD, E adj. et **n.** Fam., péjor. Qui use de combines.

COMBINAT n.m. En URSS, groupement de plusieurs établissements industriels aux activités solidaires.

COMBINATEUR n.m. Commutateur servant à mettre en service les appareils d'éclairage et d'avertissement d'une automobile.

COMBINATOIRE adj. Relatif aux combinaisons. ▪ **Analyse combinatoire,** branche des mathématiques dont le but est de dénombrer les groupements que l'on peut former à l'aide d'un ensemble fini. ➲ Ses applications concernent notamm. la recherche pharmaceutique. ▪ **Chimie combinatoire,** branche de la chimie qui permet de produire et de tester de nombreuses molécules nouvelles issues de la combinaison de familles de réactifs. ◆ **n.f.** Branche des mathématiques qui étudie les configurations d'éléments discrets et les opérations faites sur ces configurations. ➲ Elle est issue de l'analyse combinatoire et l'englobe.

COMBINE n.f. Fam. Moyen habile mais peu honnête utilisé pour parvenir à ses fins.

1. COMBINÉ, E adj. 1. Qui résulte de plusieurs choses : *L'action combinée de la chaleur et de la pollution.* **2.** MIL. Se dit d'opérations qui mettent en jeu simultanément plusieurs éléments des armées de terre, de mer ou de l'air.

2. COMBINÉ n.m. 1. Partie d'un poste téléphonique réunissant l'écouteur et le microphone. **2.** Appareil compact pouvant regrouper sous un même boîtier un lecteur de CD, un tuner, un lecteur de cassettes, un amplificateur HI-FI et deux enceintes acoustiques. **3.** Sous-vêtement féminin réunissant une gaine et un soutien-gorge. **4.** AÉRON. Appareil assurant à la fois les transports de fret et de passagers. **5.** Compétition sportive associant des épreuves de nature différente. ▪ **Combiné alpin,** en ski alpin, compétition associant une descente et un slalom. ▪ **Combiné nordique,** en ski nordique, compétition associant une épreuve de saut et une épreuve de ski de fond de 15 km.

COMBINER v.t. [3] (bas lat. *combinare*). **1.** Associer des choses, des éléments en vue d'un certain résultat : *Combiner le matériel génétique de deux bactéries.* **2.** CHIM. Produire la combinaison de plusieurs corps chimiques. **3.** Organiser selon un plan précis : *Combiner une évasion.* ◆ **SE COMBINER v.pr.** S'organiser d'une façon harmonieuse : *Toutes ces réunions se combinent très bien.*

COMBI-SHORT n.m. (pl. *combi-shorts*). Vêtement de sport féminin, d'une seule pièce, couvrant le tronc et le haut des cuisses.

COMBLANCHIEN n.m. (de *Comblanchien*, n. d'une commune de Côte-d'Or). Calcaire très dur et résistant, prenant le poli, utilisé pour faire des revêtements de sols et de murs.

1. COMBLE n.m. (du lat. *cumulus*, surplus). **1.** (Souvent pl.). Faîte d'un bâtiment, comportant charpente et toit ; espace intérieur correspondant : *Une chambre sous les combles.* **2.** Point culminant ; degré extrême : *Cette réflexion mit le comble à son embarras. Être au comble de l'exaspération.* ▪ **C'est un comble !,** cela dépasse la mesure. ▪ **De fond en comble** [dəfɔ̃tɑ̃kɔ̃bl], de la cave au grenier ; entièrement.

2. COMBLE adj. (de *combler*). Se dit d'un local plein de monde : *Cinéma, autobus comble.* ▪ **Faire salle comble,** en parlant d'un spectacle, d'un artiste, attirer un très nombreux public. ▪ **La mesure est comble,** cela dépasse les bornes.

COMBLEMENT n.m. Action de combler ; fait d'être comblé : *Le comblement d'une tranchée.*

COMBLER v.t. [3] (lat. *cumulare*). **1.** Remplir entièrement qqch de creux : *Combler un puits.* **2.** Faire disparaître un manque : *Il faut trouver un financement pour combler le déficit.* **3.** Satisfaire pleinement qqn, ses désirs : *Ce nouveau film a comblé tous mes espoirs.* ▪ **Combler qqn de bienfaits, de cadeaux,** les lui donner à profusion.

COMBO n.m. (mot angl., abrév. de *combination*, combinaison). **1.** Petite formation de jazz n'excédant pas 6 à 8 musiciens (par oppos. à *big band*). **2.** Dans les jeux vidéo, enchaînement d'actions permettant de gagner plus de points ou d'infliger plus de dégâts.

COMBURANT, E adj. et **n.m.** (lat. *comburens*). CHIM. Se dit d'un corps qui, par combinaison avec un autre, amène la combustion de ce dernier. ➲ L'oxygène est un comburant.

COMBUSTIBILITÉ n.f. Propriété des corps combustibles.

COMBUSTIBLE adj. Qui a la propriété de brûler ou de se consumer. ◆ **n.m.** Matière dont la combustion produit une quantité de chaleur utilisable. ▪ **Combustible nucléaire** → **NUCLÉAIRE.** ▪ **Combustibles fossiles** → **FOSSILE.**

COMBUSTION [kɔ̃bystjɔ̃] **n.f.** (bas lat. *combustio*, de *comburere*, brûler entièrement). **1.** Fait, pour un corps, de se consumer. **2.** CHIM. Fait, pour un combustible, de s'unir à un comburant (souvent l'oxygène) en dégageant de la chaleur ; ce phénomène. ▪ **Combustion lente** [chim.], oxydation sans flamme.

COME-BACK n.m. inv., ▲ ***COMEBACK n.m.*** [kɔmbak] (mot angl. « retour »). Retour au premier plan d'une vedette, d'une personnalité, après une période d'oubli ou d'inactivité.

COMÉDIE n.f. (lat. *comoedia*, du gr.). **1.** Pièce de théâtre, film destinés à provoquer le rire par la peinture des mœurs, des caractères, ou la succession de situations inattendues. **2.** Genre littéraire, cinématographique, etc., ayant pour but de faire rire ou sourire. **3.** Démonstration de sentiments qui ne sont pas réels ; simagrée : *Ses pleurs sont de la comédie.* **4.** Ensemble de complications énervantes, imposées par les circonstances : *C'est toute une comédie pour trouver une place !* ▪ **Comédie musicale,** genre de spectacle où alternent scènes dansées et chantées, textes parlés et musique ; spectacle, film appartenant à ce genre.

COMÉDIE-BALLET n.f. (pl. *comédies-ballets*). Spectacle dramatique, lyrique et chorégraphique mis en vogue au XVIIe s. par Molière et Lully.

COMÉDIEN, ENNE n. Professionnel qui joue au théâtre, au cinéma, à la télévision. ◆ **adj.** et **n.** Qui feint des sentiments ou aime se donner en spectacle : *C'est un comédien, ne te fie pas à lui !*

COMÉDON n.m. (du lat. *comedere*, manger). MÉD. Petit bouton contenant du sébum, au sommet blanc (point blanc) ou noir (point noir).

COMESTIBILITÉ n.f. Caractère de ce qui est comestible.

COMESTIBLE adj. (du lat. *comestus*, mangé). Qui peut servir de nourriture à l'homme : *Ces champignons ne sont pas comestibles.* ◆ **n.m.** (Surtout au pl.). Produit alimentaire.

COMÉTAIRE adj. ASTRON. Relatif aux comètes.

COMÈTE n.f. (lat. *cometa*, du gr. *komêtês*, chevelu). **1.** Astre du Système solaire formé d'un noyau solide rocheux et glacé, qui, au voisinage du Soleil, éjecte une atmosphère passagère de gaz et de poussières à l'aspect de chevelure diffuse, s'étirant dans la direction opposée au Soleil en une queue parfois spectaculaire. **2.** REL. Tranchefile ne comportant qu'un bourrelet aplati. ▪ **Tirer des plans sur la comète,** faire des projets à partir d'éléments chimériques.

➲ Loin du Soleil, une **COMÈTE** se réduit à un *noyau* irrégulier, de dimensions kilométriques, en rotation sur lui-même, constitué d'un mélange de glaces, de fragments rocheux et de poussières. Lorsque la comète se rapproche du Soleil, les glaces se subliment ; des gaz s'échappent, entraînant des fragments rocheux et des poussières, et il se forme une nébulosité diffuse, la *chevelure*, rendue lumineuse par la lumière solaire. Environ 1 300 apparitions de comètes ont été recensées depuis l'Antiquité, et l'on découvre ou retrouve chaque année une vingtaine de comètes. Mais il en existerait près de mille milliards, réparties dans un vaste halo, aux confins du Système solaire.

▲ **comète.** La comète NEAT. Observée ici en avril 2004, elle fut détectée en 2001 par le réseau de suivi des astéroïdes.

COMÉTIQUE n.m. Québec. Vx ou litt. Traîneau tiré par des chiens.

1. COMICE n.m. (lat. *comitium*). ▪ **Comice(s) agricole(s),** association privée de notables ruraux dont le but était le développement de l'agriculture (seconde moitié du XIXe s. et première moitié du XXe s.) ; concours organisé par ces associations. ◆ **n.m. pl** ANTIQ. ROM. Sous la République, assemblée des citoyens regroupés en curies *(comices curiates)*, centuries *(comices centuriates)* et tribus *(comices tributes)*, aux attributions politiques, judiciaires ou religieuses.

2. COMICE n.f. Poire d'une variété à chair fondante et sucrée.

COMICS [kɔmiks] **n.m. pl.** (mot angl.). Bandes dessinées anglo-américaines.

COMING OUT [kɔmiŋawt] **n.m. inv.** (de l'angl. *to come out*, révéler). Révélation par une personne de son homosexualité.

COMIQUE adj. (lat. *comicus*). **1.** Relatif au genre de la comédie : *Film comique.* **2.** Qui fait rire : *Son ébahissement était comique.* ◆ **n.m.** Caractère comique de : *Le comique de sa réponse n'a échappé à personne ;* manière d'exposer ce qui est ridicule : *Le comique cruel d'un satiriste.* ▪ **Comique troupier** [anc.], chanteur de café-concert qui interprétait en costume militaire un répertoire fondé sur la vie de caserne ; genre comique, souvent semé de sous-entendus grivois, de ce répertoire. ▪ **Le comique,** le genre comique. ◆ **n. 1.** Auteur comique. **2.** Acteur ou chanteur comique. **3.** Fam., péjor. Personne peu sérieuse, à qui l'on ne peut se fier ; fumiste.

COMIQUEMENT adv. De façon comique.

COMITÉ n.m. (angl. *committee*). Assemblée restreinte réunie pour une mission particulière : *Comité des fêtes ;* groupe délégué : *Comité des locataires ;* petite association : *Un comité de soutien.* ▪ **Comité de lecture,** groupe de personnes chargées de la sélection des manuscrits, dans une maison d'édition. ▪ **Comité d'entreprise (CE),** en France, organe de l'entreprise composé des représentants élus du personnel et présidé par le chef d'entreprise, qui a des attributions consultatives ou de contrôle en matière professionnelle, économique et sociale. ▪ **Comité de rédaction,** groupe de rédacteurs, d'auteurs (d'une revue, d'un dictionnaire, etc.) qui décide de la ligne éditoriale, de la priorité des informations ou des articles à publier. ▪ **Comité d'hygiène, de sécurité et des conditions de travail (CHSCT),** en France, organisme consultatif réunissant des représentants du chef d'entreprise et du personnel, parfois le médecin et l'inspecteur du travail, afin de veiller au respect des règles sur la sécurité et la prévention des accidents du travail. ▪ **En petit comité** ou **en comité restreint,** entre intimes.

COMITIAL, E, AUX [kɔmisjal, o] **adj. 1. ANTIQ. ROM.** Relatif aux comices. **2. MÉD.** Relatif à l'épilepsie.
➲ L'*épilepsie* était appelée *mal comitial,* parce qu'une crise d'épilepsie survenue au cours des comices faisait séparer l'assemblée.

COMITIALITÉ [-sja-] **n.f. MÉD.** Épilepsie.

COMMA n.m. (du gr. *komma,* tranche). **MUS.** Fraction de ton théorique et imperceptible (1/8 ou 1/9 selon la gamme envisagée, par ex. entre *ré* dièse et *mi* bémol).

COMMAND [kɔmɑ̃] **n.m. DR.** ▪ **Déclaration de command,** acte par lequel l'acquéreur déclaré d'un bien révèle le nom du véritable acquéreur auquel il s'est substitué lors d'une vente.

COMMANDANT, E n. 1. Premier grade de la hiérarchie des officiers supérieurs dans les armées de terre ou de l'air, intermédiaire entre celui de capitaine et celui de lieutenant-colonel. **2.** Tout officier qui commande un bâtiment de la marine de guerre, quel que soit son grade. ▪ **Commandant de bord,** personne qui commande à bord d'un avion de ligne ou d'un vaisseau spatial.

COMMANDE n.f. 1. Ordre par lequel on demande à un fournisseur la livraison d'une marchandise, l'exécution d'un service, etc. : *Paiement à la commande* ; ce qui est demandé : *Livraison d'une commande.* **2.** Contrôle exercé sur le fonctionnement d'une machine, d'une installation, par des organes de mise en route, de réglage ou d'arrêt ; chacun des dispositifs (boutons, leviers, etc.) permettant ce contrôle : *Commande manuelle, automatique.* ▪ **De commande,** qui n'est pas sincère : *Des larmes de commande.* ▪ **Prendre les commandes,** prendre la direction d'une affaire. ▪ **Sur commande,** sur demande du client ; fig., sans spontanéité : *Sourire sur commande.* ▪ **Tenir les commandes,** diriger une affaire.

COMMANDEMENT n.m. 1. Action, fait de commander ; ordre donné : *Les commandements qui viennent de la hiérarchie.* **2. DR.** Acte d'huissier enjoignant d'exécuter une obligation avant de procéder aux voies d'exécution forcée (saisie, par ex.). **3.** Loi morale émanant de Dieu, d'une Église. **4.** Pouvoir de celui qui commande ; sa fonction : *Prendre le commandement d'une équipe.* ▪ **Commandement militaire,** ensemble des instances supérieures des armées ; détachement assurant la sécurité d'un palais national : *Commandement militaire de l'Élysée.* ▪ **Les dix commandements,** le Décalogue.

COMMANDER v.t. [3] (du lat. *commendare,* confier). **1.** Ordonner à qqn, en vertu de l'autorité que l'on détient, de faire qqch : *Commander à qqn de se taire.* **2.** Exercer son autorité sur qqn, sur un groupe : *Elle n'aime pas qu'on la commande. Commander un bataillon.* **3.** Passer une commande : *Il a commandé des vêtements de sport pour les enfants.* **4.** Faire fonctionner un mécanisme : *Ce bouton commande l'ouverture de la porte. Le pilote commande le train d'atterrissage.* **5.** Provoquer un sentiment ; rendre un comportement nécessaire : *Les circonstances commandent un peu de diplomatie.* **6.** Contrôler l'accès à un lieu : *Ce pont commande la ville* ou *l'accès à la ville.* ◆ **v.t. ind. (À).** Litt. **1.** Avoir la direction de : *Il commande aux deux équipes.* **2.** Exercer un contrôle sur des sentiments : *Commander à son ressentiment.* ◆ **v.i.** Être le chef : *C'est elle qui commande, ici.* ◆ **SE COMMANDER v.pr.** Communiquer, en parlant des pièces d'un appartement. ▪ **Ne pas se commander,** être indépendant de la volonté : *La compassion, ça ne se commande pas.*

COMMANDERIE n.f. HIST. 1. Bénéfice accordé à un dignitaire des ordres religieux hospitaliers. **2.** Résidence du commandeur d'un ordre religieux hospitalier.

COMMANDEUR n.m. 1. Personne dont le grade est supérieur à celui d'officier, dans les ordres de chevalerie et les ordres honorifiques : *Commandeur de la Légion d'honneur.* **2. HIST.** Chevalier pourvu d'une commanderie. ▪ **Commandeur des croyants** [hist.], titre protocolaire des califes et du roi du Maroc.

COMMANDITAIRE n. et adj. 1. Personne qui commandite une action délictueuse : *Les commanditaires d'un attentat.* **2. DR.** Associé d'une société en commandite qui apporte des fonds. **3.** Recomm. off. pour **sponsor.**

COMMANDITE n.f. (de l'ital. *accomandita,* dépôt). **1. DR.** Fonds versés par chaque associé d'une société en commandite. **2.** Québec. Soutien financier apporté à une personne, une organisation, etc., par un commanditaire. ▪ **Société en commandite** [dr.], société commerciale dans laquelle les associés sont tenus des dettes sociales (les *commandités*) ou tenus dans les limites de leur apport *(commanditaires).*

COMMANDITÉ, E n. DR. Associé d'une société en commandite responsable des dettes sociales.

COMMANDITER v.t. [3]. 1. Avancer des fonds à une entreprise commerciale. **2.** Recomm. off. pour **sponsoriser. 3.** Financer un crime, un délit : *Commanditer un enlèvement.*

COMMANDO n.m. (du port. *comando,* corps de troupes). **1. MIL.** Formation militaire de faible effectif, chargée de missions spéciales et opérant isolément. **2.** (S'emploie en appos.). Qui semble exécuté par un commando : *Des opérations commandos.*

COMME conj. (du lat. *quomodo,* comment). **1.** Exprime la comparaison : *Ça s'écrit comme ça se prononce.* **2.** Introduit un exemple : *Un mot polysémique comme* cœur. **3.** Introduit une comparaison à valeur intensive : *Dormir comme un loir.* **4.** Indique à quel titre qqn agit : *Il a signé comme suppléant.* **5.** Exprime la cause : *Comme elle connaît bien la situation, elle peut les conseiller.* **6.** Exprime la simultanéité : *Comme nous sortions, il s'est mis à pleuvoir.* ▪ **C'est tout comme** [fam.], cela revient au même. ▪ **Comme ça** [fam.], ainsi : *Va avec lui, comme ça, il ne sera pas seul.* ▪ **Comme que comme** [Suisse], quoi qu'il en soit, de toute façon : *Comme que comme, on n'y peut rien.* ▪ **Comme tout,** au plus haut point : *Facile comme tout.* ◆ **adv. exclam. 1.** Exprime l'intensité : *Comme la ville a changé !* **2.** Exprime la manière : *Comme il vous parle !*

▲ **commedia dell'arte.** Franca Trippa et Fritellino ; peinture anonyme, XVIᵉ-XVIIᵉ s. (Musée de la Scala, Milan.)

COMMEDIA DELL'ARTE [kɔmedjadɛlarte] **n.f.** (loc. ital. « comédie de fantaisie »). Genre théâtral pratiqué à travers toute l'Europe, du milieu du XVIᵉ s. à la fin du XVIIIᵉ s., par des troupes italiennes spécialisées, et auj. adopté par des troupes revendiquant l'invention artistique et l'impertinence populaire des premiers interprètes d'Arlequin.

➲ La **COMMEDIA DELL'ARTE** est fondée sur le développement d'un canevas dramatique à partir de l'art de l'improvisation, et sur l'emploi des masques. Le jeu repose sur plusieurs personnages types : les amoureux (Isabelle, Lelio) ; les valets ou *zannis* (Arlequin, Polichinelle) ; les vieillards (Pantalon, le Docteur).

COMMÉMORAISON n.f. CATH. Mention que l'Église fait d'un saint le jour où l'on célèbre une autre fête plus solennelle.

COMMÉMORATIF, IVE adj. Qui sert à commémorer : *Plaque commémorative.*

COMMÉMORATION n.f. Action de commémorer qqch, qqn ; cérémonie faite à cette occasion.

COMMÉMORER v.t. [3] (lat. *commemorare*). Célébrer le souvenir d'une personne, d'un événement.

COMMENÇANT, E n. Personne qui débute dans une discipline.

COMMENCEMENT n.m. 1. Ce par quoi qqch commence ; début : *Le commencement de l'été.* **2.** Litt. Cause première de qqch ; origine : *Cet échec fut le commencement de sa déchéance.*

COMMENCER v.t. [9] (du lat. *cum,* avec, et *initiare,* initier). **1.** Entreprendre la première phase d'une action : *Écrivaine qui a commencé à écrire,* ou, litt., *d'écrire à 20 ans. Commencer le chinois en sixième* ; se mettre à faire qqch : *Il va commencer son discours.* **2.** Faire qqch en premier : *Commencez par vous taire et asseyez-vous.* **3.** Absol. Prendre l'initiative de créer telle situation : *C'est elle qui a commencé.* **4.** Constituer le début de : *Quelques mots de remerciement commencent sa conférence.* ◆ **v.i.** Avoir son origine à un endroit, une date : *Le spectacle commence à 21 heures.* ▪ **Ça commence bien** [iron.], ça se présente mal.

COMMENDATAIRE adj. et **n. HIST.** Pourvu d'une commende.

COMMENDE n.f. (du lat. *commendare,* confier). **HIST.** Collation d'un bénéfice ecclésiastique (évêché, abbaye) à un clerc ou à un laïque qui n'était pas tenu d'observer les obligations inhérentes à sa charge.

COMMENSAL, E, AUX n. (du lat. *cum,* avec, et *mensa,* table). Litt. Personne qui mange à la même table qu'une autre. ◆ **adj.** et **n. BIOL.** Se dit d'une espèce animale qui vit au contact d'une autre en profitant des résidus de sa nourriture, mais sans la parasiter, telle que le crabe pinnothère, qui vit dans les moules.

COMMENSALISME n.m. BIOL. Manière de vivre des espèces commensales.

COMMENSURABLE adj. (bas lat. *commensurabilis,* de *mensura,* mesure). Didact. Se dit de grandeurs qui sont chacune le multiple entier d'une autre grandeur.

COMMENT adv. interr. (de *comme*). Sert à interroger sur le moyen, la manière : *Comment a-t-elle réussi à se connecter à ce site ? Comment venir à bout de la pollution ?* ◆ **adv. exclam.** Sert à exprimer la surprise, l'indignation : *Comment ! Vous avez déjà fini ?* ▪ **Et comment !** [fam.], extrêmement : *« C'était drôle ? — Et comment ! »* ▪ **Mais comment donc !** [parfois iron.], bien sûr : *« Puis-je venir ? — Mais comment donc ! »* ◆ **n.m. inv.** Manière dont une chose se fait ou s'est faite : *Chercher à connaître les pourquoi et les comment du réchauffement climatique.*

COMMENTAIRE n.m. (lat. *commentarius*). **1.** Exposé qui explique, interprète, apprécie un texte, une œuvre : *Un commentaire du « Gardien » de Pinter.* **2.** Ensemble d'observations, de remarques sur une information, des événements, faites dans la presse, les médias : *Sa mise en examen suscite de nombreux commentaires.* **3.** (Surtout pl.). Propos désobligeants : *Les commentaires vont bon train sur sa bévue.*

COMMENTATEUR, TRICE n. 1. Personne qui fait un commentaire, spécial. à la radio, à la télévision. **2.** Auteur d'un commentaire sur un texte historique, littéraire, etc.

COMMENTER v.t. [3] (du lat. *commentari,* réfléchir). **1.** Faire un commentaire sur une information, un événement : *Commenter l'actualité, un match.* **2.** Faire le commentaire d'une œuvre.

COMMÉRAGE n.m. Fam. (Surtout pl.). Propos médisants ; bavardage de commère ; ragot.

COMMERÇANT, E n. Personne dont la profession est de faire du commerce ; marchand ; négociant : *Les commerçants du quartier.* ◆ **adj. 1.** Où se trouvent de nombreux commerces : *Quartier commerçant.* **2.** Qui sait habilement vendre des articles ou des services : *Un voyagiste très commerçant.*

COMMERCE n.m. (lat. *commercium,* de *merx, mercis,* marchandise). **1.** Activité qui consiste en l'achat et la vente de marchandises ou en la vente de services : *Faire du commerce avec l'étranger. Ce modèle n'est pas encore dans le commerce.* **2.** Secteur de la vente, de la distribution des produits finis : *Le petit commerce.* **3.** Établissement commercial ; fonds de commerce : *Il va ouvrir un commerce de matériel de bureau.* **4.** Litt. Relation avec qqn : *Être d'un commerce agréable.* ▪ **Acte de commerce** [dr.], acte régi par un ensemble de lois *(Code de commerce)*, dont l'application et l'interprétation relèvent d'une juridiction particulière *(tribunal de commerce)*. ▪ **Commerce électronique,** mode de distribution de produits et de services par l'intermédiaire du site Web des entreprises. (On dit aussi *commerce, vente en ligne.*) ▪ **Commerce équitable,** échanges commerciaux fondés sur une solidarité Nord-Sud, les consommateurs du Nord acceptant d'acheter des marchandises à des prix permettant aux producteurs du Sud d'améliorer leurs conditions de vie et de travail, tout en favorisant le développement durable. ▪ **Livre(s) de commerce** [dr.], registre(s) de comptabilité.

COMMERCER v.t. ind. [9] (AVEC). Faire du commerce avec qqn, une entreprise, un pays.

COMMERCIAL, E, AUX adj. 1. Relatif au commerce : *La valeur commerciale d'un objet* ; qui s'en occupe : *Adressez-vous au service commercial.* **2.** Qui fait vendre : *Un argument, un geste commercial.* **3.** Péjor. Qui vise le public le plus large, sans grand souci de la qualité : *Film commercial.* ◆ **n.** Personne appartenant aux services commerciaux d'une entreprise. ◆ **n.m.** ▪ **Le commercial,** l'ensemble des services commerciaux d'une entreprise.

COMMERCIALE n.f. Voiture automobile facilement aménageable pour le transport de marchandises (type break, par ex.).

COMMERCIALEMENT adv. Du point de vue du commerce, de la vente.

COMMERCIALISABLE adj. Qui peut être commercialisé.

COMMERCIALISATION n.f. Action de commercialiser.

COMMERCIALISER v.t. [3]. Mettre sur le marché : *Commercialiser un vaccin.*

COMMÈRE n.f. (du lat. ecclés. *commater*, marraine). Femme bavarde, qui propage les nouvelles partout.

COMMÉRER v.i. [11], ▲ *[11*]*. Fam., vieilli. Faire des commérages.

COMMETTAGE n.m. MAR. Assemblage de fils, de torons tordus ensemble pour former un cordage ; manière dont cette torsion est opérée.

COMMETTANT n.m. DR. COMM. Personne qui en charge une autre (le *commissionnaire*) d'exécuter certains actes pour son compte.

COMMETTRE v.t. [64] (lat. *committere*). **1.** Se rendre coupable d'un acte répréhensible ou malencontreux : *Commettre une erreur.* **2.** Fam. ou par plais. Être l'auteur d'un texte irrespectueux ou critiquable : *C'est lui qui a commis ce pamphlet.* **3. DR.** Nommer à une fonction ou pour une tâche déterminée : *Avocat commis d'office à la défense d'un accusé.* ◆ **SE COMMETTRE v.pr. (AVEC).** Litt. Entretenir des relations compromettantes ou déshonorantes avec.

COMMINATOIRE adj. (du lat. *comminari*, menacer). **1.** Litt. Qui a le caractère d'une menace : *Un courriel comminatoire.* **2. DR.** Qui est destiné à faire pression sur le débiteur : *Une mesure comminatoire.*

COMMINUTIF, IVE adj. (du lat. *comminuere*, mettre en pièces). **MÉD.** ▪ **Fracture comminutive,** qui comporte plusieurs fragments osseux.

COMMIS n.m. (de *commettre*). **1.** Employé subalterne, dans un bureau, un commerce : *Commis de boucherie.* **2.** Anc. Valet de ferme. ▪ **Commis voyageur** [vieilli], représentant de commerce. ▪ **Grand commis de l'État,** haut fonctionnaire.

COMMISÉRATION n.f. (lat. *commiseratio*). Sout. Sentiment de compassion à l'égard des malheurs d'autrui ; apitoiement.

COMMISSAIRE n. (du lat. *committere*, donner à exécuter). **1.** Personne chargée d'une mission temporaire : *La commissaire d'une cérémonie.* **2. SPORTS.** Personne qui vérifie la régularité d'une épreuve : *Les commissaires de course.* **3.** Membre d'une administration chargé de certaines tâches ; membre d'une commission. ▪ **Commissaire aux comptes,** personne qui contrôle et certifie la régularité des écritures comptables d'une société. ▪ **Commissaire de l'armée de terre, de l'air, de la marine,** officier chargé de l'administration et de la gestion dans ces armées. ▪ **Commissaire de police,** fonctionnaire de la police nationale encadrant des officiers de police et des gardiens de la paix. ▪ **Commissaire (d'exposition),** personne chargée d'organiser une exposition artistique (SYN. **curateur**). ▪ **Commissaire du gouvernement** [vieilli], rapporteur public. ▪ **Commissaire européen,** membre de la Commission européenne exerçant, au sein d'un collège, les compétences attribuées par les traités à cette dernière. ◆ **n.m. HIST.** ▪ **Commissaire du peuple,** fonctionnaire ayant pouvoir de ministre, au début de la Russie soviétique puis en URSS (jusqu'en 1946).

COMMISSAIRE-PRISEUR n.m. (pl. *commissaires-priseurs*). Officier ministériel chargé de l'estimation et de la vente d'objets mobiliers dans les ventes aux enchères publiques.

COMMISSARIAT n.m. 1. Ensemble des locaux où sont installés les services d'un commissaire de police. **2.** Qualité, fonction de commissaire. **3. MIL.** Service de l'armée de terre, de l'air et de la marine chargé de missions de logistique (administration, gestion).

COMMISSION n.f. (du lat. *committere*, confier). **1.** Message que l'on confie à qqn : *Je lui ferai la commission* ; service que l'on rend : *Je vous charge de cette commission.* **2.** Ensemble de personnes désignées par une assemblée, une autorité, pour remplir une mission déterminée : *Nommer une commission d'enquête.* **3. DR.** Attribution d'une charge, d'une fonction par une autorité, une administration. **4. DR. COMM.** Mission, définie par contrat, donnée par un commettant à un commissionnaire ; ce contrat. **5.** Pourcentage que l'on laisse à un intermédiaire dans une transaction qu'il a aidé à conclure : *Commissions occultes.* **6.** Coût d'une opération de banque. **7. DR.** Fait de commettre volontairement un acte répréhensible. ▪ **Commission d'office** [dr.], désignation d'un avocat, par le bâtonnier ou le président du tribunal, pour défendre une personne mise en examen. ▪ **Commission parlementaire,** spécialisée dans un domaine et chargée d'assurer la préparation des décisions des assemblées *(commission permanente)* ou d'instruire une question particulière *(commission spéciale)*. ▪ **Commission rogatoire** [dr.], acte par lequel un juge d'instruction charge un autre juge ou un officier de police judiciaire de procéder en son nom à certaines mesures d'instruction. ◆ **n.f. pl.** Achats quotidiens : *Faire les commissions.*

COMMISSIONNAIRE n. DR. COMM. Intermédiaire commercial, qui agit pour le compte de son client, le *commettant*. ▪ **Commissionnaire en douane,** intermédiaire qui accomplit pour son client les formalités de douane.

COMMISSIONNER v.t. [3]. DR. 1. Donner une commission à qqn, et spécial. une charge, un mandat. **2.** Donner commission à un commissionnaire pour vendre, acheter.

COMMISSOIRE adj. (du lat. *committere*, rendre exécutoire). **DR.** ▪ **Pacte commissoire,** contrat dont une clause prévoit la résolution de plein droit en cas d'inexécution.

COMMISSURAL, E, AUX adj. Relatif à une commissure.

COMMISSURE n.f. (lat. *commissura*). **ANAT.** Région où se joignent deux parties d'un organe, d'un élément anatomique : *Commissure des lèvres, d'une valvule cardiaque.*

COMMISSUROTOMIE n.f. Agrandissement chirurgical de la valvule mitrale par section des commissures entre ses valves.

COMMODAT n.m. (du lat. *commodare*, prêter). **DR.** Prêt d'un objet non consomptible qui doit être restitué après usage.

1. COMMODE adj. (lat. *commodus*). **1.** Qui convient à l'usage que l'on veut en faire : *Cet ustensile est vraiment commode.* **2.** Qui se fait facilement : *La mise en page est très commode avec ce logiciel.* ▪ **Ce serait trop commode** [fam.], se dit à qqn qui cherche à se soustraire à ses obligations. ▪ **Pas ou peu commode,** se dit de qqn qui a un caractère difficile.

2. COMMODE n.f. (de *armoire commode*). Meuble bas de rangement, à tiroirs superposés. ➲ Création du XVIIe s.

COMMODÉMENT adv. De façon agréable, confortable : *Commodément assis sur le divan.*

COMMODITÉ n.f. Qualité de ce qui est commode, pratique, agréable : *La commodité des transports en commun.* ◆ **n.f. pl.** Litt. Ce qui rend la vie plus facile ; éléments de confort : *Disposer de toutes les commodités.*

COMMODO n.m. (nom déposé). Combinateur de la marque de ce nom.

COMMODORE n.m. (mot angl.). Officier de certaines marines étrangères, d'un rang supérieur à celui de capitaine de vaisseau.

COMMOTION n.f. (lat. *commotio*). **1.** Violent ébranlement physique ; perturbation d'un organe, consécutive à un choc, sans atteinte irréversible : *Commotion cérébrale.* **2.** Bouleversement dû à une émotion violente ; traumatisme. **3.** Fig., litt. Violente perturbation sociale ou politique.

COMMOTIONNER v.t. [3]. Frapper de commotion ; bouleverser.

COMMUABLE adj. Qui peut être commué.

COMMUER v.t. [3] (lat. *commutare*). **DR. PÉN.** Changer une peine en une peine moindre.

1. COMMUN, E adj. (lat. *communis*). **1.** Qui appartient à plusieurs, à tous ; qui concerne le plus grand nombre : *La salle commune de la mairie. Intérêt commun.* **2.** Qui est fait conjointement, à plusieurs : *Un dictionnaire est une œuvre commune.* **3.** Qui est ordinaire, banal : *Porter un parfum commun* ; qui se rencontre fréquemment : *Une blessure commune chez les sportifs.* **4.** Dépourvu d'élégance, de distinction ; vulgaire. ▪ **En commun,** à la disposition d'une communauté : *Mettre ses gains en commun.* ▪ **Lieu commun,** idée rebattue ; banalité. ▪ **Nom commun** [gramm.], qui s'applique à un être, une chose considérés comme appartenant à une catégorie générale (par oppos. à *nom propre*). ▪ **Sans commune mesure,** sans comparaison possible. ▪ **Transports en commun,** ensemble des moyens de transports collectifs mis au service de la population.

2. COMMUN n.m. Vx, péjor. Le bas peuple. ▪ **Le commun** [vieilli], le plus grand nombre : *Le commun des lecteurs aime ce genre de roman.* ▪ **Le commun des mortels,** tout un chacun ; n'importe qui. ◆ **n.m. pl.** Ensemble des bâtiments d'une grande maison, d'un château, réservés au service (cuisine, écuries, etc.) ; dépendances.

COMMUNAL, E, AUX adj. Qui appartient à une commune ; qui la concerne : *Un chemin communal.* ▪ **Collège communal** [Belgique], collège formé du bourgmestre, des échevins et du président du CPAS. ▪ **Conseil communal** [Belgique], conseil municipal. ▪ **École communale** [vieilli], école primaire. ▪ **Maison communale** [Belgique], mairie.

COMMUNALE n.f. Fam., vieilli. ▪ **La communale,** l'école communale.

COMMUNALISATION n.f. Action de communaliser.

COMMUNALISER v.t. [3]. Mettre sous la dépendance de la commune.

COMMUNARD, E n. et adj. HIST. Partisan, acteur de la Commune de Paris, en 1871.

COMMUNAUTAIRE adj. 1. Qui relève d'une communauté ; collectif : *Le réfectoire est un local communautaire.* **2.** Qui a trait à l'Union européenne : *La politique communautaire.* **3.** Belgique. Relatif aux Communautés composant l'État fédéral. ▪ **Site communautaire,** site Web conçu pour qu'une communauté d'internautes ayant les mêmes centres d'intérêt échange des contenus. ◆ **n.** Citoyen de l'Union européenne.

▲ **commode** d'époque transition Louis XV-Louis XVI, estampillée Lannuier.

a b c d e f g h i j k l m n o p q r s t u v w x y z

COMMUNAUTARISATION n.f. **1.** DR. Gestion en commun par plusieurs États des espaces maritimes qui les bordent et des ressources qu'ils contiennent. **2.** Mode de fonctionnement des institutions de l'Union européenne reposant sur le monopole de l'initiative dévolu à la Commission, sur le vote à la majorité qualifiée du Conseil, sur le rôle actif du Parlement et sur l'interprétation du droit de l'Union européenne par la Cour de justice.

COMMUNAUTARISER v.t. [3]. Belgique. Transférer une compétence politique aux Communautés du pays.

COMMUNAUTARISME n.m. SOCIOL. **1.** Toute conception faisant prévaloir l'organisation de la société en communautés sur l'exigence d'assimilation des individus selon des règles et un modèle équivalents pour tous. **2.** Tendance du multiculturalisme américain qui met l'accent sur la fonction sociale des organisations communautaires (ethniques, religieuses, sexuelles, etc.).

COMMUNAUTARISTE adj. et n. Relatif au communautarisme ; qui en est partisan.

COMMUNAUTÉ n.f. (de *communal*). **1.** Groupe social ayant des caractères, des intérêts communs ; ensemble des habitants d'un même lieu, d'un même État : *La communauté nationale.* **2.** Ensemble de pays unis par des liens économiques, politiques, etc. : *La Communauté européenne.* **3.** (Avec une majuscule). Entité politique et administrative de l'État fédéral belge, fondée sur un principe de solidarité linguistique et culturelle, qui est autonome et compétente dans les matières culturelles, l'enseignement, l'emploi des langues, ainsi que dans les matières dites *personnalisables* (politique de santé, aide aux personnes). ➲ La Belgique comprend trois Communautés : française, flamande et germanophone. **4.** Groupement spontané de personnes cherchant à échapper au système social et politique : *Vivre en communauté, dans une communauté.* **5.** Société de religieux ou de laïques soumis à une règle commune. **6.** État, caractère de ce qui est commun à plusieurs personnes ; analogie : *Une communauté de points de vue.* **7.** DR. Régime matrimonial légal des époux mariés sans contrat ; ensemble des biens acquis pendant le mariage. **8.** ÉCOL. Biocénose. ▪ **Communauté autonome,** division administrative de l'Espagne, correspondant approximativement aux anciennes régions historiques. ▪ **Communauté d'agglomération,** en France, établissement public regroupant plusieurs communes qui forment un ensemble de plus de 50 000 hab., autour d'une ou de plusieurs communes de plus de 15 000 hab. ▪ **Communauté de communes,** en France, établissement public regroupant plusieurs communes totalisant moins de 50 000 hab. ▪ **Communauté thérapeutique** [psychiatr.], institution psychiatrique qui privilégie l'intensification des relations entre soignants et soignés comme principal instrument thérapeutique. ▪ **Communauté urbaine,** en France, établissement public regroupant plusieurs communes devant totaliser au moins 500 000 hab.

COMMUNAUX n.m. pl. Terrains appartenant à une commune.

COMMUNE n.f. (du lat. pop. **communia*, réunion). **1.** Collectivité territoriale administrée par un maire assisté d'un conseil municipal. **2.** HIST. Association des bourgeois d'une même ville, d'un même bourg, jouissant d'une certaine autonomie. ▪ **Chambre des communes,** ou **Communes, n.f. pl.,** v. partie n.pr. ▪ **Commune populaire,** organisme de la Chine populaire, créé en 1958, qui regroupait plusieurs villages en vue d'exploiter collectivement les terres. ➲ Après 1978, le retour à l'exploitation familiale du sol a entraîné leur démantèlement. ▪ **La Commune de Paris,** v. partie n.pr.

COMMUNÉMENT adv. Ordinairement ; généralement : *Une idée communément admise.*

COMMUNIANT, E n. CHRIST. Personne qui communie ou qui fait sa première communion.

COMMUNICABLE adj. Qui peut être communiqué, transmis.

1. COMMUNICANT, E adj. Se dit d'une chose qui communique avec une autre : *Vases communicants. Des chambres communicantes.*

2. COMMUNICANT, E n. Communicateur.

COMMUNICATEUR, TRICE n. Personne douée pour la communication médiatique (SYN. **2. communicant**).

COMMUNICATIF, IVE adj. **1.** Qui se transmet facilement aux autres : *Bâillement communicatif.* **2.** Qui exprime volontiers ses pensées, ses sentiments : *Un enfant communicatif.*

COMMUNICATION n.f. **1.** Action de communiquer, d'établir une relation avec autrui : *Sa gentillesse rend la communication plus facile.* **2.** Action de transmettre qqch à qqn ; message transmis : *Nous attendons la communication de vos coordonnées.* **3.** Exposé fait devant un groupe, dans un congrès : *La championne doit faire une communication à la presse.* **4.** Fait pour qqn, une entreprise d'informer et de promouvoir son activité auprès du public, d'entretenir son image, par tout procédé médiatique. Abrév. (fam.) **com. 5.** Liaison entre deux choses : *Les communications sont coupées* ; passage entre deux lieux : *Porte de communication.* ▪ **Communication de masse,** ensemble des moyens et des techniques permettant la diffusion de messages écrits ou audiovisuels auprès d'un public plus ou moins vaste et hétérogène. ▪ **Communication (téléphonique),** liaison et conversation par téléphone : *Prendre, recevoir une communication.*

COMMUNICATIONNEL, ELLE adj. Qui concerne la communication, les communications de masse.

COMMUNIER v.i. [5] (du lat. ecclés. *communicare*, partager). **1.** CHRIST. Recevoir la communion, le sacrement de l'eucharistie. **2.** Être en parfait accord d'idées ou de sentiments : *Ils communient dans le même idéal de justice.*

COMMUNION n.f. (lat. ecclés. *communio*). **1.** Union dans une même foi : *La communion des fidèles.* **2.** Parfait accord d'idées, de sentiments, etc. : *Être en communion avec qqn.* **3.** CHRIST. Réception du sacrement de l'eucharistie ; partie de la messe où l'on communie ; antienne chantée à ce moment. ▪ **Communion des saints,** communauté spirituelle de tous les chrétiens vivants et morts. ▪ **Communion solennelle** [cath., vieilli], profession de foi.

COMMUNIQUÉ n.m. Avis transmis par voie officielle ; information émanant d'une instance, d'une autorité, et diffusée par les médias : *Une bataille de communiqués entre ministres.*

COMMUNIQUER v.t. [3] (lat. *communicare*). **1.** Faire passer qqch d'un objet à un autre, d'une personne à une autre : *Le Soleil communique sa chaleur à la Terre. Cet artisan communique son savoir-faire à ses apprentis.* **2.** Faire savoir qqch à qqn : *Il te communiquera sa décision.* ◆ **v.t. ind. 1.** (AVEC). Être relié par un passage, une ouverture : *Le garage communique avec la chaufferie.* **2.** (AVEC). Être en relation avec qqn : *Elle communique avec moi par courriel.* **3.** Absol. Entrer en contact : *Il a beaucoup de mal à communiquer.* **4.** (SUR). Faire connaître au public par l'intermédiaire des médias : *La ministre communiquera sur cet accord.*

COMMUNISANT, E adj. et n. Qui sympathise avec le Parti communiste.

COMMUNISME n.m. (de *1. commun*). Doctrine prônant l'abolition de la propriété privée au profit de la propriété collective, et, notamm., la collectivisation des moyens de production et la répartition des biens de consommation selon les besoins de chacun ; état correspondant de la société. ▪ **Communisme primitif,** état des sociétés primitives, caractérisé par l'absence de propriété privée, selon le marxisme.

➲ Marx et Engels sont les penseurs qui établirent la distinction entre **COMMUNISME** et socialisme, que la IIIe Internationale, dite « Internationale communiste », officialisa en 1919. Après une phase d'expansion internationale (1945-1980), le communisme est entré à la fin des années 1990 dans une phase de recul, consacrée par la disparition de l'URSS et de ses pays satellites. La Chine demeure le plus grand pays communiste du monde. (V. partie n.pr. **INTERNATIONALE**.)

COMMUNISTE adj. et n. Relatif au communisme ; qui en est partisan. ◆ **n.** Membre d'un parti communiste.

COMMUNITY MANAGER [kɔmjynitimanadʒœr] **n.m.** (mot angl. « gestionnaire de communauté »). Personne dont le métier consiste à fédérer et animer des communautés d'internautes pour le compte d'une entreprise, d'une marque, etc., dans le but d'attirer de nouveaux clients et de les fidéliser.

COMMUTABLE adj. MATH. Se dit de deux éléments qui commutent.

COMMUTATEUR n.m. **1.** Appareil servant à modifier les connexions de un ou plusieurs circuits électriques. **2.** TÉLÉCOMM. Équipement permettant d'aiguiller chaque appel vers son destinataire et d'établir une liaison temporaire entre des lignes d'abonnés au téléphone.

COMMUTATIF, IVE adj. **1.** MATH. Se dit d'une opération dont le résultat ne change pas si l'on change l'ordre des termes (ou des facteurs). **2.** LING. Relatif à une commutation. ▪ **Anneau, corps commutatif** [math.], anneau, corps dont la seconde opération (la multiplication) est commutative. ▪ **Groupe commutatif** [math.], groupe dont l'opération est commutative (SYN. **groupe abélien**). ▪ **Justice commutative** [philos.], échange de droits et de devoirs fondé sur l'égalité des personnes (par oppos. à *justice distributive*).

COMMUTATION n.f. **1.** Action de commuter ou de commuer ; son résultat. **2.** LING. Remplacement d'un élément linguistique par un autre de même niveau (phonique, morphologique), afin de dégager des distinctions pertinentes. **3.** TÉLÉCOMM. Établissement d'une connexion temporaire entre des voies de transmission, partic. des lignes téléphoniques.

COMMUTATIVITÉ n.f. Propriété d'une opération mathématique commutative.

COMMUTATRICE n.f. ÉLECTROTECHN. Anc. Machine qui servait à transformer du courant alternatif en courant continu, ou inversement.

COMMUTER v.i. [3] (du lat. *commutare*, échanger). **1.** MATH. Pour deux éléments d'un ensemble sur lequel a été définie une loi de composition interne (notée $\top$), vérifier la relation : $a \top b = b \top a$. **2.** LING. Pouvoir subir une commutation. ◆ **v.t.** LING. Faire subir une commutation à. ▪ **Commuter un circuit** [électrotechn.], transférer un courant électrique d'un circuit à un autre.

COMORBIDITÉ n.f. (angl. *comorbidity*). MÉD. Association de deux maladies, psychiques ou physiques, fréquemment observée dans la population (sans causalité établie, contrairement aux *complications*) ; état qui en résulte : *L'obésité et l'arthrose de la hanche présentent une comorbidité.*

COMORIEN, ENNE adj. et n. Des Comores ; de leurs habitants.

COMOURANTS n.m. pl. DR. Personnes décédées dans un même accident, alors qu'elles étaient susceptibles de se succéder réciproquement.

COMPACITÉ n.f. Qualité de ce qui est compact.

COMPACT, E [kɔ̃pakt] adj. (lat. *compactus*). **1.** Dont les parties sont très serrées, étroitement liées : *Bois compact. Pâte compacte.* **2.** Dont les éléments sont très rapprochés : *Foule compacte.* **3.** Qui est d'un faible encombrement : *Appareil de photo compact.* ▪ **Disque compact,** ou **compact, n.m.,** disque à lecture laser, de faible diamètre mais de grande capacité, sur lequel sont enregistrés sous forme numérique des sons (*disque audionumérique* ou *audio*), des images (*disque vidéo*) et des textes, des images et des sons (*CD-ROM* ou *disque optique compact*). ▪ **Ski compact,** ou **compact, n.m.,** ski court (1,50 à 2 m), assez large et très maniable. ◆ **n.m. 1.** Appareil de photo compact. **2.** Disque compact. **3.** Ski compact.

COMPACTAGE n.m. **1.** TRAV. PUBL. Opération qui a pour but de tasser un sol et d'en accroître la densité. **2.** Compression maximale des ordures ménagères mises en décharge. **3.** INFORM. Réduction par codage de la longueur de données, sans perte d'information.

COMPACT DISC n.m. (nom déposé). Disque numérique de 12 cm de diamètre à lecture par laser. (On dit aussi cour. *disque compact*, *compact* ou, par abrév., *CD*.) ▪ **Compact Disc interactif (CD-I),** disque conçu pour l'exploitation interactive des informations (sons, images, textes) et destiné à être lu sur un téléviseur. ▪ **Compact Disc vidéo (CDV),** disque compact sur lequel sont enregistrés des films restituables sur un téléviseur.

COMPACTE n.f. Automobile de catégorie intermédiaire entre la citadine et la routière.

COMPACTER v.t. [3]. Soumettre à un compactage.

COMPACTEUR n.m. Engin de travaux publics utilisé pour compacter un sol.

COMPAGNE n.f. → **2. COMPAGNON.**

COMPAGNIE n.f. (lat. pop. **compania*, de *cum*, avec, et *panis*, pain). **1.** Présence d'une personne, d'un animal auprès de qqn : *Fuir la compagnie des snobs* ; cette personne, cet animal : *Un chien est une excellente compagnie.* **2.** Réunion de personnes : *Il sait amuser la compagnie.* **3.** Association de personnes réunies pour une œuvre commune ou liées par des statuts communs : *Compagnie de ballet.* **4.** Société commerciale : *Compagnie d'assurances.* **5. MIL.** Unité élémentaire de l'infanterie autref. à pied, commandée par un capitaine. **6. ZOOL.** Bande non organisée d'animaux de même espèce : *Compagnie de sangliers, de perdreaux.* **7.** Fanfare sonnée pendant une chasse à courre à la vue d'un animal. ▪ **Compagnies républicaines de sécurité (CRS),** en France, forces mobiles de police créées en 1945 et chargées du maintien de l'ordre. ▪ **Dame, demoiselle de compagnie,** personne dont la fonction est de tenir compagnie à une autre. ▪ **De bonne, de mauvaise compagnie,** dont la présence est agréable, désagréable. ▪ **En compagnie de,** auprès de ; avec. ▪ **... et compagnie,** s'ajoute à une raison sociale, après l'énumération des associés nommés. Abrév. **et Cie** ; fig., et autres choses du même genre. ▪ **Fausser compagnie à qqn,** le quitter brusquement. ▪ **Tenir compagnie à qqn,** rester auprès de lui.

1. COMPAGNON n.m. **1.** Membre d'un compagnonnage. **2.** Dans certains métiers, ouvrier qui a terminé son apprentissage et travaille pour un maître, ou patron, avant de devenir maître à son tour.

2. COMPAGNON, COMPAGNE n. **1.** Personne qui accompagne qqn : *Compagnons de voyage.* **2.** Personne qui partage la vie d'une autre. **3.** Musulman, musulmane contemporain de Mahomet et l'ayant côtoyé. ▪ **Compagnon de route** [hist.], personne proche du Parti communiste sans en être membre.

COMPAGNONNAGE n.m. **1.** Association entre ouvriers d'une même profession à des fins d'instruction professionnelle et morale, et d'assistance mutuelle ; ensemble de ces associations. **2.** Anc. Temps pendant lequel l'ouvrier sorti d'apprentissage travaillait comme compagnon chez son patron.

➲ Le **COMPAGNONNAGE**, nommé *Devoir* jusqu'au XVIIe s., remonte au Moyen Âge. À peine toléré sous l'Ancien Régime, il fut combattu par la Révolution (loi Le Chapelier, 1791) et marqué par des scissions. Quel que fût le rituel d'initiation auquel il était soumis, le compagnon, reçu après avoir présenté son *chef-d'œuvre*, devait accomplir un *tour de France*.

COMPAGNONNIQUE adj. Relatif au compagnonnage.

COMPARABILITÉ n.f. Caractère de ce qui est comparable.

COMPARABLE adj. **1.** Qui peut être comparé à : *Cette fleur est comparable à la violette.* **2.** Peu différent ; analogue : *Dans des circonstances comparables, nous avons agi autrement.*

COMPARAISON n.f. **1.** Action de comparer des personnes ou des choses : *Établir une comparaison entre deux athlètes, deux romans.* **2. STYL.** Figure établissant de manière explicite une relation de similitude entre deux objets. ▪ **Degré de comparaison** → **DEGRÉ.** ▪ **En comparaison de,** relativement à ; par rapport à. ▪ **Par comparaison,** si l'on compare à autre chose : *Ce travail est merveilleux par comparaison avec ce qu'il faisait avant.* ▪ **Sans comparaison,** incomparable.

COMPARAÎTRE, ▲ *COMPARAITRE* v.i. [71] (du lat. *comparere*, se montrer). Se présenter sur convocation devant un juge ou un tribunal : *Tous les accusés ont comparu.*

COMPARANT, E adj. et n. Qui comparaît devant un tribunal.

COMPARATEUR n.m. **1. MÉTROL.** Instrument de précision utilisé pour comparer la dimension d'une pièce à celle d'un étalon. **2.** Site Internet qui analyse les offres de prix pour un produit recherché et en présente le classement à ses visiteurs.

COMPARATIF, IVE adj. Qui établit une comparaison : *Publicité comparative.* ◆ **n.m. GRAMM.** Degré de comparaison des adjectifs et des adverbes, qui exprime une qualité égale, supérieure ou inférieure (par oppos. à *superlatif*, à *positif*) : *« Meilleur » est le comparatif de supériorité de « bon ».*

COMPARATISME n.m. Ensemble des études de linguistique ou de littérature comparées.

COMPARATISTE adj. et n. Relatif au comparatisme ; qui en est spécialiste.

COMPARATIVEMENT adv. Par comparaison.

COMPARÉ, E adj. ▪ **Comparé à,** par comparaison avec. ▪ **Linguistique** ou **grammaire comparée,** branche de la linguistique qui étudie les rapports des langues entre elles. ▪ **Littérature comparée,** branche de l'histoire littéraire qui étudie les relations entre des littératures de différentes aires linguistiques et culturelles ; études littéraires dégageant les évolutions d'un genre, d'un thème ou d'un mythe.

COMPARER v.t. [3] (lat. *comparare*). **1.** Examiner deux ou plusieurs objets pour en établir les ressemblances et les différences : *Comparer une copie avec l'original. Comparer les prix.* **2.** Faire valoir une ressemblance, une analogie entre deux êtres ou deux choses : *Comparer l'arrivée des touristes à un raz de marée.* ◆ **SE COMPARER** v.pr. Se prêter à un rapprochement, à un parallèle : *Cette musique ne peut se comparer à aucune autre.*

COMPARSE n. (ital. *comparsa*). **1.** Personne qui joue un rôle mineur dans une affaire, notamm. une affaire délictueuse. **2. THÉÂTRE.** Comédien ou figurant qui joue un rôle muet ou peu important.

COMPARTIMENT n.m. (ital. *compartimento*, de *compartire*, partager). **1.** Chacune des divisions d'un objet, d'un meuble créée par des cloisons : *Le compartiment congélateur d'un réfrigérateur.* **2.** Division d'une surface par des lignes symétriques : *Les compartiments d'un damier.* **3.** Partie d'une voiture de chemin de fer que l'on a divisée par des cloisons.

COMPARTIMENTAGE n.m. ou **COMPARTIMENTATION** n.f. Action de compartimenter ; son résultat.

COMPARTIMENTER v.t. [3]. **1.** Diviser en compartiments : *Compartimenter un tiroir.* **2.** Fig. Diviser en catégories : *Éviter de compartimenter la société.*

COMPARUTION n.f. **DR.** Fait de comparaître en justice. ▪ **Comparution immédiate,** procédure pénale par laquelle un prévenu suspecté d'être l'auteur d'un délit est jugé dans un délai très court (en cas de flagrant délit, par ex.).

COMPAS n.m. (du lat. pop. **compassare*, mesurer avec le pas). **1.** Instrument de tracé ou de mesure composé de deux branches articulées à une extrémité. **2. MAR.** Instrument servant à indiquer une direction de référence relative à la surface de la Terre. ▪ **Avoir le compas dans l'œil** [fam.], évaluer correctement à l'œil une mesure. ▪ **Compas d'épaisseur,** instrument permettant de mesurer l'épaisseur d'un corps ou la dimension d'un évidement. ▪ **Compas gyroscopique** [mar.], gyrocompas. ▪ **Compas magnétique,** instrument indiquant la direction du nord magnétique.

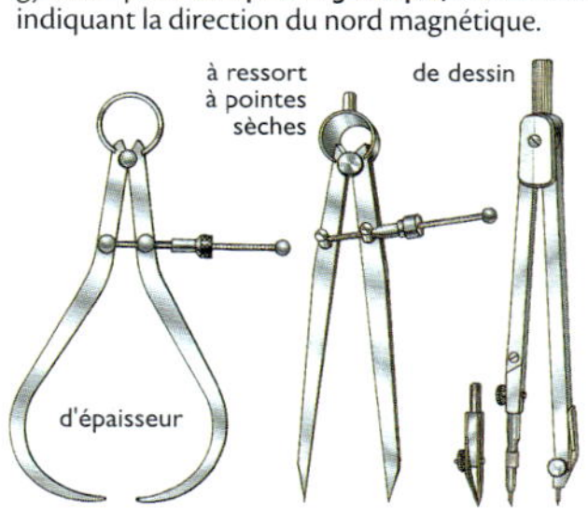

▲ **compas**

COMPASSÉ, E adj. Qui manque de spontanéité et de naturel ; guindé.

COMPASSION n.f. (lat. *compassio*, de *compati*, souffrir avec). Sentiment qui rend sensible aux souffrances d'autrui ; commisération.

COMPASSIONNEL, ELLE adj. **1.** Accordé à qqn par compassion : *Prescription médicale compassionnelle.* **2.** Destiné à provoquer la compassion : *Appel compassionnel d'une ONG.*

COMPATIBILITÉ n.f. Qualité, état de ce qui est compatible : *Compatibilité sanguine. Compatibilité d'un périphérique avec un ordinateur.*

COMPATIBLE adj. (lat. médiév. *compatibilis*, de *pati*, permettre). **1.** Qui peut s'accorder ou coexister avec autre chose : *Métier compatible avec la vie de famille.* **2. MÉD.** Qui provoque peu ou pas de rejet immunitaire de la part du sujet receveur, en parlant d'un tissu, d'un organe ou de celui chez qui ils sont prélevés : *Moelle, donneur compatibles.* ▪ **Événements compatibles** [math.], événements pouvant se produire simultanément. ▪ **Matériel compatible** [techn.], ordinateur, installation, appareil qui peuvent être connectés, sans interfaces, avec du matériel de nature différente ou obéissant à des spécifications différentes. ◆ **n.m.** Ordinateur compatible.

COMPATIR v.t. ind. [21] (À) [lat. *compati*]. S'associer à la souffrance de qqn : *Nous compatissons à votre peine.*

COMPATISSANT, E adj. Qui manifeste de la compassion.

COMPATRIOTE n. Personne du même pays, de la même région qu'une autre ; concitoyen.

COMPENDIEUSEMENT adv. Vx. Succinctement.

COMPENDIEUX, EUSE adj. (de *compendium*). Vx. Qui est dit en peu de mots.

COMPENDIUM [kɔ̃pɛ̃djɔm] n.m. (mot lat. « abréviation »). Vx. Résumé d'une science, d'une doctrine.

COMPENSABLE adj. Qui peut être compensé : *Une perte compensable.* ▪ **Chèque compensable,** susceptible de passer par une chambre de compensation.

COMPENSATEUR, TRICE adj. Qui fournit une compensation : *Un repos compensateur.* ▪ **Balancier compensateur** [horlog.], qui conserve une période constante malgré les variations de température.

COMPENSATION n.f. **1.** Action de compenser un préjudice, un inconvénient ; ce qui compense ; indemnité : *Les éleveurs ont obtenu des compensations aux pertes causées par cette épidémie.* **2. BANQUE.** Opération par laquelle les achats et les ventes se règlent au moyen de virements réciproques, sans déplacement de titres ni d'argent ; système de règlement des échanges internationaux se caractérisant par des paiements en nature et non en devises. **3. DR.** Mode d'extinction de deux obligations réciproques. **4. MÉD.** Phénomène par lequel un organe ou l'organisme tout entier amortit les conséquences d'un trouble, d'une maladie. **5. PSYCHOL.** Action de compenser un sentiment de manque, de frustration. ▪ **Chambre de compensation** [banque], lieu de réunion des représentants des banques, où ceux-ci s'échangent les effets et les chèques qu'ils sont chargés de recouvrer pour leur propre compte ou pour le compte de leurs clients.

COMPENSATOIRE adj. Qui constitue une compensation : *Prestation compensatoire.*

COMPENSÉ, E adj. **MÉD.** Se dit d'une lésion, de troubles atténués ou neutralisés grâce à un traitement ou à une réaction de l'organisme : *Diabète compensé.* ▪ **Semelles compensées,** formant un seul bloc avec le talon.

COMPENSER v.t. [3] (du lat. *compensare*, contrebalancer). **1.** Équilibrer un effet par un autre ; neutraliser un inconvénient par un avantage : *Une prime compensera les heures de travail supplémentaires.* **2.** Retrouver un équilibre affectif en développant des conduites perçues comme faisant contrepoids à des déficiences : *Compenser son mal-être en mangeant des sucreries.* ▪ **Compenser les dépens** [dr.], mettre à la charge de chaque partie les frais de procédure lui incombant. ▪ **Compenser un compas** [mar.], réduire sa déviation aux différents caps. ◆ **SE**

COMPENSER v.pr. S'équilibrer ; se neutraliser : *Avantages et inconvénients se compensent.*

COMPÉRAGE n.m. Vieilli. Entente secrète entre deux ou plusieurs personnes visant à en tromper d'autres ; connivence.

COMPÈRE n.m. (du lat. ecclés. *compater*, parrain). **1.** Personne qui est de connivence avec une autre pour tromper : *Le camelot fit un signe à son compère.* **2.** Fam., vieilli. Camarade ; compagnon.

COMPÈRE-LORIOT n.m. (pl. *compères-loriots*). Cour. Orgelet.

COMPÉTENCE n.f. (lat. *competentia*). **1.** Capacité reconnue en telle ou telle matière, et qui donne le droit d'en juger : *Prouver ses compétences dans tel domaine.* **2.** DR. Aptitude d'une autorité à effectuer certains actes, d'une juridiction à connaître d'une affaire, à la juger : *Ce litige est de la compétence du tribunal de commerce.* **3.** LING. Système de règles intériorisé par les sujets parlant une langue. **4.** HYDROL. Aptitude d'un cours d'eau à déplacer des éléments d'une taille donnée. ▪ **Compétence liée** [dr.], celle qui, pour l'Administration, s'exerce dans les limites de la loi, qui en fixe le contenu et la nécessité (par oppos. à *compétence discrétionnaire*).

COMPÉTENT, E adj. (lat. *competens*). **1.** Qui a des connaissances approfondies dans une matière et est capable d'en bien juger : *Être compétent en informatique, dans le domaine de la médecine.* **2.** DR. Qui a la compétence voulue pour juger d'une affaire : *Juge compétent.* **3.** DR. Qui a l'aptitude à effectuer certains actes : *Autorité compétente.*

COMPÉTITEUR, TRICE n. (lat. *competitor*). **1.** Personne qui, en même temps que d'autres, cherche à obtenir une charge, un emploi. **2.** Personne qui dispute un prix ; concurrent dans une épreuve (sportive, notamm.).

COMPÉTITIF, IVE adj. Qui peut affronter la concurrence : *Produit compétitif* ; où la concurrence peut jouer : *Secteur compétitif.*

COMPÉTITION n.f. (angl. *competition*, du lat.). **1.** Recherche, en même temps que d'autres, d'un poste, d'un titre, d'un avantage : *Homme politique contraint de se retirer de la compétition.* **2.** Épreuve sportive opposant plusieurs équipes ou concurrents. ▪ **En compétition,** en concurrence : *Les entreprises en compétition ont déposé un dossier.*

COMPÉTITIONNER v.i. [3]. Québec. **1.** Prendre part à une épreuve sportive : *Une équipe qui compétitionne avec, contre une autre.* **2.** Par ext. Être en compétition avec une personne, une entreprise ; se faire concurrence : *Journaux qui compétitionnent.*

COMPÉTITIVITÉ n.f. Capacité d'une entreprise à accroître ses parts de marché. ▪ **Compétitivité prix,** caractérisée par des prix inférieurs à ceux de la concurrence. ▪ **Compétitivité structurelle** ou **hors prix,** résultant de la qualité, du degré d'innovation, de la notoriété d'un produit.

COMPIL n.f. (abrév.). Fam. Compilation.

1. COMPILATEUR, TRICE n. Personne qui compile.

2. COMPILATEUR n.m. INFORM. Programme qui convertit en langage machine le code source d'un programme écrit en langage évolué.

COMPILATION n.f. **1.** Action de compiler ; ouvrage qui en résulte. **2.** Disque ou cassette présentant un choix de grands succès. Abrév. (fam.) **compil. 3.** Péjor. Ouvrage sans originalité, fait d'emprunts ; plagiat. **4.** INFORM. Traduction d'un programme par un compilateur.

COMPILER v.t. [3] (du lat. *compilare*, piller). **1.** Réunir des morceaux d'œuvres littéraires ou musicales pour en tirer un ouvrage, un disque. **2.** INFORM. Traduire en langage machine un programme établi en langage évolué. ▪ **Compiler des textes, des auteurs** [péjor.], les plagier.

COMPISSER v.t. [3]. Vx ou par plais. Arroser de son urine.

COMPLAINTE n.f. (de l'anc. fr. *se complaindre*, se lamenter). **1.** Chanson populaire de caractère plaintif sur un sujet tragique. **2.** DR. Action tendant à faire cesser un trouble de possession.

COMPLAIRE v.t. ind. [90], ▲ *il, elle complait* (À) [du lat. *complacere*, plaire beaucoup]. Litt. Se rendre agréable à qqn en s'accommodant à son goût, à son humeur, etc. : *Elle fait tout pour complaire à sa mère.* ◆ **SE COMPLAIRE** v.pr. (À, DANS). Trouver du plaisir, de la satisfaction dans tel ou tel état, telle ou telle activité : *Se complaire dans la solitude.*

COMPLAISAMMENT adv. Avec complaisance.

COMPLAISANCE n.f. **1.** Volonté d'être agréable, de rendre service ; serviabilité. **2.** Litt. Acte fait en vue de plaire, de flatter : *De coupables complaisances pour les tricheurs.* **3.** Indulgence excessive : *Complaisance d'un journal people envers les paparazzis.* **4.** Satisfaction de soi-même : *Il détaille avec complaisance son parcours professionnel.* ▪ **Certificat, attestation de complaisance,** délivrés à qqn qui n'y a pas droit. ▪ **De complaisance,** fait par politesse mais sans sincérité. ▪ **Pavillon de complaisance,** nationalité fictive donnée par un armateur à un navire pour échapper au fisc de son pays.

COMPLAISANT, E adj. **1.** Qui cherche à faire plaisir, à rendre service : *Des voisins complaisants.* **2.** Qui fait preuve d'une indulgence excessive : *Mari complaisant.* **3.** Qui dénote la satisfaction personnelle : *Prêter une oreille complaisante aux éloges.*

COMPLANTER v.t. [3]. AGRIC. **1.** Planter un terrain d'espèces différentes. **2.** Couvrir un terrain de plantations.

COMPLÉMENT n.m. (lat. *complementum*). **1.** Ce qu'il faut ajouter à une chose pour la rendre complète : *Voici 80 euros, je vous rendrai le complément demain. Un complément d'enquête.* **2.** LING. Mot ou proposition qui dépendent d'un autre mot ou d'une autre proposition et en complètent le sens. **3.** IMMUNOL. Ensemble de protéines du plasma sanguin et des tissus intervenant dans les réactions immunitaires non spécifiques. ▪ **Complément alimentaire,** produit à base de vitamines, de minéraux, etc., pouvant contenir des extraits de plantes, destiné à compléter une alimentation naturelle en vue d'améliorer le bien-être. ➲ Il est assimilé par la réglementation à un aliment et non à un médicament.

COMPLÉMENTAIRE adj. Qui vient s'ajouter à une chose de même nature pour former un tout : *Nous avons besoin d'informations complémentaires sur votre cas.* ▪ **Arcs** ou **angles complémentaires** [math.], arcs ou angles, au nombre de deux, dont la somme des mesures est 90° (ou $\pi/2$ radians). ▪ **Couleurs complémentaires** [opt.], ensemble d'une couleur primaire et d'une couleur dérivée dont le mélange optique produit le blanc (SYN. **1. binaire**). ➲ Le vert est la couleur complémentaire du rouge ; le violet, du jaune ; l'orangé, du bleu. ◆ n.m. ▪ **Complémentaire d'une partie $\bar{A}$ dans un ensemble E** [math.], partie $\bar{A}$ formée par les éléments de E qui n'appartiennent pas à A. ➲ On a : $A \cup \bar{A} = E$ et $A \cap \bar{A} = \emptyset$.

COMPLÉMENTARITÉ n.f. Caractère d'êtres, de choses complémentaires : *La complémentarité de deux joueurs.*

COMPLÉMENTATION n.f. MATH. Bijection de $\mathcal{P}(E)$, ensemble des parties de E sur lui-même qui, à une partie A de E, associe son complémentaire $\bar{A}$.

1. COMPLET, ÈTE adj. (du lat. *completus*, achevé). **1.** À quoi ne manque aucun élément constitutif : *Pain complet. La liste complète des participants.* **2.** Qui est entièrement réalisé : *Attendez l'arrêt complet du train.* **3.** Où il n'y a plus de place : *Parking complet.* **4.** Qui a toutes les qualités de son genre : *Artiste complet.* ▪ **Au (grand) complet,** sans que rien ni personne ne manque. ▪ **C'est complet !** [fam.], se dit quand un ultime ennui vient s'ajouter à une série de désagréments.

2. COMPLET n.m. Costume de ville masculin composé d'un veston, d'un pantalon et, souvent, d'un gilet coupés dans la même étoffe.

1. COMPLÈTEMENT adv. **1.** Dans sa totalité : *Le rez-de-chaussée est complètement inondé.* **2.** À un degré extrême : *Il est complètement fou.*

2. COMPLÈTEMENT n.m. Vieilli. Action de rendre complet. ▪ **Méthode, test de complètement** [psychol.], méthode, test projectifs consistant à faire compléter une phrase, un dessin, etc., inachevés.

COMPLÉTER v.t. [11], ▲ *[11*]*. Rendre complet en ajoutant ce qui manque : *Veuillez compléter votre réponse.* ◆ **SE COMPLÉTER** v.pr. **1.** Devenir complet : *Le dossier se complète peu à peu.* **2.** Former un tout homogène : *Témoignages qui se complètent.*

COMPLÉTIF, IVE adj. GRAMM. ▪ **Proposition complétive,** ou **complétive,** n.f., subordonnée, conjonctive ou infinitive, qui joue le rôle de complément d'objet, de sujet ou d'attribut de la proposition principale.

COMPLÉTION [-sjɔ̃] n.f. PÉTROLE. Ensemble des opérations qui précèdent et permettent la mise en production d'un puits de pétrole. ▪ **Complétion (automatique)** [inform.], fonctionnalité d'aide à la saisie (SMS, moteurs de recherche, notamm.) qui propose des mots commençant par les lettres initialement tapées.

COMPLÉTUDE n.f. LOG. Propriété d'une théorie déductive consistante où toute formule est décidable.

1. COMPLEXE adj. (du lat. *complexus*, qui contient). Qui se compose d'éléments différents, combinés d'une manière qui n'est pas immédiatement saisissable : *L'affaire est très complexe.* ▪ **Fonction complexe** [math.], qui prend ses valeurs dans le corps $\mathbb{C}$. ▪ **Nombre complexe** [math.], nombre pouvant s'écrire $x + iy$, où x et y sont des nombres réels et i un nombre imaginaire tel que $i^2 = -1$ (x est la partie réelle, y la partie imaginaire). ➲ L'ensemble $\mathbb{C}$ des nombres complexes, doté d'une loi d'addition et d'une loi de multiplication, a une structure de corps commutatif. Tout réel est un complexe.

2. COMPLEXE n.m. **1.** Ce qui est complexe : *Aller du simple au complexe.* **2.** Ensemble d'industries concourant à une production particulière : *Complexe pétrolier.* **3.** Ensemble d'installations groupées en fonction de leur utilisation : *Complexe hôtelier.* **4.** CHIM. Composé formé d'un ou de plusieurs atomes ou d'un ion central, génér. métallique, lié à un certain nombre d'ions ou de molécules. **5.** PSYCHAN. Ensemble de sentiments et de représentations partiellement ou totalement inconscients, pourvus d'une puissance affective qui organise la personnalité de chacun et le mode de relation à autrui : *Complexe d'Œdipe, de castration.* **6.** (Surtout pl.). Sentiment d'infériorité qui génère une certaine inhibition : *Avoir des complexes.* ▪ **Complexe majeur d'histocompatibilité (CMH)** → **HISTOCOMPATIBILITÉ.**

COMPLEXÉ, E adj. et n. Qui a des complexes ; inhibé.

COMPLEXER v.t. [3]. Donner des complexes à qqn : *Sa petite taille la complexe.*

COMPLEXIFICATION n.f. **1.** Fait de devenir complexe, plus complexe : *La complexification des outils technologiques.* **2.** BIOL. Apparition successive, dans l'Univers, de structures de plus en plus complexes : particules, atomes, molécules, êtres vivants.

COMPLEXIFIER v.t. [5]. Rendre plus complexe, plus compliqué.

COMPLEXION n.f. (du lat. *complexio*, assemblage). Litt. Constitution physique de qqn : *Une complexion robuste, délicate.*

COMPLEXITÉ n.f. Caractère de ce qui est complexe : *La complexité de la situation financière.*

COMPLICATION n.f. **1.** État de ce qui est compliqué ; complexité. **2.** Élément qui entrave le déroulement de qqch : *Retard dû à des complications techniques.* **3.** MÉD. Phénomène pathologique provoqué par une première affection, une blessure, etc. : *Prévenir d'éventuelles complications.*

COMPLICE adj. et n. (du bas lat. *complex, -icis*, uni étroitement). **1.** DR. Qui participe, par aide, assistance ou fourniture de moyens, au délit, au crime d'un autre, à la différence du *coauteur* : *Être complice d'un vol.* **2.** Qui manifeste la connivence avec qqn : *Un sourire, un silence complice.*

COMPLICITÉ n.f. **1.** DR. Fait d'agir comme complice d'un délit, d'un crime. **2.** Entente profonde : *La complicité des jumeaux.*

COMPLIES n.f. pl. (du lat. *complere*, achever). CHRIST. Dernière partie de l'office divin de la journée.

COMPLIMENT n.m. (esp. *cumplimiento*). **1.** Paroles élogieuses que l'on adresse à qqn pour le féliciter : *Faire des compliments à qqn sur son travail.* **2.** Vieilli. Petit discours adressé à une personne à l'occasion d'une fête, d'un anniversaire. ■ **Avec les compliments de,** formule de politesse qui accompagne un envoi.

COMPLIMENTER v.t. [3]. Adresser à qqn des compliments, des félicitations ; congratuler.

COMPLIMENTEUR, EUSE adj. et n. Qui fait trop de compliments.

COMPLIQUÉ, E adj. **1.** Composé d'un grand nombre d'éléments ; complexe : *Une machine compliquée.* **2.** Difficile à comprendre : *Un film compliqué.* ◆ adj. et n. Qui n'agit pas simplement ; qui cherche la complication : *Des gens compliqués.*

COMPLIQUER v.t. [3] (du lat. *complicare*, lier ensemble). Rendre difficile à comprendre : *Il complique le problème.* ◆ **SE COMPLIQUER** v.pr. **1.** Devenir plus difficile, obscur, confus : *L'affaire se complique.* **2.** (DE). Prendre un caractère plus inquiétant (à cause de) : *Sa maladie se complique (d'une bronchite).*

COMPLOT n.m. **1.** Projet d'une action commune, concerté secrètement entre des personnes : *J'ai été mise dans le complot.* **2.** DR. Résolution arrêtée entre plusieurs personnes de mettre en péril les institutions de l'État ou de porter atteinte à l'intégrité du territoire national : *Un complot contre la sûreté de l'État.*

COMPLOTER v.t. et v.i. [3]. **1.** Former un complot, le complot de : *Comploter de renverser l'État.* **2.** Préparer secrètement et de concert : *Elles complotent dans notre dos.*

COMPLOTEUR, EUSE n. Personne qui complote.

COMPLOTISME n.m. Manière d'interpréter tendancieusement les événements propre aux complotistes. (On dit aussi *théorie du complot*.)

COMPLOTISTE adj. et n. Se dit de qqn qui récuse la version communément admise d'un événement et cherche à démontrer que celui-ci résulte d'un complot fomenté par une minorité active. ◆ adj. Se dit des propos, des thèses d'un complotiste. (→ **conspirationniste**).

COMPLUVIUM [kɔ̃plyvjɔm] n.m. (mot lat.). ANTIQ. ROM. Ouverture carrée, au milieu du toit de l'atrium, par où les eaux de pluie se déversaient dans l'impluvium.

COMPOGRAVEUR n.m. Entreprise ou personne qui fait de la compogravure.

COMPOGRAVURE n.f. IMPRIM. Activité regroupant la composition et la photogravure.

COMPONCTION n.f. (du lat. *compungere*, affecter). **1.** THÉOL. CHRÉT. Regret d'avoir offensé Dieu. **2.** Litt. Air de gravité affectée.

COMPONÉ, E adj. HÉRALD. ■ **Bordure, pièces componées,** divisées en segments d'émaux alternés.

COMPORTE n.f. (anc. provenç. *comporta*). Cuve de bois servant au transport de la vendange.

COMPORTEMENT n.m. **1.** Manière de se comporter, de se conduire ; ensemble des réactions d'un individu, d'un groupe : *Le comportement électoral des Français.* **2.** ÉTHOL. Ensemble des réactions, observables objectivement, d'un organisme qui agit en réponse aux stimulations venues de son milieu intérieur ou du contexte environnemental.

COMPORTEMENTAL, E, AUX adj. PSYCHOL. Relatif au comportement : *Thérapie comportementale.*

COMPORTEMENTALISME n.m. Béhaviorisme.

COMPORTEMENTALISTE adj. et n. Béhavioriste.

COMPORTER v.t. [3] (du lat. *comportare*, transporter). Avoir comme élément constituant : *Cette saga comporte douze volumes.* ◆ **SE COMPORTER** v.pr. **1.** Se conduire d'une certaine manière : *Se comporter en parfait diplomate.* **2.** Fonctionner d'une certaine façon dans des conditions données : *Cet appareil se comporte bien dans les conditions extrêmes.*

COMPOSANT, E adj. Qui entre dans la composition de qqch : *Substances composantes d'un insecticide.* ◆ n.m. **1.** Élément constitutif. **2.** CHIM. Élément qui, combiné avec un ou plusieurs autres, forme un corps composé. **3.** TECHN. Constituant élémentaire d'une machine, d'un appareil : *Les composants d'un ordinateur.*

COMPOSANTE n.f. **1.** Élément constitutif : *Les composantes de la majorité.* **2.** ASTRON. Chacune des étoiles d'un système double ou multiple. **3.** MÉCAN. Chacune des forces qui interviennent dans la formation d'une résultante. ■ **Composantes d'un vecteur** $\vec{v}$ [math.], les vecteurs dont la somme est égale à $\vec{v}$; abusif, coordonnées.

COMPOSÉ, E adj. BOT. Se dit d'une feuille dont le limbe est divisé en folioles. ■ **Corps composé** [chim.], espèce dont la molécule comporte des éléments différents. ■ **Mesure composée** [mus.], mesure ternaire*. ■ **Mot composé,** ou **composé,** n.m. [gramm.], mot constitué de plusieurs mots ou éléments et formant une unité significative (ex. : *chef-lieu, arc-en-ciel*). V. *Mémento de grammaire,* § 11. ■ **Temps composé** [gramm.], forme verbale constituée d'un participe passé précédé d'un auxiliaire (*être* ou *avoir*), par oppos. à *temps simple.* ◆ n.m. **1.** Ensemble formé d'éléments divers. **2.** MATH. Dans un ensemble muni d'une loi de composition $\top$, élément z, noté $x \top y$, résultant de la composition des deux éléments x et y. ■ **Composé organique volatil (COV),** composé du carbone passant facilement en phase gazeuse et pouvant avoir un impact sur la santé (par ex. le benzène).

COMPOSÉE n.f. Plante herbacée aux petites fleurs nombreuses, réunies en capitules serrés ressemblant parfois à des fleurs simples, telle que la pâquerette, le pissenlit, la camomille, le chardon, le bleuet (SYN. **astéracée**). ➲ Les composées forment la plus grande famille de dicotylédones. ■ **Composée de deux fonctions** [math.], pour une fonction f de E dans F et une fonction g de F dans G, fonction, notée $g \circ f$, définie de E dans G par $x \to g[f(x)]$.

COMPOSER v.t. [3] (du lat. *componere*, mettre ensemble). **1.** Former un tout en assemblant différentes parties : *Composer un bouquet.* **2.** Entrer dans un tout comme élément constitutif. **3.** Élaborer une œuvre, et, spécial., écrire de la musique : *Composer un poème, un concerto.* **4.** Former un numéro, un code sur un cadran, un clavier. **5.** Litt. Adopter telle attitude pour donner le change : *Composer son sourire de satisfaction.* **6.** IMPRIM. Procéder à la composition d'un texte à imprimer. ■ **Composer des forces** [phys.], en faire la somme vectorielle. ◆ v.i. Faire un exercice scolaire en classe à des fins de contrôle, d'examen. ■ **Composer avec qqn, qqch,** se prêter à un arrangement : *Composer avec l'opposition.* ◆ **SE COMPOSER** v.pr. Constituer progressivement qqch pour soi : *Se composer une discothèque.*

COMPOSEUR n.m. ■ **Composeur téléphonique,** dispositif, logiciel qui compose automatiquement les numéros de téléphone.

COMPOSEUSE n.f. IMPRIM. Machine à composer.

COMPOSITE adj. (du lat. *compositus*, combiné). Formé d'éléments très divers : *Une clientèle composite.* ■ **Bois composite,** matériau imputrescible composé de résines plastiques et de fibres de bois, majoritairement recyclées. ■ **Matériau composite,** ou **composite, n.m.,** matériau formé de plusieurs composants distincts dont l'association confère à l'ensemble des propriétés qu'aucun des composants pris séparément ne possède. ■ **Ordre composite,** ou **composite, n.m.,** ordre architectural, d'origine romaine, dont le chapiteau combine les volutes de l'ionique et les feuilles d'acanthe du corinthien.

COMPOSITEUR, TRICE n. **1.** Musicien qui compose des œuvres musicales. **2.** IMPRIM. Entreprise ou personne qui fait de la composition de textes.

COMPOSITION n.f. **1.** Action ou manière de composer un tout par assemblage : *Une salade de ma composition* ; la chose ainsi formée : *La composition du jury ne changera pas.* **2.** CHIM. Proportion des éléments qui entrent dans une combinaison chimique. **3.** IMPRIM. Ensemble des opérations nécessaires pour reproduire un texte avant qu'il ne soit imprimé (→ **prépresse**). **4.** Action de composer une œuvre artistique, et, spécial., une œuvre musicale ; cette œuvre. **5.** Arrangement des parties, ordonnance d'une œuvre littéraire ou artistique ; œuvre picturale d'une certaine ambition. **6.** Vieilli ou Suisse. Exercice scolaire de rédaction. ■ **Amener qqn à composition,** l'amener à transiger. ■ **Composition pénale** [dr.], décision validée par le président du tribunal de grande instance, par laquelle le procureur de la République impose à un délinquant certaines obligations (travail d'intérêt général, réparation, etc.). ■ **Être de bonne, de mauvaise composition,** être, ne pas être accommodant. ■ **Loi de composition** [math.], application d'un produit cartésien dans un ensemble (SYN. **opération**). ■ **Loi de composition interne sur un ensemble E** [math.], application de E × E dans E. ➲ À tout couple (x, y) d'éléments de E, elle associe un élément z de E. ■ **Rôle de composition,** représentation par un comédien d'un personnage très typé qui nécessite une transformation et un travail de l'expression, de l'attitude du physique.

COMPOST [kɔ̃pɔst] n.m. (mot angl., de l'anc. fr.). Mélange fermenté de résidus organiques et minéraux, utilisé pour l'amendement des terres agricoles.

1. COMPOSTAGE n.m. Marquage au composteur.

2. COMPOSTAGE n.m. Préparation du compost, consistant à laisser fermenter des résidus agricoles ou urbains (ordures ménagères) avant leur incorporation au sol.

1. COMPOSTER v.t. [3]. Marquer ou valider au composteur.

2. COMPOSTER v.t. [3]. Transformer en compost : *Composter des feuilles. Déchets à composter.*

COMPOSTEUR n.m. (ital. *compostore*). **1.** Appareil mis à la disposition des voyageurs, dans les gares ou les autobus, pour valider leurs titres de transport. **2.** Appareil à lettres ou à chiffres mobiles servant à marquer ou à dater des documents. **3.** IMPRIM. Règle pourvue d'un rebord sur deux de ses côtés, sur laquelle le typographe composait les caractères.

COMPOSTIÈRE n.f. Contenant dans lequel on fabrique du compost.

COMPOTE n.f. (du lat. *componere*, mettre ensemble). Préparation de fruits cuits avec un peu d'eau et du sucre. ■ **En compote** [fam.], en piteux état ; meurtri : *Il a le nez en compote.*

COMPOTÉE n.f. CUIS. Préparation de produits que l'on cuit très lentement pour leur donner la texture d'une compote : *Compotée d'oignons.*

COMPOTIER n.m. Coupe dans laquelle on sert des compotes, des fruits.

COMPOUND [kɔ̃pund] adj. inv. (mot angl. « composé »). Se dit d'appareils, d'organes associés. ■ **Machine compound,** machine où la vapeur agit successivement dans deux étages de cylindres à des pressions différentes.

COMPRADOR n.m. (pl. *compradors* ou *compradores*) [mot port. « acheteur »]. Dans les pays en développement, membre de la bourgeoisie autochtone enrichi dans le commerce avec les étrangers. ◆ **COMPRADOR, E** adj. Relatif aux comprадors.

COMPRÉHENSIBILITÉ n.f. Caractère de ce qui est compréhensible.

COMPRÉHENSIBLE adj. **1.** Que l'on peut comprendre : *Notice peu compréhensible.* **2.** Que l'on peut admettre : *Erreur compréhensible.*

COMPRÉHENSIF, IVE adj. **1.** Qui manifeste de la compréhension envers autrui ; indulgent. **2.** LOG. Relatif à la compréhension.

COMPRÉHENSION n.f. (lat. *comprehensio*). **1.** Aptitude à comprendre ; intelligence : *Rapidité de compréhension.* **2.** Aptitude à comprendre autrui ; indulgence. **3.** Possibilité d'être compris, en parlant d'une chose : *Ajouter des notes pour une meilleure compréhension d'un texte.* **4.** LOG. Totalité des caractères renfermés dans un concept qu'on ne peut lui ôter sans le détruire (par oppos. à *extension*).

COMPRENDRE v.t. [61] (lat. *comprehendere*). **1.** Saisir le sens de ; concevoir : *Comprenez-vous la question, l'anglais ?* **2.** Accepter avec plus ou moins d'indulgence les mobiles de qqn, les raisons de qqch ; admettre : *Nous comprenons votre réaction.* **3.** Mettre dans un tout : *Le planning comprend les jours fériés.* **4.** Être formé de : *La propriété comprend une maison et un jardin.* ◆ **SE COMPRENDRE** v.pr. **1.** Pouvoir être saisi par l'intelligence ou être admis : *Son attitude se comprend.* **2.** En parlant de personnes, bien s'entendre : *Les jumeaux se comprennent d'un sourire.* ■ **Je me comprends,** je sais très bien ce que je veux dire.

COMPRENETTE n.f. Fam. Faculté de comprendre : *Avoir la comprenette un peu lente.*

a b c d e f g h i j k l m n o p q r s t u v w x y z

COMPRESSE **n.f.** (de *compresser*). Pièce de gaze hydrophile qui sert pour le pansement des plaies, ou au cours d'une intervention chirurgicale.

COMPRESSER **v.t.** [3]. Réduire le volume occupé normalement par des choses ; tasser : *Compresser des vêtements dans une valise* ; compacter : *Compresser des données informatiques.*

COMPRESSEUR **n.m.** TECHN. Appareil servant à comprimer un fluide à une pression voulue. ▪ **Compresseur frigorifique,** organe d'une installation frigorifique qui, par un processus mécanique, aspire le frigorigène gazeux formé dans l'évaporateur et le refoule à une pression plus élevée vers le condenseur. ◆ **adj.m.** ▪ **Rouleau compresseur** → **ROULEAU.**

COMPRESSIBILITÉ **n.f.** **1.** PHYS. Aptitude d'un corps à diminuer de volume sous l'effet d'une augmentation de pression. **2.** Fig. Caractère de ce qui peut être diminué, réduit : *La compressibilité des dépenses.*

COMPRESSIBLE **adj.** Qui peut être comprimé ou réduit.

COMPRESSIF, IVE **adj.** MÉD. Qui sert à comprimer : *Bandage compressif.*

COMPRESSION **n.f.** (lat. *compressio*). **1.** Action de comprimer ; effet de cette action. **2.** Augmentation de la pression d'un gaz par diminution de son volume (CONTR. **détente**) ; deuxième temps du cycle d'un moteur à explosion, où le mouvement du piston réduit le volume de la chambre afin d'augmenter la pression du mélange détonant avant son allumage. **3.** Fig. Réduction de personnel ou de dépenses. ▪ **Compression numérique** [techn.], technique de réduction du volume des signaux numérisés, en vue d'optimiser leur stockage ou leur transmission.

COMPRIMABLE **adj.** Qui peut être comprimé.

1. COMPRIMÉ, E **adj.** Dont le volume a été réduit par pression : *Air comprimé.*

2. COMPRIMÉ **n.m.** Préparation médicamenteuse solide obtenue par agglomération, destinée à être absorbée par voie orale.

COMPRIMER **v.t.** [3] (lat. *comprimere*). **1.** Agir sur un corps de manière à en réduire le volume ; compresser : *Comprimer un gaz, une artère.* **2.** Diminuer des effectifs, des frais : *Comprimer les frais de fonctionnement.* **3.** Empêcher de se manifester ; réprimer : *Comprimer son envie de rire.*

COMPRIS, E **adj.** Qui fait partie de qqch ; inclus : *Taxes comprises.* ▪ **Bien, mal compris,** bien, mal conçu ou mis en pratique : *Un aménagement intérieur bien compris.* ▪ **Être bien, mal compris de qqn,** être admis, accepté par lui : *Cette politique est mal comprise des électeurs.* ▪ **Y compris, non compris,** en incluant, sans inclure : *Ils sont tous venus, y compris sa tante.* (Inv. avant le n. : *Cent euros, TVA non comprise* ou *non compris la TVA.*)

COMPROMETTANT, E **adj.** Qui peut causer un préjudice, nuire à la réputation de qqn : *Textos compromettants.*

COMPROMETTRE **v.t.** [64] (lat. *compromittere*). **1.** Exposer à un préjudice moral : *L'accusé a compromis un député dans ce scandale.* **2.** Exposer à un dommage : *Compromettre son avenir.* ◆ **SE COMPROMETTRE** **v.pr.** Risquer sa réputation : *Elle s'est compromise en lui parlant.*

COMPROMIS **n.m.** (lat. *compromissum*). **1.** Accord obtenu par des concessions réciproques : *Passer un compromis avec un adversaire.* **2.** Litt. Moyen terme entre deux choses : *Ce choix est un bon compromis.* **3.** DR. Convention par laquelle les parties décident de soumettre un litige à un arbitre. ▪ **Compromis de vente** [dr.], convention provisoire sur les conditions d'une vente, avant la signature du contrat définitif. ▪ **Formation de compromis** [psychan.], moyen par lequel le refoulé fait irruption dans la conscience, où il ne peut faire retour qu'à condition de ne pas être reconnu (rêve, symptôme névrotique, etc.).

COMPROMISSION **n.f.** Action de compromettre ou de se compromettre ; concession faite par lâcheté ou par intérêt : *Être prêt à toutes les compromissions pour réussir.*

COMPROMISSOIRE **adj.** DR. Relatif à un compromis : *Clause compromissoire.*

COMPTABILISATION [kɔ̃ta-] **n.f.** Action de comptabiliser ; son résultat.

COMPTABILISER [kɔ̃ta-] **v.t.** [3]. **1.** Inscrire dans la comptabilité, dans un compte. **2.** Dénombrer de façon précise ; compter : *Comptabiliser les réponses.*

COMPTABILITÉ [kɔ̃ta-] **n.f.** **1.** Technique de l'établissement des comptes : *Apprendre la comptabilité.* **2.** Ensemble des comptes d'une personne physique ou morale. **3.** Service chargé des comptes : *Travailler à la comptabilité.* ▪ **Comptabilité à** ou **en partie double,** enregistrement donnant lieu à une double écriture, où tout montant enregistré en débit dans un compte correspond nécessairement, en contrepartie, à un montant identique enregistré en crédit dans un ou plusieurs comptes. ▪ **Comptabilité analytique,** permettant aux entreprises d'évaluer leur prix de revient sans intervention de la comptabilité générale, qui enregistre tous les mouvements de valeurs impliqués par l'activité de l'entreprise. ▪ **Comptabilité matières,** comptabilité portant sur les matières premières, les produits semi-finis et les produits fabriqués.

1. COMPTABLE [kɔ̃tabl] **adj.** **1.** Qui concerne les opérations de comptabilité : *Document, bilan comptable.* **2.** (DE). Fig. Moralement responsable de : *Le pilote est comptable de la vie des passagers.* **3.** LING. Se dit des noms quand ils peuvent être comptés, s'employer au singulier et au pluriel. (Ex. : « *pain* » est comptable dans *trois pains* et non comptable dans *je mange du pain.*)

2. COMPTABLE [kɔ̃tabl] **n.** Personne chargée de la comptabilité d'une entreprise, d'un particulier. ▪ **Comptable agréé,** comptable exerçant une profession libérale réglementée par la loi – réservée en France aux titulaires du brevet professionnel comptable ou du diplôme d'expert-comptable – et érigée en ordre.

COMPTAGE [kɔ̃taʒ] **n.m.** Action de compter : *Le comptage des manifestants.*

COMPTANT [kɔ̃tɑ̃] **adj.m.** Payé en totalité au moment de l'achat : *Téléviseur payé comptant.* ▪ **Prendre qqch pour argent comptant,** croire naïvement ce qui est dit ou promis. ◆ **n.m.** ▪ **Au comptant,** moyennant paiement immédiat : *Acheter, vendre au comptant.* ◆ **adv.** En réglant l'intégralité de la somme : *Payer comptant.*

COMPTE [kɔ̃t] **n.m.** **1.** Calcul d'un nombre : *Le compte est bon* ; évaluation d'une quantité : *Faire le compte des places disponibles.* **2.** État des dépenses et des recettes ; écrit contenant l'énumération et le calcul de cet état : *Vérifier ses comptes.* **3.** Ensemble des écritures au crédit et au débit d'un client, dans une banque, un établissement financier, etc. : *Ouvrir un compte.* **4.** INFORM. Espace regroupant les données personnelles de l'utilisateur d'un site Web interactif ou d'un système informatique : *Gérer son compte Twitter.* ▪ **À bon compte,** à faible prix ; fig., sans trop de mal : *Tu t'en tires à bon compte.* ▪ **À ce compte-là,** dans ces conditions. ▪ **À compte d'auteur,** se dit d'un contrat par lequel l'auteur verse à l'éditeur une rémunération forfaitaire, à charge pour ce dernier d'assurer la publication et la diffusion de l'ouvrage faisant l'objet du contrat. ▪ **Au bout du compte** ou **en fin de compte** ou **tout compte fait,** tout bien considéré ; finalement. ▪ **Avoir son compte** [fam.], être hors d'état de combattre ; être ivre ; être tué. ▪ **Compte courant,** compte ouvert par un banquier à un client, permettant un mode de règlement simplifié des créances. ▪ **Compte de dépôt,** compte ouvert par un banquier à un client et alimenté par les versements de ce dernier. ▪ **Compte de résultat,** compte synthétique faisant apparaître les profits ou les pertes engendrés par l'ensemble des opérations (d'exploitation, financières ou exceptionnelles) réalisées par une entreprise au cours d'un exercice. ▪ **Compte joint,** compte collectif où chaque titulaire a qualité pour faire fonctionner seul le compte, sans procuration. ▪ **Compte personnel d'activité (CPA)** [dr.], dispositif qui permet à une personne de sécuriser son parcours professionnel en capitalisant divers droits (formation, prévention des risques, notamm.), et qui est mis en place dès son entrée dans la vie active. ▪ **Compte personnel de formation (CPF)** [dr.], dispositif inclus dans le compte personnel d'activité, permettant à un salarié de capitaliser des droits pour suivre une formation qualifiante tout au long de sa vie active. ▪ **Compte tenu de,** en prenant en considération. ▪ **Donner son compte à qqn** [vieilli], lui payer son salaire et le renvoyer. ▪ **Être en compte avec qqn** [vieilli], être son créancier ou son débiteur. ▪ **Être loin du compte,** se tromper de beaucoup. ▪ **Mettre qqch sur le compte de qqn,** l'en rendre responsable. ▪ **Prendre à son compte,** assumer. ▪ **Régler son compte à qqn** [fam.], le punir ou le tuer par vengeance. ▪ **Régler un compte,** s'acquitter de qqch. ▪ **Rendre compte de,** faire le récit de : *Rendre compte de la visite présidentielle* ; donner une analyse de : *Rendre compte d'un film.* ▪ **Se rendre compte de** (+ n.), **que** (+ indic.), comprendre : *Elle s'est rendu compte de son erreur, qu'elle s'était trompée.* ▪ **Sur le compte de qqn,** à son sujet : *Des rumeurs courent sur son compte.* ▪ **Tenir compte de,** prendre en considération. ▪ **Trouver son compte à qqch,** y trouver son avantage.

COMPTE CHÈQUES ou **COMPTE-CHÈQUES** **n.m.** (pl. *comptes*[-]*chèques*). Vx. Compte bancaire ou postal fonctionnant au moyen de chèques.

COMPTE-FILS **n.m. inv.,** ▲ *COMPTE-FIL n.m.* (*pl. compte-fils*). Petite loupe de fort grossissement montée sur charnière, qui sert à compter les fils d'un tissu, à examiner un dessin, un négatif.

▲ **compte-fils**

COMPTE-GOUTTES **n.m. inv.,** ▲ *COMPTE-GOUTTE n.m.* (*pl. compte-gouttes*). Pipette en verre, coiffée d'un capuchon de caoutchouc, qui sert à compter les gouttes d'un liquide. ▪ **Au compte-gouttes** [fam.], avec parcimonie.

COMPTER [kɔ̃te] **v.t.** [3] (lat. *computare*). **1.** Déterminer le nombre, la quantité de ; dénombrer : *Compter des votants, des tickets.* **2.** Faire entrer dans un total, dans un ensemble : *Ils ont oublié de compter le café.* **3.** Évaluer le montant à payer : *Je compte 500 euros de loyer.* **4.** Estimer que qqch nécessitera tant de temps, telle quantité de : *Comptez une heure pour l'aller, cent grammes par personne.* **5.** Être constitué de : *Les composées comptent vingt mille espèces.* **6.** Mettre au nombre de ; englober : *Je le compte au nombre de mes amis.* **7.** (Avec l'inf.). Avoir l'intention de : *Je compte partir demain.* ◆ **v.i.** **1.** Énoncer la suite des nombres : *Apprendre à compter.* **2.** Entrer dans un calcul, un compte : *Syllabe qui ne compte pas dans un vers.* ▪ **Compter avec, sans,** tenir, ne pas tenir compte de : *C'était compter sans les intempéries.* ▪ **Compter pour,** avoir telle valeur, telle importance : *À table, il compte pour deux.* ▪ **Compter pour rien,** n'avoir aucune valeur. ▪ **Compter sur,** mettre son espoir en : *Je compte sur cet argent, sur toi.* ▪ **Sans compter,** avec générosité ou prodigalité : *Dépenser sans compter.*

COMPTE RENDU ou **COMPTE-RENDU** **n.m.** (pl. *comptes*[-]*rendus*). Rapport fait sur un événement, un ouvrage : *Le compte rendu d'une réunion.*

COMPTE-TOURS **n.m. inv.,** ▲ *COMPTE-TOUR n.m.* (*pl. compte-tours*). Appareil servant à compter le nombre de tours d'un arbre mécanique en rotation pendant un temps donné.

COMPTEUR [kɔ̃tœr] **n.m.** Appareil servant à compter des impulsions ou à mesurer et à enregistrer certaines grandeurs (distance parcourue, volume de fluides consommé) : *Compteur de vitesse. Compteur d'eau, de gaz, d'électricité.* ▪ **Au compteur** [fam., parfois iron.], sert à quantifier ce qu'une personne a à son actif : *Il a plus de trente films au compteur.* ▪ **Compteur Geiger** ou **compteur à scintillations** [phys.], instrument servant à détecter et à compter des rayonnements ou des particules, comme ceux émis par un corps radioactif. ▪ **Remettre les compteurs à zéro** [fam.], repartir sur de nouvelles bases. ▪ **Vin au compteur,** au restaurant, bouteille facturée en proportion de la quantité de vin consommée.

COMPTINE [kɔ̃tin] **n.f.** (de *compter*). Chanson que chantent les enfants pour désigner, en comptant les syllabes, celui qui devra sortir du jeu, courir après les autres, etc. ➲ *Am stram gram Pic et Pic et colegram* sont des paroles de comptine.

COMPTOIR [kɔ̃twar] **n.m.** **1.** Table longue sur laquelle les marchands étalent ou débitent leurs marchandises. **2.** Table élevée et étroite sur laquelle on sert les consommations dans un café. **3.** Agence de commerce fondée jadis par une nation en pays étranger. **4.** Établissement commercial et financier. **5.** Cartel de vente qui se substitue à ses adhérents dans les rapports avec la clientèle. **6.** Suisse. Foire-exposition. **7.** Québec. Surface horizontale plate, sur un meuble fermé, dans laquelle un évier, un lavabo est souvent encastré : *Un comptoir de cuisine, de salle de bains.* ▪ **De comptoir,** se dit des propos simplistes ou plaisants qui s'échangent au comptoir d'un café : *Philosophie de comptoir.*

COMPULSER **v.t.** **[3]** (lat. *compulsare*). Examiner, consulter des écrits : *Compulser des journaux anciens.*

COMPULSIF, IVE **adj.** Relatif à la compulsion ; qui est de la nature de la compulsion : *Trouble compulsif.*

COMPULSION **n.f.** (lat. *compulsio*). **PSYCHIATR.** Force intérieure par laquelle le sujet est amené à accomplir certains actes et à laquelle il ne peut résister sans angoisse (cette résistance faisant la différence avec l'*impulsion*).

COMPULSIONNEL, ELLE **adj.** De la nature de la compulsion.

COMPULSIVEMENT **adv.** De façon compulsive.

COMPUT [kɔ̃pyt] **n.m.** (du lat. *computare*, compter). **RELIG.** Calcul déterminant le calendrier des fêtes mobiles pour les usages ecclésiastiques, et partic. la date de Pâques.

COMPUTATION **n.f.** Manière de calculer le temps.

COMTAT [kɔ̃ta] **n.m.** Région. (Provence). Comté : *Le Comtat Venaissin.*

COMTE **n.m.** (du lat. *comes*, *-itis*, compagnon). **1.** Titre de noblesse, entre ceux de marquis et de vicomte. **2.** Dignitaire du Bas-Empire romain. **3.** Au Moyen Âge, agent du roi, chargé de missions civiles et militaires, puis titre héréditaire, qui devint honorifique au XVe s.

1. COMTÉ **n.m.** **1.** Division administrative au Canada, aux États-Unis, en Grande-Bretagne, en Irlande et dans la plupart des États du Commonwealth. **2.** **HIST.** Domaine qui conférait le titre de comte.

2. COMTÉ **n.m.** Fromage de gruyère, d'une variété fabriquée en Franche-Comté (Jura et Doubs), ainsi que dans certaines communes de l'Ain, de la Saône-et-Loire et de la Haute-Savoie.

COMTESSE **n.f.** Femme qui possédait un comté ; épouse d'un comte.

COMTOIS, E **adj.** et **n.** Franc-comtois.

COMTOISE **n.f.** Horloge rustique de parquet, notamm. d'origine franc-comtoise.

1. CON **n.m.** (lat. *cunnus*). Vulg. Sexe de la femme.

2. CON, CONNE **adj.** et **n.** Très fam. Stupide ; idiot. ◆ **adj.** Très fam. Stupide ; regrettable : *C'est con, ce qui t'arrive.*

CONARD, E **adj.** et **n.** → **CONNARD.**

CONASSE **n.f.** → **CONNASSE.**

CONATUS [kɔnatys] **n.m.** (mot lat.). **PHILOS.** Chez Spinoza, effort de toute chose pour persévérer dans son être.

CONCASSAGE **n.m.** Action de concasser.

CONCASSER **v.t.** **[3]** (du lat. *conquassare*, briser). Réduire une substance en fragments plus ou moins gros : *Concasser un minerai.*

CONCASSEUR **n.m.** et **adj.m.** Appareil pour concasser.

CONCATÉNATION **n.f.** (du lat. *catena*, chaîne). **1.** Didact. Enchaînement des idées entre elles, des concepts entre eux. **2.** **INFORM.** Mise bout à bout d'au moins deux chaînes de données pour en former une autre.

CONCAVE **adj.** (lat. *concavus*). Dont la surface présente un arrondi intérieur, un renfoncement (CONTR. **convexe**).

CONCAVITÉ **n.f.** État de ce qui est concave ; partie concave de qqch.

CONCÉDER **v.t.** **[11]**, ▲*[11*]* (lat. *concedere*). Accorder comme une faveur, un privilège : *Concéder l'utilisation de la salle municipale à une association.* ▪ **Concéder qqch à qqn,** admettre son point de vue : *Je vous concède qu'il aurait dû prévenir.* ▪ **Concéder un but, un point** [sports], laisser l'adversaire marquer un but, un point.

CONCÉLÉBRATION **n.f.** Célébration d'un service religieux par plusieurs ministres du culte.

CONCÉLÉBRER **v.t.** **[11]**, ▲*[11*]*. Célébrer à plusieurs un service religieux.

CONCENTRATEUR **n.m.** **1.** **INFORM.** Appareil qui regroupe les données provenant de plusieurs canaux de transmission lents et qui les achemine de façon groupée sur une voie plus rapide (SYN. **hub**). **2.** **TÉLÉCOMM.** Commutateur permettant d'aiguiller de nombreuses lignes téléphoniques sur un boîtier unique.

CONCENTRATION **n.f.** **1.** Action de concentrer ; son résultat : *La concentration des touristes dans les régions côtières.* **2.** Action de fixer son attention, de réfléchir : *Une baisse de concentration lui a fait perdre le point.* **3.** **ÉCON.** Opération de regroupement de plusieurs entreprises s'appuyant sur une logique industrielle, commerciale ou financière, afin de constituer de grands groupes ou des firmes par prise de contrôle des stades successifs d'une même filière (*concentration verticale* ou *intégration*), par association d'entreprises fabriquant le même bien ou fournissant le même service (*concentration horizontale*) ou par association d'entreprises dans des métiers divers (*concentration conglomérale*). **4.** **CHIM.** Masse d'un corps dissous dans l'unité de volume d'une solution. ▪ **Camp de concentration** [hist.], camp dans lequel sont rassemblés, sous surveillance militaire ou policière, soit des populations civiles de nationalité ennemie, soit des prisonniers ou des détenus politiques, soit des groupes ethniques, sociaux ou religieux. ▪ **Concentration massique** [chim.], rapport de la masse d'un corps dissous au volume de la solution. ▪ **Concentration molaire** [chim.], rapport de la quantité de matière dissoute (en moles) au volume de la solution.

CONCENTRATIONNAIRE **adj.** Relatif aux camps de concentration.

CONCENTRÉ, E **adj.** **1.** Dont la concentration est forte : *Solution concentrée* ; dont la concentration renforce la puissance : *Du parfum concentré.* **2.** Fig. Absorbé dans une activité intellectuelle : *Élève très concentré.* ▪ **Lait concentré,** lait dont on a enlevé env. 65 % de l'eau et que l'on peut reconstituer par addition d'eau. ▪ **Lait concentré sucré,** lait concentré rendu sirupeux par adjonction d'une proportion importante de sucre (SYN. **lait condensé**). ◆ **n.m.** **1.** Produit obtenu par élimination de l'eau ou de certains constituants : *Concentré de tomate. Concentré de protéines.* **2.** Fig. Accumulation dans un petit espace : *Un concentré d'innovations technologiques.*

CONCENTRER **v.t.** **[3]** (de *centre*). **1.** Rassembler dans un même lieu : *Concentrer les secours au pied de la montagne.* **2.** Fig. Réunir des choses abstraites jusqu'alors dispersées : *Concentrer les pouvoirs.* **3.** Fixer toute son attention sur qqn, qqch : *Concentrer ses efforts sur la recherche d'un emploi.* ▪ **Concentrer une solution** [chim.], en augmenter la concentration. ◆ **SE CONCENTRER** **v.pr.** **1.** Se rassembler en un point. **2.** Faire un effort intense d'attention, de réflexion.

CONCENTRIQUE **adj.** Qui tend à se rapprocher du centre ; centripète. ▪ **Cercles, disques, sphères concentriques** [math.], qui ont un même centre.

CONCEPT [kɔ̃sɛpt] **n.m.** (du lat. *conceptus*, saisi). **1.** **PHILOS.** Représentation intellectuelle caractérisée par son extension universelle et sa nécessité logique : *Le concept de beauté.* **2.** Définition des caractères spécifiques d'un projet, d'un produit : *Un nouveau concept de guidon pour les VTT.*

CONCEPTACLE **n.m.** (lat. *conceptaculum*). **BOT.** Petite cavité où se forment les organes reproducteurs, chez certaines algues brunes comme le fucus.

CONCEPT CAR **n.m.** (pl. *concept cars*) [mots angl. « voiture prototype »]. **AUTOM.** Véhicule expérimental destiné à montrer au public des technologies ou des formes nouvelles.

CONCEPTEUR, TRICE **n.** Personne chargée de la conception de projets, de produits, d'idées, etc., dans une entreprise, une agence de publicité.

CONCEPTION [kɔ̃sɛpsjɔ̃] **n.f.** **1.** Fait, pour un être vivant sexué, d'être conçu, de commencer à exister. **2.** Action d'élaborer qqch dans son esprit ; résultat de cette action : *La conception d'un nouveau magazine.* **3.** Manière particulière de se représenter, d'envisager qqch ; opinion : *Ils ont une conception étrange du bonheur.* **4.** Étape consacrée à la création dans le processus de réalisation d'un produit (objet, bâtiment, etc.). ▪ **Conception assistée par ordinateur (CAO),** ensemble des techniques informatiques utilisées pour concevoir, modéliser, simuler et réaliser un produit nouveau. ▪ **Conception et fabrication assistées par ordinateur (CFAO),** extension de la CAO à la fabrication des produits conçus par celle-ci, en utilisant les données ainsi fournies.

▲ **conception assistée par ordinateur** d'un ensemble industriel.

CONCEPTISME **n.m.** Dans la littérature espagnole du XVIIe s., style caractérisé par un excès de recherche, de raffinement.

CONCEPTUALISATION **n.f.** Action de conceptualiser ; son résultat.

CONCEPTUALISER **v.t.** **[3]**. **1.** Former des concepts à partir de qqch pour se le représenter mentalement : *Conceptualiser son vécu.* **2.** Élaborer des concepts ; transformer en concept : *Elle conceptualise et commercialise des produits.*

CONCEPTUALISME **n.m.** **PHILOS.** Doctrine scolastique suivant laquelle le concept a une réalité distincte du mot qui l'exprime, mais sans rien qui lui corresponde hors de l'esprit.

CONCEPTUEL, ELLE **adj.** **PHILOS.** Qui est de l'ordre du concept. ▪ **Art conceptuel,** tendance de l'art contemporain qui fait primer l'idée sur la réalité matérielle de l'œuvre. ➲ Il est représenté depuis la fin des années 1960 par les Américains Joseph Kosuth et Lawrence Weiner, le Britannique Victor Burgin, l'Allemande Hanne Darboven et autres « conceptuels ». *(V. ill. page suivante.)*

CONCERNANT **prép.** À propos de ; au sujet de.

CONCERNER **v.t.** **[3]** (du bas lat. *concernere*, mêler ensemble). Avoir rapport à ; intéresser : *Cela ne concerne que les employés.* ▪ **En ce qui concerne,** pour ce qui est de ; quant à.

CONCERT **n.m.** (ital. *concerto*). **1.** Séance où sont interprétées des œuvres musicales : *Aller au concert.* **2.** Composition pour ensemble instrumental. **3.** Ensemble de bruits simultanés : *Un concert de sifflets.* **4.** Litt. Accord entre des personnes, des groupes : *Le concert des nations.* ▪ **Concert d'éloges, de lamentations,** unanimité dans les éloges, les lamentations. ▪ **De concert,** en accord et en même temps ; conjointement : *Agir de concert avec qqn.*

CONCERTANT, E **adj.** Se dit d'un style de musique fondé sur le principe du dialogue entre plusieurs solistes ou plusieurs groupes de voix ou d'instruments, ou entre un soliste et un ensemble vocal ou instrumental : *Symphonie concertante.*

CONCERTATION **n.f.** Action de se concerter, partic. dans le domaine politique et social.

CONCERTÉ, E **adj.** Qui est préparé après concertation : *Un programme d'aménagement concerté.*

CONCERTER **v.t.** **[3]** (lat. *concertare*). Préparer une action en commun ; organiser : *Concerter un plan de développement.* ◆ **SE CONCERTER** **v.pr.** Se consulter pour agir ensemble : *Elles se sont concertées pour faire une proposition.*

CONCERTINA **n.m.** (mot angl.). Accordéon de forme hexagonale comportant deux claviers à boutons chromatiques.

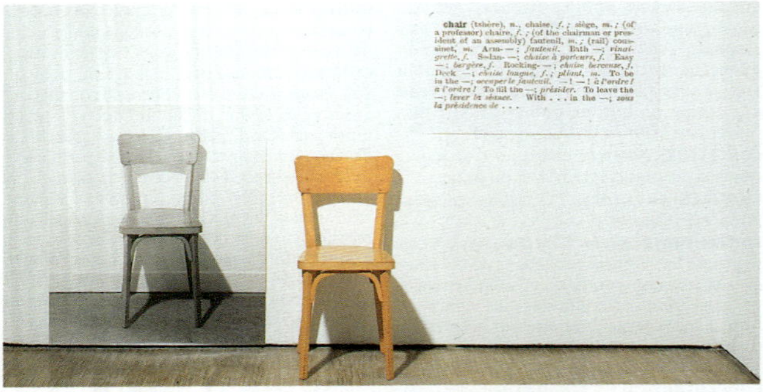

▲ **conceptuel.** Art conceptuel. *One and Three Chairs* (« Une et trois chaises »), installation de Joseph Kosuth avec chaise, photographie et définition de dictionnaire ; 1965. (MNAM, Paris.)

CONCERTINO **n.m.** (mot ital.). **MUS.** **1.** Petit concerto. **2.** Groupe des solistes, dans un concerto grosso.

CONCERTISTE **n.** Instrumentiste qui joue en concert.

CONCERTO **n.m.** (mot ital. « accord »). **MUS.** Composition instrumentale pour un ou plusieurs solistes et orchestre. ▪ **Concerto grosso,** forme instrumentale ancienne opposant un groupe de solistes *(concertino)* à l'orchestre d'accompagnement *(ripieno).*

CONCESSIBLE **adj.** **DR.** **1.** Qui peut être concédé. **2.** Se dit d'une substance minérale pouvant donner lieu à concession.

CONCESSIF, IVE **adj.** **GRAMM.** ▪ **Proposition concessive,** ou **concessive, n.f.,** proposition introduite par *quoique, bien que,* qui indique une opposition, une restriction à l'action exprimée par la principale (SYN. **proposition de concession**).

CONCESSION **n.f.** (lat. *concessio*). **1.** Abandon d'un avantage, d'un droit, d'une prétention. **2.** Avantage accordé à un adversaire dans une discussion : *Il a dû faire des concessions.* **3.** **DR.** Contrat par lequel l'Administration autorise une personne privée, moyennant une redevance, à réaliser un ouvrage public, à exploiter un service public, à occuper de manière privative le domaine public : *Concession de la distribution d'eau. Concession de sépulture.* **4.** Droit exclusif de vente accordé à un intermédiaire par un producteur, dans une région donnée, en vertu d'un acte juridique. **5.** Afrique. Terrain à usage d'habitation regroupant dans une enceinte des maisons aux fonctions diversifiées (habitation, réunion, etc.) ; terrain, le plus souvent clos, regroupant autour d'une cour un ensemble d'habitations occupées par une famille. ▪ **Proposition de concession** [gramm.], proposition concessive*.

CONCESSIONNAIRE **n.** et **adj.** **1.** Titulaire d'un contrat de concession. **2.** Intermédiaire qui a reçu d'un producteur un droit exclusif de vente dans une région donnée : *Le concessionnaire d'une marque automobile.*

CONCETTI, ▲ *CONCETTIS* [kõsɛti] ou [kɔntʃɛti] **n.m. pl.** (mot ital.). Litt. Traits d'esprit trop recherchés.

CONCEVABLE **adj.** Qui peut se concevoir ; imaginable.

CONCEVOIR **v.t.** **[39]** (lat. *concipere*). **1.** Se représenter par la pensée ; comprendre : *Je ne conçois pas pourquoi les experts ne sont pas d'accord.* **2.** Élaborer dans son esprit en vue d'une réalisation ; imaginer : *Urbaniste qui conçoit un écoquartier.* **3.** Sout. Sentir naître un sentiment ; éprouver : *Elle a conçu une vive amertume de votre refus.* ▪ **Ainsi conçu,** écrit, rédigé de cette manière. ▪ **Bien, mal conçu,** bien, mal adapté à l'usage qui doit en être fait : *Gare bien conçue.* ▪ **Concevoir un enfant** [litt.], le former par le rapprochement sexuel, en parlant d'un couple ; le former en soi, en parlant d'une femme.

CONCHOÏDAL, E, AUX [kõkɔidal, o] **adj.** Didact. Qui a la forme d'une coquille. ▪ **Cassure conchoïdale** [géol.], cassure d'une roche ou d'un minéral se présentant de façon nette et brillante, et dont la surface est onduleuse.

CONCHOÏDE [kõkɔid] **n.f.** (du gr. *konkhê,* coquille, et *eidos,* aspect). **MATH.** ▪ **Conchoïde d'une courbe *C*,** courbe C′ formée des points M′ alignés avec O et M, M étant un point de C, et tels que MM′ = h, h étant constant.

CONCHYLICULTEUR, TRICE [kõki-] **n.** Personne qui pratique la conchyliculture.

CONCHYLICULTURE [kõki-] **n.f.** (du gr. *konkhulion,* coquillage). Élevage des huîtres, moules et autres coquillages.

CONCHYLIOLOGIE [kõki-] **n.f.** Étude scientifique des coquilles.

CONCHYLIS **n.m.** ou **n.f.** → **COCHYLIS.**

CONCIERGE **n.** (du lat. *conservus,* compagnon d'esclavage). **1.** Personne préposée à la garde d'un immeuble ; gardien. **2.** Fam. Personne bavarde, indiscrète. **3.** Employé d'une conciergerie d'hôtel ou, par ext., d'une conciergerie d'entreprise ou privée.

CONCIERGERIE **n.f.** **1.** Local qu'occupe le concierge d'un bâtiment administratif ou d'un château. **2.** Service d'un grand hôtel, génér. attenant à la réception, chargé de veiller au bon déroulement du séjour des clients (accueil, conseils, renseignements) et de satisfaire leurs demandes (réservation de billets, location de voiture, etc.). **3.** Par ext. Service proposé à des particuliers (conciergerie privée) ou à des salariés (conciergerie d'entreprise), sur le modèle d'une conciergerie d'hôtel, offrant une gamme de prestations personnalisées visant à leur faciliter la vie au quotidien.

CONCILE **n.m.** (lat. *concilium*). **CATH.** Assemblée d'évêques et de théologiens, qui décide des questions de doctrine et de discipline ecclésiastique.
➲ Le *concile* est présidé par le pape et son autorité est souveraine.

CONCILIABLE **adj.** Qui peut se concilier avec une autre chose ; compatible : *Vues peu conciliables.*

CONCILIABULE **n.m.** (lat. *conciliabulum*). Série d'entretiens, de discussions plus ou moins secrets : *Tenir de longs conciliabules.*

CONCILIAIRE **adj.** **1.** Relatif à un concile. **2.** Qui participe à un concile.

CONCILIANISME **n.m.** Doctrine affirmant la supériorité du concile sur le pape.

CONCILIANT, E **adj.** Qui manifeste un esprit de conciliation ; accommodant : *Un négociateur conciliant. Une réponse conciliante.*

CONCILIATEUR, TRICE **adj.** et **n.** Qui a pour but de concilier. ◆ **n.** Personne dont la mission est d'inciter à un règlement amiable des conflits privés ; médiateur.

CONCILIATION **n.f.** **1.** Action qui vise à rétablir la bonne entente entre des personnes qui s'opposent ; résultat de cette action ; arrangement. **2.** Action de rendre les choses compatibles ; son résultat ; rapprochement : *Conciliation des intérêts.* **3.** **DR.** Intervention d'un juge ou d'un conciliateur auprès de personnes en litige. **4.** **DR.** Procédure de règlement amiable des conflits collectifs du travail ; médiation. **5.** **DR.** Mode de résolution pacifique des conflits internationaux.

CONCILIATOIRE **adj.** Destiné à amener une conciliation.

CONCILIER **v.t.** **[5]** (lat. *conciliare*). **1.** Rendre compatibles des choses diverses, des intérêts contraires ; harmoniser : *Concilier le travail avec la vie de famille.* **2.** Disposer favorablement qqn en faveur d'une personne : *Cette loi lui a concilié les écologistes.* **3.** **DR.** Mettre d'accord, réconcilier des personnes : *Concilier deux adversaires.* ◆ **SE CONCILIER** **v.pr.** **1.** **(AVEC).** Être compatible avec autre chose : *Ce sport ne se concilie pas avec une santé fragile.* **2.** Réussir à obtenir ; gagner : *Se concilier la bienveillance de qqn.*

CONCIS, E **adj.** (lat. *concisus*). Qui exprime beaucoup de choses en peu de mots ; sobre : *Un orateur concis* ; succinct : *Une explication concise.*

CONCISION **n.f.** Qualité de ce qui est concis, de celui qui est concis.

CONCITOYEN, ENNE **n.** Personne qui est de la même ville, du même pays qu'une autre.

CONCLAVE **n.m.** (mot lat.). **CATH.** Lieu où s'assemblent les cardinaux pour élire un pape (la chapelle Sixtine) ; la réunion de ces cardinaux elle-même.

CONCLUANT, E **adj.** Qui établit irréfutablement une conclusion ; probant : *Test concluant.*

CONCLURE **v.t.** **[76]** (lat. *concludere*). **1.** Arriver à un accord : *Nous avons conclu un pacte avec eux.* **2.** Donner une conclusion à un discours, un écrit ; terminer : *Conclure une allocution sur une note d'espoir.* **3.** **(PAR).** Apporter la dernière touche à : *Conclure sa toilette par une touche de parfum.* **4.** Tirer telle conclusion : *N'en conclus pas que tous sont pareils.* ▪ **Marché conclu !,** c'est d'accord ! ◆ **v.t. ind.** **1.** **(À).** Déduire comme conséquence : *Les commerciaux ont conclu à la rentabilité du produit.* **2.** Sout. Être probant, concluant : *Les témoignages concluent contre lui, en sa faveur.* ◆ **SE CONCLURE** **v.pr.** Se terminer par ; avoir pour conclusion : *La négociation s'est conclue par un échec.*

CONCLUSIF, IVE **adj.** Qui conclut : *Paragraphe conclusif.*

CONCLUSION **n.f.** (lat. *conclusio*). **1.** Action de conclure une affaire ; règlement : *Conclusion d'une alliance.* **2.** Partie qui termine un discours, un écrit. **3.** Conséquence tirée d'un raisonnement, d'une observation : *Gardez-vous des conclusions hâtives.* ▪ **En conclusion,** en conséquence ; pour conclure. ◆ **n.f. pl.** **DR.** **1.** Prétentions respectives de chacune des parties dans un procès ; écrit exposant ces prétentions. **2.** Rapport, exposant la solution d'un litige, que le commissaire du gouvernement est chargé de présenter devant une juridiction administrative.

CONCOCTER **v.t.** **[3]** (du lat. *concoquare,* faire cuire ensemble). Fam. Préparer minutieusement : *Concocter une surprise à qqn.*

CONCOMBRE **n.m.** (anc. provenç. *cocombre*). Plante potagère cultivée pour son fruit allongé, cylindrique, que l'on consomme en salade ; ce fruit.
➲ Famille des cucurbitacées. ▪ **Concombre de mer** [zool.], holothurie.

▲ **concombre**

CONCOMITAMMENT **adv.** De façon concomitante ; simultanément.

CONCOMITANCE **n.f.** Simultanéité de deux ou de plusieurs faits ; coïncidence.

CONCOMITANT, E **adj.** (lat. *concomitans*). Se dit d'un fait qui se produit en même temps qu'un autre ; simultané.

CONCORDANCE **n.f.** **1.** Conformité de deux ou plusieurs choses entre elles ; correspondance : *Concordance de nos conclusions avec celles de l'expert.* **2.** **GÉOL.** Disposition parallèle des couches sédimentaires, témoignant d'une continuité de leur dépôt. ▪ **Concordance biblique,** index alphabétique systématique des mots employés dans les livres bibliques avec l'indication, pour chaque terme cité, des passages où on le rencontre. ▪ **Concordance de phases** [phys.], état de plusieurs vibrations sinusoïdales synchrones dont la différence de phase est nulle. ▪ **Concordance des temps** [gramm.], ensemble des règles de syntaxe suivant lesquelles le temps du verbe d'une subordonnée dépend de celui du verbe de la principale. V. *Mémento de grammaire*, § 2.

CONCORDANT, E adj. Qui s'accorde, converge : *Témoignages concordants.* ▪ **Couches concordantes** [géol.], qui reposent en concordance sur des couches plus anciennes.

CONCORDAT n.m. (lat. *concordatum*). **1. CATH.** Convention entre le Saint-Siège et un État souverain, réglant les rapports de l'Église et de l'État. **2.** Suisse. Accord entre plusieurs cantons ; ensemble formé par plusieurs institutions. ▪ **Le Concordat de 1801,** v. partie n.pr.

CONCORDATAIRE adj. HIST. Relatif à un concordat et, spécial., à celui de 1801.

CONCORDE n.f. Sout. Bonne entente entre des personnes ; harmonie.

CONCORDER v.i. [3] (lat. *concordare*). Avoir des rapports de similitude, de correspondance ; coïncider : *Sa déclaration concorde avec celle du gardien. Les dates concordent.*

CONCOURANT, E adj. Qui converge vers un même point, tend vers un même but : *Droites concourantes. Efforts concourants.*

CONCOURIR v.t. ind. [33] (À) [lat. *concurrere*]. Tendre à un même effet, à un même but ; contribuer à : *Ce nouvel aménagement concourt à rendre notre travail moins pénible.* ◆ **v.i.** Participer à une compétition, à un concours.

CONCOURISTE n. Personne qui participe aux concours proposés dans les médias.

CONCOURS n.m. (du lat. *concursus*, course en masse). **1.** Ensemble d'épreuves mettant en compétition des candidats, pour un nombre de places fixé d'avance : *Un concours administratif, d'entrée dans une grande école.* **2.** Compétition organisée dans les domaines culturel, sportif, etc. : *Concours de danse. Concours hippique.* **3.** Jeu ouvert à tous et doté de lots : *Concours lancé par un grand quotidien.* **4.** Aide, secours apportés dans une action : *La municipalité demande le concours de la Région.* **5. DR.** Situation dans laquelle plusieurs candidats se trouvent en compétition à propos d'un même droit (créances, privilèges). **6.** Ensemble des sauts et des lancers, en athlétisme. ▪ **Concours complet,** compétition hippique comprenant une épreuve de dressage, une épreuve de fond et une épreuve de saut d'obstacles. ▪ **Concours de circonstances,** simultanéité fortuite d'événements. ▪ **Concours d'infractions** [dr.], fait pour un justiciable de commettre une nouvelle infraction avant que la précédente ait été définitivement jugée. ▪ **Concours général,** compétition annuelle entre les meilleurs élèves des classes supérieures des lycées de France. ▪ **Hors concours,** qui n'est plus autorisé à concourir en raison de sa supériorité.

CONCRET, ÈTE adj. (lat. *concretus*). **1.** Qui se rapporte à la réalité, à ce qui est matériel (par oppos. à *hypothétique*, à *théorique*) ; tangible : *Des preuves concrètes.* **2.** Qui désigne un être ou un objet réel (par oppos. à *abstrait*) : *Mot concret.* **3.** Perceptible par les sens : *Objet concret.* **4.** Qui a le sens des réalités ; pratique : *Esprit concret.* ▪ **Art concret,** caractérisé par l'emploi d'éléments géométriques représentés pour eux-mêmes, en dehors de toute dimension subjective. ▪ **Musique concrète,** construite à partir de matériaux sonores préexistants, enregistrés puis soumis à diverses transformations. ◆ **n.m.** Ce qui est concret ; ensemble des choses concrètes : *Il exige du concret.*

CONCRÈTEMENT adv. De façon concrète ; en pratique.

CONCRÉTION n.f. (lat. *concretio*). **1. MINÉRALOG.** Masse minérale formée par précipitation autour d'un fragment de matériau : *Concrétions calcaires, salines.* **2. MÉD.** Agrégation solide, telle qu'un calcul, qui se constitue dans les tissus vivants.

CONCRÉTISATION n.f. Action de concrétiser ; fait de se concrétiser.

CONCRÉTISER v.t. [3]. Donner une forme concrète, matérielle à ce qui était théorique ou imaginaire : *Sa réussite concrétise nos espérances.* ◆ **SE CONCRÉTISER v.pr.** Devenir réel : *Ses rêves se sont concrétisés.*

CONCUBIN, E n. (du lat. *concumbere*, coucher avec). Personne qui vit en concubinage.

CONCUBINAGE n.m. Union de fait entre deux personnes célibataires, de même sexe ou de sexe différent, vivant ensemble de manière stable et continue. (On dit aussi *union libre* ou *civile*.)

CONCUPISCENCE n.f. (lat. *concupiscentia*). **1. THÉOL. CHRÉT.** Penchant à jouir des biens et des plaisirs terrestres. **2.** Litt. Vive inclination pour les plaisirs sensuels.

CONCUPISCENT, E adj. Litt. Qui exprime la concupiscence : *Regards concupiscents.*

CONCURREMMENT [kɔ̃kyramɑ̃] **adv. 1.** En même temps : *Diriger concurremment deux projets.* **2.** En conjuguant son action avec celle d'un autre : *Ils ont agi concurremment avec l'ONU.*

CONCURRENCE n.f. 1. Rivalité, compétition entre des personnes qui poursuivent un même but, ou des entreprises qui cherchent à conquérir une clientèle. **2.** Compétition sur le marché entre plusieurs produits ou services. ▪ **Droit de la concurrence,** ensemble des règles protégeant la liberté de l'industrie et du commerce (contre les ententes illégales, par ex.). ▪ **(Jusqu')à concurrence de,** jusqu'à la somme de : *Nous vous ouvrons un crédit à concurrence de mille euros.* ▪ **La concurrence,** l'ensemble des compétiteurs, des concurrents. ▪ **Régime de libre concurrence,** système économique qui ne comporte aucune intervention de l'État en vue de limiter la liberté de l'industrie et du commerce, et qui considère les coalitions de producteurs comme des délits.

CONCURRENCER v.t. [9]. Faire concurrence à : *Ce nouveau textile concurrence le coton.*

CONCURRENT, E n. et adj. (lat. *concurrens*). **1.** Personne qui participe à un concours, à une compétition ; compétiteur : *Les concurrents ont pris le départ.* **2.** Personne, groupe qui entrent en compétition avec d'autres, en partic. dans le domaine commercial et industriel.

CONCURRENTIEL, ELLE adj. 1. Capable d'entrer en concurrence ; compétitif : *Prix concurrentiels.* **2.** Où joue la concurrence : *Marché très concurrentiel.*

CONCUSSION n.f. (lat. *concussio*). Délit commis dans l'exercice d'une fonction publique, consistant à exiger ou à percevoir une somme qui n'est pas due.

CONCUSSIONNAIRE adj. et n. Coupable de concussion.

CONDAMNABLE [kɔ̃danabl] **adj.** Qui mérite d'être condamné ; répréhensible : *Acte condamnable.*

CONDAMNATION [kɔ̃danasjɔ̃] **n.f.** (lat. *condemnatio*). **1.** Acte, fait, écrit portant témoignage contre qqn, qqch ; désaveu : *Cet attentat est la condamnation de leur politique.* **2.** Fait qui détermine la ruine, la mort de qqch, de qqn : *Ces mesures sont la condamnation du petit commerce.* **3. DR.** Décision d'un tribunal imposant à l'une des parties de s'incliner devant les prétentions de son adversaire, par ex. en lui versant une somme d'argent. **4. DR.** Décision d'une juridiction prononçant une peine contre l'auteur d'une infraction ; la peine infligée.

CONDAMNATOIRE [kɔ̃danatwar] **adj.** Qui porte condamnation.

CONDAMNÉ, E [kɔ̃dane] **n. et adj. 1. DR.** Personne qui a fait l'objet d'une condamnation pénale. **2.** Personne atteinte d'une maladie mortelle incurable.

CONDAMNER [kɔ̃dane] **v.t. [3]** (lat. *condemnare*). **1. DR.** Prononcer une peine par jugement contre la personne jugée coupable d'une infraction. **2.** Mettre dans l'obligation pénible de : *Condamner au silence, à la faillite.* **3.** Déclarer répréhensible, blâmable ; désapprouver : *Condamner la violence.* **4.** Déterminer la ruine, la mort de qqch, de qqn : *Fermer cette usine condamne la ville entière.* **5.** Déclarer un malade incurable. ▪ **Condamner une porte, une ouverture,** en rendre l'usage impossible.

CONDÉ n.m. (orig. inconnue). Arg. **1.** Fonctionnaire de police. **2.** Entente avec la police en échange d'informations.

CONDENSABLE adj. Qui peut être condensé.

CONDENSAT n.m. PHYS. Corps obtenu par condensation. ▪ **Condensat de Bose-Einstein,** gaz d'atomes, tous dans le même état quantique.

CONDENSATEUR n.m. ÉLECTR. Appareil constitué par deux armatures conductrices séparées par un milieu isolant, qui emmagasine des charges électriques.

CONDENSATION n.f. 1. Passage d'une vapeur à l'état liquide ou solide. **2.** Assemblage de plusieurs molécules chimiques, avec élimination de molécules souvent simples (eau, chlorure d'hydrogène, etc.). **3. PSYCHAN.** Fusion d'éléments provenant d'associations différentes en une représentation unique (dans le rêve, en partic.).

1. CONDENSÉ n.m. Résumé succinct ; abrégé.

2. CONDENSÉ, E adj. ▪ **Lait condensé,** lait concentré* sucré.

CONDENSER v.t. [3] (lat. *condensare*). **1.** Faire passer de l'état de vapeur à l'état de liquide ou de solide. **2.** Fig. Réduire à ses éléments essentiels ; ramasser : *Condenser un discours.* ◆ **SE CONDENSER v.pr.** Passer de l'état de vapeur à l'état de solide ou de liquide.

CONDENSEUR n.m. 1. Appareil servant à condenser une vapeur. **2.** Échangeur de chaleur d'une installation frigorifique, refroidi par air ou par eau, dans lequel le frigorigène gazeux se refroidit et se liquéfie. **3.** Système optique convergent servant à concentrer un flux lumineux sur une surface ou dans une direction déterminée. ➲ Dans le microscope, il sert à éclairer l'objet examiné.

CONDESCENDANCE n.f. Attitude hautaine et plus ou moins méprisante de qqn ; dédain.

CONDESCENDANT, E adj. Qui marque de la condescendance ; hautain.

CONDESCENDRE v.t. ind. [59] (À) [du lat. *condescendere*, se mettre au niveau de]. Consentir de mauvais gré à ; daigner : *Il a enfin condescendu à m'accorder un entretien.*

CONDIMENT n.m. (lat. *condimentum*). **CUIS.** Substance ou préparation ajoutée aux aliments crus ou cuits pour en relever la saveur.

CONDISCIPLE n. (lat. *condiscipulus*). Camarade d'études.

CONDITION n.f. (lat. *conditio*). **1.** Situation d'un être vivant, de l'homme dans le monde : *La condition humaine.* **2.** Sout. Situation sociale ; rang dans la société : *Des gens de toutes conditions. La condition des femmes.* **3.** (Surtout pl.). Circonstance extérieure à laquelle sont soumises les personnes et les choses : *Conditions climatiques. Les conditions de vie, de travail.* **4.** Circonstance dont dépend l'accomplissement d'une action : *Le travail est la condition du succès.* **5.** (Surtout pl.). Base d'un accord : *Quelles sont vos conditions ?* ; qualité ou élément exigés pour qu'il y ait acceptation : *Remplir les conditions.* **6. DR.** Clause, convention dont dépend la validité d'un acte. **7. MATH.** Relation imposée par l'énoncé d'un problème entre les données et l'inconnue. ▪ **À condition de,** à charge de ; sous réserve de. ▪ **À (la) condition que,** pourvu que. ▪ **Condition nécessaire** [math.], proposition dont la vérité est impliquée par la vérité d'une autre proposition. ▪ **Condition nécessaire et suffisante** [math.], proposition dont la vérité équivaut logiquement à celle d'une autre proposition. ▪ **Condition (physique),** état physique général : *Cet athlète n'est pas au mieux de sa condition.* ▪ **Conditions normales de température et de pression,** valeurs de référence de température et de pression (0 °C et 1 013 hPa). ▪ **Condition suffisante** [math.], proposition dont la vérité implique la vérité d'une autre proposition. ▪ **Dans ces conditions,** dans ce cas ; si c'est ainsi. ▪ **Mettre qqn en condition,** le conditionner par une propagande intensive. ▪ **Sous condition,** en respectant certaines obligations.

CONDITIONNÉ, E adj. 1. COMM. Qui a subi un conditionnement : *Produits conditionnés.* **2. PSYCHOL.** Déterminé à agir de telle ou telle façon par des stimulus, des pressions extérieures : *Enfants conditionnés par la publicité.* ▪ **Air conditionné,** air auquel on a donné une température et un degré hygrométrique déterminés. ▪ **Réflexe conditionné** [psychol.], réflexe conditionnel*.

CONDITIONNEL, ELLE adj. Qui dépend de certaines conditions : *Legs conditionnel.* ▪ **Mode conditionnel,** ou **conditionnel, n.m.** [gramm.], mode du verbe qui présente l'action comme une éventualité ou comme la conséquence d'une condition. (On distingue le conditionnel présent : *j'aimerais*, et le conditionnel passé : *j'aurais aimé* ou *j'eusse aimé*.) [Le conditionnel est parfois tenu pour un temps de l'indicatif et non pour un mode.] ▪ **Proposition conditionnelle** [log.], liée à une autre par implication. ▪ **Réflexe conditionnel, réaction conditionnelle** [psychol.], réflexe, réaction acquis à la suite d'un conditionnement (SYN. **réflexe conditionné**). ▪ **Stimulus conditionnel** [psychol.], signal qui provoque un réflexe conditionnel ou une réaction conditionnelle. ▪ **Subordonnée conditionnelle,** ou **conditionnelle, n.f.** [gramm.], subordonnée exprimant une condition dont dépend la principale.

CONDITIONNELLEMENT adv. Sous certaines conditions.

CONDITIONNEMENT n.m. 1. Action de conditionner ; fait d'être conditionné. **2. COMM.** Emballage de présentation et de vente d'une marchandise. **3. PSYCHOL.** Procédure par laquelle on établit un comportement nouveau chez un être vivant, en créant un ensemble plus ou moins systématique de réflexes conditionnels. ▪ **Conditionnement d'air,** opération consistant à conditionner l'air introduit dans un local quelles que soient les conditions extérieures.

CONDITIONNER v.t. [3]. 1. Être la condition de : *Son état de santé conditionne notre départ.* **2. PSYCHOL.** Établir un comportement nouveau chez un être vivant par des méthodes spécifiques. **3. PSYCHOL.** Déterminer qqn, un groupe à agir ou à penser de telle ou telle manière (par l'éducation, la propagande, la publicité). **4. COMM.** Réaliser le conditionnement d'une marchandise. **5.** Emballer un produit alimentaire de façon à assurer sa protection mécanique, chimique et biologique, en vue de sa mise sur le marché. **6.** Assurer et maintenir des conditions définies de température et d'hygrométrie dans un local.

CONDITIONNEUR n.m. 1. Appareil servant à effectuer le conditionnement des denrées alimentaires. **2.** Appareil fournissant de l'air conditionné. **3.** Produit cosmétique destiné à démêler, embellir et soigner les cheveux, appliqué génér. après le shampooing.

CONDO n.m. (abrév. de l'anglo-amér. *condominium*). Québec. Logement, appartement en copropriété.

CONDOLÉANCES n.f. pl. (de l'anc. fr. *condoloir*, s'affliger avec). Témoignage de sympathie devant la douleur d'autrui, à l'occasion d'un deuil : *Présenter ses condoléances.*

CONDOM [kɔ̃dɔm] **n.m.** (de *Condom*, n.pr.). Vieilli ou Québec. Préservatif masculin.

✎ Au Québec, on prononce [kɔ̃dɔ̃].

CONDOMINIUM [-minjɔm] **n.m.** (mot angl., du lat. *dominium*, droit de propriété). **DR. INTERN.** Anc. Droit de souveraineté exercé en commun par plusieurs puissances sur un pays.

CONDOR n.m. (mot esp., du quechua). Grand vautour américain dont une espèce vit dans les Andes et l'autre dans les montagnes du sud de la Californie. ➲ Envergure 3 m ; famille des cathartidés. (V. ill. *rapaces*.)

CONDOTTIERE [kɔ̃dɔtjɛr], ▲ *CONDOTTIÈRE* **n.m.** (mot ital.). **1.** Chef de soldats mercenaires, en Italie, au Moyen Âge et pendant la Renaissance. **2.** Aventurier sans scrupule.

✎ Pluriel savant : ***condottieri.***

CONDUCTANCE n.f. ÉLECTR. Inverse mathématique de la résistance.

1. CONDUCTEUR, TRICE n. (lat. *conductor*). **1.** Personne qui conduit un véhicule. **2. TECHN.** Personne chargée de la conduite d'une machine. ▪ **Conducteur de travaux,** personne qui, sur un chantier, dirige les travaux et gère le personnel.

2. CONDUCTEUR, TRICE adj. Qui conduit : *Métaux conducteurs.* ▪ **Fil conducteur,** hypothèse, principe qui guide dans une recherche, un récit. ◆ **n.m. 1.** Tout corps capable de transmettre la chaleur, l'électricité. **2.** Câble ou fil utilisé pour transporter un courant électrique. **3.** Plan dont dispose l'animateur d'une réunion ou d'un débat, indiquant l'ordre des questions à aborder, le nom des participants et, le cas échéant, l'enchaînement des interventions prévues. **4. MUS.** Partition réduite sur laquelle sont portées les principales indications de toutes les parties instrumentales, permettant au chef d'orchestre de diriger une œuvre musicale.

CONDUCTIBILITÉ n.f. 1. PHYS. Propriété que possèdent les corps de transmettre la chaleur, l'électricité ou certaines vibrations. **2. PHYSIOL.** Propriété qu'ont les fibres nerveuses de propager l'influx nerveux.

CONDUCTIBLE adj. PHYS. Qui est doué de conductibilité.

CONDUCTIMÉTRIE n.f. Mesure de la conductivité électrique.

CONDUCTION n.f. 1. PHYS. Action de transmettre de proche en proche la chaleur, l'électricité. **2. PHYSIOL.** Transmission du potentiel d'action, le long d'un neurone ou d'une cellule musculaire.

CONDUCTIVITÉ n.f. PHYS. Grandeur caractérisant la capacité de conduction (électrique, thermique, etc.) d'une substance.

CONDUIRE v.t. [78] (lat. *conducere*). **1.** Mener qqn d'un lieu à un autre : *Conduire un enfant à l'école.* **2.** Assurer la direction, la manœuvre de : *Conduire un autobus, un laminoir.* **3.** Absol. Diriger un véhicule : *Apprendre à conduire.* **4.** Assurer la direction de : *Conduire une entreprise.* **5.** Entraîner vers tel état, à faire telle action : *Conduire au désespoir, à renoncer.* **6.** Avoir pour conséquence ; aboutir à : *Politique qui conduit à la guerre.* **7.** Faire aller quelque part ; amener : *Le bief conduit l'eau au moulin.* **8.** En parlant d'un corps conductible, transmettre : *Les métaux conduisent l'électricité.* ◆ **SE CONDUIRE v.pr.** Se comporter de telle façon : *Ils se sont bien conduits.*

CONDUIT n.m. Canalisation guidant l'écoulement d'un fluide : *Conduit de fumée.* ▪ **Conduit auditif externe** [anat.], canal de l'oreille externe, par lequel les sons parviennent au tympan. ▪ **Conduit auditif interne** [anat.], canal creusé dans le rocher de l'os temporal, faisant suite à l'oreille interne, et contenant le nerf auditif.

CONDUITE n.f. 1. Action, manière de conduire, de diriger : *Conduite d'un véhicule, d'une entreprise, des travaux.* **2.** Manière d'agir, de se comporter ; attitude : *Sa conduite a été odieuse.* **3.** Pilotage d'une machine, d'une installation complexe. **4. CH. DE F.** Service assuré par les conducteurs de trains : *Les agents de conduite.* **5. TECHN.** Tuyau de section variable parcouru par un fluide. ▪ **Aide à la conduite** [autom.], ensemble des dispositifs facilitant la conduite d'un véhicule et améliorant sa sécurité active, appliqués à la transmission, à la suspension, au freinage, à la navigation et aux différentes commandes. ▪ **S'acheter une conduite** [fam.], mener une vie plus rangée.

CONDYLE n.m. (du gr. *kondulos*, articulation). **ANAT.** Surface articulaire ovoïde.

CONDYLIEN, ENNE adj. Relatif à un condyle.

CONDYLOME n.m. MÉD. Tumeur bénigne, virale et sexuellement transmissible, touchant la peau ou les muqueuses des régions anale et génitale (SYN. [cour.] **crête-de-coq**).

CÔNE n.m. (lat. *conus*). **1. MATH.** Surface constituée par les droites (les *génératrices*) qui passent par un point donné (le *sommet*) et qui rencontrent une courbe donnée (la *directrice*). **2. MATH.** Solide délimité par une telle surface, un plan qui la coupe et le sommet. ➲ La *base* est la partie de ce plan délimitée par son intersection avec la surface. **3.** Objet de base circulaire ou ovale et qui se rétrécit régulièrement en pointe. **4. HISTOL.** Élément en forme de cône, caractéristique de certaines cellules de la rétine ; par ext., la cellule elle-même, responsable de l'acuité visuelle et de la vision des couleurs. **5. BOT.** Fruit des conifères (pin, sapin, notamm.). **6. BOT.** Inflorescence du houblon. **7. ZOOL.** Mollusque gastéropode à coquille conique, carnivore, pourvu d'un organe venimeux. ➲ Famille des conidés. **8.** Crème glacée dans un cornet en biscuit, fabriquée industriellement. ▪ **Cône de révolution** ou **cône droit** [math.], cône dont la directrice est un cercle et dont le sommet est sur l'axe de ce cercle. ▪ **Cône d'ombre** [astron.], ombre en forme de cône projetée par une planète dans la direction opposée à celle du Soleil. ▪ **Cône volcanique** [géol.], relief formé par l'accumulation des produits émis par un volcan (laves, projections) autour de la cheminée. ▪ **Embrayage à cônes** [techn.], mécanisme à friction formé de deux cônes dont l'un pénètre dans l'autre, s'y coince et provoque l'embrayage.

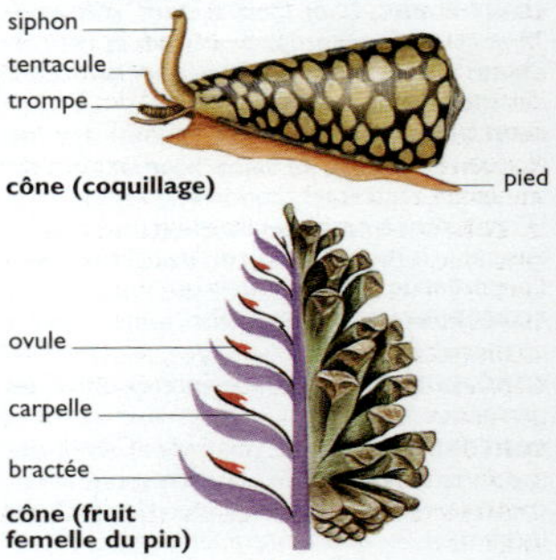

▲ **cônes**

CONFECTION n.f. (lat. *confectio*). **1.** Action de faire, de confectionner ; réalisation : *La confection d'un gâteau.* **2. COUT.** Fabrication en série de pièces d'habillement ; prêt-à-porter : *Vêtements de confection.*

CONFECTIONNER v.t. [3]. Exécuter de bout en bout ; réaliser : *Elle confectionne des déguisements.*

CONFECTIONNEUR, EUSE n. Industriel qui fabrique des vêtements de confection.

CONFÉDÉRAL, E, AUX adj. Relatif à une confédération.

CONFÉDÉRATION n.f. (lat. *confoederatio*). **1.** Association d'États souverains qui ont délégué certaines compétences à des organes communs. **2.** Réunion de fédérations syndicales : *La Confédération générale du travail (CGT).* **3.** Groupement de diverses associations de caractère sportif ou professionnel.

CONFÉDÉRÉ, E adj. et **n.** Uni par confédération. ◆ **n.** Suisse. Membre de l'ancienne Confédération. ◆ **CONFÉDÉRÉS n.m. pl. HIST.** Aux États-Unis, citoyens des États du Sud ligués contre le gouvernement fédéral, pendant la guerre de Sécession.

CONFÉDÉRER v.t. [11], ▲ *[11*]*. Réunir en confédération.

CONFER [kɔ̃fɛr] **loc. v.** (mot lat. « comparez »). Indication par laquelle on renvoie le lecteur à un passage, à un ouvrage à consulter. Abrév. **conf.** ou **cf.**

CONFÉRENCE n.f. (du lat. *conferre*, discuter). **1.** Échange de vues entre deux ou plusieurs

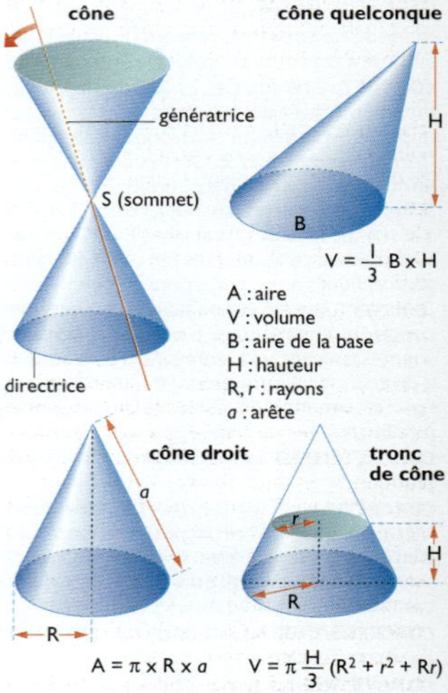

▲ **cônes** à base circulaire.

personnes : *Être en conférence avec ses collaborateurs.* **2.** Réunion de représentants de plusieurs États (diplomates, chefs de gouvernement, ministres, etc.) en vue de régler une question d'ordre international : *Une conférence au sommet.* **3.** Exposé traitant de questions littéraires, religieuses, scientifiques, politiques, fait en public ; causerie. **4.** Poire d'une variété de taille moyenne, de forme allongée, de couleur verte tachetée de brun clair. ▪ **Conférence de presse,** réunion au cours de laquelle une ou plusieurs personnalités diffusent une information devant des journalistes, avant, génér., de répondre à leurs questions.

1. CONFÉRENCIER, ÈRE n. Personne qui fait une conférence publique.

2. CONFÉRENCIER n.m. Pochette en cuir, en plastique, à deux rabats, dans laquelle on range un bloc de papier, un stylo et des dossiers pour une conférence, une réunion.

CONFÉRER v.i. [11], ▲ *[11*]* (AVEC) [lat. *conferre*]. S'entretenir d'une affaire ; discuter : *Conférer avec son avocat.* ◆ v.t. Accorder, en vertu de l'autorité que l'on a pour le faire ; attribuer : *Conférer un grade, une décoration.*

CONFESSE n.f. CHRIST. Confession : *Aller à confesse.*

✎ Ne s'emploie qu'avec les prép. *à* et *de,* et sans article.

CONFESSER v.t. [3] (du lat. *confiteri,* avouer). **1.** CATH. Avouer ses péchés à un prêtre. **2.** CATH. Entendre en confession : *Confesser ses ouailles.* **3.** Vieilli. Déclarer publiquement ses croyances. **4.** Fam. Obtenir de qqn des aveux, un secret. **5.** Avouer, reconnaître à regret : *Confesser son erreur, ses torts.* ◆ **SE CONFESSER** v.pr. **1.** CATH. Déclarer ses péchés. **2.** Avouer spontanément ses fautes.

CONFESSEUR n.m. **1.** Prêtre qui entend les confessions. **2.** Chrétien qui, à l'époque des persécutions, proclamait publiquement sa foi. **3.** Personne à qui l'on se confie volontiers ; confident.

CONFESSION n.f. (lat. *confessio*). **1.** CHRIST. Acte par lequel un catholique avoue ses péchés à un prêtre pour en obtenir le pardon. ➲ La confession existe, sous d'autres formes, dans les Églises protestantes et orthodoxes. **2.** Aveu d'un fait important, d'un secret : *La confession d'un méfait.* **3.** Déclaration publique que l'on fait de sa foi. **4.** Appartenance à telle ou telle religion : *Il est de confession israélite.* **5.** (Avec une majuscule). Résumé des articles qui contiennent la déclaration de foi d'une Église : *La Confession d'Augsbourg.* **6.** ARCHIT. Petite crypte où l'on plaçait le tombeau d'un martyr.

CONFESSIONNAL n.m. CATH. **1.** Meuble en forme d'isoloir où le prêtre entend la confession du pénitent. **2.** La confession : *Les secrets du confessionnal.*

CONFESSIONNALISME n.m. Système politique du Liban qui répartissait entre les diverses confessions (maronites, sunnites, chiites, druzes, orthodoxes...) les sièges au Parlement et les postes dans les grandes fonctions publiques.

CONFESSIONNEL, ELLE adj. Relatif à la religion. ▪ **Établissement confessionnel,** école privée qui se réfère à une confession religieuse.

CONFETTI n.m. (mot ital. « dragée »). **1.** Rondelle de papier coloré qu'on lance par poignées. **2.** Minuscule territoire ; petite île : *Les confettis du Pacifique.*

CONFIANCE n.f. (lat. *confidentia*). **1.** Sentiment de sécurité de celui qui se fie à qqn, à qqch : *J'ai confiance en eux, en la justice de notre pays.* **2.** En France, approbation donnée à la politique du gouvernement par la majorité de l'Assemblée nationale : *Voter la confiance.* ▪ **Avoir confiance en soi,** être assuré de ses possibilités. ▪ **De confiance,** en toute sûreté : *Vous pouvez aller chez lui de confiance* ; à qui l'on peut se fier : *Personne de confiance* ; que l'on réserve à qqn de fiable : *Poste, mission de confiance.* ▪ **En (toute) confiance,** sans crainte d'être trompé. ▪ **Faire confiance à,** se fier à.

CONFIANT, E adj. **1.** Qui met sa confiance en qqn, qqch. **2.** Qui a confiance en lui.

CONFIDENCE n.f. (du lat. *confidentia,* confiance). Déclaration faite en secret à qqn ; aveu. ▪ **En confidence,** sous le sceau du secret. ▪ **Mettre qqn dans la confidence,** dans le secret.

1. CONFIDENT, E n. (ital. *confidente*). **1.** Personne à qui l'on confie ses plus secrètes pensées. **2.** THÉÂTRE. Personnage de la tragédie classique qui reçoit les confidences du personnage principal auquel il est attaché.

2. CONFIDENT n.m. Double fauteuil en forme d'S, offrant deux places de sens inverse (XIXe s.) [SYN. **2. vis-à-vis**].

CONFIDENTIALITÉ n.f. Caractère confidentiel d'une information.

CONFIDENTIEL, ELLE adj. **1.** Qui se dit, se fait en confidence ; qui contient des informations secrètes : *Une information confidentielle.* **2.** Qui concerne un petit nombre de personnes : *Un film à diffusion confidentielle.*

CONFIDENTIELLEMENT adv. De façon confidentielle.

CONFIER v.t. [5] (lat. *confidere*). **1.** Remettre aux soins, à la garde de : *Confier ses clés au gardien.* **2.** Dire sur le mode confidentiel ; révéler : *Elle m'a confié qu'elle avait demandé sa mutation.* ◆ **SE CONFIER** v.pr. (À). Faire des confidences à qqn ; s'épancher : *Elle s'est confiée à sa sœur.*

CONFIGURATION n.f. (lat. *configuratio*). **1.** Forme générale ; aspect d'ensemble : *Configuration d'un coquillage, d'une île.* **2.** INFORM. Ensemble des composants matériels ou logiciels qui déterminent les caractéristiques de fonctionnement d'un ordinateur ou d'un système. **3.** CHIM. Notation, pour un centre chiral, de son caractère gauche S (du lat. *sinister*) ou droit R (du lat. *rectus*), suivant le sens (rétrograde ou direct) dans lequel trois groupements portés par ce centre se rangent par priorité décroissante.

CONFIGURER v.t. [3]. INFORM. Régler les paramètres d'un logiciel ou d'un matériel pour le faire fonctionner dans des conditions données.

CONFINÉ, E adj. ▪ **Air, atmosphère confinés,** non renouvelés. ▪ **Rester confiné chez soi,** reclus.

CONFINEMENT n.m. **1.** Action de confiner ; fait de se confiner, d'être confiné. **2.** Situation d'une population animale resserrée en grand nombre dans un espace étroit. **3.** NUCL. Ensemble des précautions prises pour empêcher la dissémination des produits radioactifs, dans l'environnement d'une installation nucléaire. ▪ **Enceinte de confinement,** bâtiment étanche entourant un réacteur nucléaire.

CONFINER v.t. ind. [3] (À) [de *confins*]. **1.** Toucher aux confins d'un pays : *La Suisse et la Belgique confinent à la France.* **2.** Fig. Être à la limite de ; friser : *Une telle audace confine à l'imprudence.* ◆ v.t. Tenir enfermé dans d'étroites limites : *Sa timidité le confine dans un rôle secondaire.* ◆ **SE CONFINER** v.pr. **1.** Se tenir enfermé ; s'isoler : *Se confiner dans son bureau.* **2.** Se limiter à une occupation, une activité ; se cantonner à.

CONFINS n.m. pl. (lat. *confinium,* proximité). Parties d'un territoire situées à la limite d'un autre : *Le chantier de fouilles est aux confins de l'Europe et de l'Asie.*

CONFIRE v.t. [81] (du lat. *conficere,* élaborer). Conserver les aliments dans une substance (graisse, vinaigre, sirop) qui en empêche l'altération : *Confire du canard, des cornichons.*

CONFIRMAND, E n. CHRIST. Personne qui se prépare à recevoir sa confirmation.

CONFIRMATIF, IVE adj. DR. Qui confirme.

CONFIRMATION n.f. (lat. *confirmatio*). **1.** Action de confirmer ; déclaration, écrit qui en résultent : *Recevoir la confirmation d'une réservation.* **2.** CHRIST. Chez les catholiques et les orthodoxes, sacrement, administré habituellement par l'évêque, qui affermit dans la grâce du baptême. **3.** CHRIST. Chez les protestants, acte qui n'a pas valeur sacramentelle et par lequel on confirme publiquement les vœux du baptême, avant d'être admis à la cène. **4.** DR. Acte unilatéral tendant à reconnaître la validité d'un acte dont on pourrait demander la nullité.

CONFIRMER v.t. [3] (lat. *confirmare*). **1.** Assurer l'authenticité de ; corroborer : *Une déclaration du ministre vient de confirmer la nouvelle.* **2.** Affermir qqn dans ses opinions, ses croyances ; renforcer : *Ceci me confirme dans ma résolution.* **3.** CHRIST. Conférer le sacrement de la confirmation. ◆ **SE CONFIRMER** v.pr. **1.** Se manifester avec plus d'évidence : *La tendance à la hausse se confirme.* **2.** Être reconnu comme exact, fondé : *Les bruits qui couraient se confirment.*

CONFISCABLE adj. Qui peut être confisqué.

CONFISCATION n.f. **1.** Action de confisquer ; fait d'être confisqué. **2.** DR. Transfert à l'État ou à un établissement public des biens d'un particulier, à la suite d'une condamnation pénale ou d'une sanction fiscale.

CONFISCATOIRE adj. Qui a le caractère d'une confiscation : *Taux confiscatoire.*

CONFISERIE n.f. **1.** Travail, commerce du confiseur. **2.** Magasin de confiseur. **3.** (Surtout pl.). Produit que fabrique et vend le confiseur (sucrerie, bonbon, etc.).

CONFISEUR, EUSE n. Personne qui fabrique et vend des confiseries.

CONFISQUER v.t. [3] (lat. *confiscare,* de *fiscus,* fisc). **1.** Déposséder par un acte d'autorité : *Confisquer son portable à un élève.* **2.** Procéder à une confiscation ; saisir : *Confisquer un lot d'imitations frauduleuses.* **3.** S'emparer abusivement de ; accaparer : *Dictateur qui confisque le pouvoir.*

CONFIT, E adj. **1.** Conservé dans du sucre, du vinaigre, de la graisse, etc. : *Gésiers confits. Cébettes confites.* **2.** Fig. Pénétré d'un sentiment ; figé dans une attitude : *Une bigote confite en dévotion.* ◆ n.m. Morceau de viande cuit et conservé dans sa graisse : *Confit de canard, de porc.*

CONFITEOR [kɔ̃fiteɔr] n.m. inv. (mot lat. « je confesse »). Prière catholique commençant par ce mot et par laquelle on se reconnaît pécheur.

CONFITURE n.f. (de *confit*). Préparation de fruits frais cuits dans du sucre pour les conserver : *Confiture de fraises, d'abricots.*

CONFITURERIE n.f. **1.** Industrie de la confiture. **2.** Atelier, usine où l'on fabrique des confitures.

1. CONFITURIER, ÈRE n. Entreprise ou personne qui fabrique ou vend des confitures.

2. CONFITURIER n.m. Récipient servant à faire les confitures ou à les servir à table.

CONFLAGRATION n.f. (lat. *conflagratio*). **1.** Conflit international de grande envergure. **2.** Vx. Incendie.

CONFLICTUALITÉ n.f. **1.** Caractère d'une situation conflictuelle. **2.** Ensemble des conflits : *La conflictualité sociale, urbaine.*

CONFLICTUEL, ELLE adj. Relatif à un conflit ; qui peut provoquer un conflit.

CONFLIT n.m. (du lat. *conflictus,* combat). **1.** Opposition de sentiments, d'opinions entre des personnes ou des groupes ; affrontement : *Être en conflit avec son supérieur. Le conflit des générations.* **2.** Lutte armée entre deux ou plusieurs États ; guerre : *Un conflit mondial.* **3.** PSYCHOL. Opposition de motivations ou de conceptions contradictoires chez une même personne ou au sein d'un groupe. **4.** PSYCHAN. Expression d'exigences internes inconciliables, telles que désirs et représentations opposés, et, plus spécial., de forces pulsionnelles antagonistes. ➲ Le conflit psychique peut être manifeste ou latent. **5.** DR. Opposition entre une juridiction administrative et une juridiction judiciaire qui se déclarent ensemble compétentes ou incompétentes pour régler un litige. ▪ **Conflit collectif du travail,** litige opposant un ensemble de salariés, pour la défense de leurs intérêts, à un employeur. ▪ **Conflit de loyauté** → **LOYAUTÉ.** ▪ **Conflit d'intérêts** → **INTÉRÊT.**

CONFLUENCE n.f. **1.** Fait de confluer ; convergence : *La confluence de deux courants de pensée.* **2.** Confluent.

CONFLUENT n.m. Lieu de rencontre de deux cours d'eau (SYN. **confluence**) ▪ **Être au confluent de** [fig.], au point de rencontre de.

CONFLUER v.i. [3] (lat. *confluere*). **1.** Se rejoindre, en parlant de deux cours d'eau : *La Garonne et la Dordogne confluent pour former la Gironde.* **2.** Sout. Converger vers un même lieu : *Les manifestants confluent vers la mairie.*

CONFONDANT, E adj. Qui déconcerte profondément ; stupéfiant : *Son cynisme est confondant.*

CONFONDRE v.t. [59] (lat. *confundere*). **1.** Prendre une chose, une personne pour une autre ; se méprendre : *Confondre deux mots. On le confond toujours avec son jumeau.* **2.** Mêler plusieurs choses en un tout où l'on ne peut plus les distinguer : *L'opposition, toutes tendances confondues, a voté contre.* **3.** Réduire qqn au silence en prouvant publiquement qu'il a commis une faute ; démasquer : *Confondre un escroc.* **4.** Sout. Remplir d'étonnement, de trouble ; déconcerter : *Son insolence nous a tous confondus.* ◆ **SE CONFONDRE v.pr.** Se mêler, se mélanger ou s'unir au point de ne plus se distinguer : *Les dates se confondaient dans son esprit. Leurs deux écritures se confondent facilement.* ▪ **Se confondre en remerciements, en excuses** [sout.], en dire à profusion.

CONFORMATEUR n.m. Instrument à lattes mobiles utilisé par les chapeliers pour prendre la mesure et la forme de la tête.

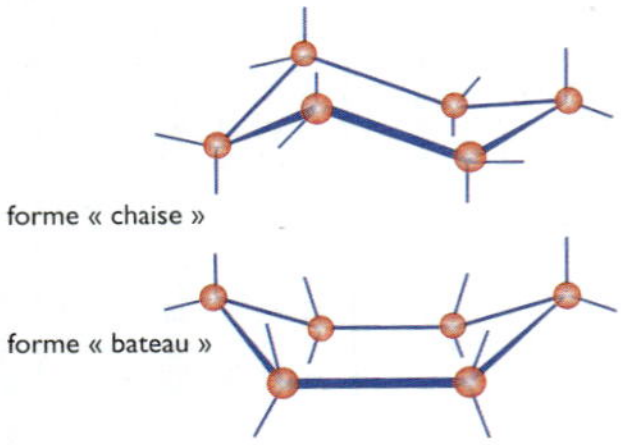

▲ **conformation.** Les deux principales conformations du cyclohexane.

CONFORMATION n.f. (lat. *conformatio*). **1.** Manière dont sont organisées, structurées les différentes parties du corps humain ou animal, ou celles d'un organe : *La conformation du cœur.* **2. CHIM.** Disposition tridimensionnelle des atomes dans une molécule, spécial. en chimie organique. ▪ **Conformation native** [chim.], conformation adoptée spontanément par une protéine, allant de pair avec son activité biologique. ▪ **Vice de conformation,** défaut physique congénital.

CONFORMATIONNEL, ELLE adj. CHIM. ▪ **Analyse conformationnelle,** étude de la structure et de la réactivité des molécules organiques sur la base de leur forme géométrique dans l'espace à trois dimensions.

CONFORME adj. (lat. *conformis*). **1.** (À). Qui correspond parfaitement à un modèle, un point de référence ; identique : *Un exemplaire conforme au prototype.* **2.** (À). Qui s'accorde bien avec ce à quoi il est destiné ; approprié : *Une maison conforme à nos besoins.* **3.** Qui répond aux exigences d'une règle, d'une norme : *Une installation électrique non conforme.* ▪ **Pour copie conforme,** formule attestant qu'une copie reproduit exactement l'original. ▪ **Projection conforme** [cartogr.], type de projection qui conserve les angles, et donc les contours, mais ne respecte pas les surfaces. ▪ **Représentation** ou **transformation conforme** [math.], transformation ponctuelle qui conserve les angles orientés.

CONFORMÉ, E adj. Qui a telle ou telle conformation naturelle : *Un enfant bien, mal conformé.*

CONFORMÉMENT À loc. prép. En conformité avec ; selon : *J'ai agi conformément à vos ordres.*

CONFORMER v.t. [3] (À) [lat. *conformare*]. Mettre en accord avec ; adapter : *Conformer ses vacances à l'état de ses finances.* ◆ **SE CONFORMER v.pr. (À).** Régler sa conduite en accord avec ; suivre : *Se conformer au souhait de la majorité.*

CONFORMISME n.m. Tendance à se conformer aux usages établis, aux façons de penser et d'agir du plus grand nombre ; traditionalisme.

CONFORMISTE adj. et **n.** (angl. *conformist*). Qui fait preuve de conformisme. ◆ **n.** En Angleterre, personne ou communauté qui professe la religion établie (anglicanisme).

CONFORMITÉ n.f. (lat. *conformitas*). **1.** Caractère de ce qui est conforme : *Mise en conformité d'une installation.* **2.** État de deux ou de plusieurs choses qui s'accordent bien ensemble : *Conformité d'idées, d'ambitions.*

1. CONFORT n.m. (angl. *comfort*, de l'anc. fr. *confort*, secours). Ensemble des commodités qui rendent la vie plus agréable, plus facile ; bien-être matériel qui en résulte : *Le confort d'un appartement, d'une voiture.* ▪ **Confort d'écoute, de lecture,** caractéristique d'un appareil audiovisuel, d'un ouvrage imprimé considérés du point de vue de la qualité des sons émis, de la lisibilité.

2. CONFORT n.m. (de *conforter*). **MÉD.** ▪ **Médicament de confort,** médicament réputé peu actif, ou prescrit contre un trouble jugé bénin.

✎ Cet emploi est souvent rapproché abusivement de *1. confort*.

CONFORTABLE adj. 1. Qui procure le confort, contribue au bien-être : *Un lit, une maison confortables.* **2.** Qui procure une certaine aisance : *Il a un salaire confortable.* **3.** Fig. Qui assure la tranquillité de l'esprit : *Elle a pris une avance confortable.*

CONFORTABLEMENT adv. De façon confortable : *S'installer confortablement.*

CONFORTER v.t. [3] (lat. *confortare*). Rendre plus solide ; renforcer : *Cela a conforté la méfiance que j'avais à son égard, m'a conforté dans mes doutes.*

CONFRATERNEL, ELLE adj. Propre aux relations entre confrères.

CONFRATERNITÉ n.f. Lien de solidarité entre confrères.

CONFRÈRE n.m. Homme exerçant la même profession libérale, appartenant à la même corporation que d'autres : *L'avocat a transmis l'affaire à un confrère.* (Pour une femme, on dit *consœur*.)

CONFRÉRIE n.f. 1. Association de laïques, hommes ou femmes, fondée sur des principes religieux. **2.** Dans l'islam, organisation religieuse regroupant des fidèles, génér. laïques, qui suivent la « voie mystique » en effectuant des exercices spirituels sous la direction d'un maître. **3.** Suisse. (Souvent avec une majuscule). Association corporative : *La Confrérie des vignerons.*

CONFRONTATION n.f. 1. Action de confronter des personnes ou des choses : *Une confrontation avec la partie adverse. De la confrontation des points de vue peut jaillir une belle idée.* **2.** Conflit entre deux groupes, deux pays.

CONFRONTER v.t. [3] (lat. *confrontare*, de *frons, frontis*, front). **1.** Mettre des personnes en présence pour comparer ou vérifier leurs affirmations : *L'accusée a été confrontée aux témoins* ou *avec les témoins.* **2.** Rapprocher des textes, des idées, etc., pour les comparer : *Le débat a été l'occasion de confronter les différents points de vue.* ▪ **Être confronté à un problème,** devoir y faire face.

CONFUCÉEN, ENNE ou **CONFUCIANISTE adj.** et **n.** Relatif au confucianisme ; qui en est adepte.

CONFUCIANISME n.m. Philosophie de Confucius et de ses disciples.

➲ Le **CONFUCIANISME** est une sagesse qui vise à former l'homme par l'éducation et qui propose un idéal politique (gouverner par la vertu). Il se développa en Chine sous l'influence des disciples de Confucius, notamm. Mencius, et y demeura la doctrine officielle de l'État pendant deux millénaires.

CONFUS, E adj. (lat. *confusus*). **1.** Qui n'est pas clair ; embrouillé : *Explications confuses. Esprit confus.* **2.** Dont on a du mal à distinguer les éléments ; indistinct : *L'échographie montre des masses confuses que les spécialistes savent analyser. Un murmure confus.* **3.** Qui manifeste de l'embarras : *Je suis confuse pour ce malentendu, de vous avoir retardé.*

CONFUSÉMENT adv. De façon confuse ; vaguement.

CONFUSION n.f. (du lat. *confusio*, désordre). **1.** Action de confondre, de prendre une personne, une chose pour une autre ; bévue : *Une confusion de noms est à l'origine de ce quiproquo.* **2.** État de ce qui est confus, peu clair ; incohérence : *Il y a beaucoup de confusion dans son récit.* **3.** État de ce qui est désordonné, chaotique ; agitation : *Dans la confusion générale, il a pu s'échapper.* **4.** Trouble dû à un sentiment de modestie, de culpabilité ; embarras : *La confusion la fit rougir.* **5. DR.** Mode d'extinction d'une dette résultant du fait qu'une même personne réunit les qualités de créancier et de débiteur. ▪ **Confusion des peines** [dr.], règle selon laquelle, en cas de condamnation pour plusieurs infractions par des tribunaux différents, seule la peine la plus forte est appliquée au condamné. ▪ **Confusion mentale** [psychiatr.], trouble psychique, de cause génér. somatique, caractérisé par une désorientation dans le temps et l'espace, des troubles de la mémoire, de l'anxiété et, fréquemment, un onirisme.

CONFUSIONNEL, ELLE adj. PSYCHIATR. Qui présente les caractères de la confusion mentale.

CONFUSIONNISME n.m. Attitude d'esprit qui entretient la confusion et empêche l'analyse objective des faits.

CONGA n.f. (mot afro-cubain). **1.** Tambour d'origine afro-cubaine, de près de un mètre de hauteur, au fût plus étroit à la base que dans la partie supérieure, que le musicien utilise le plus souvent seul en le frappant avec les mains. **2.** Danse de société d'origine cubaine, caractérisée par un déhanchement sec et dans laquelle les danseurs forment une file sinueuse en se tenant par la taille. ➲ Elle fut en vogue aux États-Unis à la fin des années 1930. **3.** Musique de danse à quatre temps, rythmée par la conga, parfois chantée et accompagnant la danse du même nom.

CONGAÏ ou **CONGAYE** [kɔ̃gaj] **n.f.** (mot annamite). Femme ou jeune fille, au Viêt Nam.

CONGE n.m. (lat. *congius*). Récipient dans lequel on fait le mélange destiné à la fabrication des liqueurs.

1. CONGÉ n.m. (du lat. *commeatus*, permis d'aller et venir). **1.** Autorisation accordée à un salarié de cesser son travail ; période de cette cessation : *Congé (de) maternité, (de) maladie. Congés formation.* **2.** Courtes vacances pour les élèves, les salariés, génér. à l'occasion d'une fête : *Les congés de Noël.* **3.** Position d'un fonctionnaire ou d'un parlementaire autorisé à ne pas exercer ses fonctions pendant une certaine période. **4. DR.** Résiliation d'un contrat de travail ou de location. **5.** Autorisation de transporter une marchandise, notamm. les alcools, après paiement du droit de circulation. **6. MAR.** Document attestant le paiement du droit de sortie des navires, délivré par l'administration des Douanes. ▪ **Congé parental d'éducation** → **PARENTAL.** ▪ **Congés payés,** période de vacances payées que la loi accorde à tous les salariés. ▪ **Donner (son) congé à qqn,** le renvoyer de son travail, de son logement. ▪ **Prendre congé de qqn,** le saluer avant de partir.

2. CONGÉ n.m. (du lat. *commeatus*, transition). **ARCHIT.** Extrémité d'une moulure, d'une cannelure ; cavet servant d'adoucissement à la rencontre de deux surfaces.

CONGÉDIEMENT n.m. 1. Action de congédier ; renvoi. **2.** Octroi ou réception d'un congé.

CONGÉDIER v.t. [5] (ital. *congedare*). Donner son congé à qqn ; renvoyer : *Congédier un salarié, un locataire.*

CONGELABLE adj. Qui peut être congelé.

CONGÉLATEUR n.m. Appareil frigorifique permettant de congeler et de conserver des aliments pour une longue durée à une température inférieure à − 10 °C. ➲ Les congélateurs domestiques affichent génér. − 18 °C.

CONGÉLATION n.f. (lat. *congelatio*). **1.** Action de congeler une denrée alimentaire. **2.** Action de geler un terrain gorgé d'eau pour y effectuer des travaux. **3. PHYS.** Solidification.

CONGELER v.t. [12] (lat. *congelare*). **1.** Soumettre des denrées alimentaires à l'action du froid pour les conserver : *Congeler un gigot, des mirabelles.* **2.** Transformer un liquide en solide sous l'action du froid ; geler. ◆ **SE CONGELER v.pr. 1.** Se conserver par congélation. **2.** Devenir solide sous l'action du froid, en parlant d'un liquide.

CONGÉNÈRE n. (lat. *congener*). **1. ZOOL.** Animal qui appartient à la même espèce, au même genre qu'un autre. **2.** Péjor. Personne de la même catégorie qu'une autre ; semblable : *Cet individu et ses congénères ne sont que des bons à rien.*

CONGÉNITAL, E, AUX adj. (du lat. *congenitus*, né avec). Qui existe, est présent à la naissance : *Malformation congénitale.*

CONGÈRE n.f. (du lat. *congeries*, amas). Amoncellement de neige entassée par le vent.

CONGESTIF, IVE adj. Relatif à la congestion.

CONGESTION n.f. (du lat. *congestio*, amas). MÉD. Accumulation anormale de sang dans les vaisseaux d'un organe, d'une partie du corps (SYN. **hyperhémie**).

CONGESTIONNÉ, E adj. Atteint de congestion : *Visage congestionné.*

CONGESTIONNER v.t. [3]. **1.** MÉD. Provoquer une congestion dans une partie du corps. **2.** Fig. Encombrer un lieu ; engorger : *Des dizaines de voitures congestionnent la place.*

CONGIAIRE n.m. (lat. *congiarium*). ANTIQ. ROM. Distribution d'huile, de vin, d'argent au peuple, en des circonstances telles que fêtes et triomphes.

CONGLOMÉRAL, E, AUX adj. ÉCON. Relatif à un conglomérat.

CONGLOMÉRAT n.m. **1.** PÉTROL. Roche sédimentaire détritique, formée de galets (poudingues) ou de fragments anguleux (brèches) d'autres roches. **2.** ÉCON. Groupe d'entreprises constitué de filiales et de participations, aux activités variées.

CONGLOMÉRATION n.f. Action de conglomérer ; son résultat.

CONGLOMÉRER v.t. [11], ▲ *[11*]* (lat. *conglomerare*). Réunir en une seule masse ; agglomérer.

1. CONGOLAIS, E adj. et n. Du Congo ou de la République démocratique du Congo ; de leurs habitants.

2. CONGOLAIS n.m. Petit gâteau à la noix de coco.

CONGRATULATIONS n.f. pl. Parfois iron. Félicitations un peu exagérées : *Échanger des congratulations.*

CONGRATULER v.t. [3] (lat. *congratulari*). Vieilli, parfois iron. Féliciter qqn à l'occasion d'un événement heureux : *Nous voulons congratuler le grand vainqueur de l'élection.*

CONGRE n.m. (lat. *congrus*). Poisson marin gris-bleu foncé, très vorace, appelé aussi *anguille de mer*, qui vit dans les creux des rochers. ➲ Famille des congridés.

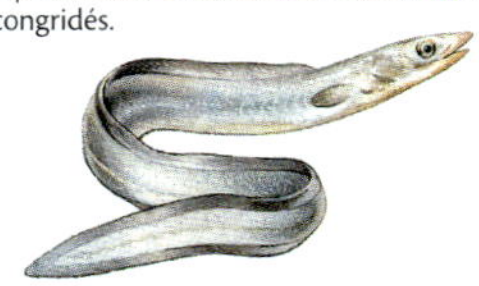

▲ **congre**

CONGRÉER v.t. [8]. MAR. Entourer un cordage avec des brins peu épais, pour faire disparaître les interstices entre les torons.

CONGRÉGANISTE adj. et n. Qui fait partie d'une congrégation. ◆ adj. ▪ **École congréganiste,** école dirigée par une congrégation religieuse.

CONGRÉGATION n.f. (lat. *congregatio*, de *grex, gregis*, troupeau). **1.** CATH. Association de religieux ou de religieuses liés par des vœux ou par une simple promesse d'obéissance : *La congrégation de l'Oratoire.* **2.** Association de laïques fondée sur des principes religieux. **3.** CATH. Nom donné à certains organes de la curie romaine. ▪ **La Congrégation** [hist.], association religieuse qui, sous la Restauration, regroupa de nombreux membres de la classe dirigeante et qui fut dissoute en 1830.

CONGRÉGATIONALISME n.m. Dans le protestantisme, système ecclésiastique qui revendique l'autonomie des paroisses.

CONGRÉGATIONALISTE adj. et n. Qui appartient au congrégationalisme.

CONGRÈS n.m. (lat. *congressus*, rencontre). **1.** Réunion de personnes qui délibèrent sur des recherches, des études communes ; colloque : *Un congrès international de cancérologie.* **2.** Assemblée, conférence de chefs d'État, d'ambassadeurs de divers pays pour traiter de questions politiques : *Le congrès de Vienne.* ▪ **Le Congrès,** réunion des membres des deux chambres d'un Parlement : *Le Congrès de Versailles* ; hist., Assemblée constituante belge, en 1830-1831.

CONGRESSISTE n. Membre d'un congrès.

CONGRU, E adj. (lat. *congruus*). Vx. Qui est approprié à un usage, à une situation ; adéquat. ▪ **Nombres congrus, modulo *n*** [math.], nombres entiers qui ont le même reste dans une division par le même nombre donné *n*. ▪ **Portion congrue,** quantité de nourriture à peine suffisante ; revenu insuffisant : *Le chômage les réduit à la portion congrue.*

CONGRUENCE n.f. **1.** Litt., vx. Fait de coïncider, de s'ajuster parfaitement. **2.** MATH. Relation qui associe deux nombres entiers congrus.

CONGRUENT, E adj. Litt., vx. Qui est en rapport, assorti avec qqch.

CONGRÛMENT, ▲ CONGRUMENT adv. Litt., vx. Convenablement ; pertinemment.

CONICINE n.f. Cicutine.

CONICITÉ n.f. Forme conique.

CONIDIE n.f. (lat. *conidium*, du gr. *konis*, poussière). BOT. Spore assurant la reproduction asexuée de certains champignons.

CONIFÈRE n.m. (du lat. *conus*, cône, et *ferre*, porter). Plante arborescente souvent résineuse, à feuillage génér. persistant et en aiguilles, aux organes reproducteurs en cône, tels les pins, les sapins, les cèdres, les mélèzes et les épicéas. ➲ Les conifères forment un ordre.

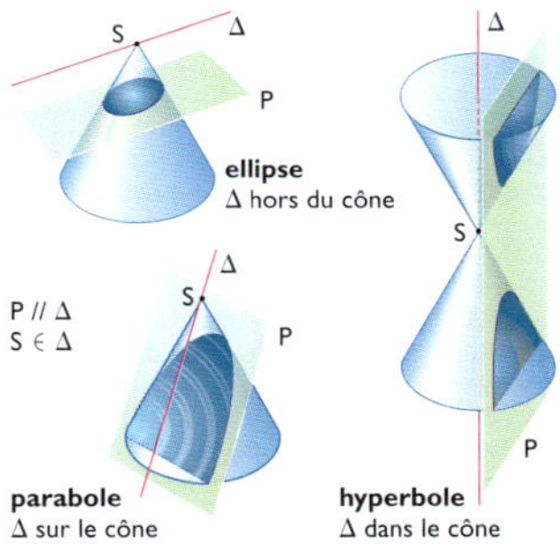

▲ **conique.** Les trois familles de coniques et leur obtention par intersection d'un cône et d'un plan.

CONIQUE adj. Qui a la forme d'un cône : *Un chapeau conique.* ▪ **Section conique,** ou **conique,** n.f. [math.], intersection d'un cône droit avec un plan ne contenant pas le sommet. ➲ Une conique est le lieu des points d'un plan dont le rapport des distances à un point (foyer) et à une droite (directrice) de ce plan a une valeur donnée (excentricité) ; l'ellipse, la parabole, l'hyperbole sont des coniques.

CONJECTURAL, E, AUX adj. Qui repose sur des conjectures ; incertain.

CONJECTURALEMENT adv. Par conjecture.

CONJECTURE n.f. **1.** Simple supposition fondée sur des apparences, des probabilités : *Nous en sommes réduits à des conjectures.* **2.** MATH. Hypothèse formulée sur l'exactitude ou l'inexactitude d'un énoncé dont on ne connaît pas encore de démonstration (par ex., la conjecture de Goldbach, selon laquelle tout entier pair est la somme de deux nombres premiers). ▪ **Se perdre en conjectures,** être perplexe devant un trop grand nombre d'hypothèses envisageables.

✎ Ne pas confondre avec ***conjoncture.***

CONJECTURER v.t. [3] (lat. *conjecturare*). Juger par conjecture ; présumer : *On ne peut conjecturer l'issue d'une prise d'otages.*

1. CONJOINT, E adj. **1.** Étroitement uni, joint à qqch : *Examiner des questions conjointes.* **2.** DR. Uni par la même obligation. ▪ **Intervalle conjoint** [mus.], intervalle qui sépare deux notes se suivant dans la gamme, de *do* à *ré*, par ex. (par oppos. à *intervalle disjoint*). ▪ **Note conjointe,** note qui accompagne un texte.

2. CONJOINT, E n. Chacun des époux considéré par rapport à l'autre.

CONJOINTEMENT adv. Ensemble et en même temps : *Agir conjointement avec qqn.*

CONJONCTEUR n.m. **1.** ÉLECTROTECHN. Équipement destiné à assurer la jonction entre deux circuits. **2.** TÉLÉCOMM. Prise murale destinée au branchement d'un combiné téléphonique et reliée à une ligne d'abonné.

CONJONCTIF, IVE adj. ▪ **Locution conjonctive** [gramm.], groupe de mots jouant le rôle d'une conjonction, comme *parce que, afin que.* ▪ **Proposition conjonctive,** ou **conjonctive,** n.f. [gramm.], proposition subordonnée commençant par une conjonction de subordination ou une locution conjonctive. ▪ **Tissu conjonctif** [histol.], tissu formé de cellules dispersées dans une matrice contenant des fibres protéiques (collagène) et qui joue un rôle de remplissage, de soutien et de nutrition.

CONJONCTION n.f. (lat. *conjunctio*). **1.** GRAMM. Mot invariable qui sert à réunir deux mots, deux groupes de mots ou des propositions de même nature *(conjonction de coordination)*, ou à relier une proposition subordonnée à une principale *(conjonction de subordination).* **2.** Sout. Action de joindre, de conjuguer des choses ; réunion : *Une conjonction de talents.* **3.** ASTRON. Rapprochement apparent de deux ou plusieurs astres dans le ciel. **4.** LOG. Liaison de deux propositions ou de deux prédicats par « et », notée $\wedge$ (SYN. **produit logique**).

CONJONCTIVAL, E, AUX adj. ANAT. Qui se rapporte à la conjonctive.

CONJONCTIVE n.f. **1.** ANAT. Membrane recouvrant la face postérieure des paupières et la face antérieure de la sclère (blanc de l'œil). **2.** GRAMM. Proposition conjonctive.

CONJONCTIVITE n.f. MÉD. Inflammation de la conjonctive.

CONJONCTURE n.f. (du lat. *conjungere*, lier ensemble). **1.** Situation qui résulte d'un concours de circonstances ; occasion : *Nous attendrons une conjoncture plus favorable pour lancer ce projet.* **2.** ÉCON. Ensemble des éléments qui déterminent la situation économique à un moment donné : *Dans la conjoncture actuelle.*

✎ Ne pas confondre avec ***conjecture.***

CONJONCTUREL, ELLE adj. Relatif à, lié à la conjoncture : *Des difficultés conjoncturelles.*

CONJONCTURISTE n. Économiste spécialiste des problèmes de conjoncture.

CONJUGABLE adj. Qui peut être conjugué.

CONJUGAISON n.f. (lat. *conjugatio*). **1.** GRAMM. Ensemble des formes que prennent les verbes selon les personnes, les temps, les modes, les voix : *Le verbe « aller » a une conjugaison irrégulière* (SYN. **flexion verbale**). **2.** GRAMM. Ensemble de verbes présentant les mêmes formes : *« Réussir » et « finir » appartiennent à la même conjugaison.* **3.** Sout. Action d'unir en vue d'un résultat ; combinaison : *Le succès tient à la conjugaison de plusieurs facteurs.* **4.** BIOL. Mode de reproduction sexuée par contact direct des cellules, propre aux protozoaires ciliés (par ex. la paramécie) et à certaines algues unicellulaires. **5.** MICROBIOL. Transfert de matériel génétique d'une bactérie à une autre. ▪ **Cartilage de conjugaison** [anat.], cartilage assurant la croissance en longueur d'un os long. ▪ **Trou de conjugaison** [anat.], orifice compris entre les pédicules de deux vertèbres voisines et livrant passage à un nerf rachidien.

CONJUGAL, E, AUX adj. Qui concerne les relations entre époux : *La vie conjugale.* ▪ **Famille conjugale** → **FAMILLE.**

CONJUGALEMENT adv. En tant que mari et femme ; maritalement.

CONJUGALITÉ n.f. Situation d'une personne mariée, pacsée ou vivant en concubinage.

CONJUGATEUR n.m. Logiciel fournissant la conjugaison des verbes.

CONJUGUÉ, E adj. Associé, réuni en vue d'un résultat : *Ils ont gagné grâce à leurs efforts conjugués.* ▪ **Nombre complexe conjugué d'un nombre complexe $z = x + iy$** [math.], nombre $x - iy$, noté $\overline{z}$. ▪ **Organes conjugués** [mécan. industr.], qui concourent à une action commune. ▪ **Points conjugués** [opt.], système formé par un point objet et son image.

CONJUGUÉE n.f. Algue verte unicellulaire d'eau douce se reproduisant par conjugaison. ➲ Les conjuguées forment un ordre.

CONJUGUER **v.t.** [3] (du lat. *conjugare*, unir). **1.** Énumérer les formes de la conjugaison d'un verbe : *Conjuguer « moudre » au futur.* **2.** Associer des choses en vue d'un résultat ; unir : *En conjuguant les talents de chacun, nous réussirons.* ◆ **SE CONJUGUER v.pr.** En parlant d'un verbe, être conforme à tel ou tel modèle de conjugaison.

CONJURATION **n.f.** (lat. *conjuratio*). **1.** Complot pour renverser le pouvoir établi ; conspiration : *Il a trempé dans la conjuration tramée contre le tyran.* **2.** Action concertée contre qqn : *Ils sont tous contre moi, c'est une conjuration.* **3.** Action d'écarter les effets d'une influence maléfique à l'aide de rites et de formules magiques ; ces formules.

CONJURATOIRE **adj.** Destiné à conjurer le mauvais sort : *Rites conjuratoires.*

CONJURÉ, E **n.** Personne qui participe à une conjuration ; conspirateur.

CONJURER **v.t.** [3] (du lat. *conjurare*, jurer ensemble). **1.** (DE). Demander avec insistance ; supplier : *Je vous conjure de vous taire.* **2.** Écarter une menace par des pratiques magiques ou religieuses : *Conjurer le mauvais sort.* **3.** Détourner par un moyen quelconque : *Tenter de conjurer la menace de guerre.* **4.** Litt. S'engager avec d'autres dans un dessein funeste ; comploter, conspirer : *Conjurer la ruine de qqn.*

CONNAISSABLE **adj.** Qui peut être connu.

CONNAISSANCE **n.f.** **1.** Faculté de connaître, de se représenter : *Les voies de la connaissance* ; idée, représentation que l'on se fait de qqch : *Écrivain qui a une grande connaissance du cœur humain.* **2.** Ce que l'on a acquis par l'étude ou la pratique ; savoir : *Ce poste exige une bonne connaissance de l'espagnol.* **3.** Fait de connaître, d'être informé de qqch : *L'incident a été porté à sa connaissance. Prendre connaissance des dernières nouvelles.* **4.** État conscient : *Perdre, reprendre connaissance.* **5.** Personne que l'on connaît ; relation : *Ce n'est pas un ami, seulement une connaissance.* **6.** DR. Capacité à connaître d'une affaire et à statuer dessus ; compétence. ■ **À ma connaissance,** d'après ce que je sais. ■ **En connaissance de cause,** en connaissant les faits. ■ **Être** ou **se trouver en pays de connaissance,** parmi des gens connus ; dans une situation connue. ■ **Faire la connaissance de** ou **faire connaissance avec,** entrer en rapport avec ; rencontrer pour la première fois. ■ **Sans connaissance,** évanoui. ■ **Théorie de la connaissance** [philos.], théorie visant à rendre compte du processus selon lequel le sujet connaissant se rapporte à l'objet qu'il connaît, et, par conséquent, de la nature des connaissances et du statut à leur accorder. ◆ **n.f. pl. 1.** Ensemble des choses acquises par l'étude ; savoir : *C'est un jeu pour tester vos connaissances en cinéma.* **2.** VÉNER. Signe particulier qui permet de distinguer un animal des autres du même âge.

CONNAISSEMENT **n.m.** DR. MAR. Déclaration contenant un état des marchandises chargées sur un navire.

CONNAISSEUR, EUSE **adj.** et **n.** Qui s'y connaît en qqch ; expert : *Une connaisseuse en poterie étrusque.*

CONNAÎTRE, ▲ CONNAITRE **v.t.** [71] (lat. *cognoscere*). **1.** Avoir une idée plus ou moins juste, savoir de façon plus ou moins précise : *Je la connais de vue. C'est cette exposition qui l'a fait connaître.* **2.** Être renseigné sur l'existence de : *Connaître un bon dentiste. Je ne connais pas son adresse, son opinion sur ce point.* **3.** Avoir acquis des compétences dans un domaine particulier : *Il connaît bien son métier.* **4.** Être en relation avec qqn : *Je l'ai connue à l'université. Il connaît beaucoup de monde.* **5.** Faire l'expérience de ; éprouver : *Ils ont connu la faim et les humiliations* ; vivre : *Nous avons connu des jours meilleurs.* **6.** En parlant de qqch, être ou faire l'objet de : *Sa pièce connaît un grand succès.* ■ **Ne connaître qqn ni d'Ève ni d'Adam,** ne pas le connaître du tout, n'avoir jamais entendu parler de lui. ■ **Ne connaître que,** ne considérer que : *Il ne connaît que son intérêt.* ■ **Ne pas connaître son bonheur,** être dans une situation privilégiée. ■ **Se faire connaître,** dire son nom ; acquérir une certaine réputation. ◆ **v.t. ind.** (DE). DR. Être compétent pour juger : *Le tribunal de police connaît des infractions qualifiées de contraventions.* ◆ **SE CONNAÎTRE v.pr.** Avoir une idée juste de soi-même : *Elle se connaît, elle ne vous suivra pas sur ce terrain.* ■ **Ne plus se connaître,** être hors de soi. ■ **S'y connaître en qqch,** être habile, expert en qqch : *Il s'y connaît en crocs-en-jambe.*

CONNARD, E ou **CONARD, E** **adj.** et **n.** Très fam. Imbécile ; crétin.

CONNASSE ou **CONASSE** **n.f.** Très fam. Femme stupide.

CONNEAU **n.m.** Vieilli, très fam. Imbécile.

CONNECTABLE **adj.** Qui peut être connecté.

CONNECTÉ, E **adj.** **1.** Relié à un réseau informatique : *L'ordinateur est connecté.* **2.** Se dit d'un équipement ayant une connexion à Internet ou relié à un téléphone intelligent dont il utilise les capacités : *Télévision connectée. Montre connectée.*

CONNECTER **v.t.** [3] (du lat. *connectere*, lier). TECHN. Établir une liaison électrique, hydraulique, etc., entre divers organes ou machines. ◆ **SE CONNECTER v.pr.** Établir une liaison avec un réseau informatique.

CONNECTEUR **n.m.** **1.** Appareil ou composant passif qui permet d'établir une liaison électrique avec un autre appareil ou composant. **2.** LING. Mot permettant de composer une proposition à partir d'une ou de deux autres (ex. : *et, ou, alors*, etc.). **3.** LOG. Symbole remplaçant le mot qui permet de composer un prédicat ou une proposition à partir d'un(e) ou de deux autres : *Le connecteur* $\wedge$.

CONNECTIF **n.m.** BOT. Partie du filet de l'étamine qui se soude à l'anthère.

CONNECTIQUE **n.f.** Ensemble des technologies utilisées en électronique et en microélectronique pour établir des liaisons fonctionnelles entre composants.

CONNECTIVITE **n.f.** Vieilli. Collagénose.

CONNERIE **n.f.** (de 2. *con*). Très fam. Stupidité.

CONNÉTABLE **n.m.** (du lat. *comes stabuli*, comte de l'étable). HIST. Commandant suprême de l'armée française, du XIIe s. à 1627.

CONNEXE **adj.** (lat. *connexus*). Qui a des rapports de similitude ou de dépendance avec qqch : *La géologie est une science connexe de la géographie.* ■ **Composante connexe d'un graphe** [math.], sous-graphe formé par un ensemble de sommets du graphe pouvant être reliés par une chaîne. ■ **Espace connexe** [math.], espace topologique dont il n'existe aucune partition en deux parties fermées (ou ouvertes) non vides.

CONNEXION **n.f.** (lat. *connexio*). **1.** Liaison électrique, électromagnétique, optique ou infrarouge entre deux ou plusieurs systèmes ; organes assurant cette liaison : *Connexion à un site Web. Connexion Wi-Fi.* **2.** Action de lier par des rapports étroits ; relation : *Établir une connexion entre des événements.* ■ **Témoin de connexion** → **TÉMOIN.**

CONNEXITÉ **n.f.** Didact. Rapport étroit entre deux ou plusieurs choses.

CONNIVENCE **n.f.** (du lat. *conivere*, fermer les yeux). Entente secrète ; complicité : *Agir, être de connivence avec qqn.*

CONNIVENT, E **adj.** Qui tend à se rapprocher. ■ **Valvules conniventes** [anat.], replis muqueux de la paroi intestinale.

CONNOTATIF, IVE **adj.** Relatif à la connotation.

CONNOTATION **n.f.** (lat. *connotatio*). **1.** Valeur que prennent des paroles au-delà de leur signification première : *Un discours aux connotations racistes.* **2.** LING. Ensemble de significations secondes prises par un mot en dehors de sa signification première (ou *dénotation*) : *Le mot « destrier » a une connotation poétique.*

CONNOTER **v.t.** [3]. Exprimer par connotation (par oppos. à *dénoter*).

CONNU, E **adj.** **1.** Qui a atteint une grande notoriété ; célèbre : *Une écrivaine connue.* **2.** Qui est su du plus grand nombre ; notoire : *Les absents ont toujours tort, c'est bien connu.* **3.** Découvert, exploré par l'homme : *Les limites du monde connu.* ◆ **n.m.** Ce que l'on connaît : *Le connu et l'inconnu.*

CONOÏDE **adj.** (du gr. *kônos*, cône, et *eidos*, forme). BIOL. Qui a la forme d'un cône : *Coquille conoïde.* ■ **Surface conoïde,** ou **conoïde, n.m.** [math.], surface engendrée par une droite parallèle à un plan fixe, rencontrant une droite fixe et s'appuyant sur une courbe fixe (la directrice).

CONOPÉE **n.m.** (lat. *conopeum*, du gr. *kônôpeion*, moustiquaire). CHRIST. Voile qui recouvre le tabernacle.

CONQUE **n.f.** (lat. *concha*). **1.** ZOOL. Coquille en spirale de certains grands mollusques gastéropodes, comme le triton ; grande coquille concave de certains mollusques bivalves marins. **2.** ANAT. Dépression centrale du pavillon de l'oreille. **3.** ARCHIT. Vieilli. Cul-de-four.

CONQUÉRANT, E **adj.** et **n.** **1.** Qui a fait des conquêtes par les armes : *Un peuple conquérant.* **2.** Qui sait s'imposer, séduire : *Cette ministre est une conquérante.* ◆ **adj.** Présomptueux ; fat : *Prendre un air conquérant.*

CONQUÉRIR **v.t.** [27] (du lat. *conquirere*, rassembler). **1.** Soumettre par la force, par les armes ; envahir : *Ils ont cherché à conquérir des provinces du pays voisin.* **2.** Obtenir au prix d'efforts ou de sacrifices ; remporter : *Conquérir un marché prometteur.* **3.** Gagner l'estime ou l'affection de ; charmer, séduire : *Son talent et son humour m'ont conquise.*

CONQUÊTE **n.f.** (lat. pop. **conquaesita*). **1.** Action de conquérir : *La conquête de l'espace.* **2.** Pays conquis ou chose dont on s'est rendu maître : *La parité en politique est une conquête importante.* **3.** Fam. Personne que l'on a séduite : *C'est une de ses nombreuses conquêtes.*

CONQUIS, E **adj.** **1.** Qui a subi une conquête par les armes ; vaincu : *Une province conquise.* **2.** Gagné moralement ; séduit : *Les jeunes sont conquis par son audace.* ■ **Se conduire comme en pays conquis** [fam.], manquer totalement de savoir-vivre, de discrétion chez qqn.

CONQUISTADOR [kɔ̃kistadɔr] **n.m.** (pl. *conquistadors* ou *conquistadores* [-rɛs]) [mot esp.]. Aventurier espagnol qui, au XVIe s., participa à la conquête de l'Amérique.

CONSACRÉ, E **adj.** **1.** Qui est sanctionné, ratifié par l'usage : *Selon la formule consacrée.* **2.** Qui a reçu la consécration religieuse : *Hostie consacrée.*

CONSACRER **v.t.** [3] (lat. *consecrare*). **1.** Employer totalement dans un seul but ; destiner à : *Il consacre tous ses revenus aux voyages.* **2.** Faire de qqch une règle habituelle : *Expression que l'usage a consacrée.* **3.** Vouer à Dieu, à une divinité ; accomplir l'acte de consécration eucharistique. ◆ **SE CONSACRER v.pr.** (À). Employer tout son temps à : *Elle se consacre à l'établissement de son arbre généalogique.*

CONSANGUIN, E **adj.** et **n.** (lat. *consanguineus*). **1.** Qui est lié à d'autres individus par des relations de consanguinité. **2.** Fig. Se dit de relations considérées comme malsaines en raison de leur proximité inappropriée : *Les rapports consanguins entre la finance et la politique.* **3.** Qui est issu du même père mais non de la même mère (par oppos. à *utérin*). **4.** ANTHROP. Qui est lié par la parenté agnatique, par les hommes. ■ **Union consanguine,** union entre personnes issues plus ou moins directement d'un même parent.

CONSANGUINITÉ [kɔ̃sɑ̃gɥinite] ou [-gi-] **n.f.** **1.** Parenté par le sang de personnes ayant un ancêtre commun (parenté cognatique). **2.** Lien unissant les enfants issus d'un même père. **3.** ANTHROP. Parenté agnatique, par les hommes.

CONSCIEMMENT [-sjamɑ̃] **adv.** En ayant pleine conscience de ce que l'on fait ou dit.

CONSCIENCE **n.f.** (lat. *conscientia*). **1.** Perception, connaissance plus ou moins claire que chacun peut avoir du monde extérieur et de soi-même : *Il s'est évanoui, mais la conscience lui revient. J'ai conscience de mon erreur.* **2.** Sentiment intérieur qui pousse à porter un jugement de valeur sur ses propres actes ; sens du bien et du mal : *Avoir la conscience en paix.* ■ **Avoir bonne, mauvaise conscience,** n'avoir rien, avoir qqch à se reprocher. ■ **Avoir qqch sur la conscience,** avoir qqch de grave à se reprocher. ■ **Cas de conscience,** situation délicate, problème moral très difficiles à résoudre. ■ **Conscience de classe,** chez les marxistes, ensemble des représentations idéologiques et des comportements sociaux par lesquels on sait qu'on appartient à une classe sociale déterminée. ▪ **Conscience professionnelle,** soin avec lequel on exerce son métier. ▪ **En conscience,** honnêtement ; franchement. ▪ **En son âme et conscience,** selon une intime conviction : *Les jurés décident en leur âme et conscience.* ▪ **Liberté de conscience** → **LIBERTÉ.** ▪ **Perdre, reprendre conscience,** s'évanouir ; revenir à soi. ▪ **Pleine conscience** [psychol.], pratique d'inspiration bouddhiste consistant à ramener son attention sur l'instant présent (l'action en cours, les sensations du moment), et utilisée notamm. pour réduire le stress et l'anxiété : *La méditation en (ou de) pleine conscience s'appuie sur la maîtrise de la respiration.*

CONSCIENCIEUSEMENT adv. De façon consciencieuse.

CONSCIENCIEUX, EUSE adj. **1.** Qui fait preuve de conscience professionnelle ; scrupuleux : *Un assistant social consciencieux.* **2.** Qui révèle la conscience professionnelle : *Une recherche consciencieuse.*

1. CONSCIENT, E adj. (lat. *consciens*). **1.** Qui manifeste la pleine conscience de ses actes : *Être conscient de ses responsabilités. Je suis conscient du danger, que c'est dangereux.* **2.** Qui a conscience de ce qui lui arrive ; lucide : *Le malade est-il conscient ?* **3.** Qui est accompli en connaissance de cause ; volontaire : *C'est une déclaration, un choix conscients.*

2. CONSCIENT n.m. Instance psychique caractérisée par la capacité à percevoir. (En psychanalyse, s'oppose à *inconscient* et à *préconscient,* dans la première topique proposée par Freud.)

CONSCIENTISER v.t. [3]. Faire prendre conscience à qqn de la réalité, notamm. dans le domaine politique.

CONSCRIPTION n.f. (du lat. *conscriptio,* enrôlement). Système de recrutement militaire fondé sur l'appel annuel du contingent.

CONSCRIT n.m. (lat. *conscriptus*). Recrue appelée suivant le système de la conscription. ◆ **adj.m. ANTIQ. ROM.** ▪ **Pères conscrits,** les sénateurs.

CONSÉCRATION n.f. **1.** Action de consacrer ; rite par lequel on consacre : *Consécration d'une chapelle.* **2.** Acte du prêtre qui, pendant la messe, consacre le pain et le vin qui deviennent, dans la tradition catholique, le « corps et le sang de Jésus-Christ » ; moment clé de la messe où il accomplit ce rite. **3.** Ordination d'un ministre du culte, chez les catholiques et les protestants. **4.** Reconnaissance publique qui confère la notoriété : *Consécration d'un film, d'une chanteuse.*

CONSÉCUTIF, IVE adj. (du lat. *consecutus,* suivi). **1.** Qui se suit immédiatement dans le temps ; successif : *Elle a dormi douze heures consécutives.* **2.** (À). Qui résulte de : *Une crise financière consécutive à une spéculation effrénée.* ▪ **Proposition subordonnée consécutive,** ou **consécutive, n.f.** [gramm.], qui exprime le résultat, l'effet, la conséquence (SYN. **proposition de conséquence**).

CONSÉCUTIVEMENT adv. À la suite ; successivement : *Il a subi trois échecs consécutivement.* ▪ **Consécutivement à,** par suite de : *Consécutivement à cet incendie, les travailleurs sont au chômage technique.*

1. CONSEIL n.m. (du lat. *consilium,* assemblée délibérative). **1.** Avis sur ce qu'il convient de faire ; recommandation, suggestion : *Je lui ai donné des conseils de prudence. Prendre conseil de qqn.* **2.** Assemblée de personnes chargées de fonctions consultatives, délibératives, administratives, juridictionnelles, etc. : *Réunion du conseil d'évaluation des risques technologiques.* ▪ **Conseil d'administration,** réunion d'actionnaires désignés par les statuts ou par l'assemblée générale d'une société anonyme, pour en gérer les intérêts. ▪ **Conseil de cabinet,** réunion des ministres sous la présidence du chef du gouvernement, mais en l'absence du chef de l'État. ▪ **Conseil de classe,** dans les lycées et collèges, réunion trimestrielle des professeurs de la classe, des délégués des parents et des élèves sous la présidence du chef d'établissement. ▪ **Conseil de discipline,** organisme consultatif d'une profession, chargé de donner un avis sur l'opportunité d'une sanction disciplinaire ; conseil d'établissement d'un lycée ou d'un collège qui siège en formation disciplinaire. ▪ **Conseil de famille,** assemblée des parents, présidée par le juge des tutelles, pour délibérer sur les intérêts d'un mineur ou d'un majeur en tutelle. ▪ **Conseil de guerre,** dénomination, jusqu'en 1928, du tribunal militaire. ▪ **Conseil départemental,** en France, assemblée élue, organe exécutif du département, qui délibère sur les affaires départementales. ➲ Il a remplacé le conseil général en 2015. ▪ **Conseil de prud'hommes,** juridiction instituée, en France, pour juger les conflits individuels du travail. ▪ **Conseil de révision,** chargé, jusqu'en 1971, de juger l'aptitude des jeunes gens au service militaire. ▪ **Conseil de sécurité, de tutelle,** v. partie n.pr. **ONU.** ▪ **Conseil des ministres,** réunion des ministres sous la présidence du président de la République. ▪ **Conseil des prises,** juridiction statuant sur la saisie des navires de commerce ennemis et de leur cargaison. ▪ **Conseil des professeurs,** formé de l'ensemble des professeurs d'une même discipline ou d'une même classe, dans un collège ou un lycée. ▪ **Conseil de surveillance,** organisme chargé de contrôler et de surveiller les sociétés à directoire. ▪ **Conseil d'établissement,** organisme chargé, dans les lycées et collèges, d'assister le chef d'établissement, qui le préside. ▪ **Conseil d'État,** tribunal administratif dans certains pays, notamm. en Belgique, en France, en Grèce, en Italie ; organe de gouvernement, notamm. en Suisse (gouvernement cantonal). ▪ **Conseil du roi,** dans la France de l'Ancien Régime, principal organe du gouvernement. ▪ **Conseil fédéral,** gouvernement d'une confédération, notamm. en Suisse. ▪ **Conseil général** [vieilli], conseil départemental. ▪ **Conseil municipal,** en France, assemblée élective présidée par le maire et chargée de délibérer sur les affaires de la commune. ▪ **Conseil régional,** en France, assemblée élue, organe exécutif de la Région, qui délibère sur les affaires régionales.

2. CONSEIL n.m. (Souvent en appos., avec ou sans trait d'union). Personne qui, à titre professionnel, guide, conseille autrui dans la conduite de ses affaires, notamm. en matière juridique : *Prendre l'avis de son conseil fiscal. Des ingénieurs-conseils.*

1. CONSEILLER v.t. [3]. **1.** Indiquer à titre de conseil ; recommander : *Je te conseille la discrétion, d'être discret. La médecin m'a conseillé d'arrêter de fumer.* **2.** Guider par des conseils ; orienter : *Elle conseille les jeunes dans leur recherche d'un emploi.*

2. CONSEILLER, ÈRE n. **1.** Personne qui, professionnellement ou non, donne des conseils : *Conseiller juridique, d'orientation. Cet historien est le conseiller du président.* **2.** Ce qui influe sur le comportement de qqn : *Les difficultés surmontées sont de bonnes conseillères.* **3.** Membre d'un conseil (électif, notamm.) : *Conseiller municipal, départemental, régional.* **4.** Magistrat ayant une position hiérarchique élevée : *Conseiller d'État.* **5.** Membre de certaines juridictions : *Conseiller prud'homal. Conseiller du tribunal administratif.* **6.** Membre d'un cabinet ministériel. ▪ **Conseiller d'orientation-psychologue (COP),** fonctionnaire de l'Éducation nationale intervenant dans les CIO et les établissements scolaires pour conseiller les élèves et les étudiants dans leur orientation scolaire et professionnelle. ▪ **Conseiller principal d'éducation (CPE),** fonctionnaire qui exerce, dans un collège ou un lycée, des tâches éducatives et contrôle le personnel de surveillance.

CONSEILLEUR, EUSE n. Péjor. Personne qui a la manie de donner des conseils : *Les conseilleurs ne sont pas les payeurs.*

CONSENSUEL, ELLE adj. Qui repose sur un consensus : *Politique consensuelle.* ▪ **Accord consensuel** [dr.], formé par le seul consentement des parties.

CONSENSUS [kɔ̃sɛ̃sys] n.m. (mot lat.). Accord du plus grand nombre, d'une majorité de l'opinion publique : *Cette décision a remporté un large consensus.*

CONSENTANT, E adj. Qui consent.

CONSENTEMENT n.m. Action de consentir ; agrément : *Nous attendons le consentement du propriétaire.* ▪ **Consentement éclairé,** accord que donne un patient, majeur et pleinement lucide, pour recevoir un traitement médical ou chirurgical après avoir été clairement informé par un médecin des risques encourus et des conséquences possibles. ➲ L'information préalable au consentement éclairé est auj. une obligation légale.

CONSENTIR v.t. ind. [26] (À) [lat. *consentire*]. Accepter que qqch se fasse ; autoriser : *Ses parents ont finalement consenti à son départ.* ◆ **v.t.** Accorder qqch : *Consentir un prêt, un délai.*

CONSÉQUEMMENT [-kamɑ̃] adv. Vieilli. En conséquence ; par suite.

CONSÉQUENCE n.f. (lat. *consequentia*). Suite logique entraînée par un fait ; répercussion : *Son départ a eu des conséquences fâcheuses.* ▪ **De conséquence** [vieilli], grave : *Une affaire de conséquence.* ▪ **En conséquence,** d'une manière appropriée : *J'ai vu ce qui s'était passé et j'agirai en conséquence.* ▪ **En conséquence (de quoi),** pour cette raison. ▪ **Proposition de conséquence** [gramm.], proposition consécutive*. ▪ **Sans conséquence,** sans suite fâcheuse. ▪ **Tirer, ne pas tirer à conséquence,** avoir, ne pas avoir de suites graves.

1. CONSÉQUENT, E adj. (lat. *consequens*). **1.** Qui agit avec esprit de suite, avec cohérence ; logique. **2.** (Emploi critiqué). Considérable : *Une prime conséquente.* ◆ **PAR CONSÉQUENT** loc. adv. Comme suite logique ; donc.

2. CONSÉQUENT n.m. **1. LOG.** Le second des deux termes d'une relation d'implication (le premier étant l'*antécédent*). **2. MUS.** Seconde partie d'une phrase ou d'un sujet de fugue qui imite et complète la première (l'*antécédent*).

1. CONSERVATEUR, TRICE adj. et n. (lat. *conservator*). **1.** Qui aime conserver les objets. **2.** Relatif au conservatisme politique ; qui en est partisan : *Journal conservateur.* ▪ **Parti conservateur*,** v. partie n.pr. ◆ **adj.** ▪ **Agent conservateur,** ou **conservateur, n.m.,** substance ajoutée à une denrée alimentaire pour assurer sa conservation. ◆ **n.** Personne qui a la charge des collections d'un musée, d'une bibliothèque. ▪ **Conservateur des hypothèques** [dr.], fonctionnaire assurant l'inscription et la publication des hypothèques et des actes translatifs de propriété.

2. CONSERVATEUR n.m. **1.** Agent conservateur alimentaire. **2.** Appareil frigorifique destiné à conserver à – 18 °C, pour une longue durée, des denrées alimentaires.

CONSERVATION n.f. (lat. *conservatio*). **1.** Action de conserver, de maintenir intact ; manière dont une chose est conservée ; préservation : *Des fresques dans un état de conservation remarquable.* **2. AGROALIM.** Action de conserver des denrées alimentaires par divers procédés. (*V. ill. page suivante.*) ▪ **Conservation des espèces** [écol.], protection des espèces. ▪ **Instinct de conservation** [éthol.], instinct qui pousse un être humain, un animal à sauver son existence quand elle est menacée. ▪ **Loi de conservation** [phys.], loi aux termes de laquelle, sous certaines conditions, une grandeur physique reste invariante lors de l'évolution d'un système donné.

➲ La **CONSERVATION** des aliments est une préoccupation très ancienne. De nombreuses techniques ont été mises au point pour les stocker et les transporter, soit dans leur état naturel, soit après transformation, de manière à conserver leurs qualités nutritionnelles et gustatives aussi longtemps que possible. Les méthodes le plus fréquemment utilisées sont :
– la chaleur : pasteurisation, permettant une conservation de moyenne durée (lait, bière) ; stérilisation ou appertisation, permettant une conservation de longue durée (fruits, légumes, viande, poissons) et une présentation en boîtes (« boîtes de conserve ») ;
– le froid : réfrigération, donnant une conservation limitée ; congélation et surgélation, assurant une conservation prolongée s'il n'y a pas rupture de la chaîne du froid ;
– la perte en eau : séchage, lyophilisation, concentration ;
– le salage, la confiserie, la confiturerie, le fumage ;
– la protection par enrobage (confit) ;
– l'addition de conservateurs ;
– l'irradiation par rayons ionisants ;
– la fermentation.

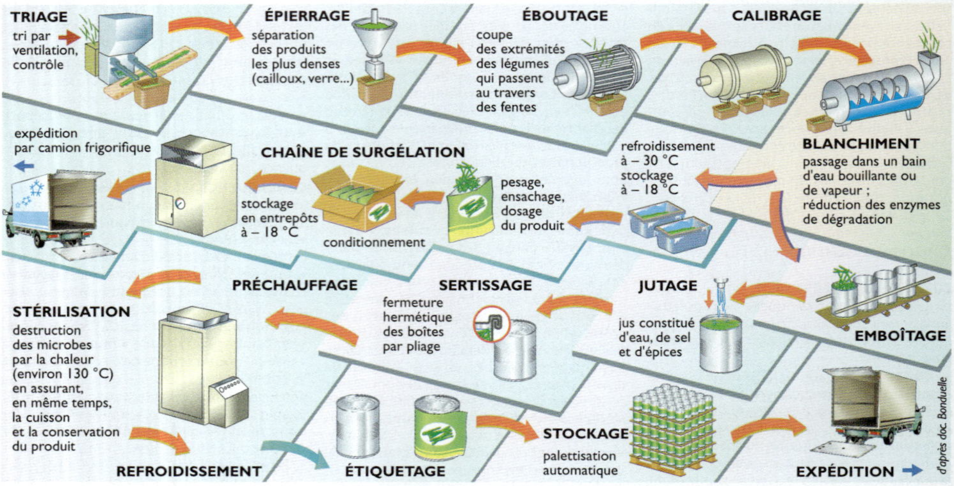

▲ **conservation.** Processus de fabrication de haricots verts en conserve ou surgelés.

CONSERVATISME n.m. État d'esprit, tendance hostiles aux innovations politiques et sociales.

1. CONSERVATOIRE adj. **DR.** Qui a pour but de conserver un droit : *Mesure conservatoire.*

2. CONSERVATOIRE n.m. **1.** Établissement où l'on enseigne les disciplines musicales, la danse, l'art dramatique. **2.** Lieu destiné à la conservation, en dehors de leur habitat naturel, d'espèces vivantes rares ou menacées. **3.** Établissement destiné à conserver des traditions, des collections.

CONSERVE n.f. **AGROALIM. 1.** Aliment conservé par différents procédés ; aliment stérilisé et conservé dans un bocal ou une boîte en fer-blanc : *Une conserve de champignons, de thon.* **2.** Boîte, bocal contenant un aliment stérilisé et conservé : *Ouvrir une conserve* ; son contenu : *Se nourrir de conserves.* ■ **En conserve,** en boîte : *Des épinards en conserve.*

DE CONSERVE loc. adv. (de *conserver*). ■ **De conserve,** ensemble : *Marcher, agir de conserve.* ■ **Naviguer de conserve** [mar.], suivre la même route.

CONSERVÉ, E adj. ■ **Bien conservé,** qui a gardé la vigueur de la jeunesse.

CONSERVER v.t. [3] (lat. *conservare*). **1.** Maintenir en bon état ; préserver de l'altération : *Conserver de la viande au congélateur.* **2.** Absol. Garder en bonne santé : *Le sport, ça conserve.* **3.** Garder par-devers soi : *Conservez vos bulletins de paie* ; ne pas laisser disparaître ; sauvegarder : *Il a tout fait pour conserver son emploi.* ◆ **SE CONSERVER** v.pr. Se garder dans le même état : *Ce vaccin se conserve au froid.*

CONSERVERIE n.f. **1.** Ensemble des techniques et procédés de fabrication des conserves alimentaires. **2.** Usine où sont fabriquées des conserves alimentaires.

CONSERVEUR n.m. Industriel de la conserverie.

CONSIDÉRABLE adj. (de *considérer*). Dont l'importance est grande ; notable : *La recherche a fait des progrès considérables.*

CONSIDÉRABLEMENT adv. De façon notable ; beaucoup.

CONSIDÉRANT n.m. **DR. 1.** Chacun des alinéas qui motivent les arrêts d'une cour ou les décisions d'une juridiction administrative. **2.** Motif invoqué pour appuyer une décision.

CONSIDÉRATION n.f. **1.** Action d'examiner qqch avec attention ; fait de tenir compte de : *Le concours est ouvert à tous, sans considération d'âge ou de sexe.* **2.** Bonne opinion que l'on a de qqn ; estime : *Elle jouit de la considération de tous ses collègues.* ■ **Mériter considération,** être assez important pour qu'on y réfléchisse. ■ **Prendre qqch en considération,** en tenir compte. ◆ **n.f. pl.** Réflexions sur un sujet : *Des considérations philosophiques.*

CONSIDÉRER v.t. [11], ▲ *[11*]* (lat. *considerare*). **1.** Regarder attentivement ; observer : *Il considérait son contradicteur.* **2.** Prendre en compte ; peser : *Ils ont considéré leurs intérêts.* **3.** Être d'avis ; penser : *Je considère qu'il est trop tard.* ■ **Considérer comme,** tenir pour : *Elle le considère comme son fils.* ■ **Tout bien considéré,** après mûre réflexion. ◆ **SE CONSIDÉRER** v.pr. Se juger comme : *Se considérer comme un homme d'État.*

CONSIGNATAIRE n. **1. DR.** Personne qui est chargée de garder des marchandises en dépôt ou de les vendre. **2. DR. MAR.** Négociant mandataire d'un armateur qui est chargé de la cargaison.

CONSIGNATION n.f. **1. DR.** Action de mettre une somme d'argent ou des valeurs en dépôt, à titre de garantie ; résultat de cette action. **2. COMM.** Somme perçue en garantie du retour d'un emballage (SYN. **consigne**).

CONSIGNE n.f. **1.** Instruction formelle donnée à qqn qui est chargé de l'exécuter ; ordre. **2. MIL.** Mesure de sécurité maintenant les militaires dans la caserne. **3.** Punition infligée à un militaire, à un élève, et qui consiste à le priver de sortie. **4.** Service d'une gare, d'un aéroport, d'un lieu public qui garde les bagages déposés ; local où sont remisés ces bagages. **5. COMM.** Consignation. ■ **Consigne automatique,** casier métallique où l'on dépose des bagages et dont la fermeture est commandée par l'insertion de pièces de monnaie.

CONSIGNER v.t. [3] (du lat. *consignare,* sceller). **1. COMM.** Facturer un emballage sous garantie de remboursement : *Consigner une bouteille.* **2.** Rapporter par écrit ; noter : *Consigner tous les faits dans un rapport.* **3.** Priver de sortie un militaire, un élève pour un motif déterminé (indiscipline, mesure d'ordre). **4.** Mettre en dépôt, à titre de garantie : *Consigner des obligations chez un notaire.*

CONSISTANCE n.f. (de *consister*). **1.** État d'un corps du point de vue de la texture, de la fluidité : *Cette crème a une consistance trop fluide.* **2.** Fig. Caractère de ce qui est ferme, solide ; force : *Sa plaidoirie manque de consistance.* **3. LOG.** Non-contradiction. ■ **Personne sans consistance,** qui manque de caractère, de personnalité.

CONSISTANT, E adj. **1.** Se dit d'une substance qui a de la consistance : *Une pâte consistante.* **2.** Se dit d'aliments copieux, nourrissants : *Un petit déjeuner consistant.* **3.** Qui est solidement établi ; sûr : *Une information consistante.* **4. LOG.** Se dit d'une théorie non contradictoire.

CONSISTER v.t. ind. [3] (lat. *consistere*). **1. (EN, DANS).** Reposer sur : *En quoi consistera mon travail ?* ; résider en : *Sa satisfaction consiste dans le bonheur de ses enfants.* **2. (EN).** Être composé de ; comporter : *L'examen consiste en un écrit et un oral.* **3. (À).** Avoir comme caractère essentiel : *Son rôle consiste à renseigner les voyageurs.*

CONSISTOIRE n.m. (lat. *consistorium*). **1. CATH.** Assemblée des cardinaux tenue sous la présidence du pape et destinée à le conseiller. **2.** Dans le judaïsme et le protestantisme, assemblée de ministres du culte et de laïques élus pour gérer les intérêts de la communauté.

CONSISTORIAL, E, AUX adj. Du consistoire.

CONSŒUR n.f. Femme appartenant à la même profession libérale, à la même société littéraire, etc., que d'autres. (Pour un homme, on dit *confrère.*)

CONSOL n.m. (du n. de *Consol*). **TECHN.** Ancien système de radionavigation maritime ou aérienne d'origine allemande, utilisé partic. pendant la Seconde Guerre mondiale.

CONSOLABLE adj. Qui peut être consolé.

CONSOLANT, E adj. Qui console ; réconfortant.

CONSOLATEUR, TRICE adj. et n. Qui apporte une consolation : *Des paroles consolatrices.*

CONSOLATION n.f. (lat. *consolatio*). **1.** Soulagement apporté à la peine de qqn : *Adresser des paroles de consolation aux familles des victimes.* **2.** Personne, chose qui console : *Son fils, son travail est sa seule consolation.* ■ **Lot de consolation,** lot de moindre importance attribué à des candidats malchanceux.

▲ **console** en bois doré à dessus de marbre, France, vers 1715. (Musée du Louvre, Paris.)

CONSOLE n.f. (de *consoler*). **1.** Table étroite, à deux ou à quatre pieds, appliquée contre un mur. **2. INFORM.** Périphérique génér. composé d'un clavier, d'un écran et de circuits électroniques servant à communiquer à distance avec un ordinateur central. **3. ARCHIT.** Organe en saillie sur un mur, plus haut que large et souvent profilé en talon ou en volute (balcon, par ex.). ■ **Console de jeux,** micro-ordinateur réservé à la pratique de jeux vidéo. ■ **Console de mixage** [mus.], table de mixage. ■ **Console d'orgue,** meuble, intégré au soubassement de l'orgue ou séparé, qui groupe les commandes de l'instrument (claviers, pédalier, boutons de registre et de combinaison, etc.). ■ **Console graphique** ou **de visualisation** [inform.], possédant un écran cathodique pour l'affichage ou le tracé des résultats d'un traitement.

CONSOLER v.t. [3] (lat. *consolari*). **1.** Réconforter qqn qui a de la peine : *J'ai essayé de le consoler après sa rupture.* **2.** Alléger un sentiment douloureux ; apaiser : *Comment consoler sa* *tristesse de n'avoir pas été élu ?* ◆ **SE CONSOLER v.pr.** Cesser de souffrir ; trouver un apaisement.

CONSOLIDATION n.f. 1. Action de consolider ; fait d'être consolidé ; renforcement : *Travaux de consolidation d'un balcon.* **2. COMPTAB.** Technique comptable consistant à agréger les comptes des sociétés appartenant à un même groupe, et permettant de présenter les résultats et la situation financière d'ensemble de ce groupe. ▪ **Consolidation budgétaire** [fin.], politique de restriction des dépenses ou de hausse des impôts, destinée à réduire les déficits du budget d'un État. ▪ **Consolidation de rentes** [fin.], conversion de titres remboursables à court ou à moyen terme en titres à long terme ou perpétuels. ▪ **Consolidation d'une blessure,** stabilisation définitive d'une blessure, sans possibilité d'amélioration ni d'aggravation.

CONSOLIDÉ, E adj. DR. Se dit d'un texte (loi ou décret) ou d'un code auquel ont été intégrées toutes les modifications et corrections qui lui ont été successivement apportées. ▪ **Résultats consolidés** [comptab.], résultats, présentés de manière synthétique (selon la technique de la consolidation), des entreprises d'un même groupe.

CONSOLIDER v.t. [3] (lat. *consolidare*). **1.** Rendre plus solide : *Il faudra consolider le mur du jardin.* **2.** Rendre durable ; affermir : *Son élection consolide la majorité.* **3. COMPTAB.** Procéder à la consolidation des comptes d'un groupe d'entreprises.

CONSOMMABLE adj. 1. Que l'on peut consommer : *Ces denrées ne sont plus consommables.* **2. ASTRONAUT.** Qui ne sert qu'une fois (par oppos. à *réutilisable*) : *Lanceur consommable.* ◆ **n.m.** (Surtout pl.). Objet, produit que l'on renouvelle régulièrement dans une photocopieuse, un ordinateur (papier, encre, par ex.), dans un laboratoire (flacon, pipette, par ex.).

CONSOMMATEUR, TRICE n. 1. Personne qui achète pour son usage des biens (denrées, marchandises) et des services : *La courbe des prix du producteur au consommateur.* **2.** Personne qui prend une consommation dans un café, un restaurant, etc. **3. ÉCOL.** Organisme vivant se nourrissant d'autres organismes ou, plus génér., de matière organique préexistante. ◆ **adj.** Qui achète ou consomme des biens et des services : *Les pays consommateurs de pétrole.*

CONSOMMATION n.f. 1. Action de consommer, de faire usage de qqch : *Relancer la consommation de lait.* **2.** Ce qui est consommé dans un café, un bar, etc. ; boisson : *Régler les consommations.* **3.** Litt. Action de mener à son terme, de commettre un acte néfaste : *La consommation de sa ruine, d'un crime.* ▪ **Basse consommation,** se dit d'équipements ménagers (ampoules, par ex.) ou de bâtiments conçus pour avoir une consommation énergétique très faible. ▪ **Bien de consommation,** bien, service destiné à la satisfaction des besoins des agents économiques. ▪ **Consommation du mariage** [litt.], union charnelle des époux. ▪ **Jusqu'à la consommation des siècles** [litt.], jusqu'à la fin des temps. ▪ **Société de consommation,** phase du développement économique des pays les plus avancés, caractérisée par l'offre sans cesse accrue de biens de consommation.

▲ **console de jeux**

1. CONSOMMÉ, E adj. Qui atteint la perfection ; accompli : *Un dialoguiste consommé.*

2. CONSOMMÉ n.m. Bouillon de viande.

CONSOMMER v.t. [3] (lat. *consummare*). **1.** Utiliser pour sa subsistance : *Consommer beaucoup de légumes.* **2.** Acheter ou utiliser un bien, un service : *La publicité nous pousse à consommer des choses dont nous n'avons pas besoin.* **3.** Utiliser comme source d'énergie ou comme matière première : *Ces lampes consomment moins d'énergie.* **4.** Litt. Mener à son terme ; accomplir un acte néfaste : *Consommer la ruine d'un concurrent.* ▪ **Consommer le mariage** [litt.], s'unir charnellement avec la personne que l'on a épousée. ◆ **v.i.** Prendre une consommation dans un café, un restaurant. ◆ **SE CONSOMMER v.pr.** Se manger : *Ce vin se consomme frais.*

CONSOMPTIBLE adj. DR. Dont on ne peut se servir sans le détruire : *Biens consomptibles.*

CONSOMPTION [kɔ̃sɔ̃psjɔ̃] **n.f.** (lat. *consumptio*). Vieilli. Dépérissement progressif d'une personne.

CONSONANCE n.f. (lat. *consonantia*). **1. MUS.** Rapport entre deux ou plusieurs sons d'où résulte la tendance à une certaine fusion en unité de perception harmonique. **2.** Uniformité du son dans les terminaisons des mots ou des phrases. **3.** Suite, ensemble de sons : *Un mot aux consonances harmonieuses.*

CONSONANT, E adj. Qui produit une consonance : *Rimes consonantes.*

CONSONANTIQUE adj. PHON. Relatif aux consonnes.

CONSONANTISME n.m. PHON. Ensemble des consonnes d'une langue, de leurs caractéristiques (par oppos. à *vocalisme*).

CONSONNE n.f. (lat. *consona*). **1.** Son du langage caractérisé par la présence d'un obstacle dans le conduit vocal et qui, d'un point de vue fonctionnel, forme la marge de la syllabe (par oppos. à la *voyelle*, qui en constitue le noyau). **2.** Lettre de l'alphabet transcrivant une consonne.

➲ Selon l'importance de l'obstacle au flux d'air phonatoire, on distingue les **CONSONNES** occlusives (fermeture totale), les constrictives ou fricatives (fermeture partielle), les affriquées, les nasales, les latérales, les vibrantes. On classe en outre les consonnes, selon l'emplacement de l'obstacle, en labiales, dentales, alvéolaires, palatales, vélaires, uvulaires, pharyngales et glottales.

CONSORT adj.m. (du lat. *consors*, qui partage le sort). ▪ **Prince consort,** mari de la reine, notamm. en Grande-Bretagne et aux Pays-Bas. ◆ **n.m. pl.** Personnes qui ont des intérêts communs, notamm. dans une même procédure. ▪ **Et consorts** [péjor.], et ceux du même acabit.

CONSORTAGE n.m. Suisse. Association de copropriétaires ou d'exploitants.

CONSORTIUM [-rsjɔm] **n.m.** (mot lat. « communauté »). **ÉCON.** Groupement d'entreprises, de banques, en vue d'opérations communes.

CONSOUDE n.f. (du lat. *consolidare*, affermir). Plante des lieux humides, à fleurs en cloche, mesurant jusqu'à 1 m de haut. ➲ Famille des borraginacées.

CONSPIRATEUR, TRICE n. Personne qui prend part à une conspiration ; conjuré.

CONSPIRATION n.f. Action de conspirer ; conjuration.

CONSPIRATIONNISTE adj. et **n.** Se dit de qqn qui se persuade et veut persuader autrui que les détenteurs du pouvoir (politique ou autre) pratiquent la conspiration du silence pour cacher des vérités ou contrôler les consciences. ◆ **adj.** Se dit des propos tenus dans cette optique : *Thèse conspirationniste.*

CONSPIRER v.i. [3] (lat. *conspirare*). S'entendre à plusieurs pour renverser un dirigeant, un régime politique ; comploter : *Conspirer contre l'État, contre le président.* ▪ **Conspirer à** [litt.], concourir à.

CONSPUER v.t. [3] (du lat. *conspuere*, cracher sur). Manifester bruyamment et publiquement contre ; huer : *Conspuer un corrompu.*

CONSTABLE n.m. (mot angl., de l'anc. fr. *conestable*). Officier de police, dans les pays anglo-saxons.

CONSTAMMENT adv. D'une manière constante ; continuellement.

CONSTANCE n.f. (lat. *constantia*). **1.** Qualité d'une personne qui persévère dans son action, ses sentiments ou ses opinions ; ténacité : *Sa constance l'a conduit au succès.* **2.** Qualité de ce qui dure, de ce qui ne varie pas ; régularité : *Il a gagné tous les matchs de la saison avec une constance remarquable.* ▪ **Constance perceptive** [psychol.], permanence dans la perception de certaines caractéristiques de l'objet en dépit des modifications du champ sensoriel.

CONSTANT, E adj. (lat. *constans*). **1.** Persévérant dans ses actes, ses idées ; fidèle : *Un homme constant dans ses convictions.* **2.** Qui dure ou se répète de façon identique ; permanent : *Avoir de constants soucis d'argent.* ▪ **Euro constant, monnaie constante** [écon.], pouvoir d'achat de l'euro, d'une monnaie, calculé en éliminant les effets de la hausse des prix (inflation) entre deux dates. ▪ **Fonction constante** [math.], qui donne la même image à tous les éléments de son ensemble de définition.

CONSTANTAN n.m. (de *constant*). Alliage de cuivre et de nickel (génér. 40 %), dont la résistance électrique est pratiquement indépendante de la température.

CONSTANTE n.f. 1. Caractéristique permanente : *La bonne humeur est une constante de sa personnalité.* **2. MATH.** Quantité qui conserve la même valeur. **3. MATH.** Nombre indépendant des variables, dans une expression ou une équation. **4. PHYS., CHIM.** Valeur numérique de certaines grandeurs (température de fusion ou d'ébullition, masse volumique, etc.), permettant de caractériser un corps pur ou un mélange. ▪ **Constante fondamentale** [phys., chim.], grandeur particulière dont la valeur est fixe (masse et charge de l'électron, constante de Planck, par ex.) et qui joue un rôle central dans les théories physiques.

CONSTANTINIEN, ENNE adj. Relatif à l'empereur romain Constantin Ier le Grand.

CONSTAT n.m. 1. Acte par lequel on constate qqch ; bilan d'une situation. **2.** Procès-verbal par lequel une personne assermentée procède à l'enregistrement de certains faits matériels. ▪ **Constat amiable,** déclaration d'accident matériel remplie par les conducteurs des véhicules en cause. ▪ **Constat d'échec,** bilan négatif.

CONSTATABLE adj. Que l'on peut constater ; vérifiable.

CONSTATATION n.f. Action de constater ; fait constaté ; observation : *La police a procédé aux premières constatations.*

CONSTATER v.t. [3] (du lat. *constat*, il est certain). **1.** Établir la réalité d'un fait ; se rendre compte de ; remarquer : *Constater une différence entre des échantillons.* **2.** Consigner par écrit ; certifier : *Le médecin a constaté le décès.*

CONSTELLATION n.f. (du lat. *stella*, étoile). **1.** Groupe d'étoiles voisines sur la sphère céleste, présentant une figure conventionnelle déterminée, à laquelle on a donné un nom particulier : *L'étoile Polaire appartient à la constellation de la Petite Ourse.* **2.** Région du ciel conventionnellement délimitée qui inclut ce groupe d'étoiles. **3. ASTRONAUT.** Ensemble de satellites de télécommunications placés sur des orbites polaires circulaires, dans des plans différents, de manière à couvrir l'ensemble du globe.

CONSTELLER v.t. [3]. 1. Couvrir de constellations : *Des myriades d'étoiles constellent le ciel d'été.* **2.** Fig. Parsemer de : *Prairie constellée de pâquerettes.*

CONSTERNANT, E adj. Qui consterne ; affligeant : *Un accident consternant.*

CONSTERNATION n.f. Abattement causé par un événement malheureux ; accablement : *L'annonce de sa mort nous a plongés dans la consternation.*

CONSTERNER v.t. [3] (du lat. *consternare*, abattre). Jeter dans la consternation ; désoler : *Ce deuxième échec les a consternés.*

CONSTIPANT, E adj. Qui constipe.

CONSTIPATION n.f. (lat. *constipatio*). Rareté de l'évacuation des matières fécales ; difficulté à aller à la selle.

CONSTIPÉ, E adj. et **n. 1.** Qui souffre de constipation. **2.** Fam. Qui est embarrassé, mal à l'aise.

CONSTIPER v.t. [3] (du lat. *constipare*, serrer). Provoquer la constipation.

1. CONSTITUANT, E adj. et **n.m.** Qui entre dans la constitution, la composition de qqch : *Parties* *constituantes d'une roche. Les constituants électriques d'une machine.* ◆ **adj.** ▪ **Assemblée constituante,** qui a le droit et le pouvoir d'établir ou de modifier la Constitution d'un État. ▪ **La Constituante** ou **l'Assemblée nationale constituante,** v. partie n.pr. ◆ **n.m.** Membre d'une assemblée constituante.

2. CONSTITUANT n.m. LING. Élément résultant de la décomposition syntaxique d'une phrase.

CONSTITUÉ, E adj. 1. Qui a telle ou telle constitution physique ; bâti : *Personne normalement constituée.* **2.** Instauré, établi par la loi, la Constitution : *Les corps constitués.*

CONSTITUER v.t. [3] (lat. *constituere*). **1.** Regrouper des éléments afin de former un tout : *Constituer une collection. Constituer un gouvernement.* **2.** Former l'essence, la base de qqch ; représenter : *Présence qui constitue une menace.* **3.** Former un tout avec d'autres éléments ; composer : *En France, l'Assemblée nationale et le Sénat constituent le Parlement.* ▪ **Constituer avocat, avoué** [dr.], charger un avocat d'une affaire (un avoué, pour la représentation en cour d'appel), dans le cadre d'un procès. ◆ **SE CONSTITUER v.pr.** ▪ **Se constituer partie civile** [dr.], saisir une juridiction pénale pour demander réparation d'un préjudice consécutif à une infraction. ▪ **Se constituer prisonnier,** se livrer aux autorités.

CONSTITUTIF, IVE adj. 1. Qui entre dans la composition de : *Les éléments constitutifs de l'eau.* **2. DR.** Qui établit juridiquement un droit.

CONSTITUTION n.f. (lat. *constitutio*). **1.** Action de constituer qqch ; ce qui en résulte ; établissement : *La constitution d'un dossier.* **2.** Ensemble des caractéristiques physiques, physiologiques et psychologiques d'un individu ; nature : *Un enfant de constitution fragile.* **3.** Manière dont qqch est constitué ; ensemble des éléments qui le composent : *On connaîtra ce soir la constitution du gouvernement.* **4.** Acte par lequel qqch est établi, constitué : *Constitution d'une rente.* **5. DR.** Désignation : *Constitution d'avocat, d'avoué.* **6.** (Avec une majuscule). Ensemble des textes fondamentaux qui établissent la forme d'un gouvernement, règlent les rapports entre gouvernants et gouvernés, et déterminent l'organisation des pouvoirs publics. ▪ **Constitution de partie civile** [dr.], demande de réparation formée devant une juridiction pénale par une personne qui s'estime victime d'une infraction.

CONSTITUTIONNALISER v.t. [3]. Rendre qqch constitutionnel.

CONSTITUTIONNALISTE n. Juriste spécialiste de droit constitutionnel.

CONSTITUTIONNALITÉ n.f. Qualité de ce qui est constitutionnel.

CONSTITUTIONNEL, ELLE adj. 1. Conforme à la Constitution d'un pays, aux principes qu'elle défend : *Proposition de loi non constitutionnelle.* **2.** Relatif à la Constitution d'un État : *Droit constitutionnel.* **3.** Soumis à la Constitution : *Monarchie constitutionnelle.* **4.** Relatif à la constitution physique d'un individu : *Faiblesse constitutionnelle.* ◆ **adj.** et **n.m. HIST.** Se dit des religieux qui, sous la Révolution française, avaient adhéré à la Constitution civile du clergé de 1790.

CONSTITUTIONNELLEMENT adv. De façon conforme à la Constitution d'un État.

CONSTRICTEUR adj.m. (du lat. *constrictus*, serré). **ZOOL.** Qui étouffe ses proies par constriction, en s'enroulant autour d'elles : *Boa, serpent constricteur* (SYN. **constrictor**). ▪ **Muscle constricteur,** ou **constricteur, n.m.** [anat.], muscle qui a pour fonction de resserrer circulairement certains canaux ou orifices (CONTR. **dilatateur**).

CONSTRICTIF, IVE adj. MÉD. Qui produit une constriction : *Douleur constrictive de l'infarctus.*

CONSTRICTION n.f. (lat. *constrictio*). Resserrement par pression circulaire : *Le froid provoque la constriction des vaisseaux sanguins.*

CONSTRICTIVE n.f. PHON. Consonne caractérisée par un bruit de friction provoqué par la constriction du conduit vocal (ex. : [f], [s], [ʃ], [ʒ]) [SYN. **fricative**].

CONSTRICTOR adj.m. (mot lat.). **ZOOL.** Constricteur.

CONSTRUCTEUR, TRICE adj. et **n.** Qui construit : *La société constructrice est responsable. Ces modèles sont fabriqués par un autre constructeur.* ◆ **adj. ZOOL.** ▪ **Polypiers constructeurs,** ceux qui édifient des récifs ou des atolls.

CONSTRUCTIBLE adj. Où l'on peut construire : *Zone constructible.*

CONSTRUCTIF, IVE adj. Efficace d'un point de vue pratique ; positif : *Une critique constructive.*

CONSTRUCTION n.f. (lat. *constructio*). **1.** Action de construire ; édification : *Un nouveau théâtre est en cours de construction.* **2.** Édifice construit ; bâtiment : *Il y a trop de constructions en bordure de la route.* **3.** Action de créer qqch en l'organisant : *La construction de l'Europe.* **4.** Ensemble d'industries fabriquant du matériel, des véhicules, des appareils : *La construction électrique, aéronautique, navale.* **5. LING.** Suite d'éléments dont le groupement obéit à un schéma syntaxique ou morphologique. ▪ **La construction,** le secteur d'activité dont l'objet est de bâtir ; l'ensemble des industries du bâtiment.

CONSTRUCTIVISME n.m. Courant artistique du XXe s. qui privilégie une construction plus ou moins géométrique des formes.

CONSTRUCTIVISTE adj. et **n.** Relatif au constructivisme ; qui s'y rattache.

CONSTRUIRE v.t. [78] (lat. *construere*). **1.** Bâtir conformément à un plan ; ériger : *Construire un pont, un immeuble.* **2.** Réaliser qqch en en assemblant les différentes parties : *Construire un voilier.* **3.** Bâtir un ensemble abstrait ; élaborer : *Construire une théorie.* **4.** Disposer une phrase, un texte dans un certain ordre. ◆ **SE CONSTRUIRE v.pr. 1.** Être, pouvoir être élaboré : *Le roman se construisait peu à peu.* **2.** Recevoir des bâtiments : *Ça s'est beaucoup construit par ici.* **3.** S'employer d'un point de vue syntaxique : *Ce verbe se construit avec la préposition « à ».*

CONSUBSTANTIALITÉ n.f. THÉOL. CHRÉT. Unité et identité de substance des trois personnes de la Trinité divine.

Le constructivisme

Trouvant son origine en Russie, le constructivisme est principalement représenté par Malevitch, Tatline et Lissitzky. Le Bauhaus* allemand et des groupes comme De Stijl* en relèvent ; l'art cinétique en est issu. Dans le constructivisme selon Tatline, l'artiste devient un ingénieur-producteur ayant la fonction sociale de participer à la transformation du monde. D'où l'audace de la tour à la IIIe Internationale. Quant à l'architecture de Rietveld, elle illustre les tendances du Mouvement moderne.

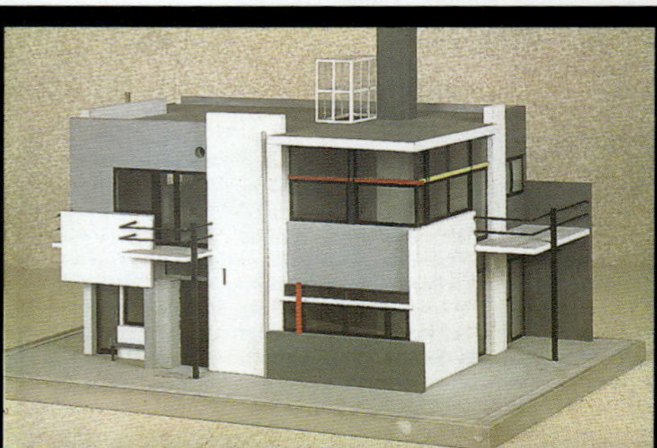

▲ **Gerrit Thomas Rietveld** (1888-1964). Maquette de maison construite à Utrecht, en 1924, pour Mme Schröder-Schräder : concrétisation, en architecture, des théories du groupe De Stijl. (Stedelijk Museum, Amsterdam.)

▲ **Vladimir Tatline.** Maquette en bois du projet de *Monument pour la IIIe Internationale* (1919-1920), une tour à éléments mobiles, prévue pour mesurer 400 m de haut.

◄ **Alexandra Exter** (1882-1949). Projet de scénographie (1924). Cette artiste russe, liée à toutes les avant-gardes, a notamment bouleversé à partir de 1916 l'art du décor de théâtre. (Coll. privée.)

CONSUBSTANTIATION n.f. **THÉOL. CHRÉT.** Doctrine luthérienne de la présence du Christ dans l'eucharistie (par oppos. à *transsubstantiation*).

CONSUBSTANTIEL, ELLE adj. (lat. *consubstantialis*). **THÉOL. CHRÉT.** D'une seule et même substance.

CONSUL, E n. (mot lat.). Agent officiel d'un État, chargé de protéger à l'étranger la personne et les intérêts des ressortissants de celui-ci. ◆ **n.m. HIST. 1. ANTIQ. ROM.** Magistrat qui assurait le pouvoir suprême, civil et militaire. ➲ Deux consuls étaient élus chaque année. **2.** Dans la France du Moyen Âge et de l'Ancien Régime, magistrat municipal, notamm. dans le Midi. **3.** Sous le Consulat, chacun des trois chefs du pouvoir exécutif. ■ **Le Premier consul,** Bonaparte.

CONSULAIRE adj. **1.** Relatif à un consul, à sa charge, ou à un consulat : *Charge consulaire.* **2.** Relatif aux membres d'un tribunal de commerce ou à ce tribunal : *Juge consulaire.*

CONSULAT n.m. (lat. *consulatus*). **1. DR.** Charge de consul ; résidence d'un consul ; bureaux consulaires. **2. ANTIQ. ROM.** Charge de consul. ■ **Le Consulat,** v. partie n.pr.

CONSULTABLE adj. Qui peut être consulté.

CONSULTANT, E n. et adj. **1.** Spécialiste qui donne des consultations, des avis circonstanciés dans un domaine : *Un consultant en gestion. Médecin consultant.* **2.** Vieilli. Personne qui consulte un médecin, un avocat, etc.

CONSULTATIF, IVE adj. Qui donne son avis sur ce qui relève de sa compétence : *Commission consultative.* ■ **Avoir voix consultative,** avoir le droit de donner son avis (par oppos. à *voix délibérative*).

CONSULTATION n.f. **1.** Action de consulter qqn, de prendre son avis : *Demander une consultation à un expert.* **2.** Action de chercher des renseignements dans un ouvrage, notamm. un dictionnaire. **3.** Action de donner un avis, en parlant d'un avocat, d'un juriste. **4.** Examen d'un malade par un médecin, dans un cabinet médical.

CONSULTE n.f. **1. DR.** Assemblée réunie pour traiter une affaire, une question précise, en Corse. **2. HIST.** Assemblée, cour de justice, en Italie et dans quelques cantons suisses.

CONSULTER v.t. [3] (lat. *consultare*). **1.** Se faire examiner par un médecin : *Consulter un cardiologue.* **2.** Absol. Prendre l'avis d'un médecin, spécial. d'un psychiatre : *Vous devriez consulter.* **3.** Prendre avis, conseil auprès d'un expert : *Consulter un notaire.* **4.** Regarder qqch pour y chercher un renseignement : *Consulter un dictionnaire, sa montre.* ■ **Ne consulter que son intérêt, son devoir, sa conscience** [litt.], les prendre pour seul guide. ◆ **v.i.** Donner des consultations ; recevoir des patients : *Médecin qui consulte le matin.*

CONSULTEUR n.m. **CATH.** Théologien chargé de donner son avis sur des questions précises ou d'en préparer l'examen.

CONSUMER v.t. [3] (lat. *consumere*). **1.** (Surtout à la forme passive). Détruire, anéantir, partic. par le feu ; brûler : *Les bûches sont à moitié consumées.* **2.** Litt. Faire dépérir ; miner : *Les soucis le consument.* ◆ **SE CONSUMER** v.pr. Litt. Dépérir : *Se consumer d'ennui loin de sa famille.*

CONSUMÉRISME n.m. (angl. *consumerism*). **1.** Mode de vie axé sur la consommation et caractérisé par une tendance à acheter systématiquement de nouveaux biens. **2.** Mouvement visant à organiser l'information et la défense des consommateurs face aux entreprises de production et de distribution.

➲ Apparu dans les années 1960 aux États-Unis, le **CONSUMÉRISME** est un mouvement propre à la société industrielle. En France, l'Union fédérale des consommateurs date de 1961 et l'Institut national de la consommation, de 1966.

CONSUMÉRISTE adj. et n. Relatif au consumérisme ; qui en est partisan.

CONTACT n.m. (lat. *contactus*). **1.** État ou position de deux corps ou de deux substances qui se touchent : *Éviter tout contact de ce produit avec la peau. Les métaux s'oxydent au contact de l'air.* **2.** Rapport de connaissance avec des personnes ; relation : *Avoir des contacts dans les milieux du journalisme.* **3.** Personne avec qui un agent doit rester en rapport, dans une mission de renseignement. **4.** Comportement vis-à-vis d'autrui ; abord : *Personne d'un contact facile, difficile.* **5. ÉLECTROTECHN.** Surface commune à deux pièces conductrices qui se touchent, pour assurer le passage d'un courant ; chacune de ces pièces. **6.** Limite entre deux formations géologiques très différentes. ■ **Clé de contact** [autom.], clé utilisée pour la manœuvre de l'interrupteur d'allumage, combinée avec un antivol qui bloque la direction. ■ **Fermeture contact,** fermeture constituée de deux rubans dont l'un comporte des éléments en forme de crochets et l'autre de fines boucles dans lesquelles se prennent ces crochets, quand on presse les deux rubans l'un contre l'autre. ■ **Fil de contact** [électrotechn.], fil conducteur sous lequel frotte le pantographe d'une locomotive ou d'une automotrice, ou la perche d'un trolleybus. ■ **Point de contact** [math.], point commun à une courbe et à sa tangente, à une surface et à son plan tangent, à deux courbes tangentes, etc. ■ **Prendre contact** ou **entrer en contact avec qqn,** entrer en rapport avec lui. ■ **Prise de contact** [mil.], relation établie entre deux adversaires par la vue ou par le feu ; action destinée à préciser sur le terrain la situation de l'ennemi. ■ **Rompre le contact** [mil.], se dérober au contact de l'ennemi (SYN. **décrocher**). ■ **Verres de contact,** verres correcteurs de la vue que l'on applique directement sur la cornée. ➲ On distingue le *verre de contact scléral* et la *lentille cornéenne.*

CONTACTER v.t. [3]. Entrer en rapport, en relation avec qqn, un organisme ; joindre.

CONTACTEUR n.m. Appareil destiné à l'ouverture ou à la fermeture d'un circuit électrique, et dont la position de repos correspond à l'ouverture.

CONTACTOLOGIE n.f. Branche de l'ophtalmologie qui s'occupe des verres et lentilles de contact.

CONTAGE n.m. (lat. *contagium*). **MÉD.** Contact d'une personne avec un sujet atteint d'une infection contagieuse : *Un contage tuberculeux récent.*

CONTAGIEUX, EUSE adj. (lat. *contagiosus*). **1.** Qui se transmet par contagion : *La grippe est contagieuse.* **2.** Fig. Qui se communique facilement : *Le rire et la peur sont contagieux.* ◆ **adj.** et **n.** Qui est atteint d'une maladie contagieuse : *Les enfants contagieux ne sont pas acceptés à l'école.*

CONTAGION n.f. (du lat. *contagio*, contact). **1.** Transmission d'une maladie infectieuse d'un sujet malade à un sujet sain. **2.** Fig. Transmission involontaire : *La violence n'augmente pas par contagion.*

CONTAGIOSITÉ n.f. Caractère de ce qui est contagieux.

CONTAINER n.m. → **CONTENEUR.**

CONTAINÉRISATION n.f. → **CONTENEURISATION.**

CONTAINÉRISER v.t. [3] → **CONTENEURISER.**

CONTAMINATEUR, TRICE adj. et n. Qui transmet une maladie, en partic. une maladie vénérienne.

CONTAMINATION n.f. **1.** Introduction ou présence de micro-organismes indésirables dans un milieu, dans le corps humain. **2.** Transmission d'un agent destructeur (virus informatique, polluant). ■ **Contamination radioactive,** présence indésirable d'une substance radioactive sur une surface ou dans un milieu, dans un organisme, en partic. dans l'organisme humain.

CONTAMINER v.t. [3] (du lat. *contaminare*, souiller). Provoquer une contamination : *L'eau de la rivière a été contaminée par les rejets d'une usine chimique.*

CONTE n.m. (de *conter*). Récit assez court d'aventures imaginaires : *Des contes pour enfants.* ■ **Conte à dormir debout,** récit peu vraisemblable ou sans fondement. ■ **Conte de fées,** récit merveilleux dans lequel interviennent les fées.

CONTEMPLATEUR, TRICE n. Personne qui contemple.

CONTEMPLATIF, IVE adj. et n. Qui se plaît dans la contemplation, la méditation ; rêveur. ◆ **adj.** ■ **Ordre contemplatif,** ordre religieux dont les membres vivent en communauté, cloîtrée ou non, et se consacrent à la célébration des offices, à l'étude, au travail, à la méditation.

CONTEMPLATION n.f. **1.** Action de contempler : *Être, rester en contemplation devant la mer.* **2.** Profonde méditation ; forme d'union à Dieu ou à une divinité.

CONTEMPLER v.t. [3] (lat. *contemplari*). Regarder longuement et avec admiration : *Contempler un tableau.*

CONTEMPORAIN, E adj. et n. (lat. *contemporaneus*). Qui est de la même époque : *Kafka et Proust étaient contemporains.* ◆ **adj.** Qui est du temps présent ; actuel : *La défense de la planète est une préoccupation contemporaine.* ■ **Histoire contemporaine,** celle dont l'objet se situe après 1789.

CONTEMPORANÉITÉ n.f. Caractère de ce qui est contemporain.

CONTEMPTEUR, TRICE [kɔ̃tɑ̃ptœr, tris] n. (lat. *contemptor*). Litt. Personne qui méprise, dénigre : *Les contempteurs de l'art moderne.*

CONTENANCE n.f. **1.** Quantité que peut contenir qqch ; capacité : *Réservoir d'une contenance de 50 litres.* **2.** Vx. Étendue ; superficie. ■ **Faire bonne, mauvaise contenance,** conserver, perdre son calme, dans une situation difficile. ■ **Perdre contenance,** perdre son sang-froid ; se troubler. ■ **Se donner une contenance,** adopter telle attitude pour dissimuler sa gêne, son trouble.

CONTENANT n.m. Ce qui contient, peut contenir qqch.

CONTENEUR ou **CONTAINER** [kɔ̃tɛnɛr] n.m. (anglo-amér. *container*). **1.** Caisse de dimensions normalisées pour le stockage, la manutention, le transport de matières, de lots d'objets, de marchandises, pour le parachutage d'armes ou de vivres. ➲ Contrairement à celles du *conteneur*, les dimensions de la *caisse mobile* ne sont pas normalisées. **2.** Récipient transportable permettant de pratiquer des cultures hors sol. **3.** Récipient destiné à recevoir des ordures ou des déchets triés (verre, journaux, carton, etc.).

CONTENEURISATION ou **CONTAINÉRISATION** n.f. Action de mettre en conteneurs.

CONTENEURISER ou **CONTAINÉRISER** v.t. [3]. Mettre des marchandises dans des conteneurs.

CONTENIR v.t. [28] (lat. *continere*). **1.** Comprendre dans sa capacité, son étendue : *Cette gourde contient un litre. Une phrase peut contenir plusieurs propositions.* **2.** Avoir en soi ; renfermer : *Le kiwi contient de la vitamine C.* **3.** Empêcher de se répandre, de se manifester ; endiguer : *Contenir les supporteurs. Elle essayait de contenir l'émotion qui la submergeait.* ◆ **SE CONTENIR** v.pr. Maîtriser la violence d'un sentiment, en partic. la colère ; se dominer.

1. CONTENT, E adj. (lat. *contentus*). Qui éprouve de la joie, du contentement ; satisfait : *Il est content de parler à quelqu'un. Je suis contente qu'elle vienne. Nous sommes contents de son travail.* ■ **Être content de soi,** être satisfait de son physique, de ses actes, etc. ■ **Non content de,** sans se limiter à : *Non content de tricher, il voudrait qu'on l'approuve.*

2. CONTENT n.m. ■ **Avoir son content de qqch** [iron.], être lassé de qqch de pénible : *Les beaux discours, nous en avons notre content.* ■ **Tout son content,** autant qu'on le désire : *Dormir tout son content.*

CONTENTEMENT n.m. Action de contenter ; état qui en résulte. ■ **Contentement de soi,** vive satisfaction de ses propres actions.

CONTENTER v.t. [3]. Rendre content ; satisfaire : *Cet arrangement contente les deux parties.* ◆ **SE CONTENTER** v.pr. (**DE**). S'accommoder de : *Savoir se contenter de peu* ; se borner à : *Il se contenta de la regarder sans répondre.*

CONTENTIEUX, EUSE [-sjø, øz] adj. (lat. *contentiosus*). **DR.** Qui fait l'objet d'un débat, d'un procès ; litigieux : *Affaire contentieuse* ■ **Recours contentieux,** qui s'exerce au sein des tribunaux (par oppos. à *recours gracieux*). ◆ **n.m. DR.** Ensemble des litiges ou des conflits non résolus entre deux parties et susceptibles d'être portés devant le juge ; bureau, service s'occupant de ces affaires.

1. CONTENTION n.f. (du lat. *contentio*, lutte). Litt. Tension forte et prolongée des facultés intellectuelles ; concentration.

2. CONTENTION n.f. (de *contenir*). **MÉD.** Appareil ou procédé destiné à immobiliser une partie ou la totalité du corps, dans un but thérapeutique : *Bas* *de contention.* ▪ **Contention souple,** réalisée avec des bandelettes adhésives, génér. pour soulager une articulation (SYN. **strapping**).

1. CONTENU, E adj. Se dit d'un sentiment maîtrisé, réfréné : *Indignation contenue.*

2. CONTENU n.m. 1. Ce qui est dans un contenant, un récipient : *Le contenu d'un tiroir, d'une assiette, d'un flacon.* **2.** Ce qui est exprimé dans un mot, un texte ; teneur : *J'ignore le contenu de ce courriel.* ▪ **Analyse de contenu** [ling.], caractérisation, classification et dénombrement des éléments qui constituent la signification d'un texte, d'une image fixe, d'un film, etc.

CONTER v.t. [3] (du lat. *computare,* calculer). **1.** Vieilli. Faire le récit de ; rapporter. **2.** Exposer qqch en détail ; raconter : *Ce film nous conte l'histoire d'un cheminot.* ▪ **En conter de belles,** raconter des choses extraordinaires ou ridicules. ▪ **S'en laisser conter** (surtout en tournure négative), se laisser tromper, abuser : *Je ne m'en laisserai pas conter.*

CONTESTABLE adj. Qui peut être contesté ; discutable : *Hypothèse contestable.*

CONTESTATAIRE adj. et **n.** Qui conteste, remet en cause l'ordre établi ; protestataire. ◆ **adj.** Relatif à la contestation sociale : *Un film contestataire.*

CONTESTATEUR, TRICE adj. Qui conteste, refuse d'admettre qqch.

CONTESTATION n.f. 1. Action de contester qqch ; opposition : *Projet de loi voté sans contestation.* **2.** Désaccord sur le bien-fondé d'un fait, d'un droit ; litige : *Une contestation s'est élevée sur la part revenant à chacun* ; objection : *Le projet de loi a été voté sans contestation.* **3.** Remise en question systématique de l'ordre, des conceptions dominantes au sein d'un groupe, de la société.

SANS CONTESTE loc. adv. Incontestablement : *Il est sans conteste le plus malin.*

CONTESTER v.t. [3] (lat. *contestari*). **1.** Refuser de reconnaître comme fondé, exact, valable ; dénoncer : *Les héritiers ont contesté le testament. Un artiste très contesté.* **2.** Absol. Remettre en question l'ordre établi.

CONTEUR, EUSE n. 1. Personne qui conte, aime conter. **2.** Auteur de contes.

CONTEXTE n.m. (du lat. *contextus,* assemblage). **1.** Ensemble des circonstances dans lesquelles se situe un événement : *Le contexte international actuel.* **2. LING.** Texte à l'intérieur duquel se situe un élément linguistique (phonème, mot, phrase, etc.) et dont celui-ci tire sa signification ou sa valeur. **3. LING.** Ensemble des conditions d'élocution d'un discours, oral ou écrit.

CONTEXTUALISATION n.f. Action de contextualiser.

CONTEXTUALISER v.t. [3]. Replacer une action, un fait dans le contexte historique, social, artistique, etc., dans lequel ils se sont produits.

CONTEXTUEL, ELLE adj. Relatif au contexte.

CONTEXTURE n.f. (de *contexte*). Didact. Manière dont sont assemblées les différentes parties d'un tout ; structure : *La contexture du granite.*

CONTIGU, UË, ▲ *ÜE* [kɔ̃tigy] **adj.** (lat. *contiguus*). **1.** Se dit d'un lieu, d'un espace qui touche à un autre ; attenant : *La poste est contiguë à la mairie. Chambres contiguës.* **2.** Fig. Proche dans le temps ou par le sens : *Périodes historiques contiguës. Des domaines d'étude contigus.*

CONTIGUÏTÉ, ▲ *CONTIGÜITÉ* [kɔ̃tigɥite] **n.f.** État de choses qui sont contiguës.

CONTINENCE n.f. 1. Abstinence des plaisirs sexuels ; chasteté. **2. MÉD.** Aptitude à maîtriser l'émission de selles ou d'urine.

1. CONTINENT, E adj. (du lat. *continens,* tempérant). **1.** Qui pratique la continence ; chaste. **2. MÉD.** Qui est capable de continence.

2. CONTINENT n.m. (du lat. *continere,* maintenir uni). **1.** Vaste étendue de terre émergée ; partie du monde : *Le détroit de Gibraltar sépare les continents européen et africain.* **2.** Nouveau domaine de la connaissance, de la science : *Le cerveau, continent que l'on découvre à peine.* ▪ **Continent de plastique** [écol.], accumulation, sur une immense étendue (plus de cinq fois la France, dans le Pacifique nord), de particules de plastique flottant entre la surface de l'eau et quelques dizaines de mètres de profondeur. ➲ Ces amas se forment à l'emplacement de courants océaniques appelés *gyres.* ▪ **L'Ancien Continent** [vx], l'Europe, l'Asie et l'Afrique. ▪ **Le Nouveau Continent,** l'Amérique.

CONTINENTAL, E, AUX adj. Relatif aux continents, à l'intérieur des continents. ▪ **Climat continental,** climat des latitudes moyennes, caractérisé par de fortes amplitudes thermiques entre l'été et l'hiver. ◆ **n.** Personne qui habite le continent (par oppos. à *insulaire*).

CONTINENTALITÉ n.f. MÉTÉOROL. Caractère climatique dû à l'absence des influences maritimes.

CONTINGENCE n.f. (du lat. *contingentia,* hasard). Caractère de ce qui est contingent. ◆ **n.f. pl.** Événements imprévisibles ; circonstances fortuites.

1. CONTINGENT, E adj. 1. Qui peut arriver ou ne pas arriver ; fortuit : *Des événements contingents.* **2. LOG.** Qui peut se produire ou non, être ou ne pas être (par oppos. à *nécessaire*).

2. CONTINGENT n.m. 1. Ensemble des jeunes appelés au service national, au cours d'une même année civile. **2.** Quantité que qqn doit fournir ou recevoir ; quota.

CONTINGENTEMENT n.m. Action de contingenter ; limitation.

CONTINGENTER v.t. [3]. Fixer un contingent, une quantité ; limiter la distribution de.

CONTINU, E adj. (lat. *continuus*). **1.** Qui n'est pas interrompu, dans le temps ou dans l'espace ; incessant : *Bruit continu. Ligne continue.* **2. ÉLECTR.** Se dit d'un courant constant dans le temps (par oppos. à *alternatif*) ; se dit d'une grandeur associée à un courant continu (tension, par ex.). **3. MATH., PHYS.** Se dit d'une grandeur pouvant prendre toutes les valeurs réelles d'un intervalle indéterminé (par oppos. aux *grandeurs discrètes*). ▪ **Fonction continue en un point** x_0 [math.], fonction telle que $f(x)$ a pour limite $f(x_0)$ quand x tend vers x_0. ▪ **Fonction continue sur un intervalle I** [math.], fonction continue en tout point de I. ▪ **Journée continue,** horaire journalier de travail ne comportant qu'une brève interruption pour le repas. ◆ **n.m.** ▪ **En continu,** sans interruption : *Chaîne qui émet en continu.* ▪ **Puissance du continu** [math.], cardinal de l'ensemble des nombres réels ℝ.

CONTINUATEUR, TRICE n. Personne qui continue ce qu'une autre a commencé ; successeur.

CONTINUATION n.f. (lat. *continuatio*). Action de continuer, de poursuivre ; résultat de cette action ; prolongement : *La continuation d'une rue, d'une enquête.*

CONTINUEL, ELLE adj. Qui ne s'interrompt pas : *Pluie, crainte continuelle.*

CONTINUELLEMENT adv. De façon continuelle ; constamment.

CONTINUER v.t. [3] (lat. *continuare*). Poursuivre ce qui est commencé : *Viens m'aider, tu continueras ta lecture après.* ◆ **v.i. 1.** Ne pas cesser : *La tempête continue. L'allée continue jusqu'au rond-point.* **2.** Persister dans une manière d'être : *Elle continue à réclamer sa titularisation. Il continue de pleuvoir.* ◆ **SE CONTINUER v.pr.** Se poursuivre : *Le débat se continuera après le déjeuner.*

CONTINUITÉ n.f. Caractère de ce qui est continu ; constance : *La continuité de ses efforts.* ▪ **Solution de continuité** → **SOLUTION.**

CONTINÛMENT, ▲ *CONTINUMENT* **adv.** Litt. De façon continue ; continuellement.

CONTINUO n.m. (mot ital.). **MUS.** Basse continue.

CONTINUUM [kɔ̃tinɥɔm] **n.m.** (mot lat.). Ensemble d'éléments tels que l'on puisse passer de l'un à l'autre de façon continue. ▪ **Continuum spatio-temporel,** espace à quatre dimensions dont la quatrième est le temps, dans les théories relativistes.

CONTONDANT, E adj. (du lat. *contundere,* frapper). Se dit d'un objet qui meurtrit par écrasement, sans couper : *Une matraque est une arme contondante.*

CONTORSION n.f. (du lat. *torquere,* tordre). Mouvement acrobatique ou forcé qui donne au corps une posture étrange ou grotesque.

SE CONTORSIONNER v.pr. [3]. Faire des contorsions.

CONTORSIONNISTE n. Acrobate spécialiste des contorsions.

CONTOUR n.m. 1. Ligne ou surface qui marque la limite d'un corps : *Le contour d'un dessin, des yeux.* **2.** Ligne sinueuse ; courbe : *Contours d'un sentier.* ▪ **Contour apparent** [math.], limite d'une figure vue en perspective ou en projection cylindrique.

CONTOURNÉ, E adj. 1. Qui présente de nombreuses lignes courbes : *Les pieds contournés d'un guéridon.* **2.** Qui manque de simplicité ; maniéré : *Un style contourné.*

CONTOURNEMENT n.m. Action de contourner : *La rocade permet le contournement de la ville.*

CONTOURNER v.t. [3] (lat. pop. **contornare*). **1.** Faire le tour de qqch, de qqn, pour l'éviter : *La route contourne la ville.* **2.** Trouver un biais permettant d'éviter qqch : *Contourner la loi.*

CONTRA n.m. (mot esp.). **HIST.** Guérillero hostile au régime socialiste mis en place après la chute du président Somoza, au Nicaragua (1979).

CONTRACEPTIF, IVE adj. (angl. *contraceptive*). Relatif à la contraception ; utilisé dans la contraception : *Pilule contraceptive.* ◆ **n.m.** Moyen, produit destiné à la contraception.

CONTRACEPTION n.f. Ensemble des méthodes visant à éviter, de façon réversible et temporaire, la fécondation ; chacune de ces méthodes.

➲ La méthode de **CONTRACEPTION** la plus employée et la plus efficace est la « pilule », qui contient un œstrogène et un progestatif. Le stérilet*, cour. considéré comme contraceptif, est un petit appareil introduit dans la cavité de l'utérus, et laissé en place plusieurs années. Le préservatif, masculin ou féminin, satisfaisant au point de vue contraceptif, est de plus un moyen sûr de prévention des IST.

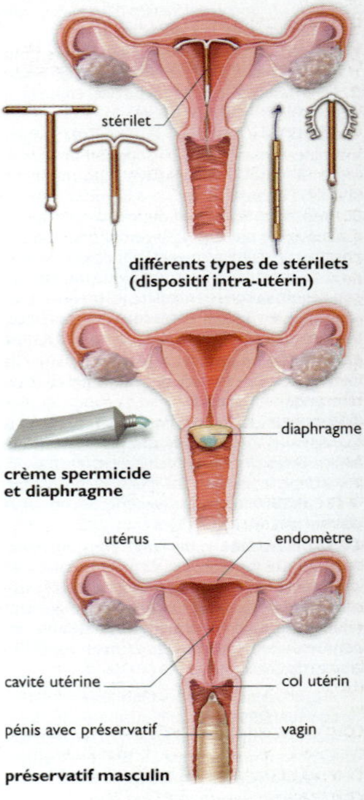

▲ **contraception** locale.

CONTRACTANT, E adj. et **n. DR.** Qui s'engage par contrat : *Les parties contractantes.*

CONTRACTE adj. GRAMM. En grammaire grecque, se dit d'un mot caractérisé par la contraction de deux voyelles en une seule ; se dit de cette voyelle.

CONTRACTÉ, E adj. 1. Qui est crispé, tendu. **2. GRAMM.** Se dit d'un mot formé de deux éléments réunis en un seul (*du* pour *de le,* par ex.).

1. CONTRACTER v.t. [3] (du lat. *contractus*, resserré). **1.** Diminuer qqch en volume, en longueur : *Le froid contracte les corps.* **2.** Rendre nerveux ; crisper : *Ce contretemps l'a contracté.* **3.** Serrer, raidir un muscle : *Contracter ses abdominaux.* ◆ **SE CONTRACTER** v.pr. **1.** Diminuer de volume, de longueur : *Les pupilles se contractent à la lumière.* **2.** Se durcir : *Ses mâchoires se contractent.* **3.** Devenir nerveux ; se crisper.

2. CONTRACTER v.t. [3] (du lat. *contractus*, convention). **1.** S'engager juridiquement ou moralement : *Contracter un bail.* **2.** Acquérir une habitude, un comportement : *Contracter un tic.* **3.** Attraper une maladie. ▪ **Contracter des dettes,** s'endetter.

CONTRACTILE adj. Se dit d'un muscle, d'un organe capable de se contracter.

CONTRACTILITÉ n.f. BIOL. Propriété que possèdent les tissus contractiles.

CONTRACTION n.f. (lat. *contractio*). Fait de se contracter, d'être contracté. ▪ **Contraction économique,** diminution du niveau d'activité économique. ▪ **Contraction musculaire** [méd.], diminution de la longueur ou du volume d'un muscle, entraînant un mouvement ou une mise sous tension. ▪ **Contraction utérine,** ou **contraction** [méd.] (surtout pl.), celle du muscle utérin pendant l'accouchement.

CONTRACTUALISATION n.f. Action de contractualiser.

CONTRACTUALISER v.t. [3]. Donner à qqn le statut d'agent contractuel.

CONTRACTUALITÉ n.f. Caractère d'un engagement contractuel.

CONTRACTUEL, ELLE adj. Stipulé par un contrat. ▪ **Agent contractuel,** ou **contractuel, elle, n.,** en France, agent public n'ayant pas le statut de fonctionnaire ; spécial., auxiliaire de police notamm. chargé d'appliquer les règlements de stationnement.

CONTRACTUELLEMENT adv. Par contrat.

CONTRACTURE n.f. (lat. *contractura*). MÉD. Contraction durable et involontaire d'un muscle, accompagnée de raideur.

CONTRACTURER v.t. [3]. Causer une contracture.

CONTRACYCLIQUE adj. ÉCON. Se dit d'une politique budgétaire qui suit une tendance inverse à celle des cycles de croissance : *Une mesure de relance contracyclique.*

CONTRADICTEUR n.m. (lat. *contradictor*). Personne qui contredit, qui apporte une contradiction.

CONTRADICTION n.f. (lat. *contradictio*). **1.** Action de contredire, de s'opposer à ; critique : *Il ne supporte pas la contradiction.* **2.** Action, fait de se contredire ; incohérence : *Des contradictions dans les déclarations des témoins.* **3.** LOG. Situation logiquement impossible où une proposition est à la fois vraie et fausse. **4.** PHILOS. Opposition de deux termes, de deux thèses au sein d'un mouvement dialectique. ▪ **Esprit de contradiction,** disposition à contredire. ▪ **Principe de contradiction** ou **de non-contradiction** [philos.], selon lequel, de deux propositions contradictoires, l'une est vraie et l'autre, fausse.

CONTRADICTOIRE adj. Qui contredit, apporte une contradiction ; opposé : *Témoignages contradictoires.* ▪ **Jugement contradictoire** [dr.], non susceptible d'opposition, les parties intéressées ayant été présentes ou représentées. ▪ **Propositions contradictoires** [log.], propositions opposées, telles que la fausseté de l'une entraîne la vérité de l'autre. ▪ **Théorie contradictoire** [log.], théorie où l'on trouve une proposition à la fois vraie et fausse.

CONTRADICTOIREMENT adv. **1.** De façon contradictoire. **2.** DR. En présence des deux parties.

CONTRAGESTIF, IVE adj. et n.m. Rare. Abortif.

CONTRAIGNABLE adj. Qui peut être contraint.

CONTRAIGNANT, E adj. Qui contraint, astreint à qqch de pénible : *Un régime contraignant.*

CONTRAINDRE v.t. [62] (lat. *constringere*). **1.** (À, DE). Obliger qqn à faire qqch ; forcer : *On l'a contrainte à démissionner ou à la démission. Les circonstances l'ont contraint d'agir ainsi.* **2.** Litt. Empêcher qqn de suivre son penchant naturel ; restreindre : *Contraindre un enfant dans ses goûts, ses aspirations.* ▪ **Contraindre un modèle** [math., inform.], renforcer les paramètres initiaux d'un modèle numérique par des données, génér. issues de l'observation, le rapprochant de l'objet à modéliser. ◆ **SE CONTRAINDRE** v.pr. S'obliger, se forcer à : *Il se contraint à monter les escaliers à pied.*

CONTRAINT, E adj. Qui manque de naturel ; forcé : *Un sourire contraint.*

CONTRAINTE n.f. **1.** Pression morale ou physique exercée sur qqn ; coercition : *Obtenir un accord par la contrainte.* **2.** Obligation créée par les règles en usage dans un milieu, par une nécessité ; exigence : *Écrire un dictionnaire impose des contraintes.* **3.** Gêne qu'éprouve qqn à qui l'on impose qqch, une attitude ; embarras : *Nous avons pu parler, rire sans contrainte.* **4.** DR. Poursuite à l'encontre d'un redevable du fisc, de la Sécurité sociale. **5.** PHYS. Effort exercé sur un corps, dû soit à une force extérieure, soit à des tensions internes à ce corps. ▪ **Contrainte judiciaire** [dr.], emprisonnement d'une personne condamnée à une peine d'amende pénale, fiscale ou douanière, et qui n'exécute pas volontairement la sentence. ▪ **Contrainte pénale,** peine alternative à l'emprisonnement applicable aux délits passibles de courtes peines (n'excédant pas cinq ans). ➲ Elle oblige le condamné à se soumettre tant à des mesures de contrôle et d'assistance (formation professionnelle, traitements médicaux ou soins) qu'à des interdictions fixées par un juge d'application des peines. ▪ **Contrainte sociale,** pression diffuse exercée par la société sur ses membres dans un but de conformité et de cohésion sociales.

CONTRAIRE adj. (lat. *contrarius*). **1.** Qui s'oppose à qqch : *Cette décision est contraire à la loi. Mots de sens contraires.* **2.** Qui va dans un sens opposé ; inverse. **3.** Qui est défavorable, n'est pas propice à : *Le sort nous est contraire.* ▪ **Événement contraire d'un événement E** [math.], événement $\overline{E}$ réalisé si et seulement si E ne se réalise pas. ▪ **Propositions contraires** [log.], propositions de sens opposés et qui peuvent être simultanément fausses. ▪ **Vent contraire,** qui souffle dans le sens opposé au déplacement d'un navire ou d'un autre mobile (SYN. **vent debout**). ◆ n.m. **1.** Personne ou chose qui s'oppose totalement à une autre. **2.** LING. Mot qui a un sens opposé à celui d'un autre (SYN. **antonyme ;** CONTR. **synonyme**). ▪ **Au contraire,** d'une manière opposée : *Il a cru me mettre dans l'embarras, j'étais ravi au contraire.* ▪ **Au contraire de,** à l'inverse de.

CONTRAIREMENT À loc. prép. D'une manière opposée à ; en contradiction avec : *Je n'ai pas oublié, contrairement à ce que tu crois.*

CONTRALTO n.m. (mot ital. « proche de l'alto »). MUS. Voix de femme la plus grave (SYN. **alto**). ◆ n.m. ou n.f. Chanteuse qui possède une voix de contralto.

CONTRAPUNTIQUE [-pɔ̃-] adj. MUS. Relatif au contrepoint ; qui utilise les règles du contrepoint.

CONTRAPUNTISTE [-pɔ̃-], **CONTRAPONTISTE** ou **CONTREPOINTISTE** n. MUS. Compositeur qui utilise les règles du contrepoint.

CONTRARIANT, E adj. Qui contrarie ; fâcheux : *Ce retard est contrariant.*

CONTRARIÉ, E adj. **1.** Qui éprouve de la contrariété ; mécontent. **2.** Qui a rencontré ou rencontre une opposition : *Une gauchère contrariée.*

CONTRARIER v.t. [5] (lat. *contrariare*). **1.** Causer du mécontentement à qqn : *J'espère que ma présence ne vous contrarie pas.* **2.** Sout. Faire obstacle à qqch : *La nouvelle organisation contrarie nos plans.* **3.** Grouper par opposition pour produire un effet esthétique : *Contrarier des couleurs.* ◆ **SE CONTRARIER** v.pr. Aller à l'encontre l'une de l'autre, en parlant de choses : *Forces qui se contrarient.*

CONTRARIÉTÉ n.f. **1.** Mécontentement causé par l'opposition que l'on rencontre ; dépit : *Éprouver une vive contrariété.* **2.** Ce qui contrarie qqn et l'attriste ; désagrément : *Toutes ces contrariétés l'ont poussé à abandonner.* **3.** LOG. Relation logique entre deux propositions contraires.

A CONTRARIO loc. adv. et adj. inv. → **A CONTRARIO.**

CONTRAROTATIF, IVE adj. MÉCAN. INDUSTR. Se dit de pièces, d'organes qui tournent en sens inverse les uns des autres.

CONTRASTANT, E adj. Qui produit un contraste.

CONTRASTE n.m. (de l'ital. *contrasto*, lutte). Opposition entre deux choses, dont l'une fait ressortir l'autre : *Ses yeux bleus forment un contraste avec ses cheveux noirs.* ▪ **En contraste** ou **par contraste avec,** par opposition à. ▪ **Produit de contraste** [imag. méd.], substance introduite dans l'organisme pour rendre certains organes opaques aux rayons X.

CONTRASTÉ, E adj. Dont les contrastes sont très marqués : *Des situations individuelles contrastées. Une photo contrastée.*

CONTRASTER v.t. ind. [3] (AVEC). S'opposer de manière frappante à ; trancher sur : *Ce bâtiment moderne contraste avec les vieilles maisons.* ◆ v.t. Mettre en contraste, dans une œuvre artistique ou littéraire : *Contraster les couleurs dans un tableau.* ▪ **Contraster une photographie, une image,** accentuer les oppositions entre les parties claires et les parties foncées.

CONTRASTIF, IVE adj. Qui produit un contraste.

CONTRAT n.m. (du bas lat. *contractus*, transaction). **1.** Convention juridique par laquelle une ou plusieurs personnes s'engagent envers d'autres à faire ou à ne pas faire qqch : *Un contrat d'assurance.* **2.** Document officiel qui constate cette convention : *Rédiger, signer un contrat.* **3.** Arg. Accord passé entre un commanditaire et un tueur à gages pour exécuter qqn ; la personne ainsi visée. **4.** Au bridge, à la manille, au tarot, enchère la plus élevée, déterminant le nombre de levées ou de points à réaliser. ▪ **Contrat administratif,** conclu par une personne publique et qui relève de la juridiction administrative. ▪ **Contrat bilatéral** ou **synallagmatique,** en vertu duquel les contractants s'engagent réciproquement, les uns envers les autres (par oppos. à *contrat unilatéral*, où seule une partie s'engage envers l'autre). ▪ **Contrat de génération,** dispositif d'aide à l'emploi destiné à faciliter le recrutement durable de jeunes et le maintien en fonction de salariés âgés par la création de binômes assurant la transmission des savoirs et des compétences. ▪ **Contrat de mariage,** contrat qui précise le régime des biens des époux pendant le mariage et leur sort à la dissolution de celui-ci. ▪ **Contrat de travail,** convention par laquelle un salarié met son activité au service d'un employeur en échange d'un salaire. ▪ **Contrat local de sécurité,** en France, protocole établi entre les représentants de l'État, les collectivités locales, les associations, les transporteurs, etc., pour définir une politique de sécurité concernant une ou plusieurs communes, ou un réseau de transports publics. ▪ **Contrat social,** convention entre les individus, expresse ou tacite, de l'ordre du fait ou de l'hypothèse, que de nombreux philosophes et penseurs du droit ont placée au fondement de la société politique. ▪ **Remplir** ou **réaliser son contrat,** faire ce que l'on avait promis.

CONTRAVENTION n.f. (du bas lat. *contravenire*, s'opposer à). **1.** Infraction relevant des tribunaux de police et sanctionnée par une peine d'amende (par oppos. à *délit* et à *crime*) ; cette amende : *Payer une contravention.* **2.** Procès-verbal constatant cette infraction : *Dresser une contravention.*

CONTRAVIS n.m. Avis contraire à un avis précédent.

1. CONTRE prép. (lat. *contra*). **1.** Tout près de ; en contact avec : *Sa maison est contre la mienne. Appuyer une échelle contre un mur.* **2.** En opposition avec : *Un vaccin contre la grippe* ; hostile à : *Je suis contre de tels procédés.* **3.** Dans le sens contraire à : *Nager contre le courant.* **4.** En échange de ; pour : *Il a troqué sa vieille voiture contre une moto.* ▪ **Parier à dix, cent contre un,** être convaincu que l'on a raison. ◆ adv. Au contact de : *Une pierre dépasse du trottoir et j'ai buté contre.* ▪ **Être** ou **voter contre,** manifester son opposition à. ▪ **Par contre,** mais au contraire ; en revanche.

✎ La loc. *par contre* a longtemps été critiquée.

2. CONTRE n.m. **1.** SPORTS. Au volley-ball, opposition à un smash adverse consistant pour un ou plusieurs joueurs à sauter près du filet, bras levés ; contre-attaque. **2.** Au bridge, à la manille, au tarot, déclaration d'une équipe prétendant que l'équipe adverse ne fera pas son contrat. ▪ **Le pour et le contre** → **2. POUR.**

CONTRE-ALLÉE (pl. *contre-allées*), ▲ *CONTRALLÉE* **n.f.** Allée parallèle à une voie principale.

CONTRE-AMIRAL, E (pl. *contre-amiraux, contre-amirales*), ▲ *CONTRAMIRAL, E* **n.** Premier grade des officiers généraux de la marine.

CONTRE-APPEL (pl. *contre-appels*), ▲ *CONTRAPPEL* **n.m.** Appel supplémentaire des personnes, fait inopinément pour vérifier le premier.

CONTRE-ARC (pl. *contre-arcs*), ▲ *CONTRARC* **n.m. MAR.** Courbure que prend la coque d'un navire lorsque les couples du milieu s'affaissent par rapport aux couples des extrémités.

CONTRE-ASSURANCE (pl. *contre-assurances*), ▲ *CONTRASSURANCE* **n.f. DR.** Assurance accessoire souscrite pour compléter les garanties d'une assurance principale ou pour en assurer l'exécution.

CONTRE-ATTAQUE (pl. *contre-attaques*), ▲ *CONTRATTAQUE* **n.f. MIL., SPORTS.** Attaque lancée pour neutraliser une offensive adverse.

CONTRE-ATTAQUER, ▲ *CONTRATTAQUER* **v.t. [3].** Lancer une contre-attaque contre qqn, qqch. ◆ **v.i.** Passer de la défensive à l'offensive.

CONTREBALANCER v.t. [9]. Faire équilibre à ; compenser. ◆ **SE CONTREBALANCER v.pr.** Fam. ▪ **Se contrebalancer de qqch,** s'en moquer éperdument.

CONTREBANDE n.f. (ital. *contrabbando*). Commerce clandestin de marchandises prohibées ou pour lesquelles on n'a pas acquitté les droits de douane ; ces marchandises.

CONTREBANDIER, ÈRE n. Personne qui se livre à la contrebande.

EN CONTREBAS (DE) loc. adv. et **loc. prép.** À un niveau inférieur (à) : *On voit la route en contrebas. La rivière coule en contrebas de la maison.*

1. CONTREBASSE n.f. (ital. *contrabbasso*). **1.** Instrument de musique à 4 ou 5 cordes frottées à l'aide d'un archet, accordées en quartes sur, respectivement, le *mi*, le *la*, le *ré*, le *sol*. ➲ La cinquième corde, lorsqu'elle existe, est accordée sur le *do* grave. **2.** Le plus grave des instruments d'une famille instrumentale : *Contrebasse de bombarde.* ◆ **adj.** Se dit d'un instrument de musique qui est la contrebasse d'une famille instrumentale : *Saxhorn contrebasse.*

▲ **contrebasse**

2. CONTREBASSE n.f. ou **CONTREBASSISTE n.** Instrumentiste qui joue de la contrebasse (SYN. **bassiste**).

CONTREBASSON n.m. Instrument à vent en bois, à anche double, dont le pavillon est plus grand que celui du basson et qui sonne à l'octave inférieure.

CONTREBATTERIE n.f. MIL. Tir d'artillerie qui vise à neutraliser les batteries de l'ennemi.

CONTRE-BATTEUR (pl. *contre-batteurs*), ▲ *CONTREBATTEUR* **n.m.** Grille située sous le batteur d'une moissonneuse-batteuse.

CONTRE-BRAQUER, ▲ *CONTREBRAQUER* **v.t.** et **v.i. [3].** Diriger les roues avant d'un véhicule dans la direction opposée à celle qu'on lui a donnée en braquant.

CONTREBUTEMENT n.m. Action de contrebuter ; dispositif qui permet de le faire.

CONTREBUTER v.t. [3]. CONSTR. Neutraliser la poussée d'une voûte, d'un mur, en construisant un ouvrage (par ex. un arc-boutant) qui lui oppose une poussée de sens contraire.

CONTRECARRER v.t. [3] (du moyen fr. *contrecarre*, résistance). S'opposer à qqn, qqch ; faire obstacle à : *Ils ont tout fait pour nous contrecarrer.*

CONTRECHAMP n.m. CINÉMA. Prise de vues effectuée dans la direction exactement opposée à celle de la précédente.

CONTRE-CHANT (pl. *contre-chants*), ▲ *CONTRECHANT* **n.m. MUS.** Contrepoint composé sur les harmonies du thème principal et qui l'accompagne.

CONTRE-CHOC (pl. *contre-chocs*), ▲ *CONTRECHOC* **n.m.** Choc en retour ; contrecoup.

CONTRECŒUR n.m. 1. Paroi qui forme le fond d'un foyer de cheminée. **2.** Plaque, génér. de fonte et ornée en bas-relief, qui recouvre cette paroi (SYN. **contre-feu, taque**).

À CONTRECŒUR loc. adv. Contre son gré ; malgré soi.

CONTRECOLLÉ, E adj. ▪ **Étoffe contrecollée,** étoffe tissée ou tricotée dont l'envers est collé, lors de la fabrication, à de la mousse synthétique ou à une autre étoffe qui lui constitue une doublure.

CONTRECOUP n.m. 1. Répercussion d'un choc moral ou physique ; contre-choc. **2.** Conséquence indirecte d'un acte, d'un événement ; répercussion.

CONTRE-COURANT n.m. (pl. *contre-courants*), ▲ *CONTRECOURANT* **n.m. 1. OCÉANOL.** Courant en sens contraire du courant principal. **2. CHIM.** Procédé qui consiste à donner à deux corps (liquide, gaz) devant agir l'un sur l'autre des mouvements en sens inverses. ▪ **À contre-courant,** dans le sens opposé au courant principal : *Nager à contre-courant* ; fig., dans le sens contraire à la tendance générale : *Aller à contre-courant de l'opinion publique.*

CONTRE-COURBE n.f. (pl. *contre-courbes*), ▲ *CONTRECOURBE* **n.f. 1. BX-ARTS, ARTS APPL.** Courbe inversée par rapport à une autre, qu'elle prolonge. **2. CH. DE F.** Portion d'une voie ferrée courbe qui suit une autre portion de voie d'incurvation inverse.

CONTRE-CULTURE (pl. *contre-cultures*), ▲ *CONTRECULTURE* **n.f.** Ensemble des manifestations culturelles opposées aux formes de la culture dominante.

CONTREDANSE n.f. (de l'angl. *country dance*, danse de la campagne). **1.** Danse d'origine anglaise, exécutée par des couples disposés en ligne ou en carré, qui s'imposa dans toute l'Europe aux XVIIIe et XIXe s. **2.** Musique de danse d'origine populaire et de tempo rapide. **3.** Fam. Contravention.

CONTRE-DIGUE (pl. *contre-digues*), ▲ *CONTREDIGUE* **n.f. TRAV. PUBL.** Ouvrage destiné à consolider une digue principale.

CONTREDIRE v.t. [83]. 1. Soutenir le contraire de ce que dit qqn : *Je dois vous contredire, monsieur le président.* **2.** Être en contradiction avec qqch : *La raison contredit souvent les sentiments.* ◆ **SE CONTREDIRE v.pr. 1.** Être en contradiction avec soi-même. **2.** Être en contradiction l'un par rapport à l'autre : *Les déclarations du ministre se contredisent.*

SANS CONTREDIT loc. adv. Litt. Sans contestation possible ; indiscutablement.

CONTRÉE n.f. (du lat. pop. **regio contrata*, pays situé en face). Litt. Étendue de pays ; région.

CONTRE-ÉCROU (pl. *contre-écrous*), ▲ *CONTRÉCROU* **n.m.** Écrou vissé et bloqué derrière un autre écrou pour éviter que celui-ci ne se desserre.

CONTRE-ÉLECTROMOTRICE (pl. *contre-électromotrices*), ▲ *CONTRÉLECTROMOTRICE* **adj.f. ÉLECTR.** ▪ **Force contre-électromotrice (f.c.é.m.),** tension minimale à imposer à un récepteur pour qu'il fonctionne.

CONTRE-EMPLOI (pl. *contre-emplois*), ▲ *CONTREMPLOI* **n.m. 1.** Rôle ne correspondant pas au physique, au tempérament d'un comédien : *Comédienne spécialiste des contre-emplois. Jouer à contre-emploi.* **2.** Par ext., mission, poste, fonction qui ne correspondent pas au profil de la personne à qui on les a confiés : *Ministre à contre-emploi.*

CONTRE-EMPREINTE (pl. *contre-empreintes*), ▲ *CONTREMPREINTE* **n.f. GÉOL.** Dépôt d'un matériau (argile, par ex.) dans l'empreinte laissée par un fossile.

CONTRE-ENQUÊTE (pl. *contre-enquêtes*), ▲ *CONTRENQUÊTE* **n.f.** Enquête destinée à contrôler les résultats d'une enquête précédente.

CONTRE-ÉPREUVE (pl. *contre-épreuves*), ▲ *CONTRÉPREUVE* **n.f. 1.** Seconde vérification permettant de compléter une vérification précédente. **2.** Dans une assemblée délibérante, vérification d'un scrutin qui consiste à compter les voix qui s'opposent à la proposition après avoir compté les voix favorables. **3. GRAV.** Épreuve inversée d'une gravure, obtenue à partir d'une épreuve qui vient d'être tirée, à l'encre encore fraîche.

CONTRE-ESPALIER (pl. *contre-espaliers*), ▲ *CONTRESPALIER* **n.m.** Rangée d'arbres fruitiers palissés sur des fils de fer tendus entre des poteaux (et non contre un mur, comme l'espalier).

CONTRE-ESPIONNAGE (pl. *contre-espionnages*), ▲ *CONTRESPIONNAGE* **n.m.** Activité qui vise à déceler et à réprimer l'activité des espions étrangers, tant à l'intérieur qu'à l'extérieur du territoire national ; service chargé de cette activité.

CONTRE-ESSAI (pl. *contre-essais*), ▲ *CONTRESSAI* **n.m.** Second essai pour contrôler les résultats du premier.

CONTRE-EXEMPLE (pl. *contre-exemples*), ▲ *CONTREXEMPLE* **n.m.** Exemple qui contredit une affirmation, une règle.

CONTRE-EXPERT, E (pl. *contre-experts, es*), ▲ *CONTREXPERT, E* **n.** Expert chargé d'une contre-expertise.

CONTRE-EXPERTISE (pl. *contre-expertises*), ▲ *CONTREXPERTISE* **n.f.** Seconde expertise destinée à vérifier les conclusions d'une première ; conclusions de cette seconde expertise.

CONTRE-EXTENSION (pl. *contre-extensions*), ▲ *CONTREXTENSION* **n.f. MÉD.** Immobilisation de la partie supérieure d'un membre associée à une traction sur sa partie inférieure, pour réduire une luxation, une fracture.

CONTREFAÇON n.f. (de *contrefaire*). Reproduction frauduleuse d'une œuvre artistique, d'une monnaie, d'un produit manufacturé (SYN. **2. faux**).

CONTREFACTEUR, TRICE n. Personne qui commet une contrefaçon ; faussaire.

CONTREFAIRE v.t. [89] (du lat. *contrafacere*, reproduire en imitant). **1.** Imiter en déformant pour parodier : *Vous contrefaites sa démarche d'une manière très amusante.* **2.** Déformer ou simuler pour tromper : *Contrefaire la douleur, sa voix.* **3.** Effectuer une contrefaçon : *Contrefaire une signature, de la monnaie.*

CONTREFAIT, E adj. 1. Imité par contrefaçon : *Une écriture contrefaite.* **2.** Dont le corps présente une difformité, en parlant d'une personne.

CONTRE-FENÊTRE (pl. *contre-fenêtres*), ▲ *CONTREFENÊTRE* **n.f.** Partie intérieure d'une double-fenêtre.

CONTRE-FER (pl. *contre-fers*), ▲ *CONTREFER* **n.m. MENUIS.** Pièce métallique ajustée contre le fer de certains outils (rabot, varlope) pour maintenir et obtenir un bon corroyage et l'évacuation des copeaux.

CONTRE-FEU (pl. *contre-feux*), ▲ *CONTREFEU* **n.m. 1.** Feu volontairement allumé en avant d'un incendie pour créer un vide et en arrêter ainsi la propagation. **2.** Fig. Action de diversion entreprise pour mettre en échec un projet jugé menaçant. **3.** Contrecœur.

CONTREFICHE n.f. CONSTR. 1. Étai oblique qui soutient un mur. **2.** Pièce de charpente placée obliquement et qui réunit deux autres pièces, l'une verticale, l'autre horizontale (SYN. **jambe de force**).

SE CONTREFICHER v.pr. [3] (DE). Fam. Se moquer complètement de ; n'attacher aucune importance à.

CONTRE-FIL (pl. *contre-fils*), ▲ *CONTREFIL* **n.m.** Orientation des fibres du bois différente, dans une partie, de celle des parties voisines. ▪ **À contre-fil**, dans le mauvais sens ; à rebours.

CONTRE-FILET (pl. *contre-filets*), ▲ *CONTREFILET* **n.m. BOUCH.** Morceau de bœuf correspondant à la région du rein (SYN. **faux-filet**).

CONTREFORT n.m. 1. ARCHIT. Massif de maçonnerie élevé en saillie contre un mur ou un support pour l'épauler. **2.** Pièce de cuir, intercalée entre le dessus et la doublure, qui sert à renforcer la partie arrière d'une chaussure, au-dessus du talon. **3. GÉOGR.** Montagne moins élevée bordant la chaîne principale.

SE **CONTREFOUTRE v.pr. [59] (DE).** Très fam. Se moquer complètement de.

CONTRE-FUGUE (pl. *contre-fugues*), ▲ *CONTREFUGUE* **n.f. MUS.** Fugue dans laquelle l'imitation reprend le sujet à contresens.

EN **CONTRE-HAUT (DE),** ▲ *EN CONTREHAUT* **loc. adv.** et **loc. prép.** À un niveau supérieur (à) : *Chemin situé en contre-haut (de la rivière).*

CONTRE-HERMINE (pl. *contre-hermines*), ▲ *CONTREHERMINE* **n.f. HÉRALD.** Fourrure à mouchetures d'argent semées sur un champ de sable.

CONTRE-INDICATION (pl. *contre-indications*), ▲ *CONTRINDICATION* **n.f. MÉD.** Circonstance, état particuliers de l'organisme qui s'opposent à la réalisation d'un acte médical.

CONTRE-INDIQUÉ, E (pl. *contre-indiqués, es*), ▲ *CONTRINDIQUÉ, E* **adj.** Qui est l'objet d'une contre-indication : *Médicament contre-indiqué.*

CONTRE-INDIQUER, ▲ *CONTRINDIQUER* **v.t. [3].** Constituer une contre-indication, notamm. à un traitement médical : *L'état du blessé contre-indique toute opération.*

CONTRE-INTERROGATOIRE (pl. *contre-interrogatoires*), ▲ *CONTRINTERROGATOIRE* **n.m.** Interrogatoire mené par la partie adverse.

CONTRE-JOUR (pl. *contre-jours*), ▲ *CONTREJOUR* **n.m.** Lumière qui éclaire un objet du côté opposé à celui par lequel on le regarde. ▪ **À contre-jour**, dans le sens opposé à celui d'où vient la lumière : *Photo à contre-jour.*

CONTRE-LA-MONTRE n.m. inv. SPORTS. Épreuve cycliste contre la montre*.

CONTRE-LETTRE (pl. *contre-lettres*), ▲ *CONTRELETTRE* **n.f. DR.** Acte secret qui annule ou modifie les dispositions d'un acte apparent.

CONTREMAÎTRE, ESSE, ▲ *CONTREMAITRE, ESSE* **n.** Personne qualifiée responsable d'une équipe d'ouvriers.

CONTRE-MANIFESTANT, E (pl. *contre-manifestants, es*), ▲ *CONTREMANIFESTANT, E* **n.** Personne qui participe à une contre-manifestation.

CONTRE-MANIFESTATION (pl. *contre-manifestations*), ▲ *CONTREMANIFESTATION* **n.f.** Manifestation organisée en opposition à une autre et qui exprime l'opinion contraire.

CONTRE-MANIFESTER, ▲ *CONTREMANIFESTER* **v.i. [3].** Participer à une contre-manifestation.

CONTREMARCHE n.f. 1. MIL. Marche d'une armée faite dans le sens opposé à la direction précédemment suivie. **2. CONSTR.** Face verticale d'une marche d'escalier.

CONTREMARQUE n.f. 1. Ticket ou jeton délivré à des spectateurs qui sortent momentanément d'une salle de spectacle. **2.** Document individuel qui témoigne d'un billet de passage collectif. **3. DR.** Seconde marque apposée sur qqch.

CONTREMARQUER v.t. [3]. DR. Apposer une contremarque sur.

CONTRE-MESURE (pl. *contre-mesures*), ▲ *CONTREMESURE* **n.f. 1.** Disposition prise pour s'opposer à une action ou la prévenir : *Prendre des contre-mesures pour éviter la spéculation.* **2. MIL.** Mesure destinée à rendre inefficaces les armements ennemis.

CONTRE-MINE (pl. *contre-mines*), ▲ *CONTREMINE* **n.f. FORTIF.** Anc. Galerie souterraine établie préventivement par l'assiégé pour se protéger d'une attaque à la mine de l'assiégeant.

CONTRE-OFFENSIVE (pl. *contre-offensives*), ▲ *CONTROFFENSIVE* **n.f.** Opération lancée en réponse à une offensive de l'adversaire.

CONTREPARTIE n.f. 1. Ce qui est fourni en échange de qqch : *Vous recevrez en euros la contrepartie de vos yens* ; ce qui est fourni en dédommagement : *Ce partage était inéquitable, vous recevrez une contrepartie financière.* **2.** Opinion contraire ; contre-pied. **3. BOURSE.** Opération consistant, pour un intermédiaire, à acheter ou à vendre pour son propre compte les valeurs qu'il a été chargé de négocier pour son client : *Faire de la contrepartie.* ▪ **En contrepartie**, en échange ; en compensation.

CONTRE-PAS, ▲ *CONTREPAS* **n.m. inv. MIL.** Demi-pas rapide par lequel on se remet au pas.

CONTRE-PASSATION (pl. *contre-passations*), ▲ *CONTREPASSATION* **n.f. COMPTAB.** Annulation d'une écriture erronée par une écriture contraire.

CONTRE-PASSER, ▲ *CONTREPASSER* **v.t. [3].** Effectuer une contre-passation.

CONTRE-PENTE (pl. *contre-pentes*), ▲ *CONTREPENTE* **n.f. GÉOGR.** Pente opposée à une autre.

CONTRE-PERFORMANCE (pl. *contre-performances*), ▲ *CONTREPERFORMANCE* **n.f.** Échec subi par qqn, notamm. un sportif, dont on attendait la victoire, le succès.

CONTREPET [-pɛ] **n.m.** Art d'inventer des contrepèteries ou de les résoudre.

CONTREPÈTERIE n.f. (de l'anc. v. *contrepéter*, équivoquer). Interversion plaisante de lettres ou de syllabes dans un groupe de mots, créant une nouvelle expression souvent grivoise. (Ex. : *pisser dans la glycine* pour *glisser dans la piscine*.)

CONTRE-PIED (pl. *contre-pieds*), ▲ *CONTREPIED* **n.m. 1.** Ce qui est diamétralement opposé à une opinion, à une attitude ; contrepartie : *Sa théorie est le contre-pied de la vôtre.* **2. SPORTS.** Action d'envoyer la balle ou de se diriger du côté opposé à l'attente de l'adversaire. ▪ **Prendre le contre-pied de qqch**, s'appliquer à faire, à soutenir le contraire.

CONTREPLACAGE n.m. MENUIS. Application, sur les deux faces d'un panneau de bois, de feuilles de placage dont les fibres sont croisées avec celles du panneau.

CONTREPLAQUÉ n.m. Matériau obtenu par collage sous pression d'un nombre impair de minces feuilles de bois dont les fils sont croisés selon des angles déterminés.

CONTREPLAQUER v.t. [3]. Procéder au contreplacage de.

CONTRE-PLONGÉE (pl. *contre-plongées*), ▲ *CONTREPLONGÉE* **n.f. CINÉMA, PHOTOGR.** Prise de vue(s) dirigée de bas en haut.

CONTREPOIDS n.m. 1. Poids servant à équilibrer une force, un autre poids : *Les contrepoids d'une horloge.* **2.** Fig. Ce qui compense, neutralise un effet : *L'humour est souvent un contrepoids au désespoir.*

À CONTRE-POIL, ▲ *À CONTREPOIL* **loc. adv.** Dans le sens contraire à celui du poil : *Brosser un chien à contre-poil.* ▪ **Prendre qqn à contre-poil** [fam.], l'irriter en heurtant ses convictions.

CONTREPOINT n.m. MUS. Technique de composition consistant à superposer plusieurs lignes mélodiques ; composition écrite selon les règles de cette technique. ▪ **En contrepoint** [fig.], parallèlement et comme en réplique : *Article écrit en contrepoint des récentes déclarations du ministre.*

CONTRE-POINTE (pl. *contre-pointes*), ▲ *CONTREPOINTE* **n.f. MÉCAN. INDUSTR.** Pointe opposée au mandrin qui, sur un tour, sert d'appui d'extrémité à la pièce qu'on usine.

CONTREPOINTISTE n. → **CONTRAPUNTISTE.**

CONTREPOISON n.m. Cour. Antidote.

CONTRE-PORTE (pl. *contre-portes*), ▲ *CONTREPORTE* **n.f. 1.** Porte capitonnée placée devant une autre pour améliorer l'isolation. **2.** Face interne d'une porte aménagée avec des alvéoles de rangement.

CONTRE-POUVOIR (pl. *contre-pouvoirs*), ▲ *CONTREPOUVOIR* **n.m.** Pouvoir qui s'organise pour faire échec à une autorité établie ou contrebalancer son influence.

CONTRE-PRESTATION (pl. *contre-prestations*), ▲ *CONTREPRESTATION* **n.f. ETHNOL.** Biens offerts en contrepartie de biens reçus. ➲ Le potlatch est une des formes que peut revêtir un système de contre-prestations.

CONTRE-PRODUCTIF, IVE (pl. *contre-productifs, ives*), ▲ *CONTREPRODUCTIF, IVE* **adj.** Qui produit le contraire de l'effet escompté.

CONTRE-PROJET (pl. *contre-projets*), ▲ *CONTREPROJET* **n.m.** Projet opposé à un autre.

CONTRE-PROPAGANDE (pl. *contre-propagandes*), ▲ *CONTREPROPAGANDE* **n.f.** Propagande visant à neutraliser les effets d'une autre propagande.

CONTRE-PROPOSITION (pl. *contre-propositions*), ▲ *CONTREPROPOSITION* **n.f.** Proposition différente que l'on oppose à une autre dans une négociation.

CONTRE-PUBLICITÉ (pl. *contre-publicités*), ▲ *CONTREPUBLICITÉ* **n.f. 1.** Publicité qui a un effet contraire à l'effet souhaité. **2.** Publicité destinée à lutter contre les effets d'une autre publicité.

CONTRER v.t. [3]. 1. Au bridge, à la manille, au tarot, faire un contre. **2.** S'opposer vigoureusement à l'action de : *Une entreprise qui essaie de contrer une OPA. Il voulait contrer le Premier ministre.*

CONTRE-RAIL (pl. *contre-rails*), ▲ *CONTRERAIL* **n.m.** Rail placé à l'intérieur de la voie pour guider les boudins des roues dans la traversée des aiguilles, des passages à niveau, etc.

CONTRE-RÉACTION (pl. *contre-réactions*), ▲ *CONTRERÉACTION* **n.f.** Rétroaction.

CONTRE-REJET (pl. *contre-rejets*), ▲ *CONTREREJET* **n.m. VERSIF.** Procédé consistant à placer en fin de vers un mot ou un groupe de mots appartenant, par la construction et le sens, au vers suivant.

CONTRE-RÉVOLUTION (pl. *contre-révolutions*), ▲ *CONTRERÉVOLUTION* **n.f.** Mouvement politique et social visant à combattre une révolution, à ruiner ses effets.

CONTRE-RÉVOLUTIONNAIRE (pl *contre-révolutionnaires*), ▲ *CONTRERÉVOLUTIONNAIRE* **adj.** et **n.** Relatif à une contre-révolution ; qui en est partisan.

CONTRESCARPE [kɔ̃trɛskarp] **n.f. FORTIF.** Talus extérieur du fossé d'un ouvrage fortifié.

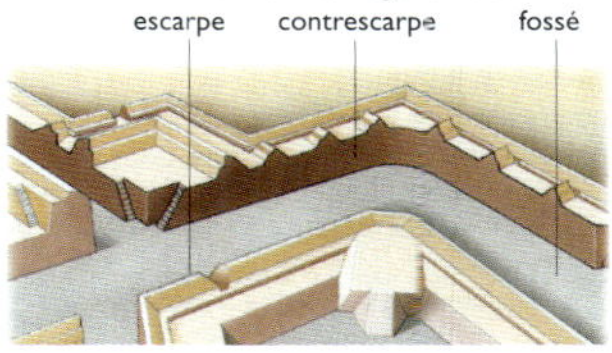

▲ **contrescarpe**

CONTRESEING [-sɛ̃] **n.m. 1.** Signature apposée à côté d'une autre pour l'authentifier. **2.** Signature d'un ministre apposée à côté de celle du chef de l'État, engageant ainsi la responsabilité du gouvernement.

CONTRESENS [-sɑ̃s] **n.m. 1.** Interprétation erronée d'un texte, opposée à sa signification véritable : *Version anglaise pleine de contresens.* **2.** Fig. Ce qui est contraire à la logique, au bon sens : *La politique pétrolière de ce pays est un contresens.* **3.** Sens contraire au sens normal : *Les contresens cyclables.* ▪ **À contresens (de)**, contrairement au sens normal : *Prendre une rue à contresens* ; fig., contrairement au sens naturel ; à l'opposé de.

CONTRESIGNATAIRE adj. et **n.** Qui appose un contreseing.

CONTRESIGNER v.t. [3]. Apposer un contreseing.

CONTRE-SOCIÉTÉ (pl. *contre-sociétés*), ▲ *CONTRESOCIÉTÉ* **n.f.** Groupe se prévalant d'une idéologie opposée aux valeurs dominantes de la société où il vit.

CONTRE-SUJET (pl. *contre-sujets*), ▲ *CONTRESUJET* **n.m. MUS.** Phrase musicale qui accompagne l'entrée d'un thème, notamm. dans la fugue.

CONTRE-TAILLE (pl. *contre-tailles*), ▲ *CONTRETAILLE* **n.f. GRAV.** Chacune des tailles qui croisent les premières tailles.

CONTRETEMPS n.m. 1. Circonstance imprévue qui va à l'encontre de ce que l'on projetait : *Ce contretemps m'a fait rater le train.* **2. MUS.** Procédé rythmique consistant à attaquer un son sur un temps faible et à le faire suivre d'un silence sur le temps fort. ▪ **À contretemps**, sans respecter le rythme : *Attaquer une note à contretemps* ; mal à propos : *Il intervient toujours à contretemps.*

CONTRE-TÉNOR (pl. *contre-ténors*), ▲ *CONTRETÉNOR* **n.m. MUS.** Haute-contre.

CONTRE-TERRORISME (pl. *contre-terrorismes*), ▲ *CONTRETERRORISME* **n.m.** Ensemble d'actions ripostant au terrorisme par des moyens analogues.

CONTRE-TERRORISTE (pl. *contre-terroristes*), ▲ *CONTRETERRORISTE* **adj.** et **n.** Relatif au contre-terrorisme ; qui y prend une part active.

CONTRE-TIMBRE (pl. *contre-timbres*), ▲ *CONTRETIMBRE* **n.m. DR.** Empreinte apposée sur les papiers timbrés pour modifier la valeur du premier timbre.

CONTRE-TORPILLEUR (pl. *contre-torpilleurs*), ▲ *CONTRETORPILLEUR* **n.m.** Bâtiment de guerre conçu à l'origine pour combattre les torpilleurs (SYN. **destroyer**).

CONTRE-TRANSFERT (pl. *contre-transferts*), ▲ *CONTRETRANSFERT* **n.m. PSYCHAN.** Ensemble des réactions affectives conscientes ou inconscientes de l'analyste envers son patient.

CONTRETYPE n.m. Fac-similé d'un phototype, négatif ou positif.

CONTRETYPER v.t. [3]. Faire un contretype.

CONTRE-UT [kɔ̃tryt] **n.m. inv.**, ▲ *CONTRUT* **n.m. MUS.** *Ut* plus élevé d'une octave que l'*ut* supérieur du registre normal.

CONTRE-VAIR (pl. *contre-vairs*), ▲ *CONTREVAIR* **n.m. HÉRALD.** Fourrure faite de clochettes d'azur et d'argent, réunies deux à deux par leur base.

CONTRE-VALEUR (pl. *contre-valeurs*), ▲ *CONTREVALEUR* **n.f.** Valeur commerciale donnée en échange d'une autre.

CONTREVALLATION n.f. (de *1. contre* et du lat. *vallatio*, palissade). **FORTIF.** Ligne établie par l'assiégeant pour se garder des sorties des assiégés.

CONTREVENANT, E n. Personne qui contrevient à un règlement, à une loi.

CONTREVENIR v.t. ind. [28] (auxil. *avoir*) **[À]. DR.** Agir contrairement à une prescription, à une obligation : *En téléphonant au volant, on contrevient au Code de la route.*

CONTREVENT n.m. Volet extérieur en bois.

CONTREVENTEMENT n.m. CONSTR. Consolidation par triangulation à l'aide de pièces obliques, visant à empêcher la déformation d'une charpente ou d'une ossature.

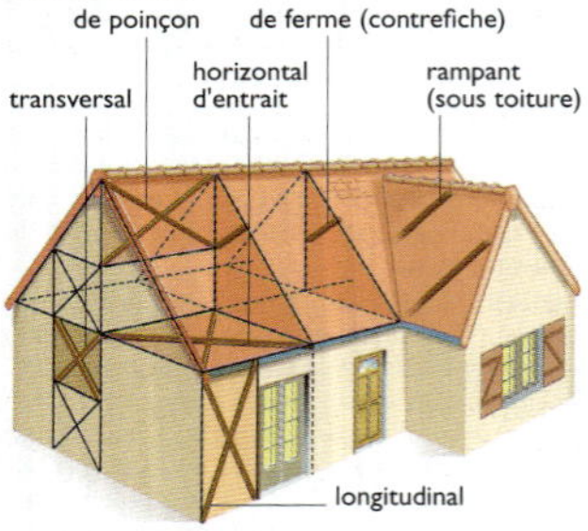

▲ **contreventements**

CONTREVENTER v.t. [3]. Renforcer à l'aide d'un contreventement.

CONTREVÉRITÉ n.f. Affirmation contraire à la vérité ; mensonge.

CONTRE-VISITE (pl. *contre-visites*), ▲ *CONTREVISITE* **n.f.** Visite médicale destinée à contrôler les résultats d'une autre.

CONTRE-VOIE (pl. *contre-voies*), ▲ *CONTREVOIE* **n.f.** ▪ **À contre-voie,** du côté opposé à celui du quai.

CONTRIBUABLE n. Personne assujettie au paiement de l'impôt.

CONTRIBUER v.t. ind. [3] (À) [lat. *contribuere*]. Apporter sa participation à une œuvre commune : *Contribuer à la rédaction d'un rapport.*

CONTRIBUTEUR, TRICE n. Personne qui prend part à la réalisation d'une entreprise ; collaborateur : *Les contributeurs d'une encyclopédie.*

CONTRIBUTIF, IVE adj. 1. Relatif aux contributions, aux impôts. **2.** Qui fait appel à la contribution de chacun ; collaboratif ; participatif : *Encyclopédie contributive.*

CONTRIBUTION n.f. 1. Aide que chacun apporte à une œuvre commune. **2. DR. FISC.** (Surtout pl.). Part que chacun apporte à une dépense commune et, en partic., aux dépenses de l'État ou des collectivités publiques ; impôt. **3.** Message qu'un internaute publie sur un forum. ▪ **Contribution économique territoriale (CET),** impôt au profit des collectivités territoriales calculé sur le foncier et la valeur ajoutée des entreprises. ➲ Remplace la taxe professionnelle. ▪ **Contribution pour le remboursement de la dette sociale** (**CRDS,** souvent abrégé en **RDS**), prélèvements effectués, en France, sur différentes catégories de revenus (salaires, produits de placement, etc.) et destinés à combler le déficit de la Sécurité sociale. ▪ **Contribution sociale généralisée (CSG),** prélèvement obligatoire sur tous les revenus, destiné à faciliter l'équilibre financier des organismes de la Sécurité sociale, en France. ▪ **Mettre qqn à contribution,** avoir recours à son aide, à ses services.

CONTRISTER v.t. [3]. Litt. Attrister.

CONTRIT, E adj. (du lat. *contritus*, broyé). Pénétré du regret de ses actes.

CONTRITION n.f. THÉOL. CHRÉT. Regret sincère d'une faute, d'un péché ; repentir.

CONTRÔLABILITÉ n.f. Caractère contrôlable.

CONTRÔLABLE adj. Qui peut être contrôlé.

CONTROLATÉRAL, E, AUX adj. MÉD. Dont l'effet se manifeste du côté opposé au côté atteint : *Paralysie controlatérale.*

CONTRÔLE n.m. (de l'anc. fr. *contrerole*, registre tenu en double). **1.** Inspection attentive de la régularité d'un acte, de la validité d'une pièce : *Contrôle d'identité. Contrôle fiscal.* **2.** Service chargé de contrôler ; lieu où s'effectue le contrôle : *Se présenter au contrôle.* **3.** Action de contrôler l'état de qqch, qqn ; examen : *Tous nos autocuiseurs subissent un contrôle sévère. Contrôle médical. Logiciel de contrôle parental.* **4.** Exercice scolaire fait en classe et destiné à contrôler les progrès de l'élève, son niveau. **5.** Action, fait de contrôler qqch, un groupe, d'exercer sur eux un pouvoir : *Perdre le contrôle de son véhicule. Avoir le contrôle d'un territoire.* **6.** Fait de se dominer ; maîtrise de soi : *Sous l'insulte, il a perdu tout contrôle.* **7.** Vérification du titre des ouvrages en métaux précieux ; apposition du poinçon de l'État attestant cette vérification. **8. MIL.** État nominatif des personnes appartenant à un corps. ▪ **Contrôle continu des connaissances,** vérification du niveau des connaissances des étudiants par des interrogations et des travaux répartis sur toute l'année. ▪ **Contrôle d'accès,** procédé (mot de passe, biométrie) permettant de restreindre à des personnes autorisées l'accès à un bâtiment, à des ressources informatiques, etc. ▪ **Contrôle des naissances,** limitation du nombre de naissances par la contraception. ▪ **Contrôle général des armées,** corps militaire chargé directement par le ministre de vérifier, dans les formations ou établissements relevant de son autorité, l'observation des lois et règlements. ▪ **Contrôle judiciaire,** mesure relevant du juge d'instruction, qui permet de laisser en liberté une personne mise en examen, en la soumettant au respect de certaines obligations. ▪ **Contrôle non destructif (CND)** [industr., techn.], procédé permettant d'évaluer la qualité de composants industriels sans les endommager. ▪ **Contrôle technique,** examen que doivent subir, en France, les véhicules de plus de quatre ans, et qui permet de déterminer s'ils sont en état de circuler sans être dangereux ni trop polluants. ➲ Ce contrôle obligatoire doit être effectué tous les deux ans ou moins de six mois avant la mise en vente du véhicule. ▪ **Sous contrôle,** maîtrisé : *L'inflation est sous contrôle.*

CONTRÔLER v.t. [3]. 1. Soumettre à un contrôle, à une surveillance : *Contrôler la qualité d'un produit. Contrôler les allées et venues de qqn.* **2.** Avoir la maîtrise de la situation dans un secteur : *L'armée contrôle la zone frontière* ; exercer une autorité, un pouvoir sur : *Les banques contrôlent ce secteur industriel.* **3.** Maîtriser : *Contrôler ses émotions.* ▪ **Contrôler une société,** en détenir, directement ou indirectement, un nombre d'actions ou de parts sociales suffisant pour influer sur sa gestion. ◆ **SE CONTRÔLER v.pr.** Rester maître de soi.

1. CONTRÔLEUR, EUSE n. Personne chargée d'exercer un contrôle. ▪ **Contrôleur de gestion,** personne chargée d'attester le bon fonctionnement des services d'une entreprise et d'en évaluer les performances. ▪ **Contrôleur de la navigation aérienne,** professionnel chargé de suivre et de contrôler les mouvements des aéronefs afin d'éviter les risques de collision, partic. dans les zones terminales entourant les aéroports (SYN. **aiguilleur du ciel**). ▪ **Contrôleur général des lieux de privation de liberté,** autorité administrative indépendante chargée de veiller aux conditions dans lesquelles des personnes sont détenues, gardées à vue ou retenues sans leur consentement.

2. CONTRÔLEUR n.m. Appareil de contrôle.

CONTRORDRE n.m. Annulation d'un ordre donné précédemment.

CONTROUVÉ, E adj. Litt. Inventé de toutes pièces ; mensonger : *Un alibi controuvé.*

CONTROVERSABLE adj. Qui peut donner lieu à une controverse.

CONTROVERSE n.f. (lat. *controversia*). Discussion suivie sur une question, motivée par des opinions ou des interprétations divergentes.

CONTROVERSÉ, E adj. Qui est l'objet d'une controverse : *Une décision controversée.*

CONTROVERSISTE n. Personne qui se livre à la controverse, notamm. religieuse.

CONTUMACE n.f. (du lat. *contumacia*, fierté). **DR.** État d'un accusé qui se soustrait à l'obligation de comparaître en justice : *Être condamné par contumace.* ▪ **Purger sa contumace,** se présenter devant le juge après avoir été condamné par contumace.

CONTUMAX adj. et **n.** Qui est en état de contumace.

CONTUS, E adj. MÉD. 1. Atteint de contusions. **2.** Dû à une contusion : *Plaie contuse.*

CONTUSION n.f. (lat. *contusio*). **MÉD.** Meurtrissure sans déchirure de la peau ni fracture des os.

CONTUSIONNER v.t. [3]. Blesser par contusion ; meurtrir.

CONURBATION n.f. (du lat. *cum*, autour, et *urbs*, ville). Agglomération formée de plusieurs villes voisines dont les banlieues se sont rejointes.

CONVAINCANT, E adj. Qui convainc : *Argument convaincant. Elle a été très convaincante.*

CONVAINCRE v.t. [94] (lat. *convincere*). Amener qqn à reconnaître qqch comme vrai ou nécessaire : *Il voulait nous convaincre de sa bonne foi, que j'avais tort.* ▪ **Convaincre qqn de qqch,** apporter des preuves de sa culpabilité : *Convaincre qqn de faux témoignage. Elle a été convaincue de plagiat.* ◆ **SE CONVAINCRE v.pr.** Se persuader de qqch.

CONVAINCU, E adj. Qui adhère fermement à une opinion : *Partisan convaincu de l'Europe.* ◆ **n.** Personne intimement persuadée de la justesse de ses idées : *Vous n'avez ici que des convaincus.*

CONVALESCENCE n.f. (du lat. *convalescere*, guérir). Retour progressif à la santé après une maladie.

CONVALESCENT, E adj. et **n.** Qui est en convalescence.

CONVECTEUR n.m. Appareil de chauffage dans lequel l'air est chauffé par convection au contact de surfaces métalliques.

CONVECTION ou **CONVEXION n.f.** (bas lat. *convectio*, de *convehere*, charrier). **1.** Mouvement d'un fluide, avec transport de chaleur, sous l'influence de différences de température. **2. MÉTÉOROL.** Mouvement vertical de l'air, d'origine souvent thermique ou orographique (CONTR. **advection**).

CONVENABLE adj. 1. Qui est approprié à son objet, à un usage, à une situation ; opportun : *Choisir le moment convenable.* **2.** Qui respecte les bienséances ; correct : *Une tenue convenable.* **3.** Qui a les qualités requises, sans plus ; passable : *Votre exposé est convenable.*

CONVENABLEMENT adv. De façon convenable.

CONVENANCE n.f. 1. Caractère de ce qui convient à qqn : *Cet ordre du jour est-il à votre convenance ?* **2.** Litt. Caractère de ce qui convient, qui est approprié : *La convenance des termes d'une lettre.* ▪ **Mariage de convenance,** conclu en fonction des rapports de fortune, de position sociale, etc., des conjoints. ▪ **Pour convenance(s) personnelle(s),** pour des motifs relevant de la vie personnelle, privée, et sans autre justification : *Congé pour* *convenance personnelle.* ◆ **n.f. pl.** Règles du bon usage : *Respecter les convenances.*

CONVENIR **v.t. ind. [28]** (du lat. *convenire*, venir ensemble). **1. (DE).** [Auxil. *avoir* ou, sout., *être*]. Tomber d'accord sur : *Ils ont convenu ou sont convenus de mettre un terme à leur dispute.* **2. (DE).** [Auxil. *avoir* ou, sout., *être*]. Reconnaître comme vrai : *Elle a convenu ou est convenue de sa méprise.* **3. (À).** [Auxil. *avoir*]. Être adapté à : *Cet emploi, ce style convient à un jeune* ; plaire à : *Cette couleur ne convenait pas à son mari.* ▪ **Il convient de** (+ inf.), **que** (+ subj.), il est souhaitable, opportun de, que : *Il sait ce qu'il convient de faire, qu'il fasse.*

CONVENT [kɔ̃vɑ̃] **n.m.** (du lat. *conventus*, assemblée). Assemblée générale des francs-maçons.

CONVENTION **n.f.** (lat. *conventio*, de *convenire*, être l'objet d'un accord). **1.** Accord officiel passé entre des individus, des groupes sociaux ou politiques, des États ; écrit qui témoigne de la réalité de cet accord : *Convention signée entre le patronat et les syndicats.* **2.** (Surtout pl.). Règle résultant d'un commun accord, tacite ou explicite : *La langue est un système de conventions.* **3.** Assemblée nationale réunie exceptionnellement pour établir ou modifier une Constitution. **4.** Aux États-Unis, congrès d'un parti réuni en vue de désigner un candidat à la présidence. **5.** Manifestation périodique regroupant les membres d'une profession, d'un parti politique, les spécialistes d'un domaine ; congrès. ▪ **Convention collective du travail,** conclue, en France, entre syndicats représentatifs des salariés et employeurs pour régler les conditions d'emploi et de travail. ▪ **Convention de conversion,** convention conclue, en France, entre l'entreprise qui envisage de procéder à un licenciement économique et Pôle emploi en vue de faciliter le reclassement de la personne licenciée. ▪ **De convention,** qui manque de naturel, de spontanéité : *Des amabilités de convention.* ▪ **La Convention (nationale),** v. partie n.pr. ◆ **n.f. pl.** Règles de la bienséance génér. acceptées par tous.

CONVENTIONNALISME **n.m. 1.** Tendance au conformisme social. **2.** Doctrine selon laquelle les théories scientifiques ou philosophiques reposent sur des conventions libres, mais non arbitraires, établies en fonction de leur utilité cognitive.

CONVENTIONNÉ, E **adj. 1.** Se dit d'un médecin, d'un établissement lié à la Sécurité sociale par une convention portant, notamm., sur les tarifs pratiqués. **2.** Se dit d'un groupe ou d'un organisme lié à un autre par une convention : *Un établissement scolaire conventionné.*

1. CONVENTIONNEL, ELLE **adj. 1.** Conforme aux conventions sociales ; qui manque de naturel, de vérité : *Un éloge conventionnel.* **2.** Qui résulte d'une règle, tacite ou explicite, admise par tous : *Signe conventionnel.* **3. DR.** Qui résulte d'une convention : *Un bail conventionnel.* **4.** Relatif aux conventions collectives. **5.** Se dit des armements autres que nucléaires, biologiques et chimiques (SYN. **1. classique**). **6.** Se dit de méthodes ou de connaissances médicales plus anciennes que d'autres mais encore en usage : *La chirurgie conventionnelle.* **7.** Se dit d'un type d'hydrocarbures (pétrole, gaz) présent dans des réservoirs faciles d'accès et exploité de façon courante. ▪ **Droit conventionnel,** ensemble des règles, des accords et des traités internationaux qui ont été ratifiés.

2. CONVENTIONNEL **n.m. HIST.** Membre de la Convention nationale.

CONVENTIONNELLEMENT **adv.** Par convention.

CONVENTIONNEMENT **n.m.** Action de conventionner ; son résultat.

CONVENTIONNER **v.t. [3].** Lier par une convention à un organisme public, en partic. à la Sécurité sociale.

CONVENTUEL, ELLE **adj.** (du lat. *conventus*, couvent). Relatif à une communauté religieuse, à un couvent. ▪ **Frères mineurs conventuels,** ou **conventuels, n.m. pl.,** branche des franciscains n'ayant pas suivi la réforme des *observants*, au XIIIe s.

CONVENTUM [-tɔm] **n.m.** (mot lat.). Québec. Réunion festive d'anciens élèves d'une promotion. (On dit aussi *des retrouvailles.*)

CONVENU, E **adj. 1.** Établi par une convention, un accord : *À la date convenue.* **2.** Péjor. Étroitement soumis aux conventions : *Une politesse convenue.* ▪ **Comme convenu,** selon notre accord.

CONVERGENCE **n.f. 1.** Fait de converger : *La convergence des tarifs du privé et du public.* **2.** Action de tendre vers un même but : *Convergence des idées, des efforts.* **3. OPT.** Vergence positive d'un système optique centré. **4. BIOL.** Tendance évolutive, liée à la vie dans un même milieu, de divers organismes pouvant appartenir à des groupes très différents vers des formes, des structures ou des fonctionnements semblables. **5. NEUROL.** Organisation pyramidale de certaines régions du système nerveux central, telle que chaque neurone d'un niveau donné se trouve connecté à un grand nombre de neurones du niveau sous-jacent. **6. MATH.** Propriété d'une suite, d'une série d'être convergente. ▪ **Convergence des méridiens,** angle que fait, sur une carte, le nord géographique (direction du méridien) avec le nord cartographique. ▪ **Convergence intertropicale** → **ZONE DE CONVERGENCE INTERTROPICALE.**

CONVERGENT, E **adj. 1.** Qui tend au même but, au même résultat : *Bien que différentes, elles ont des buts convergents.* **2. MATH.** Qui tend vers une limite finie quand la variable tend vers l'infini. **3. OPT.** Qui fait converger un faisceau de rayons lumineux : *Lentille convergente.*

CONVERGER **v.i. [10]** (du lat. *cum*, avec, et *vergere*, incliner vers). **1.** Aboutir au même point ou au même résultat : *Les voies ferrées convergent vers Paris. Intérêts qui convergent.* **2. MATH.** En parlant d'une suite, d'une série, être convergente.

CONVERS, E **adj.** (du lat. *conversus*, converti). **CHRIST.** ▪ **Frère convers, sœur converse,** religieux, religieuse qui, dans un monastère, ne participe pas au chœur et est employé aux services domestiques de la communauté.

CONVERSATION **n.f. 1.** Échange de propos entre des personnes : *Prendre part à la conversation. La conversation a roulé sur les vacances.* **2.** Manière de parler ; art de converser : *Sa conversation est ennuyeuse.* **3.** (Surtout pl.). Entretien entre des responsables ayant un objet précis : *Conversations diplomatiques.* ▪ **Avoir de la conversation,** savoir soutenir et animer une conversation.

CONVERSATIONNEL, ELLE **adj. INFORM.** Interactif.

CONVERSER **v.i. [3]** (du lat. *conversari*, fréquenter). Sout. Parler, discuter avec qqn : *Une personne avec qui on a plaisir à converser.*

CONVERSION **n.f.** (lat. *conversio*). **1.** Action de se convertir à une croyance, et partic. d'abandonner une religion pour une autre ; passage de l'incroyance à la foi religieuse : *La conversion des premiers chrétiens.* **2.** Passage à une opinion, à une conduite nouvelle : *Conversion aux nouvelles technologies.* **3.** Changement d'une chose en une autre : *La conversion des métaux en or.* **4.** Action d'exprimer une grandeur à l'aide d'une autre unité, un nombre dans un autre système de numération : *Conversion de degrés Celsius en degrés Fahrenheit.* **5.** Action de tourner ; mouvement tournant : *La Terre opère un mouvement de conversion autour de son axe.* **6.** Demi-tour effectué sur place, à skis. **7. MIL.** Évolution tactique qui amène une armée à changer la direction de son front. **8. DR.** Changement d'un acte, d'une procédure en une autre : *Conversion d'un procès civil en procès criminel.* **9. BOURSE.** Changement du taux d'intérêt d'un emprunt, génér. pour un taux d'intérêt moindre. ➲ La conversion est très utilisée dans la gestion de la dette publique. **10. PSYCHIATR.** Traduction d'un conflit psychique en symptômes somatiques, en partic. au cours de certaines hystéries.

CONVERTI, E **adj.** et **n. 1.** Amené ou ramené à la religion ; qui a changé de religion. **2.** Qui a changé de conduite ou d'opinion : *La communication par Internet a fait des convertis.* ▪ **Prêcher un converti,** chercher à convaincre qqn qui est déjà convaincu.

CONVERTIBILITÉ **n.f.** Caractère de ce qui est convertible : *Convertibilité d'une monnaie.*

CONVERTIBLE **adj. 1.** Qui peut être transformé pour un autre usage : *L'énergie est convertible en chaleur.* **2. BOURSE.** Qui peut s'échanger contre d'autres titres, d'autres valeurs. ▪ **Avion convertible,** ou **convertible, n.m.,** avion doté d'hélices basculantes qui permettent d'assurer aussi bien la sustentation au décollage et à l'atterrissage que la propulsion en vol. ▪ **Canapé convertible,** ou **convertible, n.m.,** canapé-lit. ▪ **Obligation convertible** [Bourse], qui peut être échangée contre une, des actions selon les conditions fixées à l'émission.

CONVERTIR **v.t. [21]** (du lat. *convertere*, transformer). **1.** Amener qqn à la foi religieuse : *Convertir des païens.* **2.** Faire changer qqn d'opinion, de conduite : *Son nouveau médecin l'a convertie à l'homéopathie.* **3.** Changer une chose en une autre : *Les alchimistes cherchaient à convertir les métaux en or* ; adapter à un usage différent : *Convertir une grange en salle de concerts.* **4.** Exprimer une grandeur à l'aide d'une autre unité : *Convertir des heures en minutes.* **5.** Réaliser sous forme d'argent des biens, des valeurs mobilières ; échanger une monnaie contre une autre : *Convertir des dollars en euros.* ◆ **SE CONVERTIR** **v.pr. 1.** Changer de religion. **2.** Adopter des idées nouvelles : *Se convertir au bio.*

CONVERTISSAGE **n.m. MÉTALL.** Opération effectuée au convertisseur et consistant notamm. à transformer la fonte en acier par oxydation.

CONVERTISSEUR **n.m. 1. MÉTALL.** Appareil utilisé pour le convertissage. **2.** Dispositif assurant une conversion d'énergie, l'une de ces énergies, au moins, étant de nature électrique. **3.** Machine permettant de faire varier de façon continue, entre des limites déterminées, la valeur d'un couple moteur. **4. INFORM.** Machine qui transcrit une information d'un support sur un autre, d'une forme à une autre.

CONVEXE **adj.** (du lat. *convexus*, voûté). **1.** Courbé et saillant à l'extérieur : *Miroir convexe* (CONTR. **concave**). **2. MATH.** Se dit d'une partie du plan ou de l'espace telle que tout segment ayant ses extrémités dans cette partie y est inclus tout entier.

CONVEXION **n.f.** → **CONVECTION.**

CONVEXITÉ **n.f.** Courbure saillante d'un corps ; bombement : *La convexité de la Terre.*

CONVICTION **n.f.** (bas lat. *convictio*). **1.** Fait d'être convaincu de qqch : *J'ai la conviction qu'il ment* ; sentiment de qqn qui croit fermement en ce qu'il pense, dit ou fait : *Intime conviction du juge.* **2.** (Surtout pl.). Opinion, principe auxquels on croit fermement : *Elle ne partage pas mes convictions.* ▪ **Conviction délirante** [psychiatr.], certitude absolue caractéristique des délires. ▪ **Sans conviction,** sans y croire vraiment : *Il a accepté sans conviction.*

CONVIER **v.t. [5]** (du lat. *convivium*, banquet). **1.** Inviter à un repas, à une fête. **2.** Engager à qqch, à faire qqch ; inciter : *Le beau temps convie à la promenade.*

CONVIVANCE **n.f.** Capacité de groupes humains différents à cohabiter harmonieusement au sein d'une entité locale, nationale, fédérale, communautaire, etc.

CONVIVE **n.** (lat. *conviva*). Personne qui prend part à un repas avec d'autres.

CONVIVIAL, E, AUX **adj. 1.** Relatif à la convivialité ; qui la favorise : *La fête de la musique est un événement convivial.* **2. INFORM.** Se dit d'un système accueillant et doté d'une interface d'utilisation facile.

CONVIVIALITÉ **n.f.** (angl. *conviviality*, du lat.). **1.** Capacité d'une société à favoriser la tolérance et les échanges réciproques entre les personnes et les groupes qui la composent ; ensemble de rapports favorables entre les membres d'un groupe. **2.** Goût des réunions joyeuses, des repas pris en commun. **3. INFORM.** Caractère d'un matériel convivial.

CONVOCABLE **adj.** Qui peut être convoqué.

CONVOCATION **n.f.** Action de convoquer : *Convocation d'une assemblée de copropriétaires* ; avis invitant à se présenter : *Recevoir sa convocation à un examen.*

CONVOI **n.m.** (de *convoyer*). **1.** Suite de véhicules, groupe de personnes se dirigeant vers une même destination : *Un convoi de réfugiés.* **2.** Suite de voitures de chemin de fer entraînées par une seule machine. **3.** Cortège accompagnant le corps d'un défunt à une cérémonie de funérailles.

CONVOIEMENT ou **CONVOYAGE** **n.m.** Action de convoyer.

CONVOITER **v.t.** [3] (anc. fr. *coveitier*, du lat. *cupiditas*, convoitise). Désirer avidement : *Elle a obtenu le poste qu'elle convoitait.*

CONVOITISE **n.f.** Vif désir de posséder qqch ; avidité.

CONVOLER **v.i.** [3] (du lat. *convolare*, voler avec). Vieilli ou par plais. Se marier : *Convoler en justes noces.*

CONVOLUTÉ, E **adj.** (lat. *convolutus*). **BOT.** Enroulé sur soi-même : *Feuille convolutée.*

CONVOLVULACÉE **n.f.** Plante volubile aux pétales entièrement soudés, telle que le liseron ou l'ipomée. ➲ Les convolvulacées forment une famille.

CONVOQUER **v.t.** [3] (lat. *convocare*). **1.** Appeler à se réunir : *Convoquer une assemblée générale des actionnaires.* **2.** Faire venir auprès de soi de façon impérative : *La directrice m'a convoqué dans son bureau. Convoquer des candidats.*

CONVOYAGE **n.m.** → **CONVOIEMENT.**

CONVOYER **v.t.** [7] (du lat. pop. **conviare*, faire route). Accompagner pour protéger ou surveiller des véhicules, des personnes, des biens ; escorter : *La gendarmerie convoiera les camions d'euros jusqu'à la banque.*

1. CONVOYEUR, EUSE **n.** et **adj.** Personne qui accompagne pour protéger, surveiller : *Convoyeur de fonds.*

2. CONVOYEUR **n.m.** **1. MAR.** Escorteur. **2. MANUT.** Engin de transport continu en circuit fermé, pour des charges ou des matériaux.

CONVULSER **v.t.** [3] (du lat. sc. *convulsus*, qui a des spasmes). Contracter brusquement ; tordre par des convulsions : *La fureur convulsait son visage.* ◆ **SE CONVULSER** **v.pr.** Avoir une convulsion.

CONVULSIF, IVE **adj.** Qui a le caractère d'une convulsion : *Un rire convulsif.*

CONVULSION **n.f.** (lat. sc. *convulsio*). **1.** Contraction spasmodique de la musculature du corps : *Être pris de convulsions.* **2.** Fig. Agitation violente au sein d'un groupe, d'une région : *Les convulsions de l'histoire.*

CONVULSIONNAIRE **n. HIST.** ▪ **Les convulsionnaires,** illuminés du début du XVIIIe s. qui se livraient à des manifestations d'hystérie collective autour de la tombe du diacre Pâris.

CONVULSIONNER **v.t.** [3]. (Surtout au p. passé). Déformer le visage sous l'effet d'un trouble violent.

CONVULSIVEMENT **adv.** De façon convulsive.

CONVULSIVOTHÉRAPIE **n.f. PSYCHIATR.** Traitement utilisant les crises convulsives provoquées, notamm. par électrochoc.

COOBLIGÉ, E **adj.** et **n. DR.** Codébiteur.

COOCCUPANT, E **n.** Personne qui occupe un lieu avec une ou plusieurs autres.

COOCCURRENCE **n.f. LING.** Apparition dans un même énoncé de plusieurs éléments linguistiques distincts ; relation existant entre ces éléments.

COOKIE [kuki] **n.m.** (mot anglo-amér., du néerl. *koekjes*). **1.** Petit gâteau sec comportant des éclats de chocolat, de fruits confits, etc. **2. INFORM.** Petit bloc de données transmis par un site Web, à l'insu de l'internaute, pour être stocké sur la machine et récupéré par le serveur à la connexion suivante. Recomm. off. **témoin (de connexion).**

COOL [kul] **adj. inv.**, ▲ ***adj.*** (mot angl. « frais »). Fam. Calme ; décontracté : *Tu dois rester cool.* ▪ **Jazz cool,** ou **cool, n.m. inv.,** style de jazz apparu à la fin des années 1940, en réaction au be-bop, et caractérisé par des rythmes moins complexes et des sonorités plus douces et feutrées. ➲ Miles Davis est le grand représentant du jazz cool.

COOLIE [kuli] **n.m.** (mot angl., de l'hindi). En Extrême-Orient, travailleur manuel, porteur.

COOPÉRANT, E **n.** Personne employée comme volontaire civil dans une mission de coopération internationale.

COOPÉRATEUR, TRICE **n.** **1.** Membre d'une société coopérative. **2.** Personne qui participe à une action commune.

COOPÉRATIF, IVE **adj.** **1.** Qui a pour but une coopération : *Société coopérative.* **2.** Qui participe volontiers à une action commune : *Se montrer coopératif.*

COOPÉRATION **n.f.** **1.** Action de coopérer ; collaboration : *Je ne pourrai rien faire sans votre coopération.* **2.** Politique d'aide économique, technique et financière à certains pays en développement. **3. ÉCON.** Méthode d'action par laquelle des personnes ayant des intérêts communs constituent une entreprise où les droits de chacun à la gestion sont égaux et où l'excédent de gestion ou d'exploitation est réparti entre les seuls associés, au prorata de leur activité. ▪ **Service de la coopération,** volontariat civil ouvert aux jeunes âgés de 18 à 28 ans pour remplir des missions de coopération internationale en matière économique, culturelle, médicale, technique, etc.

COOPÉRATISME **n.m.** Théorie qui considère la coopération comme un modèle primordial d'organisation économique et sociale.

COOPÉRATIVE **n.f.** Groupement d'acheteurs, de commerçants ou de producteurs (agriculteurs, notamm.) pratiquant la coopération : *Coopérative laitière, vinicole.*

COOPÉRER **v.t. ind.** [11], ▲ *[11*]* (À). Agir conjointement avec qqn : *Coopérer à la rédaction d'un dictionnaire.*

COOPTATION **n.f.** (lat. *cooptatio*). Désignation d'un membre nouveau d'une assemblée, d'un corps constitué, d'un groupe, par les membres qui en font déjà partie.

COOPTER **v.t.** [3]. Admettre par cooptation.

COORDINATEUR, TRICE ou **COORDONNATEUR, TRICE** **adj.** et **n.** Qui coordonne.

Coordonnateur, trice est un terme administratif.

COORDINATION **n.f.** (du bas lat. *coordinatio*, arrangement). **1.** Action de coordonner : *Travailler la coordination des mouvements* ; agencement de choses, d'activités diverses dans un but déterminé : *Il y a un manque de coordination entre les services.* **2. POLIT.** Ensemble de représentants élus, en marge des organisations syndicales, par des grévistes, des manifestants, pour coordonner leurs actions. **3. CHIM.** Atome envisagé avec son environnement de plus proches voisins. ▪ **Complexe de coordination,** entité dans laquelle un atome métallique est entouré de groupements d'atomes (ou *coordinats*) en un nombre et en une géométrie bien définis. ▪ **Conjonction de coordination** → **CONJONCTION.**

COORDINENCE **n.f. CHIM.** Nombre de plus proches voisins pour un atome donné.

COORDONNANT **n.m. LING.** Mot (conjonction, adverbe) ou locution qui assure une coordination entre des mots ou des propositions (ex. : *néanmoins, aussi*).

COORDONNATEUR, TRICE **adj.** et **n.** → **COORDINATEUR.**

COORDONNÉ, E **adj.** **1.** Qui présente une bonne coordination : *Les mouvements coordonnés d'un nageur.* **2.** Qui est en harmonie ; assorti : *Draps et taies d'oreiller coordonnés.* **3. LING.** Relié par un coordonnant.

COORDONNÉE **n.f. MATH.** Chacun des nombres servant à déterminer la position d'un point sur une ligne, sur une surface ou dans l'espace par rapport à un système de référence : *Coordonnées cartésiennes, cylindriques, sphériques.* ▪ **Coordonnées d'un vecteur $\vec{v}$ dans un repère $O, \vec{i}, \vec{j}$, dans une base $\vec{i}, \vec{j}$** [math.], les réels *x* et *y* tels que $\vec{v} = x\vec{i} + y\vec{j}$. ◆ **n.f. pl.** Fam. Indications (adresse, téléphone, etc.) permettant de joindre qqn. ▪ **Coordonnées géographiques,** couple de coordonnées (longitude et latitude) permettant de repérer un point à la surface du globe, à partir d'un méridien origine et de l'équateur.

COORDONNER **v.t.** [3]. Agencer des éléments en vue d'obtenir un ensemble cohérent, un résultat déterminé : *Coordonner des initiatives individuelles.*

COORDONNÉS **n.m. pl.** Pièces d'habillement ou de linge de maison assorties entre elles et constituant un ensemble harmonieux.

COPAHU [kɔpay] **n.m.** (mot tupi). Sécrétion résineuse du copaïer, autref. utilisée en thérapeutique (baume de copahu).

COPAÏER ou **COPAYER** [kɔpaje] **n.m.** (de *copahu*). Arbre résineux de l'Amérique tropicale qui produit le copahu. ➲ Sous-famille des césalpiniacées.

COPAIN, COPINE **n.** (du lat. *cum*, avec, et *panis*, pain). Fam. **1.** Camarade de classe, de travail, de loisirs, etc. **2.** Personne avec qui on entretient une relation amoureuse ; petit(e) ami(e) : *Il habite maintenant avec sa copine.*

COPAL **n.m.** (pl. *copals*) [mot esp., de l'aztèque]. Résine produite par divers arbres tropicaux (conifères ou césalpiniacées) et utilisée dans la fabrication des vernis.

COPARENT **n.m.** Personne exerçant avec une autre l'autorité parentale.

COPARENTAL, E, AUX **adj.** Relatif à la coparentalité.

COPARENTALITÉ **n.f.** Exercice de l'autorité parentale partagé entre les deux parents.

COPARTAGE **n.m. DR.** Partage entre plusieurs personnes.

COPARTAGEANT, E **adj.** et **n. DR.** Qui partage avec d'autres.

COPARTAGER **v.t.** [10] **DR.** Partager avec une ou plusieurs personnes.

COPARTICIPANT, E **adj.** et **n. DR.** Qui participe avec d'autres à une entreprise, à une association.

COPARTICIPATION **n.f. DR.** Participation commune de plusieurs personnes.

COPATERNITÉ **n.f.** **1.** Fait d'être l'auteur, l'inventeur de qqch avec une ou plusieurs autres personnes : *Ingénieur qui revendique la copaternité d'un logiciel.* **2. DR.** Paternité assumée dans ses conséquences légales par deux ou plusieurs hommes. ➲ Le terme est employé, dans le droit de la filiation, en cas de possibilité de plusieurs pères naturels d'un même enfant, pouvant être solidairement tenus à une obligation alimentaire.

COPAYER **n.m.** → **COPAÏER.**

COPEAU **n.m.** (du lat. *cuspis*, pointe). **1.** Parcelle de bois, de métal, etc., enlevée avec un instrument tranchant, notamm. un rabot. **2.** Râpure de fromage, de chocolat, de truffe, etc.

COPÉPODE **n.m.** (du gr. *kopê*, rame, et *pous, podos*, pied). Petit crustacé marin ou d'eau douce, qui représente 60 % du plancton animal. ➲ Les copépodes forment un ordre.

COPERMUTER **v.t.** [3]. **DR.** Échanger ; troquer : *Copermuter des droits.*

COPERNICIEN, ENNE **adj.** Relatif à Copernic, à son système ; qui en est partisan. ▪ **Révolution copernicienne,** celle qu'opéra le système héliocentrique de Copernic dans la représentation du monde ; par ext., changement radical entraîné dans les mentalités par une conception nouvelle.

COPERNICIUM **n.m.** (de N. *Copernic*, n.pr.). Élément chimique artificiel (Cn), de numéro atomique 112.

COPIAGE **n.m.** **1.** Action de copier frauduleusement, d'imiter servilement. **2. MÉCAN. INDUSTR.** Fabrication automatique sur une machine-outil d'une pièce identique à un modèle donné.

COPIE **n.f.** (du lat. *copia*, abondance). **1.** Reproduction exacte d'un écrit, du contenu d'un texte, d'une bande magnétique : *Copie d'un acte.* **2. CINÉMA.** Film positif destiné à la projection. **3.** Reproduction d'une œuvre d'art, d'un objet d'art, en principe par les mêmes techniques que celles de l'original : *Copie d'un tableau, d'un meuble ancien.* **4.** Œuvre sans originalité ; calque : *L'art n'est pas une copie de la réalité.* **5.** Travail scolaire rédigé sur des feuilles volantes : *Corriger des copies. Une bonne copie.* **6.** Feuille double de format standard : *Acheter un paquet de copies.* **7.** Fam. Dossier, travail dont on a la charge : *Le ministre doit revoir sa copie.* **8. IMPRIM.** Texte manuscrit, dactylographié ou numérique destiné à être publié. ▪ **Être en mal de copie** [fam.], manquer de sujets intéressants, en parlant d'un journaliste.

COPIER **v.t.** [5]. **1.** Reproduire à un ou à plusieurs exemplaires ; établir une copie de : *Peux-tu me copier ce poème ?* **2.** Reproduire frauduleusement le travail écrit de qqn : *Il a copié son article sur un site Internet.* **3.** Absol. Tricher à un examen ; frauder : *Il a été exclu parce qu'il avait copié.* **4.** S'inspirer très fortement de l'œuvre d'un artiste ; plagier : *Il a beaucoup copié John Lennon.* **5.** Péjor. Calquer son attitude sur celle de qqn : *Elle copie souvent sa grande sœur.* ◆ **v.t. ind.** (**SUR**). Tricher en reproduisant le travail d'autrui : *Copier sur son voisin.*

COPIER-COLLER n.m. inv. ou **COPIÉ-COLLÉ** n.m. (pl. *copiés-collés*). INFORM. Fonction d'un logiciel qui copie temporairement, dans le presse-papiers, la partie sélectionnée d'un document pour pouvoir la réinsérer ailleurs ; action ainsi réalisée.

1. COPIEUR, EUSE n. **1.** Personne qui imite servilement. **2.** Élève qui copie frauduleusement.

2. COPIEUR n.m. MÉCAN. INDUSTR. Dispositif permettant le copiage d'une pièce.

COPIEUSEMENT adv. **1.** De façon copieuse ; abondamment : *Manger copieusement.* **2.** Fam. Avec force, intensité : *Il m'a copieusement injurié.*

COPIEUX, EUSE adj. (lat. *copiosus*). Qui dépasse la mesure ordinaire.

COPILOTE n. Pilote qui seconde le premier pilote.

COPINAGE n.m. Fam., péjor. Entente, entraide fondée sur l'échange de services intéressés : *Obtenir un poste par copinage.*

COPINE n.f. → **COPAIN.**

COPINER v.i. [3]. Fam. Avoir des relations de camaraderie avec qqn. : *Copiner avec ses collègues.*

COPINERIE n.f. Fam. Relations entre copains.

COPING [kɔpiŋ] n.m. (mot angl.). PSYCHOL. Stratégie développée par l'individu pour faire face au stress.

COPION n.m. Belgique. Arg. scol. Antisèche.

COPISTE n. **1.** Personne qui copiait, notamm. des manuscrits, de la musique, avant l'invention de l'imprimerie : *Les copistes du Moyen Âge.* **2.** IMPRIM. Personne qui effectue le report des éléments imprimants sur une forme d'impression.

COPLA n.f. (mot esp.). Dans la musique flamenca, courte strophe chantée, transmise par la tradition orale mais laissant place à l'improvisation.

COPLANAIRE adj. MATH. ▪ **Points, droites coplanaires,** appartenant à un même plan.

COPOLYMÈRE n.m. CHIM. ORG. Composé formé de macromolécules renfermant des motifs monomères différents.

COPOLYMÉRISATION n.f. CHIM. ORG. Synthèse d'une chaîne macromoléculaire à partir de monomères différents.

COPOSSÉDER v.t. [11], ▲ *[11*]*. DR. Posséder avec un ou plusieurs autres.

COPOSSESSEUR, EUSE n. DR. Personne qui copossède.

COPPA n.f. (mot ital.). Charcuterie d'origine italienne, constituée d'échine de porc désossée, salée et fumée.

COPRAH ou **COPRA** n.m. (port. *copra*). Amande de coco débarrassée de sa coque, desséchée et prête à être moulue pour l'extraction de l'huile.

COPRÉSIDENCE n.f. Présidence exercée par deux ou plusieurs présidents.

COPRÉSIDENT, E n. Personne qui partage la présidence avec une ou plusieurs autres.

COPRIN n.m. (du gr. *koprinos*, qui vit dans les excréments). Champignon blanc, à chapeau rabattu contre le pied, dont certaines espèces sont comestibles à l'état jeune. ➲ Classe des basidiomycètes.

▲ **coprin** chevelu (comestible).

COPROCESSEUR n.m. INFORM. Processeur spécialisé dans l'exécution très rapide de calculs spécifiques (traitement d'image ou de signal), afin d'alléger le travail du microprocesseur central.

COPROCULTURE n.f. MÉD. Culture des selles en laboratoire, dans le but d'isoler et d'identifier des micro-organismes.

COPRODUCTION n.f. Production d'un film ou d'un téléfilm assurée par plusieurs producteurs ; film, téléfilm réalisé en coproduction : *Une coproduction franco-italienne.*

▲ **coq**

COPRODUIRE v.t. [78]. Produire en association avec d'autres.

COPROLALIE n.f. (du gr. *kopros*, excrément, et *lalein*, parler). PSYCHIATR. Tendance pathologique à proférer des mots orduriers.

COPROLITHE n.m. **1.** PALÉONT. Excrément fossile. **2.** MÉD. Concrétion calcaire dans les selles.

COPROLOGIE n.f. (du gr. *kopros*, excrément). MÉD. Étude des selles en laboratoire.

COPROLOGIQUE adj. Relatif à la coprologie. ▪ **Examen coprologique,** identification et dosage des substances chimiques contenues dans les selles, à des fins diagnostiques.

COPROPHAGE adj. et n. **1.** ZOOL. Qui se nourrit d'excréments : *Les bousiers sont coprophages.* **2.** PSYCHIATR. Atteint de coprophagie.

COPROPHAGIE n.f. (du gr. *kopros*, excrément, et *phagein*, manger). PSYCHIATR. Ingestion de matières fécales.

COPROPHILE adj. et n. **1.** ZOOL. Qui vit dans les excréments. **2.** PSYCHIATR. Atteint de coprophilie.

COPROPHILIE n.f. (du gr. *kopros*, excrément, et *philein*, aimer). PSYCHIATR. Plaisir de manipuler, de sentir les produits excrémentiels.

COPROPRIÉTAIRE n. Personne qui est propriétaire avec d'autres d'un immeuble, d'une terre : *Réunion de copropriétaires.*

COPROPRIÉTÉ n.f. **1.** Droit de propriété de plusieurs personnes sur les parties communes d'un même bien : *Un immeuble en copropriété.* **2.** Ensemble des copropriétaires : *La copropriété a rejeté cette proposition.*

COPS [kɔps] n.m. (mot angl.). TEXT. Enroulement de fil, de forme cylindrique ou cylindro-conique ; tube sur lequel est effectué cet enroulement.

COPTE adj. et n. (du gr. *Aiguptios*, Égyptien). Qui se rapporte aux Coptes ; qui fait partie de cette communauté. ◆ n.m. Langue chamito-sémitique issue de l'égyptien ancien, écrite dans un alphabet dérivé du grec et servant de langue liturgique à l'Église copte.

COPULATEUR adj.m. ▪ **Organe copulateur,** servant à la copulation.

COPULATIF, IVE adj. LING. Qui établit une liaison, sert de copule entre des termes.

COPULATION n.f. (du lat. *copulatio*, assemblage). ZOOL. Coït.

COPULE n.f. (lat. *copula*). LING. Mot qui lie l'attribut au sujet d'une proposition : *Le verbe « être » est la copule la plus fréquente.*

COPULER v.i. [3]. **1.** ZOOL. S'accoupler. **2.** Fam., par plais. Faire l'amour.

COPYRIGHT [kɔpirajt] n.m. (mot angl. « droit de copie »). **1.** Droit exclusif pour un auteur ou son éditeur d'exploiter pendant une période donnée une œuvre littéraire, artistique ou scientifique. **2.** Marque de ce droit, symbolisé par le signe ©, imprimée dans un livre et suivie du nom du titulaire du droit d'auteur et de l'indication de l'année de première publication.

1. COQ n.m. (onomat.). **1.** Oiseau domestique, mâle de la poule, gallinacé originaire de l'Inde. ➲ Famille des phasianidés. **2.** Mâle des oiseaux (surtout des gallinacés) : *Coq faisan.* **3.** Catégorie de poids, dans certains sports de combat ; sportif appartenant à cette catégorie : *Des poids coq.* ▪ **Au chant du coq,** au point du jour. ▪ **Coq au vin,** plat préparé à partir de ce volatile cuit avec du vin rouge. ▪ **Coq de bruyère,** oiseau gallinacé de grande taille, d'Europe centrale et septentrionale, vivant également dans les Alpes françaises, appelé aussi *grand tétras.* ➲ Famille des tétraonidés. ▪ **Coq de roche,** oiseau passereau de l'Amérique du Sud, appelé aussi *rupicole*, dont le mâle a un plumage orangé éclatant. ➲ Famille des cotingidés. ▪ **Coq du village,** homme le plus admiré des femmes dans une localité. ▪ **Coq gaulois,** un des emblèmes de la nation française. ▪ **Être comme un coq en pâte,** être entouré de soins, choyé. ▪ **Être fier comme un coq,** très fier. ▪ **Passer du coq à l'âne,** passer sans raison d'un sujet à un autre. ▪ **Petit coq de bruyère** ou **coq des bouleaux,** tétras-lyre.

2. COQ n.m. (du néerl. *kok*, cuisinier). Cuisinier, à bord d'un navire.

COQ-À-L'ÂNE n.m. inv. Fait de passer brusquement d'un sujet à un autre dans une conversation.

COQUART ou **COQUARD** n.m. (de *coque*, coup). Fam. Ecchymose à l'œil ; œil au beurre noir.

COQUE n.f. (du lat. *coccum*, excroissance). **1.** BOT. Enveloppe ligneuse de certaines graines ; coquille : *Coque de noix, d'amande.* **2.** ZOOL. Mollusque bivalve comestible de l'Atlantique et de la Méditerranée, à coquille ornée de côtes parallèles. ➲ Genre *Cardium.* **3.** Acadie. Mye : *Soupe aux coques.* **4.** Partie extérieure d'un navire, revêtement assemblé à la membrure, qui assure la flottaison et supporte les équipements : *Le voilier a heurté un écueil et sa coque est endommagée.* **5.** Partie inférieure du fuselage d'un hydravion. **6.** AUTOM. Bâti métallique rigide qui tient lieu de châssis et de carrosserie sur certains modèles. **7.** CONSTR. Structure continue, mince, à surface courbe, rendue rigide par sa forme et par la nature de ses constituants (ciment armé, plastique, etc.), utilisée comme couverture ou comme enveloppe. ▪ **Œuf (à la) coque,** cuit à l'eau bouillante dans sa coquille de façon que le jaune reste fluide.

▲ **coque** fermée et ouverte.

COQUECIGRUE n.f. (de *1. coq*, *cigogne* et *1. grue*). Litt., vx. **1.** Animal imaginaire et burlesque. **2.** Propos dénué de sens ; baliverne.

COQUELET n.m. **1.** Jeune coq. **2.** Poulet d'élevage abattu jeune.

COQUELEUX, EUSE n. Région. (Nord) ; Belgique. Personne qui élève des coqs de combat.

COQUELICOT n.m. (de *1. coq* par comparaison avec la crête d'un coq). Plante herbacée, voisine du pavot, à fleurs rouges, aux sépales caducs, commune dans les champs de céréales. ➲ Famille des papavéracées. ◆ adj. inv. De la couleur rouge vif d'un coquelicot.

▲ **coquelicot**

COQUELUCHE n.f. Maladie infectieuse contagieuse, due à une bactérie, caractérisée par de violentes quintes de toux suivies d'une inspiration bruyante. ▪ **Être la coqueluche de** [fam.], faire l'objet d'un engouement général chez : *Ce romancier est la coqueluche des adolescentes.*

COQUELUCHEUX, EUSE adj. Relatif à la coqueluche. ◆ adj. et n. Atteint de coqueluche.

Les coquillages

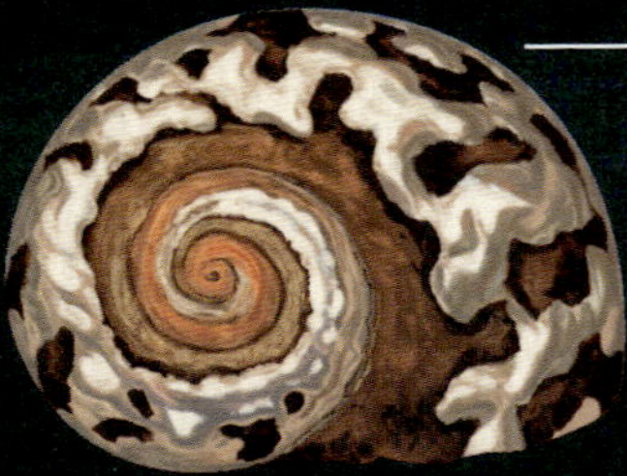

turbo sud-africain
(gastéropode)

murex pétales de rose
(gastéropode)

chame Lazare
(bivalve)

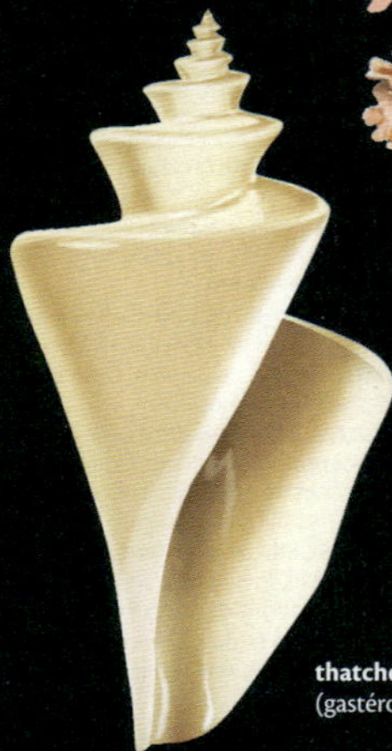

thatchéria merveilleuse
(gastéropode)

coquille Saint-Jacques
(bivalve)

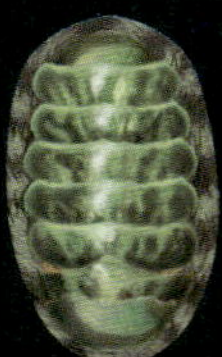

chiton marbré
(chiton)

astrée héliotrope
(gastéropode)

vase de Flinders
(gastéropode)

nautile
(céphalopode)

casque gueule-de-taureau
(gastéropode)

pleurotomaire de Hirase
(gastéropode)

COQUEMAR **n.m.** (du lat. *cucuma*, chaudron). Anc. Pot de métal à couvercle et à anse, pour faire bouillir l'eau.

COQUERELLE **n.f.** Québec. Blatte.

COQUERET **n.m.** **BOT.** Alkékenge.

COQUERON **n.m.** (angl. *cook-room*). **1. MAR.** Compartiment étanche, en poupe ou en proue, que l'on peut remplir d'eau pour améliorer l'assiette d'un navire. **2.** Québec. Fam. Logement exigu.

COQUET, ETTE **adj.** et **n.** (de *1. coq*). **1.** Qui cherche à plaire par son élégance : *Les métrosexuels sont coquets.* **2.** Vieilli. Qui aime séduire ; charmeur : *Elle fait la coquette.* ◆ **n.f. THÉÂTRE.** Rôle de jeune femme séduisante et légère. ◆ **adj. 1.** Arrangé avec un soin où se devine l'aisance : *Un appartement coquet.* **2.** Fam. Se dit d'une somme d'argent assez considérable : *Elle a gagné la coquette somme de mille euros.*

COQUETER **v.i.** **[16]**, ▲ *[12]*. Litt., vx. Faire le coquet.

COQUETIER **n.m.** (de *coque*). Petit godet dans lequel on sert un œuf à la coque.

COQUETIÈRE **n.f.** Œufrier.

COQUETTEMENT **adv.** De façon coquette ; avec coquetterie.

COQUETTERIE **n.f. 1.** Recherche dans l'habillement, la parure ; élégance. **2.** Désir de plaire : *Par coquetterie, il parle toujours sans notes.* ▪ **Avoir une coquetterie dans l'œil** [fam.], loucher légèrement.

COQUILLAGE **n.m.** Mollusque pourvu d'une coquille ; la coquille elle-même : *Ramasser des coquillages sur la plage.*

COQUILLARD **n.m.** Fam., vieilli. Œil. ▪ **S'en tamponner le coquillard** [fam., vieilli], s'en moquer éperdument.

COQUILLART **n.m.** Pierre à bâtir renfermant des coquilles.

COQUILLE **n.f.** (lat. *conchylium*). **1.** Enveloppe dure, calcaire, constituant le squelette externe de la plupart des mollusques et des brachiopodes : *Une coquille d'escargot, d'huître.* ➲ Elle est sécrétée par une partie du tégument, le *manteau*. **2.** Enveloppe calcaire de l'œuf des oiseaux. **3.** Enveloppe ligneuse de certains fruits ; coque : *Coquille de noix, de noisette.* **4. ARTS APPL.** Élément décoratif en forme de coquille de mollusque, notamm. dans les styles Louis XIV et rocaille. **5.** Appareil de protection des organes génitaux, utilisé dans certains sports de combat. **6.** Expansion inférieure de la garde d'une arme blanche, pour protéger la main. **7.** Plâtre amovible pour le traitement des affections de la colonne vertébrale. **8. IMPRIM.** Faute typographique (inversion, transposition, substitution de lettres). ▪ **Coquille de noix** [fam.], petite embarcation fragile. ▪ **Coquille d'œuf,** couleur blanc cassé, à peine teinté de beige ou d'ocre. ▪ **Coquille Saint-Jacques,** mollusque marin bivalve de l'Atlantique, du groupe des peignes, comestible réputé, capable de se propulser en refermant ses valves. ➲ Genre *Pecten*. ▪ **Coquille vide,** structure, texte, projet sans contenu réel, destinés à faire illusion ; écon., société sans activité réelle, qui sert parfois à dissimuler diverses transactions financières. ▪ **Rentrer dans sa coquille,** se replier sur soi-même.

COQUILLETTE **n.f.** Pâte alimentaire en forme de petit tube cintré.

COQUILLIER, ÈRE **adj.**, ▲ *COQUILLER, ÈRE* **adj.** ▪ **Sable, calcaire coquillier,** formé princip. de débris de coquilles fossiles.

COQUIN, E **adj.** et **n.** (orig. obsc.). Se dit d'un enfant espiègle, malicieux : *Arrête de la taquiner, petit coquin !* ◆ **adj. 1.** Fait pour séduire : *Un regard coquin.* **2.** Qui dénote un esprit égrillard : *Une histoire coquine.* ◆ **n.** Vieilli. Individu malhonnête ; gredin.

COQUINERIE **n.f.** Litt. Acte, geste de coquin.

1. COR **n.m.** (du lat. *cornu*, corne). **1.** Instrument de musique à vent, en cuivre ou en laiton, composé d'une embouchure et d'un tube conique enroulé sur lui-même et terminé par un pavillon évasé. **2. ZOOL.** Chacune des branches adventices du bois d'un cerf. ▪ **À cor et à cri,** à grand bruit et avec insistance. ▪ **Cerf dix cors,** ou **dix-cors, n.m. inv.,** cerf âgé de six à sept ans. ▪ **Cor anglais,** hautbois alto. ▪ **Cor chromatique,** cor d'orchestre, équipé d'un système de pistons permettant de jouer les gammes chromatiques. ▪ **Cor de basset** [vx], clarinette alto. ▪ **Cor de chasse,** trompe utilisée dans les chasses à courre.

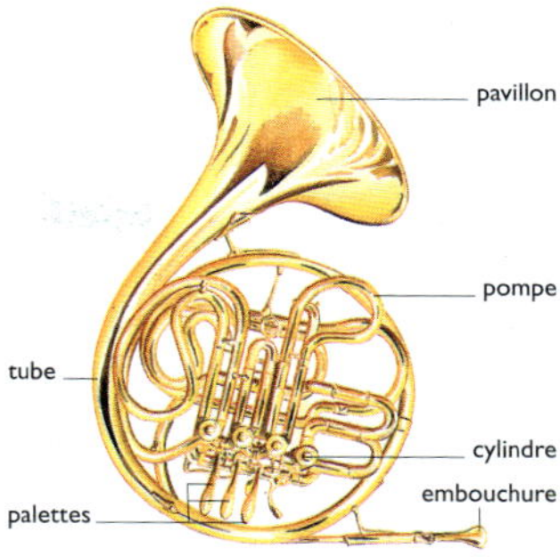

▲ **cor chromatique**

2. COR **n.m.** Callosité douloureuse sur les orteils ; durillon.

CORACIIFORME **n.m.** Oiseau des régions tempérées et subtropicales de l'Ancien Monde, au plumage très coloré, tel que le calao, le guêpier, la huppe, le martin-pêcheur. ➲ Les coraciiformes constituent un ordre.

CORACOÏDE **adj.** (du gr. *korax, -akos*, corbeau, et *eidos*, forme). **ANAT.** ▪ **Apophyse coracoïde,** ou **coracoïde, n.f.,** apophyse du bord supérieur de l'omoplate. ▪ **Os coracoïde,** ou **coracoïde, n.m.,** os de la ceinture scapulaire des vertébrés, soudé à l'omoplate chez les mammifères.

CORAIL **n.m.** (pl. *coraux*) [lat. *corallium*, du gr.]. **1.** Petit polype des mers chaudes, vivant en colonies, dont le squelette calcaire forme avec d'autres des polypiers pouvant constituer des récifs : *Une barrière de coraux ferme le lagon.* ➲ Sous-classe des octocoralliaires. *(V. planche page suivante.)* **2.** Matière constituant les polypiers, exploitée en bijouterie pour ses teintes variées, du blanc au rouge : *Un collier de corail.* **3.** (Surtout pl.). Tout polypier qui, comme le corail, forme des récifs en s'amassant avec d'autres (ex. : madrépores, hydrocoralliaires). **4. CUIS.** Partie rouge de la coquille Saint-Jacques et de certains crustacés. ▪ **Serpent corail,** serpent très venimeux des régions chaudes, dont le corps est annelé de rouge et de noir. ➲ Famille des élapidés. ◆ **adj. inv.** et **n.m. inv.** D'un rouge orangé.

CORAILLEUR, EUSE **n.** Personne qui pêche ou qui travaille le corail.

CORALLIEN, ENNE **adj.** Formé de coraux : *Récif corallien.*

CORALLIFÈRE **adj.** Qui porte des coraux : *Atolls corallifères.*

CORALLINE **n.f.** Algue marine rouge, évoquant le corail par son aspect ramifié et sa rigidité.

CORAN **n.m.** (de l'ar. *al-Qur'ān*, lecture, récitation). Exemplaire du Coran. ▪ **Le Coran,** v. partie n.pr.

CORANIQUE **adj.** Relatif au Coran : *École coranique.*

▲ **corbeau**

CORBEAU **n.m.** (anc. fr. *corp*, du lat. *corvus*). **1.** Petit corvidé à plumage noir, omnivore, tel que le freux, le choucas, le crave, etc. ➲ Cri : le corbeau croasse. **2.** Fam. Auteur de lettres ou de coups de téléphone anonymes : *Démasquer un corbeau.* **3. CONSTR.** Élément encastré en saillie sur un mur, pour supporter une poutre ou toute autre charge. ▪ **Grand corbeau** ou **corbeau,** oiseau passereau de l'hémisphère Nord, au plumage noir et au bec puissant, qui se nourrit de charognes, de petits animaux et de fruits. ➲ Envergure jusqu'à 1,2 m ; famille des corvidés.

CORBEILLE **n.f.** (bas lat. *corbicula*). **1.** Panier en osier, en métal, etc., avec ou sans anse ; son contenu : *Corbeille à papier. Offrir une corbeille de fruits.* **2.** Balcon au-dessus de l'orchestre, dans un théâtre ; mezzanine. **3.** Espace circulaire entouré d'une balustrade, autour de laquelle se font, dans certains pays, les offres et les demandes des valeurs boursières. **4.** Parterre de fleurs, circulaire ou ovale. **5.** Partie de la patte d'une abeille destinée à recevoir le pollen récolté. **6. ARCHIT.** Corps de certains chapiteaux (surtout corinthiens), entre astragale et abaque. **7. INFORM.** Dossier dans lequel l'utilisateur met les fichiers à supprimer. ▪ **Corbeille de mariage** [vieilli], cadeaux que la jeune mariée recevait de son fiancé.

CORBEILLE-D'ARGENT **n.f.** (pl. *corbeilles-d'argent*). Plante ornementale au feuillage argenté, aux fleurs blanches, jaunes ou bleues, selon l'espèce. ➲ Famille des crucifères.

CORBIÈRES **n.m.** Vin rouge récolté dans les Corbières.

CORBILLARD **n.m.** (de *Corbeil*, n.pr.). Voiture dans laquelle on transporte les morts. ➲ Le *corbillard* était autrefois un coche d'eau qui faisait le service entre Paris et Corbeil.

CORBILLON **n.m. 1.** Petite corbeille ; son contenu : *Un corbillon de gaufres.* **2.** Jeu de société où chacun doit répondre par une rime en *-on* à cette question : *Dans mon corbillon, qu'y met-on ?*

CORDAGE **n.m. 1. MAR.** Nom générique des câbles, cordes et filins. **2.** Action de corder une raquette de tennis ; les cordes ainsi tendues : *Un cordage en Nylon, en boyau.*

1. CORDE **n.f.** (lat. *chorda*, du gr. *khordê*, boyau). **1.** Assemblage de fils textiles, synthétiques ou naturels, tordus ou tressés ensemble pour former un câble de faible section ; cet assemblage lui-même : *Échelle de corde. Corde à linge.* **2.** Lien servant à tendre un arc. **3.** Lien utilisé pour la pendaison ; supplice de la pendaison. **4. MATH.** Segment qui a pour extrémités deux points d'une courbe. **5.** Limite intérieure d'une piste de course (autref. matérialisée par une corde, dans les hippodromes). **6.** Fil de boyau, de soie, d'acier, parfois simple ficelle, tendu sur la table d'harmonie d'un instrument de musique. ➲ On distingue les instruments à *cordes pincées* (guitare), *frappées* (piano), *frottées* (violon). **7.** Anc. ou région. Mesure de bois valant génér. 4 stères. ▪ **Avoir plusieurs cordes** ou **plus d'une corde à son arc,** avoir plusieurs moyens de parvenir à son but. ▪ **Ce n'est pas dans mes cordes** [fam.], ce n'est pas de ma compétence. ▪ **Corde à sauter,** corde munie de poignées, qu'une personne fait tourner au-dessus de sa tête, et par-dessus laquelle, à chaque passage au sol, elle doit sauter. ▪ **Corde lisse, corde à nœuds,** agrès de culture physique. ▪ **Cordes sympathiques,** mises en vibration par résonance sans qu'elles soient directement touchées (en partic. dans la musique de l'Inde). ▪ **Cordes vocales** [anat.], épaississements musculo-membraneux du larynx, formant deux petits cordons horizontaux qui limitent entre eux la glotte et assurent la phonation par leurs vibrations. ▪ **Il pleut** ou **il tombe des cordes,** il pleut à verse. ▪ **La corde sensible,** ce qui, chez qqn, constitue un point vulnérable. ▪ **Prendre un virage à la corde,** au plus court. ▪ **Sur la corde raide,** dans une situation délicate. ▪ **Tenir la corde,** se trouver le plus près possible de la limite intérieure d'une piste ; par ext., être bien placé ; avoir l'avantage. ▪ **Théorie des cordes** [phys.], théorie selon laquelle les constituants ultimes de la matière sont de minuscules filaments en état de vibration, appelés *cordes*. ➲ Elle a pour but de rendre compatibles la physique quantique et la relativité générale. ▪ **Tirer sur la corde,** abuser d'une situation, de la patience de qqn. ▪ **Usé jusqu'à la corde,** se dit d'un tissu tellement usé qu'on en voit la trame ; se dit d'un propos ressassé, éculé. ◆ **n.f. pl. 1.** Instruments à cordes frottées (violon, alto, violoncelle, contrebasse) de l'orchestre symphonique. **2.** Enceinte de corde qui sert de garde-corps autour d'un ring de boxe, de catch. **3.** Tamis d'une raquette de tennis.

Les coraux

Les coraux sont des animaux, fixés sur un support : des milliers d'individus – les polypes – sécrètent un squelette calcaire externe – le polypier. Les polypes attendent la nuit pour se dresser hors de leur abri de calcaire : ils se nourrissent alors en capturant, à l'aide de leurs tentacules venimeux, de minuscules organismes marins. Les coraux sont solitaires, ou bien vivent en colonies. Certaines colonies forment, par l'accumulation des constructions calcaires, les récifs coralliens des zones tropicales, à moins de 40 m de profondeur, là où l'eau est claire et la température supérieure à 20 °C : ce sont les coraux récifaux. Très sensibles aux conditions ambiantes, un grand nombre de ces coraux disparaissent du fait des activités humaines, victimes de la pollution ou des modifications du climat ; ils peuvent alors être atteints de blanchissement, maladie qui leur donne une teinte livide contrastant avec la riche palette de couleurs du corail vivant.

À la nuit tombée, les polypes du corail, sur leur support calcaire (ici en rouge), déploient leurs tentacules pour se nourrir.

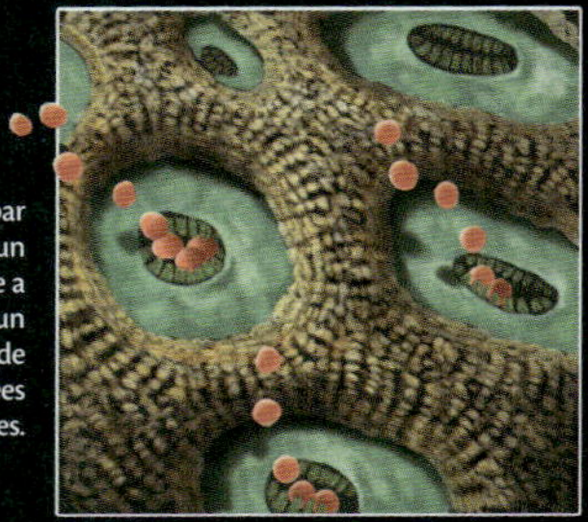

Une ou deux fois par an, par une nuit claire et calme, un événement spectaculaire a lieu : au même moment sur un même récif, des centaines de milliers de larves sont expulsées des polypes.

D'immenses édifices sous-marins sont construits grâce à l'action des coraux récifaux des genres *Acropora* (forme en corymbe : A ; arborescente : B ; ou tabulaire : C), *Montipora* (forme massive : D) ou *Porites* (forme dentelée : E). En bas, quelques espèces non récifales tapissent le sol : genres *Dendrogyra* (F), *Meandrina* (G), *Fungia* (H) – solitaire –, *Favites* (I) ou *Diploria* (J), dit « cerveau de Neptune ».

2. CORDE ou **CHORDE** [kɔrd] **n.f. ZOOL.** ▪ **Corde dorsale,** axe cylindrique dorsal des embryons du groupe des cordés, qui persiste au stade adulte chez les céphalocordés et les tuniciers. ➲ Chez les vertébrés, elle est remplacée par la colonne vertébrale.

1. CORDÉ, E adj. (du lat. *cor, cordis*, cœur). Qui a la forme d'un cœur, partic. d'un cœur de carte à jouer.

2. CORDÉ ou **CHORDÉ** [kɔrde] **n.m. ZOOL.** Animal présentant, au moins aux premiers stades de sa vie, une corde dorsale. ➲ Le groupe des cordés comprend les vertébrés, les céphalocordés et les tuniciers.

CORDEAU n.m. 1. Petite corde que l'on tend entre deux points pour tracer une ligne droite : *Repiquer des salades le long d'un cordeau.* **2.** Ligne de fond pour la pêche en rivière. ▪ **Cordeau Bickford** → **BICKFORD.** ▪ **Cordeau détonant** [min.], dispositif de mise à feu formé d'une gaine remplie d'explosif. ▪ **Tiré au cordeau,** fait, exécuté impeccablement.

CORDÉE n.f. Groupe d'alpinistes reliés les uns aux autres par une corde de sécurité : *Être premier de cordée.*

CORDELETTE n.f. Corde fine.

CORDELIER n.m. (de l'anc. fr. *cordelle*, petite corde). ▪ **Les cordeliers,** nom donné aux franciscains jusqu'à la Révolution. ➲ On appelait ces religieux des *cordeliers* à cause de la corde dont ils ceignaient leurs reins.

CORDELIÈRE n.f. 1. Corde ronde tressée employée dans l'ameublement et, comme ceinture, dans l'habillement. **2.** Corde à trois nœuds (symbole des vœux de pauvreté, de chasteté et d'obéissance) portée en ceinture par les franciscains.

CORDER v.t. [3]. 1. Tordre des fibres textiles pour en faire des cordes. **2.** Lier avec une corde : *Corder des fagots, des liasses de journaux.* **3.** Garnir de cordes, de boyaux une raquette de tennis.

CORDERIE n.f. 1. Métier, commerce du cordier. **2.** Fabrique industrielle de cordes et de cordages.

1. CORDIAL, E, AUX adj. (du lat. *cor, cordis*, cœur). Qui manifeste de la cordialité : *Une cordiale poignée de main.*

2. CORDIAL n.m. (pl. *cordiaux*). Boisson fortifiante.

CORDIALEMENT adv. 1. Avec cordialité. **2.** Iron. Du fond du cœur : *Le maire les déteste cordialement.*

CORDIALITÉ n.f. (de *1. cordial*). Affectueuse bienveillance : *Des propos d'une grande cordialité.*

1. CORDIER, ÈRE n. Personne qui fabrique ou vend des cordes.

2. CORDIER n.m. Pièce du violon où se fixent les cordes, à l'opposé du chevillier.

CORDIÉRITE n.f. (de L. *Cordier*, n. pr.). **MINÉRALOG.** Silicate d'aluminium, de magnésium et de fer. ➲ Minéral caractéristique des roches métamorphiques.

CORDIFORME adj. Qui a la forme d'un cœur.

CORDILLÈRE n.f. (esp. *cordillera*). Chaîne de montagnes allongée et étroite : *La cordillère des Andes.*

CORDITE n.f. (mot angl.). Explosif très brisant, à base de nitrocellulose et de nitroglycérine.

CORDOBA n.m. (esp. *córdoba*). Unité monétaire principale du Nicaragua.

CORDON n.m. 1. Petite corde tressée : *Les cordons d'un tablier.* **2.** Large ruban servant d'insigne aux dignitaires de certains ordres : *Le cordon de la Légion d'honneur.* **3.** Série, ligne de personnes rangées : *Un cordon de policiers.* **4.** Anc. Corde au moyen de laquelle le concierge ouvrait la porte d'une maison. **5. ARCHIT.** Moulure ou corps de moulure quelconque, décoré ou non, saillant horizontalement sur un mur. ▪ **Cordon d'alimentation** [électrotechn.], ensemble de conducteurs souples isolés. ▪ **Cordon littoral** [géomorph.], remblai de sables, de galets accumulés par un courant côtier en une bande parallèle à la côte. ➲ Il peut être appuyé à la côte ou libre (*flèche* barrant une baie, isolant une lagune). ▪ **Cordon ombilical** → **OMBILICAL.** ▪ **Cordon sanitaire,** ensemble de postes de surveillance contrôlant les entrées et sorties d'une région atteinte par une épidémie. ▪ **Couper le cordon (ombilical),** se séparer de qqn, d'un groupe auquel on est fortement attaché ; se rendre indépendant de ses parents.

▲ **cormoran.** Grand cormoran.

CORDON-BLEU n.m. (pl. *cordons-bleus*). Cuisinier, cuisinière très habiles.

CORDONNER v.t. [3]. Tordre en cordon.

CORDONNERIE n.f. Métier, commerce du cordonnier.

CORDONNET n.m. 1. Petit cordon de fil, de soie, etc., utilisé en passementerie. **2.** Fil de soie torse. **3.** Ganse ferrée à un bout.

CORDONNIER, ÈRE n. (anc. fr. *cordoanier*). Personne qui répare les chaussures.

CORDOPHONE n.m. Instrument de musique dont le son est produit par la vibration d'une ou de plusieurs cordes.

1. CORDOUAN, E adj. et **n.** De Cordoue.

2. CORDOUAN n.m. Cuir de chèvre à fleur fine, travaillé à l'origine à Cordoue.

CORÉ n.f. → **KORÊ.**

CORÉEN, ENNE adj. et **n.** De la Corée ; de ses habitants. ◆ **n.m.** Langue parlée en Corée, transcrite grâce à un alphabet original (le *hangul*).

CORÉGONE n.m. (du gr. *korê*, pupille de l'œil, et *gônia*, angle). Poisson des lacs d'Europe dont il existe plusieurs sous-espèces régionales, telles que le lavaret, la féra et la bondelle. ➲ Famille des corégonidés.

CORELIGIONNAIRE n. Personne qui professe la même religion qu'une autre.

CORÉOPSIS [-psis] **n.m.** (du gr. *koris*, punaise, et *opsis*, apparence). Plante herbacée à usage ornemental, originaire d'Afrique tropicale et d'Amérique du Nord. ➲ Famille des composées.

CORESPONSABLE adj. et **n.** Qui partage des responsabilités avec d'autres.

CORIACE adj. (bas lat. *coriaceus*, de *corium*, cuir). **1.** Se dit d'une viande très dure. **2.** Fig. Dont on peut difficilement vaincre la résistance : *Un négociateur coriace.*

CORIANDRE n.f. (lat. *coriandrum*, du gr.). Plante méditerranéenne, dont le fruit aromatique sert de condiment et dont on tire une huile essentielle utilisée en parfumerie. ➲ Famille des ombellifères.

CORICIDE n.m. Substance propre à détruire les cors (aux pieds).

CORINDON n.m. (tamoul *curundan*). **MINÉRALOG.** Oxyde d'aluminium (Al_2O_3), minéral le plus dur après le diamant. ➲ Certaines variétés, comme le rubis (rouge) ou le saphir (bleu), sont des pierres précieuses. La variété granulée, ou alumine artificielle, est utilisée comme abrasif (toile émeri, par ex.).

CORINTHE n.m. Cépage cultivé, princip. en Grèce, pour ses grains très petits et très sucrés, utilisés secs en confiserie.

1. CORINTHIEN, ENNE adj. et **n.** De Corinthe.

2. CORINTHIEN, ENNE adj. ▪ **Ordre corinthien,** ou **corinthien, n.m.,** ordre d'architecture de la Grèce antique (apparu vers le milieu du ve s. av. J.-C.), caractérisé par un chapiteau dont la corbeille est ornée de deux rangées de feuilles d'acanthe et par un entablement richement décoré.

CORIOLIS (FORCE DE) n.f. Force apparente qui semble dévier un corps en mouvement par rapport à un repère en rotation. ➲ Un corps en mouvement par rapport à la Terre (vent, courant océanique, par ex.) est dévié vers sa droite dans l'hémisphère Nord et vers sa gauche dans l'hémisphère Sud.

CORIUM n.m. Amas, résultant de la fusion de combustibles et d'éléments du cœur d'un réacteur, qui se forme lors d'un accident nucléaire grave.

CORME n.f. (mot gaul.). Fruit du cormier.

CORMIER n.m. Sorbier domestique au bois très dur et au fruit comestible. ➲ Son bois est utilisé pour fabriquer des manches d'outils.

CORMOPHYTE n.m. (du gr. *kormos*, tronc). **BOT.** Plante possédant une tige (par oppos. à *thallophyte*).

CORMORAN n.m. (de l'anc. fr. *corp*, corbeau, et *marenc*, marin). Oiseau palmipède au long bec effilé, au plumage génér. sombre, excellent plongeur, répandu sur les côtes. ➲ Ordre des pélécaniformes.

CORNAC [kɔrnak] **n.m.** (port. *cornaca*, d'un mot hindi). Personne chargée de soigner et de conduire un éléphant.

CORNACÉE n.f. Arbre ou arbuste de l'hémisphère Nord tempéré, à fleurs dialypétales, tel que le cornouiller, l'aucuba. ➲ Les cornacées forment une famille.

CORNAGE n.m. (de *1. corner*). **1. VÉTÉR.** Bruit de respiration difficile chez le cheval, le mulet ou l'âne, dans certaines maladies (SYN. **sifflage**). **2. MÉD.** Respiration sifflante chez l'homme atteint de laryngite.

CORNALINE n.f. (de *corne*). **MINÉRALOG.** Calcédoine rouge orangé, employée en bijouterie.

CORNAQUER v.t. [3] (de *cornac*). Fam. Servir de guide à qqn : *Il les a cornaqués pendant leur séjour.*

CORNARD n.m. Fam., vx. Mari trompé.

CORNE n.f. (lat. pop. **corna*). **1.** Organe pair, dur, souvent pointu, poussant sur la tête de beaucoup de mammifères ruminants. ➲ Les cornes sont creuses chez les bovidés, ramifiées et caduques chez les cervidés (bois). **2.** Fam. Attribut que l'on prête aux maris trompés : *Porter des cornes.* **3.** Organe corné poussant sur le museau du rhinocéros. **4.** Organe pair dont la forme évoque une corne (antenne des insectes, par ex.) : *Cornes d'escargot.* **5.** Trompe sonore faite d'une corne d'animal dont on a enlevé la pointe. **6.** Substance produite par l'épiderme, constituant les cornes des animaux et que l'on emploie dans l'industrie : *Monture de lunettes en corne.* **7.** Substance dure constituant l'ongle du pied des ongulés. **8.** Callosité saillante de la peau : *Avoir de la corne sous les talons.* **9.** Partie saillante, pointue d'une chose : *Les cornes de la*

▲ **cornes** de mammifères.

lune. **10.** Pli fait au coin d'une page, d'une carte de visite. **11. MAR.** Vergue placée obliquement et portant une voile aurique ou un pavillon. ▪ **Corne d'abondance,** motif ornemental représentant une corne remplie de fruits et de fleurs, emblème de l'abondance. ▪ **Corne de brume** [mar.], instrument émettant des signaux sonores, utilisé par temps de brume. ▪ **Corne de charge** [mar.], espar incliné pivotant sur un mât et utilisé pour charger ou décharger un navire. ▪ **Cornes de gazelle,** gâteau oriental en forme de corne. ▪ **Faire les cornes à qqn** [fam.], pointer deux doigts évoquant des cornes dans un geste moqueur, souvent enfantin. ▪ **Prendre le taureau par les cornes,** faire front résolument à une difficulté.

CORNÉ, E adj. (de *corne*). **1.** De la nature de la corne. **2.** Plié dans le coin : *Page cornée d'un livre.*

CORNED-BEEF [kɔrnbif] **n.m. inv.** (mot angl.). Conserve de viande de bœuf salée.

CORNÉE n.f. (de *tunique cornée*). **ANAT.** Partie antérieure transparente du globe oculaire, située dans le prolongement de la sclérotique et devant l'iris.

CORNÉEN, ENNE adj. Relatif à la cornée. ▪ **Lentille cornéenne** → **LENTILLE.**

CORNÉENNE n.f. MINÉRALOG. Roche compacte, à grain très fin, résultant du métamorphisme de contact.

CORNEILLE n.f. (lat. *cornicula*). Oiseau passereau d'Europe et d'Asie septentrionale, voisin des corbeaux mais plus petit, au plumage noir, qui se nourrit d'insectes et de petits rongeurs. ➲ Cri : la corneille craille, graille ; famille des corvidés.

CORNÉLIEN, ENNE adj. 1. Relatif à Corneille ; qui évoque son œuvre. **2.** Se dit d'une situation dans laquelle s'opposent la passion et le devoir. ▪ **Héros cornélien,** qui fait passer le devoir avant tout.

CORNEMUSE n.f. (de *1. corner* et de l'anc. fr. *muser,* jouer de la musette). Instrument de musique à vent, composé d'une outre et de tuyaux à anches.

CORNEMUSEUR ou **CORNEMUSEUX n.m.** Instrumentiste qui joue de la cornemuse.

1. CORNER [kɔrne] **v.i. [3].** Sonner d'une corne, d'une trompe. ▪ **Corner aux oreilles de qqn,** lui parler très fort. ◆ **v.t.** Plier qqch en forme de corne : *Corner les pages d'un livre.*

2. CORNER [kɔrnɛr] **n.m.** (mot angl. « coin »). Au football, faute commise par un joueur qui envoie le ballon en dehors du but et derrière la ligne de but de son équipe ; coup franc botté du coin du terrain le plus proche à cette occasion. Recomm. off. **coup de pied de coin.**

CORNET n.m. 1. Emballage de papier roulé en forme de cône ; son contenu : *Cornet de frites.* **2.** Région. (Est) ; Suisse. Sac en papier ou en plastique. **3.** Gaufrette conique sur laquelle on présente une ou plusieurs boules glacées. **4.** Anc. Petite trompe proche de la corne. **5.** Cornettiste. **6. ANAT.** Chacune des trois saillies osseuses horizontales de la face externe de chaque fosse nasale. ▪ **Cornet à dés** [jeux], gobelet dans lequel on agite les dés avant de les lancer sur le tapis. ▪ **Cornet à pistons,** instrument à vent en cuivre, à embouchure, muni de pistons et dont la sonorité douce est intermédiaire entre celle du cor et celle de la trompette.

1. CORNETTE n.f. (de *corne*). **1.** Coiffure faisant partie de l'habit ancien des religieuses de diverses congrégations catholiques. **2.** Type de chicorée scarole, à feuilles enroulées. **3.** Anc. Étendard de cavalerie. **4.** Long pavillon de marine, à deux pointes appelées *cornes.* ◆ **n.f. pl.** Suisse. Pâtes alimentaires de forme courte et arrondie ; coquillettes.

2. CORNETTE n.m. HIST. Porte-étendard, puis sous-lieutenant de cavalerie (XVIe-XVIIIe s.).

CORNETTISTE n. Instrumentiste qui joue du cornet (SYN. **cornet**).

CORN FLAKES [kɔrnflɛks] **n.m. pl.,** ▲ ***CORNFLAKE n.m.*** (mot anglo-amér. de *corn,* maïs, et *flake,* flocon). Aliment présenté sous forme de flocons grillés, préparé à partir de semoule de maïs.

CORNIAUD ou **CORNIOT n.m. 1.** Chien bâtard. ➲ Le sens littéral de ce mot est « chien fait au coin de la rue ». **2.** Fam. Imbécile.

CORNICHE n.f. (ital. *cornice*). **1. ARCHIT.** Ensemble de moulures en surplomb les unes sur les autres, qui constituent le couronnement d'un entablement, d'une façade, d'un piédestal, d'un meuble, ou qui forment un élément décoratif autour d'un plafond. **2. GÉOMORPH.** Versant, portion de versant verticaux ou en pente abrupte : *Un escarpement en corniche.* **3.** Arg. scol. Classe préparatoire à l'École spéciale militaire de Saint-Cyr. ▪ **Route en corniche,** route à flanc de montagne.

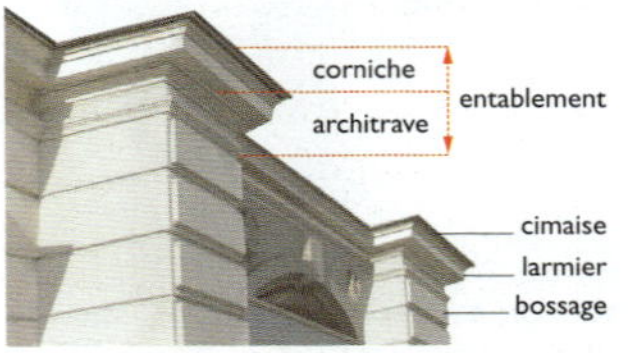

▲ **corniche**

CORNICHON n.m. (de *corne*). **1.** Concombre d'un type cultivé pour ses fruits, consommés jeunes ou très jeunes, confits dans le vinaigre ou la saumure : *Un sandwich au jambon avec des cornichons.* **2.** Fam. Imbécile. **3.** Arg. scol. Élève de corniche.

1. CORNIER n.m. et **adj.m.** (de *corne,* coin). Arbre qui marque le coin d'une parcelle forestière.

2. CORNIER, ÈRE adj. Se dit d'un poteau, d'un pilastre, etc., qui est à l'angle d'un bâtiment.

CORNIÈRE n.f. 1. Barre métallique composée de deux lames (ailes) assemblées en T, en L ou en V. **2. CONSTR.** Chéneau de tuiles disposé à la jointure de deux pentes d'un toit pour l'écoulement des eaux. **3. ARCHIT.** Portique formant passage couvert au rez-de-chaussée des maisons, autour de la place principale d'une bastide (SYN. **2. couvert**).

CORNIOT n.m. → **CORNIAUD.**

CORNIQUE adj. De la Cornouailles anglaise. ◆ **n.m.** Langue celtique qui était parlée en Cornouailles anglaise.

CORNISTE n. Instrumentiste qui joue du cor.

CORNOUILLE n.f. Fruit du cornouiller.

CORNOUILLER n.m. (de *corne*). Petit arbre commun des bois ou des haies, au bois dur. ➲ Famille des cornacées.

CORN-PICKER [kɔrnpikœr] (pl. *corn-pickers*), ▲ ***CORNPICKEUR* n.m.** (mot angl.). Machine à récolter le maïs, qui cueille les épis et les dépouille de leurs enveloppes.

CORN-SHELLER [kɔrnʃɛlœr] (pl. *corn-shellers*), ▲ ***CORNSHELLEUR* n.m.** (mot angl.). Machine à récolter le maïs qui cueille et égrène les épis.

CORNU, E adj. (lat. *cornutus*). **1.** Qui a des cornes : *Bête cornue.* **2.** Qui a la forme d'une corne : *Bec cornu.*

CORNUE n.f. (de *cornu*). **CHIM.** Vase à col étroit et courbé, autref. utilisé pour la distillation.

COROLLAIRE, ▲ ***COROLAIRE* n.m.** (du lat. *corollarium,* petite couronne). **1.** Conséquence nécessaire et évidente : *Le dopage est-il le corollaire de la médiatisation du sport ?* **2. MATH., LOG.** Proposition qui se déduit immédiatement d'une proposition déjà démontrée.

COROLLE, ▲ ***COROLE* n.f.** (du lat. *corolla,* petite couronne). **BOT.** Ensemble des pétales d'une fleur, souvent colorés.

CORON n.m. (mot picard, de l'anc. fr. *cor,* angle). Groupe d'habitations ouvrières, en pays minier.

CORONAIRE adj. (du lat. *coronarius,* en forme de couronne). **ANAT.** Coronarien. ▪ **Artère coronaire,** ou **coronaire, n.f.,** chacune des deux artères qui naissent de l'aorte et apportent au muscle cardiaque le sang nécessaire à son fonctionnement. ➲ L'obstruction des coronaires entraîne les douleurs de l'angine de poitrine et aboutit à l'infarctus du myocarde.

CORONAL, E, AUX adj. ASTRON. Qui concerne la couronne d'une étoile, en partic. du Soleil.

CORONARIEN, ENNE adj. Relatif aux artères coronaires (SYN. **coronaire**).

CORONARITE n.f. Vieilli. Athérosclérose des artères coronaires.

CORONAROGRAPHIE ou **CORONOGRAPHIE n.f.** Radiographie des artères coronaires avec un produit de contraste.

CORONAROPATHIE n.f. MÉD. Toute affection des artères coronaires.

CORONAVIRUS n.m. (du lat. *corona,* couronne). **BIOL.** Virus à ARN, en forme de couronne. ➲ La famille des coronavirus est à l'origine d'infections ORL bénignes, mais certains de ses représentants sont hautement pathogènes (le SARS-CoV, identifié en 2003 comme responsable du syndrome respiratoire aigu sévère [sras*], et le MERS-CoV, entraînant une infection comparable, identifié en 2012).

CORONELLE n.f. Petite couleuvre vivipare inoffensive, dont il existe deux espèces en Europe. ➲ Famille des colubridés.

CORONER [kɔrɔnɛr] **n.m.** (mot angl.). Officier public chargé de mener des enquêtes judiciaires, dans les pays anglo-saxons.

CORONILLE n.f. (de l'esp. *coronilla,* petite couronne). Herbe vivace ou arbuste à fleurs jaunes, parfois cultivés à titre ornemental. ➲ Sous-famille des papilionacées.

CORONOGRAPHE n.m. ASTRON. Lunette pour l'étude et la photographie de la couronne solaire en dehors des éclipses totales de Soleil.

CORONOGRAPHIE n.f. → **CORONAROGRAPHIE.**

COROSSOL n.m. (mot créole des Antilles). Gros fruit comestible du corossolier, à l'enveloppe hérissée de pointes, renfermant une pulpe rafraîchissante.

COROSSOLIER n.m. Petit arbre des régions tropicales dont le fruit est le corossol. ➲ Famille des annonacées.

COROZO n.m. (mot esp.). Substance très dure, blanche, formant l'albumen des graines d'un palmier d'Amérique tropicale *(Phytéléphas)* et dont on fait notamm. des boutons (SYN. **ivoire végétal**).

CORPORAL n.m. (pl. *corporaux*) [lat. ecclés. *corporale,* de *corpus,* corps]. **CATH.** Linge sacré, placé sur l'autel, où le prêtre pose l'hostie et le calice.

CORPORATIF, IVE adj. Relatif à une corporation : *Une association corporative.*

CORPORATION n.f. (mot angl., du lat.). **1.** Ensemble des personnes exerçant la même profession, le même métier : *La corporation des boulangers.* **2. HIST.** Dans la France du Moyen Âge et de l'Ancien Régime, association qui groupait les membres d'une profession, maîtres, compagnons et apprentis. ➲ Les corporations, dénommées *métiers* jusqu'au XVIIIe s., furent supprimées en 1791.

CORPORATISME n.m. 1. Défense exclusive des intérêts professionnels d'une catégorie déterminée de travailleurs. **2.** Doctrine économique et sociale qui prône la création d'institutions professionnelles corporatives représentées auprès des pouvoirs publics.

CORPORATISTE adj. et **n.** Relatif au corporatisme ; qui en est partisan : *Des revendications corporatistes.*

CORPOREL, ELLE adj. Relatif au corps humain ; physique : *Des châtiments corporels.* ▪ **Art corporel,** forme d'art contemporain dans lequel l'artiste prend pour matériau son propre corps. ➲ Il est aussi connu sous le nom de *body art.* ▪ **Bien corporel** [dr.], bien qui a une existence matérielle (par oppos. au *bien incorporel*). ▪ **Schéma corporel** [psychol.], image inconsciente que chacun se fait de son propre corps (à distinguer de l'*image du corps*).

CORPORELLEMENT adv. D'une façon qui affecte le corps ; physiquement.

CORPS [kɔr] **n.m.** (lat. *corpus*). **1.** Organisme de l'homme, de l'animal ; partie matérielle de l'être humain (par oppos. à *âme,* à *esprit*). **2.** Dépouille mortelle ; cadavre : *Faire don de son corps à la science.* **3.** Tronc (par oppos. aux *membres*) : *Les bras le long du corps.* **4.** Ce qui habille le tronc, le torse : *Coudre les manches au corps d'une chemise.* **5.** Tout objet matériel occupant une portion d'espace et présentant des propriétés particulières : *Chute des corps.* **6.** Partie principale, essentielle : *Le corps d'un éditorial.* **7.** Réunion de choses de même sorte, notamm. de textes appartenant au même domaine ; recueil : *Corps du droit civil.* **8.** Ensemble de personnes appartenant à une même catégorie, à une même profession : *Corps électoral. Corps médical.* **9.** Organe de l'État dont les membres ne sont pas élus (Administration, justice) : *Corps constitués. Les grands corps de l'État.* **10.** Ensemble des fonctionnaires relevant d'un même statut : *Le corps préfectoral.* **11. MAR.** L'ensemble des éléments fixes d'un navire (par oppos. aux *marchandises*) ; coque. **12. MIL.** Unité autonome : *Corps de troupe. Chef de corps.* **13. MATH.** Ensemble muni de deux lois de composition interne, dont la première lui confère la structure de groupe commutatif, la seconde conférant aux éléments non nuls la structure de groupe, et la seconde loi étant distributive par rapport à la première. **14. CHIM.** Espèce ou classe d'espèces : *Corps gras. Le carbone est un corps simple.* **15. ANAT.** Organe des animaux et de l'homme, désigné par son aspect, par la propriété de ses tissus : *Corps calleux, caverneux.* **16.** Épaisseur, consistance d'une étoffe, d'un papier. **17.** Vigueur, plénitude d'un vin en bouche : *Ce bordeaux a du corps.* **18. IMPRIM.** Espace vertical séparant l'extrémité supérieure d'une lettre montante (*l, b, d*) de l'extrémité inférieure d'une lettre descendante (*p, q, g*), donc occupé par une ligne de caractères*, placée sans interligne entre deux autres. ➲ Le corps des caractères est mesuré en points typographiques. ▪ **À corps perdu,** sans se ménager ; impétueusement. ▪ **À son corps défendant,** malgré soi. ▪ **Buffet, bibliothèque à deux corps,** à deux parties superposées. ▪ **Corps à corps,** directement aux prises avec l'adversaire ; fig., avec acharnement. ▪ **Corps d'armée** [mil.], grande unité capable de mener une action stratégique. ▪ **Corps de bâtiment** [archit.], partie d'un édifice présentant une certaine autonomie ; partie principale d'un édifice. ▪ **Corps de logis** [archit.], corps de bâtiment servant à l'habitation. ▪ **Corps de moulures** [arts appl.], ensemble de moulures accolées, de profil complexe. ▪ **Corps diplomatique (CD),** ensemble des représentants des puissances étrangères auprès du gouvernement. ▪ **Corps d'ouvrage** [rel.], ensemble des cahiers cousus et/ou collés, prêts pour la reliure. ▪ **Corps et âme** [kɔrzeam], sans réserve : *Se dévouer corps et âme à qqn, qqch.* ▪ **Corps expéditionnaire** [mil.], corps constitué spécialement pour mener une expédition lointaine. ▪ **Corps franc** [mil.], groupe de volontaires affecté à une mission spéciale. ▪ **Corps intermédiaire,** toute association qui s'exprime et a un pouvoir dans la vie publique (par ex. les corporations ou les parlements sous l'Ancien Régime ; les syndicats ou les organisations professionnelles dans les régimes démocratiques). ▪ **Esprit de corps,** solidarité qui unit les membres d'un même corps, d'un même groupe. ▪ **Faire corps avec,** ne faire qu'un avec qqn, qqch d'autre. ▪ **Perdu corps et biens** [kɔrzebjɛ̃], se dit d'un navire qui a sombré avec son équipage, ses passagers ; fig., en totalité. ▪ **Prendre corps,** commencer à exister ; prendre consistance : *Son projet prend corps.*

CORPS-À-CORPS [kɔrakɔr] **n.m. inv.** Combat acharné entre adversaires qui s'empoignent : *Un corps-à-corps impitoyable.*

CORPS-MORT **n.m.** (pl. *corps-morts*). **MAR.** Dispositif coulé ou ancré au fond de l'eau et relié par une chaîne à une bouée ou à un coffre, destiné à fournir aux navires un mouillage fixe.

CORPULENCE **n.f. 1.** Grandeur et grosseur du corps humain : *Un homme de forte corpulence.* **2.** Conformation d'une personne forte, grosse ; embonpoint.

CORPULENT, E **adj.** (lat. *corpulentus*). Qui a une forte corpulence.

CORPUS [kɔrpys] **n.m.** (mot lat. « recueil »). Ensemble de textes, de documents fournis par une tradition ou rassemblés pour une étude, en partic. pour une étude linguistique.

CORPUSCULAIRE **adj.** Relatif aux corpuscules, aux atomes. ▪ **Théorie corpusculaire,** qui suppose une discontinuité de la matière, de l'électricité, de la lumière, etc. (par oppos. à *ondulatoire*).

CORPUSCULE **n.m.** (lat. *corpusculum*). **1.** Très petit élément de matière, partic., grain de poussière. **2. PHYS.** Vx. Particule. **3. BIOL.** Organe globuleux et de taille réduite. **4. HISTOL.** Récepteur sensoriel de la peau, sensible aux modifications de pression ou de température.

CORRAL **n.m.** (pl. *corrals*) (mot esp. « basse-cour »). **1.** Enclos de taille réduite pour marquer, vacciner le bétail, en Amérique latine. **2.** Petit enclos, sous les galeries d'une arène, où les taureaux sont présentés aux spectateurs.

CORRASION **n.f.** (du lat. *corradere*). **GÉOMORPH.** Érosion due au vent chargé de sable.

CORRECT, E **adj.** (lat. *correctus*). **1.** Qui respecte les règles, le bon goût, les convenances : *Le calcul est faux, mais le raisonnement est correct. Une tenue correcte est exigée.* **2.** D'une qualité moyenne ; acceptable : *Résultats corrects.* **3.** Fam. À qui l'on peut faire confiance : *Il est correct en affaires.* ▪ **Politiquement correct** (calque de l'anglo-amér. *politically correct*), se dit d'un discours, d'un comportement prétendant bannir ou contrer tout ce qui pourrait blesser les membres des catégories et des groupes jugés victimes de l'ordre dominant ; par ext., péjor., se dit d'un discours ou d'un comportement d'un progressisme convenu et intolérant.

CORRECTEMENT **adv.** De façon correcte, exacte, convenable : *Tiens-toi correctement. Fonctionner correctement. Elle s'estime correctement payée.*

CORRECTEUR, TRICE **adj.** Dont l'effet est de corriger : *Des verres correcteurs.* ◆ **n. 1.** Personne qui corrige des copies d'examen ou de concours. **2.** Professionnel qui corrige des épreuves d'imprimerie. ◆ **n.m.** ▪ **Correcteur orthographique,** outil logiciel d'aide à la vérification et à la correction d'un texte établi sur un matériel informatique (SYN. **vérificateur orthographique**).

CORRECTIF, IVE **adj.** Qui vise à corriger, à redresser : *Gymnastique corrective.* ◆ **n.m.** Remarque qui adoucit une parole excessive ou rectifie un énoncé maladroit : *Je voudrais apporter un correctif à ce qu'a dit mon collègue.*

CORRECTION **n.f.** (lat. *correctio*). **1.** Action de corriger un devoir, une copie d'élève ou d'étudiant. **2.** Caractère de ce qui est correct : *Veiller à la correction d'une traduction* ; qualité d'une personne correcte : *Elle a agi avec la plus parfaite correction.* **3.** Contrôle d'un texte destiné à l'impression, avec indication et rectification des erreurs ; chacune des indications, des rectifications ainsi apportées. **4.** Compensation artificiellement apportée à une déficience physique (déficience de la vision, en partic.). **5.** Châtiment corporel ; volée de coups : *Infliger, recevoir une correction.* **6.** Fam. Sévère défaite.

CORRECTIONNALISER **v.t. [3]. DR.** Rendre un crime justiciable des tribunaux correctionnels, en le qualifiant de délit, par voie légale ou judiciaire.

CORRECTIONNEL, ELLE **adj.** Relatif aux délits, par oppos. aux *contraventions* et aux *crimes.* ▪ **Tribunal correctionnel,** ou **correctionnelle, n.f.,** tribunal qui juge les délits, en France.

CORREGIDOR [kɔreʒidɔr], ▲ ***CORRÉGIDOR*** **n.m.** (mot esp.). Anc. Premier officier de justice d'une ville espagnole.

CORRÉLAT **n.m.** Élément en corrélation avec un autre.

CORRÉLATIF, IVE **adj.** Qui est en relation avec un autre élément. ◆ **adj.** et **n.m. LING.** Se dit de deux termes qui articulent deux membres d'une phrase interdépendants (ex. : *tel... que, trop... pour,* etc.).

CORRÉLATION **n.f.** (lat. *correlatio*). **1.** Dépendance réciproque de deux phénomènes qui varient simultanément et en fonction l'un de l'autre, qui évoquent ou manifestent un lien de cause à effet ; interaction : *Y a-t-il une corrélation entre son arrivée et votre départ ?* **2. LOG.** Liaison logique. ▪ **Coefficient de corrélation** [math.], indice mesurant le degré de liaison entre deux variables. ➲ C'est le quotient de la covariance par le produit des écarts-types.

CORRÉLATIONNEL, ELLE **adj.** Qui concerne une corrélation.

CORRÉLATIVEMENT **adv.** De façon corrélative.

CORRÉLER **v.t. [11],** ▲ *[11*].* Établir une corrélation entre deux phénomènes.

CORRESPONDANCE **n.f. 1.** Rapport de conformité, de symétrie, de concordance ; harmonie : *Une correspondance d'idées et de goûts.* **2.** Échange de lettres ; les lettres elles-mêmes : *Publier la correspondance d'un écrivain.* **3.** Concordance d'horaires et de lieu entre deux moyens de transport ; moyen de transport dont le service est établi en liaison avec un autre : *Attendre, rater la correspondance.* **4. MATH.** Relation générale entre deux ensembles.

1. CORRESPONDANT, E **adj.** Qui est en relation de correspondance : *Les avantages correspondants. Cochez la case correspondante.*

2. CORRESPONDANT, E **n. 1.** Personne avec laquelle on correspond par lettres, par téléphone : *Votre correspondant est en ligne.* **2.** Jeune étranger avec qui on échange lettres et séjours linguistiques. **3.** Journaliste en poste dans une ville ou un pays différents du siège de sa rédaction et chargé de couvrir l'actualité de la zone où il se trouve. **4.** Membre d'une société savante en rapport épistolaire avec celle-ci : *Correspondant de l'Académie des sciences.* **5.** Vieilli. Personne chargée de veiller sur un élève interne lors de ses sorties.

CORRESPONDRE **v.i. [59]** (du lat. *cum,* avec, et *respondere,* répondre). Entretenir des relations épistolaires : *Nous correspondons depuis notre adolescence.* ◆ **v.t. ind. 1. (À).** Être dans un état de conformité, de symétrie, d'équivalence avec qqch : *Son témoignage correspond à ce que nous avons vu. Son profil correspond au poste à pourvoir.* **2. (AVEC).** Entretenir des relations épistolaires avec qqn.

CORRIDA **n.f.** (mot esp. « course »). **1.** Spectacle tauromachique au cours duquel des taureaux sont mis à mort (SYN. **course de taureaux**). **2.** Fig., fam. Suite de difficultés entraînant agitation ou précipitation. ▪ **Corrida pédestre,** course de fond qui se déroule dans les rues d'une ville.

CORRIDOR **n.m.** (ital. *corridore*). **1.** Couloir. **2.** Territoire resserré entre deux États et qui sert de débouché à un autre territoire : *Le corridor de Dantzig.* ▪ **Corridor écologique** ou **biologique,** espace de liaison, passage naturel ou artificiel (haie, pont, réseau de rivières, etc.) permettant aux espèces animales et végétales de se déplacer entre deux habitats naturels.

CORRIGÉ **n.m.** Solution type d'un devoir, d'un exercice, donnée comme modèle.

CORRIGER **v.t. [10]** (lat. *corrigere*). **1.** Supprimer les défauts, les erreurs de : *Corriger une épreuve d'imprimerie* ; modifier pour rendre correct, pour améliorer : *Il a corrigé son comportement.* **2.** Apprécier et noter un travail après en avoir relevé les fautes. **3.** Éliminer ou atténuer une erreur, une déficience : *Corriger la myopie.* **4.** Atténuer un trait excessif : *Corriger la sévérité d'une remarque par un sourire.* **5.** Infliger une correction à qqn. ◆ **SE CORRIGER** **v.pr. (DE).** Se défaire de ; se guérir de : *Se corriger de son bégaiement.*

CORRIGIBLE **adj.** Qui peut être corrigé.

CORROBORATION **n.f.** Fait de corroborer ; confirmation.

CORROBORER **v.t. [3]** (lat. *corroborare,* de *robur, roboris,* force). Servir de preuve, de confirmation à un propos, à un fait : *Le récit du témoin corrobore les déclarations de la victime.*

CORRODER **v.t. [3]** (lat. *corrodere*). Provoquer la corrosion de ; ronger : *La rouille a corrodé la grille.*

CORROIERIE [kɔrwari] **n.f.** (de *corroyer*). Préparation des cuirs après le tannage.

CORROMPRE **v.t. [60]** (lat. *corrumpere*). **1.** Dénaturer ce qui est sain, juste ; altérer : *Des spectacles stupides qui corrompent le goût.* **2.** Inciter qqn à agir contre sa conscience ; pervertir : *L'argent facile des trafics corrompt la jeunesse.* **3.** Engager une personne investie d'une autorité à agir contre les devoirs de sa charge ; soudoyer : *Corrompre un juge.* **4.** Vx. Provoquer le pourrissement d'une denrée.

CORROMPU, E **adj.** Qui est perverti, dépravé : *Milieu corrompu.* ◆ **adj.** et **n.** Qui se laisse soudoyer : *Un policier corrompu.*

CORROSIF, IVE **adj.** et **n.m.** Qui corrode, ronge : *Un acide corrosif.* ◆ **adj.** Fig. Qui est mordant, virulent ; caustique : *Une ironie corrosive.*

CORROSION **n.f.** (lat. *corrosio*). Destruction progressive d'une substance, d'une surface par effet chimique : *La corrosion des métaux.*

CORROYAGE [kɔrwajaʒ] **n.m. 1.** Ensemble des opérations par lesquelles le cuir tanné est amené à l'état de cuir fini. **2. MÉTALL.** Action de déformer à chaud un métal ou un alliage. **3. MENUIS.** Dégrossissage d'une pièce de bois sciée et avivée en vue de son usinage définitif.

CORROYER [kɔrwaje] **v.t. [7]** (lat. *conredare,* du germ.). **1.** Soumettre les cuirs au corroyage. **2. MÉTALL.** Déformer un métal ou un alliage à chaud. **3. MENUIS.** Effectuer un corroyage.

CORROYEUR, EUSE [kɔrwajœr, øz] **n.** Personne qui procède au corroyage du cuir.

CORRUPTEUR, TRICE adj. et **n.** Qui corrompt : *L'argent corrupteur.*

CORRUPTIBLE adj. Sout. Que l'on peut corrompre, soudoyer.

CORRUPTION n.f. (lat. *corruptio*). **1.** Action de corrompre, de soudoyer qqn : *Tentative de corruption de fonctionnaire.* **2.** Fait d'être corrompu ou dépravé : *La corruption des mœurs.* **3.** Vx. Pourrissement ; décomposition. ▪ **Corruption de mineur,** incitation de mineur à se livrer à la débauche.

CORSAGE n.m. (de l'anc. fr. *cors*, corps). **1.** Vêtement féminin qui recouvre le buste ; chemisier. **2.** Haut d'une robe.

CORSAIRE n.m. (ital. *corsaro*). **1. HIST.** Navire rapide armé par un équipage habilité par son gouvernement à capturer des bâtiments de commerce ennemis (XVe-XIXe s.) ; capitaine ou marin d'un tel navire (à distinguer de *pirate*). **2.** Pantalon moulant s'arrêtant à mi-mollet.

CORSE adj. et **n.** De la Corse. ◆ **n.m.** Langue parlée en Corse, dont les formes septentrionales sont proches du toscan et les formes méridionales, des dialectes du sud de l'Italie.

CORSÉ, E adj. 1. Qui a un goût relevé, intense : *Une sauce corsée.* **2.** Qui contient des détails scabreux ; grivois : *Une histoire corsée.* **3.** Qui est excessif : *L'addition était corsée.*

CORSELET n.m. (de l'anc. fr. *cors*, corps). **1.** Anc. Corps de cuirasse. **2.** Anc. Vêtement féminin qui se laçait par-dessus un corsage. **3. ZOOL.** Prothorax.

CORSER v.t. [3] (de l'anc. fr. *cors*, corps). **1.** Relever une sauce en l'épiçant ; donner du corps à un vin en y ajoutant de l'alcool. **2.** Fig. Renforcer le piquant, l'intérêt de : *Corser un récit de détails croustillants.* ▪ **Corser la note, l'addition,** en gonfler le total. ◆ **SE CORSER v.pr.** Devenir plus complexe, plus délicat ; se compliquer : *L'affaire se corse.*

CORSET n.m. (de l'anc. fr. *cors*, corps). Sous-vêtement féminin baleiné, destiné à maintenir la taille et le ventre. ▪ **Corset orthopédique,** appareil utilisé dans le traitement des déviations et des fractures de la colonne vertébrale.

CORSETER v.t. [12]. 1. Mettre un corset à. **2.** Fig. Enfermer dans un cadre rigide : *Ces mesures corsètent la liberté de la presse.*

CORSETERIE [kɔrsɛtri] **n.f. 1.** Industrie, magasin du corsetier. **2.** Ensemble des articles fabriqués ou vendus par le corsetier.

CORSETIER, ÈRE n. Personne qui fait ou vend des corsets.

CORSO n.m. (mot ital. « avenue, cortège »). ▪ **Corso fleuri,** défilé de chars fleuris au cours de certaines fêtes en plein air.

CORTÈGE n.m. (ital. *corteggio*). **1.** Groupe de personnes qui en suivent une autre pour lui faire honneur ; procession : *Cortège funèbre.* **2.** Fig., litt. Ce qui suit, accompagne : *La vie quotidienne et son cortège d'habitudes.*

CORTES [kɔrtɛs] **n.f. pl.** (mot esp.). Parlement bicaméral espagnol.

CORTEX n.m. (mot lat. « enveloppe »). **1. BIOL.** Partie externe qui forme l'enveloppe d'un organe animal ou végétal ; écorce. **2. ANAT.** Partie périphérique de certains organes (glandes surrénales, rein, etc.) [par oppos. à *médulla*]. ▪ **Cortex (cérébral)** [anat.], couche de substance grise située à la surface des hémisphères cérébraux, contenant les corps cellulaires de neurones et responsable des fonctions les plus élevées du cerveau.

CORTI (ORGANE DE) n.m. Organe de l'audition situé dans la cochlée.

CORTICAL, E, AUX adj. ANAT., BIOL. Relatif au cortex d'un organe, à l'écorce d'une plante. ▪ **Aire corticale,** zone du cortex cérébral jouant un rôle spécifique (commande des mouvements, perception sensitive consciente, utilisation du langage, etc.).

CORTICALE n.f. (Abusif). Cortex animal ou végétal.

CORTICOÏDE ou **CORTICOSTÉROÏDE adj.** et **n.m.** Se dit des hormones de la glande corticosurrénale et de leurs dérivés synthétiques. ➲ Les corticoïdes sont utilisés en thérapeutique comme anti-inflammatoires et comme immunodépresseurs.

CORTICOSTIMULINE n.f. Hormone de l'hypophyse qui stimule la sécrétion de la glande corticosurrénale (SYN. **ACTH**).

CORTICOSURRÉNAL, E, AUX adj. PHYSIOL. ▪ **Glande corticosurrénale,** ou **corticosurrénale, n.f.,** région périphérique de la glande surrénale, qui sécrète les hormones corticoïdes.

CORTICOTHÉRAPIE n.f. MÉD. Traitement par les corticoïdes.

CORTINAIRE n.m. Champignon à lamelles dont le bord du chapeau reste attaché au pied par une cortine. ➲ Presque toutes les espèces (plus de 500) sont comestibles, mais certaines sont vénéneuses, voire mortelles ; classe des basidiomycètes.

CORTINE n.f. (du lat. *cortina*, cuve). **BOT.** Ensemble de filaments réunissant le bord du chapeau de certains champignons à la partie supérieure du pied.

CORTISOL n.m. Principale hormone du groupe des glucocorticoïdes (SYN. **hydrocortisone**).

CORTISONE n.f. (mot angl.). Hormone du groupe des glucocorticoïdes.

CORTON n.m. Grand vin rouge de Bourgogne récolté dans la commune d'Aloxe-Corton.

CORUSCANT, E adj. (lat. *coruscans*). Litt. Qui brille d'un vif éclat ; étincelant.

CORVÉABLE adj. et **n. HIST.** Assujetti à la corvée. ▪ **Taillable et corvéable à merci** → **TAILLABLE.**

CORVÉE n.f. (du lat. *corrogata opera*, travail dû à un seigneur). **1.** Travail pénible ou rebutant imposé à qqn : *Corvée de vaisselle.* **2.** Tâche d'intérêt commun exécutée à tour de rôle par les membres d'une communauté : *Aujourd'hui, tu es de corvée de ravitaillement.* **3. HIST.** Travail gratuit qui était dû par le paysan au seigneur ou au roi.

CORVETTE n.f. (moyen néerl. *korver*). **1.** Anc. Bâtiment de guerre, intermédiaire entre la frégate et le brick. **2.** Mod. Bâtiment de moyen tonnage armé pour la lutte anti-sous-marine.

CORVIDÉ n.m. (du lat. *corvus*, corbeau). Oiseau passereau de taille moyenne, tel que le corbeau, la corneille, le geai et la pie. ➲ Les corvidés forment une famille.

CORYBANTE n.m. (gr. *korubas*). **ANTIQ. GR.** Prêtre du culte de Cybèle.

CORYMBE n.m. (gr. *korumbos*). **BOT.** Inflorescence où les pédoncules sont de longueur inégale, mais où toutes les fleurs sont sur un même plan (fleur de pommier, par ex.).

CORYPHÉE n.m. (gr. *koruphaios*). **1. ANTIQ. GR.** Chef du chœur. **2.** Deuxième des cinq échelons dans la hiérarchie du corps de ballet de l'Opéra de Paris ; danseur, danseuse possédant ce grade.

CORYPHÈNE n.f. (gr. *koruphaina*). ▪ **(Daurade) coryphène,** grand poisson (jusqu'à 2 m) aux couleurs métalliques étincelantes, prédateur des mers chaudes et tempérées (SYN. [cour.] **mahi-mahi**). ➲ Famille des coryphaenidés.

CORYZA n.m. (gr. *koruza*). **MÉD.** Rhume de cerveau. ▪ **Coryza spasmodique,** rhume des foins.

1. COS ou **C.O.S.** [kɔs] **n.m.** (acronyme). Coefficient d'occupation des sols*.

2. COS ou **C.O.S.** [seoɛs] **n.m.** (sigle). Complément d'objet* second.

COSAQUE adj. et **n.** (ukrainien *kozak*). Qui se rapporte aux Cosaques ; qui appartient à cette population.

COSIGNATAIRE [kosi-] **n.** et **adj.** Personne qui a signé avec une ou plusieurs autres.

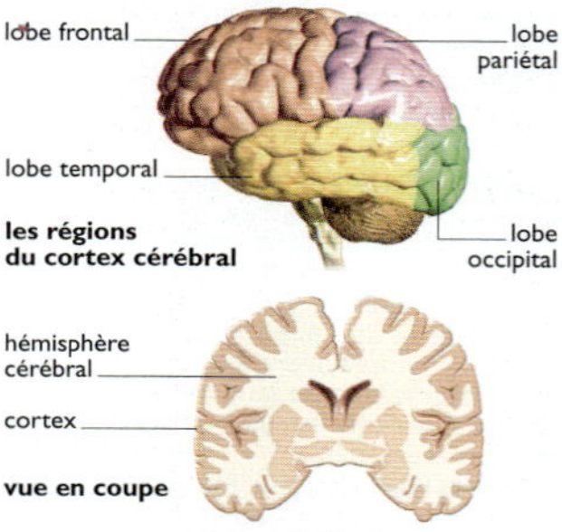

▲ **cortex cérébral**

COSIGNER [kosi-] **v.t. [3].** Signer un texte avec une ou plusieurs personnes.

COSINUS [kɔsinys] **n.m. MATH.** ▪ **Cosinus d'un angle dans un triangle rectangle,** rapport de la longueur du côté adjacent à celle de l'hypoténuse. ▪ **Cosinus d'un réel *x*,** abscisse du point M du cercle trigonométrique tel que l'angle $(\overrightarrow{OA}, \overrightarrow{OM})$ et l'arc $\overset{\frown}{AM}$ mesurent *x* radians (symb. cos *x*). ▪ **Fonction cosinus,** fonction qui à un réel *x* quelconque associe son cosinus (symb. cos).

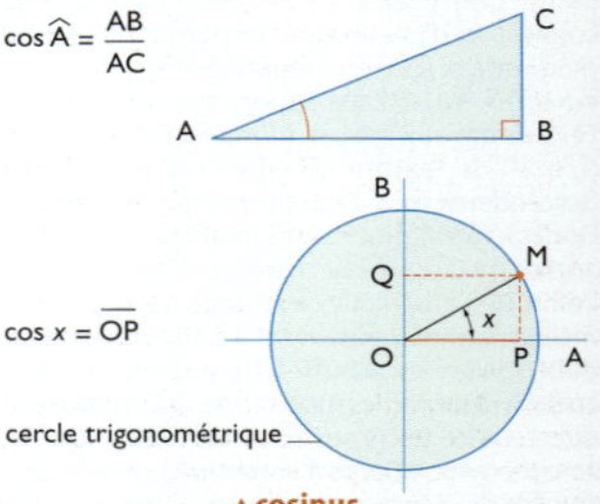

▲ **cosinus**

COSMÉTIQUE adj. et **n.m.** (du gr. *kosmêtikos*, de *kosmos*, parure). Se dit d'une préparation non médicamenteuse destinée aux soins du corps, à la toilette : *Le rayon des cosmétiques.* ◆ **adj.** Se dit de ce qui ne modifie que les apparences, ne va pas à l'essentiel ; superficiel : *Une réforme cosmétique.*

COSMÉTOLOGIE n.f. Étude de tout ce qui se rapporte aux cosmétiques, de leur préparation à leur utilisation.

COSMÉTOLOGIQUE adj. Qui a trait à la cosmétologie.

COSMÉTOLOGUE n. Spécialiste de cosmétologie.

COSMIDE n.m. Vecteur de clonage contenant de grands fragments d'ADN.

COSMIQUE adj. (lat. *cosmicus*, du gr. *kosmos*, monde). **1.** Relatif au cosmos, à l'Univers : *Les espaces cosmiques.* **2.** Relatif à l'espace intersidéral ; spatial : *Un vaisseau cosmique.* ▪ **Rayons cosmiques** [astron.], flux de particules chargées de haute énergie d'origine solaire, galactique ou extragalactique, produisant des phénomènes d'ionisation dans la haute atmosphère.

COSMODROME n.m. Base de lancement d'engins spatiaux, dans les pays de l'URSS : *Le cosmodrome de Baïkonour.*

COSMOGONIE n.f. (du gr. *kosmos*, univers, et *gonos*, génération). **1.** Récit mythique de la formation de l'univers et, souvent, de l'émergence des sociétés. **2.** Science de la formation des objets célestes (planètes, étoiles, galaxies).

COSMOGONIQUE adj. Relatif à la cosmogonie.

COSMOGRAPHIE n.f. Description des systèmes astronomiques de l'Univers.

COSMOGRAPHIQUE adj. Relatif à la cosmographie.

COSMOLOGIE n.f. Science qui étudie la structure et l'évolution de l'Univers dans son ensemble.

COSMOLOGIQUE adj. Relatif à la cosmologie.

COSMOLOGISTE ou **COSMOLOGUE n.** Spécialiste de cosmologie.

COSMONAUTE n. Occupant d'un vaisseau spatial, dans la terminologie russe (→ **astronaute, spationaute, taïkonaute**).

COSMOPOLITE adj. (gr. *kosmopolitês*, de *kosmos*, monde, et *politês*, citoyen). **1.** Où se mêlent des gens de multiples nationalités : *Ville cosmopolite.* **2.** Ouvert à toutes les civilisations, à toutes les coutumes : *Des goûts cosmopolites.* **3. ÉCOL.** Se dit d'une espèce vivante répandue dans toutes les régions du monde (par oppos. à *endémique*) [SYN. **ubiquiste**].

COSMOPOLITISME n.m. 1. Caractère de ce qui est cosmopolite ; disposition d'esprit cosmopolite. **2. ÉCOL.** Caractère des animaux, des plantes et des micro-organismes cosmopolites (par oppos. à *endémisme*).

1. COSMOS [kɔsmos] **n.m.** (gr. *kosmos*). **1.** L'Univers considéré dans son ensemble. **2.** Espace extra-atmosphérique. **3. PHILOS.** Dans la pensée grecque, le monde, l'Univers conçu comme un tout ordonné et hiérarchisé.

2. COSMOS **n.m.** (du gr. *kosmos*, parure). Plante originaire d'Amérique tropicale, aux fleurs diversement colorées. ➲ Sous-famille des composées radiées.

COSPLAY [kɔsplɛ] **n.m.** (mot angl. « costume de jeu », de l'angl. *costume* et *to play*, jouer). **1.** Pratique consistant à revêtir l'apparence d'un personnage princip. issu des mangas, de la science-fiction et des jeux vidéo. **2.** Rassemblement festif auquel cette pratique donne lieu. Recomm. off. **costumade.**

COSSARD, E **adj.** et **n.** (p.-ê. de *cossu*). Fam. Fainéant.

1. COSSE **n.f.** (du lat. *cochlea*, coquille). Enveloppe de certains légumes : *Cosse de pois.*

2. COSSE **n.f.** (néerl. *kous*). **1.** Anneau métallique de l'extrémité d'un conducteur permettant de le relier à une borne ou un pôle : *Des cosses de batterie.* **2.** Œillet fixé à l'extrémité d'un cordage.

3. COSSE **n.f.** (de *cossard*). Fam., vieilli. Grande paresse.

COSSETTE **n.f.** (de *1. cosse*). **AGRIC.** Fragment de betterave à sucre, de racine de chicorée coupée en lamelles.

COSSU, E **adj.** (de *1. cosse*). **1.** Qui dénote la richesse ; luxueux : *Maison cossue.* **2.** Qui vit dans l'aisance : *Une famille cossue.*

COSSUS [kɔsys] **n.m.** (mot lat.). Papillon nocturne à ailes brun clair, de 6 à 9 cm d'envergure, dont une espèce est appelée en France *gâte-bois* en raison des profondes galeries que sa chenille creuse dans les arbres. ➲ Famille des cossidés.

COSTAL, E, AUX **adj.** **ANAT.** Relatif aux côtes.

COSTARD ou **COSTAR** **n.m.** Fam. Costume d'homme.

COSTARICAIN, E ou **COSTARICIEN, ENNE** **adj.** et **n.** Du Costa Rica ; de ses habitants.

COSTAUD, E **adj.** et **n.** (du provenç. *costo*, côte). Fam. Qui a une grande force physique ; fort : *Un garçon costaud.* (Au fém., on peut aussi dire : *elle est costaud.*)

COSTIÈRE **n.f.** Rainure dans le plateau d'un théâtre pour la manœuvre et l'installation de décors.

COSTUME **n.m.** (mot ital. « coutume »). **1.** Ensemble des différentes pièces d'un habillement : *Costume de scène, de cérémonie.* **2.** Vêtement masculin comportant un pantalon, un veston et éventuellement un gilet ; complet. **3.** Vêtement typique d'un pays, d'une région ou d'une époque. *(V. planches pages suivantes.)* **4.** Déguisement : *Un costume de pirate.* ▪ **Costume de bain** [Québec, Suisse], maillot de bain.

COSTUMÉ, E **adj.** Vêtu d'un déguisement. ▪ **Bal costumé,** où les invités sont déguisés.

COSTUMER **v.t.** [3]. Revêtir d'un costume ou d'un déguisement. ◆ **SE COSTUMER** **v.pr.** Revêtir un déguisement : *Se costumer en Pierrot.*

COSTUMIER, ÈRE **n.** **1.** Personne qui dessine, réalise, vend ou loue des costumes de théâtre, de cinéma. **2.** Technicien qui s'occupe des costumes d'un spectacle.

1. COSY **adj. inv.** (mot angl.). Se dit d'un endroit confortable et agréable : *Un restaurant cosy.*

2. COSY ou **COSY-CORNER** [kɔzikɔrnœr] **n.m.** (pl. *cosys* ou *cosies*, *cosy-corners*) [mot angl.]. Vieilli. Ensemble formé par un divan encastré dans un meuble d'angle à étagères.

COTABLE **adj.** Susceptible d'être coté en Bourse.

COTANGENTE **n.f.** **MATH.** Inverse de la tangente d'un angle ou d'un nombre réel (symb. cotg ou cotan).

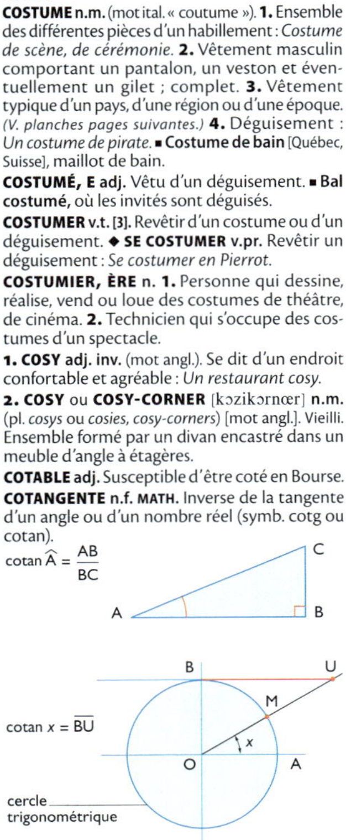

▲ **cotangente**

COTATION **n.f.** **1.** Action de coter ; son résultat : *La cotation des livres d'une bibliothèque.* **2.** **BOURSE.** Cours d'un titre ou prix d'une marchandise.

COTE [kɔt] **n.f.** (du lat. *quota pars*, quote-part). **1.** Marque pour classer, repérer les éléments d'une collection, les livres d'une bibliothèque, etc. **2.** Nombre porté sur un dessin, un plan, une carte, indiquant une dimension, un niveau, une coordonnée, etc. **3.** Altitude d'un point par rapport à une surface de référence. **4.** **MATH.** Troisième coordonnée d'un point de l'espace, dans un repère cartésien. **5.** Constatation officielle des cours des titres, des monnaies, des marchandises, partic. en Bourse ; tableau, feuille périodique reproduisant ces cours. **6.** Cours officieux de certaines marchandises (voitures d'occasion, par ex.). **7.** Belgique. Note scolaire. **8.** Estimation des chances de succès d'un cheval de course ; taux des paris. **9.** Degré d'estime pour qqn ou qqch ; popularité : *Un homme politique dont la cote est en baisse.* **10.** Estimation de la valeur de qqch permettant un classement : *La cote des films de l'année.* **11.** **DR.** Part d'impôt que chacun doit payer. ▪ **Avoir la cote** [fam.], être très estimé. ▪ **Cote d'alerte,** niveau d'un cours d'eau à partir duquel l'inondation est à redouter ; fig., point critique : *Le chômage a atteint la cote d'alerte.* ▪ **Cote d'amour,** appréciation fondée sur la valeur morale, sociale de qqn. ▪ **Cote mal taillée,** compromis qui laisse tout le monde insatisfait.

COTÉ, E **adj.** **1.** Qui a une bonne cote ; qui est apprécié, estimé : *Un vin coté.* **2.** Admis à la cotation en Bourse.

CÔTE [kot] **n.f.** (lat. *costa*). **1.** **ANAT.** Chacun des os allongés et courbes faisant partie de la cage thoracique. **2.** Partie supérieure de la côte d'un animal de boucherie et de la vertèbre qui la supporte, avec les muscles qui y adhèrent : *Une côte de bœuf.* **3.** **TEXT.** Saillie longue et étroite : *Velours à côtes.* **4.** **BOT.** Division naturelle marquée, sur certains fruits : *Côtes de melon.* **5.** **BOT.** Pétiole charnu de certaines plantes : *Côtes de bette.* **6.** Versant de colline ; route, chemin qui suit une pente. **7.** Bande de terre qui borde la mer ; littoral ; rivage : *La côte landaise.* ▪ **Caresser les côtes à qqn** [fam.], le battre. ▪ **Côte à côte,** l'un à côté de l'autre. ▪ **Côtes flottantes** [anat.], les deux dernières côtes, non rattachées au sternum. ▪ **Faire côte** ou **aller à la côte** [mar.], s'échouer devant le rivage. ▪ **Point de côtes** [text.], point de tricot constitué par l'alternance régulière, sur un même rang, de points à l'endroit et de points à l'envers. ▪ **Relief de côte,** ou **côte** [géomorph.], cuesta. ▪ **Se tenir les côtes** [fam.], rire beaucoup.

CÔTÉ **n.m.** (du lat. *costa*, côte). **1.** Partie latérale du tronc ; flanc : *Dormir sur le côté.* **2.** Partie latérale de qqch : *Le côté droit de la rue.* **3.** **MATH.** Chacun des segments qui composent un polygone ; longueur, mesure de ce segment. **4.** Face d'un objet opposée à une autre : *Le côté extérieur de la vitre est sale.* **5.** Aspect sous lequel se présente qqch ; manière dont on l'envisage : *Les bons côtés d'une affaire.* **6.** Ligne de parenté : *Un oncle du côté de sa mère.* ▪ **À côté,** tout près : *Il habite à côté* ; en dehors : *Mettre la balle à côté.* ▪ **À côté de,** non loin de ; en comparaison de : *Tes ennuis ne sont rien à côté des siens.* ▪ **De côté,** de biais : *Se tourner de côté.* ▪ **De mon côté,** quant à moi. ▪ **De tous (les) côtés** ou **de tout côté,** de toutes parts ; de partout. ▪ **Du côté de,** aux environs de : *Il habite du côté de Chartres* ; en ce qui concerne : *Du côté de l'argent* ou, fam., *côté argent, ça va.* ▪ **Être au(x) côté(s) de qqn,** lui apporter son soutien. ▪ **Laisser de côté,** ne pas s'occuper de ; négliger. ▪ **Mettre de côté,** en réserve. ▪ **Regard de côté,** furtif, indiquant la timidité, le ressentiment ou le dédain.

COTEAU **n.m.** (de *côte*). **1.** Versant d'une colline, d'un plateau. **2.** Côte plantée de vignes : *Vin de coteau.*

CÔTELÉ, E **adj.** **TEXT.** Se dit d'un tissu qui présente des côtes parallèles : *Velours côtelé.*

CÔTELETTE **n.f.** **BOUCH.** Côte des petits animaux de boucherie (mouton, veau, porc).

COTER **v.t.** [3] (de *cote*). **1.** Marquer d'une cote un document, une pièce, un livre. **2.** **BOURSE.** Inscrire à la cote ; fixer le cours d'une monnaie, d'une valeur, d'une marchandise. **3.** Porter, reporter les cotes d'un objet ou d'éléments représentés (courbes de niveau, par ex.) sur une carte, un plan, un dessin. ◆ **v.i.** **BOURSE.** Avoir telle cotation, en parlant d'une valeur, d'une monnaie, etc. : *L'or a coté en baisse.*

COTERIE **n.f.** (mot d'anc. fr. « association de paysans »). Péjor. Petit groupe de personnes qui se soutiennent pour faire prévaloir leurs intérêts ; clan.

CÔTES-DU-RHÔNE **n.m. inv.** Vin des coteaux de la vallée du Rhône, au sud de Lyon.

COTHURNE **n.m.** (lat. *cothurnus*, du gr.). **ANTIQ. GR.** Chaussure à semelle épaisse des acteurs tragiques.

COTICE **n.f.** (de *côte*). **HÉRALD.** Bande diminuée de largeur.

COTIDAL, E, AUX **adj.** (mot angl.). **OCÉANOL.** ▪ **Ligne cotidale,** passant par tous les points où la pleine mer a lieu à la même heure.

CÔTIER, ÈRE **adj.** Relatif aux rivages de la mer ; qui se fait le long des côtes : *Navigation côtière.* ▪ **Fleuve côtier,** qui a sa source près de la côte.

COTIGNAC **n.m.** (anc. provenç. *coudoignac*). Pâte de coings très sucrée. ➲ Spécialité d'Orléans.

COTILLON **n.m.** (de *2. cotte*). **1.** Vx. Jupon. **2.** Farandole ou sarabande joyeuse qui termine une soirée dansante. ▪ **Accessoires de cotillon,** ou **cotillons, n.m. pl.,** confettis, serpentins, etc., utilisés au cours d'une fête.

COTISANT, E **adj.** et **n.** Qui verse une cotisation.

COTISATION **n.f.** **1.** Action de cotiser ou de se cotiser ; somme versée par chacun pour contribuer à une dépense commune. **2.** Versement effectué en vue de bénéficier d'une assurance.

COTISER **v.i.** [3] (de *cote*). **1.** Verser régulièrement de l'argent à un organisme, à une association : *Cotiser à une mutuelle.* **2.** Payer sa quote-part d'une dépense commune. ◆ **SE COTISER** **v.pr.** Se mettre à plusieurs pour réunir une certaine somme d'argent.

CÔTOIEMENT **n.m.** Litt. Action de côtoyer, de se côtoyer ; fréquentation.

COTON **n.m.** (ital. *cottone*, de l'ar.). **1.** Fibre textile naturelle recouvrant les graines du cotonnier. **2.** Fil ou étoffe que l'on fabrique avec cette fibre. **3.** Morceau de ouate, de coton hydrophile : *Un coton imbibé d'alcool.* ▪ **Élever un enfant dans du coton,** le protéger de façon excessive. ▪ **Filer un mauvais coton** [fam.], être très malade ; se trouver dans une situation très difficile. ◆ **adj. inv.** Fam. Difficile.

COTONÉASTER [-astɛr] **n.m.** Arbuste ornemental, à petites feuilles, à fleurs blanches ou roses. ➲ Famille des rosacées.

COTONNADE **n.f.** Étoffe de coton, pur ou mélangé.

SE COTONNER **v.pr.** [3]. Se couvrir d'un duvet évoquant du coton, en parlant d'une étoffe.

COTONNERIE **n.f.** **1.** Culture du coton. **2.** Lieu où se travaille le coton. **3.** Terrain planté de cotonniers.

COTONNEUX, EUSE **adj.** **1.** Dont l'aspect rappelle le coton : *Un ciel cotonneux.* **2.** Se dit d'un végétal, d'un fruit recouvert de duvet. **3.** Se dit d'un fruit dont la pulpe est fade, spongieuse : *Poire cotonneuse.*

COTONNIER, ÈRE **adj.** Qui se rapporte au coton, au cotonnier. ◆ **n.m.** Plante herbacée ou arbuste originaires de l'Inde, à fleurs jaunes ou roses, cultivés dans les régions chaudes pour le coton qui entoure leurs graines et pour l'huile contenue dans celles-ci. ➲ Famille des malvacées. *(V. ill. page 312.)* ◆ **n.** **1.** Ouvrier des filatures de coton. **2.** Industriel du coton.

COTON-POUDRE **n.m.** (pl. *cotons-poudres*). Coton nitré (nitrocellulose) ayant des propriétés explosives.

COTON-TIGE **n.m.** (nom déposé). Bâtonnet dont les deux bouts sont garnis de coton pour nettoyer les oreilles ou le nez.

CÔTOYER **v.t.** [7] (de *côte*). **1.** Être en contact fréquent avec qqn, un milieu ; fréquenter : *Il côtoie les gens à la mode.* **2.** Aller, se trouver le long de : *Le sentier côtoie le précipice.* **3.** Fig. Être tout proche de ; friser : *Côtoyer le ridicule.* ◆ **SE CÔTOYER** **v.pr.** Être à côté l'une de l'autre, en parlant de personnes, de choses.

COTRAVAIL **n.m.** (angl. *coworking*). Mode de travail basé sur l'utilisation d'un même espace par des professionnels indépendants, afin de partager les expériences et de favoriser la créativité.

Les costumes civils

XIIIe siècle

XIVe siècle

XVe siècle

fin XVe siècle

début XVIe siècle

Henri II

Henri III

Marie de Médicis

1660

1730

1778

fin XVIIIe siècle

Ier Empire

1830

1860

1875

1880

Les costumes militaires

▲cotonnier

COTRE n.m. (angl. *cutter*). Voilier à un seul mât, avec grand-voile, foc et trinquette.

COTRIADE n.f. (mot dial.). Soupe à base de poissons, de pommes de terre et d'oignons. ➲ Cuisine bretonne.

COTTAGE [kɔtɛdʒ] ou [kɔtaʒ] **n.m.** (mot angl.). Maison de campagne élégante.

1. COTTE n.m. (gr. *kottos*). Chabot.

2. COTTE n.f. (francique **kotta*). **1.** Salopette de travail en tissu génér. bleu : *Une cotte de mécanicien.* **2.** Au Moyen Âge, tunique portée par les hommes et les femmes. ▪ **Cotte d'armes,** vêtement ample porté sur l'armure. ▪ **Cotte de mailles,** longue chemise formée de mailles métalliques unies et rivées sans armature.

COTUTEUR, TRICE n. Personne qui exerce avec une ou plusieurs autres le rôle de tuteur.

COTYLE n.m. (du gr. *kotulê*, creux). **ANAT.** Acetabulum.

COTYLÉDON n.m. (du gr. *kotulêdôn*, cavité). **1. BOT.** Première feuille, charnue ou foliacée, qui s'insère dans la graine sur l'axe de la plantule et constitue une réserve pour le développement de celle-ci. **2. EMBRYOL.** Lobe du placenta.

COTYLOÏDE [-lɔid] **adj. ANAT.** ▪ **Cavité cotyloïde,** acetabulum.

COU n.m. (lat. *collum*). **1.** Partie du corps de l'homme et de certains vertébrés qui joint la tête au tronc : *Un cou fin et gracieux.* **2.** Partie longue et étroite d'un récipient ; col. ▪ **Être jusqu'au cou dans une situation** [fam.], y être entièrement plongé : *Être endetté jusqu'au cou.* ▪ **Sauter ou se jeter au cou de qqn,** l'embrasser avec effusion. ▪ **Se casser le cou,** se tuer. ▪ **Tendre le cou,** s'offrir en victime sans se défendre, sans réagir.

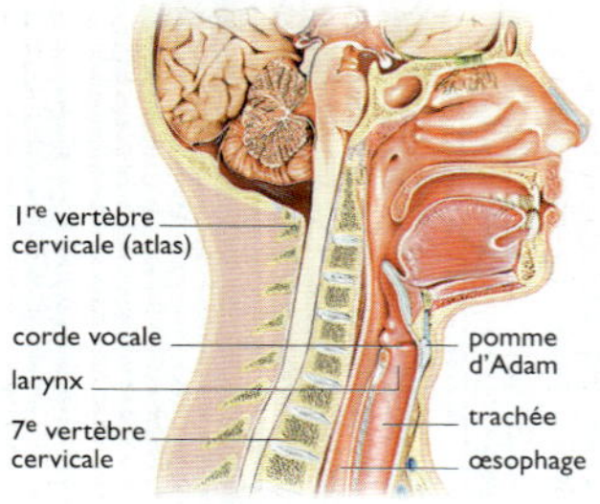

▲cou

COUAC n.m. (onomat.). **1.** Son faux et discordant produit par une voix ou par un instrument de musique. **2.** Fam. Acte ou propos qui révèlent une faille dans la cohésion d'un groupe ; fausse note.

COUARD, E adj. et n. (du lat. *cauda*, queue). Litt. Qui manque de courage ; poltron.

COUARDISE n.f. Litt. Poltronnerie.

COUCHAGE n.m. **1.** Action de coucher, de se coucher : *Le moniteur surveille le couchage des enfants.* **2.** Matériel de literie. **3. PAPET.** Opération destinée à couvrir le papier ou le carton d'un enduit spécial qui les rend plus opaques et plus imperméables, et qui leur donne une meilleure aptitude à l'impression. ▪ **Sac de couchage,** sac de toile ou sac garni de matière isolante (duvet, par ex.), dans lequel on se glisse pour dormir.

COUCHAILLER v.i. [3]. Péjor. Avoir des aventures sexuelles épisodiques.

1. COUCHANT, E adj. ▪ **Chien couchant,** chien d'arrêt qui se couche en arrêtant le gibier (par oppos. à *chien courant*). ▪ **Soleil couchant,** soleil près de disparaître à l'horizon ; moment correspondant de la journée.

2. COUCHANT n.m. **1.** Soleil couchant ; aspect du ciel à ce moment du jour. **2.** Côté de l'horizon où le soleil se couche ; ouest.

COUCHE n.f. (de *1. coucher*). **1.** Étendue uniforme d'une substance appliquée ou déposée sur une surface : *Passer une deuxième couche de peinture.* **2.** Disposition d'éléments en niveaux superposés ; chacun de ces niveaux : *Les couches supérieures de l'épiderme.* **3. GÉOL.** Niveau sédimentaire de nature lithologique homogène, situé entre deux niveaux sédimentaires concordants, mais au faciès différent. **4.** Amas de fumier ou de matières organiques en voie de décomposition, libérant de la chaleur et destiné à protéger les jeunes plants du froid, de la gelée. **5.** Amas de compost sur lequel on cultive le champignon de Paris, ou *champignon de couche.* **6.** Catégorie, classe sociale : *Les couches moyennes.* **7.** Garniture, souvent à usage unique, placée entre les jambes d'un bébé pour absorber les déjections. **8.** Litt. Lit : *Une couche nuptiale.* **9. PHYS., CHIM.** Ensemble des états électroniques d'un atome, caractérisés par un même nombre quantique principal. ▪ **Couche limite** [phys.], mince pellicule qui entoure un corps en mouvement dans un fluide, et qui est le siège de phénomènes aérodynamiques et thermiques affectant le comportement de ce corps. ▪ **En tenir une couche** [fam.], être stupide, borné. ▪ **Fausse couche,** avortement spontané. ◆ **n.f. pl.** État d'une femme qui accouche ou vient d'accoucher. ▪ **Couches optiques** [anat., vx], thalamus. ▪ **Retour de couches,** première menstruation après l'accouchement. ▪ **Suites de couches,** période, génér. d'une durée de six à huit semaines, comprise entre l'accouchement et le retour des règles.

COUCHÉ, E adj. Penché : *Une écriture couchée.* ▪ **Papier couché,** ou **couché, n.m.,** papier très lisse ayant subi l'opération de couchage.

COUCHE-CULOTTE n.f. (pl. *couches-culottes*). Couche jetable en forme de culotte.

1. COUCHER v.t. [3] (lat. *collocare*). **1.** Mettre au lit : *Coucher un enfant.* **2.** Étendre qqn sur une surface plane : *Coucher un blessé sur un banc.* **3.** Offrir un lit ; héberger : *Nous pouvons coucher cinq personnes.* **4.** Mettre qqch à l'horizontale : *Coucher une échelle.* **5.** Incliner vers l'horizontale ; courber : *Vent qui couche les blés.* **6.** Étendre en couche : *Coucher un enduit.* **7.** Consigner par écrit ; noter : *Coucher ses idées dans un carnet, qqn sur son testament.* ◆ **v.i. 1.** Passer la nuit ; dormir. **2. MAR.** S'incliner : *Navire qui couche.* ▪ **Coucher avec qqn** [fam.], avoir un rapport sexuel avec lui. ▪ **Nom à coucher dehors** [fam.], nom difficile à prononcer, à retenir. ◆ **SE COUCHER** v.pr. **1.** Se mettre au lit pour dormir. **2.** Se mettre dans la position horizontale ; s'allonger. **3.** Se courber ; s'incliner : *Les roseaux se couchent sous la bourrasque.* **4.** Disparaître à l'horizon, en parlant d'un astre.

2. COUCHER n.m. **1.** Action de coucher qqn ou de se coucher. **2.** Moment où un astre disparaît sous l'horizon : *Le coucher du soleil.*

COUCHERIE n.f. Fam., péjor. Relations sexuelles.

COUCHE-TARD n. inv. Fam. Personne qui se couche habituellement à une heure tardive.

COUCHE-TÔT n. inv. Fam. Personne qui se couche habituellement de bonne heure.

COUCHETTE n.f. **1.** Banquette ou lit escamotable pour dormir, dans un compartiment de chemin de fer. **2.** Lit aménagé dans une cabine de navire.

COUCHEUR, EUSE n. Fam. ▪ **Mauvais coucheur,** personne au caractère difficile.

COUCHEUSE n.f. **PAPET.** Machine servant au couchage.

COUCHIS n.m. **CONSTR.** Assise intermédiaire d'un plancher, d'un revêtement de sol.

COUCHITIQUE adj. et n.m. (de *Couch*, anc. n. de l'Éthiopie). Se dit de langues de la famille chamito-sémitique parlées en Éthiopie et en Somalie.

COUCHOIR n.m. Cône de bois utilisé pour fabriquer des cordages.

COUCI-COUÇA, ▲*COUCICOUÇA* **adv.** (ital. *così così*). Fam. Comme ci, comme ça ; ni bien ni mal : *Comment vas-tu ? — Couci-couça.*

COUCOU n.m. (onomat.). **1.** Oiseau d'Eurasie et d'Afrique à dos gris et à ventre blanc rayé de brun, insectivore, qui pond dans le nid d'autres oiseaux afin qu'ils élèvent sa progéniture. ➲ Ordre des cuculiformes. **2.** Plante à fleurs jaunes fleurissant au printemps (nom commun à la primevère officinale et au narcisse des bois). **3.** Fam. Avion vétuste, démodé. **4.** Horloge à poids munie d'un système imitant le chant du coucou. ◆ **interj.** Sert à attirer l'attention de qqn lorsqu'on arrive par surprise ou à rappeler sa présence.

COUCOUMELLE n.f. (provenç. *coucoumela*). Champignon comestible à chapeau gris ou jaunâtre, appelé aussi *amanite vaginée.*

COUDE n.m. (lat. *cubitus*). **1. ANAT.** Partie du membre supérieur située à la jonction du bras et de l'avant-bras. **2.** Partie correspondante de la manche d'un vêtement. **3. ZOOL.** Articulation du membre antérieur, à la jonction de l'humérus et du radius, chez les quadrupèdes. **4.** Courbure en arc de cercle ; angle saillant : *Le coude d'un tuyau, d'une rue.* ▪ **Coude à coude,** en étant très solidaire : *Travailler coude à coude.* ▪ **Coude-à-coude,** v. à son ordre alphabétique. ▪ **Jouer des coudes** [fam.], se frayer un chemin dans la foule en écartant les gens ; fig., agir sans scrupule pour arriver à ses fins. ▪ **Lever le coude** [fam.], être porté sur la boisson. ▪ **Se serrer** ou **se tenir les coudes,** s'entraider. ▪ **Sous le coude,** en attente ; en suspens.

COUDÉ, E adj. Qui présente un coude, un angle.

COUDE-À-COUDE n.m. inv. **1.** Fait d'être placé très près de qqn. **2.** Fig. Appui mutuel ; entraide. ▪ **Être au coude-à-coude,** se suivre de très près : *Les deux coureurs sont au coude-à-coude.*

COUDÉE n.f. Anc. Mesure de longueur équivalant à la distance qui sépare le coude de l'extrémité du médius (50 cm env.). ▪ **Avoir les coudées franches,** pouvoir agir en toute liberté. ▪ **De cent coudées,** de beaucoup : *Elle dépasse les autres candidats de cent coudées !*

COU-DE-PIED n.m. (pl. *cous-de-pied*). **ANAT.** Partie supérieure et bombée du pied.

COUDER v.t. [3]. Plier en forme de coude.

COUDIÈRE n.f. Protection matelassée du coude, utilisée dans certains sports.

COUDOIEMENT n.m. Litt. Action, fait de coudoyer.

COUDOU n.m. → **KOUDOU.**

COUDOYER v.t. [7]. **1.** Passer près de qqn ; frôler : *Coudoyer des passants pressés.* **2.** Être en fréquent contact avec ; côtoyer : *Il coudoie surtout les philosophes.*

COUDRAIE n.f. Lieu planté de coudriers.

COUDRE v.t. [66] (lat. *consuere*). Joindre par une suite de points faits avec un fil et une aiguille, à la main ou à la machine : *Coudre un écusson sur un pull, les cahiers d'un livre.* ◆ **v.i.** Effectuer des travaux de couture : *Apprendre à coudre.*

COUDRIER n.m. Noisetier.

COUÉ (MÉTHODE) n.f. Méthode visant à soigner des troubles par autosuggestion, inventée par Émile Coué.

COUENNE [kwan] **n.f.** (du lat. *cutis*, peau). **1.** Peau de porc rendue dure par flambage et échaudage. **2.** Suisse. Croûte d'un fromage à pâte dure.

1. COUETTE n.f. (du lat. *culcita*, coussin). **1.** Édredon garni de duvet ou de fibres synthétiques, recouvert d'une housse amovible et servant à la fois de couverture et de drap. **2. MAR.** Pièce de bois assurant le guidage du navire sur sa cale de construction lors du lancement.

2. COUETTE n.f. (de *coue*, forme anc. de *queue*). Fam. Touffe de cheveux rassemblés par un lien sur la nuque ou de chaque côté de la tête.

COUFFIN n.m. (anc. provenç. *coffin*). **1.** Grand cabas en paille tressée. **2.** Grand panier de vannerie souple, à anses, garni intérieurement et servant de berceau portatif.

COUFIQUE ou **KUFIQUE** [kufik] **n.m.** et **adj.** (de *Kufa*, v. d'Iraq). Écriture arabe la plus ancienne, rigide et angulaire, utilisée pour la calligraphie du Coran.

COUGAR [kugar] **n.f.** (mot angl.). Péjor. Femme, génér. de plus de quarante ans, qui cherche à séduire des hommes notablement plus jeunes qu'elle ou qui entretient des relations amoureuses avec eux.

COUGOUAR [kugwar] ou **COUGUAR** [kugar] **n.m.** (brésilien *cuguacuara*). Puma.

COUIC interj. (onomat.). Évoque le cri d'un petit animal ou celui d'un homme à qui l'on serre le cou.

COUILLE n.f. (lat. *coleus*). Vulg. Testicule.

COUILLON, ONNE adj. et **n.** Très fam. Imbécile.

COUILLONNADE n.f. Très fam. **1.** Erreur. **2.** Duperie. **3.** Affaire peu sérieuse dont il n'y a rien à attendre de bon : *C'est une vaste couillonnade.*

COUILLONNER v.t. [3]. Très fam. Duper.

COUILLU, E adj. Très fam. Audacieux ; courageux : *Un film couillu.*

COUINEMENT n.m. 1. Cri du lièvre, du lapin ou d'autres animaux (porc, par ex.). **2.** Grincement aigu : *Le couinement d'un frein.*

COUINER [kwine] **v.i. [3]** (onomat.). **1.** Pour un petit animal, émettre un couinement. **2.** Fam. Pleurnicher. **3.** Grincer : *La porte de la cave couine.*

COULABILITÉ n.f. MÉTALL. Aptitude d'un métal ou d'un alliage à l'écoulement.

COULAGE n.m. 1. Action de faire couler un liquide, une matière en fusion ou un matériau pâteux : *Le coulage du bronze, du béton.* **2.** Perte de marchandises due au vol ou au gaspillage.

1. COULANT, E adj. 1. Qui coule ; fluide : *Du miel coulant.* **2.** Qui donne l'impression d'être fait sans effort : *Une prose coulante.* **3.** Fam. Qui se montre indulgent, conciliant ; arrangeant : *Il est très coulant en affaires.*

2. COULANT n.m. Anneau qui coulisse le long d'une ceinture, d'un bracelet et qui permet, une fois ceux-ci fermés, d'y glisser l'extrémité libre ; passant.

COULE n.f. (lat. *cucullus*). Vêtement à capuchon de certains moines.

À LA COULE loc. adj. (de *couler*). Fam., vieilli. ▪ **Être à la coule,** être très habile ; être au courant de tout ce qui peut aider à faire des petits profits.

COULÉ n.m. MUS. Passage lié d'une note à une autre.

COULÉE n.f. 1. Masse de matière plus ou moins liquide qui s'écoule, se répand : *Une coulée de confiture. Une coulée de boue.* **2.** Action de verser du métal en fusion dans un moule ; masse de métal ainsi versée. **3.** Action de verser du verre en fusion sur une table en fonte. **4. MÉTÉOROL.** Déplacement méridien d'une masse d'air perpendiculairement aux flux zonaux de la circulation atmosphérique générale. **5. CHASSE.** Petit sentier, chemin tracé par le passage du gibier. ▪ **Coulée continue,** coulée de métal en fusion qui permet d'obtenir directement un produit semi-fini (barre, tube, bande, etc.). ▪ **Coulée de lave,** masse de lave en fusion qui s'épanche d'un volcan ; cette masse une fois solidifiée. ▪ **Coulée verte** [urban.], espace vert linéaire traversant une partie de ville.

COULEMELLE n.f. (lat. *columella*). Champignon comestible à lamelles, à chapeau squameux et à anneau coulissant, appelé aussi *lépiote élevée.*

COULER v.i. [3] (lat. *colare*). **1.** Se déplacer d'un mouvement continu, en parlant d'un liquide, d'une matière pulvérulente : *Le sable coule dans le sablier.* **2.** Passer à tel endroit, en parlant d'un cours d'eau. **3.** Laisser échapper un liquide : *Il est enrhumé, son nez coule.* **4. (DE).** En parlant d'un liquide, s'échapper de : *Sang qui coule d'une blessure.* **5.** Litt. Passer, s'écouler, en parlant du temps. **6.** Tomber au fond de l'eau ; sombrer : *La goélette a coulé à pic.* ▪ **Couler de source,** être évident. ▪ **Faire couler beaucoup d'encre,** avoir un grand retentissement dans la presse, la littérature. ◆ **v.t. 1.** Verser une matière en fusion, une substance pâteuse ou liquide : *Couler de la cire dans un moule.* **2.** Fabriquer un objet en métal fondu : *Couler une cloche.* **3.** Envoyer au fond de l'eau ; saborder : *Couler une barque.* **4.** Fig. Mener qqn, qqch à l'échec ; ruiner : *Leur manque de rigueur a coulé le journal.* ▪ **Couler des jours heureux, paisibles,** mener une vie tranquille, sans incident. ▪ **Couler une bielle** [autom.], détériorer un moteur par fusion du métal antifriction de la tête de bielle, due à un manque de graissage. ◆ **SE COULER v.pr. 1.** Se glisser quelque part : *Se couler dans son lit.* **2.** Se conformer à qqch : *Se couler dans la tradition.* ▪ **Se la couler douce** [fam.], mener une vie agréable et dépourvue de soucis.

COULEUR n.f. (lat. *color*). **1.** Sensation que produisent sur l'œil les radiations de la lumière, telles qu'elles sont absorbées ou réfléchies par les corps : *Les couleurs de l'arc-en-ciel. Couleurs complémentaires* (→ **spectre, trichromie**). **2.** Ce qui s'oppose au blanc, au gris et au noir : *Du linge de couleur.* **3.** Matière, substance colorante ; peinture : *Un tube de couleur. Boîte de couleurs.* **4.** (Souvent pl.). Coloration de la peau ; carnation : *Prendre des couleurs.* **5.** Éclat d'un style, d'un événement, d'une situation : *L'auteur donne à ce monologue une couleur remarquable.* **6.** Aspect que prennent les choses dans certaines circonstances ; apparence : *La situation apparaît sous de nouvelles couleurs.* **7.** Opinion politique de qqn, d'un groupe : *La couleur d'un journal.* **8.** Chacune des quatre marques du jeu de cartes (carreau, cœur, pique, trèfle). **9.** Au poker, flush. **10. PHYS.** Propriété physique caractérisant la réponse d'une particule aux interactions fortes. ➲ Les gluons sont porteurs de couleur. ▪ **Annoncer la couleur,** indiquer la couleur d'atout, aux cartes ; fig., faire connaître clairement ses intentions. ▪ **Changer de couleur,** pâlir ou rougir sous l'effet d'une émotion. ▪ **En voir de toutes les couleurs** [fam.], subir des épreuves ou des affronts. ▪ **Homme, femme de couleur** [vieilli], personne dont la peau, pigmentée, est riche en mélanine. ▪ **La couleur** [cinéma, photogr.], par oppos. au *noir et blanc.* ▪ **Ne pas voir la couleur de qqch** [fam.], en être privé alors qu'on comptait dessus. ▪ **Sous couleur de,** sous prétexte de. ◆ **n.f. pl. 1.** Marque distinctive d'un État, de ses drapeaux, de ses pavillons : *Hisser les couleurs.* **2. HÉRALD.** Émaux autres que les métaux et les fourrures. ➲ Il y a cinq couleurs : l'azur, le gueules, le pourpre, le sable et le sinople.

COULEUVRE n.f. (lat. *colubra*). Serpent ovipare non venimeux ; serpent appartenant à la famille des colubridés. ➲ La *couleuvre à collier* atteint 2 m de long et fréquente les lieux humides. ▪ **Avaler des couleuvres** [fam.], subir des affronts sans protester.

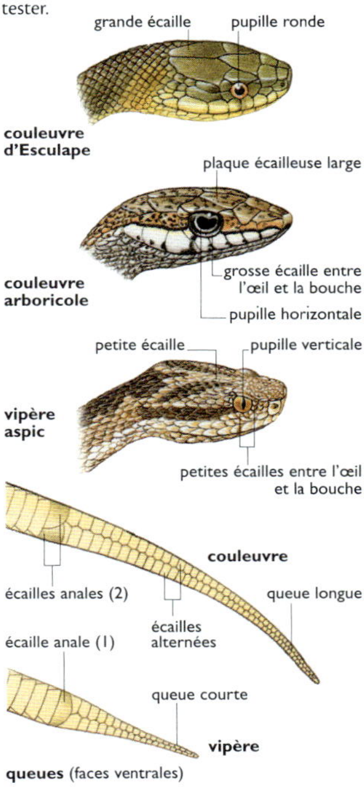

▲ **couleuvre.** Différences morphologiques avec la vipère.

COULEUVREAU n.m. Petit de la couleuvre.

COULEUVRINE n.f. Bouche à feu fine et longue (XVe - XVIIe s.).

▲ **couleuvrine** (XVe s.).

COULIS n.m. (de *couler*). **1.** Sauce réalisée à partir de divers aliments réduits en purée : *Un coulis de tomates, de framboises.* **2.** Mortier fluide injecté ou coulé dans les joints d'un ouvrage en maçonnerie. ◆ **adj.m.** ▪ **Vent coulis,** qui se glisse à travers une fente.

COULISSANT, E adj. Qui glisse sur des coulisses : *Porte coulissante.*

COULISSE n.f. (de l'adj. *coulis*). **1. MENUIS.** Pièce comportant une rainure dans laquelle on fait glisser une partie mobile (le *coulisseau*) : *Une porte à coulisse.* **2.** Ourlet dans lequel passe un cordon pour serrer ou desserrer. **3.** (Surtout pl.). Partie d'un théâtre située de chaque côté et en arrière de la scène, derrière les décors et hors de la vue du public. ▪ **Dans la coulisse,** sans se laisser voir. ▪ **Regard en coulisse,** regard de côté, en coin. ◆ **n.f. pl.** Côté secret de qqch ; aspect peu connu du grand public : *Les coulisses d'un journal.* ▪ **Coulisses du tournage,** making of.

COULISSEAU n.m. TECHN. Petite pièce mobile qui se déplace dans une coulisse.

COULISSEMENT n.m. Fait de coulisser.

COULISSER v.t. [3]. 1. MENUIS. Munir de coulisses. **2.** Faire glisser un tissu sur un cordon de coulisse : *Coulisser un rideau.* ◆ **v.i.** Glisser sur une coulisse : *Ce volet coulisse bien.*

COULOIR n.m. (de *couler*). **1.** Passage ou dégagement en longueur dans un logement, un lieu public, une voiture de chemin de fer, etc. **2.** Passage étroit entre deux régions : *Le couloir rhodanien.* **3. SPORTS.** Zone d'une piste d'athlétisme (délimitée par deux lignes parallèles) ou d'un bassin de natation (délimitée par deux lignes de flotteurs), dans laquelle doit rester chaque concurrent ; partie latérale d'un terrain de tennis, utilisée exclusivement pour les doubles. ▪ **Bruits, conversations de couloir,** officieux et confidentiels. ▪ **Couloir aérien,** itinéraire que doivent suivre les avions. ▪ **Couloir d'autobus,** portion de la chaussée exclusivement réservée aux autobus, aux taxis et aux voitures de secours (pompiers, ambulances, etc.). ▪ **Couloir d'avalanche,** ravin qui entaille un versant montagneux et qui est souvent le lieu de passage des avalanches. ▪ **Couloir de la mort** (anglo-amér. *death row*), ensemble des cellules où sont détenus les condamnés à mort en attente de la fin de leur procédure de recours et/ou de la date de leur exécution. ➲ Désignant à l'origine exclusivement le régime d'incarcération des condamnés à mort américains, l'expression *couloir de la mort* s'emploie auj. à propos d'autres pays appliquant la peine capitale. ▪ **Couloir de nage,** modèle de piscine privée au bassin rectangulaire très long et étroit, partic. adapté à la natation.

COULOMB [kulɔ̃] **n.m.** (de *Coulomb,* n.pr.). Unité de quantité d'électricité et de charge électrique (symb. C), équivalant à la quantité d'électricité transportée en 1 seconde par un courant de 1 ampère.

COULOMMIERS n.m. (de *Coulommiers,* n.pr.). Fromage au lait de vache à pâte molle et à croûte fleurie.

COULON n.m. (lat. *columbus*). Région. (Nord) ; Belgique. Pigeon voyageur.

COULPE n.f. (du lat. *culpa,* faute). Confession publique des manquements à la règle, dans certains ordres religieux. ▪ **Battre sa coulpe** [litt.], s'avouer coupable et exprimer son repentir.

COULURE n.f. 1. Trace laissée sur une surface par une matière qui a coulé : *Des coulures de colle.* **2.** Métal qui s'échappe à travers les joints du moule au moment de la coulée. **3. ARBOR.** Chute des fleurs ou des jeunes fruits par un manque de fécondation et de développement des fruits, dû à des causes climatiques, génétiques ou parasitaires : *La coulure de la vigne.*

COUMARINE n.f. (mot de la Guyane). **CHIM. ORG.** Substance naturelle aromatique oxygénée, dont les dérivés sont utilisés en médecine comme anticoagulants.

COUNTRY [kuntri] **adj. inv.** (mot angl. « campagne »). ■ **Musique country, country music,** ou **country, n.m. inv.** ou **n.f. inv.,** style de musique populaire, originaire de l'est (Appalaches) et du sud des États-Unis, issu des folklores écossais, gallois ou irlandais. ➲ Le genre fut propagé par les cow-boys partant à la conquête de l'Ouest (d'où son autre appellation de *country and western*). Il s'est modernisé dans les années 1960 sous la forme du *country rock*, qui est devenu partie intégrante de la musique pop.

COUP n.m. (lat. *colaphus*, du gr. *kolaphos*, soufflet). **1.** Choc rapide et plus ou moins violent d'un corps en mouvement qui vient en frapper un autre : *Un coup de couteau. Des coups de poing.* **2.** Action de faire du mal à qqn en le frappant ; voies de fait : *Donner des coups à qqn. Mis en examen pour coups et blessures.* **3.** Marque laissée par un choc : *Son bras présente des traces de coups.* **4.** Choc moral causé par une nouvelle, un événement ; traumatisme : *Ce licenciement a été un coup terrible.* **5.** Décharge et détonation d'une arme à feu : *Un revolver à six coups. On entendit un coup de fusil.* **6.** Bruit produit par qqch : *Coup de sonnette. Les douze coups de minuit.* **7.** Geste ou mouvement rapide fait avec une partie du corps : *Coups de pied. D'un coup d'aile, l'oiseau a disparu.* **8.** Action rapide et momentanée que l'on exécute avec un objet : *Un coup de volant, de balai.* **9.** Accès brusque d'un sentiment, d'un état psychique : *Un coup de folie.* **10.** Mouvement soudain des éléments : *Un coup de vent a emporté mes papiers.* **11.** Action préparée à l'avance : *Politicien qui réussit un coup médiatique. Il m'a déjà fait le coup.* **12.** Fam. Boisson, partic. boisson alcoolisée : *Tu viens boire un coup ?* **13.** Fam. Action jugée désagréable ou néfaste ; manigance : *Encore un coup de nos concurrents.* **14.** Façon d'agir ou d'attaquer, dans certains sports : *Presque tous les coups sont permis au catch.* **15.** Action ou combinaison de jeu : *Un coup de dés. Un coup gagnant.* **16.** Action considérée du point de vue de la fréquence : *Ce coup-ci, vous avez perdu. Du premier coup.* ■ **À coup sûr** ou **à tout coup,** infailliblement. ■ **Après coup,** après les faits. ■ **Au coup par coup,** selon chaque circonstance qui se présente. ■ **Avoir un coup dans le nez** [fam.], être ivre. ■ **Coup bas,** coup porté au-dessous de la ceinture, en boxe ; fig., procédé déloyal. ■ **Coup de barre** ou **de pompe** [fam.], fatigue soudaine. ■ **Coup de chaleur,** malaise souvent grave dû à une exposition à une chaleur excessive. ■ **Coup d'éclat,** exploit. ■ **Coup de cœur,** enthousiasme subit pour qqch. ■ **Coup de foudre,** amour soudain et irrésistible. ■ **Coup de Jarnac,** coup décisif mais peu loyal. ■ **Coup de main** [mil.], opération locale, menée par surprise sur un objectif limité ; fig., aide apportée à qqn qui traverse un moment difficile. ■ **Coup de maître,** action particulièrement bien réussie. ■ **Coup de mer,** gros paquet de mer ; brusque embardée qu'il peut causer sur certaines embarcations. ■ **Coup d'envoi,** dans certains sports, mise en jeu du ballon marquant le début d'une partie ; engagement ; par ext., action marquant le début de qqch : *Le coup d'envoi des défilés de mode.* ■ **Coup de pied de coin,** recomm. off. pour **corner.** ■ **Coup de pied de l'âne,** dernier coup que porte un lâche quand l'adversaire n'est plus à craindre (allusion à la fable de La Fontaine *le Lion devenu vieux*). ■ **Coup de pouce** [fam.], aide ponctuelle apportée à qqn. ■ **Coup de sang** [vx], hémorragie cérébrale ; fig., violent accès de colère. ■ **Coup de soleil,** brûlure de la peau par le soleil. ■ **Coup d'essai,** première action, première œuvre par laquelle on se fait remarquer. ■ **Coup de téléphone** ou, fam., **de fil,** appel téléphonique. ■ **Coup de tête,** décision irréfléchie. ■ **Coup de théâtre,** événement imprévu qui modifie radicalement la situation, dans une œuvre dramatique ou dans la vie ; retournement. ■ **Coup d'œil,** regard rapide. ■ **Coup du ciel,** événement heureux et inattendu. ■ **Coup dur,** événement pénible ou douloureux. ■ **Coup franc,** sanction contre une équipe, au football, au rugby, au basket-ball. ■ **Coup monté,** action malveillante préparée en secret. ■ **Coup sur coup,** de suite : *Deux angines coup sur coup.* ■ **Du coup,** en conséquence (de quoi). ■ **En prendre un coup** [fam.], être très affecté par qqch. ■ **Être aux cent coups** [fam.], être très inquiet. ■ **Être, mettre dans le coup** [fam.], participer, faire participer qqn à une affaire ; être, mettre au courant de qqch. ■ **Faire les quatre cents coups,** mener une vie désordonnée. ■ **Les trois coups,** au théâtre, signal qui consiste à frapper la scène avec un brigadier (onze fois rapidement puis trois fois lentement) pour indiquer le début d'un spectacle. ➲ Cette tradition tend à disparaître dans le théâtre contemporain. ■ **Manquer son coup,** échouer. ■ **Marquer le coup,** accuser un coup reçu, en boxe ; fig., manifester, par son comportement, l'importance que l'on accorde à un événement. ■ **Passer en coup de vent** [fam.], sans s'arrêter. ■ **Pour le coup** [fam.], en ce qui concerne cet événement. ■ **Sous le coup de,** sous l'effet de : *Rougir sous le coup de l'émotion.* ■ **Sur le coup,** au moment où l'événement a lieu. ■ **Tenir le coup** [fam.], résister. ■ **Tenter le coup** [fam.], essayer, risquer qqch. ■ **Tir coup par coup,** tir exécuté une cartouche à la fois (par oppos. à *tir par rafales*). ■ **Tout à coup** ou **tout d'un coup,** soudainement. ■ **Valoir le coup** [fam.], valoir la peine.

COUPABLE adj. et **n.** (du lat. *culpa*, faute). **1.** Qui a commis un crime, un délit : *Plaider coupable, non coupable.* **2.** Qui a commis une erreur ; fautif. ◆ **adj.** Moralement répréhensible ; blâmable : *Un oubli, une indulgence coupables.*

COUPAGE n.m. 1. Action de couper, de trancher. **2.** Action de mélanger des vins ou des eaux-de-vie de forces différentes.

COUPAILLER v.t. [3]. Fam. Couper mal, irrégulièrement.

1. COUPANT, E adj. 1. Qui coupe : *Une lame, une herbe coupante.* **2.** Fig. Qui n'admet pas de réplique ; cassant : *Une voix coupante.*

2. COUPANT n.m. Fil d'un instrument tranchant.

COUP-DE-POING n.m. (pl. *coups-de-poing*). ■ **Coup-de-poing américain,** arme de main constituée d'une masse de métal percée de trous pour les doigts.

1. COUPE n.f. (lat. *cuppa*). **1.** Verre à boire, plus large que profond ; son contenu : *Boire une coupe de champagne.* **2.** Récipient avec ou sans pied, large et peu profond : *Une coupe à fruits.* **3.** Trophée attribué au vainqueur ou à l'équipe victorieuse d'une épreuve sportive ; la compétition elle-même. ■ **La coupe est pleine,** cela est intolérable et doit cesser.

2. COUPE n.f. 1. Action, manière de couper qqch : *Coupe de cheveux. Coupe au rasoir.* **2.** Ce qui a été coupé : *Une coupe de bois.* **3.** Action de tailler un vêtement dans une étoffe ; la pièce d'étoffe coupée : *Apprendre la coupe.* **4.** Opération par laquelle un outil tranchant enlève, sous forme de copeaux, de la matière d'une pièce à usiner. **5. SYLVIC.** Action d'abattre des arbres forestiers ; étendue de bois destinée à être coupée. **6.** Représentation graphique de la structure d'un objet selon une section verticale : *Un moteur vu en coupe.* **7.** Action de couper, aux cartes. **8.** Pause, arrêt dans une phrase, un vers. ■ **Coupe à blanc** [sylvic.], coupe éliminant la totalité des arbres d'une parcelle (SYN. **blanc-étoc**). [On dit aussi *coupe rase.*] ■ **Coupe claire** [sylvic.], coupe partielle éliminant de nombreux arbres ; fig., réduction importante d'un budget, d'un effectif, etc. ■ **Coupe géologique,** profil établi suivant un tracé linéaire d'après une carte topographique et les indications de la carte géologique qui y correspond. ■ **Coupe histologique** [biol.], tranche mince d'un tissu animal ou végétal préparée pour l'observation au microscope. ■ **Coupe sèche** [cinéma], recomm. off. pour **cut.** ■ **Coupe sombre** [sylvic.], coupe partielle éliminant un petit nombre d'arbres ; fig., emploi critiqué, réduction importante. ■ **Être, tomber sous la coupe de qqn** [fam.], être, passer sous son emprise. ■ **Mettre qqn en coupe réglée** [sout.], l'exploiter systématiquement et sans scrupule.

1. COUPÉ, E adj. HÉRALD. ■ **Écu coupé, pièce coupée,** ou **coupé, n.m.,** écu, pièce partagés horizontalement en deux parties égales.

2. COUPÉ n.m. 1. Voiture fermée à deux portes et à deux, quatre ou cinq places. **2.** Anc. Véhicule hippomobile fermé à quatre roues et deux places.

COUPE-CHOU n.m. (pl. *coupe-choux*) ou **COUPE-CHOUX n.m. inv.** Anc. Sabre court de fantassin.

COUPE-CIGARE n.m. (pl. *coupe-cigares*) ou **COUPE-CIGARES n.m. inv.** Instrument pour couper le bout des cigares.

COUPE-CIRCUIT n.m. (pl. *coupe-circuits*). Appareil destiné à couper le circuit électrique dans lequel il est inséré quand le courant qui le parcourt dépasse, pendant un temps déterminé, une certaine valeur (coupe-circuit à fusible).

COUPÉ-COLLÉ n.m. → **COUPER-COLLER.**

COUPE-COUPE n.m. inv., ▲ *COUPECOUPE n.m.* Sabre d'abattis.

COUPÉ-DÉCALÉ n.m. (pl. *coupés-décalés*). Côte d'Ivoire. Danse moderne d'origine ivoirienne, exécutée sur un rythme tonique avec des déplacements latéraux alternés.

COUPÉE n.f. Ouverture ménagée dans le flanc d'un navire pour y entrer ou en sortir : *Échelle de coupée.*

COUPE-FAIM n.m. inv., ▲ *n.m. (pl. coupe-faims).* Médicament, produit anorexigène.

COUPE-FEU adj. inv., ▲ *adj. (pl. coupe-feux).* Se dit d'un élément de construction destiné à empêcher la propagation des incendies : *Une porte, un mur coupe-feu.* ◆ **n.m. inv.** Espace, bande de terrain déboisés destinés à freiner la propagation des incendies et servant de lieu de placement des secours (SYN. **pare-feu**).

COUPE-FILE n.m. (pl. *coupe-files*). Carte officielle donnant certaines priorités de circulation.

COUPE-GORGE n.m. inv., ▲ *n.m. (pl. coupe-gorges).* Endroit désert, peu éclairé, où l'on risque de se faire attaquer.

COUPE-JAMBON n.m. inv., ▲ *n.m. (pl. coupe-jambons).* Couteau mécanique ou électrique pour débiter en tranches le jambon désossé.

COUPE-JARRET n.m. (pl. *coupe-jarrets*). Vx. Assassin.

COUPE-LÉGUMES n.m. inv., ▲ *COUPE-LÉGUME n.m. (pl. coupe-légumes).* Instrument pour couper les légumes.

COUPELLATION n.f. MÉTALL. Opération qui consiste à séparer par oxydation, à partir d'un mélange liquide, un ou plusieurs éléments ayant une affinité différente pour l'oxygène.

COUPELLE n.f. 1. Petite coupe. **2.** Petit creuset utilisé dans les laboratoires.

COUPE-ONGLES n.m. inv., ▲ *COUPE-ONGLE n.m. (pl. coupe-ongles).* Instrument (pince, ciseaux) pour couper les ongles.

COUPE-PAPIER n.m. (pl. *coupe-papiers*). Instrument, en bois, en métal, etc., muni d'une lame et servant à ouvrir les enveloppes, à couper les feuillets d'un livre.

COUPER v.t. [3] (de *coup*). **1.** Diviser avec un instrument tranchant : *Couper du fromage. Couper des fleurs, du blé.* **2.** Faire une entaille : *L'éclat de verre lui a coupé la joue.* **3.** Fig. Produire une sensation de coupure : *Vent glacial qui coupe le visage.* **4.** Retrancher une partie de qqch ; supprimer : *Cette séquence a été coupée au montage.* **5.** Amputer un membre ; enlever un organe : *Il a fallu couper son doigt écrasé.* **6.** Tailler dans une étoffe : *Couper une jupe.* **7.** Rompre une continuité : *Ils ont coupé la fin de l'interview. N'oublie pas de couper le gaz.* **8.** Faire cesser une sensation, un phénomène : *Un médicament qui coupe la faim. Cette mauvaise nouvelle lui a coupé l'appétit.* **9.** Passer au travers de : *Le fleuve coupe la ville en deux.* **10.** Mettre à l'écart de ; séparer : *La neige a coupé les villages de montagne de la vallée.* **11.** Mélanger un liquide avec un autre : *Couper du vin.* **12.** Châtrer : *Couper un chat.* **13.** Donner de l'effet à une balle au tennis, au tennis de table. ■ **À couper au couteau** [fam.], très épais : *Un brouillard à couper au couteau.* ■ **Couper la parole à qqn,** l'interrompre. ■ **Couper les jambes,** causer une fatigue extrême. ■ **Couper les vivres à qqn,** arrêter de l'aider financièrement. ◆ **v.i. 1.** Être tranchant : *Ce couteau coupe bien.* **2.** Aller directement : *Couper à travers bois.* **3.** S'interrompre ; être interrompu : *Nous parlions au téléphone et, soudain, ça a coupé.* ◆ **v.t. et v.i. 1.** Faire deux paquets d'un jeu de cartes : *C'est à toi de couper.* **2.** Prendre avec un atout une carte de toute autre couleur jouée par son adversaire. ◆ **v.t. ind. (À).** Fam. Échapper à qqch ; éviter : *Il arrive toujours à couper aux corvées.* ◆ **SE COUPER v.pr. 1.** Se blesser par coupure. **2.** Se croiser : *Deux avenues* *qui se coupent.* **3.** Fam. Se contredire : *Le témoin s'est coupé deux fois.* **4.** S'isoler : *Elle se coupe du monde pour écrire.*

COUPE-RACINE n.m. (pl. *coupe-racines*) ou **COUPE-RACINES n.m. inv.** Machine de ferme pour débiter les racines ou les tubercules en lanières ou en cossettes.

COUPER-COLLER n.m. inv. ou **COUPÉ-COLLÉ n.m.** (pl. *coupés-collés*). **INFORM.** Fonction d'un logiciel qui supprime la portion sélectionnée d'un document pour la stocker provisoirement dans le presse-papiers et l'insérer ensuite dans un autre document ou à une autre place.

COUPERET n.m. 1. Couteau de boucherie large et court. **2.** Couteau de la guillotine. ▪ **Tomber comme un couperet,** brutalement.

COUPEROSE n.f. (du lat. *cupri rosa*, rose de cuivre). **MÉD.** Coloration rouge du visage, due à une dilatation des vaisseaux capillaires.

COUPEROSÉ, E adj. Atteint de couperose : *Visage couperosé.*

COUPEUR, EUSE n. Personne spécialisée dans la coupe des vêtements. ▪ **Coupeur de feu** ou **barreur de feu** [occult.], magnétiseur censé soulager les brûlures, le zona ou d'autres maux, par simple contact physique, éventuellement accompagné de formules incantatoires ou de prières, voire par ces seules formules et à distance.

COUPE-VENT n.m. inv., ▲ *n.m. (pl. coupe-vents).* **1.** Vêtement dont la texture s'oppose au passage de l'air. **2.** Brise-vent.

COUPLAGE n.m. 1. Action de coupler deux choses. **2. ÉLECTROTECHN.** Association de deux circuits séparés permettant le transfert réciproque de leur énergie électrique ou de leurs informations. **3.** Accouplement de pièces mécaniques lorsque leur mouvement est synchrone.

1. COUPLE n.f. (du lat. *copula*, lien). Vx ou litt. Ensemble de deux choses de même espèce : *Une couple de chevaux.* ▪ **Une couple de** [Québec, fam.], deux ou quelques : *Avoir une couple de dollars à dépenser.*

2. COUPLE n.m. (de *1. couple*). **1.** Personnes unies par le mariage, liées par un pacs ou vivant en concubinage. **2.** Réunion de deux personnes : *Un couple de danseurs.* **3.** Rapprochement de deux personnes liées par l'amitié, des intérêts communs : *Un couple d'associés.* **4. ZOOL.** Mâle et femelle d'animaux ; réunion de deux animaux pour un même travail : *Un couple de perruches, de manchots. Un couple de chevaux.* **5. MÉCAN.** Système de deux forces égales, parallèles et de sens contraires ; valeur de leur moment. **6.** Pièce de construction transversale de la coque d'un navire ou du fuselage d'un avion. **7. MATH.** Groupement ordonné de deux objets, distincts ou non. ▪ **Couple conique** [mécan. industr.], ensemble de deux pignons s'engrenant et montés chacun sur un arbre afin de renvoyer à angle droit le mouvement moteur en le modifiant selon le rapport du diamètre des pignons. ▪ **Couple de serrage** [mécan. industr.], valeur du couple à appliquer sur un outillage, déterminant le serrage d'un organe mécanique. ▪ **Couple moteur** [mécan.], couple produisant la rotation du vilebrequin d'un moteur. ▪ **Couple résistant** [mécan. industr.], pour une machine, couple que doit exercer un moteur d'entraînement pour la faire fonctionner. ▪ **Couple thermoélectrique** [électr.], thermocouple. ▪ **En couple** ou **de couple** [sports], avec un aviron dans chacune des mains des rameurs : *Embarcation armée en couple. Le quatre de couple* (CONTR. **en pointe, de pointe**). ▪ **Maître-couple,** v. à son ordre alphabétique.

COUPLÉ, E adj. ▪ **Annonces couplées,** annonces identiques paraissant sur des supports différents au même moment.

COUPLÉ adj.m. (nom déposé). ▪ **Pari Couplé,** ou **Couplé, n.m.,** offre de pari mutuel permettant de désigner les deux premiers chevaux d'une course, dans l'ordre d'arrivée ou dans un ordre différent (*Couplé gagnant* si l'on parie sur deux chevaux ; *Couplé placé* si l'on parie sur trois).

COUPLER v.t. [3]. 1. Assembler qqch avec qqch d'autre : *Coupler des locomotives.* **2. ÉLECTROTECHN.** Effectuer un couplage. **3.** Attacher deux à deux : *Coupler des chiens.*

COUPLET n.m. 1. Strophe d'une chanson ou d'un morceau instrumental (rondo), encadrée par un refrain. **2.** Fam. Propos que l'on répète sans cesse ; rengaine : *Il y est allé de son couplet sur la crise.*

COUPLEUR n.m. TECHN. Dispositif permettant le couplage de deux véhicules, de deux machines, de deux circuits électriques.

COUPOLE n.f. (ital. *cupola*). **1. ARCHIT.** Voûte en forme de vase retourné, de profil semi-circulaire, parabolique, etc., et de plan circulaire, elliptique ou polygonal *(coupole à pans)*, parfois exhaussée par un tambour ; couverture de cette voûte ; dôme : *Les coupoles de Saint-Marc de Venise.* **2. MIL.** Partie supérieure et bombée d'un blindage. ▪ **Être reçu sous la Coupole,** devenir académicien. ▪ **La Coupole,** l'Institut de France, à Paris.

▲ **coupole** sur tambour de la basilique de Superga, près de Turin, élevée par F. Juvarra (1715-1718).

COUPON n.m. (de *couper*). **1.** Métrage d'étoffe restant d'une pièce de tissu et génér. soldé : *Un coupon de satin.* **2.** Billet attestant l'acquittement d'un droit. **3. BOURSE.** Partie détachable d'un titre permettant à son propriétaire, à échéance, le paiement de dividendes (pour des actions) ou d'intérêts (pour des obligations). ➲ La dématérialisation des titres a fait disparaître le coupon, mais le terme subsiste pour désigner le droit à paiement.

COUPONING [kupɔniŋ] **n.m.** (mot angl.). Technique de promotion des ventes basée sur l'utilisation de coupons de réduction liés à l'achat d'un produit.

COUPONNAGE n.m. Technique de vente par correspondance utilisant des coupons-réponse.

COUPON-RÉPONSE n.m. (pl. *coupons-réponse*). Partie détachable d'une annonce publicitaire que l'on renvoie pour obtenir des informations supplémentaires.

COUPURE n.f. 1. Blessure produite par un instrument tranchant ; entaille : *Une coupure à la jambe.* **2.** Suppression de certains passages dans un film, un roman, etc. **3.** Interruption de l'alimentation en électricité, en gaz, etc. : *Il y aura des coupures d'eau demain.* **4.** Séparation marquée ; rupture : *Une coupure entre deux partis de la majorité.* **5.** Billet de banque : *Il a tout payé en petites coupures.* ▪ **Coupure de journal** ou **de presse,** article découpé dans un journal.

COUQUE n.f. (mot wallon). Région. (Nord) ; Belgique. Pain d'épice ; brioche flamande.

COUR n.f. (lat. *cohors, -ortis*). **1.** Espace découvert, limité par des bâtiments ou des murs, qui est rattaché à une habitation, à un établissement public, etc. : *Leur appartement donne sur la cour. Une cour de récréation.* **2.** Belgique. Toilettes ; W.-C. **3.** Résidence d'un souverain et de son entourage ; ensemble des personnes qui constituent l'entourage d'un souverain : *La cour de Louis XVI.* **4.** (Avec une majuscule). Le souverain et ses ministres. **5.** Ensemble de personnes qui cherchent à séduire une femme, à plaire à qqn : *Elle est entourée d'une cour d'admirateurs.* **6.** Tribunal d'ordre supérieur : *La cour d'appel, d'assises.* **7.** Ensemble des magistrats qui composent chacun des tribunaux d'ordre supérieur : *Messieurs, la cour !* ▪ **Côté cour,** partie de la scène d'un théâtre située à la droite des spectateurs (par oppos. à *côté jardin*). ▪ **Cour anglaise,** fossé maçonné sur lequel prennent jour les fenêtres d'un sous-sol. ▪ **Cour des Miracles** [hist.], lieu jouissant du droit d'asile où se rassemblaient les mendiants et les malfaiteurs, dans les grandes villes ; auj., lieu sordide et malfamé. ▪ **Cour du roi** → **CURIA REGIS.** ▪ **Être bien, mal en cour,** jouir ou non de la faveur d'un supérieur. ▪ **Faire la cour à qqn,** chercher à lui plaire, à le conquérir. ▪ **La Cour des comptes,** v. partie n.pr. ▪ **La cour des grands** [fam.], le cercle restreint de ceux qui occupent une position prédominante dans un domaine : *Avec ce film, il joue maintenant dans la cour des grands.* ▪ **La cour du roi Pétaud** [litt.], endroit où chacun commande et où règne le désordre ; pétaudière. ▪ **La Haute Cour*,** v. partie n.pr.

COURAGE n.m. (de *cœur*). **1.** Force de caractère, fermeté que l'on a devant le danger, la souffrance ; vaillance : *Elle a lutté avec courage contre la maladie.* **2.** Ardeur à entreprendre qqch ; énergie : *Je n'ai pas eu le courage de faire la queue.* **3.** (De *Mère Courage et ses enfants*, de B. Brecht). [En appos.]. Dont la bravoure suscite l'admiration : *Les mères courage des favelas.* ▪ **Avoir le courage de ses opinions,** ne pas hésiter à les afficher et à s'y conformer. ▪ **Ne pas avoir le courage de** (+ inf.), être empêché par sa sensibilité de faire qqch : *Je n'ai pas eu le courage de lui annoncer la nouvelle.* ▪ **Prendre son courage à deux mains,** vaincre sa timidité ; se décider à agir.

COURAGEUSEMENT adv. Avec courage.

COURAGEUX, EUSE adj. Qui manifeste du courage ; brave : *Des sauveteurs courageux. Une attitude courageuse.*

COURAMMENT adv. 1. Sans hésitation ni effort : *Il sait lire couramment.* **2.** D'une façon habituelle ; communément : *Opération couramment pratiquée.*

1. COURANT, E adj. (de *courir*). **1.** Qui est habituel ; ordinaire : *Les dépenses courantes. C'est un mot très courant. Un aspirateur d'un modèle courant.* **2.** Qui n'est pas terminé au moment où l'on parle ; en cours : *Le mois courant.* ▪ **C'est monnaie courante,** cela se produit très souvent : *Ces pannes sont monnaie courante.* ▪ **Chien courant,** chien dressé à poursuivre le gibier (par oppos. à *chien couchant*). ▪ **Eau courante,** eau qui coule de façon continue ; eau qui est distribuée par des canalisations dans une habitation. ▪ **Langue courante,** celle de la conversation habituelle (par oppos. à *langue soutenue*). ▪ **Manœuvres courantes** [mar.], cordages qui glissent dans des poulies et qui servent à orienter les vergues ou à serrer les voiles (par oppos. à *manœuvres dormantes*).

2. COURANT n.m. 1. Mouvement d'une masse d'eau dans tel ou tel sens : *Le courant du fleuve est très fort. La péniche remonte le courant.* **2.** Mouvement de l'air dans une direction : *Courant d'air. Les planeurs utilisent les courants ascendants.* **3.** Déplacement de charges électriques dans un conducteur : *Une panne de courant.* **4.** Écoulement d'une période donnée ; cours du temps : *Je viendrai dans le courant de la semaine.* **5.** Mouvement de personnes ou de choses dans une même direction ; flux : *Les changements climatiques provoquent des courants d'immigration.* **6.** Mouvement d'idées, de tendances : *Un courant d'opinion en sa faveur. Un courant pictural.* **7.** Tendance au sein d'un parti politique, d'une organisation. ▪ **Au courant (de),** informé (de) : *Si vous changez d'avis, tenez-moi au courant. Mettre qqn au courant de qqch.* ▪ **Au courant de la plume,** en écrivant avec facilité, aisance. ▪ **Courant alternatif** → **ALTERNATIF.** ▪ **Courant continu** → **CONTINU.** ▪ **Courant de marée,** provoqué par les mouvements de la marée près des côtes et dans les détroits. ▪ **Courant d'induction,** produit par induction électromagnétique. ▪ **Courant porteur en ligne (CPL),** technologie de transmission des signaux numériques sur le réseau électrique privé de l'abonné. ▪ **Courants de Foucault,** courants induits dans les masses métalliques. ➲ Les courants de Foucault sont mis à profit dans le freinage électromagnétique des camions. ▪ **Courants océaniques,** déplacements de l'eau de mer caractérisés par une extension régionale ou planétaire, une direction relativement stable, une vitesse modérée et un débit élevé. *(V. ill. page suivante.)* ▪ **Le courant passe** [fam.], une entente s'établit entre des personnes. ▪ **Remonter le courant,** redresser une situation un moment compromise.

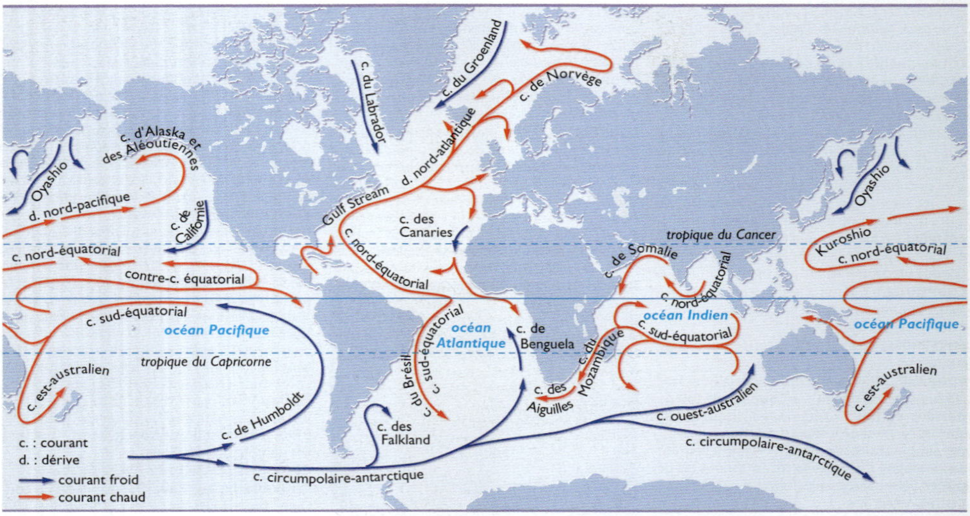

▲ **courant.** Les principaux courants océaniques (courants, contre-courants et dérives).

3. COURANT prép. Pendant ; au cours de : *Courant novembre.*

COURANTE n.f. **1.** Anc. Danse française exécutée en couple, pratiquée sous plusieurs formes du XVIe au XVIIIe s., notamm. comme danse de cour sous le règne de Louis XIV. **2.** Pièce instrumentale de tempo rapide, de coupe binaire à reprises et de rythme ternaire, appartenant à une suite. **3.** Vulg. Diarrhée.

COURANT-JET [kurɑ̃dʒɛt] **n.m.** (pl. *courants-jets*). Vent puissant circulant dans l'atmosphère à plus de 6 km d'altitude, dont les variations de trajectoire et d'intensité ont des répercussions importantes sur le temps à la surface de la planète (SYN. **jet-stream**).

COURATE n.f. (de *courir*). Région. (Est) ; Suisse. Jeu de poursuite. ▪ **Jouer à la courate**, jouer à chat.

COURBATU, E, ▲ *COURBATTU, E* **adj.** (de *1. court* et *battu*). Qui souffre de courbatures ; courbaturé.

COURBATURE, ▲ *COURBATTURE* n.f. Douleur musculaire due à la fatigue ou à une maladie.

COURBATURÉ, E, ▲ *COURBATTURÉ, E* **adj.** Courbatu.

COURBATURER, ▲ *COURBATTURER* v.t. [3]. Provoquer des courbatures.

1. COURBE adj. (lat. *curvus*). Qui s'infléchit en forme d'arc ; arqué. ▪ **Ligne courbe,** ou **courbe, n.f.,** ligne qui s'infléchit sans contenir aucune portion de ligne droite. ▪ **Tir courbe,** tir exécuté avec un angle au niveau supérieur à 45° (SYN. **tir vertical**).

2. COURBE n.f. **1.** Forme courbe : *La courbe des sourcils.* **2.** Virage d'une route. **3.** Graphique représentant les variations d'un phénomène : *Une courbe de température. Le marché des ordiphones suit une courbe ascendante.* **4.** MATH. Ligne courbe. ▪ **Courbe de niveau** → **NIVEAU.**

COURBEMENT n.m. Action de courber, de se courber.

COURBER v.t. [3]. **1.** Rendre courbe ; plier : *Le vent courbe les arbustes.* **2.** Pencher le buste en avant : *Il est si grand qu'il courbe les épaules.* ▪ **Courber l'école** [Suisse, fam.], faire l'école buissonnière. ▪ **Courber le dos, la tête** ou **l'échine,** les incliner en signe d'humilité ; se soumettre. ◆ **v.i.** Devenir courbe : *Courber sous le poids.* ◆ **SE COURBER v.pr. 1.** Devenir courbe ; ployer : *Les branches se courbent.* **2.** Incliner le corps en avant : *Se courber pour passer sous une porte.*

COURBETTE n.f. **1.** Fam. Révérence obséquieuse. **2.** ÉQUIT. Exercice de haute école dans lequel le cheval se cabre un peu en pliant les membres antérieurs. ▪ **Faire des courbettes à qqn** [fam.], lui prodiguer des marques exagérées de politesse.

COURBURE n.f. **1.** Forme courbe d'un objet ; partie courbe de qqch : *La courbure d'une voûte.* **2.** MATH. Inverse du rayon de courbure. ▪ **Double courbure,** courbure en S. ▪ **Rayon de courbure en un point d'une courbe** [math.], rayon du cercle auquel la courbe peut être assimilée en ce point.

COURCAILLER v.i. [3] → **CARCAILLER.**

COURCAILLET n.m. (onomat.). **1.** Cri de la caille. **2.** Appeau avec lequel on imite ce cri.

COURÇON n.m. → **COURSON.**

COURÉE n.f. Petite cour commune à plusieurs habitations, dans les villes du nord de la France.

COURETTE n.f. Petite cour.

1. COUREUR, EUSE n. **1.** Personne qui participe à une course : *Coureur de fond. Coureuse cycliste.* **2.** Personne ou animal qui court rapidement : *Le jaguar est un bon coureur.* **3.** Personne qui recherche les aventures amoureuses : *Un coureur de jupons.* ▪ **Coureur de(s) bois** [Québec], anc., litt., en Nouvelle-France, aventurier se livrant au trafic de pelleteries avec les Amérindiens ; vieilli, chasseur expérimenté adapté à la vie en forêt.

2. COUREUR n.m. Vieilli. Ratite.

COURGE n.f. (lat. *cucurbita*). Plante annuelle aux tiges traînantes, dont on cultive de nombreuses variétés aux fruits volumineux (courgette, citrouille, giraumon, potiron, etc.), souvent consommés comme légumes. ➲ Famille des cucurbitacées.

▲ **courgette**

COURGETTE n.f. Courge d'une variété à fruit allongé ; ce fruit, que l'on consomme à l'état jeune.

COURIR v.i. [33] (lat. *currere*). **1.** Se déplacer d'un lieu à un autre à une allure plus rapide que la marche : *Cours, on va être en retard ! Courir à toutes jambes.* **2.** Participer à une épreuve de course : *Il court sur une nouvelle voiture. Ce cheval ne court pas aujourd'hui.* **3.** Se précipiter quelque part : *J'ai couru le féliciter. Ce spectacle a fait courir tout Paris* ; s'activer sans cesse : *Avec ce nouveau travail, elle court toute la journée.* **4.** Se propager rapidement ; circuler : *Le bruit court qu'il va démissionner.* **5.** Être en cours, en vigueur : *Le bail court à partir du 1er janvier.* **6.** Parcourir rapidement : *Les nuages courent dans le ciel.* **7.** S'étendre sur une certaine longueur : *La rivière court dans la vallée.* ▪ **Courir après qqn, qqch,** chercher à rattraper ou à séduire qqn : *Courir après un agresseur. Tous les hommes lui courent après* ; rechercher qqch avec empressement : *Courir après les honneurs.* ▪ **En courant,** à la hâte ; superficiellement. ▪ **Laisser courir** [fam.], laisser faire. ▪ **Par les temps qui courent,** dans les circonstances actuelles. ▪ **Tu peux courir** [fam.], tu n'obtiendras rien. ◆ **v.t. 1.** Disputer une course : *Courir le marathon.* **2.** Parcourir dans tous les sens ; sillonner : *Courir le monde.* **3.** Aller au-devant de ; s'exposer à : *Elle court un danger, le risque de tout perdre.* **4.** Fréquenter assidûment un lieu : *Courir les présentations de mode.* **5.** Fam. Ennuyer ; importuner : *Tu commences vraiment à me courir !* **6.** VÉNER. Chercher à capturer un lièvre, un cerf, etc., à la chasse. ▪ **Courir les filles,** les courtiser. ▪ **Courir les rues,** être fréquent ou très commun : *Une telle proposition, ça ne court pas les rues !* ▪ **Courir sa chance,** tenter qqch en comptant sur la chance. ◆ **SE COURIR v.pr. 1.** En parlant d'une course, avoir lieu : *Le tiercé se court dimanche à Longchamp.* **2.** En parlant d'une distance, être franchie, en course, dans un temps déterminé : *Le 100 mètres s'est couru en moins de 10 secondes.*

COURLIS [-li] n.m. (onomat.). Oiseau échassier migrateur d'Eurasie et d'Afrique à long bec arqué vers le bas, qui vit près des eaux douces de marécages ou sur les côtes. ➲ Famille des scolopacidés.

▲ **courlis**

COURONNE n.f. (lat. *corona*). **1.** Cercle de métal précieux, richement orné, que l'on porte sur la tête en signe d'autorité, de dignité, de puissance : *Couronne des pharaons.* **2.** Dynastie souveraine ; État dirigé par un roi ou un empereur : *La couronne d'Angleterre. Les joyaux de la Couronne.* **3.** Cercle de fleurs ou de feuillage : *Une couronne de laurier. Couronne mortuaire.* **4.** Objet circulaire en forme de couronne : *Une couronne de* *nuages.* **5.** Cercle métallique enserrant certains objets : *Couronne d'un cabestan.* **6.** Partie visible d'une dent ; capsule en métal ou en céramique dont on recouvre cette partie en cas de lésion. **7.** ASTRON. Région externe, très peu dense, de l'atmosphère d'une étoile, en partic. du Soleil. **8.** Anc. Tonsure monacale. **9.** Partie du membre du cheval comprise entre le paturon et le pied. **10.** Unité monétaire principale du Danemark *(krone)*, de l'Islande *(krona)*, de la Norvège *(krone)*, de la Suède *(krona)* et de la République tchèque *(koruna)*. ▪ **Couronne circulaire** [math.], surface plane limitée par deux cercles concentriques. ▪ **Couronne impériale,** fritillaire. ▪ **Grande couronne,** ensemble des départements d'Île-de-France (Essonne, Val-d'Oise et Yvelines) non limitrophes de Paris et résultant du découpage de l'ancienne Seine-et-Oise. ▪ **Petite couronne,** ensemble des départements d'Île-de-France limitrophes de Paris (Hauts-de-Seine, Seine-Saint-Denis et Val-de-Marne). ▪ **Triple couronne** [anc.], tiare pontificale.

COURONNÉ, E adj. **1.** Qui a reçu la couronne royale ou impériale. **2.** Qui a reçu un prix, un titre : *Un champion couronné.* ▪ **Cheval couronné,** cheval qui s'est fait une plaie au genou en tombant. ▪ **Genou couronné** [fam.], marqué d'une écorchure. ▪ **Tête couronnée,** souverain(e).

COURONNEMENT n.m. **1.** Action de couronner ; fait d'être couronné. **2.** Cérémonie pour couronner un monarque ou pour investir un pape. **3.** Fig. Achèvement complet d'une grande entreprise : *Le couronnement d'une carrière.* **4.** Élément décoratif plus long que haut garnissant la partie supérieure d'une façade de bâtiment, d'un meuble, etc. (fronton, par ex.).

COURONNER v.t. [3]. **1.** Mettre sur la tête une couronne, comme ornement ou à titre de récompense. **2.** Poser solennellement une couronne sur la tête d'un souverain. **3.** Récompenser par un prix, une distinction : *L'Académie a couronné son dernier roman.* **4.** Former la partie supérieure de qqch : *Des boucles brunes couronnent son front.* **5.** Sout. Être disposé tout autour : *Les remparts qui couronnent la ville.* **6.** Fig. Constituer la digne conclusion, l'achèvement parfait de qqch : *Cette nomination vient couronner dix années d'efforts.* ◆ **SE COURONNER** v.pr. **1.** Se blesser au genou, en parlant d'un cheval. **2.** Fam. Se faire une écorchure au genou, en parlant de qqn.

COUROS n.m. → **KOUROS.**

COURRE v.t. et v.i. (lat. *currere*). Vx. Poursuivre un animal avec des chiens courants. ▪ **Chasse à courre,** chasse où l'on poursuit le gros gibier avec des chiens courants, pour le forcer.

✎ Usité à l'inf. seulem.

COURRIEL n.m. (abrév. de *courrier électronique*). **1.** Document qu'un utilisateur saisit, envoie ou consulte en différé par l'intermédiaire d'un réseau informatique (SYN. **courrier électronique, message électronique**). **2.** Messagerie électronique. (À l'écrit, l'Administration recommande, devant une adresse électronique, l'abréviation *Mél.*)

COURRIER n.m. (ital. *corriere*, du lat. *currere*, courir). **1.** Ensemble des lettres, imprimés, paquets, etc., reçus ou envoyés par la poste : *La factrice distribue le courrier. Le courrier part à cinq heures.* **2.** Ensemble des lettres qu'une personne écrit ou reçoit ; correspondance : *Avoir du courrier à finir.* **3.** Rubrique de journal consacrée à des nouvelles spéciales : *Le courrier théâtral, gastronomique. Le courrier des lecteurs.* **4.** Anc. Homme chargé de porter les dépêches. ▪ **Courrier électronique,** courriel.

COURRIÉRISTE n. Vieilli. Journaliste qui tient une rubrique, un courrier littéraire, théâtral, etc.

COURROIE n.f. (lat. *corrigia*). **1.** Bande étroite d'un matériau souple (cuir, toile, etc.) pour lier, attacher ou serrer qqch. **2.** Bande souple refermée sur elle-même et servant à transmettre le mouvement de rotation d'un arbre à un autre par l'intermédiaire de poulies. ▪ **Courroie de transmission,** personne, organisme transmettant les directives d'un autre organisme.

COURROUCÉ, E adj. Litt. Très en colère : *Un regard courroucé.*

COURROUCER v.t. [9] (du lat. *corrumpere*, aigrir). Litt. Mettre en colère.

COURROUX n.m. Litt. Vive colère.

COURS n.m. (lat. *cursus*). **1.** Mouvement continu d'une eau courante : *Le cours de ce fleuve est très rapide* ; trajet qu'elle suit : *L'Amazone a un cours de 7 000 km.* **2.** Suite, évolution de qqch dans le temps ; déroulement : *Cet événement a changé le cours de la guerre.* **3.** Enseignement donné par un professeur sous forme d'une série de leçons ou de conférences ; chacune de ces leçons ou conférences : *Cours en ligne.* **4.** Division correspondant à un degré d'enseignement : *Cours préparatoire, élémentaire, moyen* ; établissement d'enseignement privé : *Quitter le lycée pour un cours privé.* **5.** Ouvrage traitant d'une discipline ; manuel. **6.** Prix, taux auquel se négocient les valeurs, les produits : *Le cours du cacao a chuté.* **7.** Grande avenue servant de promenade. **8.** Mouvement réel ou apparent des astres : *Le cours du Soleil.* ▪ **Au cours de,** pendant. ▪ **Avoir cours,** avoir une valeur légale : *Ces pièces n'ont plus cours* ; être en usage : *Ces pratiques n'ont plus cours ici.* ▪ **Cours d'eau,** eau courante (ruisseau, rivière, etc.). ▪ **Cours forcé,** décision administrative de suspendre la convertibilité or du billet de banque par l'institut d'émission. ▪ **Cours légal,** caractère d'une monnaie qui ne peut être refusée comme moyen de paiement. ▪ **Donner libre cours à,** laisser s'exprimer sans aucune retenue : *Donner libre cours à sa fantaisie.* ▪ **Être en cours,** être en train de se dérouler, d'être réalisé : *Les travaux sont en cours.* ▪ **Voyage, navigation au long cours,** sur de longues distances en haute mer.

COURSE n.f. (ital. *corsa*). **1.** Action de courir : *Il peut rattraper n'importe qui à la course.* **2.** Compétition sportive de vitesse ; épreuve consistant en une telle compétition : *Course cycliste. Course de chevaux. Course d'obstacles.* **3.** Déplacement de courte durée dans un but précis : *J'ai une course à faire au village.* **4.** Trajet d'un taxi à un tarif donné ; montant de ce trajet : *Payer la course.* **5.** Parcours en montagne effectué par un ou plusieurs alpinistes ; ascension. **6.** Opération d'un navire corsaire. **7.** Suisse. Trajet en chemin de fer ou en bateau ; voyage organisé ; excursion. **8.** Mouvement rectiligne d'un organe mécanique ; étendue de ce mouvement : *La course d'un piston.* **9.** Déplacement d'un corps dans le ciel ; marche rapide de qqch ; allure : *La course des nuages. Le vent contraire ralentit la course du bateau.* ▪ **À bout de course,** épuisé. ▪ **Course à qqch,** compétition entre des concurrents pour obtenir qqch : *La course aux armements, au pouvoir.* ▪ **Course de côte,** compétition automobile, cycliste ou motocycliste disputée sur un circuit présentant une forte déclivité. ▪ **Course de taureaux,** corrida. ▪ **En fin de course,** sur son déclin. ▪ **Ne pas** ou **ne plus être dans la course** [fam.], être complètement dépassé par les événements. ◆ n.f. pl. **1.** Achat fait chez un commerçant ; commissions : *Faire ses courses pour le dîner.* **2.** Compétition de vitesse opposant des chevaux ou d'autres animaux (des lévriers, notamm.) : *Champ de courses. Jouer aux courses.*

COURSE-CROISIÈRE n.f. (pl. *courses-croisières*). Compétition de yachting qui consiste en une course à la voile sur un parcours en haute mer.

COURSE-POURSUITE n.f. (pl. *courses-poursuites*). Poursuite rapide, souvent marquée de péripéties diverses.

COURSER v.t. [3]. Fam. Poursuivre à la course pour essayer de rattraper.

1. COURSIER n.m. Litt. Cheval de selle.

2. COURSIER, ÈRE n. Employé chargé de porter des paquets, des lettres, etc., pour le compte d'une entreprise, d'un commerçant. ◆ n.m. ▪ **Coursier international,** entreprise privée assurant le transport vers l'étranger de documents et de petits colis dont l'acheminement revêt un caractère d'urgence.

COURSIÈRE n.f. (de *cours*). Région. (Centre). Sentier qui coupe à travers champs ou sur les flancs d'une montagne ; chemin de traverse ; raccourci.

COURSIVE n.f. (de l'ital. *corsiva*, où l'on peut courir). **1.** MAR. Couloir longitudinal à l'intérieur d'un navire. **2.** ARCHIT. Galerie de circulation desservant plusieurs logements ou locaux.

COURSON, COURÇON n.m. ou **COURSONNE** n.f. (de l'anc. fr. *corcier*, raccourcir). **1.** Branche d'un arbre fruitier, génér. taillée, qui porte les fleurs et les fruits. **2.** Partie d'un sarment de vigne qui reste après la taille d'hiver.

1. COURT, E adj. (lat. *curtus*). **1.** Qui est peu étendu en longueur ou en hauteur : *Des cheveux courts. Ton manteau est trop court.* **2.** Qui dure peu de temps ; bref : *La vie est courte. Elle n'est restée qu'un court instant.* **3.** Fam. Qui est peu satisfaisant ; insuffisant : *Dix mille euros pour une rénovation complète, c'est un peu court.* **4.** Qui est obtenu de justesse : *Une courte victoire.* ▪ **À courte vue,** se dit d'un projet, d'une action faits sans souci de l'avenir. ▪ **Avoir la mémoire courte,** oublier vite des obligations, des contraintes. ▪ **Avoir le souffle court,** s'essouffler rapidement. ◆ **adv.** D'une manière courte : *S'habiller court. Cheveux coupés court.* ▪ **Aller au plus court,** procéder de la manière la plus rapide et la plus simple. ▪ **Couper court à qqch,** le faire cesser très vite : *Sa déclaration a coupé court aux rumeurs.* ▪ **Être à court de,** être démuni, privé de. ▪ **Prendre qqn de court,** le prendre au dépourvu. ▪ **Rester court,** être incapable de réagir ou de continuer à parler. ▪ **Tourner court,** s'arrêter brusquement : *La discussion a tourné court.* ▪ **Tout court,** sans rien ajouter d'autre : *Appelez-moi Monsieur, tout court.*

2. COURT n.m. (mot angl., de l'anc. fr. *court*, cour). Terrain de tennis.

COURTAGE n.m. (de *courtier*). **1.** Profession du courtier. **2.** Rémunération due à un courtier, à un prestataire de services d'investissement pour l'exécution d'opérations boursières.

COURTAUD, E adj. et n. (de *1. court*). Qui a une taille courte et ramassée ; trapu.

COURT-BOUILLON n.m. (pl. *courts-bouillons*). Liquide, parfois à base de vin blanc, épicé et aromatisé, dans lequel on fait cuire du poisson, des crustacés ou de la viande.

COURT-CIRCUIT n.m. (pl. *courts-circuits*). Défaut d'isolement entre conducteurs actifs provoquant un arc électrique ; accident qui en résulte (interruption de courant, incendie, etc.).

COURT-CIRCUITAGE n.m. (pl. *courts-circuitages*). Action de court-circuiter : *Le court-circuitage du Parlement par le ministre.*

COURT-CIRCUITER v.t. [3]. **1.** Mettre en court-circuit. **2.** Fig. Ne pas tenir compte de la hiérarchie ou des intermédiaires : *Producteurs qui court-circuitent les grossistes.*

COURT-COURRIER n.m. et adj. (pl. *court-courriers*). Avion destiné à assurer des transports sur de courtes distances (inférieures à 1 000 km).

COURTEPOINTE n.f. (anc. fr. *coutepointe*). Couverture de lit piquée et ouatinée.

COURTIER, ÈRE n. (de l'anc. fr. *corre*, courir). Personne servant d'intermédiaire dans des opérations commerciales : *Un courtier en assurances.*

COURTILIÈRE [-ljɛr] n.f. (de l'anc. fr. *courtil*, jardin). Insecte orthoptère fouisseur, appelé aussi *taupe-grillon*, qui vit dans des terriers et qui peut être nuisible dans les potagers. ➲ Genre *Gryllotalpa.*

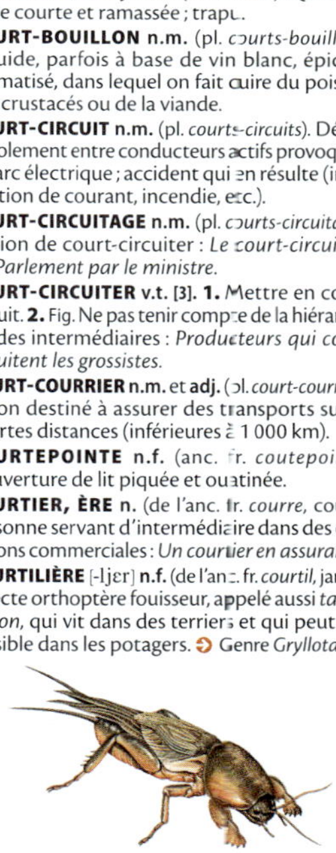

▲ courtilière

COURTINE n.f. (du lat. *cortina*, tenture). **1.** FORTIF. Mur d'un rempart joignant les flancs de deux bastions voisins. **2.** Vx. Rideau, notamm. de lit.

COURTISAN n.m. (ital. *cortigiano*). **1.** Anc. Homme admis à la cour d'un souverain. **2.** Celui qui flatte les puissants par intérêt ; flagorneur.

COURTISANE n.f. Litt. Prostituée d'un rang social élevé.

COURTISANERIE n.f. Vieilli. Bassesse de courtisan.

COURTISER v.t. [3]. **1.** Faire la cour à une femme. **2.** Flatter une personne importante par intérêt : *Beaucoup le courtisent parce qu'il est apparenté à un député.*

COURT-JOINTÉ, E adj. (pl. *court-jointés, es*). Se dit d'un cheval qui a des paturons courts.

COURT-JUS n.m. (pl. *courts-jus*). Fam. Court-circuit.

COURT-MÉTRAGE ou **COURT MÉTRAGE n.m.** (pl. *courts[-]métrages*). Film dont la durée (de 5 à 30 min) est inférieure à celle d'un moyen-métrage.

COURTOIS, E adj. (de l'anc. fr. *court*, cour). Qui manifeste une politesse raffinée. ▪ **Littérature courtoise,** littérature de la période médiévale qui se caractérise par la valorisation de la vaillance chevaleresque, du beau parler et de l'amour pour la dame élue. ➲ Apparue au XIIe s., elle est notamm. illustrée par les romans de Chrétien de Troyes.

COURTOISEMENT adv. Avec courtoisie.

COURTOISIE n.f. Politesse raffinée ; civilité.

COURT-TERMISTE adj. (pl. *court-termistes*) [de *court terme*]. Souvent péjor. Se dit d'une stratégie (économique, notamm.) qui privilégie les bénéfices immédiats au détriment d'un résultat à plus long terme : *Une politique budgétaire court-termiste.*

COURT-VÊTU, E adj. (pl. *court-vêtus, es*). Qui porte un vêtement court.

COURU, E adj. Fam. Où les gens se pressent : *Un spectacle très couru.* ▪ **C'est couru (d'avance)** [fam.], c'est prévisible.

COUSCOUS [kuskus] **n.m.** (berbère *kouskous*). Plat d'Afrique du Nord, préparé avec de la semoule de blé dur cuite à la vapeur et servi avec un bouillon de légumes, de la viande ou du poisson ; la semoule elle-même.

COUSCOUSSIER n.m. Marmite comportant une passoire pour cuire le couscous à la vapeur.

COUSETTE n.f. 1. Petit étui contenant les objets de base pour un travail de couture. **2.** Fam., vieilli. Jeune couturière.

COUSEUR, EUSE n. REL. Personne qui travaille sur une couseuse.

COUSEUSE n.f. 1. Machine à coudre industrielle. **2.** Machine à coudre les cahiers d'un livre.

1. COUSIN, E n. (lat. *consobrinus*). **1.** Personne descendant de l'oncle ou de la tante d'une autre ; son conjoint. **2. ANTHROP.** Parent collatéral de la génération d'Ego, au-delà du groupe des frères et sœurs, ou germains.

2. COUSIN n.m. (lat. *culex, culicis*). Moustique aux longues pattes fines, à antennes plumeuses, très commun en France. ➲ Famille des culicidés.

COUSINADE n.f. Réunion de famille à laquelle sont conviés tous les cousins, quel que soit leur degré de parenté.

COUSINAGE n.m. 1. Parenté entre cousins. **2.** Ensemble des cousins.

COUSINER v.i. [3]. Avoir avec qqn des relations amicales.

COUSSIN n.m. (du lat. *coxa*, cuisse). **1.** Enveloppe d'étoffe ou de cuir rembourrée, qui sert d'appui, de siège ou d'ornement. **2.** Belgique. Oreiller. ▪ **Coussin d'air,** système de suspension d'un véhicule, d'un navire, d'un appareil de manutention, par création d'une couche d'air à faible pression sous le châssis. ▪ **Coussin gonflable,** recomm. off. pour **airbag.**

COUSSINET n.m. 1. Petit coussin. **2. CH. DE F.** Pièce de fonte ou d'acier fixée sur une traverse de voie ferrée et qui supporte le rail. **3. MÉCAN. INDUSTR.** Pièce annulaire fixée dans un palier et facilitant le guidage d'un arbre mobile. ▪ **Coussinet plantaire** [zool.], bourrelet charnu situé sous les pattes de certains mammifères (carnivores, insectivores, rongeurs, primates) et dont le nombre, la forme et la disposition sont caractéristiques de l'espèce (SYN. **pelote**).

COUSU, E adj. Assemblé avec des points de couture. ▪ **C'est du cousu main** [fam.], c'est fait avec beaucoup de soin ; ça ne peut pas rater. ▪ **Cousu de fil blanc,** se dit d'une ruse qui ne trompe personne. ▪ **Cousu d'or,** très riche. ▪ **Pièces cousues** [hérald.], pièces honorables appliquées métal sur métal ou couleur sur couleur.

COÛT, ▲ *COUT* [ku] **n.m.** (de *coûter*). **1.** Somme que coûte qqch ; prix ; tarif : *Coût très élevé d'une location.* **2.** Fig. Effet fâcheux d'une action, d'une situation : *La délinquance, coût d'une mauvaise politique urbaine.* ▪ **À bas coût,** recomm. off. pour **low cost.** ▪ **Coût de distribution,** écart entre le prix de vente d'un produit au consommateur et le prix de production. ▪ **Coût de la vie,** valeur estimée des biens et des services, fondée sur la comparaison des revenus, pendant une période donnée. ▪ **Coût de production,** ensemble des dépenses générées par la production d'un bien ou d'un service. ▪ **Coût salarial,** ensemble des dépenses incombant à l'employeur en contrepartie de l'emploi de travailleurs salariés. ▪ **Coûts fixes,** dépenses indépendantes du volume des quantités produites (achat de biens d'équipement, par ex.). ▪ **Coûts variables,** dépenses inhérentes au volume des quantités produites (approvisionnement en matières premières, par ex.).

COÛTANT, ▲ *COUTANT* **adj.m.** ▪ **À** ou **au prix coûtant,** au prix de revient strictement calculé.

COUTEAU n.m. (lat. *cultellus*). **1.** Instrument tranchant à manche et à une ou plusieurs lames : *Couteau de poche, de table* ; instrument tranchant : *Les couteaux d'une tondeuse à gazon.* **2.** Mollusque bivalve à coquille allongée qui vit enfoui verticalement dans le sable des plages (SYN. **solen**). ➲ Famille des solénidés. **3.** Prisme d'acier qui supporte le fléau ou les plateaux d'une balance de précision. ▪ **Au couteau,** acharné : *Une concurrence au couteau.* ▪ **Couteau à palette,** petite truelle d'acier flexible pour mélanger les couleurs sur la palette ou pour peindre en pleine pâte. ▪ **Couteau électrique,** ustensile de cuisine à double lame amovible, permettant de découper la viande en tranches régulières. ▪ **Couteau suisse,** couteau à nombreuses lames, qui peut être utilisé pour des applications très variées ; fig., objet multifonction, partic. ordinateur et téléphone portable. ▪ **En lame de couteau,** très mince et allongé : *Un visage en lame de couteau.* ▪ **Être à couteaux tirés avec qqn,** être en très mauvais termes avec lui. ▪ **Mettre à qqn le couteau sous** ou **sur la gorge,** l'obliger à faire qqch contre sa volonté. ▪ **Second couteau** [fam.], personnage qui joue un rôle secondaire ; comparse.

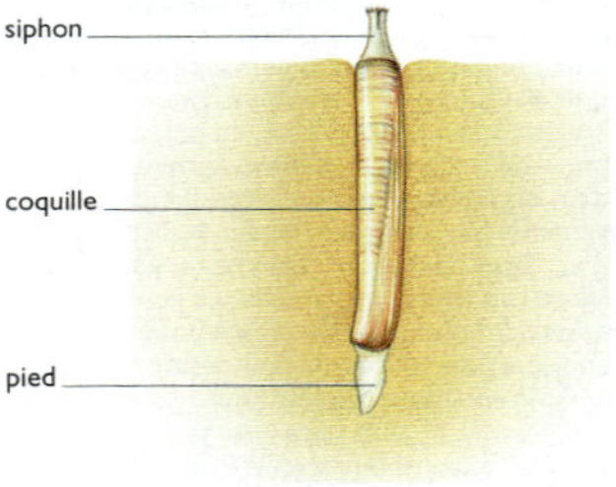

▲ **couteau** (mollusque).

COUTEAU-SCIE n.m. (pl. *couteaux-scies*). Couteau à lame dentée, pour couper princip. la viande et le pain.

COUTELAS [kutla] **n.m.** (anc. fr. *coutel*). **1.** Grand couteau de cuisine à lame large et tranchante. **2.** Anc. Sabre court et large qui ne tranche que d'un côté.

COUTELIER, ÈRE n. Personne qui fabrique ou vend des couteaux et d'autres instruments tranchants. ◆ **adj.** Relatif à la coutellerie.

COUTELLERIE n.f. 1. Fabrication, commerce des couteaux et des instruments tranchants. **2.** Ensemble des produits faisant l'objet de ce commerce. **3.** Québec. Service de couverts de table que l'on range dans un coffret.

COÛTER, ▲ *COUTER* **v.i. [3]** (du lat. *constare*, être fixé). **1.** Être vendu au prix de ; valoir : *Combien coûte ce vase ?* **2.** Entraîner des dépenses : *La réparation a coûté très cher.* **3.** Fig. Être pénible à supporter ; peser : *Cet aveu lui a beaucoup coûté.* ▪ **Coûte que coûte,** à tout prix. ▪ **Coûter cher à qqn,** lui attirer des ennuis : *Cette négligence risque de lui coûter cher.* ▪ **Coûter le lard du chat** [Suisse, fam.], coûter un prix exorbitant ; coûter les yeux de la tête. ▪ **Coûter les yeux de la tête** ou, fam., **un bras,** coûter très cher. ◆ **v.t.** Occasionner qqch de pénible : *Ce travail lui a coûté des nuits de veille.* ▪ **Coûter la vie à qqn,** causer sa mort.

COÛTEUSEMENT, ▲ *COUTEUSEMENT* **adv.** De façon coûteuse.

COÛTEUX, EUSE, ▲ *COUTEUX, EUSE* **adj. 1.** Qui coûte cher ; qui occasionne de grandes dépenses ; onéreux : *Ils sont dotés d'un équipement coûteux.* **2.** Fig. Qui exige des sacrifices : *Une victoire coûteuse.*

COUTIL [kuti] **n.m.** (de *1. couette*). Tissu croisé et très serré, en fil ou en coton, utilisé pour confectionner la toile à matelas, des vêtements de travail, etc.

COUTRE n.m. (lat. *culter*). Fer tranchant placé en avant du soc de la charrue pour fendre la terre verticalement.

COUTUME n.f. (lat. *consuetudo*). **1.** Habitude, usage propres aux mœurs d'un groupe, d'un peuple : *Les us et coutumes d'une région.* **2. DR.** Règle de droit établie par un usage continu, dont l'autorité est reconnue dès lors qu'elle n'est pas contraire à la loi. ▪ **Avoir coutume de,** avoir l'habitude de. ▪ **Faire la coutume** [Nouvelle-Calédonie], offrir un cadeau de bienvenue. ▪ **La coutume** [anthrop.], ensemble de dispositions sociales cohérentes et transmises par la tradition, par oppos. à la *loi écrite*, édictée par une autorité politique. ▪ **Plus, moins, autant que de coutume,** plus, moins, autant que ce qui se passe ordinairement.

COUTUMIER, ÈRE adj. 1. Que l'on fait habituellement, ordinairement : *Elle a prononcé son discours coutumier de bienvenue.* **2.** Relatif à la coutume ; régi, établi par la coutume : *Cadeau coutumier.* ▪ **Chef coutumier** [anthrop.], chef désigné selon la coutume et veillant à ce que celle-ci soit respectée et appliquée, dans une société que régit le système de la chefferie. ▪ **Droit coutumier,** ensemble des règles juridiques établies par un usage continu et ayant force de loi. ▪ **Être coutumier du fait** [litt.], avoir l'habitude de commettre telle action. ◆ **n.m.** Recueil des coutumes d'une province, d'un pays, d'un ordre religieux.

COUTURE n.f. 1. Action, art de coudre. **2.** Assemblage de deux morceaux d'étoffe par une série de points faits à la main ou à la machine ; ces points : *Les coutures de son veston craquent.* **3.** Profession de ceux qui confectionnent des vêtements : *Il travaille dans la couture.* **4. REL.** Action de coudre les cahiers d'un livre. **5.** Litt., vieilli. Cicatrice d'une plaie. ▪ **Battre qqn à plate(s) couture(s),** lui infliger une défaite totale. ▪ **Examiner sur** ou **sous toutes les coutures,** très attentivement. ▪ **La haute couture,** l'ensemble des grands couturiers qui créent des modèles originaux présentés chaque saison ; leur production. ▪ **Maison de couture,** entreprise de haute couture ou de confection.

COUTURÉ, E adj. Litt. Marqué de cicatrices ; balafré : *Visage couturé.*

1. COUTURIER adj.m. ANAT. ▪ **Muscle couturier,** ou **couturier, n.m.,** muscle antérieur de la cuisse, fléchisseur de la jambe et de la cuisse.

2. COUTURIER, ÈRE n. Personne qui retouche ou confectionne elle-même des vêtements. ◆ **n.m.** ▪ **Grand couturier,** personne qui dirige une maison de couture.

COUTURIÈRE n.f. THÉÂTRE. Anc. Dernière répétition précédant la générale (au cours de laquelle les couturières apportaient les dernières retouches aux costumes).

COUVADE n.f. ETHNOL. Coutume propre à certaines sociétés où, après l'accouchement, c'est le père qui tient le rôle de la mère.

COUVAIN n.m. Ensemble des œufs, des larves et des nymphes des abeilles et d'autres insectes sociaux.

COUVAISON n.f. 1. Temps pendant lequel un oiseau couve ses œufs pour les faire éclore. **2. ZOOL.** Incubation.

COUVÉE n.f. 1. Ensemble des œufs qu'un oiseau couve en même temps. **2.** Ensemble des oisillons nés en même temps ; nichée. **3.** Fam. Ensemble des enfants d'une famille nombreuse : *Mère qui veille sur sa couvée.*

COUVENT n.m. (du lat. *conventus*, assemblée). **1.** Maison d'une communauté religieuse. **2.** Anc. Pensionnat de jeunes filles tenu par des religieuses.

COUVENTINE n.f. Religieuse qui vit dans un couvent.

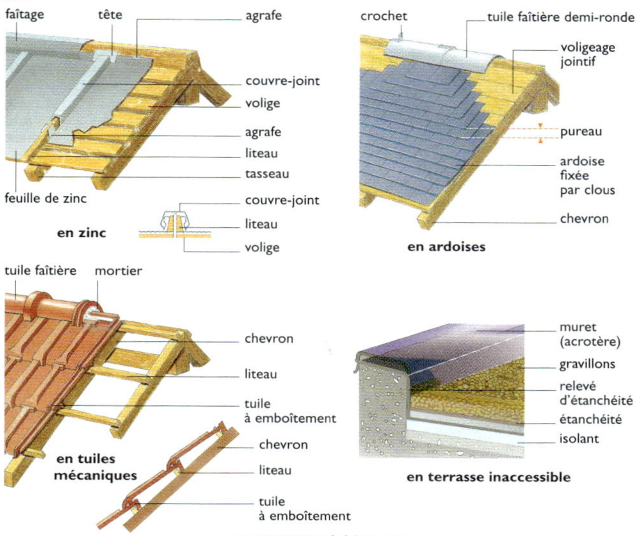

▲ **couvertures** de bâtiments.

COUVER v.t. [3] (du lat. *cubare*, être couché). **1.** En parlant d'un oiseau, tenir des œufs au chaud sous son corps pour les faire éclore. **2.** Fig. Entourer de soins attentifs, souvent excessifs. **3.** Litt. Porter secrètement en soi ; mûrir : *Couver sa vengeance.* ▪ **Couver des yeux,** regarder intensément, avec affection ou convoitise. ▪ **Couver une maladie** [fam.], en être atteint sans qu'elle soit nettement déclarée. ◆ **v.i.** Être sur le point d'éclater ; être latent : *La révolte couve.*

COUVERCLE n.m. (lat. *cooperculum*). Pièce mobile qui sert à couvrir un récipient.

1. COUVERT, E adj. **1.** Qui est abrité par un toit : *Une piscine couverte.* **2.** Qui est protégé par un vêtement, un chapeau : *Tu n'es pas assez couvert.* ▪ **À mots couverts,** de manière allusive ; en termes voilés. ▪ **Ciel couvert,** nuageux. ▪ **Terrain couvert,** boisé. ▪ **Wagon couvert** [ch. de f.], wagon à caisse fermée par un toit et comportant une ou plusieurs portes coulissantes sur chaque face latérale.

2. COUVERT n.m. (de *couvrir*). **1.** Sout. Abri, ombrage que donnent les grands arbres. **2.** Ensemble des accessoires de table pour une personne : *Ajouter un couvert. Lave-vaisselle de douze couverts.* **3.** CH. DE F. Wagon couvert. **4.** ARCHIT. Cornière. ▪ **À couvert,** à l'abri ; hors d'atteinte. ▪ **Les couverts,** les cuillères, les fourchettes et les couteaux : *Des couverts en argent.* ▪ **Mettre** ou **dresser le couvert,** mettre sur la table la vaisselle nécessaire au repas. ▪ **Remettre le couvert** [fam.], recommencer ce que l'on vient de faire. ▪ **Sous le couvert de,** sous la responsabilité de : *Agir sous le couvert de ses supérieurs* ; fig., sous l'apparence, le prétexte de : *Sous le couvert de la plaisanterie, elle lui a dit quelques vérités.*

COUVERTE n.f. **1.** Enduit vitrifiable, incolore ou coloré, dont on recouvre les porcelaines et les grès. **2.** Québec. Couverture.

COUVERTURE n.f. (lat. *coopertura*). **1.** Pièce de toute matière servant à se protéger du froid : *Couverture de laine.* **2.** Partie extérieure d'un livre, formée des plats et du dos ; jaquette. ➲ Elle peut être rigide ou souple, cartonnée ou non, pelliculée, etc. **3.** Partie extérieure d'un magazine où, avec son nom, figurent une illustration et les titres des principaux articles. **4.** Feuille dont on couvre un livre, un cahier pour le protéger. **5.** Ce qui couvre, garantit : *Ce contrat d'assurance vous assure une bonne couverture.* **6.** Activité qui dissimule des opérations clandestines, illicites : *Cette société d'import-export n'est qu'une couverture.* **7.** Fait de couvrir un événement, pour un journaliste, un média. **8.** CONSTR. Agencement de matériaux (tuiles, ardoises, etc.) recouvrant un bâtiment pour le protéger des intempéries. **9.** GÉOL. Ensemble des terrains sédimentaires recouvrant un socle selon une discordance. **10.** BOURSE. Ensemble des valeurs servant à la garantie d'une opération financière ou commerciale. **11.** MIL. Dispositif de protection d'une zone ou d'une opération : *Couverture aérienne.* ▪ **Couverture chauffante,** pièce de literie munie d'un dispositif électrique chauffant. ▪ **Couverture maladie universelle (CMU),** en France, dispositif destiné à assurer l'accès des personnes défavorisées aux prestations de la Sécurité sociale. ▪ **Couverture sociale,** protection dont bénéficie un assuré social. ▪ **Plumes de couverture,** ou **couvertures,** n.f. pl. [zool.], tectrices. ▪ **Tirer la couverture à soi** [fam.], chercher à s'attribuer tout le mérite d'un succès, tout le profit d'une affaire. ▪ **Zone de couverture,** ou **couverture** [télécomm.], portion de la surface terrestre desservie par un réseau de télécommunication ou à l'intérieur de laquelle la réception des émissions d'un satellite est correcte.

COUVEUSE n.f. **1.** Oiseau femelle (poule, en partic.) qui couve. **2.** Appareil où l'on fait éclore des œufs. **3.** MÉD. Enceinte close, aseptique, maintenue à température constante, où sont placés les nouveau-nés fragiles : *Placer un prématuré en couveuse* (SYN. **incubateur**).

COUVIGE n.m. Réunion traditionnelle de dentellières.

COUVOIR n.m. **1.** Appareil servant à l'incubation artificielle des œufs de poule, d'oie, etc. **2.** Entreprise pratiquant l'accouvage.

COUVRANT, E adj. Se dit d'une substance qui couvre d'une couche opaque : *Enduit à grand pouvoir couvrant.*

COUVRE-CHEF n.m. (pl. *couvre-chefs*). Fam. Ce qui sert à couvrir la tête ; chapeau.

COUVRE-FEU n.m. (pl. *couvre-feux*). **1.** Interdiction temporaire de sortir de chez soi à certaines heures, notamm. en temps de guerre : *Décréter le couvre-feu.* **2.** Anc. Signal qui indiquait l'heure de rentrer chez soi et d'éteindre les lumières.

COUVRE-JOINT n.m. (pl. *couvre-joints*). CONSTR. Pièce ou élément pour couvrir un joint.

COUVRE-LIT n.m. (pl. *couvre-lits*). Couverture, pièce d'étoffe qui recouvre un lit (SYN. **dessus-de-lit, jeté de lit**).

COUVRE-LIVRE n.m. (pl. *couvre-livres*). Couverture de protection pour un livre (SYN. **liseuse**).

COUVREMENT n.m. ARCHIT. Ouvrage qui limite par le haut un entrecolonnement, une baie, une pièce, un espace intérieur quelconque (architrave, linteau, arc, voûte, plafond, par ex.).

COUVRE-NUQUE n.m. (pl. *couvre-nuques*). Pièce de métal ou de toile adaptée à un casque ou à une coiffure pour préserver la nuque.

COUVRE-OBJET n.m. (pl. *couvre-objets*). OPT. Lamelle.

COUVRE-PIEDS n.m. inv., ▲ *COUVREPIED n.m.* Couverture de lit faite de deux tissus superposés, garnis intérieurement de laine ou de duvet et piqués de dessins décoratifs.

COUVRE-PLAT n.m. (pl. *couvre-plats*). Cloche en métal pour recouvrir un plat et le maintenir chaud.

COUVREUR, EUSE n. Personne qui installe ou répare la couverture d'un bâtiment.

COUVRIR v.t. [23] (lat. *cooperire*). **1.** Placer qqch sur un objet ou une personne pour protéger ou dissimuler ; recouvrir : *Couvrir un livre. Couvrir un blessé d'une couverture.* **2.** Fermer au moyen d'un couvercle : *Couvre la marmite pour garder la viande au chaud.* **3.** Mettre qqch sur qqn pour le vêtir ; habiller : *Couvrez chaudement les enfants.* **4.** Répandre en grande quantité sur : *Il a couvert sa chemise de peinture.* **5.** Donner à profusion ; combler : *Les journaux le couvrent de reproches.* **6.** Être répandu sur ; recouvrir : *L'eau couvre les quais.* **7.** Dominer un bruit, un son ; le rendre inaudible : *L'orchestre couvre la voix de la chanteuse.* **8.** Assurer une couverture, une protection : *Être couvert par l'immunité parlementaire* ; garantir les conséquences financières de : *Cette assurance couvre l'incendie.* **9.** Prendre sous sa responsabilité : *Ses supérieurs le couvrent.* **10.** Assurer la contrepartie, le paiement de : *Les bénéfices couvrent les investissements.* **11.** Desservir une zone, en parlant d'un émetteur de radiodiffusion ou de télévision, d'un réseau de télécommunication cellulaire. ▪ **Couvrir une distance,** la parcourir. ▪ **Couvrir une femelle,** la saillir, en parlant d'un animal mâle. ▪ **Couvrir un événement,** pour un journaliste, un média, en assurer le compte rendu. ◆ **SE COUVRIR** v.pr. **1.** Mettre un vêtement pour se protéger. **2.** Être envahi par ; se remplir : *Son front se couvre de sueur.* **3.** Absol. S'obscurcir, en parlant du temps : *Le ciel se couvre.* **4.** Attirer sur soi par son comportement : *Elle s'est couverte de ridicule.*

COUVRURE n.f. REL. Action d'appliquer la couverture ou les matières de recouvrement sur le livre à brocher ou à relier.

COV ou **C.O.V.** [seove] n.m. (sigle). Composé organique volatil.

COVALENCE n.f. CHIM. Liaison chimique de deux atomes ou plus par mise en commun d'électrons.

COVALENT, E adj. CHIM. Relatif à la covalence.

COVARIANCE n.f. MATH. ▪ **Covariance d'une distribution à deux caractères,** moyenne pondérée des produits des écarts à la moyenne pour tous les couples de valeurs.

COVENDEUR, EUSE n. Personne qui vend une chose avec une autre personne.

COVOITURAGE n.m. Utilisation d'une même voiture particulière par plusieurs personnes effectuant le même trajet, afin d'alléger le trafic routier et l'émission de polluants ou de partager les frais de transport.*

COVOITURER v.i. [3]. Faire du covoiturage. ◆ **v.t.** Transporter par covoiturage : *Covoiturer des colis.*

COW-BOY (pl. *cow-boys*), ▲ *COWBOY* [kobɔj] ou [kawbɔj] n.m. (mot angl.). **1.** Gardien d'un troupeau de bovins, dans un ranch américain. **2.** Fig., péjor. Policier aux méthodes brutales.

COWPER [kopœr] n.m. (du n. de *Cowper*). Appareil à inversion utilisé en sidérurgie pour récupérer l'énergie des gaz des hauts-fourneaux et pour réchauffer l'air envoyé aux tuyères.

COW-POX, ▲ *COWPOX* [kopɔks] n.m. inv. (mot angl.). Vaccine.

COXAL, E, AUX adj. (du lat. *coxa*, hanche). ANAT. Relatif à l'articulation de la hanche. ▪ **Os coxal,** os iliaque.

COXALGIE n.f. Douleur de la hanche.

COXALGIQUE adj. et n. Relatif à la coxalgie ; atteint de coxalgie.

COXARTHROSE n.f. Arthrose de la hanche.

COXO-FÉMORAL, E, AUX, ▲ *COXOFÉMORAL, E, AUX* adj. et n.f. ANAT. Se dit de l'articulation de la hanche et de ce qui s'y rapporte.

COYOTE [kɔjɔt] **n.m.** (aztèque *coyotl*). Mammifère carnivore de l'Amérique du Nord, voisin du loup et du chacal. ➲ Famille des canidés.

▲ **coyote**

CP ou **C.P.** **n.m.** (sigle). Cours préparatoire*.

CPA [sepea] **n.m.** (sigle). DR. Compte personnel d'activité.

CPAS ou **C.P.A.S.** **n.m.** (sigle). Belgique. Centre public d'action sociale.

1. CPE ou **C.P.E.** [sepeø] **n.** (sigle). Conseiller principal d'éducation.

2. CPE [sepeø] **n.m.** (sigle de *centre de la petite enfance*). Au Québec, établissement relevant de l'État et offrant des services de garde éducatifs aux enfants de moins de six ans.

CPF [sepeɛf] **n.m.** (sigle). DR. Compte personnel de formation.

CPGE ou **C.P.G.E.** **n.f.** (sigle). Classe préparatoire* aux grandes écoles.

CPL ou **C.P.L.** **n.m.** (sigle). Courant porteur en ligne.

C.Q.F.D. **abrév.** Ce qu'il fallait démontrer ; sert d'achèvement à une démonstration.

CRA ou **C.R.A.** [seɛra] **n.m.** (sigle). Centre de rétention administrative.

CRABE **n.m.** (néerl. *crabbe*). Crustacé décapode marin, littoral ou d'eau douce, à abdomen court et replié sous le céphalothorax, et portant une paire de grosses pinces. ➲ Représenté par 2 000 espèces constituant le sous-ordre des brachyoures, dont certaines sont comestibles et communes sur les côtes européennes : tourteau, étrille, crabe enragé.

▲ **crabe** vert de Méditerranée.

CRABIER **adj.m.** Se dit d'un animal qui se nourrit de crabes. ▪ **Héron crabier,** petit héron qui niche en Camargue et hiverne en Afrique. ▪ **Phoque crabier,** phoque de l'Antarctique.

CRAC **interj.** Exprime le bruit d'une chose dure qui se rompt, ou la soudaineté : *Crac ! la corde a cédé.*

CRACHAT **n.m.** Amas de salive ou matière qui provient des voies respiratoires et que l'on rejette par la bouche.

CRACHÉ, E **adj.** ▪ **Être le portrait craché de qqn** ou **être qqn tout craché** [fam.], lui ressembler énormément.

CRACHEMENT **n.m.** **1.** Action de cracher ; expectoration. **2.** Bruit parasite ; grésillement : *Les crachements d'un vieux disque.*

CRACHER **v.i.** [3] (lat. pop. *craccare*). **1.** Rejeter des crachats. **2.** Rejeter des gouttes ; éclabousser : *Stylo qui crache.* **3.** Émettre des crépitements ; crachoter : *La radio crache.* ▪ **Cracher dans la soupe** [fam.], dénigrer ce dont on tire avantage. ▪ **Cracher sur qqn** [fam.], l'insulter. ▪ **Ne pas cracher sur qqch** [fam.], l'apprécier beaucoup. ◆ **v.t. 1.** Rejeter hors de la bouche : *Cracher du sang.* **2.** Projeter avec force : *Volcan qui crache des laves.* **3.** Fam. Donner de l'argent ; débourser. ▪ **Cracher ses poumons** [fam.], tousser et cracher beaucoup.

CRACHEUR, EUSE **n.** Personne qui crache fréquemment. ◆ **adj.** Afrique. Se dit d'un serpent qui projette son venin à distance pour aveugler ses proies : *Cobra cracheur.*

CRACHIN **n.m.** Petite pluie fine qui peut durer plusieurs jours.

CRACHINER **v. impers.** [3]. En parlant de la pluie, tomber sous forme de crachin.

CRACHOIR **n.m.** Récipient dans lequel on crache. ▪ **Tenir le crachoir** [fam.], parler longuement. ▪ **Tenir le crachoir à qqn** [fam.], l'écouter sans pouvoir l'interrompre.

CRACHOTANT, E **adj.** Qui crachote.

CRACHOTEMENT **n.m.** **1.** Action, fait de crachoter. **2.** Bruit de ce qui crachote.

CRACHOTER ou, fam., **CRACHOUILLER** **v.i.** [3]. **1.** Cracher souvent et peu à la fois. **2.** Émettre un crépitement, en parlant d'un appareil défectueux ; grésiller : *Le téléphone crachote.*

1. CRACK **n.m.** (mot angl. « d'élite »). **1.** Cheval de course aux nombreuses victoires. **2.** Fam. Personne qui se distingue par ses compétences dans un domaine précis ; as.

2. CRACK **n.m.** (mot anglo-amér. « coup de fouet »). Cocaïne cristallisée basique, fumable, et pouvant avoir des effets psychiques (psychoses) et physiques (infarctus, hémorragies cérébrales).

CRACKER [krakœr], ▲ *CRACKEUR* **n.m.** (mot angl.). Petit biscuit salé croustillant.

CRACKEUR, EUSE **n.** ou **CRACKER** **n.m.** (de *cracker*). INFORM. Personne qui entre dans un système informatique ou un logiciel pour en casser illégalement les dispositifs de protection, notamm. contre la copie. Recomm. off. **pirate.**

CRACKING [krakiŋ] **n.m.** (mot angl.). [Anglic. déconseillé]. Craquage.

CRACOVIENNE **n.f.** (de *Cracovie*, n.pr.). **1.** Danse d'origine polonaise, exécutée en couple et dans laquelle les cavaliers font cliqueter les éperons de leurs bottes. ➲ Elle fut en vogue au milieu du XIXe s., en Europe. **2.** Pièce instrumentale de tempo rapide et de rythme binaire.

CRACRA ou **CRA-CRA** **adj. inv.** Fam. Crasseux.

CRADINGUE, CRADO ou **CRADE** **adj.** Fam. Crasseux.

CRAIE **n.f.** (lat. *creta*). **1.** Calcaire d'origine marine, le plus souvent blanc ou blanchâtre, tendre et friable, qui s'est formé au mésozoïque. ➲ Il est constitué essentiellement de débris de végétaux unicellulaires, les coccolithophoridés. **2.** Bâtonnet de cette substance ou d'une substance analogue pour écrire au tableau noir ou sur le tissu, le bois, etc.

CRAIGNOS [krɛɲos] **adj.** Fam. Qui pose un problème, en raison de son caractère dangereux ou bizarre.

CRAILLER [kraje] **v.i.** [3] (onomat.). Pousser son cri, en parlant de la corneille.

CRAINDRE **v.t.** [62] (du lat. *tremere*, trembler). **1.** Éprouver de l'inquiétude, de la peur devant qqn, qqch ; redouter : *Ses élèves le craignent.* **2.** Envisager comme probable un événement malheureux ; appréhender : *Le médecin craint une pneumonie.* **3.** Risquer de subir un dommage : *Ce produit craint l'humidité.* ◆ **v.i.** Fam. ▪ **Ça craint,** c'est désagréable, pénible ou dangereux.

CRAINTE **n.f.** Sentiment de qqn qui redoute qqch ; peur : *La crainte de la solitude.* ▪ **De crainte que** (+ subj.), **de crainte de** (+ inf.), pour éviter que, de : *Partez, de crainte qu'on ne vous voie, de crainte d'être vu.*

CRAINTIF, IVE **adj.** et **n.** Qui manifeste de la crainte ; peureux : *Enfant craintif. Regard craintif.*

CRAINTIVEMENT **adv.** Avec crainte.

1. CRAMBE **n.m.** (du gr. *krambê*, chou). Plante herbacée des plages de galets de l'Atlantique nord, appelée aussi *chou marin*, cultivée en Angleterre pour ses pétioles comestibles. ➲ Famille des crucifères ou des brassicacées.

2. CRAMBE ou **CRAMBUS** **n.m.** (du gr. *krambos*, sec). Petit papillon aux ailes couleur paille, commun dans les prairies. ➲ Famille des crambidés.

CRAMCRAM [kramkram] **n.m.** Afrique. Graminée épineuse dont les graines s'accrochent aux vêtements ; ces graines.

CRAMER **v.i.** et **v.t.** [3] (lat. *cremare*). Fam. Brûler.

CRAMINE **n.f.** (du lat. *cremare*, brûler). Suisse. Fam. Froid intense.

CRAMIQUE **n.m.** (néerl. *cramicke*). Région. (Nord) ; Belgique. Pain sucré aux raisins de Corinthe.

CRAMOISI, E **adj.** (de l'ar. *qirmiz*, cochenille). **1.** Rouge carmin foncé : *Tentures cramoisies.* **2.** Qui est devenu tout rouge sous l'effet d'une émotion ; écarlate : *Visage cramoisi.*

CRAMPE **n.f.** (du francique **kramp*). Contraction involontaire et douloureuse, mais passagère, d'un ou de plusieurs muscles. ▪ **Crampe d'estomac,** douleur gastrique due à la faim, à une mauvaise digestion, etc.

CRAMPILLON **n.m.** Clou recourbé (SYN. **cavalier**).

CRAMPON **n.m.** (du francique **krampo*). **1.** Pièce de métal recourbée servant à attacher, à retenir ou à saisir fortement. **2.** Petit cylindre de métal ou de plastique fixé à la semelle des chaussures de football ou de rugby pour empêcher de glisser. **3.** BOT. Organe de fixation de certains végétaux thallophytes (algues, lichens). **4.** BOT. Courte racine adventive d'une plante grimpante, par laquelle elle se fixe sur la roche ou sur l'écorce d'un arbre : *Les crampons du lierre* (SYN. **griffe**). ▪ **Pneu à crampons,** pneu à sculptures très protubérantes, améliorant l'adhérence sur sol glissant. ◆ **n.m. pl.** Semelle munie de pointes, fixée sous la chaussure, pour se déplacer sur la glace. ◆ **adj. inv.** et **n.m.** Fam. Se dit de qqn dont on a du mal à se débarrasser ; importun : *Ce qu'elles peuvent être crampon !*

CRAMPONNEMENT **n.m.** Action de cramponner, de se cramponner.

CRAMPONNER **v.t.** [3]. **1.** Poser des crampons à la semelle d'une chaussure de sport. **2.** Fam. Importuner qqn en s'accrochant à lui avec insistance. ◆ **SE CRAMPONNER** **v.pr.** **1.** Tenir fermement sans lâcher prise ; s'agripper : *Se cramponner à une branche.* **2.** S'attacher à qqch malgré les obstacles : *Il lui reste un espoir auquel il se cramponne désespérément.* **3.** Absol. Résister, tenir opiniâtrement : *On a tout fait pour la décourager, mais elle s'est cramponnée.*

CRAN **n.m.** (de l'anc. fr. *crener*, entailler). **1.** Entaille faite dans un corps dur pour en accrocher un autre ou servir d'arrêt : *Les crans d'une crémaillère* ; trou servant d'arrêt dans une ceinture, une sangle : *Serrer sa ceinture d'un cran.* **2.** Entaille faite en bordure d'un vêtement ou d'une semelle de chaussure en fabrication et qui sert de point de repère. **3.** Ondulation des cheveux. **4.** Fam. Sang-froid ; courage : *Avoir du cran.* ▪ **Avancer, reculer d'un cran,** passer à un niveau supérieur, inférieur dans un classement. ▪ **Cran d'arrêt, de sûreté,** cran qui cale la gâchette d'une arme à feu, la lame d'un couteau. ▪ **Être à cran** [fam.], à bout de nerfs.

1. CRÂNE **n.m.** (gr. *kranion*). **1.** Boîte osseuse contenant et protégeant l'encéphale, chez les vertébrés : *Fracture du crâne.* **2.** Fam. Tête : *Avoir mal au crâne.*

2. CRÂNE **adj.** (de *1. crâne*). Vieilli. Qui affiche du courage, de la bravoure ; intrépide.

CRÂNEMENT **adv.** Vieilli. De façon crâne ; bravement.

CRÂNER **v.i.** [3] (de *2. crâne*). Fam. **1.** Faire le brave ; fanfaronner. **2.** Faire le fier ; plastronner.

CRÂNERIE **n.f.** Vieilli. Attitude bravache ou prétentieuse.

CRÂNEUR, EUSE **adj.** et **n.** Fam. Qui crâne ; fanfaron.

CRÂNIEN, ENNE **adj.** Du crâne : *Nerfs crâniens.*

CRANIOMÉTRIE **n.f.** Ensemble des techniques de mesure du crâne humain.

CRANIOPHARYNGIOME **n.m.** MÉD. Tumeur, non cancéreuse mais grave, de la région de l'hypophyse.

CRANIOSTÉNOSE **n.f.** Malformation congénitale caractérisée par la fermeture prématurée des sutures de la boîte crânienne, provoquant une déformation du crâne et une souffrance cérébrale.

CRANSON **n.m.** (p.-ê. de *cresson*). Cochléaire (plante).

CRANTÉ, E **adj.** Qui a des crans : *La roue crantée d'un mécanisme d'horloge. Des cheveux crantés.*

CRANTER **v.t.** [3]. Faire des crans à.

CRAPAHUTER **v.i.** [3] (de *crapaud*, avec infl. de *chahuter*). Fam. Marcher en terrain difficile, accidenté.

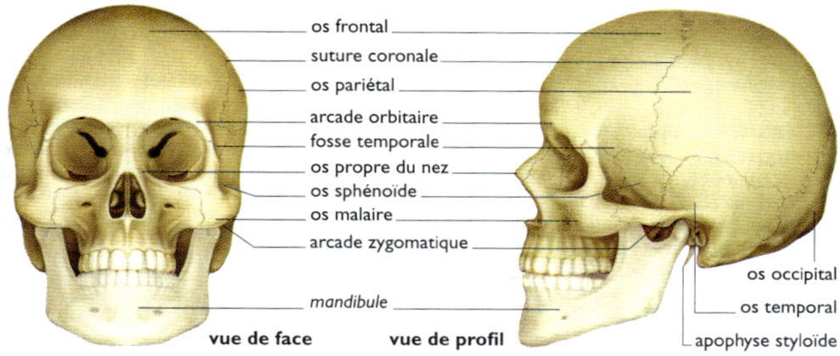

▲ **crâne**

CRAPAUD n.m. (du germ. **krappa*, crochet). **1.** Amphibien de mœurs terrestres, aux formes lourdes et trapues, à peau verruqueuse, qui se nourrit de vers et d'insectes. ➲ Cri : le crapaud coasse. La femelle est la crapaude (rare) ; le petit est le crapelet. Ordre des anoures. **2.** Défaut dans une pierre précieuse, une roche cristalline, un marbre. ■ **Crapaud accoucheur,** alyte. ■ **Crapaud de mer,** rascasse. ■ **Fauteuil crapaud,** ou **crapaud,** fauteuil bas entièrement rembourré, à dossier en gondole (milieu du XIXe s.). ■ **Piano crapaud** → **1. PIANO.**

▲ **crapaud** commun.

CRAPAUD-BUFFLE n.m. (pl. *crapauds-buffles*). Gros crapaud d'Asie orientale, au coassement puissant. ➲ Long. 20 cm ; famille des microhylidés.

CRAPAUDINE n.f. (de *crapaud*). **1.** Grille placée dans une gouttière, à l'entrée du tuyau de descente, pour empêcher que des déchets ne s'y introduisent. **2.** Plot métallique scellé dans la maçonnerie et recevant le pivot d'une porte. ■ **À la crapaudine** [cuis.], mode de préparation des jeunes volailles, consistant à les aplatir avant de les faire rôtir.

CRAPET [crapɛ] n.m. Québec. Poisson des eaux douces et chaudes d'Amérique du Nord, au corps latéralement aplati. ■ **Crapet soleil,** perche soleil.

CRAPETTE n.f. Jeu de cartes pratiqué par deux joueurs disposant de 52 cartes chacun et consistant à réaliser une réussite commune.

CRAPOTEUX, EUSE adj. (de *crasseux*). Fam. **1.** Très sale ; crasseux : *Un local crapoteux.* **2.** Très mauvais ; sordide : *Une ambiance crapoteuse.*

CRAPOUILLOT n.m. (de *crapaud*). Petit mortier de tranchée (1915-1918).

CRAPULE n.f. (du lat. *crapula*, ivresse). Individu capable des pires bassesses ; canaille. ■ **La crapule** [vieilli], l'ensemble des gens qui vivent dans la débauche et la malhonnêteté ; racaille.

CRAPULERIE n.f. **1.** Caractère d'une crapule. **2.** Acte malhonnête ; canaillerie.

CRAPULEUSEMENT adv. De façon crapuleuse.

CRAPULEUX, EUSE adj. Plein de bassesse : *Acte crapuleux.* ■ **Crime crapuleux,** commis pour voler.

CRAQUAGE n.m. **1.** Conversion, sous l'action de la température et éventuellement d'un catalyseur, des hydrocarbures saturés d'une fraction pétrolière en hydrocarbures plus légers (carburants, intermédiaires chimiques). **2.** Séparation des différents constituants d'une matière première agricole (céréale, lait, etc.) pour les utiliser dans la fabrication de nouveaux produits alimentaires.

CRAQUANT, E adj. Fam. Qui fait craquer ; irrésistible : *Un sourire craquant.*

CRAQUE n.f. Fam. Mensonge ; vantardise : *Raconter des craques.*

CRAQUÉE n.f. Suisse. Fam. Grande quantité : *Une craquée de livres.*

CRAQUELAGE n.m. **1.** Altération de certains films de peinture ou de vernis, par formation de fissures ou de stries. **2.** Art ou manière d'obtenir de la porcelaine craquelée.

CRAQUELÉ, E adj. Qui présente des craquelures : *Émail craquelé.*

CRAQUÈLEMENT n.m. Fait de se craqueler ; état de ce qui est craquelé.

SE CRAQUELER v.pr. [16], ▲ *[12]* (de *craquer*). Présenter des craquelures ; se fendiller en surface : *Cette vieille théière se craquelle.*

CRAQUELIN n.m. (moyen néerl. *crakelinc*). **1.** Petit gâteau sec et croquant fait le plus souvent en pâte à biscuit ou en pâte non levée. **2.** Pain brioché recouvert de sucre perlé. ➲ Spécialité belge.

CRAQUELURE n.f. Fendillement dans un vernis, une peinture, la glaçure d'une céramique.

CRAQUEMENT n.m. Bruit sec que fait qqch qui craque ou se brise : *Les craquements d'un parquet.*

CRAQUER v.i. [3] (onomat.). **1.** Produire un bruit sec dû à un frottement ou à une pression : *L'escalier craque. Faire craquer ses doigts.* **2.** Se briser en produisant un bruit sec ; céder : *La couture a craqué.* **3.** Aller à la désagrégation, à l'échec ; péricliter : *La dictature craque de toutes parts.* **4.** Avoir une grave défaillance physique ou psychologique : *L'accusé a craqué devant la victime. Mes nerfs vont craquer.* **5.** Fam. Tomber sous le charme de qqn : *Il a craqué pour elle ;* céder à l'attrait de qqch : *Craquer sur un collier.* ■ **Plein à craquer,** complètement rempli. ◆ **v.t. 1.** Faire céder sous la pression ou l'effort. **2.** PÉTROLE. Réaliser le craquage d'un produit pétrolier. ■ **Craquer une allumette,** l'allumer en la frottant sur une surface rugueuse.

CRAQUÈTEMENT ou **CRAQUETTEMENT** n.m. **1.** Bruit produit par un objet qui craquette. **2.** Cri de la cigogne, de la grue, de la cigale.

CRAQUETER v.i. [16], ▲ *[12]*. **1.** Craquer souvent et à petit bruit ; crépiter : *Les brindilles craquettent dans le feu.* **2.** Pousser son cri, en parlant de la cigogne, de la grue. **3.** Émettre un son avec ses élytres, en parlant de la cigale.

CRAQUEUR n.m. Installation de raffinage où l'on craque les hydrocarbures.

CRASE n.f. (gr. *krasis*). LING. Contraction de la voyelle qui termine un mot avec celle qui commence le suivant.

CRASH [kraʃ] n.m. (pl. *crash[e]s*) [mot angl. « accident »]. **1.** Atterrissage très brutal effectué par un avion, train d'atterrissage rentré. **2.** Écrasement au sol d'un avion ; pour une voiture, choc frontal très violent.

SE CRASHER v.pr. [3]. Fam. S'écraser au sol, en parlant d'un avion ; s'écraser contre un obstacle, en parlant d'un véhicule automobile.

CRASSANE n.f. Passe-crassane.

CRASSE n.f. (du lat. *crassus*, gras). **1.** Saleté qui s'amasse à la surface de qqch : *Baignoire, pieds couverts de crasse.* **2.** Fam. Acte hostile ou indélicat à l'égard de qqn ; méchanceté. ◆ **n.f. pl.** TECHN. Scories produites par un métal en fusion. ◆ **adj.** Se dit d'un défaut qui atteint un très haut degré : *Ignorance, bêtise, paresse crasse.*

CRASSEUX, EUSE adj. Couvert de crasse ; sale : *Des chemises crasseuses.*

CRASSIER n.m. Amoncellement de déchets, scories et résidus, d'une usine métallurgique.

CRASSULACÉE n.f. (lat. *crassula*). Plante dicotylédone herbacée, succulente, poussant dans les rocailles et sur les murs, telle que l'orpin et la joubarbe. ➲ Les crassulacées forment une famille.

CRATÈRE n.m. (du gr. *kratêr*, vase). **1.** Dépression arrondie, située au sommet ou sur les flancs d'un volcan, par où s'échappent, lors d'éruptions, les projections et les laves. **2.** Trou formé dans le sol par l'explosion d'une bombe. **3.** Grand vase à deux anses et à large ouverture où les Anciens mélangeaient le vin et l'eau. ■ **Cratère (météoritique),** dépression quasi circulaire creusée par l'impact d'une météorite à la surface d'un astre, en partic. de la Lune. ■ **Lac de cratère,** formé dans le cratère d'un volcan.

CRATERELLE n.f. (de *cratère*). Champignon comestible, voisin des chanterelles, à chapeau en forme d'entonnoir, de couleur brun-gris à noir. Noms usuels : *trompette-de-la-mort, trompette-des-morts.* ➲ Classe des basidiomycètes.

CRATÉRIFORME adj. En forme de cratère.

CRATÉRISÉ, E adj. Didact. Parsemé de cratères.

CRATICULE n.m. → **GRATICULE.**

CRATON n.m. (all. *Kraton*). GÉOL. Vaste portion de croûte continentale stable, en dehors des zones orogéniques.

CRAVACHE n.f. (all. *Karbatsche*, du slave). Badine souple et flexible dont se servent les cavaliers pour stimuler ou corriger un cheval. ■ **Mener qqn à la cravache,** le traiter avec autorité et sévérité.

CRAVACHER v.t. [3]. Frapper avec une cravache. ◆ **v.i.** Fam. Aller plus vite ; redoubler d'efforts.

CRAVATE n.f. (de l'all. *krawat*, croate). **1.** Bande d'étoffe que l'on passe sous le col d'une chemise et que l'on noue par-devant. **2.** Insigne de grades élevés de certains ordres : *Cravate de commandeur de la Légion d'honneur.* **3.** Ornement fixé au fer de lance d'un drapeau ou d'un étendard. **4.** MAR. Cordage qui soutient une ancre.

CRAVATER v.t. [3]. **1.** (Surtout au passif). Mettre une cravate à : *Un homme cravaté de soie.* **2.** Attaquer qqn en le serrant par le cou. **3.** Arg. Mettre en état d'arrestation : *La police l'a cravaté hier.*

CRAVE n.m. (du gaul.). Oiseau des montagnes d'Europe méridionale, d'Asie centrale et d'Afrique du Nord, à bec et à pattes rouges. ➲ Famille des corvidés.

CRAW-CRAW ou **CROW-CROW** [krokro] n.m. inv. (angl. *craw-craw*). Afrique. Manifestation cutanée de l'onchocercose, causant des démangeaisons.

CRAWL [krol] n.m. (mot angl.). Nage sur le ventre à propulsion continue par mouvements alternatifs des bras et des pieds.

CRAWLÉ [krole] adj.m. ■ **Dos crawlé** → **DOS.**

CRAWLER [krole] v.i. [3]. Nager le crawl.

CRAWLEUR, EUSE [krolœr, øz] n. Nageur de crawl.

CRAYEUX, EUSE [krɛjø, øz] adj. **1.** Qui contient de la craie : *Sol crayeux.* **2.** Qui a l'aspect de la craie : *Le teint crayeux d'un malade.*

CRAYON [krɛjɔ̃] n.m. (de *craie*). **1.** Baguette cylindrique formée d'une mine de graphite ou de matière colorée, contenue dans une gaine de bois et servant à écrire et à dessiner. **2.** Dessin fait au crayon. **3.** Bâtonnet de substance médicinale ou de fard : *Un crayon à paupières.* ■ **Avoir un bon coup de crayon,** être habile à dessiner. ■ **Crayon à papier,** à mine de graphite, souvent utilisé pour les brouillons parce que ses traits sont faciles à effacer. ■ **Crayon de plomb** [Québec], crayon à papier. ■ **Crayon optique** ou **électronique,** dispositif en forme de crayon muni d'un élément photosensible, qui, déplacé sur l'écran d'un ordinateur, en permet une utilisation interactive (SYN. **photostyle**).

CRAYON-FEUTRE n.m. (pl. *crayons-feutres*). Feutre utilisant une encre à l'eau et servant essentiellement au coloriage.

CRAYONNAGE n.m. Action de crayonner ; dessin rapide fait au crayon.

CRAYONNÉ n.m. Avant-projet d'une illustration ; maquette d'un panneau publicitaire.

CRAYONNER v.t. [3]. Écrire, tracer ou dessiner au crayon.

CRAYONNEUR, EUSE n. Personne qui crayonne, dessine des croquis.

CRDS ou **C.R.D.S.** n.f. (sigle). Contribution pour le remboursement de la dette sociale. (Ce sigle est souvent abrégé en *RDS*.)

CRÉANCE n.f. (de l'anc. fr. *creire*, croire). **1.** DR. Droit qu'une personne *(le créancier)* a d'exiger qqch de qqn *(le débiteur)* ; titre qui établit ce droit. **2.** Litt., vx. Fait de croire en la véracité de qqch ; certitude. ■ **Lettres de créance,** lettres qu'un ministre ou un ambassadeur remet, à son arrivée, au chef de l'État auprès duquel il est accrédité.

CRÉANCIER, ÈRE n. et adj. **1.** DR. Titulaire d'un droit de créance. **2.** Personne à qui l'on doit de l'argent (par oppos. à *débiteur*).

CRÉATEUR, TRICE n. **1.** Personne qui crée qqch de nouveau dans le domaine scientifique, artistique, etc. ; auteur : *La créatrice d'un langage informatique.* **2.** Personne qui interprète pour la première fois un rôle, une chanson : *Le créateur du personnage de Cyrano.* ◆ n.m. ■ **Le Créateur,** Dieu. ◆ adj. Créatif : *Une imagination créatrice.*

CRÉATIF, IVE adj. **1.** Qui est capable de créer, d'imaginer qqch de nouveau ; qui manifeste de la créativité : *Un musicien créatif.* **2.** Qui favorise la création : *Milieu créatif.* ◆ n. Personne chargée d'avoir des idées originales pour créer ou lancer un produit.

CRÉATINE n.f. (du gr. *kreas, -atos*, chair). Substance azotée présente surtout dans les muscles, où elle constitue une réserve d'énergie.

CRÉATININE n.f. BIOCHIM. Substance azotée provenant de la dégradation de la créatine. ➲ La mesure de sa concentration dans le sang sert à établir le diagnostic d'insuffisance rénale.

CRÉATION n.f. (lat. *creatio*). **1.** Action de créer, de tirer du néant : *La création du monde.* **2.** Ensemble des êtres et des choses créés ; univers : *Les merveilles de la création.* **3.** Action d'organiser, d'instituer qqch qui n'existait pas ; fondation : *La création d'une entreprise.* **4.** Œuvre créée ; modèle inédit ; invention : *Les créations d'un grand couturier.* **5.** Première interprétation d'un rôle, d'une chanson, etc. ; première mise en scène d'une œuvre. ■ **Création collective,** œuvre élaborée et menée à son terme par l'ensemble d'une troupe ou d'une équipe, signée par cette communauté et non par un auteur unique.

CRÉATIONNISME n.m. BIOL. Doctrine selon laquelle les animaux et les plantes ont été créés subitement et isolément par espèces fixes et immuables. ➲ D'inspiration religieuse, cette doctrine, qui nie l'évolution de la vie sur Terre, est auj. abandonnée par la communauté scientifique.

CRÉATIONNISTE adj. et n. Relatif au créationnisme ; qui en est partisan.

CRÉATIVITÉ n.f. Capacité d'imagination, d'invention, de création : *La créativité lexicale, musicale.*

CRÉATURE n.f. **1.** Tout être créé, en partic. l'homme, par rapport à Dieu, le Créateur. **2.** Tout être imaginaire, de forme humaine ou animale notamm., créé par un inventeur, un artiste : *Les créatures de la science-fiction.* **3.** Être humain ; personne : *De pauvres créatures martyrisées par la vie.* **4.** Fam. Femme, en partic. belle femme : *Une créature de rêve.* **5.** Vx. Prostituée. **6.** Péjor. Personne entièrement soumise à une autre, à qui elle doit sa situation ; protégé : *Les créatures d'un ministre.*

CRÉCELLE n.f. (du lat. *crepitacullum*, hochet). **1.** Petit instrument de bois constitué par un moulinet denté autour duquel tourne en crépitant une languette de bois flexible : *La crécelle des lépreux.* **2.** Fam., vieilli. Personne très bavarde. ■ **Voix de crécelle,** criarde et désagréable.

CRÉCERELLE, ▲ *CRÈCERELLE* n.f. (de *crécelle*). Faucon à longue queue d'Eurasie et d'Afrique, le plus commun des rapaces diurnes en France. ➲ Famille des falconidés. (V. ill. *rapaces*.)

CRÈCHE n.f. (francique **kripja*). **1.** Mangeoire remplie de paille où Jésus aurait été déposé dans l'étable de Bethléem. **2.** BX-ARTS. Reproduction figurative du cadre et de la scène de la naissance de Jésus. **3.** Établissement équipé pour accueillir, dans la journée, les enfants bien portants de moins de trois ans dont les parents ne peuvent s'occuper aux heures ouvrables. **4.** Arg. Logement ; chambre. ■ **Crèche familiale,** mode de garde d'un jeune enfant au domicile d'une assistante maternelle.

CRÉCHER v.i. [11], ▲ *[11*]*. Fam. Habiter : *Crécher en banlieue.*

CRÉDENCE n.f. (de l'ital. *credenza*, confiance). Buffet de salle à manger où l'on range la vaisselle ; vaisselier.

CRÉDIBILISER v.t. [3]. Rendre crédible.

CRÉDIBILITÉ n.f. Caractère crédible ; vraisemblance : *Un récit qui manque de crédibilité.*

CRÉDIBLE adj. (lat. *credibilis*). **1.** Qui peut être cru ; plausible : *Une excuse crédible.* **2.** À qui l'on peut se fier : *Après toutes ces promesses non tenues, cet élu n'est plus crédible.*

CRÉDIRENTIER, ÈRE n. et adj. DR. Titulaire d'une rente (par oppos. à *débirentier*).

CRÉDIT n.m. (lat. *creditum*, de *credere*, croire). **1.** Confiance dans la solvabilité de qqn ; délai accordé pour un paiement. **2.** Prêt consenti par une personne, une banque ; avance : *Ouvrir un crédit à qqn.* ➲ Le *crédit à court terme* est accordé pour une période de moins d'un an, le *crédit à moyen terme* dure jusqu'à sept ans et le *crédit à long terme* est de l'ordre de quinze ans. **3.** Ensemble des sommes allouées sur un budget : *Voter des crédits.* **4.** Partie d'un compte qui mentionne les sommes dues à qqn ou ses versements ; avoir (CONTR. **2. débit**). **5.** Litt. Confiance qu'inspire qqn ou qqch ; estime : *Il jouit d'un grand crédit auprès de ses collaborateurs.* **6.** Dans le cadre du cursus LMD* de l'enseignement supérieur, unité qu'un étudiant peut capitaliser et transférer jusqu'à la validation d'un diplôme ou d'une équivalence. (On dit aussi *crédit ECTS* [sigle de l'angl. *European credits transfer system*, système européen de transfert et d'accumulation de crédits].) ➲ Le crédit représente l'unité de mesure de la charge de travail à réaliser par l'étudiant. À chaque unité* d'enseignement (UE) est affectée une valeur en crédits. **7.** Québec. Unité de valeur, dans l'enseignement collégial et universitaire. ■ **À crédit,** avec paiement différé. ■ **Caisse de crédit municipal,** en France, établissement public municipal pratiquant le prêt sur gages à des taux favorables et appelé autref. *mont-de-piété*. ■ **Carte de crédit,** carte à mémoire qui permet d'effectuer des retraits dans un distributeur automatique de billets et/ou des paiements à débit différé. ■ **Crédit à la consommation,** crédit consenti aux particuliers acquéreurs de biens de consommation, pour leur permettre de les payer au comptant. ■ **Crédit croisé,** opération d'échange, de créance ou de dette entre deux banques (SYN. **swap**). ■ **Crédit d'impôt,** mécanisme fiscal incitatif permettant d'obtenir sous certaines conditions une réduction de son impôt. ■ **Crédit in fine,** prêt dont le capital est remboursé en totalité à son échéance. ■ **Crédit photographique,** mention obligatoire du nom du propriétaire des photographies illustrant un ouvrage. ■ **Crédit relais,** destiné à faire le lien entre une sortie immédiate et une rentrée ultérieure de fonds. ■ **Établissement de crédit,** personne morale qui effectue à titre habituel des opérations de banque. ■ **Faire crédit à qqn,** lui accorder un délai de paiement. ■ **Lettre de crédit,** document délivré par un banquier à son client afin de lui permettre de toucher de l'argent dans une autre place.

CRÉDIT-BAIL n.m. (pl. *crédits-bails*). Contrat de louage d'un bien mobilier ou immobilier assorti d'une promesse unilatérale de vente en fin de contrat.

CRÉDITER v.t. [3]. **1.** Inscrire une somme au crédit de : *Créditer un compte* (CONTR. **2. débiter**). **2.** (DE). Imputer à qqn le mérite d'une action : *On crédite la ministre d'une réelle volonté de réforme. Ce coureur a été crédité du meilleur temps.*

CRÉDITEUR, TRICE n. Personne qui a une somme portée à son crédit sur un compte. ◆ adj. Qui présente un crédit ; dont le solde est positif : *Compte créditeur* (CONTR. **débiteur**).

CREDO [kredo] n.m. inv., ▲ *CRÉDO* n.m. (du lat. *credo*, je crois). Ensemble des principes sur lesquels on fonde ses opinions : *Les credo de la jeunesse contemporaine.* ■ **Le Credo** [christ.], formulaire abrégé des articles fondamentaux de la foi chrétienne (*Symbole des Apôtres* et *Credo de Nicée*).

CRÉDULE adj. (lat. *credulus*). Qui croit trop facilement ce qu'on lui dit ; naïf.

CRÉDULITÉ n.f. Caractère d'une personne crédule ; naïveté : *Des escrocs qui savent abuser de la crédulité des gens.*

CREEK [krik] n.m. Nouvelle-Calédonie. Cours d'eau.

CRÉER v.t. [8] (lat. *creare*). **1.** Donner l'existence à ; tirer du néant : *La Genèse raconte comment Dieu créa l'Univers.* **2.** Faire exister ; donner une réalité, une forme à ; inventer : *Créer un mot nouveau. Créer une nouvelle espèce de rose.* **3.** Établir pour la première fois ; fonder : *Créer une entreprise. Créer des emplois.* **4.** Interpréter, mettre en scène pour la première fois. **5.** Être la cause de ; occasionner : *Son mauvais caractère lui a créé des problèmes.* ◆ **SE CRÉER** v.pr. Être tiré du néant : *Rien ne se perd, rien ne se crée.*

CRÉMAILLÈRE n.f. (du gr. *kremastêr*, qui suspend). **1.** Tige de fer munie de crans, fixée à l'intérieur d'une cheminée pour suspendre les marmites à différentes hauteurs. **2.** Dispositif à crans pour régler la hauteur d'éléments mobiles : *Bibliothèque à crémaillères.* **3.** Pièce rectiligne dentée engrenant avec un pignon, destinée à la transformation réversible d'un mouvement rectiligne en mouvement de rotation : *Direction à crémaillère d'une automobile.* **4.** Sur une voie ferrée à forte déclivité, rail denté sur lequel engrène un pignon de la locomotive. ■ **Pendre la crémaillère** [fam.], offrir une réception (la *pendaison de la crémaillère*) pour fêter son installation dans un nouveau logement.

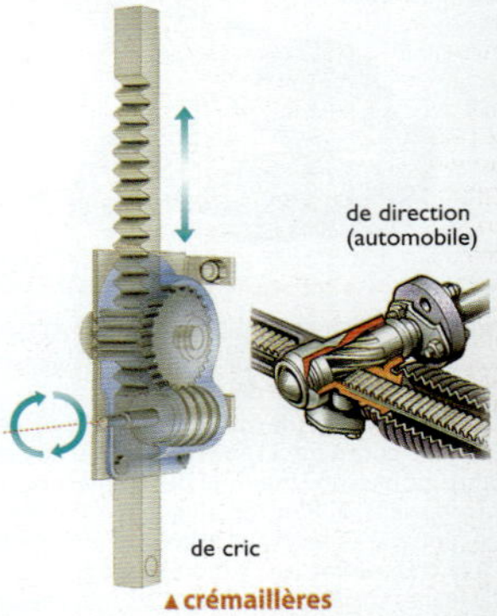

▲ **crémaillères**

CRÉMANT n.m. Mousseux élaboré selon une méthode traditionnelle à partir de vins d'appellation contrôlée.

CRÉMATION n.f. (lat. *crematio*, de *cremare*, brûler). Action de brûler les morts (SYN. **incinération**).

CRÉMATISTE n. et adj. Personne favorable à la crémation.

CRÉMATOIRE adj. Relatif à la crémation. ■ **Four crématoire,** ou **crématoire, n.m.,** où l'on incinère les morts. (Les résonances historiques de cette locution, qui reste attachée au souvenir de la barbarie nazie, lui font préférer le terme neutre de *crématorium*.)

CRÉMATORIUM [-rjɔm] n.m. (lat. *crematorium*). Bâtiment où l'on incinère les morts, dans certains cimetières.

CRÈME n.f. (gaul. **crama*). **1.** Matière grasse du lait, dont on fait le beurre. **2.** Pellicule qui se forme à la surface du lait bouilli. **3.** Entremets plus ou moins liquide, à base de lait, de sucre et d'œufs, et que l'on peut parfumer : *Crème au chocolat. Crème caramel.* **4.** Liqueur sirupeuse obtenue à partir de certains fruits : *Crème de banane.* **5.** Préparation onctueuse pour la toilette ou les soins de la peau : *Crème à raser. Crème solaire.* ■ **Crème anglaise,** crème aux œufs vanillée, épaissie sur le feu, à la base de divers entremets. ■ **Crème brûlée,** crème aux œufs vanillée, recouverte après cuisson et refroidissement de sucre roux que l'on fait brûler (au chalumeau de cuisine, par ex.). ■ **Crème fleurette,** crème fraîche liquide, contenant moins de 30 p. 100 de matières grasses. ■ **Crème fouettée, crème Chantilly,** ou **chantilly, n.f.,** crème fraîche fortement émulsionnée. ■ **Crème glacée** [Québec], glace : *Un cornet de crème glacée à l'érable.* ■ **La crème (de)** [fam.], ce qu'il y a de mieux ; l'élite. ◆ adj. inv. et n.m. D'un blanc légèrement teinté de jaune. ▪ **Café crème,** ou **crème, n.m.,** café additionné de lait ou de crème.

CRÉMÉ, E adj. Additionné de crème : *Sauce crémée.*

CRÉMER v.t. [11], ▲ *[11*]*. **CUIS.** Ajouter de la crème à une sauce.

CRÉMERIE ou **CRÈMERIE n.f.** Magasin où l'on vend du lait, des produits laitiers, des fromages, des œufs. ▪ **Changer de crémerie** [fam.], changer de fournisseur ; aller ailleurs.

CRÉMEUX, EUSE adj. 1. Qui contient beaucoup de crème : *Lait crémeux.* **2.** Qui a l'aspect de la crème : *Un enduit crémeux.*

CRÉMIER, ÈRE n. Commerçant qui tient une crémerie.

CRÉMONE n.f. (de *Crémone,* n.pr.). Dispositif de verrouillage des fenêtres ou des portes, composé de deux tringles métalliques que l'on manœuvre en faisant tourner une poignée.

CRÉNEAU n.m. (anc. fr. *cren,* du lat. *crena,* entaille). **1. FORTIF.** Ouverture pratiquée dans un parapet pour tirer à couvert sur l'assaillant. **2.** Intervalle disponible entre deux espaces occupés et, spécial., entre deux véhicules en stationnement ; manœuvre permettant de garer une voiture dans cet espace : *Apprendre à faire les créneaux.* **3.** Période disponible dans un horaire, un emploi du temps ; trou : *Trouver un créneau pour aller à la piscine.* **4. RADIODIFF., TÉLÉV.** Temps d'antenne réservé à qqn, à un groupe : *Créneau recherché par les annonceurs.* **5. COMM.** Segment de marché où peut être exploité un type de produit ou de service. ▪ **Créneau porteur** [comm.], segment de marché en expansion. ▪ **Monter au créneau** [fam.], se porter là où se déroule l'action ; s'impliquer ostensiblement dans un débat.

CRÉNELÉ, E, ▲ *CRÈNELÉ, E* **adj. 1. FORTIF.** Muni de créneaux : *Tour crénelée.* **2.** Se dit du bord tranchant des dents de certains animaux carnivores (varan, certains requins, etc.), garni de denticules.

CRÉNELER [16], ▲ *[12],* ▲ *CRÈNELER [12]* **v.t.** Entailler de crans, de découpures : *Créneler une roue.*

CRÉNELURE, ▲ *CRÈNELURE* **n.f.** Dentelure en créneaux.

CRÉNOM interj. (de *sacré nom de Dieu*). Fam. Juron exprimant l'indignation, la surprise.

CRÉNOTHÉRAPIE n.f. (du gr. *krênê,* source). Utilisation thérapeutique des eaux thermales et minérales sur leur lieu d'émergence.

CRÉODONTE n.m. (du gr.). **PALÉONT.** Mammifère carnassier archaïque fossile de l'ère tertiaire. ➲ Les créodontes constituent un ordre.

CRÉOLE n. et **adj.** (esp. *criollo*). **1.** Personne d'ascendance européenne née dans une des anciennes colonies européennes de plantation (Antilles, Guyanes, La Réunion, etc.). **2.** Par ext. Toute personne native de ces régions, quelle que soit son ascendance. ◆ **adj.** Propre aux créoles : *La cuisine créole.* ◆ **n.m.** Parler né à l'occasion de la traite des esclaves noirs (XVIe - XIXe s.) et devenu la langue maternelle des descendants de ces esclaves. ➲ Il existe des créoles à base de français, d'anglais, de portugais, etc. ◆ **n.f.** Grand anneau d'oreille.

CRÉOLISATION n.f. LING. Processus par lequel un pidgin devient un créole.

SE CRÉOLISER v.pr. [3]. Être affecté d'un processus de créolisation.

CRÉOLISME n.m. Mot, tournure propres à une langue créole.

CRÉOLITÉ n.f. 1. Ensemble des valeurs de la culture créole. **2.** Mouvement littéraire de défense des valeurs culturelles et spirituelles propres aux créoles des Antilles françaises. ➲ Les écrivains R. Confiant et P. Chamoiseau en sont les principaux représentants.

CRÉOLOPHONE adj. et **n.** De langue créole.

CRÉOSOTAGE n.m. Action de créosoter.

CRÉOSOTE n.f. (du gr. *kreas, -atos,* chair, et *sôzein,* conserver). **CHIM.** Mélange liquide de phénols, d'odeur forte, extrait de divers goudrons par distillation, utilisé comme antiseptique, pour la conservation du bois, etc.

CRÉOSOTER v.t. [3]. Injecter de la créosote, notamm. dans du bois.

CRÊPAGE n.m. 1. Action de crêper une étoffe, un papier. **2.** Action de crêper les cheveux ; son résultat.

1. CRÊPE n.m. (de l'anc. fr. *cresp,* frisé). **1.** Tissu de soie ou de laine fine dont l'aspect ondulé est obtenu par l'emploi de fils à forte torsion. **2.** Morceau de crêpe ou de tissu noir, que l'on porte en signe de deuil. **3.** Caoutchouc brut obtenu par coagulation du latex : *Des semelles de crêpe.* ▪ **Crêpe de Chine,** crêpe de soie à gros grain.

2. CRÊPE n.f. (de *1. crêpe*). Fine couche de pâte arrondie, faite de farine (de froment ou de sarrasin), d'œufs et de lait, et cuite dans une poêle ou sur une plaque : *Les crêpes de la Chandeleur.*

CRÊPELÉ, E adj. Frisé à petites ondulations : *Cheveux crêpelés.*

CRÊPELURE n.f. Ondulation des cheveux.

CRÊPER v.t. [3] (de *1. crêpe*). **1.** Peigner les cheveux par mèches en les rebroussant de la pointe à la racine pour leur donner du volume. **2. TECHN.** Donner l'aspect du crêpe à une étoffe et, par ext., à du papier. ◆ **SE CRÊPER v.pr.** ▪ **Se crêper le chignon** [fam.], en venir aux mains, en parlant de femmes.

CRÊPERIE n.f. Restaurant où l'on mange des crêpes ; comptoir où sont confectionnées et vendues des crêpes à emporter.

CRÉPI n.m. (de *crépir*). Enduit de plâtre, de mortier, de ciment appliqué sur un mur sans être lissé.

CRÊPIER, ÈRE n. Marchand de crêpes.

CRÊPIÈRE n.f. Poêle très plate ou plaque électrique servant à cuire des crêpes.

CRÉPINE n.f. 1. BOUCH. Membrane graisseuse qui entoure les viscères du porc, du veau ou du mouton. **2.** Pièce perforée qui sert de filtre à l'entrée d'un tuyau d'aspiration.

CRÉPINETTE n.f. Saucisse plate entourée d'une crépine.

CRÉPIR v.t. [21] (de l'anc. fr. *cresp,* frisé). Enduire de crépi.

CRÉPISSAGE n.m. Action de crépir.

CRÉPITATION n.f. 1. Crépitement. **2. MÉD.** Bruit semblable à un crépitement ou sensation tactile perçus à la palpation (fracture) ou à l'auscultation (affection pulmonaire).

CRÉPITEMENT n.m. Succession de bruits secs ; crépitation.

CRÉPITER v.i. [3] (lat. *crepitare*). Faire entendre des crépitements ; grésiller : *Le feu crépite dans la cheminée.*

CRÉPON n.m. Tissu gaufré à la machine, présentant des ondulations irrégulières. ▪ **Papier crépon,** ou **crépon,** papier présentant des ondulations irrégulières.

CRÉPU, E adj. Se dit de cheveux frisés en boucles serrées, d'une personne qui a de tels cheveux.

CRÉPURE n.f. État d'une chevelure crépue, d'un tissu, d'un papier crêpés.

CRÉPUSCULAIRE adj. Du crépuscule. ▪ **État crépusculaire** [psychiatr.], obnubilation de la conscience, dans l'hystérie, l'épilepsie.

CRÉPUSCULE n.m. (lat. *crepusculum*). **1. ASTRON.** Lueur atmosphérique, observée lorsque le soleil vient de se coucher *(crépuscule du soir)* ou va se lever *(crépuscule du matin).* **2.** Tombée de la nuit. **3.** Litt. Déclin : *Le crépuscule de la vie.*

CRESCENDO [kreʃɛndo] **adv.** (mot ital.). **1. MUS.** Avec augmentation progressive de l'intensité des sons. **2.** Fig. En augmentant : *La douleur va crescendo.* ◆ **n.m. 1. MUS.** Passage exécuté crescendo. **2.** Fig. Augmentation progressive : *Le crescendo de la violence.*

CRÉSOL n.m. Dénomination courante des phénols méthyles, isomères de l'anisole, de formule $CH_3—C_6H_4—OH$.

CRESSON [kresɔ̃] ou [krəsɔ̃] **n.m.** (francique **kresso*). **1.** Plante herbacée, cultivée pour ses feuilles comestibles, qui croît dans l'eau douce *(cresson de fontaine).* ➲ Famille des crucifères. **2.** Nom usuel de diverses plantes non cultivées, mais dont certaines sont parfois récoltées comme le cresson (faux cresson, cresson de cheval, cresson doré, etc.).

CRESSONNETTE n.f. Cardamine.

CRESSONNIÈRE n.f. Bassin d'eau courante où l'on cultive le cresson de fontaine.

CRÉSUS [krezys] **n.m.** (de *Crésus,* n.pr.). Litt. Homme très riche : *Les crésus du Net.* ▪ **Riche comme Crésus,** très riche.

CRÉSYL n.m. (nom déposé). Produit désinfectant à base de crésols.

CRÊT [krɛ] **n.m.** (de *crête*). Région. (Jura). Escarpement rocheux bordant une combe. (V. dessin *relief jurassien**.)

CRÉTACÉ n.m. (du lat. *creta,* craie). **GÉOL.** Système du mésozoïque. ➲ Le crétacé est la dernière période de l'ère secondaire, de – 145 à – 65,5 millions d'années. ◆ **CRÉTACÉ, E adj.** Du crétacé.

CRÊTE n.f. (lat. *crista*). **1.** Excroissance charnue, dentelée, sur la tête de certains gallinacés : *La crête rouge du coq.* **2.** Excroissance tégumentaire ornant la tête et le dos de certains lézards ou tritons. **3.** Partie étroite, saillante constituant la cime d'une montagne. **4.** Relief sous-marin allongé. **5.** Faîte d'un toit, du chaperon d'un mur, d'un barrage ; ornement découpé courant sur le faîte d'un toit. **6.** Sommet d'une vague. **7.** Dans une banquise, mur de glace brisée, soulevé par la pression. **8. ÉLECTR., ÉLECTRON.** Valeur maximale que peut prendre une grandeur périodique. ▪ **Ligne de crête,** ligne passant par les points les plus élevés du relief (SYN. **ligne de faîte**) ; fig., équilibre instable, position délicate entre deux points de vue ou exigences opposés, en apparence inconciliables : *Être sur la ligne de crête entre le souci de rentabilité et la quête de justice sociale.*

CRÊTÉ, E adj. ZOOL. Qui porte une crête : *Triton crêté.*

CRÊTE-DE-COQ n.f. (pl. *crêtes-de-coq*). **1. MÉD.** Condylome. **2. BOT.** Rhinanthe.

CRÉTELLE n.f. Plante fourragère poussant en touffes compactes. ➲ Famille des graminées.

CRÉTIN, E n. et **adj.** (mot valaisan « chrétien »). Fam. Personne stupide.

CRÉTINERIE n.f. Fam. Stupidité.

CRÉTINISANT, E adj. Qui crétinise.

CRÉTINISATION n.f. Action, fait de crétiniser.

CRÉTINISER v.t. [3]. Rendre crétin ; abêtir.

CRÉTINISME n.m. Fam. Sottise profonde ; imbécillité.

CRÉTOIS, E adj. et **n.** De la Crète ; de ses habitants. ◆ **adj.** ▪ **Régime crétois,** régime méditerranéen*.

CRETONNE n.f. (de *Creton,* n. d'un village de l'Eure). Toile de coton réalisée suivant l'armure de la toile, employée surtout en ameublement.

CRETONS n.m. pl. Québec. Charcuterie génér. constituée de viande de porc hachée.

CREUSE n.f. Huître ayant une forme allongée et concave (espèces *Crassostrea angulata* [portugaise] et *Crassostrea gigas* [Pacifique]).

CREUSÉ, E adj. Amaigri : *Des joues creusées.*

CREUSEMENT ou **CREUSAGE n.m.** Action de creuser ; son résultat.

CREUSER v.t. [3]. 1. Produire un creux en ôtant de la matière : *Ils ont creusé le sol de la cave.* **2.** Pratiquer une excavation, une cavité : *Creuser un puits.* **3.** Donner une forme creuse, concave : *La maladie a creusé ses joues. Creuser les reins.* **4.** Approfondir par l'étude ou la réflexion : *Il faudrait creuser son idée.* **5.** Absol. Fam. Donner de l'appétit : *Le sport, ça creuse.* ▪ **Creuser un abîme entre,** créer un désaccord profond entre (des personnes). ◆ **SE CREUSER v.pr.** Devenir creux, plus creux. ▪ **L'écart se creuse,** augmente. ▪ **Se creuser la tête** ou **la cervelle** [fam.], chercher laborieusement une solution.

CREUSET n.m. (de l'anc. fr. *croisel,* lampe). **1.** Petit récipient en matériau réfractaire ou en métal, utilisé en laboratoire pour fondre ou calciner. **2.** Partie inférieure d'un haut-fourneau où se rassemble le métal en fusion. **3.** Fig. Endroit où se mêlent, se fondent diverses choses : *La Méditerranée est un creuset de civilisations.*

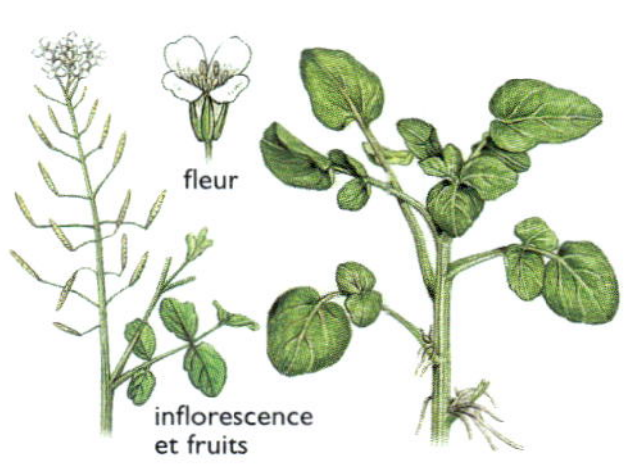

▲ cresson

CREUTZFELDT-JAKOB [krøtsfɛltʒakɔb] **(MALADIE DE)** **n.f.** Maladie cérébrale, due à un prion, qui évolue vers la démence. ➲ Elle existe sous quatre formes : sporadique rare (chez l'adulte de plus de 50 ans) ; transmise génétiquement ; iatrogène, liée notamm. à des injections d'hormones de croissance humaines ; transmise par la viande de bovins atteints d'encéphalopathie spongiforme.

CREUX, EUSE **adj.** (lat. pop. **crosus*, du gaul.). **1.** Dont l'intérieur est entièrement ou partiellement vide : *Les cornes des bovins sont creuses.* **2.** Qui présente une partie concave, une dépression : *Assiette creuse.* **3.** Amaigri ; émacié : *Des joues creuses.* **4.** Où l'activité, l'affluence est réduite : *Les heures creuses.* **5.** Vide d'idées, de sens ; insignifiant, plat : *Il ne débite que des phrases creuses.* ■ **Avoir le nez creux** [fam.], avoir du flair. ■ **Avoir l'estomac** ou **le ventre creux**, être affamé. ■ **Chemin creux**, encaissé. ■ **Classe creuse** [démogr.], tranche de la population qui correspond à un nombre annuel de naissances anormalement bas. ■ **Yeux creux**, enfoncés dans les orbites. ◆ **n.m.** **1.** Partie vide ou concave d'une surface ; cavité : *Les congres vivent dans les creux des rochers.* **2.** Espace vide entre deux choses ; interstice : *Le vent se glisse par un creux entre deux lattes.* **3.** Période d'activité ralentie : *Il y a un creux dans les ventes après les fêtes.* **4.** MAR. Profondeur maximale entre le pont supérieur et la quille. **5.** MAR. Profondeur entre deux lames mesurée de la crête à la base. ■ **Au creux de la vague**, dans une période de dépression, d'échec. ■ **Avoir un creux dans** ou **à l'estomac**, avoir faim. ■ **En creux** [grav.], en taille-douce ; fig., de façon allusive, indirecte : *Cet aveu se lit en creux dans son roman.* ◆ **adv.** ■ **Sonner creux**, rendre un son indiquant que l'objet sur lequel on frappe est vide.

CREVAISON **n.f.** Éclatement d'une chose gonflée, partic. d'un pneu : *Crevaison due à un éclat de verre.*

CREVANT, E **adj.** Fam. **1.** Épuisant ; exténuant : *Un travail crevant.* **2.** Vieilli. Qui fait rire aux éclats ; désopilant.

CREVARD, E **adj.** et **n.** Fam. Maladif ; moribond.

CREVASSE **n.f.** (de *crever*). **1.** Fente importante à la surface d'un mur, d'un objet ; lézarde. **2.** Fente étroite et profonde d'un glacier. **3.** Gerçure de la peau.

CREVASSER **v.t. [3].** Faire des crevasses ; fissurer : *La sécheresse crevasse le sol.* ◆ **SE CREVASSER** **v.pr.** Se marquer de crevasses ; se lézarder : *Ce mur se crevasse.*

1. CREVÉ, E **adj.** **1.** Déchiré par un éclatement : *Pneu crevé.* **2.** Mort, en parlant d'un animal, d'un végétal : *Tous les rosiers sont crevés.* **3.** Fam. Très fatigué ; épuisé.

2. CREVÉ **n.m.** COST. Ouverture pratiquée dans une pièce de vêtement et laissant voir la doublure.

CRÈVE **n.f.** Fam. ■ **Attraper, avoir la crève**, tomber, être malade, spécial. après avoir pris froid.

CRÈVE-CŒUR **n.m. inv.**, ▲ **n.m.** (pl. *crève-cœurs*). Litt. Peine profonde inspirée par la compassion ; déchirement : *C'est un crève-cœur de les voir si malheureux.*

CREVÉE **n.f.** Suisse. Fam. Gaffe ; maladresse ; bêtise.

CRÈVE-LA-FAIM **n.m. inv.** Fam. Miséreux.

CREVER **v.i. [12]** (du lat. *crepare*, craquer). **1.** S'ouvrir en éclatant, en se répandant ; exploser : *Des petites bulles crèvent à la surface.* **2.** Absol. Avoir un pneu qui se perce accidentellement : *J'ai crevé en sortant du garage.* **3.** Fam. Être plein de ; déborder de : *Crever d'ennui, de jalousie, de joie.* **4.** Mourir, en parlant des animaux, des végétaux. **5.** Fam. Mourir, en parlant des hommes. **6.** Fam. Être épuisé par : *Crever de chaleur, de fatigue.* ■ **Crever de faim** [fam.], avoir très faim ; être dans un dénuement extrême. ■ **Crever de rire** [fam.], rire aux éclats. ◆ **v.t.** **1.** Faire éclater : *Crever un ballon.* **2.** Fam. Tuer de fatigue : *Ces discussions avec lui me crèvent.* ■ **Cela crève les yeux**, c'est évident. ■ **Crever le cœur**, peiner cruellement. ■ **Crever l'écran**, pour un acteur de cinéma, faire une très forte impression sur les spectateurs par son jeu, sa présence. ◆ **SE CREVER** **v.pr.** Fam. S'épuiser.

CREVETTE **n.f.** (de *chevrette*). Petit crustacé décapode marin, nageur, dont plusieurs espèces sont comestibles : la *crevette grise*, les *crevettes roses*, notamm. le *bouquet* (palémon). ■ **Crevette d'eau douce**, gammare.

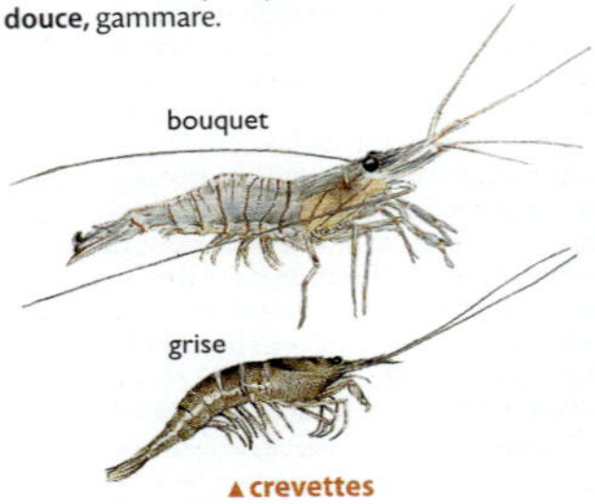

▲ crevettes

CREVETTICULTEUR, TRICE **n.** Éleveur de crevettes.

CREVETTICULTURE **n.f.** Élevage des crevettes.

CREVETTIER **n.m.** Bateau pour la pêche à la crevette.

CREVOTER **v.i. [3].** Suisse. Dépérir ; végéter.

CRI **n.m.** (de *crier*). **1.** Son perçant émis avec force par la voix ; hurlement : *Pousser des cris de terreur.* **2.** Parole émise à voix très haute en signe d'appel, d'avertissement : *On entendait les cris des blessés dans les décombres. Le cri du vendeur de journaux.* **3.** (Surtout pl.). Ensemble d'éclats de voix, de paroles exprimant hautement un sentiment collectif ; clameur : *Le public répondit par des cris d'approbation.* **4.** Mouvement intérieur spontané : *Cri du cœur, de la conscience.* **5.** ÉTHOL. Son ou ensemble de sons émis par la gorge chez la plupart des animaux (essentiellement les vertébrés terrestres) et caractéristique de chaque espèce. ■ **À grands cris**, en poussant de grands cris ; fig., en insistant vivement. ■ **Cri de guerre**, exclamation de ralliement des guerriers, des soldats au combat. ■ **Dernier cri**, ce qui se fait de plus moderne, de plus récent : *Ce téléphone portable est le dernier cri de la technologie. Des robes dernier cri.* ■ **Pousser les hauts cris**, protester avec indignation.

CRIAILLEMENT [krijaj-] **n.m.** Péjor. Cri désagréable.

CRIAILLER [krijaj-] **v.i. [3].** **1.** Péjor. Émettre des criaillements. **2.** Pousser son cri, en parlant de l'oie, du faisan, du paon, de la pintade.

CRIAILLERIE [krijaj-] **n.f.** Péjor. (Souvent pl.). Cris discordants.

CRIANT, E [krijɑ̃, ɑ̃t] **adj.** **1.** Qui fait crier d'indignation ; révoltant : *Une injustice criante.* **2.** Qui s'impose à l'esprit ; évident : *Une description criante de vérité.*

CRIARD, E [krijar, ard] **adj.** **1.** Qui crie beaucoup et désagréablement ; braillard. **2.** Aigu et désagréable : *Voix criarde.* ■ **Couleurs criardes**, couleurs crues ou contrastant désagréablement entre elles.

CRIB **n.m.** (mot angl.). Cellule grillagée pour le stockage et le séchage en plein air des épis de maïs.

CRIBLAGE **n.m.** **1.** Action de cribler. **2.** MIN. Triage mécanique par grosseur des minerais, de la houille, etc.

CRIBLE **n.m.** (lat. *cribrum*). Appareil à fond plan perforé, utilisé pour séparer selon leur grosseur des fragments solides (grains, sable, minerais, etc.). ■ **Passer au crible**, examiner minutieusement et en détail.

CRIBLER **v.t. [3]** (lat. *cribrare*). **1.** Passer au crible ; tamiser : *Cribler du sable.* **2.** Percer de trous nombreux : *Devanture criblée de balles* ; couvrir de marques : *Un visage criblé de taches de rousseur.* ■ **Être criblé de dettes**, en avoir énormément.

CRIBLEUR **n.m.** Machine à cribler.

1. CRIC **interj.** (Souvent suivi de *crac*). Exprime un bruit sec, un craquement.

2. CRIC **n.m.** (haut all. *kriec*). Appareil agissant directement par poussée sur un fardeau et permettant de le soulever ou de le déplacer sur une faible distance.

CRICKET [krikɛt] **n.m.** (mot angl.). Jeu de balle anglais qui se joue avec des battes de bois.

CRICOÏDE **adj.** ANAT. ■ **Cartilage cricoïde**, ou **cricoïde, n.m.**, anneau cartilagineux de la base du larynx.

CRICRI **n.m.** (onomat.). **1.** Bruit strident produit par le grillon, la cigale. **2.** Fam. Grillon domestique.

CRIÉE **n.f.** Bâtiment dans lequel on vend à la criée. ■ **Cotation à la criée** [Bourse], méthode de cotation consistant à établir le cours d'une valeur mobilière par confrontation publique et verbale des offres d'achat et de vente. ■ **Vente à la criée**, ou **criée**, vente publique aux enchères de certaines marchandises : *Criée du poisson sur le port.*

CRIER **v.i. [5]** (lat. *quiritare*). **1.** Pousser un cri, des cris : *Le bébé a beaucoup crié. « Stop ! » cria-t-il.* **2.** Parler fort et souvent avec colère : *Si je lui dis ça, elle va encore crier.* **3.** Produire un bruit aigre, strident ; grincer : *Faire crier la craie sur le tableau.* **4.** Produire un effet désagréable à l'œil ; jurer : *Ce vert crie avec ce bleu.* ■ **Crier au scandale, à la trahison**, les dénoncer vigoureusement. ◆ **v.t.** **1.** Dire à haute voix : *Crier un ordre.* **2.** Manifester énergiquement un sentiment, une opinion : *Crier son indignation.* ■ **Crier famine, misère**, se plaindre de la faim, de la misère. ■ **Crier vengeance**, mériter une vengeance ; demander réparation. ◆ **v.t. ind.** (APRÈS, CONTRE). Réprimander qqn d'une voix forte.

CRIEUR, EUSE **n.** Personne qui annonce en criant la vente d'une marchandise : *Crieur de journaux.* ■ **Crieur public** [anc.], préposé aux proclamations publiques.

CRIME **n.m.** (du lat. *crimen*, accusation). **1.** Homicide volontaire ; meurtre : *Un crime passionnel.* **2.** DR. Infraction que la loi punit d'une peine de réclusion ou de détention comprise entre 10 ans et la perpétuité (par oppos. à *contravention* et à *délit*). **3.** Acte répréhensible, lourd de conséquences : *Ce serait un crime de démolir ce théâtre.* ■ **Crime contre l'humanité**, exécution d'un plan concerté (génocide, déportation, extermination, réduction en esclavage) inspiré par des motifs politiques, philosophiques, raciaux ou religieux, perpétré à l'encontre de tout ou partie d'un groupe de population civile. ■ **Crime de guerre**, violation des lois et coutumes de la guerre (pillage, assassinat, exécution d'otages). ■ **Crime d'honneur**, dans certaines sociétés, assassinat (ou tentative d'assassinat) dont est victime une femme que sa famille accuse de l'avoir déshonorée. ■ **Crime organisé** [dr.], forme de criminalité propre à des groupes structurés qui contreviennent à la loi, de manière habituelle, pour en tirer d'importants profits financiers.

➲ Les **CRIMES** de guerre et les crimes contre l'humanité sont des crimes de droit international définis par l'ONU. Les crimes contre l'humanité, qui ont été jugés pour la première fois par le Tribunal international de Nuremberg, en 1945, sont imprescriptibles. La Cour pénale internationale, mise en place en 2002, est compétente pour juger les crimes de guerre et les crimes contre l'humanité, quand un État ne peut pas ou ne veut pas poursuivre leurs auteurs.

CRIMINALISATION **n.f.** Action de criminaliser.

CRIMINALISER **v.t. [3].** DR. Faire passer de la juridiction correctionnelle ou civile à la juridiction criminelle.

CRIMINALISTE **n.** Juriste spécialisé en matière criminelle.

CRIMINALISTIQUE **n.f.** DR. Ensemble des techniques mises en œuvre par les forces de police, de gendarmerie et la justice pour établir la preuve scientifique d'un crime et identifier son auteur.

CRIMINALITÉ **n.f.** Ensemble des actes criminels et délictueux commis dans un groupe donné à une époque donnée : *La petite, la grande criminalité.*

CRIMINEL, ELLE **adj.** et **n.** Coupable de crime. ◆ **adj.** **1.** Contraire aux lois naturelles ou sociales ; qui constitue un crime : *Un incendie criminel.* **2.** DR. Relatif aux crimes : *Droit criminel.* ◆ **n.m.** DR. ■ **Le criminel**, la matière criminelle ; ce qui en relève.

CRIMINELLEMENT **adv.** **1.** De façon criminelle. **2.** DR. Devant la juridiction criminelle.

CRIMINOGÈNE **adj.** Qui peut engendrer des actes criminels : *Misère criminogène.*

CRIMINOLOGIE **n.f.** Étude scientifique de la criminalité, des criminels.

CRIMINOLOGUE ou **CRIMINOLOGISTE** **n.** Spécialiste de criminologie.

CRIN n.m. (du lat. *crinis*, cheveu). **1.** Poil long et rude qui pousse sur le cou et à la queue des chevaux et de quelques autres quadrupèdes. **2.** Ce poil dans ses diverses utilisations (balais, pinceaux, archets, etc.). ▪ **À tous crins** [fam.], intransigeant : *Une écologiste à tous crins.* ▪ **Crin végétal** [bot.], matière filamenteuse que l'on extrait du palmier, de l'agave, etc.

CRINCRIN n.m. (de *crin*). Fam. Mauvais violon.

CRINIÈRE n.f. **1.** Ensemble des crins du cou d'un cheval, d'un lion. **2.** Touffe de crins ornant le haut d'un casque et retombant par-derrière. **3.** Fam. Chevelure abondante.

CRINOÏDE n.m. (du gr. *krinon*, lis). Échinoderme constitué d'un calice entouré de cinq paires de bras, dont certaines espèces, telles les encrines, se fixent au fond de la mer par un pédoncule articulé. ➲ Les fragments fossiles de crinoïdes ont constitué le calcaire dit *à entroques*. Les crinoïdes forment une classe.

CRINOLINE n.f. (ital. *crinolino*). Anc. ▪ **Robe à crinoline,** comportant une armature de cerceaux métalliques qui lui donnait une grande ampleur. ➲ Elle a été en usage de 1856 à 1869, avant de faire place à la *tournure*.

CRIOCÈRE n.m. (du gr. *krios*, bélier, et *keras*, corne). Insecte coléoptère dont une espèce rouge attaque les lis et une autre, bleu et jaune, vit sur l'asperge. ➲ Famille des chrysomélidés.

CRIQUE n.f. (scand. *kriki*). **1.** Petite baie, petite anse du littoral. **2.** MÉTALL. Fente ouverte en surface qui se produit dans un métal suite à la séparation des grains sous l'effet de contraintes résiduelles.

CRIQUET n.m. (onomat.). Insecte orthoptère sauteur, aux antennes courtes, herbivore, dont certaines espèces des régions chaudes pullulent périodiquement et migrent alors en immenses nuées dévastatrices. ➲ Famille des acrididés.

CRISE n.f. (du gr. *krisis*, décision). **1.** Manifestation soudaine ou aggravation brutale d'un état morbide : *Une crise d'appendicite.* **2.** Accès bref et violent d'un état nerveux ou émotif : *Crise de larmes.* **3.** Fam. Poussée soudaine d'ardeur, d'enthousiasme : *Travailler par crises.* **4.** Période décisive ou périlleuse de l'existence : *Une crise de conscience* ; phase difficile traversée par un groupe social : *Crise de l'Université.* **5.** Manque de qqch sur une vaste échelle ; pénurie : *Crise du logement.* ▪ **Crise biologique,** période de l'histoire des êtres vivants caractérisée par des extinctions massives. ▪ **Crise cardiaque,** infarctus du myocarde. ▪ **Crise de liquidité** → **LIQUIDITÉ.** ▪ **Crise de nerfs,** état d'agitation bref et soudain avec cris et gesticulation. ▪ **Crise écologique** ou **environnementale,** situation de déséquilibre des écosystèmes, menaçant la survie des êtres vivants qui les peuplent. ▪ **Crise économique,** rupture d'équilibre entre grandeurs économiques, notamm. entre production et consommation. ▪ **Crise ministérielle,** situation qui affecte le pouvoir exécutif, entre la démission d'un gouvernement et la formation du suivant.

➲ Les **CRISES** économiques ont pour origine une rupture dans les relations qui unissent les différents éléments du système économique. On distingue : des *crises agricoles*, quand la production de produits alimentaires est insuffisante pour couvrir les besoins des populations ; des *crises industrielles*, quand la production de biens ne trouve pas de débouchés suffisants en raison de la baisse du pouvoir d'achat des consommateurs ; des *crises financières*, quand se produit un déséquilibre entre la sphère réelle (biens et services) et la sphère financière (banques et Bourses) de l'économie. La grande crise de 1929, de même que le krach boursier de 1987, la crise asiatique de 1997, la crise de la « nouvelle économie » de 2001 et la grave crise financière et économique de 2007-2008, qui a eu son origine aux États-Unis, découlent d'opérations et d'anticipations spéculatives sans rapport avec la création des richesses matérielles et la capacité des populations à se les procurer. Cette dernière crise se double depuis 2010 d'une crise de la dette dans les pays européens.

CRISER v.i. [3]. Fam. Avoir un brusque accès de colère : *Réponds-lui ou il va criser.*

CRISPANT, E adj. Qui agace vivement ; horripilant : *Une manie crispante.*

CRISPATION n.f. **1.** Contraction musculaire provoquée par la nervosité, la peur. **2.** Mouvement d'impatience, d'irritation ; tension : *On sentait une certaine crispation chez les délégués.* **3.** Contraction qui plisse finement la surface de certaines matières souples.

CRISPER v.t. [3] (du lat. *crispare*, rider). **1.** Contracter les muscles : *La douleur crispait son visage.* **2.** Causer de l'agacement ; horripiler. **3.** Donner un aspect ridé à la surface de certains matériaux. ◆ **SE CRISPER** v.pr. **1.** Se contracter. **2.** Éprouver une vive irritation.

CRISPIN n.m. (de *Crispin*, n. d'un valet de comédie). Manchette de cuir adaptée à certains gants d'escrimeur, de motocycliste, etc.

CRISS n.m. → **KRISS.**

CRISSEMENT n.m. Grincement aigu : *Le crissement de la neige sous les pas.*

CRISSER v.i. [3] (onomat.). Produire un bruit aigu, grinçant.

CRISTAL n.m. (pl. *cristaux*) [du gr. *krustallos*, glace]. **1.** Corps solide pouvant affecter une forme géométrique bien définie et caractérisé par une répartition régulière et périodique des atomes. **2.** Verre à l'oxyde de plomb, très limpide et sonore : *Un vase en cristal.* ▪ **Cristal de roche,** quartz hyalin et incolore, utilisé en joaillerie et autres arts appliqués. ▪ **Cristal liquide,** liquide à l'état mésomorphe, utilisé notamm. pour des fonctions d'affichage (SYN. **corps mésomorphe**). ▪ **Le cristal rouge,** v. partie n.pr. **CROIX-ROUGE.** ◆ n.m. pl. **1.** Objets en cristal : *Des cristaux de Bohême.* **2.** Vieilli. Carbonate de sodium cristallisé utilisé pour le nettoyage.

CRISTALLERIE n.f. Fabrication d'objets en cristal ; établissement où ils sont fabriqués.

CRISTALLIER, ÈRE n. Graveur sur cristal.

1. CRISTALLIN, E adj. **1.** De la nature du cristal. **2.** Fig. Qui a la transparence ou la sonorité du cristal : *Ruisseau cristallin. Voix cristalline.* ▪ **Roche cristalline,** roche constituée de cristaux visibles à l'œil nu et formée, en profondeur, à partir d'un magma (roche plutonique) ou par recristallisation à l'état solide (roche métamorphique). ▪ **Système cristallin,** ensemble des éléments de symétrie (plan, axe) caractéristiques du réseau d'un cristal. ➲ Il y a sept systèmes cristallins : triclinique, monoclinique, orthorhombique, quadratique, cubique, rhomboédrique, hexagonal.

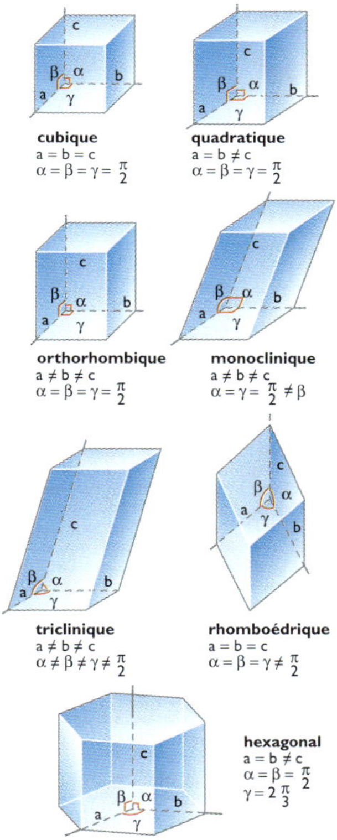

▲ **cristallin.** Les sept systèmes cristallins.

2. CRISTALLIN n.m. ANAT. Élément de l'œil, en forme de lentille biconvexe, situé dans le globe oculaire en arrière de l'iris et permettant l'accommodation.

CRISTALLINIEN, ENNE adj. Relatif au cristallin de l'œil.

CRISTALLISABLE adj. Susceptible de se former en cristaux.

CRISTALLISANT, E adj. Qui détermine la cristallisation, la formation de cristaux.

CRISTALLISATION n.f. **1.** Changement d'état d'un matériau conduisant à la formation de cristaux. **2.** Amas de cristaux, de minéraux affectant des formes polyédriques. **3.** Litt. Fait de se cristalliser, de prendre corps ; concrétisation : *Cette théorie est la cristallisation d'années de réflexion.*

CRISTALLISÉ, E adj. Qui se présente sous forme de cristaux : *Sucre cristallisé.*

CRISTALLISER v.t. [3]. **1.** Changer en cristaux. **2.** Fig. Donner de la cohérence, de la force à ; concrétiser : *Cristalliser le mécontentement.* ◆ v.i. ou **SE CRISTALLISER** v.pr. **1.** Se former en cristaux. **2.** Fig. S'ordonner de façon cohérente ; prendre corps : *Les espoirs de changement se cristallisent.*

CRISTALLISOIR n.m. Récipient de laboratoire en verre épais, utilisé pour faire cristalliser les corps dissous.

CRISTALLITE n.f. GÉOL. Très petit cristal.

CRISTALLOCHIMIE n.f. Branche de la chimie qui étudie les milieux cristallisés.

CRISTALLOGENÈSE n.f. Formation des cristaux.

CRISTALLOGRAPHE n. Spécialiste de cristallographie.

CRISTALLOGRAPHIE n.f. Étude scientifique des cristaux et des lois qui président à leur formation.

CRISTALLOGRAPHIQUE adj. Relatif à la cristallographie.

CRISTALLOMANCIE n.f. OCCULT. Divination au moyen d'objets de verre ou de cristal.

CRISTALLOPHYLLIEN, ENNE adj. GÉOL. Se dit d'une roche cristalline présentant des feuillets riches en silicates du type mica.

CRISTE-MARINE n.f. (pl. *cristes-marines*) [du gr. *krêthmon*, fenouil de mer]. Plante à feuilles charnues, comestibles, poussant sur les rochers (d'où son nom de *perce-pierre*) et les sables littoraux de l'Atlantique. ➲ Famille des ombellifères.

CRISTOPHINE n.f. Antilles. Chayote.

CRITÈRE n.m. (gr. *kritêrion*, de *krinein*, juger). **1.** Principe qui permet de distinguer une chose d'une autre, d'émettre un jugement, une estimation : *Critères de sélection.* **2.** MATH. Méthode pratique permettant de vérifier si un objet mathématique possède ou non une propriété déterminée.

CRITÉRIUM [-rjɔm] n.m. (lat. *criterium*). Nom de certaines compétitions sportives, notamm. cyclistes.

CRITICAILLER v.t. [3]. Fam. Critiquer sans cesse ou méchamment.

CRITICISME n.m. Système philosophique de Kant, fondé sur la critique de la connaissance.

CRITICITÉ n.f. NUCL. Condition permettant d'amorcer et d'entretenir une réaction en chaîne au sein de matières fissiles.

CRITIQUABLE adj. Qui peut être critiqué ; discutable.

1. CRITIQUE adj. (du gr. *krinein*, juger). **1.** Se dit d'une situation, d'un état qui décide du sort de qqn ; crucial : *L'adolescence est un moment critique de l'existence.* **2.** MÉD. Propre à la crise d'une maladie. **3.** PHYS. Où se produit un changement dans les propriétés d'un corps, l'allure d'un phénomène : *Masse, température critique.* **4.** PHILOS. Relatif à la critique, au sens kantien, puis à celui que lui donnent les représentants de l'école de Francfort. ▪ **Taille critique** [écon.], seuil qu'une entreprise doit franchir pour affronter la concurrence sur un marché donné.

2. CRITIQUE n.f. **1.** Art de juger de la valeur d'une œuvre littéraire ou artistique. **2.** Jugement porté sur une œuvre littéraire ou artistique. **3.** Ensemble des personnes qui, dans les médias, jugent et commentent une œuvre. **4.** Jugement défavorable porté sur qqn ou qqch ; objection : *La ministre est l'objet de nombreuses critiques.* **5. PHILOS.** Chez Kant, examen des pouvoirs de la raison, des conditions de possibilité de la connaissance.

3. CRITIQUE adj. Qui a pour objet de distinguer les qualités ou les défauts d'une œuvre littéraire ou artistique. ▪ **Édition critique,** édition établie et commentée après collation des différents manuscrits et des différentes éditions d'une même œuvre, dont les variantes sont signalées. ▪ **Esprit critique,** esprit de libre examen ; promptitude à blâmer.

4. CRITIQUE n. Personne dont le métier consiste à commenter, à juger des œuvres littéraires ou artistiques, notamm. dans les médias.

CRITIQUER v.t. [3]. 1. Procéder à l'analyse critique d'une œuvre. **2.** Juger de façon défavorable, voire malveillante ; blâmer : *Sa conduite a été abondamment critiquée.*

CRITIQUEUR, EUSE n. Personne qui aime à critiquer, blâmer.

CROASSEMENT n.m. Cri du corbeau.

CROASSER v.i. [3] (onomat.). Pousser son cri, en parlant du corbeau.

CROATE [krɔat] **adj.** et **n.** De la Croatie ; de ses habitants. ◆ **n.m.** Langue slave. ➲ Elle a le statut de langue officielle en Croatie et, avec le bosniaque et le serbe, en Bosnie-Herzégovine.

CROBARD ou **CROBAR n.m.** Fam. Croquis.

CROC [kro] **n.m.** (du francique *krok*). **1.** Instrument muni d'une ou de plusieurs tiges pointues et recourbées servant à suspendre qqch ; crochet : *Croc de boucher.* **2.** Perche armée à une extrémité d'un crochet : *Croc de marinier.* **3. ZOOL.** Chacune des quatre canines, fortes, longues et pointues, des carnivores. ▪ **Avoir les crocs** [fam.], être affamé.

CROC-EN-JAMBE [krɔkɑ̃ʒɑ̃b] **n.m.** (pl. *crocs-en-jambe* [krɔkɑ̃-]). **1.** Action d'accrocher du pied une jambe de qqn de manière à le déséquilibrer (SYN. **croche-pied**). **2.** Fig. Manœuvre déloyale pour nuire à qqn.

1. CROCHE n.f. MUS. Note, valant le huitième d'une ronde, dont la hampe porte un crochet, en position isolée.

2. CROCHE adj. Québec. Fam. **1.** Courbe ; crochu ; voûté : *Des jambes croches.* **2.** Qui n'est pas droit : *Un mur croche.* **3.** Fig. Malhonnête : *Un homme d'affaires croche.* ◆ **adv.** Québec. De travers : *Affaire qui marche tout croche.*

CROCHE-PIED (pl. *croche-pieds*) ou, fam., **CROCHE-PATTE** (pl. *croche-pattes*), ▲ *CROCHEPIED,* ▲ *CROCHEPATTE* **n.m.** Croc-en-jambe.

CROCHER v.t. [3] (de *croc*). **MAR.** Accrocher avec un croc, une gaffe. ◆ **v.i.** Suisse. Être tenace ; s'accrocher.

CROCHET n.m. (de *croc*). **1.** Morceau de métal recourbé servant à suspendre, à fixer ou à tirer à soi qqch ; piton : *Suspendre un tableau à un crochet.* **2.** Instrument à bout recourbé : *Crochet de serrurier.* **3.** Tige rigide à pointe recourbée utilisée pour faire du tricot, de la dentelle ; travail ainsi exécuté : *Faire du crochet, un napperon au crochet.* **4.** Changement de direction ; détour : *Faire un crochet.* **5.** Signe typographique proche de la parenthèse [ ]. **6.** Dent des serpents venimeux, à extrémité recourbée, qui leur permet d'inoculer le venin à leur proie. **7.** En boxe, coup de poing porté en décrivant une courbe avec le bras. **8.** Au football et au rugby, changement brutal de direction du possesseur du ballon. **9. ZOOL.** Barbule. **10. ARCHIT.** Ornement en forme de crosse végétale, de bourgeon recourbé (chapiteaux gothiques). ◆ **n.m. pl.** ▪ **Vivre aux crochets de qqn,** à ses frais.

CROCHETABLE adj. Que l'on peut crocheter.

CROCHETAGE n.m. Action de crocheter une serrure.

CROCHETER v.t. [12]. 1. Ouvrir une serrure avec un crochet. **2.** Exécuter un ouvrage au crochet.

CROCHETEUR n.m. Vx. Portefaix.

CROCHEUR, EUSE adj. et **n.** (de *crocher*). Suisse. Tenace ; travailleur.

▲ crocodiliens

CROCHON ou **CROTCHON n.m.** Suisse. Entame du pain ; croûton.

CROCHU, E adj. Recourbé en forme de crochet, de croc : *Bec, nez crochu.* ▪ **Avoir les doigts crochus** [fam.], être avare.

CROCODILE n.m. (lat. *crocodilus*). **1.** Grand reptile à fortes mâchoires, qui vit dans les fleuves et les lacs des régions tropicales et équatoriales. ➲ Cri : le crocodile vagit ; ordre des crocodiliens. **2.** Peau tannée du crocodile. Abrév. (fam.) **croco. 3.** Fig. Personne dure et impitoyable : *Les crocodiles de la finance.* **4. CH. DE F.** Poutre métallique placée entre les rails, dans l'axe d'une voie, en avant d'un signal, et destinée à déclencher dans la cabine du conducteur la répétition, sous forme sonore, de l'indication donnée par ce signal.

CROCODILIEN n.m. Grand reptile aquatique tel que le crocodile, le gavial, l'alligator et le caïman. ➲ Les crocodiliens forment un ordre.

CROCUS [krɔkys] **n.m.** (mot lat., du gr. *krokos*, safran). Plante à bulbe et à fleurs génér. jaunes ou violettes, dont une espèce est le safran ; fleur de cette plante. ➲ Famille des iridacées.

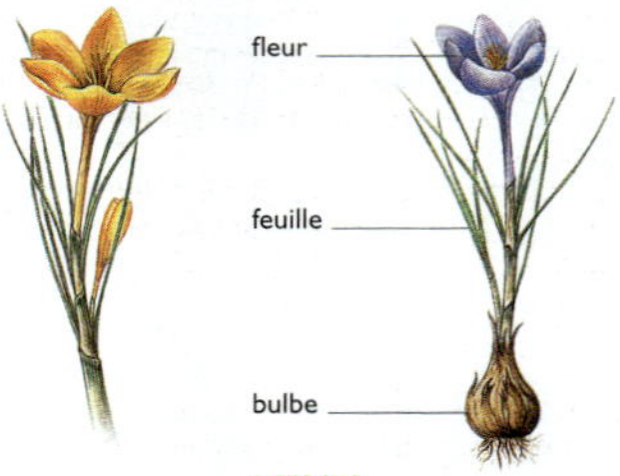

▲ crocus

CROHN (MALADIE DE) n.f. Maladie inflammatoire intestinale chronique, de cause inconnue, atteignant l'intestin grêle dans sa partie terminale et, plus rarement, le côlon, qui se manifeste par de la diarrhée, des douleurs abdominales et un amaigrissement.

CROIRE v.t. [87] (lat. *credere*). **1.** Admettre qqch comme vrai, réel, certain : *J'ai du mal à croire cette histoire. Je crois qu'il a fait tout son possible.* **2.** Tenir qqn pour sincère : *On a cru les témoins.* **3.** Tenir qqch pour possible, probable : *Je crois qu'il va pleuvoir* ; considérer qqn comme : *Je le croyais médecin, capable de réussir.* ▪ **En croire qqn, qqch,** s'en rapporter à eux ; s'y fier : *À l'en croire, elle sait tout faire. Ne pas en croire ses oreilles.* ◆ **v.t. ind. 1. (À).** Tenir pour certaine l'existence de ; avoir foi en la véracité de qqch : *Croire aux fantômes. Croire au talent de qqn.* **2. (EN).** Avoir confiance en qqn : *Croire en ses amis* ; reconnaître l'existence de : *Croire en Dieu.* **3.** Absol. Avoir la foi religieuse. ▪ **Croire au père Noël** [fam.], être naïf. ◆ **SE CROIRE v.pr. 1.** S'estimer tel : *Il se croit intouchable* ; avoir telle impression : *On se croirait en plein hiver.* **2.** Fam. Avoir une trop bonne opinion de soi. (En Suisse, on dit *s'en croire.*)

CROISADE n.f. (anc. fr. *croisée*, d'apr. l'ital. *crociata* et l'esp. *cruzada*). **1. HIST.** Expédition militaire faite dans un dessein religieux : *La croisade contre les albigeois.* **2.** Campagne menée pour créer un mouvement d'opinion : *Croisade contre le sida.* ▪ **Les croisades,** v. partie n.pr.

1. CROISÉ, E adj. 1. Qui se recoupe en formant une croix, un X. **2.** Se dit d'une analyse, d'une description fondée sur l'alternance des différents points de vue : *Portraits croisés.* **3. BIOL.** Qui est issu d'un croisement : *Chien croisé* (SYN. **hybride, mâtiné**). **4. ANTHROP.** Se dit de certains parents (oncles, cousins, neveux) qui descendent d'un parent du sexe opposé à celui de l'ascendant d'Ego (par oppos. à *parallèle*). ▪ **Étoffe croisée,** ou **croisé, n.m.,** dont le mode d'entrecroisement des fils donne un sens oblique au tissu. ▪ **Feux croisés** [mil.], provenant de divers côtés et qui se recoupent en un point unique. ▪ **Le feu croisé des questions,** questions convergentes posées par plusieurs personnes. ▪ **Rimes croisées,** rimes féminines et masculines alternées. ▪ **Veste croisée,** dont les bords croisent (par oppos. à *veste droite*).

2. CROISÉ n.m. HIST. Celui qui participait à une croisade. ◆ **CROISÉ, E n.** Personne qui se bat pour une cause d'intérêt commun : *Les croisés de la parité.*

CROISÉE n.f. 1. Point où deux choses se croisent et, spécial., deux voies. **2. ARCHIT.** Espace déterminé par le croisement du vaisseau central de la nef d'une église avec le vaisseau central du transept. **3. ARCHIT.** Fenêtre à meneaux et croisillons, ou à vantaux subdivisés par des petits-bois.

CROISEMENT n.m. 1. Action de disposer en forme de croix, de faire se croiser ; cette disposition : *Croisement des fils d'une étoffe.* **2.** Lieu où plusieurs voies se croisent ; carrefour. **3.** Fait pour deux véhicules de se croiser en allant dans deux directions opposées. **4. BIOL.** Reproduction naturelle ou expérimentale par union de deux individus animaux ou végétaux de même espèce mais de races différentes. (→ **hybridation**). **5.** Accouplement de reproducteurs appartenant à deux races différentes d'animaux d'élevage. **6.** Altération de la forme d'un mot sous l'influence d'un autre. ▪ **Croisement terminal,** croisement réalisé pour obtenir uniquement des animaux de boucherie.

CROISER v.t. [3]. 1. Disposer deux choses en forme de croix ou d'X. **2.** Couper une ligne, une route : *La départementale croise la voie ferrée.* **3.** Passer à côté de qqn, qqch en allant dans la direction opposée : *Nous avons croisé une ambulance.* **4. BIOL.** Effectuer un croisement d'animaux, de végétaux : *Croiser deux races de chevaux.* **5.** Au football, au rugby, passer le ballon à un partenaire qui court dans une direction qui croise la sienne. **6.** Dans divers sports, imprimer à la balle, au ballon une trajectoire oblique : *Croiser un tir.* ▪ **Croiser le regard de qqn,** le rencontrer. ▪ **Croiser les doigts,** mettre le majeur sur l'index en émettant un vœu ou pour conjurer le mauvais sort. ◆ **v.i. 1.** Passer l'un sur l'autre, en parlant des bords d'un vêtement. **2. MAR.** En parlant d'un bateau, aller et venir dans les mêmes parages, pour accomplir une mission de surveillance. ◆ **SE CROISER v.pr. 1.** Passer l'un à côté de l'autre, en allant dans une direction opposée. **2.** En parlant de lettres, de colis, être échangés au même moment : *Nos lettres se sont croisées.*

CROISETTE n.f. BOT. Gaillet.

CROISEUR **n.m.** Navire de guerre rapide puissamment armé, employé pour l'escorte, la surveillance, la protection des convois, la lutte antiaérienne et sous-marine.

CROISIÈRE **n.f.** **1.** Voyage d'agrément sur un paquebot ou sur un bateau de plaisance : *Faire une croisière dans les Caraïbes.* **2.** La plus longue phase du vol d'un avion, comprise entre la montée et la descente, où la vitesse reste à peu près constante. ▪ **Vitesse** ou **régime de croisière,** vitesse moyenne d'un véhicule (avion, bateau, etc.) sur une longue distance ; fig., rythme normal d'activité après une période de mise en train.

CROISIÉRISTE **n.** Personne qui fait une croisière touristique. ◆ **n.m.** Entreprise commerciale spécialisée dans les croisières.

CROISILLON **n.m.** **1.** Bras d'une croix. **2.** ARCHIT. Transept ; bras de transept. **3.** CONSTR. Traverse d'une croisée, d'un vantail de fenêtre. ◆ **n.m. pl.** Ensemble d'éléments qui s'entrecroisent dans un châssis de fenêtre, une barrière, un meuble, etc.

CROISSANCE **n.f.** **1.** Action, fait de croître, de se développer : *Adolescent en pleine croissance.* **2.** Augmentation progressive ; accroissement : *La croissance d'une ville.* **3.** Augmentation, sur une longue période, des caractéristiques de l'activité d'un ensemble économique et social (notamm. de la production des biens et des services), accompagnée ou non d'une transformation des structures de cet ensemble. ▪ **Croissance externe,** mode de croissance d'une entreprise par acquisition, totale ou partielle, d'autres entreprises. ▪ **Croissance interne,** mode de croissance d'une entreprise par création de nouvelles capacités de production. ▪ **Croissance potentielle** [écon.], estimation du taux de croissance du PIB d'un pays, lorsque les facteurs de production (travail, capital) sont utilisés de manière optimale, en l'absence de tensions inflationnistes. ▪ **Croissance verte,** croissance économique respectueuse de l'environnement.

1. CROISSANT, E **adj.** Qui croît, s'accroît : *Nombre croissant de chômeurs.* ▪ **Fonction croissante** [math.], fonction numérique, définie sur un intervalle, qui varie dans le même sens que la variable dont elle dépend. ▪ **Suite croissante,** suite dont chaque terme est supérieur à celui qui le précède.

2. CROISSANT **n.m.** **1.** Forme échancrée de la Lune, lorsque sa surface éclairée visible est inférieure à la moitié d'un disque (avant le premier quartier ou après le dernier quartier). **2.** Figure, objet qui ont cette forme. **3.** Emblème de l'islam, et partic. des Turcs. **4.** Petite viennoiserie en pâte levée et feuilletée arrondie en forme de croissant. **5.** AGRIC. Instrument à long manche et à fer recourbé servant à élaguer les arbres. ▪ **Le Croissant-Rouge,** v. partie n.pr.

CROÎT, ▲ *CROIT* **n.m.** (de *croître*). **1.** Augmentation naturelle d'une population animale ou végétale. **2.** Gain de poids d'un animal d'élevage.

CROÎTRE, ▲ *CROITRE* **v.i.** [73] (lat. *crescere*). **1.** Grandir progressivement ; pousser : *Le bambou croît vite.* **2.** Augmenter en nombre, en durée : *Le chômage croît. Les jours croissent.* ▪ **Ne faire que croître et embellir,** devenir de plus en plus important.

CROIX **n.f.** (lat. *crux*). **1.** HIST. Instrument de supplice formé d'un poteau et d'une traverse de bois, où l'on attachait ou clouait les condamnés à mort ; ce supplice. **2.** (Avec une majuscule). Gibet sur lequel Jésus-Christ fut crucifié, selon les Évangiles. **3.** Insigne figurant une croix, symbole du christianisme : *Une croix de granit sur un calvaire breton.* **4.** Bijou en forme de croix. **5.** Signe graphique formé de deux traits croisés : *Faire une croix dans la marge.* **6.** Insigne en forme de croix, d'un ordre de mérite ou honorifique : *La croix de guerre.* **7.** HÉRALD. Pièce principale formée d'un pal et d'une fasce se coupant à angle droit. ▪ **Croix de Lorraine,** à deux croisillons. ▪ **Croix de Malte,** croix à quatre branches égales qui s'élargissent aux extrémités. ▪ **Croix de Saint-André,** en forme d'X ; motif de la robe d'un âne ayant cette forme, sur le dos et les épaules. ▪ **Croix de Saint-Antoine,** en forme de T (tau). ▪ **Croix grecque,** à quatre branches égales. ▪ **Croix latine,** dont la branche inférieure est plus longue que les autres. ▪ **En croix,** à angle droit ou presque droit. ▪ **Faire une croix sur qqch** [fam.], y renoncer définitivement. ▪ **La Croix-Rouge,** v. partie n.pr. ▪ **Porter sa croix,** endurer des épreuves.

CROLLE, ▲ *CROLE* **n.f.** (flamand *krol*). Belgique. Fam. Boucle de cheveux.

CROLLÉ, E, ▲ *CROLÉ, E* **adj.** Belgique. Fam. Bouclé ; frisé.

CROMALIN **n.m.** (nom déposé). IMPRIM. Épreuve en couleurs réalisée à partir de films tramés ou de fichiers numériques, et servant de bon à tirer.

CROMLECH [krɔmlɛk] **n.m.** (du breton *crom,* rond, et *lech,* pierre). PRÉHIST. Monument mégalithique formé d'un cercle de menhirs.

CROONER [krunœr] ou **CROONEUR** **n.m.** (mot anglo-amér.). Chanteur de charme.

1. CROQUANT, E **n.** (p.-ê. du provenç. *croucant,* paysan). **1.** HIST. Paysan révolté au XVIᵉ s. et dans la première moitié du XVIIᵉ s., dans le sud-ouest de la France. **2.** Péjor., vx. Rustre.

2. CROQUANT, E **adj.** Qui croque sous la dent : *Salade croquante.* ◆ **n.m.** **1.** Partie croquante. **2.** Petit gâteau sec aux amandes, dur et croquant.

À LA **CROQUE-AU-SEL** **loc. adv.** Cru et sans autre assaisonnement que du sel.

CROQUE-MADAME **n.m. inv.,** ▲ *CROQUEMADAME n.m.* Croque-monsieur surmonté d'un œuf sur le plat.

CROQUEMBOUCHE **n.m.** Pièce montée composée de petits choux à la crème caramélisés.

CROQUEMITAINE ou **CROQUE-MITAINE** (pl. *croque-mitaines*) **n.m.** **1.** Personnage fantastique dont on menaçait les enfants. **2.** Par plais. Personne très sévère qui effraie.

CROQUE-MONSIEUR **n.m. inv.,** ▲ *CROQUEMONSIEUR n.m.* Préparation chaude, faite de deux tranches de pain de mie grillées garnies de jambon et de fromage.

CROQUE-MORT (pl. *croque-morts*), ▲ *CROQUEMORT* **n.m.** Fam. Employé des pompes funèbres.

CROQUENOT **n.m.** Fam. Gros soulier.

CROQUER **v.i.** [3] (onomat.). Faire un bruit sec sous la dent : *Des biscuits qui croquent.* ◆ **v.t.** **1.** Broyer entre ses dents avec un bruit sec : *Croquer un bonbon.* **2.** Absol. Planter ses dents dans : *Croquer dans une pomme. Du chocolat à croquer.* **3.** Fam. Dépenser en peu de temps ; dilapider : *Croquer un héritage.* **4.** BX-ARTS. Dessiner sur le vif dans un style d'esquisse rapide : *Croquer les audiences d'un procès.* ▪ **À croquer** [fam.], si joli qu'on a envie d'en faire un croquis.

1. CROQUET **n.m.** (mot angl., du moy. fr. *croquet,* coup sec). Jeu qui consiste à faire passer des boules sous des arceaux, à l'aide d'un maillet, en suivant un trajet déterminé.

2. CROQUET **n.m.** Région. Petit biscuit sec aux amandes.

3. CROQUET **n.m.** (var. de *crochet*). COUT. Petit galon tressé et curviligne utilisé comme ornement.

▲ croix

CROQUETTE **n.f.** **1.** Boulette de pâte, de viande, de poisson ou de légumes, panée et frite. **2.** (Surtout pl.). Aliment pour chiens et chats.

CROQUEUR, EUSE **adj.** et **n.** Qui croque un aliment. ▪ **Croqueuse de diamants** [fam.], femme qui dilapide l'argent des hommes.

CROQUIGNOLE **n.f.** Petit biscuit léger et croquant.

CROQUIGNOLET, ETTE **adj.** Fam. Mignon ; charmant.

CROQUIS **n.m.** (de *croquer,* dessiner). Dessin rapide dégageant, à grands traits, l'essentiel du modèle.

CROSKILL [krɔskil] **n.m.** (du n. de *W. Croskill*). AGRIC. Rouleau servant à briser les mottes et à tasser le sol, constitué de disques dentés indépendants et de diamètre différent.

CROSNE [kron] **n.m.** (de *Crosne,* village de l'Essonne). **1.** Plante potagère vivace cultivée pour ses rhizomes comestibles. ➲ Famille des labiées. **2.** Rhizome de cette plante.

CROSS ou **CROSS-COUNTRY** (pl. *cross-countrys* ou *cross-countries*), ▲ *CROSSCOUNTRY* [krɔskuntri] **n.m.** (mot angl. « course à travers la campagne »). Course à pied en terrain varié souvent pourvu d'obstacles.

CROSSE **n.f.** (du germ. **krukja,* béquille). **1.** Bâton pastoral d'évêque ou d'abbé dont la partie supérieure (*crosseron*) se recourbe en volute. **2.** Bâton recourbé utilisé pour pousser le palet ou la balle, dans certains sports : *Crosse de hockey.* **3.** Au Canada, sport opposant deux équipes de 10 ou 12 joueurs et consistant à envoyer dans les buts adverses une balle au moyen d'un bâton muni d'un filet appelé *crosse.* **4.** Partie recourbée de certains objets, de certains éléments anatomiques : *Crosse d'un violon. Crosse de l'aorte.* **5.** ARCHIT. Tige à l'extrémité supérieure enroulée en volute, ornement de certains chapiteaux. **6.** BOT. Jeune feuille enroulée de fougère. **7.** Partie postérieure d'une arme à feu portative servant à la maintenir ou à l'épauler. ▪ **Mettre la crosse en l'air,** refuser de se battre ; se rendre. ◆ **n.f. pl.** Fam. ▪ **Chercher des crosses à qqn,** lui chercher querelle.

CROSSÉ **adj.m.** CATH. Qui a le droit de porter la crosse : *Abbé crossé et mitré.*

CROSSING-OVER [krɔsiŋɔvœr] **n.m. inv.** (mot angl., de *to cross over,* traverser). BIOL. CELL. Enjambement.

CROSS-MÉDIA **n.m.** (pl. *cross-médias*). Déclinaison d'une campagne publicitaire sur différents supports (affichage, presse, Internet, téléphone, hors-média, etc.).

CROSSOPE **n.f.** Musaraigne d'Europe et d'Asie qui vit sur les berges des cours d'eau.

CROSSOPTÉRYGIEN **n.m.** Poisson marin osseux au corps massif, possédant deux paires de nageoires charnues dont la structure évoque celle des premiers amphibiens, représenté par une espèce unique, le cœlacanthe. ➲ Les crossoptérygiens forment une sous-classe connue surtout par des fossiles.

CROSSOVER [krɔsɔvœr] **n.m.** (mot angl. « mélange, croisement »). AUTOM. Véhicule automobile, aussi appelé *multisegment,* empruntant les caractéristiques de différentes catégories (quatre-quatre et berline, monospace et coupé, etc.).

CROTALE **n.m.** (du lat. *crotalum,* castagnette). Serpent venimeux, essentiellement américain. ➲ Famille des vipéridés. Les crotales (sauf une espèce) sont cour. appelés *serpents à sonnette.* (V. planche *serpents.*)

CROTCHON **n.m.** → **CROCHON.**

CROTON **n.m.** (du gr. *krotôn,* ricin). Arbuste tropical dont les graines renferment une huile toxique. ➲ Famille des euphorbiacées.

CROTTE **n.f.** (francique **krotta*). **1.** Fiente de certains animaux. **2.** Tout excrément solide. ▪ **Crotte de bique** [fam.], chose sans valeur. ▪ **Crotte de** ou **en chocolat,** bonbon au chocolat garni de pâte d'amandes, de crème, etc.

CROTTER **v.t.** [3]. Vx. Salir de boue : *Crotter ses bottes.* ◆ **v.i.** Fam. Faire des crottes.

CROTTIN **n.m.** Excrément des chevaux, des mulets, etc. ▪ **Crottin de Chavignol,** petit fromage AOC de chèvre en forme de boule aplatie, fabriqué dans la région de Sancerre.

CROUILLE ou **CROUYE** [kruj] **adj.** (mot gaul.). Suisse. Fam. (Avant le n.). Indiscipliné ; taquin : *Une crouille gamine.*

1. CROULANT, E adj. Qui croule, s'écroule : *Des murs croulants.*

2. CROULANT, E n. Fam., vieilli. Personne d'âge mûr, partic. les parents.

CROULE n.f. (de *crouler*, crier). Chasse à la bécasse, à l'époque de l'accouplement, à la tombée de la nuit.

CROULER v.i. [3] (du lat. pop. *crotalare*, secouer). **1.** Tomber en s'affaissant : *Un pan de la falaise a croulé sur la plage.* **2.** Fig. Aller à sa ruine : *Des mauvais investissements ont fait crouler l'entreprise.* **3.** Pousser son cri, en parlant de la bécasse. ▪ **Crouler sous,** sembler s'affaisser sous : *Le cerisier croule sous les fruits* ; être submergé de : *Elle croule sous le travail.*

CROUP [krup] **n.m.** (mot angl.). Vieilli. Laryngite de la diphtérie, évoluant vers l'asphyxie.

CROUPADE n.f. ÉQUIT. Exercice de haute école dans lequel le cheval exécute une ruade en étendant complètement ses membres postérieurs et en gardant les antérieurs au sol.

CROUPE n.f. (du germ. *kruppa*, masse ronde). **1.** Partie postérieure de certains quadrupèdes, en partic. du cheval, qui s'étend des reins à la base de la queue. **2.** Fam. Postérieur d'une personne, partic. d'une femme. **3.** CONSTR. Extrémité d'un comble allongé, couverte d'un toit à pan triangulaire, à plusieurs pans, ou arrondi. **4.** Colline de forme ronde. ▪ **En croupe,** à cheval derrière le cavalier ; sur la partie arrière d'une selle de moto.

À CROUPETONS loc. adv. Vieilli. Accroupi sur ses talons.

CROUPI, E adj. Qui est corrompu par la stagnation ; fétide : *Eau croupie.*

CROUPIER, ÈRE n. Employé d'une maison de jeux qui dirige les parties, paie et encaisse les jetons pour le compte de l'établissement.

CROUPIÈRE n.f. Partie du harnais passant sur la croupe du cheval. ▪ **Tailler des croupières à qqn** [vieilli], lui susciter des difficultés.

CROUPION n.m. 1. Saillie postérieure du corps des oiseaux, portant les grandes plumes caudales et qui sécrète, chez certaines espèces, une substance huileuse permettant d'imperméabiliser le plumage. **2.** Fam. Derrière, fesses d'une personne. **3.** (En appos.). Désigne un organisme qui n'est pas représentatif : *Un parti croupion.*

CROUPIR v.i. [21] (de *croupe*). **1.** Se corrompre par la stagnation, en parlant des eaux dormantes ou des matières qui s'y décomposent. **2.** Demeurer dans un état pénible ou dégradant : *Croupir dans un emploi subalterne, dans l'ignorance.*

CROUPISSANT, E adj. Qui croupit.

CROUPISSEMENT n.m. Fait de croupir.

CROUPON n.m. Morceau de cuir de bœuf ou de vache correspondant à la croupe et au dos de l'animal.

CROUSILLE n.f. (du lat. pop. **crosus*, creux). Suisse. Tirelire.

CROUSTADE n.f. (ital. *crostata*, du lat. *crusta*, ce qui recouvre). CUIS. Enveloppe en pâte brisée ou feuilletée, que l'on remplit de garnitures diverses : *Croustade aux asperges et foie gras.*

CROUSTILLANT, E adj. 1. Qui croustille. **2.** Fig. Qui suscite l'intérêt par son caractère grivois et amusant ; piquant : *Révélations croustillantes.* ◆ **n.m.** Préparation salée ou sucrée enveloppée dans une feuille de brick et dorée au four ou à la poêle.

CROUSTILLE n.f. (Génér. au pl.). Québec. Chips. ▪ **Croustilles de maïs,** aliment analogue à base de maïs.

CROUSTILLER v.i. [3]. Croquer sous la dent.

CROUSTILLON n.m. Belgique. Beignet sphérique.

CROÛTE, ▲ *CROUTE* **n.f.** (lat. *crusta*). **1.** Partie externe du pain durcie par la cuisson. **2.** Partie externe de certains fromages. **3.** Couche extérieure qui se durcit à la surface d'un corps, d'un sol ; dépôt : *Une croûte calcaire.* **4.** Fam. Mauvais tableau. **5.** CUIS. Préparation à base de pâte feuilletée que l'on garnit intérieurement : *Pâté en croûte.* **6.** CUIS. Suisse. Pain grillé et nappé de fromage, de champignons. **7.** Plaque de sang coagulé qui se forme sur une plaie cutanée. **8.** Matériau correspondant à la partie inférieure d'un cuir refendu dans son épaisseur. **9.** ASTRON. Zone superficielle dure des planètes telluriques. ▪ **Casser la croûte** [fam.], manger. ▪ **Croûte dorée** [cuis., Suisse], pain grillé aux œufs et au beurre saupoudré de cannelle et de sucre. ▪ **Croûte terrestre,** zone superficielle du globe terrestre, d'une épaisseur moyenne de 35 km sous les continents, atteignant 70 km sous les chaînes de montagnes *(croûte continentale)*, et de 10 km sous les océans *(croûte océanique)* [SYN. **écorce terrestre**]. ▪ **Gagner sa croûte** [fam.], gagner sa vie.

CROÛTER, ▲ *CROUTER* **v.i. [3].** Fam. Manger.

CROÛTEUX, EUSE, ▲ *CROUTEUX, EUSE* **adj.** Caractérisé par des croûtes : *Dermatose croûteuse.*

CROÛTON, ▲ *CROUTON* **n.m. 1.** Extrémité d'un pain, comportant plus de croûte que de mie ; quignon. **2.** Petit morceau de pain frit : *Un potage aux croûtons.* **3.** Fam. Personne bornée ou routinière : *Un vieux croûton.*

CROUYE adj. → **CROUILLE.**

CROW-CROW n.m. inv. → **CRAW-CRAW.**

CROWN [krawn] **n.m. inv.** (abrév. de l'angl. *crown-glass*, de *crown*, couronne, et *glass*, verre). Verre blanc très transparent et peu dispersif, employé en optique.

CROYABLE adj. (Surtout en tournure négative). Qui peut ou doit être cru : *C'est à peine croyable.*

CROYANCE n.f. 1. Fait de croire à la vérité ou à l'existence de qqch : *La croyance en Dieu, en la bonté de l'homme.* **2.** Opinion religieuse, philosophique, politique, etc. ; conviction : *Respecter toutes les croyances.*

CROYANT, E adj. et **n.** Qui a, professe une foi religieuse. ◆ **n.m. pl.** Nom que les musulmans se donnent en priorité à eux-mêmes, et qu'ils donnent aussi aux « gens du Livre » (juifs et chrétiens).

CROZET n.m. Pâte alimentaire en forme de petit cube, à base de farine (de froment ou de sarrasin). ➲ Cuisine savoyarde.

CRS ou **C.R.S.** [seɛrɛs] **n.f.** (sigle). Compagnie républicaine de sécurité. ◆ **n.m.** Membre d'une compagnie* républicaine de sécurité.

1. CRU, E adj. (du lat. *crudus*, saignant). **1.** Qui n'est pas cuit : *Poisson, légumes crus.* **2.** Qui n'a pas subi de transformation : *Soie crue.* **3.** Se dit d'une lumière, d'une couleur que rien n'atténue. **4.** Se dit de paroles directes et réalistes ; brutal : *Répondre en termes crus.* **5.** Qui est choquant ; grivois : *Une histoire crue.* **6.** Région. (Nord-Est) ; Belgique, Québec, Suisse. Se dit d'un temps humide et froid. ▪ **Lait cru,** lait entier qui n'a subi qu'une réfrigération mécanique, immédiatement après la traite. ➲ Il doit être conservé au frais et consommé dans les 24 heures. ◆ **adv.** Sans ménagement ; crûment : *Je vous le dis tout cru.* ▪ **Monter à cru,** sans selle.

2. CRU n.m. (de *croître*). **1.** Terroir considéré du point de vue de ses productions, partic. de ses vignobles. **2.** Vin issu de raisins récoltés sur un terroir déterminé. ▪ **De son cru,** de son invention. ▪ **Du cru,** qui a les caractéristiques de la région où l'on est.

CRUAUTÉ n.f. (du lat. *crudelis*, inhumain). **1.** Penchant à faire souffrir ; caractère d'une personne cruelle ; férocité. **2.** Caractère de ce qui fait souffrir ; dureté : *La cruauté d'une raillerie.* **3.** Action cruelle ; atrocité : *Tortionnaire tristement célèbre pour les cruautés qu'il a infligées.*

CRUCHE n.f. (francique **krûka*). **1.** Récipient pansu, à anse et à bec ; son contenu. **2.** Fam. Personne niaise.

CRUCHON n.m. Petite cruche.

CRUCIAL, E, AUX adj. (du lat. *crux, crucis*, croix). **1.** En forme de croix : *Incision cruciale.* **2.** PHILOS. Qui permet de conclure de façon décisive, qui sert de critère : *Expérience cruciale.* **3.** Très important parce que décisif : *Il est à un moment crucial de son existence.*

CRUCIFÈRE adj. (du lat. *crux, crucis*, croix). ARCHIT. Qui porte une croix : *Colonne crucifère.* ◆ **n.f.** Plante herbacée, souvent cultivée, dont la fleur a quatre pétales libres disposés en croix et six étamines, et dont le fruit est une silique, comme la moutarde, le chou, le cresson, le radis, le navet. ➲ Les crucifères forment une famille.

CRUCIFIÉ, E n. et **adj.** Personne suppliciée sur une croix. ◆ **adj.** Litt. Qui subit une torture morale : *Une mère crucifiée.*

CRUCIFIEMENT n.m. Action de crucifier qqn (SYN. **crucifixion**).

CRUCIFIER v.t. [5] (lat. *crucifigere*). **1.** Faire subir le supplice de la croix. **2.** Fig. Infliger une grande souffrance morale : *Ce souvenir la crucifie.*

CRUCIFIX [-fi] **n.m.** (lat. *crucifixus*). Croix sur laquelle le Christ est représenté crucifié (petits objets de piété, ronde-bosse ou, parfois, croix peinte).

CRUCIFIXION n.f. 1. Crucifiement. **2.** Œuvre d'art figurant le Christ sur la Croix.

CRUCIFORME adj. En forme de croix : *Vis cruciforme.*

CRUCIVERBISTE n. (du lat. *crux, crucis*, croix, et *verbum*, mot). Amateur de mots croisés.

> ✎ Ne pas confondre avec ***mots-croisiste*** ou ***verbicruciste.***

CRUDITÉ n.f. (du lat. *cruditas*, indigestion). **1.** État de ce qui est cru : *La crudité d'une viande.* **2.** Fig. Caractère de ce qui est brutal, choquant ; verdeur : *La crudité d'un langage.* ◆ **n.f. pl.** Légumes crus, ou parfois cuits, servis froids : *Une assiette de crudités.*

CRUDIVORE adj. et **n.** Se dit d'une pratique alimentaire consistant à ne consommer, en principe, que des aliments crus *(crudivorisme)* ; se dit d'une personne qui suit cette pratique.

CRUE n.f. (de *croître*). Élévation du niveau d'un cours d'eau, due à la fonte rapide des neiges et des glaces ou à des pluies abondantes.

CRUEL, ELLE adj. (lat. *crudelis*). **1.** Qui aime faire souffrir ou torturer ; sadique : *Un meurtrier froid et cruel.* **2.** Qui cause une grande souffrance : *La vie est parfois cruelle.*

CRUELLEMENT adv. De façon cruelle ; férocement.

CRUENTÉ, E adj. (du lat. *cruor*, sang). MÉD. Dont la couche superficielle a été enlevée ; à vif : *Blessure cruentée.*

CRUISER, ▲ *CRUISEUR* [kruzœr] **n.m.** (mot angl.). Yacht de croisière à moteur.

CRUMBLE [krœmbœl] **n.m.** (de l'angl. *to crumble*, émietter). Dessert à base de fruits (pommes, poires, fruits rouges, etc.) recouverts de pâte sablée et cuits au four. ➲ Cuisine anglaise.

CRÛMENT, ▲ *CRUMENT* **adv.** De façon crue, brutale : *Parler crûment.*

CRURAL, E, AUX adj. (lat. *cruralis*, de *crus*, jambe). ANAT. Relatif à la cuisse : *Nerf crural.*

CRURALGIE n.f. Névralgie liée à une souffrance du nerf crural.

1. CRUSTACÉ n.m. (du lat. *crusta*, croûte). Arthropode, génér. aquatique, possédant deux paires d'antennes, à respiration branchiale et dont la carapace est formée de chitine imprégnée de calcaire, tel que les gammares, les cloportes, les daphnies, les balanes, les décapodes (crabes, langoustes, crevettes, etc.). ➲ Les crustacés forment une classe.

2. CRUSTACÉ, E adj. BOT. Qui forme une croûte : *Lichen crustacé.*

CRYOCHIMIE n.f. (du gr. *kruos*, froid). Domaine de la chimie dont les procédés font appel aux cryotempératures.

CRYOCHIRURGIE n.f. Utilisation du froid sur les tissus, au cours d'une intervention chirurgicale.

CRYOCLASTIE n.f. GÉOMORPH. Gélifraction.

CRYOCONCENTRATION n.f. Dans le traitement des déchets liquides, ensemble des techniques permettant de former des fractions cristallisées d'un solvant en abaissant la température.

CRYOCONDUCTEUR, TRICE adj. et **n.m.** Se dit d'un conducteur électrique que l'on porte à température très basse pour diminuer sa résistivité.

CRYOCONSERVATION n.f. BIOL. Conservation par le froid, partic. de tissus vivants, de cellules.

CRYODESSICCATION n.f. Lyophilisation.

CRYOFRACTURE n.f. BIOL. Méthode de préparation d'échantillons biologiques par congélation puis fracture, permettant d'observer la surface et l'intérieur des structures cellulaires au microscope électronique.

CRYOGÈNE adj. PHYS. Qui produit du froid.

CRYOGÉNIE n.f. Production des cryotempératures.

CRYOGÉNIQUE adj. Relatif à la cryogénie.

CRYOGÉNISATION n.f. Technique consistant à conserver à très basse température (inférieure à – 190 °C) des cadavres d'humains ou d'animaux, dans l'espoir que la médecine parviendra ultérieurement à les ressusciter.

CRYOLITE ou **CRYOLITHE n.f. MINÉRALOG.** Fluorure d'aluminium et de sodium.

CRYOLOGIE n.f. Ensemble des disciplines scientifiques et techniques qui étudient les très basses températures. ➲ La cryologie englobe la cryophysique, la cryochimie, la cryogénie, etc.

CRYOLUMINESCENCE n.f. Émission de lumière par certains corps refroidis à très basse température.

CRYOMÉTRIE n.f. Mesure des températures de congélation.

CRYOPHYSIQUE n.f. Étude des phénomènes propres aux cryotempératures.

CRYOPRÉSERVATION n.f. Ensemble des techniques de conservation par le froid de cellules, d'embryons ou de liquides organiques. ➲ Ces techniques vont de la congélation lente à la vitrification.

CRYOSCOPIE n.f. THERMODYN. Étude des lois de la congélation des solutions par la mesure de l'abaissement de la température de congélation d'un solvant, lorsque l'on y dissout une substance.

CRYOSCOPIQUE adj. Relatif à la cryoscopie.

CRYOSTAT n.m. Appareil servant à maintenir constantes des températures très basses à l'aide d'un gaz liquéfié.

CRYOTECHNIQUE n.f. Ensemble des techniques de production et d'utilisation des cryotempératures. ◆ **adj.** Relatif à la cryotechnique.

CRYOTEMPÉRATURE n.f. TECHN. Très basse température, inférieure à 120 kelvins.

CRYOTHÉRAPIE n.f. MÉD. Traitement par application externe de froid ; traitement utilisant le froid (la cryochirurgie, par ex.).

CRYOTURBATION n.f. PÉDOL. Géliturbation.

CRYOVOLCANISME n.m. Volcanisme résultant de la fusion de glace sur certains satellites des planètes géantes.

CRYPTAGE n.m. 1. Abusif. Transformation d'un message en clair en un message codé compréhensible seulement par celui qui dispose du code : *L'agent a effectué le cryptage de la dépêche.* (Il est préférable d'employer le terme *chiffrement*.) **2.** Transformation de signaux électriques ou radioélectriques, telle que celle-ci ne peut être rendue compréhensible que par un décodeur approprié : *Cryptage des émissions d'une chaîne de télévision.*

CRYPTANALYSE n.f. Ensemble des techniques mises en œuvre pour déchiffrer un message codé.

CRYPTE n.f. (lat. *crypta*, du gr. *kruptos*, caché). Espace construit sous le chœur d'une église, servant de chapelle et pouvant abriter des tombeaux ou des reliques.

CRYPTER v.t. [3]. Abusif. Réaliser un cryptage. (En informatique, on dit aussi *encrypter*.) [Il est préférable d'employer le verbe *chiffrer*.]

CRYPTIQUE adj. ZOOL. Qui a pour effet de dissimuler un animal lorsqu'il est dans son milieu habituel : *Couleurs cryptiques d'un insecte.*

CRYPTOCOMMUNISTE adj. et **n.** Vieilli. Partisan occulte du Parti communiste.

CRYPTOGAME n.m. ou **n.f.** et **adj.** (du gr. *kruptos*, caché, et *gamos*, mariage). Plante dont les organes reproducteurs sont cachés ou peu visibles (par oppos. à *phanérogame*).

CRYPTOGAMIE n.f. Étude des cryptogames.

CRYPTOGAMIQUE adj. Se dit des affections causées aux végétaux par des champignons microscopiques. ➲ Le mildiou est une maladie cryptogamique.

CRYPTOGÉNIQUE ou **CRYPTOGÉNÉTIQUE adj. MÉD.** Idiopathique (sens 2).

CRYPTOGRAMME n.m. Message écrit à l'aide d'un système chiffré ou codé.

CRYPTOGRAPHE n. Spécialiste de cryptographie.

CRYPTOGRAPHIE n.f. (du gr. *kruptos*, caché, et *graphein*, écrire). Ensemble des techniques qui, au moyen d'un code secret, visent à rendre un message indéchiffrable pour toute autre personne que son émetteur ou son destinataire.

CRYPTOGRAPHIER v.t. [5]. Transformer un texte grâce à la cryptographie.

CRYPTOGRAPHIQUE adj. Relatif à la cryptographie.

CRYPTOLOGIE n.f. Science des écritures secrètes, des documents chiffrés.

CRYPTOMERIA [-me-] **n.m.** Conifère originaire d'Asie, utilisé en sylviculture et pour l'ornementation des jardins. ➲ Famille des taxodiacées.

CRYPTOMONNAIE n.f. Moyen de paiement virtuel utilisable essentiellement sur Internet, s'appuyant sur la cryptographie* pour sécuriser les transactions et la création d'unités, et échappant à tout contrôle des régulateurs et des banques centrales. (On dit aussi *monnaie cryptographique*.) ➲ Il existe des centaines de cryptomonnaies dans le monde, parmi lesquelles le bitcoin*. Parce qu'elles sont dépourvues de cours légal, les spécialistes privilégient l'appellation *cryptoactifs*.

CRYPTOPHYTE adj. et **n.f. BOT.** Se dit d'une plante dont les parties souterraines sont les seules à subsister pendant l'hiver.

CRYPTORCHIDIE [-ɔrki-] **n.f. MÉD.** Ectopie du testicule.

CRYPTOZOOLOGIE n.f. (du gr. *kruptos*, caché, et *zoologie*). Étude scientifique d'animaux dont l'existence est contestée (pieuvre géante, yéti, etc.).

CSARDAS ou **CZARDAS** [gzardas] ou [tsardas] **n.f.** (mot hongr.). **1.** Danse folklorique hongroise exécutée en couple, en vogue depuis le XIXe s. **2.** Pièce instrumentale de rythme binaire, enchaînant une partie lente et une partie vive.

CSG ou **C.S.G.** [seesʒe] **n.f.** (sigle). Contribution sociale généralisée.

CSP ou **C.S.P. n.f.** (sigle). Catégorie socioprofessionnelle*. ▪ **CSP +**, catégorie socioprofessionnelle supérieure.

CTÉNAIRE ou **CTÉNOPHORE n.m.** (du gr. *kteis*, *ktenos*, peigne). Invertébré marin diploblastique, voisin des cnidaires mais dépourvu de cellules urticantes, nageur et carnivore, tel que la ceinture de Vénus. ➲ Les cténaires forment un embranchement.

CUADRO [kwadro] **n.m.** (mot esp.). Groupe d'artistes flamencos (musiciens, chanteurs et danseurs).

CUBAGE n.m. Action de cuber qqch : *Effectuer le cubage d'une bibliothèque avant un déménagement* ; volume ainsi évalué.

CUBAIN, E adj. et **n.** De Cuba ; de ses habitants.

CUBATURE n.f. TECHN. Détermination du cube dont le volume est égal à celui du solide considéré.

1. CUBE n.m. (du gr. *kubos*, dé à jouer). **1.** Parallélépipède rectangle dont les six faces, carrées, sont égales, ainsi que les douze arêtes. **2.** Objet ayant la forme d'un cube ; dé : *Couper de la viande en cubes.* **3.** Arg. scol. Élève redoublant sa deuxième année de classe préparatoire à une grande école. ▪ **Cube d'un nombre** [math.], produit de trois facteurs égaux à ce nombre : *27 est le cube de 3.* ▪ **Gros cube** [fam.], moto de forte cylindrée. ◆ **n.m. pl.** Jeu de construction fait d'un ensemble de cubes.

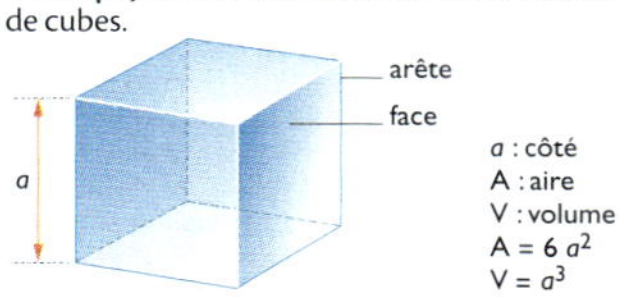

▲ cube

2. CUBE adj. ▪ **Mètre, centimètre, etc., cube,** volume égal à celui d'un cube dont le côté a un mètre, un centimètre, etc.

CUBÈBE n.m. (ar. *kabāba*). Plante grimpante originaire des îles de la Sonde, voisine du poivrier, dont le fruit possède des propriétés médicinales.

CUBER v.t. [3]. Évaluer en unités de volume : *Cuber des pierres.* ◆ **v.i. 1.** Avoir un volume, une capacité de tant : *Ce tonneau cube 350 litres.* **2.** Fam. Représenter une grande quantité : *Les faux frais, ça finit par cuber.* **3.** Arg. scol. Redoubler la deuxième année de classe préparatoire à une grande école.

CUBERDON n.m. Belgique. Friandise de forme conique, à base de sucre, de gomme arabique et d'arômes de fruits (framboise, notamm.).

CUBILOT n.m. (de l'angl. *cupelow*, four à coupole). **MÉTALL.** Four à cuve, chauffé au coke, comportant une carcasse métallique et un garnissage réfractaire, utilisé pour l'élaboration de la fonte en fusion.

CUBIQUE adj. Qui a la forme d'un cube. ▪ **Racine cubique** → **RACINE.** ▪ **Système cubique,** système cristallin dont la maille élémentaire est un cube. ◆ **n.f.** Courbe algébrique du troisième degré.

CUBISME n.m. (de *1. cube*). Mouvement artistique qui, dans les années 1907-1920, a substitué aux types de représentation issus de la Renaissance des modes nouveaux et plus autonomes de construction plastique. *(V. planche page suivante.)*

➲ Les recherches de Cézanne et la découverte des arts premiers africains ouvrent la voie au **CUBISME**. Avec Picasso et Braque s'amorce en 1909 la phase du cubisme dit *analytique*, marqué par l'adoption de plusieurs angles de vue pour la figuration d'un même objet, disséqué dans une gamme restreinte de teintes sourdes. Leurs œuvres frôlent parfois l'abstraction (cubisme « hermétique »), mais l'introduction de chiffres ou de lettres au pochoir, puis, en 1912, l'invention du collage et du papier collé réintroduisent le réel sous une forme nouvelle, inaugurant la phase du cubisme dit *synthétique*.

CUBISTE adj. et **n.** Relatif au cubisme ; qui appartient au cubisme.

CUBITAINER n.m. (nom déposé). Récipient de plastique servant au transport des liquides, partic. du vin.

CUBITAL, E, AUX adj. Relatif au cubitus.

CUBITIÈRE n.f. Pièce d'armure protégeant le coude (XIVe-XVe s.).

CUBITUS [-tys] **n.m.** (mot lat. « coude »). **ANAT.** Os de l'avant-bras, situé du côté interne, dont l'extrémité supérieure porte la saillie de l'olécrane (SYN. **ulna**).

CUBOÏDE adj. ANAT. ▪ **Os cuboïde,** ou **cuboïde, n.m.,** un des os du tarse.

CUBOMÉDUSE n.f. Petite méduse des eaux tropicales chaudes, aux longs tentacules venimeux, très dangereuse pour l'homme. ➲ Diamètre 5 cm ; les cuboméduses forment un ordre.

CUCHAULE n.f. Suisse. Gâteau dont la pâte au lait est légèrement sucrée.

CUCUL [kyky] **adj. inv.** Fam. D'une niaiserie un peu ridicule : *Chansons cucul.*

CUCURBITACÉE n.f. (du lat. *cucurbita*, courge). Plante dicotylédone à fortes tiges rampantes munies de vrilles, et dont certaines espèces sont cultivées pour leurs fruits, comme la citrouille, la pastèque, la courge, le melon, le concombre. ➲ Les cucurbitacées forment une famille.

CUCURBITAIN ou **CUCURBITIN n.m. ZOOL.** Anneau plein d'œufs formé par un ténia, qui se détache et est expulsé avec les excréments de l'hôte parasité.

CUCURBITE n.f. (du lat. *cucurbita*, courge). Partie inférieure de la chaudière de l'alambic traditionnel, qui renferme la matière à distiller.

CUEILLAGE n.m. VERR. Prélèvement de verre en fusion au moyen d'une canne.

CUEILLAISON n.f. Litt. Cueillette.

CUEILLE-FRUITS n.m. inv., ▲ **CUEILLE-FRUIT n.m.** *(pl. cueille-fruits).* Cisaille montée sur un long manche où est accrochée une petite corbeille qui sert à recueillir le fruit coupé (SYN. **cueilloir**).

CUEILLETTE n.f. (lat. *collecta*). **1.** Action de cueillir des fruits, des fleurs, des légumes : *La cueillette des cerises.* **2.** Période où se fait cette récolte. **3.** Les produits ainsi récoltés : *Une cueillette abondante.*

1. CUEILLEUR, EUSE n. Personne qui cueille.

2. CUEILLEUR adj.m. ▪ **Robot cueilleur,** machine automatique de cueillette des fruits.

CUEILLIR [kœjir] **v.t. [29]** (du lat. *colligere*, recueillir). **1.** Détacher de leurs tiges des fruits, des fleurs. **2.** Fam. Prendre qqn pour le conduire quelque part : *J'irai le cueillir à la sortie du bureau.* **3.** Fam. Arrêter : *Ils ont cueilli le voleur chez sa mère.* ▪ **Cueillir qqn à froid** [fam.], le prendre au dépourvu. ▪ **Cueillir un baiser** [litt.], embrasser qqn furtivement ou délicatement.

CUEILLOIR n.m. Cueille-fruits.

CUESTA [kwesta] **n.f.** (mot esp.). **GÉOMORPH.** Dans une région de structure faiblement inclinée, où alternent couches dures et couches tendres,

Le cubisme

À Paris à partir de 1907, divers artistes en quête d'une nouvelle rigueur plastique entreprennent de « traiter la nature », sinon « par le cylindre, la sphère, le cône » – comme Cézanne l'avait imaginé –, du moins par le rectangle, le cercle, la pyramide, le cube. Le cubisme posa le premier jalon vers la peinture contemporaine.

◀ **Georges Braque.** *Violon et pipe, le quotidien* (1913). Avec l'introduction des papiers collés, qui font du tableau une sculpture d'assemblage, le cubisme synthétique propose une nouvelle poésie de la réalité. (MNAM, Paris.)

▲ **Juan Gris.** *Nature morte à la fenêtre ouverte* (1915). Le logement du peintre au Bateau-Lavoir, à Montmartre, où travaille aussi Picasso, prend jour sur la rue Ravignan ; la nature morte est recomposée pour privilégier la clarté. (Museum of Art, Philadelphie.)

Louis Marcoussis ▶ (Ludwik Markus, dit, 1878-1941). *Nature morte au pichet* (1925). L'abandon, propre au cubisme, de la perspective héritée de la Renaissance transforme la toile en un rébus qui « rééduquerait » l'œil. (Musée d'Art moderne et contemporain de Saint-Étienne Métropole.)

forme de relief caractérisée par un talus à profil concave en pente raide (front) et par un plateau peu incliné en sens inverse (revers) [SYN. **côte**].

CUEVA [kweva] **n.f.** (mot esp.). Cabaret, génér. installé en sous-sol, où se donnent des spectacles de chants et de danses flamencos.

CUI-CUI n.m. inv., ▲ ***CUICUI n.m.*** (onomat.). Cri des petits oiseaux, dans le langage enfantin.

CUILLÈRE ou **CUILLER** [kɥijɛr] **n.f.** (lat. *cochlearium*, de *cochlea*, escargot). **1.** Accessoire de table et de cuisine, composé d'un manche et d'une partie creuse : *Cuillère à café, à soupe.* **2.** Accessoire de pêche composé d'un hameçon et d'une palette métallique brillante, destiné à leurrer les poissons carnassiers. **3.** Pièce d'amorçage d'une grenade. ▪ **Cuillère de bois,** au rugby, trophée imaginaire attribué à l'équipe ayant perdu ses cinq matchs dans le tournoi des Six-Nations. ▪ **En deux** ou **en trois coups de cuillère à pot** [fam.], très vite ; de façon expéditive. ▪ **Être à ramasser à la petite cuillère** [fam.], être harassé, épuisé, ou en piteux état. ▪ **Ne pas y aller avec le dos de la cuillère** [fam.], parler, agir sans ménagement.

CUILLERÉE [kɥij(e)re] **n.f.** Contenu d'une cuillère.

CUILLERON [kɥijrɔ̃] **n.m.** Partie creuse d'une cuillère.

CUIR n.m. (du lat. *corium*, peau). **1.** Peau épaisse de certains animaux : *Le cuir du rhinocéros, de l'éléphant.* **2.** Peau, en partic. des gros bovins, tannée, corroyée, etc., propre aux usages de l'industrie : *Une lanière en cuir* ; veste, blouson de cuir : *Il ne quitte jamais son cuir.* **3.** Fam. Faute de liaison (ex. : *Cent-z-euros*). ▪ **Cuir chevelu** → **CHEVELU.**

CUIRASSE n.f. (de *cuir*). **1.** Revêtement protecteur d'un char de combat, d'un navire de guerre. **2.** Anc. Pièce de l'armure protégeant le dos et la poitrine. **3. PÉDOL.** Formation superficielle épaisse et très dure présente dans les sols des régions tropicales sèches. **4. ZOOL.** Tégument dur de certains animaux (tatou, crocodile, etc.). ▪ **Le défaut de la cuirasse,** le point faible.

1. CUIRASSÉ, E adj. 1. Protégé par un blindage : *Navire cuirassé.* **2.** Fig. Endurci par les épreuves : *Être cuirassé contre les injustices.*

2. CUIRASSÉ n.m. Grand navire de guerre doté d'une puissante artillerie et protégé par d'épais blindages. ➲ Trop vulnérables à l'aviation, les cuirassés, bâtiments de ligne, ont disparu des flottes de combat vers 1950-1960.

CUIRASSEMENT n.m. Action d'équiper d'une cuirasse.

CUIRASSER v.t. [3]. 1. Revêtir qqch d'une cuirasse : *Cuirasser des chars.* **2.** Fig. Protéger comme par une cuirasse ; aguerrir : *La ministre est cuirassée contre toutes ces critiques.* ◆ **SE CUIRASSER v.pr.** Se protéger contre l'adversité ; s'endurcir.

CUIRASSIER n.m. HIST. Soldat de cavalerie lourde porteur d'une cuirasse.

CUIRE v.t. [78] (lat. *coquere*). **1.** Soumettre à l'action de la chaleur pour rendre consommable : *Cuire des pommes de terre.* **2.** Soumettre à l'action de la chaleur afin de rendre apte à un usage spécifique : *Cuire de la poterie, des émaux.* ◆ **v.i. 1.** Être soumis à l'action de la chaleur : *Le gratin cuit.* **2.** Être exposé à une grande chaleur : *La ville cuit sous le soleil.* **3.** Fam. Souffrir de la chaleur, avoir très chaud : *On cuit dans cette voiture.* ▪ **Il vous en cuira,** vous vous en repentirez. ▪ **Laisser qqn cuire dans son jus** [fam.], le laisser seul, en proie à des difficultés, des soucis.

CUISANT, E adj. 1. Très vif : *Douleur cuisante.* **2.** Fig. Qui affecte douloureusement : *Échec cuisant.*

CUISEUR n.m. Récipient de grandes dimensions où l'on fait cuire des aliments.

CUISINE n.f. (bas lat. *cocina*). **1.** Pièce d'un logement, d'un restaurant, etc., où l'on prépare les repas : *Une cuisine bien équipée.* **2.** Art de préparer et de présenter les aliments : *Aimer faire la cuisine.* **3.** Aliments préparés, servis : *Cuisine légère, épicée. Cuisine provençale.* **4.** Fam., péjor. Manœuvres obscures et peu honnêtes : *La cuisine électorale, parlementaire.* ▪ **Cuisine américaine,** cuisine ouvrant sur une autre pièce. ▪ **Cuisine fusion** → **1. FUSION.** ▪ **Cuisine moléculaire** → **MOLÉCULAIRE.**

CUISINÉ, E adj. Préparé avec une certaine recherche. ▪ **Plat cuisiné,** vendu prêt à être consommé.

CUISINE-CAVE n.f. (pl. *cuisines-caves*). Belgique. Cuisine partiellement construite en sous-sol, dans une maison dont le rez-de-chaussée est surélevé.

CUISINER v.i. [3]. Faire la cuisine : *Il cuisine au beurre.* ◆ **v.t. 1.** Accommoder un plat, un aliment : *Elle cuisine le veau comme personne.* **2.** Fam. Interroger qqn avec insistance pour obtenir un aveu, un renseignement.

CUISINETTE n.f. Recomm. off. pour **kitchenette.**

CUISINIER, ÈRE n. 1. Professionnel qui fait la cuisine dans un restaurant ou une collectivité ; chef. **2.** Personne qui fait la cuisine.

CUISINIÈRE n.f. Appareil muni d'un ou de plusieurs foyers pour cuire les aliments : *Cuisinière électrique, à gaz.*

CUISINISTE n.m. Fabricant et installateur de mobilier de cuisine.

CUISSAGE n.m. FÉOD. ▪ **Droit de cuissage,** droit légendaire attribué au seigneur médiéval de pouvoir passer avec l'épouse d'un de ses serfs la première nuit de ses noces. ➲ Il percevait en fait une taxe sur les mariages serviles.

CUISSARD n.m. 1. Culotte d'un coureur cycliste. **2.** Anc. Partie de l'armure couvrant les cuisses.

CUISSARDE n.f. Botte dont la tige monte jusqu'en haut des cuisses : *Cuissardes de pêcheur, d'égoutier.* ▪ **Sangle cuissarde,** qui constitue le harnais utilisé par l'alpiniste ou le spéléologue.

CUISSE n.f. (du lat. *coxa*, hanche). **1.** Partie du membre inférieur de l'homme comprise entre la hanche et le genou, et contenant le fémur. **2. CUIS.** Partie comestible de la patte d'un animal : *Cuisse de poulet, de grenouille.* ▪ **Avoir la cuisse légère**

[fam.], être une femme facile. ■ **Se croire sorti de la cuisse de Jupiter,** se juger supérieur aux autres.

CUISSEAU n.m. Partie du veau comprenant la cuisse et la région du bassin.

CUISSETTES n.f. pl. Algérie, Suisse. Short de sport.

CUISSON n.f. 1. Action, façon de cuire un aliment : *Temps de cuisson. Cuisson à la vapeur.* **2.** Transformation de certains matériaux sous l'influence de la chaleur. **3.** Sout. Sensation analogue à une brûlure.

CUISSON-EXTRUSION n.f. (pl. *cuissons-extrusions*). Procédé de fabrication de produits alimentaires par traitement mécanique et sous pression de farines humidifiées et de pâtes portées à température élevée.

CUISSOT, ▲ *CUISSEAU* **n.m.** Cuisse de sanglier, de chevreuil ou de cerf.

CUISTANCE n.f. Fam. Cuisine : *Faire la cuistance.*

CUISTAX n.m. Belgique. Véhicule de promenade à pédales, en usage sur le littoral.

CUISTOT n.m. Fam. Cuisinier.

CUISTRE n.m. (de l'anc. fr. *quistre*, marmiton). Litt. Pédant qui étale avec vanité un savoir mal assimilé.

CUISTRERIE n.f. Litt. Caractère d'un cuistre.

CUIT, E adj. 1. Qui a subi une cuisson : *Des pots en terre cuite.* **2.** Fam. Qui est dans une situation sans issue : *Ses complices ont parlé, il est cuit.* **3.** Fam. Ivre. ■ **C'est cuit** [fam.], c'est raté. ■ **C'est du tout cuit** [fam.], c'est extrêmement facile.

CUITE n.f. 1. Fam. Accès d'ivresse : *Prendre une cuite.* **2.** Cuisson de certaines substances (briques, porcelaine) jusqu'à un degré déterminé. **3.** Cristallisation du sucre par concentration du sirop.

SE CUITER v.pr. [3]. Fam. S'enivrer.

CUIT-VAPEUR n.m. inv. Appareil de cuisson composé d'une passoire recevant les aliments, posée au-dessus d'un récipient où chauffe l'eau qui produit la vapeur.

CUIVRAGE n.m. TECHN. Opération de revêtement d'une surface par une couche de cuivre.

CUIVRE n.m. (du lat. *cyprium aes*, bronze de Chypre). **1.** Métal de couleur rouge-brun, fondant à 1 083,4 °C et de densité 8,9. **2.** Élément chimique (Cu), de numéro atomique 29, de masse atomique 63,546. **3.** Objet, ustensile de cette matière : *Astiquer les cuivres.* **4.** Planche de cuivre utilisée pour la gravure en taille-douce. ■ **Cuivre jaune** [vx], laiton. ■ **Cuivre rouge** [vx], cuivre pur. ◆ **n.m. pl.** Groupe des instruments de musique à vent, en métal et à embouchure (cors, trompettes, trombones et saxhorns).

➲ Le **CUIVRE** existe dans la nature à l'état natif ou combiné à différents corps, notamm. au soufre. D'une faible dureté, malléable et ductile, il est, après l'argent, le meilleur conducteur de l'électricité. Inaltérable à l'eau, il entre dans la composition de nombreux objets (fils, tubes, chaudières, etc.) et de nombreux alliages (laitons, bronzes, etc.). Sous l'action de l'air humide chargé de gaz carbonique, il se couvre d'une couche d'hydrocarbonate *(vert-de-gris)* ; avec les acides faibles (vinaigre), il forme des dépôts toxiques.

CUIVRÉ, E adj. De la couleur du cuivre : *Une peau cuivrée.* ■ **Voix cuivrée** [litt.], d'une sonorité éclatante.

CUIVRER v.t. [3]. 1. Revêtir d'un dépôt de cuivre. **2.** Donner la teinte du cuivre à.

CUIVREUX, EUSE adj. CHIM. MINÉR. Qui contient du cuivre à l'état d'oxydation + 1.

CUIVRIQUE adj. CHIM. MINÉR. Qui contient du cuivre à l'état d'oxydation + 2.

CUL [ky] **n.m.** (lat. *culus*). **1.** Vulg. Partie postérieure de l'homme et de certains animaux, comprenant les fesses et le fondement. **2.** Partie postérieure ou inférieure de certains objets ; fond : *Un cul de bouteille.* **3.** Vulg. L'amour physique et ce qui y a trait : *Des histoires de cul.* ■ **Avoir le feu au cul** [vulg.], être très pressé, fuir rapidement ; être animé de désirs sexuels insatiables. ■ **En avoir plein le cul** [vulg.], être excédé. ■ **Être comme cul et chemise** [fam.], inséparables. ■ **Faire cul sec** [fam.], vider son verre d'un trait. ■ **L'avoir dans le cul** [vulg.], subir un échec.

CULARD n.m. ÉLEV. Animal (bovin, porcin) présentant une hypertrophie musculaire de l'arrière-train, d'origine génétique, et recherché pour sa valeur en boucherie.

CULASSE n.f. (de *cul*). **1.** Pièce d'acier destinée à assurer l'obturation de l'orifice postérieur du canon d'une arme à feu. **2.** Partie supérieure amovible d'un moteur thermique, contenant les chambres de combustion et supportant les soupapes et les culbuteurs. **3.** Partie inférieure d'une pierre de bijouterie taillée.

CUL-BLANC n.m. (pl. *culs-blancs*). Nom usuel commun à plusieurs oiseaux à croupion blanc (chevalier, traquet motteux, etc.).

CULBUTAGE ou **CULBUTEMENT n.m.** Action de culbuter ou de faire culbuter.

CULBUTE n.f. 1. Mouvement que l'on exécute en posant la tête et les mains à terre et en roulant sur le dos ; galipette. **2.** Chute à la renverse ou tête en avant : *Il a fait une culbute dans l'escalier.* **3.** Fam. Revers de fortune ou de situation. ■ **Faire la culbute** [fam.], faire faillite ; revendre qqch au double du prix d'achat.

CULBUTER v.t. [3] (de *culer*, frapper au cul, et *buter*, heurter). **1.** Faire tomber en renversant : *La bourrasque a culbuté les parasols.* **2.** Litt. Mettre en déroute : *Les avants ont culbuté la défense adverse.* ◆ **v.i.** Tomber à la renverse.

CULBUTEUR n.m. TECHN. 1. Appareil dans lequel on introduit les berlines, les wagons, etc., pour les vider par retournement. **2.** Pièce oscillante renvoyant la commande d'un arbre à cames pour ouvrir ou fermer des soupapes.

CUL-DE-BASSE-FOSSE (pl. *culs-de-basse-fosse*), ▲ *CUL-DE-BASSEFOSSE (pl. culs-de-bassefosse)* **n.m.** Anc. Cachot souterrain.

CUL-DE-BUS n.m. (pl. *culs-de-bus*). Emplacement publicitaire à l'arrière d'un autobus.

CUL-DE-FOUR n.m. (pl. *culs-de-four*). **ARCHIT.** Voûte formée d'une demi-coupole.

CUL-DE-JATTE [kydʒat] **n.** (pl. *culs-de-jatte*). Personne privée de ses membres inférieurs.

CUL-DE-LAMPE n.m. (pl. *culs-de-lampe*). **1. IMPRIM.** Vignette de forme triangulaire placée à la fin d'un chapitre. **2. ARCHIT.** Élément s'évasant à la manière d'un chapiteau, établi en saillie sur un mur pour porter une charge, un objet ; socle mural.

CUL-DE-PORC n.m. (pl. *culs-de-porc*). Nœud marin en forme de bouton, à l'extrémité d'un cordage.

EN CUL-DE-POULE loc. adj. inv. ■ **Bouche en cul-de-poule,** dont les lèvres resserrées s'avancent en formant un rond.

CUL-DE-SAC n.m. (pl. *culs-de-sac*). **1.** Voie sans issue ; impasse. **2.** Fam. Entreprise, carrière qui ne mène à rien. **3. ANAT.** Fond étroit d'une cavité : *Cul-de-sac vaginal.*

CULÉE n.f. Massif de maçonnerie destiné à contrebuter une poussée. ➲ Il peut s'agir de la poussée des arcs-boutants d'une église, ou de celle des arches à l'extrémité d'un pont.

CULER v.i. [3]. MAR. Aller en arrière ; reculer.

CULERON n.m. Partie terminale de la croupière, en forme de boucle, sur laquelle repose la queue du cheval.

CULIÈRE n.f. Sangle passant autour de la croupe du cheval pour empêcher le harnais de glisser.

CULINAIRE adj. (lat. *culinarius*). Relatif à la cuisine : *Art culinaire.*

CULMINANT, E adj. ■ **Point culminant,** partie la plus élevée d'un relief : *Le mont Blanc est le point culminant des Alpes* ; degré le plus haut ; apogée : *Le point culminant de sa carrière.*

CULMINATION n.f. ASTRON. Passage d'un astre à son point le plus élevé au-dessus de l'horizon ; instant de ce passage.

CULMINER v.i. [3] (du lat. *culmen*, sommet). **1.** Atteindre son point ou son degré le plus élevé : *Sa joie a culminé à leur arrivée.* **2. ASTRON.** Passer par le point de sa trajectoire diurne le plus élevé au-dessus de l'horizon, en parlant d'un astre.

CUL-NOIR n.m. (pl. *culs-noirs*). Tache noire apparaissant sur l'apex des fruits, occasionnée par une maladie physiologique.

CULOT n.m. (de *cul*). **1.** Fond métallique d'une lampe électrique servant à fixer et à alimenter celle-ci dans une douille. **2. MÉTALL.** Fond métallique d'un creuset ; lingot de métal qui reste au fond du creuset après la fusion. **3. ARM.** Partie arrière métallique d'un étui de cartouche ou d'une douille. **4. ARCHIT., ARTS APPL.** Ornement en forme de calice d'où partent des volutes, des rinceaux ; petit cul-de-lampe. **5.** Dépôt accumulé dans le fourneau d'une pipe. **6.** Fam., vx. Dernier-né d'une famille ; dernier reçu à un concours. **7.** Fam. Audace ; effronterie : *Il a eu le culot de dire que ce n'était pas lui.* ■ **Culot (de centrifugation)** [méd.], partie la plus dense d'un liquide organique, séparée par centrifugation et étudiée dans un but diagnostique : *Culot sanguin, urinaire.*

CULOTTAGE, ▲ *CULOTAGE* **n.m. 1.** Action de culotter une pipe. **2.** État de ce qui est culotté, noirci.

CULOTTE n.f. (de *cul*). **1.** Vêtement habillant le corps de la taille aux genoux. **2.** Sous-vêtement féminin habillant le corps de la taille au haut des cuisses (SYN. **1. slip**). **3.** Afrique. Short pour homme. **4. BOUCH.** Morceau du bœuf et du veau dans la partie postérieure de la croupe. ■ **Culotte de cheval,** excès de graisse localisé aux cuisses et aux fesses. ■ **Culotte(s) courte(s)** [vieilli], short. ■ **Culotte(s) longue(s)** [vieilli], pantalon. ■ **Faire dans sa culotte** [très fam.], avoir très peur. ■ **Porter la culotte** [fam.], prendre les décisions dans le couple, en parlant d'une femme. ■ **Prendre une culotte** [arg.], subir une perte importante au jeu.

CULOTTÉ, E, ▲ *CULOTÉ, E* **adj. 1.** Couvert d'un dépôt, en parlant du fourneau d'une pipe. **2.** Fam. Qui manifeste du culot, de l'effronterie.

1. CULOTTER v.t. [3] (de *culotte*). Vieilli. Vêtir qqn d'une culotte.

2. CULOTTER, ▲ *CULOTER* **v.t. [3]** (de *culot*). Noircir qqch par l'usage. ■ **Culotter une pipe,** laisser se former un culot dans son fourneau, à force de la fumer. ◆ **SE CULOTTER v.pr.** En parlant d'une pipe, se couvrir d'un dépôt brun.

CULOTTIER, ÈRE n. Spécialiste de la confection des culottes d'homme et des pantalons.

CULPABILISANT, E adj. Qui culpabilise.

CULPABILISATION n.f. Action de culpabiliser ; fait d'être culpabilisé.

CULPABILISER v.t. [3]. Faire naître chez qqn un sentiment de culpabilité. ◆ **v.i.** ou **SE CULPABILISER v.pr.** Éprouver un sentiment de culpabilité : *Je culpabilise de lui avoir dit cela.*

CULPABILITÉ n.f. (du lat. *culpa*, faute). Fait d'être coupable ; état d'une personne coupable : *Ce témoignage a établi sa culpabilité.* ■ **Sentiment de culpabilité,** sentiment d'une personne qui se juge coupable.

CULTE n.m. (lat. *cultus*, de *colere*, honorer). **1.** Hommage rendu à Dieu, à une divinité, à un saint ; pratique par laquelle on rend cet hommage. **2.** Office religieux protestant. **3.** Ensemble des rites et des pratiques propres à une religion : *Le culte orthodoxe.* **4.** Attachement immodéré à : *Ils ont le culte du secret.* **5.** (En appos., avec ou sans trait d'union). Se dit de ce qui suscite un grand engouement : *Le film-culte de notre génération. Des séries cultes.* ■ **Culte de la personnalité,** admiration et approbation systématique de qqn, d'un dirigeant d'un système totalitaire.

CUL-TERREUX [kytɛrø] **n.m.** (pl. *culs-terreux*). Fam., péjor. Paysan.

CULTIPACKER [-pakœr] **n.m. AGRIC.** Rouleau constitué de disques jointifs à arête vive.

CULTISME ou **CULTÉRANISME n.m.** (esp. *cultismo*). **LITTÉR.** Affectation et préciosité de style propres à certains écrivains espagnols du XVIIᵉ s. (SYN. **gongorisme**).

CULTIVABLE adj. Que l'on peut cultiver.

CULTIVAR n.m. AGRIC. Toute variété végétale résultant d'une sélection, d'une mutation ou d'une hybridation (naturelle ou provoquée), et cultivée pour ses qualités agronomiques.

1. CULTIVATEUR, TRICE n. Professionnel qui cultive la terre ; chef d'exploitation agricole.

2. CULTIVATEUR n.m. Appareil muni de dents, permettant d'affiner la structure du sol en surface, partic. après le labourage.

CULTIVÉ, E adj. 1. Mis en culture : *Champs cultivés* ; obtenu par la culture : *Variétés de plantes cultivées.* **2.** Qui a de vastes connaissances, une grande culture ; érudit : *Une personne cultivée.*

CULTIVER v.t. [3] (lat. médiév. *cultivare*). **1.** Travailler la terre en vue de la faire produire. **2.** Faire pousser une plante en vue de la récolte : *Cultiver des céréales.* **3.** Développer une qualité, un don : *Cultiver sa curiosité des autres. Cultiver sa voix.* **4.** Se livrer avec plaisir à : *Cultiver le paradoxe.* **5.** Entretenir des rapports suivis avec qqn : *C'est une relation à cultiver.* ◆ **SE CULTIVER v.pr.** Enrichir son esprit par l'étude, par des lectures, etc.

CULTUEL, ELLE adj. Relatif au culte : *Liberté cultuelle.*

CULTURAL, E, AUX adj. Relatif à la culture du sol. ▪ **Profil cultural,** étude d'un sol cultivé, pour en évaluer l'état.

CULTURALISME n.m. Courant de l'anthropologie nord-américaine qui considère comme essentiels les phénomènes de contact et d'interpénétration des cultures dans la formation d'une société et de la personnalité des sujets qui la composent.

CULTURALISTE adj. et **n.** Relatif au culturalisme ; qui en est partisan.

CULTURE n.f. (lat. *cultura*). **1.** Action de cultiver une terre, une plante : *Culture biologique. La culture du colza.* **2.** (Surtout pl.). Terrain cultivé pour qu'il produise des récoltes : *Les cultures de maïs s'étendent à perte de vue.* **3.** Espèce végétale cultivée : *Des cultures fruitières, maraîchères.* **4.** Ensemble des coutumes, des manifestations religieuses, artistiques, intellectuelles qui caractérisent un groupe, une société ; civilisation : *La culture humaniste. La culture latino-américaine.* **5.** PHILOS. Développement de l'humanité de l'homme par le savoir. **6.** Ensemble de convictions partagées, de manières de voir et de faire qui orientent plus ou moins consciemment le comportement d'un individu, d'un groupe : *Une culture laïque.* **7.** Ensemble des connaissances acquises dans un ou plusieurs domaines : *Avoir une solide culture scientifique.* ▪ **Culture cellulaire,** ensemble des techniques de laboratoire permettant la croissance et la multiplication de cellules en dehors de leur organisme d'origine. ▪ **Culture de masse,** culture produite et diffusée à l'intérieur de l'ensemble du public par les moyens de communication de masse (grande presse, télévision, etc.). ▪ **Culture d'entreprise,** ensemble des traditions de structure et de savoir-faire qui assurent un code de comportement implicite et la cohésion à l'intérieur d'une entreprise. ▪ **Culture microbienne, culture de tissus** [biol.], techniques consistant à faire vivre et se développer des micro-organismes, des tissus sur des milieux nutritifs préparés à cet effet. ▪ **Culture physique** [vieilli], gymnastique. ▪ **Maison de la culture,** en France, établissement géré par le ministère de la Culture et par les collectivités locales, chargé d'encourager et de promouvoir des manifestations artistiques et culturelles.

CULTUREL, ELLE adj. 1. Relatif à la culture d'une société ou d'un individu, à son développement : *L'originalité culturelle du peuple basque.* **2.** Qui vise à développer une culture, à répandre certaines formes de culture : *Échanges culturels entre deux pays.* ▪ **Industries culturelles,** ensemble des activités intellectuelles et artistiques considérées sous l'angle de leur production marchande.

CULTURELLEMENT adv. Du point de vue culturel.

CULTURISME n.m. Gymnastique destinée à développer la musculature (SYN. **bodybuilding**).

CULTURISTE adj. et **n.** Qui pratique le culturisme.

CUMIN n.m. (gr. *kuminon,* mot d'orig. orientale). **1.** Plante cultivée pour ses graines aromatiques. ➲ Famille des ombellifères. **2.** La graine de cette plante, utilisée comme condiment.

▲ **cumin**

CUMUL n.m. Action de cumuler ; fait d'être cumulé.

CUMULABLE adj. Qui peut être cumulé avec qqch d'autre.

CUMULARD, E n. Fam., péjor. Personne qui cumule plusieurs emplois, plusieurs mandats.

CUMULATIF, IVE adj. Qui se cumule avec : *L'impact cumulatif des rejets d'effluents.*

CUMULATIVEMENT adv. Par cumul ; à la fois.

CUMULER v.t. [3] (du lat. *cumulare,* entasser). Pour une personne, exercer simultanément plusieurs emplois ou détenir plusieurs titres ; pour une chose, avoir plusieurs caractéristiques : *La maille polaire cumule plusieurs atouts.* ◆ **v.i.** Avoir plusieurs emplois, titres, etc.

CUMULET n.m. Belgique. Culbute ; galipette.

CUMULO-DÔME (pl. *cumulo-dômes*), ▲ *CUMULODÔME* **n.m.** GÉOMORPH. Dôme de lave visqueuse formé au-dessus de la bouche éruptive d'un volcan et entouré d'une gaine de brèches d'écoulement ou d'explosion.

CUMULONIMBUS [-bys] **n.m.** Nuage sombre de grandes dimensions, à développement vertical (depuis sa base, près du sol, jusqu'à plus de 10 000 m), qui, très souvent, déclenche les orages avec, parfois, de la grêle.

CUMULUS [-lys] **n.m.** (mot lat. « amas »). **1.** Nuage de beau temps, blanc, à contours très nets, à base plate et aux protubérances arrondies au sommet. **2.** Cour. Ballon réchauffeur.

CUNÉIFORME adj. (du lat. *cuneus,* coin). ▪ **Écriture cunéiforme,** ou **cunéiforme, n.m.,** dont les éléments ont la forme de coins. ➲ Elle a été inventée à la fin du IVe millénaire par les Sumériens et utilisée dans le Proche-Orient jusqu'au Ier millénaire av. J.-C. ▪ **Os cunéiforme,** ou **cunéiforme, n.m.** [anat.], nom de trois os du tarse.

▲ **cunéiforme.** Exemple d'écriture cunéiforme : koudourrou kassite ; v. 1200 av. J.-C. (Musée du Louvre, Paris.)

CUNICULICULTURE n.f. (du lat. *cuniculus,* lapin). Élevage du lapin.

CUNNILINGUS [-lɛ̃gys] ou **CUNNILINCTUS** [-lɛ̃ktys] **n.m.** (du lat. *cunnus,* con, et *linctus,* léché). Excitation buccale des organes génitaux féminins.

CUPCAKE [kœpkɛk] **n.m.** (mot anglo-amér. « gâteau cuit dans une tasse »). Petit gâteau rond moelleux recouvert d'un glaçage génér. très coloré. ➲ Cuisine des États-Unis.

CUPESSE n.f. Suisse. Fam. **1.** Culbute. **2.** Faillite : *Cette entreprise a fait la cupesse.* **3.** Désordre : *Ta chambre est en cupesse.*

CUPIDE adj. (lat. *cupidus*). Avide d'argent : *Un trader cupide.*

CUPIDITÉ n.f. Désir immodéré de richesses : *La cupidité des prêteurs.*

CUPIDON n.m. Adolescent d'une grande beauté.

CUPRESSACÉE n.f. Arbre ou arbuste résineux, tels les cyprès et les genévriers. ➲ Les cupressacées forment une famille.

CUPRIFÈRE adj. Qui contient du cuivre.

CUPRIQUE adj. CHIM. MINÉR. De la nature du cuivre ; qui contient un sel de cuivre.

CUPRITE n.f. MINÉRALOG. Oxyde de cuivre, de couleur rouge.

CUPROALLIAGE n.m. Alliage à base de cuivre (ex. : laiton, bronze).

CUPROALUMINIUM n.m. Alliage de cuivre et d'aluminium.

CUPROAMMONIAQUE n.f. Solution ammoniacale d'oxyde de cuivre, dissolvant la cellulose.

CUPRONICKEL n.m. Alliage de cuivre et de nickel.

CUPROPLOMB n.m. Alliage non homogène de cuivre et de plomb, utilisé comme alliage antifriction.

CUPULE n.f. (du lat. *cupula,* petit tonneau). BOT. Organe écailleux soutenant ou enveloppant les fruits des arbres de l'ordre des cupulifères. ➲ La cupule d'un gland a la forme d'une petite coupe, celle de la châtaigne est épineuse.

CUPULIFÈRE n.f. Plante dicotylédone arborescente de l'hémisphère Nord, dont le fruit est enchâssé dans une cupule, telle que le chêne, le hêtre, le châtaignier (SYN. **fagale**). ➲ Les cupulifères forment un ordre.

CURABILITÉ n.f. Caractère d'une maladie susceptible de guérison.

CURABLE adj. (du lat. *curare,* soigner). Se dit d'une maladie qui peut être guérie.

CURAÇAO [kyraso] **n.m.** (de *Curaçao,* n.pr.). Liqueur faite avec des écorces d'oranges, du sucre et de l'eau-de-vie.

CURAGE n.m. Action de curer : *Le curage d'une mare.*

CURAILLON n.m. → **CURETON.**

CURARE n.m. (mot esp., du caraïbe). Substance très toxique, extraite de diverses lianes d'Amazonie, ayant une action paralysante très puissante : *Flèches empoisonnées au curare. Curares employés en anesthésie.*

CURARISANT, E adj. et **n.m.** MÉD. Se dit d'une substance, naturelle ou de synthèse, dont l'effet est semblable à celui du curare et qui est employée en anesthésie.

CURARISATION n.f. Utilisation des médicaments curarisants en anesthésie.

CURATELLE n.f. DR. **1.** Régime de protection de la personne et des biens des incapables majeurs, qui peuvent accomplir certains actes destinés à la gestion courante de leur patrimoine, mais doivent être assistés par leur curateur pour les autres actes. **2.** Fonction de curateur.

CURATEUR, TRICE n. (du lat. *curare,* soigner). **1.** DR. Personne chargée d'assister un incapable majeur. **2.** BX-ARTS. Commissaire d'exposition. ◆ **n.m.** ANTIQ. ROM. Fonctionnaire chargé d'un grand service public.

CURATIF, IVE adj. Qui a pour but de guérir une maladie : *Un traitement curatif.*

CURCULIONIDÉ n.m. (du lat. *curculio,* charançon). Insecte coléoptère phytophage, à tête prolongée par un rostre plus ou moins recourbé, tel que les charançons. ➲ Les curculionidés forment une immense famille de 50 000 espèces.

CURCUMA n.m. (mot esp., de l'ar.). Plante monocotylédone de l'Inde, dont le rhizome est utilisé comme épice. ➲ Famille des zingibéracées.

1. CURE n.f. (du lat. *cura,* soin). **1.** Ensemble des moyens utilisés pour traiter certaines affections : *Cure d'amaigrissement.* **2.** Traitement, en psychanalyse. **3.** Rare. Traitement d'une maladie. **4.** CONSTR., TRAV. PUBL. Protection temporaire d'un béton en cours de durcissement contre une évaporation trop rapide de l'eau. ▪ **Cure (thermale),** ensemble du traitement et des règles diététiques et d'hygiène mis en œuvre lors d'un séjour en station thermale. ▪ **Faire une cure de qqch,** en consommer beaucoup : *Faire une cure de cinéma.* ▪ **N'avoir cure de** [litt.], ne pas se soucier de : *Ils n'ont cure d'écouter vos conseils.*

2. CURE n.f. (lat. *cura*). **1.** Fonction à laquelle sont attachées la direction spirituelle et l'administration d'une paroisse. **2.** Territoire soumis à l'autorité du curé. **3.** Habitation du curé.

CURÉ n.m. (de *2. cure*). Prêtre chargé d'une cure.

CURE-DENTS n.m. inv. ou **CURE-DENT n.m.** (pl. *cure-dents*). **1.** Petit instrument pointu pour se nettoyer les dents. **2.** Afrique. Bâton de bois tendre de la taille d'un gros crayon utilisé pour se frotter et se brosser les dents.

CURÉE n.f. (de *cuir*). **1.** VÉNER. Partie du cerf, du sanglier que l'on donne à la meute ; cette distribution même. **2.** Fig. Lutte avide pour s'emparer des places, des honneurs, des biens laissés vacants.

CURE-ONGLES n.m. inv. ou **CURE-ONGLE n.m.** (pl. *cure-ongles*). Instrument pointu utilisé pour se curer les ongles.

CURE-OREILLE n.m. (pl. *cure-oreilles*). Instrument pour nettoyer l'intérieur des oreilles.

CURE-PIPES n.m. inv. ou **CURE-PIPE n.m.** (pl. *cure-pipes*). Instrument utilisé pour curer les pipes.

CURER v.t. [3] (du lat. *curare*, soigner). Nettoyer en grattant, en raclant : *Curer un fossé, une pipe.* ◆ **SE CURER** v.pr. ▪ **Se curer les ongles, les dents, les oreilles,** les nettoyer en les raclant, en les grattant.

CURETAGE [kyrtaʒ] n.m. **1. MÉD.** Opération consistant à enlever, par grattage avec une curette, des corps étrangers ou des produits morbides à l'intérieur d'une cavité naturelle (utérus) ou pathologique (abcès) ; curetage de l'utérus. **2.** Opération de restauration d'un îlot d'habitation ancien ; réhabilitation.

CURETER [kyrte] v.t. [16], ▲ *[12]*. **MÉD.** Pratiquer un curetage.

CURETON ou **CURAILLON** n.m. Fam., péjor. Curé ; prêtre.

CURETTE n.f. Instrument médical en forme de cuillère destiné au curetage.

CURIAL, E, AUX adj. Qui concerne un curé ou une cure.

CURIA REGIS [-regis] n.f. (mots lat. « cour du roi »). **HIST.** Dans la France et l'Angleterre du Moyen Âge, assemblée des vassaux du roi qui l'assistaient dans ses tâches gouvernementales.

1. CURIE n.f. (lat. *curia*). **1. CATH.** Ensemble des organismes gouvernementaux du Saint-Siège. ➲ La *curie romaine* se compose de congrégations, de conseils pontificaux et de tribunaux. **2. ANTIQ. ROM.** Division des trois tribus primitives. ➲ Chaque tribu comprenait dix curies. **3. ANTIQ. ROM.** Lieu où s'assemblait le sénat ; ce sénat.

2. CURIE n.m. (de Marie *Curie*, n.pr.). Anc. Unité de mesure d'activité* d'une source radioactive (symb. Ci), qui valait $3,7 \times 10^{10}$ becquerels.

CURIETHÉRAPIE [kyriterapi] n.f. **MÉD.** Radiothérapie dans laquelle un isotope radioactif (iridium, césium, par ex.) est implanté dans l'organisme.

CURIEUSEMENT adv. De manière inattendue ou surprenante.

CURIEUX, EUSE adj. et n. (du lat. *curiosus*, qui a soin de). **1.** Qui désire comprendre, apprendre, voir : *Un enfant curieux de tout.* **2.** Qui essaie de savoir ce qui ne le regarde pas : *Il est très curieux et pose sans arrêt des questions.* ◆ **adj.** Qui attire l'attention ; surprenant : *Une coïncidence, un personnage curieux.* ▪ **Regarder qqn comme une bête curieuse,** de façon insistante et indiscrète.

CURIOSITÉ n.f. **1.** Qualité d'une personne curieuse. **2.** Chose qui éveille l'intérêt ou la surprise : *Cette maison est une des curiosités du village.*

CURISTE n. Personne qui suit une cure thermale.

CURIUM [kyrjɔm] n.m. (de 2. *curie*). Élément chimique radioactif (Cm), de numéro atomique 96, découvert en 1945 par G. Seaborg.

CURLING [kœrliŋ] n.m. (mot angl.). Sport d'hiver qui consiste à faire glisser sur la glace un lourd palet vers une cible *(la maison)*.

CURRICULUM VITAE n.m. inv., ▲ *n.m. (pl. curriculums vitae)* ou **CURRICULUM** [kyrikylɔm(vite)] n.m. (loc. lat. « cours de la vie »). Ensemble des indications relatives à l'état civil, aux études, à la carrière professionnelle, etc., de qqn ; le document qui porte ces indications. Abrév. (cour.) **CV.**

CURRY, CARI, CARY ou **CARRY** n.m. (angl. *curry*, du tamoul *kari*). **1.** Mélange d'épices, réduites en poudre, d'origine indienne. **2.** Ragoût de viande aromatisé avec ce mélange : *Curry d'agneau.*

CURSEUR n.m. (du lat. *cursor*, coureur). **1.** Pièce mobile comportant un index, que l'on peut déplacer le long d'une glissière graduée (règle, compas, etc.). **2. ASTRON.** Fil mobile qui traverse le champ d'un micromètre et sert à mesurer le diamètre apparent d'un astre. **3. INFORM.** Repère visuel qui matérialise à l'écran le point d'insertion des données. **4.** Fig. Ce qui sert de repère dans l'évolution d'une situation (personnelle, économique, etc.) : *Repositionner le curseur de la violence à la télé.*

CURSIF, IVE adj. (du lat. *currere*, courir). ▪ **Écriture cursive,** ou **cursive,** n.f., tracée au courant de la plume. ▪ **Lecture cursive,** faite rapidement, d'une seule traite.

CURSUS [kyrsys] n.m. (mot lat. « course »). **1.** Cycle universitaire sanctionné par un diplôme. **2.** Carrière professionnelle envisagée dans ses phases successives. ▪ **Cursus honorum** [Antiq. rom.], ordre dans lequel devait s'effectuer la carrière publique.

CURULE adj. (lat. *curulis*). **ANTIQ. ROM.** Relatif au siège d'ivoire réservé aux hauts magistrats ; relatif aux fonctions dont il était le symbole.

CURVILIGNE adj. (du lat. *curvus*, courbe). **MATH.** Formé de lignes courbes. ▪ **Abscisse curviligne d'un point d'une courbe,** nombre réel indiquant la position de ce point par rapport à une origine prise sur la courbe.

CURVIMÈTRE n.m. Instrument servant à mesurer la longueur des lignes courbes.

CUSCUTE n.f. (lat. médiév. *cuscuta*, de l'ar.). Plante parasite à fleurs violacées qui s'enroule autour de certaines plantes à l'aide de suçoirs. ➲ Famille des convolvulacées.

CUSHING [kyʃiŋ] **(SYNDROME DE)** n.m. **MÉD.** Excès de sécrétion d'hormones glucocorticoïdes, souvent dû à une tumeur de la glande corticosurrénale ou de l'hypophyse.

CUSPIDE n.f. **ANAT.** Protubérance située sur la face broyeuse des prémolaires et des molaires.

CUSTODE n.f. (du lat. *custodia*, garde). **1.** Partie latérale de la carrosserie d'une automobile, à l'aplomb des roues arrière, dans le prolongement des vitres latérales. **2. CATH.** Boîte dans laquelle on place l'hostie consacrée pour l'exposer dans l'ostensoir ou pour la porter en communion aux malades (SYN. **pyxide**).

CUSTOM [kœstɔm] n.m. (mot anglo-amér.). Automobile ou moto dont l'aspect et l'aménagement ont été modifiés et personnalisés par son propriétaire de façon parfois excentrique.

CUSTOMISATION n.f. Action de customiser.

CUSTOMISER v.t. [3] (anglo-amér. *to customize*). Transformer un produit de série en un objet unique ; personnaliser : *Customiser un véhicule, un vêtement.*

CUT [kœt] n.m. (de l'angl. *to cut*, couper). Passage sans transition d'un plan au plan suivant, dans un film. Recomm. off. **coupe sèche.** ➲ On dit aussi *montage cut.* ▪ **Final cut,** aux États-Unis, droit réservé au producteur, et non au réalisateur, d'achever le montage d'un film.

CUTANÉ, E adj. (du lat. *cutis*, peau). Relatif à la peau : *Une affection cutanée.*

CUTICULE n.f. (lat. *cuticula*). **1. ANAT.** Petite peau très mince : *Les cuticules des ongles.* **2. BOT.** Pellicule superficielle protectrice des tiges jeunes et des feuilles, contenant de la cutine. **3. ZOOL.** Couche superficielle rigide et imperméable du tégument des arthropodes (insectes, crustacés), constituée de chitine et de protéines.

CUTINE n.f. **BOT.** Substance glucidique imperméable, principal constituant de la cuticule des végétaux.

CUTI-RÉACTION (pl. *cuti-réactions*) ou **CUTIRÉACTION** ou **CUTI** n.f. (du lat. *cutis*, peau). Anc. Test cutané diagnostique consistant à observer la réaction au dépôt d'une substance (par ex. tuberculine) sur la peau scarifiée. ▪ **Virer sa cuti** → **VIRER.**

CUTTER ou **CUTTEUR** [kœtœr] ou [kytœr] n.m. (de l'angl. *to cut*, couper). Instrument composé d'une lame coulissant dans un manche à glissière et servant à couper le papier, le carton, etc.

CUVAGE n.m. ou **CUVAISON** n.f. Opération qui consiste à soumettre à la fermentation en cuves le raisin destiné aux vins rouges.

CUVE n.f. (lat. *cupa*). **1.** Grand récipient servant à divers usages domestiques ou industriels : *Une cuve à mazout.* **2.** Partie interne utilisable d'un appareil électroménager (lave-vaisselle, lave-linge, etc.). **3.** Grand récipient pour le cuvage, la vinification et la conservation des vins. **4. MAR.** Réservoir, génér. indépendant de la coque, destiné à recevoir des liquides.

CUVÉE n.f. **1.** Contenu d'une cuve. **2.** Vin produit par la récolte d'une année de toute une vigne ; qualité de ce vin : *Une bonne cuvée. Première, seconde cuvée.*

CUVELAGE n.m. **1.** Revêtement intérieur étanche d'un puits de mine ou de pétrole, destiné à en consolider les parois. **2.** Ouvrage étanche continu protégeant une construction en sous-sol contre les eaux.

CUVELER v.t. [16], ▲ *[12]*. Revêtir d'un cuvelage.

CUVER v.i. [3]. Fermenter dans une cuve, en parlant du raisin. ◆ **v.t.** Soumettre le raisin au cuvage. ▪ **Cuver son vin** [fam.], dormir après avoir trop bu.

CUVERIE n.f. **VITIC.** Local où sont rangées les cuves ; ensemble des cuves.

CUVETTE n.f. **1.** Récipient portatif, large et peu profond, destiné à divers usages domestiques ou industriels ; bassine. **2.** Bassin d'un lavabo, d'un siège de W.-C. **3. GÉOMORPH.** Dépression fermée : *Ville située au fond d'une cuvette.*

CUVIER n.m. Vx. Cuve à lessive.

1. CV symb. Symbole de cheval fiscal.

2. CV ou **C.V.** n.m. (sigle). Curriculum vitae.

CVO ou **C.V.O.** [seveo] n.m. (sigle). Centre de valorisation organique.

Cx [seiks] n.m. Coefficient de traînée, sans dimension, caractérisant l'importance de la résistance à l'avancement d'un mobile dans l'air.

CYAN [sjɑ̃] n.m. et adj. inv. (mot angl., du gr.). Bleu-vert de synthèse soustractive trichrome, en photogravure et en imprimerie.

CYANAMIDE n.m. (du gr. *kuanos*, bleu sombre). **CHIM. ORG.** Corps dérivant de l'ammoniac par substitution du groupement —CN à un atome d'hydrogène.

CYANÉE ou **CYANEA** n.f. Grande méduse des eaux froides. ➲ Diamètre jusqu'à 2 m ; tentacules jusqu'à 30 m. Classe des scyphozoaires.

CYANELLE n.f. **MICROBIOL.** Cyanobactérie vivant en symbiose interne avec un protozoaire ou une algue unicellulaire.

CYANHYDRIQUE adj. ▪ **Acide cyanhydrique,** hydracide de formule HCN, intermédiaire de très nombreuses réactions (notamm. celles qui sont à l'origine de la vie), mais aussi toxique violent.

CYANOACRYLATE n.m. Adhésif à prise rapide permettant d'obtenir, à température ambiante, un collage d'une très grande résistance.

CYANOBACTÉRIE n.f. Bactérie unicellulaire ou formant des filaments pluricellulaires, de couleur vert bleuâtre, dont les représentants (rivulaires, nostocs, spirulines, oscillaires, etc.), qui pratiquent la photosynthèse et peuvent assimiler l'azote de l'air, colonisent presque tous les milieux (SYN. **algue bleue, cyanophycée**).

CYANOCOBALAMINE n.f. **MÉD.** Forme stable de la cobalamine, ou vitamine B12.

CYANOGÈNE n.m. **CHIM. ORG.** Gaz incolore très toxique (C_2N_2 ou NC—CN), dont certains sels ont été employés comme gaz de combat. ◆ **adj.** Qui provoque la cyanose : *Cardiopathie cyanogène.*

CYANOPHYCÉE ou **CYANOPHYTE** n.f. Cyanobactérie.

CYANOSE n.f. (du gr. *kuanos*, bleu sombre). **MÉD.** Coloration bleutée de la peau, due à une quantité insuffisante d'oxygène sur l'hémoglobine. ➲ La cyanose peut être causée par une insuffisance d'oxygénation pulmonaire.

CYANOSÉ, E adj. Atteint de cyanose ; coloré par la cyanose : *Mains cyanosées.*

CYANOSER v.t. [3]. **MÉD.** Provoquer une cyanose.

CYANOTIQUE adj. Relatif à la cyanose.

CYANURATION n.f. **1. MÉTALL.** Cémentation de l'acier par immersion dans un bain à base de cyanure alcalin fondu. **2. MIN.** Procédé de récupération des métaux précieux par dissolution sélective dans une solution de cyanure alcalin (SYN. **lixiviation**). **3. CHIM. ORG.** Introduction dans un composé chimique du groupement —CN, génér. à partir d'un cyanure métallique.

CYANURE n.m. Sel de l'acide cyanhydrique. ➲ Les cyanures alcalins sont toxiques.

CYANURER v.t. [3]. Effectuer la cyanuration d'un acier.

CYBER- [sibɛr] préf. (du gr. *kubernân*, gouverner). Préfixe servant à créer des mots qui ont trait à Internet : *cyberattaque, cyberboutique, cyberdépendance, cyberharcèlement, cyberpolice.*

CYBERCAFÉ n.m. Lieu public dans lequel on peut louer un accès temporaire à Internet et éventuellement boire un café.

CYBERCAMÉRA n.f. Recomm. off. pour **webcam.**

CYBERCRIME **n.m.** **1.** Cybercriminalité : *Plan de lutte contre le cybercrime* ; toute infraction relevant de la cybercriminalité : *L'incitation au terrorisme sur Internet est un cybercrime.* **2.** Spécial. **DR.** Infraction consistant à récupérer frauduleusement sur Internet des données personnelles afin de les réutiliser à des fins illégales (hameçonnage*) ou à prendre le contrôle d'un système informatique en vue d'obtenir une rançon (rançongiciel*).

CYBERCRIMINALITÉ **n.f.** Ensemble des infractions pénales commises sur Internet (SYN. **cybercrime**).

➲ Dans la **CYBERCRIMINALITÉ**, on distingue les infractions liées aux technologies (virus, piratage, etc.), celles liées aux contenus (racisme, pédophilie, etc.) et celles facilitées par les réseaux (copie illicite de logiciels ou d'œuvres audiovisuelles, etc.).

CYBERDÉFENSE **n.f.** Ensemble de moyens physiques et virtuels permettant à un État de protéger ses systèmes d'information vitaux dans le cyberespace.

CYBERDJIHADISME ou **CYBERJIHADISME** **n.m.** Utilisation du réseau Internet pour promouvoir le djihadisme (propagande, recrutement, etc.).

CYBERDJIHADISTE ou **CYBERJIHADISTE** **adj.** Relatif au cyberdjihadisme. ◆ **n.** Djihadiste œuvrant sur Internet.

CYBERESPACE ou **CYBERMONDE** **n.m.** (anglo-amér. *cyberspace*). **INFORM.** Espace virtuel rassemblant la communauté des internautes et les ressources d'informations numériques accessibles à travers les réseaux d'ordinateurs.

CYBERNAUTE **n.** Internaute.

CYBERNÉTICIEN, ENNE **n.** et **adj.** Spécialiste de cybernétique.

CYBERNÉTIQUE **n.f.** (du gr. *kubernêtikê*, art de gouverner). Étude des processus de commande et de communication chez les êtres vivants, dans les machines et les systèmes sociologiques et économiques. ◆ **adj.** Relatif à la cybernétique.

CYBERTERRORISME **n.m.** Ensemble des attaques graves (virus, piratage, etc.) et à grande échelle des ordinateurs, des réseaux et des systèmes informatiques d'une entreprise, d'une institution ou d'un État, commises dans le but d'entraîner une désorganisation générale susceptible de créer la panique.

CYBORG [sibɔrg] **n.m.** (mot anglo-amér., de *cybernetic organism*). Personnage de science-fiction ayant une apparence humaine, composé de parties vivantes et de parties mécaniques. ➲ À distinguer de l'*androïde*.

CYCADALE **n.f.** Plante tropicale à feuilles persistantes, au port rappelant celui des palmiers et des fougères arborescentes, telle que les cycas, les zamias et des formes fossiles. ➲ Les cycadales forment un ordre.

▲ **cycas**

CYCAS [sikas] **n.m.** (du gr. *kuix*, *kuikos*, palmier). Arbre originaire d'Asie, dont certaines espèces sont cultivées comme plantes ornementales. ➲ Ordre des cycadales.

CYCLABLE **adj.** Réservé aux bicyclettes et aux vélomoteurs : *Une piste cyclable.*

CYCLADIQUE **adj.** Relatif à la civilisation des Cyclades.

CYCLAMEN [-mɛn] **n.m.** (gr. *kuklaminos*). Plante à fleurs roses ou blanches, aux pétales retournés, dont on cultive certaines variétés à grandes fleurs. ➲ Famille des primulacées.

1. CYCLE **n.m.** (lat. *cyclus*, du gr. *kuklos*, cercle). **1.** Suite ininterrompue de phénomènes qui

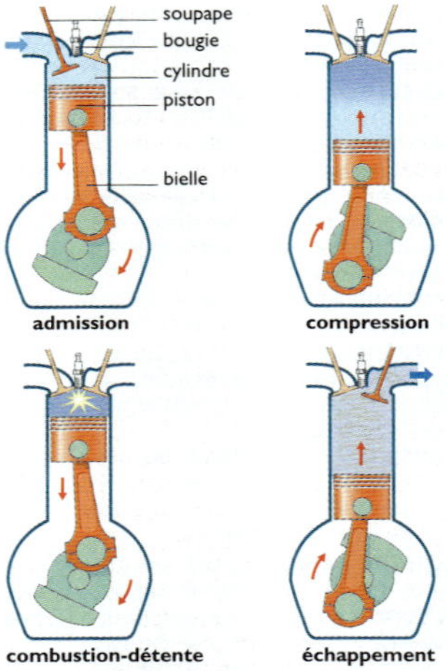

▲ **cycle à quatre temps**
d'un moteur à explosion.

se renouvellent dans un ordre immuable : *Le cycle des saisons* ; durée d'une telle suite : *Il faut attendre la fin du cycle lunaire.* **2.** **CHIM.** Chaîne d'atomes fermée, fréquente surtout parmi les composés du carbone. **3.** **MATH.** Permutation dans laquelle, un certain nombre d'éléments restant fixes, les autres éléments subissent une permutation circulaire. **4.** Partie d'un phénomène périodique qui s'effectue durant une période donnée : *Le cycle du carbone, de l'hélium.* **5.** **THERMODYN.** Suite de transformations qui ramènent un système thermodynamique à son état initial. **6.** **LITTÉR.** Ensemble d'œuvres (romans, poèmes, etc.) groupées autour d'un seul fait, d'un héros unique, d'une famille. **7.** Division de l'enseignement dans les écoles maternelle et primaire. ➲ On distingue le cycle des apprentissages premiers (école maternelle), le cycle des apprentissages fondamentaux (grande section de maternelle, CP, CE1) et le cycle des approfondissements (CE2, CM1, CM2). **8.** Division des enseignements secondaire (le premier cycle allant de la 6e à la 3e, le second de la seconde à la terminale) et supérieur (le premier cycle correspondant au niveau licence, le deuxième au niveau master, le troisième au niveau doctorat). ▪ **Cycle à deux temps,** cycle d'un moteur à explosion où toutes les phases sont réalisées pendant un seul tour de vilebrequin. ▪ **Cycle à quatre temps,** comprenant quatre phases (admission, compression, combustion-détente, échappement) pendant deux tours de vilebrequin. ▪ **Cycle d'érosion** [géomorph.], ensemble des états successifs d'un relief. ▪ **Cycle de vie d'un produit,** processus de développement commercial d'un produit en quatre phases (naissance, croissance, maturité, déclin), en fonction de la demande dont il fait l'objet sur le marché. ▪ **Cycle écologique** [biol.], ensemble des passages d'un même élément chimique (carbone*, azote*, phosphore, soufre, etc.) ou d'un composé (eau*) au sein des êtres vivants à travers les chaînes alimentaires et dans l'environnement. ➲ N. sc. : *cycle biogéochimique*, notamm. pour les éléments chimiques. ▪ **Cycle économique,** fluctuation de l'activité économique, décomposée en quatre phases : croissance, retournement de tendance (crise), dépression puis reprise. ▪ **Cycle lunaire** ou **de Méton,** période de dix-neuf ans environ au terme de laquelle les phases de la Lune se reproduisent aux mêmes dates. ▪ **Cycle menstruel** [biol.], ensemble de phénomènes périodiques rythmés par les règles ; chacune des périodes entre le début des règles et les règles suivantes. ▪ **Cycle reproductif** [biol.], ensemble des formes d'un être vivant qui se succèdent d'une génération à la suivante. ▪ **Cycle solaire,** période de vingt-huit ans, au terme de laquelle les mêmes dates de chaque mois tombent aux mêmes jours de la semaine ; période de onze ans environ séparant deux minimums ou deux maximums consécutifs du nombre de taches solaires observées.

2. CYCLE **n.m.** (mot angl. « vélocipède »). Véhicule constitué d'un cadre sur roues et mû par l'action des pieds sur des pédales (bicyclette, tandem, tricycle, etc.).

CYCLIQUE **adj.** Qui revient périodiquement, à intervalles réguliers : *Crise économique cyclique.* ▪ **Composé cyclique** [chim. org.], composé organique à chaîne fermée.

CYCLIQUEMENT **adv.** De façon cyclique.

CYCLISATION **n.f.** **CHIM. ORG.** Transformation d'une chaîne d'atomes ouverte en une chaîne fermée, dans un composé chimique.

CYCLISER **v.t.** **[3].** Effectuer la cyclisation de.

CYCLISME **n.m.** Pratique, sport de la bicyclette : *Le cyclisme professionnel, amateur.*

➲ Le **CYCLISME** connaît deux grands types de compétition : sur route et sur piste. Les courses sur route regroupent les courses d'un jour (les classiques comme Paris-Roubaix, Milan-San Remo, le tour des Flandres, la Flèche wallonne et Liège-Bastogne-Liège) et les courses par étapes (étapes de plaine, de montagne et contre la montre). Les trois plus grandes courses par étapes sont le Tour de France (Tour), le tour d'Italie (Giro) et le tour d'Espagne (Vuelta). Les courses sur piste, disputées dans un vélodrome, incluent notamment la vitesse, la poursuite, qui oppose deux coureurs ou deux équipes de quatre coureurs, l'américaine, le demi-fond et le keirin. C'est sur piste qu'est établi le record de l'heure.

CYCLISTE **adj.** Relatif au cyclisme : *Course cycliste.* ◆ **n.** Personne qui se déplace à bicyclette ou qui pratique le cyclisme en tant que sport. ◆ **n.m.** Short collant, génér. en maille synthétique et porté à l'origine par les cyclistes.

CYCLOALCANE **n.m.** Hydrocarbure saturé (C_nH_{2n}), qui renferme une chaîne fermée (nom générique).

CYCLOALCÈNE **n.m.** Hydrocarbure (C_nH_{2n-2}), qui renferme simultanément un cycle et une double liaison (nom générique).

CYCLO-CROSS, ▲ *CYCLOCROSS* **n.m. inv.** Cyclisme en terrain accidenté, dérivé en partie du cross-country, et constituant une spécialité hivernale.

CYCLOHEXANE **n.m.** Cycloalcane (C_6H_{12}), utilisé comme solvant et pour la fabrication du Nylon.

CYCLOÏDAL, E, AUX **adj.** Qui a un rapport avec la cycloïde.

CYCLOÏDE **n.f.** (du gr. *kukloeidês*, circulaire). **MATH.** Courbe plane décrite par un point fixe d'un cercle qui roule sans glisser sur une droite.

CYCLOMOTEUR **n.m.** Motocycle à deux ou trois roues, d'une puissance maximale de 49,9 cm^3 (moteur thermique) ou de 4 kW (moteur électrique), et dont la vitesse ne dépasse pas 45 km par heure (SYN. **vélomoteur**).

CYCLOMOTORISTE **n.** Personne qui se déplace à cyclomoteur.

CYCLONAL, E, AUX **adj.** Cyclonique.

CYCLONE **n.m.** (mot angl., du gr. *kuklos*, cercle). **MÉTÉOROL.** Zone de basses pressions animée

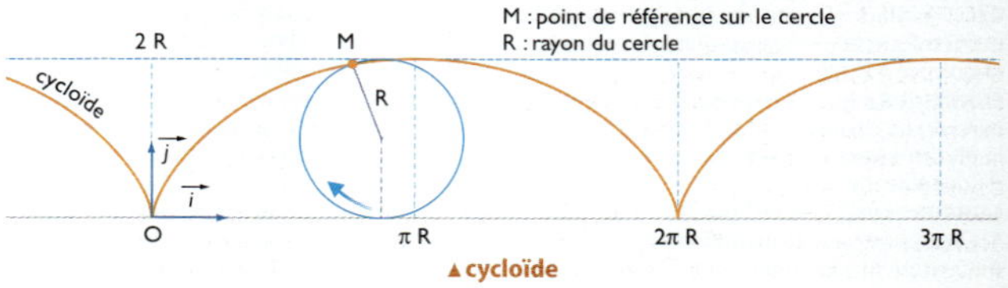

▲ **cycloïde**

▲**cyclone.** Un cyclone tropical avec son mouvement tourbillonnaire et, au centre, l'œil, zone de calme (cyclone Jimena, au large du Mexique, en août 2009).

d'un mouvement de rotation et accompagnée de vents forts et de précipitations ; tourbillon de vents violents qui se déplace en tournant sur lui-même. ▪ **Cyclone tempéré,** dépression barométrique mobile, porteuse de mauvais temps et affectant par l'ouest les régions des moyennes latitudes. ▪ **Cyclone tropical,** perturbation atmosphérique tourbillonnaire, accompagnée de vents très puissants et de fortes pluies, qui se forme sur les océans de la zone intertropicale. ➲ Les cyclones tropicaux sont à l'origine des catastrophes naturelles parmi les plus importantes. ▪ **Œil du cyclone** → **ŒIL.**

CYCLONIQUE adj. Relatif aux cyclones (SYN. **cyclonal**).

CYCLOPE n.m. (du gr. *kuklôps*, œil de forme ronde). Minuscule crustacé doté d'un œil unique, abondant dans les eaux douces. ➲ Long. 2 mm ; ordre des copépodes.

CYCLOPÉEN, ENNE adj. 1. ANTIQ. GR. Relatif aux Cyclopes. **2.** Litt. Gigantesque ; colossal : *Un projet cyclopéen.* **3. ARCHÉOL.** Se dit d'un appareil fait d'un entassement irrégulier d'énormes blocs, dont les interstices sont comblés par des cailloux faisant office de mortier : *Mur cyclopéen.*

CYCLOPENTANE [-pɛ̃tan] **n.m.** Cycloalcane (C_5H_{10}), entrant dans la molécule de certains stérols (ex. : le cholestérol).

CYCLOPOUSSE n.m. ou **CYCLO-POUSSE n.m. inv.** Pousse-pousse tiré ou poussé par un cycliste.

CYCLORAMA n.m. THÉÂTRE. Grande toile circulaire, dissimulant le fond et les côtés de la scène, sur laquelle peuvent se faire des projections.

CYCLORAMEUR n.m. Tricycle d'enfant mû par un mouvement de traction des bras.

CYCLOSPORINE n.f. → **CICLOSPORINE.**

CYCLOSTOME n.m. (du gr. *kuklos*, cercle, et *stoma*, bouche). **ZOOL.** Vertébré aquatique, tel que la lamproie et la myxine, qui sont les représentants actuels du sous-embranchement des agnathes.

CYCLOTHYMIE n.f. (du gr. *kuklos*, cercle, et *thumos*, humeur). **1. PSYCHOL.** Alternance de phases d'euphorie et de dépression. **2. PSYCHIATR.** Trouble de l'humeur avec alternance d'état dépressif et d'hypomanie ou d'épisode maniaque.

CYCLOTHYMIQUE adj. Relatif à la cyclothymie. ◆ **adj.** et **n.** Atteint de cyclothymie.

CYCLOTOURISME n.m. Tourisme à bicyclette.

CYCLOTOURISTE n. Adepte du cyclotourisme.

CYCLOTRON n.m. (de *électron*). **PHYS.** Accélérateur circulaire de particules utilisant un champ magnétique fixe et un champ électrique alternatif de fréquence constante.

CYGNE n.m. (lat. *cycnus*, du gr.). Oiseau palmipède ansériforme, au long cou souple, migrateur et dont une espèce toute blanche, le *cygne muet*, est souvent domestiquée. ➲ Cri : le cygne trompette. Famille des anatidés. ▪ **Chant du cygne,** dernière œuvre d'un poète, d'un musicien, d'un génie près de s'éteindre. ▪ **Col-de-cygne,** v. à son ordre alphabétique. ▪ **Cou de cygne,** long et flexible. ▪ **En col de cygne,** se dit d'un tuyau recourbé.

CYLINDRAGE n.m. TECHN. Action de passer un matériau sous un cylindre, sous un rouleau, ou entre deux cylindres. ➲ Le cylindrage du cuir sert à l'assouplir, celui d'une étoffe à la lustrer, celui du macadam à le comprimer, etc.

CYLINDRE n.m. (lat. *cylindrus*). **1. MATH.** Surface constituée par les droites de direction donnée (les *génératrices*) qui rencontrent une courbe donnée (la *directrice*). **2. MATH.** Solide délimité par une telle surface et par deux plans parallèles qui la coupent. ➲ La *base* est la partie de chacun de ces plans délimitée par l'intersection de celui-ci avec la surface. **3. TECHN.** Rouleau utilisé pour le cylindrage d'un matériau. **4. MÉCAN. INDUSTR.** Pièce dans laquelle se meut un piston de moteur, de pompe, de compresseur. ▪ **Bureau à cylindre,** fermé par un volet escamotable en quart de cylindre. ▪ **Cylindre de révolution** ou **cylindre droit** [math.], cylindre dont la directrice est un cercle et dont les génératrices ont pour direction celle de l'axe de ce cercle. ▪ **Cylindre urinaire** [méd.], cylindre microscopique de protéines et de cellules apparaissant dans les urines au cours des néphropathies.

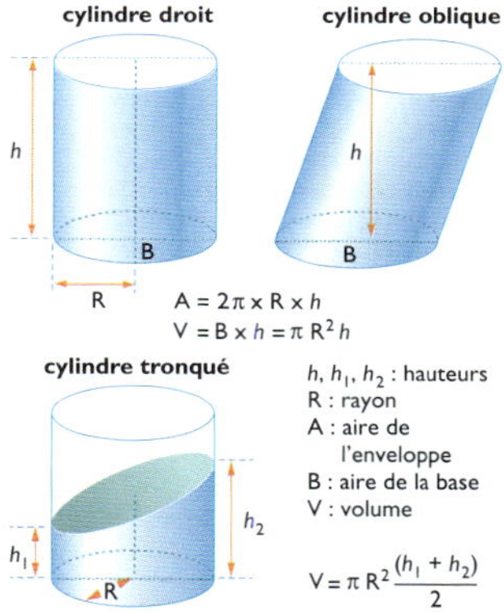

▲**cylindres** (géométrie).

CYLINDRÉE n.f. 1. Volume engendré par la course du piston dans le cylindre d'un moteur, d'une pompe. **2.** Total des cylindrées d'un moteur, exprimé en centimètres cubes ou en litres. **3.** Voiture, motocyclette désignée selon la capacité de ses cylindres : *Petite, grosse cylindrée.*

CYLINDRER v.t. [3]. Procéder au cylindrage de.

CYLINDRE-SCEAU n.m. (pl. *cylindres-sceaux*). Vieilli. Sceau-cylindre.

CYLINDREUR, EUSE n. Ouvrier chargé du cylindrage.

CYLINDRIQUE adj. Qui a la forme d'un cylindre : *Boîte cylindrique.* ▪ **Coordonnées cylindriques d'un point M de l'espace rapporté à un repère orthonormé ($O, \vec{i}, \vec{j}, \vec{k}$)** [math.], triplet (ρ, θ, z) où ρ et θ sont les coordonnées polaires de *m*, projeté orthogonal de M dans le plan ($O, \vec{i}, \vec{j}$), et z la cote de M. (On dit aussi *coordonnées semi-polaires.*) ▪ **Surface cylindrique** [math.], surface engendrée par un ensemble de droites parallèles (les *génératrices*) s'appuyant sur une courbe plane fermée (la *directrice*).

CYLINDROÏDE adj. Qui a approximativement la forme d'un cylindre.

CYMAISE n.f. → **CIMAISE.**

CYMBALAIRE n.f. BOT. Linaire aux petites feuilles rondes lobées, à port retombant, commune sur les vieux murs, appelée cour. *ruine-de-Rome.* ➲ Famille des scrofulariacées.

CYMBALE n.f. (lat. *cymbalum*, du gr.). Chacun des deux disques en métal, suspendus ou tenus à la main, que l'on frappe l'un contre l'autre, l'ensemble constituant un instrument de musique à percussion. ➲ On peut également frapper une seule cymbale avec un accessoire de percussion, maillet ou baguette par exemple ▪ **Cymbale charleston,** cymbale double montée sur un mécanisme actionné au moyen d'une pédale, et qui constitue un élément important de la batterie de jazz, de rock, etc.

▲**cygne** tuberculé.

CYMBALIER, ÈRE ou **CYMBALISTE n.** Instrumentiste qui joue des cymbales.

CYMBALUM [-lɔm] **n.m.** (hongr. *czimbalom*, du lat.). Instrument de musique trapézoïdal, à cordes frappées par des marteaux, utilisé surtout en Hongrie (SYN. **tympanon**).

CYME n.f. (lat. *cyma*). **BOT.** Inflorescence formée d'un axe principal, terminé par la fleur la plus ancienne et portant latéralement un ou plusieurs axes secondaires fleuris, ramifiés ou non.

CYNÉGÉTIQUE adj. (du gr. *kunêgetein*, chasser). Qui concerne la chasse. ◆ **n.f.** Art de la chasse.

CYNIPIDÉ n.m. Insecte hyménoptère térébrant, parasite de certains végétaux, tel que le cynips. ➲ Les cynipidés forment une famille.

CYNIPS [sinips] **n.m.** (du gr. *kuôn, kunos*, chien, et *ips*, insecte). Insecte parasite, mesurant 2 mm, qui pond ses œufs dans les tissus de certains végétaux, provoquant la formation de galles telles que le bédégar sur le rosier et l'églantier, la noix de galle sur le chêne.

CYNIQUE adj. et **n.** (lat. *cynicus*). Qui s'oppose effrontément aux principes moraux et à l'opinion commune. ▪ **École des cyniques,** école philosophique grecque (Ve-IVe s. av. J.-C.) qui niait la possibilité de la science, et rejetait les conventions sociales et les principes moraux pour vivre conformément à la nature. ➲ Diogène en fut le principal représentant.

CYNIQUEMENT adv. Avec cynisme.

CYNISME n.m. (gr. *kunismos*). **1.** Attitude d'une personne cynique, qui nie les principes moraux et brave les conventions sociales. **2.** Doctrine des philosophes cyniques.

CYNOCÉPHALE n.m. (du gr. *kuôn, kunos*, chien, et *kephalê*, tête). Singe d'Afrique tel que le babouin, à tête allongée comme celle d'un chien.

CYNODROME n.m. (du gr. *kuôn, kunos*, chien, et *dromos*, course). Piste aménagée pour les courses de lévriers.

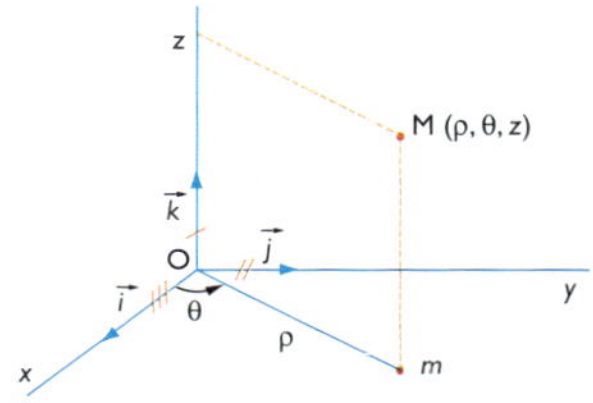

▲**cylindrique.** Coordonnées cylindriques.

CYNOGLOSSE n.f. (du gr. *kuôn, kunos*, chien, et *glôssa*, langue). Plante à feuilles velues, à fleurs pourpres ou rouge vineux, cultivée comme ornementale, encore appelée *langue-de-chien.* ➲ Famille des borraginacées.

CYNOLOGIE n.f. Étude et connaissance du chien.

CYNOLOGIQUE adj. Relatif à la cynologie.

CYNOPHILE adj. et **n.** Qui aime les chiens. ▪ **Formation cynophile** [mil.], chargée du dressage et de l'emploi des chiens.

CYNOPHILIE n.f. Gestion, dressage et emploi des chiens par les forces armées et de sécurité publique.

CYNORHODON ou **CYNORRHODON** n.m. BOT. Faux-fruit des rosiers, constitué d'un réceptacle charnu contenant les fruits proprement dits (akènes) [SYN. (cour.) **gratte-cul**]. ➲ Les cynorhodons de l'églantier sont consommés en confiture.

CYPÉRACÉE n.f. (du lat. *cyperos*, souchet). Plante monocotylédone herbacée des lieux humides, voisine des graminées, mais dont la tige est de section triangulaire, telle que le souchet, la laîche, le scirpe. ➲ Les cypéracées forment une famille.

CYPHOSCOLIOSE n.f. Déformation de la colonne vertébrale associant une cyphose et une scoliose.

CYPHOSE n.f. (du gr. *kuphôsis*, bosse). Déformation à convexité postérieure de la colonne vertébrale, qui devient pathologique lorsque son angle de courbure augmente.

CYPHOTIQUE adj. Relatif à la cyphose. ◆ **adj.** et **n.** Atteint de cyphose.

▲ **cyprès**

CYPRÈS n.m. (lat. *cupressus*). Arbre à feuillage persistant, commun dans le sud de l'Europe, parfois planté en haie comme coupe-vent à cause de son port élancé. ➲ Famille des cupressacées. ▪ **Cyprès chauve,** taxodium.

CYPRIÈRE n.f. Terrain planté de cyprès.

CYPRIN n.m. (lat. *cyprinus*). Poisson voisin de la carpe. ➲ Famille des cyprinidés. ▪ **Cyprin doré,** carassin doré, cour. appelé *poisson rouge*.

CYPRINIDÉ n.m. Poisson osseux d'eau douce, dépourvu de dents, répandu dans tout l'hémisphère Nord, tel que la carpe, le barbeau, le gardon, etc. ➲ Les cyprinidés forment une famille.

CYPRIOTE → **CHYPRIOTE.**

CYPRIS [sipris] n.f. (du lat. *Cypris*, surnom de Vénus). ZOOL. **1.** Petit crustacé ostracode d'eau douce à longues antennes locomotrices. **2.** Stade larvaire observé au cours du développement de certains cirripèdes.

CYRÉNAÏQUE adj. et n. De Cyrène. ▪ **École des cyrénaïques,** école philosophique grecque (Ve s. av. J.-C.), qui considérait le plaisir des sens comme le souverain bien. ➲ Elle fut fondée par Aristippe de Cyrène.

CYRILLIQUE adj. (du n. de saint *Cyrille*). ▪ **Alphabet cyrillique,** ou **cyrillique, n.m.,** alphabet créé au IXe s. et qui sert à transcrire notamm. le russe, le serbe, le bulgare et l'ukrainien.

CYSTECTOMIE n.f. (du gr. *kustis*, vessie). Ablation chirurgicale de la vessie.

CYSTÉINE n.f. BIOCHIM. Acide aminé soufré présent dans les protéines.

CYSTICERQUE n.m. (du gr. *kustis*, vessie, et *kerkos*, queue). ZOOL. Vésicule translucide, dernier stade larvaire des ténias, qui s'enkyste chez les mammifères parasités. ➲ Le cysticerque du cénure atteint la taille d'un œuf de poule et se loge dans les centres nerveux.

CYSTIQUE adj. (du gr. *kustis*, vessie). ANAT. **1.** Relatif à la vessie. **2.** Relatif à la vésicule biliaire (SYN. **vésiculaire**). ▪ **Canal cystique,** qui vient de la vésicule biliaire et rejoint le canal hépatique pour former le cholédoque.

CYSTITE n.f. MÉD. Inflammation de la vessie.

CYSTOGRAPHIE n.f. Examen radiologique de la vessie.

CYSTOSCOPE n.m. Endoscope permettant d'examiner l'intérieur de la vessie.

CYSTOSCOPIE n.f. Examen endoscopique de la vessie.

CYSTOSCOPIQUE adj. Relatif à la cystoscopie.

CYSTOSTOMIE n.f. Abouchement chirurgical de la vessie à la peau.

CYTAPHÉRÈSE n.f. MÉD. Technique consistant à prélever le sang d'un donneur pour en extraire un type de cellules (globules blancs, globules rouges ou plaquettes) et à restituer le reste.

CYTISE n.m. (lat. *cytisus*). Arbuste à grappes de fleurs jaunes et à fruits en gousses aplaties et velues, appelé aussi *faux ébénier*, souvent planté comme ornemental et pouvant atteindre 7 m. ➲ Sous-famille des papilionacées.

CYTOBIOLOGIE n.f. Étude biologique des cellules.

CYTOCHROME n.m. BIOCHIM. Substance protéique pigmentée des cellules vivantes, localisée dans les mitochondries et indispensable à la respiration cellulaire.

CYTODIAGNOSTIC n.m. MÉD. Diagnostic fondé sur l'examen microscopique des cellules.

CYTODIÉRÈSE n.f. Phase de séparation des deux cellules filles à la fin d'une mitose.

CYTOGÉNÉTIQUE n.f. Branche de la génétique qui étudie la structure des chromosomes et ses anomalies. ◆ **adj.** Relatif à la cytogénétique.

CYTOKINE n.f. BIOCHIM. Substance peptidique ou protéique (interféron, interleukine, lymphokine, facteur de nécrose tumorale, etc.) synthétisée par une cellule du système immunitaire (lymphocyte, macrophage) et agissant sur d'autres cellules immunitaires pour en réguler l'activité.

CYTOLOGIE n.f. (du gr. *kutos*, cellule, et *logos*, science). Partie de la biologie qui étudie la structure et les fonctions de la cellule (SYN. **biologie cellulaire**).

CYTOLOGIQUE adj. Relatif à la cytologie.

CYTOLOGISTE n. Spécialiste de cytologie.

CYTOLYSE n.f. BIOL. Lyse d'une cellule.

CYTOLYTIQUE adj. et n.m. BIOCHIM. Se dit des substances qui déterminent la cytolyse.

CYTOMÉGALOVIRUS n.m. Virus transmis de personne à personne, responsable d'infections le plus souvent inapparentes, mais graves chez le nouveau-né et l'immunodéprimé.

CYTOPLASME n.m. BIOL. CELL. Partie interne de la cellule, composée surtout d'eau et de protéines, charpentée par le cytosquelette et qui contient le noyau et les autres organites.

CYTOPLASMIQUE adj. Relatif au cytoplasme.

CYTOSINE n.f. BIOCHIM. Base azotée, dérivée de la pyrimidine, constituant essentiel des acides nucléiques.

CYTOSQUELETTE n.m. BIOL. CELL. Réseau de filaments protéiques constituant la charpente interne des cellules et responsable de leurs mouvements (déformation, locomotion, division, transports internes, etc.).

CYTOTOXIQUE adj. Se dit d'une substance ou d'une cellule spécialisée (lymphocyte T) capable de détruire les cellules d'un organisme.

Cz [sezɛd] n.m. Coefficient de portance, sans dimensions, caractérisant la sustentation d'un aéronef ou d'un élément d'aéronef.

CZAR n.m. → **TSAR.**

CZARDAS n.f. → **CSARDAS.**

1 majuscules 2 minuscules 3 valeur

1	2	3	1	2	3
А	а	a	Р	р	r
Б	б	b	С	с	s
В	в	v	Т	т	t
Г	г	g	У	у	ou
Д	д	d	Ф	ф	f
Е	е	ié, é	Х	х	kh
Ж	ж	j	Ц	ц	ts
З	з	z	Ч	ч	tch
И	и	i	Ш	ш	ch
Й	й	ï	Щ	щ	chtch
К	к	k	Ъ	ъ	*signe dur*
Л	л	l	Ы	ы	y *(i dur)*
М	м	m	Ь	ь	signe de mouillure de consonne
Н	н	n	Э	э	e
О	о	o	Ю	ю	iou
П	п	p	Я	я	ia

1	2	3
serbe lettres inusitées		
Й	й	
Щ	щ	
Ъ	ъ	
Ы	ы	
Ь	ь	
Э	э	
Ю	ю	
Я	я	
lettres supplémentaires		
Ђ	ђ	d, dj
J	j	signe de mouillure de voyelle
Љ	љ	lj
Њ	њ	nj
Ћ	ћ	c *(t mouillé)*
Џ	џ	dz, dj

1	2	3
bulgare lettres inusitées		
Ы	ы	
Э	э	
autre prononciation		
Щ	щ	cht
Ъ	ъ	œ *(son sourd bref)*
ukrainien lettres inusitées		
Ъ	ъ	
Ы	ы	
Э	э	
autre prononciation		
Г	г	gh, h
lettres supplémentaires		
Є	є	ié, yé
І	і	i
Ї	ї	ï, yi

▲ **cyrillique.** Alphabet cyrillique.

drakkar

draisienne

dragon

dauphin

dactylographie

doryphore

D **n.m. inv.** Quatrième lettre de l'alphabet et la troisième des consonnes. ▪ **𝔻**, ensemble des nombres décimaux. ▪ **D,** notation de 500 dans la numération romaine. ▪ **D** [mus.], *ré*, dans le système de notation en usage dans les pays anglo-saxons et germaniques. ▪ **2D, 3D, n.f.,** système d'animation ou de projection en deux dimensions, trois dimensions : *Animation en 2D. La 3D envahit les écrans.* ▪ **Système D** [fam.], habileté à se débrouiller, à se sortir de toutes les difficultés.

DA **interj.** (des impér. *dis* et *va*). Vx. ▪ **Oui-da !,** oui certes.

DAB ou **DABE** **n.m.** (du lat. *dabo*, je donnerai). Arg. Père. ◆ **n.m. pl.** Arg. Parents.

1. DAB [deabe] **n.m.** (acronyme de l'angl. *digital audio broadcasting*). Norme de radiodiffusion sonore numérique.

2. DAB ou **D.A.B.** [dab] **n.m.** (acronyme). Distributeur automatique de billets.

DABA **n.f.** Afrique. Houe à manche court.

DABISTE **n.** Agent de maintenance chargé d'alimenter les distributeurs automatiques de billets.

D'ABORD **loc. adv.** → **ABORD.**

DA CAPO **loc. adv.** (mots ital. « depuis le début »). **MUS.** Indique, dans le cours d'un morceau, que l'exécutant doit reprendre depuis le commencement.

D'ACCORD **loc. adv.** → **ACCORD.**

DACE **adj.** et **n.** De la Dacie.

DACQUOIS, E **adj.** et **n.** De Dax.

DACRON **n.m.** (nom déposé). Fibre textile synthétique de polyester.

DACRYOCYSTITE **n.f.** (du gr. *dakru*, larme). **MÉD.** Inflammation du sac lacrymal situé à l'angle interne de l'œil.

DACTYLE **n.m.** (du gr. *daktulos*, doigt). **1.** Dans la poésie grecque et latine, pied composé de trois syllabes, une longue accentuée suivie de deux brèves. **2.** Graminée fourragère des régions tempérées, à épillets violacés.

DACTYLO ou, vieilli, **DACTYLOGRAPHE** **n.** (du gr. *daktulos*, doigt, et *graphein*, écrire). Personne dont la profession est de taper à la machine.

DACTYLOGRAMME **n.m.** Document reproduisant les empreintes digitales de qqn.

DACTYLOGRAPHIE **n.f.** **1.** Technique d'utilisation de la machine à écrire. **2.** Texte dactylographié ; tapuscrit.

DACTYLOGRAPHIER **v.t.** **[5].** Écrire, taper à la machine (→ **saisir**).

DACTYLOGRAPHIQUE **adj.** Qui concerne la dactylographie.

DACTYLOLOGIE **n.f.** (du gr. *daktulos*, doigt, et *logos*, langage). Langage digital utilisé pour communiquer avec les sourds-muets.

DACTYLOSCOPIE **n.f.** Procédé d'identification des personnes par les empreintes digitales.

1. DADA **n.m.** (onomat.). **1.** Cheval, dans le langage enfantin. **2.** Fam. Idée ou occupation favorite.

2. DADA **n.m.** Mouvement de révolte (ainsi nommé en 1916 par pur hasard ludique), né pendant la Première Guerre mondiale dans les milieux intellectuels et artistiques occidentaux, qui s'est traduit par une remise en question radicale des modes d'expression traditionnels. ◆ **adj. inv.** Qui appartient à ce mouvement : *Les manifestes dada.*

➲ Cristallisée par l'épreuve de la Première Guerre mondiale, la contestation de **DADA** se manifesta par la provocation et la dérision. Ses principaux foyers furent Zurich (1915-1919), avec notamm. Tristan Tzara et Hans Arp, New York (1915-1921), Cologne (1919-1921) et Paris (1920-1923), où le mouvement dada connut à la fois son apogée, avec Tzara, Francis Picabia, Man Ray, André Breton, et sa fin, au moment où s'imposa le surréalisme.

DADAIS **n.m.** (onomat.). Fam. ▪ **Grand dadais,** jeune homme gauche et nigaud.

DADAÏSME **n.m.** Le mouvement dada ; les attitudes qui s'y rapportent.

DADAÏSTE **adj.** et **n.** Qui appartient ou se rattache au mouvement dada.

DAGOBERT [-bɛr] **n.m.** Belgique. Demi-baguette de pain garnie d'aliments froids ; sandwich.

DAGUE **n.f.** (ital. *daga*). **1.** Arme de main, à lame large et courte. **2.** **VÉNER.** Premier bois des jeunes cervidés ; canine du vieux sanglier.

DAGUERRÉOTYPE **n.m.** (de *Daguerre*, n.pr.). Dispositif photographique qui fixait une image sur une plaque de cuivre argentée, iodurée en surface ; image obtenue par ce dispositif.

DAGUERRÉOTYPIE **n.f.** Procédé du daguerréotype.

DAGUET **n.m.** (de *dague*). **VÉNER.** Cervidé, génér. dans sa deuxième année, dont les dagues ne portent aucun cor.

Le mouvement dada

Le mouvement dada apparaît comme la cristallisation explosive de la révolte d'artistes enclins au jeu et à l'humour contre l'évolution de plus en plus inquiétante du monde occidental, endeuillé par l'hécatombe de 1914-1918. Il fut certes éphémère, mais il prépara l'avènement du surréalisme.

◀ **Affiche de 1918.** Le peintre roumain Marcel Janco (1895-1984) illustra de nombreux textes du mouvement dada – dont il fut l'un des fondateurs aux côtés de son ami Tristan Tzara –, ainsi que des supports de promotion, comme cette affiche, entre abstraction, futurisme et cubisme.

Dada à Zurich. ▶
De gauche à droite : Hans Arp, Tristan Tzara et Hans Richter, trois des protagonistes du mouvement, photographiés en 1917.

DAHLIA n.m. (du n. de *Dahl*). Plante à racines tuberculeuses et à fleurs ornementales, originaire des hauts plateaux mexicains, dont on cultive de nombreuses variétés ; la fleur elle-même. ➲ Famille des composées.

▲ **dahlia**

DAHOMÉEN, ENNE adj. et **n.** Du Dahomey.

DAHU n.m. Animal imaginaire, génér. quadrupède et aux pattes de longueur inégale, à la poursuite duquel on envoie une personne crédule : *La chasse au dahu.*

DAIGNER v.t. [3] (du lat. *dignari*, juger digne). Accepter avec condescendance de ; vouloir bien : *Il n'a pas daigné me répondre.*

✎ Participe passé inv.

D'AILLEURS loc. adv. → **AILLEURS.**

DAIM n.m. (lat. *dama*). **1.** Mammifère ruminant des forêts d'Europe, à robe tachetée de blanc et à bois aplatis à l'extrémité. ➲ Cri : le daim brame ; la femelle est la daine ; le petit est le faon ; famille des cervidés. **2.** Peau ou cuir retourné de divers cervidés imitant la peau du daim, utilisés en maroquinerie : *Chaussures en daim.*

▲ **daim**

DAIMYO [dajmjo] ou **DAÏMIO** [daimjo] **n.m. inv.** (jap. *daimyō*). Seigneur local, dans l'ancien Japon.

DAINE n.f. Femelle du daim.

DAIQUIRI [dajkiri] **n.m.** (mot anglo-amér.). Punch au rhum blanc.

DAIS [dɛ] **n.m.** (lat. *discus*). Ouvrage (en tissu, en bois sculpté, etc.) suspendu ou soutenu par des montants au-dessus d'un trône, d'un autel, d'une statue, ou bien que l'on porte, notamm. dans les processions religieuses (→ **baldaquin**).

DAKAROIS, E adj. et **n.** De Dakar.

DAKIN (LIQUEUR DE) n.f. Solution diluée d'hypochlorite de sodium, employée comme antiseptique sur la peau et les plaies. (On dit aussi *solution de Dakin.*)

QUE DAL loc. adv. → **DALLE (QUE).**

DALA n.m. (acronyme). Déficit androgénique lié à l'âge.

DALAÏ-LAMA n.m. (pl. *dalaï-lamas*) [mot mongol]. Chef spirituel (et, jusqu'en 2011, souverain) du Tibet, considéré par le bouddhisme tibétain comme le représentant du bodhisattva Avalokiteshvara. ➲ Les dalaï-lamas forment une lignée de *tülkous*, c.-à-d. de renaissances successives d'un même chef religieux.

DALIT [dalit] **n.** et **adj.** (mot sanskr. « opprimé »). (Inv. en genre). En Inde, intouchable.

DALLAGE n.m. 1. Action de daller. **2.** Sol dallé ; pavement.

DALLE n.f. (de l'anc. scand. *doela*, gouttière). **1.** Plaque de pierre, de marbre, de ciment, etc., servant à recouvrir une surface : *Une dalle funéraire.* **2.** Plancher en béton armé : *Couler une dalle.* **3.** Grand espace réunissant des immeubles modernes à un niveau exhaussé, dit *rez-de-dalle* : *Les habitants se sont massés sur la dalle.* **4.** ÉLECTRON. Partie plane de l'écran d'un téléviseur, d'un ordinateur, etc., servant à l'affichage des données. ■ **Avoir la dalle** [fam.], être affamé. ■ **Se rincer la dalle** [fam.], boire.

QUE DALLE ou **QUE DAL loc. adv.** (orig. inconnue). Fam. Rien du tout : *On voyait que dalle.*

DALLER v.t. [3]. Recouvrir d'un dallage.

DALLEUR n.m. Ouvrier qui pose un dallage.

DALMATE adj. et **n.** De la Dalmatie.

DALMATIEN n.m. Chien d'une race à robe blanche couverte de nombreuses petites taches noires ou brun foncé.

DALMATIQUE n.f. (du lat. ecclés. *dalmatica*, de Dalmatie). **1.** Riche tunique à manches larges des empereurs romains. **2.** Pièce du costume de sacre des rois de France. **3.** Vêtement liturgique porté par les diacres.

DALOT n.m. (de *1. dalle*). MAR. Trou pratiqué sur les bords des ponts d'un navire pour assurer l'écoulement des eaux.

DALTONIEN, ENNE adj. et **n.** Atteint de daltonisme.

DALTONISME n.m. (de *Dalton*, n.pr.). MÉD. Anomalie héréditaire de la vision des couleurs, entraînant le plus souvent la confusion entre le rouge et le vert.

DAM [dam] ou [dɑ̃] **n.m.** (du lat. *damnum*, dommage). ■ **Au grand dam de qqn** [litt.], à son détriment ; à son grand dépit. ■ **Peine du dam** [christ.], privation éternelle de la vue de Dieu infligée aux damnés.

DAMAGE n.m. Action de damer ; son résultat.

DAMALISQUE n.m. (du gr. *damalis*, génisse). Antilope africaine voisine du bubale. ➲ Famille des bovidés.

DAMAN [damɑ̃] **n.m.** (de l'ar. *damān*, agneau). Petit mammifère ongulé d'Afrique et d'Asie Mineure, terrestre ou arboricole, à l'allure de marmotte. ➲ Ordre des hyracoïdes.

DAMAS [dama(s)] **n.m.** (de *Damas*, n.pr.). **1.** Tissu de soie ou de laine monochrome dont le dessin, mat sur fond satiné, est obtenu par le jeu des armures. **2.** Acier très fin produit autref. en Orient.

DAMASQUINAGE n.m. Action, art de damasquiner ; travail, objet qui en résulte.

DAMASQUINER v.t. [3] (de l'ital. *damaschino*, de Damas). Incruster au marteau des filets décoratifs d'or, d'argent ou de cuivre sur une surface métallique préalablement incisée.

DAMASSÉ, E adj. Préparé à la façon du damas. ◆ **n.m.** Étoffe damassée.

DAMASSER v.t. [3] (de *damas*). Préparer un tissu ou un acier à la façon du damas.

DAMASSINE n.f. Suisse. Petite prune dont on fait une eau-de-vie dans le canton du Jura.

1. DAME n.f. (du lat. *domina*, maîtresse). **1.** Adulte de sexe féminin : *Coiffeur pour dames.* **2.** Femme attachée à une fonction : *La dame de l'accueil.* **3.** Femme à laquelle on attribue une certaine noblesse ou qui a des manières distinguées : *C'est une grande dame.* **4.** Vieilli. Femme mariée (par oppos. à *jeune fille*). **5.** Titre donné à diverses époques aux femmes de haut rang ; femme noble : *Le chevalier combattait pour sa dame.* **6.** Figure du jeu de cartes (SYN. **reine**). **7.** Pièce du jeu d'échecs (SYN. **reine**). **8.** Au jeu de dames, pion qui, mené à dame, est recouvert d'un autre pion et peut se déplacer en diagonale sur tout le damier. **9.** TRAV. PUBL. Outil à main, muni de deux anses, qui sert à enfoncer les pavés ou à compacter le sol (SYN. **demoiselle, hie**). ■ **Aller à dame** ou **mener un pion à dame**, au jeu de dames, mener un pion sur l'une des cases de la première ligne adverse, où il devient dame. ■ **Jeu de dames**, jeu de stratégie dans lequel deux adversaires manœuvrent chacun vingt pions (blancs pour l'un, noirs pour l'autre) sur un damier. ■ **Votre dame** [fam., vieilli], votre épouse.

2. DAME n.f. (du moyen néerl. *dam*, digue). MAR. ■ **Dame de nage,** entaille pratiquée dans la partie supérieure du bordé d'une embarcation et servant d'appui aux avirons ; accessoire en forme de fourche, articulé sur un pivot, ayant la même fonction.

3. DAME interj. (d'un anc. juron *par Nostre Dame !*). Région. (Ouest). Exprime l'insistance ; souligne une affirmation : *Dame oui !*

DAME-D'ONZE-HEURES n.f. (pl. *dames-d'onze-heures*). Plante du groupe des ornithogales, à fleurs blanches étoilées ne s'ouvrant qu'en fin de matinée. ➲ Famille des liliacées.

DAME-JEANNE n.f. (pl. *dames-jeannes*). Grosse bouteille de grès ou de verre utilisée pour le transport d'un liquide, contenant de 20 à 50 litres et souvent clissée.

DAMER v.t. [3]. 1. Transformer un pion en dame, au jeu de dames. **2.** Battre, tasser avec un engin, une dame : *Damer le sol.* **3.** Tasser la neige avec les skis ou une dameuse : *Damer une piste.* ■ **Damer le pion à qqn** [fam.], prendre sur lui un avantage décisif.

DAMEUSE n.f. Véhicule chenillé qui sert à damer la neige en montagne.

DAMIER n.m. 1. Plateau divisé en cases, alternativement blanches et noires, pour jouer aux dames. **2.** Toute surface divisée en carrés égaux.

DAMNABLE [danabl] **adj.** Vx. **1.** CHRIST. Qui mérite la damnation. **2.** Qui mérite une réprobation ; blâmable.

DAMNATION [danasjɔ̃] **n.f. 1.** CHRIST. Condamnation aux peines éternelles de l'enfer. **2.** Juron marquant la colère.

DAMNÉ, E [dane] **adj.** et **n.** CHRIST. Condamné aux peines de l'enfer. ■ **Souffrir comme un damné,** horriblement. ◆ **adj.** Fam. Qui cause du désagrément : *Cette damnée imprimante est encore en panne !* ■ **Être l'âme damnée de qqn**, lui inspirer de mauvaises actions.

DAMNER [dane] **v.t. [3]** (lat. *damnare*). CHRIST. Condamner à la damnation. ■ **Faire damner qqn** [fam.], l'exaspérer. ◆ **SE DAMNER v.pr. 1.** CHRIST. S'exposer par sa conduite à la damnation. **2.** (POUR). Être prêt à tout pour : *Elle se damnerait pour une place à ce concert.* (S'emploie surtout au conditionnel.)

DAMOISEAU n.m. (lat. pop. **domnicellus*, de *dominus*, maître). Jeune gentilhomme qui n'était pas encore chevalier, dans le haut Moyen Âge.

DAMOISELLE n.f. (forme anc. de *demoiselle*). Jeune fille noble ou femme d'un damoiseau, au Moyen Âge.

DAN [dan] **n.m.** (mot jap.). ■ **Premier, deuxième, troisième, etc., dan,** degré de qualification d'une ceinture noire, dans les arts martiaux japonais ; le titulaire de ce grade.

DANAÏDE n.f. Papillon diurne d'Afrique, aux ailes vivement colorées. ➲ Famille des nymphalidés.

DANCING [dɑ̃siŋ] **n.m.** (mot angl.). Établissement public où l'on danse.

DANDIN n.m. Fam., vx. Homme aux manières gauches.

DANDINEMENT n.m. Action de se dandiner ; mouvement qui en résulte.

SE DANDINER v.pr. [3] (de l'anc. fr. *dandin*, grelot). Balancer son corps, ses hanches d'une manière nonchalante ou gauche.

DANDINETTE n.f. ■ **Pêcher à la dandinette,** à la ligne, en agitant un leurre ou un appât pour attirer le poisson.

DANDY [dɑ̃di] **n.m.** (pl. *dandys*) [mot angl.]. Homme élégant, qui cherche à se montrer spirituel et impertinent.

DANDYSME n.m. Attitude, manières d'un dandy.

DANGER n.m. (du lat. *dominus*, seigneur). Ce qui constitue une menace, un risque pour qqn, qqch : *Ce krach constitue un danger pour l'économie mondiale* ; situation où l'on se sent menacé : *Courir un danger.* ■ **Être en danger,** dans une situation périlleuse. ■ **Être un danger public** [fam.], menacer l'existence des autres par son insouciance. ■ **(Il n'y a) pas de danger (que),** il n'y a aucune chance (que). ■ **Mise en danger d'autrui,** violation délibérée d'une obligation de sécurité ou de prudence, pouvant entraîner pour autrui des blessures graves, voire la mort.

DANGEREUSEMENT adv. De façon dangereuse.

DANGEREUX, EUSE adj. **1.** Qui présente un danger ; périlleux. **2.** Qui peut faire du tort, du mal : *Un dangereux démagogue.*

DANGEROSITÉ n.f. **1.** Caractère de ce qui est dangereux : *La dangerosité d'un médicament.* **2.** PSYCHIATR. État d'un sujet estimé comme potentiellement dangereux et susceptible de commettre un acte violent.

DANIO n.m. Petit poisson carnivore d'aquarium. ➲ Long. max. : 5 cm ; famille des cyprinidés.

1. DANOIS, E adj. et n. Du Danemark ; de ses habitants. ◆ n.m. Langue scandinave parlée au Danemark.

2. DANOIS n.m. Chien à poil ras, de très grande taille, appelé aussi *dogue allemand.*

DANS prép. (du bas lat. *deintus,* au-dedans). **1.** Marque le lieu où l'on est, où l'on entre : *Marcher dans la foule. Monter dans le train.* **2.** Marque le temps : *Dans sa jeunesse, il était timide.* **3.** Après un intervalle de : *Elle revient dans trois jours.* **4.** Marque l'appartenance, la participation : *Travailler dans la finance. Être dans le secret.* **5.** Marque la manière : *Agir dans les règles.* ▪ **Dans les** [fam.], à peu près ; environ : *Ça coûte dans les cent euros.*

DANSANT, E adj. **1.** Qui est animé de mouvements rythmés et vifs : *Les reflets dansants des lampadaires dans la Seine.* **2.** Qui se prête à la danse : *Musique dansante.* ▪ **Soirée dansante, thé dansant,** où l'on danse.

DANSE n.f. **1.** Action d'exécuter un ensemble de mouvements du corps volontaires et rythmés ; suite composée et rythmée de mouvements du corps, général. accompagnée d'une musique ou d'un chant : *Exécuter quelques pas de danse.* **2.** Musique écrite sur un rythme de danse. ▪ **Danse ancienne** ou **historique,** danse et type de danse disparus, pratiqués en Europe du XVe au XVIIIe s., faisant l'objet de reconstitution. ➲ La pavane, par ex., est une danse ancienne. ▪ **Danse classique** ou **académique,** forme de danse de spectacle occidentale dont la technique, codifiée à la fin du XVIIe s., est construite autour de cinq positions fondamentales, repose sur un travail des jambes en dehors et se caractérise, pour les femmes, depuis le XIXe s., par l'usage des pointes. ▪ **Danse contemporaine,** forme de danse de spectacle recouvrant différents styles et techniques et qui, depuis les années 1970, prolonge et développe les acquis de la danse moderne. ▪ **Danse de caractère,** type de danse issu de l'adaptation pour la scène de danses folkloriques nationales. ▪ **Danse de Saint-Guy** [cour.], l'une des variantes de la chorée. ▪ **Danse de salon** ou **de société,** danse et type de danse récréatifs exécutés lors de réunions amicales ou mondaines, au XIXe et au XXe s., en Europe. ▪ **Danse du ventre,** danse orientale dans laquelle la danseuse exécute des mouvements ondulants du bassin. ▪ **Danse folklorique** ou **traditionnelle,** danse et type de danse caractéristiques d'une région ou d'un pays. ➲ La sardane, par ex., est une danse folklorique catalane. ▪ **Danse macabre** [icon.], à la fin du Moyen Âge, allégorie dans laquelle des morts décharnés ou des squelettes entraînent dans leur ronde des personnages de toutes les conditions sociales et de tous les âges. ▪ **Danse (modern') jazz,** ou **jazz,** forme de danse de spectacle d'origine nord-américaine, synthèse de différentes techniques, exécutée avec vitalité sur une musique rythmée et entraînante selon des styles très variés. ▪ **Danse moderne,** forme de danse de spectacle, née simultanément en Europe et aux États-Unis au début du XXe s., caractérisée par l'utilisation de techniques et de styles divers destinés à traduire les émotions. (→ **expressionnisme, modern dance**). ▪ **Danse sur glace** [sports], discipline proche du patinage artistique par couple, qui privilégie l'aspect artistique par rapport à l'aspect athlétique. ▪ **Entrer dans la danse** [fam.], participer à l'action. ▪ **Mener la danse** [fam.], diriger une action collective.

➲ Phénomène universel qui remonte à la plus haute antiquité, la **DANSE** s'est codifiée sous la forme de figures et de pas qui varient en fonction des cultures et qui peuvent donner lieu à une technique savante. Associées aux cérémonies magiques ou religieuses, les danses rituelles et sacrées se sont particulièrement développées en Afrique et en Asie, où elles assurent la pérennité de valeurs ancestrales qui revêtent une fonction identitaire.
En Occident s'est surtout répandue la tradition de la danse profane, liée à l'idée de joie et de fête. Divertissement aristocratique (menuet), elle a ensuite été l'apanage de la bourgeoisie. Sous la forme de la danse traditionnelle, elle est l'expression d'une culture populaire, essentiellement rurale, qui se prolonge dans tous les pays à travers le folklore. En milieu urbain s'est imposée, au XIXe s., la danse de salon ou de société, qui se pratique souvent en couple (valse, tango...), et, dans la seconde moitié du XXe s., la danse de discothèque, plus individuelle, marquée par l'explosion du rock, du disco puis de la techno. Avec l'émergence de la breakdance, la danse de rue est devenue un élément constitutif de la nouvelle culture urbaine. (→ **ballet**).

DANSER v.i. [3] (mot francique). **1.** Mouvoir son corps en cadence selon les règles de la danse : *Elle danse bien.* **2.** Interpréter une composition chorégraphique : *Il danse dans « Giselle ».* **3.** Être animé de mouvements rapides : *Flammes qui dansent.* ▪ **Danser devant le buffet** [fam.], n'avoir rien à manger. ▪ **Ne pas savoir sur quel pied danser,** ne pas savoir quelle décision prendre. ◆ v.t. Exécuter une danse : *Danser la valse.*

DANSE-THÉRAPIE n.f. (pl. *danses-thérapies*). Traitement par la danse des troubles de la communication et du comportement chez l'enfant.

DANSEUR, EUSE n. **1.** Personne qui danse. **2.** Professionnel de la danse. ▪ **Premier danseur, première danseuse,** quatrième des cinq échelons dans la hiérarchie du corps de ballet de l'Opéra de Paris ; danseur, danseuse possédant ce grade.

DANSEUSE n.f. **1.** Fam. Maîtresse coûteuse. **2.** Fam. Passion, passe-temps coûteux : *Ce magazine, c'est sa danseuse.* ▪ **En danseuse,** debout sur les pédales d'une bicyclette.

DANSOTER ou **DANSOTTER** v.i. [3]. Fam. Danser gauchement.

DANTESQUE adj. **1.** Relatif à Dante ; qui évoque son œuvre. **2.** Fig. Grandiose et terrifiant : *Un spectacle dantesque.*

La danse

Art sacré ou profane, qui soumet à ses règles les impulsions naturelles du corps, la danse appartient à toutes les civilisations et, dans chacune d'elles, représente un indiscutable facteur d'identité culturelle. Rituelle ou religieuse, elle met en relation les êtres humains et les puissances cosmiques ; mondaine ou populaire, elle resserre les liens entre les individus à travers le bal et le divertissement. Ses évolutions mêmes témoignent de la place qu'elle prend dans la société.

▲ **Danse de rue.** Renouvelant les formes du spectacle vivant d'origine populaire, la breakdance s'est répandue dans les quartiers urbains, où elle est devenue l'un des moyens d'expression de la jeunesse.

▲ **Danseuse de Bali.** Très tôt, les jeunes filles de l'île indonésienne sont formées, par des maîtres réputés, aux gestes et postures qui propageront les traditions religieuses célébrant l'épopée hindoue du *Ramayana.*

La valse. ► Danse de société par excellence, d'origine aristocratique, elle a conservé tout son prestige lors des événements mondains (ici, le Bal des débutantes à la Hofburg [palais impérial] de Vienne).

◄ **Le flamenco.** Danse d'Andalousie aux figures strictement codifiées, spectaculaire et pathétique, il scelle la rencontre de l'Espagne et du monde des Gitans (ici, Sara Baras [née en 1971] au théâtre des Champs-Élysées à Paris, en 2009).

DANUBIEN, ENNE adj. Du Danube. ◆ **n.m. PRÉHIST.** Courant de diffusion du néolithique vers l'Europe centrale qui suit la vallée du Danube (VIIe-V^e^ millénaire).

DAO n.m. → **TAO.**

DAPHNÉ n.m. (gr. *daphnê*). Arbrisseau à fleurs rouges ou blanches odorantes, à baies rouges toxiques, dont le garou, ou sainbois, est une espèce commune des régions méditerranéennes. ➲ Famille des thyméléacées.

DAPHNIE n.f. Petit crustacé d'eau douce, nageant par saccades, d'où son nom usuel de *puce d'eau*, et qui, vivant ou séché, est une nourriture recherchée pour les poissons d'aquarium. ➲ Sous-classe des branchiopodes.

DARAISE n.f. (du gaul. **doraton*, porte). Déversoir d'un étang.

DARBOUKA ou **DERBOUKA n.f.** (ar. *darbuka*). Tambour en poterie tendu d'une peau que l'on frappe de la main, utilisé dans le Maghreb et au Moyen-Orient.

DARCE n.f. → **DARSE.**

DARD n.m. (du francique). **1.** Organe impair, pointu, creux et venimeux de certains insectes (guêpe, abeille, etc.). **2. ARBOR.** Rameau à fruits, très court, du poirier et du pommier.

DARDER v.t. [3]. Litt. Lancer vivement une arme pointue vers ; décocher. ▪ **Darder ses rayons,** briller, en parlant du soleil. ▪ **Darder un regard sur qqn,** le regarder d'un air furieux.

DARE-DARE, ▲ *DAREDARE* **adv.** (orig. obscure). Fam. Très vite ; précipitamment.

DARI n.m. Forme du persan parlée en Afghanistan.

DARIOLE n.f. (anc. provenç. *dariola*). Petit moule en forme de cône tronqué servant à des préparations culinaires diverses ; son contenu.

DARIQUE n.f. Monnaie d'or des Perses Achéménides (à partir du règne de Darios Ier).

DARJEELING n.m. Thé noir à l'arôme fruité, provenant de la région de Darjeeling.

DARKNET [darknɛt] **n.m.** (mot angl., de *dark*, sombre, et *Net*). Ensemble des réseaux *(darknets)* permettant de partager de manière anonyme des données cryptées inaccessibles aux moteurs de recherche traditionnels. Recomm. off. **Internet clandestin.** ➲ Espace de liberté pour les dissidents politiques et les lanceurs d'alerte, notamm., le darknet est aussi le lieu d'un grand nombre d'activités illégales (pédophilie, trafic d'armes, terrorisme, etc.).

DARMSTADTIUM [-statjɔm] **n.m.** (de *Darmstadt*, n.pr.). Élément chimique transuranien (Ds), de numéro atomique 110.

DARNE n.f. (du breton *darn*, morceau). Tranche d'un gros poisson : *Une darne de thon, de saumon.*

DARON, ONNE n. Arg. **1.** Père, mère. **2.** Patron, patronne.

DARSE ou **DARCE n.f.** (génois *darsena*, de l'ar.). **TRAV. PUBL.** Bassin de certains ports, surtout méditerranéens.

DARSHANA ou **DARSANA** [-ʃana] **n.m.** (sanskr. *darśana*). Nom générique des systèmes philosophiques de l'hindouisme.

DARTOIS n.m. CUIS. Feuilleté renfermant une garniture sucrée ou salée.

DARTRE n.f. (du gaul.). **MÉD.** Petite tache cutanée, rouge ou blanche, et squameuse.

DARTROSE n.f. Maladie de la pomme de terre causée par un champignon.

DARWINIEN, ENNE adj. Relatif au darwinisme.

DARWINISME [-wi-] **n.m. BIOL.** Théorie issue des travaux de C. Darwin, selon laquelle l'évolution des espèces biologiques résulte d'une sélection naturelle des variations héréditaires qui sont favorables à la survie des individus, dans leur lutte concurrentielle pour la nourriture et la reproduction.

DARWINISTE adj. et **n.** Relatif au darwinisme ; qui en est partisan.

DASEIN [dazajn] **n.m.** (mot all.). **PHILOS.** Chez Heidegger, existence humaine conçue comme présence au monde.

DASYURE [dazjyr] **n.m.** (du gr. *dasus*, velu, et *oura*, queue). Mammifère marsupial d'Australie à queue velue, arboricole et carnivore. ➲ Famille des dasyuridés.

DAT [deate] **n.m. inv.** (sigle de l'angl. *digital audio tape*). Bande magnétique servant de support d'enregistrement numérique du son et, parfois, de l'image.

DATABLE adj. Qui peut être daté.

DATACRATIE n.f. (de l'angl. *data*, données). **1.** Gouvernance par les données numériques (personnelles, administratives, commerciales, etc.). **2.** Par ext. Prise de décision fondée sur l'utilisation des données numériques collectées.

DATAGE n.m. Datation.

DATATION n.f. 1. Action de mettre la date sur un document. **2.** Détermination de la date d'un événement, de l'âge d'un fossile, d'un objet : *Datation d'un manuscrit.* **3. LING.** Première attestation écrite de l'apparition d'un mot dans la langue, que l'on indique avec l'étymologie du terme considéré. ▪ **Datation absolue** → **ABSOLU.**

DATCHA n.f. (mot russe). Maison de campagne près d'une grande ville, en Russie.

DATE n.f. (du lat. *data littera*, lettre donnée). **1.** Indication du jour, du mois et de l'année : *Date de naissance.* **2.** Moment choisi pour un événement, une action : *Il a fixé la date de son départ.* **3.** Époque où se situe un événement : *À cette date, elle habitait ici.* **4.** Événement historique important : *Les grandes dates de la conquête spatiale.* ▪ **De fraîche, longue date,** récent : *Les néoruraux de fraîche date* ; ancien : *Une amitié de longue date.* ▪ **Être le premier, le dernier en date,** le plus ancien ; le plus récent. ▪ **Faire date,** être un événement important qui marque les esprits. ▪ **Prendre date,** fixer un jour pour un rendez-vous.

DATER v.t. [3]. 1. Mettre la date sur : *N'oubliez pas de dater votre réponse.* **2.** Déterminer la date de : *Dater un tableau.* ◆ **v.t. ind. (DE).** Exister depuis telle époque ; remonter à : *Cette pièce date de 1952.* ▪ **À dater de,** à partir de. ◆ **v.i. 1.** Faire date : *Ce film datera dans l'histoire du cinéma.* **2.** Être démodé, dépassé : *Ce logiciel date un peu.*

DATEUR, EUSE adj. Qui sert à dater : *Timbre dateur.* ◆ **n.m.** Dispositif à lettres et à chiffres mobiles permettant d'imprimer une date.

DATIF, IVE adj. (du lat. *dativus*, donné). **DR.** ▪ **Tutelle dative,** dévolue par le conseil de famille. ◆ **n.m. LING.** Cas du complément d'attribution, dans les langues à déclinaison.

DATION [-sjɔ̃] **n.f.** (lat. *datio*). **DR.** Action de donner. ▪ **Dation en paiement,** acquittement d'une obligation en remplaçant une chose due par une autre, avec l'accord du créancier. ➲ Par ce moyen, les héritiers d'un artiste peuvent payer leurs droits de succession en cédant des œuvres à l'État.

DATTE n.f. (du gr. *daktulos*, doigt). Fruit comestible du dattier, baie de forme allongée, à pulpe sucrée très nutritive.

DATTIER n.m. 1. Nom commun du palmier dont le fruit est la datte. ➲ Genre *Phœnix*. **2.** Variété de raisin de table.

▲ **dattier**

DATURA n.m. (mot port., du hindi). Plante très toxique, à fleurs roses ou blanches en cornet, dont certaines espèces sont ornementales ou médicinales (stramoine). ➲ Famille des solanacées.

DAUBE n.f. (esp. *doba*). Cuisson à l'étouffée de certaines viandes braisées (bœuf) avec un fond de vin rouge ; viande ainsi accommodée. ▪ **C'est de la daube** [fam.], c'est de mauvaise qualité.

DAUBER v.t. et **v.i. [3]** (de l'anc. fr. *adouber*, malmener). Litt. ▪ **Dauber (sur) qqn,** le dénigrer en le raillant.

DAUBEUR, EUSE adj. et **n.** Litt. Qui daube les autres.

DAUBIÈRE n.f. Braisière pour accommoder une viande en daube.

1. DAUPHIN n.m. (lat. *delphinus*). Mammifère marin et d'eau douce, piscivore et excellent nageur, vivant dans toutes les mers et certains fleuves. ➲ Famille des delphinidés.

▲ **dauphin** souffleur.

2. DAUPHIN n.m. (de *Dauphiné*). [Génér. avec une majuscule]. Après 1349, titre désignant l'héritier présomptif du trône de France, génér. le fils aîné du roi ; cette personne. ▪ **Le Grand Dauphin,** le fils de Louis XIV.

3. DAUPHIN, E n. (de 2. *dauphin*). Successeur désigné ou prévu d'une personnalité.

DAUPHINE n.f. (Génér. avec une majuscule). Femme du Dauphin de France.

DAUPHINELLE n.f. Delphinium.

DAUPHINOIS, E adj. et **n.** Du Dauphiné. ◆ **adj.** ▪ **Gratin dauphinois,** préparation de pommes de terre émincées, gratinées avec du lait, de la crème et du beurre.

DAURADE ou **DORADE n.f.** (de l'anc. provenç. *daurada*, dorée). Poisson téléostéen de l'Atlantique et de la Méditerranée, dont les espèces sont estimées pour leur chair. ▪ **Daurade coryphène** → **CORYPHÈNE.** ▪ **Daurade grise,** griset. ➲ Genre *Spondyliosoma* ; famille des sparidés. ▪ **Daurade rose,** daurade de la Méditerranée (SYN. **pageot, rousseau**). ➲ Genre *Pagellus* ; famille des sparidés ; daurade de l'Atlantique. ➲ Genre *Beryx* ; famille des bérycidés. ▪ **Daurade royale,** à reflets dorés ou argentés (SYN. **pagre**). ➲ Genre *Sparus* ; famille des sparidés.

▲ **daurade royale**

DAVANTAGE adv. 1. Encore plus : *Il a neigé davantage qu'hier.* **2.** Plus longtemps : *Ne l'écoutez pas davantage.* ▪ **Davantage de,** plus de : *Il y a eu davantage de fruits cette année.*

DAVIDIEN, ENNE adj. et **n. PEINT.** Qui se rattache à Louis David, à son école, à son style.

DAVIER n.m. (de *david*, outil de menuisier). **1. CHIRURG.** Pince à bras croisés et à mors courts et rugueux, permettant de maintenir un os, d'extraire une dent. **2. MAR.** Rouleau fixé à l'avant ou à l'arrière d'un navire, destiné à guider un cordage ou un câble.

DAZIBAO n.m. (mot chin.). **1.** En Chine communiste, journal mural manuscrit affiché dans les rues. **2.** Par ext. Panneau d'affichage.

DB n.m. Symbole de décibel.

DCA ou **D.C.A. n.f.** (sigle). Défense contre les aéronefs.

DDT ou **D.D.T. n.m.** (sigle de *dichloro-diphényl-trichloréthane*). Insecticide organochloré, puissant et très toxique, d'usage prohibé en France et dans de nombreux autres pays.

1. DE prép. (du lat. *de*, en séparant de). **1.** Indique l'origine, le point de départ, le temps, la possession, la manière, la cause, l'instrument : *Eau de source. Venir de Bruxelles. De midi à six heures. Le livre de Pierre. De toutes ses forces. Mourir de faim. Montrer du doigt.* **2.** Introduit un écart de temps, de longueur, de quantité : *Retarder de cinq* *minutes. Village distant de 5 km. Texte trop long de 20 lignes.* **3.** Introduit un complément d'objet indirect ou second, un complément du nom ou de l'adjectif : *Se souvenir de qqn. Fier de son succès.*

2. DE ou **DU, DE LA art. partitif** (pl. *des*) [de *1. de*]. Précèdent des noms d'objets qu'on ne peut compter, qu'ils soient concrets ou abstraits : *Manger du beurre. Faire de grands gestes. Ne pas perdre de temps.*

1. DÉ n.m. (du lat. *digitus*, doigt). Fourreau de métal piqueté à l'extérieur, destiné à protéger le doigt qui pousse l'aiguille quand on coud.

2. DÉ n.m. (du lat. *datum*, pion). **1.** Petit cube dont chacune des six faces est marquée de points allant de un à six, ou de figures, utilisé pour divers jeux : *Lancer les dés.* **2. ARCHIT.** Corps de forme cubique d'un piédestal ; élément de support plus ou moins cubique. **3. CUIS.** Petit morceau cubique ; cube : *Viande coupée en dés.* ■ **Coup de dés,** affaire hasardeuse. ■ **Les dés sont jetés,** on ne peut plus rien changer.

DEA ou **D.E.A.** [deəa] **n.m.** (sigle de *diplôme d'études approfondies*). En France, ancien diplôme de l'enseignement supérieur, qui sanctionnait une année d'initiation à la recherche et concluait la première phase des études doctorales.

DEAD-HEAT (pl. *dead-heats*), ▲ *DEADHEAT* [dɛdit] **n.m.** (mot angl.). Franchissement simultané de la ligne d'arrivée par deux ou plusieurs chevaux de course.

DEAL [dil] **n.m.** (mot angl.). Fam. Arrangement ; marché ; accord.

DEALER [dile] **v.t.** et **v.i. [3]** (angl. *to deal*). Fam. Revendre de la drogue.

DEALEUR, EUSE n. ou **DEALER** [dilœr] **n.m.** (angl. *dealer*). Fam. Revendeur de drogue.

DÉAMBULATEUR n.m. Appareil comportant un cadre rigide ou articulé et servant d'appui à certains handicapés pour se déplacer.

DÉAMBULATION n.f. Sout. Marche sans but précis ; flânerie.

DÉAMBULATOIRE n.m. Galerie circulant autour du chœur d'une église (SYN. **pourtour du chœur**).

DÉAMBULER v.i. [3] (lat. *deambulare*). Se promener sans but ; flâner.

DEB [dɛb] **n.f.** (abrév.). Fam. Débutante.

DÉBÂCHER v.t. [3]. Retirer la bâche de.

DÉBÂCLE n.f. (de *débâcler*). **1.** Rupture des glaces d'un cours d'eau (CONTR. **embâcle**). **2.** Retraite brusque et désordonnée d'une armée ; déroute. **3.** Fam. Chute brutale d'une entreprise, d'une affaire, etc. : *La débâcle d'un parti aux élections.*

DÉBÂCLER v.t. [3]. Ôter la bâcle fermant une porte, une fenêtre.

DÉBAGOULER v.t. [3] (anc. fr. *bagouler*). Fam., vx. Proférer une longue suite de paroles.

DÉBÂILLONNER v.t. [3]. 1. Débarrasser qqn d'un bâillon. **2.** Fig. Rendre la liberté d'expression à : *Débâillonner l'opposition.*

DÉBALLAGE n.m. 1. Action de déballer ; ce qui est déballé. **2.** Étalage et commerce de marchandises en vrac. **3.** Fam. Confession sans retenue.

DÉBALLASTAGE n.m. Vidange des ballasts d'un navire.

DÉBALLER v.t. [3] (de *3. balle*). **1.** Sortir une marchandise de son emballage et l'exposer à la vente. **2.** Fam. Dévoiler sans retenue : *Furieux, il a déballé ce qu'il avait sur le cœur.*

SE DÉBALLONNER v.pr. [3]. Fam. Renoncer à qqch par manque de courage ; se dégonfler.

DÉBANDADE n.f. Fait de se disperser en désordre ; déroute : *La débandade des agresseurs.*

1. DÉBANDER v.t. [3]. Détendre qqch de très tendu : *Débander un ressort.*

2. DÉBANDER v.t. [3] (de *2. bande*). Vx. Disperser une troupe. ◆ **SE DÉBANDER v.pr.** Sout. Se disperser en désordre : *Les manifestants se sont débandés.*

DÉBAPTISER [-bati-] **v.t. [3].** Changer le nom de qqch : *Débaptiser un navire.*

DÉBARBOUILLAGE n.m. Action de débarbouiller, de se débarbouiller.

DÉBARBOUILLER v.t. [3]. Laver, en partic. le visage. ◆ **SE DÉBARBOUILLER v.pr.** Se laver le visage.

DÉBARBOUILLETTE n.f. Québec. Carré de tissu-éponge pour faire sa toilette.

DÉBARCADÈRE n.m. 1. Plateforme sur la mer ou sur un fleuve, utilisée pour le débarquement ou l'embarquement des marchandises, des voyageurs ; appontement. **2.** Québec. Sur une voie publique ou privée, zone réservée à la livraison des marchandises.

DÉBARDAGE n.m. Action de débarder du bois ; son résultat.

DÉBARDER v.t. [3] (de l'anc. fr. *bard*, civière). **1.** Décharger d'un navire des bois de flottage. **2.** Transporter des grumes des lieux d'abattage jusqu'à leur lieu d'enlèvement.

1. DÉBARDEUR n.m. 1. Ouvrier qui charge ou décharge un navire, un camion, etc. **2.** Personne qui débarde du bois.

2. DÉBARDEUR n.m. Maillot de corps échancré et sans manches ; marcel.

DÉBAROULER v.i. et **v.t. [3].** Région. (Lyonnais ; Midi). Fam. Tomber en roulant : *J'ai débaroulé (dans) l'escalier* ; descendre précipitamment ; dévaler : *Débarouler la pente.* ◆ **v.i.** Fam. Faire irruption quelque part ; débouler : *Il a débaroulé chez nous à l'aube.*

DÉBARQUÉ, E adj. et **n.** Qui vient de débarquer.

DÉBARQUEMENT n.m. 1. Action de débarquer des marchandises, des passagers. **2.** Action de quitter un navire, un train, un avion : *Le débarquement va commencer.* **3. MIL.** Opération militaire visant à créer une tête de pont sur un rivage occupé par l'ennemi.

DÉBARQUER v.t. [3] (de *barque*). **1.** Faire descendre à terre les passagers ; décharger les marchandises d'un navire, d'un train, d'un avion. **2.** Fam. Écarter qqn d'un poste, d'une fonction. ◆ **v.i. 1.** Descendre d'un navire, d'un train, d'un avion. **2.** Fam. Arriver à l'improviste chez qqn. **3.** Fam. Ignorer des faits récents connus de tous.

DÉBARRAS n.m. Local où l'on remise des objets encombrants. ■ **Bon débarras !** [fam.], exprime le soulagement d'être délivré de qqn.

DÉBARRASSER v.t. [3] (de *embarrasser*). **1.** Enlever ce qui embarrasse, encombre ; déblayer : *Débarrasser son armoire des vieux vêtements.* **2.** Aider qqn à ôter ou à poser les vêtements ou les objets qu'il portait à l'extérieur. **3.** Délivrer qqn d'une personne importune, d'une tâche rebutante. ■ **Débarrasser (la table),** enlever les couverts, les restes du repas : *Aide-moi à débarrasser.* ◆ **SE DÉBARRASSER v.pr. (DE).** Se défaire de qqch ; éloigner qqn.

DÉBARRER v.t. [3]. 1. Vx ou région. Enlever la barre d'une porte, d'une fenêtre. **2.** Région. (Ouest) ; Québec. Déverrouiller.

DÉBAT n.m. 1. Examen d'un problème entraînant une discussion entre personnes d'avis différents : *Un débat houleux.* **2.** (En appos., avec ou sans trait d'union). Indique que l'événement est organisé pour permettre une discussion : *Des dîners-débats.* **3.** Conflit intérieur : *Un débat cornélien.* ◆ **n.m. pl. 1.** Discussion d'un problème au sein d'une assemblée parlementaire. **2.** Phase d'un procès durant l'audience où la parole est donnée aux parties et aux avocats.

DÉBÂTER v.t. [3]. Enlever le bât à une bête de somme.

DÉBÂTIR v.t. [21]. Défaire le bâti d'une couture.

DÉBATTEMENT n.m. AUTOM. Oscillation verticale d'un essieu par rapport au châssis, due à la flexibilité de la suspension ; amplitude maximale du déplacement correspondant.

DÉBATTEUR, EUSE n. (angl. *debater*). Orateur habile, à l'aise dans les débats publics.

DÉBATTRE v.t. ou **v.t. ind. [63]** (de *battre*). Discuter qqch ou de qqch en examinant tous les aspects : *Débattre une question. Débattre de la peine de mort.* ◆ **v.t.** ■ **Débattre un prix,** le discuter pour le faire baisser ; marchander. ◆ **SE DÉBATTRE v.pr. 1.** Lutter pour se dégager : *Le forcené s'est vivement débattu.* **2.** S'efforcer de sortir d'une situation difficile : *Se débattre contre les difficultés, dans des problèmes administratifs.*

DÉBATTUE n.f. Suisse. Onglée.

DÉBAUCHAGE n.m. Action de débaucher un salarié.

DÉBAUCHE n.f. 1. Recherche immodérée des plaisirs sensuels ; luxure. **2.** Grande quantité ; profusion : *Une débauche de spots publicitaires.*

DÉBAUCHÉ, E adj. et **n.** Qui se livre à la débauche ; libertin.

DÉBAUCHER v.t. [3] (de l'anc. fr. *desbaucher*, détourner). **1.** Inciter qqn à quitter son emploi. **2.** Mettre du personnel au chômage. **3.** Entraîner qqn à une vie dissolue ; pervertir. **4.** Fam. Détourner qqn momentanément de son travail pour le distraire : *Je vous débauche pour aller au cinéma.* ◆ **v.i.** Région. Quitter le travail en fin de journée.

DÉBECTER [3] ou **DÉBECQUETER [16],** ▲ *[12],* ▲ *DÉBÉQUETER [12]* [debɛkte] **v.t.** (de *bec*). Fam. Dégoûter.

DÉBET [debɛ] **n.m.** (du lat. *debet*, il doit). **FIN.** Somme qui reste due à l'arrêt d'un compte.

DÉBILE adj. (lat. *debilis*). **1.** Qui est faible de constitution physique ; malingre. **2.** Fam. Particulièrement stupide. ◆ **n.** Fam. Imbécile ; idiot. ■ **Débile (mental)** [vieilli], personne atteinte de débilité mentale.

DÉBILEMENT adv. D'une manière débile ; stupidement.

DÉBILITANT, E adj. Qui affaiblit physiquement ou moralement : *Une chaleur débilitante.*

DÉBILITÉ n.f. Vieilli. État d'extrême faiblesse. ■ **Débilité intellectuelle** ou **mentale,** déficience mentale.

DÉBILITER v.t. [3]. Affaiblir physiquement ou moralement.

DÉBILLARDER v.t. [3] (de *billard*, pièce de bois). Tailler une pièce de bois ou une pierre pour lui donner une forme courbe.

DÉBINE n.f. Fam. Misère.

DÉBINER v.t. [3] (p.-ê. de *biner*). Fam. Dénigrer ; calomnier.

SE DÉBINER v.pr. [3] (orig. obscure). Fam. S'enfuir.

DÉBIRENTIER, ÈRE n. (de *2. débit* et *rentier*). Personne qui doit une rente (par oppos. à *crédirentier*).

1. DÉBIT n.m. (de *1. débiter*). **1.** Écoulement de marchandises : *Le débit d'un hypermarché.* **2.** Manière de parler, de réciter ; élocution : *Avoir un débit rapide.* **3.** Action, manière de débiter le bois (SYN. **débitage**). **4.** Quantité de fluide qui s'écoule ou qui est fournie par unité de temps : *Débit d'un cours d'eau.* **5.** Quantité de personnes, de véhicules, d'informations, volume de marchandises transportés en une unité de temps par un moyen de communication. ■ **Débit de kalach** ou **de mitraillette** [fam.], élocution très rapide : *Elle a un débit de kalach, on ne comprend rien à ce qu'elle dit.* ■ **Débit de tabac, de boissons,** établissement où l'on vend du tabac, où des boissons peuvent être consommées sur place. ■ **Haut débit** [inform., télécomm.], se dit d'un réseau, d'une technologie ou d'une connexion à Internet permettant d'acheminer un flux de données beaucoup plus rapidement qu'avec un modem analogique, à au moins 512 kilobits/s (au-delà de 30 mégabits/s, on parle de *très haut débit*).

2. DÉBIT n.m. (lat. *debitum*). **1.** Compte des sommes dues par qqn. **2.** Partie d'un compte où sont portées les sommes dues (CONTR. **crédit**).

1. DÉBITABLE adj. Qui peut être débité : *Bois débitable.*

2. DÉBITABLE adj. Qui peut être rendu débiteur : *Compte débitable.*

DÉBITAGE n.m. BOIS. Débit.

DÉBITANT, E n. 1. Détaillant. **2.** Commerçant qui tient un débit de boissons, de tabac.

1. DÉBITER v.t. [3] (de l'anc. scand. *bitte*, billot). **1.** Découper en morceaux : *Débiter un bœuf.* **2.** Réduire du bois en planches, en bûches, etc. **3.** Vendre au détail : *Débiter du vin.* **4.** Fournir une certaine quantité en un temps donné : *L'usine débite 3 000 appareils par jour.* **5.** Réciter sur un ton monotone : *Le présentateur débite les nouvelles.* **6.** Péjor. Dire sans réfléchir : *Débiter des sornettes.*

2. DÉBITER v.t. [3] (de *2. débit*). Porter une somme au débit de : *Débiter un compte* (CONTR. **créditer**).

DÉBITEUR, TRICE n. 1. Personne qui doit de l'argent (par oppos. à *créancier*). **2.** Personne qui a une dette morale, qui est l'obligée de qqn. ◆ **adj.** Qui présente un excédent de débits sur les crédits : *Compte débiteur* (CONTR. **créditeur**).

DÉBITMÈTRE [-bi-] **n.m.** Appareil de mesure, de contrôle ou de réglage du débit d'un fluide.

a b c d e f g h i j k l m n o p q r s t u v w x y z

DÉBLAI **n.m.** TRAV. PUBL. Enlèvement de terres pour niveler ou abaisser le sol. ◆ **n.m. pl.** Débris de constructions, de terrains enlevés.

DÉBLAIEMENT [-blɛmɑ̃] ou **DÉBLAYAGE** [-blɛjaʒ] **n.m.** Action de déblayer.

DÉBLATÉRER **v.t. ind.** [11], ▲ *[11*]* **(SUR, CONTRE)** [lat. *deblaterare*]. Fam. Tenir des propos critiques sur.

DÉBLAYER [deblɛje] **v.t.** [6] (de l'anc. fr. *desbleer*, enlever le blé). **1.** Enlever des terres, des décombres, ce qui encombre : *Déblayer un chantier.* **2.** Dégager un endroit de ce qui l'encombre ; débarrasser. ▪ **Déblayer le terrain,** aplanir au préalable les difficultés.

DÉBLOCAGE **n.m.** Action de débloquer.

DÉBLOQUER **v.t.** [3]. **1.** Remettre en mouvement une machine, un mécanisme : *Débloquer un volant, une imprimante.* **2.** Lever l'interdiction de transporter ou de vendre des denrées, de disposer librement de crédits ou de comptes en banque. **3.** Lever les obstacles qui bloquent un processus, une situation : *Débloquer une négociation.* ▪ **Débloquer les prix, les salaires,** permettre leur variation. ◆ **v.i.** Fam. Dire n'importe quoi ; divaguer. ◆ **SE DÉBLOQUER** **v.pr.** Se remettre à évoluer, à progresser : *La situation politique va se débloquer.*

DÉBOBINER **v.t.** [3]. **1.** Dérouler ce qui était en bobine. **2.** ÉLECTROTECHN. Démonter les enroulements d'une machine ou d'un appareil électrique.

DÉBOGAGE ou **DÉBUGGAGE** [debœgaʒ] **n.m.** Action de déboguer.

DÉBOGUER ou **DÉBUGGER** [debœge] **v.t.** [3] (de *2. bogue*). INFORM. Rechercher et corriger les erreurs d'un programme.

DÉBOIRES **n.m. pl.** (de *1. boire*). Déceptions dues à des échecs ; déconvenues : *Subir bien des déboires avant de trouver un emploi.*

DÉBOISEMENT **n.m.** Action de déboiser un terrain, une région ; déforestation.

DÉBOISER **v.t.** [3]. Dégarnir un terrain de ses arbres, une région de ses forêts. ◆ **SE DÉBOISER** **v.pr.** Perdre ses arbres, en parlant d'un terrain, d'une région.

DÉBOÎTEMENT, ▲ *DÉBOITEMENT* **n.m.** **1.** Action de déboîter ; son résultat. **2.** Luxation.

DÉBOÎTER, ▲ *DÉBOITER* **v.t.** [3]. **1.** Séparer un objet d'un autre objet dans lequel il s'emboîte : *Déboîter une porte de ses gonds.* **2.** Luxer : *Cette chute lui a déboîté le genou.* ◆ **v.i.** Quitter sa file, en parlant d'un véhicule : *Mettre son clignotant avant de déboîter.*

DÉBONDER **v.t.** [3]. Retirer la bonde d'un tonneau, d'un réservoir. ◆ **SE DÉBONDER** **v.pr.** Fam. Se confier sans retenue.

DÉBONNAIRE **adj.** (de l'anc. fr. *de bonne aire*, de bonne race). Bon jusqu'à la faiblesse ; bonasse.

DÉBONNAIREMENT **adv.** De façon débonnaire.

DÉBONNAIRETÉ **n.f.** Sout. Caractère d'une personne, d'une attitude débonnaire.

DÉBORD **n.m.** (de *déborder*). CH. DE F. ▪ **Voie de débord,** voie qui permet le chargement et le déchargement directs des wagons dans les véhicules routiers.

DÉBORDANT, E **adj.** Qui ne peut être maîtrisé, réfréné : *Une imagination débordante.* ▪ **Débordant de vie, de santé,** qui est plein d'énergie, en pleine santé.

DÉBORDÉ, E **adj.** Qui a trop de travail ; surchargé.

DÉBORDEMENT **n.m.** **1.** Fait de déborder. **2.** Déversement des eaux d'un cours d'eau par-dessus les bords de son lit. **3.** Fig. Grande abondance de qqch : *Un débordement de promesses.* **4.** Fait d'être dépassé dans son action : *Le débordement des syndicats par les autonomes.* ▪ **Piscine à débordement,** piscine dont l'eau déborde du bassin sur un côté au moins, puis est récupérée dans une gouttière d'évacuation non visible, donnant ainsi l'illusion de disparaître dans le paysage. (Quand l'eau déborde tout autour du bassin, on parle de *piscine miroir*.) ◆ **n.m. pl.** Sout. Désordres entraînés par des excès.

DÉBORDER **v.i.** [3]. **1.** Dépasser les bords de qqch ; se répandre hors de son contenant : *La rivière déborde.* **2.** Être trop plein ; laisser échapper son contenu : *La casserole déborde.* **3.** S'étendre au-delà d'une limite : *L'arbre déborde chez les voisins.* **4.** Fig. Se manifester avec exubérance, en parlant d'un sentiment : *Son enthousiasme déborde.* ◆ **v.t.** **1.** S'étendre au-delà de la limite de qqch : *Cette mission déborde le cadre de mes fonctions.* **2.** Fig. Submerger qqn, un groupe : *Les manifestants ont débordé le service d'ordre.* **3.** MAR. Pousser au large un navire, une embarcation. **4.** Ôter les bords, la bordure de : *Déborder un chapeau.* ▪ **Déborder un lit,** retirer les bords des draps et des couvertures glissés sous le matelas. ▪ **Déborder un sujet,** sortir de ses limites. ◆ **v.t. ind.** **(DE).** Manifester un sentiment avec force : *Il déborde d'enthousiasme.* ◆ **SE DÉBORDER** **v.pr.** Défaire involontairement les draps de son lit.

DÉBOSSELER **v.t.** [16], ▲ *[12].* TECHN. Supprimer les bosses de.

DÉBOTTÉ ou **DÉBOTTER** **n.m.** ▪ **Au débotté** ou **débotter,** à l'improviste ; sans préparation.

DÉBOTTER **v.t.** [3]. Retirer ses bottes à qqn.

DÉBOUCHAGE **n.m.** Action de déboucher : *Le débouchage d'un évier.*

DÉBOUCHÉ **n.m.** **1.** Endroit où une rue, une voie aboutit : *Lyon est au débouché de plusieurs autoroutes.* **2.** ÉCON. Objectif de vente ; marché : *Trouver de nouveaux débouchés.* **3.** Perspective d'avenir ; carrière : *Ce diplôme offre des débouchés variés.* ▪ **Loi des débouchés** [écon.], théorie économique (due à J.-B. Say) selon laquelle « tout produit créé offre, dès cet instant, un débouché à d'autres produits, pour tout le montant de sa valeur ». ⮌ L'offre crée ainsi sa propre demande.

1. DÉBOUCHER **v.t.** [3] (de *1. boucher*). **1.** Enlever le bouchon de : *Déboucher un tube de dentifrice.* **2.** Débarrasser un conduit de ce qui l'obstrue ; dégager. **3.** ARM. Percer la fusée d'un obus pour provoquer son éclatement à un temps donné après le départ du coup.

2. DÉBOUCHER **v.i.** [3] (de *bouche*). Apparaître tout à coup ; surgir : *Le chevreuil a débouché de la droite.* ◆ **v.t. ind.** **(DANS, SUR).** **1.** Aboutir en un lieu : *L'escalier débouche sur un couloir.* **2.** **(SUR).** Avoir comme résultat ; mener à : *Les recherches ont débouché sur la création d'un nouveau médicament.*

DÉBOUCHEUR **n.m.** Appareil, produit pour déboucher des canalisations.

DÉBOUCLER **v.t.** [3]. **1.** Défaire la boucle, l'attache de : *Déboucler sa ceinture.* **2.** Défaire les boucles des cheveux de qqn.

DÉBOULÉ **n.m.** **1.** CHASSE. Départ à l'improviste, sans arrêt du chien, d'un lièvre, d'un lapin devant le chasseur. **2.** SPORTS. Course rapide et puissante d'un joueur de football ou de rugby en pleine vitesse. ▪ **Tirer au déboulé** [chasse], au moment où l'animal sort de son terrier, de son gîte.

DÉBOULER **v.i.** [3] (de *bouler*). **1.** CHASSE. En parlant d'un lièvre, d'un lapin, faire un déboulé. **2.** Fam. Arriver brusquement : *Il a déboulé chez eux sans prévenir.* ◆ **v.i.** et **v.t.** Fam. Descendre rapidement ; dévaler : *Débouler (dans) l'escalier.*

DÉBOULONNEMENT ou **DÉBOULONNAGE** **n.m.** Action de déboulonner.

DÉBOULONNER **v.t.** [3]. **1.** Démonter ce qui était réuni par des boulons. **2.** Fam. Chasser qqn de sa place : *L'opposition a déboulonné le ministre.*

DÉBOUQUEMENT **n.m.** Fait de débouquer.

DÉBOUQUER **v.i.** [3] (du provenç. *bouca*, bouche). MAR. Sortir d'une passe étroite, d'un chenal pour gagner la haute mer.

DÉBOURBAGE **n.m.** Action de débourber ; son résultat.

DÉBOURBER **v.t.** [3]. **1.** Retirer la bourbe d'un marais, d'un étang. **2.** Décanter de façon préliminaire des eaux chargées de matières en suspension. **3.** MIN. Mettre en suspension un matériau pour en décoller les particules fines *(schlamms).* ▪ **Débourber un véhicule,** le désembourber.

DÉBOURBEUR **n.m.** TECHN. Appareil hydraulique destiné à débourber un minerai.

DÉBOURRAGE **n.m.** Action de débourrer ; son résultat.

DÉBOURREMENT **n.m.** ARBOR., VITIC. Épanouissement des bourgeons des arbres, de la vigne.

DÉBOURRER **v.t.** [3]. **1.** Ôter la bourre des peaux avant tannage. **2.** Acadie. Déballer : *Débourrer un cadeau.* **3.** ÉQUIT. Donner le premier dressage à : *Débourrer un poulain.* ▪ **Débourrer une pipe,** en ôter la cendre de tabac. ◆ **v.i.** S'ouvrir, en parlant d'un bourgeon.

DÉBOURS **n.m.** (Surtout pl.). Argent avancé : *Les débours sont remboursés sur justificatifs.*

DÉBOURSEMENT **n.m.** Action de débourser.

DÉBOURSER **v.t.** [3]. Utiliser pour payer ; dépenser : *Je n'ai pas eu à débourser un centime.*

DÉBOUSSOLER **v.t.** [3]. Fam. Faire perdre la tête ; décontenancer.

DEBOUT **adv.** (de *1. de* et *bout*). **1.** Sur ses pieds : *Mettez-vous debout.* **2.** Posé verticalement, en parlant d'une chose. **3.** En bon état ; non détruit : *Seuls quelques arbres étaient encore debout.* ▪ **Bois debout** → **BOUT.** ▪ **Être debout,** être éveillé et levé. ▪ **Magistrature debout,** ensemble des magistrats (procureurs, substituts, etc.) qui requièrent l'application des lois, au nom de l'État, en plaidant debout au tribunal (par oppos. à *magistrature assise*) [SYN. **ministère public, parquet**]. ▪ **Mettre debout une affaire, un projet,** l'organiser. ▪ **Ne pas** ou **plus tenir debout,** être très fatigué. ▪ **Tenir debout,** être vraisemblable, cohérent : *Raisonnement qui tient debout.* ▪ **Vent debout** [mar.], contraire à la direction du bateau ; fig., totalement opposé (à) : *L'opposition est vent debout contre cette loi.* ◆ **interj.** ▪ **Debout !,** levez-vous !

1. DÉBOUTÉ **n.m.** DR. Rejet d'une demande faite en justice.

2. DÉBOUTÉ, E **n.** Plaideur dont la demande en justice est rejetée.

DÉBOUTEMENT **n.m.** Action de débouter.

DÉBOUTER **v.t.** [3] (de *bouter*). DR. Rejeter par décision judiciaire la demande de qqn.

DÉBOUTONNAGE **n.m.** Action de déboutonner, de se déboutonner.

DÉBOUTONNER **v.t.** [3]. Dégager un bouton de sa boutonnière. ▪ **Déboutonner un vêtement,** l'ouvrir en dégageant les boutons des boutonnières. ◆ **SE DÉBOUTONNER** **v.pr.** **1.** Déboutonner son vêtement. **2.** Fam. Parler à cœur ouvert.

1. DÉBRAILLÉ, E **adj.** **1.** Dont la tenue est négligée ou en désordre. **2.** Vieilli. Inconvenant : *Des manières débraillées.*

2. DÉBRAILLÉ **n.m.** Tenue négligée.

SE **DÉBRAILLER** **v.pr.** [3] (de l'anc. fr. *braiel*, ceinture). **1.** Porter ses vêtements en désordre, mal fermés. **2.** Vieilli. Ne plus respecter les convenances.

DÉBRANCHEMENT **n.m.** Action de débrancher, de déconnecter.

DÉBRANCHER **v.t.** [3]. **1.** Interrompre la connexion, le branchement de ; déconnecter : *Débrancher un fer à repasser.* **2.** CH. DE F. Séparer les wagons, les voitures d'une rame et les envoyer sur les voies de classement, dans une gare de triage.

DÉBRASAGE **n.m.** Action de débraser.

DÉBRASER **v.t.** [3]. TECHN. Séparer deux pièces jointes par brasage, en faisant fondre la brasure (SYN. [impropre] **dessouder**).

DÉBRAYAGE **n.m.** **1.** MÉCAN. INDUSTR. Action de débrayer. **2.** Action de supprimer la liaison entre l'arbre moteur et les roues d'une automobile. **3.** Grève de courte durée.

DÉBRAYER [debrɛje] **v.t.** [6]. **1.** MÉCAN. INDUSTR. Séparer un arbre entraîné de l'arbre moteur. **2.** Absol. Enfoncer la pédale d'embrayage d'une voiture pour changer de vitesse. ◆ **v.i.** Cesser volontairement le travail dans une entreprise pendant une courte durée.

DÉBRIDÉ, E **adj.** Libéré de toute contrainte : *Créativité débridée.*

DÉBRIDEMENT **n.m.** **1.** CHIRURG. Action de débrider. **2.** Fig. Action de libérer un sentiment de toute contrainte ; déchaînement : *Le débridement des passions, de la haine.*

DÉBRIDER **v.t.** [3]. **1.** Ôter la bride à un cheval. **2.** CHIRURG. Sectionner une bride. **3.** CUIS. Enlever les ficelles qui entourent un rôti, une volaille. **4.** Supprimer la limite de puissance, vitesse, etc. imposée par un constructeur : *Débrider un moteur, une bande passante.*

DÉBRIEFER [debrife] **v.t.** [3] (angl. *to debrief*). **1.** MIL. Dresser le bilan critique d'une mission avec ceux qui y ont participé : *Débriefer un* *pilote.* **2.** Questionner qqn pour en obtenir des renseignements ou lui apporter une assistance psychologique : *Débriefer des otages libérés.*

DÉBRIEFING [debrifiŋ] **n.m.** (angl. *debriefing*). Action de débriefer ; bilan que l'on peut en tirer. Abrév. (fam.) **débrief.**

DÉBRIS n.m. (de l'anc. fr. *debriser*, mettre en pièces). [Souvent pl.]. Morceau d'une chose brisée ; fragment : *Les débris d'une ampoule.* ◆ **n.m. pl.** Litt. Ce qui reste après la disparition d'une chose ; vestiges : *Les débris d'une civilisation.*

DÉBROCHAGE n.m. REL. Action de débrocher.

1. DÉBROCHER v.t. [3]. Retirer une pièce de viande d'une broche.

2. DÉBROCHER v.t. [3]. REL. Défaire la brochure d'un livre.

DÉBROUILLAGE n.m. 1. Débrouillement. **2.** Fam. Action de se débrouiller.

DÉBROUILLARD, E adj. et **n.** Fam. Qui sait se débrouiller ; malin.

DÉBROUILLARDISE ou **DÉBROUILLE n.f.** Fam. Habileté à se tirer d'affaire.

DÉBROUILLEMENT n.m. Action de débrouiller une chose embrouillée ; débrouillage.

DÉBROUILLER v.t. [3]. 1. Remettre en ordre ; démêler. **2.** Mettre au clair ; élucider : *Le commissaire a débrouillé l'enchevêtrement d'indices.* ◆ **SE DÉBROUILLER v.pr.** Fam. Se tirer d'affaire.

DÉBROUSSAILLANT, E adj. et **n.m.** Se dit d'un produit chimique utilisé pour débroussailler.

DÉBROUSSAILLEMENT ou **DÉBROUSSAILLAGE n.m.** Action de débroussailler ; son résultat.

DÉBROUSSAILLER v.t. [3]. 1. Éliminer les broussailles d'un terrain. **2.** Fig. Écarter les détails pour étudier l'essentiel ; dégrossir : *Débroussailler une question.*

DÉBROUSSAILLEUSE n.f. Machine à coupe rotative utilisée pour couper les broussailles.

DÉBROUSSER v.t. [3] (de *brousse*). Afrique. Défricher.

1. DÉBUCHER v.i. [3] (de *bûche*). **VÉNER.** Sortir du bois, en parlant d'un animal. ◆ **v.t. VÉNER.** Faire sortir l'animal du bois.

2. DÉBUCHER ou **DÉBUCHÉ n.m. VÉNER.** Moment où l'animal chassé débuche ; sonnerie de trompe qui annonce ce moment.

DÉBUDGÉTISATION n.f. Action de débudgétiser.

DÉBUDGÉTISER v.t. [3]. Supprimer une dépense budgétaire et couvrir la charge correspondante par une autre forme de financement.

DÉBUREAUCRATISER v.t. [3]. Enlever son caractère bureaucratique à : *Débureaucratiser les procédures administratives.*

DÉBUSQUEMENT n.m. Action de débusquer.

DÉBUSQUER v.t. [3]. 1. Faire sortir le gibier de l'endroit où il s'est réfugié. **2.** Obliger qqn à quitter son abri ; déloger : *Débusquer des trafiquants de drogue.*

DÉBUT n.m. Commencement d'une chose, d'une action : *Le début de l'été, des vendanges. Au début, elle refusait, puis elle s'est ravisée.* ◆ **n.m. pl.** Premiers pas dans une carrière, une activité : *Faire ses débuts à l'écran.*

DÉBUTANT, E adj. et **n.** Qui débute ; novice.

DÉBUTANTE n.f. Vieilli. Jeune fille de la haute société faisant son entrée dans le monde. Abrév. (fam.) **deb.**

DÉBUTER v.i. [3] (de *but*). **1.** Commencer, en parlant d'une chose, d'une action : *Les plaidoiries débuteront demain matin.* **2.** Faire ses débuts : *Il a débuté comme coursier.* ◆ **v.t.** (Emploi critiqué). Commencer qqch : *Elle a débuté l'espagnol en seconde.*

DEBYE [dəbaj] **n.m.** (de P. *Debye*, n.pr.). **PHYS.** Unité de moment dipolaire électrique.

DEÇÀ adv. ▪ **Deçà delà** [vx], de côté et d'autre. ▪ **En deçà**, en arrière ; à un niveau inférieur. ◆ **EN DEÇÀ DE loc. prép. 1.** De ce côté-ci de : *En deçà des Pyrénées.* **2.** Au-dessous de : *En deçà de la vérité.*

DÉCA- [deka] **préf.** (gr. *deka*). Préfixe (symb. da) qui, placé devant une unité, la multiplie par 10.

DÉCA n.m. (abrév.). Fam. Café décaféiné.

DÉCABRISTE ou **DÉCEMBRISTE n.m. HIST.** Membre de la conspiration organisée par des officiers russes à Saint-Pétersbourg, en décembre 1825, contre le tsar Nicolas Ier.

DÉCACHETAGE n.m. Action de décacheter.

DÉCACHETER v.t. [16], ▲ *[12].* Ouvrir ce qui est cacheté : *Décacheter une enveloppe.*

DÉCADAIRE adj. Relatif aux décades, dans le calendrier républicain.

DÉCADE n.f. (lat. *decas, -adis*). **1.** Partie d'un ouvrage composé de dix chapitres ou livres. **2.** Période de dix jours, en partic. dans le calendrier républicain. **3.** (Emploi critiqué). Décennie.

DÉCADENASSER v.t. [3]. Enlever le cadenas de : *Décadenasser une malle.*

DÉCADENCE n.f. (lat. *decadentia*, de *cadere*, tomber). Commencement de la chute, du déclin ; dépérissement : *La décadence d'une civilisation.*

DÉCADENT, E adj. Qui subit ou traduit une décadence. ◆ **adj.** et **n.** Se dit d'écrivains et d'artistes français pessimistes et marginaux (Corbière, Cros, Villiers de L'Isle-Adam, Laforgue) de la fin du XIXe s.

DÉCADRAGE n.m. CINÉMA. Défaut dans le cadrage de l'image lors de sa projection à l'écran.

DÉCAÈDRE n.m. MATH. Polyèdre à 10 faces.

DÉCAFÉINÉ, E adj. Dont on a enlevé la caféine. ◆ **n.m.** Café décaféiné. Abrév. (fam.) **déca.**

DÉCAGONAL, E, AUX adj. Qui a la forme d'un décagone.

DÉCAGONE n.m. MATH. Polygone qui a dix angles, et donc dix côtés.

DÉCAISSEMENT n.m. Action de décaisser ; somme décaissée.

DÉCAISSER v.t. [3]. Tirer telle somme de la caisse pour payer.

DÉCALAGE n.m. 1. Écart dans l'espace ou dans le temps ; intervalle : *Un décalage horaire de six heures.* **2.** Manque de concordance ; différence : *Il y a un décalage entre les témoignages et les faits.* ▪ **Décalage vers le rouge** [astron.], déplacement vers le rouge des raies du spectre d'un astre par rapport à celles d'un spectre de référence, par suite de l'éloignement de cet astre de la Terre.

DÉCALAMINAGE n.m. Action de décalaminer.

DÉCALAMINER v.t. [3]. MÉTALL. Enlever la calamine d'une surface métallique.

DÉCALCIFIANT, E adj. Qui produit la décalcification.

DÉCALCIFICATION n.f. 1. MÉD. Déminéralisation. **2.** Perte par dissolution de la fraction calcaire de certaines roches.

DÉCALCIFIER v.t. [5]. MÉD. Provoquer une décalcification. ◆ **SE DÉCALCIFIER v.pr. MÉD.** Être atteint de décalcification.

DÉCALCOMANIE n.f. Procédé permettant de transférer des images coloriées sur un support à décorer ; image ainsi obtenue.

DÉCALÉ, E adj. Qui n'est pas en phase avec la réalité, la situation : *Un personnage, un humour décalé.*

DÉCALER v.t. [3]. 1. Déplacer dans l'espace ou dans le temps : *Décaler ses rendez-vous.* **2.** Rare. Ôter les cales de qqch. ◆ **SE DÉCALER v.pr.** Se déplacer par rapport à un alignement : *Décalez-vous d'un rang !*

DÉCALITRE n.m. Capacité de 10 litres (symb. dal).

DÉCALOGUE n.m. (du gr. *deka*, dix, et *logos*, discours). Les dix commandements de Dieu, que celui-ci a donnés à Moïse sur le Sinaï, selon la Bible, et qui font autorité chez les juifs comme chez les chrétiens.

DÉCALOTTER v.t. [3]. Découvrir le gland du pénis en faisant glisser le prépuce.

DÉCALQUAGE ou **DÉCALQUE n.m.** Action de décalquer ; image ainsi obtenue ; calque.

DÉCALQUER v.t. [3]. Reporter le calque d'un dessin sur un support ; reproduire un dessin au moyen d'un calque.

DÉCALVANT, E adj. (du lat. *calvus*, chauve). **MÉD.** Qui fait perdre les cheveux.

DÉCAMÈTRE n.m. 1. Longueur valant dix mètres (symb. dam). **2.** Chaîne ou ruban de dix mètres, pour mesurer des distances sur le terrain.

DÉCAMÉTRIQUE adj. Relatif au décamètre, aux mesures auxquelles il sert de base.

DÉCAMPER v.i. [3] (de *camper*). Fam. Quitter précipitamment un lieu ; s'enfuir.

DÉCAN n.m. (du gr. *deka*, dix). **ASTROL.** Région du ciel s'étalant sur 10° de longitude dans chacun des signes du zodiaque. ➲ Chaque signe comporte trois décans.

DÉCANAT n.m. 1. Dignité, fonction de doyen. **2.** Ensemble des services placés sous l'autorité d'un doyen ; ensemble des locaux, des bureaux qui les abritent.

DÉCANILLER v.i. [3]. Fam. S'enfuir

DÉCANTATION n.f. ou **DÉCANTAGE n.m.** Action, fait de décanter.

DÉCANTER v.t. [3] (lat. *decanthare*, de *canthus*, bec de cruche). **1.** Débarrasser un liquide de ses impuretés en les laissant se déposer au fond d'un récipient. **2. CUIS.** Isoler par transvasement le dépôt d'un vin, les graisses d'une sauce. **3.** Fig. rendre moins embrouillé ; clarifier : *Décanter ses souvenirs.* ◆ **SE DÉCANTER v.pr. 1.** Devenir plus limpide, en parlant d'un liquide : *Le vin se décante.* **2.** S'éclaircir progressivement : *La situation se décante.*

DÉCANTEUR, EUSE adj. et **n.m.** Se dit d'un appareil qui opère la décantation.

DÉCAPAGE n.m. Action de décaper.

DÉCAPANT, E adj. et **n.m.** Se dit d'un produit qui sert à décaper. ◆ **adj.** Qui remet en cause de façon salutaire les habitudes de pensée, les idées reçues ; caustique et stimulant : *Une ironie décapante.*

DÉCAPELER v.t. [16], ▲ *[12].* **MAR.** Enlever le capelage de.

DÉCAPER v.t. [3] (de *cape*). Nettoyer une surface en la débarrassant de ce qui la recouvre (peinture, crasse, etc.).

DÉCAPEUSE n.f. Engin de terrassement constitué par une benne surbaissée permettant d'araser le sol par raclage.

DÉCAPITALISER v.i. [3]. Diminuer la valeur du capital d'une entreprise ; retirer tout ou partie du capital qui y était investi.

DÉCAPITATION n.f. Action de décapiter ; fait d'être décapité.

DÉCAPITER v.t. [3] (du lat. *caput, -itis*, tête). **1.** Trancher la tête de qqn ; guillotiner. **2.** Ôter l'extrémité supérieure de qqch. **3.** Fig. Priver un groupe de ses dirigeants, de ses responsables : *Décapiter une organisation criminelle.*

DÉCAPODE n.m. 1. Crustacé, génér. marin, souvent de grande taille, possédant huit paires d'appendices thoraciques (cinq paires servant à la locomotion), nageur (crevette) ou marcheur (crabe, homard, langouste, écrevisse, etc.). ➲ Les décapodes forment un ordre. **2.** Mollusque céphalopode muni de dix tentacules, tel que le calmar, la seiche, les bélemnites (fossiles). ➲ Les décapodes forment un ordre.

▲ **décapode.** Calmar.

DÉCAPOTABLE adj. ▪ **Voiture décapotable,** ou **décapotable, n.f.,** voiture dont la capote peut être repliée.

DÉCAPOTER v.t. [3]. Replier la capote d'une automobile, d'un landau, etc.

DÉCAPSULAGE n.m. Action de décapsuler.

DÉCAPSULER v.t. [3]. Ôter la capsule de : *Décapsuler une bouteille d'eau.*

DÉCAPSULEUR n.m. Instrument pour enlever les capsules des bouteilles (SYN. **ouvre-bouteille**).

DÉCAPUCHONNER v.t. [3]. Retirer le capuchon d'un stylo, d'un tube, etc.

DÉCARBONER v.t. [3]. Limiter ou réduire les émissions de dioxyde de carbone d'un appareil (chauffage, moteur de véhicule, notamm.), d'un processus de production, etc.

DÉCARBOXYLATION n.f. CHIM. ORG. Réaction au cours de laquelle une molécule d'anhydride carbonique est enlevée d'une molécule contenant un groupe carboxyle.

DÉCARBURATION n.f. Élimination de tout ou partie du carbone d'un produit métallurgique.

DÉCARBURER v.t. [3]. Effectuer une décarburation.

SE DÉCARCASSER v.pr. [3] (de *carcasse*). Fam. Se donner beaucoup de mal pour qqn, qqch ; se démener.

DÉCARRELER v.t. [16], ▲ *[12]*. Dégarnir une surface de son carrelage.

DÉCARTELLISATION n.f. Action de dissoudre légalement un cartel d'entreprises, de producteurs, etc. ; son résultat.

DÉCASYLLABE adj. et n.m. ou **DÉCASYLLABIQUE** adj. Se dit d'un vers qui a dix syllabes.

DÉCATHLON n.m. Épreuve masculine d'athlétisme, combinant dix spécialités différentes de course (100 m, 400 m, 1 500 m, 110 m haies), de saut (hauteur, longueur, perche) et de lancer (poids, disque, javelot).

DÉCATHLONIEN n.m. Athlète spécialiste du décathlon ; athlète qui participe à un décathlon.

DÉCATI, E adj. **1.** Se dit d'un tissu qui a perdu son aspect lustré. **2.** Fig. Qui a perdu sa fraîcheur, sa jeunesse.

DÉCATIR v.t. [21]. Soumettre un tissu à l'action de la vapeur pour lui ôter son aspect lustré. ◆ **SE DÉCATIR** v.pr. Perdre sa jeunesse, sa fraîcheur ; se faner.

DÉCATISSAGE n.m. Action de décatir un tissu.

DECAUVILLE n.m. (du n. de P. *Decauville*). Chemin de fer constitué par une voie portative de faible écartement (0,4 à 0,6 m), utilisé dans les chantiers, les carrières.

DÉCAVAILLONNER v.t. [3]. Labourer de façon à fendre les cavaillons entre les pieds de vigne.

DÉCAVÉ, E adj. Très amaigri : *Visage décavé.*

DÉCAVER v.t. [3]. Au poker, gagner toute la cave d'un joueur.

DECCA [deka] n.m. (n. d'une firme angl.). Ancien système de radionavigation maritime ou aérienne.

DÉCÉDER v.i. [11], ▲ *[11*]* (auxil. *être*) [du lat. *decedere*, s'en aller]. Mourir, en parlant de qqn.

DÉCELABLE adj. Qui peut être décelé.

DÉCELER v.t. [12] (de *celer*). **1.** Parvenir à distinguer d'après des indices ; détecter : *Déceler une fuite de gaz.* **2.** Révéler l'existence de : *Son tremblement décelait son émotion.*

DÉCÉLÉRATION n.f. Réduction de la vitesse d'un mobile.

DÉCÉLÉRER v.i. [11], ▲ *[11*]*. Ralentir, en parlant d'un mobile.

DÉCEMBRE n.m. (du lat. *decembris mensis*, dixième mois, l'année romaine commençant en mars). Douzième mois de l'année.

DÉCEMBRISTE n.m. → **DÉCABRISTE.**

DÉCEMMENT [-samɑ̃] adv. **1.** Convenablement : *Décemment vêtu.* **2.** Raisonnablement : *Décemment payé.*

DÉCEMVIR [desɛm-] n.m. (du lat. *decem*, dix, et *vir*, homme). ANTIQ. ROM. Membre d'un collège de dix magistrats dont les fonctions ont varié selon les époques.

DÉCEMVIRAT n.m. Dignité de décemvir.

DÉCENCE n.f. (lat. *decentia*). **1.** Respect des convenances ; bienséance : *Manquer de décence.* **2.** Dignité dans le comportement ; tact : *Il a eu la décence de se taire.*

DÉCENNAL, E, AUX adj. (du lat. *decem*, dix, et *annus*, an). **1.** Qui dure dix ans : *Garantie décennale.* **2.** Qui revient tous les dix ans.

DÉCENNIE n.f. Période de dix ans.

DÉCENT, E adj. (lat. *decens*). **1.** Conforme à la décence ; correct : *Vêtements décents.* **2.** D'un niveau acceptable ; suffisant : *Un salaire décent.*

DÉCENTRAGE n.m. **1.** Action de décentrer qqch. **2.** OPT. Décentrement.

DÉCENTRALISATEUR, TRICE adj. Relatif à la décentralisation : *Politique décentralisatrice.* ◆ n. Partisan de la décentralisation.

DÉCENTRALISATION n.f. Système d'organisation des structures administratives de l'État qui accorde des pouvoirs de décision et de gestion à des organes autonomes régionaux ou locaux (collectivités locales, établissements publics).

DÉCENTRALISER v.t. [3]. **1.** Opérer la décentralisation de. **2.** Disséminer sur un territoire des administrations, des industries qui se trouvaient groupées en un même lieu.

DÉCENTREMENT n.m. **1.** OPT. Défaut d'alignement des centres des lentilles (SYN. **décentrage**). **2.** PHOTOGR. Dispositif permettant de décentrer l'objectif d'un appareil photographique afin de modifier la position de l'image sur l'émulsion.

DÉCENTRER v.t. [3]. **1.** Déplacer le centre de qqch ; déplacer qqch par rapport à un centre, à un axe. **2.** OPT., PHOTOGR. Affecter d'un décentrement un système optique, les lentilles qui le composent.

DÉCEPTIF, IVE adj. (de l'angl. *deceptive*, trompeur). **1.** COMM. Se dit d'une marque ou d'une publicité propre à tromper le consommateur sur la nature, la provenance géographique ou la qualité d'un produit ou d'un service. **2.** Qui entraîne une déception ; décevant : *Un rendez-vous déceptif.*

DÉCEPTION n.f. (lat. *deceptio*). Fait d'être déçu, trompé dans son attente, son espérance ; déconvenue.

DÉCERCLER v.t. [3]. Ôter les cercles d'un tonneau, d'une cuve.

DÉCÉRÉBRATION n.f. NEUROL. Interruption de la transmission des messages nerveux entre le cerveau et le reste de l'encéphale, par section expérimentale chez un animal, ou à la suite d'une maladie.

DÉCÉRÉBRÉ, E adj. et n. Se dit d'une personne ou d'un animal qui a subi une décérébration.

DÉCÉRÉBRER v.t. [11], ▲ *[11*]* (du lat. *cerebrum*, cerveau). NEUROL. Faire subir une décérébration à un animal.

DÉCERNER v.t. [3] (du lat. *decernare*, décider). **1.** Accorder solennellement ; attribuer : *Décerner une récompense à un écrivain, un film.* **2.** DR. Ordonner juridiquement qqch.

DÉCERVELAGE n.m. Action de décerveler ; son résultat.

DÉCERVELER v.t. [16], ▲ *[12]*. **1.** Enlever la cervelle à un animal. **2.** Fig. Rendre stupide ; abrutir.

DÉCÈS n.m. (lat. *decessus*). Mort de qqn. ■ **Acte de décès,** acte établi à la mairie du lieu où un décès se produit et qui constate officiellement celui-ci.

DÉCEVANT, E adj. Qui déçoit : *Ami, voyage décevant.*

DÉCEVOIR v.t. [39] (lat. *decipere*). Causer une déception à ; désappointer : *Il nous a déçus en refusant.*

DÉCHAÎNÉ, E, ▲ *DÉCHAINÉ, E* adj. **1.** Très agité ; excité : *Des supporteurs déchaînés.* **2.** Qui fait rage ; violent : *Une mer déchaînée.*

DÉCHAÎNEMENT, ▲ *DÉCHAINEMENT* n.m. Action de s'emporter ; action de faire rage.

DÉCHAÎNER, ▲ *DÉCHAINER* v.t. [3]. **1.** Déclencher qqch d'incontrôlable ; allumer : *Déchaîner les passions.* **2.** Ôter les chaînes de. ◆ **SE DÉCHAÎNER** v.pr. **1.** Se mettre dans un état d'excitation extrême ; s'emporter : *Le public se déchaîne.* **2.** Faire rage, en parlant des éléments.

DÉCHANT n.m. MUS. Mélodie écrite en contrepoint, note contre note, d'un chant donné et évoluant en mouvement contraire.

DÉCHANTER v.i. [3]. Perdre ses illusions.

DÉCHAPERONNER v.t. [3]. FAUCONN. Ôter le chaperon d'un oiseau de proie dressé pour le vol.

DÉCHARGE n.f. **1.** Action de tirer avec une arme ou des armes à feu ; projectile(s) tiré(s) : *Une décharge de mitraillette.* **2.** Lieu où l'on peut déposer les décombres et les immondices, les déchets. **3.** Québec. Cours d'eau dans lequel s'écoule le trop-plein d'un lac ; lieu où s'effectue ce déversement. **4.** ARCHIT. Report de la charge des maçonneries sur des points d'appui solides. **5.** DR. Acte par lequel on tient quitte d'une obligation, d'une responsabilité. ■ **À sa décharge,** pour atténuer sa responsabilité. ■ **Décharge électrique,** phénomène qui se produit quand un corps électrisé perd sa charge. ■ **Décharge oscillante,** oscillation électrique. ■ **Témoin à décharge** [dr.], qui témoigne en faveur d'un suspect.

DÉCHARGEMENT n.m. **1.** Action de décharger un véhicule, un navire, ce qu'il transporte. **2.** Action de décharger une arme à feu, d'ôter sa charge.

DÉCHARGER v.t. [10]. **1.** Débarrasser de son chargement, de sa charge : *Décharger un camion.* **2.** Déposer quelque part un chargement : *Décharger la cargaison d'un navire.* **3.** Libérer qqn d'une fonction, d'une charge : *Il nous décharge d'une partie de notre travail.* **4.** Atténuer ou dégager la responsabilité de qqn. **5.** Tirer avec une arme à feu : *Décharger son revolver sur qqn.* **6.** Retirer la cartouche d'une arme à feu, la charge d'une mine ou d'un projectile. **7.** Extraire tout ou partie de l'énergie électrique emmagasinée dans un dispositif. **8.** Donner libre cours à un sentiment : *Décharger sa colère sur qqn.* ■ **Décharger sa conscience,** faire des aveux. ◆ v.i. **1.** Vider son chargement. **2.** Perdre sa couleur ; déteindre. ◆ **SE DÉCHARGER** v.pr. Se vider de sa charge, de son chargement. ■ **Se décharger de qqch (sur qqn),** en confier le soin à qqn d'autre.

DÉCHARNÉ, E adj. Très maigre ; émacié.

DÉCHARNER v.t. [3]. Sout. Rendre très maigre.

DÉCHAUMAGE n.m. Action de déchaumer ; son résultat.

DÉCHAUMER v.t. [3]. AGRIC. Effectuer un travail superficiel après la moisson, de façon à mélanger les chaumes à la terre et à briser la croûte superficielle du sol.

DÉCHAUMEUSE n.f. Appareil servant à déchaumer.

DÉCHAUSSAGE n.m. AGRIC., ARBOR. Mise à nu de la base d'une plante, d'un arbre.

DÉCHAUSSÉ ou **DÉCHAUX** adj.m. ■ **Moine, carme déchaussé,** religieux adepte de la réforme de sainte Thérèse d'Ávila, allant pieds nus dans des sandales.

DÉCHAUSSEMENT n.m. Rétraction de la gencive au niveau du collet d'une dent.

DÉCHAUSSER v.t. [3]. **1.** Ôter ses chaussures à qqn. **2.** Dégager la base d'une plante, d'un arbre. ◆ **SE DÉCHAUSSER** v.pr. **1.** Enlever ses chaussures. **2.** Se dénuder au niveau de la racine, en parlant des dents.

DÉCHAUSSEUSE n.f. Charrue pour déchausser la vigne.

DÉCHAUX adj.m. → **DÉCHAUSSÉ.**

DÈCHE n.f. (de *déchéance*). Fam. Misère ; dénuement : *Être dans la dèche.*

DÉCHÉANCE n.f. **1.** Fait de déchoir, d'être déchu, moralement ou socialement ; état de dégradation des facultés physiques ou intellectuelles. **2.** DR. Perte d'un droit juridique ou d'une fonction.

DÉCHET n.m. (de *déchoir*). **1.** (Souvent pl.). Reste sans valeur ; détritus : *Déchets industriels.* **2.** Ce qui tombe d'une matière que l'on travaille ; résidu : *Déchets de laine.* ■ **Déchet nucléaire** ou **radioactif,** résidu radioactif obtenu lors de la mise en œuvre de matériaux radioactifs (notamm. dans les réacteurs nucléaires). ■ **Déchet vert** → **1. VERT.**

DÉCHETTERIE ou **DÉCHÈTERIE** n.f. (nom déposé). Centre ouvert au public pour le dépôt sélectif des déchets encombrants ou susceptibles d'être recyclés. (Au Québec, on dit *écocentre*.)

DÉCHIFFONNER v.t. [3]. Défroisser un tissu chiffonné.

DÉCHIFFRABLE adj. Qui peut être déchiffré.

DÉCHIFFRAGE n.m. Action de déchiffrer de la musique.

DÉCHIFFREMENT n.m. Action de déchiffrer un texte écrit en clair ou en code.

DÉCHIFFRER v.t. [3]. **1.** Parvenir à comprendre un texte écrit peu lisiblement, ou codé : *Déchiffrer un message secret.* **2.** Lire ou exécuter de la musique à première vue. **3.** Deviner ce qui est caché ou obscur ; élucider : *Déchiffrer un rébus.*

DÉCHIFFREUR, EUSE n. Personne qui déchiffre.

DÉCHIQUETAGE n.m. Action de déchiqueter.

DÉCHIQUETÉ, E adj. **1.** Mis en pièces, en lambeaux. **2.** Qui présente de nombreuses découpures : *Littoral déchiqueté.* ■ **Feuille déchiquetée** [bot.], à bords dentelés inégalement.

DÉCHIQUETER v.t. [16], ▲ *[12]* (de l'anc. fr. *eschiqueté*, découpé en cases). Mettre en lambeaux par arrachement ; lacérer.

DÉCHIQUETEUR n.m. Appareil pour déchiqueter les matières industrielles.

DÉCHIQUETURE n.f. Sout. Partie déchiquetée de qqch ; découpure.

DÉCHIRANT, E adj. Qui déchire le cœur ; bouleversant : *Une séparation déchirante.*

DÉCHIREMENT n.m. **1.** Action de déchirer ; fait de se déchirer. **2.** Grande souffrance morale. **3.** Division dans un groupe, provoquant des troubles ; dissension.

DÉCHIRER v.t. [3] (anc. fr. *escirer*, du francique). **1.** Mettre en morceaux ; faire un accroc à : *Déchirer un document, la manche de sa veste.*

2. Causer une vive douleur physique ou morale à : *Ces quintes de toux lui déchirent la poitrine. Refuser me déchire le cœur.* **3.** Fig. Diviser par des troubles : *Questions d'intérêt qui déchirent une famille.* ◆ **SE DÉCHIRER v.pr.** Se causer mutuellement de grandes souffrances morales.

DÉCHIRURE n.f. 1. Rupture faite en déchirant ; accroc. **2. MÉD.** Rupture au sein d'un tissu (périnée au moment de l'accouchement, muscle, etc.).

DÉCHLORURER [-klɔ-] **v.t. [3].** Enlever le chlorure d'une substance.

DÉCHOCAGE ou **DÉCHOQUAGE n.m. MÉD.** Traitement d'urgence de l'état de choc.

DÉCHOIR v.i. [57] (du lat. *cadere*, tomber). **1.** (Auxil. *être*). Tomber à un rang, à un état inférieur : *Il ne peut accepter sans déchoir.* **2.** (Auxil. *avoir*). Litt. Perdre de son importance ; s'amenuiser : *Son influence déchoit.* ◆ **v.t.** Déposséder d'un droit, d'un privilège : *Déchoir qqn de son éligibilité.*

DÉCHRISTIANISATION [-kris-] **n.f.** Action de déchristianiser ; son résultat.

DÉCHRISTIANISER [-kris-] **v.t. [3].** Faire renoncer à la foi chrétienne.

DÉCHU, E adj. Qui a perdu son rang, sa réputation, sa dignité.

DÉCI- préf. (du lat. *decem*, dix). Préfixe (symb. d) qui, placé devant une unité, la divise par 10.

DÉCI n.m. Suisse. Dans les cafés, mesure d'un décilitre de vin.

DÉCIBEL n.m. Dixième partie du bel (symb. dB), unité servant en acoustique à définir une échelle d'intensité sonore. ◆ **n.m. pl.** Fam. Bruit intense ; vacarme.

DÉCIDABILITÉ n.f. Propriété de ce qui est décidable.

DÉCIDABLE adj. LOG. Qui est démontrable ou réfutable dans une théorie déductive : *Formule, système décidables.*

DÉCIDÉ, E adj. Qui fait preuve d'esprit de décision ; déterminé : *Une ministre décidée.*

DÉCIDÉMENT adv. Tout compte fait ; en définitive.

DÉCIDER v.t. [3] (lat. *decidere*). **1.** Prendre le parti de faire qqch ; décréter : *Elle a décidé de partir, que nous partirions tôt, notre perte.* **2.** Pousser à telle ou telle action ; convaincre : *Décider qqn à se présenter aux élections.* **3.** Sout. Être la cause déterminante de ; entraîner : *Ce scandale décida la chute du gouvernement.* ◆ **v.t. ind. (DE). 1.** Prendre le parti de : *J'ai décidé de m'en occuper.* **2.** Être l'élément décisif ; déterminer : *Le résultat décidera de son avenir.* ◆ **v.i.** Avoir la responsabilité du choix : *Qui décide ici ?* ◆ **SE DÉCIDER v.pr.** Prendre une décision.

DÉCIDEUR, EUSE n. Personne physique ou morale habilitée à prendre des décisions (SYN. **décisionnaire**).

DÉCIDU, E adj. (du lat. *deciduus*, qui tombe). **BOT.** Caducifolié.

DÉCIDUALE adj.f. ANAT. 1. Relatif à la caduque utérine. **2.** Se dit d'une dent temporaire, destinée à tomber pour être remplacée (dents des crocodiles, dents de lait des mammifères, etc.).

DÉCIGRADE n.m. Angle valant 0,1 grade (symb. dgr).

DÉCIGRAMME n.m. Masse valant 0,1 gramme (symb. dg).

DÉCILAGE n.m. MATH. Division d'une distribution statistique en dix classes d'effectif égal.

DÉCILE n.m. MATH. Chacune des neuf valeurs qui divisent une distribution statistique en dix classes d'effectif égal.

DÉCILITRE n.m. Capacité valant 0,1 litre (symb. dl).

DÉCIMAL, E, AUX adj. (du lat. *decimus*, dixième). Qui a pour base le nombre dix : *Numération décimale.* ▪ **Degré décimal** → **DEGRÉ.** ▪ **Nombre décimal,** nombre qui est le quotient d'un entier par une puissance entière de dix. ▪ **Partie décimale d'un nombre décimal,** différence entre le nombre et sa partie entière : *La partie décimale de 3,7 est 0,7.* ▪ **Système décimal,** qui procède par puissances de dix. ▪ **Valeur décimale,** forme décimale donnée à un nombre : *1/2 a pour valeur décimale 0,5.*

DÉCIMALE n.f. Chacun des chiffres figurant après la virgule dans l'écriture d'un nombre décimal.

DÉCIMALISATION n.f. Application du système décimal à des grandeurs, des mesures.

DÉCIMALISER v.t. [3]. Normaliser par décimalisation.

DÉCIMATEUR n.m. HIST. Personne qui avait le droit de lever la dîme ecclésiastique.

DÉCIMATION n.f. 1. Action de décimer. **2. ANTIQ. ROM.** Châtiment consistant à faire périr un soldat sur dix.

1. DÉCIME n.f. (du lat. *decima pars*, dixième partie). **HIST.** Dans la France du Moyen Âge et de l'Ancien Régime, impôt perçu par le roi sur le clergé.

2. DÉCIME n.m. (du lat. *decimus*, dixième). Anc. Dixième partie du franc.

DÉCIMER v.t. [3] (du lat. *decimare*, tuer un soldat sur dix). Faire périr en grand nombre : *L'épidémie a décimé la population.*

DÉCIMÈTRE n.m. 1. Longueur valant 0,1 mètre (symb. dm). **2.** Règle divisée en centimètres et en millimètres, d'une longueur de un, deux (*double décimètre*) ou plusieurs décimètres.

DÉCIMÉTRIQUE adj. 1. Qui est de l'ordre du décimètre. **2.** Se dit d'ondes radio dont la longueur d'onde est comprise entre 10 cm et 1 m.

DÉCINTREMENT ou **DÉCINTRAGE n.m.** Action de décintrer ; son résultat.

DÉCINTRER v.t. [3]. 1. Défaire les pinces ou les coutures d'un vêtement afin de le rendre plus ample. **2. CONSTR.** Ôter les cintres établis pour construire une voûte, un arc, etc.

DÉCISIF, IVE adj. (lat. *decisivus*, de *decidere*, trancher). Qui conduit à un résultat définitif, à une solution ; déterminant : *Preuve décisive. Marquer le point décisif.*

DÉCISION n.f. (lat. *decisio*). **1.** Acte par lequel qqn décide, se décide ; chose décidée : *Une décision mûrement réfléchie. Prendre la décision d'intervenir.* **2.** Action de décider après délibération ; acte par lequel une autorité décide qqch après examen : *Décisions gouvernementales.* **3.** Qualité d'une personne qui n'hésite pas à faire des choix ; détermination : *Montrer de la décision.* ▪ **Décision exécutoire** [dr.], acte unilatéral de l'Administration ; en droit de l'Union européenne, acte juridique obligatoire pour les destinataires qu'il désigne (États ou particuliers). ▪ **Théorie de la décision** [psychol.], théorie qui, à partir d'un ensemble de données, tente de déterminer, à l'aide notamm. de modèles mathématiques, le comportement optimal dans une situation précise.

DÉCISIONNAIRE adj. Qui relève d'une décision d'ordre politique, administratif, judiciaire : *Pouvoir décisionnaire.* ◆ **n.** Décideur.

DÉCISIONNEL, ELLE adj. Relatif à une décision, à une prise de décision.

DÉCISOIRE adj. DR. ▪ **Serment décisoire,** serment judiciaire imposé par une partie à son adversaire au cours d'un procès civil et dont dépend la solution du litige.

DÉCITEX n.m. TEXT. Unité de mesure du titre des fibres textiles (symb. dtx) équivalant au titre d'un fil de 1 g ayant une longueur de 10 000 mètres.

DÉCLAMATEUR, TRICE n. Personne qui déclame.

DÉCLAMATION n.f. 1. Art de déclamer. **2.** Éloquence pompeuse, emphatique.

DÉCLAMATOIRE adj. 1. Relatif à la déclamation : *Style, art déclamatoire.* **2.** Plein d'emphase ; grandiloquent : *Un ton déclamatoire.*

DÉCLAMER v.t. [3] (lat. *declamare*). **1.** Dire un texte avec le ton et les gestes adéquats : *Acteur qui déclame une tirade.* **2.** Absol. Parler avec emphase. ◆ **v.i.** Litt. Parler avec violence contre qqn, qqch.

DÉCLARANT, E adj. et **n. DR.** Qui fait une déclaration, notamm. à un officier d'état civil.

DÉCLARATIF, IVE adj. LING. Se dit d'un verbe exprimant une assertion (par ex. *dire, déclarer*). ▪ **Acte déclaratif** [dr.], par lequel on constate l'existence d'un droit préexistant.

DÉCLARATION n.f. 1. Action de déclarer ; discours par lequel on déclare : *Faire une déclaration à la presse.* **2. DR.** Affirmation de l'existence d'une situation juridique ou d'un fait : *La Déclaration des droits de l'homme et du citoyen.* **3.** Aveu fait à qqn de l'amour qu'on éprouve à son égard : *Il n'ose pas faire sa déclaration.* ▪ **Déclaration des revenus,** transmission à l'administration fiscale par un particulier des revenus de son patrimoine, par une entreprise de son chiffre d'affaires. (On dit parfois, abusivement, *déclaration d'impôts*.) ▪ **Déclaration d'intérêts** → **INTÉRÊT.**

DÉCLARATOIRE adj. DR. Qui déclare juridiquement.

DÉCLARER v.t. [3] (lat. *declarare*). **1.** Faire connaître d'une façon évidente, solennelle : *Déclarer ses intentions. Déclarer la guerre.* **2.** Faire connaître à une administration, conformément à la loi : *Déclarer ses revenus.* ◆ **SE DÉCLARER v.pr. 1.** Exprimer un sentiment, une idée ; se prononcer : *Se déclarer contre la peine de mort.* **2.** Commencer à apparaître ; se manifester : *L'épidémie s'est déclarée.*

DÉCLASSÉ, E adj. et **n.** Passé à un rang social, à un statut inférieur : *Un sportif déclassé.*

DÉCLASSEMENT n.m. 1. Action de déclasser ; son résultat. **2.** Pour une personne, un groupe, fait de passer à une catégorie sociale inférieure : *Le déclassement des classes moyennes.*

DÉCLASSER v.t. [3]. 1. Déranger le classement de. **2.** Faire passer dans une catégorie considérée comme inférieure ; rétrograder dans un classement : *Déclasser un fonctionnaire, un restaurant.*

DÉCLASSIFICATION n.f. Action de déclassifier ; son résultat.

DÉCLASSIFIER v.t. [5]. MIL. Supprimer les restrictions d'accès à des documents classifiés.

DÉCLAVETER v.t. [16], ▲ *[12].* **TECHN.** Enlever la clavette qui lie une pièce à une autre.

DÉCLENCHANT, E adj. MÉD. Se dit du facteur qui va déclencher un processus morbide.

DÉCLENCHEMENT n.m. Action de déclencher ; fait de se déclencher.

DÉCLENCHER v.t. [3] (de *clenche*). **1.** Mettre en marche, en mouvement : *Le passage dans le champ de la caméra déclenche l'ouverture de la porte.* **2.** Déterminer le début d'une action ; entraîner : *Sa réponse a déclenché l'hilarité générale.* ◆ **SE DÉCLENCHER v.pr. 1.** Se mettre à fonctionner : *L'alarme s'est déclenchée.* **2.** Se produire brusquement ; se déclarer : *Épidémie qui se déclenche.*

DÉCLENCHEUR n.m. 1. Dispositif agissant sur le mécanisme d'un disjoncteur pour en provoquer l'ouverture. **2.** Dispositif qui commande le fonctionnement de l'obturateur d'un appareil photo. ◆ **adj.m. ÉTHOL.** ▪ **Stimulus déclencheur,** ou **déclencheur, n.m.,** stimulus dont la perception provoque un acte moteur spécifique.

DÉCLIC n.m. (de l'anc. fr. *cliquer*, faire du bruit). **1.** Mécanisme destiné à séparer deux pièces enclenchées ; bruit provoqué par ce mécanisme (en partic., dans un appareil photo). **2.** Fig. Compréhension soudaine : *Grâce à sa remarque, j'ai eu le déclic.*

DÉCLIN n.m. Fait de décliner ; période où cela se produit : *Le déclin d'un parti politique. Un chanteur sur le déclin.*

DÉCLINABLE adj. LING. Qui peut être décliné.

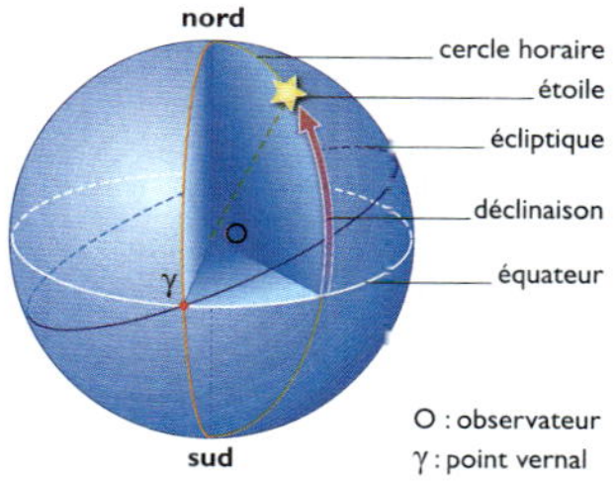

▲ **déclinaison** (astronomie).

DÉCLINAISON n.f. 1. LING. Ensemble des formes pourvues d'affixes que présentent, dans les langues flexionnelles, les noms, les adjectifs et les pronoms, selon le genre, le nombre et le cas (SYN. **flexion nominale**). **2. ASTRON.** L'une des deux coordonnées équatoriales permettant de repérer la position d'un point sur la sphère céleste, analogue à la latitude sur la Terre. **3. COMM.** Action de décliner un produit, une gamme. ▪ **Déclinaison magnétique** [astron.], angle formé par le méridien magnétique et le méridien géographique en un point de la surface terrestre.

DÉCLINANT, E adj. Qui décline, s'affaiblit.

DÉCLINATOIRE n.m. TOPOGR. Longue aiguille aimantée à pivot servant à orienter un plan. ■ **Déclinatoire de compétence** [dr.], exception ou acte contestant la compétence d'un tribunal. ◆ **adj. DR.** Qui a pour but de décliner.

DÉCLINER v.i. [3] (lat. *declinare*). **1.** Perdre de ses forces, de ses qualités ; s'affaiblir : *Malade qui décline.* **2.** Laisser place à la nuit, en parlant du jour ; baisser. **3.** S'approcher de l'horizon, en parlant d'un astre. ◆ **v.t. 1.** Refuser avec politesse : *Décliner une offre.* **2. DR.** Rejeter la compétence d'un tribunal. **3. LING.** Énoncer les différentes formes de la déclinaison d'un nom, d'un pronom, d'un adjectif. **4. COMM.** Présenter un produit, une gamme sous plusieurs formes ; en exploiter les différents sous-produits. ■ **Décliner son nom, son identité,** les énoncer avec précision. ■ **Décliner toute responsabilité,** rejeter toute responsabilité.

DÉCLINISME n.m. Théorie selon laquelle un pays (son économie, sa société, etc.) est sur la voie du déclin.

DÉCLIQUETAGE n.m. Action de décliqueter un mécanisme.

DÉCLIQUETER v.t. [16], ▲ *[12].* **MÉCAN. INDUSTR.** Dégager le cliquet d'une roue à rochet.

DÉCLIVE adj. (lat. *declivis*). Qui va en pente : *Ruelle déclive.*

DÉCLIVITÉ n.f. État de ce qui est en pente.

DÉCLOISONNEMENT n.m. Action de décloisonner ; son résultat.

DÉCLOISONNER v.t. [3]. Enlever les cloisons qui empêchent la communication, les relations, etc. : *Décloisonner des filières universitaires.*

DÉCLORE v.t. [93]. Vx. Enlever la clôture de.

DÉCLOUER v.t. [3]. Ôter les clous qui fixent : *Déclouer une caisse.*

DÉCO adj. inv. ■ **Arts déco** → **ART.** ◆ **n.f.** (abrév.). Fam. Décoration.

DÉCOCHAGE n.m. MÉTALL. Action de décocher une pièce de fonderie.

DÉCOCHER v.t. [3] (de 2. *coche*). **1.** Envoyer avec un arc ou un engin analogue : *Décocher une flèche.* **2.** Fig. Donner soudainement et avec force ; lancer : *Décocher un regard furieux, une gifle.* **3. MÉTALL.** Extraire une pièce de fonderie du moule en sable où elle a été coulée.

DÉCOCTION n.f. (du lat. *decoquere*, faire cuire). Liquide obtenu par l'action prolongée de l'eau bouillante sur une plante aromatique.

DÉCODAGE n.m. Action de décoder ; son résultat.

DÉCODER v.t. [3]. 1. Déchiffrer un message, un texte codé ; décrypter. **2.** Fig. Interpréter ; comprendre : *Décoder le comportement d'un adolescent.*

1. DÉCODEUR n.m. Dispositif destiné à restituer en clair des signaux cryptés à l'émission.

2. DÉCODEUR, EUSE n. Personne qui décode.

DÉCOFFRAGE n.m. Action de décoffrer un ouvrage de béton.

DÉCOFFRER v.t. [3]. Enlever le coffrage d'un ouvrage de béton après durcissement.

DÉCOHABITATION n.f. Action de décohabiter.

DÉCOHABITER v.i. [3]. 1. En parlant d'un jeune adulte, quitter le domicile des parents. **2.** En parlant d'une femme, quitter le domicile d'un mari polygame.

DÉCOIFFER v.t. [3]. Mettre les cheveux en désordre : *Un coup de vent l'a décoiffée.* ◆ **v.i.** Fam. Produire une forte impression : *Une musique qui décoiffe.*

DÉCOINCEMENT ou **DÉCOINÇAGE n.m.** Action de décoincer ; son résultat.

DÉCOINCER v.t. [9]. Dégager ce qui est coincé, bloqué : *Décoincer un tiroir.* ◆ **SE DÉCOINCER v.pr. 1.** Se remettre à fonctionner. **2.** Fig., fam. Perdre sa timidité, sa réserve.

DÉCOLÉRER v.i. [11], ▲ *[11*].* ■ **Ne pas décolérer,** ne pas cesser d'être en colère.

DÉCOLLAGE n.m. 1. Action de décoller, de détacher : *Le décollage des affiches sur une palissade.* **2.** Action, fait de quitter le sol : *Le décollage d'un avion.* **3. ÉCON.** Selon W. W. Rostow, période de croissance que connaît toute société au cours de son processus de développement économique.

DÉCOLLATION n.f. (du lat. *decollare*, décapiter). Vx. Action de couper le cou, de décapiter.

DÉCOLLÉ, E adj. ■ **Oreilles décollées,** très écartées du crâne.

DÉCOLLECTE n.f. Baisse des fonds gérés par un organisme de placement du fait du retrait par les souscripteurs des capitaux qu'ils avaient placés.

DÉCOLLECTIVISER v.t. [3]. Transférer les moyens de production et d'échange du domaine collectif à celui de l'initiative privée.

DÉCOLLEMENT n.m. Action de décoller ; fait de se décoller.

DÉCOLLER v.t. [3]. Détacher ce qui est collé, ce qui adhère à qqch : *Décoller du papier peint.* ◆ **v.i. 1.** Quitter le sol, en parlant d'un aéronef. **2. ÉCON.** Sortir de la stagnation ; se développer. **3. SPORTS.** Se faire distancer par ses rivaux ou ne plus pouvoir suivre son entraîneur, en parlant d'un coureur. ■ **Ne pas décoller** [fam.], ne pas quitter un lieu, cesser une activité : *Elle ne décolle pas de son ordinateur.* ◆ **SE DÉCOLLER v.pr.** Ne plus coller ; cesser d'être collé.

DÉCOLLETAGE n.m. 1. Action de décolleter un vêtement féminin. **2. AGRIC.** Action de couper le collet et les feuilles de certaines plantes cultivées pour leur racine (betteraves, carottes, etc.). **3. MÉCAN. INDUSTR.** Opération qui consiste à fabriquer en série des pièces métalliques de révolution, sur un tour parallèle, en les usinant les unes à la suite des autres dans une barre.

DÉCOLLETÉ, E adj. Qui a les épaules et le cou découverts : *Des mannequins décolletés* ; qui laisse les épaules et le cou découverts : *Des hauts très décolletés.* ◆ **n.m. 1.** Haut du buste d'une femme découvert par l'échancrure de son vêtement. **2.** Échancrure d'un vêtement féminin, dégageant plus ou moins le cou et les épaules.

DÉCOLLETER v.t. [16], ▲ *[12].* **1.** Découvrir le haut du buste d'une femme. **2.** Échancrer le haut d'un vêtement de femme. **3. AGRIC., MÉCAN. INDUSTR.** Pratiquer le décolletage de.

DÉCOLLETEUR, EUSE n. Ouvrier travaillant au décolletage. ◆ **n.f. 1. MÉCAN. INDUSTR.** Tour à décolleter. **2.** Machine agricole pour le décolletage des betteraves.

DÉCOLLEUSE n.f. Machine servant à décoller les revêtements (murs, sols).

DÉCOLONISATION n.f. Action de décoloniser ; situation qui en résulte.

> ➲ Principales étapes de la **DÉCOLONISATION**. 1947 : indépendance de l'Inde et du Pakistan. 1949 : indépendance de l'Indonésie et du Laos. 1954 : indépendance du Viêt Nam et du Cambodge. 1956 : indépendance de la Tunisie et du Maroc. 1957 : indépendance du Ghana. 1958 : indépendance de la Guinée. 1960 : indépendance du Nigeria et des colonies françaises d'Afrique noire. 1962 : indépendance de l'Algérie. 1975 : indépendance de l'Angola et du Mozambique.

DÉCOLONISER v.t. [3]. Accorder l'indépendance à une colonie ; la faire accéder au statut d'État.

DÉCOLORANT, E adj. et **n.m.** Qui décolore.

DÉCOLORATION n.f. 1. Disparition ou affaiblissement de la couleur de qqch : *La décoloration de la moquette par le soleil.* **2.** Opération qui consiste à éclaircir la couleur naturelle des cheveux.

DÉCOLORER v.t. [3]. Altérer, effacer, éclaircir la couleur de. ◆ **SE DÉCOLORER v.pr. 1.** Perdre sa couleur. **2.** Éclaircir la couleur de ses cheveux.

DÉCOMBRES n.m. pl. (de l'anc. fr. *decombrer*, débarrasser). Débris d'un édifice écroulé.

DÉCOMMANDER v.t. [3]. Annuler une commande, un rendez-vous, etc.

DÉCOMPENSATION n.f. 1. MÉD. Aggravation de l'état d'un organe, d'un organisme, quand le phénomène de compensation de la maladie en cours n'est plus possible. **2. PSYCHOL.** Effondrement brutal des défenses chez un sujet confronté à une situation difficile ou dangereuse.

DÉCOMPENSÉ, E adj. Se dit d'une maladie quand la décompensation s'est produite : *Cardiopathie décompensée.*

DÉCOMPENSER v.i. ou **SE DÉCOMPENSER v.pr. [3].** En parlant d'une maladie ou d'un malade, être en état de décompensation.

DÉCOMPLEXÉ, E adj. 1. Se dit d'une personne dont l'attitude est sans complexes ; libéré, émancipé : *Une jeune femme très décomplexée.* **2.** Se dit d'un comportement, d'une opinion, etc., qui s'assument pour ce qu'ils sont : *Une sexualité décomplexée. La droite décomplexée.*

DÉCOMPLEXER v.t. [3]. Faire perdre ses complexes, sa timidité à qqn.

DÉCOMPOSABLE adj. Qui peut être décomposé.

DÉCOMPOSER v.t. [3]. 1. Séparer en ses éléments constituants : *Décomposer l'eau par électrolyse.* **2. BIOL.** Provoquer la décomposition de ; putréfier. **3.** Fig. Modifier profondément ; altérer : *La peur décomposait son visage.* ◆ **SE DÉCOMPOSER v.pr. 1.** Se diviser en éléments constituants : *Son règne se décompose en trois périodes.* **2.** Entrer en décomposition ; pourrir. **3.** Fig. S'altérer sous l'effet d'une émotion intense, en parlant du visage.

DÉCOMPOSEUR n.m. ÉCOL. Organisme (animal, champignon, micro-organisme) qui assure la décomposition de la matière organique issue des êtres vivants (cadavres, végétaux morts, déchets, etc.) [SYN. **minéralisateur**].

DÉCOMPOSITION n.f. 1. Séparation de qqch en ses éléments constituants ; analyse. **2. BIOL.** Altération d'une substance organique ; putréfaction. **3.** Fig. Grande désorganisation ; altération profonde : *La décomposition d'un parti politique.* **4. ÉCOL.** Transformation des substances organiques en molécules organiques plus simples, sous l'action des décomposeurs. (→ **minéralisation**).

DÉCOMPRESSER v.i. [3]. Fam. Relâcher sa tension nerveuse après une période d'activité intense. ◆ **v.t. INFORM., AUDIOVIS.** Restituer sous leur forme originale, afin de les utiliser, des données ayant préalablement fait l'objet d'une compression.

DÉCOMPRESSEUR n.m. Appareil servant à réduire la pression d'un fluide.

DÉCOMPRESSION n.f. Suppression ou diminution de la pression. ■ **Accident de décompression,** maladie des caissons*.

DÉCOMPRIMER v.t. [3]. Faire cesser ou diminuer la compression de.

DÉCOMPTE n.m. 1. Décomposition d'une somme payée ou à payer en ses éléments de détail. **2.** Déduction à faire sur un compte que l'on solde. **3.** Dénombrement des éléments constitutifs d'un ensemble : *Faire le décompte des voix d'un candidat.*

DÉCOMPTER v.t. [3]. Soustraire une somme d'un compte ; déduire. ◆ **v.i.** Sonner en désaccord avec l'heure indiquée, en parlant d'une horloge.

DÉCONCENTRATION n.f. 1. Action de déconcentrer ; fait de se déconcentrer. **2. ADMIN.** Système d'organisation des structures de l'État dans lequel certains pouvoirs de décision sont donnés aux agents du pouvoir central répartis sur le territoire.

DÉCONCENTRER v.t. [3]. 1. Diminuer ou supprimer la concentration de. **2.** Faire perdre son attention, sa concentration à. **3. ADMIN.** Opérer une déconcentration. ◆ **SE DÉCONCENTRER v.pr.** Relâcher son attention.

DÉCONCERTANT, E adj. Qui déconcerte ; déroutant.

DÉCONCERTER v.t. [3]. Plonger dans l'incertitude ; décontenancer.

DÉCONDITIONNEMENT n.m. Action de déconditionner ; son résultat.

DÉCONDITIONNER v.t. [3]. Libérer d'un conditionnement psychologique.

DÉCONFIT, E adj. (de l'anc. fr. *déconfire*, battre). Décontenancé et confus à la suite d'un échec ; penaud.

DÉCONFITURE n.f. 1. Échec total ; déroute : *La déconfiture d'un projet.* **2. DR.** Situation d'un débiteur non commerçant qui ne peut satisfaire ses créanciers.

DÉCONGÉLATION n.f. Action de décongeler.

DÉCONGELER v.t. [12]. Ramener un produit congelé à la température ambiante.

DÉCONGESTION n.f. Disparition de la congestion.

DÉCONGESTIONNEMENT n.m. Action de décongestionner.

DÉCONGESTIONNER v.t. [3]. 1. Faire cesser la congestion de qqch : *Décongestionner les bronches.* **2.** Fig. Faire cesser l'encombrement d'un lieu : *Décongestionner le centre-ville.*

DÉCONNECTER v.t. [3]. **1.** Faire cesser une connexion ; débrancher. **2.** Séparer des choses connexes. ◆ **v.i.** ou **SE DÉCONNECTER v.pr.** Fam. Perdre le contact avec la réalité. ◆ **SE DÉCONNECTER v.pr.** Interrompre une liaison avec un réseau informatique.

DÉCONNER v.i. [3] (de 2. *con*). Très fam. **1.** Dire ou faire des sottises. **2.** Fonctionner de travers.

DÉCONNEXION n.f. Action de déconnecter qqch.

DÉCONSEILLER v.t. [3]. Conseiller de ne pas faire ; dissuader : *Elle m'a déconseillé ce film* ou *de voir ce film.*

DÉCONSIDÉRATION n.f. Sout. Perte de la considération ; discrédit.

DÉCONSIDÉRER v.t. [11], ▲*[11*]*. Faire perdre la considération, l'estime ; discréditer : *Son dernier livre l'a déconsidéré.* ◆ **SE DÉCONSIDÉRER v.pr.** Agir de telle façon que l'on perd l'estime dont on était l'objet.

DÉCONSIGNER v.t. [3]. **1.** Rembourser le prix de la consigne d'un emballage. **2.** MIL. Affranchir de la consigne : *Déconsigner des troupes.*

DÉCONSTRUCTION n.f. **1.** PHILOS. Processus par lequel un ensemble construit, structuré, et notamm. un ensemble abstrait, est détaillé en ses composants à des fins critiques ; décomposition analytique. **2.** PHILOS. Opération critique consistant à montrer que les discours signifient autre chose que ce qu'ils énoncent. ➲ Notion clé de la pensée de J. Derrida. **3.** CONSTR. Démontage sélectif d'installations techniques ou de certains éléments d'une construction, afin de valoriser les déchets et de réduire les mises à la décharge.

DÉCONSTRUCTIVISME n.m. Courant architectural de la fin du XXe s. qui vise à repenser la variété des formes géométriques en remettant en question les canons architectoniques. ➲ Se référant à certains partis formels du constructivisme* russe, ce courant reflète surtout l'influence de J. Derrida, philosophe de la « déconstruction », sur l'architecture contemporaine, à travers les conceptions notamm. de F. Gehry, R. Koolhaas et B. Tschumi.

DÉCONSTRUIRE v.t. [78]. Procéder à une déconstruction.

DÉCONTAMINATION n.f. Opération visant à éliminer ou à réduire les agents d'une contamination.

DÉCONTAMINER v.t. [3]. Effectuer une décontamination.

DÉCONTENANCER v.t. [9]. Faire perdre contenance à qqn ; déconcerter : *Une réaction aussi vive avait de quoi décontenancer.* ◆ **SE DÉCONTENANCER v.pr.** Perdre contenance ; se troubler.

DÉCONTRACTÉ, E adj. **1.** Calme et sans appréhension ; détendu. **2.** Dépourvu de formalisme : *Soirée décontractée.* **3.** Qui n'est pas contracté : *Muscle décontracté.*

DÉCONTRACTER v.t. [3]. **1.** Faire cesser la contraction, la raideur d'un muscle. **2.** Faire cesser la tension nerveuse chez ; détendre. ◆ **SE DÉCONTRACTER v.pr.** Devenir moins contracté, moins tendu ; se détendre.

DÉCONTRACTION n.f. **1.** Action de décontracter : *Décontraction musculaire.* **2.** Fait d'être à l'aise, détendu ; aisance.

DÉCONVENTIONNER v.t. [3]. Mettre fin à la convention liant un médecin, un établissement à la Sécurité sociale.

DÉCONVENUE n.f. (de *convenu*). Sout. Sentiment éprouvé après un échec, une déception ; désappointement.

DÉCOR n.m. **1.** Ce qui sert à décorer ; ce qui contribue à l'ornementation d'un lieu : *Un décor très sobre.* **2.** Motifs, ornements servant à embellir un objet ; décoration : *Le décor naïf d'un buffet.* **3.** Ensemble des éléments qui figurent les lieux de l'action au théâtre, au cinéma, à la télévision ; chacun de ces éléments. **4.** Aspect d'un lieu dans lequel vit qqn, se situe une action, se produit un phénomène ; cadre : *Leur maison est située dans un décor sauvage.* ▪ **Changement de décor,** évolution brusque de la situation. ▪ **Entrer** ou **aller dans le décor** [fam.], quitter la route accidentellement, en parlant d'un véhicule, d'un conducteur.

DÉCORATEUR, TRICE n. **1.** Spécialiste de la décoration, de l'aménagement de locaux. **2.** Artiste qui conçoit, réalise les décors d'un spectacle ; scénographe. **3.** Artiste travaillant dans le domaine des arts appliqués.

DÉCORATIF, IVE adj. **1.** Qui décore, produit un effet esthétique ; ornemental. **2.** Fam., vieilli. Qui a de la prestance : *Un invité décoratif.* **3.** Péjor. D'une importance secondaire : *Avoir un rôle purement décoratif.* ▪ **Arts décoratifs,** arts appliqués*.

DÉCORATION n.f. **1.** Action, art de décorer ; ensemble de ce qui décore : *La décoration d'un appartement.* **2.** Insigne d'une distinction honorifique ou d'un ordre de chevalerie : *Décerner une décoration.* *(V. planche page suivante.)*

DÉCORDER v.t. [3]. Détortiller, séparer les brins d'une corde. ◆ **SE DÉCORDER v.pr.** Se détacher d'une cordée, en parlant d'un alpiniste, d'un spéléologue.

DÉCORÉ, E n. et adj. Personne qui porte une décoration. ◆ **adj.** Qui est garni d'éléments décoratifs : *Une assiette décorée.*

DÉCORER v.t. [3] (lat. *decorare*). **1.** Pourvoir d'éléments, d'accessoires, de motifs réalisant un embellissement ; orner. **2.** Conférer une décoration à qqn.

DÉCORNER v.t. [3]. **1.** Ôter les cornes d'un animal ; écorner. **2.** Redresser ce qui a été corné : *Décorner les pages d'un livre.* ▪ **Vent à décorner les bœufs** [fam.], très violent.

DÉCORTICAGE n.m. Action de décortiquer.

DÉCORTICATION n.f. **1.** ARBOR. Grattage de l'écorce des arbres pour détruire les végétations ou les insectes parasites. **2.** CHIRURG. Ablation d'une membrane normale ou pathologique entourant un organe.

DÉCORTIQUÉ, E adj. PHYSIOL. Privé du cortex cérébral, en parlant d'un animal de laboratoire.

DÉCORTIQUER v.t. [3] (lat. *decorticare*, de *cortex*, écorce). **1.** Débarrasser de son écorce, de son enveloppe, de sa coquille, de sa carapace, etc. : *Décortiquer des crevettes.* **2.** Fig. Analyser minutieusement ; éplucher : *Ses avocats ont décortiqué le contrat.*

DÉCORUM [-rɔm] n.m. (lat. *decorum*). Ensemble des règles de bienséance, des convenances en usage dans une société ; étiquette.

DÉCOTE n.f. **1.** Abattement consenti sur le montant d'un impôt. **2.** Diminution de la pension de retraite d'une personne cessant son activité avant d'avoir atteint l'âge limite et d'avoir acquis le nombre de trimestres de cotisation requis (par oppos. à *surcote*). **3.** COMPTAB. Minoration d'un actif apparaissant dans un inventaire. **4.** Évaluation inférieure par rapport à un cours de référence.

DÉCOUCHER v.i. [3]. Ne pas rentrer coucher chez soi.

DÉCOUDRE v.t. [66]. Défaire ce qui était cousu. ▪ **Se faire découdre** [véner.], en parlant d'un chien de chasse, recevoir une décousure. ◆ **v.i.** ▪ **En découdre avec qqn,** en venir aux mains avec lui ; l'affronter dans une vive contestation. ◆ **SE DÉCOUDRE v.pr.** Se défaire, en parlant d'une couture.

DÉCOULER v.t. ind. [3] (DE). Dériver naturellement de qqch ; résulter : *La panne découle d'une erreur humaine.*

DÉCOUPAGE n.m. **1.** Action, manière de découper. **2.** Forme découpée dans du papier ; image destinée à être découpée : *Enfants qui font des découpages.* **3.** CINÉMA. Division d'un scénario en plans numérotés ; document écrit qui établit la division du scénario en plans et fournit des précisions sur l'image et le son. ▪ **Découpage électoral,** établissement des circonscriptions électorales.

DÉCOUPE n.f. **1.** Action de découper ; son résultat. **2.** COUT. Morceau d'étoffe découpé et rapporté suivant une ligne jouant un rôle décoratif. ▪ **Vente à la découpe,** vente appartement par appartement d'un immeuble détenu par un investisseur, le plus souvent en vue de réaliser une plus-value.

DÉCOUPÉ, E adj. Dont le contour présente des découpures : *Littoral découpé.*

DÉCOUPER v.t. [3]. **1.** Diviser en morceaux, en parts : *Découper une volaille.* **2.** Tailler en suivant les contours de : *Elle a découpé l'article du journal.* **3.** Former des découpures dans ; échancrer : *Golfes qui découpent une côte.* ◆ **SE DÉCOUPER v.pr.** Se détacher sur un fond : *Le clocher se découpe sur le couchant.*

DÉCOUPEUR, EUSE n. Personne qui découpe.

DÉCOUPLAGE n.m. Action de découpler.

DÉCOUPLÉ, E adj. ▪ **Bien découplé,** qui a un corps harmonieusement proportionné.

DÉCOUPLER v.t. [3]. **1.** ÉLECTROTECHN. Supprimer un couplage, quelquefois parasite, entre deux circuits. **2.** VÉNER. Détacher des chiens couplés.

DÉCOUPOIR n.m. Instrument servant à faire des découpures.

DÉCOUPURE n.f. **1.** Échancrure dans un contour ; bord découpé. **2.** Morceau découpé ; découpage.

DÉCOURAGEANT, E adj. Qui décourage.

DÉCOURAGEMENT n.m. Perte de courage ; démoralisation.

DÉCOURAGER v.t. [10]. **1.** Ôter le courage, l'énergie de ; démoraliser : *Les problèmes techniques l'ont découragé.* **2.** (DE). Détourner de tel ou tel projet ; dissuader : *Ses partisans l'ont découragé de se présenter aux élections.* **3.** Freiner l'essor de ; entraver : *Ces contrôles répétés découragent la fraude.* ◆ **SE DÉCOURAGER v.pr.** Perdre courage.

DÉCOURONNER v.t. [3]. **1.** Priver un roi de sa couronne. **2.** Enlever la partie supérieure, le sommet de : *Découronner un arbre.*

DÉCOURS n.m. (du lat. *decursus*, course rapide). **1.** MÉD. Période de déclin d'une maladie. **2.** ASTRON. Période comprise entre la pleine lune et la nouvelle lune, durant laquelle la partie éclairée de la Lune visible de la Terre décroît.

DÉCOUSU, E adj. **1.** Dont la couture est défaite. **2.** Fig. Qui manque de liaison logique ; incohérent : *Un récit décousu.*

DÉCOUSURE n.f. VÉNER. Blessure faite à un chien par un sanglier ou un cerf.

1. DÉCOUVERT, E adj. Qui n'est pas couvert ; nu : *Des épaules découvertes.* ▪ **En terrain découvert,** à découvert.

2. DÉCOUVERT n.m. BANQUE. Avance en compte courant correspondant soit à une facilité de caisse exceptionnelle, soit à une autorisation permanente, dans la limite d'un plafond. ▪ **À découvert,** sans être couvert, protégé ; sans rien dissimuler : *Agir à découvert.* ▪ **Être à découvert** [banque], avoir un compte débiteur. ▪ **Vendre à découvert** [banque], vendre à terme des valeurs que l'on ne possède pas.

DÉCOUVERTE n.f. **1.** Action de trouver ce qui était inconnu, ignoré ou caché ; ce qui est découvert : *La découverte du virus du sida.* **2.** THÉÂTRE. Espace entre deux parties du décor, laissant voir les coulisses ; petit rideau ou châssis cachant les coulisses. **3.** MIN. Exploitation à ciel ouvert d'un gisement peu profond de grande extension horizontale. ▪ **Aller** ou **partir à la découverte,** aller découvrir, explorer des choses, des lieux inconnus. ▪ **Grandes découvertes,** vaste mouvement de reconnaissance entrepris à travers le monde par les Européens aux XVe et XVIe s. *(V. tableau et planche pages suivantes.)*

DÉCOUVERTURE n.f. MIN. Enlèvement du stérile qui recouvre un gisement exploité à ciel ouvert.

DÉCOUVREUR, EUSE n. Personne qui découvre, qui fait une, des découvertes.

DÉCOUVRIR v.t. [23] (lat. *discooperire*). **1.** Dégarnir de ce qui couvre, protège : *Le maire a découvert la statue.* **2.** Révéler ce que l'on cachait ; dévoiler : *Découvrir ses intentions.* **3.** Trouver ce qui était caché, inconnu, ignoré : *Elle a découvert le secret de fabrication, le coupable.* **4.** Pouvoir contempler, voir ; apercevoir : *Du haut de la tour, on découvre toute la ville.* ◆ **v.i.** Apparaître à marée basse. ◆ **SE DÉCOUVRIR v.pr. 1.** Ôter son chapeau, en parlant d'un homme. **2.** S'éclaircir, en parlant du ciel. **3.** Trouver en soi ce que l'on ignorait posséder : *Se découvrir une passion pour le théâtre.*

DÉCRASSAGE ou **DÉCRASSEMENT** n.m. Action de décrasser ; son résultat.

DÉCRASSER v.t. [3]. **1.** Ôter la crasse de ; nettoyer ce qui est encrassé. **2.** Fam. Débarrasser qqn de son ignorance ; dégrossir.

DÉCRÉDIBILISER v.t. [3]. Faire perdre sa crédibilité à ; discréditer.

DÉCRÉMENT n.m. (angl. *decrement*). INFORM. Quantité soustraite à une variable lors de l'itération d'une boucle.

Les décorations

DÉCORATIONS FRANÇAISES

Croix de la Légion d'honneur — Croix de la Libération — Médaille militaire — Ordre national du Mérite — Croix de guerre 1914-1918 — Croix de guerre 1939-1945 — Croix de guerre TOE

Croix de la valeur militaire — Médaille de la Résistance — Plaque de grand officier de la Légion d'honneur — Médaille de l'Aéronautique — Palmes académiques — Croix du combattant

Mérite agricole — Mérite maritime — Ordre des Arts et des Lettres — Médaille commémorative 1914-1918 — Médaille commémorative 1939-1945 — Campagne d'Indochine — Médaille d'honneur des actes de courage et de dévouement

DÉCORATIONS ÉTRANGÈRES

Allemagne — Belgique — Belgique — Espagne — États-Unis — États-Unis — Grande-Bretagne

Croix fédérale du Mérite — Ordre de Léopold — Ordre de Léopold II — Ordre royal de Charles III — Médaille d'honneur du Congrès — Bronze Star Medal — Victoria Cross

Grande-Bretagne — Italie — Luxembourg — ONU — Pays-Bas — Portugal — Russie

Distinguished Service Order — Ordre du Mérite de la République italienne — Ordre de la Couronne de chêne — Médaille de l'ONU — Ordre d'Orange-Nassau — Ordre du Christ — Drapeau rouge

LES GRANDES DÉCOUVERTES ET EXPLORATIONS

années	régions découvertes* ou explorées	navigateurs, explorateurs ou voyageurs
vers 985	Groenland*	Erik le Rouge
1245-1246	Asie centrale	Jean Du Plan Carpin
1254	Mongolie	Guillaume de Rubroek
1271-1295	Chine	Marco Polo
1314-1330	Mongolie, Chine, Inde	Odoric da Pordenone
1333-1347	Inde, Ceylan, Insulinde, Chine	Ibn Battuta
1441	cap Blanc* (Mauritanie)	Nuno Tristão
1456	îles du Cap-Vert*	Antonio da Noli et Alvise Ca ' da Mosto
1483	estuaire du Congo	Diogo Cão
1488	cap de Bonne-Espérance*	Bartolomeu Dias
1490	Éthiopie	Pêro da Covilhã
1492	Bahamas*, Cuba*, Haïti*	Christophe Colomb
1493	Petites Antilles*	Christophe Colomb
1497	parages de Terre-Neuve	Jean et Sébastien Cabot
1497-1498	côte de l'Afrique orientale	Vasco de Gama
1498	la Trinité*, Venezuela*	Christophe Colomb
1500	embouchure de l'Amazone	Vicente Pinzón
1500	Brésil*, côte du Mozambique	Pedro Álvares Cabral
1501-1502	côte du Brésil	Amerigo Vespucci
1502-1504	côte de l'Amérique centrale	Christophe Colomb
1506	Tristan da Cunha*, Madagascar	Tristão da Cunha
1513	isthme de Panama, océan Pacifique*	Vasco Núñez de Balboa
1519-1521	Mexique (conquête)	Hernán Cortés
1520	Terre de Feu* (Amérique du Sud)	Fernand de Magellan
1524	côte atlantique de l'Amérique du Sud	Giovanni da Verrazzano
1531	Pérou (conquête)	Francisco Pizarro
1534-1535	Canada	Jacques Cartier
1537-1538	Inde, Chine, Japon	Fernão Mendes Pinto
1596	Spitzberg*	Willem Barents
1603-1620	Nouvelle-France (Canada)	Samuel de Champlain
1610	détroit et baie d'Hudson*	Henry Hudson
1616	cap Horn*, îles Tuamotu*, Tonga*	Jakob Le Maire, Willem Cornelis Schouten
1642-1643	Tasmanie*, Nouvelle-Zélande*, îles Fidji	Abel Janszoon Tasman
1699	côte ouest de l'Australie	William Dampier
1722	île de Pâques*, îles Samoa*	Jacob Roggeveen
1728	côtes du Kamtchatka, détroit de Béring*	Vitus Bering
1735-1744	Pérou, Amazonie	Charles Louis de La Condamine
1741	îles Aléoutiennes*, Alaska	Vitus Bering
1767	îles Tuamotu*, Tahiti*	Samuel Wallis
1767	Nouvelle-Bretagne* (Papouasie-Nouvelle-Guinée)	Philip Carteret
1768-1769	Tahiti, Samoa, Nouvelles-Hébrides, Moluques	Louis Antoine de Bougainville
1769-1770	Tahiti, Nouvelle-Zélande, Nouvelle-Galles du Sud	James Cook, Joseph Banks
1772	îles Kerguelen*	Yves de Kerguelen de Trémarec
1773-1774	Nouvelle-Calédonie*, océan Austral	James Cook
1778	îles Sandwich (Hawaii*)	James Cook
1786-1788	océan Pacifique (particulièrement côtes nord)	Jean-François de Lapérouse
1795/1805	Gambie, Mali	Mungo Park
1799-1804	Amérique tropicale	Alexander von Humboldt, Aimé Bonpland
1801-1803	côtes de l'Australie	Nicolas Baudin, Matthew Flinders
1826-1834	Amérique du Sud	Alcide d'Orbigny
1831-1836	côtes d'Amérique du Sud, Galápagos	Robert Fitzroy, Charles Darwin
1840	terre Adélie* (Antarctique)	Jules Dumont d'Urville
1841	terre Victoria*, banquise de Ross*	James Clarke Ross
1849-1873	Afrique centrale, Afrique australe	David Livingstone
1856-1864	Afrique centrale	Richard Burton, John Speke, James Grant
1871-1885	Mongolie, Chine, Tibet	Nikolaï Mikhaïlovitch Prjevalski
1874-1877	Afrique équatoriale	sir Henry Morton Stanley
1878-1879	passage du Nord-Est*	Adolf Erik Nordenskjöld
1903-1906	passage du Nord-Ouest*	Roald Amundsen
1909	pôle Nord	Robert Peary
1911	pôle Sud	Roald Amundsen
1961	premier vol spatial	Iouri Gagarine
1969	premiers hommes à marcher sur la Lune	Neil Armstrong, Buzz Aldrin

DÉCRÊPAGE n.m. Action de décrêper.

DÉCRÊPER v.t. [3]. Rendre lisses des cheveux crépus.

DÉCRÉPIR v.t. [21]. Ôter le crépi de. ◆ **SE DÉCRÉPIR** v.pr. Perdre son crépi.

DÉCRÉPISSAGE n.m. Action de décrépir.

DÉCRÉPIT, E adj. (lat. *decrepitus*). Affaibli par l'âge.

DÉCRÉPITER v.t. [3]. Calciner le sel extrait d'une saline jusqu'à ce qu'il ne crépite plus dans le feu.

DÉCRÉPITUDE n.f. Affaiblissement, délabrement dû à une extrême vieillesse.

DECRESCENDO, ▲ *DÉCRESCENDO* [dekreʃendo] adv. et n.m. (ital. *decrescendo*). MUS. Diminuendo.

DÉCRET n.m. (lat. *decretum*). **1.** DR. Acte à portée réglementaire ou individuelle, pris en France par le président de la République ou par le Premier ministre. **2.** Litt. Décision imposée par une volonté supérieure : *Les décrets de la Providence.*

DÉCRÉTALES n.f.pl. CATH. Recueil de lettres papales faisant jurisprudence.

DÉCRÉTER v.t. [11], ▲ *[11*]*. **1.** Décider par décret : *Décréter l'état de catastrophe naturelle.* **2.** Déclarer avec autorité : *Il a décrété que cela ne valait pas la peine.*

DÉCRET-LOI n.m. (pl. *décrets-lois*). HIST. Décret du gouvernement qui possédait le caractère d'une loi, sous la IIIe République, en France. (On dit auj. *ordonnance.*)

DÉCREUSAGE n.m. Action de décreuser.

DÉCREUSER v.t. [3]. TEXT. Éliminer le grès de la soie grège avec une solution savonneuse chaude.

DÉCRIÉ, E adj. Qui est dénigré, discrédité.

DÉCRIER v.t. [5]. Litt. Dire du mal de ; dénigrer.

DÉCRIMINALISER v.t. [3]. DR. Soustraire une infraction à la juridiction criminelle.

DÉCRIRE v.t. [79] (lat. *describere*). **1.** Dépeindre par l'écrit ou par la parole : *Décrire son village, les gens qui y vivent.* **2.** Tracer ou parcourir une ligne courbe : *Le planeur décrit des cercles dans le ciel.*

DÉCRISPATION n.f. Action de décrisper ; état qui en résulte ; détente.

DÉCRISPER v.t. [3]. Rendre moins tendues, moins crispées une personne, une situation ; détendre : *Décrisper les relations internationales.*

DÉCROCHAGE n.m. **1.** Action de décrocher, de détacher : *Le décrochage des rideaux.* **2.** AÉRON. Diminution brusque de la portance d'un aéronef lorsque l'angle d'incidence devient trop élevé. **3.** TÉLÉV., RADIODIFF. Passage d'un émetteur à un autre. **4.** Fait de décrocher, de quitter l'école : *Décrochage scolaire.*

DÉCROCHEMENT n.m. **1.** Action de décrocher ; fait de se décrocher : *Le décrochement accidentel d'une remorque.* **2.** Partie en retrait d'une ligne, d'une surface, et en partic. d'une façade, par rapport au profil général ; redan, ressaut. **3.** GÉOL. Faille qui a déplacé horizontalement les deux ensembles rocheux (compartiments) se trouvant de part et d'autre de celle-ci.

DÉCROCHER v.t. [3] (de *croc*). **1.** Détacher ce qui était accroché ; dépendre. **2.** Fam. Obtenir ce que l'on convoite : *Décrocher un prix, un CDI.* ▪ **Décrocher la lune,** obtenir l'impossible. ▪ **Décrocher (le téléphone),** enlever le combiné de son support pour appeler ou répondre. ◆ **v.i. 1.** MIL. Rompre le contact avec l'ennemi. **2.** Abandonner une activité ; cesser de s'intéresser à qqch : *L'explication est si complexe que les auditeurs décrochent.* **3.** Fam. Mettre fin à la dépendance à une drogue. **4.** Subir une perte brutale de portance, en parlant d'un aéronef. **5.** Pour un élève, quitter l'école avant la fin de la scolarité obligatoire.

DÉCROCHEUR, EUSE n. Élève qui décroche.

DÉCROCHEZ-MOI-ÇA n.m inv. Fam. Boutique de fripier.

DÉCROISEMENT n.m. Action de décroiser.

DÉCROISER v.t. [3]. Faire que ce qui était croisé ne le soit plus : *Décroiser les bras.*

DÉCROISSANCE n.f. **1.** Action, fait de décroître ; diminution : *La décroissance de la population.* **2.** ÉCON. Politique préconisant de renoncer au mode de croissance capitaliste afin de réduire les effets de l'empreinte écologique sur la planète.

Les grandes découvertes

Les historiens du XIXe s. ont baptisé « grandes découvertes » les navigations océaniques des Européens aux XVe et XVIe s. Mais les êtres humains ont, dès la préhistoire, commencé à explorer le monde.

▲ **La boussole.** Cette invention chinoise a été transmise aux Européens au XIIIe s. par les marins arabes. Sur cette miniature (XVe s.) illustrant le texte de Marco Polo, un pilote se guide avec une boussole, pratique alors devenue courante, sans laquelle les grandes découvertes n'auraient pas été possibles.

Christophe Colomb ▶ Sous-estimant les distances, il défend l'idée qu'on peut atteindre l'Asie (les « Indes ») en partant plein ouest. À la tête d'une flottille espagnole, il bute en 1492 sur l'Amérique, ce dont il ne prendra jamais conscience. Peinture (XVe s.) attribuée à Domenico Ghirlandaio, Musée naval, Gênes.

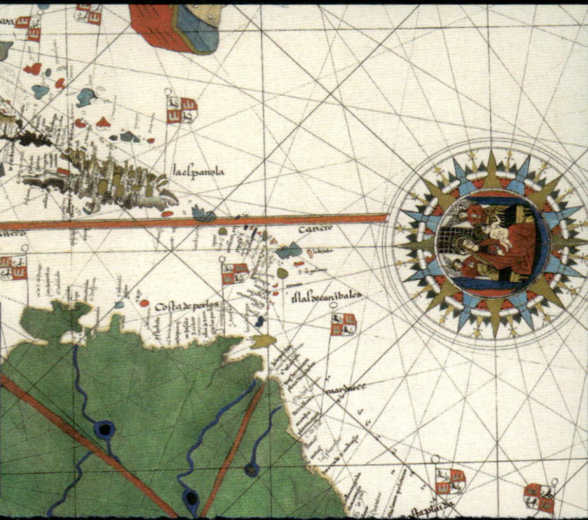

▲ **L'une des premières cartes des Antilles.** Cette carte de type portulan montre les Antilles telles que les deux premiers voyages de Colomb ont permis de les connaître. Au cours des dernières expéditions, le navigateur longe les littoraux de ce qu'il pense être l'Asie, à la recherche d'un chemin vers les Indes.

Premiers échanges et voyages

Les sociétés de l'Eurasie et de l'Afrique ont très tôt – au moins dès le IIIe millénaire avant notre ère – échangé hommes, produits, connaissances. La Méditerranée, les steppes asiatiques, le pourtour de l'océan Indien et des mers de Chine ont été d'importants lieux de voyages et de transferts.

Et de l'Antiquité nous sont parvenus les premiers récits : explorations égyptiennes, carthaginoises ou grecques, mais aussi, hors du monde méditerranéen, de moines chinois en Inde. Vers – 500, le Carthaginois Hannon longe les côtes de l'Afrique occidentale. Un siècle plus tard, le Marseillais Pythéas contourne la Grande-Bretagne et atteint peut-être les rivages de l'Islande. Au même moment, les conquêtes d'Alexandre relient les routes grecques à celles de l'Inde.

▲ **Les premiers Européens en Amérique.** La trace la plus occidentale de la présence des Vikings dans l'Atlantique nord est située au nord de Terre-Neuve, à l'Anse aux Meadows. Ce site, aujourd'hui reconstitué et classé au patrimoine de l'Unesco, témoigne d'un franchissement de l'Atlantique cinq siècles avant Colomb.

Les premiers contours du monde connu

Dans cette grande période de découvertes, l'expérience des conquérants va se combiner à celle des savants : Hécatée de Milet, le « père de la géographie », visite tout l'Empire perse au VIe s. av. J.-C. ; Hérodote, le « père de l'histoire », se rend au Ve s. en Mésopotamie, vers la mer Noire et sur le Nil.

Alors, la connaissance géographique va faire des bonds spectaculaires. Au IIe s. apr. J.-C., à deux extrémités de l'Eurasie, la cartographie du monde connu se précise : Ptolémée à Alexandrie et Pei Xiu en Chine synthétisent tous deux les connaissances accumulées depuis des siècles. La cartographie grecque est poursuivie par les géographes persans, comme al-Biruni (Xe-XIe s.), et arabes, comme al-Idrisi (XIIe s.).

De la route de la soie aux grandes découvertes

Au cours du Moyen Âge, les voyages se multiplient. À l'ouest, les Scandinaves atteignent le Groenland et le Labrador. À travers l'Asie centrale (la route de la soie) et l'océan Indien (la route des épices), les échanges prennent de l'ampleur, permettant l'enrichissement des cités italiennes, terminus occidental de ces liaisons, mais aussi la diffusion

▲ **Un vaisseau portugais à Nagasaki.** Les Portugais arrivent au Japon en 1545 et y nouent vite des liens commerciaux et religieux. L'art nippon a gardé de nombreux témoignages de l'étonnement des Japonais devant ces « barbares des mers du Sud », brutaux mais porteurs de techniques intéressantes, qu'ils finirent par chasser en 1630. Paravent réalisé par Kanō Naizen d'après des croquis pris sur le vif en 1593, musée Cernuschi, Paris.

de techniques comme la boussole. L'Empire mongol du XIIIe s. favorise une explosion des échanges, dont témoignent le voyage de Marco Polo mais aussi la pandémie de la Peste noire. Après un XIVe s. marqué par un recul des relations eurasiatiques, des voyages vont tenter de renouer les liens : explorations chinoises dirigées par Zheng He (1405-1433) et début des grandes découvertes européennes. La méticuleuse recherche d'une route maritime vers les Indes, en quête des fabuleuses épices, qui contournerait les Arabes et les Turcs, amène les Portugais à reconnaître, au XVe s., toutes les côtes occidentales de l'Afrique. Avec l'arrivée de Vasco de Gama en Inde (1498) est résolu le sujet de la délimitation de l'Afrique. Mais l'exploit majeur est à l'ouest, où Colomb arrive aux Antilles (1492). Les sociétés d'Amérique sont progressivement reliées à celles de l'Ancien Monde, livrant à ce dernier de précieuses cultures (pomme de terre, tabac, tomate) qui seront acclimatées avec succès sur son sol. Enfin, le tour du monde entrepris par Magellan en 1519 ouvre une voie nouvelle vers le Pacifique et clôt le chapitre des grandes découvertes.

▲ **Cook franchit le cercle polaire antarctique.** Entre 1768 et 1779, James Cook dirigea trois grandes expéditions navales qui permirent d'en savoir plus sur l'Océanie et une première connaissance de l'Antarctique. Personne avant lui n'avait navigué aussi au sud. Aquarelle de John Webber réalisée lors du 3e voyage de Cook, entre 1776 et 1780, National Maritime Museum, Londres.

▼ **Visite à l'île de Pâques.** Jean-François de Lapérouse a dirigé de 1785 à sa mort, en 1788, une célèbre expédition scientifique dans l'océan Pacifique. En avril 1786, son escale à l'île de Pâques contribue à la connaissance en Europe des moais, les grandes statues de basalte de la société de Rapa Nui, l'île des Pascuans. Gravure (1820) d'après un dessin de Gaspard Duché de Vancy, dessinateur de l'expédition, bibliothèque des Arts décoratifs, Paris.

Dernières *terrae incognitae*

Mais il reste encore d'immenses régions inconnues, occupées par des terres hypothétiques. C'est seulement à la fin du XVIIIe s. que prend fin, avec les voyages de Cook, l'un des plus vieux mythes de la géographie, celui qui imaginait un immense continent austral, les Antipodes, qui « équilibrait » les masses continentales de l'hémisphère Nord.

Il faut attendre aussi le début du XIXe s. pour que l'Amérique et le Pacifique soient explorés presque totalement. La carte du monde est désormais exacte dans ses grandes lignes : le principal « blanc » de la carte reste l'intérieur de l'Afrique. Il appartient aux explorateurs du XIXe s. de le remplir, tandis que les premières grandes expéditions océanographiques commencent à explorer les profondeurs abyssales.

Après la conquête des pôles au début du XXe s., tandis que l'utilisation de l'aviation, puis des satellites trace l'image d'un monde enfin « fini », on considère que les explorations terrestres sont achevées. Les regards se portent alors vers l'espace, au-delà du Système solaire, et l'horizon des découvertes se situe désormais dans l'infini.

◄ **Découverte des sources du Nil.** Le Britannique John Hanning Speke est le premier Européen à atteindre un lac africain qu'il nomme Victoria, en l'honneur de la reine. En 1862, il découvre que le Nil y prend sa source, ce qui met un terme à la quête qui faisait alors l'objet d'une vive concurrence. Gravure (1863) représentant l'expédition atteignant les chutes Murchison, sur le lac Victoria.

▼ **Aux confins de l'Univers.** Les miroirs des télescopes permettent de repousser les frontières accessibles, et nos regards se portent désormais sur des régions très lointaines de l'Univers, comme ici dans les colonnes de gaz de la nébuleuse M 16, où naissent des étoiles. Photographie prise par le télescope spatial Hubble en 1995.

DÉCROISSANT, E adj. Qui décroît, diminue : *Par ordre décroissant.* ▪ **Fonction décroissante** [math.], fonction numérique, définie sur un intervalle, qui varie en sens contraire de la variable dont elle dépend. ▪ **Suite décroissante** [math.], suite telle qu'à partir d'un certain rang chaque terme est inférieur à celui qui le précède.

DÉCROISSEMENT n.m. Litt. Mouvement continu de ce qui décroît ; raccourcissement.

DÉCROÎTRE, ▲ *DÉCROITRE* **v.i. [74].** Diminuer progressivement : *En automne, les jours décroissent.*

DÉCROTTAGE n.m. Action de décrotter.

DÉCROTTER v.t. [3]. 1. Ôter la boue de : *Décrotter ses bottes.* **2.** Fam., vieilli. Débarrasser qqn de ses manières grossières ; dégrossir.

DÉCROTTOIR n.m. Lame de fer horizontale fixée près du seuil d'une maison pour gratter la boue des semelles.

DÉCRUE n.f. 1. Baisse du niveau des eaux après une crue. **2.** Fig. Fait de décroître ; diminution : *La décrue des ventes.*

DÉCRYPTAGE ou **DÉCRYPTEMENT n.m.** Action de décrypter ; son résultat.

DÉCRYPTER v.t. [3]. 1. Traduire un texte chiffré dont on ne connaît pas la clé ; décoder. **2.** Fig. Découvrir la signification profonde de qqch : *Décrypter le comportement d'un adolescent.*

DÉÇU, E adj. (de *décevoir*). **1.** Qui a éprouvé une déception. **2.** Qui ne s'est pas réalisé : *Espoir déçu.* ◆ **n.** Personne déçue : *Les déçus du libéralisme.*

DÉCUBITUS [-tys] **n.m.** (lat. *decubitus*). **PHYSIOL.** Position du corps couché sur un plan horizontal.

DÉCUIVRER v.t. [3]. Ôter le cuivrage d'une pièce par dissolution.

DE CUJUS [dekyʒys] **n.m. inv.** (mots lat.). **DR.** Défunt dont la succession est ouverte.

DÉCULOTTÉE n.f. Fam. Défaite cuisante.

DÉCULOTTER v.t. [3]. Ôter la culotte, le pantalon de. ◆ **SE DÉCULOTTER v.pr. 1.** Enlever sa culotte, son pantalon. **2.** Fam. Renoncer par lâcheté ou faiblesse.

DÉCULPABILISATION n.f. Action de déculpabiliser ; son résultat.

DÉCULPABILISER v.t. [3]. 1. Libérer qqn d'un sentiment de culpabilité. **2.** Enlever à qqch son caractère de faute.

DÉCULTURATION n.f. ANTHROP. Dégradation ou perte de l'identité culturelle d'un individu, d'un groupe, d'une société.

DÉCULTURER v.t. [3]. Faire subir une déculturation à.

DÉCUPLE adj. et **n.m.** (lat. *decuplus*, de *decem*, dix). Dix fois aussi grand.

DÉCUPLEMENT n.m. Action de décupler ; son résultat.

DÉCUPLER v.t. [3]. 1. Multiplier par dix. **2.** Augmenter considérablement : *La colère décuplait ses forces.* ◆ **v.i.** Être multiplié par dix : *Les importations ont décuplé au cours de la décennie.*

DÉCURIE n.f. (lat. *decuria*). **ANTIQ. ROM.** Division de la centurie, groupant dix soldats.

DÉCURION n.m. ANTIQ. ROM. 1. Chef d'une décurie. **2.** Membre d'une assemblée municipale, dans les provinces.

DÉCUSSÉ, E adj. (du lat. *decussatus*, croisé). **BOT.** ▪ **Feuilles décussées,** formant des paires qui se croisent à angle droit.

DÉCUVAGE n.m. ou **DÉCUVAISON n.f.** Action de retirer le vin d'une cuve après fermentation.

DÉCUVER v.t. [3]. Opérer le décuvage de.

DÉDAIGNABLE adj. (Surtout en tournure négative). Qui mérite le dédain ; négligeable : *Une économie de 100 euros, ce n'est pas dédaignable.*

DÉDAIGNER v.t. [3] (de *daigner*). **1.** Traiter avec dédain ; mépriser : *Dédaigner les flatteurs, les injures.* **2.** Repousser qqch avec dédain ; décliner : *Dédaigner les honneurs.* ▪ **Ne pas dédaigner (de)** [litt.], faire volontiers : *Elle ne dédaigne pas les fêtes entre amis, de se rendre au travail à pied.*

DÉDAIGNEUSEMENT adv. Avec dédain.

DÉDAIGNEUX, EUSE adj. Qui manifeste du dédain ; méprisant : *Un regard dédaigneux.*

DÉDAIN n.m. Mépris mêlé d'orgueil.

DÉDALE n.m. (de *Dédale*, n. myth.). **1.** Lieu formé d'un ensemble très compliqué de voies où l'on s'égare ; labyrinthe. **2.** Fig. Ensemble embrouillé et confus : *Le dédale d'une enquête criminelle.*

DÉDALÉEN, ENNE adj. Litt. Qui est compliqué et déroutant ; inextricable.

1. DEDANS adv. (de *1. de* et *dans*). À l'intérieur : *Il fait meilleur dedans.* ▪ **En dedans,** à l'intérieur : *Coffret matelassé en dedans.* ▪ **Être dedans,** à la belote, totaliser moins de points que son adversaire, en parlant du joueur qui a fixé l'atout. ▪ **Être en dedans** [danse], avoir les genoux et les pieds dirigés vers l'intérieur. ▪ **Là-dedans,** dans ce lieu. ▪ **Mettre qqn dedans** [fam.], l'induire en erreur.

2. DEDANS n.m. 1. Partie intérieure ; intérieur. **2.** Partie située du côté intérieur : *Le dedans du pied.*

DÉDIABOLISATION n.f. Action de dédiaboliser, de faire cesser la diabolisation de qqn, de qqch.

DÉDIABOLISER v.t. [3]. S'attacher à atténuer l'image négative, odieuse, voire sulfureuse, de qqn, de qqch : *Dédiaboliser un parti politique.*

DÉDICACE n.f. (lat. *dedicatio*). **1.** Formule imprimée ou manuscrite par laquelle un auteur fait hommage de son œuvre à qqn. **2.** Autographe sur une photo, un disque, etc. **3. CATH.** Consécration d'une église ; anniversaire de cette consécration.

DÉDICACER v.t. [9]. Faire hommage d'un ouvrage, d'une photo à qqn par une dédicace.

DÉDICATAIRE n. Personne à qui est dédiée une œuvre.

DÉDICATOIRE adj. Qui contient une dédicace.

DÉDIÉ, E adj. Se dit d'un équipement informatique ou électronique, réservé à un usage ou à un ensemble de tâches spécifiques : *Serveur dédié. Satellite dédié.*

DÉDIER v.t. [5] (lat. *dedicare*). **1.** Mettre un livre, une œuvre d'art sous le patronage de qqn ; les lui offrir en hommage. **2.** Destiner qqch à qqn ; offrir : *Dédier une chanson aux enfants.* **3. RELIG.** Consacrer à un culte sous une invocation spéciale : *Dédier un autel à la Vierge.*

DÉDIÉSÉLISATION n.f. Ensemble des actions visant à réduire la proportion de véhicules fonctionnant au diesel dans le parc automobile ; cette réduction.

DÉDIFFÉRENCIATION n.f. 1. Didact. Processus d'analyse allant du plus complexe au plus simple ou du différent au semblable. **2. BIOL., MÉD.** Perte progressive de la différenciation d'une cellule, d'un tissu.

SE DÉDIFFÉRENCIER v.pr. [5]. Être affecté par un processus de dédifférenciation.

SE DÉDIRE v.pr. [83]. 1. Dire le contraire de ce qu'on a affirmé précédemment ; se rétracter. **2. (DE).** Litt. Ne pas tenir parole : *Se dédire d'une promesse.*

DÉDIT n.m. 1. Action de se dédire. **2. DR.** Possibilité de se dédire ; somme à payer en cas d'inexécution d'un contrat, de rétractation d'un engagement pris.

DÉDITE n.f. Suisse. Dédit.

DÉDOMMAGEMENT n.m. Réparation d'un dommage ; indemnité : *Obtenir un dédommagement.*

DÉDOMMAGER v.t. [10]. Fournir à qqn une compensation pour le préjudice qu'il a subi, le travail qu'il a fourni ; indemniser : *Les assureurs ont dédommagé les sinistrés.*

DÉDORER v.t. [3]. Enlever la dorure de.

DÉDOUANEMENT ou **DÉDOUANAGE n.m.** Action de dédouaner ; son résultat.

DÉDOUANER v.t. [3]. 1. Faire sortir une marchandise des entrepôts de la douane, en acquittant des droits. **2.** Fig. Dégager la responsabilité de qqn ; blanchir : *Les analyses graphologiques l'ont totalement dédouané.* ◆ **SE DÉDOUANER v.pr.** Agir de façon à faire oublier un passé répréhensible.

DÉDOUBLAGE n.m. Action d'enlever une doublure, un doublage.

DÉDOUBLEMENT n.m. Action de dédoubler, de se dédoubler ; fait d'être dédoublé. ▪ **Dédoublement de la personnalité** [psychiatr.], trouble dans lequel coexistent deux types de conduites, les unes adaptées socialement, les autres pathologiques, incoercibles et liées à l'inconscient.

DÉDOUBLER v.t. [3]. 1. Partager en deux ; diviser : *Dédoubler une classe.* **2.** Ôter la doublure d'un vêtement. ▪ **Dédoubler un train,** faire partir un train supplémentaire pour la même destination qu'un autre, en cas d'afflux de voyageurs. ◆ **SE DÉDOUBLER v.pr. 1. PSYCHIATR.** Être en proie à un dédoublement de la personnalité. **2.** Fam. Être à deux endroits à la fois : *Il ne peut pas se dédoubler.*

DÉDRAMATISER v.t. [3]. Retirer son caractère dramatique à : *Elle a dédramatisé la situation.*

DÉDUCTIBILITÉ n.f. Caractère de ce qui est déductible.

DÉDUCTIBLE adj. Qui peut être déduit : *Les dons aux associations sont déductibles des revenus.*

DÉDUCTIF, IVE adj. LOG. Qui procède par déduction, comporte une déduction.

DÉDUCTION n.f. (lat. *deductio*). **1.** Action de déduire une somme d'un total à payer : *L'acompte viendra en déduction du montant des travaux.* **2.** Démarche intellectuelle partant de prémisses et aboutissant à une conclusion : *Quelles sont les déductions à tirer de ce revirement ?* **3. LOG.** Enchaînement de propositions suivant des principes définis, constitués par des axiomes et des règles d'inférence.

DÉDUIRE v.t. [78] (lat. *deducere*). **1.** Soustraire d'une somme ; défalquer : *Déduire ses frais de déplacement.* **2.** Tirer comme conséquence logique ; conclure : *J'en déduis qu'il nous ment.*

DÉDUIT n.m. (de l'anc. fr. *déduire*, divertir). Vx. Ébats amoureux.

DEEP LEARNING [diplœrniŋ] **n.m.** (mot angl., de *deep*, profond, et *learning*, apprentissage). Technologie basée sur des réseaux de neurones* artificiels (en couches) permettant à une machine d'apprendre par elle-même, utilisée dans de nombreux domaines de l'intelligence artificielle (reconnaissance d'images, voiture autonome, diagnostic médical, etc.).

DÉESSE n.f. (lat. *dea*). Divinité féminine.

▲ **déesse** de la Fertilité en albâtre (Vᵉ-IVᵉ s. av. J.-C.), art ibérique. (Musée archéologique national, Madrid.)

DÉFAÇAGE ou **DÉFACEMENT n.m.** (angl. *defacing*). **INFORM.** Action de détourner la présentation d'un site Web (sa page d'accueil, notamm.), à la suite d'un piratage.

DE FACTO [defakto] **loc. adv.** (mots lat.). **DR.** De fait (par oppos. à *de jure*).

DÉFAILLANCE n.f. 1. Défaut de fonctionnement ; panne : *Défaillance du coussin gonflable.* **2.** Perte momentanée d'une faculté : *Sa mémoire connaît parfois des défaillances.* **3.** Perte brusque des forces physiques ; malaise. **4. DR.** Non-exécution, au terme fixé, d'une clause ou d'un engagement.

DÉFAILLANT, E adj. 1. Qui a une défaillance : *Système de sécurité défaillant.* **2. DR.** Qui refuse de comparaître ; qui ne s'est pas fait représenter : *Témoin défaillant.*

DÉFAILLIR v.i. [35] (de *faillir*). **1.** Avoir une défaillance, un malaise ; s'évanouir. **2.** Litt. Faire défaut ; décliner : *Ses forces commencent à défaillir.*

✎ Au futur et au conditionnel, ***défaillir*** a deux formes : ***je défaillirai(s)*** ou ***je défaillerai(s).***

DÉFAIRE v.t. [89]. 1. Ramener à l'état premier ce qui était assemblé, construit : *Défaire un puzzle.* **2.** Détacher ce qui ferme : *Défaire son col.* **3.** Enlever le contenu de ; déballer : *Défaire ses valises.* **4.** Modifier ou détruire l'assemblage, l'ordre de : *Défaire son lit. Le vent a défait sa coiffure.* **5.** Mettre en déroute : *Défaire l'ennemi.* **6.** Litt., vx. Débarrasser de ; délivrer. ◆ **SE DÉFAIRE v.pr. 1.** Cesser d'être assemblé. **2.** Se débarrasser de : *Se défaire de ses vieux vêtements, d'un tic.*

DÉFAIT, E adj. Litt. Altéré par la fatigue, l'émotion : *Visage défait.*

DÉFAITE n.f. 1. Perte d'une bataille, d'une guerre. **2.** Fig. Grave échec ; déroute : *Défaite électorale.*

DÉFAITISME n.m. 1. État d'esprit de ceux qui ne croient pas à la victoire, préconisent l'abandon du combat. **2.** Pessimisme profond ; manque de confiance en soi.

DÉFAITISTE adj. et **n.** Qui manifeste du défaitisme.

DÉFALCATION n.f. Action de défalquer.

DÉFALQUER v.t. [3] (ital. *defalcare*). Retrancher d'une somme, d'une quantité ; déduire.

DÉFANANT n.m. AGRIC. Produit chimique utilisé pour la destruction des fanes de pommes de terre.

DÉFATIGANT, E adj. et **n.m.** Se dit d'un produit qui vise à défatiguer.

DÉFATIGUER v.t. [3]. Dissiper la fatigue, la sensation de fatigue.

DÉFAUFILER v.t. [3]. COUT. Défaire le faufil de.

DÉFAUSSE n.f. Action de se défausser.

DÉFAUSSER v.t. [3]. TECHN. Redresser ce qui a été faussé : *Défausser un axe.*

SE DÉFAUSSER v.pr. [3] (de *fausse carte*). **1.** Se débarrasser au cours du jeu d'une carte jugée inutile : *Elle s'est défaussée d'un pique* ou *à pique.* **2.** (**SUR**). Se décharger d'une obligation, d'une responsabilité sur qqn : *Il s'est défaussé de cette interview sur sa collaboratrice.*

DÉFAUT n.m. (de *défaillir*). **1.** Imperfection morale ou physique : *Son défaut, c'est l'hypocrisie. Un défaut de prononciation.* **2.** Imperfection matérielle ; défectuosité : *Un défaut de fabrication.* **3.** Manque de ce qui est nécessaire, souhaitable ; carence : *Le défaut de sommeil est la cause de l'accident.* **4. DR.** Fait de ne pas se présenter à une convocation en justice : *Être condamné par défaut.* **5.** Endroit où se termine qqch : *Le défaut de l'épaule.* **6. VÉNER.** Perte de la piste par les chiens : *Chiens en défaut.* ▪ **À défaut de,** faute de : *À défaut d'anorak, j'ai mis deux pulls.* ▪ **Approximation décimale par défaut à 10^{-n} près d'un nombre *x*** [math.], nombre *a*, produit d'un entier par 10^{-n}, tel que $a \leq x < a + 10^{-n}$. ▪ **Être en défaut,** être en infraction ; commettre une faute. ▪ **Faire défaut,** manquer à : *Ses forces lui ont fait défaut.* ▪ **Mettre qqn en défaut,** lui faire commettre une erreur.

DÉFAVEUR n.f. Sout. Perte de la faveur, de l'estime dont on jouissait ; disgrâce : *Acteur tombé en défaveur.*

DÉFAVORABLE adj. 1. Qui n'est pas favorable ; opposé : *La commission a donné un avis défavorable.* **2.** Qui a des effets néfastes ; nuisible : *Pollution défavorable aux asthmatiques.*

DÉFAVORABLEMENT adv. De façon défavorable.

DÉFAVORISÉ, E adj. et **n.** Privé d'un avantage économique, social, culturel : *Une population, un quartier défavorisés.*

DÉFAVORISER v.t. [3]. Priver d'un avantage : *Le vent a défavorisé l'adversaire* ; faire subir un préjudice à : *Ces mesures défavorisent les éleveurs.*

DÉFÉCATION n.f. (du lat. *defaecare*, purifier). **PHYSIOL.** Expulsion des matières fécales.

DÉFECTIF, IVE adj. (du lat. *defectivus*, défectueux). **GRAMM.** ▪ **Verbe défectif,** ou **défectif, n.m.,** verbe qui n'a pas toutes les formes du type de conjugaison auquel il appartient (ex. : *chaloir, clore, gésir*).

DÉFECTION n.f. 1. Action d'abandonner une cause, un parti : *Allié qui fait défection au dernier moment.* **2.** Fait d'être absent d'un lieu où l'on était attendu : *Des défections dues à la pluie.*

DÉFECTUEUSEMENT adv. De façon défectueuse.

DÉFECTUEUX, EUSE adj. (du lat. *defectus*, manque). Qui présente des défauts : *Appareil défectueux.*

DÉFECTUOSITÉ n.f. État de ce qui est défectueux ; défaut ; malfaçon.

DÉFENDABLE adj. Qui peut être défendu ; justifiable : *Accusé, opinion défendables.*

DÉFENDEUR, ERESSE n. DR. Personne contre laquelle est intentée une action en justice (par oppos. à *demandeur*).

DÉFENDRE v.t. [59] (lat. *defendere*). **1.** Protéger par la lutte ou la vigilance ; lutter pour conserver qqch : *La corporation défend ses acquis.* **2.** Préserver de l'effet nuisible de ; protéger : *Cette crème défend la peau des coups de soleil.* **3.** Soutenir une cause, une idée : *Elle a bien défendu son point de vue.* **4.** Plaider en justice pour qqn : *C'est un avocat de renom qui le défend.* **5.** Ne pas autoriser qqch ; interdire : *Son médecin lui défend l'alcool, de boire.* ▪ **À son corps défendant** → **CORPS.** ▪ **Défendre une thèse, un mémoire** [Belgique], les soutenir. ◆ **SE DÉFENDRE v.pr. 1.** Résister à une agression ; lutter. **2.** Fam. Montrer de l'habileté dans un domaine : *Il se défend au tir à l'arc, en latin.* **3.** (**DE**). Refuser l'idée de qqch ; nier ce dont on est accusé : *Elle se défend de toute intervention, de se mêler de nos affaires.* ▪ **Ça se défend** [fam.], c'est plausible, acceptable. ▪ **Ne pas pouvoir se défendre de,** ne pas pouvoir s'empêcher, se retenir de.

DÉFENESTRATION n.f. Action de défenestrer, de se défenestrer.

DÉFENESTRER [defənɛstre] **v.t. [3].** Jeter qqn par une fenêtre. ◆ **SE DÉFENESTRER v.pr.** Se jeter par la fenêtre.

DÉFENS ou **DÉFENDS** [defɑ̃] **n.m. DR.** ▪ **En défens,** se dit d'un bois, d'une parcelle interdits d'exploitation pour permettre la reconstitution de l'écosystème.

1. DÉFENSE n.f. 1. Action de défendre, de se défendre ; protection : *Prendre la défense des faibles. Un enfant sans défense.* **2.** Action de défendre une cause, une idée : *Défense des droits de l'homme.* **3.** Moyens militaires mis en œuvre pour se défendre : *Défense aérienne.* **4. SPORTS.** Action de s'opposer aux offensives de l'adversaire ; ensemble des joueurs qui participent à cette action. **5.** Action d'aider juridiquement qqn : *Il assure lui-même sa défense* ; partie qui se défend en justice : *L'avocat de la défense.* **6. PSYCHAN.** Opération par laquelle un sujet confronté à une représentation, une stimulation ou une situation perçue comme adverse s'y soustrait par différents procédés inconscients, dits *mécanismes de défense.* **7. MAR.** Dispositif de protection (ballon en liège ou en caoutchouc, vieux pneu, etc.) destiné à amortir les chocs entre un navire et un quai ou un autre navire à quai. ▪ **Avoir de la défense** [fam.], être capable de résister aux attaques, aux pressions. ▪ **Défense contre les aéronefs (DCA)** [anc.], moyens de défense antiaériens. ▪ **Défense de,** interdiction de : *Défense de fumer, d'afficher.* ▪ **Défense de thèse, de mémoire** [Belgique], soutenance. ▪ **Défenses immunitaires** [immunol.], immunité. ▪ **La défense** [dr.], l'avocat qui plaide pour le défendeur, par oppos. au *ministère public* : *La parole est à la défense.* ▪ **Les défenses** [mil.], dispositifs de protection d'une place, d'un point sensible.

➲ En France, la **DÉFENSE** correspond aux moyens militaires qui contribuent à la *sécurité* nationale*, notamm. en assurant la protection du territoire, des institutions et de la population contre une agression armée et en garantissant le respect des engagements internationaux.

2. DÉFENSE n.f. Longue dent pointue, dépassant de la bouche de certains mammifères (éléphant, morse, sanglier, etc.).

DÉFENSEUR n. 1. Personne qui soutient un idéal, une cause : *Une défenseur des libertés.* **2. SPORTS.** Joueur qui fait partie de la défense : *Défenseurs regroupés devant les buts.* **3. DR.** Personne qui assure la défense d'une partie, d'un accusé. ▪ **Défenseur des droits** [dr.], en France, autorité administrative indépendante, chargée de veiller au respect des droits et libertés. ➲ Mise en place en 2011, cette instance peut être saisie par toute personne publique ou privée. Elle remplace notamm. le *médiateur de la République* et la *Halde* (Haute Autorité de lutte contre les discriminations et pour l'égalité) ; le défenseur des enfants est désormais placé sous son autorité. ▪ **Défenseur des enfants** [dr.], en France, autorité administrative dépendant du défenseur des droits, chargée de défendre ou de promouvoir les droits de l'enfant.

✎ Au fém., on dit aussi une ***défenseure,*** une ***défenseuse.***

DÉFENSIF, IVE adj. Destiné à la défense : *L'armement défensif.*

DÉFENSIVE n.f. MIL. Stratégie qui privilégie la défense par rapport à l'attaque ; mesures permettant de faire face à une agression. ▪ **Être sur la défensive,** sur ses gardes.

DÉFENSIVEMENT adv. Dans un but défensif.

DÉFÉQUER v.i. [11], ▲ *[11*]* (lat. *defaecare*). **PHYSIOL.** Expulser des matières fécales.

DÉFÉRENCE n.f. Considération respectueuse ; marque de respect.

1. DÉFÉRENT, E adj. ▪ **Canal déférent,** ou **déférent, n.m.,** conduit qui relie l'épididyme à l'urètre postérieur et par lequel les spermatozoïdes atteignent les vésicules séminales. ▪ **Cercle déférent,** ou **déférent, n.m.,** cercle imaginé dans l'Antiquité pour tenter de rendre compte du mouvement apparent des planètes.

2. DÉFÉRENT, E adj. Qui montre de la déférence ; respectueux : *Un accueil déférent.*

DÉFÉRER v.t. [11], ▲ *[11*]* (du lat. *deferre*, porter). **DR.** Attribuer une affaire à une juridiction ; traduire un accusé devant la juridiction compétente. ◆ **v.t. ind.** (**À**). Litt. Consentir à qqch par déférence pour qqn : *Déférer à l'avis de son professeur.*

DÉFERLAGE n.m. MAR. Action de déferler ; état d'une voile déployée.

DÉFERLANT, E adj. ▪ **Vague déferlante,** ou **déferlante, n.f.,** vague qui déferle. ◆ **n.f. 1.** Vague déferlante. **2.** Développement massif et irrésistible d'un phénomène : *La déferlante des écrans plats.*

DÉFERLEMENT n.m. 1. Fait, pour les vagues, de déferler. **2.** Fait de se répandre avec force ; invasion.

DÉFERLER v.t. [3] (de *ferler*). **MAR.** Déployer une voile, un pavillon. ◆ **v.i. 1.** Venir se briser en roulant, en parlant des vagues. **2.** Fig. Se répandre avec force ; envahir : *Les supporteurs déferlent sur la pelouse. Cette mode déferle chez nous.*

DÉFERRAGE ou **DÉFERREMENT n.m.** Action de déferrer.

DÉFERRER v.t. [3]. 1. Ôter le fer du sabot d'un animal de trait ou d'un équidé. **2.** Déposer les rails d'une voie ferrée.

DÉFERVESCENCE n.f. MÉD. Diminution de la fièvre au cours d'une maladie aiguë.

DÉFET n.m. (du lat. *defectus*, manque). **IMPRIM.** Feuillet ou cahier superflu ou dépareillé d'une publication.

DÉFEUILLAISON n.f. Chute des feuilles ; époque où elle se produit ; défoliation

DÉFEUTRER v.t. [3]. TEXT. Redresser et rendre parallèles les fibres de laine pour donner au ruban régularité et résistance après cardage ou teinture.

DÉFI n.m. 1. Action de défier qqn à un jeu, à une compétition ; provocation : *Lancer un défi. Accepter, relever un défi.* **2.** Refus de se soumettre ; bravade. **3.** Problème que pose une situation et que l'on doit surmonter : *Le défi de la désindustrialisation.* **4.** Anc. Action de défier en duel. ▪ **Mettre qqn au défi de** (+ inf.), le défier de faire qqch : *Je te mets au défi de plonger de la falaise.* ▪ **Un défi au bon sens,** une idée, une attitude absurde.

DÉFIANCE n.f. Crainte d'être trompé ; manque de confiance ; méfiance.

DÉFIANT, E adj. Qui fait preuve de défiance ; soupçonneux.

DÉFIBRAGE n.m. Action de défibrer.

DÉFIBRER v.t. [3]. PAPET. Séparer les fibres élémentaires du bois.

DÉFIBREUR n.m. Machine à défibrer le bois.

DÉFIBRILLATEUR [-latœr] **n.m.** Appareil servant à la défibrillation.

DÉFIBRILLATION [-lasjɔ̃] **n.f. MÉD.** Traitement de la fibrillation ventriculaire par choc électrique.

DÉFICELER v.t. [16], ▲ *[12].* Enlever la ficelle qui entoure un objet.

DÉFICIENCE n.f. MÉD. Insuffisance. ▪ **Déficience intellectuelle** ou **mentale,** insuffisance du développement intellectuel et psychomoteur, se manifestant dès l'enfance.

DÉFICIENT, E adj. et **n.** (lat. *deficiens*). **MÉD.** Qui est atteint d'une déficience.

DÉFICIT [-sit] **n.m.** (du lat. *deficit*, il manque). **1.** Solde négatif exprimant la différence entre les recettes et les dépenses (par oppos. à *excédent*) ; situation résultant de cette différence : *Déficit budgétaire.* **2.** Manque important ; insuffisance : *Un déficit d'informations.* ▪ **Déficit androgénique lié à l'âge (DALA)** [méd.], andropause. ▪ **Déficit immunitaire,** immunodéficience. ▪ **Déficit intellectuel** [méd.], insuffisance de l'intelligence causée par une déficience mentale ou une démence.

DÉFICITAIRE adj. Qui présente un déficit ; qui est en déficit.

DÉFIER v.t. [5] (de *se fier*). **1.** Inciter qqn à faire qqch, en prétendant qu'il en est incapable : *Je vous défie de lui dire qu'il a fait une erreur.* **2.** Refuser de se soumettre à ; braver : *Défier le danger.* **3.** Résister à la comparaison avec : *Nos prix défient toute concurrence.* **4.** Anc. Provoquer en duel.

SE DÉFIER v.pr. [5] (DE) [lat. *diffidere*]. Litt. Se méfier de.

DÉFIGUREMENT n.m. Sout. **1.** Action de défigurer qqch : *Le défigurement d'un texte par la traduction.* **2.** État d'une personne défigurée.

DÉFIGURER v.t. [3]. **1.** Déformer le visage de ; enlaidir : *Ces brûlures l'ont défiguré.* **2.** Donner une image fausse de ; dénaturer : *Il défigure la réalité.* **3.** Transformer en enlaidissant ; dégrader : *Les caténaires du tramway défigurent la ville.*

DÉFILÉ n.m. **1.** Couloir, passage naturel encaissé et étroit ; gorge : *Le défilé des Thermopyles.* **2.** Marche d'unités militaires en parade. **3.** Ensemble de personnes qui défilent ; cortège : *Le défilé des manifestants. Les défilés de haute couture.* **4.** Succession de personnes, de choses : *Le défilé des clients au moment des soldes.*

1. DÉFILEMENT n.m. (de 2. *défiler*). **MIL.** Technique de l'utilisation des accidents de terrain, des procédés artificiels (fumées, par ex.) pour se soustraire à la vue de l'ennemi.

2. DÉFILEMENT n.m. (de 1. *défiler*). Déroulement régulier d'une pellicule, d'une bande magnétique, etc., dans un appareil.

1. DÉFILER v.i. [3] (de *filer*). **1. MIL.** Marcher en colonnes, en formation de parade. **2.** Se succéder de façon régulière ou continue : *Les touristes défilent devant le célèbre tableau.* **3.** Être animé d'un défilement régulier : *Le film défile dans le projecteur.*

2. DÉFILER v.t. [3] (de *fil*). **1.** Ôter le fil de ; ôter qqch de son fil : *Défiler des perles.* **2. MIL.** Mettre en œuvre un défilement. ◆ **SE DÉFILER** v.pr. Fam. Se dérober à une promesse, à un devoir.

DÉFINI, E adj. Qui a des caractéristiques précises ; déterminé : *Je cherche une couleur bien définie.* ▪ **Article défini** [gramm.], qui se rapporte à un être ou à un objet déterminé (*le, la, les*). ▪ **Composé défini,** dont la composition chimique est parfaitement établie.

DÉFINIR v.t. [21] (du lat. *definire*, délimiter). **1. LING.** Donner la définition de : *Définir le mot « cœur ».* **2.** Préciser les caractéristiques de ; déterminer : *Il n'arrive pas à définir ce qui l'angoisse.*

DÉFINISSABLE adj. Qui peut être défini.

DÉFINISSANT n.m. **LING.** Chacun des éléments de l'énoncé qui constitue une définition.

DÉFINITEUR n.m. **CATH.** Religieux délégué au chapitre de son ordre pour y traiter des points de discipline, d'administration, etc.

DÉFINITIF, IVE adj. Fixé de manière qu'on ne devra plus y revenir ; irrévocable : *Sa décision est définitive.* ◆ **EN DÉFINITIVE** loc. adv. Tout bien considéré ; en fin de compte.

DÉFINITION n.f. **1. LING.** Énonciation de ce que sont un être ou une chose, de leurs caractères essentiels, de leurs qualités propres. **2.** Par ext. Court énoncé, plus ou moins énigmatique, dont l'interprétation permet de trouver un mot, dans une grille de mots croisés, notamm. **3. LOG.** Énoncé ou déclaration aux termes desquels un symbole nouvellement introduit signifie ou dénote la même chose qu'un symbole ou une combinaison de symboles dont le sens est déjà connu. **4. INFORM.** Nombre total de pixels constituant une image numérique, souvent exprimé par le produit du nombre de pixels qui composent l'image en longueur par celui de sa hauteur (image de 400 × 300 pixels, par ex.). ➲ La définition caractérise, avec la résolution, la qualité d'une image numérique. ▪ **Ensemble de définition d'une fonction *f* de E vers F** [math.], sous-ensemble de E dont les éléments ont une image par *f* dans F. ▪ **Haute définition (HD),** norme appliquée à des équipements vidéo numériques dont la qualité de l'image est cinq fois supérieure à celle des équivalents analogiques : *Télévision (à) haute définition.* ▪ **Par définition,** en vertu de la définition même de ce dont on parle.

DÉFINITIONNEL, ELLE adj. **LING.** Qui se rapporte à une définition.

DÉFINITIVEMENT adv. De façon définitive ; pour toujours.

DÉFINITOIRE adj. **LING.** Qui sert à définir.

DÉFISCALISATION n.f. Action de défiscaliser.

DÉFISCALISER v.t. [3]. Faire sortir du champ d'application de la fiscalité.

DÉFLAGRANT, E adj. Qui a la propriété de déflagrer.

DÉFLAGRATION n.f. (lat. *deflagratio*). **1. CHIM.** Combustion très vive qui se propage, dans une substance explosive, par une onde thermique progressive. ➲ Elle est plus lente, donc moins brisante, qu'une détonation. **2.** Cour. Violente explosion.

DÉFLAGRER v.i. [3]. **CHIM.** Se décomposer par déflagration.

1. DÉFLATION n.f. (de *inflation*). **ÉCON.** Diminution continue et forte du niveau général des prix, le plus souvent associée à une contraction de l'activité économique (baisse de la demande, de l'emploi), qui résulte soit d'un mouvement cyclique de l'économie, soit d'une politique économique (réduction de la masse monétaire, encadrement du crédit) ayant précisément comme objectif une baisse des prix.

2. DÉFLATION n.f. (du lat. *flatus*, souffle). **GÉOMORPH.** Entraînement par le vent des matériaux les plus fins d'un sédiment meuble.

DÉFLATIONNISTE adj. **ÉCON.** Relatif à la déflation ; propre à y conduire.

DÉFLÉCHIR v.t. [21]. **PHYS.** Modifier la direction d'un faisceau de particules.

DÉFLECTEUR n.m. (du lat. *deflectere*, détourner). **1.** Appareil servant à modifier la direction d'un écoulement. **2. AUTOM.** Petit volet mobile fixé à l'encadrement de la glace des portières avant pour orienter l'air.

DÉFLEURIR v.t. [21]. Faire tomber les fleurs d'une plante. ◆ **v.i.** Perdre ses fleurs.

DÉFLEXION n.f. (du lat. *deflectere*, détourner). **TECHN.** **1.** Modification de la direction d'un écoulement, d'un faisceau de particules. **2.** Déformation verticale d'un point de la chaussée.

DÉFLOCAGE n.m. **CONSTR.** Opération consistant à retirer le flocage (génér. de l'amiante) d'un bâtiment.

DÉFLOQUER v.t. [3]. Effectuer le déflocage de.

DÉFLORAISON n.f. **BOT.** Fanaison et chute de certaines pièces de la fleur à la suite de la fécondation ; époque à laquelle elles se produisent.

DÉFLORATION n.f. Rupture de l'hymen ; perte de la virginité.

DÉFLORER v.t. [3] (lat. *deflorare*). **1.** Faire perdre sa virginité à. **2.** Enlever le piquant de la nouveauté à qqch : *Ce résumé ne déflore pas le film.*

DÉFLUENT n.m. Bras formé par la division des eaux d'une rivière.

DÉFLUVIATION n.f. Changement total de lit d'un cours d'eau.

DÉFOLIANT, E adj. et n.m. Se dit d'un produit chimique provoquant la défoliation.

DÉFOLIATION n.f. **1. BOT.** Défeuillaison, spécial. lorsqu'elle est causée par une pollution. **2. MIL.** Destruction de la végétation à l'aide de défoliants.

DÉFOLIER v.t. [5]. Provoquer la défoliation de.

DÉFONÇAGE ou **DÉFONCEMENT** n.m. Action de défoncer ; son résultat.

DÉFONCE n.f. Fam. État provoqué par l'usage de certaines drogues ; usage de ces drogues.

1. DÉFONCÉ, E adj. et n. Fam. Qui est sous l'influence de la drogue ; drogué.

2. DÉFONCÉ n.m. **ORFÈVR.** Technique de ciselure qui consiste à travailler la paroi d'un objet de métal sur son endroit (à l'inverse du *repoussé*).

DÉFONCER v.t. [9] (de *foncer*). **1.** Briser en enfonçant : *Défoncer une porte.* **2. AGRIC.** Labourer très profondément un terrain, un sol. **3. MÉCAN. INDUSTR.** Dégrossir une cavité dans une pièce à usiner. **4.** Vieilli. Ôter le fond d'un tonneau, d'une caisse. ◆ **SE DÉFONCER** v.pr. **1.** Se briser par enfoncement. **2.** Fam. Se droguer. **3.** Fam. Se donner à fond dans une activité ; se démener.

DÉFONCEUSE n.f. **1. AGRIC.** Charrue utilisée pour labourer très profondément. **2. TRAV. PUBL.** Équipement tracté constitué par un cadre muni de dents massives servant à travailler le sol (SYN. **ripper**). **3.** Machine à bois dotée d'une mèche à coupe latérale ou d'une fraise.

DÉFORCER v.t. [9]. Belgique. Affaiblir.

DÉFORESTATION n.f. Action de détruire la forêt ; déboisement. (V. planche *les grandes questions environnementales**.)

DÉFORMABLE adj. Qui peut être déformé.

DÉFORMANT, E adj. Qui déforme : *Miroir déformant.*

DÉFORMATION n.f. Action de déformer ; fait d'être déformé. ▪ **Déformation professionnelle,** fait de garder dans la vie courante les habitudes, les réflexes de sa profession.

DÉFORMER v.t. [3]. **1.** Altérer la forme, l'aspect de qqch : *Déformer ses chaussures.* **2.** Représenter de façon inexacte ; altérer : *L'opposition déforme la pensée du ministre.* ◆ **SE DÉFORMER** v.pr. Perdre sa forme normale.

DÉFOULEMENT n.m. Fait de se défouler.

DÉFOULER v.t. [3] (de *fouler*). Permettre à qqn de libérer son agressivité ou de se libérer de tensions diverses. ◆ **SE DÉFOULER** v.pr. Se libérer de tensions diverses.

DÉFOULOIR n.m. Fam. Ce qui permet de se défouler.

DÉFOURAILLER v.t. [3] (de *défourner*). Arg. Dégainer une arme à feu.

DÉFOURNAGE ou **DÉFOURNEMENT** n.m. Action de défourner.

DÉFOURNER v.t. [3]. Retirer d'un four après cuisson.

DÉFRAGMENTATION n.f. Action de défragmenter ; son résultat.

DÉFRAGMENTER v.t. [3]. **INFORM.** Réorganiser la disposition des informations sur un support de stockage, afin de réduire le temps d'accès.

DÉFRAÎCHIR, ▲ *DÉFRAICHIR* v.t. [21] (de *1. frais*). Enlever la fraîcheur, l'éclat de ; ternir.

DÉFRAIEMENT [-frɛ-] n.m. Action de défrayer qqn ; remboursement.

DÉFRAYER [-frɛje] v.t. [6] (de l'anc. fr. *fraier*, dépenser). Payer les dépenses de qqn ; rembourser. ▪ **Défrayer la chronique,** faire abondamment parler de soi.

DÉFRICHAGE ou **DÉFRICHEMENT** n.m. Action de défricher ; son résultat.

DÉFRICHE n.f. Terrain défriché.

DÉFRICHER v.t. [3] (de *friche*). Rendre un terrain inculte propre à la culture. ▪ **Défricher un sujet, une question,** en aborder les éléments essentiels, sans aller au fond ; dégrossir.

DÉFRICHEUR, EUSE n. Personne qui défriche.

DÉFRIPER v.t. [3]. Remettre en état ce qui était fripé ; défroisser.

DÉFRISANT n.m. Produit servant à défriser les cheveux.

DÉFRISER v.t. [3]. **1.** Défaire la frisure de. **2.** Fam. Contrarier : *Sa présence le défrise.*

DÉFROISSER v.t. [3]. Faire disparaître les plis de ; défriper.

DÉFRONCER v.t. [9]. Défaire les fronces d'un vêtement.

DÉFROQUE n.f. **1. CATH.** Vx. Ensemble des vêtements, des objets qu'un religieux laisse en mourant. **2.** Mod. Vêtement démodé ou ridicule.

DÉFROQUÉ, E adj. ▪ **Moine, prêtre défroqué,** ou **défroqué, n.m.,** qui a renoncé à la vie religieuse. ➲ Auj., le retour à l'état laïque peut se faire avec l'accord du pape. (Rare au fém.)

DÉFROQUER v.i. ou **SE DÉFROQUER** v.pr. [3] (de *froc*). Abandonner l'état religieux.

DÉFRUITER v.t. [3]. **1.** Enlever le goût de fruit à un extrait végétal : *Défruiter de l'huile d'olive.* **2. MIN.** Dépiler.

DÉFUNT, E adj. et n. (lat. *defunctus*). **ADMIN.** Qui est décédé ; mort. ◆ **adj.** Litt. Qui a cessé d'exister ; révolu : *Une époque défunte.*

DÉFUNTER v.i. [3]. Suisse. Être sur le point de mourir ; mourir de faim, de fatigue.

DÉGAGÉ, E adj. **1.** Où rien n'arrête le regard : *De la fenêtre du salon, on a une vue dégagée sur la* *ville.* **2.** Qui n'est pas encombré : *Autoroute dégagée.* **3.** Totalement découvert : *Avoir la nuque dégagée.* **4.** Qui fait preuve d'aisance ; désinvolte : *Prendre un air dégagé.* ▪ **Ciel dégagé,** sans nuages.

DÉGAGEMENT n.m. 1. Action de dégager qqn ou qqch qui est bloqué, coincé : *Dégagement des victimes, de vestiges archéologiques.* **2.** Action de dégager ce qui est obstrué, encombré : *Dégagement d'une route.* **3.** Fait de se dégager, en parlant d'un fluide ; émanation : *Un dégagement de fumée.* **4.** Action de se libérer d'un engagement. **5.** Pièce annexe ou issue secondaire ménagée dans un appartement, un local ; petite pièce ou grand placard pour le rangement. **6. MÉD.** Sortie de l'enfant à la fin du travail de l'accouchement. **7. SPORTS** Action de dégager la balle, le ballon. ▪ **Couloir de dégagement,** réservé à la circulation de certains véhicules. ▪ **Dégagement des cadres** [admin., mil.], réduction de leurs effectifs, accompagnée de mesures compensatrices.

DÉGAGER v.t. [10] (de *gager*). **1.** Délivrer de ce qui bloque, emprisonne : *J'essaie de dégager son doigt du goulot.* **2.** Débarrasser de ce qui encombre, obstrue. **3.** Fig. Mettre en évidence : *Elle a dégagé une leçon de cette expérience.* **4.** Laisser libre ou visible : *Sa nouvelle coiffure dégage sa nuque.* **5.** Libérer de ce qui contraint, oblige : *Nous l'avons dégagé de sa promesse.* **6.** Rendre disponible une somme d'argent : *Dégager des crédits.* **7.** Vieilli. Retirer un objet mis en gage. **8.** Répandre une émanation ; exhaler : *L'incendie a dégagé une intense chaleur.* **9. DANSE.** Faire glisser un pied sur le sol, sans se déplacer et jusqu'à ce qu'il se tende, en l'éloignant de la jambe d'appui qui reste tendue. ▪ **Dégager la balle, le ballon** [sports], les envoyer loin de son but, de sa ligne de but. ▪ **Dégager sa parole,** se soustraire à une obligation morale. ◆ **SE DÉGAGER v.pr. (DE). 1.** Se libérer d'une contrainte. **2.** Sortir en se répandant dans l'espace : *Une odeur de lavande se dégage de l'armoire.*

DÉGAINE n.f. Fam. Allure gauche ou étrange.

DÉGAINER v.t. [3] (de *gaine*). **1.** Tirer une arme du fourreau, de l'étui. **2.** Fig., fam. Produire, présenter en guise de riposte ou de défense : *Le gouvernement a dégainé une nouvelle loi.* ◆ **v.i.** Fam. Réagir vivement ; riposter : *La députée n'a pas tardé à dégainer.*

DÉGANTER v.t. Retirer les gants de. ◆ **SE DÉGANTER v.pr.** Enlever ses gants.

DÉGARNIR v.t. [21]. Enlever ce qui garnit, orne ou protège : *Elle a dégarni la cheminée avant le passage du peintre.* ▪ **Dégarnir une voie** [ch. de f.], ôter le ballast autour des traverses et sous celles-ci. ◆ **SE DÉGARNIR v.pr. 1.** Devenir moins touffu, en parlant des arbres, des bois. **2.** Perdre ses cheveux. **3.** Se vider, en parlant d'un lieu : *Les gradins se dégarnissent.*

DÉGARNISSAGE n.m. CH. DE F. Action de dégarnir.

DÉGASOLINAGE n.m. → **DÉGAZOLINAGE.**

DÉGASOLINER v.t. [3] → **DÉGAZOLINER.**

DÉGÂT n.m. (de l'anc. fr. *dégaster,* dévaster). [Surtout pl.]. Dommage occasionné par un phénomène violent : *L'orage a causé de nombreux dégâts.*

DÉGAUCHIR v.t. [21]. TECHN. 1. Redresser une pièce déformée. **2.** Aplanir une face d'une pièce : *Dégauchir une planche.*

DÉGAUCHISSAGE ou **DÉGAUCHISSEMENT n.m.** Action de dégauchir.

DÉGAUCHISSEUSE n.f. MENUIS. Machine-outil pour dégauchir les faces d'une planche.

DÉGAZAGE n.m. TECHN. 1. Action de dégazer un liquide, un solide. **2.** Élimination des hydrocarbures gazeux des citernes d'un pétrolier, après déchargement.

DÉGAZER v.t. [3]. Éliminer les gaz dissous d'un liquide, d'un solide. ◆ **v.i. PÉTROLE.** Effectuer le dégazage. ◆ **SE DÉGAZER v.pr.** Perdre de son gaz, en parlant d'un liquide, d'un solide.

DÉGAZOLINAGE ou **DÉGASOLINAGE n.m. PÉTROLE.** Récupération des hydrocarbures liquides contenus dans le gaz naturel.

DÉGAZOLINER ou **DÉGASOLINER v.t. [3].** Procéder au dégazolinage.

DÉGAZONNEMENT ou **DÉGAZONNAGE n.m.** Action d'enlever le gazon.

DÉGAZONNER v.t. [3]. Enlever le gazon d'un terrain.

DÉGEL n.m. 1. Fonte des neiges et des glaces ; époque à laquelle elle se produit. **2.** Détente des relations entre des personnes, des États : *Le dégel des relations internationales.*

DÉGELÉE n.f. Fam. Volée de coups ; correction.

DÉGELER v.t. [12]. 1. Faire fondre ce qui était gelé. **2.** Fig. Faire perdre sa timidité, sa réserve à ; donner de l'animation à une réunion ; détendre. **3. ÉCON.** Libérer des crédits, des comptes qui étaient gelés, bloqués. ◆ **v.i.** Cesser d'être gelé. ◆ **SE DÉGELER v.pr.** Devenir moins tendues, en parlant des relations entre des personnes, des États.

DÉGÉNÉRATIF, IVE adj. MÉD. Se dit d'une affection (arthrose, athérosclérose, maladie d'Alzheimer, etc.) caractérisée par une dégénérescence.

DÉGÉNÉRÉ, E adj. et **n. 1.** Atteint de dégénérescence : *Des plantes dégénérées.* **2.** Fam., injur. Imbécile.

DÉGÉNÉRER v.i. [11], ▲ *[11*]* (lat. *degenerare*). **1.** Perdre des qualités propres à son espèce, en parlant d'animaux, de végétaux ; s'abâtardir. **2.** Se changer en qqch de pire ; se dégrader : *Désaccord qui dégénère en conflit.* **3.** Absol. Tourner mal : *Le débat a dégénéré.*

DÉGÉNÉRESCENCE n.f. 1. Fait de dégénérer, de perdre les qualités de son espèce. **2. MÉD.** Altération de cellules ou d'un tissu, qui leur fait perdre leurs caractéristiques spécifiques et peut être transitoire ou évoluer vers la nécrose (SYN. **dystrophie**). **3. MÉD.** Transformation d'une maladie, d'un trouble, en une forme plus grave : *Dégénérescence cancéreuse.* ▪ **Dégénérescence maculaire liée à l'âge (DMLA)** [méd.], destruction progressive de la macula chez les personnes âgées, qui se manifeste par une baisse de la vision centrale.

DÉGERMER v.t. [3]. Enlever le germe des pommes de terre ou, dans une malterie, les radicules du germe de l'orge.

DÉGINGANDÉ, E [deʒɛ̃-] **adj.** (de l'anc. fr. *deshingander,* sortir de ses gonds). Qui est comme disloqué dans ses mouvements, sa démarche.

DÉGIVRAGE n.m. Action de dégivrer.

DÉGIVRER v.t. [3]. Faire fondre le givre de : *Dégivrer un pare-brise, un congélateur.*

DÉGIVREUR n.m. Appareil, dispositif utilisé pour le dégivrage.

DÉGLAÇAGE ou **DÉGLACEMENT n.m.** Action de déglacer ; son résultat.

DÉGLACER v.t. [9]. 1. Faire fondre la glace de. **2. PAPET.** Enlever le lustre du papier. **3. CUIS.** Dissoudre, en les mouillant d'un peu de liquide (eau, vin, bouillon, par ex.), les sucs caramélisés au fond d'un récipient de cuisson.

DÉGLACIATION n.f. Recul des glaciers.

DÉGLINGUE n.f. Fam. **1.** État de profonde déchéance physique ou morale. **2.** Dégradation extrême d'un milieu, d'un système ; situation qui en résulte.

DÉGLINGUER v.t. [3] (orig. incert.). Fam. Détériorer ; démolir.

DÉGLUER v.t. [3]. Débarrasser de la glu.

DÉGLUTINATION n.f. LING. Séparation des éléments d'un mot unique (ex. : *ma mie* pour *m'amie*).

DÉGLUTIR v.t. [21] (lat. *deglutire*). **1.** Faire passer de la bouche à l'estomac ; avaler. **2.** Absol. Avaler sa salive.

DÉGLUTITION n.f. PHYSIOL. Acte réflexe par lequel le bol alimentaire ou la salive passent de la bouche à l'estomac.

DÉGOBILLER v.t. et **v.i. [3]** (de *gober*). Fam. Vomir.

DÉGOISER v.i. et **v.t. [3]** (de *gosier*). Fam., péjor. Parler sans retenue.

DÉGOMMAGE n.m. Action de dégommer.

DÉGOMMER v.t. [3]. 1. Ôter la gomme de : *Dégommer un timbre.* **2.** Fam. Faire tomber en atteignant d'un coup ; abattre : *Dégommer des pipes au stand de tir.* ▪ **Dégommer qqn** [fam.], le destituer ; le révoquer.

DÉGONFLÉ, E adj. et **n.** Fam. Lâche ; poltron.

DÉGONFLEMENT ou **DÉGONFLAGE n.m.** Action de dégonfler ; fait de se dégonfler ; son résultat : *Le dégonflement d'un pneu, d'un hématome.*

DÉGONFLER v.t. [3]. Faire disparaître le gonflement, l'enflure de ; vider de son air, de son gaz. ◆ **v.i.** ou **SE DÉGONFLER v.pr.** Perdre l'air ou le gaz qui gonflait ; perdre son enflure. ◆ **SE DÉGONFLER v.pr.** Fam. Manquer de courage au moment d'agir ; flancher.

DÉGORGEMENT n.m. 1. Action de dégorger ; son résultat. **2.** Écoulement d'eau chargée d'immondices.

DÉGORGEOIR n.m. 1. PÊCHE. Ustensile pour retirer l'hameçon de la gorge d'un poisson. **2.** Extrémité d'un conduit par lequel se déverse l'eau d'un réservoir ou d'une pompe.

DÉGORGER v.t. [10] (de *gorge*). **1.** Déverser son propre contenu, en parlant de qqch : *L'égout dégorge un flot boueux.* **2.** Débarrasser de ce qui obstrue ; désengorger : *Dégorger un conduit.* ◆ **v.i. 1.** Se déverser : *L'égout dégorge dans le lac.* **2.** Rendre de sa teinture, en parlant d'un tissu. ▪ **Faire dégorger de la viande, du poisson,** les faire tremper dans l'eau froide pour éliminer le sang et certaines impuretés. ▪ **Faire dégorger des escargots,** les faire jeûner après les avoir saupoudrés de gros sel, pour éliminer la bave. ▪ **Faire dégorger des légumes,** les saler avant leur préparation afin d'en éliminer l'eau.

DÉGOTTER ou **DÉGOTER v.t. [3]** (orig. obscure). Fam. Trouver par chance ; dénicher.

DÉGOULINEMENT n.m. ou, fam., **DÉGOULINADE n.f.** Trace laissée par un corps liquide ou visqueux ; coulure.

DÉGOULINER v.i. [3] (de l'anc. fr. *dégouler,* s'épancher). Fam. Couler goutte à goutte ou en traînées ; dégoutter : *Son visage dégouline de sueur.*

DÉGOUPILLER v.t. [3]. Enlever la goupille de.

1. DÉGOURDI, E adj. et **n.** Qui fait preuve d'ingéniosité, d'initiative ; malin.

2. DÉGOURDI n.m. Première cuisson d'une céramique avant l'émaillage et la pose du décor ; céramique ainsi traitée.

DÉGOURDIR v.t. [21] (de *gourd*). **1.** Tirer de l'engourdissement : *Dégourdir ses jambes.* **2.** Fig. Faire perdre sa gaucherie, sa timidité à : *Un séjour à l'étranger le dégourdira.* **3.** Vieilli. Faire tiédir un liquide. ◆ **SE DÉGOURDIR v.pr.** Se défaire de ses maladresses ; prendre de l'assurance. ▪ **Se dégourdir les jambes, les doigts,** les remuer, après être resté inactif.

DÉGOURDISSEMENT n.m. Action de dégourdir, de se dégourdir.

DÉGOÛT, ▲ *DÉGOUT* **n.m. 1.** Répugnance pour certains aliments. **2.** Sentiment d'aversion, de répulsion provoqué par qqn, qqch : *Sa saleté m'inspire un profond dégoût.*

DÉGOÛTAMMENT, ▲ *DÉGOUTAMMENT* **adv.** Vx. De manière dégoûtante.

DÉGOÛTANT, E, ▲ *DÉGOUTANT, E* **adj. 1.** Qui provoque le dégoût ; écœurant. **2.** Très sale ; repoussant. **3.** Qui provoque la répulsion morale ; abject : *Un spéculateur dégoûtant.*

DÉGOÛTATION, ▲ *DÉGOUTATION* **n.f.** Fam. **1.** Sentiment de dégoût. **2.** Chose, personne dégoûtante.

DÉGOÛTÉ, E, ▲ *DÉGOUTÉ, E* **n.** ▪ **Faire le dégoûté,** se montrer trop difficile, trop exigeant.

DÉGOÛTER, ▲ *DÉGOUTER* **v.t. [3]** (de *goût*). **1.** Inspirer du dégoût, de la répugnance à : *Son hypocrisie me dégoûte.* **2.** Ôter l'envie de ; rebuter : *Cet échec l'a dégoûté de la politique.*

DÉGOUTTANT, E adj. D'où dégoutte un liquide.

DÉGOUTTER v.i. [3]. Couler goutte à goutte : *L'eau dégoutte de son chapeau mouillé.*

DÉGRADANT, E adj. Qui dégrade, avilit ; déshonorant.

1. DÉGRADATION n.f. (lat. *degradatio*). **1.** Détérioration d'un édifice, d'un objet, etc. : *La dégradation des peintures par l'humidité.* **2.** Fig. Passage progressif à un état plus mauvais ; détérioration : *La dégradation de l'économie.* **3.** Destitution d'un personnage haut placé ; privation d'un grade, d'une dignité, de certains droits. **4. CHIM. ORG.** Décomposition d'une molécule organique en molécules possédant un nombre moins grand d'atomes de carbone. **5. ÉCOL.** Remplacement d'une formation végétale par une autre, génér. moins diversifiée (par ex. d'une forêt par une garrigue ou par une prairie, à la suite d'une exploitation intensive ou d'incen-

a b c d e f g h i j k l m n o p q r s t u v w x y z

dies répétés). ▪ **Dégradation civique,** privation des droits civiques et politiques, ainsi que de certains droits civils. ▪ **Dégradation de l'énergie** [thermodyn.], transformation irréversible d'énergie d'une forme en une autre moins apte à fournir du travail mécanique.

2. DÉGRADATION n.f. (de *2. dégrader*). PEINT., SCULPT. Affaiblissement insensible et continu, produisant un dégradé.

DÉGRADÉ n.m. **1.** PEINT., SCULPT. Aspect produit par la diminution progressive de l'intensité d'une couleur, d'une lumière ou des saillies d'un bas-relief : *Un dégradé de bleus.* **2.** CINÉMA, PHOTOGR. Procédé par lequel on donne une intensité lumineuse différente aux diverses parties de l'image. **3.** Technique de coupe qui consiste à modeler la chevelure suivant différentes épaisseurs.

1. DÉGRADER v.t. [3]. **1.** Destituer de son grade : *Dégrader un officier.* **2.** Fig. Plonger dans un état de déchéance ; avilir : *La drogue le dégrade.* **3.** Faire subir une dégradation matérielle à ; endommager : *La pollution dégrade la pierre.* ◆ **SE DÉGRADER** v.pr. Subir une détérioration : *Nos relations se sont dégradées.*

2. DÉGRADER v.t. [3] (ital. *digradare,* de *grado,* degré). **1.** PEINT., SCULPT. Affaiblir insensiblement : *Dégrader une couleur.* **2.** Couper les cheveux en dégradé.

DÉGRAFER v.t. [3]. Détacher l'agrafe ou les agrafes de. ◆ **SE DÉGRAFER** v.pr. Dégrafer son vêtement.

DÉGRAISSAGE n.m. **1.** Action de dégraisser ; son résultat. **2.** Fam. Diminution du personnel d'une entreprise par licenciement.

DÉGRAISSANT, E adj. et n.m. Se dit d'une substance qui a la propriété de dégraisser.

DÉGRAISSER v.t. [3]. **1.** Retirer la graisse de : *Dégraisser un bouillon.* **2.** Vx. Ôter les taches de graisse de : *Dégraisser un vêtement.* ◆ **v.i.** Fam. Diminuer les effectifs d'une entreprise.

DÉGRAISSEUR, EUSE n. Vx. Personne qui dégraisse et teint les étoffes.

DÉGRAS n.m. Mélange de corps gras utilisé pour assouplir et imperméabiliser les cuirs.

DÉGRAVOIEMENT [-vwamɑ̃] n.m. CONSTR. Dégradation d'une construction par l'effet d'une eau courante.

DÉGRAVOYER [-vwaje] v.t. [7]. Produire le dégravoiement de.

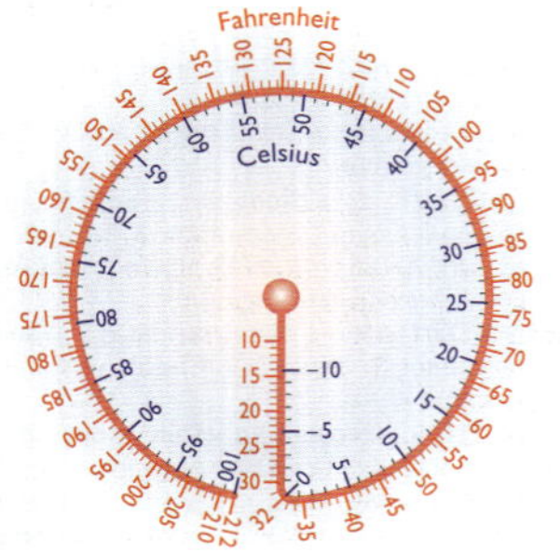

▲ **degré.** Correspondance entre degrés Celsius et degrés Fahrenheit.

DEGRÉ n.m. (du lat. *gradus,* pas, marche). **1.** Chacun des états intermédiaires dans un ensemble hiérarchisé ; échelon : *Gravir les degrés de l'échelle sociale.* **2.** Intensité relative d'un état affectif, moral ou pathologique : *Le dernier degré du désespoir. Être brûlé au premier, au deuxième, au troisième degré.* **3.** Chacune des divisions d'une échelle de mesure, correspondant à l'unité : *Les degrés de l'échelle de Richter.* **4.** Litt. (Surtout pl.). Marche d'un escalier. **5.** Unité de mesure d'angle plan (symb. °), égale à la quatre-vingt-dixième partie de l'angle droit. **6.** MUS. Chacune des notes d'une échelle par rapport au son de référence. ➲ Dans l'échelle d'*ut, sol* est le 5ᵉ degré. ▪ **Au premier degré,** à la lettre : *Prendre une plaisanterie au premier degré.* ▪ **Au second degré,** en prenant du recul par rapport à ce qui est dit. ▪ **Degré alcoolique,** nombre de litres d'alcool éthylique contenus dans cent litres de vin. ▪ **Degré Celsius** → **CELSIUS.** ▪ **Degré décimal,** degré divisé en dixièmes, centièmes, etc. (par oppos. à *sexagésimal*). ▪ **Degré de comparaison** ou **de signification** [gramm.], chacun des niveaux (relatif ou absolu) de la qualité exprimée par un adjectif ou un adverbe (positif, comparatif ou superlatif). ▪ **Degré de parenté** [anthrop.], distance qui sépare des personnes consanguins ou par alliance. ▪ **Degré d'une brûlure,** profondeur de la brûlure. ➲ Le premier degré est caractérisé par une rougeur, le deuxième par des cloques, le troisième par une destruction des tissus profonds. ▪ **Degré d'une courbe, d'une surface algébrique** [math.], degré du polynôme qui permet de définir son équation. ▪ **Degré d'une juridiction** [dr.], ordre hiérarchique des tribunaux devant lesquels une affaire peut être successivement portée. ▪ **Degré d'un monôme** [math.], l'exposant de sa variable. ▪ **Degré d'un polynôme** [math.], degré de ses monômes ayant le plus haut degré. ▪ **Degré Fahrenheit** → **FAHRENHEIT.** ▪ **Degré sexagésimal,** degré divisé en minutes et secondes (par oppos. à *décimal*). ▪ **Le degré zéro de...,** le niveau le plus bas de : *Le degré zéro de la pensée politique.* ▪ **Par degrés,** progressivement. ▪ **Premier degré** [enseign.], niveau des enseignements préélémentaire et élémentaire. ▪ **Second degré** [enseign.], niveau de l'enseignement secondaire.

DÉGRÉER v.t. [8]. MAR. Dégarnir de son gréement.

DÉGRESSIF, IVE adj. (du lat. *degredi,* descendre). Se dit d'un tarif dans lequel la somme à payer va en diminuant selon certains critères (quantité, durée, etc.).

DÉGRESSIVITÉ n.f. Caractère de ce qui est dégressif.

DÉGRÈVEMENT n.m. Dispense totale ou partielle de charges fiscales ; exonération.

DÉGREVER v.t. [12]. Décharger d'une partie des impôts ; exonérer.

DÉGRIFFE n.f. Action de dégriffer.

DÉGRIFFÉ, E adj. et n.m. Qui est vendu sans sa griffe d'origine.

DÉGRIFFER v.t. COMM. Enlever la griffe du fabricant pour vendre à prix réduit.

DÉGRILLAGE n.m. Opération consistant à débarrasser une eau usée des matières volumineuses qu'elle charrie, par passage à travers une grille.

DÉGRINGOLADE n.f. Fam. Action de dégringoler ; chute.

DÉGRINGOLER v.i. [3] (anc. fr. *gringoler,* de *gringole,* colline). Fam. **1.** Tomber brutalement. **2.** Perdre rapidement de sa valeur, de son intensité : *Le cours du pétrole a dégringolé.* ◆ **v.t.** Fam. Descendre rapidement ; dévaler : *Dégringoler un escalier.*

DÉGRIPPANT n.m. Produit pour dégripper.

DÉGRIPPER v.t. [3]. Débloquer deux pièces mécaniques grippées.

DÉGRISEMENT n.m. Action de dégriser.

DÉGRISER v.t. [3]. **1.** Faire passer l'ivresse de. **2.** Fig. Dissiper les illusions, l'enthousiasme de ; refroidir. ◆ **SE DÉGRISER** v.pr. Sortir de l'ivresse.

DÉGROSSIR v.t. [21]. **1.** Donner un premier façonnage à un matériau brut : *Dégrossir un bloc de marbre.* **2.** Commencer à débrouiller, à éclaircir qqch ; défricher. **3.** Rendre qqn moins ignorant.

DÉGROSSISSAGE ou **DÉGROSSISSEMENT** n.m. Action de dégrossir un matériau.

SE DÉGROUILLER v.pr. [3] (de *grouiller*). Fam., vieilli. Se hâter.

DÉGROUPAGE n.m. TÉLÉCOMM. Opération consistant à ouvrir l'accès du réseau téléphonique local à l'ensemble des opérateurs de télécommunications.

DÉGROUPEMENT n.m. Action de dégrouper ; son résultat.

DÉGROUPER v.t. [3]. Répartir différemment des personnes, des choses groupées.

DÉGUENILLÉ, E adj. Vêtu de guenilles.

DÉGUERPIR v.i. [21] (de l'anc. fr. *guerpir,* abandonner). Quitter précipitamment un lieu.

DÉGUEULASSE adj. Très fam. Dégoûtant. Abrév. (très fam.) **dégueu.**

DÉGUEULASSER v.t. [3]. Très fam. Salir énormément.

DÉGUEULER v.t. et v.i. [3] (de *gueule*). Très fam. Vomir.

DÉGUILLER v.t. [3] (du haut all. *kegil,* quille). Suisse. Faire tomber ; abattre : *Déguiller un arbre.* ◆ **v.i.** Tomber ; chuter.

DÉGUISÉ, E adj. Revêtu d'un déguisement ; costumé. ▪ **Fruit déguisé,** confiserie faite de petits fruits (dattes, cerises) enrobés de sucre ou fourrés de pâte d'amandes.

DÉGUISEMENT n.m. **1.** Action de déguiser, de se déguiser. **2.** Ce qui sert à déguiser, à se déguiser ; costume. **3.** Fig., sout. Travestissement : *Déguisement de l'écriture.*

DÉGUISER v.t. [3] (de *guise*). **1.** Habiller qqn de manière à le faire ressembler à qqn d'autre ; travestir. **2.** Modifier pour tromper ; contrefaire : *Déguiser sa voix.* **3.** Fig. Travestir : *Déguiser ses intentions.* ◆ **SE DÉGUISER** v.pr. Se travestir.

DÉGUN pron. indéf. masc. sing. Région. (Provence). Fam. Aucun être ; personne : *Dans cette ville, je connais dégun.*

DÉGURGITER v.t. [3]. Vomir ; régurgiter.

DÉGUSTATEUR, TRICE n. Personne dont le métier est de déguster un vin ou un produit alimentaire.

DÉGUSTATION n.f. Action de déguster.

DÉGUSTER v.t. [3] (lat. *degustare*). **1.** Goûter un aliment solide ou liquide pour en apprécier les qualités. **2.** Absol., fam. Subir des mauvais traitements, des critiques : *Elle a passé sa colère sur eux, ils ont dégusté !*

DÉHALER v.t. [3] (de *haler*). MAR. Déplacer un navire en tirant sur ses amarres. ◆ **SE DÉHALER** v.pr. S'éloigner d'une position dangereuse, en parlant d'un navire.

DÉHANCHÉ, E adj. Qui se déhanche.

DÉHANCHEMENT n.m. Fait de se déhancher ; position du corps qui se déhanche.

SE DÉHANCHER v.pr. [3]. **1.** Marcher en se dandinant. **2.** Faire porter le poids du corps sur une seule jambe.

DÉHARNACHER v.t. [3]. Ôter le harnais de.

DÉHISCENCE n.f. BOT. Ouverture naturelle, à maturité, d'un organe clos (anthère, gousse, etc.).

DÉHISCENT, E adj. (du lat. *dehiscere,* s'ouvrir). ▪ **Organes, fruits déhiscents,** qui s'ouvrent par déhiscence.

1. DEHORS adv. (lat. *deforis*). À l'extérieur : *Je vais dehors prendre l'air.* ▪ **En dehors,** à l'extérieur : *Coffret ciselé en dehors.* ▪ **En dehors de,** à l'extérieur de ; à l'exception de : *En dehors d'elle, nous n'avons invité personne* ; hors du cadre de : *Il nous laisse en dehors de ses problèmes.* ▪ **Être en dehors** [danse], avoir les pieds et les genoux dirigés vers l'extérieur. ▪ **Mettre dehors,** chasser ; congédier.

2. DEHORS n.m. **1.** Partie extérieure. **2.** Milieu environnant ; extérieur : *En venant du dehors, il a tout sali.* **3.** (Souvent au pl.). Apparence de qqn : *Sous des dehors sévères.*

DÉHOUSSABLE adj. et n.m. Dont la housse est amovible.

1. DÉICIDE n.m. (du lat. *deus,* sur le modèle de *homicide*). Meurtre de Dieu ; spécial., crucifixion du Christ.

2. DÉICIDE n. et adj. Personne qui commet un déicide.

DÉICTIQUE adj. et n.m. (du gr. *deiktikos,* démonstratif). LING. Se dit de tout élément linguistique qui fait référence à la situation dans laquelle il est énoncé (pronom, temps, démonstratif, adverbes de lieu et de temps, etc.).

DÉIFICATION n.f. Action de déifier.

DÉIFIER v.t. [5] (lat. *deificare*). Mettre au nombre des dieux ; diviniser.

DÉISME n.m. Croyance en l'existence d'un Dieu créateur, mais sans référence à une révélation religieuse.

DÉISTE adj. et n. Qui professe le déisme.

DÉITÉ n.f. Divinité de la mythologie.

DÉJÀ adv. (de *dès* et de l'anc. fr. *jà,* déjà). **1.** Dès maintenant ; dès ce moment : *Tu as déjà tout mangé ?* **2.** Précédemment : *J'ai déjà vu ce film.* **3.** Indique un degré non négligeable : *Finir le marathon, c'est déjà bien.* **4.** S'emploie dans une question pour se faire rappeler ce que l'on a oublié : *Comment s'appelle-t-elle, déjà ?*

DÉJANTÉ, E adj. Fam. Un peu fou ou excentrique.

DÉJANTER **v.t. [3].** Ôter un pneu de la jante d'une roue. ◆ **v.i.** Fam. Perdre la tête.

DÉJAUGER **v.i. [10]** (de *jauge*). **1.** S'élever sur l'eau sous l'effet de la vitesse, en parlant d'un bateau, d'un hydravion. **2.** Sortir partiellement de l'eau (par suite d'un échouage, du retrait de la mer, etc.), en parlant d'un navire à l'arrêt.

DÉJÀ-VU **n.m. inv.** Fam. Chose banale, sans originalité : *Son tour de magie, c'est du déjà-vu.* ▪ **Impression de déjà-vu** [psychol.], impression intense d'avoir déjà vécu la situation actuelle dans le passé, avec la même tonalité affective.

DÉJECTION **n.f.** (lat. *dejectio*, de *jacere*, jeter). ▪ **Cône de déjection,** accumulation détritique édifiée par un torrent à son extrémité aval. ◆ **n.f. pl.** Matières fécales évacuées ; excréments.

DÉJETÉ, E **adj. 1.** Qui est dévié de sa position normale. **2.** Contrefait : *Personne déjetée.* **3.** Belgique. En désordre : *Ton bureau est tout déjeté.*

DÉJETER **v.t. [16].** Litt. Déformer le corps en lui faisant subir une déviation.

1. DÉJEUNER **v.i. [3]** (du lat. *jejunare*, jeûner). **1.** Prendre le repas de midi. **2.** Belgique, Québec, Suisse. Prendre le petit déjeuner.

2. DÉJEUNER **n.m. 1.** Repas de midi ; ce que l'on mange à ce repas : *Il a réchauffé son déjeuner.* **2.** Belgique, Québec, Suisse. Petit déjeuner. **3.** Grande tasse munie de sa soucoupe, pour le petit déjeuner. ▪ **Déjeuner de soleil,** étoffe dont la couleur fane à la lumière ; fig., chose éphémère.

DÉJOUER **v.t. [3].** Faire échec à : *Déjouer un attentat.*

DÉJUCHER **v.i. [3].** Sortir du juchoir. ◆ **v.t.** Faire sortir du juchoir.

SE DÉJUGER **v.pr. [10].** Revenir sur un jugement, une opinion : *Le journaliste ne s'est pas déjugé.*

DE JURE [deʒyre] **loc. adv.** (mots lat.). **DR.** De droit (par oppos. à *de facto*).

DEL ou **D.E.L.** [dɛl] **n.f.** (acronyme). Diode électroluminescente.

DELÀ **adv.** → **AU-DELÀ, DEÇÀ** et **PAR-DELÀ.**

DÉLABRÉ, E **adj. 1.** Qui tombe en ruine. **2.** Fig. Profondément dégradé ; chancelant : *Une santé délabrée.*

DÉLABREMENT **n.m. 1.** État de ruine : *Le délabrement d'une maison.* **2.** Fig. Dégradation : *Le délabrement de l'économie.*

DÉLABRER **v.t. [3]** (du francique). Endommager gravement ; abîmer : *Délabrer sa santé.* ◆ **SE DÉLABRER** **v.pr.** Tomber en ruine.

DÉLACER **v.t. [9].** Défaire les lacets de.

DÉLAI **n.m.** (de l'anc. fr. *deslaier*, différer). **1.** Temps accordé pour faire qqch : *Le dossier doit être renvoyé dans un délai de deux mois.* **2.** Temps supplémentaire octroyé pour l'exécution de qqch ; sursis : *Obtenir un délai d'une semaine.* ▪ **Sans délai,** immédiatement.

DÉLAI-CONGÉ **n.m.** (pl. *délais-congés*). **DR.** Délai de préavis en matière de résiliation d'un contrat de location ou de travail.

DÉLAINAGE **n.m.** Action de délainer.

DÉLAINER **v.t. [3].** Enlever la laine des peaux de mouton, de chèvre, etc.

DÉLAISSÉ, E **adj.** Laissé seul ; laissé sans soin. ◆ **n.m.** ▪ **Délaissé urbain,** espace laissé sans affectation dans une ville (SYN. **friche urbaine**).

DÉLAISSEMENT **n.m. 1.** Sout. État d'une personne laissée sans secours. **2. DR.** Abandon d'un bien, d'un droit ; abandon d'une personne (en partic. mineure), susceptible de nuire à la santé ou à la sécurité de celle-ci.

DÉLAISSER **v.t. [3].** Laisser de côté ; négliger : *Délaisser sa famille, ses hobbys.*

DÉLAITEMENT ou **DÉLAITAGE** **n.m.** Action de délaiter ; son résultat.

DÉLAITER **v.t. [3].** Soutirer le babeurre de la baratte après la formation du beurre.

DÉLAMINAGE **n.m. MATÉR.** Séparation en lamelles d'un lamifié ou d'un matériau macromoléculaire.

DÉLASSANT, E **adj.** Qui délasse ; reposant : *Une comédie délassante.*

DÉLASSEMENT **n.m. 1.** Action de se délasser, de se détendre. **2.** Occupation qui délasse, repose : *Faire des mots croisés est un délassement.*

DÉLASSER **v.t. [3].** Éliminer la fatigue physique ou morale de ; détendre : *Un bon film nous délassera.* ◆ **SE DÉLASSER** **v.pr.** Se détendre.

DÉLATEUR, TRICE **n.** Personne qui pratique la délation ; dénonciateur.

1. DÉLATION **n.f.** (lat. *delatio*, de *deferre*, dénoncer). Dénonciation inspirée par la vengeance ou la cupidité.

2. DÉLATION **n.f.** (du lat. *delatum*, livré). **DR.** ▪ **Délation de serment,** action d'imposer un serment décisoire ou supplétoire.

DÉLAVAGE **n.m.** Action de délaver.

DÉLAVÉ, E **adj. 1.** D'une couleur claire, pâle. **2.** Décoloré par l'action de l'eau : *Un jean délavé.*

DÉLAVER **v.t. [3]. 1.** Enlever ou éclaircir avec de l'eau une couleur étendue sur du papier. **2.** Vx. Imprégner d'eau ; détremper.

DÉLAYAGE [delɛjaʒ] **n.m. 1.** Action de délayer ; substance délayée. **2.** Fig. Développement superflu dans un texte ; verbiage.

DÉLAYER [delɛje] **v.t. [6]** (du lat. *deliquare*, décanter). Mélanger un corps solide ou pulvérulent avec un liquide. ▪ **Délayer une idée, une pensée,** l'exprimer de façon verbeuse.

Delco **n.m.** (nom déposé ; de l'anglo-amér. *Dayton Engineering Laboratories Company*). Dispositif d'allumage des moteurs à explosion.

DELEATUR, ▲ ***DÉLÉATUR*** [deleatyr] **n.m. inv.** (mot lat. « qu'il soit effacé »). **IMPRIM.** Signe conventionnel de correction typographique (𝒮) indiquant une suppression à effectuer.

DÉLÉBILE **adj.** Qui peut s'effacer.

DÉLECTABLE **adj.** Dont on se délecte.

DÉLECTATION **n.f.** (lat. *delectatio*). Plaisir que l'on savoure pleinement ; ravissement.

SE DÉLECTER **v.pr. [3] (DE, À)** [du lat. *delectare*, charmer]. Prendre un plaisir extrême à ; savourer : *Nous nous sommes délectés de ce bon dîner, à écouter ce débat.*

DÉLÉGATEUR, TRICE **n. DR.** Personne qui fait une délégation.

DÉLÉGATION **n.f.** (du lat. *delegatio*, procuration). **1. DR.** Acte par lequel une autorité administrative charge une autre autorité d'exercer ses pouvoirs à sa place : *Délégation de compétence.* **2. DR.** Opération par laquelle une personne (le *délégant*) ordonne à une autre (le *délégué*) de faire bénéficier une troisième (le *délégataire*) d'une prestation. **3.** Groupe de personnes mandatées au nom d'une collectivité. **4.** En France, nom donné à certains organismes publics : *Délégation à l'aménagement du territoire.* ▪ **Délégation spéciale,** en France, commission chargée d'administrer provisoirement une commune lorsqu'un conseil municipal est démissionnaire ou a été dissous.

DÉLÉGITIMER **v.t. [3].** Faire perdre sa légitimité morale à.

DÉLÉGUÉ, E **n.** et **adj.** Personne chargée d'agir au nom d'une ou de plusieurs autres. ▪ **Délégué du personnel,** en France, salarié élu par le personnel d'une entreprise pour le représenter auprès du chef d'entreprise. ▪ **Délégué syndical,** en France, salarié désigné par les membres du syndicat, représentant son syndicat auprès du chef d'entreprise.

DÉLÉGUER **v.t. [11],** ▲ *[11*]* (du lat. *delegare*, envoyer). **1.** Envoyer comme représentant d'une collectivité : *Déléguer un résident auprès du maire.* **2.** (Aussi absol.). Confier une responsabilité à un subordonné : *Déléguer la présidence à un adjoint. Savoir déléguer.*

DÉLESTAGE **n.m. 1.** Action de délester. **2.** Détournement de la circulation routière : *Itinéraire de délestage.*

DÉLESTER **v.t. [3]. 1.** Réduire le lest de ; alléger : *Délester une montgolfière.* **2.** Supprimer momentanément la fourniture de courant électrique dans un secteur du réseau. ▪ **Délester qqn de son argent** [fam.], le voler. ▪ **Délester une voie de communication,** en empêcher l'accès pour en réduire l'engorgement.

DÉLÉTÈRE **adj.** (du gr. *dêlêtêrios*, nuisible). **1.** Nuisible à la santé ; nocif. **2.** Litt. Qui corrompt l'esprit ; pernicieux.

DÉLÉTION **n.f.** (du lat. *deletio*, destruction). **GÉNÉT.** Perte d'un petit fragment d'ADN par un chromosome. ▪ **Délétion chromosomique,** aberration chromosomique responsable de malformations graves, caractérisée par la perte d'un long fragment de l'un des chromosomes.

DÉLIBÉRANT, E **adj.** Qui est chargé de délibérer : *Assemblée délibérante.*

DÉLIBÉRATIF, IVE **adj.** ▪ **Avoir voix délibérative,** avoir droit de suffrage dans les délibérations d'une assemblée, d'un tribunal (par oppos. à *voix consultative*).

DÉLIBÉRATION **n.f.** (lat. *deliberatio*). **1. DR.** Examen et discussion d'une affaire ; décision prise après cet examen. **2.** Réflexion destinée à peser le pour et le contre avant une décision.

1. DÉLIBÉRÉ, E **adj. 1.** Mûrement réfléchi ; intentionnel : *L'intention délibérée de nous faire échouer.* **2.** Qui agit avec hardiesse et résolution. ▪ **De propos délibéré,** à dessein ; exprès.

2. DÉLIBÉRÉ **n.m. DR.** Discussion des juges avant de rendre leur décision.

DÉLIBÉRÉMENT **adv.** Après avoir réfléchi ; intentionnellement : *Tourner délibérément le dos à qqn.*

DÉLIBÉRER **v.i. [11],** ▲ *[11*]* (lat. *deliberare*). **1.** Étudier une question à plusieurs : *Le jury délibère.* **2.** Sout. Réfléchir sur une décision à prendre.

DÉLICAT, E **adj.** (lat. *delicatus*). **1.** D'une grande finesse : *Des traits délicats. Un mets délicat.* **2.** Qui manifeste de la fragilité : *Santé délicate.* **3.** Qui exige de la subtilité ; complexe : *Négociation délicate.* **4.** Qui fait preuve de sensibilité, de tact : *Le plus délicat des amis.* ◆ **adj.** et **n.** Péjor. Difficile à contenter : *Faire le délicat.*

DÉLICATEMENT **adv.** Avec délicatesse.

DÉLICATESSE **n.f. 1.** Qualité d'une chose délicate ; finesse. **2.** Caractère d'une personne délicate ; tact. ▪ **Être en délicatesse avec qqn** [litt.], en mauvais termes avec lui.

DÉLICE **n.m.** (lat. *delicium*). **1.** Plaisir extrême ; délectation : *Ce parfum est un délice.* **2.** Suisse. Petite pâtisserie salée. ▪ **Faire les délices de qqn,** lui plaire beaucoup. ▪ **Faire ses délices de qqch,** y prendre un vif plaisir.

DÉLICIEUSEMENT **adv.** Avec délice.

DÉLICIEUX, EUSE **adj.** (bas lat. *deliciosus*). **1.** Extrêmement agréable ; charmant. **2.** Qui réjouit les sens ou l'esprit ; délectable.

DÉLICTUEL, ELLE **adj. DR. 1.** Délictueux. **2.** Se dit d'une faute commise intentionnellement et de la responsabilité encourue par son auteur.

DÉLICTUEUX, EUSE **adj. DR.** Qui constitue un délit : *Acte délictueux* (SYN. **délictuel**).

1. DÉLIÉ, E **adj.** (lat. *delicatus*). Litt. Qui est d'une grande finesse : *Écriture déliée.* ▪ **Esprit délié,** subtil.

2. DÉLIÉ **n.m.** Partie fine, déliée d'une lettre calligraphiée (par oppos. à *plein*).

DÉLIÉGEAGE **n.m.** Opération consistant à enlever le liège du chêne-liège. ➲ Cela inclut le démasclage.

DÉLIER **v.t. [5]. 1.** Détacher ce qui est lié : *Délier un bouquet.* **2.** Sout. Libérer d'une obligation : *Délier qqn de sa promesse.* ◆ **SE DÉLIER** **v.pr.** ▪ **Les langues se délient,** on se met à parler.

DÉLIGNAGE **n.m. BOIS.** Sciage des flaches d'une pièce de bois débitée.

DÉLIGNEUSE **n.f.** Machine servant au délignage.

DÉLIMITATION **n.f.** Action de délimiter.

DÉLIMITER **v.t. [3].** Fixer les limites de : *Délimiter un champ, des prérogatives.*

DÉLIMITEUR **n.m. INFORM.** Symbole utilisé pour séparer des suites adjacentes de bits ou de caractères au sein d'un ensemble de données (SYN. **séparateur**).

DÉLINÉAMENT **n.m.** Didact. Trait qui indique le contour, la forme de qqch.

DÉLINÉATEUR **n.m. TRAV. PUBL.** Balise munie de dispositifs réfléchissants blancs qui, placée le long des accotements d'une route, en matérialise le tracé.

DÉLINÉER **v.t. [8].** Didact. Tracer le contour de.

DÉLINQUANCE **n.f.** Ensemble des infractions commises en un temps et en un lieu donnés, considérées par les criminologues sur le double plan quantitatif et qualitatif : *La délinquance des mineurs.*

DÉLINQUANT, E **n.** Auteur d'un délit. ▪ **Délinquant primaire,** qui commet un délit pour la première fois. ◆ **adj.** Qui commet des délits.

DÉLIQUESCENCE **n.f.** (du lat. *deliquescere*, se liquéfier). **1. PHYS.** Propriété qu'ont certains corps d'absorber l'humidité de l'air au point de se dissoudre. **2.** Fig. État de ce qui se décompose ; décadence. **3.** Fig. Affaiblissement des capacités intellectuelles ; décrépitude.

DÉLIQUESCENT, E adj. 1. PHYS. Doué de déliquescence. **2.** Fig. Qui va s'affaiblissant.

DÉLIRANT, E adj. et **n. PSYCHIATR.** Qui est atteint de délire. ◆ **adj. 1.** Qui présente le caractère du délire : *Idées délirantes.* **2.** Qui manifeste une grande excitation ; exubérant : *Un accueil délirant.* **3.** Qui dépasse les limites du raisonnable ; extravagant : *Une histoire délirante.*

DÉLIRE n.m. (lat. *delirium*). **1.** Grande agitation causée par les émotions, les passions ; exaltation : *Foule en délire.* **2. PSYCHIATR.** Trouble psychique caractérisé par des idées sans rapport manifeste avec la réalité ou le bon sens et entraînant la conviction du sujet.

DÉLIRER v.i. [3] (du lat. *delirare*, sortir du sillon). **1. PSYCHIATR.** Être atteint de délire. **2.** Parler ou agir de façon déraisonnable. **3. (DE).** Être en proie à un sentiment exalté : *Délirer de joie.*

DELIRIUM TREMENS n.m. inv., ▲ ***DÉLIRIUM TRÉMENS*** [delirjɔmtremɛ̃s] ***n.m.*** *(pl. déliriums trémens)* [mots lat. « délire tremblant »]. **MÉD.** État d'agitation avec fièvre, tremblements, onirisme, provoqué par le sevrage brutal, chez certains alcooliques chroniques.

1. DÉLIT n.m. (lat. *delictum*). Infraction punie d'une peine correctionnelle (par oppos. à *contravention* et à *crime*). ▪ **Délit civil,** qui cause un dommage à autrui et oblige à une réparation. ▪ **Délit politique,** qui porte atteinte à l'organisation et au fonctionnement des pouvoirs publics. ▪ **Le corps du délit,** l'élément matériel de l'infraction.

2. DÉLIT n.m. (de *se déliter*). Plan selon lequel une roche se délite. ▪ **En délit** [constr.], se dit d'une pierre appareillée dont l'assise est perpendiculaire à son lit de carrière.

DÉLITAGE n.m. GÉOL. Fait, pour une roche, de se déliter, selon la nature de celle-ci, suivant les plans de stratification ou de schistosité.

DÉLITEMENT n.m. 1. CONSTR. Opération qui consiste à diviser les pierres suivant le sens des couches qui les constituent. **2.** Litt. Fait de se déliter, de perdre sa cohésion ; désagrégation : *Un sentiment de délitement de la société se répand.*

DÉLITER v.t. [3] (de *lit*). **CONSTR.** Couper une pierre de taille parallèlement à la face de son lit de carrière. ◆ **SE DÉLITER v.pr. 1.** Se désagréger sous l'action de l'air ou de l'eau. **2.** Litt. Perdre sa cohésion, en parlant d'un ensemble : *Parti qui se délite.*

DÉLITESCENCE n.f. (de *se déliter*). **CHIM., CRISTALLOGR.** Efflorescence.

DÉLITESCENT, E adj. CHIM., CRISTALLOGR. Efflorescent.

DÉLIVRANCE n.f. 1. Action de délivrer ; libération : *Délivrance d'un otage.* **2.** Fait de débarrasser d'une contrainte, d'une gêne : *Son installation à la campagne serait une délivrance.* **3.** Action de remettre une chose à qqn : *Délivrance d'une lettre recommandée.* **4. MÉD.** Expulsion du placenta à la fin de l'accouchement.

DÉLIVRE n.m. Vieilli. **MÉD., VÉTÉR.** Ensemble des enveloppes fœtales expulsées lors de l'accouchement ou de la mise bas.

DÉLIVRER v.t. [3] (du lat. *liberare*, libérer). **1.** Remettre en liberté : *Délivrer un prisonnier.* **2.** Débarrasser d'une contrainte : *Tu m'as délivré d'un gros souci.* **3.** Remettre au destinataire : *Délivrer le courrier.*

DÉLOCALISATION n.f. 1. Action de délocaliser. **2.** En mécanique ondulatoire, répartition, sur l'ensemble des atomes d'une molécule, de l'onde associée à un électron.

DÉLOCALISER v.t. [3]. 1. Changer l'emplacement d'une administration, dans le cadre d'une décentralisation. **2.** Transférer des activités de production dans un autre pays, pour réduire les coûts de production.

DÉLOGER v.i. [10]. 1. Vieilli. Quitter un lieu ; décamper. **2.** Belgique. Fam. Découcher. ◆ **v.t. 1.** Faire quitter sa place à qqn, à un animal. **2. MIL.** Obliger l'adversaire à évacuer une position.

DÉLOT n.m. (de *1. dé*). Doigtier de cuir du calfat ou de la dentellière.

DÉLOYAL, E, AUX [delwajal, o] **adj. 1.** Qui manque de loyauté : *Un partenaire déloyal.* **2.** Qui dénote de la perfidie : *Concurrence déloyale.*

DÉLOYALEMENT adv. Avec déloyauté.

DÉLOYAUTÉ n.f. 1. Caractère déloyal ; duplicité. **2.** Acte déloyal ; félonie.

DELPHINARIUM [-rjɔm] **n.m.** Aquarium marin dans lequel on élève et présente des dauphins.

DELPHINIDÉ n.m. Mammifère marin cétacé tel que le dauphin et l'orque. ➲ Les delphinidés forment une famille.

DELPHINIUM [-njɔm] **n.m.** Plante herbacée, appelée aussi *dauphinelle* ou *pied-d'alouette*, dont certaines espèces sont cultivées comme ornementales. ➲ Famille des renonculacées.

DELPHINOLOGIE n.f. (du lat. *delphinus*, dauphin). Étude scientifique des dauphins, et notamm. de leurs facultés psychiques.

DELTA n.m. inv., ▲ ***n.m.*** (mot gr.). Quatrième lettre de l'alphabet grec (Δ, δ), correspondant au *d* français. ▪ **Aile (en) delta,** aile d'avion ou de planeur en forme de delta majuscule. ◆ **n.m.** Zone d'accumulation alluviale dans une mer ou dans un lac, à l'embouchure d'un cours d'eau : *Les deltas du Rhône et du Niger.* ➲ Le terme vient de la forme de la majuscule grecque (Δ) qui, lorsqu'elle est renversée, évoque l'embouchure du Nil.

▲ **delta.** Le delta du Nil, en Égypte (vue par satellite).

DELTAÏQUE adj. GÉOGR. Relatif à un delta.

DELTAPLANE ou **DELTA-PLANE n.m.** (pl. *deltaplanes*). Planeur ultraléger utilisé pour le vol libre.

DELTOÏDE adj. ANAT. ▪ **Muscle deltoïde,** ou **deltoïde, n.m.,** muscle situé dans la région supérieure de l'épaule, qui assure l'abduction du bras.

DELTOÏDIEN, ENNE adj. Relatif au muscle deltoïde.

DÉLUGE n.m. (lat. *diluvium*). **1.** (Avec une majuscule). Débordement universel des eaux, d'après la Bible. **2.** Pluie torrentielle. **3.** Fig. Grande quantité de : *Un déluge de récriminations.* ▪ **Après moi le déluge !,** indique que l'on ne se soucie pas des générations futures. ➲ Allusion à un mot prêté à Louis XV. ▪ **Remonter au déluge** [fam.], dater d'une époque très reculée ; reprendre de très loin le récit d'un événement.

DÉLURÉ, E adj. (mot dial., de *leurrer*). Qui manifeste un esprit vif ; dégourdi. ◆ **adj.** et **n.** Trop libre de mœurs ; dévergondé.

DÉLURER v.t. [3]. Vieilli. Rendre malin ou effronté.

DÉLUSTRAGE n.m. Action de délustrer.

DÉLUSTRER v.t. [3]. Enlever le brillant d'un vêtement en le repassant à la vapeur.

DÉMAGNÉTISATION n.f. 1. Désaimantation. **2. MIL.** Opération destinée à protéger les navires contre les mines magnétiques.

DÉMAGNÉTISER v.t. [3]. Désaimanter.

DÉMAGOGIE n.f. (gr. *dêmagôgia*). Attitude consistant à flatter les aspirations à la facilité ou les préjugés du plus grand nombre pour obtenir ou conserver le pouvoir.

DÉMAGOGIQUE adj. Qui relève de la démagogie.

DÉMAGOGUE n. (du gr. *dêmagôgos*, qui conduit le peuple). Personne qui fait preuve de démagogie.

DÉMAIGRIR v.t. [21]. CONSTR., MENUIS. Diminuer l'épaisseur de : *Démaigrir une brique, un tenon.*

DÉMAIGRISSEMENT n.m. Action de démaigrir.

DÉMAILLAGE n.m. Action de démailler.

DÉMAILLER v.t. [3]. Défaire les mailles de : *Démailler un tricot.* ▪ **Démailler une chaîne** [mar.], la séparer de l'ancre à laquelle elle était fixée.

DÉMAILLOTER v.t. [3]. 1. Vx. Enlever le maillot, les langes à. **2.** Débarrasser de ce qui enveloppe : *Démailloter une momie.*

DEMAIN adv. (du lat. *mane*, matin). **1.** Le jour qui suit immédiatement celui où l'on est. **2.** Dans un avenir plus ou moins proche : *La biologie de demain.* ▪ **Ce n'est pas pour demain** ou **ce n'est pas demain la veille,** cela n'est pas près d'arriver.

DÉMANCHÉ n.m. MUS. Déplacement de la main gauche le long du manche, dans le jeu des instruments à cordes et à archet.

DÉMANCHEMENT n.m. Action de démancher.

DÉMANCHER v.t. [3]. 1. Ôter le manche de : *Démancher une pelle.* **2.** Fam. Désarticuler un membre ; déboîter. **3.** Québec. Fam. Démonter : *Démancher un appareil.* ◆ **v.i. MUS.** Faire un démanché. ◆ **SE DÉMANCHER v.pr.** Perdre son manche : *La bêche s'est démanchée.*

DEMANDE n.f. 1. Action de demander qqch, de faire savoir ce que l'on souhaite ou désire : *Demande d'emploi. Demande en mariage.* **2.** Chose demandée : *Votre demande est fondée.* **3. ÉCON.** Quantité d'un bien ou d'un service que les consommateurs sont disposés à acquérir en un temps et à un prix donnés : *La loi de l'offre et de la demande.* **4.** Sollicitation sous forme d'interrogation : *Questionnaire par demandes et réponses.* ▪ **Demande en justice** [dr.], acte par lequel est introduite une action en justice.

DEMANDER v.t. [3] (du lat. *demandare*, confier). **1.** Faire savoir à qqn ce que l'on veut obtenir : *Demander l'addition, à ne plus être dérangé.* **2.** Faire venir qqn ; convoquer : *On vous demande chez le directeur.* **3.** Solliciter une réponse de qqn : *Demander l'heure à un passant.* **4. DR.** Engager une action en justice : *Demander le divorce.* **5.** Avoir besoin de ; nécessiter : *Cette plante demande beaucoup d'eau. Ce problème demande notre attention.* ▪ **Demander qqn en mariage,** lui dire que l'on veut l'épouser. ▪ **Ne demander qu'à,** être tout disposé à. ▪ **Ne pas demander mieux (que de)** [+ inf.], consentir volontiers à faire qqch. ◆ **v.t. ind. (APRÈS).** Fam. Vouloir parler à qqn. ◆ **SE DEMANDER v.pr.** Être indécis sur la conduite à tenir.

1. DEMANDEUR, EUSE adj. et **n.** Qui demande qqch : *Entreprise demandeuse de haute technologie. Demandeur d'asile.* ▪ **Demandeur d'emploi,** personne sans emploi, mais apte à travailler et inscrite au Pôle emploi pour trouver un emploi rémunéré ; chômeur.

2. DEMANDEUR, ERESSE n. DR. Personne qui engage une action en justice (par oppos. à *défendeur*).

DÉMANGEAISON n.f. 1. Sensation cutanée donnant envie de se gratter. **2.** Fig., fam. Désir pressant de faire qqch.

DÉMANGER v.t. [10] (de *manger*). **1.** Causer une démangeaison. **2.** Fig., fam. Causer une grande envie à : *Ça le démangeait de tout raconter.*

DÉMANTÈLEMENT n.m. Action de démanteler ; son résultat : *Le démantèlement d'un échafaudage.*

DÉMANTELER v.t. [12]. 1. FORTIF. Démolir les murailles d'une ville. **2.** Fig. Détruire l'organisation de : *Démanteler un réseau de passeurs.* **3.** Procéder à la déconstruction d'une installation nucléaire selon une série d'opérations techniques (assainissement, démontage, etc.) et administratives, en vue d'une éventuelle reconversion, industrielle ou non, du site.

DÉMANTIBULER v.t. [3] (de *mandibule*). Fam. Mettre en pièces ; démonter.

DÉMAQUILLAGE n.m. Action de démaquiller, de se démaquiller.

DÉMAQUILLANT, E adj. et **n.m.** Se dit d'un produit qui enlève le maquillage tout en nettoyant la peau.

DÉMAQUILLER v.t. [3]. Enlever le maquillage de. ◆ **SE DÉMAQUILLER v.pr.** Enlever son maquillage.

DÉMARCAGE n.m. → **DÉMARQUAGE.**

DÉMARCATIF, IVE adj. Qui indique une démarcation : *Haie démarcative.*

DÉMARCATION n.f. (esp. *demarcación*). **1.** Action de délimiter deux territoires, deux régions ; la limite elle-même. **2.** Fig. Séparation entre deux choses, deux domaines. ▪ **Ligne de démarcation,**

ligne naturelle ou conventionnelle qui marque les limites de deux territoires ; ligne qui, en France, du 22 juin 1940 au 11 novembre 1942, séparait la zone libre de la zone occupée. ➲ Elle s'étendait de Bayonne à la Suisse.

DÉMARCHAGE n.m. COMM. Mode de vente consistant à solliciter la clientèle à domicile ou par téléphone.

DÉMARCHE n.f. (de l'anc. fr. *demarcher,* fouler aux pieds). **1.** Manière de marcher ; allure : *Une démarche élégante.* **2.** Tentative faite auprès de qqn, d'une autorité pour obtenir qqch : *Des démarches pour le financement d'un centre aéré.* **3.** Fig. Manière de penser ; raisonnement.

DÉMARCHER v.t. [3]. Faire le démarchage de.

DÉMARCHEUR, EUSE n. Personne qui fait du démarchage.

DÉMARIAGE n.m. Action de démarier.

DÉMARIER v.t. [5]. AGRIC. Enlever une partie des jeunes plantes issues d'un semis, dans un champ.

DÉMARQUAGE ou **DÉMARCAGE** n.m. Action de démarquer ; son résultat.

DÉMARQUE n.f. Action de démarquer des marchandises : *Une nouvelle démarque de 20 %.* ▪ **Démarque inconnue,** différence d'inventaire, provenant princip. des vols, entre les produits réellement en stock et le stock théorique ou comptable.

DÉMARQUER v.t. [3]. **1.** Ôter ou changer la marque de : *Démarquer une arme.* **2.** Changer ou enlever la marque d'un fabricant pour vendre moins cher ; baisser le prix de. **3.** Copier une œuvre en y apportant quelques changements pour dissimuler l'emprunt ; plagier. **4.** SPORTS. Libérer un partenaire du marquage adverse. ◆ **SE DÉMARQUER** v.pr. **1.** Prendre ses distances ; se distinguer. **2.** SPORTS. Se libérer de la surveillance d'un adversaire.

DÉMARQUEUR, EUSE n. Personne qui copie l'œuvre de qqn ; plagiaire.

DÉMARRAGE n.m. **1.** Fait de démarrer. **2.** Fig. Mise en route d'un processus : *Le démarrage d'une campagne publicitaire.*

DÉMARRER v.t. [3] (de *amarrer*). **1.** Commencer à faire fonctionner, rouler : *Démarrer une voiture.* **2.** Fam. Mettre en train : *Démarrer une discussion.* ◆ **v.i. 1.** Commencer à se mettre en marche, en mouvement : *La tondeuse ne démarre pas.* **2.** Fig. Prendre son essor : *La nouvelle chaîne démarre bien.* **3.** SPORTS. Accélérer soudainement pendant une course, pour distancer un ou plusieurs adversaires.

DÉMARREUR n.m. Dispositif permettant de mettre en marche un moteur thermique. ▪ **Démarreur à distance** [Québec], dispositif télécommandé permettant de faire démarrer un véhicule de loin.

DÉMASCLAGE n.m. Action de démascler.

DÉMASCLER v.t. [3] (du provenç. *desmascla,* émasculer). SYLVIC. Enlever la première écorce, ou *liège mâle,* du chêne-liège.

DÉMASQUER v.t. [3]. **1.** Enlever son masque à. **2.** Fig. Faire apparaître la vraie nature de qqn : *Démasquer un traître.* **3.** Faire apparaître ce qui était caché ; révéler : *On a enfin démasqué son hypocrisie.* ◆ **SE DÉMASQUER** v.pr. Se montrer sous son vrai jour.

DÉMASTIQUER v.t. [3]. Enlever le mastic de.

DÉMÂTAGE n.m. Action, fait de démâter.

DÉMÂTER v.t. [3]. MAR. Enlever le mât ou la mâture d'un navire. ◆ **v.i.** Perdre son, ses mâts.

DÉMATÉRIALISATION n.f. **1.** Action de dématérialiser ; fait d'être dématérialisé. **2.** BOURSE. Suppression des titres et des coupons représentant des valeurs mobilières ou tout autre titre financier, au profit d'une inscription en compte. **3.** PHYS. Transformation de particules élémentaires en énergie. **4.** INFORM. Action de transformer des supports d'information matériels en supports numériques : *Dématérialisation des déclarations fiscales, de la musique.*

DÉMATÉRIALISÉ, E adj. INFORM. Se dit d'un support d'information matériel transformé en support numérique : *Facture dématérialisée.*

DÉMATÉRIALISER v.t. [3]. **1.** Rendre immatériel. **2.** BOURSE. Procéder à la dématérialisation de titres ou de coupons. **3.** INFORM. Transformer des supports d'information matériels en supports numériques.

DÉMAZOUTER v.t. [3]. Nettoyer de la pollution par le mazout : *Démazouter les plages, les cormorans.*

DÈME n.m. (du gr. *dêmos,* peuple). ANTIQ. GR. Circonscription administrative d'une cité.

DÉMÉDICALISATION n.f. Action de démédicaliser ; son résultat.

DÉMÉDICALISER v.t. [3]. Mettre fin à la médicalisation de.

DÉMÊLAGE ou **DÉMÊLEMENT** n.m. Action de démêler.

DÉMÊLANT, E adj. et n.m. Se dit d'un produit qui aide à démêler les cheveux.

DÉMÊLÉ n.m. Contestation entre deux parties qui ont des idées ou des intérêts opposés ; différend : *Avoir des démêlés avec un fournisseur, la justice.*

DÉMÊLER v.t. [3] (de *mêler*). **1.** Mettre en ordre ce qui est emmêlé : *Démêler ses cheveux, des fils électriques.* **2.** Fig. Éclaircir ce qui est confus ; élucider : *Démêler une énigme criminelle.*

DÉMÊLOIR n.m. Vx. Peigne à dents espacées pour démêler les cheveux.

DÉMÊLURE n.f. (Surtout pl.). Vx. Cheveux qui tombent quand on se peigne.

DÉMEMBREMENT n.m. **1.** Action de démembrer : *Le démembrement d'un réseau mafieux.* **2.** DR. Action de transférer à qqn certains des attributs du droit de propriété sur une chose.

DÉMEMBRER v.t. [3]. Diviser un tout en parties ; morceler : *Démembrer une propriété.*

DÉMÉNAGEMENT n.m. **1.** Action de déménager des meubles : *Le déménagement du piano posera un problème. Camion de déménagement.* **2.** Fait de changer de domicile.

DÉMÉNAGER v.t. [10] (de *ménage*). **1.** Transporter des objets, des meubles d'un lieu dans un autre. **2.** Vider de ce qui encombre : *Déménager un grenier.* ◆ **v.i. 1.** Changer de domicile. **2.** Fam. Perdre l'esprit ; déraisonner. **3.** Fam. Produire une forte impression : *Cette musique déménage !*

DÉMÉNAGEUR n.m. Entrepreneur qui fait les déménagements.

DÉMÉNAGEUSE n.f. Suisse. Camion de déménagement.

DÉMENCE n.f. (lat. *dementia*). **1.** PSYCHIATR. Trouble mental grave, caractérisé par un affaiblissement progressif des fonctions intellectuelles, irréversible en l'absence de traitement. **2.** Conduite insensée, bizarre : *Voyager par ce temps, c'est de la démence !*

SE DÉMENER v.pr. [12]. **1.** S'agiter beaucoup. **2.** Se donner beaucoup de mal : *Elle s'est démenée pour inscrire son fils à la fac.*

DÉMENT, E adj. (lat. *demens*). **1.** PSYCHIATR. Relatif à la démence. **2.** Fam. Extravagant : *Courir par cette chaleur, c'est dément.* ◆ **adj.** et **n.** PSYCHIATR. Qui manifeste un état de démence.

DÉMENTI n.m. Action de démentir ; déclaration par laquelle on dément : *La présidence a publié un démenti.*

DÉMENTIEL, ELLE adj. **1.** PSYCHIATR. Qui relève de la démence. **2.** Fig. Qui dépasse la limite du bon sens : *Un projet architectural démentiel.*

DÉMENTIR v.t. [26]. **1.** Affirmer que qqn n'a pas dit la vérité ; contredire : *La comédienne a démenti les journalistes.* **2.** Nier l'exactitude d'une information : *Le ministre dément avoir tenu ces propos.* **3.** Être en contradiction avec : *Les résultats démentent vos prévisions.* ◆ **SE DÉMENTIR** v.pr. (Surtout en tournure négative). Cesser de se manifester : *Sa solidarité ne s'est jamais démentie.*

SE DÉMERDER v.pr. [3]. Très fam. Se tirer d'affaire ; se débrouiller.

DÉMÉRITE n.m. Sout. Ce qui attire la réprobation ; faute.

DÉMÉRITER v.i. [3]. Agir de manière telle que l'on perd la confiance, l'estime de qqn ; encourir la réprobation : *Elle n'a jamais démérité.*

DÉMERSAL, E, AUX adj. Se dit d'une espèce vivant près du fond des mers, mais non inféodée à celui-ci.

DÉMESURE n.f. Excès qui se manifeste dans les propos, le comportement ; outrance.

DÉMESURÉ, E adj. **1.** Qui dépasse la mesure normale ; gigantesque. **2.** Qui est excessif, exagéré : *Cet incident a pris une importance démesurée.*

DÉMESURÉMENT adv. Avec démesure ; excessivement.

1. DÉMETTRE v.t. [64] (de *mettre*). Luxer ; déboîter. ◆ **SE DÉMETTRE** v.pr. Se luxer : *Elle s'est démis l'épaule.*

2. DÉMETTRE v.t. [64] (du lat. *dimittere,* renvoyer de). Destituer ; révoquer : *Démettre qqn de ses fonctions.* ◆ **SE DÉMETTRE** v.pr. Renoncer à une fonction ; démissionner.

DÉMEUBLER v.t. [3]. Vider un lieu de ses meubles.

AU DEMEURANT loc. adv. Tout bien considéré ; en somme : *Ce film, passionnant au demeurant, n'a eu aucun succès.*

1. DEMEURE n.f. **1.** Litt. Lieu où l'on vit ; domicile. **2.** Maison d'une certaine importance : *Ces anciennes demeures font le charme de cette ville.* ▪ **Dernière demeure** [litt.], tombeau. ▪ **Être quelque part à demeure,** y être installé de façon définitive.

2. DEMEURE n.f. ▪ **Il n'y a pas péril en la demeure** [litt.], on ne risque rien à attendre. ▪ **Mettre qqn en demeure (de)** [dr.], l'obliger à remplir son engagement.

DEMEURÉ, E adj. et n. Qui n'a pas une intelligence très développée.

DEMEURER v.i. [3] (auxil. *avoir* ou *être*) [du lat. *demorari,* tarder]. **1.** Avoir son domicile à ; habiter : *Ils ont longtemps demeuré en province.* **2.** Rester un certain moment à l'endroit où l'on est : *La voiture est demeurée au garage.* **3.** Fig. Persister dans un certain état : *Nous sommes demeurés immobiles pour observer.* ▪ **En demeurer là** [sout.], en parlant de qqn, ne pas continuer qqch ; en parlant de qqch, ne pas avoir de suite.

1. DEMI, E adj. (lat. pop. **dimedius,* de *medius,* au milieu). **1.** Qui est la moitié de l'unité ou de la chose dont il est question : *Un demi-litre. Une demi-bouteille. Un pain serait trop, donnez-m'en un demi.* **2.** Qui n'est pas complet : *C'est une demi-surprise.* ◆ **À DEMI** loc. adv. À moitié : *Être à demi éveillé. Faire les choses à demi.*

✎ *Demi,* adj., est inv. et s'écrit avec un trait d'union quand il précède le n. : ***Les demi-journées. Une demi-heure.*** Placé après le n., il en prend le genre et reste au sing. : ***Deux heures et demie. Trois jours et demi.***

2. DEMI n.m. **1.** Moitié d'une unité. **2.** Verre de bière de 25 cl. **3.** Suisse. Mesure d'un demi-litre de vin.

3. DEMI, E n. SPORTS. Joueur, joueuse qui assure la liaison entre les avants et les arrières, au rugby, au football. ▪ **Demi de mêlée,** au rugby, demi chargé notamm. de lancer le ballon dans les mêlées ordonnées. ▪ **Demi d'ouverture,** au rugby, demi chargé notamm. de lancer l'offensive (SYN. **ouvreur**).

DEMI-BAS n.m. inv. Mi-bas.

DEMI-BOUTEILLE n.f. (pl. *demi-bouteilles*). Bouteille contenant environ 37 cl ; son contenu.

DEMI-BRIGADE n.f. (pl. *demi-brigades*). Unité militaire formant corps, dont les effectifs et les moyens sont plus importants que ceux d'un régiment.

DEMI-CANTON n.m. (pl. *demi-cantons*). En Suisse, État de la Confédération né de la partition d'un canton.

DEMI-CERCLE n.m. (pl. *demi-cercles*). Arc de cercle limité par deux points diamétralement opposés.

DEMI-CLÉ ou **DEMI-CLEF** n.f. (pl. *demi-clés* ou *demi-clefs*). Nœud marin le plus simple, formé en passant l'extrémité libre d'un cordage autour du brin tendu ou susceptible d'être tendu, ou autour d'un point fixe.

DEMI-COLONNE n.f. (pl. *demi-colonnes*). ARCHIT. Colonne engagée de la moitié de son diamètre dans un mur ou un pilier.

DEMI-DEUIL n.m. (pl. *demi-deuils*). Anc. Vêtement noir et blanc ou sombre, porté dans la seconde moitié du deuil. ▪ **Poularde demi-deuil** [cuis.], à la sauce blanche et aux truffes.

DEMI-DIEU **n.m.** (pl. *demi-dieux*). **1. MYTH. GR. ET ROM.** Héros fils d'un dieu et d'une mortelle ou d'un mortel et d'une déesse ; divinité secondaire (faune, nymphe, satyre). **2.** Litt. Homme exceptionnel qui semble surhumain.

DEMI-DOUZAINE **n.f.** (pl. *demi-douzaines*). Moitié d'une douzaine ; six ou environ six.

DEMI-DROITE **n.f.** (pl. *demi-droites*). **MATH.** Ensemble des points d'une droite situés d'un seul côté d'un point appelé *origine*.

DEMIE **n.f. 1.** Moitié d'une unité. **2.** Demi-bouteille : *Une demie de rouge et une carafe d'eau.* ▪ **La demie (de telle heure),** cette heure passée d'une demi-heure.

DÉMIELLER **v.t. [3]. APIC.** Enlever le miel de la cire.

DEMI-ENTIER, ÈRE **adj.** (pl. *demi-entiers, ères*). **PHYS.** Se dit d'un nombre égal à la moitié d'un nombre impair, soit à la somme d'un nombre entier et de la fraction un demi.

DEMI-FIGURE **n.f.** (pl. *demi-figures*). **PEINT.** Portrait s'arrêtant à mi-corps.

DEMI-FIN, E **adj.** (pl. *demi-fins, es*). Intermédiaire entre fin et gros : *Petits pois demi-fins.*

DEMI-FINALE **n.f.** (pl. *demi-finales*). **SPORTS.** Épreuve opposant des concurrents ou des équipes et dont le vainqueur accède à la finale.

DEMI-FINALISTE **n.** (pl. *demi-finalistes*). Concurrent ou équipe participant à une demi-finale.

DEMI-FOND **n.m. inv. SPORTS. 1.** Course à pied de moyenne distance (de 800 à 3 000 m). **2.** Course cycliste sur piste derrière un entraîneur motorisé.

DEMI-FRÈRE **n.m.** (pl. *demi-frères*). Frère de même père *(frère consanguin)* ou de même mère *(frère utérin)* seulement.

DEMI-GROS **n.m. inv.** Commerce intermédiaire entre la vente en gros et la vente au détail.

DEMI-HEURE **n.f.** (pl. *demi-heures*). Moitié d'une heure.

DEMI-JOUR **n.m.** (pl. *demi-jours*). Faible lumière du jour à l'aube ou au crépuscule.

DEMI-JOURNÉE **n.f.** (pl. *demi-journées*). Moitié d'une journée.

DÉMILITARISATION **n.f.** Action de démilitariser ; son résultat.

DÉMILITARISER **v.t. [3].** Supprimer ou interdire toute présence ou activité militaire dans une région, un périmètre donnés.

DEMI-LITRE **n.m.** (pl. *demi-litres*). Moitié d'un litre.

DEMI-LONGUEUR **n.f.** (pl. *demi-longueurs*). **SPORTS.** Moitié de la longueur d'un cheval, d'un bateau, etc. : *Gagner d'une demi-longueur.*

DEMI-LUNE **n.f.** (pl. *demi-lunes*). **1. ARCHIT.** Espace en demi-cercle. **2. FORTIF.** Ouvrage fortifié, formant génér. un angle aigu, placé en avant de la courtine.

DEMI-MAL **n.m.** (pl. *demi-maux*). Incident dont les conséquences sont moins graves qu'on ne le craignait.

DEMI-MESURE **n.f.** (pl. *demi-mesures*). **1.** Moitié d'une mesure. **2.** Moyen d'action insuffisant et inefficace, choisi par manque de détermination.

DEMI-MONDAINE **n.f.** (pl. *demi-mondaines*). Litt., vieilli. Femme de mœurs légères.

À DEMI-MOT **loc. adv.** Sans qu'il soit besoin de tout dire.

DÉMINAGE **n.m.** Action de déminer.

DÉMINER **v.t. [3]. MIL.** Retirer du sol ou de l'eau (fleuve, mer) les engins explosifs qui y sont dissimulés.

DÉMINÉRALISATION **n.f. 1.** Action de déminéraliser ; son résultat. **2. MÉD.** Perte d'une partie des minéraux (calcium, par ex.) des os ou des dents (SYN. **décalcification**).

DÉMINÉRALISER **v.t. [3]. 1.** Éliminer de l'eau les corps minéraux qui y sont dissous. **2. MÉD.** Provoquer une déminéralisation.

DÉMINEUR **n.m.** Spécialiste du déminage.

DEMI-PAUSE **n.f.** (pl. *demi-pauses*). **MUS.** Silence d'une durée égale à une blanche ; signe qui note ce silence.

DEMI-PENSION **n.f.** (pl. *demi-pensions*). **1.** Tarif hôtelier comprenant la chambre, le petit déjeuner et un seul repas. **2.** Régime des élèves qui prennent le repas de midi dans l'établissement scolaire.

DEMI-PENSIONNAIRE **n.** (pl. *demi-pensionnaires*). Élève en demi-pension.

DEMI-PIÈCE **n.f.** (pl. *demi-pièces*). Moitié d'une pièce d'étoffe sortant de la fabrique ; moitié d'une pièce de vin.

DEMI-PLACE **n.f.** (pl. *demi-places*). Place à moitié prix dans les transports publics, pour certains spectacles, etc.

DEMI-PLAN **n.m.** (pl. *demi-plans*). **MATH.** Ensemble des points du plan situés d'un seul côté d'une droite appelée *frontière*.

DEMI-POINTE **n.f.** (pl. *demi-pointes*). **DANSE. 1.** Façon dont le pied repose, les phalanges à plat sur le sol et le talon relevé : *Danser sur demi-pointe.* **2.** Chausson de danse souple.

DEMI-PORTION **n.f.** (pl. *demi-portions*). Fam., péjor. Personne chétive ou sans courage.

DEMI-PRODUIT **n.m.** (pl. *demi-produits*). Matière première ayant subi une transformation partielle (SYN. **semi-produit**).

DEMI-QUEUE **n.m.** et **adj.** (pl. *demi-queues*). Piano de dimensions intermédiaires entre le piano quart-de-queue et le piano à queue.

DEMI-RELIEF **n.m.** (pl. *demi-reliefs*). **SCULPT.** Relief dont les figures ont une saillie proportionnelle à la moitié de leur volume réel.

DEMI-RONDE **n.f.** (pl. *demi-rondes*). Lime dont une face est plate et l'autre arrondie.

DÉMIS, E **adj.** Qui est déboîté, luxé : *Un genou démis.*

DEMI-SAISON **n.f.** (pl. *demi-saisons*). Période de l'année où il ne fait ni très froid ni très chaud, correspondant à peu près au printemps et à l'automne, dans les régions tempérées.

DEMI-SANG **n.m. inv.** Anc. Selle français.

DEMI-SEL **n.m. inv. 1.** Fromage frais salé à 2 %. **2.** Beurre légèrement salé. **3.** Arg. Proxénète qui n'appartient pas au milieu. ◆ **adj. inv.** Se dit d'un produit légèrement salé.

DEMI-SŒUR **n.f.** (pl. *demi-sœurs*). Sœur de même père *(sœur consanguine)* ou de même mère *(sœur utérine)* seulement.

1. DEMI-SOLDE **n.f.** (pl. *demi-soldes*). Anc. Solde réduite d'un militaire qui n'est plus en activité.

2. DEMI-SOLDE **n.m. inv. HIST.** Officier du premier Empire, mis en non-activité par la Restauration.

DEMI-SOMMEIL **n.m.** (pl. *demi-sommeils*). État intermédiaire entre la veille et le sommeil.

DEMI-SOUPIR **n.m.** (pl. *demi-soupirs*). **MUS.** Silence d'une durée égale à une croche ; signe qui note ce silence.

DÉMISSION **n.f. 1.** Acte par lequel on se démet d'une fonction, d'un emploi : *Donner ou présenter sa démission. Une lettre de démission.* **2.** Fig. Attitude d'une personne, d'une institution incapables de remplir leur mission ou qui y renoncent ; abdication : *La démission de certains parents.*

DÉMISSIONNAIRE **adj.** et **n.** Qui a donné sa démission.

DÉMISSIONNER **v.i. [3]. 1.** Renoncer volontairement à un emploi, une fonction : *Elle démissionne de son poste de directrice.* **2.** Capituler devant trop de difficultés ; abdiquer : *Il faut les aider pour qu'ils ne démissionnent pas devant la violence.* ◆ **v.t.** Fam. Obliger qqn à donner sa démission : *On l'a démissionné.*

DEMI-TARIF **n.m.** (pl. *demi-tarifs*). Tarif réduit de moitié. ◆ **adj. inv.** Dont le tarif est réduit de moitié : *Cartes demi-tarif.*

DEMI-TEINTE **n.f.** (pl. *demi-teintes*). **PEINT.** Partie colorée ou grisée d'une valeur intermédiaire entre le clair et le foncé. ▪ **En demi-teinte,** qui paraît atténué, tout en nuances : *Un récit en demi-teinte* ; en deçà des espérances : *Des résultats en demi-teinte.*

DEMI-TENDINEUX **adj.m. inv. ANAT.** ▪ **Muscle demi-tendineux,** ou **demi-tendineux, n.m. inv.,** muscle postérieur de la cuisse, qui fléchit la jambe.

DEMI-TON **n.m.** (pl. *demi-tons*). **MUS.** Intervalle équivalant à la moitié d'un ton.

DEMI-TOUR **n.m.** (pl. *demi-tours*). Moitié d'un tour fait en pivotant sur soi-même. ▪ **Faire demi-tour,** revenir sur ses pas.

DÉMIURGE **n.m.** (du gr. *demiourgos*, créateur du monde). **1. PHILOS.** Dieu créateur de l'Univers, pour Platon. **2.** Fig., litt. Personne qui manifeste une formidable puissance créatrice.

DÉMIURGIQUE **adj.** Relatif au démiurge.

DEMI-VIE **n.f.** (pl. *demi-vies*). Temps au terme duquel une grandeur (physique, biologique) atteint la moitié de sa valeur initiale. (Pour la radioactivité, on dit *période.*)

DEMI-VIERGE **n.f.** (pl. *demi-vierges*). Litt., vieilli. Jeune fille qui a des mœurs très libres mais qui est encore vierge.

DEMI-VOLÉE **n.f.** (pl. *demi-volées*). **SPORTS.** Frappe de la balle ou du ballon juste au moment où ils quittent le sol après le rebond.

DÉMIXTION **n.f. CHIM.** Séparation d'un mélange homogène de liquides en plusieurs phases liquides non miscibles.

DÉMO **n.f.** (de l'angl. *demo tape*, bande de démonstration). Fam. Démonstration d'un appareil, d'un objet nouveau.

DÉMOBILISABLE **adj.** Qui peut être démobilisé.

DÉMOBILISATEUR, TRICE **adj.** Qui démobilise : *Un échec démobilisateur.*

DÉMOBILISATION **n.f. 1. MIL.** Acte par lequel on renvoie dans leurs foyers les réservistes mobilisés. **2.** Fig. Relâchement de la combativité.

DÉMOBILISER **v.t. [3]. 1. MIL.** Procéder à la démobilisation des réservistes. **2.** Fig. Enlever toute combativité.

DÉMOCRATE **n.** et **adj.** (du gr. *dêmos*, peuple, et *kratos*, pouvoir). **1.** Partisan de la démocratie. **2.** Membre du Parti démocrate, aux États-Unis.

DÉMOCRATE-CHRÉTIEN, ENNE **adj.** et **n.** (pl. *démocrates-chrétiens, ennes*). Qui appartient à la démocratie chrétienne.

DÉMOCRATIE [-si] **n.f.** Régime politique dans lequel le peuple exerce sa souveraineté lui-même. ▪ **Démocratie chrétienne,** mouvement politique qui s'est développé en Europe à la fin du XIXe s., et qui s'inspire de la doctrine sociale de l'Église catholique. ➲ Ce courant est actuellement en régression. ▪ **Démocratie directe,** régime politique dans lequel le peuple exerce directement sa souveraineté, sans l'intermédiaire d'un organe représentatif. ➲ La désignation de représentants par tirage au sort, la consultation des citoyens par référendum et l'autogestion en matière économique constituent des pratiques courantes de la démocratie directe. ▪ **Démocratie participative,** intervention des citoyens dans l'élaboration des décisions publiques, notamm. par l'intermédiaire d'associations ou d'ONG. ▪ **Démocratie populaire,** régime reposant sur l'hégémonie du Parti communiste et sur l'étatisation de l'économie, instauré dans les pays satellites de l'URSS. ▪ **Démocratie représentative,** démocratie dans laquelle le peuple élit ses représentants pour un mandat renouvelable ou non, selon la Constitution en vigueur.

➲ La **DÉMOCRATIE** politique est née dans la Grèce antique. Pourtant, ce n'est pas avant le XVIIIe s. que fut formulée la théorie de la séparation des pouvoirs (Montesquieu) et mis en place le suffrage universel (États-Unis, 1776), qui en sont deux des fondements. Le respect des libertés* publiques est au cœur même du fonctionnement de la démocratie dite auj. « libérale ».

DÉMOCRATIQUE **adj.** Relatif à la démocratie ; conforme à la démocratie : *Des élections démocratiques.*

DÉMOCRATIQUEMENT **adv.** De façon démocratique.

DÉMOCRATISATION **n.f.** Action de démocratiser ; son résultat.

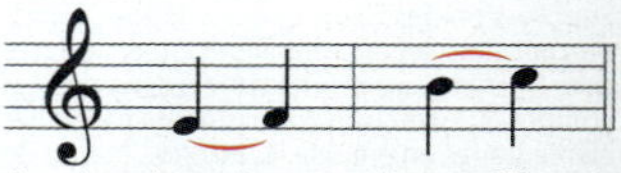

diatoniques (entre deux notes de noms différents)

chromatiques (entre deux notes de même nom)

▲ **demi-tons**

DÉMOCRATISER **v.t. [3]. 1.** Organiser selon les principes démocratiques : *Démocratiser les institutions.* **2.** Mettre à la portée de tout le monde : *Démocratiser l'accès aux grandes écoles.* ◆ **SE DÉMOCRATISER v.pr. 1.** Devenir démocratique : *Pays qui se démocratise.* **2.** Devenir accessible à tous : *Le golf se démocratise.*

DÉMOCRATURE n.f. (de *démocratie* et *dictature*). **1.** Régime politique qui, tout en ayant certains attributs de la démocratie, comme le pluripartisme, n'en est pas moins dirigé d'une façon autoritaire, voire dictatoriale. (On dit aussi *dictocratie.*) **2.** Glissement de la démocratie vers la dictature par une remise en cause de l'État de droit.

DÉMODÉ, E adj. 1. Qui n'est plus à la mode : *Un veston démodé.* **2.** Fig. Qui est dépassé, périmé : *Une conception démodée de la publicité.*

SE **DÉMODER v.pr. [3].** Cesser d'être à la mode.

DEMODEX [demɔdɛks], ▲ *DÉMODEX* **n.m.** (mot lat.). Acarien parasite des follicules pileux de divers mammifères et de l'homme.

DÉMODULATEUR n.m. Dispositif électronique opérant une démodulation.

DÉMODULATION n.f. INFORM., TÉLÉCOMM. Opération de restitution d'un signal originel à partir d'une onde porteuse modulée par ce signal.

DÉMODULER v.t. [3]. Opérer une démodulation.

DÉMOGRAPHE n. Spécialiste de démographie.

DÉMOGRAPHIE n.f. 1. Science qui a pour objet l'étude quantitative des populations humaines, de leur évolution et de leurs mouvements. **2.** État quantitatif d'une population : *Démographie en baisse.*

DÉMOGRAPHIQUE adj. Relatif à la démographie.

DEMOISELLE n.f. (lat. pop. **dominicella*). **1.** Jeune fille ; femme qui n'est pas mariée. **2.** Insecte voisin des libellules, mais plus petit et aux deux paires d'ailes presque identiques, au vol lent, tel que l'agrion. ➲ Ordre des odonates. **3. TRAV. PUBL.** Dame ; hie. ▪ **Demoiselle (coiffée)** [géomorph.], cheminée de fée.

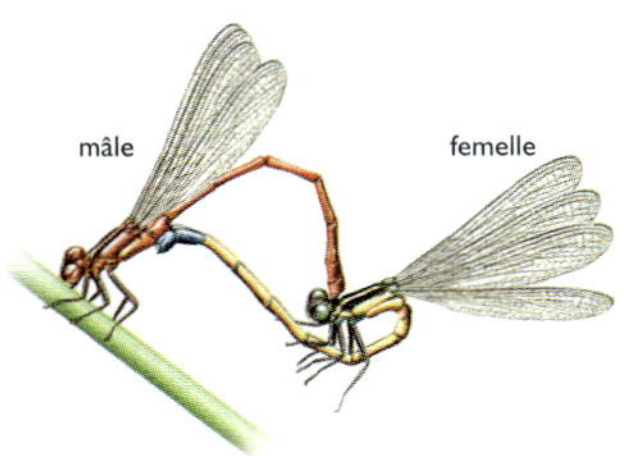

▲ **demoiselle.** Accouplement de demoiselles.

DÉMOLIR v.t. [21] (lat. *demoliri*). **1.** Détruire une construction : *Nous démolissons le mur de clôture pour planter des arbres.* **2.** Mettre en pièces : *Dans la bagarre, ils ont démoli des tables et des chaises.* **3.** Fam. Frapper qqn violemment. **4.** Fig. Altérer l'état physique ou moral de : *Ces nuits sans sommeil l'ont démoli.* **5.** Ruiner l'influence, la réputation de : *Son adversaire a cherché à la démolir.* **6.** Réduire à néant une création intellectuelle : *Les journalistes ont démoli ce film.*

DÉMOLISSAGE n.m. Action de démolir, de critiquer une personne.

DÉMOLISSEUR, EUSE n. 1. Personne, entreprise chargée de démolir une construction. **2.** Fig. Personne qui démolit, anéantit une œuvre, une doctrine, une théorie, etc.

DÉMOLITION n.f. 1. Action de démolir une construction : *Démolition d'un immeuble insalubre.* **2.** Fig. Action de ruiner, d'anéantir. ◆ **n.f. pl.** Matériaux provenant de bâtiments démolis.

DÉMON n.m. (du gr. *daimôn*, esprit, génie). **1. RELIG.** Ange déchu qui habite l'enfer et incite les hommes à faire le mal. **2.** Personne néfaste, dangereuse : *Sa cousine est un démon.* **3.** Enfant turbulent ou très espiègle. **4. ANTIQ.** Esprit, bon ou mauvais, attaché à la destinée d'une personne, d'une ville ou d'un État. ▪ **Le démon** [relig.], le diable ; Satan. ▪ **Le démon de,** la passion, le vice de : *Le démon du mensonge.* ▪ **Les vieux démons,** les penchants néfastes dont on a du mal à se défaire : *Le réveil des vieux démons xénophobes.*

DÉMONDIALISATION n.f. Politique économique préconisant une nouvelle organisation de l'économie mondiale qui, si elle prend acte des interdépendances humaines, se propose de limiter les effets néfastes du libre-échange.

DÉMONE n.f. Litt. Démon de sexe féminin.

DÉMONÉTISATION n.f. 1. Suppression du rôle joué par un étalon métallique (argent ou or) dans les relations monétaires internationales. **2.** Opération consistant à retirer une monnaie de la circulation. **3.** Fig. Action de discréditer : *La démonétisation d'une théorie.*

DÉMONÉTISER v.t. [3] (de *monétiser*). **1.** Ôter sa valeur légale à une monnaie, à un timbre-poste, etc. **2.** Fig. Détruire le crédit de qqn, la valeur de qqch.

DÉMONIAQUE adj. 1. Propre au démon ; satanique : *Des rites démoniaques.* **2.** D'une perversité diabolique ; infernal : *Des machinations démoniaques.* ◆ **adj.** et **n.** Litt. Possédé du démon.

DÉMONOLOGIE n.f. Étude de la nature et de l'influence supposées des démons.

DÉMONSTRATEUR, TRICE n. COMM. Professionnel qui fait la démonstration d'un produit.

DÉMONSTRATIF, IVE adj. 1. Qui démontre qqch : *Document démonstratif.* **2.** Qui manifeste extérieurement ses sentiments : *Il est froid et peu démonstratif.* ◆ **adj.m.** et **n.m. GRAMM.** Se dit d'un adjectif ou d'un pronom qui présente un être ou un objet déterminé par la situation ou le contexte : *« Celui-ci » et « celle-là » sont des pronoms démonstratifs.*

DÉMONSTRATION n.f. (lat. *demonstratio*). **1.** Action de rendre évidente, de prouver par l'expérience la vérité d'un fait, d'une donnée scientifique, etc. : *La démonstration de la culpabilité d'un accusé, de la loi de la gravitation universelle.* **2. LOG.** Raisonnement établissant la vérité d'une proposition à partir des axiomes que l'on a posés. **3. COMM.** Action d'argumenter, auprès du public, sur les qualités d'un produit, en le faisant fonctionner, essayer ou goûter. **4.** (Souvent pl.). Manifestation de sentiments : *De grandes démonstrations d'amitié.* ▪ **Démonstration de force,** manœuvre pour intimider ou leurrer l'adversaire.

DÉMONSTRATIVEMENT adv. De manière démonstrative.

DÉMONTABLE adj. Qui peut être démonté.

DÉMONTAGE n.m. Action de démonter.

DÉMONTÉ, E adj. Dont on a désassemblé les éléments. ▪ **Mer démontée,** très agitée.

DÉMONTE-PNEU n.m. (pl. *démonte-pneus*). Levier utilisé pour retirer un pneu de la jante d'une roue.

DÉMONTER v.t. [3]. 1. Désassembler les parties d'un objet : *Démonter une bibliothèque.* **2.** Jeter à bas de sa monture : *Démonter un cavalier.* **3.** Jeter dans l'embarras ; troubler : *Son accueil glacial nous a démontés.* ◆ **SE DÉMONTER v.pr.** Perdre son assurance ; se troubler.

DÉMONTRABILITÉ n.f. LOG. Propriété de toute formule d'une théorie déductive dont il existe une démonstration.

DÉMONTRABLE adj. Qui peut être démontré.

DÉMONTRER v.t. [3] (lat. *demonstrare*). **1.** Procéder à une démonstration : *Démontrer l'efficacité d'un médicament.* **2.** Témoigner par des marques extérieures ; mettre en évidence : *Sa réponse démontre son impartialité.*

DÉMORALISANT, E adj. Qui démoralise.

DÉMORALISATEUR, TRICE adj. Qui tend à démoraliser.

DÉMORALISATION n.f. Action de démoraliser ; découragement.

DÉMORALISER v.t. [3]. Ôter la détermination, la confiance de ; décourager : *Cette succession de mauvaises nouvelles me démoralise.*

DÉMORDRE v.t. ind. [59]. ▪ **Ne pas démordre d'une opinion, d'une idée,** ne pas vouloir y renoncer.

DÉMOTIQUE adj. et **n.m.** (du gr. *dêmos*, peuple). **1.** Se dit d'une écriture cursive de l'ancienne Égypte (VIIe s. av. J.-C.-Ve s. apr. J.-C.), dérivée de l'écriture hiératique. **2.** Se dit d'un des états du grec moderne (la langue parlée standard).

DÉMOTIVANT, E adj. Qui démotive.

DÉMOTIVATION n.f. Action de démotiver ; fait d'être démotivé.

DÉMOTIVÉ, E adj. 1. Qui a perdu toute motivation : *Des salariés démotivés.* **2. LING.** Se dit d'un dérivé ou d'un composé qui a perdu son rapport sémantique avec le terme de base. ➲ Ainsi, le rapport entre *cœur* et *courage* n'est plus perçu qu'avec certaines expressions, comme *donner du cœur au ventre.*

DÉMOTIVER v.t. [3]. Ôter à qqn toute motivation, toute raison de poursuivre qqch : *Cet échec l'a démotivé.*

DÉMOULAGE n.m. Action de démouler.

DÉMOULER v.t. [3]. Retirer du moule : *Démouler un gâteau.*

DÉMOULEUR n.m. MÉTALL. Mécanisme permettant de démouler.

DÉMOUSTICATION n.f. Action de démoustiquer.

DÉMOUSTIQUER v.t. [3]. Débarrasser une région des moustiques.

DÉMULTIPLEXAGE n.m. TÉLÉCOMM. Séparation de signaux distincts, préalablement combinés par multiplexage.

DÉMULTIPLEXER v.t. [3]. Procéder à un démultiplexage.

DÉMULTIPLICATEUR n.m. MÉCAN. INDUSTR. Système de transmission assurant une réduction de vitesse.

DÉMULTIPLICATION n.f. 1. Action de démultiplier qqch. **2. MÉCAN. INDUSTR.** Rapport de réduction de vitesse dans la transmission d'un mouvement.

DÉMULTIPLIER v.t. et **v.i. [5]. 1. MÉCAN. INDUSTR.** Réduire la vitesse dans la transmission d'un mouvement. **2.** Fig. Augmenter la puissance de qqch par la multiplication des moyens utilisés.

DÉMUNI, E adj. et **n.** Qui manque de ressources financières et matérielles ; déshérité.

DÉMUNIR v.t. [21]. Priver qqn de ce qu'il possédait : *L'embargo a démuni certaines entreprises de leurs débouchés.* ◆ **SE DÉMUNIR v.pr. (DE).** Se dessaisir de ; se séparer de.

DÉMUSELER v.t. [16], ▲ *[12].* **1.** Ôter sa muselière à un animal. **2.** Fig. Rendre sa liberté d'expression à.

DÉMYÉLINISATION n.f. NEUROL. Perte de la gaine de myéline qui entoure certaines fibres nerveuses.

DÉMYSTIFIANT, E adj. Se dit de qqch qui démystifie.

DÉMYSTIFICATEUR, TRICE adj. et **n.** Se dit de qqn qui démystifie.

DÉMYSTIFICATION n.f. Action de démystifier.

DÉMYSTIFIER v.t. [5]. 1. Détromper qqn qui est l'objet d'une mystification. **2.** (Emploi critiqué). Priver de son mystère en montrant la véritable nature de ; banaliser : *Des hackeurs qui démystifient la technologie.*

DÉMYTHIFICATION n.f. Action de démythifier.

DÉMYTHIFIER v.t. [5]. Ôter son caractère mythique à : *Démythifier les stars.*

DÉNANTIR v.t. [21]. DR. Enlever son nantissement à qqn.

DENAR [denar] **n.m.** Unité monétaire principale de la Macédoine.

DÉNASALISATION n.f. PHON. Transformation d'un son nasal en un son oral (ex. : la dénasalisation de [ɔ̃] dans *mon ami* [mɔnami]).

DÉNASALISER v.t. [3]. Opérer la dénasalisation de.

DÉNATALITÉ n.f. Diminution du nombre des naissances.

DÉNATIONALISATION n.f. Action de dénationaliser une entreprise ; son résultat.

DÉNATIONALISER v.t. [3]. Restituer au secteur privé une entreprise précédemment nationalisée.

DÉNATTER v.t. [3]. Défaire ce qui est natté : *Dénatter ses cheveux.*

DÉNATURALISATION n.f. Action de dénaturaliser ; son résultat.

DÉNATURALISER v.t. [3]. Priver des droits acquis par naturalisation.

DÉNATURANT, E adj. et **n.m.** Se dit d'un produit qui dénature.

DÉNATURATION n.f. 1. Action de dénaturer un produit, de modifier ses caractéristiques. **2.** Adjonction à un produit industriel ou agricole de substances qui le rendent impropre à sa destination ordinaire. **3.** Traitement d'une protéine par un agent chimique ou thermique lui faisant perdre sa conformation originelle.

DÉNATURÉ, E adj. 1. Qui a subi une dénaturation : *De l'alcool dénaturé.* **2.** Qui n'est pas conforme à ce qui est considéré comme naturel ; contre nature.

DÉNATURER v.t. [3]. 1. Mélanger à certaines substances d'autres substances qui les rendent impropres à leur usage ordinaire. **2.** Altérer considérablement le goût, la saveur de : *Des contrebandiers ont dénaturé ce vin.* **3.** Fausser le sens de ; trahir : *Les extraits choisis dénaturent la pensée de l'auteur.* **4.** Procéder à la dénaturation d'une protéine.

DÉNAZIFICATION n.f. Action de dénazifier.

DÉNAZIFIER v.t. [5]. Débarrasser de l'influence du nazisme.

DENDRITE [dɑ̃-] ou [dɛ̃-] **n.f.** (du gr. *dendron*, arbre). **1. GÉOL.** Figure arborescente formée de petits cristaux, se trouvant à la surface de certaines roches. **2. HISTOL.** Prolongement d'un neurone qui reçoit les messages nerveux en provenance d'autres neurones.

DENDRITIQUE [dɑ̃-] ou [dɛ̃-] **adj. 1.** Relatif à une dendrite ; qui en a la forme. **2. HYDROL.** Se dit d'un réseau fluvial très densément et régulièrement ramifié.

DENDROBATE [dɑ̃-] ou [dɛ̃-] **n.m.** Grenouille arboricole d'Amérique du Sud, vivement colorée, qui sécrète un venin. ➲ Famille des dendrobatidés.

DENDROCHRONOLOGIE [dɑ̃-] ou [dɛ̃-] **n.f.** Établissement des cycles climatiques selon les variations d'épaisseur des anneaux de croissance des arbres, permettant des corrélations avec la méthode de datation au carbone 14.

DENDROLAGUE [dɑ̃-] ou [dɛ̃-] **n.m.** (du gr. *dendron*, arbre, et *lagos*, lièvre). Petit marsupial arboricole à longue queue, d'Australie et de Nouvelle-Guinée, voisin des kangourous. ➲ Famille des macropodidés.

DENDROLOGIE [dɑ̃-] ou [dɛ̃-] **n.f.** Partie de la botanique qui a pour objet l'étude des arbres.

DENDROLOGUE [dɑ̃-] ou [dɛ̃-] **n.** Spécialiste de dendrologie.

DÉNÉBULATION ou **DÉNÉBULISATION n.f.** Action de dénébuler ; son résultat.

DÉNÉBULER ou **DÉNÉBULISER v.t. [3].** Dissiper artificiellement le brouillard, partic. sur les aérodromes.

DÉNÉGATION n.f. (du lat. *denegare*, nier). **1.** Action de nier, de dénier : *Malgré ses dénégations, il est tenu pour responsable des dégâts.* **2. PSYCHAN.** Processus par lequel le sujet nie un désir qu'il vient de formuler.

DÉNEIGEMENT n.m. Action de déneiger.

DÉNEIGER v.t. [10]. Débarrasser de la neige : *Déneiger les rues, les routes.*

DÉNEIGEUR, EUSE n. Québec. Personne chargée du déneigement.

DÉNERVATION n.f. MÉD. Disparition de l'innervation normale d'un muscle, d'un viscère.

DÉNERVER v.t. [3]. CUIS. Retirer les parties nerveuses de la chair : *Dénerver un foie gras.*

DENGUE [dɛ̃g] **n.f.** (mot anglo-amér., du swahili). **MÉD.** Arbovirose transmise par un moustique, donnant un syndrome grippal et une éruption cutanée.

DÉNI n.m. (de *dénier*). **1. DR.** Refus d'accorder ce qui est dû. **2. PSYCHAN.** Mécanisme de défense qui consiste à nier une perception traumatisante de la réalité extérieure : *Déni de grossesse.* ■ **Déni de justice** [dr.], refus d'un juge ou d'un tribunal d'examiner une affaire qui lui est soumise et qui est susceptible d'engager sa responsabilité.

DÉNIAISER v.t. [3]. 1. Vieilli ou Québec. Rendre moins niais. **2.** Fam., vieilli ou Québec. Faire perdre à qqn son innocence en matière sexuelle. **3.** Québec. Détourner qqn de ses devoirs ; le débaucher.

DÉNICHER v.t. [3]. 1. Enlever d'un nid : *Le chat a déniché les hirondeaux.* **2.** Fig. Trouver à force de recherches : *Dénicher un livre rare.* ◆ **v.i.** Quitter son nid, en parlant d'un oiseau.

DÉNICHEUR, EUSE n. 1. Personne qui déniche les oiseaux. **2.** Découvreur habile de raretés : *Une dénicheuse de nouveaux talents.*

DÉNICOTINISATION n.f. Action de dénicotiniser ; son résultat.

DÉNICOTINISER v.t. [3]. Extraire totalement ou en partie la nicotine du tabac.

DÉNICOTINISEUR n.m. Filtre qui retient une partie de la nicotine du tabac.

DENIER n.m. (lat. *denarius*). **1.** Monnaie d'argent de la Rome antique. **2.** Monnaie française d'argent de l'époque carolingienne (1/12 du sou, 1/240 de la livre). **3. TEXT.** Ancienne unité, remplacée auj. par le décitex. ■ **Denier de l'Église,** offrande des catholiques pour l'entretien du clergé, autref. appelée *denier du culte.* ■ **Denier de Saint-Pierre,** offrande faite au pape par les diocèses depuis 1849. ◆ **n.m. pl.** ■ **De mes, tes, nos deniers** [litt.], avec mon, ton, notre argent personnel : *Ils l'ont payé de leurs deniers.* ■ **Les deniers publics,** l'argent de l'État.

DÉNIER v.t. [5] (lat. *denegare*). **1.** Refuser de reconnaître qqch : *Dénier toute participation à une escroquerie.* **2.** Refuser abusivement d'accorder : *Dénier le droit d'asile à qqn.*

DÉNIGREMENT n.m. Action de dénigrer.

DÉNIGRER v.t. [3] (du lat. *denigrare*, noircir). Attaquer la réputation, le talent de qqn ; décrier.

DÉNIGREUR, EUSE n. Personne qui dénigre.

DENIM [dənim] **n.m.** (de *toile de Nîmes*). Tissu de coton sergé, utilisé pour la confection des jeans.

DÉNITRATATION n.f. Action de dénitrer.

DÉNITRER v.t. [3]. Éliminer du sol ou des eaux les composés nitrés qu'ils renferment.

DÉNITRIFICATION n.f. Action de dénitrifier.

DÉNITRIFIER v.t. [5]. Décomposer les nitrates du sol ou des eaux, en parlant de certaines bactéries dites *dénitrifiantes.*

DÉNIVELÉ n.m. ou **DÉNIVELÉE n.f.** Différence d'altitude entre deux points.

DÉNIVELER v.t. [16], ▲*[12].* Détruire le nivellement d'une surface ; provoquer une différence de niveau.

DÉNIVELLATION n.f. ou **DÉNIVELLEMENT, ▲***DÉNIVÈLEMENT* **n.m.** Différence de niveau : *Les dénivellations du jardin.*

DÉNOMBRABLE adj. 1. Qui peut être dénombré. **2. MATH.** Se dit d'un ensemble qui peut être mis en bijection avec l'ensemble $\mathbb{N}$ des nombres entiers naturels.

DÉNOMBREMENT n.m. Action de dénombrer, de compter ; recensement.

DÉNOMBRER v.t. [3] (lat. *denumerare*). Faire le compte des unités composant un ensemble : *Dénombrer les blessés.*

DÉNOMINATEUR n.m. ■ **Dénominateur commun** [math.], dénominateur qui est le même dans plusieurs fractions ; fig., point commun à plusieurs personnes, à plusieurs choses. ■ **Dénominateur d'une fraction** [math.], nom donné à b dans la fraction a/b ($b \neq 0$).

DÉNOMINATIF, IVE adj. et **n.m.** (du lat. *denominativus*, dérivé). **LING.** Se dit d'un mot formé à partir d'un nom (ex. : *numéroter*, de *numéro*).

DÉNOMINATION n.f. Désignation par un nom ; appellation.

DÉNOMMÉ, E n. et **adj.** Terme administratif ou iron. ■ **Le, la dénommé(e),** celui, celle qui s'appelle : *La dénommée Adeline Dalond.*

DÉNOMMER v.t. [3] (lat. *denominare*). **1.** Donner un nom à. **2. DR.** Nommer une personne dans un acte.

DÉNONCER v.t. [9] (lat. *denuntiare*). **1.** Signaler comme coupable à la justice, à l'autorité compétente. **2.** S'élever publiquement contre : *Dénoncer les abus.* **3.** Rompre un engagement : *Dénoncer un armistice, un pacte.*

DÉNONCIATEUR, TRICE n. et **adj.** Personne qui dénonce ; délateur.

DÉNONCIATION n.f. 1. Action de dénoncer ; délation : *Une lettre de dénonciation.* **2.** Rupture d'un engagement : *Dénonciation d'un contrat.* **3. DR.** Signification extrajudiciaire d'un acte aux personnes concernées.

DÉNOTATIF, IVE ou **DÉNOTATIONNEL, ELLE adj. LING.** Relatif à la dénotation.

DÉNOTATION n.f. 1. LING. Ensemble des éléments fondamentaux et permanents du sens d'un mot (par oppos. à *connotation*). **2. LOG., LING.** Propriété, distincte du sens, que possède un terme de pouvoir être appliqué aux êtres ou aux choses qui composent l'extension du concept auquel il correspond (SYN. **référence**). ➲ Ainsi, les deux expressions *l'étoile du matin* et *l'étoile du soir* ont un sens différent et une même dénotation : l'astre Vénus.

DÉNOTER v.t. [3]. 1. Constituer l'indice de ; révéler : *Cette déclaration dénote l'inquiétude du gouvernement.* **2. LING.** Signifier par dénotation (par oppos. à *connoter*).

DÉNOUEMENT n.m. 1. Événement qui marque la conclusion, la solution d'une affaire : *Le dénouement de la crise.* **2.** Point où aboutit une intrigue dramatique.

DÉNOUER v.t. [3]. 1. Défaire ce qui était noué. **2.** Fig. Résoudre une affaire : *Elle a fini par dénouer cet imbroglio.* ■ **Dénouer les langues,** faire parler les gens.

DÉNOYAGE n.m. Action de dénoyer.

DÉNOYAUTAGE n.m. Action de dénoyauter.

DÉNOYAUTER v.t. [3]. Enlever le noyau de.

DÉNOYAUTEUR n.m. Ustensile ménager pour dénoyauter.

DÉNOYER v.t. [7]. MIN. Assécher des travaux miniers envahis par l'eau.

DENRÉE n.f. (de l'anc. fr. *denerée*, la valeur d'un denier). Marchandise destinée à la consommation alimentaire : *Des denrées périssables.* ■ **Une denrée rare,** une chose difficile à trouver ; une qualité précieuse.

DENSE adj. (lat. *densus*). **1.** Qui est compact, épais : *Un brouillard dense.* **2.** Qui comporte des éléments nombreux et serrés : *Une foule, une forêt dense.* **3.** Dont la masse volumique est grande par rapport à celle d'une substance de référence (l'air pour les gaz, l'eau pour les liquides et les solides). **4. MATH.** En analyse numérique, se dit d'une partie de l'ensemble des nombres réels telle que tout réel apparaisse comme limite d'une suite d'éléments de cette partie. ➲ L'ensemble des nombres rationnels est dense dans l'ensemble des réels. **5. MATH.** Se dit d'un ensemble ordonné A contenant au moins deux éléments, et tel que pour tout couple (x, y) d'éléments de A il existe un autre élément z de A tel que $x < z < y$.

DENSÉMENT adv. De façon dense : *Une région densément peuplée.*

DENSIFICATION n.f. Augmentation de la densité.

DENSIFIER v.t. [5]. 1. Augmenter la densité de. **2. BOIS.** Améliorer, en augmentant sa densité par compression, la qualité d'un bois.

DENSIMÈTRE n.m. Instrument servant à déterminer la densité d'un liquide (SYN. **aréomètre**).

DENSIMÉTRIE n.f. Technique de la mesure des densités.

DENSIMÉTRIQUE adj. Relatif à la densimétrie.

DENSITÉ n.f. 1. Caractère de ce qui est dense : *La densité du feuillage.* **2. PHYS.** Rapport de la masse d'un certain volume d'un corps à celle du même volume d'eau (ou d'air, pour les gaz). **3. PHOTOGR.** Valeur de gris d'un phototype. ■ **Densité de population,** nombre d'habitants par unité de surface.

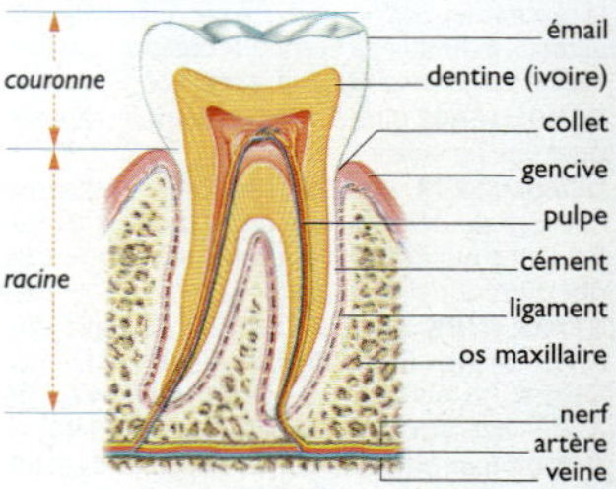

▲ **dent.** Coupe de molaire.

DENT n.f. (lat. *dens, dentis*). **1.** Organe dur, blanchâtre, implanté sur le bord des mâchoires de la plupart des vertébrés, qui sert à la prise de nourriture et, parfois, à la mastication ou à la défense. **2.** Organe dur assurant une fonction comparable chez certains animaux autres que les vertébrés (ex. : saillies de la radula des mollusques, pointes de la lanterne d'Aristote des oursins, etc.). **3.** Chacune des tiges aiguës ou des pointes formant la partie utile de certains outils ou instruments : *Dents d'une fourchette, d'une scie.* **4.** Chacune des saillies d'une roue d'engrenage. **5.** **BOT.** Partie en pointe de certains organes végétaux. **6.** Sommet montagneux pointu et déchiqueté, limité par des versants abrupts : *Les dents du Midi.* ▪ **Avoir la dent** [fam.], avoir faim. ▪ **Avoir la dent dure,** être sévère dans ses critiques. ▪ **Avoir les dents du bonheur,** avoir les deux incisives médianes supérieures écartées, ce qui est censé porter chance. ▪ **Avoir les dents longues** [fam.], être ambitieux. ▪ **Avoir** ou **garder une dent contre qqn,** lui en vouloir. ▪ **Dent de lait** ou **temporaire,** dent destinée à être remplacée par une dent permanente, chez l'homme et certains mammifères. ▪ **Dent de sagesse,** chacune des quatre dernières molaires. ▪ **En dents de scie,** qui présente une succession de montées et de descentes ; fig., irrégulier : *Des résultats en dents de scie.* ▪ **Être armé jusqu'aux dents,** pourvu de nombreuses armes. ▪ **Être sur les dents** [fam.], dans une attente fébrile. ▪ **Faire ses dents,** avoir ses dents de lait qui poussent, en parlant d'un enfant. ▪ **Montrer les dents,** prendre une attitude de menace. ▪ **Mordre à belles** ou **à pleines dents,** avec avidité. ▪ **N'avoir rien à se mettre sous la dent** [fam.], n'avoir rien à manger. ▪ **Parler entre ses dents,** bas et indistinctement. ▪ **Se casser les dents sur qqch,** ne pas en venir à bout.

1. DENTAIRE adj. Relatif aux dents. ◆ **n.m. ANAT.** Os dermique de la mâchoire inférieure des vertébrés (requins exceptés), portant les dents.

2. DENTAIRE n.f. **BOT.** Plante à grandes fleurs rose violacé des régions tempérées, voisine des cardamines. ➲ Famille des crucifères.

DENTAL, E, AUX adj. **PHON.** ▪ **Consonne dentale,** ou **dentale, n.f.,** que l'on prononce en appuyant la langue sur les dents (ex. : [d], [t], [n]).

DENTALE n.m. Mollusque marin à coquille en forme de cornet, vivant dans le sable et la vase. ➲ Classe des scaphopodes.

DENT-DE-LION n.f. (pl. *dents-de-lion*). Pissenlit.

DENTÉ, E adj. Qui a des saillies en forme de dents : *Roue dentée. Feuilles dentées.*

DENTELAIRE n.f. Plante des rocailles des régions méditerranéennes, à fleurs violettes, dont on mâchait la racine qui, bien que toxique, passait pour guérir les maux de dents. ➲ Famille des plombaginacées.

DENTELÉ, E adj. Bordé de petites échancrures. ▪ **Muscle dentelé,** ou **dentelé, n.m.** [anat.], muscle du thorax qui s'attache sur les côtes.

DENTELER v.t. [16], ▲ *[12].* Découper en faisant des dents.

DENTELLE n.f. (de *dent*). **1.** Tissu ajouré constitué de fils entrelacés formant un fond en réseau sur lequel se détachent des motifs, réalisé à l'aide d'aiguilles, de fuseaux ou d'un crochet. **2.** Ce qui rappelle la dentelle : *Des dentelles de pierre ornent les colonnes.* ▪ **Dentelle à l'aiguille,** exécutée en fil de lin blanc avec toutes les variantes du point de feston. ▪ **Dentelle au(x) fuseau(x),** exécutée au carreau, en fils de couleur ou en fil de lin blanc. ▪ **Ne pas faire dans la dentelle** [fam.], manquer de tact, de délicatesse.

▲ **dentelle.** *Nature morte avec un coffret à bijoux, une dentelle, une miniature, une fleur* (détail ; XVIIe-XVIIIe s.), de Jean-Adalbert Angermayer. (Galerie nationale, Prague.)

DENTELLIER, ÈRE, ▲ *DENTELIER, ÈRE* adj. Relatif à la dentelle. ◆ **n. 1.** Fabricant de dentelles. **2.** Personne qui exécute la dentelle à la main.

DENTELURE n.f. **1.** Découpure en forme de dents. **2.** Motif décoratif dentelé.

DENTICULE n.m. **1. ZOOL.** Très petite dent. **2. ARCHIT.** Chacune des petites saillies cubiques alignées constituant un ornement de corniche.

DENTICULÉ, E adj. Garni de denticules.

DENTIER n.m. Prothèse dentaire amovible, partielle ou totale.

DENTIFRICE n.m. et adj. (lat. *dentifricium*, de *fricare*, frotter). Produit utilisé pour nettoyer les dents.

DENTINE n.f. (de *dent*). **HISTOL.** Ivoire des dents.

DENTISTE n. Praticien diplômé spécialisé dans les soins et la chirurgie des dents. (En France, on dit aussi *chirurgien-dentiste* ; en Suisse, *médecin-dentiste.*)

DENTISTERIE n.f. Odontologie.

DENTITION n.f. (lat. *dentitio*). **1. PHYSIOL.** Formation et sortie naturelle des dents chez l'enfant. **2.** Cour. Denture.

DENTURE n.f. **1.** Ensemble des dents d'une personne ou d'un animal. **2.** Ensemble des dents d'une roue d'engrenage, d'une crémaillère, d'une scie.

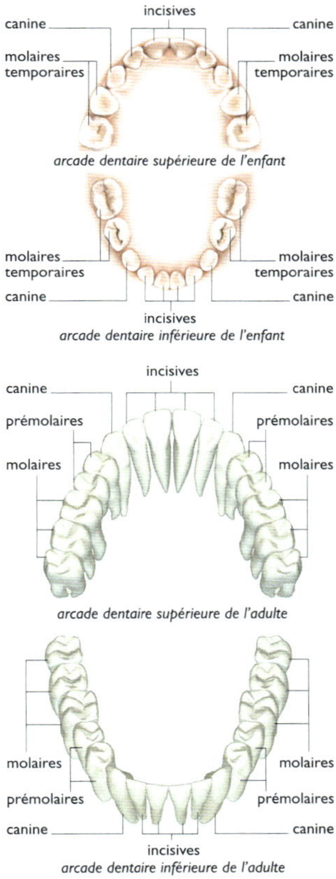

▲ **denture** (enfant et adulte).

DENTUROLOGIE n.f. Québec. Partie de l'odontologie qui concerne les prothèses dentaires.

DENTUROLOGISTE n. Québec. Prothésiste dentaire.

DÉNUCLÉARISATION n.f. Action de dénucléariser ; son résultat.

DÉNUCLÉARISER v.t. [3]. Limiter ou interdire le stationnement, la possession, la fabrication d'armes nucléaires dans une zone, un pays.

DÉNUDATION n.f. **1. CHIRURG.** Action de mettre à nu un tissu, une dent, etc. ; son résultat. **2.** État d'un arbre dépouillé de son écorce, de son feuillage.

DÉNUDER v.t. [3] (lat. *denudare*). **1.** Laisser à nu une partie du corps : *Robe qui dénude le dos.* **2.** Dépouiller un arbre de son écorce, un os ou une veine de la chair qui les recouvre, un conducteur électrique de son isolant. ◆ **SE DÉNUDER** v.pr. **1.** Se mettre partiellement ou totalement nu. **2.** En parlant du crâne, perdre ses cheveux.

DÉNUÉ, E adj. Dépourvu de : *Dénué d'humour.*

DÉNUEMENT n.m. État d'extrême pauvreté ; indigence : *Vivre dans le plus complet dénuement.*

SE DÉNUER v.pr. [3] (DE). Litt. Se priver, se dépouiller de.

DÉNUTRI, E adj. et n. Qui souffre de dénutrition.

DÉNUTRITION n.f. État pathologique d'un tissu ou d'un organisme vivant chez lequel les apports nutritifs extérieurs ne couvrent pas les besoins.

DÉODORANT adj.m. et n.m. Se dit d'un produit qui atténue ou supprime les odeurs corporelles.

DÉONTIQUE adj. (du gr. *deon, deontos*, ce qu'il faut faire). **PHILOS.** ▪ **Logique déontique,** étude systématique des propriétés formelles vérifiées par des notions juridiques comme celles de droit et d'obligation (par oppos. à *logique aléthique*).

DÉONTOLOGIE n.f. (du gr. *deon, deontos*, devoir, et *logos*, discours). Ensemble des règles et des devoirs qui régissent une profession et la conduite de ceux qui l'exercent. ▪ **Déontologie médicale,** éthique médicale.

DÉONTOLOGIQUE adj. Relatif à la déontologie.

DÉONTOLOGUE n. **1.** Spécialiste de déontologie. **2. DR.** Dans une entreprise, une administration ou une institution publique, personne chargée d'exercer en toute indépendance une fonction de veille, d'alerte et de conseil sur toute question relative au respect des règles de déontologie (en matière de conflit d'intérêts, par ex.).

DÉPAILLAGE n.m. Action de dépailler.

DÉPAILLER v.t. [3]. Dégarnir un siège de sa paille.

DÉPALISSER v.t. [3]. Détacher les branches d'un arbre fruitier des supports auxquels elles étaient fixées.

DÉPANNAGE n.m. Action de dépanner.

DÉPANNER v.t. [3]. **1.** Remettre en état de marche : *Dépanner un lave-linge.* **2.** Réparer ou remorquer un véhicule en panne. **3.** Fam. Tirer qqn d'embarras en lui rendant un service.

1. DÉPANNEUR, EUSE n. Professionnel chargé du dépannage des appareils, des véhicules.

2. DÉPANNEUR n.m. Québec. Petite épicerie de proximité dont les heures d'ouverture excèdent celles des autres commerces.

DÉPANNEUSE n.f. Voiture équipée d'un matériel de dépannage.

DÉPAQUETAGE n.m. Action de dépaqueter.

DÉPAQUETER v.t. [16], ▲ *[12].* Défaire un paquet ; sortir une marchandise de son emballage.

DÉPARASITAGE n.m. Action de déparasiter.

DÉPARASITER v.t. [3]. Débarrasser un appareil des parasites radioélectriques ; munir d'un dispositif supprimant les parasites.

DÉPAREILLÉ, E adj. **1.** Qui forme une série incomplète ou disparate : *Service à café dépareillé.* **2.** Qui est séparé d'un ensemble avec lequel il constituait une paire ou une série : *Un gant, une chaussette dépareillés.*

DÉPAREILLER v.t. [3]. Rendre incomplet un ensemble par la suppression ou le remplacement d'un ou de plusieurs éléments qui le composaient ; désassortir.

DÉPARER v.t. [3]. Altérer le bel aspect de ; gâter l'harmonie d'un ensemble : *Ce tableau ne dépare pas la collection.*

DÉPARIER ou **DÉSAPPARIER** v.t [5]. Ôter l'une des deux choses qui formaient une paire.

DÉPARLER v.i. [3]. Vx ou région ; Antilles, Québec. Parler inconsidérément ; dire n'importe quoi.

1. DÉPART n.m. (de l'anc. fr. *départir*, s'en aller). **1.** Action de partir ; moment où l'on part : *Le départ du train.* **2.** Fait de quitter un emploi, une fonction. ▪ **Être sur le départ,** sur le point de partir. ▪ **Point de départ,** commencement.

2. DÉPART n.m. (de *départir*). Sout. ▪ **Faire le départ de** ou **entre,** distinguer nettement deux choses abstraites.

DÉPARTAGER v.t. [10]. **1.** Faire cesser le partage des voix en nombre égal, par un vote qui permet de dégager une majorité. **2.** Trouver en arbitrant un moyen de classer des concurrents à égalité : *La question subsidiaire départagera les ex aequo.*

DÉPARTEMENT n.m. (de *départir*). **1.** Collectivité territoriale française administrée par le conseil départemental et circonscription administrative dirigée par le préfet de département (v. partie n.pr. **FRANCE**). **2.** Chacune des administrations du gouvernement d'un État, des branches spécialisées d'une administration, d'un organisme : *Le département recherche et développement d'une entreprise.* **3.** Suisse. Ministère fédéral ou cantonal. ■ **Département d'outre-mer (DOM),** nom donné à certaines collectivités territoriales françaises créées en 1946 en raison de leur situation géographique et de leur histoire (la Guadeloupe, la Guyane, la Martinique et La Réunion). ➲ L'appellation *département et Région d'outre-mer* (*DROM* ou *DOM-ROM*) a été substituée en 2003 à celle de *département d'outre-mer.* Mayotte est devenue le 5e DROM en 2011.

DÉPARTEMENTAL, E, AUX adj. Relatif à un département. ■ **Élections départementales,** ou **départementales, n.f. pl.,** en France, élections au conseil départemental dans les cantons. ➲ Elles ont remplacé les élections cantonales en 2015. ■ **Route départementale,** ou **départementale, n.f.,** route construite et entretenue par le département.

DÉPARTEMENTALISATION n.f. Action de départementaliser ; son résultat.

DÉPARTEMENTALISER v.t. [3]. 1. Donner le statut de département à un territoire. **2.** Attribuer à un ou plusieurs départements une compétence qui relevait d'une autre collectivité publique.

DÉPARTIR v.t. [31] ou **[21]** (de *1. partir*). Litt. Attribuer en partage ; assigner. ◆ **SE DÉPARTIR v.pr. (DE).** Abandonner une attitude : *Elle ne se départ ou départit jamais de son calme.*

DÉPARTITEUR adj.m. et **n.m. DR.** ■ **Juge départiteur,** en France, juge d'instance qui permet par son vote de dégager une majorité en cas d'égalité des voix au sein d'un conseil de prud'hommes.

DÉPASSANT n.m. COUT. Biais d'étoffe qui dépasse la partie du vêtement à laquelle il est fixé.

DÉPASSÉ, E adj. 1. Qui n'a plus cours ; démodé. **2.** Qui ne domine plus la situation.

DÉPASSEMENT n.m. Action de dépasser, de se dépasser : *Le dépassement de soi.*

DÉPASSER v.t. [3] (de *passer*). **1.** Être plus haut, plus grand, plus long que : *Il me dépasse de 5 cm.* **2.** Passer devant un véhicule ; doubler : *Dépasser un camion.* **3.** Aller au-delà d'une limite, d'un repère : *Son père a dépassé la quarantaine.* **4.** Aller au-delà de ce qui est attendu, possible ou imaginable : *Les résultats dépassent nos prévisions.* **5.** Excéder une quantité, une durée : *La facture dépasse largement ce qui était annoncé dans le devis.* **6.** Mettre dans l'incapacité de comprendre : *Ce changement d'objectif me dépasse.* **7.** Causer un vif étonnement à ; déconcerter : *Cette violence gratuite dépasse les enseignants.* ◆ **v.i.** Être plus long, trop long ; faire saillie : *Ta doublure dépasse.* ◆ **SE DÉPASSER v.pr.** Réussir ce qui paraissait inaccessible ; se surpasser.

DÉPASSIONNER v.t. [3]. Enlever à un débat son caractère passionnel.

SE DÉPATOUILLER v.pr. [3] (de *patouiller*). Fam. Se tirer d'une situation embarrassante ; se débrouiller.

DÉPAVAGE n.m. Action de dépaver.

DÉPAVER v.t. [3]. Enlever les pavés de.

DÉPAYSANT, E adj. Qui dépayse.

DÉPAYSEMENT n.m. 1. Fait d'être dépaysé. **2. DR.** Action de dépayser.

DÉPAYSER [depeize] **v.t. [3]. 1.** Faire changer de pays, de milieu. **2.** Désorienter en changeant les habitudes ; déconcerter : *Avec tous ces nouveaux visages, elle était dépaysée.* **3. DR.** Faire instruire et juger une affaire par une juridiction située dans un autre ressort.

DÉPEÇAGE ou **DÉPÈCEMENT n.m.** Action de dépecer.

DÉPECER v.t. [18] (de *pièce*). **1.** Mettre en pièces : *Dépecer une proie.* **2.** Découper en morceaux : *Dépecer une volaille.* **3.** Diviser en parcelles ; morceler : *Dépecer une propriété.*

DÉPECEUR, EUSE n. Personne qui dépèce un gibier, une volaille.

DÉPÊCHE n.f. 1. Correspondance officielle concernant les affaires publiques : *Dépêche ministérielle.* **2.** Information brève transmise aux organes de presse : *Dépêche d'agence.*

DÉPÊCHER v.t. [3] (de *empêcher*). Sout. Envoyer en toute hâte : *Dépêcher un médiateur.* ◆ **SE DÉPÊCHER v.pr.** Accélérer le rythme auquel on fait qqch ; se hâter : *Se dépêcher de finir.*

DÉPEIGNER v.t. [3]. Déranger la coiffure de qqn ; décoiffer.

DÉPEINDRE v.t. [62] (lat. *depingere*). Représenter en détail ; décrire : *Dépeindre la vie dans un village de montagne.*

DÉPENAILLÉ, E adj. (de l'anc. fr. *penaille,* hardes). Vieilli. Vêtu de loques ; déguenillé.

DÉPÉNALISATION n.f. Action de dépénaliser.

DÉPÉNALISER v.t. [3]. DR. Ôter son caractère pénal à une infraction.

DÉPENDANCE n.f. 1. Rapport de sujétion : *Être sous la dépendance de sa famille.* **2. ÉCON.** Situation d'une économie nationale fragilisée par les relations qu'elle entretient avec le reste du monde. **3. MÉD.** Besoin compulsif d'absorber une substance (drogue, alcool, tabac, etc.) pour faire cesser le malaise psychique (*dépendance psychique*) ou les troubles physiques (*dépendance physique*) dus au sevrage. **4.** État d'une personne qui ne peut plus réaliser seule les actes de la vie quotidienne. ◆ **n.f. pl.** Bâtiment ou terre rattachés accessoirement à un autre bâtiment ou à un autre domaine ; communs.

DÉPENDANT, E adj. 1. Qui est sous la dépendance de ; qui est subordonné à ; tributaire de. **2.** Qui est en situation de dépendance : *Personne âgée dépendante.*

DÉPENDEUR n.m. Fam., vieilli. ■ **Grand dépendeur d'andouilles,** homme de haute taille, niais et paresseux.

1. DÉPENDRE v.t. [59] (de *pendre*). Détacher ce qui était pendu ; décrocher : *Dépendre des rideaux.*

2. DÉPENDRE v.t. ind. [59] (DE) [du lat. *dependere,* être suspendu]. **1.** Être sous la dépendance, l'autorité de qqn ; être du ressort d'un organisme : *L'entretien de ce bâtiment dépend de la commune.* **2.** Être subordonné à la décision de qqn : *Son embauche dépend de vous* ; être soumis à qqch : *Tout dépendra des circonstances.* ■ **Ça dépend,** c'est incertain ; peut-être.

DÉPENS [depɑ̃] **n.m. pl.** (du lat. *dispendere,* partager). **DR.** Frais taxables d'un procès : *Être condamné aux dépens.* ■ **Aux dépens de,** aux frais de qqn : *Il s'est enrichi à nos dépens* ; en sacrifiant qqch : *Se coucher tard aux dépens de sa santé.*

DÉPENSE n.f. (lat. *dispensa*). **1.** Action de dépenser de l'argent ; emploi qu'on en fait. **2.** Montant d'une somme à payer : *Les dépenses d'électricité.* **3.** Action de mettre en œuvre : *Une grande dépense d'énergie.* **4.** Quantité de matière, de produit consommée : *La dépense en eau d'un lave-vaisselle.* **5.** Afrique. Somme d'argent qu'un mari remet régulièrement à sa femme pour l'achat des provisions. ■ **Dépense nationale,** ensemble des dépenses de consommation des particuliers et du secteur public, ainsi que des investissements productifs, au cours d'une année. ■ **Dépenses publiques,** dépenses de l'État, des collectivités locales et des établissements publics. ■ **Ne pas regarder à la dépense,** dépenser sans compter.

DÉPENSER v.t. [3]. 1. Employer de l'argent pour un achat. **2.** Utiliser pour son fonctionnement : *Ce four dépense peu d'électricité.* ■ **Dépenser son temps, son énergie à,** les employer à. ◆ **SE DÉPENSER v.pr. 1. (POUR).** Se donner du mal ; se démener. **2.** Absol. Faire de l'exercice, du sport.

DÉPENSIER, ÈRE adj. et **n.** Qui dépense beaucoup d'argent.

DÉPERDITION n.f. Perte progressive : *Déperdition de chaleur, d'énergie.*

DÉPÉRIR v.i. [21] (du lat. *deperire,* s'abîmer). **1.** Perdre de sa vigueur, de sa vitalité ; s'étioler : *Privée de lumière, la plante a dépéri.* **2.** Fig. Perdre de son importance ; péricliter : *L'épicerie du quartier dépérit.*

DÉPÉRISSEMENT n.m. Fait de dépérir ; déclin.

DÉPERLANCE n.f. Qualité d'une surface déperlante.

DÉPERLANT, E adj. Se dit d'une surface, d'un tissu, sur lesquels l'eau glisse sans pénétrer.

DÉPERSONNALISATION n.f. 1. Action de dépersonnaliser. **2. PSYCHIATR.** Altération de la conscience caractérisée par le sentiment de ne plus se reconnaître soi-même et, souvent, par le sentiment de déréalisation.

DÉPERSONNALISER v.t. [3]. Faire perdre à qqn les caractères dominants de sa personnalité ; rendre qqch banal, anonyme.

DÉPÊTRER v.t. [3] (de *empêtrer*). **1.** Dégager de ce qui empêche de bouger. **2.** Tirer d'embarras : *Dépêtrer qqn d'un imbroglio administratif.* ◆ **SE DÉPÊTRER v.pr. (DE).** Se tirer d'embarras ; se débarrasser de.

DÉPEUPLEMENT n.m. Action de dépeupler ; fait de se dépeupler.

DÉPEUPLER v.t. [3]. 1. Faire partir les habitants d'un pays, d'une région : *L'industrialisation a dépeuplé les campagnes.* **2.** Faire disparaître les animaux qui vivent dans un lieu naturel : *La pollution dépeuple les rivières.* ◆ **SE DÉPEUPLER v.pr.** Se vider de ses habitants, de ses occupants.

DÉPHASAGE n.m. 1. PHYS. Différence de phase entre deux phénomènes périodiques de même fréquence. **2.** Fam. Perte de contact avec la réalité ; décalage.

DÉPHASÉ, E adj. 1. PHYS. Qui présente une différence de phase avec une autre grandeur périodique de même fréquence. **2.** Fam. Qui a perdu contact avec le réel.

DÉPHASER v.t. [3]. PHYS. Produire un déphasage.

DÉPHASEUR n.m. PHYS. Dispositif produisant un déphasage fixe ou réglable.

DÉPHOSPHATATION n.f. Action de déphosphater.

DÉPHOSPHATER v.t. [3]. Éliminer du sol ou des eaux une partie des phosphates qu'ils renferment.

DÉPHOSPHORATION n.f. MÉTALL. Opération par laquelle on enlève le phosphore de la fonte et de l'acier.

DÉPHOSPHORER v.t. [3]. Effectuer une déphosphoration.

DÉPIAUTER v.t. [3] (de *piau,* forme dial. de *peau*). Fam. **1.** Dépouiller un animal de sa peau ; écorcher. **2.** Débarrasser de son enveloppe : *Dépiauter une cacahouète.* **3.** Analyser minutieusement un texte ; éplucher.

DÉPICAGE n.m. → **DÉPIQUAGE.**

DÉPIGEONNAGE n.m. ou **DÉPIGEONNISATION n.f.** Opération destinée à débarrasser les lieux publics des pigeons qui s'y trouvent.

DÉPIGMENTANT, E adj. et **n.m.** Se dit d'une substance ou d'un traitement capables d'atténuer la pigmentation de la peau. ➲ Certains produits abrasifs ou à base de corticoïdes sont considérés comme dangereux.

DÉPIGMENTATION n.f. MÉD. Perte ou absence du pigment de la peau.

1. DÉPILAGE n.m. (de *1. dépiler*). **CUIRS.** Action d'enlever les poils qui couvrent une peau avant de la tanner.

2. DÉPILAGE n.m. (de *2. dépiler*). **MIN.** Action de dépiler.

DÉPILATION n.f. Chute des poils d'un animal.

DÉPILATOIRE adj. et **n.m.** Se dit d'un produit cosmétique permettant d'éliminer temporairement les poils (SYN. **épilatoire**).

1. DÉPILER v.t. [3] (du lat. *pilus,* poil). **CUIRS.** ■ **Dépiler les peaux,** en enlever les poils avant de les tanner.

2. DÉPILER v.t. [3] (de *2. pile*). **MIN. 1.** Exploiter la totalité d'un gisement (SYN. **défruiter**). **2.** Récupérer le minerai utilisé comme pilier de soutènement dans une cavité.

DÉPIQUAGE ou **DÉPICAGE n.m. AGRIC.** Action de dépiquer.

1. DÉPIQUER v.t. [3] (de *piquer*). **COUT.** Défaire les piqûres d'une étoffe.

2. DÉPIQUER v.t. [3] (provenç. *depica*). **AGRIC.** Anc. Séparer les grains des céréales de leurs épis.

DÉPISTAGE n.m. Action de dépister : *Le dépistage du sida.*

DÉPISTER v.t. [3]. 1. Découvrir à la piste : *Dépister un chevreuil.* **2.** Découvrir au terme d'une enquête, d'une recherche : *Dépister des trafiquants.* **3.** Découvrir une maladie latente grâce à des examens médicaux. **4.** Mettre sur une fausse piste : *Les gangsters ont dépisté les gendarmes.*

DÉPIT n.m. (du lat. *despectus*, mépris). Amertume due à une déception, à une blessure d'amour-propre ; rancœur. ▪ **En dépit de,** malgré : *En dépit de sa fatigue, elle a tenu à nous aider.* ▪ **En dépit du bon sens,** n'importe comment.

DÉPITER v.t. [3]. Causer du dépit à.

DÉPLACÉ, E adj. Qui ne convient pas aux circonstances ; incongru : *Un geste déplacé.* ▪ **Personne déplacée,** qui a été contrainte, pour des raisons économiques ou politiques, de quitter son pays.

DÉPLACEMENT n.m. **1.** Action de déplacer, de se déplacer : *Le déplacement d'un meuble. Le déplacement de populations en danger.* **2.** Voyage effectué dans l'exercice d'une profession : *Être en déplacement.* **3.** MAR. Poids du volume d'eau déplacé par un navire : *Déplacement en lège, en charge.* **4.** MATH. Isométrie qui conserve les angles orientés. ➲ Une translation, une rotation sont des déplacements. **5.** CHIM. Réaction par laquelle un corps se substitue à un autre dans un composé. **6.** PSYCHAN. Report de l'énergie psychique liée à un désir inconscient sur un objet substitutif. ▪ **Activité de déplacement** [éthol.], exécution par un animal de mouvements sans rapport avec le comportement dans lequel il est engagé, lorsque ce comportement ne peut s'exprimer normalement.

DÉPLACER v.t. [9]. **1.** Changer de place ; mettre à un autre endroit : *Il faut déplacer l'imprimante.* **2.** Affecter d'office à un autre poste : *Déplacer un fonctionnaire.* **3.** Changer la date, l'heure de : *Déplacer l'heure d'une réunion.* **4.** MAR. Avoir un déplacement de tant de tonnes métriques : *Ce navire déplace 1 000 tonnes.* ▪ **Déplacer la question, le problème,** les faire porter sur un autre point pour ne pas avoir à les résoudre. ◆ **SE DÉPLACER** v.pr. **1.** Changer de place ; bouger. **2.** Aller d'un lieu à un autre : *Se déplacer en bus.*

DÉPLAFONNEMENT n.m. Action de déplafonner ; son résultat.

DÉPLAFONNER v.t. [3]. ADMIN. Supprimer la limite supérieure d'un crédit, d'une cotisation.

DÉPLAIRE v.t. ind. [90] (À). **1.** Ne pas plaire à : *Ce film m'a déplu.* **2.** Causer une irritation légère à : *N'arrivez pas en retard, cela lui déplaît.* ▪ **Ne vous en déplaise** [sout.], que cela vous plaise ou non. ◆ **SE DÉPLAIRE** v.pr. Ne pas être à son aise où l'on est.

DÉPLAISANT, E adj. Qui déplaît ; désagréable : *Un individu déplaisant.*

DÉPLAISIR n.m. Impression désagréable.

DÉPLANTATION n.f. ou **DÉPLANTAGE** n.m. AGRIC. Action de déplanter ; son résultat.

DÉPLANTER v.t. [3]. **1.** Ôter de terre un végétal pour le planter ailleurs. **2.** Retirer de terre : *Déplanter un piquet.*

DÉPLÂTRAGE n.m. Action de déplâtrer.

DÉPLÂTRER v.t. [3]. **1.** CONSTR. Ôter le plâtre d'une surface. **2.** CHIRURG. Ôter le plâtre qui immobilisait un membre fracturé.

DÉPLÉTION n.f. (du lat. *deplere*, vider). **1.** MÉD. Diminution de la quantité de liquide dans un organe ou dans l'organisme ; état qui en résulte. **2.** PÉTROLE. Réduction de l'importance d'un gisement de pétrole, du fait de son exploitation.

DÉPLIAGE ou **DÉPLIEMENT** n.m. Action de déplier.

DÉPLIANT, E adj. Qui se déplie : *Couchette dépliante.* ◆ n.m. Prospectus plié.

DÉPLIER v.t. [5]. Ouvrir une chose pliée : *Déplier un journal, son bras.*

DÉPLISSAGE n.m. Action de déplisser.

DÉPLISSER v.t. [3]. Défaire les plis, les faux plis d'une étoffe, d'un vêtement ; défroisser.

DÉPLOIEMENT n.m. Action de déployer ; fait d'être déployé : *Le déploiement des forces de l'ordre.*

DÉPLOMBAGE n.m. Action de déplomber.

DÉPLOMBER v.t. [3]. **1.** Ôter le plomb qui scelle un objet. **2.** INFORM. Supprimer les protections d'un logiciel qui en empêchent sa copie illicite.

DÉPLORABLE adj. **1.** Qui mérite d'être déploré ; tragique : *Un déplorable accident.* **2.** Qui provoque du désagrément : *Il fait un temps déplorable.*

DÉPLORABLEMENT adv. De façon déplorable.

DÉPLORATION n.f. ICON. ▪ **Déploration du Christ,** représentation du Christ mort pleuré par Marie, Madeleine et saint Jean, après la Descente de Croix et la Déposition (SYN. **lamentation sur le Christ mort**).

▲ **déploration.** *Histoire de la vie du Christ : la déploration* (XVe s.), peinture de Fra Angelico. (Musée du couvent de San Marco, Florence.)

DÉPLORER v.t. [3] (lat. *deplorare*). **1.** Litt. Manifester de la douleur à l'occasion d'un événement funeste : *Déplorer la mort d'un ami.* **2.** Regretter vivement qqch : *Je n'ai pas pu l'accompagner et je le déplore.*

DÉPLOYER [deplwaje] v.t. [7]. **1.** Étendre largement, ouvrir ce qui était plié, roulé : *L'aigle déploiera ses ailes. La navigatrice déploie les voiles.* **2.** MIL. Disposer sur une grande étendue en rendant opérationnel : *Déployer des troupes, des missiles.* **3.** Fig. Montrer, manifester dans toute son intensité : *Les pompiers ont déployé un grand courage.* ▪ **Rire à gorge déployée,** rire aux éclats.

DÉPLUMER v.t. [3]. Algérie, Maroc, Côte d'Ivoire. Plumer une volaille. (L'emploi dans ce sens est rare en France.) ◆ **SE DÉPLUMER** v.pr. **1.** Perdre ses plumes. **2.** Fam. Perdre ses cheveux.

DÉPOÉTISER v.t. [3]. Ôter son caractère poétique à.

DÉPOITRAILLÉ, E adj. Fam. Qui porte un vêtement largement ouvert sur la poitrine.

DÉPOLARISANT, E adj. et n.m. Se dit d'une substance qui a la propriété de s'opposer à la polarisation, de dépolariser.

DÉPOLARISATION n.f. Action de dépolariser.

DÉPOLARISER v.t. [3]. PHYS. Supprimer la polarisation de.

DÉPOLI, E adj. ▪ **Verre dépoli,** translucide.

DÉPOLIR v.t. [21]. Ôter le poli, l'éclat de.

DÉPOLISSAGE ou **DÉPOLISSEMENT** n.m. Action de dépolir ; son résultat.

DÉPOLITISATION n.f. Action de dépolitiser ; son résultat.

DÉPOLITISER v.t. [3]. Retirer tout caractère politique à qqch, toute conscience politique à qqn.

DÉPOLLUANT, E adj. et n.m. Se dit d'un produit qui dépollue.

DÉPOLLUER v.t. [3]. Supprimer ou réduire la pollution de.

DÉPOLLUTION n.f. Action de dépolluer ; son résultat.

DÉPOLYMÉRISATION n.f. CHIM. ORG. Dégradation d'un polymère avec production de monomères qui peuvent se recombiner autrement.

DÉPOLYMÉRISER v.t. [3]. Effectuer une dépolymérisation.

DÉPONENT, E adj. et n.m. GRAMM. Se dit des verbes latins dont la flexion est passive et le sens actif.

DÉPOPULATION n.f. Diminution de la population d'un pays, d'une région.

DÉPORT n.m. (de *report*). BOURSE. Commission payée par le vendeur à découvert au prêteur des titres.

DÉPORTATION n.f. **1.** Transfert et internement dans un camp de concentration situé dans une région éloignée ou à l'étranger. **2.** Transfert arbitraire d'une population arrachée à son territoire et contrainte de s'implanter dans un lieu, une région qu'on lui assigne. **3.** DR. PÉN. Anc. Peine politique perpétuelle, afflictive et infamante, qui consistait à exiler un condamné dans un lieu déterminé (remplacée en 1960, en France, par la détention criminelle).

DÉPORTÉ, E n. **1.** Personne internée dans un camp de concentration, dans une région éloignée ou à l'étranger. **2.** Personne condamnée à la déportation.

DÉPORTEMENT n.m. Fait de se déporter, pour un véhicule.

DÉPORTER v.t. [3] (lat. *deportare*). **1.** Envoyer en déportation. **2.** Anc. Condamner à la déportation. **3.** Faire dévier de sa direction un corps, un véhicule en mouvement. ◆ **SE DÉPORTER** v.pr. En parlant d'un véhicule, dévier de sa trajectoire : *Le camion s'est déporté sur la gauche.*

DÉPOSANT, E n. **1.** DR. Personne qui fait une déposition. **2.** Personne qui fait un dépôt d'argent.

DÉPOSE n.f. Action d'ôter ce qui était fixé pour le nettoyer, le réparer, etc.

DÉPOSÉ, E adj. Se dit d'un nom, d'une marque, d'un modèle, d'un brevet, qui a fait l'objet d'un enregistrement pour être protégé de la contrefaçon.

DÉPOSER v.t. [3] (de *poser*). **1.** Poser ce que l'on portait ; laisser qqch quelque part : *Déposer sa valise.* **2.** Laisser qqn quelque part après l'y avoir conduit : *Elle m'a déposé au bureau.* **3.** Laisser qqch en lieu sûr, en dépôt : *Déposer ses clés chez le gardien. Déposer un chèque à la banque.* **4.** Remettre officiellement : *Déposer une plainte.* **5.** Affirmer qqch comme témoignage : *Il a déposé qu'il avait vu l'assassin.* **6.** Laisser comme dépôt, en parlant d'un liquide : *Ce vin dépose des tanins.* **7.** Faire enregistrer un nom, une marque, un modèle, un brevet, pour les protéger de la contrefaçon. **8.** Effectuer une dépose : *Déposer des tentures.* **9.** Destituer un souverain, un dignitaire. ▪ **Déposer les armes,** cesser le combat. ▪ **Déposer son bilan** [dr.], être en cessation de paiements, en parlant d'un commerçant, d'une entreprise. ◆ v.i. **1.** Faire une déposition en justice. **2.** Laisser des particules, en parlant d'un liquide : *Ce vin dépose.* ◆ **SE DÉPOSER** v.pr. En parlant d'une substance contenue dans un liquide, former un dépôt.

DÉPOSITAIRE n. **1.** Personne à qui a été remis un dépôt. **2.** Personne à qui l'on a confié qqch : *Être le dépositaire d'un secret.* **3.** COMM. Intermédiaire qui vend des marchandises pour le compte de leur propriétaire.

1. DÉPOSITION n.f. **1.** DR. Déclaration d'un témoin : *Aller à la barre pour faire sa déposition.* **2.** Action de déposer un souverain, un dignitaire.

2. DÉPOSITION n.f. ICON. ▪ **Déposition de Croix,** représentation du Christ mort étendu au pied de la Croix.

DÉPOSSÉDER v.t. [11], ▲ *[11*]*. Priver qqn de la possession de qqch.

DÉPOSSESSION n.f. Action de déposséder ; spoliation.

DÉPÔT n.m. (lat. *depositum*). **1.** Action de déposer quelque part, de placer en lieu sûr ; chose déposée : *Le dépôt d'un dossier d'inscription à l'université. Elle m'a laissé son manuscrit en dépôt.* **2.** DR. Contrat par lequel une personne (le *déposant*) confie une chose à une autre (le *dépositaire*), à charge pour celle-ci de la garder et de la restituer. **3.** Ressources monétaires confiées à un organisme bancaire : *Dépôt à vue, à terme.* **4.** Lieu où l'on gare certains véhicules (locomotives, autobus). **5.** Lieu relevant de la Préfecture de police, à Paris, où sont détenues les personnes en attente d'être présentées aux autorités judiciaires. **6.** MIL. Partie d'une unité restant en garnison quand cette unité fait campagne ; lieu où cette fraction reste stationnée. **7.** Amas de particules solides qui précipitent dans un liquide au repos. **8.** GÉOL. Accumulation de sédiments apportés par l'eau ou le vent. ▪ **Dépôt de bilan** [dr.], déclaration de cessation de paiements faite au tribunal par une entreprise, un commerçant. ▪ **Dépôt légal** [dr.], dépôt obligatoire de tout document imprimé, graphique, photographique, sonore, audiovisuel ou multimédia, ainsi que de tout logiciel ou base de données, dès lors qu'ils sont mis à la disposition du public. ➲ En France, ce dépôt s'effectue à la BnF ou auprès de l'organisme habilité à le recevoir, en fonction de la nature du document.

DÉPOTAGE ou **DÉPOTEMENT** **n.m.** Action de dépoter.

DÉPOTER **v.t. [3]. 1.** Ôter une plante d'un pot. **2. MANUT.** Transférer le contenu d'un récipient dans un autre. ◆ **v.i.** Fam. Être très productif ou efficace : *Il va falloir dépoter pour finir ce soir !*

DÉPOTOIR **n.m. 1.** Dépôt d'ordures. **2.** Fam. Lieu où l'on relègue des personnes jugées incapables ou médiocres.

DÉPÔT-VENTE **n.m.** (pl. *dépôts-ventes*). Système de vente dans lequel une personne confie un objet à une autre afin qu'elle le vende moyennant une commission ; magasin pratiquant ce type de vente.

DÉPOUILLAGE **n.m.** Action de dépouiller un animal.

DÉPOUILLE **n.f. 1.** Peau enlevée à un animal : *La dépouille d'un renard.* **2. MÉTALL.** Angle donné aux flancs d'un modèle pour en faciliter le démoulage. ▪ **Angle de dépouille,** ou **dépouille** [mécan. industr.], angle aigu que forme avec la surface usinée la face coupante de l'outil. ▪ **Dépouille mortelle** [litt.], cadavre. ◆ **n.f. pl.** Litt. Ce que l'on prend à l'ennemi ; butin de guerre.

DÉPOUILLEMENT **n.m. 1.** Action de dépouiller, de spolier qqn ; son résultat. **2.** État de ce qui est dépourvu de tout ornement ; austérité. **3.** Action de dépouiller, d'analyser un texte. **4.** Action de dépouiller un scrutin.

DÉPOUILLER **v.t. [3]** (lat. *despoliare*). **1.** Enlever la peau d'un animal ; écorcher : *Dépouiller un lapin.* **2.** Enlever ce qui couvre ; dégarnir : *Le vent dépouille les arbres de leurs feuilles.* **3.** Priver, spolier qqn de qqch : *Les racketteurs l'ont dépouillé. Cette loi le dépouille de ses droits.* **4.** Soumettre un texte à un examen minutieux : *Dépouiller les journaux pour y trouver des néologismes.* ▪ **Dépouiller un scrutin,** ouvrir les urnes et faire le compte des suffrages. ▪ **Style dépouillé,** sans ornement. ◆ **SE DÉPOUILLER** **v.pr.** Se défaire de ses biens.

DÉPOURVU, E **adj.** (DE). Dénué de : *Discours dépourvu d'intérêt.*

AU DÉPOURVU **loc. adv.** À l'improviste : *Sa question m'a pris au dépourvu.*

DÉPOUSSIÉRAGE **n.m.** Action de dépoussiérer.

DÉPOUSSIÉRANT **n.m.** Produit qui favorise le dépoussiérage en empêchant la poussière de voler.

DÉPOUSSIÉRER **v.t. [11],** ▲*[11*]*. **1.** Enlever la poussière de. **2.** Fig. Redonner une apparence de nouveauté à : *Dépoussiérer une pièce de théâtre.*

DÉPOUSSIÉREUR **n.m. TECHN. 1.** Appareil à dépoussiérer. **2.** Dispositif d'extraction des poussières d'un gaz, d'une fumée.

DÉPRAVANT, E **adj.** Qui déprave.

DÉPRAVATION **n.f.** Comportement, conduite immoraux.

DÉPRAVÉ, E **adj.** et **n.** Dont la moralité est corrompue ; dissolu : *Société dépravée.*

DÉPRAVER **v.t. [3]** (lat. *depravare,* de *pravus,* mauvais). **1.** Fausser le sens moral de qqn ; dévoyer : *Dépraver la jeunesse.* **2.** Altérer, gâter le goût.

DÉPRÉCATION **n.f.** (lat. *deprecatio*). **RELIG.** Prière faite pour détourner un malheur ou pour obtenir une faveur.

DÉPRÉCIATEUR, TRICE **adj.** et **n.** Qui déprécie, dénigre.

DÉPRÉCIATIF, IVE **adj.** Qui indique la dépréciation ; péjoratif : *Suffixe dépréciatif.*

DÉPRÉCIATION **n.f.** Action de déprécier ; fait de se déprécier.

DÉPRÉCIER **v.t. [5]** (lat. *depretiare,* de *pretium,* prix). **1.** Diminuer la valeur de ; dévaloriser. **2.** Sous-estimer la valeur de qqn ; rabaisser. ◆ **SE DÉPRÉCIER** **v.pr.** Perdre de sa valeur : *Cette monnaie se déprécie.*

DÉPRÉDATEUR, TRICE **adj.** et **n.** Qui commet des déprédations.

DÉPRÉDATION **n.f.** (du lat. *praeda,* proie). [Surtout au pl.]. **1.** Vol, pillage accompagné de destruction. **2.** Dommage causé aux biens d'autrui ou aux biens publics.

SE DÉPRENDRE **v.pr. [61]** (DE). Litt. Se dégager de l'emprise de : *Se déprendre de qqn, d'une habitude.*

DÉPRESSAGE **n.m.** Réduction de la densité des tiges dans un jeune peuplement forestier.

DÉPRESSIF, IVE **adj.** Relatif à la dépression. ◆ **adj.** et **n.** Qui a tendance à la dépression nerveuse.

DÉPRESSION **n.f.** (du lat. *depressio,* enfoncement). **1.** Partie en creux par rapport à une surface ou aux reliefs voisins : *Dépression du sol.* **2. PHYS.** Pression inférieure à celle du milieu environnant. **3. ÉCON.** Ralentissement de longue durée de l'activité économique : *La dépression des années 1930.* ▪ **Dépression barométrique** ou **atmosphérique** [météorol.], masse atmosphérique sous basse pression (inférieure à 1 015 hectopascals) et qui est le siège de mouvements ascendants. ▪ **Dépression (nerveuse),** état pathologique marqué par la tristesse, une perte de l'estime de soi, un ralentissement psychomoteur.

DÉPRESSIONNAIRE **adj. MÉTÉOROL.** Qui est le siège d'une dépression atmosphérique.

DÉPRESSURISATION **n.f.** Perte de la pressurisation.

DÉPRESSURISER **v.t. [3].** Faire cesser la pressurisation d'un avion, d'un vaisseau spatial.

DÉPRIMANT, E **adj. 1.** Qui affaiblit ; débilitant : *Climat déprimant.* **2.** Qui rend triste ; démoralisant : *Un échec déprimant.*

DÉPRIME **n.f.** Fam. État dépressif.

DÉPRIMÉ, E **adj.** et **n.** Qui souffre de dépression nerveuse. ◆ **adj. 1. BIOL.** Aplati horizontalement, comme la raie. **2. GÉOGR.** Qui se trouve en contrebas. ▪ **Marché déprimé** [Bourse], dont l'activité diminue.

DÉPRIMER **v.t. [3]** (lat. *deprimere*). **1.** Abattre qqn physiquement ou moralement : *Ce travail le déprime.* **2.** Abaisser, enfoncer une surface. ◆ **v.i.** Fam. Être abattu, démoralisé.

DÉPRISE **n.f.** Abandon progressif d'une région rurale (culture, élevage) ; arrêt d'exploitation : *La déprise agricole.*

DÉPRISER **v.t. [3].** Litt., vieilli. Estimer qqn, qqch au-dessous de sa valeur.

DE PROFUNDIS [deprɔfɔ̃dis] **n.m. inv.** (mots lat. « des profondeurs de l'abîme »). **CATH.** Le sixième des sept psaumes de la pénitence, que l'on récite dans les prières pour les morts.

DÉPROGRAMMATION **n.f.** Action de déprogrammer.

DÉPROGRAMMER **v.t. [3]. 1.** Supprimer du programme prévu un spectacle, une émission. **2.** Ajourner ce qui était prévu : *Déprogrammer une cérémonie.*

DÉPUCELAGE **n.m.** Fam. Perte du pucelage.

DÉPUCELER **v.t. [16],** ▲*[12]*. Fam. Faire perdre son pucelage à.

DEPUIS **prép.** (de *1. de* et *puis*). **1.** Indique le point de départ dans le temps : *Il pleut depuis une semaine. Depuis cet incident, il est sur liste rouge.* **2.** Indique le point de départ dans l'espace : *Depuis leur maison, on voit le mont Blanc.* **3.** Introduit les limites d'une série ininterrompue : *Tapis depuis 150 euros jusqu'à 10 000.* ◆ **adv.** À partir de ce moment : *Ils lui envoient toujours leurs vœux depuis.* ◆ **DEPUIS QUE** **loc. conj.** À partir du moment où : *Depuis qu'il prend le train, il a le temps de lire.*

DÉPULPER **v.t. [3].** Enlever la pulpe de.

DÉPURATIF, IVE **adj.** et **n.m. MÉD.** Anc. Qui débarrassait l'organisme de ses toxines.

DÉPURATION **n.f.** Action de dépurer : *Dépuration des eaux résiduelles.*

DÉPURER **v.t. [3].** Rendre qqch pur ou plus pur ; épurer.

DÉPUTATION **n.f. 1.** Envoi de personnes chargées d'une mission ; ces personnes elles-mêmes ; délégation. **2.** Fonction de député.

DÉPUTÉ, E **n.** (lat. *deputatus*). **1.** Membre d'une assemblée législative élue au suffrage universel ; parlementaire : *Une députée maire.* **2.** Personne envoyée en mission ; ambassadeur.

DÉPUTER **v.t. [3].** Envoyer comme représentant ; déléguer ; mandater.

DÉQUALIFICATION **n.f.** Action de déqualifier ; fait d'être déqualifié.

DÉQUALIFIER **v.t. [5].** Donner à qqn un poste, des fonctions au-dessous de sa qualification professionnelle.

DER [dɛr] **n.** et **adj. inv.** (abrév.). Fam. Dernier : *Ils disent que cet album, cet épisode est le der.* ▪ **La der des der,** la guerre de 1914-1918, dont on espérait qu'elle serait la dernière. ◆ **n.m. inv.** ▪ **Dix de der,** à la belote, gratification de dix points pour celui qui fait la dernière levée.

DÉRACINABLE **adj.** Qui peut être déraciné.

DÉRACINÉ, E **n.** Personne qui a quitté son pays, son milieu d'origine.

DÉRACINEMENT **n.m. 1.** Action de déraciner qqch. **2.** Fait d'être arraché à son milieu d'origine.

DÉRACINER **v.t. [3]. 1.** Arracher une plante de terre avec ses racines : *La tempête a déraciné des arbres.* **2.** Retirer qqn de son milieu d'origine. **3.** Fig., litt. Supprimer radicalement ; éradiquer : *Déraciner la corruption.*

DÉRADICALISATION **n.f. 1.** Action de rendre moins intransigeant ; résultat de cette action. **2.** Spécial. Action d'inverser le processus de radicalisation d'un individu, d'un mouvement politique ou religieux : *Centre de déradicalisation.* (Dans ce sens, on dit aussi *désendoctrinement, désembrigadement, désengagement.*)

DÉRAGER **v.i. [10].** Litt. ▪ **Ne pas dérager,** ne pas décolérer.

DÉRAIDIR **v.t. [21].** Faire perdre de sa raideur à.

DÉRAILLEMENT **n.m. 1.** Fait de dérailler, de sortir des rails. **2.** Accident survenant sur une voie ferrée quand un train quitte les rails.

DÉRAILLER **v.i. [3]. 1.** Sortir des rails. **2.** Fig., fam. Fonctionner mal. **3.** Fam. Déraisonner ; divaguer : *Tu dérailles complètement !*

DÉRAILLEUR **n.m. 1.** Mécanisme qui fait passer une chaîne de bicyclette d'un pignon ou d'un plateau sur un autre. **2. CH. DE F.** Dispositif de sécurité établi de façon à provoquer le déraillement d'un véhicule qui l'atteindrait accidentellement, et destiné à assurer la protection des installations en aval (voie principale, route, etc.).

DÉRAISON **n.f.** Litt. Manque de raison.

DÉRAISONNABLE **adj.** Qui manque de raison, de bon sens.

DÉRAISONNABLEMENT **adv.** De manière déraisonnable.

DÉRAISONNER **v.i. [3].** Tenir des propos dénués de bon sens ; divaguer.

DÉRAMER **v.t. [3].** Cintrer une rame de papier pour en séparer les feuilles.

DÉRANGÉ, E **adj.** Fam. **1.** Un peu fou. **2.** Qui éprouve des troubles digestifs.

DÉRANGEANT, E **adj.** Qui dérange, en remettant en cause les idées reçues : *Un cinéaste dérangeant.*

DÉRANGEMENT **n.m. 1.** Fait d'être dérangé, gêné : *Causer du dérangement à qqn.* **2.** Action de se déranger, de se déplacer : *Ce spectacle vaut le dérangement.* ▪ **Ligne, cabine téléphonique en dérangement,** dont le fonctionnement est perturbé.

DÉRANGER **v.t. [10]. 1.** Déplacer ce qui était rangé ; causer du désordre dans : *Déranger des dossiers, une chambre.* **2.** Troubler le fonctionnement de : *Cette réunion dérange mon emploi du temps.* **3.** Gêner qqn dans le cours de ses occupations, de son repos : *Le téléphone m'a dérangé pendant ma sieste.* ◆ **SE DÉRANGER** **v.pr. 1.** Se déplacer. **2.** Interrompre ses occupations.

DÉRAPAGE **n.m.** Fait de déraper.

DÉRAPER **v.i. [3]** (du provenç. *derapa,* arracher). **1.** Glisser obliquement sur le sol, en parlant d'un véhicule : *La voiture a dérapé sur le verglas.* **2.** En parlant de qqn, glisser involontairement : *Déraper sur des feuilles mortes.* **3.** Fig. S'écarter de ce qui est normal, prévu et contrôlé : *La conversation a dérapé.* **4. AÉRON.** Virer avec une inclinaison insuffisante, en se déportant vers l'extérieur ; voler sur une trajectoire faisant un angle avec le plan de symétrie de l'avion. **5. MAR.** Se détacher du fond, en parlant d'une ancre.

DÉRASER **v.t. [3].** Diminuer la hauteur d'un mur maçonné pour abaisser son arasement.

DÉRATÉ, E **n.** (de *dérater,* ôter la rate). Fam. ▪ **Courir comme un dératé,** courir très vite.

DÉRATISATION **n.f.** Action de dératiser.

DÉRATISER **v.t. [3].** Débarrasser des rats en les exterminant : *Dératiser un immeuble.*

DÉRAYAGE n.m. **CUIRS.** Opération d'égalisation de l'épaisseur du cuir par élimination de fins copeaux du côté chair.

1. DÉRAYER [dereje] v.t. [6] (de *rayer*, tracer un sillon). **AGRIC.** Tracer une dérayure.

2. DÉRAYER v.t. [6] (du néerl. *draaien*, tourner, tordre). Pratiquer le dérayage du cuir.

DÉRAYEUSE n.f. Machine qui sert au dérayage des peaux.

DÉRAYURE n.f. **AGRIC.** Double raie ouverte séparant deux planches de labour ou deux sillons contigus.

DERBOUKA n.f. → **DARBOUKA.**

DERBY n.m. (de lord *Derby*). **1.** Rencontre sportive entre deux équipes voisines et rivales. **2.** Chaussure basse dont les quartiers se lacent sur le cou-de-pied. ▪ **Le Derby,** grande course de chevaux disputée annuellement à Epsom.

DERCHE n.m. Arg. Postérieur. ▪ **Faux derche,** hypocrite.

DÉRÉALISATION n.f. **PSYCHIATR., PSYCHOL.** Incapacité à évoquer les images des personnes et des choses absentes. ▪ **Sentiment de déréalisation,** sentiment d'étrangeté, de perte de la familiarité avec l'environnement.

DÉRÉALISER v.t. [3]. Faire éprouver un sentiment de déréalisation.

DERECHEF adv. (de l'anc. fr. *chef*, bout, fin). Litt. De nouveau.

DÉRÉEL, ELLE adj. **PSYCHOL.** ▪ **Pensée déréelle,** pensée détournée du réel et des nécessités logiques.

DÉRÉFÉRENCEMENT n.m. **1.** Opération par laquelle un distributeur supprime un produit des références qu'il commercialise. **2. INFORM.** Opération consistant à supprimer certains résultats fournis par un moteur de recherche. ➲ En France, le déréférencement est utilisé notamm. dans le cadre de la protection des données à caractère personnel, mais aussi dans la lutte contre le terrorisme et la pédopornographie.

DÉRÉFÉRENCER v.t. [9]. Procéder au déréférencement d'un produit.

DÉRÉGLÉ, E adj. Qui ne fonctionne plus bien ou n'a plus de règles : *Pendule, vie déréglée.*

DÉRÈGLEMENT n.m. **1.** État de ce qui ne fonctionne pas bien. **2.** Désordre moral ou mental.

DÉRÉGLEMENTATION, ▲ *DÉRÈGLEMENTATION* n.f. Action de déréglementer.

DÉRÉGLEMENTER, ▲ *DÉRÈGLEMENTER* v.t. [3]. Alléger ou supprimer une réglementation.

DÉRÉGLER v.t. [11], ▲ *[11*]*. **1.** Altérer le fonctionnement de ; détraquer. **2.** Troubler moralement, intellectuellement.

DÉRÉGULATION n.f. Assouplissement ou suppression des dispositions encadrant une activité économique, une profession, notamm. sur le plan des tarifs (finance, par ex.).

DÉRÉGULER v.t. [3]. Opérer la dérégulation de.

DÉRÉLICTION n.f. (lat. *derelictio*). Litt. Sentiment d'abandon et de solitude morale.

DÉREMBOURSEMENT n.m. En France, cessation du remboursement par la Sécurité sociale d'un médicament ou d'un traitement médical.

DÉREMBOURSER v.t. [3]. Procéder au déremboursement de.

DÉRESPONSABILISER v.t. [3]. Faire perdre le sens de la responsabilité à qqn, un groupe.

DÉRIDER v.t. [3]. **1.** Rendre moins soucieux, sérieux : *Cette plaisanterie l'a déridé.* **2.** Faire disparaître les rides de. ◆ **SE DÉRIDER** v.pr. Devenir plus gai ; se détendre.

DÉRISION n.f. (du lat. *deridere*, se moquer). Moquerie méprisante. ▪ **Tourner qqch, qqn en dérision,** s'en moquer.

DÉRISOIRE adj. **1.** Qui suscite la dérision : *Les dérisoires idoles de la télé-réalité.* **2.** Tellement minime que cela devient insignifiant : *Subvention dérisoire.*

DÉRISOIREMENT adv. De façon dérisoire.

DÉRIVABLE adj. **MATH.** ▪ **Fonction dérivable,** qui admet une dérivée en tout point d'un intervalle.

1. DÉRIVATIF, IVE adj. **LING.** Qui sert à former des dérivés : *Suffixe dérivatif.*

2. DÉRIVATIF n.m. Ce qui détourne l'esprit de ses préoccupations ; exutoire.

DÉRIVATION n.f. **1.** Action de détourner un cours d'eau ; lit artificiel par où les eaux sont dérivées. **2.** Action de détourner la circulation routière, ferroviaire, etc. ; voie de détournement de la circulation ; déviation. **3. CHIRURG.** Opération consistant à détourner un liquide, une substance de l'organisme de leur circuit naturel, notamm. par anastomose. **4. ÉLECTROTECHN.** Connexion au moyen d'un conducteur entre deux points d'un circuit. **5. LING.** Mode de création d'un mot nouveau (le *dérivé*), le plus souvent par ajout d'un préfixe ou d'un suffixe à une base. **6. MATH.** Recherche de la dérivée d'une fonction. ▪ **En dérivation** [électrotechn.], se dit de circuits électriques ou magnétiques disposés de façon que les courants ou les flux magnétiques se partagent entre eux (SYN. **en parallèle ;** CONTR. **en série**).

DÉRIVE n.f. (de 2. *dériver*). **1.** Fait de dériver, d'être entraîné ou dévié de sa route par le vent et/ou le courant, pour un navire, un avion, etc. **2.** Fait de s'écarter de la norme, d'un cadre fixé ; évolution incontrôlée et dangereuse : *La dérive du déficit public.* **3. MAR.** Aileron vertical immergé, destiné à réduire la dérive d'un voilier. **4.** Partie fixe de l'empennage vertical d'un avion permettant d'assurer la stabilité de route. ▪ **À la dérive,** sans être dirigé, en parlant d'un bateau ; fig., sans énergie ni volonté, en parlant de qqn : *Chômeur à la dérive.* ▪ **Courant de dérive,** ou **dérive** [océanol.], courant marin entretenu par le vent, dans le prolongement des grands courants. ▪ **Dérive des continents,** déplacement relatif des masses continentales au cours des temps géologiques. ➲ Cette théorie, élaborée par A. Wegener, a été confortée par celle de la tectonique des plaques. ▪ **Puits de dérive** [mar.], coffrage étanche situé dans l'axe d'un dériveur et dans lequel se déplace la dérive.

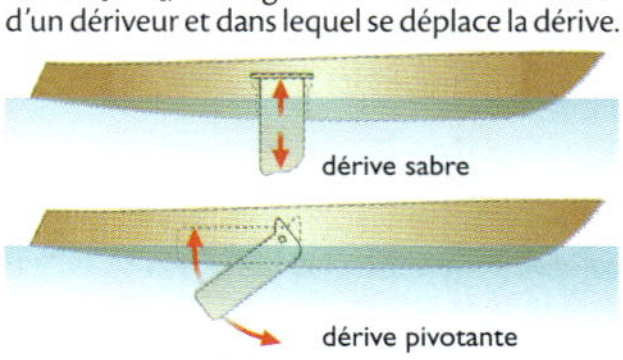

▲ **dérives** de bateaux.

1. DÉRIVÉ, E adj. ▪ **Courant dérivé,** courant électrique traversant une dérivation. ▪ **Droits dérivés,** droits relatifs non pas à l'exploitation commerciale directe d'un produit, d'une œuvre, etc., mais à la cession de ce qui en procède indirectement (droits d'utilisation du logo, d'adaptation, etc.). ▪ **Marché dérivé** ou **marché des produits dérivés,** marché financier dans lequel les transactions portent sur des contrats et non sur les produits eux-mêmes. ▪ **Produit dérivé,** contrat sur des engagements à livrer ou à recevoir, ou sur des droits à acheter ou à vendre, concernant des produits physiques, des devises, des obligations, etc.

2. DÉRIVÉ n.m. **1. CHIM.** Corps obtenu par la transformation d'un autre corps. ➲ Un sel est un dérivé d'acide. **2. LING.** Mot issu par dérivation d'un autre mot : Changement *est un dérivé de* changer.

DÉRIVÉE n.f. **MATH.** ▪ **Dérivée d'une fonction en** x_0, limite, si elle existe, du rapport de l'accroissement de la fonction à l'accroissement $x - x_0$ correspondant de la variable, lorsque x tend vers x_0.

1. DÉRIVER v.t. [3] (lat. *derivare*). **1.** Détourner de son cours : *Dériver un fleuve.* **2. ÉLECTROTECHN.** Établir une dérivation. ▪ **Dériver une fonction** [math.], en déterminer la dérivée. ◆ **v.t. ind. (DE). 1.** Être issu de ; découler de : *Tout dérive de cet incident.* **2. LING.** Tirer son origine ; provenir de : Pelage *dérive de* poil.

2. DÉRIVER v.i. [3] (de l'angl. *to drive*, être poussé). **1.** Être entraîné ou dévié de sa route par le vent et/ou le courant, pour un navire, un avion, etc. **2.** Pour une personne, aller à la dérive, se laisser aller.

DÉRIVETER v.t. [16], ▲ *[12]*. Ôter les rivets de.

DÉRIVEUR n.m. Voilier muni d'une dérive.

DERMABRASION n.f. Technique d'abrasion cutanée qui se pratique sur les cicatrices, les rides, les tatouages, à l'aide d'une fraise, d'une meule ou au laser.

DERMATITE n.f. → **DERMITE.**

DERMATO n. (abrév.). Fam. Dermatologue.

DERMATOGLYPHE n.m. **ANTHROP.** Dessin formé par la peau, notamm. à la pulpe des doigts.

DERMATOLOGIE n.f. (du gr. *derma, -atos*, peau, et *logos*, science). Spécialité médicale qui étudie et soigne les maladies de la peau.

DERMATOLOGIQUE adj. Relatif à la dermatologie.

DERMATOLOGUE n. Spécialiste de dermatologie. Abrév. (fam.) **dermato.**

DERMATOME [-om] n.m. Surface de peau innervée par les fibres d'un même nerf rachidien.

DERMATOMYOSITE n.f. Maladie inflammatoire touchant à la fois la peau et les muscles.

DERMATOSE n.f. Toute affection de la peau.

DERME n.m. (du gr. *derma*, peau). **ANAT.** Couche moyenne de la peau, entre l'épiderme et l'hypoderme.

DERMESTE n.m. (gr. *dermêstês*). Insecte coléoptère gris ou noirâtre, qui se nourrit de viande séchée, de plumes et de peaux, de grains, etc. ➲ Famille des dermestidés.

DERMIQUE adj. **1.** Relatif au derme. **2.** Relatif à la peau en général ; qui s'applique sur la peau. **3.** Formé à partir du derme embryonnaire. ➲ Les os du crâne sont des os dermiques.

DERMITE ou **DERMATITE** n.f. **MÉD.** Nom donné à certaines affections de la peau : *Dermite bulleuse.*

DERMOGRAPHISME n.m. **MÉD.** Apparition d'une urticaire locale après frottement ou griffure de la peau.

DERNIER, ÈRE adj. et n. (du lat. *de retro*, derrière). Qui vient après tous les autres dans le temps, dans l'espace ou selon le mérite : *Le dernier jour de la semaine. Ce coureur est le dernier au classement général.* ▪ **En dernier (lieu),** après tout le reste : *Je mangerai ce gâteau en dernier.* ◆ **adj. 1.** Qui est le plus récent : *Son dernier disque se vend bien.* **2.** Qui atteint un degré extrême : *Une question de la dernière importance.* ▪ **Avoir le dernier mot,** l'emporter dans une discussion. ▪ **Ne pas avoir dit son dernier mot,** ne pas avoir montré tout ce dont on était capable.

DERNIÈREMENT adv. Depuis peu ; récemment.

DERNIER-NÉ, DERNIÈRE-NÉE n. et adj. (pl. *derniers-nés, dernières-nées*). **1.** Enfant né le dernier dans une famille. **2.** Création la plus récente d'un fabricant : *Ce parfum est son dernier-né.*

DERNY n.m. (du n. de l'inventeur). Anc. Cyclomoteur employé pour entraîner des coureurs cyclistes.

DÉROBADE n.f. **1.** Action d'esquiver une difficulté, de se soustraire à une obligation ; échappatoire. **2. ÉQUIT.** Action de se dérober, en parlant d'un cheval.

DÉROBÉ, E adj. Qui permet de ne pas être vu : *Escalier dérobé.* ▪ **Culture dérobée** [agric.], culture intercalée entre deux cultures principales et occupant le sol une courte partie de l'année. ▪ **Porte dérobée,** point d'accès confidentiel à un ordinateur, conçu pour tester ou maintenir un programme mais qui peut servir à y accéder de façon illicite.

À LA DÉROBÉE loc. adv. En cachette et rapidement ; furtivement.

DÉROBEMENT n.m. Sensation que les membres inférieurs ne portent plus le corps.

DÉROBER v.t. [3] (de l'anc. fr. *rober*, voler). **1.** S'approprier furtivement le bien d'autrui : *On m'a dérobé ma carte de crédit.* **2.** Litt. Empêcher de voir ; dissimuler. ◆ **SE DÉROBER** v.pr. **1.** Éviter d'affronter qqch ; s'y soustraire : *Elle s'est dérobée aux questions des journalistes.* **2. ÉQUIT.** Refuser de franchir un obstacle, en parlant d'un cheval. ▪ **Sentir ses jambes, le sol se dérober sous soi,** se sentir défaillir.

DÉROCHAGE n.m. **MÉTALL.** Action de dérocher un métal.

DÉROCHEMENT n.m. **TRAV. PUBL.** Action de dérocher un chenal, une rivière, etc.

DÉROCHER v.t. [3]. **1. MÉTALL.** Décaper une surface métallique par un bain d'acide. **2.** Belgique. Décaper une surface ou un objet en bois : *Dérocher une chaise.* **3. TRAV. PUBL.** Enlever les roches d'un chenal, d'un cours d'eau, d'un terrain. ◆ **v.i. ALP.** Tomber d'une paroi rocheuse ; dévisser.

DÉROCTAGE n.m. **TRAV. PUBL.** Action de briser les blocs de pierre très durs.

DÉROGATION n.f. 1. DR. Action de déroger à une règle, une loi, une convention. **2.** Cour. Autorisation de déroger ; dispense : *Obtenir une dérogation.*

DÉROGATOIRE adj. DR. Qui contient une dérogation ; qui en a le caractère.

DÉROGEANCE n.f. HIST. Fait de déroger.

DÉROGER v.t. ind. [10] (À) [lat. *derogare*]. **1. DR.** Enfreindre une loi, une convention, un usage : *Déroger au secret professionnel.* **2.** Litt. Manquer à un principe de conduite, un usage : *Déroger à la politesse.* **3.** Absol. Dans la France de l'Ancien Régime, pour un noble, perdre les privilèges de son rang par l'exercice de certaines activités.

DÉROUGIR v.i. [21]. Vx. Perdre sa rougeur. ▪ **Ça ne dérougit pas** [Québec, fam.], l'activité, le travail ne diminuent pas.

DÉROUILLÉE n.f. Fam. Volée de coups.

DÉROUILLER v.t. [3]. 1. Enlever la rouille. **2.** Fam. Dégourdir ; remettre en train : *Dérouiller ses jambes, sa mémoire.* **3.** Fam. Donner des coups à ; frapper. ◆ **v.i.** Fam. **1.** Souffrir vivement. **2.** Recevoir une volée de coups.

DÉROULAGE n.m. 1. Déroulement. **2. BOIS.** Action de dérouler une bille de bois.

DÉROULANT, E adj. INFORM. ▪ **Menu déroulant,** menu qui présente, sous forme de liste, les commandes utilisables.

DÉROULÉ n.m. Succession, enchaînement des étapes d'un processus, d'un événement ; déroulement : *Le déroulé d'un raisonnement, d'une cérémonie.*

DÉROULEMENT n.m. 1. Action de dérouler ; fait d'être déroulé : *Le déroulement d'un parchemin* (SYN. **déroulage**). **2.** Fig. Développement progressif d'une action dans le temps : *Le déroulement d'une cérémonie.*

DÉROULER v.t. [3]. 1. Étendre ce qui était enroulé : *Dérouler un tapis.* **2.** Débiter une bille de bois en une feuille de placage mince et continue. **3.** Fig. Passer en revue les phases successives de : *Dérouler ses souvenirs.* ◆ **SE DÉROULER v.pr.** Avoir lieu ; se passer : *L'histoire se déroule sous la Révolution.*

DÉROULEUR n.m. 1. TECHN. Appareil servant à dérouler des produits livrés en rouleaux. **2. INFORM.** Périphérique de stockage de grande capacité sur bande magnétique.

DÉROULEUSE n.f. Machine à dérouler du bois.

DÉROUTAGE ou **DÉROUTEMENT n.m.** Action de dérouter un navire, un avion.

DÉROUTANT, E adj. Qui déroute, déconcerte : *Son attitude est déroutante.*

DÉROUTE n.f. 1. Fuite en désordre d'une troupe vaincue ; débâcle. **2.** Fig. Situation catastrophique ; déconfiture.

DÉROUTEMENT n.m. → **DÉROUTAGE.**

DÉROUTER v.t. [3]. 1. Modifier l'itinéraire d'un navire, d'un avion. **2.** Fig. Mettre dans l'embarras ; déconcerter : *La question du maire l'a dérouté.*

DERRICK n.m. (mot angl.). Charpente métallique supportant le système de forage d'un puits de pétrole. Recomm. off. **tour de forage.**

1. DERRIÈRE prép. et **adv.** (du lat. *de retro*, en arrière). **1.** Marque la postériorité dans l'espace : *Elle avait les mains liées derrière le dos.* **2.** Indique le rang qui suit ; à la suite de : *Marcher derrière qqn. Rester derrière.* **3.** Au-delà de ce qui est exprimé : *Derrière son apparente douceur, on devine une grande force.* ◆ **PAR-DERRIÈRE loc. adv.** et **loc. prép. 1.** Par la partie postérieure : *Passe par-derrière la maison.* **2.** Fig. Sournoisement : *Calomnier par-derrière.*

2. DERRIÈRE n.m. 1. Côté opposé au devant ; partie postérieure de qqch : *Le derrière de la voiture est cabossé.* **2.** Partie de l'homme ou d'un animal comprenant les fesses.

DERVICHE n.m. (du persan *darvich*, pauvre). Membre d'une confrérie mystique musulmane : *Derviches tourneurs, hurleurs.*

DES art. 1. Article défini contracté pluriel (pour *de les*) : *Les regrets des abstentionnistes.* **2.** Article partitif pluriel : *Manger des céréales.* **3.** Article indéfini (pluriel de *un, une*) : *Il y a des serviettes dans le placard.*

DÈS prép. (du lat. pop. *de ex*, hors de). **1.** À partir de ; depuis : *Dès l'aube. Dès le début du match.* **2.** Suisse. À partir de tel prix : *Location de voiture dès 40 francs par jour.* ◆ **DÈS LORS loc. adv. 1.** À partir de ce moment-là. **2.** En conséquence. ◆ **DÈS LORS QUE loc. conj.** (Suivi de l'indic.). Du moment que. ◆ **DÈS QUE loc. conj.** Aussitôt que.

DÉSABONNER v.t. [3]. Faire cesser l'abonnement à. ◆ **SE DÉSABONNER v.pr.** Faire cesser son abonnement.

DÉSABUSÉ, E adj. et **n.** Qui manifeste la perte des illusions ; désenchanté : *Un sourire désabusé.*

DÉSABUSER v.t. [3]. Litt. Tirer qqn de ses illusions ; détromper.

DÉSACCORD n.m. 1. Manque d'entente ; discorde : *Sur quoi porte leur désaccord ?* **2.** Fait de désapprouver qqch : *Je suis en désaccord avec cette idée.*

DÉSACCORDER v.t. [3]. 1. Détruire l'accord d'un instrument de musique : *Désaccorder une guitare.* **2.** Détruire l'harmonie d'un ensemble.

DÉSACCOUPLER v.t. [3]. Séparer ce qui formait un couple, une paire.

DÉSACCOUTUMANCE n.f. Fait de se désaccoutumer ; fait d'être désaccoutumé.

DÉSACCOUTUMER v.t. [3] (DE). Sout. Faire perdre une habitude à qqn : *Cette grippe l'a désaccoutumé de fumer.* ◆ **SE DÉSACCOUTUMER v.pr. (DE).** Se défaire d'une habitude : *Elle s'est désaccoutumée du café.*

DÉSACRALISATION n.f. Action de désacraliser : *La désacralisation du mariage.*

DÉSACRALISER [desa-] **v.t. [3].** Retirer son caractère sacré à.

DÉSACTIVATION n.f. PHYS. NUCL. 1. Diminution de l'activité d'une substance radioactive. **2.** Action de désactiver.

DÉSACTIVER v.t. [3]. PHYS. NUCL. Débarrasser un corps des éléments radioactifs qu'il contient.

DÉSADAPTATION n.f. Perte de l'adaptation.

DÉSADAPTÉ, E adj. et **n.** Qui n'est pas ou plus adapté à une situation, à un milieu, etc.

DÉSADAPTER v.t. [3]. Faire que qqn, qqch ne soit plus adapté.

DÉSAFFECTATION n.f. Action de désaffecter.

DÉSAFFECTÉ, E adj. Qui n'a plus sa destination d'origine, n'est plus utilisé : *Une usine désaffectée.*

DÉSAFFECTER v.t. [3]. Retirer son affectation première à un lieu, à un édifice.

DÉSAFFECTION n.f. Perte de l'affection, de l'intérêt ; détachement.

DÉSAFFÉRENTATION n.f. (de *afférent*). Interruption pathologique des messages sensitifs afférents, arrivant à la moelle épinière.

DÉSAFFILIER v.t. [5]. Mettre fin à l'affiliation de.

DÉSAGRÉABLE adj. 1. Qui cause une impression pénible ; qui déplaît : *Un bruit désagréable.* **2.** Qui se comporte de manière déplaisante : *Une vendeuse désagréable.*

DÉSAGRÉABLEMENT adv. De façon désagréable.

DÉSAGRÉGATION n.f. Séparation des parties assemblées en un tout ; désintégration : *La désagrégation d'une roche, d'un État.*

DÉSAGRÉGER v.t. [15], ▲ *[15*].* Produire la désagrégation de. ◆ **SE DÉSAGRÉGER v.pr. 1.** Se disloquer : *La fusée s'est désagrégée en plein vol.* **2.** Fig. Se diviser : *Le groupe s'est désagrégé.*

DÉSAGRÉMENT n.m. 1. Sentiment causé par ce qui déplaît ; déplaisir. **2.** Sujet de contrariété ; souci.

DÉSAIMANTATION n.f. Action de désaimanter ; état d'un corps désaimanté (SYN. **démagnétisation**).

DÉSAIMANTER v.t. [3]. Supprimer l'aimantation de (SYN. **démagnétiser**).

DÉSAISONNALISER [desɛ-] **v.t. [3].** Éliminer les distorsions dues aux variations saisonnières, dans certaines statistiques.

DÉSAJUSTER v.t. [3]. Défaire l'ajustement de.

DÉSALIÉNER v.t. [11], ▲ *[11*].* Faire cesser l'aliénation de qqn ; libérer.

DÉSALIGNEMENT n.m. Action de désaligner.

DÉSALIGNER v.t. [3]. Détruire l'alignement de.

DÉSALINISATION [desa-] ou **DESSALINISATION n.f.** Réduction de la teneur en sel de l'eau de mer.

DÉSALPE n.f. Suisse. Descente des troupeaux de l'alpage.

DÉSALTÉRANT, E adj. Propre à désaltérer.

DÉSALTÉRER v.t. [11], ▲ *[11*].* Apaiser la soif de. ◆ **SE DÉSALTÉRER v.pr.** Apaiser sa soif en buvant.

DÉSAMBIGUÏSATION, ▲ *DÉSAMBIGÜISATION* [-gɥi-] **n.f.** Action de désambiguïser.

DÉSAMBIGUÏSER, ▲ *DÉSAMBIGÜISER* [-gɥi-] **v.t. [3]. LOG., LING.** Faire disparaître l'ambiguïté d'un énoncé.

DÉSAMIANTAGE n.m. Opération consistant à retirer, selon les normes de sécurité appropriées, les flocages contenant de l'amiante.

DÉSAMIANTER v.t. [3]. Procéder au désamiantage de.

DÉSAMIDONNER v.t. [3]. Enlever l'amidon de.

DÉSAMORÇAGE n.m. Action de désamorcer.

DÉSAMORCER v.t. [9]. 1. Rendre une munition inoffensive en retirant son dispositif de mise à feu : *Désamorcer un obus.* **2. TECHN.** Interrompre le fonctionnement d'une pompe par l'introduction d'un fluide du côté de l'aspiration. **3.** Fig. Prévenir le développement dangereux de : *Désamorcer une grève.*

DÉSAMOUR n.m. Litt. Cessation de l'amour, de l'intérêt pour qqn, qqch.

DÉSANNONCER v.t. [9]. Dans un média audiovisuel, annoncer ce que l'on vient de diffuser (titre de la chanson, nom de l'interviewé, etc.).

DÉSAPPARIER v.t. [5] → **DÉPARIER.**

DÉSAPPOINTÉ, E adj. Qui manifeste de la déception : *Air désappointé.*

DÉSAPPOINTEMENT n.m. État d'une personne désappointée ; déconvenue.

DÉSAPPOINTER v.t. [3] (angl. *to disappoint*). Tromper l'attente, les espoirs de qqn ; décevoir.

DÉSAPPRENDRE v.t. [61]. Litt. Oublier ce que l'on avait appris.

DÉSAPPROBATEUR, TRICE adj. Qui désapprouve ou marque la désapprobation : *Un murmure désapprobateur.*

DÉSAPPROBATION n.f. Action de désapprouver ; désaveu.

DÉSAPPROUVER v.t. [3]. Porter un jugement défavorable sur ; blâmer : *Je désapprouve sa conduite.*

DÉSAPPROVISIONNEMENT n.m. Action de désapprovisionner ; son résultat.

DÉSAPPROVISIONNER v.t. [3]. 1. Priver d'approvisionnement. **2.** Vider une arme à feu de ses projectiles.

DÉSARCHIVER v.t. [3] INFORM. Extraire un fichier d'une archive pour le consulter ou le modifier.

DÉSARÇONNER v.t. [3]. 1. Jeter à bas de la selle : *Cheval qui désarçonne son cavalier.* **2.** Troubler par des paroles inattendues ; dérouter : *Le revirement du témoin désarçonna l'avocat.*

DÉSARGENTÉ, E adj. Fam. Qui n'a plus d'argent ; démuni.

DÉSARGENTER v.t. [3]. Enlever l'argenture d'un objet.

DÉSARMANT, E adj. Dont la candeur décourage toute critique et pousse à l'indulgence.

DÉSARMEMENT n.m. 1. Action de désarmer. **2. MIL.** Action concertée visant à limiter, à supprimer ou à interdire la fabrication ou l'emploi de certaines armes.

DÉSARMER v.t. [3]. 1. Enlever son arme, ses armes à qqn. **2.** Détendre le ressort de percussion d'une arme à feu. **3.** Dégarnir un navire de son matériel et donner congé à son équipage. **4.** Fig. Faire cesser un sentiment violent ; adoucir : *Son sourire a désarmé ma colère.* ◆ **v.i.** Réduire ses armements. ▪ **Ne pas désarmer,** ne pas s'apaiser, en parlant d'un sentiment hostile : *Sa rancune ne désarme pas* ; ne pas renoncer à son activité : *Malgré cet échec, elle ne désarme pas.*

DÉSARRIMAGE n.m. Action de désarrimer ; son résultat.

DÉSARRIMER v.t. [3]. Défaire l'arrimage de.

DÉSARROI n.m. (de l'anc. fr. *desarroyer*, mettre en désordre). Trouble moral profond ; détresse : *Le désarroi d'un enfant qui vient d'être rackettė.*

DÉSARTICULATION n.f. Action de désarticuler ; fait d'être désarticulé.

DÉSARTICULER v.t. [3]. **MÉD.** Amputer un membre au niveau d'une articulation. ◆ **SE DÉSARTICULER** v.pr. Assouplir à l'excès ses articulations.

DÉSASSEMBLER v.t. [3]. Séparer les pièces composant un assemblage ; disjoindre.

DÉSASSORTI, E adj. **1.** Qui forme avec d'autres une série incomplète ; dépareillé. **2.** Qui n'est pas en harmonie : *Un binôme désassorti.*

DÉSASSORTIMENT n.m. Fait d'être désassorti ; réunion de choses mal assorties.

DÉSASSORTIR v.t. [21]. Détruire l'assortiment de ; dépareiller.

DÉSASTRE n.m. (ital. *disastro*). **1.** Événement funeste qui a des conséquences : *Ces inondations furent un désastre.* **2.** Défaite militaire écrasante. **3.** Échec total ; ruine : *Un désastre financier.* **4.** Fam. Chose déplorable : *Ce film, quel désastre !*

DÉSASTREUSEMENT adv. De façon désastreuse.

DÉSASTREUX, EUSE adj. Qui constitue un désastre ou en a le caractère ; calamiteux : *Des conditions de vie désastreuses.*

DÉSATELLISATION [desa-] n.f. **ASTRONAUT.** Fait, pour un satellite artificiel, de quitter une orbite stable autour d'un astre.

DÉSATELLISER v.t. [3]. Réaliser une désatellisation.

DÉSAVANTAGE n.m. Ce qui constitue une infériorité, un inconvénient, un préjudice ; handicap : *Son élocution trop rapide est un désavantage.*

DÉSAVANTAGER v.t. [10]. Causer un désavantage à ; léser : *Ce nouvel horaire le désavantage.*

DÉSAVANTAGEUSEMENT adv. De façon désavantageuse.

DÉSAVANTAGEUX, EUSE adj. Qui cause, peut causer un désavantage ; défavorable.

DÉSAVEU n.m. **1.** Déclaration par laquelle qqn renie ce qu'il a dit ou fait ; rétractation. **2.** Refus d'approuver ou de continuer d'approuver qqn, qqch ; condamnation. ▪ **Désaveu de paternité** [dr.], acte par lequel le mari dénie être le père d'un enfant de sa femme.

DÉSAVOUER v.t. [3]. **1.** Refuser de reconnaître comme sien ; renier : *Désavouer ses écrits de jeunesse.* **2.** Cesser de soutenir qqn, qqch ; désapprouver.

DÉSAXÉ, E adj. Sorti de son axe. ◆ adj. et n. Qui souffre de déséquilibre mental.

DÉSAXER v.t. [3]. **1.** Mettre hors de son axe : *Désaxer une roue.* **2.** Compromettre l'équilibre mental de ; déséquilibrer.

DESCELLEMENT n.m. Action de desceller.

DESCELLER [desele] v.t. [3]. **1.** Rompre le sceau, le cachet de. **2.** Briser, détériorer le scellement de.

DESCENDANCE n.f. **1.** Fait de tirer son origine familiale de qqn ; filiation : *Descendance agnatique, utérine.* **2. DR. CIV.** Ensemble de ceux qui sont issus d'une même personne par filiation. **3. DÉMOGR.** Nombre d'enfants potentiellement mis au monde par une femme en âge de procréer.

1. DESCENDANT, E adj. ▪ **Garde descendante** [mil.], relevée par la garde montante. ▪ **Marée descendante,** qui découvre le rivage ; jusant ; reflux.

2. DESCENDANT, E n. Personne considérée par rapport à ceux dont elle est issue.

DESCENDERIE n.f. **MIN.** Galerie creusée en descendant.

1. DESCENDEUR, EUSE n. Skieur ou cycliste qui se distingue partic. dans les descentes.

2. DESCENDEUR n.m. **ALP., SPÉLÉOL.** Dispositif utilisé pour freiner les descentes en rappel.

DESCENDRE v.i. [59] (auxil. *être*) [lat. *descendere*]. **1.** Aller de haut en bas : *Descendre à la cave, d'un tabouret.* **2.** Loger quelque part : *Descendre dans un hôtel, chez un ami.* **3.** Se rendre dans un lieu situé plus au sud : *Descendre à Marseille.* **4.** Pénétrer brusquement dans ; faire irruption dans : *La police est descendue dans le casino.* **5.** Être issu de : *Descendre d'une famille russe.* **6.** Être en pente : *Le chemin descend jusqu'au village.* **7.** Atteindre un degré inférieur ; baisser : *Le taux d'audience descend.* **8.** Baisser de niveau ; baisser : *La marée descend.* **9.** Sortir d'un véhicule ; quitter sa monture : *Descendre du bus.* **10.** Afrique. Quitter son lieu de travail en fin de journée ; finir sa journée de travail. **11. THÉÂTRE.** Se rapprocher du devant de la scène (par oppos. à *remonter*). ▪ **Descendre dans la rue,** manifester. ◆ v.t. (auxil. *avoir*). **1.** Parcourir de haut en bas : *Descendre un escalier, un fleuve.* **2.** Déplacer vers le bas : *Descendre une malle du grenier.* **3.** Fam. Faire tomber ; abattre : *Descendre un avion.* **4.** Fam. Tuer avec une arme à feu ; abattre. **5.** Fam. Boire en entier : *Descendre une bouteille.* ▪ **Descendre en flammes** [fam.], critiquer violemment.

DESCENTE n.f. **1.** Action de descendre, d'aller de haut en bas : *Une descente en parapente.* **2.** Endroit par lequel on descend ; chemin en pente : *La descente est raide.* **3. SPORTS.** Épreuve de vitesse de ski alpin sur un parcours en forte pente ; épreuve du même type dans certains autres sports comme le VTT. **4.** Afrique. Fin de la journée de travail. **5. CONSTR.** Tuyau d'évacuation des eaux, vertical ou à très forte pente. ▪ **Descente de Croix** [icon.], représentation du Christ que l'on descend de la Croix. ▪ **Descente de lit,** petit tapis placé au bas du lit. ▪ **Descente de police,** opération surprise dans un lieu pour vérification d'identité ou enquête. ▪ **Descente d'organe** [méd.], prolapsus d'un organe du bassin.

DÉSCOLARISATION n.f. Action de déscolariser ; son résultat.

DÉSCOLARISÉ, E adj. Se dit d'un jeune d'âge scolaire dont le lien avec le système éducatif est rompu ou très distendu.

DÉSCOLARISER v.t. [3]. Retirer de l'école un enfant d'âge scolaire.

1. DESCRIPTEUR, TRICE n. Litt. Personne qui décrit avec talent.

2. DESCRIPTEUR n.m. **INFORM.** Ensemble de signes donnant une description d'un fichier, d'une variable, etc.

DESCRIPTIBLE adj. (Surtout en tournure négative). Qui peut être décrit.

DESCRIPTIF, IVE adj. Qui s'attache à décrire la réalité ; qui donne les détails d'une opération : *Devis descriptif.* ◆ n.m. Document qui donne une description précise de.

DESCRIPTION n.f. [lat. *descriptio*]. Action de décrire ; développement qui décrit : *Faire la description de son agresseur.*

DESDITS, DESDITES adj. → **1. DIT.**

DÉSÉCHOUER v.t. [3]. **MAR.** Remettre à flot un navire échoué.

DÉSECTORISATION [-sɛk-] n.f. Action de désectoriser.

DÉSECTORISER [-sɛk-] v.t. [3]. **ADMIN.** Modifier ou faire cesser une sectorisation.

DÉSÉGRÉGATION [-se-] n.f. Suppression de la ségrégation raciale.

DÉSEMBOURBER v.t. [3]. Faire sortir de la boue.

DÉSEMBOURGEOISER v.t. [3]. Faire perdre son caractère bourgeois à.

DÉSEMBOUTEILLER v.t. [3]. Faire cesser un embouteillage ; désengorger.

DÉSEMBUAGE n.m. Action de désembuer.

DÉSEMBUER v.t. [3]. Faire disparaître la buée de.

DÉSEMPARÉ, E adj. Qui ne sait plus comment agir ; désorienté : *Enseignant désemparé face à l'augmentation de la violence.* ▪ **Navire désemparé,** qui ne peut plus manœuvrer par suite d'avaries.

DÉSEMPARER v.t. [3] (de l'anc. fr. *emparer*, fortifier). Faire perdre à qqn ses moyens ; décontenancer : *Ce refus l'a désemparé.* ◆ v.i. ▪ **Sans désemparer,** sans interruption ; avec persévérance.

DÉSEMPLIR v.i. [21]. ▪ **Ne pas désemplir,** être toujours plein : *Cette librairie ne désemplit pas.* ◆ **SE DÉSEMPLIR** v.pr. Se vider.

DÉSENCADREMENT n.m. Action de désencadrer.

DÉSENCADRER v.t. [3]. **1.** Retirer (un tableau) de son cadre. **2.** Libérer du cadre réglementaire qui contraignait : *Désencadrer le crédit.*

DÉSENCHAÎNER, ▲ *DÉSENCHAINER* v.t. [3]. Litt. Délivrer de ses chaînes.

DÉSENCHANTÉ, E adj. Qui manifeste du désenchantement.

DÉSENCHANTEMENT n.m. Fait d'avoir perdu ses illusions ; désillusion : *Ce militant a connu des désenchantements.*

DÉSENCHANTER v.t. [3]. Sout. Faire perdre son caractère enchanteur à : *L'épidémie de sida a désenchanté le monde* ; faire perdre ses illusions à ; décevoir : *La crise a désenchanté la jeunesse.*

DÉSENCLAVEMENT n.m. Action de désenclaver.

DÉSENCLAVER v.t. [3]. Rompre l'isolement d'une région, d'une ville, etc.

DÉSENCOMBREMENT n.m. Action de désencombrer.

DÉSENCOMBRER v.t. [3]. Débarrasser de ce qui encombre.

DÉSENCRAGE n.m. Action de désencrer.

DÉSENCRASSER v.t. [3]. Débarrasser de sa crasse ; nettoyer.

DÉSENCRER v.t. [3]. **PAPET.** Éliminer l'encre d'imprimerie du papier à recycler.

DÉSENDETTEMENT n.m. Fait de se désendetter.

SE DÉSENDETTER v.pr. [3]. Réduire ou liquider ses dettes.

DÉSENFLER v.t. [3]. Faire diminuer ou disparaître un gonflement. ◆ v.i. Devenir moins enflé.

DÉSENFUMAGE n.m. Évacuation des fumées d'un local ou d'un bâtiment en feu.

DÉSENFUMER v.t. [3]. Procéder au désenfumage de.

DÉSENGAGEMENT n.m. Action de désengager, de se désengager.

DÉSENGAGER v.t. [10]. Libérer d'un engagement. ◆ **SE DÉSENGAGER** v.pr. Faire cesser son engagement.

DÉSENGORGER v.t. [10]. Déboucher ce qui est engorgé, obstrué : *Désengorger un tuyau* ; faire cesser l'engorgement de : *Désengorger le centre-ville.*

DÉSENGRENER v.t. [12]. **MÉCAN. INDUSTR.** Séparer les éléments d'un engrenage pour qu'ils ne soient plus en prise.

DÉSENIVRER [-zɑ̃-] v.t. [3]. Sout. Mettre fin à l'ivresse de. ◆ v.i. Cesser d'être ivre.

DÉSENNUYER [-zɑ̃-] v.t. [7]. Sout. ou Antilles. Dissiper l'ennui de ; distraire.

DÉSENRAYER v.t. [6]. **MÉCAN. INDUSTR.** Remettre en état de fonctionner un mécanisme enrayé.

DÉSENSABLEMENT n.m. Action de désensabler.

DÉSENSABLER v.t. [3]. Dégager ce qui est ensablé.

DÉSENSIBILISATION [-sɑ̃-] n.f. **IMMUNOL.** Traitement supprimant une allergie de l'organisme à l'égard d'une substance antigénique (pollen, poussière, etc.).

DÉSENSIBILISER [-sɑ̃-] v.t. [3]. **1.** Pratiquer une désensibilisation sur qqn. **2.** Rendre moins sensible à qqch : *L'excès d'images a désensibilisé l'opinion sur ou à cette question.* ◆ **SE DÉSENSIBILISER** v.pr. N'être plus sensible à qqch.

DÉSENSORCELER v.t. [16], ▲ *[12].* Délivrer d'un ensorcellement.

DÉSENTOILER v.t. [3]. **PEINT.** Ôter sa toile à un tableau pour la remplacer par une neuve (*rentoilage*). ➲ L'ensemble de l'opération se nomme *transposition.*

DÉSENTORTILLER v.t. [3]. Démêler ce qui est entortillé.

DÉSENTRAVER v.t. [3]. Délivrer de ses entraves.

DÉSENVASER v.t. [3]. Enlever la vase d'un chenal, d'un cours d'eau.

DÉSENVELOPPER v.t. [3]. Débarrasser qqch de ce qui l'enveloppe.

DÉSENVENIMER v.t. [3]. Rendre une querelle moins virulente ; calmer : *Son intervention a désenvenimé le débat.*

DÉSENVERGUER v.t. [3] → **DÉVERGUER.**

DÉSÉPAISSIR v.t. [21]. Rendre moins épais.

DÉSÉQUILIBRANT, E adj. Qui provoque un déséquilibre.

DÉSÉQUILIBRE n.m. Absence d'équilibre ; instabilité. ▪ **Déséquilibre mental** [anc.], psychopathie.

DÉSÉQUILIBRÉ, E adj. Qui manque d'équilibre. ◆ adj. et n. Atteint de déséquilibre mental.

DÉSÉQUILIBRER v.t. [3]. **1.** Faire perdre son équilibre à. **2.** Perturber profondément.

DÉSÉQUIPER v.t. [3]. Enlever son équipement à.

1. DÉSERT, E adj. (du lat. *desertus*, abandonné). **1.** Inhabité : *Île déserte.* **2.** Peu fréquenté : *Centre commercial désert.*

2. DÉSERT n.m. 1. Région très sèche (pluviométrie génér. inférieure à 100 mm/an), marquée par l'absence de végétation ou la pauvreté des sols et la rareté du peuplement. **2.** Lieu inhabité, vide ou peu fréquenté. ■ **Désert médical,** zone où la concentration de professionnels médicaux et d'établissements de santé est inférieure de 30 % à la moyenne nationale. ➲ Ce pourcentage doit être pondéré par les caractéristiques d'une part de la population (âge, état de santé, etc.) et des professionnels considérés, d'autre part de la zone étudiée. ■ **Prêcher** ou **parler dans le désert,** sans être entendu.

▲ **désert** de climat aride à hivers chauds (Namibie).

▲ **désert** de climat aride à hivers froids (province du Xinjiang, dans le nord-ouest de la Chine).

DÉSERTER v.t. [3]. 1. Délaisser un lieu : *Le besoin de gagner leur vie les pousse à déserter leurs villages.* **2.** Cesser d'assurer une fonction ; abandonner : *Déserter son poste.* **3.** Sout. Abandonner qqch ; trahir : *Elle a déserté notre cause.* ◆ **v.i. MIL.** Quitter son corps ou son poste sans autorisation.

DÉSERTEUR, EUSE n. 1. Militaire qui a déserté. **2.** Sout. Personne qui abandonne un parti, une cause.

DÉSERTIFICATION n.f. Transformation d'une région en désert.

SE DÉSERTIFIER v.pr. [5]. 1. Se transformer en désert. **2.** Se dépeupler fortement.

DÉSERTION n.f. (lat. *desertio*). Action de déserter.

DÉSERTIQUE adj. Relatif au désert ; caractéristique du désert : *Relief désertique.*

DÉSESCALADE n.f. 1. Diminution progressive de la tension et de la menace d'un conflit militaire ou social. **2.** Diminution progressive du niveau élevé atteint par qqch : *Désescalade des prix du pétrole.*

DÉSESPÉRANCE n.f. Litt. État d'une personne qui n'a plus d'espoir ; désespoir.

DÉSESPÉRANT, E adj. 1. Qui cause du désespoir : *Situation désespérante.* **2.** Qui est cause de contrariété : *Une paresse désespérante.*

DÉSESPÉRÉ, E adj. et **n.** Qui manifeste du désespoir : *Un regard désespéré. Le désespéré a mis fin à ses jours.* ◆ **adj. 1.** Qui ne laisse plus d'espoir : *État de santé désespéré.* **2.** Qui se fait en dernier recours ; extrême : *Tentative désespérée.*

DÉSESPÉRÉMENT adv. 1. De façon désespérée. **2.** De façon désespérante : *Le bureau de vote reste désespérément vide.*

DÉSESPÉRER v.t. [11], ▲ *[11*].* **1.** Faire perdre l'espoir à ; contrarier : *Cet enfant me désespère.* **2.** Ne plus avoir l'espoir que : *Je désespère qu'il m'écrive.* ◆ **v.i.** ou **v.t. ind. (DE).** Cesser d'espérer : *Elle n'a jamais désespéré* ; ne plus rien attendre de qqn : *Je désespère de les convaincre.* ◆ **SE DÉSESPÉRER v.pr.** S'abandonner au désespoir.

DÉSESPOIR n.m. 1. Absence d'espoir ; abattement profond : *Sombrer dans le désespoir.* **2.** Personne, chose qui désespère qqn : *Avoir arrêté la danse est son plus grand désespoir.* ■ **En désespoir de cause,** en dernier ressort. ■ **Être au désespoir (de),** regretter vivement.

DÉSÉTATISER v.t. [3]. Réduire ou supprimer le contrôle de l'État sur un secteur économique, une entreprise.

DÉSEXCITATION n.f. PHYS. Retour d'une molécule, d'un atome, d'un noyau excités à un état d'énergie inférieure.

DÉSEXCITER v.t. [3]. Faire subir une désexcitation à.

DÉSEXUALISER [-sɛ-] **v.t. [3].** Enlever tout caractère sexuel à.

DÉSHABILLAGE n.m. Action de déshabiller, de se déshabiller.

DÉSHABILLÉ n.m. Vêtement d'intérieur léger, porté par les femmes.

DÉSHABILLER v.t. [3]. 1. Ôter ses habits à ; dévêtir : *Déshabiller un bébé.* **2.** Enlever l'ornement, le revêtement de qqch ; dégarnir : *Déshabiller un fauteuil.* ■ **Déshabiller qqn du regard,** le regarder de manière indiscrète et insistante. ◆ **SE DÉSHABILLER v.pr.** Ôter ses vêtements.

DÉSHABITUER v.t. [3]. Faire perdre une habitude à. ◆ **SE DÉSHABITUER v.pr. (DE).** Perdre l'habitude de : *Elle s'est déshabituée de fumer.*

DÉSHERBAGE n.m. Action de désherber.

DÉSHERBANT, E adj. et **n.m.** Se dit d'un produit qui sert à désherber.

DÉSHERBER v.t. [3]. 1. Détruire les mauvaises herbes : *Désherber l'allée du jardin.* **2.** Retirer les ouvrages vétustes ou obsolètes des collections d'une bibliothèque : *Il a désherbé le rayon « Sciences ».*

DÉSHÉRENCE n.f. (du lat. *heres*, héritier). **DR.** Absence d'héritiers pour recueillir une succession. ■ **En déshérence** [litt.], abandonné : *Un quartier, un pan de la société en déshérence.*

DÉSHÉRITÉ, E adj. et **n. 1. DR.** Qui est privé de son héritage. **2.** Dépourvu de dons naturels ou de biens matériels ; défavorisé : *Région, familles déshéritées.*

DÉSHÉRITEMENT n.m. DR. Action de déshériter ; fait d'être déshérité.

DÉSHÉRITER v.t. [3]. 1. DR. Priver d'héritage. **2.** Sout. Priver de dons naturels ; désavantager : *La nature l'a déshérité.*

DÉSHONNÊTE adj. Litt. Contraire à la morale, à la pudeur ; inconvenant : *Des paroles déshonnêtes.*

DÉSHONNEUR n.m. État d'une personne déshonorée ; discrédit.

DÉSHONORANT, E adj. Qui déshonore ; infamant.

DÉSHONORER v.t. [3]. 1. Porter atteinte à l'honneur de : *Ces propos te déshonorent.* **2.** Dégrader l'aspect de ; déparer : *Constructions qui déshonorent le paysage.* ◆ **SE DÉSHONORER v.pr.** Commettre une action qui entache l'honneur, qui avilit.

DÉSHUILAGE n.m. Élimination de l'huile contenue dans un mélange, génér. aqueux.

DÉSHUILER v.t. [3]. Procéder au déshuilage d'une matière.

DÉSHUILEUR n.m. Appareil à déshuiler.

DÉSHUMANISANT, E adj. Qui déshumanise.

DÉSHUMANISATION n.f. Action de déshumaniser ; fait d'être déshumanisé.

DÉSHUMANISÉ, E adj. Qui a perdu tout caractère humain, toute qualité humaine : *Société déshumanisée.*

DÉSHUMANISER v.t. [3]. Faire perdre tout caractère humain à.

DÉSHUMIDIFICATEUR n.m. Appareil servant à déshumidifier un local.

DÉSHUMIDIFICATION n.f. Action de déshumidifier.

DÉSHUMIDIFIER v.t. [5]. Rendre moins humide ; réduire la vapeur d'eau contenue dans (un local).

DÉSHYDRATANT, E adj. Se dit d'un corps, d'un milieu capable de déshydrater.

DÉSHYDRATATION n.f. 1. Action de déshydrater ; fait d'être déshydraté. **2.** Affection provoquée par un déficit en eau de l'organisme.

DÉSHYDRATER v.t. [3]. 1. Enlever d'un corps tout ou partie de l'eau qu'il renferme. **2.** Faire perdre à un organisme, à la peau de sa teneur en eau : *Le grand soleil déshydrate votre peau.* ◆ **SE DÉSHYDRATER v.pr.** Perdre de sa teneur en eau, en parlant de l'organisme, de la peau.

DÉSHYDROGÉNATION n.f. Action de déshydrogéner.

DÉSHYDROGÉNER v.t. [11], ▲ *[11*].* **CHIM.** Enlever un ou plusieurs atomes d'hydrogène à un composé chimique.

DÉSIDÉRABILITÉ n.f. ÉCON. Utilité. ■ **Désidérabilité sociale** → **DÉSIRABILITÉ.**

DESIDERATA [dezide-] **n.m. pl.,** ▲ *DÉSIDÉRATA n.m.* (lat. *desiderata*). Ce dont on souhaite la réalisation : *Les habitants font part de leurs desiderata au maire.*

DESIGN [dizajn] **n.m.** (mot angl. « plan, dessin »). **1.** Discipline visant à la création d'objets, d'environnements, d'œuvres graphiques, etc., à la fois fonctionnels, esthétiques et conformes aux impératifs d'une production industrielle ; stylisme. **2.** Ensemble des objets créés selon ces critères. ◆ **adj. inv.** Créé, conçu selon les critères du design : *Des meubles design.*

➲ En accordant la primauté à la fonction de l'objet dans l'environnement, le **DESIGN** fait prévaloir la structure sur la forme. Après l'Allemagne, dès les années 1920, et les États-Unis, qui en furent les premiers grands foyers créatifs, il a progressivement touché les autres pays industriels, notamm. l'Italie, où le *Nouveau Design,* apparu dans les années 1970-1980, a privilégié la fantaisie, et la France, qui possède une importante école d'architecture d'intérieur. Le style *high-tech* est auj. internationalement répandu.

DÉSIGNATION n.f. 1. Action de désigner ; nomination : *La désignation de son successeur.* **2.** Action de nommer ; ce qui désigne ; dénomination.

DÉSIGNER v.t. [3] (lat. *designare*). **1.** Montrer, indiquer précisément : *Le témoin désigne le coupable.* **2.** Représenter par le langage ou un signe ; signifier : *En allemand, « Meister » désigne le maître.* **3.** Destiner à un poste, à une mission ; investir d'un rôle ; nommer : *Désigner un expert.*

DÉSIGNEUR, EUSE ou **DESIGNER** [dizajnœr] **n.** (de l'angl. *designer*, dessinateur). Praticien du design ; styliste.

DÉSILER [-si-] **v.t. [3].** Retirer d'un silo.

DÉSILLUSION n.f. Perte d'une illusion ; désenchantement : *Les petites désillusions quotidiennes.*

DÉSILLUSIONNEMENT n.m. Litt. Action de désillusionner ; fait d'être désillusionné.

DÉSILLUSIONNER v.t. [3]. Faire perdre ses illusions à : *Son stage dans l'entreprise l'a désillusionné.*

DÉSINCARCÉRATION n.f. Action de désincarcérer.

DÉSINCARCÉRER v.t. [11], ▲ *[11*].* Dégager d'un véhicule accidenté une personne bloquée à l'intérieur.

DÉSINCARNATION n.f. Action de se désincarner ; fait d'être désincarné.

DÉSINCARNÉ, E adj. 1. RELIG. Séparé de son enveloppe charnelle : *Âme désincarnée.* **2.** Fig. Détaché de la réalité : *Théorie désincarnée.*

SE DÉSINCARNER v.pr. [3]. Litt. Se détacher de la réalité, de la condition humaine.

DÉSINCRUSTANT, E adj. et **n.m. 1.** Se dit d'une substance qui, ajoutée à l'eau d'une chaudière, empêche les dépôts calcaires de se former ou les dissout. **2.** Se dit d'un produit qui désincruste la peau, en nettoie les pores.

DÉSINCRUSTATION n.f. Action de désincruster.

DÉSINCRUSTER v.t. [3]. 1. Ôter les incrustations de (chaudière). **2.** Nettoyer les pores de la peau.

DÉSINDEXER v.t. [3]. Supprimer l'indexation de : *Désindexer les salaires de l'inflation.*

DÉSINDUSTRIALISATION n.f. Action de désindustrialiser ; fait d'être désindustrialisé.

Le design

Le design est né au XXᵉ s. du souhait de voir s'inscrire les éléments de la vie quotidienne dans un environnement harmonieux, qu'il s'agisse d'architecture, d'urbanisme, ou d'objets usuels. Ainsi, quoique voué à la fabrication en série, l'objet design est élaboré sans que la distinction soit opérée entre l'utile et le beau : le processus de création artistique accompagne le projet de bout en bout.

Gae Aulenti (1927 - 2012). ▶
La lampe « Pipistrello » (« chauve-souris » en italien), pour Martinelli Luce, date de 1966. Montée sur pied télescopique, en métal (gris, noir ou blanc), elle a été adoptée par la haute bourgeoisie milanaise, avant de devenir l'un des emblèmes d'une décoration raffinée.

▲ **Philippe Starck.** Réalisé en 2002 pour Kartell, le fauteuil « Louis Ghost » (« Louis le fantôme ») interprète le style Louis XVI dans une version empilable en polycarbonate coloré.

DÉSINDUSTRIALISER v.t. [3]. Supprimer tout ou partie des activités industrielles d'une région, d'un pays.
DÉSINENCE n.f. (du lat. *desinere*, finir). **1.** LING. Élément grammatical qui s'ajoute à la fin d'un mot pour constituer les formes de la conjugaison (verbe) ou de la déclinaison (nom, adjectif). **2.** BIOL. Partie terminale du nom collectif d'un groupe d'animaux ou de plantes. ➲ Les familles ont pour désinence « -idés » chez les animaux et « -acées » chez les végétaux.
DÉSINENTIEL, ELLE adj. LING. Relatif aux désinences.
DÉSINFECTANT, E adj. et n.m. Se dit d'une substance propre à désinfecter.
DÉSINFECTER v.t. [3]. Détruire les micro-organismes d'un lieu, d'un objet, d'une plaie : *Désinfecter une chambre.*
DÉSINFECTION n.f. Action de désinfecter.
DÉSINFLATION n.f. ÉCON. Ralentissement de la hausse générale des prix.
DÉSINFORMATEUR, TRICE adj. et n. Qui désinforme.
DÉSINFORMATION n.f. Action de désinformer ; fait d'être désinformé.
DÉSINFORMER v.t. [3]. Utiliser les médias pour diffuser sciemment des informations fausses ou donnant une image déformée ou mensongère de la réalité.
DÉSINHIBER v.t. [3]. Lever l'inhibition pesant sur qqn, qqch.
SE **DÉSINSCRIRE** v.pr. [79]. Annuler une inscription ou résilier un abonnement. (Ce verbe est princip. utilisé dans le domaine de l'informatique, au sujet de certains sites Web [réseaux sociaux, par ex.].)
DÉSINSECTISATION n.f. Destruction des insectes nuisibles.
DÉSINSECTISER v.t. [3]. Procéder à la désinsectisation de.
DÉSINSERTION n.f. Fait de ne plus être inséré dans la société, dans un groupe.
DÉSINSTALLATION n.f. Action de désinstaller un logiciel.
DÉSINSTALLER v.t. [3]. INFORM. Supprimer d'un ordinateur un logiciel et ses fichiers associés.
DÉSINTÉGRATION n.f. **1.** Action de désintégrer, de se désintégrer ; fait d'être désintégré. **2.** PHYS. Transformation d'un noyau atomique ou d'une particule en un autre noyau ou en d'autres particules.
DÉSINTÉGRER v.t. [11], ▲ *[11*]*. **1.** Détruire complètement qqch ; désagréger : *La mer désintègre la falaise. La corruption désintègre la société.* **2.** PHYS. Produire la désintégration de. ◆ **SE DÉSINTÉGRER** v.pr. **1.** Se désagréger : *La fusée s'est désintégrée.* **2.** PHYS. Subir la désintégration.
DÉSINTÉRESSÉ, E adj. **1.** Qui n'agit pas par intérêt personnel ; altruiste. **2.** Qui n'est pas inspiré par la cupidité : *Aide désintéressée.*
DÉSINTÉRESSEMENT n.m. **1.** Fait de se désintéresser de ; désintérêt : *Le désintéressement pour la politique.* **2.** Fait d'être désintéressé, altruiste : *Le désintéressement d'un bénévole.* **3.** Action de désintéresser un créancier.
DÉSINTÉRESSER v.t. [3]. **1.** Faire perdre à qqn tout intérêt pour qqch : *Ce krach les a désintéressés de la Bourse.* **2.** Payer à qqn ce qui lui est dû : *Désintéresser ses créanciers.* ◆ **SE DÉSINTÉRESSER** v.pr. (DE). Ne plus porter d'intérêt à.
DÉSINTÉRÊT n.m. Perte de l'intérêt pour qqch, qqn ; désintéressement ; indifférence.
DÉSINTERMÉDIATION n.f. ÉCON. Évolution des modes de financement qui permet princip. aux grandes entreprises d'accéder directement aux marchés des capitaux sans passer par le système bancaire.
DÉSINTOXICATION n.f. Action de désintoxiquer, de se désintoxiquer ; fait d'être désintoxiqué.
DÉSINTOXIQUER v.t. [3]. **1.** Faire cesser la dépendance de qqn vis-à-vis d'une drogue ou de l'alcool. **2.** Débarrasser l'organisme des substances toxiques qu'il est supposé renfermer. **3.** Fig. Libérer d'une intoxication psychologique, intellectuelle : *Désintoxiquer les enfants des jeux vidéo.* ◆ **SE DÉSINTOXIQUER** v.pr. **1.** Faire cesser sa dépendance vis-à-vis d'une drogue. **2.** Se libérer d'une influence nocive, de l'emprise de qqch.
DÉSINVESTIR v.t. [21]. ÉCON. Cesser d'investir de l'argent ; diminuer, par des cessions, les actifs d'une entreprise. ◆ v.i. ou **SE DÉSINVESTIR** v.pr. Cesser d'être motivé pour qqch, d'y attacher une valeur affective.
DÉSINVESTISSEMENT n.m. Action de désinvestir.
DÉSINVOLTE adj. (ital. *disinvolto*). **1.** Qui fait preuve de naturel, d'aisance. **2.** Qui fait preuve d'une liberté excessive ; insolent : *Je la trouve très désinvolte.*
DÉSINVOLTURE n.f. Attitude, manières désinvoltes : *Répondre avec désinvolture.*
DÉSIR n.m. **1.** Action de désirer ; sentiment de celui qui désire ; aspiration : *Il a le désir d'apprendre, d'être heureux.* **2.** Objet désiré. **3.** Appétit sexuel. ▪ **Prendre ses désirs pour des réalités,** se faire des illusions.
DÉSIRABILITÉ ou **DÉSIDÉRABILITÉ** n.f. Fait d'être désirable. ▪ **Désirabilité (sociale),** dans les sondages d'opinion, tendance des personnes interrogées à choisir les réponses qu'elles estiment les plus valorisées socialement (SYN. **désidérabilité sociale**).
DÉSIRABLE adj. **1.** Que l'on peut désirer ; souhaitable : *Ce gîte a tout le confort désirable.* **2.** Qui fait naître le désir sexuel ; attirant.
DÉSIRER v.t. [3] (lat. *desiderare*). **1.** Souhaiter la possession ou la réalisation de ; avoir envie de : *Elle désire une augmentation, vous rencontrer.* **2.** Éprouver un désir sexuel à l'égard de qqn. ▪ **Laisser à désirer,** être médiocre, insuffisant. ▪ **Se faire désirer,** se faire attendre.
DÉSIREUX, EUSE adj. Qui éprouve le désir de : *Désireux de repos, de se reposer.*
DÉSISTEMENT n.m. Action de se désister.
SE **DÉSISTER** v.pr. [3] (lat. *desistere*). **1.** DR. Renoncer à un droit, à une procédure. **2.** Renoncer à maintenir son inscription, sa candidature à ; se retirer.
DESMAN [desmɑ̃] n.m. (suédois *desmanratta*). Mammifère insectivore aquatique, voisin de la taupe. ➲ Le desman des Pyrénées (genre *Galemys*) creuse son terrier au bord des torrents ; le desman russe (genre *Desmana*) fréquente les cours d'eau d'Europe centrale et d'Asie centrale.

▲ **desman** des Pyrénées.

DESMODROMIQUE adj. (du gr. *desmos*, lien, et *dromos*, course). MÉCAN. INDUSTR. Se dit d'une liaison entre deux points d'un mécanisme, telle que la vitesse de l'un entraîne une vitesse bien déterminée pour l'autre.
DESMOSOME [-zom] n.m. BIOL. CELL. Zone d'attache entre des cellules adjacentes, dans les tissus animaux.
DÉSOBÉIR v.t. ind. [21] (À). **1.** Ne pas obéir à qqn : *Désobéir à ses parents. Elle n'arrête pas de désobéir.* **2.** Enfreindre une loi, un règlement ; transgresser : *Il a désobéi aux consignes.*
DÉSOBÉISSANCE n.f. **1.** Action de désobéir ; indocilité. **2.** Refus de se soumettre à une loi ; insubordination. ▪ **Désobéissance civile,** action militante, génér. pacifique, consistant à ne pas se soumettre à une loi pour des motifs politiques ou idéologiques.
DÉSOBÉISSANT, E adj. Qui désobéit ; indiscipliné.
DÉSOBLIGEAMMENT [-ʒamɑ̃] adv. De façon désobligeante.
DÉSOBLIGEANT, E adj. Qui désoblige ; discourtois.
DÉSOBLIGER v.t. [10]. Sout. Causer de la peine, de la contrariété à ; vexer.
DÉSOBSTRUCTION n.f. **1.** Action de désobstruer. **2.** Rétablissement chirurgical de la circulation dans un canal obstrué.
DÉSOBSTRUER v.t. [3]. Enlever ce qui obstrue.
DÉSOCIALISATION [-sɔ-] n.f. Pour une personne, perte de la socialisation.
DÉSOCIALISÉ, E [-sɔ-] adj. et n. Se dit de qqn qui n'est plus en état de participer à la vie sociale, de se conformer à ses règles et de jouir de ses avantages.
DÉSODÉ, E [-sɔ-] adj. Dont on a enlevé le sodium ; dont on a enlevé le sel.

DÉSODORISANT, E adj. et **n.m.** Se dit d'un produit qui supprime ou masque les mauvaises odeurs (SYN. **assainisseur**).

DÉSODORISER v.t. [3]. 1. Enlever son odeur à : *Désodoriser une huile.* **2.** Supprimer ou masquer les mauvaises odeurs.

DÉSŒUVRÉ, E adj. et **n.** Qui n'a pas d'activité, d'occupation ; oisif. ◆ **adj.** Marqué par l'inactivité : *Une vie désœuvrée.*

DÉSŒUVREMENT n.m. État d'une personne désœuvrée ; oisiveté.

DÉSOLANT, E adj. Qui désole ; affligeant : *Des résultats désolants.*

DÉSOLATION n.f. 1. Peine, chagrin extrêmes ; désespoir. **2.** Ce qui cause une grande contrariété : *Ce dîner fut une désolation.* **3.** Litt. État d'un pays désert, aride, ravagé.

DÉSOLÉ, E adj. 1. Qui éprouve de la contrariété ; navré : *Je suis désolée, j'ai cassé ton plat.* **2.** Litt. Très affligé. **3.** Litt. Désert et aride : *Région désolée.*

DÉSOLER v.t. [3] (du lat. *desolare*, ravager). **1.** Causer de la contrariété à ; mécontenter. **2.** Litt. Causer du chagrin à ; affliger. ◆ **SE DÉSOLER v.pr.** Être attristé, contrarié.

DÉSOLIDARISER [-sɔ-] **v.t. [3]. 1.** Rompre la solidarité entre des personnes ; diviser. **2.** Interrompre une liaison matérielle entre les parties d'un mécanisme, des objets. ◆ **SE DÉSOLIDARISER v.pr.** Cesser d'être solidaire de qqn, de qqch : *Se désolidariser de ses collègues* ou *d'avec ses collègues.*

DÉSOPERCULER v.t. [3]. APIC. Enlever les opercules qui ferment les alvéoles des rayons contenant le miel.

DÉSOPILANT, E adj. Qui fait beaucoup rire ; hilarant.

DÉSOPILER v.t. [3] (de l'anc. fr. *opiler*, boucher). Causer une très vive gaieté à.

DÉSORBITATION n.f. ASTRONAUT. Manœuvre consistant à faire quitter à un engin spatial l'orbite qu'il décrit autour d'un astre, en vue de le diriger vers un point donné de la surface de cet astre ou de provoquer sa chute.

DÉSORDONNÉ, E adj. 1. Qui est en désordre : *Maison désordonnée.* **2.** Qui manque d'ordre : *Élève désordonné.* **3.** Qui dénote un manque d'organisation ; chaotique : *Administration désordonnée.* ▪ **Vie désordonnée** [litt.], déréglée, dissolue.

DÉSORDRE n.m. 1. Absence d'ordre ; fouillis : *Quel désordre sur son bureau !* **2.** Fig. Manque de cohérence, d'organisation ; gabegie : *Le désordre du service après-vente.* **3.** Manque de discipline ; agitation : *Élève qui crée le désordre dans sa classe.* **4.** (Souvent pl.). Agitation politique ou sociale : *On craint de graves désordres dans le pays.*

DÉSORGANISATEUR, TRICE adj. et **n.** Qui désorganise.

DÉSORGANISATION n.f. Action de désorganiser ; perturbation.

DÉSORGANISER v.t. [3]. Déranger l'organisation de ; perturber : *Ce contretemps a désorganisé nos projets.*

DÉSORIENTATION n.f. Action de désorienter ; fait d'être désorienté. ▪ **Désorientation spatio-temporelle** [psychiatr., psychol.], incapacité à se situer dans l'espace et dans le temps.

DÉSORIENTÉ, E adj. 1. Qui ne suit plus la bonne direction. **2.** Fig. Qui ne sait plus quelle conduite adopter ; décontenancé. **3. PSYCHIATR., PSYCHOL.** Qui est atteint de désorientation.

DÉSORIENTER v.t. [3]. 1. Faire perdre à qqn sa route, son chemin. **2.** Fig. Faire perdre à qqn son assurance ; dérouter : *Cette question l'a désorienté.*

DÉSORMAIS adv. (de *dès*, *2. or* et *1. mais*). À partir du moment actuel ; dorénavant.

DÉSORPTION [-psjɔ̃] **n.f.** (du lat. *sorbere*, avaler). **CHIM., PHYS.** Phénomène qui consiste, pour un solide, à abandonner les gaz absorbés ou adsorbés.

DÉSOSSEMENT n.m. Action de désosser.

DÉSOSSER v.t. [3]. 1. Enlever l'os, les os de : *Désosser un gigot.* **2.** Fam. Séparer les éléments de ; démonter : *Désosser un ordinateur.*

DÉSOXYDANT, E adj. et **n.m. CHIM.** Se dit d'un produit qui exerce une action réductrice vis-à-vis de composés oxygénés.

DÉSOXYDATION n.f. CHIM. Réduction.

DÉSOXYGÉNATION n.f. Action de désoxygéner.

DÉSOXYGÉNER v.t. [11], ▲*[11*]*. **CHIM.** Retirer l'oxygène d'un mélange ou d'un composé.

DÉSOXYRIBONUCLÉIQUE adj. ▪ **Acide désoxyribonucléique,** ADN.

DÉSOXYRIBOSE n.m. BIOCHIM. Aldose dérivé du ribose, entrant dans la composition des nucléotides.

DÉSPÉCIALISATION n.f. DR. COMM. Faculté, pour le titulaire d'un bail commercial, de modifier contractuellement la destination du local.

DESPERADO [despe-], ▲*DESPÉRADO* **n.m.** (esp. *desesperado*). Personne désespérée, prête à s'engager dans des entreprises violentes.

DESPOTAT n.m. HIST. État de l'Empire byzantin gouverné par un despote.

DESPOTE n.m. (du gr. *despotês*, maître). **1.** Chef d'État, souverain qui s'arroge un pouvoir absolu et arbitraire. **2. HIST.** Titre de princes pratiquement indépendants (comme le despote d'Épire), dans l'Empire byzantin. ◆ **n.** Personne qui exerce sur son entourage une domination excessive ; tyran.

DESPOTIQUE adj. 1. Propre à un despote, à l'arbitraire de son pouvoir. **2.** Qui manifeste un caractère très autoritaire ; tyrannique.

DESPOTIQUEMENT adv. À la manière d'un despote.

DESPOTISME n.m. 1. Forme de gouvernement dans lequel une seule personne détient tous les pouvoirs. **2.** Autorité tyrannique ; autoritarisme. ▪ **Despotisme éclairé** [hist.], au XVIIIe s., gouvernement des princes conciliant l'absolutisme avec une volonté de favoriser les progrès de la société conforme à l'esprit des Lumières.

DESQUAMATION [-kwa-] **n.f. 1.** Action de desquamer ; fait de se desquamer. **2. MÉD.** Détachement des couches superficielles de l'épiderme sous forme de squames.

DESQUAMER v.i. [3] ou **SE DESQUAMER** [-kwa-] **v.pr.** (du lat. *squama*, écaille). **1.** Perdre ses écailles, en parlant de certains animaux. **2. MÉD.** Se détacher par squames.

DESQUELS, DESQUELLES [dekɛl] **pron. relat.** et **pron. interr. pl.** → **LEQUEL.**

DESS ou **D.E.S.S.** [deəɛsɛs] **n.m.** (sigle de *diplôme d'études supérieures spécialisées*). En France, ancien diplôme de l'enseignement supérieur obtenu au terme de cinq ans d'études après le baccalauréat.

DESSABLAGE ou **DESSABLEMENT n.m. 1.** Action de dessabler. **2.** Élimination des sables et graviers en suspension dans une eau usée.

DESSABLER v.t. [3]. Ôter le sable de.

DESSAISIR v.t. [21]. 1. Retirer à qqn ce qu'il possède : *On l'a dessaisi de tous ses biens.* **2. DR.** Retirer à un tribunal l'affaire dont il a été saisi. ◆ **SE DESSAISIR v.pr. (DE).** Se séparer volontairement de ce qu'on possède ; y renoncer.

DESSAISISSEMENT n.m. DR. Action de dessaisir ; fait d'être dessaisi.

DESSALEMENT ou **DESSALAGE n.m.** Action de dessaler.

DESSALER v.t. [3]. 1. Débarrasser du sel ; rendre moins salé : *Dessaler une morue.* **2.** Extraire les sels contenus dans le pétrole brut. ◆ **v.i.** Fam. Chavirer, en parlant d'un petit voilier, de son équipage. ◆ **SE DESSALER v.pr.** Fam. Cesser d'être naïf, innocent.

DESSALEUR n.m. Appareil destiné au dessalage du pétrole brut.

DESSALINISATION n.f. → **DÉSALINISATION.**

DESSANGLER v.t. [3]. Retirer les sangles de : *Dessangler un cheval.*

DESSAOULER v.t. et **v.i. [3]** → **DESSOÛLER.**

DESSÉCHANT, E adj. Qui dessèche : *Un vent desséchant.*

DESSÈCHEMENT n.m. Action de dessécher ; état de ce qui est desséché.

DESSÉCHER v.t. [11], ▲*[11*]*. **1.** Rendre sec ce qui est humide, ce qui contient de l'eau ; déshydrater : *Le froid dessèche les lèvres.* **2.** Fig. Rendre insensible ; endurcir : *Dessécher le cœur.* ◆ **SE DESSÉCHER v.pr. 1.** Devenir sec. **2.** Fig. Devenir insensible ; s'endurcir.

DESSEIN n.m. (ital. *disegno*). Litt. Projet précis de faire qqch ; intention : *Son dessein est de créer sa propre entreprise.* ▪ **À dessein,** intentionnellement.

DESSELLER v.t. [3]. Ôter la selle à un animal.

DESSERRAGE ou **DESSERREMENT n.m.** Action de desserrer ; fait d'être desserré.

DESSERRER v.t. [3]. Relâcher ce qui est serré : *Desserrer le frein à main.* ▪ **Ne pas desserrer les dents,** ne rien dire ; se taire.

DESSERT n.m. (de *2. desservir*). **1.** Mets de fin de repas (pâtisserie, fruits, par ex.). **2.** Moment du repas où on les mange.

1. DESSERTE n.f. 1. Action de desservir un lieu par un moyen de transport ; fait d'être desservi : *Des autobus assurent la desserte du centre-ville.* **2.** Moyen de transport assurant une desserte. **3. CHRIST.** Action de desservir une chapelle, une paroisse ; service assuré par un ministre du culte.

2. DESSERTE n.f. Meuble sur lequel sont posés les plats prêts à être servis et ceux que l'on dessert.

DESSERTIR v.t. [21]. BIJOUT. Enlever une pierre ou une perle de sa sertissure.

DESSERTISSAGE n.m. Action de dessertir.

DESSERVANT n.m. CHRIST. Prêtre qui dessert une paroisse.

1. DESSERVIR v.t. [31] (du lat. *deservire*, servir avec zèle). **1.** Assurer un service de transport pour un lieu, une localité : *Ce train dessert toutes les gares jusqu'à Paris.* **2.** Donner accès à un local : *Couloir qui dessert plusieurs chambres.* **3. CHRIST.** Assurer le service religieux d'un sanctuaire, d'une paroisse.

2. DESSERVIR v.t. [31] (de *servir*). **1.** Retirer de la table ce qui était servi ; débarrasser la table à la fin du repas. **2.** Rendre un mauvais service à qqn ; lui nuire : *Sa vulgarité le dessert auprès de ses supérieurs.*

DESSÉVAGE n.m. BOIS. Étuvage de bois fraîchement sciés afin d'éliminer ou de coaguler la sève, puis de faciliter le séchage.

DESSICCATEUR n.m. Appareil servant à éliminer l'humidité, ou à protéger contre l'humidité.

DESSICCATION n.f. Élimination de l'humidité d'un corps : *Conserver des légumes par dessiccation.*

DESSILLER, ▲*DÉCILLER* [desije] **v.t. [3]** (de *ciller*). Sout. ▪ **Dessiller les yeux à** ou **de qqn,** lui faire prendre conscience de la réalité : *Ce documentaire nous a dessillé les yeux.*

DESSIN n.m. 1. Représentation sur une surface de la forme (et, éventuellement, des valeurs de lumière et d'ombre) d'un objet, d'une figure, etc., plutôt que de leur couleur : *Dessin à la plume, au fusain.* **2.** Technique et art de ce mode de figuration graphique : *Apprendre le dessin.* **3.** Toute production graphique : *Dessin d'enfant.* **4.** Contour linéaire : *Le dessin d'un visage, d'une bouche.* ▪ **Dessin à main levée,** réalisé sans règle ni compas. ▪ **Dessin animé,** film réalisé à partir d'une succession de dessins dont l'enregistrement image par image donne l'apparence du mouvement. (→ **animation**). ▪ **Dessin industriel,** dessin graphique réalisé à des fins techniques ou de fabrication industrielle.

DESSINATEUR, TRICE n. Artiste dont le métier est de dessiner. ▪ **Dessinateur industriel,** personne spécialiste du dessin industriel.

DESSINATEUR-CARTOGRAPHE, DESSINATRICE-CARTOGRAPHE n. (pl. *dessinateurs-cartographes, dessinatrices-cartographes*). Spécialiste du dessin des cartes et des plans.

DESSINÉ, E adj. Représenté par le dessin. ▪ **Bien dessiné,** dont la forme est nette, marquée : *Bouche bien dessinée.*

DESSINER v.t. [3] (ital. *disegnare*). **1.** Représenter par le dessin : *Dessiner une pomme, un château, une fleur.* **2.** Absol. Pratiquer le dessin, l'art du dessin. **3.** Faire ressortir la forme, le contour de : *Une robe qui dessine bien la taille.* ◆ **SE DESSINER v.pr. 1.** Commencer à être visible ; se profiler : *Une voile se dessine à l'horizon.* **2.** Prendre tournure ; se préciser : *L'intrigue de son roman se dessine.*

DESSOLER v.t. [3]. VÉTÉR. Ôter la sole, le dessous du sabot d'un animal.

DESSOUCHAGE n.m. Action de dessoucher.

DESSOUCHER v.t. [3]. Enlever d'un terrain les souches restées après l'abattage des arbres.

Le dessin

Prolongement à la fois du regard et de la main sur le papier, le dessin vise, à travers l'infinie variété du trait, de la hachure, du frottis, soit à reproduire ou à maîtriser les formes du monde visible, soit à seconder les forces de l'imagination telles qu'elles se déploient en littérature ou dans les sciences. Le dessin est aussi l'expression de l'individualité de l'artiste, qui tient entre ses doigts le ou les instruments choisis : pointes métalliques, pierres noires ou de couleur, craies, crayons, fusains, pastels, plumes ou pinceaux et encre… jusqu'à l'avènement de la souris d'ordinateur !

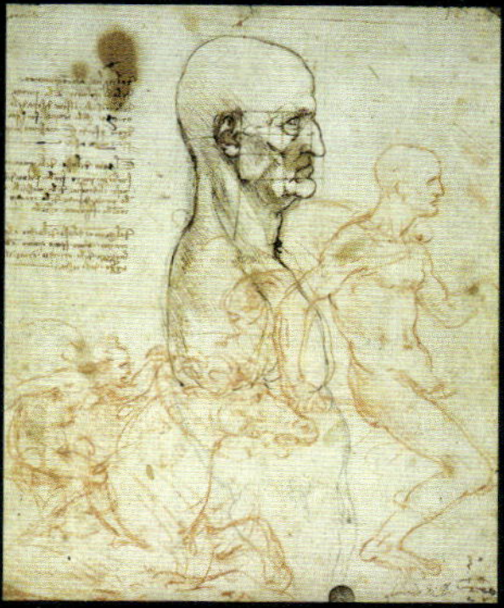

▲ **Léonard de Vinci.** Buste d'homme vu de profil avec, au premier plan, une étude de cavalier (dessin à l'encre marron, réalisé à la plume, à la mine de plomb et à la sanguine, v. 1490). Préoccupé d'anatomie, entre autres sciences, Léonard de Vinci s'attacha aux détails des proportions. (Galerie de l'Académie, Venise.)

◄ **Le Pérugin.** *Bacchus,* dessin à la pierre noire avec rehauts de craie. La pierre noire (une sorte de schiste) taillée en crayon permet l'acuité naturaliste du tracé de ce nu, sa nervosité qui s'écarte du classicisme parfois un peu mou du Pérugin peintre. La même pierre en fines hachures, associée aux lumières indiquées à la craie, assure le modelé. (Galerie des Offices, Florence.)

▲ **Pieter Saenredam.** *Vue de Bois-le-Duc,* encre (à la plume) et aquarelle. L'œuvre a un caractère documentaire par sa simple composition en frise, parallèle à la nef de la cathédrale, par la légende inscrite sur le mur du couvent, au centre, et par sa datation (19 juillet 1632). (Musées royaux des Beaux-Arts, Bruxelles.)

▲ **Jean-Baptiste Greuze.** Étude au pinceau et à l'encre brune pour le tableau *le Fils puni* (1778). Dans le contexte pathétique qui est celui de la malédiction d'un père au seuil de la mort, le dessin se fait moralisant pour exprimer le repentir du fils qui arrive trop tard. (Musée du Louvre, Paris.)

▲ **Paul Gauguin.** *Femme nue assise.* Les dessins réalisés en Polynésie, où l'artiste était parti à la recherche d'un nouveau souffle, expriment sa volonté de se tourner vers un « art simple, […] des moyens d'art primitifs, les seuls bons, les seuls vrais ». (Musée du Louvre, Paris.)

DESSOUDER v.t. [3]. **1.** (Impropr.). Débraser. **2.** Arg. Tuer.

DESSOÛLER ou **DESSAOULER** [desule], ▲ *DESSOULER* v.t. [3]. Faire cesser l'ivresse de qqn. ◆ **v.i.** Cesser d'être soûl.

1. DESSOUS adv. (de *1. de* et *sous*). Marque la position par rapport à ce qui est plus haut : *J'ai rangé mes dossiers et j'ai trouvé mes clés dessous.* ■ **Là-dessous,** sous les apparences. ■ **Par-dessous,** dans l'espace situé plus bas. ■ **Regarder en dessous,** sans lever les paupières ; hypocritement. ◆ **EN DESSOUS (DE) loc. adv.** et **loc. prép.** Dans la partie inférieure (de) ; à un niveau inférieur (à). ■ **Être en dessous de tout** [fam.] être très mauvais.

2. DESSOUS n.m. **1.** Partie inférieure, basse de qqch : *Le dessous du tapis est antidérapant.* **2.** Chacun des étages situés sous la scène d'un théâtre à l'italienne. ■ **Avoir le dessous,** être en état d'infériorité dans une lutte, un débat, etc. ■ **Être dans le** ou **au trente-sixième dessous** [fam.], dans une situation désespérée. ◆ **n.m. pl. 1.** Lingerie de femme ; sous-vêtements. **2.** Fig. Côté secret, dissimulé de qqch : *Les dessous d'un fait divers.*

DESSOUS-DE-BOUTEILLE n.m. inv. Petit disque sur lequel on pose une bouteille.

DESSOUS-DE-BRAS n.m. inv. Garniture de tissu épais protégeant un vêtement à l'endroit de l'aisselle.

DESSOUS-DE-PLAT n.m. inv. Support pour poser les plats sur une table.

DESSOUS-DE-TABLE n.m. inv. Somme en espèces que qqn verse illégalement, de la main à la main, à une autre personne pour faire aboutir une transaction à son profit ; pot-de-vin.

DESSUINTAGE n.m. Action de dessuinter.

DESSUINTER v.t. [3]. TEXT. Débarrasser la laine brute du suint.

1. DESSUS adv. (de *1. de* et *sus,* sur). **1.** Marque la position par rapport à ce qui est plus bas : *Ta table est fragile, tu devrais mettre un napperon dessus.* **2.** S'emploie à la place d'un complément introduit par *sur* : *Cet article est long à écrire, je suis dessus depuis deux jours.* ■ **Là-dessus,** sur cela ; à ce sujet ; sur ces entrefaites. ■ **Par-dessus,** dans l'espace situé plus haut, sur la face externe.

2. DESSUS n.m. **1.** Partie supérieure, haute de qqch : *Le dessus de la main.* **2.** MUS. Vx. Partie la plus haute d'une œuvre vocale ou instrumentale. ■ **Avoir** ou **prendre le dessus,** l'emporter dans un combat, un débat. ■ **Dessus de cheminée, de table, etc.,** objet qu'on place sur une cheminée, une table, etc. (Ces mots s'écrivent également avec des traits d'union.) ■ **Le dessus du panier** [fam.], ce qu'il y a de mieux. ■ **Reprendre le dessus,** surmonter sa défaillance et reprendre l'avantage.

DESSUS-DE-LIT n.m. inv. Couvre-lit.

DESSUS-DE-PORTE n.m. inv. Décoration peinte ou sculptée au-dessus du chambranle d'une porte.

DÉSTABILISATEUR, TRICE ou **DÉSTABILISANT, E** adj. Qui déstabilise.

DÉSTABILISATION n.f. Action de déstabiliser.

DÉSTABILISER v.t. [3]. Faire perdre sa stabilité à : *Déstabiliser une démocratie.*

DÉSTALINISATION n.f. HIST. Processus lancé par Khrouchtchev en 1956 pour dénoncer publiquement les crimes de Staline et réhabiliter les victimes du stalinisme.

DÉSTALINISER v.t. [3]. Opérer la déstalinisation de.

DESTIN n.m. **1.** Loi supérieure qui semble mener le cours des événements vers une certaine fin ; fatalité : *S'en remettre au destin.* **2.** Avenir, sort réservé à qqch : *Le destin d'un roman.* **3.** L'existence humaine, en tant qu'elle semble prédéterminée ; destinée : *Un destin tragique.* **4.** PHILOS. Pour les stoïciens, l en logique et ontologique de tout ce qui est.

DESTINATAIRE n. **1.** Personne à qui est adressé un envoi, un message. **2.** LING. Récepteur du message émis par le destinateur.

DESTINATEUR n.m. LING. Émetteur du message adressé au destinataire.

DESTINATION n.f. (lat. *destinatio*). **1.** Lieu vers lequel qqn, qqch se dirige ou est dirigé : *Arriver à destination.* **2.** Emploi prévu pour qqch ; affectation : *Local détourné de sa destination première.*

DESTINÉE n.f. **1.** Puissance souveraine considérée comme réglant d'avance tout ce qui doit être ; destin : *La destinée semble accabler cette famille.* **2.** Ensemble des événements composant la vie d'un être, considérés comme déterminés d'une façon irrévocable et indépendante de sa volonté ; sort.

DESTINER v.t. [3] (lat. *destinare*). **1.** Fixer l'usage, l'emploi de qqch ; affecter : *Je destine cet argent à mes enfants.* **2.** Adresser qqch à qqn : *Cette remarque vous est destinée.* **3.** Déterminer qqch à l'avance pour qqn : *Il destine son fils à la finance.* ◆ **SE DESTINER** v.pr. Choisir une orientation professionnelle : *Elle se destine à l'enseignement, à être professeur.*

DESTITUABLE adj. Qui peut être destitué.

DESTITUER v.t. [3] (lat. *destituere*). Déposséder qqn de sa fonction, de son grade ; prononcer la destitution de.

DESTITUTION n.f. **1.** Action de destituer ; fait d'être destitué. **2.** Révocation disciplinaire ou pénale d'un officier ministériel ou de certains fonctionnaires. **3.** MIL. Sanction qui entraîne la perte du grade.

DÉSTOCKAGE n.m. Action de déstocker.

DÉSTOCKER v.t. [3]. Diminuer un stock, partic. en le soldant ou le bradant, s'il s'agit d'un produit commercial.

DÉSTOCKEUR n.m. Personne, firme qui revend des produits divers à prix réduits.

DÉSTRESSER v.i. [3]. Avoir moins de stress. ◆ v.t. Atténuer le stress de ; détendre.

DESTRIER n.m. (de l'anc. fr. *destre*, main droite). HIST. Cheval de bataille (par oppos. à *palefroi*), tenu de la main droite par l'écuyer, quand le chevalier ne le montait pas.

DESTROY [dɛstrɔj] adj. inv. (mot angl.). Fam. **1.** Qui est ivre ou drogué. **2.** Qui se donne une apparence négligée ou ravagée : *Des gothiques destroy.*

DESTROYER [dɛstrwaje] ou [dɛstrɔjœr] n.m. (mot angl. « destructeur »). Contre-torpilleur.

DESTRUCTEUR, TRICE adj. et n. **1.** Qui ruine, détruit, ravage ; dévastateur : *Bombardement destructeur.* **2.** Qui abat moralement : *Une passion destructrice.*

DESTRUCTIBLE adj. Qui peut être détruit.

DESTRUCTIF, IVE adj. Qui a le pouvoir de détruire ; destructeur : *L'action destructive du vent.*

DESTRUCTION n.f. Action de détruire ; fait d'être détruit ; démolition : *La destruction d'un immeuble vétuste.*

DÉSTRUCTURATION n.f. Action de déstructurer.

DÉSTRUCTURER v.t. [3]. Désorganiser un ensemble structuré.

DÉSUET, ÈTE [dezɥɛ, ɛt] ou, vieilli [desɥɛ, ɛt] adj. (lat. *desuetus*). Qui n'est plus en usage ; démodé : *Cette tradition est désuète.*

DÉSUÉTUDE [dezɥe-] ou, vieilli [desɥe-] n.f. Caractère d'une chose désuète : *Mot tombé en désuétude.*

DÉSULFITER v.t. [3]. Débarrasser les vins, les moûts d'une partie de l'anhydride sulfureux dont on les a enrichis par sulfitage.

DÉSULFURATION n.f. Action de désulfurer.

DÉSULFURER v.t. [3]. CHIM. Éliminer le soufre, les composés sulfurés d'une substance.

DÉSUNI, E adj. Qui n'est plus uni : *Famille désunie.* ▪ **Cheval désuni,** dont les membres de devant ne sont pas au rythme de ceux de derrière.

DÉSUNION n.f. Fait d'être désuni ; mésentente.

DÉSUNIR v.t. [21]. **1.** Disjoindre ce qui était uni : *Désunir les lames d'un plancher.* **2.** Faire cesser l'entente entre des personnes ; brouiller. ◆ **SE DÉSUNIR** v.pr. **1.** Cesser d'être uni ; se diviser. **2.** Perdre la coordination de ses mouvements, en parlant d'un athlète, d'un cheval.

DÉSYNCHRONISATION n.f. Perte du synchronisme entre des phénomènes habituellement synchroniques.

DÉSYNCHRONISER v.t. [3]. Faire perdre son synchronisme à.

DÉSYNDICALISATION n.f. Diminution du nombre de personnes syndiquées.

DÉTACHABLE adj. Que l'on peut détacher ; amovible.

DÉTACHAGE n.m. Action d'ôter les taches ; nettoyage.

DÉTACHANT, E adj. et n.m. Se dit d'un produit servant à enlever les taches.

DÉTACHÉ, E adj. **1.** Qui n'est pas ou plus attaché : *Cheveux détachés.* **2.** Qui n'est pas touché par qqch ; indifférent : *Écouter une critique d'un air détaché.* **3.** Qui est placé hors de son corps d'origine, en parlant d'un fonctionnaire, d'un militaire. ▪ **Pièce détachée,** pièce de remplacement d'un appareil, d'un véhicule, etc., vendue séparément.

DÉTACHEMENT n.m. **1.** Attitude de qqn qui n'est pas concerné, intéressé ; indifférence : *Elle parle de lui avec détachement.* **2.** Position d'un fonctionnaire, d'un militaire détaché. **3.** MIL. Élément d'une troupe chargé d'une mission particulière.

1. DÉTACHER v.t. [3]. Enlever les taches de ; dégraisser.

2. DÉTACHER v.t. [3] (de l'anc. fr. *tache*, agrafe). **1.** Défaire les liens qui attachaient qqn, qqch ; libérer : *Détacher un prisonnier. Détacher ses cheveux.* **2.** Séparer qqch de ce à quoi il adhérait : *Détacher un ticket d'un carnet.* **3.** Envoyer qqn pour faire qqch : *Détacher un éclaireur.* **4.** Placer un fonctionnaire, un militaire hors de son administration ou de son service d'origine. **5.** Amener à rompre les liens avec ; détourner : *Ces incidents l'ont détaché de sa famille.* **6.** Mettre en valeur ; faire ressortir : *Jouer un air en détachant les notes.* ▪ **Détacher les bras du corps,** les écarter du corps à une certaine distance. ◆ **SE DÉTACHER** v.pr. **1.** Défaire ses liens. **2.** Apparaître nettement ; se découper : *Le clocher se détache sur le ciel.* **3.** (DE). Se désintéresser de : *Se détacher de son travail.* **4.** (DE). Prendre de l'avance sur les autres : *Coureur qui se détache du peloton.*

DÉTAIL n.m. **1.** Petit élément constitutif d'un ensemble et qui peut être considéré comme secondaire : *Explique-moi ton problème sans entrer dans les détails.* **2.** Énumération complète et minutieuse : *Faire le détail d'une facture.* ▪ **Au détail,** à l'unité ou par petites quantités. ▪ **C'est un détail,** c'est sans importance. ▪ **Commerce de détail,** vente de marchandises à l'unité ou par petites quantités (par oppos. au *gros* et au *demi-gros*). ▪ **En détail,** sans rien omettre.

DÉTAILLANT, E n. Commerçant qui vend au détail ; débitant.

DÉTAILLÉ, E adj. Présenté dans les moindres détails ; circonstancié : *Un rapport détaillé.*

DÉTAILLER v.t. [3] (de *tailler*). **1.** Passer en revue les éléments d'un ensemble ; énumérer : *Détailler les caractéristiques d'un nouveau produit.* **2.** Vendre au détail. **3.** Examiner de près ; dévisager : *Ils détaillaient le nouveau venu.*

DÉTALER v.i. [3] (de *étaler*). Fam. S'enfuir.

DÉTARTRAGE n.m. Action de détartrer.

DÉTARTRANT, E adj. et n.m. Se dit d'un produit qui enlève le tartre.

DÉTARTRER v.t. [3]. Enlever le tartre de.

DÉTARTREUR n.m. Appareil servant à détartrer.

DÉTAXATION n.f. Action de détaxer.

DÉTAXE n.f. Diminution ou suppression d'une taxe.

DÉTAXER v.t. [3]. Diminuer ou supprimer les taxes sur un produit.

DÉTECTABLE adj. Qui peut être détecté.

DÉTECTER v.t. [3] (angl. *to detect*). Déceler l'existence de ce qui est caché, à peine perceptible ; repérer : *Détecter une fuite de gaz.*

DÉTECTEUR, TRICE adj. Qui permet de détecter. ◆ n.m. **1.** Appareil servant à détecter la présence de qqch, la manifestation d'un phénomène, etc. : *Détecteur de mines, de métaux, de particules.* **2.** TECHN. Capteur.

DÉTECTION n.f. **1.** Action de détecter ; repérage : *La détection d'un micro-organisme.* **2.** MIL. Opération permettant de déterminer la position d'un avion, d'un sous-marin, etc.

DÉTECTIVE n. (angl. *detective*). Personne dont le métier est de mener des enquêtes pour le compte de particuliers. ➲ On dit aussi *agent de recherches privées* ou, fam., *privé.*

DÉTEINDRE v.t. [62]. Faire perdre la couleur de : *Le soleil déteint les tissus.* ◆ v.i. **1.** Perdre sa couleur ; se décolorer. **2.** (SUR). Fig. Avoir une influence sur ; marquer : *Son égoïsme a déteint sur toi.*

DÉTELAGE n.m. Action de dételer.

DÉTELER v.t. [16], ▲[12]. **1.** Détacher un animal attelé. **2.** Détacher les animaux qui tiraient une machine agricole : *Dételer une charrue.* ◆ v.i. Fam. Cesser une activité ; s'arrêter de travailler.

DÉTENDEUR n.m. Appareil servant à diminuer la pression d'un gaz comprimé.

DÉTENDRE v.t. [59]. **1.** Diminuer la tension de ; relâcher ce qui était tendu : *Détendre un ressort.* **2.** Diminuer la pression d'un gaz. **3.** Faire cesser la tension nerveuse, la fatigue ; délasser : *Un bon bain te détendra.* ▪ **Détendre l'atmosphère,** faire disparaître les conflits, les tensions dans un groupe. ◆ **SE DÉTENDRE** v.pr. **1.** Se relâcher, être relâché, en parlant de qqch. **2.** Relâcher sa tension nerveuse ; se reposer. **3.** Devenir moins tendu, plus serein, en parlant de qqch ; s'apaiser : *Nos relations se sont détendues.*

DÉTENDU, E adj. Sans tension ; calme : *Une réunion détendue.*

DÉTENIR v.t. [28] (lat. *detinere*). **1.** Avoir, garder en sa possession : *Ce sportif détient le record du monde.* **2.** Retenir dans un lieu, et spécial. dans une prison : *Les terroristes sont détenus dans un lieu secret.*

DÉTENTE n.f. **1.** Fait de se relâcher, en parlant de qqch qui est tendu : *La détente de la corde d'un arc.* **2.** Effort musculaire puissant et vif qui produit l'extension du corps ou d'un membre, en partic. du membre inférieur : *Sauteur qui a une belle détente.* **3.** Décontraction, repos du corps ou de l'esprit ; délassement : *S'accorder un moment de détente.* **4.** Diminution de la tension entre États ; amélioration des relations internationales. **5.** Diminution de la pression d'un gaz par augmentation de son volume (CONTR. **compression**). **6.** Pièce du mécanisme d'une arme à feu qui, pressée par le tireur, agit sur la gâchette et fait partir le coup. ▪ **À double détente,** se dit d'un fusil de chasse à deux canons et à deux détentes ; fig., qui fait son effet en deux temps : *Argument à double détente.* ▪ **Être dur à la détente** [fam.], être enclin à l'avarice ; être lent à comprendre ; être difficile à persuader.

DÉTENTEUR, TRICE n. Personne qui détient qqch : *Elle est la détentrice du record.*

DÉTENTION n.f. **1.** Fait de détenir, d'avoir en sa possession : *Il a été condamné pour détention de drogue.* **2.** Fait d'être détenu ; incarcération ; emprisonnement. ▪ **Détention criminelle,** peine criminelle prononcée à temps ou à perpétuité pour des crimes politiques. ▪ **Détention provisoire,** incarcération d'une personne mise en examen, avant jugement.

DÉTENU, E n. et adj. Personne incarcérée ; prisonnier.

DÉTERGENCE n.f. Propriété des produits détergents.

DÉTERGENT, E ou **DÉTERSIF, IVE** adj. et n.m. (du lat. *detergere*, nettoyer). Se dit d'un produit permettant d'éliminer d'un milieu solide les salissures qui y adhèrent par leur mise en suspension ou en solution.

DÉTERGER v.t. [10]. Éliminer les salissures au moyen d'un détergent.

DÉTÉRIORATION n.f. Action de détériorer ; fait d'être détérioré ; dégradation. ▪ **Détérioration intellectuelle, mentale, psychique** [psychiatr., psychol.], affaiblissement de certaines fonctions intellectuelles, mentales, etc., lié à l'âge ou à la maladie ; par ext., démence.

DÉTÉRIORER v.t. [3] (lat. *deteriorare*, de *deterior*, plus mauvais). **1.** Mettre en mauvais état ; abîmer : *La chaleur détériore les fruits.* **2.** Rendre moins bon ; altérer : *Détériorer sa santé.* ◆ **SE DÉTÉRIORER** v.pr. **1.** Subir des dégradations ; s'abîmer. **2.** Perdre son harmonie, son équilibre : *Le niveau de vie se détériore.*

DÉTERMINABLE adj. Qui peut être déterminé.

1. DÉTERMINANT, E adj. Qui détermine une action ; décisif : *Cette rencontre déterminante l'a incité à devenir comédien.*

2. DÉTERMINANT n.m. **1.** LING. Élément qui en détermine un autre (le *déterminé*) ; morphème grammatical qui se place devant le nom pour l'introduire dans le discours. ➲ Les articles, les adjectifs démonstratifs, possessifs, etc., sont des déterminants. **2.** MATH. Nombre associé par un certain algorithme à une matrice carrée d'ordre *n*. ➲ Le déterminant de la matrice d'ordre 2 $\begin{pmatrix} a & c \\ b & d \end{pmatrix}$, noté $\begin{vmatrix} a & c \\ b & d \end{vmatrix}$, est le nombre *ad – bc*.

DÉTERMINATIF, IVE adj. et **n.m.** LING. Qui détermine, précise le sens d'un mot. ▪ **Adjectifs déterminatifs,** ou **déterminatifs, n.m. pl.** [ling.], adjectifs démonstratifs, possessifs, interrogatifs, indéfinis, numéraux (par oppos. aux *adjectifs qualificatifs*).

DÉTERMINATION n.f. (lat. *determinatio*). **1.** Action de déterminer, de définir, de préciser qqch : *La détermination du gène responsable d'une maladie.* **2.** Décision que l'on prend après avoir hésité ; résolution. **3.** Caractère d'une personne qui est déterminée, décidée ; fermeté : *Montrer de la détermination.*

DÉTERMINÉ, E adj. 1. Qui est fixé avec précision : *Il a une idée bien déterminée sur la question.* **2.** Qui montre de la détermination ; décidé : *Elle paraît déterminée à obtenir ce poste.* ◆ **n.m.** LING. Élément déterminé par un autre (le *déterminant*).

DÉTERMINER v.t. [3] (lat. *determinare*). **1.** Établir, définir avec précision : *Le médecin légiste a déterminé l'heure de la mort.* **2.** Être la cause directe de ; provoquer : *Cette blessure a déterminé la paralysie.* **3.** Amener qqn à agir d'une certaine manière ; inciter : *Cela l'a déterminé à faire ce film.* **4.** LING. Préciser la valeur ou le sens d'un mot. ◆ **SE DÉTERMINER v.pr.** (À). Se décider à agir ; prendre une décision : *Elle s'est déterminée à lui dire la vérité.*

DÉTERMINISME n.m. 1. PHILOS. Conception affirmant qu'il existe des rapports nécessaires de cause à effet entre les phénomènes physiques et les actions humaines. **2.** Enchaînement de cause à effet entre deux ou plusieurs phénomènes : *Le déterminisme social.*

DÉTERMINISTE adj. et **n.** Relatif au déterminisme ; qui en est partisan.

DÉTERRAGE n.m. 1. AGRIC. Action de déterrer le soc d'une charrue lors du défonçage (SYN. **déterrement**). **2.** Mode de chasse au renard ou au blaireau qui consiste à introduire un chien dans le terrier, puis à creuser un trou pour s'emparer de l'animal à l'endroit où celui-ci est acculé par le chien.

DÉTERRÉ, E n. Fam. ▪ **Avoir un air** ou **une mine de déterré,** être pâle, abattu.

DÉTERREMENT n.m. 1. Action de déterrer, de tirer de terre. **2.** AGRIC. Déterrage.

DÉTERRER v.t. [3]. 1. Sortir, tirer de terre ; exhumer. **2.** Fig. Découvrir, tirer de l'oubli : *Déterrer de vieux souvenirs.*

DÉTERREUR, EUSE n. 1. Personne qui déterre, découvre qqch. **2.** Chasseur qui pratique le déterrage.

DÉTERSIF, IVE adj. et **n.m.** → **DÉTERGENT.**

DÉTERSION n.f. Action de déterger.

DÉTESTABLE adj. Qui a tout pour déplaire ; exécrable.

DÉTESTABLEMENT adv. De façon détestable.

DÉTESTATION n.f. Litt. Haine ; exécration.

DÉTESTER v.t. [3] (du lat. *detestari,* maudire). Avoir de l'aversion pour ; avoir en horreur ; exécrer : *Elle déteste la musique moderne, qu'on la contredise.*

DÉTHÉINÉ, E adj. ▪ **Thé déthéiné,** ou **déthéiné, n.m.,** thé dont on a enlevé la théine.

DÉTONANT, E adj. Qui a la propriété de détoner : *Explosif détonant.* ▪ **Mélange détonant,** mélange de deux gaz qui, dans certaines proportions, peuvent exploser en se combinant ; fig., réunion de deux ou plusieurs choses ou personnes pouvant conduire à des crises violentes : *L'alcool et les somnifères forment un mélange détonant.*

DÉTONATEUR n.m. 1. Dispositif d'amorçage destiné à provoquer la détonation d'une charge explosive. **2.** Fig. Ce qui provoque une action ou fait éclater une situation explosive : *Cette déclaration a servi de détonateur à la crise.*

DÉTONATION n.f. 1. Bruit violent produit par une explosion ou qui évoque une explosion. **2.** Décomposition extrêmement rapide d'un explosif qui se caractérise par la propagation d'une onde de pression à une vitesse de plusieurs kilomètres par seconde. **3.** Anomalie de combustion, accompagnée d'un bruit, affectant le fonctionnement d'un moteur thermique.

DÉTONER v.i. [3] (lat. *detonare*). Exploser avec un bruit violent.

DÉTONNER v.i. [3] (de 2. *ton*). **1.** MUS. S'écarter du ton. **2.** Fig. Être mal assorti avec ; contraster : *Il détonne dans ce milieu techno.*

DÉTORDRE v.t. [59]. Remettre dans son état premier ce qui était tordu.

DÉTORS, E adj. TECHN. Qui n'est plus tors.

DÉTORSION n.f. Action de détordre.

DÉTORTILLER v.t. [3]. Remettre dans son premier état ce qui était tortillé, entortillé.

DÉTOUR n.m. 1. Parcours plus long que la voie directe ; crochet : *Fais un détour par la boulangerie.* **2.** Québec. Déviation de la circulation obligeant les usagers à quitter l'itinéraire direct et à emprunter une ou plusieurs autres routes. **3.** Tracé sinueux d'une voie, d'une rivière : *Les détours d'une route de montagne.* **4.** Moyen indirect ; faux-fuyant : *Parlez-moi sans détour.* ▪ **Au détour du chemin,** à l'endroit où il tourne.

DÉTOURAGE n.m. Action de détourer.

DÉTOURÉ n.m. Image détourée utilisée comme illustration.

DÉTOURER v.t. [3]. 1. IMPRIM. Délimiter, dans une illustration, le contour d'un sujet que l'on veut isoler en éliminant le fond. **2.** TECHN. Donner à une pièce en cours d'usinage le contour exact imposé par le dessin.

DÉTOURNÉ, E adj. 1. Qui fait un détour : *Par beau temps, elle prend un chemin détourné.* **2.** Qui ne va pas droit au but ; indirect : *Il a tout avoué en termes détournés.*

DÉTOURNEMENT n.m. 1. Action de détourner une voie : *Détournement d'un cours d'eau.* **2.** Belgique. Déviation de la circulation. **3.** Appropriation frauduleuse de sommes d'argent ; malversation : *Détournement de fonds.* ▪ **Détournement d'actif,** dissimulation de tout ou partie de ses biens à ses créanciers. ▪ **Détournement d'avion,** action de détourner un avion.

DÉTOURNER v.t. [3]. 1. Modifier le cours, la direction de ; dévier : *Détourner une rivière, la circulation.* **2.** Diriger vers un autre centre d'intérêt, un autre but : *Ils ont simulé une dispute pour détourner l'attention du gardien. Détourner la conversation.* **3.** Écarter qqn de ce qui l'occupe ou le préoccupe ; détacher : *Ses parents ont essayé de la détourner de ce garçon.* **4.** Soustraire frauduleusement ; voler : *Détourner des fonds.* ▪ **Détourner la tête, les yeux,** les tourner d'un autre côté. ▪ **Détourner le sens d'un texte,** en donner une interprétation qui s'écarte du sens véritable. ▪ **Détourner un avion,** contraindre, par la menace ou la force, le pilote à changer la destination de l'appareil. ◆ **SE DÉTOURNER v.pr. 1.** Se tourner pour ne pas voir ou ne pas être vu : *Il se détourna pour cacher ses larmes.* **2.** Se détacher de qqn, de qqch : *Se détourner de la religion.*

DÉTOX n.f. (abrév.). **1.** Fam. Processus de détoxification du corps humain. **2.** (En appos.). Qui a pour but de détoxifier le corps humain : *Une cure détox.*

DÉTOXICATION n.f. PHYSIOL. Élimination ou neutralisation de substances toxiques, en partic. par le foie.

DÉTOXIFICATION n.f. 1. Opération physico-chimique ou métabolique par laquelle un produit perd sa toxicité. **2.** Élimination des toxines par un organisme vivant.

DÉTOXIFIER v.t. [5]. Pratiquer une détoxification.

DÉTRACTEUR, TRICE n. (lat. *detractor*). Personne qui critique, déprécie, rabaisse ; dénigreur.

DÉTRAQUE n.f. Suisse. Fam. **1.** Diarrhée. **2.** Fou rire.

DÉTRAQUÉ, E adj. et **n.** Fam. Atteint de troubles mentaux ; déséquilibré.

DÉTRAQUEMENT n.m. Action de détraquer ; fait d'être détraqué.

DÉTRAQUER v.t. [3] (de l'anc. fr. *trac,* trace). **1.** Déranger le fonctionnement d'un mécanisme ; dérégler : *Tu as détraqué la télécommande.* **2.** Fam. Nuire à l'état physique ou mental de : *Cette sauce m'a détraqué l'estomac.* ◆ **SE DÉTRAQUER v.pr.** Ne plus fonctionner. ▪ **Le temps se détraque** [fam.], il se gâte ou n'est pas de saison.

1. DÉTREMPE n.f. 1. Peinture ayant pour liant de l'eau additionnée de colle ou de gomme (gouache, tempera). **2.** Tableau, œuvre exécutés à l'aide d'une telle peinture.

2. DÉTREMPE n.f. Action de détremper l'acier.

1. DÉTREMPER v.t. [3] (du lat. *distemperare,* délayer). Imbiber d'un liquide, notamm. d'eau : *La pluie a détrempé le chemin.*

2. DÉTREMPER v.t. [3]. Détruire la trempe de l'acier.

DÉTRESSE n.f. (du lat. *districtus,* serré). **1.** Sentiment d'abandon, de solitude profonde ; désespoir : *La détresse des chômeurs.* **2.** Situation critique, dangereuse : *Navire en détresse.* **3.** MÉD. Défaillance aiguë et grave d'une fonction vitale : *Détresse respiratoire.* ▪ **Feux de détresse,** dispositif déclenchant le clignotement simultané des quatre feux de direction d'un véhicule routier pour indiquer que celui-ci constitue un danger pour la circulation. Recomm. off. pour **warning.** ▪ **Signaux de détresse,** émis par un navire qui réclame du secours.

DÉTRICOTAGE n.m. Fam. Action de détricoter : *Un détricotage du système judiciaire.*

DÉTRICOTER v.t. [3]. 1. Défaire les mailles d'un tricot. **2.** Fig., fam. Défaire point par point ce qui avait été soigneusement élaboré : *Détricoter une loi.*

DÉTRIMENT n.m. (lat. *detrimentum*). Litt. Préjudice ; dommage. ▪ **Au détriment de,** en faisant du tort à ; aux dépens de.

DÉTRITIQUE adj. (de *détritus*). GÉOL. ▪ **Roche détritique,** roche qui résulte de la désagrégation d'une roche préexistante.

DÉTRITIVORE adj. et **n.m.** Se dit des animaux ou des micro-organismes qui se nourrissent de détritus organiques d'origine naturelle ou industrielle.

DÉTRITUS [-ty(s)] **n.m.** (du lat. *detritus,* usé). [Souvent pl.]. **1.** Résidu provenant de la désagrégation d'un corps. **2.** Déchets ménagers ; ordures.

DÉTROIT n.m. (du lat. *districtus,* serré). Bras de mer resserré entre deux terres : *Le détroit de Gibraltar.*

DÉTROMPER v.t. [3]. Tirer qqn de son erreur ; désabuser : *Il a détrompé son interlocuteur.* ◆ **SE DÉTROMPER v.pr.** ▪ **Détrompe-toi, détrompez-vous,** n'en crois rien ; n'en croyez rien.

DÉTRÔNER v.t. [3]. 1. Déposséder un souverain de son trône ; déposer. **2.** Fig. Mettre fin à la supériorité de ; supplanter : *Le cédérom a détrôné la disquette.*

DÉTROQUAGE n.m. Action de détroquer.

DÉTROQUER v.t. [3] (de l'anc. fr. *destrochier,* séparer). Détacher les jeunes huîtres de leur support pour les mettre dans le parc d'engraissement.

DÉTROUSSER v.t. [3]. Litt. ou par plais. Dépouiller qqn de son argent, ses bagages, etc.

DÉTROUSSEUR n.m. Litt., vieilli. Voleur.

DÉTRUIRE v.t. [78] (lat. *destruere*). **1.** Réduire à néant ; ravager : *Un tremblement de terre a détruit le village.* **2.** Faire périr ; exterminer : *Détruire les poux.* **3.** Nuire à la santé physique ou morale de qqn : *La drogue le détruit.* **4.** Fig. Faire que qqch n'existe plus ; anéantir : *Cet article a détruit sa réputation.* ◆ **SE DÉTRUIRE v.pr.** Nuire à sa propre santé physique ou morale.

DETTE n.f. (lat. *debitum*). **1.** (Souvent pl.). Somme d'argent due à qqn, un organisme : *Rembourser ses dettes. Être couvert de dettes.* **2.** Fig. Obligation morale : *Il m'a tiré de ce bourbier ; j'ai une dette envers lui.* ▪ **Dette fiscale,** ensemble des impôts et des taxes dus par un contribuable. ▪ **Dette publique,** ensemble des engagements financiers contractés par un État lors d'émissions d'emprunts. ▪ **Dette souveraine,** dette émise ou garantie par un État ou par une banque centrale.

➲ En ce qui concerne la **DETTE** publique, on distingue la *dette flottante,* qui correspond aux emprunts à court terme (bons du Trésor), dont le montant fluctue en permanence, et la *dette consolidée,* qui correspond aux emprunts à long terme (assortis d'un taux d'intérêt plus élevé). La dette est dite « remboursable », ou « amortissable », quand le terme de l'emprunt est fixé à l'avance ; elle est dite « viagère », quand ce terme est lié à la vie du créancier (par ex., dans le cas de pensions).

DÉTUMESCENCE **n.f. MÉD.** Retour au volume de repos d'un organe érectile ; retour au volume normal d'une partie tuméfiée du corps.

DEUG ou **D.E.U.G.** [dœg] **n.m.** (acronyme de *diplôme d'études universitaires générales*). En France, ancien diplôme de l'enseignement supérieur obtenu au terme de deux ans d'études après le baccalauréat. ➲ Le DEUG peut encore être délivré aux étudiants qui en font la demande.

DEUIL [dœj] **n.m.** (du lat. *dolere*, souffrir). **1.** Mort d'un parent, d'un ami ; décès : *Il a eu des deuils cette année.* **2.** Ensemble des signes extérieurs (crêpe, habits noirs ou sombres, en partic.) d'une personne en deuil : *Porter, prendre le deuil.* **3.** Douleur éprouvée à la suite du décès de qqn ; affliction : *Jour de deuil national.* ■ **Faire son deuil de qqch** [fam.], se résigner à en être privé. ■ **Travail de deuil** [psychan.], processus psychique par lequel le sujet parvient progressivement à se détacher d'un être cher qui est mort.

DEUS EX MACHINA [deysɛksmakina] **n.m. inv.** (mots lat. « un dieu [descendu] au moyen d'une machine »). Personne ou événement venant opportunément dénouer une situation sans issue ou dramatique, notamm. au théâtre.

DEUSIO ou **DEUZIO** **adv.** Fam. Deuxièmement.

DEUST ou **D.E.U.S.T.** [dœst] **n.m.** (acronyme de *diplôme d'études universitaires scientifiques et techniques*). En France, diplôme sanctionnant un premier cycle de formation scientifique et professionnelle.

DEUTÉRIUM [-rjɔm] **n.m. CHIM.** Isotope lourd de l'hydrogène (symb. D), de masse atomique 2.

DEUTÉROCANONIQUE **adj.** (du gr. *deuteros*, secondaire). ■ **Livres deutérocanoniques,** livres de l'Ancien et du Nouveau Testament qui n'ont été admis dans le canon de l'Écriture que par la version des Septante (IIIᵉ s.–IIᵉ s. av. J.-C.) et par le concile de Trente (XVIᵉ s.). ➲ Les protestants donnent à ces livres le nom d'*apocryphes*.

DEUTÉROSTOMIEN **n.m.** Animal dont le développement embryonnaire donne au blastopore la fonction d'anus, la bouche se formant secondairement. ➲ Les deutérostomiens forment l'un des deux grands groupes d'animaux cœlomates.

DEUTON ou **DEUTÉRON** **n.m. PHYS. NUCL.** Noyau de l'atome de deutérium, formé d'un proton et d'un neutron.

DEUTSCHE MARK **n.m.** → **MARK.**

DEUX **adj. num.** et **n.m.** (lat. *duo*). **1.** Nombre qui suit un dans la suite des entiers naturels. **2.** Deuxième : *Chapitre deux.* **3.** Petit nombre ; quelques : *À deux pas d'ici. Dans deux secondes.* ■ **En moins de deux** [fam.], très vite. ■ **Ne faire ni une ni deux** [fam.], ne pas hésiter. ◆ **n.m. SPORTS.** En aviron, embarcation à deux rameurs, barrée ou non, armée en couple ou en pointe. (On dit aussi *double-scull* pour les bateaux armés en couple.)

DEUXIÈME [døzjɛm] **adj. num. ord.** et **n.** Qui occupe un rang marqué par le nombre deux.

DEUXIÈMEMENT **adv.** En deuxième lieu.

DEUX-MÂTS **n.m.** Voilier à deux mâts.

DEUX-PIÈCES **n.m.** **1.** Maillot de bain composé d'un soutien-gorge et d'un slip. **2.** Vêtement féminin composé d'une jupe ou d'un pantalon et d'une veste assortis. **3.** Appartement de deux pièces principales.

DEUX-POINTS **n.m.** Signe de ponctuation figuré par deux points superposés (:), placé avant une énumération ou une explication.

DEUX-PONTS **n.m.** Avion dont le fuselage comprend deux ponts, deux étages superposés.

DEUX-QUATRE **n.m. inv. MUS.** Mesure à deux temps, ayant la noire pour unité de temps.

DEUX-ROUES **n.m.** Véhicule à deux roues, avec ou sans moteur (terme générique). ➲ La bicyclette, le scooter, le cyclomoteur, le vélomoteur, la moto sont des deux-roues.

DEUX-TEMPS **n.m.** Moteur à cycle* à deux temps.

DEUZIO **adv.** → **DEUSIO.**

DÉVALER **v.t.** et **v.i.** **[3]** (de *val*). Descendre une pente, un escalier, etc., à toute allure.

DÉVALISER **v.t.** **[3].** Voler, dérober qqch à qqn ; cambrioler : *Dévaliser un magasin de téléphones.* ■ **Dévaliser une boutique, un commerçant** [fam.], y faire de nombreux achats.

DÉVALOIR **n.m.** Suisse. Couloir dans les forêts de montagne, servant à faire descendre les billes de bois (SYN. **châble**).

DÉVALORISANT, E **adj.** Qui dévalorise, déprécie.

DÉVALORISATION **n.f.** Action de dévaloriser ; dépréciation.

DÉVALORISER **v.t.** **[3].** Diminuer la valeur, le prestige de : *Ce revirement l'a dévalorisé aux yeux de l'opinion.*

DÉVALUATION **n.f.** Action de dévaluer une monnaie (CONTR. **réévaluation**).

DÉVALUER **v.t.** **[3].** **1.** Diminuer la parité d'une monnaie par rapport à un étalon de référence (or, dollar), dans un système de changes fixes. **2.** Faire perdre de sa valeur à ; dévaloriser : *Chercher à dévaluer son adversaire.*

DEVANAGARI, ▲ *DÉVANAGARI* **n.f.** Écriture utilisée pour le sanskrit, le hindi et quelques autres langues indo-aryennes (SYN. **nagari**).

DEVANCEMENT **n.m.** Action de devancer.

DEVANCER **v.t.** **[9]** (de *1. devant*). **1.** Venir avant ; précéder : *Il m'a devancé au rendez-vous.* **2.** Faire mieux que les autres ; surpasser : *Il devance le second de 3 secondes.*

DEVANCIER, ÈRE **n.** Personne qui devance, précède ; prédécesseur.

1. DEVANT **prép.** et **adv.** (de *1. de* et *avant*). **1.** Marque l'antériorité dans l'espace : *Regarde devant toi !* **2.** Marque l'antériorité dans un ordre ; avant : *Il y a deux personnes devant moi.* **3.** En face de : *N'aborde pas ce sujet devant lui* ; face à : *Devant un tel succès, il a fallu prolonger la pièce.* ◆ **PAR-DEVANT** **loc. adv.** Par l'avant : *Passe par-devant.* ◆ **PAR-DEVANT** **loc. prép. DR.** En présence de : *Par-devant notaire.*

2. DEVANT **n.m.** Partie antérieure de : *Le devant d'une maison.* ■ **Prendre les devants,** devancer qqn pour l'empêcher d'agir.

DEVANTURE **n.f.** Partie d'un magasin où les articles sont exposés à la vue des passants, soit derrière une vitre, soit à l'extérieur (éventaire).

DÉVASTATEUR, TRICE **adj.** Qui dévaste : *Tempête dévastatrice.*

DÉVASTATION **n.f.** Action de dévaster ; ravage.

DÉVASTER **v.t.** **[3]** (lat. *devastare*). Causer de graves dégâts à ; détruire : *Les inondations ont dévasté les cultures.*

DÉVEINE **n.f.** (de *veine*, chance). Fam. Malchance.

DÉVELOPPABLE **adj.** **1.** Qui peut être développé. **2. MATH.** Se dit d'une surface réglée ayant le même plan tangent en tout point d'une génératrice. ➲ Le cône est une surface développable.

DÉVELOPPANTE **n.f. MATH.** ■ **Développante d'une courbe (C),** courbe qui admet (C) pour développée.

DÉVELOPPÉ **n.m. SPORTS.** Mouvement consistant à épauler un haltère, puis à le soulever au-dessus de la tête à bout de bras.

DÉVELOPPÉE **n.f. MATH.** Courbe tangente à toutes les normales à une courbe plane.

DÉVELOPPEMENT **n.m.** **1.** Ensemble des différents stades par lesquels passe un organisme, un être vivant pour atteindre sa maturité ; croissance. **2.** Fait d'évoluer, de progresser, de prendre de l'ampleur ; essor : *Le développement du secteur tertiaire.* **3.** Exposé détaillé d'un sujet : *Un long développement.* **4.** Mise au point d'un appareil, d'un produit en vue de sa commercialisation. **5. ÉCON.** Transformation économique et sociale d'un pays induite par son taux de croissance ; expansion. **6. PHOTOGR.** Opération consistant à développer une pellicule sensible. **7.** Vx. Action de développer ce qui était plié, roulé ; déploiement. **8.** Distance que parcourt une bicyclette en un tour complet du pédalier. **9. MUS.** Partie centrale d'une sonate, d'une fugue, qui suit l'exposition. ■ **Développement durable** → **DURABLE.** ■ **Pays en développement (PED)** [écon.], pays passant d'un état de sous-développement chronique au processus de développement. ◆ **n.m. pl.** Suites, prolongements d'un événement : *Cette affaire connaît de nouveaux développements.*

DÉVELOPPER **v.t.** **[3]** (de *envelopper*). **1.** Assurer la croissance de ; donner toute son extension à ; augmenter la puissance, l'étendue de : *Un jeu qui développe la mémoire.* **2.** Assurer le développement d'un appareil, d'un produit. **3.** Exposer de manière détaillée : *Développez votre conclusion.* **4.** Vx. Étendre ce qui était plié, enroulé : *Développer une pièce de tissu.* **5.** Pour une bicyclette, avoir un développement de. **6. PHOTOGR.** Transformer, au moyen de procédés chimiques, une image latente en une image visible. **7.** Vx ou région. Québec. Ôter de son enveloppe : *Développer un cadeau.* ■ **Développer un calcul,** en effectuer toutes les opérations successives. ■ **Développer une expression algébrique,** l'écrire sous la forme d'une somme. ■ **Développer une maladie,** être dans la phase où celle-ci s'installe en croissant. ◆ **SE DÉVELOPPER** **v.pr.** **1.** Se déployer ; s'étendre. **2.** Croître ; grandir : *Les plantes se développent mieux à la lumière.* **3.** Prendre de l'extension, de l'ampleur : *Cellules qui se développent de façon anarchique.*

DÉVELOPPEUR **n.m. INFORM.** Personne ou société qui assure l'analyse et l'écriture d'un programme.

1. DEVENIR **v.i.** **[28]** (auxil. *être*) [du lat. *devenire*, venir de]. **1.** Passer d'un état à un autre : *Elle est devenue présidente* ; acquérir une certaine qualité : *Devenir irritable.* **2.** Avoir tel sort, tel résultat : *Que devient votre projet ?* ; être dans tel état, telle situation : *Je ne sais ce qu'ils sont devenus.*

2. DEVENIR **n.m.** **1.** Mouvement progressif par lequel les choses se transforment ; évolution. **2.** Litt. Futur ; avenir : *Quel sera le devenir de cette invention ?*

DÉVERBAL **n.m.** (pl. *déverbaux*). **LING.** Nom formé à partir du radical d'un verbe, et plus partic. nom dérivé d'un verbe et formé sans suffixe (ex. : *coût*, de *coûter* ; *demande*, de *demander*).

DÉVERGONDAGE **n.m.** **1.** Conduite licencieuse ; débauche. **2.** Fantaisie débridée ; excentricité : *Le dévergondage de l'imagination.*

DÉVERGONDÉ, E **adj.** et **n.** (de l'anc. fr. *vergonde*, doublet de *vergogne*). Qui mène sans honte ni remords une vie de débauche ; débauché.

SE DÉVERGONDER **v.pr.** **[3].** Mener une vie dissolue.

DÉVERGUER ou **DÉSENVERGUER** **v.t.** **[3]. MAR.** Retirer une voile de sa vergue.

DÉVERNIR **v.t.** **[21].** Ôter le vernis de.

DÉVERROUILLAGE **n.m.** Action de déverrouiller.

DÉVERROUILLER **v.t.** **[3].** **1.** Ouvrir en tirant le verrou : *Déverrouiller une porte.* **2.** Libérer de ce qui maintenait immobile : *Déverrouiller le train d'atterrissage.* **3. INFORM.** Autoriser l'accès à des fichiers ou à un système qui étaient préalablement verrouillés. ■ **Déverrouiller une arme à feu,** supprimer le lien mécanique établi avant le départ du coup entre la culasse et le canon pour permettre l'ouverture de ce dernier.

PAR-DEVERS **prép.** → **PAR-DEVERS.**

DÉVERS **n.m.** (du lat. *deversus*, tourné vers le bas). **1.** Relèvement du bord extérieur d'une route dans un virage. **2.** Différence de niveau entre les deux rails d'une voie en courbe. **3. CONSTR.** Défaut d'aplomb, inclinaison d'un mur, d'un support vertical (SYN. **2. déversement**).

1. DÉVERSEMENT **n.m.** Action de déverser des eaux, un liquide ; fait de se déverser.

2. DÉVERSEMENT **n.m. CONSTR.** Dévers.

DÉVERSER **v.t.** **[3]** (de *verser*). **1.** Faire couler d'un lieu dans un autre : *Il ne faut plus déverser les eaux polluées dans les cours d'eau.* **2.** Fig. Déposer en grand nombre, en grande quantité : *Les trains déversent les banlieusards.* **3.** Répandre abondamment : *Déverser un flot de paroles.* ◆ **SE DÉVERSER** **v.pr.** Couler d'un lieu dans un autre ; s'écouler.

DÉVERSOIR **n.m.** Ouvrage au-dessus duquel s'écoulent les eaux d'un bassin, d'un canal, etc.

DÉVESTITURE **n.f.** Suisse. Desserte d'un lieu ; accès.

DÉVÊTIR **v.t.** **[32].** Enlever ses vêtements à qqn ; déshabiller. ◆ **SE DÉVÊTIR** **v.pr.** Se déshabiller.

DÉVIANCE **n.f.** **1.** Caractère de ce qui s'écarte de la norme. **2. PSYCHOL.** Comportement qui s'écarte des normes admises par une société.

DÉVIANT, E **adj.** et **n.** Qui s'écarte de la règle, de la norme ; qui a une conduite de déviance.

DÉVIATEUR **n.m.** **1. ÉLECTRON.** Bobine magnétique qui, dans un tube cathodique, sert à dévier le faisceau électronique qui balaie l'écran pour former l'image. **2.** Instrument qui permet de dévier de la verticale un puits en forage. ▪ **Déviateur de jet,** dispositif permettant d'orienter le jet de gaz d'un turboréacteur ou d'un moteur-fusée.

DÉVIATION n.f. **1.** Action de dévier ; fait de s'écarter d'une direction normale ou déterminée à l'avance. **2.** Itinéraire établi pour détourner la circulation automobile. **3.** Écart hors d'une ligne morale ou politique ; dérive.

DÉVIATIONNISME n.m. Attitude consistant à s'écarter de la ligne politique d'un parti, d'une organisation dont on est membre.

DÉVIATIONNISTE adj. et n. Qui s'écarte de la ligne politique définie.

DÉVIDAGE n.m. Action de dévider.

DÉVIDER v.t. [3]. **1.** Mettre un fil en écheveau, en pelote : *Dévider la soie du cocon.* **2.** Défaire ce qui est enroulé ; dérouler : *Dévider des tuyaux d'incendie.* **3.** Fam. Raconter avec prolixité ; débiter : *Dévider ses souvenirs d'enfance.*

DÉVIDOIR n.m. Instrument ou appareil sur lequel on enroule des fils, des cordes, des tuyaux, etc.

DÉVIER v.i. [5] (du lat. *deviare*, sortir du chemin). S'écarter de sa direction, de son orientation ; bifurquer : *La voiture a dévié pour éviter une ornière.* ◆ v.t. Modifier le trajet, la direction de ; détourner : *Dévier la circulation.*

DEVIN, DEVINERESSE n. (lat. *divinus*). Personne qui pratique la divination.

DEVINABLE adj. Qui peut être deviné.

DEVINER v.t. [3] (lat. *divinare*). Découvrir par intuition ou par supposition ; prédire : *Elle a deviné ton âge. Devine qui vient dîner ?*

DEVINETTE n.f. Question plaisante dont on demande à qqn, par jeu, de trouver la réponse.

DÉVIRER v.t. [3]. MAR. Tourner en sens contraire du sens dans lequel on vire.

DÉVIRILISATION n.f. Action de déviriliser ; fait d'être dévirilisé.

DÉVIRILISER v.t. [3]. Faire perdre les caractères de la virilité à ; efféminer.

DEVIS n.m. (de *1. deviser*). Description détaillée des pièces, des matériaux et des opérations nécessaires pour réaliser une production, une construction, une installation ou une réparation, avec l'estimation des dépenses.

DÉVISAGER v.t. [10]. Regarder qqn avec insistance ou indiscrétion ; fixer.

DEVISE n.f. (de *deviser*). **1.** Brève formule qui exprime une pensée, un sentiment, une règle de vie, de conduite : *« Liberté, égalité, fraternité » est la devise de la France. Ne pas se laisser abattre, voilà notre devise.* **2.** HÉRALD. Sentence souvent accompagnée d'une figure emblématique (telle la devise de Louis XIV, *Nec pluribus impar*, accompagnée du Soleil). **3.** Monnaie étrangère par rapport à la monnaie d'un pays : *Changer des devises.*

1. DEVISER v.i. [3] (AVEC) [du lat. *dividere*, diviser]. Litt. S'entretenir familièrement avec ; converser.

2. DEVISER v.t. [3]. Suisse. Établir le devis de.

DÉVISSABLE adj. Qui peut être dévissé.

DÉVISSAGE n.m. **1.** Action de dévisser. **2.** ALP., SPÉLÉOL. Fait de dévisser.

DÉVISSER v.t. [3]. **1.** Desserrer une vis, qqch qui est vissé : *Dévisser le couvercle d'un bocal.* **2.** Détacher un objet fixé par des vis : *Dévisser une serrure.* ◆ v.i. **1.** ALP., SPÉLÉOL. Lâcher prise et tomber. **2.** Fig., fam. Baisser brutalement et notablement : *Il a dévissé dans les sondages.* ◆ **SE DÉVISSER** v.pr. ▪ **Se dévisser le cou** ou **la tête,** allonger le cou de côté pour essayer de voir qqch.

DE VISU [devizy] loc. adv. (mots lat.). Pour l'avoir vu ; en témoin oculaire : *Constater qqch de visu.*

DÉVITALISATION n.f. Destruction de la pulpe d'une dent, des vaisseaux et des nerfs qu'elle contient (SYN. **pulpectomie**).

DÉVITALISER v.t. [3]. Pratiquer une dévitalisation.

DÉVITAMINÉ, E adj. Qui a perdu ses vitamines.

DÉVITRIFICATION n.f. Cristallisation du verre sous l'action de la chaleur, conduisant à une perte de transparence.

DÉVITRIFIER v.t. [5]. Provoquer la dévitrification de.

DÉVOIEMENT n.m. **1.** Litt. Action de dévoyer ; détournement. **2.** Inclinaison, déviation d'un conduit de cheminée, de descente.

DÉVOILEMENT n.m. Action de dévoiler ; fait d'être dévoilé ; révélation : *Le dévoilement d'une escroquerie.*

DÉVOILER v.t. [3]. **1.** Ôter le voile de : *Dévoiler une statue.* **2.** Fig. Montrer ce qui était caché, secret ; révéler : *Dévoiler le code de sa carte de crédit.* **3.** Redresser une roue voilée. ◆ **SE DÉVOILER** v.pr. Apparaître clairement ; éclater : *Sa cruauté s'est dévoilée dans cette affaire.*

1. DEVOIR v.t. [40] (lat. *debere*). **1.** Être tenu de verser une somme d'argent : *Devoir cent euros à qqn.* **2.** Être obligé à qqch, à faire qqch par la loi, la morale, les convenances : *Vous lui devez le respect, une explication.* **3.** Tenir qqch de : *Il doit son succès à son éditeur. Elle doit son surnom à son accent.* **4.** (Suivi de l'inf.). Indique l'obligation, la nécessité : *Il doit payer ses impôts. Tu dois prendre ce médicament chaque jour.* **5.** (Suivi de l'inf.). Indique le caractère inéluctable : *Nous devons tous mourir.* **6.** (Suivi de l'inf.). Indique la probabilité, la supposition : *Elle a dû avoir peur.* **7.** (Suivi de l'inf.). Indique une possibilité portant sur le futur : *Il doit me téléphoner demain.* ◆ **SE DEVOIR** v.pr. **1.** Être tenu de se consacrer à : *Il se doit à sa famille.* **2.** (DE). Être moralement tenu de : *Tu te dois de donner l'exemple.* ▪ **Comme il se doit,** comme c'est l'usage ; comme on pouvait le prévoir.

2. DEVOIR n.m. **1.** Ce à quoi l'on est obligé par la loi, la morale : *Le professeur a fait son devoir en prévenant l'assistante sociale.* **2.** Travail, exercice écrit que doit faire un élève, un étudiant. ▪ **Devoir de mémoire** → **1. MÉMOIRE.** ▪ **Le Devoir** [anc.], l'ensemble des compagnonnages. ▪ **Se mettre en devoir de,** se préparer à ; se mettre à. ◆ n.m. pl. Sout. Marques de respect ou de politesse ; hommages : *Présenter ses devoirs à qqn.* ▪ **Derniers devoirs,** honneurs funèbres.

DÉVOISÉ, E adj. PHON. Qui a perdu sa sonorité : *Consonne dévoisée.*

1. DÉVOLU, E adj. (du lat. *devolutus*, déroulé). Qui est attribué à qqn en vertu d'un droit : *Pouvoirs dévolus au président.*

2. DÉVOLU n.m. ▪ **Jeter son dévolu sur,** fixer son choix sur.

DÉVOLUTIF, IVE adj. Qui se fait par dévolution.

DÉVOLUTION n.f. (lat. *devolutio*). DR. Transmission d'un bien, d'un droit d'une personne à une autre : *Dévolution successorale.*

DEVON [dəvɔ̃], ▲ *DÉVON* n.m. (de *Devon*, comté de Grande-Bretagne). Leurre rotatif à plusieurs hameçons utilisé pour la pêche à la truite et au saumon.

DÉVONIEN n.m. (angl. *devonian*). GÉOL. Système du paléozoïque. ➲ Le dévonien est la période de l'ère primaire, de – 416 à – 359 millions d'années, où sont apparus les premiers vertébrés terrestres et les premières plantes vasculaires. ◆ **DÉVONIEN, ENNE** adj. Relatif au dévonien.

DÉVORANT, E adj. **1.** Qui pousse à dévorer ; insatiable : *Faim dévorante.* **2.** Qui consume par son ampleur, son intensité : *Jalousie dévorante.*

DÉVORATEUR, TRICE adj. Litt. Qui dévore, consume : *Feu dévorateur.*

DÉVORER v.t. [3] (lat. *devorare*). **1.** Manger en déchirant avec les dents : *Le loup dévore l'agneau.* **2.** Abîmer qqch en le mordant, le rongeant, le piquant : *Les pucerons ont dévoré le rosier.* **3.** Manger avec avidité ; engloutir : *Dévorer son sandwich.* **4.** Litt. Faire disparaître complètement ; consumer : *Le feu a dévoré la maison.* **5.** Absorber complètement ; épuiser : *Le travail dévore tout son temps.* **6.** Causer un tourment violent et obsédant : *La jalousie le dévore.* ▪ **Dévorer des yeux** ou **du regard,** regarder avec avidité, passion, convoitise. ▪ **Dévorer un livre,** le lire très vite et avec un grand plaisir.

DÉVOREUR, EUSE n. Personne, machine, etc., qui consomme beaucoup.

DÉVOT, E adj. et n. (du lat. *devotus*, dévoué). Qui manifeste un zèle extrême pour la religion et les pratiques religieuses.

DÉVOTEMENT adv. Avec dévotion.

DÉVOTION n.f. (lat. *devotio*). **1.** Attachement fervent à la religion, aux pratiques religieuses ; piété. **2.** Culte particulier rendu à un saint : *Dévotion à la Sainte Vierge.* **3.** Litt. Attachement fervent à ; vénération : *Ils défendent la planète avec dévotion.* ▪ **Être à la dévotion de qqn** [litt.], lui être totalement dévoué. ▪ **Faire ses dévotions,** accomplir ses devoirs religieux.

DÉVOUÉ, E adj. Qui manifeste un attachement zélé à ; empressé : *Un ami dévoué.*

DÉVOUEMENT n.m. Action de se dévouer à ; disposition à servir : *Le dévouement des bénévoles.*

SE DÉVOUER v.pr. [3] (de *se vouer*). **1.** Se consacrer entièrement à : *Se dévouer à une cause.* **2.** Se charger d'une tâche difficile ou peu enthousiasmante.

DÉVOYÉ, E adj. et n. Sorti du droit chemin ; délinquant.

DÉVOYER v.t. [7] (de *voie*). Litt. Détourner du droit chemin ; pervertir.

DEWAR [diwar] n.m. (de J. *Dewar*, n.pr.). Récipient, isolé thermiquement du milieu extérieur, permettant de conserver un liquide cryogénique.

DEXTÉRITÉ n.f. (lat. *dexteritas*, de *dexter*, droit). **1.** Habileté de la main ; adresse : *La dextérité d'un pickpocket.* **2.** Habileté dans la manière d'agir ; ingéniosité : *Résoudre un différend avec dextérité.*

DEXTRE n.f. (lat. *dextera*). Litt. Main droite. ◆ adj. HÉRALD. Qui est placé du côté droit de l'écu, pour l'écuyer (à gauche, pour l'observateur) [par oppos. à *senestre*].

DEXTRINE n.f. (de *dextrogyre*). CHIM. ORG. Polyholoside utilisé dans l'industrie des colles, des colorants, des produits pharmaceutiques, etc.

DEXTROCARDIE n.f. MÉD. Position anormale du cœur, vers la droite du thorax.

DEXTROGYRE adj. CHIM. Se dit des composés qui font tourner le plan de polarisation de la lumière dans le sens des aiguilles d'une montre (par ex. le glucose) [CONTR. **lévogyre**].

DEXTRORSUM adj. inv. et adv., ▲ *adj. et adv.* [-sɔm] (mot lat.). Didact. Qui s'effectue dans le sens des aiguilles d'une montre (par oppos. à *senestrorsum*).

DEY [dɛ] n.m. (turc *dāi*). Titre porté par le chef de la Régence d'Alger (1671-1830).

DÉZINGUER v.t. [3] (de *zinc*). Arg. **1.** Démolir. **2.** Critiquer violemment. **3.** Tuer.

DÉZIPPER v.t. [3]. Québec. Fam. Ouvrir la fermeture à glissière de : *Dézipper son blouson.* ◆ **SE DÉZIPPER** v.pr. Ouvrir la fermeture à glissière d'un de ses vêtements (pantalon, partic.).

DÉZONAGE n.m. **1.** Suppression, sur une période donnée, des zones pour un titre de transport forfaitaire : *Le dézonage vise à encourager l'utilisation des transports en commun.* **2.** Opération consistant à rendre un lecteur de disques optiques (DVD, par ex.) compatible avec tous les disques optiques, quelle qu'en soit la zone d'exploitation commerciale.

DHARMA n.m. (mot sanskr.). Dans l'hindouisme et le bouddhisme, loi universelle régissant l'ordre des êtres et du cosmos.

DHEA [deaʃəa] n.f. (abrév. de *déhydroépiandrostérone*). Hormone sécrétée par la glande corticosurrénale, dont le taux sanguin diminue avec l'âge. ➲ Un traitement par la DHEA a été proposé pour lutter contre le vieillissement.

DHOLE n.m. (d'une langue de l'Inde). Canidé sauvage d'Asie, qui chasse en meutes. ➲ Genre *Cuon.*

▲ **dhole**

DIA interj. (anc. forme de *da*). Cri des charretiers pour faire aller leurs chevaux à gauche (par oppos. à *hue*). ▪ **Tirer à hue et à dia** → **HUE.**

DIABÈTE n.m. (du gr. *diabêtês*, qui traverse). Toute maladie se manifestant par une abondante élimination d'urine et une soif intense. ▪ **Diabète**

(sucré), trouble du métabolisme des glucides dû à une insuffisance de l'action de l'insuline pancréatique et caractérisé par une hyperglycémie et parfois par la présence de sucre dans les urines (glycosurie).

➲ Le **DIABÈTE** sucré peut être lié à un trouble auto-immun, à l'obésité, à l'hérédité, et peut se manifester dès l'enfance. Il est, selon les cas, insulinodépendant ou non. La surveillance du diabétique fait appel au dosage du sucre dans le sang (glycémie) et à sa recherche dans les urines. Le régime alimentaire et les médicaments – insuline, ou hypoglycémiants oraux – permettent aux diabétiques d'éviter les complications nerveuses et vasculaires auxquelles ils sont exposés.

DIABÉTIQUE adj. Relatif au diabète. ◆ **adj. et n.** Atteint de diabète.

DIABÉTOLOGIE n.f. Partie de la médecine qui étudie le diabète.

DIABÉTOLOGUE n. Spécialiste du diabète.

DIABLE n.m. (lat. *diabolus*, du gr. *diabolos*, qui désunit). **1. RELIG.** Esprit du mal ; démon. **2.** Fam. Enfant turbulent et espiègle ; diablotin. **3.** Petit chariot à deux roues basses, servant à transporter des fardeaux. **4.** Double casserole en terre, servant à la cuisson d'aliments à sec. ▪ **À la diable,** très mal ; sans soin. ▪ **Au diable (vauvert),** très loin. ▪ **Avoir le diable au corps,** faire le mal sciemment ; manifester une grande énergie. ▪ **Beauté du diable,** éclat de la jeunesse. ▪ **Bon diable,** bon garçon. ▪ **Ce n'est pas le diable,** ce n'est pas difficile. ▪ **C'est bien le diable si...,** ce serait surprenant si... ▪ **Du diable** ou **de tous les diables,** extrême : *Un vacarme de tous les diables.* ▪ **En diable,** extrêmement : *Il est têtu en diable.* ▪ **Envoyer qqn, qqch au diable** ou **à tous les diables,** les rejeter ; les chasser. ▪ **Faire le diable à quatre,** faire du vacarme ; se démener. ▪ **Grand diable,** homme grand et dégingandé. ▪ **Le diable,** Satan, incarnation suprême du mal dans la religion chrétienne. ▪ **Pauvre diable,** homme qui inspire la pitié. ▪ **Peindre le diable sur la muraille** [Suisse], évoquer des dangers imaginaires ; noircir la situation. ▪ **Tirer le diable par la queue,** avoir des difficultés d'argent. ◆ **interj. 1.** Marque la surprise, l'admiration : *Diable, tu as fait les choses en grand !* **2.** Sert à renforcer ou à nuancer une interrogation : *Que diable allait-il faire dans cette affaire ?* **3.** Indique que l'on rejette qqch : *Au diable ce projet !* ▪ **Que diable !,** marque l'impatience : *Avancez, que diable !*

DIABLEMENT adv. Fam. À un haut degré ; très : *C'est diablement compliqué.*

DIABLERIE n.f. 1. Machination diabolique ; acte de magie, de sorcellerie. **2.** Action inspirée par la malice ; espièglerie. **3. ICON.** Représentation d'une scène où figurent le diable ou ses suppôts.

DIABLESSE n.f. 1. Diable femelle. **2.** Jeune fille vive et turbulente. **3.** Vieilli. Femme méchante et acariâtre.

DIABLOTIN n.m. 1. Petit diable. **2.** Enfant espiègle et turbulent. **3. ENTOMOL.** Larve d'empuse.

DIABOLIQUE adj. (lat. *diabolicus*, du gr.). **1.** Inspiré par le diable ; démoniaque : *Tentation diabolique.* **2.** Dont le caractère maléfique évoque le diable ; machiavélique : *Une supercherie diabolique.*

DIABOLIQUEMENT adv. De façon diabolique.

DIABOLISATION n.f. Action de diaboliser.

DIABOLISER v.t. [3]. Présenter qqn, qqch comme diabolique : *Diaboliser un homme politique.*

DIABOLO n.m. (du gr. *diabolos*, diable). **1.** Jouet formé de deux cônes opposés par les sommets, que l'on lance en l'air et que l'on rattrape sur une ficelle tendue entre deux baguettes. **2.** Cour. Aérateur transtympanique. **3.** Boisson faite de limonade additionnée de sirop : *Des diabolos menthe.*

DIACÉTYLMORPHINE ou **DIAMORPHINE** [dia-] **n.f.** Héroïne.

DIACHRONIE [-krɔ-] **n.f. LING.** Caractère des phénomènes linguistiques considérés du point de vue de leur évolution dans le temps (par oppos. à *synchronie*).

DIACHRONIQUE adj. Relatif à la diachronie.

DIACHYLON [djaʃilɔ̃] **n.m.** Québec. Petit pansement adhésif.

DIACIDE [dia-] **n.m. CHIM.** Acide dont chaque constituant peut fournir deux protons (SYN. **biacide**).

DIACLASE n.f. GÉOL. Fissure de petite taille affectant les roches, mais sans déplacement des deux compartiments.

DIACONAT n.m. Dignité, fonction de diacre.

DIACONESSE n.f. 1. Femme qui, dans l'Église chrétienne primitive, était officiellement chargée de fonctions religieuses ou charitables. **2.** Chez les protestants, femme qui se consacre à des œuvres de piété et de charité.

DIACOUSTIQUE [dia-] **n.f.** Partie de la physique qui étudie la réfraction des sons.

DIACRE n.m. (du gr. *diaconos*, serviteur). **1.** Chez les catholiques et les orthodoxes, clerc qui a reçu l'ordre immédiatement inférieur à la prêtrise. **2.** Chez les protestants, laïque chargé du soin des pauvres et de l'administration des fonds de l'église.

DIACRITIQUE adj. (du gr. *diakrinein*, distinguer). ▪ **Signe diacritique,** ou **diacritique, n.m.,** signe qui, adjoint à une lettre, en modifie la valeur ou permet de distinguer deux mots homographes (ex. : accent grave de *à*, cédille du *ç*).

DIADÈME n.m. (gr. *diadêma*). **1.** Bandeau richement décoré, porté autour de la tête comme signe de la royauté ; la dignité royale elle-même. **2.** Bijou qui enserre le haut du front. **3.** Objet de parure féminine ou coiffure ceignant le haut du front : *Un diadème de tresses.*

▲ **diadème.** L'un des diadèmes de la reine Élisabeth II.

DIADOQUE n.m. (du gr. *diadokhos*, successeur). **ANTIQ. GR.** Titre donné aux généraux qui se disputèrent l'empire d'Alexandre après sa mort (323 av. J.-C.).

DIAGENÈSE n.f. GÉOL. Ensemble des phénomènes assurant la transformation d'un sédiment en une roche dure.

DIAGNOSE [-gnoz] **n.f. BIOL.** Description scientifique, courte mais précise, permettant d'isoler une espèce, un genre, une famille.

DIAGNOSTIC [-gnɔ-] **n.m.** (du gr. *diagnôsis*, connaissance). **1. MÉD.** Identification d'une maladie par ses symptômes. **2.** Identification de la nature d'un dysfonctionnement, d'une difficulté : *Un diagnostic de la déroute électorale.* ▪ **Diagnostic différentiel,** identification d'une maladie par la comparaison de symptômes communs à plusieurs affections voisines que l'on cherche à différencier les unes des autres en écartant progressivement les hypothèses erronées. ▪ **Diagnostic technique immobilier,** bilan obligatoire réalisé lors de la vente d'un bien immobilier pour évaluer son état sanitaire et sa conformité aux normes de sécurité et de préservation de l'environnement.

DIAGNOSTIQUE [-gnɔ-] **adj. MÉD.** Relatif au diagnostic ; qui permet d'en faire un : *Test diagnostique.*

DIAGNOSTIQUER [-gnɔ-] **v.t. [3]. 1. MÉD.** Établir un diagnostic. **2.** Identifier la nature d'un dysfonctionnement, d'une difficulté.

DIAGONAL, E, AUX adj. (du gr. *diagônios*, ligne qui relie deux angles). Qui a le caractère d'une diagonale : *Arc diagonal.*

DIAGONALE n.f. Droite qui joint deux sommets non consécutifs d'un polygone, ou deux sommets d'un polyèdre n'appartenant pas à une même face. ▪ **En diagonale,** en biais ; obliquement. ▪ **Lire en diagonale,** rapidement et superficiellement.

DIAGONALEMENT adv. En suivant une diagonale.

DIAGRAMME n.m. (du gr. *diagramma*, toute chose écrite). Représentation graphique ou schématique permettant de décrire l'évolution d'un phénomène, la corrélation de facteurs, la disposition relative des parties d'un ensemble. ▪ **Diagramme floral** [bot.], représentation conventionnelle du nombre et de la position relative des différentes pièces d'une fleur.

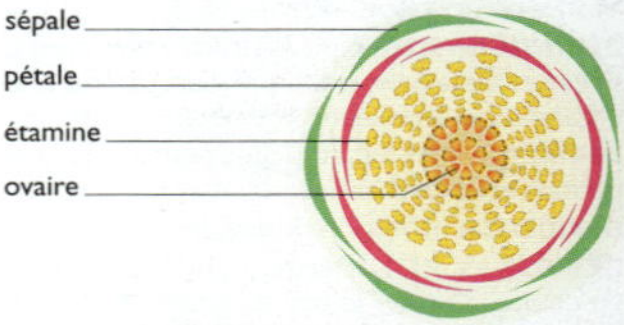

▲ **diagramme floral**

DIAGRAPHIE n.f. TECHN. Mesure et enregistrement, en continu, des caractéristiques (densité, résistivité, etc.) des couches traversées lors d'un forage.

DIALCOOL [dialkɔl] **n.m. CHIM. ORG.** Alcool dont la molécule comporte deux groupes fonctionnels OH (SYN. **glycol**).

DIALECTAL, E, AUX adj. Relatif à un dialecte.

DIALECTE n.m. (lat. *dialectus*). Variante régionale d'une langue : *Le picard et le savoyard sont des dialectes.* ▪ **Dialecte social,** ensemble de termes utilisés dans un groupe social (par ex. les argots, les vocabulaires techniques).

DIALECTICIEN, ENNE n. Personne qui pratique la dialectique.

DIALECTIQUE n.f. (du gr. *dialektikê*, art de discuter). **1.** Chez Platon, démarche permettant de remonter, par une suite de distinctions, jusqu'au vrai, jusqu'aux Idées ; art de bien conduire le dialogue, la discussion. **2.** Chez Aristote, raisonnement à partir d'opinions communes. **3.** Processus de développement de la pensée et de l'être par dépassement des contradictions (de la thèse et l'antithèse à la synthèse), chez Hegel. **4.** Mouvement du réel et méthode de son analyse, reprenant la conception de Hegel dans une optique matérialiste, chez Marx et Engels. **5.** Suite de raisonnements rigoureux destinés à emporter l'adhésion de l'interlocuteur : *Une dialectique implacable.* ◆ **adj.** Qui relève de la dialectique : *Une pensée dialectique.* ▪ **Matérialisme dialectique** → **MATÉRIALISME.**

DIALECTIQUEMENT adv. Selon les règles de la dialectique.

DIALECTISER v.t. [3]. Didact. Donner une interprétation dialectique d'un phénomène.

DIALECTOLOGIE n.f. Partie de la linguistique qui étudie les dialectes.

DIALECTOLOGUE n. Spécialiste de dialectologie.

DIALOGIQUE adj. Didact. Qui se présente sous la forme d'un dialogue.

DIALOGUE n.m. (du lat. *dialogus*, entretien). **1.** Échange de propos entre deux ou plusieurs personnes ; conversation. **2.** Discussion en vue d'un accord ; échange : *Le dialogue a repris entre les grévistes et la direction.* **3.** Ensemble des répliques échangées entre les personnages d'une pièce de théâtre, d'un film, d'un récit. **4.** Ouvrage littéraire présenté sous la forme d'une conversation. ▪ **Dialogue de sourds,** dans lequel aucun interlocuteur n'écoute l'autre. ▪ **Dialogue homme-machine,** échange interactif entre un utilisateur et un ordinateur.

DIALOGUER v.t. ind. [3] (AVEC). 1. Converser avec ; s'entretenir. **2.** Discuter en vue d'un accord ; négocier : *L'ambassadeur dialogue avec les ravisseurs.* ◆ **v.t.** Écrire les dialogues de : *Dialoguer un téléfilm.*

DIALOGUISTE n. Auteur de dialogues de film, de téléfilm.

DIALYPÉTALE adj. et n.f. (du gr. *dialuein*, disjoindre). **BOT.** Se dit d'une fleur à pétales séparés (par oppos. à *gamopétale*).

DIALYSE n.f. (du gr. *dialusis*, dissolution). **1. CHIM.** Séparation des constituants d'un mélange, fondée sur la propriété que possèdent certains corps de traverser plus facilement que d'autres les membranes poreuses. **2. MÉD.** Épuration artificielle du sang, fondée sur le principe chimique de la dialyse, pratiquée en cas d'insuffisance rénale. ■ **Dialyse péritonéale** [méd.], utilisant le péritoine comme membrane de filtration et d'échange entre le sang et un liquide injecté.

DIALYSÉ, E adj. et **n. MÉD.** Se dit d'un malade astreint à une dialyse.

DIALYSÉPALE adj. (du gr. *dialuein*, disjoindre). **BOT.** Se dit d'une fleur dont le calice présente des sépales libres (par oppos. à *gamosépale*).

DIALYSER v.t. [3]. 1. Opérer la dialyse d'un mélange chimique. **2.** Pratiquer une dialyse sur un malade.

DIALYSEUR n.m. Appareil destiné à l'hémodialyse (SYN. **rein artificiel**).

DIAMAGNÉTIQUE adj. PHYS. Se dit d'une substance qui, placée dans un champ magnétique, prend une aimantation de sens inverse. ➲ Elle est repoussée par un aimant.

DIAMAGNÉTISME n.m. Propriété des corps diamagnétiques.

DIAMANT n.m. (du gr. *adamas, -antos*). **1.** Carbone pur cristallisé, très dur (indice 10 dans l'échelle des duretés, qui va de 1 à 10), génér. incolore et transparent : *Diamant brut.* **2.** Pierre précieuse taillée dans cette matière. **3.** Litt. Symbole de l'éclat, de la pureté, de la perfection. **4.** Outil de miroitier et de vitrier pour couper le verre. **5.** Pointe de la tête de lecture d'un électrophone, d'une platine tourne-disque, taillée dans un diamant. ■ **Édition diamant,** édition luxueuse de petit format. ■ **En pointes de diamant** [archit., arts appl.], sculpté de bossages, de saillies régulières de forme pyramidale.

➲ Le **DIAMANT,** de densité 3,5, est le plus dur des minéraux naturels, et il est considéré comme la plus belle des pierres précieuses. On le taille à facettes pour augmenter son éclat, en rose, en brillant, en poire, en navette ou en rectangle (taille émeraude).
Certains diamants sont célèbres. Le *Régent* (musée du Louvre), considéré comme le plus pur, a une masse de 137 carats (27,4 g). Le *Cullinan* (Tour de Londres) est le plus gros du monde ; sa masse brute, avant la taille, était de 3 106 carats (621,2 g).

DIAMANTAIRE n. Professionnel qui taille ou vend des diamants.

DIAMANTÉ, E adj. TECHN. Garni de pointes de diamant.

DIAMANTER v.t. [3]. MÉCAN. INDUSTR. Rectifier le profil d'une meule d'affûtage avec un diamant.

DIAMANTIFÈRE adj. ■ **Sol diamantifère,** qui contient du diamant.

DIAMANTIN, E adj. Litt. Qui a la dureté ou l'éclat du diamant ; adamantin.

DIAMÉTRAL, E, AUX adj. MATH. Relatif au diamètre ; qui contient un diamètre.

DIAMÉTRALEMENT adv. ■ **Diamétralement opposé,** en opposition totale.

DIAMÈTRE n.m. (gr. *diametros*, de *metron*, mesure). **1. MATH.** Dans un cercle, une sphère, segment de droite passant par le centre et limité par la courbe ou la surface ; sa longueur. **2.** Ligne droite qui partage symétriquement un objet circulaire ou arrondi : *Le diamètre d'un abat-jour.* ■ **Diamètre apparent** [opt.], angle sous lequel un observateur voit un objet, un astre.

DIAMIDE [dia-] **n.m. CHIM. ORG.** Corps possédant deux fonctions amide.

DIAMINE [dia-] **n.f. CHIM. ORG.** Corps possédant deux fonctions amine.

DIAMORPHINE n.f. → **DIACÉTYLMORPHINE.**

DIANE n.f. (esp. *diana*, du lat. *dies*, jour). **MIL.** Anc. Batterie de tambour ou sonnerie de clairon qui annonçait le réveil.

DIANTRE interj. (de *diable*). Vx ou litt. Exprime l'étonnement, l'admiration : *Que diantre faisait-il là ?*

DIAPASON n.m. (mot lat. « octave »). **1.** Note dont la fréquence sert de référence pour l'accord des voix et des instruments (par convention internationale, le *la* de la troisième octave en partant du grave d'un clavier de piano, d'une fréquence de 440 Hz). **2.** Instrument qui produit cette note, le plus souvent formé d'une tige métallique portant à son extrémité une lame vibrante en forme de U. ■ **Se mettre au diapason,** dans une disposition d'esprit conforme aux circonstances : *Le stagiaire s'est vite mis au diapason.*

DIAPAUSE n.f. ZOOL. Ralentissement ou arrêt, saisonnier ou non, dans le développement ou l'activité d'un animal. ➲ La *diapause embryonnaire* permet de retarder la mise bas jusqu'à une période plus favorable.

DIAPÉDÈSE n.f. (du gr. *diapêdân*, jaillir à travers). **PHYSIOL.** Migration des globules blancs hors des capillaires vers les tissus.

DIAPHANE adj. (du gr. *diaphanês*, transparent). **1.** Qui laisse passer la lumière sans être transparent ; translucide. **2.** Litt. Dont l'extrême pâleur évoque la translucidité : *Des mains diaphanes.*

DIAPHANOSCOPIE n.f. MÉD. Transillumination.

DIAPHONIE n.f. ÉLECTROACOUST. Interférence parasite des signaux sonores provenant de deux canaux.

DIAPHORÈSE n.f. (du gr. *diaphorein*, faire transpirer). **PHYSIOL.** Fonction de la peau aboutissant à l'excrétion de la sueur.

DIAPHRAGMATIQUE adj. ANAT. Relatif au diaphragme (SYN. **phrénique**).

DIAPHRAGME n.m. (du gr. *diaphragma*, cloison). **1. ANAT.** Muscle très large et mince qui sépare le thorax de l'abdomen. ➲ Sa contraction provoque l'augmentation de volume de la cage thoracique et, par suite, l'inspiration. **2.** Membrane de matière souple (caoutchouc, matière plastique, etc.) qui, placée sur le col de l'utérus, est employée comme contraceptif féminin. **3. OPT.** Ouverture de diamètre réglable servant à faire varier la quantité de lumière entrant dans l'objectif d'un appareil optique ou photographique. **4. TECHN.** Membrane élastique utilisée pour connaître ou commander le mouvement d'un fluide en contact avec l'un des côtés de cette membrane.

DIAPHRAGMER v.t. [3]. OPT. Supprimer les parties externes d'un faisceau lumineux au moyen d'un diaphragme. ◆ **v.i.** Diminuer l'ouverture d'un objectif en utilisant un diaphragme.

DIAPHYSE n.f. (du gr. *diaphusis*, interstice). **ANAT.** Partie moyenne d'un os long (par oppos. à *épiphyse*).

DIAPIR n.m. (du gr. *diapeirein*, transpercer). **GÉOL.** Dôme de roches salines plastiques et de faible densité ayant traversé les terrains sus-jacents.

DIAPORAMA n.m. Projection de diapositives avec son synchronisé.

DIAPOSITIVE n.f. Image photographique positive sur support transparent pour la projection. Abrév. (fam.) **diapo.**

✎ En Belgique, l'abrév. fam. est ***dia.***

DIAPRÉ, E adj. Litt. De couleurs variées et chatoyantes : *Ailes de papillon diaprées.*

DIAPRER v.t. [3] (de l'anc. fr. *diaspre*, drap à fleurs). Litt. Donner un aspect diapré à.

DIAPRURE n.f. Litt. Aspect diapré.

DIARISTE n. (angl. *diarist*). **LITTÉR.** Auteur d'un journal intime.

DIARRHÉE n.f. (du gr. *diarrhoia*, écoulement). **MÉD.** Émission fréquente de selles liquides ou pâteuses, due à une infection, une intoxication, etc. ■ **Diarrhée blanche des poussins** [vétér.], pullorose. ■ **Diarrhée verbale** [fam.], logorrhée.

DIARRHÉIQUE adj. Relatif à la diarrhée. ◆ **adj.** et **n.** Atteint de diarrhée.

DIARTHROSE [dia-] **n.f.** (du gr. *diarthrôsis*, articulation mobile). **ANAT.** Articulation caractérisée par une grande mobilité (comme celles du genou ou du coude).

DIASCOPE n.m. MIL. Instrument d'observation utilisé dans les blindés.

DIASPORA n.f. (mot gr. « dispersion »). Ensemble des membres d'un peuple dispersés à travers le monde mais restant en relation : *Les diasporas chinoise, arménienne.* ■ **La Diaspora,** v. partie n.pr.

DIASTOLE n.f. (du gr. *diastolê*, dilatation). **PHYSIOL.** Période qui suit la contraction du cœur, au cours de laquelle les oreillettes et les ventricules se remplissent de sang (par oppos. à *systole*).

DIASTOLIQUE adj. Relatif à la diastole.

DIATHERMIE n.f. MÉD. Anc. Utilisation de la chaleur produite par un bistouri électrique.

DIATHERMIQUE, DIATHERMANE ou **DIATHERME adj. THERMODYN.** Qui transmet la chaleur.

DIATHÈSE n.f. MÉD. Anc. Ensemble d'affections qui frappent une même personne, et auxquelles on attribuait une origine commune.

DIATOMÉE n.f. (du gr. *diatomos*, coupé en deux). Algue unicellulaire, entourée d'une coque siliceuse bivalve finement ornementée, élément majeur du plancton marin, et souvent aussi abondante en eau douce (SYN. **bacillariophycée**). ➲ Les diatomées forment une classe.

▲ **diatomée**

DIATOMIQUE [dia-] **adj. CHIM.** Dont la molécule est constituée de deux atomes.

DIATOMITE n.f. Roche siliceuse constituée presque entièrement de diatomées, utilisée notamm. comme abrasif et comme absorbant.

DIATONIQUE adj. (gr. *diatonikos*). **MUS.** ■ **Gamme diatonique,** composée de 5 tons et 2 demi-tons (ex. : *do - ré - mi - fa - sol - la - si - do*) [à la différence de la *gamme chromatique*, qui n'est composée que de demi-tons].

DIATONISME n.m. MUS. Écriture fondée sur la gamme diatonique.

DIATRIBE n.f. (du gr. *diatribê*, discussion d'école). Critique acerbe, violente ; philippique : *Une diatribe contre le gouvernement.*

DIAZOCOPIE n.f. IMPRIM. Procédé de reproduction de documents utilisant une émulsion à base de sels diazoïques, et fournissant les Ozalid. Abrév. (fam.) **diazo.**

DIAZOÏQUE n.m. et **adj.** Sel du cation $R—N\equiv N$ (*diazonium*).

DIAZOTE [dia-] **n.m.** Azote gazeux (N_2).

DIAZOTÉ, E [dia-] **adj.** Se dit d'une molécule ou d'un cycle qui comportent deux atomes d'azote.

DIBASE n.f. CHIM. Base dont chaque constituant peut capter deux protons.

DIBASIQUE adj. Qui a les caractères d'une dibase (SYN. **bibasique**).

DIBITERIE n.f. (du haoussa *dibi*, morceau de viande). Afrique. Lieu où l'on fait griller de la viande et où on la vend ; rôtisserie.

DICARBONYLÉ, E adj. et **n.m. CHIM. ORG.** Se dit d'un composé dont la molécule contient deux fois le groupe carbonyle.

DICARYON n.m. BOT. Cellule à deux noyaux, caractéristique des champignons supérieurs.

DICASTÈRE n.m. (ital. *dicastero*, du gr. *dikastêrion*, tribunal). **1. CATH.** Chacun des grands organismes (congrégations, tribunaux, conseils pontificaux) de la curie romaine. **2.** Suisse. Subdivision d'une administration communale.

DICENTRA [disɛ̃tra] **n.f.** (du gr. *dikentron*, à deux aiguillons). Plante originaire d'Asie orientale et d'Amérique du Nord, cultivée sous le nom de *cœur-de-Marie* ou *cœur-de-Jeannette*, en raison de la forme de ses fleurs. ➲ Famille des fumariacées.

DICÉTONE n.f. CHIM. ORG. Corps possédant deux fois la fonction cétone.

DICHLORE [-klɔr] **n.m.** Chlore gazeux (Cl_2).

DICHLORURE [-klɔ-] **n.m. CHIM.** Composé à deux atomes de chlore par molécule.

DICHOTOME [-kɔtɔm] **adj. BOT.** Qui se divise par bifurcation en deux parties d'égale importance : *Tige dichotome.*

DICHOTOMIE [-kɔtɔ-] **n.f.** (du gr. *dikhotomia*, division en deux parties égales). **1.** Division de qqch en deux parties distinctes et souvent opposées :

a b c d e f g h i j k l m n o p q r s t u v w x y z

Dichotomie entre les universités et les grandes écoles. **2.** **LOG.** Division d'un concept en deux autres qui recouvrent toute son extension. **3.** Partage illicite d'honoraires entre spécialistes et médecins traitants. **4.** **BOT.** Mode de division de certaines tiges ou de certains thalles en deux rameaux. **5.** **ASTRON.** Phase de la Lune à son premier ou à son dernier quartier.

DICHOTOMIQUE [-kɔtɔ-] **adj.** Qui repose sur une dichotomie.

DICHROÏQUE [-kʀɔik] **adj.** Qui présente la propriété de dichroïsme.

DICHROÏSME [dikʀɔism] **n.m.** (du gr. *dikhroos*, bicolore). **OPT.** Propriété que possèdent certaines substances d'offrir des colorations diverses suivant la direction de l'observation (cristaux et gemmes anisotropes, par ex.).

DICIBLE adj. Qui peut être dit, exprimé.

DICLINE adj. (du gr. *klinê*, lit). **BOT.** ▪ **Fleur dicline,** qui porte des organes d'un seul sexe (étamines ou pistil) (SYN. **unisexué**).

DICO n.m. (abrév.). Fam. Dictionnaire.

DICOTYLÉDONE n.f. et **adj.** (du gr. *kotulêdôn*, lobe). Plante à fleurs (angiosperme), à feuilles aux nervures génér. ramifiées, et dont la graine contient une plantule, le plus souvent à deux cotylédons. ➲ Les dicotylédones forment une classe.

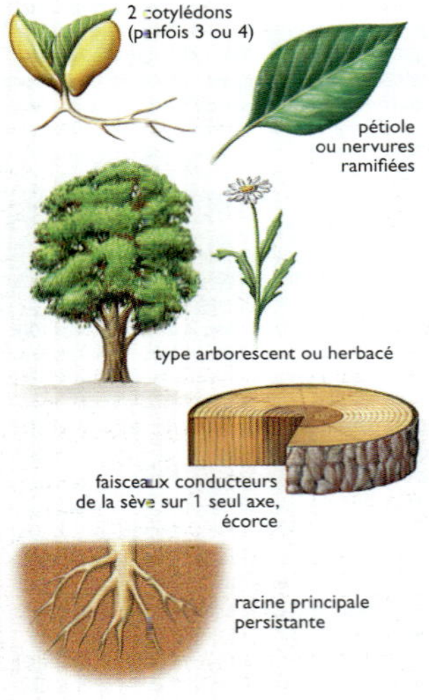

▲ **dicotylédone**

DICTAME n.m. (gr. *diktamnon*). Plante à grandes fleurs blanches ou roses du sud de l'Europe, cultivée pour l'ornement, et qui sécrète une essence très inflammable (SYN. **fraxinelle**). ➲ Famille des rutacées.

DICTAPHONE n.m. (nom déposé). Magnétophone servant notamm. à dicter du courrier.

DICTATEUR, TRICE n. (lat. *dictator*). **1.** Personne qui, parvenue au pouvoir, gouverne arbitrairement et sans contrôle démocratique ; autocrate. **2.** Personne très autoritaire ; tyran. ◆ **n.m. ANTIQ. ROM.** Sous la République, magistrat suprême investi, en cas de crise grave, de tous les pouvoirs politiques et militaires pour six mois au maximum.

DICTATORIAL, E, AUX adj. Relatif à une dictature.

DICTATORIALEMENT adv. De façon dictatoriale.

DICTATURE n.f **1.** **ANTIQ. ROM.** Magistrature extraordinaire exercée par le dictateur. **2.** Régime politique instauré par un dictateur ; totalitarisme. **3.** Fig. Pouvoir absolu exercé par qqn, qqch ; tyrannie : *La dictature de la mode.* ▪ **Dictature du prolétariat,** selon le marxisme, période transitoire durant laquelle les représentants du prolétariat devront exercer tous les pouvoirs pour détruire l'État bourgeois et permettre le passage à la société sans classes. ▪ **Dictature militaire,** qui s'appuie sur l'armée.

DICTÉE n.f. **1.** Action de dicter un texte : *Écrire sous la dictée de qqn.* **2.** Exercice scolaire d'orthographe. **3.** Fig. Fait de dicter un comportement ; influence : *Agir sous la dictée de sa générosité.*

DICTER v.t. [3] (lat. *dictare*). **1.** Dire à haute voix des mots, un texte à qqn qui les écrit au fur et à mesure : *Dicter une lettre.* **2.** Fig. Influer sur la manière d'agir de qqn : *Son instinct lui dicte de se méfier.* ▪ **Dicter sa loi, ses conditions,** les imposer.

DICTION n.f. Manière de parler ; manière de réciter, pour un acteur ; élocution.

DICTIONNAIRE n.m. (du lat. *dictio, -onis*, mot). Recueil de mots rangés par ordre alphabétique et suivis de leur définition ou de leur traduction dans une autre langue. Abrév. (fam.) **dico.** ▪ **Dictionnaire de langue,** qui donne des informations sur la nature et le genre grammatical des mots, leurs formes graphiques et phonétiques, leur étymologie, leurs sens, leurs emplois, leurs niveaux de langue, etc. ▪ **Dictionnaire encyclopédique,** qui, outre les informations sur les mots eux-mêmes, contient des développements (de nature historique, culturelle, scientifique) relatifs à ces mots et traite également des noms propres.

DICTIONNAIRIQUE adj. Relatif au dictionnaire.

DICTON n.m. (lat. *dictum*). Sentence populaire qui est passée en proverbe. (Ex. : *En avril, ne te découvre pas d'un fil.*)

DICTYOPTÈRE n.m. Insecte à métamorphoses incomplètes, qui possède des ailes antérieures semi-rigides et des ailes postérieures membraneuses, tel que la blatte et la mante religieuse. ➲ Les dictyoptères forment un ordre.

DIDACTICIEL n.m. (de *didactique* et *logiciel*). **INFORM.** Logiciel conçu pour l'apprentissage de savoirs ou de compétences.

DIDACTIQUE adj. (du gr. *didaskein*, enseigner). Qui a pour objet d'instruire ; pédagogique. ▪ **Poésie didactique,** qui s'attache à instruire, sur quelque sujet que ce soit. ▪ **Terme didactique,** employé pour la vulgarisation scientifique ou technique. ◆ **n.f.** Science ayant pour objet les méthodes d'enseignement.

DIDACTIQUEMENT adv. De façon didactique.

DIDACTISME n.m. Caractère de ce qui est didactique.

DIDACTYLE adj. ZOOL. Qui a deux doigts.

DIDASCALIE n.f. (du gr. *didaskalia*, enseignement). Indication donnée à un acteur par l'auteur, sur son manuscrit, dans le théâtre grec ancien. ◆ **n.f. pl.** Mod. Ensemble des instructions de jeu et de mise en scène données, hors dialogues, par l'auteur dans une pièce de théâtre.

DIDJERIDOO [didʒeʀidu] **n.m.** (onomat.). Instrument de musique à vent des Aborigènes d'Australie, fait d'une longue pièce de bois creux dont l'embouchure est façonnée avec de la cire d'abeille.

DIDOT n.m. (de *Didot*, n.pr.). **IMPRIM.** Famille de caractères typographiques à empattements filiformes. ▪ **Point didot,** mesure typographique correspondant à 0,376 mm.

DIÈDRE n.m. (du gr. *hedra*, base, plan). **1.** **MATH.** Figure formée par deux demi-plans (*faces*) ayant pour frontière la même droite (*arête*). **2.** **AÉRON.** Angle formé par le plan horizontal et le plan des ailes d'un avion. ◆ **adj. MATH.** Qui a deux faces.

DIEFFENBACHIA [difɛnbakja] **n.m.** (du n. de J. F. *Dieffenbach*). Plante ornementale originaire d'Amérique du Sud, à larges feuilles maculées de blanc, très toxique. ➲ Famille des aracées.

DIÉLECTRIQUE [die-] **adj.** et **n.m.** Se dit d'une substance qui ne conduit pas le courant électrique. ▪ **Constante diélectrique,** permittivité.

DIENCÉPHALE [diɑ̃-] **n.m.** Partie du cerveau située entre les hémisphères, qui comprend le troisième ventricule au centre, l'hypothalamus en bas et, de part et d'autre, le thalamus.

DIENCÉPHALIQUE [diɑ̃-] **adj.** Relatif au diencéphale.

DIÈNE [djɛn] **n.m. CHIM. ORG.** Hydrocarbure renfermant deux doubles liaisons carbone-carbone (SYN. **dioléfine**).

DIÉRÈSE n.f. (du gr. *diairesis*, division). **PHON.** Prononciation en deux syllabes d'une séquence qui d'habitude en forme une seule (ex. : *nuage* [nɥaʒ] prononcé *nu-age* [nyaʒ]) (CONTR. **synérèse**).

DIERGOL [diɛʀgɔl] **n.m.** Propergol constitué par deux ergols liquides, un combustible et un comburant, injectés séparément dans la chambre de combustion (SYN. **biergol**).

DIES ACADEMICUS [djɛsakademikys] **n.m. inv.** (mots lat. « jour académique »). Suisse. Cérémonie annuelle et publique dans les universités, qui marque la rentrée et la collation des doctorats honoris causa.

DIÈSE n.m. (gr. *diesis*, intervalle). **MUS.** Altération qui hausse d'un demi-ton la note qu'elle précède. ▪ **Double dièse,** altération qui hausse de deux demi-tons la note qu'elle précède. ◆ **adj. inv.** Se dit d'une note affectée d'un dièse.

▲ **dièses**

DIESEL [djezɛl], ▲ *DIÉSEL* **n.m.** (de R. *Diesel*, n.pr.). **1.** Véhicule équipé d'un moteur Diesel. **2.** Gazole. ▪ **Carburant diesel,** ou **diesel** [Belgique, Québec], gazole. ▪ **Moteur Diesel,** ou **diesel,** moteur à combustion interne fonctionnant par autoallumage du carburant (gazole) injecté dans de l'air fortement comprimé.

DIESEL-ÉLECTRIQUE, ▲ *DIÉSEL-ÉLECTRIQUE* **adj.** et **n.m.** (pl. *die[é]sels-électriques*). Se dit d'une locomotive dont la puissance est donnée par un moteur Diesel entraînant une génératrice ou un alternateur qui fournit du courant aux moteurs entraînant les essieux.

DIÉSÉLISATION n.f. Action de diéséliser.

DIÉSÉLISER v.t. [3]. **1.** Équiper une ligne ferroviaire d'engins de traction à moteur Diesel. **2.** Équiper un véhicule automobile d'un moteur Diesel.

DIÉSÉLISTE n. Mécanicien spécialiste des diesels.

DIÉSER v.t. [11], ▲ *[11*]*. **MUS.** Marquer une note d'un dièse.

DIES IRAE [djɛsiʀe] **n.m. inv.** (mots lat. « jour de colère »). Chant de la messe des morts, dans le rite catholique romain.

DIESTER [diɛstɛʀ] **n.m.** (nom déposé). Huile végétale estérifiée, utilisée, pure ou mélangée à du gazole, comme biocarburant de moteurs Diesel.

1. DIÈTE n.f. (du lat. *dieta*, jour assigné). **HIST.** Assemblée politique qui, dans plusieurs États d'Europe (Saint Empire, Pologne, Hongrie, etc.), élisait le souverain et élaborait les lois soumises à sa ratification. ➲ Le Parlement polonais a conservé ce nom.

2. DIÈTE n.f. (du gr. *diaita*, genre de vie). **1.** **MÉD.** Régime à base de certains aliments dans un but hygiénique ou thérapeutique. **2.** Abstention momentanée, totale ou partielle, d'aliments, pour raison de santé : *Se mettre à la diète.*

DIÉTÉTICIEN, ENNE n. Spécialiste de diététique.

DIÉTÉTIQUE n.f. Discipline qui étudie la valeur nutritive des aliments et détermine les régimes alimentaires. ◆ **adj.** Relatif à la diététique. ▪ **Aliment diététique,** modifié, dans un but diététique.

DIÉTÉTISTE n. Québec. Diététicien.

DIÉTHYLÉNIQUE [die-] **adj. CHIM. ORG.** Qui possède deux doubles liaisons carbone-carbone.

DIEU n.m. (lat. *deus*). **1.** (Avec une majuscule). Dans les religions monothéistes, être suprême, créateur de toutes choses et sauveur du monde ; le Seigneur : *Prier Dieu.* **2.** Dans les religions polythéistes, être supérieur, puissance surnaturelle : *Éros était le dieu de l'Amour chez les Grecs.* **3.** Fig. Personne, chose à laquelle on voue une sorte de culte ; idole : *Ce sportif est leur dieu.* ▪ **Beau comme un dieu,** très beau. ▪ **Dieu merci** ou **grâce à Dieu,** exprime le soulagement : *Dieu merci, il n'y a pas de blessés !* ▪ **Dieu sait,** renforce une affirmation : *Dieu sait si elle avait préparé cet entretien.* ▪ **Grands dieux,** exprime la surprise ou l'indignation. ▪ **Homme de Dieu,** homme qui se voue au service de Dieu ; saint homme. ▪ **Ni**

Dieu ni maître, maxime de A. Blanqui devenue la devise des anarchistes. ▪ **Nom de Dieu !** [très fam.], juron qui exprime le dépit, la colère, la surprise. ▪ **Pour l'amour de Dieu,** renforce une demande : *Pour l'amour de Dieu, arrêtez de vous disputer !*

DIFFA n.f. (de l'ar. *diyāfa*, hospitalité). Maghreb. Réception des hôtes de marque, accompagnée d'un repas.

DIFFAMANT, E adj. Qui diffame.

DIFFAMATEUR, TRICE n. Personne qui diffame. ◆ **adj.** Se dit d'un écrit, d'un journal qui diffame.

DIFFAMATION n.f. 1. Action de diffamer ; écrit ou parole diffamatoires. **2.** DR. Imputation d'un fait précis qui est de nature à porter atteinte à l'honneur ou à la considération d'une personne ou d'un corps constitué.

DIFFAMATOIRE adj. Qui est dit ou fait dans l'intention de diffamer.

DIFFAMER v.t. [3] (lat. *diffamare*, de *fama*, réputation). Porter atteinte à la réputation d'une personne ou d'un corps constitué, par des paroles ou des écrits non fondés, mensongers ; calomnier.

DIFFÉRÉ, E adj. et **n.m.** Se dit d'un programme radiophonique ou télévisé enregistré avant sa diffusion (par oppos. à *en direct*) : *Match retransmis en différé* (SYN. **préenregistré**).

DIFFÉREMMENT [-ramɑ̃] **adv.** De façon différente ; autrement.

DIFFÉRENCE n.f. (lat. *differentia*). **1.** Ce par quoi des êtres ou des choses ne sont pas semblables ; caractère qui distingue, oppose ; disparité : *La différence entre ces jumeaux est difficilement perceptible.* **2.** Fait d'être différent ; altérité : *Le droit à la différence.* ▪ **À la différence de,** par opposition à. ▪ **Différence de deux nombres, de deux fonctions, de deux vecteurs** [math.], résultat de la soustraction du second au premier. ➲ La différence de *a* et de *b* se note *a* – *b*. ▪ **Faire la différence,** savoir reconnaître ce qui différencie plusieurs choses ; créer un écart avec ses concurrents.

DIFFÉRENCIATEUR, TRICE adj. Qui différencie.

DIFFÉRENCIATION n.f. 1. Action de différencier ; fait de se différencier. **2.** BIOL. Acquisition par les organismes vivants de différences croissantes entre leurs diverses parties au cours de leur développement. **3.** GÉOL. Processus par lequel un corps planétaire initialement homogène se stratifie, sous l'effet de la gravité, en couches dont la densité augmente avec la profondeur. ▪ **Différenciation cellulaire,** processus par lequel une cellule indifférenciée (jeune) acquiert des formes et des fonctions spécialisées. ▪ **Différenciation magmatique,** évolution chimique d'un magma.

DIFFÉRENCIÉ, E adj. Qui a acquis des caractères distinctifs.

DIFFÉRENCIER v.t. [5]. 1. Distinguer par une différence : *Leur plumage les différencie.* **2.** MATH. Différentier. ◆ **SE DIFFÉRENCIER v.pr.** Être différent des autres ; devenir différent : *L'autruche se différencie des autres oiseaux par le fait qu'elle ne vole pas.*

DIFFÉREND n.m. (var. de *différent*). Divergence d'opinions, d'intérêts ; litige : *Avoir un différend avec son propriétaire.*

DIFFÉRENT, E adj. 1. Qui présente une différence ; qui n'est pas identique : *Il est très différent de son frère.* **2.** Qui n'est plus le même ; qui a changé : *Elle est différente depuis qu'elle occupe ce poste.* **3.** Qui est nouveau, inhabituel ; original : *Enfin un quotidien différent !* ▪ **C'est tout différent,** c'est tout autre chose. ◆ **adj. pl.** (Avant le n.). Sert à indiquer la pluralité et la diversité : *Ce produit se trouve dans différents rayons.*

DIFFÉRENTIABLE [-sja-] **adj.** MATH. ▪ **Fonction différentiable,** fonction qui admet une différentielle.

DIFFÉRENTIALISME [-sja-] **n.m.** SOCIOL. Courant de pensée qui valorise les différences entre les communautés et affirme leur caractère absolument irréductible, refusant ainsi toute subordination à des références communes.

DIFFÉRENTIALISTE [-sja-] **adj.** Qui s'appuie sur le différentialisme ; qui en est partisan.

DIFFÉRENTIATEUR [-sja-] **n.m.** TECHN. Organe de calcul automatique permettant d'élaborer des grandeurs différentiées.

DIFFÉRENTIATION [-sja-] **n.f.** MATH. Action de calculer la différentielle ou la dérivée.

1. DIFFÉRENTIEL, ELLE [-sjɛl] **adj.** ▪ **Calcul différentiel,** partie des mathématiques qui traite des propriétés locales des fonctions, de leur comportement pour des variations infiniment petites des variables. ▪ **Équation différentielle,** équation liant une fonction et une ou plusieurs de ses dérivées successives. ▪ **Érosion différentielle** [géomorph.], variant selon la dureté des roches. ▪ **Psychologie différentielle,** branche de la psychologie qui étudie les différences entre les individus du point de vue théorique et pratique. ➲ Elle a recours à des tests ou à des batteries de tests. ▪ **Seuil différentiel,** la plus petite variation perceptible (d'un son, par ex.).

2. DIFFÉRENTIEL [-sjɛl] **n.m. 1.** Train d'engrenages qui permet de transmettre à un arbre rotatif un mouvement de vitesse équivalant à la somme ou à la différence des vitesses de deux autres mouvements. **2.** AUTOM. Mécanisme de transmission du couple moteur aux roues motrices, qui leur permet de tourner à des vitesses différentes dans les virages. **3.** ÉCON. Écart, exprimé en pourcentage, qui existe entre deux variables de même nature : *Différentiel d'intérêt.* ▪ **Différentiel d'inflation** [écon.], écart existant entre les taux d'inflation de deux pays ou de deux zones géographiques. Recomm. off. **écart d'inflation.**

DIFFÉRENTIELLE [-sjɛl] **n.f.** MATH. ▪ **Différentielle d'une fonction f,** fonction linéaire permettant l'approximation de f.

DIFFÉRENTIER [-sje] **v.t. [5].** MATH. Calculer la différentielle ou la dérivée. (On écrit parfois *différencier*.)

1. DIFFÉRER v.t. [11], ▲ *[11*]* (du lat. *differre*, retarder). Remettre à une date ultérieure ; ajourner.

2. DIFFÉRER v.i. [11], ▲ *[11*]* (du lat. *differre*, être différent). **1.** Être dissemblable ; se différencier : *Son nouveau roman diffère du précédent.* **2.** N'être pas du même avis ; diverger : *Nous différons sur ce point.*

DIFFICILE adj. (lat. *difficilis*). **1.** Qui ne se fait qu'avec peine ; qui exige des efforts ; ardu : *Un morceau difficile à exécuter.* **2.** Qui est peu facile à contenter ou à supporter : *Elle est difficile à vivre.* **3.** Qui cause du tourment ; qui est dur à subir ; pénible : *Une situation financière difficile.* **4.** Qui connaît de graves problèmes, notamm. sociaux : *Un quartier difficile.* ◆ **n.** ▪ **Faire le, la difficile,** se montrer peu facile à contenter.

DIFFICILEMENT adv. Avec difficulté ; péniblement.

DIFFICULTÉ n.f. (du lat. *difficultas*, obstacle). **1.** Caractère de ce qui est difficile ; complexité : *La difficulté d'une enquête.* **2.** Chose difficile, qui embarrasse ; obstacle : *La principale difficulté sera de la convaincre.* **3.** Divergence de vues entre des personnes ; conflit : *Avoir des difficultés avec ses enfants.* ▪ **Faire des difficultés,** susciter des obstacles ; ne pas accepter facilement qqch.

DIFFICULTUEUX, EUSE adj. Litt. Qui présente des difficultés.

DIFFLUENCE n.f. GÉOGR. Division d'un cours d'eau, d'un glacier en plusieurs bras qui ne se rejoignent pas.

DIFFLUENT, E adj. 1. Qui se développe dans des directions divergentes. **2.** GÉOGR. Se dit d'un bras d'un cours d'eau, d'un glacier qui se sépare du bras principal.

DIFFORME adj. (lat. *deformis*). Qui présente une difformité ; contrefait : *Un pied difforme.*

DIFFORMITÉ n.f. Malformation du corps, d'une partie du corps.

DIFFRACTER v.t. [3]. Produire la diffraction de.

DIFFRACTION n.f. (du lat. *diffractus*, mis en morceaux). PHYS. Déviation que subit la direction de propagation des ondes (acoustiques, lumineuses, hertziennes, rayons X, etc.) lorsque celles-ci rencontrent un obstacle ou une ouverture de dimensions du même ordre de grandeur que leur longueur d'onde.

DIFFUS, E adj. (lat. *diffusus*). **1.** Répandu en tous sens en ayant perdu de sa force : *Lumière diffuse.* **2.** Fig. Qui manque de netteté, de concision : *Style diffus.* ▪ **Douleur diffuse,** non circonscrite.

DIFFUSABLE adj. Qui peut être diffusé.

DIFFUSANT, E adj. Qui diffuse la lumière, la chaleur, etc.

DIFFUSÉMENT adv. Litt. De façon diffuse.

DIFFUSER v.t. [3]. 1. Répandre dans toutes les directions : *La cheminée diffuse la chaleur.* **2.** Répandre une information par l'intermédiaire des médias ; retransmettre une émission sur un média audiovisuel. **3.** Assurer la distribution commerciale d'une publication : *Diffuser la presse.* **4.** Assurer la promotion et la représentation de certains produits culturels, en partic. les livres. ◆ **v.i.** Se répandre par diffusion, en parlant d'une substance : *L'analgésique diffuse dans sa jambe.*

1. DIFFUSEUR n.m. 1. Accessoire d'éclairage qui donne une lumière diffuse. **2.** Dispositif permettant à une substance (parfum, insecticide) d'agir par évaporation lente. **3.** Appareil servant à extraire le sucre de la betterave. **4.** Conduit servant à ralentir l'écoulement d'un fluide en augmentant la section de passage. **5.** Partie du carburateur d'un moteur à explosion où s'effectue le mélange carburé. **6.** Ajutage fixé sur un fût de lance d'incendie pour diviser le jet d'eau.

2. DIFFUSEUR, EUSE n. COMM. Personne, entreprise chargée de diffuser des produits, en partic. des livres ou des publications.

DIFFUSION n.f. (lat. *diffusio*). **1.** Mouvement d'un ensemble de particules dans un milieu, sous l'action de différences de concentration, de température, etc. **2.** Dispersion d'un rayonnement incident (lumière, rayons X, son) dans toutes les directions lorsqu'il traverse certains milieux. **3.** PHYS. Changement de la direction ou de l'énergie d'une particule lors d'une collision avec une autre particule. **4.** Action de retransmettre qqch par un média. **5.** Action de propager des connaissances, des idées : *La diffusion du savoir.* **6.** Action de diffuser un livre, un journal, un produit, etc. **7.** Nombre d'exemplaires vendus d'un journal au numéro. ▪ **Diffusion en flux** ou **en continu,** procédé permettant de visionner un contenu multimédia au fur et à mesure de sa diffusion (SYN. **streaming**). ▪ **Diffusion gazeuse,** procédé de séparation des isotopes fondé sur la différence de vitesse de passage d'un gaz à travers une paroi poreuse en fonction de la masse molaire de ce gaz. ➲ Ce procédé est utilisé pour l'enrichissement de l'uranium. ▪ **Diffusion hertzienne,** ancien système de diffusion des programmes de télévision et de radio par ondes hertziennes. ▪ **Diffusion numérique,** système de diffusion adapté à la transmission numérique des programmes de télévision et de radio. ▪ **Liste de diffusion** [inform.], forum de discussion qui permet de recevoir par courrier électronique des informations sur un thème donné.

DIFFUSIONNISME n.m. ANTHROP. Théorie selon laquelle les différences entre les cultures s'expliquent par la diffusion de traits culturels particuliers (l'écriture, par ex.) à partir des lieux d'invention.

DIFFUSIONNISTE adj. et **n.** Relatif au diffusionnisme ; qui en est partisan.

DIGAMMA n.m. inv., ▲ ***n.m.*** Lettre de l'alphabet grec archaïque (notée F), qui servait à noter le son [w].

DIGASTRIQUE adj. ANAT. ▪ **Muscle digastrique,** qui présente en son milieu deux corps musculaires séparés par un tendon intermédiaire.

DIGÉRER v.t. [11], ▲ *[11*]* (du lat. *digerere*, distribuer). **1.** Assimiler par la digestion : *Il digère mal les œufs.* **2.** Absol. Effectuer la digestion des aliments : *Faisons une promenade pour digérer.* **3.** Fig. Assimiler par la réflexion, la pensée : *Digérer ses lectures.* **4.** Fam. Subir sans révolte qqch de désagréable, d'humiliant ; endurer : *Digérer un affront.*

DIGEST [dajdʒɛst] ou [diʒɛst] **n.m.** (mot angl., de *to digest*, résumer). Résumé d'un livre ou d'un article ; publication périodique renfermant de tels résumés.

DIGESTAT n.m. Résidu du processus de méthanisation.

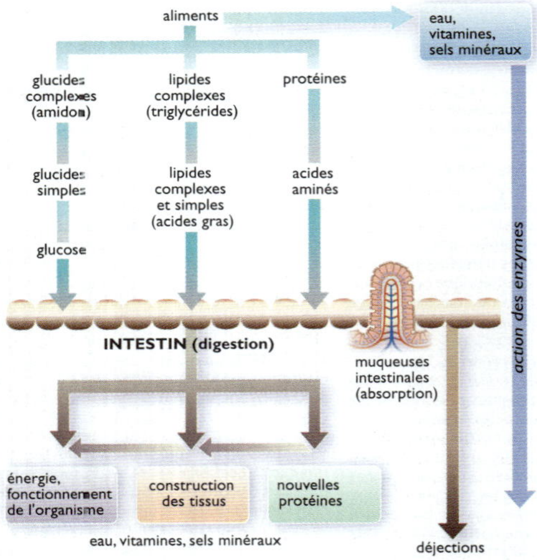

représentation schématique du processus de la digestion

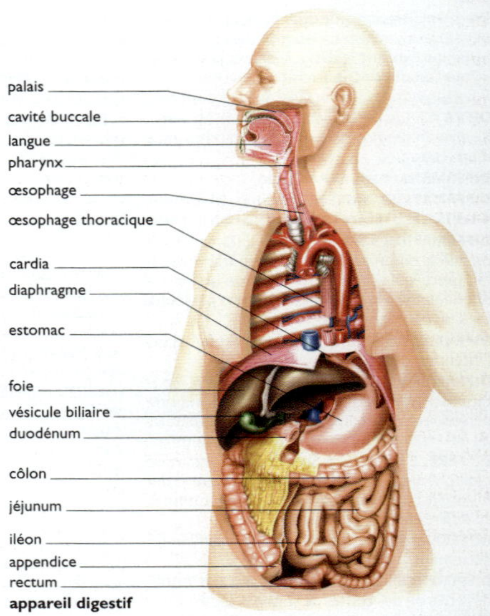

appareil digestif

▲digestion

1. DIGESTE adj. (de *digérer*). Facile à digérer.

2. DIGESTE n.m. (lat. *digesta*). Recueil méthodique de droit. ➲ Le plus célèbre est le *Digeste* de Justinien, ou *Pandectes* (533).

DIGESTEUR n.m. **1.** CHIM. Appareil servant à extraire les parties solubles de certaines substances. **2.** Cuve à l'intérieur de laquelle on provoque la fermentation anaérobie (fermentation en l'absence d'oxygène) de boues résiduaires ou de déjections animales en vue de produire du biogaz (SYN. **méthaniseur**).

DIGESTIBILITÉ n.f. Aptitude d'un aliment à être digéré.

DIGESTIBLE adj. Se dit d'un aliment qui peut être digéré ; assimilable.

1. DIGESTIF, IVE adj. Relatif à la digestion : *Troubles digestifs. Sucs digestifs.* ▪ **Appareil digestif,** ensemble des organes qui concourent à la digestion.

2. DIGESTIF n.m. Liqueur que l'on prend après le repas.

DIGESTION n.f. (du lat. *digestio*, distribution). Transformation des aliments dans l'appareil digestif ; moment où l'on digère. ➲ Chez les ruminants, la digestion présente des modalités très particulières. (→ **rumination**).

➲ La **DIGESTION** consiste en un ensemble d'actions mécaniques – mastication effectuant un broyage des aliments par les dents, déglutition, mouvements de brassage de l'estomac, mouvements péristaltiques de l'intestin – et de réactions chimiques assurées par les enzymes des sucs digestifs (salive, sucs gastrique, pancréatique, intestinal) et par la bile, qui émulsionne les graisses. Les aliments sont ainsi réduits en leurs composants élémentaires, absorbés alors, à travers la muqueuse de l'intestin grêle, vers le sang ou les vaisseaux chylifères. Les substances non absorbées par l'intestin grêle passent dans le gros intestin et sont éliminées avec les fèces.

DIGICODE n.m. (nom déposé). Clavier électronique à combinaison alphanumérique donnant accès à un bâtiment.

1. DIGITAL, E, AUX adj. (du lat. *digitus*, doigt). Qui se rapporte aux doigts : *Empreintes digitales.*

2. DIGITAL, E, AUX adj. (de l'angl. *digit*, nombre). INFORM., TÉLÉCOMM. Vieilli, anglic. déconseillé. Numérique.

DIGITALE n.f. Plante d'Europe et d'Asie occidentale à hampe dressée, à fleurs tombantes en forme de doigt de gant, d'où son nom usuel de *doigtier*, contenant plusieurs alcaloïdes toxiques, dont la digitaline. ➲ Famille des scrofulariacées.

DIGITALINE n.f. Principe actif extrait de la digitale, très toxique à fortes doses.

DIGITALIQUE adj. et n.m. Se dit d'une substance apparentée à la digitaline, utilisée comme cardiotonique au cours de l'insuffisance cardiaque.

DIGITALISATION n.f. INFORM., TÉLÉCOMM. Vieilli, anglic. déconseillé. Numérisation.

DIGITALISER v.t. [3] (de l'angl. *digit*, nombre). INFORM., TÉLÉCOMM. Vieilli, anglic. déconseillé. Numériser.

DIGITÉ, E adj. ANAT. Découpé en forme de doigts.

DIGITIFORME adj. Didact. En forme de doigt.

DIGITIGRADE adj. et n.m. ZOOL. Qui marche en appuyant les doigts, et non la plante du pied, sur le sol : *Le chat est digitigrade.*

DIGITOPLASTIE n.f. Opération chirurgicale consistant à réparer un doigt amputé.

DIGITOPUNCTURE [-pɔ̃k-], ▲*DIGITOPONCTURE* n.f. Méthode dérivée de l'acupuncture, visant à soigner les maladies par la pression des doigts en différents points.

DIGLOSSIE n.f. (du gr. *diglôssos*, bilingue). LING. Situation de bilinguisme d'un individu ou d'une communauté, dans laquelle une des deux langues a un statut sociopolitique inférieur.

DIGNE adj. (lat. *dignus*). **1.** Qui manifeste de la dignité, de la retenue ; noble : *Il a répondu d'une façon digne.* **2.** Qui mérite l'estime, le respect ; honorable : *Votre digne successeur.* **3.** (DE). Qui mérite qqch : *Digne de notre reconnaissance.* **4.** (DE). Qui est approprié à : *Le parc est digne du château.* **5.** (DE). Dont les mérites sont en rapport avec ceux de qqn d'autre : *Journalistes dignes de leurs aînés.*

DIGNEMENT adv. Avec dignité ; noblement.

DIGNITAIRE n.m. Personnage à qui l'on a conféré une dignité.

DIGNITÉ n.f. (lat. *dignitas*). **1.** Respect dû à une personne, à une chose ou à soi-même : *Atteinte à la dignité de la personne.* **2.** Retenue, gravité dans les manières : *Manquer de dignité.* **3.** Haute fonction, charge qui donne à qqn un rang éminent ; distinction honorifique.

DIGRAMME n.m. LING. Groupe de deux lettres employé pour transcrire un phonème unique (par ex. : *ch* transcrivant [ʃ]).

DIGRAPHIE n.f. COMPTAB. Tenue des livres en partie double.

DIGRESSION n.f. (lat. *digressio*, de *digredi*, s'écarter de son chemin). Développement s'écartant du sujet principal d'un texte ou d'un discours : *Se perdre en digressions.*

DIGUE n.f. (moyen néerl. *dijc*). Ouvrage destiné à contenir les eaux, à protéger contre leurs effets ou à guider leur cours.

DIHOLOSIDE n.m. CHIM. ORG. Composé résultant de la condensation de deux oses.

DIHYDROGÈNE n.m. Hydrogène gazeux (H_2).

DIKTAT, ▲*DICTAT* [diktat] n.m. (all. *Diktat*). Exigence absolue, imposée par le plus fort, notamm. dans les relations internationales.

DILACÉRATION n.f. **1.** Action de dilacérer. **2.** MÉD. Destruction d'un tissu vivant par de multiples déchirures irrégulières.

DILACÉRER v.t. [11], ▲*[11*]* (lat. *dilacerare*). **1.** Mettre en pièces ; déchirer. **2.** MÉD. Produire une dilacération.

DILAPIDATEUR, TRICE adj. et n. Qui dilapide ; prodigue.

DILAPIDATION n.f. Action de dilapider ; gaspillage.

DILAPIDER v.t. [3] (lat. *dilapidare*). Dépenser à tort et à travers ; gaspiller : *Dilapider un héritage.*

DILATABILITÉ n.f. PHYS. Propriété qu'ont les corps de se dilater.

DILATABLE adj. PHYS. Susceptible de se dilater.

DILATANT, E adj. Qui dilate.

DILATATEUR adj.m. ANAT. ▪ **Muscle dilatateur,** ou **dilatateur, n.m.,** qui dilate un canal, un orifice (CONTR. **constricteur**). ◆ **n.m.** MÉD. Instrument servant à dilater un orifice ou une cavité.

DILATATION n.f. (lat. *dilatatio*). **1.** Action de dilater ; fait de se dilater, d'être dilaté. **2.** PHYS. Augmentation de la longueur ou du volume d'un corps par élévation de température, sans changement dans la nature du corps : *La dilatation d'un gaz.* **3.** MÉD. Augmentation du calibre d'un conduit naturel, soit pathologique *(dilatation des bronches)*, soit thérapeutique *(dilatation de l'urètre)*.

DILATÉ, E adj. Qui a subi une dilatation : *Des pupilles dilatées.*

DILATER v.t. [3] (lat. *dilatare*, de *latus*, large). **1.** PHYS. Augmenter le volume d'un corps par élévation de sa température. **2.** MÉD. Augmenter le calibre d'un conduit naturel ; agrandir l'ouverture d'un organe. ◆ **SE DILATER** v.pr. **1.** Augmenter de volume. **2.** S'élargir, en parlant d'un organe. **3.** Être envahi par un sentiment très fort : *Son cœur se dilatait de joie.*

DILATOIRE adj. (lat. *dilatorius*). Qui vise à gagner du temps, à retarder une décision : *Une réponse dilatoire.* ▪ **Exception dilatoire** [dr.], mesure qui tend à retarder la poursuite d'une instance.

DILATOMÈTRE n.m. **PHYS.** Instrument de mesure de la dilatation.

DILECTION n.f. (lat. *dilectio*). Litt. Amour pur et pénétré de tendresse spirituelle.

DILEMME [dilɛm] n.m. (gr. *dilêmma*). **1.** Obligation de choisir entre deux possibilités comportant toutes deux des inconvénients. **2. LOG.** Raisonnement comprenant deux prémisses contradictoires, mais menant à une même conclusion, laquelle, par conséquent, s'impose.

DILETTANTE [dilɛtɑ̃t] n. (mot ital.). Personne qui s'adonne à un travail, à un art pour son seul plaisir, en amateur. ◆ **adj.** Qui relève d'un dilettante, du dilettantisme.

DILETTANTISME n.m. (Souvent péjor.). Caractère, attitude d'un dilettante ; amateurisme.

DILIGEMMENT [-ʒamɑ̃] **adv.** Litt. Avec soin et rapidité.

1. DILIGENCE n.f. (du lat. *diligentia*, attention). Litt. Rapidité dans l'exécution d'une tâche ; zèle. ▪ **À la diligence de** [dr.], sur la demande de.

2. DILIGENCE n.f. (de *carrosse de diligence*). Anc. Véhicule hippomobile fermé, à quatre roues, qui servait au transport des voyageurs.

DILIGENT, E adj. Litt. Qui agit avec rapidité et efficacité ; zélé.

DILIGENTER v.t. [3]. **DR.** ou litt. Faire ou faire faire qqch avec diligence : *Diligenter une enquête.*

DILUANT n.m. Liquide volatil ajouté à la peinture, au vernis pour en améliorer les caractéristiques d'application.

DILUER v.t. [3] (du lat. *diluere*, tremper). **1.** Délayer une substance dans un liquide : *Diluer un médicament dans de l'eau.* **2.** Fig. Affaiblir un texte, des idées en les développant à l'excès. ▪ **Diluer un liquide**, en diminuer la teneur par l'adjonction d'eau ou d'un autre liquide : *Diluer de l'alcool.* ◆ **SE DILUER** v.pr. **1.** Se mélanger avec un liquide. **2.** Fig. Se disperser en perdant toute consistance : *Pensée qui se dilue dans les détails.*

DILUTION n.f. Action de diluer ; fait de se diluer.

DILUVIEN, ENNE adj. (du lat. *diluvium*, déluge). Relatif au Déluge. ▪ **Pluie diluvienne**, très abondante.

DIMANCHE n.m. (du lat. *dies dominicus*, jour du Seigneur). Septième jour de la semaine. ▪ **Du dimanche** [souvent péjor.], se dit de qqn qui pratique une activité en amateur : *Un peintre, un conducteur du dimanche.*

DÎME, ▲ *DIME* **n.f.** (du lat. *decima pars*, dixième partie). Dans la France du Moyen Âge et de l'Ancien Régime, fraction variable – en principe un dixième – des produits de la terre et de l'élevage, versée à l'Église. ➲ Elle fut abolie en 1789.

DIMENSION n.f. (lat. *dimensio*). **1.** Mesure de chacune des grandeurs nécessaires à l'évaluation des volumes et des solides (longueur, largeur, hauteur ou profondeur). **2. PHYS.** Paramètre servant à situer un lieu ou un moment ; expression de la relation existant entre une grandeur dérivée et les grandeurs fondamentales dont elle dépend. **3.** Portion d'espace occupée par un corps, un objet : *Un téléviseur de grande dimension.* **4.** Fig. Importance de qqch ; ampleur : *Son élection a une dimension historique.* **5.** Fig. Aspect significatif de qqch ; composante : *La misère est une dimension du monde contemporain.* ▪ **Dimension d'un espace** [math.], nombre des paramètres nécessaires pour situer un point de cet espace. ▪ **Espace à une, deux, trois dimensions** [math.], la ligne, la surface, l'espace. ▪ **Espace de dimension *n*** [math.], le produit cartésien $\mathbb{R}^n$, dont l'élément quelconque $(x_1, ..., x_n)$ est appelé *point.* ▪ **Quatrième dimension** [phys.], le temps. ▪ **Sans dimension** [phys.], se dit d'une grandeur physique qui n'est pas rattachée à une grandeur fondamentale.

DIMENSIONNEL, ELLE adj. Relatif aux dimensions de qqch.

DIMENSIONNEMENT n.m. Action de dimensionner.

DIMENSIONNER v.t. [3]. **TECHN.** Déterminer les dimensions d'une pièce, d'un élément, etc.

DIMÈRE n.m. et adj. **CHIM.** Molécule résultant de la combinaison de deux molécules identiques.

DIMÉTRODON n.m. (du gr. *dimetros*, de deux tailles). Reptile carnivore fossile du permien d'Amérique du Nord, qui portait sur le dos une haute structure à rôle probablement thermorégulateur. ➲ Long. 3 m.

DIMINUÉ, E adj. Dont les facultés physiques ou intellectuelles sont amoindries.

DIMINUENDO [-nɥɛndo] **adv.** (mot ital.). **MUS.** Avec diminution de l'intensité des sons (SYN. **decrescendo**). ◆ **n.m.** Passage exécuté diminuendo.

DIMINUER v.t. [3] (du lat. *diminuere*, de *minus*, moins). **1.** Rendre moins grand ; réduire en quantité : *Diminuer les frais, la vitesse.* **2.** Rendre moins intense, moins important ; réduire : *L'adversité n'a pas diminué son courage.* **3.** Faire perdre à qqn son crédit, son prestige ; rabaisser : *Ce sportif diminue le rôle de son entraîneur.* ◆ **v.i. 1.** Devenir moins grand, moins intense : *Les jours diminuent.* **2.** Effectuer une diminution, en tricot.

DIMINUTIF, IVE adj. et **n.m. LING.** Qui donne une nuance de petitesse, d'atténuation, d'affection ou de familiarité (par ex. *fillette, menotte*).

DIMINUTION n.f. **1.** Action de diminuer en dimension, en quantité, en intensité, en valeur ; réduction : *La diminution du temps de travail.* **2.** Opération qui consiste à tricoter deux mailles ensemble ou à prendre une maille sur l'aiguille sans la tricoter et à la rejeter sur la maille suivante.

DIMORPHE adj. (du gr. *morphê*, forme). **1.** Didact. Qui peut revêtir deux formes différentes. **2. CHIM.** Qui peut cristalliser sous deux formes différentes.

DIMORPHISME n.m. **CHIM.** Propriété des corps dimorphes. ▪ **Dimorphisme sexuel** [biol.], ensemble des différences, non indispensables à la reproduction, entre le mâle et la femelle de la même espèce animale.

DINANDERIE n.f. (de *Dinant*, n.pr.). Travail artistique du cuivre ou du laiton en feuille par martelage (rétreinte, étirage) ; objets ainsi produits.

DINANDIER, ÈRE n. Fabricant ou marchand de dinanderie.

DINAR n.m. (mot ar., du gr.). Unité monétaire principale de l'Algérie, de Bahreïn, de l'Iraq, de la Jordanie, du Koweït, de la Libye, de la Serbie et de la Tunisie.

DÎNATOIRE, ▲ *DINATOIRE* **adj.** Qui tient lieu de dîner : *Apéritif dînatoire.*

DINDE n.f. (de *poule d'Inde*). **1.** Dindon femelle. **2.** Fam. Femme ou fille sotte et prétentieuse.

DINDON n.m. (de *dinde*). **1.** Oiseau gallinacé originaire de l'Amérique du Nord, introduit et domestiqué en Europe depuis le XVIe s., élevé pour sa chair. ➲ Le terme *dindon* désigne plus spécial. le mâle. Celui-ci peut peser jusqu'à 19 kg pour la forme domestiquée ; il porte sur la tête des excroissances et des caroncules colorées. Cri : le dindon glougloute. Famille des phasianidés. **2.** Fam. Homme stupide et vaniteux. ▪ **Être le dindon de la farce** [fam.], être la victime dans une affaire.

DINDONNEAU n.m. Jeune dindon.

1. DÎNER, ▲ *DINER* **v.i.** [3] (du lat. pop. **disjunare*, rompre le jeûne). **1.** Prendre le repas du soir. **2.** Région. ; Belgique, Québec, Suisse. Déjeuner.

2. DÎNER, ▲ *DINER* **n.m. 1.** Repas du soir. **2.** Ce que l'on mange au dîner. **3.** Région. ; Belgique, Québec, Suisse. Repas de midi.

DÎNETTE, ▲ *DINETTE* **n.f. 1.** Petit repas que les enfants font ensemble ou simulent avec leur poupée : *Jouer à la dînette.* **2.** Fam. Repas léger. **3.** Service de vaisselle miniature servant de jouet.

DÎNEUR, EUSE, ▲ *DINEUR, EUSE* **n.** Personne qui dîne, qui prend part à un dîner.

DING interj. (onomat.). Évoque un tintement, le son d'une cloche.

DINGHY (pl. *dinghys* ou *dinghies*), ▲ *DINGHIE* [dingi] **n.m.** (angl. *dinghy*, de l'hindi). Petit canot léger.

1. DINGO [dɛ̃go] **n.m.** (mot angl.). Chien sauvage d'Australie.

2. DINGO [dɛ̃go] **adj.** et **n.** (de *dinguer*). Fam. Fou.

DINGUE adj. et **n.** Fam. Fou. ◆ **adj.** Fam. Qui frappe par son caractère extravagant ; inouï : *C'est dingue qu'ils l'aient cru.* ▪ **Doux dingue** [fam.], personne farfelue mais sympathique et souvent créative.

DINGUER v.i. [3]. Fam. Tomber, être projeté avec violence. ▪ **Envoyer dinguer** [fam.], éconduire brutalement qqn ; jeter violemment qqch.

DINGUERIE n.f. Fam. Comportement de dingue ; folie.

DINITROTOLUÈNE n.m. **CHIM. ORG.** Dérivé deux fois nitré du toluène (2,4 et 2,6), entrant dans la composition d'explosifs (chedd te, notamm.).

DINOFLAGELLÉ n.m. **MICROBIOL.** Péridinien.

DINORNIS [-nis] **n.m.** (mot lat.). Moa géant.

1. DINOSAURE [dinɔzɔr] ou **DINOSAURIEN** [dinɔsɔrjɛ̃] **n.m.** (du gr. *deinos*, terrible, et *saura*, lézard). Reptile fossile de l'ère secondaire, dont les nombreuses espèces étaient très diversifiées dans leur morphologie ainsi que dans leur taille. *(V. planche page suivante.)*

➲ On classe les **DINOSAURES** en deux groupes (saurischiens et ornithischiens) d'après la forme de leur bassin. Les quelque 400 genres décrits comptent de très petits carnivores (30 cm), des carnivores géants, tel le tyrannosaure, et des herbivores parfois gigantesques (plus de 20 m), tels le brontosaure et le diplodocus. Apparus au trias (il y a env. 200 millions d'années), les dinosaures ont disparu brusquement il y a 65 millions d'années pour une raison encore controversée : chute d'un astéroïde sur la Terre, épisode volcanique catastrophique, changement climatique...

2. DINOSAURE n.m. Fam. Personne, institution jugée archaïque dans son domaine, mais y conservant une importance considérable : *Un dinosaure de la presse française.*

DINOTHÉRIUM [-rjɔm] **n.m.** (du gr. *deinos*, terrible, et *thêrion*, bête sauvage). Mammifère fossile de l'ordre des proboscidiens, qui vécut au miocène en Europe. ➲ De la taille d'un éléphant, il possédait à la mâchoire inférieure deux défenses recourbées vers le sol.

DIOCÉSAIN, E adj. Relatif à un diocèse. ◆ **n.** Fidèle d'un diocèse.

DIOCÈSE n.m. (lat. *diocesis*, du gr.). **1. CATH.** Territoire placé sous la juridiction d'un évêque. **2. ANTIQ. ROM.** Circonscription administrative créée par Dioclétien, qui groupait plusieurs provinces et était placée sous l'autorité d'un vicaire.

DIODE n.f. (du gr. *hodos*, route). Composant électronique utilisé comme redresseur de courant (tube à deux électrodes, jonction de deux semi-conducteurs). ▪ **Diode électroluminescente (DEL)**, diode qui émet des radiations lumineuses lorsqu'elle est parcourue par un courant électrique et que l'on utilise pour l'éclairage, les écrans de télévision, l'affichage électronique de données (heure, notamm.), la signalisation, etc. (SYN. **LED**).

DIODON n.m. Poisson des mers chaudes, aussi appelé *poisson porc-épic* pour son aptitude à dresser de fortes épines sur son corps en se gonflant d'eau ou d'air. ➲ Famille des diodontidés.

▲ **diodon**

DIOÏQUE [djɔik] **adj.** (du gr. *oikos*, maison). **BOT.** Se dit des plantes qui ont les fleurs mâles et les fleurs femelles sur des pieds séparés, telles que le chanvre, le houblon, le dattier (CONTR. **monoïque**).

DIOLÉFINE n.f. Diène.

DIONÉE n.f. (de *Dioné*, mère d'Aphrodite). Petite plante de l'Amérique du Nord, aussi appelée *attrape-mouche*, dont les feuilles emprisonnent brusquement et digèrent les insectes qui s'y posent. ➲ Famille des droséracées. (V. planche *plantes carnivores**.)

DIONYSIAQUE adj. 1. ANTIQ. GR. Relatif à Dionysos. **2. PHILOS.** Chez Nietzsche, qui a un caractère de démesure, de foisonnement exubérant (par oppos. à *apollinien*).

DIONYSIEN, ENNE adj. et **n.** De la ville de Saint-Denis (Seine-Saint-Denis).

DIONYSIES n.f. pl. **ANTIQ. GR.** Fêtes en l'honneur de Dionysos.

DIOPTRE n.m. (du gr. *dioptron*, miroir). Surface optique séparant deux milieux transparents inégalement réfringents.

Les dinosaures

Les dinosaures, représentés par des milliers d'espèces de formes et tailles très variées, ont régné sur la Terre durant plus de 160 millions d'années, au cours du mésozoïque (ère secondaire). Ils se sont éteints il y a 65 millions d'années, vraisemblablement en raison d'une catastrophe majeure.

DIOPTRIE **n.f.** Unité de mesure de vergence des systèmes optiques (symb. δ), équivalant à la vergence d'un système optique dont la distance focale est 1 mètre dans un milieu dont l'indice de réfraction est 1.

DIOPTRIQUE **n.f.** (du gr. *dioptrikê*, art de mesurer les distances). Partie de la physique qui étudie l'action des milieux sur la lumière qui les traverse. ◆ **adj.** Relatif à la dioptrique.

DIORAMA **n.m.** (du gr. *dia*, à travers, d'après *panorama*). Au XIXe s., grande peinture sur toile présentée dans une salle obscure, avec des jeux de lumière, afin de donner l'illusion de la réalité et du mouvement.

DIORITE **n.f.** (du gr. *diorizein*, distinguer). Roche magmatique de texture grenue constituée essentiellement de plagioclase, d'amphibole et de mica.

DIOSCORÉACÉE **n.f.** (de *Dioscoride*, n. d'un médecin gr.). Plante monocotylédone des régions tropicales et tempérées, telle que le tamier et l'igname. ➲ Les dioscoréacées forment une famille.

DIOT **n.m.** Petite saucisse que l'on sert rissolée avec des oignons et mouillée avec du vin blanc. ➲ Cuisine savoyarde.

DIOULA **n.m.** Afrique de l'Ouest. Commerçant musulman itinérant.

DIOXINE [diɔ-] **n.f.** Nom générique d'une famille de composés chloro-organiques oxygénés extrêmement toxiques, dont la principale source est l'incinération des déchets.

DIOXYDE [diɔ-] **n.m.** Oxyde contenant deux atomes d'oxygène. ▪ **Dioxyde d'azote** → **AZOTE.** ▪ **Dioxyde de carbone** → **CARBONE.**

DIOXYGÈNE [diɔ-] **n.m.** Oxygène gazeux (O_2).

DIPEPTIDE **n.m.** Peptide formé de l'union de deux aminoacides, au moyen d'une liaison peptidique.

DIPHASÉ, E **adj.** ÉLECTROTECHN. Se dit de deux courants ou de deux tensions sinusoïdaux de même fréquence et de même amplitude, déphasés d'un quart de période.

DIPHÉNOL **n.m.** CHIM. ORG. Corps possédant deux fois la fonction phénol.

DIPHÉNYLE **n.m.** Anc. Hydrocarbure antifongique utilisé pour la conservation des agrumes (SYN. **biphényle**).

DIPHTÉRIE **n.f.** (du gr. *diphthera*, membrane). Maladie infectieuse bactérienne, contagieuse, se manifestant par une angine à fausses membranes et par une atteinte générale due à la sécrétion d'une toxine.

DIPHTÉRIQUE **adj.** Relatif à la diphtérie. ◆ **adj.** et **n.** Atteint de diphtérie.

DIPHTONGAISON **n.f.** PHON. Fusion en un seul élément vocalique (ou diphtongue) de deux voyelles qui se suivent (par ex. en italien, dans *cuore*, cœur).

DIPHTONGUE **n.f.** (bas lat. *diphtongus*, du gr. *diphthoggos*, double son). PHON. Voyelle complexe dont le timbre se modifie au cours de son émission (par ex., en angl., dans *make*). ➲ En français, il n'y a pas de diphtongues : [ai] dans *haïr* est une juxtaposition de deux sons n'appartenant pas à la même syllabe.

DIPHTONGUER **v.t.** [3]. PHON. Convertir une voyelle en diphtongue.

DIPLOBLASTIQUE **adj.** EMBRYOL. Se dit d'un animal dont les divers organes s'édifient à partir de deux feuillets embryonnaires seulement, le mésoblaste ne se formant pas (par oppos. à *triploblastique*). ➲ Les principaux embranchements diploblastiques sont ceux des spongiaires, des cnidaires et des cténaires.

DIPLOCOQUE **n.m.** Bactérie de la forme des cocci et toujours groupée avec une bactérie identique à l'examen microscopique (gonocoque, méningocoque).

DIPLODOCUS [-kys] **n.m.** (du gr. *diploos*, double, et *dokos*, poutre). Dinosaure herbivore qui a vécu en Amérique au jurassique, et dont le cou et la queue étaient très allongés. ➲ Long. 27 m env. ; groupe des saurischiens.

DIPLOÏDE **adj.** BIOL. CELL. Se dit d'une cellule, d'un être vivant dont les chromosomes, semblables deux à deux, peuvent être associés par paires homologues. ➲ Dans l'œuf fécondé, l'état diploïde résulte de la réunion d'un lot de chromosomes d'origine maternelle et d'un lot de chromosomes homologues d'origine paternelle.

DIPLÔMANT, E **adj.** À l'issue duquel est délivré un diplôme : *Stage diplômant.*

1. DIPLOMATE **n.** Personne chargée de représenter son pays auprès d'une nation étrangère et dans les négociations internationales. ◆ **adj.** et **n.** Qui fait preuve d'habileté et de tact dans les relations avec autrui.

2. DIPLOMATE **n.m.** Pudding à base de biscuits et de crème anglaise, garni de fruits confits.

DIPLOMATIE [-si] **n.f.** **1.** Science, pratique des relations internationales. **2.** Carrière, fonction d'un diplomate. **3.** Ensemble des diplomates. **4.** Habileté, tact dans les relations avec autrui.

1. DIPLOMATIQUE **adj.** **1.** Relatif à la diplomatie. **2.** Qui est plein de tact, de finesse. ▪ **Maladie diplomatique** [fam.], prétexte allégué pour se soustraire à une obligation professionnelle ou sociale.

2. DIPLOMATIQUE **n.f.** Science auxiliaire de l'histoire qui étudie les règles formelles présidant à l'établissement des actes et documents officiels, et leurs variations au cours des âges.

DIPLOMATIQUEMENT **adv.** De façon diplomatique ; avec tact.

DIPLÔME **n.m.** (du gr. *diplôma*, papier plié en deux). **1.** Acte délivré par une école, une université, etc., et conférant un titre à son récipiendaire. **2.** Au Moyen Âge, acte solennel des souverains ou de grands feudataires, authentifié par un sceau.

DIPLÔMÉ, E **adj.** et **n.** Qui a obtenu un diplôme.

DIPLÔMER **v.t.** [3]. Décerner un diplôme à.

DIPLOPIE **n.f.** (du gr. *diploos*, double, et *ôps*, *ôpos*, œil). MÉD. Trouble de la vue, qui fait voir en double les objets.

DIPLOPODE **n.m.** Mille-pattes dont chaque anneau porte deux paires de pattes, comme l'iule et le gloméris. ➲ Les diplopodes forment une sous-classe.

DIPNEUSTE [dipnøst] **n.m.** (du gr. *pneîn*, respirer). Poisson des eaux douces tropicales d'Australie, d'Afrique et d'Amazonie pourvu de branchies et de poumons, et capable de respirer à l'air libre. ➲ Les dipneustes forment une sous-classe.

DIPOLAIRE **adj.** ÉLECTROMAGN. Qui possède deux pôles.

DIPÔLE **n.m.** PHYS. **1.** Ensemble de deux charges électriques très proches, égales, de signes opposés (SYN. **doublet électrique**). **2.** Réseau électrique à deux bornes.

DIPSACACÉE **n.f.** (lat. *dipsacus*, du gr. *dipsân*, avoir soif). Plante herbacée d'Eurasie et d'Afrique, à petites fleurs en capitules, telle que la cardère et la scabieuse. ➲ Les dipsacacées forment une famille.

DIPSOMANIE **n.f.** (du gr. *dipsa*, soif). PSYCHIATR. Besoin irrésistible et intermittent de boire de fortes quantités de boissons alcoolisées.

1. DIPTÈRE **adj.** (du gr. *dipteros*, à deux ailes). ARCHIT. Se dit d'un édifice entouré d'un portique à double rangée de colonnes.

2. DIPTÈRE **adj.** et **n.m.** (du gr. *dipteros*, à deux ailes). Insecte pourvu d'une seule paire d'ailes membraneuses (la seconde paire étant transformée en balanciers servant à l'équilibrage en vol), à pièces buccales piqueuses ou suceuses, tel que la mouche, le moustique, le taon. ➲ Les diptères forment un ordre de plus de 100 000 espèces.

DIPTYQUE **n.m.** (du gr. *diptukhos*, plié en deux). **1.** Œuvre peinte ou sculptée composée de deux panneaux, pouvant ou non se refermer l'un sur l'autre. **2.** ARCHÉOL. Tablette à deux volets reliés par une charnière. **3.** Œuvre littéraire, musicale, etc., composée de deux parties.

DIRCOM [dirkɔm] **n.f.** (abrév.). Fam. Direction de la communication d'une entreprise. ◆ **n.** Fam. Directeur de la communication.

1. DIRE **v.t.** [82] (lat. *dicere*). **1.** Prononcer des sons articulés ; prononcer : *Ce nom est difficile à dire. Il nous a dit quelques mots.* **2.** Donner une information au moyen de la parole ou de l'écrit ; déclarer : *Il nous a dit qu'il avait peur* ; expliquer : *Dans cet article, elle dit exactement ce que je pense.* **3.** Indiquer par des marques extérieures ; signifier : *Ce bâillement disait son ennui.* **4.** Absol. Parler : *Laissez-les dire.* **5.** Avoir une opinion : *Qu'en dites-vous ?* ▪ **Ça ne me dit rien** [fam.], je n'en ai pas envie ; ça n'évoque rien pour moi. ▪ **Il va sans dire que** (+ indic.) ou **cela va sans dire**, il va de soi que ; cela va de soi. ▪ **Si le cœur vous en dit**, si vous en avez envie. ▪ **Soit dit en passant**, pour ne pas s'appesantir sur ce point. ◆ **SE DIRE** **v.pr.** **1.** Dire en soi-même ; penser. **2.** Prétendre que l'on est tel : *Il se dit acteur.* **3.** Être d'un emploi correct : *Cela ne se dit pas en français.*

2. DIRE **n.m.** **1.** Ce qu'une personne dit, déclare. **2.** DR. Déclaration d'une partie ou d'un témoin à l'audience ; observation formulée par les parties à l'occasion d'une expertise judiciaire. ▪ **Au dire de** ou **selon les dires de**, d'après l'affirmation de : *Au dire de l'expert, les torts sont partagés.*

1. DIRECT, E **adj.** (lat. *directus*). **1.** Qui est droit, sans détour : *Route directe.* **2.** Qui manifeste de la franchise en allant droit au but : *Il a posé une question directe.* **3.** Sans intermédiaire : *Vente directe* ; en relation immédiate avec : *Voici ma ligne directe.* **4.** Se dit d'un moyen de transport qui mène d'un lieu à un autre sans correspondance : *Avion, métro direct.* ▪ **Base directe d'un espace vectoriel** [math.], base qui a la même orientation que la base choisie pour définir l'orientation positive. ▪ **Cinéma direct**, cinéma-vérité. ▪ **Complément d'objet direct** → **OBJET.** ▪ **Discours** ou **style direct, interrogation directe** [ling.], énoncé dans lequel les paroles sont rapportées sans l'intermédiaire d'un subordonnant (ex. : *Elle a dit « Je viendrai »*) [CONTR. **indirect**]. ▪ **Sens direct** → **SENS.** ▪ **Train direct**, train qui, entre deux grandes gares, ne s'arrête à aucune station intermédiaire.

2. DIRECT **n.m.** **1.** En boxe, coup porté devant soi en détendant le bras horizontalement. **2.** Train direct. **3.** Programme radiophonique ou télévisé diffusé sans montage ni enregistrement préalable. ▪ **En direct**, diffusé à l'instant même de sa réalisation (par oppos. à *en différé*, *préenregistré*).

DIRECTEMENT **adv.** De façon directe.

DIRECTEUR, TRICE **n.** Personne qui dirige une entreprise, un service ou toute autre entité : *La directrice d'une clinique.* ▪ **Directeur de conscience** [cath.], ecclésiastique choisi par qqn pour diriger sa vie spirituelle. ◆ **n.m.** HIST. (Avec une majuscule). Membre du Directoire. ◆ **adj.** Qui dirige : *Comité directeur. L'idée directrice.* ▪ **Vecteur directeur d'une droite** [math.], vecteur ayant la même direction qu'elle.

DIRECTIF, IVE **adj.** Qui donne une orientation précise ; qui impose des contraintes : *Pédagogie directive.*

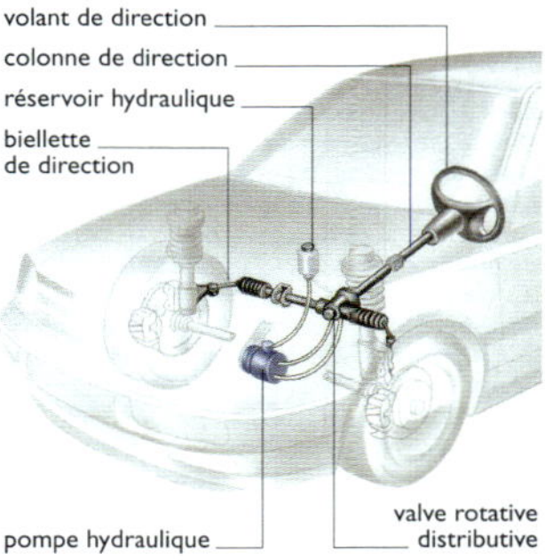

▲ **direction** à crémaillère d'une automobile.

DIRECTION **n.f.** (lat. *directio*). **1.** Action de diriger, de guider ; conduite : *Prendre la direction d'un centre culturel.* **2.** Action de diriger des musiciens, des chanteurs, l'exécution d'une œuvre. **3.** Ensemble des cadres dirigeants d'une entreprise : *Ils veulent rencontrer la direction* ; locaux, bureaux occupés par un directeur et son service : *La direction se trouve au dernier étage.* **4.** Subdivision d'un ministère, d'une administration : *La direction de la sécurité civile.* **5.** Orientation vers un point donné : *Prendre la direction de Blois.* **6.** Orientation que l'on donne à une action, à une entreprise : *L'enquête a pris une autre direction.* **7.** Ensemble des organes qui permettent d'orienter les roues directrices

a b c d e f g h i j k l m n o p q r s t u v w x y z

d'un véhicule. ▪ **Direction d'une droite** [math.], propriété commune à cette droite et à celles qui lui sont parallèles. ▪ **Direction d'une force** [mécan.], direction du vecteur qui la représente. ▪ **Direction d'un vecteur** [math.], direction des droites pouvant lui servir de support.

DIRECTIONNEL, ELLE adj. RADIODIFF. Qui émet ou reçoit dans une seule direction : *Micro directionnel.*

DIRECTIVE n.f. (de *directif*). **1.** (Surtout pl.). Indication générale donnée par une autorité à ses subordonnés ; instruction : *Les directives du ministre de la Santé.* **2.** En droit de l'Union européenne, acte juridique qui lie l'État membre destinataire quant au résultat à atteindre, tout en laissant aux autorités nationales la compétence quant à la forme et aux moyens.

DIRECTIVISME n.m. Caractère ou comportement excessivement autoritaire.

DIRECTIVITÉ n.f. 1. Fait d'être directif ; caractère d'une personne directive. **2.** Propriété d'un capteur (microphone, antenne, etc.) ou d'un émetteur (haut-parleur) de capter ou d'émettre des ondes acoustiques ou électromagnétiques dans une direction donnée.

DIRECTOIRE n.m. DR., COMM. Organe collégial de direction dont peut se doter une société anonyme. ▪ **Le Directoire**, v. partie n.pr. ▪ **Style Directoire**, style décoratif de l'époque du Directoire.

DIRECTORAT n.m. 1. Fonction de directeur d'une institution, d'un organisme, etc. **2.** Durée pendant laquelle la fonction de directeur est exercée.

DIRECTORIAL, E, AUX adj. Qui se rapporte à une direction, à un directeur, au Directoire.

DIRECTRICE n.f. 1. MÉCAN. INDUSTR. Chacune des aubes, génér. fixes, qui, dans une turbine, dirigent le fluide moteur vers les aubes d'une roue mobile (dites *réceptrices*). **2. MATH.** Courbe sur laquelle s'appuie une droite mobile *(génératrice)* engendrant une surface conique ou cylindrique ; droite servant, avec le foyer, à définir les coniques.

DIRHAM [diram] **n.m.** Unité monétaire principale des Émirats arabes unis et du Maroc.

DIRIGEABLE adj. Qui peut être dirigé. ▪ **Ballon dirigeable**, ou **dirigeable, n.m.**, aérostat caréné disposant de moyens de propulsion, de pilotage et de navigation.

DIRIGEANT, E adj. et **n.** Qui dirige ; qui exerce un pouvoir.

DIRIGER v.t. [10] (lat. *dirigere*). **1.** Avoir la responsabilité du fonctionnement, de la gestion de : *Elle dirige un théâtre, une équipe de 20 personnes.* **2.** Régler le déroulement de : *Diriger la conversation sur le climat.* **3.** Conduire des musiciens, des chanteurs : *Diriger une chorale.* **4.** Faire aller dans une certaine direction ; orienter : *Diriger un ferry vers un autre port.* **5.** Orienter vers telle activité, tel domaine : *La conseillère d'orientation le dirige vers l'hôtellerie.* **6.** Placer dans une certaine direction ; pointer : *L'astronome dirige son télescope vers Vénus.* ◆ **SE DIRIGER v.pr. 1.** Avancer dans une certaine direction : *Elle se dirigea vers nous. Le bateau se dirige vers le large.* **2.** Choisir telle orientation professionnelle : *Se diriger vers la médecine.*

DIRIGISME n.m. Système dans lequel le gouvernement exerce un pouvoir d'orientation sur l'économie.

DIRIGISTE adj. et **n.** Relatif au dirigisme ; qui en est partisan.

DIRIMANT, E adj. (du lat. *dirimere*, annuler). **DR.** Qui entraîne la nullité d'un acte. ▪ **Empêchement dirimant**, obstacle juridique qui annule un mariage.

DISACCHARIDE, ▲ *DISACCARIDE* [disakarid] **n.m. CHIM. ORG.** Vieilli. Diholoside.

DISCAL, E, AUX adj. ANAT. Relatif à un disque intervertébral : *Hernie discale.*

DISCARTHROSE n.f. MÉD. Atteinte d'un disque intervertébral au cours de l'arthrose de la colonne vertébrale.

DISCERNABLE adj. Qui peut être discerné ; visible.

DISCERNEMENT n.m. 1. Faculté de juger et d'apprécier avec justesse ; sens critique ; perspicacité. **2.** Vx. Action de faire la distinction entre.

DISCERNER v.t. [3] (du lat. *discernere*, séparer). **1.** Reconnaître distinctement par un effort d'attention ; distinguer : *Je discerne un nid en haut de l'arbre.* **2.** Découvrir par la réflexion, le jugement ; percevoir : *Je discerne de l'ironie dans vos paroles.*

DISCIPLE n. (du lat. *discipulus*, élève). Personne qui suit la doctrine d'un maître, l'exemple de qqn.

DISCIPLINABLE adj. Qui peut être discipliné.

1. DISCIPLINAIRE adj. Qui se rapporte à la discipline d'un corps, d'une assemblée, d'une administration : *Sanction disciplinaire.*

2. DISCIPLINAIRE n.m. Anc. Militaire d'une unité disciplinaire. ➲ Les unités disciplinaires (supprimées en 1972) étaient destinées à recevoir les militaires condamnés pendant leur temps de service.

DISCIPLINAIREMENT adv. En vertu des règles de la discipline.

DISCIPLINE n.f. (lat. *disciplina*). **1.** Ensemble des règles, des obligations qui régissent certains corps ou collectivités ; règlement : *La discipline de la prison.* **2.** Soumission à des règles ou à un règlement : *Ce professeur fait régner la discipline.* **3.** Règle de conduite que l'on s'impose : *La danseuse s'astreint à une discipline très stricte.* **4.** Matière d'enseignement : *Disciplines littéraires, scientifiques.*

DISCIPLINÉ, E adj. Qui obéit à la discipline : *Des athlètes disciplinés.* ▪ **Bête et discipliné** [fam.], qui obéit aveuglément aux ordres.

DISCIPLINER v.t. [3]. 1. Soumettre qqn, un groupe à l'obéissance, à un ensemble de règles : *Discipliner un élève, une équipe.* **2.** Maîtriser pour rendre utilisable : *Discipliner un fleuve.*

DISC-JOCKEY [diskʒɔkɛ] **n.** (pl. *disc-jockeys*) [mot anglo-amér.]. Personne responsable de l'animation musicale d'une discothèque ou d'une soirée privée. Abrév. **DJ.** Recomm. off. **animateur.**

DISCO n.m. et **adj. inv. 1.** Style de musique populaire spécialement destiné à la danse, né au milieu des années 1970. **2.** Style de danse qui scande le rythme répétitif de cette musique, en vogue dans les discothèques à la fin des années 1970.

DISCOBOLE n.m. (gr. *diskobolos*). **ANTIQ. GR. ET ROM.** Athlète qui lançait le disque ou le palet.

▲ **discobole** décorant une amphore à figures noires, art grec du VIe s. av. J.-C. (Musée archéologique, Naples.)

1. DISCOGRAPHIE n.f. Répertoire des disques concernant un compositeur, un interprète, un thème.

2. DISCOGRAPHIE n.f. MÉD. Radiographie, après injection d'un produit de contraste, d'un disque intervertébral.

DISCOGRAPHIQUE adj. Qui se rapporte à la discographie d'un compositeur, d'un interprète.

DISCOÏDE ou **DISCOÏDAL, E, AUX adj.** En forme de disque.

DISCOMPTE n.m., DISCOMPTER v.t. et **v.i., DISCOMPTEUR n.m.** Recomm. off. pour **discount, discounter** et **discounteur.**

DISCOMYCÈTE n.m. Champignon ascomycète doté d'alvéoles (apothécies) qui s'ouvrent largement à maturité (morilles, pézizes et truffes).

DISCONTINU, E adj. (lat. *discontinuus*). **1.** Qui n'est pas continu dans l'espace : *Ligne discontinue.* **2.** Qui s'interrompt ; qui n'est pas régulier : *Un bruit discontinu.* **3. MATH.** Se dit d'une fonction qui n'est pas continue. ◆ **n.m. PHILOS.** Caractère de ce qui est discontinu.

DISCONTINUER v.i. [3] (lat. *discontinuare*). ▪ **Sans discontinuer**, sans s'arrêter : *Travailler sans discontinuer.*

DISCONTINUITÉ n.f. Absence de continuité.

DISCONVENANCE n.f. Vx. Défaut de convenance, d'adaptation entre des choses ou des êtres ; incompatibilité.

DISCONVENIR v.t. ind. [28] (DE) [du lat. *disconvenire*, ne pas s'accorder]. Litt. ▪ **Ne pas disconvenir de qqch**, en convenir ; l'admettre : *C'était une erreur, je n'en disconviens pas.*

DISCOPATHIE n.f. MÉD. Affection d'un disque intervertébral.

DISCOPHILE n. Amateur ou collectionneur de disques phonographiques.

DISCOPHILIE n.f. Goût, passion du discophile.

DISCORDANCE n.f. 1. Caractère de ce qui est discordant ; divergence : *Discordances entre des témoignages.* **2. GÉOL.** Disposition d'une série de couches sédimentaires reposant sur des terrains plus anciens qui ne leur sont pas concordants. **3. PSYCHIATR.** Dissociation.

DISCORDANT, E adj. 1. Qui manque d'harmonie, de justesse ; dissonant : *Sons discordants.* **2.** Fig. Qui n'est pas en accord avec les autres : *La ministre a un avis discordant.* ▪ **Couches discordantes** [géol.], qui reposent en discordance sur des terrains plus anciens.

DISCORDE n.f. (lat. *discordia*). Dissension entre deux ou plusieurs personnes. ▪ **Pomme de discorde**, sujet de querelle.

DISCORDER v.i. [3]. Litt. **1.** Être divergent : *Leurs avis discordent.* **2.** N'être pas en harmonie, en parlant de sons, de couleurs.

DISCOTHÉCAIRE n. Personne qui s'occupe des prêts dans une discothèque.

DISCOTHÈQUE n.f. 1. Lieu public de divertissement où l'on peut danser et écouter de la musique en consommant des boissons. **2.** Organisme de prêt de disques ; endroit où est organisé ce prêt. **3.** Collection de disques ; meuble destiné à contenir cette collection.

DISCOUNT [diskawnt] ou [diskunt] **n.m.** (mot angl.). **1.** Rabais consenti par un commerçant en fonction de l'ampleur des commandes et des ventes, et de la réduction de ses charges. **2.** Vente au public à bas prix et par très grandes quantités ; pratique commerciale qui en résulte : *Magasin (de) discount.* Recomm. off. **discompte.**

DISCOUNTER [diskawnte] ou [diskunte] **v.t. [3].** Vendre des marchandises en discount. ◆ **v.i.** Pratiquer le discount. Recomm. off. **discompter.**

DISCOUNTEUR ou **DISCOUNTER** [diskawntœr] ou [diskuntœr] **n.m.** Commerçant qui pratique le discount. Recomm. off. **discompteur.**

DISCOUREUR, EUSE n. Personne qui aime faire de longs discours.

DISCOURIR v.i. [33] (du lat. *discurrere*, courir çà et là). Parler sur un sujet en le développant longuement ; pérorer.

DISCOURS n.m. (lat. *discursus*). **1.** Développement oratoire sur un sujet déterminé, prononcé en public ; allocution : *Un discours de bienvenue.* **2. LING.** Réalisation concrète, écrite ou orale, de la langue considérée comme un système abstrait. **3. LING.** Énoncé supérieur à la phrase, considéré du point de vue de son enchaînement : *Discours direct*, indirect*.* **4.** Ensemble de manifestations verbales, orales ou écrites, représentatives d'une idéologie ou d'un état des mentalités à une époque : *Le discours écologique.* ▪ **Parties du discours** [ling.], catégories grammaticales (nom, adjectif, verbe, etc.).

DISCOURTOIS, E adj. Sout. Qui manque de courtoisie ; impoli.

DISCOURTOISEMENT adv. Sout. Impoliment.

DISCOURTOISIE n.f. Sout. Manque de courtoisie ; impolitesse.

DISCRÉDIT n.m. Diminution ou perte de la confiance, de l'estime, de la valeur dont jouissait qqn, qqch ; déconsidération : *Cette affaire a jeté le discrédit sur toute la profession.*

DISCRÉDITER v.t. [3]. Faire perdre à qqn, à qqch la considération, l'influence dont il jouissait. ◆ **SE DISCRÉDITER** v.pr. Perdre l'estime des autres.

DISCRET, ÈTE adj. (du lat. *discretus*, séparé). **1.** Qui fait attention à ne pas gêner ; réservé : *Elle est discrète sur sa vie privée.* **2.** Qui est fait de façon à n'être pas remarqué : *Geste discret.* **3.** Qui n'attire pas l'attention ; sobre : *Tenue discrète.* **4.** Qui sait garder un secret. **5.** MATH., PHYS. Se dit d'une grandeur constituée d'unités distinctes (par oppos. aux *grandeurs continues**), d'une variation procédant par quantités entières. **6.** LING. Se dit d'une unité faisant partie d'un système et qui peut être isolée, délimitée par l'analyse.

DISCRÈTEMENT adv. Avec discrétion.

DISCRÉTION n.f. (du lat. *discretio*, discernement). **1.** Attitude de qqn qui ne veut pas s'imposer ; réserve. **2.** Caractère de ce qui n'attire pas l'attention ; sobriété : *La discrétion d'un maquillage.* **3.** Aptitude à garder un secret. ▪ **À discrétion,** à volonté. ▪ **À la discrétion de qqn,** à sa merci.

DISCRÉTIONNAIRE adj. DR. ▪ **Pouvoir discrétionnaire,** liberté laissée à l'Administration de prendre l'initiative de certaines mesures en se fondant sur des critères d'opportunité.

DISCRIMINANT, E adj. (du lat. *discrimen, -inis*, séparation). **1.** Qui établit une séparation entre des termes. **2.** Qui introduit une différenciation entre des individus. ◆ n.m. MATH. Nombre ($\Delta = b^2 - 4ac$) qui permet de connaître le nombre de racines réelles de l'équation du second degré $ax^2 + bx + c = 0$ à coefficients a, b et c réels.

DISCRIMINATION n.f. **1.** Action de distinguer et de traiter différemment certains individus ou un groupe entier par rapport au reste de la collectivité : *Discrimination sociale, raciale.* **2.** Sout. Action de séparer des choses à partir de certains critères ; distinction. ▪ **Discrimination positive,** action visant à réduire des inégalités subies par certains groupes ou communautés en leur accordant des avantages préférentiels (instauration de quotas, notamm.).

DISCRIMINATOIRE adj. Qui tend à opérer une discrimination entre des personnes : *Un refus d'embauche jugé discriminatoire.*

DISCRIMINER v.t. [3] (lat. *discriminare*). Sout. Établir une distinction entre des individus ou des choses.

DISCULPATION n.f. Action de disculper, de se disculper.

DISCULPER v.t. [3] (du lat. *culpa*, faute). Prouver l'innocence de : *Ce test ADN disculpe l'accusé.* ◆ **SE DISCULPER** v.pr. Prouver son innocence.

DISCURSIF, IVE adj. (lat. *discursivus*, de *discursus*, discours). **1.** Qui repose sur le raisonnement. **2.** LING. Qui concerne le discours.

DISCUSSION n.f. (du lat. *discussio*, secousse). **1.** Action de discuter ; examen contradictoire : *La discussion d'un projet de loi.* **2.** Échange de propos, d'idées ; conversation : *Une discussion tendue.* ▪ **Groupe de discussion** [inform.], forum.

DISCUTABLE adj. Qui offre matière à discussion ; douteux : *Un procédé discutable.*

DISCUTAILLER v.i. [3]. Fam., péjor. Discuter longuement de choses insignifiantes.

DISCUTAILLEUR, EUSE adj. et n. Fam., péjor. Qui discutaille.

DISCUTÉ, E adj. Controversé : *Une décision très discutée.*

DISCUTER v.t. [3] (du lat. *discutere*, secouer). **1.** Examiner avec soin une question ; débattre : *Discuter le cas d'un plagiaire.* **2.** Mettre en question ; contester : *Elle n'admet pas qu'on discute ses ordres.* **3.** Absol. Ergoter : *Obéir sans discuter.* ▪ **Discuter la résolution d'un problème** [math.], le résoudre en envisageant toutes les valeurs possibles des paramètres. ◆ v.t. ind. (DE). Échanger des idées sur : *Discuter (de) politique.* ◆ **SE DISCUTER** v.pr. ▪ **Ça se discute** [fam.], il y a des arguments pour et contre.

DISCUTEUR, EUSE adj. et n. Qui aime la discussion ; qui conteste tout.

DISERT, E [dizɛr, ɛrt] adj. (lat. *disertus*). Litt. Qui parle aisément et avec élégance.

DISETTE n.f. **1.** Pénurie de vivres ; famine. **2.** Litt. Manque de qqch ; pénurie : *Une disette d'idées nouvelles.*

DISETTEUX, EUSE adj. et n. Vx. Qui souffre de disette.

DISEUR, EUSE n. **1.** Personne qui dit habituellement certaines choses : *Une diseuse de bons mots.* **2.** Litt. Personne qui parle de telle manière : *Un fin diseur.* ▪ **Diseur, diseuse de bonne aventure,** personne qui prédit l'avenir.

DISGRÂCE n.f. (ital. *disgrazia*). **1.** Perte de l'estime dont qqn ou qqch jouissait : *Mode, artiste tombés en disgrâce.* **2.** Litt., vx. Infortune ; malheur. **3.** Litt. Manque de grâce.

DISGRACIÉ, E adj. et n. Litt. Privé de beauté ; disgracieux.

DISGRACIER v.t. [5]. Sout. Retirer à qqn la faveur dont il jouissait : *Disgracier une ministre.*

DISGRACIEUX, EUSE adj. **1.** Qui manque de grâce ; ingrat : *Visage disgracieux.* **2.** Litt. Discourtois.

DISHARMONIE [diz-] n.f. **1.** Dysharmonie. **2.** GÉOL. Résultat du plissement différentiel de deux couches contiguës au cours d'une même phase tectonique.

DISJOINDRE v.t. [62] (lat. *disjungere*). Séparer des choses jointes ; désassembler. ▪ **Disjoindre deux causes** [dr.], les soumettre chacune à une procédure distincte.

DISJOINT, E adj. Qui n'est plus joint : *Des dalles disjointes.* ▪ **Ensembles disjoints** [math.], qui n'ont aucun élément commun. ▪ **Intervalle disjoint** [mus.], intervalle formé de deux notes ne se suivant pas dans la gamme (de *do* à *fa*, par ex.) [par oppos. à *intervalle conjoint*].

DISJONCTER v.i. [3] (du lat. *disjungere*, disjoindre). **1.** Se mettre en position d'interruption du courant, en parlant d'un disjoncteur. **2.** Fam. Perdre la tête.

DISJONCTEUR n.m. ÉLECTROTECHN. Interrupteur automatique de courant, fonctionnant lors d'une variation anormale de l'intensité ou de la tension.

DISJONCTIF, IVE adj. et n.m. LING. Se dit d'une particule qui indique une séparation entre les termes qu'elle relie (par ex., *ou, soit, ni*).

DISJONCTION n.f. (lat. *disjunctio*). **1.** Action de disjoindre ; dislocation. **2.** LOG. Liaison de deux propositions ou de deux prédicats par *ou*, notée $\vee$. ▪ **Disjonction d'instance** [dr.], décision par laquelle le juge ordonne d'instruire et de juger séparément les questions litigieuses d'une même instance.

DISLOCATION n.f. **1.** Action de disloquer ; disjonction : *Dislocation d'une armoire, d'une épaule.* **2.** Fig. Séparation des parties d'un tout ; dispersion : *Dislocation d'un cortège.* **3.** CRISTALLOGR. Défaut d'un cristal caractérisé par le glissement d'une de ses parties par rapport au réseau parfait.

DISLOQUER v.t. [3] (du lat. *dislocare*, déplacer). **1.** Disjoindre avec une certaine violence les parties d'un ensemble : *Le choc a disloqué la voiture.* **2.** Déboîter les os d'une articulation ; luxer : *Disloquer une épaule.* **3.** Fig. Rompre l'unité d'un ensemble en séparant ses parties : *Disloquer une manifestation.* ◆ **SE DISLOQUER** v.pr. Perdre son unité, sa cohésion.

DISPARAÎTRE, ▲ DISPARAITRE v.i. [71] (auxil. *avoir* ou, litt., *être*). **1.** Cesser d'être visible : *L'avion disparut dans le ciel.* **2.** S'absenter brusquement : *Il a disparu sans un mot.* **3.** Être égaré ou volé : *Son portable a disparu.* **4.** Mourir, en parlant de qqn : *Cet artiste vient de disparaître* ; cesser d'être, en parlant de qqch : *Ses craintes ont disparu.* ▪ **Faire disparaître qqch,** le supprimer : *Faire disparaître une tache.* ▪ **Faire disparaître qqn,** le tuer.

DISPARATE adj. [du lat. *disparatus*, inégal]. Qui forme un ensemble sans harmonie, sans unité ; hétéroclite : *Un mobilier disparate.* ◆ n.m. ou n.f. Vx ou litt. Manque d'harmonie ; contraste choquant.

DISPARITÉ n.f. **1.** Manque d'égalité ; différence marquée : *Disparité des revenus, des salaires.* **2.** Manque d'harmonie ; opposition.

DISPARITION n.f. **1.** Fait de ne plus être perceptible, visible : *La disparition des fresques d'une église.* **2.** Fait de ne plus exister : *La disparition d'un dialecte.* **3.** Absence génér. inexpliquée : *Constater la disparition d'une somme d'argent.* **4.** Mort : *Sa disparition nous a bouleversés.* ▪ **Espèce en voie de disparition,** menacée d'extinction.

DISPARU, E adj. et n. Mort ou considéré comme mort : *Marin porté disparu.*

DISPATCHER [dispatʃe] v.t. [3]. Faire le dispatching de ; répartir.

DISPATCHING [dispatʃiŋ] n.m. (de l'angl. *to dispatch*, répartir). **1.** Organisme assurant, à partir d'un bureau unique, la régulation d'un trafic, la distribution d'un fluide ou d'électricité dans un réseau, etc. **2.** Opération, portant sur des marchandises ou sur du courrier, consistant à diriger chaque colis ou chaque pli vers son destinataire. Recomm. off. **répartition, ventilation.**

DISPENDIEUSEMENT adv. Sout. De façon dispendieuse.

DISPENDIEUX, EUSE adj. (du lat. *dispendium*, dépense). Sout. Qui occasionne beaucoup de dépenses : *Un mariage dispendieux.*

DISPENSABLE adj. DR. ▪ **Cas dispensable,** susceptible d'obtenir une dispense.

DISPENSAIRE n.m. Établissement de consultations et de soins médicaux dépendant d'un organisme public ou privé.

DISPENSATEUR, TRICE n. Sout. Personne qui distribue, qui répartit qqch.

DISPENSATION n.f. **1.** Sout. Action de dispenser, d'accorder : *L'inégale dispensation des talents.* **2.** Pour un pharmacien, action d'analyser une prescription de médicaments, de les délivrer et d'aider à leur correcte administration.

DISPENSE n.f. Permission accordée de ne pas faire une chose obligatoire ; document qui atteste cette permission.

DISPENSER v.t. [3] (lat. *dispensare*). **1.** Autoriser à ne pas faire ; exempter : *Dispenser un élève de natation.* **2.** Sout. Donner ; accorder : *Dispenser des soins aux malades.* ◆ **SE DISPENSER** v.pr. (DE). Ne pas se soumettre à une obligation.

DISPERSANT, E adj. et n.m. CHIM. Se dit d'un produit tensioactif utilisé pour diluer et dissoudre les hydrocarbures répandus sur l'eau.

DISPERSÉ, E adj. PHYS. ▪ **Système dispersé,** système physique dans lequel un solide ou un liquide est dans un état de division très fine.

DISPERSEMENT n.m. Fait de disperser, de se disperser.

DISPERSER v.t. [3] (du lat. *dispergere*, répandre). **1.** Jeter çà et là ; disséminer : *Disperser des cendres.* **2.** Séparer les éléments d'un ensemble : *Disperser un troupeau* ; faire aller de différents côtés : *Le vent disperse la fumée.* ▪ **Disperser ses efforts, son attention,** les affaiblir en les appliquant à trop de choses à la fois. ▪ **Disperser une collection,** la vendre à plusieurs acheteurs. ▪ **En ordre dispersé,** de façon désordonnée. ◆ **SE DISPERSER** v.pr. **1.** S'en aller de tous les côtés : *Les manifestants se sont dispersés.* **2.** Fig. S'adonner à trop d'activités pour être efficace ; s'éparpiller.

DISPERSIF, IVE adj. OPT. Qui provoque la dispersion de la lumière.

DISPERSION n.f. **1.** Action de disperser ; fait d'être dispersé : *La dispersion d'une collection.* **2.** Fig. Manque de concentration ; éparpillement. **3.** OPT. Décomposition d'un rayonnement complexe en ses différentes radiations. **4.** CHIM. Solide, liquide ou gaz contenant un autre corps uniformément réparti dans sa masse. **5.** MATH. Étalement des valeurs d'une distribution statistique autour de valeurs caractéristiques (moyenne, médiane, mode). ▪ **Dispersion du tir,** phénomène d'où il résulte que les points de chute de plusieurs projectiles pourtant identiques, tirés avec la même arme et dans des conditions identiques, sont dispersés.

DISPONIBILITÉ n.f. **1.** État de ce qui est disponible : *Disponibilité d'un capital.* **2.** Fait pour qqn d'avoir du temps libre : *Les 35 heures nous donnent une plus grande disponibilité.* **3.** Fait d'être ouvert à beaucoup de choses : *J'apprécie sa disponibilité d'esprit.* **4.** Position d'un fonctionnaire ou d'un militaire placé temporairement à sa demande hors de son corps d'origine. **5.** Période des obligations militaires faisant immédiatement suite à la fin du service actif et entraînant des obligations au titre de la réserve. ◆ n.f. pl. Fonds dont on peut disposer.

DISPONIBLE adj. (lat. médiév. *disponibilis*). **1.** Dont on peut disposer : *Capital disponible. Deux places sont encore disponibles.* **2.** Qui a du temps pour telle activité : *Il est disponible tous les soirs.* **3.** Qui accueille bien ce qui est différent ou nouveau ; ouvert. **4.** Se dit d'un fonctionnaire ou d'un militaire en disponibilité.

DISPOS, E adj. (ital. *disposto*). Qui est en bonne forme physique et morale : *Être frais et dispos.* (Le fém. est rare.)

DISPOSANT, E n. DR. Personne qui dispose d'un bien par donation ou testament.

DISPOSÉ, E adj. Arrangé de telle ou telle manière : *Un buffet joliment disposé.* ▪ **Être bien, mal disposé,** être de bonne, de mauvaise humeur. ▪ **Être bien, mal disposé à l'égard de qqn,** vouloir, ne pas vouloir lui être utile ou agréable.

DISPOSER v.t. [3] (lat. *disponere*). **1.** Placer des choses ou des personnes d'une certaine manière : *Disposer des fleurs dans un vase, des invités autour d'une table.* **2.** Mettre qqn en état de faire qqch ; inciter : *Une offre intéressante l'a disposé à vendre.* ◆ **v.t. ind. (DE). 1.** Avoir à sa disposition : *Il dispose d'une voiture de fonction.* **2.** Pouvoir compter sur l'aide de qqn. **3.** Être maître de qqn, de sa vie : *Le droit des peuples à disposer d'eux-mêmes.* ◆ **v.i.** ▪ **Vous pouvez disposer,** vous pouvez partir. ◆ **SE DISPOSER v.pr. (À).** S'apprêter à : *Se disposer à aller se coucher.*

DISPOSITIF n.m. 1. Ensemble de pièces constituant un mécanisme, un appareil quelconque ; ce mécanisme, cet appareil : *Un dispositif d'alarme.* **2.** Ensemble des moyens mis en œuvre dans un but déterminé : *Un dispositif policier.* **3.** Articulation des moyens qu'adopte une formation militaire pour exécuter une mission. **4. DR.** Partie d'un jugement dans laquelle est exprimée la décision du tribunal, précédée des motifs qui justifient la décision prise. ▪ **Dispositif scénique,** aménagement spatial de l'aire de jeu au théâtre.

DISPOSITION n.f. (lat. *dispositio*). **1.** Action de placer des choses ou des personnes ; manière dont elles sont disposées : *Il a changé la disposition des pièces.* **2.** Tendance générale : *Disposition des prix à la hausse.* **3.** Faculté d'user à son gré de qqch : *Avoir la libre disposition d'un héritage.* **4. DR.** Règle ou prescription énoncée dans un texte. ▪ **À la disposition de,** au service de : *Je suis à ta disposition.* ▪ **Disposition à titre gratuit** [dr.], transmission d'un bien par donation ou testament. ▪ **Être à disposition** [Suisse], être disponible ; être aux ordres de. ◆ **n.f. pl. 1.** État d'esprit à un moment donné : *Il est dans de meilleures dispositions* ; façon d'envisager les choses : *Il est toujours dans les mêmes dispositions à ton égard.* **2.** Aptitudes de qqn pour qqch : *Avoir des dispositions pour la musique.* ▪ **Prendre des, ses dispositions,** faire des préparatifs en vue de qqch.

DISPROPORTION n.f. Défaut de proportion ; différence entre des choses : *Disproportion d'âge, de fortune.*

DISPROPORTIONNÉ, E adj. 1. Qui n'est pas proportionné à qqch ; excessif : *Une condamnation disproportionnée.* **2.** Dont la taille ou les proportions sont anormales ; démesuré : *Un cou disproportionné.*

DISPUTAILLER v.i. [3]. Fam. Discuter longuement sur des riens.

DISPUTE n.f. Discussion très vive ; querelle.

DISPUTER v.t. [3] (du lat. *disputare*, discuter). **1.** Fam. Réprimander vivement ; gronder : *Sa mère l'a disputé.* **2.** Participer à une lutte, à une compétition pour obtenir la victoire : *Disputer un match, un combat.* **3. (À).** Lutter pour obtenir ce que qqn possède ou tente en même temps d'obtenir : *Il dispute la médaille d'or à son rival.* ◆ **SE DISPUTER v.pr.** Se quereller.

DISQUAIRE n. Personne qui vend au détail des disques de musique enregistrée.

DISQUALIFICATION n.f. Action de disqualifier ; fait d'être disqualifié.

DISQUALIFIER v.t. [5] (angl. *to disqualify*). **1.** Exclure un participant d'une épreuve sportive pour infraction au règlement : *Disqualifier un athlète dopé.* **2.** Sout. Frapper de discrédit ; déshonorer. ◆ **SE DISQUALIFIER v.pr.** Litt. Se déconsidérer.

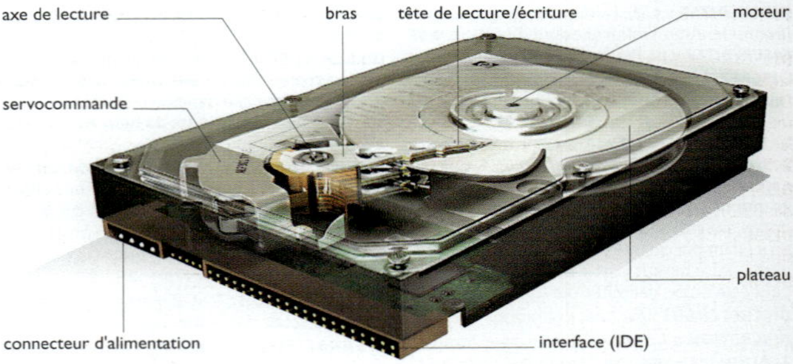

▲ **disque dur**

DISQUE n.m. (du lat. *discus*, palet). **1.** Support circulaire contenant un enregistrement destiné à la reproduction phonographique (*disque noir* ou *vinyle* et *disque compact*) ou vidéographique (*disque vidéo, DVD*). **2. INFORM.** Support circulaire recouvert d'une surface permettant d'enregistrer des informations sous forme binaire sur des pistes concentriques. ➲ Les supports d'enregistrement peuvent être magnétiques (*disques durs*, d'une très grande capacité de stockage) ou à lecture optique (*disques optiques, cédéroms, DVD*, de grande capacité). **3.** Palet de forme lenticulaire pesant 2 kg pour les hommes et 1 kg pour les femmes ; concours d'athlétisme pratiqué avec ce palet. **4. ASTRON.** Surface circulaire visible d'un astre : *Le disque de la Lune.* **5. ASTRON.** Concentration de matière, de forme approximativement circulaire et de faible épaisseur par rapport à son diamètre. ➲ Les *disques protoplanétaires*, à l'origine des planètes, sont des nuages de gaz et de poussières se formant autour des jeunes étoiles ; les *disques d'accrétion* sont des accumulations de matière autour de cadavres stellaires très denses (étoiles à neutrons, trous noirs) ; les *disques circumstellaires* sont constitués de débris (poussières, astéroïdes) et de peu ou pas de gaz, comme la ceinture de Kuiper* autour du Soleil. **6. CH. DE F.** Signal présentant une cocarde circulaire rouge (en signalisation mécanique) ou un feu rouge et un feu jaune (en signalisation lumineuse), et imposant la marche à vue puis l'arrêt à distance. **7. MATH.** Ensemble des points du plan dont la distance à un point fixe (le *centre*) est inférieure ou égale à un nombre donné (le *rayon*). ➲ La frontière du disque est un cercle. ▪ **Disque intervertébral** [anat.], cartilage fibreux s'interposant entre deux vertèbres. ➲ Sa détérioration est à l'origine de maux de dos. ▪ **Disque numérique,** disque sur lequel l'information est enregistrée sous forme de signaux numériques. ▪ **Disque optique,** disque à lecture* optique. ▪ **Disque optique compact,** cédérom. ▪ **Disque optique numérique (DON)** [inform.], disque où sont enregistrées des données numériques lisibles grâce à des moyens optiques.

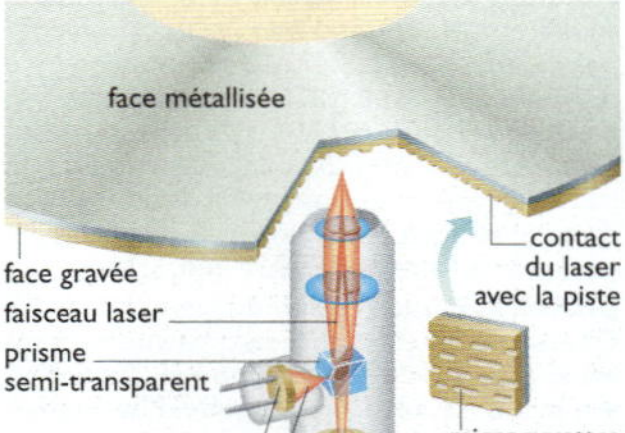

▲ **disque.** Lecteur de disques compacts.

DISQUETTE n.f. INFORM. Support magnétique composé d'un petit disque souple disposé dans un étui qui permettait de stocker une faible quantité de données. (On disait aussi *disque souple*, par oppos. à *disque dur*.)

DISRUPTIF, IVE adj. ÉCON. Se dit d'une entreprise, d'un produit, d'un concept, etc., qui créent une véritable rupture au sein d'un secteur d'activité en renouvelant radicalement son fonctionnement. ▪ **Champ disruptif** [électr.], dans un condensateur, champ électrique capable de provoquer une disruption. ▪ **Décharge disruptive** [électr.], décharge électrique accompagnée d'une étincelle. ▪ **Livrée disruptive** [biol.], ensemble des taches ou des rayures colorées portées par divers animaux (papillons, poissons, léopard, etc.), qui rendent les contours de leur corps difficiles à discerner.

DISRUPTION n.f. ÉLECTR. 1. Ouverture brusque d'un circuit électrique. **2.** Destruction du caractère isolant d'un milieu ; claquage.

DISSECTION n.f. 1. Action de disséquer. **2.** Fig. Action d'analyser minutieusement qqch.

DISSEMBLABLE adj. Qui n'est pas semblable ; différent.

DISSEMBLANCE n.f. Absence de ressemblance ; disparité.

DISSÉMINATION n.f. 1. Action de disséminer ; dispersion. **2. BOT.** Dispersion des graines à l'époque de leur maturité.

DISSÉMINER v.t. [3] (lat. *disseminare*, de *semen*, semence). Répandre çà et là : *Disséminer des appâts dans l'eau. Disséminer des espions dans la foule.*

DISSENSION n.f. (lat. *dissensio*). Vive opposition de sentiments, d'intérêts, d'idées ; désaccord.

DISSENTIMENT n.m. (du lat. *dissentire*, être en désaccord). Litt. Opposition de sentiments, d'opinions ; mésentente.

DISSÉQUER v.t. [11], ▲ *[11*]* (du lat. *dissecare*, couper en deux). **1.** Ouvrir les parties d'un corps pour en faire l'examen anatomique : *Disséquer un cadavre.* **2.** Fig. Analyser minutieusement : *La journaliste dissèque le discours du ministre.*

DISSERTATION n.f. 1. Exercice écrit portant sur une question littéraire, philosophique, historique, etc., en usage dans les lycées et dans l'enseignement supérieur. **2.** Fig. Développement long et ennuyeux ; discours pédant.

DISSERTER v.i. [3] (lat. *dissertare*). **1. (SUR).** Traiter méthodiquement un sujet, par écrit ou oralement : *Les élèves dissertent sur la notion de liberté.* **2. (DE, SUR).** [Parfois péjor.]. Discourir longuement.

DISSIDENCE n.f. (lat. *dissidentia*). **1.** Divergence idéologique conduisant qqn ou un groupe à se séparer de la communauté, du parti, du pays dont il était membre : *Entrer en dissidence.* **2.** Groupe de dissidents : *La dissidence lance un appel à la communauté internationale.* **3.** Critique de l'ordre existant, dans les dernières décennies de l'URSS.

DISSIDENT, E adj. et **n.** Qui est en dissidence.

DISSIMILATION n.f. PHON. Tendance de deux phonèmes identiques et voisins à se différencier.

DISSIMILITUDE n.f. Manque de similitude, de ressemblance ; disparité.

DISSIMULATEUR, TRICE adj. et **n.** Qui dissimule ; hypocrite.

DISSIMULATION n.f. 1. Action de dissimuler ses pensées ; sournoiserie. **2.** Action frauduleuse consistant à taire l'existence de qqch : *Dissimulation de preuves.*

DISSIMULÉ, E adj. Accoutumé à cacher ses sentiments ; fourbe.

DISSIMULER v.t. [3] (lat. *dissimulare*). **1.** Ne pas laisser paraître ses sentiments, ses intentions : *Dissimuler son inquiétude.* **2.** Soustraire aux regards ; cacher : *Il a mis un tapis pour dissimuler la tache.* ◆ **SE DISSIMULER v.pr. 1.** Se cacher. **2.** Refuser de voir : *Ils se sont dissimulé le danger.*

DISSIPATEUR, TRICE n. Litt. Personne qui dissipe, dilapide son bien.

DISSIPATIF, IVE adj. PHYS. Qui produit une dissipation d'énergie ou en est le siège.

DISSIPATION n.f. 1. Fait de se dissiper, de disparaître peu à peu : *La dissipation du brouillard.* **2.** Manque d'attention chez un élève ; turbulence. **3.** Litt. Dilapidation. **4.** Litt. Vie de désordre ; débauche. **5. PHYS.** Perte d'énergie électrique, mécanique, etc., par transformation en énergie thermique.

DISSIPÉ, E adj. Se dit d'un élève inattentif et turbulent.

DISSIPER v.t. [3] (du lat. *dissipare*, anéantir). **1.** Faire disparaître : *Le soleil dissipe la brume* ; faire cesser : *Dissiper un malentendu.* **2.** Porter à l'inattention et à l'indiscipline : *Il dissipe toute la classe.* **3.** Litt. Dépenser inconsidérément ; dilapider : *Dissiper son capital.* ◆ **SE DISSIPER v.pr. 1.** Disparaître peu à peu : *Le brouillard se dissipe.* **2.** Être, devenir inattentif, turbulent.

DISSOCIABILITÉ n.f. Caractère de ce qui est dissociable.

DISSOCIABLE adj. Qui peut être dissocié.

DISSOCIATIF, IVE adj. PSYCHIATR. Relatif à la dissociation.

DISSOCIATION n.f. 1. Action de dissocier, de séparer ce qui était uni. **2. CHIM.** Séparation d'un solide cristallin, d'une molécule ou d'un complexe en ses parties constituantes. **3. PSYCHIATR.** Rupture de l'unité psychique, typique de la schizophrénie, se traduisant notamm. par une discordance entre les idées et les sentiments d'une part, et la façon dont ils s'expriment d'autre part (rire sans motif, par ex.) [SYN. **discordance**].

DISSOCIER v.t. [5] (lat. *dissociare*). Séparer des éléments associés ; disjoindre.

DISSOLU, E adj. (lat. *dissolutus*). Litt. **1.** Dont les mœurs sont relâchées ; dépravé. **2.** Marqué par les abus, les dérèglements : *Mener une vie dissolue.*

DISSOLUBLE adj. DR. Que l'on peut dissoudre, annuler.

DISSOLUTION n.f. (lat. *dissolutio*). **1.** Action de dissoudre ; fait de se dissoudre. **2. DR.** Cessation ou disparition légale : *La dissolution d'un pacs, d'une association.* **3. DR.** Fait de dissoudre une assemblée. **4. CHIM.** Mise en solution d'un solide, d'un liquide ou d'un gaz ; liquide qui en résulte. **5.** Solution visqueuse de caoutchouc pour réparer les chambres à air des pneumatiques.

DISSOLVANT, E adj. et **n.m.** Se dit d'un produit servant à dissoudre un autre produit (colle, vernis, etc.) : *L'acétone est un dissolvant.* ◆ **adj.** Vx. Qui affaiblit : *Chaleur dissolvante.*

DISSONANCE n.f. (lat. *dissonantia*). **1.** Rencontre peu harmonieuse de sons, de mots, de syllabes ; dysharmonie. **2. MUS.** Rapport de sons qui ne donne pas à l'auditeur l'impression d'un repos et qui, dans l'harmonie traditionnelle, réclame une résolution sur une consonance. **3.** Litt. Manque d'accord entre plusieurs couleurs.

DISSONANT, E adj. 1. Qui produit une dissonance : *Accord dissonant.* **2.** Litt. Dont le rapprochement produit une impression pénible : *Coloris dissonants.*

DISSONER v.i. [3] (lat. *dissonare*). Litt. Produire une dissonance.

DISSOUDRE v.t. [67], ▲ *p.p. adj. dissout* (lat. *dissolvere*). **1.** Amener un corps solide, liquide ou gazeux à former un mélange homogène avec un liquide. **2. DR.** Mettre fin légalement à : *Dissoudre un mariage.* **3. DR.** Mettre fin au mandat d'une assemblée délibérante, avant le terme légal. ◆ **SE DISSOUDRE v.pr.** Perdre sa consistance dans un liquide : *Le comprimé s'est dissous dans l'eau.*

DISSUADER v.t. [3] (lat. *dissuadere*). Détourner qqn d'une résolution : *Je l'ai dissuadée de ce procès, de partir seule.*

DISSUASIF, IVE adj. 1. Qui dissuade un ennemi d'attaquer : *Des armes dissuasives.* **2.** Qui dissuade qqn de faire qqch : *Un argument dissuasif.*

DISSUASION n.f. 1. Action de dissuader. **2. MIL.** Mode de la stratégie militaire qui vise à détourner un adversaire d'une intention agressive par la représentation des représailles qu'il pourrait subir en retour. ➲ L'exceptionnelle capacité de destruction des armes nucléaires a donné une valeur nouvelle à la stratégie de dissuasion.

DISSYLLABE adj. et **n.m.** ou **DISSYLLABIQUE adj.** Se dit d'un vers qui a deux syllabes.

DISSYMÉTRIE n.f. Défaut de symétrie.

DISSYMÉTRIQUE adj. Qui présente une dissymétrie.

DISTAL, E, AUX adj. (mot angl.). **ANAT.** Se dit de la partie d'un organe, ou d'un membre, qui est la plus éloignée d'un organe de référence ou du tronc (CONTR. **proximal**).

DISTANCE n.f. (lat. *distantia*). **1.** Intervalle séparant deux points dans l'espace ; longueur à parcourir pour aller d'un point à un autre : *La distance de la Terre à la Lune.* **2.** Espace à parcourir dans une course. **3.** Moment qui sépare deux instants, deux époques : *Les deux œuvres ont été réalisées à vingt ans de distance.* **4.** Différence entre deux choses, deux attitudes : *Il y a une certaine distance entre ses propos et ses actes.* **5.** Différence de niveau social, d'âge, de culture, de statut ; écart : *L'argent a mis une grande distance entre eux.* ▪ **À distance,** en étant éloigné dans l'espace : *Suivre une formation à distance* ; en prenant un certain recul dans le temps : *À distance, on juge mieux.* ▪ **Distance angulaire de deux points** [math.], angle formé par les demi-droites qui joignent l'observateur aux deux points considérés. ▪ **Distance de deux points** [math.], longueur du segment qui les joint. ▪ **Distance d'un point à une droite, à un plan** [math.], distance de ce point à son projeté orthogonal sur la droite, sur le plan. ▪ **Garder, prendre ses distances,** éviter toute familiarité avec qqn. ▪ **Tenir qqn à distance,** éviter les relations avec lui.

DISTANCEMENT n.m. Sanction prise contre un cheval de course, qui lui fait perdre la place qu'il avait à l'arrivée.

DISTANCER v.t. [9]. 1. Devancer qqn, un véhicule d'une certaine distance : *Le coureur a distancé tous ses concurrents.* **2.** Fig. Se montrer supérieur à ; surpasser. **3.** Disqualifier par distancement.

DISTANCIATION n.f. 1. THÉÂTRE. Procédé esthétique qui consiste, grâce à des techniques particulières de jeu et de mise en scène, à détruire l'illusion et à remplacer, chez le spectateur, l'identification au personnage par une attitude critique. ➲ L'effet de distanciation caractérise le théâtre de B. Brecht. **2.** Recul pris par rapport à un événement.

DISTANCIER v.t. [5]. Litt. Donner du recul à qqn par rapport à qqch. ◆ **SE DISTANCIER v.pr. (DE).** Litt. Mettre une distance critique entre soi-même et qqch.

DISTANT, E adj. (lat. *distans, -antis*). **1.** Situé à telle distance : *Deux villes distantes de cent kilomètres.* **2.** Qui montre de la froideur ou de la réserve : *Il est souvent distant avec ses collègues.*

DISTENDRE v.t. [59] (lat. *distendere*). Augmenter les dimensions d'un objet, d'un corps en l'étirant : *Distendre un ressort.* ◆ **SE DISTENDRE v.pr.** Perdre de sa force : *Nos liens d'amitié se sont distendus.*

DISTENSION n.f. PHYS. Augmentation de surface ou de volume sous l'effet d'une tension.

DISTHÈNE n.m. (du gr. *sthenos*, force). **MINÉRALOG.** Silicate d'aluminium ($SiAl_2O_5$) caractéristique du métamorphisme régional. ➲ Le disthène a deux duretés : 4,5 dans le sens de l'allongement et 7 dans la direction perpendiculaire.

DISTILLAT [-tila] **n.m. CHIM.** Produit d'une distillation.

DISTILLATEUR [-tila-] **n.m.** Fabricant de produits obtenus par la distillation.

DISTILLATION [-lasjɔ̃] **n.f. 1.** Opération consistant à vaporiser partiellement un mélange à l'état liquide, puis à condenser les vapeurs formées pour les séparer : *Distillation du pétrole. Cognac obtenu par distillation du vin.* **2.** Opération qui consiste à débarrasser un corps solide de ses composants gazeux ou liquides. ➲ La distillation du bois donne des goudrons et du méthanol.

DISTILLER [-tile] **v.t. [3]** (lat. *distillare*, de *stilla*, goutte). **1.** Opérer la distillation de : *Distiller du cidre.* **2.** Litt. Laisser couler goutte à goutte : *Le pin distille la résine.* **3.** Fig. Répandre peu à peu ; exhaler : *Ce poème distille la tristesse.* ◆ **v.i. CHIM.** Séparer d'un mélange lors d'une distillation.

DISTILLERIE [-tilri] **n.f. 1.** Industrie qui fabrique des produits obtenus par la distillation, notamm. les eaux-de-vie. **2.** Lieu où se fait la distillation.

DISTINCT, E [distɛ̃, ɛ̃kt] ou [distɛ̃kt] **adj.** (lat. *distinctus*). **1.** Qui se perçoit nettement : *Le tueur a laissé des empreintes distinctes sur l'arme.* **2.** Qui ne se confond pas avec qqch ou qqn d'analogue : *Deux cas bien distincts.*

DISTINCTEMENT adv. De façon distincte : *Parler distinctement.*

DISTINCTIF, IVE adj. Qui permet de reconnaître, de distinguer : *Un signe distinctif.*

DISTINCTION n.f. (lat. *distinctio*). **1.** Action de distinguer, de faire une différence entre deux choses ou deux personnes, deux idées, etc. : *Ne pas faire de distinction entre les élèves* ; cette différence : *Il y a une subtile distinction entre ces deux notions.* **2.** Marque d'honneur qui désigne qqn à l'attention d'autrui : *Ce savant a reçu plusieurs distinctions.* **3.** Caractère élégant, raffiné d'une personne ; classe : *Elle a beaucoup de distinction.*

DISTINGUABLE adj. Que l'on peut distinguer, percevoir, différencier.

DISTINGUÉ, E adj. 1. Litt. Remarquable par son rang, sa valeur ; éminent : *Ma distinguée consœur.* **2.** Qui manifeste de la distinction : *Un homme distingué.*

DISTINGUER v.t. [3] (lat. *distinguere*). **1.** Constituer l'élément spécifique qui permet de reconnaître : *Qu'est-ce qui distingue le dromadaire du chameau ?* **2.** Différencier qqn, qqch en percevant les caractéristiques qui font sa spécificité : *Distinguer deux jumeaux. Distinguer le vrai du faux.* **3.** Percevoir sans confusion par l'un des sens ; discerner : *Par temps clair on distingue la côte.* ◆ **SE DISTINGUER v.pr.** Se faire remarquer : *Elle s'est distinguée par son talent.*

DISTINGUO [distɛ̃go] **n.m.** (mot lat. « je distingue »). Nuance fine, subtile.

DISTIQUE n.m. (gr. *distikhon*, de *stikhos*, vers). **VERSIF.** Groupe de deux vers formant un sens complet.

DISTOMATOSE n.f. Infection parasitaire due à une douve atteignant le foie, l'intestin ou les poumons des mammifères herbivores et de l'homme.

DISTORDRE v.t. [59]. Déformer par une torsion.

DISTORSION n.f. (lat. *distorsio*). **1.** Action de distordre ; état de ce qui est distordu : *Distorsion de la bouche.* **2. OPT.** Aberration des miroirs ou des lentilles, caractérisée par une déformation de l'image. **3.** Déformation d'un signal (acoustique, électrique), d'un phénomène périodique au cours de sa transmission. **4.** Fig. Déséquilibre entre plusieurs facteurs, produisant une tension : *Les distorsions entre les régimes de retraite.*

DISTRACTIF, IVE adj. Qui est destiné à distraire, à divertir.

DISTRACTION n.f. (lat. *distractio*). **1.** Manque d'attention ; acte qui en résulte ; étourderie : *Ne soyez pas fâché, c'est une simple distraction de ma part.* **2.** Action de se distraire, de se délasser ; détente : *Prendre un peu de distraction.* **3.** Occupation qui délasse, divertit : *La télévision est sa seule distraction.* **4.** Litt. Détournement d'argent.

DISTRAIRE v.t. [92] (du lat. *distrahere*, tirer en divers sens). **1.** Détourner qqn, son esprit de ce qui l'occupe ou le préoccupe : *Quand elle travaille, rien ne peut la distraire* ; rendre inattentif : *Tu distrais tes camarades.* **2.** Faire passer le temps agréablement à ; divertir : *Distraire un enfant malade.* **3.** Détourner à son profit ou prélever : *Il a distrait 150 euros de la caisse.* ◆ **SE DISTRAIRE v.pr.** Occuper agréablement ses loisirs ; se délasser ; s'amuser.

DISTRAIT, E adj. et **n.** Qui est peu attentif ou a l'esprit ailleurs : *Elle est très distraite et oublie souvent sa clé. Écouter un exposé d'une oreille distraite.*

DISTRAITEMENT adv. De façon distraite.

DISTRAYANT, E [-trɛjɑ̃] **adj.** Propre à distraire, à délasser ; divertissant.

DISTRIBUABLE adj. Qui peut ou doit être distribué.

DISTRIBUÉ, E adj. Qui est disposé, agencé de telle manière : *Appartement bien, mal distribué.*

DISTRIBUER v.t. [3] (lat. *distribuere*). **1.** Remettre à plusieurs personnes une partie d'un tout : *Distribuer les cartes. Cet appareil distribue des tickets.* **2.** Assurer la distribution commerciale d'un film, d'un produit, d'un service, etc. **3.** Donner au hasard et à profusion : *Distribuer des coups.* **4.** Placer selon une certaine organisation ; répartir : *Distribuer les ombres et les lumières dans un tableau.* ◆ **SE DISTRIBUER v.pr. 1.** En parlant d'un système informatique, avoir ses ressources (processeurs de traitement, mémoires, etc.) séparées et connectées par un réseau. **2.** Pour les individus d'une population statistique, avoir une certaine loi de distribution.

DISTRIBUTAIRE adj. et **n. DR.** Qui a reçu une part dans une distribution.

1. DISTRIBUTEUR, TRICE n. Personne qui distribue, diffuse qqch : *Une distributrice de prospectus.* ◆ **n.** et **adj.** Se dit d'une personne, d'une entreprise qui assure la distribution commerciale d'un produit ou d'un service.

2. DISTRIBUTEUR n.m. Appareil qui sert à délivrer des produits de consommation courante : *Distributeur de savon.* ▪ **Distributeur automatique,** appareil public qui fonctionne avec des pièces de monnaie ou une carte de crédit et qui distribue des titres de transport, des boissons, etc.

✎ Au Québec, on dit aussi *une distributrice.*

DISTRIBUTIF, IVE adj. 1. Qui distribue équitablement. **2. MATH.** Se dit d'une loi de composition interne $\perp$ définie sur un ensemble E par rapport à une autre loi T définie aussi sur E si, pour *a*, *b*, *c*, éléments quelconques, on a : $a \perp (b \top c) = (a \perp b) \top (a \perp c)$ et $(b \top c) \perp a = (b \perp a) \top (c \perp a)$. ➲ La multiplication des nombres est distributive par rapport à l'addition. ▪ **Adjectif, pronom distributif,** ou **distributif, n.m.** [gramm.], adjectif, pronom numéral ou indéfini qui exprime une idée de répartition. (Ex. : *Chaque* est un adjectif distributif, *chacun* est un pronom distributif.) ▪ **Justice distributive** [philos.], qui donne à chacun ce qui lui revient (par oppos. à *justice commutative*).

DISTRIBUTION n.f. (lat. *distributio*). **1.** Action de distribuer, de répartir entre des personnes : *Distribution de vivres. La distribution des parts d'un héritage.* **2.** Arrangement, disposition selon un certain ordre ; répartition des pièces d'un logement ; agencement. **3.** Répartition des rôles entre les interprètes d'un spectacle, d'un film ; ensemble de ces interprètes : *Une distribution internationale.* **4.** Action de conduire, de transporter un fluide en divers lieux : *Distribution du gaz, de l'électricité.* **5. COMM.** Ensemble des activités et des opérations mettant les biens et les services à la disposition des consommateurs. **6.** Branche de l'industrie cinématographique dont l'activité consiste à placer les films auprès des gérants de salles. **7. MÉCAN.** Système de pilotage des échanges de gaz d'un moteur à combustion interne ; ensemble des organes qui assurent cette distribution. **8. MÉD.** Transport et répartition d'un médicament dans l'organisme, étudiés par la pharmacocinétique. **9. MATH.** Ensemble des valeurs d'un caractère avec les effectifs (ou fréquences) associés. **10. DR.** Procédure qui répartit le produit de la vente des biens du débiteur au profit des créanciers, en cas de vente forcée ou amiable. **11. INFORM.** Ensemble de logiciels, génér. libres, assemblés autour du système d'exploitation Linux de façon à constituer un système clé en main pour l'utilisateur. ▪ **Distribution artistique,** recomm. off. pour **casting.** ▪ **Grande distribution** [comm.], ensemble constitué par les hypermarchés et les supermarchés.

DISTRIBUTIONNALISME n.m. Linguistique ou analyse distributionnelle*.

DISTRIBUTIONNEL, ELLE adj. ▪ **Linguistique** ou **analyse distributionnelle,** méthode de description de la langue fondée sur l'observation des positions relatives *(distribution)* occupées par les éléments linguistiques à l'intérieur de l'énoncé (SYN. **distributionnalisme**).

DISTRIBUTIVITÉ n.f. MATH. Propriété d'une loi de composition interne distributive par rapport à une autre.

DISTRICT [distrikt] **n.m.** (du bas lat. *districtus*, territoire). **1.** Subdivision administrative territoriale, d'étendue variable suivant les États ou les pays. **2.** [distri] Suisse. Subdivision du canton. **3.** Subdivision de département, en France, de 1790 à 1795. ▪ **District urbain,** en France, établissement public chargé de la gestion des services publics communs à plusieurs communes d'une même agglomération.

DISULFURE [disyl-] **n.m. CHIM. ORG.** Analogue soufré d'un peroxyde, caractérisé par deux atomes de soufre liés (SYN. **bisulfure**). ➲ De nombreuses protéines ont une conformation maintenue par des ponts disulfures.

1. DIT, E adj. (lat. *dictus*). Communément appelé ; surnommé : *Clemenceau, dit le Tigre.* ▪ **À l'heure dite, au jour, au moment dits,** fixés. ▪ **Ceci** ou **cela dit,** quoi qu'il en soit. ▪ **Ledit, ladite, dudit, etc.** [dr.], la personne ou la chose dont on vient de parler.

2. DIT n.m. LITTÉR. Poème narratif sur un sujet familier, au Moyen Âge.

DITHYRAMBE n.m. (gr. *dithurambos*). **1. MYTH. GR.** Cantique consacré à Dionysos. **2.** Litt. Éloge enthousiaste, souvent exagéré ; panégyrique.

DITHYRAMBIQUE adj. Très élogieux ou d'un enthousiasme excessif.

DITO adv. (de l'ital. *detto*, dit). **COMM.** Comme ci-dessus ; de même. Abrév. **d°**.

DIURÈSE n.f. (lat. sc. *diuresis*). **PHYSIOL.** Volume d'urine sécrétée par les reins pendant un intervalle de temps donné.

DIURÉTIQUE adj. et **n.m.** Se dit d'une substance qui augmente la diurèse et qui peut éventuellement être utilisée contre l'hypertension artérielle ou contre les œdèmes et l'insuffisance cardiaque.

DIURNE adj. (lat. *diurnus*, de *dies*, jour). **1.** Qui se fait pendant le jour : *Travaux diurnes.* **2.** Se dit d'un animal actif pendant le jour (par oppos. à *nocturne*). **3.** Se dit d'une plante, d'une fleur qui s'épanouit pendant le jour et se ferme la nuit. ▪ **Mouvement diurne** [astron.], rotation apparente du ciel, due à la rotation de la Terre autour de l'axe qui joint ses pôles.

DIVA n.f. (mot ital. « déesse »). **1.** Cantatrice célèbre. **2.** Fam. Personne éminente dans son domaine : *Les divas de la télé, du tennis.*

DIVAGATION n.f. 1. État de l'esprit qui erre au fil de l'imagination ; rêverie. **2.** (Surtout pl.). Propos incohérents : *Les divagations d'un malade.* **3. HYDROL.** Déplacement, permanent ou temporaire, du lit d'un cours d'eau. ▪ **Divagation d'animal** [dr.], errance sur la voie publique d'un animal laissé sans surveillance.

DIVAGUER v.i. [3] (du lat. *vagari*, errer). **1.** Tenir des propos incohérents ; délirer. **2. HYDROL.** Se déplacer, en parlant du lit d'un cours d'eau.

DIVALENT, E adj. CHIM. Bivalent.

DIVAN n.m. (mot turc, de l'ar. *dīwan*, registre). **1.** Lit de repos sans dossier, génér. garni de coussins et pouvant être utilisé comme canapé. **2.** Belgique. Canapé. **3. HIST.** Conseil du sultan ottoman. **4. LITTÉR.** Recueil de poésies arabes ou persanes.

DIVE adj.f. (du lat. *diva*, divine). Litt. ou par plais. ▪ **La dive bouteille,** le vin. ➲ Chez Rabelais, *la Dive Bouteille* est la déesse Bouteille, patronne des buveurs.

DIVERGENCE n.f. (lat. sc. *divergentia*). **1.** Situation de deux lignes, de deux rayons, etc., qui divergent, qui s'éloignent l'un de l'autre en s'écartant. **2. OPT.** Vergence négative. **3.** Fig. Différence de points de vue, d'opinions : *Nous avons des divergences sur la conduite à tenir.* **4. MATH.** Propriété d'une suite, d'une série, qui ne converge pas. **5. NUCL.** Établissement de la réaction en chaîne dans un réacteur nucléaire.

DIVERGENT, E adj. 1. Qui diverge, s'écarte : *Routes divergentes.* **2.** Fig. Qui diverge, ne s'accorde pas : *Avis divergents.* **3. OPT.** Qui fait diverger un faisceau de rayons parallèles : *Lentille divergente.* ▪ **Série divergente** [math.], qui n'est pas convergente.

DIVERGER v.i. [10] (du lat. *divergere*, pencher). **1.** S'écarter l'un de l'autre, en parlant de rayons, de lignes, etc. **2.** Fig. Être en désaccord ; s'opposer : *Nos opinions sur ce point divergent.* **3. NUCL.** Entrer en divergence.

DIVERS, E adj. (du lat. *diversus*, opposé). **1.** (Au pl.). Qui présentent des différences de nature, de qualité : *Les divers sens d'un mot. Parler de sujets divers.* **2.** Qui présente des aspects différents : *L'homme est inconstant et divers.* ▪ **Divers droite, divers gauche,** candidat, groupe qui n'appartient pas à l'un des principaux partis politiques (de droite, de gauche), mais qui relève de la même tendance. ◆ **adj. indéf. pl.** Plusieurs ; quelques : *Divers artistes ont signé la pétition. Diverses clientes ont protesté.*

DIVERSEMENT adv. 1. De plusieurs façons ; différemment. **2.** Plus ou moins bien : *Une réforme diversement accueillie.*

DIVERSIFICATION n.f. Action de diversifier, de se diversifier ; fait d'être diversifié.

DIVERSIFIER v.t. [5]. Mettre de la variété dans : *Diversifier son alimentation.* ◆ **SE DIVERSIFIER v.pr.** Devenir divers, plus varié : *L'offre s'est diversifiée.*

DIVERSION n.f. (bas lat. *diversio*). **1.** Opération visant à détourner l'attention de l'adversaire. **2.** Sout. Événement qui détourne l'esprit de ce qui l'occupe ; dérivatif : *Son arrivée constitua une agréable diversion.* ▪ **Faire diversion (à),** détourner l'attention (de).

DIVERSITÉ n.f. 1. Caractère de ce qui est divers, varié ; pluralité : *La diversité des cultures.* **2.** Ensemble des personnes qui diffèrent les unes des autres par leur origine géographique, socioculturelle ou religieuse, leur âge, leur sexe, leur orientation sexuelle, etc., et qui constituent la communauté nationale à laquelle elles appartiennent : *Faire entrer la diversité dans l'entreprise.* ➲ Cette notion, qui intègre des différences comme le handicap, est développée pour lutter contre la discrimination. ▪ **Diversité biologique,** biodiversité.

DIVERTICULE n.m. (du bas lat. *diverticulum*, détour). **1. ANAT.** Petite cavité en cul-de-sac communiquant avec un organe creux : *Diverticule du côlon.* **2.** Ramification d'un ensemble plus vaste, dans une configuration donnée de lieux : *Les diverticules d'un fleuve dans un delta.* **3.** Voie secondaire, chemin, sentier qui s'écarte d'une voie plus importante. **4.** Couloir séparant deux salles, dans un réseau souterrain. ▪ **Diverticule de Meckel** [anat.], petit diverticule d'origine embryonnaire situé à la portion terminale de l'intestin grêle, et qui n'existe que chez 1 % des individus.

DIVERTICULITE n.f. MÉD. Inflammation d'un diverticule.

DIVERTICULOSE n.f. MÉD. Affection caractérisée par la présence de nombreux diverticules.

DIVERTIMENTO [-mɛnto] **n.m.** (mot ital.). **MUS.** Suite de pièces pour petit orchestre (SYN. **divertissement**).

DIVERTIR v.t. [21] (du lat. *divertere*, détourner). **1.** Procurer une distraction : *Ce parc d'attractions m'a bien divertie.* **2. DR.** Opérer un divertissement ; détourner à son profit. ◆ **SE DIVERTIR v.pr. 1.** Se distraire. **2.** (DE). Litt. Se moquer de : *Ils se sont divertis de ma mésaventure.*

DIVERTISSANT, E adj. Qui divertit ; amusant.

DIVERTISSEMENT n.m. 1. Action, moyen de se divertir, de divertir les autres ; distraction. **2. MUS.** Intermède dans une fugue, dans une œuvre lyrique. **3. MUS.** Divertimento : *Les divertissements de Mozart.* **4.** Suite de courtes prestations dansées intégrées dans un grand ballet classique et destinées à mettre en valeur les qualités techniques des interprètes. **5.** Intermède chorégraphique dans un opéra : *Le divertissement du* Faust *de Gounod.* **6. THÉÂTRE.** Intermède dansé et chanté ; petite pièce sans prétention. **7. DR.** Détournement, par un héritier ou un conjoint, d'un bien de la succession ou de la communauté.

DIVIDENDE n.m. (du lat. *dividendus*, qui doit être divisé). **1. MATH.** Dans une division, nombre qui est divisé par un autre (le *diviseur*). **2. BOURSE.** Revenu de l'actionnaire déterminé par les résultats de l'entreprise et la politique du conseil d'administration.

DIVIN, E adj. (lat. *divinus*). **1.** Qui a rapport à Dieu, à une divinité : *La volonté divine.* **2.** Litt. Mis au rang des dieux : *Le divin Mozart.* **3.** Qui atteint la perfection ; sublime : *Son dîner était divin.* ◆ **n.m.** Litt. Ce qui vient de Dieu ou d'un dieu ; surnaturel.

DIVINATEUR, TRICE adj. Qui prévoit, devine ce qui va arriver.

DIVINATION n.f. (lat. *divinatio*). **1.** Capacité supposée de connaître ce qui est caché et de prévoir l'avenir. **2.** Fig. Prévision instinctive de ce qui va se produire ; prémonition ; prescience.

DIVINATOIRE adj. Relatif à la divination.

DIVINEMENT adv. D'une manière divine ; à la perfection.

DIVINISATION n.f. Action de diviniser.

DIVINISER v.t. [3]. 1. Mettre au rang des dieux ; déifier : *Diviniser un héros.* **2.** Sout. Vouer un culte à ; glorifier : *Les jeunes divinisent le football.*

DIVINITÉ n.f. 1. Nature divine : *La divinité de Jésus-Christ.* **2.** Être divin ; déité ; dieu : *Divinités païennes.*

DIVIS, E [divi, iz] **adj. DR.** Qui a été divisé, partagé (par oppos. à *indivis*) : *Succession divise.*

DIVISER v.t. [3] (lat. *dividere*). **1.** Séparer en plusieurs parties ; partager : *Diviser un domaine, un fromage.* **2. MATH.** Effectuer une division : *Diviser 27 par 3.* **3.** Être une occasion de désaccord ; déchirer : *Ce projet divise le conseil municipal.* ▪ **Machine à diviser,** machine servant à établir des échelles sur les instruments de précision. ◆ **SE DIVISER v.pr. 1.** Se séparer en plusieurs parties : *La Région se divise en départements.* **2.** Être d'opinions différentes ; se désunir.

1. DIVISEUR n.m. MATH. Dans une division, nombre par lequel on en divise un autre (le *dividende*). ▪ **Commun diviseur,** nombre qui est diviseur de plusieurs nombres entiers. ▪ **Diviseur d'un nombre entier,** nombre qui, dans la division de cet entier, donne un reste nul. ▪ **Plus grand commun diviseur (PGCD),** le plus grand de tous les diviseurs communs à plusieurs nombres entiers (par ex., 15 pour 30 et 45).

2. DIVISEUR, EUSE n. Personne qui est une source de désunion.

DIVISEUSE n.f. Machine boulangère qui divise la pâte à pain en parts égales.

DIVISIBILITÉ n.f. 1. Propriété de ce qui peut être divisé : *La divisibilité d'un nombre pair par deux.* **2. MATH.** Propriété d'un nombre entier divisible par un autre.

DIVISIBLE adj. Qui peut être divisé : *Champ divisible en parcelles.* ▪ **Entier divisible par un autre** [math.], qui admet ce dernier pour diviseur.

DIVISION n.f. (lat. *divisio*). **1.** Action de diviser en parties distinctes : *Division d'un roman en chapitres* ; fait de se diviser, d'être divisé : *La division d'un héritage.* **2.** Fig. Désaccord dû à une opposition d'intérêts ou d'opinions ; dissension : *Semer la division dans les esprits.* **3.** Partie d'un tout divisé : *La seconde est une division de la minute.* **4.** Trait, barre qui divise : *Les divisions d'un thermomètre.* **5. ADMIN.** Réunion sous un même chef de plusieurs services ayant des attributions voisines. **6. MIL.** Grande unité militaire rassemblant des formations de toutes armes ou services. **7. SPORTS.** Dans un championnat, groupe d'équipes classées par catégorie de valeur. **8. MATH.** Opération consistant à trouver combien de fois un nombre donné (le *diviseur*) est contenu dans un autre (le *dividende*). ▪ **Division cellulaire** [biol. cell.], mode de reproduction des cellules (mitose et méiose). ▪ **Division d'un réel *a* par un réel non nul *b*** [math.], opération consistant à trouver la solution de l'équation $bx = a$. ➲ Elle se note $\frac{a}{b}$ ou a/b ou $a : b$. ▪ **Division du travail,** mode d'organisation du travail dans les entreprises, caractérisé par le fractionnement et la spécialisation des fonctions de production. ▪ **Division euclidienne de l'entier naturel *a* par l'entier naturel non nul *b*** [math.], opération consistant à trouver les entiers naturels *q* (le *quotient*) et *r* (le *reste*), tels que $a = bq + r$ avec $0 \leq r < b$. ▪ **Division internationale du travail (DIT),** théorie mettant en avant les avantages tirés de la spécialisation des économies nationales dans le cadre des échanges internationaux.

DIVISIONNAIRE adj. Qui appartient à une division militaire ou administrative. ▪ **Commissaire divisionnaire,** ou **divisionnaire, n.,** en France, commissaire de police d'un rang hiérarchique élevé. ▪ **Monnaie divisionnaire,** d'une valeur inférieure à l'unité monétaire. ◆ **n.m.** Suisse. Officier commandant une division.

DIVISIONNISME n.m. Technique des peintres néo-impressionnistes, consistant à juxtaposer des touches régulières de différentes couleurs sur la toile, au lieu de mélanger ces couleurs sur la palette (SYN. **pointillisme**).

▲ **divisionnisme.** *Les Îles d'or* (1892), une œuvre néo-impressionniste d'Henri-Edmond Cross. (Musée d'Orsay, Paris.)

DIVISIONNISTE adj. et **n.** Relatif au divisionnisme ; qui le pratique.

DIVORCE n.m. (du lat. *divortium*, séparation). **1.** Dissolution du mariage civil prononcée par jugement. **2.** Fig. Opposition, divergence profonde ; conflit : *Divorce entre la passion et la raison.*

DIVORCÉ, E adj. et **n.** Dont le mariage a été dissous légalement.

DIVORCER v.i. [9]. Rompre un mariage par divorce : *Divorcer d'avec* ou *de son mari.*

DIVORTIALITÉ n.f. Rapport du nombre des divorces à l'effectif moyen de la population mariée, durant une période donnée.

DIVULGÂCHER v.t. [3] (de *divulguer* et *gâcher*). Québec. Révéler prématurément un élément clé de l'intrigue d'une œuvre de fiction ; spoiler.

DIVULGATEUR, TRICE adj. et **n.** Qui divulgue une information.

DIVULGATION n.f. Action de divulguer, de révéler.

DIVULGUER v.t. [3] (lat. *divulgare*, de *vulgus*, foule). Rendre public ce qui devait rester secret ou confidentiel : *La presse a divulgué l'identité du témoin.*

DIVX [diviks] **n.m.** (nom déposé). Format de compression de fichiers numériques, utilisé notamm. pour les longs-métrages.

DIX [dis] ([diz] devant une voyelle ou un *h* muet ; [di] devant une consonne ou un *h* aspiré) **adj. num.** et **n.m.** (lat. *decem*). **1.** Nombre qui suit neuf dans la suite des entiers naturels. **2.** Dixième : *Charles X.* **3.** Un nombre indéterminé : *Je ne te le dirai pas dix fois !*

DIX-CORS n.m. inv. → **1. COR.**

DIX-HEURES n.m. inv. Belgique. Petite collation que l'on prend au milieu de la matinée. (Le mot s'emploie aussi en Suisse, génér. au pluriel.)

DIX-HUIT [dizɥit] **adj. num.** et **n.m. inv. 1.** Nombre qui suit dix-sept dans la suite des entiers naturels. **2.** Dix-huitième : *Louis XVIII.*

DIX-HUITIÈME adj. num. ord. et **n.** Qui occupe un rang marqué par le nombre dix-huit.

DIXIELAND [diksilɑ̃d] ou **DIXIE** [diksi] **n.m.** (de *Dixie*, n. d'un comté de la Floride). Style de jazz né en Louisiane, combinant ragtime, blues et airs de parades, et pratiqué par des petits groupes se livrant à l'improvisation collective. ➲ Le dixieland s'imposa de 1900 à 1930, puis réapparut vers 1940.

1. DIXIÈME [dizjɛm] **adj. num. ord.** et **n.** Qui occupe un rang marqué par le nombre dix. ◆ **n.m.** et **adj.** Quantité désignant le résultat d'une division par dix.

2. DIXIÈME n.m. HIST. Impôt direct institué à plusieurs reprises en France entre 1710 et 1749.

DIXIÈMEMENT adv. En dixième lieu.

DIXIT [diksit] **loc. v.** (mot lat. « il a dit »). Litt. ou iron. A déclaré telle personne (que je cite) ; selon telle personne : « *Erreur de casting* », *dixit le ministre.*

DIX-NEUF [diznœf] **adj. num.** et **n.m. inv. 1.** Nombre qui suit dix-huit dans la suite des entiers naturels. **2.** Dix-neuvième : *Porte dix-neuf.*

DIX-NEUVIÈME adj. num. ord. et **n.** Qui occupe un rang marqué par le nombre dix-neuf.

DIX-SEPT [dissɛt] **adj. num.** et **n.m. inv. 1.** Nombre qui suit seize dans la suite des entiers naturels. **2.** Dix-septième : *Tome dix-sept*

DIX-SEPTIÈME adj. num. ord. et **n.** Qui occupe un rang marqué par le nombre dix-sept.

DIZAIN n.m. Poème de dix vers.

DIZAINE n.f. 1. Groupe de dix ou d'environ dix unités : *Cela fait une dizaine d'années qu'il est ici.* **2. CATH.** Prière correspondant à dix grains d'un chapelet : *Dire une dizaine.* **3. HIST.** Sous l'Ancien Régime, subdivision d'un quartier d'une ville, en partic. à Paris.

DIZYGOTE adj. et **n. EMBRYOL.** Se dit de chacun des deux faux jumeaux qui proviennent de deux ovules fécondés différents (SYN. **bivitellin** ; CONTR. **monozygote, univitellin**).

DJ [didʒe] ou [didʒi] **n. inv.** (sigle). Disc-jockey.

DJAÏN, E adj. et **n., DJAÏNISME n.m.** → **JAÏN** et **JAÏNISME.**

DJAMAA n.f. inv. → **DJEMAA.**

DJEBEL, ▲ *DJÉBEL* [dʒebɛl] **n.m.** (ar. *djabal*). En Afrique du Nord, montagne.

DJELLABA [dʒɛlaba] **n.f.** (mot ar.). Robe longue à capuchon portée par les hommes et les femmes, en Afrique du Nord.

DJEMAA ou **DJAMAA,** ▲ *DJÉMAA* **n.f. inv.** (de l'ar. *djamāa*, assemblée). Assemblée de notables locaux, en Afrique du Nord.

DJEMBÉ [dʒɛmbe] **n.m.** (mot africain). Tambour africain en bois, de forme tronconique, recouvert d'une peau de chèvre tendue par des cordes.

DJIBOUTIEN, ENNE adj. et **n.** De Djibouti ; de ses habitants.

DJIHAD ou **JIHAD** [dʒiad] **n.m.** (de l'ar. *jihād*, combat sur le chemin de Dieu). **1.** Effort sur soi-même que tout musulman doit accomplir contre ses passions. ➲ Il est considéré par le prophète Muhammad comme le « djihad majeur ». **2.** Combat pour défendre le domaine de l'islam. ➲ Il est qualifié de « djihad mineur ».

DJIHADISME ou **JIHADISME n.m.** Nom par lequel on désigne les idées et l'action des extrémistes qui recourent au terrorisme en se réclamant de la notion islamique de djihad.

DJIHADISTE ou **JIHADISTE adj.** et **n.** Relatif au djihadisme ; qui en est partisan.

DJINN [dʒin] **n.m.** (mot ar.). Dans les croyances musulmanes, créature invisible bienfaisante ou démon.

DJOBEUR n.m. (de *job*). Antilles. Personne qui effectue de petits travaux non déclarés ; bricoleur.

DMLA n.f. (sigle). Dégénérescence maculaire liée à l'âge.

DO n.m. inv. Note de musique, premier degré de la gamme d'*ut*.

DOBERMAN [dɔbɛrman] **n.m.** (du n. de *Dobermann*). Chien de garde au poil ras et dur, d'origine allemande.

DOC n.f. (abrév.). Fam. Documentation. ◆ **n.m.** Document.

DOCÉTISME n.m. (gr. *dokêtai*). **CHRIST.** Hérésie chrétienne des premiers siècles, qui professait que le corps du Christ n'avait été que pure apparence, et qui niait la réalité de sa Passion et de sa mort.

DOCILE adj. (lat. *docilis*). Qui obéit facilement.

DOCILEMENT adv. Avec docilité.

DOCILITÉ n.f. Disposition à se laisser diriger, à obéir ; soumission.

DOCIMASIE n.f. (du gr. *dokimasia*, enquête). **ANTIQ. GR.** Examen que subissait tout magistrat athénien avant son entrée en charge.

DOCIMOLOGIE n.f. (du gr. *dokimê*, épreuve, et *logos*, science). Étude systématique des méthodes d'évaluation en éducation, et notamm. des facteurs déterminant la notation aux examens.

DOCK n.m. (mot angl.). **1.** Bassin entouré de quais, pour le chargement et le déchargement des navires. **2.** Magasin construit sur les quais pour entreposer les marchandises. ▪ **Dock flottant,** bassin de radoub flottant servant à caréner les navires.

DOCKER [dɔkɛr] **n.m.** (mot angl.). Ouvrier employé au chargement et au déchargement des navires.

DOCTE adj. (lat. *doctus*, de *docere*, enseigner). **1.** Litt. Qui a des connaissances étendues, notamm. en matière littéraire ou historique ; érudit. **2.** Péjor. Qui est infatué de son savoir ; pédant.

DOCTEMENT adv. Litt. De façon savante et pédante.

DOCTEUR, E n. (lat. *doctor*). **1.** Personne qui a obtenu un doctorat : *Elle est docteure en biologie.* **2.** Personne qui a obtenu un doctorat en médecine ; titre donné à cette personne : *Appeler le docteur* (SYN. **médecin**). Abrév. **Dr** ou **D**r. (Au fém., on rencontre aussi *une docteur.*) ◆ n.m. ▪ **Docteur de la Loi,** dans le judaïsme, spécialiste et interprète autorisé de la Torah. ▪ **Docteur de l'Église** [christ.], titre officiel donné à un théologien ou à un religieux remarquable par l'importance et l'orthodoxie de ses écrits.

DOCTORAL, E, AUX adj. **1.** Relatif au doctorat : *Études doctorales.* **2.** Péjor. Se dit du ton, de l'air grave, pédant, solennel de qqn.

DOCTORALEMENT adv. De façon doctorale.

DOCTORANT, E n. Étudiant titulaire d'un master et préparant un doctorat.

DOCTORAT n.m. **1.** Diplôme national nécessaire à l'exercice des professions de santé (médecine, pharmacie, chirurgie dentaire, science vétérinaire). **2.** Quatrième des grades universitaires, conféré par un diplôme national de l'enseignement supérieur obtenu au terme de la soutenance d'une thèse. ▪ **Doctorat d'État** [anc.], grade le plus élevé conféré par une université, sanctionnant l'aptitude à mener une recherche scientifique de haut niveau.

DOCTORESSE n.f. Vieilli. Femme médecin.

DOCTRINAIRE adj. et n. Péjor. Qui s'attache avec intransigeance à une doctrine, à une opinion ; dogmatique. ◆ n. En France, sous la Restauration, partisan, avec Royer-Collard et Guizot, d'un compromis entre les principes de 1789 et la légitimité monarchique.

DOCTRINAL, E, AUX adj. Relatif à une doctrine.

DOCTRINE n.f. (lat. *doctrina*). **1.** Ensemble des croyances ou des principes d'une religion, d'une école littéraire, artistique ou philosophique, d'un système politique, économique, etc. **2. DR.** Ensemble des travaux ayant pour objet d'exposer ou d'interpréter le droit et qui constitue l'une des sources des sciences juridiques.

DOCUDRAME n.m. Film de fiction dont la trame romanesque est le calque d'événements réels et dans lequel sont insérés des documents d'archives cinématographiques.

DOCU-FICTION (pl. *docu-fictions*) ou **DOCUFICTION** n.m. (de *documentaire* et *fiction*). Genre télévisuel qui reconstitue des faits réels en mêlant des images de synthèse, des scènes jouées par des acteurs et/ou des documents authentiques.

DOCUMENT n.m. (du lat. *documentum*, exemple, leçon). Pièce écrite ou objet servant d'information, de témoignage ou de preuve. Abrév. (fam.) **doc.**

DOCUMENTAIRE adj. **1.** Qui a le caractère, la valeur, l'intérêt d'un document : *Un DVD documentaire.* **2.** Relatif aux techniques de la documentation : *Informatique documentaire.* ▪ **À titre documentaire,** pour information. ◆ n.m. et adj. **1.** Film de cinéma ou de télévision montrant des situations réelles. Abrév. (fam.) **docu. 2.** Genre cinématographique ou télévisuel caractérisé par l'exposition de situations réelles (par oppos. à *fiction*).

DOCUMENTALISTE n. Professionnel chargé de rechercher, sélectionner, classer et diffuser des informations et des documents.

DOCUMENTARISTE n. Cinéaste réalisateur de documentaires.

DOCUMENTATION n.f. **1.** Action de sélectionner, de classer, d'utiliser et de diffuser des documents : *Centre de documentation.* **2.** Ensemble de documents relatifs à une question, à un ouvrage : *Rassembler une documentation sur les abeilles.* **3.** Mode d'emploi, notice concernant un véhicule, un appareil, un jeu, etc. Abrév. (fam.) **doc. 4.** Ensemble des opérations, des méthodes qui facilitent la collecte, le stockage, la circulation des documents et de l'information. ▪ **Documentation automatique,** ensemble des techniques de traitement de l'information documentaire utilisant des logiciels de sélection et de recherche.

DOCUMENTÉ, E adj. **1.** Étayé par des documents : *Biographie bien documentée.* **2.** Renseigné, notamm. par des documents : *Un touriste très documenté sur le Mont-Saint-Michel.*

DOCUMENTER v.t. [3]. **1.** Fournir des renseignements, des documents à. **2. INFORM.** Préparer les documents relatifs à l'organisation et au fonctionnement d'un programme, de façon à en rendre l'utilisation et la maintenance plus aisées. **3.** Rechercher des informations sur : *Documenter la vie des banlieues.* ◆ **SE DOCUMENTER** v.pr. Rechercher, réunir des documents.

DODÉCAÈDRE n.m. (du gr. *dôdekaedros*, qui a douze faces). **MATH.** Polyèdre à douze faces.

DODÉCAGONAL, E, AUX adj. Qui a la forme d'un dodécagone.

DODÉCAGONE n.m. (du gr. *dôdeka*, douze, et *gônia*, angle). **MATH.** Polygone qui a douze angles, et donc douze côtés.

DODÉCAPHONIQUE adj. Relatif au dodécaphonisme.

DODÉCAPHONISME n.m. (du gr. *dôdeka*, douze, et *phônê*, voix). Technique musicale fondée sur l'emploi des douze sons de l'échelle chromatique tempérée occidentale, soit libre, soit sous la forme d'une série de douze sons (*dodécaphonisme sériel*).

DODÉCAPHONISTE n. Compositeur pratiquant le dodécaphonisme.

DODÉCASTYLE adj. **ARCHIT.** Se dit d'un édifice qui présente douze colonnes sur sa façade.

DODÉCASYLLABE adj. et n.m. Se dit d'un vers qui a douze syllabes.

DODELINEMENT n.m. Oscillation légère de la tête.

DODELINER v.t. ind. [3] (DE) [onomat.]. Imprimer à une partie du corps un balancement lent et régulier : *Dodeliner de la tête.*

DODINE n.f. **CUIS. 1.** Plat composé de filets de canard rôti, servis avec une sauce au vin liée à la glace de viande. **2.** Ballottine.

1. DODO n.m. (de *dormir*). Lit, sommeil, dans le langage enfantin : *Aller au dodo.* ▪ **Faire dodo,** dormir.

2. DODO n.m. (néerl. *dodaers*). Oiseau inapte au vol, évoquant un gros pigeon, qui vivait à l'île Maurice, jusqu'à son extermination au XVIIe s. (SYN. **dronte**). ➲ Famille des raphidés.

▲ **dodo**

DODU, E adj. **1.** Se dit d'un animal à la chair abondante ; charnu : *Poulet dodu.* **2.** Fam. Qui est bien en chair ; replet : *Un bébé dodu.*

DOGARESSE n.f. (ital. *dogaressa*). Femme d'un doge.

DOG-CART (pl. *dog-carts*), ▲ **DOGCART** [dɔgkart] **n.m.** (mot angl.). Véhicule découvert, aménagé pour le transport des chiens menés à la chasse.

DOGE n.m. (mot ital., du lat. *dux, ducis*, chef). Chef élu des anciennes républiques de Venise et de Gênes.

DOGGER [dɔgœr] **n.m.** (mot angl.). **GÉOL.** Une des trois séries du système jurassique, le jurassique moyen (de – 176 à – 145 millions d'années).

DOGMATIQUE adj. **1. RELIG.** Relatif au dogme : *Vérité dogmatique.* **2. PHILOS.** Qui pense la vérité accessible (par oppos. à *sceptique*). **3.** Relatif aux doctrines religieuses, philosophiques. ◆ adj. et n. Qui exprime une opinion de manière péremptoire, autoritaire : *C'est un dogmatique.* ◆ n.f. **CHRIST.** Partie de la théologie qui s'attache à la recherche ou à l'exposé systématique des vérités de la foi.

DOGMATIQUEMENT adv. De façon dogmatique.

DOGMATISER v.i. [3]. Énoncer des affirmations d'un ton autoritaire.

DOGMATISME n.m. **1.** Philosophie ou religion qui s'appuie sur des dogmes et rejette catégoriquement le doute et la critique. **2.** Caractère, comportement d'une personne dogmatique.

DOGME n.m. (du gr. *dogma*, opinion). **1.** Point fondamental et considéré comme incontestable d'une doctrine religieuse ou philosophique. **2.** Opinion ou principe donnés comme certains et indiscutables : *Le dogme libéral.*

DOGUE n.m. (de l'angl. *dog*, chien). Chien de garde à grosse tête, au museau aplati. ▪ **Dogue allemand,** danois.

DOIGT [dwa] **n.m.** (lat. *digitus*). **1.** Chacun des appendices articulés qui terminent la main de l'homme : *Les cinq doigts de la main.* **2. ZOOL.** Extrémité articulée des membres des vertébrés tétrapodes. **3.** Mesure approximative équivalant à l'épaisseur d'un doigt : *Un doigt de porto.* **4. MÉCAN. INDUSTR.** Petite pièce servant de repère, d'appui, d'arrêt. ▪ **Au doigt mouillé** [fam.], approximativement. ▪ **Doigts de pieds,** orteils. ▪ **Être à deux doigts de,** être très près de : *Être à deux doigts de craquer.* ▪ **Faire toucher du doigt,** donner à qqn des preuves incontestables de qqch. ▪ **Le petit doigt,** l'auriculaire. ▪ **Les doigts dans le nez** [fam.], très facilement. ▪ **Mettre le doigt sur,** deviner juste. ▪ **Montrer qqn du doigt,** le désigner publiquement comme un objet de risée ou de réprobation. ▪ **Ne pas bouger** ou **lever** ou **remuer le petit doigt,** ne rien faire pour aider qqn. ▪ **Obéir au doigt et à l'œil,** au moindre signe et sans discussion. ▪ **Savoir sur le bout du doigt,** parfaitement. ▪ **Se mettre le doigt dans l'œil** [fam.], se tromper complètement. ▪ **Toucher du doigt,** être près de la solution.

DOIGTÉ [dwate] **n.m. 1.** Adresse manuelle ou intellectuelle ; habileté : *Agir avec doigté.* **2. MUS.** Manière de placer les doigts sur un instrument dans l'exécution d'un morceau ; annotation portée sur la partition précisant cette position des doigts.

DOIGTER [dwate] **v.t. [3]. MUS.** Noter un doigté sur une partition.

DOIGTIER [dwatje] **n.m. 1.** Fourreau qui sert à protéger un doigt pour certains travaux ou en cas de blessure. **2.** Digitale (plante).

DOIT n.m. **COMPTAB.** Partie d'un compte où sont enregistrées les dettes et les dépenses d'une personne. ▪ **Doit et avoir,** passif et actif.

DOJO n.m. (mot jap.). Salle où se pratiquent les arts martiaux.

DOL n.m. (du lat. *dolus*, ruse). **DR.** Tromperie commise en vue de décider une personne à conclure un acte juridique ou de l'amener à contracter à des conditions qui lui sont défavorables.

DOLBY n.m. (nom déposé). Procédé de réduction du bruit de fond des enregistrements sonores ; dispositif utilisant ce procédé.

DOLCE adv. (mot ital.). **MUS.** (Souvent en appos. avec *piano*). D'une manière douce.

DOLCE VITA [dɔltʃevita] **n.f. inv.** (mots ital. « la belle vie »). Vie facile et oisive.

DOLDRUMS [dɔldrœms] **n.m. pl.** (mot angl. « calmes plats »). **MÉTÉOROL.** Zone des basses pressions équatoriales.

DÔLE n.f. Vin rouge du Valais.

DOLÉANCE n.f. (de l'anc. fr. *douloir*, souffrir). [Surtout pl.]. Plainte ou réclamation qui cherche à susciter la compassion ; récrimination : *Présenter des doléances.* ◆ **n.f. pl. HIST.** Dans la France d'Ancien Régime, plaintes et vœux adressés au roi et consignés dans des cahiers dits *cahiers de doléances,* rédigés par les trois ordres afin d'être présentés aux états généraux.

DOLENT, E adj. (du lat. *dolere*, souffrir). **1.** Litt. Qui souffre énormément. **2.** Qui est sans énergie et s'exprime d'une manière plaintive : *Un vieillard dolent.*

DOLIC ou **DOLIQUE n.m.** (du gr. *dolikhos*, haricot). Plante voisine du haricot, cultivée dans les régions tropicales comme légume et comme fourrage. ➲ Sous-famille des papilionacées.

DOLICHOCÉPHALE [-kɔ-] **adj.** et **n.** (du gr. *dolikhos*, allongé, et *kephalê*, tête). **ANTHROP.** Qui a le crâne plus long que large (CONTR. **brachycéphale**).

DOLICHOCÔLON [-kɔ-] **n.m. MÉD.** Côlon d'une longueur excessive.

DOLINE n.f. (du slave *dole*, bas). **GÉOMORPH.** Petite dépression fermée, circulaire ou elliptique, d'origine karstique. (V. dessin *relief karstique**.)

DOLIQUE n.m. → **DOLIC.**

DOLLAR n.m. (mot anglo-amér.). Unité monétaire principale d'une trentaine d'États, partic. des États-Unis (symb. $), du Canada et de l'Australie.

DOLLARISATION n.f. Processus de substitution du dollar américain à une monnaie nationale, comme moyen de paiement et réserve de valeurs.

DOLLY n.f. (pl. *dollys* ou *dollies*) [mot angl.]. **CINÉMA.** Chariot monté sur pneus (ou sur rails), génér. muni d'une petite grue d'élévation, et sur lequel est fixée la caméra pour les travellings.

DOLMAN [-mɑ̃] **n.m.** (mot all., du turc *dolama*). Ancienne veste d'uniforme garnie de brandebourgs.

DOLMEN [-mɛn] **n.m.** (du breton *dol*, table, et *men*, pierre). Monument mégalithique composé d'une ou de plusieurs dalles horizontales reposant sur des blocs verticaux, formant les parois d'une chambre funéraire.

DOLOMIE n.f. (de D. *Dolomieu*, n.pr.). **GÉOL.** Roche sédimentaire carbonatée constituée essentiellement de dolomite, dont l'érosion donne des reliefs ruiniformes caractéristiques (Dolomites).

DOLOMITE n.f. MINÉRALOG. Carbonate de calcium et de magnésium.

DOLOMITIQUE adj. Relatif à la dolomie ; qui contient de la dolomie.

DOLORISME n.m. Tendance à exalter la valeur morale de la douleur, partic. de la douleur physique.

DOLORISTE adj. et **n.** Relatif au dolorisme ; qui exalte la douleur.

DOLOSIF, IVE adj. DR. Qui présente le caractère du dol, de la fraude : *Manœuvre dolosive.*

DOM [dɔ̃] **n.m.** (du lat. *dominus*, maître). **1.** Titre donné à certains religieux (bénédictins, chartreux). **2.** Titre d'honneur donné aux nobles, au Portugal.

DOM ou **D.O.M.** [dɔm] **n.m.** (acronyme). Département d'outre-mer.

DOMAINE n.m. (du bas lat. *dominium*, propriété). **1.** Propriété foncière : *Domaine familial.* **2.** Champ d'activité d'une personne : *Dans quel domaine s'est-elle spécialisée ?* **3.** Ensemble de ce qui constitue l'objet d'un art, d'une science, d'une faculté : *Il est célèbre dans le domaine de la génétique.* **4.** Subdivision d'une zone climatique ou d'une grande aire biogéographique. **5. INFORM.** Partie d'une adresse d'Internet qui identifie, par pays, par activité ou par organisation, un des niveaux de la hiérarchie de ce réseau. ▪ **Domaine privé** [dr. admin.], biens de l'État ou des collectivités locales soumis aux règles du droit privé (forêts, pâturages communaux). ▪ **Domaine public** [dr. admin.], partie du Domaine affectée à l'usage direct du public ou à un service public (routes, voies ferrées, par ex.). ▪ **Domaine royal** [hist.], en France, ensemble des terres et des droits qui appartenaient au roi en tant que seigneur et souverain. ▪ **Le Domaine** [dr. admin.], ensemble des biens corporels, mobiliers ou immobiliers, appartenant à l'État ou aux collectivités locales. ▪ **Nom de domaine** [inform.], désignation non équivoque et unique d'un site ou d'une adresse sur Internet. ▪ **Tomber dans le domaine public** [dr. admin.], pouvoir être librement publiée, représentée, reproduite, en parlant d'une invention, d'une œuvre d'art ou de l'esprit qui cesse d'être protégée par la loi.

DOMANIAL, E, AUX adj. DR. Qui appartient à un domaine, privé ou public : *Forêt domaniale.*

DOMANIALITÉ n.f. DR. Caractère des biens composant le Domaine, et plus spécial. le domaine public.

1. DÔME n.m. (ital. *duomo*, du lat. *domus*, maison de Dieu). Église cathédrale, dans certaines villes d'Italie, d'Allemagne, etc. : *Le dôme de Milan.*

2. DÔME n.m. (provenç. *doma*, du gr. *dôma*, maison). **1.** Toit galbé de plan centré, à versant continu (le plus souvent hémisphérique) ou à pans, qui surmonte certains édifices ; extrados ou couverture d'une coupole : *Le dôme de Saint-Pierre de Rome.* **2.** Ce qui offre l'aspect d'un dôme : *Dôme de feuillage.* **3.** Sommet montagneux, parfois volcanique, de forme arrondie : *Le dôme du Goûter.* ▪ **Dôme (de prise) de vapeur** [therm.], volume surmontant une chaudière ou un échangeur, de façon à éloigner la prise de vapeur de l'eau en ébullition.

▲ **dôme.** Les dômes en forme de bulbe de la collégiale de l'Assomption (1559-1585) ; monastère de la Trinité-Saint-Serge, à Zagorsk (Russie).

DOMESTICABLE adj. Qui peut être domestiqué.

DOMESTICATION n.f. Action de domestiquer ; fait d'être domestiqué.

DOMESTICITÉ n.f. Vieilli. Ensemble des domestiques d'une maison ; état de domestique.

1. DOMESTIQUE adj. (lat. *domesticus*). **1.** Qui concerne la maison, le ménage : *Travaux domestiques.* **2.** Se dit d'un animal qui a été dressé ou apprivoisé et qui vit dans l'entourage de l'homme et s'y reproduit (par oppos. à *sauvage*).

2. DOMESTIQUE n. Vieilli. Personne rétribuée pour le service, l'entretien d'une maison ; employé de maison.

DOMESTIQUER v.t. [3]. 1. Rendre domestique un animal ; apprivoiser. **2.** Rendre une force naturelle utilisable par l'homme : *Domestiquer le vent, l'énergie solaire.* **3.** Litt. Amener qqn à une soumission servile ; asservir.

DOMICILE n.m. (du lat. *domus*, maison). Lieu habituel d'habitation ; résidence. ▪ **À domicile,** au lieu où habite qqn. ▪ **Domicile conjugal** [dr., anc.], résidence de la famille. ▪ **Domicile élu** [dr.], lieu fixé pour l'exécution d'un acte. ▪ **Domicile légal** [dr.], lieu légal d'habitation. ➲ Une personne peut avoir plusieurs résidences, mais un seul domicile. ▪ **Sans domicile fixe (SDF)** [dr.], qui n'a aucun lieu d'habitation déterminé ; par ext., qui est sans toit et sans travail. (S'emploie aussi comme nom : *Les sans domicile fixe* ou *les SDF.*)

DOMICILIAIRE adj. DR. Qui se fait au domicile d'une personne, par autorité de justice : *Visite domiciliaire.*

DOMICILIATAIRE n. DR. Personne, génér. un banquier, au domicile de laquelle est payable une lettre de change ou un chèque.

DOMICILIATION n.f. DR. COMM. 1. Désignation du domicile où un effet est payable (banque, société de Bourse, etc.). **2.** Choix, par une personne, du lieu où sera établi son commerce ou sa société.

DOMICILIER v.t. [5]. DR. Assigner un domicile à. ▪ **Être domicilié quelque part** [dr.], y avoir son domicile légal.

DOMIEN, ENNE n. Habitant d'un DOM.

DOMINANCE n.f. 1. Fait de dominer dans un ensemble ; prédominance : *La dominance du chêne dans une forêt.* **2. GÉNÉT.** Propriété d'un caractère, d'un gène dominant. **3. PHYSIOL.** Propriété d'un hémisphère cérébral dominant. **4. ÉTHOL.** Supériorité d'un animal sur ses congénères, établie à l'issue de relations agressives et se manifestant par la priorité alimentaire et sexuelle.

DOMINANT, E adj. 1. Qui domine ; qui l'emporte sur d'autres : *L'espèce d'oiseaux dominante dans une région.* **2. GÉNÉT.** Se dit d'un caractère héréditaire, ou de l'allèle correspondant, qui se manifeste aussi bien chez le sujet homozygote qu'hétérozygote (par oppos. à *récessif*). **3. PHYSIOL.** Se dit de l'hémisphère cérébral (gauche chez le droitier, droit ou gauche chez le gaucher) qui joue le rôle principal dans la motricité et le langage. ▪ **Fonds dominant** [dr.], en faveur duquel est établie une servitude (par oppos. à *fonds servant*).

DOMINANTE n.f. 1. Ce qui domine, est essentiel, dans un ensemble : *L'humour est la dominante de son œuvre.* **2. MUS.** Note située au cinquième degré d'une gamme diatonique. **3.** Option principale d'un cursus universitaire. **4.** Couleur qui domine visuellement les autres, dans une photographie : *Dominante bleue.* ▪ **Septième de dominante** [mus.], accord majeur avec septième mineure, placé sur le 5ᵉ degré d'une gamme.

DOMINATEUR, TRICE adj. et **n.** Qui domine, aime dominer ; autoritaire.

DOMINATION n.f. Action de dominer ; autorité souveraine ; hégémonie.

DOMINER v.i. [3] (du lat. *dominari*, être maître). **1.** Exercer sa suprématie : *Cet athlète domine dans le 100 mètres.* **2.** L'emporter en nombre, en intensité : *Les femmes dominent dans cette profession.* ◆ **v.t. 1.** Tenir sous son autorité ; soumettre : *Tenter de dominer le monde.* **2.** Manifester sa supériorité sur : *Ce joueur d'échecs domine tous les autres.* **3.** Fig. Maîtriser qqch : *Dominer son sujet, sa peur.* **4.** Être en position surélevée par rapport à autre chose : *Le château domine la ville.* ◆ **SE DOMINER v.pr.** Rester maître de soi.

1. DOMINICAIN, E n. Religieux de l'ordre fondé par saint Dominique (ordre des Frères prêcheurs).

2. DOMINICAIN, E adj. et **n.** De la République dominicaine ; de ses habitants.

DOMINICAL, E, AUX adj. (bas lat. *dominicalis*). **1. CHRIST.** Du Seigneur. **2.** Relatif au dimanche, jour de congé : *Repos dominical.*

DOMINION [dɔminjɔ̃] ou [-njɔn] **n.m.** (mot angl. « domination »). Anc. État indépendant et souverain, membre du Commonwealth (Canada, Australie, Nouvelle-Zélande, etc.).

DOMINO n.m. 1. Chacune des pièces du jeu de dominos : *Piocher un domino.* **2.** Vêtement ample à capuchon porté dans les bals masqués ; personne qui porte ce costume. **3. ÉLECTROTECHN.** Bloc de jonction ou de dérivation électrique dont l'aspect rappelle un domino. ▪ **Couple domino** [Afrique, Antilles], constitué d'une personne noire et d'une personne blanche. ▪ **Effet (de) domino,** conséquences successives d'un événement local, entraînant de proche en proche des phénomènes néfastes ; réaction en chaîne : *Effets domino d'une faillite bancaire.* ➲ L'expression est due à une théorie géopolitique américaine des années 1950. ◆ **n.m. pl.** Jeu qui se joue à l'aide de 28 pièces rectangulaires divisées chacune en deux cases blanches marquées de points noirs et que l'on réunit selon leur valeur. ➲ Les dominos dont les deux moitiés comportent le même nombre de points sont appelés *doubles.*

DOMINOTERIE n.f. Anc. Fabrication du papier marbré et colorié (appelé *domino*) qui servait notamm. à certains jeux de société ; ces papiers eux-mêmes.

DOMMAGE n.m. (anc. fr. *damage*, de *dam*, dommage). **1.** Préjudice subi par qqn ; dégât causé à ses biens ; tort : *Dommage corporel, moral.* **2.** Dégât causé à qqch ; détérioration : *Dommages causés* à des fresques par l'humidité. ▪ **C'est dommage, quel dommage,** c'est fâcheux, regrettable. ▪ **Dommages de guerre,** subis par les personnes ou les États en temps de guerre et donnant lieu à réparation ; indemnité versée en réparation. ▪ **Dommages-intérêts** ou **dommages et intérêts,** indemnité due à qqn, en réparation d'un préjudice.

DOMMAGEABLE adj. Qui cause un dommage ; préjudiciable : *Une affaire dommageable à qqn.*

DOMOTIQUE n.f. (du lat. *domus,* maison). Ensemble des techniques et des études tendant à intégrer à l'habitat tous les automatismes en matière de sécurité, de gestion de l'énergie, de communication, etc. ◆ **adj.** Qui concerne la domotique.

DOMPTABLE adj. Qui peut être dompté.

DOMPTAGE n.m. Action de dompter.

DOMPTER [dɔ̃te] **v.t.** [3] (du lat. *domitare,* soumettre). **1.** Réduire à l'obéissance un animal sauvage pour l'inciter à exécuter divers exercices ; dresser. **2.** Litt. Soumettre à son autorité ; discipliner. **3.** Fig., litt. Maîtriser un sentiment ; contrôler : *Dompter sa timidité.*

DOMPTEUR, EUSE [dɔ̃tœr, øz] **n.** Personne présentant dans un cirque des animaux, en partic. des fauves, dressés à exécuter des tours.

DOMPTE-VENIN [dɔ̃t-] **n.m. inv.,** ▲ **n.m.** (pl. *dompte-venins*). **BOT.** Asclépiade. ➲ Sa racine était tenue autref. pour antivenimeuse.

1. DON n.m. (lat. *donum*). **1.** Action de donner qqch que l'on possède : *Faire don de son corps à la science* ; chose ainsi donnée : *Don en espèces.* **2.** Avantage reçu sans avoir rien fait pour l'obtenir : *C'est un don du ciel.* **3.** Aptitude innée ; talent : *Avoir un don pour les langues.* ▪ **Avoir le don de** [iron.], réussir tout particulièrement à : *Il a le don de nous mettre en colère.*

2. DON, DOÑA [dɔ̃, dɔɲa] **n.** (mots esp.). Titre de courtoisie, en usage seulement devant le prénom, en Espagne.

DON ou **D.O.N.** [dɔ̃] **n.m.** (acronyme). Disque optique numérique.

DONACIE n.f. (du gr. *donax,* roseau). Insecte coléoptère, aux élytres à reflets métalliques, qui vit sur les plantes aquatiques. ➲ Famille des chrysomélidés.

DONATAIRE n. DR. Personne à qui une donation est faite.

DONATEUR, TRICE n. 1. Personne qui fait un don. **2. DR.** Personne qui fait une donation.

DONATION n.f. (lat. *donatio*). **DR.** Acte juridique par lequel une personne (le *donateur*) transmet irrévocablement et sans contrepartie un bien à une autre personne (le *donataire*), qui l'accepte ; document constatant cette donation.

DONATION-PARTAGE n.f. (pl. *donations-partages*). **DR.** Acte par lequel un ascendant donne, de son vivant, tout ou partie de ses biens et les partage entre ses descendants.

DONATISME n.m. Mouvement schismatique chrétien de l'évêque Donat, qui divisa l'Église d'Afrique du IVe au VIe s.

DONATISTE n. et **adj.** Partisan du donatisme.

DONAX n.m. (mot gr. « roseau »). Petit mollusque bivalve comestible, abondant sur les côtes sablonneuses. Noms usuels : *pignon, olive, trialle.*

DONC [dɔ̃(k)] **conj.** (lat. *dumque,* de *dum,* alors). **1.** Introduit la conclusion d'un raisonnement, la conséquence d'une affirmation : *J'ai tout vu : je peux donc témoigner.* **2.** Indique le retour à un point antérieur d'un récit, d'un discours : *Donc, en ce qui concerne votre demande…* **3.** Renforce une interrogation, une exclamation : *Que fait-il donc ? Arrête-toi donc !*

DONDON n.f. Fam., péjor. ▪ **Grosse dondon,** femme corpulente.

DÔNG n.m. Unité monétaire principale du Viêt Nam.

DONJON n.m. (du lat. *dominus,* seigneur). Tour maîtresse d'un château fort, qui était la demeure du seigneur et le dernier retranchement de la garnison.

DON JUAN (pl. *dons Juans*), ▲ **DONJUAN** [dɔ̃ʒɥɑ̃] **n.m.** (de *Don Juan,* personnage littéraire). Séducteur libertin mû par le défi.

DONJUANESQUE adj. Digne d'un don Juan.

DONJUANISME n.m. 1. Caractère, attitude d'un don Juan. **2. PSYCHOL.** Recherche de satisfactions narcissiques par de nombreuses conquêtes amoureuses.

DONNANT-DONNANT ou **DONNANT DONNANT n.m. inv.** Transaction dans laquelle chacune des parties accorde une compensation à l'autre.

DONNE n.f. 1. Distribution des cartes au jeu ; cartes distribuées. **2.** Rapport de forces entre les acteurs de la vie politique, sociale, etc. : *Une loi qui change la donne. La nouvelle donne européenne.* ▪ **Fausse donne,** maldonne.

1. DONNÉ, E adj. Qui est connu ; qui a été déterminé, fixé : *En un temps donné.* ▪ **Étant donné (que),** v. à son ordre alphabétique.

2. DONNÉ n.m. PHILOS. Ce qui est offert au sujet dans l'expérience, dans la connaissance sensible.

DONNÉE n.f. 1. (Souvent pl.). Élément servant de base à un raisonnement, à une recherche : *Les données actuelles de la génétique.* **2.** Idée essentielle qui sert de point de départ à qqch : *La donnée personnelle dans une poésie.* **3. MATH.** Résultat d'observations ou d'expériences. **4. MATH.** Hypothèse figurant dans l'énoncé d'un problème. **5. INFORM.** Représentation conventionnelle d'une information sous une forme convenant à son traitement par ordinateur. ▪ **Analyse des données** [math.], ensemble de méthodes permettant la description de tableaux d'observations sans faire intervenir d'hypothèse sur l'origine de ces observations. ▪ **Données d'intérêt général (DIG),** données produites par des personnes privées ou publiques dont l'exploitation, l'ouverture et la réutilisation s'imposent en raison de l'intérêt qu'elles présentent pour la conduite de politiques publiques et une meilleure information du citoyen, notamm. ◆ **n.f. pl.** Ensemble de circonstances qui conditionnent tel ou tel événement ; contexte : *Vu les données actuelles, on peut être inquiet.*

DONNER v.t. [3] (du lat. *donare,* gratifier). **1.** Mettre en la possession de : *Donner des livres à une école.* **2.** Mettre à la disposition de qqn : *Donner du travail à qqn. Donner sa place à un senior.* **3.** Présenter un spectacle : *Salle qui donne de bons films.* **4.** Assigner, attribuer un titre, un nom : *Donner un prénom à un enfant.* **5.** Attribuer un caractère, une qualité à qqn : *Quel âge lui donnes-tu ?* **6.** Accorder : *Donner son autorisation.* **7.** Communiquer une information : *Donner son adresse.* **8.** Exposer devant un auditoire : *Donner un cours* ; organiser pour des invités : *Donner une fête.* **9.** Manifester une sensation, un sentiment ; montrer : *Donner des signes de fatigue.* **10.** Confier à autrui : *Donner son fils à garder.* **11.** Arg. Dénoncer : *Son complice l'a donné.* **12.** Être la source de : *Cette vigne donne un bon vin.* **13.** Avoir comme résultat : *Les recherches n'ont rien donné.* **14.** Exercer telle action sur : *Donner de l'appétit.* **15.** Avec un nom sans article, *donner* forme des locutions à valeur factitive : *Donner envie, chaud, soif.* ▪ **Donnant donnant** → **DONNANT-DONNANT.** ▪ **Donner le tour** [Suisse], boucler son budget ; être en voie de guérison. ▪ **Je vous le donne en cent** ou **en mille** [fam.], je vous défie de le deviner. ◆ **v.i. 1.** Heurter : *Sa tête a donné contre le mur.* **2.** Se laisser aller à : *Donner dans le sordide.* **3.** Être orienté vers : *Cette fenêtre donne sur la cour* ; permettre d'accéder à : *La cuisine donne dans le jardin.* **4.** Être productif : *Les pommiers donnent bien cette année.* **5.** Avoir un impact, une puissance plus ou moins grands : *Ces émissions donnent à plein chez les jeunes.* ▪ **Ne plus savoir où donner de la tête,** être surmené ou affolé. ◆ **SE DONNER v.pr. 1.** Consacrer toute son activité, son énergie à : *Se donner à une cause.* **2.** Accorder ses faveurs à un homme, en parlant d'une femme. **3.** S'imposer à soi-même : *Se donner du mal. Je me suis donné deux jours pour y arriver.* **4.** Se faire passer pour : *Il se donne pour un grand peintre.* ▪ **Se donner du bon temps, s'en donner à cœur joie,** s'amuser beaucoup.

1. DONNEUR n.m. CHIM. Atome qui peut céder un électron (CONTR. **accepteur**).

2. DONNEUR, EUSE n. 1. Arg. Personne qui dénonce à la police. **2.** Personne qui donne habituellement qqch : *Donneuse de leçons, de conseils.* **3. JEUX.** Joueur qui fait la donne. ▪ **Donneur (d'organe, de tissu), donneuse (d'ovocytes)** [méd.], personne à qui l'on prélève, de son vivant ou après sa mort, un organe, un tissu (sang, moelle, sperme), des cellules (ovocytes) pour les implanter chez un sujet receveur. ▪ **Donneur universel** [méd.], personne de groupe O négatif, dont le sang peut, en théorie, être transfusé aux personnes des autres groupes. ➲ Cette pratique a été abandonnée.

DON QUICHOTTE (pl. *dons Quichottes*), ▲ **DONQUICHOTTE n.m.** (de *Don Quichotte,* personnage de Cervantès). Personnage généreux et chimérique qui se pose en redresseur de torts.

DONQUICHOTTISME n.m. Caractère, attitude d'un don Quichotte.

DONT pron. relat. (du lat. pop. **de unde,* d'où). **1.** S'emploie comme complément d'un verbe indiquant l'origine, l'agent, la cause, la matière : *La famille dont je descends. La maladie dont il souffre. Le bois rare dont est fait ce meuble.* **2.** S'emploie comme complément d'un nom ou d'un pronom : *Un pays dont le climat est chaud.* **3.** S'emploie comme complément d'un adjectif : *L'ami dont il est jaloux.*

DONUT ou **DOUGHNUT** [donœt] **n.m.** (mot anglo-amér. « noix de pâte »). Beignet en forme d'anneau, génér. recouvert d'un glaçage et parfois fourré. ➲ Spécialité nord-américaine. (Au Québec, on dit *un beigne.*)

DONZELLE n.f. (de l'anc. provenç. *donzela,* demoiselle). Fam., péjor. Jeune fille prétentieuse.

DOPAGE n.m. 1. Emploi de substances destinées à accroître artificiellement les capacités physiques ou intellectuelles. **2. SPORTS.** Usage illicite de produits dopants (anabolisants, érythropoïétine, etc.) pour augmenter des performances. **3. ÉLECTRON.** Addition d'une quantité minime d'impuretés à un monocristal pour le transformer en semi-conducteur.

DOPAMINE n.f. CHIM. ORG. Substance de l'organisme qui est un neurotransmetteur de l'encéphale et un précurseur de l'adrénaline et de la noradrénaline.

DOPAMINERGIQUE adj. Relatif à la dopamine.

DOPANT, E adj. et **n.m. MÉD.** Se dit d'une substance utilisée au cours du dopage.

1. DOPE n.m. (mot angl. « enduit »). **TRAV. PUBL.** Produit tensioactif dont l'addition, en petite quantité, à un liant hydrocarboné améliore l'adhésivité de celui-ci aux granulats.

2. DOPE n.f. (mot angl. « drogue »). Arg. Drogue.

DOPER v.t. [3] (de l'angl. *to dope,* faire prendre un excitant). **1.** Pratiquer le dopage. **2.** Fig. Augmenter la puissance, l'activité de qqch : *Doper l'exportation* ; donner un regain de dynamisme à qqn : *Les derniers sondages l'ont dopé.* **3. ÉLECTRON.** Effectuer le dopage d'un monocristal. ▪ **Bombe dopée,** bombe à fission dans laquelle la charge nucléaire comporte un noyau thermonucléaire dont la fusion augmente le rendement. ◆ **SE DOPER v.pr.** Prendre un produit dopant.

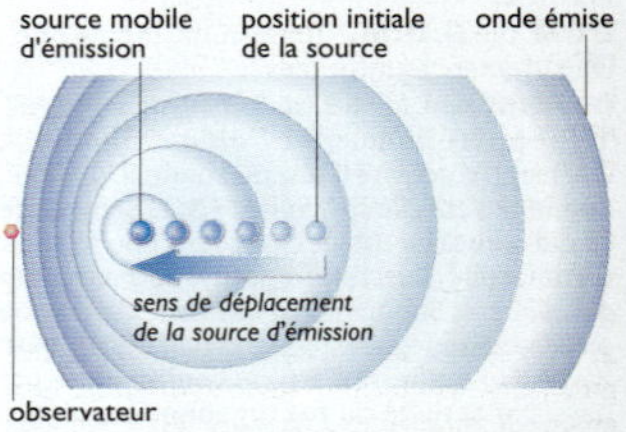

L'observateur perçoit les ondes sonores ou électromagnétiques émises par la source à une fréquence supérieure à leur fréquence d'émission si la source s'approche, et inférieure si elle s'éloigne.

▲ **Doppler.** Effet Doppler.

DOPPLER [dɔplɛr] **n.m.** ▪ **Effet Doppler** [phys.], modification de la fréquence des vibrations sonores ou des rayonnements électromagnétiques perçus par un observateur, lorsque celui-ci et la source sont en mouvement relatif. ➲ On utilise l'effet Doppler en astronomie, pour mesurer la vitesse des étoiles et des galaxies. ▪ **Examen**

Doppler, ou **Doppler** [méd.], examen par ultrasons basé sur le principe physique de l'effet Doppler, permettant notamm. de déceler une anomalie d'une valvule cardiaque ou le rétrécissement d'une artère.

DORADE n.f. → **DAURADE.**

DORAGE n.m. Action de dorer ; son résultat.

1. DORÉ, E adj. **1.** Recouvert d'une mince couche d'or ; dont l'aspect imite l'or : *Du métal doré.* **2.** De la couleur de l'or : *Cheveux dorés.* ▪ **La jeunesse dorée** [hist.], les jeunes gens de la riche bourgeoisie qui participèrent, après Thermidor, à la réaction contre la Terreur ; mod., jeunes gens fortunés, menant une vie plus ou moins oisive.

2. DORÉ n.m. **1.** Couleur dorée ; couche de dorure. **2.** Poisson d'eau douce d'Amérique du Nord proche du sandre, aux écailles à reflet doré. ➲ Famille des percidés.

DORÉE n.f. Saint-pierre (poisson).

DORÉNAVANT adv. (de l'anc. fr. *d'or en avant*, de l'heure actuelle en avant). À partir du moment présent ; désormais.

DORER v.t. [3] (bas lat. *deaurare*, de *aurum*, or). **1.** Recouvrir d'une mince couche d'or : *Dorer un cadre à la feuille.* **2.** Donner une teinte dorée à : *L'été dore les blés.* **3.** CUIS. Colorer une pâte en la badigeonnant de jaune d'œuf battu avant la cuisson. ◆ v.i. Prendre une teinte dorée. ◆ **SE DORER** v.pr. S'exposer aux rayons du soleil pour bronzer.

DOREUR, EUSE n. Spécialiste qui pratique la dorure.

DORIEN, ENNE adj. De la Doride. ◆ n.m. LING. Dialecte du grec ancien parlé en pays dorien.

DORIN n.m. Vin blanc du canton de Vaud.

DORIQUE adj. ▪ **Ordre dorique,** ou **dorique,** n.m., le plus ancien des ordres d'architecture de la Grèce antique (apparu au VIe s. av. J.-C.), caractérisé par une colonne cannelée à arêtes vives, sans base, un chapiteau à échine nue et un entablement qui alterne triglyphes et métopes.

1. DORIS [dɔris] n.m. (mot anglo-amér.). Embarcation de pêche à fond plat.

2. DORIS [dɔris] n.f. (de *Doris*, n. myth.). Mollusque gastéropode marin, sans coquille, dont la partie postérieure est entourée de branchies. ➲ Sous-classe des opisthobranches.

DORLOTEMENT n.m. Action de dorloter.

DORLOTER v.t. [3] (de l'anc. fr. *dorelot*, boucle de cheveux). Entourer de soins attentifs, de tendresse ; cajoler.

DORMANCE n.f. BOT. État de vie ralentie d'un végétal dont les organes, physiologiquement actifs, cessent temporairement de se développer, notamm. pour des raisons climatiques.

DORMANT, E adj. **1.** Qui reste immobile ; stagnant : *Eau dormante.* **2.** Se dit d'un agent secret, d'un terroriste ou d'un réseau introduits dans un milieu dans l'attente d'une action. ▪ **Bâti dormant,** ou **dormant,** n.m. [menuis.], partie fixe d'une fenêtre ou d'une porte, scellée à la maçonnerie. ▪ **Châssis dormant,** ou **dormant,** n.m. [menuis.], châssis fixe, sans partie ouvrante, scellé dans la maçonnerie (SYN. **imposte**). ▪ **Manœuvres dormantes** [mar.], cordages dont les extrémités sont fixées et qui servent à soutenir les mâts (par oppos. à *manœuvres courantes*).

1. DORMEUR, EUSE adj. et n. Qui dort ; qui aime dormir.

2. DORMEUR adj.m. ▪ **Crabe dormeur,** ou **dormeur,** n.m., tourteau. ▪ **Requin dormeur,** ou **dormeur,** n.m., nom usuel d'un requin de l'Atlantique tropical, qui s'attaque parfois à l'homme (genre *Ginglymostoma*) ; laimargue.

DORMEUSE n.f. Sorte de boucle d'oreille.

DORMIR v.i. [25] (lat. *dormire*). **1.** Être dans l'état de sommeil. **2.** Fig. Demeurer inactif ; être inemployé : *Capitaux qui dorment.* ▪ **Conte** ou **histoire à dormir debout,** récit absolument invraisemblable. ▪ **Dormir comme un loir** ou **une marmotte** ou **une souche,** dormir profondément. ▪ **Dormir sur ses deux oreilles,** être ou se croire en sécurité. ▪ **Laisser dormir une affaire** [fig.], la négliger. ▪ **Ne dormir que d'un œil,** rester très vigilant.

DORMITIF, IVE adj. **1.** Vx. Qui fait dormir ; somnifère. **2.** Fam. Qui est très ennuyeux ; soporifique : *Exposé dormitif.*

DORMITION n.f. (du lat. *dormitio*, sommeil). CHRIST. Événement de la mort de la Vierge, au cours duquel elle s'éleva au ciel. (Il est célébré sous ce nom par les chrétiens orientaux et, en Occident, depuis le VIIe s., sous le nom d'*Assomption*.)

DORSAL, E, AUX adj. (du lat. *dorsum*, dos). Relatif au dos ; relatif à la partie postérieure ou supérieure du corps de l'homme, d'un animal, d'un organe ou de tout autre élément anatomique (par oppos. à *ventral*).

DORSALE n.f. **1.** Crête montagneuse. **2.** GÉOL. Chaîne de montagnes sous-marine, longue de plusieurs milliers de kilomètres et large de quelques centaines, où se crée la croûte océanique (SYN. **ride océanique**). ▪ **Dorsale barométrique** [météorol.], ligne de hautes pressions, sur une carte météorologique.

DORSALGIE n.f. MÉD. Douleur du dos, au niveau des vertèbres dorsales.

DORTOIR n.m. (du lat. *dormitorium*, chambre à coucher). **1.** Salle commune où dorment les membres d'une communauté (couvents, casernes, pensionnats, etc.). **2.** (En appos., avec ou sans trait d'union). Qui sert essentiellement à loger des personnes travaillant ailleurs : *Des cités-dortoirs.*

DORURE n.f. **1.** Action, art de dorer. ➲ Les procédés auj. les plus fréquents sont l'électrolyse, la dorure à la feuille, l'application d'un enduit chargé de poudre d'or. **2.** Revêtement d'or ; couche dorée. **3.** Ornement doré.

DORYPHORE n.m. (du gr. *doruphoros*, porteur de lance). Insecte coléoptère à élytres ornés de dix lignes noires, originaire d'Amérique du Nord et très répandu en Europe. ➲ Le doryphore et sa larve se nourrissent de feuilles de pommes de terre. Famille des chrysomélidés.

▲ **doryphore**

DOS n.m. (lat. *dorsum*). **1.** ANAT. Face postérieure du tronc de l'homme, des épaules aux reins. **2.** Face supérieure du corps des vertébrés et de certains autres animaux (insectes, par ex.). *Dos d'un cheval, d'un hanneton.* **3.** SPORTS. Style de nage caractérisé par la position sur le dos du nageur, le visage étant émergé. **4.** Dossier d'un siège : *Le dos d'un fauteuil.* **5.** Partie supérieure convexe de qqch : *Le dos de la main. Dos d'une cuillère.* **6.** Verso, revers d'une feuille de papier, d'un tableau, etc. : *Dos d'une lettre.* **7.** Partie de la reliure d'un livre qui réunit les plats (par oppos. à *tranche*). ▪ **Avoir bon dos,** servir de justification ou d'excuse à qqn qui se dérobe à ses responsabilités. ▪ **Bureau** ou **secrétaire en dos d'âne,** clos par un plateau incliné qu'on rabat en avant pour former une table à écrire. ▪ **Dos crawlé** [sports], nage en crawl sur le dos. ▪ **En avoir plein le dos de** [fam.], en avoir assez de. ▪ **Être sur le dos de qqn** [fam.], le harceler. ▪ **Faire le dos rond** ou **le gros dos** [fam.], attendre prudemment que la situation s'améliore. ▪ **Mettre qqch sur le dos de qqn,** lui en attribuer la responsabilité. ▪ **Renvoyer dos à dos deux adversaires,** ne donner raison ni à l'un ni à l'autre. ▪ **Se mettre qqn à dos,** s'en faire un ennemi. ▪ **Tomber sur le dos de qqn** [fam.], survenir à l'improviste et de manière fâcheuse pour lui.

DOSABLE adj. Que l'on peut doser.

DOSAGE n.m. **1.** Détermination de la concentration d'une solution, de la quantité d'un constituant contenu dans une substance. **2.** Fig. Fait de combiner différents éléments ; mélange : *Un savant dosage de bonne humeur et de volonté.*

DOS-D'ÂNE n.m. inv. Bosse présentant deux pentes séparées par une arête sur une route (CONTR. **1. cassis**).

DOSE n.f. (du gr. *dosis*, action de donner). **1.** Quantité de médicament à utiliser en une seule fois ou par unité de temps. **2.** Quantité d'une substance entrant dans un mélange ; mesure : *Deux doses de javel par litre d'eau.* **3.** Quantité quelconque : *Il faut une bonne dose d'humour pour le supporter.* ▪ **Dose absorbée** [nucl.], quantité d'énergie transmise par un rayonnement ionisant à l'unité de masse du milieu irradié. ➲ Unités : gray et rad. ▪ **Équivalent de dose** [nucl.], grandeur caractérisant l'effet biologique d'une irradiation, notamm. sur les personnes qui y sont exposées. ➲ Unités : sievert et rem. ▪ **Forcer la dose,** exagérer.

DOSER v.t. [3]. **1.** Procéder au dosage de. **2.** Fig. Mesurer avec justesse ; proportionner : *Doser la critique et la louange.*

DOSETTE n.f. Conditionnement offrant la quantité de produit nécessaire à une utilisation : *Café en dosette.*

DOSEUR n.m. Appareil servant au dosage. ◆ **DOSEUR, EUSE** adj. Qui sert à doser : *Bouchon doseur.*

DOSHA n.m. (mot sanskr. « ce qui altère »). Dans l'ayurvéda, médecine traditionnelle indienne, une des trois énergies vitales (*vata, pitta, kapha*), qui, selon la manière dont elle est combinée aux cinq éléments (l'air, la terre, le feu, l'eau, l'éther), indique l'état physiologique et psychique de chacun. ➲ Le déséquilibre des doshas est source de maladie.

DOSIMÈTRE n.m. Appareil de dosimétrie.

DOSIMÉTRIE n.f. NUCL. Mesure des doses de rayonnements ionisants auxquelles une personne, un être vivant ont été exposés.

DOSSARD n.m. (de *dos*). Carré d'étoffe marqué d'un numéro d'ordre que portent les concurrents d'une épreuve sportive.

DOSSE n.f. (de *dos*). BOIS. Dans le sciage des grumes, première ou dernière planche que l'on enlève et qui conserve son écorce.

DOSSERET n.m. (de *dossier*). **1.** ARCHIT. Sorte de pilastre, sans base ni chapiteau, contre lequel s'appuie un autre pilastre ou une colonne, ou servant de jambage, de piédroit. **2.** OUTILL. Pièce de bois ou de métal renforçant le dos d'une scie. **3.** Tête ou pied de lit amovible.

DOSSIER n.m. (de *dos*). **1.** Partie d'un siège contre laquelle s'appuie le dos. **2.** Ensemble de documents réunis dans une chemise ; cette chemise. **3.** Question, sujet à traiter : *Le dossier agricole.* **4.** INFORM. Élément de mémoire permettant d'organiser et de hiérarchiser des ensembles de fichiers. ▪ **Dossier de presse,** dossier réunissant des coupures de presse relatives au même sujet ; dossier documentaire distribué à des journalistes.

DOSSIÈRE n.f. **1.** Partie du harnais en forme de courroie posée sur le dos du cheval et soutenant les porte-brancards. **2.** Partie dorsale de la carapace de la tortue.

DOSSISTE n. Nageur de dos crawlé.

DOT [dɔt] n.f. (lat. *dos, dotis*). **1.** Biens qu'une femme apporte en se mariant. **2.** Biens donnés par un tiers et par contrat de mariage à l'un des époux.

DOTAL, E, AUX adj. Relatif à la dot.

DOTATION n.f. **1.** DR. Fourniture d'équipement à un organisme économique ou administratif. **2.** ÉCON. Ensemble des revenus assignés à un établissement d'utilité publique, à une communauté, etc. **3.** Revenu attribué à un chef d'État, à certains hauts fonctionnaires. **4.** COMPTAB. Inscription d'une somme à un compte de provision ou d'amortissement. ▪ **Dotation en personnel,** au Canada, ensemble des actes administratifs relatifs au recrutement visant à pourvoir un poste vacant dans une unité administrative.

DOTER v.t. [3] (lat. *dotare*). **1.** ÉCON. Assigner un revenu à une collectivité, un établissement. **2.** Donner une dot à : *Doter sa fille.* **3.** Fournir en équipement : *Doter un gymnase d'un mur d'escalade.* **4.** Pourvoir qqn d'une qualité : *La nature l'a dotée d'une grande intelligence.*

DOUAIRE n.m. (du lat. *dos, dotis*, dot). DR. Anc. Biens assignés en usufruit par le mari à sa femme survivante.

DOUAIRIÈRE n.f. **1.** Anc. Veuve qui jouissait d'un douaire. **2.** Péjor. Dame âgée de la haute société.

DOUANE n.f. (anc. ital. *doana*, de l'ar.). **1.** Administration fiscale chargée notamm. du contrôle des marchandises à l'entrée, à la sortie et à l'intérieur du territoire ; siège de ce service. **2.** Droits de douane : *Payer la douane.*

DOUANIER, ÈRE n. Agent de la douane. ◆ **adj.** Relatif à la douane : *Tarifs douaniers.* ▪ **Union douanière,** convention qui crée une zone d'intégration économique caractérisée par la suppression des droits de douane entre pays membres et l'instauration d'un tarif extérieur commun.

DOUAR n.m. (ar. *dwār*). Maghreb. **1.** Division administrative rurale. **2.** Agglomération de tentes.

DOUBLAGE n.m. **1.** Multiplication par deux ; doublement. **2.** Garnissage par une doublure : *Doublage d'un manteau.* **3.** Remplacement d'un comédien par sa doublure. **4.** Enregistrement des dialogues d'un film dans une langue différente de celle de l'original. **5.** Anc. Revêtement métallique d'une coque de navire en bois.

DOUBLANT, E n. Afrique. Redoublant.

1. DOUBLE adj. (lat. *duplus*). **1.** Qui est multiplié par deux : *Double ration* ; qui est formé de deux choses identiques : *Consonne double.* **2.** Qui a deux aspects dont un seul est manifeste ou révélé : *Mener une double vie.* ▪ **Double liaison** [chim.], liaison entre deux atomes assurée par deux paires d'électrons, représentée par le symbole =. ▪ **Double peine** → **PEINE.** ▪ **Faire double emploi,** être superflu parce qu'une autre chose remplit la même fonction. ◆ **adv.** ▪ **Voir double,** voir deux choses là où il n'y en a qu'une.

2. DOUBLE n.m. **1.** Quantité, nombre égaux à deux fois un autre : *Tu me dois le double. Avec la déviation, nous avons fait le double de kilomètres.* **2.** Chose qui est la réplique d'une autre ; copie : *Faire un double de la première page.* **3.** Deuxième exemplaire de qqch : *Le double des clés. Philatélistes qui échangent leurs doubles.* **4.** Partie de tennis ou de tennis de table entre deux équipes de deux joueurs (par oppos. à *simple*) ; chacune des deux équipes. **5.** Corps le plus souvent impalpable reproduisant l'image d'une personne, dans certaines croyances (occultisme, spiritisme). **6.** MUS. Variation ornée d'une pièce instrumentale ou vocale, dans la musique française du XVIIIe s. ▪ **En double,** en deux exemplaires.

1. DOUBLÉ, E adj. **1.** Porté au double : *Effectif doublé.* **2.** Garni d'une doublure. **3.** Qui joint une particularité à une autre : *Un égoïste doublé d'un hypocrite.* **4.** CINÉMA, TÉLÉV. Dont on a réalisé le doublage.

2. DOUBLÉ n.m. **1.** Série de deux réussites successives (sport, jeu, etc.). **2.** ORFÈVR., BIJOUT. Plaqué. **3.** CHASSE. Action d'abattre deux pièces de gibier de deux coups de fusil rapprochés.

3. DOUBLÉ n.m. → **2. DOUBLER.**

DOUBLEAU n.m. ARCHIT. Arc séparant deux voûtes ou fractionnant un berceau (SYN. **arc-doubleau**).

DOUBLE-CLIC n.m. (pl. *doubles-clics*). INFORM. Action constituée de deux clics consécutifs et rapprochés provoquant, par ex., l'affichage du document, l'ouverture de la fenêtre ou le lancement du programme pointés.

DOUBLE-CLIQUER v.i. [3]. Effectuer un double-clic.

DOUBLE-CRÈME n.m. et adj. (pl. *doubles-crèmes*). Fromage dont la teneur en matière grasse est au minimum de 60 %.

DOUBLE-CROCHE n.f. (pl. *doubles-croches*). MUS. Note dont la durée vaut la moitié de celle d'une croche, et dont la hampe porte deux barres ou deux crochets.

DOUBLE-FENÊTRE n.f. (pl. *doubles-fenêtres*). Ensemble constitué par une fenêtre et une contre-fenêtre.

DOUBLE-FLUX n.m. (pl. *doubles-flux*). Afrique. Système d'enseignement scolaire où un instituteur prend alternativement en charge les deux groupes d'une même classe dans la journée : *Diriger un CP à double-flux.* ➲ Ce système vise à pallier le problème des classes à effectif pléthorique.

1. DOUBLEMENT adv. De deux manières ; à un double titre.

2. DOUBLEMENT n.m. Action de doubler ; fait de devenir double.

1. DOUBLER v.t. [3]. **1.** Multiplier par deux ; porter au double : *Doubler sa bande passante.* **2.** Mettre en double : *Doublez la corde, ce sera plus solide.* **3.** Garnir d'une doublure : *Doubler une veste.* **4.** Passer devant ; dépasser : *Doubler un bus.* **5.** SPORTS. Prendre un tour d'avance à un concurrent. **6.** Franchir en contournant : *Doubler le cap Horn.* **7.** Effectuer le doublage d'un film, d'un acteur. **8.** Remplacer un acteur dans son rôle. **9.** MUS. Ajouter en renfort une partie instrumentale à l'unisson ou à l'octave. **10.** Vieilli ou région. ; Afrique, Belgique, Québec. Redoubler : *Doubler une classe.* **11.** Fam. Devancer qqn dans une affaire ; trahir. ▪ **Doubler le cap de** → **CAP.** ▪ **Doubler le pas,** marcher plus vite. ◆ **v.i.** Devenir double : *Le chiffre d'affaires a doublé.* ◆ **SE DOUBLER v.pr.** (DE). S'accompagner de : *Insolence qui se double de mauvaise foi.*

2. DOUBLER ou **DOUBLÉ** n.m. ÉQUIT. Figure de manège consistant à quitter la piste à angle droit et à la reprendre en face à même main ou en changeant de main.

DOUBLE-RIDEAU n.m. (pl. *doubles-rideaux*). Rideau en tissu épais qui se tire devant le voilage d'une fenêtre.

DOUBLE-SCULL [-skœl] n.m. (pl. *doubles-sculls*). En aviron, nom parfois donné au deux de couple.

DOUBLET n.m. (de *1. double*). **1.** CHIM. Paire d'électrons. ➲ Le doublet *liant* réunit deux atomes par une liaison ; le doublet *non liant* est localisé sur un seul atome. **2.** LING. Mot de même étymologie qu'un autre, mais qui présente une forme et un sens différents. ➲ Par ex., le latin *hospitalem* a donné les doublets *hôtel* et *hôpital* ; le premier est d'origine populaire, le second est un emprunt savant. **3.** Imitation de gemme obtenue en fixant un corps coloré derrière un morceau de cristal, ou en accolant une gemme et un autre corps. ▪ **Doublet électrique,** dipôle.

DOUBLETTE n.f. **1.** Équipe de deux joueurs. **2.** Fam. Ensemble formé par deux personnes inséparables.

DOUBLEUR, EUSE n. **1.** Cour. Comédien qui double les films étrangers. **2.** Afrique, Belgique, Québec. Redoublant.

DOUBLON n.m. (de *1. double*). IMPRIM. Faute typographique consistant dans la répétition d'un mot ou d'une partie d'un texte composé ou imprimé.

DOUBLONNER v.i. [3]. Faire double emploi.

DOUBLURE n.f. (de *1. doubler*). **1.** Étoffe qui garnit l'intérieur d'un vêtement. **2.** Remplaçant d'un acteur, d'une actrice.

DOUÇAIN n.m. → **DOUCIN.**

DOUCE adj.f. → **DOUX.**

1. DOUCE-AMÈRE adj.f. → **DOUX-AMER.**

2. DOUCE-AMÈRE n.f. (pl. *douces-amères*). Morelle sauvage toxique, à fleurs violettes et à baies rouges. ➲ Famille des solanacées.

DOUCEÂTRE, ▲ *DOUÇÂTRE* adj. D'une douceur fade.

DOUCEMENT adv. **1.** Avec douceur ; sans trop de force, de bruit, de vitesse : *Parler doucement. Ouvrir doucement une porte. La voiture démarre doucement.* **2.** Fam. À part soi ; intérieurement : *Il me fait doucement rigoler.* ▪ **Aller (tout) doucement** [fam.], d'une façon peu satisfaisante : *Les affaires vont doucement.* ◆ **interj.** Invite à la modération : *Doucement ! Pas de conclusion hâtive !*

DOUCEREUSEMENT adv. De façon doucereuse.

DOUCEREUX, EUSE adj. **1.** D'une douceur fade ; douceâtre : *Liqueur doucereuse.* **2.** D'une douceur affectée ; mielleux : *Voix doucereuse.*

DOUCET, ETTE adj. Vx. D'une douceur feinte.

DOUCETTE n.f. Mâche.

DOUCETTEMENT adv. Fam. Tout doucement.

DOUCEUR n.f. (lat. *dulcor*). **1.** Qualité de ce qui est doux, agréable aux sens ; suave : *La douceur d'une peau, d'une mélodie.* **2.** Caractère de ce qui n'est pas extrême, brusque ou discontinu : *La douceur d'une température, d'un démarrage.* **3.** Comportement doux, affectueux : *Bercer un bébé avec douceur.* ▪ **En douceur,** sans brusquerie ; doucement : *Annoncer une nouvelle en douceur.* ◆ **n.f. pl. 1.** Friandises. **2.** Paroles aimables.

DOUCHE n.f. (de l'ital. *doccia*, conduite d'eau). **1.** Jet d'eau dirigé sur le corps pour se laver. **2.** Installation (appareil, cabine) permettant de prendre une douche. **3.** Fam. Averse. ▪ **Douche écossaise,** alternativement chaude et froide ; fig., alternance de bonnes et de mauvaises nouvelles. ▪ **Douche (froide)** [fam.], violente réprimande ; événement qui cause une vive déception : *Quelle douche froide quand il apprit qu'il n'était pas élu !*

DOUCHER v.t. [3]. **1.** Donner une douche à. **2.** Fam. Mouiller abondamment ; tremper. **3.** Fam. Causer une vive déception à ; refroidir : *Cette défaite l'a douchée.* ▪ **Se faire doucher** [fam.], recevoir une averse ; fig., essuyer des reproches. ◆ **SE DOUCHER v.pr.** Prendre une douche.

DOUCHETTE n.f. **1.** Pomme de douche mobile, dont l'intensité est réglable. **2.** Appareil en forme de pomme de douche servant à la lecture optique des codes-barres.

DOUCHEUR, EUSE n. Personne qui administre des douches (dans un établissement thermal, par ex.).

DOUCHIÈRE n.f. Afrique. Cabinet de toilette.

DOUCI, E adj. VERR. ▪ **Glace doucie,** dont les deux faces sont dressées et parallèles, mais non polies.

DOUCIN ou **DOUÇAIN** n.m. Pommier sauvage servant de porte-greffe.

DOUCINE n.f. ARCHIT. Moulure en forme de S, composée de deux courbures dont les extrémités tendent vers l'horizontale (par oppos. à *talon*).

DOUCINER v.t. [3]. Antilles. **1.** Caresser doucement ; cajoler ; câliner. **2.** Fig. Amadouer.

DOUCISSAGE n.m. VERR. Opération de dressage d'une glace, dans l'ancien procédé de fabrication par laminage.

1. DOUDOU n.m. (de *doux*). Fam. Objet fétiche, génér. peluche, dont les petits enfants ne se séparent pas et avec lequel ils dorment.

2. DOUDOU n.f. (de *doux*). Antilles. Fam. Jeune femme aimée.

DOUDOUNE n.f. (de *doux*). Grosse veste très chaude, génér. rembourrée de duvet.

DOUÉ, E adj. **1.** Qui a des dons, des aptitudes : *Une élève très douée, douée pour la musique.* **2.** (DE). Doté par la nature de : *Elle est douée de bon sens.*

DOUELLE n.f. (de l'anc. fr. *doue*, douve). **1.** ARCHIT. Parement intérieur (intrados) ou extérieur (extrados) d'un claveau. **2.** En tonnellerie, douve.

DOUER v.t. [3] (var. de *doter*). Pourvoir de ; doter : *La nature l'a doué d'un immense talent.*

> ✎ *Douer* ne s'emploie qu'aux temps composés et à l'inf.

DOUGHNUT [donœt] n.m. → **DONUT.**

DOUILLE n.f. (francique **dulja*). **1.** Partie creuse d'un instrument, d'un outil, qui reçoit le manche. **2.** Pièce dans laquelle se fixe le culot d'une ampoule électrique. **3.** ARM. Enveloppe cylindrique contenant la charge de poudre d'une cartouche.

DOUILLER v.t. [3] (orig. obscure). Fam. Dépenser de l'argent ; payer. ◆ **v.i.** Fam. ▪ **Ça douille,** cela coûte cher.

DOUILLET, ETTE adj. (du lat. *ductilis*, malléable). **1.** Qui est doux, moelleux et procure une sensation de chaleur : *Lit douillet.* **2.** D'un confort délicat : *Chambre douillette.* ◆ **adj.** et **n.** Qui craint la moindre douleur physique : *Enfant douillet.*

DOUILLETTE n.f. **1.** Vieilli. Robe de chambre ouatinée. **2.** Québec. Couvre-lit matelassé servant aussi de couverture.

DOUILLETTEMENT adv. De façon douillette.

DOULA n.f. (mot ar., du gr. *doulê*, esclave, servante). Femme qui accompagne et soutient une femme enceinte et son entourage avant, pendant et après l'accouchement. (Ce terme, d'abord utilisé au Maghreb, tend à se répandre en France.) ➲ À la différence d'une sage-femme, une doula n'est pas diplômée.

DOULEUR n.f. (lat. *dolor*). **1.** Souffrance physique : *Il a une douleur dans le cou.* **2.** Sentiment pénible ; souffrance morale ; chagrin : *J'ai éprouvé une immense douleur en apprenant son décès.*

DOULOUREUSE n.f. Fam. Note à payer ; addition.
DOULOUREUSEMENT adv. D'une manière douloureuse ; avec douleur.
DOULOUREUX, EUSE adj. 1. Qui cause une douleur physique : *Blessure douloureuse.* **2.** Qui est le siège d'une douleur ; endolori : *Pieds douloureux.* **3.** Qui cause une douleur morale : *Un souvenir douloureux.* **4.** Qui exprime la douleur : *Regard douloureux.* ▪ **Point douloureux** [méd.], zone limitée de l'organisme où existe une douleur spontanée ou provoquée.
DOUM n.m. (mot ar.). **1.** Palmier nain des régions côtières de la Méditerranée, à tige ramifiée dont on tire le crin végétal, et dont le fruit est comestible. ➲ Genre *Chamaerops.* **2.** Petit palmier originaire du sud de l'Afrique et de Madagascar. ➲ Genre *Hyphaene.*
DOUMA n.f. (mot russe). En Russie, assemblée, conseil.
DOURINE n.f. (de l'ar.). Maladie contagieuse des équidés, sexuellement transmissible, due à un trypanosome.
DOUTE n.m. 1. État d'incertitude sur la réalité d'un fait, l'exactitude d'une déclaration ; indécision qui en résulte : *Son explication me laisse dans le doute.* **2.** (Souvent au pl.). Manque de confiance dans la sincérité de qqn, la réalisation de qqch ; soupçon : *J'ai des doutes sur sa probité, sur l'avenir de cette invention.* ▪ **Hors de doute,** tout à fait sûr. ▪ **Mettre en doute,** contester la vérité de. ▪ **Nul doute que,** il est certain que : *Nul doute qu'il ira la chercher.* ▪ **Sans aucun doute,** assurément. ▪ **Sans doute,** probablement : *Sans doute le connais-tu.*
DOUTER v.t. ind. [3] (DE) [lat. *dubitare*]. **1.** Être incertain de la réalité d'un fait, de l'exactitude d'une déclaration, etc. : *Il doute de pouvoir venir, de ton amitié, que tu parles en sa faveur.* **2.** Ne pas avoir confiance en : *Elle doute de moi, de l'efficacité du traitement.* ▪ **À n'en pas douter,** sans aucun doute. ▪ **Ne douter de rien,** n'hésiter devant aucun obstacle ; avoir en soi une confiance excessive. ◆ **SE DOUTER v.pr. (DE).** Avoir le pressentiment de ; soupçonner : *Personne ne se doute de sa présence.* ▪ **S'en douter,** être sûr de qqch : *On s'en doute, qu'il ne l'apprécie pas !*
DOUTEUR, EUSE adj. et **n.** Litt. Qui doute.
DOUTEUSEMENT adv. De manière douteuse.
DOUTEUX, EUSE adj. 1. Dont la réalité, l'exactitude n'est pas établie ; incertain : *L'issue du procès est douteuse.* **2.** De valeur contestable : *Plaisanterie d'un goût douteux.* **3.** Qui manque de propreté, de fraîcheur : *Chemise douteuse. Viande douteuse.* **4.** Qui paraît peu fiable ; suspect : *Un témoin douteux.*
DOUVAIN n.m. Bois de chêne propre à faire des douves de tonneau.
1. DOUVE n.f. (du gr. *dokhê*, récipient). **1.** Large fossé rempli d'eau entourant une demeure : *Les douves d'un château.* **2.** Dans le steeple-chase, large fossé plein d'eau, précédé d'une haie ou d'une barrière. **3.** En tonnellerie, chacune des pièces de bois longitudinales assemblées pour former le corps d'une futaille (tonneau, cuve) [SYN. **douelle**].
2. DOUVE n.f. (lat. *dolva*). Ver plathelminthe, parasite de plusieurs mammifères (homme, mouton, bœuf), cause des distomatoses. ➲ Long. 3 cm env. ; classe des trématodes.
DOUVELLE n.f. Petite douve de tonneau.
DOUX, DOUCE adj. (lat. *dulcis*). **1.** Dont le goût est sucré ou peu accentué : *Poire douce. Piment doux.* **2.** Qui flatte un sens par une impression délicate : *Voix, lumière, laine douce.* **3.** Qui procure un sentiment de bien-être : *De doux souvenirs.* **4.** Qui ne présente aucun caractère excessif : *Climat doux. Prix doux.* **5.** Qui manifeste de la douceur, de la gentillesse : *Un doux sourire. Un chien très doux.* ▪ **Eau douce,** naturellement dépourvue de sel (cours d'eau, lacs, sources). ▪ **En douce** [fam.], sans se faire remarquer : *Filer en douce.* ▪ **Énergies, technologies douces,** qui respectent l'environnement, sont peu polluantes et préservent les ressources naturelles (énergies éolienne, solaire, géothermique, etc.). ▪ **Faire les yeux doux à qqn,** le regarder amoureusement. ▪ **Marin d'eau douce,** qui n'a navigué que sur les fleuves ou les rivières ; péjor., marin peu expérimenté. ▪ **Médecine douce,** médecine alternative*. ◆ **adv.** ▪ **Filer doux,** obéir sans résistance. ▪ **Tout doux** [fam., vieilli], doucement. ◆ **n.m.** Ce qui est doux, moelleux. ◆ **n.** Personne douce.
DOUX-AMER, DOUCE-AMÈRE [duzamɛr, dusamɛr] **adj.** (pl. *doux-amers, douces-amères*). Qui mêle la douceur et l'amertume : *Des propos doux-amers.*
DOUZAIN n.m. 1. NUMISM. Monnaie française de douze deniers, frappée en argent de Charles VII à Louis XIII, en billon ensuite. **2.** Poème de douze vers.
DOUZAINE n.f. 1. Ensemble de douze éléments de même nature : *Deux douzaines d'huîtres.* **2.** Environ douze : *Il y avait une douzaine d'enfants.* ▪ **À la douzaine,** en quantité : *Des films comme ça, on en voit à la douzaine.*
DOUZE adj. num. et **n.m. inv.** (lat. *duodecim*). **1.** Nombre qui suit onze dans la suite des entiers naturels : *Les douze coups de minuit.* **2.** Douzième : *Page douze.*
DOUZE-HUIT n.m. inv. MUS. Mesure à quatre temps, qui a la noire pointée pour unité de temps.
DOUZIÈME adj. num. ord. et **n.** Qui occupe un rang marqué par le nombre douze. ◆ **n.m.** et **adj.** Quantité désignant le résultat d'une division par douze.
DOUZIÈMEMENT adv. En douzième lieu.
DOW JONES [dɔwdʒɔns] **(INDICE) n.m.** Indice de la Bourse de New York créé, en 1896, par Charles Dow et Edward Jones. ➲ Il est calculé sur la base de trente valeurs.
DOXA n.f. (mot gr.). Ensemble des opinions communes aux membres d'une société à un moment donné.
DOXOCRATIE n.f. (du gr. *doxa*, opinion). Système politique où l'opinion publique occupe une place essentielle dans les prises de décision, par l'intermédiaire des sondages, de la télévision et d'Internet. ➲ La doxocratie, ou « démocratie d'opinion » (Jacques Julliard), est accusée de fragiliser la démocratie représentative, car elle entraîne une marginalisation du régime parlementaire et des corps intermédiaires (partis politiques, syndicats, etc.).
DOXOLOGIE n.f. (gr. *doxologia*). **1.** CHRIST. Petite prière de louange à la Trinité. **2.** Énoncé d'une opinion communément admise.
DOYEN, ENNE n. (du lat. *decanus*, chef de dix soldats). **1.** Personne la plus ancienne par l'âge ou par l'appartenance à un groupe. **2.** CHRIST. Responsable ecclésiastique de circonscription, chapitre, faculté, tribunal ou collège. **3.** Directeur d'une UFR de médecine, de droit, de lettres, de sciences, de pharmacie ou d'odontologie.
1. DOYENNÉ n.m. CHRIST. 1. Circonscription administrée par un doyen. **2.** Demeure du doyen.
2. DOYENNÉ n.f. Poire d'une variété à chair fondante et sucrée.
DOYENNETÉ n.f. Vx. Qualité de doyen d'âge.
DPE ou **D.P.E. n.m.** (sigle). Diagnostic de performance énergétique.
DRACHE n.f. Région. (Nord) ; Belgique. Pluie battante ; forte averse.
DRACHER v. impers. [3] (du néerl.). Région. (Nord) ; Belgique. Pleuvoir à verse.
DRACHME [drakm] **n.f.** (gr. *drakhmê*). **1.** NUMISM. Monnaie d'argent de la Grèce antique, valant six oboles. **2.** Ancienne unité monétaire principale de la Grèce moderne. ➲ Devenue, le 1er janvier 2001, une subdivision de l'euro, la drachme a cessé d'exister, au profit de la monnaie unique européenne, en 2002.
DRACONIEN, ENNE adj. (de *Dracon*, n.pr.). D'une rigueur excessive ; drastique : *Règlement draconien.*
DRAGAGE n.m. Action de curer avec une drague.
DRAGÉE n.f. (du gr. *tragêma*, friandise). **1.** Amande ou noisette enrobée de sucre durci. **2.** PHARM. Comprimé enrobé de sucre puis poli. ▪ **Tenir la dragée haute à qqn,** lui faire sentir tout son pouvoir ; lui faire payer cher ce qu'il désire.
DRAGÉIFIER v.t. [5]. PHARM. Mettre sous forme de dragée.
DRAGEOIR n.m. 1. Coupe servant à présenter des dragées. **2.** Petite boîte pour mettre des dragées, des bonbons, des épices.
DRAGEON n.m. (du francique). BOT. Pousse qui naît de la racine d'une plante vivace (SYN. **surgeon**).
DRAGEONNEMENT n.m. Fait de drageonner.
DRAGEONNER v.i. [3]. Produire des drageons.
DRAGLINE [draglajn] **n.f.** (mot angl.). MIN., TRAV. PUBL. Matériel de terrassement agissant par raclage du terrain au moyen d'un godet traîné par un câble.
DRAGON n.m. (lat. *draco*). **1.** Animal fabuleux, génér. représenté avec des griffes de lion, des ailes et une queue de serpent. **2.** Fig. Gardien vigilant et farouche. **3.** Personne autoritaire ou acariâtre. **4.** Vieilli. Pays asiatique qui a fait partie de la première génération de ceux dont l'économie a décollé, à la fin des années 1960 (avant celle des *tigres*). **5.** Soldat d'un corps de cavalerie créé au XVIe s. pour combattre à pied ou à cheval. ➲ Depuis 1945, la mission des dragons a été reprise par certains régiments blindés. ▪ **Dragon de vertu,** personne d'une vertu austère.

▲ **dragon.** Le dragon-cheval (esprit du fleuve Jaune) sortant des eaux, enluminure du VIIIe s., manuscrit chinois provenant de Dunhuang.

DRAGONNADE n.f. HIST. (Surtout pl.). Persécution pratiquée, partic. sous Louis XIV, comme moyen de conversion des protestants, auxquels on imposait la charge du logement des dragons royaux.
DRAGONNE n.f. 1. Courroie reliant le poignet à la garde d'un sabre ou d'une épée, ou à la poignée d'un bâton de ski. **2.** Lanière attachée à un objet (sac, parapluie, appareil photo, etc.) et que l'on peut passer au poignet ou au bras.
DRAGONNIER n.m. Arbre des Canaries, à croissance lente, dont la résine (*sang de dragon*) est utilisée comme vernis. ➲ Famille des agavacées.

▲ **dragonnier**

DRAG-QUEEN [dragkwin] **n.f.** (pl. *drag-queens*) [mot angl.]. Travesti excessivement maquillé et vêtu de manière extravagante.
DRAGSTER [dragstɛr] **n.m.** (mot angl.). Véhicule sportif à deux ou à quatre roues, au moteur très puissant, capable d'atteindre très rapidement de grandes vitesses.
DRAGUE n.f. (de l'angl. *to drag*, tirer). **1.** PÊCHE. Filet en forme de poche dont l'armature sert de racloir. **2.** Engin de terrassement destiné à enlever le sable, le gravier ou la vase se trouvant au fond d'un cours d'eau, d'un chenal, d'un étang ou de la mer. **3.** Engin mobile destiné à racler les fonds marins pour en ramener des échantillons minéraux. **4.** Dispositif mécanique, acoustique ou magnétique, permettant la destruction ou l'enlèvement des mines sous-marines. **5.** Fam. Action de draguer qqn.
DRAGUER v.t. [3]. 1. Pêcher des coquillages à la drague. **2.** Curer avec une drague : *Draguer un chenal.* **3.** Éliminer une mine marine avec une drague. **4.** Fam. Tenter de séduire qqn en vue d'une aventure : *Il l'a draguée sur Internet.*
1. DRAGUEUR n.m. Bateau utilisant une drague. ▪ **Dragueur de mines,** bateau spécialisé dans l'élimination des mines sous-marines.
2. DRAGUEUR, EUSE n. Fam. Personne qui aime draguer, séduire.

1. DRAILLE n.f. (de *traille*). MAR. Cordage le long duquel glisse un foc.

2. DRAILLE n.f. (provenç. *drayo*). Région. (Midi). Chemin emprunté par les troupeaux transhumants.

DRAIN n.m. (mot angl.). **1.** MÉD. Tube souple placé dans certaines plaies opératoires ou dans certaines cavités organiques pour l'écoulement de liquides pathologiques. **2.** Conduit souterrain pour l'évacuation des eaux d'un terrain trop humide. **3.** ÉLECTROTECHN. Une des trois électrodes des transistors à effet de champ.

DRAINAGE n.m. **1.** MÉD. Technique médicale ou chirurgicale qui consiste à évacuer progressivement un liquide ou un gaz. **2.** Opération qui consiste à faciliter, au moyen de drains ou de fossés, l'écoulement de l'eau en excès dans un terrain ; assèchement.

DRAINE n.f. (orig. obsc.). Grive d'Europe et d'Afrique du Nord, de grande taille. ➲ Long. 30 cm ; genre *Turdus*.

DRAINER v.t. [3] (de *drain*). **1.** MÉD. Assécher une plaie, une cavité par drainage. **2.** Assécher un terrain au moyen de drains. **3.** Pour un cours d'eau, rassembler les eaux de son bassin. **4.** Fig. Faire affluer de divers côtés ; attirer : *Cette formule draine les placements des petits épargnants.*

DRAINEUR, EUSE adj. Qui draine. ◆ **n.f.** Machine automotrice à chenilles larges, qui creuse un fossé et met en place un drain perforé.

DRAISIENNE n.f. (du n. du baron *Drais von Sauerbronn*). Anc. Engin de locomotion à deux roues, ancêtre de la bicyclette, mû par l'action alternative des pieds sur le sol.

DRAISINE n.f. CH. DE F. Petit véhicule automoteur utilisé pour l'entretien et la surveillance des voies.

DRAKKAR n.m. (mot scand. « dragon »). Nom donné cour. au *snekkja*, bateau léger, non ponté, utilisé par les Vikings pour leurs expéditions.

DRALON n.m. (nom déposé). Fibre synthétique polyacrylique de fabrication allemande.

DRAMATIQUE adj. **1.** Relatif au théâtre ; destiné à être joué au théâtre : *L'art dramatique.* **2.** Qui comporte un grave danger ; alarmant : *Les réfugiés sont dans une situation dramatique* ; qui émeut vivement : *La fin du film est dramatique.* ◆ **n.f.** Création radiophonique ou télévisuelle à caractère dramatique.

DRAMATIQUEMENT adv. De façon dramatique.

DRAMATISANT, E adj. Qui dramatise.

DRAMATISATION n.f. Action de dramatiser.

DRAMATISER v.t. [3]. **1.** Présenter de manière dramatique, théâtrale : *Dramatiser son enfance.* **2.** Donner un tour exagérément grave à : *Il a tendance à tout dramatiser.*

DRAMATURGE n. (gr. *dramatourgos*). **1.** Auteur de pièces de théâtre. **2.** Conseiller littéraire et artistique attaché à un théâtre, à un metteur en scène, ou chargé de la dramaturgie d'un spectacle.

DRAMATURGIE n.f. **1.** Art de la composition théâtrale. **2.** Traité de composition théâtrale. **3.** Élaboration des principales orientations littéraires et artistiques de la mise en scène d'un texte dramatique.

DRAME n.m. (du gr. *drâma*, action). **1.** Événement violent ou grave ; tragédie : *La mort de leur fils est un drame.* **2.** Pièce représentant une action sérieuse ou pathétique, mais n'excluant pas les éléments comiques ou réalistes : *Un drame de Tchekhov.* ▪ **Drame liturgique,** au Moyen Âge, adaptation théâtrale des textes sacrés. ▪ **Drame satyrique** [Antiq. gr.], pièce à sujet mythologique dont le chœur est composé de satyres. ▪ **Faire (tout) un drame de qqch,** attribuer à un événement une gravité excessive. ▪ **Tourner au drame,** prendre soudain une tournure grave.

DRAP n.m. (lat. *drappus*). **1.** Pièce de tissu léger dont on garnit un lit pour isoler le dormeur du matelas et des couvertures : *Drap de dessus, de dessous.* **2.** Grande serviette en tissu-éponge : *Drap de bain, de plage.* **3.** Tissu de laine dont les fils ont été feutrés : *Costume en drap gris.* ▪ **Dans de beaux draps** [fam.], dans une situation embarrassante.

DRAPÉ n.m. **1.** COUT. Agencement de plis souples sur un tissu. **2.** BX-ARTS. Agencement des étoffes, des plis des vêtements tel qu'il est représenté en sculpture, en peinture.

▲ **drakkar**

DRAPEAU n.m. (de *drap*). **1.** Pièce d'étoffe attachée à une hampe, portant l'emblème, les couleurs d'une nation, d'une unité militaire, etc. ; signe de ralliement d'un groupe, d'un organisme. **2.** Pièce d'étoffe servant de signal pour le départ d'un train, d'une course sportive, etc. ▪ **Drapeau blanc,** drapeau qui indique que l'on veut parlementer ou capituler. ▪ **Être sous les drapeaux,** appartenir à l'armée ; accomplir son service national. ▪ **Mettre en drapeau (les pales d'une hélice à pas variable)** [aéron.], au pas qui offre le moins de résistance à l'avancement lorsque le moteur est à l'arrêt. ▪ **Se ranger sous le drapeau de qqn,** prendre son parti.

DRAPEMENT n.m. Action, manière de draper.

DRAPER v.t. [3]. **1.** Couvrir, habiller d'une draperie : *Draper une statue.* **2.** Disposer harmonieusement les plis d'un vêtement : *Draper un châle sur ses épaules.* ◆ **SE DRAPER** v.pr. (DANS). **1.** S'envelopper dans un vêtement ample : *Se draper dans une cape.* **2.** Fig., litt. Se prévaloir avec affectation de qqch : *Se draper dans sa générosité.*

DRAPERIE n.f. **1.** Fabrication, commerce du drap. **2.** Tissu ample disposé de manière à retomber en plis harmonieux.

DRAP-HOUSSE n.m. (pl. *draps-housses*). Drap de lit dont les bords garnis d'un élastique et les coins repliés s'adaptent au matelas.

DRAPIER, ÈRE n. Personne qui fabrique ou vend du drap. ◆ **adj.** Relatif à la fabrication ou au commerce du drap.

DRASTIQUE adj. (du gr. *drastikos*, énergique). Qui est d'une rigueur excessive ; draconien : *Mesures répressives drastiques.*

1. DRAVE n.f. (de *draver*). Québec. Anc. Flottage du bois.

2. DRAVE n.f. (esp. *draba*). Plante des régions froides et tempérées, à fleurs blanches ou jaunes. ➲ Famille des crucifères.

DRAVER v.t. et v.i. [3] (de l'angl. *to drive*, conduire). Québec. Anc. Effectuer le flottage du bois.

DRAVEUR n.m. Québec. Anc. Ouvrier qui fait la drave.

DRAVIDIEN, ENNE adj. Qui se rapporte aux Dravidiens. ◆ **adj.** et **n.m.** Se dit d'une famille de langues du sud de l'Inde comprenant le tamoul, le télougou, le kannara et le malayalam.

DRAWBACK [drobak] n.m. (mot angl.). ÉCON. Remboursement à un exportateur des droits de douane payés sur l'importation de matières premières qui entrent dans la fabrication des produits qu'il réexporte.

DREADLOCKS [drɛdlɔks] n.f. pl. (mot angl.). Petites nattes, parfois entrelacées de perles, constituant la coiffure traditionnelle des rastas.

DREADNOUGHT [drɛdnɔt] n.m. (mot angl.). MAR. Type de cuirassé lancé en 1906, utilisé jusque vers 1945.

DRÊCHE n.f. (anc. fr. *drasche*). **1.** Résidu solide de l'orge qui a servi à fabriquer la bière. **2.** Résidu de la distillation et de divers traitements industriels des graines.

DRELIN interj. (onomat.). Imite le bruit d'une clochette.

DRÉPANOCYTOSE n.f. (du gr. *drepanon*, serpe, et *kutos*, cellule). Maladie héréditaire du sang due à la présence d'une hémoglobine anormale, et caractérisée par une anémie et par des globules rouges en forme de faucille (SYN. **anémie falciforme**).

DRESSAGE n.m. **1.** Action de mettre droit, d'installer ; montage : *Le dressage d'un échafaudage.* **2.** TECHN. Action de rendre plan, droit, uni. **3.** Action de dresser un animal ; domptage. **4.** ÉQUIT. Discipline consistant à faire exécuter par un cheval un enchaînement de figures imposées.

DRESSANT n.m. MIN. Couche de pente supérieure à 45°.

DRESSER v.t. [3] (du lat. *°directiare*, mettre droit). **1.** Placer en position verticale ; mettre debout : *Dresser un poteau. Le chien dresse ses oreilles.* **2.** Mettre en place une installation, une construction ; monter : *Dresser un échafaudage, une tente.* **3.** (CONTRE). Créer une animosité à l'égard de qqn ; monter contre : *Dresser l'opinion publique contre un ministre.* **4.** Installer, établir avec soin : *Dresser une table pour huit personnes. Dresser un procès-verbal.* **5.** Plier un animal à une certaine discipline ; dompter. **6.** Accoutumer qqn à la discipline ; mater. **7.** TECHN. Uniformiser en épaisseur ; aplanir une surface ; rendre droite une barre : *Dresser une planche.* ▪ **Dresser l'oreille,** écouter attentivement. ◆ **SE DRESSER** v.pr. **1.** Se mettre debout ; se tenir droit. **2.** (CONTRE). Fig. Manifester son opposition à ; se rebeller.

DRESSEUR, EUSE n. Personne qui dresse des animaux ; dompteur.

DRESSING [drɛsiŋ] ou **DRESSING-ROOM** [-rum] n.m. (pl. *dressing-rooms*) [angl. *dressing-room*]. Petite pièce où l'on range les vêtements ; grande penderie. Recomm. off. **vestiaire.**

DRESSOIR n.m. (de *dresser*). **1.** Au Moyen Âge, sorte de buffet qui servait à exposer de la vaisselle précieuse. **2.** Région. Vaisselier.

DRÈVE n.f. (moyen néerl. *dreve*, de *driven*, conduire). Région. (Nord) ; Belgique. Allée carrossable bordée d'arbres.

DREYFUSARD, E n. et **adj.** HIST. Partisan d'Alfred Dreyfus et de la révision de son procès.

DRH ou **D.R.H.** n.f. (sigle). Direction des ressources* humaines. ◆ **n.** Directeur des ressources humaines.

DRIBBLE [dribl] n.m. Action de dribbler.

DRIBBLER v.i. [3] (angl. *to dribble*). SPORTS. Conduire le ballon, la balle ou le palet par petits coups de main (basket, handball), de pied (football) ou de crosse (hockey) pour éviter ou contourner l'adversaire. ◆ **v.t.** Passer l'adversaire en contrôlant le ballon.

DRIBBLEUR, EUSE n. Joueur qui dribble bien.

DRIFTER [driftœr] n.m. (de l'angl. *to drift*, dériver). Bateau de pêche équipé de filets maillants dérivants.

DRILL [drij] n.m. (de *mandrill*). Singe cynocéphale d'Afrique occidentale. ➲ Famille des cercopithécidés.

DRILLE [drij] **n.m.** (mot d'anc. fr. « chiffon »). Anc. Soldat vagabond. ■ **Joyeux drille** [fam.], homme jovial.

DRING [driŋ] **interj.** (onomat.). Imite le bruit d'une sonnette électrique.

DRINGUELLE n.f. (all. *Trinkgeld*). Région. (Nord) ; Belgique. Fam. Pourboire ; argent de poche.

DRISSE n.f. (ital. *drizza*). **MAR.** Cordage qui sert à hisser. ■ **Point de drisse,** point de la vergue ou de la voile où est frappée la drisse.

DRIVE [drajv] **n.m.** (mot angl.). **1.** Au tennis, coup droit. **2.** Au golf, coup de longue distance donné au départ d'un trou.

DRIVE-IN [drajvin] **n.m. inv.** (mot angl.). Vieilli. Cinéma de plein air où les spectateurs assistent aux projections en restant dans leur voiture.

1. DRIVER [drajvœr] ou **DRIVEUR n.m.** (angl. *driver*). **1.** Au golf, club avec lequel on exécute le drive. **2.** [drivœr] Jockey d'un sulky, en trot attelé.

2. DRIVER [drajvœr] **n.m. INFORM.** Logiciel qui gère le fonctionnement d'un périphérique particulier et lui permet d'échanger des données avec d'autres matériels. Recomm. off. **pilote de périphérique.**

3. DRIVER [drajve] **v.i. [3].** Au tennis, au golf, faire un drive. ◆ **v.t.** [drive]. Conduire un sulky, dans une course de trot attelé.

DROGMAN [drɔgmɑ̃] **n.m.** (ital. *dragomanno*). **HIST.** Interprète officiel, dans l'Empire ottoman.

DROGUE n.f. (du néerl. *droog*, chose sèche). **1. MÉD.** Substance psychotrope génér. nuisible pour la santé, susceptible de provoquer une toxicomanie, et consommée en dehors d'une prescription médicale (SYN. **2. stupéfiant**). **2.** Par ext. Médicament pouvant provoquer une pharmacodépendance (benzodiazépine) ; substance dont la consommation chronique excessive est nocive (tabac, alcool). **3.** Ce dont on ne peut plus se passer : *Le jeu est une drogue pour lui.* **4.** Péjor. Médicament médiocre. ■ **Drogue douce** [méd.], réputée n'avoir que des effets mineurs sur l'organisme. ■ **Drogue dure** [méd.], qui engendre rapidement un état de dépendance physique.

DROGUÉ, E adj. et **n.** Intoxiqué par l'usage de drogues ; toxicomane.

1. DROGUER v.t. [3]. 1. Administrer une drogue ou un narcotique à qqn : *Droguer un veilleur de nuit.* **2.** Fam. Faire prendre une dose excessive de médicaments à. ◆ **SE DROGUER v.pr. 1.** Faire usage de drogues, de stupéfiants. **2.** Fam. Prendre trop de médicaments.

2. DROGUER v.i. [3] (de *drogue*, anc. jeu de cartes). Fam., vx. ■ **Faire droguer qqn,** le faire attendre.

DROGUERIE n.f. Commerce de produits d'hygiène, d'entretien ; magasin où se vendent ces produits.

DROGUISTE n. Personne qui tient une droguerie. ➲ On dit aussi *marchand de couleurs.*

1. DROIT n.m. (du lat. *directum*, ce qui est juste). **1.** Faculté d'accomplir ou non qqch, d'exiger qqch d'autrui, en vertu de règles reconnues, individuelles ou collectives ; pouvoir : *Les hommes naissent et demeurent libres et égaux en droits.* **2.** Ce qui donne une autorité morale, une influence : *Droit d'aînesse. Vous n'avez aucun droit sur moi !* **3.** Somme d'argent exigible en vertu d'un règlement ; taxe : *Droits de douane. Toucher des droits d'auteur.* **4.** Ensemble des principes qui régissent les rapports des hommes entre eux, et qui servent à établir des règles juridiques ; ensemble des règles juridiques en vigueur dans une société : *Droit coutumier et droit écrit.* **5.** Science des règles juridiques : *Faire des études de droit. Faire son droit.* ■ **À bon droit** ou **de plein droit,** à juste titre ; légitimement. ■ **Avoir droit à** [fam.], ne pas pouvoir éviter qqch de désagréable : *Vous aurez droit à une amende.* ■ **Droit à l'oubli (numérique)** → **OUBLI.** ■ **Droit canon** ou **canonique** → **3. CANON.** ■ **Droit constitutionnel,** ensemble des règles, des institutions et des pratiques relatives au pouvoir politique. ■ **Droit naturel,** qui trouve son fondement dans la nature de l'homme et fournit les règles universelles auxquelles doit se conformer, antérieurement à toute spécification du droit, la coexistence des individus et des sociétés. ■ **Droit positif,** effectivement appliqué dans une société. ■ **Droit privé,** qui comprend notamm. le droit civil, le droit pénal et le droit commercial. ■ **Droit public,** qui comprend notamm. le droit constitutionnel, le droit administratif et concerne les finances publiques. ■ **Droit souple,** ensemble des instruments juridiques au contenu formalisé (recommandations, chartes, etc.) qui, à la différence des lois, sont dépourvus de force contraignante, mais ont pour objet d'orienter ou de modifier des comportements. ■ **Droits de l'homme,** droits et libertés que chaque individu possède du seul fait de sa nature humaine. ■ **En fin de droits,** se dit, en France, d'un chômeur qui a épuisé ses droits à l'allocation de base et qui perçoit une ultime allocation, dite *de fin de droits.* ■ **Être en droit de** (+ inf.), avoir le pouvoir légal de. ■ **Faire droit à une demande,** la satisfaire. ■ **Monarchie de droit divin,** dans laquelle le roi tient son autorité souveraine de Dieu. ■ **Prisonnier de droit commun,** dont l'infraction relève des règles de procédure générales et non de dispositions spéciales (par oppos. à *prisonnier politique*). ■ **Qui de droit,** la personne compétente, qualifiée : *S'adresser à qui de droit.*

➲ En **DROIT,** on distingue princip. le *système des pays latins,* le *système anglo-saxon,* le *système germanique* et le *système musulman.* Le *droit européen* est un droit supranational, émanant des organes auxquels les États membres de l'Union européenne ont délégué leur compétence.
➲ **DR. INTERN.** C'est la Déclaration des droits de l'homme et du citoyen de 1789 qui a établi l'existence de droits naturels, dits droits fondamentaux, dont le principe a été entériné par la Déclaration universelle des droits de l'homme de 1948, puis par la Charte internationale des droits de l'homme de 1966, l'une et l'autre adoptées par l'ONU. La Cour européenne des droits de l'homme a été instituée en 1959.

2. DROIT n.m. (de *4. droit*). **1. SPORTS.** Pied droit, au football et au rugby : *Tirer, frapper du droit.* **2. SPORTS.** Poing droit, en boxe : *Un crochet du droit.* **3. NUMISM.** Face.

3. DROIT, E adj. (du lat. *directus*, direct). **1.** Qui s'étend sans déviation d'une extrémité à l'autre ; rectiligne : *Tu peux doubler, il y a une ligne droite.* **2.** Qui se tient verticalement : *L'étagère n'est pas droite.* **3.** Qui juge et agit honnêtement ; loyal : *Un esprit droit. Un homme droit.* ■ **Angle droit** [math.], la moitié d'un angle plat. ➲ Sa mesure vaut 90°. ■ **Coup droit** [sports], au tennis et au tennis de table, attaque de la balle du côté où le joueur tient sa raquette (par oppos. à *revers*). ■ **Cylindre droit, prisme droit** [math.], dont les génératrices sont perpendiculaires au plan de la directrice. ■ **En droite ligne,** directement. ■ **Jupe droite,** qui tombe verticalement, sans ampleur ni pinces. ■ **Le droit chemin,** la voie de l'honnêteté. ■ **Ligne droite,** ou **droite, n.f.** [math.], ligne infiniment longue idéalisant un fil tendu. ■ **Veste droite,** qui se ferme bord à bord (par oppos. à *veste croisée*). ◆ **adv. 1.** En ligne droite : *Aller droit devant soi.* **2.** Verticalement : *Tiens-toi droit.* ■ **Aller droit au but,** aborder sans détour l'essentiel. ■ **Marcher droit,** agir conformément à la règle.

4. DROIT, E adj. (lat. *directus*). **1.** Qui est du côté opposé à celui du cœur : *Main droite. Le flanc droit d'un chien.* **2.** Se dit de ce qui, pour qqn qui regarde, est situé vers son côté droit : *La partie droite de l'écran.*

DROIT-DE-L'HOMMISME n.m. (pl. *droits-de-l'hommisme*). Péjor. Attitude qui consiste à se référer, de manière jugée abusive, aux droits de l'homme pour défendre une position (politique, partic.).

DROIT-DE-L'HOMMISTE adj. et **n.** (pl. *droits-de-l'hommiste*). Péjor. Relatif au droit-de-l'hommisme ; qui fait preuve de droit-de-l'hommisme.

DROITE n.f. 1. Côté droit d'une personne : *J'étais assis à sa droite* ; main droite : *Ne pas distinguer sa droite de sa gauche.* **2.** En boxe, coup porté avec le poing droit. **3. MATH.** Ligne droite. ■ **À droite et à gauche,** de tous côtés. ■ **Extrême droite,** ensemble des mouvements hostiles, par traditionalisme, nationalisme ou rattachement à une idéologie contre-révolutionnaire voire fasciste, aux conceptions tant socialistes que libérales de la société ; leur représentation parlementaire, la partie de l'opinion qui s'accorde avec eux. ■ **La droite,** partie des assemblées parlementaires qui siège à la droite du président, et qui comprend traditionnellement les représentants des partis conservateurs ; ces partis, les divers courants qu'ils incarnent, la fraction de l'opinion qui s'accorde avec eux : *Un homme de droite.* ■ **Tenir sa droite,** rester sur le côté droit d'une voie.

DROITEMENT adv. D'une manière droite, loyale.

DROIT-FIL n.m. (pl. *droits-fils*). **COUT.** Sens de la trame ou de la chaîne d'un tissu. ■ **Dans le droit-fil de,** dans la suite logique de ; en respectant l'orientation de : *Cette réforme est dans le droit-fil de ses engagements.*

DROITIER, ÈRE adj. et **n. 1.** Se dit d'une personne qui se sert mieux de la main droite que de la main gauche. **2. POLIT.** (Souvent péjor.). De la droite politique : *Dérive droitière* (SYN. **droitiste**).

DROITISATION n.f. Action d'infléchir qqch vers la droite : *La droitisation d'un parti.*

DROITISER v.t. [3]. Donner une orientation droitière à : *Droitiser un discours, un parti.* ◆ **SE DROITISER v.pr.** Prendre une orientation droitiste : *Syndicat qui se droitise.*

DROITISME n.m. POLIT. Attitude des droitiers ; tendance pour un parti de gauche à adopter des positions de droite.

DROITISTE adj. et **n. POLIT.** Droitier.

DROITURE n.f. Qualité d'une personne droite, honnête ; rectitude.

DROLATIQUE adj. Litt. Qui est plaisant par son originalité ou sa bizarrerie ; cocasse.

1. DRÔLE n.m. (du moyen néerl. *drol*, lutin). **1.** Vieilli. Homme roué ; mauvais sujet. **2.** Région. (Midi, Ouest). Enfant ; gamin.

2. DRÔLE adj. 1. Qui fait rire ; comique : *Son sketch est drôle. Ma collègue est très drôle.* **2.** Qui intrigue, surprend ; bizarre : *Quel drôle d'objet ! C'est drôle, il devrait être là depuis longtemps.* ■ **Se sentir tout drôle** [fam.], dans un état inhabituel. ◆ **adv.** Fam. ■ **Ça me fait (tout) drôle,** cela me fait une impression bizarre.

DRÔLEMENT adv. 1. De façon comique ou bizarre : *Le clown est maquillé drôlement. Elle parle drôlement ce matin.* **2.** Fam. À un très haut degré : *C'est drôlement bon !*

DRÔLERIE n.f. 1. Caractère de ce qui est drôle ; cocasserie. **2.** Parole ou action drôle ; bouffonnerie.

DRÔLESSE n.f. 1. Région. (Ouest). Petite fille. **2.** Vx. Femme de mœurs légères.

DRÔLET, ETTE adj. Litt. Assez drôle.

DROM ou **D.R.O.M.** [drɔm] **n.m.** (acronyme). Département et Région d'outre-mer. (On dit aussi *DOM-ROM.*)

DROMADAIRE n.m. (du gr. *dromas*, coureur). Mammifère proche du chameau, à une bosse, grand coureur, résistant, utilisé comme monture et comme bête de somme dans les déserts d'Afrique et d'Arabie (SYN. **méhari**). ➲ Famille des camélidés.

▲ **dromadaire**

DROME n.f. (néerl. *drom*). **MAR.** Ensemble des espars de rechange embarqués à bord d'un navire à voiles.

DRONE n.m. (mot angl. « abeille mâle »). **MIL.** Petit avion télécommandé sans pilote, utilisé pour des tâches diverses (reconnaissance tactique à haute altitude, surveillance du champ de bataille et guerre électronique). ➲ Les drones sont aussi utilisés dans le secteur civil pour des missions de surveillance (manifestations, pollution maritime, incendies de forêt, etc.) ou les loisirs (la photo, notamm.).

DRONTE **n.m.** (mot néerl.). Dodo (oiseau).

DROP **n.m.** → **DROP-GOAL.**

1. DROPER ou **DROPPER** **v.i.** **[3]** (de l'arg. mil. *adroper*, se hâter). Fam. S'enfuir à toute vitesse.

2. DROPER ou **DROPPER** **v.t.** **[3]** (de l'angl. *to drop*, lâcher). **1. MIL.** Parachuter du matériel, des hommes. **2.** Fam. Abandonner qqn ; cesser une activité, des études, pour mener une existence marginale. ▪ **Droper une balle,** au golf, la tenir à bout de bras et la laisser tomber (par ex. lorsqu'on la juge injouable).

DROP-GOAL [drɔpgol] (pl. *drop-goals*) ou **DROP** **n.m.** (mot angl.). Au rugby, coup de pied en demi-volée qui envoie le ballon par-dessus la barre du but adverse.

DROPPAGE **n.m.** **MIL.** Parachutage de matériel ou de soldats.

DROPPER **v.i.** et **v.t.** → **1. DROPER** et **2. DROPER.**

DROSERA [drozera] ou **DROSÈRE** **n.m.** (du gr. *droseros*, humide de rosée). Plante insectivore des tourbières d'Europe, dont les petites feuilles en rosette portent des poils glanduleux qui engluent et digèrent les menus insectes qui s'y posent (SYN. **rossolis**). ➲ Famille des droséracées. (V. planche *plantes carnivores**.)

DROSOPHILE **n.f.** (du gr. *drosos*, rosée). Petite mouche de couleur rougeâtre, très attirée par le vinaigre et les fruits fermentés, et utilisée en génétique pour les recherches sur les chromosomes et les mutations (SYN. **mouche du vinaigre**). ➲ Ordre des diptères.

DROSSE **n.f.** (ital. *trozza*). **MAR.** Câble ou chaîne qui transmet le mouvement de la barre à roue ou du servomoteur au gouvernail.

DROSSER **v.t.** **[3]. MAR.** Pousser un navire à la côte ou sur un danger, en parlant du vent ou du courant.

DRU, E **adj.** (du gaul.). Qui pousse par touffes serrées et abondantes : *Végétation drue.* ▪ **Pluie drue,** forte et abondante. ◆ **adv.** De manière très serrée et abondamment : *Il pleuvait dru.*

DRUGSTORE [drœgstɔr] **n.m.** (mot anglo-amér.). Vieilli. Espace commercial regroupant boutiques et restaurants, restant ouvert en nocturne, le dimanche et les jours fériés.

DRUIDE **n.m.** (lat. *druida*, du gaul.). Prêtre celte, en Gaule, en Bretagne et en Irlande, qui avait des fonctions judiciaires et pédagogiques.

DRUIDESSE **n.f.** Prêtresse celte. ➲ Les druidesses faisaient figure de magiciennes et de prophétesses.

DRUIDIQUE **adj.** Relatif aux druides.

DRUIDISME **n.m.** Institution religieuse des Celtes, dirigée par les druides.

DRUM AND BASS [drœmɛnbas] **n.m. inv.** (mots angl.). Musique électronique née en Angleterre au début des années 1990, fondée sur des rythmes lourds et répétitifs de la batterie (inspirés de ceux du funk) et sur des lignes de basse à basse fréquence. ➲ C'est une musique de danse où alternent passages calmes, sombres et syncopés.

DRUMLIN [drœmlin] **n.m.** (mot irlandais). **GÉOMORPH.** Colline elliptique et allongée, constituée par un épaississement local de la moraine de fond et caractéristique des régions d'accumulation glaciaire.

DRUMMER, ▲ ***DRUMMEUR*** [drœmœr] **n.m.** (mot angl.). Batteur, dans un orchestre de jazz ou de rock.

DRUMS [drœms] **n.m. pl.** (mot angl.). Batterie, dans un orchestre de jazz ou de rock.

DRUPE **n.f.** (lat. *drupa*). **BOT.** Fruit charnu, à noyau, tel que la cerise, l'abricot, etc.

DRUZE ou **DRUSE** **adj.** Qui se rapporte aux Druzes, fait partie de cette communauté.

DRY [draj] **adj. inv.,** ▲ ***adj.*** (mot angl.). Se dit d'un champagne, d'un apéritif qui n'est pas sucré.

DRYADE [drijad] **n.f.** (du gr. *druas, -ados*, chêne). **MYTH. GR. ET ROM.** Nymphe des arbres et des bois.

DRY-FARMING (pl. *dry-farmings*), ▲ ***DRYFARMING*** [drajfarmiŋ] **n.m.** (mot angl.). Méthode de culture des régions semi-arides qui vise à retenir l'eau dans le sol en travaillant la terre sans l'ensemencer une année sur deux.

DRYOPITHÈQUE **n.m.** (du gr. *drus, druos*, chêne, et *pithêkos*, singe). Primate fossile du miocène d'Europe, d'Asie (Caucase) et d'Afrique (Kenya), qui devait être arboricole et frugivore. ➲ Long. 60 cm.

DU **art. masc. sing.** et **art. partitif.** Contraction de *de le* : *L'ordinateur du bureau. Couper du pain.*

1. DÛ, DUE **adj.** (pl. *dus, dues*) [de *1. devoir*]. Que l'on doit : *Loyer dû.* ▪ **En bonne et due forme** [dr.], selon les formes voulues par la loi ; fig., de façon parfaite.

2. DÛ **n.m. sing.** Ce qui est dû à qqn : *Réclamer son dû.*

DUAL, E, AUX **adj.** (du lat. *dualis*, de deux). **1.** Qui présente une dualité. **2. TECHN.** Se dit d'une recherche, d'une technologie susceptible d'avoir des applications aussi bien civiles que militaires.

DUALISATION **n.f.** Fait de se dualiser, d'être dualisé.

SE DUALISER **v.pr.** **[3]** (de *dual*). Se scinder en deux parties antagonistes, en parlant d'un groupe, d'une institution.

DUALISME **n.m.** (du lat. *dualis*, de deux). **1.** Système de pensée religieuse ou philosophique qui admet deux principes irréductibles, opposés dès l'origine (par oppos. à *monisme*) : *Dualisme manichéen du bien et du mal.* **2.** Coexistence de deux éléments différents (par oppos. à *pluralisme*) : *Le dualisme politique.* **3. HIST.** Système politique qui, de 1867 à 1918, régla les relations de l'Autriche et de la Hongrie, ces deux États formant alors l'Autriche-Hongrie.

DUALISTE **adj.** et **n.** Qui relève d'un système de pensée dualiste ; partisan du dualisme.

DUALITÉ **n.f.** Caractère de ce qui est double en soi ou composé de deux éléments différents : *Dualité de l'âme et du corps. La dualité linguistique de certains pays.*

DUB [dœb] **n.m.** (mot angl.). Style de reggae entièrement fondé sur les trucages électroniques et les effets de chambre d'écho.

DUBITATIF, IVE **adj.** (du lat. *dubitare*, douter). Qui exprime le doute, l'incertitude ; incrédule : *Une moue dubitative.*

DUBITATIVEMENT **adv.** De façon dubitative.

DUBNIUM [dubnjɔm] **n.m.** (de *Doubna*, v. de Russie). Élément chimique artificiel (Db), de numéro atomique 105, de masse atomique 262,1144.

DUC **n.m.** (du lat. *dux, ducis*, chef). **1.** Souverain d'un duché. **2.** Titre nobiliaire le plus élevé après celui de prince ; celui qui porte ce titre : *Duc et pair.* **3.** Anc. Véhicule hippomobile de luxe, ouvert, à quatre roues. **4.** Hibou aux aigrettes bien marquées, dont on distingue trois espèces en Europe occidentale : le *grand duc*, espèce protégée (haut. 70 cm) ; le *moyen duc* (35 cm), commun dans l'hémisphère Nord tempéré ; et le *petit duc* (20 cm), plus méditerranéen. ➲ Famille des strigidés.

DUCAL, E, AUX **adj.** Relatif au duc, à la duchesse.

DUCASSE **n.f.** (mot dial.). Région. (Nord) ; Belgique. Fête patronale ; kermesse.

DUCAT **n.m.** (ital. *ducato*). **HIST.** Monnaie d'or à l'effigie d'un duc, la plus connue étant celle des doges de Venise.

DUC-D'ALBE **n.m.** (pl. *ducs-d'Albe*). **TRAV. PUBL.** Faisceau de pieux enfoncé dans le fond d'un bassin ou d'un fleuve et auquel viennent s'amarrer les navires.

DUCE [dutʃe] **n.m.** (mot ital. « chef »). Titre pris par Mussolini, de 1922 à 1945.

DUCHÉ **n.m.** (de *duc*). **HIST.** Ensemble des terres et seigneuries auxquelles le titre de duc est attaché.

DUCHÉ-PAIRIE **n.m.** (pl. *duchés-pairies*). Titre de duc et pair ; terre à laquelle était attaché ce titre.

DUCHESSE **n.f.** **1.** Femme d'un duc ; femme qui possède un duché. **2.** Poire d'une variété à chair fondante et parfumée. **3.** Chaise longue, proche du lit de repos, à joues pleines et à dossier en gondole (milieu du XVIIIe s.). ▪ **Faire la duchesse** [fam., vieilli], faire la mijaurée.

DUCROIRE **n.m.** (de *croire*, au sens anc. de « vendre à crédit »). **1. DR.** Convention suivant laquelle un commissionnaire se porte garant, à l'égard du commettant, de l'exécution de l'opération par le tiers avec qui il traite ; prime qu'il reçoit dans ce cas. **2.** Le commissionnaire lui-même.

DUCTILE **adj.** (du lat. *ductilis*, malléable). **TECHN.** Qui peut être étiré, allongé sans se rompre.

DUCTILITÉ **n.f.** Propriété des métaux, des substances ductiles : *La ductilité de l'or.*

DUDIT **adj.** (pl. *desdits*) → **1. DIT.**

DUÈGNE [dɥɛɲ] **n.f.** (esp. *dueña*). En Espagne, gouvernante ou femme âgée qui était chargée de veiller sur une jeune femme.

1. DUEL **n.m.** (lat. *duellum*, anc. forme de *bellum*, guerre). **1.** Combat singulier entre deux personnes, dont l'une exige de l'autre la réparation par les armes d'une offense, d'un affront : *Se battre en duel.* **2.** Fig. Compétition, opposition entre deux personnes, deux groupes : *Un duel entre le Président et le Premier ministre.* ▪ **Duel judiciaire** [hist.], combat entre un accusateur et un accusé, admis au Moyen Âge comme preuve juridique.

2. DUEL **n.m.** (du lat. *duo*, deux). **LING.** Catégorie du nombre, distincte du singulier et du pluriel, et qui indique deux personnes ou deux choses, dans la conjugaison ou la déclinaison de certaines langues.

3. DUEL, ELLE **adj.** (lat. *dualis*). Relatif à la dualité : *Une société duelle.*

DUELLISTE **n.** Personne qui se bat en duel.

DUETTISTE **n.** Musicien qui chante ou qui joue en duo.

DUETTO [dɥeto] **n.m.** (mot ital.). **MUS.** Petite pièce pour deux voix ou deux instruments.

DUFFEL-COAT ou **DUFFLE-COAT** [dœfəlkot] **n.m.** (pl. *duffel-coats, duffle-coats*) [mot angl.]. Manteau trois-quarts à capuchon, en gros drap de laine très serré.

DUGONG [dygɔ̃(g)] **n.m.** (mot malais). Mammifère marin herbivore, à corps massif, vivant sur le littoral de l'océan Indien et du Pacifique occidental. ➲ Famille des dugongidés.

▲ **dugong**

DUIT [dɥi] **n.m.** (du lat. *ductus*, conduit). Lit artificiel d'un cours d'eau, créé à l'aide de digues.

DUITE **n.f.** (du lat. *ducere*, conduire). **TEXT.** Quantité de fil de trame insérée dans le tissu et qui va d'une lisière à l'autre.

DULCICOLE ou **DULÇAQUICOLE** **adj.** **ÉCOL.** Qui vit dans les eaux douces.

DULCIFIER **v.t.** **[5]** (du lat. *dulcis*, doux). Litt., vx. Apaiser ; calmer.

DULCINÉE **n.f.** (de *Dulcinée du Toboso*, femme aimée de Don Quichotte). Par plais. Femme aimée d'un homme.

DUM-DUM **adj. inv.,** ▲ ***DUMDUM adj.*** [dumdum] (du n. de *Dumdum*, cantonnement angl. de l'Inde). ▪ **Balle dum-dum,** balle de fusil dont l'ogive, cisaillée en croix, produit des blessures particulièrement graves.

DÛMENT, ▲ ***DUMENT*** **adv.** Selon les formes prescrites.

DUMPER [dœmpœr] **n.m.** (de l'angl. *to dump*, décharger). **MIN., TRAV. PUBL.** Tombereau automoteur, sur pneus, équipé d'une benne basculante. Recomm. off. **tombereau.**

DUMPING [dœmpiŋ] **n.m.** (mot anglo-amér.). **ÉCON.** ▪ **Dumping commercial,** pratique commerciale consistant à vendre un produit sur un marché étranger en dessous de son coût de revient ou à un prix inférieur à celui qui est pratiqué sur son marché d'origine. ▪ **Dumping social,** pratique qui consiste pour un pays, notamm. un pays en développement, à produire et à vendre moins cher ses produits du fait des faibles coûts du travail et de l'absence de protection sociale.

DUNE **n.f.** (moyen néerl. *dûne*). Colline de sable, édifiée par le vent sur les littoraux et dans les déserts.

DUNETTE n.f. **MAR.** Superstructure fermée, placée à l'arrière d'un navire et s'étendant sur toute sa largeur.

DUO n.m. (mot lat. « deux »). **1.** Composition musicale écrite pour deux voix, deux instruments. **2.** Ensemble de deux êtres étroitement liés ; couple : *Ils forment un duo au cinéma.* **3.** Fam. Propos échangés simultanément entre deux personnes : *Duo d'injures.* **4. MÉTALL.** Laminoir à deux cylindres.

DUODÉCIMAIN, E adj. (du lat. *duodecimus*, douzième). Se dit du mouvement religieux chiite qui identifie l'imam caché au douzième successeur d'Ali à la tête de la communauté. ➲ Le chiisme duodécimain est la religion nationale de l'Iran. ◆ n.m. Adepte du chiisme duodécimain.

DUODÉCIMAL, E, AUX adj. (lat. *duodecimus*). **MATH.** Qui a pour base le nombre douze.

DUODÉNAL, E, AUX adj. Relatif au duodénum.

DUODÉNITE n.f. Inflammation du duodénum.

DUODÉNUM [dɥɔdenɔm] n.m. (du lat. *duodenum digitorium*, de douze doigts). **ANAT.** Portion initiale de l'intestin grêle, qui succède à l'estomac et précède le jéjunum.

DUOPOLE n.m. (du lat. *duo*, deux, et du gr. *pôlein*, vendre). **ÉCON.** Situation d'un marché sur lequel la concurrence ne s'exerce qu'entre deux vendeurs face à une multitude d'acheteurs.

DUPE n.f. (de *huppe*). Personne trompée ou facile à tromper : *Les dupes d'un escroc.* ◆ adj. ▪ **Être dupe (de)**, se laisser tromper (par) : *Je ne suis pas dupe de ces beaux discours.*

DUPER v.t. [3]. Litt. Abuser de la confiance de ; berner.

DUPERIE n.f. Litt. Action de duper ; mystification.

DUPEUR, EUSE n. Litt. Personne qui dupe.

DUPLEX n.m. (mot lat. « double »). **1.** Appartement sur deux étages réunis par un escalier intérieur. **2.** Québec. Maison comportant deux logements, génér. pourvus d'entrées distinctes. **3. TÉLÉCOMM.** Mode de transmission dans lequel les informations sont transmises simultanément dans les deux sens, entre deux points. ◆ adj. inv. **1.** Se dit d'un procédé de coulée permettant d'obtenir un lingot double, dont les deux parties n'ont pas la même composition ; se dit du métal ainsi obtenu. ➲ Le procédé est utilisé pour faire des pièces de charrue, des matrices, des cisailles, etc. **2.** Se dit d'un papier ou d'un carton constitué de deux couches fibreuses unies entre elles à l'état humide, sans adhésif, en cours de fabrication. **3. TÉLÉCOMM.** Se dit d'une transmission sur le mode du duplex.

DUPLEXER v.t. [3]. **TÉLÉCOMM.** Transmettre en duplex.

DUPLICATA n.m. (pl. *duplicata*[s]) [du lat. *duplicata littera*, lettre redoublée]. Double d'un document ; copie.

DUPLICATE [dyplikɛt] n.m. (mot angl.). Forme de tournoi (au bridge, au Scrabble) dans lequel on fait jouer les mêmes donnes à tous les candidats.

DUPLICATEUR n.m. Machine qui permet de dupliquer.

DUPLICATION n.f. **1.** Action de dupliquer ; son résultat. **2. GÉNÉT.** Réplication. **3. GÉNÉT.** Aberration chromosomique caractérisée par une copie supplémentaire de fragment d'ADN.

DUPLICE adj. Litt. Qui présente deux aspects, parfois contraires ; duel : *Mercure, dieu duplice du Commerce et des Voleurs.*

DUPLICITÉ n.f. (lat. *duplicitas*, de *duplex*, double). Caractère de qqn qui présente intentionnellement une apparence différente de ce qu'il est réellement ; hypocrisie.

DUPLIQUER v.t. [3]. **1.** Faire un duplicata d'un document. **2.** Copier un enregistrement sur support magnétique ou optique : *Dupliquer un CD.* ◆ **SE DUPLIQUER** v.pr. **GÉNÉT.** Subir une duplication (SYN. **se répliquer**).

DUQUEL pron. relat. et pron. interr. sing. → **LEQUEL.**

DUR, E adj. (lat. *durus*). **1.** Qui ne se laisse pas facilement entamer, plier, tordre, couper ; qui n'est pas tendre : *Roche dure. Acier dur. Viande dure.* **2.** Qui manque de souplesse, de confort : *Matelas dur.* **3.** Qui oppose à l'effort une certaine résistance : *Ce pot de confiture est dur à ouvrir.* **4.** Qui exige un effort physique ou intellectuel ; difficile : *Ce travail est devenu trop dur pour lui. Cette version latine est dure.* **5.** Pénible à supporter ; difficile : *L'hiver est dur. La vie est dure.* **6.** Qui affecte les sens de façon violente et désagréable : *Lumière dure. Voix dure.* **7.** Qui résiste à la fatigue, à la douleur ; endurant : *Un enfant dur au mal.* **8.** Qui est sans indulgence, sans cœur ; sévère : *Il a été très dur avec nous* ; insensible : *Un regard dur.* **9.** Se dit d'un enfant rétif à la discipline, difficile à supporter ; indocile : *Leur fille est dure.* **10.** Qui refuse toute conciliation ou compromis, notamm. en matière politique ; intransigeant : *La fraction dure d'un syndicat.* **11. PHYS.** Se dit des rayons X les plus pénétrants. ▪ **Avoir la tête dure**, être entêté. ▪ **Avoir l'oreille dure** ou **être dur d'oreille**, entendre mal. ▪ **Eau dure**, dont la dureté est telle qu'elle ne forme pas de mousse avec le savon. ➲ Il s'agit souvent d'une eau calcaire. ▪ **Mener** ou **faire la vie dure à qqn**, lui créer sans cesse des difficultés ; le rendre malheureux. ▪ **Œuf dur**, dont le blanc et le jaune ont été solidifiés dans la coquille par une cuisson prolongée. ▪ **Sciences dures** → **SCIENCE.** ◆ adv. **1.** Avec énergie, ténacité : *Travailler dur.* **2.** Avec force, violence : *Frapper dur.* ◆ n. Fam. **1.** Personne qui n'a peur de rien : *Jouer les durs.* **2.** Personne qui n'accepte aucun compromis : *Les durs du parti.* ▪ **Un dur à cuire** [fam.], une personne qui ne se laisse pas émouvoir. ◆ n.m. Ce qui est dur, résistant, solide. ▪ **Construction en dur**, en matériaux durs (brique, pierre).

DURABILITÉ n.f. **1.** Qualité de ce qui est durable. **2. DR.** Période d'utilisation d'un bien. **3. ÉCOL.** Caractère de ce qui est réalisé selon les critères du développement durable.

DURABLE adj. **1.** Qui dure longtemps ; stable. **2.** Qui prend en compte l'avenir de la planète : *Architecture durable.* ▪ **Développement durable**, mode de développement économique veillant au respect de l'environnement par une utilisation raisonnée des ressources naturelles, afin de les ménager à long terme pour les générations futures.

DURABLEMENT adv. De façon durable.

DURAILLE adj. Fam. Dur ; difficile.

DURAIN n.m. (de *dur*). Constituant macroscopique du charbon, dur et mat.

DURAL, E, AUX adj. **ANAT.** De la dure-mère : *Hémorragie durale.*

DURALUMIN [-mɛ̃] n.m. (nom déposé). Alliage léger et résistant dont la composition de base comporte de l'aluminium, du cuivre, du magnésium et du manganèse.

DURAMEN [-mɛn] n.m. (mot lat. « durcissement »). **BOT.** Cœur des troncs d'arbres, partie centrale plus colorée, imputrescible, constituée de tissu mort chargé de tanins, de résines.

DURANT prép. (de *durer*). Pendant la durée de : *Durant son séjour. Sa vie durant.*

DURATIF, IVE adj. et n.m. **LING.** Qui exprime la notion de durée : *Valeur durative de l'imparfait.*

DURCIR v.t. [21]. **1.** Rendre dur : *La cuisson durcit la pâte.* **2.** Rendre plus intransigeant : *Durcir sa position.* ◆ v.i. ou **SE DURCIR** v.pr. Devenir dur : *Le plâtre durcit. Son caractère se durcit.*

DURCISSEMENT n.m. Action de durcir ; fait de se durcir.

DURCISSEUR n.m. Produit qui, ajouté à un matériau, provoque son durcissement.

DURE n.f. ▪ **À la dure**, avec sévérité et rigueur : *Être élevé à la dure.* ▪ **Coucher sur la dure** [fam.], sur le sol. ◆ n.f. pl. ▪ **En voir de dures**, être malmené.

DURÉE n.f. **1.** Temps pendant lequel a lieu une action, un phénomène, etc. : *Durée du travail, des vacances.* **2. PHYS.** Variation $t_2 - t_1$ du paramètre temps entre deux instants t_1 et t_2 ($t_2 \geq t_1$).

DUREMENT adv. D'une manière dure, pénible.

DURE-MÈRE n.f. (pl. *dures-mères*). **ANAT.** La plus externe des trois méninges.

DURER v.i. [3] (lat. *durare*). **1.** Avoir une durée de : *Ce film dure trois heures.* **2.** Continuer d'exister ; se prolonger : *Le blocus dure.* **3.** Résister au temps, à l'usage : *Leur amitié, cette invention durera.* **4.** Afrique. Rester, séjourner longtemps quelque part.

DURETÉ n.f. **1.** Caractère de ce qui est dur : *La dureté de l'acier, d'un climat.* **2.** Teneur d'une eau en ions calcium et magnésium. **3. MATÉR.** Résistance qu'un corps oppose à la pénétration d'un corps dur.

DURHAM [dyram] n. et adj. (de *Durham*, comté de Grande-Bretagne). Shorthorn.

DURIAN n.m. (mot malais). Arbre de Malaisie dont le gros fruit, épineux et à odeur fétide, est un comestible nourrissant et savoureux. ➲ Famille des bombacacées.

DURILLON n.m. Callosité se produisant aux pieds ou aux mains, aux points de frottement.

DURIT [dyrit], ▲ *DURITE* n.f. Tuyau en caoutchouc destiné à assurer la circulation de liquides entre les organes d'un moteur thermique. (Le mot *Durit* est un nom déposé.)

DUT ou **D.U.T.** [deyte] n.m. (sigle de *diplôme universitaire de technologie*). Diplôme de l'enseignement supérieur sanctionnant une formation générale et professionnelle de deux ans dispensée dans les IUT.

DUUMVIR [dyɔmvir] n.m. (mot lat.). **ANTIQ. ROM.** Magistrat qui exerçait une charge conjointement avec un autre.

DUUMVIRAT [dyɔm-] n.m. Fonction de duumvir ; durée de cette fonction.

DUVET n.m. (de l'anc. fr. *dumet*, petite plume). **1.** Ensemble des petites plumes sans tuyau, aux barbes éparses, qui couvrent le corps des jeunes oiseaux et le ventre des oiseaux adultes. **2.** Sac de couchage garni de duvet ou de fibres synthétiques. **3.** Région. (Est) ; Belgique, Suisse. Édredon ; couette. **4.** Ensemble des poils doux et fins qui poussent sur le corps humain, sur certains végétaux, etc.

SE DUVETER v.pr. [16], ▲ *[12]*. Litt. Se couvrir de duvet.

DUVETEUX, EUSE adj. **1.** Qui a l'apparence du duvet ; velouté. **2.** Couvert de duvet : *Une pêche duveteuse.*

DUXELLES [dyksɛl] n.f. (p.-ê. du n. du marquis *d'Uxelles*). Hachis de champignons, d'oignons et d'échalotes, utilisé pour les gratins et les farces.

DVD [devede] n.m. inv. (sigle de l'anglo-amér. *digital versatile disc*, disque numérique à usages multiples). Disque compact à lecture optique, de capacité très supérieure à celle du Compact Disc, destiné au stockage d'informations sous forme numérique, en partic. de programmes vidéo.

DVD-ROM ou **DVD-Rom** [-rɔm] n.m. inv. Disque optique numérique à haute densité, d'une capacité d'au moins 4,7 gigaoctets, permettant de stocker sous forme compressée 133 minutes d'enregistrement vidéo.

DVDTHÈQUE n.f. Meuble, lieu où l'on range des DVD ; ensemble de ces DVD.

DYADE n.f. (du gr. *duas*, couple). **1.** Litt. Réunion de deux principes complémentaires. **2. PSYCHOL.** Couple de partenaires défini par un lien spécifique à l'intérieur duquel se forme un réseau privilégié d'interactions.

DYADIQUE adj. Litt. Relatif à une dyade.

DYARCHIE n.f. (du gr. *duo*, deux, et *arkhê*, commandement). Régime politique dans lequel le pouvoir est exercé conjointement par deux personnes ou deux groupes.

DYKE [dik] ou [dajk] n.m. (angl. *dicke*). **GÉOL.** Filon vertical de roche magmatique. ➲ Dégagé par l'érosion, il forme, dans le paysage, une sorte de muraille.

1. DYNAMIQUE adj. (du gr. *dunamikos*, puissant). **1.** Qui est plein d'entrain, d'énergie ; actif : *Un animateur dynamique.* **2.** Qui considère les phénomènes dans leur évolution (par oppos. à *statique*) : *Une perspective dynamique de la science.* **3. MÉCAN.** Relatif à la force, au mouvement.

2. DYNAMIQUE n.f. **1.** Partie de la mécanique qui étudie les relations entre les forces et les mouvements qu'elles produisent. **2. ACOUST.** Rapport entre les intensités extrêmes d'un signal. **3.** Ensemble des forces qui concourent à un processus, accélèrent une évolution : *Une dynamique de croissance.*

DYNAMIQUEMENT adv. **1.** Avec dynamisme. **2. MÉCAN.** Du point de vue de la dynamique.

DYNAMISANT, E adj. Qui dynamise ; motivant : *Un succès dynamisant.*

DYNAMISATION n.f. **1.** Action de dynamiser. **2.** Traitement d'une substance potentiellement active pour la transformer en médicament homéopathique.

DYNAMISER v.t. [3]. Insuffler du dynamisme, de l'énergie à : *Dynamiser les cadres d'une entreprise.*

DYNAMISME n.m. **1.** Caractère d'une personne, d'un groupe dynamiques ; énergie ; entrain : *Le dynamisme d'un chercheur d'emploi, d'une équipe de vente.* **2. PHILOS.** Système qui admet l'existence de forces irréductibles et autonomes par rapport à la matière. ➲ C'est le cas du système de Leibniz.

DYNAMISTE adj. et n. **PHILOS.** Relatif au dynamisme ; qui en est partisan.

DYNAMITAGE n.m. Action de dynamiter.

DYNAMITE n.f. (du gr. *dunamis*, force). Substance explosive, inventée par A. Nobel en 1866, composée de nitroglycérine et d'une substance absorbante qui rend l'explosif stable. ▪ **C'est de la dynamite** [fam.], se dit d'une situation explosive, tendue ; se dit d'une personne très dynamique.

DYNAMITER v.t. [3]. **1.** Faire sauter à l'explosif, en partic. à la dynamite. **2.** Fam. Bouleverser radicalement un domaine, artistique notamm. : *Réalisateur, film qui dynamite les codes de la comédie romantique.*

DYNAMITEUR, EUSE n. Personne qui effectue un dynamitage.

DYNAMO n.f. Machine dynamoélectrique, génératrice de courant continu.

DYNAMOÉLECTRIQUE adj. (du gr. *dunamis*, force). ▪ **Machine dynamoélectrique,** dynamo.

DYNAMOMÈTRE n.m. **PHYS.** Appareil destiné à la mesure d'une force ou d'un couple, et dont la partie essentielle est souvent un ressort dont on mesure la déformation. ➲ Contrairement à la balance, qui compare des masses, le dynamomètre permet de mesurer des poids.

DYNAMOMÉTRIE n.f. **1. PHYS.** Évaluation et comparaison des forces, à l'aide du dynamomètre. **2. PHYSIOL.** Mesure et enregistrement graphique de la force musculaire.

DYNAMOMÉTRIQUE adj. Relatif à la mesure des forces.

DYNASTE n.m. **1. ANTIQ.** Souverain d'un petit territoire. **2.** Très grand scarabée d'Amérique, dont le mâle porte une longue corne sur la tête, une autre sur le thorax. ➲ Long. jusqu'à 20 cm ; famille des scarabéidés.

DYNASTIE n.f. (du gr. *dunasteia*, puissance). **1.** Suite de souverains issus d'une même lignée : *La dynastie des Bourbons.* **2.** Succession de personnes célèbres d'une même famille : *La dynastie des Renoir, des Chaplin.*

DYNASTIQUE adj. Relatif à une dynastie.

DYS ou **DYS** [dis] n.m. pl. (abrév.). **PSYCHOL.** Troubles cognitifs spécifiques (dyscalculie, dyslexie, dysphasie, dyspraxie) qui apparaissent au cours du développement de l'enfant, induisant notamm. chez lui des troubles de l'apprentissage. ➲ L'association de plusieurs de ces troubles (deux ou plus) chez un même enfant est fréquente.

DYSARTHRIE n.f. (du gr. *arthron*, articulation). **NEUROL.** Difficulté à articuler les mots, due à une atteinte des centres nerveux.

DYSCALCULIE n.f. **PSYCHOL.** Trouble dans l'apprentissage du calcul, lié à une difficulté d'utilisation du système symbolique.

DYSCHONDROPLASIE [-kɔ̃-] n.f. **MÉD.** Chondrodystrophie caractérisée par la présence de chondromes au niveau des os longs.

DYSCHROMATOPSIE [-krɔ-] n.f. (du gr. *khrôma*, couleur, et *opsis*, vue). **MÉD.** Trouble de la perception des couleurs, tel que le daltonisme.

DYSCHROMIE [-krɔ-] n.f. (du gr. *khrôma*, couleur). **MÉD.** Anomalie de la pigmentation de la peau.

DYSCINÉSIE n.f. → **DYSKINÉSIE.**

DYSEMBRYOME n.m. **MÉD.** Tumeur formée à partir de reliquats de tissus embryonnaires.

DYSEMBRYOPLASIE n.f. **MÉD.** Dysplasie.

DYSENTERIE [disɑ̃tri] n.f. (du gr. *entera*, entrailles). Maladie infectieuse bactérienne ou parasitaire (amibienne), provoquant une colique avec des selles glaireuses et sanguinolentes.

DYSENTÉRIQUE adj. Relatif à la dysenterie. ◆ **adj.** et **n.** Atteint de dysenterie.

DYSESTHÉSIE [dis-] n.f. (du gr. *aisthêsis*, sensation). **PHYSIOL.** Trouble de la sensibilité, notamm. tactile.

DYSFONCTION n.f. **MÉD.** Dysfonctionnement.

DYSFONCTIONNEL, ELLE adj. Se dit de qqch, partic. d'un système de relations, d'une structure (familiale, sociale), dont le fonctionnement est problématique : *Être élevé dans une famille dysfonctionnelle.*

DYSFONCTIONNEMENT n.m. **1. MÉD.** Trouble du fonctionnement d'un organe, d'une glande (SYN. **dysfonction**). **2.** Mauvais fonctionnement ; raté : *Le dysfonctionnement d'un avion téléguidé. Dysfonctionnements de la justice.*

DYSFONCTIONNER v.i. [3]. Fonctionner mal, en parlant d'un système.

DYSGÉNÉSIE n.f. **MÉD.** Dysplasie.

DYSGRAPHIE n.f. **PSYCHOL.** Trouble dans l'apprentissage de l'écriture.

DYSHARMONIE ou **DISHARMONIE** [diz-] n.f. Absence d'harmonie entre des choses, des personnes.

DYSIDROSE ou **DYSHIDROSE** [diz-] n.f. (du gr. *hudôr*, eau). **MÉD.** Forme d'eczéma localisée aux mains et aux pieds.

DYSKINÉSIE ou **DYSCINÉSIE** [disinezi] n.f. **MÉD.** Trouble de l'activité motrice d'un viscère ou d'une partie du corps.

DYSLALIE n.f. (du gr. *lalia*, parole). **NEUROL.** Trouble de l'émission de la parole.

DYSLEXIE n.f. (du gr. *lexis*, mot). Difficulté d'apprentissage de la lecture, sans déficit sensoriel ni intellectuel. ➲ Elle se caractérise par la confusion des lettres, des sons, et par des difficultés de mémorisation.

DYSLEXIQUE adj. Relatif à la dyslexie. ◆ **adj.** et **n.** Atteint de dyslexie.

DYSLIPIDÉMIE n.f. Anomalie quantitative ou qualitative des lipides sanguins, princip. le cholestérol et les triglycérides.

DYSMATURE adj. **MÉD.** Se dit d'un nouveau-né dont le poids est sensiblement inférieur à la moyenne.

DYSMÉNORRHÉE n.f. (du gr. *mên*, mois, et *rhein*, couler). **MÉD.** Menstruation douloureuse.

DYSMORPHIE ou **DYSMORPHOSE** n.f. **MÉD.** Anomalie de la forme d'une partie du corps.

DYSMORPHOPHOBIE n.f. **PSYCHIATR.** Préoccupation exagérée manifestée par qqn au sujet de l'aspect disgracieux de tout ou partie de son corps, que cette crainte ait un fondement objectif ou non.

DYSORTHOGRAPHIE [dizɔrtɔ-] n.f. **PSYCHOL.** Difficulté d'apprentissage de l'orthographe chez un enfant qui ne présente pas par ailleurs de déficit intellectuel ou sensoriel et qui est normalement scolarisé. ➲ La dysorthographie est souvent liée à la dyslexie.

DYSPAREUNIE n.f. (du gr. *pareunasthai*, coucher auprès). **MÉD.** Douleur provoquée, chez la femme, par les rapports sexuels.

DYSPEPSIE n.f. (du gr. *peptein*, cuire). **MÉD.** Digestion difficile par anomalie fonctionnelle.

DYSPEPSIQUE ou **DYSPEPTIQUE** adj. Relatif à la dyspepsie. ◆ **adj.** et **n.** Atteint de dyspepsie.

DYSPHAGIE n.f. **MÉD.** Difficulté à déglutir.

DYSPHASIE n.f. **PSYCHIATR.** Trouble du langage provoqué par une lésion anatomique ou une anomalie du développement du cerveau.

DYSPHONIE n.f. **MÉD.** Enrouement.

DYSPHORIE n.f. **PSYCHIATR.** Trouble psychique caractérisé par une instabilité de l'humeur avec agitation anxieuse.

DYSPLASIE n.f. (du gr. *plasis*, action de modeler). **MÉD. 1.** Anomalie du développement d'un tissu ou d'un organe, survenue avant la naissance : *La dysplasie fibreuse des os* (SYN. **dysembryoplasie, dysgénésie**). **2.** Anomalie du développement de cellules ou d'un tissu, survenant après la naissance et réversible, parfois précancéreuse : *Dysplasie du col de l'utérus.*

DYSPNÉE [dispne] n.f. (du gr. *pnein*, respirer). **MÉD.** Difficulté à respirer, s'accompagnant d'une sensation de gêne ou d'oppression ; essoufflement.

DYSPNÉIQUE adj. Relatif à la dyspnée. ◆ **adj.** et **n.** Atteint de dyspnée.

DYSPRAXIE n.f. (du gr. *praxis*, action). Difficulté à exécuter des mouvements volontaires coordonnés.

DYSPROSIUM [-zjɔm] n.m. **1.** Métal blanc, du groupe des terres rares, fondant vers 1 400 °C. **2.** Élément chimique (Dy), de numéro atomique 66, de masse atomique 162,50.

DYSSYNCHRONIE [-krɔni] n.f. **PSYCHOL.** Décalage entre les fonctions intellectuelles et les fonctions émotives et sociales, souvent observé chez les enfants dits précoces.

DYSTHYMIE n.f. (du gr. *dusthumia*, découragement). **PSYCHIATR.** Trouble de la régulation de l'humeur (accès maniaque ou dépression).

DYSTOCIE n.f. (gr. *dustokia*). **MÉD.** Difficulté de l'accouchement due à une anomalie maternelle ou fœtale (CONTR. **eutocie**).

DYSTOCIQUE adj. Se dit d'un accouchement difficile qui exige une intervention médicale.

DYSTONIE n.f. (du gr. *tonos*, force). **MÉD.** Contraction musculaire involontaire et douloureuse, figeant le sujet dans une attitude anormale (torticolis, par ex.). ▪ **Dystonie neurovégétative,** trouble du fonctionnement des systèmes sympathique ou parasympathique, cause de symptômes multiples.

DYSTOPIE n.f. (d'apr. *utopie*). Société imaginaire régie par un pouvoir totalitaire ou une idéologie néfaste, telle que la conçoit un auteur donné.

DYSTROPHIE n.f. (du gr. *trophê*, nourriture). **MÉD. 1.** Anomalie du développement d'une cellule, d'un tissu survenant après la naissance et qui peut être due à un trouble nutritionnel. **2.** Dégénérescence. ▪ **Dystrophie musculaire,** myopathie héréditaire dégénérative.

DYSTROPHINE n.f. **BIOCHIM.** Protéine des cellules musculaires, dont le déficit engendre des dystrophies graves (myopathie de Duchenne).

DYSTROPHIQUE adj. Relatif à la dystrophie. ◆ **adj.** et **n.** Atteint de dystrophie.

DYSTROPHISATION n.f. **ÉCOL.** Enrichissement excessif des eaux d'un lac ou d'un étang en matières nutritives d'origine industrielle, ayant des effets comparables à ceux de l'eutrophisation.

DYSURIE [dizyri] n.f. (du gr. *oûron*, urine). **MÉD.** Difficulté à uriner.

DYSURIQUE adj. Relatif à la dysurie. ◆ **adj.** et **n.** Atteint de dysurie.

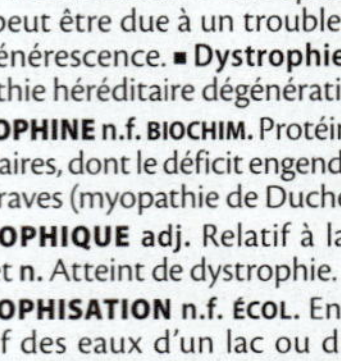

▲ **dytique** bordé mâle.

DYTIQUE n.m. (du gr. *dutikos*, plongeur). Insecte coléoptère carnivore, répandu dans tout l'hémisphère Nord tempéré, à corps ovale et à pattes postérieures nageuses, vivant dans les eaux douces. ➲ Famille des dyticidés.

DZÊTA n.m. inv. → **ZÊTA.**

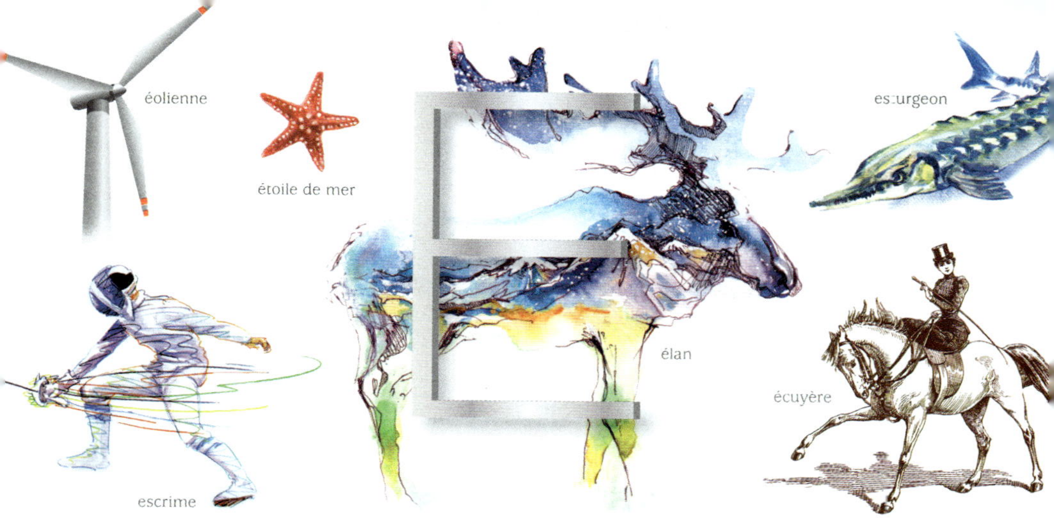

E **n.m. inv.** Cinquième lettre de l'alphabet et la deuxième des voyelles. ▪ **e** [math.], base des logarithmes népériens et de l'exponentielle naturelle. ▪ **E** [mus.], *mi*, dans le système de notation en usage dans les pays anglo-saxons et germaniques. ▪ **E.**, abrév. du point cardinal *est*.

✎ La lettre ***e*** sert à noter des sons vocaliques distincts : le ***e fermé*** [e], comme dans ***bonté, assez,*** qui porte souvent l'accent aigu ; le ***e ouvert*** [ɛ], comme dans ***succès, pelle,*** qui peut porter l'accent grave ou circonflexe ; le ***e muet*** [ə], comme dans ***premier,*** qui, souvent, ne se prononce pas ***(colle, soierie).***

E- [i] ou [ə] **préf.** (abrév. de l'angl. *electronic*). Sert à former des mots liés à une activité ou un produit qui s'appuie sur des réseaux informatiques, notamm. Internet : *e-book, e-commerce, e-publicité.*

EAGLE [igəl] **n.m.** (mot angl.). Au golf, score sur un trou, de deux points de moins que le par.

EAO ou **E.A.O.** [əao] **n.m.** (sigle). Enseignement assisté par ordinateur.

EARL ou **E.A.R.L.** [əaɛrɛl] **n.f.** (sigle). Exploitation agricole à responsabilité limitée.

EAU **n.f.** (lat. *aqua*). **1.** Liquide incolore, inodore et insipide, qui constitue un milieu indispensable à la vie : *Cuire du riz à l'eau ;* cet élément, présent dans la nature (mers, lacs, rivières) : *Eau douce, de mer.* **2.** Ce liquide, en tant que boisson : *Eau minérale naturelle, gazeuse.* **3.** Liquide alcoolique ou obtenu par distillation, infusion, etc. : *De l'eau de rose.* **4.** Préparation liquide ; solution aqueuse : *Eau de Javel. Eau oxygénée.* **5.** Limpidité, transparence d'une gemme : *Un diamant de la plus belle eau.* ▪ **Avoir, mettre l'eau à la bouche,** être alléché ; allécher. ▪ **Cycle de l'eau,** cycle écologique comprenant l'ensemble des transformations de l'eau au cours des échanges entre l'atmosphère, les mers et les milieux terrestres. ▪ **Eau de Cologne,** solution alcoolique d'huiles essentielles (bergamote, citron, etc.) utilisée pour la toilette. ▪ **Eau déminéralisée** → **DÉMINÉRALISÉ.** ▪ **Eau de parfum,** préparation alcoolique dérivée d'un parfum déterminé et dont le degré de concentration est intermédiaire entre l'extrait et l'eau de toilette. ▪ **Eau de toilette,** préparation alcoolique dérivée d'un parfum déterminé et dont le degré de concentration est intermédiaire entre l'extrait et l'eau de Cologne. ▪ **Eau distillée,** dont on a enlevé les gaz dissous, les impuretés minérales et organiques par ébullition suivie de condensation. ▪ **Eau florale,** obtenue par la distillation d'une fleur ou d'une plante aromatique à la vapeur d'eau et utilisée à des fins cosmétiques (comme lotion) ou thérapeutiques : *Eau florale de rose, de bleuet, de thym.* ▪ **Eau lourde** → **1. LOURD.** ▪ **Eau mère,** résidu d'une solution après cristallisation d'une substance qui y était dissoute. ▪ **Eau vive,** eau des torrents et des rivières, en continuel mouvement ; activités sportives pratiquées dans cet élément : *Nage en eau vive.* ▪ **Être en eau,** transpirer abondamment. ▪ **Faire de l'eau,** s'approvisionner en eau douce, en parlant d'un navire. ▪ **Faire eau,** se remplir d'eau accidentellement, en parlant d'un navire. ▪ **Mettre de l'eau dans son vin,** modérer ses exigences. ▪ **Tomber à l'eau,** ne pas aboutir. ◆ **n.f. pl. 1.** Source d'eaux thermales ou minérales : *Ville d'eaux.* **2.** Liquide amniotique : *Perdre les eaux.* ▪ **Eaux de ruissellement,** eaux de pluie, de drainage, de lavage de la voirie. ▪ **Eaux et forêts,** en France, ancienne administration chargée de l'entretien et de la surveillance des cours d'eau, voies d'eau, étangs et forêts de l'État, auj. réunie au Corps du génie rural, des eaux et des forêts. ▪ **Eaux intérieures** [dr. intern.], situées en deçà de la ligne de départ des eaux territoriales (rades, baies, etc.) [SYN. **mer nationale**]. ▪ **Eaux territoriales** [dr. intern.], zone maritime fixée par chaque État riverain (12 milles pour la France) et sur laquelle il exerce sa souveraineté (SYN. **mer territoriale**). ▪ **Eaux usées,** eaux ayant fait l'objet d'une utilisation domestique ou industrielle. *(V. ill. page suivante.)*

➲ L'**EAU** est constituée de molécules formées de deux atomes d'hydrogène et d'un atome d'oxygène (H_2O). Elle bout à la température de 100 °C (sous la pression de 1 atmosphère) et se solidifie à 0 °C (glace, neige). Elle existe dans l'atmosphère à l'état de vapeur et joue un rôle important à l'échelle des climats. Un volume de 1 cm^3 d'eau à 4 °C a sensiblement une masse de 1 g. C'est, de plus, un des rares corps dont la densité à l'état solide est inférieure à celle à l'état liquide, d'où la propriété de la glace de flotter. Enfin, l'eau est le constituant principal (en volume) des êtres vivants.

EAU-DE-VIE **n.f.** (pl. *eaux-de-vie*). Boisson alcoolique extraite par distillation du vin, du marc, de certains fruits, etc.

EAU-FORTE **n.f.** (pl. *eaux-fortes*). **1.** Acide nitrique mélangé d'eau. **2.** Estampe obtenue au moyen d'une planche mordue avec cet acide ; cette technique de gravure.

▲ **eau-forte.** « De quel mal mourra-t-il ? » (1799), eau-forte extraite des *Caprices*, de Goya.

EAUX-VANNES **n.f. pl.** Liquides des W-C, des bassins à vidange, etc. ➲ Le rejet de cette fraction des eaux usées dans l'environnement est très réglementé.

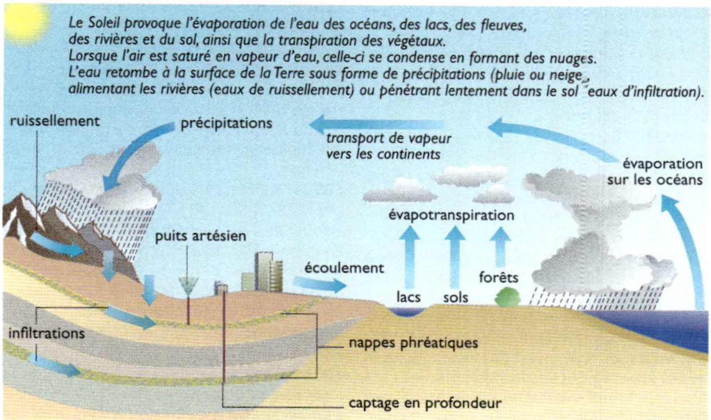

▲ **eau.** Cycle de l'eau.

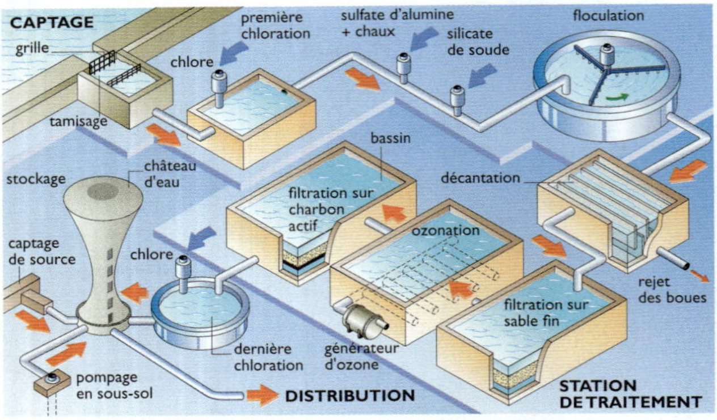

▲ **eau.** Traitement de l'eau destinée à la distribution publique.

ÉBAHI, E adj. Qui manifeste une profonde stupéfaction ; médusé.

ÉBAHIR v.t. [21] (de l'anc. fr. *baer*, bayer). Frapper d'étonnement ; stupéfier : *Son courage m'a ébahi.* ◆ **S'ÉBAHIR v.pr. (DE, DEVANT).** Être frappé d'étonnement.

ÉBAHISSEMENT n.m. Étonnement extrême ; stupéfaction.

ÉBARBAGE n.m. Action d'ébarber.

ÉBARBER v.t. [3] (de *1. barbe*). **1.** Enlever les barbes, les saillies d'une surface métallique, d'une planche de cuivre, etc. **2. AGRIC.** Enlever les barbes, les arêtes des enveloppes des graines de certaines plantes telles que l'orge. **3. REL.** Couper les bords irréguliers des feuillets d'un livre afin de les égaliser. **4. CUIS.** Préparer un poisson en lui enlevant ses nageoires, les rayons qui les soutiennent et la queue.

ÉBARBOIR n.m. Outil pour ébarber les métaux.

ÉBARBURE n.f. Partie enlevée en ébarbant.

ÉBATS n.m. pl. Litt. Mouvements folâtres : *Les ébats d'un poulain.* ▪ **Ébats amoureux** [litt.], plaisirs, jeux de l'amour.

S'ÉBATTRE v.pr. [63] (de *battre*). Litt. Se détendre en gesticulant, en courant ; gambader : *Les enfants s'ébattent dans le jardin.*

ÉBAUBI, E adj. (de l'anc. fr. *abaubir*, rendre bègue). Vieilli ou par plais. Ébahi ; éberlué.

ÉBAUCHAGE n.m. Action d'ébaucher.

ÉBAUCHE n.f. 1. Premier stade d'exécution d'un objet, d'un ouvrage, d'une œuvre d'art : *L'ébauche d'une sculpture, d'un roman.* **2. TECHN.** Ouvrage dont l'ensemble est terminé et dont les détails restent à exécuter. **3.** Commencement d'un geste, d'une action, etc. ; amorce : *L'ébauche d'un sourire, d'une négociation.*

ÉBAUCHER v.t. [3] (de l'anc. fr. *balc*, *bauch*, poutre). **1.** Donner la première forme, la première façon à un travail, une œuvre. **2.** Commencer à faire ; esquisser : *Elle ébaucha un geste de refus.*

ÉBAUCHOIR n.m. Outil de sculpteur et d'autres artisans, servant à ébaucher.

S'ÉBAUDIR v.pr. [21] (de l'anc. fr. *bald*, *baud*, joyeux). Litt., vieilli. S'amuser ; se divertir.

ÉBAVURAGE n.m. (de *bavure*). Ébarbage, en partic. celui des pièces usinées.

ÉBAVURER v.t. [3]. TECHN. Ébarber une pièce de métal.

ÉBÉNACÉE n.f. Arbre ou arbuste des régions tropicales, au bois très dur et dense, tel que le plaqueminier. ➲ Les ébénacées forment une famille.

ÉBÈNE n.f. (gr. *ebenos*). Bois dur et lourd des ébéniers, dont la couleur noire ou grise est due à l'action de certains champignons. ▪ **Bois d'ébène** [hist.], les Noirs, pour les trafiquants d'esclaves. ▪ **D'ébène,** d'un noir éclatant : *Cheveux d'ébène.* ▪ **Ébène verte,** ipé. ◆ **adj. inv.** D'une couleur noire.

ÉBÉNIER n.m. Nom usuel de certains plaqueminiers des régions équatoriales d'Afrique, de Madagascar et d'Asie du Sud-Est, qui fournissent l'ébène. ➲ Famille des ébénacées. ▪ **Faux ébénier,** cytise.

ÉBÉNISTE n. Menuisier qui fabrique des meubles de luxe, en utilisant notamm. la technique du placage.

ÉBÉNISTERIE n.f. Travail, métier de l'ébéniste.

ÉBERGEMENT n.m. Opération qui consiste à régulariser les talus des berges d'un cours d'eau.

ÉBERLUÉ, E adj. Qui manifeste un vif étonnement ; stupéfait : *Je suis complètement éberlué de sa mauvaise foi.*

ÉBERLUER v.t. [3] (de *berlue*). Étonner vivement ; stupéfier.

ÉBIONITE n.m. (de l'hébr. *ebion*, pauvre). Membre de diverses sectes chrétiennes, notamm. en Asie Mineure, aux IIe et IIIe s.

ÉBLOUIR v.t. [21] (du francique). **1.** Troubler la vue par un éclat trop vif ; aveugler : *Les phares des voitures l'éblouissent.* **2.** Fig. Frapper d'admiration ; émerveiller : *Son récital a ébloui le public.* **3.** Fig. Séduire par un éclat trompeur ; impressionner : *Chercher à éblouir ses invités.*

ÉBLOUISSANT, E adj. 1. Qui éblouit ; aveuglant : *Lumière éblouissante.* **2.** Fig. Qui frappe par ses qualités, sa beauté, son éclat ; merveilleux : *Un pianiste, un discours éblouissant.*

ÉBLOUISSEMENT n.m. 1. Trouble momentané de la vue, causé par une lumière trop vive. **2.** Bref malaise ; vertige. **3.** Fig. Étonnement admiratif ; ravissement : *Ce concert fut un éblouissement.*

EBOLA (VIRUS) n.m. (de *Ebola*, n. d'une rivière de RDC). Virus d'Afrique responsable d'une infection contagieuse et épidémique grave, caractérisée par de la fièvre et des hémorragies.

ÉBONITE n.f. (angl. *ebony*). Caoutchouc durci par addition de soufre, utilisé notamm. comme isolant électrique.

E-BOOK [ibuk] **n.m.** (pl. *e-books*) [mot anglo-amér.]. Livre électronique ou numérique ; liseuse.

ÉBORGNEMENT n.m. Action d'éborgner un être vivant.

ÉBORGNER v.t. [3]. Rendre qqn, un animal borgne.

ÉBOUEUR n.m. (de *boue*). Personne chargée du ramassage des ordures ménagères.

ÉBOUILLANTAGE n.m. Action d'ébouillanter.

ÉBOUILLANTER v.t. [3]. Tremper dans l'eau bouillante ou passer à la vapeur : *Ébouillanter des légumes* ; brûler avec un liquide bouillant : *Il lui a ébouillanté le bras en servant le thé.* ◆ **S'ÉBOUILLANTER v.pr.** Se brûler avec un liquide bouillant.

ÉBOULEMENT n.m. 1. Chute de ce qui s'éboule, s'écroule. **2.** Éboulis.

ÉBOULER v.t. [3] (de l'anc. fr. *esboeler*, éventrer). Faire écrouler. ◆ **S'ÉBOULER v.pr.** Tomber en s'écroulant ; s'effondrer.

ÉBOULIS n.m. Amas de matériaux éboulés : *Éboulis de roches* (SYN. **éboulement**).

ÉBOURGEONNAGE ou **ÉBOURGEONNEMENT n.m.** Action d'ébourgeonner.

ÉBOURGEONNER v.t. [3]. Supprimer les bourgeons jugés inutiles d'une plante.

ÉBOURIFFAGE n.m. Action d'ébouriffer les cheveux.

ÉBOURIFFANT, E adj. Fam. Qui est inattendu et provoque la stupéfaction ; incroyable : *Son dernier film est ébouriffant.*

ÉBOURIFFÉ, E adj. (de *1. bourre*). Dont les cheveux sont en désordre ; échevelé.

ÉBOURIFFER v.t. [3]. 1. Mettre les cheveux en désordre. **2.** Fam. Provoquer une vive surprise ; stupéfier : *Son audace nous a ébouriffés.*

ÉBOUTER v.t. [3]. Couper le bout de : *Ébouter une pièce de bois d'œuvre.*

ÉBRANCHAGE ou **ÉBRANCHEMENT n.m.** Action d'ébrancher.

ÉBRANCHER v.t. [3]. Couper les branches d'un arbre.

ÉBRANCHOIR n.m. Serpe à long manche pour ébrancher.

ÉBRANLEMENT n.m. 1. Action d'ébranler ; fait d'être ébranlé ; secousse : *L'ébranlement du sol, de la démocratie.* **2.** Fait de s'ébranler : *L'ébranlement du TGV.*

ÉBRANLER v.t. [3] (de *branler*). **1.** Faire osciller, faire trembler ; secouer : *Le vent ébranle les volets.* **2.** Rendre moins solide, moins sûr ; affaiblir : *Cet accident a ébranlé sa raison.* **3.** Instiller le doute chez qqn ; troubler : *Sa mise en examen a ébranlé ses partisans.* ◆ **S'ÉBRANLER v.pr.** Se mettre en mouvement ; démarrer.

ÉBRASEMENT n.m. ou **ÉBRASURE n.f. ARCHIT.** Biais donné aux côtés de l'embrasure d'une baie pour faciliter l'ouverture des vantaux ou donner plus de lumière.

ÉBRASER v.t. [3] (var. de *embraser*). **ARCHIT.** Élargir obliquement, génér. de dehors en dedans, l'embrasure d'une baie de porte, de fenêtre.

ÉBRÈCHEMENT n.m. Action d'ébrécher.

ÉBRÉCHER v.t. [11], ▲ *[11*]*. **1.** Faire une brèche à ; entamer le bord de : *Ébrécher une tasse.* **2.** Fig. Réduire en entamant une partie ; porter atteinte à ; diminuer : *Ébrécher son compte en banque, sa popularité.*

ÉBRÉCHURE n.f. Partie ébréchée d'un objet.

ÉBRIÉTÉ [ebrijete] **n.f.** (lat. *ebrietas*). Ivresse : *Être en état d'ébriété.* (Ce mot s'emploie surtout dans le langage administratif.)

ÉBRIQUER v.t. [3] (de *2. brique*). Suisse. Casser en morceaux.

ÉBROÏCIEN, ENNE adj. et **n.** D'Évreux.

ÉBROUEMENT n.m. Fait de s'ébrouer.

S'ÉBROUER v.pr. [3] (de l'anc. fr. *brou*, bouillon). **1.** Expirer de façon forte et bruyante, en secouant vivement la tête, en parlant du cheval. **2.** Se secouer vivement pour se nettoyer ou se débarrasser de l'eau : *Le cygne s'ébroue dans le lac. Le chien s'ébroue en sortant de l'eau.*

ÉBRUITEMENT n.m. Action d'ébruiter ; fait de s'ébruiter.

ÉBRUITER v.t. [3]. Faire savoir publiquement ; révéler ; divulguer : *Ils ont ébruité son secret.* ◆ **S'ÉBRUITER v.pr.** Devenir public ; se répandre.

ÉBULLIOMÈTRE ou **ÉBULLIOSCOPE n.m.** Appareil servant à mesurer les températures d'ébullition.

ÉBULLIOMÉTRIE ou **ÉBULLIOSCOPIE n.f.** Mesure de la température d'ébullition d'une solution.

ÉBULLITION n.f. (du lat. *ebullire*, bouillir). **1.** Passage d'un liquide à l'état gazeux, les deux phases étant en équilibre. **2.** État d'un liquide qui bout : *Lorsque le lait est à ébullition, versez le riz.* ▪ **En ébullition,** très agité ; en effervescence : *Les esprits sont en ébullition.*

ÉBURNÉEN, ENNE ou **ÉBURNÉ, E adj.** (du lat. *eburneus*, ivoire). Litt. Qui a la blancheur ou l'aspect de l'ivoire (SYN. [litt.] **ivoirin**).

ÉCAILLAGE n.m. 1. Action d'écailler : *L'écaillage d'un poisson.* **2.** Fait de s'écailler : *L'écaillage d'une peinture.*

ÉCAILLE n.f. (du germ. **skalja*, tuile). **1.** Chacune des plaques dures, cornées (reptiles) ou osseuses (poissons) qui recouvrent le corps de certains animaux. **2.** Matière cornée provenant de la carapace de certaines tortues, utilisée en tabletterie et en marqueterie. **3.** Chacune des valves d'un mollusque bivalve (huître, notamm.). **4. BOT.** Feuille entourant le bourgeon ou le bulbe de certaines plantes (oignon, lis, etc.). **5. ANAT.** Partie verticale convexe de certains os du crâne (frontal, temporaux, occipital). **6.** Parcelle qui se détache en petites plaques d'une surface : *Des écailles de vernis.* ▪ **Les écailles lui sont tombées des yeux,** il s'est aperçu de son erreur. ◆ **n.f. pl.** ARCHIT. Motif ornemental formé de demi-disques se chevauchant.

▲ **écaille.** Différentes sortes d'écailles végétales et animales.

ÉCAILLÉ, E adj. Qui s'écaille : *Peinture écaillée.*

1. ÉCAILLER v.t. [3]. 1. Gratter un poisson cru afin d'ôter les écailles de sa peau. **2.** Ouvrir un mollusque bivalve (huître, moule, coquille Saint-Jacques) en en séparant les deux valves. ◆ **S'ÉCAILLER v.pr.** Se détacher en plaques minces, en écailles : *Vernis à ongles qui s'écaille.*

2. ÉCAILLER, ÈRE n. Commerçant spécialisé dans la vente et l'ouverture des huîtres.

ÉCAILLEUR n.m. Instrument à lame dentée et acérée servant à écailler le poisson.

ÉCAILLEUX, EUSE adj. 1. Couvert d'écailles : *Poisson écailleux.* **2.** Qui se détache par écailles : *Ardoise écailleuse.*

ÉCAILLURE n.f. Partie écaillée d'une surface : *Les écaillures d'un mur.*

ÉCALE n.f. (de l'anc. haut all. *skala, coquille). BOT. Enveloppe coriace de certains fruits (noix, noisettes, amandes, etc.).

ÉCALER v.t. [3]. Enlever l'écale d'un fruit, la coquille d'un œuf dur.

ÉCALURE n.f. Pellicule dure qui enveloppe certaines graines : *Écalures de café.*

ÉCARLATE n.f. (persan *saqirlāt*). **1.** Colorant rouge vif, autref. tiré de la cochenille. **2.** Vx. Étoffe, drap teints avec ce colorant. ◆ **adj.** Rouge vif : *Des visages écarlates.*

ÉCARQUILLER [-kije] **v.t. [3]** (de l'anc. fr. *escartiller*, mettre en quatre). ▪ **Écarquiller les yeux,** les ouvrir tout grands.

ÉCART n.m. (de *1. écarter*). **1.** Distance entre des choses ou des personnes ; intervalle : *L'écart entre deux bus est réduit aux heures de pointe. Les deux frères ont dix ans d'écart.* **2.** Action de s'écarter brusquement de sa direction ; embardée : *Voiture qui fait un écart pour éviter un piéton.* **3.** Fig. Action de s'écarter de sa ligne de conduite ; incartade : *Faire des écarts à son régime.* **4.** Petite agglomération distincte du centre de la commune à laquelle elle appartient. **5.** MATH. Valeur absolue de la différence entre deux valeurs d'un caractère quantitatif. **6.** Échange de certaines cartes de son jeu avec celles du talon ; cartes ainsi échangées. **7.** LING. Acte de parole qui s'écarte d'une norme donnée. **8.** ÉCON. Recomm. off. pour **gap.** ▪ **À l'écart (de),** éloigné (de) ; en dehors (de) : *Elle reste à l'écart (de notre groupe).* ▪ **Écart de langage,** parole qui transgresse les convenances ; grossièreté. ▪ **Écart d'inflation** [écon.], recomm. off. pour **différentiel d'inflation.** ▪ **Grand écart** [danse], mouvement dans lequel les jambes touchent le sol sur toute leur longueur en formant un angle de 180° ; fig., attitude d'une personne qui tente de concilier deux nécessités contradictoires.

1. ÉCARTÉ, E adj. Situé à l'écart ; isolé : *Maison écartée.*

2. ÉCARTÉ n.m. (de *2. écarter*). Jeu de cartes par levées, pratiqué avec un jeu de 32 cartes et dans lequel les joueurs (de deux à quatre) ont la possibilité d'« écarter » certaines cartes.

ÉCARTELÉ n.m. et **adj.m.** HÉRALD. Partition d'un écu en quatre quartiers égaux par une ligne horizontale et une perpendiculaire.

ÉCARTÈLEMENT n.m. Dans la France du Moyen Âge et de l'Ancien Régime, supplice qui consistait à faire tirer les membres du condamné par des chevaux jusqu'à ce qu'ils se séparent du tronc. ➲ C'était le châtiment des régicides.

ÉCARTELER v.t. [12] (de l'anc. fr. *esquarterer*, partager en quatre). **1.** Tirailler qqn entre plusieurs possibilités, des tendances opposées ; déchirer : *Il est écartelé entre son travail et sa vie de famille.* **2.** Anc. Faire subir le supplice de l'écartèlement à un condamné. **3.** HÉRALD. Diviser un écu en quatre quartiers.

ÉCARTEMENT n.m. Action d'écarter ou de s'écarter ; distance entre deux ou plusieurs choses.

1. ÉCARTER v.t. [3] (du lat. pop. *exquartare, partager en quatre). **1.** Mettre une certaine distance entre des choses ; éloigner : *Écarter le lit du mur.* **2.** Tenir qqn à distance, à l'écart ; repousser : *Écarter les curieux.* **3.** Rejeter qqn ; évincer : *Écarter une ministre du gouvernement* ; éliminer : *Écarter une proposition.* **4.** Québec. Fam. Perdre, égarer qqch : *Elle a écarté sa bague.* ◆ **S'ÉCARTER v.pr. 1.** S'éloigner, se détourner de : *Écartez-vous de là. Ne t'écarte pas de la vérité.* **2.** Québec. Fam. Ne plus savoir où on est ; être perdu : *S'écarter dans un centre commercial.*

2. ÉCARTER v.t. [3] (de *carte*). Rejeter une ou plusieurs cartes de son jeu pour en prendre de nouvelles.

1. ÉCARTEUR n.m. Instrument chirurgical servant à écarter les lèvres d'une plaie, d'une incision ; érigne.

2. ÉCARTEUR n.m. Celui qui provoque l'animal et l'évite par un écart, dans les courses landaises.

ÉCART-TYPE n.m. (pl. *écarts-types*). MATH. Racine carrée de la variance.

ECBALLIUM [ɛkbaljɔm] **n.m.** (mot lat., du gr. *ekballein*, projeter). Plante rampante des régions méditerranéennes, à fleurs jaunes et dont les fruits s'ouvrent, à maturité, en projetant au loin leurs graines. ➲ Famille des cucurbitacées.

ECCE HOMO [ɛkseɔmo] ou [ɛtʃeɔmo] **n.m. inv.** (mots lat. « voici l'homme »). BX-ARTS. Représentation du Christ couronné d'épines, vêtu de pourpre et portant un roseau en guise de sceptre, tel qu'il fut montré au peuple après sa comparution devant Pilate.

▲ **ecce homo** (XVIIe s.), de Philippe de Champaigne. (Musée des Beaux-Arts, Nancy.)

ECCÉITÉ [ɛkseite] **n.f.** (lat. *ecceitas*). PHILOS. **1.** Ce qui fait qu'un individu est lui-même et non un autre, dans la pensée scolastique. **2.** Caractère de ce qui se trouve ici ou là, chez Heidegger.

ECCHYMOSE [ekimoz] **n.f.** (gr. *ekkhumôsis*, de *ekkhêin*, s'écouler). Tache cutanée résultant d'un épanchement de sang dû à une maladie (hémophilie) ou à un traumatisme (SYN. [cour.] **2. bleu**).

ECCLÉSIA [eklezja] **n.f.** (gr. *ekklêsia*). ANTIQ. GR. Assemblée des citoyens, notamm. à Athènes. ➲ L'ecclésia athénienne votait les lois, la paix ou la guerre, élisait et contrôlait les magistrats.

ECCLÉSIAL, E, AUX adj. Relatif à l'Église en tant que communauté de fidèles.

ECCLÉSIASTIQUE adj. Relatif à l'Église et, plus spécial., au clergé. ◆ **n.m.** Membre du clergé d'une Église.

ECCLÉSIOLOGIE n.f. Partie de la théologie qui traite de la nature et de la vie de toute l'Église chrétienne.

ECDYSONE [ɛkdizɔn] ou [-zon] **n.f.** (du gr. *ekdusis*, dépouillement). BIOL. Hormone déterminant la mue, chez les larves d'insectes et les crustacés.

ECEH [əseəaʃ] **n.f.** (sigle de *Escherichia coli entérohémorragique*). Souche de colibacille *E. coli*, transmise par l'eau ou par des aliments souillés, responsable de sévères diarrhées sanglantes et parfois du *syndrome hémolytique et urémique (SHU)*, potentiellement grave.

ÉCERVELÉ, E n. et **adj.** Personne sans cervelle, qui ne réfléchit pas ; étourdi.

ÉCHAFAUD n.m. (anc. fr. *chafaut*). **1.** Estrade sur laquelle on procédait aux exécutions par décapitation : *Monter à l'échafaud.* **2.** Peine de mort ; exécution capitale : *Risquer l'échafaud.*

ÉCHAFAUDAGE n.m. 1. CONSTR. Ouvrage provisoire en charpente, dressé pour construire ou réparer un bâtiment. **2.** Entassement d'objets : *Un échafaudage de dossiers.* **3.** Assemblage d'idées combinées à la va-vite : *L'échafaudage d'un plan d'évasion.*

ÉCHAFAUDER v.t. [3]. 1. Élaborer en combinant des éléments souvent fragiles : *Elle a échafaudé tout un roman sur cette rencontre.* **2.** Vx. Amonceler, dresser l'un sur l'autre. ◆ **v.i.** CONSTR. Dresser un échafaudage.

ÉCHALAS n.m. (du gr. *kharax*, pieu). **1.** Pieu servant de tuteur à certaines plantes, notamm. à la vigne. **2.** Fig., fam. Personne grande et maigre.

ÉCHALASSER v.t. [3]. Soutenir avec des échalas.

ÉCHALIER n.m. (var. de *escalier*). **1.** Échelle permettant de franchir une haie. **2.** Clôture mobile à l'entrée d'un champ.

ÉCHALOTE n.f. (du lat. *ascalonia cepa*, oignon d'Ascalon). **1.** Plante potagère voisine de l'oignon, dont le bulbe est utilisé comme condiment. ➲ Famille des liliacées. **2.** Québec. Jeune oignon au bulbe blanc allongé ou peu renflé. **3.** Québec. Fig., fam. Personne grande et maigre ; échalas. ▪ **Course à l'échalote** [fam.], lutte pour la première place, pour le pouvoir.

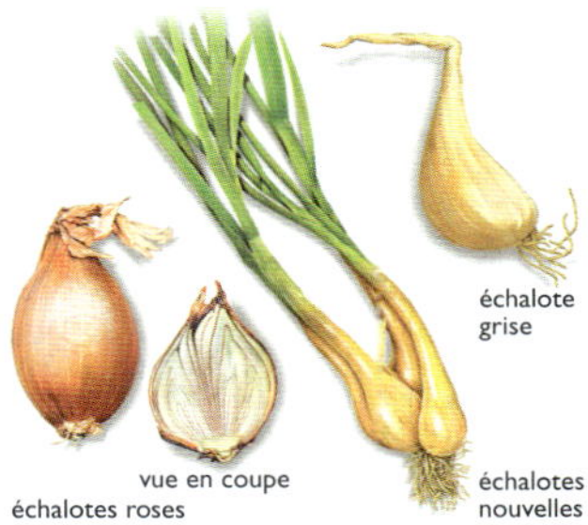

▲ **échalotes**

ÉCHANCRÉ, E adj. Qui présente une ou des échancrures : *Côte rocheuse échancrée.*

ÉCHANCRER v.t. [3] (de *chancre*). Entailler le bord de : *Échancrer un chemisier.*

ÉCHANCRURE n.f. Partie échancrée d'un rivage, d'une feuille ; découpe sur le bord d'un vêtement.

ÉCHANGE n.m. 1. Opération par laquelle on échange : *Échange de fanions. Échange de prisonniers.* **2.** DR. Convention par laquelle deux

a b c d e f g h i j k l m n o p q r s t u v w x y z

propriétaires se cèdent respectivement un bien contre un autre bien. **3.** Fait de s'adresser, de s'envoyer mutuellement qqch : *Échange de lettres, de coups de feu, de bons procédés.* **4.** (Souvent pl.). Ensemble des relations entre des groupes, des pays différents, se traduisant par la circulation des hommes, des idées, des biens et des capitaux. **5.** BIOL. CELL. Passage et circulation de substances entre une cellule et le milieu extérieur, ou entre deux compartiments cellulaires. **6.** Au tennis et au tennis de table, série de balles que se renvoient les joueurs après chaque service. ▪ **Échange colombien** [écol., agric.], transfert intercontinental d'êtres vivants (animaux, plantes, micro-organismes), survenu à partir du xve s. et dû à l'action humaine. (On dit aussi *grand échange.*) ➲ Inventée par l'historien américain Alfred W. Crosby (né en 1931), l'expression fait référence aux conséquences de l'arrivée de Christophe Colomb sur le continent américain. ▪ **Échange de données informatisées (EDI),** circulation, sur des réseaux, d'informations d'origines diverses selon des normes spécifiées. ▪ **Échanges internationaux,** relations commerciales s'effectuant entre différents pays. ▪ **Échange standard** [comm.], remplacement d'une pièce ou d'un ensemble de pièces usées par le même type de pièces neuves ou rénovées : *Un échange standard de moteur.* ▪ **En échange,** en contrepartie ; en compensation. ▪ **Valeur d'échange,** propriété d'un bien qui permet de se procurer un autre bien sur le marché. ➲ Elle se distingue de la *valeur d'usage.*

ÉCHANGEABLE adj. Qui peut être échangé.

ÉCHANGER v.t. [10] (de *changer*). **1.** Donner une chose et en recevoir une autre en contrepartie ; troquer : *Échanger un vélo contre des cours de chant.* **2.** Adresser et recevoir en retour ; s'adresser mutuellement qqch : *Échanger ses coordonnées, des sourires.* ▪ **Échanger des balles,** dans les sports de balle, faire des échanges. ◆ **v.i.** S'entretenir, converser avec qqn ; discuter : *Les deux chefs d'État ont pu échanger en marge du sommet.*

ÉCHANGEUR, EUSE adj. ▪ **Substance échangeuse d'ions,** échangeur d'ions. ◆ **n.m.** Dispositif de raccordement entre plusieurs routes et autoroutes sans croisement à niveau. ▪ **Échangeur (de chaleur),** appareil destiné à réchauffer ou à refroidir un fluide au moyen d'un autre fluide circulant à une température différente. ▪ **Échangeur d'ions,** substance solide, naturelle ou synthétique, ayant les caractères d'un acide ou d'une base et fixant, de ce fait, les cations ou les anions.

ÉCHANGISME n.m. Pratique de l'échange des partenaires sexuels entre deux ou plusieurs couples.

ÉCHANGISTE n. **1.** DR. Personne qui effectue un échange de biens. **2.** Personne qui pratique l'échangisme.

ÉCHANSON n.m. (du francique). **1.** Anc. Officier chargé de servir à boire au roi ou à un prince. **2.** Litt. ou par plais. Personne qui verse à boire.

ÉCHANTILLON n.m. (de l'anc. fr. *eschandillon,* échelle pour mesurer). **1.** COMM. Petite quantité d'une marchandise qui permet d'en faire apprécier la qualité : *Échantillon de tissu, de parfum.* **2.** Exemple représentatif de qqch ; spécimen : *Voici un bel échantillon de plante tropicale.* **3.** Aperçu de la valeur de qqch : *Je vais vous donner un échantillon de mes talents culinaires.* **4.** MATH. Fraction représentative d'une population ou d'un ensemble statistique. **5.** TECHN. Valeur d'une grandeur échantillonnée à un instant d'échantillonnage. **6.** MUS. Extrait d'un enregistrement numérisé puis utilisé pour composer une œuvre nouvelle (SYN. **sample**).

ÉCHANTILLONNAGE n.m. **1.** COMM. Action d'échantillonner ; série d'échantillons. **2.** MAR. Ensemble des dimensions des éléments constituant la charpente d'un navire. **3.** TECHN. Action d'échantillonner. **4.** MUS. Technique de composition consistant à mettre bout à bout des extraits d'enregistrements préexistants (SYN. **sampling**).

ÉCHANTILLONNER v.t. [3]. **1.** COMM. Choisir, réunir des échantillons. **2.** MATH. Déterminer un échantillon dans une population ; choisir les personnes qui seront interrogées au cours d'une enquête par sondage, en vue d'obtenir un résultat représentatif. **3.** TECHN. Définir la variation d'une grandeur, d'un signal au cours du temps par la suite de ses valeurs, appelées *échantillons,* à des instants donnés, génér. périodiques. **4.** Dans les musiques contemporaines, prélever un extrait dans un enregistrement et l'insérer dans une nouvelle œuvre (SYN. **2. sampler**).

1. ÉCHANTILLONNEUR, EUSE n. COMM. Professionnel qui procède à des échantillonnages.

2. ÉCHANTILLONNEUR n.m. **1.** TECHN. Appareil effectuant l'échantillonnage d'une grandeur, d'un signal. **2.** MUS. Appareil électronique utilisé pour échantillonner des extraits d'œuvres (SYN. **1. sampler**).

ÉCHANTILLOTHÈQUE n.f. Collection d'échantillons des produits utilisés par une entreprise, un hôpital, une pharmacie, etc.

ÉCHAPPATOIRE n.f. Moyen adroit ou détourné pour se tirer d'embarras ; faux-fuyant : *Trouver une échappatoire pour ne pas aller à une soirée.*

ÉCHAPPÉ, E n. **1.** SPORTS. Coureur qui a distancé les autres. **2.** Vieilli. Évadé. ◆ **n.m.** Mouvement dans lequel la danseuse, après avoir effectué une flexion, se relève sur les pointes (ou les demi-pointes) en écartant légèrement les jambes, pour revenir ensuite à sa position initiale.

ÉCHAPPÉE n.f. **1.** Dans une course, action de distancer le peloton : *Tenter une échappée.* **2.** Litt. Court voyage par lequel on se libère de contraintes ; escapade : *Faire une échappée à la campagne.* **3.** Espace étroit laissé libre à la vue ou au passage : *Échappée sur la mer.* **4.** ARCHIT. Distance entre le nez d'une marche et le plafond d'un escalier. ▪ **Échappée belle,** escapade, virée dans un endroit agréable que l'on découvre ; fait d'avoir évité de justesse un danger, de l'avoir échappé belle ; incursion surprenante d'une personne (artiste, par ex.) dans un domaine, qui révèle un monde, une atmosphère peu connus : *L'échappée belle d'une ballerine dans l'univers du hip-hop.*

ÉCHAPPEMENT n.m. **1.** Expulsion dans l'atmosphère des gaz de combustion d'un moteur thermique ; dispositif permettant cette expulsion : *Tuyau d'échappement.* **2.** Mécanisme d'horlogerie qui sert à régulariser le mouvement d'une pendule, d'une montre. ▪ **Échappement libre,** tuyau d'échappement dépourvu de silencieux.

ÉCHAPPER v.i. ou v.t. ind. [3] (du lat. *excappare,* sortir de la chape). **1.** Se dérober à qqn, à sa surveillance : *Le voleur a échappé au vigile.* **2.** Ne pas être atteint, concerné par qqch de menaçant, d'importun : *Échapper à une amende.* **3.** Cesser d'être tenu, retenu : *Le vase m'a échappé des mains.* **4.** Cesser d'être sous le contrôle de qqn : *Le pouvoir lui échappe.* **5.** Cesser d'être présent à l'esprit ; être oublié : *Son nom m'échappe.* **6.** Être dit ou fait involontairement : *Cette parole m'a échappé.* **7.** Ne pas être perçu par les sens : *Rien n'échappe à son œil d'aigle.* **8.** Ne pas être compris : *Ce raisonnement m'échappe.* **9.** Ne pas être obtenu : *La victoire lui a échappé.* **10.** Ne pas être soumis, assujetti : *Revenus qui échappent à l'impôt.* ◆ **v.t.** ▪ **L'avoir échappé belle,** s'être tiré de justesse d'un mauvais pas, d'un danger. ◆ **S'ÉCHAPPER** v.pr. **1.** S'enfuir d'un lieu où l'on est retenu : *Une prisonnière s'est échappée* ; s'absenter discrètement ; s'éclipser : *S'échapper d'une soirée.* **2.** Se répandre brusquement : *Une odeur s'échappe des égouts.* **3.** Disparaître, en parlant de qqch d'abstrait : *Son dernier espoir s'est échappé.* **4.** SPORTS. Faire une échappée, dans une course.

ÉCHARDE n.f. (du francique). Petit fragment pointu d'un corps étranger entré accidentellement sous la peau.

ÉCHARNAGE n.m. Action d'écharner les peaux.

ÉCHARNER v.t. [3] (de *charn,* forme anc. de *chair*). CUIRS. Débarrasser une peau des chairs qui y adhèrent avant de la tanner.

ÉCHARNEUSE n.f. Machine qui sert à l'écharnage des peaux.

ÉCHARPE n.f. (du francique). **1.** Large bande d'étoffe portée obliquement d'une épaule à la hanche opposée, ou autour de la ceinture, comme insigne de fonction : *Écharpe tricolore de maire.* **2.** Bandage porté en bandoulière servant à soutenir une main, un bras blessés : *Avoir le bras en écharpe.* **3.** Bande d'étoffe (laine, soie, etc.) que l'on porte autour du cou ; cache-nez. **4.** CONSTR. Traverse diagonale servant à prévenir la déformation d'un ouvrage de charpente ou de menuiserie. ▪ **Prendre en écharpe,** heurter de biais : *Voiture prise en écharpe par un train.*

ÉCHARPER v.t. [3] (anc. fr. *escharpir*). Blesser grièvement ; mettre en pièces : *La foule voulait écharper le chauffard.* ▪ **Se faire écharper** [fam.], subir de vives critiques. ◆ **S'ÉCHARPER** v.pr. En venir aux mains ; se battre.

ÉCHASSE n.f. (du francique). **1.** Chacun des deux longs bâtons garnis d'un étrier dont on se sert pour marcher à une certaine hauteur du sol : *Berger monté sur des échasses.* **2.** Oiseau échassier à plumage noir et blanc, aux très longues pattes fines et au long bec droit, répandu près des lacs et des marécages du monde entier. ➲ Famille des récurvirostridés.

ÉCHASSIER n.m. Oiseau carnivore des côtes ou des marécages, aux très longues pattes et au bec allongé et effilé, tel que la grue, la bécasse, le flamant, le marabout, etc. ➲ Les échassiers sont parfois considérés comme un superordre.

ÉCHAUDAGE n.m. **1.** Action de plonger dans l'eau bouillante. **2.** AGRIC. Accident physiologique des céréales (dû notamm. à un excès de chaleur ou à un champignon pathogène), rendant les grains petits et ridés.

1. ÉCHAUDÉ, E adj. AGRIC. Qui a subi un échaudage : *Du blé échaudé.*

2. ÉCHAUDÉ n.m. Gâteau léger fait de pâte échaudée puis séchée au four.

ÉCHAUDER v.t. [3] (lat. *excaldare,* de *calidus,* chaud). **1.** CUIS. Plonger dans l'eau bouillante : *Échauder une volaille, des légumes.* **2.** Vx ou Antilles. Brûler avec un liquide chaud. **3.** Fig. Subir une mésaventure qui sert de leçon : *Cette chute a échaudé ce casse-cou.*

ÉCHAUDOIR n.m. Local d'un abattoir où l'on échaude les animaux après l'abattage.

ÉCHAUFFEMENT n.m. **1.** Action d'échauffer ; fait de s'échauffer : *L'échauffement d'une pièce mécanique.* **2.** État d'énervement, de surexcitation. **3.** Entraînement destiné à échauffer les muscles pour les assouplir avant un exercice sportif, un effort physique, etc. **4.** AGRIC. Début de fermentation des céréales, des farines dû à la chaleur. **5.** Vieilli. Inflammation ; irritation.

ÉCHAUFFER v.t. [3] (lat. *excalefacere*). **1.** Donner de la chaleur à ; élever la température de ; chauffer. **2.** Causer de l'excitation ; enflammer : *Échauffer les esprits.* ▪ **Échauffer les oreilles** ou **la bile** [vx], mettre en colère. ◆ **S'ÉCHAUFFER** v.pr. **1.** Devenir plus animé : *Le débat s'échauffe.* **2.** Faire des exercices pour se préparer à un effort physique.

ÉCHAUFFOURÉE n.f. (de *échauffer* et *fourrer*). Combat bref et confus ; altercation.

ÉCHAUGUETTE n.f. (du francique). FORTIF. Guérite de guet placée en surplomb sur une muraille fortifiée, une tour, etc.

▲ échauguette

ÉCHÉANCE n.f. (de *échoir*). **1.** Date à laquelle est exigible le paiement d'une dette ou l'exécution d'une obligation : *L'échéance d'un loyer.* **2.** Ensemble des règlements à effectuer à une période donnée : *De lourdes échéances.* **3.** Délai entre la date d'un engagement et son exigibilité : *Emprunter à longue, à brève échéance.* **4.** Moment où qqch doit arriver et qui marque la fin d'un délai, d'une période : *Échéance électorale.*

ÉCHÉANCIER n.m. **1.** Registre où sont inscrites, à leur date d'échéance, les dettes, les créances. **2.** Ensemble d'échéances, de délais dont la date doit être respectée.

ÉCHÉANT, E adj. DR. Qui arrive à échéance. ■ **Le cas échéant,** si le cas se présente ; à l'occasion.

ÉCHEC n.m. (du jeu des *échecs*). Manque de réussite ; insuccès : *Lutter contre l'échec scolaire.* ■ **Faire échec à,** empêcher de réussir.

ÉCHECS n.m. pl. (du persan *shâh*, roi). **1.** Jeu de stratégie dans lequel deux adversaires manœuvrent sur un plateau de 64 cases deux séries de 16 pièces (les blancs et les noirs) de valeurs diverses. **2.** Pièces servant au jeu d'échecs. **3.** (Au sing.). Situation du roi en position d'être pris par l'adversaire : *Échec au roi.* ■ **Échec et mat,** coup décisif qui met le roi en situation d'être pris et assure le gain de la partie. ◆ **ÉCHEC adj. inv.** En échec : *Elle a été échec en sept coups.*

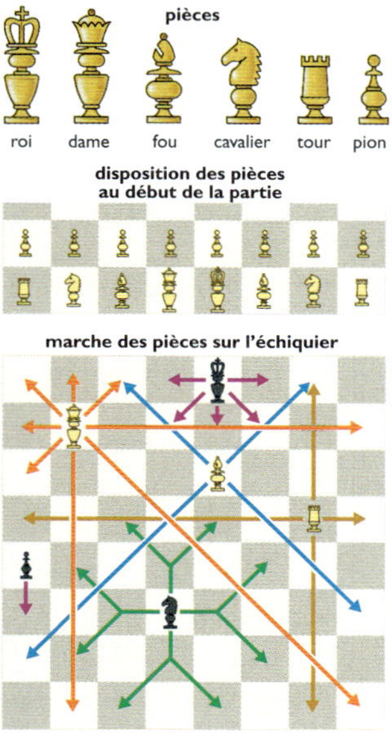

▲ **échecs**

ÉCHELETTE n.f. Tichodrome.

ÉCHELIER n.m. Échelle à un seul montant central.

ÉCHELLE n.f. (lat. *scala*). **1.** Dispositif composé de deux montants reliés entre eux par des barreaux transversaux régulièrement espacés et servant de marches : *Monter sur le toit à l'aide d'une échelle.* **2. MAR.** Tout escalier, fixe ou mobile, sur un navire. **3.** Suite de mailles filées sur la longueur d'un bas, d'un collant. **4.** Suisse. Ridelle : *Char agricole à échelles.* **5.** Série de divisions sur un instrument de mesure : *Échelle thermométrique.* **6.** Suite de degrés, de niveaux classés dans un ordre progressif : *Échelle sociale. Échelle des peines.* **7.** Suite, succession de nuances : *Échelle des couleurs.* **8. MUS.** Suite de notes caractérisée par le type d'intervalle adopté : *Échelle diatonique, chromatique, harmonique.* **9. MENUIS.** Cadre comportant plusieurs traverses intermédiaires destinées à supporter des étagères. ■ **À grande** ou **sur une grande échelle,** dans des proportions importantes. ■ **À l'échelle de, à l'échelle** (+ adj.), au niveau de : *À l'échelle de l'entreprise. À l'échelle internationale.* ■ **Échelle à poissons** [Québec], passe à poissons. ■ **Échelle d'attitudes** → **ATTITUDE.** ■ **Échelle de Beaufort** → **BEAUFORT (ÉCHELLE DE).** ■ **Échelle de corde,** dont les montants sont en corde. ■ **Échelle de meunier,** escalier droit fait de tablettes encastrées dans deux limons, sans contremarches. ■ **Échelle de Richter** → **RICHTER (ÉCHELLE DE).** ■ **Échelle graphique,** ligne graduée indiquant le rapport des dimensions ou distances marquées sur un plan, une carte avec les dimensions ou distances réelles. ■ **Échelle mobile,** système d'indexation d'un paiement sur une valeur ou un indice (le coût de la vie) : *Échelle mobile des salaires.* ■ **Échelle (numérique),** rapport entre la représentation figurée d'une longueur et la longueur réelle correspondante. ➲ Sur une carte à l'échelle de 1/200 000, 1 cm sur la carte représente 200 000 cm sur le terrain, soit 2 km. ■ **Faire la courte échelle à qqn,** l'aider à s'élever en lui offrant ses mains et ses épaules comme points d'appui. ■ **Grande échelle,** échelle à plans coulissants montée sur un véhicule de pompiers, pouvant se déployer jusqu'à 30 m. ■ **Il n'y a plus qu'à tirer l'échelle** [souvent iron.], il est impossible de faire mieux. ◆ **n.f. pl. HIST.** Comptoirs commerciaux établis du XVIe au XIXe s. par les nations chrétiennes dans l'Empire ottoman. ➲ Échelles du Levant, en Méditerranée orientale ; échelles de Barbarie, en Afrique du Nord.

ÉCHELON n.m. 1. Barreau transversal d'une échelle. **2.** Chacun des degrés d'une série, d'une hiérarchie : *Gravir les échelons de l'Administration.* **3.** Position indiciaire d'un fonctionnaire à l'intérieur d'un même grade, d'une même classe. **4.** Niveau ; degré ; échelle : *Il est intervenu à son échelon. Grève à l'échelon national.* **5. MIL.** Fraction d'une troupe articulée en profondeur.

ÉCHELONNEMENT n.m. Action d'échelonner ; fait d'être échelonné ; étalement : *L'échelonnement d'un remboursement.*

ÉCHELONNER v.t. [3]. 1. Disposer à des distances plus ou moins régulières ; répartir : *Échelonner des policiers sur un parcours.* **2.** Répartir dans le temps à intervalles plus ou moins réguliers ; étaler : *Échelonner des paiements, des livraisons.*

ÉCHENILLAGE n.m. Action d'écheniller.

ÉCHENILLER v.t. [3]. Débarrasser un végétal des chenilles.

ÉCHENILLEUR n.m. Passereau insectivore des forêts tropicales. ➲ Famille des campéphagidés.

ÉCHENILLOIR n.m. Sécateur fixé au bout d'une perche permettant de couper dans les arbres des rameaux hors d'atteinte à la main.

ÉCHEVEAU n.m. (du lat. *scabellum*, petit banc). **1.** Assemblage de fils textiles réunis par enroulement souple sans support et maintenus par un fil de liage. **2.** Fig. Ensemble d'éléments liés entre eux de façon complexe ; dédale ; maquis : *L'écheveau d'une procédure judiciaire.*

ÉCHEVELÉ, E adj. 1. Dont les cheveux sont en désordre ; hirsute. **2.** Fig. Qui manque d'ordre, de mesure ; endiablé : *Danse échevelée.*

ÉCHEVELER v.t. [16], ▲ *[12].* Litt. Dépeigner ; ébouriffer.

ÉCHEVETTE n.f. (de *écheveau*). **TEXT.** Longueur fixe de fil dévidé sur le moulin d'un dévidoir et dont les deux extrémités sont réunies.

1. ÉCHEVIN n.m. (du francique **skapin*, juge). **HIST.** Dans la France d'Ancien Régime, magistrat municipal chargé d'assister le maire.

2. ÉCHEVIN, E n. Belgique. Adjoint au bourgmestre.

ÉCHEVINAGE n.m. 1. Fonction d'échevin. **2.** Corps des échevins. **3.** Territoire administré par des échevins. **4.** Procédé d'organisation de certaines juridictions, associant un ou plusieurs magistrats professionnels et des personnes ayant une profession ou une qualité en relation avec la nature des affaires jugées.

ÉCHEVINAL, E, AUX adj. Relatif à l'échevin.

ÉCHEVINAT n.m. Belgique. Charge de l'échevin ; services administratifs qui dépendent de lui.

ÉCHIDNÉ [ekidne] **n.m.** (du gr. *ekhidna*, vipère). Mammifère ovipare, fouisseur et insectivore, d'Australie et de Nouvelle-Guinée, couvert de piquants, portant un bec corné. ➲ Ordre des monotrèmes.

ÉCHIFFRE n.m. (de l'anc. fr. *eschif*, abrupt). ■ **Mur d'échiffre,** ou **échiffre,** mur au faîte rampant, qui porte le limon d'un escalier.

1. ÉCHINE n.f. (du francique **skina*, os long, aiguille). **1.** Épine dorsale. **2. BOUCH.** Partie du bœuf comprenant l'aloyau et les côtes ; partie antérieure de la longe de porc. ■ **Avoir l'échine souple,** être servile. ■ **Courber** ou **plier l'échine devant,** se soumettre à.

2. ÉCHINE n.f. (du lat. *echinus*, hérisson). **ARCHIT.** Corps de certains chapiteaux (doriques d'abord), constitué par une grosse moulure convexe.

S'ÉCHINER v.pr. [3] (À) [de *1. échine*]. Se donner beaucoup de peine ; s'épuiser : *Je m'échine à lui apprendre à danser.*

ÉCHINOCACTUS [eki-] **n.m.** Plante grasse à tige globuleuse, à grosses côtes munies d'épines acérées, cultivée pour l'ornement et dont une espèce fournit le peyotl. ➲ Famille des cactacées.

ÉCHINOCOCCOSE [ekinɔkɔkoz] **n.f** Infection parasitaire de l'homme due à la larve (hydatide) d'un échinocoque du chien ou du renard.

ÉCHINOCOQUE [ekinɔ-] **n.m. ZOOL.** Ténia vivant à l'état adulte dans l'intestin des carnivores et dont la larve (hydatide) se développe dans le foie de plusieurs mammifères, parfois dans celui de l'homme.

ÉCHINODERME [eki-] **n.m.** (du gr. *ekhinos*, hérisson). Invertébré marin présentant une symétrie rayonnée d'ordre 5, à système nerveux diffus, se déplaçant grâce à de nombreux petits organes cylindriques érectiles (podions) terminés par une ventouse (chez l'ophiure, l'oursin, l'étoile de mer, l'holothurie) ou vivant fixé aux rochers (comme l'encrine). ➲ Les échinodermes forment un embranchement.

ÉCHIQUÉEN, ENNE adj. Relatif au jeu d'échecs.

ÉCHIQUETÉ, E adj. (de *échiquier*). **HÉRALD.** Divisé en un échiquier d'émaux alternés.

ÉCHIQUIER n.m. (anc. fr. *eschequier*). **1.** Plateau carré, divisé en 64 cases alternativement noires et blanches, sur lequel on joue aux échecs. **2.** Surface dont le dessin évoque celui d'un échiquier ; disposition en carrés égaux et contigus : *D'avion, les rizières évoquent un échiquier.* **3.** Domaine où s'opposent des intérêts contradictoires qui exigent des manœuvres habiles : *L'échiquier diplomatique.* ■ **Chancelier de l'Échiquier,** ministre des Finances, en Grande-Bretagne. ■ **L'Échiquier,** l'administration financière, en Grande-Bretagne.

ÉCHIURIEN [ekjyrjɛ̃] **n.m.** (du gr. *ekhis*, vipère). Animal marin vermiforme dont la femelle est dotée d'une longue trompe, vivant enfoui dans la vase du littoral, tel que la *bonellie.* ➲ Les échiuriens forment un petit embranchement.

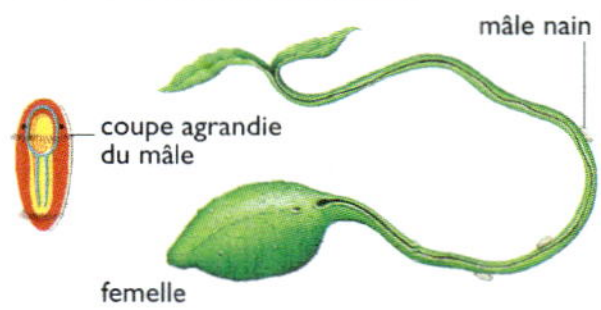

▲ **échiurien.** Bonellie verte.

ÉCHO [eko] **n.m.** (du gr. *êkhô*, bruit). **1.** Répétition d'un son due à la réflexion des ondes sonores sur un obstacle ; lieu où se produit ce phénomène. **2. TECHN.** Onde électromagnétique émise par un radar et qui revient sur l'appareil après avoir été réfléchie par un obstacle. **3.** Propos rapportant des faits ; nouvelle : *J'ai eu des échos de leur entrevue.* **4.** Ce qui reproduit, évoque qqch ; reflet : *Cette pièce est un écho des mentalités de l'époque.* **5.** Réponse faite à une sollicitation, à une suggestion : *Sa proposition est restée sans écho.* ■ **Se faire l'écho de,** propager : *Je refuse de me faire l'écho de cette rumeur.* ◆ **n.m. pl.** Rubrique d'un journal consacrée aux anecdotes, à la vie politique, mondaine, etc.

ÉCHOCARDIOGRAMME [eko-] **n.m.** Enregistrement graphique obtenu par échocardiographie.

ÉCHOCARDIOGRAPHIE [eko-] **n.f. MÉD.** Échographie appliquée à l'examen du cœur.

ÉCHOGRAPHE [eko-] **n.m.** Appareil permettant de pratiquer l'échographie.

ÉCHOGRAPHIE [eko-] **n.f. MÉD.** Technique d'imagerie médicale utilisant la réflexion *(écho)* d'un faisceau d'ultrasons par les organes.

ÉCHOGRAPHIER [eko-] **v.t. [5]. MÉD.** Examiner par échographie.

ÉCHOGRAPHISTE [eko-] **n.** Médecin spécialiste de l'échographie.

ÉCHOIR v.t. ind. [56] (auxil. *être* ou *avoir*) **[À]** [du lat. *excidere*, tomber]. Litt. Être dévolu par le hasard ; revenir à : *La tâche de les prévenir lui a échu.* ◆ **v.i.** Arriver à échéance, en parlant d'une dette, d'un engagement : *Le terme échoit à la fin du trimestre. Les délais sont échus.*

ÉCHOLALIE [eko-] **n.f.** (de *écho* et du gr. *lalein*, parler). **MÉD.** Répétition machinale de mots ou de phrases prononcés par autrui, dans certaines aphasies.

ÉCHOLOCATION ou **ÉCHOLOCALISATION** [eko-] **n.f. ZOOL.** Mode d'orientation propre à certains animaux (chauves-souris, dauphins) qui repèrent les obstacles et les proies en émettant des ultrasons qui produisent un écho.

1. ÉCHOPPE n.f. (anc. néerl. *schoppe*). **1.** Petite boutique en matériau léger adossée à une autre construction : *Une échoppe de cordonnier.* **2.** Région. (Sud-Ouest). Maison sans étage, construite entre rue et jardin. **3.** Belgique. Étal couvert, sur un marché.

2. ÉCHOPPE n.f. (lat. *scalprum*). Burin des ciseleurs, graveurs, orfèvres, etc.

ÉCHOSONDAGE [eko-] **n.m.** Mesure de la profondeur sous-marine effectuée grâce à la réflexion d'ondes acoustiques.

ÉCHOTIER, ÈRE [ekɔ-] **n.** Vieilli. Personne chargée des échos dans un journal.

ÉCHOTOMOGRAPHIE [eko-] **n.f. MÉD.** Échographie donnant une image en coupe *(tomographie)* de l'organe.

ÉCHOUAGE n.m. MAR. 1. Contact d'un navire à l'arrêt avec le fond, par suite d'un abaissement du niveau de l'eau, au mouillage ou en bassin. **2.** Endroit où un bateau peut s'échouer sans danger.

ÉCHOUEMENT n.m. MAR. Arrêt brutal d'un navire en marche qui touche le fond. (Au contraire de l'*échouage*, l'*échouement* est fortuit.)

ÉCHOUER v.t. [3] (orig. obsc.). **MAR.** ▪ **Échouer un bateau,** le pousser volontairement à la côte ou sur un haut-fond. ◆ **v.i. 1.** Toucher accidentellement le fond et s'y immobiliser, en parlant d'un navire ; aboutir sur la côte, la rive, poussé par le mouvement de l'eau, en parlant d'un objet. **2.** Se retrouver par hasard en un lieu quelconque : *Nous avons échoué dans un village désert. Comment ce document a-t-il échoué sur mon bureau ?* **3.** Ne pas aboutir ; rater : *Sa tentative a échoué.* ◆ **S'ÉCHOUER v.pr.** Toucher le fond et s'arrêter, en parlant d'un navire.

ÉCIMAGE n.m. Action d'écimer.

ÉCIMER v.t. [3]. Enlever la cime d'un végétal pour favoriser la croissance en épaisseur ; étêter.

ÉCLABOUSSEMENT n.m. Action, fait d'éclabousser.

ÉCLABOUSSER v.t. [3] (anc. fr. *esclabouter*, de *bouter*). **1.** Faire rejaillir de la boue, un liquide sur ; asperger. **2.** Fig. Compromettre la réputation de ; déshonorer : *Le scandale a éclaboussé toute la famille.* **3.** Vx. En imposer par son luxe, sa richesse.

ÉCLABOUSSURE n.f. 1. Liquide ou matière qui éclabousse ; tache : *Un pantalon plein d'éclaboussures.* **2.** Fig. Contrecoup d'un événement fâcheux, qui entache la réputation de qqn : *Les éclaboussures d'un scandale.*

1. ÉCLAIR n.m. (de *éclairer*). **1.** Lueur brève et très vive traduisant une décharge électrique entre deux nuages ou entre un nuage et le sol, lors d'un orage. **2.** Lueur éclatante et brève : *Les éclairs des flashs.* **3.** Fig. Manifestation soudaine et fugitive : *Un éclair de génie.* **4.** (En appos., avec ou sans trait d'union). Indique une grande rapidité : *Le président fait des visites éclair.* ▪ **Comme l'éclair** ou **en un éclair,** très vite. ▪ **Ses yeux lancent des éclairs,** sont animés d'une vive colère.

2. ÉCLAIR n.m. (de *1. éclair*, parce qu'il peut se manger très vite). Petit gâteau allongé, en pâte à choux, fourré de crème pâtissière et glacé par-dessus : *Un éclair au café.*

ÉCLAIRAGE n.m. 1. Ensemble des moyens qui permettent à l'homme de doter son environnement d'un système de lumière nécessaire à son activité, son agrément, sa protection : *Éclairage électrique.* **2.** Manière d'éclairer, de s'éclairer : *Un éclairage aux chandelles* ; quantité de lumière reçue : *Un éclairage insuffisant.* **3.** Ensemble des lumières qui éclairent un spectacle. **4.** Fig. Manière particulière d'envisager qqch ; angle : *Sous cet éclairage, l'histoire semble plus simple.* **5. MIL.** Mission de recherche du renseignement, confiée à une unité qui doit éviter le combat. ▪ **Éclairage indirect,** dirigé vers le plafond.

ÉCLAIRAGISME n.m. Ensemble des techniques employées pour obtenir un éclairage satisfaisant.

ÉCLAIRAGISTE n. 1. Personne qui s'occupe de l'éclairage d'un spectacle. **2.** Spécialiste d'éclairagisme.

ÉCLAIRANT, E adj. Qui éclaire : *Fusée éclairante. Explication éclairante.*

ÉCLAIRCIE n.f. 1. Espace dégagé dans un ciel nuageux ; amélioration brève entre deux averses. **2.** Fig. Changement favorable dans une situation ; embellie : *Il semble qu'il y ait une éclaircie dans leur couple.* **3. SYLVIC.** Coupe partielle pratiquée dans un peuplement forestier non arrivé à maturité, en vue de son amélioration.

ÉCLAIRCIR v.t. [21] (de l'anc. fr. *esclarcir*, briller). **1.** Rendre plus clair : *Cette peinture éclaircit la pièce.* **2.** Rendre moins épais : *Éclaircir une sauce.* **3. AGRIC., SYLVIC.** Procéder à l'éclaircissage de. **4.** Fig. Rendre plus intelligible ; élucider : *Tâchons d'éclaircir ce mystère.* ◆ **S'ÉCLAIRCIR v.pr. 1.** Devenir plus clair. **2.** Devenir moins dense : *Ses cheveux commencent à s'éclaircir.* **3.** Devenir plus compréhensible ; se clarifier. ▪ **S'éclaircir la voix,** la rendre plus nette en se raclant la gorge.

ÉCLAIRCISSAGE n.m. AGRIC. Action de supprimer des plants d'un semis, des fruits d'un arbre, etc., pour favoriser la croissance des autres.

ÉCLAIRCISSEMENT n.m. 1. Action d'éclaircir ; fait de s'éclaircir. **2.** (Surtout pl.). Information nécessaire à la compréhension de qqch ; explication : *Je souhaiterais des éclaircissements sur son attitude.*

ÉCLAIRE n.f. ▪ **Grande éclaire,** chélidoine.

ÉCLAIRÉ, E adj. 1. Où il y a de la lumière : *Il y a encore des bureaux éclairés.* **2.** Qui a des connaissances et du discernement ; informé : *Lecteur éclairé.*

ÉCLAIREMENT n.m. OPT. Quotient du flux lumineux reçu par une surface par l'aire de cette surface (unité : *lux*).

ÉCLAIRER v.t. [3] (lat. *exclarare*). **1.** Répandre de la lumière sur : *Les projecteurs éclairent la scène.* **2.** Fournir à qqn de la lumière pour qu'il voie : *Éclaire-moi avec ta torche.* **3.** Fig. Rendre compréhensible ; informer. **4. MIL.** Remplir une mission d'éclairage en avant d'une troupe. ◆ **S'ÉCLAIRER v.pr. 1.** Devenir lumineux. **2.** Devenir compréhensible : *La situation s'est enfin éclairée.* ▪ **Son visage s'éclaire,** exprime la satisfaction, la joie.

1. ÉCLAIREUR n.m. Soldat qui éclaire la marche d'une troupe.

2. ÉCLAIREUR, EUSE n. Enfant ou adolescent (entre 11 ou 12 ans et 15 ou 16 ans), membre d'une des associations d'Éclaireuses et Éclaireurs (mouvements de scoutisme). ▪ **Éclaireur unioniste** → **UNIONISTE.**

ÉCLAMPSIE n.f. (du gr. *eklampsis*, apparition soudaine). **MÉD.** Affection de la fin de la grossesse, due à une toxémie gravidique et caractérisée par des convulsions.

ÉCLAMPTIQUE adj. Relatif à l'éclampsie.

ÉCLAT n.m. 1. Fragment d'un objet brisé : *Un éclat de verre. Voler en éclats.* **2.** Bruit soudain et fort : *Éclats de voix, de rire.* **3.** Fait de briller ; intensité d'une lumière. **4.** Reflet brillant ou vivacité d'une couleur : *L'éclat d'un rouge à lèvres.* **5.** Fig. Qualité de ce qui s'impose à l'admiration ; magnificence : *L'éclat d'une fête.* **6. PRÉHIST.** Fragment de pierre provenant du débitage d'un nucléus. ▪ **Action d'éclat,** exploit. ▪ **Éclat absolu** [astron.], intensité lumineuse d'un astre ; sa mesure astronomique. ▪ **Éclat apparent** [astron.], éclairement fourni par un astre sur une surface perpendiculaire à la ligne de visée, en un lieu donné. ▪ **Faire un éclat,** exploser de colère ; faire un esclandre. ▪ **Rire aux éclats,** rire très fort.

ÉCLATANT, E adj. 1. Qui a de l'éclat ; qui brille ; radieux : *Soleil éclatant. Beauté éclatante.* **2.** Litt. Qui éclate bruyamment ; sonore : *Rire éclatant.* **3.** Qui a un grand retentissement ; triomphal : *Succès éclatant.*

ÉCLATÉ, E adj. DESS. INDUSTR. ▪ **Dessin éclaté, vue éclatée,** ou **éclaté, n.m.,** qui représente, génér. en perspective, les différentes parties d'un ensemble dans leur disposition relative, mais en les dissociant clairement.

ÉCLATEMENT n.m. Fait d'éclater : *Éclatement d'un pneu, d'un groupe.*

ÉCLATER v.i. [3] (du francique **slaitan*, fendre). **1.** Se briser soudainement sous l'effet de la pression, de la chaleur, etc. ; exploser : *Ballon qui éclate.* **2.** Faire entendre un bruit sec, violent : *Le tonnerre éclate.* **3.** Fig. Se diviser en éléments plus petits : *Ce groupe de rock a éclaté.* **4.** Se produire brusquement ; se déclencher : *La guerre éclata. Si le scandale éclate.* **5.** Ne pas pouvoir contenir ses sentiments, partic. sa colère ; s'emporter. **6.** Apparaître de façon manifeste, évidente : *Il faut que la vérité éclate.* **7. (DE).** Avoir, manifester qqch avec force : *Les mariés éclatent de bonheur. Éclater de rire.* ◆ **S'ÉCLATER v.pr.** Fam. Se donner intensément à une activité en y prenant un très grand plaisir.

ÉCLATEUR n.m. ÉLECTROTECHN. Dispositif électrique à deux électrodes ou plus servant à amorcer une conduction gazeuse.

ÉCLECTIQUE adj. et **n.** (du gr. *eklektikos*, qui choisit). Qui est capable d'apprécier des choses, des idées très diverses, sans esprit exclusif. ◆ **adj. 1.** Qui révèle de l'éclectisme : *Goûts éclectiques.* **2. BX-ARTS.** Relatif à l'éclectisme.

ÉCLECTISME n.m. 1. PHILOS. Méthode utilisée par certains philosophes qui, jugeant toutes les doctrines, leur empruntent ce qu'elles ont de commun et de vrai. **2.** Attitude de qqn qui s'intéresse à tous les domaines, ou, dans un domaine, à tous les sujets. **3. ARCHIT., BX-ARTS.** Pratique artistique fondée sur l'exploitation et la conciliation des styles du passé, partic. courante au XIXe s., en Occident.

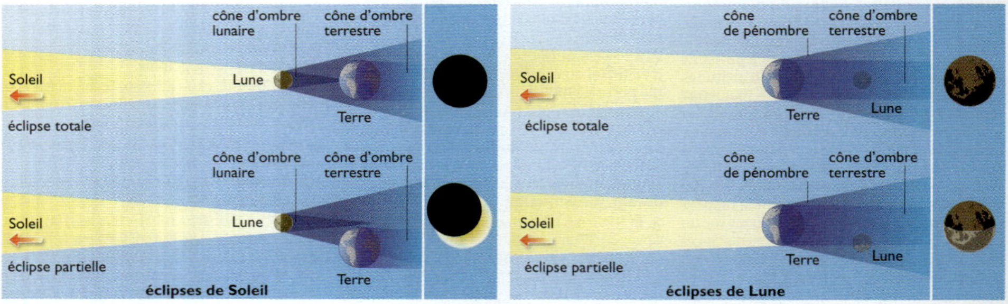

▲ éclipses

LES ÉCLIPSES TOTALES ET ANNULAIRES DE SOLEIL DE 2015 À 2025

date	type	durée maximale	zone de visibilité
20 mars 2015	totale	2 min 47 s	Europe, nord de l'Afrique, nord de l'Asie
9 mars 2016	totale	4 min 09 s	Est de l'Asie, Australie, Pacifique
1er septembre 2016	annulaire	3 min 06 s	Afrique, océan Indien
26 février 2017	annulaire	0 min 44 s	Amérique du Sud, Atlantique, Afrique, Antarctique
21 août 2017	totale	2 min 40 s	Amérique du Nord, Amérique centrale
2 juillet 2019	totale	4 min 33 s	Pacifique sud, Amérique du Sud
26 décembre 2019	annulaire	3 min 39 s	Asie, Australie
21 juin 2020	annulaire	0 min 38 s	Sud-est de l'Europe, Afrique, Asie
14 décembre 2020	totale	2 min 10 s	Pacifique, Amérique du Sud, Antarctique
10 juin 2021	annulaire	3 min 51 s	Canada, pôle Nord, Sibérie
4 décembre 2021	totale	1 min 54 s	Atlantique sud, Antarctique, Pacifique sud
20 avril 2023	mixte	1 min 16 s	Océan Indien, Australie, Pacifique
14 octobre 2023	annulaire	5 min 17 s	Ouest des États-Unis, est du Brésil
8 avril 2024	totale	4 min 28 s	Pacifique sud, Amérique du Nord
2 octobre 2024	annulaire	7 min 25,1 s	Pacifique équatorial, Amérique du Sud, Atlantique sud

LES ÉCLIPSES TOTALES DE LUNE DE 2015 À 2025

date	grandeur	zone de visibilité
28 septembre 2015	1,27	Pacifique est, Amériques, Europe, Afrique, ouest de l'Asie
31 janvier 2018	1,31	Europe, Afrique, Asie, Australie
27 juillet 2018	1,60	Asie, Australie, Pacifique, ouest de l'Amérique du Nord
21 janvier 2019	1,19	Amérique du Sud, Europe, Afrique, Asie, Australie
26 mai 2021	1,01	Océan Indien, Australie, océan Pacifique
16 mai 2022	1,41	Amériques, océan Atlantique, Pacifique sud
8 novembre 2022	1,36	Amérique du Nord, Asie, Australie
14 mars 2025	1,18	Amériques, Atlantique nord, Pacifique
7 septembre 2025	1,36	Europe, Afrique, Asie, Australie

ÉCLIPSE n.f. (lat. *eclipsis*, du gr.). **1. ASTRON.** Disparition temporaire complète *(éclipse totale)* ou non *(éclipse partielle)* d'un astre, due à son passage dans l'ombre ou la pénombre d'un autre. ➲ L'éclipse de Lune se produit dans le cône d'ombre ou de pénombre de la Terre. **2. MÉD.** Perte de la conscience ou du contrôle de la pensée pendant un court laps de temps. **3.** Disparition momentanée de qqn, de qqch ; baisse de popularité : *Comédien qui subit une éclipse.* ▪ **À éclipses,** intermittent : *Des efforts à éclipses* ; qui produit une lumière intermittente : *Phare à éclipses.* ▪ **Éclipse de Soleil** [astron.], occultation du Soleil due à l'interposition de la Lune devant lui dans le ciel.

ÉCLIPSER v.t. [3]. 1. ASTRON. Provoquer l'éclipse d'un astre. **2.** Surpasser dans l'estime d'autrui ; effacer : *Ce candidat éclipse tous les autres.* ◆ **S'ÉCLIPSER v.pr.** Fam. Partir furtivement ; s'esquiver : *S'éclipser avant la fin du spectacle.*

ÉCLIPTIQUE n.m. (du lat. *eclipticus*, relatif aux éclipses). **ASTRON.** Plan de l'orbite de la Terre autour du Soleil ; grand cercle de la sphère céleste décrit par le Soleil dans son mouvement apparent annuel.

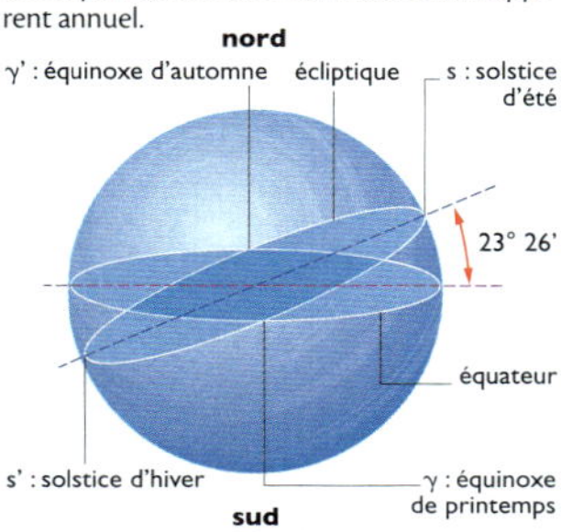

▲ **écliptique**

ÉCLISSE n.f. (du francique). **1.** Lame d'osier, de châtaignier, etc., obtenue par fendage. **2. MUS.** Pièce de bois formant la partie latérale de la caisse d'un instrument à cordes. **3.** Ceinture d'osier ou de métal, placée autour de certains fromages pour en faciliter le retournement. **4. CH. DE F.** Plaque d'acier réunissant deux rails par leur extrémité. **5. MÉD.** Vieilli. Attelle.

ÉCLOGITE n.f. (du gr. *eklogê*, choix). Roche métamorphique constituée, notamm., de grenat et de pyroxène sodique, se formant à très haute pression.

ÉCLOPÉ, E adj. et **n.** (de l'anc. fr. *cloper*, boiter). Qui marche péniblement du fait d'une blessure ; estropié.

ÉCLORE v.i. [93] (auxil. *être* ou *avoir*) [du lat. *excludere*, faire sortir]. **1. ZOOL.** Naître en sortant de l'œuf ; s'ouvrir, en parlant de l'œuf : *Les œufs de l'hirondelle ont éclos hier.* **2.** Litt. S'ouvrir, en parlant des fleurs ; s'épanouir : *Les roses sont écloses.* **3.** Litt. Naître ; apparaître : *De grands musiciens ont éclos pendant cette période.*

ÉCLOSERIE n.f. Établissement d'aquaculture destiné à la reproduction des géniteurs et à l'obtention de jeunes larves et d'alevins.

ÉCLOSEUR n.m. Professionnel d'une écloserie.

ÉCLOSION n.f. 1. Fait d'éclore : *Éclosion d'un papillon, d'un bourgeon.* **2.** Fig. Naissance ; apparition : *Éclosion d'une mode.*

ÉCLUSAGE n.m. Action de faire passer un bateau par une écluse.

ÉCLUSE n.f. (du lat. *aqua exclusa*, eau séparée du courant). Ouvrage aménagé entre deux plans d'eau de niveau différent pour permettre aux embarcations de passer de l'un à l'autre grâce à la manœuvre d'éléments mobiles (portes et vannes).

ÉCLUSÉE n.f. Quantité d'eau lâchée par l'ouverture d'une porte d'écluse.

ÉCLUSER v.t. [3]. 1. Équiper une voie d'eau d'une écluse. **2.** Faire passer un bateau par une écluse. **3.** Fam. Boire de l'alcool : *Écluser un demi.* **4.** Fam., absol. Boire beaucoup d'alcool.

ÉCLUSIER, ÈRE adj. Relatif à une écluse : *Porte éclusière.* ◆ **n.** Personne qui surveille et manœuvre une écluse.

ECMNÉSIE [ɛkmnezi] **n.f.** (du gr. *mnêmê*, mémoire). Trouble psychiatrique au cours duquel un sujet revit des scènes de son passé comme si elles étaient présentes.

ÉCOBILAN n.m. Bilan quantitatif permettant d'évaluer l'impact écologique de la fabrication, de l'utilisation et de l'élimination d'un produit industriel.

ÉCOBLANCHIMENT n.m. Utilisation fallacieuse d'arguments faisant état de bonnes pratiques écologiques dans des opérations de marketing ou de communication. (On trouve aussi *blanchiment vert*, calque de l'angl. *greenwashing*.)

ÉCOBUAGE n.m. AGRIC. Mode de préparation à la culture d'un terrain engazonné, consistant à en détacher, sécher puis brûler la couche herbue (avec la terre adhérant aux racines), pour y répandre ensuite les cendres (à distinguer du *brûlis*).

ÉCOBUER v.t. [3] (du gaul.). Pratiquer l'écobuage d'un terrain.

ÉCOCENTRE n.m. Québec. Site public conçu pour le dépôt de déchets encombrants ou dangereux que l'on destine au réemploi ou au recyclage.

ÉCOCERTIFIÉ, E adj. Qui répond à des normes de développement durable.

ÉCOCIDE n.m. Grave atteinte portée à l'environnement, entraînant des dommages majeurs à un ou plusieurs écosystèmes, et pouvant aboutir à leur destruction.

ÉCOCITOYEN, ENNE adj. Qui relève de l'écocitoyenneté : *Geste écocitoyen.* ◆ **n.** Personne qui met en pratique les principes de l'écocitoyenneté.

ÉCOCITOYENNETÉ n.f. Comportement respectueux des principes et des règles destinés à préserver l'environnement.

ÉCOCONCEPTION n.f. Prise en compte des critères environnementaux dans la phase de conception d'un produit.

ÉCOCONSTRUCTION n.f. Procédé architectural visant à réduire, voire à supprimer, tout impact négatif d'une construction sur l'environnement ; cette construction elle-même.

ÉCOCRIMINALITÉ n.f. Ensemble des atteintes à l'environnement punies par la loi.

ÉCŒURANT, E adj. 1. Qui soulève le cœur ; infect : *Odeur écœurante.* **2.** Qui inspire le dégoût moral ; révoltant : *Ces injustices sont écœurantes.* **3.** Fam. Qui inspire du découragement ; démoralisant : *Sa supériorité est écœurante.*

ÉCŒUREMENT n.m. État, sentiment d'une personne écœurée ; dégoût.

ÉCŒURER v.t. [3]. 1. Donner la nausée à ; dégoûter. **2.** Inspirer de la répugnance, de l'aversion à ; révulser. **3.** Fam. Démoraliser qqn par sa supériorité, sa chance.

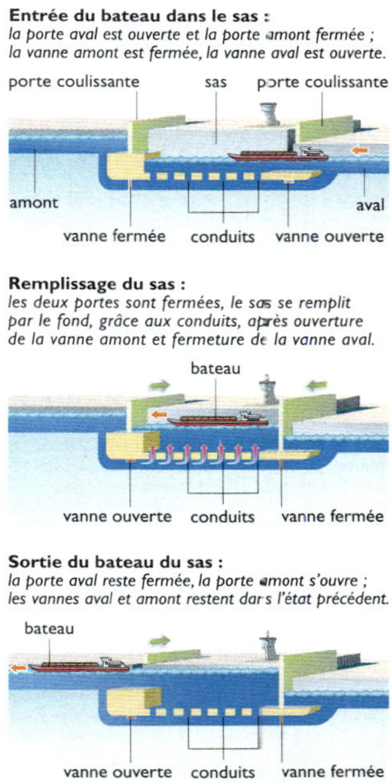

▲ **écluse.** Fonctionnement d'une écluse fluviale.

ÉCOFORESTERIE **n.f.** Foresterie respectueuse des milieux naturels.

ÉCOGARDE **n.** Employé d'une collectivité locale affecté à la surveillance de l'environnement.

ÉCOINÇON **n.m.** (de *coin*). **1.** CONSTR. Ouvrage de menuiserie ou de maçonnerie comblant un angle formé par deux murs. **2.** ARCHIT. Surface d'un mur comprise entre la courbe d'un arc et son encadrement orthogonal, ou entre les montées de deux arcs.

ÉCO-INDUSTRIE **n.f.** (pl. *éco-industries*). Industrie ayant pour objet de réduire la pollution et ses effets sur l'environnement. ➲ Il peut s'agir de procédés de fabrication qui ne polluent pas ou moins, de techniques antipollution ou de techniques de dépollution.

ÉCOLABEL **n.m.** Label européen garantissant l'innocuité d'un produit pour l'environnement et la santé, à tous les stades de sa fabrication, de sa distribution et de sa consommation.

ÉCOLAGE **n.m.** Suisse. Frais de scolarité.

ÉCOLÂTRE **n.m.** Au Moyen Âge, ecclésiastique chargé d'une école rattachée à une cathédrale ou à une abbaye.

ÉCOLE **n.f.** (lat. *schola*). **1.** Établissement où est dispensé un enseignement collectif général aux enfants d'âge scolaire et préscolaire ; cet enseignement : *École maternelle, primaire.* **2.** Établissement où l'on donne un enseignement ; ses bâtiments : *École de danse.* **3.** Ensemble des élèves et du personnel d'une école. **4.** Ensemble des partisans d'une doctrine philosophique, littéraire, artistique, etc. ; mouvement ainsi constitué ; cette doctrine : *L'école naturaliste.* **5.** Ensemble des artistes d'une même nation, d'une même tendance : *L'école flamande, impressionniste.* **6.** Litt. Source de connaissance et d'expérience : *Elle a tout appris à l'école de la vie.* ▪ **Cas d'école,** exemple type qui fait référence. ▪ **École de recrues** [Suisse], période durant laquelle les conscrits reçoivent leur instruction militaire. ▪ **Être à bonne école,** être bien entouré pour progresser. ▪ **Être à dure** ou **rude école,** être instruit par les épreuves, les difficultés. ▪ **Être de la vieille école,** être attaché aux préceptes reçus dans sa jeunesse. ▪ **Faire école,** susciter de nombreux disciples ; se répandre, en parlant d'une idée. ▪ **Grande école,** établissement d'enseignement supérieur caractérisé, notamm., par une sélection à l'entrée, génér. sur concours ou sur titres, par un haut niveau d'études et par des effectifs réduits. ▪ **Haute école** [Belgique], regroupement d'établissements d'enseignement supérieur non universitaire ; équit., équitation savante, académique. ▪ **Petite école** [Suisse], école maternelle.

ÉCOLIER, ÈRE **n.** Enfant qui fréquente l'école primaire. ▪ **Le chemin des écoliers,** le trajet le plus long, qui permet de flâner.

ÉCOLO **n.** et **adj.** (abrév.). Fam. Écologiste.

ÉCOLOGIE **n.f.** (du gr. *oikos*, maison, et *logos*, science). **1.** Science qui étudie les relations des êtres vivants avec leur environnement. **2.** Cour. Écologisme.

➲ Le mot **ÉCOLOGIE** fut créé, dès 1866, par le biologiste allemand Ernst Haeckel. Mais la discipline n'a pris de l'importance qu'au cours des années 1930, à partir de travaux relatifs à l'action des conditions physiques de l'environnement (facteurs abiotiques) sur les êtres vivants et sur l'action que ces derniers exercent en retour sur leur environnement (facteurs biotiques). Depuis, l'écologie s'est développée en intégrant les connaissances de la biologie et d'autres sciences (géologie, climatologie, économie, etc.). L'*écologie fondamentale* étudie la structure et le fonctionnement des écosystèmes, dans lesquels les transferts permanents d'énergie et de matière (chaînes alimentaires, cycles écologiques) déterminent la vitesse d'accroissement de la biomasse (productivité). L'*écologie appliquée* prend en compte l'action de l'homme dans le but d'en limiter les conséquences néfastes (dégradation de l'environnement, pollution, baisse de la biodiversité, etc.) et de favoriser une gestion rationnelle de la nature. Depuis la fin des années 1960, les préoccupations écologiques ont été le moteur de mouvements associatifs, idéologiques (écologisme) et politiques.

ÉCOLOGIQUE **adj.** Relatif à l'écologie. ▪ **Analyse écologique** [sociol.], forme particulière d'analyse quantitative mettant en relation des données collectives dans un espace géographique donné. ▪ **Bonus écologique,** prime versée par l'État à l'acheteur d'un véhicule neuf peu polluant, variable selon le taux d'émission de CO_2 au kilomètre. ▪ **Cycle écologique** → **1. CYCLE.** ▪ **Malus écologique,** taxe payée par l'acheteur ou le propriétaire d'un véhicule trop polluant, variant selon le taux d'émission de CO_2 au kilomètre. ▪ **Préjudice écologique,** atteinte à l'environnement susceptible d'engager la responsabilité de celui qui la cause. (On dit aussi *préjudice environnemental.*)

ÉCOLOGIQUEMENT **adv.** Du point de vue écologique.

ÉCOLOGISME **n.m.** Courant de pensée, mouvement tendant au respect des équilibres naturels, à la protection de l'environnement contre les nuisances de la société industrielle (SYN. [cour.] **écologie**).

ÉCOLOGISTE **n.** et **adj.** **1.** Écologue. **2.** Partisan de l'écologisme. Abrév. (fam.) **écolo.**

ÉCOLOGUE **n.** Spécialiste d'écologie.

E-COMMERCE [i-] **n.m.** (pl. *e-commerces*). Commerce en ligne.

ÉCOMUSÉE **n.m.** Institution visant à l'étude, à la conservation et à la mise en valeur du mode de vie, du patrimoine naturel et culturel d'une région.

ÉCONDUIRE **v.t.** [78]. Litt. Refuser de recevoir qqn ; écarter sans ménagement : *La ministre a éconduit les journalistes.*

ÉCONOMAT **n.m.** **1.** Service chargé de la gestion financière d'un établissement scolaire ou hospitalier ; ses bureaux : *L'économat d'un collège.* **2.** Charge d'un économe.

1. ÉCONOME **n.** (du lat. *œconomus*, administrateur). Personne qui dirige un économat.

2. ÉCONOME **adj.** Qui veille à limiter ses dépenses. ▪ **Être économe de ses paroles, de compliments,** parler peu ; faire rarement des compliments.

ÉCONOME **n.m.** (nom déposé). Éplucheur.

ÉCONOMÈTRE ou **ÉCONOMÉTRICIEN, ENNE** **n.** Spécialiste d'économétrie.

ÉCONOMÉTRIE **n.f.** Méthode d'analyse des données qui, par l'utilisation de la statistique et de la mathématique, recherche des corrélations permettant l'étude et la prévision des phénomènes économiques.

ÉCONOMÉTRIQUE **adj.** Relatif à l'économétrie.

ÉCONOMIE **n.f.** (du gr. *oikonomia*, administration de la maison). **1.** Art de réduire les dépenses dans la gestion de ses biens, de ses revenus. **2.** Ce que l'on ne dépense pas : *Grâce à ce bon d'achat, j'ai fait une économie de deux euros.* **3.** Ce que l'on épargne : *Une économie d'encre.* **4.** Ensemble des activités relatives à la production, la distribution et la consommation des biens et des services ; système régissant ces activités : *Une économie prospère.* (V. planche *les grandes doctrines économiques**.) **5.** Organisation des différentes parties d'un ensemble ; structure : *L'économie d'un scénario de film.* ▪ **Économie circulaire,** système économique fondé sur la frugalité, la limitation de la consommation, le recyclage des matériaux ou des services. ➲ Elle substitue au modèle linéaire (produire, consommer, jeter) un modèle en boucle fermée. ▪ **Économie collaborative** ou **de partage,** système économique alternatif, fondé sur le partage de biens ou de services entre les individus par le biais de plateformes d'échange sur Internet. ➲ Elle privilégie l'usage plutôt que la possession et revêt des formes aussi diverses que le financement participatif, la colocation, le covoiturage ou l'autopartage. ▪ **Économie de marché** → **MARCHÉ.** ▪ **Économie industrielle** → **1. INDUSTRIEL.** ▪ **Économie informelle** → **INFORMEL.** ▪ **Économie libérale,** système économique qui repose sur les mécanismes de marché, sur le principe du libre jeu de l'offre et de la demande et qui limite l'intervention de l'État (par oppos. à *économie planifiée* ou *dirigée*). ▪ **Économie réelle,** partie du système économique portant sur la production et la consommation des biens et des services (par oppos. à l'*économie monétaire* ou *financière* [monnaie, crédit, Bourses des valeurs]). ▪ **Économie sociale,** partie de l'activité économique assurée par les associations, les coopératives, les mutuelles. ▪ **Économie solidaire,** ensemble d'activités et de services de proximité offrant un travail salarié à des personnes en situation précaire et une occupation bénévole à celles disposant de temps libre, afin de réduire l'exclusion et de contribuer à la cohésion sociale. ▪ **Économie souterraine** → **SOUTERRAIN.** ▪ **Faire l'économie de qqch,** éviter d'y recourir : *Faire l'économie d'un procès.* ▪ **Société d'économie mixte,** entreprise associant les capitaux privés et publics. ◆ **n.f. pl.** Somme d'argent mise de côté, souvent en vue de dépenses à venir ; pécule. ▪ **Économies d'échelle,** gains réalisés par une entreprise grâce à la réduction des coûts de production consécutive à un accroissement des quantités produites ou vendues.

ÉCONOMIQUE **adj.** **1.** Relatif à l'économie. **2.** Qui permet de faire des économies ; avantageux : *Chauffage très économique.* ▪ **Science économique,** science qui a pour objet l'étude et la connaissance des mécanismes de l'économie. ◆ **n.m.** Ensemble des phénomènes liés à l'économie : *Équilibrer l'économique et le social.*

ÉCONOMIQUEMENT **adv.** **1.** De façon économique ; à bon marché : *Se vêtir économiquement.* **2.** Du point de vue de la science économique.

ÉCONOMISER **v.t.** [3]. **1.** Éviter les dépenses : *J'ai économisé 1 000 euros.* **2.** Absol. Ne pas dépenser son argent ; épargner. **3.** Réduire sa consommation de qqch ; ménager : *Économiser l'eau, ses forces.*

ÉCONOMISEUR **n.m.** **1.** Échangeur servant à échauffer l'eau d'une chaudière à vapeur au moyen de la chaleur restant dans les gaz de combustion. **2.** Dispositif destiné à économiser la consommation en carburant d'un moteur thermique. ▪ **Économiseur d'écran** [inform.], logiciel utilitaire qui, après un certain temps d'inactivité du clavier et de la souris, fait passer l'écran en mode veille.

ÉCONOMISME **n.m.** Doctrine privilégiant les faits économiques dans l'explication des phénomènes sociaux et politiques ; manière d'agir qui en découle.

ÉCONOMISTE **n.** Spécialiste de science économique.

ÉCOPARTICIPATION **n.f.** Contribution payée par l'acheteur d'un produit pour financer le recyclage des appareils électroniques usagés.

ÉCOPASTORALISME ou **ÉCOPÂTURAGE** **n.m.** Entretien d'espaces verts et de milieux naturels par le pâturage d'animaux herbivores (moutons, chèvres, vaches, chevaux, etc.).

ÉCOPE **n.f.** (francique **skôpa*). Pelle creuse munie d'un manche, pour vider l'eau d'une embarcation (SYN. **épuisette**).

ÉCOPER **v.t.** [3]. Vider l'eau entrée dans un bateau avec une écope. ◆ **v.t.** ou **v.t. ind.** (DE). Fam. **1.** Être condamné à ; subir : *Écoper (de) dix ans de prison.* **2.** Absol. Recevoir une réprimande, des coups.

ÉCOPERCHE **n.f.** (de *écot* et 2. *perche*). CONSTR. Grande perche verticale d'un échafaudage (SYN. **étamperche**).

ÉCOPHASE **n.f.** ÉCOL. Période de la vie d'un animal caractérisée par une adaptation à des conditions particulières (notamm. à deux milieux différents).

ÉCOPRODUIT **n.m.** Produit conçu et fabriqué de façon à respecter l'environnement.

ÉCOQUARTIER ou **ÉCO-QUARTIER** **n.m.** (pl. *éco-quartiers*). Partie de ville ou ensemble de bâtiments qui prennent en compte les exigences du développement durable, notamm. pour l'énergie, l'environnement, la vie sociale.

ÉCORÇAGE **n.m.** Action d'écorcer un arbre pour récolter l'écorce ou préparer le bois.

ÉCORCE **n.f.** (lat. *scortea*, de *scortum*, peau). **1.** Partie superficielle et protectrice des troncs, des branches et des rameaux, riche en liège et en tanins. **2.** Région externe des racines et des tiges jeunes. **3.** Enveloppe de certains fruits : *Écorce de citron.* ▪ **Écorce terrestre,** croûte terrestre.

ÉCORCER **v.t.** [9]. Ôter l'écorce d'un arbre, d'un fruit.

ÉCORCEUR, EUSE **n.** Personne qui effectue l'écorçage des arbres.

ÉCORCHAGE **n.m.** → **ÉCORCHEMENT.**

1. ÉCORCHÉ, E **adj.** et **n.** Se dit d'une personne d'une sensibilité extrême : *Une écorchée vive.*

2. ÉCORCHÉ n.m. **1.** BX-ARTS. Statue ou dessin représentant un homme ou un animal dépouillé de sa peau, pour l'étude. **2.** DESS. INDUSTR. Dessin d'une machine, d'une installation, etc., dont sont omises les parties extérieures afin de laisser voir des organes intérieurs importants.

ÉCORCHEMENT ou **ÉCORCHAGE** n.m. Action d'écorcher un animal.

ÉCORCHER v.t. [3] (du lat. *cortex, -icis*, enveloppe). **1.** Dépouiller un animal de sa peau. **2.** Supplicier qqn en lui arrachant la peau. **3.** Blesser superficiellement en entamant la peau ; égratigner : *Les gravillons lui ont écorché le genou.* ▪ **Écorcher les oreilles,** produire des sons désagréables. ▪ **Écorcher un client** [fam.], le faire payer trop cher. ▪ **Écorcher un mot, une langue,** les prononcer mal. ◆ **S'ÉCORCHER** v.pr. Se blesser superficiellement en entamant la peau : *S'écorcher les mains en tombant.*

ÉCORCHEUR n.m. **1.** Personne qui écorche des animaux. **2.** Fam. Personne qui fait payer trop cher. ▪ **Les Écorcheurs** [hist.], bandes armées qui ravagèrent la France sous Charles VI et Charles VII.

ÉCORCHURE n.f. Petite blessure superficielle de la peau ; égratignure.

ÉCORECHARGE n.f. Conditionnement intermédiaire et peu polluant d'un produit, notamm. d'une lessive, qui est inséré ou dont le contenu est transvasé dans un conditionnement plus durable.

ÉCORESPONSABLE adj. Qui cherche à intégrer des mesures de protection de l'environnement dans ses activités, ses principes, etc. : *Entreprise, démarche écoresponsable.*

ÉCORNER v.t. [3]. **1.** Briser les cornes d'un animal ; les empêcher de pousser. **2.** Abîmer la couverture, les pages d'un livre en en pliant les coins. **3.** Endommager en brisant un coin ; ébrécher. **4.** Fig. Amputer une partie de qqch ; entamer : *Écorner sa fortune.*

ÉCORNIFLEUR, EUSE n. (de *écorner* et de l'anc. fr. *nifler*, renifler). Fam., vx. Parasite ; pique-assiette.

ÉCORNURE n.f. Fragment d'un objet écorné ; brèche de l'objet écorné.

ÉCOSSAIS, E adj. et n. De l'Écosse ; de ses habitants. ◆ adj. **1.** Se dit d'un tissu à grands carreaux, de coloris vifs et différents du fond. **2.** Qualification de certains rites de la franc-maçonnerie (*rite écossais ancien et accepté, rite écossais rectifié*, etc.). ◆ n.m. LING. Erse.

ÉCOSSER v.t. [3]. Ôter la cosse des légumes à graines (petits pois, fèves, etc.).

ÉCOSYSTÈME n.m. **1.** Unité fondamentale d'étude de l'écologie, formée par l'association d'une communauté d'espèces vivantes (biocénose) et d'un environnement physique (biotope) en constante interaction (SYN. [cour.] **milieu naturel**). **2.** Fig. Milieu (professionnel, social, etc.) dans lequel évolue qqn : *Le jeune styliste a bousculé l'écosystème de la mode.* **3.** ÉCON. Organisation structurée (d'un secteur d'activité, par ex.) dans laquelle les différents acteurs (entreprises, fournisseurs, institutions, etc.) sont reliés par un maillage fort leur permettant d'interagir efficacement : *La ville a développé un excellent écosystème numérique.*

▲ **écorce.** Différents types d'écorces d'arbres.

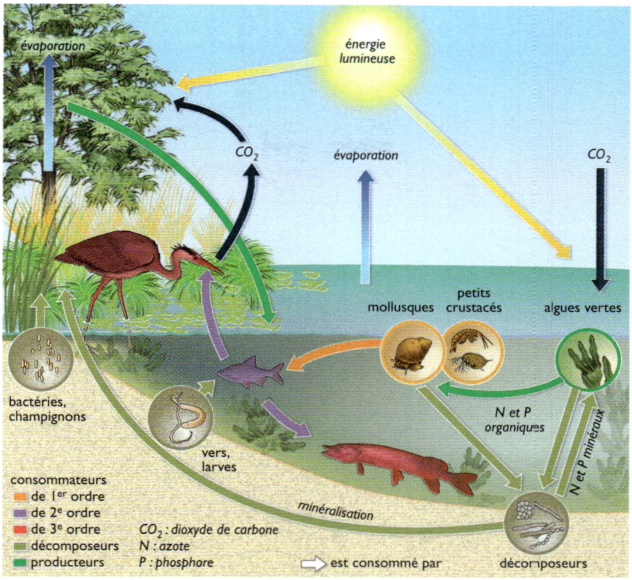

▲ **écosystème** simplifié d'une mare.

➲ Dans un **ÉCOSYSTÈME**, la *biocénose* comprend un nombre d'espèces plus ou moins grand suivant les conditions du milieu et l'ancienneté du peuplement. Le *biotope* étant, par définition, un territoire homogène, les conditions y sont relativement constantes à un moment donné. La notion d'écosystème peut s'appliquer aussi bien à de grands ensembles naturels (un lac, une mer, une forêt) qu'à des zones très réduites (une couche d'eau dans un étang, une haie, un fossé). En outre, les écosystèmes ne sont pas isolés les uns des autres, ce qui complique l'élaboration de modèles théoriques. L'ensemble des écosystèmes forme la *biosphère*, c'est-à-dire la faible portion de la Terre et de l'atmosphère favorable à la vie.

ÉCOSYSTÉMIQUE adj. ÉCOL. Relatif à un écosystème. ▪ **Écologie écosystémique,** approche de l'écologie centrée sur la notion d'écosystème.

ÉCOT n.m. (du francique **skot*, contribution). Quote-part de chacun dans un repas commun. ▪ **Payer son écot,** apporter sa contribution à une dépense commune.

ÉCOTAXE n.f. Impôt sur les industries polluantes et fortement consommatrices d'énergie, ou sur le commerce des produits polluants, perçu dans certains pays pour son effet dissuasif, et destiné à favoriser une meilleure gestion de l'environnement.

ÉCOTONE n.m. ÉCOL. Zone de transition entre deux écosystèmes.

ÉCOTOURISME n.m. Tourisme privilégiant la découverte de la nature dans le respect des ressources environnementales et du bien-être des populations locales (SYN. **tourisme vert**).

ÉCOTOXICOLOGIE n.f. Étude des substances polluantes, des mécanismes par lesquels celles-ci affectent la biosphère et de leur impact sur la santé des populations humaines.

ÉCOTOXIQUE adj. Qui contamine l'environnement et, de ce fait, a des effets nuisibles sur les êtres vivants, y compris l'espèce humaine.

ÉCOTYPE n.m. Variété d'une espèce (génér. végétale) génétiquement adaptée à un milieu particulier qu'elle occupe naturellement, mais conservant ses adaptations héréditaires lorsqu'elle se développe dans un milieu différent.

ÉCOULEMENT n.m. **1.** Fait de s'écouler ; mouvement d'un fluide, d'un corps visqueux qui s'écoule. **2.** Action ou possibilité d'écouler des marchandises ; débouché.

ÉCOULER v.t. [3] (de *couler*). **1.** Se défaire d'une marchandise en la vendant : *Écouler un stock.* **2.** Mettre en circulation : *Écouler des faux billets.* ◆ **S'ÉCOULER** v.pr. **1.** Se retirer en coulant ; s'évacuer : *L'eau du bain s'écoule mal.* **2.** Sortir d'un lieu en un flot continu : *La foule s'écoule hors du cinéma.* **3.** Accomplir sa durée ; passer : *L'année s'est vite écoulée.*

ÉCOUMÈNE ou **ŒKOUMÈNE** [ekumɛn] n.m. (du lat. *œcumene*, la terre habitée). Partie de la Terre occupée par l'humanité.

ÉCOURGEON n.m. → **ESCOURGEON.**

ÉCOURTER v.t. [3] (de *1. court*). **1.** Diminuer la durée ou la longueur de ; abréger : *Écourter ses vacances.* **2.** Réduire un ouvrage, un texte ; tronquer : *Ils ont écourté la scène des retrouvailles*

ÉCOUTANT, E n. Personne à l'écoute d'appels téléphoniques de détresse, partic. dans le cadre d'associations bénévoles.

1. ÉCOUTE n.f. (du francique **skôta*, cordage de voile). MAR. Cordage servant à orienter une voile. ▪ **Point d'écoute,** angle d'une voile près duquel est frappée l'écoute.

2. ÉCOUTE n.f. **1.** Action d'écouter une émission radiophonique, une conversation téléphonique, etc. : *Rester à l'écoute.* **2.** Capacité à être attentif et réceptif à la parole d'autrui : *Ce médecin a une bonne écoute.* **3.** MIL. Détection par le son de la présence et de l'activité ennemies, notamm. sous-marines. ▪ **Être à l'écoute,** être attentif à ce qui se dit, à ce qui se passe : *La ministre est à l'écoute des sondages.* ▪ **Être aux écoutes** [vieilli], épier ce qui se dit autour de soi ; être aux aguets. ▪ **Heure de grande écoute** [audiovis.], tranche horaire correspondant au plus fort taux d'écoute (le début de soirée en télévision, le début de matinée en radio), la plus appréciée par les annonceurs. ▪ **Table d'écoute,** installation permettant d'intercepter et d'enregistrer les échanges téléphoniques et électroniques à l'insu des interlocuteurs.

ÉCOUTE-BÉBÉ n.m. (pl. *écoute-bébés*). Capteur sonore et thermique, servant à surveiller un enfant d'une pièce à l'autre de la maison.

ÉCOUTER v.t. [3] (lat. *auscultare*). **1.** Prêter l'oreille à ; s'appliquer à entendre : *Nous avons écouté son discours à la radio.* **2.** Accepter d'entendre qqn et tenir compte de ce qu'il dit : *Je t'écoute, donne-moi ton opinion.* **3.** Absol. Donner toute son attention : *Savoir écouter.* ▪ **Écouter aux portes,** prêter une oreille indiscrète à ce qui se dit. ▪ **N'écouter que sa raison, sa colère, etc.,** se laisser conduire par elles. ◆ **S'ÉCOUTER** v.pr. Attacher une importance excessive aux petits maux dont on souffre. ▪ **S'écouter parler,** parler avec complaisance. ▪ **Si je m'écoutais,** si je suivais mon impulsion.

a b c d e f g h i j k l m n o p q r s t u v w x y z

Les grandes doctrines économiques

L'économie est un domaine d'étude assez récent : ce n'est que depuis la Renaissance que l'observation des systèmes économiques a permis l'élaboration de doctrines. L'Europe a été le premier terrain d'analyse, qui s'est ensuite élargi aux États-Unis et au Japon (XIXe s.), et, enfin, au monde entier (XXe s.).

▲ Revers d'un écu d'or de Saint Louis.

Antiquité et Moyen Âge

Le type d'organisation économique de l'Antiquité est celui du système familial clos, avec une agriculture prédominante. Des échanges se développent toutefois autour du bassin méditerranéen, entre comptoirs grecs ou provinces de l'Empire romain. Les philosophes antiques s'intéressent surtout à la politique et moins à l'économie : pour **Aristote** qui, le premier, aborde le sujet, elle relève de la seule sphère privée.

Le système antique cède la place à celui de l'économie féodale, qui prend appui sur la petite communauté médiévale, regroupée autour du château. Au cours du Moyen Âge, les villes se développent et les corporations de métiers apparaissent ; de grandes foires permettent la circulation des richesses. Ce n'est qu'à la fin de cette période historique que se forme une première pensée économique (notion de juste prix et de juste salaire).

◄ **Naissance de la société marchande.** Le Moyen Âge voit certaines villes d'Europe devenir de grands centres d'échanges marchands ; il s'y développe alors une activité financière, incluant le change (de nombreuses monnaies ayant cours) et le prêt d'argent. (Quentin Metsys, *le Prêteur et sa femme*, 1514, musée du Louvre, Paris.)

▲ **Un monde agricole.** Dans la Grèce classique, le mot « économie » désigne l'administration du patrimoine domestique, et c'est d'agriculture, principale richesse à cette époque, qu'il s'agit. (Coupe du VIe s. av. J.-C., musée du Louvre, Paris.)

Les Temps modernes

La multiplication des échanges, qui caractérise les Temps modernes, s'accompagne d'évolutions variées. La formule féodale cède la place à une organisation nouvelle : l'économie nationale, marquée par une intervention croissante du pouvoir royal, l'expansion des activités et le recul de l'artisanat indépendant. Les premières doctrines économiques apparaissent. Regroupées sous le nom de ***mercantilisme***, elles visent à réconcilier le « prince » et le « marchand » (le politique et l'économique), dans le but d'enrichir l'État : ce peut être dans le développement du commerce maritime ou dans l'acquisition de métaux précieux ; ou encore dans le soutien d'une industrie nationale, renforcé par la réduction des importations et l'accroissement des exportations – ces derniers points étant soutenus en France (XVIe-XVIIe s.) par Jean **Bodin**, Antoine de **Montchrestien**, Jean-Baptiste **Colbert** (***colbertisme***).

▲ **Le commerce international.** L'activité économique change de visage à la Renaissance, grâce aux grands voyages des navigateurs. Les frontières commerciales s'élargissent significativement et, avec l'annexion de territoires outre-mer, les États européens vont constituer la base de vastes et riches empires coloniaux.

Le capitalisme moderne

À partir des années 1750, l'activité industrielle se développe considérablement, au détriment de l'agriculture traditionnelle (révolution industrielle). Aux réglementations mercantiles succède un droit nouveau ; la liberté individuelle et la propriété privée héréditaire constituent le socle de l'organisation capitaliste de la vie économique. Une science économique commence à se constituer, à travers trois principaux courants de pensée, qui marquent encore l'époque contemporaine : le ***libéralisme***, l'***interventionnisme*** et le ***socialisme***.

▲ **La révolution industrielle.** La naissance de la manufacture au XVIIIe s. a bouleversé l'ancien régime économique. Une classe sociale apparaît, celle des ouvriers d'industrie, travailleurs réunis dans un même lieu en une forte concentration. (L'usine de Terrenoire, près de Saint-Étienne ; gravure de 1850.)

Des lectures différentes

Chef de file de l'école libérale anglaise classique, Adam **Smith** insiste sur l'initiative individuelle et la régulation par le marché : il faut « laisser faire » les hommes et « laisser passer » les marchandises, ce qui mènera naturellement à la réalisation de l'intérêt général. Parmi ses héritiers, on peut citer le Français Jean-Baptiste **Say** (loi des débouchés), les Anglais Thomas Robert **Malthus** (théorie sur les dangers de la surpopulation), David **Ricardo** (théorie sur la rente foncière et le salaire minimal) ou John Stuart **Mill** (lois de l'offre et de la demande).

Le socialisme apparaît d'abord sous la forme de l'associationnisme (Robert **Owen**, Charles **Fourier**) et du socialisme libertaire (Pierre Joseph **Proudhon**), puis sous l'aspect du socialisme scientifique (Karl **Marx** et Friedrich **Engels**). Le *marxisme*, philosophie matérialiste de l'histoire et de l'économie, souligne les effets pervers de la propriété privée des moyens de production (domination du capital sur le travail, extorsion de la plus-value, chômage et misère ouvrière).

▲ **L'intervention de l'État.** Aux États-Unis, la grande crise de 1929 trouve une solution avec la forte intervention de l'État dans l'économie. Les réformes du New Deal sont mises en place par F.D. Roosevelt : la Work Progress Administration est chargée, à partir de 1935, de procurer du travail aux chômeurs.

Croissance et crises

Au début du XXe s., le capitalisme industriel se transforme : un phénomène de concentration touche les secteurs de production, et ce passage au capitalisme monopolistique se fait au détriment de la concurrence ; la protection sociale progresse, fruit des luttes de la classe ouvrière ; des phases de forte croissance sont entrecoupées de violentes crises qui font douter de la stabilité du système (un contre-modèle soviétique apparaît, qui dure 70 ans).

Pour combattre crises et chômage, l'Anglais John Maynard **Keynes** préconise l'intervention de l'État, avec la mise en œuvre d'une politique de relance de la machine économique.

À la fin de la Seconde Guerre mondiale, les deux préoccupations sont le plein emploi et la répartition équitable de la croissance. Après trois décennies de fort développement (les « Trente Glorieuses »), les pays industrialisés sont confrontés progressivement, à partir des années 1970, à l'augmentation du prix du pétrole, l'inflation, la concurrence des pays du Sud, l'accélération des échanges mondiaux (mondialisation), l'apparition de géants économiques (Chine, Inde). Opposés au *keynésianisme*, les tenants du « *libéralisme* » (Friedrich von **Hayek**, Milton **Friedman**, etc.), appelés aussi « néo-libéraux », remettent en cause l'intervention de l'État : celui-ci est le responsable de la dégradation économique, et seul le mécanisme de marché peut offrir une efficacité optimale.

Deux mondes face à face. ▲ ▶ Pendant que les pays capitalistes développés édifient la société de consommation de masse (période des « Trente Glorieuses »), l'idéologie soviétique veut former un authentique internationalisme prolétarien, affranchi des entraves matérielles et spirituelles de la société capitaliste. (Ci-dessus : publicité pour des équipements ménagers parue dans *The Saturday Evening Post*, 1959 ; à droite, « L'URSS en construction », affiche russe de 1949.)

La mondialisation

Si certains économistes (Joseph **Schumpeter**) proposent une évolution du capitalisme, des critiques de ce système se développent : le *tiers-mondisme*, par exemple, voit dans l'impérialisme des pays riches la cause du sous-développement du tiers-monde. Récemment, deux prix Nobel ont remis en cause les principes néo-libéraux dominants : Amartya **Sen** et Joseph **Stiglitz**. Enfin, le concept de *développement durable*, entre écologie et social, est né.

◀ **Le capitalisme financier.** L'informatisation des transactions financières a facilité le développement d'un marché mondial du capital. Un processus qui n'est pas cependant sans risques pour la communauté économique internationale, comme le souligne le prix Nobel d'économie Joseph Stiglitz.

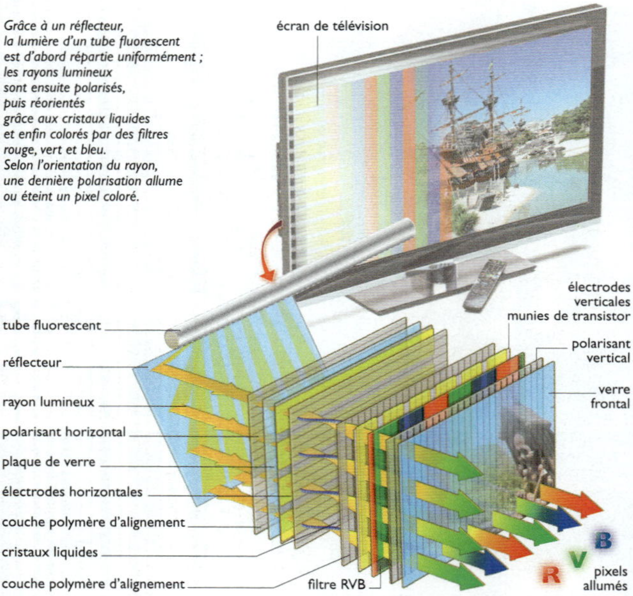

▲ **écran.** Fontionnement d'un écran LCD (liquid crystal display, *affichage à cristaux liquides*).

ÉCOUTEUR n.m. Haut-parleur d'un récepteur téléphonique, d'un casque audio, d'un baladeur, etc., que l'on applique à l'oreille pour recevoir le son.

ÉCOUTILLE n.f. (esp. *escotilla*). **MAR.** Ouverture rectangulaire pratiquée dans le pont d'un navire pour accéder aux entreponts et aux cales.

ÉCOUVILLON n.m. (du lat. *scopa*, balai). **1.** Brosse cylindrique à long manche qui sert à nettoyer les bouteilles, les biberons, etc. **2. ARM.** Brosse cylindrique à manche pour nettoyer le canon d'une arme à feu. **3. MÉD.** Petite brosse servant à effectuer des prélèvements dans les cavités naturelles.

ÉCOUVILLONNER v.t. [3]. **MÉD.** Prélever avec un écouvillon.

ÉCOVOLONTARIAT n.m. Volontariat civil effectué dans le cadre de programmes d'étude ou de protection de l'environnement.

ÉCRABOUILLAGE ou **ÉCRABOUILLEMENT** n.m. Fam. Action d'écrabouiller.

ÉCRABOUILLER v.t. [3] (de *écraser* et de l'anc. fr. *esboillier*, éventrer). Fam. Réduire en bouillie ; écraser : *Le chien a écrabouillé les fleurs.*

ÉCRAN n.m. (du moyen néerl. *scherm*, paravent). **1.** Panneau, dispositif qui arrête, atténue la chaleur, la lumière, etc. **2.** Tout ce qui empêche de voir, qui protège : *Un écran de verdure.* **3.** Cadre où sont tendus la soie, le tissu de fibres plastiques ou la toile métallique constituant la forme d'impression, en sérigraphie. **4.** Surface blanche sur laquelle on projette des vues fixes ou animées. **5. INFORM., TÉLÉV.** Dispositif d'affichage électronique d'images ou de données. ➲ À la technologie de l'écran cathodique* succèdent auj. celles de l'écran à cristaux liquides (LCD*), de l'écran à plasma* et de l'écran à LED*. ▪ **Écran noir,** absence de diffusion sur une chaîne de télévision. ▪ **Écran publicitaire,** temps de télévision, de radio destiné à recevoir de la publicité. ▪ **Écran total,** se dit d'une crème ou d'un lait solaire qui assurent une protection maximale contre les rayons ultraviolets. ▪ **Faire écran à qqch,** empêcher de le voir, de le comprendre : *Son ton bourru fait écran à sa gentillesse.* ▪ **L'écran,** le cinéma : *Ce roman a été porté à l'écran.* ▪ **Le grand, le petit écran,** le cinéma ; la télévision.

ÉCRANTER v.t. [3]. **1. ÉLECTROTECHN.** Protéger un câble électrique par une enveloppe conductrice génér. souple. **2. PHYS.** Faire écran en affaiblissant localement un champ électrique par la présence de porteurs de charges électriques mobiles.

ÉCRASANT, E adj. Qui écrase, accable : *Une tâche écrasante. Une majorité écrasante.*

ÉCRASÉ, E adj. **1.** Broyé sous l'effet d'une forte pression. **2.** Tué ou blessé en passant sous les roues d'un véhicule. **3.** Qui a une forme aplatie : *Nez écrasé.*

ÉCRASEMENT n.m. Action d'écraser ; fait d'être écrasé : *L'écrasement d'une révolte.*

ÉCRASER v.t. [3] (du moyen angl. *crasen*, broyer). **1.** Aplatir, déformer ou meurtrir par une compression, un choc : *Écraser son chapeau. Écraser le doigt de qqn.* **2.** Blesser grièvement, tuer qqn, un animal sous le poids de qqch, en partic. d'un véhicule. **3.** Imposer une charge excessive à : *Écraser qqn de travail, de taxes.* **4.** Vaincre complètement : *Écraser un adversaire.* **5. INFORM.** Faire disparaître des données d'un support de stockage en enregistrant de nouvelles données à la place qu'elles occupaient. ▪ **En écraser** [fam.], dormir profondément. ◆ v.i. ▪ **Écrase !** [fam.], n'insiste pas. ◆ **S'ÉCRASER** v.pr. **1.** S'aplatir, se déformer sous l'effet d'une pression ou d'un choc : *Les œufs se sont écrasés dans mon sac.* **2.** Fam. Renoncer à intervenir quand on n'a pas le dessus ; se taire.

ÉCRASEUR, EUSE n. Fam. Chauffard.

ÉCRÉMAGE n.m. Action d'écrémer.

ÉCRÉMER v.t. [11], ▲ *[11*]*. **1.** Retirer la crème du lait. **2.** Fig. Prendre ce qu'il y a de meilleur dans un ensemble : *Écrémer une bibliothèque.*

ÉCRÉMEUSE n.f. Machine servant à retirer la matière grasse du lait.

ÉCRÊTEMENT n.m. Action d'écrêter.

ÉCRÊTER v.t. [3]. **1.** Enlever la crête d'un animal (coq, notamm.). **2.** Supprimer la partie la plus haute de ; niveler : *Écrêter les bonus.* **3. TÉLÉCOMM.** Supprimer dans un signal la partie supérieure, en valeur absolue, à une valeur donnée, pour éviter toute saturation du signal original.

ÉCREVISSE n.f. (mot francique). Crustacé d'eau douce muni de pinces, apprécié pour sa chair et dont on fait parfois l'élevage (astaciculture). ➲ Genre *Astacus* ; ordre des décapodes. ▪ **Être rouge comme une écrevisse,** très rouge.

S'ÉCRIER v.pr. [5] (de *cri*). Dire en criant, en s'exclamant : « *À l'aide !* » *s'écria-t-il.*

ÉCRIN n.m. (lat. *scrinium*). Boîte qui sert à ranger ou à présenter à la vente des bijoux, des objets précieux ; coffret.

ÉCRIRE v.t. [79] (lat. *scribere*). **1.** Tracer les signes d'un système d'écriture : *Écrire un « w »* ; les assembler pour représenter la parole ou la pensée : *Écrire une adresse dans son carnet.* **2.** Orthographier : *Comment écrit-on ce mot ?* **3.** (Aussi absol.) Adresser un message écrit à : *J'ai écrit deux lettres au maire. Il n'écrit pas souvent.* **4.** Exprimer sa pensée par l'écriture ; composer une œuvre écrite : *Écrire son blog, un roman, un essai.* ▪ **Machine à écrire** → **MACHINE.** ◆ v.i. **1.** Utiliser les signes graphiques, l'écriture : *Apprendre à écrire.* **2.** Faire métier d'écrivain. **3.** Laisser une trace, en parlant d'un instrument destiné à l'écriture : *Ce feutre écrit mal.* ◆ **S'ÉCRIRE** v.pr. **1.** Correspondre par lettres : *Elles se sont écrit des années durant.* **2.** Être orthographié : *« Legs » s'écrit avec un « s » final.*

ÉCRIT, E adj. **1.** Tracé par l'écriture : *Écrit en persan* ; fixé par écrit : *Accord écrit.* **2.** Couvert de signes d'écriture : *Cahier écrit sur toutes les pages.* **3.** Exprimé par le moyen de l'écriture (par oppos. à *oral*) : *Épreuves écrites d'un concours.* **4.** Exprimé par des signes visibles : *La surprise était écrite sur son visage.* **5.** Qui semble fixé par le destin : *Leur rencontre était écrite.* ◆ n.m. **1.** Papier portant témoignage ; convention signée : *Ces écrits l'ont innocenté.* **2.** Ensemble des épreuves écrites d'un examen, d'un concours (par oppos. à *oral*). **3.** Ouvrage littéraire ou scientifique : *Les écrits de Marguerite Duras.* ▪ **Par écrit,** en l'inscrivant sur le papier : *Indiquer vos motivations par écrit.*

ÉCRITEAU n.m. Morceau de papier, de carton, de bois, etc., portant en grosses lettres une information destinée au public.

ÉCRITOIRE n.f. **1.** Nécessaire (étui, coffret, etc.) rassemblant ce qu'il faut pour écrire. **2.** Afrique. Tout instrument servant à écrire.

ÉCRITURE n.f. (lat. *scriptura*). **1.** Représentation de la parole et de la pensée par des signes graphiques conventionnels. ➲ Inventée vers 3200 av. J.-C., l'écriture marque le début de l'histoire humaine. Le berceau de l'écriture oscille entre Mésopotamie (cunéiforme) et vallée de l'Indus (hiéroglyphes de Mohenjo-Daro), au gré des découvertes archéologiques. **2.** Système de signes graphiques permettant cette représentation : *Écriture arabe, idéographique.* **3.** Manière personnelle d'écrire, de former les lettres : *Il a une écriture illisible.* **4.** Manière, art de s'exprimer dans une œuvre littéraire : *L'écriture de ce roman rappelle celle de Balzac.* **5.** Technique, méthode particulière d'expression par l'écrit, le son, l'image : *Écriture cinématographique.* **6. DR.** Écrit ayant valeur de preuve : *Un faux en écriture.* **7. INFORM.** Enregistrement d'une information dans une mémoire. ▪ **Écriture privée** [dr.], passée entre des personnes privées pour leurs affaires particulières. ▪ **Écriture publique** [dr.], passée pour affaires et ayant un caractère de publicité ou d'authenticité. ▪ **L'Écriture sainte,** ou **les Écritures,** l'ensemble des livres de la Bible. ◆ n.f. pl. **COMPTAB.** Ensemble des registres d'un négociant, d'un banquier, d'un commerçant, présentant la suite et la nature de leurs opérations ; comptabilité.

ÉCRIVAILLER ou **ÉCRIVASSER** v.i. [3]. Fam., péjor. Écrire des œuvres de qualité médiocre.

ÉCRIVAILLEUR, EUSE n. ou **ÉCRIVAILLON** n.m. Fam., péjor. Écrivain médiocre ; plumitif.

ÉCRIVAIN, E n. (du lat. *scriba*, scribe). Personne qui compose des ouvrages littéraires ; homme, femme de lettres. ▪ **Écrivain public,** personne qui rédige des textes divers pour le compte de ceux qui ne savent pas écrire ou qui écrivent avec difficulté.

✎ Au fém., on rencontre aussi ***une écrivain.***

▲ **écrevisse**

ÉCRIVASSIER, ÈRE n. Fam., péjor. Personne qui écrit beaucoup et mal.

1. ÉCROU n.m. (du lat. *scrofa*, truie, puis vis femelle). Pièce percée d'un trou taraudé afin de pouvoir se monter sur un boulon ou une tige filetée d'un diamètre correspondant.

2. ÉCROU n.m. (du francique **skrôda*, lambeau). DR. Acte par lequel le directeur d'une prison constate l'arrivée d'un condamné et l'inscrit sur un registre (appelé *registre d'écrou*). ➲ Cette procédure concerne les détenus, mais aussi les condamnés autorisés à sortir de l'établissement pénitentiaire (semi-liberté, placement sous surveillance électronique, etc.). ▪ **Levée d'écrou,** acte de remise en liberté d'un condamné jusqu'alors placé sous la responsabilité de l'administration pénitentiaire.

ÉCROUELLES n.f. pl. (bas lat. *scrofulae*). Vx. Lésions cutanées dues aux adénites tuberculeuses chroniques, atteignant surtout le cou (SYN. **scrofule**). ➲ Les rois de France étaient censés guérir les écrouelles par attouchement, le jour de leur sacre. ▪ **Herbe aux écrouelles,** scrofulaire aquatique.

ÉCROUER v.t. [3]. DR. Mettre en prison.

ÉCROUIR v.t. [21] (du lat. *crudus*, cru). MÉTALL. Travailler un métal ou un alliage à une température inférieure à sa température de recuit et au-delà de sa limite d'élasticité, afin d'augmenter sa résistance à la déformation.

ÉCROUISSAGE n.m. Action d'écrouir.

ÉCROULEMENT n.m. **1.** Fait de s'écrouler. **2.** Fig. Destruction complète ; déroute : *L'écroulement d'une imposture.*

S'ÉCROULER v.pr. [3] (de *crouler*). **1.** Tomber en s'affaissant avec fracas ; s'effondrer : *L'échafaudage s'est écroulé.* **2.** Fig. Être détruit, anéanti : *Sa théorie s'est écroulée* ; perdre toute valeur : *Actions qui s'écroulent.* **3.** Être atteint d'une défaillance brutale au cours d'un effort (partic., sportif). ▪ **Être écroulé** [fam.], rire sans pouvoir s'arrêter.

ÉCROÛTER, ▲ *ÉCROUTER* v.t. [3]. Ôter la croûte de.

ÉCRU, E adj. et n.m. (de *1. cru*). Se dit de textiles n'ayant subi ni lavage, ni blanchiment, ni teinture.

ECSTASY [ɛkstazi] n.m. ou n.f. (mot angl. « extase »). Drogue dérivée de l'amphétamine, hallucinogène, euphorisante et stimulante.

ECTASIE n.f. MÉD. Dilatation anormale d'un organe creux, d'un canal glandulaire ou d'un vaisseau.

ECTOBLASTE ou **ECTODERME** n.m. (du gr. *ektos*, dehors, et *blastos*, germe, ou *derma*, peau). EMBRYOL. Feuillet externe de l'embryon, destiné à former la peau et le système nerveux.

ECTOBLASTIQUE ou **ECTODERMIQUE** adj. Relatif à l'ectoblaste, ou ectoderme.

ECTOPARASITE n.m. BIOL. Parasite externe tel que la puce, la punaise des lits.

ECTOPIE n.f. (du gr. *ek*, hors de, et *topos*, lieu). MÉD. Anomalie de position d'un organe. ▪ **Ectopie du testicule,** insuffisance ou anomalie de la migration d'un testicule, avant la naissance, de l'abdomen vers les bourses (SYN. **cryptorchidie**).

ECTOPLASME n.m. (du gr. *ektos*, dehors, et *plasma*, ouvrage façonné). **1.** PARAPSYCHOL. Substance qui se dégagerait du corps de certains médiums et dont la matérialisation éphémère formerait des parties du corps humain, un corps entier, des objets divers. **2.** Fig., fam. Personnage insignifiant, sans consistance. **3.** MICROBIOL. Zone superficielle hyaline du cytoplasme de certains protozoaires.

ECTOPROCTE n.m. (du gr. *ektos*, dehors, et *prôktos*, anus). Petit invertébré marin, à bouche possédant un lophophore, vivant dans une loge individuelle et formant des colonies nombreuses sur les algues ou sur les rochers (SYN. **bryozoaire**). ➲ Les ectoproctes forment un embranchement.

ECTOTHERME adj. (du gr. *ektos*, dehors, et *thermos*, chaud). PHYSIOL. Se dit d'un animal dont la température centrale est engendrée seulement par les échanges thermiques avec son environnement (CONTR. **endotherme**).

ECTROPION n.m. (gr. *ektropion*). MÉD. Renversement vers l'extérieur du bord de la paupière, qui ne peut plus recouvrir le globe de l'œil (par oppos. à *entropion*).

ÉCU n.m. (du lat. *scutum*, bouclier). **1.** Bouclier des hommes d'armes, au Moyen Âge. **2.** NUMISM. Monnaie française d'or puis d'argent portant des armoiries sur une de ses faces. **3.** HÉRALD. Corps de tout blason, ordinairement en forme de bouclier, sur lequel l'on peignait les armoiries.

▲ **écu.** Avers d'un écu d'or de Saint Louis.

ÉCU ou **ECU** [eky] n.m. (acronyme de l'angl. *European Currency Unit*). Ancienne unité monétaire, remplacée par l'euro.

ÉCUBIER n.m. (orig. obsc.). MAR. Ouverture pratiquée dans la muraille d'un navire de chaque côté de l'étrave pour le passage de la chaîne d'ancre.

ÉCUEIL [ekœj] n.m. (lat. *scopulus*). **1.** Rocher à fleur d'eau : *Côte bordée d'écueils.* **2.** Fig. Difficulté qui met en péril ; obstacle : *Une carrière semée d'écueils.*

ÉCUELLE [ekɥɛl] n.f. (lat. *scutella*). Assiette creuse sans rebord ; son contenu.

ÉCULÉ, E adj. **1.** Se dit d'une chaussure déformée par l'usage. **2.** Fig. Qui a perdu tout pouvoir à force d'avoir servi : *Idée éculée.*

ÉCUMAGE n.m. Action d'écumer un liquide.

ÉCUMANT, E adj. Litt. Qui produit de l'écume ; couvert d'écume ; écumeux : *Flots écumants.*

ÉCUME n.f. (mot francique). **1.** Mousse blanchâtre qui se forme sur un liquide agité ou sur le point de bouillir. **2.** Bave mousseuse produite sous l'effet de l'échauffement, de la colère. **3.** Sueur du cheval. **4.** Fig., vieilli. Lie de la société. ▪ **Écume de mer,** silicate de magnésium hydraté, blanchâtre et poreux, dont on fait des pipes (SYN. **sépiolite**).

ÉCUMER v.t. [3]. CUIS. Enlever l'écume qui se forme à la surface d'un liquide pendant la cuisson : *Écumer un pot-au-feu.* ▪ **Écumer les mers** [litt.], y exercer la piraterie. ▪ **Écumer une région, un quartier,** y rafler tout ce qui est intéressant. ◆ v.i. **1.** Se couvrir d'écume : *La confiture écume. Cheval qui écume.* **2.** Fig. Être au comble de la fureur : *Il écumait de rage.*

ÉCUMEUR n.m. Litt. ▪ **Écumeur des mers,** pirate.

ÉCUMEUX, EUSE adj. Litt. Couvert d'écume ; écumant.

ÉCUMOIRE n.f. Grande cuillère plate, percée de trous, pour écumer ou retirer des aliments du liquide où ils ont cuit.

ÉCURER v.t. [3]. Vx. Curer à fond.

ÉCUREUIL n.m. (lat. *sciurolus*). Mammifère rongeur arboricole, à pelage génér. roux (en France) et à queue touffue, se nourrissant surtout de graines et de fruits secs. ➲ Famille des sciuridés. ▪ **Écureuil volant,** mammifère rongeur d'Eurasie et d'Amérique, voisin de l'écureuil, capable d'effectuer de longs sauts planés grâce à son patagium.

ÉCURIE n.f. (de *écuyer*). **1.** Lieu destiné à loger les chevaux, les mulets, les ânes. **2.** Région. (Est, Ouest) ; Suisse. Étable. **3.** Ensemble des chevaux de course d'un même propriétaire. **4.** Ensemble des cyclistes, ou des pilotes de course et de leurs machines (automobiles, motocyclettes), qui courent pour une même marque. **5.** Fam. Ensemble des auteurs qui travaillent pour une même maison d'édition.

ÉCUSSON n.m. (de *écu*). **1.** MIL. Petit morceau de drap cousu au col ou sur la manche de l'uniforme pour indiquer l'arme et le numéro du corps de troupes. **2.** Petite pièce de tissu décoré que l'on coud sur un vêtement : *Ils ont l'écusson de leur club sur leur veston.* **3.** HÉRALD. Petit écu d'armoiries ; cartouche décoratif portant des pièces héraldiques, des inscriptions. **4.** Plaque de métal qui orne les entrées de serrure. **5.** Plaque calcaire qui recouvre tout ou partie du corps de certains poissons. **6.** ENTOMOL. Mésothorax. **7.** Dessin formé par le poil entre la vulve et la mamelle de la vache. **8.** AGRIC. Fragment d'écorce portant un œil, utilisé pour greffer.

ÉCUSSONNAGE n.m. AGRIC. Action d'écussonner.

ÉCUSSONNER v.t. [3]. **1.** Fixer un écusson sur : *Écussonner un blazer.* **2.** AGRIC. Greffer en plaçant un écusson sous l'écorce d'un sujet.

ÉCUSSONNOIR n.m. AGRIC. Couteau à écussonner.

1. ÉCUYER [ekɥije] n.m. (du bas lat. *scutarius*, soldat armé d'un bouclier). HIST. **1.** Gentilhomme qui accompagnait un chevalier et portait son écu. **2.** Jeune noble non encore armé chevalier. **3.** Officier chargé de s'occuper des chevaux du roi, d'un grand seigneur.

2. ÉCUYER, ÈRE [ekɥije, ɛr] n. **1.** Personne qui sait monter à cheval. **2.** Personne qui présente des exercices équestres dans un cirque. **3.** Instructeur d'équitation, notamm. dans le *Cadre noir.*

ECZÉMA, ▲ *EXÉMA* [ɛgzema] n.m. (gr. *ekzema*). Dermatose allergique très fréquente, caractérisée surtout par une rougeur, de fines vésicules, des squames et des démangeaisons.

ECZÉMATEUX, EUSE, ▲ *EXÉMATEUX, EUSE* adj. Relatif à l'eczéma. ◆ adj. et n. Atteint d'eczéma.

ÉDAM [edam] n.m. (de *Edam*, v. des Pays-Bas). Fromage au lait de vache, à pâte pressée non cuite, en forme de boule, génér. recouvert de paraffine colorée en rouge et originaire de Hollande.

ÉDAPHIQUE adj. (du gr. *edaphos*, sol). ÉCOL. ▪ **Facteurs édaphiques,** facteurs abiotiques liés au sol et qui ont une influence profonde sur la répartition des êtres vivants.

EDELWEISS, ▲ *ÉDELWEISS* [edɛ vɛs] ou [edɛlvajs] n.m. (mot all.). Plante à tiges et à feuilles duveteuses, aux fleurs regroupées en capitules serrés, entourés d'une collerette de feuilles laineuses, poussant dans les montagnes d'Europe occidentale à partir de 1 500 m. Noms usuels : *pied-de-lion, étoile-d'argent, immortelle des neiges.* ➲ Famille des composées.

▲ **edelweiss**

ÉDEN [edɛn] n.m. (mot hébr. « Délices »). **1.** (Avec une majuscule). Lieu où la Bible situe le paradis terrestre (v. partie n.pr.). **2.** Litt. Lieu de délices ; séjour enchanteur.

ÉDÉNIQUE adj. **1.** Relatif à l'Éden. **2.** Litt. Qui évoque un éden ; paradisiaque.

ÉDENTÉ, E adj. et n. Qui a perdu ses dents ou une partie de ses dents. ◆ n.m. ZOOL. Mammifère génér. insectivore, à dentition réduite (pangolin, fourmilier, etc.).

ÉDENTER v.t. [3]. Briser les dents de qqch : *Édenter une scie.*

EDI ou **E.D.I.** [ədei] n.m. (sigle). Échange de données informatisées.

ÉDICTER v.t. [3] (du lat. *edictum*, édit). Prescrire d'une manière absolue.

ÉDICULE n.m. (du lat. *aedes*, maison). **1.** Petite construction placée sur la voie publique (Abribus, toilettes, etc.). **2.** Construction secondaire, bâtiment en réduction à l'intérieur ou au sommet d'un édifice.

a b c d e f g h i j k l m n o p q r s t u v w x y z

ÉDIFIANT, E adj. 1. Litt. Qui porte à la vertu, à la piété : *Un discours édifiant.* **2.** Iron. Qui en dit long ; très instructif : *Ses frasques sont édifiantes.*

ÉDIFICATION n.f. 1. Action d'édifier, de bâtir. **2.** Action de créer un vaste ensemble : *L'édification d'un groupe international.* **3.** Litt. Action d'inspirer la piété, la vertu ; action d'éclairer, d'instruire qqn.

ÉDIFICE n.m. (lat. *aedificium*). **1.** Ouvrage d'architecture de proportions importantes, pouvant comporter plusieurs corps de bâtiment. **2.** Ensemble organisé de choses concrètes ou abstraites : *La crise a bouleversé l'édifice social.*

ÉDIFIER v.t. [5] (lat. *aedificare*). **1.** Construire : *Édifier un nouvel Opéra.* **2.** Créer, élaborer par étapes un ensemble complexe : *Édifier une théorie.* **3.** Litt. Porter à la piété, à la vertu, par la parole ou l'exemple. **4.** Fournir des éléments d'appréciation sur ; éclairer : *Cette histoire m'a édifié sur sa conduite.*

ÉDILE n.m. (lat. *aedilis*). **1.** Litt. Magistrat municipal. **2. ANTIQ. ROM.** Magistrat chargé de l'administration municipale (police, approvisionnement, jeux publics).

ÉDILITÉ n.f. ANTIQ. ROM. Charge des édiles.

ÉDIT n.m. (lat. *edictum*). Dans la France d'Ancien Régime, acte législatif émanant du roi et concernant soit une seule matière, soit une catégorie particulière de personnes, soit une partie seulement du royaume.

ÉDITER v.t. [3] (du lat. *edere*, publier). **1.** Publier et mettre en vente l'œuvre d'un écrivain, d'un artiste (musicien, plasticien, etc.). **2. INFORM.** Présenter dans une forme et sur un support utilisables des résultats de traitements de textes faits sur ordinateur.

1. ÉDITEUR, TRICE n. Personne physique ou morale qui édite.

2. ÉDITEUR n.m. INFORM. ▪ **Éditeur de textes,** programme facilitant la composition de textes sur ordinateur.

ÉDITION n.f. 1. Publication d'un ouvrage écrit ; impression et diffusion de toute espèce d'œuvre : *Édition en ligne. Édition de cartes postales.* **2.** Ensemble des exemplaires d'un ouvrage que l'on imprime, en un ou plusieurs tirages, sans y apporter de modifications notables ; texte d'une œuvre correspondant à tel ou tel tirage : *Cette édition est épuisée.* **3.** Industrie et commerce du livre : *Les métiers de l'édition.* **4.** Ensemble des exemplaires d'un journal imprimés en une fois : *Édition spéciale.* **5.** Chacune des émissions d'un journal télévisé ou radiodiffusé. **6. INFORM.** Matérialisation, sous une forme utilisable, de résultats de traitements de textes faits sur ordinateur. **7.** Production et commercialisation, génér. en nombre limité, d'objets (meubles, accessoires de décoration, etc.), conçus par des désigneurs. ▪ **Deuxième, troisième édition de qqch** [fam.], deuxième, troisième fois que qqch se produit : *C'est la deuxième édition de notre festival.* ▪ **Édition électronique** [inform.], publication assistée par ordinateur ; domaine de l'édition relatif aux publications sur des supports électroniques.

ÉDITO n.m. (abrév.). Fam. Éditorial.

1. ÉDITORIAL, E, AUX adj. Qui concerne l'activité d'édition : *L'informatique éditoriale.*

2. ÉDITORIAL n.m. (pl. *éditoriaux*). Article de fond, commentaire, signé ou non, qui exprime, selon le cas, l'opinion d'un journaliste ou celle de la direction du journal. Abrév. (fam.) **édito.**

ÉDITORIALISTE n. Personne qui écrit l'éditorial d'un journal.

ÉDREDON n.m. (danois *ederduun*). Couvre-pieds rempli de duvet.

ÉDUCABLE adj. Apte à être éduqué.

ÉDUCATEUR, TRICE n. Personne qui se charge de l'éducation d'un enfant ou d'un adulte. ▪ **Éducateur spécialisé,** éducateur s'occupant de jeunes en difficulté psychologique ou sociale, ou de handicapés. ◆ **adj.** Qui contribue à l'éducation ; éducatif.

ÉDUCATIF, IVE adj. Relatif à l'éducation ; qui sert à éduquer : *Un cédérom éducatif.*

ÉDUCATION n.f. (lat. *educatio*). **1.** Action d'éduquer, de former, d'instruire qqn ; manière de dispenser cette formation. **2.** Action de développer méthodiquement une faculté particulière : *L'éducation du goût.* **3.** Initiation à un domaine particulier de connaissances : *Éducation civique, musicale.* **4.** Connaissance des bons usages d'une société ; savoir-vivre : *Un homme sans éducation.* ▪ **Éducation nationale,** ensemble des services chargés de l'organisation, de la direction et de la gestion de tous les établissements de l'enseignement public, et du contrôle de l'enseignement privé. ▪ **Éducation permanente,** enseignement qui est dispensé tout au long de la vie professionnelle. ▪ **Éducation physique et sportive (EPS),** ensemble des exercices corporels pratiqués dans le cadre scolaire et universitaire, et destinés à l'entretien et à l'amélioration des qualités physiques. ▪ **Éducation spécialisée,** ensemble des mesures organisant l'enseignement des jeunes éprouvant des difficultés psychologiques ou sociales, ou des handicapés.

ÉDUCATIONNEL, ELLE adj. Qui concerne les sciences de l'éducation.

ÉDULCORANT, E adj. et **n.m.** Se dit d'une substance qui édulcore : *Jus de fruits sans édulcorant.*

ÉDULCORATION n.f. Action d'édulcorer.

ÉDULCORÉ, E adj. Qui a perdu de son âpreté, de sa rudesse : *Version édulcorée d'un film.*

ÉDULCORER v.t. [3] (du lat. *dulcor*, douceur). **1.** Adoucir une boisson, un médicament en y ajoutant du sucre ou une substance naturelle (stevia, par ex.) ou chimique, qui donne un goût sucré. **2.** Atténuer les termes d'un texte, d'une doctrine, etc.

ÉDUQUER v.t. [3] (lat. *educare*, de *ducere*, conduire). **1.** Former l'esprit de qqn ; développer ses aptitudes intellectuelles, physiques, son sens moral. **2.** Apprendre à qqn les usages de la société. **3.** Développer une faculté ou une fonction particulière : *Éduquer son oreille, sa mémoire.*

EEI n.m. (sigle de *engin explosif improvisé*). Bombe artisanale télécommandée, placée à proximité de voies de circulation.

ÉFAUFILER v.t. [3]. Tirer les fils d'un tissu.

ÉFENDI ou **EFFENDI** [efɛndi] **n.m.** (turc *efendi*, du gr.). Titre donné aux savants, dignitaires et magistrats, dans l'Empire ottoman.

EFFAÇABLE adj. Qui peut être effacé.

EFFACE n.f. Québec. Gomme à effacer.

EFFACÉ, E adj. 1. Qui s'est effacé, a disparu : *Une inscription effacée.* **2.** Fig. Qui se tient à l'écart ; modeste : *Une stagiaire effacée.* **3.** Se dit d'une position du danseur qui a un côté du haut du buste en retrait par rapport à l'autre.

EFFACEMENT n.m. 1. Action d'effacer ; fait de s'effacer. **2.** Action de supprimer les informations enregistrées sur un support magnétique : *Effacement de fichiers.* **3.** Fig. Attitude d'une personne effacée.

EFFACER v.t. [9] (de *face*). **1.** Faire disparaître en frottant, en grattant, en lavant : *Effacer des tags sur un mur* ; supprimer des données enregistrées : *Effacer une bande magnétique.* **2.** Sout. Faire oublier : *Chercher à effacer ses erreurs.* **3.** Litt. Empêcher qqn ou qqch d'être remarqué ; éclipser : *L'interprétation de cette chanson efface toutes les autres.* ▪ **Effacer le corps, les épaules,** les présenter de profil. ◆ **S'EFFACER v.pr. 1.** Devenir indistinct, vague : *Le souvenir de ce drame s'effacera avec le temps.* **2.** Se tourner un peu de côté, pour tenir moins de place : *S'effacer pour laisser passer qqn.* **3.** Se tenir à l'écart ; éviter de se faire remarquer. **4.** S'incliner devant la supériorité de qqn.

EFFACEUR n.m. Feutre permettant d'effacer l'encre.

EFFARANT, E adj. 1. Qui effare, plonge dans la stupeur ; effrayant. **2.** Qui atteint un degré extrême, inouï : *Un sans-gêne effarant.*

EFFARÉ, E adj. Qui ressent, manifeste un grand trouble, une grande peur.

EFFAREMENT n.m. État d'une personne effarée ; expression qui trahit cet état ; effroi.

EFFARER v.t. [3] (du lat. *efferare*, rendre sauvage). **1.** Causer un sentiment d'effroi ; épouvanter. **2.** Plonger dans un grand étonnement ; sidérer : *Sa naïveté m'effare.*

EFFAROUCHEMENT n.m. Action d'effaroucher ; fait d'être effarouché.

EFFAROUCHER v.t. [3]. Provoquer la crainte, la défiance ; effrayer : *Son air sévère effarouche les candidats.*

EFFARVATE ou **EFFARVATTE n.f.** (forme dial. de *fauvette*). Petite fauvette aux teintes roussâtres, se nourrissant de petits invertébrés, qui accroche son nid aux roseaux bordant les étangs et hiverne en Afrique. ➲ Famille des sylviidés.

EFFECTEUR, TRICE adj. et **n.m. PHYSIOL.** Se dit d'un organe, d'une cellule qui effectuent une action, à la fin d'une série de phénomènes déclencheurs : *Le muscle effecteur d'un nerf.*

1. EFFECTIF, IVE adj. (lat. *effectivus*). **1.** Qui existe réellement ; qui se traduit en action : *Nous comptons sur votre participation effective.* **2. DR.** Qui prend effet, entre en vigueur. **3. LOG.** Se dit d'une méthode, d'un raisonnement qui, à l'aide d'un nombre déterminé d'étapes, permettent d'aboutir à une démonstration complète et vérifiable.

2. EFFECTIF n.m. 1. Nombre réel des individus composant un groupe : *L'entreprise a réduit ses effectifs. L'effectif d'une équipe.* **2. MATH.** Nombre d'individus appartenant à une classe donnée.

EFFECTIVEMENT adv. 1. De manière effective ; réellement. **2.** En effet : *Il est effectivement parti.*

EFFECTIVITÉ n.f. LOG. Caractère effectif d'un raisonnement.

EFFECTUER v.t. [3]. Procéder à la réalisation de ; mettre à exécution ; faire : *Effectuer une enquête. L'avion a effectué un looping.*

EFFÉMINÉ, E adj. et **n.m.** Se dit d'un homme qui a l'aspect, les manières généralement attribués aux femmes.

EFFÉMINER v.t. [3] (lat. *effeminare*). Rendre semblable à une femme dans son aspect, ses manières.

EFFENDI n.m. → **ÉFENDI.**

EFFÉRENT, E adj. (lat. *efferens*). **ANAT.** Se dit d'un vaisseau, d'un nerf qui sort d'un organe, d'un centre nerveux (CONTR. **afférent**).

EFFERVESCENCE n.f. 1. Bouillonnement produit par un vif dégagement de gaz sous forme de bulles, dans un liquide. **2.** Fig. Agitation extrême : *L'arrivée de la star a mis la ville en effervescence.*

EFFERVESCENT, E adj. (lat. *effervescens*, bouillonnant). **1.** Qui est susceptible d'entrer en effervescence : *Aspirine effervescente.* **2.** Qui manifeste de la surexcitation : *Foule effervescente.*

EFFET n.m. (du lat. *effectus*, réalisation). **1.** Résultat d'une action ; ce qui est produit par qqch ; conséquence : *Les effets de la crise.* **2.** Impression produite sur qqn : *Ton retard a fait mauvais effet.* **3.** Procédé employé pour attirer l'attention, frapper, émouvoir : *Viser à l'effet.* **4.** Phénomène particulier, en physique, en biologie, etc. : *L'effet de serre.* **5. SPORTS.** Rotation imprimée à une bille, à une balle, à un ballon en vue d'obtenir des trajectoires ou des rebonds inhabituels, trompeurs. ▪ **À cet effet** [sout.], en vue de cela ; dans cette intention. ▪ **Effet (de commerce)** [dr.], tout titre à ordre transmissible par voie d'endossement et constatant l'obligation de payer une somme d'argent à une date donnée. ➲ La *lettre de change*, ou *traite*, le *billet à ordre*, le *chèque* et le *warrant* sont des effets de commerce. ▪ **En effet,** v. à son ordre alphabétique. ▪ **Faire de l'effet,** produire une vive impression ; provoquer une réaction sur qqn. ▪ **Faire des effets de voix, de jambes, de manches,** jouer habilement de sa voix, prendre des attitudes pour attirer l'attention. ▪ **Faire l'effet de,** avoir l'apparence de : *Il me fait l'effet d'un bel idiot.* ▪ **Prendre effet** [dr.], devenir applicable. ▪ **Sous l'effet de,** sous l'influence, l'emprise de. ◆ **n.m. pl.** Vieilli. Vêtements. ▪ **Effets publics** [fin.], titres émis par l'État. ▪ **Effets spéciaux** [cinéma], procédés chimiques, optiques ou numériques permettant de modifier l'apparence de l'image à la prise de vues, lors du montage ou en laboratoire (SYN. **trucage**).

EFFEUILLAGE n.m. 1. Action d'effeuiller les arbres et les plantes. **2.** Fam. Strip-tease.

EFFEUILLAISON n.f. ou **EFFEUILLEMENT n.m.** Chute naturelle des feuilles, des pétales.

EFFEUILLER v.t. [3]. 1. Ôter les feuilles de. **2.** Arracher les pétales de : *Effeuiller une marguerite.* ◆ **S'EFFEUILLER v.pr.** Perdre ses feuilles ou ses pétales.

EFFEUILLES n.f. pl. Suisse. Épamprage.

EFFEUILLEUSE n.f. 1. Fam. Strip-teaseuse. **2.** Suisse. Femme ou jeune fille engagée pour épamprer la vigne.

EFFICACE adj. (lat. *efficax*). **1.** Qui produit l'effet attendu : *Remède efficace.* **2.** Se dit de qqn dont l'action aboutit à des résultats utiles. ▪ **Valeur efficace de la tension, de l'intensité d'un courant alternatif** [électr.], valeur de la tension, de l'intensité d'un courant continu équivalent. ➲ C'est la valeur habituellement indiquée dans les installations domestiques ou industrielles.

EFFICACEMENT adv. De façon efficace.

EFFICACITÉ n.f. Qualité d'une chose, d'une personne efficace.

EFFICIENCE n.f. (angl. *efficiency*). Capacité de rendement ; performance : *L'efficience d'un décapant.*

EFFICIENT, E adj. Qui aboutit à de bons résultats : *Une collaboration efficiente.* ▪ **Cause efficiente** [philos.], chez Aristote, ce qui produit qqch, un phénomène.

EFFIGIE n.f. (du lat. *effigies*, figure). Représentation, image d'une personne, notamm. à l'avers d'une monnaie, d'une médaille.

EFFILAGE n.m. Action d'effiler.

1. EFFILÉ, E adj. Mince et allongé : *Doigts effilés.*

2. EFFILÉ n.m. Ensemble des fils non tissés qui pendent en garniture au bord d'une étoffe.

EFFILEMENT n.m. État de ce qui est effilé.

EFFILER v.t. [3]. 1. Défaire un tissu fil à fil. **2.** Rendre fin comme un fil en allongeant : *Effiler les pointes de sa moustache.* **3.** CUIS. Découper en tranches très fines : *Effiler des blancs de poulet.* ▪ **Effiler les cheveux,** en diminuer l'épaisseur mèche par mèche.

EFFILOCHAGE n.m. Action d'effilocher.

EFFILOCHE n.f. Bout de soie, fil sur la lisière d'une étoffe.

EFFILOCHER v.t. [3]. Effiler un tissu pour le réduire en bourre ou en ouate. ◆ **S'EFFILOCHER v.pr.** S'effiler sous l'action de l'usure.

EFFILOCHEUSE n.f. Machine à effilocher les chiffons.

EFFILOCHURE ou **EFFILURE n.f.** Partie effilochée d'un tissu.

EFFLANQUÉ, E adj. 1. Se dit d'un animal qui a les flancs creux et resserrés. **2.** Se dit d'une personne à la fois grande et maigre : *Un ado efflanqué.*

EFFLEURAGE n.m. Action d'effleurer les cuirs.

EFFLEUREMENT n.m. Action d'effleurer, de frôler.

EFFLEURER v.t. [3] (de *fleur*). **1.** Toucher à peine, légèrement ; frôler : *Il lui a effleuré la main.* **2.** Entamer superficiellement : *La balle lui a effleuré le bras.* **3.** CUIRS. Enlever une couche très mince du côté fleur (épiderme) d'un cuir tanné pour faire disparaître les défauts superficiels. **4.** Examiner superficiellement : *Nous n'avons qu'effleuré le sujet.*

EFFLORAISON n.f. BOT. Début de la floraison.

EFFLORESCENCE n.f. 1. CHIM., CRISTALLOGR. Transformation des sels hydratés qui perdent une partie de leur eau de cristallisation au contact de l'air et deviennent pulvérulents (SYN. **délitescence**). **2.** BOT. Pruine recouvrant certains fruits. **3.** Litt. Épanouissement.

EFFLORESCENT, E adj. 1. CHIM., CRISTALLOGR. En état d'efflorescence (SYN. **délitescent**). **2.** Litt. Qui se développe, s'épanouit.

EFFLUENT, E adj. (lat. *effluens*). HYDROL. Qui s'écoule d'une source. ◆ **n.m.** ▪ **Effluent radioactif,** fluide (gaz ou liquide) contenant des radioéléments, recyclé ou rejeté dans l'environnement. ▪ **Effluent urbain,** ensemble des eaux usées, des eaux de ruissellement et des eaux superficielles évacuées par les égouts.

EFFLUVE n.m. (du lat. *effluvium*, écoulement). **1.** Émanation qui s'exhale du corps des êtres vivants, des fleurs, des aliments, etc. : *Les effluves printaniers.* **2.** Fig. Émanation subtile ; influence mystérieuse. (Ce sens est parfois fém. au pl.) ▪ **Effluve électrique,** décharge électrique obscure ou faiblement lumineuse, sans échauffement ni effets mécaniques.

EFFONDREMENT n.m. Fait de s'effondrer, de s'écrouler ; anéantissement.

EFFONDRER v.t. [3] (du lat. *fundus*, fond). Faire s'écrouler ; abattre. ◆ **S'EFFONDRER v.pr. 1.** Crouler sous un poids excessif : *Étagère qui s'effondre.* **2.** Être brusquement anéanti : *Nos espoirs se sont effondrés.* **3.** Tomber de tout son long, en parlant d'une personne : *Prise d'un malaise, elle s'effondra.* **4.** Perdre brusquement toute énergie morale, tout ressort : *En apprenant son licenciement, il s'est effondré* ; cesser soudain de lutter : *Devant ce témoignage, l'accusé s'est effondré.* **5.** Subir une baisse brutale : *Les cours de la Bourse s'effondrent.*

S'EFFORCER v.pr. [9]. Faire tous ses efforts pour atteindre un objectif ; tâcher de : *Elle s'est efforcée de répondre à tous.*

EFFORT n.m. (de *s'efforcer*). **1.** Mobilisation des forces physiques ou intellectuelles pour vaincre une résistance, surmonter une difficulté, atteindre un objectif : *Il a dû faire un effort pour se relever.* **2.** MÉCAN. Force tendant à déformer un matériau par traction, compression, flexion, torsion ou cisaillement.

EFFRACTION n.f. (du lat. *effractus*, brisé). Action de briser une clôture, de forcer une serrure en vue de commettre un méfait : *Vol avec effraction.*

EFFRAIE n.f. (de *orfraie*). Chouette à plumage fauve clair tacheté de gris, à face blanche en forme de cœur, nichant dans les trous d'arbres et les ruines. ➲ Famille des tytonidés.

EFFRANGER v.t. [10]. Effiler sur les bords un tissu de façon à obtenir des franges.

EFFRAYANT, E adj. 1. Qui provoque la frayeur : *J'ai fait un rêve effrayant.* **2.** Fam. Excessif au point de causer un grand étonnement : *Un gaspillage effrayant.*

EFFRAYER [efreje] **v.t. [6]** (du lat. pop. *exfridare*, faire sortir de la paix). **1.** Remplir de frayeur : *Cette tempête nous a effrayés.* **2.** Causer du souci, de l'appréhension : *Les responsabilités l'effraient.* ◆ **S'EFFRAYER v.pr.** Prendre peur ; s'alarmer.

EFFRÉNÉ, E adj. (lat. *effrenatus*, de *frenum*, frein). Qui est sans retenue ; immodéré : *Un luxe effréné.*

EFFRITEMENT n.m. 1. Action d'effriter ; fait de s'effriter : *L'effritement du crépi.* **2.** Fig. Affaiblissement progressif : *L'effritement d'un parti.*

EFFRITER v.t. [3] (de l'anc. fr. *effruiter*, dépouiller de ses fruits). Réduire progressivement en menus morceaux, en poussière ; désagréger. ◆ **S'EFFRITER v.pr. 1.** Se réduire en poussière : *Le mur s'effrite.* **2.** Fig. Se désagréger ; s'amenuiser.

EFFROI n.m. (de *effrayer*). Litt. Grande frayeur ; terreur.

EFFRONTÉ, E adj. et n. (de *front*). Qui parle ou agit avec impudence, sans retenue.

EFFRONTÉMENT adv. Avec effronterie : *Mentir effrontément.*

EFFRONTERIE n.f. Attitude, manière d'agir d'une personne effrontée ; impudence.

EFFROYABLE adj. 1. Qui inspire une grande frayeur : *Un attentat effroyable.* **2.** Qui est considérable, extrême ou excessif : *Il est d'une inconscience effroyable.*

EFFROYABLEMENT adv. De façon effroyable ; terriblement.

EFFUSIF, IVE adj. GÉOL. ▪ **Roche effusive,** roche magmatique qui s'est épanchée à l'air libre (coulée de lave).

EFFUSION n.f. (du lat. *effusio*, écoulement). [Surtout pl.]. Manifestation vive et sincère de tendresse, d'affection. ▪ **Effusion de sang,** action de verser du sang, de blesser, de tuer : *La libération des otages s'est faite sans effusion de sang.*

ÉFRIT [efrit] **n.m.** (ar. *'ifrīt*). Dans la mythologie arabe, génie malfaisant.

ÉGAGROPILE n.m. → **ÆGAGROPILE.**

ÉGAIEMENT [egɛmɑ̃] ou **ÉGAYEMENT** [egɛjmɑ̃] **n.m.** Action d'égayer ; fait de s'égayer.

S'ÉGAILLER [egaje] **v.pr. [3]** (de l'anc. fr. *esgailler*, répartir). Se disperser, en parlant de personnes ou d'animaux groupés : *Les badauds, les moineaux se sont égaillés.*

ÉGAL, E, AUX adj. (lat. *aequalis*). **1.** Semblable en nature, en quantité, en qualité, en valeur : *Deux parts égales.* **2.** Qui ne varie pas, ne présente pas de brusques différences : *Elle est toujours d'humeur égale.* **3.** Litt. Qui ne présente aucune irrégularité : *Terrain égal.* **4.** Qui s'applique à tous dans les mêmes conditions ; équitable : *La loi est égale pour tous.* **5.** Qui est objet d'indifférence : *Ce qu'il pense m'est bien égal.* ▪ **C'est égal** [vieilli], quoi qu'il en soit. ▪ **Ensembles égaux** [math.], constitués des mêmes éléments. ▪ **Figures égales** [math., vieilli], isométriques ou superposables. ▪ **Fonctions égales** [math.], ayant même ensemble de définition, même ensemble d'arrivée et ayant les mêmes images pour toute valeur de la variable. ◆ **adj.** et **n.** Se dit d'une personne qui est égale à une autre (par sa condition, ses droits, etc.) : *Les citoyens sont égaux devant la loi. Il méprise ses égaux.* ▪ **À l'égal de,** au même titre que ; autant que. ▪ **D'égal à égal,** sur un pied d'égalité. ▪ **N'avoir d'égal** ou **d'égale que,** n'être égalé que par : *Son talent n'a d'égal que sa beauté.* ▪ **N'avoir point d'égal** ou **être sans égal,** être unique en son genre.

ÉGALABLE adj. Qui peut être égalé.

ÉGALEMENT adv. 1. De façon égale, semblable : *Répartir également une somme.* **2.** Aussi ; de même : *S'il y a une grève des transports, tu peux également y aller à pied.*

ÉGALER v.t. [3]. 1. Être égal en quantité à : *Trois fois deux égale six.* **2.** Être égal à qqn, à qqch, en mérite, en valeur ; pouvoir rivaliser avec : *Aucun tableau n'égale ce chef-d'œuvre.*

ÉGALISATEUR, TRICE adj. Qui égalise. ▪ **But, point égalisateur** [sports], qui met les adversaires à égalité.

ÉGALISATION n.f. Action d'égaliser.

ÉGALISER v.t. [3]. Rendre égal : *Égaliser une frange. Égaliser les salaires.* ◆ **v.i.** SPORTS. Marquer un but ou un point rendant le score égal.

ÉGALISEUR n.m. ÉLECTROACOUST. Dispositif agissant sur l'intensité du signal électrique ou acoustique dans des bandes de fréquence déterminées.

ÉGALITAIRE adj. et **n.** Qui vise à l'égalité civile, politique et sociale.

ÉGALITARISME n.m. Doctrine égalitaire.

ÉGALITARISTE adj. et **n.** Qui relève de l'égalitarisme ; qui en est partisan.

ÉGALITÉ n.f. (lat. *aequalitas*). **1.** MATH. Qualité de ce qui est égal : *Égalité de deux nombres.* **2.** Qualité de ce qui est égal, équivalent : *L'égalité des chances. Les joueurs sont à égalité* ; qualité de ce qui est égal, régulier : *Égalité d'humeur.* **3.** Rapport entre individus, citoyens égaux en droits et soumis aux mêmes obligations : *Égalité civile, politique, sociale.*

ÉGARD n.m. (de l'anc. fr. *esguarder*, veiller sur). Estime que l'on a pour qqn, qqch : *Il n'a aucun égard pour son père.* ▪ **À certains égards,** à certains points de vue : *À certains égards, il a raison.* ▪ **À cet égard,** sur ce point. ▪ **À l'égard de,** en ce qui concerne. ▪ **À tous (les) égards,** sous tous les rapports. ▪ **Eu égard à,** en considération de : *Eu égard à son âge, on l'a dispensé de venir.* ▪ **Sans égard pour,** sans tenir compte de. ◆ **n.m. pl.** Marques de respect ; déférence : *On l'a reçu avec beaucoup d'égards.*

ÉGARÉ, E adj. 1. Qui a perdu sa route : *Un touriste égaré.* **2.** Qui donne une impression de grand trouble intérieur ; hagard : *Regard égaré.*

ÉGAREMENT n.m. Sout. Dérèglement de la conduite, de l'esprit ; folie passagère : *Il a dit ça dans un moment d'égarement.*

ÉGARER v.t. [3] (du francique **warôn*, conserver). **1.** Perdre momentanément ; ne plus trouver : *J'ai encore égaré mon stylo.* **2.** Fig. Mettre dans l'erreur, sur une mauvaise piste ; dérouter : *Ce faux indice a égaré les policiers.* **3.** Mettre hors de soi ; troubler : *La jalousie t'égare.* ◆ **S'ÉGARER v.pr. 1.** Se perdre en route : *Elles se sont égarées dans le musée.* **2.** Fig. S'écarter du bon sens, de la vérité : *Excusez-le, il s'égare.*

ÉGAYANT, E adj. Litt. Qui rend gai.

ÉGAYEMENT n.m. → **ÉGAIEMENT.**

ÉGAYER [egeje] **v.t. [6]. 1.** Apporter un élément de gaieté, de vie : *Cette peinture claire égaie la maison.* **2.** Rendre gai ; amuser : *Ses plaisanteries égayèrent l'auditoire.* ◆ **S'ÉGAYER v.pr.** Litt. Se divertir.

ÉGÉEN, ENNE adj. Qui se rapporte à la mer Égée. ▪ **Civilisation égéenne,** ensemble des cultures de l'âge du bronze qui se sont épanouies, de la fin du IIIe millénaire à la fin du IIe millénaire, de Chypre au Péloponnèse et de la Crète à Troie.

ÉGÉRIE **n.f.** (de *Égérie*, n. myth.). **1.** Femme qui joue le rôle de conseillère, d'inspiratrice d'un homme, d'un groupe, d'un mouvement artistique, politique, etc. **2.** Jeune femme qui inspire une grande marque et en incarne l'image.

ÉGIDE **n.f.** (du gr. *aigis, -idos*, peau de chèvre). **MYTH. GR.** Cuirasse ou bouclier merveilleux de Zeus et d'Athéna. ▪ **Sous l'égide de,** sous la protection, le patronage de.

ÉGLANTIER **n.m.** (lat. pop. **aquilentum*). Rosier sauvage aux grandes fleurs roses ou blanches, à fruits rouges ou noirs comestibles (cynorhodons). ➲ Famille des rosacées.

▲ **églantier**

ÉGLANTINE **n.f.** Fleur de l'églantier.

ÉGLEFIN [egləfɛ̃] ou **AIGLEFIN** [ɛgləfɛ̃] **n.m.** (moy. néerl. *schelvisch*). Poisson voisin de la morue, qui vit dans la mer du Nord et qui, fumé, fournit le haddock (SYN. **morue noire**). ➲ Famille des gadidés.

1. ÉGLISE **n.f.** (du gr. *ekklesia*, assemblée). **1.** Société religieuse fondée par Jésus-Christ, rassemblant les fidèles qui croient en sa personne et en son enseignement, et servie par un clergé dont le pape est le chef suprême. **2.** Communauté chrétienne : *L'Église catholique, protestante, orthodoxe.* **3.** L'Église catholique romaine. ▪ **Homme d'Église,** ecclésiastique.

2. ÉGLISE **n.f.** Édifice dans lequel les catholiques ou les orthodoxes célèbrent leur culte.

ÉGLISE-HALLE **n.f.** (pl. *églises-halles*). Église médiévale à plusieurs vaisseaux de même hauteur, largement ouverts les uns sur les autres.

ÉGLOGUE **n.f.** (du gr. *eklogê*, choix). **LITTÉR.** Petit poème pastoral dialogué.

EGO [ego] **n.m. inv.,** ▲ *ÉGO n.m.* (mot lat. « moi »). **1. PHILOS.** Sujet conscient et pensant. **2. PSYCHAN.** Le moi. **3. ANTHROP.** (Avec une majuscule). Le sujet pris comme terme de référence, dans un vocabulaire de parenté : *Génération d'Ego.*

ÉGOCENTRIQUE **adj.** et **n.** Qui manifeste de l'égocentrisme.

ÉGOCENTRISME **n.m.** Tendance à centrer tout sur soi-même, à juger tout par rapport à soi ou à son propre intérêt (par oppos. à *allocentrisme*).

ÉGOCENTRISTE **adj.** et **n.** Égocentrique.

ÉGOÏNE **n.f.** (du lat. *scobina*, lime). Scie à lame rigide, munie d'une poignée à l'une de ses extrémités. (On dit aussi *scie égoïne.*)

ÉGOÏSME **n.m.** (du lat. *ego*, moi). Tendance qui porte un individu à se préoccuper exclusivement de son propre plaisir et de son propre intérêt, sans se soucier de ceux des autres (par oppos. à *altruisme*).

ÉGOÏSTE **adj.** et **n.** Qui fait preuve d'égoïsme.

ÉGOÏSTEMENT **adv.** Avec égoïsme.

ÉGOPORTRAIT **n.m.** Québec. Selfie.

ÉGORGEMENT **n.m.** Action d'égorger ; meurtre commis en égorgeant.

ÉGORGER **v.t.** [10]. **1.** Tuer en coupant la gorge : *Le renard a égorgé une poule.* **2.** Fam., vieilli. Faire payer trop cher : *Ce garagiste égorge ses clients.* ◆ **S'ÉGORGER** **v.pr.** S'entre-tuer.

ÉGORGEUR, EUSE **n.** Personne, animal qui tue en égorgeant.

S'ÉGOSILLER **v.pr.** [3] (de *gosier*). Crier ou chanter très fort et longtemps ; s'époumoner.

ÉGOTISME **n.m.** (angl. *egotism*, du lat. *ego*, moi). **1.** Litt. Culte du moi ; narcissisme. **2. LITTÉR.** Terme employé par Stendhal pour désigner l'étude analytique, faite par un écrivain, de sa propre personnalité.

ÉGOTISTE **adj.** et **n.** Litt. Qui fait preuve d'égotisme.

ÉGOURMANDER **v.t.** [3]. Débarrasser une plante de ses gourmands.

ÉGOUT **n.m.** (de *égoutter*). Conduite souterraine, qui recueille les eaux usées d'une agglomération et les évacue dans le milieu extérieur ou vers une station d'épuration.

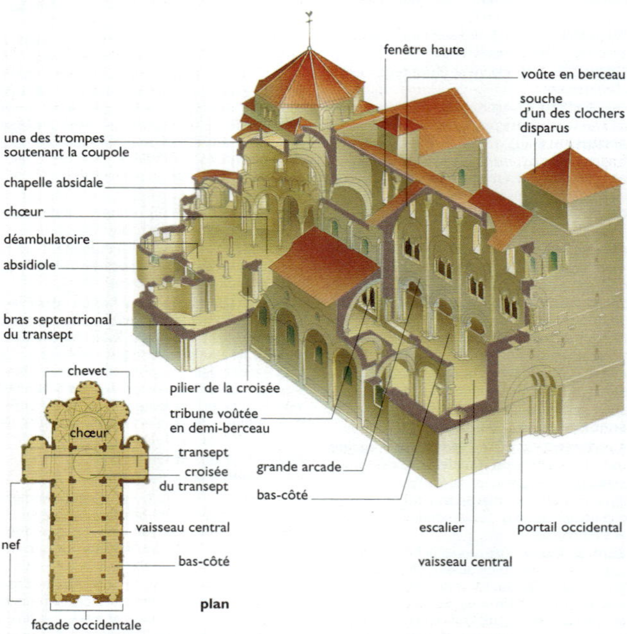

▲ **église.** Écorché et plan de l'église Saint-Étienne de Nevers (art roman, seconde moitié du XIᵉ s.).

ÉGOUTIER **n.m.** Personne chargée du nettoyage et de l'entretien des égouts.

ÉGOUTTAGE ou **ÉGOUTTEMENT** **n.m.** Action d'égoutter ; fait de s'égoutter.

ÉGOUTTER **v.t.** [3]. **1.** Débarrasser d'un liquide en le faisant écouler goutte à goutte : *Égoutter des pâtes.* **2.** Séparer le petit-lait du caillé, au cours de la fabrication du fromage. ◆ **S'ÉGOUTTER** **v.pr.** Perdre son eau goutte à goutte.

ÉGOUTTOIR **n.m.** **1.** Ustensile servant à faire égoutter la vaisselle. **2.** Passoire hémisphérique pour égoutter les aliments. ▪ **Égouttoir à bouteilles,** hérisson.

ÉGOUTTURE **n.f.** Liquide provenant d'un objet qui s'égoutte.

ÉGRAINAGE **n.m.** → **ÉGRENAGE.**

ÉGRAINEMENT **n.m.** → **ÉGRÈNEMENT.**

ÉGRAINER **v.t.** [3] → **ÉGRENER.**

ÉGRAPPAGE **n.m.** Action d'égrapper.

ÉGRAPPER **v.t.** [3]. Détacher les grains de raisin de la grappe.

ÉGRAPPOIR **n.m.** Appareil pour égrapper le raisin.

ÉGRATIGNER **v.t.** [3] (de l'anc. fr. *gratiner*, gratter). **1.** Déchirer légèrement la peau avec qqch de piquant ; écorcher : *Le barbelé lui a égratigné le bras.* **2.** Rayer superficiellement ; érafler. **3.** Fig. Blesser qqn par des petites attaques personnelles : *Le candidat a égratigné son adversaire.* ◆ **S'ÉGRATIGNER** **v.pr.** Se déchirer légèrement la peau.

ÉGRATIGNURE **n.f.** **1.** Déchirure superficielle de la peau ; écorchure. **2.** Fig. Blessure légère d'amour-propre.

ÉGRENAGE ou **ÉGRAINAGE** **n.m.** **1.** Action d'égrener. **2.** Chute prématurée des grains de céréales avant la récolte.

ÉGRÈNEMENT ou **ÉGRAINEMENT** **n.m.** Action d'égrener, de s'égrener.

ÉGRENER [12] ou **ÉGRAINER** [3] **v.t.** (du lat. *granum*, grain). **1.** Détacher les grains d'un épi, d'une grappe, etc. : *Égrener des haricots.* **2.** Faire entendre une suite de sons bien détachés les uns des autres : *L'horloge égrène les heures.* ▪ **Égrener un chapelet,** en faire passer tous les grains entre ses doigts pour compter les prières. ◆ **S'ÉGRENER** ou **S'ÉGRAINER** **v.pr.** **1.** Tomber par grains. **2.** Se faire entendre en sons détachés : *Le tic-tac du métronome s'égrenait.*

ÉGRENEUSE **n.f.** Machine pour égrener le maïs, les plantes fourragères ou les plantes textiles (lin, coton, etc.).

ÉGRESSION **n.f.** (du lat. *egressio*, sortie). **MÉD.** Évolution d'une ou de plusieurs dents qui, n'ayant pas de dents antagonistes, quittent leur plan articulaire normal, paraissant ainsi sortir de leurs alvéoles.

ÉGRILLARD, E **adj.** (du norm. *égriller*, glisser). Qui aime les plaisanteries, les propos grivois ; qui dénote cet état d'esprit : *Un humour égrillard.*

ÉGRISAGE **n.m.** Action d'égriser.

ÉGRISÉE **n.f.** ou **ÉGRISÉ** **n.m.** Mélange de poudre de diamant et d'huile, utilisé pour tailler ou polir le diamant et d'autres gemmes.

ÉGRISER **v.t.** [3]. Polir par frottement avec un abrasif (égrisée, émeri, etc.) une gemme, une glace, de la pierre, etc.

ÉGROTANT, E **adj.** (lat. *aegrotans*). Litt., vieilli. Qui est souvent malade ; cacochyme.

ÉGRUGEAGE **n.m.** Action d'égruger.

ÉGRUGEOIR **n.m.** Mortier ou moulin en bois pour égruger le sel et les épices.

ÉGRUGER **v.t.** [10] (de *gruger*). Réduire en poudre : *Égruger du sel.*

ÉGUEULÉ, E **adj.** **GÉOMORPH.** ▪ **Cratère égueulé,** cratère de volcan dont le bord est échancré.

ÉGUEULER **v.t.** [3]. Briser le bord ou le goulot de : *Égueuler un vase.*

ÉGYPTIEN, ENNE **adj.** et **n.** De l'Égypte ; de ses habitants. ◆ **n.m.** Langue chamito-sémitique de l'Égypte ancienne parlée jusqu'à l'hellénisation.

ÉGYPTIENNE **n.f.** **IMPRIM.** Famille de caractères typographiques à empattements quadrangulaires.

ÉGYPTOLOGIE **n.f.** Étude de l'Égypte ancienne.

ÉGYPTOLOGUE **n.** Spécialiste d'égyptologie.

EH interj. S'emploie pour exprimer la surprise, l'admiration, ou pour interpeller qqn : *Eh bien, quel succès ! Eh, toi, viens par ici !*

ÉHONTÉ, E adj. (de *honte*). Qui bafoue l'honnêteté avec cynisme : *Un mensonge éhonté.*

EHPAD ou **E.H.P.A.D.** [epad] **n.m.** (acronyme de *établissement d'hébergement pour personnes âgées dépendantes*). Maison de retraite médicalisée, pouvant justifier d'équipements adaptés et d'un personnel spécialisé lui permettant d'accueillir des résidents autonomes à très dépendants (atteints de la maladie d'Alzheimer ou de maladies dégénératives, par ex.).

EHRLICHIOSE n.f. Groupe de maladies infectieuses, incluant les borrélioses, transmises par les tiques.

EIDER [edɛr] **n.m.** (islandais *aedhar*). Canard marin qui niche sur les côtes scandinaves et dont le duvet sert à fabriquer des édredons. ➲ Famille des anatidés.

EIDÉTIQUE [ɛjdetik] **adj.** (du gr. *eidos*, image). **PHILOS.** Qui concerne les essences, abstraction faite (« réduction eidétique ») de la réalité sensible ou psychologique, dans la phénoménologie de Husserl. ▪ **Image eidétique** [psychol.], reviviscence d'une perception après un certain temps de latence.

EIDÉTISME [ɛjde-] **n.m. PSYCHOL.** Faculté de revoir avec une grande acuité sensorielle des objets perçus plus ou moins longtemps auparavant, sans croire à la réalité matérielle du phénomène.

EINSTEINIUM [ajnʃtɛnjɔm] **n.m.** (de *Einstein*, n.pr.). Élément artificiel (Es), de numéro atomique 99.

EIRL ou **E.I.R.L.** [əiɛrɛl] **n.m.** (sigle de *entrepreneur individuel à responsabilité limitée*). En France, statut accordé depuis 2011 à l'entrepreneur individuel, quelle que soit son activité, dès lors qu'il a déclaré un patrimoine professionnel distinct de son patrimoine personnel, sans pour autant créer une société.

ÉJACULAT n.m. Quantité de sperme émis lors d'une éjaculation.

ÉJACULATEUR adj.m. ANAT. ▪ **Canal éjaculateur,** chacun des deux petits conduits de 2,5 cm de long qui s'étendent de la confluence des canaux déférents et des vésicules séminales à la portion prostatique de l'urètre.

ÉJACULATION n.f. Émission du sperme au moment de l'orgasme masculin. ▪ **Éjaculation précoce,** émission de sperme survenant avant ou peu après l'intromission du pénis.

ÉJACULER v.t. et **v.i. [3]** (lat. *ejaculari*). Produire une éjaculation.

ÉJECTABLE adj. Qui peut être éjecté. ▪ **Siège éjectable,** siège d'avion muni d'une fusée qui, en cas de détresse, permet à son occupant d'évacuer l'appareil en vol ; fig., fam., situation précaire.

ÉJECTER v.t. [3] (lat. *ejectare*). **1.** Projeter au-dehors avec une certaine force. **2.** Fam. Expulser ou congédier brutalement qqn : *On l'a éjecté du cinéma.*

ÉJECTEUR n.m. 1. Mécanisme servant à éjecter des pièces métalliques ou plastiques. **2.** Pièce d'une arme à feu qui sert à éjecter la douille d'une cartouche.

ÉJECTION n.f. (lat. *ejectio*). Action d'éjecter : *Éjection d'une bille de flipper. Éjection d'un pilote.*

ÉJOINTER v.t. [3]. Rogner les ailes d'un oiseau pour l'empêcher de voler.

EKTACHROME n.m. (nom déposé). Film en couleurs inversible ; photographie faite avec ce type de film. Abrév. **Ekta** [nom déposé].

ÉLABORATION n.f. 1. Action d'élaborer qqch par un travail de réflexion ; création : *L'élaboration d'un nouveau jeu vidéo.* **2. BIOL.** Synthèse. **3.** Traitement permettant d'extraire un métal de son minerai, puis de l'affiner afin d'arriver, après différentes opérations, à sa composition finale.

ÉLABORÉ, E adj. Qui résulte d'une élaboration : *Recette très élaborée.* ▪ **Sève élaborée** [bot.], sève enrichie en substances organiques par l'activité chimique des feuilles et qui circule dans les tubes du liber.

ÉLABORER v.t. [3] (du lat. *elaborare*, perfectionner). **1.** Composer, construire par un long travail intellectuel : *Élaborer un programme informatique.* **2. BIOL., CHIM.** Synthétiser. **3.** Procéder à l'élaboration d'un métal.

ELÆIS n.m. → **ÉLÉIS.**

ÉLAGAGE n.m. Action d'élaguer.

ÉLAGUER v.t. [3] (de l'anc. nordique *laga*, arranger). **1.** Couper les branches inutiles ou nuisibles d'un arbre ; émonder. **2.** Fig. Supprimer ce qui est superflu dans une phrase, un texte.

ÉLAGUEUR, EUSE n. Personne qui élague. ◆ **n.m.** Serpe pour élaguer. ◆ **n.f.** Machine servant à élaguer.

1. ÉLAN n.m. 1. Mouvement que l'on fait pour s'élancer : *Prendre son élan.* **2.** Force prise par un être, un objet en mouvement : *Emporté par son élan, le skieur est sorti de la piste.* **3.** Fig. Mouvement intérieur spontané ; impulsion : *Un élan du cœur.*

2. ÉLAN n.m. (haut all. *elend*). Grand cerf aux bois larges et plats, qui vit en Scandinavie, en Sibérie, aux États-Unis et au Canada, où il est appelé *orignal.* ➲ Poids 1 000 kg ; famille des cervidés.

▲ **élan**

ÉLANCÉ, E adj. Mince et de haute taille.

ÉLANCEMENT n.m. 1. Douleur vive et intermittente. **2. MAR.** Angle formé par l'étrave ou l'étambot d'un navire avec le prolongement de la quille ; ensemble des parties avant et arrière de la coque d'un navire en surplomb au-dessus de l'eau.

ÉLANCER v.i. et **v.t. [9]** (de *1. lancer*). Causer des élancements ; être le siège d'élancements : *Son panaris lui élance* ou *l'élance.* ◆ **S'ÉLANCER v.pr. 1.** Se jeter en avant ; se précipiter : *Elle s'est élancée vers son idole.* **2.** Litt. Se dresser verticalement : *L'obélisque s'élance vers le ciel.*

ÉLAND n.m. (angl. *eland*, du germ.). Grande et lourde antilope africaine aux cornes spiralées. ➲ Poids 800 kg ; famille des bovidés.

ÉLAPHE n.m. Nom spécifique du cerf commun d'Europe.

ÉLAPIDÉ n.m. (du lat. *elaps*, serpent corail). Serpent venimeux des régions tropicales d'Afrique, d'Asie et d'Australie, tel que le cobra et le mamba. ➲ Les élapidés forment une famille.

ÉLARGIR v.t. [21]. 1. Rendre plus large : *Élargir une rue, une jupe.* **2.** Accroître l'étendue, l'importance de ; augmenter : *Élargir son cercle d'amis.* **3.** Fig. Donner une portée plus générale à : *Élargir un débat.* **4. DR.** Mettre en liberté : *Élargir un prisonnier.* ◆ **S'ÉLARGIR v.pr.** Devenir plus large : *Le sentier s'élargit à la lisière du bois.*

ÉLARGISSEMENT n.m. 1. Action d'élargir ou d'étendre qqch ; fait de s'élargir. **2. DR.** Mise en liberté d'un détenu.

ÉLASTHANNE n.m. Nom générique d'une fibre élastomère dotée d'une grande élasticité.

ÉLASTICIMÉTRIE n.f. MATÉR. Mesure des contraintes subies par un corps et des déformations qui en résultent.

ÉLASTICITÉ n.f. 1. MATÉR. Propriété que possèdent certains corps de reprendre leur forme ou leur volume quand la force qui les déformait a cessé d'agir : *L'élasticité d'un élastomère.* **2.** Souplesse alliée à de l'agilité : *L'élasticité d'une contorsionniste.* **3.** Fig. Possibilité d'être interprété de diverses façons : *L'élasticité de certaines lois.* **4.** Sout. Absence de rigueur morale. **5. ÉCON.** Variation relative d'une grandeur économique par rapport à une autre en fonction de la conjoncture (par oppos. à *rigidité*). ➲ Par ex., on constate l'élasticité de la demande d'un bien en fonction de son prix. ▪ **Limite d'élasticité** [matér.], valeur de la contrainte subie par un matériau telle que toute contrainte supérieure provoque des déformations résiduelles irréversibles (déformations plastiques). ▪ **Module d'élasticité** [matér.], quotient de la contrainte agissant sur un corps par la déformation obtenue.

ÉLASTINE n.f. BIOCHIM. Protéine présente dans de nombreux tissus élastiques (peau, gros vaisseaux sanguins, ligaments) et entrant dans la composition de cosmétiques.

ÉLASTIQUE adj. (lat. sc. *elasticus*, du gr.). **1.** Qui reprend sa forme et son volume après avoir été déformé. **2.** Fait d'une matière douée d'élasticité : *Bretelles élastiques.* **3.** Se dit des mouvements d'un être vivant qui est souple et agile : *Marcher d'un pas élastique.* **4.** Fig. Qui manque de rigueur ; que l'on peut interpréter librement : *Règlement élastique.* ◆ **n.m. 1.** Lien, bande circulaires en caoutchouc. **2.** Ruban élastique dont la trame contient des fils de caoutchouc : *L'élastique d'un slip.*

ÉLASTIQUÉ, E adj. Muni d'un élastique : *Pantalon élastiqué à la taille.*

ÉLASTOMÈRE n.m. Polymère naturel ou synthétique, possédant des propriétés élastiques analogues à celles du caoutchouc.

ÉLAVÉ, E adj. Se dit du poil à l'aspect déteint d'un chien ou d'une bête fauve.

ELBOT n.m. (néerl. *heilbot*). Belgique. Flétan.

ELDORADO n.m. (de l'esp. *el dorado*, le doré). **1.** Pays chimérique où l'on peut s'enrichir facilement et où la vie est très agréable. **2.** Source prometteuse de profits rapides : *Les eldorados de la téléphonie mobile.*

E-LEARNING [ilœrniŋ] **n.m.** (de l'angl. *to learn*, apprendre). Mode d'apprentissage requérant l'usage du multimédia et donnant accès à des formations interactives sur Internet. Recomm. off. **formation en ligne.**

ÉLÉATE adj. et **n.** De la ville antique d'Élée. ▪ **Les Éléates,** philosophes de l'école d'Élée, illustrée au Ve s. av. J.-C. par Parménide et Zénon d'Élée. ➲ Elle établit la distinction entre le monde intelligible, immuable et seul objet de la science, et le monde physique, changeant et connu par les sens.

ÉLÉATIQUE adj. Qui appartient à l'école philosophique des Éléates.

ÉLECTEUR, TRICE n. (du bas lat. *elector*, qui choisit). **1.** Personne qui participe à une élection, qui a le droit de vote. **2. HIST.** (Avec une majuscule). Prince ou évêque du Saint Empire romain germanique qui participait à l'élection de l'empereur. ▪ **Grands électeurs,** en France, collège électoral formé, dans chaque département, des députés, des conseillers généraux, des conseillers régionaux et des délégués des conseils municipaux pour élire les sénateurs.

ÉLECTIF, IVE adj. 1. Nommé ou conféré par élection : *Magistrature élective.* **2.** Sout. Qui opère un choix, une sélection : *Affinités électives.*

ÉLECTION n.f. (du lat. *electio*, choix). **1.** Choix que l'on exprime par l'intermédiaire d'un vote : *L'élection de Miss Monde* ; fait d'être élu : *Après son élection à l'Académie.* **2. DR. CONSTIT.** (Souvent au pl.). Mode de désignation par voie de suffrages d'un candidat à un poste, à une fonction : *L'élection présidentielle. Les élections législatives.* **3. HIST.** Circonscription financière de la France de l'Ancien Régime, soumise à la juridiction d'officiers royaux, les *élus.* ➲ La France était divisée en *pays d'états* et *pays d'élections.* ▪ **D'élection** [sout.], que l'on a choisi : *Pays d'élection.*

ÉLECTIVEMENT adv. D'une manière élective.

ÉLECTIVITÉ n.f. Qualité d'une personne, d'une fonction désignée par élection.

ÉLECTORAL, E, AUX adj. Relatif à une élection, aux élections : *Affiches électorales.*

ÉLECTORALISME n.m. Péjor. Attitude d'un homme politique, d'un parti qui oriente son programme et ses positions en fonction du bénéfice électoral escompté.

ÉLECTORALISTE adj. Péjor. Inspiré par l'électoralisme.

ÉLECTORAT n.m. **1.** Ensemble des électeurs d'un pays, d'un parti, d'une région, etc. **2.** DR. Ensemble des conditions constitutives de la qualité d'électeur. **3.** HIST. Dignité d'Électeur, dans le Saint Empire romain germanique ; territoire soumis à la juridiction d'un Électeur.

ÉLECTRET n.m. PHYS. Diélectrique qui reste électrisé de façon permanente après avoir été soumis à un champ électrique temporaire.

ÉLECTRICIEN, ENNE n. **1.** Technicien qui conçoit, réalise ou répare des installations électriques. **2.** Spécialiste (physicien, ingénieur) de l'électricité.

ÉLECTRICITÉ n.f. (lat. sc. *electricitas*, du gr. *êlektron*, ambre jaune, à cause de ses propriétés). **1.** Ensemble de phénomènes physico-chimiques dus à la présence, dans les atomes, de particules dites *chargées* (protons, électrons, etc.). **2.** La forme d'énergie associée à ces phénomènes, d'usage domestique ou industriel : *Allumer, éteindre l'électricité. Panne d'électricité.* **3.** Partie de la physique et des techniques qui traite des phénomènes électriques et de leurs applications. ■ **Électricité animale** [physiol.], électricité produite par les animaux, notamm. par certaines espèces de poissons, pour s'orienter (électrolocation) ou pour chasser et se défendre. ■ **Électricité statique,** électricité produite par frottement, contact ou contrainte mécanique (pression exercée sur certains cristaux, par ex., appelée aussi *piézoélectricité*). ■ **Quantité d'électricité,** somme algébrique des charges en jeu dans un phénomène (unité SI : le *coulomb*).

➲ L'**ÉLECTRICITÉ** recouvre plusieurs domaines. L'*électrostatique* est l'étude des particules chargées (protons, électrons, etc.) au repos ; l'*électrocinétique*, celle des charges en mouvement. L'électricité et le magnétisme sont unifiés au sein de l'*électromagnétisme*. En effet, un courant électrique crée une induction magnétique, et un aimant en mouvement peut induire un courant. Cela a permis d'élucider la nature des ondes radio, de la lumière, des rayons X ou γ, qui sont des ondes électromagnétiques de même nature, mais de fréquences différentes.

ÉLECTRIFICATION n.f. Action d'électrifier.

ÉLECTRIFIER v.t. [5]. **1.** Doter d'un réseau de distribution d'énergie électrique : *Électrifier un hameau.* **2.** Équiper une voie ferrée pour la traction électrique.

ÉLECTRIQUE adj. **1.** Relatif à l'électricité : *Courant électrique.* **2.** Qui produit de l'électricité : *Générateur électrique.* **3.** Qui fonctionne à l'électricité : *Voiture électrique.*

ÉLECTRIQUEMENT adv. Au moyen de l'électricité.

ÉLECTRISABLE adj. Qui peut être électrisé.

ÉLECTRISANT, E adj. **1.** Qui électrise, développe de l'électricité. **2.** Fig. Qui provoque un grand enthousiasme ; exaltant : *Un discours électrisant.*

ÉLECTRISATION n.f. Action, manière d'électriser ; fait d'être électrisé.

ÉLECTRISER v.t. [3]. **1.** Développer des charges électriques sur un corps : *Électriser un conducteur.* **2.** Fig. Éveiller fortement l'intérêt, l'enthousiasme de ; enflammer.

ÉLECTRO n.f. inv. (de *musique électronique*). Toute musique composée à l'aide d'ordinateurs.

ÉLECTROACOUSTIQUE n.f. Technique de production, de transmission, d'enregistrement et de reproduction des signaux acoustiques par des moyens électroniques. ◆ adj. ■ **Musique électroacoustique,** utilisant cette technique pour la production des sons destinés à l'écoute directe (synthétiseur) ou différée (enregistrement sur bande magnétique). ➲ Cette musique regroupe la musique concrète et la musique électronique.

ÉLECTROAFFINITÉ n.f. PHYS. Énergie qu'il faut fournir à un atome pour qu'il s'attache un électron.

ÉLECTROAIMANT n.m. Dispositif produisant un champ magnétique grâce à un système de bobines à noyau de fer, parcourues par un courant électrique.

ÉLECTROBIOLOGIE n.f. Étude des phénomènes électriques spontanés des organismes vivants (électrophysiologie) et de l'utilisation de l'électricité dans les expériences biologiques.

ÉLECTROCAPILLARITÉ n.f. PHYS. Variation de tension superficielle qui résulte de l'action d'un champ électrique.

ÉLECTROCARDIOGRAMME n.m. Tracé obtenu grâce à l'électrocardiographie.

ÉLECTROCARDIOGRAPHE n.m. Appareil utilisé pour l'électrocardiographie.

ÉLECTROCARDIOGRAPHIE n.f. MÉD. Technique d'enregistrement de l'activité électrique du cœur.

ÉLECTROCHIMIE n.f. Science et technique des transformations réciproques de l'énergie chimique et de l'énergie électrique.

ÉLECTROCHIMIQUE adj. Qui se rapporte à l'électrochimie.

ÉLECTROCHOC n.m. **1.** PSYCHIATR. Méthode de traitement des dépressions graves et de certaines psychoses, qui consiste à provoquer des convulsions épileptiques par le passage bref de courant à travers le cerveau (SYN. **sismothérapie**). **2.** Fig. Événement brutal qui provoque un choc psychologique : *La crise financière a été un électrochoc pour le monde.*

ÉLECTROCINÉTIQUE n.f. Partie de la physique qui étudie les charges électriques en mouvement indépendamment des champs magnétiques créés. ◆ adj. Relatif à l'électrocinétique.

ÉLECTROCOAGULATION n.f. CHIRURG. Technique de destruction des tissus vivants par coagulation à l'aide d'un courant de haute fréquence.

ÉLECTROCOPIE n.f. Procédé de reproduction se fondant sur l'électrostatique.

ÉLECTROCUTER v.t. [3] (anglo-amér. *to electrocute*). **1.** Causer une secousse, parfois mortelle, par le passage dans l'organisme d'un courant électrique. **2.** Procéder à une exécution par électrocution. ◆ **S'ÉLECTROCUTER** v.pr. Être touché par une décharge électrique qui peut être mortelle.

ÉLECTROCUTION n.f. **1.** Effet pathologique provoqué dans l'organisme par le passage d'un courant électrique. **2.** Exécution des condamnés à mort par choc électrique, en vigueur dans certains États des États-Unis.

ÉLECTRODE n.f. Extrémité de chacun des conducteurs fixés aux pôles d'un générateur électrique, dans un voltamètre, un tube à gaz raréfié ou un dispositif à arc électrique.

ÉLECTRODÉPOSITION n.f. TECHN. **1.** Procédé d'obtention d'un dépôt solide par électrolyse (SYN. **galvanoplastie**). **2.** Procédé d'obtention d'un revêtement par électrophorèse.

ÉLECTRODIAGNOSTIC n.m. MÉD. Diagnostic des maladies par enregistrement d'une activité électrique (électrocardiographie, par ex.).

ÉLECTRODIALYSE n.f. CHIM. Procédé de séparation des ions d'un liquide placé entre deux membranes semi-perméables en présence d'un champ électrique.

ÉLECTRODOMESTIQUE adj. et n.m. Se dit des appareils électriques utilisés à la maison (appareils ménagers, outils de bricolage, ordinateurs, etc.).

ÉLECTRODYNAMIQUE n.f. Partie de la physique qui traite des actions dynamiques entre courants électriques. ■ **Électrodynamique quantique,** théorie quantique relativiste de l'interaction entre matière et rayonnement et, plus spécifiquement, de l'interaction entre électrons et photons. ◆ adj. Relatif à l'électrodynamique.

ÉLECTRODYNAMOMÈTRE n.m. Appareil pour mesurer l'intensité d'un courant électrique.

ÉLECTROENCÉPHALOGRAMME n.m. Tracé obtenu par électroencéphalographie.

ÉLECTROENCÉPHALOGRAPHIE n.f. MÉD. Technique d'enregistrement de l'activité électrique spontanée du cortex cérébral.

ÉLECTROÉROSION n.f. Procédé d'usinage de pièces métalliques par une succession très rapide de décharges électriques dans un liquide isolant.

ÉLECTROFAIBLE adj. PHYS. Se dit de la théorie unifiée de l'interaction électromagnétique et de l'interaction faible.

ÉLECTROFORMAGE n.m. MÉTALL. Procédé utilisé pour produire ou reproduire un objet métallique par électrodéposition.

ÉLECTROFUNK [-fœnk] n.m. inv. et adj. inv. Musique funk qui recourt aux instruments électroniques.

ÉLECTROGÈNE adj. Qui produit de l'électricité. ■ **Groupe électrogène,** ensemble formé par un moteur thermique et un générateur, et qui transforme en énergie électrique l'énergie mécanique fournie par le moteur.

ÉLECTROLOCATION ou **ÉLECTROLOCALISATION** n.f. ZOOL. Localisation des proies et des obstacles à l'aide d'un champ électrique produit par des organes spéciaux, observée chez certains poissons (gymnotes).

ÉLECTROLOGIE n.f. Discipline qui traite des applications médicales de l'électricité.

ÉLECTROLUMINESCENCE n.f. Luminescence d'une substance sous l'action d'un champ électrique.

ÉLECTROLUMINESCENT, E adj. Qui est doué d'électroluminescence.

ÉLECTROLYSABLE adj. Qui peut être électrolysé.

ÉLECTROLYSE n.f. Dissociation en ions chimiques de certaines substances en fusion ou en solution, produite par un courant électrique. ➲ L'aluminium est produit par électrolyse de l'alumine.

ÉLECTROLYSER v.t. [3]. Soumettre à l'électrolyse.

ÉLECTROLYSEUR n.m. Appareil servant à faire une électrolyse.

ÉLECTROLYTE n.m. Corps qui, fondu ou en solution, peut se dissocier en ions sous l'action d'un courant électrique.

ÉLECTROLYTIQUE adj. **1.** Qui a les caractères d'un électrolyte. **2.** Qui se fait par électrolyse.

ÉLECTROMAGNÉTIQUE adj. Qui se rapporte à l'électromagnétisme.

ÉLECTROMAGNÉTISME n.m. Partie de la physique qui étudie les relations entre électricité et magnétisme.

ÉLECTROMÉCANICIEN, ENNE n. Spécialiste d'électromécanique.

ÉLECTROMÉCANIQUE n.f. Ensemble des techniques qui utilisent des composants électriques dans des dispositifs mécaniques. ◆ adj. Relatif à l'électromécanique.

ÉLECTROMÉNAGER, ÈRE adj. Se dit d'un appareil électrique à usage ménager (fer à repasser, aspirateur, etc.). ◆ n.m. Ensemble des appareils électroménagers ; industrie et commerce de ces appareils.

ÉLECTROMÉNAGISTE n. Commerçant en appareils électroménagers.

ÉLECTROMÉTALLURGIE n.f. Utilisation de l'électricité pour la production et l'affinage des métaux et des produits métallurgiques.

ÉLECTROMÈTRE n.m. Appareil électrostatique servant à mesurer des différences de potentiel ou des charges électriques.

ÉLECTROMÉTRIE n.f. Ensemble des méthodes de mesure utilisant des électromètres.

ÉLECTROMOTEUR, TRICE adj. Qui développe de l'électricité sous l'influence d'une action mécanique ou chimique. ■ **Force électromotrice (f.é.m.),** tension aux bornes d'un générateur en l'absence de courant.

ÉLECTROMYOGRAMME n.m. Tracé obtenu grâce à l'électromyographie.

ÉLECTROMYOGRAPHIE n.f. MÉD. Technique d'enregistrement de l'activité électrique des muscles et des nerfs.

ÉLECTRON n.m. Particule fondamentale portant une charge électrique négative ($-1,602 \times 10^{-19}$ C) et qui est un constituant universel de la matière. ■ **Électron célibataire,** électron situé sur la couche externe d'un atome et non apparié. ■ **Électron libre,** électron de valence* d'un métal, responsable de sa conductibilité électrique ; fig., personne qui, par son indépendance d'esprit et sa liberté de parole, se démarque d'un groupe, d'une institution.

ÉLECTRONÉGATIF, IVE adj. CHIM. Se dit d'un élément dont les atomes ont une affinité pour les électrons (les halogènes, l'oxygène, les nonmétaux).

ÉLECTRONICIEN, ENNE n. Spécialiste d'électronique.

ÉLECTRONIQUE n.f. Partie de la physique et de la technique qui étudie et utilise les variations de grandeurs électriques (champs électromagnétiques, charges électriques, etc.) pour capter, transmettre et exploiter de l'information. ▪ **Électronique de spin,** dans laquelle on agit sur le spin des électrons pour contrôler leur déplacement (SYN. **spintronique**). ➲ Elle trouve d'importantes applications dans les technologies de l'information et de la communication (TIC). ◆ **adj. 1.** Qui se rapporte à l'électron. **2.** Qui fonctionne suivant les principes de l'électronique ; qui utilise les dispositifs électroniques. ▪ **Annuaire électronique,** annuaire téléphonique consultable sur Internet. ▪ **Musique électronique,** musique utilisant des oscillations électriques pour créer des sons musicaux, par l'intermédiaire de haut-parleurs. ▪ **Sport électronique,** pratique du jeu vidéo multijoueur, notamm. en réseau ; ensemble des compétitions dédiées à cette pratique (SYN. **e-sport**).

ÉLECTRONIQUEMENT adv. Par des moyens électroniques.

ÉLECTRONUCLÉAIRE adj. ▪ **Centrale électronucléaire,** centrale électrique utilisant l'énergie thermique produite par un réacteur nucléaire. ◆ **n.m.** Ensemble des techniques visant à la production d'électricité à partir de l'énergie nucléaire.

ÉLECTRONVOLT n.m. Unité d'énergie (symb. eV) utilisée en physique atomique et nucléaire, équivalant à l'énergie cinétique acquise par un électron qui passe par une différence de potentiel de 1 volt dans le vide (1 eV = $1,602 \times 10^{-19}$ J).

ÉLECTRO-OSMOSE n.f. (pl. *électro-osmoses*). Traversée d'une paroi par un liquide sous l'effet d'un champ électrique (SYN. **osmose électrique**).

ÉLECTROPHILE adj. Se dit d'une particule chimique présentant de l'affinité pour les électrons.

ÉLECTROPHONE n.m. Appareil destiné à la lecture des disques vinyles.

ÉLECTROPHORÈSE n.f. CHIM. Déplacement, sous l'effet d'un champ électrique, de granules, de particules chargées, en solution ou en émulsion. ➲ Cette technique a de nombreuses applications en chimie, biologie, médecine et dans l'industrie.

ÉLECTROPHYSIOLOGIE n.f. Partie de la physiologie qui étudie l'activité électrique des cellules, des organes et des tissus vivants.

ÉLECTROPNEUMATIQUE adj. Se dit d'une installation dans laquelle l'action de l'air comprimé est mise en œuvre par des signaux de commande électriques.

ÉLECTRO-POP n.f. inv. et adj. inv. Style musical mêlant la pop et l'électro.

ÉLECTROPORTATIF, IVE adj. Se dit du petit outillage électrique que l'on peut facilement transporter.

ÉLECTROPOSITIF, IVE adj. CHIM. Se dit d'un élément dont les atomes peuvent céder facilement des électrons.

ÉLECTROPUNCTURE [-pɔ̃k-] ou **ÉLECTROPONCTURE** n.f. Électrothérapie dans laquelle on pique la peau avec des aiguilles soumises à un courant électrique.

ÉLECTRORADIOLOGIE n.f. Radiologie.

ÉLECTROSCOPE n.m. Instrument permettant de détecter les charges électriques et de déterminer leur signe.

ÉLECTROSENSIBILITÉ n.f. Ensemble des troubles physiques dus, selon la description des personnes atteintes, à une sensibilité excessive aux ondes et aux champs électromagnétiques ambiants.

ÉLECTROSTATIQUE n.f. Partie de la physique qui étudie les phénomènes d'équilibre de l'électricité sur les corps électrisés. ◆ **adj.** Relatif à l'électrostatique.

ÉLECTROSTIMULATION n.f. NEUROL. Stimulation d'un élément nerveux ou musculaire par un courant électrique.

ÉLECTROSTRICTION n.f. Déformation d'un diélectrique soumis à un champ électrique.

éléphant d'Afrique (de savane) — éléphant d'Asie

▲ **éléphants** mâles.

ÉLECTROTECHNICIEN, ENNE n. Spécialiste des applications techniques de l'électricité.

ÉLECTROTECHNIQUE n.f. Application des lois de la physique à la production, au traitement, au transport et à l'utilisation de l'énergie électrique. ◆ **adj.** Relatif à l'électrotechnique.

ÉLECTROTHÉRAPIE n.f. Traitement des maladies par application de courant électrique ; utilisation chirurgicale de ce courant (électrocoagulation, par ex.).

ÉLECTROTHERMIE n.f. **1.** Étude des transformations de l'énergie électrique en chaleur. **2.** Utilisation de ce phénomène en électrométallurgie.

ÉLECTROTROPISME n.m. ÉTHOL. Réaction d'orientation de certains animaux par rapport à un champ électrique.

ÉLECTROVALENCE n.f. Tendance pour un élément chimique à acquérir une structure électronique stable par perte ou capture d'électrons.

ÉLECTROVALVE n.f. Valve ou soupape commandée par un électroaimant.

ÉLECTROVANNE n.f. Vanne réglant le débit d'un fluide et commandée par un électroaimant.

ÉLECTRUM [-trɔm] n.m. Alliage d'or et d'argent extrait à l'état naturel en Asie Mineure, dans l'Antiquité.

ÉLECTUAIRE n.m. (du lat. *electus*, choisi). Anc. Remède que l'on préparait en mélangeant des poudres dans du miel.

ÉLÉGAMMENT adv. Avec élégance.

ÉLÉGANCE n.f. (lat. *elegantia*). **1.** Grâce, distinction dans l'allure, les manières, l'habillement ; classe. **2.** Qualité d'une personne qui fait preuve de distinction morale ou intellectuelle ; délicatesse : *Il a eu l'élégance de ne pas montrer sa déception.* **3.** Justesse et sobriété de l'expression : *L'élégance d'une traduction.*

ÉLÉGANT, E adj. et n. (lat. *elegans*). Se dit d'une personne qui fait preuve d'élégance dans son habillement, ses manières. ◆ **adj. 1.** Qui se distingue par l'agrément de sa forme, de sa disposition : *Un meuble élégant. Une boutique élégante.* **2.** Qui montre de la distinction, de l'aisance ; chic : *Une assistance élégante.* **3.** Qui témoigne d'une certaine courtoisie, finesse : *Trouver une façon élégante de s'esquiver.*

ÉLÉGIAQUE adj. Propre à l'élégie : *Vers élégiaques.* ◆ **adj.** et **n.** Qui écrit des élégies.

ÉLÉGIE n.f. (du gr. *elegeia*, chant de deuil). **1.** Dans la poésie grecque et latine, pièce de vers formée d'hexamètres et de pentamètres alternés. **2.** Poème lyrique dont le ton est le plus souvent tendre et triste.

ÉLÉIS ou **ELÆIS** [eleis] n.m. (du gr. *elaiêeis*, huileux). Palmier originaire d'Afrique et d'Amérique dont le fruit fournit l'huile de palme et les graines l'huile de palmiste. ➲ Famille des arécacées.

ÉLÉMENT n.m. (lat. *elementum*). **1.** Milieu dans lequel un être est fait pour vivre, dans lequel il exerce son activité : *La mer est l'élément des dauphins. Il est dans son élément à ce poste.* **2.** CHIM. Classe des atomes de même numéro atomique. ➲ La comparaison des propriétés chimiques et physiques des éléments a conduit, en 1869, le chimiste russe Mendeleïev à en proposer une classification périodique*, qui a trouvé sa justification dans les découvertes ultérieures de la physique sur la structure des atomes. *(V. ill. page suivante.)* **3.** Chacune des choses concourant avec d'autres à la formation d'un tout : *Des éléments de cuisine. Un élément essentiel de ce dossier.* **4.** Personne appartenant à un groupe : *Il y a des éléments de valeur dans cette équipe.* **5.** ÉLECTROTECHN. Sous-ensemble d'une pile électrique ou d'un accumulateur. ▪ **Élément de langage** [souvent au pl.], argumentaire élaboré à l'avance pour la communication des membres d'un gouvernement, d'un parti politique, afin qu'ils présentent une seule et même version d'un sujet, le plus souvent polémique. ▪ **Élément d'un ensemble** [math.], un des objets dont cet ensemble est constitué. ◆ **n.m. pl. 1.** Litt. Ensemble des forces de la nature : *Les marins luttaient contre les éléments déchaînés.* **2.** Principes fondamentaux ; notions de base ; rudiments : *Il a quelques éléments de droit pénal.* ▪ **Les quatre éléments,** l'air, le feu, la terre et l'eau, considérés par les Anciens comme les composants ultimes de la réalité.

ÉLÉMENTAIRE adj. (lat. *elementarius*). **1.** Qui sert de base à un ensemble : *Notions élémentaires* ; qui est essentiel, fondamental : *Il a agi au mépris des plus élémentaires règles de conduite.* **2.** Qui ne présente aucune complexité : *Un exercice de diction élémentaire.* **3.** CHIM. Qui concerne l'élément : *Analyse chimique élémentaire.* **4.** PHYS. Se dit des objets physiques dont on considère en dernière analyse que tout corps est formé : *Particule élémentaire.* **5.** MATH. Se dit d'un événement réduit à une seule éventualité. ▪ **Cours élémentaire (CE),** à l'école primaire, cours réparti sur deux ans (CE1, CE2) et succédant au cours préparatoire (CP).

ÉLÉPHANT n.m. (lat. *elephantus*, du gr.). Grand mammifère herbivore à peau épaisse, aux incisives supérieures développées en défenses, à la trompe souple et préhensile, formée par le nez et la lèvre supérieure. ➲ L'éléphant est le plus gros animal terrestre actuel (jusqu'à 7 t) ; il peut vivre cent ans et la gestation dure vingt-deux mois. La femelle est l'éléphante, le petit l'éléphanteau. Les trois espèces, *Elephas indicus* en Asie, *Loxodonta africana* (éléphant de savane) et *Loxodonta cyclotis* (éléphant de forêt) en Afrique, sont en danger et protégées. Ordre des proboscidiens. ▪ **Éléphant blanc** [Afrique, Québec], réalisation qui a coûté très cher mais dont l'utilité est faible. ▪ **Éléphant de mer,** grand phoque des mers australes et antarctiques, dont l'appendice nasal, allongé et mobile chez le mâle, rappelle la trompe de l'éléphant. ➲ Long. 6 m ; genre *Mirounga.*

ÉLÉPHANTESQUE adj. Fam. Gigantesque ; colossal.

ÉLÉPHANTIASIS [-tjazis] n.m. MÉD. Œdème volumineux atteignant souvent les membres inférieurs, dû à un ralentissement de la circulation lymphatique.

ÉLÉPHANTIN, E adj. Qui évoque un éléphant : *Une démarche éléphantine.*

ÉLEVAGE n.m. **1.** Action d'élever et d'entretenir des animaux : *L'élevage des moutons.* **2.** Ensemble des animaux d'une même espèce dans une exploitation agricole, piscicole ; cette exploitation : *Un élevage de saumons.* **3.** Ensemble des opérations effectuées sur un vin, du décuvage à la mise en bouteilles.

ÉLÉVATEUR, TRICE adj. Qui sert à élever : *Muscle élévateur de la paupière. Nacelle élévatrice.* ◆ **n.m. 1.** Muscle élévateur. **2.** Appareil ou engin utilisé pour transporter verticalement, ou sur de fortes pentes, des charges ou des matériaux.

ÉLÉVATION n.f. **1.** Action d'élever, de porter vers le haut ; fait de s'élever : *L'élévation du niveau de vie.* **2.** Action de porter à un degré supérieur : *Élévation au rang de général.* **3.** Qualité de ce qui est moralement élevé ; noblesse : *Élévation*

Le tableau périodique des éléments classe les éléments chimiques dans l'ordre croissant de leurs numéros atomiques. Il se compose de 18 colonnes (ou groupes) et de 7 lignes (appelées périodes). Tous les éléments appartenant à une même colonne constituent une famille d'éléments chimiques : ils possèdent une couche électronique externe identique, c'est-à-dire le même nombre d'électrons périphériques, ce qui leur confère des propriétés physico-chimiques similaires. La masse atomique des éléments est établie sur la base de celle de l'isotope 12 du carbone, égale exactement à 12. Les nombres entre parenthèses correspondent à la masse atomique de l'isotope le plus stable.

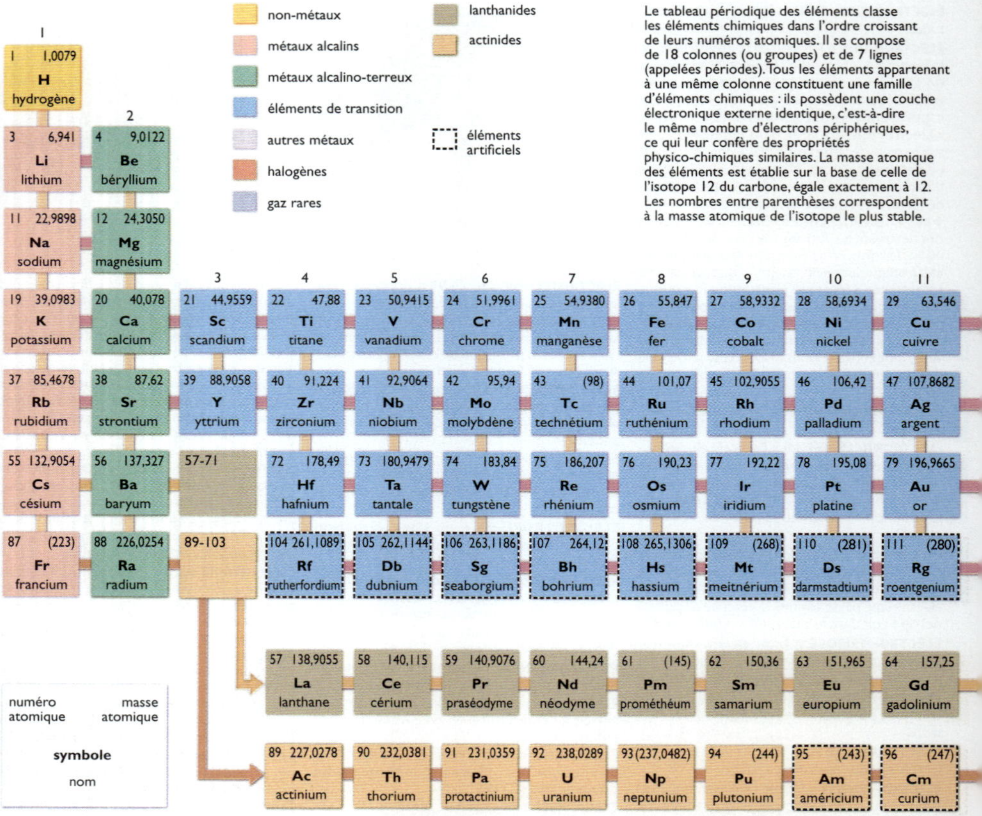

▲ **élément.** Classification périodique des éléments chimiques.

de sentiments. **4. CATH.** Moment de la messe où le prêtre élève l'hostie et le calice, pendant la consécration de l'eucharistie. **5. DANSE.** Aptitude d'un danseur à sauter haut, avec légèreté. **6. MATH.** Action d'élever un nombre réel à une puissance donnée : *Élévation au cube, à la puissance 5/2.* **7. MATH.** Représentation d'un objet projeté sur un plan vertical parallèle à l'une de ses faces. **8. ARCHIT.** Représentation géométrale d'une face verticale ; cette face elle-même. **9.** Terrain élevé ; éminence.

ÉLÉVATOIRE adj. Qui sert à élever des fardeaux, des liquides : *Pompe élévatoire.*

ÉLÈVE n. (de *élever*). **1.** Garçon ou fille qui reçoit un enseignement dans un établissement scolaire. **2.** Personne qui suit l'enseignement d'un maître, en partic. dans le domaine artistique. **3. AGRIC.** Jeune animal né et soigné chez un éleveur ; plante ou arbre dont on dirige la croissance. **4. MIL.** Candidat à une fonction ou à un grade.

ÉLEVÉ, E adj. 1. Qui atteint une grande hauteur, une grande importance : *Étage élevé. Coût élevé.* **2.** Litt. Qui a de la grandeur morale : *Aspirations élevées.* ▪ **Bien, mal élevé,** qui a reçu une bonne, une mauvaise éducation.

ÉLEVER v.t. [12] (de *1. lever*). **1.** Porter vers le haut : *Élever un mât* ; construire : *Élever une statue, un temple.* **2.** Porter à un niveau, à un rang supérieur : *Élever les taux d'intérêt. Élever qqn aux plus hautes dignités. Il souhaiterait élever le débat.* **3.** Assurer la formation morale et intellectuelle de : *Élever un enfant.* **4.** Assurer le développement, l'entretien d'animaux ; soigner : *Élever des lamas.* ▪ **Élever des critiques, des protestations,** les formuler. ▪ **Élever le ton, la voix,** parler plus fort pour exprimer son mécontentement. ▪ **Élever une perpendiculaire** [math.], tracer une perpendiculaire à une droite, à un plan. ▪ **Élever un nombre réel *a* à la puissance *x*** [math.], prendre l'image de *x* par l'exponentielle de base *a* (soit la fonction : $x \to a^x$). ◆ **S'ÉLEVER v.pr. 1.** Atteindre une certaine hauteur, une certaine quantité : *La tour Eiffel s'élève à 324 mètres. Les dégâts s'élèvent à un milliard.* **2.** Parvenir à un degré supérieur : *Le niveau du collège s'élève.* **3.** Se faire entendre : *Une voix s'éleva au loin.* ▪ **S'élever contre,** s'opposer avec vigueur à : *S'élever contre la discrimination.*

ÉLEVEUR, EUSE n. Personne qui élève des animaux.

ÉLEVON [elvɔ̃] **n.m.** (de l'angl *elevator,* gouverne de profondeur, et de *aileron*). Gouverne d'aéronef servant à la fois d'aileron et de gouvernail de profondeur, notamm. sur les avions à aile delta, dépourvus d'empennage.

ELFE n.m. (angl. *elf*). Dans le folklore scandinave, génie symbolisant les forces naturelles et partic. les phénomènes atmosphériques.

ÉLIDER v.t. [3] (du lat. *elidere,* expulser). **LING.** Faire l'élision d'une voyelle. ◆ **S'ÉLIDER v.pr.** Subir une élision.

ÉLIGIBILITÉ n.f. 1. Aptitude à être élu. **2. TÉLÉCOMM.** Capacité technique d'une ligne téléphonique à supporter un service proposé (fibre optique, ADSL, câble, notamm.).

ÉLIGIBLE adj. (du lat. *eligere,* élire). **1.** Qui peut être élu. **2.** Se dit d'une personne ou d'un produit qui satisfont aux conditions requises pour l'obtention d'un droit : *Médicament éligible au remboursement.* **3. TÉLÉCOMM.** Se dit d'une ligne téléphonique et, par ext., d'un logement répondant aux conditions d'éligibilité à un service proposé : *Logement éligible à la fibre (optique).*

ÉLIMÉ, E adj. (de *limer*). Se dit d'une étoffe usée : *Jean élimé.*

ÉLIMINATEUR, TRICE adj. Qui élimine.

ÉLIMINATION n.f. 1. Action d'éliminer : *L'élimination d'un candidat. L'élimination des témoins d'un crime.* **2. PHYSIOL.** Rejet hors de l'organisme, en partic. par excrétion. **3. MATH.** Technique de résolution d'un système d'équations à plusieurs inconnues utilisant l'expression d'une inconnue par rapport aux autres pour en réduire le nombre. ▪ **Réaction d'élimination** [chim. org.], formation d'une molécule neutre stable par dégradation d'une molécule organique.

ÉLIMINATOIRE adj. Qui élimine, permet d'éliminer : *Note éliminatoire.* ◆ **n.f. SPORTS.** (Souvent pl.). Épreuve préalable servant à éliminer les concurrents les plus faibles : *Éliminatoires du relais féminin.*

ÉLIMINER v.t. [3] (du lat. *eliminare,* faire sortir). **1.** Ôter d'un groupe, d'un ensemble ; rejeter : *Éliminer un candidat, une hypothèse.* **2.** Faire disparaître : *Éliminer une tache* ; supprimer : *Les terroristes ont éliminé un otage.* **3. PHYSIOL.** (Souvent absol.). Provoquer l'élimination : *Éliminer les sucres. Nager pour éliminer.* ▪ **Éliminer une variable d'un système d'équations** [math.], effectuer son élimination.

ÉLINDE n.f. TRAV. PUBL. Bras articulé équipant les dragues flottantes et servant de support à l'outil d'attaque du terrain.

ÉLINGUE n.f. (du francique **slinga,* fronde). **MANUT.** Câble servant à entourer ou à accrocher un objet pour le soulever au moyen d'un engin.

ÉLINGUER v.t. [3]. MANUT. Entourer un fardeau d'une élingue pour le soulever avec un engin de levage.

ÉLIRE v.t. [86] (du lat. *eligere,* choisir). Nommer à une fonction par la voie des suffrages ; procéder à l'élection de : *Élire une députée.* ▪ **Élire domicile,** choisir un domicile légal ; fixer sa demeure habituelle.

ÉLISABÉTHAIN, E adj. Relatif à Élisabeth Ire d'Angleterre, à son temps : *L'art élisabéthain.*

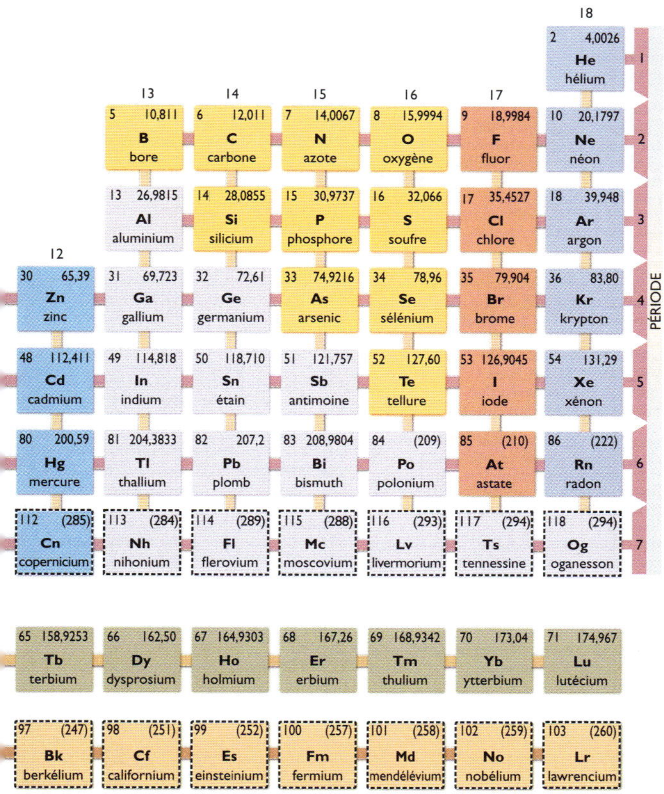

ÉLISION n.f. (lat. *elisio*). LING. Suppression, dans l'écriture ou la prononciation, de la voyelle finale d'un mot devant un mot commençant par une voyelle ou un *h* muet. ➲ L'élision se marque par l'apostrophe.

ÉLITAIRE adj. D'une élite.

ÉLITE n.f. Petit groupe considéré comme ce qu'il y a de meilleur, de plus distingué. ▪ **D'élite,** qui se distingue par de grandes qualités : *Pilote d'élite.* ◆ **n.f. pl.** Les personnes qui occupent le premier rang dans un pays, une société : *Le divorce entre les élites et le peuple.*

ÉLITISME n.m. Système favorisant les meilleurs éléments d'un groupe aux dépens de la masse ; politique visant à la formation d'une élite.

ÉLITISTE adj. et n. Relatif à l'élitisme ; qui en est partisan.

ÉLIXIR n.m. (de l'ar. *al iksîr,* essence). **1.** Breuvage magique ; philtre : *Élixir d'amour.* **2.** Vieilli. Médicament liquide, formé de substances dissoutes dans de l'alcool mélangé à un sirop.

ELLE pron. pers. fém. (pl. *elles*) [du lat. *illa,* celle-là]. Désigne la 3e pers. du fém. dans les fonctions de sujet ou de complément : *Elle est partie. Elles n'ont pas répondu.*

ELLÉBORE n.m. → **HELLÉBORE.**

1. ELLIPSE n.f. **1.** Raccourci dans l'expression de la pensée ; sous-entendu. **2.** LING. Fait de syntaxe ou de style qui consiste à omettre un ou plusieurs éléments de la phrase.

2. ELLIPSE n.f. (du gr. *elleipsis,* manque). MATH. Courbe plane dont tous les points sont tels que la somme de leur distance à deux points fixes appelés *foyers* est constante.

ELLIPSOÏDAL, E, AUX adj. Dont la forme ou le support est un ellipsoïde.

ELLIPSOÏDE n.m. MATH. Quadrique dont toutes les sections planes sont des ellipses ou des cercles. ▪ **Ellipsoïde de révolution,** engendré par la rotation d'une ellipse autour d'un de ses axes.

1. ELLIPTIQUE adj. **1.** Qui procède par sous-entendus ; allusif : *Une déclaration elliptique.* **2.** LING. Qui comporte une ellipse. **3.** BX-ARTS. Se dit d'une manière qui rejette les détails, qui va à l'essentiel de la forme.

2. ELLIPTIQUE adj. MATH. Qui a la forme d'une ellipse.

ELLIPTIQUEMENT adv. De façon elliptique ; par sous-entendus : *Il a répondu elliptiquement.*

ÉLOCUTION n.f. (lat. *elocutio,* de *eloqui,* parler). **1.** Manière dont on s'exprime oralement ; diction : *Élocution facile.* **2.** Belgique. Exposé qu'un élève fait en classe.

ÉLODÉE ou **HÉLODÉE** n.f. (du gr. *helôdês,* marécageux). Petite plante d'eau douce originaire du Canada, souvent plantée en aquarium. ➲ Famille des hydrocharitacées.

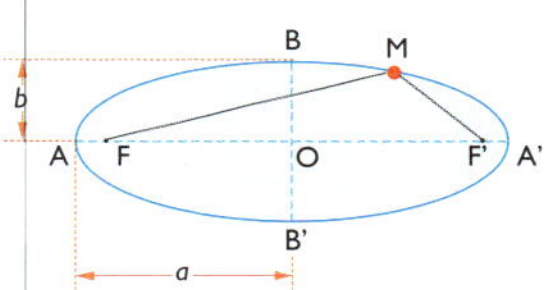

AA' : grand axe
BB' : petit axe
F, F' : foyers
OF = OF' : distance focale
MF + MF' = 2 *a*

aire = *A*
$A = \pi \times a \times b$
périmètre = *P*

$$P \approx \pi\sqrt{2(a^2 + b^2)} \approx \pi\left[3(a+b) - \sqrt{(3a+b)(a+3b)}\right]$$

▲ ellipse

ÉLOGE n.m. (bas lat. *eulogium*). Discours ou écrit à la louange de qqn, de qqch : *Faire l'éloge d'un roman, d'un auteur.*

ÉLOGIEUSEMENT adv. De façon élogieuse.

ÉLOGIEUX, EUSE adj. Qui contient un éloge ; louangeur : *Un article élogieux.*

ÉLOIGNÉ, E adj. Qui est loin dans le temps ou dans l'espace : *Dans un avenir éloigné.* ▪ **Parent éloigné,** avec qui la personne considérée a des liens de parenté indirects.

ÉLOIGNEMENT n.m. Action d'éloigner ; fait d'être éloigné : *Souffrir de l'éloignement.*

ÉLOIGNER v.t. [3] (de *loin*). Mettre plus loin dans l'espace ou le temps : *Éloigner le combiné de son oreille. Chaque jour l'éloigne de l'enfance.* ◆ **S'ÉLOIGNER** v.pr. Accroître la distance entre soi et qqn, qqch : *S'éloigner de sa famille, de son sujet.*

ÉLOISE n.f. (du gaul.). Acadie. Éclair d'orage.

ÉLONGATION n.f. (de *élonger*). **1.** ASTRON. Distance angulaire d'un astre au Soleil, pour un observateur situé sur la Terre. **2.** PHYS. Abscisse, à un moment donné, d'un point animé d'un mouvement vibratoire. ➲ Sa valeur maximale est l'amplitude. **3.** MÉD. Allongement accidentel ou thérapeutique d'un muscle, d'un nerf, d'un tendon, etc.

ÉLONGER v.t. [10] (de *1. long*). MAR. Étendre, étirer dans le sens de la longueur un câble, un cordage.

ÉLONGIS n.m. Élément métallique servant de raidisseur longitudinal à la structure d'un navire.

ÉLOQUEMMENT [-ka-] adv. Litt. Avec éloquence.

ÉLOQUENCE n.f. (lat. *eloquentia*). **1.** Art, talent de convaincre, d'émouvoir par la parole ; faconde. **2.** Caractère de ce qui est significatif, probant : *L'éloquence des résultats.*

ÉLOQUENT, E adj. (lat. *eloquens*). **1.** Qui parle avec éloquence ; exprimé avec éloquence : *Un orateur, un discours éloquent.* **2.** Qui sert de preuve ; significatif : *Résultats éloquents. Regard éloquent.*

ÉLU, E n. **1.** Personne désignée par une élection : *Les élus du canton.* **2.** Personne choisie dans son cœur : *C'est l'élue de son cœur.* **3.** Dans la France de l'Ancien Régime, officier chargé de la taille (impôt direct) et des aides (impôts indirects) dans une circonscription financière, l'*élection.* **4.** RELIG. Personne, peuple prédestinés par Dieu au salut.

ÉLUANT n.m. Solvant utilisé, en chromatographie, pour entraîner les substances et les décrocher du support.

ÉLUCIDATION n.f. Action d'élucider ; éclaircissement.

ÉLUCIDER v.t. [3] (bas lat. *elucidare,* de *lucidus,* clair). Expliquer ce qui était complexe, obscur ; clarifier : *Élucider un mystère.*

ÉLUCUBRATION n.f. (Souvent pl.). Idées issues de recherches laborieuses mais dépourvues de bon sens : *Le ministre refuse de commenter ces élucubrations.*

ÉLUCUBRER v.t. [3] (du lat. *elucubrare,* travailler à la lampe). Litt. Produire des réflexions déraisonnables, extravagantes.

ÉLUDER v.t. [3] (du lat. *eludere,* se jouer de). Se soustraire adroitement à ; esquiver : *Éluder une question gênante.*

ÉLUER v.t. [3] (du lat. *eluere,* laver). CHIM. Balayer avec un fluide un support sur lequel sont adsorbées des espèces chimiques de divers types, qu'il s'agit de séparer.

ÉLUSIF, IVE adj. Sout. Qui élude, détourne habilement : *Réponse élusive.*

ÉLUTION n.f. CHIM. Action d'éluer.

ÉLUVIAL, E, AUX adj. Relatif aux éluvions.

ÉLUVION n.f. (lat. *eluvium*). PÉDOL. Fragments d'un sol restés sur place après le lessivage de celui-ci.

1. ÉLYSÉEN, ENNE adj. Litt. Relatif aux Champs Élysées, séjour des bienheureux dans la mythologie gréco-romaine.

2. ÉLYSÉEN, ENNE adj. De la présidence de la République (située au palais de l'Élysée, à Paris).

ÉLYTRE n.m. (du gr. *elutron,* étui). ENTOMOL. Aile antérieure, dure et rigide, des coléoptères et des orthoptères, ne battant pas pendant le vol, mais protégeant au repos l'aile postérieure membraneuse.

ELZÉVIR n.m. **1.** Volume imprimé ou publié par les Elzévir, famille d'imprimeurs des XVIe et XVIIe s. **2.** Famille de caractères typographiques à empattements triangulaires.

ÉMACIATION n.f. ou **ÉMACIEMENT** n.m. Sout. Amaigrissement extrême.

ÉMACIÉ, E adj. Sout. Très amaigri : *Visage émacié.*

ÉMACIER v.t. [5] (lat. *emaciare*). Sout. Rendre maigre ; amaigrir. ◆ **S'ÉMACIER** v.pr. Devenir très maigre.

ÉMAIL n.m. (pl. *émaux*) [francique *smalt*]. **1.** Substance vitreuse, opaque ou transparente, fondue à chaud, dont on recouvre certaines matières pour leur donner de l'éclat ou les colorer d'une façon inaltérable ; mélange de fritte, de pigments et d'un support à base de solvants, diluants, etc. (appelé *médium*) qui conduit à cette substance après cuisson. **2.** Matériau émaillé : *Bouilloire en émail.* **3.** Objet d'art, le plus souvent métallique, décoré d'émaux (cloisonnés, champlevés, sur basse-taille, peints). **4.** HÉRALD. Chacune des teintes du blason. ➲ Parmi les émaux, on distingue les métaux, les couleurs et les fourrures. **5.** (pl. *émails*). Substance dure et blanche qui, chez l'homme et divers animaux, recouvre la couronne des dents.

▲ **émail** peint sur cuivre : *la Sibylle Agrippa* (XVIe s.), de Léonard Limosin. (Musée des Beaux-Arts, Limoges.)

E-MAIL [imɛl] n.m. (pl. *e-mails*) [de l'anglo-amér. *electronic mail*, courrier électronique]. (Anglic. déconseillé). Courriel.

ÉMAILLAGE n.m. Action d'émailler les métaux, les céramiques, le verre, etc. ; décoration à l'aide d'émaux.

ÉMAILLER v.t. [3]. **1.** Appliquer de l'émail sur un objet, une surface. **2.** Fig., sout. Disséminer çà et là pour orner : *Émailler un cours d'anecdotes.*

ÉMAILLERIE n.f. Art de décorer avec des émaux ; ensemble des produits de cet art.

ÉMAILLEUR, EUSE n. Professionnel de l'émaillage, de l'émaillerie.

ÉMANATION n.f. (bas lat. *emanatio*). **1.** Odeur qui se dégage de certains corps : *Des émanations d'encens.* **2.** Fig. Ce qui émane, procède de qqch : *Cet article est une émanation de la présidence.*

ÉMANCIPATEUR, TRICE adj. Propre à émanciper : *Idées, actions émancipatrices.*

ÉMANCIPATION n.f. **1.** Action d'émanciper, de s'émanciper ; affranchissement. **2.** DR. Décision judiciaire, ou effet légal du mariage, qui confère à un mineur, assimilé à un majeur, la pleine capacité juridique.

ÉMANCIPÉ, E adj. et n. **1.** Affranchi de toute contrainte ; libre. **2.** DR. Se dit d'un mineur qui a fait l'objet d'une émancipation.

ÉMANCIPER v.t. [3] (lat. *emancipare*, de *mancipare*, vendre). **1.** Affranchir d'une domination, d'un état de dépendance ; libérer : *Émanciper un peuple, les femmes.* **2.** DR. Conférer l'émancipation à un mineur. ◆ **S'ÉMANCIPER** v.pr. S'affranchir des contraintes sociales ou morales.

ÉMANER v.t. ind. [3] (DE) [du lat. *emanare*, découler]. **1.** Se dégager d'un corps ou d'un objet : *L'odeur qui émane du tilleul.* **2.** Tirer son origine de ; provenir : *Le pouvoir émane du peuple.*

ÉMARGEMENT n.m. Action d'émarger ; ce qui est porté en marge.

ÉMARGER v.t. [10]. **1.** Apposer sa signature pour prouver sa présence à une réunion, attester qu'on a eu connaissance d'un document, etc. **2.** Rogner ou diminuer la marge de : *Émarger une estampe.* ◆ v.t. ind. (À). Recevoir le traitement affecté à un emploi : *Émarger au budget d'un ministère.*

ÉMASCULATION n.f. **1.** Castration d'un mâle. **2.** Fig., sout. Action d'émasculer qqch.

ÉMASCULER v.t. [3] (lat. *emasculare*, de *masculus*, mâle). **1.** Priver un mâle des organes de la reproduction ; castrer, châtrer. **2.** Fig., litt. Affaiblir la vigueur de qqch : *La censure a émasculé son article.*

ÉMAUX n.m. pl. → **ÉMAIL.**

EMBÂCLE n.m. (de l'anc. v. *embâcler*, embarrasser). Obstruction du lit d'un cours d'eau par amoncellement de glaces (CONTR. **débâcle**).

EMBALLAGE n.m. **1.** Action d'emballer : *L'emballage d'objets fragiles.* **2.** Matériau qui sert à emballer ; conditionnement : *La date de péremption figure sur l'emballage.* **3.** Industrie de l'emballage.

EMBALLANT, E adj. Fam. Qui provoque l'enthousiasme : *Proposition emballante.*

EMBALLEMENT n.m. **1.** Action d'un cheval qui s'emballe. **2.** Fam. Fait de s'emballer ; exaltation. **3.** MÉCAN. INDUSTR. Régime anormal d'une machine qui s'emballe.

EMBALLER v.t. [3] (de 3. *balle*). **1.** Mettre dans un emballage : *Emballer des bibelots.* **2.** Fam. Remplir d'admiration, d'enthousiasme ; enchanter : *Ton idée l'emballe.* ▪ **Emballer un moteur,** le faire tourner à un régime excessif. ◆ **S'EMBALLER** v.pr. **1.** S'emporter, en parlant d'un cheval. **2.** Fam. Se laisser emporter par la colère, l'enthousiasme, etc. **3.** MÉCAN. INDUSTR. En parlant d'une machine, d'un appareil, prendre un régime de marche excessif et dangereux.

EMBALLEUR, EUSE n. Personne spécialisée dans l'emballage des marchandises.

EMBARBOUILLER v.t. [3]. Fam., vieilli. Faire perdre le fil de ses idées à ; troubler. ◆ **S'EMBARBOUILLER** v.pr. Fam., vieilli. S'empêtrer : *S'embarbouiller dans ses explications.*

EMBARCADÈRE n.m. (esp. *embarcadero*). Môle, jetée, appontement permettant l'embarquement ou le débarquement des marchandises et des voyageurs.

EMBARCATION n.f. (esp. *embarcación*). Tout bateau de petite taille.

EMBARDÉE n.f. (du provenç. *embarda*, embourber). **1.** Écart brusque fait par un véhicule, par l'effet d'un obstacle ou d'une réaction vive du conducteur. **2.** MAR. Brusque changement de direction d'un bateau sous l'effet du vent, de la mer ou d'une manœuvre.

EMBARDER v.i. [3]. En parlant d'un bateau, faire une embardée.

EMBARDOUFLER v.t. [3]. Suisse. Fam. Couvrir de peinture, de crème, de boue, etc. : *Visage embardouflé de miel.*

EMBARGO n.m. (mot esp. « obstacle »). **1.** Défense faite provisoirement à un navire étranger de quitter un port : *Lever l'embargo.* **2.** Mesure administrative visant à empêcher l'exportation d'une marchandise, la libre circulation d'un produit. **3.** Suspension des exportations d'un ou de plusieurs produits vers un État, à titre de sanction ou de moyen de pression.

EMBARQUÉ, E adj. Se dit d'un équipement électronique installé au sein d'un ensemble d'une autre nature ou d'un véhicule.

EMBARQUEMENT n.m. **1.** Action d'embarquer, de s'embarquer. **2.** MAR. Inscription d'un marin sur le rôle d'équipage, d'un passager sur le registre de bord.

EMBARQUER v.t. [3]. **1.** Faire monter à bord d'un navire, d'un avion, dans un véhicule ; charger. **2.** Prendre de l'eau par-dessus bord, en parlant d'un bateau : *Le voilier embarque de grosses vagues.* **3.** Fam. Emporter avec soi ; dérober : *Ce client a embarqué deux montres.* **4.** Fam. Conduire au commissariat ou en prison : *La police a embarqué deux trafiquants.* **5.** Fam. Engager dans une opération douteuse ou périlleuse : *On l'a embarqué dans une affaire louche.* ◆ v.i. ou **S'EMBARQUER** v.pr. Monter à bord d'un navire, d'un avion, d'un véhicule. ◆ **S'EMBARQUER** v.pr. (DANS). Fam. S'engager dans une affaire risquée.

EMBARRAS n.m. **1.** Confusion qui résulte d'une situation délicate ; perplexité : *Ce refus imprévu la met dans l'embarras.* **2.** Obstacle qui empêche qqn d'agir, qui gêne la réalisation de qqch : *Créer des embarras à qqn.* **3.** Situation difficile causée par le manque d'argent : *La vente de leur maison les tirerait d'embarras.* ▪ **Avoir** ou **n'avoir que l'embarras du choix,** avoir un choix très large. ▪ **Embarras gastrique,** ensemble de troubles gastro-intestinaux bénins dus à une infection, une indigestion. ▪ **Faire de l'embarras** ou **des embarras** [vieilli], faire des manières, des simagrées.

EMBARRASSANT, E adj. **1.** Qui prend de la place ; encombrant : *Colis embarrassant.* **2.** Qui met dans l'embarras ; gênant : *Question embarrassante.*

EMBARRASSÉ, E adj. Qui éprouve ou manifeste de l'embarras : *Une réponse embarrassée.* ▪ **Avoir l'estomac embarrassé,** souffrir d'un embarras gastrique.

EMBARRASSER v.t. [3] (esp. *embarazar*, de *barra*, barre). **1.** Prendre trop de place ; encombrer : *Ces cartons embarrassent le bureau.* **2.** Gêner les mouvements de : *Ces longues manches m'embarrassent ;* être une gêne pour : *Je ne veux pas vous embarrasser, je rappellerai plus tard.* **3.** Mettre dans l'embarras, dans l'incertitude ; déconcerter : *Son attitude de déni m'embarrasse.* ◆ **S'EMBARRASSER** v.pr. (DE). **1.** S'encombrer : *S'embarrasser d'un grand parapluie.* **2.** Tenir compte de ; se soucier de : *Il ne s'embarrasse pas du protocole.*

S'EMBARRER v.pr. [3] (de *barre*). Passer la jambe de l'autre côté de la barre ou du bat-flanc, en parlant d'un cheval à l'écurie.

EMBARRURE n.f. CHIRURG. Fracture de la voûte du crâne au cours de laquelle se produit l'enfoncement d'un fragment osseux.

EMBASE n.f. (de *base*). TECHN. Partie d'une pièce servant d'appui, de support à une autre pièce.

EMBASTILLER v.t. [3]. **1.** Litt. ou par plais. Mettre en prison ; incarcérer. **2.** Anc. Emprisonner à la Bastille.

EMBATTAGE n.m. **1.** Fixation à chaud d'un bandage de fer autour de la roue d'une voiture hippomobile. **2.** Cerclage d'une roue.

EMBAUCHAGE n.m. DR. Vieilli. Action d'embaucher ; embauche.

EMBAUCHE n.f. **1.** Embauchage. **2.** Possibilité d'offrir un emploi, un travail.

EMBAUCHER v.t. [3]. **1.** Passer un contrat de travail avec un salarié ; engager. **2.** Fam. Entraîner qqn avec soi dans une occupation quelconque : *Je t'embauche pour la vaisselle.* ◆ v.i. Région. Commencer sa journée de travail.

EMBAUCHOIR n.m. Ustensile muni d'un ressort, que l'on introduit dans une chaussure pour la tendre et lui garder ainsi sa forme.

EMBAUMEMENT n.m. Action d'embaumer un cadavre (SYN. **thanatopraxie**).

EMBAUMER v.t. [3] (de *baume*). **1.** Traiter un cadavre par des substances qui le préservent de la corruption. **2.** Remplir d'une odeur agréable, de l'odeur de : *La lavande embaume le linge. La maison embaume la cire.* ◆ v.i. Répandre une odeur agréable : *Le jasmin embaume.*

EMBAUMEUR, EUSE n. Professionnel qui embaume les corps.

EMBÉGUINER v.t. [3]. Vx. Coiffer d'un béguin. ◆ **S'EMBÉGUINER** v.pr. Litt., vx. S'enticher de.

EMBELLIE n.f. **1.** MAR. Amélioration de l'état de la mer ; diminution de la force du vent. **2.** Fig. Amélioration momentanée dans une période difficile ; accalmie : *Une embellie économique.*

EMBELLIR v.t. [21]. **1.** Rendre plus beau : *Ces rideaux embellissent la pièce.* **2.** Faire paraître plus beau : *Maquillage qui embellit le regard.* **3.** Présenter qqch sous un jour plus beau que la réalité ; enjoliver : *Il embellit sa vie amoureuse.* ◆ v.i. Devenir beau ou plus beau.

EMBELLISSEMENT n.m. **1.** Action d'embellir ; ornementation. **2.** Élément qui embellit ; enjolivure.

EMBERLIFICOTER v.t. [3] (d'orig. dial.). Fam. Tromper par de belles paroles : *Cet escroc a emberlificoté des dizaines de personnes âgées.* ◆ **S'EMBERLIFICOTER** v.pr. (DANS). Fam. S'embrouiller, s'empêtrer dans qqch.

EMBERLIFICOTEUR, EUSE n. Fam. Personne qui emberlificote les autres.

EMBÊTANT, E adj. Fam. **1.** Très ennuyeux ; fastidieux : *Un travail embêtant.* **2.** Qui contrarie ; fâcheux : *C'est embêtant, je pensais le trouver ici.*

EMBÊTEMENT n.m. Fam. Ce qui embête ; désagrément.

EMBÊTER v.t. [3]. Fam. **1.** Causer des soucis ; tracasser : *Son refus de s'alimenter m'embête.* **2.** Causer de l'irritation ; agacer : *Cesse d'embêter ta sœur !* **3.** Faire éprouver de l'ennui ; lasser. ◆ **S'EMBÊTER v.pr.** Fam. **1.** Se créer des soucis à cause de qqch, de qqn : *Ne t'embête pas avec ça, je m'en charge.* **2.** Éprouver de l'ennui : *S'embêter à un spectacle.*

EMBEURRÉE n.f. Préparation culinaire à base de beurre fondu, dont s'imprègnent les légumes : *Une embeurrée de choux.*

EMBIELLAGE n.m. MÉCAN. Opération de montage des bielles d'un moteur alternatif ; ensemble des bielles montées.

EMBLAVAGE ou **EMBLAVEMENT n.m.** Action d'emblaver.

EMBLAVER v.t. [3] (de l'anc. fr. *blef,* blé). **AGRIC.** Ensemencer une terre en blé, ou en toute autre graine.

EMBLAVURE n.f. AGRIC. Terre ensemencée.

D'EMBLÉE loc. adv. (de l'anc. fr. *embler,* du lat. *involare,* voler vers). Du premier coup ; immédiatement : *D'emblée, elle lui a paru sympathique.*

EMBLÉMATIQUE adj. 1. Qui a le caractère d'un emblème : *Marianne, figure emblématique de la République française.* **2.** Qui est exemplaire ou très représentatif de : *Décision emblématique d'une politique.*

EMBLÈME n.m. (du lat. *emblema,* ornement surajouté). **1.** Être ou objet destiné à symboliser une notion abstraite ou à représenter une collectivité, un métier, une personne, etc. : *La colombe est l'emblème de la paix.* **2. HÉRALD.** Figure symbolique génér. accompagnée d'une devise.

EMBOBELINER v.t. [3] (de l'anc. fr. *bobelin,* chaussure grossière). Fam., vx. Séduire par des paroles insidieuses ; embobiner.

EMBOBINER v.t. [3] (altér. de *embobeliner*). **1.** Enrouler autour d'une bobine : *Embobiner du fil.* **2.** Fam. Tromper par de belles paroles ; mystifier : *Le vendeur nous a embobinés.*

EMBOÎTABLE, ▲ *EMBOITABLE* **adj.** Qui peut être emboîté.

EMBOÎTAGE, ▲ *EMBOITAGE* **n.m. 1.** Action de mettre en boîte. **2. REL.** Action de fixer, par collage, le corps d'ouvrage dans la couverture préparée à part. **3. REL.** Couverture supplémentaire rigide et mobile, destinée à recevoir un livre de luxe.

EMBOÎTEMENT, ▲ *EMBOITEMENT* **n.m.** Assemblage de deux choses qui s'emboîtent l'une dans l'autre ; encastrement.

EMBOÎTER, ▲ *EMBOITER* **v.t. [3].** Ajuster deux pièces en les faisant entrer l'une dans l'autre : *Emboîter un tenon dans une mortaise.* ▪ **Emboîter le pas à qqn,** marcher juste derrière lui ; fig., modeler son attitude sur la sienne. ◆ **S'EMBOÎTER v.pr.** Prendre place exactement l'un dans l'autre ; s'encastrer.

EMBOÎTURE, ▲ *EMBOITURE* **n.f. MENUIS. 1.** Endroit où des pièces s'emboîtent. **2.** Mode d'emboîtement.

EMBOLE ou **EMBOLUS** [-lys] **n.m.** (du gr. *embolos,* piston). **MÉD.** Corps étranger qui, entraîné par la circulation, oblitère un vaisseau et provoque une embolie.

EMBOLIE n.f. (du gr. *embolê,* irruption). **MÉD.** Oblitération brusque d'un vaisseau sanguin par un caillot ou un corps étranger véhiculé par le sang.

EMBOLISATION n.f. MÉD. Traitement d'une tumeur, d'une hémorragie par l'injection d'un embole synthétique pour obstruer l'artère correspondante.

EMBOLISER v.t. [3]. Provoquer une embolie.

EMBOLUS n.m. → **EMBOLE.**

EMBONPOINT n.m. (de *en bon point,* en bonne santé). État d'une personne un peu grasse ; corpulence. ▪ **Prendre de l'embonpoint,** grossir.

EMBOSSAGE n.m. 1. Action d'embosser un navire. **2.** Impression en relief, sur une carte de paiement, de l'identification du titulaire.

EMBOSSER v.t. [3]. 1. MAR. Amarrer un navire de l'avant et de l'arrière pour le maintenir dans une position déterminée. **2.** Réaliser l'embossage d'une carte.

EMBOSSURE n.f. Cordage servant à embosser un navire.

EMBOUCHE n.f. 1. Engraissement du bétail, en partic. des bovins, sur prairies. **2.** Prairie sur laquelle sont engraissés ces animaux. (On dit aussi *pré d'embouche.*)

EMBOUCHÉ, E adj. Fam. ▪ **Mal embouché,** qui s'exprime en termes grossiers.

EMBOUCHER v.t. [3]. Porter à ses lèvres un instrument à vent, afin d'en tirer des sons. ▪ **Emboucher la trompette** [litt., iron.], prendre un ton grandiloquent ; annoncer qqch à grand bruit.

EMBOUCHOIR n.m. ARM. Douille métallique utilisée pour réunir le canon au fût d'une arme à feu.

EMBOUCHURE n.f. 1. Partie terminale d'un cours d'eau, où il se jette dans la mer ou dans un lac. ➲ Les deux formes principales sont les estuaires et les deltas. **2.** Partie du mors placée dans la bouche du cheval ; partie de la bouche du cheval sur laquelle porte le mors. **3.** Partie d'un instrument de musique à vent que l'on porte à la bouche.

EMBOUQUEMENT n.m. Action d'embouquer.

EMBOUQUER v.i. et **v.t. [3]** (de *bouque,* forme dial. de *bouche*). **MAR.** S'engager dans une passe étroite.

EMBOURBER v.t. [3]. Engager dans la boue, dans un bourbier ; envaser : *Embourber une voiture.* ◆ **S'EMBOURBER v.pr. 1.** S'enfoncer dans la boue, dans un bourbier. **2.** Fig. S'empêtrer dans une situation difficile : *S'embourber dans ses mensonges.*

EMBOURGEOISEMENT n.m. Fait de s'embourgeoiser, d'être embourgeoisé.

EMBOURGEOISER v.t. [3]. Donner à qqn les caractères, le genre de vie propres à la bourgeoisie. ◆ **S'EMBOURGEOISER v.pr. 1.** Prendre les manières, les préjugés bourgeois. **2.** Comporter de plus en plus d'habitants bourgeois, aisés : *Quartier qui s'embourgeoise.*

EMBOURRER v.t. [3]. Acadie. Envelopper ; empaqueter : *Embourrer un cadeau.* ◆ **S'EMBOURRER v.pr.** Acadie. S'envelopper ; se blottir : *S'embourrer dans sa couette.*

EMBOUT n.m. (de *bout*). **1.** Garniture de métal qui protège le bout d'une canne, d'un parapluie, etc. **2. TECHN.** Élément constitué d'une tige et d'un œil disposé en bout de pièce et permettant l'assemblage avec un autre élément.

EMBOUTEILLAGE n.m. 1. Opération de mise en bouteilles. **2.** Affluence de véhicules qui encombrent ou obstruent une voie de communication, un lieu ; encombrement.

EMBOUTEILLER v.t. [3]. 1. Mettre en bouteilles. **2.** Obstruer le passage, gêner la circulation par un trop grand nombre de véhicules, d'objets : *Le vendredi, les valises embouteillent le couloir.*

EMBOUTEILLEUR, EUSE n. Personne qui met des liquides en bouteilles.

EMBOUTIR v.t. [21] (de *en* et *bout*). **1.** Heurter violemment en défonçant ou en déformant : *Emboutir une voiture.* **2. MÉTALL.** Marteler, déformer de façon plastique, à chaud ou à froid, une pièce de métal (génér. une tôle) pour lui donner une forme déterminée.

EMBOUTISSAGE n.m. Action d'emboutir une pièce de métal.

EMBOUTISSEUR, EUSE n. 1. Professionnel s'occupant d'emboutissage. **2.** Ouvrier qui emboutit les tôles à la presse. ◆ **n.f.** Machine-outil qui sert à emboutir le métal.

EMBRANCHEMENT n.m. 1. Division en branches, en rameaux d'un tronc et, par ext., d'une voie, d'un conduit, etc. ; point de rencontre de ces voies. **2. BIOL.** Division principale d'un des grands règnes du vivant, partagée en classes, et qui renferme des espèces ayant le même plan général d'organisation.

EMBRANCHER v.t. [3]. Raccorder une voie, une canalisation, etc., à une branche existante. ◆ **S'EMBRANCHER v.pr.** En parlant d'une voie, d'une canalisation, etc., se raccorder à une branche existante : *La bretelle s'embranche sur l'autoroute.*

EMBRAQUER v.t. [3]. MAR. Raidir un cordage.

EMBRASEMENT n.m. Litt. **1.** Action d'embraser ; fait de s'embraser ; grand incendie. **2.** Ardente clarté rougeoyante : *L'embrasement du ciel au couchant.* **3.** Agitation qui conduit à de violents troubles sociaux : *La fermeture de l'usine a engendré l'embrasement de la région.*

EMBRASER v.t. [3] (de *braise*). Litt. **1.** Mettre le feu à : *L'explosion a embrasé l'entrepôt.* **2.** Chauffer avec une grande intensité : *Le soleil de midi embrase la plage.* **3.** Illuminer de lueurs rouges : *Le soleil couchant embrase le ciel.* **4.** Fig. Remplir d'une passion ardente ; exalter : *Ce chant embrase les supporteurs.* ◆ **S'EMBRASER v.pr.** Litt. **1.** Prendre feu : *La voiture s'est vite embrasée.* **2.** Être vivement illuminé ; rougeoyer. **3.** Être l'objet de violents troubles sociaux : *La ville s'est embrasée à l'annonce de cette fermeture.*

EMBRASSADE n.f. (Souvent pl.). Action de deux personnes qui s'embrassent amicalement.

EMBRASSE n.f. (de *embrasser*). Cordon, bande de tissu qui retiennent un rideau.

EMBRASSÉ, E adj. ▪ **Écu embrassé** [hérald.], partagé par un triangle dont la pointe touche le milieu d'un des flancs. ▪ **Rimes embrassées,** rimes masculines et féminines se succédant suivant l'ordre *abba.*

EMBRASSEMENT n.m. (Souvent pl.). Litt. Embrassade.

EMBRASSER v.t. [3]. 1. Donner un, des baisers à. **2.** Litt. Prendre, serrer dans ses bras. **3.** Fig. Adopter une opinion : *Elle a embrassé les idées de sa mère* ; s'engager dans un métier : *Embrasser une carrière artistique.* **4.** Litt. Saisir par la pensée : *Embrasser les données d'une situation.* **5.** Contenir dans sa totalité : *Ce film embrasse les événements de la dernière décennie.* ▪ **Embrasser du regard** [litt.], voir dans son ensemble. ◆ **S'EMBRASSER v.pr.** Se donner des baisers.

EMBRASSEUR, EUSE n. Personne qui aime embrasser.

EMBRASURE n.f. 1. Ouverture dans le mur d'une fortification pour permettre le tir. **2.** Espace correspondant à l'épaisseur du mur, évidé, au niveau d'une porte, d'une fenêtre.

EMBRAYAGE n.m. 1. Action d'embrayer. **2.** Mécanisme permettant d'embrayer : *L'embrayage patine.*

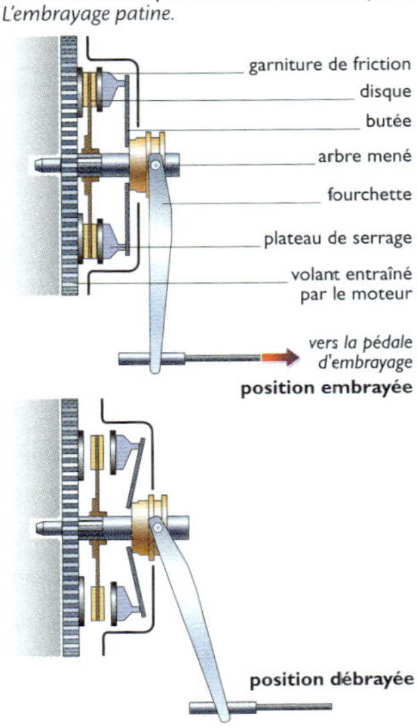

▲ **embrayage.** Fonctionnement d'un embrayage d'automobile.

EMBRAYER [ɑ̃brɛje] **v.t. [6]** (de *braie,* traverse de bois). **1. MÉCAN. INDUSTR.** Mettre en liaison deux pièces ou mécanismes pour transmettre à l'un le mouvement de rotation de l'autre. **2.** Absol. Relâcher la pédale d'embrayage d'une automobile après l'avoir enfoncée pour changer de vitesse. ◆ **v.t. ind. (SUR).** Fam. Commencer à parler de : *Puis il embraya sur ses problèmes de santé.*

EMBRÈVEMENT n.m. MENUIS. Entaille pratiquée dans la pièce mortaisée pour servir de butée et soulager le tenon.

EMBREVER v.t. [12]. Assembler par embrèvement.

EMBRIGADEMENT n.m. Action d'embrigader ; fait d'être embrigadé.

EMBRIGADER v.t. [3]. **1.** MIL. Grouper des hommes, des troupes pour former une brigade. **2.** Faire entrer, par contrainte ou persuasion, dans une association, un parti, etc. : *Elle s'est fait embrigader dans une secte.*

EMBRINGUER v.t. [3]. Fam. Engager dans une situation qui risque de créer des difficultés : *On l'a embringué dans une sale affaire.*

EMBROCATION n.f. (du gr. *embrokhê*, lotion). Préparation huileuse plus ou moins antalgique utilisée pour le massage des muscles.

EMBROCHEMENT n.m. Action d'embrocher.

EMBROCHER v.t. [3]. **1.** Enfiler une volaille, une pièce de viande sur une broche pour la faire cuire. **2.** Fam. Transpercer d'un coup d'épée.

EMBROUILLAGE n.m. → **EMBROUILLEMENT.**

EMBROUILLAMINI n.m. Fam. Désordre causant des erreurs ; imbroglio.

EMBROUILLE n.f. Fam. Situation confuse ; désordre destiné à tromper.

EMBROUILLEMENT ou **EMBROUILLAGE** n.m. Fam. Fait d'embrouiller, d'être embrouillé : *La rumeur a renforcé l'embrouillement de la situation.*

EMBROUILLER v.t. [3]. **1.** Mettre en désordre ; emmêler : *Embrouiller des fils.* **2.** Rendre obscur, confus : *Ce témoignage de dernière minute embrouille l'affaire.* **3.** Faire perdre le fil de ses idées à qqn ; troubler. ◆ **S'EMBROUILLER** v.pr. Perdre le fil de ses idées ; s'empêtrer.

EMBROUSSAILLER v.t. [3]. Donner l'aspect de broussailles à : *Le vent a embroussaillé ses cheveux.* ◆ **S'EMBROUSSAILLER** v.pr. Se couvrir de broussailles.

EMBRUMER v.t. [3]. **1.** Envelopper de brume, de brouillard. **2.** Fig. Rendre confus : *Ces nuits sans sommeil ont embrumé son cerveau.* **3.** Fig. Attrister : *Nostalgie qui embrume le regard.*

EMBRUN n.m. (mot provenç.). [Surtout pl.]. Pluie fine formée par l'écrêtement des vagues par le vent.

EMBRYOGENÈSE n.f. (du gr. *embruon*, embryon, et *gennan*, engendrer). **1.** BIOL. Formation et développement d'un organisme animal ou végétal du stade de l'embryon à la naissance, à l'éclosion. **2.** MÉD. Développement de l'embryon humain.

EMBRYOLOGIE n.f. Science qui étudie l'embryon.

EMBRYOLOGIQUE adj. Relatif à l'embryologie.

EMBRYOLOGISTE n. Spécialiste d'embryologie.

EMBRYON [ɑ̃brijɔ̃] n.m. (gr. *embruon*). **1.** BIOL. Organisme en voie de développement, depuis l'œuf fécondé jusqu'à la réalisation d'une forme capable de vie autonome et active (larve, poussin, etc.) ; stade avant la plantule chez les plantes phanérogames. **2.** MÉD. Être humain pendant les deux premiers mois de son développement dans l'utérus maternel. **3.** Fig. Commencement rudimentaire de qqch ; ébauche : *Un embryon de dialogue, de satire de la télé-réalité.*

EMBRYONNAIRE adj. **1.** Relatif à l'embryon. **2.** Fig. À l'état d'ébauche : *Projet embryonnaire.*

EMBRYOPATHIE n.f. Maladie qui atteint l'embryon et provoque une malformation.

EMBRYOSCOPIE n.f. MÉD. Examen endoscopique de l'embryon au cours de la grossesse, à travers le col de l'utérus.

EMBU, E adj. (de l'anc. v. *emboire*, s'imprégner de). PEINT. Qui présente des embus. ◆ n.m. Aspect mat et terne de tout ou partie de la surface d'une peinture à l'huile, lorsque l'huile a été absorbée par le support.

EMBÛCHE, ▲ *EMBUCHE* n.f. (de l'anc. fr. *embuschier*, s'embusquer). [Surtout pl.]. Piège, obstacle susceptible de faire échouer qqn : *Tendre des embûches.*

EMBUER v.t. [3]. **1.** Couvrir de buée : *Vitre embuée.* **2.** Voiler comme d'une buée : *Regard embué de larmes.*

EMBUSCADE n.f. (ital. *imboscata*, de *bosco*, bois). Manœuvre qui consiste à se cacher pour attaquer par surprise un ennemi en mouvement : *Tomber dans une embuscade.*

EMBUSQUÉ n.m. Fam., péjor. Soldat occupant un poste loin du front ; planqué.

EMBUSQUER v.t. [3] (de l'ital. *bosco*, bois). Poster qqn en embuscade. ◆ **S'EMBUSQUER** v.pr. Se poster en embuscade.

EMBUVAGE n.m. (de l'anc. fr. *emboire*, s'imprégner). TEXT. Raccourcissement des fils de la chaîne au cours du tissage.

ÉMÉCHÉ, E adj. Fam. Légèrement ivre.

ÉMÉCHER v.t. [11], ▲ *[11*]* (de *1. mèche*). Fam. Rendre un peu ivre.

ÉMERAUDE n.f. (du gr. *smaragdos*). Pierre précieuse verte, variété de béryl. ◆ **adj. inv.** et **n.m.** D'un vert lumineux : *Des yeux émeraude.*

ÉMERGÉ, E adj. Qui émerge : *Terres émergées.*

ÉMERGENCE n.f. **1.** Sortie d'un liquide, d'un fluide, d'un rayonnement hors d'un milieu. **2.** Apparition soudaine d'une idée, d'un fait social, politique, économique ; naissance : *L'émergence du bioterrorisme au XXIe siècle.*

ÉMERGENT, E adj. PHYS. Se dit d'une particule, d'une onde, d'un rayon qui sort d'un milieu après l'avoir traversé. ▪ **Pays émergent** [écon.], pays en développement caractérisé par un taux de croissance élevé, une industrialisation rapide et un fort degré d'ouverture aux échanges extérieurs.

ÉMERGER v.i. [10] (du lat. *emergere*, sortir de l'eau). **1.** Sortir d'un milieu liquide et apparaître à la surface. **2.** Fig. Commencer à apparaître ; se manifester : *Un nouveau journalisme émerge.* **3.** Fig. Retenir l'attention par sa qualité, son niveau : *Quelques blogs émergent du lot.* **4.** Fam. Sortir du sommeil ; sortir d'une situation difficile.

ÉMERI n.m. (bas lat. *smyris*). Roche qui contient une forte proportion de corindon et dont la poudre est utilisée comme abrasif. ▪ **Bouché à l'émeri** [fam.], complètement stupide. ▪ **Bouchon à l'émeri**, bouchon de verre poli à l'émeri sur le flacon pour que le bouchage soit hermétique. ▪ **Papier, toile (d')émeri**, enduits d'une préparation à base de poudre d'émeri et servant à polir.

ÉMERILLON n.m. (anc. fr. *esmeril*). **1.** Petit faucon très vif qui hiverne en Europe occidentale, utilisé autref. en fauconnerie. **2.** PÊCHE. Crochet ou boucle rivés par une petite tige dans un anneau, de manière à y tourner librement.

ÉMERISER v.t. [3]. TEXT. Gratter un textile avec de l'émeri afin d'en adoucir le toucher ou d'en améliorer les propriétés thermiques, notamm. dans la réalisation de tissus polaires.

ÉMÉRITAT n.m. Belgique. Statut de magistrat ou de professeur émérite.

ÉMÉRITE adj. (du lat. *emeritus*, soldat qui a fait son temps). **1.** Qui, du fait d'une longue pratique, est d'une remarquable habileté dans son domaine ; chevronné : *Une traductrice émérite.* **2.** Belgique. Se dit d'un magistrat ou d'un professeur d'université qui conserve son titre après avoir cessé d'exercer ses fonctions.

ÉMERSION n.f. (du lat. *emersus*, sorti de l'eau). **1.** Fait d'émerger. **2.** ASTRON. Réapparition d'un astre après une occultation.

ÉMERVEILLEMENT n.m. Fait de s'émerveiller, d'être émerveillé.

ÉMERVEILLER v.t. [3]. Inspirer une très vive admiration à ; éblouir : *Son interprétation du concerto nous a émerveillés.* ◆ **S'ÉMERVEILLER** v.pr. S'extasier : *S'émerveiller de* ou *devant tant de prouesses.*

ÉMÉTINE n.f. MÉD. Alcaloïde de l'ipéca.

ÉMÉTIQUE adj. et n.m. (du gr. *emein*, vomir). PHARM. Se dit d'une substance qui fait vomir (SYN. **vomitif**).

ÉMÉTISANT, E adj. MÉD. Qui fait vomir : *Toux émétisante.*

ÉMETTEUR, TRICE n. et adj. Personne, organisme qui émettent de la monnaie, des titres, etc. ◆ **adj.** Qui émet des signaux électromagnétiques : *Station émettrice.* ◆ **n.m. 1.** TÉLÉCOMM. Poste d'émission de signaux électromagnétiques porteurs de messages télégraphiques, de sons, d'images. **2.** ÉLECTRON. Électrode d'un transistor. **3.** LING. Personne qui produit le message (par oppos. à *récepteur*).

ÉMETTEUR-RÉCEPTEUR n.m. (pl. *émetteurs-récepteurs*). TÉLÉCOMM. Système intégrant dans un même boîtier un émetteur et un récepteur radioélectriques.

ÉMETTRE v.t. [64] (lat. *emittere*). **1.** Produire en envoyant au-dehors : *Émettre des radiations, des sons, des gaz polluants.* **2.** Procéder à la transmission d'un programme de radio, de télévision : *Cette chaîne émet surtout des programmes pour les enfants.* **3.** Absol. Diffuser des programmes de radio, de télévision : *Station qui émet en continu.* **4.** Formuler une opinion, un souhait ; exprimer : *Puis-je émettre un avis ?* **5.** Mettre en circulation de la monnaie, un chèque ; proposer au public un emprunt.

ÉMEU n.m. (pl. *émeus*) [mot des Moluques]. Grand oiseau ratite d'Australie, aux ailes rudimentaires, se nourrissant de fruits et de graines. ➲ L'émeu peut courir à 50 km/h ; famille des dromicéidés.

ÉMEUTE n.f. (de l'anc. p. passé de *émouvoir*). Soulèvement populaire spontané : *Des émeutes ont éclaté.*

ÉMEUTIER, ÈRE n. Personne qui fomente une émeute ou y participe.

ÉMIETTEMENT n.m. Action d'émietter ; fait d'être émietté.

ÉMIETTER v.t. [3]. **1.** Réduire en miettes, en petits fragments. **2.** Fig. Morceler à l'extrême : *Émietter une propriété.*

ÉMIGRANT, E n. et adj. Personne qui émigre.

ÉMIGRATION n.f. **1.** Action d'émigrer. **2.** Ensemble des émigrés. **3.** HIST. Pendant la Révolution, départ hors de France des partisans de l'Ancien Régime.

ÉMIGRÉ, E n. et adj. **1.** Personne qui a émigré. **2.** HIST. Personne qui quitta la France sous la Révolution.

ÉMIGRER v.i. [3] (du lat. *emigrare*, migrer hors de). Quitter son pays pour s'établir dans un autre ; s'expatrier.

ÉMINCÉ n.m. Très fine tranche de viande.

ÉMINCER v.t. [9]. Découper en tranches très fines.

ÉMINEMMENT [-namɑ̃] adv. Au plus haut point ; extrêmement.

ÉMINENCE n.f. **1.** Élévation de terrain ; butte ; hauteur. **2.** CATH. Titre d'honneur des cardinaux. ▪ **Éminence grise**, conseiller occulte d'une personnalité.

ÉMINENT, E adj. (du lat. *eminens*, qui s'élève). Qui est au-dessus du niveau commun : *Un éminent scientifique. Un rôle éminent.*

ÉMIR n.m. (ar. *amir*). **1.** Gouverneur, prince, chef militaire, dans les pays musulmans. **2.** Chef de l'État, dans les principautés héréditaires de la péninsule arabique.

ÉMIRAT n.m. **1.** Dignité d'émir. **2.** État gouverné par un émir.

ÉMIRATI, E ou **ÉMIRIEN, ENNE** adj. et n. Des Émirats arabes unis ; de leurs habitants.

1. ÉMISSAIRE n.m. (lat. *emissarius*, de *emittere*, envoyer dehors). Personne chargée d'une mission plus ou moins secrète ou personnelle et que l'on dépêche auprès de qqn.

2. ÉMISSAIRE n.m. (lat. *emissarium*, de *emittere*, émettre). **1.** HYDROL. Cours d'eau qui prend naissance dans un lac ou qui en évacue les eaux. **2.** Canal, fossé ou conduite servant à évacuer l'eau (notamm. les eaux usées).

3. ÉMISSAIRE adj.m. ▪ **Bouc émissaire** → **BOUC.**

ÉMISSIF, IVE adj. (du lat. *emissus*, envoyé). PHYS. Qui a la faculté d'émettre des rayonnements.

ÉMISSION n.f. (lat. *emissio*). **1.** TÉLÉCOMM. Transmission de sons, d'images par les ondes électromagnétiques ; diffusion. **2.** Programme retransmis par une chaîne de radio, de télévision, ou par un site Internet. **3.** PHYS. Production de radiations, d'ondes, etc. **4.** BANQUE. Mise en circulation de monnaies, de titres, etc. **5.** GÉOL. Sortie hors d'un volcan, lors d'une éruption, de produits magmatiques solides, liquides ou gazeux. ▪ **Émission (de gaz)** [écol.], rejet par l'industrie, les moyens de transport, etc., de gaz dans l'atmosphère (gaz à effet de serre, notamm.) : *Limiter les émissions de l'industrie pétrolière.* ▪ **Émission de voix**, production de sons articulés.

ÉMISSION-DÉBAT n.f. (pl. *émissions-débats*). Émission sur un sujet de société, réunissant des invités autour d'un animateur. Recomm. off. pour **talk-show.**

ÉMISSOLE **n.f.** (ital. *mussolo*). Petit requin comestible, commun dans l'Atlantique et la Méditerranée, appelé cour. *chien de mer.* ➲ Famille des triakidés.

EMMAGASINAGE ou **EMMAGASINEMENT** **n.m.** Action, fait d'emmagasiner.

EMMAGASINER **v.t. [3]. 1.** Mettre en magasin. **2.** Faire une réserve de ; stocker : *Emmagasiner des connaissances, des souvenirs.*

EMMAILLOTEMENT **n.m.** Action d'emmailloter.

EMMAILLOTER **v.t. [3]. 1.** Envelopper complètement dans un tissu : *Emmailloter un bras blessé.* **2.** Vieilli. Envelopper un bébé dans un lange.

EMMANCHEMENT **n.m.** Action d'emmancher.

EMMANCHER **v.t. [3]. 1.** Ajuster sur un manche : *Emmancher un marteau.* **2. MÉCAN. INDUSTR.** Engager une pièce dans une autre avec un serrage donné. ◆ **S'EMMANCHER** **v.pr. 1.** S'ajuster. **2.** Fam. Commencer de telle manière ; s'engager : *Leurs rapports se sont mal emmanchés.*

1. EMMANCHURE **n.f.** Ouverture d'un vêtement pour y coudre une manche ou laisser passer le bras (SYN. **entournure**).

2. EMMANCHURE **n.f.** (de *1. manche*). Belgique. Affaire compliquée ; combine : *Quelle emmanchure !*

EMMARCHEMENT **n.m. CONSTR. 1.** Disposition des marches d'un escalier. **2.** Largeur d'un escalier. **3.** Escalier de quelques marches disposé sur toute la longueur d'une terrasse, d'un soubassement.

EMMÊLEMENT **n.m.** Action d'emmêler ; fait d'être emmêlé.

EMMÊLER **v.t. [3]. 1.** Mêler en enchevêtrant : *Emmêler les fils d'un écheveau.* **2.** Fig. Rendre confus ; embrouiller : *Emmêler une discussion.* ◆ **S'EMMÊLER** **v.pr.** Devenir confus, inextricable.

EMMÉNAGEMENT **n.m.** Action d'emménager.

EMMÉNAGER **v.i. [10]** (de *ménage*). S'installer dans un nouveau logement.

EMMÉNAGOGUE [eme-] **adj.** et **n.m.** (du gr. *emmêna*, menstrues, et *agôgos*, qui amène). **MÉD.** Vx. Se disait d'un médicament provoquant ou régularisant la menstruation.

EMMENER **v.t. [12]. 1.** Mener avec soi du lieu où l'on est dans un autre ; conduire : *Je vais les emmener au cinéma.* **2. SPORTS.** Entraîner à sa suite ; être en tête et régler l'allure de : *Emmener le peloton.*

EMMENTHAL ou **EMMENTAL** [emɛ̃-] ou [emɑ̃-] **n.m.** (pl. *emment[h]als*). Fromage au lait de vache à pâte pressée cuite parsemée de trous, se présentant sous forme de grosse meule de 80 à 100 kg, originaire de la vallée de l'Emme (Suisse), fabriqué aussi dans plusieurs régions françaises.

EMMERDANT, E **adj.** Très fam. Ennuyeux.

EMMERDEMENT **n.m.** ou **EMMERDE** **n.f.** Très fam. Ennui ; souci.

EMMERDER [ɑ̃mɛrde] **v.t. [3].** Très fam. Ennuyer ; importuner. ◆ **S'EMMERDER** **v.pr.** Très fam. S'ennuyer.

EMMERDEUR, EUSE **n.** Très fam. Personne importune ou agaçante.

EMMÉTROPE [ɑ̃me-] **adj.** et **n.** (du gr. *emmetros*, bien mesuré, et *ôps*, vue). **MÉD.** Qui a une vision normale, sans myopie ni hypermétropie.

EMMÉTROPIE [ɑ̃me-] **n.f. MÉD.** Absence de troubles de la réfraction de l'œil (CONTR. **amétropie**).

EMMIELLER [ɑ̃mjele] **v.t. [3].** Fam., par euphém. Emmerder.

EMMITOUFLER [ɑ̃mi-] **v.t. [3]** (de l'anc. fr. *mitoufle*, mitaine). Envelopper douillettement, dans des vêtements chauds. ◆ **S'EMMITOUFLER** **v.pr.** Se couvrir chaudement.

EMMOTTÉ, E [ɑ̃mɔte] **adj. AGRIC.** Se dit d'une plante dont les racines sont entourées de terre en motte.

EMMURER [ɑ̃myre] **v.t. [3]. 1.** Enfermer en murant. **2.** Enfermer comme avec un mur : *L'éboulement a emmuré des mineurs.*

ÉMOI **n.m.** (de l'anc. fr. *esmaier*, troubler). Litt. **1.** Agitation causée par la crainte, l'inquiétude ; effervescence : *La population est en émoi.* **2.** Émotion d'ordre affectif, sensuel ; trouble : *Les premiers émois des adolescents.*

ÉMOLLIENT, E **adj.** et **n.m.** (du lat. *emollire*, amollir). **PHARM.** Vieilli. Se disait d'un médicament relâchant les tissus.

ÉMOLUMENT **n.m.** (du lat. *emolumentum*, bénéfice). **DR.** Part d'actif qui revient à qqn dans une succession ou dans un partage. ◆ **n.m. pl. DR. 1.** Honoraires d'un officier ministériel. **2.** Traitement, salaire attaché à un emploi.

ÉMONCTOIRE **n.m.** (lat. *emunctum*, de *emungere*, moucher). **PHYSIOL.** Vieilli. Organe servant à l'élimination des déchets organiques (narine, anus, etc.).

ÉMONDAGE **n.m.** Action d'émonder.

ÉMONDER **v.t. [3]** (de *monder*). **1.** Couper les branches inutiles d'un arbre ; élaguer. **2.** Débarrasser certaines graines de leur tégument : *Émonder des pistaches* (SYN. **monder**).

ÉMONDES **n.f. pl.** Branches émondées.

ÉMONDEUR, EUSE **n.** Personne qui émonde les arbres.

ÉMONDOIR **n.m.** Outil tranchant pour émonder les arbres.

ÉMOTICÔNE **n.f.** (de *émotion* et *icône*). **INFORM.** Dans un message électronique, représentation typographique (par combinaison de caractères) ou graphique (image fixe ou animée) figurant une émotion. ➲ L'émoticône la plus connue est celle symbolisant un sourire. (→ **smiley**).

ÉMOTIF, IVE **adj.** Relatif à l'émotion ; suscité par l'émotion : *Choc émotif.* ◆ **adj.** et **n.** Prompt à ressentir des émotions ; sensible : *Un grand émotif.*

ÉMOTION **n.f.** Trouble subit, agitation passagère causés par un sentiment de peur, de joie, de colère, etc. : *Ce grand huit donne des émotions !*

ÉMOTIONNABLE **adj.** Fam. Qui s'émeut facilement ; émotif.

ÉMOTIONNANT, E **adj.** Fam. Qui cause une vive émotion ; impressionnant.

ÉMOTIONNEL, ELLE **adj.** Du domaine de l'émotion ; affectif : *Le poids émotionnel des lieux de mémoire.*

ÉMOTIONNER **v.t. [3].** Fam. Troubler par une émotion ; émouvoir.

ÉMOTIVITÉ **n.f.** Caractère d'une personne émotive ; disposition à ressentir des émotions.

ÉMOTTAGE ou **ÉMOTTEMENT** **n.m.** Action d'émotter.

ÉMOTTER **v.t. [3]. AGRIC.** Briser les mottes après le labour.

ÉMOUCHET **n.m.** (de l'anc. fr. *moschet*, petite mouche). Nom commun à divers petits rapaces diurnes (crécerelle, épervier).

ÉMOUCHETTE **n.f.** Filet dont on couvre les chevaux pour les protéger des mouches.

ÉMOULU, E **adj.** (de l'anc. fr. *émoudre*, aiguiser). ▪ **Frais émoulu de,** récemment sorti d'une école : *Jeune fille fraîche émoulue de l'ENA.* ▪ **Se battre à fer émoulu** [hist.], dans les tournois, combattre avec des armes très aiguisées, contrairement à l'usage.

ÉMOUSSER **v.t. [3]** (de *4. mousse*). **1.** Rendre moins tranchant, moins pointu. **2.** Fig. Rendre moins vif : *Les années ont émoussé sa douleur.* ◆ **S'ÉMOUSSER** **v.pr. 1.** Devenir moins tranchant, en parlant d'une lame. **2.** Fig. Devenir moins vif ; s'atténuer.

ÉMOUSTILLANT, E **adj.** Qui émoustille.

ÉMOUSTILLER **v.t. [3]** (de *3. mousse*). **1.** Mettre de bonne humeur ; égayer : *Sa conversation émoustille les convives.* **2.** Provoquer l'excitation sensuelle de ; aguicher.

ÉMOUVANT, E **adj.** Qui émeut ; touchant.

ÉMOUVOIR **v.t. [42]** (lat. *emovere*). Agir sur la sensibilité de ; affecter : *L'annonce de son départ nous a émus.* ◆ **S'ÉMOUVOIR** **v.pr. 1.** Ressentir une émotion, un trouble qui bouleverse, touche. **2. (DE).** S'affecter de qqch ; s'alarmer : *Ses parents se sont émus de sa pâleur.*

EMPAILLAGE **n.m.** Action d'empailler.

EMPAILLÉ, E **adj.** Bourré de paille, en parlant d'un animal mort ; naturalisé. ◆ **adj.** et **n.** Fam. Se dit d'une personne indolente, inerte ; empoté.

EMPAILLER **v.t. [3]. 1.** Garnir de paille : *Empailler une chaise.* **2.** Envelopper de paille : *Empailler des bouteilles.* **3.** Bourrer de paille la peau d'un animal mort pour lui conserver ses formes ; naturaliser : *Empailler un renard.*

EMPAILLEUR, EUSE **n. 1.** Rempailleur. **2.** Taxidermiste.

EMPALEMENT **n.m.** Action d'empaler ; fait de s'empaler.

EMPALER **v.t. [3].** Transpercer d'un pal, d'un pieu. ◆ **S'EMPALER** **v.pr.** Se blesser en tombant sur un objet pointu qui s'enfonce dans le corps.

EMPALMER **v.t. [3]** (du lat. *palma*, paume). En parlant d'un prestidigitateur, escamoter un objet dans la paume de la main.

EMPAN **n.m.** (francique **spanna*). Ancienne mesure de longueur égale à la distance entre l'extrémité du pouce et celle du petit doigt dans leur écart maximal.

EMPANACHER **v.t. [3].** Orner d'un panache.

EMPANNAGE **n.m.** Action d'empanner.

EMPANNER **v.i. [3]. MAR.** Faire passer la voilure d'un bord à l'autre, au moment du virement de bord vent arrière.

EMPAQUETAGE **n.m.** Action d'empaqueter.

EMPAQUETER **v.t. [16],** ▲ *[12].* Mettre en paquet ; emballer.

S'EMPARER **v.pr. [3] (DE)** [du provenç. *amparar*, fortifier]. **1.** Prendre violemment possession de ; conquérir : *S'emparer d'une ville.* **2.** Saisir vivement ; prendre : *S'emparer du ballon.* **3.** Faire prisonnier ; capturer : *Les terroristes se sont emparés d'une journaliste.* **4.** Étendre son emprise sur l'esprit de ; envahir : *Un désir de vengeance s'est emparé de lui.*

EMPÂTÉ, E **adj.** Qui présente de l'empâtement ; bouffi : *Visage empâté.*

EMPÂTEMENT **n.m. 1.** Effacement des traits, des lignes du corps, dû à un excès de graisse dans les tissus. **2. PEINT.** Relief produit sur un tableau par l'application de couches épaisses de matière picturale.

EMPÂTER **v.t. [3]. 1.** Faire grossir qqn ; alourdir : *L'âge a empâté ses traits.* **2.** Fig. Rendre pâteux : *Le vin lui empâte la bouche.* **3. PEINT.** Poser les couleurs par touches épaisses superposées. ◆ **S'EMPÂTER** **v.pr. 1.** Devenir pâteux. **2.** Prendre de l'embonpoint.

EMPATHIE **n.f.** (du gr. *pathos*, souffrance). **PSYCHOL.** Faculté intuitive de se mettre à la place d'autrui, de percevoir ce qu'il ressent.

EMPATHIQUE **adj.** Relatif à l'empathie.

EMPATTEMENT **n.m. 1. CONSTR.** Maçonnerie formant saillie à la base d'un mur. **2.** Base élargie d'un tronc d'arbre ou d'une branche. **3. IMPRIM.** Épaississement situé à la base et en haut des jambages d'un caractère typographique. **4.** Distance séparant les axes des essieux extrêmes d'un véhicule.

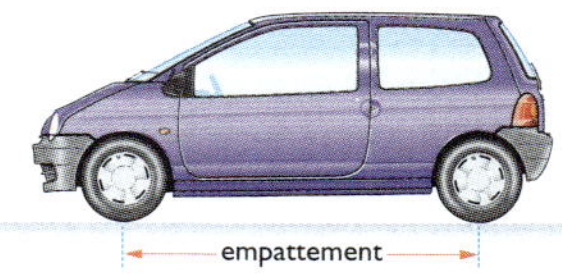

▲ **empattement** d'une voiture.

EMPATTER **v.t. [3]. MENUIS.** Joindre bout à bout des pièces de bois au moyen de pattes.

EMPAUME ou **EMPAUMURE** **n.f.** Partie du gant qui couvre la paume de la main.

EMPAUMER **v.t. [3].** Au jeu de paume, recevoir la balle dans la paume de la main ou en pleine raquette.

EMPAUMURE **n.f. VÉNER.** Extrémité des bois des vieux cerfs ou des chevreuils.

EMPÊCHÉ, E **adj.** Retenu par des obligations.

EMPÊCHEMENT **n.m. 1.** Ce qui empêche ou gêne une action ; obstacle : *Vois-tu un empêchement à son départ ?* **2. DR. CONSTIT.** En France, interruption prématurée du mandat présidentiel. ▪ **Empêchement à mariage** [dr. civ.], absence de l'une des conditions légales nécessaires à la célébration d'un mariage.

EMPÊCHER **v.t. [3]** (du bas lat. *impedicare*, prendre au piège). Faire obstacle à ; rendre impossible ; interdire : *Empêcher la propagation d'une rumeur* ou *qu'une rumeur ne se propage.* ▪ **(Il) n'empêche que** (+ indic.), on ne peut nier que : *Il n'empêche que nous lui devons la victoire.* ◆ **S'EMPÊCHER** **v.pr. (DE).** Se retenir de : *Elle ne put s'empêcher de rire.*

EMPÊCHEUR, EUSE **n.** Fam. ▪ **Empêcheur de danser** ou **de tourner en rond,** personne qui empêche les autres de s'amuser ; rabat-joie.

EMPÉGUÉ, E adj. Région. (Midi). Qui a bu jusqu'à l'ivresse.

EMPÉGUER v.t. [11] (anc. occitan *empegar*, enduire de poix). Région. (Midi). **1.** Salir. **2.** Fam. Réprimander ; arrêter : *Se faire empéguer par les gendarmes.* ◆ **S'EMPÉGUER v.pr.** Région. (Midi). Boire jusqu'à l'ivresse.

EMPEIGNE n.f. (de l'anc. fr. *peigne*, métacarpe). Partie avant de la tige d'une chaussure, du cou-de-pied à la pointe.

EMPÊNAGE n.m. Mortaise qui reçoit le pêne d'une serrure.

EMPENNAGE n.m. 1. Ensemble des plumes qui garnissent le talon d'une flèche pour régulariser son mouvement (SYN. **empenne**). **2.** Chacune des surfaces situées à l'arrière du fuselage d'un avion et destinées à lui donner une stabilité en profondeur (empennage horizontal) et en direction (empennage vertical). **3. ARM.** Ensemble des ailettes arrière d'un projectile non tournant, servant à le stabiliser.

EMPENNE n.f. Empennage d'une flèche.

EMPENNER v.t. [3] (de *1. penne*). Garnir d'une empenne.

EMPEREUR n.m. (lat. *imperator*). **1. ANTIQ. ROM.** Détenteur du pouvoir suprême à partir d'Auguste (27 av. J.-C.). **2.** Chef du Saint Empire romain germanique. **3.** Chef suprême de certains États, détenteur de l'ensemble des pouvoirs. **4.** Nom commercial de plusieurs poissons des eaux profondes de l'Atlantique et de la Méditerranée (genres *Beryx* et *Hoplostethus*). ▪ **L'Empereur,** Napoléon Ier.

EMPERLER v.t. [3]. Litt. Couvrir de gouttelettes : *La sueur emperlait son front.*

EMPESAGE n.m. Action d'empeser.

EMPESÉ, E adj. Qui manque de naturel ; compassé : *Son air empesé est risible.*

EMPESER v.t. [12] (de l'anc. fr. *empoise*, empois). Imprégner un tissu d'empois.

EMPESTER v.t. [3] (de *peste*). Emplir d'une mauvaise odeur ; empuantir : *Ce poisson empeste la cuisine.* ◆ **v.i. 1.** Exhaler une forte odeur de : *Tu empestes le tabac.* **2.** Dégager une odeur désagréable ; puer : *Ses chaussettes empestent.*

EMPÊTRÉ, E adj. Qui manque d'aisance ; gauche.

EMPÊTRER v.t. [3] (du lat. *impastoriare*, entraver). **1.** Embarrasser par qqch qui entrave. **2.** Engager dans une situation périlleuse. ◆ **S'EMPÊTRER v.pr. (DANS). 1.** S'embarrasser dans qqch qui entrave : *S'empêtrer dans les ronces.* **2.** Se mettre dans une situation difficile ; s'enferrer : *S'empêtrer dans ses mensonges.*

EMPHASE n.f. (gr. *emphasis*). Exagération pompeuse dans le ton, les termes employés ; grandiloquence.

EMPHATIQUE adj. Empreint d'emphase : *Discours emphatique.*

EMPHATIQUEMENT adv. Avec emphase.

EMPHYSÉMATEUX, EUSE adj. Relatif à l'emphysème. ◆ **adj. et n.** Atteint d'emphysème.

EMPHYSÈME n.m. (du gr. *emphusêma*, gonflement). **MÉD.** ▪ **Emphysème pulmonaire,** dilatation excessive et permanente des alvéoles pulmonaires, avec rupture de leurs cloisons. ▪ **Emphysème sous-cutané,** gonflement produit par l'introduction d'air ou le dégagement de gaz dans le tissu cellulaire sous-cutané.

EMPHYTÉOSE n.f. (du gr. *emphuteuein*, planter). **DR.** Droit réel de jouissance sur la chose d'autrui, qui résulte de la conclusion d'un bail emphytéotique.

EMPHYTÉOTE n. Preneur d'un bail emphytéotique.

EMPHYTÉOTIQUE adj. DR. ▪ **Bail emphytéotique,** bail de longue durée (18 à 99 ans), qui confère au preneur un droit réel, susceptible d'hypothèque.

EMPIÈCEMENT n.m. Pièce rapportée dans le haut d'un vêtement.

S'EMPIERGER v.pr. [10]. Région. (Nord-Est). Fam. Se prendre les pieds dans ; trébucher sur : *Elle s'est empiergée dans un câble.*

EMPIERREMENT n.m. 1. Action d'empierrer. **2.** Assise de pierres cassées, dans une chaussée.

EMPIERRER v.t. [3]. Disposer une assise de pierres : *Empierrer une allée.*

EMPIÉTEMENT, ▲ *EMPIÈTEMENT* **n.m. 1.** Action d'empiéter ; ce qui empiète. **2.** Extension progressive d'une chose aux dépens d'une autre : *L'empiétement de la mer sur les terres.*

EMPIÉTER v.t. ind. [11], ▲ *[11*]* **(SUR)** [de *pied*]. **1.** S'arroger des droits qui reviennent à qqn d'autre ; usurper : *Tu empiètes sur mes fonctions.* **2.** Déborder sur qqch dans l'espace ou dans le temps : *Le nouveau supermarché empiète sur le square. La réunion a empiété sur mon heure de déjeuner.*

S'EMPIFFRER v.pr. [3] (de l'anc. fr. *pifre*, gros individu). Fam. Se bourrer de nourriture.

EMPILABLE adj. Conçu pour pouvoir être empilé.

EMPILAGE n.m. Empilement.

EMPILE n.f. PÊCHE. Partie terminale de la ligne à laquelle sont attachés les plombs et l'hameçon (SYN. **avançon**).

EMPILEMENT n.m. Action d'empiler ; ensemble de choses empilées ; empilage.

EMPILER v.t. [3]. 1. Mettre en pile ; entasser : *Empiler des poissons dans des barils.* **2.** Fam. Duper ; voler : *Il a empilé tous les voisins.* ◆ **S'EMPILER v.pr.** S'amonceler.

EMPIRE n.m. (lat. *imperium*). **1.** Régime dans lequel l'autorité politique souveraine est exercée par un empereur ; État ou ensemble d'États soumis à un tel régime. **2.** Ensemble de territoires, de pays gouvernés par une autorité unique. **3.** Groupe industriel, commercial, financier puissant et très étendu. **4. HIST.** (Avec une majuscule). Période pendant laquelle la France fut gouvernée par un empereur : *Le premier, le second Empire.* **5. HIST.** (Avec une majuscule). Le Saint Empire romain germanique. **6.** Litt. Influence exercée sur une personne par qqn, qqch ; ascendant : *Elle a de l'empire sur ses élèves. Sous l'empire de la boisson, il est violent.* ▪ **Le Céleste Empire** [hist.], nom donné autref. à la Chine (dont l'empereur était appelé « Fils du ciel »). ▪ **Pas pour un empire,** pour rien au monde. ▪ **Style second Empire,** style décoratif du temps de Napoléon III. ◆ **adj. inv.** (Avec une majuscule). Se dit du style décoratif du temps de Napoléon Ier : *Une commode Empire.*

EMPIRER v.i. [3]. Devenir pire ; s'aggraver : *L'état des blessés, la situation économique empirent.* ◆ **v.t.** Faire devenir pire : *Cette déclaration a empiré la querelle.*

EMPIRIOCRITICISME n.m. Courant philosophique (fin du XIXe s., début du XXe s.) qui s'est interrogé sur les modalités de la connaissance en niant toute distinction de nature entre phénomènes physiques et phénomènes mentaux.

EMPIRIQUE adj. (gr. *empeirikos*). Qui ne s'appuie que sur l'expérience, l'observation : *Méthode empirique.*

EMPIRIQUEMENT adv. De façon empirique.

EMPIRISME n.m. 1. Méthode qui repose uniquement sur l'expérience. **2.** Doctrine philosophique développée au XVIIIe s. en Grande-Bretagne par Locke et Hume. ▪ **Empirisme logique,** positivisme logique.

➲ **L'EMPIRISME** considère l'esprit humain comme une « table rase » qui ne peut acquérir que des connaissances probables, car constituées à partir des sensations et de leur association selon certaines lois. Il a largement contribué, au siècle des Lumières, à la remise en cause de la métaphysique cartésienne.

EMPIRISTE adj. et n. Qui relève de l'empirisme ; qui en est partisan.

EMPLACEMENT n.m. Place occupée par qqch ou qui lui est réservée : *L'emplacement prévu pour un meuble.*

EMPLAFONNER v.t. [3] (de *plafond*). Fam. Heurter un véhicule ; emboutir : *Il a emplafonné ma voiture.*

EMPLANTURE n.f. (de *planter*). **1. AÉRON.** Raccordement de l'aile au fuselage. **2. MAR.** Pièce portant le pied d'un mât.

EMPLÂTRE n.m. (lat. *emplastrum*, du gr. *emplassein*, façonner). **1. PHARM.** Préparation adhésive destinée à l'usage externe. **2.** Fam. Personne apathique et incapable.

EMPLETTE n.f. (de l'anc. fr. *emploite*, occupation). **1.** Achat d'objets ou de marchandises d'un usage courant : *Faire des emplettes. Faire l'emplette de qqch.* **2.** Objet acheté ; achat.

EMPLIR v.t. [21] (lat. *implere*). Litt. **1.** Rendre plein : *Emplir un bol de lait.* **2.** Remplir : *Nouvelle qui emplit de tristesse.*

EMPLISSAGE n.m. Litt. Action d'emplir.

EMPLOI n.m. 1. Action, manière d'employer une chose ; utilisation : *L'emploi du subjonctif.* **2.** Destination réservée à une chose ; usage : *Ces pastilles font double emploi avec ce sirop.* **3.** Fait d'employer une personne ou un groupe de personnes. **4.** Exercice d'une profession rémunérée ; travail ; poste : *Être qualifié pour un emploi.* **5.** Situation globale de l'activité économique, portant sur l'ensemble des personnes employées. **6.** Type de rôle interprété par un acteur ou un danseur, en fonction de son physique et de son style. ➲ La notion d'*emploi* est moins prise en considération dans le théâtre contemporain. **7. DR.** Acquisition d'un bien avec des fonds disponibles. ▪ **Demande d'emploi,** annonce faite par une personne qui cherche un travail rémunéré. ▪ **Emploi d'avenir** → **AVENIR.** ▪ **Emploi du temps,** distribution des occupations pour une période déterminée. ▪ **Emploi vert** → **1. VERT.** ▪ **Être à l'emploi de qqn** [Québec], être employé par lui. ▪ **Mode d'emploi,** notice expliquant la manière d'utiliser un appareil, un produit, etc. ▪ **Offre d'emploi,** annonce proposant un travail rémunéré.

EMPLOYABILITÉ n.f. Capacité d'une personne à occuper un emploi.

EMPLOYABLE adj. Que l'on peut employer.

EMPLOYÉ, E n. Personne salariée qui travaille dans un bureau, une administration, un magasin ou chez un particulier sans avoir de responsabilité d'encadrement. ▪ **Employé de maison,** salarié travaillant au service d'une famille.

EMPLOYER v.t. [7] (du lat. *implicare*, engager). **1.** Faire usage de ; utiliser : *Employer un mixeur pour faire une purée* ; recourir à : *Employer la ruse.* **2.** Faire travailler pour son compte : *Elle emploie dix personnes. Il emploie sa femme comme comptable.* ◆ **S'EMPLOYER v.pr. 1.** Être utilisé : *Ce mot ne s'emploie plus.* **2. (À).** Consacrer ses efforts à ; s'appliquer à : *S'employer à réconcilier deux personnes.*

EMPLOYEUR, EUSE n. Personne physique ou morale qui emploie du personnel salarié.

EMPLUMER v.t. [3]. Garnir, orner de plumes.

EMPOCHER v.t. [3]. 1. Mettre dans sa poche. **2.** Percevoir de l'argent : *Empocher une grosse somme.*

EMPOIGNADE n.f. Discussion violente ; altercation.

EMPOIGNE n.f. Fam. ▪ **Foire d'empoigne,** situation où chacun cherche à obtenir plus que les autres.

EMPOIGNER v.t. [3] (de *poing*). **1.** Saisir en serrant fortement avec la main : *Elle empoigna la rampe et commença à monter.* **2.** Se saisir de qqn : *Le lutteur empoigna son adversaire.* **3.** Fig. Émouvoir fortement ; bouleverser : *Ce récit a empoigné l'auditoire.* ◆ **S'EMPOIGNER v.pr. 1.** Se battre. **2.** Se disputer.

EMPOINTURE n.f. MAR. Angle supérieur d'une voile carrée ou aurique.

EMPOIS n.m. (de *empeser*). Apprêt à base d'amidon destiné à donner de la raideur au linge.

EMPOISONNANT, E adj. Fam. Ennuyeux ; contrariant.

EMPOISONNEMENT n.m. 1. Intoxication grave. **2.** Crime consistant à administrer une substance toxique à qqn avec l'intention de donner la mort. **3.** Fam. Ennui ; tracas.

EMPOISONNÉ, E adj. Qui contient du poison : *Boisson empoisonnée.*

EMPOISONNER v.t. [3]. 1. Faire mourir ou intoxiquer par le poison. **2.** Mettre du poison dans, sur qqch : *Ces rejets industriels ont empoisonné la rivière.* **3.** Infecter d'une odeur désagréable ; empester. **4.** Fam. Importuner vivement : *Ce passager empoisonne les autres avec son téléphone portable.* ◆ **S'EMPOISONNER v.pr. 1.** Absorber du poison. **2.** Fam. S'ennuyer.

Les empreintes des animaux

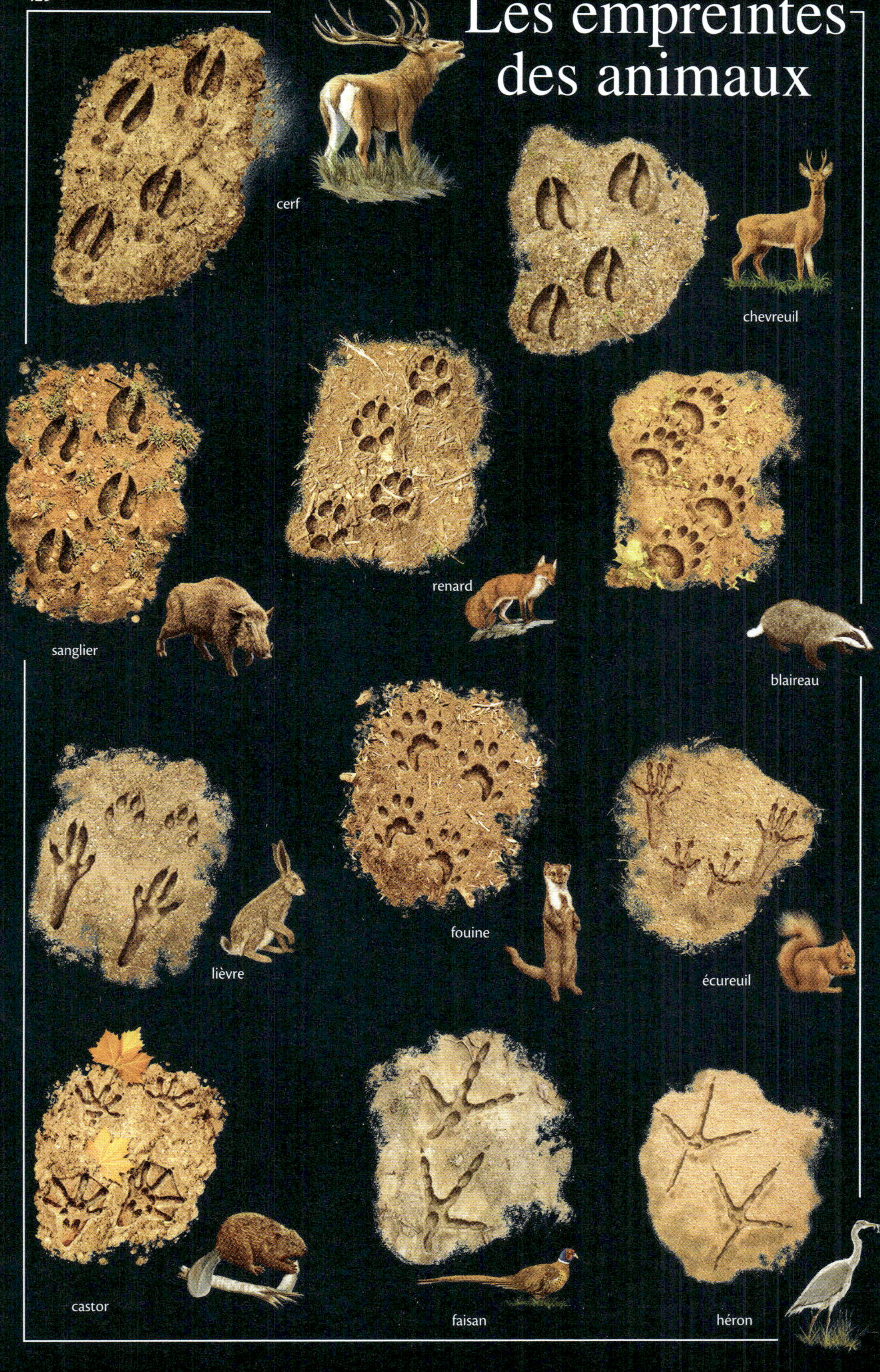

EMPOISONNEUR, EUSE n. **1.** Personne qui prépare, administre du poison. **2.** Fam. Personne qui importune.

EMPOISSONNEMENT n.m. Action d'empoissonner.

EMPOISSONNER v.t. [3]. Peupler de poissons un étang, une rivière, etc.

EMPORIUM [-rjɔm] n.m. (mot lat.). ANTIQ. ROM. Comptoir commercial à l'étranger.

✎ Pluriel savant : ***emporia***.

EMPORT n.m. DR. COMM. ■ **Capacité d'emport,** charge qu'un avion peut transporter.

EMPORTÉ, E adj. et n. Qui s'emporte facilement ; coléreux.

EMPORTEMENT n.m. Accès de colère : *Elle cria avec emportement que cela ne me regardait pas.*

EMPORTE-PIÈCE n.m. (pl. *emporte-pièces*). Outil tranchant utilisé pour trouer ou découper sous l'effet du choc ou de la pression. ■ **À l'emporte-pièce,** en parlant de qqn, entier : *Un contremaître à l'emporte-pièce* ; en parlant d'une parole, acerbe : *Des remarques à l'emporte-pièce.*

EMPORTER v.t. [3]. **1.** Prendre avec soi en quittant un lieu : *Elle a emporté mes clés.* **2.** Enlever de façon violente et rapide ; arracher : *Le vent a emporté son chapeau.* **3.** Entraîner dans son mouvement : *Le vent emporte des paquets d'escarbilles vers les maisons voisines.* **4.** Entraîner à un comportement excessif : *Sa jalousie l'emporte.* **5.** Être la cause de la mort de qqn : *L'épidémie a emporté des centaines de personnes.* ■ **L'emporter (sur),** avoir le dessus, l'avantage (sur). ◆ **S'EMPORTER** v.pr. **1.** Se mettre en colère. **2.** Prendre le mors aux dents, en parlant d'un cheval (SYN. **s'emballer**).

EMPORTIÉRAGE n.m. Québec. Action de percuter un cycliste en ouvrant sans précaution une portière d'automobile.

EMPOSIEU n.m. (pl. *emposieux*) [mot du Jura]. Suisse. Excavation naturelle en forme d'entonnoir par où s'écoulent les eaux, dans le Jura.

EMPOTÉ, E adj. et n. (de l'anc. fr. *main pote*, main engourdie). Fam. Se dit d'une personne maladroite.

EMPOTER v.t. [3]. Mettre une plante en pot.

EMPOURPRER v.t. [3]. Colorer de pourpre, de rouge : *Le soleil empourpre le couchant.* ◆ **S'EMPOURPRER** v.pr. Rougir : *Son visage s'est empourpré.*

EMPOUSSIÉRER v.t. [11], ▲ *[11*]*. Couvrir de poussière.

EMPREINDRE v.t. [62] (lat. *imprimere*). **1.** Litt. Marquer par pression ; imprimer : *Empreindre ses pas sur la neige.* **2.** (DE). Fig. Marquer d'un caractère net : *Sa bonté empreignait sa voix de douceur.* ◆ **S'EMPREINDRE** v.pr. (DE). Litt. Laisser paraître la marque de : *Son visage s'est empreint de joie.*

EMPREINTE n.f. **1.** Marque en creux ou en relief obtenue par pression : *Prendre l'empreinte d'une dent. (V. planche page précédente.)* **2.** Fig. Marque durable laissée par une personne, une idée, une expérience : *On retrouve dans les œuvres contemporaines l'empreinte de cet attentat.* **3.** Marque personnelle, caractère distinctif d'un artiste ; cachet, griffe : *L'empreinte de Cézanne.* **4.** ÉTHOL. Apprentissage précoce chez l'animal, se traduisant notamm. par un attachement privilégié à la mère (SYN. **imprégnation**). ➲ Notion développée par K. Lorenz, qui observa que les oisons suivent fidèlement le premier animal ou objet en mouvement qu'ils voient après l'éclosion. ■ **Empreinte carbone** → **CARBONE.** ■ **Empreinte (digitale),** marque laissée sur les objets par les sillons de la peau des doigts. ■ **Empreinte écologique,** évaluation de l'impact humain sur l'environnement, indiquant quelle superficie agricole permettrait de subvenir à l'ensemble des besoins et à l'absorption des déchets d'un individu, d'une population, d'une usine, etc. ■ **Empreinte génétique,** portion d'ADN dont la séquence est spécifique de chaque individu et permet son identification. ➲ Utilisée en médecine légale, la technique des empreintes génétiques contribue, à partir de prélèvements effectués sur un échantillon organique, à identifier un coupable ou à innocenter un suspect.

EMPRESSÉ, E adj. Plein de prévenance ; attentionné.

EMPRESSEMENT n.m. Action de s'empresser ; prévenance : *Il nous a aidés avec empressement.*

S'EMPRESSER v.pr. [3]. **1.** Montrer du zèle, de la prévenance à l'égard de qqn ; s'affairer : *La vendeuse s'empresse auprès d'un client.* **2.** (DE). Se hâter de faire qqch : *Elle s'est empressée de partir.*

EMPRÉSURER v.t. [3]. Ajouter de la présure au lait pour le faire cailler.

EMPRISE n.f. (de l'anc. fr. *emprendre*, entreprendre). **1.** Domination morale, intellectuelle ; influence : *Il a beaucoup d'emprise sur ses petits-enfants.* **2.** DR. Prise de possession, par l'Administration, d'une propriété privée immobilière. **3.** TRAV. PUBL. Surface occupée par une route ou une voie ferrée et ses dépendances incorporées au domaine de la collectivité publique.

EMPRISONNEMENT n.m. **1.** Action de mettre en prison. **2.** Peine consistant à demeurer enfermé en prison.

EMPRISONNER v.t. [3]. **1.** Mettre en prison ; incarcérer. **2.** Tenir à l'étroit ; serrer : *Ceinture qui emprisonne la taille.*

EMPRUNT [ɑ̃prœ̃] n.m. **1.** Action d'emprunter : *Recourir à un emprunt pour acheter une voiture.* **2.** Chose, somme empruntée : *Un emprunt remboursable en vingt ans.* **3.** LITTÉR. Fait d'emprunter ou d'imiter ce qui appartient à un autre ; plagiat : *Emprunts d'un jeu vidéo à un autre.* **4.** LING. Élément, mot pris à une autre langue. ■ **D'emprunt,** qui n'appartient pas en propre à : *Nom d'emprunt.* ■ **Emprunt public,** dette contractée sur le marché des capitaux par l'État ou par une collectivité publique.

EMPRUNTÉ, E adj. Qui manque d'aisance, de naturel ; gauche : *Air emprunté.*

EMPRUNTER v.t. [3] (lat. *promutuari*). **1.** Obtenir de l'argent ou un objet à titre de prêt ; se faire prêter : *Puis-je t'emprunter ton parapluie ?* **2.** Prendre ailleurs pour s'approprier : *Emprunter le sujet d'un roman à l'actualité.* **3.** Prendre, suivre une voie : *Emprunter une piste cyclable.*

EMPRUNTEUR, EUSE n. Personne qui emprunte. ◆ adj. Qui fait des emprunts linguistiques.

EMPUANTIR v.t. [21]. Infecter d'une mauvaise odeur ; empester.

EMPUANTISSEMENT n.m. Action d'empuantir ; son résultat.

EMPUSE n.f. (du gr. *Empousa*, n. d'un spectre). Insecte dictyoptère carnassier des régions méditerranéennes, voisin de la mante, dont la larve est appelée *diablotin*. ➲ Famille des empusidés.

EMPYÈME [ɑ̃pjɛm] n.m. (du gr. *puon*, pus). MÉD. Amas de pus dans une cavité naturelle, en partic. la cavité pleurale.

EMPYRÉE n.m. (du gr. *empurios*, en feu). **1.** MYTH. GR. Partie la plus élevée du ciel, habitée par les dieux. **2.** Poét. Ciel ; paradis.

ÉMU, E adj. (p. passé de *émouvoir*). Qui éprouve ou manifeste de l'émotion ; touché : *Il était ému de cet accueil.*

ÉMULATEUR n.m. INFORM. Dispositif matériel ou logiciel qui permet à un ordinateur donné de se comporter comme un autre.

ÉMULATION n.f. **1.** Esprit de compétition qui porte à égaler ou à surpasser qqn. **2.** INFORM. Technique permettant de simuler le fonctionnement d'un équipement donné à l'aide d'un autre, non conçu primitivement pour cet usage.

ÉMULE n. (du lat. *aemulus*, rival). Personne qui cherche à en égaler ou en surpasser une autre. ■ **Faire des émules,** susciter des vocations.

ÉMULER v.t. [3] (angl. *to emulate*). INFORM. Utiliser la technique d'émulation.

ÉMULSEUR n.m. CHIM. INDUSTR. Appareil servant à préparer des émulsions.

ÉMULSIF, IVE, ÉMULSIFIANT, E ou **ÉMULSIONNANT, E** adj. et n.m. Se dit d'un produit qui favorise la formation d'une émulsion ou sa conservation.

ÉMULSIFIABLE ou **ÉMULSIONNABLE** adj. Que l'on peut émulsionner.

ÉMULSIFIER v.t. [5] → **ÉMULSIONNER.**

ÉMULSINE n.f. CHIM. ORG. Enzyme capable d'émulsionner l'huile, tirée notamm. de l'amande amère, et utilisée en cosmétique.

ÉMULSION n.f. (du lat. *emulsum*, extrait). **1.** CHIM. Suspension d'un liquide, divisé en globules, au sein d'un autre liquide, avec lequel il ne peut se mélanger. **2.** PHOTOGR. Couche très mince, sensible à la lumière, étendue sur les films et les papiers photographiques.

ÉMULSIONNABLE adj. → **ÉMULSIFIABLE.**

ÉMULSIONNANT, E adj. et n.m. → **ÉMULSIF.**

ÉMULSIONNER [3] ou **ÉMULSIFIER** [5] v.t. Mettre à l'état d'émulsion.

1. EN prép. (du lat. *in*, dans). **1.** Indique le lieu, la durée, l'état, la manière, la matière, etc. : *En France. En été. En vingt ans de carrière. En bonne santé. En colère. En deuil. En marbre.* **2.** Sert à former de nombreuses locutions adverbiales ou prépositives : *En permanence. En outre. En guise de.* **3.** Introduit le gérondif en *-ant* : *Il partit en courant.*

2. EN adv. (du lat. *inde*, de là). Indique le lieu d'où l'on vient : *J'en sors.*

3. EN pron. pers. (du lat. *inde*, de cela). De lui, d'elle, d'eux, d'elles, de cela, à cause de cela, etc. : *Il s'en moque. Je m'en souviendrai toujours. Soyez-en certain.* ■ **Je n'en peux rien** [Belgique], je n'y peux rien.

S'ÉNAMOURER [ɑ̃n-] ou **S'ÉNAMOURER** v.pr. [3]. Litt. Devenir amoureux.

ÉNANTHÈME n.m. (du gr. *anthein*, fleurir). MÉD. Éruption rouge sur les muqueuses, souvent associée à un exanthème.

ÉNANTIOMÈRE n.m. (du gr. *enantios*, inverse). CHIM. Chacun des deux stéréo-isomères dont l'un est l'image de l'autre dans un miroir (SYN. **inverse optique**).

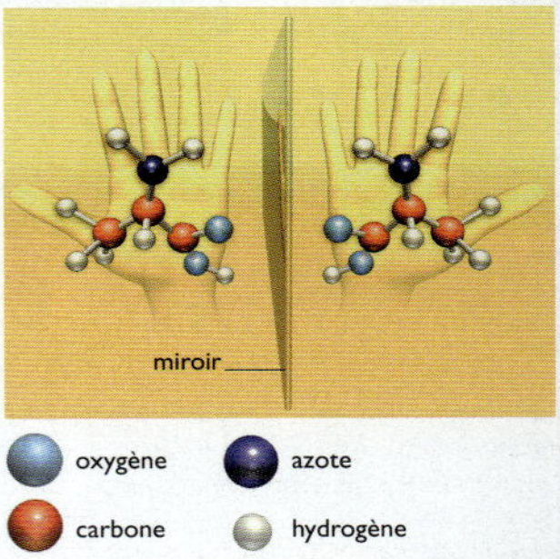

▲ **énantiomères**

ÉNANTIOMORPHE adj. CHIM. Se dit des cristaux formés par deux énantiomères. ➲ Leur aspect, tant microscopique que macroscopique, est comme celui de la main gauche et de la main droite. ■ **Composés énantiomorphes,** énantiomères.

ÉNANTIOTROPE adj. CHIM. Qui existe sous deux formes physiques différentes, dont les zones de stabilité se situent de part et d'autre d'une température ou d'une pression de transformation.

ÉNARCHIE n.f. Fam., péjor. **1.** Ensemble des énarques. **2.** Accaparement technocratique des hautes fonctions administratives de l'État par les énarques.

ÉNARQUE n. Élève ou ancien élève de l'ENA.

ÉNARTHROSE n.f. (du gr. *enarthrôsis*, action d'articuler). ANAT. Articulation mobile dont les surfaces articulaires sont sphériques.

EN-AVANT [ɑ̃navɑ̃] n.m. inv. Au rugby, faute commise par un joueur lorsque le ballon se dirige vers l'en-but adverse après qu'il l'a lâché ou projeté de la main *(passe en avant)*.

EN-BUT n.m. inv., ▲ *n.m.* (pl. *en-buts*) [ɑ̃by(t)]. Au rugby, surface située entre la ligne de but et la ligne de ballon mort, où doit être marqué l'essai.

ENCABLURE n.f. MAR. Mesure de longueur de 120 brasses françaises, soit env. 200 m, utilisée pour évaluer les courtes distances.

ENCADRÉ n.m. IMPRIM. Dans une page, texte mis en valeur par un filet qui l'entoure, une bordure.

ENCADREMENT n.m. **1.** Action d'encadrer qqch. **2.** Ce qui encadre ; cadre : *Encadrement doré.* **3.** Ce qui entoure une ouverture, une baie ; chambranle : *Encadrement d'une porte.* **4.** Action d'encadrer un groupe ; ensemble des personnes assurant cette fonction ; spécial., les cadres d'une entreprise : *Personnel d'encadrement.*

ENCADRER v.t. [3]. 1. Entourer d'un cadre : *Encadrer une photographie.* **2.** Entourer d'une bordure semblable à un cadre, pour mettre en valeur : *Encadrer un article de journal d'un filet rouge.* **3.** Former comme un cadre autour de : *Cheveux noirs encadrant un visage.* **4.** Flanquer de manière à surveiller : *Deux gendarmes encadrent le prévenu.* **5.** Assurer auprès de personnes un rôle de direction, de formation ; diriger : *Elle nous encadrera pendant le stage.* **6.** Fam. Percuter : *La voiture a encadré un platane.* **7. MIL.** Placer des coups régulièrement répartis autour de l'objectif, dans un tir. ▪ **Ne pas pouvoir encadrer qqn** [fam.], le détester. ◆ **S'ENCADRER v.pr.** Litt. Se placer comme dans un cadre : *Sa silhouette s'encadra dans la porte.*

ENCADREUR, EUSE n. Professionnel assurant l'encadrement des tableaux, dessins, etc.

ENCAGEMENT n.m. MIL. ▪ **Tir d'encagement,** destiné à isoler l'objectif.

ENCAGER v.t. [10]. Mettre un animal en cage.

ENCAGOULÉ, E adj. et **n.** Dont le visage est masqué par une cagoule.

ENCAISSABLE adj. Qui peut être encaissé.

ENCAISSAGE n.m. Action de mettre en caisse : *L'encaissage de fruits, de citronniers pour l'hiver.*

ENCAISSANT, E adj. GÉOL. Qui encaisse, entoure : *Roche encaissante.* ◆ **n.m.** Terrain dans lequel s'est mise en place une autre formation géologique (filon, intrusion, etc.).

ENCAISSE n.f. Ensemble des avoirs détenus par un agent économique (billets et dépôts).

ENCAISSÉ, E adj. Resserré entre des bords, des versants, des talus escarpés : *Chemin, rivière encaissés.*

ENCAISSEMENT n.m. 1. Action d'encaisser de l'argent, des valeurs. **2.** Fait d'être encaissé, resserré.

ENCAISSER v.t. [3]. 1. Mettre en caisse : *Encaisser des marchandises, des plantes.* **2.** Recevoir de l'argent, des valeurs ; recouvrer. **3.** Fam. Subir sans réagir ; essuyer : *Encaisser des critiques.* **4.** Resserrer un lieu entre deux versants abrupts : *Les montagnes qui encaissent la vallée.* ▪ **Ne pas pouvoir encaisser qqn, qqch** [fam.], ne pas les supporter.

ENCAISSEUR n.m. Employé qui encaisse de l'argent.

S'ENCALMER v.pr. [3]. Québec. S'arrêter, s'immobiliser faute de vent, en parlant d'un bateau à voiles.

ENCALMINÉ, E adj. (de 2. *calme*). Se dit d'un navire à voiles arrêté du fait de l'absence de vent.

ENCAN n.m. (du lat. médiév. *inquantum*, pour combien ?). ▪ **À l'encan,** aux enchères ; au plus offrant : *Vendre, mettre à l'encan.*

ENCANAILLEMENT n.m. Fait de s'encanailler.

S'ENCANAILLER v.pr. [3]. Fréquenter ou imiter des gens douteux, des canailles.

ENCANTEUR, EUSE n. (de *encan*). Québec. Commissaire-priseur.

ENCAPSULAGE n.m. 1. CONSTR. Recouvrement étanche d'un revêtement potentiellement dangereux pour la santé (plomb, amiante, etc.). **2. ÉLECTRON.** Mise sous boîtier ou enrobage de composants électroniques dans une matière plastique ou un verre spécial, afin de les protéger.

ENCAPSULATION n.f. 1. Opération permettant d'enrober un objet d'un revêtement destiné soit à modifier les propriétés des surfaces de l'objet enrobé, soit à protéger celui-ci contre les influences extérieures. **2. CHIM.** Action d'enfermer une substance (médicament, cosmétique) dans une membrane semi-perméable qui permet sa diffusion.

ENCAPSULER v.t. [3]. Pratiquer une encapsulation.

ENCAPUCHONNER v.t. [3]. Couvrir d'un capuchon. ◆ **S'ENCAPUCHONNER v.pr. ÉQUIT.** Ramener la tête contre le poitrail pour échapper à l'action du mors, en parlant du cheval.

ENCART n.m. Feuille, cahier insérés entre les feuillets d'un livre, d'une revue, etc. : *Encart publicitaire.*

ENCARTAGE n.m. Action d'encarter.

ENCARTÉ, E adj. et **n.** Qui est adhérent d'un parti politique, d'un syndicat.

ENCARTER v.t. [3]. 1. Insérer un encart. **2.** Fixer sur une carte de menus objets : *Encarter des boutons.* **3.** Faire adhérer qqn à un parti politique, un syndicat.

ENCARTEUSE n.f. Machine servant à encarter de menus objets.

EN-CAS ou **ENCAS n.m. inv.** Repas léger que l'on peut consommer à tout moment.

ENCASERNER v.t. [3]. Caserner.

S'ENCASTELER v.pr. [12]. En parlant d'un cheval, être atteint d'encastelure.

ENCASTELURE n.f. (ital. *incastellatura*). Maladie du pied du cheval, qui rétrécit le talon et resserre la fourchette.

ENCASTRABLE adj. Qui peut être encastré.

ENCASTREMENT n.m. 1. Action, manière d'encastrer. **2. MÉCAN. INDUSTR.** Engagement sans jeu d'une pièce dans une autre pièce.

ENCASTRER v.t. [3] (ital. *incastrare*). Insérer dans une cavité exactement prévue à cet effet : *Encastrer un placard dans un mur.* ◆ **S'ENCASTRER v.pr. 1.** S'ajuster très exactement ; s'emboîter. **2.** Entrer dans qqch en s'y bloquant : *La moto s'est encastrée sous un car.*

ENCAUSTIQUAGE n.m. Action d'encaustiquer.

ENCAUSTIQUE n.f. (lat. *encaustica*, du gr. *egkaiein*, brûler). Produit à base de cire et d'essence pour faire briller le bois ; cire. ▪ **Peinture à l'encaustique,** faite de couleurs délayées dans de la cire fondue et employée à chaud.

ENCAUSTIQUER v.t. [3]. Enduire d'encaustique.

ENCAVER v.t. [3]. Mettre le vin en cave.

ENCAVEUR, EUSE n. Professionnel qui assure la mise en cave des vins.

ENCEINDRE v.t. [62] (lat. *incingere*). Litt. Entourer d'une enceinte.

1. ENCEINTE n.f. 1. Ce qui entoure et protège un espace fermé : *L'enceinte d'une cité médiévale* ; cet espace lui-même : *Pénétrer dans l'enceinte d'un tribunal.* **2. ÉLECTROACOUST.** Volume délimité par une enveloppe rigide, destiné à recevoir un ou plusieurs haut-parleurs pour assurer une reproduction équilibrée des sons (SYN. [cour.] **baffle**).

2. ENCEINTE adj.f. (du lat. *incincta*, entourée d'une ceinture). Se dit d'une femme en état de grossesse.

ENCEINTER v.t. [3]. Afrique. Rendre une femme enceinte.

ENCENS [ɑ̃sɑ̃] **n.m.** (du lat. *incensum*, brûlé). **1.** Résine aromatique, tirée princip. d'une plante d'Arabie et d'Éthiopie (genre *Boswellia*, famille des burséracées), et qui dégage par combustion une odeur agréable et forte. **2.** Litt., vx. Compliments excessifs.

ENCENSEMENT n.m. Action d'encenser.

ENCENSER v.t. [3]. 1. Honorer en brûlant de l'encens, en balançant l'encensoir. **2.** Fig. Complimenter avec excès : *La critique encense ce réalisateur.* ◆ **v.i. ÉQUIT.** En parlant d'un cheval, faire de la tête un mouvement de défense de bas en haut.

ENCENSEUR, EUSE n. 1. Personne qui agite l'encensoir. **2.** Fig., vx. Flagorneur.

ENCENSOIR n.m. Cassolette suspendue à de petites chaînes, dans laquelle on brûle l'encens au cours des cérémonies chrétiennes. ▪ **Coup d'encensoir** [litt., vieilli], flagornerie.

ENCÉPAGEMENT n.m. Ensemble des cépages d'un vignoble.

ENCÉPHALE n.m. (du gr. *egkephalos*, cervelle). **ANAT.** Ensemble de centres nerveux, constitué du cerveau, du cervelet et du tronc cérébral, et contenu dans la boîte crânienne des vertébrés (SYN. [cour.] **cerveau**).

ENCÉPHALINE n.f. → **ENKÉPHALINE.**

ENCÉPHALIQUE adj. Relatif à l'encéphale.

ENCÉPHALITE n.f. MÉD. Nom donné à certaines maladies comportant une inflammation de l'encéphale, en partic. quand elles sont d'origine virale.

ENCÉPHALOGRAMME n.m. Électroencéphalogramme.

ENCÉPHALOMYÉLITE n.f. MÉD. Encéphalite comportant une atteinte associée de la moelle épinière.

ENCÉPHALOPATHIE n.f. MÉD. Toute affection diffuse du cerveau. ▪ **Encéphalopathie spongiforme,** due à un prion et pouvant atteindre l'homme et les animaux (maladie de Creutzfeldt-Jakob, maladie de la vache folle, tremblante du mouton).

ENCERCLEMENT n.m. Action d'encercler ; fait d'être encerclé.

ENCERCLER v.t. [3]. 1. Entourer d'un cercle ou comme d'un cercle : *Encercler une petite annonce sur le journal.* **2.** Entourer étroitement ; cerner : *La police a encerclé le quartier.* **3.** Former une ligne courbe autour de : *Une ceinture d'atolls encercle l'île.*

ENCHAÎNÉ, ▲ *ENCHAINÉ* **n.m. CINÉMA.** Fondu enchaîné.

ENCHAÎNEMENT, ▲ *ENCHAINEMENT* **n.m. 1.** Succession de faits qui dépendent ou paraissent dépendre les uns des autres ; série : *Un enchaînement de faits douloureux a bouleversé sa vie.* **2.** Manière d'enchaîner, de s'enchaîner ; liaison : *Enchaînement des idées d'une thèse.* **3.** Dans un spectacle, texte ou intervention non parlée des artistes qui fait le lien entre deux scènes, deux tableaux, deux attractions. **4. MUS.** Juxtaposition d'accords. **5.** Phrase chorégraphique constituée d'une suite de pas et de mouvements.

ENCHAÎNER, ▲ *ENCHAINER* **v.t. [3]. 1.** Attacher avec une chaîne. **2.** Litt. Priver de liberté ; asservir : *Enchaîner un peuple.* **3.** Lier par un rapport naturel ou logique ; coordonner : *Enchaîner des idées.* ◆ **v.i.** Reprendre rapidement la suite d'un dialogue, d'un discours, d'une action : *Enchaîner sur la météo.* ◆ **S'ENCHAÎNER v.pr.** Être lié par un rapport de dépendance logique ou dans une suite ininterrompue : *Les difficultés se sont enchaînées.*

ENCHANTÉ, E adj. 1. Qui est sous l'empire d'un pouvoir magique. **2.** Extrêmement heureux ; ravi.

ENCHANTEMENT n.m. 1. Action d'enchanter, de soumettre à un pouvoir magique ; procédé employé à cette fin. **2.** Ce qui charme, suscite un plaisir extrême : *Cette fête était un enchantement.* **3.** État d'une personne enchantée ; ravissement. ▪ **Comme par enchantement,** de façon inattendue, quasi miraculeuse.

ENCHANTER v.t. [3] (du lat. *incantare*, prononcer des formules magiques). **1.** Agir sur qqn par des procédés magiques, des incantations ; ensorceler. **2.** Remplir d'un vif plaisir ; ravir : *L'idée de partir en vacances là-bas m'enchante.*

ENCHANTEUR, ERESSE adj. Qui enchante : *Musique enchanteresse.* ◆ **n.** Personne qui opère des enchantements ; magicien : *Circé, l'enchanteresse.*

ENCHÂSSEMENT n.m. Action d'enchâsser ; sertissage.

ENCHÂSSER v.t. [3]. 1. Placer dans une châsse : *Enchâsser des reliques.* **2.** Fixer dans un support, une monture ; sertir. **3.** Litt. Insérer dans un ensemble ; intercaler : *Enchâsser une citation dans un discours.*

ENCHAUD n.m. Région. (Sud-Ouest). Rôti de porc confit.

ENCHAUSSER v.t. [3] (de *chausser*). **AGRIC.** Couvrir des cultures potagères de paille ou de fumier, pour les préserver de la gelée ou les faire blanchir (endives) [SYN. **2. pailler**].

ENCHÈRE n.f. 1. Dans une vente au plus offrant, offre d'un prix supérieur à celui qu'un autre propose. **2.** À certains jeux de cartes, somme que l'on peut ajouter à l'enjeu ; au bridge, demande supérieure à celle de l'adversaire. ▪ **Couvrir une enchère,** surenchérir. ▪ **Enchères inversées,** enchères dématérialisées qui ne suivent pas la règle du plus offrant et permettent à un acheteur d'obtenir le meilleur prix dans un délai déterminé. ▪ **Faire monter les enchères,** faire sans cesse une offre supérieure afin de faire monter le prix de l'adjudication ; obliger ses adversaires à des concessions ou à des offres de plus en plus importantes pour obtenir qqch. ▪ **Folle enchère,** enchère faite par un enchérisseur qui ne peut en payer le prix. ▪ **Vente aux enchères,** vente publique d'un bien adjugé au plus offrant.

ENCHÉRIR v.i. [21] (de *cher*). **1.** Proposer une enchère : *Enchérir sur une offre.* **2.** Litt. Renchérir.

ENCHÉRISSEMENT n.m. Vx. Renchérissement.

ENCHÉRISSEUR, EUSE n. Personne qui fait une enchère.

ENCHEVAUCHER v.t. [3]. TECHN. Faire joindre par recouvrement des planches, des ardoises, des tuiles.

ENCHEVAUCHURE n.f. Position de planches, de tuiles, etc., qui se chevauchent en partie.

ENCHEVÊTREMENT n.m. Action d'enchevêtrer ; confusion : *Enchevêtrement des pensées.*

ENCHEVÊTRER v.t. [3] (de *chevêtre*). **1. CONSTR.** Unir par un chevêtre. **2.** Emmêler de façon indistincte et inextricable : *Enchevêtrer du fil.* ◆ **S'ENCHEVÊTRER v.pr.** S'engager les unes dans les autres, en parlant de choses ; s'emmêler.

ENCHEVÊTRURE n.f. CONSTR. Assemblage de pièces d'une charpente formant un cadre autour d'une trémie.

ENCHIFRENÉ, E adj. (de *1. chanfrein*). Vx. Enrhumé.

ENCLAVE n.f. 1. Terrain ou territoire complètement entouré par un autre ou, par ext., sans accès direct à la mer. **2. GÉOL.** Portion de roche englobée dans un encaissant d'origine, de structure ou de composition différente.

ENCLAVEMENT n.m. Action d'enclaver ; fait d'être enclavé.

ENCLAVER v.t. [3] (du lat. *clavis*, clé). **1.** Entourer comme une enclave : *Leur terrain enclave un étang appartenant à la commune.* **2.** Fig. Placer entre ; insérer : *Enclaver un adjectif entre l'article et le nom.*

ENCLENCHEMENT n.m. 1. Action d'enclencher, de commencer. **2.** Dispositif mécanique, électrique, etc., destiné à subordonner le fonctionnement d'un appareil à l'état ou à la position d'un ou de plusieurs autres.

ENCLENCHER v.t. [3] (de *clenche*). **1.** Mettre en marche un appareil au moyen d'un enclenchement. **2.** Faire démarrer ; commencer : *Enclencher un processus.* ◆ **S'ENCLENCHER v.pr.** Se mettre en marche ; commencer à fonctionner : *L'affaire s'enclenche bien.*

ENCLIN, E adj. (de l'anc. fr. *encliner*, s'incliner). Porté naturellement à ; sujet à : *Elle est encline à la jalousie.*

ENCLIQUETAGE n.m. MÉCAN. INDUSTR. Dispositif ne permettant le mouvement d'un organe (par ex. la rotation d'une roue) que dans un sens ; action opérée par ce mécanisme.

ENCLITIQUE adj. et **n.m.** (du gr. *egklitikos*, penché). **LING.** Se dit d'un élément qui se joint au terme qui le précède pour former avec lui une seule unité accentuelle (ex. : *je* dans *sais-je*).

ENCLORE v.t. [93] (lat. *includere*). Entourer d'une clôture ; clore : *Enclore un jardin.*

ENCLOS n.m. Terrain fermé par une clôture ; la clôture elle-même. ▪ **Enclos paroissial,** espace clôturé qui groupait autrefois église, cimetière et constructions annexes, spécial. en Bretagne.

▲ **enclos** paroissial de Saint-Thégonnec, dans le département du Finistère (XVIe-XVIIIe s.).

ENCLOSURE n.f. (mot angl.). **HIST.** En Angleterre, du XVIe au XVIIIe s., clôture des terres acquises par les grands propriétaires à la suite du partage des biens communaux, transformant en bocage *(closed field)* l'ancien paysage *(openfield).*

ENCLOUAGE n.m. Immobilisation chirurgicale d'une fracture osseuse par une prothèse en forme de clou.

ENCLOUER v.t. [3]. Blesser avec un clou un animal que l'on ferre.

ENCLOUURE [ɑ̃kluyr] **n.f.** Blessure d'un animal encloué.

ENCLUME n.f. (lat. *incus, -udis*). **1.** Masse métallique destinée à supporter les chocs dans diverses opérations qui se font par frappe. **2. ANAT.** Deuxième osselet de l'oreille moyenne. ▪ **Être entre le marteau et l'enclume,** se trouver entre deux partis opposés, et exposé à en souffrir dans tous les cas.

ENCOCHE n.f. Petite entaille formant arrêt sur une flèche, le pêne d'une serrure, etc.

ENCOCHEMENT ou **ENCOCHAGE n.m.** Action d'encocher.

ENCOCHER v.t. [3] (de *2. coche*). Faire une encoche à. ▪ **Encocher une flèche,** la placer de manière que la corde de l'arc se trouve dans l'encoche.

ENCODAGE n.m. 1. Codage. **2. INFORM.** Transcription de données d'un format dans un autre : *L'encodage d'une vidéo pour le Web, d'un texte en PDF.*

ENCODER v.t. [3]. Coder.

ENCODEUR n.m. Matériel informatique capable de saisir de l'information, de la coder et de la stocker sous forme numérique.

ENCOIGNURE [ɑ̃kɔɲyr] ou [ɑ̃kwaɲyr] **n.f.** (de *coin*). **1.** Angle intérieur formé par deux murs qui se rencontrent ; coin. **2.** Petit meuble de plan triangulaire qu'on place dans l'angle d'une pièce.

ENCOLLAGE n.m. Action d'encoller ; préparation qui sert à encoller.

ENCOLLER v.t. [3]. Enduire une surface de colle : *Encoller du papier peint.*

ENCOLLEUR, EUSE n. Spécialiste qui procède à l'encollage. ◆ **n.f.** Machine à encoller.

ENCOLURE n.f. (de *col*). **1.** Partie du corps de certains mammifères (cheval, notamm.), comprise entre la tête, le garrot et le poitrail. **2.** Dimension du tour du cou de l'homme. **3. COUT.** Partie du vêtement destinée à recevoir le col ; partie échancrée du vêtement autour du cou.

ENCOMBRANT, E adj. Qui encombre ; embarrassant : *Cette plante devient encombrante.* ◆ **n.m. pl.** Rebuts volumineux faisant l'objet d'un ramassage spécial par les services de voirie.

ENCOMBRE n.m. ▪ **Sans encombre,** sans difficulté : *Arriver à destination sans encombre.*

ENCOMBRÉ, E adj. Se dit d'une voie de communication empruntée par trop de véhicules en même temps ; embouteillé.

ENCOMBREMENT n.m. 1. Action d'encombrer ; état de ce qui est encombré. **2.** Affluence excessive de véhicules gênant la circulation ; bouchon ; embouteillage. **3.** Place, volume qu'occupe qqch : *Lave-linge de faible encombrement.* **4. INFORM.** Situation d'un équipement ou d'un réseau qui est encombré.

ENCOMBRER v.t. [3] (de l'anc. fr. *combre*, barrage). **1.** Remplir par accumulation excessive ; obstruer : *Ces cartons vides encombrent la cave.* **2.** Saturer une ligne téléphonique ou un standard par des appels trop nombreux, un serveur ou un réseau informatique par des connexions trop nombreuses. **3.** Constituer pour qqn une présence gênante ; importuner. **4.** Surcharger de choses inutiles : *Encombrer sa mémoire de détails.* ◆ **S'ENCOMBRER v.pr. (DE).** Prendre, garder avec soi qqch, qqn qui gêne ; s'embarrasser de.

ENCOMIENDA [ɛnkɔmjɛnda] **n.f.** (mot esp.). **HIST.** Institution de l'Amérique espagnole selon laquelle la Couronne déléguait des droits et des devoirs à un conquistador sur un groupe d'Indiens.

À L'ENCONTRE DE loc. prép. (lat. *incontra*). En s'opposant, en faisant obstacle à : *Votre demande va à l'encontre de ses principes.*

ENCOPRÉSIE n.f. (du gr. *kopros*, excrément). **MÉD.** Incontinence fécale d'origine psychologique chez un enfant ayant dépassé l'âge normal de la propreté.

ENCORBELLEMENT n.m. ARCHIT. Construction en saillie sur le plan d'un mur, supportée par des corbeaux, des consoles, une dalle, etc. ; porte-à-faux. ▪ **Voûte en encorbellement,** fausse voûte, appareillée en tas de charge.

S'ENCORDER v.pr. [3]. ALP., SPÉLÉOL. S'attacher à la corde d'assurage.

ENCORE adv. (du lat. *hinc ad horam*, de là jusqu'à cette heure). **1.** Indique que l'action ou l'état persiste au moment où l'on parle ; toujours : *Il neige encore.* **2.** Indique la répétition d'une action ; à nouveau : *Prenez encore du poulet.* **3.** (Suivi d'un comparatif). Indique le renforcement : *Il fait encore plus chaud qu'hier.* **4.** Indique la restriction, la réserve : *Si encore elle était à l'heure !* ◆ **ENCORE QUE loc. conj.** Litt. Quoique ; bien que.

✎ Parfois écrit ***encor*** en poésie.

ENCORNÉ, E adj. Litt. Qui a des cornes ; cornu.

ENCORNER v.t. [3]. Blesser à coups de cornes.

ENCORNET n.m. (de *cornet*). Calmar.

ENCOUBLE n.f. Suisse. Entrave ; gêne.

S'ENCOUBLER v.pr. [3] (du suisse romand *couble*, entrave). Suisse. Trébucher.

ENCOURAGEANT, E adj. Qui encourage ; stimulant : *Des résultats encourageants.*

ENCOURAGEMENT n.m. Action d'encourager ; acte, parole qui encouragent.

ENCOURAGER v.t. [10]. 1. Donner du courage à ; inciter à agir ; exhorter : *Ses supporteurs sont venus l'encourager.* **2.** Favoriser la réalisation, le développement de ; stimuler : *Encourager les initiatives.*

ENCOURIR v.t. [33] (lat. *incurrere*). Litt. S'exposer à qqch de fâcheux ; risquer : *Elle encourt une peine d'emprisonnement.*

S'ENCOURIR v.pr. [33]. Belgique. S'enfuir.

EN-COURS ou **ENCOURS n.m. inv. 1.** Montant global, à un moment donné, des effets escomptés par une banque qui ne sont pas arrivés à échéance ou des crédits de toute nature dus par une personne. **2. COMPTAB.** Biens et services en cours de formation au travers d'un processus de fabrication.

ENCRAGE n.m. IMPRIM. Action d'encrer les rouleaux d'une presse ; ensemble des dispositifs qui le permettent.

ENCRASSEMENT n.m. Action d'encrasser ; fait de s'encrasser.

ENCRASSER v.t. [3]. Couvrir de crasse ; salir : *Fumée qui encrasse les vitres.* ◆ **S'ENCRASSER v.pr.** Se couvrir de crasse, de saleté.

ENCRE n.f. (lat. *encaustum*, du gr.). **1.** Préparation noire ou colorée, liquide ou pâteuse, dont on se sert pour écrire, imprimer, etc. **2. ZOOL.** Liquide noir et épais sécrété par certains céphalopodes et qui leur permet, en cas de danger, de troubler l'eau pour cacher leur fuite. ▪ **Encre de Chine,** composition solide ou liquide (mélange de noir de fumée, de gélatine et de camphre) utilisée pour le dessin à la plume ou le lavis. ▪ **Encre sympathique,** liquide incolore qui n'apparaît sur le papier que sous l'action d'un réactif ou de la chaleur.

ENCRER v.t. [3]. Enduire d'encre.

ENCREUR adj.m. Qui sert à encrer : *Rouleau, tampon encreur.*

ENCRIER n.m. 1. Petit récipient à encre. **2. IMPRIM.** Réservoir alimentant en encre les rouleaux encreurs d'une machine à imprimer.

ENCRINE n.f. (du gr. *krinon*, lis). Échinoderme fixé au fond des mers par une longue tige et présentant un calice tentaculaire (SYN. **lis de mer**). ➲ Classe des crinoïdes.

ENCROUÉ, E adj. (de l'anc. fr. *encrouer*, pendre au croc). **SYLVIC.** Se dit d'un arbre qui, en tombant, s'est enchevêtré dans les branches d'un autre.

ENCROÛTÉ, E, ▲ *ENCROUTÉ, E* **adj.** Péjor. Qui s'obstine dans son ignorance, sa routine : *Être encroûté dans ses préjugés.*

ENCROÛTEMENT, ▲ *ENCROUTEMENT* **n.m.** Action d'encroûter ; fait de s'encroûter.

ENCROÛTER, ▲ *ENCROUTER* **v.t. [3].** Recouvrir d'une croûte. ◆ **S'ENCROÛTER v.pr. 1.** Se couvrir d'une croûte, d'un dépôt. **2.** Péjor. Se laisser dominer par une routine qui appauvrit l'esprit : *S'encroûter dans ses habitudes.*

ENCRYPTER v.t. [3]. INFORM. Coder des données afin d'en garantir la confidentialité durant leur transmission ou leur stockage.

ENCULER v.t. [3]. Vulg. Sodomiser. ▪ **Enculer les mouches,** s'attacher à des détails sans importance ; pinailler.

ENCUVAGE n.m. Action d'encuver.

ENCUVER v.t. [3]. Mettre en cuve.

ENCYCLIQUE n.f. et **adj.** (du gr. *egkuklios*, circulaire). **CATH.** Lettre solennelle adressée par le pape aux évêques, et par eux aux fidèles, du monde entier ou d'une région. ➲ Elle est désignée par les premiers mots du texte, qui est le plus souvent en latin.

ENCYCLOPÉDIE n.f. (du gr. *egkuklios paideia*, enseignement complet). Ouvrage où l'on expose méthodiquement ou alphabétiquement l'ensemble des connaissances universelles *(encyclopédie générale)* ou spécifiques d'un domaine du savoir *(encyclopédie spécialisée).*

➲ De l'Antiquité (Aristote) jusqu'au Moyen Âge (*Étymologies* d'Isidore de Séville) et à la Renaissance, le mot **ENCYCLOPÉDIE** garde son sens grec, « éducation qui embrasse le cercle entier des connaissances ». C'est au début du XVIIe s., avec Francis Bacon, que l'encyclopédie, au sens moderne du terme, apparaît.
Au XVIIIe s., l'*Encyclopédie* de Diderot impose le classement des articles par ordre alphabétique. Puis, avec l'*Encyclopédie méthodique* de la Librairie Panckoucke (1781), commence l'aventure éditoriale des encyclopédies modernes. Certaines répondent à des interrogations spéculatives, comme l'*Encyclopædia Britannica* (depuis 1768), d'autres s'efforcent de condenser l'information, tel le *Quid* (1963-2007).
À l'ère électronique, exploitant les capacités de stockage des outils multimédias, l'encyclopédie peut être proposée en version numérique, principalement sur Internet. Il existe aussi des encyclopédies électroniques « contributives » auxquelles les internautes sont invités à participer. (→ **dictionnaire**).

ENCYCLOPÉDIQUE adj. 1. Qui relève de l'encyclopédie : *Dictionnaire encyclopédique.* **2.** Qui possède un savoir étendu et universel : *Une culture encyclopédique.*

ENCYCLOPÉDISME n.m. Tendance à l'accumulation systématique de connaissances dans les domaines les plus divers.

ENCYCLOPÉDISTE n. Auteur ou collaborateur d'une encyclopédie. ▪ **Les Encyclopédistes,** les collaborateurs de l'*Encyclopédie* de Diderot et d'Alembert.

ENDÉANS prép. Belgique. Dans le délai de.

EN-DEHORS n.m. inv. Principe de la danse classique qui détermine l'orientation des jambes et des pieds vers l'extérieur, grâce à la rotation de l'articulation de la hanche.

ENDÉMICITÉ n.f. MÉD. Caractère endémique d'une maladie.

ENDÉMIE n.f. (du gr. *endêmon nosêma*, maladie indigène). Maladie particulière à une région donnée et y existant de façon quasi permanente.

ENDÉMIQUE adj. 1. Qui présente les caractères de l'endémie : *Maladie endémique.* **2.** Qui sévit de façon permanente : *Chômage endémique.* **3. ÉCOL.** Se dit d'une espèce vivante dont la présence à l'état naturel est limitée à une région donnée (par oppos. à *cosmopolite*).

ENDÉMISME n.m. ÉCOL. Caractère des animaux, des plantes et des micro-organismes endémiques (par oppos. à *cosmopolitisme*).

ENDÉMOÉPIDÉMIE n.f. Endémie d'une maladie infectieuse pendant laquelle surviennent des poussées d'épidémie.

ENDETTEMENT n.m. Fait de s'endetter : *L'endettement des ménages.*

ENDETTER v.t. [3]. Charger de dettes. ◆ **S'ENDETTER v.pr.** Contracter des dettes : *Plusieurs de ces pays se sont endettés.*

ENDEUILLER v.t. [3]. Plonger dans le deuil, le chagrin ; attrister.

ENDÊVER v.i. [3] (de l'anc. fr. *desver*, être fou). Fam., vx. ▪ **Faire endêver qqn,** le faire enrager.

ENDIABLÉ, E adj. D'une vivacité extrême ; impétueux : *Une danse endiablée.*

ENDIGUEMENT n.m. Action d'endiguer.

ENDIGUER v.t. [3]. 1. Contenir un cours d'eau, un fleuve, etc., par des digues. **2.** Fig. Faire obstacle à ; canaliser : *Endiguer la foule.*

S'ENDIMANCHER v.pr. [3]. Revêtir ses habits du dimanche ; s'habiller d'une façon plus soignée que d'habitude. ▪ **Avoir l'air endimanché,** emprunté, gauche, dans des habits élégants.

ENDISQUER v.t. Québec. Enregistrer un disque audio.

ENDIVE n.f. (lat. médiév. *endivia*). Bourgeon hypertrophié et compact de la chicorée witloof (*Cichorium intybus*), obtenu par forçage à l'obscurité et que l'on mange en salade ou comme légume. ▪ **Endive vraie** ou **chicorée endive,** chicorée de l'espèce *Cichorium endivia*, telle que la chicorée scarole et la chicorée frisée.

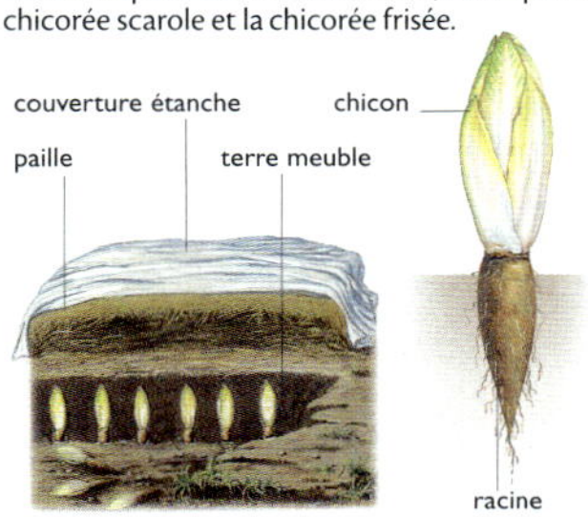

▲ **endive** entière et mode de culture.

ENDIVISIONNER v.t. [3]. Grouper des unités militaires pour former une division.

ENDOBLASTE ou **ENDODERME n.m.** (du gr. *endon*, dedans, et *blastos*, germe, ou *derma*, peau). **EMBRYOL.** Feuillet embryonnaire interne, qui produit les appareils digestif et respiratoire.

ENDOBLASTIQUE ou **ENDODERMIQUE adj.** Relatif à l'endoblaste ou endoderme.

ENDOCARDE n.m. (du gr. *kardia*, cœur). **HISTOL.** Membrane qui tapisse la cavité du cœur.

ENDOCARDITE n.f. MÉD. Inflammation de l'endocarde.

ENDOCARPE n.m. (du gr. *karpos*, fruit). **BOT.** Partie la plus interne du péricarpe d'un fruit. ➲ Il constitue le noyau de la cerise, de la prune.

ENDOCRINE adj. (du gr. *krinein*, sécréter). **PHYSIOL.** Endocrinien. ▪ **Glande endocrine,** glande qui déverse son produit de sécrétion (hormone) directement dans le sang (hypophyse, thyroïde, surrénale, etc.) (CONTR. **exocrine**).

ENDOCRINIEN, ENNE adj. Relatif aux glandes endocrines ou aux hormones (SYN. **endocrine**).

ENDOCRINOLOGIE n.f. Spécialité médicale qui étudie les glandes endocrines et leurs maladies.

ENDOCRINOLOGUE ou **ENDOCRINOLOGISTE n.** Spécialiste d'endocrinologie.

ENDOCTRINEMENT n.m. Action d'endoctriner ; fait d'être endoctriné.

ENDOCTRINER v.t. [3]. Faire adopter ou imposer une doctrine, des idées à qqn ; embrigader.

ENDOCYTOSE n.f. (du gr. *endon*, dedans, et *kutos*, cellule). **BIOL. CELL.** Processus par lequel une cellule intègre des molécules ou des particules du milieu extérieur, par repli de sa membrane qui forme alors une vésicule* interne capable de se déplacer dans la cellule.

ENDODERME n.m. → **ENDOBLASTE.**

ENDODERMIQUE adj. → **ENDOBLASTIQUE.**

ENDODONTIE [-dɔ̃si] **n.f.** (du gr. *odous*, *odontos*, dent). **MÉD.** Partie de l'odontologie qui étudie la pulpe des dents et ses maladies.

ENDOGAME adj. et **n.** Qui pratique l'endogamie (CONTR. **exogame**).

ENDOGAMIE n.f. (du gr. *endon*, dedans, et *gamos*, mariage). **ANTHROP.** Obligation pour un membre d'un groupe social de se marier avec un membre du même groupe (CONTR. **exogamie**).

ENDOGAMIQUE adj. Relatif à l'endogamie.

ENDOGÉ, E adj. (du gr. *gê*, terre). **ÉCOL.** Se dit des organismes vivant à l'intérieur du sol. ➲ Les vers de terre sont les principaux représentants de la faune endogée.

ENDOGÈNE adj. (du gr. *genos*, origine). **1.** Qui prend naissance à l'intérieur d'un organisme sous l'influence de causes strictement internes : *Antigènes endogènes* (CONTR. **exogène**). **2. PÉTROL.** Se dit d'une roche (magmatique, par ex.) provenant de l'intérieur du globe (CONTR. **exogène**).

ENDOLORIR v.t. [21] (du lat. *dolor*, douleur). Rendre douloureux : *Coup qui endolorit le bras.*

ENDOLORISSEMENT n.m. Action d'endolorir ; état de ce qui est endolori.

ENDOMÈTRE n.m. (du gr. *mêtra*, matrice). **HISTOL.** Muqueuse qui tapisse la cavité utérine.

ENDOMÉTRIOSE n.f. MÉD. Affection caractérisée par la présence de fragments de muqueuse utérine en dehors de leur situation normale, par ex. dans une trompe.

ENDOMÉTRITE n.f. MÉD. Inflammation de l'endomètre.

ENDOMMAGEMENT n.m. Action d'endommager ; fait d'être endommagé.

ENDOMMAGER v.t. [10]. Causer un dommage à ; abîmer : *L'orage a endommagé la cabane à outils.*

ENDOMORPHINE n.f. → **ENDORPHINE.**

ENDOMORPHISME n.m. MATH. Homomorphisme d'un ensemble dans lui-même.

ENDOPARASITE n.m. et **adj. BIOL.** Parasite qui vit à l'intérieur d'un organisme végétal ou animal.

ENDOPHTALMIE n.f. Infection des tissus internes de l'œil par une bactérie, survenant à la suite d'une plaie ou, plus rarement, d'une chirurgie de l'œil.

ENDOPLASME n.m. BIOL. CELL. Partie centrale du cytoplasme d'une cellule animale (protozoaire, notamm.) ; partie du cytoplasme entourant les vacuoles, dans une cellule végétale.

ENDOPLASMIQUE adj. Relatif à l'endoplasme.

ENDOPROTHÈSE n.f. Dispositif métallique ou en matériau inerte implanté dans un organe creux du corps (vaisseau sanguin, cavité cardiaque, tube digestif, voie urinaire).

ENDORÉIQUE adj. Qui présente les caractères de l'endoréisme (CONTR. **exoréique**).

ENDORÉISME n.m. (du gr. *rhein*, couler). **HYDROL.** Caractère d'une région dont les cours d'eau n'atteignent pas la mer et se perdent dans des dépressions fermées (CONTR. **exoréisme**).

ENDORMANT, E adj. Qui endort ; qui ennuie au point de provoquer le sommeil ; soporifique.

ENDORMEUR, EUSE n. Litt. Personne qui berce qqn d'espérances illusoires.

ENDORMI, E adj. 1. Qui dort. **2.** Où il y a peu d'activité : *Région endormie.* **3.** Fam. Qui manque de vivacité ; apathique : *Élève endormi.* ◆ **n.** ▪ **Belle endormie,** ville dont le charme réside dans l'alliance d'un patrimoine architectural remarquable et d'une activité auj. en sommeil ; entreprise, marque de renom, qui, après une période faste, a vu son activité péricliter peu à peu : *Pour réveiller la belle endormie, le P-DG de la maison de couture a misé sur un jeune créateur.*

ENDORMIR v.t. [25]. 1. Faire dormir ; provoquer le sommeil : *Endormir un enfant.* **2.** Plonger dans un sommeil artificiel, par anesthésie, par hypnose, etc. : *Endormir un malade.* **3.** Ennuyer au point de donner envie de dormir. **4.** Rendre moins vif un sentiment, une sensation ; atténuer : *Le froid a un peu endormi la douleur.* **5.** Mettre qqn en confiance pour le tromper ; enjôler. ◆ **S'ENDORMIR v.pr. 1.** Commencer à dormir. **2.** Ralentir son activité ; manquer de vigilance.

ENDORMISSEMENT n.m. Fait de s'endormir ; passage de l'état de veille à l'état de sommeil.

ENDORPHINE ou **ENDOMORPHINE n.f. BIOCHIM.** Substance peptidique, neuromédiateur du système nerveux central, aux propriétés antalgiques.

ENDOS n.m. → **ENDOSSEMENT.**

ENDOSCOPE n.m. (du gr. *endon*, dedans, et *skopein*, examiner). **MÉD.** Tube optique muni d'un dispositif d'éclairage, destiné à être introduit dans une cavité du corps humain pour l'examiner.

ENDOSCOPIE n.f. **MÉD.** Examen d'une cavité interne du corps humain au moyen d'un endoscope, pendant lequel on peut effectuer certains traitements (extraction d'un corps étranger, ablation d'une tumeur, etc.).

ENDOSCOPIQUE adj. Relatif à l'endoscopie.

ENDOSMOSE n.f. (de *osmose*). **PHYS.** Pénétration d'eau dans les cellules vivantes, lorsque l'intérieur a une concentration moléculaire plus élevée que celle du milieu liquide qui les entoure.

ENDOSPERME n.m. **BOT.** Tissu qui assure la nutrition de l'embryon, chez les plantes gymnospermes.

ENDOSSABLE adj. Qui peut être endossé.

ENDOSSEMENT ou **ENDOS** [ɑ̃do] n.m. **DR. COMM.** Mode de transmission des effets de commerce au moyen d'une signature apposée au verso, par laquelle le bénéficiaire (*endosseur*) donne l'ordre à son débiteur d'en payer le montant à un nouveau bénéficiaire (*endossataire*).

ENDOSSER v.t. [3]. **1.** Mettre sur son dos, sur soi : *Endosser sa blouse de travail.* **2.** Fig. Assumer la responsabilité de : *Endosser les conséquences d'une erreur.* **3. DR. COMM.** Opérer l'endossement de.

ENDOTHÉLIAL, E, AUX adj. Relatif à l'endothélium ; qui en a la structure.

ENDOTHÉLIUM [-ljɔm] n.m. (de *épithélium*). **HISTOL.** Tissu qui recouvre la paroi interne des vaisseaux et du cœur.

ENDOTHERME adj. **PHYSIOL.** Se dit d'un animal dont la température centrale est générée par un mécanisme interne, autonome, de thermorégulation active (CONTR. **ectotherme**).

ENDOTHERMIQUE adj. (du gr. *thermos*, chaleur). **THERMODYN.** Qui s'accompagne d'une absorption de chaleur : *Transformation endothermique.*

ENDOTOXINE n.f. **MICROBIOL.** Composant de la paroi des bactéries, ayant des propriétés toxiques qui s'expriment à la suite de la lyse des bactéries lors de certaines maladies infectieuses (tétanos, diphtérie, etc.).

ENDROIT n.m. (de 3. *droit*). **1.** Lieu déterminé ; emplacement : *C'est l'endroit idéal pour bâtir une maison* ; localité où l'on habite : *Les commerçants de l'endroit.* **2.** Partie d'une chose, d'un corps, etc. : *La nappe est tachée en plusieurs endroits.* **3.** Vieilli. Passage d'un livre, d'un texte. **4.** Côté à présenter d'une chose à deux faces (par oppos. à *l'envers*) : *L'endroit de ce tissu est soyeux.* **5. GÉOMORPH.** Adret. ▪ **À l'endroit,** du bon côté ; dans le bon sens. ▪ **À l'endroit de** [litt.], à l'égard de. ▪ **Le petit endroit** [fam., vieilli], les toilettes. ▪ **Par endroits,** çà et là.

ENDUCTION n.f. **TEXT.** Action consistant à enduire d'un produit la surface d'un support textile afin de la protéger, de lui conférer des qualités particulières, d'en modifier l'aspect.

ENDUIRE v.t. [78] (lat. *inducere*). Recouvrir une surface d'un enduit ou d'une matière semi-liquide ; badigeonner.

ENDUISAGE n.m. Action d'enduire.

ENDUIT n.m. **1.** Couche de mortier appliquée sur un mur pour le protéger et le décorer. **2. PEINT. INDUSTR.** Préparation pâteuse appliquée sur une surface. **3. MÉD.** Sécrétion visqueuse à la surface de certains organes : *Enduit de la langue.*

ENDURABLE adj. Que l'on peut endurer ; supportable.

ENDURANCE n.f. **1.** Aptitude à résister à la fatigue physique ou morale, à la souffrance ; force. **2.** État de l'organisme au cours d'un effort physique d'intensité moyenne mais prolongé (par oppos. à *résistance*).

ENDURANT, E adj. Qui a de l'endurance.

ENDURCI, E adj. **1.** Qui est devenu dur, insensible : *Cœur endurci.* **2.** Dont les habitudes se sont enracinées ; impénitent : *Célibataire endurci.*

ENDURCIR v.t. [21]. **1.** Rendre dur, résistant ; aguerrir : *Ce sport l'a endurci.* **2.** Rendre moins sensible ; cuirasser : *Ces années difficiles l'ont endurcie.* ◆ **S'ENDURCIR** v.pr. Devenir endurant ou insensible.

ENDURCISSEMENT n.m. Fait de s'endurcir.

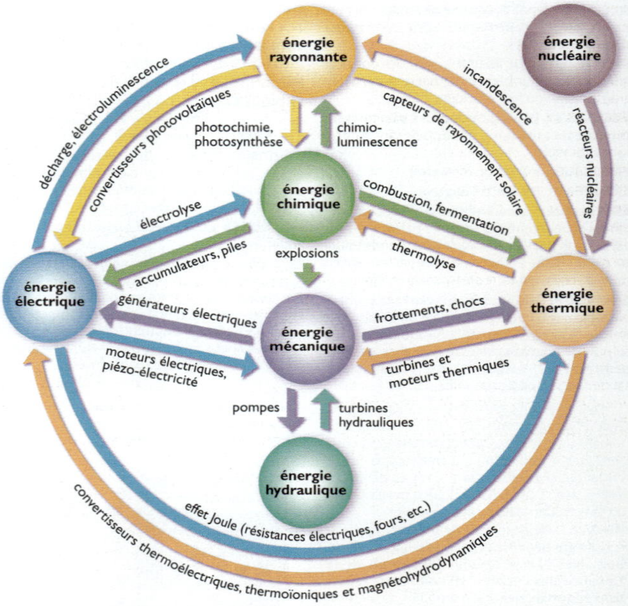

▲ **énergie.** Conversions des sept formes principales d'énergie et leurs convertisseurs.

ENDURER v.t. [3] (du lat. *indurare*, rendre dur). Supporter ce qui est dur, pénible : *Endurer le froid, des moqueries.*

ENDURO n.m. Compétition de motocyclisme qui consiste en une épreuve d'endurance et de régularité en terrain varié. ◆ **n.f.** Moto conçue pour pratiquer ce type de compétition.

ENDYMION n.m. (de *Endymion*, n. myth.). Plante à bulbe, dont les fleurs bleues s'épanouissent dans les bois au printemps, appelée cour. *jacinthe des bois.* ➲ Famille des liliacées.

EN EFFET loc. conj. Introduit une explication ; parce que : *Elle met son appartement en vente : en effet, elle va s'installer chez son ami.* ◆ **loc. adv.** Exprime un assentiment : *C'est en effet lui qui joue dans ce film.*

ÉNÉMA n.m. (gr. *enema*). Appareil utilisé pour les injections et lavages du conduit auditif.

ÉNERGÉTICIEN, ENNE n. Spécialiste d'énergétique.

ÉNERGÉTIQUE adj. (du gr. *energêtikos*, actif). Relatif à l'énergie, aux sources d'énergie. ▪ **Aliment énergétique,** aliment apportant à l'organisme une énergie utilisable sous forme mécanique, thermique ou chimique (SYN. **calorique**). ▪ **Apport énergétique,** quantité d'énergie produite dans l'organisme par un aliment. ▪ **Bouquet énergétique,** ensemble des différentes sources d'énergie mises à disposition d'un bâtiment, d'une localité, etc., pour couvrir leurs besoins. (On dit aussi *mix énergétique*.) ◆ **n.f.** Science et technique de la production de l'énergie, de ses emplois et des conversions de ses différentes formes.

ÉNERGIE n.f. (du gr. *energeia*, force en action). **1.** Force morale ; fermeté : *Il lui a fallu beaucoup d'énergie pour imposer ce projet.* **2.** Vigueur dans la manière de s'exprimer ; fougue : *Un discours, un dessin plein d'énergie.* **3.** Force physique ; vitalité : *Ces enfants débordent d'énergie.* **4. PHYS.** Grandeur mesurant la capacité d'un système à modifier l'état d'autres systèmes avec lesquels il entre en interaction (unité SI : le *joule*) ; chacun des modes de cette grandeur : *Énergie mécanique, électrique, hydraulique, chimique, thermique, nucléaire, rayonnante.* ▪ **Bâtiment à énergie positive,** qui est doté d'équipements (matériaux, panneaux solaires, isolation) lui permettant de produire plus d'énergie qu'il n'en consomme. ▪ **Énergie communiquée massique** [phys.], lors d'une irradiation par des rayonnements ionisants, quantité d'énergie que ceux-ci fournissent, par unité de masse, à la matière qu'ils traversent. ▪ **Énergie fissile** → **FISSILE.** ▪ **Énergie noire** ou **sombre** [astron.], composante prépondérante hypothétique du cosmos qui, agissant comme une force de répulsion, expliquerait l'accélération de l'expansion de l'Univers. ▪ **Énergie renouvelable** → **RENOUVELABLE.** ▪ **Sources d'énergie,** ensemble des matières premières ou des phénomènes naturels utilisés pour la production d'énergie (charbon, hydrocarbures, uranium, cours d'eau, vent, marées, soleil, etc.). [V. planche *énergies renouvelables*.]

➲ L'**ÉNERGIE** est un concept de base de la physique. En physique classique et en chimie, il ne peut y avoir création ou disparition d'énergie, mais seulement transformation d'une forme en une autre (principe de Mayer) ou transfert d'énergie d'un système à un autre (principes de Carnot). En revanche, en physique des hautes énergies (réactions nucléaires, par ex.), il y a possibilité de transformations réciproques d'énergie en matière selon la formule d'Einstein : $\Delta E = \Delta mc^2$, où ΔE est la variation d'énergie, Δm la variation de masse et c la vitesse de la lumière. Enfin, en application des lois de la thermodynamique, toute conversion d'énergie s'accompagne de pertes ; autrement dit, l'énergie sous la première forme ne se transforme pas intégralement en énergie sous la deuxième forme. Ces pertes sont notamm. très importantes lors de la conversion d'énergie thermique en énergie mécanique, par ex. dans les moteurs thermiques.

ÉNERGIQUE adj. **1.** Qui est efficace ; actif : *Un médicament énergique.* **2.** Qui manifeste de l'énergie ; dynamique : *Un entraîneur énergique.*

ÉNERGIQUEMENT adv. Avec énergie.

ÉNERGISANT, E adj. et n.m. Se dit d'un produit qui donne de l'énergie à l'organisme, qui stimule.

ÉNERGIVORE adj. **1.** Qui consomme beaucoup d'énergie : *Véhicule énergivore.* **2.** Fam. Qui fait perdre beaucoup d'énergie : *Le stress est énergivore.*

ÉNERGUMÈNE n. (gr. *energoumenos*). **1.** (Rare au fém.). Personne exaltée ; agité. **2.** Individu au comportement inquiétant ; forcené.

ÉNERVANT, E adj. Qui énerve, exaspère ; agaçant : *Un bruit énervant.*

ÉNERVATION n.f. **1.** Au Moyen Âge, supplice qui consistait à brûler ou à sectionner les tendons des jarrets. **2.** Ablation ou section chirurgicale des nerfs d'un organe, d'une région du corps.

ÉNERVÉ, E adj. Qui est dans un état de nervosité inhabituel ; irrité.

ÉNERVEMENT n.m. État d'une personne énervée ; tension.

ÉNERVER v.t. [3] (du lat. *enervare*, retirer les nerfs). Susciter la nervosité, l'irritation de ; agacer. ◆ **S'ÉNERVER v.pr.** Perdre le contrôle de ses nerfs ; s'impatienter : *Ne nous énervons pas !*

ENFAÎTEAU, ▲ *ENFAITEAU* **n.m. CONSTR.** Tuile faîtière*.

ENFAÎTEMENT, ▲ *ENFAITEMENT* **n.m. CONSTR.** Feuille de plomb ou de zinc repliée qui protège le faîte d'un toit.

ENFAÎTER, ▲ *ENFAITER* **v.t. [3]. CONSTR.** Couvrir le faîte d'un toit ou d'un mur.

ENFANCE n.f. (lat. *infantia*). **1.** Période de la vie humaine, de la naissance à l'adolescence : *Une enfance heureuse.* **2.** Ensemble des enfants : *Aide à l'enfance autiste.* **3.** Fig. Moment initial ou fondateur ; origine : *L'enfance de l'informatique.* ▪ **C'est l'enfance de l'art,** c'est très facile. ▪ **La petite** ou **première enfance,** entre la fin de l'âge du nourrisson (vers 2 ans) et la scolarisation (vers 6 ans). ▪ **La seconde enfance,** entre la scolarisation (vers 6 ans) et le début de l'adolescence (vers 12 ans). ▪ **Retomber en enfance** [fam.], devenir sénile.

ENFANT n. (du lat. *infans, -antis,* qui ne parle pas). **1.** Garçon ou fille dans l'âge de l'enfance : *Elle enseigne à de jeunes enfants. Une charmante enfant.* **2.** Fils, fille quel que soit son âge ; descendant : *Ses trois enfants sont mariés.* **3.** Personne originaire de : *Cette écrivaine est une enfant du pays.* **4.** Personne considérée comme rattachée par ses origines à un être, à une chose : *Un enfant du peuple.* ▪ **Attendre un enfant,** être enceinte. ▪ **Enfant adoptif,** enfant par l'effet de l'adoption. ▪ **Enfant de troupe** [anc.], fils de militaire, élevé aux frais de l'État dans une caserne, une école militaire. ▪ **Faire l'enfant,** faire le naïf, l'innocent ; s'obstiner de façon puérile. ◆ **adj.** À l'âge de l'enfance ; qui a gardé la naïveté, la spontanéité d'un enfant : *Elles sont restées très enfants.* ◆ **adj. inv.** ▪ **Bon enfant,** v. à son ordre alphabétique.

ENFANTEMENT n.m. Litt. **1.** Accouchement. **2.** Fig. Création d'une œuvre artistique ; conception.

ENFANTER v.t. [3]. Litt. **1.** Mettre au monde un enfant. **2.** Fig. Produire ; créer : *Enfanter un nouveau magazine.*

ENFANTILLAGE n.m. 1. Manière d'agir qui manifeste un manque de maturité ; puérilité. **2.** Chose, action futile ; vétille : *Se fâcher pour des enfantillages.*

ENFANTIN, E adj. 1. Relatif aux enfants, à l'enfance : *Une émission enfantine.* **2.** Peu compliqué ; puéril : *Un problème enfantin.* ▪ **Classes enfantines,** classes de l'enseignement maternel au sein d'une école primaire. ▪ **École enfantine** [Suisse], école maternelle.

ENFANT-SOLDAT n.m. (pl. *enfants-soldats*). Fille ou garçon de moins de 18 ans enrôlés dans des forces militaires ou paramilitaires au mépris du droit international.

ENFARGER v.t. [10] (de l'anc. fr. *enfergier,* entraver). Québec. Faire trébucher qqn. ◆ **S'ENFARGER v.pr.** Québec. **1.** Trébucher sur ; se prendre les pieds dans : *S'enfarger dans un fil électrique.* **2.** Fig. S'empêtrer dans des difficultés. ▪ **S'enfarger dans les fleurs du tapis** [Québec], se heurter à de faux obstacles.

ENFARINÉ, E adj. Couvert de farine, de poudre blanche. ▪ **Le bec enfariné** ou **la gueule enfarinée** [fam.], avec une confiance niaise, ridicule.

ENFARINER v.t. [3]. Vx. Fariner.

ENFER n.m. (du lat. *infernum,* lieu d'en bas). **1.** Dans diverses religions, séjour et lieu de supplice des damnés après la mort. **2.** Fig. Lieu de souffrances ; situation extrêmement pénible : *Les otages ont vécu un enfer.* **3.** Département d'une bibliothèque où l'on garde les livres licencieux, interdits au public. ▪ **D'enfer,** horrible : *Feu d'enfer ;* fig., très violent ou très rapide : *Rouler à un train d'enfer ;* fam., extraordinaire : *J'ai une pêche d'enfer.* ◆ **n.m. pl.** ▪ **Descente aux enfers,** effondrement progressif et total ; déchéance. ▪ **Les Enfers,** v. partie n.pr.

ENFERMEMENT n.m. 1. Action d'enfermer. **2.** Exécution d'une condamnation à la prison. ▪ **Syndrome d'enfermement,** locked-in syndrome.

ENFERMER v.t. [3]. 1. Mettre dans un lieu fermé, d'où l'on ne peut sortir : *Vous avez failli enfermer un client dans le magasin.* **2.** Maintenir dans d'étroites limites qui empêchent de se manifester librement : *On ne peut enfermer la création dans des règles strictes.* **3.** Mettre à l'abri, en sûreté : *Enfermer des bijoux dans un coffre.* **4.** Litt. Entourer complètement un lieu : *Des murailles enferment la ville.* ◆ **S'ENFERMER v.pr. 1.** S'installer dans un endroit clos : *Il s'est enfermé dans son bureau.* **2.** Se maintenir dans un état, une attitude ; se murer : *S'enfermer dans son chagrin.*

ENFERRER v.t. [3]. Anc. Percer qqn avec le fer d'une épée. ◆ **S'ENFERRER v.pr. 1.** Anc. Se jeter sur l'épée de son adversaire. **2.** Fig. Se prendre au piège de ses propres mensonges ; s'empêtrer : *Le témoin s'est enferré.*

ENFEU n.m. (pl. *enfeus*) [de *enfouir*]. **ARCHIT.** Niche funéraire à fond plat.

ENFICHABLE adj. Qui peut être enfiché.

ENFICHER v.t. [3]. ÉLECTROTECHN. Insérer un élément mâle dans une prise femelle, un connecteur.

ENFIÉVRER v.t. [11], ▲ *[11*].* Litt. Animer d'une sorte de fièvre ; exalter : *Enfiévrer les esprits.* ◆ **S'ENFIÉVRER v.pr.** Litt. S'enflammer : *Les manifestants s'enfièvrent.*

ENFILADE n.f. Ensemble de choses situées les unes à la suite des autres ; file : *Les salles de classe sont en enfilade.* ▪ **Tir d'enfilade** [mil.], tir qui prend l'objectif dans sa plus grande dimension.

ENFILAGE n.m. Action de passer un fil dans.

ENFILER v.t. [3]. 1. Passer un fil dans le chas d'une aiguille, le trou d'une perle, etc. **2.** Passer rapidement un vêtement : *Enfiler un pull.* **3.** S'engager dans une voie, un passage : *Le cambrioleur enfila la ruelle et disparut.* ◆ **S'ENFILER v.pr.** Fam. **1.** Absorber une boisson, un aliment : *S'enfiler un café.* **2.** Se charger d'un travail que l'on juge désagréable.

ENFILEUR, EUSE n. Personne qui enfile qqch.

ENFIN adv. 1. Marque la conclusion, la fin d'une énumération, l'aboutissement de qqch ; finalement : *Il a enfin arrêté de fumer.* **2.** Introduit une correction, une restriction ; en fait, plutôt : *C'est une amie, enfin, une ancienne connaissance.* **3.** Indique une concession ; néanmoins : *Il ne veut rien dire ; enfin, vous pouvez toujours l'interroger.* **4.** S'emploie pour rappeler à la raison : *Enfin, tu peux le faire tout seul !*

ENFLAMMÉ, E adj. 1. Plein d'ardeur, de passion ; exalté : *Une lettre enflammée.* **2.** En état d'inflammation : *Plaie enflammée.*

ENFLAMMER v.t. [3] (lat. *inflammare*). **1.** Mettre en flammes ; embraser : *Le mégot allumé a enflammé la pinède.* **2.** Provoquer l'inflammation de ; envenimer : *Elle a enflammé sa plaie en se grattant.* **3.** Fig. Emplir d'ardeur, de passion ; électriser : *Son discours a enflammé les militants.*

▲ **enfer.** Miniature du maître de la Cité des dames pour *le Livre du chevalier errant* (1403-1405), de Thomas de Saluces.

◆ **S'ENFLAMMER v.pr. 1.** Prendre feu. **2.** Être dans un état inflammatoire : *La plaie s'est enflammée.* **3.** S'animer d'une vive ardeur ; s'exalter : *L'avocat s'enflamme.*

ENFLÉ, E n. Fam., injur. Idiot.

ENFLÉCHURE n.f. MAR. Chacun des échelons entre les haubans, pour monter dans la mâture.

ENFLER v.t. [3] (du lat. *inflare,* souffler dans). **1.** Faire augmenter de volume : *La fonte des neiges enfle les rivières.* **2.** Gonfler en remplissant d'air, de gaz : *Enfler ses joues.* ▪ **Être enflé de** [vieilli], rempli de : *Il est enflé de son génie.* ◆ **v.i.** Augmenter de volume ; gonfler : *Mes doigts ont enflé.*

ENFLEURAGE n.m. Extraction des parfums des fleurs par contact avec une matière grasse.

ENFLEURER v.t. [3]. Pratiquer l'enfleurage de.

ENFLURE n.f. 1. Tuméfaction. **2.** Exagération dans le style, les manières ; grandiloquence. **3.** Fam., injur. Imbécile.

ENFOIRÉ, E n. (de *2. foire*). Vulg., injur. Imbécile.

ENFONCÉ, E adj. Qui est au fond de : *Yeux enfoncés dans leurs orbites.*

ENFONCEMENT n.m. 1. Action d'enfoncer ; fait de s'enfoncer. **2.** Partie en retrait ou en creux ; dépression : *Un enfoncement du sol.* **3. MAR.** Distance verticale entre le plan de flottaison et le point le plus bas d'un navire.

ENFONCER v.t. [9] (de *fond*). **1.** Pousser vers le fond ; faire pénétrer profondément dans ; planter : *Enfoncer les piquets d'une tente dans la terre.* **2.** Faire céder par une pression ou un choc ; défoncer : *Enfoncer une porte.* **3.** Mettre en déroute une armée ; culbuter. **4.** Fig., fam. Avoir le dessus sur : *Le sprinter a enfoncé tous ses adversaires.* ◆ **v.i.** Aller vers le fond : *Enfoncer dans la boue.* ◆ **S'ENFONCER v.pr. 1.** Aller au fond de, vers le fond ; sombrer : *S'enfoncer dans les sables mouvants.* **2.** Céder sous un choc ou une pression ; s'affaisser : *Par endroits, la chaussée s'est enfoncée.* **3.** Fig., fam. Aggraver son état, sa situation ; s'embourber : *Ne mens pas, tu t'enfonces davantage.*

ENFONCEUR, EUSE n. Fam. ▪ **Enfonceur de portes ouvertes,** personne qui ne démontre que des évidences.

ENFONÇURE n.f. Creux produit par un enfoncement.

ENFOUIR v.t. [21] (du lat. *infodere,* creuser). **1.** Mettre en terre ; enterrer. **2.** Dissimuler un objet, un sentiment : *Elle enfouit les billets dans son sac, son chagrin dans son cœur.* ◆ **S'ENFOUIR v.pr.** S'enfoncer pour se protéger ; se blottir : *S'enfouir sous sa couette.*

ENFOUISSEMENT n.m. Action d'enfouir.

ENFOURCHEMENT n.m. TECHN. Assemblage de deux pièces disposées bout à bout, en enture.

ENFOURCHER v.t. [3] (de *fourche*). Se mettre à califourchon sur. ▪ **Enfourcher son cheval de bataille** ou **son dada** [fam.], parler de son sujet de prédilection.

ENFOURCHURE n.f. Couture médiane du pantalon, qui va de la base de la braguette au milieu de la ceinture dans le dos.

ENFOURNAGE ou **ENFOURNEMENT n.m.** Action de mettre dans un four.

ENFOURNER v.t. [3]. 1. Mettre dans un four. **2.** Fam. Manger gloutonnement ; engloutir. ◆ **S'ENFOURNER v.pr.** Fam. S'engouffrer dans : *La foule s'enfourne dans le métro.*

ENFREINDRE v.t. [62] (du lat. *frangere,* briser). Litt. Ne pas respecter ; transgresser : *Enfreindre la loi.*

S'ENFUIR v.pr. [24]. S'en aller à la hâte ; se sauver : *Des prisonniers se sont enfuis.*

ENFUMAGE n.m. Action d'enfumer : *L'enfumage des abeilles.*

ENFUMER v.t. [3]. 1. Remplir un lieu de fumée. **2.** Déloger ou neutraliser un animal en l'incommodant par la fumée : *Enfumer un renard dans son terrier.* **3.** Fig., fam. Agir pour leurrer son adversaire : *Une loi fourre-tout pour enfumer l'opposition.*

ENFÛTAGE, ▲ *ENFUTAGE* **n.m.** Action d'enfutailler.

ENFUTAILLER ou **ENFÛTER,** ▲ *ENFUTER* **v.t. [3].** Mettre le vin en fût.

Les énergies renouvelables

PROPRES ET INÉPUISABLES

À l'opposé des énergies fossiles (pétrole, gaz naturel, charbon) et de l'énergie nucléaire, dont les stocks sont limités, les énergies renouvelables s'appuient sur des ressources inépuisables (rayonnement solaire, vent, mouvements de l'eau, chaleur terrestre) ou vite renouvelées (cultures, forêts). De plus, leur exploitation n'augmente pas les émissions de gaz à effet de serre, ni n'émet de polluants atmosphériques ou de déchets nucléaires dangereux, d'où le qualificatif souvent employé d'énergies « propres », ou « vertes ». La production d'électricité d'origine renouvelable est de 100 % en Islande et de 98,5 % en Norvège ; dans le monde, environ 15 % de la consommation d'énergie sont assurés par les énergies renouvelables.

L'ÉOLIEN

La force du vent, récupérée grâce aux pales d'un rotor, est convertie en énergie mécanique ou en électricité. La puissance des éoliennes est proportionnelle au diamètre de leur rotor. Les parcs éoliens 1 (ou fermes éoliennes) représentent une pollution visuelle et sonore, mais leur impact sur la faune et la flore est restreint. Il existe des éoliennes en mer 2, ancrées à quelques dizaines de mètres de profondeur, et des éoliennes flottantes, pouvant être installées loin des côtes.

LE SOLAIRE

Le rayonnement du Soleil est recueilli par des capteurs qui en récupèrent la chaleur (solaire thermique 3) ou bien par des matériaux photosensibles qui le convertissent en électricité (solaire photovoltaïque 4). Les équipements sont nombreux : panneaux installés sur les habitations, centrales solaires 5 (collecteurs paraboliques ou champs de panneaux solaires), lampadaires photovoltaïques 6, fours, etc. L'impact sur l'environnement relève surtout de l'intégration dans le paysage.

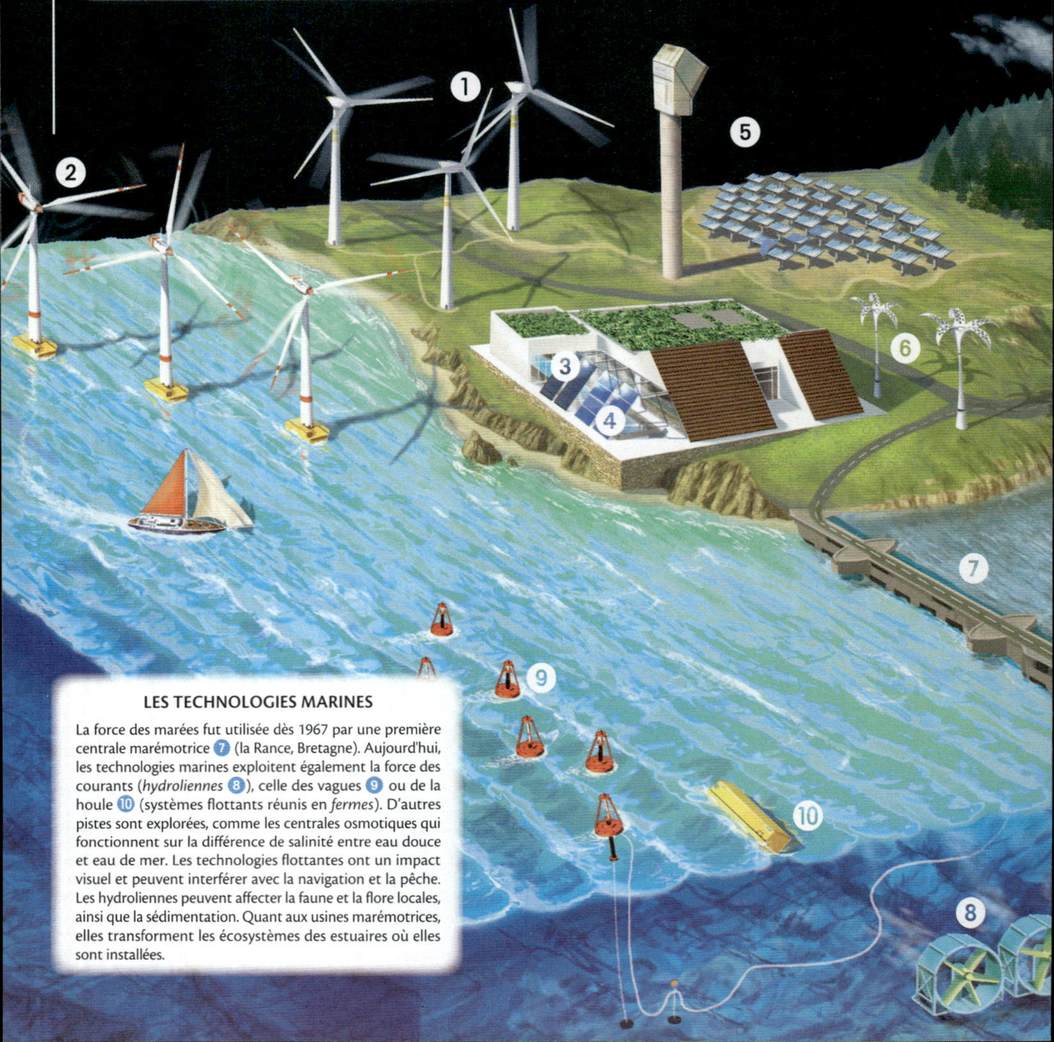

LES TECHNOLOGIES MARINES

La force des marées fut utilisée dès 1967 par une première centrale marémotrice 7 (la Rance, Bretagne). Aujourd'hui, les technologies marines exploitent également la force des courants (*hydroliennes* 8), celle des vagues 9 ou de la houle 10 (systèmes flottants réunis en *fermes*). D'autres pistes sont explorées, comme les centrales osmotiques qui fonctionnent sur la différence de salinité entre eau douce et eau de mer. Les technologies flottantes ont un impact visuel et peuvent interférer avec la navigation et la pêche. Les hydroliennes peuvent affecter la faune et la flore locales, ainsi que la sédimentation. Quant aux usines marémotrices, elles transforment les écosystèmes des estuaires où elles sont installées.

LA VALORISATION DE LA BIOMASSE

Des matériaux d'origine biologique servent à produire de la chaleur et de l'électricité, ou des biocarburants (11). La biomasse comme source d'énergie comprend notamment : le bois-énergie (12), la paille, les résidus de récoltes et de l'industrie agroalimentaire et certains oléagineux cultivés. Elle peut servir directement de combustible, ou être convertie en gaz par fermentation (13). La combustion de la biomasse rejette du CO_2, mais le bilan global s'avère neutre, en théorie, car la quantité rejetée est égale à celle absorbée au cours de la croissance des végétaux. Les cultures énergétiques ont un mauvais bilan environnemental (déforestation, pollution, etc.) et socio-économique (remplacement de cultures vivrières).

L'ÉNERGIE DE DEMAIN

Les énergies renouvelables sont un enjeu majeur du XXIe s. pour la recherche de sécurité et d'indépendance énergétiques, ainsi que pour la lutte contre les émissions de gaz à effet de serre et la pollution de l'air. Pour autant, il reste toujours à améliorer les technologies de transport et de stockage et ces énergies « vertes » ne sont pas forcément dépourvues d'impacts environnementaux négatifs (pollution visuelle et sonore des fermes éoliennes, zones inondées par les retenues d'eau des barrages hydroélectriques, etc.). L'Union européenne s'est fixé pour objectif d'atteindre le chiffre de 20 % d'énergies renouvelables dans sa consommation totale d'énergie d'ici à 2020.

L'HYDRAULIQUE DES COURS D'EAU

L'électricité générée par l'énergie des rivières et des chutes d'eau est produite par des barrages sur les cours d'eau (14) ou par de plus petits ouvrages (chaussées, moulins), qui ne retiennent pas l'eau. Les premiers ne sont pas sans conséquence sur l'environnement (déséquilibre ou destruction des écosystèmes en amont et en aval ; entrave à la migration des espèces aquatiques ; déplacement de populations humaines pour les grands ouvrages). Les seconds ont un bilan environnemental bien meilleur.

LA GÉOTHERMIE

La géothermie exploite la chaleur du sous-sol. Selon la température (proportionnelle à la profondeur), on distingue :
- moins de 30 °C : la géothermie très basse énergie (15),
- de 30 à 90 °C, la géothermie basse énergie,
- de 90 à 150 °C, la géothermie moyenne énergie,
- plus de 150 °C (entre 1 500 et 3 000 m de profondeur), la géothermie haute énergie (16).

Les deux premières produisent du chauffage, la suivante, chauffage et électricité, et la haute énergie, uniquement de l'électricité. La géothermie a l'avantage d'être indépendante du climat et a peu d'impacts négatifs sur l'environnement.

1. ENGAGÉ, E adj. 1. Qui exprime un engagement, notamm. politique : *Des journaux, des artistes engagés.* **2. MAR.** Se dit d'un navire qui donne de la bande et ne peut plus se relever. ▪ **Colonne engagée** [archit.], organe ayant l'apparence d'une colonne en partie noyée dans un mur ou un pilier.

2. ENGAGÉ, E n. Personne ayant contracté un engagement dans l'armée. ◆ **adj.** et **n.** Se dit d'un concurrent, d'un cheval inscrit dans une compétition : *La liste des engagés.*

ENGAGEANT, E adj. Qui attire ; séduisant.

ENGAGEMENT n.m. 1. Action d'engager, d'embaucher qqn ; accord écrit ou verbal qui l'atteste ; recrutement : *L'engagement d'une assistante.* **2. MIL.** Contrat par lequel qqn déclare vouloir servir dans l'armée pour une durée déterminée. **3.** Fait de s'engager à faire qqch ; promesse, contrat par lesquels on s'engage à accomplir qqch : *Elle a pris l'engagement de ne rien dire.* **4.** Action de mettre qqch en gage ; récépissé qui en fait foi. **5.** Fait de s'engager dans un lieu : *L'engagement d'un navire dans un chenal.* **6.** Fait de s'engager politiquement. **7. MÉD.** Première phase de l'expulsion du fœtus, lors de l'accouchement, au cours de laquelle l'enfant entre dans le petit bassin. **8. SPORTS.** Action de mettre le ballon en jeu en début de partie *(coup d'envoi)* ou, au football, après un but. **9. FIN.** Phase préalable et obligatoire à l'ordonnancement d'une dépense publique. **10. MIL.** Action offensive ; combat localisé et de courte durée ; escarmouche. ▪ **Engagement physique** [sports], utilisation maximale de ses qualités naturelles (vitesse, détente, poids et masse musculaire). ▪ **Engagement(s) financier(s)** [fin.], montant des devises d'un pays, détenues par des étrangers ou à l'étranger, et à la conversion desquelles, en cas de demande, doit faire face la banque centrale de ce pays.

ENGAGER v.t. [10] (de *gage*). **1.** Recruter pour un emploi ; embaucher : *Engager un informaticien.* **2.** Lier qqn par une promesse, une obligation : *Cette signature vous engage.* **3.** Mettre en gage ; gager. **4.** Faire pénétrer qqch dans ; introduire : *Le médecin engage une sonde dans la gorge de son patient.* **5.** Faire participer à ; affecter à un usage précis : *La mairie a engagé tout son personnel dans l'aide aux sinistrés.* **6.** Commencer une action ; entamer : *Engager une négociation.* **7.** Inciter qqn à ; exhorter : *Nous vous engageons à la plus grande vigilance.* **8. FIN.** Effectuer l'engagement d'une dépense publique. ▪ **Cela ne vous engage à rien,** cela ne vous crée aucune obligation. ◆ **S'ENGAGER v.pr. 1.** Contracter un engagement professionnel ou militaire ; s'inscrire à une compétition. **2.** Se lier par un contrat : *S'engager à verser une indemnité.* **3.** S'avancer, pénétrer dans : *S'engager dans un sentier escarpé.* **4.** Commencer : *La réunion s'engage mal.* **5.** Absol. Prendre position de manière active sur les problèmes politiques, sociaux, etc.

ENGAINANT, E adj. BOT. Se dit d'un organe formant une gaine autour d'un autre organe, chez les plantes, les champignons et les cyanobactéries.

ENGAINER v.t. [3]. Mettre dans une gaine.

ENGAMER v.t. [3] (mot dial.). **PÊCHE.** Avaler l'hameçon et son appât, en parlant d'un poisson.

ENGANE n.f. (provenç. *engano*). En Camargue, prairie de salicornes servant de parcours aux chevaux et aux bovins.

ENGAZONNEMENT n.m. Action d'engazonner ; son résultat.

ENGAZONNER v.t. [3]. Semer, garnir de gazon.

ENGEANCE [ɑ̃ʒɑ̃s] **n.f.** (de l'anc. fr. *engier,* augmenter). Litt. ou par plais. Catégorie de personnes jugées méprisables : *Une triste engeance.*

ENGELURE n.f. Plaque rouge, gonflée et douloureuse des extrémités (mains, pieds, nez, oreilles), provoquée par le froid.

ENGENDREMENT n.m. Action d'engendrer.

ENGENDRER v.t. [3] (lat. *ingenerare,* de *genus,* race). **1.** Reproduire par génération ; procréer. **2.** Être à l'origine de ; causer : *Le séisme a engendré un tsunami.* **3. MATH.** Pour un système d'éléments d'un ensemble muni d'une loi de composition interne ou externe, avoir la propriété de donner par leur composition tous les éléments de cet ensemble.

ENGERBAGE n.m. Action d'engerber.

ENGERBER v.t. [3]. AGRIC. Mettre en gerbes des céréales moissonnées.

ENGIN n.m. (du lat. *ingenium,* intelligence). **1.** Appareil, instrument, machine destinés à un usage particulier. **2.** Matériel de guerre : *Engin blindé.* **3.** Chacun des accessoires (ballon, cerceau, corde, ruban ou massue) utilisés en gymnastique rythmique.

ENGINEERING [ɛn(d)ʒiniriŋ] **n.m.** (mot angl.). [Anglic. déconseillé]. Ingénierie.

ENGLACÉ, E adj. Se dit d'un sol recouvert de glace.

ENGLOBER v.t. [3] (de *globe*). Réunir en un tout ; rassembler : *Cette critique vous englobe tous. Les sciences humaines englobent de nombreuses disciplines.*

ENGLOUTIR v.t. [21] (du lat. *ingluttire,* avaler). **1.** Absorber gloutonnement de la nourriture ; dévorer. **2.** Fig. Faire disparaître : *La mer a englouti le voilier.* ▪ **Engloutir sa fortune,** la dilapider. ◆ **S'ENGLOUTIR v.pr.** Disparaître en étant submergé ; sombrer.

ENGLOUTISSEMENT n.m. Action d'engloutir ; fait d'être englouti.

ENGLUEMENT ou **ENGLUAGE n.m.** Action d'engluer ; fait d'être englué.

ENGLUER v.t. [3]. 1. Enduire de glu ou de matière gluante. **2. CHASSE.** Prendre un oiseau à la glu. ➲ Pratique interdite. ▪ **Être englué dans qqch,** pris dans une situation inextricable. ◆ **S'ENGLUER v.pr.** S'empêtrer dans une situation difficile : *S'engluer dans des complications juridiques.*

ENGOBAGE n.m. Action d'engober.

ENGOBE n.m. Enduit terreux blanc ou coloré servant à engober.

ENGOBER v.t. [3] (de l'anc. fr. *gobe,* motte de terre). Recouvrir d'un engobe une pièce céramique, à des fins décoratives.

ENGOMMAGE n.m. Action d'engommer.

ENGOMMER v.t. [3]. Enduire de gomme : *Engommer des étiquettes.*

ENGONCER v.t. [9] (de *gons,* anc. pl. de *gond*). Déformer la silhouette en faisant paraître le cou enfoncé dans les épaules, en parlant d'un vêtement.

ENGORGEMENT n.m. Action d'engorger ; fait d'être engorgé.

ENGORGER v.t. [10] (de *gorge*). **1.** Obstruer, par accumulation de matière ; boucher : *Engorger une canalisation.* **2.** Saturer la circulation ; bloquer : *La fermeture de l'autoroute engorge la nationale.* ◆ **S'ENGORGER v.pr. 1.** Se boucher. **2.** Se bloquer ; bourrer : *L'imprimante s'engorge.*

ENGOUEMENT n.m. 1. Fait de s'engouer ; emballement : *L'engouement pour les cours de cuisine.* **2. MÉD.** Obstruction de l'intestin par les matières fécales, au niveau d'une hernie ou au début d'un étranglement.

S'ENGOUER v.pr. [3] (DE, POUR) [mot dial.]. Admirer vivement ; s'enticher de : *S'engouer d'un slameur, pour le dernier jeu vidéo.*

ENGOUFFREMENT n.m. Action d'engouffrer, de s'engouffrer.

ENGOUFFRER v.t. [3] (de *gouffre*). **1.** Fam. Manger qqch goulûment ; dévorer : *Elle a engouffré son sandwich.* **2.** Dépenser totalement une somme d'argent ; engloutir : *Il a engouffré son héritage dans cette maison.* ◆ **S'ENGOUFFRER v.pr.** Pénétrer rapidement ou en masse dans un lieu : *Le vent s'engouffre par la fenêtre cassée. Les clients s'engouffrent dans le magasin.*

ENGOULEVENT n.m. (mot dial.). Oiseau d'Eurasie et d'Afrique du Nord-Ouest, au plumage brunroux très mimétique, qui, la nuit, chasse les insectes en volant le bec grand ouvert. ➲ Ordre des caprimulgiformes.

ENGOURDIR v.t. [21] (de *gourd*). **1.** Provoquer un engourdissement : *Le froid engourdit les mains.* **2.** Ralentir le mouvement, l'activité de : *La fatigue engourdissait son esprit.* ◆ **S'ENGOURDIR v.pr.** Perdre sa sensibilité, sa vivacité : *Mes jambes s'engourdissent.*

ENGOURDISSEMENT n.m. 1. Sensation de diminution de la sensibilité et de la mobilité d'un membre ; raideur. **2.** Diminution de l'acuité intellectuelle ; torpeur.

ENGRAIN n.m. Variété de blé parmi les plus anciennement cultivées, mais peu modifiée par rapport à l'espèce sauvage (SYN. **petit épeautre**). ➲ Famille des graminées.

ENGRAIS n.m. (de *engraisser*). Produit organique ou minéral incorporé au sol pour en maintenir ou en accroître la fertilité. ▪ **À l'engrais,** se dit d'un animal qu'on engraisse. ▪ **Engrais vert,** plante que l'on a semée et que l'on enfouit dans le sol pour le fertiliser.

➲ Les **ENGRAIS** apportent aux plantes cultivées des éléments qu'elles ne trouvent pas dans le sol en quantité suffisante, et qui améliorent les conditions de leur nutrition et de leur croissance. Les engrais fournissent des éléments fertilisants majeurs (azote, phosphore, potassium), des éléments fertilisants secondaires (calcium, soufre, magnésium, etc.) et des oligoéléments.
On distingue les engrais minéraux, naturels ou de synthèse, et les engrais organiques, comme le fumier. L'utilisation des engrais, surtout d'origine industrielle, est inséparable de l'agriculture intensive moderne, qui permet d'obtenir de grandes quantités de produits à l'hectare. Cependant, l'utilisation massive de certains engrais peut entraîner des dommages environnementaux : pollution de nappes phréatiques, prolifération d'algues vertes, par ex. (→ **eutrophisation**).

ENGRAISSEMENT ou **ENGRAISSAGE n.m. 1.** Action d'engraisser un animal pour l'abattage ; son résultat. **2.** Augmentation du volume de sable ou de galets d'une plage, par suite des dépôts occasionnés par les courants, la houle, etc.

ENGRAISSER v.t. [3] (du lat. *crassus,* épais, gras). **1.** Rendre un animal gras ; le faire grossir : *Engraisser des bovins.* **2.** Fertiliser une terre par un engrais. **3.** Fam. Faire prospérer ; enrichir : *Engraisser les spéculateurs.* ◆ **v.i.** Fam. Prendre du poids ; grossir.

ENGRAISSEUR, EUSE n. Éleveur qui engraisse des animaux destinés à la boucherie.

ENGRAMME n.m. (du gr. *gramma,* écriture). **PSYCHOL.** Trace laissée dans le cerveau par un événement du passé et qui constituerait le support de la mémoire.

ENGRANGEMENT n.m. Action d'engranger.

ENGRANGER v.t. [10]. 1. Mettre du foin, des céréales dans une grange. **2.** Fig., litt. Accumuler en vue d'une utilisation ultérieure : *Engranger de la documentation en vue d'un roman.*

ENGRÊLÉ, E adj. (de *1. grêle*). **HÉRALD.** Se dit d'une pièce honorable bordée de dents fines aux intervalles arrondis.

ENGRÊLURE n.f. BROD. Partie haute d'une dentelle, souvent rapportée, et qui sert à fixer celle-ci sur un autre support.

ENGRENAGE n.m. 1. Mécanisme formé de roues ou d'organes dentés en contact, se transmettant un mouvement de rotation, dans un rapport de vitesses rigoureux. **2.** Fig. Enchaînement inéluctable de faits dont on ne peut se dégager ; spirale : *Un engrenage de mensonges.* ▪ **Mettre le doigt dans l'engrenage,** s'engager imprudemment dans une affaire irréversible.

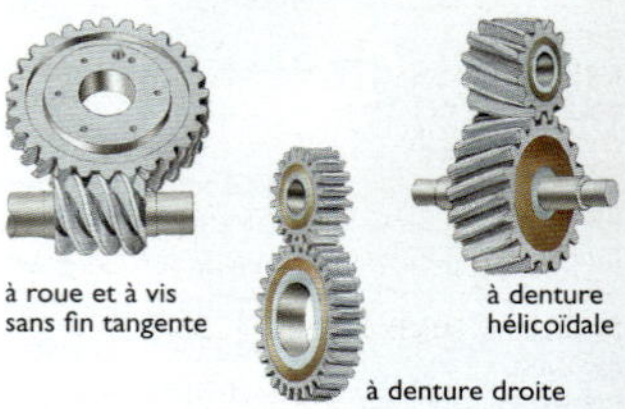

▲ **engrenages**

ENGRÈNEMENT n.m. 1. Action d'enclencher un engrenage ; état d'un élément engrené. **2.** Interpénétration des fragments d'un os lors d'une fracture.

1. ENGRENER v.t. [12] (de *grain*). Alimenter en grain la trémie d'un moulin.

2. ENGRENER v.t. [12] (de *1. engrener,* avec infl. de *cran*). **MÉCAN. INDUSTR.** Mettre en prise un élément d'un engrenage dans un autre élément. ◆ **v.i.** Être en prise, en parlant des éléments d'un engrenage.

ENGROSSER **v.t. [3].** Fam., vieilli. Rendre enceinte une femme.

ENGUEULADE **n.f.** Fam. Vive réprimande ; violente dispute.

ENGUEULER **v.t. [3]** (de *gueule*). Fam. Accabler de reproches, d'injures ; invectiver. ◆ **S'ENGUEULER** **v.pr.** Fam. Se disputer violemment avec qqn ; se quereller.

ENGUIRLANDER **v.t. [3]. 1.** Fam. Faire de vifs reproches à ; réprimander. **2.** Litt. Orner de guirlandes.

ENHARDIR [ɑ̃ardir] **v.t. [21].** Donner de la hardiesse, de l'assurance à : *Ce succès l'a enhardi.* ◆ **S'ENHARDIR** **v.pr.** Devenir assez hardi pour ; oser : *S'enhardir à poser une question.*

ENHARMONIE [ɑ̃n-] **n.f. MUS.** Rapport entre deux notes (par ex. : *do* dièse et *ré* bémol) que l'audition ne permet pas de distinguer.

ENHARMONIQUE [ɑ̃n-] **adj.** Qui forme une enharmonie.

ENHERBEMENT [ɑ̃n-] **n.m.** Action d'enherber ; son résultat.

ENHERBER [ɑ̃nɛrbe] **v.t. [3].** Mettre en herbe un terrain.

ÉNIÈME **adj.** et **n.** (de *n*, désignant en math un nombre indéterminé). Qui occupe un rang indéterminé, et génér. grand : *Pour l'énième fois. Une énième défaite.* (On écrit aussi $n^{ième}$ ou *n-ième*.)

ÉNIGMATIQUE **adj. 1.** Qui renferme une énigme ; sibyllin : *Une remarque énigmatique.* **2.** Qui a un air mystérieux ; impénétrable : *Une femme énigmatique.*

ÉNIGMATIQUEMENT **adv.** De manière énigmatique.

ÉNIGME **n.f.** (lat. *aenigma*, du gr.). **1.** Jeu d'esprit où l'on donne à deviner une chose en la décrivant en termes obscurs, souvent à double sens. **2.** Problème difficile à résoudre ; chose ou personne difficile à comprendre.

ENIVRANT, E [ɑ̃ni-] **adj.** Qui enivre ; capiteux.

ENIVREMENT [ɑ̃ni-] **n.m. 1.** Vieilli. Fait de s'enivrer ; ivresse. **2.** Litt. Enthousiasme qui grise ou exalte : *L'enivrement de la vitesse.*

ENIVRER [ɑ̃ni-] **v.t. [3]. 1.** Rendre ivre. **2.** Litt. Remplir d'exaltation ; griser : *Le bonheur l'enivre.* ◆ **S'ENIVRER** **v.pr. 1.** Se soûler. **2.** Être transporté d'exaltation.

ENJAMBÉE **n.f.** Action d'enjamber ; espace que l'on enjambe : *Marcher à grandes enjambées.*

ENJAMBEMENT **n.m. 1. VERSIF.** Débordement d'un groupe syntaxique au-delà du vers. (Ex. : *Non ce n'était pas le radeau / De la Méduse ce bateau* [Brassens].) **2. BIOL. CELL.** Entrecroisement de deux chromosomes homologues au cours de la formation des gamètes (méiose), permettant l'échange de fragments (SYN. **crossing-over**).

ENJAMBER **v.t. [3].** Passer par-dessus un obstacle en étendant la jambe. ◆ **v.t. ind. (SUR).** Faire saillie sur ; empiéter.

ENJEU **n.m. 1.** Somme d'argent ou objet engagés dans un jeu et revenant au gagnant ; mise : *Doubler les enjeux.* **2.** Ce que l'on peut gagner ou perdre dans une entreprise : *L'enjeu d'une négociation.*

ENJOINDRE **v.t. [62] (À)** [lat. *injungere*]. Litt. Mettre en demeure de ; sommer : *Cette circulaire enjoignait aux préfets d'appliquer rigoureusement la nouvelle loi.*

ENJÔLEMENT **n.m.** Action d'enjôler.

ENJÔLER **v.t. [3]** (de *geôle*). Séduire par des flatteries, des promesses ; endormir.

ENJÔLEUR, EUSE **adj.** et **n.** Qui enjôle : *Un sourire enjôleur.*

ENJOLIVEMENT **n.m.** Ornement qui enjolive.

ENJOLIVER **v.t. [3].** Rendre plus joli en ajoutant des ornements ; agrémenter : *Elle enjolive un peu la réalité.*

1. ENJOLIVEUR, EUSE **n.** Litt. Personne qui enjolive.

2. ENJOLIVEUR **n.m.** Pièce d'ornementation d'une carrosserie automobile ; pièce métallique, le plus souvent circulaire, recouvrant les moyeux des roues.

ENJOLIVURE **n.f.** Litt. Détail qui enjolive ; ornement.

ENJOUÉ, E **adj.** (de *jeu*). Qui manifeste de l'enjouement ; guilleret.

ENJOUEMENT **n.m.** Gaieté aimable et souriante ; jovialité.

ENJUGUER **v.t. [3].** Attacher un animal de trait au joug.

ENKÉPHALINE ou **ENCÉPHALINE** **n.f. MÉD.** Substance peptidique, neuromédiateur du système nerveux central, aux propriétés antalgiques.

ENKYSTÉ, E **adj. 1. MÉD.** Se dit d'un corps étranger ou d'une lésion qui persiste et s'entoure de tissu conjonctif. **2. ZOOL.** Se dit d'un animal à l'état de vie ralentie dans un kyste. **3.** Fig. Se dit d'un phénomène indésirable durablement ancré : *La région souffre d'un chômage enkysté.*

ENKYSTEMENT **n.m. MÉD.** Phénomène de défense de l'organisme, caractérisé par la formation d'une coque de tissu conjonctif ressemblant à un kyste, autour d'un corps étranger ou d'une lésion.

S'ENKYSTER **v.pr. [3]. 1. MÉD.** S'envelopper d'une coque de tissu conjonctif. **2.** Fig. S'installer durablement, en parlant d'un phénomène indésirable, d'une situation pénible : *Les mesures éducatives visent à empêcher que la délinquance ne s'enkyste.*

ENLACEMENT **n.m. 1.** Action d'enlacer ; disposition de choses enlacées. **2.** Fait de s'enlacer ; étreinte.

ENLACER **v.t. [9]** (de *lacer*). **1.** Passer une chose autour d'une autre ; entrelacer : *Le caducée est formé d'un serpent qui enlace une baguette.* **2.** Serrer contre soi en entourant de ses bras ; étreindre. ◆ **S'ENLACER** **v.pr.** Se prendre mutuellement dans les bras.

ENLAÇURE **n.f. MENUIS.** Trou pratiqué dans un assemblage à tenon et mortaise pour l'immobiliser par une cheville.

ENLAIDIR **v.t. [21].** Rendre laid ; défigurer. ◆ **v.i.** Devenir laid.

ENLAIDISSEMENT **n.m.** Action d'enlaidir ; fait de devenir laid.

ENLEVAGE **n.m. TEXT.** Opération qui consiste à détruire le colorant fixé sur un tissu sans endommager la fibre.

ENLEVÉ, E **adj.** Exécuté avec brio : *Des allégros enlevés.*

ENLÈVEMENT **n.m. 1.** Action d'enlever, d'emporter qqch : *L'enlèvement des ordures.* **2.** Action d'enlever qqn ; kidnapping ; rapt.

ENLEVER **v.t. [12]** (de *1. lever*). **1.** Retirer de la place occupée : *Il enlèvera l'imprimante du bureau quand nous nous installerons. Enlever sa veste.* **2.** Faire disparaître ; supprimer : *Enlever des taches.* **3.** Faire perdre la jouissance de, le droit à : *On lui a enlevé la garde de l'enfant.* **4.** Emmener par force ou par ruse ; kidnapper : *Les terroristes ont enlevé des journalistes.* **5.** Priver de la présence de qqn, en parlant de la mort ; arracher : *Un cancer l'a enlevé aux siens.* **6.** Obtenir un succès avec facilité ; remporter : *Des concurrents plus compétitifs ont enlevé l'affaire.* **7.** S'emparer d'une position militaire ; conquérir. **8.** Porter vers le haut ; soulever : *Enlever un poids de cinquante kilos.* **9.** Exécuter brillamment : *Enlever un morceau de musique.* ◆ **S'ENLEVER** **v.pr. 1.** Pouvoir être soulevé et retiré : *Étagères qui s'enlèvent facilement.* **2.** Fam. Se vendre facilement : *Son album s'est enlevé en quelques mois.*

ENLIER **v.t. [5]. CONSTR.** Disposer des pierres, des briques de façon à assurer leur liaison.

ENLISEMENT **n.m.** Fait de s'enliser.

ENLISER **v.t. [3]** (de *lise*). Enfoncer dans un sol sans consistance (sable, boue, etc.). ◆ **S'ENLISER** **v.pr. 1.** S'enfoncer dans un terrain mou ; s'embourber. **2.** Fig. Ne plus progresser ; stagner : *Les négociations s'enlisent.*

ENLUMINÉ, E **adj.** Litt. Vivement coloré.

ENLUMINER **v.t. [3]** (lat. *illuminare*). **1.** Orner d'enluminures. **2.** Litt. Colorer vivement : *Le vin enluminait les visages.*

ENLUMINEUR, EUSE **n.** Artiste auteur d'enluminures.

ENLUMINURE **n.f.** Art consistant à décorer et à illustrer des manuscrits ou des ouvrages imprimés, princip. de lettrines et de miniatures ; la décoration ainsi réalisée.

ENNÉADE [enead] **n.f.** (du gr. *ennea*, neuf). Litt. Réunion de neuf choses semblables ou de neuf personnes.

ENNÉAGONAL, E, AUX [enea-] **adj.** Qui a la forme d'un ennéagone.

ENNÉAGONE [enea-] **n.m.** et **adj. MATH.** Polygone qui a neuf angles, et donc neuf côtés.

ENNÉASYLLABE **adj.** et **n.m.** ou **ENNÉASYLLABIQUE** [enea-] **adj.** Se dit d'un vers qui a neuf syllabes.

ENNEIGÉ, E [ɑ̃nɛ-] **adj.** Couvert de neige.

ENNEIGEMENT [ɑ̃nɛ-] **n.m.** État d'un endroit enneigé. ▪ **Bulletin d'enneigement,** indiquant l'épaisseur de la couche de neige.

ENNEIGER [ɑ̃nɛʒe] **v.t. [10].** Recouvrir de neige.

ENNEIGEUR [ɑ̃nɛ-] **n.m.** Canon à neige.

ENNEMI, E **n.** et **adj.** (lat. *inimicus*). **1.** Personne qui veut du mal, qui cherche à nuire à qqn. **2.** Groupe, pays, etc., à qui l'on s'oppose, notamm. en temps de guerre : *L'ennemi a* ou *les ennemis ont battu en retraite.* **3.** Personne qui s'oppose à, qui a de l'aversion pour qqch ; adversaire : *Un ennemi de la peine de mort.* ▪ **Ennemi public (numéro un),** malfaiteur jugé particulièrement dangereux. ▪ **Passer à l'ennemi,** trahir son camp. ◆ **adj. 1.** Qui appartient au groupe adverse, partic. en temps de guerre : *Les blindés ennemis.* **2.** Qui appartient à une personne hostile : *Une main ennemie.* ◆ **n.m.** Ce qui s'oppose à qqch ; adversaire : *Le mieux est l'ennemi du bien.*

ENNOBLIR [ɑ̃nɔ-] **v.t. [21].** Rendre noble, digne de ; élever moralement : *Ce geste de clémence l'ennoblit.*

✎ À distinguer de ***anoblir.***

ENNOBLISSEMENT [ɑ̃nɔ-] **n.m. 1.** Action d'ennoblir, de rendre digne, noble. **2.** Ensemble des traitements améliorant la qualité des articles textiles.

ENNOYAGE [ɑ̃nwajaʒ] ou **ENNOIEMENT** [ɑ̃nwamɑ̃] **n.m. GÉOL.** Invasion ou submersion d'une région côtière ou continentale par la mer.

ENNOYER [ɑ̃nwaje] **v.t. [7].** En parlant de la mer, recouvrir une portion de continent.

ENNUAGER [ɑ̃nɥaʒe] **v.t. [10].** Litt. Couvrir de nuages.

ENNUI [ɑ̃nɥi] **n.m. 1.** Désagrément, contrariété passagers ; problème : *Avoir des ennuis de santé.* **2.** (Toujours au sing.). Abattement provoqué par l'inaction et le désintérêt ; lassitude : *Pour tromper son ennui, elle lit beaucoup.*

ENNUYANT, E [ɑ̃nɥi-] **adj.** Vx ou Antilles, Belgique, Québec. Ennuyeux.

▴ **enluminure.** Thème des noces de Cana, par le Maître du Parement de Narbonne : page enluminée du manuscrit des *Très Belles Heures de Notre-Dame* (vers 1380), de Jean de Berry.

ENNUYÉ, E adj. Qui éprouve de la contrariété ; préoccupé : *Je suis très ennuyé de votre refus.*

ENNUYER [ɑ̃nɥije] **v.t. [7]** (du lat. *in odio esse*, être un objet de haine). **1.** Causer de la contrariété, du souci à : *Les révélations des journalistes ennuient le juge.* **2.** Lasser par manque d'intérêt, par monotonie : *Cette exposition m'a ennuyé.* ◆ **S'ENNUYER v.pr.** Éprouver de l'ennui, de la lassitude ; se morfondre.

ENNUYEUX, EUSE [ɑ̃nɥi-] **adj.** Qui cause des soucis ou de l'ennui : *Un contretemps, un film ennuyeux.*

ÉNOL n.m. CHIM. ORG. Composé possédant une liaison éthylénique porteuse d'une fonction alcool, en équilibre avec la cétone correspondante.

ÉNOLATE n.m. CHIM. ORG. Anion provenant de l'arrachement irréversible d'un proton à un énol par une base.

ÉNONCÉ n.m. 1. Action d'énoncer ; texte énoncé : *À l'énoncé du verdict, l'accusé resta impassible.* **2. LING.** Séquence de paroles émises par un locuteur, délimitée par un silence ou par l'intervention d'un autre locuteur. ▪ **Énoncé d'un problème,** ensemble des données permettant de le résoudre.

ÉNONCER v.t. [9] (lat. *enuntiare*). Exprimer par des paroles ou par écrit ; formuler : *Énoncer une sentence, une hypothèse.*

ÉNONCIATIF, IVE adj. LING. Relatif à l'énonciation.

ÉNONCIATION n.f. 1. Action de produire un énoncé, de dire : *L'énonciation d'un fait.* **2. LING.** Production individuelle d'un énoncé dans des conditions spatio-temporelles précises. **3. DR.** Déclaration faite dans un acte juridique.

ÉNOPHTALMIE n.f. MÉD. Léger enfoncement du globe oculaire dans l'orbite, par ex. à la suite d'une paralysie.

ENORGUEILLIR [ɑ̃nɔrgœjir] **v.t. [21].** Rendre orgueilleux. ◆ **S'ENORGUEILLIR v.pr. (DE).** Tirer orgueil de ; se glorifier de.

ÉNORME adj. (lat. *enormis*, de *norma*, règle). **1.** Qui est très grand ; colossal : *Un énorme saint-bernard. Un déficit énorme.* **2.** Fam. Qui surprend, déconcerte ; invraisemblable : *Ce qu'elle dit de la ministre me paraît énorme.*

ÉNORMÉMENT adv. À un très haut degré.

ÉNORMITÉ n.f. 1. Caractère de ce qui est énorme : *L'énormité d'une erreur, d'un investissement.* **2.** Fam. Parole invraisemblable ; extravagance : *Dire des énormités.*

ÉNOUER v.t. [3]. TEXT. Épinceter.

S'ENQUÉRIR v.pr. [27] (DE) [de *enquerre*]. Litt. S'informer, se renseigner sur : *Elle s'est enquise de ta santé.*

À ENQUERRE loc. adj. (du lat. *inquirere*, rechercher). **HÉRALD.** ▪ **Armes à enquerre,** qui contreviennent à dessein aux règles héraldiques, afin de pousser le lecteur à *s'enquérir* de cette singularité (en appliquant métal sur métal ou couleur sur couleur, par ex.).

ENQUÊTE n.f. (du lat. *inquirere*, rechercher). **1.** Étude d'une question réunissant des témoignages et des expériences : *Enquête d'opinion par téléphone.* **2.** Ensemble de recherches ordonnées par une autorité administrative ou judiciaire ; investigation. ▪ **Mettre à l'enquête** [Suisse, admin.], rendre public un projet de construction, d'aménagement, etc., pour permettre aux personnes concernées de s'y opposer.

ENQUÊTÉ, E n. Personne soumise à une enquête, à un sondage.

ENQUÊTER v.i. [3]. Faire, conduire une enquête.

ENQUÊTEUR, EUSE ou **TRICE n.** Personne qui fait des enquêtes sociologiques, judiciaires, etc.

ENQUILLER v.t. [3] (de 2. *quille*). Fam. Enchaîner ; accumuler : *Enquiller les buts, les arrestations.*

ENQUIQUINANT, E adj. Fam. Embêtant ; agaçant.

ENQUIQUINEMENT n.m. Fam. Ennui ; problème.

ENQUIQUINER v.t. [3] (onomat.). Fam. Ennuyer ; importuner. ◆ **S'ENQUIQUINER v.pr.** Fam. S'ennuyer.

ENQUIQUINEUR, EUSE n. Fam. Personne qui importune, ennuie.

ENRACINEMENT n.m. Action d'enraciner ; fait de s'enraciner.

ENRACINER v.t. [3]. 1. Faire prendre racine à : *Enraciner un arbre.* **2.** Fig. Fixer profondément dans l'esprit, le cœur ; ancrer. ◆ **S'ENRACINER v.pr. 1.** Prendre racine. **2.** Fig. Se fixer dans l'esprit : *Préjugés qui se sont enracinés.*

ENRAGÉ, E adj. Atteint de la rage. ◆ **adj. et n.** Qui est passionné, fou de ; acharné : *Une collectionneuse enragée.* ◆ **n.m. pl. HIST.** Fraction la plus radicale des sans-culottes, pendant la Révolution française.

ENRAGEANT, E adj. Fam. Rageant.

ENRAGER v.i. [10] (de *rage*). Éprouver un violent dépit ; être vexé, furieux. ▪ **Faire enrager qqn,** le taquiner ; le tourmenter.

ENRAIEMENT [ɑ̃rɛmɑ̃] ou **ENRAYEMENT** [ɑ̃rɛjmɑ̃] **n.m.** Action d'enrayer une roue.

ENRAYAGE [ɑ̃rɛjaʒ] **n.m. 1.** Fixation des rayons d'une roue dans le moyeu et la jante. **2.** Arrêt accidentel d'un mécanisme qui s'enraie, notamm. d'une arme à feu.

ENRAYER [ɑ̃rɛje] **v.t. [6]** (de *rai*, rayon de roue). **1.** Entraver le mouvement, le fonctionnement de. **2.** Fig. Suspendre l'action, le cours de : *Tenter d'enrayer une épidémie.* **3.** Monter les rayons d'une roue. ◆ **S'ENRAYER v.pr.** Cesser accidentellement de fonctionner, en parlant d'une arme, d'un mécanisme.

ENRAYURE [ɑ̃rɛjyr] **n.f. 1. AGRIC.** Premier sillon que trace la charrue dans un champ. **2. CONSTR.** Assemblage de pièces de bois ou de métal rayonnant autour d'un centre, qui constitue la base de la charpente de certains combles.

ENRÉGIMENTER v.t. [3]. 1. Grouper des unités militaires par régiment. **2.** Péjor. Faire entrer qqn dans un groupe, un parti, un clan ; embrigader.

ENREGISTRABLE adj. Qui peut être enregistré.

ENREGISTREMENT n.m. 1. Action de consigner sur un registre ; fait d'être enregistré : *Enregistrement des bagages.* **2. AUDIOVIS., INFORM.** Ensemble des techniques permettant de fixer, de conserver et, éventuellement, de reproduire des sons, des images ou des données ; ensemble de sons, d'images, de données ainsi enregistrés : *Enregistrement optique, magnétique, numérique.* **3.** Diagramme tracé par un appareil enregistreur. **4. INFORM.** Ensemble de données manipulées en bloc lors d'un échange entre les différentes unités d'un ordinateur ou lors d'un traitement au sein d'un programme. **5.** Formalité fiscale consistant à faire inscrire certains actes ou déclarations sur des registres officiels, moyennant le paiement de droits ; administration chargée de cette fonction.

ENREGISTRER v.t. [3] (de *registre*). **1.** Consigner par écrit une information en vue de la conserver : *Le vendeur a enregistré ma commande.* **2.** Constater objectivement un phénomène, un état : *On enregistre une forte hausse de la Bourse.* **3.** Noter ou faire noter le dépôt de : *Enregistrer des bagages.* **4.** Fam. Prendre mentalement bonne note de ; mémoriser : *Elle a parfaitement enregistré que nous refusions.* **5.** Transcrire et fixer une information sur un support matériel : *Enregistrer le rythme cardiaque d'un patient.* **6.** Transcrire et fixer des sons, des images, des données sur un support matériel sensible (disque, film, bande magnétique, disque dur, etc.), afin de les conserver et de pouvoir les reproduire. **7.** Procéder à l'enregistrement d'un acte juridique ou d'une déclaration. **8.** Inscrire un mouvement de valeur ou une opération quelconque sur un livre de comptabilité, un registre.

ENREGISTREUR, EUSE adj. et **n.m.** Se dit d'un appareil qui enregistre un phénomène physique, une mesure, etc. : *Caisse enregistreuse.*

ENRÊNEMENT n.m. 1. Ensemble des brides et des courroies destiné à corriger des attitudes ou à améliorer les qualités d'un cheval. **2.** Action d'enrêner.

ENRÊNER v.t. [3] (de *rêne*). Mettre un enrênement à un cheval.

ENRÉSINEMENT n.m. SYLVIC. Remplacement, partiel ou total, d'un peuplement d'arbres feuillus par des résineux.

ENRHUMER v.t. [3]. Causer un rhume. ◆ **S'ENRHUMER v.pr.** Attraper un rhume.

ENRICHI, E adj. 1. Qui a fait fortune ; dont la fortune est récente. **2.** Qui est augmenté d'éléments nouveaux : *Jus de fruits enrichi en vitamines.* **3. MIN., NUCL.** Qui a subi l'enrichissement : *De l'uranium enrichi.*

ENRICHIR v.t. [21]. 1. Rendre riche ou plus riche. **2.** Augmenter l'importance, la valeur de qqch en ajoutant des éléments ; compléter : *Les jeunes enrichissent la langue de sens et de mots nouveaux.* **3.** Augmenter la proportion d'un composant d'un produit pour l'améliorer : *Enrichir une crème en éléments hydratants.* ◆ **S'ENRICHIR v.pr.** Devenir riche ou plus riche.

ENRICHISSANT, E adj. Qui enrichit l'esprit : *Une expérience enrichissante.* ▪ **Plantes enrichissantes,** légumineuses qui enrichissent le sol en azote.

ENRICHISSEMENT n.m. 1. Action d'enrichir, de s'enrichir ; fait de devenir riche. **2.** Fait d'être enrichi par l'addition de nouveaux éléments : *L'enrichissement d'un dictionnaire.* **3. MIN.** Ensemble des opérations visant à une augmentation de la concentration en minéral utile dans un matériau par élimination d'une partie de sa gangue (SYN. **minéralurgie, valorisation des minerais**). **4. NUCL.** Augmentation de la teneur d'un élément en un isotope déterminé (isotope fissile, en partic.), obtenue par différents procédés physiques et physico-chimiques (diffusion gazeuse et centrifugation, notamm.). ▪ **Enrichissement des tâches** [écon.], mode de restructuration du travail qui vise à lui donner un contenu plus qualifié responsabilisant davantage son exécutant.

ENROBAGE ou **ENROBEMENT n.m.** Action d'enrober un produit, une substance alimentaire ; couche qui enrobe.

1. ENROBÉ, E adj. Fam. Qui est un peu gras ; potelé.

2. ENROBÉ n.m. TRAV. PUBL. Granulat recouvert de bitume, utilisé dans les revêtements de chaussée. ▪ **Enrobé drainant,** enrobé poreux permettant l'évacuation des eaux de pluie.

ENROBER v.t. [3] (de *robe*). **1.** Recouvrir d'une couche qui protège ou garnit : *Amande enrobée de caramel.* **2.** Fig. Mêler à autre chose pour masquer : *Enrober les faits de commentaires tendancieux.*

ENROBEUSE n.f. Machine utilisée en confiserie pour recouvrir certains produits d'une couche de caramel, de chocolat, etc.

ENROCHEMENT n.m. TRAV. PUBL. Ensemble de gros blocs de roche utilisés pour la protection des parties immergées des ouvrages d'art ou pour la construction de barrages.

ENROCHER v.t. [3]. Mettre en place un enrochement : *Enrocher une pile de pont.*

ENRÔLÉ, E n. Personne incorporée dans l'armée.

ENRÔLEMENT n.m. 1. Incorporation d'une personne dans l'armée. **2. DR.** Inscription au rôle.

ENRÔLER v.t. [3] (de *rôle*). **1. MIL.** Incorporer une personne dans l'armée. **2.** Faire adhérer à un parti ; faire entrer dans un groupe. **3. DR.** Inscrire au rôle. ◆ **S'ENRÔLER v.pr. 1.** S'engager dans l'armée. **2.** Se faire admettre dans un groupe.

ENRÔLEUR n.m. Anc. Celui qui enrôlait pour le service armé.

ENROUÉ, E adj. Se dit d'une voix atteinte d'enrouement ; éraillé.

ENROUEMENT n.m. MÉD. Altération de la voix, rendue rauque par une atteinte du larynx (SYN. **dysphonie**).

ENROUER v.t. [3] (de l'anc. fr. *roi*, rauque). Causer l'enrouement de qqn. ◆ **S'ENROUER v.pr.** Souffrir d'enrouement : *S'enrouer à force de crier.*

ENROULABLE adj. Que l'on peut enrouler.

ENROULEMENT n.m. 1. Action d'enrouler, de s'enrouler ; disposition de ce qui est enroulé. **2. ARCHIT., BX-ARTS.** Motif décoratif tel que crosse, volute, rinceau. **3. ÉLECTROTECHN.** Bobinage.

ENROULER v.t. [3]. Rouler une chose autour d'une autre ou sur elle-même : *Enrouler un tapis.* ◆ **S'ENROULER v.pr.** Se disposer en spirales.

ENROULEUR, EUSE adj. Qui sert à enrouler. ◆ **n.m. 1.** Système servant à enrouler : *Ceinture de sécurité à enrouleur.* **2. MÉCAN. INDUSTR.** Galet placé sur le parcours d'une courroie, d'un film, d'une bande, etc., pour augmenter l'arc de contact de la courroie avec les poulies.

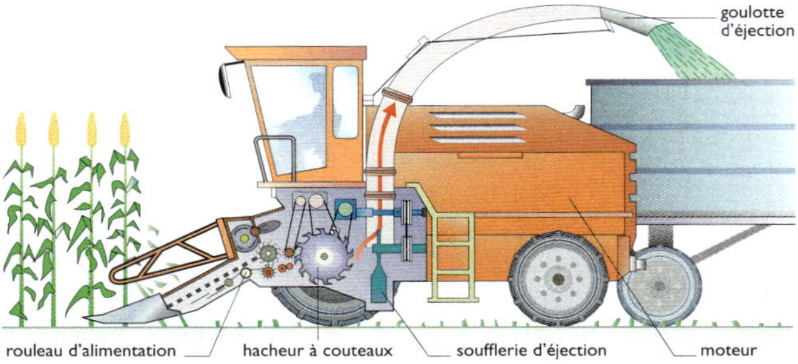

▲ **ensileuse.** Fonctionnement d'une ensileuse automotrice.

ENRUBANNAGE n.m. AGRIC. Action de stocker des fourrages en balles cylindriques, enroulées dans un ruban de matière plastique.

ENRUBANNER v.t. [3]. 1. Couvrir, orner de rubans. **2. AGRIC.** Réaliser l'enrubannage de fourrages.

ENS ou **E.N.S.** [œnεs] **n.m.** (sigle). Espace naturel sensible.

ENSABLEMENT n.m. 1. Action de s'ensabler ; enlisement. **2.** Amas de sable formé par un cours d'eau, un courant marin ou par le vent ; état d'un lieu ensablé : *L'ensablement d'une baie.*

ENSABLER v.t. [3]. 1. Couvrir ou engorger de sable. **2.** Immobiliser un véhicule dans le sable. ◆ **S'ENSABLER v.pr.** S'enliser dans le sable ; être peu à peu obstrué par le sable.

ENSACHAGE n.m. Action d'ensacher.

ENSACHER v.t. [3]. Mettre en sac, en sachet.

ENSACHEUR, EUSE n. Ouvrier qui réalise ou surveille l'ensachage. ◆ **n.m.** Dispositif recevant les sacs pour faciliter leur remplissage. ◆ **n.f.** Machine à ensacher des matières, notamm. pulvérulentes.

ENSANGLANTER v.t. [3]. 1. Tacher de sang. **2.** Litt. Provoquer des combats sanglants : *Des attentats ensanglantent le pays.*

ENSAUVAGEMENT n.m. Fait d'ensauvager, de s'ensauvager.

ENSAUVAGER v.t. [10]. Rendre sauvage ou brutal. ◆ **S'ENSAUVAGER v.pr.** Acquérir ou retrouver un naturel sauvage.

ENSEIGNANT, E adj. et **n.** Qui donne un enseignement. ▪ **Le corps enseignant** ou **les enseignants,** l'ensemble des instituteurs et des professeurs.

ENSEIGNANT-CHERCHEUR n.m. (pl. *enseignants-chercheurs*). Enseignant de l'université (maître de conférences ou professeur des universités) qui est aussi chargé de recherche.

1. ENSEIGNE n.f. (du lat. *insignia,* choses remarquables). **1.** Panneau comportant une inscription qui signale une maison de commerce au public. **2.** Marque distinctive d'une maison de commerce ; magasin dépendant de cette marque. **3.** Litt. Drapeau ; étendard. ▪ **À telle(s) enseigne(s) que** [litt.], à tel point que. ▪ **Être logé à la même enseigne,** être dans le même cas.

2. ENSEIGNE n.m. Anc. Officier porte-drapeau. ▪ **Enseigne de vaisseau de 1re, de 2e classe,** officier de marine dont le grade correspond à celui de lieutenant, de sous-lieutenant.

ENSEIGNEMENT n.m. 1. Action, manière d'enseigner, de transmettre des connaissances : *Son enseignement est passionnant.* **2.** Branche de l'organisation scolaire et universitaire. **3.** Profession, activité de celui qui enseigne. **4.** Ce qui est enseigné ; leçon donnée par les faits, l'expérience : *Tirer les enseignements d'un échec.* ▪ **Enseignement assisté par ordinateur (EAO),** ensemble des techniques et des méthodes qui utilisent les possibilités de l'informatique à des fins pédagogiques. ▪ **Enseignement privé** ou **libre,** dispensé dans des établissements ne relevant pas de l'État ou n'en relevant que partiellement. ▪ **Enseignement public,** organisé par l'État. (En Belgique, on dit *enseignement officiel.*) ▪ **Enseignement technologique** ou **technique, professionnel** → **TECHNOLOGIQUE, PROFESSIONNEL.**

➲ L'**ENSEIGNEMENT** du premier degré, qui comprend l'enseignement préélémentaire (3 ans) et l'enseignement primaire ou élémentaire (5 ans), est suivi par l'enseignement du second degré ou secondaire (collège [4 ans] et lycée [3 ans]), puis par l'enseignement supérieur, dispensé par les universités et les grandes écoles. Dans une optique européenne, la réforme LMD (licence - master - doctorat) a introduit la notion de grade universitaire.

ENSEIGNER v.t. [3] (du lat. *insignire,* indiquer). **1.** Faire acquérir la connaissance ou la pratique d'une science, d'un art, etc. **2.** Donner une leçon ; apprendre : *Ces événements nous enseignent qu'il faut préserver la planète.* **3.** Litt. Instruire : *Enseigner des jeunes enfants.*

ENSELLÉ, E adj. (de *seller*). ▪ **Cheval ensellé,** dont la ligne du dos présente une concavité exagérée.

ENSELLURE n.f. ANAT. ▪ **Ensellure lombaire,** lordose lombaire naturelle.

1. ENSEMBLE adv. (du lat. *insimul,* en même temps). **1.** L'un avec l'autre ; les uns avec les autres ; conjointement : *Nous avons fait la traversée ensemble.* **2.** En même temps ; simultanément : *Au signal, vous tirerez ensemble.* ▪ **Aller bien ensemble,** s'harmoniser.

2. ENSEMBLE n.m. 1. Réunion d'éléments formant un tout que l'on considère en lui-même : *L'ensemble des informaticiens, du matériel informatique.* **2.** Collection d'éléments harmonisés, assortis : *Le sac et les chaussures forment un ensemble.* **3.** Costume féminin composé de deux ou trois pièces : *Ensemble pantalon.* **4.** Simultanéité d'action ; synchronisation : *Le chœur chante avec un ensemble parfait.* **5.** Groupe d'artistes : *Ensemble vocal, instrumental.* **6. MATH.** Notion mathématique correspondant à l'idée de groupement, de collection. ➲ Ses constituants sont appelés ses *éléments.* ▪ **Dans l'ensemble,** en général. ▪ **Dans son ensemble,** tout entier : *La classe politique dans son ensemble l'a approuvé.* ▪ **D'ensemble,** général : *Une vue d'ensemble.* ▪ **Ensemble fini** [math.], dont le nombre d'éléments est un entier naturel. ▪ **Ensemble infini** [math.], formé d'un nombre illimité d'éléments. ▪ **Ensemble quotient** [math.], ensemble des classes d'équivalence constituées dans un ensemble E par une relation d'équivalence R. ➲ Il se note E/R. ▪ **Grand ensemble,** groupe important d'immeubles d'habitation bénéficiant de certains équipements collectifs. ▪ **Théorie des ensembles** [math.], théorie issue des travaux de G. Cantor et R. Dedekind, axiomatisée par E. Zermelo, qui définit les ensembles et étudie leurs propriétés générales.

ENSEMBLIER, ÈRE n. 1. Praticien qui crée des ensembles mobiliers et décoratifs. **2. CINÉMA, TÉLÉV.** Technicien chargé de l'ameublement des décors. ◆ **n.m.** Entreprise qui réalise des installations industrielles complexes.

ENSEMBLISTE adj. Relatif aux ensembles mathématiques.

ENSEMENCEMENT n.m. Action d'ensemencer.

ENSEMENCER v.t. [9]. 1. Pourvoir une terre de semences : *Ensemencer une parcelle.* **2. MICROBIOL.** Introduire des micro-organismes ou leurs spores dans un milieu de culture pour les faire proliférer.

ENSERRER v.t. [3]. Entourer en serrant étroitement : *Le boa enserre sa proie.*

ENSEVELIR v.t. [21] (de l'anc. fr. *sevelir,* mettre au tombeau). **1.** Litt. Envelopper un cadavre dans un linceul ; mettre dans un tombeau. **2.** Faire disparaître sous un amoncellement : *Des éboulements ont enseveli les habitations.* **3.** Fig. Garder secret, enfoui ; plonger dans l'oubli. ◆ **S'ENSEVELIR v.pr.** Litt. Se plonger dans l'isolement, dans l'oubli.

ENSEVELISSEMENT n.m. Action d'ensevelir ; fait d'être enseveli.

ENSIFORME adj. (du lat. *ensis,* épée). Didact. En forme d'épée : *Feuilles ensiformes.*

ENSILAGE n.m. AGRIC. 1. Méthode de conservation de produits agricoles (fourrages verts, grains) destinés à l'alimentation des animaux, fondée sur des principes de fermentation anaérobie. **2.** Produit obtenu grâce à cette méthode.

ENSILER v.t. [3]. Mettre en silo.

ENSILEUSE n.f. Machine agricole servant au fauchage et au hachage des fourrages verts pour la mise en silo.

ENSIMAGE n.m. (de l'anc. fr. *ensaïmer,* graisser). **TEXT.** Opération consistant à incorporer aux fibres textiles un corps gras pour en faciliter la filature.

ENSOLEILLÉ, E adj. 1. Exposé au soleil ; lumineux : *Chambre ensoleillée.* **2.** Où brille le soleil : *Journée ensoleillée.*

ENSOLEILLEMENT n.m. 1. État de ce qui reçoit la lumière du soleil : *L'ensoleillement d'une vallée.* **2. MÉTÉOROL.** Temps pendant lequel un lieu est ensoleillé (SYN. **insolation**).

ENSOLEILLER v.t. [3]. 1. Remplir de la lumière du soleil. **2.** Fig. Rendre particulièrement joyeux, radieux ; illuminer : *Cette bonne nouvelle ensoleille sa journée.*

ENSOMMEILLÉ, E adj. Qui est gagné par le sommeil ; mal réveillé.

ENSORCELANT, E adj. Qui ensorcelle ; envoûtant.

ENSORCELER v.t. [16], ▲ *[12]* (anc. fr. *ensorcerer*). **1.** Soumettre à une influence magique par un sortilège ; envoûter. **2.** Fig. Exercer un charme irrésistible sur ; subjuguer.

ENSORCELEUR, EUSE adj. et **n.** Qui ensorcelle ; charmeur.

ENSORCELLEMENT, ▲ *ENSORCÈLEMENT* **n.m. 1.** Action d'ensorceler ; envoûtement. **2.** Fig. Charme irrésistible ; fascination.

ENSOUFRER v.t. [3]. TEXT. Recouvrir de soufre ; exposer aux vapeurs de soufre.

ENSOUPLE n.f. (lat. *insubulum*). Rouleau monté sur le métier à tisser, sur lequel on enroule les fils de chaîne d'un tissu.

ENSUITE adv. (de *suite*). **1.** Indique une succession dans le temps ; après ; puis. **2.** Indique une succession dans l'espace ; plus loin.

S'ENSUIVRE v.pr. [69] (de *suivre*). Être la conséquence de ; résulter : *Frapper jusqu'à ce que mort s'ensuive.*

✎ Seulem. à l'inf. et aux 3e pers. du sing. et du pl. Aux temps composés, le préfixe *en* est auj. séparé du p. passé par l'auxil. : ***il s'en est suivi.***

ENSUQUÉ, E adj. (du provenç. *ensucar,* frapper à la tête). Région. (Midi). Assommé, endormi sous l'effet du soleil, de l'alcool, d'une drogue, etc.

ENTABLEMENT n.m. 1. ARCHIT. Partie supérieure d'un édifice, superposant génér. architrave, frise et corniche. **2.** Couronnement mouluré d'un meuble, d'une baie, etc.

ENTABLER v.t. [3] (de *table*). **TECHN.** Ajuster à demi-épaisseur deux pièces de bois ou de métal.

ENTABLURE n.f. Endroit où se réunissent deux pièces entablées.

ENTACHÉ, E adj. DR. ▪ **Entaché de nullité,** se dit d'un contrat, d'un texte frappé de nullité.

ENTACHER v.t. [3] (de *tache*). Litt. Souiller moralement : *Entacher l'honneur de qqn.*

ENTAILLAGE n.m. Action d'entailler.

ENTAILLE n.f. 1. Coupure avec enlèvement de matière. **2.** Blessure faite avec un instrument tranchant.

ENTAILLER v.t. [3]. Faire une entaille dans ; taillader.

ENTAME n.f. 1. Premier morceau d'un pain, d'un rôti, etc., que l'on coupe. **2.** Première carte jouée dans une partie.

ENTAMER v.t. [3] (du lat. *intaminare*, souiller). **1.** Couper le premier morceau, la première partie de : *Entamer un fromage. Entamer ses économies.* **2.** Se mettre à faire ; engager : *Entamer des négociations.* **3.** Couper en écorchant : *La branche a entamé le cuir chevelu* ; attaquer une matière : *L'acide entame le marbre.* **4.** Porter atteinte à ; ébranler : *Ces critiques n'entamaient pas son assurance.*

ENTARTAGE n.m. Fam. Action d'entarter.

ENTARTER v.t. [3]. Fam. Lancer une tarte à la crème au visage de qqn.

ENTARTEUR, EUSE n. Fam. Personne qui entarte qqn.

ENTARTRAGE n.m. Action de s'entartrer ; état de ce qui est entartré.

ENTARTRER v.t. [3]. Encrasser de tartre : *Le calcaire entartre la bouilloire.* ◆ **S'ENTARTRER** v.pr. Se recouvrir de tartre.

ENTASSEMENT n.m. Action d'entasser ; amoncellement.

ENTASSER v.t. [3]. **1.** Mettre en tas : *Entasser des bûches* ; accumuler. **2.** Serrer dans un lieu trop étroit : *Entasser des voyageurs.* **3.** Réunir en grande quantité ; multiplier : *Entasser les preuves.* ◆ **S'ENTASSER** v.pr. Être réuni en tas, en grand nombre ; s'accumuler : *Les vieux jouets s'entassent au grenier.*

ENTE [ɑ̃t] n.f. (de *enter*). AGRIC. Vx. Greffe. ▪ **Prune d'ente** [vx], variété dérivant de la prune d'Agen, utilisée pour la préparation des pruneaux.

ENTÉ, E adj. HÉRALD. Se dit de l'écu ou d'une pièce divisés horizontalement par des lignes parallèles ondées, aux ondulations fortement accentuées.

ENTÉLÉCHIE n.f. (gr. *entelekheia*). PHILOS. L'Être à l'état d'achèvement et de perfection, chez Aristote ; caractère distinctif des monades, chez Leibniz.

ENTELLE n.m. (gr. *entelês*). Singe de l'Inde et du Sud-Est asiatique, arboricole et mangeur de feuilles, au pelage gris cendré. ➲ Famille des colobidés.

ENTENDANT, E n. Personne qui entend normalement (par oppos. au *malentendant*).

ENTENDEMENT n.m. **1.** Aptitude à comprendre ; intelligence : *Cette cruauté dépasse l'entendement.* **2.** PHILOS. Faculté de comprendre, distincte de la sensibilité.

ENTENDEUR n.m. ▪ **À bon entendeur salut,** que celui qui comprend en tire profit.

ENTENDRE v.t. [59] (du lat. *intendere*, tendre vers). **1.** Percevoir par les oreilles. **2.** Prêter une oreille attentive à ; écouter : *Avez-vous entendu les informations ?* **3.** Pour un magistrat, un policier ou un gendarme, recevoir, recueillir un témoignage, une déposition : *La commissaire va entendre les témoins.* **4.** Litt. Consentir à suivre un conseil, à accéder à une demande : *Il n'a rien voulu entendre. Entendre raison.* **5.** Assister à l'audition de : *Aller entendre la messe.* **6.** Litt. Percevoir par l'esprit ; comprendre : *Comment entendez-vous cette phrase ?* **7.** Litt. Vouloir dire : *Qu'entendez-vous par là ?* **8.** Vieilli. Connaître complètement ; être familier de : *Il n'entend rien à l'informatique.* **9.** Avoir la volonté de ; exiger : *J'entends que personne ne se serve de cet appareil.* ▪ **À l'entendre,** si on l'en croit : *À les entendre, ils auront fini demain.* ▪ **Donner à** ou **laisser entendre** [litt.], insinuer. ▪ **Faites comme vous l'entendez,** à votre guise. ◆ **v.i.** Jouir du sens de l'ouïe : *Elle n'entend plus très bien.* ◆ **S'ENTENDRE** v.pr. **1.** Entretenir une relation de sympathie : *Elle s'entend avec tout le monde.* **2.** Se mettre d'accord : *Entendez-vous sur l'attitude à adopter.* ▪ **Cela s'entend** [litt.], c'est évident. ▪ **S'y entendre en,** avoir des connaissances, de l'habileté en qqch : *Elle s'y entend, en littérature.*

ENTENDU, E adj. Décidé après concertation ; convenu : *C'est une affaire entendue.* ▪ **Bien entendu,** assurément. ▪ **Entendu !,** c'est d'accord. ▪ **Prendre un air entendu,** jouer la personne informée et complice.

ENTÉNÉBRER v.t. [11], ▲ *[11*]*. Litt. Plonger dans les ténèbres ; assombrir.

ENTENTE n.f. **1.** Action de s'entendre ; accord : *Parvenir à une entente.* **2.** Collaboration entre États, entre groupes ; alliance : *L'entente franco-allemande.* **3.** Relations amicales entre des personnes ; concorde : *Vivre en bonne entente.* ▪ **À double entente,** à double sens ; ambigu. ▪ **D'entente avec qqn** [Suisse], en accord avec lui.

ENTER v.t. [3] (du lat. *putare*, tailler). **1.** Vx. Greffer. **2.** TECHN. Assembler par une enture.

ENTÉRINEMENT n.m. Action d'entériner ; ratification.

ENTÉRINER v.t. [3] (de l'anc. fr. *enterin*, achevé). **1.** Rendre valable ou définitif ; valider. **2.** DR. Ratifier un acte dont la validité dépend de cette formalité ; pour un tribunal, faire siennes par jugement les constatations d'un rapport d'expert.

ENTÉRIQUE adj. ANAT. Relatif à l'intestin.

ENTÉRITE n.f. (du gr. *enteron*, intestin). MÉD. Inflammation de la muqueuse de l'intestin grêle.

ENTÉROBACTÉRIE n.f. Famille de bactéries, parfois pathogènes, très répandues dans la nature et dans le tube digestif de l'homme et des animaux.

ENTÉROCOLITE n.f. MÉD. Inflammation touchant les muqueuses de l'intestin grêle et du côlon.

ENTÉROCOQUE n.m. Bactérie diplocoque de l'intestin, parfois pathogène.

ENTÉROKINASE n.f. (du gr. *enteron*, intestin, et *kinêsis*, mouvement). BIOCHIM. Enzyme sécrétée par la muqueuse intestinale et qui active le trypsinogène pancréatique.

ENTÉROPATHIE n.f. MÉD. Affection de l'intestin grêle.

ENTÉROPNEUSTE n.m. Invertébré marin vermiforme, doté d'une trompe, vivant enfoui dans le sable du littoral, dont le seul représentant actuel est le balanoglosse. ➲ Les entéropneustes forment une classe.

ENTÉROVIRUS n.m. Virus qui peut provoquer, selon les espèces, des gastro-entérites, l'hépatite virale A ou la poliomyélite.

ENTERREMENT n.m. **1.** Action de mettre un mort en terre ; inhumation. **2.** Cérémonie qui accompagne la mise en terre ; funérailles ; obsèques. **3.** Convoi funèbre : *Suivre un enterrement.* **4.** Fig. Action d'abandonner un projet, de plonger qqch dans l'oubli : *Enterrement d'une loi, d'un scandale.* ▪ **Enterrement de première classe** [fig., fam.], abandon total d'un projet ; mise à l'écart de qqn, avec tous les honneurs. ▪ **Enterrement de vie de garçon, de vie de jeune fille,** soirée génér. organisée par les amis respectifs des futurs mariés pour célébrer la fin de leur vie de célibataire. ▪ **Tête** ou **figure d'enterrement,** lugubre.

ENTERRER v.t. [3]. **1.** Mettre qqch en terre ; enfouir. **2.** Mettre un mort en terre ; ensevelir ; inhumer. **3.** Fig. Cesser de s'occuper de ; renoncer à : *Enterrer un projet.* ▪ **Enterrer sa vie de garçon, de jeune fille,** passer sa dernière soirée de célibataire en joyeuse compagnie. ▪ **Il nous enterrera tous,** il nous survivra. ◆ **S'ENTERRER** v.pr. Se retirer du monde.

ENTÊTANT, E adj. Qui entête ; enivrant : *Un parfum entêtant.*

EN-TÊTE (pl. *en-têtes*), ▲ ENTÊTE n.m. Inscription imprimée, écrite ou gravée en tête d'une lettre, d'une feuille, etc.

ENTÊTÉ, E adj. et n. Qui fait preuve d'obstination ; buté.

ENTÊTEMENT n.m. Attachement obstiné à ses idées, à ses goûts ; ténacité.

ENTÊTER v.t. [3]. Monter à la tête, en parlant d'émanations ; étourdir. ◆ **S'ENTÊTER** v.pr. (À, DANS). S'obstiner dans une attitude ; se buter : *Il s'entête à refuser* ou *dans son refus.*

ENTHALPIE n.f. (du gr. *enthalpein*, réchauffer). Grandeur thermodynamique égale à la somme de l'énergie interne et du produit de la pression par le volume. ➲ Cette grandeur est surtout utilisée pour calculer l'énergie échangée lors d'un changement d'état ou d'une réaction chimique.

ENTHOUSIASMANT, E adj. Qui enthousiasme ; exaltant.

ENTHOUSIASME n.m. (du gr. *enthousiasmos*, transport divin). Vif sentiment d'admiration, de joie ; passion : *Proposition accueillie avec enthousiasme.*

ENTHOUSIASMER v.t. [3]. Remplir d'enthousiasme ; exalter : *Enthousiasmer les supporteurs.* ◆ **S'ENTHOUSIASMER** v.pr. S'enflammer : *Elle s'est enthousiasmée pour cette découverte.*

ENTHOUSIASTE adj. et n. Qui ressent ou manifeste de l'enthousiasme ; chaleureux : *Un accueil enthousiaste.*

ENTHYMÈME n.m. (gr. *enthumêma*). LOG. Syllogisme dans lequel l'une des prémisses est sous-entendue. (Ex. : *Le courage, étant une vertu, mérite des éloges*, où *la vertu mérite des éloges* est sous-entendu.)

ENTICHEMENT n.m. Action de s'enticher ; engouement.

S'ENTICHER v.pr. [3] (DE) [de l'anc. fr. *entechier*, pourvoir d'une qualité]. Éprouver un goût irréfléchi pour ; s'engouer de.

1. ENTIER, ÈRE adj. (du lat. *integrum*, intact). **1.** Dont on n'a rien retranché ; complet : *Il reste un jambon entier.* **2.** ÉLEV. Se dit d'un animal non castré. **3.** Sans restriction ; total : *Elle m'a donné entière satisfaction.* **4.** Qui ne supporte pas la compromission ; intransigeant : *Un caractère entier.* ▪ **Lait entier,** n'ayant pas subi d'écrémage. ▪ **Le problème reste entier,** sans solution. ▪ **Nombre entier** [math.], entier.

2. ENTIER n.m. Intégralité ; totalité : *Il faut lire l'œuvre dans son entier.* ▪ **En entier,** complètement ; in extenso. ▪ **Entier naturel** [math.], élément de la série illimitée 0, 1, 2, 3... ➲ Les entiers naturels forment l'ensemble ℕ. On les assimile aux entiers relatifs positifs. ▪ **Entier postal,** en philatélie, objet (enveloppe, carte) sur lequel, au moment de sa vente, figure imprimé le timbre d'affranchissement. ▪ **Entier (relatif)** [math.], élément de la série illimitée de nombres négatifs ou positifs ... −2, −1, 0, +1, +2... ➲ Les entiers relatifs forment l'ensemble ℤ.

ENTIÈREMENT adv. En entier ; tout à fait : *Je suis entièrement d'accord.*

ENTIÈRETÉ n.f. Belgique. Totalité ; intégralité.

ENTITÉ n.f. (du lat. *ens, entis*, étant). **1.** PHILOS. Réalité abstraite qui n'est conçue que par l'esprit ; essence d'un être, ensemble exhaustif des propriétés qui le constituent. **2.** Belgique. Ensemble constitué par la fusion de plusieurs communes. ▪ **Entité morbide** [méd.], trouble (maladie, syndrome, etc.) dont l'existence est reconnue et la définition précise.

ENTOILAGE n.m. Action d'entoiler.

ENTOILER v.t. [3]. **1.** Renforcer à l'aide d'une toile au verso : *Entoiler une carte de l'Europe.* **2.** Recouvrir de toile : *Entoiler les ailes d'un planeur.*

ENTOIR n.m. (de *enter*). Greffoir.

ENTÔLAGE n.m. Arg. Action d'entôler.

ENTÔLER v.t. [3] (de *2. tôle*). Arg. Voler un client, partic. en parlant de prostitués.

ENTÔLEUR, EUSE n. Arg. Personne qui entôle.

ENTOLOME n.m. (du gr. *entos*, en dedans, et *lômos*, frange). Champignon basidiomycète des bois, à lamelles roses. ➲ L'entolome livide est vénéneux.

ENTOMOLOGIE n.f. (gr. *entomon*, insecte, et *logos*, science). Étude scientifique des insectes.

ENTOMOLOGIQUE adj. Relatif à l'entomologie.

ENTOMOLOGISTE n. Spécialiste d'entomologie.

ENTOMOPHAGE adj. BIOL. Qui se nourrit d'insectes.

ENTOMOPHILE adj. BOT. Se dit d'une plante dont la pollinisation est assurée par les insectes.

ENTOMOSTRACÉ n.m. Crustacé inférieur tel que la daphnie, le cyclope, etc. ➲ Les entomostracés forment un groupe hétérogène, sans valeur systématique.

ENTONNAGE, ENTONNEMENT n.m. ou **ENTONNAISON** n.f. Mise en tonneau.

1. ENTONNER v.t. [3] (de *tonne*, tonneau). Mettre un liquide en tonneau.

2. ENTONNER v.t. [3] (de *2. ton*). **1.** MUS. Commencer à chanter un air pour donner le ton. **2.** Commencer à chanter : *Entonner « la Marseillaise ».*

ENTONNOIR n.m. **1.** Ustensile conique servant à transvaser des liquides. **2.** Cavité qui va en se rétrécissant (cratère, trou d'obus, etc.).

ENTORSE n.f. (de l'anc. fr. *entordre*, tordre). MÉD. Lésion traumatique d'une articulation résultant de sa distorsion brutale, avec étirement (*entorse bénigne* ou *foulure*) ou rupture (*entorse grave*) des ligaments. ▪ **Faire une entorse à une loi, à un règlement,** ne pas s'y conformer.

ENTORTILLEMENT ou **ENTORTILLAGE** **n.m.** Action d'entortiller, de s'entortiller.

ENTORTILLER **v.t. [3]. 1.** Envelopper avec qqch que l'on tortille : *Entortillez chaque morceau de lapin dans du papier d'aluminium.* **2.** Fig., fam. Circonvenir qqn par des paroles trompeuses ; enjôler. **3.** Fam. Formuler ses propos de façon embrouillée : *Entortiller ses remerciements.* ◆ **S'ENTORTILLER** **v.pr. 1.** S'enrouler plusieurs fois autour de qqch. **2.** Fig., fam. S'embrouiller dans ses propos ; s'empêtrer.

ENTOUR **n.m.** (de 2. *tour*). Litt., vx. (Surtout pl.). Voisinage ; environs. ■ **À l'entour de** [litt., vx], autour et auprès de.

ENTOURAGE **n.m. 1.** Ensemble des personnes qui entourent qqn ; ses familiers. **2.** Ce qui entoure qqch, en partic. pour orner.

ENTOURER **v.t. [3]** (de *entour*). **1.** Disposer autour de ; clôturer : *Entourer son jardin d'un grillage.* **2.** Être placé autour de ; encercler : *Des forêts entourent la ville.* **3.** Être prévenant à l'égard de ; choyer : *Entourer ses enfants.* ◆ **S'ENTOURER** **v.pr.** (**DE**). **1.** Mettre autour de soi : *S'entourer de mystère.* **2.** Réunir autour de soi : *S'entourer d'amis.*

ENTOURLOUPETTE ou **ENTOURLOUPE** **n.f.** (de 2. *tour*). Fam. Manœuvre hypocrite ; mauvais tour joué à qqn.

ENTOURNURE **n.f.** **COUT.** Emmanchure. ■ **Gêné aux entournures** [fam.], mal à l'aise ; à court d'argent.

ENTRACTE **n.m. 1.** Intervalle entre les actes d'une pièce de théâtre, les différentes parties d'un spectacle. **2.** Petit intermède musical ou dansé représenté rideau baissé entre les actes d'un spectacle.

ENTRAIDE **n.f.** Aide mutuelle ; solidarité.

S'ENTRAIDER **v.pr. [3].** S'aider mutuellement.

ENTRAILLES **n.f. pl.** (du lat. *interaneus*, qui est à l'intérieur). **1.** Viscères et boyaux. **2.** Litt. Ventre maternel, où l'enfant est en gestation. **3.** Litt. Régions profondes ; centre : *Les entrailles de la Terre.* **4.** Litt. Siège de la sensibilité ; cœur : *Être pris aux entrailles.*

S'ENTR'AIMER, ▲ *S'ENTRAIMER* **v.pr. [3].** Litt. S'aimer l'un l'autre.

ENTRAIN **n.m.** Vivacité joyeuse ; pétulance.

ENTRAÎNABLE, ▲ *ENTRAINABLE* **adj.** Qui se laisse entraîner, influencer.

ENTRAÎNANT, E, ▲ *ENTRAINANT, E* **adj.** Qui entraîne, stimule : *Une musique entraînante.*

ENTRAÎNEMENT, ▲ *ENTRAINEMENT* **n.m. 1.** Dispositif mécanique assurant la transmission d'un mouvement ; cette transmission : *Courroie d'entraînement.* **2.** Litt. Force qui entraîne : *La passion du jeu peut être un entraînement fatal.* **3.** Préparation à une compétition, à un concours, à un combat, etc. : *Manquer d'entraînement.*

ENTRAÎNER, ▲ *ENTRAINER* **v.t. [3]. 1.** Emporter qqch avec, derrière soi ; charrier : *Le courant entraînait la barque.* **2.** Emmener de force à sa suite ; tirer : *Elle lui a sauvé la vie en l'entraînant dehors.* **3.** Attirer qqn par une pression morale ; pousser : *Il s'est laissé entraîner par les autres.* **4.** Exercer un effet stimulant sur ; emporter : *Il est tellement convaincant qu'il entraîne ses proches.* **5.** Communiquer un mouvement à ; actionner : *Une courroie entraîne la roue.* **6.** Avoir pour conséquence ; provoquer : *Cette faute entraîne la radiation.* **7.** Préparer par des exercices : *Entraîner un sportif.* ◆ **S'ENTRAÎNER** **v.pr.** Se préparer par des exercices à une compétition, une épreuve, etc.

ENTRAÎNEUR, EUSE, ▲ *ENTRAINEUR, EUSE* **n. 1.** Personne qui entraîne des sportifs, des chevaux de course, etc. **2.** Litt. Personne qui communique son entrain aux autres ; meneur.

ENTRAÎNEUSE, ▲ *ENTRAINEUSE* **n.f.** Femme employée dans un établissement de nuit pour engager les clients à danser et à consommer.

ENTRAIT **n.m.** (de l'anc. fr. *entraire*, tirer). **CONSTR.** Dans une charpente, pièce horizontale d'une ferme qui s'oppose à l'écartement des arbalétriers (SYN. **tirant**). ■ **Entrait retroussé,** entrait placé plus haut que le pied des arbalétriers, pour dégager en partie l'espace du comble.

ENTRANT, E **n. et adj. 1.** (Surtout pl.). Personne qui entre : *Les entrants et les sortants d'un hôpital.* **2.** Dans les sports collectifs, joueur qui entre sur le terrain en cours de partie pour relayer un coéquipier, remplacer un blessé, etc.

ENTRAPERCEVOIR ou **ENTR'APERCEVOIR** **v.t. [39].** Apercevoir indistinctement ou un court instant ; entrevoir.

ENTRAVE **n.f. 1.** Lien que l'on fixe aux pieds d'un animal domestique pour gêner sa marche. **2.** Fig. Ce qui fait obstacle ; frein : *Le coût élevé est une entrave.*

ENTRAVÉ, E **adj.** ■ **Jupe entravée,** resserrée dans le bas.

1. ENTRAVER **v.t. [3]** (de l'anc. fr. *trev*, poutre). **1.** Mettre une entrave à un animal. **2.** Fig. Embarrasser les mouvements, le déroulement de ; gêner : *Les voitures mal garées entravent la circulation.* **3.** Mettre des obstacles à ; bloquer : *Entraver la bonne marche de la justice.*

2. ENTRAVER **v.t. et v.i. [3]** (de l'anc. fr. *enterver*, chercher). Arg. Comprendre.

ENTRE **prép.** (lat. *inter*). **1.** Indique un intervalle d'espace ou de temps : *Entre Orléans et Blois. Entre onze heures et midi.* **2.** Indique une approximation : *Il a entre dix et douze ans.* **3.** Parmi : *Choisir entre plusieurs modèles.* **4.** Indique un état intermédiaire : *Entre jaune et vert.* **5.** Indique une relation de réciprocité ou une comparaison : *Le plus faible d'entre eux.*

ENTREBÂILLEMENT **n.m.** Ouverture laissée par ce qui est entrebâillé.

ENTREBÂILLER **v.t. [3].** Entrouvrir légèrement : *Entrebâiller les volets.*

ENTREBÂILLEUR **n.m.** Dispositif destiné à maintenir une porte, une fenêtre entrebâillée.

ENTRE-BANDE (pl. *entre-bandes*), ▲ *ENTREBANDE* **n.f.** **TEXT.** Chacune des bandes travaillées avec une chaîne de couleur différente aux extrémités d'une pièce d'étoffe.

ENTRECHAT **n.m.** (de l'ital. *capriola intrecciata*, saut entrelacé). **DANSE.** Saut vertical exécuté jambes tendues, pendant lequel les pieds se croisent et passent plusieurs fois et rapidement l'un devant l'autre.

ENTRECHOQUEMENT **n.m.** Choc réciproque.

ENTRECHOQUER **v.t. [3].** Faire se heurter l'un contre l'autre. ◆ **S'ENTRECHOQUER** **v.pr.** Se heurter : *Le bruit des verres qui s'entrechoquent.*

ENTRECOLONNEMENT **n.m.** **ARCHIT.** Espace libre entre deux colonnes d'une colonnade.

ENTRECÔTE **n.f.** **BOUCH.** Tranche de bœuf coupée entre les côtes.

ENTRECOUPÉ, E **adj.** Interrompu par intervalles : *Un film entrecoupé de publicités.*

ENTRECOUPER **v.t. [3].** Interrompre par intervalles.

ENTRECROISEMENT **n.m.** Disposition de choses qui s'entrecroisent.

ENTRECROISER **v.t. [3].** Croiser en divers sens, à plusieurs reprises. ◆ **S'ENTRECROISER** **v.pr.** Se croiser en divers sens, à plusieurs reprises : *Sur la carte, les routes s'entrecroisent.*

ENTRECUISSE **n.m.** Entrejambe.

S'ENTRE-DÉCHIRER, ▲ *S'ENTREDÉCHIRER* **v.pr. [3]. 1.** Se déchirer mutuellement. **2.** Fig. Se faire souffrir mutuellement : *La famille s'est entre-déchirée à propos de cet héritage.*

ENTRE-DEUX, ▲ *ENTREDEUX* **n.m. inv. 1.** Partie située au milieu de deux choses ; état intermédiaire entre deux extrêmes. **2.** Meuble à hauteur d'appui placé entre deux fenêtres. **3.** Bande de broderie, de dentelle à bords droits, cousue des deux côtés, ornant le linge ou la lingerie. **4.** **SPORTS.** Jet du ballon par l'arbitre entre deux joueurs pour une remise en jeu, notamm. au basket-ball.

ENTRE-DEUX-GUERRES **n.f. inv.** ou **n.m. inv.** Période située entre deux guerres et, partic., pour la France, entre 1918 et 1939.

S'ENTRE-DÉVORER, ▲ *S'ENTREDÉVORER* **v.pr. [3].** Se dévorer mutuellement.

ENTRÉE **n.f. 1.** Action, fait d'entrer. **2.** Endroit par où l'on entre ; voie d'accès. **3.** Espace d'un logement, d'un immeuble assurant la communication avec l'extérieur. **4.** Accès à un spectacle, à une exposition, etc. ; somme à payer pour entrer : *Entrée libre.* **5.** Admission dans une école, un cycle d'études, etc. **6.** Début d'une action, d'un état : *Une entrée en matière.* **7.** Litt. Commencement : *À l'entrée de l'été.* **8.** Moment où un artiste entre en scène. **9.** **CUIS.** Plat servi après le potage ou les hors-d'œuvre et avant le mets principal. **10.** **MUS.** Chacune des parties d'un ballet de cour ou d'un opéra-ballet. **11.** Au cirque, saynète ou parodie jouée par le clown et l'auguste, se moquant le plus souvent des faiblesses humaines (gourmandise, peur, etc.) et fondée sur un rapport de forces donnant l'autorité au clown. **12.** **LING.** Dans un dictionnaire, mot qui fait l'objet d'un article. **13.** **INFORM.** Opération par laquelle des données sont introduites dans un ordinateur ; unité d'information introduite dans un ordinateur en vue d'un traitement. ■ **Avoir ses entrées quelque part,** y être reçu facilement.

ENTRÉE-SORTIE ou **ENTRÉE/SORTIE** **n.f.** (pl. *entrées-sorties*, *entrées/sorties*). **INFORM.** Échange d'information entre un ordinateur et ses périphériques. Abrév. **E-S** ou **E/S.**

ENTREFAITES **n.f. pl.** (de l'anc. fr. *s'entrefaire*, se faire qqch l'un à l'autre). ■ **Sur ces entrefaites,** à ce moment-là.

ENTREFER **n.m.** **ÉLECTROMAGN.** Partie d'un circuit magnétique où le flux d'induction ne circule pas dans le fer.

ENTREFILET **n.m.** Petit article de journal.

ENTREGENT **n.m.** (de *gent*). Habileté à se conduire en société, à tirer parti de ses relations : *Avoir de l'entregent.*

S'ENTR'ÉGORGER, ▲ *S'ENTRÉGORGER* **v.pr. [10].** S'égorger l'un l'autre ; s'entretuer.

S'ENTRE-HAÏR, ▲ *S'ENTREHAÏR* **v.pr. [22].** Litt. Se haïr mutuellement.

S'ENTRE-HEURTER, ▲ *S'ENTREHEURTER* **v.pr. [3].** Litt. Se heurter mutuellement.

ENTREJAMBE **n.m. 1.** Espace compris entre les cuisses (SYN. **entrecuisse**). **2.** Partie de la culotte ou du pantalon située entre les jambes. **3.** Espace compris entre les pieds d'un siège, d'un meuble ; traverse ou croisillon reliant ces pieds (SYN. **entretoise**).

ENTRELACEMENT **n.m.** Action d'entrelacer ; choses entrecroisées.

ENTRELACER **v.t. [9].** Enlacer, tresser l'un avec l'autre : *Entrelacer des rubans.*

ENTRELACS [-la] **n.m.** (Surtout pl.). Ornement composé de lignes entrelacées.

ENTRELARDÉ, E **adj.** Se dit d'une viande qui présente des parties grasses et des parties maigres ; persillé.

ENTRELARDER **v.t. [3]. 1.** Piquer une viande avec du lard. **2.** Fig. Parsemer d'éléments disparates ; entrecouper : *Entrelarder un film d'extraits documentaires.*

ENTREMÊLEMENT **n.m.** Action d'entremêler ; entrecroisement.

ENTREMÊLER **v.t. [3]. 1.** Mêler plusieurs choses entre elles, avec d'autres. **2.** Faire alterner : *Le journaliste entremêle les informations d'anecdotes savoureuses.* ◆ **S'ENTREMÊLER** **v.pr.** S'enchevêtrer ; s'entrelacer.

ENTREMETS [-mɛ] **n.m.** Plat sucré que l'on sert après le fromage et avant les fruits, ou comme dessert.

ENTREMETTEUR, EUSE **n.** Péjor. Personne qui s'entremet dans des affaires amoureuses.

S'ENTREMETTRE **v.pr. [64].** Intervenir pour mettre des personnes en relation ou faciliter une action : *S'entremettre pour aider qqn à obtenir un logement.*

ENTREMISE **n.f.** Action de s'entremettre ; bons offices : *Le diplomate a offert son entremise.* ■ **Par l'entremise de,** par l'intermédiaire de.

ENTRE-NŒUD (pl. *entre-nœuds*), ▲ *ENTRENŒUD* **n.m.** **BOT.** Espace compris entre deux nœuds d'une tige.

ENTREPONT **n.m.** Espace compris entre deux ponts d'un navire.

ENTREPOSAGE **n.m. 1.** Action d'entreposer. **2.** **NUCL.** Dépôt temporaire de déchets radioactifs ou de combustibles usés.

ENTREPOSER **v.t. [3]. 1.** Mettre en entrepôt ; stocker : *Entreposer de la viande dans une chambre froide.* **2.** Déposer provisoirement : *Elle entrepose ses dossiers sur cette étagère avant de les classer.*

ENTREPOSEUR, EUSE **n.** Personne qui tient un entrepôt.

ENTREPOSITAIRE **n.** Personne ou entreprise qui conserve dans un entrepôt des marchandises pour le compte d'autrui.

ENTREPÔT n.m. Lieu, local où sont déposées des marchandises pour un temps limité.

ENTREPRENANT, E adj. **1.** Hardi à entreprendre ; dynamique. **2.** Très empressé à séduire ; galant.

ENTREPRENAUTE n. Créateur d'entreprise sur Internet.

ENTREPRENDRE v.t. [61]. **1.** Commencer à exécuter : *Entreprendre des travaux.* **2.** Fam. Importuner qqn par des paroles insistantes : *Il m'a entrepris sur la mondialisation.*

ENTREPRENEUR, EUSE n. **1.** Chef d'entreprise. **2.** Chef d'une entreprise de bâtiment ou de travaux publics. **3.** DR. Personne qui, dans un contrat d'entreprise, s'engage à effectuer un travail pour le maître de l'ouvrage.

ENTREPRENEURIAL, E, AUX adj. Relatif à l'entreprise, à l'entrepreneur.

ENTREPRENEURIAT n.m. Activité, fonction d'entrepreneur, de créateur d'entreprise.

ENTREPRISE n.f. **1.** Ce que qqn entreprend ; opération : *Une entreprise hasardeuse.* **2.** Affaire commerciale ou industrielle ; unité économique de production ; firme : *Entreprise de transport.* ▪ **Entreprise de taille intermédiaire (ETI)**, qui emploie entre 250 et 4 999 salariés. ▪ **Entreprise individuelle**, constituée d'une seule personne physique exerçant une activité professionnelle indépendante. ▪ **Entreprise publique**, personne morale, de droit public ou privé, placée sous l'autorité ou la tutelle des pouvoirs publics. ▪ **Entreprise solidaire d'utilité sociale (ESUS)**, agrément délivré à des associations, fondations, coopératives et sociétés commerciales qui poursuivent un but d'utilité sociale (soutien aux personnes vulnérables, par ex.). ➲ Cet agrément est soumis à certaines conditions de gestion et donne droit à des aides et avantages fiscaux spécifiques. ▪ **Grande entreprise**, entreprise employant plus de 5 000 salariés ou correspondant à certains critères (montant du CA, total des actifs figurant au bilan). ▪ **Libre entreprise**, régime économique qui repose sur la liberté de création et de gestion d'entreprises privées. ▪ **Petites et moyennes entreprises** → **PME.** ▪ **Très petite entreprise** → **1. TPE.**

ENTRER v.i. [3] (auxil. *être*) [lat. *intrare*]. **1.** Passer du dehors au dedans ; pénétrer : *Entrer dans une maison, dans un pays.* **2.** Être admis dans un établissement : *Entrer à l'hôpital.* **3.** S'engager dans une profession ; commencer à faire partie d'un groupe : *Entrer dans l'armée, à l'Académie française.* **4.** Commencer à prendre part à qqch : *Entrer dans une discussion.* **5.** Être au début de : *Entrer dans l'adolescence, dans une phase dépressive.* **6.** Faire partie de qqch, de sa composition : *L'accueil du public entre dans ses attributions. Ingrédients qui entrent dans une recette.* ▪ **Entrer dans le détail**, examiner ou décrire avec minutie. ▪ **Entrer en**, passer dans un nouvel état : *Entrer en phase terminale* ; commencer une carrière : *Entrer en politique.* ◆ v.t. (auxil. *avoir*). Faire pénétrer ; introduire : *Entrer du tabac en fraude.*

ENTRE-RAIL, ▲ *ENTRERAIL* n.m. Espace compris entre les rails d'une voie ferrée.

ENTRE-SOI, ▲ *ENTRESOI* n.m. Situation de personnes qui choisissent de vivre dans leur microcosme (social, politique, etc.) en évitant les contacts avec ceux qui n'en font pas partie.

ENTRESOL n.m. (esp. *entresuelo*, de *suelo*, sol). Étage situé entre le rez-de-chaussée et le premier étage d'un immeuble.

S'ENTRETAILLER v.pr. [3]. Se blesser en se heurtant les jambes l'une contre l'autre, en parlant d'un cheval.

ENTRE-TEMPS, ▲ *ENTRETEMPS* adv. (altér. de l'anc. fr. *entretant*). Dans cet intervalle de temps.

ENTRETENIR v.t. [28]. **1.** Conserver en bon état : *Entretenir ses meubles en les cirant.* **2.** Maintenir dans le même état : *Entretenir de bons rapports avec ses voisins.* **3.** Pourvoir à la subsistance de : *Entretenir ses parents.* **4.** (DE). Avoir une conversation sur : *Il m'a entretenu des problèmes de pollution.* ▪ **Se faire entretenir par qqn**, vivre à ses frais. ◆ **S'ENTRETENIR** v.pr. **1.** Se maintenir dans un état physique satisfaisant. **2.** Converser avec qqn : *Le ministre s'est entretenu avec son homologue canadien.*

ENTRETENU, E adj. **1.** Tenu en état : *Une route bien entretenue.* **2.** Qui vit de l'argent reçu d'un amant ou d'une maîtresse. ▪ **Oscillations entretenues** [phys.], dont l'amplitude est maintenue constante par apport d'énergie extérieure.

ENTRETIEN n.m. **1.** Action de maintenir une chose en bon état, de fournir ce qui est nécessaire pour y parvenir : *L'entretien d'un parc. Frais d'entretien.* **2.** Service d'une entreprise chargé de maintenir en état et de réparer des équipements et des matériels ; maintenance. **3.** Conversation suivie : *Un entretien d'embauche.*

ENTRE-TISSER, ▲ *ENTRETISSER* v.t. [3]. Tisser ensemble.

ENTRETOISE n.f. (de l'anc. fr. *enteser*, ajuster). **1.** CONSTR. Traverse maintenant un espacement constant entre deux pièces (SYN. **étrésillon**). **2.** Entrejambe d'un meuble.

ENTRETOISEMENT n.m. Action d'entretoiser ; ensemble d'entretoises.

ENTRETOISER v.t. [3]. CONSTR. Maintenir avec des entretoises.

S'ENTRE-TUER, ▲ *S'ENTRETUER* v.pr. [3]. Se tuer l'un l'autre.

ENTREVOIE n.f. Espace compris entre deux voies de chemin de fer.

ENTREVOIR v.t. [48]. **1.** Voir à demi, rapidement ou confusément. **2.** Se faire une idée encore imprécise de : *Entrevoir une solution.*

ENTREVOUS [-vu] n.m. (de l'anc. fr. *vous*, voûté). CONSTR. Espace séparant deux solives ou deux poutrelles ; matériau remplissant cet espace.

ENTREVOÛTER, ▲ *ENTREVOUTER* v.t. [3]. Établir ou emplir les entrevous.

ENTREVUE n.f. Rencontre concertée entre deux ou plusieurs personnes ; entretien.

ENTRISME n.m. Introduction systématique dans un parti, une organisation syndicale, de nouveaux militants venant d'une autre organisation, en vue d'en modifier la ligne politique.

ENTROPIE n.f. (du gr. *entropê*, retournement). **1.** THERMODYN. Grandeur qui permet d'évaluer la dégradation de l'énergie d'un système. ➲ L'entropie d'un système caractérise son degré de désordre. **2.** Dans la théorie de la communication, nombre qui mesure l'incertitude de la nature d'un message donné à partir de celui qui le précède. ➲ L'entropie est nulle quand il n'existe pas d'incertitude.

ENTROPION n.m. MÉD. Renversement du bord des paupières vers le globe oculaire (par oppos. à *ectropion*).

ENTROPIQUE adj. Relatif à l'entropie.

ENTROQUE n.m. (du gr. *en*, dans, et *trokhos*, disque). ZOOL. Élément de tige ou de bras des crinoïdes. ▪ **Calcaire à entroques**, calcaire formé de ces éléments fossilisés.

ENTROUVERT, E adj. Ouvert à demi.

ENTROUVRIR v.t. [23]. Ouvrir un peu : *Entrouvrir une porte. Il entrouvre les yeux.* ◆ **S'ENTROUVRIR** v.pr. S'ouvrir un peu.

ENTUBER v.t. [3]. Fam. Duper ; escroquer.

ENTURBANNÉ, E adj. Coiffé d'un turban.

ENTURE n.f. (de *enter*). TECHN. Assemblage bout à bout de deux pièces de bois, de cuir.

ÉNUCLÉATION n.f. (du lat. *nucleus*, noyau). **1.** CHIRURG. Ablation du globe oculaire. **2.** BIOL. Ablation du noyau d'une cellule.

ÉNUCLÉER v.t. [8]. Enlever par énucléation.

ÉNUMÉRATIF, IVE adj. Qui contient une énumération : *Bilan énumératif.*

ÉNUMÉRATION n.f. Action d'énumérer ; suite de ce qui est énuméré.

ÉNUMÉRER v.t. [11], ▲ *[11*]* (lat. *enumerare*). Énoncer successivement les parties d'un tout ; passer en revue : *Énumérer les qualités de qqn.*

S'ÉNUQUER v.pr. [3]. Suisse. Se briser la nuque.

ÉNURÉSIE n.f. (du gr. *oureîn*, uriner). Chez l'enfant, incontinence d'urine, d'origine psychologique, à un âge où la propreté est habituellement acquise.

ÉNURÉTIQUE adj. Relatif à l'énurésie. ◆ adj. et n. Atteint d'énurésie.

ENVAHIR [ɑ̃vair] v.t. [21] (lat. *invadere*). **1.** Pénétrer par la force et en nombre dans un pays, et l'occuper. **2.** Se répandre dans ou sur : *Les termites ont envahi les poutres.* **3.** Fig. Gagner l'esprit de qqn ; submerger : *La peur l'envahit.* **4.** Fam. Accaparer qqn, son temps : *Son travail a peu à peu envahi sa vie.*

ENVAHISSANT, E adj. **1.** Qui envahit un lieu : *Une algue envahissante.* **2.** Qui s'impose sans discrétion ; importun.

ENVAHISSEMENT n.m. Action d'envahir ; fait d'être envahi.

ENVAHISSEUR n.m. Personnes, peuple qui envahissent un pays.

ENVASEMENT n.m. Fait de s'envaser, d'être envasé.

ENVASER v.t. [3]. Remplir de vase. ◆ **S'ENVASER** v.pr. **1.** Être obstrué par la vase. **2.** S'enliser dans la vase.

ENVELOPPANT, E adj. **1.** Qui couvre en entourant : *Brouillard enveloppant.* **2.** Fig. Qui séduit, captive ; enjôleur.

ENVELOPPE n.f. **1.** Ce qui sert à envelopper ; emballage : *Retirez le pot de son enveloppe protectrice.* **2.** Feuille de papier pliée de manière à former une pochette, et destinée à contenir une lettre, une carte, etc. **3.** Somme d'argent remise à qqn dans une enveloppe. **4.** ANAT. Membrane enveloppant un organe. **5.** MATH. Courbe ou surface tangente à chacun des éléments d'une famille de courbes ou de surfaces. ▪ **Enveloppe budgétaire**, masse globale des crédits d'un budget dont la répartition peut varier. ▪ **Enveloppes florales** [bot.], calice et corolle. ▪ **Enveloppe Soleau** [dr.], en France, enveloppe dans laquelle l'inventeur place la description de son invention et qui est déposée à l'Institut national de la propriété industrielle.

ENVELOPPÉ, E adj. Fam. Qui a un peu d'embonpoint.

ENVELOPPEMENT n.m. **1.** Action d'envelopper ; fait d'être enveloppé. **2.** MIL. Action d'encercler l'adversaire.

ENVELOPPER v.t. [3] (anc. fr. *voloper*). **1.** Entourer complètement d'un tissu, d'une matière quelconque : *Envelopper un vase dans du papier bulle.* **2.** MIL. Entourer l'adversaire ; encercler. **3.** Couvrir entièrement : *Le nuage de cendres enveloppa la ville.* **4.** Litt. Entourer de qqch qui dissimule : *L'actrice enveloppe sa vie de mystère.* ◆ **S'ENVELOPPER** v.pr. (AVEC, DE, DANS). Entourer son corps de qqch : *S'envelopper dans un plaid.*

ENVENIMATION n.f. MÉD. Pénétration de venin dans l'organisme.

ENVENIMÉ, E adj. Plein d'aigreur, de virulence.

ENVENIMER v.t. [3] (de *en* et *venin*). **1.** Provoquer l'infection d'une plaie. **2.** Fig. Faire dégénérer ; aggraver : *Son refus a envenimé la situation.* ◆ **S'ENVENIMER** v.pr. **1.** S'infecter. **2.** Fig. Dégénérer progressivement : *La discussion s'est envenimée.*

ENVERGEURE n.f. → **ENVERJURE.**

ENVERGUER v.t. [3]. MAR. Fixer une voile à une vergue.

ENVERGURE n.f. **1.** Distance entre les extrémités de la voilure d'un avion, mesurée perpendiculairement à son plan de symétrie vertical. **2.** Distance entre les extrémités des ailes déployées d'un oiseau. **3.** Ampleur de l'intelligence, de la volonté : *Les hommes de cette envergure sont rares.* **4.** Importance, ampleur de qqch : *Un groupe d'envergure internationale.* **5.** MAR. Longueur du côté par lequel une voile est fixée à la vergue.

ENVERJURE ou **ENVERGEURE,** ▲ *ENVERGEÜRE* [-ʒyr] n.f. TEXT. Opération consistant à croiser les fils de chaîne d'un tissu pour les diviser en plusieurs nappes.

1. ENVERS prép. (de *1. en* et *2. vers*). À l'égard de : *Il a été honnête envers toi.* ▪ **Envers et contre tous** ou **tout**, malgré l'opposition de tous ; en dépit de tous les obstacles.

2. ENVERS n.m. **1.** Côté d'une chose qui n'est pas destiné à être vu (par oppos. à *l'endroit*) : *L'envers d'une veste.* **2.** Face opposée et génér. cachée de qqch : *Dévoiler l'envers des événements.* **3.** GÉOMORPH. Ubac. ▪ **À l'envers**, du mauvais côté : *Mettre son tee-shirt à l'envers.* ▪ **L'envers du décor**, la face cachée, souvent peu reluisante, des choses.

À L'ENVI loc. adv. (de l'anc. fr. *envi*, défi). Litt. Comme en rivalisant ; à qui mieux mieux : *Les deux stars souriaient à l'envi.*

ENVIABLE adj. Digne d'être envié.

ENVIE n.f. (du lat. *invidia*, jalousie). **1.** Sentiment de convoitise à la vue du bonheur, des avantages d'autrui ; jalousie : *Son succès suscite l'envie de tous.* **2.** Désir soudain et vif d'avoir, de faire qqch : *Il meurt d'envie de lui parler.* **3.** Besoin que l'on désire satisfaire : *Avoir envie de dormir.* **4.** Fam. Tache rouge sur la peau *(angiome plan)*, présente à la naissance. **5.** (Surtout pl.). Fam. Petite pellicule de peau qui se détache près des ongles.

ENVIER v.t. [5]. **1.** Éprouver de l'envie envers qqn ; jalouser. **2.** Désirer ce que qqn d'autre possède ; convoiter : *Envier le poste de qqn.*

ENVIEUSEMENT adv. Avec envie.

ENVIEUX, EUSE adj. et n. Qui manifeste de l'envie.

ENVINÉ, E adj. Se dit d'un récipient (tonneau, fût, etc.) qui a pris l'odeur du vin.

ENVIRON adv. (de l'anc. fr. *viron*, tour). À peu près ; approximativement : *Cela coûte environ dix euros.*

ENVIRONNANT, E adj. Qui environne ; proche.

ENVIRONNEMENT n.m. **1.** Ce qui entoure, constitue le voisinage de. **2.** Ensemble des éléments physiques, chimiques ou biologiques, naturels et artificiels, qui entourent un être humain, un animal ou un végétal, ou une espèce : *Protection de l'environnement. (V. planche page suivante.)* **3.** Ensemble des éléments objectifs et subjectifs qui constituent le cadre de vie d'un individu : *L'environnement familial, social.* **4.** ART MOD. Œuvre, installation faite d'éléments répartis dans un espace que l'on peut parcourir. **5.** INFORM. Ensemble des ressources matérielles et logicielles nécessaires à l'exécution d'une application à l'aide d'un ordinateur donné.

ENVIRONNEMENTAL, E, AUX adj. Relatif à l'environnement d'un individu, d'une espèce.

ENVIRONNEMENTALISTE n. Spécialiste des problèmes de l'environnement. ◆ **adj.** Relatif à la défense de l'environnement .

ENVIRONNER v.t. [3]. Constituer le voisinage de : *La forêt environne le village.* ◆ **S'ENVIRONNER** v.pr. (DE). Choisir d'avoir autour de soi : *S'environner de gens agréables.*

ENVIRONS n.m. pl. Lieux qui entourent qqch : *Les environs de Lille.* ▪ **Aux environs de,** indique la proximité dans l'espace ou dans le temps ; vers : *Aux environs de minuit.*

ENVISAGEABLE adj. Qui peut être envisagé.

ENVISAGER v.t. [10]. **1.** Prendre en considération : *Envisageons tous les aspects du problème.* **2.** Avoir pour projet : *Il envisage de démissionner.*

ENVOI n.m. **1.** Action d'envoyer ; expédition : *L'envoi d'un reporteur, de renseignements.* **2.** Chose que l'on envoie. **3.** LITTÉR. Vers placés à la fin d'une ballade pour en faire hommage à qqn. ▪ **Bordereau d'envoi,** liste récapitulative des pièces d'un dossier, expédiée avec celui-ci et qui permet au destinataire de vérifier son contenu.

ENVOL n.m. Action de s'envoler, de décoller : *L'envol des grues.*

ENVOLÉE n.f. **1.** Élan oratoire ou poétique. **2.** Montée brutale d'une valeur ; flambée : *L'envolée du cours de l'or.*

S'ENVOLER v.pr. [3]. **1.** Prendre son vol : *Les rossignols se sont envolés à son arrivée.* **2.** Décoller : *L'avion s'envola.* **3.** Litt. Passer très vite ; s'enfuir : *Notre jeunesse s'est envolée.* ▪ **Les prix s'envolent** [fam.], flambent.

ENVOÛTANT, E, ▲ *ENVOUTANT, E* **adj.** Qui envoûte ; captivant.

ENVOÛTEMENT, ▲ *ENVOUTEMENT* **n.m. 1.** Action d'envoûter. **2.** Fig. Action de subjuguer qqn ; état de celui qui subit cette séduction ; enchantement.

ENVOÛTER, ▲ *ENVOUTER* **v.t. [3]** (de l'anc. fr. *volt, vout*, visage). **1.** Exercer sur un être animé une action magique, le plus souvent maléfique, par l'effet supposé d'incantations et autres pratiques ; ensorceler. **2.** Fig. Exercer un attrait irrésistible sur ; subjuguer : *Les yeux de cette femme l'ont envoûté.*

ENVOÛTEUR, EUSE, ▲ *ENVOUTEUR, EUSE* **n.** Personne qui pratique l'envoûtement.

ENVOYÉ, E n. DR. CONSTIT. Personne envoyée officiellement en mission : *L'envoyé du gouvernement.* ▪ **Envoyé spécial,** journaliste envoyé par sa rédaction pour couvrir un événement précis.

ENVOYER v.t. [19] (du lat. *inviare*, marcher sur, parcourir). **1.** Faire partir qqn pour une destination donnée : *Envoyer son fils en colonie.* **2.** Faire parvenir qqch : *Envoyer un colis, un document en pièce jointe.* **3.** Lancer un objet : *Envoyer un ballon.* ▪ **Envoyer les couleurs** [mil.], hisser le pavillon national pour lui rendre les honneurs. ▪ **Envoyer promener** ou **balader** ou **paître qqn** [fam.], le repousser avec rudesse. ▪ **Ne pas envoyer dire qqch,** le dire soi-même et sans ménagement. ◆ **S'ENVOYER** v.pr. Fam. **1.** Avaler : *Elle s'est envoyé une tablette de chocolat.* **2.** Assumer une tâche pénible : *Il s'est envoyé le démontage de l'armoire.*

ENVOYEUR, EUSE n. Personne qui fait un envoi postal : *Retour à l'envoyeur.*

ENZOOTIE [ɑ̃zɔɔti] n.f. VÉTÉR. Maladie touchant régulièrement les animaux d'une région particulière.

ENZOOTIQUE adj. Qui a le caractère d'une enzootie.

ENZYMATIQUE adj. Relatif aux enzymes ; qui est dû aux enzymes.

ENZYME n.f. ou n.m. (du gr. *en*, dans, et *zumê*, levain). BIOCHIM. Protéine de l'organisme qui catalyse spécifiquement une réaction chimique.

ENZYMOLOGIE n.f. Étude scientifique des enzymes.

ENZYMOPATHIE n.f. MÉD. Maladie héréditaire du métabolisme due à la déficience d'une enzyme.

ÉOCÈNE n.m. (du gr. *ôs*, aurore, et *kainos*, récent). GÉOL. Série du cénozoïque (de – 56 à – 34 millions d'années), marquée par la diversification des mammifères et le début de la formation de la chaîne alpine. ◆ **adj.** Relatif à l'éocène.

1. ÉOLIEN, ENNE adj. (de *Éole*, n. myth.). **1.** Mû par le vent : *Hélices éoliennes.* **2.** Relatif à l'énergie du vent : *Une ferme éolienne.* **3.** Provoqué par le vent : *L'érosion éolienne.* ◆ **n.m.** ▪ **L'éolien,** l'énergie éolienne. ▪ **L'éolien offshore,** l'énergie produite par l'ensemble des fermes éoliennes implantées en mer.

2. ÉOLIEN, ENNE adj. et **n.** De l'Éolie.

ÉOLIENNE n.f. ÉNERG. Convertisseur d'énergie actionné par le vent. (V. planche *énergies renouvelables.*)

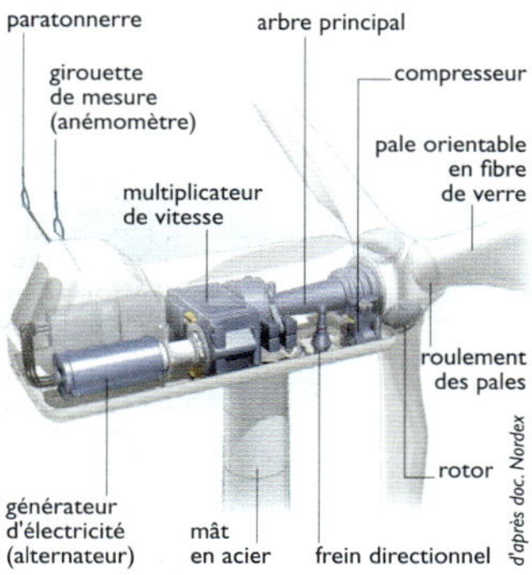

▲ **éolienne.** Détail de la nacelle.

ÉOLIPILE ou **ÉOLIPYLE** n.m. (de *Éole*, n. myth., et du lat. *pila*, bille). Appareil imaginé par Héron d'Alexandrie (Ier s. apr. J.-C.) pour mettre en évidence la force motrice de la vapeur d'eau.

ÉON n.m. (du gr. *aiôn*, éternité). **1.** PHILOS. Chez les néoplatoniciens et les gnostiques, puissance éternelle émanant de l'Être divin et rendant possible son action sur les choses. **2.** La plus grande division des temps géologiques, elle-même divisée en ères. ➲ L'histoire de la Terre est divisée en quatre éons (l'hadéen, l'archéen, le protérozoïque et le phanérozoïque).

ÉONISME n.m. (du n. du chevalier d'*Éon*). Litt. Travestisme.

ÉOSINE n.f. (du gr. *eôs*, aurore). CHIM. ORG. Matière colorante rouge, dérivée de la fluorescéine.

ÉOSINOPHILE adj. Que l'on peut colorer avec de l'éosine (SYN. **acidiphile**). ◆ **adj.** et **n.m.** MÉD. Se dit d'un globule blanc du groupe des granulocytes dont le cytoplasme contient des granulations susceptibles d'être colorées par l'éosine.

ÉOSINOPHILIE n.f. Affinité de certains composants cellulaires ou tissulaires pour l'éosine.

ÉPACTE n.f. (du gr. *epaktai hêmerai*, jours intercalaires). Didact. Nombre qui exprime l'âge de la lune au 1er janvier, la nouvelle lune étant, par convention, notée par 0.

ÉPAGNEUL, E n. (de *chien espagnol*). Chien à long poil et à oreilles pendantes, dont il existe des races de chasse et d'agrément.

ÉPAIR n.m. PAPET. Aspect de la structure du papier observable par transparence.

ÉPAIS, AISSE adj. (lat. *spissus*). **1.** Qui a de l'épaisseur, telle épaisseur : *Une épaisse couche de neige.* **2.** Ramassé sur soi-même ; trapu : *Un homme épais.* **3.** Qui forme une masse dense ; compact : *Une soupe épaisse. Une épaisse fumée.* **4.** Fig. Qui manque de finesse ; lourd : *Une blague épaisse.* ◆ **adv.** ▪ **Il n'y en a pas épais** [fam.], pas beaucoup.

ÉPAISSEUR n.f. **1.** Troisième dimension d'un solide, les deux autres étant la longueur ou la hauteur et la largeur. **2.** La plus petite des dimensions principales d'un corps. **3.** État de ce qui est serré, compact : *L'épaisseur d'un taillis, d'une chevelure.* **4.** Fig. Caractère de ce qui est profond, total : *L'épaisseur de la nuit, d'un mystère.* **5.** Richesse, profondeur d'une œuvre, d'un personnage de fiction : *Un thriller qui manque d'épaisseur.* **6.** Manque de finesse intellectuelle ; lourdeur.

ÉPAISSIR v.t. [21]. Rendre plus épais : *Épaissir une sauce.* ◆ **v.i.** ou **S'ÉPAISSIR** v.pr. Devenir plus épais, plus large, plus consistant : *Sa taille s'est épaissie. Le mystère s'épaissit.*

ÉPAISSISSANT, E adj. et **n.m.** CHIM. Se dit d'une substance qui épaissit, qui augmente la viscosité.

ÉPAISSISSEMENT n.m. Action d'épaissir ; fait de s'épaissir.

ÉPAISSISSEUR n.m. CHIM. Appareil servant à épaissir une suspension.

ÉPAMPRAGE ou **ÉPAMPREMENT** n.m. Action d'épamprer.

ÉPAMPRER v.t. [3] (de *pampre*). Débarrasser un cep de vigne des jeunes pousses inutiles.

ÉPANCHEMENT n.m. **1.** MÉD. Accumulation pathologique d'un fluide dans une cavité naturelle : *Épanchement de sang.* **2.** Fig. Fait de s'épancher ; confidence : *Elle se livre rarement à des épanchements.* ▪ **Épanchement de synovie** [méd.], hydarthrose.

ÉPANCHER v.t. [3] (du lat. *expandere*, répandre). Fig. Donner libre cours à un sentiment : *Épancher son amertume.* ◆ **S'ÉPANCHER** v.pr. **1.** Se confier librement ; se livrer : *Elle s'est épanchée sur son blog.* **2.** Se manifester librement, en parlant d'un sentiment. **3.** MÉD. En parlant d'un liquide de l'organisme, se répandre hors de sa cavité naturelle ou dans des tissus.

ÉPANDAGE n.m. Action d'épandre. ▪ **Champ d'épandage,** terrain destiné à l'épuration des eaux d'égout par filtrage à travers le sol.

ÉPANDEUR n.m. Machine agricole utilisée pour l'épandage des engrais ou des amendements.

ÉPANDEUSE n.f. Engin de travaux publics qui répartit régulièrement des matériaux.

ÉPANDRE v.t. [59] (lat. *expandere*). Étendre en dispersant ; répandre : *Épandre des pesticides.* ◆ **S'ÉPANDRE** v.pr. S'étaler ; s'étendre.

ÉPANNELER v.t. [16], ▲ *[12]* (de l'anc. fr. *pannel*, panneau). ARCHIT., SCULPT. Tailler un bloc de pierre ou d'un autre matériau par pans et chanfreins, en laissant autour des formes projetées une certaine quantité de matière.

ÉPANOUI, E adj. **1.** Qui manifeste de la joie et de la sérénité : *Un sourire épanoui.* **2.** Dont les formes sont pleines et harmonieuses : *Une femme au corps épanoui.*

ÉPANOUIR v.t. [21] (du francique **spannjan*, étendre). **1.** Litt. Faire ouvrir une fleur. **2.** Fig. Rendre heureux qqn : *La vie à la campagne les épanouit.* ◆ **S'ÉPANOUIR** v.pr. **1.** S'ouvrir largement, en parlant d'une fleur. **2.** Atteindre la plénitude : *Elle s'est épanouie dans son travail.* **3.** Fig. Manifester une joie sereine : *Son visage s'épanouit quand il parle d'elle.*

ÉPANOUISSANT, E adj. Se dit d'un métier, d'une activité où qqn s'épanouit.

ÉPANOUISSEMENT n.m. Fait de s'épanouir ; développement complet et harmonieux.

Les grandes questions environnementales

Les atteintes portées à l'environnement par l'homme sont majeures et sans précédent depuis une cinquantaine d'années. Si la pression écologique n'est pas rapidement allégée, les besoins de la population mondiale équivaudront d'ici à 2030 aux ressources de deux planètes. Sachant qu'en plus seules les nations industrialisées (dont l'empreinte écologique est pourtant, en moyenne, cinq fois plus forte que celle des pays pauvres) auront les moyens de parer aux conséquences, les inégalités Nord-Sud ne pourront que croître. Enfin, la pénurie en eau douce concernera de plus en plus de pays, générant de nombreuses tensions géopolitiques.

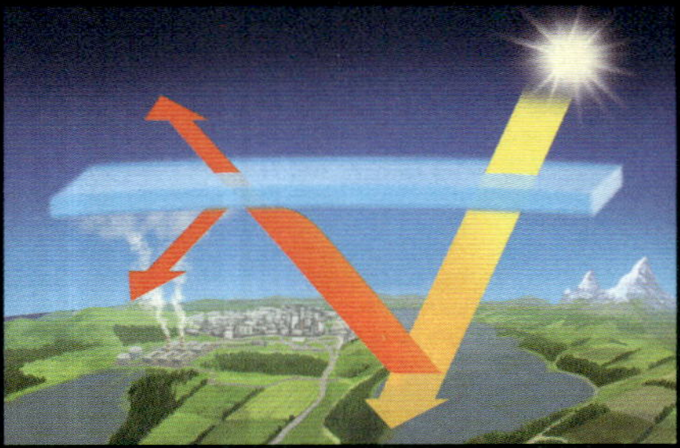

Dans l'atmosphère, certains gaz absorbent le rayonnement thermique émis par la surface terrestre et réémettent de la chaleur : c'est l'effet de serre.

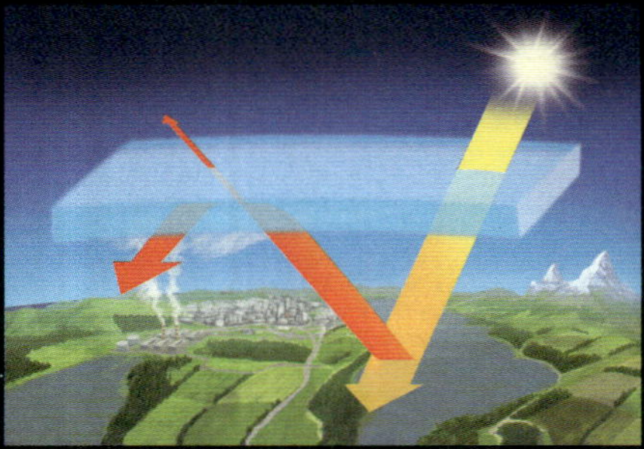

ATMOSPHÈRE ET CLIMAT

L'industrie, le chauffage urbain et le transport routier produisent de nombreux polluants néfastes pour la santé humaine, la faune et la flore, les constructions (atteintes par les pluies acides) et la couche d'ozone stratosphérique. De plus, l'utilisation des combustibles fossiles et des CFC, la déforestation et l'élevage intensif augmentent l'émission de certains gaz, les GES. Ces gaz à effet de serre agissent sur un phénomène naturel propice à la vie, mais qui, perturbé, provoque un réchauffement climatique global sur l'ensemble de la planète.

Les changements climatiques qui en découlent ont des conséquences multiples : recul des glaciers, élévation du niveau de la mer, modification de la répartition des espèces et de certaines maladies, accroissement des phénomènes climatiques extrêmes (tempêtes, inondations, sécheresses), déplacement de populations vulnérables, etc.

MERS ET EAUX DOUCES

L'eau douce, propre et potable n'est pas équitablement répartie sur la planète : plus de 1 milliard de personnes sont mal approvisionnées et env. 2,5 milliards n'ont pas accès à un assainissement correct. L'accroissement de la population mondiale, l'intensification de l'agriculture et de l'industrie conduisent à la surexploitation des réservoirs d'eau douce. On estime que, d'ici à 2025, les deux tiers de la population mondiale vivront dans des régions en stress hydrique. Charriés par les cours d'eau et les fleuves, les polluants gagnent les mers, touchées aussi par les dégazages et les marées noires.

LA PRÉSERVATION DE L'ENVIRONNEMENT

De nombreuses pistes existent pour diminuer la pression écologique exercée sur notre planète.

- Développer les **énergies renouvelables**. (V. planche *énergies renouvelables*.)
- Économiser l'énergie grâce aux principes de l'**architecture bioclimatique** : construction d'écohabitats (voir ci-contre).
- **Reboiser** pour restaurer le patrimoine forestier mondial : les opérations de reforestation ont permis, entre 2000 et 2010, de diminuer de moitié les pertes nettes de forêt.
- Améliorer les techniques d'**irrigation** et de **récupération des eaux de pluie** pour contrer la surexploitation des ressources.
- **Protéger les espèces et les écosystèmes** ; en créant des réserves, des parcs naturels, des réserves marines.
- **Recycler et valoriser les déchets** pour préserver les ressources naturelles et réduire le volume des déchets.

AGIR AU QUOTIDIEN

Des mesures de préservation doivent être prises de façon concertée à l'échelon international. Les États ont d'ailleurs peine à les élaborer à l'occasion de grandes conférences qui ont pour vocation de planifier des formes de « développement durable » pour la planète mais dont l'issue est souvent jugée décevante. Néanmoins, ces décisions ne suffiront pas, si elles ne sont pas accompagnées par des aménagements à des niveaux plus locaux (écoquartiers, etc.) et par des changements de comportement au niveau individuel. Dans la vie quotidienne, elles induisent des choix dans le domaine des transports, des espaces collectifs et de l'habitat.

La destruction des forêts tropicales entraîne la disparition de milliers d'espèces végétales et animales. À Sumatra par exemple, la population de l'emblématique orang-outan s'est effondrée de plus de 80 % en 75 ans.

SOLS ET FORÊTS

À travers le monde, près de la moitié des sols accuseraient une baisse de productivité. La dégradation des sols est due surtout à la déforestation, au surpâturage et à des pratiques agricoles inappropriées (utilisation d'engins trop lourds, cultures non diversifiées, irrigation intensive). Les sols dégradés sont appauvris, compactés, et vulnérables à l'érosion. Par ailleurs, de nombreux sols sont contaminés par des polluants d'origine agricole et industrielle (nitrates, sulfates, chlorures, notamment), ensuite lessivés par les pluies et entraînés dans le cycle de l'eau.

La déforestation se poursuit au rythme de 13 millions d'ha par an. Les causes principales sont la conversion des forêts en terres agricoles, l'industrie du bois et la pauvreté (coupe de bois de chauffe). Les conséquences sont multiples : érosion des sols, glissements de terrain, inondations, perturbation du cycle de l'eau, diminution de la biodiversité, destruction de l'habitat de plusieurs peuples premiers, etc.

LA BIODIVERSITÉ

La biodiversité est, selon la formule de l'UICN, « la colonne vertébrale de toute la vie sur Terre ». C'est aussi une ressource inestimable : elle fournit aliments, matières premières et médicaments. Or, l'époque actuelle est confrontée à une destruction des milieux et des cycles naturels, ainsi qu'à une érosion majeure de la biodiversité.

C'est une extinction de masse des espèces sauvages qui a commencé, la sixième de l'histoire de la vie sur Terre – la dernière remontant à 65 millions d'années –, et elle est directement imputable aux activités humaines (déforestation, assèchement des zones humides, surpêche, pollutions, fragmentation des habitats, introduction d'espèces exogènes, changement climatique…).

LA MAISON ÉCOLOGIQUE

Les maisons écologiques ont des besoins énergétiques réduits (orientation optimale, matériaux à forte inertie thermique, toit végétalisé pour l'isolation, forme compacte pour limiter les pertes de chaleur…) et assurés par des énergies renouvelables (panneaux solaires thermiques et photovoltaïques, éolienne domestique, puits canadien pour une climatisation naturelle).

ÉPAR ou **ÉPART** **n.m.** (du germ.). Barre servant à fermer une porte.

ÉPARCHIE [-ʃi] **n.f.** (du gr. *eparkhia*, province). **RELIG.** Subdivision territoriale, correspondant au diocèse de l'Église latine, dans les Églises chrétiennes d'Orient.

ÉPARGNANT, E **n.** Personne qui épargne.

ÉPARGNE **n.f.** **1.** Mise en réserve d'une somme d'argent ; économies ainsi réalisées. **2.** Fraction du revenu individuel ou national qui n'est pas affectée à la consommation. ▪ **Bassin d'épargne,** bassin attenant à une écluse et destiné à réduire la consommation d'eau à chaque éclusée. ▪ **Épargne(-)logement, épargne(-)retraite,** en France, systèmes d'encouragement à l'épargne des particuliers en vue de l'acquisition, de la construction ou de l'aménagement d'un logement, ou en vue de l'amélioration de leurs pensions de retraite. ▪ **Épargne solidaire** → **SOLIDAIRE.** ▪ **Taille d'épargne** [grav.], taille de la surface d'un matériau conduite de façon à former un dessin avec les parties réservées, non attaquées (ex. : xylographie).

ÉPARGNER **v.t.** **[3]** (germ. **sparanjan*). **1.** Mettre en réserve : *Épargner de petites sommes.* **2.** Absol. Faire des économies : *Épargner pour ses vieux jours.* **3.** Faire l'économie de : *Épargner ses forces.* **4.** (A). Faire grâce de qqch à qqn : *Je lui ai épargné les détails.* **5.** Traiter avec ménagement ; laisser la vie sauve à : *Épargner un otage.* **6.** Ne pas endommager : *La tornade a épargné le clocher.* ◆ **S'ÉPARGNER** **v.pr.** Se dispenser de qqch de fâcheux.

ÉPARGNE-TEMPS **n.f. inv.** ▪ **Compte épargne-temps,** en France, disposition permettant aux salariés qui travaillent au-delà de la durée légale du travail d'accumuler des droits à congés supplémentaires, ou d'obtenir un complément de rémunération.

ÉPARPILLEMENT **n.m.** Action d'éparpiller ; dissémination.

ÉPARPILLER **v.t.** **[3]** (anc. fr. *desparpeillier*, du lat. *palea*, paille, proprem. « jeter çà et là comme de la paille »). **1.** Répandre de tous côtés : *Éparpiller les pièces d'un puzzle.* **2.** Fig. Affaiblir en dispersant : *Éparpiller son attention.* ◆ **S'ÉPARPILLER** **v.pr.** **1.** S'égailler. **2.** Ne pas se concentrer ; se disperser.

ÉPARQUE **n.m.** Préfet de Constantinople, sous l'Empire byzantin.

ÉPARS, E [epar, ars] **adj.** (lat. *sparsus*). Disséminé çà et là : *Des maisons éparses.*

ÉPART **n.m.** → **ÉPAR.**

ÉPARVIN ou **ÉPERVIN** **n.m.** (p.-ê. du francique). Déformation osseuse dure au jarret d'un cheval.

ÉPATAMMENT **adv.** Fam. De façon épatante.

ÉPATANT, E **adj.** Fam. Admirable ; formidable : *Un type, un logiciel épatant.*

ÉPATE **n.f.** Fam. ▪ **Faire de l'épate,** chercher à impressionner les gens.

ÉPATÉ, E **adj.** ▪ **Nez épaté,** court, gros et large.

ÉPATEMENT **n.m.** État de ce qui est épaté, écrasé.

ÉPATER **v.t.** **[3].** Fam. Remplir d'une surprise admirative ; bluffer : *En osant faire cela, elle m'a épaté.*

ÉPAUFRURE **n.f.** (de l'anc. fr. *espautrer*, briser). Éclat accidentel sur une pierre de taille, une brique, une sculpture.

ÉPAULARD **n.m.** Mammifère cétacé cosmopolite, dont le mâle atteint 9 m de long pour une masse de 3 600 kg (SYN. **orque**). ➲ Très vorace, l'épaulard chasse en groupe, s'attaquant même aux baleines ; famille des delphinidés.

ÉPAULE **n.f.** (du bas lat. *spathula*, spatule). **1.** Partie du membre supérieur unissant le bras et le thorax. **2.** Partie supérieure du membre antérieur des animaux. ▪ **Avoir la tête sur les épaules,** être plein de bon sens. ▪ **Par-dessus l'épaule** [fam.], avec négligence ou désinvolture. ◆ **n.f. pl.** Zone correspondant au pourtour de la partie supérieure du tronc.

1. ÉPAULÉ, E **adj.** Se dit d'un vêtement qui comporte une épaulette de rembourrage.

2. ÉPAULÉ **n.m.** En haltérophilie, mouvement qui consiste à amener la barre, en un seul temps, à hauteur des épaules.

ÉPAULÉE **n.f.** Vx. Charge portée sur l'épaule.

ÉPAULÉ-JETÉ **n.m.** (pl. *épaulés-jetés*). Mouvement d'haltérophilie qui consiste, après avoir effectué l'épaulé, à soulever, d'une seule détente, la barre à bout de bras.

ÉPAULEMENT **n.m.** **1.** **FORTIF.** Terrassement protégeant une bouche à feu et ses servants contre les coups adverses. **2.** **CONSTR.** Massif ou mur de soutènement. **3.** **MENUIS.** Côté saillant d'un tenon, donnant de la solidité à l'assemblage. **4.** **MÉCAN. INDUSTR.** Changement de section d'une pièce ménageant une face d'appui destinée à servir de butée. **5.** **GÉOMORPH.** Dans une vallée glaciaire, replat qui, à une certaine hauteur des versants, succède aux parois abruptes de la partie inférieure.

ÉPAULER **v.t.** **[3].** **1.** Appuyer contre l'épaule : *Épauler son fusil pour tirer.* **2.** Prodiguer de l'aide à qqn ; appuyer : *Faites votre demande, je vous épaulerai.* **3.** **CONSTR.** Renforcer la base d'un support, à l'opposé de la poussée qu'il reçoit, à l'aide d'un massif. **4.** **MENUIS.** Construire un épaulement. ◆ **v.i.** **DANSE.** Avancer une épaule par rotation du buste, tout en effaçant l'autre.

ÉPAULETTE **n.f.** **1.** Bande de tissu étroite retenant un vêtement féminin aux épaules. **2.** Rembourrage dont la forme épouse le haut de l'épaule et qui sert à élargir la carrure d'un vêtement. **3.** Patte garnie de franges que certains militaires portent sur chaque épaule ; symbole de la qualité d'officier. ▪ **Accéder à l'épaulette,** devenir officier.

ÉPAULIÈRE **n.f.** **1.** Partie de l'armure qui défend la région pectorale et l'épaule. **2.** Plaquette articulée sur la crosse de certaines armes à feu, servant à augmenter la stabilité du tir.

ÉPAVE **n.f.** (du lat. *expavidus*, épouvanté). **1.** Navire, marchandise, objet abandonnés à la mer ou rejetés sur le rivage. **2.** **DR.** Chose perdue dont on ne connaît pas le propriétaire. **3.** Voiture accidentée irréparable ou vieille voiture hors d'usage. **4.** Fig. Personne qui, à la suite de malheurs, de revers, est tombée dans la misère ou la détresse.

ÉPAVISTE **n.** Professionnel spécialisé dans la récupération des épaves d'automobiles.

ÉPEAUTRE **n.m.** (lat. *spelta*). Blé d'une espèce rustique, aux épillets espacés et dont les balles restent adhérentes au grain. ▪ **Petit épeautre,** engrain.

ÉPÉE **n.f.** (lat. *spatha*, du gr.). **1.** Arme faite d'une lame d'acier pointue fixée à une poignée munie d'une garde. **2.** **SPORTS.** L'une des trois armes de l'escrime, mesurant au maximum 1,10 m (dont 90 cm pour la lame) ; discipline utilisant cette arme, où les coups sont portés avec la pointe seule et sont valables sur le corps entier. ▪ **Coup d'épée dans l'eau,** effort sans résultat. ▪ **Épée de Damoclès,** danger qui plane sur qqn (v. partie n.pr. **DAMOCLÈS**). ▪ **Mettre l'épée dans les reins à qqn,** le presser d'agir.

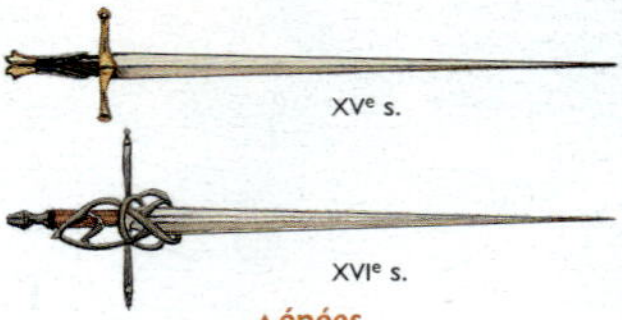

▲ **épées**

ÉPEICHE **n.f.** (all. *Specht*). Pic d'Europe et d'Asie, à plumage blanc et noir sur le dos, rouge sous le ventre. ➲ Famille des picidés.

ÉPEICHETTE **n.f.** Petit pic à plumage noir et blanc, voisin de l'épeiche.

▲ **épeire** diadème.

ÉPEIRE **n.f.** (lat. sc. *epeira*). Araignée commune en Europe, à l'abdomen très développé, construisant de grandes toiles verticales dans les bois et les jardins, telle que l'*épeire diadème* (genre *Araneus*) et l'*épeire fasciée* (genre *Argiope*). ➔ Famille des aranéidés.

ÉPÉISTE **n.** Escrimeur à l'épée.

ÉPELER [eple] **v.t.** **[16],** ▲ *[12]* (mot francique). Nommer successivement les lettres composant un mot.

ÉPELLATION **n.f.** Action, manière d'épeler.

ÉPENDYME [epɑ̃-] **n.m.** (du gr. *ependuma*, vêtement de dessus). **ANAT.** Tissu mince qui tapisse les ventricules cérébraux et le canal central de la moelle épinière.

ÉPENTHÈSE [epɛ̃-] **n.f.** (gr. *epenthesis*). **LING.** Apparition d'un phonème non étymologique dans un mot. ➲ Par ex., dans *chambre* (du latin *camera*), il y a épenthèse du *b*.

ÉPÉPINER **v.t.** **[3].** Enlever les pépins de.

ÉPERDU, E **adj.** (de l'anc. fr. *esperdre*, perdre). **1.** Qui est sous le coup d'une émotion violente. **2.** Intensément ressenti : *Un amour éperdu.* ▪ **Éperdu de,** qui éprouve très vivement un sentiment : *Éperdu de douleur.*

ÉPERDUMENT **adv.** ▪ **Se moquer éperdument de qqch** [fam.], s'en désintéresser totalement.

ÉPERLAN **n.m.** (néerl. *spierlinc*). Poisson marin de l'Atlantique, à chair délicate, qui pond au printemps dans les embouchures des fleuves. ➲ Famille des osmeridés.

ÉPERON **n.m.** (mot germ.). **1.** Arceau de métal, terminé par un ergot ou une molette, que le cavalier fixe à la partie postérieure de ses bottes pour piquer son cheval et activer son allure. **2.** Ergot du coq, du chien, etc. **3.** **BOT.** Prolongement creux issu de la corolle d'une fleur, parfois du calice. **4.** **GÉOMORPH.** Saillie d'un contrefort montagneux, d'un coteau. **5.** **MAR.** Partie saillante et renforcée de la proue de certains navires. **6.** **TRAV. PUBL.** Partie saillante, contrefort extérieur d'un ouvrage d'art, d'une construction.

ÉPERONNER **v.t.** **[3].** **1.** Piquer avec l'éperon : *Éperonner un cheval.* **2.** Munir d'éperons : *Éperonner un coq de combat.* **3.** Litt. Pousser à agir ; aiguillonner : *L'ambition l'éperonne.* ▪ **Éperonner un navire,** l'aborder avec l'étrave.

ÉPERVIER **n.m.** (francique **sparwâri*). **1.** Petit rapace diurne d'Europe, à queue allongée, commun dans les bois, où il chasse les petits oiseaux. ➲ Famille des accipitridés. **2.** Filet de pêche de forme conique, garni de plomb, que l'on lance à la main.

ÉPERVIÈRE **n.f.** Plante herbacée de l'hémisphère Nord, à fleurs jaunes et à poils laineux. ➲ Famille des composées.

ÉPERVIN **n.m.** → **ÉPARVIN.**

ÉPEURANT, E **adj.** Québec. Qui fait peur : *Une histoire épeurante.*

ÉPEURER **v.t.** **[3].** Vx, litt. ou Québec. Faire peur à qqn ; effrayer.

ÉPHÈBE **n.m.** (du gr. *ephêbos*, adolescent). **1.** **ANTIQ. GR.** Jeune homme soumis à l'éphébie. **2.** Par plais. Jeune homme d'une grande beauté.

ÉPHÉBIE **n.f.** **ANTIQ. GR.** À Athènes, système de formation civique et militaire qui touchait les jeunes gens de 18 à 20 ans et durait deux années.

ÉPHÉDRA **n.m.** (gr. *ephedra*). Arbrisseau à fleurs jaunes, à petites feuilles coriaces et à baies rouges comestibles, dont on extrait l'éphédrine. ➲ Classe des gnétophytes.

ÉPHÉDRINE **n.f.** **CHIM. ORG.** Alcaloïde extrait de l'éphédra ou obtenu par synthèse, utilisé en médecine dans le traitement des rhinites.

ÉPHÉLIDE **n.f.** (gr. *ephêlis, -idos*). Petite tache brunâtre sur la peau (SYN. [cour.] **tache de rousseur** ou **de son**).

1. ÉPHÉMÈRE **adj.** (gr. *ephêmeros*). **1.** Qui ne vit que très peu de temps : *Fleur éphémère.* **2.** De très courte durée : *Succès éphémère.*

2. ÉPHÉMÈRE **n.m.** Insecte dont l'imago, doté d'un abdomen allongé et prolongé par trois cerques filiformes, ne vit qu'un ou deux jours, mais dont la larve, aquatique, peut vivre plusieurs années. ➲ Ordre des éphéméroptères.

ÉPHÉMÉRIDE **n.f.** (gr. *ephêmeris, -idos*). **1.** Livre ou notice qui contiennent les événements accomplis dans un même jour, à différentes époques. **2.** Calendrier dont on retire chaque jour une feuille. ◆ **n.f. pl.** **ASTRON.** Tables donnant pour chaque jour de l'année, ou à intervalles réguliers rapprochés, les valeurs calculées de certaines grandeurs astronomiques variables (coordonnées des planètes, de la Lune, du Soleil, etc.).

Les épices

Utilisées pour leur saveur piquante ou leur parfum, les épices agrémentent la cuisine, au même titre que les aromates et les condiments. Les produits ci-dessous, bien que tous issus de végétaux, n'appartiennent pas à une même famille. De plus, on emploie des parties différentes des plantes : pistil de la fleur (safran), écorce (cannelle), fleur (clou de girofle), graine (cardamome), etc.

ÉPHIPPIGÈRE n.f. (du gr. *ephippion*, selle). Grande sauterelle des régions méditerranéennes, aux ailes atrophiées. ➲ Ordre des orthoptères.

ÉPHOD [efɔd] n.m. (hébr. *efod*). Large ceinture que portaient les prêtres hébreux.

ÉPHORAT n.m. Charge, dignité d'éphore.

ÉPHORE n.m. (du gr. *ephoros*, gardien). **ANTIQ. GR.** Magistrat de Sparte élu annuellement. ➲ Les éphores étaient cinq et avaient un pouvoir de contrôle considérable – justice, finances, politique étrangère –, qui s'exerçait même sur les rois.

ÉPI n.m. (lat. *spicum*). **1.** Ensemble des fleurs ou des fruits (grains) regroupés au sommet de la tige de certaines graminées : *Épi de blé, de maïs.* **2. BOT.** Inflorescence dans laquelle des fleurs sans pédoncule sont insérées le long d'un axe principal : *Épi de muguet.* **3.** Mèche de cheveux, de poils qui poussent en sens contraire de celui des autres. **4. TRAV. PUBL.** Ouvrage léger établi perpendiculairement à la berge d'un cours d'eau, au littoral, pour entraver l'érosion. ▪ **Appareil en épi** [archit.], dont les éléments sont posés obliquement et dont les joints sont, d'une assise à l'autre, alternativement dans un sens et dans l'autre. ▪ **En épi,** se dit d'objets, de véhicules disposés parallèlement les uns aux autres, mais en oblique par rapport à une cloison, à la voie, etc. ; appareillage de pierres ou de briques disposées alternativement à 45°. ▪ **Épi de faîtage** [archit.], ornement vertical en métal ou en céramique surmontant un poinçon.

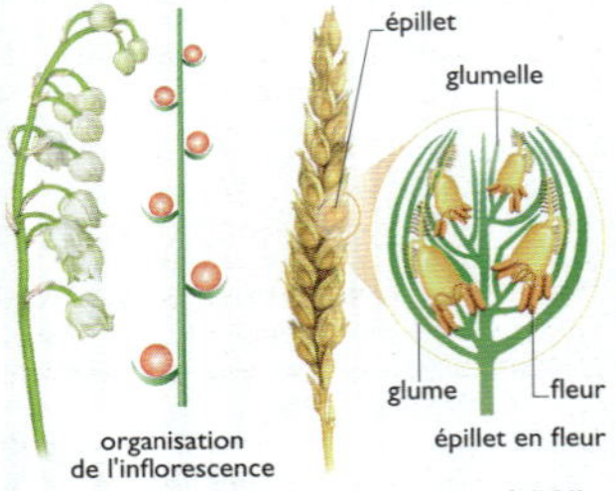

▲ épis

ÉPIAGE n.m. ou **ÉPIAISON** n.f. **AGRIC.** Apparition de l'épi des céréales à l'extérieur de la gaine foliaire ; époque de cette apparition.

ÉPIAIRE n.m. (de *épi*). Plante herbacée des lieux incultes, à fleurs pourpres, dont la bétoine et le crosne sont deux espèces. ➲ Famille des labiées.

ÉPICANTHUS [-tys] n.m. **ANAT.** Repli cutané de l'angle interne de l'œil.

ÉPICARPE n.m. (du gr. *epi*, sur, et *karpos*, fruit). **BOT.** Partie externe du péricarpe d'un fruit, qui correspond à la peau.

ÉPICE n.f. (du lat. *species*, espèce). Substance aromatique d'origine végétale (clou de girofle, noix muscade, gingembre, etc.) utilisée pour l'assaisonnement des mets. *(V. planche page précédente.)* ▪ **Cinq épices,** condiment en grains d'origine asiatique, mêlant cinq saveurs de base (génér. poivre noir, badiane, cannelle, clou de girofle, fenouil).

ÉPICÉ, E adj. **1.** Dont le goût est relevé par des épices : *Sauce épicée.* **2.** Fig. Qui contient des allusions égrillardes : *Histoire épicée.*

ÉPICÉA n.m. (du lat. *picea*, proprem. « arbre à résine »). Arbre d'Europe et d'Amérique du Nord, exploité pour sa résine et son bois, et que l'on utilise fréquemment comme arbre de Noël. ➲ Peut atteindre 50 m de haut. ; famille des pinacées.

ÉPICÈNE adj. (du gr. *epikoinos*, commun). **LING. 1.** Se dit d'un nom qui désigne indifféremment le mâle et la femelle d'une espèce (ex. : *aigle, souris*). **2.** Se dit d'un nom, d'un pronom, d'un adjectif qui ne varie pas selon le genre (ex. : *enfant, toi, rouge*).

ÉPICENTRE n.m. (du gr. *epi*, sur, et de *centre*). **GÉOPHYS.** Point de la surface terrestre où un séisme a eu la plus forte magnitude.

ÉPICER v.t. **[9]. 1.** Assaisonner un plat, un mets avec des épices. **2.** Fig. Agrémenter de détails égrillards ; pimenter.

ÉPICERIE n.f. **1.** Ensemble de denrées de consommation courante (épices, sucre, café, etc.). **2.** Commerce, magasin de l'épicier.

ÉPICIER, ÈRE n. Commerçant vendant des denrées de consommation courante.

ÉPICLÈSE n.f. (gr. *epiklêsis*). Dans la liturgie chrétienne, invocation au Saint-Esprit.

ÉPICONDYLE n.m. **ANAT.** Apophyse de l'extrémité inférieure de l'humérus, du côté externe du coude.

ÉPICONDYLITE n.f. **MÉD.** Syndrome douloureux traduisant l'inflammation de la région de l'épicondyle. ▪ **Épicondylite des joueurs de tennis,** tennis-elbow.

ÉPICONTINENTAL, E, AUX adj. **OCÉANOL.** Se dit des mers, des océans qui recouvrent la plateforme continentale.

ÉPICRÂNE n.m. **ANAT.** Ensemble des tissus fibreux et musculaires à l'extérieur des os du crâne.

ÉPICRÂNIEN, ENNE adj. **ANAT.** Relatif à l'épicrâne.

ÉPICURIEN, ENNE adj. et n. **1.** Relatif à l'épicurisme ; qui en est partisan. **2.** Qui recherche les plaisirs de la vie ; sensuel.

ÉPICURISME n.m. Doctrine d'Épicure et de ses disciples.

> ➲ L'**ÉPICURISME** conjugue, dans une perspective matérialiste, une physique atomiste inspirée de Démocrite avec une morale hédoniste axée sur la recherche des plaisirs naturels et nécessaires, dont l'ataraxie est la visée ultime. Le *De natura rerum* de Lucrèce en est le principal exposé.

ÉPICYCLE n.m. Dans l'astronomie grecque ancienne, trajectoire circulaire supposée du Soleil, de la Lune et des planètes, dont le centre décrivait lui-même un cercle plus grand autour de la Terre.

ÉPICYCLOÏDAL, E, AUX adj. Relatif à une épicycloïde.

ÉPICYCLOÏDE n.f. **MATH.** Courbe plane engendrée par un point fixe d'un cercle qui roule sans glisser sur et à l'extérieur d'un cercle donné.

ÉPIDÉMIE n.f. (du gr. *epidêmos*, qui séjourne dans un pays). **1.** Propagation subite et rapide d'une maladie infectieuse, par contagion, à un grand nombre de personnes d'une région. **2.** (Abusif). Apparition subite et rapide de nombreux cas d'une maladie non infectieuse. **3.** Fig. Apparition et multiplication d'un phénomène nuisible : *Une épidémie de prise d'otages.*

ÉPIDÉMIOLOGIE n.f. Discipline médicale qui étudie les facteurs intervenant dans l'apparition des maladies et des différents phénomènes morbides, ainsi que leur fréquence, leur distribution géographique et socio-économique, leur évolution. ➲ L'épidémiologie s'intéresse à toutes les maladies, et pas seulem. aux infections.

ÉPIDÉMIOLOGIQUE adj. Relatif à l'épidémiologie.

ÉPIDÉMIOLOGISTE n. Spécialiste d'épidémiologie.

ÉPIDÉMIQUE adj. **1.** Relatif aux épidémies ; qui se propage par épidémie. **2.** Fig. Qui se répand à la façon d'une épidémie : *Un mécontentement épidémique.*

ÉPIDERME n.m. (du gr. *epi*, sur, et *derma*, peau). **1.** Partie externe de la peau constituée de plusieurs couches de cellules, dont la plus superficielle est cornée et produit des squames.

▲ épicéa

➲ Poils, plumes, cornes, ongles, griffes, sabots sont des productions de l'épiderme. **2.** Cour. Peau. **3. BOT.** Couche superficielle de cellules qui recouvre les feuilles ainsi que les tiges et les racines jeunes. ▪ **Avoir l'épiderme sensible,** être susceptible.

ÉPIDERMIQUE adj. Relatif à l'épiderme. ▪ **Réaction épidermique,** spontanée et vive mais superficielle.

ÉPIDICTIQUE adj. (du gr. *epideiktikos*, qui sert à montrer). **RHÉT.** Qui célèbre un personnage, par l'éloge de celui-ci ou en blâmant ses détracteurs : *Genre, discours épidictique.*

ÉPIDIDYME n.m. (gr. *epididumis*). **ANAT.** Organe situé le long du testicule, contenant un canal par où passent les spermatozoïdes.

ÉPIDIDYMITE n.f. **MÉD.** Inflammation de l'épididyme.

ÉPIDOTE n.f. **MINÉRALOG.** Silicate hydraté d'aluminium, de calcium et de fer présent dans certaines roches métamorphiques.

ÉPIDURAL, E, AUX adj. **MÉD.** Péridural.

1. ÉPIER v.i. **[5]. BIOL.** Laisser apparaître l'épi, en parlant d'une graminée en cours de croissance.

2. ÉPIER v.t. **[5]** (francique *spehôn). Observer attentivement et en secret : *Épier ses voisins.*

ÉPIERRAGE ou **ÉPIERREMENT** n.m. Action d'épierrer.

ÉPIERRER v.t. **[3].** Enlever les pierres de : *Épierrer un terrain.*

ÉPIERREUR n.m. Instrument ou élément d'une machine à récolter destiné à épierrer un produit agricole (pommes de terre, betteraves).

ÉPIEU n.m. (mot francique). Anc. Bâton garni de fer, que l'on utilisait pour chasser.

ÉPIEUR, EUSE n. Personne qui épie.

ÉPIGASTRE n.m. (du gr. *epi*, sur, et *gastêr*, ventre). **ANAT.** Partie supérieure et médiane de l'abdomen, entre l'ombilic et le sternum.

ÉPIGASTRIQUE adj. Relatif à l'épigastre.

ÉPIGÉ, E adj. (du gr. *gê*, terre). **BOT.** Se dit des organismes vivant à la surface du sol.

ÉPIGENÈSE n.f. (du gr. *epi*, sur, et de *genèse*). **1. BIOL.** Théorie selon laquelle l'embryon se constitue graduellement dans l'œuf par formation successive de parties nouvelles. **2.** Action des facteurs extérieurs et non génétiques qui influencent le déroulement de l'embryogenèse et de divers processus biologiques, psychologiques, etc.

ÉPIGÉNÉTIQUE n.f. Branche de la génétique qui étudie les variations dans l'activité des gènes induites par l'environnement. ◆ **adj.** Relatif à l'épigénétique. ➲ Les modifications épigénétiques ne sont pas inscrites dans l'ADN et sont donc réversibles si l'environnement change. Elles sont cependant, dans certains cas, transmissibles à la descendance.

ÉPIGÉNIE n.f. **MINÉRALOG.** Remplacement progressif d'un minéral par un autre, au sein d'une roche.

ÉPIGLOTTE n.f. (du gr. *glôtta*, langue). **ANAT.** Languette cartilagineuse qui ferme l'orifice supérieur du larynx au moment de la déglutition.

ÉPIGONE n.m. (du gr. *epigonos*, descendant). Litt. Successeur ; disciple : *Les épigones du surréalisme.*

ÉPIGRAMMATIQUE adj. **LITTÉR.** Qui relève de l'épigramme.

1. ÉPIGRAMME n.f. (du gr. *epigramma*, inscription). **1. LITTÉR.** Petit poème satirique. **2.** Litt. Propos d'une raillerie mordante.

2. ÉPIGRAMME n.m. **BOUCH.** Haut de côtelettes d'agneau.

ÉPIGRAPHE n.f. (du gr. *epigraphê*, inscription). **1.** Inscription gravée sur un édifice pour indiquer sa date de construction, sa destination, etc. **2.** Phrase placée en tête d'un livre, d'un chapitre, etc., et qui en indique l'esprit ou l'objet.

ÉPIGRAPHIE n.f. Science auxiliaire de l'histoire qui étudie les inscriptions gravées sur des supports durables (pierre, métal, etc.).

ÉPIGRAPHIQUE adj. Relatif à l'épigraphie.

ÉPIGRAPHISTE n. Spécialiste d'épigraphie.

ÉPIGYNE adj. et n.f. (du gr. *epi*, sur, et *gunê*, femelle). **BOT.** Se dit d'une fleur où sépales, pétales et étamines sont insérés au-dessus de l'ovaire, alors qualifié d'*infère* (CONTR. **hypogyne**).

ÉPILATEUR n.m. Appareil servant à épiler.

ÉPILATION **n.f.** Action d'épiler, de s'épiler.

ÉPILATOIRE **adj.** et **n.m.** Se dit de ce qui sert à épiler : *Cire épilatoire.*

ÉPILEPSIE **n.f.** (du gr. *epilêpsia*, attaque). Maladie caractérisée par des crises d'activité excessive des neurones dans le cortex cérébral, pouvant provoquer une perte de conscience ou des convulsions (SYN. **comitialité**).

ÉPILEPTIFORME **adj.** **MÉD.** Qui ressemble à une crise d'épilepsie mais n'a pas les mêmes causes.

ÉPILEPTIQUE **adj.** relatif à l'épilepsie. ◆ **adj.** et **n.** Atteint d'épilepsie.

ÉPILER **v.t.** [3] (du lat. *pilus*, poil). Faire disparaître les poils de : *Pince à épiler.* ◆ **S'ÉPILER** **v.pr.** Faire disparaître ses poils : *S'épiler les jambes.*

ÉPILEUR, EUSE **n.** Personne qui épile.

ÉPILLET **n.m.** **BOT.** Épi secondaire qui, réuni à d'autres, forme un épi.

ÉPILOBE **n.m.** (du gr. *epi*, sur, et *lobos*, lobe). Plante de grande taille, à fleurs pourpres, commune en Europe dans les lieux humides. ➲ Famille des œnothéracées.

ÉPILOGUE **n.m.** (du gr. *epilogos*, après le discours). **1.** Conclusion d'un ouvrage littéraire. **2.** Fig. Conclusion d'une histoire, d'une affaire : *L'épilogue de ce scandale a été la condamnation des personnes impliquées.*

ÉPILOGUER **v.i.** [3]. Faire des commentaires sans fin et plus ou moins oiseux sur ; gloser : *Les journalistes ont épilogué sur cette coïncidence.*

ÉPINARD **n.m.** (ar. d'Espagne *isbinākh*). Plante potagère herbacée, originaire d'Asie centrale, dont on consomme les feuilles de forme allongée, vert foncé. ➲ Famille des chénopodiacées. ◆ **n.m. pl.** **CUIS.** Feuilles d'épinard.

ÉPINCETER **v.t.** [16], ▲ *[12]* (de *pincette*). **TEXT.** Débarrasser les tissus de laine des défauts visibles qui restent après les travaux de finition (fragments de chardon, nœuds, etc.) [SYN. **énouer**].

ÉPINE **n.f.** (lat. *spina*). **1.** Organe dur et pointu de certains végétaux, issu de la transformation d'une feuille, d'un bourgeon, etc. : *Les épines des ronces.* **2.** Arbrisseau épineux. ▪ **Épine dorsale** [anat.], ligne du dos formée par la succession des apophyses épineuses des vertèbres. ▪ **Épine du Christ** [bot.], paliure. ▪ **Tirer** ou **enlever une épine du pied à qqn**, le débarrasser d'un souci.

1. ÉPINETTE **n.f.** (ital. *spinetta*). Petit clavecin.

2. ÉPINETTE **n.f.** (de *épine*). **1.** Québec. Épicéa. **2.** Vieilli. Cage d'osier pour engraisser les volailles. ▪ **Bière d'épinette** [Québec], boisson traditionnelle faite d'une décoction de rameaux ou d'essence d'épinette.

ÉPINEURIEN **n.m.** (du gr. *neuron*, nerf). Animal dont le système nerveux est situé au-dessus du tube digestif (vertébrés, céphalocordés et tuniciers) [CONTR. **hyponeurien**].

ÉPINEUX, EUSE **adj.** (lat. *spinosus*). **1.** Couvert d'épines : *Buisson épineux.* **2.** Fig. Très embarrassant ou difficile ; délicat : *Un épineux problème.* ▪ **Apophyse épineuse** [anat.], excroissance postérieure et médiane d'une vertèbre, qui fait saillie sous la peau. ◆ **n.m.** Arbuste épineux.

ÉPINE-VINETTE **n.f.** (pl. *épines-vinettes*). Arbrisseau épineux à fleurs jaunes et à baies rouges comestibles, parasité par le champignon responsable de la rouille du blé. ➲ Famille des berbéridacées.

ÉPINGLAGE **n.m.** Action d'épingler.

ÉPINGLE **n.f.** (lat. *spinula*). **1.** Petite tige métallique pointue à un bout et garnie d'une tête à l'autre bout, servant à fixer, à attacher qqch. **2.** Bijou en forme d'épingle, à tête ornée : *Épingles à chapeau, de cravate.* ▪ **Chercher une épingle dans une meule** ou **une botte de foin**, chercher une chose introuvable. ▪ **Coup d'épingle** [vieilli], blessure d'amour-propre. ▪ **Épingle à cheveux**, petite tige recourbée à deux branches pour tenir les cheveux. ▪ **Épingle double** ou **anglaise** [vieilli] ou **de nourrice** ou **de sûreté**, petite tige de métal recourbée sur elle-même et formant ressort, dont la pointe est maintenue par un crochet plat. ▪ **Monter qqch en épingle**, lui donner une importance excessive : *Ils ont monté cette bévue en épingle.* ▪ **Tiré à quatre épingles**, habillé avec beaucoup de soin. ▪ **Tirer son épingle du jeu**, se tirer adroitement d'une affaire difficile. ▪ **Virage en épingle à cheveux**, brusque et très serré.

ÉPINGLÉ, E **adj.** et **n.m.** Se dit d'un tissu légèrement cannelé : *Taffetas, velours épinglé.*

ÉPINGLER **v.t.** [3]. **1.** Fixer avec des épingles : *Épingler un ourlet.* **2.** Fig., fam. Arrêter ; appréhender : *Les policiers l'ont épinglé devant le distributeur de billets.* **3.** Fam. Attirer l'attention sur un abus ; dénoncer : *Le rapport épingle les comptes de la mairie.*

ÉPINGLETTE **n.f.** **1.** Recomm. off. pour **pin's.** **2.** Québec. Petit insigne muni d'une épingle, représentant un logo ou un emblème, que l'on fixe sur un vêtement. **3.** Québec. Vieilli. Bijou muni d'une épingle ; broche.

ÉPINIER **n.m.** **VÉNER.** Fourré d'épines où se retirent les sangliers.

ÉPINIÈRE **adj.f.** ▪ **Moelle épinière** → **MOELLE.**

ÉPINOCHE **n.f.** (de *épine*). Petit poisson marin ou d'eau douce, portant trois rayons épineux sur le dos et des plaques osseuses sur les flancs. ➲ Famille des gastérostéidés.

▲ **épinoche** mâle.

ÉPINOCHETTE **n.f.** Petite épinoche des ruisseaux et des étangs de l'Europe du Nord.

ÉPIPALÉOLITHIQUE **n.m.** et **adj.** **PRÉHIST.** Période de transition entre le paléolithique supérieur et le début du mésolithique (vers – 9000).

ÉPIPÉLAGIQUE **adj.** **OCÉANOL.** Se dit de la zone la plus superficielle du milieu marin jusqu'à env. 250 m de profondeur.

ÉPIPHANE **adj.** **1.** **MYTH. GR.** Surnom de divers dieux grecs bienfaisants. **2.** **HIST.** Titre divin donné à divers souverains hellénistiques du Proche-Orient.

ÉPIPHANIE **n.f.** (gr. *epiphaneia*). **1.** Fête chrétienne célébrant la manifestation du Christ, notamm. aux Mages venus l'adorer, et appelée pour cette raison *jour* ou *fête des Rois.* ➲ On la célèbre le dimanche qui suit le 1er janvier. **2.** (Avec une minuscule). Fig., litt. Prise de conscience soudaine et lumineuse de la nature profonde de ; illumination : *Les épiphanies de la musique, de l'amitié.*

ÉPIPHÉNOMÈNE **n.m.** **1.** Phénomène secondaire. **2.** **PHILOS.** Ce qui s'ajoute à un phénomène sans réagir sur lui.

ÉPIPHYSE **n.f.** (du gr. *epiphusis*, excroissance). **1.** **ANAT.** Chacune des extrémités d'un os long, contenant la moelle rouge (par oppos. à *diaphyse*). **2.** **NEUROL.** Glande hormonale située à la face postérieure du diencéphale, qui sécrète la mélatonine (SYN. **glande pinéale**).

ÉPIPHYSITE **n.f.** **MÉD.** Ostéochondrose, en partic. quand cette affection atteint une épiphyse d'un os long.

ÉPIPHYTE **adj.** et **n.m.** (du gr. *epi*, sur, et *phuton*, plante). **BIOL.** Se dit d'un végétal (telles certaines orchidées équatoriales) qui vit fixé sur des plantes sans les parasiter.

ÉPIPHYTIE [-ti] **n.f.** Maladie contagieuse atteignant de nombreuses plantes.

ÉPIPLOON [-plɔɔ̃] **n.m.** (du gr. *epiploon*, flottant). **ANAT.** Nom de deux replis du péritoine.

ÉPIQUE **adj.** (gr. *epikos*). **1.** Qui est propre à l'épopée : *Énée est un héros épique.* **2.** Mémorable par son caractère mouvementé : *Une discussion épique.*

ÉPISCLÉRITE **n.f.** **MÉD.** Inflammation des tissus autour de la sclère de l'œil.

ÉPISCOPAL, E, AUX **adj.** Relatif à l'évêque : *Palais épiscopal.* ▪ **Conférence épiscopale**, réunion de tous les évêques d'un pays donné ou d'un continent.

ÉPISCOPALIEN, ENNE **adj.** **CHRIST.** ▪ **Église épiscopalienne**, Église de la Communion anglicane, établie dans d'autres pays que l'Angleterre, notamm. aux États-Unis. ◆ **adj.** et **n.** Relatif à l'épiscopalisme ; qui en est partisan.

ÉPISCOPALISME **n.m.** **CHRIST.** Théorie selon laquelle l'assemblée des évêques a plus de pouvoir que le pape.

ÉPISCOPAT **n.m.** (du lat. *episcopus*, évêque). **CATH.** **1.** Dignité de l'évêque ; temps pendant lequel il occupe son siège. **2.** Ensemble des évêques.

ÉPISCOPE **n.m.** (du gr. *epi*, sur, et *skopein*, regarder). **MIL.** Instrument d'optique à miroirs qui permet d'observer le terrain de l'intérieur d'un char de combat.

ÉPISIOTOMIE **n.f.** (du gr. *epision*, pubis). **CHIRURG.** Incision de la vulve et des muscles du périnée, pratiquée pour empêcher une déchirure spontanée, lors de certains accouchements.

ÉPISODE **n.m.** (du gr. *epeisodion*, accessoire). **1.** Division d'un roman, d'une série télévisée, etc. : *Les épisodes d'un feuilleton.* **2.** Partie d'une œuvre narrative s'intégrant à un ensemble mais ayant ses caractéristiques propres. **3.** Circonstance appartenant à une série d'événements formant un ensemble : *Guernica est un épisode majeur de la guerre civile d'Espagne.* ▪ **Épisode cévenol** → **CÉVENOL.**

ÉPISODIQUE **adj.** **1.** Qui constitue un simple épisode ; secondaire : *Un rôle épisodique.* **2.** Qui se produit de temps en temps : *Des visites épisodiques.*

ÉPISODIQUEMENT **adv.** De façon épisodique.

ÉPISPADIAS [-djas] **n.m.** **MÉD.** Malformation de l'urètre qui s'ouvre sur la face supérieure de la verge.

ÉPISSAGE **n.m.** **1.** Phase de transformation de l'ARN messager. **2.** Introduction de séquences d'ADN dans un vecteur, en vue d'un clonage.

ÉPISSER **v.t.** [3] (néerl. *splissen*). **TECHN.** Assembler deux cordages, deux câbles ou deux fils électriques en entrelaçant les torons qui les composent.

ÉPISSOIR **n.m.** ou **ÉPISSOIRE** **n.f.** Poinçon servant à écarter les torons de deux cordages à épisser.

ÉPISSURAGE **n.m.** Réalisation d'épissures sur des câbles de fibres optiques.

ÉPISSURE **n.f.** Jonction de conducteurs ou de fibres, génér. issus de câbles distincts, réalisée par assemblage mécanique ou par fusion.

ÉPISTASIE **n.f.** **GÉNÉT.** Forme d'interaction entre deux gènes non allèles pouvant masquer un caractère. ➲ Elle peut être dominante ou récessive.

ÉPISTATE **n.m.** (du gr. *epistatês*, préposé). **ANTIQ. GR.** Titre de divers fonctionnaires politiques et techniques.

ÉPISTAXIS [-sis] **n.f.** (gr. *epistaxis*). **MÉD.** Saignement de nez.

ÉPISTÉMÊ **n.f.** (mot gr. « science »). **PHILOS.** D'après M. Foucault, configuration du savoir rendant possibles les différentes formes de science à une époque donnée.

ÉPISTÉMOLOGIE **n.f.** (du gr. *epistêmê*, science, et *logos*, étude). Partie de la philosophie qui étudie l'histoire, les méthodes, les principes des sciences. ▪ **Épistémologie génétique**, théorie de la connaissance d'inspiration évolutionniste, confrontant le développement de la connaissance chez l'enfant à la constitution des notions utilisées par chaque science. ➲ Elle a été développée par J. Piaget.

ÉPISTÉMOLOGIQUE **adj.** Relatif à l'épistémologie.

ÉPISTÉMOLOGISTE ou **ÉPISTÉMOLOGUE** **n.** Spécialiste d'épistémologie.

ÉPISTOLAIRE **adj.** (du lat. *epistola*, lettre). Relatif à la correspondance, aux lettres : *Roman épistolaire.*

ÉPISTOLIER, ÈRE **n.** Personne qui écrit des lettres ; écrivain qui utilise le genre épistolaire.

ÉPITAPHE **n.f.** (du gr. *epi*, sur, et *taphos*, tombeau). Inscription gravée sur un tombeau.

ÉPITAXIE **n.f.** (du gr. *epitaxis*, ordre). **ÉLECTRON.** Phénomène d'orientation mutuelle de cristaux de substances différentes, dû à des analogies étroites d'arrangement atomique dans leur face commune, et utilisé pour l'élaboration de certains transistors.

ÉPITHALAME **n.m.** (du gr. *epithalamion*, chant nuptial). **LITTÉR.** Poème lyrique composé pour un mariage.

ÉPITHÉLIAL, E, AUX **adj.** Relatif à un épithélium.

ÉPITHÉLIOMA **n.m.** Vieilli. Carcinome.

a b c d e f g h i j k l m n o p q r s t u v w x y z

ÉPITHÉLIONEURIEN n.m. ZOOL. Animal à système nerveux superficiel (échinoderme, par ex.).

ÉPITHÉLIUM [-ljɔm] n.m. (du gr. *epi*, sur, et *thêlê*, mamelon). HISTOL. Tissu mince formé d'une ou de plusieurs couches de cellules jointives, reposant sur une lame basale. ➲ On distingue les *épithéliums de revêtement*, qui constituent la couche superficielle de la peau (épiderme) et des muqueuses, et les *épithéliums glandulaires*, qui ont une fonction de sécrétion.

ÉPITHÈTE n.f. (du gr. *epithetos*, ajouté). **1.** Mot, génér. adjectif, employé pour qualifier qqn, qqch. **2.** GRAMM. Fonction de l'adjectif qualificatif qui détermine le nom sans l'intermédiaire d'un verbe (par oppos. à *attribut*).

ÉPITOGE n.f. (du lat. *toga*, toge). Bande d'étoffe distinctive portée sur l'épaule gauche par les recteurs d'académie, les avocats, les magistrats, les universitaires.

ÉPÎTRE, ▲*ÉPITRE* n.f. (lat. *epistola*). **1.** Litt. Lettre ; missive : *Il lui adresse des épîtres enflammées.* **2.** Lettre écrite par un auteur ancien. **3.** LITTÉR. Lettre en vers traitant de sujets moraux, philosophiques, etc., sur un ton souvent satirique : *Les Épîtres de Boileau.* **4.** Texte emprunté au Nouveau Testament, lu à la messe entre un extrait de l'Ancien Testament et un de l'Évangile (v. partie n.pr.).

ÉPIZOOTIE [-zɔɔti] n.f. (du gr. *zôotês*, nature animale). VÉTÉR. Maladie qui atteint brutalement un grand nombre d'animaux.

ÉPIZOOTIQUE adj. Qui a le caractère d'une épizootie.

ÉPLORÉ, E adj. (du lat. *plorare*, pleurer). Qui est en pleurs ; qui a du chagrin.

ÉPLOYER v.t. [7]. Litt. Étendre en déployant.

ÉPLUCHAGE n.m. **1.** Action d'éplucher un légume, un fruit. **2.** Fig. Examen minutieux de qqch.

ÉPLUCHE-LÉGUMES n.m. inv., ▲*ÉPLUCHE-LÉGUME n.m.* (pl. *éplucbe-légumes*). Éplucheur.

ÉPLUCHER v.t. [3] (de l'anc. fr. *peluchier*, nettoyer, du lat. *pilare*, peler). **1.** Enlever la peau, les parties non comestibles de : *Éplucher des carottes, une poire, des crevettes.* **2.** Fig. Examiner avec minutie, pour trouver une faute ou un détail passé inaperçu : *Éplucher des témoignages.*

ÉPLUCHETTE n.f. Québec. Fête au cours de laquelle on épluche des épis de maïs avant de les consommer bouillis.

1. ÉPLUCHEUR, EUSE n. Personne qui épluche.

2. ÉPLUCHEUR n.m. Couteau à éplucher les légumes, les fruits, etc., dont la lame comporte deux petites fentes tranchantes (SYN. **éplucheléqumes**).

ÉPLUCHEUSE n.f. Appareil électrique pour éplucher les légumes.

ÉPLUCHURE n.f. Déchet que l'on enlève en épluchant : *Des épluchures de chou.*

EPO [øpeo] ou [epeo] n.f. (abrév.). Érythropoïétine.

ÉPODE n.f. (du gr. *epi*, sur, et *ôdê*, chant). LITTÉR. Anc. Couplet lyrique formé de deux vers de longueur inégale ; poème lyrique composé d'une suite de ces couplets.

ÉPOI n.m. VÉNER. Cor qui pousse au sommet de la tête du cerf.

ÉPOINTER v.t. [3] (de *pointe*). Casser ou user la pointe d'un instrument, d'un outil.

ÉPOISSES n.m. (de *Époisses*, comm. de la Côte-d'Or). Fromage AOC au lait de vache, à pâte molle et à croûte lavée, fabriqué en Bourgogne.

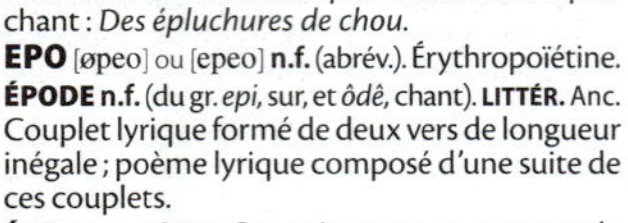

éponge siliceuse — éponge « de toilette » (*Spongia officinalis*)

▲**éponges**

1. ÉPONGE n.f. (lat. *spongia*). **1.** Substance fibreuse, légère et poreuse, formant le squelette de certains spongiaires et employée à divers usages domestiques ou techniques, en raison de sa capacité à retenir les liquides. **2.** Objet absorbant ou récurant à usage domestique ou professionnel : *Éponge métallique.* **3.** Spongiaire. ■ **Éponge végétale,** luffa. ■ **Jeter l'éponge,** abandonner le combat, la partie. ■ **Passer l'éponge sur qqch,** ne plus en tenir compte ; pardonner.

2. ÉPONGE n.f. (du lat. *sponda*, bord, rive). **1.** Extrémité de chacune des branches du fer à cheval. **2.** Tumeur molle au coude du cheval.

ÉPONGEAGE n.m. Action d'éponger.

ÉPONGER v.t. [10]. **1.** Étancher un liquide avec une éponge ou un tissu absorbant. **2.** Fig. Résorber un excédent : *Éponger un surplus de travail.* ■ **Éponger une dette,** la payer. ◆ **S'ÉPONGER** v.pr. Essuyer son front, son visage.

ÉPONTE n.f. (du lat. *sponda*, bord). MIN. Terrain stérile qui borde une couche ou un filon de minerai.

ÉPONTILLE [-tij] n.f. MAR. Poutre verticale soutenant la structure des ponts d'un navire.

ÉPONYME adj. et n. (gr. *epônumos*, de *epi*, sur, et *onoma*, nom). **1.** Qui donne son nom à qqch : *Athéna, déesse éponyme d'Athènes.* **2.** Par ext., abusif. Qui tire son nom de : Les Misérables, *film éponyme du roman de V. Hugo.* ■ **Magistrat éponyme** [Antiq. gr. et rom.], magistrat annuel qui donnait son nom à l'année.

ÉPONYMIE n.f. ANTIQ. GR. ET ROM. Fonction des magistrats éponymes ; durée de leur fonction.

ÉPOPÉE n.f. (gr. *epopoiia*). **1.** Récit poétique, en vers ou en prose, où se mêlent le merveilleux et le vrai, la légende et l'histoire et qui célèbre un héros ou un haut fait : L'Énéide *de Virgile est une épopée.* **2.** Fig. Suite d'actions réelles, mais extraordinaires ou héroïques : *L'épopée de la Libération.*

ÉPOQUE n.f. (du gr. *epokhê*, temps d'arrêt). **1.** Moment de l'histoire marqué par des événements ou des personnages très importants : *L'époque des croisades.* **2.** Moment déterminé de l'année, de la vie de qqn ou d'un groupe : *L'époque des grands départs.* **3.** Période caractérisée par un style artistique : *Une table d'époque Louis XVI.* **4.** Subdivision géochronologique d'une période géologique, regroupant plusieurs âges. ➲ L'équivalent stratigraphique de l'époque est la série. **5.** Date de référence à laquelle sont rapportées les coordonnées astronomiques, ou que l'on utilise pour certains calculs de mécanique céleste. ■ **D'époque,** se dit d'un objet, d'un meuble qui date réellement de l'époque à laquelle correspond son style. ■ **Haute époque,** le Moyen Âge et le XVIe s., dans le langage des antiquaires. ■ **La Belle Époque,** celle des premières années du XXe s., considérées comme particulièrement heureuses.

ÉPOUAIRER v.t. [3]. Suisse. Vx ou par plais. Faire peur à qqn, lui causer de la frayeur ; effrayer : *Un orage, un conte qui épouaire.*

ÉPOUILLAGE n.m. Action d'épouiller.

ÉPOUILLER v.t. [3]. Débarrasser de ses poux.

S'ÉPOUMONER v.pr. [3]. Se fatiguer à force de parler, de crier ; s'égosiller.

ÉPOUSAILLES n.f. pl. (du lat. *sponsalia*, fiançailles). Vieilli ou par plais. Célébration du mariage.

ÉPOUSE n.f. → **ÉPOUX.**

ÉPOUSER v.t. [3] (lat. *sponsare*). **1.** Prendre pour femme, pour mari : *Il a épousé une célèbre chanteuse.* **2.** S'adapter exactement à la forme de : *Ce vêtement épouse la forme du corps.* **3.** Prendre fait et cause pour ; rallier : *Épouser la cause des sans-abri.*

ÉPOUSEUR n.m. Litt., vieilli. Celui qui fait la cour à une femme pour l'épouser.

ÉPOUSSETAGE n.m. Action d'épousseter.

ÉPOUSSETER v.t. [16], ▲*[12]*. Ôter la poussière de : *J'époussette l'ordinateur.*

ÉPOUSTOUFLANT, E adj. Fam. Étonnant ; extraordinaire : *Un succès époustouflant.*

ÉPOUSTOUFLER v.t. [3]. Fam. Stupéfier par son caractère inattendu, grandiose.

ÉPOUVANTABLE adj. **1.** Qui cause de l'épouvante ; difficilement soutenable ; atroce : *Un crime épouvantable.* **2.** Très désagréable : *Une odeur épouvantable* ; très mauvais : *Une mine épouvantable.*

ÉPOUVANTABLEMENT adv. **1.** De façon épouvantable. **2.** À un très haut degré ; extrêmement.

ÉPOUVANTAIL n.m. **1.** Mannequin grossier recouvert de haillons flottants, que l'on place dans un champ pour effrayer les oiseaux. **2.** Fig., fam. Personne à l'aspect repoussant. **3.** Ce qui effraie sans raison ou à l'excès : *L'épouvantail des OGM.*

ÉPOUVANTE n.f. Terreur soudaine causée par qqch d'inattendu et de dangereux ; effroi. ■ **Film d'épouvante,** destiné à provoquer la frayeur chez le spectateur.

ÉPOUVANTER v.t. [3] (lat. *expavere*). **1.** Remplir d'épouvante. **2.** Causer une vive appréhension : *Ce nouveau poste l'épouvante.*

ÉPOUX, ÉPOUSE n. (du lat. *sponsus*, fiancé). Personne unie à une autre par le mariage ; conjoint. ◆ n.m. pl. ■ **Les époux,** le mari et la femme.

ÉPOXY n.m. et adj. inv. Polymère formé à partir d'un époxyde (SYN. **résine époxydique**).

ÉPOXYDE n.m. CHIM. ORG. Fonction constituée par le pontage par un atome d'oxygène de deux atomes de carbone adjacents.

ÉPOXYDIQUE adj. Caractéristique d'un époxyde. ■ **Résine époxydique,** résine formée de macromolécules porteuses de fonctions époxydes, utilisée surtout comme adhésif ou comme matériau de recouvrement ainsi que dans l'électronique et l'électrotechnique. (On dit aussi *résine époxyde* ou *résine époxy*, ou *époxy*.)

EPR n.m. (sigle de l'angl. *European Pressurized water Reactor*). Réacteur nucléaire de troisième génération, à eau ordinaire sous pression. ➲ Il se caractérise par une puissance accrue (1 650 MW), une meilleure gestion du combustible nucléaire, une sécurité renforcée et une réduction des déchets radioactifs.

ÉPREINTES n.f. pl. MÉD. Coliques suivies d'un faux besoin de déféquer.

S'ÉPRENDRE v.pr. [61] (DE). Litt. Devenir amoureux de.

ÉPREUVE n.f. **1.** Difficulté éprouvant le courage ou la résistance de qqn : *Candidate soumise à l'épreuve du meeting électoral.* **2.** Malheur qui frappe qqn : *Surmonter l'épreuve du deuil.* **3.** Compétition sportive : *Épreuve contre la montre.* **4.** Chacun des travaux, exercices ou interrogations dont se compose un examen, un concours. **5.** Essai pour éprouver la qualité d'une chose ; test : *Faire l'épreuve d'un moteur.* **6.** IMPRIM. Feuille imprimée servant à la correction d'un texte avant tirage : *Corriger des épreuves.* **7.** GRAV., SCULPT. Exemplaire d'une estampe, d'une fonte ou d'un moulage. **8.** PHOTOGR. Image obtenue par tirage d'après un cliché. ■ **À l'épreuve de,** en état de résister à : *Porte à l'épreuve du feu.* ■ **À toute épreuve,** capable de résister à tout : *Un entrain à toute épreuve.* ■ **Épreuve d'artiste** [grav., sculpt.], estampe tirée pour l'artiste qui en est l'auteur, en principe à titre d'essai. ■ **Épreuve de force** → **FORCE.** ■ **Épreuves de tournage** [cinéma], recomm. off. pour **rushes.** ■ **Mettre à l'épreuve,** éprouver les qualités de qqn, la résistance de qqch. ■ **Mise à l'épreuve** → **MISE.**

ÉPRIS, E adj. **1.** Pris de passion pour qqn ; amoureux. **2.** Très attaché à qqch : *Épris d'idéal.*

ÉPROUVANT, E adj. Qui est pénible à supporter : *Des heures éprouvantes. Un voyage éprouvant.*

ÉPROUVÉ, E adj. **1.** Frappé par un malheur : *Population très éprouvée.* **2.** Dont la valeur est reconnue : *Recette éprouvée.*

ÉPROUVER v.t. [3] (de *prouver*). **1.** Avoir une sensation, un sentiment ; ressentir : *Éprouver de la colère.* **2.** Vérifier les qualités ou la valeur de ; mettre à l'épreuve : *Éprouver la solidité d'une voiture, la fiabilité d'un collaborateur.* **3.** Faire souffrir : *Cet accident l'a profondément éprouvé.* **4.** Faire l'expérience de ; subir : *Nous éprouvons des difficultés à vous joindre. Le navire a éprouvé des avaries.*

ÉPROUVETTE n.f. **1.** Tube de verre fermé à un bout, destiné à des expériences chimiques. **2.** Pièce de forme particulière soumise à une série d'essais pour déterminer les caractéristiques d'un matériau.

EPS ou **E.P.S.** [øpeɛs] n.f. (sigle). Éducation physique et sportive.

EPSILON [ɛpsilɔn] **n.m. inv.,** ▲ *n.m.* Cinquième lettre de l'alphabet grec (Ε, ε), notant un *e* bref en grec classique (par oppos. à *êta* [*e* long]), et correspondant au *e* français.

ÉPUCER v.t. [9]. Débarrasser de ses puces.

ÉPUISABLE adj. Susceptible d'être épuisé.

ÉPUISANT, E adj. Qui fatigue beaucoup : *Un travail épuisant.*

ÉPUISÉ, E adj. 1. Très fatigué ; à bout de forces. **2.** Entièrement vendu : *Livre, article épuisé.*

ÉPUISEMENT n.m. 1. Action d'épuiser ; état de ce qui est épuisé : *L'épuisement des ressources naturelles.* **2.** État de fatigue extrême.

ÉPUISER v.t. [3] (de *puits*). **1.** Fatiguer à l'excès ; exténuer : *Le décalage horaire l'a épuisé.* **2.** Fam. User la résistance de : *Tu m'épuises, avec tes reproches !* **3.** Utiliser complètement : *Épuiser les réserves.* **4.** Vider entièrement ; extraire en totalité : *Épuiser une nappe phréatique, un filon.* **5.** Rendre improductif : *Épuiser un sol.* **6.** Fig. Traiter de manière exhaustive : *On a épuisé la question.* ◆ **S'ÉPUISER v.pr. (À).** Employer toute son activité à faire qqch : *Elle s'est épuisée à les convaincre.*

ÉPUISETTE n.f. 1. Petit filet en forme de poche, fixé à l'extrémité d'un manche et qui sert à sortir de l'eau les poissons pris à la ligne, à pêcher les crevettes. **2.** Écope.

ÉPULIS [-lis] **n.m., ÉPULIDE** ou **ÉPULIE n.f.** (du gr. *epi*, sur, et *oulon*, gencive). **MÉD.** Pseudotumeur inflammatoire de la gencive.

ÉPULON n.m. (du lat. *epulum*, repas). **ANTIQ. ROM.** Prêtre qui préparait les banquets sacrés.

ÉPULPEUR n.m. AGRIC. Appareil pour séparer les pulpes et les matières en suspension dans les jus de betteraves sucrières.

ÉPURATEUR n.m. Appareil servant à éliminer les impuretés d'un produit.

ÉPURATION n.f. 1. Action d'épurer qqch ; état de ce qui est épuré : *Station d'épuration des eaux usées.* **2.** Action d'éliminer d'une administration, d'un parti les personnes dont la conduite est jugée répréhensible ou indigne ; purge. **3. HIST.** À la fin de la Seconde Guerre mondiale, action de répression légale (procès) ou sommaire (exécutions) exercée contre les collaborateurs. ▪ **Épuration extrarénale** [méd.], technique permettant l'épuration artificielle du sang en cas d'insuffisance rénale sévère. ➲ On emploie la dialyse péritonéale ou l'hémodialyse.

ÉPURATOIRE ou **ÉPURATIF, IVE adj.** Qui sert à épurer : *Système épuratoire.*

ÉPURE n.f. 1. Dessin fini (par oppos. à *croquis*) servant à la représentation, puis à la réalisation d'une machine ou d'un édifice. **2.** En géométrie descriptive, représentation plane de parties de l'espace affine de dimension 3.

ÉPUREMENT n.m. Litt. Pureté : *L'épurement du style.*

ÉPURER v.t. [3]. 1. Rendre pur, plus pur : *Épurer une huile.* **2.** Fig. Rendre sa pureté, son homogénéité à : *Épurer un texte.* ▪ **Épurer un groupe, un parti,** en exclure certains individus jugés indésirables.

ÉPURGE n.f. BOT. Euphorbe dont les fruits, très toxiques, ressemblent à des câpres, et dont on tirait autref. une huile purgative.

ÉPYORNIS n.m. → **ÆPYORNIS.**

ÉQUANIMITÉ [ekwa-] **n.f.** (du lat. *aequus*, égal, et *animus*, esprit). Litt. Égalité d'humeur ; sérénité.

ÉQUARRIR [ekarir] **v.t. [21]** (de l'anc. fr. *escarrer*, tailler en carré). **1. TECHN.** Dresser une pierre, tailler grossièrement une pièce de bois en forme de parallélépipède rectangle. **2.** Pratiquer l'équarrissage des animaux.

ÉQUARRISSAGE n.m. 1. TECHN. Action d'équarrir une pièce de bois, un bloc de pierre. **2.** Traitement des cadavres d'animaux non utilisés en boucherie pour en tirer la peau, les os, les graisses, etc.

ÉQUARRISSEUR n.m. Personne qui équarrit les animaux.

ÉQUATEUR [ekwa-] **n.m.** (du lat. *aequare*, rendre égal). Cercle de la sphère terrestre dont le plan est perpendiculaire à la ligne des pôles et à égale distance de ceux-ci. ▪ **Équateur céleste,** grand cercle de la sphère céleste, perpendiculaire à l'axe du monde et servant de plan de référence pour les coordonnées équatoriales. ▪ **Équateur magnétique,** lieu des points de la surface terrestre où l'inclinaison magnétique est nulle.

ÉQUATION [ekwasjɔ̃] **n.f.** (du lat. *aequatio*, égalisation). **1. MATH.** Égalité qui n'est vérifiée que pour certaine(s) valeur(s) de l'inconnue ou des inconnues : *Équation à deux inconnues.* **2. CHIM.** Écriture symbolique d'une réaction chimique, considérée soit globalement *(équation de bilan)*, soit dans le détail des transformations *(équation de mécanisme)*. ▪ **Équation d'une courbe, d'une surface** [math.], relation entre les coordonnées d'un point M du plan ou de l'espace exprimant que le point est sur la courbe ou sur la surface. ▪ **Équation du temps** [astron.], différence entre le temps solaire moyen et le temps solaire vrai. ▪ **Équation personnelle,** ensemble des caractéristiques définissant la personnalité de qqn. ▪ **Résoudre l'équation $f(x) = g(x)$ dans le domaine D** [math.], trouver les éléments de D qui, substitués à *x*, rendent l'égalité vraie, et qui sont les solutions, ou *racines*, de l'équation.

1. ÉQUATORIAL, E, AUX [ekwa-] **adj.** Situé à l'équateur ; relatif à l'équateur. ▪ **Climat équatorial,** caractérisé par une chaleur constante, une grande humidité atmosphérique et des pluies régulières avec un grand nombre de jours d'orage. ▪ **Coordonnées équatoriales** [astron.], ascension droite et déclinaison. ▪ **Monture équatoriale** [astron.], dispositif permettant de faire tourner un instrument astronomique autour de deux axes perpendiculaires, dont l'un est parallèle à l'axe du monde. ▪ **Plaque équatoriale** [biol. cell.], ensemble des chromosomes regroupés dans un plan, au stade de la métaphase.

2. ÉQUATORIAL n.m. Lunette astronomique ou télescope à monture équatoriale.

ÉQUATORIEN, ENNE adj. et **n.** De l'Équateur ; de ses habitants.

ÉQUERRAGE n.m. TECHN. Mise à angle droit ou vérification de la perpendicularité et du parallélisme des divers éléments d'un mécanisme ou d'une structure.

ÉQUERRE [ekɛr] **n.f.** (du lat. pop. *exquadrare, tailler en forme de carré). **1.** Instrument dont la forme présente un angle droit. **2.** Pièce métallique en forme de T ou de L servant à consolider des assemblages de charpente, de menuiserie. **3.** Instrument en forme de triangle rectangle ou de L, pour tracer des angles droits. ▪ **Avoir les jambes à l'équerre** ou **en équerre,** en gymnastique, avoir les jambes tendues perpendiculairement au tronc. ▪ **D'équerre** ou **à l'équerre,** à angle droit. ▪ **Fausse équerre,** équerre à branches mobiles, permettant de donner une valeur quelconque à l'angle formé par celles-ci.

ÉQUERRER v.t. [3]. Effectuer l'équerrage d'une pièce de bois.

▲ **équestre.** Épreuve du saut d'obstacles en sport équestre.

ÉQUESTRE [ekɛstr] **adj.** (lat. *equester*, *-tris*). Relatif à l'équitation, aux cavaliers : *Sport équestre.* ▪ **Ordre équestre** [Antiq. rom.], celui des chevaliers. ▪ **Statue équestre,** représentant un personnage à cheval.

ÉQUEUTAGE n.m. Action d'équeuter.

ÉQUEUTER v.t. [3]. Ôter la queue d'un fruit.

ÉQUIDÉ [ek(ɥ)ide] **n.m.** (du lat. *equus*, cheval). **ZOOL.** Mammifère ongulé, aux membres adaptés à la course et reposant sur le sol par un seul doigt, tel que le cheval, le zèbre et l'âne. ➲ Les équidés forment une famille.

ÉQUIDISTANCE [ekɥi-] **n.f.** Caractère de ce qui est équidistant.

ÉQUIDISTANT, E [ekɥi-] **adj.** Situé à égale distance d'un point : *Les deux stades sont équidistants du centre-ville.*

ÉQUILATÉRAL, E, AUX [ekɥi-] **adj. MATH.** ▪ **Triangle équilatéral,** dont les côtés sont égaux.

ÉQUILATÈRE [ekɥi-] **adj. MATH.** ▪ **Hyperbole équilatère,** dont les asymptotes sont perpendiculaires.

ÉQUILIBRAGE n.m. 1. Action d'équilibrer ; son résultat. **2. MÉCAN. INDUSTR.** Répartition des masses d'un système tournant (roue, rotor, machine, etc.) telle que le centre de gravité de l'ensemble soit situé sur l'axe de rotation *(équilibrage statique)* ou que les forces d'inertie se compensent *(équilibrage dynamique)*.

ÉQUILIBRANT, E adj. Qui équilibre.

ÉQUILIBRATION n.f. PHYSIOL. Fonction, surtout assurée par l'oreille interne et le cervelet, qui permet le maintien du corps en équilibre.

ÉQUILIBRE n.m. (du lat. *aequus*, égal, et *libra*, balance). **1.** État de repos résultant de l'action de forces qui s'annulent. **2.** Position stable : *Tenir en équilibre. Perdre l'équilibre.* **3.** Juste combinaison de forces, d'éléments ; répartition harmonieuse : *Équilibre alimentaire.* **4.** Bon fonctionnement de l'activité mentale ; calme : *Il a été perturbé et il aura du mal à retrouver son équilibre.* **5.** Pose acrobatique tenue la tête en bas et le corps redressé à la verticale. **6. DANSE.** Maintien du corps en position stable sur un ou deux pieds. **7. CHIM.** État d'un système de corps dont la composition ne varie pas, soit par absence de réaction, soit par existence de deux réactions inverses de même vitesse. ▪ **Équilibre budgétaire,** concordance entre les dépenses et les recettes d'un budget annuel de l'État. ▪ **Équilibre économique,** situation d'égalité entre deux grandeurs économiques (recettes fiscales et dépenses publiques, par ex.). ▪ **Équilibre général,** situation d'égalité entre l'offre et la demande sur tous les marchés (selon la loi de L. Walras). ▪ **Équilibre naturel** ou **biologique,** état d'un écosystème dans lequel les effectifs et la composition de la faune et de la flore restent à peu près constants. ▪ **Équilibre partiel,** situation d'égalité entre l'offre et la demande sur un marché particulier (celui des capitaux ou de l'emploi, par ex.). ▪ **Théorie des équilibres ponctués,** saltationnisme.

ÉQUILIBRÉ, E adj. 1. Qui est en équilibre ; dont les composants sont en harmonie : *Un budget équilibré. Mener une vie équilibrée.* **2.** Mentalement sain ; pondéré.

ÉQUILIBRER v.t. [3]. Mettre en équilibre : *Équilibrer les pouvoirs, son alimentation.* ◆ **S'ÉQUILIBRER v.pr.** Être en équilibre ; se neutraliser.

ÉQUILIBREUR n.m. ARM. Dispositif permettant d'équilibrer une bouche à feu autour de ses tourillons.

ÉQUILIBRISTE n. Personne qui exécute des tours d'adresse ou d'équilibre acrobatique.

ÉQUILLE [ekij] **n.f.** (de *1. quille*). Poisson osseux long et mince, à dos vert ou bleu sombre, vivant enfoui dans les fonds sableux de la Manche et de l'Atlantique (SYN. **lançon**). ➲ Famille des ammodytidés.

ÉQUIMOLAIRE [ekɥi-] **adj. CHIM.** Qui contient un nombre égal de moles de différents constituants : *Mélange équimolaire.*

ÉQUIN, INE [ekɛ̃, in] **adj.** (lat. *equinus*). Chevalin. ▪ **Pied équin,** atteint d'équinisme.

ÉQUINISME n.m. MÉD. Déformation du pied qui le bloque en extension vers le bas.

ÉQUINOXE [eki-] **n.m.** (du lat. *aequus*, égal, et *nox*, nuit). **ASTRON. 1.** Époque de l'année où le Soleil, dans son mouvement propre apparent sur l'écliptique, coupe l'équateur céleste et qui, caractérisée par la durée égale du jour et de la nuit en tout point de la surface terrestre, marque le début du printemps ou de l'automne. **2.** Point de l'équateur céleste où se produit ce passage. ▪ **Ligne des équinoxes,** droite d'intersection des deux plans de l'écliptique et de l'équateur céleste.

ÉQUINOXIAL, E, AUX adj. Relatif à l'équinoxe.

ÉQUIPAGE n.m. 1. Ensemble du personnel embarqué sur un navire, un avion, un char, etc., dont il assure la manœuvre et le service : *Le commandant et son équipage.* **2.** Anc. Voitures et chevaux nécessaires pour voyager, avec le personnel qui en a la charge. **3.** Ensemble des personnes, des chiens et des chevaux qui participent à une chasse à courre. ▪ **Corps des équipages de la flotte,** personnel non officier de la Marine nationale. ▪ **Les équipages** [anc.], l'ensemble du matériel et des voitures affectés à une armée en campagne.

ÉQUIPARTITION [ekɥi-] **n.f.** Répartition égale des diverses parties d'un tout : *Équipartition de l'énergie.*

ÉQUIPE n.f. 1. Groupe de personnes travaillant à une même tâche ou dans le même but. **2.** Groupe de joueurs, de sportifs associés en nombre déterminé. ▪ **Esprit d'équipe,** esprit de solidarité qui anime les membres d'un même groupe. ▪ **Faire équipe avec qqn,** s'associer avec lui pour une entreprise commune. ▪ **Fine équipe,** groupe de personnes très liées qui se distraient ensemble.

ÉQUIPÉE n.f. 1. Aventure dans laquelle on se lance, souvent à la légère : *Une folle équipée qui vire au drame.* **2.** Promenade sans but précis ; sortie : *Une équipée à vélo.*

ÉQUIPEMENT n.m. 1. Action d'équiper, de pourvoir du matériel, des installations nécessaires. **2.** Ensemble du matériel nécessaire à une activité : *L'équipement informatique d'une entreprise. Un équipement de plongée.* ▪ **Bien d'équipement** [écon.], bien destiné à la production d'autres biens. ◆ **n.m. pl.** ▪ **Équipements spéciaux,** accessoires automobiles nécessaires en cas de neige ou de verglas (chaînes, pneus cloutés).

ÉQUIPEMENTIER n.m. Fabricant d'équipements automobiles, aérospatiaux, etc.

ÉQUIPER v.t. [3] (de l'anc. germ. *skipa,* aménager). Pourvoir du nécessaire en vue d'une activité déterminée, d'une utilisation précise : *Équiper des athlètes pour les jeux Olympiques, sa maison d'une alarme.* ◆ **S'ÉQUIPER v.pr.** Se munir du nécessaire : *S'équiper pour faire un trek.*

ÉQUIPIER, ÈRE n. Membre d'une équipe, d'un équipage.

ÉQUIPOLLÉ ou **ÉQUIPOLÉ** [eki-] **adj.m. HÉRALD.** ▪ **Points équipollés,** carrés d'émaux engendrés par deux divisions en pal et deux en fasce.

ÉQUIPOLLENCE [eki-] **n.f.** (du bas lat. *aequipollentia,* équivalence). **MATH.** Relation définie entre deux bipoints équipollents.

ÉQUIPOLLENT, E [eki-] **adj.** ▪ **Bipoints équipollents** [math.], bipoints (A, B) et (C, D) tels que les segments [AD] et [BC] ont même milieu. ▪ **Systèmes déductifs équipollents** [log.], dans lesquels tout théorème de l'un est théorème ou axiome des autres.

ÉQUIPOTENCE [ekɥi-] **n.f.** Caractère de deux ensembles équipotents.

ÉQUIPOTENT [ekɥi-] **adj.m. MATH.** ▪ **Ensembles équipotents,** entre lesquels on peut construire une bijection.

ÉQUIPOTENTIEL, ELLE [ekɥi-] **adj. PHYS.** De même potentiel.

ÉQUIPROBABLE [ekɥi-] **adj. MATH.** Se dit d'événements qui ont la même probabilité.

ÉQUISÉTOPHYTE [ekɥi-] **n.m.** Plante cryptogame vasculaire, à rhizomes produisant des tiges aériennes cannelées portant des épis sporifères, telle que la prêle, unique représentant actuel, et les calamites, fossiles. ➲ Les équisétophytes forment un embranchement.

ÉQUITABLE adj. 1. Qui agit selon l'équité : *Arbitre équitable.* **2.** Conforme aux règles de l'équité : *Partage équitable.* **3.** Se dit d'un produit issu du commerce* équitable : *Du café équitable.*

ÉQUITABLEMENT adv. De façon équitable.

ÉQUITATION [eki-] **n.f.** (lat. *equitatio,* de *eques,* cavalier). Action, art de monter à cheval.

ÉQUITÉ [eki-] **n.f.** (du lat. *aequitas,* égalité). **1.** Vertu de celui qui possède un sens naturel de la justice : *Traiter ses élèves avec équité.* **2.** Justice naturelle ou morale, considérée indépendamment du droit en vigueur : *Il arbitre avec équité.*

ÉQUIVALENCE n.f. 1. Qualité de ce qui est équivalent : *Équivalence de la chaleur et du travail mécanique.* **2.** Égalité admise entre différents titres ou diplômes universitaires. ▪ **Équivalence logique,** relation exprimant que deux propositions P et Q sont conséquences l'une de l'autre. ➲ On écrit P ⇔ Q, ce qui se lit « P est vraie si et seulement si Q est vraie ». ▪ **Point d'équivalence** [chim.], point (noté E) de la courbe d'évolution du titrage* d'une solution désignant l'instant où la substance servant au dosage et la substance à doser ont été introduites dans des quantités telles que leur réaction soit complète (proportions stœchiométriques). ➲ On peut détecter le point d'équivalence par un changement soudain de couleur (dosage colorimétrique) ou de pH (dosage pH-métrique). ▪ **Principe d'équivalence,** principe postulant que tout corps placé dans un champ de gravitation chute de la même manière, quels que soient sa masse, sa composition chimique, le lieu et le moment. ➲ Ce principe, vérifié expérimentalement par Galilée et Newton, a été énoncé par Einstein dans le cadre des théories de la relativité. ▪ **Relation d'équivalence,** relation binaire dans un ensemble E, qui est réflexive, symétrique et transitive.

ÉQUIVALENT, E [eki-] **adj.** (bas lat. *aequivalens, -entis*). Qui a la même valeur ; égal : *Quantités, sommes équivalentes.* ▪ **Éléments équivalents** [math.], liés par une relation d'équivalence. ▪ **Équations équivalentes** [math.], ayant le même ensemble de solutions. ▪ **Projection équivalente** [cartogr.], type de projection qui conserve les surfaces, mais déforme les contours d'un espace géographique. ▪ **Théories déductives équivalentes** [log.], théories déductives qui ont les mêmes théorèmes. ◆ **n.m. 1.** Ce qui équivaut à autre chose ; chose équivalente : *Cet anglicisme n'a pas d'équivalent en français.* **2. MÉD.** Se dit d'un trouble qui a la même signification qu'un autre. ➲ Par ex., une quinte de toux peut être l'équivalent d'une crise d'asthme. ▪ **Équivalent pétrole** → **PÉTROLE.**

ÉQUIVALOIR v.t. ind. [46] (À). Être de même valeur, de même importance : *Sa réponse équivalait à un refus* ; produire le même effet qu'autre chose : *Le choix de cette solution équivaut à une amélioration du cadre de vie.* ◆ **S'ÉQUIVALOIR v.pr.** Être équivalentes, en parlant de choses.

ÉQUIVOQUE [eki-] **adj.** (du lat. *aequus,* égal, et *vox, vocis,* voix). **1. LING.** Qui a un double sens (par oppos. à *univoque*) : *Mot équivoque.* **2.** Qui suscite la méfiance : *Comportement équivoque.* ◆ **n.f.** Situation, expression qui n'est pas nette, qui laisse dans l'incertitude : *Dissiper l'équivoque.*

ÉQUIVOQUER [eki-] **v.i. [3].** Litt., vx. Parler par équivoques pour tromper.

▲ **érable**

ÉRABLE n.m. (bas lat. *acerabulus*). Arbre des forêts tempérées de l'hémisphère Nord, à fruits secs munis d'une paire d'ailes (samares) et dispersés par le vent, dont le bois est apprécié en ébénisterie, représenté par plusieurs espèces telles que le sycomore (ou *faux platane*) ou l'érable à sucre qui fournit une sève sucrée. ➲ Famille des acéracées.

ÉRABLIÈRE n.f. 1. Lieu planté d'érables. **2.** Québec. Peuplement d'érables exploité en acériculture.

ÉRADICATION n.f. 1. MÉD. Suppression d'une infection contagieuse dans une région, par traitement et vaccination des individus ou par destruction du vecteur. **2.** Fig. Action de supprimer un phénomène indésirable : *L'éradication de la misère reste une priorité.*

ÉRADIQUER v.t. [3] (du lat. *radix, -icis,* racine). Faire disparaître une maladie, un mal.

ÉRAFLEMENT n.m. Action d'érafler.

ÉRAFLER v.t. [3]. Entamer superficiellement ; égratigner : *Érafler la peinture d'un mur.*

ÉRAFLURE n.f. Écorchure légère.

ÉRAILLÉ, E adj. ▪ **Voix éraillée,** rauque.

ÉRAILLEMENT n.m. Fait d'érailler, d'être éraillé.

ÉRAILLER v.t. [3] (de l'anc. v. *roellier,* rouler les yeux). **1.** Déchirer superficiellement ; écorcher. **2. TEXT.** Relâcher les fils d'une étoffe. **3.** Rendre la voix rauque.

ÉRAILLURE n.f. 1. Déchirure superficielle ; éraflure. **2. TEXT.** Partie éraillée d'une étoffe.

ÉRATHÈME n.m. GÉOL. Principale division stratigraphique. ➲ L'équivalent géochronologique de l'érathème est l'ère.

ERBIUM [ɛrbjɔm] **n.m.** (de *Ytterby,* v. suédoise où fut découvert le métal). **1.** Métal du groupe des lanthanides. **2.** Élément chimique (Er), de numéro atomique 68, de masse atomique 167,26.

ÈRE [ɛr] **n.f.** (du bas lat. *aera,* époque). **1.** Point de départ d'une chronologie particulière ; période historique correspondant à cette chronologie : *Ère chrétienne, musulmane.* ➲ Le décompte des années par rapport à l'ère chrétienne s'effectue habituellement en passant de 1 av. J.-C. à 1 apr. J.-C. (sans année zéro). Le Ier s. apr. J.-C. couvre donc les années 1 à 100, le IIe s. les années 101 à 200, etc., le XXe s. les années 1901 à 2000 incluses. **2.** Période caractérisée par certains faits de civilisation : *Nous vivons à l'ère numérique.* **3. GÉOL.** Principale division géochronologique, utilisée après le précambrien : *Ère primaire.* ➲ L'équivalent stratigraphique de l'ère est l'érathème.

ÉRECTEUR, TRICE adj. PHYSIOL. Qui produit l'érection.

ÉRECTILE adj. PHYSIOL. Se dit d'un tissu, d'un organe capable de subir une érection (pénis, clitoris, etc.).

ÉRECTION n.f. (lat. *erectio*). **1.** Litt. Action d'ériger, de construire : *Érection d'une statue.* **2.** Litt. Action de créer, d'instituer : *Érection d'un fief.* **3. PHYSIOL.** Gonflement et durcissement temporaire de certains organes ou tissus, par afflux de sang ; absol., gonflement et durcissement du pénis.

ÉREINTAGE n.m. Fam. Critique violente ; éreintement.

ÉREINTANT, E adj. Qui brise de fatigue : *Travail éreintant.*

ÉREINTEMENT n.m. 1. Fait d'éreinter, d'être éreinté. **2.** Fam. Éreintage.

ÉREINTER v.t. [3] (de *rein*). **1.** Briser de fatigue : *Ce sprint m'a éreinté.* **2.** Fam. Critiquer avec violence : *Éreinter un réalisateur.*

ÉREINTEUR, EUSE adj. et **n.** Qui critique violemment.

ÉRÉMISTE n. Personne bénéficiaire naguère du RMI et auj. du RSA. (On écrit aussi *RMiste* ou *RMIste.*)

ÉRÉMITIQUE adj. (lat. *eremiticus*). Relatif aux ermites : *Vie érémitique.*

ÉRÉMITISME n.m. Mode de vie des ermites.

ÉRÉSIPÈLE n.m. → **ÉRYSIPÈLE.**

ÉRÉTHISME n.m. (du gr. *erethismos,* irritation). **MÉD.** Excès d'activité de certains organes, en partic. du cœur.

ÉREUTOPHOBIE, ÉREUTHOPHOBIE ou **ÉRYTHROPHOBIE n.f.** (du gr. *ereuthein,* rougir, et *phobos,* crainte). Crainte phobique de rougir en public.

ERG [ɛrg] **n.m.** (mot ar. « dune »). **GÉOGR.** Vaste étendue couverte de dunes, dans les déserts de sable.

ERGASTOPLASME **n.m.** **BIOL. CELL.** Organite intracellulaire formant un réseau complexe de replis membranaires où se fixent les ribosomes et au niveau duquel s'effectue la synthèse des protéines (SYN. **réticulum endoplasmique rugueux**).

ERGASTULE **n.m.** (du lat. *ergastulum*, atelier d'esclaves). **ANTIQ. ROM.** Cachot, prison souterrains ; local servant au logement des esclaves, aux gladiateurs.

ERGATIF **n.m.** (du gr. *ergon*, action). **LING.** Cas grammatical indiquant l'agent du procès, dans certaines langues flexionnelles (basque, tibétain).

ERGOCALCIFÉROL **n.m.** Vitamine liposoluble, une des formes du calciférol (SYN. **vitamine D2**).

ERGOL **n.m.** Comburant ou combustible entrant dans la composition d'un propergol.

ERGOLOGIE **n.f.** (du gr. *ergon*, travail). Partie de la technologie dont les objectifs sont la connaissance et l'explication des faits relatifs au travail.

ERGOMÈTRE **n.m.** Appareil (bicyclette, tapis roulant) utilisé en ergométrie.

ERGOMÉTRIE **n.f.** Technique d'étude et de mesure du travail musculaire.

ERGONOME ou **ERGONOMISTE** **n.** Spécialiste d'ergonomie.

ERGONOMIE **n.f.** (du gr. *ergon*, travail). **1.** Étude quantitative et qualitative du travail dans l'entreprise, visant à améliorer les conditions de travail et à accroître la productivité. **2.** Recherche d'une meilleure adaptation entre un matériel et son utilisateur ; qualité d'un matériel ainsi conçu.

ERGONOMIQUE **adj.** **1.** Relatif à l'ergonomie. **2.** Qui se caractérise par une bonne ergonomie : *Un bureau ergonomique.*

ERGONOMISTE **n.** → **ERGONOME.**

ERGOSTÉROL **n.m.** **BIOCHIM.** Stérol répandu dans les tissus animaux et végétaux, et qui peut se transformer en calciférol sous l'influence des rayons ultraviolets.

ERGOT **n.m.** **1.** Pointe ou saillie, osseuse ou cornée, située derrière la patte de certains animaux (gallinacés mâles, chien, etc.). **2.** **AGRIC.** Maladie des graminées (seigle surtout) due à un champignon ascomycète et se manifestant par la formation d'une grosse masse noire pulvérulente à la place du grain, contenant des substances toxiques pour l'homme. **3.** **MÉCAN. INDUSTR.** Saillie d'une pièce, servant de butée, de clavette, etc. ▪ **Monter** ou **se dresser sur ses ergots,** prendre une attitude hautaine et menaçante.

ERGOTAGE **n.m.** ou, vieilli, **ERGOTERIE** **n.f.** Manie d'ergoter.

ERGOTAMINE **n.f.** Alcaloïde toxique de l'ergot de seigle, utilisé à faible dose dans le traitement de la migraine.

ERGOTÉ, E **adj.** **AGRIC.** Attaqué par l'ergot : *Seigle ergoté.*

ERGOTER **v.i.** **[3].** Chicaner sur des riens.

ERGOTEUR, EUSE **adj.** et **n.** Qui aime ergoter ; chicaneur.

ERGOTHÉRAPEUTE **n.** Professionnel paramédical exerçant l'ergothérapie.

ERGOTHÉRAPIE **n.f.** (du gr. *ergon*, travail). Méthode de rééducation et de réadaptation sociale et psychologique par l'activité physique, spécial. le travail manuel.

ERGOTISME **n.m.** **MÉD.** Intoxication par l'ergot de seigle ou ses dérivés médicamenteux, prenant soit une forme convulsive, soit une forme gangreneuse.

ÉRICACÉE **n.f.** (du lat. sc. *erica*, bruyère). Plante gamopétale arbustive, telle que la bruyère, l'arbousier, la myrtille, l'azalée, le rhododendron. ➲ Les éricacées forment une famille.

ÉRIGER **v.t.** **[10]** (du lat. *erigere*, dresser). **1.** Construire : *Ériger un monument.* **2.** Litt. Instituer : *Ériger un tribunal.* **3.** **(EN).** Élever au rang de : *Ériger un consulat en ambassade.* ◆ **S'ÉRIGER** **v.pr.** **(EN).** Litt. Se donner le rôle de ; se présenter comme : *S'ériger en justicier.*

ÉRIGÉRON **n.m.** (du gr. *êrigerôn*, séneçon). Plante herbacée d'Europe et d'Amérique du Nord, parfois cultivée pour ses fleurs roses ou blanches ressemblant aux pâquerettes (SYN. **vergerette**). ➲ Famille des composées.

ÉRIGNE **n.f.** (de l'anc. fr. *iraigne*, araignée). **CHIRURG.** Instrument qui sert, dans les opérations, à maintenir certaines parties écartées.

ÉRISMATURE **n.f.** Canard plongeur d'Europe et d'Amérique du Nord, dont le bec du mâle de certaines espèces devient bleu en période de reproduction. ➲ Famille des anatidés.

ÉRISTALE **n.m.** Grosse mouche commune dans les jardins et les étables, à abdomen jaune et noir, ressemblant à une guêpe. ➲ Famille des syrphidés.

▲ éristale

ÉRISTIQUE **n.f.** (du gr. *eris*, querelle). **PHILOS.** Art de la controverse. ◆ **adj.** Relatif à la controverse.

ERLENMEYER [εrlεnmεjœr] **n.m.** (du n. du chimiste *Erlenmeyer*). **CHIM.** Récipient conique à fond plat, en verre, utilisé en laboratoire pour les réactions et les titrages.

ERMITAGE **n.m.** **1.** Lieu solitaire habité par un ermite. **2.** Maison de campagne retirée.

ERMITE **n.m.** (du bas lat. *eremita*, solitaire). **1.** Moine qui vit dans la solitude pour prier et faire pénitence. **2.** Personne qui vit retirée : *Vivre en ermite.*

ÉRODER **v.t.** **[3]** (lat. *erodere*). **1.** User par frottement ; ronger lentement : *La mer érode les falaises.* **2.** Fig. Détériorer lentement la valeur de : *L'inflation a érodé son épargne.*

ÉROGÈNE **adj.** (du gr. *erôs*, amour, et *gennân*, engendrer). Se dit d'une partie du corps susceptible de provoquer une excitation sexuelle : *Zone érogène.*

ÉROS [eros] **n.m.** (du gr. *Erôs*, dieu de l'Amour). **PSYCHAN.** Ensemble des pulsions de vie, dans la théorie freudienne (par oppos. à *thanatos*).

ÉROSIF, IVE **adj.** Qui produit ou subit l'érosion.

ÉROSION **n.f.** (lat. *erosio*). **1.** Action d'une substance, d'un agent qui érode ; fait d'être érodé. **2.** Ensemble des actions externes des agents atmosphériques qui provoquent la dégradation du relief. **3.** Fig. Lente détérioration ; baisse : *L'érosion de l'audience d'une chaîne télévisée.* ▪ **Érosion monétaire,** diminution progressive du pouvoir d'achat d'une monnaie, causée par l'inflation.

ÉROTIQUE **adj.** (gr. *erôtikos*, de *erôs*, amour). Relatif à l'amour physique, à la sexualité ; qui suscite le désir sexuel : *Film érotique.* ◆ **adj.** et **n.** **1.** Se dit d'un auteur d'ouvrages érotiques. **2.** Litt. Qui a un tempérament sensuel.

ÉROTIQUEMENT **adv.** D'une façon érotique.

ÉROTISATION **n.f.** Action d'érotiser ; fait d'être érotisé.

ÉROTISER **v.t.** **[3].** Donner un caractère érotique à ; transformer en un motif de plaisir sensuel : *Érotiser la publicité.*

ÉROTISME **n.m.** **1.** Caractère érotique de qqch, de qqn ; évocation de l'amour physique : *L'érotisme chez Laclos.* **2.** Recherche de l'excitation sexuelle.

ÉROTOLOGIE **n.f.** Étude de l'amour physique et des ouvrages érotiques.

ÉROTOLOGUE **n.** et **adj.** Spécialiste d'érotologie.

ÉROTOMANE **n.** Personne atteinte d'érotomanie.

ÉROTOMANIAQUE **adj.** Relatif à l'érotomanie.

ÉROTOMANIE **n.f.** **1.** **PSYCHIATR.** Illusion délirante d'être aimé par qqn. **2.** Cour. Obsession sexuelle.

ERPÉTOLOGIE ou **HERPÉTOLOGIE** **n.f.** (du gr. *herpeton*, serpent, et *logos*, science). Étude scientifique des reptiles et des amphibiens.

ERPÉTOLOGIQUE ou **HERPÉTOLOGIQUE** **adj.** Relatif à l'erpétologie.

ERPÉTOLOGISTE ou **HERPÉTOLOGISTE** **n.** Spécialiste d'erpétologie.

ERRANCE **n.f.** Litt. Action d'errer : *La longue errance des sans-abri.* ▪ **Errance médicale** ou **diagnostique,** période d'une durée significative pendant laquelle un patient ne peut obtenir un diagnostic pertinent, du fait de la rareté de sa maladie et/ou du caractère apparemment banal ou subjectif des symptômes qu'il présente.

ERRANT, E **adj.** **1.** Qui erre ou vagabonde ; qui n'a pas de demeure fixe : *Chiens errants.* **2.** Qui est propre aux personnes nomades : *Vie errante.* ▪ **Chevalier errant** → **1. CHEVALIER.**

ERRATA **n.m. inv.,** ▲ *n.m.* Liste des erreurs relevées sur un ouvrage et indiquant les corrections à y apporter.

ERRATIQUE **adj.** (du lat. *errare*, errer). **1.** Litt. Dont le rythme est irrégulier : *Fluctuations erratiques d'une monnaie.* **2.** **MÉD.** Se dit d'un symptôme intermittent et irrégulier, ou changeant de place : *Fièvre erratique.* ▪ **Bloc erratique** [géol.], rocher n'appartenant pas au site géologique sur lequel il repose et amené génér. par un glacier.

ERRATUM [εratɔm] **n.m.** (pl. *errata*), ▲ *(pl. erratums)* [mot lat. « erreur »]. Erreur survenue dans l'impression d'un ouvrage et signalée dans l'errata.

ERRE **n.f.** (de l'anc. fr. *errer*, voyager). **MAR.** Vitesse résiduelle d'un navire sur lequel n'agit plus le dispositif propulseur.

ERREMENTS **n.m. pl.** **1.** Litt. Manière d'agir considérée comme blâmable : *Il persiste dans ses errements.* **2.** Vieilli. Manière d'agir habituelle.

ERRER **v.i.** **[3]** (lat. *errare*). **1.** Aller çà et là, sans but : *Errer dans la ville.* **2.** Litt. Passer d'une chose à l'autre sans se fixer : *Laisser errer son imagination.*

ERREUR **n.f.** (lat. *error*). **1.** Fait de se tromper ; faute ainsi commise : *Rectifier une erreur de calcul.* **2.** État de qqn qui se trompe : *Vous êtes dans l'erreur.* **3.** Action inconsidérée, regrettable : *Ce choix fut une erreur. Une erreur de jeunesse.* **4.** **DR.** Appréciation inexacte soit des qualités ou de l'existence d'un fait *(erreur de fait)*, soit de l'interprétation ou de l'existence d'une règle de droit *(erreur de droit)*. ▪ **Erreur absolue** [métrol.], différence entre la valeur exacte d'une grandeur et la valeur donnée par la mesure. ▪ **Erreur judiciaire,** erreur de fait d'une juridiction portant sur la culpabilité d'une personne et entraînant sa condamnation. ▪ **Erreur relative** [métrol.], rapport de l'erreur absolue à la valeur de la grandeur mesurée. ▪ **Faire erreur,** se tromper.

ERRONÉ, E **adj.** (bas lat. *erroneus*). Qui contient des erreurs ; fautif ; incorrect.

ERRONÉMENT **adv.** De façon erronée.

ERS [εr] **n.m.** (mot d'anc. provenç.). Lentille d'une variété fourragère. ➲ Famille des légumineuses.

ERSATZ [εrzats] **n.m.** (mot all. « remplacement »). Produit de remplacement de moindre qualité : *Un ersatz de café.*

1. ERSE **n.f.** **MAR.** Anneau de cordage.

2. ERSE **adj.** (mot gaélique). Relatif aux habitants de la haute Écosse. ◆ **n.m.** Langue celtique parlée en Écosse (SYN. **écossais**).

ERSEAU **n.m.** **MAR.** Petite bague en filin fixant les avirons aux tolets de l'embarcation.

ÉRUBESCENCE **n.f.** Litt. Action de rougir ; rougeur.

ÉRUBESCENT, E **adj.** (lat. *erubescens*). Litt. Qui devient rouge, s'empourpre.

ÉRUCIQUE **adj.** (du lat. *eruca*, 1. roquette). **CHIM.** ▪ **Acide érucique,** présent dans les huiles de moutarde, de pépins de raisin, de certaines variétés de colza.

ÉRUCTATION **n.f.** Émission bruyante, par la bouche, de gaz accumulés dans l'estomac ; rot.

ÉRUCTER **v.i.** **[3]** (lat. *eructare*). Produire une éructation. ◆ **v.t.** Litt. Proférer : *Éructer des injures.*

ÉRUDIT, E **adj.** et **n.** (lat. *eruditus*). Qui a de l'érudition : *Écrivaine érudite.* ◆ **adj.** Qui est une source d'érudition : *Roman historique érudit.*

ÉRUDITION **n.f.** Savoir approfondi dans un domaine de connaissances ; culture.

ÉRUGINEUX, EUSE **adj.** (lat. *aeruginosus*). Vx. Qui a l'aspect de la rouille.

ÉRUPTIF, IVE **adj.** (du lat. *eruptus*, sorti violemment). **MÉD.** Qui est associé à une éruption : *Fièvre éruptive.* ▪ **Roche éruptive** [géol.], roche magmatique*.

ÉRUPTION **n.f.** **GÉOL.** Émission par un volcan de matériaux magmatiques (projections, laves, gaz), qui peut durer de plusieurs heures à plusieurs années. ▪ **Éruption (cutanée)** [méd.], apparition subite de boutons, de taches, de rougeurs sur la peau. ▪ **Éruption dentaire,** sortie de la dent hors de l'alvéole vers sa position définitive. ▪ **Éruption solaire** [astron.], brusque dissipation d'énergie qui se manifeste par un accroissement temporaire de l'intensité du rayonnement dans une région de la chromosphère du Soleil et s'accompagne de l'éjection d'un flux de particules dans le milieu interplanétaire.

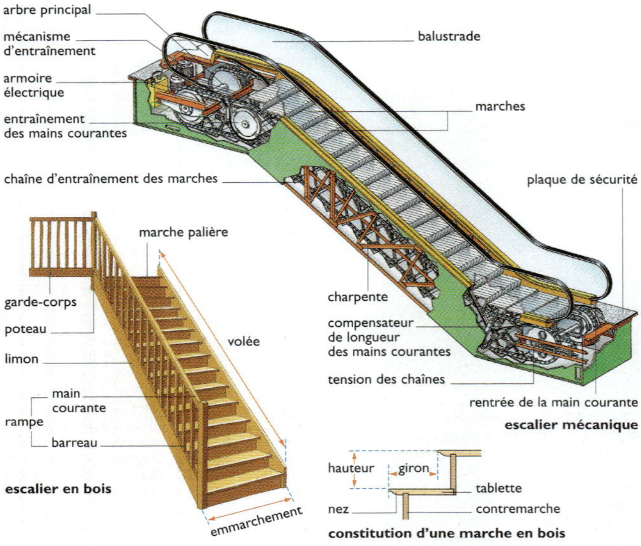

▲ **escaliers**

ÉRYSIPÈLE ou, vx, **ÉRÉSIPÈLE n.m.** (gr. *erusipelas*). **MÉD.** Infection aiguë de la peau due à un streptocoque, caractérisée par une plaque rouge douloureuse et de la fièvre.

ÉRYTHÉMATEUX, EUSE adj. Qui a les caractères de l'érythème.

ÉRYTHÈME n.m. (du gr. *eruthainein*, rendre rouge). **MÉD.** Rougeur de la peau due à une congestion.

ÉRYTHRASMA n.m. MÉD. Infection cutanée bactérienne, formant deux plaques jaune-brun symétriques sur les aines.

ÉRYTHRÉEN, ENNE adj. et **n.** D'Érythrée ; de ses habitants.

ÉRYTHRINE n.f. (du gr. *eruthros*, rouge). Arbre exotique à fleurs rouges et à bois blanc très résistant, dont les graines servent à faire des colliers. ➲ Sous-famille des papilionacées.

ÉRYTHROBLASTE n.m. PHYSIOL. Cellule de la moelle osseuse, précurseur du globule rouge.

ÉRYTHROCYTAIRE adj. Relatif aux érythrocytes.

ÉRYTHROCYTE n.m. BIOL. CELL. Hématie.

ÉRYTHRODERMIE n.f. MÉD. Affection grave de la peau caractérisée par une rougeur généralisée, de causes diverses (psoriasis, prise d'un médicament, etc.).

ÉRYTHROPHOBIE n.f. → **ÉREUTOPHOBIE.**

ÉRYTHROPOÏÈSE n.f. PHYSIOL. Formation des globules rouges dans la moelle osseuse, à partir de cellules souches indifférenciées.

ÉRYTHROPOÏÉTINE n.f. Hormone favorisant l'érythropoïèse. Abrév. **EPO.** ➲ Cette substance naturelle, destinée à un usage médical, peut aussi servir de dopant aux sportifs par son effet stimulant sur l'activité musculaire.

ÉRYTHROSE n.f. MÉD. Rougeur diffuse de la peau, partic. au visage.

ÉRYTHROSINE n.f. CHIM. ORG. Substance rouge utilisée pour colorer certaines préparations et comme colorant alimentaire.

ÈS [ɛs] **prép.** (contraction de *en les*). En matière de : *Docteur ès sciences.*

✎ Ne s'emploie plus que dans quelques expressions et seulement devant un nom au pluriel.

ESB ou **E.S.B. n.f.** (sigle). Encéphalopathie spongiforme bovine.

S'ESBIGNER v.pr. [3]. Fam., vieilli. S'enfuir.

ESBROUFE n.f. Fam. Étalage de manières hardies et fanfaronnes pour impressionner : *Faire de l'esbroufe.* ▪ **Vol à l'esbroufe** [fam.], vol pratiqué en bousculant la personne que l'on dévalise.

ESBROUFER v.t. [3] (du provenç. *esbroufa*, s'ébrouer). Fam., vieilli. Faire de l'esbroufe.

ESBROUFEUR, EUSE n. Fam., vieilli. Personne qui fait de l'esbroufe.

ESCABEAU n.m. (lat. *scabellum*). **1.** Petit escalier transportable, génér. pliant. **2.** Vx. Tabouret de bois.

ESCABÈCHE n.f. (de l'esp. *escabechar*, étêter). **CUIS.** Préparation froide de petits poissons frits ou poêlés et macérés dans une marinade aromatisée.

ESCABELLE n.f. (de *escabeau*). **1.** Anc. Petit siège sans bras, avec ou sans dossier, génér. à trois pieds. **2.** Belgique. Grand escabeau.

ESCADRE n.f. (de l'ital. *squadra*, équerre). **1. MAR.** Force navale commandée par un vice-amiral. **2. AÉRON.** Unité de combat constituée de deux ou de plusieurs escadrons.

ESCADRILLE n.f. AÉRON. Unité élémentaire de combat de l'armée de l'air, jusqu'en 1977. (On dit auj. *escadron*.)

ESCADRON n.m. (ital. *squadrone*). **1.** Unité de la cavalerie, de l'arme blindée ou de la gendarmerie, analogue à la compagnie. **2. AÉRON.** Unité élémentaire de l'armée de l'air, depuis 1977. ▪ **Chef d'escadron,** dans la cavalerie, capitaine commandant un escadron ; dans l'artillerie, la gendarmerie et le train, officier supérieur du grade de commandant. ▪ **Escadron de la mort,** groupe militaire ou paramilitaire torturant ou tuant des civils pour des motifs politiques.

ESCAGASSER v.t. [3] (du provenç. *escagassa*, affaisser). Région. (Provence). **1.** Abîmer. **2.** Importuner. ◆ **S'ESCAGASSER v.pr.** Région. (Provence). Se donner du mal.

ESCALADE n.f. (anc. provenç. **escalada*, du lat. *scala*, échelle). **1.** Action d'escalader : *Faire l'escalade d'un mur.* **2.** En stratégie militaire, processus qui conduit à utiliser des moyens offensifs de plus en plus destructeurs. **3.** Aggravation d'un phénomène, d'un conflit, etc. ; montée : *Escalade de la violence.* **4. DR.** Action de s'introduire dans un lieu par une clôture, une fenêtre, etc., qui constitue une circonstance aggravante de l'infraction de vol. **5.** Ascension au cours de laquelle le grimpeur progresse en utilisant uniquement les prises naturelles du rocher (*escalade libre*) ou en utilisant des pitons et des étriers (*escalade artificielle*).

ESCALADER v.t. [3]. 1. Franchir en passant pardessus : *Escalader une grille.* **2.** Faire l'ascension de : *Escalader un pic.*

ESCALATOR n.m. (nom déposé). Escalier mécanique de la marque de ce nom.

ESCALE n.f. (du lat. *scala*, échelle). **1.** Action de s'arrêter pour se ravitailler, pour embarquer ou débarquer des passagers, du fret, en parlant d'un avion ou d'un navire : *Faire escale.* **2.** Lieu de relâche : *Arriver à l'escale.* **3.** Temps d'arrêt en ce lieu : *Escale d'une heure.*

ESCALIER n.m. (lat. *scalaria*). Ensemble de marches échelonnées qui permettent d'accéder à un autre niveau. ▪ **Avoir l'esprit de l'escalier** ou **d'escalier,** ne trouver ses reparties que lorsque l'occasion est passée. ▪ **Escalier roulant** ou **mécanique,** escalier dont la volée de marches est mise en mouvement.

ESCALOPE n.f. Tranche mince de viande blanche ou de poisson : *Escalope de thon.*

ESCALOPER v.t. [3]. CUIS. Détailler de biais en tranches fines des légumes, de la viande, du poisson.

ESCAMOTABLE adj. Qui peut être escamoté, replié : *Banquette arrière escamotable.* ▪ **Meuble escamotable,** que l'on peut rabattre contre un mur ou dans un placard pour le dissimuler.

ESCAMOTAGE n.m. Action d'escamoter.

ESCAMOTER v.t. [3] (anc. provenç. **escamotar*). **1.** Faire disparaître qqch par une manœuvre habile : *Le prestidigitateur escamote le foulard.* **2.** Vieilli. Dérober subrepticement : *Escamoter un portefeuille.* **3. TECHN.** Rentrer ou replier automatiquement un élément d'avion, un organe saillant d'une machine ou un mécanisme : *Escamoter le train d'atterrissage d'un avion.* **4.** Éviter ce qui est difficile ; éluder : *Vous avez escamoté le problème.* ▪ **Escamoter un mot,** le prononcer vite et très bas ou le sauter.

ESCAMOTEUR, EUSE n. Vieilli. Personne qui escamote des objets.

ESCAMPETTE n.f. (du moy. fr. *escamper*, s'enfuir). Fam. ▪ **Prendre la poudre d'escampette,** se sauver très vite.

ESCAPADE n.f. (ital. *scappata*). Action de quitter un lieu pour se soustraire momentanément à des obligations, à la routine ; échappée.

ESCARBILLE n.f. (mot picardo-wallon). Petit fragment de matière incandescente qui s'échappe d'un foyer.

ESCARBOT n.m. (du lat. *scarabaeus*, scarabée). Nom usuel de divers coléoptères.

ESCARBOUCLE n.f. (du lat. *carbunculus*, petit charbon). Nom donné jadis aux rubis et aux grenats rouges. ▪ **Rais d'escarboucle** [hérald.], pièce représentant huit rais fleurdelisés rayonnant autour d'un cercle parfois occupé par une escarboucle.

ESCARCELLE n.f. (de l'ital. *scarsella*, petite avare). Litt. ou par plais. Bourse, portefeuille considérés du point de vue de l'argent qu'ils contiennent : *Les gains tombent dans son escarcelle.*

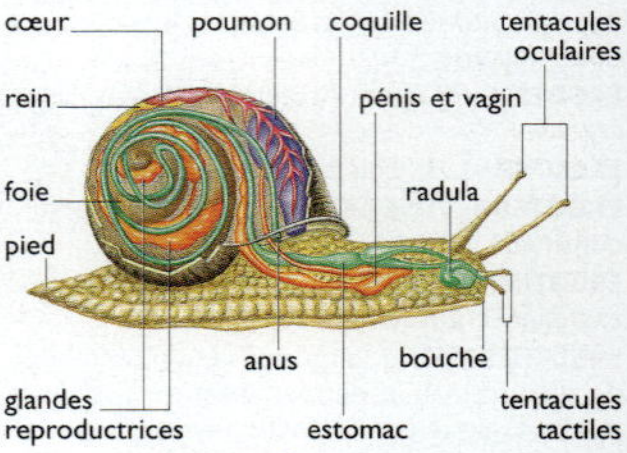

▲ **escargot.** Vue en coupe.

ESCARGOT n.m. (anc. fr. *escargol*). Mollusque gastéropode pulmoné qui se nourrit de feuilles, et dont les grandes espèces sont comestibles et peuvent être élevées (*héliciculture*). ➲ Famille des hélicidés. ▪ **Escargot de mer,** bigorneau. ▪ **Opération escargot,** mode de revendication qui consiste à perturber le trafic routier avec des véhicules roulant très lentement.

ESCARGOTIÈRE n.f. 1. Lieu où l'on élève les escargots. **2.** Plat façonné avec des cavités pour faire cuire et servir les escargots.

ESCARMOUCHE n.f. (ital. *scaramuccia*). **1.** Combat localisé, de courte durée, entre de petits groupes armés, entre les éléments avancés de deux armées ennemies ; échauffourée. **2.** Fig. Propos hostiles préludant à une polémique plus importante : *Escarmouche parlementaire.*

1. ESCARPE n.f. (ital. *scarpa*). Talus intérieur du fossé d'un ouvrage fortifié.

2. ESCARPE n.m. (du provenç. *escarpi*, tailler en pièces). Vx. Bandit qui tue pour voler.

ESCARPÉ, E adj. Qui a une pente raide ; abrupt : *Chemin escarpé.*

ESCARPEMENT n.m. **1.** Versant en pente abrupte d'une montagne, d'une falaise, etc. **2.** Pente raide d'un obstacle : *Escarpement d'un rempart.*

ESCARPIN n.m. (ital. *scarpino*, de *scarpa*, chaussure). Soulier bas et décolleté à semelle mince, avec ou sans talon, laissant découvert le cou-de-pied.

ESCARPOLETTE n.f. Vieilli. Siège suspendu par deux cordes sur lequel on se place pour se balancer ; balançoire.

1. ESCARRE ou **ESQUARRE** n.f. (de *équerre*). HÉRALD. Pièce honorable en forme d'équerre bordant les côtés intérieurs d'un franc-quartier.

2. ESCARRE ou **ESCHARE** [ɛskar] n.f. (du gr. *eskhara*, croûte). MÉD. Nécrose de la peau et des tissus sous-jacents, formant une croûte noire puis un ulcère, survenant surtout chez les personnes alitées.

ESCHATOLOGIE [ɛska-] n.f. (du gr. *eskhatos*, dernier, et *logos*, discours). RELIG. Doctrines et croyances relatives aux fins dernières de l'homme *(eschatologie individuelle)* et de l'Univers *(eschatologie universelle).*

ESCHATOLOGIQUE [ɛska-] adj. Qui concerne l'eschatologie.

ESCHE [ɛʃ] n.f. (du lat. *esca*, nourriture). PÊCHE. Appât accroché à l'hameçon.

ESCHER [ɛʃe] v.t. [3]. Garnir d'une esche.

ESCIENT [ɛsjɑ̃] n.m. (du lat. *sciens, scientis*, sachant). ▪ **À bon, mauvais escient,** avec à-propos ; à tort.

S'ESCLAFFER v.pr. [3] (du provenç. *esclafa*, éclater). Rire bruyamment.

ESCLANDRE n.m. (doublet fam. de *scandale*). Querelle tapageuse provoquée par un incident. ▪ **Faire un esclandre,** faire du scandale.

ESCLAVAGE n.m. **1.** État, condition d'esclave. **2.** État de ceux qui sont sous une domination tyrannique : *Tenir sa famille en esclavage.* **3.** Dépendance étroite de qqn à l'égard de qqch ou de qqn ; asservissement : *Il est tombé dans l'esclavage du jeu.* ▪ **Esclavage moderne,** condition d'une personne qui accomplit un travail forcé et non rétribué au service d'un employeur. ➲ S'y ajoutent parfois des abus sexuels de la part de l'employeur. ▪ **Réduction en esclavage** [dr.] → **RÉDUCTION.**

➲ La pratique de l'**ESCLAVAGE** remonte à l'Antiquité. En Mésopotamie, en Grèce comme à Rome, ce sont les prisonniers de guerre et les individus les plus pauvres de la société qui fournissaient la main-d'œuvre servile. Au Moyen Âge, l'esclavage s'est maintenu en Occident jusqu'au Xe s. et répandu dans le monde musulman. À partir du XVIe s., il s'est à nouveau intensifié avec la traite* des Noirs, dans le cadre notamment du commerce triangulaire*. Stigmatisé au XVIIIe s., l'esclavage fut aboli par la Grande-Bretagne en 1833, par la France en 1848 (à l'instigation de Victor Schœlcher), par les États-Unis en 1865 (à la fin de la guerre de Sécession), par le Brésil en 1888, puis définitivement condamné par la Déclaration universelle des droits de l'homme de 1948. On ne peut nier que subsistent dans le monde des formes d'esclavage, aujourd'hui pénalement sanctionnées.

ESCLAVAGISME n.m. Doctrine qui admet l'esclavage ; système social et économique fondé sur l'esclavage.

ESCLAVAGISTE adj. et n. Qui pratique l'esclavage ; qui en est partisan.

ESCLAVE n. (du lat. *slavus*, slave). **1.** Personne de condition non libre, considérée comme un instrument économique pouvant être vendu ou acheté, et qui est sous la dépendance d'un maître. **2.** Personne qui est sous l'entière dépendance d'une autre : *Elle était l'esclave de ses parents.* **3.** Personne entièrement soumise à qqch ; prisonnier : *Les esclaves de l'Internet.* ◆ adj. **1.** Qui est soumis à l'esclavage : *Enfants esclaves.* **2.** Qui est sous la dépendance complète de qqch : *Être esclave de son travail.*

ESCOBAR n.m. (du n. du jésuite *Escobar y Mendoza*). Vx, péjor. Personnage hypocrite qui use d'arguments de casuiste pour accorder sa conscience à ses intérêts.

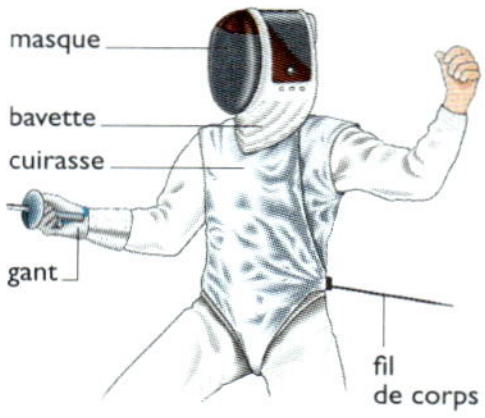

Un fleurettiste en position de garde.

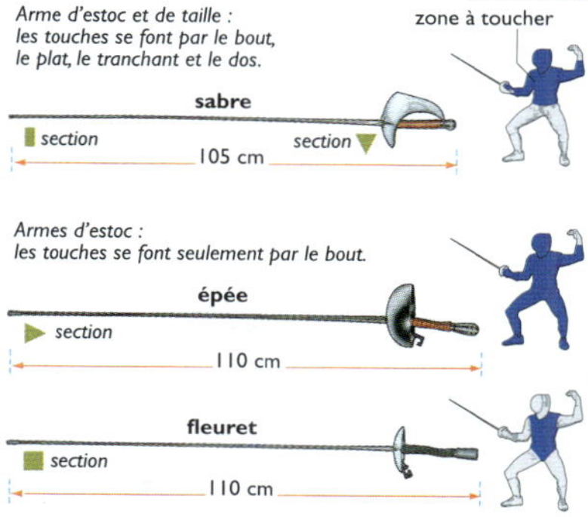

▲ **escrime.** Un assaut au fleuret.

ESCOGRIFFE n.m. (orig. obsc.). Fam. ▪ **Grand escogriffe,** homme de grande taille, mal bâti et dégingandé.

ESCOMPTABLE adj. BANQUE. Qui peut être escompté.

ESCOMPTE [ɛskɔ̃t] n.m. (de l'ital. *sconto*, décompte). **1.** BANQUE. Opération de crédit à court terme qui consiste, pour le banquier, à acheter un effet de commerce avant son échéance, déduction faite de l'agio d'escompte ; intérêt équivalent à cet agio : *Faire un escompte à 2 %.* **2.** COMM. Réduction consentie à un acheteur ou à un débiteur qui paie comptant ou avant l'échéance. ▪ **Agio d'escompte,** retenue que fait l'acheteur d'un effet de commerce sur le montant de celui-ci, qui correspond génér. aux intérêts de la somme avancée jusqu'à l'échéance de l'effet.

ESCOMPTER [ɛskɔ̃te] v.t. [3]. **1.** Compter sur ; espérer : *Nous escomptons de bons résultats. Elle escompte que ce poste lui reviendra.* **2.** BANQUE. Faire une opération d'escompte ; payer un effet de commerce non échu, déduction faite de l'agio d'escompte.

ESCOPETTE n.f. (ital. *schioppetto*). Anc. Arme à feu portative à bouche évasée.

ESCORTE n.f. (ital. *scorta*). **1.** Formation militaire terrestre, aérienne ou navale chargée d'escorter : *Escadron, avion, bâtiment d'escorte.* **2.** Suite de personnes qui accompagnent une personnalité : *Des préfets font partie de l'escorte officielle.* ▪ **Faire escorte à qqn,** l'accompagner. ▪ **Sous bonne escorte,** sous la surveillance de plusieurs personnes.

ESCORTER v.t. [3]. Accompagner pour protéger, surveiller ou faire honneur : *Des véhicules blindés escortent les fourgons.*

ESCORTEUR n.m. Bâtiment de guerre spécialement équipé pour la protection des communications et la lutte anti-sous-marine (SYN. **2. convoyeur**).

ESCOUADE n.f. (var. de *escadre*). **1.** Anc. Petit groupe de fantassins ou de cavaliers sous les ordres d'un caporal ou d'un brigadier. **2.** Petit groupe de personnes formant une équipe : *Une escouade de motards, de fantassins.*

ESCOURGEON ou **ÉCOURGEON** n.m. Orge d'hiver dont les grains sont disposés sur six rangs le long de l'épi.

ESCRIME n.f. (anc. ital. *scrima*). Sport opposant deux adversaires au fleuret, au sabre ou à l'épée.

➲ Fort différentes entre elles, les armes de l'**ESCRIME** sont cependant composées de la même manière : une lame d'acier flexible, une poignée leur permettant d'être tenues et une coquille métallique, placée entre les deux, servant à protéger la main. Les zones à toucher, ainsi que les façons de porter les touches, diffèrent selon l'arme. Les combats ou assauts sont remportés par le tireur ayant donné le premier de cinq à quinze touches, selon le type de match. Celles-ci sont jugées par une signalisation électrique. Les escrimeurs sont formés par un maître d'armes. Il existe des compétitions par équipes (de 3 tireurs) où chaque escrimeur affronte successivement ceux de l'équipe adverse.

S'ESCRIMER v.pr. [3]. **1.** (À). S'appliquer à faire qqch avec plus ou moins de succès : *Nous nous escrimons à lui faire comprendre que ce n'est pas possible.* **2.** (À, SUR). Faire tous les efforts possibles pour réussir à : *S'escrimer à déboguer un jeu vidéo. S'escrimer sur une machine en panne.*

ESCRIMEUR, EUSE n. Personne qui pratique l'escrime.

ESCROC [ɛskro] n.m. Personne qui escroque ; aigrefin.

ESCROQUER v.t. [3] (ital. *scroccare*, de *crocco*, croc). **1.** S'emparer de qqch d'une façon frauduleuse : *Escroquer des milliers d'euros à des petits épargnants.* **2.** Dépouiller qqn de son bien en le bernant : *Escroquer les accédants à la propriété.*

ESCROQUERIE n.f. **1.** Action d'escroquer. **2.** Délit consistant à s'approprier le bien d'autrui par des tromperies ou des manœuvres frauduleuses.

ESCUDO [ɛskudo] n.m. **1.** Unité monétaire principale du Cap-Vert. **2.** Ancienne unité monétaire principale du Portugal. ➲ Devenu, dès le 1er janvier 1999, une subdivision de l'euro, l'escudo portugais a cessé d'exister, au profit de la monnaie unique européenne, en 2002.

ÉSÉRINE n.f. Alcaloïde végétal toxique, tiré du physostigma, utilisé naguère en médecine.

ESGOURDE n.f. Arg. Oreille.

ESKIMO adj. inv. et n.m. → **1. ESQUIMAU.**

ÉSOTÉRIQUE adj. (gr. *esôterikos*). **1.** Qui est réservé aux initiés : *Des rites ésotériques* (CONTR. **exotérique**). **2.** Fig. Peu compréhensible par le commun des mortels ; abscons : *Poésie ésotérique.*

L'exploration de l'espace

La sonde Venus Express, lancée en 2005 (vue d'artiste).

Observé depuis des siècles par les astronomes, l'espace a longtemps été considéré comme une frontière ultime et infranchissable. À la fin des années 1950, Américains et Soviétiques ont mené une véritable guerre scientifique et technologique pour y envoyer des engins, puis des hommes. Si les vols spatiaux habités sont limités à visiter la Lune en raison des distances gigantesques, l'aventure spatiale est devenue un secteur clé de l'industrie et de l'économie mondiales avec les centaines de satellites artificiels (télévision, Internet, téléphone, météo, GPS...) tournant en permanence autour de la Terre.

L'HOMME À LA CONQUÊTE DE L'ESPACE

▲ **1957.** Le lanceur soviétique Semiorka-R7 (à gauche) met en orbite le premier satellite artificiel, Spoutnik 1 (reconstitution, à droite). Émettant un simple bip, cette sphère d'aluminium fascine le monde en pleine guerre froide et lance la course à l'espace.

◀ **1957.** Un mois après Spoutnik 1, Spoutnik 2 emporte à son bord la chienne Laïka, le premier être vivant à séjourner en orbite.

1961. Le cosmonaute ▶ soviétique Iouri Gagarine est le premier homme à accomplir un vol spatial. Il effectue, à bord du vaisseau Vostok 1, un tour de la Terre en 108 minutes.

◀ **1965.** En mars, le Soviétique Alekseï Leonov effectue la première sortie dans l'espace en scaphandre. Il est suivi, en juin, par l'Américain Edward White (né en 1930, photo ci-contre).

▼ **1969.** En posant le pied sur la Lune, l'astronaute américain Neil Armstrong prononce cette phrase historique « C'est un petit pas pour un homme, mais un bond de géant pour l'humanité » en direct sur les télévisions et les radios du monde entier. Il s'agit ici d'une photographie prise par Armstrong d'Edwin « Buzz » Aldrin, autre membre de la mission Apollo 11, avec le module lunaire Eagle à l'arrière-plan.

◀ **1975.** Après des années de guerre froide, les Américains et les Soviétiques coopèrent pour organiser l'arrimage l'un à l'autre des vaisseaux Apollo et Soyouz.

▲ **1981 à 2011.** Durant trente ans, les six navettes spatiales américaines, réutilisables grâce à leur forme d'avion, ont sillonné l'orbite basse de la Terre (moins de 2 000 km d'altitude) et réalisé de nombreuses prouesses technologiques (réparation du télescope Hubble, assemblage de stations spatiales...). Ici, en 1995, la navette Atlantis est arrimée à la station orbitale russe Mir.

▲ **2009.** La Station spatiale internationale rassemble des technologies américaines, russes, européennes, japonaises et canadiennes. Capable d'accueillir un équipage de six personnes, elle est vouée à la recherche et constitue le plus gros objet artificiel en orbite de la Terre (environ 900 m^3, ses panneaux solaires atteignant 2 500 m^2).

L'OBSERVATION DE L'ESPACE LOINTAIN

▼ **Voir l'invisible.** Pour observer l'espace lointain, les astronomes disposent d'instruments très performants (voir planche *instruments de la connaissance de l'Univers**). Le radiotélescope spatial Chandra révèle ainsi, sur ce cliché mêlant rayons X, ondes radio et optique classique, deux jets de particules de haute énergie (en vert) expulsées d'un trou noir hypermassif au sein de la galaxie Centaurus A, située à environ 14 millions d'années-lumière.

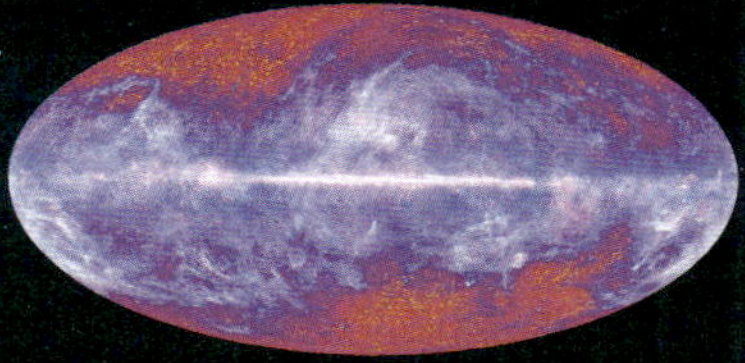

◀ **Remonter le temps.** Cette cartographie de la Voie lactée réalisée par l'observatoire spatial Planck mesure les infimes variations de température du rayonnement « fossile », émis 380 000 ans après le big bang. Ce rayonnement constitue la plus ancienne image de l'Univers.

Exoplanètes ▶ et autres Terres. Depuis 1992, l'existence de plus de 3 000 planètes extrasolaires a été confirmée, souvent par des méthodes indirectes. Cette vue d'artiste montre GJ 1214b, une « super-Terre » (6,5 fois notre planète) gravitant, avec ses deux lunes, autour d'une naine rouge située à 40 années-lumière.

L'EXPLORATION DU SYSTÈME SOLAIRE

▲ **Les satellites naturels révélés.** Les sondes spatiales (notamment Voyager 1 et 2, Galileo, Cassini-Huygens) ont permis de découvrir des mondes nouveaux à la surface des lunes des planètes géantes gazeuses : énorme cratère sur Mimas, surface glacée et craquelée d'Europe, atmosphère de Titan, volcanisme hyperactif sur Io…

▲ **Les sondes spatiales : l'épopée de Voyager 1.** Pour aller au plus près des objets du Système solaire*, de nombreuses sondes spatiales ont été lancées : Luna 3 explore la face cachée de la Lune en 1959, les sondes Mariner, lancées de 1962 à 1973, dévoilent les détails des planètes proches (Mars, Vénus, Mercure), etc. La sonde Voyager 1 reste emblématique : lancée en 1977, elle a permis de faire de multiples découvertes sur les planètes lointaines comme Jupiter, Saturne et leurs nombreux satellites naturels.

◀ En 2013, la sonde Voyager 1, toujours opérationnelle, a quitté le Système solaire (ci-dessus, en vue d'artiste) avec, à son bord, un disque doré contenant divers sons terrestres et, sur son couvercle (ci-contre), des indications sur son mode de lecture.

▼ **La sonde Rosetta.** Le 12 novembre 2014, la sonde Rosetta dépose son petit atterrisseur Philae sur la comète Tchourioumov-Guerassimenko, située à 500 millions de km de la Terre (ici, en vue d'artiste). Sa mission est d'analyser l'astre glacé à l'approche du Soleil.

L'exploration de Mars. Depuis 1976, plusieurs engins ont atteint le sol martien (Viking, Pathfinder, etc.). En 2012, le rover Curiosity s'est posé en douceur grâce à un atterrisseur équipé de moteurs-fusées (en vue d'artiste, ci-contre). Bardé de capteurs et d'équipements scientifiques, Curiosity doit étudier si les conditions d'apparition de la vie ont pu exister sur Mars (ci-dessous, un autoportrait panoramique).

ÉSOTÉRISME n.m. **1.** Partie de certaines philosophies anciennes qui devait rester inconnue des non-initiés. **2.** Fig. Caractère ésotérique, obscur de qqch.

ESP n.m. inv. (sigle de l'anglo-amér. *electronic stability program*). **AUTOM.** Équipement de sécurité permettant de corriger la trajectoire d'un véhicule en agissant sur le freinage et sur l'arrivée des gaz.

1. ESPACE n.m. (du lat. *spatium*, étendue). **1.** Étendue, surface ou volume dont on a besoin autour de soi : *Manquer d'espace pour recevoir sa famille.* **2.** Portion de l'étendue occupée par qqch : *Ce parc couvre un grand espace.* **3.** Intervalle de temps : *En l'espace d'un an.* **4.** Distance entre deux choses : *Laisser un espace de 10 cm.* **5.** Lieu affecté à une activité, un usage particuliers : *Des espaces de détente pour les enfants.* **6.** Milieu dans lequel se meuvent les astres : *On a vu un point lumineux dans l'espace.* **7.** Domaine situé au-delà de la partie de l'atmosphère terrestre où peuvent circuler les aéronefs ; ensemble des activités industrielles ou de recherche se rapportant à ce domaine : *Conquête de l'espace.* (V. planche page précédente.) **8. MATH.** Ensemble de points, de vecteurs, etc., sur lequel on a défini une structure : *Espace vectoriel, topologique.* **9. MATH.** Espace vectoriel euclidien à trois dimensions : *Géométrie dans l'espace.* ▪ **Espace aérien** [dr.], partie de l'atmosphère dont un État contrôle la circulation aérienne. ▪ **Espace naturel sensible (ENS),** site naturel (forêt, prairie, sentier, etc.) ouvert au public et bénéficiant de mesures particulières de protection et d'aménagement. ▪ **Espace (publicitaire),** portion de surface ou plage de temps destinée à recevoir de la publicité : *Achat, vente d'espace.* ▪ **Espace vert,** jardin, parc d'une agglomération. ▪ **Espace vital** (calque de l'all. *Lebensraum*), ensemble des territoires correspondant aux besoins d'expansion d'un État et devant lui être rattachés, selon une théorie nationaliste ; fam., espace nécessaire pour ne pas se sentir gêné par les autres.

2. ESPACE n.f. **IMPRIM.** Blanc servant à séparer les mots : *Des espaces régulières.*

ESPACEMENT n.m. **1.** Action d'espacer ; distance entre deux choses ou deux êtres. **2. IMPRIM.** Manière dont les mots sont espacés.

ESPACER v.t. [9]. **1.** Séparer par un espace, une durée, un intervalle : *Espacer les pieux d'une clôture de 1 m. Espacer des rendez-vous.* **2. IMPRIM.** Séparer les mots par des espaces. ◆ **S'ESPACER** v.pr. Se produire moins souvent : *Ses visites s'espacent.*

ESPACE-TEMPS n.m. (pl. *espaces-temps*). **PHYS.** Espace à quatre dimensions liées entre elles (les trois premières étant celles de l'espace ordinaire et la quatrième, le temps), nécessaires à un observateur donné, selon la théorie de la relativité, pour situer un événement.

ESPADON n.m. (de l'ital. *spadone*, grande épée). **1.** Poisson des mers chaudes et tempérées, à la nage puissante et rapide, à la mâchoire supérieure allongée comme une lame d'épée, d'où son nom de *poisson-épée.* ➲ Peut atteindre 6 m de long. Ordre des perciformes. **2.** Grande et large épée qu'on tenait à deux mains (XVe-XVIIe s.).

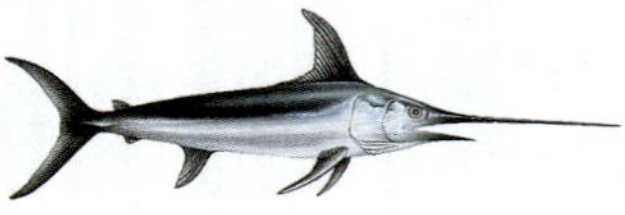

▲ espadon

ESPADRILLE n.f. (dial. pyrénéen *espardillo*). **1.** Chaussure basse à tige de toile et à semelle de corde. **2.** Québec. Chaussure de sport.

ESPAGNOL, E adj. et n. De l'Espagne ; de ses habitants. ◆ **n.m.** Langue romane parlée princip. en Espagne et en Amérique latine (sauf au Brésil et en Guyane).

➲ L'**ESPAGNOL** est, toutes variantes confondues, la langue maternelle de plus de 470 millions de personnes dans le monde. L'ensemble de tous les locuteurs de l'espagnol représente plus de 7 % de la population mondiale. Les États-Unis pourraient devenir le deuxième pays hispanophone (après le Mexique) à l'horizon 2060.

ESPAGNOLETTE n.f. (de *espagnol*). Tige métallique à poignée, munie de crochets à ses extrémités, et servant à fermer ou à ouvrir les châssis d'une fenêtre. ▪ **Fermer une fenêtre à l'espagnolette,** en laissant les deux châssis entrouverts, maintenus par la poignée.

ESPALIER n.m. (ital. *spalliera*). **1.** Rangée d'arbres, génér. fruitiers, palissés contre un mur. **2.** Large échelle fixée à un mur et dont les barreaux sont utilisés pour divers mouvements de gymnastique.

ESPANTER v.t. [3] (de l'occitan *espanter*, effrayer, épouvanter). Région. (Midi). Surprendre fortement ; sidérer ; ébahir : *Là, vraiment, tu m'espantes !*

ESPAR n.m. (de l'anc. fr. *esparre*, poutre). **MAR.** Longue pièce de bois, de métal ou de plastique du gréement d'un bateau (vergue, bôme, tangon, etc.).

ESPÈCE n.f. (lat. *species*). **1. BIOL.** Ensemble d'individus animaux ou végétaux semblables par leur aspect, leur habitat, féconds entre eux mais ordinairement stériles avec tout individu d'une autre espèce : *Les espèces animales et végétales.* **2.** Nature propre à plusieurs êtres vivants ou à plusieurs choses qu'un caractère commun distingue des autres du même genre ; catégorie : *Diverses espèces de délinquants. Différentes espèces d'ordinateurs.* **3. CHIM.** Entité chimique, substance, produit, neutres ou ionisés, intervenant dans une réaction, une équation, etc. **4. DR.** Point spécial en litige, cas particulier soumis au juge : *Dans la présente espèce.* ▪ **En l'espèce,** en la circonstance : *Il faut un matériau résistant, en l'espèce de la pierre.* ▪ **Espèce de...** [fam.], introduit un terme de mépris : *Espèce d'imbécile.* ▪ **Espèce parapluie** → **PARAPLUIE.** ▪ **Une espèce de...,** une personne, une chose définie par sa ressemblance à une autre : *Une espèce de détective privé, d'avion.* ◆ **n.f. pl. 1.** Monnaie ayant cours légal : *Payer en espèces.* **2. CHRIST.** Le pain (hostie) et le vin (calice) de l'eucharistie : *Communier sous les deux espèces.* ➲ La présence du Christ y est « réelle » pour les catholiques et symbolique pour les protestants.

ESPÉRANCE n.f. **1.** Sentiment de confiance qui porte à considérer ce que l'on désire comme réalisable ; espoir : *L'espérance d'un monde en paix. Elle a gagné contre toute espérance.* **2.** Objet de ce sentiment : *Ses enfants sont sa seule espérance.* **3. THÉOL. CHRÉT.** Vertu théologale par laquelle on attend de Dieu sa grâce et la vie éternelle. **4.** Moyenne, dans une série statistique, des valeurs prises par la variable, pondérées par la fréquence d'apparition respective de chaque valeur. ▪ **Espérance de vie,** durée moyenne de vie dans une population déterminée et à une époque donnée. ▪ **Espérance mathématique d'une variable aléatoire discrète,** moyenne arithmétique des valeurs possibles de cette variable, pondérées par leur probabilité. ◆ **n.f. pl.** Vieilli. Ce que qqn attend sous forme d'héritage susceptible d'augmenter sa fortune.

ESPÉRANTISTE adj. Relatif à l'espéranto. ◆ **adj. et n.** Qui pratique l'espéranto.

ESPÉRANTO n.m. Langue auxiliaire internationale, créée en 1887 par Zamenhof à partir de racines appartenant essentiellement aux langues romanes.

ESPÉRER v.t. [11], ▲ *[11*]* (lat. *sperare*). **1.** Considérer ce que l'on désire comme susceptible de se réaliser ; attendre avec confiance ; escompter : *Nous espérons un accord. J'espère la convaincre, qu'il arrivera à temps.* **2.** Région. ; Acadie. Attendre. ▪ **On ne l'espérait plus** [litt., iron.], on ne l'attendait plus, en parlant de qqn qui est très en retard. ◆ **v.t. ind.** (EN). Mettre sa confiance en : *Espérer en l'avenir.*

ESPERLUETTE n.f. (orig. obscure). Signe typographique (&) représentant le mot *et* (SYN. « **et** » **commercial**).

ESPIÈGLE adj. et n. (du néerl. *Till Uilenspiegel*). Vif et malicieux, mais sans méchanceté ; mutin : *Un sourire, un enfant espiègle.*

ESPIÈGLERIE n.f. Caractère espiègle : *L'espièglerie d'une réponse* ; action espiègle : *Les espiègleries d'un enfant.*

ESPINGOLE n.f. (de l'anc. fr. *espringuer*, danser). Gros fusil court, à canon évasé, en usage au XVIe s.

1. ESPION, ONNE n. (de l'anc. fr. *espier*, épier). **1.** Agent secret chargé d'espionner, de recueillir des renseignements, de surprendre des secrets pour le compte d'une autre personne, de son pays. **2.** (En appos., avec ou sans trait d'union). Qui est chargé de recueillir des renseignements ; de reconnaissance : *Des satellites-espions. Des avions espions.*

2. ESPION n.m. Miroir oblique installé devant une fenêtre.

ESPIONITE n.f. → **ESPIONNITE.**

ESPIONNAGE n.m. **1.** Action d'espionner ; surveillance clandestine. **2.** Activité des espions, ayant pour but de nuire à la sécurité d'un pays au profit d'un autre. ▪ **Espionnage industriel,** recherche de renseignements concernant l'industrie, et notamm. les procédés de fabrication.

ESPIONNER v.t. [3]. Surveiller secrètement, pour son compte personnel ou celui d'un autre, dans le but de nuire.

ESPIONNITE ou **ESPIONITE** n.f. Fam. Obsession de ceux qui voient des espions partout.

ESPLANADE n.f. (ital. *spianata*, de *spianare*, aplanir). Terrain plat, uni et découvert, en avant d'une fortification ou devant un édifice : *L'esplanade des Invalides, à Paris.*

ESPOIR n.m. **1.** Fait d'espérer ; état d'attente confiante : *Ils sont pleins d'espoir.* **2.** Personne en qui l'on espère : *Elle est mon dernier espoir.* ▪ **Dans l'espoir de** (+ inf.) ou **que** (+ indic.), dans la pensée de ou que. ▪ **Il n'y a plus d'espoir,** se dit en parlant de qqn qui va mourir.

ESPONTON n.m. (ital. *spuontone*). Pique à manche court portée par les officiers d'infanterie aux XVIIe et XVIIIe s.

E-SPORT [i-] n.m. (pl. *e-sports*). Sport électronique*.

ESPRESSIVO [ɛsprɛsivo] adv. (mot ital.). **MUS.** De manière expressive, chaleureuse.

ESPRIT n.m. (du lat. *spiritus*, souffle). **1.** Principe immatériel vital, substance incorporelle ; âme (par oppos. à *chair, corps, matière*). **2.** Être incorporel ou imaginaire ; fantôme : *On dit que des esprits hantent le lieu.* **3.** Principe de la pensée ; intelligence : *Avoir l'esprit vif. Il me revient à l'esprit que...* **4.** Disposition particulière de qqn à : *Esprit d'entreprise.* **5.** Aptitude à s'exprimer de façon originale et ingénieuse ; finesse : *Une réponse pleine d'esprit. Avoir de l'esprit.* **6.** Personne considérée sur le plan de son activité intellectuelle : *Un esprit supérieur.* **7.** Sens général d'un texte ; caractère essentiel, idée directrice (par oppos. à la *lettre*) : *L'esprit de la loi.* **8.** Ensemble d'idées, de sentiments propres à un groupe, une époque ; mentalité : *L'esprit de notre siècle.* **9. CHIM.** Anc. Partie la plus volatile des liquides soumis à distillation. ➲ Les alchimistes, qui croyaient à une matière animée, dénommaient ainsi les composants volatils, obtenus par distillation ; l'alcool éthylique, par ex., était appelé *esprit(-)de(-)vin.* ▪ **Avoir bon, mauvais esprit,** interpréter les choses d'une manière positive, négative. ▪ **Bel esprit** [litt.], personne qui cherche ostensiblement à se montrer spirituelle. ▪ **Dans mon esprit,** selon moi. ▪ **Esprit de finesse** [philos.], chez Pascal, l'intuition, le sentiment de la vérité, par oppos. à l'*esprit de géométrie,* qui procède par raisonnement déductif. ▪ **Esprit de parfum,** préparation alcoolique dérivée d'un parfum déterminé et dont le degré de concentration est intermédiaire entre l'extrait et l'eau de parfum. ▪ **Esprit rude (ʽ)** [ling.], en grec, signe qui marque l'aspiration d'une voyelle [par oppos. à l'*esprit doux* (ʼ)]. ▪ **Mot d'esprit,** remarque spirituelle. ▪ **Perdre l'esprit,** devenir fou. ▪ **Présence d'esprit,** promptitude à dire ou à faire ce qui est le plus opportun. ▪ **Reprendre ses esprits,** retrouver son sang-froid. ▪ **Trait d'esprit,** remarque fine, brillante.

ESQUARRE n.f. → **1. ESCARRE.**

ESQUICHER v.t. [3] (du provenç. *esquicha*, presser). Région. (Midi). Serrer ; comprimer.

ESQUIF n.m. (ital. *schifo*). Litt. Petite embarcation légère.

ESQUILLE n.f. (du lat. *schidia*, copeau). Petit fragment détaché d'un os par fracture ou maladie.

1. ESQUIMAU, AUDE adj. ou **ESKIMO** adj. inv. Relatif aux Esquimaux. ◆ **n.m.** Nom donné aux deux groupes de langues (*inuktitut* et *yupik*) de la famille esquimau-aléoute parlées par les Esquimaux.

2. ESQUIMAU **n.m.** (nom déposé). Crème glacée enrobée de chocolat, fixée sur un bâtonnet.

ESQUIMAU-ALÉOUTE **adj.** (pl. *esquimaux-aléoutes*). Se dit d'une famille de langues comprenant les langues des Esquimaux et celle des Aléoutes.

ESQUIMAUTAGE **n.m.** SPORTS. Tour complet dans l'eau effectué en chavirant puis en redressant un kayak.

ESQUINTANT, E **adj.** Fam. Très fatigant ; éreintant.

ESQUINTER **v.t.** [3] (du provenç. *esquintar*, déchirer). Fam. **1.** Détériorer ; endommager : *Esquinter ses chaussures.* **2.** Fatiguer beaucoup ; épuiser : *Cette randonnée m'a esquinté.* **3.** Critiquer sévèrement ; éreinter : *Esquinter un chanteur.*

ESQUIRE [ɛskwajər] **n.m.** (mot angl. « écuyer »). Titre honorifique utilisé en Grande-Bretagne par courtoisie, notamm. dans l'adresse des lettres. Abrév. **Esq.**

ESQUISSE **n.f.** (ital. *schizzo*). **1.** Première forme, traitée à grands traits et génér. en dimensions réduites, du projet d'une œuvre plastique, d'une œuvre d'art appliqué ou d'une construction. ➲ Ce peut être un dessin, une peinture, un modelage, etc. **2.** Plan sommaire d'une œuvre littéraire et de ses parties ; canevas. **3.** Fig. Commencement d'une action ; ébauche : *Une esquisse de remerciement.*

ESQUISSER **v.t.** [3]. **1.** Faire l'esquisse de ; décrire à grands traits. **2.** Fig. Commencer à faire ; ébaucher : *Esquisser un sourire.*

ESQUIVE **n.f.** Action d'éviter un coup par un déplacement du corps.

ESQUIVER **v.t.** [3] (ital. *schivare*, de *schivo*, dédaigneux). **1.** Éviter adroitement un coup, une attaque ; parer. **2.** Se soustraire habilement à ; éluder : *Esquiver les questions sur sa vie privée.* ◆ **S'ESQUIVER** **v.pr.** Partir furtivement.

ESSAI **n.m.** (du lat. *exagium*, pesée). **1.** Action d'essayer, de tester les qualités de : *Vous devriez faire l'essai de ce produit. Prendre qqn à l'essai.* **2.** DR. Période, prévue dans le contrat de travail et préalable à l'engagement définitif, pendant laquelle les parties peuvent se rétracter. **3.** Effort fait pour réussir qqch ; tentative : *Coup d'essai.* **4.** Au rugby, action de déposer ou de plaquer au sol, avec les mains, les bras ou le torse, le ballon dans l'en-but adverse. **5.** En athlétisme, chacune des tentatives dont dispose un concurrent pour les sauts ou les lancers. **6.** LITTÉR. Ouvrage en prose rassemblant des réflexions diverses ou traitant un sujet d'intérêt général sans prétendre l'épuiser. **7.** ORFÈVR. Vérification du titre d'un alliage de métal précieux. ▪ **Essai thérapeutique,** expérience médicale consistant à appliquer un traitement à des personnes consentantes pour en étudier les caractéristiques. ➲ Dans l'*essai thérapeutique comparatif*, un groupe de malades reçoit le traitement étudié tandis qu'un second groupe reçoit un autre traitement (souvent un placebo).

ESSAIM **n.m.** (lat. *examen*). **1.** Groupe d'abeilles, comportant une reine et plusieurs dizaines de milliers d'ouvrières, qui abandonne une ruche surpeuplée pour former une nouvelle colonie. **2.** Litt. Foule très animée ; multitude : *Un essaim de touristes.* **3.** ASTRON. Groupe de météorites qui décrivent autour du Soleil des orbites très voisines, génér. associées à celle d'une comète.

ESSAIMAGE **n.m.** **1.** Multiplication des colonies d'abeilles, consistant dans l'émigration d'une partie de la population d'une ruche ; époque où les abeilles essaiment. **2.** ÉCON. Fait pour une entreprise d'encourager ses salariés à créer leur propre entreprise, en leur apportant une aide financière et/ou technique.

ESSAIMER **v.i.** [3]. **1.** Quitter la ruche pour former une nouvelle colonie, en parlant des abeilles. **2.** Fig. S'installer autre part, en parlant d'une collectivité ou d'une entreprise.

ESSARTAGE ou **ESSARTEMENT** **n.m.** AGRIC. Défrichement d'un terrain boisé, avec brûlis et épandage de la cendre produite, en vue d'une mise en culture du terrain défriché.

ESSARTER **v.t.** [3]. Pratiquer l'essartage de.

ESSARTS **n.m. pl.** (du lat. *sarire*, sarcler). Vx. Terre essartée. (S'emploie auj. dans des noms de lieux.)

ESSAYAGE **n.m.** Action d'essayer un vêtement : *Cabine d'essayage.*

ESSAYER [esɛje] **v.t.** [6] (de *essai*). **1.** Utiliser qqch pour en éprouver les qualités, pour vérifier son fonctionnement : *Essayer un téléphone.* **2.** Fam. Avoir recours aux services de qqn pour la première fois : *Essayer un nouveau dépanneur.* **3.** Mettre un vêtement, des chaussures pour voir s'ils conviennent. **4.** (DE). S'efforcer de faire qqch ; tenter de : *Essayez maintenant de vous connecter à notre site.* ▪ **Essayer de l'or, de l'argent** [orfèvr.], en déterminer le titre. ◆ **S'ESSAYER** **v.pr.** (À). Entreprendre sans expérience de faire qqch ; se hasarder à : *S'essayer à monter à cheval. S'essayer au golf* ou *à jouer au golf.*

ESSAYEUR, EUSE **n.** **1.** Personne chargée de procéder à des essais. **2.** Fonctionnaire qui vérifie la pureté de l'or ou de l'argent pour la fabrication des monnaies et médailles. **3.** Personne qui procède à l'essayage d'un vêtement, chez un confectionneur, un couturier.

ESSAYISTE **n.** (angl. *essayist*). Auteur d'essais littéraires, politiques ou philosophiques.

ESSE **n.f.** (de la lettre S). **1.** Crochet en forme de S. **2.** MUS. Ouïe.

ESSENCE **n.f.** (lat. *essentia*, de *esse*, être). **1.** PHILOS. Ce qui constitue le caractère fondamental, la réalité permanente d'une chose (par oppos. à *accident*) ; nature d'un être, indépendamment de son existence. **2.** Principe, caractère fondamental d'une chose : *Le droit de vote est l'essence même de la démocratie.* **3.** SYLVIC. Espèce d'arbre : *Les essences résineuses.* **4.** Liquide pétrolier léger, à odeur caractéristique, distillant entre 40 et 220 °C env., utilisé princip. comme carburant. **5.** Concentré de certaines substances aromatiques ou alimentaires obtenu par distillation : *Essence de rose.* ▪ **Par essence,** par sa nature même.

ESSENCERIE **n.f.** Sénégal. Poste d'essence.

ESSÉNIEN, ENNE **adj.** et **n.** Se dit des membres d'une secte juive (IIe s. av. J.-C. - Ier s. apr. J.-C.) constituée de communautés menant une vie ascétique. ➲ Il s'agirait de la secte qui a vécu à Qumran.

ESSENTIALISME [-sja-] **n.m.** Philosophie qui affirme que les essences ont une réalité objective (par oppos. à *nominalisme*).

ESSENTIALISTE **adj.** et **n.** Relatif à l'essentialisme ; qui en est partisan.

ESSENTIEL, ELLE **adj.** **1.** Sans lequel qqch ne peut exister ; indispensable : *Un rouage essentiel de notre équipe.* **2.** Très important ; capital : *Il est essentiel qu'elle soit rapidement avertie.* **3.** PHILOS. Relatif à l'essence, à la nature intime d'une chose ou d'un être (par oppos. à *accidentel*). **4.** BIOL., MÉD. Se dit d'une substance qu'un organisme ne peut pas synthétiser, et qu'il doit se procurer dans le milieu extérieur (SYN. **indispensable**). **5.** MÉD. Idiopathique. ▪ **Huile essentielle** → **HUILE.** ◆ **n.m.** **1.** Le point le plus important : *Aller à l'essentiel.* **2.** Ensemble des objets nécessaires : *Emporter l'essentiel.* **3.** La plus grande partie de : *L'essentiel de nos activités se concentre dans le multimédia.*

ESSENTIELLEMENT **adv.** Par-dessus tout ; principalement.

ESSEULÉ, E **adj.** Laissé seul ou tenu à l'écart.

ESSIEU **n.m.** (du lat. *axis*, axe). Pièce disposée transversalement sous un véhicule pour en supporter le poids, et dont les extrémités entrent dans le moyeu des roues.

ESSOR **n.m.** (de l'anc. fr. *s'essorer*, s'envoler). Développement rapide de qqch ; expansion : *Le secteur des loisirs est en plein essor. Donner un nouvel essor à la recherche.* ▪ **Prendre son essor,** s'envoler, en parlant d'un oiseau ; fig., commencer à se développer.

ESSORAGE **n.m.** Action d'essorer.

ESSORÉ, E **adj.** Fam. À bout de forces : *Sortir essoré d'une campagne électorale* ; ruiné : *Il a été complètement essoré par cet escroc.*

ESSORER **v.t.** [3] (lat. pop. *exaurare*, de *aura*, vent). Débarrasser une chose mouillée d'une partie de l'eau dont elle est imprégnée : *Essorer du linge, la salade.*

ESSOREUSE **n.f.** **1.** Appareil ménager servant à essorer le linge en le faisant tourner dans un tambour. **2.** Dans une sucrerie, appareil servant à séparer le sucre cristallisé des mélasses. **3.** Ustensile pour essorer la salade, constitué d'une cuve cylindrique à l'intérieur de laquelle tourne un panier percé de trous.

ESSOUCHER **v.t.** [3]. SYLVIC. Enlever d'un terrain les souches qui sont restées après l'abattage des arbres ou après une tempête.

ESSOUFFLEMENT **n.m.** **1.** Sensation de gêne pour respirer ; respiration difficile. **2.** Fig. Incapacité à suivre le rythme d'une progression ; usure : *L'essoufflement d'un élan de solidarité.*

ESSOUFFLER **v.t.** [3]. Mettre hors d'haleine, à bout de souffle : *Cette course les a essoufflés.* ◆ **S'ESSOUFFLER** **v.pr.** **1.** Perdre son souffle. **2.** Fig. Avoir de la peine à poursuivre une action entreprise, à garder un rythme soutenu : *La campagne de ce candidat s'essouffle.*

ESSUIE **n.m.** Belgique. Essuie-mains ; serviette de bain ; torchon.

ESSUIE-GLACE **n.m.** (pl. *essuie-glaces*). AUTOM. Dispositif comprenant un moteur électrique entraînant un ou plusieurs balais munis d'une lame en caoutchouc, destiné à essuyer le pare-brise ou la glace arrière mouillés d'un véhicule.

ESSUIE-MAINS **n.m. inv.,** ▲ *ESSUIE-MAIN n.m.* (pl. *essuie-mains*). Linge pour s'essuyer les mains.

ESSUIE-PIEDS **n.m. inv.,** ▲ *ESSUIE-PIED n.m.* (pl. *essuie-pieds*). Paillasson.

ESSUIE-TOUT **n.m. inv.,** ▲ *ESSUIETOUT n.m.* (pl. *essuietouts*). Papier absorbant en rouleau, à usage domestique.

ESSUIE-VERRE **n.m.** (pl. *essuie-verres*). Torchon fin pour l'essuyage des verres.

ESSUYAGE **n.m.** Action, manière d'essuyer.

ESSUYER [esɥije] **v.t.** [7] (du lat. *exsucare*, extraire le suc). **1.** Sécher en frottant : *Essuyer la table* ; nettoyer en frottant : *Essuyer ses chaussures sur le paillasson.* **2.** Fig. Avoir à supporter qqch de pénible, de désagréable ; subir : *Essuyer une tornade, de vifs reproches.* ▪ **Essuyer les plâtres** [fam.], habiter le premier une maison nouvellement construite ; être le premier à subir les inconvénients de qqch de nouveau.

EST [ɛst] **n.m. inv.** (angl. *east*). **1.** L'un des quatre points cardinaux, situé du côté de l'horizon où le soleil se lève (SYN. **orient**). Abrév. **E.** **2.** (Avec une majuscule). Partie du globe terrestre ou d'un territoire située vers ce point : *Aller s'installer dans l'Est.* **3.** (Avec une majuscule). Ensemble des pays d'Europe qui appartenaient (période de 1945 à 1989) au bloc socialiste. ◆ **adj. inv.** Situé du côté de l'est : *La côte est.*

ESTABLISHMENT [ɛstabliʃmɛnt] **n.m.** (mot angl.). Groupe puissant de gens en place qui défendent leurs privilèges, l'ordre établi.

ESTACADE **n.f.** (ital. *steccata*). Jetée à claire-voie, formée de grands pieux et établie dans un port ou un cours d'eau pour fermer un passage, protéger des travaux, etc.

ESTAFETTE **n.f.** (de l'ital. *staffetta*, petit étrier). Militaire chargé de transmettre les dépêches.

ESTAFIER **n.m.** (ital. *staffiere*). **1.** Anc. Valet armé. **2.** Vx, péjor. Garde du corps.

ESTAFILADE **n.f.** (de l'ital. *staffilata*, coup de fouet). Entaille faite avec un instrument tranchant, princip. au visage.

ESTAGNON **n.m.** (provenç. *estagnoun*, de *estanh*, étain). Afrique. Récipient métallique destiné à contenir des liquides.

EST-ALLEMAND, E **adj.** (pl. *est-allemands, es*). De l'ancienne République démocratique allemande, dite *Allemagne de l'Est.*

ESTAMINET **n.m.** (wallon *staminê*). Région. (Nord) ; Belgique. Petit débit de boissons ; café.

ESTAMPAGE **n.m.** **1.** Façonnage, par déformation plastique, d'une masse de métal à l'aide de matrices, permettant de lui donner une forme et des dimensions très proches de celles de la pièce finie. **2.** Empreinte d'une inscription, d'un cachet ou d'un bas-relief méplat, obtenue par pression sur une feuille de papier mouillée, un bloc de plâtre humide, une poterie avant cuisson. **3.** Fam. Escroquerie.

1. ESTAMPE **n.f.** (de *estamper*). Outil pour estamper.

2. ESTAMPE **n.f.** (ital. *stampa*). Image imprimée, le plus souvent sur papier, après avoir été gravée sur métal, bois, etc., ou dessinée sur support lithographique. *(V. planche page suivante.)*

L'estampe

La gravure sur bois (apparue en Chine vers le VIIIe s. et à la fin du XIVe s. en Europe), la gravure sur métal (taille-douce ou eau-forte, XVe s.), la lithographie (XVIIIe s.) et la sérigraphie (XXe s.) sont les principales techniques grâce auxquelles un dessin est transféré sur un support souple, généralement du papier, pour produire une estampe. Image autonome et multipliable, l'estampe a été un important moyen de communication : au fil des siècles, elle a servi à la propagande, à la satire, à la diffusion de productions artistiques, tout en accédant par ailleurs elle-même au statut d'œuvre d'art à part entière. Ce qu'elle est exclusivement désormais, avec sa spécificité d'original multiple.

▲ **Pierre Milan** (?-1557 ?) et **René Boyvin** (v. 1525-1580 ?). *La Nymphe de Fontainebleau* (partie centrale), burin dû à ces deux graveurs, milieu du XVIe s. Cette planche montre l'assimilation par les artistes français du maniérisme des Italiens le Rosso et le Primatice.

Rembrandt. ▶ *Vue de l'Omval*, eau-forte et pointe sèche, 1645. L'artiste hollandais a su créer un langage suggestif entièrement nouveau, fondé sur la maîtrise et la combinaison des diverses techniques de la taille-douce.

▲ **Shiba Kôkan** (1747-1818). *La Lettre*, gravure sur bois de fil (une planche par couleur), v. 1770. L'estampe japonaise idéalise les scènes de la vie quotidienne de la bourgeoisie d'Edo, éphémères « images du monde flottant » (*Ukiyo-e*).

▲ **Francisco de Goya y Lucientes.** *Se repulen* (« Ils se font beaux »), planche à l'eau-forte et à l'aquatinte de la suite des *Caprices*, gravée entre 1793 et 1798 : la force plastique au service d'une verve hallucinante et satirique.

◀ **Carlos Schwabe** (1866-1926). Édition de bibliophilie (1904) d'*Hesperus* (Catulle Mendès). L'artiste symboliste d'origine allemande a souvent mis la finesse de son trait au service d'œuvres littéraires.

ESTAMPER v.t. **[3]** (du francique **stampôn*, écraser). **1.** Imprimer en relief ou en creux par repoussage, au moyen d'une matrice gravée : *Estamper des monnaies.* **2.** MÉTALL. Façonner par estampage. **3.** Fam. Faire payer qqch trop cher à qqn.

ESTAMPEUR, EUSE n. **1.** Personne qui pratique l'estampage. **2.** Fam. Escroc.

ESTAMPILLAGE n.m. Action d'estampiller.

ESTAMPILLE n.f. (esp. *estampilla*). Marque appliquée sur un objet d'art en guise de signature ou sur un produit industriel comme garantie d'authenticité.

ESTAMPILLER v.t. **[3].** Marquer d'une estampille.

ESTANCIA [ɛstɑ̃sja] n.f. (mot esp.). En Amérique latine, grande ferme ou établissement d'élevage.

EST-CE QUE [ɛskə] adv. interr. (Remplace l'inversion du sujet et du verbe dans une question). **1.** S'emploie en tête de phrase lorsque la question appelle une réponse par oui ou par non : *Est-ce que vous l'avez vu ?* **2.** Fam. S'emploie après un adverbe ou un pronom interrogatif : *Où est-ce qu'elle va ?*

ESTE n.m. LING. Estonien.

1. ESTER [ɛste] v.i. (du lat. *stare*, se tenir debout). DR. ■ **Ester en justice**, exercer une action en justice.

✎ S'emploie seulem. à l'inf.

2. ESTER [ɛstɛr] n.m. (de l'all.). CHIM. ORG. Fonction résultant de l'action d'un acide carboxylique sur un alcool, avec élimination d'eau (nom générique).

ESTÉRASE n.f. Enzyme qui catalyse l'hydrolyse d'une liaison ester, telle que la phosphatase, la lipase.

ESTÉRIFICATION n.f. CHIM. ORG. Réaction de formation d'un ester à partir d'un acide et d'un alcool.

ESTÉRIFIER v.t. **[5].** Soumettre à l'estérification.

ESTERLIN n.m. (angl. *sterling*). NUMISM. Monnaie anglaise d'argent, qui fut copiée sur le continent (fin du XIIIe s.).

ESTHÉSIE n.f. PHYSIOL. Capacité à recevoir une sensation.

ESTHÈTE n. et adj. (de *esthétique*). **1.** Personne qui aime l'art et le considère comme la valeur essentielle. **2.** Péjor. Personne qui affecte de n'aimer que ce qui est beau.

ESTHÉTICIEN, ENNE n. **1.** Écrivain, philosophe spécialiste d'esthétique. **2.** (Surtout au fém.). Professionnel des soins du corps et du visage, dans un institut de beauté.

ESTHÉTIQUE adj. (gr. *aisthêtikos*, de *aisthanesthai*, percevoir). **1.** Relatif au sentiment, à la perception du beau : *Émotion, éducation esthétique.* **2.** Qui a une certaine beauté, de la grâce : *Cette présentation des données est la plus esthétique.* **3.** Qui entretient la beauté du corps ou du visage : *Soins esthétiques.* ■ **Chirurgie, médecine esthétique,** partie de la chirurgie plastique, ensemble des actes médicaux qui visent à améliorer la forme ou l'aspect d'une partie du corps, ou à lutter contre les effets visibles de l'âge. ◆ n.f. **1.** Théorie du beau, de la beauté en général et du sentiment qu'elle fait naître. **2.** Ensemble des principes à la base d'une expression artistique visant à la rendre conforme à un idéal de beauté : *L'esthétique romantique, baudelairienne.* **3.** Caractère de beauté, d'harmonie : *L'esthétique d'un pont, d'une mise en scène.* ■ **Esthétique industrielle,** discipline visant à la conception des objets selon des critères de beauté, d'impact visuel, mais aussi d'usage.

ESTHÉTIQUEMENT adv. **1.** De façon esthétique. **2.** Du point de vue de l'esthétique.

ESTHÉTISANT, E adj. Parfois péjor. Qui privilégie le jeu raffiné des valeurs formelles.

ESTHÉTISATION n.f. Action d'esthétiser qqch.

ESTHÉTISER v.i. **[3].** Péjor. Privilégier systématiquement l'esthétique. ◆ v.t. Rendre qqch esthétique : *Esthétiser la violence.*

ESTHÉTISME n.m. **1.** Doctrine ou attitude artistique qui met au premier plan le raffinement ou la virtuosité formels. **2.** Tendance artistique et littéraire anglaise du dernier tiers du XIXe s., qui se situe dans le courant, opposé au naturalisme, de l'« art pour l'art ».

ESTIMABLE adj. 1. Qui est digne d'estime ; respectable : *Une famille estimable.* **2.** Qui a de la valeur sans être exceptionnel ; honorable : *C'est un film estimable.* **3.** Que l'on peut évaluer ; chiffrable : *Dégâts difficilement estimables.*

ESTIMATEUR n.m. Litt. Personne qui fait une estimation.

ESTIMATIF, IVE adj. Qui constitue une estimation : *Devis estimatif.*

ESTIMATION n.f. 1. Action de déterminer la valeur de qqch ; évaluation. **2. MATH.** Recherche de la valeur de un ou de plusieurs paramètres d'une loi statistique à partir d'observations ou de sondages.

ESTIME n.f. 1. Opinion favorable que l'on porte sur qqn, qqch ; considération : *Je la tiens en grande estime. Une œuvre digne d'estime.* **2. MAR.** Détermination de la position approchée d'un navire, en tenant compte des courants et de la dérive. ▪ **À l'estime,** au jugé. ▪ **Succès d'estime,** demi-succès d'une œuvre, louée par la critique mais boudée par le grand public.

ESTIMER v.t. [3] (lat. *aestimare*). **1.** Déterminer la valeur d'un bien, le prix d'un objet ; expertiser : *Estimer une maison.* **2.** Calculer approximativement : *Estimer la durée d'un trajet.* **3.** Avoir une bonne opinion de qqn, de son action ; apprécier : *J'estime beaucoup cette collaboratrice, son projet.* **4.** Avoir pour opinion ; penser : *J'estime avoir fait l'impossible.* ◆ **S'ESTIMER v.pr.** Se considérer comme ; se croire : *Elle s'estime capable de réussir.*

ESTIVAGE n.m. Déplacement, séjour des animaux d'élevage dans les pâturages de montagne pendant l'été.

ESTIVAL, E, AUX adj. (du lat. *aestivalis*, de l'été). Relatif à l'été : *Temps estival* ; qui a lieu en été : *Tourisme estival.*

ESTIVANT, E n. Personne qui passe ses vacances d'été dans un lieu de villégiature.

ESTIVATION n.f. ÉCOL. État léthargique dans lequel certains animaux (par ex. le protoptère) passent l'été, quand la chaleur et la sécheresse sont trop importantes (par oppos. à *hibernation*).

ESTIVE n.f. Pâturage d'été, en montagne.

ESTIVER v.t. [3] (provenç. *estivar*). Mettre les animaux d'élevage, l'été, dans les pâturages de montagne. ◆ **v.i.** Passer l'été dans les pâturages de montagne, en parlant des animaux d'élevage.

ESTOC [ɛstɔk] **n.m.** (de l'anc. fr. *estochier*, frapper). Épée d'armes frappant de la pointe (XVe-XVIe s.). ▪ **Frapper d'estoc et de taille** [vx], en se servant de la pointe et du tranchant d'une arme blanche.

ESTOCADE n.f. (de *estoc*). **1.** Coup d'épée porté par le matador pour achever le taureau. **2.** Fig., litt. Attaque soudaine et décisive : *Donner* ou *porter l'estocade à son rival.*

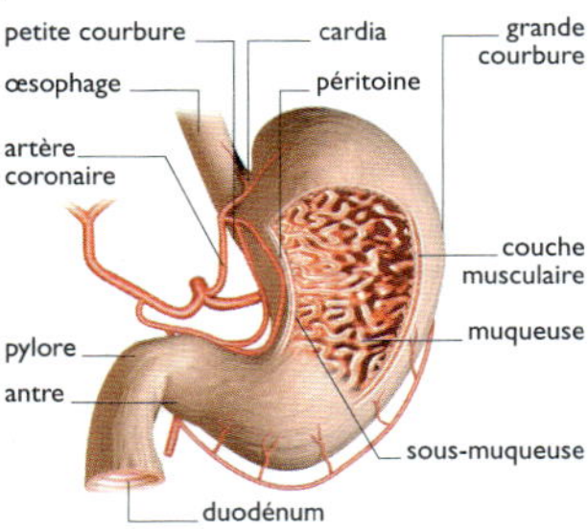

▲ **estomac**

ESTOMAC [-ma] **n.m.** (lat. *stomachus*, du gr.). **1.** Chez l'homme, partie du tube digestif renflée en poche et située sous le diaphragme, entre l'œsophage et l'intestin grêle, où les aliments sont brassés et imprégnés de suc gastrique. **2.** Chez les vertébrés et une partie des invertébrés, organe formé par un renflement du tube digestif entre l'œsophage et le duodénum, aux parois musculeuses, et qui exerce une double action mécanique et chimique sur les aliments. **3.** Partie du corps qui correspond à l'estomac : *Recevoir un coup dans l'estomac.* ▪ **À l'estomac** [fam.], par une assurance, une audace qui en impose. ▪ **Avoir de l'estomac** [fam.], avoir de l'audace, du sang-froid. ▪ **Avoir l'estomac dans les talons** [fam.], avoir très faim. ▪ **Avoir un estomac d'autruche** [fam.], avoir une grande facilité à digérer. ▪ **Rester sur l'estomac** [fam.], être un motif de rancune.

ESTOMAQUER v.t. [3] (du lat. *stomachari*, s'irriter). Fam. Surprendre vivement ; stupéfier.

ESTOMPAGE n.m. Action d'estomper.

ESTOMPE n.f. (du néerl. *stomp*, bout). Petit rouleau de peau ou de papier terminé en pointe mousse servant à étaler le crayon, le fusain, le pastel sur un dessin.

ESTOMPEMENT n.m. Litt. Fait de s'estomper.

ESTOMPER v.t. [3]. 1. Adoucir ou ombrer un dessin avec l'estompe. **2.** Couvrir qqch d'une ombre légèrement dégradée ; voiler. **3.** Fig. Atténuer l'acuité de qqch ; adoucir : *Estomper les différends.* ◆ **S'ESTOMPER v.pr. 1.** Devenir flou : *Les montagnes s'estompent dans la brume.* **2.** Devenir moins marqué, moins fort : *Son chagrin s'estompe.*

ESTONIEN, ENNE adj. et **n.** De l'Estonie ; de ses habitants. ◆ **n.m.** Langue finno-ougrienne parlée par les Estoniens (SYN. **este**).

ESTOPPEL [ɛstɔpɛl] **n.m.** (mot angl.). **DR. INTERN.** Règle selon laquelle un État, partie à un procès, n'a pas la possibilité d'adopter une position contraire à celle qu'il a prise antérieurement de façon formelle ou tacite.

ESTOQUER v.t. [3]. 1. Porter l'estocade au taureau. **2.** Litt. Donner le coup de grâce à un adversaire.

ESTOUFFADE ou **ÉTOUFFADE n.f.** (de l'ital. *stufata*, étuvée). Plat de viande ou de gibier préparé à l'étouffée : *Estouffade de bœuf aux olives.*

ESTOURBIR v.t. [21] (de l'all. *sterben*, mourir). Fam. Assommer.

1. ESTRADE n.f. (de l'ital. *strada*, route). Vx. ▪ **Battre l'estrade,** courir les routes pour marauder.

2. ESTRADE n.f. (esp. *estrado*, du lat. *stratum*, plate-forme). Plancher surélevé où l'on peut placer des sièges, un pupitre, etc. ; tribune : *L'orateur est monté sur l'estrade.*

ESTRADIOL n.m. → **ŒSTRADIOL.**

ESTRADIOT n.m. → **STRADIOT.**

ESTRAGON n.m. (ar. *tarkhoûn*). Plante potagère aromatique, voisine de l'armoise, utilisée comme condiment ; ce condiment. ➲ Famille des composées.

ESTRAMAÇON n.m. (de l'ital. *stramazzone*, coup d'épée). Longue épée à deux tranchants (XVIe-XVIIe s.).

ESTRAN n.m. (du néerl. *strand*, rivage). **GÉOGR.** Portion du littoral comprise entre les plus hautes et les plus basses mers.

ESTRAPADE n.f. (ital. *strappata*, de *strappare*, arracher). **HIST.** Supplice qui consistait à hisser le condamné à une certaine hauteur, puis à le laisser tomber au bout d'un câble le retenant à quelque distance du sol ; mât servant à ce supplice.

ESTROGÈNE n.m. et **adj.** → **ŒSTROGÈNE.**

ESTROPE n.f. (du lat. *stroppus*, courroie). **MAR.** Ceinture en filin avec laquelle on entoure une poulie et qui sert à la suspendre ou à la fixer.

ESTROPIÉ, E adj. et **n.** Privé de l'usage d'un ou de plusieurs membres.

ESTROPIER v.t. [5] (ital. *stroppiare*). **1.** Priver qqn de l'usage normal d'un ou de plusieurs membres. **2.** Fig. Déformer dans la prononciation ou l'orthographe ; écorcher : *Estropier un mot anglais.*

ESTROPROGESTATIF, IVE adj. → **ŒSTROPROGESTATIF.**

ESTUAIRE n.m. (lat. *aestuarium*, de *aestus*, marée). Embouchure d'un fleuve sur une mer ouverte et où se font sentir les marées.

▲ **estuaire.** Image satellite Spot de l'estuaire de la Seine, avec la ville du Havre sur la rive nord.

ESTUARIEN, ENNE adj. Relatif aux estuaires.

ESTUDIANTIN, E adj. Relatif aux étudiants : *Manifestations estudiantines.*

ESTURGEON n.m. (francique **sturio*). Poisson chondrostéen des régions tempérées de l'hémisphère Nord, à bouche ventrale et à cinq rangées longitudinales de plaques sur les flancs, qui passe un ou deux ans dans les estuaires avant d'achever sa croissance en mer. ➲ Chaque femelle, qui peut atteindre 6 m de long et peser 500 kg chez le béluga de la mer Noire, pond en eau douce de 100 000 à 2 millions d'œufs, qui donnent le caviar. Ordre des acipensériformes.

▲ **esturgeon**

ET conj. (mot lat.). **1.** Marque la liaison entre deux mots ou deux propositions de même fonction, en indiquant une addition, la simultanéité, une opposition ou une comparaison : *Achète du pain et du beurre. Je finis et je pars.* **2.** En tête d'énoncé indique un renforcement ou un enchaînement ; mais : *Et pourtant, elle tourne.* ▪ **« Et » commercial,** esperluette. ▪ **Et/ou,** formule indiquant que les deux termes coordonnés le sont, au choix, soit par *et*, soit par *ou*.

ÊTA n.m. inv., ▲ *n.m.* Septième lettre de l'alphabet grec (Η, η), notant un *e* long en grec classique, par oppos. à *epsilon* (*e* bref).

ÉTABLE n.f. (lat. *stabulum*). Bâtiment destiné au logement du bétail, partic. des bovins.

1. ÉTABLI, E adj. 1. Qui est stable, durable : *Réputation bien établie.* **2.** Bien ancré : *L'allocution de fin d'année est un usage établi.* **3.** Instauré durablement ; solide : *Pouvoir établi.*

2. ÉTABLI n.m. Table de travail des menuisiers, des ajusteurs, des tailleurs, etc.

ÉTABLIR v.t. [21] (du lat. *stabilire*, affermir). **1.** Installer dans un lieu, une position : *Établir un barrage routier.* **2.** Mettre en vigueur, en application ; instaurer : *Établir la paix, de nouveaux contacts.* **3.** Dresser une liste, un inventaire, etc. : *Établir une liste électorale, un planning.* **4.** Vieilli. Pourvoir d'une situation : *Établir ses enfants.* **5.** Démontrer la réalité de ; prouver : *Établir un fait, l'innocence d'un accusé.* ◆ **S'ÉTABLIR v.pr.** Fixer sa demeure, son activité quelque part ; s'installer : *S'établir à la campagne.*

ÉTABLISSEMENT n.m. 1. Action d'établir : *L'établissement d'un barrage* ; fait de s'établir : *L'établissement des habitants d'un quartier neuf.* **2.** Ensemble de locaux où se donne un enseignement (école, collège ou lycée). **3.** Entreprise commerciale ou industrielle. ▪ **Établissement d'utilité publique,** organisme privé ayant un but d'intérêt général. ▪ **Établissement public,** personne morale de droit public, ayant l'autonomie financière, génér. chargée d'assurer un service public, ou d'exercer des activités industrielles ou commerciales.

ÉTAGE n.m. (du lat. *statio*, position permanente). **1.** Chacun des intervalles compris entre deux planchers d'un bâtiment. **2.** Chacune des divisions, chacun des niveaux d'une chose formée de parties superposées ou hiérarchisées. **3. ASTRONAUT.** Partie autonome et séparable d'un lanceur spatial. **4. GÉOL.** Subdivision stratigraphique d'une série géologique, correspondant à un ensemble de terrains de même âge. **5. ÉCOL.** Ensemble de végétaux propres à un intervalle d'altitude donné, dans une zone montagneuse : *Étages montagnard, subalpin, alpin, nival.* ▪ **De bas étage,** de qualité médiocre : *Un romancier de bas étage* ; de mauvais goût : *Humour de bas étage.*

ÉTAGEMENT n.m. Action d'étager ; disposition en étages.

ÉTAGER v.t. [10]. Disposer à des niveaux, à des moments différents : *Étager des livres, des augmentations.* ◆ **S'ÉTAGER v.pr.** Être disposé en rangs superposés.

a b c d e f g h i j k l m n o p q r s t u v w x y z

ÉTAGÈRE n.f. **1.** Tablette fixée horizontalement sur un mur. **2.** Meuble composé de plusieurs tablettes superposées.

ÉTAGISTE n.m. ASTRONAUT. Firme industrielle chargée de l'intégration d'un étage de lanceur spatial.

1. ÉTAI n.m. (francique **staka*). CONSTR. Pièce de charpente servant à soutenir provisoirement un plancher, un mur, etc. (SYN. **chevalet**).

2. ÉTAI n.m. (anc. angl. *staeg*). MAR. Câble métallique ou cordage destiné à maintenir en place un mât.

ÉTAIEMENT, ÉTAYEMENT [etɛmɑ̃] ou **ÉTAYAGE** [etɛjaʒ] n.m. CONSTR. Action, manière d'étayer un mur, un plafond, etc.

ÉTAIN n.m. (du lat. *stagnum*, plomb argentifère). **1.** Métal blanc, brillant, très malléable, qui fond à 232 °C, de densité 7,29. **2.** Élément chimique (Sn), de numéro atomique 50, de masse atomique 118,710. **3.** Objet en étain.

➲ On utilise l'**ÉTAIN** comme métal de protection du cuivre et de l'acier (fer-blanc pour emballage alimentaire), et dans le flottage du verre. Allié au cuivre, l'étain donne le bronze.

ÉTAL n.m. (pl. *étals*) [francique **stal*]. **1.** Table sur laquelle sont exposées les denrées en vente sur un marché. **2.** Table sur laquelle les bouchers débitent la viande.

ÉTALAGE n.m. **1.** Exposition de marchandises offertes à la vente. **2.** Emplacement où sont exposées les marchandises ; vitrine ; ensemble de ces marchandises : *Un étalage de jouets.* **3.** Action d'exposer avec ostentation ; parade : *Faire étalage de son érudition.* ◆ n.m. pl. MÉTALL. Partie d'un haut-fourneau, au-dessus du creuset, où l'on étale le minerai pour assurer sa fusion complète.

ÉTALAGER v.t. [10]. COMM. Disposer des marchandises à l'étalage.

ÉTALAGISTE n. Personne dont le métier consiste à mettre en valeur un étalage, une vitrine.

ÉTALE adj. Litt. Qui ne varie pas ; stationnaire : *Taux financiers étales.* ▪ **Mer, cours d'eau étales,** dont le niveau ne monte ni ne descend. ◆ n.m. HYDROL. Moment où le niveau de la mer est stable, entre le flux et le jusant : *L'étale de haute, de basse mer.*

ÉTALEMENT n.m. Action d'étaler. ▪ **Étalement urbain,** tendance à l'accroissement des superficies urbanisées, notamm. du fait de l'extension de l'habitat pavillonnaire.

1. ÉTALER v.t. [3] (de *étal*). **1.** Exposer des marchandises pour la vente. **2.** Disposer des objets les uns à côté des autres sur une surface : *Étaler les pièces d'un puzzle.* **3.** Disposer à plat une chose pliée, roulée ; déplier : *Étaler une carte routière.* **4.** Étendre une couche de matière sur toute l'étendue de : *Étaler du jaune d'œuf sur une pâte.* **5.** Répartir qqch, une action sur une période plus longue que prévu ; échelonner : *Étaler des paiements.* **6.** Montrer avec ostentation ; exhiber : *Étaler sa richesse.* ▪ **Étaler son jeu** ou **ses cartes,** déposer ses cartes en les montrant. ◆ **S'ÉTALER** v.pr. **1.** S'appliquer sur une surface. **2.** Fam. Prendre toute la place, trop de place. **3.** Fam. Tomber : *S'étaler de tout son long.*

2. ÉTALER v.t. [3] (de *étale*). MAR. ▪ **Étaler le vent, le courant,** pouvoir leur résister ou faire route contre eux.

ÉTALINGURE n.f. MAR. Fixation d'une chaîne ou d'un câble à l'organeau d'une ancre.

1. ÉTALON n.m. (du francique **stal*, écurie). **1.** Équidé entier destiné à la reproduction. **2.** Mâle reproducteur d'une espèce domestique.

2. ÉTALON n.m. (du francique **stalo*, modèle). **1.** MÉTROL. Objet ou instrument qui matérialise une unité de mesure et sert de référence, de modèle légal : *Étalon de masse, de poids. Mètre étalon.* **2.** MÉTROL. Résultat d'une mesure qui sert de référence pour d'autres mesures. ▪ **Étalon monétaire** [écon.], valeur ou métal retenus par un ou plusieurs pays comme référence et instrument de réserve de leur système monétaire.

ÉTALONNAGE ou **ÉTALONNEMENT** n.m. MÉTROL. Détermination de la relation existant entre les indications d'un appareil de mesure et les valeurs de la grandeur à mesurer.

ÉTALONNER v.t. [3]. **1.** MÉTROL. Comparer à un étalon ; effectuer l'étalonnage de. **2.** CINÉMA. Assurer l'unité ou l'équilibre photographique d'un film. ▪ **Étalonner son pas** [métrol.], en évaluer la longueur moyenne. ▪ **Étalonner un test** [psychol.], l'appliquer à un groupe de référence et lui donner des valeurs chiffrées en fonction de la répartition statistique des résultats.

ÉTAMAGE n.m. Action d'étamer.

ÉTAMBOT n.m. (mot scand.). MAR. Pièce massive soutenant la structure arrière d'un navire.

ÉTAMBRAI n.m. (mot scand.). MAR. Pièce guidant latéralement un mât à hauteur du pont, sur un navire à voiles.

ÉTAMER v.t. [3] (de *étain*). **1.** Recouvrir un métal d'une couche d'étain pour le préserver de l'oxydation. **2.** Recouvrir de tain une glace.

ÉTAMEUR n.m. Ouvrier, industriel spécialisé dans l'étamage.

1. ÉTAMINE n.f. (du lat. *stamen*, fil). **1.** Étoffe très légère et non croisée. **2.** Carré de toile ou de laine servant à filtrer une préparation culinaire liquide.

2. ÉTAMINE n.f. (du lat. *stamina*, filaments). BOT. Organe mâle des plantes à fleurs, formé d'une partie mince, le filet, et d'une partie renflée, l'anthère, qui renferme le pollen.

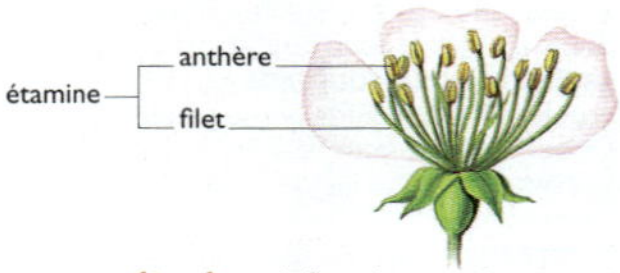

▲ **étamines** de fleur de pommier.

ÉTAMPE n.f. Outil utilisé pour rectifier une pièce de métal dont il présente la forme en creux.

ÉTAMPER v.t. [3] (du francique **stampôn*, écraser). Rectifier une pièce de métal à l'étampe.

ÉTAMPERCHE n.f. CONSTR. Écoperche.

ÉTAMURE n.f. Couche d'alliage sur un objet étamé.

ÉTANCHE adj. **1.** Qui ne laisse pas pénétrer ou s'écouler les fluides ; hermétique : *Une montre étanche.* **2.** Fig. Qui maintient une séparation absolue ; infranchissable : *Cloison étanche entre les différents services.*

ÉTANCHÉITÉ n.f. Caractère de ce qui est étanche.

ÉTANCHEMENT n.m. Litt. Action d'étancher.

ÉTANCHER v.t. [3] (du lat. *stare*, s'arrêter). **1.** Arrêter l'écoulement d'un liquide : *Étancher le sang d'une blessure.* **2.** TECHN. Rendre étanche en calfatant ou en asséchant. ▪ **Étancher sa soif** [litt.], l'apaiser ; se désaltérer.

ÉTANÇON n.m. (de l'anc. fr. *estance*, station debout). **1.** TECHN. Étai utilisé dans le bâtiment ou dans les mines. **2.** AGRIC. Élément d'un outil reliant au bâti des pièces de travail du sol.

ÉTANÇONNEMENT n.m. Action d'étançonner.

ÉTANÇONNER v.t. [3]. TECHN. Soutenir par des étançons.

ÉTANG n.m. (de l'anc. fr. *estanchier*, étancher). Étendue d'eau stagnante, naturelle ou artificielle, peu profonde, de surface génér. inférieure à celle d'un lac.

ÉTANT n.m. PHILOS. Chez Heidegger, ce qui existe concrètement, par oppos. à l'Être pris dans son sens absolu.

ÉTANT DONNÉ loc. prép. À cause de : *Étant donné les circonstances.* ◆ **ÉTANT DONNÉ QUE** loc. conj. Attendu que ; puisque.

ÉTAPE n.f. (du moyen néerl. *stapel*, entrepôt). **1.** Lieu où l'on s'arrête au cours d'un voyage, d'une course, d'un parcours ; halte : *Nous ferons étape à Alençon.* **2.** Distance d'un lieu d'arrêt à un autre ; épreuve sportive consistant à franchir cette distance : *Remporter une étape.* **3.** Fig. Phase d'une évolution ; stade : *La première étape des négociations.* **4.** CHIM. Phase élémentaire d'une réaction chimique.

ÉTARQUER v.t. [3] (du moyen néerl. *sterken*, raidir). MAR. Tendre une voile le long de sa draille, de sa vergue, de son mât, etc.

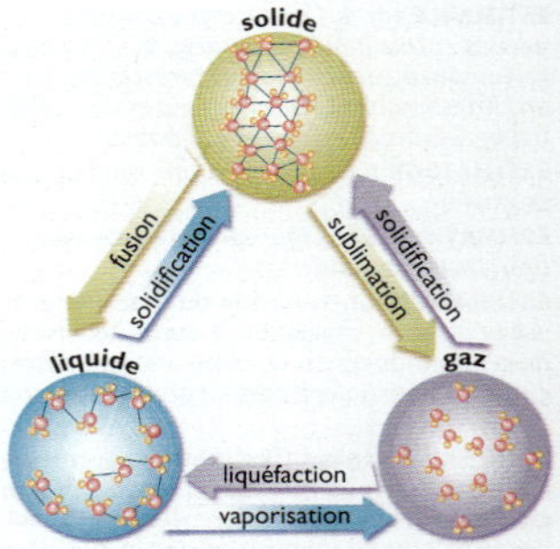

▲ **état.** Les trois états de la matière les plus courants et leurs changements.

ÉTAT n.m. (lat. *status*). **1.** Manière d'être physique ou morale d'une personne : *La victime est dans un état grave. Son état s'est amélioré.* **2.** Situation d'une personne au regard du droit, de la religion : *Être en état de légitime défense, en état de grâce.* **3.** Aspect sous lequel se présente qqch : *Cet appareil est en parfait état. Les choses sont restées en l'état.* **4.** Liste énumérative qui constate l'état des choses, la situation des personnes : *État des dépenses. Les états de service de qqn.* **5.** Situation dans laquelle se trouve une collectivité : *État de siège. Commune en état de catastrophe naturelle.* **6.** Vieilli. Situation sociale ou professionnelle : *Elle est médecin de son état.* **7.** PHYS. Manière d'être d'un corps relativement à sa cohésion, à l'arrangement ou à l'ionisation de ses constituants : *État solide, liquide, gazeux, cristallin, ionisé.* **8.** Ensemble des données caractéristiques d'un système thermodynamique ou cybernétique. ▪ **Équation d'état** [thermodyn.], relation existant à l'équilibre entre les grandeurs qui définissent l'état d'un corps pur. ▪ **État civil,** ensemble des qualités et des droits civils d'une personne (nationalité, nom, domicile, etc.) ; service chargé en France des actes de l'état civil dans une commune. ▪ **État de choses,** ensemble de circonstances particulières. ▪ **État de nature** [philos.], condition supposée de l'homme, de l'humanité avant la constitution des sociétés juridiquement et politiquement organisées. ➲ Se prêtant à d'importantes variations de contenu, la notion, centrale dans la pensée politique et anthropologique au XVIIe et au XVIIIe s., est présente chez Hobbes, Spinoza, Rousseau, Kant, etc. ▪ **État des lieux,** rapport écrit constatant l'état de conservation ou de dégradation d'un local ; fig., constatation d'une situation à un moment donné. ▪ **État des personnes,** ensemble des conditions d'existence juridique et de situation familiale d'une personne (mariage, filiation, etc.). ▪ **État d'esprit,** disposition d'esprit à un moment donné. ▪ **État de transition** [chim.], combinaison chimique fugitive apparaissant au cours d'une réaction, et dont la durée de vie n'excède pas 10^{-14} s. ▪ **État d'oxydation** [chim.], nombre d'électrons ôtés à l'atome neutre d'un élément pour qu'il atteigne un autre état stable. ▪ **Être dans tous ses états** [fam.], être très agité, perturbé. ▪ **Être en état, hors d'état de,** être en mesure, dans l'incapacité de : *Être en état, hors d'état de voyager.* ▪ **Faire état de qqch,** le mentionner ou le mettre en avant : *Faire état de son expérience.* ▪ **Mettre, tenir qqch en état,** le rendre, le garder prêt à servir. ▪ **Remettre qqch en état,** le réparer. ▪ **Verbe d'état** [gramm.], exprimant que le sujet est dans un état donné (par oppos. à *verbe d'action*). ◆ n.m. pl. HIST. Les trois ordres ou catégories sociales de la France de l'Ancien Régime (clergé, noblesse et tiers état). ▪ **États provinciaux,** assemblée, convoquée par le roi, des représentants des trois ordres d'une province. ▪ **Les états généraux,** l'assemblée des députés des trois états de toutes les provinces. ➲ Les États généraux, sans précision de date, désignent toujours ceux de 1789. (v. partie n.pr. **RÉVOLUTION FRANÇAISE**) ; fig., mod., assemblée qui se propose de débattre en profondeur d'un sujet : *Les états généraux du réchauffement climatique.* ▪ **Pays d'états,** province qui possédait des états provinciaux.

ÉTAT n.m. (de *état*). [Avec une majuscule]. **1. DR.** Entité politique constituée d'un territoire délimité par des frontières, d'une population et d'un pouvoir institutionnalisé : *Réunion de chefs d'État.* **2.** Ensemble des pouvoirs publics : *L'État indemnisera les victimes de cette catastrophe.* ▪ **Affaire d'État** [dr.], qui concerne l'intérêt public ; fig., affaire importante. ▪ **Coup d'État,** prise illégale du pouvoir par une personne, un groupe qui exercent des fonctions à l'intérieur de l'appareil étatique. (On parle de *putsch* en cas de coup d'État militaire.) ▪ **État de droit,** État dans lequel les pouvoirs publics sont soumis de manière effective au respect de la légalité par voie de contrôle juridictionnel. ▪ **État failli** (anglo-amér. *failed state*) [polit.], État qui ne parvient pas – ou plus – à assurer les missions essentielles dévolues aux États modernes, notamm. en matière de sécurité intérieure et extérieure. (On dit aussi *État défaillant.*) ➲ Cette notion ne fait pas consensus, car elle est jugée par certains ambiguë et stigmatisante. ▪ **État fédéral** → **FÉDÉRAL.** ▪ **État (fédéré),** entité territoriale de certains États fédéraux (États-Unis, Inde, par ex.). ▪ **État gendarme,** État qui se soucie uniquement de la défense, de la police et de la justice. ▪ **État-nation,** v. à son ordre alphabétique. ▪ **État-parti,** v. à son ordre alphabétique. ▪ **État providence,** État qui intervient activement dans les domaines économique et social, pour assurer des prestations aux citoyens. ▪ **Homme d'État,** qui dirige ou a dirigé un État. ▪ **Raison d'État,** considération de l'intérêt public au nom duquel est justifiée une action.

➲ Titulaire de la souveraineté, l'**ÉTAT** est l'institution qui personnifie juridiquement la nation et dont la prérogative est de maintenir l'unité territoriale. Il est soit de type unitaire (et, dans ce cas, centralisé ou décentralisé), soit de type fédéral* ou confédéral*. L'État peut aussi être conçu comme un appareil – la puissance publique, dite encore « les pouvoirs publics » –, qui contrôle l'Administration dans le but de servir l'intérêt général.

ÉTATIQUE adj. Relatif à l'État (par oppos. à *privé*).

ÉTATISATION n.f. Action d'étatiser.

ÉTATISER v.t. [3]. DR. Transférer à l'État des propriétés, des actions privées ; nationaliser.

ÉTATISME n.m. Doctrine préconisant l'intervention de l'État dans les domaines économique et social ; système qui applique cette doctrine.

ÉTATISTE adj. et **n.** Qui relève de l'étatisme ; qui en est partisan.

ÉTAT-MAJOR n.m. (pl. *états-majors*). **1.** Groupe d'officiers chargé d'assister un chef militaire dans l'exercice de son commandement. **2.** Ensemble des proches collaborateurs d'un chef, des personnes les plus importantes d'un groupe : *L'état-major d'une entreprise.*

ÉTAT-NATION n.m. (pl. *États-nations*). État dont les citoyens forment un peuple ou un ensemble de populations se reconnaissant comme ressortissant essentiellement d'un pouvoir souverain émanant d'eux et les exprimant.

ÉTAT-PARTI n.m. (pl. *États-partis*). État dans lequel les fonctions clés du pouvoir (fonctions régaliennes, partic.) sont toutes détenues par le parti unique.

ÉTATS-UNIEN, ENNE (pl. *états-uniens, états-uniennes*) ou **ÉTATSUNIEN, ENNE** [etazynjɛ̃, ɛn] **adj.** et **n.** Des États-Unis ; de ses habitants.

ÉTAU n.m. (pl. *étaux*) [anc. fr. *estoc*]. **1.** Appareil formé de deux mâchoires dont le serrage permet d'assujettir la pièce que l'on veut travailler. **2.** Fig. Ce qui enferme, emprisonne : *L'étau se resserre autour des fuyards.*

ÉTAYAGE n.m. 1. CONSTR. Étaiement. **2. PSYCHAN.** Appui originaire que trouvent les pulsions sexuelles sur les fonctions vitales.

ÉTAYEMENT n.m. → **ÉTAIEMENT.**

ÉTAYER [etɛje] **v.t. [6]. 1. CONSTR.** Soutenir un mur, un plafond, etc., par des étais. **2.** Fig. Appuyer, soutenir une idée ; fonder : *Elle étaie sa démonstration de faits avérés.*

ET CETERA ou **ET CÆTERA** [ɛtsetera] **loc. adv.** (mots lat. « et les autres choses »). Et le reste. Abrév. **etc.**

ÉTÉ n.m. (lat. *aestas, -atis*). **1.** Saison qui succède au printemps et précède l'automne, et qui, dans l'hémisphère Nord, commence le 21 ou le 22 juin et finit le 22 ou le 23 septembre. **2.** Période des fortes températures, dans les climats tempérés : *Nous n'avons pas eu d'été cette année.* ▪ **Été de la Saint-Martin,** derniers beaux jours, vers le 11 novembre, jour de la Saint-Martin. ▪ **Été indien,** en Amérique du Nord, brève période de journées chaudes et ensoleillées au cours de l'automne, le plus souvent après les premières gelées. (Au Québec, on dit plutôt *été des Indiens.*)

ÉTEIGNOIR n.m. 1. Petit cône métallique dont on coiffe les bougies pour les éteindre. **2.** Fig., fam. Rabat-joie.

ÉTEINDRE v.t. [62] (lat. *extinguere*). **1.** Faire cesser la combustion de : *Éteindre un incendie, une cigarette.* **2.** Faire cesser le fonctionnement d'un dispositif d'éclairage : *Éteins la lampe, la cuisine.* **3.** Faire cesser le fonctionnement d'un appareil à gaz, électrique, etc. : *Éteindre un moteur, un ordinateur.* **4.** Litt. Atténuer ou effacer une sensation, un sentiment : *Éteindre la soif, l'espoir de qqn.* ▪ **Éteindre une rente, une dette** [dr.], les annuler en en payant le capital, le montant. ◆ **S'ÉTEINDRE v.pr. 1.** Cesser de brûler ; cesser d'éclairer. **2.** Fig. Mourir : *Elle s'est éteinte dans son lit.* **3.** Cesser d'exister ; disparaître : *Une espèce animale qui s'éteint.*

ÉTEINT, E adj. 1. Qui a cessé de brûler, d'éclairer. **2.** Qui a perdu son éclat, sa vivacité : *Regard éteint.*

ÉTENDAGE n.m. 1. Action d'étendre du linge. **2.** Suisse. Endroit, pièce où l'on étend du linge.

ÉTENDARD n.m. (du francique **standhard*, stable). **1.** Enseigne de guerre et, notamm., drapeau de troupes autref. à cheval ; bannière. **2.** Fig. Symbole d'une cause pour laquelle on combat ; signe de ralliement : *L'étendard de la solidarité.* **3. BOT.** Pétale supérieur de la corolle d'une papilionacée. ▪ **Brandir l'étendard de la révolte** [litt.], se révolter.

ÉTENDERIE n.f. VERR. Four pour le refroidissement du ruban de verre plat sortant de l'outil de formage.

ÉTENDOIR n.m. Corde ou dispositif pour étendre du linge.

ÉTENDRE v.t. [59] (lat. *extendere*). **1.** Déployer en long et en large : *Étendre du linge.* **2.** Donner toute son étendue à une partie du corps ; étirer : *Étendre les jambes pour se délasser.* **3.** Coucher qqn tout du long ; allonger : *Étendre un blessé sur un lit.* **4.** Fig., fam. Refuser qqn à un examen ; recaler. **5.** Appliquer une couche de matière de façon qu'elle couvre une surface ; étaler. **6.** Rendre moins concentré en ajoutant un liquide ; diluer : *Étendre une sauce avec du bouillon.* **7.** Augmenter l'étendue de ; agrandir : *Étendre une zone industrielle, les compétences d'un juge.* ◆ **S'ÉTENDRE v.pr. 1.** Se mettre en position allongée ; se coucher. **2.** Avoir une certaine étendue dans l'espace ou le temps : *La ville s'est étendue.* **3.** Fig. Augmenter en importance, en ampleur ; se propager : *La grève s'étend.* ▪ **S'étendre sur un sujet,** le développer longuement.

ÉTENDU, E adj. 1. De grande dimension ; vaste : *Ville étendue.* **2.** D'une grande ampleur ; important : *Culture très étendue.* **3.** Entièrement déployé : *Ailes étendues.* **4.** Qui est additionné de liquide : *Du vin étendu d'eau.*

ÉTENDUE n.f. 1. Espace occupé par qqch ; superficie : *L'étendue d'un parc.* **2.** Portée, dans l'espace ou dans le temps : *L'étendue d'une voix, du Moyen Âge.* **3.** Importance, ampleur de qqch : *L'étendue d'une erreur.* **4. MUS.** Écart entre le son le plus grave et le son le plus aigu d'une voix, d'une mélodie ou d'un instrument (SYN. **registre**). **5. MATH.** Écart entre la plus petite et la plus grande des valeurs observées d'un échantillon. **6. PHILOS.** Propriété des corps d'occuper de l'espace ; chez Descartes, attribut essentiel des corps, de la matière.

ÉTERNEL, ELLE adj. (lat. *aeternalis*). **1.** Qui n'a ni commencement ni fin ; perpétuel : *Le cycle éternel des saisons.* **2.** Qui dure très longtemps et ne semble pas avoir de fin ; infini : *Des regrets éternels.* **3.** Qui ne semble pas devoir s'arrêter ; sempiternel : *Nous avons eu droit à ses éternelles pleurnicheries.* **4.** (Avant le n.). Qui est toujours associé à qqn, à qqch ; habituel : *Son éternelle casquette sur la tête.* ▪ **Feu éternel** ou **flammes éternelles** [relig.], supplice sans fin des damnés (par oppos. à *vie éternelle*). ▪ **La Ville éternelle,** Rome. ◆ **ÉTERNEL n.m.** ▪ **L'Éternel,** Dieu.

ÉTERNELLEMENT adv. 1. Pour toujours ; indéfiniment. **2.** Sans cesse ; continuellement.

ÉTERNISER v.t. [3]. Faire durer trop longtemps ; prolonger. ◆ **S'ÉTERNISER v.pr. 1.** Durer très ou trop longtemps : *La réunion s'éternise.* **2.** Fam. Rester trop longtemps quelque part.

ÉTERNITÉ n.f. (lat. *aeternitas*). **1.** Durée sans commencement ni fin. **2.** Dans certaines religions, vie éternelle dans l'au-delà. **3.** Fam. Temps très long : *Cela fait une éternité que nous ne nous sommes vus.* ▪ **De toute éternité** [litt.], depuis toujours.

ÉTERNUEMENT n.m. Brusque expulsion réflexe d'air par le nez et la bouche, provoquée par une excitation de la muqueuse nasale.

ÉTERNUER v.i. [3] (lat. *sternutare*). Faire un éternuement.

ÉTÉSIEN adj.m. (du gr. *etêsioi anemoi*, vents annuels). ▪ **Vents étésiens,** qui soufflent du nord, en Méditerranée orientale, pendant l'été.

ÉTÊTAGE ou **ÉTÊTEMENT n.m.** Opération par laquelle on étête un arbre.

ÉTÊTER v.t. [3]. 1. Couper la cime d'un arbre ; écimer. **2.** Enlever la tête de : *Étêter un poisson.* **3. CHIM.** Enlever à un produit subissant une distillation sa fraction la plus légère (dite *tête de distillation*).

ÉTEULE [etœl] **n.f.** (lat. *stipula*). Litt. Chaume qui reste sur place après la moisson.

ÉTHANAL n.m. (pl. *éthanals*). **CHIM. ORG.** Aldéhyde (CH_3CHO) dérivé de l'alcool éthylique (SYN. **acétaldéhyde**).

ÉTHANE n.m. (de *éther*). **CHIM. ORG.** Hydrocarbure saturé (C_2H_6) gazeux, utilisé comme combustible.

ÉTHANOÏQUE adj. ▪ **Acide éthanoïque,** acide acétique*.

ÉTHANOL n.m. Alcool éthylique.

ÉTHER n.m. (lat. *aether*, du gr.). **1.** Fluide subtil qui, selon les Anciens, emplissait les espaces situés au-delà de l'atmosphère. **2.** Poét. Ciel ; air. **3. PHYS.** Anc. Fluide hypothétique, impondérable, élastique dans lequel les ondes lumineuses étaient censées se propager. **4. CHIM. ORG.** Oxyde d'alcoyle ou d'aryle, de formule générale ROR′ (nom générique). ▪ **Éthers de glycol** [chim. org.], éthers dérivés de l'éthylène glycol* ou du propylène glycol*, utilisés comme solvants. ➲ Certains sont toxiques. ▪ **Éther (sulfurique)** [chim. org.], oxyde d'éthyle $(C_2H_5)_2O$, liquide très volatil et inflammable, employé comme solvant et comme anesthésique local.

ÉTHÉRÉ, E adj. 1. Poét. Qui s'élève au-dessus des sentiments communs ; très pur : *Un amour éthéré.* **2.** Qui a la nature, l'odeur de l'éther.

ÉTHÉRIFICATION n.f. CHIM. ORG. Réaction de formation d'un éther à partir d'un alcool.

ÉTHÉRIFIER v.t. [5]. Soumettre à l'éthérification.

ÉTHÉROMANE n. Toxicomane à l'éther.

ÉTHÉROMANIE n.f. Toxicomanie à l'éther.

ÉTHICIEN, ENNE n. Expert en éthique, spécial. en bioéthique.

ÉTHIOPIEN, ENNE adj. et **n.** De l'Éthiopie ; de ses habitants. ▪ **Langues éthiopiennes,** ou **éthiopien, n.m.,** groupe de langues sémitiques parlées en Éthiopie (amharique, guèze).

ÉTHIQUE adj. (du gr. *êthikos*, moral). Qui concerne les principes de la morale : *Jugement éthique.* ▪ **Fonds éthique** [écon.], portefeuille de valeurs mobilières investies dans des entreprises respectant une série de critères sociaux, environnementaux et financiers (droits de l'homme, développement durable, gouvernement d'entreprise, etc.). ◆ **n.f. 1.** Partie de la philosophie qui étudie les fondements de la morale. **2.** Ensemble de règles de conduite : *Une éthique humaniste.* ▪ **Éthique médicale,** ensemble des règles morales qui s'imposent aux différentes activités des médecins (SYN. **déontologie médicale**).

ÉTHMOÏDAL, E, AUX adj. Relatif à l'ethmoïde.

La vie des étoiles

Les embryons d'étoiles naissent dans les nébuleuses interstellaires. Ils sont le siège de réactions thermonucléaires mettant en jeu l'hydrogène, puis des éléments de plus en plus lourds. Lorsque ce combustible s'épuise, les étoiles connaissent une phase explosive puis subissent une phase ultime d'effondrement gravitationnel qui varie selon leur masse.

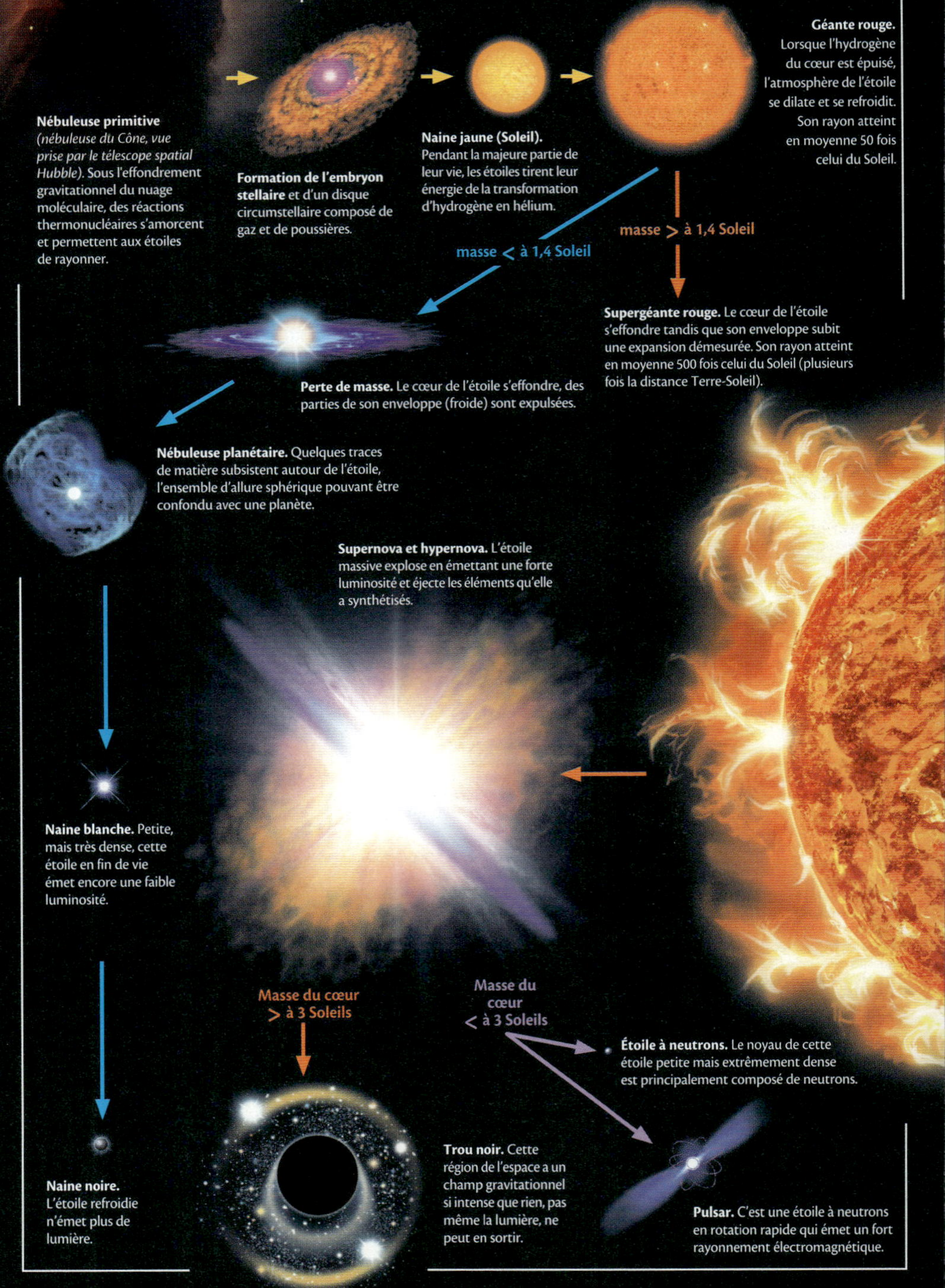

ETHMOÏDE **n.m.** (du gr. *êthmos*, crible). **ANAT.** Os situé à la partie médiane et antérieure de la base du crâne et à la partie supérieure des fosses nasales.

ETHNARCHIE **n.f.** **1.** Dignité d'ethnarque. **2.** Territoire placé sous la domination d'un ethnarque.

ETHNARQUE **n.m.** (du gr. *ethnos*, peuple, et *arkhein*, commander). **RELIG.** **1.** Évêque de certaines Églises orthodoxes. **2.** Chef civil d'une communauté juive, dans l'Ancien Testament.

ETHNICISATION **n.f.** Tendance à ethniciser ; fait d'ethniciser.

ETHNICISER **v.t.** **[3].** Donner une dimension ethnique à qqch : *Ethniciser une crise sociale.* ◆ **S'ETHNICISER** **v.pr.** Prendre une dimension ethnique : *Le conflit tend à s'ethniciser.*

ETHNICITÉ **n.f.** Ensemble des caractéristiques culturelles partagées par les membres d'une ethnie ; caractère ethnique de.

ETHNIE **n.f.** (du gr. *ethnos*, peuple). Société humaine réputée homogène, fondée sur la conviction de partager une même origine et sur une communauté effective de langue et de culture.

ETHNIQUE **adj.** **1.** Relatif à l'ethnie, aux ethnies : *La diversité ethnique d'un pays.* **2.** Qui relève d'une culture autre qu'occidentale : *Cuisine, musique ethnique.* ▪ **Nom, adjectif ethnique** [ling.], dérivés d'un nom de pays, de région ou de ville (SYN. **ethnonyme, gentilé**). ▪ **Purification** ou **épuration ethnique,** noms donnés à l'entreprise d'appropriation exclusive d'un territoire par une population au détriment d'une ou plusieurs autres populations occupantes auxquelles elle fait subir des violences physiques ou psychologiques.

ETHNIQUEMENT **adv.** Sur le plan ethnique.

ETHNOBIOLOGIE **n.f.** Étude des rapports existant entre les diverses populations humaines et leur environnement animal et végétal.

ETHNOCENTRIQUE **adj.** Caractérisé par l'ethnocentrisme.

ETHNOCENTRISME **n.m.** Tendance à considérer sa propre culture comme la norme de toutes les autres.

ETHNOCIDE **n.m.** Destruction de la culture d'un peuple, d'une société.

ETHNOGENÈSE **n.f.** Théorie selon laquelle tout groupe ethnique se constitue par emprunts à plusieurs groupes antécédents.

ETHNOGRAPHE **n.** Spécialiste d'ethnographie.

ETHNOGRAPHIE **n.f.** Étude descriptive de toutes les données relatives à la vie d'un groupe humain déterminé. ➲ Elle ouvre sur l'étude comparative des systèmes sociaux, l'ethnologie et l'anthropologie sociale.

ETHNOGRAPHIQUE **adj.** Relatif à l'ethnographie.

ETHNOLINGUISTIQUE **n.f.** Étude du langage des peuples sans écriture, et des relations, chez ces peuples, entre le langage, la culture et la société. ◆ **adj.** Relatif à l'ethnolinguistique.

ETHNOLOGIE **n.f.** (du gr. *ethnos*, peuple, et *logos*, science). Étude scientifique et systématique des sociétés dans l'ensemble de leurs manifestations linguistiques, coutumières, politiques, religieuses et économiques, comme dans leur histoire particulière.

> ➲ En France, le mot **ETHNOLOGIE** est synonyme d'anthropologie sociale et culturelle – discipline elle-même très proche de la sociologie. Au XXe s., F. Boas et B. Malinowski ont posé les bases d'une véritable ethnologie scientifique, puis C. Lévi-Strauss a opéré une rupture fondamentale dans la pensée ethnologique avec le structuralisme, toujours dominant auj.

ETHNOLOGIQUE **adj.** Relatif à l'ethnologie.

ETHNOLOGUE **n.** Spécialiste d'ethnologie (SYN. **anthropologue social**).

ETHNOMÉTHODOLOGIE **n.f.** Courant de la sociologie selon lequel la réalité sociale peut être décrite et comprise à travers les pratiques ordinaires et banales de la vie quotidienne.

ETHNOMUSICOLOGIE **n.f.** Étude scientifique de la musique des sociétés non industrielles et de la musique populaire des sociétés industrielles.

ETHNOMUSICOLOGUE **n.** Spécialiste d'ethnomusicologie.

ETHNONYME **n.m.** **LING.** Nom ou adjectif ethnique* (SYN. **gentilé**).

ETHNOPSYCHIATRIE **n.f.** Étude des désordres psychiques en fonction des groupes ethniques et culturels auxquels appartiennent les malades.

ETHNOPSYCHOLOGIE **n.f.** Étude des caractères psychiques des groupes ethniques.

ÉTHOGRAMME **n.m.** (du gr. *êthos*, mœurs). Didact. Description des comportements d'un animal, établie en vue de le distinguer des espèces voisines.

ÉTHOLOGIE **n.f.** (du gr. *êthos*, mœurs, et *logos*, science). Étude scientifique du comportement des espèces animales et des êtres humains.

ÉTHOLOGIQUE **adj.** Relatif à l'éthologie.

ÉTHOLOGISTE ou **ÉTHOLOGUE** **n.** Spécialiste d'éthologie.

ETHOS [etɔs] **n.m.** (gr. *êthos*). **ANTHROP.** Ensemble des attitudes spécifiques des membres d'une société particulière. ➲ Concept développé par G. Bateson.

ÉTHUSE **n.f.** → **ÆTHUSE.**

ÉTHYLAMINE **n.f.** **CHIM. ORG.** Base forte ($C_2H_5NH_2$) utilisée dans l'industrie du pétrole, des colorants et des médicaments.

ÉTHYLE **n.m.** (de *éther*). **CHIM. ORG.** Radical monovalent C_2H_5—, dérivé de l'éthane.

ÉTHYLÈNE **n.m.** **1.** Hydrocarbure gazeux incolore ($CH_2{=}CH_2$), produit à partir du pétrole, monomère pour la fabrication des polyéthylènes et à la base de nombreuses synthèses. **2.** Cet hydrocarbure, produit par les plantes. ➲ L'éthylène est une hormone végétale impliquée, entre autres, dans la maturation des fruits climactériques*.

ÉTHYLÉNIQUE **adj.** **CHIM. ORG.** Se dit d'une molécule ayant une double liaison carbone-carbone. ▪ **Hydrocarbures éthyléniques,** alcènes ; oléfines.

ÉTHYLIQUE **adj.** **1.** Se dit d'un dérivé du radical éthyle. **2.** Provoqué par la consommation excessive d'alcool : *Coma éthylique.* ◆ **adj.** et **n.** Se dit d'une personne alcoolique.

ÉTHYLISME **n.m.** Alcoolisme.

ÉTHYLOMÈTRE **n.m.** Appareil portatif permettant de mesurer le taux d'alcool dans le sang d'une personne.

ÉTHYLOTEST **n.m.** Appareil portatif permettant de déceler la présence d'alcool dans le sang d'une personne.

ÉTIAGE **n.m.** (de *étier*). Niveau moyen le plus bas d'un cours d'eau.

ÉTIER **n.m.** (du lat. *aestuarium*, estuaire). Canal qui amène l'eau de mer dans les marais salants.

ÉTINCELAGE **n.m.** **MÉCAN. INDUSTR.** Usinage utilisant l'action érosive d'étincelles électriques à haute fréquence.

ÉTINCELANT, E **adj.** Qui étincelle ; brillant.

ÉTINCELER **v.i.** **[16],** ▲ *[12].* **1.** Briller d'un vif éclat ; scintiller : *Les chromes étincellent.* **2.** Fig. Abonder en traits d'esprit : *Sa conversation étincelle.*

ÉTINCELLE **n.f.** (lat. *scintilla*). **1.** Parcelle incandescente qui se détache d'un corps enflammé ou qui jaillit du frottement ou du choc de deux corps. **2.** Fig. Manifestation brillante et fugitive ; éclair : *Une étincelle de génie.* ▪ **Étincelle électrique,** petit arc électrique très lumineux. ▪ **Faire des étincelles** [fam.], être brillant, en parlant de qqn ; faire du scandale, en parlant de qqch.

ÉTINCELLEMENT, ▲ *ÉTINCÈLEMENT* **n.m.** Fait d'étinceler ; scintillement.

ÉTIOLEMENT **n.m.** **1.** **AGRIC.** Action d'étioler une plante. **2.** Fig., litt. Affaiblissement des facultés intellectuelles, de la personnalité ; dépérissement.

ÉTIOLER **v.t.** **[3]** (de *éteule*). **AGRIC.** Faire pousser un légume à l'abri de la lumière pour le faire blanchir : *Étioler des endives.* ◆ **S'ÉTIOLER** **v.pr.** **1.** Devenir rabougri, en parlant d'une plante. **2.** Devenir malingre, chétif ; dépérir.

ÉTIOLOGIE **n.f.** (du gr. *aitia*, cause, et *logos*, science). **1.** **MÉD.** Discipline qui étudie les causes des maladies. **2.** (Abusif). Causes d'une maladie.

ÉTIOLOGIQUE **adj.** **1.** **MÉD.** Relatif à l'étiologie. **2.** **ANTHROP.** Se dit d'un récit qui vise à expliquer, par certains faits réels ou mythiques, les origines, la signification d'un phénomène naturel, d'un nom, d'une institution, etc.

ÉTIOPATHE **n.** Personne pratiquant l'étiopathie.

ÉTIOPATHIE **n.f.** (du gr. *aitia*, cause, et *pathos*, souffrance). Médecine douce dérivée de la chiropractie, à base de manipulations.

ÉTIQUE **adj.** (de l'anc. fr. *fièvre hectique*, qui amaigrit). Litt. D'une extrême maigreur ; squelettique : *Un chien errant étique.*

ÉTIQUETAGE **n.m.** Action d'étiqueter.

ÉTIQUETER **v.t.** **[16],** ▲ *[12].* **1.** Marquer d'une étiquette. **2.** Fig. Classer qqn d'après son comportement ; cataloguer : *Il a vite été étiqueté comme paresseux.*

ÉTIQUETEUR, EUSE **n.** Personne qui pose des étiquettes.

ÉTIQUETEUSE **n.f.** Machine à étiqueter.

ÉTIQUETTE **n.f.** (de l'anc. fr. *estiquer*, attacher). **1.** Petite bande de papier ou de carton que l'on fixe à un objet pour en indiquer la nature, le prix, le contenu, etc. **2.** Désignation qui précise l'appartenance de qqn à un mouvement, notamm. politique. **3.** Cérémonial et usage dans une cour, une réception officielle ; protocole : *Les exigences de l'étiquette.* **4.** **INFORM.** Ensemble de caractères lié à un groupe de données ou placé devant une instruction d'un programme et destiné à l'identifier. ▪ **Étiquette électronique,** système d'identification d'un objet à distance, qui comporte une puce électronique renfermant des données relatives à cet objet et un dispositif de lecture et de mise à jour de ces données. ▪ **Étiquette radio,** étiquette électronique dotée d'un émetteur radio miniature (SYN. **radio-étiquette**). ▪ **Sans étiquette,** sans appartenance politique.

ÉTIRABLE **adj.** **TECHN.** Qui peut être étiré sans subir de rupture : *Film de plastique étirable.*

ÉTIRAGE **n.m.** Action d'étirer un métal, du verre, un textile, etc. ▪ **Banc d'étirage** [text.], machine à étirer.

ÉTIREMENT **n.m.** Action d'étirer, de s'étirer. ▪ **Étirement (musculaire),** exercice pratiqué pendant l'échauffement précédant une activité sportive ou pendant la relaxation qui suit celle-ci, et jouant sur la contraction et le relâchement des muscles étirés.

ÉTIRER **v.t.** **[3].** **1.** Allonger, étendre par traction : *Étirer ses bras, ses jambes.* **2.** **MÉTALL.** Amener une barre à une longueur plus grande et à une section plus réduite par passage à froid à travers une filière. **3.** **TEXT.** Réduire la section des rubans et des mèches de fibres textiles durant la filature. **4.** Former par traction continue une feuille de verre plat ou une fibre de verre. ◆ **S'ÉTIRER** **v.pr.** Étendre ses membres.

ÉTOC **n.m.** (de *estoc*). **MAR.** Tête de rocher émergeant à marée basse.

ÉTOFFE **n.f.** (mot germ.). **1.** Article textile ayant une certaine cohésion et destiné à un usage d'habillement, d'ameublement ; tissu. **2.** Alliage dont on fait les tuyaux d'orgues. **3.** Ensemble des qualités qui caractérisent qqn, qqch ; envergure : *Elle a l'étoffe d'une dirigeante. Il a de l'étoffe.*

ÉTOFFÉ, E **adj.** Riche de matière, d'idées : *Intrigue bien étoffée.*

ÉTOFFER **v.t.** **[3].** **1.** Utiliser suffisamment d'étoffe pour donner de l'ampleur. **2.** Enrichir de matière, de faits ; développer : *Étoffer une démonstration.* ◆ **S'ÉTOFFER** **v.pr.** Acquérir de l'expérience, de l'envergure.

ÉTOILE **n.f.** (lat. *stella*). **1.** **ASTRON.** Astre formé d'une sphère de gaz très chauds, au cœur de laquelle se produisent des réactions de fusion nucléaire, et qui constitue une puissante source d'énergie. *(V. tableau page suivante.)* **2.** Tout astre qui brille dans le ciel nocturne sous l'aspect d'un point. **3.** Astre considéré comme influençant la destinée humaine : *Être né sous une bonne étoile.* **4.** Dessin représentant un objet formé de branches qui rayonnent à partir d'un point central ; astérisque : *Dans certains ouvrages, une étoile signale un renvoi.* **5.** Vedette de cinéma, de théâtre, etc. ; star. **6.** Fêlure à fentes rayonnantes : *La vitrine est brisée en étoile.* **7.** Rond-point à plus de quatre voies. **8.** Décoration en forme d'étoile à cinq branches. **9.** En France, insigne du grade des officiers généraux. **10.** En ski, test de niveau des débutants. **11.** Indice de classement attribué à certains sites, hôtels, restaurants, produits. **12.** **THERM.** Unité de froid équivalant à – 6 °C et qui, multipliée, indique le

LES 20 ÉTOILES LES PLUS BRILLANTES DU CIEL

nom usuel	nom officiel	magnitude visuelle apparente	distance (en années de lumière)
Sirius	α Grand Chien	- 1,4	8,6
Canopus	α Carène	- 0,6	300
Rigil Kentarus	α Centaure	- 0,3	4,35
Arcturus	α Bouvier	- 0,05	37
Véga	α Lyre	+ 0,03	25,3
Capella	α Cocher	+ 0,1	42
Rigel	α Orion	+ 0,2	800
Procyon	α Petit Chien	+ 0,4	11,4
Achernar	α Éridan	+ 0,5	140
Bételgeuse	α Orion	+ 0,5*	400
Agena	ß Centaure	+ 0,6	500
Altaïr	α Aigle	+ 0,8	17
Aldébaran	α Taureau	+ 0,9	65
Acrux	α Croix du Sud	+ 0,9	300
l'Épi	α Vierge	+ 1	270
Antarès	α Scorpion	+1**	700
Pollux	ß Gémeaux	+ 1,2	34
Fomalhaut	α Poisson austral	+ 1,2	25
Deneb	α Cygne	+ 1,3	3 000
Mimosa	ß Croix du Sud	+ 1,3	490

* en moyenne (magnitude apparente variable entre 0,1 et 1,2)
** en moyenne (magnitude apparente variable entre 0,9 et 1,8)

degré maximal de réfrigération d'un congélateur ménager. ■ **À la belle étoile,** en plein air, la nuit. ■ **Danseur étoile,** ou **étoile,** danseur de classe internationale ; cinquième et suprême échelon dans la hiérarchie du corps de ballet de l'Opéra de Paris ; danseur, danseuse possédant ce grade. ■ **Étoile à neutrons,** petite étoile extrêmement dense, résultant de l'implosion du cœur d'une supernova et formée presque exclusivement de neutrons. ■ **Étoile de David,** symbole judaïque constitué par une étoile à six branches. ■ **Étoile de mer,** invertébré marin carnassier en forme d'étoile, aux bras longs et souples qu'il régénère facilement (SYN. **astérie**). ➲ Diamètre max. 50 cm ; embranchement des échinodermes, classe des astérides. ■ **Étoile double,** système de deux étoiles qui apparaissent très proches l'une de l'autre dans le ciel. (Parfois, le rapprochement n'est qu'apparent, dû à un effet de perspective ; le plus souvent, il est réel, et les deux étoiles sont liées par leur attraction mutuelle ; on parle alors de *binaire* ou d'*étoile double physique*.) ■ **Étoile filante,** météore. ■ **Étoile fixe,** astre paraissant avoir une position relative fixe. ■ **Étoile géante,** ou **géante, n.f.,** type d'étoile de grand diamètre, très lumineuse et peu dense. ■ **Étoile naine,** ou **naine, n.f.,** type d'étoile de petite dimension et de luminosité moyenne ou faible, qui tire son énergie de la fusion d'hydrogène en hélium, comme le Soleil. ■ **L'étoile Polaire** → **1. POLAIRE.** ■ **Étoile variable,** ou **variable, n.f.,** étoile soumise à des variations sensibles d'éclat. ■ **Première, deuxième, troisième étoile,** en ski, qualifications sanctionnant le résultat du test de l'étoile.

➲ Les **ÉTOILES** naissent de la contraction de vastes nuages de matière interstellaire (nébuleuses). Leur évolution comporte une succession de périodes durant lesquelles elles se contractent sous l'effet de leur propre gravitation. C'est grâce à l'enregistrement et à l'analyse de leur spectre que l'on parvient à déterminer la composition chimique des étoiles, les conditions physiques (température et pression) régnant dans leur atmosphère, leurs mouvements, etc.

ÉTOILÉ, E adj. 1. Parsemé d'étoiles. **2.** Qui a la forme d'une étoile. **3.** Se dit d'un chef dont la cuisine est distinguée par une ou plusieurs étoiles ; se dit de son restaurant. ■ **Bannière étoilée,** drapeau des États-Unis. ■ **Polygone étoilé,** polygone, génér. régulier, non convexe.

ÉTOILE-D'ARGENT n.f. (pl. *étoiles-d'argent*). Edelweiss.

ÉTOILEMENT n.m. Fêlure, crevasse en étoile.

ÉTOILER v.t. [3]. 1. Fêler en étoile. **2.** Litt. Semer d'étoiles ou d'objets en forme d'étoiles. ◆ **S'ÉTOILER v.pr.** Litt. Se couvrir d'étoiles.

ÉTOLE n.f. (du lat. *stola*, robe). **1.** Insigne liturgique formé d'une large bande d'étoffe et porté par

▲ **étoile de mer**

l'évêque, le prêtre et le diacre. **2.** Fourrure en forme d'étole. **3.** Large bande de tissu portée autour du cou ou des épaules.

ÉTONNAMMENT adv. De façon étonnante.

ÉTONNANT, E adj. 1. Qui frappe par son caractère inattendu, étrange ; surprenant. **2.** Qui suscite l'admiration ; remarquable : *Un don étonnant.*

ÉTONNEMENT n.m. Surprise causée par qqch d'extraordinaire, d'inattendu.

ÉTONNER v.t. [3] (du lat. *extonare*, frapper de stupeur). Surprendre par qqch d'inattendu ou d'extraordinaire : *Sa réponse nous a étonnés. Il étonne tout le monde par son audace.* ◆ **S'ÉTONNER v.pr. (DE).** Être surpris de ; trouver étrange.

ÉTOUFFADE n.f. → **ESTOUFFADE.**

ÉTOUFFANT, E adj. 1. Qui rend la respiration difficile ; suffocant : *Une chaleur étouffante.* **2.** Qui entrave la liberté : *Un amour étouffant.*

ÉTOUFFÉ, E adj. 1. Décédé par étouffement. **2.** Dont on assourdit l'éclat ; feutré : *Bruit, rire étouffé.*

ÉTOUFFE-CHRÉTIEN n.m. inv., ▲ *n.m.* (pl. *étouffe-chrétiens*). Fam. Aliment de consistance épaisse ou farineuse et difficile à avaler.

ÉTOUFFÉE n.f. Louisiane. Sauce sans roux préparée en faisant revenir les ingrédients. ■ **À l'étouffée,** se dit d'un mode de cuisson des viandes ou des légumes à sec ou avec très peu de liquide, en vase clos (SYN. **à l'étuvée**).

ÉTOUFFEMENT n.m. 1. Action d'étouffer ; fait d'être étouffé ; asphyxie. **2.** Grande difficulté à respirer ; suffocation. **3.** Action d'empêcher le développement de qqch : *L'étouffement d'un scandale.*

ÉTOUFFER v.t. [3] (de l'anc. fr. *estoper*, obstruer). **1.** Faire mourir par asphyxie ; asphyxier. **2.** Gêner en rendant la respiration difficile ; oppresser : *Ce col trop serré m'étouffe.* **3.** Arrêter la combustion de ; éteindre : *Étouffer un feu avec de la terre.* **4.** Fig. Rendre moins sonore ; amortir : *Le double vitrage étouffe les bruits de la rue.* **5.** Fig. Empêcher le développement de ; stopper : *Étouffer un scandale, une révolte.* ◆ **v.i. 1.** Mourir par asphyxie. **2.** Respirer avec peine. **3.** Fig. Se sentir mal à l'aise psychologiquement. ◆ **S'ÉTOUFFER v.pr.** Perdre la respiration.

ÉTOUFFOIR n.m. 1. MUS. Pièce de bois garnie de feutre permettant l'arrêt des vibrations d'une corde de clavecin ou de piano. **2.** Fam., vieilli. Local dont l'atmosphère est chaude et confinée.

ÉTOUPE n.f. (lat. *stuppa*). **TEXT.** Sous-produit du peignage du lin ou du chanvre, utilisé pour calfater.

ÉTOUPILLE [-pij] **n.f.** (de *étoupe*). **MIL.** Artifice contenant une composition fulminante servant à la mise à feu d'une charge de poudre.

ÉTOUPILLER v.t. [3]. Munir d'une étoupille.

ÉTOURDERIE n.f. 1. Caractère d'une personne étourdie ; distraction. **2.** Acte irréfléchi ; bévue : *Commettre des étourderies.*

ÉTOURDI, E adj. et **n.** Qui agit ou parle sans réflexion ; distrait : *Enfant étourdi.* ◆ **adj.** Qui est fait ou dit par étourderie : *Une remarque étourdie.*

ÉTOURDIMENT adv. Litt. D'une façon irréfléchie.

ÉTOURDIR v.t. [21] (du lat. *turdus*, grive). **1.** Faire perdre à demi connaissance à : *Le choc l'a étourdi.* **2.** Causer une sorte d'ivresse à ; griser : *L'air des cimes l'étourdit.* **3.** Fatiguer par le bruit, les paroles : *Ce vacarme m'étourdit.* ◆ **S'ÉTOURDIR v.pr.** Litt. S'efforcer d'oublier une réalité pesante.

ÉTOURDISSANT, E adj. 1. Qui étourdit par son bruit. **2.** Qui stupéfie par son caractère extraordinaire ; éblouissant : *Un talent étourdissant.*

ÉTOURDISSEMENT n.m. Malaise brusque et passager ; vertige.

ÉTOURNEAU n.m. (lat. *sturnus*). **1.** Passereau à plumage sombre tacheté de blanc, insectivore et frugivore, qui migre en groupes immenses (SYN. **sansonnet**). ➲ Famille des sturnidés. **2.** Fam. Personne étourdie.

▲ **étourneau**

ÉTRANGE adj. (lat. *extraneus*). Qui sort de l'ordinaire ; insolite : *Une situation étrange.*

ÉTRANGEMENT adv. De façon étrange.

1. ÉTRANGER, ÈRE adj. et **n. 1.** Se dit d'une personne qui appartient à une autre nation. **2.** Qui n'appartient pas à une famille, à un groupe, à une ville. **3.** Afrique. Se dit d'un hôte de passage que l'on accueille chez soi quelques jours. ◆ **adj. 1.** Qui n'appartient pas au pays où l'on vit : *Langue étrangère.* **2.** Relatif aux rapports avec les autres nations : *Politique étrangère.* **3.** Qui n'appartient pas à un organisme, à une entreprise : *Accès interdit à toute personne étrangère au service.* **4.** Qui est sans rapport, sans relation avec ; extérieur : *Je suis étranger à ce crime.* **5.** Qui n'est pas connu : *Visage étranger.* ■ **Corps étranger** [méd.], objet introduit dans l'organisme intentionnellement (prothèse, par ex.) ou par accident.

2. ÉTRANGER n.m. Pays, ensemble de pays autres que celui dont on est citoyen : *Vivre à l'étranger.*

ÉTRANGETÉ n.f. 1. Caractère de ce qui est étrange ; bizarrerie. **2.** Litt. Action, chose étrange : *J'ai relevé des étrangetés dans son récit.* **3. PHYS.** L'une des six saveurs fondamentales des quarks. ■ **Sentiment d'étrangeté** [psychol.], altération de la résonance affective des perceptions.

ÉTRANGLÉ, E adj. 1. Trop étroit ou resserré : *Un sentier étranglé.* **2. MÉD.** Qui est le siège d'un étranglement : *Hernie étranglée.* ■ **Voix étranglée,** chavirée par l'émotion.

ÉTRANGLEMENT n.m. 1. Action d'étrangler ; fait d'être étouffé par strangulation. **2.** Brusque resserrement ; rétrécissement : *L'étranglement d'une voie de circulation.* **3. MÉD.** Resserrement d'un organe, en partic. de l'intestin, à la base d'une hernie, gênant la circulation sanguine. ■ **Goulet** ou **goulot d'étranglement,** difficulté qui provoque le ralentissement d'un processus.

ÉTRANGLER v.t. [3] (lat. *strangulare*). **1.** Faire mourir par constriction ou par occlusion des voies respiratoires. **2.** Gêner la respiration de qqn : *Sa cravate l'étrangle.* **3.** Resserrer pour diminuer la largeur, l'ouverture de ; comprimer. **4.** Empêcher de s'exprimer ; museler : *Étrangler la presse.* ◆ **S'ÉTRANGLER v.pr. 1.** Devenir plus resserré. **2.** Avoir du mal à sortir, en parlant de la voix. **3.** Avaler de travers ; s'étouffer.

1. ÉTRANGLEUR, EUSE n. Personne qui étrangle.

2. ÉTRANGLEUR, EUSE adj. Se dit de certaines lianes tropicales qui étranglent progressivement l'arbre sur lequel elles poussent.

ÉTRAVE n.f. (mot scand.). **MAR.** Pièce massive formant l'extrémité avant d'un navire. ▪ **Propulseur d'étrave,** hélice placée dans un tunnel transversal près de l'étrave et permettant le déplacement latéral du navire.

1. ÊTRE v.i. [2] (lat. pop. *essere*, du class. *esse*). **1.** Avoir une réalité, une existence : « *Je pense, donc je suis* » (Descartes). **2.** Sert à lier l'attribut, le complément de lieu, de temps, de manière, etc., au sujet : *Ces enluminures sont rouges. Vous étiez au cinéma.* **3.** S'associe au démonstratif *ce* pour présenter qqn, qqch : *C'est ma sœur. Ce sont des cétacés.* **4.** Sert de substitut à *aller* aux temps composés : *J'ai été à Rome.* ▪ **En être à,** être parvenu à un certain point, à un résultat. ▪ **Est-ce que,** v. à son ordre alphabétique. ▪ **Être à,** se trouver à : *Il est à Londres* ; appartenir à : *La maison est à moi* ; indique l'obligation : *Ce travail est à refaire.* ▪ **Être de,** venir de : *Elle est du Québec* ; faire partie de : *Être de la police.* ▪ **Être en,** être vêtu de : *Être en jean* ; être dans telle situation : *Être en deuil.* ▪ **Être pour, contre,** apporter, ne pas apporter son soutien à. ▪ **Être sans,** manquer de : *Ils sont sans ressources.* ▪ **N'est-ce pas,** v. à son ordre alphabétique. ▪ **N'être plus,** avoir cessé de vivre. ▪ **Y être,** être chez soi : *Je n'y suis pour personne* ; fig., comprendre : *Ah ! j'y suis !* ◆ **v. auxil.** Sert à former les temps composés des verbes passifs, des pronominaux et de certains verbes neutres. (Ex. : *Nous* sommes *venus. Je me* suis *promenée. Vous vous* êtes *succédé.*)

2. ÊTRE n.m. 1. PHILOS. (Génér. avec une majuscule). La réalité absolue. **2.** La nature propre, l'essence de : *L'être de l'homme.* **3.** Le fait d'être ; l'existence : *L'être et le paraître.* **4.** Ce qui possède la vie ; créature : *Les êtres vivants.* **5.** Individu de l'espèce humaine ; personne : *Un être détestable.* ▪ **Culte de l'Être suprême** [hist.], culte déiste organisé par Robespierre pendant la Révolution française, en mai-juin 1794. ▪ **Être de raison,** ce qui n'a d'existence, de réalité que dans notre pensée ; entité. ▪ **L'Être suprême,** Dieu.

ÉTREINDRE v.t. [62] (lat. *stringere*). **1.** Serrer fortement avec ses membres : *Le naufragé étreignait la bouée de sauvetage.* **2.** Serrer dans ses bras en témoignage d'affection ; embrasser. **3.** Fig. Se manifester douloureusement ; tenailler : *L'émotion m'étreint.*

ÉTREINTE n.f. Action d'étreindre, de serrer dans ses bras ; enlacement.

ÊTRE-LÀ n.m. inv. (calque de l'all. *Dasein*). **PHILOS.** Chez Heidegger, l'existence humaine conçue comme présence au monde.

ÉTRENNE n.f. (lat. *strena*). ▪ **Avoir l'étrenne de qqch,** en avoir l'usage le premier ou pour la première fois. ◆ **n.f. pl.** Cadeau, gratification offerts à l'occasion du premier jour de l'année.

ÉTRENNER v.t. [3]. Utiliser pour la première fois : *Étrenner une robe.* ◆ **v.i.** Fam. Être le premier à subir un inconvénient.

ÊTRES n.m. pl. (du lat. *extera*, ce qui est à l'extérieur). Vx. Disposition des diverses parties d'une habitation.

ÉTRÉSILLON n.m. (de l'anc. fr. *estesillon*, bâton). **CONSTR.** Entretoise.

ÉTRÉSILLONNEMENT n.m. Action d'étrésillonner.

ÉTRÉSILLONNER v.t. [3]. Soutenir au moyen d'étrésillons.

ÉTRIER n.m. (du francique). **1.** Arceau en métal suspendu par une courroie de chaque côté de la selle et sur lequel le cavalier appuie le pied. **2.** Petite échelle de corde munie de barreaux et utilisée en escalade artificielle. **3.** Pièce métallique de la fixation du ski, destinée à maintenir l'avant de la chaussure. **4. CONSTR.** Armature métallique servant, dans les constructions en béton armé, à relier entre eux les fers. **5. CONSTR.** Pièce métallique en U assurant l'assemblage de deux éléments de charpente perpendiculaires. **6. ANAT.** Troisième osselet de l'oreille moyenne, s'articulant en dehors avec l'enclume, en dedans avec la fenêtre ovale de l'oreille interne. ▪ **Avoir le pied à l'étrier,** être en bonne voie pour réussir. ▪ **Coup de l'étrier,** verre que l'on boit avant de partir. ▪ **Vider les étriers,** tomber de cheval.

ÉTRILLE n.f. (lat. *strigilis*). **1.** Outil à petites lames dentelées ou à pointes, utilisé pour panser un animal, partic. un cheval. **2.** Crabe comestible du littoral atlantique, à pattes postérieures aplaties en palette, à carapace recouverte d'une fine pilosité, aux yeux rouges. ➲ Famille des portunidés.

ÉTRILLER v.t. [3]. 1. Frotter avec l'étrille : *Étriller un cheval.* **2.** Vx. Malmener fortement ; l'emporter largement sur : *Il les a étrillés au bridge.* **3.** Fig., litt. Critiquer vivement ; éreinter : *Les journalistes ont étrillé son album.* **4.** Fam. Faire payer trop cher à.

ÉTRIPAGE n.m. Action d'étriper.

ÉTRIPER v.t. [3]. 1. Enlever les tripes, les entrailles de ; éventrer : *Étriper un lapin.* **2.** Fam. Blesser sauvagement ; tuer à l'arme blanche. ◆ **S'ÉTRIPER v.pr.** Fam. Se battre sauvagement.

ÉTRIQUÉ, E adj. 1. Qui manque d'ampleur ; trop serré : *Un tee-shirt étriqué.* **2.** Fig. Qui manque de générosité ; mesquin.

ÉTRIQUER v.t. [3] (du moyen néerl. *striken*, s'étendre). Rendre trop étroit ; faire paraître étroit.

ÉTRIVIÈRE n.f. (de *étrier*). Courroie par laquelle un étrier est suspendu à la selle.

ÉTROIT, E adj. (lat. *strictus*). **1.** Qui a peu de largeur : *Rue, jupe étroite.* **2.** Fig. Qui manque d'envergure ; borné : *Esprit étroit.* **3.** Qui lie fortement ; intime : *D'étroites relations.* **4.** Sout. Qui contraint fortement : *Une étroite dépendance.* ▪ **À l'étroit,** dans un espace trop petit : *Se sentir à l'étroit dans son studio.*

ÉTROITEMENT adv. 1. À l'étroit : *Ils sont étroitement logés.* **2.** Par des liens intimes : *Amis étroitement unis.* **3.** Avec rigueur ; strictement : *Il est étroitement surveillé.*

ÉTROITESSE n.f. 1. Caractère de ce qui est peu large ; exiguïté. **2.** Fig. Manque de largeur d'esprit, de générosité ; petitesse : *Étroitesse d'esprit.*

ÉTRON n.m. (mot germ.). Matière fécale consistante et de forme moulée ; excrément.

ÉTRUSQUE adj. et **n.** D'Étrurie ; relatif aux Étrusques. ◆ **n.m.** Langue sans parenté connue, que parlaient les Étrusques.

ETTD ou **E.T.T.D. n.m.** (sigle de *équipement terminal de traitement de données*). Matériel informatique disposé à l'extrémité d'une ligne de communications et pouvant traiter, recevoir ou émettre des informations.

ÉTUDE n.f. (du lat. *studium*, zèle). **1.** Travail de l'esprit qui s'applique à apprendre ou à approfondir : *L'étude de l'anglais, du piano.* **2.** Ensemble des travaux qui préparent l'exécution d'un projet : *Un bureau d'études.* **3.** Ouvrage exposant les résultats d'une recherche. **4. BX-ARTS.** Dessin, peinture ou modelage, exécutés d'après nature, souvent en vue de réaliser une œuvre plus élaborée. **5. MUS.** Morceau composé dans un but didactique : *Une étude de Chopin.* **6.** Salle où les élèves travaillent en dehors des heures de cours ; temps qu'ils y passent. **7.** Local de travail d'un officier ministériel et de ses clercs ; personnel qui y travaille : *Une étude de notaire.* ◆ **n.f. pl.** Ensemble des travaux et exercices nécessaires à l'acquisition ou au développement des connaissances, effectués dans le cadre d'une institution scolaire ou universitaire : *Faire ses études.*

ÉTUDIANT, E n. Personne qui suit des études supérieures. ◆ **adj.** Relatif aux étudiants ; composé d'étudiants ; estudiantin.

ÉTUDIANT-ENTREPRENEUR n.m. (pl. *étudiants-entrepreneurs*). Statut permettant à un étudiant ou à un jeune diplômé âgé de moins de 28 ans de mener un projet entrepreneurial en bénéficiant d'avantages sociaux (maintien du statut d'étudiant), logistiques et matériels (tutorat, espace de cotravail, etc.) ; étudiant ou jeune diplômé relevant de ce statut.

ÉTUDIÉ, E adj. 1. Préparé avec soin : *Une intervention étudiée de la présidente.* **2.** Qui manque de naturel ; affecté : *Une courtoisie très étudiée.* ▪ **Prix étudié,** aussi bas que possible.

ÉTUDIER v.t. [5]. 1. Chercher à acquérir la connaissance ou la technique de ; apprendre : *Étudier la génétique, le dessin.* **2.** Absol. Faire des études : *Il étudie à Genève.* **3.** Examiner attentivement ; analyser : *Étudier une proposition.* ◆ **S'ÉTUDIER v.pr.** S'observer soi-même avec attention.

▲ **étude.** Portrait de *Giulia Bellelli* (vers 1860), étude pour *la Famille Bellelli*, d'Edgar Degas. (Dumbarton Oaks Resarch Library and Collection, Washington.)

ÉTUI n.m. (de l'anc. fr. *estoïer*, renfermer). **1.** Boîte destinée à contenir un objet et ayant à peu près la même forme que lui : *Étui à lunettes.* **2. ARM.** Cylindre qui contient la charge d'une cartouche et auquel est fixé le projectile.

ÉTUVAGE n.m. Action d'étuver.

ÉTUVE n.f. (du gr. *tuphein*, fumer). **1.** Local de bains dont on élève la température pour provoquer la transpiration. **2.** Fig. Pièce où il fait très chaud ; fournaise. **3.** Enceinte où l'on traite à la chaleur et à la vapeur certains produits (aliments, bois, peaux, textiles). **4.** Appareil utilisé en microbiologie pour maintenir les cultures à une température constante.

À L'ÉTUVÉE loc. adj. inv. et **adv.** À l'étouffée.

ÉTUVER v.t. [3]. 1. Traiter à l'étuve. **2.** Cuire à l'étouffée.

ÉTYMOLOGIE n.f. (du gr. *etumos*, vrai, et *legein*, dire). **1.** Étude scientifique de l'origine des mots. **2.** Origine ou filiation d'un mot.

ÉTYMOLOGIQUE adj. Relatif à l'étymologie ; conforme à l'étymologie.

ÉTYMOLOGIQUEMENT adv. D'après l'étymologie.

ÉTYMOLOGISTE n. Spécialiste d'étymologie.

ÉTYMON n.m. LING. Forme attestée ou reconstituée dont on fait dériver un mot.

EUBACTÉRIE n.f. Anc. Bactérie.

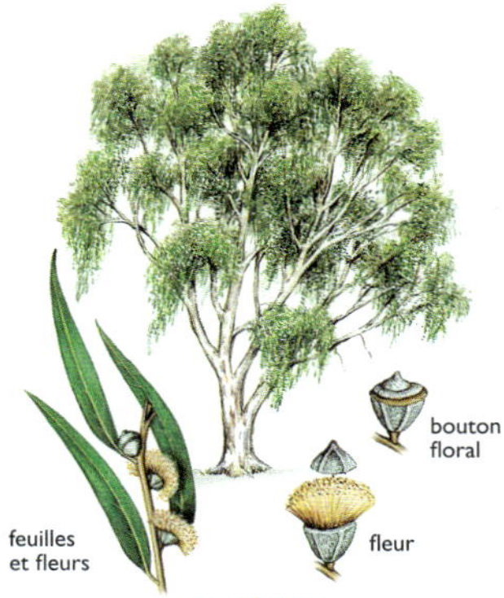

▲ **eucalyptus**

EUCALYPTUS [-tys] **n.m.** (du gr. *eu*, bien, et *kaluptos*, couvert). Arbre originaire d'Australie, à l'écorce marbrée et au feuillage gris-vert très odorant, naturalisé dans les jardins en Europe et en Amérique. ➲ Haut. plus de 100 m en Australie ; famille des myrtacées.

EUCARIDE n.m. Crustacé malacostracé à carapace formant un céphalothorax, tel que le homard, le crabe, certaines crevettes et le krill. ➲ Les eucarides forment une sous-classe.

EUCARYOTE n.m. et **adj. BIOL.** Être vivant dont la ou les cellules renferment un noyau contenant le matériel génétique, isolé du cytoplasme par une membrane (par oppos. à *procaryote*).

EUCHARISTIE [øka-] **n.f.** (du gr. *eukharistia*, action de grâce). **1.** Sacrement institué par Jésus-Christ lors de la Cène, le Jeudi saint, et qui actualise le mystère de sa mort et de sa résurrection. ➲ Les catholiques y voient une transsubstantiation et les luthériens une consubstantiation. **2.** Communion au pain et au vin consacrés par le prêtre.

EUCHARISTIQUE adj. Relatif à l'eucharistie.

EUCLIDIEN, ENNE adj. Relatif à Euclide, à ses travaux. ▪ **Espace vectoriel euclidien,** espace vectoriel muni d'un produit scalaire. ▪ **Géométrie euclidienne,** qui repose sur les postulats d'Euclide.

EUCOLOGE n.m. (du gr. *eukhê*, prière, et *logos*, recueil). Livre liturgique du rite byzantin, dont la deuxième partie correspond au rituel latin.

EUDÉMIS [-mis] **n.m.** Papillon dont la chenille, appelée aussi *ver de la grappe*, attaque la vigne. ➲ Famille des tortricidés.

EUDÉMONISME n.m. (du gr. *eudaimonismos*, bonheur). **PHILOS.** Doctrine morale qui fait du bonheur le but de l'action (par ex. l'épicurisme).

EUDIOMÈTRE n.m. (du gr. *eudia*, beau temps). Instrument servant à l'analyse volumétrique des mélanges gazeux ou à la mesure des variations de volume dans les réactions chimiques entre gaz.

EUDISTE n.m. Membre de la congrégation catholique de Jésus-et-Marie, fondée à Caen, en 1643, par saint Jean Eudes pour la formation des séminaristes et les missions paroissiales.

EUGÉNIQUE adj. Relatif à l'eugénisme.

EUGÉNISME n.m. ou **EUGÉNIQUE n.f.** (du gr. *eu*, bien, et *genos*, race). Ensemble des méthodes qui visent à améliorer le patrimoine génétique de groupes humains ; théorie qui préconise de telles méthodes.

➲ L'**EUGÉNISME** cherche à limiter la reproduction des individus porteurs de caractères jugés défavorables ou à promouvoir celle des individus porteurs de caractères jugés favorables. Historiquement, il a inspiré les pires formes de répression et de discrimination, partic. dans l'Allemagne nazie.

EUGÉNISTE n. Partisan de l'eugénisme.

EUGÉNOL n.m. (du lat. *eugenia*, girofle). Constituant essentiel de l'essence de girofle (*Eugenia caryophyllata*), antiseptique et analgésique, utilisé en chirurgie dentaire.

EUGLÈNE n.f. (du gr. *euglênos*, aux beaux yeux). Organisme unicellulaire des eaux douces, chlorophyllien et flagellé, capable de vivre sans réaliser la photosynthèse. ➲ Classe des euglénophycées.

EUH interj. Marque l'étonnement, le doute, l'embarras : *Euh ! attendez que je réfléchisse.*

EUNECTE n.m. (du gr. *nêktos*, nageur). Anaconda.

EUNUQUE n.m. (du gr. *eunoukhos*, qui garde le lit). **1. HIST.** Homme castré chargé de fonctions administratives et militaires importantes, ainsi que de la garde des harems impériaux (Iran ancien, Byzance, Chine, monde musulman médiéval, Empire ottoman). **2.** Litt. Homme sans énergie et sans courage.

EUPATOIRE n.f. (lat. *eupatoria herba*, du gr.). Plante herbacée, dont une espèce à fleurs roses, appelée cour. *chanvre d'eau*, est commune dans les lieux humides. ➲ Famille des composées.

EUPATRIDE n. ANTIQ. GR. Membre de la classe noble en Attique, laquelle détint le pouvoir à Athènes aux VIIIe et VIIe s. av. J.-C. et fut dépossédée de ses privilèges par Solon.

EUPHAUSIACÉ n.m. (du gr. *phausis*, lumière). Petit crustacé marin des mers froides vivant en bancs immenses et formant le krill, dont se nourrissent les baleines. ➲ Les euphausiacés forment un ordre.

EUPHÉMIQUE adj. Relatif à l'euphémisme ; qui constitue un euphémisme.

EUPHÉMISER v.t. [3]. Rendre euphémique ; adoucir : *Euphémiser la violence d'un discours.*

EUPHÉMISME n.m. (du gr. *euphêmismos*, emploi d'un mot favorable). Adoucissement d'une expression jugée trop crue, trop choquante. ➲ Par euphémisme, on dit « il nous a quittés » pour « il est mort ».

EUPHONIE n.f. (du gr. *euphônia*, harmonie). **PHON.** Qualité des sons agréables à entendre ; résultat harmonieux de leur combinaison, partic. dans le mot ou la phrase.

EUPHONIQUE adj. Qui produit l'euphonie.

EUPHORBE n.f. (lat. *euphorbia herba*, du gr.). Plante très commune à fleurs vertes en ombelles, à latex blanc souvent toxique. ➲ Famille des euphorbiacées.

▲ **euphorbe** réveille-matin.

EUPHORBIACÉE n.f. Plante dicotylédone produisant fréquemment un latex, telle que l'euphorbe, la mercuriale et nombre d'espèces cultivées (hévéa, ricin, manioc). ➲ Les euphorbiacées forment une immense famille.

EUPHORIE n.f. (du gr. *eu*, bien, et *pherein*, porter). Sensation intense de bien-être, de joie et d'optimisme ; ivresse : *L'euphorie de la victoire.*

EUPHORIQUE adj. Qui relève de l'euphorie ; qui exprime cette sensation.

EUPHORISANT, E adj. et **n.m.** Se dit d'une substance qui procure l'euphorie. ◆ **adj.** Qui provoque l'euphorie ; enivrant.

EUPHORISER v.t. [3]. Rendre euphorique.

EUPHOTIQUE adj. HYDROL. Se dit de la zone superficielle d'un océan, d'un lac où la lumière pénètre, ce qui permet la photosynthèse.

EUPHRAISE n.f. (lat. *euphrasia*, du gr.). Petite plante des régions tempérées, à fleurs blanches ou purpurines. ➲ Famille des scrofulariacées.

EUPHUISME n.m. (de *Euphues*, roman de l'Anglais J. Lyly). **LITTÉR.** Langage précieux, en vogue à la cour d'Angleterre sous Élisabeth Ire.

EUPLECTELLE n.f. (du gr. *euplektos*, bien tressé). Spongiaire des mers chaudes, à squelette siliceux. ➲ Famille des euplectellidés.

EUPLOÏDE adj. Se dit d'une cellule dont le nombre de chromosomes est normal.

EUPLOÏDIE n.f. État d'une cellule euploïde.

EURAFRICAIN, E adj. Qui concerne à la fois l'Europe et l'Afrique.

EURASIATIQUE adj. Relatif à l'Eurasie, ensemble continental formé par l'Europe et l'Asie.

EURASIEN, ENNE adj. et **n.** Se dit d'un métis d'Européen et d'Asiatique, partic. au Viêt Nam, en Inde et en Indonésie.

EURÊKA [øreka] **interj.** (mot gr. « j'ai trouvé »). Parole de contentement que l'on emploie lorsqu'on trouve brusquement une solution, une bonne idée. ➲ Cette exclamation est attribuée à Archimède découvrant dans son bain la poussée des liquides sur les corps immergés.

EURL ou **E.U.R.L.** [əyɛrɛl] **n.f.** (sigle de *entreprise unipersonnelle à responsabilité limitée*). Société à responsabilité limitée dont les parts sociales sont détenues par une seule personne.

EURO n.m. Unité monétaire principale (symb. €) de 19 pays de l'Union européenne, constituant la zone* euro (ainsi que de quelques pays leur étant étroitement associés), divisée en 100 cents ou centimes.

➲ L'**EURO**, monnaie européenne, a été instauré, sous forme scripturale, le 1er janvier 1999 (les monnaies nationales des premiers pays concernés passant dès lors du statut de monnaies officielles à celui de subdivisions de l'euro). Les pièces et les billets en euros, supplantant les monnaies nationales, ont été mis en circulation le 1er janvier 2002 (un euro équivalant à 6,55957 francs français).

EUROBANQUE n.f. Banque qui intervient sur le marché des eurodevises.

EUROCENTRISME ou **EUROPÉOCENTRISME n.m.** Analyse de tous les problèmes d'un point de vue exclusivement européen.

EUROCRATE n. Fam., péjor. **1.** Fonctionnaire des institutions européennes. **2.** Par ext. Député européen.

EURODÉPUTÉ, E n. Député au Parlement européen.

EURODEVISE n.f. Devise détenue et placée, en Europe, dans une banque d'un pays différent du pays d'origine de la devise (SYN. **euromonnaie**).

EURODOLLAR n.m. Dollar déposé, à l'extérieur des États-Unis, dans une banque européenne.

EUROMARCHÉ n.m. Marché européen des capitaux.

EUROMÉDITERRANÉEN, ENNE adj. et **n.** Qui concerne à la fois l'Union européenne et les pays du sud et de l'est de la Méditerranée.

EUROMÉTROPOLE n.f. Groupement européen de coopération territoriale entre plusieurs communautés urbaines, servant à la mise en place de projets communs dans les transports, l'urbanisme, l'éducation ou la santé.

EUROMISSILE n.m. Nom donné aux missiles nucléaires américains de moyenne portée installés en 1983 dans certains pays de l'OTAN. ➲ Les euromissiles ont été retirés à partir de 1987.

EUROMONNAIE n.f. Eurodevise.

EURO-OBLIGATION n.f. (pl. *euro-obligations*). Valeur à revenu fixe libellée en eurodevises, émise sur le marché financier par l'intermédiaire de banques de diverses nationalités.

EUROPÉANISATION n.f. Action d'européaniser ; fait d'être européanisé.

EUROPÉANISER v.t. [3]. 1. Faire adhérer au mode de vie européen ; rendre conforme aux goûts européens : *Les exportateurs asiatiques européanisent leurs produits.* **2.** Envisager une question à l'échelle de l'Europe.

EUROPÉEN, ENNE adj. et **n. 1.** D'Europe ; de ses habitants. **2.** Favorable à la construction européenne. **3.** Afrique. Se dit de toute personne blanche non africaine. ◆ **adj.** Relatif à l'Union européenne. ▪ **Élections européennes,** ou **européennes, n.f. pl.,** élections des eurodéputés.

EUROPÉISTE n. et **adj.** Partisan d'une Europe fédérale (par oppos. à *souverainiste*).

EUROPÉOCENTRISME n.m. → **EUROCENTRISME.**

EUROPHOBE n. et **adj.** Personne ou parti hostiles à l'Union européenne, aux politiques qu'elle a mises en place.

EUROPIUM [-pjɔm] **n.m. 1.** Métal du groupe des lanthanides. **2.** Élément chimique (Eu), de numéro atomique 63, de masse atomique 151,965.

EURORÉGION n.f. Région transfrontalière européenne faisant l'objet d'une politique spécifique d'aménagement du territoire.

EUROSCEPTIQUE n. et **adj.** Personne qui doute de la viabilité ou de l'utilité de la construction de l'Union européenne.

EURO STOXX 50 n.m. inv. (nom déposé). Indice boursier, créé en 1999, établi à partir du cours des cinquante valeurs européennes les plus représentatives des pays de la zone euro.

EURYHALIN, E [ørialɛ̃, in] **adj. BIOL.** Se dit d'un organisme marin qui supporte de grandes différences de salinité (CONTR. **sténohalin**).

EURYTHERME adj. ÉCOL. Se dit des organismes poïkilothermes qui supportent de grandes différences de température (CONTR. **sténotherme**).

EURYTHMIE n.f. (du gr. *eu*, bien, et *rhuthmos*, rythme). Litt. Combinaison harmonieuse des proportions, des lignes, des couleurs, des sons.

EURYTHMIQUE adj. Litt. Qui a un rythme régulier, une harmonie parfaite.

EUSKERA [œskɛra] ou **EUSKARA n.m.** Nom que les Basques donnent à leur langue.

EUSKÉRIEN, ENNE ou **EUSKARIEN, ENNE** **n.** et **adj.** Basque.

EUSTACHE **n.m.** Arg., vx. Couteau de poche, à manche de bois.

EUSTATIQUE **adj.** Relatif à l'eustatisme.

EUSTATISME **n.m.** (du gr. *eu*, bien, et *stasis*, niveau). **OCÉANOL.** Variation lente du niveau général des océans, due à une variation de masse et/ou à des mouvements tectoniques. ➲ Les variations du niveau de la mer liées aux changements de climat sont dues aux effets combinés des mouvements tectoniques, des changements de masse (quantité d'eau liée à la fonte des glaciers) et des variations de volume (expansion thermique).

EUSTHENOPTERON [østenɔpterɔ̃] **n.m.** (du gr. *eusthenês*, vigoureux). Poisson crossoptérygien fossile du dévonien, dont le squelette des nageoires paires annonce celui des membres des premiers vertébrés terrestres.

▲ eusthenopteron

EUTECTIQUE **adj.** Relatif à l'eutexie.

EUTEXIE **n.f.** (du gr. *eu*, bien, et *têkein*, fondre). **THERMODYN.** Propriété présentée par des mélanges solides en proportions bien déterminées, dont la fusion se fait à température constante *(point d'eutexie)* comme celle des corps purs.

EUTHANASIE **n.f.** (du gr. *eu*, bien, et *thanatos*, mort). **1.** Acte d'un médecin qui provoque la mort d'un malade incurable pour abréger ses souffrances ou son agonie, illégal dans la plupart des pays. **2.** Acte comparable pratiqué par un vétérinaire sur un chien, un chat, etc.

EUTHANASIER **v.t.** [5]. **1.** Pratiquer l'euthanasie sur un animal. **2.** Abréger la vie d'un malade incurable.

EUTHANASIQUE **adj.** Relatif à l'euthanasie.

EUTHÉRIEN **n.m.** (du gr. *thêrion*, bête sauvage). **ZOOL.** Mammifère caractérisé notamm. par un développement intra-utérin prolongé du fœtus, associé à un véritable placenta (SYN. **placentaire**). ➲ La sous-classe des euthériens regroupe tous les mammifères, à l'exception des marsupiaux et des monotrèmes.

EUTOCIE **n.f.** (gr. *eutokia*). **MÉD.** Caractère normal d'un accouchement (CONTR. **dystocie**).

EUTOCIQUE **adj.** **MÉD.** Se dit d'un accouchement normal.

EUTROPHISATION **n.f.** **ÉCOL.** Enrichissement d'une eau en sels minéraux (nitrates et phosphates, notamm.), entraînant des déséquilibres écologiques tels que la prolifération de la végétation aquatique ou l'appauvrissement du milieu en oxygène. (Ce processus, naturel ou artificiel [dans ce cas, on parle aussi de *dystrophisation*], peut concerner les lacs, les étangs, certaines rivières et les eaux littorales peu profondes.)

EUX **pron. pers.** Désigne la 3ᵉ pers. du pl. et s'emploie comme sujet pour renforcer *ils* ou comme complément pour renforcer *les* : *Vous êtes élus, eux ne le sont pas. Le directeur les écoutera, eux.*

eV **n.m.** Symbole de électronvolt.

S'ÉVACHER **v.pr.** [3]. Québec. Fam. **1.** Se tenir mal assis ; s'affaler. **2.** S'installer paresseusement ; s'avachir : *Elles se sont évachées au bord de la piscine.*

ÉVACUATEUR, TRICE **adj.** Qui sert à évacuer. ◆ **n.m.** ■ **Évacuateur de crues,** dispositif assurant l'évacuation des eaux surabondantes d'un barrage.

ÉVACUATION **n.f.** Action d'évacuer.

ÉVACUÉ, E **n.** et **adj.** Habitant d'une zone de combat, d'une zone sinistrée ou dangereuse, contraint de quitter son domicile.

ÉVACUER **v.t.** [3] (du lat. *evacuare*, vider). **1.** Faire sortir d'une zone dangereuse ou interdite : *Évacuer les blessés, la population civile.* **2.** Faire cesser l'occupation d'un lieu : *Évacuer un squat.* **3.** Quitter un lieu en masse : *Les salariés évacuent l'entreprise pendant l'exercice d'alerte.* **4.** **MÉD.** Rejeter spontanément ou éliminer par traitement des matières accumulées dans une partie du corps : *Évacuer le pus d'un abcès.* **5.** Rejeter à l'extérieur ; déverser : *Évacuer les eaux usées.*

ÉVADÉ, E **adj.** et **n.** Qui s'est échappé de l'endroit où il était détenu. ■ **Évadé fiscal,** personne physique ou morale qui parvient à ne pas payer l'impôt auquel elle est normalement assujettie.

S'ÉVADER **v.pr.** [3] (du lat. *evadere*, sortir de). **1.** S'enfuir d'un lieu où l'on était enfermé ; s'échapper : *Les otages se sont évadés.* **2.** Se libérer des soucis, des contraintes quotidiennes ; se distraire.

ÉVAGINATION **n.f.** (de *invagination*). **MÉD.** Saillie pathologique d'un organe creux (l'intestin, par ex.) qui sort par son orifice (l'anus, par ex.) tout en se retournant comme un doigt de gant.

ÉVALUABLE **adj.** Qui peut être évalué.

ÉVALUATEUR, TRICE **n.** Québec. Personne qui établit la valeur d'un bien, d'un droit : *Évaluateur agréé.*

ÉVALUATIF, IVE **adj.** Qui contient ou qui constitue une évaluation : *Devis évaluatif.* ■ **Crédit évaluatif,** crédit qui sert à acquitter les dettes de l'État.

ÉVALUATION **n.f.** **1.** Action d'évaluer ; estimation. **2.** Quantité évaluée : *Une évaluation approximative.* **3.** **ENSEIGN.** Mesure à l'aide de critères déterminés des acquis d'un élève, de la valeur d'un enseignement, etc. ■ **Évaluation (médicale),** action consistant à mesurer l'activité et l'efficacité de médecins ou d'institutions médicales, et à proposer des améliorations.

ÉVALUER **v.t.** [3] (de l'anc. fr. *value*, valeur). Déterminer la valeur, le prix, l'importance de ; estimer.

ÉVANESCENCE **n.f.** Litt. Caractère de ce qui est évanescent, fugace.

ÉVANESCENT, E **adj.** (lat. *evanescens*). Litt. Qui disparaît peu à peu : *Des souvenirs évanescents.*

ÉVANGÉLIAIRE **n.m.** Livre liturgique contenant l'ensemble des passages de l'Évangile qui sont lus au cours de l'office eucharistique.

ÉVANGÉLIQUE **adj.** **1.** Relatif à l'Évangile ; conforme aux préceptes de l'Évangile. **2.** Qui appartient à un courant du protestantisme : *Églises évangéliques.* ➲ Depuis le début du XXᵉ s., ce terme s'applique à des groupes, surtout implantés aux États-Unis, qui prêchent la conversion et font une lecture littérale de la Bible.

ÉVANGÉLISATEUR, TRICE **adj.** et **n.** Qui évangélise.

ÉVANGÉLISATION **n.f.** Action d'évangéliser.

ÉVANGÉLISER **v.t.** [3]. Prêcher l'Évangile à des populations non chrétiennes dans le but de les convertir au christianisme.

ÉVANGÉLISME **n.m.** **1.** Aspiration à retourner à une vie religieuse plus conforme à l'esprit évangélique. **2.** Doctrine des Églises évangéliques.

ÉVANGÉLISTE **n.m.** **1.** Auteur de l'un des quatre Évangiles canoniques. **2.** Prédicateur laïc, dans certaines Églises protestantes.

ÉVANGILE **n.m.** (du gr. *euaggelion*, bonne nouvelle). **1.** (Avec une majuscule). Enseignement de Jésus-Christ. **2.** (Avec une majuscule). Ensemble des quatre Évangiles canoniques (v. partie n.pr.). **3.** Passage des Évangiles lu durant la messe ; moment de cette lecture. **4.** Fig. Texte, document qui sert de fondement à une doctrine. ■ **Parole d'évangile,** chose d'une vérité certaine, absolue.

S'ÉVANOUIR **v.pr.** [21] (lat. *evanescere*). **1.** Perdre connaissance ; défaillir : *La blessée s'est évanouie.* **2.** Disparaître totalement ; s'évaporer : *Sa gloire éphémère s'est évanouie.*

ÉVANOUISSEMENT **n.m.** **1.** Perte de connaissance ; syncope. **2.** Litt. Disparition totale. **3.** **RADIODIFF.** Diminution temporaire de l'intensité de signaux radioélectriques reçus.

ÉVAPORABLE **adj.** Qui peut s'évaporer, être évaporé.

ÉVAPORATEUR **n.m.** **1.** Dans un circuit frigorifique, échangeur de chaleur où le liquide frigorigène se vaporise en prélevant de la chaleur au milieu à refroidir. **2.** Appareil servant à la dessiccation des fruits, des légumes, du lait, etc. ■ **Évaporateur rotatif** [chim.], instrument de laboratoire servant à faire évaporer le solvant d'une solution placée dans un ballon en rotation dans un bain-marie.

ÉVAPORATION **n.f.** Transformation sans ébullition d'un liquide en vapeur.

ÉVAPORATOIRE **adj.** Propre à provoquer l'évaporation.

ÉVAPORÉ, E **adj.** et **n.** Se dit d'une personne au caractère léger, frivole ; écervelé.

ÉVAPORER **v.t.** [3] (lat. *evaporare*). Produire l'évaporation d'un liquide. ◆ **S'ÉVAPORER** **v.pr.** **1.** Se transformer en vapeur par évaporation. **2.** Litt. Disparaître totalement ; s'évanouir. **3.** Fam. Disparaître brusquement ; s'éclipser.

ÉVAPORITE **n.f.** Dépôts (sel gemme, chlorure de potassium, gypse, etc.) résultant d'une évaporation de l'eau de mers fermées, de lagunes ou de lacs salés et de l'accumulation des sels précipités.

ÉVAPOTRANSPIRATION **n.f.** **BOT.** Phénomène d'évaporation de l'eau par les végétaux terrestres, grâce auquel la sève peut circuler dans les plantes vasculaires.

ÉVASÉ, E **adj.** Qui va en s'élargissant : *Une corolle évasée.*

ÉVASEMENT **n.m.** État de ce qui est évasé ; orifice ou sommet élargi.

ÉVASER **v.t.** [3] (du lat. *vas*, vase). **1.** Élargir l'orifice, l'ouverture de. **2.** Élargir un vêtement par le bas. ◆ **S'ÉVASER** **v.pr.** Être plus large à une extrémité.

ÉVASIF, IVE **adj.** Qui reste dans le vague pour éluder une difficulté ; ambigu : *Une réponse évasive. Il est resté évasif sur cette question.*

ÉVASION **n.f.** **1.** Action de s'évader ; fuite : *Des évasions par hélicoptère.* **2.** Fait de se soustraire à la monotonie du quotidien ; distraction : *Un besoin d'évasion.* ■ **Évasion de capitaux,** transfert, souvent clandestin, de capitaux que leur détenteur souhaite soustraire aux conditions économiques ou fiscales de son pays (SYN. **fuite des capitaux**). ■ **Évasion fiscale,** fait de parvenir à ne pas payer l'impôt auquel on est normalement assujetti. (Ne pas confondre avec *exil fiscal*.)

ÉVASIVEMENT **adv.** De façon évasive.

ÉVASURE **n.f.** **TECHN.** Ouverture évasée.

ÈVE **n.f.** La femme, considérée comme éternel féminin. ■ **Fille d'Ève,** femme curieuse ou frivole. ■ **Ne connaître qqn ni d'Ève ni d'Adam,** ne pas le connaître du tout.

ÉVÊCHÉ **n.m.** **1.** Territoire soumis à la juridiction d'un évêque. **2.** Siège, palais épiscopal.

ÉVECTION **n.f.** (lat. *evectio*). **ASTRON.** Inégalité périodique du mouvement de la Lune, due aux variations de l'excentricité de l'orbite lunaire.

ÉVEIL **n.m.** **1.** Litt. Fait de s'éveiller ; réveil. **2.** Fait de sortir de son engourdissement ; renaissance : *L'éveil de la nature.* **3.** Action d'éveiller, de sensibiliser qqn à qqch : *L'éveil des écoliers à la citoyenneté.* **4.** Fait de s'éveiller à qqch ; première manifestation de : *L'éveil de l'esprit de solidarité.* ■ **Donner l'éveil à qqn,** attirer son attention pour le mettre en garde. ■ **En éveil,** sur ses gardes ; attentif.

ÉVEILLÉ, E **adj.** Dont l'intelligence est vive, alerte ; dégourdi.

ÉVEILLER **v.t.** [3] (lat. *evigilare*). **1.** Litt. Tirer du sommeil ; réveiller. **2.** Développer une faculté, un sentiment : *Concert qui éveille la sensibilité musicale* ; provoquer une réaction ; susciter : *Son attitude a éveillé les soupçons.* ◆ **S'ÉVEILLER** **v.pr.** Litt. Se réveiller.

ÉVEILLEUR, EUSE **n.** Litt. Personne qui éveille l'intelligence, favorise l'éclosion d'idées nouvelles.

ÉVEINAGE **n.m.** Ablation chirurgicale d'une veine variqueuse au moyen d'un fil glissé à l'intérieur, puis fixé à une extrémité et tiré à l'autre extrémité.

ÉVÉNEMENT ou **ÉVÈNEMENT** **n.m.** (du lat. *evenire*, se produire). **1.** Ce qui se produit, arrive ou apparaît : *Se tenir au courant des événements heure par heure.* **2.** Fait important, marquant : *Une envoyée spéciale couvre l'événement.* **3.** (En appos.). Qui suscite un très vif intérêt et fera date : *Un livre événement.* **4.** **MATH.** Partie d'un univers Ω réalisée quand l'une des éventualités la composant se réalise. ■ **Attendre un heureux événement,** être enceinte. ◆ **n.m. pl.** **1.** Ensemble des faits qui créent une situation ; conjoncture : *Il est dépassé par les événements.* **2.** Ensemble de faits marquants : *Les événements de mai 68.*

ÉVÉNEMENTIEL, ELLE ou **ÉVÈNEMENTIEL, ELLE adj. 1.** Qui relate des événements en suivant le seul ordre chronologique : *Histoire événementielle.* **2.** Relatif à un événement particulier. ◆ **n.m. 1.** Ce qui concerne les événements au jour le jour, l'actualité. **2.** Ensemble des activités de communication destinées à mettre au premier plan un événement particulier (culturel, publicitaire, etc.).

ÉVENT n.m. (de *éventer*). **1.** Altération du vin causée par l'action de l'air. **2. TECHN.** Chacun des orifices ménagés dans un moule de fonderie, un réservoir, un tuyau, etc., pour laisser échapper les gaz. **3. ZOOL.** Narine simple ou double située sur le sommet de la tête des cétacés. **4. GÉOL.** Petite bouche par laquelle s'échappent des gaz, des cendres ou des laves volcaniques, ou des jaillissements d'eaux chaudes.

ÉVENTAIL n.m. 1. Accessoire portatif, constitué essentiellement d'un demi-cercle de tissu ou de papier ajusté à une monture repliable, dont on se sert pour s'éventer. **2.** Large choix de choses de même catégorie ; gamme : *Un éventail de coloris.* ▪ **Voûte en éventail** [archit.], type de voûte nervurée usuelle dans le style gothique perpendiculaire anglais.

▲ **éventail.** « L'Assemblée des notables » (1787), gravure gouachée et coloriée, montée sur un éventail. (Musée de la Révolution française, Vizille.)

ÉVENTAIRE n.m. (orig. obsc.). Étalage de marchandises à l'extérieur d'un magasin.

ÉVENTÉ, E adj. 1. Altéré par l'air : *Vin éventé.* **2.** Litt. Qui a été divulgué, révélé.

ÉVENTEMENT n.m. Altération des ciments, plâtres et chaux en contact permanent avec l'air.

ÉVENTER v.t. [3] (du lat. *ventus*, vent). **1.** Exposer au vent, à l'air ; aérer. **2.** Donner une sensation de fraîcheur à : *L'infirmière évente le malade.* **3.** Rendre public ; dévoiler : *Éventer un secret.* ◆ **S'ÉVENTER v.pr. 1.** S'altérer au contact de l'air. **2.** Se rafraîchir en agitant l'air autour de soi.

ÉVENTRATION n.f. MÉD. Saillie des viscères sous la peau de l'abdomen, par faiblesse de la paroi musculaire.

ÉVENTRER v.t. [3]. 1. Ouvrir le ventre d'un animal, d'un être humain ; étriper. **2.** Ouvrir qqch de force en y faisant une brèche : *Les voleurs ont éventré les caisses.*

ÉVENTREUR n.m. Assassin qui tue en éventrant.

ÉVENTUALITÉ n.f. 1. Fait qui peut se réaliser : *C'est une éventualité à envisager.* **2.** Caractère de ce qui est éventuel ; hypothèse : *Dans l'éventualité d'un refus.*

ÉVENTUEL, ELLE adj. (du lat. *eventus*, événement). Qui dépend des circonstances ; possible.

ÉVENTUELLEMENT adv. Le cas échéant ; s'il y a lieu.

ÉVÊQUE n.m. (lat. *episcopus*). Prêtre qui a reçu la plénitude du sacerdoce et qui a la direction spirituelle d'un diocèse, dans l'Église catholique romaine et dans les Églises de rite oriental. ◆ **n.** Dignitaire ecclésiastique, dans les Églises luthérienne et anglicane.

ÉVERSION n.f. MÉD. Évagination d'une muqueuse formant un bourrelet autour d'un orifice.

S'ÉVERTUER v.pr. [3] (Ⓐ) [de *vertu*, courage]. Faire des efforts pour ; s'escrimer à : *S'évertuer à convaincre qqn.*

ÉVHÉMÉRISME n.m. (de *Évhémère*, n.pr.). Conception selon laquelle les personnages de la mythologie sont des êtres humains divinisés après leur mort.

ÉVICTION n.f. (lat. *evictio*). **1.** Action d'évincer ; fait d'être évincé : *Demander l'éviction d'un candidat de la liste.* **2.** Suppression d'un agent pathogène dans l'environnement d'une personne : *Éviction d'un allergène.* **3. DR.** Perte d'un droit sur une chose en raison de l'existence d'un droit antérieur d'un tiers sur la même chose. ▪ **Effet d'éviction,** effet de l'extension de l'intervention de l'État sur les ressources et les dépenses du secteur privé (ménages, entreprises). ➲ Par ex., l'augmentation de l'impôt réduit le revenu disponible des ménages. ▪ **Éviction scolaire,** exclusion temporaire de l'école d'un enfant contagieux.

ÉVIDAGE n.m. Action d'évider.

ÉVIDEMENT n.m. 1. Action d'évider ; partie évidée. **2. CHIRURG.** Opération qui consiste à enlever tous les éléments (les ganglions lymphatiques, par ex.) d'une petite région.

ÉVIDEMMENT [-damɑ̃] **adv. 1.** Sans aucun doute ; indubitablement. **2.** De façon évidente ; immanquablement.

ÉVIDENCE n.f. 1. Chose évidente ; certitude. **2.** Caractère de ce qui est évident. ▪ **De toute évidence** ou **à l'évidence,** sans aucun doute. ▪ **Mettre en évidence,** rendre manifeste. ▪ **Se mettre en évidence,** se faire remarquer.

ÉVIDENT, E adj. (lat. *evidens*). Qui s'impose à l'esprit comme une certitude absolue ; indiscutable. ▪ **Ne pas être évident** [fam.], ne pas être facile à faire ou à comprendre.

ÉVIDER v.t. [3] (de *vider*). **1.** Enlever de la matière à un objet ; creuser. **2.** Pratiquer une échancrure dans le contour de.

ÉVIDOIR n.m. TECHN. Outil servant à évider, à creuser : *Un évidoir de luthier.*

ÉVIER n.m. (du lat. *aquarius*, relatif à l'eau). **1.** Cuve d'une cuisine, munie d'une alimentation en eau et d'une vidange : *Poser les assiettes sales dans l'évier.* **2.** Belgique. Lavabo.

ÉVINCEMENT n.m. Action d'évincer ; éviction.

ÉVINCER v.t. [9] (du lat. *evincere*, vaincre). **1.** Écarter qqn par intrigue ou manœuvre ; éliminer. **2. DR.** Déposséder légalement un possesseur de bonne foi.

ÉVISCÉRATION [-vise-] **n.f. MÉD. 1.** Sortie des viscères à travers une brèche de la paroi de l'abdomen. **2.** Ablation chirurgicale de tous les organes ou de tous les tissus d'une région : *Éviscération du globe oculaire.*

ÉVISCÉRER [-vise-] **v.t. [11],** ▲ *[11*]*. Enlever les viscères, les entrailles de : *Éviscérer un canard.*

ÉVITABLE adj. Qui peut être évité.

ÉVITAGE n.m. MAR. Mouvement d'un navire qui évite ; espace libre de tout obstacle nécessaire à ce mouvement.

ÉVITEMENT n.m. ÉTHOL., PSYCHOL. Comportement dans lequel l'animal ou l'homme émet une réaction avant qu'un stimulus nocif ne l'atteigne ; conduite visant à s'écarter d'une situation ou à empêcher la production d'une pensée ou d'un acte générateurs d'angoisse. ▪ **Évitement fiscal** [Québec], fait de parvenir, par des moyens légaux, à différer, réduire ou éluder complètement le paiement de ses impôts. ▪ **Voie d'évitement** [ch. de f.], voie doublant une voie principale et qui permet le garage momentané d'un train en vue de son dépassement par un autre train.

ÉVITER v.t. [3] (lat. *evitare*). **1.** Faire en sorte que qqch de nuisible ne se produise pas : *Éviter un attentat.* **2.** Permettre à qqn d'échapper à qqch de dangereux ou de pénible ; épargner : *Éviter une corvée à un ami.* **3.** Veiller à ne pas faire qqch ; se garder de : *Évitez d'accuser sans preuve.* **4.** S'efforcer de ne pas rencontrer qqn. ◆ **v.i. MAR.** Exécuter un mouvement de rotation sur son dispositif d'ancrage ou de mouillage, en parlant d'un navire.

ÉVOCABLE adj. Qui peut être évoqué.

ÉVOCATEUR, TRICE adj. Qui évoque qqn, qqch ; suggestif.

ÉVOCATION n.f. 1. Action d'évoquer ; ce qui est évoqué ; remémoration. **2. PSYCHOL.** Fonction de la mémoire par laquelle les souvenirs reviennent à la conscience. **3. DR.** Pouvoir d'évoquer d'une cour d'appel ; fait d'évoquer.

ÉVOCATOIRE adj. Qui permet une évocation.

ÉVOLUÉ, E adj. Qui a atteint un certain degré d'évolution ou de culture. ▪ **Langage évolué** [inform.], langage de programmation conçu en fonction du type d'application auquel il est destiné et qui est indépendant du type d'ordinateur utilisé (Fortran, Cobol, C, etc.).

ÉVOLUER v.i. [3]. 1. Se transformer progressivement ; changer : *Le matériel informatique évolue vite.* **2.** Modifier sa manière de penser, de se conduire. **3.** Exécuter des évolutions, des mouvements coordonnés : *Les danseurs évoluent sur la piste.* **4. SPORTS.** Jouer dans telle équipe, dans telle catégorie : *Footballeur qui évolue en première division.*

ÉVOLUTIF, IVE adj. 1. Susceptible d'évolution ; qui produit une évolution. **2. MÉD.** Se dit d'une affection changeant d'aspect rapidement et par étapes successives, en partic. vers l'aggravation.

ÉVOLUTION n.f. (du lat. *evolutio*, déroulement). **1.** Transformation graduelle et continuelle : *L'évolution des techniques.* **2.** Succession des phases d'une maladie : *Cancer à évolution lente.* **3. BIOL.** Ensemble des changements subis au cours des temps géologiques par les lignées animales et végétales, ayant eu pour résultat l'apparition de formes nouvelles. **4.** (Souvent pl.). Mouvement ou ensemble de mouvements divers et coordonnés : *Les évolutions des patineurs.* **5. MIL.** (Souvent pl.). Mouvement ordonné exécuté par une troupe, des véhicules, des navires, des avions, dans une formation précise fixée d'avance : *Les évolutions de la Patrouille de France.* ▪ **Théorie synthétique de l'évolution** [biol.], qui a concilié progressivement les données de la génétique, de l'embryologie, de la paléontologie, de la systématique et de la biologie moléculaire avec la théorie de Darwin.

ÉVOLUTIONNISME n.m. 1. BIOL. Ensemble des théories transformistes, expliquant l'évolution des espèces au cours des âges par des variations (darwinisme) ou des mutations (mutationnisme, néodarwinisme, neutralisme) aléatoires, soumises à la pression sélective du milieu (sélection naturelle). **2. SOCIOL.** Doctrine selon laquelle l'histoire des sociétés se déroule de façon progressive et sans discontinuité.

ÉVOLUTIONNISTE adj. et **n.** Relatif à l'évolutionnisme ; qui en est partisan.

ÉVOQUER v.t. [3] (lat. *evocare*). **1.** Faire penser à ; rappeler : *Ces noms n'évoquent rien pour moi.* **2.** Faire revenir à la mémoire ; se remémorer : *Évoquer ses années de collège.* **3.** Faire allusion à ; mentionner : *Évoquer la spéculation effrénée.* **4.** Faire apparaître des esprits, des revenants, etc., par la magie. **5. DR.** Statuer sur l'appel et sur les points non jugés en première instance, en parlant d'une cour d'appel.

EVP n.m. (sigle de *équivalent vingt pieds*). Unité de mesure définissant une longueur normalisée de 20 pieds pour les conteneurs. ➲ Un conteneur de 1 EVP mesure 6,058 m (20 pieds) de long, 2,438 m (8 pieds) de large et 2,591 m (9,5 pieds) de haut.

EVZONE [ɛvzɔn] **n.m.** (du gr. *euzônos*, qui a une belle ceinture). Fantassin grec.

1. EX- [ɛks] **préf.** (mot lat. « hors de »). Sert à former des mots exprimant l'éloignement, la séparation, la sortie : *excentrer, expatrier, expulser.*

2. EX- [ɛks] **préf.** (mot lat. « qui a rempli cette fonction »). Sert à former des mots désignant une fonction, un état antérieurs : *Une ex-ministre. L'ex-mari de ma cousine.*

EX [ɛks] **n.** Fam. Conjoint dont on est divorcé ; compagnon, pacsé dont on est séparé.

EXA- [ɛgza] **préf.** Préfixe (symb. E) qui, placé devant une unité, la multiplie par 10^{18}.

EX ABRUPTO loc. adv. (du lat. *abruptus*, escarpé). De manière abrupte ; à brûle-pourpoint.

EXACERBATION n.f. Amplification d'un sentiment, d'une sensation ; paroxysme.

EXACERBER v.t. [3] (du lat. *exacerbare*, aggraver). Pousser un sentiment, un état à un très haut degré : *L'ironie du journaliste exacerba sa colère.* ◆ **S'EXACERBER v.pr.** Devenir plus vif, plus aigu : *La concurrence s'exacerbe.*

EXACT, E [ɛgza, akt] ou [ɛgzakt] **adj.** (du lat. *exactus*, achevé). **1.** Conforme à la règle ou à la vérité ; juste : *Calcul, description exacts.* **2.** Qui respecte l'horaire ; ponctuel : *Il est toujours exact.* ▪ **Sciences exactes** → **SCIENCE.**

EXACTEMENT adv. 1. Précisément : *Il est exactement midi.* **2.** Tout à fait : « *Il vous a dit cela ? – Exactement.* »

EXACTEUR **n.m.** Vx. Celui qui commet une exaction.

EXACTION **n.f.** (du lat. *exactio,* recouvrement d'argent). Sout. Action d'exiger plus qu'il n'est dû ou ce qui n'est pas dû, notamm. par abus de pouvoir. ◆ **n.f. pl.** Actes de violence, de pillage commis contre des populations.

EXACTITUDE **n.f. 1.** Caractère de ce qui est juste, rigoureux, conforme à la logique ; justesse : *L'exactitude de vos réponses.* **2.** Qualité d'une personne exacte, ponctuelle.

EX AEQUO [egzeko] **loc. adj. inv.** et **loc. adv.** (mots lat. « à égalité »). Qui est sur le même rang, à égalité. ◆ **n. inv.** Personne ayant obtenu le même rang qu'une autre : *Départager les ex aequo.* (Dans le cadre de l'orthographe réformée, on peut écrire : *un exaequo, des exaequos.*)

EXAGÉRATION **n.f. 1.** Action d'exagérer ; excès. **2.** Parole, acte exagérés ; outrance.

EXAGÉRÉ, E **adj.** Où il y a de l'exagération ; excessif : *Des précautions exagérées.*

EXAGÉRÉMENT **adv.** De façon exagérée.

EXAGÉRER **v.t. [11],** ▲ *[11*]* (du lat. *exaggerare,* augmenter). Donner une importance excessive à ; grossir : *Exagérer la gravité de la situation.* ◆ **v.i.** Dépasser la mesure, la vérité ; abuser : *Tu exagères d'arriver si tard.* ◆ **S'EXAGÉRER** **v.pr.** Donner trop d'importance à qqch ; surestimer : *Il s'exagère la difficulté du travail.*

EXALTANT, E **adj.** Qui provoque de l'exaltation ; qui stimule ; enthousiasmant.

EXALTATION **n.f. 1.** Surexcitation intellectuelle et affective proche de l'euphorie ; fièvre : *L'exaltation des supporteurs.* **2.** Sout. Élévation à un très haut degré d'un sentiment, d'un état affectif : *L'exaltation du sentiment religieux.* **3.** Action de faire l'éloge de ; glorification : *L'exaltation du courage des sauveteurs.*

EXALTÉ, E **adj.** et **n.** Empreint d'exaltation ; passionné.

EXALTER **v.t. [3]** (du lat. *exaltare,* exhausser). **1.** Provoquer l'exaltation de ; enthousiasmer : *Exalter l'auditoire.* **2.** Faire l'éloge de ; glorifier. ◆ **S'EXALTER** **v.pr.** Céder à l'exaltation ; s'enflammer.

EXAMEN [ɛgzamɛ̃] **n.m.** (mot lat. « pesée »). **1.** Observation attentive et minutieuse ; étude : *Examen d'un projet de loi.* **2.** Ensemble d'épreuves écrites ou orales que subit un candidat : *Passer un examen.* Abrév. (fam.) **exam.** ▪ **Examen clinique** [méd.], direct, sans instruments complexes. ▪ **Examen complémentaire** [méd.], nécessitant un matériel et du personnel spécialisés (dosage sanguin, radiographie, etc.). ▪ **Examen de conscience,** examen critique de sa propre conduite. ▪ **Examen de santé,** ensemble d'examens cliniques et complémentaires effectués chez une personne apparemment saine, dans un but de dépistage et de prévention (SYN. **bilan de santé**). ▪ **Examen médical,** étude de l'état d'un organe, d'une fonction, par un médecin. ▪ **Libre examen,** fait de n'admettre comme vrai que ce qu'admet la raison ou l'expérience ; rejet de l'autorité, de la tradition et de la croyance. ▪ **Mise en examen** → **MISE.** ▪ **Mis en examen** → **2. MIS.**

EXAMINATEUR, TRICE **n.** Personne chargée de faire passer un examen à un candidat.

EXAMINER **v.t. [3]** (lat. *examinare*). **1.** Étudier attentivement, minutieusement : *Examiner une affaire, une voiture accidentée.* **2.** Faire subir un examen, notamm. médical.

EX ANTE [ɛksɑ̃te] **loc. adj. inv.** (mots lat. « d'avant »). Se dit de l'analyse des faits économiques effectuée de façon prévisionnelle (par oppos. à *ex post*).

EXANTHÈME **n.m.** (du gr. *exanthêma,* efflorescence). **MÉD.** Éruption sur la peau (par oppos. à *énanthème*), rouge et diffuse, accompagnant certaines maladies infectieuses (rubéole, scarlatine, rougeole, etc.).

EXAPTATION **n.f.** (mot angl.). **BIOL.** Processus d'adaptation d'un caractère existant, selon lequel une ou plusieurs fonctions s'ajoutent à sa fonction d'origine, ou la remplacent (par ex., les plumes des oiseaux ont d'abord rempli une fonction de régulation thermique avant de favoriser le vol).

EXARCHAT [-ka] **n.m. 1.** Dignité d'exarque. **2. HIST.** Gouvernement militaire byzantin commandé par un exarque. **3. RELIG.** Circonscription ecclésiastique dirigée par un exarque, en Orient.

EXARQUE **n.m.** (gr. *exarkhos*). **1. HIST.** Dignitaire gouvernant en Italie et en Afrique pour le compte des empereurs byzantins. **2. RELIG.** Prélat de l'Église orientale qui a juridiction épiscopale.

EXASPÉRANT, E **adj.** Qui exaspère.

EXASPÉRATION **n.f. 1.** Fait d'être exaspéré ; agacement. **2.** Sout. Intensification d'un sentiment, d'un état ; exacerbation : *L'exaspération d'une douleur.*

EXASPÉRER **v.t. [11],** ▲ *[11*]* (lat. *exasperare,* de *asper,* âpre). **1.** Mettre au comble de l'énervement ; excéder : *Cette attente m'exaspère.* **2.** Sout. Intensifier un sentiment, un désir, etc. ; exacerber : *Cet échec exaspéra sa haine.*

EXAUCEMENT **n.m.** Action d'exaucer.

EXAUCER **v.t. [9]** (du lat. *exaltare,* élever). Satisfaire qqn en lui accordant ce qu'il demande ; accueillir favorablement une demande : *Exaucer la demande de mutation de qqn.*

EX CATHEDRA [ɛkskatedra] **loc. adv.** (mots lat. « du haut de la chaire »). **1. CATH.** Du haut de la chaire, en parlant du pape lorsque, en tant que chef de l'Église, il proclame un article de foi. **2.** Sur un ton doctoral ou dogmatique.

EXCAVATEUR **n.m.** ou **EXCAVATRICE** **n.f.** **TRAV. PUBL.** Engin de terrassement muni d'une rouepelle ou d'une chaîne à godets.

EXCAVATION **n.f. 1.** Action d'excaver, de creuser : *L'excavation d'un tunnel.* **2.** Creux, trou, en partic. dans le sol ; cavité.

EXCAVER **v.t. [3]** (lat. *excavare,* de *cavus,* creux). **TRAV. PUBL., MIN.** Creuser dans le sol.

EXCÉDANT, E **adj.** Qui excède, exaspère.

EXCÉDENT **n.m. 1.** Ce qui excède, dépasse en quantité ; surplus : *Un excédent de bagages.* **2. ÉCON.** Solde positif (par oppos. à *déficit*).

EXCÉDENTAIRE **adj.** Qui est en excédent.

EXCÉDER **v.t. [11],** ▲ *[11*]* (du lat. *excedere,* dépasser). **1.** Dépasser en nombre, en quantité, en durée la limite fixée : *Le loyer excède nos possibilités.* **2.** Sout. Aller au-delà de la limite ; outrepasser : *Excéder ses droits, ses forces.* **3.** Agacer au plus haut point ; exaspérer : *Ses récriminations m'excèdent.*

EXCELLEMMENT [-lamɑ̃] **adv.** De façon excellente ; admirablement.

EXCELLENCE **n.f. 1.** Caractère excellent de ; perfection : *Félicitée pour l'excellence de son reportage.* **2.** (Avec une majuscule). Titre donné notamm. aux ambassadeurs, aux ministres, aux évêques : *Votre, Son Excellence.* ▪ **Par excellence,** plus que tout autre. ▪ **Prix d'excellence,** prix accordé au meilleur élève d'une classe.

EXCELLENT, E **adj.** Supérieur dans son genre ; incomparable : *Un excellent avocat.*

EXCELLER **v.i. [3]** (lat. *excellere*). Atteindre un niveau supérieur dans un domaine ; briller : *Elle excelle à concilier des adversaires, en littérature.*

EXCENTRATION **n.f.** Action d'excentrer.

EXCENTRÉ, E **adj.** Loin du centre ; excentrique : *Hypermarché excentré.*

EXCENTRER **v.t. [3]. 1. MÉCAN. INDUSTR.** Décaler l'axe d'un élément d'une pièce de révolution par rapport à l'axe général. **2.** Mettre loin du centre.

EXCENTRICITÉ **n.f. 1.** Originalité d'une personne excentrique ; acte excentrique ; extravagance. **2.** Éloignement du centre. ▪ **Excentricité de l'orbite d'une planète, d'une comète, d'un satellite** [astron.], excentricité de la conique décrite. ▪ **Excentricité d'une conique** [math.], rapport constant, positif et non nul, de la distance de tout point d'une conique à un foyer, à la distance entre ce point et la directrice associée à ce foyer.

1. EXCENTRIQUE **adj.** Situé loin du centre ; excentré : *Quartier excentrique.*

2. EXCENTRIQUE **adj.** et **n.** Qui est en opposition avec l'usage, les habitudes ; extravagant : *Une tenue excentrique.*

EXCENTRIQUEMENT **adv.** De façon excentrique, bizarre.

1. EXCEPTÉ **prép.** À l'exclusion de ; à part ; hormis : *Les ordinateurs sont récents, excepté ces deux-là.* ◆ **EXCEPTÉ QUE** **loc. conj.** Si ce n'est que ; à cela près que.

2. EXCEPTÉ, E **adj.** Qui ne fait pas partie de l'ensemble considéré : *Les ordinateurs sont neufs, ces deux-là exceptés.*

EXCEPTER **v.t. [3]** (lat. *exceptare*). Ne pas inclure dans un ensemble ; exclure : *Excepter certains condamnés d'une amnistie.*

EXCEPTION **n.f. 1.** Personne ou chose qui est hors de la règle commune, qui paraît unique : *Cet animateur, ce retard est une exception.* **2. DR.** Tout moyen de défense qui tend soit à déclarer une procédure irrégulière, soit à en suspendre le cours. ▪ **À l'exception de,** sauf : *Tous les médias en ont parlé, à l'exception de cette radio.* ▪ **Exception culturelle,** doctrine selon laquelle la production artistique ne doit pas être considérée comme un produit économique, afin d'être préservée. ▪ **Faire exception,** échapper à la règle. ▪ **Loi, tribunal d'exception,** en dehors du droit commun.

EXCEPTIONNEL, ELLE **adj. 1.** Qui constitue une exception : *Des précautions exceptionnelles.* **2.** Qui se distingue par ses mérites, sa valeur ; remarquable.

EXCEPTIONNELLEMENT **adv. 1.** Contrairement à l'habitude. **2.** À un très haut degré ; extrêmement : *Elle est exceptionnellement intelligente.*

EXCÈS [ɛksɛ] **n.m.** (lat. *excessus*). **1.** Quantité qui se trouve en plus : *Écouler un excès de marchandises.* **2.** Ce qui dépasse la mesure normale : *Excès de vitesse.* **3.** Acte qui va au-delà de ce qui est permis ou raisonnable ; abus : *Les excès de la judiciarisation.* ▪ **Excès de langage,** propos discourtois, injurieux. ▪ **Excès de pouvoir** [dr.], acte qui est en dehors ou au-delà des attributions de celui qui l'accomplit, et en partic. de celles d'une autorité administrative. ◆ **n.m. pl. 1.** Actes de violence, de démesure ; débordements. **2.** Abus de nourriture, de boisson, etc.

EXCESSIF, IVE **adj. 1.** Qui excède la mesure ; exagéré : *Des prix excessifs.* **2.** Qui pousse les choses à l'excès ; outrancier.

EXCESSIVEMENT **adv. 1.** Avec excès : *Boire excessivement.* **2.** (Emploi critiqué). Extrêmement : *Il est excessivement courtois.*

EXCIPER **v.t. ind. [3] (DE)** [du lat. *excipere,* excepter]. **DR.** Se prévaloir d'une exception, d'une excuse : *Exciper de sa bonne foi.*

EXCIPIENT **n.m.** (lat. *excipiens*). Substance sans activité thérapeutique, incorporée dans un médicament pour en faciliter la préparation, la conservation ou l'administration (par oppos. à *principe actif*).

EXCISE [ɛksiz] **n.f.** (mot angl.). **DR.** Taxe sur certains produits de consommation, en Grande-Bretagne et aux États-Unis.

EXCISER **v.t. [3]** (du lat. *excidere,* couper). Pratiquer une excision.

EXCISEUR, EUSE **n.** Personne qui pratique l'excision rituelle du clitoris. (Le masc. est rare.)

EXCISION **n.f. 1. MÉD.** Ablation de tissus malades dans une petite région du corps : *Excision d'un panaris.* **2.** Mutilation qui consiste en une ablation rituelle du clitoris et parfois des petites lèvres, pratiquée chez certains peuples sur les petites filles. ➲ En France, l'excision est un crime puni par la loi.

EXCITABILITÉ **n.f.** Didact. Propriété de ce qui est excitable.

EXCITABLE **adj. 1.** Prompt à s'exciter, à s'énerver ; irritable. **2. PHYSIOL.** Capable de répondre à une stimulation.

EXCITANT, E **adj.** Qui suscite l'intérêt, l'émotion ou le désir. ◆ **adj.** et **n.m.** Se dit d'une substance propre à accroître la vigilance ou à stimuler l'organisme.

EXCITATEUR, TRICE **n.** Litt. Personne qui excite, stimule.

EXCITATION **n.f. 1.** Action d'exciter : *Excitation à la violence* ; état d'agitation, d'énervement : *Dans l'excitation du départ.* **2. PSYCHIATR.** Augmentation plus ou moins désordonnée de l'activité psychique ou motrice ; agitation. **3. PHYS.** Processus par lequel un atome, un noyau, une molécule passe d'un niveau d'énergie à un niveau plus élevé. **4. PHYSIOL.** Modification de l'activité électrique de la membrane d'un neurone, d'une cellule musculaire, sous l'effet d'une stimulation. **5.** ÉLECTROTECHN. Production d'un flux d'induction magnétique dans un circuit magnétique au moyen d'un courant électrique.

EXCITATRICE n.f. ÉLECTROTECHN. Générateur destiné à fournir des courants d'excitation.

EXCITÉ, E adj. et n. Qui est énervé, agité ; exalté. ◆ **adj.** PHYS. Qui a subi une excitation.

EXCITER v.t. [3] (lat. *excitare*). **1.** Faire naître ; susciter : *Exciter la convoitise* ; rendre plus vif : *Ton succès a excité sa jalousie.* **2.** Mettre qqn dans un état de tension nerveuse ; énerver : *La neige excite les enfants.* **3.** Faire naître le désir physique ; émoustiller. ◆ **S'EXCITER** v.pr. **1.** Devenir de plus en plus agité ; s'énerver. **2.** Fam. Prendre un très vif intérêt à ; s'enthousiasmer pour : *S'exciter sur un projet.*

EXCLAMATIF, IVE adj. Qui marque l'exclamation. ◆ **n.m.** Mot exclamatif.

EXCLAMATION n.f. **1.** Cri de joie, de surprise, d'indignation, etc. **2.** LING. Phrase, parfois réduite à une interjection, exprimant une émotion vive ou un jugement affectif. ▪ **Point d'exclamation,** signe de ponctuation, caractère typographique (!) que l'on met après une phrase exclamative ou une interjection.

EXCLAMATIVE n.f. Phrase exclamative.

S'EXCLAMER v.pr. [3] (lat. *exclamare*). Pousser une exclamation ; s'écrier.

EXCLU, E adj. et n. **1.** Qui a été rejeté d'un groupe. **2.** Qui n'est plus considéré comme membre à part entière de la société.

EXCLURE v.t. [76] (lat. *excludere*). **1.** Mettre qqn dehors ; renvoyer : *Exclure d'un parti.* **2.** Ne pas compter qqch dans un ensemble ; éliminer : *On a exclu l'hypothèse du suicide.* **3.** Être incompatible avec qqch d'autre : *Pourquoi le travail exclurait-il le plaisir ?* ▪ **Il n'est pas exclu que,** il est possible que.

EXCLUSIF, IVE adj. **1.** Qui appartient à un seul par privilège spécial : *Distributeur exclusif.* **2.** Qui repousse tout ce qui est étranger ; absolu : *Amour exclusif.* **3.** DR. Qui exclut toute autre chose comme incompatible. **4.** De parti pris ; entier : *Être exclusif dans ses idées.*

EXCLUSION n.f. **1.** Action d'exclure ; éviction. **2.** Situation d'une personne, d'un groupe exclus ; marginalisation. **3.** LOG. Relation entre deux classes non vides dans lesquelles aucun élément de l'une n'appartient à l'autre, et réciproquement. ▪ **À l'exclusion de,** à l'exception de.

EXCLUSIVE n.f. Mesure d'exclusion : *Prononcer l'exclusive contre qqn.* ▪ **Sans exclusive,** en ne rejetant rien ni personne.

EXCLUSIVEMENT adv. **1.** En excluant ; non compris. **2.** Uniquement.

EXCLUSIVISME n.m. Caractère des gens exclusifs.

EXCLUSIVITÉ n.f. **1.** Possession sans partage ; monopole. **2.** Droit exclusif de publier un article, de vendre un produit, un livre, de projeter un film ; produit, film bénéficiant de ce droit. **3.** Article, information ou document obtenus en priorité par un journal ou réservés à son seul usage pendant une période donnée. **4.** Recomm. off. pour **scoop.**

EXCOMMUNICATION n.f. **1.** Exclusion d'un membre de la communauté religieuse à laquelle il appartient. **2.** Exclusion d'un groupe.

EXCOMMUNIÉ, E adj. et n. Frappé d'excommunication.

EXCOMMUNIER v.t. [5]. **1.** Frapper qqn d'excommunication. **2.** Exclure d'un groupe, d'un parti.

EXCORIATION n.f. Légère écorchure de la peau ou d'une muqueuse.

EXCORIER v.t. [5] (du lat. *corium*, cuir). Provoquer une excoriation.

EXCRÉMENT n.m. (lat. *excrementum*). [Souvent pl.]. Matière évacuée du corps par les voies naturelles ; résidus solides de la digestion évacués par l'anus (SYN. **fèces, selles**).

EXCRÉMENTIEL, ELLE adj. De la nature de l'excrément.

EXCRÉTER v.t. [11], ▲ *[11*]*. Évacuer par excrétion.

EXCRÉTEUR, TRICE ou **EXCRÉTOIRE** adj. Qui sert à l'excrétion : *Conduit excréteur.*

EXCRÉTION n.f. (du lat. *excretio*, action de trier). **1.** PHYSIOL. Rejet par une glande de ses produits de sécrétion, dans un canal organique ou dans le sang. **2.** Cour. (Abusif en médecine). Évacuation des excréments.

EXCRÉTOIRE adj. Relatif à l'excrétion.

EXCROISSANCE n.f. **1.** MÉD. Petite masse en saillie à la surface d'un organe, d'un tissu. **2.** AGRIC. Développement anormal d'un tissu végétal (ex. : bourrelets de l'orme).

EXCURSION n.f. (lat. *excursio*). Court voyage ou promenade d'agrément, d'étude.

EXCURSIONNER v.i. [3]. Faire une excursion.

EXCURSIONNISTE n. Personne qui fait une excursion.

EXCUSABLE adj. Qui peut être excusé ; pardonnable.

EXCUSE n.f. **1.** Raison que l'on donne pour se disculper ou disculper autrui ; justification : *Fournir une excuse à son absence.* **2.** Raison invoquée pour se soustraire à une obligation ; prétexte : *Se trouver des excuses pour ne rien faire.* **3.** DR. Fait, prévu par la loi, qui, accompagnant une infraction, peut entraîner une réduction de la peine *(excuse atténuante)* ou son exemption *(excuse absolutoire).* ◆ **n.f. pl.** Expression du regret d'avoir commis une faute ou offensé qqn : *Présenter ses excuses.*

EXCUSER v.t. [3] (lat. *excusare*). **1.** Disculper qqn de qqch. **2.** Tolérer qqch par indulgence ; pardonner : *Excuser une erreur.* **3.** Servir d'excuse à qqn ; justifier : *Rien ne peut excuser votre comportement.* **4.** Accepter les excuses de qqn : *Veuillez m'excuser.* ◆ **S'EXCUSER** v.pr. Présenter ses excuses.

EXEAT [ɛgzeat] n.m. inv., ▲ *EXÉAT n.m.* (du lat. *exeat*, qu'il sorte). **1.** Autorisation de mutation accordée à certains fonctionnaires (enseignants, par ex.) ; autorisation de sortie. **2.** Document administratif attestant qu'un élève a quitté définitivement un établissement scolaire et qu'il est en règle avec celui-ci. (L'appellation administrative est *certificat de radiation.*) **3.** DR. CANON. Permission donnée à un prêtre par son évêque de quitter le diocèse.

EXÉCRABLE adj. **1.** Extrêmement désagréable ; détestable : *Humeur, temps exécrables.* **2.** Litt. Qui suscite l'horreur ; odieux : *Crime exécrable.*

EXÉCRABLEMENT adv. Litt. De manière exécrable.

EXÉCRATION n.f. Litt. Sentiment d'horreur extrême, de répulsion ; détestation.

EXÉCRER [ɛgze-] ou [ɛkse-] v.t. [11], ▲ *[11*]* (du lat. *execrari*, maudire). Avoir en exécration, en horreur ; abominer : *J'exècre la mauvaise foi.*

EXÉCUTABLE adj. Qui peut être exécuté ; faisable.

EXÉCUTANT, E n. **1.** Personne qui exécute une tâche, un ordre : *Ce sont de simples exécutants.* **2.** Musicien qui exécute sa partie dans un concert.

EXÉCUTER v.t. [3]. **1.** Mettre en application ; appliquer : *Exécuter les ordres.* **2.** Réaliser un ouvrage ; confectionner : *Exécuter un décor.* **3.** Interpréter une pièce musicale ; jouer : *Exécuter une sonate.* **4.** Mettre à mort un condamné. **5.** Tuer qqn pour s'en débarrasser ; assassiner. ▪ **Exécuter un débiteur** [dr.], saisir ses biens et les faire vendre par autorité de justice. ◆ **S'EXÉCUTER** v.pr. Se résoudre à agir ; obéir.

EXÉCUTEUR, TRICE n. DR. ▪ **Exécuteur testamentaire,** personne à laquelle le testateur a confié le soin d'exécuter son testament.

EXÉCUTIF, IVE adj. ▪ **Pouvoir exécutif,** chargé d'appliquer les lois, de définir la politique de la nation. ◆ **n.m.** Organe exerçant le pouvoir exécutif dans un État.

EXÉCUTION n.f. (du lat. *executio*, achèvement). **1.** Action, manière d'exécuter, d'accomplir ; réalisation : *Exiger l'exécution d'un contrat.* **2.** Action de jouer une œuvre musicale ; interprétation. **3.** INFORM. Traitement, par l'unité centrale d'un ordinateur, de la suite d'instructions d'un programme en langage machine chargé dans la mémoire principale. ▪ **Exécution capitale,** mise à mort d'un condamné. ▪ **Exécution forcée** [dr. civ.], exécution d'un acte, d'un jugement imposée au débiteur à l'aide de la force publique ou d'une saisie ; dr. admin., exécution d'office d'un acte administratif sans autorisation du juge, notamm. en cas d'urgence. ▪ **Mettre à exécution,** réaliser : *Elle a mis sa menace à exécution.*

EXÉCUTOIRE adj. et n.m. DR. Qui donne pouvoir de procéder à une exécution forcée. ▪ **Formule exécutoire,** formule obligatoirement apposée en fin d'un jugement, d'un arrêt et de tout acte susceptible d'exécution forcée.

EXÈDRE n.f. (gr. *exedra*). **1.** ANTIQ. Salle, souvent en hémicycle, munie de sièges pour la conversation. **2.** Banc de pierre adossé au fond de l'abside, dans les basiliques paléochrétiennes. **3.** Édicule de pierre formant banquette semi-circulaire, notamm. dans un jardin.

EXÉGÈSE n.f. (du gr. *exêgêsis*, explication). **1.** Science qui consiste à établir, selon les normes de la critique historique et scientifique, le sens d'un texte, partic. de la Bible. **2.** Interprétation d'un texte se fondant notamm. sur des bases philologiques ; commentaire.

EXÉGÈTE n. Spécialiste d'exégèse ; commentateur.

EXÉGÉTIQUE adj. Relatif à l'exégèse.

1. EXEMPLAIRE adj. (lat. *exemplaris*). **1.** Qui peut servir d'exemple ; modèle. **2.** Qui peut servir de leçon, d'avertissement : *Châtiment exemplaire.*

2. EXEMPLAIRE n.m. (lat. *exemplarium*). **1.** Chacun des objets (livres, DVD, etc.) reproduits d'après un type commun : *Roman tiré à 10 000 exemplaires.* **2.** BIOL. Individu d'une espèce minérale, végétale ou animale.

EXEMPLAIREMENT adv. De façon exemplaire.

EXEMPLARITÉ n.f. Caractère de ce qui est exemplaire : *L'exemplarité d'une peine.*

EXEMPLATIF, IVE adj. Belgique, Burundi, Rwanda. Qui peut servir d'exemple, d'illustration : *Un cas exemplatif* ; qui peut servir de leçon, dissuader : *Une condamnation exemplative.* ▪ **À titre exemplatif** [Belgique], à titre d'exemple, pour illustrer.

EXEMPLE n.m. (du lat. *exemplum*, échantillon). **1.** Personne, action digne d'être imitée ; modèle : *L'exemple même de la courtoisie.* **2.** Ce qui peut servir de leçon ou de mise en garde : *Cette sanction vous servira d'exemple.* **3.** Fait antérieur analogue au fait dont il est question ; précédent : *Il existe peu d'exemples de cas aussi dramatiques.* **4.** Ce qui sert à illustrer, prouver, éclairer : *Des exemples de l'emploi du mot d'entrée.* ▪ **À l'exemple de,** à l'imitation de. ▪ **Faire un exemple,** punir sévèrement qqn pour dissuader les autres de l'imiter. ▪ **Par exemple !,** exprime la surprise.

EXEMPLIFICATION n.f. Action d'exemplifier.

EXEMPLIFIER v.t. [5]. Illustrer par des exemples.

1. EXEMPT, E [ɛgzɑ̃, ɑ̃t] adj. (du lat. *exemptus*, affranchi). **1.** Qui n'est pas assujetti à une charge : *Exempt d'impôts.* **2.** Qui est préservé de : *Vie exempte de soucis.* **3.** Litt. Dépourvu de ; dénué : *Exempt de sens moral.*

2. EXEMPT [ɛgzɑ̃] n.m. Sous l'Ancien Régime, gradé de la maréchaussée exempté d'impôt.

EXEMPTÉ, E adj. et n. Dispensé d'une obligation, en partic. des obligations militaires.

EXEMPTER [ɛgzɑ̃(p)te] v.t. [3]. Dispenser d'une obligation ; exonérer d'une charge.

EXEMPTION [ɛgzɑ̃psjɔ̃] n.f. Action d'exempter ; fait d'être exempté ; privilège qui dispense d'une obligation ; exonération : *Une exemption d'impôts.*

EXEQUATUR n.m. inv., ▲ *EXÉQUATUR* [ɛgzekwatyr] *n.m.* (du lat. *exequatur*, qu'il exerce). DR. **1.** Acte par lequel le gouvernement d'un pays notifie à ses autorités qu'un consul étranger peut exercer ses fonctions dans ce pays. **2.** Décision judiciaire rendant exécutoire un jugement étranger ou une sentence arbitrale.

EXERCÉ, E adj. Devenu habile à force de pratique ; chevronné : *Une informaticienne exercée.*

EXERCER v.t. [9] (lat. *exercere*). **1.** Soumettre à un entraînement méthodique ; former : *Exercer sa mémoire, des élèves à la navigation sur Internet.* **2.** Litt. Mettre à l'épreuve ; tester : *Exercer sa sagacité sur des énigmes.* **3.** Mettre en usage : *Exercer un contrôle* ; faire usage de : *Exercer son autorité.* **4.** Pratiquer comme métier : *Exercer la médecine* ; s'acquitter professionnellement de : *Exercer une fonction temporaire.* ◆ **S'EXERCER** v.pr. Se soumettre à un entraînement.

EXERCICE n.m. (lat. *exercitium*). **1.** Action de s'exercer. **2.** Séance d'instruction militaire pratique : *Aller à l'exercice.* **3.** Devoir donné à un élève en application de ce qui a été appris précédemment dans un cours, une leçon. **4.** Activité sportive permettant une dépense physique ; entraînement : *Faire de l'exercice.* **5.** Action, fait de pratiquer une activité, un métier : *L'exercice du pouvoir.* **6.** Période comprise entre deux inventaires comptables ou deux budgets. ▪ **Entrer en exercice,** en fonctions. ▪ **Exercices spirituels,** pratiques de dévotion.

EXERCISEUR n.m. Appareil de culture physique qui comporte des dispositifs élastiques permettant de faire travailler la musculature.

EXÉRÈSE n.f. (du gr. *exairesis,* enlèvement). **CHIRURG.** Ablation.

EXERGUE n.m. (du lat. *exergum,* espace hors de l'œuvre). **1.** Petit espace laissé au bas d'une monnaie, d'une médaille pour y mettre une date, une inscription, une signature, etc. **2.** Inscription en tête d'un ouvrage. ▪ **Mettre en exergue,** en évidence.

EXFILTRATION n.f. Action d'exfiltrer un agent secret et, par ext., qqn se trouvant en milieu hostile : *L'exfiltration du Président a été ordonnée à la première déflagration.*

EXFILTRER v.t. [3]. 1. Assurer le rapatriement d'un agent secret au terme de sa mission ; par ext., faire sortir qqn (un diplomate, un chef d'État, etc.) d'un lieu où il se trouve en danger : *La France a exfiltré le président africain déchu hors de son pays.* **2.** Par plais. Inciter une personne à quitter un milieu ou un lieu présenté comme potentiellement néfaste pour elle : *On a exfiltré vite fait le stagiaire de ce pot entre filles.*

EXFOLIANT, E adj. et **n.m.** Qui provoque une exfoliation de la peau : *Crème exfoliante.*

EXFOLIATION n.f. MÉD. Destruction ou élimination, sous forme de lamelles, des parties mortes superficielles d'un tissu, en partic. de l'épiderme.

EXFOLIER v.t. [5] (du lat. *exfoliare,* effeuiller). Séparer par lames minces la surface de qqch : *Exfolier des ardoises.*

EXHALAISON n.f. Gaz ou odeur qui s'exhalent de qqch ; émanation.

EXHALATION n.f. 1. Fait de s'exhaler. **2. PHYSIOL.** Élimination des produits volatils par la respiration, par la peau.

EXHALER v.t. [3] (lat. *exhalare*). **1.** Répandre autour de soi ; diffuser : *Ces fleurs exhalent un parfum subtil.* **2.** Litt. Donner libre cours à ; déverser : *Exhaler sa rancœur.* ◆ **S'EXHALER v.pr. 1.** Se répandre dans l'atmosphère. **2.** Litt. Se manifester : *Sa colère s'exhala.*

EXHAURE n.f. (du lat. *exhaurire,* vider). **MIN.** Action d'évacuer les eaux drainées dans une mine ou une carrière.

EXHAUSSEMENT n.m. Action d'exhausser ; état de ce qui est exhaussé.

EXHAUSSER v.t. [3]. Augmenter la hauteur de ; surélever : *Exhausser une digue.*

EXHAUSTEUR n.m. ▪ **Exhausteur de goût,** substance qui renforce le goût d'un produit alimentaire.

EXHAUSTIF, IVE adj. (angl. *exhaustive,* du lat.). Qui traite à fond un sujet, une matière ; complet : *Un relevé exhaustif.*

EXHAUSTION n.f. MATH. Anc. ▪ **Méthode d'exhaustion,** calcul par approximations de plus en plus précises. ➲ Cette méthode fut inventée par Eudoxe et utilisée par Archimède, notamm. dans le calcul de π.

EXHAUSTIVEMENT adv. De façon exhaustive.

EXHAUSTIVITÉ n.f. Caractère de ce qui est exhaustif.

EXHÉRÉDATION n.f. (lat. *exheredatio,* de *heres, -edis,* héritier). **DR.** Action de déshériter.

EXHIBER v.t. [3] (lat. *exhibere*). **1.** Montrer avec ostentation ; arborer : *Exhiber sa montre de marque.* **2. DR.** Présenter un document officiel. ◆ **S'EXHIBER v.pr.** Se montrer en public de manière provocante ; s'afficher.

EXHIBITION n.f. 1. Action d'exhiber, de présenter : *L'exhibition de son passeport.* **2.** Présentation d'un numéro spectaculaire. **3.** Étalage outrancier de qqch ; parade. ▪ **Exhibition sexuelle** [dr.], fait d'exhiber ses organes génitaux ou de commettre un acte sexuel sur soi-même ou avec autrui à la vue de témoins non consentants.

EXHIBITIONNISME n.m. 1. Tendance à exhiber ses organes génitaux, en raison d'un trouble psychique sexuel ou général (démence, par ex.). **2.** Attitude ostentatoire.

EXHIBITIONNISTE n. 1. Personne atteinte d'exhibitionnisme. **2.** Personne qui aime s'exhiber.

EXHORTATION n.f. Paroles par lesquelles on exhorte ; appel : *Une exhortation au calme.*

EXHORTER v.t. [3] (lat. *exhortari*). Encourager par ses paroles ; inciter : *Exhorter qqn à la patience.*

EXHUMATION n.f. Action d'exhumer.

EXHUMER v.t. [3] (lat. *exhumare,* de *humus,* terre). **1.** Extraire de la terre ce qui y avait été placé ; déterrer : *Exhumer un trésor.* **2.** Tirer de l'oubli ; rappeler : *Exhumer un vieux scandale.*

EXIGEANT, E adj. Difficile à satisfaire ; pointilleux.

EXIGENCE n.f. 1. Ce qu'une personne exige d'une autre ; demande : *Les exigences des grévistes.* **2.** Caractère d'une personne exigeante. **3.** Ce qui est commandé par qqch ; obligation : *Les exigences de la solidarité gouvernementale.*

EXIGER v.t. [10] (lat. *exigere*). **1.** Demander impérativement ce qui est considéré comme un dû ; réclamer. **2.** Rendre obligatoire ou inévitable ; nécessiter : *La situation exige du sang-froid.*

EXIGIBILITÉ n.f. DR. Caractère de ce qui est exigible.

EXIGIBLE adj. DR. Qui peut être exigé : *Créance exigible.*

EXIGU, UË, ▲ *ÜE* [ɛgzigy] **adj.** (lat. *exiguus*). Se dit d'un espace trop petit ; étroit : *Une stalle exiguë.*

EXIGUÏTÉ, ▲ *EXIGÜITÉ* [ɛgzigɥite] **n.f.** Étroitesse d'un espace.

EXIL n.m. (lat. *exsilium,* bannissement). **1.** Situation de qqn qui est expulsé ou obligé de vivre hors de sa patrie ; bannissement. **2.** Situation de qqn qui est obligé de vivre ailleurs que là où il est habituellement, où il aime vivre. **3.** Lieu où réside une personne exilée. ▪ **Exil fiscal,** fait de quitter son pays d'origine pour s'installer dans un pays à la fiscalité plus avantageuse. (Ne pas confondre avec *évasion fiscale.*)

EXILÉ, E adj. et **n.** Condamné à l'exil ; qui vit dans l'exil. ▪ **Exilé fiscal,** contribuable ayant quitté son pays d'origine pour s'installer dans un pays à la fiscalité plus avantageuse. ➲ Il doit obtenir le statut de résident du pays où il s'installe pour bénéficier de sa législation.

EXILER v.t. [3]. 1. Frapper qqn d'exil ; bannir. **2.** Obliger qqn à vivre loin d'un lieu où il aurait aimé demeurer. ◆ **S'EXILER v.pr. 1.** Quitter volontairement son pays ; émigrer. **2.** Se retirer pour vivre à l'écart.

EXINSCRIT, E [ɛgzɛ̃skri, it] **adj. MATH.** ▪ **Cercle exinscrit à un triangle,** tangent à un côté de ce triangle et aux prolongements des deux autres.

EXISTANT, E adj. Qui existe ; actuel. ◆ **n.m. PHILOS.** Toute réalité concrète.

EXISTENCE n.f. (lat. *existentia,* choses existantes). **1.** Fait d'exister ; présence : *L'existence d'un gisement, d'un complot.* **2.** Manière de vivre : *Changer d'existence.* **3.** Durée effective ; vie : *Cette mode a eu une existence très brève.* **4. PHILOS.** Manière d'être au monde propre à l'homme.

EXISTENTIALISME n.m. 1. Courant de la philosophie moderne qui place l'existence au cœur de sa réflexion, rejette l'esprit de système et affirme le primat de la liberté. ➲ Principaux représentants : Kierkegaard, Heidegger, Sartre, Merleau-Ponty et, relevant de l'*existentialisme chrétien,* Jaspers, G. Marcel. **2.** Mouvement philosophique et littéraire français s'inscrivant dans ce courant et ayant notamm. cultivé l'absurde. ➲ Outre Sartre et Merleau-Ponty s'y rattachent S. de Beauvoir, Camus, etc.

EXISTENTIALISTE adj. et **n.** Relatif à l'existentialisme ; qui en est partisan.

EXISTENTIEL, ELLE adj. PHILOS. Relatif à l'existence. ▪ **Quantificateur existentiel** [log.], symbole, noté ∃ (s'énonçant « il existe »), exprimant le fait que certains éléments d'un ensemble (au moins un) vérifient une propriété donnée.

EXISTER v.i. [3] (lat. *existere*). **1.** Être actuellement en vie ; vivre. **2.** Faire partie de la réalité : *La corruption existe depuis toujours.* **3.** Être important ; compter : *Nous n'existons pas pour lui.* ◆ **v. impers.** Il y a : *Il existe d'autres solutions.*

EXIT [ɛgzit] **loc. v.** (mot lat. « il sort »). **1. THÉÂTRE.** Indication écrite de la sortie d'un acteur. **2.** Iron. Indique que qqn ou qqch disparaît de façon grotesque ou brutale : *Exit la ministre, l'espoir de paix.*

EX-LIBRIS, ▲ *EXLIBRIS* [ɛkslibris] **n.m.** (mots lat. « tiré des livres de »). Vignette ou formule que les bibliophiles apposent sur leurs livres et qui porte leur nom ou leur devise.

EX NIHILO loc. adv. (mots lat. « tiré de rien »). En partant de rien : *Elle a créé son entreprise ex nihilo.*

EXOBIOLOGIE n.f. Science qui étudie les possibilités d'existence de la vie dans l'Univers (SYN. **bioastronomie**).

EXOBIOLOGISTE n. Spécialiste d'exobiologie.

1. EXOCET [ɛgzɔsɛ] **n.m.** (du gr. *exô,* au-dehors, et *koitê,* gîte). Poisson des mers chaudes, appelé aussi *poisson volant* en raison des longs sauts planés (plus de 100 m) au-dessus de l'eau que lui assurent des nageoires pectorales développées en forme d'ailes. ➲ Groupe des téléostéens.

▲ exocet

2. EXOCET [ɛgzɔsɛt] **n.m.** (nom déposé). Missile autoguidé, d'une portée de 40 km (MM38) ou de 70 km (MM40). ➲ Il en existe aussi une version pouvant être lancée par avion (AM39), d'une portée de 50 à 70 km.

EXOCRINE adj. (du gr. *krinein,* sécréter). **PHYSIOL.** ▪ **Glande exocrine,** glande qui déverse ses produits de sécrétion à la surface de la peau (glande sébacée, par ex.) ou dans une cavité naturelle communiquant avec le milieu extérieur (glandes digestives, par ex.) [CONTR. **endocrine**].

EXOCYTOSE n.f. (du gr. *exô,* au-dehors, et *kutos,* cellule). **BIOL. CELL.** Processus par lequel une cellule rejette des molécules ou des particules à l'extérieur, grâce à des vésicules* qui les expulsent après fusion avec la membrane cellulaire.

1. EXODE n.m. (du gr. *exodos,* départ). **1.** Fuite en masse d'une population. **2.** Départ en foule : *L'exode des citadins l'été.* **3.** Fuite des populations civiles françaises devant la progression de l'armée allemande en mai et juin 1940. ▪ **Exode rural,** migration définitive des habitants des campagnes vers les villes. ▪ **L'Exode,** v. partie n.pr.

2. EXODE n.m. (du gr. *exodion,* dénouement). **ANTIQ. GR.** Dernière partie d'une tragédie, au cours de laquelle est révélé le dénouement du drame, après le départ du chœur.

EXOFICTION n.f. LITTÉR. Fiction romanesque évoquant, par libre invention, des moments et des aspects non documentés, inconnaissables ou énigmatiques, de la vie d'un personnage réel différent de l'auteur (par oppos. à *autofiction*) ; biographie romancée.

EXOGAME adj. et **n.** Qui pratique l'exogamie (CONTR. **endogame**).

EXOGAMIE n.f. (du gr. *gamos,* mariage). **ANTHROP.** Règle contraignant un individu à trouver un conjoint en dehors du groupe d'appartenance (CONTR. **endogamie**).

EXOGAMIQUE adj. Relatif à l'exogamie.

EXOGÈNE adj. (du gr. *exô,* au-dehors, et *genos,* origine). **1.** Qui provient du dehors, de l'extérieur : *Toxines exogènes* (CONTR. **endogène**). **2. PÉTROL.** Se dit d'une roche sédimentaire, résiduelle, formée à la surface de la Terre (CONTR. **endogène**).

EXON n.m. Fragment codant d'un gène.

S'EXONDER v.pr. [3]. GÉOGR. Se découvrir, en parlant d'une terre immergée.

EXONÉRATION n.f. Action d'exonérer ; dégrèvement.

EXONÉRER v.t. [11], ▲ *[11*]* (du lat. *exonerare,* décharger). Dispenser totalement ou en partie d'une charge, d'une obligation, fiscale partic., ou d'une responsabilité.

EXONYME n.m. LING. Nom étranger d'un toponyme. (Ex. : *Parigi* est l'exonyme italien de Paris.)

EXOPHTALMIE n.f. (du gr. *ophthalmos,* œil). MÉD. Légère saillie du globe oculaire, par ex. au cours de la maladie de Basedow.

EXOPHTALMIQUE adj. Relatif à l'exophtalmie ; qui s'accompagne d'exophtalmie.

EXOPLANÈTE n.f. Planète située à l'extérieur du Système solaire (appelée aussi *planète extrasolaire*).

EXORBITANT, E adj. Qui dépasse la mesure ; excessif : *Des avantages exorbitants.* ■ **Exorbitant de** [dr.], qui sort des limites, ne relève pas de : *Clause exorbitante du droit commun.*

EXORBITÉ, E adj. ■ **Yeux exorbités,** qui semblent sortir de leurs orbites.

EXORCISATION n.f. Action d'exorciser.

EXORCISER v.t. [3] (du gr. *exorkizein,* prêter serment). **1.** Chasser un démon par les prières spéciales du rituel. **2.** Délivrer qqn, un lieu du démon par des exorcismes. **3.** Fig. Se délivrer d'un sentiment ; se soustraire à une influence : *Exorciser sa peur.*

EXORCISME n.m. **1.** Cérémonie au cours de laquelle on exorcise. **2.** Prière destinée à exorciser.

EXORCISTE n. Personne qui exorcise, conjure les démons. ◆ n.m. CATH. Dans un diocèse, prêtre auquel est dévolue la fonction d'écouter, d'apaiser et d'exorciser la personne qui se croit possédée.

EXORDE n.m. (lat. *exordium*). STYL. Entrée en matière d'un discours ; introduction.

EXORÉIQUE adj. HYDROL. Qui présente les caractères de l'exoréisme (CONTR. **endoréique**).

EXORÉISME n.m. (du gr. *exô,* au-dehors, et *rheîn,* couler). HYDROL. Caractère d'une région dont les eaux courantes rejoignent la mer (CONTR. **endoréisme**).

EXOSPHÈRE n.f. Zone de l'atmosphère d'une planète (au-dessus de 500 km env. pour la Terre) où les atomes légers échappent à la pesanteur et s'évadent dans l'espace interplanétaire.

EXOSQUELETTE n.m. **1.** ZOOL. Formation squelettique externe de certains animaux (coquille des mollusques, carapace des arthropodes, etc.) [SYN. **squelette externe**]. **2.** TECHN. Équipement articulé et pourvu d'un moteur, fixé sur un membre handicapé pour en faciliter les mouvements.

EXOSTOSE n.f. (du gr. *exô,* au-dehors, et *osteon,* os). MÉD. Tumeur osseuse bénigne située à la surface d'un os.

EXOTÉRIQUE adj. (du gr. *exôterikos,* public). Didact. Se dit de doctrines philosophiques ou religieuses qui font l'objet d'un enseignement public (CONTR. **ésotérique**).

EXOTHERMIQUE adj. (du gr. *exô,* au-dehors, et *thermos,* chaleur). THERMODYN. Qui s'accompagne d'un dégagement de chaleur.

EXOTIQUE adj. (du gr. *exôtikos,* étranger). **1.** Qui appartient aux pays étrangers lointains ; qui en provient : *Fruit exotique.* **2.** PHYS. Dont les caractéristiques diffèrent notablement des caractéristiques habituelles : *Phénomène, particule exotiques.*

EXOTISME n.m. **1.** Caractère de ce qui est exotique : *Roman plein d'exotisme.* **2.** Goût pour ce qui est exotique.

EXOTOXINE n.f. Toxine libérée dans le milieu extérieur par certaines bactéries.

exp symb. Représente la fonction exponentielle.

EXPANSÉ, E adj. Se dit de matières plastiques qui possèdent une structure cellulaire et qui sont utilisées pour leur légèreté et leurs propriétés isolantes.

EXPANSIBILITÉ n.f. Tendance qu'ont les corps gazeux à occuper la totalité du volume qui leur est offert.

EXPANSIBLE adj. (du lat. *expansus,* étendu). Capable d'expansion.

EXPANSIF, IVE adj. **1.** Qui aime communiquer ses sentiments ; démonstratif. **2.** Se dit d'un ciment dont la prise s'accompagne d'une légère augmentation de volume.

EXPANSION n.f. (du lat. *expandere,* déployer). **1.** Développement d'un corps en volume ou en surface : *L'expansion des gaz.* **2.** ANAT. Structure annexe développée par certains organes : *Expansion fibreuse d'un tendon.* **3.** Mouvement de ce qui se développe, s'accroît ; tendance à s'agrandir : *L'expansion de la téléphonie mobile.* **4.** Litt. Mouvement qui pousse à communiquer ses sentiments ; épanchement. ■ **Expansion de l'Univers** [astron.], phénomène invoqué dans la cosmologie moderne, selon lequel les galaxies s'écartent les unes des autres, au cours du temps, à une vitesse proportionnelle à leur distance mutuelle. ■ **Expansion économique,** période du cycle économique caractérisée par l'accroissement du revenu national, de l'activité économique et de l'emploi.

EXPANSIONNISME n.m. **1.** Attitude politique visant à l'expansion d'un pays au-delà de ses limites. **2.** Tendance d'un pays où l'accroissement de la puissance économique est systématiquement encouragé par l'État.

EXPANSIONNISTE adj. et n. Qui vise à l'expansion ; partisan de l'expansionnisme.

EXPANSIVITÉ n.f. Caractère d'une personne expansive.

EXPATRIATION n.f. Action d'expatrier ; fait de s'expatrier, d'être expatrié.

EXPATRIÉ, E adj. et n. **1.** Qui a quitté sa patrie. **2.** Se dit d'un salarié qui exerce son activité dans un pays autre que le sien. Abrév. (fam.) **expat.**

EXPATRIER v.t. [5]. Obliger qqn à quitter sa patrie. ◆ **S'EXPATRIER** v.pr. Quitter sa patrie pour s'établir ailleurs.

EXPECTANT, E adj. Qui préfère attendre pour agir.

EXPECTATIVE n.f. (du lat. *expectare,* attendre). Attitude prudente de qqn qui attend avant d'agir : *Rester dans l'expectative.*

EXPECTORANT, E adj. et n.m. Se dit d'un médicament qui aide à l'expectoration.

EXPECTORATION n.f. MÉD. Rejet par la bouche des sécrétions de la trachée, des bronches ou des poumons, au cours d'un effort de toux ; crachat.

EXPECTORER v.t. [3] (lat. *expectorare,* de *pectus, -oris,* poitrine). Faire une expectoration ; cracher.

EXPÉDIENT n.m. **1.** Moyen ingénieux et rapide d'arriver à ses fins. **2.** Péjor. Moyen, pas toujours honnête, de se tirer momentanément d'embarras : *User d'expédients.* ■ **Vivre d'expédients** [péjor.], recourir à toutes sortes de moyens, licites ou non, pour subsister.

EXPÉDIER v.t. [5] (du lat. *expedire,* dégager). **1.** Faire partir pour telle destination : *Expédier une lettre.* **2.** DR. Délivrer une copie conforme d'un acte notarié ou d'un jugement. **3.** En terminer au plus vite avec qqn ou qqch pour s'en débarrasser : *Expédier un client désagréable, une corvée.*

EXPÉDITEUR, TRICE n. et adj. Personne qui fait un envoi par la poste, le chemin de fer, etc.

EXPÉDITIF, IVE adj. **1.** Qui agit promptement ; qui expédie rapidement un travail : *Un comptable expéditif.* **2.** Qui est rapide, efficace mais discutable : *Justice expéditive.*

EXPÉDITION n.f. (du lat. *expeditio,* préparatifs de guerre). **1.** Action d'accomplir rapidement qqch : *L'expédition des tâches ménagères.* **2.** Action d'expédier, d'envoyer qqch : *L'expédition d'un colis.* **3.** DR. Copie certifiée conforme d'un acte notarié ou d'un jugement. **4.** Opération militaire en dehors du territoire national. **5.** Voyage de recherche, d'exploration : *Une expédition scientifique.* **6.** Fam., iron. Voyage mouvementé ; déplacement pénible : *Quelle expédition de venir chez vous !*

EXPÉDITIONNAIRE n. **1.** DR. Personne chargée de recopier des états, des actes, etc. **2.** Personne chargée de l'expédition de marchandises. ◆ adj. ■ **Corps expéditionnaire** → **CORPS.**

EXPÉDITIVEMENT adv. De façon expéditive.

EXPÉRIENCE n.f. (lat. *experientia*). **1.** Connaissance acquise par une longue pratique jointe à l'observation : *Jeune diplômé qui manque d'expérience.* **2.** Action d'essayer de faire qqch, de mettre qqch à l'essai : *Ça vaut le coup de tenter l'expérience.* **3.** PHILOS. Tout ce qui est appréhendé par les sens et constitue la matière de la connaissance humaine ; ensemble des phénomènes connus et connaissables. **4.** Essai effectué pour étudier un phénomène : *Une expérience de physique.* **5.** Matériel embarqué à bord d'un engin spatial pour une investigation scientifique. ■ **Expérience de pensée,** type d'expérience permettant de tester uniquement par l'imagination et le raisonnement des hypothèses impossibles à vérifier dans la pratique. ➲ Elle est utilisée dans de nombreux domaines, en physique (le chat de Schrödinger*, par ex.) et en philosophie, notamm.

EXPÉRIMENTAL, E, AUX adj. **1.** Qui est fondé sur l'expérience scientifique : *La méthode expérimentale.* **2.** Qui sert à expérimenter : *Fusée expérimentale.*

EXPÉRIMENTALEMENT adv. De façon expérimentale ; par l'expérimentation.

EXPÉRIMENTATEUR, TRICE n. et adj. Personne qui recourt à l'expérimentation scientifique ; personne qui tente une expérience.

EXPÉRIMENTATION n.f. **1.** Action d'expérimenter : *L'expérimentation d'un vaccin.* **2.** ÉPISTÉMOL. Méthode scientifique reposant sur l'expérience et l'observation contrôlée pour vérifier des hypothèses. ■ **Expérimentation législative,** procédé qui a pour objet de mesurer l'efficacité d'une loi en la testant dans un temps et un espace limités ; spécial., autorisation donnée par la loi aux collectivités territoriales d'adopter des dispositifs expérimentaux dérogeant aux lois et règlements existants.

EXPÉRIMENTÉ, E adj. Instruit par l'expérience.

EXPÉRIMENTER v.t. [3]. Soumettre à des expériences ; tester : *Expérimenter un nouvel avion.*

1. EXPERT, E adj. (lat. *expertus*). **1.** Qui a une parfaite connaissance d'une chose, due à une longue pratique : *Un technicien expert.* **2.** Qui témoigne d'une telle connaissance ; exercé : *L'œil expert d'un joaillier.* ■ **Système expert** → **SYSTÈME.**

2. EXPERT, E n. **1.** Personne apte à juger de qqch ; spécialiste : *Une experte en musique baroque.* **2.** Personne qui fait des expertises : *L'expert de la compagnie d'assurances.* ■ **À dire d'experts** [dr.], suivant leur avis. ■ **Expert judiciaire** [dr.], spécialiste agréé par les tribunaux et désigné par le juge pour effectuer une expertise.

EXPERT-COMPTABLE, EXPERTE-COMPTABLE n. (pl. *experts-comptables, expertes-comptables*). Professionnel indépendant ayant pour mission de tenir, d'analyser et de contrôler la comptabilité des entreprises.

EXPERTISE n.f. **1.** Constatation ou estimation effectuée par un expert. **2.** Rapport d'un expert : *Contester une expertise.* **3.** Fait d'être expert ; ensemble de compétences d'un expert. ■ **Expertise judiciaire,** examen de questions purement techniques confié par le juge à un expert ; rapport établi par cet expert. ■ **Expertise médicale,** effectuée par un médecin pour évaluer l'état de santé d'une personne victime d'un accident. ■ **Expertise médicale et psychiatrique,** effectuée par un psychiatre pour évaluer l'état mental d'une personne mise en examen.

EXPERTISER v.t. [3]. Soumettre à une expertise : *Il a expertisé tous les bijoux.*

EXPIABLE adj. Qui peut être expié.

EXPIATION n.f. **1.** Fait d'expier ; châtiment par lequel on expie. **2.** RELIG. Cérémonies publiques destinées à réparer une faute commise envers la loi divine.

EXPIATOIRE adj. Qui sert à expier : *Messe expiatoire.*

EXPIER v.t. [5] (lat. *expiare*). **1.** Subir une peine, un châtiment en conséquence d'un acte considéré comme coupable : *On lui a fait durement expier son imprudence.* **2.** RELIG. Réparer un péché par la pénitence.

EXPIRANT, E adj. Sout. Qui meurt, expire.

EXPIRATEUR adj.m. ANAT. ■ **Muscle expirateur,** ou **expirateur,** n.m., dont la contraction produit une expiration.

EXPIRATION n.f. 1. Action de chasser hors des poumons l'air qu'on a inspiré. **2.** Fin d'un temps prescrit ou convenu : *Le bail arrive à expiration.*

EXPIRATOIRE adj. Qui se rapporte à l'expiration de l'air pulmonaire.

EXPIRER v.t. [3] (du lat. *expirare*, souffler). Expulser des poumons l'air inspiré. ◆ **v.i. 1.** (Auxil. *avoir*). Litt. Mourir. **2.** (Auxil. *avoir* ou *être*). Arriver à son terme ; prendre fin : *Mon passeport est expiré depuis hier* ou *a expiré hier.*

EXPLANT n.m. BIOL. Fragment d'organisme extrait de l'animal vivant, et qui, placé dans un milieu favorable, y reprend sa croissance. ➲ C'est l'équivalent d'une bouture végétale.

EXPLANTATION n.f. CHIRURG. Intervention visant à retirer de l'organisme un matériel médical préalablement implanté (prothèse mammaire, implant hormonal ou dentaire, etc.).

EXPLANTER v.t. [3] (du lat. *explantare*, déraciner, arracher). **CHIRURG.** Pratiquer une explantation.

EXPLÉTIF, IVE adj. et **n.m.** (du bas lat. *expletivus*, qui remplit). **LING.** Se dit d'un mot qui n'est pas nécessaire au sens de la phrase ou qui n'est pas exigé par la syntaxe (ex. : *ne* dans *Je crains qu'il ne vienne*).

EXPLICABLE adj. Que l'on peut expliquer.

EXPLICATIF, IVE adj. Qui sert à expliquer : *Notice explicative.*

EXPLICATION n.f. 1. Action d'expliquer ; développement destiné à faire comprendre qqch. **2.** Ce qui rend compte de qqch ; raison : *Voilà l'explication de mon chagrin.* **3.** Éclaircissement touchant les actes, la conduite de qqn ; justification. **4.** Discussion animée touchant la conduite de qqn ; dispute : *J'ai eu une explication avec lui.*

EXPLICITATION n.f. Action d'expliciter.

EXPLICITE adj. (lat. *explicitus*). Qui est énoncé complètement et ne peut prêter à aucune contestation (par oppos. à *implicite*) : *Réponse, clause explicite.*

EXPLICITEMENT adv. De façon explicite : *Exprimer explicitement son désaccord.*

EXPLICITER v.t. [3]. Rendre explicite, plus clair : *Explicite cette clause.*

EXPLIQUER v.t. [3] (du lat. *explicare*, déployer). **1.** Faire comprendre qqch à qqn en lui donnant les éléments nécessaires : *Il m'a expliqué la situation.* **2.** Faire une analyse littéraire, philosophique, etc., de. **3.** Apparaître comme la cause de : *Les intempéries expliquent les retards.* ◆ **S'EXPLIQUER v.pr. 1.** Faire connaître son opinion, ses raisons d'agir ; se justifier. **2.** Comprendre la raison de : *Je m'explique mal son refus.* **3.** Devenir, être compréhensible : *Son attitude s'explique très bien.* **4.** Avoir une discussion avec qqn : *Je tiens à m'expliquer avec vous.* **5.** Fam. Se battre : *Viens, on va s'expliquer dehors !*

EXPLOIT n.m. (lat. *explicitum*, de *explicare*, accomplir). **1.** Coup d'éclat ; action mémorable ; prouesse. **2.** Iron. Action inconsidérée : *Il a réussi l'exploit de se faire renvoyer.* ■ **Exploit d'huissier** [dr.], acte de procédure rédigé et signifié par un huissier.

EXPLOITABLE adj. Qui peut être exploité : *Terre, mine exploitable.*

EXPLOITANT, E n. 1. Personne qui met en valeur une exploitation, un bien produisant de la richesse : *Exploitant agricole.* **2.** Personne physique ou morale qui exploite une salle de cinéma.

EXPLOITATION n.f. 1. Action d'exploiter, de mettre en valeur en vue d'un profit : *L'exploitation d'un gisement pétrolifère.* **2.** Affaire que l'on exploite ; lieu de sa mise en valeur (terres, mine, etc.). **3.** Branche de l'économie du cinéma relative à l'activité des exploitants. **4.** Mise à profit, utilisation méthodique de qqch : *L'exploitation de statistiques.* **5.** Action de tirer un profit abusif de qqn ou de qqch. ➲ Dans la théorie marxiste, l'exploitation de la classe ouvrière par la bourgeoisie est l'une des caractéristiques majeures de la société de classes. **6. MIL.** Mise à profit du succès d'une offensive. ■ **Exploitation agricole à responsabilité limitée (EARL),** société civile, créée en France en 1985, qui a pour objet l'exercice d'une activité agricole. ➲ Les associés ne supportent les pertes qu'à concurrence de leurs apports. La société peut n'être constituée que par une seule personne.

EXPLOITÉ, E adj. et **n.** Se dit d'une personne dont on tire un profit abusif.

EXPLOITER v.t. [3] (du lat. *explicare*, accomplir). **1.** Mettre en valeur une chose ; en tirer du profit : *Exploiter un brevet.* **2.** Tirer parti de : *Exploiter son talent* ; utiliser abusivement : *Exploiter la crédulité de qqn.* **3.** Faire travailler qqn à bas salaire : *Exploiter un employé.*

EXPLOITEUR, EUSE n. Personne qui tire un profit illégitime ou excessif du travail d'autrui.

1. EXPLORATEUR, TRICE n. 1. Personne qui fait un voyage de découverte dans un pays lointain, une région inconnue. **2.** Personne qui se livre à des recherches dans un domaine particulier : *Les explorateurs de l'au-delà.*

2. EXPLORATEUR, TRICE adj. MÉD. Se dit d'un procédé, d'un instrument qui permet une exploration : *Un examen explorateur.*

EXPLORATION n.f. 1. Action d'explorer un pays ; examen méthodique de qqch : *Une exploration minutieuse des bagages.* **2. MÉD.** Ensemble d'examens médicaux permettant d'apprécier l'état d'une fonction, d'un organe.

EXPLORATOIRE adj. 1. Qui a pour but de rechercher les possibilités ultérieures de négociations : *Entretiens exploratoires.* **2. MÉD.** Relatif à l'exploration.

EXPLORER v.t. [3] (lat. *explorare*). **1.** Parcourir un lieu mal connu ou inconnu en l'étudiant attentivement. **2.** Examiner les différents aspects d'une question, d'un texte, etc. **3. MÉD.** Effectuer une exploration.

EXPLOSER v.i. [3]. 1. Faire explosion. **2.** Se manifester soudainement et vivement : *La joie du public explosa.* **3.** Fam. Laisser se déchaîner sa colère : *Arrête de le contredire, il va exploser.* **4.** Fam. Affirmer avec éclat sa valeur : *L'actrice a explosé dans ce film.* **5.** Fam. S'accroître brutalement : *Les ventes ont explosé.* ◆ **v.t.** Fam. **1.** Casser : *Exploser son portable.* **2.** Fig. Surpasser de beaucoup : *Exploser un record.*

EXPLOSEUR n.m. Appareil servant à faire exploser à distance une mine au moyen d'un courant électrique.

EXPLOSIBILITÉ n.f. Caractère de ce qui est explosible.

EXPLOSIBLE adj. TECHN. Se dit d'une matière qui peut faire explosion.

EXPLOSIF, IVE adj. 1. Qui peut faire explosion. **2.** Qui est de nature à provoquer des réactions brutales : *Situation explosive.* ◆ **n.m.** Corps ou mélange de corps apte à exploser.

EXPLOSIMÈTRE n.m. MIN. Appareil portatif destiné à vérifier la teneur d'une atmosphère en gaz explosible.

EXPLOSION n.f. (du lat. *explodere*, rejeter en frappant des mains). **1.** Fait d'éclater violemment ; bruit qui accompagne cet éclatement ; détonation : *L'explosion d'une grenade.* **2.** Manifestation vive et soudaine : *Une explosion de haine.* **3.** Apparition brusque, développement soudain d'un phénomène : *L'explosion d'une épidémie, de la violence.* **4. CHIM.** Phénomène au cours duquel des gaz sous pression sont libérés ou engendrés en un temps extrêmement court. **5.** Troisième temps de fonctionnement d'un moteur à quatre temps, correspondant à la combustion-détente.

EXPO n.f. (abrév.). Fam. Exposition.

EXPONENTIEL, ELLE adj. et **n.f.** (du lat. *exponens, -entis*, exposant). Qui se fait de façon rapide et continue : *La montée exponentielle du chômage.* ■ **Exponentielle d'un nombre, n.f.** [math.], image de ce nombre par la fonction exponentielle. ■ **Fonction exponentielle,** ou **exponentielle, n.f.** [math.], fonction réciproque de la fonction logarithme népérien (notation : exp ; on écrit e^x pour exp x). ➲ $y = e^x$ équivaut à $x = \ln y$. ■ **Fonction exponentielle de base *a*** [math.], fonction réciproque de la fonction logarithme de base *a* (notation : $\exp_a$; on écrit a^x pour $\exp_a x$). ➲ $y = a^x$ équivaut à $x = \log_a y$ et l'on a $a^x = e^{x \ln a}$; la fonction exp est l'exponentielle de base *e*.

EXPONENTIELLEMENT adv. Avec une croissance rapide comme celle de la fonction exponentielle.

EXPORTABLE adj. Que l'on peut exporter.

EXPORTATEUR, TRICE adj. et **n.** Qui exporte.

EXPORTATION n.f. 1. Action d'exporter. **2.** (Surtout pl.). Marchandise, produit, service exportés : *La baisse des exportations.* **3.** Action de diffuser à l'étranger des idées, une mode, etc.

EXPORTER v.t. [3] (lat. *exportare*). **1.** Vendre à l'étranger les produits de l'activité nationale. **2.** Répandre à l'étranger : *Exporter un concept.* **3. INFORM.** Transférer un fichier d'une application vers une autre, à l'aide d'un format approprié. ■ **Exporter des capitaux,** les placer à l'étranger.

1. EXPOSANT, E n. 1. Personne qui présente ses produits, ses œuvres dans une exposition publique. **2. DR.** Personne qui énonce ses prétentions dans une requête.

2. EXPOSANT n.m. MATH. Nombre *b* qui figure en haut et à droite de la notation a^b d'une puissance.

1. EXPOSÉ n.m. Développement explicatif écrit ou oral : *Faire un exposé des faits* ; brève communication sur un sujet précis : *Un exposé sur l'élevage dans le Quercy.* ■ **Exposé des motifs** [dr. constit.], remarques qui précèdent le dispositif d'un projet ou d'une proposition de loi et qui expliquent les raisons de son adoption.

2. EXPOSÉ, E adj. Susceptible de courir un danger ; à risque : *Population exposée.*

EXPOSER v.t. [3] (lat. *exponere*). **1.** Mettre en vue ; présenter au regard du public : *Elle expose ses créations dans une boutique du quartier.* **2.** Orienter de façon à soumettre à l'action de : *Exposer son visage au soleil.* **3.** Faire courir un risque à ; mettre en péril : *Les sauveteurs exposent leur vie.* **4.** Faire connaître ; présenter : *Il nous a exposé ses projets.* **5. PHOTOGR.** Soumettre une surface sensible à un rayonnement. ◆ **S'EXPOSER v.pr. (A).** Courir le risque de : *S'exposer à la critique.*

EXPOSITION n.f. 1. Action d'exposer des objets divers, des œuvres d'art, des produits industriels ou agricoles, etc. ; lieu où on les expose : *Visiter une exposition de peinture.* Abrév. (fam.) **expo. 2.** Situation d'un bâtiment, d'un local, etc., par rapport à une direction, à la lumière : *Exposition plein sud.* **3.** Action de faire connaître, d'expliquer : *L'exposition d'une théorie.* **4.** Partie initiale d'une œuvre littéraire, partic. dramatique, où l'auteur expose le sujet, présente les personnages et précise le temps et le lieu de l'action.

PRINCIPALES EXPOSITIONS UNIVERSELLES

date	ville	visiteurs (en millions)
1851	Londres	6
1855	Paris	5,1
1862	Londres	6,2
1867	Paris	11
1873	Vienne	7,2
1876	Philadelphie	9,8
1878	Paris	16
1889	Paris	32,3
1893	Chicago	2,5
1900	Paris	50
1904	Saint-Louis	19,6
1915	San Francisco	18,7
1933-1934	Chicago	38
1935	Bruxelles	20
1937	Paris	34
1939-1940	New York	26
1958	Bruxelles	41
1967	Montréal	50
1970	Osaka	64
1992	Séville	42
2000	Hanovre	18
2005	Aichi	22
2010	Shanghai	73
2015	Milan	20
2020*	Dubai	
2025*	Osaka	

* À venir

a b c d e f g h i j k l m n o p q r s t u v w x y z

Expressionnisme et fauvisme

Explosion de la couleur et simplification éloquente des formes marquent une grande partie de la peinture européenne des deux ou trois premières décennies du xxe s. Le fauvisme, courant français, s'attache à la plastique pure, réfute les subtilités de l'impressionnisme pour exagérer tout ce qui relève de la sensation. L'expressionnisme se préoccupe plus du contenu, du sens humain des œuvres ; graphisme et palette sont agressifs en Allemagne, plus retenus en Flandre.

André Derain. *Les Deux Péniches*, 1906. Le fauvisme se manifeste ici par l'intensité chromatique et par la liberté de la touche, mais non par quelque épanchement instinctif : les rapports de couleur sont délibérés (bleu/rouge/vert/jaune), la composition, méditée ; les diagonales des péniches vues d'un pont suggèrent profondeur et mouvement, un peu à la manière des estampes japonaises. (MNAM, Paris.)

Ernst Ludwig Kirchner. *L'Artiste et son modèle* (1910) : grands aplats, contours tranchés, volumes simples dénotent l'influence de la gravure sur bois et des arts premiers. (Kunsthalle, Hambourg.)

Maurice de Vlaminck. *Restaurant de la Machine à Bougival*, v. 1905. Cette toile reflète, avec une grande crudité et une certaine raideur, la passion du jeune peintre pour Van Gogh. (Musée d'Orsay, Paris.)

Constant Permeke. *Le Mangeur de pommes de terre*, 1935. Simplification formelle et extrême rudesse du maître de l'expressionnisme flamand. (Musées royaux des Beaux-Arts, Bruxelles.)

Oskar Kokoschka. Affiche de 1911, pour la revue de « combat artistique » *Der Sturm*, éditée à Berlin (1910-1932) par l'écrivain et musicien Herwarth Walden (1878-1941) [une galerie du même nom s'ouvrit dans la capitale en 1912]. L'inquiétante image de Kokoschka est à la fois un autoportrait et une reprise des dessins de l'artiste pour sa pièce de théâtre *Meurtre, espoir des femmes*.

5. MUS. Partie initiale de la fugue ou de la forme sonate. **6. PHOTOGR.** Action d'exposer une surface sensible. **7. PHYS.** Quotient par la masse d'un volume d'air de la somme des charges électriques de tous les ions de même signe produits dans ce volume par un rayonnement γ ou X, lorsque tous les électrons libérés par les photons sont arrêtés dans l'air. ➲ L'unité SI est le coulomb par kilogramme. ▪ **Exposition universelle,** exposition présentant les produits et les réalisations de tous les pays.

EX POST [ɛkspɔst] **loc. adj. inv.** (mots lat. « d'après »). Se dit de l'analyse des faits économiques effectuée après leur survenance (par oppos. à *ex ante*).

1. EXPRÈS, ESSE [ɛksprɛs] **adj.** (lat. *expressus*). Nettement exprimé ; impératif : *Ordre exprès. Interdiction expresse.* ◆ **adj. inv.** et **n.m.** Qui doit être remis sans délai au destinataire : *Colis exprès.*

2. EXPRÈS [ɛksprɛ] **adv.** À dessein ; intentionnellement : *Il a dit ça exprès pour te vexer.* ▪ **Fait exprès,** coïncidence curieuse et plus ou moins fâcheuse.

1. EXPRESS [ɛksprɛs] **adj.** (mot angl.). Qui assure un service, une liaison rapides. ▪ **Route, voie express,** voie rapide comportant génér. deux chaussées séparées à sens unique. ▪ **Train express,** ou **express, n.m.,** train de voyageurs à vitesse accélérée, ne s'arrêtant que dans les gares importantes et dont l'horaire est étudié pour assurer les principales correspondances.

2. EXPRESS [ɛksprɛs] **adj.** ▪ **Café express,** ou **express, n.m.,** café plus ou moins concentré obtenu par le passage de vapeur d'eau sous pression à travers de la poudre de café (SYN. **expresso**).

EXPRESSÉMENT adv. D'une façon expresse et catégorique : *Expressément interdit.*

EXPRESSIF, IVE adj. Qui exprime avec force une pensée, un sentiment, une émotion : *Un regard expressif.*

EXPRESSION n.f. (lat. *expressio*). **1.** Action d'exprimer qqch par le langage ou une technique artistique : *La musique est un moyen d'expression.* **2.** Manière de s'exprimer par le langage ; mot ou groupe de mots de la langue parlée ou écrite : *Expression figurée.* **3.** Expressivité d'une œuvre d'art, notamm. musicale : *Concerto plein d'expression.* **4.** Ensemble des signes extérieurs qui traduisent un sentiment, une émotion, etc. : *L'expression de la douleur.* **5. LOG.** Ensemble graphique formalisé se référant à un objet réel. ▪ **Expression algébrique** [math.], juxtaposition de symboles numériques, de symboles opératoires et de parenthèses. ▪ **Expression bien formée** [log.], assemblage de symboles obtenu, dans un système logique, à l'aide de règles de formation explicites. ▪ **Expression corporelle,** ensemble d'attitudes et de gestes susceptibles de traduire des situations émotionnelles ou physiques. ▪ **Réduire qqch à sa plus simple expression,** l'amener à sa forme la plus simple ou le supprimer totalement : *Un repas réduit à sa plus simple expression.* ▪ **Réduire une fraction à sa plus simple expression** [math.], trouver une fraction égale à la fraction donnée et ayant les termes les plus simples possible.

EXPRESSIONNISME n.m. 1. Tendance artistique et littéraire du XXe s. qui s'attache à l'intensité de l'expression. **2.** Caractère d'intensité et d'originalité que prend l'expression d'un artiste.

➲ **BX-ARTS.** Essentiellement nordique, l'**EXPRESSIONNISME** apparut en réaction à l'impressionnisme*. Ses précurseurs furent, à la fin du XIXe s., le Belge J. Ensor, le Néerlandais V. Van Gogh ou encore le Norvégien E. Munch, dont la peinture se caractérisait par la vigueur de la touche et les rapports de couleurs insolites au service de l'intensité expressive. Mais sa terre d'élection fut l'Allemagne avec les peintres du groupe « Die Brücke » (1905-1913), qui cultivèrent les simplifications formelles, la violence graphique, l'irréalisme de la couleur. À Munich, ceux du groupe « Der Blaue* Reiter » (1911-1914) évoluèrent vers l'abstraction lyrique. Au cours de la Première Guerre mondiale, l'expressionnisme subsista dans l'art pathétique de l'Autrichien O. Kokoschka, pessimiste de l'Allemand M. Beckmann, ou critique des autres Allemands O. Dix et G. Grosz (naturalisé américain) – les trois derniers représentant le mouvement de la « nouvelle objectivité ». En Belgique, les peintres de l'école « de Laethem-Saint-Martin* » – tels C. Permeke, F. Van den Berghe et Gustave De Smet (1877-1943) – et, en France, des individualités puissantes (les peintres G. Rouault et C. Soutine, les sculpteurs O. Zadkine et G. Richier) prolongèrent le courant. Au Mexique, celui-ci se développa sous l'influence du muralisme*, issu de la révolution.

Après 1945, l'expressionnisme connut un renouveau dans des œuvres qui combinaient la propension au primitivisme et la spontanéité gestuelle découverte avec les surréalistes. En sont directement issus : en Europe, le mouvement Cobra* (1948-1951) ; aux États-Unis, les courants dits de l'« expressionnisme abstrait » (*action painting* [fondée sur le geste]), avec J. Pollock, W. De Kooning et Franz Kline (1910-1962), et de l'« abstraction chromatique », avec M. Rothko et B. Newman. Le groupe des « nouveaux fauves* », qui se forma en Allemagne à la fin des années 1970, peut aussi être rattaché à l'expressionnisme.

➲ **LITTÉR., THÉÂTRE.** Pour les écrivains allemands, entre 1910 et le début des années 1920, l'expressionnisme fut le langage de la révolte. Il fut illustré par des romanciers (H. Mann, A. Döblin), mais plus encore par des poètes (G. Benn, G. Trakl). Au théâtre, divers auteurs (G. Kaiser, E. Toller) et metteurs en scène (M. Reinhardt) eurent en commun le souci de réaliser la projection, violente et déformée, de la subjectivité de l'individu, à la fois par la composition en tableaux (*Stationendrama*), le traitement de l'espace scénique et l'utilisation de la lumière.

➲ **CINÉMA.** L'expressionnisme cinématographique, issu des recherches de l'avant-garde théâtrale (M. Reinhardt) et picturale (O. Kokoschka), est essentiellement allemand. Privilégiant les thèmes de l'horreur ou du fantastique, les cinéastes s'attachèrent à exprimer les atmosphères ou les états d'âme des personnages par le symbolisme et la stylisation des décors, de la lumière, du jeu des acteurs. Les plus grands noms en furent R. Wiene (*le Cabinet du docteur Caligari*, 1919), Paul Wegener (1874-1948) [*le Golem*, 1920], F. Lang (*le Docteur Mabuse*, 1922) et F. W. Murnau (*Nosferatu le vampire*, 1922).

EXPRESSIONNISTE adj. et **n.** Qui appartient à l'expressionnisme ou s'y rattache.

EXPRESSIVEMENT adv. De façon expressive.

EXPRESSIVITÉ n.f. Caractère de ce qui est expressif.

EXPRESSO n.m. (ital. *espresso*). Café express*.

EXPRIMABLE adj. Qui peut être exprimé, formulé : *Un sentiment difficilement exprimable.*

EXPRIMAGE n.m. TEXT. Pression exercée sur un textile pour en faire sortir l'excès de colorant ou d'apprêt.

EXPRIMER v.t. [3] (lat. *exprimere*). **1.** Manifester sa pensée, ses impressions par la parole, le geste, un moyen artistique : *Exprimer son étonnement en haussant les sourcils. Exprimer sa passion par la musique.* **2.** Définir, en parlant d'unités de mesure : *Exprimer une altitude en pieds.* **3.** Faire sortir un liquide par pression : *Exprimer le jus d'un citron.* ◆ **S'EXPRIMER v.pr. 1.** Formuler sa pensée : *S'exprimer clairement.* **2.** Absol. Donner son opinion : *Chacun doit pouvoir s'exprimer.*

EXPROPRIANT, E ou **EXPROPRIATEUR, TRICE adj.** et **n.** Qui exproprie.

EXPROPRIATION n.f. Action d'exproprier. ▪ **Expropriation forcée,** saisie immobilière suivie d'une vente par adjudication.

EXPROPRIÉ, E adj. et **n.** Qui est l'objet d'une mesure d'expropriation.

EXPROPRIER v.t. [5] (du lat. *proprium*, ce que l'on possède). **DR.** Déposséder qqn de sa propriété, dans un but d'utilité publique, suivant des formes légales génér. accompagnées d'indemnités.

EXPULSABLE adj. Susceptible d'être expulsé.

EXPULSÉ, E adj. et **n.** Se dit d'une personne chassée par une expulsion.

EXPULSER v.t. [3] (lat. *expulsare*). **1.** Ne plus admettre qqn ; rejeter. **2. DR.** Procéder à l'expulsion de. **3. MÉD.** Rejeter hors de l'organisme : *Expulser des crachats.*

EXPULSION n.f. 1. Action d'expulser, d'exclure. **2. DR.** Mesure administrative obligeant un étranger en situation irrégulière, ou dont la présence peut constituer une menace pour l'ordre public, à quitter le territoire national. **3. DR.** Procédure qui a pour but de faire libérer des locaux occupés sans droit ni titre ou sans droit au maintien dans les lieux. **4. MÉD.** Engagement, descente et sortie de l'enfant à la fin du travail de l'accouchement.

EXPURGATION n.f. Action d'expurger.

EXPURGER v.t. [10] (du lat. *expurgare*, nettoyer). Retrancher d'un écrit ce que l'on juge contraire à la morale, aux convenances, etc.

EXQUIS, E adj. (lat. *exquisitus*). Qui produit une impression délicate par son charme particulier : *Gentillesse, soirée exquise.* ▪ **Douleur exquise** [méd.], douleur intense et localisée en un point, par ex. au cours d'une fracture.

EXQUISÉMENT adv. Litt. De façon exquise.

EXSANGUE [ɛksɑ̃g] ou [ɛgzɑ̃g] **adj.** (lat. *exsanguis*). **1.** Qui a perdu beaucoup de sang. **2.** Très pâle : *Visage exsangue.* **3.** Fig. Vidé de sa force, de sa vigueur : *La guerre a laissé le pays exsangue.*

EXSANGUINO-TRANSFUSION (pl. *exsanguino-transfusions*), ▲ **EXSANGUINOTRANSFUSION n.f. MÉD.** Technique de transfusion consistant à prélever du sang d'un malade pour le remplacer par une quantité équivalente de sang provenant de donneurs compatibles.

EXSUDAT [ɛksyda] **n.m. 1. MÉD.** Liquide provenant d'une exsudation. **2. BOT.** Suc perlant à la surface d'une feuille, d'une tige, chez certaines plantes.

EXSUDATION n.f. 1. MÉD. Passage hors des vaisseaux d'un liquide venant du plasma sanguin. ➲ Se manifestant au cours d'une inflammation, l'exsudation provoque un suintement, un œdème ou un épanchement. **2. MÉTALL.** Présence anormale, par migration en surface d'un alliage, d'un de ses constituants.

EXSUDER v.i. [3] (lat. *exsudare*). **1. MÉD.** Sortir comme la sueur ; suinter. **2. MÉTALL.** Présenter une exsudation.

EXTASE n.f. (du gr. *ekstasis*, fait d'être hors de soi). **1.** État d'une personne qui se trouve comme transportée hors du monde sensible par l'intensité d'un sentiment mystique. **2.** Vive admiration, plaisir extrême provoqués par qqn, qqch : *Être en extase devant un acteur, un tableau.*

EXTASIÉ, E adj. Rempli d'admiration : *Regard extasié.*

S'EXTASIER v.pr. [5]. Manifester son ravissement : *S'extasier devant un bébé.*

EXTATIQUE adj. Causé par l'extase : *Joie extatique.* ◆ **n.** Personne sujette à l'extase mystique.

EXTEMPORANÉ, E adj. (bas lat. *extemporaneus*). ▪ **Examen extemporané,** observation au microscope d'un fragment d'organe, de tumeur, pratiquée au cours d'une opération chirurgicale. ▪ **Préparation extemporanée,** confection d'un médicament (un mélange de deux constituants, par ex.) juste avant son administration.

EXTENDEUR n.m. CHIM. Produit liquide miscible à un polymère, utilisé pour diminuer le prix de revient du produit final.

EXTENSEUR adj.m. et **n.m. ANAT.** Se dit d'un muscle qui provoque l'extension. ◆ **n.m.** Appareil de culture physique servant à développer les muscles.

EXTENSIBILITÉ n.f. Propriété de ce qui est extensible.

EXTENSIBLE adj. 1. Qui peut être étiré, étendu : *Tissu, mémoire extensibles.* **2.** Qui peut s'appliquer à d'autres : *Liste extensible.*

EXTENSIF, IVE adj. PHYS. Se dit d'un paramètre thermodynamique dont la valeur est proportionnelle à la masse du système. ➲ Le volume est un paramètre extensif. ▪ **Culture extensive, élevage extensif,** pratiqués sur de vastes superficies et à rendement génér. faible.

EXTENSION n.f. (du lat. *extensus*, étendu). **1.** Action d'étendre : *L'extension d'une ligne de métro* ; fait de s'étendre, de s'accroître : *L'extension des pouvoirs du président.* **2. PHYSIOL.** Mouvement par lequel deux parties du corps, qui étaient repliées, s'éloignent l'une de l'autre : *L'extension du bras.* **3.** Allongement d'un corps soumis à une traction. **4. PHILOS.** Propriété de la matière par laquelle les corps sont dans l'espace. **5. LING.** Ensemble des objets que peut désigner un concept ; modification du sens d'un mot qui, par analogie, s'applique à davantage d'objets. **6.** INFORM. Augmentation de la capacité d'un organe (mémoire, notamm.) d'un système informatique. **7.** Belgique. Poste téléphonique dépendant d'un central d'entreprise. ▪ **Carte d'extension** [inform.], carte insérée dans un connecteur du bus d'extension d'un ordinateur pour en accroître les capacités. ▪ **Extension (de cheveux)** [souvent pl.], mèche de cheveux que l'on fixe à la chevelure pour lui donner longueur et volume. ▪ **Extension d'un langage, d'une théorie** [log.], champ à l'intérieur duquel un langage, une théorie prennent leur référence, leur signification (par oppos. à *compréhension*).

EXTENSIONNEL, ELLE adj. LOG. Se dit de ce qui satisfait à la totalité des propriétés définies à l'intérieur d'un champ conceptuel (par oppos. à *intensionnel*).

IN EXTENSO loc. adv. → **IN EXTENSO.**

EXTENSOMÈTRE n.m. Instrument servant à mesurer les déformations d'un solide sous l'effet de contraintes mécaniques.

EXTÉNUANT, E adj. Qui exténue, épuise.

EXTÉNUATION n.f. Affaiblissement extrême.

EXTÉNUER v.t. [3] (lat. *extenuare*). Anéantir les forces de : *Le trajet m'a exténué.* ◆ **S'EXTÉNUER v.pr.** Se fatiguer extrêmement.

EXTÉRIEUR, E adj. (lat. *exterior*). **1.** Qui est en dehors d'un lieu donné : *Boulevards extérieurs.* **2.** Qui n'est pas dans un lieu clos : *Cour extérieure. L'air extérieur.* **3.** Qui n'appartient pas à qqch : *Cette question est extérieure à notre débat.* **4.** Qui existe en dehors de l'individu : *Réalité extérieure.* **5.** Qui concerne les pays étrangers : *Commerce extérieur.* **6.** Qui se voit du dehors : *Cicatrice extérieure.* ▪ **Angle extérieur d'un polygone P** [math.], angle adjacent à un angle de P et supplémentaire de celui-ci. ◆ **n.m. 1.** Ce qui est au-dehors, à la surface : *Si tu veux fumer, va à l'extérieur.* **2.** L'ensemble des pays étrangers : *Les relations avec l'extérieur.* **3.** Belgique. Au football, ailier. ◆ **n.m. pl.** CINÉMA. Scènes tournées hors du studio.

EXTÉRIEUREMENT adv. 1. À l'extérieur. **2.** En apparence.

EXTÉRIORISATION n.f. Action d'extérioriser.

EXTÉRIORISER v.t. [3]. Exprimer ses sentiments, ses émotions ; révéler : *Extérioriser son chagrin.* ◆ **S'EXTÉRIORISER v.pr.** Manifester ses sentiments.

EXTÉRIORITÉ n.f. PHILOS. Caractère de ce qui est en dehors de la conscience.

EXTERMINATEUR, TRICE adj. et **n.** Qui extermine. ▪ **L'ange exterminateur**, dans la Bible, ange chargé de porter la mort parmi les Égyptiens, qui persécutaient les Hébreux.

EXTERMINATION n.f. Action d'exterminer. ▪ **Camp d'extermination** [hist.], durant la Seconde Guerre mondiale, camp créé par les nazis pour éliminer physiquement les populations juive et tsigane d'Europe.

EXTERMINER v.t. [3] (du lat. *exterminare*, chasser). Faire périr entièrement ou en grand nombre ; massacrer.

EXTERNALISATION n.f. Action d'externaliser.

EXTERNALISER v.t. [3]. ÉCON. Pour une entreprise, une administration, confier une partie de sa production ou de ses activités (comptabilité, gardiennage, etc.) à des partenaires extérieurs.

EXTERNALITÉ n.f. Conséquence, positive ou négative, de l'activité de l'État ou d'une entreprise sur leur environnement, en dehors du marché et du système des prix.

EXTERNAT n.m. ENSEIGN. Situation d'externe.

1. EXTERNE adj. (lat. *externus*). **1.** Qui est au-dehors, tourné vers le dehors : *Coin externe de l'œil.* **2.** Qui vient du dehors ; extrinsèque : *Cause externe d'un conflit.* ▪ **Médicament à usage externe**, qui s'utilise en application sur la peau et ne doit pas être absorbé.

2. EXTERNE n. Élève qui suit les cours d'un établissement scolaire sans y coucher ni y prendre ses repas.

EXTÉROCEPTIF, IVE adj. PHYSIOL. Se dit de la sensibilité nerveuse dépendante de récepteurs situés dans la peau et stimulés par des agents extérieurs à l'organisme (chaleur, pression) [par oppos. à *intéroceptif*].

EXTERRITORIALITÉ n.f. DR. Immunité qui soustrait certaines personnes (diplomates, notamm.) à la juridiction de l'État sur le territoire duquel elles se trouvent.

EXTIME adj. Relatif à la part d'intimité qui est volontairement rendue publique (par oppos. à *intime*) : *Un journal extime.*

EXTINCTEUR, TRICE adj. Se dit de ce qui sert à éteindre le feu. ◆ **n.m.** Appareil extincteur.

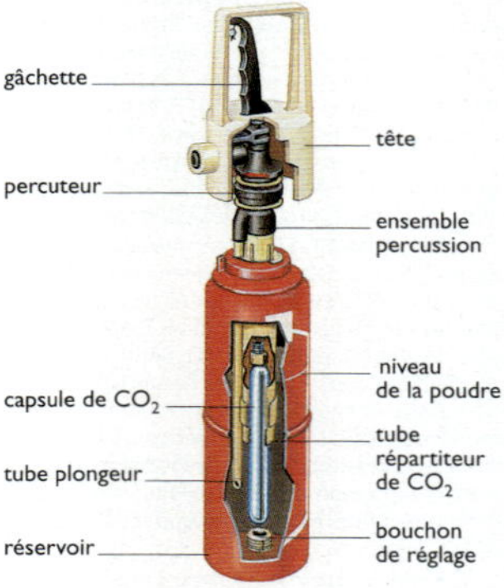

▲ **extincteur** à poudre.

EXTINCTIF, IVE adj. DR. Qui entraîne l'extinction d'un droit.

EXTINCTION n.f. (du lat. *extinguere*, éteindre). **1.** Action d'éteindre ce qui était allumé : *L'extinction d'un feu.* **2.** Affaiblissement graduel de qqch : *L'extinction du désir.* **3.** Absence de continuation : *L'extinction des dinosaures* ; disparition totale : *L'extinction des privilèges.* ▪ **Extinction des feux**, dans une communauté (armée, pensionnat, etc.), ordre d'éteindre les lumières avant de dormir. ▪ **Extinction de voix**, affaiblissement ou perte de la voix (SYN. **aphonie**).

EXTIRPABLE adj. Qui peut être extirpé.

EXTIRPATEUR n.m. Instrument agricole pour arracher les mauvaises herbes et pour effectuer des labours superficiels.

EXTIRPATION n.f. Action d'extirper.

EXTIRPER v.t. [3] (lat. *extirpare*, de *stirps, stirpis*, racine). **1.** Arracher avec la racine : *Extirper les mauvaises herbes.* **2.** Sout. Faire cesser : *Extirper le racisme.* **3.** Sortir qqn d'un lieu avec difficulté : *Extirper les victimes des décombres.* ◆ **S'EXTIRPER v.pr.** Fam. Sortir avec difficulté de ; s'extraire : *S'extirper d'un jean moulant.*

EXTORQUER v.t. [3] (du lat. *extorquere*, déboîter). Obtenir qqch par force, menace ou ruse : *Extorquer des aveux à un prévenu.*

EXTORSION n.f. Action d'extorquer. ➲ L'extorsion de fonds sous la menace de révélations constitue le chantage.

1. EXTRA n.m. (mot lat. « en dehors »). **1.** Ce qui est en dehors des habitudes courantes (dépenses, repas, etc.) : *Faire des extras pendant les vacances.* **2.** Service occasionnel supplémentaire, dans la restauration ou l'hôtellerie ; personne qui fait ce service.

2. EXTRA adj. inv. (abrév. de *extraordinaire*). **1.** De qualité supérieure : *Huile d'olive extra.* **2.** Fam. Exceptionnel : *Des gens extra.*

EXTRACOMMUNAUTAIRE adj. Qui ne provient pas, ne fait pas partie de l'Union européenne : *Ressortissant extracommunautaire* ; qui s'exerce en dehors de l'Union européenne : *TVA extracommunautaire.*

EXTRACONJUGAL, E, AUX adj. Qui a lieu en dehors du mariage.

EXTRACORPOREL, ELLE adj. Qui est extérieur au corps.

EXTRA-COURANT (pl. *extra-courants*), ▲ *EXTRACOURANT* **n.m.** ÉLECTR. Courant qui se produit dans l'air au moment où l'on ouvre un circuit inductif parcouru par un courant électrique et qui se manifeste par un arc électrique.

EXTRACTEUR n.m. 1. CHIRURG. Instrument pour extraire des corps étrangers de l'organisme. **2.** ARM. Pièce de la culasse mobile d'une arme à feu, qui permet de retirer l'étui vide d'une cartouche après le départ du coup. **3.** APIC. Appareil pour séparer le miel des rayons de cire, utilisant la force centrifuge. **4.** Appareil accélérant la circulation d'un fluide : *Extracteur d'air.* **5.** Appareil pour extraire une substance d'une matière première végétale ou animale. **6.** MÉCAN. INDUSTR. Outil destiné à extraire l'une de l'autre deux pièces emmanchées en force.

EXTRACTIBLE adj. Qui peut être extrait.

EXTRACTIF, IVE adj. Relatif à l'extraction des minerais.

EXTRACTION n.f. (du lat. *extractus*, extrait). **1.** Action d'extraire, d'arracher : *L'extraction d'une dent.* **2.** MATH. Opération effectuée pour trouver la racine d'un nombre. **3.** DR. PÉN. Sortie temporaire d'un détenu sous escorte. **4.** Vieilli. Origine sociale.

EXTRADER v.t. [3]. Livrer qqn par extradition.

EXTRADITION n.f. (du lat. *ex*, hors de, et *traditio*, action de livrer). DR. INTERN. Action de livrer l'auteur d'une infraction à l'État étranger qui le réclame, pour qu'il puisse être jugé et exécuter sa peine dans ce pays.

EXTRADOS n.m. 1. ARCHIT. Face supérieure (extérieure) d'un arc, d'une voûte (par oppos. à *intrados*). **2.** Face supérieure d'une aile d'avion (par oppos. à *intrados*).

EXTRA-DRY adj. inv., ▲ *EXTRADRY adj.* [ɛkstradraj] (de l'angl. *dry*, sec). ▪ **Champagne extra-dry**, ou **extra-dry, n.m. inv.**, champagne très sec.

EXTRAFIN, E adj. 1. Très fin : *Sel extrafin.* **2.** De qualité supérieure : *Du chocolat extrafin.* **3.** De très petit calibre (par oppos. à *fin, très fin*) : *Petits pois extrafins.*

1. EXTRAFORT, E adj. 1. Très épais et résistant : *Carton extrafort.* **2.** Très fort de goût : *Moutarde extraforte.*

2. EXTRAFORT n.m. Ruban tissé utilisé pour renforcer le bord d'un ourlet.

EXTRAGALACTIQUE adj. ASTRON. Qui est situé en dehors de la Galaxie.

EXTRAIRE v.t. [92] (lat. *extrahere*). **1.** Retirer de l'organisme un corps étranger ou un organe malade : *Extraire une tumeur.* **2.** Tirer un passage d'un livre, d'un discours. **3.** Séparer une substance d'un corps par voie physique ou chimique. **4.** Tirer par des moyens techniques une substance minérale du gisement naturel où elle se trouve : *Extraire du pétrole.* **5.** Faire sortir : *Extraire les blessés de la carlingue.* ▪ **Extraire la racine d'un nombre** [math.], la calculer. ◆ **S'EXTRAIRE v.pr.** (DE). Se dégager avec difficulté d'un lieu.

EXTRAIT n.m. 1. Passage tiré d'un livre, d'un discours, d'un film. **2.** Copie littérale de l'original d'un acte : *Extrait de casier judiciaire.* **3.** Substance extraite d'un corps par une opération physique ou chimique ; spécial., parfum concentré. **4.** Préparation soluble et concentrée obtenue à partir d'un aliment : *Extrait de viande.*

EXTRAJUDICIAIRE adj. Qui est fait en dehors de l'instance et des formes judiciaires.

EXTRALÉGAL, E, AUX adj. Qui est en dehors de la légalité.

EXTRALINGUISTIQUE adj. Qui est extérieur au champ de la linguistique ou à la langue.

EXTRALUCIDE adj. et **n.** PARAPSYCHOL. Qui est doué d'un pouvoir de voyance.

EXTRA-MUROS, ▲ *EXTRAMUROS* [-myros] **adv.** et **adj. inv.** (mots lat. « en dehors des murs »). À l'extérieur d'une ville.

EXTRANÉITÉ n.f. DR. Qualité juridique d'étranger.

EXTRANET n.m. INFORM. Extension du réseau Intranet d'une entreprise, facilitant l'échange d'informations avec ses clients et ses fournisseurs. (S'écrit aussi sans majuscule.)

EXTRAORDINAIRE adj. 1. Qui sort de l'usage ordinaire ; exceptionnel : *Un congrès extraordinaire.* **2.** Qui étonne par sa bizarrerie ; insolite : *Un rêve extraordinaire.* **3.** Hors du commun ;

▲ **ex-voto** (XIXe s.) du sanctuaire de la Madonna dell'Arco à Sant'Anastasia, près de Naples.

remarquable : *Un homme, un film extraordinaire.* Abrév. (fam.) **extra.** **4.** Qui est intense, immense : *Une île d'une extraordinaire diversité florale.* ■ **Par extraordinaire,** par une éventualité peu probable.

EXTRAORDINAIREMENT adv. De façon extraordinaire.

EXTRAPARLEMENTAIRE adj. Se dit de ce qui s'effectue en dehors du Parlement.

EXTRAPATRIMONIAL, E, AUX adj. DR. Qui est en dehors du patrimoine.

EXTRAPOLATION n.f. 1. Généralisation à partir de données fragmentaires. **2. MATH.** Procédé consistant à prolonger une série statistique ou la validité d'une loi scientifique au-delà des limites dans lesquelles celles-ci sont connues.

EXTRAPOLER v.t. et v.i. [3]. 1. Tirer une conclusion de données partielles ou incomplètes. **2.** Absol. Généraliser à partir de données fragmentaires : *N'extrapolons pas !* **3. MATH.** Pratiquer l'extrapolation.

EXTRAPYRAMIDAL, E, AUX adj. NEUROL. ■ **Syndrome extrapyramidal,** ensemble des manifestations motrices (tremblement, hypertonie, etc.) dues à une atteinte du système extrapyramidal, comme au cours de la maladie de Parkinson. ■ **Système extrapyramidal,** ensemble de voies et de centres moteurs du système nerveux central, qui contrôle les postures du corps et les mouvements automatiques, et facilite l'action du système pyramidal (SYN. **système sous-cortical**).

EXTRARÉNAL, E, AUX adj. ■ **Épuration extrarénale** → **ÉPURATION.**

EXTRASCOLAIRE adj. Qui a lieu en dehors du cadre scolaire.

EXTRASENSIBLE adj. Qui n'est pas perçu directement par les sens.

EXTRASENSORIEL, ELLE adj. PARAPSYCHOL. Se dit de ce qui est perçu sans l'intermédiaire des récepteurs sensoriels, ou de ce qui a trait à ce mode de perception.

EXTRASOLAIRE adj. Situé à l'extérieur du Système solaire. ■ **Planète extrasolaire,** exoplanète.

EXTRASTATUTAIRE adj. Qui est en dehors des statuts.

EXTRASYSTOLE n.f. MÉD. Contraction anormale du cœur entre deux contractions normales.

EXTRATERRESTRE adj. Situé à l'extérieur de la Terre. ◆ **n.** Habitant supposé d'une planète autre que la Terre.

EXTRATERRITORIAL, E, AUX adj. Se dit du secteur bancaire établi à l'étranger et non soumis à la législation nationale.

EXTRA-UTÉRIN, E adj. (pl. *extra-utérins, es*). **MÉD.** Qui est en dehors de la cavité utérine. ■ **Grossesse extra-utérine,** développement d'un œuf fécondé en dehors de l'utérus.

EXTRAVAGANCE n.f. 1. Comportement d'un extravagant ; excentricité. **2.** Caractère de ce qui est extravagant ; bizarrerie. **3.** Idée, action extravagante ; lubie.

EXTRAVAGANT, E adj. (du lat. *vagari*, errer). **1.** Déraisonnable et bizarre : *Coiffure extravagante.* **2.** Qui dépasse la mesure : *Demandes extravagantes.* ◆ **adj. et n.** Qui se comporte d'une manière bizarre, excentrique.

EXTRAVAGUER v.i. [3]. Vieilli. Parler ou agir d'une manière insensée.

S'EXTRAVASER v.pr. [3]. MÉD. Se répandre hors des canaux qui le contiennent, en parlant d'un liquide organique.

EXTRAVÉHICULAIRE adj. Se dit de la sortie et de l'activité d'un spationaute hors de son véhicule spatial.

EXTRAVERSION n.f. PSYCHOL. Propension à se tourner vers les autres, et à exprimer ses sentiments (CONTR. **introversion**).

EXTRAVERTI, E adj. et n. Qui manifeste de l'extraversion (CONTR. **introverti**).

EXTRÉMAL, E, AUX adj. Qui atteint l'une de ses valeurs extrêmes, maximale ou minimale.

EXTRÊME adj. (lat. *extremus*). **1.** Qui est tout à fait au bout, au terme ; ultime : *Extrême limite.* **2.** Qui est au degré le plus intense : *Froid extrême.* **3.** Sans mesure ; excessif : *Solutions extrêmes.* ■ **Sports extrêmes,** activités sportives où le danger est associé à un effort physique intense, à la limite des capacités humaines. ◆ **n.m.** L'ultime limite de qqch : *Passer d'un extrême à l'autre.* ■ **À l'extrême,** au-delà de toute mesure. ◆ **n.m. pl. MATH.** ■ **Les extrêmes,** le premier et le dernier terme d'une proportion. ➲ Dans une proportion $\frac{a}{b}=\frac{c}{d}$, le produit des extrêmes *ad* est égal à celui des moyens *bc*.

EXTRÊMEMENT adv. À un très haut degré.

EXTRÊME-ONCTION n.f. (pl. *extrêmes-onctions*). **CATH.** Sacrement administré à un malade en danger de mort, par l'application des saintes huiles sur le corps. (On dit auj. *sacrement des malades.*)

EXTRÊME-ORIENTAL, E, AUX adj. Qui se rapporte à l'Extrême-Orient.

IN EXTREMIS loc. adv. → **IN EXTREMIS.**

EXTRÉMISME n.m. Comportement consistant à défendre les positions les plus radicales, en politique par ex.

EXTRÉMISTE adj. et n. Qui fait preuve d'extrémisme ; qui en est partisan.

EXTRÉMITÉ n.f. (lat. *extremitas*). **1.** Bout, fin de qqch : *Le phare est à l'extrémité de la jetée.* **2.** Acte de désespoir, d'emportement. ■ **Être à la dernière extrémité,** être à l'agonie. ■ **Être réduit à la dernière extrémité,** être dans une très grande pauvreté. ◆ **n.f. pl. 1. MÉD.** Ensemble constitué par les mains, les pieds, le bout du nez, les lobes des oreilles, les lèvres : *Cyanose des extrémités.* **2.** Actes de violence ; voies de fait.

EXTRÊMOPHILE adj. et n. Se dit d'un organisme vivant dans un milieu où règnent des conditions extrêmes (aridité, acidité, salinité, etc.).

EXTREMUM, ▲ *EXTRÉMUM* [-mɔm] **n.m.** (mot lat.). **MATH.** Maximum ou minimum d'une fonction.

EXTRINSÈQUE adj. (du lat. *extrinsecus*, en dehors). Qui vient du dehors (par oppos. à *intrinsèque*) : *Causes extrinsèques.*

EXTRORSE adj. (lat. *extrorsum*). **BOT.** ■ **Anthère extrorse,** qui s'ouvre vers l'extérieur de la fleur (renonculacées) (CONTR. **introrse**).

EXTRUDER v.t. [3] (du lat. *extrudere*, rejeter). Réaliser l'extrusion de. ◆ **v.i. GÉOL.** Subir l'extrusion.

EXTRUDEUSE n.f. TECHN. Appareil servant à l'extrusion.

EXTRUSIF, IVE adj. GÉOL. Qui se rapporte à une extrusion.

EXTRUSION n.f. 1. GÉOL. Éruption de roches volcaniques de nature visqueuse sous forme d'aiguille ou de dôme. **2. TECHN.** Procédé de mise en forme de pièces céramiques, métalliques ou plastiques, qui consiste à pousser la matière à travers une filière (SYN. **filage**).

EXUBÉRANCE n.f. 1. Tendance à manifester ses sentiments sans retenue. **2.** Grande profusion de qqch ; foisonnement : *L'exubérance de la faune marine.*

EXUBÉRANT, E adj. (lat. *exuberans*). **1.** Qui manifeste de l'exubérance : *Une personne exubérante.* **2.** Caractérisé par une abondance excessive ; luxuriant : *Végétation exubérante.* **3. MÉD.** Qui est le siège d'une forte prolifération de cellules ; qui grossit rapidement : *Tumeur exubérante.*

EXULCÉRATION n.f. MÉD. Ulcération superficielle.

EXULTATION n.f. Litt. Très grande joie ; jubilation.

EXULTER v.i. [3] (du lat. *exultare*, sauter de joie). Éprouver une joie intense, débordante.

EXUTOIRE n.m. (du lat. *exutus*, dépouillé). **1.** Litt. Moyen de se débarrasser de qqch qui trouble ou oppresse ; dérivatif : *La musique est un exutoire à sa colère.* **2.** Ouverture, tube pour l'écoulement des eaux.

EXUVIE n.f. (du lat. *exuviae*, dépouilles). **ZOOL.** Peau rejetée par un arthropode ou un serpent lors de chaque mue.

EX VIVO loc. adj. inv. et **loc. adv.** (mots lat.). Se dit d'une manipulation, d'un acte chirurgical effectués sur des cellules ou sur un organe que l'on a prélevés, avant de les remettre en place ou de les greffer sur une autre personne (par oppos. à *in vivo* et à *in vitro*).

EX-VOTO n.m. inv., ▲ *EXVOTO n.m.* (du lat. *ex voto*, selon le vœu fait). Plaque gravée, tableau ou objet que l'on suspend dans une église ou un lieu vénéré, à la suite d'un vœu ou en mémoire d'une grâce obtenue.

EYE-LINER [ajlajnœr] **n.m.** (pl. *eye-liners*) [mot anglo-amér.]. Liquide coloré employé dans le maquillage des yeux pour souligner le bord des paupières.

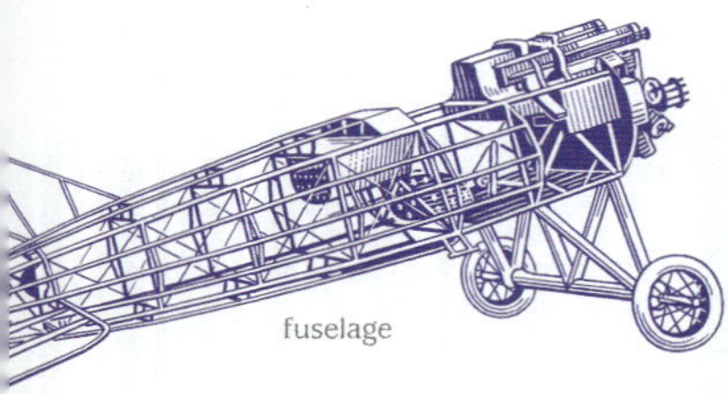

fuselage

fougère

flamants roses

figues

fauve

F n.m. inv. Sixième lettre de l'alphabet et la quatrième des consonnes. ➲ Note la consonne constrictive labiodentale sourde. ▪ **F,** symbole du franc. ▪ **F** [mus.], *fa,* dans la notation en usage dans les pays anglo-saxons et germaniques.

FA n.m. inv. Note de musique, quatrième degré de la gamme de *do.*

FAB ou **F.A.B.** [ɛfabe] **adj. inv.** et **adv.** (sigle de *franco à bord*). FOB.

FABACÉE n.f. (du lat. *faba,* fève). Plante légumineuse telle que le haricot ou l'arbre de Judée. ➲ Les fabacées forment une famille.

FABALE n.f. Légumineuse.

FABLAB ou **FABLAB n.m.** (abrév. de l'angl. *fabrication laboratory,* laboratoire de fabrication). Atelier ouvert au public, équipé d'outils de fabrication standards et numériques (découpe du bois et du métal, imprimante 3D, etc.), permettant à chacun, seul ou en groupe, de concevoir et réaliser des objets.

FABLE n.f. (lat. *fabula*). **1.** Court récit allégorique, en vers ou en prose, contenant une moralité. **2.** Sout. Histoire inventée de toutes pièces ; propos mensonger : *Qui croirait à cette fable ?* ▪ **Être la fable de,** être l'objet de moquerie de la part de.

FABLIAU n.m. (forme picarde de l'anc. fr. *fableau,* petite fable). **LITTÉR.** Aux XIIe et XIIIe s., bref récit satirique en vers.

FABLIER n.m. Recueil de fables.

FABRICANT, E n. 1. Propriétaire d'une entreprise qui fabrique des objets, des produits, etc. **2.** Personne qui fabrique elle-même ou fait fabriquer pour vendre.

FABRICATEUR, TRICE n. Sout. et péjor. Personne qui crée des objets sans valeur ou dit des mensonges.

FABRICATION n.f. Action ou manière de fabriquer.

FABRIQUE n.f. (lat. *fabrica*). **1.** Établissement industriel où sont transformés des matières premières ou des produits semi-finis en produits destinés à la consommation. **2.** Anc. Construction de fantaisie ornant un jardin (notamm. à l'anglaise), un parc paysager. ▪ **Conseil de fabrique,** ou **fabrique** [hist.], dans la France du Moyen Âge et de l'Ancien Régime, groupe de clercs ou de laïques administrant les biens d'une église. ▪ **Prix de fabrique,** prix auquel le fabricant vend ses produits au commerçant.

FABRIQUER v.t. [3] (lat. *fabricare,* de *faber,* artisan). **1.** Confectionner qqch, partic. un objet d'usage courant, à partir d'une matière première : *Fabriquer un lit.* **2.** Fam. Avoir telle occupation ; faire : *Qu'est-ce qu'il fabrique ?* **3.** Fig. Inventer de toutes pièces ; forger : *Fabriquer un alibi.*

FABULATEUR, TRICE n. Personne qui fabule.

FABULATION n.f. Action de construire et de présenter comme véridique un récit de pure invention, auquel son auteur finit par croire ; récit ainsi présenté.

FABULER v.i. [3]. Élaborer des fabulations.

FABULEUSEMENT adv. De façon fabuleuse ; prodigieusement.

FABULEUX, EUSE adj. (lat. *fabulosus*). **1.** Qui semble invraisemblable par son importance, ses proportions ; extraordinaire : *Un patrimoine fabuleux.* **2.** Litt. Qui appartient à la légende, à l'imagination : *Animal fabuleux.*

FABULISTE n. Auteur de fables.

FAC n.f. (abrév. de *faculté*). Fam. Université.

FAÇADE n.f. (ital. *facciata*). **1.** Chacune des faces extérieures d'un bâtiment (principale, postérieure, latérales ; sur rue, sur cour, sur jardin), et, partic., celle qui comporte l'entrée principale. **2.** Fig. Apparence trompeuse d'une personne : *Sa décontraction n'est qu'une façade.* ▪ **De façade,** qui n'est pas réel ; simulé : *Amabilité de façade.*

FAÇADIER n.m. Personne ou entreprise spécialisée dans la mise en œuvre d'enduits de parement et d'imperméabilisation de façade.

FAÇADISME n.m. URBAN. Technique consistant à rénover un immeuble en ne conservant que sa façade sur rue.

FACANCIER, ÈRE n. Maroc. Péjor. Travailleur émigré en France et revenant en vacances au pays ; par ext., tout travailleur émigré revenant au Maroc (pour y passer ses vacances).

FACE n.f. (lat. *facies*). **1.** Partie antérieure et inférieure de la tête humaine, au-dessous de la ligne des sourcils ; visage. **2.** Partie antérieure de la tête de certains animaux (primates, notamm.). **3.** Chacun des côtés d'une chose ; partie extérieure de qqch : *La face nord d'une forteresse.* **4.** Aspect sous lequel se présente qqch, qqn : *Examiner une question sous toutes ses faces.* **5. MATH.** Chacun des polygones délimitant un polyèdre ; chacun des secteurs de plan qui composent la frontière d'un polyèdre ; chacun des demi-plans limitant un dièdre. **6. NUMISM.** Côté d'une monnaie portant l'effigie du souverain ou l'image personnifiant l'autorité au nom de laquelle la pièce est émise (SYN. **avers, 2. droit ;** CONTR. **pile, revers**). ▪ **À la face de,** en présence de ; ouvertement. ▪ **De face,** du côté où l'on voit toute la face (par oppos. à *de profil, de côté*) : *Portrait de face.* ▪ **En face,** devant ; vis-à-vis ; fig., sans crainte : *Regarder la mort en face.* ▪ **Face à,** en vis-à-vis de : *Face au port.* ▪ **Face à face,** en présence l'un de l'autre. ▪ **Faire face à,** faire front à : *Faire face à un ennemi, à ses obligations.* ▪ **Perdre, sauver la face,** perdre, préserver sa dignité.

FACE-À-FACE n.m. inv. 1. Débat contradictoire entre deux personnalités représentatives de partis ou de milieux différents : *Un face-à-face télévisé.* **2.** Situation conflictuelle où deux personnes, deux groupes se font face : *Un face-à-face tendu entre les manifestants et la police.*

FACE-À-MAIN n.m. (pl. *faces-à-main*). Lorgnon muni d'un manche, que l'on tient à la main.

FACÉTIE [-si] **n.f.** (lat. *facetia*). Acte burlesque ; plaisanterie.

FACÉTIEUSEMENT adv. De façon facétieuse.

FACÉTIEUX, EUSE [-sjø, øz] **adj.** et **n.** Qui aime faire des facéties ; farceur. ◆ **adj.** Qui tient de la facétie.

FACETTE n.f. 1. Chacune des petites faces planes formant la surface d'un objet et séparées les unes des autres par des arêtes vives : *Les facettes d'un diamant.* **2.** Fig. Chacun des aspects présentés par qqn, qqch : *Les multiples facettes d'un artiste, d'une œuvre.* ▪ **À facettes,** qui peut avoir des idées, des comportements différents. ▪ **Boule à facettes,** boule, génér. rotative, recouverte de petits miroirs carrés réfléchissant la lumière, que l'on suspend au plafond (d'une boîte de nuit, par ex.) pour créer une ambiance festive. (On dit aussi *boule disco.*) ▪ **Œil à facettes** [zool.], œil de certains arthropodes (insectes, crustacés), dont la surface est formée d'éléments polygonaux *(ommatidies).*

FACETTER v.t. [3]. BX-ARTS. Tailler à facettes.

FÂCHÉ, E adj. 1. En colère. **2.** Contrarié ; mécontent : *Je suis fâché de devoir partir.*

FÂCHER v.t. [3] (du lat. *fastidire,* éprouver du dégoût). Mettre en colère ; contrarier. ▪ **Qui fâche,** qui suscite la polémique : *Évitons les sujets qui fâchent.* ◆ **SE FÂCHER v.pr. 1.** Se mettre en colère ; s'emporter. **2.** Se brouiller avec qqn : *Elle s'est fâchée avec son frère.*

FÂCHERIE n.f. Brouille, désaccord passagers.

FÂCHEUSEMENT adv. De façon fâcheuse ; désagréablement.

FÂCHEUX, EUSE adj. Qui entraîne des conséquences désagréables : *Un contretemps fâcheux.* ◆ **n.** Litt. Personne importune, gênante.

FACHO adj. et **n.** (abrév.). Fam. Fasciste.

FACHOSPHÈRE n.f. (de *facho*). **1.** Ensemble des partis politiques de la mouvance fasciste et, plus largement, d'extrême droite. **2.** Par ext. Ensemble des sites Internet, blogs, réseaux sociaux, etc., liés à l'extrême droite ou défendant ses idées.

FACIAL, E, AUX adj. ANAT. Relatif à la face : *Cicatrice, douleur faciale.* ▪ **Nerf facial,** nerf crânien innervant les muscles du visage et intervenant dans le goût.

FACIÈS [fasjɛs] **n.m.** (lat. *facies*). **1.** Aspect général du visage ; physionomie. **2.** Le visage, comme signe d'appartenance ethnique ou comme signe de discrimination raciale. **3. PRÉHIST.** Ensemble des traits caractérisant une période culturelle donnée. ➲ Le *faciès industriel* concerne les variations de typologie de l'outillage lithique et osseux ; le *faciès culturel* concerne les variations des modes de vie et des mentalités. **4. GÉOL.** Ensemble des caractères d'une roche, qui témoignent du milieu et des conditions dans lesquels elle s'est constituée.

■ **Délit de faciès,** fait pour qqn d'être présumé délinquant à la seule vue de son visage.

FACILE adj. (lat. *facilis*). **1.** Qui ne présente pas de difficulté ; simple : *Facile à comprendre.* **2.** Péjor. Qui n'a exigé aucun effort, aucune recherche : *Cette critique est facile. Une plaisanterie facile.* **3.** Qui a un caractère accommodant : *Il est facile à vivre.* ■ **Femme, fille facile** [péjor.], dont on obtient sans peine les faveurs.

FACILEMENT adv. Avec facilité ; aisément.

FACILITATEUR, TRICE adj. et **n.** Qui est chargé de faciliter le déroulement d'une action, d'un processus : *Une facilitatrice de paix.*

FACILITATION n.f. Action de faciliter.

FACILITÉ n.f. 1. Qualité d'une chose facile à faire, à comprendre ; simplicité. **2.** Aptitude à faire qqch sans peine : *S'exprimer avec beaucoup de facilité.* **3.** Moyen qui permet de faire qqch sans difficulté : *J'ai eu toute facilité pour le voir.* **4.** Sout. Qualité d'une personne conciliante ; douceur. ■ **Se laisser aller à la facilité** ou **choisir la (solution de) facilité,** aller vers ce qui demande le moins d'énergie, d'effort. ◆ **n.f. pl.** Conditions spéciales accordées pour faire qqch : *Facilités de transport.* ■ **Facilités de caisse,** découvert de quelques jours accordé par un banquier à son client. ■ **Facilités de paiement,** délai accordé pour payer.

FACILITER v.t. [3] (ital. *facilitare*). Rendre facile, aisé : *Votre présence a facilité ma démarche.*

FAÇON n.f. (du lat. *factio, -onis*, action de faire). **1.** Manière d'être ou d'agir : *S'habiller d'une façon originale.* **2.** Travail de la terre : *Donner une seconde façon à un champ* (SYN. **façon culturale**). **3.** Travail d'un artisan, d'un artiste : *Payer la façon* ; forme donnée à un objet, notamm. de mode : *La façon d'une robe.* **4.** (Suivi d'un n. sans art.). En imitation de : *Étole façon pashmina.* ■ **C'est une façon de parler,** il ne faut pas prendre à la lettre ce qui vient d'être dit. ■ **De toute façon** ou **de toutes les façons,** quoi qu'il arrive. ■ **En aucune façon,** pas du tout ; nullement. ■ **Faire façon de qqn, d'un animal** [Suisse], le soumettre ; le maîtriser. ■ **Sans façon(s),** sans cérémonie ; simplement. ■ **Travail à façon,** exécuté sans fournir la matière première. ◆ **n.f. pl. 1.** Comportement à l'égard des autres : *Il a de curieuses façons.* **2.** Politesses hypocrites : *Faire des façons.* ◆ **DE FAÇON À loc. prép.** ou **DE FAÇON QUE loc. conj.** Indiquent la conséquence, le but ; de manière à, que : *Pars tôt de façon à arriver à l'heure ou que tu arrives à l'heure.* ◆ **DE TELLE FAÇON QUE loc. conj.** Si bien que ; de telle sorte que : *Il agit de telle façon que personne ne l'aime.*

FACONDE n.f. (du lat. *facundia*, éloquence). Litt. Grande facilité à parler ; abondance de paroles ; volubilité.

FAÇONNAGE n.m. 1. Action de façonner qqch. **2.** Ensemble des opérations (coupe, pliage, brochage, reliure) qui terminent la fabrication d'un livre, d'un imprimé. **3.** Vieilli. Façonnement. **4.** Enlèvement des branches et éventuellement de l'écorce d'un arbre abattu, avant le débardage.

FAÇONNÉ n.m. TEXT. Tissu dans lequel le croisement de la chaîne et de la trame produit un dessin. ➲ Les brochés et les damassés sont des façonnés.

FAÇONNEMENT n.m. Litt. Action d'éduquer, de former qqn : *Façonnement de la personnalité.*

FAÇONNER v.t. [3]. 1. Travailler un matériau pour lui donner une certaine forme ; donner à un objet fabriqué sa forme définitive : *Façonner du métal.* **2.** Fabriquer un ouvrage en travaillant la matière : *Façonner des clés.* **3.** Litt. Former par l'éducation, l'expérience : *Épreuve qui façonne le caractère.*

FAÇONNEUR, EUSE n. TECHN. Personne qui réalise le façonnage d'un produit. ◆ **n.f.** Machine qui donne à la pâte à pain sa forme définitive.

FAÇONNIER, ÈRE n. Personne qui travaille à façon.

FAC-SIMILÉ (pl. *fac-similés*), ▲ **FACSIMILÉ** [faksimile] **n.m.** (du lat. *facere*, faire, et *simile*, semblable). Reproduction exacte d'une peinture, d'un dessin, etc., par divers procédés mécaniques, photographiques ou numériques : *Édition en fac-similé.*

FACTAGE n.m. 1. Livraison de marchandises au domicile ou au dépôt de consignation. **2.** Prix de cette livraison.

1. FACTEUR, TRICE n. (du lat. *factor*, celui qui fait). **1.** Employé de la poste qui distribue le courrier à domicile. (Le terme administratif est *préposé*.) **2.** Fabricant d'instruments de musique autres que les instruments de la famille du luth et les instruments de la famille du violon (pour lesquels on parle de *luthier*) : *Facteur d'orgues, de pianos.*

2. FACTEUR n.m. 1. Agent, élément qui concourt à un résultat : *Un facteur de succès.* **2. MATH.** Chacun des éléments d'un produit. ■ **Facteur commun** [math.], facteur se trouvant dans tous les termes d'une somme. ■ **Facteur de multiplication** [phys. nucl.], nombre de neutrons libérés quand un neutron disparaît au cours d'une réaction nucléaire. ■ **Facteur de puissance** [électr.], rapport de la puissance active dissipée dans un circuit électrique (exprimée en watts) à la puissance apparente (en voltampères). ■ **Facteur écologique** [écol.], paramètre physique (climatique, notamm.), chimique (élément minéral du sol) ou biologique, propre à un milieu, dont les valeurs conditionnent le développement et la survie des individus et des écosystèmes. ■ **Facteur limitant** [écol.], facteur écologique faisant partiellement ou totalement défaut dans un milieu et qui, de ce fait, limite ou empêche la croissance d'une plante. ■ **Facteurs de production** [écon.], éléments ou ressources concourant à la production des biens et des services, notamm. le travail et le capital. ■ **Facteurs premiers d'un nombre** [math.], nombres premiers dont le produit est égal à ce nombre. ➲ Un nombre admet une décomposition unique en facteurs premiers. ■ **Mettre en facteur** [math.], factoriser une somme en sortant un facteur commun. ➲ Mettre *a* en facteur dans $ab + ac$ consiste à l'écrire $a(b + c)$.

FACTICE adj. (lat. *facticius*). **1.** Qui est faux, imité ; artificiel : *Marbre factice.* **2.** Fig. Qui n'est pas naturel ; contraint : *Gaieté factice.* ■ **Idées factices** [philos.], chez Descartes, idées élaborées par l'esprit (par oppos. aux *idées innées* et aux *idées adventices*). ◆ **n.m.** Objet ou reproduction d'un produit destinés à l'étalage des magasins ou utilisés dans un but publicitaire.

FACTICITÉ n.f. 1. Caractère de ce qui est factice. **2. PHILOS.** Fait de l'existence dénué de toute raison d'être.

FACTIEUX, EUSE [faksjø, øz] **adj.** et **n.** Qui fomente des troubles contre le pouvoir établi ; séditieux.

FACTION n.f. (lat. *factio*). **1.** Service de surveillance ou de garde dont est chargé un militaire. **2.** Surveillance prolongée ; guet : *Être en faction à sa fenêtre.* **3.** Groupe ou parti menant une action fractionnelle ou subversive à l'intérieur d'un groupe plus important. **4.** Chacune des trois tranches de huit heures entre lesquelles sont réparties les trois équipes assurant un travail industriel continu.

FACTIONNAIRE n.m. Militaire en faction (SYN. **sentinelle**).

FACTITIF, IVE adj. et **n.m.** (du lat. *factitare*, faire souvent). **LING.** Se dit d'un verbe qui indique que le sujet fait faire l'action (SYN. **causatif**). [Le factitif, en français, est exprimé le plus souvent par *faire* + inf.]

FACTORERIE n.f. HIST. Bureau d'une compagnie de commerce à l'étranger.

FACTORIEL, ELLE adj. ■ **Analyse factorielle,** méthode statistique ayant pour but de chercher les facteurs communs à un ensemble de variables qui ont entre elles de fortes corrélations.

FACTORIELLE n.f. ■ **Factorielle** *n*, entier naturel noté $n!$ et défini par $0! = 1$ et, pour tout $n \geq 1$, $n! = (n - 1)! \times n$, d'où $n! = 1 \times 2 \times 3 \times \ldots \times (n - 1) \times n$. ➲ La factorielle de 5 est $5! = 5 \times 4 \times 3 \times 2 \times 1 = 120$.

FACTORING [-riŋ] **n.m.** (Anglic. déconseillé). **BANQUE.** Affacturage.

FACTORISATION n.f. Action de factoriser.

FACTORISER v.t. [3]. MATH. Transformer une somme en un produit.

FACTOTUM [-tɔm] **n.m.** (du lat. *fac totum*, fais tout). Personne qui s'occupe un peu de tout, notamm. des travaux mineurs.

FACTUEL, ELLE adj. 1. Qui s'en tient aux faits et les présente sans les interpréter ; brut : *Données factuelles.* **2. PHILOS.** Qui relève du fait.

FACTUM [-tɔm] **n.m.** (mot lat. « fait »). Sout. Écrit violent et polémique ; pamphlet.

FACTURATION n.f. 1. Action de facturer. **2.** Service où l'on fait les factures.

1. FACTURE n.f. (lat. *factura*). **1.** Manière dont une chose est exécutée : *Un tableau de bonne facture.* **2.** Construction des instruments de musique autres que les violons et les luths ; travail, métier du facteur : *La facture des pianos.*

2. FACTURE n.f. (de *1. facteur*). Pièce comptable datée, qui détaille les marchandises vendues, les services fournis, et en précise le prix. ■ **Facture pro forma,** document établi par le vendeur avant la vente, en vue notamm. de permettre à l'acheteur d'obtenir une licence d'importation ou l'octroi d'un crédit. ■ **Prix de facture,** prix d'achat.

FACTURER v.t. [3]. 1. Établir la facture d'une marchandise vendue, d'un service fourni. **2.** Faire payer qqch à qqn.

FACTURETTE n.f. Reçu remis par le commerçant au client qui paie avec une carte de crédit.

FACTURIER, ÈRE n. et **adj.** Employé qui établit les factures.

FACULE n.f. (du lat. *facula*, petite torche). **ASTRON.** Zone brillante de la surface solaire, dont l'apparition précède souvent celle d'une tache.

FACULTATIF, IVE adj. Que l'on peut, au choix, faire ou ne pas faire : *Un cours facultatif.*

FACULTATIVEMENT adv. De façon facultative.

FACULTÉ n.f. (du lat. *facultas, -atis*, capacité, moyen). **1.** Aptitude physique, morale ou intellectuelle : *Il a une grande faculté de travail.* **2.** Droit de faire qqch ; liberté : *Il a la faculté de vendre ses biens immobiliers, de refuser.* **3.** Anc. Établissement d'enseignement supérieur, remplacé auj. par les universités. **4.** Au Canada, unité d'enseignement et de recherche d'une université ; corps professoral constituant cette unité. ■ **La faculté de médecine** ou **la Faculté** [vieilli ou par plais.], le corps médical ; les médecins. ◆ **n.f. pl.** Aptitudes d'une personne : *Les facultés mentales.* ■ **Facultés contributives** [dr.], ressources dont dispose un débiteur. ■ **Ne pas jouir de toutes ses facultés,** être un peu déséquilibré, désaxé.

FADA adj. et **n.** (mot provenç. « fée »). Région. (Midi). Fam. Un peu fou ; niais.

FADAISE n.f. (de l'anc. provenç. *fadeza*, sottise). **1.** Plaisanterie stupide ; niaiserie. **2.** Chose insignifiante ; futilité.

FADASSE adj. Fam. Très fade : *Sauce, couleur fadasse.*

FADE adj. (lat. pop. **fatidus*, d'apr. *sapidus*, qui a de la saveur). **1.** Qui manque de saveur : *Sa cuisine est fade.* **2.** Qui manque de vivacité, d'éclat : *Tons fades.* **3.** Se dit d'une odeur écœurante : *L'odeur fade du sang.* **4.** Fig. Qui manque de caractère ou d'intérêt ; banal : *Un compliment fade.*

FADÉ, E adj. Fam., iron. Réussi dans son genre : *Sa dernière bêtise est fadée !*

FADEMENT adv. D'une manière fade.

SE FADER v.pr. [3] (du provenç. *fadar*, enchanter, de *fada*, fée). Fam. Accomplir comme une corvée : *On s'est fadé trois heures de queue* ; supporter à contrecœur qqch, qqn : *Je me le suis fadé toute la soirée.*

FADETTE n.f. (acronyme de *facture détaillée*). Fam. Relevé détaillé des communications émises depuis un téléphone.

FADEUR n.f. Caractère de ce qui est fade : *La fadeur d'une soupe, d'un film.*

FADING [fadiŋ] **n.m.** (Anglic. déconseillé). **RADIODIFF.** Évanouissement.

FADISTE n. Chanteur de fado.

FADO n.m. (mot port. « destin »). Genre musical du Portugal, souvent dansé, constitué de chants populaires au thème mélancolique avec un accompagnement d'instruments à cordes pincées.

FAENA [faena] **n.f.** (mot esp. « travail »). Travail à la muleta, dans une corrida.

FAFIOT n.m. Arg. Billet de banque.

FAGALE n.f. (du lat. *fagus*, hêtre). **BOT.** Cupulifère.

FAGNARD, E adj. Région. (Est) ; Belgique. Relatif à la fagne. ◆ **n.** Région. (Est) ; Belgique. Personne qui connaît la fagne, qui randonne en fagne.

FAGNE [faɲ] **n.f.** (du francique **fanja*, vase). Région. (Est) ; Belgique. Lande marécageuse des plateaux ardennais.

FAGOT n.m. (lat. pop. *facus*). **1.** Faisceau de petites branches liées par le milieu et servant à faire du feu. **2.** Afrique. Bois de chauffage. ▪ **De derrière les fagots** [fam.], d'excellente qualité et mis en réserve pour une grande occasion. ▪ **Sentir le fagot,** être soupçonné d'hérésie (parce que, autref., on brûlait les hérétiques).

FAGOTAGE n.m. Action de mettre du bois en fagots.

FAGOTER v.t. [3]. **1.** Mettre en fagots. **2.** Fam. Habiller qqn sans goût, sans élégance.

FAGOTIER, ÈRE n. Personne qui fait des fagots.

FAGOTT [fagɔt] n.m. Instrument de musique à vent à anche double, appelé aussi *basson allemand,* qui diffère du basson français tant par la technique que par la sonorité.

FAHRENHEIT (DEGRÉ) n.m. Intervalle unitaire de l'échelle de température Fahrenheit. ➲ Une température en degrés Fahrenheit peut être exprimée en degrés Celsius par la relation : T(°F) = 32 + 1,8 T(°C).

FAI ou **F.A.I.** [ɛfai] n.m. (sigle). INFORM. Fournisseur d'accès à Internet.

FAIBLARD, E adj. Fam. Un peu faible.

1. FAIBLE adj. (du lat. *flebilis,* digne d'être pleuré). **1.** Qui manque de force physique ou morale : *Le malade est très faible.* **2.** Qui manque de connaissances, de savoir : *Élève faible en anglais.* **3.** Qui manque de solidité : *Ces étagères sont trop faibles pour des livres.* **4.** Qui manque d'intensité, d'acuité : *Vue faible.* **5.** Qui n'est pas d'un niveau élevé et a peu de valeur : *Votre argument est bien faible.* **6.** Peu considérable : *Avoir une faible retraite.* **7.** CHIM. MINÉR. Se dit d'un acide, d'une base, d'un électrolyte peu dissociés. ▪ **Interaction faible** [phys.], interaction fondamentale responsable de la radioactivité, et plus génér. de la désintégration de nombreuses particules. ▪ **Point faible de,** point vulnérable ou médiocre de ; faiblesse : *Le point faible d'un candidat, d'un programme.* ◆ **adj.** et **n.** Qui manque d'énergie, d'autorité : *Il est faible avec ses enfants.* ◆ **n.** Personne dépourvue de ressources, de moyens de défense : *Défendre les faibles.* ▪ **Faible d'esprit,** personne dont les facultés intellectuelles sont peu développées.

2. FAIBLE n.m. Attirance particulière ; penchant : *Le chocolat est son faible.* ▪ **Avoir un faible pour,** une prédilection pour : *Elle a un faible pour mon frère, pour les sucreries.*

FAIBLEMENT adv. Avec faiblesse ; à un faible degré.

FAIBLESSE n.f. **1.** État de ce qui est faible ; déficience : *Faiblesse d'un cri, d'un raisonnement.* **2.** Perte subite des forces ; défaillance : *Il a eu une faiblesse.* ▪ **Faire preuve de faiblesse envers qqn,** être d'une trop grande indulgence à son égard.

FAIBLIR v.i. [21]. **1.** Perdre de ses forces, de sa fermeté ; défaillir : *Son pouls faiblit. Son courage n'a jamais faibli.* **2.** Perdre de son intensité, de son importance ; décliner : *Le vent faiblit.*

FAIBLISSANT, E adj. Qui faiblit.

FAÏENÇAGE n.m. Formation d'un réseau de craquelures à la surface d'une peinture, d'une céramique, d'un béton, etc.

FAÏENCE n.f. (de *Faenza,* n.pr.). **1.** Céramique à pâte argileuse tendre, poreuse, recouverte d'émail stannifère qui la rend imperméable. **2.** Objet de faïence. ▪ **Faïence fine,** pâte opaque, blanche et fine, recouverte d'une glaçure plombeuse.

FAÏENCÉ, E adj. Qui a l'aspect de la faïence.

FAÏENCERIE n.f. **1.** Fabrique ou commerce de faïence. **2.** Ensemble d'ouvrages en faïence.

FAÏENCIER, ÈRE n. Personne qui fabrique ou vend des faïences. ◆ **adj.** Relatif à l'industrie ou à l'art de la faïence.

FAIGNANT, E adj. et n. → **FEIGNANT.**

1. FAILLE n.f. (de *faillir*). **1.** Point de faiblesse, de rupture : *Faille d'une argumentation.* **2.** GÉOL. Cassure au sein de couches géologiques, accompagnée d'un déplacement latéral ou vertical (dit *rejet*) des blocs séparés. ▪ **Faille de sécurité,** défaut de protection d'un logiciel ou d'un système informatique pouvant être exploité à distance par des pirates.

2. FAILLE n.f. TEXT. Tissu de soie à gros grains formant des côtes.

FAILLÉ, E adj. GÉOL. Affecté par des failles : *Relief faillé.*

SE FAILLER v.pr. [3]. GÉOL. Être affecté par des failles.

FAILLI, E n. et adj. Vieilli. Commerçant déclaré en état de faillite.

FAILLIBILITÉ n.f. Caractère d'une personne faillible : *Faillibilité d'un médecin.*

FAILLIBLE adj. Qui peut se tromper.

FAILLIR v.i. [34] (du lat. *fallere,* tromper). [Suivi d'un inf.]. Être sur le point de : *Il a failli mourir.* ◆ **v.t. ind.** (À). Litt. Ne pas faire ce que l'on s'est engagé à faire ; manquer à : *Faillir à un engagement.*

✎ *Faillir* a deux conjugaisons : ***je faillis, nous faillissons,*** sur le modèle de ***finir,*** et ***je faux, nous faillons.*** La plus employée est la première.

FAILLITE n.f. (ital. *fallita*). **1.** DR. État d'un débiteur qui ne peut plus payer ses créanciers : *Être en faillite. Faire faillite.* **2.** Insuccès complet d'une entreprise, d'un système, etc. : *La faillite d'une idéologie.* ▪ **Faillite personnelle** [dr.], ensemble des interdictions et des déchéances frappant en France les commerçants, les artisans ou les dirigeants d'entreprise en état de cessation de paiements pour agissements irréguliers ou frauduleux.

FAIM n.f. (lat. *fames*). **1.** Sensation éprouvée lorsque l'on a besoin de manger : *Avoir faim.* **2.** Situation de disette, de famine : *Lutter contre la faim dans le monde.* ▪ **Avoir faim de,** un désir ardent de : *Avoir faim de justice.* ▪ **Ça se mange sans faim,** par simple gourmandise. ▪ **Faim de loup,** très vive. ▪ **Rester sur sa faim,** manger peu ou pas du tout ; fig., être insatisfait, frustré dans son attente.

FAINE n.f. (du lat. pop. **fagina glans,* gland de hêtre). Fruit du hêtre.

FAINÉANT, E adj. et n. (de l'anc. fr. *faignant,* de *feindre,* rester inactif). Qui ne veut rien faire ; paresseux. ◆ **adj.** HIST. ▪ **Les rois fainéants,** les derniers rois mérovingiens, qui abandonnèrent le gouvernement aux maires du palais à partir de Thierry III (675).

FAINÉANTER v.i. [3]. Ne rien faire ; se livrer à la paresse.

FAINÉANTISE n.f. Caractère du fainéant.

FAINÉE n.f. Récolte des faines.

1. FAIRE v.t. [89] (lat. *facere*). **1.** Réaliser par son travail, son action ; fabriquer : *Faire un gâteau, un film, un discours. Cet artisan fait des chaises.* **2.** Soumettre à une action particulière ; disposer : *Faire son lit. Faire ses ongles.* **3.** Accomplir un acte, un geste : *Faire une bêtise, un clin d'œil, un cadeau* ; se livrer à une occupation : *Faire du vélo. N'avoir rien à faire.* **4.** Adopter l'attitude, jouer le rôle de : *Faire le malin, le mort.* **5.** Avoir pour effet essentiel ; occasionner : *La tempête a fait des ravages. Tu m'as fait peur.* **6.** Prendre telle forme ; devenir : *« Bail » fait « baux » au pluriel.* **7.** Transformer en qqn, qqch d'autre ; rendre tel : *Le succès a fait d'elle un être vaniteux.* **8.** Égaler : *2 et 1 font 3.* **9.** Être affecté par ; être dans tel état : *Faire du diabète.* **10.** Dire, en incise dans un récit : *Oui, fit-elle, je pars.* **11.** (Suivi de l'inf.). Effectuer ou charger d'effectuer telle chose : *Faire cuire un œuf. Faire réparer sa montre. Faire faire un travail.* **12.** Fam. Vendre : *À combien faites-vous cette lampe ?* ▪ **Avoir fort à faire,** être très occupé ; avoir de grandes difficultés à mener à bien une tâche. ▪ **Ça le fait** [fam.], ça marche ; c'est réussi ; c'est formidable : *Partir à l'aventure, ça le fait !* ▪ **C'en est fait,** c'est fini. ▪ **En faire trop,** exagérer. ▪ **Faire droit, médecine, etc.,** faire des études supérieures dans ces disciplines. ▪ **Faire un pays, une région, etc.** [fam.], les visiter. ▪ **N'avoir que faire** ou **rien à faire de,** ne pas être intéressé par : *Il n'a que faire de ton avis.* ▪ **Ne faire que** (+ inf.), être sans cesse en train de : *Il ne fait que critiquer.* ◆ **v.t. ind.** (AVEC). Fam. S'adapter à une situation ; s'accommoder de : *Il est nul, mais il faut faire avec.* ◆ **v.i. 1.** Agir : *Chercher à bien faire.* **2.** Produire un certain effet : *Ça fait joli.* ◆ **v. impers.** Indique un état du ciel ou de l'atmosphère : *Il fait jour, froid.* ◆ **SE FAIRE** v.pr. **1.** Commencer à être ; devenir : *Se faire beau, vieux. Se faire rare.* **2.** Vx. S'engager dans une carrière : *Se faire prêtre.* **3.** (À). S'habituer à ; s'adapter : *Se faire à la chaleur.* **4.** Arriver à maturité : *Ce fromage doit se faire.* ▪ **Ça se fait,** c'est l'usage, la mode. ▪ **S'en faire (pour)** [fam. ; surtout en tournure négative], se faire du souci (pour).

▲ **faïence.** Flacon à thé en céramique de Delft (vers 1690), atelier de Samuel Van Eenhoorn. (Musée national de Céramique, Sèvres.)

2. FAIRE n.m. **1.** Litt. Pouvoir, fait d'agir : *C'est le faire qui consacre un chirurgien.* **2.** Manière propre à un artiste ; style.

FAIRE-PART n.m. inv., ▲ *FAIREPART n.m.* Lettre annonçant une naissance, un mariage, un décès.

FAIRE-VALOIR n.m. inv. **1.** Personne, groupe qui servent à mettre en valeur : *Ce parti sert de faire-valoir au régime.* **2.** AGRIC. Manière d'exploiter une terre, considérée sur le plan des rapports entre le propriétaire foncier et l'exploitant. ▪ **Faire-valoir direct** [agric.], exploitation d'un domaine, d'une terre par celui qui en est propriétaire.

FAIR-PLAY n.m. inv., ▲ *FAIRPLAY n.m.* [fɛrplɛ] (loc. angl. « jeu loyal »). **1.** Pratique du sport dans le respect des règles, de l'esprit du jeu et de l'adversaire. Recomm. off. **franc-jeu. 2.** Comportement loyal et élégant dans une lutte, une compétition quelconque. ◆ **adj. inv.** Qui manifeste de la loyauté et de la franchise.

FAIRWAY [fɛrwɛ] n.m. (mot angl. « chenal »). Partie tondue et roulée du parcours de golf, entre le départ et le green.

FAISABILITÉ [fə-] n.f. Didact. Caractère de ce qui est faisable dans des conditions techniques, financières et de délai définies.

FAISABLE [fə-] adj. Qui peut être fait.

▲ **faisan** commun mâle.

FAISAN [fəzɑ̃] n.m. (du gr. *phasianos,* proprem. « oiseau du Phase, fleuve de Colchide »). **1.** Oiseau gallinacé à plumage éclatant chez le mâle, à chair estimée, dont l'espèce dite *faisan de Colchide,* originaire d'Asie, est un gibier prisé. ➲ Cri : le faisan criaille ; famille des phasianidés. **2.** Fam., vieilli. Individu qui vit d'affaires louches.

FAISANDAGE [fə-] n.m. CUIS. Action de faisander ; fait de se faisander (SYN. **mortification**).

FAISANDEAU [fə-] n.m. Jeune faisan.

FAISANDER [fəzɑ̃de] v.t. [3]. CUIS. Donner à un gibier un fumet accentué (évoquant le faisan) en lui faisant subir un commencement de décomposition (SYN. **mortifier**). ◆ **SE FAISANDER** v.pr. Subir un début de décomposition, en parlant d'un gibier.

FAISANDERIE [fə-] n.f. Lieu où l'on élève les faisans.

FAISANE [fəzan] adj.f. ▪ **Poule faisane,** ou **faisane,** n.f., faisan femelle.

FAISCEAU [fɛso] n.m. (du lat. *fascis,* fagot). **1.** Réunion d'objets minces et allongés liés ensemble : *Un faisceau de flèches, de branches.* **2.** Ensemble de rayons lumineux émanant d'une même source : *Le faisceau d'un phare.* **3.** Fig. Ensemble cohérent d'éléments abstraits qui concourent au même résultat : *Un faisceau de présomptions.* **4. MIL.** Assemblage de plusieurs fusils ou d'armes à feu analogues qui ne reposent sur le sol que par la crosse et qui se soutiennent les uns les autres. **5. ANAT.** Ensemble de fibres (nerveuses, conjonctives, etc.) parallèles : *Faisceau pyramidal.* **6. BOT.** Groupe de tubes conducteurs de la sève. **7. PHYS.** Ensemble d'ondes, de particules qui se propagent dans une même direction. **8. ANTIQ. ROM.** Paquet de verges liées par une courroie de cuir que les licteurs portaient lorsqu'ils précédaient un magistrat revêtu de l'*imperium* (puissance publique). **9.** Emblème du fascisme (par référence à la Rome antique). ▪ **Faisceau de droites** [math.], ensemble des droites passant par un point donné, ou parallèles à une droite donnée. ▪ **Faisceau de plans** [math.], ensemble des plans contenant une droite donnée, ou parallèles à un plan donné. ▪ **Faisceau de tir** [mil.], ensemble des plans de tir des pièces d'une batterie d'artillerie. ▪ **Faisceau de voies** [ch. de f.], ensemble de voies ferrées groupées de façon sensiblement parallèle et réunies par des aiguillages. ▪ **Faisceau hertzien,** faisceau de micro-ondes acheminé dans l'atmosphère entre une station émettrice et une station réceptrice ; système de transmission correspondant, utilisé en téléphonie, en télévision et pour des données numériques.

FAISEUR, EUSE [fəzœr, øz] **n. 1.** Personne qui fait habituellement qqch : *Faiseur de meubles. Faiseuse d'histoires.* **2.** Péjor. Personne qui cherche à se faire valoir ; fanfaron.

FAISSELLE n.f. (du lat. *fiscella,* petit panier). Récipient à parois perforées pour l'égouttage des fromages frais.

1. FAIT, E adj. 1. Qui est accompli, constitué de telle façon : *Travail mal fait. Mannequin très bien faite.* **2.** Parvenu à maturité : *Fromage, vin pas assez fait.* ▪ **Être fait** [fam.], être pris, piégé : *Rends-toi, tu es fait !* ▪ **Fait à,** habitué à. ▪ **Fait pour,** destiné à : *Elle est faite pour la scène.* ▪ **Tout fait,** prêt à être consommé : *Plat tout fait* ; sans originalité : *Idées toutes faites.*

2. FAIT n.m. (lat. *factum*). **1.** Action de faire : *Le fait de rire détend* ; événement : *Un fait important.* **2.** Ce qui est fait ; ce qui existe ; réalité : *Le fait et la théorie.* ▪ **Aller au fait,** à l'essentiel. ▪ **Au fait,** à propos ; à ce sujet. ▪ **C'est un fait,** cela existe réellement ; c'est vrai. ▪ **De fait** ou **en fait** ou **par le fait,** en réalité ; effectivement : *De fait, elle n'est pas courageuse.* ▪ **Dire à qqn son fait,** lui dire tout ce que l'on pense de lui, sans ménagement. ▪ **Du fait de,** par suite de. ▪ **En fait de,** en matière de. ▪ **État de fait,** réalité. ▪ **Être au fait de,** être informé de. ▪ **Être sûr de son fait,** de ce que l'on avance. ▪ **Fait alternatif** → **ALTERNATIF.** ▪ **Fait du prince,** décision arbitraire d'un pouvoir autoritaire. ▪ **Fait juridique** [dr.], tout événement susceptible de produire un effet de droit. ▪ **Fait scientifique** [épistémol.], objet que construit une science. ▪ **Haut fait,** exploit. ▪ **Le fait est que…,** il est indiscutable que : *Le fait est qu'il n'y a pas la place de tout mettre ici.* ▪ **Mettre au fait,** instruire ; informer. ▪ **Prendre qqn sur le fait,** le surprendre au moment où il agit. ▪ **Tout à fait,** v. à son ordre alphabétique.

FAÎTAGE, ▲ *FAITAGE* **n.m. 1.** Ligne de jonction de deux pans de toiture. **2.** Pièce maîtresse de charpente reliant horizontalement l'angle supérieur des fermes et sur laquelle s'appuient les chevrons (SYN. **panne faîtière**).

FAIT DIVERS ou **FAIT-DIVERS n.m.** (pl. *faits*[-] *divers*). Événement sans portée générale qui appartient à la vie quotidienne. ◆ **n.m. pl.** Rubrique de presse comportant des informations relatives à des faits quotidiens relevant de domaines variés (accidents, infractions, crimes, etc.).

FAÎTE, ▲ *FAITE* **n.m.** (lat. *fastigium*). **1.** Partie la plus élevée d'une construction, d'un arbre, d'une montagne ; cime : *Les grands oiseaux se posent sur le faîte des arbres.* **2.** Litt. Le plus haut degré ; apogée : *Au faîte de sa renommée.* ▪ **Ligne de faîte,** ligne de crête*.

FAÎTEAU, ▲ *FAITEAU* **n.m.** Ornement en métal ou en poterie sur le faîte d'un toit.

FAÎTIER, ÈRE, ▲ *FAITIER, ÈRE* **adj.** Suisse. Central : *Organisme faîtier.*

FAÎTIÈRE, ▲ *FAITIÈRE* **adj.f.** ▪ **Tuile faîtière,** ou **faîtière, n.f.,** tuile courbe dont on recouvre l'arête supérieure d'un toit (SYN. **enfaîteau**). ◆ **n.f.** Barre placée entre les mâts d'une tente pour soutenir le toit.

FAIT-TOUT n.m. inv. ou **FAITOUT n.m.** Marmite haute, génér. en métal.

FAIX [fɛ] **n.m.** (du lat. *fascis,* fardeau). Litt. Lourde charge : *Ployer sous le faix.*

FAKIR n.m. (de l'ar. *faqīr,* pauvre). **1.** Ascète musulman ou hindou. **2.** Personne qui exécute en public des tours impressionnants (voyance, hypnose, insensibilité à la douleur).

FALAFEL [-fɛl] **n.m.** (mot ar.). Petit beignet de fèves et de pois chiches. ➲ Cuisine proche-orientale.

FALAISE n.f. (du francique *falisa, rocher). Escarpement littoral plus ou moins abrupt dû à l'action érosive de la mer. ▪ **Falaise morte,** ancienne falaise qui est protégée de la mer par des sédiments récents.

FALBALA n.m. (du provenç. *farbella,* frange). Anc. Volant qui ornait le bas de la jupe (XVIIIe s.). ◆ **n.m. pl.** Mod. Ornements surchargés d'un vêtement ; fanfreluches.

FALCIFORME adj. (du lat. *falx, falcis,* faucille). **MÉD.** Se dit d'un globule rouge pathologique en forme de faucille. ▪ **Anémie falciforme,** drépanocytose.

FALCONIDÉ n.m. (du lat. *falco, -onis,* faucon). Oiseau rapace diurne aux ailes et à la queue pointues, au vol rapide, tel que le faucon. ➲ Les falconidés forment une famille.

FALERNE n.m. (de *Falerne,* v. d'Italie). Vin estimé dans l'Antiquité, que l'on récoltait en Campanie.

FALLACIEUSEMENT adv. De façon fallacieuse.

FALLACIEUX, EUSE adj. (lat. *fallaciosus*). Qui vise à tromper ; mensonger : *Argument fallacieux.*

FALLOIR v. impers. [55] (lat. *fallere*). Être nécessaire, obligatoire : *Il faut les prévenir. Il lui faut du calme.* ▪ **Comme il faut,** convenablement : *Tiens-toi comme il faut* ; bien élevé : *Des gens très comme il faut.* ◆ **S'EN FALLOIR v.pr. impers.** Être en moins ; manquer. ▪ **Il s'en faut de beaucoup, de peu que…,** on est loin, près du résultat escompté.

1. FALOT n.m. (ital. *falò*). **1.** Grande lanterne portative. **2.** Arg. Tribunal militaire.

2. FALOT, E adj. (de l'angl. *fellow,* compagnon). Qui est effacé ou insignifiant : *Ministre falot.*

FALSAFA n.f. Partie de la philosophie islamique médiévale qui intègre les fondements logiques et scientifiques de la pensée grecque (représentée notamm. par al-Kindi, al-Farabi, Avicenne).

FALSIFIABILITÉ n.f. ÉPISTÉMOL. Possibilité, pour un énoncé scientifique, d'être réfuté par une expérimentation (SYN. **réfutabilité**). ➲ Terme créé par K. R. Popper.

FALSIFIABLE adj. 1. Qui peut être falsifié : *Document falsifiable.* **2. ÉPISTÉMOL.** Susceptible de falsifiabilité ; réfutable.

FALSIFICATEUR, TRICE n. Personne qui falsifie.

FALSIFICATION n.f. Action de falsifier.

FALSIFIER v.t. [5] (du lat. *falsus,* faux). Modifier volontairement en vue de tromper ; altérer : *Falsifier de l'alcool, une écriture.*

FALUCHE n.f. (mot d'un dial. du Nord « galette »). Anc. Béret traditionnel des étudiants, en France.

FALUN n.m. (mot provenç.). Roche sédimentaire, riche en coquilles brisées, utilisée comme amendement des terres argileuses.

FALUNIÈRE n.f. Carrière où l'on extrait le falun.

FALZAR n.m. (turc *chalvar*). Arg. Pantalon.

FAMAS [famas] **n.m.** (acronyme de *fusil d'assaut de la manufacture d'armes de Saint-Étienne*). Fusil de 5,56 mm équipant l'armée française depuis 1980.

FAMÉ, E adj. ▪ **Mal famé** → **MALFAMÉ.**

FAMÉLIQUE adj. (lat. *famelicus,* de *fames,* faim). Affamé et amaigri par le manque de nourriture.

FAMEUSEMENT adv. Fam. De façon remarquable ; extrêmement.

FAMEUX, EUSE adj. (lat. *famosus,* de *fama,* renommée). **1.** Dont on a parlé en bien ou en mal ; célèbre : *Une auberge fameuse. L'un de ces fameux escrocs.* **2.** Se dit d'une boisson, d'un mets particulièrement exquis : *Un vin fameux.* **3.** Fam. Remarquable en son genre : *Tu as un fameux appétit !* ▪ **Pas fameux** [fam.], médiocre.

FAMILIAL, E, AUX adj. 1. Qui concerne la famille : *Réunion familiale.* **2.** Se dit d'un caractère (don spécial, grain de beauté, etc.), d'une maladie qui s'observent chez plusieurs membres d'une même famille.

FAMILIALE n.f. Voiture automobile de tourisme, carrossée de manière à admettre de 6 à 9 passagers.

FAMILIARISATION n.f. Action de familiariser ; fait de se familiariser.

FAMILIARISER v.t. [3] (AVEC). Rendre familier ; habituer : *Familiariser qqn avec les chevaux.* ◆ **SE FAMILIARISER v.pr. (AVEC).** S'habituer par la pratique, l'expérience : *Se familiariser avec un nouveau portable.*

FAMILIARITÉ n.f. Grande intimité ; manière familière de se comporter. ◆ **n.f. pl.** Manières trop libres ; privautés.

1. FAMILIER, ÈRE adj. (lat. *familiaris*). **1.** Dont les manières sont sans contrainte, voire impolies : *Soyez moins familier avec votre chef.* **2.** Que l'on connaît bien : *Un lieu familier. Ce logiciel lui est familier.* **3.** Se dit d'un animal qui vit dans le voisinage de l'homme : *Le chat est un animal familier.* **4.** Se dit d'un mot, d'une expression employés couramment, mais pouvant être ressentis comme incongrus dans certaines relations sociales ou dans les écrits de style sérieux ou soutenu : *« Type » est familier par rapport à « homme ».*

2. FAMILIER n.m. Personne qui vit dans l'intimité de qqn ou fréquente habituellement un lieu : *Les familiers d'un bistrot.*

FAMILIÈREMENT adv. De façon familière.

FAMILISTÈRE n.m. Établissement coopératif, dans le système de C. Fourier.

FAMILLE n.f. (lat. *familia*). **1.** Ensemble formé par le père, la mère (ou l'un des deux) et les enfants : *Chef de famille.* **2.** Les enfants d'un couple : *Famille nombreuse.* **3.** Ensemble de personnes liées par parenté ou par alliance : *Réunion de famille.* **4.** Groupe d'êtres ou de choses présentant des caractères communs : *Famille politique.* **5. MATH.** Groupement ordonné d'éléments, distincts ou non, pris dans un ensemble donné. **6. BIOL.** Division systématique d'un ordre ou d'un sous-ordre qui regroupe les genres ayant de nombreux caractères communs. ➲ Les noms scientifiques internationaux des familles sont latins, leur désinence française est génér. *-idés* en zoologie, *-acées* en botanique. ▪ **Attendre famille** [Belgique], être enceinte. ▪ **Famille de langues, de mots** [ling.], ensemble de langues ayant une origine commune, de mots qui possèdent la même racine. ▪ **Famille étendue** [sociol.], groupe domestique de gens liés ou non par le sang, qui vivent ensemble dans le même foyer. ▪ **Famille indexée** [math.], famille d'éléments d'un ensemble E, à chacun desquels on fait correspondre un élément *i* d'un ensemble I. ➲ On la note (x_i). ▪ **Famille nucléaire** ou **conjugale** [sociol.], groupe domestique réunissant au même foyer uniquement le père, la mère et les enfants non mariés. ▪ **Famille recomposée** [sociol.], famille conjugale où au moins un enfant est issu d'une union antérieure de l'un des conjoints. ▪ **Famille restreinte** [sociol.], groupe domestique dont un ou plusieurs membres ont quitté le foyer. ▪ **Fils de famille,** fils d'une famille aisée.

FAMINE n.f. (du lat. *fames,* faim). Manque total d'aliments dans une région pendant une certaine période ; disette. ▪ **Salaire de famine,** très bas.

FAN [fan] **n.** (abrév. de *fanatique*). Fam. Admirateur enthousiaste de qqn, qqch.

FANA adj. et **n.** (abrév. de *fanatique*). Fam. Passionné.

FANAGE n.m. Fenaison.

FANAISON n.f. Amollissement des rameaux, des feuilles, des fleurs, qui deviennent pendants par perte de l'eau.

FANAL n.m. (pl. *fanaux*) [ital. *fanale,* du gr. *phanos*]. Lanterne ou feu employés à bord des navires et pour le balisage des côtes.

FANATIQUE adj. et **n.** (du lat. *fanaticus,* inspiré). **1.** Qui est animé d'un zèle aveugle pour une doctrine, une opinion : *Des religieux fanatiques.* **2.** Qui a une admiration passionnée pour : *Être fanatique de jazz.* Abrév. (fam.) **fana.** ◆ **adj.** Qui relève du fanatisme : *Discours fanatique.*

FANATIQUEMENT adv. Avec fanatisme.

FANATISATION n.f. Action de fanatiser ; fait d'être fanatisé.

FANATISER v.t. [3]. Rendre fanatique.

FANATISME n.m. Esprit, comportement de fanatique.

FANCHON n.f. (anc. dimin. de *Françoise*). Vx. Petit foulard que les femmes portaient sur la tête et nouaient sous le menton.

FAN-CLUB (pl. *fan-clubs*), ▲ ***FANCLUB*** [fanklœb] **n.m.** (mot angl.). Association regroupant les fans d'une vedette.

FANCY-FAIR (pl. *fancy-fairs*), ▲ ***FANCYFAIR*** **n.f.** Belgique. Fête de bienfaisance.

FANDANGO n.m. (mot esp.). **1.** Danse espagnole, exécutée en couple, avec accompagnement de castagnettes, sous une forme récréative ou théâtrale (XVIIIe-XIXe s.). **2.** Chant espagnol de tempo vif à 3/4 ou 6/4, à plusieurs voix avec accompagnement de guitares, de tambourins et parfois de violons.

FANE n.f. Tiges et feuilles de certaines plantes herbacées cultivées (radis, pommes de terre).

FANER v.t. [3] (lat. pop. *fenare*, de *fenum*, foin). **1.** Retourner l'herbe fraîchement coupée pour la faire sécher et la transformer en foin. **2.** Faire perdre à une plante, à une fleur sa fraîcheur. **3.** Altérer l'éclat, la fraîcheur d'une couleur, d'un teint : *Le soleil a fané le papier peint.* ◆ **SE FANER v.pr. 1.** Se flétrir, en parlant d'une fleur. **2.** Perdre son éclat, en parlant de qqn, qqch.

FANEUR, EUSE n. Personne qui fane l'herbe fauchée. ◆ **adj.** Relatif à la fenaison : *Râteau faneur.* ◆ **n.f.** Machine agricole utilisée pour la fenaison.

FANFARE n.f. (orig. onomat.). **1.** Orchestre composé de cuivres ; concert de cuivres ; musique militaire à base d'instruments de cuivre. **2. VÉNER.** Sonnerie de trompe pendant une chasse à courre. ▪ **En fanfare,** bruyant : *Un départ en fanfare.*

FANFARON, ONNE adj. et **n.** (esp. *fanfarrón*). Qui vante exagérément ses qualités, ses réussites, réelles ou supposées : *Faire le fanfaron.*

FANFARONNADE n.f. Acte, parole de fanfaron ; vantardise.

FANFARONNER v.i. [3]. Faire, dire des fanfaronnades.

FANFICTION [fan-] **n.f.** (de *fan* et *fiction*). Récit proposé par un fan sur Internet, qui fait suite à une fiction préexistante (roman, manga, film, série télévisée, jeu vidéo) ou en constitue une variation.

FANFRELUCHE n.f. (du gr. *pompholux*, bulle d'air). Ornement de la toilette féminine ou de l'ameublement (pompon, volant, ruban, etc.).

FANGE n.f. (germ. **fanga*). Litt. **1.** Boue épaisse. **2.** Fig. Ce qui souille moralement ; abjection.

FANGEUX, EUSE adj. Litt. **1.** Plein de fange : *Eau fangeuse.* **2.** Fig. Abject.

FANGOTHÉRAPIE n.f. MÉD. Traitement par des applications de boue.

FANION n.m. Petit drapeau servant d'emblème ou de signe de ralliement à une unité militaire, une organisation sportive, etc.

FANNY adj. inv. Se dit, notamm. au jeu de boules, d'un concurrent, d'une équipe battus sans avoir marqué un seul point.

FANON n.m. (mot francique). **1.** Repli de la peau qui pend sous le cou de certains animaux (bœufs, dindons, etc.). **2.** Touffe de crins derrière le boulet du cheval. **3.** Lame de corne, effilochée sur son bord interne et fixée à la mâchoire supérieure de la baleine. ➲ Au nombre de 250 à 400, les fanons permettent de filtrer l'eau et de retenir le krill.

FANTAISIE n.f. (du gr. *phantasia*, apparition). **1.** Créativité libre et imprévisible : *Donner libre cours à sa fantaisie.* **2.** Goût bizarre et passager ; caprice : *Tu lui passes toutes ses fantaisies.* **3.** Originalité amusante : *Manquer de fantaisie.* **4. LITTÉR.** Œuvre qui ne suit pas les règles, les modèles. **5. MUS.** Pièce instrumentale qui ne suit pas les règles préétablies d'un genre. ▪ **À ou selon ma fantaisie,** comme il me plaît. ▪ **Bijou (de) fantaisie,** qui n'est pas en matière précieuse. ▪ **Kirsch fantaisie,** aromatisé d'un peu d'essence d'amande.

FANTAISISTE adj. et **n. 1.** Qui n'obéit qu'aux caprices de son imagination. **2.** Qui n'agit qu'à sa guise : *Un collaborateur fantaisiste.* ◆ **adj.** Qui n'est pas fondé ou peu sérieux : *Interprétation fantaisiste des faits.* ◆ **n.** Artiste de music-hall qui chante ou raconte des histoires.

FANTASIA [fɑ̃tazja] **n.f.** (ar. *fantasia*, de l'esp.). Démonstration équestre de cavaliers arabes.

FANTASMAGORIE n.f. (du gr. *phantasma*, apparition, et du fr. *allégorie*). **1.** Spectacle matérialisant des visions fantastiques ou oniriques. **2. LITTÉR.** Présence, dans une œuvre, de nombreux thèmes et motifs fantastiques propres à créer une atmosphère surnaturelle. **3.** Vx. Procédé qui consiste à faire apparaître des figures irréelles dans une salle obscure à l'aide d'effets optiques.

FANTASMAGORIQUE adj. Relatif à la fantasmagorie.

FANTASMATIQUE adj. Relatif au fantasme.

FANTASME ou, vx, **PHANTASME n.m.** (gr. *phantasma*). Représentation imaginaire traduisant des désirs plus ou moins conscients ; spécial. en psychanalyse, scénario de l'accomplissement du désir inconscient. ➲ Les fantasmes peuvent être conscients (rêveries diurnes, projets) ou inconscients (rêves, symptômes névrotiques).

FANTASMER v.i. [3]. Avoir des fantasmes.

FANTASQUE adj. (de *fantastique*). Sujet à des caprices, à des fantaisies ; lunatique.

FANTASSIN n.m. (ital. *fantaccino*). Militaire de l'infanterie.

FANTASTIQUE adj. (du gr. *phantastikos*, qui concerne l'imagination). **1.** Créé par l'imagination ; chimérique : *L'hydre est un animal fantastique.* **2.** Se dit d'une œuvre artistique (roman, film) décrivant l'irruption du surnaturel et de l'irrationnel dans la réalité quotidienne. **3.** Qui atteint un très haut degré ; extraordinaire : *Une chance fantastique.* ◆ **n.m. LITTÉR.** Le genre fantastique.

FANTASTIQUEMENT adv. De façon fantastique, extraordinaire.

FANTASY [fɑ̃tazi] ou [fɑ̃tezi] **n.f. inv.** (mot angloamér. « fantaisie »). Genre littéraire qui mêle, dans une atmosphère d'épopée, les mythes, les légendes et les thèmes du fantastique et du merveilleux. Recomm. off. **fantasie.** (On dit aussi *heroic fantasy.*)

FANTOCHE n.m. (de l'ital. *fantoccio*, marionnette). **1.** Marionnette mue à l'aide d'un fil. **2.** Individu sans consistance, qui ne mérite pas d'être pris au sérieux. ◆ **adj.** Qui n'est pas représentatif ; qui est manipulé : *Une armée fantoche.*

FANTOMATIQUE adj. Qui tient du fantôme ; spectral.

FANTÔME n.m. (gr. *phantasma*). **1.** Apparition d'un défunt sous l'aspect d'un être réel ; revenant. **2.** (Souvent en appos.). Personne, chose qui n'existe que dans l'imagination ou existe mais ne joue pas effectivement son rôle : *Une administration fantôme.* **3.** Carton que l'on met à la place d'un livre sorti d'un rayon de bibliothèque. ▪ **Membre fantôme** [méd.], membre que certains amputés ont la sensation de posséder encore, du fait de la persistance des circuits nerveux supérieurs.

FANUM [fanɔm] **n.m.** (mot lat. « temple »). **ARCHÉOL.** En Gaule, terrain ou édifice consacré au culte d'une divinité.

FANZINE n.m. (de *fan* et *magazine*). Publication de faible diffusion élaborée par des amateurs de science-fiction, de bandes dessinées, de cinéma.

FAON [fɑ̃] **n.m.** (du lat. *fetus*, fœtus). Petit de la biche et du cerf, ou d'espèces voisines.

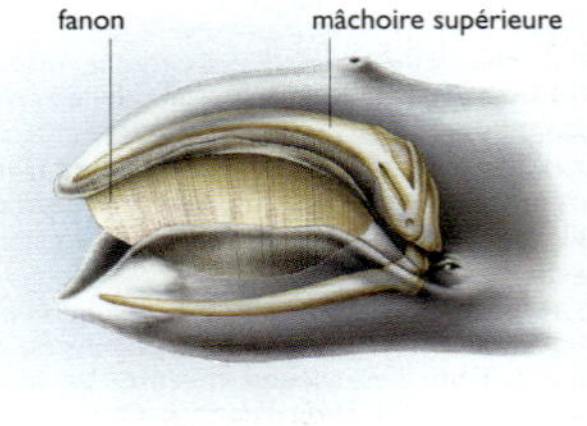

▲ **fanons** de baleine.

FAQ ou **F.A.Q.** [fak] **n.f.** (acronyme). Foire aux questions.

FAQUIN n.m. (de l'anc. fr. *facque*, sac, du néerl.). Litt. Homme méprisable et impertinent.

FAR n.m. Flan breton aux pruneaux ou aux raisins secs.

FARAD [farad] **n.m.** (de M. *Faraday*, n.pr.). Unité de mesure de capacité électrique (symb. F) équivalant à la capacité d'un condensateur électrique entre les armatures duquel apparaît une différence de potentiel de 1 volt lorsqu'il est chargé d'une quantité d'électricité de 1 coulomb.

FARADAY [faradɛ] **n.m.** (de M. *Faraday*, n.pr.). **PHYS.** Quantité d'électricité égale, en valeur absolue, à celle d'une mole d'électrons. ➲ C'est le produit de la charge élémentaire par le nombre d'Avogadro, soit env. 96 500 coulombs.

FARAMINEUX, EUSE adj. Fam. Extraordinaire par son ampleur : *Une somme faramineuse.*

FARANDOLE n.f. (provenç. *farandoulo*). **1.** Chaîne dansée provençale alternant danseurs et danseuses, et caractérisée par l'évolution sinueuse des participants. **2.** Pièce instrumentale à 6/8, jouée avec galoubets et tambourins. **3.** Danse où l'on forme une chaîne en se tenant par la main.

FARAUD, E adj. et **n.** (de l'esp. *faraute*, héraut). Fam. Qui fait le fier ; prétentieux.

1. FARCE n.f. (du lat. *farcire*, remplir). Hachis d'herbes, de légumes, de viande, que l'on met à l'intérieur d'une volaille, d'un poisson, d'un légume.

2. FARCE n.f. 1. Bon tour joué à qqn pour se divertir ; mystification. **2. THÉÂTRE.** Du Xe au XIIe s., intermède comique dans la représentation d'un mystère ; à partir du XIIIe s., petite pièce comique présentant une peinture satirique outrée des mœurs et de la vie quotidienne. ◆ **adj.** Vieilli. Comique.

FARCEUR, EUSE n. 1. Personne qui fait rire par ses bouffonneries ; pitre. **2.** Personne qui n'agit pas sérieusement ; plaisantin.

FARCI, E adj. CUIS. Garni de farce : *Tomates farcies.* ◆ **n.m.** Légume garni d'une farce.

FARCIN n.m. (du bas lat. *farcimen*, farce). **VÉTÉR.** Forme cutanée de la morve, chez le cheval.

FARCIR v.t. [21] (lat. *farcire*). **1.** Remplir un mets de farce : *Farcir une dinde.* **2.** Fig. Bourrer de qqch ; truffer : *Farcir un texte de citations.* ◆ **SE FARCIR v.pr.** Fam. Faire une corvée ; supporter une personne désagréable.

FARD n.m. (de *farder*). Composition cosmétique de maquillage que l'on applique sur la peau pour en masquer certains défauts, pour rehausser l'éclat du teint ou en modifier la couleur. ▪ **Parler sans fard** [litt.], avec sincérité. ▪ **Piquer un fard** [fam.], rougir d'émotion, de confusion.

FARDAGE n.m. 1. COMM. Action de farder une marchandise. **2. MAR.** Prise qu'offrent au vent les superstructures et la coque d'un navire.

FARDE n.f. (de *fardeau*). Belgique. **1.** Cahier de copies. **2.** Chemise ; dossier. **3.** Cartouche de cigarettes.

FARDEAU n.m. (ar. *farda*). **1.** Charge pesante qu'il faut lever ou transporter. **2.** Fig. Obligation difficile à supporter ; poids : *La vie était devenue un fardeau pour lui.*

FARDER v.t. [3] (du francique **farwidhon*, teindre). **1.** Mettre du fard sur : *Farder le visage d'un acteur.* **2. COMM.** Couvrir des produits défectueux par des produits de choix pour flatter l'œil de l'acheteur. ▪ **Farder la vérité,** cacher ce qui peut déplaire. ◆ **SE FARDER v.pr.** Se mettre du fard sur le visage.

FARDIER n.m. Anc. Voiture à roues très basses pour le transport des charges lourdes (troncs d'arbres, blocs de pierre, etc.).

FARDOCHES n.f. pl. Québec. Broussailles.

FARÉ n.m. (polynésien *fare*). Polynésie. Construction en bois largement ouverte et recouverte de paille.

FARFADET n.m. (mot provenç.). Petit personnage des contes de fées ; lutin.

FARFALLE n.f. Pâte alimentaire en forme de papillon.

FARFELU, E adj. Fam. D'une fantaisie extravagante : *Une idée farfelue.*

FARFOUILLER v.i. [3]. Fam. Fouiller en mettant tout sens dessus dessous.

FARGUES n.f. pl. (lat. *falca*, de l'ar.). **MAR. 1.** Partie supérieure du bordé d'une embarcation, dans laquelle sont pratiquées les dames de nage. **2.** Pavois de protection au-dessus du pont découvert, à l'extrémité avant d'un navire.

FARIBOLE n.f. Fam. (Surtout pl.). Propos frivole, sans valeur ; sornette.

FARIGOULE n.f. (provenç. *farigoulo*). Région. (Provence). Thym.

FARINACÉ, E adj. Qui a la nature ou l'apparence de la farine.

FARINAGE n.m. Altération d'une peinture sous la forme de fines poussières peu adhérentes.

FARINE n.f. (lat. *farina*). Poudre provenant de la mouture des grains de céréales et de quelques autres végétaux. ■ **Farine animale** [agric.], poudre obtenue par traitement et broyage de certains produits d'origine animale, et susceptible d'être utilisée pour l'alimentation de certains animaux d'élevage. ■ **Rouler qqn dans la farine** [fam.], le duper.

FARINER v.t. [3]. Saupoudrer de farine.

FARINEUX, EUSE adj. **1.** Qui contient de la farine ou de la fécule. **2.** Qui est ou qui semble couvert de farine. **3.** Qui a l'aspect ou la consistance de la farine. ◆ n.m. Anc. Féculent.

FARIO adj. et n.f. ■ **Truite fario,** ou **fario,** truite de rivière.

FARLOUCHE ou **FERLOUCHE** n.f. Québec. Mélange de raisins secs et de mélasse, servant de garniture pour une tarte.

FARLOUSE n.f. Passereau migrateur à plumage jaunâtre rayé de brun, commun dans les prés en été, aussi appelé *pipit des prés*. ➲ Famille des motacillidés.

FARNIENTE [farnjɛnte] ou [farnjɛ̃t] n.m. (de l'ital. *far niente*, ne rien faire). Fam. Douce oisiveté.

FARO n.m. (mot wallon). Bière légère, additionnée de sucre et de lambic de coupage, fabriquée dans la région de Bruxelles.

FAROTER v.t. et v.i. [3]. Cameroun, Côte-d'Ivoire. Verser, distribuer de l'argent à qqn, à un groupe, génér. dans le but de le soudoyer : *Faroter (un personnage influent) pour obtenir un poste.* ◆ v.i. Afrique. Frimer : *Il farote en boîte avec les filles.*

FAROUCH [-ruʃ] n.m. (mot provenç.). **AGRIC.** Trèfle incarnat servant de fourrage.

FAROUCHE adj. (du lat. *forasticus*, étranger). **1.** Qui fuit quand on l'approche ; sauvage : *Animal farouche.* **2.** Peu sociable : *Adolescent farouche.* **3.** Qui s'exprime avec vigueur : *Un farouche défenseur de la parité.* **4.** Qui est violent, cruel ou rude : *De farouches guerriers. Une contrée farouche.*

FAROUCHEMENT adv. D'une manière farouche.

FARSI n.m. **LING.** Forme du persan parlée en Iran.

FART [fart] n.m. (mot scand.). Produit dont on enduit la semelle du ski pour en améliorer le glissement ou la progression. ➲ Il existe aussi des farts de montée pour empêcher le ski de glisser en arrière.

FARTAGE n.m. Action de farter.

FARTER v.t. [3]. Enduire de fart.

FASCE n.f. (du lat. *fascia*, bande). **1. ARCHIT.** Bandeau, partie plate de certaines architraves et archivoltes, de certains chambranles. **2. HÉRALD.** Pièce honorable constituée par une large bande horizontale occupant le milieu de l'écu (par oppos. au *pal*).

FASCÉ, E [fase] adj. **HÉRALD.** Divisé en un nombre pair de parties égales d'émaux alternés, dans le sens de la fasce.

FASCIA [fasja] n.m. (mot lat. « bande »). **ANAT.** Membrane aponévrotique qui entoure des muscles ou une région du corps.

FASCIATION n.f. **AGRIC.** Anomalie des plantes chez lesquelles certains organes (rameaux, pétioles, etc.) s'aplatissent et se groupent en faisceaux.

FASCICULATION n.f. Contraction rythmique involontaire d'un faisceau musculaire isolé.

FASCICULE n.m. (du lat. *fasciculus*, petit paquet). Cahier ou groupe de cahiers d'un ouvrage publié par parties successives. ■ **Fascicule de mobilisation** [mil.], document remis à un réserviste et lui indiquant la conduite à tenir en cas de mobilisation.

FASCICULÉ, E adj. **BOT.** Réuni en faisceau, en parlant notamm. des racines fines et nombreuses des graminées. ■ **Pilier fasciculé** [archit.], qui semble composé d'au moins cinq colonnes s'interpénétrant.

FASCIÉ, E adj. (du lat. *fascia*, bande). **BIOL.** Marqué de bandes : *Élytres fasciés.*

FASCINAGE n.m. Action d'établir des fascines ; ouvrage fait de fascines.

FASCINANT, E adj. Qui exerce un charme puissant : *Un acteur, un sourire fascinant.*

FASCINATEUR, TRICE adj. Litt. Dont le charme subjugue ; envoûtant.

FASCINATION n.f. **1.** Action de fasciner ; envoûtement. **2.** Attrait irrésistible : *La fascination de l'argent.*

FASCINE n.f. (lat. *fascina*). Assemblage de branchages pour combler les fossés, empêcher l'éboulement des terres, etc.

FASCINER v.t. [3] (lat. *fascinare*, de *fascinum*, enchantement). **1.** Attirer et dominer un être vivant par la seule puissance du regard ; hypnotiser : *Le serpent a fasciné l'oiseau.* **2.** Attirer irrésistiblement l'attention de ; subjuguer : *Ces contes fascinent les enfants.*

FASCISANT, E [faʃi-] adj. Qui tend vers le fascisme, en rappelle certains traits : *Idéologie fascisante.*

FASCISATION [faʃi-] n.f. Fait de rendre fasciste ; introduction de méthodes fascistes.

FASCISER [faʃi-] v.t. [3]. Rendre fasciste.

FASCISME [faʃism] ou, vx, [fasism] n.m. (ital. *fascismo*). **1.** Régime établi en Italie de 1922 à 1945, instauré par Mussolini et fondé sur la dictature d'un parti unique, l'exaltation nationaliste et le corporatisme. **2.** Doctrine et pratique visant à établir un régime comparable, à des degrés divers, au fascisme italien ; ce régime.

FASCISTE [faʃist] ou, vx, [fasist] adj. et n. **1.** Relatif au fascisme. **2.** Qui manifeste une autorité arbitraire, dictatoriale et violente.

FASEYER [7], ▲ *FASÉYER* [12] [faseje] v.i. (du moy. néerl. *faselen*, agiter violemment). **MAR.** Flotter, battre au vent, en parlant d'une voile.

FASHIONISTA [faʃɔnista] n.f. (mot anglo-amér., de l'angl. *fashion*, mode). Parfois péjor. Femme qui est toujours à la dernière mode.

1. FASTE adj. (du lat. *fastus*, ce qui est permis). Favorable et heureux, en parlant d'une période : *Une année faste.* ■ **Jour faste** [Antiq. rom.], jour où il était permis de procéder à certains actes publics.

2. FASTE n.m. (du lat. *fastus*, orgueil). Déploiement de luxe : *Le faste d'un mariage.*

FASTES n.m. pl. **1. ANTIQ. ROM.** Calendrier indiquant les jours fastes et néfastes. **2. ANTIQ. ROM.** Liste annuelle des noms des magistrats éponymes, des consuls : *Fastes consulaires.* **3.** Litt. Événements mémorables dans l'histoire d'un pays.

FAST-FOOD (pl. *fast-foods*), ▲ *FASTFOOD* [fastfud] n.m. (mot anglo-amér. « nourriture rapide »). **1.** Type de restauration fondé sur la distribution, à toute heure et pour un prix modique, de quelques produits dont la préparation est entièrement automatisée et qui peuvent être consommés sur place ou emportés sous emballage. Recomm. off. **restauration rapide. 2.** Établissement fonctionnant selon ce système.

FASTIDIEUSEMENT adv. De façon fastidieuse.

FASTIDIEUX, EUSE adj. (lat. *fastidiosus*). Qui cause de l'ennui par sa monotonie, sa durée : *Vérification fastidieuse.*

FASTIGIÉ, E adj. (du lat. *fastigium*, faîte). **BOT.** Dont les rameaux, dressés et serrés, s'élèvent vers le ciel (ceux du cyprès, par ex.).

FASTOCHE adj. Fam. Facile.

FASTUEUSEMENT adv. Avec faste.

FASTUEUX, EUSE adj. Qui aime le faste ; où s'étale un grand luxe : *Soirée fastueuse.*

FAT, E [fat] ou [fa, fat] n. et adj. (mot provenç., du lat. *fatuus*, sot). Litt. Personnage vaniteux.

✎ Le fém. est rare.

FATAL, E, ALS adj. (lat. *fatalis*, de *fatum*, destin). **1.** Fixé d'avance par le sort ; fatidique : *La guerre nous paraissait fatale.* **2.** Qui est une cause de malheur ; funeste : *Erreur fatale* ; qui peut entraîner la mort ; mortel : *Accident fatal.* **3. INDUSTR.** Se dit d'un sous-produit généré inévitablement lors d'un processus de production ou de transformation. ■ **Femme fatale,** femme d'une beauté irrésistible, qui semble envoyée par le destin pour perdre ceux qui s'en éprennent.

FATALEMENT adv. De façon fatale.

FATALISME n.m. **1.** Doctrine religieuse ou philosophique selon laquelle tout est inexorablement fixé d'avance par la fatalité. **2.** Attitude d'une personne qui s'abandonne aux événements, se résigne à son sort.

FATALISTE adj. et n. Qui témoigne de fatalisme.

FATALITÉ n.f. **1.** Force surnaturelle qui semble déterminer d'avance le cours des événements ; destin. **2.** Caractère fatal, inéluctable de qqch : *La fatalité de la mort.* **3.** Série de coïncidences fâcheuses ; malédiction : *Être poursuivi par la fatalité.*

FATIDIQUE adj. (lat. *fatidicus*). Qui semble fixé par le destin ; fatal : *Une rencontre fatidique.*

FATIGABILITÉ n.f. Didact. Propension plus ou moins grande à être fatigué.

FATIGABLE adj. Sujet à la fatigue.

FATIGANT, E adj. **1.** Qui cause de la fatigue : *Une marche fatigante.* **2.** Qui ennuie, importune ; lassant : *Il est fatigant avec ses questions.*

FATIGUE n.f. **1.** Sensation désagréable de difficulté à effectuer des efforts physiques ou intellectuels, provoquée par un effort intense, par une maladie, ou sans cause apparente. **2.** Diminution objective des performances d'un organe tel que le muscle, après un fonctionnement intense. **3. TECHN.** Endommagement d'un matériau provoqué par la répétition de sollicitations mécaniques.

FATIGUÉ, E adj. **1.** Qui ressent de la fatigue : *Il est fatigué* ; marqué par la fatigue : *Visage fatigué.* **2.** Fam. Qui est usé ou déformé : *Chaussures fatiguées.*

FATIGUER v.t. [3] (lat. *fatigare*). **1.** Causer de la fatigue physique ou intellectuelle à qqn : *Ce rythme de travail me fatigue.* **2.** Affecter un organe : *La course fatigue le cœur.* **3.** Emplir de lassitude, d'ennui ; importuner : *Ses histoires me fatiguent.* **4. TECHN.** Diminuer la résistance d'un matériau, d'une machine, en lui faisant supporter un effort trop grand : *Fatiguer un moteur.* ■ **Fatiguer la salade,** la tourner longuement après l'avoir assaisonnée. ◆ v.i. **1.** Fam. Éprouver de la fatigue. **2. TECHN.** En parlant d'un matériau, d'une machine, avoir à supporter un trop gros effort : *Poutre qui fatigue.* ◆ **SE FATIGUER** v.pr. **1.** Éprouver de la fatigue. **2. (À).** S'échiner à : *Se fatiguer à convaincre qqn.* **3. (DE).** Se lasser de : *Il s'est vite fatigué de sa nouvelle console.*

FATIHA n.f. (de l'ar. *al-Fātiha*, l'ouverture). **1.** Première sourate du Coran, récitée à chacune des cinq prières quotidiennes et à l'occasion de diverses cérémonies (commémorations, mariages, etc.). **2.** Maghreb. Fiançailles musulmanes ou mariage religieux au cours desquels on lit la fatiha.

FATMA n.f. (ar. *fāṭma*). Fam. Femme musulmane.

FATRAS [-tra] n.m. (du bas lat. *farsura*, remplissage). **1.** Amas hétéroclite de choses ; fouillis : *Un fatras de dossiers.* **2.** Ensemble incohérent d'idées, de paroles, etc. ; ramassis : *Un fatras de préjugés.*

FATRASIE n.f. (de *fatras*). Au Moyen Âge, pièce de vers satiriques caractérisée par l'incohérence de la pensée ou du langage.

FATUITÉ n.f. (lat. *fatuitas*). Contentement excessif de soi qui se manifeste de façon ridicule ; suffisance.

FATUM [fatɔm] n.m. (mot lat.). Litt. Destin ; fatalité.

FATWA [fatwa] n.f. (ar. *fatwā*). Dans l'islam, consultation juridique donnée par une autorité religieuse à propos d'un cas douteux ou d'une question nouvelle ; décision ou décret qui en résultent.

FAUBERT n.m. (néerl. *zwabber*). **MAR.** Balai de fils de caret, servant à essuyer le pont d'un navire.

FAUBOURG n.m. (anc. fr. *forsborc*, de *fors*, hors de, et *borc*, bourg). **1.** Quartier d'une ville situé jadis en dehors de l'enceinte. **2.** (Surtout pl.). Quartier situé à la périphérie d'une ville : *Les faubourgs de Lyon.*

FAUBOURIEN, ENNE adj. Relatif aux faubourgs, aux quartiers populaires : *Le parler faubourien.*

FAUCARD **n.m.** (mot picard, de *fauquer*, faucher). Faux à long manche ou système de faux articulées, montés sur une barque, pour couper les herbes dans les rivières et les étangs.

FAUCARDER **v.t.** [3]. Couper avec le faucard.

FAUCHAGE **n.m.** Action de faucher l'herbe ou les céréales (SYN. **fauchaison, fauche**).

FAUCHAISON **n.f.** **1.** Fauchage. **2.** Époque où l'on fauche.

FAUCHARD **n.m.** (de *faucher*). **AGRIC.** Serpe à deux tranchants et à long manche servant à couper les branches des arbres.

FAUCHE **n.f.** **1.** Fauchage. **2.** Fam. Vol ; chose volée : *Il y a beaucoup de fauche dans ce rayon.*

FAUCHÉ, E **adj.** et **n.** Fam. Démuni d'argent.

FAUCHER **v.t.** [3] (lat. pop. **falcare*, de *falx, falcis*, faux). **1.** Couper avec une faucille, une faux ou une faucheuse. **2.** Abattre qqn : *Une rafale de mitrailleuse les a fauchés* ; détruire qqch : *La grêle a fauché les blés.* **3.** Renverser avec violence : *Une voiture a fauché les cyclistes.* **4.** Fam. Voler ; dérober : *Faucher une montre.*

1. FAUCHEUR, EUSE **n.** Personne qui fauche (herbes, céréales). ▪ **La Faucheuse** [litt.], la Mort.

2. FAUCHEUR ou **FAUCHEUX** **n.m.** Arachnide aux pattes longues et grêles, très commun dans les prés et les bois, qui se distingue des araignées par l'absence de venin et de soie. ➲ Sous-classe des opilions.

▲ **faucheur**

FAUCHEUSE **n.f.** Machine pour faucher l'herbe.

FAUCILLE **n.f.** (du lat. *falcicula*, petite faux). Outil constitué d'une lame métallique courbée en demi-cercle, emmanchée dans une poignée de bois, qui sert à couper l'herbe, les céréales, etc.

FAUCON **n.m.** (lat. *falco*). **1.** Rapace diurne de taille moyenne, puissant et rapide, excellent chasseur en vol, dont plusieurs espèces eurasiatiques (pèlerin et sacre, par ex.) sont dressées pour la chasse. ➲ Famille des falconidés. (V. ill. *rapaces*.) **2.** Pièce d'artillerie en usage aux XVIe-XVIIe s. **3.** Partisan des solutions de force dans les conflits, les rapports entre États (par oppos. à *colombe*).

FAUCONNEAU **n.m.** Jeune faucon.

FAUCONNERIE **n.f.** Art d'élever et de dresser les oiseaux de proie pour la chasse ; chasse au moyen de ces oiseaux ; lieu où on les élève.

FAUCONNIER **n.m.** Personne qui dresse les oiseaux de proie pour la chasse.

FAUFIL **n.m.** **COUT.** **1.** Fil utilisé pour faufiler. **2.** Point de bâti très allongé.

FAUFILAGE **n.m.** Action de faufiler.

FAUFILER **v.t.** [3] (anc. fr. *fourfiler*). Coudre provisoirement à longs points.

SE FAUFILER **v.pr.** [3]. Se glisser adroitement : *Se faufiler dans la foule, entre les voitures.*

FAUFILURE **n.f.** **COUT.** Couture provisoire à grands points espacés.

1. FAUNE **n.m.** (lat. *faunus*). **MYTH. ROM.** Divinité champêtre, représentée avec des cornes et des pieds de chèvre.

2. FAUNE **n.f.** (lat. *fauna*). **1.** Ensemble des espèces animales vivant dans un espace géographique ou un habitat déterminé : *Faune alpestre, aquatique.* **2.** Vx. Ouvrage qui contient l'énumération et la description de ces espèces. **3.** Fam., péjor. Ensemble de personnes pittoresques qui fréquentent un même lieu : *La faune d'un bistrot branché.*

FAUNESQUE **adj.** Litt. Relatif aux faunes de la mythologie ; qui en a le caractère.

FAUNESSE **n.f.** Faune femelle.

FAUNIQUE **adj.** Relatif à la faune. ▪ **Passage faunique,** passage, génér. végétalisé, aménagé sur ou sous une infrastructure (routière, notamm.), de façon à permettre les déplacements naturels des animaux. (On dit aussi *écoduc*.)

FAUNISTIQUE **n.f.** Étude scientifique des différentes faunes à la surface du globe.

FAUSSAIRE **n.** Personne qui commet, fabrique un faux ; contrefacteur.

FAUSSE **adj.f.** → **2. FAUX.**

FAUSSEMENT **adv.** **1.** D'une manière fausse, injuste : *Être faussement accusé.* **2.** De façon hypocrite, affectée : *Un air faussement repenti.*

FAUSSER **v.t.** [3] (bas lat. *falsare*, de *falsus*, faux). **1.** Déformer un objet, un mécanisme par un effort excessif ; tordre : *Fausser une clé.* **2.** Donner une fausse interprétation de ; rendre faux, inexact ; dénaturer : *Fausser une analyse.* **3.** Détruire la justesse, l'exactitude de ; altérer : *Fausser le jugement.* ▪ **Fausser l'esprit de qqn,** lui inculquer des raisonnements faux. ◆ **v.i.** Québec. Fam. Chanter faux ; jouer faux d'un instrument.

FAUSSE-ROUTE **n.f.** (pl. *fausses-routes*). **MÉD.** ▪ **Fausse-route (alimentaire),** accident dû au passage d'aliments ou de vomissements dans les voies aériennes.

1. FAUSSET **n.m.** (de *2. faux*). **1.** Technique vocale qui n'utilise que le registre de la voix masculine résonnant dans la tête et situé dans l'aigu. **2.** Vx. Chanteur qui possède naturellement une voix placée dans ce registre.

2. FAUSSET **n.m.** (de l'anc. fr. *fausser*, percer). Petite cheville de bois servant à boucher le trou fait à un tonneau avec un foret.

FAUSSETÉ **n.f.** **1.** Caractère de ce qui est faux. **2.** Manque de franchise ; hypocrisie ; tartuferie.

FAUSTIEN, ENNE **adj.** Relatif à Faust, héros mythique de nombreuses œuvres, et au pacte qu'il passa avec le diable.

FAUTE **n.f.** (bas lat. *fallita*, de *fallere*, faillir). **1.** Manquement à une règle morale, aux prescriptions d'une religion ; péché. **2.** Manquement à une norme, aux règles d'une science, d'un art, d'une technique ; erreur : *Faute de français.* **3.** Manquement à un règlement, à une règle de jeu : *Faute de service, de main.* **4.** Manière d'agir maladroite ou fâcheuse : *C'est une faute de débutant.* **5.** Responsabilité de qqn, de qqch dans un acte : *C'est la faute du vent, des arrières si nous avons perdu.* **6.** **DR.** Acte ou omission constituant un manquement à une obligation contractuelle ou légale. ▪ **Double faute,** fait de manquer deux services consécutifs, au tennis. ▪ **Faire faute** [litt. ou région. (Centre)], manquer. ▪ **Faute de,** par manque de : *Faute de place, ils sont restés debout.* ▪ **Ne pas se faire faute de** [litt.], ne pas s'abstenir de. ▪ **Prendre qqn en faute,** le surprendre en train de commettre une mauvaise action. ▪ **Sans faute,** à coup sûr ; immanquablement : *Demain, sans faute.*

FAUTER **v.i.** [3]. **1.** Fam., vieilli ou par plais. Avoir des relations sexuelles en dehors du mariage, en parlant d'une femme. **2.** Afrique. Commettre une faute d'orthographe, de français.

FAUTEUIL **n.m.** (francique **faldistôl*). **1.** Siège individuel à dossier et à bras. **2.** Place à l'Académie française : *Élu au fauteuil d'Edgar Faure.* ▪ **Arriver (comme) dans un fauteuil** [fam.], arriver en tête, sans difficulté, dans une compétition. ▪ **(En) fauteuil,** se dit d'une discipline handisport pratiquée en fauteuil roulant (basket, rugby, escrime, tennis, curling, etc.) : *Championnat de foot (en) fauteuil.*

FAUTEUR, TRICE **n.** (du lat. *fautor*, défenseur). Péjor. ▪ **Fauteur de troubles, de guerre,** personne qui provoque ces maux.

FAUTIF, IVE **adj.** et **n.** Responsable d'une faute ; coupable : *Se sentir fautif.* ◆ **adj.** Qui comporte des erreurs ; erroné : *Citation fautive.*

FAUTIVEMENT **adv.** D'une manière fautive, erronée.

1. FAUVE **adj.** (francique **falwa*). **1.** D'une couleur tirant sur le roux. **2.** Qui se rattache au fauvisme. ▪ **Bête fauve,** ruminant dont le pelage tire sur le roux et qui vit à l'état sauvage dans les bois (cerf, daim, etc.) ; grand félin. ▪ **Odeur fauve,** forte et animale.

2. FAUVE **n.m.** **1.** Couleur fauve. **2.** Mammifère carnivore sauvage, au pelage fauve ou partiellement fauve, tel que le lion, le tigre, la panthère, etc. **3.** Peintre appartenant au courant du fauvisme. ▪ **Nouveaux fauves,** nom donné à la fin des années 1970 à divers peintres et sculpteurs allemands d'une grande puissance expressive. ▪ **Sentir le fauve,** répandre une odeur forte et animale.

FAUVERIE **n.f.** Section des fauves, dans un zoo.

FAUVETTE **n.f.** (de *1. fauve*). Oiseau passereau, au chant agréable, qui se nourrit de baies et d'insectes, commun dans les buissons en Europe occidentale et centrale. ➲ Famille des sylviidés.

▲ **fauvette** des jardins.

FAUVISME **n.m.** Mouvement pictural français du début du XXe s. (V. planche *expressionnisme et fauvisme*.)

➲ Le **FAUVISME** doit son nom au critique Louis Vauxcelles (1870-1945), qui parla de « cage aux fauves » en visitant une salle du Salon d'automne de 1905, à Paris. Les peintres qui y étaient réunis y faisaient preuve d'un modernisme jugé agressif : rejet de la perspective classique et simplification des formes, exaltation des couleurs pures, ordonnées dans chaque toile de façon autonome afin d'exprimer avant tout les sensations et les émotions de l'artiste. Les fauves comprennent certains élèves de l'atelier de G. Moreau : Matisse, Marquet, Charles Camoin (1879-1965), Henri Manguin (1874-1949) ; deux autodidactes également admiratifs de l'art de Van Gogh et qui travaillaient ensemble à Chatou : Vlaminck et Derain ; un Normand, Othon Friesz (1879-1949), que suivirent Dufy et Braque. Matisse et Vlaminck étaient déjà « fauves » avant 1905, de même que Van Dongen et un autre précurseur, L. Valtat. Vers 1908, les audaces du fauvisme s'estompèrent chez certains, tandis que Matisse, Derain et Braque commencèrent à explorer de nouvelles voies.

1. FAUX **n.f.** (lat. *falx, falcis*). **1.** Instrument formé d'une lame métallique légèrement recourbée et fixée à un long manche, que l'on manie à deux mains pour couper l'herbe, les céréales. **2.** **ANAT.** Membrane tendue, ayant un bord convexe et le bord opposé concave. ▪ **Faux du cerveau** [anat.], formée par les méninges et tendue verticalement entre les deux hémisphères cérébraux.

2. FAUX, FAUSSE **adj.** (lat. *falsus*, de *fallere*, tromper). **1.** Contraire à ce qui est vrai ou juste, à la logique : *Argumentation, résultat faux.* **2.** Qui est sans fondement ; mensonger : *Fausse nouvelle.* **3.** Qui n'est pas original ou authentique ; contrefait : *Faux billets* ; artificiel : *Fausses perles.* **4.** Qui n'est pas réellement ce qu'on le nomme : *Le sycomore est appelé « faux platane ».* **5.** Se dit d'un objet qui en simule un autre ; postiche : *Fausse barbe* ; se dit d'un objet qui n'est qu'une apparence : *Fausse poche.* **6.** Qui se fait passer pour ce qu'il n'est pas : *Un faux médecin.* **7.** Qui n'est pas réellement éprouvé ; simulé : *Fausse naïveté, modestie.* **8.** Qui trompe ou dissimule ses sentiments ; hypocrite : *Un homme faux.* **9.** Qui n'est pas conforme aux exigences de l'harmonie musicale : *Note fausse.* ▪ **Fausse facture,** facture d'une prestation inexacte ou fictive, établie dans une intention frauduleuse. ▪ **Fausse information** (anglo-amér. *fake news*), sur Internet, faux article de presse destiné à abuser la confiance du lecteur ; par ext., cour., information fabriquée, biaisée ou tronquée diffusée par un média ou un réseau social dans le but de tromper l'opinion publique. ▪ **Faux titre,** dans un livre, page qui porte seulement le titre principal et qui précède la page de titre. ◆ **adv.** De façon fausse : *Chanter faux.* ◆ **n.m.** **1.** Ce qui est contraire à la vérité ; contrevérité : *Plaider le faux pour savoir le vrai.* **2.** Altération frauduleuse de la vérité par la fabrication ou l'usage d'une pièce, d'un objet, etc. : *Ce testament est un faux.* **3.** Copie frauduleuse d'une œuvre, d'un objet d'art ; contrefaçon. **4.** Imitation d'une matière, d'une pierre précieuse ; toc : *Ce diamant,* *c'est du faux.* ▪ **Faux en écriture** [dr.], altération frauduleuse et intentionnelle de la vérité dans un écrit, susceptible de causer un préjudice.

FAUX-BOURDON n.m. (pl. *faux-bourdons*). **1.** Procédé d'harmonisation originaire d'Angleterre, contrepoint à trois voix note contre note, très employé aux XVe et XVIe s. dans la musique d'église. **2.** Tout chant d'église ; plus spécial., harmonisation de psaumes.

FAUX-CUL n.m. (pl. *faux-culs*). **1.** Fam. Hypocrite. **2.** Anc. Armature métallique ou coussin capitonné placé sous la jupe, au-dessus des fesses.

FAUX-FACTURIER n.m. (pl. *faux-facturiers*). Personne qui établit de fausses factures.

FAUX-FILET n.m. (pl. *faux-filets*). BOUCH. Contre-filet.

FAUX-FRUIT n.m. (pl. *faux-fruits*). BOT. Produit du développement, après la fécondation, de parties de la fleur ou de l'inflorescence autres que l'ovaire (fraise, pomme, figue, etc.). ➲ Sur la fraise, par ex., les vrais fruits sont les petits grains secs (akènes) portés par la partie charnue rouge (faux-fruit).

FAUX-FUYANT n.m. (pl. *faux-fuyants*). Moyen détourné de se tirer d'embarras, d'éluder une question ; dérobade : *Un faux-fuyant pour échapper à ses responsabilités.*

FAUX-MONNAYEUR n.m. (pl. *faux-monnayeurs*). Personne qui fabrique de la fausse monnaie.

FAUX-SEMBLANT n.m. (pl. *faux-semblants*). Apparence trompeuse ; prétexte mensonger ; simulacre.

FAUX-SENS n.m. inv. LING. Interprétation erronée du sens d'un mot dans un texte.

FAVELA [favela], ▲ *FAVÉLA* n.f. (mot port. du Brésil). Bidonville, au Brésil.

FAVEROLE n.f. → **FÉVEROLE.**

FAVEUR n.f. (lat. *favor*). **1.** Disposition à traiter qqn avec bienveillance, à lui accorder une aide ; cette bienveillance elle-même : *Un traitement de faveur.* **2.** Décision indulgente qui avantage qqn ; privilège : *Tu peux entrer, mais c'est une faveur que je te fais.* **3.** Popularité que l'on a auprès de qqn, d'un groupe : *Être en faveur auprès d'une ministre. Avoir la faveur du public.* **4.** Vieilli. Ruban étroit qui sert d'ornement. ▪ **À la faveur de qqch,** en profitant de qqch : *S'évader à la faveur de la nuit.* ▪ **En faveur de,** au bénéfice de. ◆ **n.f. pl.** Marques d'amour données par une femme à un homme qui la courtise.

FAVIQUE adj. MÉD. Relatif au favus.

FAVISME n.m. (du lat. *faba*, fève). MÉD. Intoxication grave due à l'ingestion de fèves par des personnes atteintes d'un déficit génétique en une enzyme de la dégradation du glucose dans les globules rouges.

FAVORABLE adj. **1.** Animé de dispositions bienveillantes à l'égard de : *Elle est favorable à votre idée, à notre candidat.* **2.** Qui est à l'avantage de qqn ; bénéfique pour qqch ; propice : *Moment favorable.*

FAVORABLEMENT adv. D'une manière favorable.

FAVORI, ITE adj. (ital. *favorito*). Qui est l'objet de la préférence de qqn : *Mon sport favori.* ◆ **adj.** et **n.** **1.** Qui jouit de la prédilection de qqn ; préféré : *Elle est notre collègue favorite.* **2.** Se dit du concurrent, de l'équipe qui ont le plus de chances de gagner une compétition : *Partir favori.* ◆ **n.m.** **1.** Homme qui jouit de la faveur d'un personnage puissant. **2.** Cheval qui a le plus de chances de gagner une course (par oppos. à *outsider*). **3.** INFORM. Signet qui pointe vers l'un des sites Web préférés d'un internaute. ◆ **n.f.** Maîtresse préférée d'un roi.

FAVORIS n.m. pl. Touffe de barbe sur la joue, de chaque côté du visage.

FAVORISANT, E adj. Qui favorise qqch : *Facteurs favorisants du diabète.*

FAVORISER v.t. [3]. **1.** Traiter de façon à avantager ; privilégier : *Favoriser les plus jeunes.* **2.** Contribuer au développement de ; encourager : *Favoriser le cinéma d'auteur.* **3.** Aider à accomplir ; faciliter : *L'absence de vent a facilité la victoire du coureur.*

FAVORITISME n.m. Action d'accorder des faveurs injustes ou illégales.

FAVUS [favys] n.m. (mot lat. « rayon de miel »). MÉD. Teigne du cuir chevelu caractérisée par des croûtes jaunâtres.

FAX n.m. (abrév. de *Téléfax*). **1.** Télécopie. **2.** Télécopieur.

FAXER v.t. [3]. Télécopier.

FAYARD n.m. (lat. *fagus*). Région. (Sud-Est) ; Suisse. Hêtre.

FAYOT, OTTE n. (provenç. *faiol*). Fam. Personne qui fayote. ◆ **n.m.** Fam. Haricot sec.

FAYOTER v.i. [3]. Fam. Faire du zèle pour se faire bien voir de ses professeurs, ses supérieurs.

FAZENDA [fazεnda] n.f. (mot port. du Brésil). Grand domaine de culture ou d'élevage, au Brésil.

f.c.é.m. [εfseeεm] n.f. (sigle). Force contre-électromotrice*.

FCP ou **F.C.P.** n.m. (sigle). Fonds commun de placement.

FÉAL, E, AUX adj. (anc. fr. *feal*, du lat. *fidelis*, fidèle). Litt. Loyal ; fidèle.

FÉBRIFUGE adj. et n.m. Antipyrétique.

FÉBRILE adj. (lat. *febrilis*, de *febris*, fièvre). **1.** Qui a de la fièvre ; fiévreux : *Un enfant fébrile.* **2.** Qui s'accompagne de fièvre : *Maladie fébrile.* **3.** Qui manifeste une grande excitation ; agité, nerveux : *Se montrer fébrile.*

FÉBRILEMENT adv. De façon fébrile.

FÉBRILITÉ n.f. **1.** État d'une personne qui a la fièvre. **2.** État d'agitation intense ; excitation, nervosité.

FÉCAL, E, AUX adj. Relatif aux fèces, aux excréments. ▪ **Matières fécales,** excréments.

FÉCALOME n.m. MÉD. Accumulation pathologique de matières fécales durcies dans le rectum ou le côlon.

FÈCES [fεs] ou [fesεs] n.f. pl. (lat. *faeces*). PHYSIOL. Excréments.

FÉCIAL n.m. → **FÉTIAL.**

FÉCOND, E adj. (lat. *fecundus*). **1.** Propre à la reproduction de l'espèce. **2.** Capable d'avoir beaucoup d'enfants ou de petits ; prolifique. **3.** Qui produit beaucoup : *Terre féconde. Écrivain fécond.* ▪ **Fécond en,** riche, fertile en : *Journée féconde en événements.*

FÉCONDABILITÉ n.f. Aptitude des femmes à être fécondées.

FÉCONDABLE adj. Qui peut être fécondé.

FÉCONDANCE n.f. Aptitude du sperme à féconder, dans l'insémination artificielle animale.

FÉCONDANT, E adj. Qui féconde, rend fécond.

FÉCONDATEUR, TRICE adj. et **n.** Litt. Qui a le pouvoir de féconder.

FÉCONDATION n.f. **1.** Action de féconder ; son résultat. **2.** BIOL., MÉD. Union du gamète mâle avec le gamète femelle, contenant chacun un exemplaire de chacun des *n* chromosomes, pour former un œuf, ou zygote, qui contient 2*n* chromosomes et dont le développement donne un nouvel individu. ▪ **Fécondation in vitro (FIV)** [biol., méd.], que l'on réalise artificiellement en laboratoire, avant de placer l'œuf dans l'utérus maternel.

FÉCONDER v.t. [3]. **1.** BIOL., MÉD. Réaliser la fécondation de ; transformer un ovule en œuf. **2.** Rendre une femelle pleine, une femme enceinte. **3.** Litt. Rendre fécond, productif ; fertiliser : *Les pluies fécondent la terre.*

FÉCONDITÉ n.f. **1.** Aptitude d'un être vivant à se reproduire. **2.** Aptitude à produire beaucoup ; abondance, fertilité : *Fécondité d'un sol, d'un cinéaste.* ▪ **Indice synthétique de fécondité,** nombre moyen d'enfants par femme. ➲ Il doit être au moins égal à 2,1 pour que le maintien de l'effectif d'une population soit assuré.

FÉCULE n.f. (lat. *faecula*). Amidon contenu dans certaines racines ou certains tubercules comme la pomme de terre, le manioc, etc., d'où on l'extrait sous forme de fine poudre blanche.

FÉCULENCE n.f. **1.** État d'une substance féculente. **2.** Vx. État d'un liquide qui dépose des sédiments.

FÉCULENT, E adj. **1.** Qui contient de la fécule. **2.** Vx. Qui dépose des sédiments. ◆ **n.m.** Graine, fruit, tubercule alimentaires riches en amidon (en partic., graines de légumineuses : lentilles, haricots, etc.).

FÉCULER v.t. [3]. **1.** Extraire la fécule de. **2.** Additionner de fécule.

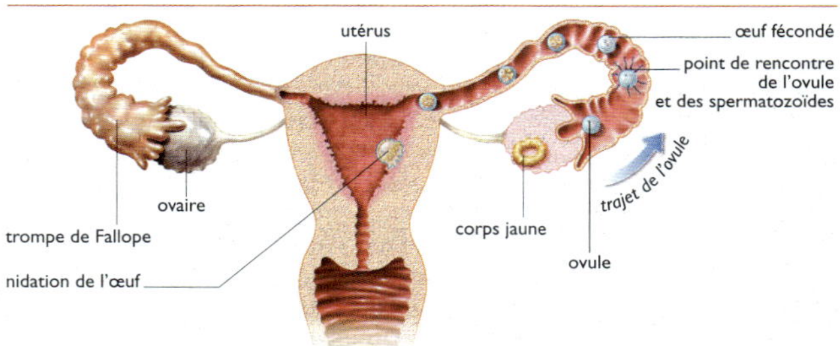

processus de la fécondation humaine

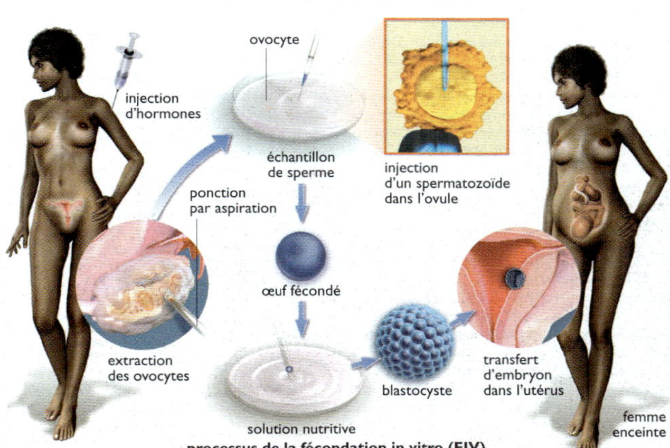

processus de la fécondation in vitro (FIV)
avec injection intracytoplasmique de spermatozoïde (ICSI)

▲ **fécondation**

FÉCULERIE n.f. Industrie de la fécule ; fabrique de fécule.

FÉCULIER, ÈRE adj. Relatif à la féculerie.

FEDAYIN, ▲ *FÉDAYIN* [fedajin] ou [fedain] **n.m.** (mot ar. « ceux qui se sacrifient »). Résistant, spécial. résistant palestinien, qui mène une action de guérilla.

FÉDÉRAL, E, AUX adj. (du lat. *foedus, foederis,* alliance). **1.** Relatif à une fédération. **2.** Qui concerne le pouvoir central d'un État fédéral : *Police fédérale.* **3.** Suisse. Relatif à la Confédération suisse. ▪ **État fédéral,** composé de plusieurs collectivités territoriales (États fédérés), auxquelles il se superpose (SYN. **fédération**). ▪ **Territoire fédéral,** au Canada, division administrative qui a des pouvoirs délégués sous l'autorité du Parlement canadien (à la différence de la *province,* qui exerce des pouvoirs constitutionnels de plein droit).

FÉDÉRALISER v.t. [3]. Organiser un État en fédération.

FÉDÉRALISME n.m. 1. Mode de regroupement de collectivités politiques tendant à accroître leur solidarité tout en préservant leur particularisme. **2.** Organisation constitutionnelle instituant un partage des pouvoirs entre les institutions fédérales et celles des États membres. **3.** Suisse. Doctrine qui défend l'autonomie des cantons par rapport au pouvoir fédéral.

FÉDÉRALISTE adj. et **n.** Relatif au fédéralisme ; qui en est partisan.

FÉDÉRATEUR, TRICE adj. et **n.** Qui organise ou favorise une fédération ; qui favorise l'union.

FÉDÉRATIF, IVE adj. Qui constitue une fédération ou un État fédéral.

FÉDÉRATION n.f. 1. État fédéral. **2.** Groupement organique de partis, de mouvements ou clubs politiques, d'associations, de syndicats, etc. **3. HIST.** Association formée, en 1789, par les patriotes pour défendre les acquis de la Révolution française. ▪ **Fête de la Fédération,** fête nationale organisée le 14 juillet 1790 à Paris, qui rassembla les délégués des fédérations provinciales.

FÉDÉRAUX n.m. pl. HIST. Aux États-Unis, soldats des États du Nord qui luttaient pour le maintien de l'Union fédérale, pendant la guerre de Sécession (1861-1865).

1. FÉDÉRÉ, E adj. Qui fait partie d'une fédération. ▪ **État fédéré** → **ÉTAT.**

2. FÉDÉRÉ n.m. HIST. 1. Délégué à la fête de la Fédération en 1790, en France. **2.** Soldat au service de la Commune de Paris, en 1871.

FÉDÉRER v.t. [11], ▲ *[11*].* **1.** Former, grouper en fédération : *Fédérer de petits États.* **2.** Rassembler, regrouper autour d'un projet commun : *Fédérer les énergies.* ◆ **SE FÉDÉRER v.pr.** Se grouper en une fédération.

FÉE n.f. (du lat. *fatum,* destin). **1.** Être imaginaire représenté sous les traits d'une femme douée d'un pouvoir surnaturel. **2.** Litt. Femme remarquable par sa grâce, son esprit, sa bonté, son habileté. ▪ **Doigts de fée** [litt.], qui exécutent à la perfection les travaux délicats.

FEED-BACK [fidbak] **n.m. inv.** (mot angl., de *to feed,* nourrir, et *back,* en retour). **1. TECHN.** Rétroaction. **2. PHYSIOL.** Rétrocontrôle.

FEELING [filiŋ] **n.m.** (mot angl. « sentiment »). **1. MUS.** Qualité d'émotion et de sensibilité manifestée dans une interprétation. **2.** Fam. Manière de ressentir une situation : *Agir au feeling.*

FÉERIE [fe(e)ri], ▲ *FÉÉRIE* **n.f. 1.** Monde fantastique des fées. **2.** Pièce de théâtre où interviennent le merveilleux, la magie, les êtres surnaturels. **3.** Spectacle d'une merveilleuse beauté : *Ce coucher de soleil était une féerie.*

FÉERIQUE [fe(e)rik], ▲ *FÉÉRIQUE* **adj.** Qui tient de la féerie ; merveilleux.

FEHLING [feliŋ] **(LIQUEUR DE) n.f. CHIM.** Réactif utilisé dans le dosage du glucose.

FEIGNANT, E ou **FAIGNANT, E** [fɛɲɑ̃, ɑ̃t] **adj.** et **n.** Fam. Fainéant.

FEIJOADA [feiʒɔada] **n.f.** (mot port. du Brésil). Ragoût pimenté de haricots noirs, d'oignons et de porc salé, bœuf séché ou saucisses fumées. ➲ Spécialité brésilienne.

FEINDRE v.t. [62] (lat. *fingere*). Simuler pour tromper : *Feindre un malaise.* ▪ **Feindre de,** faire semblant de : *Feindre de se réjouir.* ◆ **v.i.** Boiter légèrement, en parlant d'un cheval.

FEINTE n.f. 1. Litt. Action de feindre ; dissimulation : *Parler sans feinte.* **2.** Manœuvre, geste, coup destinés à tromper l'adversaire ; ruse. **3.** Fam. Acte destiné à tromper ; piège : *Ce refus est une feinte.*

FEINTER v.t. [3]. 1. SPORTS. Simuler un coup, un mouvement pour tromper l'adversaire. **2.** Fam. Surprendre par une ruse ; duper : *Je l'ai bien feinté en ne venant pas.* ▪ **Feinter la passe** [sports], la simuler. ◆ **v.i.** Faire une feinte : *Savoir feinter.*

FEINTEUR, EUSE n. Personne habile à feinter.

FELD-MARÉCHAL n.m. (pl. *feld-maréchaux*) [all. *Feldmarschall*]. Anc. Grade le plus élevé des armées allemande, autrichienne, anglaise, suédoise et russe, équivalent à celui de maréchal.

FELDSPATH [fɛldspat] **n.m.** (mot all.). Aluminosilicate de potassium ou de sodium (*feldspath alcalin*), de sodium ou de calcium (*plagioclase*), constituant essentiel des roches magmatiques et métamorphiques.

FELDSPATHIQUE adj. Qui contient des feldspaths.

FELDSPATHOÏDE n.m. MINÉRALOG. Aluminosilicate présent dans les roches sous-saturées en silice.

FELDWEBEL [fɛldvebəl] **n.m.** (mot all.). Dans l'armée allemande, grade correspondant à celui d'adjudant.

FÊLÉ, E adj. Qui présente une fêlure. ◆ **adj.** et **n.** Fam. Un peu fou.

FÊLER v.t. [3] (du lat. *flagellare,* fouetter). Fendre légèrement un objet sans que les parties se séparent ; fissurer : *Fêler une porcelaine.* ◆ **SE FÊLER v.pr.** Se fendre légèrement sans se casser.

FÉLIBRE n.m. (mot provenç. « docteur de la loi »). **1.** Poète ou prosateur en langue d'oc. ➲ Ce mot a été choisi en 1854 par Frédéric Mistral, lors de la fondation du félibrige. **2.** Adepte du félibrige.

✎ On emploie parfois le fém. ***félibresse.***

FÉLIBRÉE n.f. (de *félibre*). Grande fête populaire organisée chaque année dans une ville ou un village différents du Périgord, afin de célébrer la langue d'oc et, plus génér., la culture occitane. ➲ Inspirée par Frédéric Mistral et le félibrige, la première félibrée s'est tenue en 1903 à Mareuil.

FÉLIBRIGE n.m. (de *félibre*). École littéraire constituée en Provence au milieu du XIXᵉ s. afin de restituer au provençal son rang de langue littéraire.

FÉLICITATIONS n.f. pl. 1. Vives approbations adressées à qqn ; éloges : *Recevoir les félicitations du jury.* **2.** Compliments adressés à qqn à l'occasion d'un événement heureux ; congratulations : *Présenter ses félicitations aux parents.*

FÉLICITÉ n.f. Litt. Grand bonheur ; béatitude.

FÉLICITER v.t. [3] (lat. *felicitare,* de *felix, -icis,* heureux). **1.** Complimenter qqn sur sa conduite : *Je te félicite de ta patience.* **2.** Témoigner à qqn que l'on partage la joie que lui cause un événement heureux ; congratuler : *Féliciter le gagnant.* ◆ **SE FÉLICITER v.pr. (DE).** Témoigner de sa satisfaction ; se réjouir de : *Je me félicite de les avoir convaincus.*

FÉLIDÉ ou **FÉLIN n.m.** (du lat. *felis,* chat). Mammifère carnivore digitigrade, à griffes génér. rétractiles, doté de molaires coupantes et de fortes canines, tel que le chat, le lion, le tigre, le lynx, le guépard, etc. ➲ Ordre des carnivores.

FÉLIN, E adj. Qui tient du chat ; qui rappelle le chat : *Une grâce féline.*

FÉLINITÉ n.f. Litt. Ce qui chez une personne évoque le chat.

FELLAGA ou **FELLAGHA n.m.** (mot ar., pl. de *fellag,* coupeur de route). **HIST.** Partisan algérien ou tunisien soulevé contre l'autorité française pour obtenir l'indépendance de son pays.

FELLAH n.m. (ar. *fallāh*). Paysan, dans les pays arabes.

FELLATION n.f. (du lat. *fellare,* sucer). Excitation buccale du sexe de l'homme.

FELLINIEN, ENNE adj. Qui évoque l'imaginaire de Fellini.

FÉLON, ONNE adj. et **n.** (du francique). **1. HIST.** Se dit d'un vassal qui trahit son seigneur. **2.** Litt. Coupable de trahison ; déloyal.

FÉLONIE n.f. 1. HIST. Déloyauté, offense ou trahison d'un vassal envers son seigneur. **2.** Litt. Acte déloyal ; trahison.

FELOUQUE n.f. (esp. *faluca,* de l'ar. *falūwa*). **MAR.** Petit bâtiment de la Méditerranée, long, léger et étroit, à voiles et à rames.

▲ **felouque** sur le Nil.

FÊLURE n.f. Fente d'une chose fêlée.

f.é.m. [ɛfeɛm] **n.f.** (sigle). Force électromotrice*.

FEMELLE n.f. (du lat. *femina,* femme). **1.** Animal femelle. **2.** Fam., péjor. Femme. ◆ **adj. 1.** Se dit d'un individu animal ou végétal, d'un organe qui appartient au sexe produisant les cellules reproductrices les plus volumineuses et les moins mobiles (ovules chez les animaux, oosphères chez les végétaux) ; se dit de ce sexe. **2. TECHN.** Se dit d'une pièce, d'un instrument creusés pour recevoir le saillant d'une autre pièce, dite *mâle.*

FÉMELOT n.m. (de *femelle*). **MAR.** Chacune des ferrures fixées sur l'étambot et dans lesquelles pivotent les aiguillots du gouvernail.

1. FÉMININ, E adj. (lat. *femininus,* de *femina,* femme). **1.** Propre à la femme : *Sensibilité féminine* ; relatif aux femmes : *Revendications féminines.* **2.** Qui manifeste des caractères considérés comme propres à la femme : *Une ado peu féminine.* **3.** Qui est composé de femmes : *Réseaux féminins.* **4. GRAMM.** Qui appartient au genre dit *féminin* : « *Table* » *est un nom féminin.* ▪ **Rime féminine,** rime que termine une syllabe muette.

2. FÉMININ n.m. 1. Genre grammatical qui s'applique, en français, aux noms d'êtres femelles et à une partie des noms désignant des choses. **2.** Magazine ciblant un public féminin.

FÉMINISANT, E adj. BIOL., MÉD. Qui féminise.

FÉMINISATION n.f. Action de féminiser ; fait de se féminiser.

FÉMINISER v.t. [3]. 1. Donner un caractère féminin ou efféminé à. **2. BIOL., MÉD.** Provoquer chez un mâle l'apparition de caractères sexuels secondaires féminins. **3. GRAMM.** Mettre au féminin ; donner à un mot les marques du genre féminin : *Féminiser les noms de métier.* ◆ **SE FÉMINISER v.pr.** Comporter un plus grand nombre de femmes qu'auparavant, en parlant d'une profession : *La politique tarde à se féminiser.*

FÉMINISME n.m. Doctrine qui préconise l'amélioration et l'extension du rôle et des droits des femmes dans la société ; mouvement qui milite dans ce sens.

➲ La lutte pour l'émancipation des femmes s'amorça au XVIIIᵉ s., prit son essor sous la Révolution (Olympe de Gouges) et se propagea au XIXᵉ s. (F. Tristan) avant de se déplacer sur le terrain de l'égalité des droits (International Council of Women, 1888 ; mouvement des « suffragettes » de E. Pankhurst, 1903). *Le Deuxième Sexe* (1949), de S. de Beauvoir, fut le manifeste du **FÉMINISME** militant, qui s'exprime aussi dans l'ouvrage de Kate Millett (née en 1934), *la Politique du mâle* (1970). Le Women's Lib américain et son homologue français, le MLF (Mouvement de libération des femmes), ont pris l'initiative de campagnes pour sensibiliser les pouvoirs publics aux revendications des femmes : libre disposition de leur corps, respect de leur dignité d'épouse et de mère, abolition de toute forme de discrimination sexiste. Depuis la fondation de la Ligue des droits de la femme (8 mars 1974), le 8 mars est la Journée internationale des droits de la femme.

FÉMINISTE adj. et **n.** Relatif au féminisme ; qui en est partisan.

Les félins

tigre
puma
guépard
lynx
boréal
jaguar
ocelot
léopard
lion
panthère
longibande

FÉMINITÉ n.f. Caractère féminin ; ensemble des caractères propres à la femme ou jugés tels.
FÉMINITUDE n.f. Ensemble des caractéristiques, des valeurs propres aux femmes.
FEMME [fam] n.f. (lat. *femina*). **1.** Être humain du sexe féminin. **2.** Adulte du sexe féminin : *C'est une femme, maintenant.* **3.** Épouse : *Il nous a présenté sa femme.* **4.** Adulte du sexe féminin considéré par rapport à ses qualités, ses défauts, ses activités, ses origines : *Une femme courageuse. Une femme de tête. Une femme de lettres.* ▪ **Bonne femme,** v. à son ordre alphabétique. ▪ **Femme de ménage,** femme employée à faire le ménage chez un particulier ou dans une entreprise. (En Belgique, on dit *femme d'ouvrage*.)
FEMMELETTE n.f. Fam. **1.** Vx. Femme petite ou faible. **2.** Péjor. Homme lâche, sans énergie.
FÉMORAL, E, AUX adj. Relatif au fémur ; relatif à la cuisse.
FEMTO- [fɛmto] préf. (du danois *femten*, quinze). Préfixe (symb. f) qui, placé devant le nom d'une unité, la divise par 10^{15}.
FÉMUR n.m. (du lat. *femur*, cuisse). ANAT. Os de la cuisse, le plus solide de tous les os du corps.
FENAISON n.f. (du lat. *fenum*, foin). **1.** Récolte des foins ; période où elle se fait. **2.** Dessiccation sur le pré des foins que l'on a coupés (SYN. **fanage**).
FENDAGE n.m. Action de fendre.
1. FENDANT n.m. Variété de chasselas cultivée dans le Valais ; vin blanc léger issu de ce cépage.
2. FENDANT, E adj. (de *se fendre*). Fam. Très drôle ; amusant.
FENDARD ou **FENDART** n.m. Fam., vieilli. Pantalon.
FENDERIE n.f. **1.** Action de fendre le bois. **2.** Machine pour fendre le bois ; lieu où on le fend.
FENDEUR, EUSE n. Personne qui travaille à fendre le bois ou l'ardoise. ◆ n.f. Machine servant à fendre le bois, l'osier, etc.
FENDILLÉ, E adj. Qui présente de petites fentes.
FENDILLEMENT n.m. Fait de se fendiller.
FENDILLER v.t. [3]. Produire de petites fentes dans qqch : *La chaleur a fendillé les poteries.* ◆ **SE FENDILLER** v.pr. Se craqueler.
FENDOIR n.m. Lourd couperet à long manche utilisé pour fendre les carcasses des gros animaux de boucherie.
FENDRE v.t. [59] (lat. *findere*). **1.** Couper dans le sens de la longueur : *Fendre du bois.* **2.** Provoquer des fentes, des fissures dans ; lézarder : *Le séisme a fendu les murs des maisons.* **3.** Litt. Se frayer un passage dans un fluide, une masse : *Le yacht fend la mer. Fendre la foule.* ▪ **Fendre l'air,** avancer rapidement. ▪ **Fendre le cœur,** causer un grand chagrin. ▪ **Geler à pierre fendre,** très fort. ◆ **SE FENDRE** v.pr. **1.** Se séparer en fragments dans le sens de la longueur ou selon un plan de clivage : *L'ardoise se fend en fines lames.* **2.** Présenter une fente, des fissures ; se crevasser. **3.** SPORTS. En escrime, porter vivement une jambe en avant pour attaquer. **4.** (DE). Fam. Se livrer à une prodigalité inhabituelle : *Se fendre d'une tournée générale.* ▪ **Se fendre la pêche** [fam.] ou **la gueule** [très fam.], rire bruyamment.
FENESTRAGE, FENÊTRAGE n.m. ou **FENESTRATION** n.f. ARCHIT. Ensemble, disposition des fenêtres d'un bâtiment.
FENESTRATION n.f. **1.** Fenestrage. **2.** Création chirurgicale d'une ouverture dans la paroi d'une cavité.
FENESTRON n.m. (nom déposé). Rotor de queue caréné, intégré dans la dérive d'un hélicoptère.
FENÊTRAGE n.m. **1.** Fenestrage. **2.** INFORM. Affichage simultané de une ou plusieurs fenêtres sur l'écran d'un ordinateur.
FENÊTRE n.f. (lat. *fenestra*). **1.** Baie munie d'une fermeture vitrée, pratiquée dans le mur d'un bâtiment pour y laisser pénétrer l'air et la lumière ; cette fermeture vitrée. **2.** Ouverture pratiquée dans un matériau, un papier : *Enveloppes à fenêtre.* **3.** GÉOL. Ouverture, creusée par l'érosion, dans une nappe de charriage, faisant apparaître les terrains sous-jacents. **4.** INFORM. Zone rectangulaire d'un écran de visualisation dans laquelle s'inscrivent des informations graphiques ou alphanumériques. ▪ **Fenêtre de lancement** ou **de tir** [astronaut.], intervalle de temps pendant lequel un lancement peut être effectué. ▪ **Fenêtre de tir** [fig.], moment propice pour entreprendre une action. ▪ **Fenêtre ronde, ovale** [anat.], ouvertures de la paroi externe de l'oreille interne. ▪ **Fenêtre sérologique** [méd.], intervalle pendant lequel une maladie infectieuse reste inapparente, entre le contage et la séropositivité. ▪ **Fenêtre thérapeutique** [méd.], intervalle pendant lequel on arrête un traitement pour observer les réactions de l'organisme. ▪ **Jeter l'argent par les fenêtres,** le dépenser sans compter.

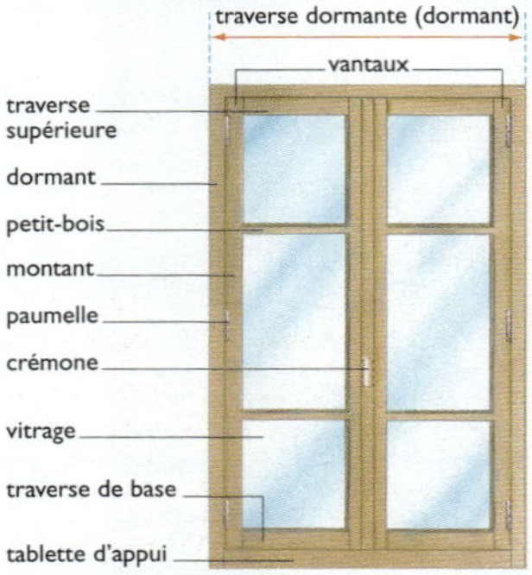

traditionnelle en bois

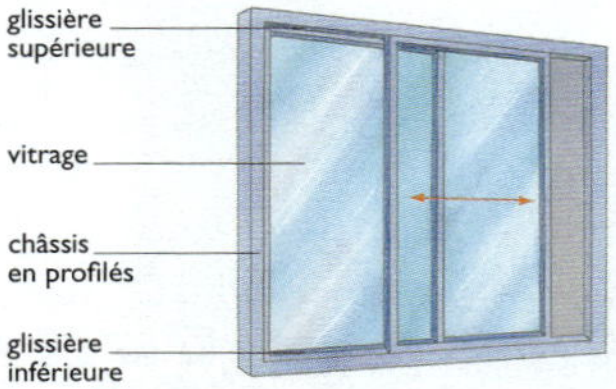

coulissante métallique

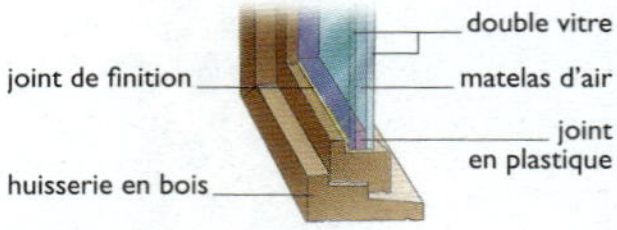

à vitrage isolant

▲ **fenêtres**

FENÊTRER v.t. [3]. ARCHIT. Pourvoir de fenêtres, avec leurs châssis et la vitrerie nécessaire.
FENG SHUI [fɛ̃gʃwi] n.m. inv. (mots chin. « vent » et « eau »). Art de vivre issu de l'ancienne cosmogonie chinoise et permettant une meilleure harmonie de l'individu avec son environnement.
FENIAN, E [fenjɑ̃, an] adj. et n. (mot angl., de l'irland. *fianna*). HIST. Relatif au mouvement de la Fraternité républicaine irlandaise ; membre de ce mouvement. ◆ n.m. Guerrier héroïque des légendes gaéliques, qui recourt à la violence pour obtenir l'indépendance de son île.
FENIL [fənil)] n.m. (lat. *fenile*, de *fenum*, foin). Local où l'on rentre le foin pour le conserver.
FENNEC [fenɛk] n.m. (ar. *fanek*). Petit renard du Sahara et de l'Arabie, à longues oreilles. ➲ Famille des canidés.

▲ **fennec**

FENOUIL n.m. (du lat. *feniculum*, petit foin). Plante aromatique cultivée, à feuilles très finement divisées, dont on consomme la base des pétioles charnus comme légume, ainsi que les graines comme condiment. ➲ Famille des ombellifères. ▪ **Fenouil bâtard,** aneth.
FENTE n.f. **1.** Fissure plus ou moins profonde à la surface de qqch ; crevasse : *Boucher les fentes d'un mur.* **2.** Ouverture étroite et longue ; interstice : *La fente d'une boîte à lettres.* **3.** SPORTS. En escrime, mouvement par lequel on se fend ; position de l'escrimeur fendu. **4.** DR. CIV. En l'absence de descendants, partage d'une succession en deux parts, l'une attribuée à la ligne paternelle, l'autre à la ligne maternelle.
FENUGREC n.m. (du lat. *fenum graecum*, foin grec). Plante herbacée à feuilles trifoliolées et à fleurs blanches du pourtour de la Méditerranée. ➲ Famille des fabacées.
FÉODAL, E, AUX adj. (bas lat. *feodalis*). **1.** Relatif au fief, à la féodalité. **2.** Dont les structures, les caractères rappellent ceux de la féodalité. ◆ n.m. Grand propriétaire terrien, dont la puissance rappelle celle d'un seigneur de la féodalité.
FÉODALISME n.m. Système féodal.
FÉODALITÉ n.f. **1.** Ensemble des lois et coutumes qui régirent l'ordre politique et social dans une partie de l'Europe, de la fin de l'époque carolingienne à la fin du Moyen Âge, et qui impliquaient, d'une part, la prédominance d'une classe de guerriers et, d'autre part, des liens de dépendance d'homme à homme. **2.** Péjor. Puissance économique ou sociale qui rappelle l'organisation féodale.
FER n.m. (lat. *ferrum*). **1.** Métal blanc-gris tenace, ductile, malléable et magnétique, de densité 7,87, fondant à 1 535 °C. **2.** Élément chimique (Fe), de numéro atomique 26, de masse atomique 55,847. **3.** Substance ferrugineuse : *Les lentilles contiennent du fer.* **4.** Barre d'acier servant d'armature dans le béton armé. **5.** Lame d'acier constituant la partie tranchante d'un outil, d'une arme blanche : *Fer d'une charrue.* **6.** Litt. Épée ; fleuret : *Croiser le fer.* **7.** Pièce métallique placée sous le sabot des ongulés (cheval, mule, bœuf, etc.) auxquels est demandé un travail (traction, transport, équitation, etc.). **8.** Pièce d'acier servant à renforcer les bouts de la semelle d'une chaussure. **9.** Club de golf à tête métallique, destiné aux coups de moyenne et de courte distances. **10.** Transport ferroviaire. ▪ **Âge du fer,** période protohistorique durant laquelle s'est généralisée la métallurgie du fer (à partir du VIIIe s. av. J.-C. en Europe occidentale, où les stations éponymes de Hallstatt [900-450 av. J.-C.] et de La Tène [450-25 av. J.-C.] désignent le premier et le second âge du fer). ▪ **Coup de fer,** repassage rapide. ▪ **De fer,** robuste : *Santé de fer* ; inébranlable : *Volonté de fer.* ▪ **En fer à cheval,** en demi-cercle. ▪ **Fer à dorer,** outil de métal gravé utilisé pour décorer à la main ou au balancier la couverture des livres reliés. ▪ **Fer à friser,** instrument de métal ayant la forme de longs ciseaux et dont les branches, une fois chauffées (auj., génér. électriquement), servent à rouler les cheveux pour les mettre en forme, les boucler. ▪ **Fer (à repasser),** appareil ménager formé d'une semelle de métal munie d'une poignée et qui, chauffé à température voulue, sert à repasser. ▪ **Fer à souder,** outil utilisé pour le brasage. ▪ **Fer à vapeur,** fer à repasser permettant d'humidifier le tissu par projection de vapeur ou d'eau. ▪ **Fer de lance,** pointe en fer au bout d'une lance ; fig., élément, groupe le plus efficace ou le plus avancé dans un domaine. ▪ **Fer doux** [impropre en métall.], acier à très basse teneur en carbone, recuit, utilisé pour les noyaux de circuits magnétiques. ▪ **Freiner des quatre fers** [fam.], faire tout ce que l'on peut pour ralentir ou arrêter un processus. ▪ **Tomber les quatre fers en l'air** [fam.], à la renverse. ◆ n.m. pl. **1.** Chaînes avec lesquelles on attachait un prisonnier. **2.** Litt. Esclavage ; sujétion. **3.** Vx. Forceps.

➲ Le **FER** se trouve à l'état naturel sous forme d'oxydes (dont on l'extrait), de sulfures et de carbonates. Traité dans les hauts-fourneaux, le minerai donne la fonte, que l'on transforme ensuite en fer ou en acier. Le fer s'oxyde facilement à l'air humide en formant de la rouille. L'industrie utilise le fer sous forme d'une très grande variété d'alliages (aciers, notamm.). Le fer est, de très loin, en masse, le métal le plus consommé dans le monde.

FÉRA n.f. (d'un mot de Suisse romande). Corégone des lacs alpins, apprécié pour sa chair. ➲ Famille des salmonidés.

FER-À-CHEVAL n.m. (pl. *fers-à-cheval*). **ZOOL.** Rhinolophe.

FÉRAL, E, ALS ou **AUX** adj. (du lat. *fera*, bête sauvage). Se dit d'une espèce domestique retournée à l'état sauvage : *Chats férals.*

FÉRALIES n.f. pl. (du lat. *feralis*, relatif aux mânes). **ANTIQ. ROM.** Fêtes annuelles en l'honneur des morts.

FER-BLANC n.m. (pl. *fers-blancs*). Tôle fine d'acier doux, recouverte d'étain.

FERBLANTERIE n.f. Ensemble d'ustensiles en fer-blanc.

FERBLANTIER, ÈRE n. Personne qui fabrique, vend des objets en fer-blanc.

FERIA [ferja] n.f. (mot esp. « jour de fête »). Région. (Sud-Ouest). Grande fête annuelle.

FÉRIE n.f. (du lat. *feria*, jour de repos). **1. ANTIQ. ROM.** Jour pendant lequel la religion prescrivait la cessation du travail. **2. CATH.** Jour ordinaire qui ne comporte aucune fête particulière.

FÉRIÉ, E adj. (lat. *feriatus*). ▪ **Jour férié,** jour où l'on ne travaille pas en raison d'une fête légale.

FÉRINGIEN, ENNE adj. et n. → **FÉROÏEN.**

FÉRIR v.t. (du lat. *ferire*, frapper). Litt. ▪ **Sans coup férir,** sans difficulté.

✎ Usité seulem. à l'inf.

FERLER v.t. [3] (anc. fr. *fresler*). **MAR.** Serrer pli sur pli une voile contre un espar (bôme, vergue) et l'y assujettir.

FERLOUCHE n.f. → **FARLOUCHE.**

FERMAGE n.m. Mode d'exploitation agricole dans lequel l'exploitant verse une redevance annuelle au propriétaire de la terre ; cette redevance.

FERMAIL n.m. (pl. *fermaux*) [de *fermer*]. Objet d'orfèvrerie (boucle, fermoir, etc.) servant à tenir qqch fermé.

FERMANT, E adj. **1.** Se dit d'un outil, d'un dispositif qui se ferme. **2.** Se dit du deuxième élément d'un double signe de ponctuation (par oppos. à *ouvrant*) : *Parenthèse fermante.*

1. FERME adj. (lat. *firmus*). **1.** Qui offre une certaine résistance à la pression : *Ici, le sol est ferme.* **2.** Qui ne tremble pas ; solide : *Elle a signé d'une main ferme.* **3.** Qui ne flanche pas ; inébranlable : *Un refus poli mais ferme.* **4.** Qui est conclu ; définitif : *Achat, vente fermes.* **5. BOURSE.** Dont le cours est stable ou en hausse : *Valeur ferme.* ▪ **Terre ferme,** sol du rivage, du continent. ▪ **Ton, voix fermes,** assurés. ◆ **adv. 1.** Avec assurance : *Parler ferme.* **2.** Beaucoup ; fortement : *S'ennuyer ferme.* **3.** D'une manière définitive : *Vendre ferme.* **4.** Sans sursis : *Prison ferme.*

2. FERME n.f. (de *fermer*, au sens anc. de « attacher »). **1. CONSTR.** Assemblage de pièces de bois ou de métal triangulées, placées à intervalles réguliers pour supporter les versants d'une toiture. **2. THÉÂTRE.** Châssis qui supporte un élément de décor.

3. FERME n.f. (de *fermer*, au sens anc. de « fixer des conditions »). **HIST.** Convention par laquelle un État abandonnait à un individu ou à une société la perception de divers impôts, moyennant une somme forfaitaire. ▪ **Bail à ferme** [dr.], contrat par lequel un propriétaire abandonne à qqn l'exploitation d'un domaine moyennant le paiement d'un loyer. ▪ **La Ferme générale** [hist.], dans la France de l'Ancien Régime, organisme qui, en vertu d'une convention (ou *bail*), se chargeait de la perception des impôts indirects, contre une somme forfaitaire versée à l'avance au roi.

4. FERME n.f. (de *3. ferme*). **1.** Exploitation agricole en général. **2.** Domaine agricole donné en fermage. **3.** Ensemble constitué par les bâtiments d'habitation et d'exploitation agricole. **4.** Regroupement de dispositifs identiques dans un même lieu et à une grande échelle : *Ferme de serveurs. Ferme photovoltaïque.* ▪ **Ferme aquacole,** exploitation d'aquaculture. ▪ **Ferme (d'élevage),** lieu d'élevage de bétail, parfois d'animaux de basse-cour. ▪ **Ferme éolienne,** regroupement d'éoliennes (SYN. **parc éolien**). ▪ **Ferme marine,** exploitation aquacole d'eau de mer.

FERMÉ, E adj. **1.** Qui ne laisse pas passage ; clos : *La fenêtre est fermée.* **2.** Qui ne comporte aucune interruption : *Le cercle est une courbe fermée.* **3.** Où il est difficile de s'introduire : *Un milieu très fermé.* **4.** Qui ne laisse rien transparaître ; impénétrable : *Visage fermé.* **5. (À).** Inaccessible à qqch ; réfractaire : *Il est fermé à l'informatique.* **6. PHON.** Se dit d'une voyelle prononcée avec une fermeture partielle ou totale du canal vocal (*é fermé*, noté [e]). ▪ **Ensemble fermé** [math.], partie d'un espace topologique dont le complémentaire est un ensemble ouvert*. ▪ **Syllabe fermée** [phon.], terminée par une consonne prononcée.

FERMEMENT adv. **1.** D'une manière ferme ; solidement. **2.** Avec volonté, assurance ; résolument.

FERMENT n.m. (lat. *fermentum*). **1.** Vieilli. Agent produisant la fermentation d'une substance. **2.** Litt. Ce qui fait naître ou entretient une passion, une agitation ; levain : *Un ferment de discorde.*

FERMENTABLE adj. → **FERMENTESCIBLE.**

FERMENTATION n.f. **1. BIOCHIM.** Transformation de certaines substances organiques sous l'action d'enzymes produites par des micro-organismes. ➲ On distingue la *fermentation alcoolique*, celle de sucres sous l'influence de certaines levures, dont le produit final est l'alcool éthylique, et la *fermentation lactique*, qui aboutit à l'acide lactique. **2.** Pourriture de la matière organique. **3.** Litt. Agitation fiévreuse des esprits ; effervescence.

FERMENTÉ, E adj. Qui a subi une fermentation.

FERMENTER v.i. [3]. **1. BIOCHIM.** Être en fermentation. **2.** Litt. Être dans un état d'agitation ; bouillonner : *Les esprits fermentent.*

FERMENTESCIBLE ou **FERMENTABLE** adj. **BIOCHIM.** Qui peut fermenter.

FERMENTEUR n.m. Appareil dans lequel on effectue une fermentation, notamm. en biotechnologie.

FERMER v.t. [3] (lat. *firmare*). **1.** Actionner un dispositif mobile pour obstruer une ouverture, un passage. **2.** Réunir les éléments d'un ensemble de telle sorte qu'il n'y ait plus entre eux d'écart, d'ouverture : *Fermer le poing. Fermer sa veste.* **3.** Interdire le passage par : *Fermer l'autoroute.* **4.** Isoler l'intérieur d'un lieu, d'un contenant en rabattant la porte, le couvercle : *Fermer son bureau, son sac.* **5.** Faire cesser le fonctionnement de ; éteindre : *Fermer la radio* ; couper : *Fermer l'eau.* **6. ÉLECTROTECHN.** Établir une communication conductrice permettant le passage du courant dans un circuit. ▪ **La fermer** [fam.], se taire. ◆ **v.i. 1.** Être, rester fermé : *La boutique ferme le lundi.* **2.** Pouvoir être fermé : *Cette porte ferme à clé.* ◆ **SE FERMER** v.pr. **1.** Pouvoir être clos : *Cette robe se ferme dans le dos.* **2.** Cesser d'être ouvert : *La plaie s'est fermée.*

FERMETÉ n.f. (lat. *firmitas*). **1.** État de ce qui est ferme, solide : *Fermeté d'un fruit.* **2.** Qualité de ce qui est précis et vigoureux ; assurance : *Fermeté du trait dans un dessin.* **3.** Énergie morale ; détermination : *Supporter les vicissitudes avec fermeté.* **4.** Attitude de rigueur excluant la faiblesse envers les autres ; autorité : *Manquer de fermeté avec ses enfants.*

1. FERMETTE n.f. (de *4. ferme*). **1.** Petite ferme. **2.** Ensemble d'anciens bâtiments d'habitation agricole transformés en maison rurale.

2. FERMETTE n.f. (de *2. ferme*). **CONSTR.** Ferme légère industrialisée ou ferme secondaire sans entrait.

FERMETURE n.f. **1.** Action de fermer : *La fermeture de cette porte est difficile.* **2.** Fait d'être fermé : *La fermeture du bureau de vote* ; fin de la saison d'une activité : *La fermeture de la chasse.* **3.** Dispositif qui sert à fermer : *La fermeture du sac est cassée.* ▪ **Faire la fermeture** [fam.], être là au moment où l'on ferme un magasin, en parlant d'un vendeur. ▪ **Fermeture à glissière,** ou **fermeture Éclair** (nom déposé), constituée de deux chaînes souples, à dents, qui engrènent au moyen d'un curseur.

FERMI n.m. (de E. *Fermi*, n.pr.). Nom parfois donné, en microphysique, au *femtomètre* (1 fm = 10^{-15} m).

FERMIER, ÈRE n. **1.** Personne qui loue les terres qu'elle cultive. **2.** Agriculteur, propriétaire ou non des terres qu'il cultive. ▪ **Fermier général,** dans la France de l'Ancien Régime, financier de la Ferme générale. ◆ **adj. 1.** Produit à la ferme selon des techniques traditionnelles : *Beurre fermier.* **2. DR.** Qui exploite une terre en fermage.

FERMION n.m. (de *fermi*). **PHYS.** Particule obéissant à la statistique de Fermi-Dirac (électron, nucléon, etc.), et ayant donc un spin demi-entier.

FERMIUM [fɛrmjɔm] n.m. (de E. *Fermi*, n.pr.). Élément chimique artificiel (Fm), radioactif, de la famille des transuraniens, de numéro atomique 100.

FERMOIR n.m. Attache ou dispositif pour tenir fermé un collier, un sac, etc.

FÉROCE adj. (lat. *ferox*, *-ocis*, de *ferus*, sauvage). **1.** Se dit d'un animal qui tue par instinct. **2.** Qui est cruel et agit de façon barbare ; inhumain : *Des gardiens féroces.* **3.** D'une sévérité excessive ; impitoyable : *Un critique féroce.* **4.** Qui atteint un degré extrême ; terrible : *Une envie féroce de vengeance. Un féroce appétit.* ◆ **n.m.** Entrée froide à base d'avocat, de morue, de farine de manioc, à laquelle on ajoute du piment. ➲ Cuisine antillaise.

FÉROCEMENT adv. Avec férocité.

FÉROCITÉ n.f. **1.** Nature d'un animal féroce. **2.** Caractère cruel, sanguinaire de qqn ; barbarie. **3.** Violence extrême ; sauvagerie : *La férocité d'un combat.*

FÉROÏEN, ENNE ou **FÉRINGIEN, ENNE** adj. et n. Des îles Féroé. ◆ **n.m.** Langue scandinave parlée aux îles Féroé.

FERRADE n.f. (provenç. *ferrado*). Région. (Provence). Action de marquer le bétail au fer rouge.

FERRAGE n.m. Action de ferrer.

FERRAILLAGE n.m. **CONSTR.** Ensemble des fers d'un ouvrage en béton armé ; leur mise en place.

FERRAILLE n.f. **1.** Débris de pièces en fer, en fonte ou en acier ; ensemble de pièces de métal hors d'usage. **2.** Objet, machine métalliques hors d'usage. **3.** Fam. Menue monnaie ; mitraille.

FERRAILLER v.i. [3]. **1.** Vieilli. Se battre au sabre ou à l'épée. **2.** Fig. Livrer combat à : *Ferrailler contre le tabagisme.* **3.** Faire un bruit de ferraille entrechoquée : *L'ancre du bateau descend en ferraillant.* **4. CONSTR.** Disposer un ferraillage.

FERRAILLEUR n.m. Personne qui récupère, qui vend de la ferraille.

FERRALLITIQUE adj. **PÉDOL.** Latéritique.

FERRATE n.m. **CHIM. MINÉR.** Sel dérivé du fer dans l'état d'oxydation + 6.

FERRATISME n.m. **ALP.** Pratique de la via ferrata.

FERRATISTE adj. Relatif au ferratisme. ◆ **n.** Personne qui pratique le ferratisme.

FERRÉ, E adj. Garni de fer : *Chaussures ferrées.* ▪ **Être ferré sur** ou **en un domaine** [fam.], le connaître à fond. ▪ **Voie ferrée,** voie de chemin de fer.

FERRÉDOXINE n.f. **BIOCHIM.** Protéine très simple, contenant du fer et du soufre, et qui joue un rôle fondamental dans les oxydations et les réductions chez tous les êtres vivants, en partic. dans la photosynthèse des plantes vertes.

FERREMENT n.m. **CONSTR.** Gros fer renforçant une maçonnerie.

FERRER v.t. [3]. **1.** Garnir de fer, de ferrures : *Ferrer une roue, une canne.* **2.** Clouer des fers aux sabots d'un animal de trait ou d'un équidé. ▪ **Ferrer un poisson,** accrocher à l'hameçon un poisson qui vient de mordre, en tirant la ligne d'un coup sec. ◆ **SE FERRER** v.pr. Se prendre à l'hameçon, en parlant d'un poisson.

FERRET n.m. **1.** Petit embout fixé aux extrémités d'un lacet. **2.** Tige utilisée pour prélever du verre fondu.

FERREUX, EUSE adj. **1.** Qui contient du fer : *Minerai ferreux.* **2. CHIM. MINÉR.** Se dit d'un composé dans lequel le fer est dans l'état d'oxydation + 2 (ex. : oxyde ferreux FeO).

FERRICYANURE n.m. **CHIM. MINÉR.** Complexe du fer (III) renfermant l'anion $[Fe(CN)_6]^{3-}$.

FERRIMAGNÉTIQUE adj. Doué de ferrimagnétisme.

FERRIMAGNÉTISME n.m. **PHYS.** Magnétisme particulier présenté par les ferrites.

FERRIQUE adj. **CHIM. MINÉR.** Se dit d'un composé dans lequel le fer est dans l'état d'oxydation + 3 (ex. : oxyde ferrique Fe_2O_3).

1. FERRITE **n.m.** Céramique magnétique composée d'oxydes de fer contenant un ou plusieurs cations bivalents (nickel, magnésium, etc.) [nom générique].

2. FERRITE **n.f.** MÉTALL. Variété allotropique de fer pur présente dans des alliages ferreux et contenant une infime partie de carbone.

FERRITINE **n.f.** Protéine qui assure le stockage du fer et sa régulation dans l'organisme. ➲ Son dosage dans le plasma sanguin permet d'évaluer les réserves disponibles en fer.

FERROALLIAGE **n.m.** Alliage contenant du fer.

FERROCÉRIUM [-rjɔm] **n.m.** Alliage de fer et de cérium, utilisé comme pierre à briquet.

FERROCHROME [-krom] **n.m.** Alliage de fer et de chrome pour la fabrication des aciers inoxydables et spéciaux.

FERROCIMENT **n.m.** Matériau constitué par un mortier de ciment fortement armé.

FERROCYANURE **n.m.** CHIM. MINÉR. Complexe du fer (II) renfermant l'anion $[Fe(CN)_6]^{4-}$.

FERROÉLECTRICITÉ **n.f.** PHYS. Existence, dans certains cristaux, d'une polarisation électrique spontanée et permanente, réversible sous l'action d'un champ magnétique extérieur.

FERROÉLECTRIQUE **adj.** Doué de ferroélectricité.

FERROMAGNÉTIQUE **adj.** Doué de ferromagnétisme.

FERROMAGNÉTISME **n.m.** PHYS. Propriété de certaines substances (fer, cobalt, nickel) de prendre une forte aimantation, même en l'absence de champ magnétique extérieur. ➲ Les corps doués de ferromagnétisme sont des aimants.

FERROMANGANÈSE **n.m.** Alliage de fer à haute teneur en manganèse (jusqu'à 80 %).

FERROMOLYBDÈNE **n.m.** Alliage de fer et de molybdène (40 à 80 %).

FERRONICKEL **n.m.** Alliage de fer et de nickel (plus de 25 %).

FERRONNERIE **n.f.** (de l'anc. fr. *ferron*, ouvrier du fer). **1.** Travail artistique du fer forgé ; ensemble des objets ainsi fabriqués. **2.** Atelier, commerce du ferronnier.

FERRONNIER, ÈRE **n.** Artisan, artiste en ferronnerie.

FERRONNIÈRE **n.f.** Chaînette ou fin bandeau portés sur le front et ornés en leur milieu d'une pierre fine ou précieuse.

FERROSILICIUM [-sjɔm] **n.m.** Alliage de fer et de silicium (de 15 à 95 %), destiné à l'élaboration des alliages ferreux.

FERROUTAGE **n.m.** Transport rail-route*.

FERROUTER **v.t.** [3]. Acheminer par ferroutage.

FERROVIAIRE **adj.** (ital. *ferroviario*). Relatif au chemin de fer ; qui concerne le transport par chemin de fer.

FERRUGINEUX, EUSE **adj.** (lat. *ferruginosus*). PÉDOL. Qui contient du fer ou l'un de ses composés : *Eau ferrugineuse.*

FERRURE **n.f.** **1.** Garniture de fer d'une porte, d'une fenêtre, d'un élément de menuiserie, etc. **2.** Ensemble des fers cloués aux sabots d'un animal.

FERRY **n.m.** (pl. *ferrys* ou *ferries*) [abrév.]. Ferry-boat.

FERRY-BOAT (pl. *ferry-boats*), ▲ *FERRYBOAT* [fɛribot] **n.m.** (mot angl., de *ferry*, passage, et *boat*, bateau). Navire aménagé pour le transport des trains ou des véhicules routiers et de leurs passagers. Abrév. **ferry.** Recomm. off. **(navire) transbordeur.**

FERTÉ **n.f.** (du lat. *firmitas*, fermeté). Vx. (Conservé dans plusieurs noms de villes autref. fortifiées). Place forte ; forteresse : *La Ferté-Milon.*

FERTILE **adj.** (lat. *fertilis*). **1.** Se dit d'un sol, d'une région qui peuvent donner d'abondantes récoltes ; fécond. **2.** Fig. Se dit d'un esprit capable de produire beaucoup ; créatif : *Une imagination fertile.* **3.** Se dit d'une femelle capable de procréer. **4.** PHYS. NUCL. Se dit d'un élément chimique qui peut devenir fissile. ▪ **Fertile en,** qui abonde en : *Un film fertile en rebondissements.*

FERTILISABLE **adj.** Qui peut être fertilisé.

FERTILISANT, E **adj.** et **n.m.** Qui fertilise.

FERTILISATION **n.f.** Action de fertiliser ou d'amender.

PRINCIPALES FÊTES RELIGIEUSES

judaïsme		
Pourim	délivrance des Juifs par Esther	avant la Pâque
Pessah	Pâque	mars-avril
Shabouot	Pentecôte, ou fête des Semaines	mai-juin
Rosh ha-Shana	Nouvel An	début de l'automne
Yom Kippour	Grand Pardon	10ᵉ jour après Rosh ha-Shana
Soukkot	fête des Tabernacles	septembre-octobre
Hanoukka	Dédicace, ou fête des Lumières	novembre-décembre
christianisme		
Noël	naissance du Christ	25 décembre
Épiphanie	manifestation du Christ aux Mages	dimanche suivant le 1er janvier
Pâques	résurrection du Christ	
Ascension	montée du Christ au ciel	40 jours après Pâques
Pentecôte	descente du Saint-Esprit sur les apôtres	50 jours après Pâques
Trinité		dimanche suivant la Pentecôte
Assomption ou Dormition de la Vierge	élévation de la Vierge au ciel	15 août
Toussaint	fête de tous les saints	1er novembre
islam		
Commémoration de l'hégire		1 muharram (1er jour du 1er mois de l'année)
Achoura (surtout célébrée chez les chiites)	commémoration de la passion de Husayn	10 muharram
Mouloud	naissance du Prophète	12 rabi al-awwal (3ᵉ mois de l'année)
Ramadan	mois du Coran et du jeûne	ramadan (9ᵉ mois de l'année)
Aïd-el-Fitr ou Aïd-el-Séghir	fin du ramadan (Petite Fête)	1 chawwal (10ᵉ mois de l'année)
Aïd-el-Kébir ou Aïd-el-Adha	fête du sacrifice (Grande Fête)	10 dhu al-hidjdja (12ᵉ mois de l'année)

Dans le calendrier musulman, qui est purement lunaire, l'année comprend 12 lunaisons de 29 ou 30 jours, soit 354 ou 355 jours ; elle compte donc 11 jours de moins que l'année solaire et n'est plus alors en correspondance ni avec les saisons ni avec l'année grégorienne.

FERTILISER **v.t.** [3]. Rendre une terre fertile par l'apport d'engrais ; amender.

FERTILITÉ **n.f.** **1.** Qualité d'une terre fertile ; fécondité. **2.** Capacité d'un esprit à créer ; inventivité.

FERTIRRIGATION **n.f.** Irrigation d'une plante avec une eau contenant des fertilisants solubles.

FERTIRRIGUER **v.t.** [3]. Pratiquer la fertirrigation.

FÉRU, E **adj.** (de *férir*). Qui éprouve un intérêt passionné pour ; fervent : *Féru d'histoire, de romans policiers.*

FÉRULE **n.f.** (lat. *ferula*). **1.** Plante odorante des régions méditerranéennes et d'Asie occidentale, dont les espèces fournissent des gommes-résines. ➲ Famille des ombellifères. **2.** Vx. Palette de bois ou de cuir avec laquelle on frappait la main des écoliers en faute. ▪ **Sous la férule de qqn** [litt.], sous sa direction sévère.

FERVENT, E **adj.** (du lat. *fervens, -entis*, bouillonnant). **1.** Qui manifeste une grande ferveur ; passionné : *Les fervents admirateurs d'un acteur.* **2.** Où il entre beaucoup de ferveur ; ardent : *Prière fervente.* ◆ **adj.** et **n.** Qui se passionne pour : *Les fervents du tennis.*

FERVEUR **n.f.** (lat. *fervor*). **1.** Amour passionné ; élan enthousiaste ; chaleur : *Elle a plaidé avec ferveur.* **2.** Zèle ardent animé par la foi religieuse ; piété.

FESSE **n.f.** (du lat. *fissum*, fente). Chacune des deux parties charnues qui forment le derrière de l'homme et de certains animaux. ▪ **Histoire de fesses** [très fam.], histoire grivoise. ▪ **Serrer les fesses** [fam.], avoir peur.

FESSÉE **n.f.** **1.** Série de coups sur les fesses. **2.** Fam. Défaite humiliante.

FESSE-MATHIEU **n.m.** (pl. *fesse-mathieux*). Vx. Personne extrêmement avare.

FESSER **v.t.** [3]. Donner une fessée à.

FESSIER, ÈRE **adj.** Relatif à la fesse. ◆ **adj.** et **n.m.** ANAT. Se dit des trois muscles de la fesse. ◆ **n.m.** Fam. Ensemble des deux fesses ; derrière ; postérieur.

FESSU, E **adj.** Fam. Qui a de grosses fesses.

FESTIF, IVE **adj.** Relatif à la fête en tant que réjouissance collective : *Une musique festive.*

FESTIN **n.m.** (ital. *festino*). Repas somptueux donné en l'honneur de qqn, de qqch ; banquet.

FESTIVAL **n.m.** (pl. *festivals*) [mot angl.]. **1.** Tenue périodique de manifestations artistiques appartenant à un genre donné et se déroulant habituellement dans un endroit précis : *Le Festival de Deauville. Un festival de musique.* **2.** Manifestation brillante : *La rentrée littéraire nous offre un festival d'autobiographies.*

FESTIVALIER, ÈRE **adj.** Relatif à un festival. ◆ **n.** Personne qui assiste à un festival.

FESTIVITÉ **n.f.** (Surtout pl.). Ensemble de réjouissances auxquelles un événement donne lieu.

FEST-NOZ (pl. *fest[où]-noz*), ▲ *FESTNOZ* [fɛstnɔz] **n.m.** (mot celte). Région. (Bretagne). Fête nocturne traditionnelle, où l'on danse au rythme des chants et de la musique jouée par les sonneurs (de biniou, de bombarde).

FESTON **n.m.** (ital. *festone*). **1.** Guirlande de fleurs et de feuillage suspendue en arc et servant de décor. **2.** ARCHIT., ARTS APPL. Ornement en forme de guirlande ou de petits lobes répétés. **3.** Point de broderie bouclé, souvent utilisé en arceaux pour border un ouvrage.

FESTONNER **v.t.** [3]. Orner de festons ; découper en festons.

FESTOYER **v.i.** [7] (de l'anc. fr. *feste*, fête). **1.** Faire bombance. **2.** Prendre part à un festin ; banqueter.

FETA [fɛta], ▲ *FÉTA* **n.f.** (mot gr.). Fromage grec au lait de brebis à pâte molle, affiné en saumure.

FÊTARD, E n. Fam. Personne qui fait la fête ; noceur.

FÊTE n.f. (du lat. *festa dies*, jour de fête). **1.** Solennité religieuse ou civile, en commémoration d'un fait important. **2.** Ensemble de réjouissances organisées par une collectivité ou un particulier : *Il organise une fête pour ses 50 ans.* **3.** Jour de la fête du saint dont on porte le nom. **4.** Québec, Suisse. Anniversaire de naissance. ▪ **Air de fête,** aspect gai, riant. ▪ **Ça va être sa fête** [fam.], il va être malmené ou réprimandé. ▪ **Être à la fête,** éprouver une grande satisfaction. ▪ **Faire fête à qqn,** l'accueillir avec chaleur. ▪ **Faire la fête,** se divertir en buvant, en mangeant, en dansant ; mener une vie de plaisir. ▪ **Fête nationale,** fête officielle de la nation tout entière. ➲ Célébrée en France le 14 juillet, pour commémorer la prise de la Bastille (14 juillet 1789) et la fête de la Fédération (14 juillet 1790). ▪ **Ne pas être à la fête,** être dans une situation désagréable. ▪ **Se faire une fête de,** se réjouir à l'idée de.

FÊTE-DIEU n.f. (pl. *Fêtes-Dieu*). **CATH.** Fête de l'Eucharistie, instituée en 1264 par Urbain IV, appelée auj. *fête du Saint-Sacrement*, et célébrée le deuxième dimanche après la Pentecôte.

FÊTER v.t. [3]. **1.** Célébrer par une fête : *Nous avons fêté son élection.* **2.** Accueillir qqn avec joie : *Fêter une équipe victorieuse.*

FÉTIAL [fesjal] ou **FÉCIAL** n.m. (pl. *fétiaux, féciaux*) [lat. *fecialis*]. **ANTIQ. ROM.** Prêtre ou magistrat qui faisait partie du collège chargé d'accomplir les formalités juridiques et religieuses relatives à la guerre.

FÉTICHE n.m. (du port. *feitiço*, sortilège). **1.** Objet ou animal auquel sont attribuées des propriétés magiques bénéfiques ; grigri ; talisman. **2. PSYCHAN.** Objet inanimé ou partie du corps non sexuelle susceptibles de devenir à eux seuls objets de la pulsion sexuelle.

FÉTICHEUR n.m. Afrique. **1.** Responsable d'un culte animiste. **2.** Guérisseur ou devin faisant agir des fétiches.

FÉTICHISER v.t. [3]. Attribuer à qqn, à qqch une existence ou un pouvoir quasi magique ; les respecter de façon excessive.

FÉTICHISME n.m. **1.** Culte des fétiches. **2.** Afrique. Religion traditionnelle (animisme) [par oppos. au *christianisme* et à l'*islam*]. **3.** Vénération outrée, superstitieuse pour qqch, qqn ; culte. **4. PSYCHAN.** Remplacement de la pulsion sexuelle par un fétiche.

FÉTICHISTE adj. Relatif au fétichisme. ◆ adj. et n. **1.** Qui pratique le fétichisme. **2. PSYCHAN.** Qui pratique le fétichisme sexuel.

FÉTIDE adj. (lat. *foetidus*). Se dit d'une odeur forte et répugnante ; se dit de ce qui dégage cette odeur ; nauséabond : *L'odeur fétide des égouts.*

FÉTIDITÉ n.f. Caractère de ce qui est fétide ; odeur fétide ; puanteur.

FÉTU n.m. (lat. *festuca*). Brin de paille.

FÉTUQUE n.f. (lat. *festuca*). Plante fourragère vivace des prairies naturelles ou cultivées. ➲ Famille des graminées.

1. FEU n.m. (du lat. *focus*, foyer, bûcher). **1.** Dégagement simultané de chaleur, de lumière et de flamme produit par la combustion vive de certains corps (bois, charbon, etc.). **2.** Amas de matières en combustion ; destruction par les flammes ; incendie : *Le feu a ravagé la forêt.* **3.** Source de chaleur (charbon, gaz, électricité) utilisée pour le chauffage ou la cuisson des aliments : *Cuire à feu doux.* **4.** Lieu où l'on fait le feu ; foyer : *Veillée au coin du feu.* **5.** Moyen d'allumer qqch, une cigarette ; allumette : *Auriez-vous du feu ?* **6.** Sensation de chaleur, de brûlure : *Le feu du rasoir.* **7.** Source d'éclairage ; lumière : *Extinction des feux à vingt-deux heures. Les feux de la rampe.* **8.** Dispositif lumineux réglementaire d'éclairage et/ou de signalisation d'un véhicule (automobile, avion, navire, train, etc.). **9. MAR.** Tout dispositif de signalisation lumineuse, à terre ou à bord. **10.** Litt. Vif éclat produit par qqch ; flamboiement : *Les feux d'un diamant.* **11.** Ardeur des sentiments ; fougue : *Un discours plein de feu.* **12.** Décharge d'une arme au cours de laquelle un projectile est tiré : *Un feu nourri.* **13.** Combat ; guerre : *Aller au feu.* **14.** Fam. Pistolet. **15. HIST.** Ensemble de personnes regroupées autour du même foyer, qui constituait, en France avant 1789, l'unité de base pour la répartition de l'impôt. ▪ **Arts du feu** [arts appl.], la céramique, la verrerie, l'émaillerie. ▪ **Cercle de feu** [géol.], ceinture de volcans entourant l'océan Pacifique. ▪ **Coup de feu,** décharge d'une arme à feu ; hausse brutale de la température de cuisson ; fig., moment d'activité intense. ▪ **Donner, obtenir le feu vert pour,** donner, obtenir l'autorisation de. ▪ **École à feu** [mil.], exercice à tir réel d'artillerie. ▪ **En feu,** en train de brûler ; irrité : *Avoir la bouche en feu.* ▪ **Épreuve du feu** [hist.], épreuve qui consistait à faire porter au prévenu une barre de fer rouge et à le condamner selon l'évolution de la plaie. ▪ **Être pris entre deux feux,** être attaqué de deux côtés. ▪ **Être sans feu ni lieu** [vieilli], sans domicile. ▪ **Être tout feu, tout flamme,** plein de zèle, d'ardeur. ▪ **Faire feu,** tirer. ▪ **Faire feu de tout bois,** utiliser toutes les possibilités dont on dispose. ▪ **Faire long feu,** en parlant d'un projectile, partir avec retard, la charge de poudre s'étant mal allumée ; fig., ne pas réussir : *Projet qui fait long feu.* ▪ **Faire mourir qqn à petit feu,** l'épuiser en lui causant de grands chagrins. ▪ **Feu bactérien** [arbor.], maladie des rosacées provoquant un dessèchement des organes atteints, comparable à une brûlure. ▪ **Feu de Bengale,** artifice brûlant avec une flamme vive, blanche ou colorée. ▪ **Feu de cheminée,** embrasement de la suie accumulée dans une cheminée. ▪ **Feu de joie,** allumé lors de réjouissances publiques. ▪ **Feu de la Saint-Jean,** fête traditionnelle menée autour d'un bûcher, allumé dans la nuit du 23 au 24 juin, pour éloigner les mauvaises influences, assurer de bonnes récoltes, etc. ▪ **Feu de paille,** passion, ardeur passagère. ▪ **Feu de Saint-Antoine,** mal des ardents*. ▪ **Feu ouvert** [Belgique], âtre. ▪ **Feu sacré,** zèle ardent. ▪ **Feu Saint-Elme,** phénomène électrique lumineux qui se manifeste parfois à l'extrémité des mâts d'un navire. ▪ **Feu sauvage** [Québec], herpès labial ; éruption vésiculeuse qui en résulte. ▪ **Feu tricolore** ou **de signalisation,** signal lumineux commandant le passage libre (*feu vert*), toléré (*feu orange*) ou interdit (*feu rouge*) du trafic automobile. ▪ **Feux de croisement,** feux d'un véhicule routier, que le conducteur doit allumer en substitution aux feux de route lorsqu'il croise un autre véhicule (SYN. **codes**). ▪ **Feux de direction,** feux clignotants placés à l'avant et à l'arrière d'un véhicule et permettant au conducteur de signaler son intention de se déporter vers la droite ou vers la gauche (SYN. **clignotants**). ▪ **Feux de gabarit,** destinés à délimiter l'encombrement d'un véhicule lourd qui circule de nuit. ▪ **Feux de position,** feux (blancs à l'avant, rouges à l'arrière) qui définissent le gabarit d'un véhicule (SYN. **lanternes, veilleuses**). ▪ **Feux de route,** feux d'une portée minimale de 100 m, équipant les véhicules routiers et destinés à être utilisés hors des agglomérations (SYN. **phares**). ▪ **Feux de stationnement,** destinés à baliser un véhicule en site obscur. ▪ **Feux stop,** feux rouges, montés par paire à l'arrière d'un véhicule et synchronisés à l'action du système de freinage. (On dit aussi des *stops*.) ▪ **Grand feu** [arts appl.], procédé décoratif de la faïence qui consiste à cuire ensemble à haute température (v. 1 000 °C) émail et décor. ▪ **Jouer avec le feu,** s'exposer témérairement à un danger. ▪ **Ne pas faire long feu,** ne pas durer longtemps. ▪ **N'y voir que du feu,** ne s'apercevoir de rien. ▪ **Ouvrir le feu,** commencer à tirer. ▪ **Petit feu** [arts appl.], procédé décoratif de la faïence qui consiste à fixer le décor par plusieurs cuissons successives à une température d'env. 800 °C. ▪ **Prendre feu,** s'enflammer.

2. FEU, E adj. (pl. *feus, es*) [du lat. *fatum*, destin]. Litt. Décédé depuis peu ; défunt.

✎ ***Feu*** *est inv. quand il précède l'art. ou le poss. :* ***Feu ma tante ; ma feue tante.***

FEUDATAIRE n. (lat. médiév. *feudatarius*). **HIST.** Vassal possesseur d'un fief.

FEUDISTE n. (lat. médiév. *feudista*). Spécialiste du droit féodal.

FEUIL n.m. (du lat. *folia*, feuille). **PEINT. INDUSTR.** Pellicule mince formée par une ou plusieurs couches de peinture, de vernis, etc. (SYN. **film**).

FEUILLAGE n.m. **1.** Ensemble des feuilles d'un arbre, persistant chez certaines espèces (pin, sapin, laurier), annuellement caduc chez d'autres (bouleau, hêtre, etc.). **2.** Ensemble de branches coupées, chargées de feuilles : *Une hutte de feuillage.*

FEUILLAISON n.f. **BOT.** Foliation.

FEUILLANT, INE n. Religieux appartenant à une branche de l'ordre cistercien, réformée en 1577 et disparue en 1789. ◆ **FEUILLANTS** n.m. pl. ▪ **Les Feuillants** ou **le club des Feuillants,** v. partie n.pr.

FEUILLANTINE n.f. (de *feuilleter*). Gâteau à pâte feuilletée.

FEUILLARD n.m. **1.** Branche de saule ou de châtaignier qui, fendue en deux, sert à faire des cercles de tonneaux. **2.** Bande métallique, plastique ou textile destinée à fermer un emballage. **3.** Tôle métallique fine, réalisée par laminage à froid.

FEUILLE n.f. (lat. *folium*). **1.** Organe fondamental de nombreux végétaux, caractérisé par une lame verte (limbe), de taille et de forme spécifiques, siège de la photosynthèse et des échanges gazeux avec l'atmosphère, attachée à la tige par le pétiole. **2.** Organe végétal rappelant la forme d'une feuille : bractée (feuille d'artichaut, par ex.), foliole (trèfle à quatre feuilles, par ex.). **3.** Mince plaque de bois, de métal, de minéral, de carton, etc. : *Feuille d'or, d'ardoise.* **4.** Morceau de papier rectangulaire sur lequel on écrit, on imprime, etc. **5.** Imprimé, document comportant des indications administratives ; formulaire. ▪ **Bonnes feuilles** [imprim.], feuilles du tirage définitif ; extraits d'une œuvre à paraître, diffusés dans les médias avant la mise en vente. ▪ **Feuille de calcul** [inform.], tableau de données constitué de lignes et de colonnes, rempli avec un tableur. ▪ **Feuille de chêne,** laitue aux feuilles profondément découpées et dont le cœur ne pomme pas. ▪ **Feuille de chou** [fam.], journal médiocre. ▪ **Feuille de maladie,** mentionnant les actes et les médicaments dispensés aux assurés sociaux, en vue d'en obtenir le remboursement. ▪ **Feuille de route** → **ROUTE.** ▪ **Feuille**

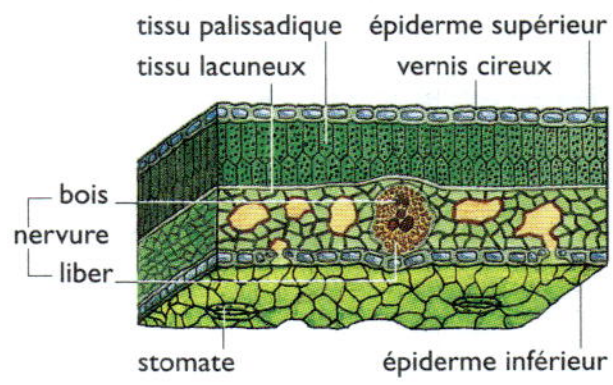

coupe transversale d'une feuille de dicotylédone

parties d'une feuille composée (rosier)

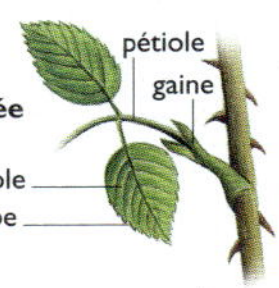

formes des feuilles ou des folioles

▲**feuilles**

de style [inform.], fichier descriptif associé à un ou plusieurs documents pour spécifier leur mise en forme. ▪ **Feuille d'impôts,** document adressé au contribuable indiquant le montant et la date des versements à effectuer au titre de l'impôt. ▪ **Feuille morte,** desséchée et jaunie.

FEUILLÉE n.f. Litt. Abri formé de branches garnies de feuilles. ◆ **n.f. pl. MIL.** Fosse servant de latrines aux troupes en campagne.

FEUILLE-MORTE adj. inv. De la couleur jaune-brun des feuilles sèches.

FEUILLERET n.m. Rabot servant à faire les feuillures.

FEUILLET n.m. **1.** Ensemble de deux pages, recto et verso, d'un encart, d'un livre ou d'un cahier. **2.** Planche de faible épaisseur (15 à 18 mm) utilisée pour les panneaux, en menuiserie et en ébénisterie. **3.** Troisième poche de l'estomac des ruminants, aux parois feuilletées. **4. EMBRYOL.** Chacun des constituants fondamentaux, disposés en lames (ectoblaste, endoblaste et mésoblaste), de l'ébauche embryonnaire, ayant chacun une destination précise et engendrant une série d'organes.

1. FEUILLETAGE n.m. Action de feuilleter un livre, une revue, etc.

2. FEUILLETAGE n.m. **1.** Action de feuilleter de la pâte. **2.** Pâte à base de farine et de beurre, repliée plusieurs fois sur elle-même de manière à se séparer en feuilles à la cuisson (SYN. **pâte feuilletée**).

FEUILLETÉ, E adj. Constitué de lames minces superposées : *Roche feuilletée.* ▪ **Pâte feuilletée,** feuilletage. ◆ **n.m. CUIS.** Feuilletage garni d'une préparation salée (vol-au-vent, friand) ou sucrée (mille-feuille).

1. FEUILLETER v.t. **[16],** ▲ *[12].* Tourner les pages d'un livre, d'une revue en les parcourant rapidement et au hasard ; survoler.

2. FEUILLETER v.t. **[16],** ▲ *[12].* **CUIS.** Travailler une pâte selon la technique du feuilletage.

FEUILLETIS n.m. **BIJOUT.** Bord d'une pierre fine taillée, où se terminent les facettes.

FEUILLETON n.m. (de *feuillet*). **1.** Œuvre romanesque publiée par épisodes dans un journal ou un magazine (SYN. **roman-feuilleton**). **2.** Fiction radiodiffusée ou télévisée dont le contenu est fractionné en épisodes de même durée. **3.** Fig. Histoire pleine de rebondissements souvent invraisemblables. **4.** Article de critique littéraire qu'un auteur publie régulièrement dans un journal.

FEUILLETONESQUE adj. Qui présente les caractères du feuilleton.

FEUILLETONISTE n. Auteur de feuilletons dans un journal.

FEUILLETTE n.f. Tonneau dont la contenance varie, suivant les régions, de 114 à 136 litres.

FEUILLU, E adj. **BOT.** Qui a beaucoup de feuilles. ◆ **n.m.** Arbre qui possède des feuilles à limbe déployé.

FEUILLURE n.f. **MENUIS.** Angle rentrant ménagé le long d'un élément de construction pour recevoir une partie de menuiserie fixe ou mobile.

FEULEMENT n.m. Cri du tigre, du chat.

FEULER v.i. **[3]** (onomat.). **1.** Pousser son cri, en parlant du tigre, de la panthère (SYN. **rauquer**). **2.** Gronder, en parlant du chat.

FEUTRAGE n.m. **1.** Fait de feutrer, de se feutrer. **2. BIOL.** Enchevêtrement de fibres ou de filaments d'origine végétale ou animale, dont la texture rappelle le feutre : *Feutrage blanc de l'oïdium.*

FEUTRE n.m. (francique **filtir*). **1.** Étoffe obtenue, sans filature ni tissage, par agrégation serrée de poils ou de filaments de laine. **2.** Chapeau de feutre. **3.** Instrument servant à écrire, dont le corps renferme un réservoir poreux imprégné d'encre et relié à une pointe en matériau synthétique.

FEUTRÉ, E adj. **1.** Qui a acquis la texture ou l'aspect du feutre, par lavage ou par usure : *Pull feutré.* **2.** Garni de feutre. **3.** Où les bruits sont étouffés : *Salon à l'atmosphère feutrée.* ▪ **Marcher à pas feutrés,** sans faire de bruit.

FEUTRER v.t. **[3]. 1.** Agglomérer des poils, de la laine pour fabriquer du feutre. **2.** Faire perdre de sa souplesse à un lainage, notamm. sous l'effet de la chaleur. **3.** Garnir de feutre. ◆ **v.i.** ou **SE FEUTRER v.pr.** Prendre la contexture, l'aspect du feutre.

FEUTRINE n.f. Feutre léger, très serré.

FÈVE n.f. (lat. *faba*). **1.** Plante annuelle cultivée pour sa graine destinée à l'alimentation humaine ou animale. ➲ Sous-famille des papilionacées. **2.** Graine de cette plante. **3.** Québec. Haricot : *Des fèves jaunes, vertes.* **4.** Figurine, petit objet cachés dans la galette des Rois. ▪ **Fèves au lard** [Québec], plat composé de haricots blancs secs, cuits lentement au four avec de la mélasse et du lard salé. ▪ **Fèves germées** [Québec], germes du haricot mungo.

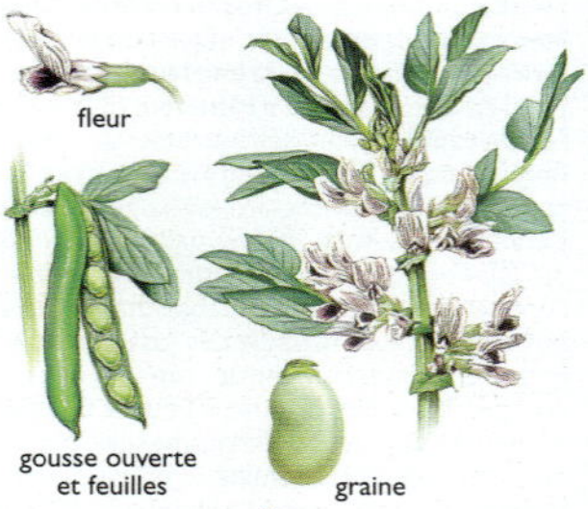

▲ fève

FÉVEROLE, FÈVEROLE ou **FAVEROLE** n.f. **AGRIC.** Fève d'une variété à petit grain, utilisée dans l'alimentation du bétail.

FÉVETTE n.f. Variété de petite fève.

FÉVIER n.m. Arbre ornemental au feuillage rappelant l'acacia, à longues gousses plates. ➲ Sous-famille des césalpiniacées.

FÉVRIER n.m. (lat. *februarius*). Deuxième mois de l'année, qui a 28 jours (29 dans les années bissextiles).

FEZ [fɛz] n.m. (de *Fès*, n.pr.). Calotte tronconique en laine, portée en Afrique du Nord et au Proche-Orient.

FI interj. (onomat.). Litt. Marque le mépris. ▪ **Faire fi de,** n'attacher aucune importance à.

FIABILISER v.t. **[3].** Rendre plus fiable : *Fiabiliser un dispositif.*

FIABILITÉ n.f. Probabilité de fonctionnement sans défaillance d'un dispositif dans des conditions spécifiées et pendant une période de temps déterminée.

FIABLE adj. (de *se fier*). **1.** Doué de fiabilité : *Machine fiable.* **2.** À qui l'on peut se fier ; sûr : *Ami fiable.*

FIACRE n.m. (de saint *Fiacre*). Anc. Voiture hippomobile à quatre roues et à quatre places.

FIADONE n.m. (mot corse). Gâteau confectionné à base de broccio et parfumé au citron. ➲ Spécialité corse.

FIANÇAILLES n.f. pl. **1.** Promesse mutuelle de mariage ; cérémonie qui l'accompagne. **2.** Temps qui s'écoule entre cette promesse et le mariage.

FIANCÉ, E n. Personne qui s'est fiancée.

FIANCER v.t. **[9]** (de l'anc. fr. *fiance*, engagement). **1.** Promettre solennellement en mariage. **2.** Célébrer les fiançailles de. ◆ **SE FIANCER v.pr.** (À, AVEC). S'engager à épouser qqn.

FIASCO n.m. (mot ital.). **1.** Fam. Échec complet. **2.** Impuissance sexuelle accidentelle.

FIASQUE n.f. (ital. *fiasco*). Bouteille à col long et à large panse clissée, employée en Italie.

FIBRANNE n.f. Fibre textile cellulosique artificielle.

FIBRE n.f. (lat. *fibra*). **1. HISTOL.** Filament ou cellule filamenteuse constituant certains tissus animaux ou végétaux, certaines substances minérales. **2.** Tout élément filamenteux allongé, d'origine naturelle ou non, constitutif d'un fil, d'une feuille de papier, etc. : *Fibre textile.* **3.** Fig. (Génér. suivi d'un adj.). Sensibilité particulière de qqn : *Avoir la fibre artistique.* ▪ **Fibre alimentaire** [physiol.], substance glucidique non digestible contenue dans les végétaux alimentaires. ▪ **Fibre conjonctive** [physiol.], substance protéique qui se trouve dans la matrice du tissu conjonctif. ▪ **Fibre de verre,** filament obtenu par étirage du verre fondu, utilisé pour la fabrication des fils de verre, de la laine et des tissus de verre, et pour le renforcement des plastiques. ▪ **Fibre nerveuse** [physiol.], ensemble formé par un prolongement d'un neurone, axone ou dendrite, et par la gaine qui l'entoure éventuellement. ▪ **Fibre optique,** support de communication constitué d'un filament de matière diélectrique (verre, silice, etc.) dans lequel se propage la lumière (visible ou infrarouge). ➲ Les fibres optiques constituent le support principal pour la transmission d'informations numériques dans les réseaux à haut débit.

FIBREUX, EUSE adj. Qui contient des fibres ; qui est formé de fibres.

FIBRILLAIRE [-lɛr] adj. **HISTOL.** Relatif à une fibrille ; constitué de fibrilles.

FIBRILLATION [-lasjɔ̃] n.f. **MÉD.** Anomalie de l'activité musculaire caractérisée par de multiples petites contractions isolées, désordonnées et inefficaces. ▪ **Fibrillation auriculaire,** trouble fréquent du rythme cardiaque, caractérisé par des contractions rapides et inefficaces des oreillettes, et rapides et irrégulières des ventricules. ▪ **Fibrillation ventriculaire,** forme d'arrêt cardiaque dans lequel les ventricules sont parcourus de contractions désordonnées ressemblant à un frémissement.

FIBRILLE [fibrij] n.f. Petite fibre.

FIBRILLÉ [-je] n.m. Produit textile qui résulte du clivage longitudinal d'un film de polymère et qui comporte des fissures se décomposant en fibrilles.

FIBRINE n.f. **PHYSIOL.** Protéine filamenteuse provenant du fibrinogène, qui emprisonne les cellules du sang au cours de la coagulation et contribue à la formation du caillot.

FIBRINEUX, EUSE adj. Composé de fibrine.

FIBRINOGÈNE n.m. **PHYSIOL.** Protéine du plasma sanguin, qui se transforme en fibrine lors de la coagulation.

FIBRINOLYSE n.f. **MÉD. 1.** Dégradation normale ou pathologique de la fibrine par des enzymes ; dégradation d'un caillot devenu inutile. **2.** Destruction thérapeutique d'un caillot dans un vaisseau, par injection d'une substance fibrinolytique.

FIBRINOLYTIQUE adj. et n.m. **MÉD.** Se dit d'une substance capable de dissoudre les caillots sanguins.

FIBROBLASTE n.m. **HISTOL.** Cellule jeune du tissu conjonctif, qui élabore la matrice avant de se transformer en fibrocyte.

FIBROCIMENT n.m. (nom déposé). Matériau de construction constitué de ciment renforcé de fibres synthétiques et/ou naturelles.

FIBROCYTE n.m. **HISTOL.** Cellule de base du tissu conjonctif.

FIBROÏNE n.f. **TEXT., BIOCHIM.** Protéine constituant la partie essentielle de la soie, conférant à celle-ci sa solidité et son élasticité.

FIBROMATEUX, EUSE adj. Relatif à un fibrome, à une fibromatose.

FIBROMATOSE n.f. Affection caractérisée par la présence de plusieurs fibromes.

FIBROME n.m. (de *fibre*). **MÉD.** Tumeur conjonctive bénigne formée de fibroblastes et de fibres. ▪ **Fibrome (de l'utérus)** [abusif en médecine], léiomyome de l'utérus.

FIBROMYALGIE n.f. **MÉD.** Syndrome d'origine inconnue, touchant surtout les femmes, qui se caractérise princip. par des douleurs musculaires, une fatigue persistante et des troubles du sommeil.

▲ fibres optiques

FIBROMYALGIQUE adj. Relatif à la fibromyalgie. ◆ **adj.** et **n.** Atteint de fibromyalgie.

FIBROMYOME n.m. MÉD. Tumeur bénigne formée de tissu fibreux et de tissu musculaire lisse.

FIBROSCOPE n.m. MÉD. Endoscope souple et de petit diamètre, dans lequel la lumière est canalisée par un faisceau de fibres de verre.

FIBROSCOPIE n.f. Endoscopie réalisée au moyen d'un fibroscope.

FIBROSE n.f. MÉD. Transformation fibreuse d'un tissu.

FIBULA n.f. (mot lat.). **ANAT.** Péroné.

FIBULAIRE adj. Relatif à la fibula.

FIBULE n.f. (lat. *fibula*). **ARCHÉOL.** Épingle de sûreté en métal qui servait à fixer les vêtements.

▲ **fibule** gauloise en bronze ; Vᵉ s. av. J.-C. (Musée des Antiquités nationales, Saint-Germain-en-Laye.)

FIC n.m. (du lat. *ficus*, figue). Grosse verrue qui se développe en diverses régions du corps, chez les bovins et les équidés.

FICAIRE n.f. (lat. *ficaria*, de *ficus*, verrue). Petite plante, voisine du bouton-d'or, aussi appelée *fausse renoncule*, qui épanouit ses fleurs jaunes dès la fin de l'hiver. ➲ Famille des renonculacées.

FICELAGE n.m. Action de ficeler.

FICELÉ, E adj. Fam., péjor. Habillé : *Il est drôlement ficelé.* ■ **Bien ficelé,** bien fait : *Plaidoirie bien ficelée.*

FICELER v.t. [16], ▲ *[12].* **1.** Lier avec de la ficelle. **2.** Fig., fam. Élaborer avec astuce ; bâtir : *Elle a bien ficelé son scénario.*

FICELLE n.f. (lat. *funicella*, de *funis*, corde). **1.** Corde très mince constituée de fils retordus ou câblés, servant à lier, retenir, etc. **2.** Fig. (Souvent pl.). Procédé utilisé dans un métier, un art ; truc : *Connaître les ficelles du métier.* **3.** Pain mince et allongé correspondant, en poids, à une demi-baguette. ■ **Tirer les ficelles,** faire agir les autres sans être vu. ◆ **adj.** Fam., vieilli. Malin ; retors.

FICELLERIE n.f. Fabrique de ficelle.

FICHAGE n.m. Action de ficher, d'inscrire sur une fiche : *Le fichage des contrevenants.*

FICHANT, E adj. MIL. ■ **Tir fichant,** tir qui frappe presque verticalement un objectif.

FICHE n.f. (de *1. ficher*). **1.** Feuille cartonnée, d'un format plus ou moins grand, utilisée pour noter des informations. **2. ÉLECTROTECHN.** Pièce amovible destinée à être engagée dans une alvéole pour établir un contact : *Fiche simple, multiple.* **3. CONSTR.** Ferrure de rotation fixée dans le bois : *Fiches de fenêtre.* ■ **Fiche d'état civil,** document établi, en France, dans une mairie d'après un acte de l'état civil ou d'après le livret de famille. ➲ L'Administration a supprimé ce document en 2000. ■ **Fiche S** (S pour *sûreté de l'État*), document établi, en France, à des fins de surveillance par les services de renseignements (DGSI, notamm.), sur lequel sont portées des informations concernant tout individu, appelé *fiché S*, soupçonné de porter atteinte à la sûreté de l'État.

1. FICHER v.t. [3] (du lat. *figere*, attacher). **1.** Inscrire qqn dans un fichier en vue de le surveiller. **2.** Faire entrer, enfoncer qqch par la pointe ; planter : *Ficher un pieu en terre.*

2. FICHER ou **FICHE v.t. [3]** (de *1. ficher*). Fam. **1.** Faire : *Qu'est-ce que tu vas ficher là-bas ?* **2.** Mettre, jeter dehors : *Elle l'a fichu à la porte.* **3.** Donner : *Il lui a fichu une gifle.* ■ **Ficher** ou **fiche la paix à qqn,** le laisser tranquille. ◆ **SE FICHER** ou **SE FICHE v.pr.** Fam. **1. (DE).** Se moquer de. **2.** Se mettre : *Il s'est fichu par terre.*

FICHET n.m. Anc. Petit bâton servant de marque ; petite fiche.

FICHIER n.m. 1. Collection de fiches ; boîte, meuble à fiches. **2. INFORM.** Ensemble organisé d'informations, désigné par un nom précis, que le système d'exploitation d'un ordinateur manipule comme une simple entité, dans sa mémoire ou sur un support de stockage.

FICHOIR n.m. Anc. Morceau de bois fendu servant à fixer qqch sur une corde tendue.

FICHTRE interj. (de *2. ficher* et de *foutre*). Fam. Marque l'étonnement, l'admiration : *Fichtre ! Tu ne te refuses rien !*

FICHTREMENT adv. Fam. Extrêmement.

1. FICHU n.m. (de *2. fichu*). Triangle d'étoffe dont les femmes se couvrent les épaules ou la tête.

2. FICHU, E adj. (de *2. ficher*). Fam. **1.** (Avant le n.). Pénible ; désagréable : *J'en ai assez de cette fichue vérification.* **2.** (Après le n.). Irrémédiablement perdu ou compromis : *Le gigot est complètement fichu.* ■ **Être bien, mal fichu,** bien, mal fait. ■ **Être fichu de,** capable de : *Elle n'est pas fichue d'arriver à l'heure.* ■ **Être mal fichu,** un peu souffrant.

FICTIF, IVE adj. (du lat. *fictus*, imaginé). **1.** Qui est créé par l'imagination : *Personnage fictif.* **2.** Qui n'existe que par convention : *La valeur fictive des billets de banque.*

FICTION n.f. (lat. *fictio*). **1.** Invention de choses imaginaires, irréelles ; œuvre ainsi créée. **2.** Film de cinéma ou de télévision exposant des événements imaginés ; genre cinématographique ou télévisuel regroupant ces œuvres.

FICTIONNALISER v.t. [3]. 1. Créer une fiction, littéraire ou cinématographique, à partir d'éléments réels qu'on se réapproprie par le travail de l'écriture : *Dans ce biopic, le scénariste a délibérément fictionnalisé la vie du chanteur.* **2.** Donner la forme ou le caractère d'une fiction à des faits réels : *Fictionnaliser un fait divers.*

FICTIONNEL, ELLE adj. Relatif à la fiction ; fondé sur la fiction.

FICTIVEMENT adv. De façon fictive.

FICUS [fikys] **n.m.** (mot lat. « figuier »). Plante d'appartement d'origine tropicale, tel le caoutchouc. ➲ Famille des moracées.

FIDÉICOMMIS [-kɔmi] **n.m.** (du lat. *fidei commissum*, confié de bonne foi). **DR. CIV.** Libéralité testamentaire ou contractuelle faite à un bénéficiaire apparent chargé de faire parvenir les biens légués à une autre personne.

FIDÉISME n.m. (du lat. *fides*, foi). Doctrine selon laquelle la foi dépend du sentiment et non de la raison.

FIDÉISTE adj. et **n.** Relatif au fidéisme ; qui en est partisan.

FIDÈLE adj. (lat. *fidelis*). **1.** Constant dans son attachement, ses relations ; loyal : *Ami fidèle. Être fidèle à ses engagements.* **2.** Qui n'a de relations amoureuses qu'avec son conjoint, son compagnon. **3.** Qui ne s'écarte pas de la vérité, de la réalité, du modèle ; sûr : *Un témoin fidèle. Une description, une traduction fidèle.* **4.** Qui est indéfectiblement attaché à qqch ; constant : *Nos fidèles lecteurs.* **5.** Se dit d'un instrument qui donne toujours la même indication quand on répète la mesure ; fiable. ■ **Fidèle à,** qui ne s'écarte pas de : *Elle est fidèle à sa parole.* ■ **Mémoire fidèle,** qui retient longtemps et avec exactitude. ◆ **n. 1.** Personne qui pratique une religion. **2.** Personne qui fréquente régulièrement un groupe, un lieu ; habitué.

FIDÈLEMENT adv. 1. Avec fidélité ; loyalement. **2.** Avec exactitude ; scrupuleusement.

▲ **fifre.** *Le Fifre* (1866), d'Édouard Manet. (Musée d'Orsay, Paris.)

FIDÉLISATION n.f. Action de fidéliser.

FIDÉLISER v.t. [3]. S'attacher durablement une clientèle par des moyens appropriés (informations, prix ou services préférentiels, etc.).

FIDÉLITÉ n.f. 1. Qualité d'une personne fidèle ; loyauté. **2.** Qualité d'un appareil fidèle ; qualité de ce qui est conforme à la vérité ; justesse.

FIDJIEN, ENNE adj. et **n.** Des îles Fidji ; de leurs habitants. ◆ **n.m.** Langue mélanésienne parlée aux îles Fidji.

FIDUCIAIRE adj. BANQUE. Se dit de valeurs fondées sur la confiance accordée à qui les émet : *Le billet de banque est une monnaie fiduciaire.* ■ **Société fiduciaire,** société qui effectue des travaux comptables, juridiques, fiscaux, d'organisation, d'expertise, etc., pour le compte des entreprises privées. ◆ **n. DR. CIV.** Personne physique ou morale à qui l'on transfère un bien par fiducie.

FIDUCIANT n.m. DR. CIV. Personne qui transfère un bien à un tiers (le *fiduciaire*) par fiducie.

FIDUCIE n.f. (du lat. *fiducia*, bonne foi). **DR. CIV.** Transfert par un fiduciant à un fiduciaire de biens, droits ou sûretés pour qu'il agisse dans un but déterminé, au profit d'un ou de plusieurs bénéficiaires.

FIEF n.m. (du francique **fëhu*, bétail). **1. HIST.** Terre, droit ou revenu qu'un vassal tenait de son seigneur et en échange desquels il devait accomplir le service dû à celui-ci. **2.** Zone d'influence prépondérante ; secteur réservé : *Le fief électoral du maire.*

FIEFFÉ, E adj. Fam. Qui a un défaut au plus haut degré ; achevé : *Un fieffé poltron.*

FIEL n.m. (du lat. *fel*, bile, colère). **1.** Bile des animaux. **2.** Litt. Amertume ou animosité vive ; aigreur : *Des propos pleins de fiel.*

FIELLEUX, EUSE adj. Litt. Plein de fiel, d'animosité ; venimeux : *Un éditorial fielleux.*

FIENTE [fjɑ̃t] **n.f.** (du lat. *fimus*, fumier). Excrément de certains animaux, partic. des oiseaux.

FIENTER v.i. [3]. Rejeter ses excréments, en parlant d'un oiseau ou d'un autre animal.

FIER, FIÈRE [fjɛr] **adj.** (du lat. *ferus*, sauvage). **1.** Qui manifeste un sentiment de supériorité ; hautain : *Sa réussite l'a rendu fier.* **2.** Qui manifeste des sentiments nobles, élevés ; digne : *Elle est trop fière pour accepter notre aide.* **3. (DE).** Qui tire un légitime orgueil de : *Ils sont fiers de leurs enfants et de leur réussite.* **4.** Fam. Remarquable en son genre ; fameux : *Un fier imbécile.* ■ **Fier comme Artaban,** qui manifeste une vanité ridicule.

SE FIER v.pr. [5] (À) [du lat. *fidare*, confier]. Mettre sa confiance en ; compter sur : *Vous pouvez vous fier à elle, à sa mémoire.*

FIER-À-BRAS n.m. (pl. *fiers-à-bras* [fjɛrabra]). Litt. Fanfaron ; matamore.

FIÈREMENT adv. Avec fierté.

FIÉROT, E adj. et **n.** Fam. Ridiculement content de soi ; prétentieux.

FIERTÉ n.f. 1. Sentiment d'une personne convaincue de sa supériorité ; arrogance. **2.** Qualité, caractère d'une personne fière ; dignité. **3.** Sentiment d'orgueil, de satisfaction légitimes ; contentement : *Tirer fierté de sa réussite.*

FIESTA [fjɛsta] **n.f.** (mot esp.). Fam. Fête.

FIÈVRE n.f. (lat. *febris*). **1.** Élévation anormale de la température centrale du corps, accompagnée de troubles (accélération cardiaque, malaise, etc.). **2.** Fig. État de tension, d'agitation d'un individu ou d'un groupe ; excitation : *La fièvre d'une soirée électorale.* ■ **Fièvre de Malte** ou **fièvre ondulante,** brucellose. ■ **Fièvre jaune** → **1. JAUNE.** ■ **Fièvre tierce, quarte,** fièvre intermittente observée surtout dans le paludisme, dont les accès reviennent respectivement tous les troisièmes et quatrièmes jours. ■ **Une fièvre de,** un désir ardent, une manie de : *Une fièvre d'achats.*

FIÉVREUSEMENT adv. De façon fiévreuse, agitée.

FIÉVREUX, EUSE adj. 1. Qui a ou qui dénote la fièvre ; fébrile : *Yeux fiévreux.* **2.** Qui est dans un état d'excitation inquiète ; nerveux : *Une foule fiévreuse.*

FIFILLE n.f. Fam. Fille ; fillette.

FIFRE n.m. (alémanique *pfifer*). **1.** Petite flûte traversière en bois, au son aigu, utilisée autref. dans les fanfares militaires. **2.** Instrumentiste qui joue du fifre.

FIFRELIN n.m. (all. *Pfifferling*). Fam., vieilli. **1.** Chose sans valeur. **2.** Menue monnaie.

1. FIFTY-FIFTY, ▲ *FIFTYFIFTY* **adv.** (loc. angl. « cinquante-cinquante »). Fam. Moitié-moitié.

2. FIFTY-FIFTY (pl. *fifty-fifties*), ▲ *FIFTYFIFTY* **n.m.** Yacht de croisière sur lequel les moteurs et la voilure ont une importance égale.

FIGARO n.m. (de *Figaro*, personnage de Beaumarchais). Fam., vx. Coiffeur.

FIGATELLI [-teli] **n.m. pl.** (mot corse). Saucisse de foie de porc fumée, que l'on peut manger crue ou cuite. ➲ Spécialité corse.

FIGÉ, E adj. **1.** Solidifié par refroidissement : *Huile figée.* **2.** Fig. Qui paraît ne jamais changer : *Parti politique figé.* ▪ **Expression figée** [ling.], tournure du langage qui n'évolue plus.

FIGEMENT n.m. Fait de se figer ; état de ce qui est figé.

FIGER v.t. **[10]** (lat. *feticare*, de *ficatum*, foie). **1.** Solidifier un corps gras par le froid. **2.** Immobiliser qqn sous l'effet de la surprise, d'une émotion ; pétrifier : *La peur l'a figé sur place.* ◆ **SE FIGER v.pr. 1.** Se solidifier sous l'effet d'un abaissement de la température. **2.** S'immobiliser sous l'effet d'une émotion, de la surprise.

FIGNOLAGE n.m. Fam. Action de fignoler.

FIGNOLER v.t. et v.i. **[3]** (de 2. *fin*). Fam. Achever avec soin, minutie ; peaufiner.

FIGNOLEUR, EUSE adj. et n. Fam. Qui fignole.

FIGUE n.f. (anc. provenç. *figa*, du lat. *ficus*). **1.** Fruit comestible du figuier, formé par toute l'inflorescence qui devient charnue après la fécondation. **2.** La Réunion. Banane. ▪ **Figue de Barbarie,** fruit charnu et sucré de l'opuntia. ▪ **Figue de mer** [zool.], ascidie d'une espèce méditerranéenne, que l'on consomme crue (SYN. **violet**). ▪ **Mi-figue, mi-raisin,** ambigu : *Plaisanterie mi-figue, mi-raisin* ; mitigé : *Accueil mi-figue, mi-raisin.*

FIGUERAIE n.f. Plantation de figuiers.

FIGUIER n.m. Arbre originaire du Proche-Orient, cultivé pour son fruit, la figue. ➲ Famille des moracées. ▪ **Figuier d'Inde** ou **de Barbarie,** opuntia.

▲ **figuier**

FIGURANT, E n. **1.** Acteur qui a un rôle secondaire, génér. muet, dans un spectacle. **2.** Personne qui assiste à une négociation, à une réunion, etc., sans y avoir un rôle réel.

FIGURATIF, IVE adj. Qui représente la forme réelle des choses : *Plan figuratif.* ▪ **Art figuratif,** qui s'attache à représenter les formes du monde visible, ou prend ces formes, nettement identifiables, comme matériau (par oppos. à l'*art abstrait* ou *non figuratif*). ◆ **n.m.** Peintre ou sculpteur dont l'œuvre est figurative.

FIGURATION n.f. **1.** Action de figurer qqn, qqch ; résultat de cette action : *La figuration des champs par des hachures.* **2.** Métier ou rôle de figurant : *Elle fait de la figuration.* **3.** Ensemble des figurants d'un film, d'une pièce de théâtre. ▪ **Figuration libre** [art mod.], mouvement figuratif français de la fin des années 1970. ▪ **Nouvelle figuration** [art mod.], vaste courant figuratif, aux techniques nouvelles et à l'esprit souvent contestataire, apparu en Europe dans les années 1960.

FIGURE n.f. (lat. *figura*). **1.** Partie antérieure de la tête d'une personne ; visage : *Tu as la figure sale* ; expression particulière que l'on peut y voir ; mine : *Une figure rieuse.* **2.** Personnalité marquante ; personnage : *Les grandes figures du cinéma.* **3.** Dessin ou schéma servant à illustrer un ouvrage : *Voir la figure ci-contre.* **4. MATH.** Dessin servant à la visualisation de certaines entités mathématiques et permettant d'éclairer une démonstration. **5. MATH.** Objet idéal de la géométrie (droite, plan, etc.). **6. BX-ARTS, ARTS APPL.** Représentation en entier d'un être humain, d'un animal. **7. JEUX.** Carte sur laquelle est représenté un personnage (roi, dame, valet et, au tarot, cavalier). **8.** Représentation symbolique : *L'agneau pascal, figure de l'eucharistie.* **9. MUS.** Représentation graphique d'une note indiquant la durée du son. **10. DANSE.** Enchaînement de pas ou de poses, réalisés par plusieurs personnes et formant une unité visuelle. **11.** Exercice au programme de certaines compétitions (patinage, ski, etc.) : *Figures libres, imposées.* **12. PSYCHOL.** Façon dont un élément individuel et structuré se détache de ce qui l'entoure. ▪ **Casser la figure à qqn** [fam.], le frapper. ▪ **Faire bonne, piètre figure,** se montrer, ne pas se montrer à la hauteur de l'attente de qqn, d'une épreuve. ▪ **Faire figure de,** apparaître comme ; passer pour. ▪ **Figure (de rhétorique** ou **de style),** forme particulière donnée à l'expression et visant à produire un certain effet : *L'allitération, l'asyndète, la métaphore sont des figures.* ▪ **Prendre figure,** commencer à se réaliser ; prendre forme. ▪ **Se casser la figure** [fam.], tomber.

FIGURÉ, E adj. **1. BX-ARTS, ARTS APPL.** Qui comporte la représentation de figures : *Chapiteau figuré.* **2. BIOCHIM.** Qui présente une forme identifiable. ▪ **Éléments figurés du sang** [biochim.], cellules (hématies et leucocytes) et plaquettes sanguines. ▪ **Sens figuré** [ling.], sens d'un mot perçu comme le résultat d'une figure de style (métaphore ou métonymie) [par oppos. à *sens propre*].

FIGURÉMENT adv. Au sens figuré.

FIGURER v.t. **[3]. 1.** Représenter par la peinture, la sculpture, etc. **2.** Représenter par un signe conventionnel ; symboliser. ◆ **v.i.** Être présent dans un ensemble : *Son nom figure sur la liste.* ◆ **SE FIGURER v.pr.** Se représenter par l'imagination.

FIGURINE n.f. (ital. *figurina*). Très petite statuette.

FIL n.m. (lat. *filum*). **1.** Brin long et fin de matière textile : *Bobine de fil.* **2.** Matière filamenteuse sécrétée par les araignées et certaines chenilles. **3.** Filament durci produit par certains légumes : *Haricots verts sans fils.* **4.** Cylindre de faible section obtenu par l'étirage d'une matière métallique ductile : *Fil de fer, de cuivre.* **5.** Conducteur électrique constitué de un ou plusieurs brins métalliques et entouré d'une gaine isolante. **6.** Direction des fibres de bois. **7.** Sens dans lequel s'écoule une eau courante ; courant : *Le fil de l'eau.* **8.** Enchaînement logique, progression continue ; déroulement : *Il a perdu le fil de l'histoire.* **9.** Partie tranchante d'une lame : *Le fil d'une épée.* ▪ **Au fil de,** au long de : *Au fil de l'été, son point de vue a changé.* ▪ **Bois de fil,** bois utilisé par les graveurs sous forme de planche découpée dans le sens des fibres (par oppos. à *bois de bout*). ▪ **Centrale au fil de l'eau,** centrale hydroélectrique dépourvue de barrage et dont le canal d'amenée, à faible pente, ne comporte aucune réserve d'eau. ▪ **Donner du fil à retordre à qqn,** lui causer beaucoup de problèmes, d'ennuis. ▪ **Être au bout du fil,** en communication téléphonique avec qqn. ▪ **Être sur le fil du rasoir,** dans une situation instable, dangereuse. ▪ **Fil à plomb,** fil au bout duquel est attaché un morceau de métal lourd et qui sert à vérifier la verticalité de qqch. ▪ **Fil d'Ariane*,** fil conducteur (v. partie n.pr.). ▪ **Fil de la Vierge,** filandre. ▪ **Fil rouge,** personne ou chose qui sert de lien entre les différentes composantes d'un tout : *Le fil rouge d'une saga romanesque.* ▪ **Fil** ou **flux RSS, fil** ou **flux de syndication** ou **fil d'information** [inform.] → **RSS.** ▪ **Ne tenir qu'à un fil,** être fragile, précaire : *Son avenir ne tient qu'à un fil.*

FILABLE adj. Qui peut être filé : *Fibres filables.*

FIL-À-FIL n.m. inv. Tissu chiné obtenu en ourdissant et en tramant successivement un fil clair, un fil foncé, etc.

FILAGE n.m. **1.** Transformation des fibres textiles en fil. **2. TECHN.** Extrusion. **3.** Action de filer une scène, un spectacle ou une émission. **4. CINÉMA.** Déplacement rapide de la caméra réalisé pour produire sur l'image une traînée floue.

1. FILAIRE adj. (de *fil*). Se dit des télécommunications, technologies ou appareils qui nécessitent une connexion à un câble (par oppos. à *sans-fil*).

2. FILAIRE n.f. Ver parasite des régions chaudes, pouvant provoquer une filariose. ➲ Classe des nématodes.

FILAMENT n.m. (lat. *filamentum*). **1.** Élément de forme fine et allongée ; fibre, matière ou structure qui a cette forme. **2.** Fibre textile de très grande longueur. **3.** Fil conducteur, dans certaines ampoules électriques, rendu incandescent par le passage du courant.

FILAMENTEUX, EUSE adj. Formé de filaments.

FILANDIÈRE n.f. Litt. Fileuse.

FILANDRE n.f. Fil sécrété par certaines jeunes araignées et qui assure leur transport au gré du vent (SYN. **fil de la Vierge**).

FILANDREUX, EUSE adj. **1.** Rempli de fibres longues et coriaces : *Viande filandreuse.* **2.** Fig. Qui abonde en détails inutiles et peu clairs : *Explications filandreuses.*

FILANT, E adj. Qui coule sans se diviser en gouttes : *Un sirop filant.* ▪ **Étoile filante** → **ÉTOILE.** ▪ **Pouls filant** [méd.], très faible.

FILAO n.m. (mot créole). Afrique. Casuarina ; bois de cet arbre.

FILARIOSE n.f. **MÉD.** Affection parasitaire causée par la présence d'une filaire sous la peau ou dans les vaisseaux sanguins ou lymphatiques.

FILASSE n.f. (du lat. *filum*, fil). Matière constituée par les filaments tirés de la tige des végétaux textiles. ◆ **adj. inv.** ▪ **Cheveux filasse,** d'un blond pâle.

FILATEUR n.m. Exploitant d'une filature.

FILATURE n.f. **1.** Ensemble des opérations de transformation des fibres textiles en fil. **2.** Établissement industriel de filage des matières textiles. ▪ **Prendre qqn en filature,** le filer.

FILDEFÉRISTE n. Équilibriste qui fait des exercices sur un fil métallique ; funambule.

FILE n.f. (de *filer*). Suite de personnes ou de choses placées les unes derrière les autres : *Une file d'attente. Une file de taxis.* ▪ **À la file** ou **en file (indienne),** l'un derrière l'autre. ▪ **Chef de file,** personne qui est à la tête d'un groupe. ▪ **De file** [Suisse], de suite ; d'affilée. ▪ **Faire la file** [Belgique], faire la queue. ▪ **Ligne de file,** ordre tactique que prennent les navires de guerre les uns derrière les autres. ▪ **Prendre la file,** se placer dans la queue à la suite du dernier arrivé.

1. FILÉ, E adj. ▪ **Pâte filée,** pâte filamenteuse et élastique de certains fromages (mozzarelle, provolone, par ex.), obtenue par pétrissage et étirement du caillé.

2. FILÉ n.m. Fil textile simple ou retors en fibres discontinues.

FILER v.t. **[3]** (lat. *filare*). **1.** Transformer en fil les fibres textiles : *Filer le lin, le coton.* **2.** Sécréter un fil de soie, en parlant de certaines araignées et chenilles. **3.** Suivre qqn secrètement afin de noter ses faits et gestes : *Filer un suspect.* **4.** Répéter une scène, un spectacle ou une émission sans les interrompre. **5. MAR.** Dérouler un câble, une amarre, etc., de façon continue, en laissant glisser. **6. MUS.** Tenir longuement un son, une note, avec la voix ou un instrument. **7.** Fam. Donner ; prêter : *Peux-tu me filer ton stylo ?* ▪ **Filer des jours heureux,** vivre une existence heureuse. ▪ **Filer le parfait amour,** avoir une vie amoureuse idyllique. ▪ **Filer** *n* **nœuds** [mar.], avoir une vitesse de *n* milles marins à l'heure, en parlant d'un bateau. ▪ **Filer une métaphore, une image** [styl.], la développer. ◆ **v.i. 1.** Couler, s'étirer de façon filiforme : *Le gruyère fondu file.* **2.** Être consommé, dépensé très rapidement ; disparaître : *Toutes mes réserves ont filé.* **3.** Se déplacer à vive allure : *Les voitures filent sur l'autoroute.* **4.** Fam. Aller, partir très vite ; se précipiter : *Il a filé à la pharmacie.* **5.** En parlant des mailles d'un bas, d'un tricot, se défaire sur une certaine longueur. **6.** En parlant du temps, passer très vite. ▪ **Argent qui file entre les doigts,** très vite dépensé. ▪ **Filer à l'anglaise** → **ANGLAIS.** ▪ **Filer doux** → **DOUX.**

1. FILET n.m. **1.** Écoulement fin d'un liquide, d'un gaz : *Un filet d'huile, de fumée blanche.* **2. BOT.** Partie longue et fine de l'étamine, qui supporte l'anthère. **3. MÉCAN. INDUSTR.** Rainure en hélice d'une vis, d'un boulon, d'un écrou, obtenue par filetage. **4. ARCHIT., ARTS APPL.** Fine moulure ; ligne décorative incrustée ou peinte, dans divers ouvrages. **5. IMPRIM.** Trait d'épaisseur variable servant à séparer ou à encadrer des textes, des illustrations, etc. **6.** Dans un journal, court article d'information comportant un titre. ▪ **Un filet de voix,** une voix faible, ténue.

2. FILET n.m. **1.** Réseau, objet composé de mailles entrecroisées : *Filet à provisions, de pêche.* **2. SPORTS.** Réseau de fils ou de cordages tendu au milieu d'une table (tennis de table) ou d'un terrain de sports (tennis, par ex.), ou attaché derrière les poteaux de but (football, handball, etc.). [Au pl. dans ce dernier cas.] **3.** Partie du harnais équipant la tête du cheval, muni d'un mors et de guides. ▪ **Coup de filet,** opération de police particulièrement fructueuse. ▪ **Filet !** [sports], recomm. off. pour **net !** ▪ **Filet maillant,** filet vertical pour la pêche en mer, fixé au fond ou dérivant, dont les mailles sont calibrées en fonction de la grosseur des poissons à capturer pour les retenir lorsqu'ils s'y engagent. ▪ **Monter au filet,** s'engager personnellement et de manière partic. offensive afin de gagner un combat (politique, notamm.) : *Sur la question du logement, la candidate n'a pas hésité à monter au filet.* ▪ **Travailler sans filet,** exécuter un numéro d'équilibre, d'acrobatie, sans filet de protection ; fig., prendre des risques.

3. FILET n.m. **BOUCH.** Morceau tendre et charnu (bœuf, veau, mouton), qui se trouve au-dessous des vertèbres lombaires. ▪ **Filet américain** [Belgique], steak tartare. ▪ **Filet de poisson,** bande de chair prélevée de part et d'autre de l'arête dorsale.

1. FILETAGE n.m. **MÉCAN. INDUSTR. 1.** Opération consistant à former un filet le long d'une surface cylindrique. **2.** Ensemble des filets d'une vis, d'un écrou, etc.

2. FILETAGE n.m. Opération consistant à lever les filets de poisson.

FILETÉ n.m. **TEXT.** Étoffe de coton dans laquelle un fil de chaîne plus gros que les autres forme de fines rayures en relief.

FILETER v.t. **[12]. MÉCAN. INDUSTR.** Faire un filetage le long d'une surface cylindrique.

FILEUR, EUSE n. **TEXT.** Personne qui file.

FILEYEUR [filɛjœr] n.m. Navire de pêche utilisant des filets.

FILIAL, E, AUX adj. Qui caractérise l'attitude d'un fils, d'une fille à l'égard de ses parents.

FILIALE n.f. Société dont plus de la moitié du capital social est contrôlé par une autre société, la société mère.

FILIALEMENT adv. Litt. À la manière d'un fils, d'une fille.

FILIALISATION n.f. Découpage d'une entreprise en entités ayant le statut de filiales.

FILIALISER v.t. **[3].** Procéder à la filialisation de.

FILIATION n.f. **1.** Lien qui unit un individu à son père ou à sa mère, prouvé par acte de naissance, par acte de reconnaissance, par acte de notoriété constatant la possession* d'un état ou par jugement d'adoption. **2. ANTHROP.** Suite unilinéaire d'individus directement issus les uns des autres, soit par les hommes *(filiation agnatique)*, soit par les femmes *(filiation utérine)* ; descendance ; lignée. **3.** Fig. Suite de choses résultant l'une de l'autre, s'engendrant l'une l'autre : *L'étymologie établit la filiation des mots.*

FILICINÉE ou **FILICOPSIDE** n.f. (du lat. *filix, -icis,* fougère). Plante cryptogame vasculaire, à sporanges formant des amas sous les feuilles, telle que les fougères. ➲ Les filicinées forment une classe.

FILICOPHYTE n.m. Plante cryptogame vasculaire telle que les fougères et quelques formes voisines. ➲ Les filicophytes forment un embranchement.

FILIÈRE n.f. (de *fil*). **1.** Succession de degrés à franchir, de formalités à remplir avant de parvenir à un certain résultat : *Suivre la filière administrative pour obtenir sa mutation.* **2.** Ensemble des activités, des industries relatives à un produit de base : *Filière industrielle.* **3. NUCL.** Ensemble des éléments constitutifs (notamm. combustible, modérateur et caloporteur) caractéristiques d'un type de réacteur nucléaire. **4. DR.** Titre circulant entre acheteurs et vendeurs successifs de marchandises, qui permet au dernier acheteur de demander la livraison de la marchandise détenue par le premier vendeur. **5. TECHN.** Outil terminal d'une extrudeuse, servant à mettre en forme une céramique, un métal, une matière plastique. **6.** Plaque perforée utilisée dans la fabrication des fibres textiles chimiques. **7.** Outil servant à fileter. **8.** Orifice par lequel une araignée émet les fils qu'elle produit. **9. MAR.** Filin tendu horizontalement comme appui, garde-corps, etc. ▪ **Filière de soins** [méd.], succession ordonnée de consultations parfois imposée par l'Administration à un malade, obligeant celui-ci à consulter un généraliste avant un spécialiste, par ex.

FILIFORME adj. Mince comme un fil.

FILIGRANE n.m. (ital. *filigrana*). **1.** Marque, dessin se trouvant dans le corps d'un papier et que l'on peut voir par transparence. **2.** Ouvrage de bijouterie ajouré fait de fils métalliques entrelacés et soudés, souvent porteurs d'une granulation. **3.** Décor linéaire inclus dans un objet de verre. ▪ **En filigrane,** d'une manière implicite : *Le pessimisme de l'auteur apparaît en filigrane.*

▲ **filigrane** d'or ; détail d'un bijou viking, VIe s. (Musée des Antiquités nationales, Stockholm.)

FILIGRANER v.t. **[3].** Façonner en filigrane.

FILIN n.m. (de *fil*). Cordage, en quelque matière que ce soit : *Filin d'acier.*

FILIOQUE [filjɔkwe] n.m. (mot lat.). Terme ajouté progressivement, entre le VIe et le XIe s., par l'Église latine à la formule du symbole de Nicée relative au Saint-Esprit. ➲ Indiquant que le Saint-Esprit procède du Père « et du Fils », cet additif ne fut jamais accepté par les chrétiens d'Orient et alimenta des controverses incessantes avec Rome.

FILIPINO n.m. Langue officielle des Philippines (avec l'anglais), basée sur le tagalog.

FILLASSE [fijas] n.f. Péjor., vx. Fille sans distinction.

FILLE n.f. (lat. *filia*). **1.** Personne du sexe féminin considérée par rapport à son père ou à sa mère. **2.** Personne, et partic. jeune personne, enfant du sexe féminin : *Ils ont une fille et un garçon.* **3.** Personne du sexe féminin non mariée ; célibataire : *Rester fille.* (Vieilli, sauf dans l'expression *vieille fille.*) **4.** Femme considérée par rapport à son origine : *Une fille du désert.* **5.** Vx. Servante : *Fille de ferme.* **6.** Vx ou litt. Religieuse : *Filles du Calvaire.* **7.** Péjor. Prostituée. (On dit aussi *fille de joie* ou *fille publique.*) ▪ **Fille de** → **FILS.** ▪ **Fille mère** [vx, péjor.], mère célibataire. ▪ **Jeune fille,** fille pubère ; femme jeune non mariée. ▪ **Jouer la fille de l'air** [fam.], partir sans prévenir ; s'évader.

1. FILLETTE n.f. Petite fille.

2. FILLETTE n.f. Petite bouteille d'environ un tiers de litre, servant surtout pour les vins d'Anjou et du pays nantais.

FILLEUL, E n. (du lat. *filiolus,* jeune fils). Personne dont on est le parrain, la marraine. ▪ **Filleul de guerre,** militaire soutenu par une marraine de guerre.

FILM n.m. (mot angl. « pellicule »). **1.** Pellicule recouverte d'une émulsion sensible à la lumière, utilisée dans les caméras de cinéma et les appareils photo. **2.** Œuvre cinématographique. **3.** Fig. Déroulement continu d'événements : *Analyser le film des derniers événements.* **4. PEINT. INDUSTR.** Feuil. **5.** Bande souple de matière plastique transparente, destinée à protéger les aliments. ▪ **Avoir raté le début du film** [fam.], être dépassé par la situation, faute d'avoir tous les éléments pour juger. ▪ **Film d'auteur** → **AUTEUR.** ▪ **N'avoir rien compris au film** [fam.], à ce qui vient de se passer.

FILMAGE n.m. Action de filmer ; tournage.

FILMER v.t. **[3].** Enregistrer sur un film cinématographique ou en vidéo.

FILMIQUE adj. Relatif au film cinématographique, au cinéma.

FILMOGÈNE adj. **PEINT. INDUSTR.** Se dit d'une peinture apte à former un feuil.

FILMOGRAPHIE n.f. Liste raisonnée de films.

FILMOLOGIE n.f. Discipline ayant pour objet d'étude le cinéma.

FILMOTHÈQUE n.f. Collection de microfilms.

FILOCHER v.i. et v.t. **[3].** Fam., vieilli. **1.** Partir très vite ; filer. **2.** Prendre qqn en filature ; filer.

FILOGUIDÉ, E adj. **ARM.** Se dit d'un missile relié à un poste de conduite de tir par un fil qui se déroule derrière lui.

FILON n.m. (ital. *filone*). **1. GÉOL.** Fissure ou faille remplie par une roche magmatique ou par des minéraux, et qui recoupe l'encaissant. **2.** Fig., fam. Moyen de réussite ; situation lucrative et peu fatigante : *Avec ce travail, il a trouvé le bon filon.*

FILONIEN, ENNE adj. **1. MIN.** Se dit d'un gisement en filon. **2. GÉOL.** Se dit d'un terrain riche en filons.

FILOSELLE n.f. (ital. *filosello*). Anc. Fil irrégulier produit à partir de la bourrette de soie.

FILOU n.m. (forme dial. de *fileur*). Personne malhonnête ; escroc. ◆ **adj.** Qui est malhonnête, indélicat.

FILOUTAGE n.m. Action de filouter.

FILOUTER v.t. **[3].** Vieilli. Escroquer.

FILOUTERIE n.f. **1.** Escroquerie. **2. DR.** Délit voisin de l'escroquerie qui consiste à consommer ou se faire servir certains biens (aliments, boissons, carburant) ou à obtenir certaines prestations (chambre d'hôtel, transport en taxi) sans avoir les moyens ou l'intention de les payer.

FILOVIRUS n.m. **BIOL.** Virus à ARN, en forme de filament, hautement pathogène pour l'homme. ➲ Le virus *Ebola* et celui responsable de la fièvre de Marburg sont des *filovirus.*

FILS [fis] n.m. (lat. *filius*). **1.** Personne du sexe masculin considérée par rapport à son père ou à sa mère. **2.** S'emploie en appos. après le nom de famille, dans l'intitulé d'une entreprise commerciale reprise par le fils ou lorsque le père et le fils ont le même prénom : *Dupont fils. Alexandre Dumas fils.* **3.** Litt. Homme considéré par rapport à son origine : *Un fils de la Provence.* ▪ **Fils à papa** [fam.], fils de famille riche qui profite de la situation de son père. ▪ **Fils, fille de** [fam.], fils, fille d'une célébrité (acteur, chanteur, etc.) qui profite de la notoriété de son père ou de sa mère pour percer à son tour : *Faut-il être un fils de pour réussir dans le showbiz ?* ▪ **Le Fils,** la deuxième personne de la Trinité, Jésus-Christ. ▪ **Le Fils de l'homme,** Jésus-Christ.

FILTING [-tiŋ] n.m. (mot angl.). Intervention de chirurgie esthétique consistant à placer dans le derme profond des fils conçus pour soutenir les tissus affaissés du visage ou du cou.

FILTRABLE adj. Qui peut être filtré.

FILTRAGE n.m. **1.** Action de filtrer ; fait d'être filtré : *Le filtrage d'un vin.* **2.** Fig. Contrôle minutieux : *Filtrage des supporteurs.* **3.** Ensemble de techniques qui visent à limiter l'accès à certains sites Internet en raison de leurs contenus.

FILTRANT, E adj. Qui sert à filtrer : *Barrage filtrant.* ▪ **Verres filtrants,** qui ne laissent pas passer certaines radiations lumineuses.

FILTRAT n.m. **CHIM.** Liquide obtenu par filtration, dans lequel ne subsiste aucune particule en suspension.

FILTRATION n.f. Passage d'un fluide à travers un filtre qui arrête les particules solides.

FILTRE n.m. (lat. *filtrum*). **1.** Corps poreux, papier, etc., au travers duquel on fait passer un fluide pour ôter les particules qui s'y trouvent

a b c d e f g h i j k l m n o p q r s t u v w x y z

en suspension, ou pour l'extraire de matières auxquelles il est mélangé. **2.** Dispositif, souvent en papier poreux, permettant de faire passer l'eau à travers le café qu'il contient. **3.** Embout de cigarette constitué princip. de cellulose, permettant d'arrêter les goudrons et une partie de la nicotine. **4.** **PHOTOGR.** Dispositif transparent utilisé en photo pour absorber certaines radiations du spectre. **5.** **TECHN.** Dispositif destiné à amplifier ou à diminuer le passage de certaines composantes de fréquence d'un signal électrique. ▪ **Café filtre** [vieilli], café passé dans la tasse au moyen d'un filtre individuel. ▪ **Filtre solaire,** substance chimique ou particule physique entrant dans la composition des crèmes solaires et destinée à empêcher le passage des rayons ultraviolets dans le derme et l'épiderme.

FILTRE-PRESSE n.m. (pl. *filtres-presses*). Appareil filtrant les liquides sous pression.

FILTRER v.t. [3]. **1.** Faire passer à travers un filtre. **2.** Fig. Soumettre à un contrôle sévère de passage : *Filtrer des supporteurs.* ◆ **v.i. 1.** Passer à travers qqch ; pénétrer : *La lumière filtre à travers les stores.* **2.** Fig. Passer subrepticement en dépit des obstacles ; transpirer : *Certaines informations ont filtré.*

1. FIN n.f. (du lat. *finis,* limite). **1.** Moment où s'achève qqch ; terme : *La fin du temps imparti.* **2.** Endroit où se termine qqch ; bout : *La fin de sa lettre.* **3.** Période, partie terminale : *Les fins de mois sont difficiles.* **4.** Complet achèvement : *Cette tâche n'a pas de fin.* **5.** Cessation d'un état, d'une évolution, etc. : *La fin d'une passion.* **6.** Litt. Mort de qqn : *Sentir venir sa fin.* **7.** (Souvent pl.). Objectif auquel on tend ; but : *Elle est parvenue à ses fins. La fin justifie-t-elle les moyens ?* **8.** **DR.** (Souvent pl.). Objet d'une demande exprimé dans une requête ou dans des conclusions. ▪ **À toutes fins utiles,** par précaution. ▪ **Être en fin de,** arriver au terme de : *Il est en fin de carrière.* ▪ **Faire une fin** [vieilli ou litt.], prendre une situation stable ; se marier. ▪ **Fin de vie,** période correspondant aux derniers mois, aux dernières semaines ou aux derniers jours d'une personne atteinte d'une affection évolutive et incurable. ▪ **Fin en soi,** résultat recherché pour lui-même. ▪ **Mettre fin à ses jours,** se suicider. ▪ **Mot de la fin,** qui clôt un débat, un problème. ▪ **Sans fin,** qui ne se termine jamais : *Lutte sans fin* ; sans cesse : *Récriminer sans fin.* ▪ **Tirer** ou **toucher à sa fin,** être sur le point de finir.

2. FIN, E adj. (du lat. *finis,* degré extrême). **1.** Extrêmement petit ; dont les éléments sont très petits : *Sable fin. Sel fin.* **2.** Extrêmement mince : *Cheveux fins.* **3.** Très aigu ; effilé : *Plume, pinceau fins.* **4.** Très mince ; élancé : *Taille fine.* **5.** D'une grande délicatesse : *Traits fins.* **6.** Qui a peu d'épaisseur ; léger : *Tissu fin.* **7.** Très pur : *Or fin.* **8.** De la qualité la meilleure : *Chocolats fins.* **9.** D'une grande acuité : *Avoir l'ouïe fine* ; qui perçoit les nuances les plus délicates : *Un homme très fin.* **10.** Qui témoigne d'une intelligence subtile ; profond : *Une remarque très fine.* **11.** Qui excelle dans une activité donnée : *Un fin limier. Un fin connaisseur.* ▪ **Le fin fond,** l'endroit le plus reculé. ▪ **Le fin mot** → **MOT.** ◆ **n.m.** ▪ **Le fin du fin,** ce qu'il y a de plus accompli, de plus raffiné. ◆ **adv. 1.** Finement : *Moudre fin.* **2.** Complètement : *Elle est fin prête.*

FINAGE n.m. (lat. *finagium*). **HIST.** Circonscription sur laquelle un seigneur ou une ville avait droit de juridiction.

1. FINAL, E, ALS ou **AUX** adj. Qui finit, termine : *Point final.* ▪ **Cause finale** [philos.], principe d'explication d'un processus naturel ou artificiel par l'achèvement qu'il est censé atteindre. ▪ **Proposition finale,** ou **finale,** n.f. [gramm.], proposition subordonnée de but.

2. FINAL ou **FINALE** n.m. (pl. *final*[*e*]*s*). **MUS.** Mouvement final d'une pièce musicale.

FINALE n.f. **1.** Dernière syllabe ou dernière lettre d'un mot. **2.** Dernière épreuve d'une compétition par élimination.

FINALEMENT adv. À la fin ; pour en finir.

FINALISATION n.f. Action de finaliser.

FINALISER v.t. [3]. **1.** Orienter vers un objectif précis ; donner une finalité à. **2.** Mettre au point dans les derniers détails.

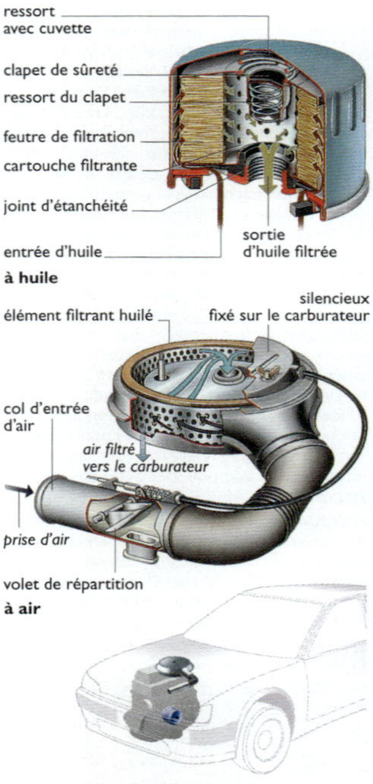

▲ **filtres** d'un moteur d'automobile.

FINALISME n.m. **PHILOS.** Doctrine affirmant qu'il existe une finalité, que des causes finales exercent leur action au sein du vivant.

1. FINALISTE adj. et n. Qui est qualifié pour disputer une finale.

2. FINALISTE adj. **PHILOS.** Relatif au finalisme (SYN. **téléologique**). ◆ **adj.** et **n.** Partisan du finalisme.

FINALITÉ n.f. **1.** Caractère de ce qui a un but, une fin ; cette fin elle-même : *La finalité de la vie.* **2.** Existence ou nature d'un but, d'une cause finale. **3.** Fait d'être organisé selon un plan ou un dessein.

FINANÇABLE adj. Qui peut être financé.

FINANCE n.f. (de l'anc. fr. *finer,* payer). **1.** Ensemble des professions qui ont pour objet de contribuer au développement économique par des activités de conseil et de prêt en matière d'argent, destinées à valoriser un capital : *Le monde de la finance.* **2.** Ensemble des techniques de gestion des patrimoines individuels, du patrimoine des entreprises et des budgets publics. ▪ **Moyennant finance,** en échange d'argent comptant. ◆ **n.f. pl.** Ressources pécuniaires d'un particulier : *Mes finances sont en baisse.* ▪ **Finances publiques,** ensemble des recettes et des dépenses de l'État ou des collectivités publiques ; ensemble des activités qui ont trait à leur gestion, leur utilisation ; deniers publics. ▪ **Loi de finances,** par laquelle le gouvernement est autorisé annuellement à engager des dépenses et à recouvrer les recettes.

FINANCEMENT n.m. **1.** Action de financer un agent économique. **2.** Opération par laquelle un agent économique se procure les ressources nécessaires à son activité. ▪ **Financement participatif,** mise en commun d'apports financiers (dons, prêts, investissements) individuels ou associatifs, dans le but de financer des projets entrepreneuriaux, culturels ou environnementaux, génér. via Internet. (On emploie aussi le terme angl. *crowdfunding* [krawdfundiŋ].)

FINANCER v.t. [9]. Fournir des capitaux à.

FINANCEUR n.m. et **adj.** Personne ou collectivité qui finance. (Le fém. *financeuse* est rare.)

FINANCIARISATION n.f. Action de financiariser.

FINANCIARISER v.t. [3]. Pour un État, recourir au marché des capitaux, en augmentant la dette publique, pour trouver des financements.

1. FINANCIER, ÈRE adj. Relatif aux finances.

2. FINANCIER n.m. Spécialiste des opérations financières et de gestion de patrimoines privés ou publics.

3. FINANCIER n.m. Petit gâteau rectangulaire à base de pâte à biscuit et de poudre d'amandes.

FINANCIÈRE adj.f. et **n.f.** **CUIS.** Se dit d'une garniture à base de champignons, de truffes et de ris de veau.

FINANCIÈREMENT adv. En matière de finances.

FINASSER v.i. [3]. Fam. User de finasseries pour se dérober ou obtenir un avantage.

FINASSERIE n.f. Fam. Finesse mêlée de ruse.

FINASSEUR, EUSE ou **FINASSIER, ÈRE** n. Fam., vieilli. Personne qui finasse.

FINAUD, E adj. et **n.** Qui, sous une apparente simplicité, est capable de ruse ; matois.

FINAUDERIE n.f. Vieilli. Caractère, action d'un finaud.

1. FINE n.f. (de *eau-de-vie fine*). Eau-de-vie naturelle (de vin, de cidre) de grande qualité provenant exclusivement d'une région déterminée (Cognac, Calvados, Béziers, etc.).

2. FINE n.f. **IMPRIM.** Valeur d'espace la plus petite possible entre les mots.

FINE AMOR [finamɔr] n.f. (anc. fr. « amour courtois »). Dans la littérature médiévale, idéal amoureux défini par opposition à l'union du mariage et où la vénération de la dame conduit le chevalier à se dépasser pour sublimer son désir.

FINEMENT adv. **1.** Avec finesse, délicatesse. **2.** Avec finesse, habileté.

FINES n.f. pl. **1.** Menus fragments de bois ou de minerai résiduels. **2.** Granulat ajouté au béton ou au bitume.

FINESSE n.f. **1.** Caractère de ce qui est fin, léger, mince : *La finesse d'une fibre, d'un sable.* **2.** Délicatesse des formes, de la matière : *Finesse d'un visage, d'un bijou.* **3.** Qualité de ce qui flatte les sens ; délicatesse : *Finesse d'un vin.* **4.** Acuité des sens : *Finesse de l'odorat.* **5.** Qualité d'une personne, d'un esprit subtils et pénétrants ; sagacité : *La finesse d'une analyse.* **6.** (Surtout pl.). Nuance délicate, subtile : *Les finesses d'une langue.* **7.** Procédé habile pour arriver à ses fins ; ruse : *Les finesses de la diplomatie.* **8.** **MAR.** Étroitesse des lignes d'eau de l'avant et de l'arrière d'un navire. **9.** **AÉRON.** Rapport entre les coefficients de portance et de traînée d'une aile ou d'un avion.

FINETTE n.f. Tissu de coton, utilisé comme doublure, dont l'envers est pelucheux.

FINI, E adj. **1.** Qui a des bornes, des limites : *Grandeur finie.* **2.** Qui a été mené à son terme : *Son travail est fini.* **3.** Terminé avec soin dans les détails : *Vêtement bien fini.* **4.** Péjor. Parfait en son genre : *Une hypocrite finie.* **5.** Qui n'a plus cours ; révolu : *Ce temps-là est bien fini.* **6.** Se dit d'une personne usée ou ruinée. ▪ **Produit fini,** produit industriel prêt à l'utilisation. ◆ **n.m. 1.** Ce qui est limité : *Le fini et l'infini.* **2.** Qualité de ce qui est achevé avec soin ; finition.

FINIR v.t. [21] (lat. *finire*). **1.** Mener à son terme ; achever : *Finis tes devoirs.* **2.** Ne plus faire qqch ; cesser : *Attendez qu'il ait fini de parler.* **3.** Constituer la fin de ; clore : *La scène qui finit le film.* ▪ **En finir,** mettre fin à qqch de fâcheux ou d'intolérable : *Décidez-vous, il faut en finir.* ◆ **v.i. 1.** Arriver à son terme : *Son contrat finit en décembre.* **2.** Se terminer d'une certaine façon ; s'achever : *Sa présidence a mal fini.* **3.** Terminer sa carrière ou son existence : *Elle a fini directrice. Finir dans la misère.* ▪ **Finir par,** arriver à tel résultat : *Tu finiras par réussir. Ces extras finissent par coûter cher.*

FINISH [finiʃ] n.m. inv., ▲ *n.m.* (mot angl.). **SPORTS.** Dernier effort d'un concurrent à la fin d'une épreuve ; capacité à produire cet effort : *Gagner au finish.*

FINISSAGE n.m. **TECHN.** Dernière façon que l'on donne à un ouvrage ; finition.

FINISSANT, E adj. En train de finir. ◆ **n.** Québec. Élève, étudiant qui termine un cycle d'études.

1. FINISSEUR, EUSE n. **1.** Personne qui effectue la dernière opération d'un travail. **2.** Athlète qui a un bon finish.

2. FINISSEUR **n.m.** **TRAV. PUBL.** Engin utilisé pour la construction des chaussées, qui répand, nivelle, dame et lisse les enrobés qu'il reçoit.

FINISSURE **n.f.** Ensemble des opérations terminant la fabrication d'un livre relié.

FINITION **n.f.** **1.** Action de finir avec soin, de donner un aspect fini à ; finissage : *La finition d'un meuble, d'un logement.* **2.** Qualité de ce qui est achevé de façon soignée ; fini.

FINITISME **n.m.** Doctrine métamathématique selon laquelle n'existent que les entités mathématiques qui peuvent être construites par des processus finis.

FINITUDE **n.f.** **PHILOS.** **1.** Caractère de ce qui est fini, borné. **2.** Caractère de l'existence humaine, marquée par la conscience de la mort inéluctable.

FINLANDAIS, E **adj.** et **n.** De la Finlande ; de ses habitants. ◆ **n.m.** **LING.** Finnois.

FINLANDISATION **n.f.** Ensemble de limitations imposées par un État puissant à l'autonomie d'un voisin plus faible. ➲ C'est une allusion à la domination de l'URSS sur la Finlande.

FINNOIS, E **adj.** et **n.** Relatif aux Finnois. ◆ **n.m.** Langue finno-ougrienne parlée princip. en Finlande (SYN. **finlandais**).

FINNO-OUGRIEN, ENNE **adj.** et **n.m.** (pl. *finno-ougriens, ennes*). Se dit d'un groupe de langues de la famille ouralienne comprenant, notamm., le finnois, le lapon, le hongrois.

FIOLE **n.f.** (lat. *phiola*, du gr.). **1.** Petit flacon de verre à col étroit. **2.** Fam., vieilli. Tête ; visage. ▪ **Fiole de Schlenk,** récipient pour conduire des réactions chimiques à l'abri de l'air et de l'humidité. ▪ **Se payer la fiole de qqn** [fam., vieilli], se moquer de lui.

FION **n.m.** (orig. obsc.). **1.** Vulg. Anus. **2.** Région. (Sud-Est) ; Suisse. Mot blessant. ▪ **Donner le coup de fion** [fam.], donner la dernière main à un ouvrage.

FIORITURE **n.f.** (ital. *fioritura*, floraison). **1.** (Surtout pl.). Ornement qui ajoute à l'élégance de qqch : *Les fioritures d'un dessin. Elle parle sans fioritures.* **2.** **MUS.** Ornement ajouté à la ligne mélodique.

FIOUL **n.m.** (angl. *fuel*). Combustible liquide, plus ou moins visqueux, provenant de la distillation du pétrole. ▪ **Fioul domestique,** gazole de chauffage, teinté en rouge pour le distinguer du carburant (SYN. **mazout**).

FIQH [fik] **n.m.** (mot ar.). Dans l'islam, désigne la « compréhension » de la charia, à savoir le droit positif recouvrant tous les aspects de la vie, religieux, politiques et privés.

FIREWALL [fajərwol] **n.m.** (mot angl. « cloison coupe-feu »). [Anglic. déconseillé]. **INFORM.** Pare-feu.

FIREWIRE [fajərwajər] **n.m. inv.** (nom déposé). **INFORM.** Norme de transmission de données à haut débit, utilisée notamm. pour connecter à un ordinateur des périphériques multimédias.

FIRMAMENT **n.m.** (lat. *firmamentum*). Litt. Voûte céleste ; ciel.

FIRMAN **n.m.** (du persan *farmān*, ordre). **HIST.** Édit du souverain, dans l'Empire ottoman et en Iran.

FIRME **n.f.** (angl. *firm*). Entreprise industrielle ou commerciale de grande taille.

FISC **n.m.** (du lat. *fiscus*, panier). Administration calculant et percevant les impôts.

FISCAL, E, AUX **adj.** Relatif au fisc, à l'impôt.

FISCALEMENT **adv.** Du point de vue fiscal.

FISCALISATION **n.f.** **1.** Action de fiscaliser. **2.** Part de l'impôt dans le total des ressources d'une collectivité publique.

FISCALISER **v.t.** [3]. **1.** Soumettre à l'impôt. **2.** Financer par l'impôt.

FISCALISTE **n.** Juriste spécialisé en droit fiscal ; spécialiste des problèmes fiscaux.

FISCALITÉ **n.f.** Système de perception des impôts ; ensemble des lois qui s'y rapportent.

FISH-EYE [fiʃaj] **n.m.** (pl. *fish-eyes*) [mot angl. « œil de poisson »]. **PHOTOGR.** Objectif à très grand angle (de 160 à 200°).

FISSA **adv.** (de l'ar.). Fam. Vite : *Répondez fissa.*

FISSIBLE **adj.** **PHYS. NUCL.** Fissile.

FISSILE **adj.** (lat. *fissilis*). **1.** Se dit d'une roche qui se divise facilement en feuillets : *L'ardoise est fissile.* **2.** **PHYS. NUCL.** Susceptible de subir la fission nucléaire (SYN. **fissible**). ▪ **Énergie fissile,** énergie nucléaire*.

FISSION **n.f.** (mot angl., du lat. *fissio*, action de fendre). **PHYS. NUCL.** Division d'un noyau d'atome lourd (uranium, plutonium, par ex.) en deux ou plusieurs fragments. ➲ La réaction de fission induit un dégagement d'énergie considérable, initiant ainsi une *réaction en chaîne*, explosive dans les bombes atomiques (bombes A) et contrôlée dans les réacteurs nucléaires.

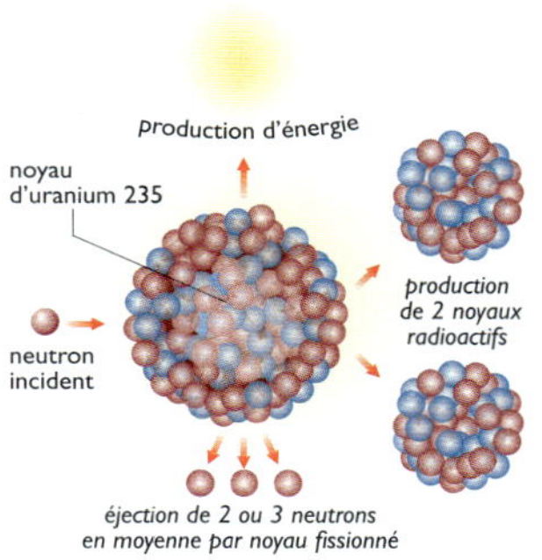

▲ **fission.** Principe de la fission nucléaire à partir de l'uranium 235.

FISSIONNER **v.t.** [3]. Produire la fission nucléaire. ◆ **v.i.** Subir la fission nucléaire.

FISSURATION **n.f.** Fait de se fissurer, d'être fissuré.

FISSURE **n.f.** (lat. *fissura*). **1.** Fente étroite ; petite crevasse ; lézarde : *Des fissures apparaissent dans le mur.* **2.** **MÉD.** Ulcération d'une région plissée, en partic. de l'anus. **3.** Fig. Point de faiblesse ou de rupture ; faille : *Cette démonstration comporte une fissure.*

FISSURER **v.t.** [3]. Provoquer des fissures dans ; crevasser : *Le gel a fissuré la roche.* ◆ **SE FISSURER** **v.pr.** Se fendre : *Le plafond se fissure.*

FISTON **n.m.** Fam. Fils.

FISTULAIRE **adj.** **1.** **MÉD.** Relatif à une fistule. **2.** Didact. Qui présente un canal, un conduit longitudinal : *Stalactite fistulaire.*

FISTULE **n.f.** (lat. *fistula*). **MÉD.** Canal pathologique qui met en communication directe et anormale deux viscères ou un viscère avec la peau.

FISTULEUX, EUSE **adj.** De la nature d'une fistule.

FISTULINE **n.f.** Champignon rouge sang, du groupe des polypores, vivant sur les troncs des chênes et des châtaigniers, et qui est comestible quand il est très jeune. Noms usuels : *langue-de-bœuf, foie-de-bœuf.* ➲ Ordre des cantharellales.

FITNESS [fitnɛs] **n.m.** (mot angl. « mise en forme »). Ensemble d'activités de mise en forme comprenant de la musculation, du stretching et du cardio-training.

FIU [fju] **adj. inv.** (mot polynésien). ▪ **Être fiu** [Polynésie], être en proie à une grande lassitude ; en avoir assez.

FIV ou **F.I.V.** [fiv] ou [ɛfive] **n.f.** (acronyme ou sigle). Fécondation in vitro.

FIVETE [fivɛt] **n.f.** (acronyme de *fécondation in vitro et transfert d'embryon*). Méthode d'assistance médicale à la procréation.

FIXAGE **n.m.** **1.** **TECHN.** Action de fixer : *Le fixage d'une couleur sur une étoffe.* **2.** Opération par laquelle une image photographique est rendue inaltérable à la lumière. **3.** **BOURSE.** Cotation effectuée pour fixer le cours de produits financiers entre eux à un moment précis ; cotation de base de la barre d'or sur le marché boursier.

FIXATEUR, TRICE **adj.** Qui a la propriété de fixer. ◆ **n.m.** **1.** Vaporisateur pour projeter un fixatif. **2.** **PHOTOGR.** Bain utilisé pour le fixage. **3.** **BIOL., MÉD.** Substance chimique en solution, coagulant les protéines des cellules sans en altérer la structure, utilisée pour la fixation de tissus vivants.

FIXATIF **n.m.** Préparation liquide incolore qu'on vaporise pour fixer, stabiliser sur le papier les dessins au fusain, au pastel, etc.

FIXATION **n.f.** **1.** Action de fixer, d'assujettir solidement : *La fixation d'une étagère au mur.* **2.** Attache, dispositif servant à fixer : *Fixations de ski.* **3.** Action de déterminer, de régler de façon précise : *Fixation de l'impôt.* **4.** Fait de se fixer, de s'établir quelque part ; implantation. **5.** **BIOL., MÉD.** Conservation de cellules ou de tissus à l'aide d'un fixateur, en vue d'un examen microscopique. **6.** **PSYCHAN.** Persistance d'un attachement à une personne ou à une situation liée au passé et disparue, entraînant des satisfactions narcissiques régressives. ▪ **Faire une fixation sur qqch,** en être obsédé.

1. FIXE **adj.** (lat. *fixus*). **1.** Qui ne bouge pas ; immobile : *Un regard fixe.* **2.** Qui ne varie pas ; régulier : *Horaires fixes.* **3.** Qui est réglé, déterminé d'avance ; stable : *Prix fixe.* ▪ **Assignation à jour fixe** [dr.], assignation à comparaître dans laquelle une date d'audience déterminée est indiquée. ▪ **Change fixe** [écon.], régime de convertibilité où chaque monnaie est définie par un rapport fixe à un étalon, or ou dollar (par oppos. à *change flottant*). ▪ **Droit fixe,** taxe fiscale dont le montant est invariable. ▪ **Idée fixe** → **IDÉE.** ▪ **Regard fixe,** dirigé sur un même point. ▪ **Virgule fixe** [inform.], mode de représentation des nombres décimaux où la virgule garde toujours la même position et se trouve suivie par un nombre constant de chiffres (par oppos. à *virgule flottante*). ◆ **interj.** **MIL.** Énonce l'ordre de se mettre au garde-à-vous.

2. FIXE **n.m.** **1.** Fraction invariable d'une rémunération (par oppos. à *prime, commission*, etc.). **2.** Téléphone fixe relié à une ligne filaire. ▪ **Sphère des fixes** [astron.], sphère céleste liée aux étoiles (dites *étoiles fixes*), qui paraissent avoir des positions relatives fixes.

FIXEMENT **adv.** Avec fixité : *Regarder fixement.*

FIXER **v.t.** [3]. **1.** Établir dans une position, dans un lieu fixe ; accrocher : *Fixer un miroir au mur.* **2.** Regarder de façon continue ou insistante : *Cesse de fixer ces gens* ; appliquer son attention, son esprit sur : *Elle fixe sa pensée sur ce dilemme.* **3.** Stabiliser un dessin par projection d'un fixatif. **4.** Traiter une émulsion photographique dans un bain de fixage. **5.** Arrêter l'évolution de ; figer : *Certains croient pouvoir fixer la langue française.* **6.** Inspirer des résolutions durables à ; stabiliser : *Son travail le fixera peut-être.* **7.** Sortir qqn du doute en lui donnant une réponse : *Je l'ai fixé sur mes projets.* **8.** Déterminer précisément ; établir : *Fixer une date, un prix de vente.* ▪ **Fixer son choix,** l'arrêter. ◆ **SE FIXER** **v.pr.** **1.** S'établir d'une façon permanente ; s'installer : *Il s'est fixé en Bretagne.* **2.** (SUR). Faire un choix définitif : *Elle s'est fixée sur une voiture hybride.*

FIXETTE **n.f.** (de *idée fixe*). Fam. Idée qui obsède ; fixation : *Faire une fixette sur le bio.*

FIXEUR, EUSE **n.** Personne assistant un grand reporteur sur le terrain.

FIXING [fiksiŋ] **n.m.** **BOURSE.** (Anglic. déconseillé). Fixage.

FIXISME **n.m.** **BIOL.** Doctrine selon laquelle les espèces vivantes ont toujours été les mêmes et n'ont subi aucune évolution depuis leur création.

FIXISTE **adj.** et **n.** Relatif au fixisme ; qui en est partisan.

FIXITÉ **n.f.** Qualité, état de ce qui est fixe ; immobilité.

FJELD [fjɛld] ou **FJELL** [fjɛl] **n.m.** (mot norv.). **GÉOGR.** Plateau rocheux qui a été usé par un glacier continental.

▲ **fjord.** Le fjord de Milford Sound, en Nouvelle-Zélande.

FJORD, ▲ *FIORD* [fjɔr(d)] **n.m.** (mot norv.). **GÉOGR.** Ancienne vallée glaciaire envahie par la mer.

FLAC **interj.** (onomat.). Imite le bruit de qqch qui tombe dans l'eau ou de l'eau qui tombe.

FLACCIDITÉ [flaksi-] **n.f.** (du lat. *flaccidus*, flasque). Didact. État de ce qui est flasque.

FLACHE n.f. (de l'anc. fr. *flac*, mou). **1.** Endroit d'un tronc d'arbre où l'écorce est enlevée et le bois mis à nu. **2.** Inégalité dans l'équarrissage d'une pièce de bois qui laisse apparaître une portion de la surface de la grume.

FLACHERIE n.f. Maladie des vers à soie, pouvant causer de graves dégâts.

FLACHEUX, EUSE adj. Qui présente des flaches.

FLACON n.m. (lat. *flasco*). Petite bouteille, souvent en verre, génér. munie d'un bouchon ; son contenu.

FLACONNAGE n.m. **1.** Ensemble de flacons. **2.** Fabrication des flacons. **3.** Opération de remplissage de flacons.

FLACON-POMPE n.m. (pl. *flacons-pompes*). Flacon dont le bouchon est muni d'une pompe permettant de délivrer une dose de produit.

FLA-FLA (pl. *fla-flas*), ▲ FLAFLA **n.m.** Fam., vieilli. Attitude maniérée et prétentieuse.

FLAGADA adj. Fam. Fatigué.

FLAGELLAIRE adj. Relatif au flagelle.

FLAGELLANT n.m. Dans l'Occident médiéval, membre de confréries où l'on se livrait en commun et en public à la flagellation.

FLAGELLATEUR, TRICE n. Personne qui flagelle.

FLAGELLATION n.f. Action de flageller ; châtiment infligé avec un fouet.

FLAGELLE n.m. (du lat. *flagellum*, fouet). BIOL. CELL. Long filament mobile constituant l'organe locomoteur d'organismes unicellulaires (protozoaires, algues) et de cellules reproductrices (spermatozoïdes, certaines spores, etc.).

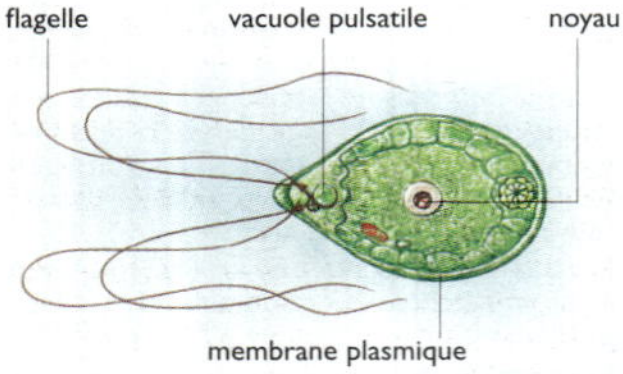

▲ **flagelles** d'une algue unicellulaire.

FLAGELLÉ, E adj. Muni d'un flagelle. ◆ **n.m.** Organisme unicellulaire (protiste) se déplaçant grâce à un ou plusieurs flagelles. ➲ Les flagellés regroupent certains protozoaires et certaines algues (péridiniens, euglènes).

FLAGELLER v.t. [3] (lat. *flagellare*). Frapper avec un fouet.

FLAGEOLANT, E adj. Qui flageole : *Avoir les jambes flageolantes.*

FLAGEOLER v.i. [3] (orig. obsc.). Trembler et vaciller à la suite d'une émotion, de la fatigue, en parlant de qqn, d'un animal, de ses membres porteurs : *Le malade flageole. Cheval dont les jambes flageolent.*

1. FLAGEOLET n.m. (du lat. *faba*, fève). Haricot sec à tégument transparent, dont les cotylédons sont de couleur verte (SYN. **2. chevrier**).

2. FLAGEOLET n.m. (du lat. *flabrum*, souffle). Flûte à bec, partiellement munie de clés, percée de six trous.

FLAGORNER v.t. [3] (p.-ê. de *flatter*). Litt. Flatter de façon outrée.

FLAGORNERIE n.f. Litt. Flatterie basse et génér. intéressée.

FLAGORNEUR, EUSE n. et adj. Litt. Personne qui pratique la flagornerie.

FLAGRANCE n.f. DR. Caractère d'une infraction qui se commet ou vient de se commettre.

FLAGRANT, E adj. (du lat. *flagrans, -antis*, éclatant). Que l'on ne peut nier ; patent : *Une erreur flagrante.* ▪ **Flagrant délit** [dr.], infraction qui vient ou est en train de se commettre.

FLAIR n.m. **1.** Odorat du chien. **2.** Fig. Aptitude à deviner, à prévoir ; perspicacité.

FLAIRER v.t. [3] (du lat. *fragrare*, sentir). **1.** Humer l'odeur de qqch ; percevoir, découvrir par l'odeur. **2.** Fig. Discerner, deviner par intuition ; subodorer : *Elle a flairé le piège.*

FLAIREUR, EUSE adj. Qui flaire.

▲ **flamand.** École flamande : *l'Homme à l'œillet* (1435), de Jan Van Eyck. (Staatlisches Museum, Berlin.)

FLAMAND, E adj. et n. De la Flandre. ◆ **adj.** ▪ **École flamande,** ensemble des artistes et de la production artistique des pays de langue flamande, notamm. avant la constitution de l'actuelle Belgique. ➲ Les historiens d'art, au XIXe s. et au début du XXe, ont souvent étendu cette notion à la production des Pays-Bas du Sud en général, Wallonie comprise. ◆ **n.m.** Ensemble des parlers néerlandais en usage en Belgique et dans la région de Dunkerque.

FLAMANT n.m. (provenç. *flamenc*). Oiseau de grande taille, au plumage rose, aux longues pattes palmées, à long cou souple et à gros bec courbé dont il se sert pour filtrer la vase des eaux côtières et des lacs peu profonds. ➲ Haut. 1,50 m env. ; famille des phœnicoptéridés.

▲ **flamants** roses.

FLAMBAGE n.m. **1.** Action ou manière de flamber (une volaille, un mets). **2.** TEXT. Opération qui consiste à éliminer le duvet superficiel d'un fil, d'un tissu, etc., en le passant à la flamme. **3.** TECHN. Instabilité de déformation d'une pièce longue qui fléchit brutalement dans une direction perpendiculaire à la force de compression (SYN. **flambement**).

FLAMBANT, E adj. Qui flambe ; qui a l'éclat du feu. ▪ **Flambant neuf,** tout neuf : *Voiture flambant neuf* ou *flambant neuve.* ◆ **adj.** et **n.m.** Se dit d'un charbon à haute teneur en matières volatiles, qui brûle en produisant une longue flamme.

FLAMBARD n.m. Fam., vieilli. ▪ **Faire le flambard,** le fanfaron.

FLAMBE n.f. (du lat. *flammula*, petite flamme). Épée à lame ondulée.

FLAMBEAU n.m. **1.** Support de bougie à douille ; chandelier. **2.** Anc. Faisceau de mèches enduites de cire ; torche. ▪ **Passer le flambeau à qqn,** lui confier la continuation d'une œuvre.

FLAMBÉE n.f. **1.** Feu vif, que l'on allume pour se réchauffer. **2.** Brusque manifestation ; explosion : *Flambée de violence.* **3.** Hausse brutale des prix, des valeurs, etc. : *Flambée des cours.*

FLAMBEMENT n.m. TECHN. Flambage.

FLAMBER v.i. [3] (de *flambe*). **1.** Brûler en faisant une flamme claire. **2.** Litt. Briller d'un éclat soudain ; étinceler : *Ses yeux flambent de rage.* **3.** Augmenter brutalement, en parlant de cours, de valeurs : *Les prix du m² flambent.* **4.** Fam. Jouer gros jeu. **5.** TECHN. Se déformer par flambage. ◆ **v.t. 1.** Passer une volaille à la flamme pour éliminer son dernier duvet. **2.** Arroser un mets d'un alcool que l'on fait brûler. ▪ **Être flambé** [fam., vieilli], être perdu, ruiné.

FLAMBERGE n.f. (n. de l'épée de Renaud de Montauban, héros de chansons de geste). Longue épée de duel très légère (XVIIe-XVIIIe s.). ▪ **Mettre flamberge au vent** [litt.], tirer son épée ; être prêt à combattre.

FLAMBEUR, EUSE n. Fam. Personne qui joue gros jeu.

FLAMBOIEMENT n.m. Litt. Éclat de ce qui flamboie.

FLAMBOYANCE n.f. Litt. Qualité d'une personne, d'une œuvre brillante, éblouissante.

1. FLAMBOYANT, E adj. **1.** Qui flamboie. **2.** ARCHIT. Se dit du style de la dernière période gothique (France, Europe centrale et du Nord, à partir de la fin du XIVe s.), qui affectionne les décors de courbes et contre-courbes, articulées notamm. en soufflets et mouchettes, formant comme des flammes dansantes (remplages, gâbles, etc.).

2. FLAMBOYANT n.m. Arbre tropical aux fleurs vivement colorées, tel que le flamboyant de Madagascar, aux fleurs rouges, le flamboyant à fleurs jaunes et le brésil ou brésillet. ➲ Sous-famille des césalpiniacées.

FLAMBOYER v.i. [7]. **1.** Jeter une flamme brillante. **2.** Litt. Briller comme une flamme ; étinceler : *Des yeux qui flamboient.*

FLAMENCO, CA [flamɛnko, ka] **adj.** et **n.m.** (mot esp. « flamand »). Se dit de la musique, de la danse et du chant populaires andalous.

FLAMICHE n.f. (de *flamme*). Région. (Nord) ; Belgique. Tarte aux poireaux. ➲ Spécialité picarde.

FLAMINE n.m. (lat. *flamen, -inis*). ANTIQ. ROM. Prêtre attaché au culte d'un dieu particulier.

FLAMINGANT, E n. et adj. Péjor. Partisan du flamingantisme ; nationaliste flamand.

FLAMINGANTISME n.m. Péjor. Nationalisme flamand.

FLAMME n.f. (lat. *flamma*). **1.** Gaz incandescent et lumineux produit par une combustion. **2.** Litt. Vif éclat : *La flamme d'un regard.* **3.** Fig. Vive ardeur ; fougue : *Discours plein de flamme.* **4.** Litt. Passion amoureuse : *Déclarer sa flamme.* **5.** MIL. Pavillon long et étroit hissé au sommet du mât principal d'un navire de guerre ; banderole à deux pointes flottantes qui garnissait les lances de la cavalerie. **6.** Empreinte postale mécanique apposée à des fins publicitaires sur les lettres à côté du timbre dateur, et qui participe à l'oblitération. ◆ **n.f. pl.** Incendie : *Sortir un blessé des flammes.*

FLAMMÉ, E adj. Se dit d'une céramique sur laquelle la cuisson a produit des effets de couleurs : *Grès flammé.*

FLAMMÈCHE n.f. (du francique). Parcelle de matière embrasée qui s'élève d'un foyer.

FLAMMEKUECHE [flamkyʃ] **n.f.** (mot alsacien). Région. (Est). Pâte à pain garnie de crème, d'oignons, de lardons, etc., appelée aussi *tarte flambée.* ➲ Spécialité alsacienne.

1. FLAN n.m. (du francique). **1.** Tarte à base de crème aux œufs, sucrée ou salée, que l'on garnit et que l'on fait prendre au four. **2.** Crème renversée ou moulée. **3.** Disque de métal prêt pour la frappe d'une monnaie ou d'une médaille. **4.** TECHN. Pièce de métal fine destinée à l'emboutissage et au formage. **5.** IMPRIM. Carton utilisé pour prendre l'empreinte de la forme typographique pour le clichage. ▪ **En rester comme deux ronds de flan** [fam.], être ébahi.

2. FLAN n.m. (de *1. flan*). Fam. ▪ **Au flan,** à tout hasard : *Dire qqch au flan.* ▪ **C'est du flan,** ce n'est pas sérieux.

FLÂNAGE n.m. Québec. **1.** Action de traîner quelque part, de rôder. **2.** Flânerie.

FLANC n.m. (du francique). **1.** ANAT. Partie latérale de l'abdomen, entre les côtes et le bassin : *Le flanc gauche, droit.* **2.** Côté du corps : *Se coucher sur* *le flanc.* **3.** Litt. Entrailles maternelles. **4.** Partie latérale d'une chose ; versant : *Le flanc nord d'une montagne.* **5. MIL.** Partie latérale d'une position ou d'une formation militaire ; aile. **6. HÉRALD.** Côté dextre ou senestre de l'écu. ▪ **À flanc de,** sur le versant de. ▪ **Être sur le flanc** [fam.], être alité ; être exténué.

FLANC-GARDE n.f. (pl. *flancs-gardes*). **MIL.** Détachement, fixe ou mobile, chargé de protéger les flancs d'une troupe.

FLANCHER v.i. [3] (anc. fr. *flanchir*). Fam. **1.** Manquer de la force nécessaire ; défaillir : *Le cœur a flanché.* **2.** Manquer de courage au moment crucial ; abandonner : *Devant tant de problèmes, il a flanché.*

FLANCHET n.m. (de *flanc*). **BOUCH.** Morceau du bœuf ou du veau formé par la partie inférieure des parois abdominales.

FLANDRICISME n.m. **LING.** Construction ou mot empruntés au flamand, employés dans le français régional du Nord ou de la Belgique.

FLANDRIN n.m. (de *Flandre*, n.pr.). Vx. ▪ **Grand flandrin,** grand garçon mou et d'allure gauche.

FLANELLE n.f. (angl. *flannel*). Tissu léger, de laine cardée ou de coton.

FLÂNER v.i. [3] (anc. scand. *flana*). **1.** Se promener sans but ; avancer sans se presser. **2.** Perdre son temps ; musarder.

FLÂNERIE n.f. Action de flâner, de musarder.

FLÂNEUR, EUSE n. Personne qui flâne.

FLANQUEMENT n.m. **MIL.** Action de flanquer une position, une unité militaire. ▪ **Tir de flanquement,** parallèle au front à défendre.

1. FLANQUER v.t. [3] (de *flanc*). **1.** Être disposé de part et d'autre de qqch : *Deux tours flanquent le château.* **2. FORTIF.** Défendre un ouvrage par d'autres ouvrages établis sur ses côtés. **3. MIL.** Appuyer ou défendre le flanc d'une unité ou d'une position par des troupes ou par des tirs. ▪ **Être flanqué de qqn,** en être accompagné.

2. FLANQUER v.t. [3] (de *1. flanquer*). Fam. **1.** Lancer rudement : *Flanquer son livre par terre* ; appliquer violemment : *Flanquer un coup de poing.* **2.** Provoquer brutalement : *Flanquer la frousse.* ▪ **Flanquer qqn dehors** ou **à la porte** [fam.], le congédier. ◆ **SE FLANQUER** v.pr. Fam. Se jeter : *Se flanquer à l'eau.*

FLAPI, E adj. (mot provenç., de *flap*, mou). Fam. Abattu ; épuisé.

FLAQUE n.f. (mot dial.). Petite mare d'eau ; petite nappe de liquide stagnant.

FLASH [flaʃ] n.m. (pl. *flash[e]s*) [mot angl. « éclair »]. **1.** Dispositif produisant un éclair lumineux lors d'une prise de vue photographique ; cet éclair. **2. AUDIOVIS.** Condensé de l'actualité du jour, donné à intervalles réguliers dans un média audiovisuel. **3. CINÉMA.** Plan très court. **4.** Fam. Sensation intense, brutale et courte après une injection intraveineuse de drogue, notamm. d'héroïne. ▪ **Avoir un flash** [fam.], une idée soudaine. ▪ **Flash spécial,** bref bulletin donnant une information importante, à la télévision ou à la radio. ▪ **Mémoire flash** [inform.], type de mémoire non volatile, enregistrable et réinscriptible. ▪ **Vente flash** [comm.], vente promotionnelle ponctuelle de certains articles, dans les grands magasins.

FLASH (LANGAGE) n.m. (nom déposé). Technologie servant à intégrer au sein de pages Web des animations ou des objets interactifs.

FLASHAGE n.m. **IMPRIM.** Production par une photocomposeuse de films et de bromures de textes composés et mis en pages.

FLASH-BACK n.m. inv., ▲ *FLASHBACK* [flaʃbak] *n.m.* (mot angl. « retour en arrière »). Séquence cinématographique retraçant une action antérieure aux événements relatés. Recomm. off. **retour en arrière.**

FLASH-BALL [flaʃbol] n.m. (nom déposé). Arme de défense tirant des balles en caoutchouc souple non perforantes.

FLASHCODE [flaʃkɔd] n.m. (nom déposé). Code-barres 2D de la marque de ce nom.

FLASHER v.t. [3] (de *flash*). **1.** Photographier à l'aide d'un radar un véhicule en excès de vitesse : *Il s'est fait flasher sur l'autoroute.* **2. IMPRIM.** Procéder au flashage de. **3. INFORM.** Lire les informations contenues sur un code-barres 2D (Flashcode, QR Code) à l'aide d'un appareil numérique (téléphone intelligent, tablette, notamm.) équipé d'une application adaptée. **4. INFORM.** Mettre à jour les composants contenus sur la mémoire d'une carte mère. ◆ **v.t. ind. (SUR).** Fam. Éprouver un coup de foudre pour ; craquer.

FLASHEUSE n.f. **IMPRIM.** Photocomposeuse à laser effectuant l'opération de flashage.

FLASHMOB [flaʃmɔb] n.m. ou n.f. (pl. *flashmobs*) [mot angl. « foule éclair »]. Rassemblement éclair d'un groupe de personnes en un lieu donné (génér. public), dans le but de concrétiser une action convenue au préalable sur Internet.

FLASHY adj. inv. (mot angl. « criard »). Se dit d'une couleur crue, criarde ; se dit d'un objet qui a cette couleur.

1. FLASQUE adj. (de l'anc. fr. *flache*, mou). Dépourvu de fermeté, de consistance : *Des joues flasques.*

2. FLASQUE n.f. (germ. *flaska*). Flacon plat ; son contenu.

1. FLAT [fla] adj.m. Se dit du ver à soie atteint de flacherie.

2. FLAT [flat] n.m. (mot angl.). Belgique. Petit appartement ; studio.

FLATTER v.t. [3] (du francique **flat*, plat de la main). **1.** Chercher à plaire à qqn par des louanges exagérées. **2.** Caresser un animal du plat de la main. **3.** Présenter sous une apparence avantageuse ; embellir : *Ce portrait le flatte.* **4.** Entretenir avec complaisance un sentiment bas ; encourager : *Flatter la vanité de qqn.* **5.** Affecter agréablement un sens ; charmer : *Ce vin flatte le goût.* **6.** Plaire énormément à qqn ; le rendre fier ; honorer : *Votre approbation me flatte.* ◆ **SE FLATTER** v.pr. **(DE).** Litt. Se vanter de : *Il se flatte de pouvoir les convaincre.*

FLATTERIE n.f. Action de flatter ; propos qui flattent.

FLATTEUR, EUSE adj. et n. Qui flatte : *Remarque flatteuse. Un vil flatteur.* ◆ **adj.** Qui tend à idéaliser : *Portrait flatteur.*

FLATTEUSEMENT adv. De façon flatteuse.

FLATULENCE ou **FLATUOSITÉ** n.f. (du lat. *flatus*, vent). **MÉD.** Accumulation de gaz dans le tube digestif ; expulsion bruyante de ces gaz par l'anus.

FLATULENT, E adj. Qui s'accompagne de flatulence.

FLAUGNARDE ou **FLOGNARDE** n.f. (mot dial. du Limousin). Flan fourré de pommes émincées et cuit au four dans un plat beurré. ➲ Spécialité auvergnate.

FLAVESCENT, E adj. (du lat. *flavus*, jaune). Litt. Jaune doré.

FLAVEUR n.f. (angl. *flavour*). Ensemble des sensations (odeur, goût, etc.) ressenties lors de la dégustation d'un aliment.

FLAVINE n.f. (du lat. *flavus*, jaune). Dérivé de la riboflavine.

FLAVONOÏDE n.m. Composé naturel de la famille des polyphénols.

FLÉAU n.m. (du lat. *flagellum*, fouet). **1.** Grande catastrophe publique ; calamité : *Le sida est un fléau.* **2.** Personne, chose funeste : *La solitude, fléau de notre société.* **3.** Tige horizontale d'une balance, aux extrémités de laquelle sont suspendus ou fixés les plateaux. **4.** Anc. Instrument formé d'un manche et d'un battoir en bois, reliés par des courroies, utilisé pour battre les céréales. ▪ **Fléau d'armes** [anc.], arme formée d'une ou de deux masses reliées à un manche par une chaîne (XIe-XVIe s.).

FLÉCHAGE n.m. Action de flécher un itinéraire ; son résultat.

1. FLÈCHE n.f. (francique **fliukka*). **1.** Projectile formé d'une hampe en bois armée d'une pointe et munie d'un empennage, et qui se lance au moyen d'un arc. **2.** Représentation schématique d'une flèche, pour indiquer un sens, une direction ou pour symboliser un vecteur. **3.** Raillerie ou critique acerbe ; pique : *Lancer, décocher une flèche à qqn.* **4. MATH.** Segment joignant le milieu d'un arc de cercle et le milieu de la corde qui le sous-tend. **5. ARCHIT.** Construction pyramidale ou conique effilée qui couronne, notamm., un clocher ; hauteur d'un arc, d'une voûte. **6. AÉRON.** Inclinaison donnée au bord d'attaque d'une aile d'avion pour faciliter sa pénétration dans l'air. **7.** En ski, test de niveau en slalom géant. **8.** Timon mobile qui remplace les brancards lorsqu'on attelle deux chevaux. **9.** Partie arrière de l'affût roulant d'un canon. ▪ **Avion à flèche variable,** dont la flèche des ailes peut varier en fonction de la vitesse de vol. ▪ **Ce n'est pas une flèche** [fam.], se dit de qqn qui n'est pas très intelligent. ▪ **Être en flèche,** à l'avant-garde. ▪ **Faire flèche de tout bois,** employer tous les moyens disponibles pour arriver à ses fins. ▪ **Flèche d'eau** [bot.], sagittaire. ▪ **Flèche d'or, d'argent, de bronze,** en ski, qualification sanctionnant le résultat du test de la flèche ; personne ayant acquis cette qualification. ▪ **Flèche d'une grue,** partie allongée, horizontale ou inclinée, supportant les charges. ▪ **Flèche d'une trajectoire,** hauteur maximale atteinte par un projectile sur sa trajectoire. ▪ **Flèche littorale** [géomorph.], cordon littoral parallèle à la côte. ▪ **La flèche du Parthe** [litt.], mot blessant lancé à un adversaire à la fin d'une conversation. ▪ **Monter en flèche,** s'élever verticalement ; fig., augmenter rapidement : *Prix qui montent en flèche.*

2. FLÈCHE n.m. **MAR.** Voile établie au-dessus d'une grand-voile à corne.

FLÉCHÉ, E adj. **1.** Balisé par des flèches : *Itinéraire fléché.* **2.** Orné de flèches : *Croix fléchée.*

FLÉCHER v.t. [11], ▲ *[11*].* Marquer un itinéraire par des flèches pour indiquer une direction.

FLÉCHETTE n.f. Petit projectile muni d'une pointe que l'on lance contre une cible.

FLÉCHIR v.t. [21] (lat. *flectere*). **1.** Rendre courbe ce qui était droit ; incurver. **2.** Plier un membre, une articulation. **3.** Amener qqn à l'indulgence ; ébranler : *L'avocate essaie de fléchir le juge.* ◆ **v.i. 1.** Se courber sous la charge : *Poutre qui fléchit.* **2.** Subir une baisse ; diminuer : *Les prix ont fléchi.* **3.** Perdre de sa force ; faiblir : *Sa détermination fléchit.*

FLÉCHISSEMENT n.m. Action, fait de fléchir ; flexion.

FLÉCHISSEUR adj.m. et n.m. **ANAT.** Se dit d'un muscle qui provoque la flexion.

FLEGMATIQUE adj. et n. Se dit d'une personne calme, qui domine ses réactions.

FLEGMATIQUEMENT adv. Avec flegme.

FLEGMATISANT n.m. Substance ajoutée à un explosif pour diminuer sa sensibilité aux chocs et aux frictions.

FLEGME n.m. (du gr. *phlegma*, humeur). **1.** Comportement d'une personne qui garde son sang-froid ; placidité. **2. TECHN.** Produit de la distillation d'un liquide alcoolique non consommable.

FLEIN n.m. (orig. obsc.). Petit emballage léger, génér. à anse et servant au conditionnement des fruits et légumes fragiles.

FLEMMARD, E adj. et n. Fam. Qui répugne à l'effort ; paresseux.

FLEMMARDER v.i. [3]. Fam. Paresser.

FLEMMARDISE n.f. Fam. Fainéantise.

FLEMME n.f. (ital. *flemma*). Fam. Envie de ne rien faire : *J'ai la flemme d'aller les voir.* ▪ **Tirer sa flemme** [fam.], paresser.

FLÉOLE ou **PHLÉOLE** n.f. (du gr. *phleôs*, osier). Herbe fourragère vivace des prairies, préférant les sols secs et calcaires, souvent utilisée pour les pelouses. ➲ Famille des graminées.

FLEROVIUM [flerɔvjɔm] n.m. (du n. de G. N. *Flerov*). Élément chimique artificiel (Fl), de numéro atomique 114.

FLET [flɛ] n.m. (moyen néerl. *vlete*). Poisson plat des eaux côtières à fond sableux ou vaseux, et des estuaires. ➲ Famille des pleuronectidés.

FLÉTAN n.m. (de *flet*). Grand poisson plat des mers froides, recherché pour sa chair et l'huile de son foie très riche en vitamines. ➲ Long. 2 à 3 m ; famille des pleuronectidés.

FLÉTRI, E adj. Litt. Qui a perdu de son éclat ; qui s'est fané.

1. FLÉTRIR v.t. [21] (du lat. *flaccidus*, flasque). Ôter son éclat, sa fraîcheur à ; faner : *La chaleur flétrit les plantes. L'âge a flétri son visage.* ◆ **SE FLÉTRIR** v.pr. Perdre sa fraîcheur.

2. FLÉTRIR v.t. [21] (du francique). **1.** Litt. Blâmer ce qui est répréhensible : *Flétrir l'injustice.* **2.** Litt. Porter injustement atteinte à : *Flétrir la mémoire de qqn.* **3.** Anc. Marquer un condamné au fer rouge.

Les fleurs tropicales

FLÉTRISSEMENT n.m. **1.** Fanaison irréversible de tout ou partie des organes aériens d'une plante. **2.** Litt. État de ce qui est flétri.

1. FLÉTRISSURE n.f. (de *1. flétrir*). Altération de la fraîcheur des végétaux, de l'éclat du teint, de la beauté.

2. FLÉTRISSURE n.f. (de *2. flétrir*). **1.** Litt. Atteinte infamante à l'honneur de qqn ; souillure. **2.** Anc. Marque au fer rouge sur l'épaule d'un condamné.

FLEUR n.f. (lat. *flos, floris*). **1.** Organe des plantes supérieures (angiospermes), composé de pièces protectrices, souvent richement colorées et parfumées, qui entourent les organes reproducteurs. **2.** Plante à fleurs : *Un jardin plein de fleurs.* **3.** Motif représentant une fleur : *Rideaux à fleurs.* **4.** (Souvent pl.). Compliments décernés à qqn : *Les journalistes l'ont couvert de fleurs.* **5.** Vieilli. Virginité. **6.** (Souvent pl.). Voile blanchâtre formé par des levures à la surface du vin, de la bière, etc. **7. CUIRS.** Dessus d'une peau tannée qui portait les poils. ▪ **À fleur de,** presque au niveau de : *Écueils à fleur d'eau.* ▪ **À la fleur de l'âge,** dans l'éclat, l'épanouissement de la jeunesse : *Mourir à la fleur de l'âge.* ▪ **Avoir les nerfs à fleur de peau,** être facilement irritable. ▪ **Comme une fleur** [fam.], facilement ; ingénument : *Elle est arrivée à la fin de la réunion comme une fleur.* ▪ **Faire une fleur à qqn** [fam.], lui accorder un avantage inattendu. ▪ **Fine fleur de farine,** farine de blé très pure. ▪ **Fleur bleue,** sentimental et romanesque. ▪ **Fleur de sel** → **SEL.** ▪ **Fleurs de rhétorique** [litt.], ornements de style, poétiques ou conventionnels. ▪ **La (fine) fleur de** [litt., parfois iron.], ce qu'il y a de meilleur, de plus distingué dans (un groupe) ; l'élite de : *La fine fleur de la brigade a été chargée de l'enquête.*

➲ Rattachée à la tige par un pédoncule, une **FLEUR** complète se compose d'un calice externe, formé de sépales, et d'une corolle, formée de pétales ; d'un androcée, formé des organes mâles, ou étamines, dont l'anthère produit les grains de pollen ; d'un gynécée, ou pistil, organe femelle, dont l'ovaire, surmonté d'un style et d'un stigmate, est garni d'ovules. Après la fécondation, l'ovaire donne un fruit et chaque ovule fournit une graine. Les fleurs sont incomplètes chez de nombreux végétaux.

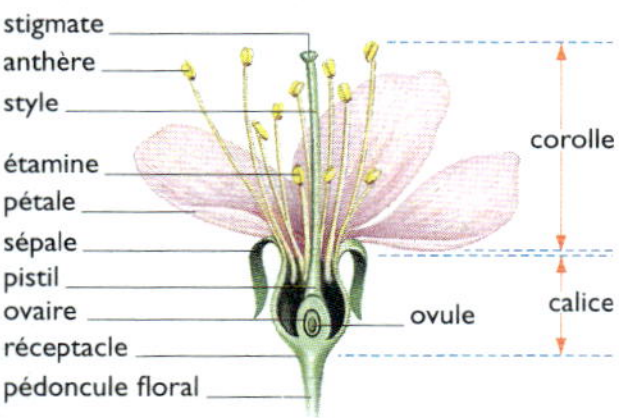

fleur de cerisier (vue en coupe)

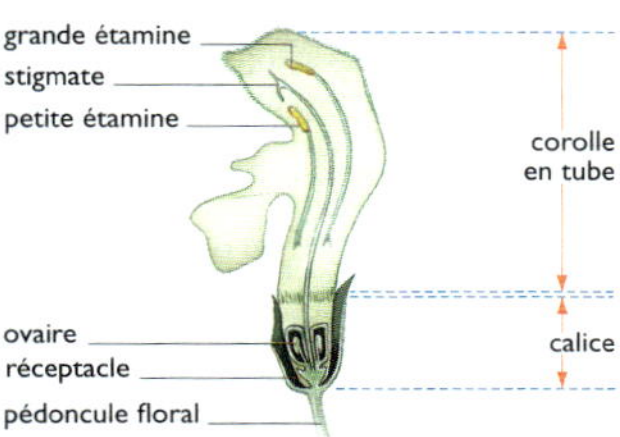

fleur de lamier blanc (vue en coupe)

▲**fleurs**

FLEURDELISÉ, E adj. Orné de fleurs de lis. ◆ n.m. Nom du drapeau québécois : *Le fleurdelisé et l'unifolié.*

FLEURER v.i. et v.t. [3] (du lat. *flatare*, souffler). Litt. Répandre une odeur : *Ce civet fleure bon. La maison fleure le café frais.*

FLEURET n.m. (de l'ital. *fioretto*, petite fleur). **1.** L'une des trois armes de l'escrime, très légère (moins de 500 g), sans tranchant, terminée par un bouton ; discipline pratiquée avec cette arme, où les coups sont portés avec la pointe seule et où la surface de touche est limitée au tronc. **2.** Outil constitué d'une tige d'acier pointue ou tranchante fixée à un marteau piqueur ou à un marteau perforateur. ▪ **À fleurets mouchetés,** se dit d'une discussion dans laquelle on tend à épargner l'adversaire.

1. FLEURETTE n.f. Petite fleur. ▪ **Conter fleurette** [vieilli], tenir des propos galants à une femme.

2. FLEURETTE adj. ▪ **Crème fleurette,** crème obtenue par écrémage du lait et contenant 10 à 12 % de beurre.

FLEURETTISTE n. Escrimeur pratiquant le fleuret.

FLEURI, E adj. **1.** Orné, garni de fleurs. **2.** Se dit d'un parfum dont les notes dominantes sont à base de fleurs. ▪ **Croûte fleurie,** croûte de certains fromages, caractérisée par la présence de moisissures blanches. ▪ **Style fleuri,** style brillant, imagé.

FLEURIR v.i. [21] (lat. *florere*). **1.** Produire des fleurs, en parlant d'une plante, d'un arbre. **2.** Fig. Être prospère ; se développer : *Ses affaires fleurissent.* (En ce sens, l'imparfait de l'indic. est *je florissais*, etc., et le p. présent *florissant*.) ◆ v.t. Orner de fleurs : *Fleurir la table.*

FLEURISSEMENT n.m. Action d'embellir avec des fleurs, notamm. un lieu public.

FLEURISTE n. Personne qui vend des fleurs, crée des compositions florales. ◆ adj. Où l'on cultive des fleurs.

FLEURON n.m. **1. BOT.** Chacune des petites fleurs incomplètes dont la réunion forme tout ou partie du capitule, chez les composées. **2. ARTS APPL.** Ornement en forme de fleur ou de bouquet de feuilles stylisés. ▪ **Le (plus beau) fleuron,** ce qu'il y a de plus précieux : *Ce tableau est le fleuron de sa collection.*

FLEURONNÉ, E adj. **ARTS APPL.** Orné de fleurons.

FLEUVE n.m. (lat. *fluvius*). **1.** Cours d'eau qui aboutit à la mer. **2.** Fig. Masse en mouvement : *Fleuve de boue, de lave.* **3.** (En appos., avec ou sans trait d'union). Se dit de ce qui dure très longtemps : *Explication fleuve.* ▪ **Roman-fleuve,** v. à son ordre alphabétique.

FLEXIBILISER v.t. [3]. Rendre un processus plus flexible, moins rigide.

FLEXIBILITÉ n.f. **1.** Qualité de ce qui est flexible : *La flexibilité de l'osier.* **2.** Processus d'adaptation des ressources humaines aux impératifs de production des entreprises par le biais des contrats de travail et des salaires.

FLEXIBLE adj. (lat. *flexibilis*). **1.** Qui plie aisément : *Un roseau flexible.* **2.** Susceptible de s'adapter aux circonstances ; souple : *Horaire flexible.* ▪ **Atelier flexible,** atelier à gestion informatisée assurant la production automatique de pièces, reconfigurable en fonction des contraintes de production. ◆ n.m. Organe de transmission flexible ; tuyau, conduite flexibles.

FLEXION n.f. **1.** Action de fléchir ; fléchissement : *La flexion d'un arc.* **2. PHYSIOL.** Mouvement par lequel deux parties du corps se replient l'une sur l'autre : *Flexion de la jambe.* **3.** État de ce qui est fléchi : *La flexion de cette poutre est inquiétante.* **4. TECHN.** Courbure d'un solide soumis à des forces transversales. **5. LING.** Procédé morphologique consistant à ajouter à la racine du mot des désinences exprimant des catégories grammaticales (genre, nombre, personne) ou des fonctions syntaxiques (cas) ; ensemble des formes ainsi pourvues de désinence. ▪ **Flexion nominale, verbale** [ling.], déclinaison ; conjugaison.

FLEXIONNEL, ELLE adj. **LING.** Relatif à la flexion d'un mot. ▪ **Langue flexionnelle,** qui exprime les rapports grammaticaux par des flexions (le latin, le grec, par ex.).

FLEXISÉCURITÉ n.f. (de *flexibilité* et *sécurité*). Organisation du marché du travail offrant plus de flexibilité aux entreprises et plus de sécurité de l'emploi aux salariés.

FLEXITARIEN, ENNE adj. et n. (angl. *flexitarian*, de *flexible*, flexible, et *vegetarian*, végétarien). Relatif au flexitarisme ; qui le pratique.

FLEXITARISME n.m. (angl. *flexitarianism*). Mode d'alimentation principalement végétarien, mais incluant occasionnellement de la viande ou du poisson.

FLEXOGRAPHIE n.f. **IMPRIM.** Procédé d'impression avec des formes souples en relief, utilisant des encres à séchage rapide.

FLEXUEUX, EUSE adj. Litt. Courbé alternativement dans des sens différents : *Tige flexueuse.*

FLEXUOSITÉ n.f. Litt. État de ce qui est flexueux.

FLEXURE n.f. **GÉOL.** Forme tectonique intermédiaire entre la faille et le pli, dans laquelle les couches sont étirées vers la zone affaissée.

FLIBUSTE n.f. Anc. **1.** Piraterie à laquelle se livraient les flibustiers dans la mer des Antilles. **2.** Ensemble des flibustiers.

FLIBUSTIER n.m. (du néerl. *vrijbuiter*, pirate). **1.** Pirate de la mer des Antilles, aux XVIIe et XVIIIe s. **2.** Vieilli. Filou.

FLIC n. (de l'arg. all. *Flick*, jeune homme). Fam. Agent de police, et, en génér., tout policier.

FLICAGE n.m. Fam., péjor. Action de fliquer.

FLIC FLAC ou **FLIC-FLAC** interj. (onomat.). Imite le bruit d'un clapotement.

FLINGUE n.m. (all. dial. *Flinke*). Fam. Fusil ; revolver.

FLINGUER v.t. [3]. Fam. **1.** Tirer avec une arme à feu sur qqn. **2.** Abîmer ; détruire : *Il a flingué son portable.* **3.** Critiquer durement. ◆ **SE FLINGUER** v.pr. Fam. Se suicider avec une arme à feu.

FLINGUEUR, EUSE n. **1.** Arg. Personne qui tue par profession. **2.** Fig. Personne qui critique durement ; éreinteur.

FLINT [flint] ou **FLINT-GLASS** n.m. (pl. *flint-glasses*) [de l'angl. *flint*, silice, et *glass*, verre]. Verre d'optique à base de plomb, dispersif et réfringent.

FLIP n.m. **1.** Arg. Sentiment d'angoisse intense éprouvé par un toxicomane en état de manque. **2.** Fam. Vive angoisse.

LES PRINCIPAUX FLEUVES*

fleuve	pays ou continent	superficie du bassin versant (km²)	débit moyen (m³/s)	longueur (km)
Amazone	Amérique du Sud	6 150 000	190 000	7 000
Congo	Afrique	3 800 000	42 000	4 700
Mississippi	États-Unis	3 222 000	18 000	3 780
Nil	Afrique	3 000 000	2 500	6 700
Ob	Russie	2 990 000	12 500	4 345
Ienisseï	Russie	2 600 000	19 800	3 354
Lena	Russie	2 490 000	15 500	4 270
Paraná	Amérique du Sud	2 343 000	16 000	3 000
Gange	Inde	2 165 000	16 000	3 090
Amour	Asie	1 845 000	11 000	4 440
Yangzi Jiang	Chine	1 830 000	34 500	5 980
Mackenzie	Canada	1 805 000	7 200	4 600
Volga	Russie	1 360 000	8 000	3 690
Zambèze	Afrique	1 330 000	3 500	2 660
Niger	Afrique	1 100 000	7 000	4 200
Orénoque	Venezuela	900 000	31 000	2 160

* Classés selon la superficie de leur bassin versant.

FLIPBOOK ou **FLIP BOOK** (pl. *flip books*) [flipbuk] **n.m.** (mot angl., de *to flip through*, feuilleter, et *book*, livre). Petit livre d'images, génér. de format à l'italienne, qui, feuilleté rapidement et en continu avec le pouce, donne l'impression d'une séquence animée (SYN. **folioscope**).

FLIPOT n.m. (de *Felippot*, dimin. de *Philippe*). MENUIS. Petite pièce de bois employée pour dissimuler une fente ou un éclat accidentels dans un ouvrage en bois.

FLIPPANT, E adj. Fam. Qui fait flipper ; angoissant.

1. FLIPPER [flipœr] ou **FLIPPEUR n.m.** (de l'angl. *to flip*, heurter). **1.** Petit levier d'un billard électrique, qui renvoie la bille vers le haut. **2.** Billard électrique.

2. FLIPPER [flipe] **v.i. [3]** (de l'angl. *to flip*, secouer). **1.** Arg. Éprouver un flip, en parlant d'un toxicomane. **2.** Fam. Être déprimé ou angoissé.

FLIQUER v.t. [3] (de *flic*). Fam. **1.** Soumettre à une étroite surveillance policière. **2.** Soumettre à une autorité répressive.

FLIRT [flœrt] **n.m.** (mot angl.). **1.** Relation amoureuse passagère, plus ou moins platonique. **2.** Vieilli. Personne avec qui l'on flirte. **3.** Rapprochement momentané entre adversaires idéologiques, politiques, etc.

FLIRTER [flœrte] **v.i. [3]. 1.** Avoir un flirt avec qqn. **2.** Se rapprocher d'adversaires politiques, idéologiques, etc. : *Ministre qui flirte avec l'opposition.*

FLIRTEUR, EUSE [flœrtœr, øz] **adj.** et **n.** Vieilli. Qui flirte.

FLOBART n.m. (orig. incert.). Région. (Nord). Petit bateau ventru, à fond plat, permettant l'échouage sur les plages, utilisé autref. pour la pêche.

FLOC interj. (onomat.). Évoque le bruit d'un corps qui tombe dans un liquide.

FLOCAGE n.m. 1. TEXT. Application de fibres textiles sur un support recouvert d'un adhésif pour lui donner l'aspect du velours. **2.** CONSTR. Procédé de protection au feu et d'isolation, réalisé par projection d'un adhésif et de fibres sur un panneau.

1. FLOCHE adj. (mot gascon « insuffisamment tendu »). ■ **Fil floche,** fil à faible torsion, utilisé en bonneterie.

2. FLOCHE n.f. (lat. *floccus*). Belgique. **1.** Gland de passementerie. **2.** Double ganse qui arrête le nœud des lacets de chaussures.

FLOCK-BOOK [flɔkbuk] **n.m.** (pl. *flock-books*) [mot angl.]. Livre généalogique des moutons de race ; association gérant ce livre.

FLOCON n.m. (lat. *floccus*). **1.** Amas léger de fibres, de neige, etc. **2.** Petite lamelle d'un aliment déshydraté : *Flocons d'avoine. Purée en flocons.*

FLOCONNER v.i. [3]. Litt. Former des flocons.

FLOCONNEUX, EUSE adj. Qui a la forme de flocons ; qui ressemble à des flocons.

FLOCULANT n.m. Produit qui provoque la floculation.

FLOCULATION n.f. CHIM., PHYS. Précipitation en flocons, réversible, des suspensions colloïdales par agrégation des particules constituantes.

FLOCULER v.i. [3]. CHIM., PHYS. Précipiter sous forme de flocons, en parlant de systèmes colloïdaux.

FLOE [flo] **n.m.** (mot angl.). Plaque de glace résultant de la dislocation de la banquise.

FLOGNARDE n.f. → **FLAUGNARDE.**

FLONFLON n.m. (onomat.). Musique et refrain de chanson populaire. ◆ **n.m. pl.** Accords bruyants de certaines musiques populaires.

FLOOD [flud] **adj. inv.,** ▲ ***adj.*** (mot angl.). PHOTOGR. ■ **Lampe flood,** lampe à filament de tungstène survolté, fournissant une lumière intense analogue à la lumière du jour.

FLOP n.m. (mot angl.). Fam. Échec d'un spectacle, d'un ouvrage publié : *Son film a fait un flop.*

FLOPÉE n.f. Fam. Grande quantité de : *Une flopée de marmots.*

FLOPS [flɔps] **n.m.** (acronyme de l'angl. *floating point operations per second*). Unité de mesure de la puissance d'un ordinateur, correspondant au nombre d'opérations en virgule flottante qu'il effectue par seconde. ➲ En pratique, on utilise le *mégaflops* (Mflops), qui vaut 10^6 flops, et le *gigaflops* (Gflops), qui vaut 10^9 flops.

FLOQUER v.t. [3]. TEXT., CONSTR. Effectuer un flocage.

FLORAISON n.f. 1. Épanouissement des fleurs ; époque où il a lieu. **2.** Fig. Apparition simultanée d'un grand nombre de choses, de personnes remarquables : *Floraison de films, d'écrivains.*

FLORAL, E, AUX adj. (du lat. *flos, floris*, fleur). Relatif à la fleur, aux fleurs.

FLORALIES n.f. pl. Exposition horticole où sont présentées de nombreuses plantes à fleurs.

FLORE n.f. (du lat. *Flora*, déesse des Fleurs). **1.** Ensemble des espèces végétales croissant dans une région, un milieu donnés. **2.** Ouvrage permettant la détermination et la classification de ces espèces. ■ **Flore (bactérienne** ou **microbienne)** [méd.], ensemble des micro-organismes (bactéries, partic.) qui vivent sur la peau ou dans une cavité naturelle (bouche, par ex.) d'un organisme, sans nuire à celui-ci (SYN. **microbiote**). ■ **Flore intestinale** [méd.], ensemble de germes qui existent normalement dans l'intestin. ➲ Les spécialistes privilégient le terme *microbiote intestinal*.

FLORÉAL n.m. (pl. *floréals*). HIST. Huitième mois du calendrier républicain, commençant le 20 ou le 21 avril et finissant le 19 ou le 20 mai.

FLORENTIN, E adj. et **n.** De Florence. ◆ **adj.** Qui évoque les intrigues politiques qui avaient cours à Florence à l'époque de la Renaissance.

FLORÈS [flɔrɛs] **n.m.** (p.-ê. du provenç. *flori*, du lat. *floridus*, couvert de fleurs). Litt., vieilli. ■ **Faire florès,** obtenir un succès éclatant.

FLORIBOND, E adj. (lat. *floribundus*). Qui porte beaucoup de fleurs.

FLORIBONDITÉ n.f. Caractère d'une plante floribonde.

FLORICOLE adj. 1. Qui vit sur les fleurs. **2.** Qui concerne les fleurs, la floriculture.

FLORICULTURE n.f. Culture des plantes à fleurs et, par ext., des plantes d'ornement (fleurs coupées, plantes en pot fleuries, plantes vertes).

FLORIDÉE n.f. Algue rouge d'un type évolué, telle que la coralline. ➲ Les floridées forment une sous-classe.

FLORIFÈRE adj. BOT. Qui porte des fleurs.

FLORILÈGE n.m. (du lat. *flos, floris*, fleur, et *legere*, choisir). **1.** Recueil de morceaux choisis d'œuvres littéraires, en partic. de poésies. **2.** Sélection de choses belles ou remarquables.

FLORIN n.m. (ital. *fiorino*). **1.** NUMISM. Monnaie en or de Florence (XIIIe s.), qui fut utilisée et imitée dans toute l'Europe. **2.** Ancienne unité monétaire principale des Pays-Bas et du Suriname (SYN. **gulden**). ➲ Devenu, dès le 1er janvier 1999, une subdivision de l'euro, le florin néerlandais a cessé d'exister, au profit de la monnaie unique européenne, en 2002.

FLORISSANT, E adj. 1. Qui est en pleine prospérité : *Entreprise florissante.* **2.** Qui indique un parfait état de santé : *Teint florissant.*

FLORISTIQUE adj. BOT. Qui concerne la flore.

FLOT n.m. (du francique). **1.** Masse liquide qui s'écoule : *Un flot de sang a jailli de la blessure.* **2.** Marée montante : *Promeneurs pris par le flot.* **3.** Sout. Ce qui rappelle les vagues de la mer : *Les flots de sa chevelure.* **4.** Fig. Quantité importante de choses, de personnes : *Flot de passants.* ■ **À flots,** abondamment : *L'argent coulait à flots.* ■ **Être à flot,** flotter ; fig., être sorti de difficultés financières. ■ **Remettre à flot,** renflouer : *Remettre une entreprise à flot.* ◆ **n.m. pl. 1.** Litt. La mer : *La violence des flots.* **2.** ARTS APPL. Postes.

FLOTTABILITÉ n.f. 1. Propriété que possèdent certains corps de rester insubmersibles. **2.** Force due à la poussée de l'eau sur le volume immergé d'un corps.

FLOTTABLE adj. 1. Qui peut flotter : *Bois flottable.* **2.** Qui permet le flottage de trains de bois ou de radeaux : *Rivière flottable.* **3.** MIN. Qui peut être traité par flottation.

FLOTTAGE n.m. 1. Transport des bois en grumes par les cours d'eau. **2.** Fabrication du verre de vitrage *(verre flotté)* consistant à verser le verre fondu sur un bain d'étain liquide où il s'étale en ruban continu.

FLOTTAISON n.f. Limite qui, pour un corps flottant sur une eau calme, sépare la partie immergée de celle qui émerge. ■ **Ligne de flottaison,** ligne horizontale d'intersection de la carène avec la surface d'une eau calme.

1. FLOTTANT, E adj. 1. Qui flotte à la surface d'un liquide : *Des glaces flottantes.* **2.** Qui ondule au gré du vent : *Oriflammes flottantes.* **3.** Qui n'est pas nettement fixé : *Effectifs flottants.* **4.** Qui ne s'arrête à rien de précis : *Pensées flottantes.* ■ **Capitaux flottants,** capitaux que les investisseurs réservent aux placements à court terme les plus rentables. ■ **Change flottant,** régime de convertibilité où le taux de change des monnaies peut fluctuer en fonction du libre jeu des lois du marché (par oppos. à *change fixe*). ■ **Dette flottante,** partie de la dette publique, non consolidée, dont les créanciers peuvent demander le remboursement sans préavis. ■ **Monnaie flottante,** monnaie soumise au flottement. ■ **Virgule flottante** [inform.], mode de représentation d'un nombre dans lequel la position de la virgule n'est pas fixée par rapport à l'une des extrémités du nombre ; méthode permettant d'effectuer des opérations arithmétiques sur ce format (par oppos. à *virgule fixe*).

2. FLOTTANT n.m. Short de sport ample.

FLOTTATION n.f. (angl. *flotation*). MIN. Procédé de séparation d'un mélange de corps finement broyés, utilisant la propriété qu'ont certaines substances, en milieu aqueux, de se fixer sur des bulles d'air.

1. FLOTTE n.f. (anc. scand. *floti*). **1.** Ensemble de navires dont les activités sont coordonnées par une même autorité ou opérant dans une zone déterminée. **2.** Ensemble des forces navales d'un pays ou d'une compagnie maritime. **3.** Importante formation d'aviation militaire ; ensemble des appareils d'une compagnie aérienne.

2. FLOTTE n.f. Fam. Eau ; pluie.

3. FLOTTE n.f. PÊCHE. Morceau de liège maintenant un filet à fleur d'eau ; flotteur.

FLOTTEMENT n.m. 1. État d'un objet qui flotte, qui ondule mollement. **2.** Mouvement discordant dans les rangs d'une colonne qui défile, d'une file qui avance. **3.** Mouvement d'hésitation, d'incertitude : *Un certain flottement apparaît dans la majorité.* **4.** AUTOM. Oscillation répétée des roues directrices d'un véhicule, successivement d'un côté et de l'autre. **5.** AÉRON. Flutter. **6.** ÉCON. Fluctuation des taux de change d'une monnaie.

FLOTTER v.i. [3] (de *flot*). **1.** Être porté sur une surface liquide. **2.** Onduler dans le vent : *Les drapeaux flottent aux balcons.* **3.** Être en suspension dans l'air : *Une odeur de cannelle flotte dans la cuisine.* **4.** Litt. Être indécis, irrésolu ; hésiter. **5.** En parlant d'une monnaie, être soumise à un flottement. ■ **Flotter dans un vêtement,** porter un vêtement trop grand ou trop large. ◆ **v.t.** ■ **Flotter du bois,** l'acheminer par flottage. ◆ **v. impers.** Fam. Pleuvoir.

FLOTTEUR n.m. Corps, dispositif, pièce conçus pour flotter à la surface d'un liquide : *Flotteur d'une ligne de pêche.* ■ **Flotteur en catamaran,** chacun des éléments fixés par paires sous le fuselage d'un hydravion.

FLOTTILLE n.f. (esp. *flotilla*). **1.** Groupe de petits navires se déplaçant ensemble : *Une flottille de pêche.* **2.** Réunion de navires de faible tonnage de la marine de guerre. **3.** Formation d'appareils de combat de l'aéronavale.

FLOU, E adj. (du lat. *flavus*, jaune, fané). **1.** Qui manque de netteté : *Image floue.* **2.** Se dit d'une œuvre aux contours peu distincts : *Dessin flou.* **3.** Fig. Qui manque de précision ; nébuleux : *Projet flou.* ■ **Logique floue,** logique qui substitue à la logique binaire une logique fondée sur des variables pouvant prendre, outre les valeurs « vrai » ou « faux », des valeurs intermédiaires allant de manière graduelle du « vrai » au « faux ». ➲ La logique floue est notamm. appliquée à des automates pour gérer des processus complexes. ◆ **n.m. 1.** Caractère de ce qui manque de netteté. **2.** CINÉMA, PHOTOGR. Manque de netteté de l'image. **3.** COUT. Technique de réalisation de vêtements souples, vaporeux (robes du soir, robes de mariée, etc.). ■ **Flou (artistique)** [cinéma, photogr.], effet délibéré de flou ; fig., ambiguïté dans le discours, l'attitude.

FLOUER v.t. [3]. Fam. Voler, duper qqn.

FLOUSE ou **FLOUZE** n.m. (ar. *fulūs*). Arg. Argent.

FLOUTAGE n.m. Action de flouter.

FLOUTER v.t. [3]. **PHOTOGR., TÉLÉV.** Rendre flou afin d'empêcher l'identification : *Flouter le visage d'un interviewé.*

FLOUVE n.f. Herbe fourragère des bois et des prés qui donne au foin coupé son odeur caractéristique. ➲ Famille des graminées.

FLUAGE n.m. (de *fluer*). **TECHN.** Déformation lente que subit un matériau soumis à une contrainte permanente.

FLUATATION n.f. **CONSTR.** Procédé d'imperméabilisation des calcaires tendres et des bétons.

FLUCTUANT, E adj. **1.** Qui est sujet à des variations : *La mode est fluctuante.* **2.** Qui est indécis, hésite : *Électeurs fluctuants.*

FLUCTUATION n.f. (du lat. *fluctuatio*, hésitation). **1.** (Souvent au pl.). Variations successives en sens contraire : *Fluctuations des prix, d'un esprit inquiet.* **2.** Variation d'une grandeur physique de part et d'autre d'une valeur moyenne. **3. MÉD.** Mouvement provoqué au sein d'une masse fluide (abcès, par ex.) par la pression en un point, et perçu par la palpation en un point éloigné.

FLUCTUER v.i. [3]. Être fluctuant ; varier.

FLUENT, E adj. (du lat. *fluere*, couler). Sout. Qui change sans cesse ; mouvant.

FLUER v.i. [3] (lat. *fluere*). Litt. Couler, se répandre, en parlant de l'eau, d'une odeur, etc.

FLUET, ETTE adj. (de *flou*). Qui est mince et d'apparence délicate : *Des bras fluets.* ▪ **Voix fluette,** qui manque de force.

FLUETTE n.f. Suisse. Flûte (bâtonnet de pain).

FLUIDE adj. (lat. *fluidus*). **1. PHYS.** Se dit d'un corps (liquide ou gaz) dont les molécules sont faiblement liées, et qui peut ainsi prendre la forme du vase qui le contient. **2.** Qui coule facilement : *Crème fluide.* **3.** Qui se déroule harmonieusement : *Une poésie fluide.* **4.** Difficile à saisir, à apprécier : *Pensée fluide.* ▪ **Circulation fluide** [autom.], sans à-coups ni embouteillages. ◆ n.m. **1.** Corps fluide. **2. OCCULT.** Énergie occulte, influence mystérieuse que dégageraient certaines personnes, certains objets. ▪ **Mécanique des fluides,** partie de la mécanique qui étudie les fluides considérés comme des milieux continus déformables.

FLUIDIFIANT, E adj. et n.m. **1.** Se dit d'un médicament qui fluidifie les sécrétions, en partic. bronchiques. **2.** Se dit d'un produit pétrochimique employé pour diminuer la consistance des bitumes, des peintures ou des boues de forage.

FLUIDIFICATION n.f. Action de fluidifier ; fait de se fluidifier.

FLUIDIFIER v.t. [5]. Faire passer un matériau à l'état fluide ou en augmenter la fluidité. ▪ **Fluidifier la circulation** [autom.], la rendre fluide. ◆ **SE FLUIDIFIER** v.pr. Devenir fluide ou plus fluide.

1. FLUIDIQUE adj. **OCCULT.** Relatif au fluide.

2. FLUIDIQUE n.f. Technologie utilisant un fluide pour réaliser des effets d'amplification, de commutation et traiter une information.

FLUIDISATION n.f. **TECHN.** Mise en suspension dense de particules dans un courant fluide ascendant.

FLUIDISER v.t. [3]. Soumettre à la fluidisation.

FLUIDITÉ n.f. **1.** Caractère de ce qui est fluide : *La fluidité du trafic routier.* **2. ÉCON.** Situation d'un marché caractérisé par la libre circulation des facteurs de production (capital, travail) d'une activité ou d'un emploi à l'autre.

FLUO adj. inv. (abrév.). Se dit d'une couleur fluorescente ; se dit d'un objet de cette couleur : *Des hauts fluo.*

FLUOCOMPACT, E adj. Se dit d'une lampe fluorescente à basse consommation, dont le tube est plié ou enroulé pour permettre son installation dans des luminaires de faible encombrement.

FLUOR n.m. (mot lat. « écoulement »). **1.** Corps simple gazeux, jaune pâle. **2.** Élément chimique (F), de numéro atomique 9, de masse atomique 18,9984. ➲ Le plus électronégatif de tous les éléments, il est fortement réactif. ▪ **Spath fluor** [vx], fluorite.

FLUORATION n.f. Adjonction de fluor aux eaux destinées à la consommation.

FLUORÉ, E adj. Qui contient du fluor.

FLUORESCÉINE n.f. **CHIM. ORG.** Colorant jaune, de la famille des phtaléines, doué d'une fluorescence verte très intense.

FLUORESCENCE n.f. (de *fluor*). **1. OPT.** Propriété qu'ont certains corps d'absorber un rayonnement (visible ou invisible) et de l'émettre à nouveau avec une longueur d'onde plus grande. ➲ On distingue la *fluorescence*, qui s'arrête dès que cesse l'illumination, de la *phosphorescence*, qui persiste. **2. ÉLECTROTECHN.** Principe d'émission de lumière par décharge électrique dans un gaz (vapeur de mercure, par ex.) et diffusion par des poudres fluorescentes.

FLUORESCENT, E adj. **1.** Doué de fluorescence. Abrév. **fluo. 2.** Se dit d'une source de rayonnement produit par fluorescence : *Tube fluorescent.*

FLUORHYDRIQUE adj.m. ▪ **Acide fluorhydrique,** acide (HF) formé par le fluor et l'hydrogène, capable d'attaquer la silice.

FLUORITE ou **FLUORINE** n.f. Fluorure de calcium (CaF_2), qui se rencontre associé au quartz ou à la calcite dans la gangue de gîtes minéraux.

FLUOROSE n.f. Maladie due à une intoxication chronique par le fluor.

FLUORURE n.m. **1.** Composé binaire du fluor avec un autre élément. **2.** Sel de l'acide fluorhydrique.

FLUOTOURNAGE n.m. **MÉTALL.** Procédé de formage à froid par application et déformation d'un flan plat ou d'une ébauche sur un mandrin tournant, permettant d'obtenir des pièces de révolution creuses.

FLUSH [flœʃ] ou [flɔʃ] n.m. (pl. *flush[e]s*) [mot angl.]. Au poker, combinaison de cinq cartes de la même couleur, appelée aussi *couleur.* ▪ **Quinte flush,** combinaison de cinq cartes de la même couleur formant une séquence.

1. FLÛTE, ▲ *FLUTE* n.f. **1.** Instrument de musique à vent et à embouchure, formé d'un tube creux et percé de trous. **2.** Verre à pied, étroit et haut, dans lequel on sert le champagne. **3.** Pain mince et long. **4.** Suisse. Bâtonnet de pain salé et croustillant (SYN. **fluette**). ▪ **Flûte à bec,** flûte droite, en bois ou en matière plastique, de perce conique, avec une embouchure en forme de bec. ▪ **Flûte alto,** flûte traversière de registre grave. ➲ On dit aussi *flûte en sol.* ▪ **Flûte de Pan,** instrument composé de tubes d'inégale longueur sur lesquels on promène les lèvres. ▪ **Flûte traversière,** flûte, génér. en métal, à embouchure latérale. ▪ **Petite flûte,** flûte traversière de registre aigu (SYN. **piccolo**). ◆ n.f. pl. Fam. Jambes maigres. ▪ **Jouer des flûtes** [fam.], s'enfuir. ◆ **interj.** Fam., vieilli. Marque la déception.

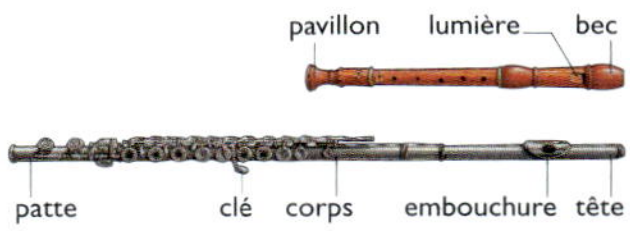

▲ **flûtes.** Flûte à bec et flûte traversière.

2. FLÛTE, ▲ *FLUTE* n.f. (néerl. *fluit*). Gros navire de charge réservé au transport du matériel et des munitions, aux XVIIe et XVIIIe s.

FLÛTÉ, E, ▲ *FLUTÉ, E* adj. Se dit d'un son doux évoquant celui de la flûte.

FLÛTEAU, ▲ *FLUTEAU* n.m. **BOT.** Plantain d'eau.

FLÛTIAU, ▲ *FLUTIAU* n.m. **1.** Flûte grossière. **2.** Petite flûte champêtre.

FLÛTISTE, ▲ *FLUTISTE* n. Instrumentiste qui joue de la flûte.

FLUTTER [flœtœr] n.m. (mot angl. « mouvement brusque »). **1. AÉRON.** Vibration de faible amplitude et de fréquence élevée des surfaces portantes d'un avion (SYN. **flottement**). **2. MÉD.** Tachycardie très rapide et grave.

FLUVIAL, E, AUX adj. (lat. *fluvialis*). **1.** Relatif aux fleuves, aux rivières : *Port fluvial.* **2.** Qui a lieu dans les fleuves, les cours d'eau : *Pêche fluviale.*

FLUVIATILE adj. **GÉOMORPH.** Se dit de sédiments continentaux transportés par les eaux courantes.

FLUVIO-GLACIAIRE (pl. *fluvio-glaciaires*), ▲ *FLUVIOGLACIAIRE* adj. **GÉOMORPH.** Relatif à l'action des cours d'eau issus de la fonte des glaciers. ▪ **Cône fluvio-glaciaire,** glacis d'alluvions très aplati, étalé par le ruissellement et les eaux courantes en avant des moraines frontales déposées par les glaciers.

FLUVIOGRAPHE ou **FLUVIOMÈTRE** n.m. Appareil enregistrant les variations du niveau d'un fleuve canalisé.

FLUVIOMÉTRIQUE adj. Relatif à la mesure du niveau et du débit des cours d'eau.

FLUX [fly] n.m. (lat. *fluxus*). **1.** Écoulement d'un liquide organique ou de matières liquides en général. **2.** Marée montante (par oppos. à *reflux*). **3.** Grande abondance de choses ou de personnes qui se suivent sans interruption : *Flux de voitures, de visiteurs.* **4. MÉTÉOROL.** Déplacement de masses d'air à l'échelle planétaire, de caractère zonal (dans le sens des parallèles) ou méridien. (On parle alors aussi de *coulée.*) **5.** Produit déposé en surface ou à l'intérieur d'un métal en fusion pour le fluidifier, l'affiner et le protéger de l'oxydation de l'air. **6. ÉCON.** Ensemble des échanges réels et monétaires se produisant entre les divers agents de la vie économique. ▪ **Flux d'un vecteur à travers une surface** [math.], intégrale du produit de la composante normale de ce vecteur par l'élément d'aire correspondant. ▪ **Flux électrique, magnétique,** intégrale de surface du vecteur induction électrique, magnétique. ▪ **Flux lumineux,** flux d'un rayonnement évalué d'après son action sur un récepteur déterminé (unité : le lumen [lm]). ▪ **Flux migratoire,** mouvement de population de grande ampleur. ▪ **Flux** ou **fil RSS, flux** ou **fil de syndication** ou **fil d'information** [inform.] → **RSS.** ▪ **Flux tendu** [écon.], en matière d'approvisionnement, gestion tendant à supprimer les stocks.

FLUXION n.f. (du bas lat. *fluxio*, écoulement). **MÉD.** Vx. ▪ **Fluxion dentaire,** inflammation des gencives ou de la joue, due à un foyer infectieux dentaire. ▪ **Fluxion de poitrine,** pneumonie.

FLUXMÈTRE [flymɛtr] n.m. Appareil qui sert à mesurer une variation de flux d'induction magnétique.

FLYER [flajœr] n.m. (mot angl.). **1.** Brochure, dépliant informatifs. **2.** Prospectus, tract annonçant une soirée culturelle, une rave, etc.

FLYSCH [fliʃ] n.m. (mot alémanique). **GÉOL.** Formation sédimentaire caractérisée par de rapides variations de faciès (bancs calcaires, gréseux, marneux), et qui se met en place en milieu océanique avant une orogenèse.

FM [ɛfɛm] n.f. (sigle de l'angl. *frequency modulation*). Modulation de fréquence.

F-M ou **F.-M.** n.m. (sigle). Fusil-mitrailleur.

FOB [ɛfobe] adj. inv. et adv. (sigle de l'angl. *free on board*, franco à bord). **DR. MAR.** Se dit d'une transaction commerciale maritime dans laquelle le prix convenu comprend les frais que supporte la marchandise jusqu'à son chargement sur le navire désigné par l'acquéreur (SYN. **FAB**).

FOC n.m. (néerl. *fok*). Chacune des voiles triangulaires établies à l'avant d'un navire à voiles. ▪ **Foc d'artimon,** voile d'étai, qui s'installe entre le grand mât et le mât d'artimon.

FOCACCIA [fɔkatʃja] n.f. (mot ital.). Pain plat à croûte fine, parfumé à l'huile d'olive et aux herbes aromatiques (sauge, romarin), parfois agrémenté de jambon, de tomates, etc. ➲ Spécialité italienne.

FOCAL, E, AUX adj. (du lat. *focus*, foyer). **OPT.** Relatif au foyer des miroirs ou des lentilles. ▪ **Axe focal d'une conique** [math.], axe de symétrie d'une conique qui contient son ou ses foyers. ▪ **Distance focale,** ou **focale,** n.f. [opt.], distance du foyer principal d'un système centré au plan principal du système : *Objectif à focale variable.* ▪ **Distance focale d'une conique à centre** [math.], distance du centre de la conique (ellipse ou hyperbole) à l'un des deux foyers.

FOCALISATION n.f. **1.** Action de focaliser, de se focaliser. **2. LITTÉR.** Point de vue adopté par l'auteur dans la conduite de son récit.

FOCALISER v.t. [3]. **1.** Faire converger en un point un faisceau lumineux, un flux de particules, etc. **2.** Fig. Concentrer sur un point précis : *Focaliser l'attention de la population sur la sécurité.* ◆ **SE FOCALISER** v.pr. Se concentrer sur : *Focalise-toi sur l'essentiel.*

FOCOMÈTRE n.m. OPT. Instrument de mesure des distances focales des lentilles.

FŒHN [føn] n.m. (mot alémanique). **1.** Vent chaud et sec, dû à l'affaissement de l'air après le passage d'un relief montagneux. **2.** Région. (Alsace) ; Suisse. Sèche-cheveux.

FOÈNE, FOËNE ou **FOUËNE** [fwɛn] n.f. (du lat. *fuscina*, trident). Harpon à plusieurs branches pointues et barbelées, pour les gros poissons ou les poissons plats (SYN. **2. fouine**).

FŒTAL, E, AUX [fe-] adj. Relatif au fœtus.

FŒTICIDE [fe-] n.m. Pratique médicale utilisée au cours d'une interruption médicale de grossesse, parfois détournée dans certains pays pauvres pour éliminer les fœtus féminins.

FŒTOLOGIE [fe-] n.f. Étude du fœtus in utero, et partic. détection de ses anomalies. ➲ La fœtologie fait surtout appel à l'échographie.

FŒTO-MATERNEL, ELLE [fe-] adj. (pl. *fœto-maternels, elles*). Relatif au fœtus et à la mère.

FŒTOPATHIE [fe-] n.f. MÉD. Toute affection du fœtus.

FŒTOSCOPIE [fe-] n.f. MÉD. Examen endoscopique du fœtus, pratiqué après incision de la paroi abdominale.

FŒTUS [fetys] n.m. (mot lat.). Produit de la conception non encore arrivé à terme, mais présentant déjà les caractères distinctifs de l'espèce, chez les animaux vivipares. ➲ L'embryon humain prend le nom de *fœtus* du troisième mois de la grossesse à la naissance.

FOFOLLE adj.f. et n.f. → **1. FOUFOU.**

FOGGARA n.f. (mot ar.). Galerie souterraine pour l'irrigation, au Sahara.

FOI n.f. (du lat. *fides*, confiance). **1.** RELIG. Croyance en Dieu, en un dogme ; doctrine religieuse. **2.** Confiance en qqn ou en qqch : *J'ai une foi totale en elle. Il a foi en ou dans cette politique.* **3.** Litt. Engagement que l'on prend d'être fidèle à une promesse : *Violer la foi de l'amitié.* ▪ **Bonne foi** [dr.], croyance erronée en l'existence d'un droit ou d'une règle juridique, par ignorance ou à la suite d'une tromperie : *Occupant de bonne foi* ; attitude de qqn qui parle ou agit avec la conviction d'être honnête, de respecter la vérité. ▪ **Faire foi** [dr.], établir d'une façon indiscutable ; prouver : *Le cachet de la poste fait foi.* ▪ **Ligne de foi** [opt.], ligne qui, dans un instrument d'optique, sert de repère pour observer avec exactitude. ▪ **Ma foi,** formule usitée pour appuyer un propos : *C'est ma foi vrai ! L'avez-vous prévenu ? — Ma foi non, j'ai oublié.* ▪ **Mauvaise foi,** malhonnêteté de qqn qui affirme des choses qu'il sait fausses. ▪ **Sans foi ni loi,** sans religion ni respect de la loi humaine.

FOIE n.m. (du lat. *jecur ficatum*, foie d'oie engraissée avec des figues). **1.** Organe annexé au tube digestif et situé en haut et à droite de l'abdomen. **2.** Foie de certains animaux employé comme aliment : *Du foie de veau.* ▪ **Avoir les foies** [fam.], avoir peur. ▪ **Foie blanc** [fam., vieilli], lâche. ▪ **Foie gras,** foie obtenu par gavage d'oies ou de canards.

➲ Le **FOIE** est le plus volumineux de tous les viscères. L'artère hépatique assure sa nutrition, tandis que la veine porte lui amène le sang provenant de l'intestin. Le foie stocke sous forme de glycogène le glucose issu des aliments, puis le libère dans la circulation sanguine selon les besoins des différents organes. Il assure la synthèse de protéines, partic. de facteurs de la coagulation. Il transforme diverses substances toxiques en urée, éliminée ensuite par les reins. Le foie sécrète aussi la bile, stockée dans la vésicule biliaire et utile à la digestion des graisses.

FOIE-DE-BŒUF n.m. (pl. *foies-de-bœuf*). Fistuline.

FOIL [fɔjl] n.m. (abrév.). Hydrofoil.

1. FOIN n.m. (lat. *fenum*). **1.** Herbe fauchée, séchée et stockée pour la nourriture du bétail. **2.** Herbe sur pied, destinée à être fauchée. **3.** Touffe de poils soyeux qui garnit le fond d'un artichaut. ▪ **Bête à manger du foin** [fam.], totalement stupide. ▪ **Faire du foin** [fam.], faire un scandale. ◆ n.m. pl. Fenaison : *Faire les foins.*

2. FOIN interj. Litt., vieilli. Exprime le mépris, l'aversion : *Foin de l'égoïsme !*

FOIRADE n.f. Fam. Fait de foirer ; échec.

FOIRAIL ou **FOIRAL** n.m. (pl. *foirails, foirals*). Région. (Ouest). Champ de foire.

1. FOIRE n.f. (du lat. *feriae*, jours de fête). **1.** Grand marché public se tenant à des périodes fixes dans un même lieu. **2.** Fête foraine qui a lieu à une certaine époque de l'année : *La foire du Trône, à Paris.* **3.** Exposition commerciale périodique : *Foire du design contemporain.* **4.** Fam. Lieu bruyant où règne le désordre. ▪ **Champ de foire,** emplacement où se tient une foire. ▪ **Faire la foire** [fam.], faire la fête. ▪ **Foire aux questions (FAQ)** [inform.], ensemble de pages Web ou fichier regroupant les questions le plus fréquemment posées sur un sujet donné, et leurs réponses. ▪ **Théâtre de la Foire,** ensemble de spectacles qui furent donnés du XVIe au XVIIIe s. dans les foires Saint-Germain et Saint-Laurent, à Paris, et qui préfigurent le théâtre de boulevard.

2. FOIRE n.f. (lat. *foria*). Vulg., vieilli. Diarrhée.

FOIRE-EXPOSITION n.f. (pl. *foires-expositions*). Manifestation commerciale destinée à permettre aux producteurs d'exposer leurs produits.

FOIRER v.i. [3]. **1.** Fam. Échouer : *Projet qui foire.* **2.** Vulg., vieilli. Avoir la diarrhée.

FOIREUX, EUSE adj. et n. **1.** Très fam. Poltron. **2.** Vulg., vieilli. Qui a la diarrhée. ◆ adj. Fam. **1.** Sans valeur ; raté. **2.** Dont l'échec est prévisible : *Un plan foireux.*

FOIS n.f. (du lat. *vices*, tour, retour). [Avec un mot qui indique le nombre]. Marque l'unité ou la réitération d'un fait, la répétition ou la multiplication d'une quantité, l'intensité plus ou moins grande et relative d'un acte, d'un état : *Il a téléphoné trois fois. Trois fois trois font neuf. Il gagne deux fois plus d'argent qu'elle.* ▪ **À la fois** [fam.], en même temps. ▪ **Cent** ou **mille fois,** souvent : *Je te l'ai dit cent fois* ; tout à fait : *Tu as mille fois raison.* ▪ **Des fois** [fam.], parfois. ▪ **Des fois que…** [fam.], au cas où. ▪ **Il était une fois,** formule par laquelle commencent les contes de fées. ▪ **Pour une fois,** marque l'exception. ▪ **Une fois,** un certain jour ; à un certain moment ; région. (Alsace), Belgique, renforce une affirmation, une injonction, une interrogation. ▪ **Une fois pour toutes,** définitivement.

FOISON n.f. (du lat. *fusio*, diffusion). Sout. Grande quantité : *Il y a une foison de candidats à ce poste.* ▪ **À foison,** abondamment.

FOISONNANT, E adj. Qui foisonne.

FOISONNEMENT n.m. **1.** Fait de foisonner ; abondance. **2.** MIN., TRAV. PUBL. Augmentation de volume d'un matériau, due à sa fragmentation ou à sa manipulation.

FOISONNER v.i. [3]. **1.** Être présent en grande quantité ; pulluler : *Le gibier foisonne ici.* **2.** Se multiplier ; proliférer : *Les projets foisonnent.* **3.** MIN., TRAV. PUBL. Augmenter de volume par foisonnement. ▪ **Foisonner en** ou **de,** contenir en grande quantité : *Le documentaire foisonne de témoignages.*

FOL adj.m. sing. → **1. FOU.**

FOLATE n.m. Dérivé de l'acide folique.

FOLÂTRE adj. (de *fol*). D'une gaieté légère ; enjoué.

FOLÂTRER v.i. [3]. S'ébattre gaiement et librement.

FOLDINGUE adj. Fam. Qui est un peu fou ; farfelu.

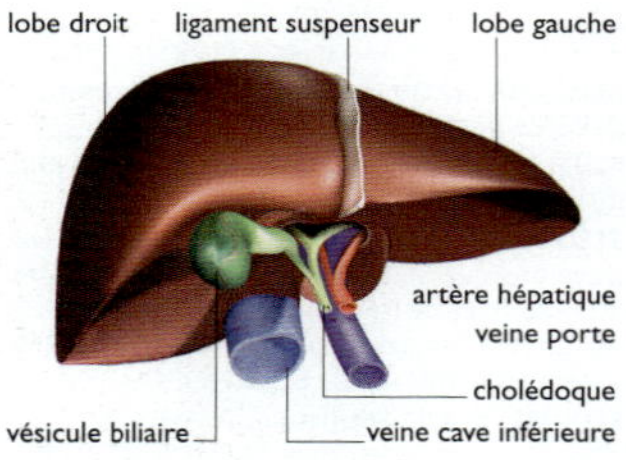

▲ **foie**

FOLIACÉ, E adj. (du lat. *folium*, feuille). BOT. Qui a l'aspect d'une feuille.

FOLIAIRE adj. BOT. Relatif aux feuilles.

FOLIATION n.f. **1.** BOT. Disposition des feuilles sur la tige (SYN. **phyllotaxie**). **2.** BOT. Époque de l'année où les bourgeons commencent à développer leurs feuilles (SYN. **feuillaison**). **3.** GÉOL. Dans les roches métamorphiques, ensemble de plans parallèles suivant lesquels cristallisent les minéraux nouveaux.

FOLICHON, ONNE adj. (de *fol*). Fam. (Surtout en tournure négative). Gai ; attrayant : *L'ambiance n'est pas folichonne.*

1. FOLIE n.f. (de *fol*). **1.** Affection mentale grave telle qu'une psychose. (Vieilli en médecine.) **2.** Caractère de ce qui échappe au contrôle de la raison, du bon sens : *C'est de la folie de conduire dans cet état.* **3.** Action, parole déraisonnable : *C'est une folie de surenchérir dans sa situation.* **4.** Goût excessif pour une chose ; passion : *Avoir la folie des chaussures.* ▪ **Aimer à la folie,** éperdument. ▪ **Faire une folie, des folies,** des dépenses excessives. ▪ **Folie des grandeurs,** mégalomanie.

2. FOLIE n.f. (de *feuillée*). Anc. Riche maison de plaisance suburbaine.

FOLIÉ, E adj. (lat. *foliatus*). PÉTROL. Disposé en feuillets, dans une roche.

FOLIO n.m. (du lat. *folium*, feuille). **1.** Feuillet d'un registre, d'un livre. **2.** IMPRIM. Numéro de chaque page d'un livre.

FOLIOLE n.f. (dimin. du lat. *folium*, feuille). BOT. Chaque division du limbe d'une feuille composée : *Foliole du marronnier.*

FOLIOSCOPE n.m. Flipbook.

FOLIOT n.m. (de l'anc. fr. *folier*, être fou). Anc. Balancier horizontal dont les oscillations réglaient la marche des premières horloges.

FOLIOTAGE n.m. Action de folioter.

FOLIOTER v.t. [3]. IMPRIM. Numéroter les pages d'un registre, d'un livre (SYN. **paginer**).

FOLIOTEUR n.m. Numéroteur mécanique.

FOLIQUE adj. (du lat. *folium*, feuille). CHIM. ORG. ▪ **Acide folique,** vitamine hydrosoluble, nécessaire à la synthèse de l'ADN, et dont la carence provoque certaines anémies (SYN. **vitamine B9**).

FOLK adj. et n.m. (abrév. de l'anglo-amér. *folksong*, chanson populaire). Se dit d'un courant de la pop reposant sur la mise au jour ou l'adaptation populaire et modernisée de traditions musicales du peuple américain.

FOLKEUX, EUSE n. Fam. Chanteur de folk.

FOLKLO adj. inv. (abrév.). Fam. Folklorique ; qui ne peut être pris au sérieux : *Des nouveaux adhérents folklo.*

FOLKLORE n.m. (de l'angl. *folk*, peuple, et *lore*, science). **1.** Ensemble des manifestations culturelles (croyances, rites, contes, légendes, fêtes, etc.), et partic., littérature orale des sociétés paysannes ou sans écriture. **2.** Manifestation d'un pittoresque superficiel. ▪ **C'est du folklore,** cela ne mérite pas d'être pris au sérieux.

FOLKLORIQUE adj. **1.** Relatif au folklore : *Costume folklorique.* **2.** Fam. Pittoresque, mais peu sérieux : *Un candidat folklorique.* Abrév. (fam.) **folklo.**

FOLKLORISATION n.f. Action de folkloriser.

FOLKLORISER v.t. [3]. Transformer qqch, un groupe en objet de folklore ; les rendre marginaux, anecdotiques.

FOLKLORISTE n. Spécialiste du folklore.

1. FOLLE adj.f. et n.f. → **1. FOU.**

2. FOLLE n.f. Fam., péjor. Homosexuel qui s'affiche de façon outrancière.

3. FOLLE n.f. Filet de pêche à grandes mailles.

FOLLE-BLANCHE n.f. (pl. *folles-blanches*). Cépage blanc autref. cultivé pour obtenir du cognac, donnant auj. des vins blancs (gros-plant du pays nantais).

FOLLEMENT adv. De façon folle ; au plus haut degré.

FOLLET adj.m. (de *fol*). ▪ **Esprit follet,** lutin familier, dans les croyances populaires. ▪ **Feu follet,** flamme légère et fugitive produite par la combustion spontanée de gaz dégagés par des matières organiques (phosphore d'hydrogène ou méthane). ■ **Poil follet** [vieilli], premier poil du menton.

1. FOLLICULAIRE adj. Relatif à un follicule.

2. FOLLICULAIRE n.m. Vx. Mauvais journaliste.

FOLLICULE n.m. (du lat. *folliculus*, petit sac). **1. BOT.** Fruit sec déhiscent, s'ouvrant par une seule fente, correspondant à un des carpelles : *Follicule de pivoine.* **2. HISTOL.** Structure macroscopique ou microscopique en forme de sac (*follicule pileux*, par ex.) ou constituée d'un amas de cellules (*follicule ovarien*, par ex.).

FOLLICULINE n.f. PHYSIOL. Un des deux œstrogènes principaux (l'autre étant l'œstradiol) sécrétés par le follicule ovarien.

FOLLICULITE n.f. Inflammation des follicules pileux.

FOMENTATEUR, TRICE n. Litt. Personne qui provoque des troubles sociaux ou politiques.

FOMENTATION n.f. Litt. Action de fomenter.

FOMENTER v.t. [3] (du lat. *fomentum*, cataplasme). Litt. Faire naître ; allumer : *Fomenter une révolte.*

FONÇAGE n.m. Action de creuser un puits de mine.

FONÇAILLE n.f. Chacune des pièces qui forment le fond d'un tonneau (SYN. **traversin**).

FONCÉ, E adj. Se dit d'une couleur sombre : *Bleu foncé.*

FONCER v.t. [9] (de *fond*). **1.** Mettre un fond à un tonneau, à une cuve, à un siège. **2. CUIS.** Tapisser l'intérieur d'un récipient avec une abaisse de pâte ou des bardes de lard. **3.** Creuser verticalement : *Foncer un puits.* **4.** Rendre plus foncé, plus sombre : *Le crépuscule fonce les teintes.* ◆ **v.i. 1.** Prendre une couleur plus foncée : *Le bois fonce en vieillissant.* **2.** Se précipiter pour attaquer : *Foncer sur son adversaire.* **3.** Fam. Se hâter : *Fonce si tu veux avoir ton train !*

FONCEUR, EUSE n. et **adj.** Fam. Personne qui fonce, qui va de l'avant.

FONCIER, ÈRE adj. (de *fonds*). **1. DR.** Relatif à un fonds de terre, à un immeuble : *Propriété foncière.* **2.** Qui constitue le fond même du caractère de qqn : *Bonté foncière. Orgueil foncier.* ■ **Capital foncier** [dr.], ensemble des terres et immeubles à destination agricole constituant une exploitation agricole. ■ **Taxe foncière** [dr.], impôt annuel qui frappe les propriétés bâties ou non. ◆ **n.m.** ■ **Le foncier**, la propriété foncière et tout ce qui s'y rapporte.

FONCIÈREMENT adv. De façon foncière ; par nature : *Il est foncièrement malhonnête.*

FONCTION n.f. (lat. *functio*). **1.** Utilité d'un élément dans un ensemble : *Connaître la fonction de la manette d'un appareil.* **2.** Activité professionnelle : *La fonction de directeur* ; exercice d'une charge, d'un emploi : *Entrer en fonction(s).* **3. BIOL., MÉD.** Activité exercée par un élément vivant (appareil, organe ou cellule), et qu'étudie la physiologie : *Fonctions de reproduction.* **4. CHIM.** Ensemble de propriétés associées à un groupement d'atomes : *Fonction acide.* **5. GRAMM.** Rôle syntaxique d'un mot ou d'un groupe de mots dans une phrase. **6. MATH.** Relation qui à chaque élément de son ensemble de départ associe au plus une image. **7. INFORM.** Ensemble d'instructions constituant un sous-programme identifié par un nom, et qui se trouve implanté en mémoire morte ou dans un programme. ■ **En fonction de**, en suivant les variations de ; par rapport à. ■ **Être fonction de**, dépendre de. ■ **Faire fonction de**, remplir le rôle de : *Une enseignante faisait alors fonction de directrice. Cette caisse fera fonction de siège.* ■ **Fonction complexe d'une variable réelle** [math.], fonction de ℝ dans ℂ. ■ **Fonction de production** [écon.], relation entre une quantité de biens ou de services obtenus et la quantité de facteurs de production (capital, travail) permettant de les obtenir. ■ **Fonction publique**, ensemble des agents de l'État, des collectivités locales et du secteur hospitalier public ; ensemble des fonctionnaires ; leur activité. ➲ Il existe, en France, trois grandes fonctions publiques, fondées sur un statut général commun mais régies chacune par des dispositions particulières : la *fonction publique d'État* (agents des administrations centrales de l'État et de leurs services déconcentrés), la *fonction publique territoriale* (agents des collectivités locales et de leurs établissements publics), la *fonction publique hospitalière*. ■ **Fonction réelle d'une variable réelle** [math.], fonction de ℝ dans ℝ. ■ **Touches de fonction** [inform.], touches disposées en haut du clavier d'un ordinateur et dont l'enfoncement provoque l'exécution des fonctions les plus usuelles du programme en cours.

FONCTIONNAIRE n. Agent public nommé à un emploi permanent et titularisé dans un grade de la hiérarchie administrative. ■ **Fonctionnaire international**, agent d'une organisation internationale doté d'un régime statutaire ou contractuel spécifique.

FONCTIONNALISER v.t. [3]. Rendre fonctionnel, pratique.

FONCTIONNALISME n.m. 1. SOCIOL. Doctrine selon laquelle la société est un système dont l'équilibre dépend de l'intégration de ses diverses composantes. **2. ARCHIT., ARTS APPL.** Doctrine selon laquelle la forme doit être l'expression d'une fonction, être appropriée à un besoin. **3.** Linguistique fonctionnelle*.

FONCTIONNALISTE adj. et **n.** Relatif au fonctionnalisme ; qui en est partisan.

FONCTIONNALITÉ n.f. 1. Caractère de ce qui est fonctionnel, pratique. **2.** Possibilité qu'offre un système informatique.

FONCTIONNARIAT n.m. Qualité, état de fonctionnaire.

FONCTIONNARISATION n.f. Action de fonctionnariser ; fait d'être fonctionnarisé.

FONCTIONNARISER v.t. [3]. 1. Transformer qqn en employé de l'État. **2.** Organiser une profession, une entreprise en service public.

FONCTIONNEL, ELLE adj. 1. Qui a rapport aux fonctions organiques ou psychiques. **2. MÉD.** Se dit d'un trouble, d'un symptôme qui est dû à la perturbation du fonctionnement d'un organe, et non à une lésion (par oppos. à *organique*). **3.** Qui s'adapte exactement à une fonction déterminée ; pratique : *Vêtement, appartement fonctionnel.* **4. CHIM.** Se dit du groupement, du radical, etc., qui porte une fonction chimique. ■ **Analyse fonctionnelle** [math.], partie de l'analyse qui a pour objet d'étendre le champ de celle-ci à des espaces abstraits dont les éléments ne sont plus des nombres mais des fonctions. ■ **Calcul fonctionnel** [log.], calcul des prédicats*. ■ **Équation fonctionnelle** [math.], équation où l'inconnue est une fonction. ■ **Linguistique fonctionnelle**, étude des éléments de la langue du point de vue de leur fonction dans l'énoncé et dans la communication (SYN. **fonctionnalisme**).

FONCTIONNELLEMENT adv. De manière fonctionnelle.

FONCTIONNEMENT n.m. Fait de fonctionner ; manière dont qqch fonctionne.

FONCTIONNER v.i. [3]. 1. Être en état de marche ou en train de marcher, en parlant d'un organe, d'un appareil : *Cet ordinateur ne fonctionne plus. La télévision fonctionne toute la journée chez eux.* **2.** Remplir son office ; agir : *Le traitement a fonctionné, il est guéri.*

FOND n.m. (lat. *fundus*). **1.** Partie la plus basse d'une chose ou d'un endroit creux : *Le fond d'un trou.* **2.** Ce qui est ou reste au fond d'un récipient : *Laisser le fond du verre.* **3.** Partie solide au-dessous de l'eau : *Le fond d'un lac.* **4.** Fig. Le degré le plus bas : *Atteindre le fond du désespoir.* **5.** La partie la plus éloignée de l'entrée, de l'ouverture : *Le fond d'un magasin, d'un tiroir* ; la partie la plus reculée d'un lieu, d'un pays : *Habiter le fin fond de la Moldavie.* **6.** Ce qu'il y a de plus profond, de plus secret : *Le fond du cœur. Aller au fond des choses.* **7.** Partie essentielle, fondamentale : *Elle a un bon fond. Il y a un fond de vérité dans ce qu'il dit.* **8.** Ce qui constitue l'arrière-plan de qqch : *Des fleurs bleues sur un fond blanc. Musique de fond.* **9.** Ce qui fait l'essence d'une chose (par oppos. à *forme*, à *apparence*) : *Nos points de vue ne diffèrent pas sur le fond.* **10. BX-ARTS.** Première couche de peinture, de ton neutre, par laquelle certains peintres commencent leurs tableaux ; arrière-plan d'un tableau, d'un relief : *Un fond de paysage.* **11. THÉÂTRE.** Toile ou rideau qui ferme l'arrière de la scène. **12. TEXT.** La première et plus basse tissure d'une étoffe. **13.** Bouillon aromatisé utilisé comme base pour confectionner une sauce ou pour mouiller un ragoût ou un braisé. **14.** Abaisse, croûte ou base d'un gâteau : *Fond de tarte.* **15. IMPRIM.** Chacun des blancs latéraux des pages d'un texte imprimé. **16. DR.** Ce qui a trait à l'essence, au contenu et à la nature d'un acte juridique. ➲ Un litige peut porter sur des questions de fond et de forme. **17. SPORTS.** Discipline en athlétisme, en ski, en natation, en équitation, etc., comportant des épreuves de longue distance. ■ **À fond**, jusqu'au bout ; entièrement. ■ **À fond de train**, à toute vitesse. ■ **Au fond** ou **dans le fond**, en dernière analyse. ■ **Avoir son fond** [Suisse], avoir pied. ■ **Course de fond** [sports], course effectuée sur un long parcours (5 000 m au minimum en athlétisme). ■ **De fond**, qui porte sur l'essentiel. ■ **Envoyer un navire par le fond**, le couler. ■ **Faire fond sur qqch** [litt.], s'y fier. ■ **Fond de carte**, carte représentant un type de phénomènes sur laquelle s'ajouteront d'autres données : *Fond de carte topographique.* ■ **Fond de robe** [cout.], fourreau en tissu léger que l'on porte sous une robe transparente. ■ **Fond de teint**, préparation semi-liquide colorée que l'on applique sur le visage et le cou comme maquillage. ■ **Fond d'œil** [méd.], partie postérieure de la rétine, incluant la macula et la papille optique (origine du nerf optique) ; examen que l'on en fait. ■ **Fond sonore**, bruits, sons, musique accompagnant un spectacle.

FONDAMENTAL, E, AUX adj. (bas lat. *fundamentalis*). Qui est à la base ; qui a un caractère déterminant : *Le principe fondamental d'une théorie.* ■ **Couleurs fondamentales** [peint.], couleurs primaires*. ■ **Niveau fondamental** [phys.], niveau de plus basse énergie d'une molécule, d'un atome, d'un noyau, etc. ■ **Note fondamentale**, ou **fondamentale, n.f.** [mus.], premier son perçu de la série des harmoniques, et base d'un accord, quelle que soit sa place dans la présentation de cet accord. ■ **Recherche fondamentale**, recherche théorique dont le but n'est pas la recherche d'applications pratiques. ◆ **n.m. pl.** Principes, idées constituant le fondement et l'essence d'une science, d'une doctrine, d'un art : *Recentrer l'enseignement sur les fondamentaux.*

FONDAMENTALEMENT adv. De façon fondamentale ; essentiellement.

FONDAMENTALISME n.m. 1. Tendance conservatrice de certains milieux protestants des États-Unis, qui n'admet qu'une interprétation littérale de l'Écriture et s'oppose à toute lecture historique et scientifique de celle-ci. **2.** Tendance de certains adeptes d'une religion à revenir à ce qu'ils considèrent comme fondamental, originel et intangible dans les textes sacrés.

FONDAMENTALISTE adj. et **n. 1.** Relatif au fondamentalisme ; qui en est partisan. **2.** Qui s'adonne à la recherche fondamentale.

1. FONDANT, E adj. 1. Qui fond : *Neige fondante.* **2.** Qui fond dans la bouche : *Pêche fondante.* **3.** Se dit d'une viande très tendre.

2. FONDANT n.m. 1. Pâte glacée à base de sucre cuit ; bonbon fourré avec cette pâte. **2.** Gâteau au chocolat de consistance fondante. **3. TECHN.** Substance qui facilite la fusion d'un autre matériau.

FONDATEUR, TRICE n. 1. Personne qui a construit ou créé qqch : *Le fondateur d'une maison d'édition.* **2. DR. COMM.** Personne physique ou morale qui participe à la création d'une société et qui est responsable des engagements pris en son nom avant qu'elle ait acquis la personnalité morale. **3. DR.** Personne qui crée une fondation. ◆ **adj.** Qui établit les bases de qqch : *Texte fondateur.*

FONDATION n.f. 1. Action de fonder : *La fondation de Pékin.* **2. DR.** Création, par voie de donation ou de legs, d'un établissement d'intérêt général ; cet établissement. **3. DR.** Attribution à une œuvre existante de fonds destinés à un usage précis. ◆ **n.f. pl.** Support structurel enterré d'une construction ; travaux de réalisation de celui-ci.

1. FONDÉ, E adj. 1. Qui est justifié, motivé : *Reproche fondé.* **2.** (À). Qui a des raisons valables pour : *Être fondé à se plaindre.*

2. FONDÉ, E n. ▪ **Fondé de pouvoir,** personne dûment autorisée à agir au nom d'une autre ou d'une société.

FONDEMENT n.m. 1. Élément essentiel servant de base à qqch : *Le fondement des institutions.* **2.** Ce qui justifie qqch ; motif : *Cette nouvelle est sans fondement.* **3. PHILOS.** Ensemble des postulats d'un système : *Le fondement de la morale.* **4.** Fam. Anus ; fesses.

FONDER v.t. [3] (lat. *fundare*). **1.** Prendre l'initiative de créer, d'établir : *Fonder son entreprise, une association.* **2.** Donner de l'argent pour l'établissement de : *Fonder un hôpital.* **3. (SUR).** Fig. Établir solidement ; asseoir : *Fonder son autorité sur ses compétences.* ▪ **Fonder un foyer,** se marier. ◆ **SE FONDER v.pr. (SUR). 1.** Avoir pour fondement, pour base : *Leur amitié se fonde sur la confiance.* **2.** S'appuyer sur qqch pour légitimer une opinion, un sentiment : *Sur quoi te fondes-tu pour le juger ainsi ?*

FONDERIE n.f. 1. Fusion des métaux et des alliages. **2.** Usine où l'on fond les métaux ou les alliages pour leur donner, au moyen de moules, la forme sous laquelle ils seront utilisés.

1. FONDEUR, EUSE n. (de *fondre*). **1.** Sculpteur pratiquant la fonte, notamm. du bronze. **2.** Personne, industriel travaillant dans la fonderie.

2. FONDEUR, EUSE n. (de *fond*). Skieur pratiquant le ski de fond.

FONDIS n.m. → **FONTIS.**

FONDOIR n.m. Partie d'un abattoir où l'on prépare les suifs.

FONDOUK n.m. (ar. *funduq*). Entrepôt et hôtellerie pour les marchands, dans les pays arabes.

FONDRE v.t. [59] (du lat. *fundere*, faire couler). **1.** Amener un solide à l'état liquide sous l'action de la chaleur : *Fondre de l'or.* **2.** Fabriquer un objet en coulant du métal en fusion dans un moule : *Fondre une cloche.* **3.** Fig. Combiner, pour former un tout ; fusionner : *Ils ont fondu deux sociétés en une seule.* ▪ **Fondre les couleurs** [fig.], exécuter, par mélange et dégradé, le passage d'une couleur à une autre, sans opposition brutale. ◆ **v.i. 1.** Devenir liquide sous l'action de la chaleur : *La glace fond au soleil.* **2.** Se dissoudre dans un liquide : *Le sucre a fondu dans le café.* **3.** Fig. S'attendrir d'un coup : *Fondre devant un chaton.* **4.** Diminuer rapidement : *Sa fortune a fondu.* **5.** Fam. Maigrir : *Il a fondu avec ce régime.* ▪ **Faire fondre des aliments,** les faire cuire doucement dans un corps gras. ▪ **Fondre en larmes,** se mettre à pleurer abondamment. ◆ **v.t. ind. (SUR).** S'abattre sur : *L'aigle fond sur sa proie.* ◆ **SE FONDRE v.pr.** Se mêler au point de disparaître : *Se fondre dans la foule.*

FONDRIÈRE n.f. (du lat. *fundus, -oris*, fond). Crevasse dans le sol.

FONDS [fɔ̃] **n.m.** (du lat. *fondus*, fond). **1.** Terrain que l'on peut cultiver, sur lequel on peut bâtir. **2.** Capital en biens, en argent que l'on fait valoir. **3.** Compte spécial du Trésor destiné à réaliser la politique économique de l'État. **4.** Totalité des collections d'une bibliothèque, d'un musée ; ensemble particulier au sein de cette totalité : *Le fonds slave d'une bibliothèque.* **5.** Ensemble des qualités physiques, morales ou intellectuelles de qqn : *Avoir un bon fonds.* ▪ **À fonds perdu(s),** sans pouvoir récupérer le capital. ▪ **Fonds commun de placement (FCP),** portefeuille de valeurs mobilières en copropriété, géré par une société de gestion. ▪ **Fonds de commerce,** ensemble des biens mobiliers corporels (machines, outillage) et incorporels (nom, licence, clientèle) permettant à une entreprise d'exercer son activité ; fig., péjor., ensemble de thèmes sur lesquels s'appuie qqn, un groupe pour séduire une partie du public, notamm. de l'électorat. ▪ **Fonds de dotation,** outil de financement du mécénat, constitué d'une personne morale de droit privé à but non lucratif, qui a pour objet de recueillir des fonds privés et d'utiliser les revenus de leur capitalisation au service d'une œuvre ou d'une mission d'intérêt général. ▪ **Fonds de pension,** fonds de placement dont les dividendes sont alloués au titre de rente dans le cadre du régime de retraite complémentaire. ▪ **Fonds de roulement,** excédent des valeurs d'exploitation, des valeurs réalisables et des valeurs disponibles d'une entreprise sur ses dettes à court terme. ▪ **Fonds souverain,** fonds d'investissement international détenu par un État ou par la banque centrale de cet État (SYN. **fonds d'État**). ▪ **Fonds spéculatif,** fonds d'investissement privé à haut risque, qui utilise des instruments financiers sophistiqués et dont le rendement est potentiellement très élevé. ➲ On emploie parfois l'anglais *hedge fund*, ou *fonds de couverture.* ▪ **Fonds structurel,** instrument financier utilisé dans le cadre de la politique régionale de l'Union européenne. ▪ **Fonds vautour** → **VAUTOUR.** ◆ **n.m. pl.** Argent disponible : *Chercher des fonds.* ▪ **Être en fonds,** avoir de l'argent. ▪ **Fonds propres,** ensemble du capital social et des réserves figurant au passif du bilan. ▪ **Fonds publics,** ensemble des valeurs mobilières émises ou garanties par l'État. ▪ **Fonds secrets** ou **spéciaux,** sommes mises à la disposition du gouvernement pour financer certaines dépenses en dehors des règles de la comptabilité publique. ▪ **Mise de fonds,** investissement.

FONDU, E adj. 1. Se dit d'un corps solide passé à l'état liquide. **2.** Se dit de couleurs obtenues en passant graduellement d'un ton à un autre. ▪ **Fromage fondu,** fromage de longue conservation fabriqué à partir de fromages cuits et pétris, additionnés de lait, de sels émulsifiants, de crème ou de beurre. ◆ **n. et adj.** Fam. Passionné ; fanatique : *Un fondu de rock.* ◆ **n.m. 1.** Résultat obtenu en fondant les couleurs, les tons. **2. CINÉMA.** Apparition ou disparition progressive de l'image sur l'écran. ▪ **Fermeture en fondu** ou **fondu au noir** [cinéma], disparition progressive sur l'écran de l'image, qui s'assombrit. ▪ **Fondu au fromage** [Belgique], croquette de fromage. ▪ **Fondu enchaîné** [cinéma], disparition progressive d'une image tandis qu'apparaît la suivante en surimpression (SYN. **enchaîné**). ▪ **Ouverture en fondu** [cinéma], apparition progressive de l'image sur l'écran.

FONDUE n.f. Plat d'origine suisse, composé de lamelles de gruyère et d'emmenthal que l'on fait fondre avec du vin blanc et du kirsch, et qui se mange à l'aide de petits cubes de pain. (On dit aussi *fondue savoyarde.*) ▪ **Fondue bourguignonne,** plat composé de petits dés de viande de bœuf que chaque convive plonge dans l'huile bouillante à l'aide d'une fourchette et mange avec des sauces relevées. ▪ **Fondue chinoise,** plat confectionné selon le même principe, l'huile étant remplacée par un bouillon de viande ou de volaille. ▪ **Fondue de légumes,** préparation de légumes (tomates, poireaux, oignons, etc.) cuits à feu doux dans un corps gras.

FONGIBILITÉ n.f. ÉCON. Caractéristique des biens qui les rend homogènes et substituables les uns aux autres.

FONGIBLE adj. (lat. *fungibilis*). **DR.** Se dit de choses qui peuvent être remplacées par d'autres de même nature, de même qualité et de même quantité lors d'un paiement (denrées, par ex.).

FONGICIDE adj. et n.m. (du lat. *fungus*, champignon). Se dit d'une substance propre à détruire les champignons parasites (SYN. **anticryptogamique**).

FONGIFORME adj. Qui a la forme d'un champignon.

FONGIQUE adj. (du lat. *fungus*, champignon). Relatif aux champignons.

FONGOSITÉ n.f. 1. Caractère de ce qui est fongueux. **2. MÉD.** Masse molle formée de végétations, à la surface d'une plaie, d'une muqueuse.

FONGUEUX, EUSE adj. (lat. *fungosus*). **MÉD.** Qui présente des fongosités.

FONIO n.m. (mot africain). Céréale cultivée dans le Sahel, qui donne un grain très menu, utilisé pour la préparation des couscous et des bouillies. ➲ Famille des graminées.

FONTAINE n.f. (bas lat. *fontana*, de *fons, fontis*, source). **1.** Source d'eau vive qui jaillit du sol naturellement ou artificiellement. **2.** Édicule de distribution d'eau, comprenant une bouche d'où l'eau s'écoule et, génér., une vasque ou un bassin de réception ; édicule semblable, monumental et décoratif : *Fontaine publique.* **3.** Anc. Récipient à eau, à couvercle et à robinet, associé à une vasque, pour les usages domestiques. **4. CUIS.** Creux ménagé au centre d'un tas de farine où l'on verse les ingrédients qui doivent être incorporés à la pâte.

FONTAINEBLEAU n.m. (de *Fontainebleau*, n.pr.). Fromage frais au lait de vache, fait d'un mélange de caillé et de crème fouettée.

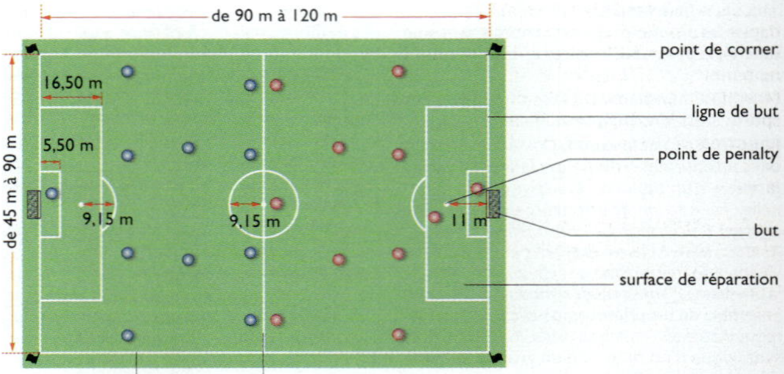

ballon

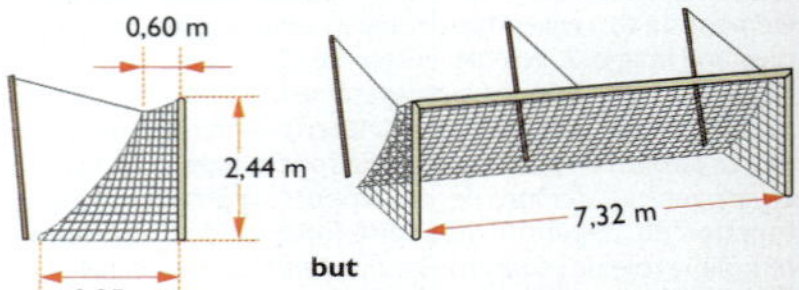

but

Football féminin : un but.

Football masculin : un dribble.

▲football

FONTAINIER n.m. Employé responsable de la production et de la distribution d'eau potable.

FONTANELLE n.f. (de *fontaine*). **ANAT.** Chacun des espaces membraneux de la voûte crânienne d'un nouveau-né avant son ossification complète, situé à un point de jonction entre des sutures osseuses.

1. FONTE n.f. (du lat. *fundere*, répandre). **1.** Action de fondre ; fait de fondre : *La fonte des neiges.* **2. MÉTALL.** Fusion. **3.** Art, travail du fondeur. **4. IMPRIM.** Assortiment complet de caractères de même type (SYN. **police de caractères**). ▪ **Fonte des semis** [agric.], maladie cryptogamique des jeunes pousses.

2. FONTE n.f. Alliage de fer et de carbone dont la teneur en carbone est génér. supérieure à 1,8 %.
➲ La fonte est élaborée soit à l'état liquide directement à partir du minerai de fer, soit par fusion de vieille fonte, soit à partir d'acier recarburé. ▪ **Fonte à graphite lamellaire,** fonte dont la cassure a un aspect gris dû à sa structure à base de carbone sous forme de graphite. ▪ **Fonte à graphite sphéroïdal** ou **fonte GS,** fonte obtenue sous forme sphéroïdale, pendant sa solidification, utilisée notamm. pour la construction de machines. ▪ **Fonte blanche,** fonte présentant un aspect blanc à la cassure en raison de sa structure à base de carbure de fer. ▪ **Fonte malléable,** fonte qui présente une certaine malléabilité, obtenue par traitement thermique d'une fonte blanche.

3. FONTE n.f. (de l'ital. *fonda*, bourse). Anc. Fourreau ou sacoche suspendus à l'arçon d'une selle et contenant armes, munitions ou vivres.

FONTINE n.f. Fromage au lait entier de vache, à pâte cuite, originaire d'Italie.

FONTIS ou **FONDIS n.m.** (de *fondre*). **MIN.** Affaissement localisé du sol dû à un éboulement souterrain.

FONTS [fɔ̃] **n.m. pl.** (du lat. *fons, fontis*, fontaine). ▪ **Fonts baptismaux,** bassin placé sur un support et contenant l'eau pour les baptêmes.

FOOT [fut] **n.m.** (abrév.). Fam. Football.

FOOTBALL [futbol] **n.m.** (mot angl. « balle au pied »). Sport dans lequel deux équipes de 11 joueurs s'efforcent d'envoyer un ballon rond dans le but du camp adverse, sans l'intervention des mains, au cours d'une partie divisée en deux mi-temps* (de 45 min chacune). Abrév. (fam.) **foot.** (Au Québec, on dit *soccer.*) ▪ **Football américain,** sport répandu princip. aux États-Unis, qui se joue avec un ballon ovale, entre deux équipes de 11 joueurs, et dans lequel il est permis d'utiliser la main et le pied.

➲ Au **FOOTBALL**, chaque faute est sanctionnée d'un coup franc ou d'un penalty assorti ou non d'une expulsion.
Lorsqu'un joueur fait franchir à la balle :
– les lignes de touche, l'équipe adverse bénéficie d'une touche* ;
– sa ligne de but, l'équipe adverse bénéficie d'un corner* ;
– la ligne de but adverse, le ballon est remis en jeu par le goal adverse.
Le gardien a le droit de se servir de ses mains, dans sa surface de réparation.
L'équipe victorieuse est celle qui a marqué le plus de buts. En cas d'égalité, le match est prolongé (30 min génér.). Si l'égalité persiste, il est procédé à des séries de tirs au but.

FOOTBALLEUR, EUSE n. Personne qui pratique le football.

FOOTBALLISTIQUE adj. Relatif au football.

FOOTEUX, EUSE n. Fam. **1.** Joueur de football. **2.** Amateur, supporteur de football.

FOOTING [futiŋ] **n.m.** (mot angl., de *foot*, pied). Course à pied sur un rythme régulier, entrecoupée de marche, que l'on pratique pour entretenir sa forme physique.

FOR n.m. (du lat. *forum*, tribunal). **DR.** Suisse. Lieu où une action doit être ouverte. ▪ **En** ou **dans mon, ton, leur for intérieur,** au plus profond de ma, ta, leur conscience.

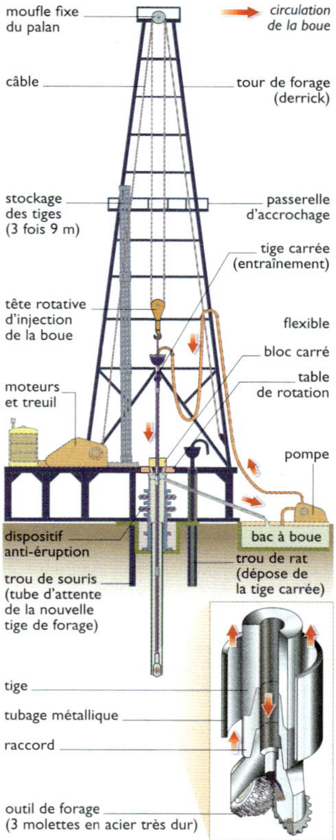

▲ **forage.** Principe du forage rotary sur terre ferme.

FORAGE n.m. 1. Action de forer : *Forage d'un puits.* **2.** Ensemble des techniques permettant de creuser un puits ; lieu où elles sont mises en œuvre.

1. FORAIN, E adj. (du bas lat. *foranus*, étranger). ▪ **Audience foraine,** audience tenue par le juge d'instance hors du chef-lieu de la circonscription du tribunal.

2. FORAIN, E adj. (du bas lat. *foranus*, étranger). Qui a rapport aux foires, aux marchés. ▪ **Fête foraine,** fête publique proposant des attractions (manèges, loteries, tirs) et des confiseries. ▪ **Marchand forain,** ou **forain, n.m.,** qui exerce son activité dans les marchés, les foires et les fêtes foraines. ◆ **n.m. 1.** Marchand forain. **2.** Artiste, animateur de spectacles ambulants exerçant son activité dans les foires et les fêtes foraines.

FORAMEN n.m. ANAT. Orifice ou trou : *Les foramens du crâne.* ▪ **Foramen ovale cardiaque,** orifice dans la paroi du cœur, qui se ferme à la naissance.

FORAMINIFÈRE n.m. (du lat. *foramen, -inis*, trou). **MICROBIOL.** Protozoaire marin planctonique, à test calcaire perforé de minuscules orifices (nummulites, par ex.).

FORATION n.f. Action de forer des trous de mine en vue d'y placer des explosifs.

FORBAN n.m. (de l'anc. fr. *forbannir*, bannir à l'étranger). **1.** Pirate qui ne reconnaissait l'autorité de personne et se livrait à des expéditions armées sur mer pour son propre compte. **2.** Fig. Individu malhonnête.

FORÇAGE n.m. 1. AGRIC. Traitement que l'on fait subir à certaines plantes (plantes à fleurs, légumes) pour les obliger à se développer, à fleurir ou à fructifier en dehors des périodes normales. **2.** Processus énergétique ou mécanique dont l'action modifie les diverses composantes d'un système climatique ou météorologique.

FORÇAT n.m. (ital. *forzato*). **1.** Anc. Homme condamné aux galères ou aux travaux forcés du bagne. **2.** Fig. Homme dont les conditions de vie sont particulièrement pénibles. ▪ **Travailler comme un forçat,** très durement.

FORCE n.f. (bas lat. *fortia*, de *fortis*, fort). **1.** Énergie, vigueur physique : *Abuser de sa force.* **2.** Résistance d'un matériau : *La force d'un filin.* **3.** Énergie morale : *Force de caractère.* **4.** Degré d'aptitude, notamm. dans le domaine intellectuel : *Ils sont de la même force aux échecs.* **5.** Degré d'intensité d'un sentiment : *La force d'un amour.* **6.** Degré de puissance, d'intensité d'un agent physique : *La force d'un courant. Vent de force 8.* **7.** Degré d'efficacité de qqch : *La force d'un remède.* **8.** Ce qui oblige à se comporter d'une certaine façon : *La force de l'habitude, d'un argument.* **9.** Emploi de moyens violents pour contraindre une ou plusieurs personnes : *Des parents qui n'emploient jamais la force.* **10.** Capacité d'exercer une contrainte ; autorité : *Être en position de force. Décret qui a force de loi.* **11. MÉCAN.** Action susceptible de déformer un corps, d'en modifier l'état de repos ou de mouvement rectiligne uniforme (unité SI : le *newton*). ▪ **À force de,** par le fait répété ou intensif de. ▪ **De (vive) force,** en employant la contrainte. ▪ **En force,** en utilisant tous les moyens pour parvenir à ses fins : *Le passage en force d'un ministre.* ▪ **Épreuve de force,** situation résultant de l'échec des négociations entre deux groupes antagonistes et où la solution ne dépend plus que de la supériorité éventuelle de l'un sur l'autre. ▪ **Être en force,** être nombreux. ▪ **Force contre-électromotrice** → **CONTRE-ÉLECTROMOTRICE.** ▪ **Force de frappe** ou **de dissuasion,** ou, en France, **force nucléaire stratégique,** force militaire aux ordres directs de la plus haute instance politique d'un État, rassemblant la totalité de ses armements nucléaires stratégiques. ▪ **Force de la nature,** personne qui a beaucoup d'endurance ou qui est pleine de vitalité. ▪ **Force de vente,** ensemble des vendeurs d'une entreprise. ▪ **Force d'un électrolyte** [chim.], mesure de son énergie de dissociation. ▪ **Force électromotrice** → **ÉLECTROMOTEUR.** ▪ **Force exécutoire** [dr.], qualité d'un acte ou d'un jugement qui permet, si besoin est, le recours à la force publique pour son exécution. ▪ **Force publique,** ensemble des formations de la police, de la gendarmerie et des armées qui sont à la disposition du gouvernement pour assurer le respect de la loi et le maintien de l'ordre. ▪ **Par force,** sous l'effet de la contrainte ; par nécessité. ◆ **n.f. pl.** Ensemble des personnes unies par une même volonté et œuvrant à la réalisation d'une idée : *Les forces d'opposition.* ▪ **Forces (armées),** ensemble des formations militaires d'un État : *Forces aériennes, navales, terrestres, de gendarmerie.* ▪ **Les forces de la nature,** les phénomènes naturels. ◆ **adv.** Litt. Un grand nombre de : *Accueillir qqn avec force sourires.*

FORCÉ, E adj. 1. Qui manque de naturel : *Un rire forcé.* **2.** Qui est imposé, que l'on fait contre sa volonté : *Atterrissage forcé.* **3.** Inévitable : *Il partira, c'est forcé.* ▪ **Avoir la main forcée,** agir malgré soi sous la pression d'autrui. ▪ **Culture forcée,** culture de plantes soumises au forçage. ▪ **Marche forcée,** marche dont la durée et la rapidité dépassent celles des marches ordinaires ; fig., action longue et ardue entreprise pour atteindre un objectif : *Parti qui se rénove à marche forcée.*

FORCEMENT n.m. Action de forcer : *Forcement d'une serrure.*

FORCÉMENT adv. Par une conséquence inévitable ; fatalement.

FORCENÉ, E n. (de l'anc. fr. *forsener*, être hors de la raison). Personne qui n'a plus le contrôle de soi ; fou furieux. ◆ **adj.** Qui dépasse toute mesure dans ses attitudes : *Partisan forcené de la peine de mort.*

FORCEPS [fɔrsɛps] **n.m.** (mot lat. « tenailles »). Instrument en forme de grande pince, destiné à saisir la tête de l'enfant pour en faciliter l'expulsion dans certains accouchements difficiles (SYN. [vx] **fers**). ▪ **Au forceps,** avec difficulté ; péniblement : *Loi votée au forceps.*

FORCER v.t. [9]. **1.** Faire céder par force : *Forcer un coffre.* **2.** Obliger qqn à faire qqch : *Forcer qqn à démissionner.* **3.** Fig. Susciter par son ascendant ou par pression morale : *Son attitude force l'admiration.* **4.** Détériorer en exerçant une force excessive ; fausser : *Forcer une vis.* **5.** Pousser à un effort, à un rendement excessif : *Forcer un moteur. Forcer sa voix.* **6.** AGRIC. Soumettre au forçage : *Forcer des fruits.* **7.** VÉNER. Réduire un animal aux abois : *Forcer un cerf.* ▪ **Forcer la consigne,** ne pas la respecter. ▪ **Forcer la main à qqn,** l'obliger à faire qqch contre sa volonté. ▪ **Forcer la porte de qqn,** entrer chez lui contre sa volonté. ▪ **Forcer le pas,** marcher plus vite. ▪ **Forcer le sens d'un mot, d'un texte,** lui faire dire autre chose que ce qu'il signifie. ▪ **Forcer sa nature,** vouloir faire plus qu'on ne peut. ◆ **v.i. 1.** Fournir un effort intense : *Faire des étirements sans forcer.* **2.** Agir avec trop de force : *Ne force pas, tu vas tout casser !* **3.** Supporter un effort excessif : *Câble qui force trop.* ◆ **SE FORCER** v.pr. S'imposer une obligation plus ou moins pénible.

FORCING [fɔrsiŋ] **n.m.** (mot angl.). SPORTS. Accélération du rythme, de la cadence. ▪ **Faire le forcing,** déployer une grande énergie pour dépasser ses concurrents ou vaincre ses adversaires.

FORCIR v.i. [21]. **1.** Devenir plus robuste, plus grand, en parlant d'un enfant. **2.** Grossir.

FORCLORE v.t. (de *fors*, et *clore*). DR. Priver du bénéfice d'un droit, notamm. du droit d'un recours en justice, lorsqu'il n'a pas été exercé en temps utile.

✎ Usité seulem. à l'inf. et au p. passé ***forclos, e.***

FORCLOS, E adj. DR. Qui a laissé prescrire son droit : *Le plaignant est forclos.*

FORCLUSION n.f. **1.** DR. Perte de la faculté de faire valoir un droit, par l'expiration d'un délai. **2.** PSYCHAN. Selon J. Lacan, rejet d'un signifiant hors de l'univers symbolique du sujet, avant toute intégration à l'inconscient, qui serait à l'origine des états psychotiques.

FORDISME n.m. Modèle de régulation économique apparu aux États-Unis, à l'instigation de Henry Ford, au début du XXe s. ➲ Il associe la production de masse (travail à la chaîne, standardisation des produits) à la consommation de masse (augmentation des salaires, recours à la publicité).

FORER v.t. [3] (lat. *forare*). **1.** Percer avec un foret. **2.** Creuser un trou, une cavité dans une matière dure : *Forer un tunnel.*

FORESTERIE n.f. Ensemble des activités liées à la forêt et à son exploitation.

1. FORESTIER, ÈRE adj. Qui a trait à la forêt ; qui provient de la forêt ; qui se situe en forêt : *Chemin forestier.*

2. FORESTIER, ÈRE n. Professionnel de la foresterie.

FORET n.m. Outil à corps cylindrique dans lequel sont aménagés deux filets hélicoïdaux à lèvres tranchantes et qui permet de faire des trous.

FORÊT n.f. (bas lat. *forestis*). **1.** Grande étendue de terrain couverte d'arbres ; ensemble des arbres qui la couvrent. **2.** Fig. Grande quantité de choses qui s'élèvent en hauteur : *Une forêt de bras levés.* ▪ **Forêt dense,** forêt des régions tropicales humides, caractérisée par plusieurs étages de végétation et de nombreuses espèces. ▪ **Forêt secondaire,** forêt qui a subi l'intervention de l'homme. ▪ **Forêt vierge** ou **primaire,** forêt qui a évolué sans aucune intervention humaine.

FORÊT-GALERIE n.f. (pl. *forêts-galeries*). Forêt dense formant de longues bandes de part et d'autre des cours d'eau de la savane.

FORÊT-NOIRE n.f. (pl. *forêts-noires*). Pâtisserie d'origine allemande, à base de génoise au chocolat garnie de crème fouettée, de cerises à l'eau-de-vie et de copeaux de chocolat.

FOREUR n.m. Spécialiste du forage.

FOREUSE n.f. TECHN. Machine à forer.

FORFAIRE v.t. ind. [89] (À) [de *fors* et *1. faire*]. Litt. Manquer gravement à des obligations morales impérieuses ; faillir à : *Forfaire à l'honneur.*

✎ Usité seulem. à l'inf. présent, au sing. du présent de l'indic. et aux temps composés.

1. FORFAIT n.m. (de *forfaire*). Litt. Crime abominable et horrible.

2. FORFAIT n.m. (de *for*, altér. de l'anc. fr. « taux »). **1.** Clause d'un contrat fixant le prix d'une prestation à un montant invariable. **2.** Évaluation par le fisc des revenus ou du chiffre d'affaires de certains contribuables, à partir d'éléments significatifs.

3. FORFAIT n.m. (angl. *forfeit*, du fr. *2. forfait*). **1.** Somme fixée à l'avance et qui sanctionne l'inexécution d'un engagement ou d'une obligation quelconque, dans une épreuve sportive. **2.** Somme due par le propriétaire d'un cheval engagé dans une course, s'il ne le fait pas courir. **3.** Renoncement à participer à une compétition dans laquelle on était engagé. ▪ **Déclarer forfait,** annoncer qu'on ne participera pas à une compétition ; fig., renoncer à qqch. ▪ **Être (déclaré) forfait,** être considéré comme ayant renoncé à participer à une compétition.

FORFAITAIRE adj. Fixé par forfait.

FORFAITAIREMENT adv. De façon forfaitaire.

FORFAITURE n.f. **1.** DR. Crime commis par un fonctionnaire dans l'exercice de ses fonctions. **2.** HIST. Crime commis par un vassal contre son seigneur.

FORFANTERIE n.f. (de l'anc. fr. *forfant*, coquin). Litt. Fanfaronnade.

FORFICULE n.f. (du lat. *forficula*, petits ciseaux). Insecte qui s'abrite le jour sous les pierres et se nourrit la nuit, appelé aussi *perce-oreille* ou *pince-oreille* à cause des deux appendices en forme de pince qui terminent son abdomen. ➲ Ordre des dermoptères.

▲ **forficule** mâle.

FORGE n.f. (lat. *fabrica*). **1.** Atelier où l'on travaille les métaux au feu et au marteau sur l'enclume. **2.** Fourneau à soufflerie pour le travail à chaud des métaux. ◆ **n.f. pl.** Vx. Usine sidérurgique. (S'emploie aussi dans des noms de lieux.)

FORGEABLE adj. Qui peut être forgé.

FORGEAGE n.m. Action de forger. ➲ Dans le forgeage, la pression est exercée de façon intermittente par l'une des parties de la machine (presse, marteau-pilon, etc.) ; on différencie ainsi le *forgeage libre* de l'*estampage*.

FORGER v.t. [10] (du lat. *fabricare*). **1.** Façonner (génér. à chaud) par déformation plastique un métal, un alliage, par rapprochement de deux outillages (par ex. matrices). **2.** Créer par l'imagination ; inventer : *Forger un mot nouveau, un prétexte pour refuser.* ▪ **Forger un caractère,** le former par des épreuves.

FORGERON n.m. **1.** Artisan qui façonne à la forge et au marteau des pièces de petites et de moyennes dimensions. **2.** Personne travaillant les métaux par forgeage.

FORGEUR, EUSE n. Litt. Personne qui invente : *Forgeur de mensonges.*

FORINT [fɔrint] **n.m.** Unité monétaire principale de la Hongrie.

FORJET n.m. (de *forjeter*). Saillie d'une construction hors de l'alignement.

FORJETER v.t. [16] (de *fors* et *jeter*). CONSTR. Construire en saillie hors de l'alignement d'une construction. ◆ **v.i.** ou **SE FORJETER** v.pr. En parlant d'un bâtiment, d'un mur, sortir de l'alignement ou de l'aplomb.

FORLANCER v.t. [9] (de *fors* et *1. lancer*). VÉNER. Faire sortir une bête de son gîte.

FORLANE n.f. (ital. *furlana*, de *friulano*, du Frioul). Danse du Frioul, pratiquée comme danse populaire au XVIIe s. à Venise, puis adaptée comme danse de cour et danse théâtrale au XVIIIe s., en France.

FORLIGNER v.i. [3] (de *fors* et *ligne*). Litt. S'écarter du chemin tracé par ses ancêtres.

FORLONGER v.t. [10] (de *fors* et *longer*). VÉNER. Distancer les chiens, en parlant de l'animal chassé.

FORMAGE n.m. TECHN. Action de donner sa forme à un objet manufacturé.

FORMALDÉHYDE n.m. Gaz (HCHO), incolore et irritant, obtenu par oxydation ménagée* de l'alcool méthylique (SYN. **aldéhyde formique, méthanal**). ➲ Utilisé dans de nombreux secteurs industriels (bois, textile, matières plastiques, engrais, etc.), le formaldéhyde est cancérogène.

FORMALISATION n.f. Action de formaliser.

1. FORMALISER v.t. [3] (de *formel*). LOG. Poser explicitement dans une théorie déductive les règles de formation des expressions, ou formules, ainsi que les règles d'inférence suivant lesquelles on raisonne.

2. FORMALISER v.t. [3] (de *forme*). Mettre en forme : *Elle a formalisé un règlement acceptable par tous.*

SE FORMALISER v.pr. [3]. Être choqué par un manquement aux règles, aux usages : *Se formaliser d'un retard, de n'avoir pas été invité.*

FORMALISME n.m. **1.** Attachement excessif aux formes, aux formalités, à l'étiquette. **2.** Tendance, en art notamm., à privilégier les valeurs formelles au détriment du contenu. **3.** LOG. Doctrine selon laquelle les mathématiques sont des assemblages de signes vides de sens comme tels. **4.** PHILOS. Thèse soutenant que la vérité des sciences ne dépend que des règles d'usage de symboles conventionnels. **5.** PHILOS. Doctrine morale selon laquelle la valeur de l'acte ne dépend pas de son contenu, mais de sa forme. ➲ Princip. chez Kant. ▪ **Formalisme russe,** école de critique littéraire, active de 1916 à 1930 à Moscou, à Leningrad puis à Prague, et dont l'objet était la définition des caractères proprement littéraires d'une œuvre. ➲ Principaux représentants : R. Jakobson, V. Propp.

FORMALISTE adj. et **n. 1.** Très attaché aux formes, aux formalités ; conformiste. **2.** PHILOS. Relatif au formalisme ; qui en est partisan. **3.** Se dit d'un membre du groupe du formalisme russe.

FORMALITÉ n.f. **1.** Opération obligatoire pour la validité de certains actes juridiques, judiciaires ou administratifs : *Accomplir une formalité.* **2.** (Souvent pl.). Règle de conduite imposée par la politesse, les convenances : *Les formalités d'usage.* **3.** Démarche, action sans importance véritable ou qui ne présente aucune difficulté : *Cet entretien n'est qu'une simple formalité.* ▪ **Formalité substantielle** [dr.], formalité exigée pour la validité d'un acte.

FORMANT n.m. PHON. Chacune des fréquences de résonance du conduit vocal qui caractérisent une voyelle.

FORMARIAGE n.m. (de *fors* et *marier*). HIST. Mariage d'un serf hors de la seigneurie ou avec une personne d'une autre condition.

FORMAT n.m. (ital. *formato*, mesure, dimension). **1.** Dimension d'un objet en général : *Le format d'une enveloppe.* **2.** Dimensions d'un livre (hauteur et largeur) ; échelle fixe de dimensions d'un livre, indiquant le nombre de feuillets que présente une feuille d'imprimerie après pliure : *Format in-octavo.* **3.** AUDIOVIS. Durée d'un programme de radio ou de télévision ; concept d'une émission, d'une programmation. **4.** INFORM. Structure caractérisant la disposition des données sur un support d'information. **5.** Largeur d'un film, exprimée en millimètres : *Le format 35 mm.*

FORMATAGE n.m. Action de formater.

FORMATER v.t. [3]. **1.** INFORM. Organiser les pistes et secteurs d'un support de stockage magnétique de données, de façon à y autoriser des opérations de lecture/écriture selon un format donné. **2.** INFORM. Mettre en forme un texte en vue de son impression selon des caractéristiques données de mise en pages. **3.** Fig. Former sur le même modèle : *Formater de jeunes acteurs* ; adapter au même format : *Formater le discours politique.*

FORMATEUR, TRICE adj. Qui développe les facultés intellectuelles et morales, les aptitudes : *Voyage formateur.* ◆ **n. 1.** Personne chargée de former de futurs professionnels. **2.** Dans plusieurs pays (en Belgique, notamm.), responsable politique chargé par le chef d'État de former une coalition gouvernementale après des élections ou la démission du gouvernement. ➲ En cas de réussite, le formateur devient généralement le Premier ministre du nouveau gouvernement.

FORMATIF, IVE adj. Qui sert à former ; formateur.

FORMATION n.f. 1. Action de former ; manière dont qqch se forme, apparaît : *La formation d'un jury, d'un kyste.* **2.** Développement des organes du corps. **3.** Puberté. ➲ Se dit surtout pour la jeune fille. **4.** Éducation intellectuelle ou morale ; instruction : *La formation des étudiants.* **5.** Ensemble de connaissances dans un domaine déterminé ; savoir. **6.** Groupement de personnes : *Formation politique.* **7.** Groupe de musiciens constituant un orchestre : *Formation symphonique. Formation de jazz.* **8.** Équipe sportive. **9. MIL.** Détachement d'une force militaire. **10. MIL.** Disposition prise par une troupe, une flotte, un groupe d'aéronefs pour l'instruction, la manœuvre ou le combat : *Vol en formation.* **11. GÉOL.** Ensemble de terrains de même nature : *Formation calcaire.* ▪ **Formation de compromis** [psychan.], moyen par lequel le refoulé fait irruption dans la conscience, où il ne peut faire retour qu'à condition de ne pas être reconnu (rêve, symptôme névrotique, etc.). ▪ **Formation en alternance,** ou **alternance, n.f.,** assurée pour partie en entreprise et pour partie en centre d'enseignement. ▪ **Formation instrumentale,** formation musicale composée uniquement d'instrumentistes. ▪ **Formation permanente** ou **continue,** formation professionnelle destinée aux salariés des entreprises. ▪ **Formation professionnelle,** ensemble des mesures adoptées en vue de l'acquisition ou du perfectionnement d'une qualification professionnelle pour les travailleurs, prises en charge en France par l'État et les employeurs. ▪ **Formation réactionnelle** [psychan.], processus psychique de défense du sujet contre certains contenus ou désirs inconscients. ▪ **Formations secondaires** [bot.], structures (bois, liber) se formant seulement à partir de la deuxième année. ▪ **Formation végétale** [écol.], association de végétaux présentant un faciès analogue (forêts, buissons, steppes, etc.), malgré les différences des espèces.

FORME n.f. (lat. *forma*). **1.** Configuration des corps, des objets ; aspect extérieur, matériel : *La Terre a la forme d'une sphère.* **2.** Modalité selon laquelle qqch d'abstrait ou de concret se présente : *Les différentes formes d'intelligence, d'énergie.* **3.** Manière dont une idée est présentée (par oppos. à *fond*) : *Un exposé brillant par la forme.* **4.** Modèle déterminé selon lequel on compose une œuvre artistique : *Un roman sous forme de lettres.* **5.** Structure d'une œuvre musicale. **6.** Condition physique ou intellectuelle de qqn : *Il est en (pleine) forme.* **7. LING.** Aspect sous lequel se présente un mot, une construction ; unité linguistique (morphème, syntagme, etc.) : *Forme active, passive. Les formes du pluriel.* **8. DR.** Condition externe nécessaire à la validité d'un acte juridique ou d'un jugement. ➲ Un acte est soumis à des questions de fond et de forme. **9.** Pièce représentant le volume du pied ou de la tête sur laquelle on fait un chapeau, une chaussure, etc. **10. IMPRIM.** Composition typographique, plaque ou cylindre servant à l'impression. **11. VÉTÉR.** Exostose qui se développe sur les phalanges du cheval. **12. MATH.** Application associant à un, deux ou *n* vecteurs un élément du corps des scalaires de l'espace vectoriel. **13. PHILOS.** Principe qui détermine la matière et lui apporte une essence déterminée, chez Aristote et plus génér. en métaphysique ; chez Kant, ce qui structure la connaissance (lois des pensées, intuitions a priori de la sensibilité), par oppos. à la *matière*, apportée par l'expérience. **14. PSYCHOL.** Structure du sujet par laquelle la réalité est immédiatement saisie comme une globalité ordonnée. ▪ **De pure forme,** qui ne concerne que l'aspect extérieur : *Une critique de pure forme.* ▪ **En bonne et due forme,** selon les règles voulues, légales. ▪ **En forme de,** qui a l'aspect de. ▪ **Forme ouverte** [mus.], composition musicale proposée par son auteur avec différentes possibilités d'interprétation. ▪ **Pour la forme,** pour respecter les usages. ▪ **Prendre forme,** commencer à avoir son apparence, sa structure spécifique : *Le projet prend forme.* ▪ **Théorie de la forme** [psychol.], gestaltisme. ◆ **n.f. pl. 1.** Contours du corps humain : *Un justaucorps épouse les formes.* **2.** Manières conformes aux règles de la politesse, de la bienséance. ▪ **Dans les formes,** selon les usages établis. ▪ **Mettre les formes,** user de précautions oratoires pour ne blesser personne.

FORMÉ, E adj. Qui a pris sa forme, achevé son développement : *Un épi formé.* ◆ **adj.f.** Se dit d'une jeune fille pubère.

FORMEL, ELLE adj. 1. Qui est formulé avec précision ; sans équivoque : *Démenti formel.* **2.** Qui s'attache à la forme, à l'aspect extérieur : *Politesse formelle.* **3. LING.** Qui se rapporte aux structures expressives, au style. ▪ **Logique formelle** → **1. LOGIQUE.**

FORMELLEMENT adv. De façon formelle.

FORMER v.t. [3] (lat. *formare*). **1.** Organiser ce qui n'existait pas : *Former une équipe.* **2.** Donner une certaine forme à : *Apprendre à former les syllabes.* **3.** Façonner par l'instruction, l'éducation ; éduquer : *Former un apprenti. Former le goût.* **4.** Prendre la forme, l'aspect de : *La route forme un coude.* **5.** Être l'élément constituant de ; composer : *Ces bibelots forment un bel ensemble.* ◆ **SE FORMER v.pr. 1.** Prendre forme ; apparaître. **2.** Acquérir de l'expérience : *Il s'est formé sur le tas.*

FORMERET n.m. ARCHIT. Arc latéral d'une travée de voûtes d'arêtes ou d'ogives, engagé dans un mur et le plus souvent parallèle à l'axe général des voûtes du bâtiment. (On dit aussi *arc formeret.*)

FORMIATE n.m. Sel ou ester de l'acide formique.

FORMICA n.m. (nom déposé ; mot angl.). Matériau stratifié revêtu de résine artificielle.

FORMIDABLE adj. (du lat. *formidabilis*, redoutable). **1.** Fam. Qui suscite l'admiration : *Une fille formidable.* **2.** Qui sort de l'ordinaire par son intensité, sa force : *Une mémoire formidable.* **3.** Vieilli. Qui inspire de la crainte ; impressionnant.

FORMIDABLEMENT adv. De façon formidable.

FORMIQUE adj. (du lat. *formica*, fourmi). **CHIM. ORG.** ▪ **Acide formique,** acide (HCOOH) existant dans les orties, le corps des fourmis, etc. (SYN. **acide méthanoïque**). ▪ **Aldéhyde formique,** formaldéhyde.

FORMOL n.m. Solution aqueuse d'aldéhyde formique, employée comme désinfectant et comme conservateur des tissus en laboratoire.

FORMOLER v.t. [3]. MÉD. Soumettre à l'action du formol ou de ses vapeurs.

FORMULABLE adj. Qui peut être formulé.

FORMULAIRE n.m. 1. Imprimé préétabli, génér. d'ordre administratif, où sont formulées des questions auxquelles la personne intéressée doit répondre. **2.** Recueil de formules : *Formulaire pharmaceutique.* **3. DR.** Recueil de modèles d'actes.

FORMULATION n.f. Action de formuler : *Une formulation maladroite.*

FORMULE n.f. (lat. *formula*). **1.** Façon de parler : *Une formule évasive* ; expression consacrée par l'usage : *Formule de politesse.* **2. DR.** Modèle des termes formels de certains actes juridiques. **3.** Manière de concevoir, d'agencer, de présenter qqch : *Une formule de vacances originale.* **4.** Moyen de sortir d'une difficulté ; solution : *Trouver la formule pour éviter un procès.* **5. MATH.** Expression algébrique ou analytique servant à effectuer un calcul : *La formule du discriminant.* **6. LOG.** Suite de signes qui satisfait aux règles de formation des énoncés d'une théorie déductive. **7. CHIM.** Ensemble de symboles des éléments et de nombres entiers dénotant la composition d'une espèce chimique. ➲ La *formule développée* montre les interconnexions des atomes et donne une idée de la géométrie de cette espèce. La *formule de Lewis* spécifie, pour une molécule organique, la répartition des paires d'électrons de valence. ▪ **Formule (de composition)** [chim. industr.], liste des constituants du mélange servant à l'élaboration de certains produits ou matériaux (cosmétiques, carburants, polymères, etc.). ▪ **Formule dentaire,** représentation chiffrée de la denture d'un mammifère, donnée pour chaque demi-mâchoire. ➲ La formule dentaire du loup est I 3/3, C 1/1, P 4/4, M 2/3 = 42. ▪ **Formule florale,** représentation chiffrée des différentes pièces constituant une fleur. ➲ Par ex., 5S + 5P + 5E + 2C s'applique à une fleur ayant 5 sépales, 5 pétales, 5 étamines et 2 carpelles. ▪ **Formule leucocytaire** ou **sanguine,** proportion relative des différentes catégories de globules blancs contenus dans le sang. ▪ **Formule 1, 3 000, de promotion,** catégories d'automobiles monoplaces destinées uniquement à la compétition, en circuit ou sur parcours fermé ; les automobiles appartenant à ces catégories : *Voiture de formule 1.*

FORMULER v.t. [3]. 1. Exprimer avec plus ou moins de précision : *Formuler un souhait.* **2.** Mettre en formule ; rédiger la formule de : *Formuler un théorème.* **3. CHIM. INDUSTR.** Déterminer la formule de composition.

FORMULETTE n.f. Petit couplet en forme de ritournelle, de comptine, que l'on trouve dans certains rituels enfantins.

FORNICATEUR, TRICE n. RELIG. Personne qui pratique la fornication.

FORNICATION n.f. 1. RELIG. Relations charnelles entre personnes liées par un vœu ou non mariées ; péché de la chair. **2.** Fam., par plais. Relations sexuelles.

FORNIQUER v.i. [3] (lat. *fornicari*). **1. RELIG.** Commettre le péché de fornication. **2.** Fam., par plais. Avoir des relations sexuelles.

FORS [fɔr] **prép.** (du lat. *foris*, dehors). Litt., vx. Hors ; excepté : *Tout est perdu, fors l'honneur.*

FORSYTHIA [fɔrsisja] **n.m.** (de G. *Forsyth*, n. d'un arboriculteur angl.). Arbrisseau ornemental originaire d'Asie dont les fleurs, jaunes, apparaissent dès la fin de l'hiver, avant les feuilles. ➲ Famille des oléacées.

▲ **forsythia**

1. FORT, E adj. (lat. *fortis*). **1.** Qui a beaucoup de force physique ; robuste. **2.** Qui a de l'embonpoint ; corpulent : *Un enfant un peu fort.* **3.** Qui a des capacités morales ou intellectuelles ; qui a des aptitudes dans un domaine : *Être fort en informatique, en ski.* **4.** Dont la puissance et les moyens d'action sont très développés ; qui s'impose aux autres : *Un secteur industriel fort.* **5.** Qui est très solide : *Carton fort* ; qui est efficace : *Colle forte.* **6.** Qui impressionne vivement le goût ou l'odorat : *Moutarde forte. Une forte odeur de brûlé.* **7.** Désagréable au goût : *Beurre fort.* **8.** Qui a beaucoup de puissance, d'intensité : *Voix forte. Vents forts.* **9.** Qui est important, considérable : *De fortes pluies. Elle a de fortes chances de réussir.* **10.** Qui est doté de puissants moyens de défense : *Château fort.* **11.** Qui nécessite une grande aptitude, une grande habileté : *Son dernier film est très fort.* **12. CHIM. MINÉR.** Se dit d'un acide, d'une base, d'un électrolyte très dissociés. ▪ **Avoir affaire à forte partie,** à un adversaire redoutable. ▪ **C'est un peu fort** ou **trop fort,** c'est difficile à croire, à accepter, à supporter. ▪ **Esprit fort,** personne incroyante ou non conformiste. ▪ **Fort de,** qui tire sa force de : *Une équipe forte de 12 membres* ; qui tire sa supériorité de : *Forte de son expérience, elle a présenté le projet.* ▪ **Forte tête,** personne rebelle à toute discipline. ▪ **Homme fort,** celui qui dispose de la puissance, de l'autorité réelles et n'hésite pas à les employer. ▪ **Interaction forte** [phys.], interaction caractéristique des forces nucléaires et des hadrons. ▪ **Prix fort,** sans réduction. ▪ **Régime fort,** régime politique autoritaire. ▪ **Se faire fort de,** se déclarer capable de : *Il se fait fort de gagner.* (Inv. dans ce cas.) ▪ **Temps fort** [mus.], temps de la mesure où l'on renforce le son ; fig., moment important d'une action, d'un spectacle. ▪ **Terre forte,** terre argileuse, compacte et difficile à labourer. ◆ **adv. 1.** D'une manière forte, intense : *Frapper fort.* **2.** Beaucoup : *Je crains fort qu'il ne meure* ; extrêmement : *Un essai fort intéressant.* ▪ **(Y) aller fort**

[fam.], exagérer en paroles ou en actes. ◆ **n.m.** Personne ayant beaucoup d'énergie physique ou morale : *Le fort protège le faible.* ▪ **Fort des Halles,** manutentionnaire des anciennes Halles de Paris.

2. FORT n.m. Ce en quoi une personne excelle : *L'altruisme, ce n'est pas son fort.* ▪ **Au (plus) fort de** [litt.], au plus haut degré, au cœur de : *Au plus fort de la tempête, de l'hiver.*

3. FORT n.m. Ouvrage de fortification autonome, destiné à défendre un point important : *Les forts de Verdun.*

FORTE [fɔrte] **adv.** (mot ital.). **MUS.** Avec un fort degré d'intensité sonore. Abrév. **f** ou **F.** ◆ **n.m. inv. MUS.** Passage exécuté dans la nuance forte.

FORTEMENT adv. 1. Avec force : *Serrer fortement.* **2.** À un très haut degré ; beaucoup : *Cela m'étonnerait fortement.*

FORTERESSE n.f. 1. Lieu fortifié, organisé pour la défense d'une ville, d'une région. **2.** Citadelle servant de prison d'État. **3.** Fig. Ce qui résiste aux influences extérieures : *Forteresse du conservatisme.* ▪ **Forteresse volante,** bombardier lourd américain de type Boeing B-17, mis en service en 1942.

FORTICHE adj. Fam. Robuste ; malin.

FORTIFIANT, E adj. Se dit d'un médicament ou d'un procédé visant à augmenter les forces physiques (SYN. **reconstituant**). ◆ **n.m.** Médicament fortifiant.

FORTIFICATION n.f. 1. (Souvent pl.). Ouvrage de défense militaire : *Les fortifications de Vauban.* **2.** Art, action d'organiser la défense d'une région au moyen d'ouvrages militaires.

FORTIFIER v.t. [5] (bas lat. *fortificare*). **1.** Donner plus de force physique à : *Gélules qui fortifient les cheveux.* **2.** Fig. Rendre plus solide moralement : *Son attitude m'a fortifié dans ma résolution.* **3.** Protéger une ville, une région par des fortifications.

FORTIFS n.f. pl. Fam., vx. Fortifications de Paris.

FORTIN n.m. (ital. *fortino*). Petit fort.

A FORTIORI loc. adv. → **A FORTIORI.**

FORTIS n.m. Terrasse en forme d'escalier, soutenue par un mur de pierres sèches et pratiquée sur la pente des montagnes déboisées, pour maintenir les terres.

FORTISSIMO adv. (mot ital.). **MUS.** Avec un très fort degré d'intensité sonore. Abrév. **ff.** ◆ **n.m.** Passage exécuté dans la nuance fortissimo.

FORTRAN n.m. (acronyme de l'angl. *formula translation*). **INFORM.** Langage de programmation évolué à usage scientifique.

FORTUIT, E [fɔrtɥi, it] **adj.** (lat. *fortuitus*, de *fors*, hasard). Qui arrive par hasard ; imprévu : *Rencontre fortuite.*

FORTUITEMENT adv. Par hasard.

FORTUNE n.f. (lat. *fortuna*). **1.** Ensemble des biens matériels, des richesses que possèdent qqn, une collectivité : *Gérer sa fortune.* **2.** Personne très riche : *L'une des premières fortunes du pays.* **3.** Litt. Ce qui est censé régler l'existence humaine ; destin : *La fortune lui sourit.* **4.** Litt. Sort heureux ou malheureux réservé à qqch : *La fortune d'une invention.* ▪ **À la fortune du pot,** à la bonne franquette. ▪ **Chercher fortune quelque part,** commencer une vie, une carrière ailleurs. ▪ **De fortune,** improvisé ; provisoire : *Installation de fortune.* ▪ **Faire fortune,** devenir riche. ▪ **Fortune de mer** [dr. mar.], ensemble des événements dus aux périls de la mer ou à des faits de guerre qui causent des dommages au navire ou à la cargaison. ▪ **Gréement de fortune,** mât et voilure établis provisoirement après un démâtage. ▪ **Revers de fortune,** perte d'argent. ▪ **Voile de fortune,** ou **fortune** [mar.], misaine carrée d'une goélette.

FORTUNÉ, E adj. (lat. *fortunatus*). Qui a de la fortune.

FORUM [fɔrɔm] **n.m.** (mot lat.). **1. ANTIQ. ROM.** Place centrale des villes antiques d'origine romaine, où se trouvaient les principaux édifices publics. **2.** Réunion accompagnée de débats ; colloque : *Un forum sur la violence à l'école.* **3.** Sur Internet, espace public virtuel destiné à l'échange de messages sur un thème donné (SYN. **groupe de discussion**). ▪ **Le Forum** [Antiq. rom.], place de Rome où le peuple s'assemblait, qui était à la fois le centre religieux, commercial et juridique, le centre des affaires privées et de la vie publique.

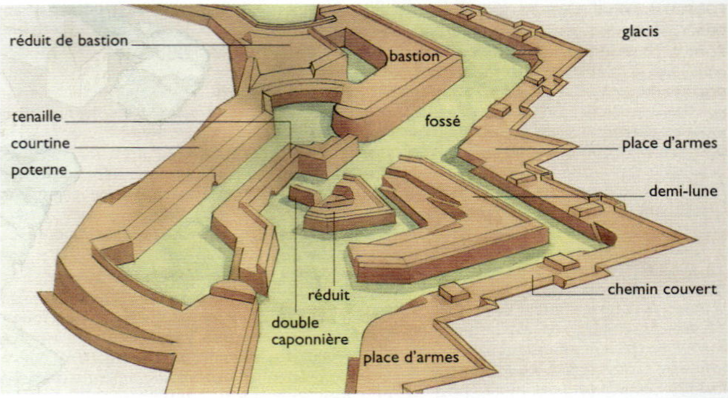

▲ **fortification.** Système bastionné (XVIIe s.).

FORURE n.f. Trou axial de la tige de certaines clés.

FOSBURY FLOP [fɔsbœriflɔp] ou **FOSBURY n.m.** (pl. *fosbury flops, fosburys*) [mots angl., de *Fosbury*, n. d'un athlète amér., et *flop*, fait de tomber]. **SPORTS.** Technique de saut en hauteur qui consiste en un franchissement de la barre sur le dos.

FOSSE n.f. (lat. *fossa*). **1.** Creux plus ou moins large et profond dans le sol : *Fosse à lisier.* **2.** Trou creusé pour inhumer un mort ; tombe. **3. OCÉANOL.** Dépression du fond des océans dont la profondeur dépasse 5 000 m. **4. MIN.** Ensemble des installations de surface et des travaux du fond rattachés à un puits d'extraction, dans une houillère. **5. ANAT.** Cavité : *Fosses nasales.* ▪ **Fosse commune,** où sont déposés ensemble les corps, les cercueils de plusieurs personnes. ▪ **Fosse d'aisances,** cavité étanche destinée à la collecte des eaux-vannes d'une habitation et qui n'est pas reliée à un réseau d'assainissement. ▪ **Fosse d'orchestre,** emplacement de l'orchestre dans un théâtre lyrique, un music-hall. ▪ **Fosse septique,** fosse d'aisances traitant les eaux-vannes par l'action de micro-organismes avant leur rejet dans l'environnement.

LES PRINCIPALES FOSSES OCÉANIQUES

océan Pacifique	
Mariannes	11 034 m
Tonga	10 882 m
Kouriles	10 542 m
Philippines	10 540 m
Bonin	10 347 m
Kermadec	10 047 m
Nouvelle-Bretagne	9 140 m
océan Atlantique	
Porto Rico	9 219 m
océan Indien	
Java	7 455 m

FOSSÉ n.m. (bas lat. *fossatum*). **1.** Fosse creusée en long pour délimiter des parcelles de terrain, pour faciliter l'écoulement des eaux ou pour servir de défense. **2.** Fig. Ce qui sépare des personnes ; désaccord profond : *Le fossé entre la classe politique et les citoyens.* ▪ **Fossé tectonique** ou **d'effondrement** [géol.], zone affaissée entre deux failles (SYN. **graben**).

FOSSETTE n.f. Léger creux au menton ou qui se forme sur la joue quand on rit.

FOSSILE adj. et **n.m.** (lat. *fossilis*). Se dit d'un reste ou d'une empreinte de plante ou d'animal ayant vécu avant l'époque historique, qui ont été conservés dans des dépôts sédimentaires : *Animaux, bois fossiles.* ▪ **Combustibles fossiles,** combustibles qui se sont formés il y a des millions d'années (charbon, pétrole, gaz naturel), et qui fournissent une énergie dite *fossile.* ◆ **n.m.** Fam. Personne ayant des idées démodées. ▪ **Fossile vivant** [zool.], être vivant dont l'organisation est restée très proche de celle d'espèces connues seulement à l'état fossile.

FOSSILIFÈRE adj. Qui renferme des fossiles.

FOSSILISATION n.f. Passage d'un corps organisé à l'état de fossile. ➲ Génér., la fossilisation aboutit à une minéralisation poussée des parties dures et à une destruction des parties molles.

FOSSILISER v.t. [3]. Amener à l'état de fossile. ◆ **SE FOSSILISER v.pr.** Devenir fossile.

FOSSORIER n.m. (de l'anc. fr. *fossoir*, houe). Suisse. Unité de mesure de surface des vignes, valant 4,5 ares.

FOSSOYEUR, EUSE n. (de *fosse*). **1.** Personne qui creuse les fosses pour enterrer les morts. **2.** Fig., litt. Personne qui cause la ruine de qqch, qui l'anéantit : *Les fossoyeurs de la paix.*

1. FOU ou **FOL, FOLLE adj.** et **n.** (du lat. *follis*, ballon). **1.** Se dit d'une personne atteinte de folie. (Ce terme est vieux en médecine.) **2.** Qui apparaît extravagant dans ses actes, ses paroles ; insensé : *Il est fou de rouler à cette vitesse.* ▪ **Fou de,** passionné de : *Un fou de jazz.* ▪ **La folle du logis** [litt.], l'imagination. ◆ **adj. 1.** Qui semble hors de soi, sous l'influence d'un sentiment extrême : *Fou de jalousie, de bonheur.* **2.** Contraire à la raison, à la sagesse, à la prudence : *De folles idées de vengeance.* **3.** Excessif et qu'on ne peut plus retenir : *Un fou rire.* **4.** Considérable en nombre, en intensité : *Il y a un monde fou. Un talent fou.* **5.** Dont le mouvement n'obéit à aucune loi : *La voiture folle a fauché un passant.* **6. MÉCAN. INDUSTR.** Se dit d'un mécanisme libre de tourner sur l'arbre qui le porte : *Poulie folle.* ▪ **Fou de,** qui aime énormément : *Elle est folle de lui, de musique baroque.* ▪ **Herbes folles,** qui croissent en abondance et au hasard.

✎ *Fol*, adj.m., est employé devant un mot masc. sing. commençant par une voyelle ou un *h* muet : *Un fol espoir.*

2. FOU n.m. 1. Bouffon dont le rôle était d'amuser les princes, les rois. **2.** Pièce du jeu d'échecs.

3. FOU n.m. Grand oiseau marin blanc, puissant voilier aux pattes palmées, vivant en colonies importantes sur les côtes rocheuses : *Des fous de Bassan.* ➲ Famille des sulidés.

FOUACE n.f. → **FOUGASSE.**

FOUAGE n.m. Au Moyen Âge, impôt extraordinaire perçu sur chaque foyer.

▲ **fossile.** Un fossile de grosse crevette du jurassique.

FOUAILLE **n.f.** (de l'anc. fr. *fou*, feu). **VÉNER.** Curée du sanglier.

FOUAILLER **v.t.** **[3]** (de *fouet*). Litt. Frapper à grands coups de fouet : *Fouailler son cheval.*

FOUCADE **n.f.** (de *1. fougue*). Litt. Emportement capricieux et passager ; passade.

FOUCHTRA [fuʃtra] **interj.** Vieilli. Juron que l'on prête traditionnellement aux Auvergnats.

1. FOUDRE **n.f.** (lat. *fulgur*). Décharge électrique, accompagnée d'une vive lumière (éclair) et d'une violente détonation (tonnerre). ▪ **Coup de foudre** → **COUP.** ◆ **n.f. pl.** Litt. Grande colère ; vifs reproches : *S'attirer les foudres de son patron.*

2. FOUDRE **n.m.** **MYTH. ROM.** Faisceau de javelots de feu, attribut de Jupiter. ▪ **Un foudre de guerre, d'éloquence** [litt.], un grand capitaine, orateur.

3. FOUDRE **n.m.** (all. *Fuder*). Tonneau de grande capacité (de 50 à 300 hl).

FOUDROIEMENT **n.m.** Litt. Action de foudroyer ; fait d'être foudroyé.

FOUDROYAGE **n.m.** **MIN.** Éboulement volontaire du toit dans le vide laissé à l'arrière de l'exploitation d'un chantier.

FOUDROYANT, E **adj.** **1.** Qui frappe d'une mort soudaine et brutale : *Cancer foudroyant.* **2.** Rapide et puissant : *Succès foudroyant.*

FOUDROYER **v.t.** **[7]**. **1.** Frapper de la foudre ou d'une décharge électrique. **2.** Tuer soudainement, brutalement : *Un AVC l'a foudroyé.* **3.** Briser moralement : *Cette révélation l'a foudroyée.* ▪ **Foudroyer qqn du regard,** lui lancer un regard empli de colère, de hargne.

FOUËNE **n.f.** → **FOÈNE.**

FOUET **n.m.** (du lat. *fagus*, hêtre). **1.** Instrument fait d'une corde ou d'une lanière de cuir attachée à un manche, pour conduire ou exciter certains animaux (ceux de trait, en partic.). **2.** Châtiment infligé avec un fouet ou des verges : *Être condamné au fouet.* **3.** Ustensile de cuisine pour battre les œufs, les crèmes, les sauces, etc. **4.** **ZOOL.** Queue du chien, notamm. du chien courant. **5.** **PÊCHE.** Canne très souple pour la pêche à la mouche. ▪ **Coup de fouet,** douleur soudaine provenant de la déchirure d'un tendon ou d'un muscle ; stimulation dont l'action est immédiate. ▪ **De plein fouet,** de face et violemment : *Les deux voitures se sont heurtées de plein fouet* ; fig., profondément et durablement : *Région touchée de plein fouet par la crise.* ▪ **Fouet de l'aile** [zool.], articulation extérieure de l'aile des oiseaux. ▪ **Tir de plein fouet,** tir direct sur un but visible.

FOUETTARD **adj.m.** ▪ **Le père Fouettard,** personnage mythique, muni d'un fouet, dont on menaçait les enfants.

FOUETTÉ **n.m.** En danse classique, pirouette dont l'impulsion est donnée par la jambe libre, qui fait un rond de jambe en l'air.

FOUETTEMENT **n.m.** Action de fouetter.

FOUETTE-QUEUE **n.m.** (pl. *fouette-queues*). Grand lézard du Sahara et des déserts du Proche-Orient, à large queue hérissée d'épines. ➲ Famille des agamidés.

FOUETTER **v.t.** **[3]**. **1.** Donner des coups de fouet à : *Fouetter sa monture.* **2.** Battre vivement au fouet de cuisine : *Fouetter de la crème.* **3.** Frapper vivement, à coups répétés ; cingler : *La pluie fouettait nos visages.* **4.** Fig. Aviver au moyen d'un stimulant : *Cette course a fouetté leur appétit.* ◆ **v.i.** Fam., vieilli. Avoir peur.

1. FOUFOU, FOFOLLE **adj.** et **n.** Fam. Un peu fou ; farfelu.

2. FOUFOU **n.m.** Afrique. Farine de manioc cuite à l'eau et servie sous forme de boule.

FOUGASSE ou **FOUACE** **n.f.** (du lat. *focacius panis*, pain cuit sous la cendre). **1.** Galette de froment cuite au four ou sous la cendre. **2.** Galette de pain ou de pâte briochée.

FOUGERAIE **n.f.** Lieu planté de fougères.

FOUGÈRE **n.f.** (lat. pop. *filicaria*, de *filix, -icis*). Plante vasculaire sans fleurs ni graines, constituée d'un rhizome produisant des tiges aériennes, dont les feuilles (ou *frondes*) portent des organes sporifères *(sporanges)* sur leur face inférieure. ➲ Certaines fougères tropicales sont arborescentes ; ordre des filicales. ▪ **Fougère aigle,** d'une espèce commune en forêt, aux très grandes frondes finement découpées qui se dessèchent en automne. ➲ Haut. 1,80 m ; genre *Pteridium.*

1. FOUGUE **n.f.** (ital. *foga*). Ardeur impétueuse : *Parler avec fougue.*

2. FOUGUE **n.f.** (de *fouler*). **MAR.** ▪ **Perroquet de fougue,** voile carrée enverguée sur un mât qui surmonte le mât d'artimon.

FOUGUEUSEMENT **adv.** Avec fougue.

FOUGUEUX, EUSE **adj.** Plein de fougue.

FOUILLE **n.f.** **1.** Action d'inspecter minutieusement pour trouver qqch de caché : *La fouille des spectateurs à l'entrée d'un stade.* **2.** Action de creuser le sol pour construire ; excavation qui en résulte. **3.** Arg. Poche d'un vêtement. ◆ **n.f. pl.** Travaux archéologiques destinés à mettre au jour des témoignages de l'activité de l'homme (outils, villes, sépultures, etc.) et de son environnement (pollens, graines, etc.), ensevelis au cours des siècles : *Faire des fouilles.*

FOUILLÉ, E **adj.** Travaillé dans le détail ; approfondi : *Une étude très fouillée.*

FOUILLER **v.t.** **[3]** (du lat. *fodicare*, creuser). **1.** Explorer soigneusement un lieu pour trouver ce que l'on cherche : *La police a fouillé la maison de la victime.* **2.** Creuser le sol, notamm. pour chercher des vestiges : *Fouiller un site archéologique.* **3.** Fig. Travailler avec soin, minutie ; étudier à fond : *Fouiller une question.* ▪ **Fouiller qqn,** inspecter ses poches, ses vêtements. ◆ **v.i.** **1.** Chercher dans un lieu en examinant à fond : *Il a fouillé dans mon sac.* **2.** Chercher dans son esprit : *Fouiller dans sa mémoire.* ◆ **SE FOUILLER** **v.pr.** Fam. ▪ **Il peut se fouiller,** il n'obtiendra pas ce qu'il espérait.

FOUILLEUR, EUSE **n.** Personne qui travaille sur un chantier de fouilles archéologiques.

FOUILLIS **n.m.** **1.** Amas confus d'objets placés pêle-mêle : *Un fouillis de documents.* **2.** Manque de clarté ; confusion : *Cette loi est un fouillis d'intentions.* ◆ **adj. inv.** Fam. Désordonné : *Elle est très fouillis.*

FOUINARD, E **adj.** et **n.** Fam., péjor. Fouineur.

1. FOUINE **n.f.** (lat. pop. *fagina mustela*, martre des hêtres). **1.** Mammifère carnivore d'Europe et d'Asie, au pelage gris-brun, court sur pattes, de mœurs nocturnes, qui s'attaque à la volaille dans les poulaillers. ➲ Famille des mustélidés. **2.** Fam. Personne indiscrète, rusée. ▪ **Visage** ou **tête de fouine,** visage chafouin.

2. FOUINE **n.f.** (du lat. *fuscina*, trident). Foène.

FOUINER **v.i.** **[3]**. Fam. **1.** Se livrer à des recherches indiscrètes : *Fouiner dans le passé de qqn.* **2.** Explorer les moindres recoins pour découvrir qqch ; fouiller.

FOUINEUR, EUSE **adj.** et **n.** Fam. **1.** Qui fouine partout ; indiscret. **2.** Qui aime chiner. **3.** **INFORM.** Recomm. off. pour **hackeur.**

FOUIR **v.t.** **[21]** (du lat. *fodere*, creuser). Creuser le sol, en parlant d'un animal.

FOUISSAGE **n.m.** Action de fouir.

FOUISSEUR, EUSE **adj.** et **n.m.** Se dit d'un animal qui fouit, creuse la terre, comme la taupe.

FOULAGE **n.m.** **1.** Action de fouler le raisin. **2.** **IMPRIM.** Relief dû à la pression des caractères typographiques, au verso d'une feuille imprimée.

FOULANT, E **adj.** Fam. (Surtout en tournure négative). Fatigant : *Un métier pas foulant.* ▪ **Pompe foulante** [techn.], qui élève un liquide au moyen de la pression exercée sur lui.

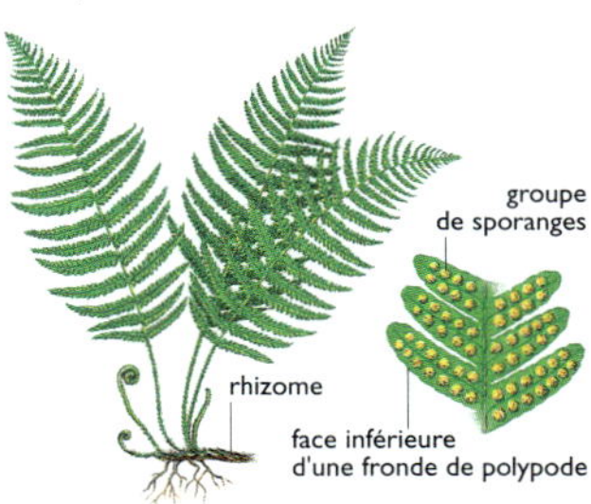

▲ **fougère** mâle.

FOULARD **n.m.** (p.-ê. de *fouler*). **1.** Carré de soie ou de tissu léger que l'on met autour du cou ou sur la tête. **2.** Tissu léger, en soie ou en fibres chimiques, pour la confection de robes, de cravates, d'écharpes, etc. **3.** Québec. Bande de tissu ou de tricot que l'on porte autour du cou ; écharpe : *Foulard de laine.*

FOULE **n.f.** (de *fouler*, presser). **1.** Réunion, en un même lieu, d'un très grand nombre de personnes : *La foule l'a acclamé.* **2.** Le commun des hommes, pris collectivement (souvent par oppos. à l'*élite*) : *Fuir la foule.* ▪ **En foule,** en grande quantité. ▪ **Une foule de,** un grand nombre de : *Il a une foule d'amis, de problèmes.*

FOULÉE **n.f.** **1.** Distance couverte dans la course entre deux appuis successifs. **2.** Manière dont un cheval ou un coureur prend appui sur le sol à chaque pas : *Foulée souple.* ▪ **Dans la foulée (de),** sur la même lancée que qqn ; fig., dans le prolongement immédiat de qqch. ◆ **n.f. pl.** **VÉNER.** Empreintes qu'une bête laisse sur le sol.

FOULER **v.t.** **[3]** (du lat. *fullo*, foulon). **1.** Marcher sur : *Fouler les sentiers forestiers.* **2.** **TEXT.** Donner à un tissu de laine de la compacité et de l'épaisseur en produisant un feutrage. **3.** Travailler les peaux dans un foulon (SYN. **foulonner**). ▪ **Fouler aux pieds,** traiter avec un grand mépris. ▪ **Fouler le raisin,** l'écraser par pression modérée avant de le faire fermenter ou de le presser. ◆ **SE FOULER** **v.pr.** Se faire une foulure : *Elle s'est foulé le poignet.* ▪ **Ne pas se fouler** [fam.], ne pas se donner beaucoup de mal.

FOULOIR **n.m.** Appareil pour fouler le raisin, constitué de cylindres tournant en sens inverse.

FOULON **n.m.** (lat. *fullo, -onis*). **1.** Machine utilisée pour la fabrication du feutre ou pour le foulage des tissus de laine. **2.** Grand tonneau tournant dans lequel sont réalisées diverses opérations du tannage des peaux.

FOULONNER **v.t.** **[3]**. Fouler le cuir.

FOULQUE **n.f.** (lat. *fulica*). Oiseau échassier à plumage sombre et à bec blanc, voisin de la poule d'eau, vivant dans les roseaux des lacs et des étangs d'Eurasie, d'Australie et du Nord-Ouest africain (SYN. **judelle**). ➲ Famille des rallidés.

FOULTITUDE **n.f.** Fam. Grand nombre.

FOULURE **n.f.** Entorse bénigne.

FOUR **n.m.** (lat. *furnus*). **1.** Partie calorifugée d'une cuisinière, ou appareil indépendant et encastrable où l'on fait cuire ou réchauffer les aliments : *Mettre un rôti au four.* **2.** Appareil dans lequel on chauffe une matière en vue de lui faire subir des transformations physiques ou chimiques : *Four de boulanger, de céramiste.* **3.** Fam. Échec d'un spectacle : *Sa pièce a fait un four.* ▪ **Four à catalyse,** four autonettoyant où les graisses sont oxydées au contact de l'émail des parois. ▪ **Four à micro-ondes,** four dans lequel le rayonnement d'ondes électromagnétiques à hyperfréquence permet une cuisson, un réchauffage ou une décongélation très rapides des aliments. (On dit cour. *un micro-ondes.*) ▪ **Four à pyrolyse,** four autonettoyant électrique où la combustion des déchets graisseux s'opère à 500 °C. ▪ **Four électrique,** four de fonderie dans lequel la chaleur est fournie par un arc électrique, par induction électromagnétique, par la circulation d'un courant intense, etc. ▪ **Four solaire,** installation dans laquelle on concentre le rayonnement solaire dans une enceinte réfractaire pour obtenir des températures très élevées. ▪ **Petit-four,** v. à son ordre alphabétique.

FOURBE **adj.** et **n.** (de *fourbir*). Qui trompe avec une adresse perfide ; sournois.

FOURBERIE **n.f.** **1.** Caractère d'une personne fourbe ; perfidie. **2.** Action d'une personne fourbe ; tromperie.

FOURBI **n.m.** Fam. Ensemble d'objets sans valeur ou sans utilité.

FOURBIR **v.t.** **[21]** (du germ. **furbjan*, nettoyer). **1.** Nettoyer en frottant ; astiquer : *Fourbir les cuivres.* **2.** Fig. Préparer avec soin : *Fourbir ses arguments.*

FOURBISSAGE **n.m.** Action de fourbir.

FOURBU, E **adj.** (de l'anc. fr. *forboire*, boire à l'excès). **1.** Se dit d'un cheval atteint de fourbure. **2.** Fig. Harassé ; éreinté.

FOURBURE **n.f.** **VÉTÉR.** Congestion et inflammation du pied des ongulés, spécial. du cheval.

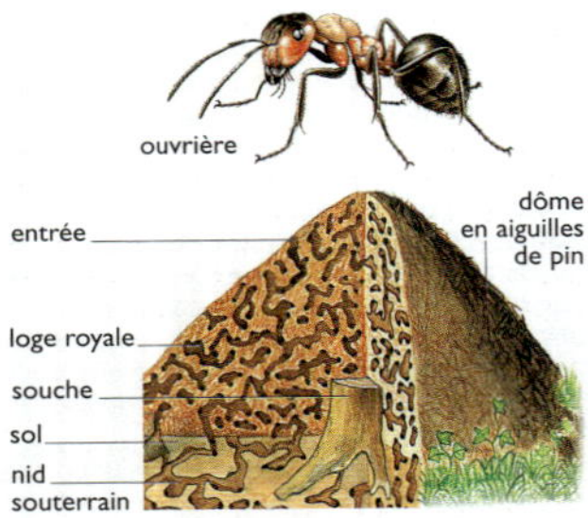

▲ **fourmi.** Fourmi rousse et fourmilière.

FOURCHE n.f. (lat. *furca*). **1.** Instrument à deux ou plusieurs dents métalliques, muni d'un long manche, utilisé pour divers travaux de manutention, surtout agricoles (fourrage, fumier, etc.). **2.** Endroit où un chemin, une voie se divisent en plusieurs directions ; embranchement. **3.** Partie avant d'un deux-roues tourillonnée sur le cadre, et où se placent la roue avant et le guidon. **4.** Belgique. Temps libre dans un horaire de professeur ou d'étudiant. ◆ **n.f. pl.** ▪ **Fourches patibulaires** [hist.], gibet à plusieurs piliers, que les seigneurs hauts justiciers avaient le droit d'élever. ▪ **Passer sous les fourches Caudines,** être contraint de subir des conditions humiliantes. ➲ C'est une allusion à la défaite de l'armée romaine, en 321 av. J.-C., qui dut passer sous le joug de l'ennemi.

FOURCHÉE n.f. Quantité de foin, de paille, etc., que l'on peut enlever d'un seul coup de fourche.

FOURCHER v.i. **[3].** Vx. Se diviser en plusieurs branches, en plusieurs directions. ▪ **Sa langue a fourché** ou **la langue lui a fourché** [fam.], il a dit un mot à la place d'un autre.

FOURCHET n.m. **VÉTÉR.** Phlegmon entre les deux onglons des ruminants.

FOURCHETTE n.f. **1.** Ustensile de table à dents pointues, dont on se sert pour piquer les aliments. **2.** Écart entre deux valeurs, deux niveaux extrêmes : *Fourchette de prix, de salaires.* **3. MÉCAN. INDUSTR.** Pièce mécanique à deux branches. **4. ZOOL.** Os en forme de Y, qui résulte de la soudure des deux clavicules, chez les oiseaux (SYN. **furcula**). **5. ZOOL.** Coin de corne molle, élastique, à la face inférieure du sabot des équidés. ▪ **Avoir un bon** ou **un joli coup de fourchette** [fam.], être un gros mangeur. ▪ **Prendre en fourchette** [jeux], prendre une carte de son adversaire entre deux cartes, l'une inférieure, l'autre supérieure ; coincer.

FOURCHON n.m. Dent d'une fourche, d'une fourchette.

FOURCHU, E adj. Qui se divise à la manière d'une fourche : *Cheveux fourchus.* ▪ **Pied fourchu,** pied de bouc, attribué au diable et aux satyres.

FOURGON n.m. (du lat. pop. *furico, -onis,* instrument pour fouiller). **1.** Véhicule ferroviaire incorporé à certains trains de voyageurs et destiné au transport des bagages, éventuellement des automobiles. **2.** Vieilli. Véhicule long et couvert permettant de transporter des marchandises, des bestiaux, etc. ▪ **Fourgon funéraire** ou **funèbre** ou **mortuaire,** corbillard automobile.

FOURGONNER v.i. **[3].** Fam. Fouiller de façon maladroite, désordonnée ; farfouiller.

FOURGONNETTE n.f. **1.** Petit véhicule utilitaire, qui s'ouvre par l'arrière. **2.** Québec. Véhicule spacieux, à carrosserie monocorps, permettant le transport de passagers (jusqu'à sept) ou de marchandises.

FOURGON-POMPE n.m. (pl. *fourgons-pompes*). Véhicule d'intervention contre l'incendie.

FOURGUE n.m. Arg. Receleur.

FOURGUER v.t. **[3]** (ital. *frugare*). Fam. Se débarrasser de qqch en le cédant à bas prix : *Essayer de fourguer des vieux stocks.*

FOURIÉRISME n.m. Doctrine de C. Fourier, visant l'harmonie sociale et politique ainsi que l'épanouissement des individus par leur regroupement en phalanstères*.

FOURIÉRISTE adj. et n. Qui appartient au fouriérisme ; qui en est partisan.

FOURME n.f. (du lat. *forma,* forme à fromage). Fromage au lait de vache, voisin du cantal et fabriqué dans les montagnes du centre de la France. ▪ **Fourme d'Ambert,** fromage au lait de vache, à pâte persillée, fabriqué dans la région d'Ambert.

FOURMI n.f. (lat. *formica*). **1.** Insecte vivant en sociétés (fourmilières) regroupant des reines fécondes et de nombreuses ouvrières sans ailes dont certaines, qui jouent le rôle de soldats, peuvent avoir une taille plus grande et de puissantes mandibules. ➲ Les 12 000 espèces connues de fourmis sont en majorité tropicales, et certaines, comme la *fourmi de feu,* provoquent une piqûre douloureuse ; ordre des hyménoptères. **2.** Arg. Petit passeur de drogue. ▪ **Avoir des fourmis** [fam.], ressentir un fourmillement ; fig., ne pas tenir en place.

FOURMILIER n.m. Mammifère xénarthre d'Amérique centrale et méridionale, qui capture fourmis et termites avec sa longue langue visqueuse. ➲ Nom commun à plusieurs espèces. ▪ **Grand fourmilier,** tamanoir.

FOURMILIÈRE n.f. **1.** Nid de fourmis ; ensemble des fourmis qui y vivent. **2.** Multitude de gens qui s'agitent. ▪ **Donner un coup de pied dans la fourmilière,** provoquer une agitation inquiète dans un milieu que l'on souhaite contrôler ou contenir.

FOURMILION ou **FOURMI-LION** n.m. (pl. *fourmis-lions*). Insecte ressemblant à une libellule et dont la larve dévore les fourmis, qu'elle capture en creusant des pièges en forme d'entonnoir dans le sable. ➲ Long. de la larve 1 cm env. ; ordre des planipennes.

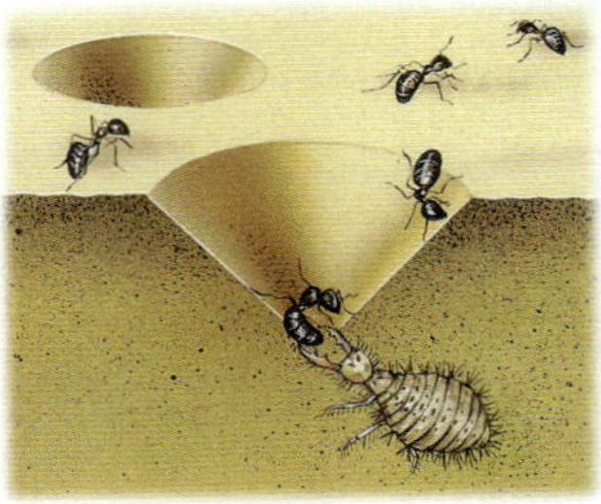

▲ **fourmilion**

FOURMILLANT, E adj. **1.** Où l'activité, l'agitation se manifeste pleinement ; grouillant : *Rue fourmillante.* **2.** Qui fourmille, est plein de : *Jardin fourmillant d'enfants.*

FOURMILLEMENT n.m. **1.** Sensation de picotement, normale ou causée par un trouble neurologique ou circulatoire. **2.** Mouvement d'êtres vivants qui s'agitent comme des fourmis ; grouillement.

FOURMILLER v.i. **[3].** **1.** Être le siège d'un fourmillement : *Ses jambes fourmillent.* **2.** Se trouver en grand nombre ; abonder, pulluler : *Les citations fourmillent dans son exposé.* **3.** S'agiter en grand nombre ; grouiller : *Vers qui fourmillent dans un fromage.* ◆ **v.t. ind. (DE).** Être plein de ; abonder en : *La rue fourmille de passants. Sa vie fourmille d'incidents dramatiques.*

FOURNAISE n.f. (du lat. *fornax,* four). **1.** Feu, incendie violent : *Les pompiers s'élancent dans la fournaise.* **2.** Lieu surchauffé ; étuve : *Cette chambre est une fournaise.* **3.** Québec. Appareil à combustion servant au chauffage des maisons. **4.** Fig. Lieu où se livrent des combats acharnés. ▪ **Fournaise à l'huile** [Québec], appareil de chauffage au mazout.

FOURNEAU n.m. (de l'anc. fr. *forn,* four). **1.** Appareil en fonte alimenté au bois ou au charbon pour la cuisson des aliments. **2.** Four dans lequel on soumet à l'action de la chaleur certaines substances que l'on veut fondre, calciner, etc. **3.** Partie de la pipe où brûle le tabac. **4. ARM.** Cavité destinée à recevoir une charge d'explosif. ▪ **Bas fourneau** [anc.], four à cuve de faible hauteur pour l'élaboration de la fonte. ▪ **Haut-fourneau,** v. à son ordre alphabétique.

FOURNÉE n.f. **1.** Quantité de pains, de pièces céramiques, etc., que l'on fait cuire à la fois dans un four. **2.** Fig., fam. Ensemble de personnes nommées aux mêmes fonctions, qui participent à une même action : *Une fournée de sénateurs, de touristes.*

FOURNI, E adj. **1.** Épais ; touffu : *Barbe fournie.* **2.** Approvisionné : *Magasin bien fourni.*

FOURNIL [furni] n.m. Local d'une boulangerie où se trouve le four et où l'on pétrit la pâte.

FOURNIMENT n.m. **MIL.** Anc. Ensemble des objets d'équipement d'un soldat.

FOURNIR v.t. **[21]** (du francique). **1.** Mettre à la disposition de qqn ; procurer : *Fournir des informations sur un site Internet, du travail à des étudiants.* **2.** Donner ce qui est demandé, exigé ; présenter : *Fournir un alibi, une attestation de présence.* **3.** Pourvoir de ce qui est nécessaire ; approvisionner : *Fournir des vêtements aux sinistrés.* **4.** Donner comme production ; produire : *Cette région fournit des pommes.* **5.** Accomplir : *Fournir un gros effort.* ◆ **v.t. ind. (A).** Vieilli. Assumer la charge de : *Fournir aux dépenses de qqn.* ◆ **SE FOURNIR** v.pr. S'approvisionner : *Je me fournis en vin chez un producteur.*

FOURNISSEUR, EUSE n. Personne ou établissement qui fournissent habituellement certaines marchandises à un particulier, une entreprise. ◆ **n.m. INFORM.** ▪ **Fournisseur d'accès,** société qui assure l'accès au réseau Internet (*fournisseur d'accès à Internet* ou *FAI*) ou, plus génér., à tout réseau de communication. ▪ **Fournisseur de contenu,** prestataire qui diffuse des informations à travers un service en ligne.

FOURNITURE n.f. **1.** Action de fournir, d'approvisionner ; approvisionnement. **2.** (Surtout pl.). Ce qui est fourni ; objets fournis : *Fournitures scolaires.* **3.** Pièces, outils nécessaires à l'exercice d'un métier manuel : *Fournitures d'horloger, de dentiste.*

FOUROU n.m. Afrique centrale. Cour. Tout insecte diptère piqueur de petite taille (simulie, par ex.), pouvant transmettre des maladies parasitaires.

1. FOURRAGE n.m. Action de fourrer un vêtement.

2. FOURRAGE n.m. (anc. fr. *fuerre*). Matière végétale fournie par des prairies naturelles, des plantes cultivées ou des arbres, servant à l'alimentation des animaux domestiques.

1. FOURRAGER v.i. **[10]** (de *1. fourrage*). Fam. Chercher en mettant du désordre ; fouiller.

2. FOURRAGER, ÈRE adj. ▪ **Plante fourragère,** propre à être employée comme fourrage.

FOURRAGÈRE n.f. Cordelière aux couleurs de la Légion d'honneur, de la Médaille militaire ou des croix de guerre, servant d'insigne collectif attribué aux unités militaires plusieurs fois citées à l'ordre de l'armée.

FOURRAGEUR n.m. **MIL.** Anc. **1.** Soldat qui allait en terrain ennemi chercher du fourrage pour les chevaux. **2.** Cavalier combattant en ordre dispersé.

FOURRE n.f. (du germ. *fodr,* gaine). Suisse. **1.** Taie d'oreiller ; housse d'édredon. **2.** Enveloppe protectrice d'un livre, d'un cahier, d'un disque.

1. FOURRÉ n.m. (de *fourrer*). **1.** Massif de bois jeune et serré. **2. GÉOGR.** Formation végétale dense, constituée princip. de petits arbres, d'arbustes et de buissons.

2. FOURRÉ, E adj. **1.** Doublé d'une peau qui a encore son poil : *Gants fourrés.* **2.** Garni intérieurement : *Gâteau fourré à la crème.* ▪ **Coup fourré,** en escrime, coup porté et reçu en même temps par chacun des deux adversaires ; fig., entreprise menée perfidement contre qqn qui ne se méfie pas. ▪ **Paix fourrée** [hist.], conclue avec mauvaise foi de part et d'autre.

FOURREAU n.m. (du germ. *fodr,* gaine). **1.** Gaine, étui allongés servant d'enveloppe à un objet de même forme. **2.** Robe ajustée de forme étroite.

FOURRER v.t. **[3]** (du germ. *fodr,* gaine). **1.** Doubler un vêtement de fourrure ou d'une matière chaude (de lainage, par ex.). **2.** Remplir d'une garniture : *Fourrer des chocolats à la menthe.* **3.** Fam. Introduire qqch dans qqch d'autre : *Fourrer son linge sale dans un sac.* **4.** Fam. Poser sans attention ou sans soin : *Où ai-je fourré mes lunettes ?* ▪ **Fourrer qqn en prison** [fam.], l'y mettre. ▪ **Fourrer son nez dans** [fam.], s'immiscer indiscrètement dans. ◆ **SE FOURRER** v.pr. Fam. Se mettre ; se placer. ▪ **Ne plus savoir où se fourrer** [fam.], éprouver un vif sentiment de confusion, de honte.

FOURRE-TOUT n.m. inv., ▲ *FOURRETOUT n.m.* **1.** Petite pièce ou placard servant de débarras. **2.** Sac ou trousse souples, sans compartiment ni division. ◆ **n.m. inv.** et **adj. inv.** Texte, œuvre, etc., contenant des idées diverses et désordonnées : *Cette loi est un fourre-tout. Un programme fourre-tout.*

FOURREUR n.m. **1.** Marchand de fourrures. **2.** Professionnel qui travaille les peaux pour les transformer en fourrure.

FOURRIER n.m. (de l'anc. fr. *fuerre*, fourrage). **1.** MIL. Anc. Sous-officier chargé de distribuer les vivres et de pourvoir au logement des militaires. **2.** MIL. Mod. Responsable du matériel d'une unité. **3.** Litt. Personne ou chose préparant la survenue d'événements fâcheux : *Leur aveuglement les a conduits à être les fourriers du terrorisme.*

FOURRIÈRE n.f. (de 2. *fourrage*). **1.** Lieu de dépôt des animaux errants, des véhicules, etc., abandonnés sur la voie publique ou qui ont été saisis. **2.** Extrémité d'une parcelle agricole, où tournent les machines et les tracteurs.

FOURRURE n.f. (de *fourrer*). **1.** Peau de mammifère avec son poil, préparée pour garnir, doubler ou constituer un vêtement ; ce vêtement. **2.** Industrie et commerce de ces peaux et de ces vêtements. **3.** HÉRALD. Combinaison d'émaux représentant de manière stylisée une peau préparée. ➲ Il y a deux fourrures : l'hermine et le vair. **4.** Pelage fin et touffu de certains animaux (carnivores, singes, taupes, rongeurs). **5.** MÉCAN. INDUSTR. Pièce servant à remplir un vide, à masquer un joint, à compenser un jeu entre des pièces mécaniques, etc.

FOURVOIEMENT n.m. Litt. Erreur de qqn qui se fourvoie.

FOURVOYER v.t. [7] (de *fors*, hors de, et *voie*). **1.** Litt. Détourner du chemin ; égarer : *Le jeune guide nous a fourvoyés.* **2.** Induire en erreur ; tromper : *Les résultats de ce sondage les ont fourvoyés.* ◆ **SE FOURVOYER** v.pr. **1.** Faire fausse route ; se perdre. **2.** Se tromper complètement : *Je l'avais cru sincère, je m'étais fourvoyé.*

FOUTA ou **FOUTAH** n.m. ou n.f. (mot ar.). Grand rectangle en coton de couleurs vives aux usages multiples (serviette de plage, paréo, etc.). ◆ **n.f.** Maghreb. **1.** Rectangle de tissu multicolore que les femmes berbères portent traditionnellement autour de leurs jupes, génér. fixé à la ceinture. **2.** Serviette en coton utilisée au hammam.

FOUTAISE n.f. Fam. Chose sans importance, sans intérêt ; futilité.

FOUTIMASSER v.i. [3]. Suisse. Fam. Ne rien faire d'utile ; perdre son temps.

FOUTOIR n.m. Fam. Grand désordre.

FOUTOU n.m. Afrique. Farine d'igname cuite à l'eau et servie sous forme de boules.

FOUTRAQUE adj. Fam. Fou ; excentrique.

FOUTRE v.t. [59] (conj. : *je fous, il fout, nous foutons ; je foutais ; je foutrai ; je foutrais ; fous ; que je foute ; foutant ; foutu* ; inusité au passé simple) [du lat. *futuere*, coïter]. Très fam. **1.** Mettre, jeter violemment : *Foutre qqn par terre.* **2.** Faire ; travailler : *Ne rien foutre de toute la journée.* **3.** Vieilli. Faire l'amour. ▪ **Ça la fout mal,** cela fait mauvais effet. ◆ **SE FOUTRE** v.pr. (DE). Très fam. Ne faire aucun cas de qqn, de qqch ; se moquer de qqn.

FOUTREMENT adv. Fam. Extrêmement.

FOUTRIQUET n.m. Fam., péjor. Homme insignifiant, méprisable.

FOUTU, E adj. Fam. **1.** (Avant le n.). Mauvais ; détestable : *C'était une foutue idée de le lui dire.* **2.** Qui est gâché, perdu : *Après ça, sa carrière est foutue.* ▪ **Bien, mal foutu,** bien, mal fait : *Un scénario mal foutu.* ▪ **Être foutu de,** être capable de : *Il est foutu de se faire élire.* ▪ **Mal foutu,** un peu souffrant.

FOVÉA n.f. (du lat. *fovea*, trou). ANAT. **1.** Petite zone en creux d'un organe, d'un tissu. **2.** Partie centrale de la macula de la rétine.

FOXÉ, E adj. (angl. *foxed*, de *fox*, renard). Se dit d'un goût particulier à certains vins provenant de cépages américains.

FOX-HOUND (pl. *fox-hounds*), ▲ *FOXHOUND* [fɔksawnd] n.m. (mot angl.). Chien courant anglais de grande taille.

FOX-TERRIER ou **FOX** (pl. *fox*[*-terriers*]), ▲ *FOXTERRIER* n.m. (de l'angl. *fox*, renard). Chien terrier d'origine anglaise, dont la race comporte deux variétés, à poil dur et à poil lisse.

FOX-TROT n.m. inv., ▲ *FOXTROT* [fɔkstrɔt] *n.m.* (mot angl. « trot du renard »). Danse de société, exécutée en couple sur un air de ragtime, en vogue aux États-Unis puis en Europe (1915-1920).

FOYARD [fwajar] n.m. (var. de *fayard*). Région. (Bourgogne) ; Suisse. Hêtre.

FOYER [fwaje] n.m. (lat. *focus*). **1.** Lieu où l'on fait le feu ; âtre : *Mettre des bûches dans le foyer* ; le feu lui-même : *Le foyer illumine la pièce.* **2.** Partie d'un appareil de chauffage industriel ou domestique où a lieu la combustion. **3.** Lieu où habite une famille ; la famille elle-même : *Fonder un foyer.* **4.** Maison d'habitation réservée à certaines catégories de personnes et où certains équipements et services sont mis à la disposition de la collectivité : *Un foyer de jeunes travailleurs.* **5.** Lieu, local servant de lieu de réunion, de distraction : *Le foyer d'un pensionnat.* **6.** Salle, galerie d'un théâtre où le public peut se rendre pendant les entractes. **7.** Centre principal d'où provient qqch : *Le foyer de la rébellion.* **8.** MÉD. Siège principal d'une affection : *Foyer infectieux* ; siège d'un trouble local : *Foyer de fracture.* **9.** PHYS. Point où convergent des rayons initialement parallèles, après réflexion ou réfraction. ▪ **Foyer de population** [géogr.], à l'échelle mondiale, zone géographique à forte densité humaine. ▪ **Foyer des artistes,** salle où se rassemblent les acteurs, avant ou après leurs interventions en scène. ▪ **Foyer d'une conique** [math.], point fixe, qui, associé à une droite (directrice), permet de donner une définition métrique des coniques. ▪ **Foyer d'un séisme** [géol.], point souterrain où il se déclenche (SYN. **hypocentre**). ▪ **Foyer fiscal** [dr.], unité d'imposition (personne, ménage, communauté, etc.) retenue pour déterminer l'assiette de l'impôt sur le revenu des personnes physiques. ◆ **n.m. pl.** Vieilli. Pays natal ; demeure familiale : *Rentrer dans ses foyers.*

FRAC n.m. (angl. *frock*). Habit masculin de cérémonie, noir, à basques étroites.

FRACAS n.m. (ital. *fracasso*). Bruit violent de qqch qui se brise, qui heurte autre chose, qui s'effondre : *Le fracas d'un torrent, d'une explosion.* ▪ **Avec perte(s) et fracas** → **PERTE.**

FRACASSANT, E adj. **1.** Qui fait du fracas ; assourdissant. **2.** Qui vise à l'effet, au scandale ; retentissant : *Déclaration fracassante.*

FRACASSEMENT n.m. Action de fracasser ; fait de se fracasser.

FRACASSER v.t. [3]. Briser avec violence ; mettre en pièces : *Fracasser son bateau sur les rochers.* ◆ **SE FRACASSER** v.pr. Se briser avec violence.

FRACTAL, E, ALS adj. (du lat. *fractus*, brisé). MATH. Se dit d'objets mathématiques dont la création ou la forme ne trouve ses règles que dans l'irrégularité ou la fragmentation, ainsi que des branches des mathématiques qui étudient de tels objets. ➲ La nature offre de nombreux exemples de formes fractales : flocons de neige, ramifications des bronchioles, etc.

▲ **fractale.** Représentation informatique d'un ensemble de Mandelbrot, exemple de géométrie fractale.

FRACTALE n.f. Objet fractal*.

FRACTION n.f. (bas lat. *fractio*). **1.** Partie d'un tout ; portion : *Une fraction des électeurs. Une fraction de seconde.* **2.** Suisse. Groupe parlementaire. **3.** CHRIST. Action de diviser le pain eucharistique. **4.** CHIM. Produit obtenu entre deux températures déterminées, lors de la distillation fractionnée d'un mélange. **5.** MATH. Écriture d'un quotient sous la forme $\frac{a}{b}$ ou *a*/*b*. ➲ *a* est le *numérateur* et *b* le *dénominateur.* ▪ **Fraction décimale** [math.], dont le dénominateur est une puissance de 10 (ex. : 23/100 = 0,23).

FRACTIONNABLE adj. Qui peut être fractionné.

FRACTIONNAIRE adj. MATH. ▪ **Exposant fractionnaire,** exposant $\frac{p}{q}$ défini par la relation $a^{\frac{p}{q}} = \sqrt[q]{a^p}$ (*a* réel strictement positif, *q* entier positif, *p* entier quelconque).

FRACTIONNÉ, E adj. CHIM. ▪ **Distillation, congélation, cristallisation fractionnée,** permettant la séparation des constituants d'un mélange liquide grâce à la différence de leurs propriétés physiques (solubilité, point d'ébullition, etc.).

FRACTIONNEL, ELLE adj. Qui vise au fractionnement d'un parti, d'un syndicat : *Menées fractionnelles.*

FRACTIONNEMENT n.m. Action de fractionner ; fait d'être fractionné.

FRACTIONNER v.t. [3]. Diviser en fractions, en parties ; morceler : *Fractionner un terrain en plusieurs parcelles.* ◆ **SE FRACTIONNER** v.pr. (EN). Se diviser en fractions, en parties.

FRACTIONNISME n.m. Action visant à diviser un parti politique, un syndicat en créant des tendances ou des scissions.

FRACTIONNISTE adj. et n. Relatif au fractionnisme ; qui le pratique.

FRACTURATION n.f. PÉTROLE. Stimulation de la production par la création artificielle de fractures dans la roche aux abords du puits. ▪ **Fracturation hydraulique,** fissuration d'une roche par injection d'un liquide sous haute pression, surtout utilisée pour l'exploitation du schiste bitumineux.

FRACTURE n.f. (lat. *fractura*, de *frangere*, briser). **1.** MÉD. Rupture violente d'un os. **2.** GÉOL. Cassure à l'échelle d'un minéral, d'une roche, d'une formation géologique. **3.** Fig. Rupture au sein d'un groupe par accroissement des inégalités, entraînant une situation conflictuelle : *Fracture sociale, ethnique, numérique.* **4.** Vx. Action de forcer qqch : *Fracture d'une serrure.*

FRACTURER v.t. [3]. Endommager par une rupture violente ; forcer : *Fracturer une porte.* ◆ **SE FRACTURER** v.pr. Se faire une fracture : *Se fracturer le péroné.*

FRAGILE adj. (lat. *fragilis*). **1.** Qui se casse, se détériore facilement : *Un bibelot, des plantes fragiles.* **2.** Qui est de faible constitution ; chétif : *Un enfant fragile.* **3.** Peu stable ; mal assuré ; précaire : *Un bonheur fragile.*

FRAGILISATION n.f. **1.** Action de fragiliser ; fait d'être fragilisé. **2.** Diminution de la ductilité d'un métal ou d'un alliage.

FRAGILISER v.t. [3]. Rendre fragile, plus fragile : *Ces conditions de vie fragilisent les enfants. Son échec l'a fragilisé.*

FRAGILITÉ n.f. **1.** Caractère de ce qui est fragile : *Fragilité de la porcelaine, d'un mécanisme.* **2.** Caractère précaire, instable ; faiblesse : *Fragilité d'une jeune démocratie, d'une argumentation.* **3.** Manque de robustesse ; vulnérabilité : *La fragilité d'un convalescent.*

FRAGMENT n.m. (lat. *fragmentum*). **1.** Morceau d'une chose cassée, déchirée ; débris : *Les fragments d'une lettre* ; reste d'un objet d'intérêt scientifique : *Fragments d'outils paléolithiques.* **2.** Passage extrait d'une œuvre littéraire ; passage conservé d'une œuvre dont l'ensemble a été perdu : *Un fragment de « l'Iliade ».* **3.** Partie plus ou moins importante de qqch ; bribe : *Fragments de souvenirs.*

FRAGMENTAIRE adj. **1.** Qui constitue un fragment d'un tout ; partiel : *Un récit fragmentaire.* **2.** LITTÉR. Se dit d'une forme d'écriture choisie par un écrivain qui refuse de développer sa pensée et de l'exprimer de manière continue et achevée.

FRAGMENTATION n.f. Action de fragmenter ; fait d'être fragmenté : *La fragmentation des roches par le gel.* ▪ **Bombe à fragmentation** → **1. BOMBE.**

FRAGMENTER v.t. [3]. Partager en fragments ; morceler : *Fragmenter ses congés, ses terres.*

FRAGON n.m. (bas lat. *frisco*). Arbrisseau à petits rameaux en forme de feuille, terminés par une épine et à baies rouges, appelé cour. *petit houx.* ➲ Famille des liliacées.

FRAGRANCE n.f. (lat. *fragrantia*). Litt. Odeur suave ; parfum agréable.

FRAGRANT, E adj. Litt. Odorant ; parfumé.

1. FRAI n.m. (de 2. *frayer*). **1.** Rapprochement sexuel, sans accouplement, chez les poissons à fécondation externe. **2.** Époque à laquelle ce rapprochement a lieu. **3.** Œufs de poissons, d'amphibiens : *Du frai de tanche, de grenouille.* **4.** Très petits ou très jeunes poissons : *Vivier peuplé de frai.*

2. FRAI n.m. NUMISM. Diminution du poids d'une monnaie par suite du frottement dû à l'usage.

FRAÎCHE, ▲ *FRAICHE* n.f. Moment du jour où il fait frais : *Nous sortirons à la fraîche.*

FRAÎCHEMENT, ▲ *FRAICHEMENT* adv. **1.** Depuis peu de temps ; récemment : *Fraîchement arrivé.* **2.** Avec froideur : *Être reçu fraîchement.*

FRAÎCHEUR, ▲ *FRAICHEUR* n.f. **1.** Caractère de ce qui est légèrement froid : *La fraîcheur du matin.* **2.** Qualité de ce qui n'est pas terni par le temps ou par l'usage ; éclat : *Tissu qui a gardé sa fraîcheur.* **3.** Qualité, état d'une chose périssable, et notamm. d'une denrée, qui n'a pas eu le temps de se gâter : *La fraîcheur d'un pain.* **4.** Fig. Qualité de ce qui est spontané, pur : *La fraîcheur des sentiments.*

FRAÎCHIN, ▲ *FRAICHIN* n.m. Région. (Ouest). Odeur de marée, de poisson frais.

FRAÎCHIR, ▲ *FRAICHIR* v.i. [21]. **1.** Devenir plus frais, en parlant de la température ; se rafraîchir. **2.** MAR. Augmenter d'intensité, en parlant du vent.

1. FRAIS, FRAÎCHE, ▲ *FRAICHE* adj. (germ. **frisk*). **1.** Qui est légèrement froid ou procure une sensation de froid léger ; rafraîchissant : *Brise fraîche.* **2.** Qui est dépourvu de cordialité ; glacial : *Des retrouvailles plutôt fraîches.* **3.** Qui vient d'être fait, appliqué, fourni ; récent : *Une blessure fraîche. Peinture fraîche. Une déclaration toute fraîche.* **4.** Nouvellement produit ou récolté : *Du pain frais. Des légumes frais.* **5.** Qui a conservé son éclat : *Des couleurs fraîches.* **6.** Qui a conservé ou recouvré ses forces : *Il est toujours frais et dispos. Troupes fraîches.* **7.** Fam., iron. Qui se trouve dans une situation fâcheuse : *Eh bien ! Te voilà frais !* ▪ **Argent frais,** fonds nouveaux dont on peut disposer. ◆ **adv. 1.** (Avec un p. passé). Depuis peu de temps ; récemment : *Il est frais arrivé de Montréal.* (S'accorde au fém. : *des fleurs fraîches cueillies.*) **2.** Légèrement froid : *Il fait frais.* ▪ **Boire frais,** boire un liquide frais. ▪ **De frais,** depuis peu : *Rasé de frais.*

2. FRAIS n.m. **1.** Air frais : *Prendre le frais.* **2.** MAR. Vent dont la vitesse est comprise entre 39 et 49 km/h (*vent frais* ou *bon frais*, de force 6 sur l'échelle de Beaufort) ou entre 50 et 61 km/h (*grand frais*, de force 7 sur l'échelle de Beaufort). ▪ **Au frais,** dans un endroit frais : *Mettre du vin au frais.*

3. FRAIS n.m. pl. (de l'anc. fr. *fret*, dommage causé). **1.** Dépenses d'argent pour une opération quelconque : *Voyager tous frais payés.* **2.** DR. Dépenses occasionnées par l'accomplissement d'une procédure, d'un acte ou d'une formalité légale. ▪ **À grands frais,** en dépensant beaucoup d'argent ; fig., en employant des moyens importants. ▪ **À peu de frais,** sans beaucoup de dépenses ; fig., sans se donner beaucoup de mal. ▪ **En être pour ses frais,** ne tirer aucun profit de ses dépenses ; fig., s'être donné de la peine pour rien. ▪ **Faire les frais de la conversation,** en être le principal sujet ; l'accaparer à son profit. ▪ **Faire les frais de qqch,** en supporter les conséquences fâcheuses. ▪ **Faux frais,** petites dépenses imprévues. ▪ **Frais financiers,** charge représentée, pour une entreprise, par le coût des capitaux empruntés. ▪ **Frais généraux,** dépenses diverses faites pour le fonctionnement d'une entreprise. ▪ **Rentrer dans ses frais,** retirer d'une entreprise autant qu'elle a coûté. ▪ **Se mettre en frais** [fam.], dépenser plus que de coutume ; fig., se donner de la peine.

FRAISAGE n.m. Action de fraiser.

1. FRAISE n.f. (lat. *fragum*). **1.** Fruit comestible du fraisier, réceptacle de la fleur devenant charnu et auquel sont fixés de nombreux akènes. **2.** Fam. Figure ; tête : *Il se paye sa fraise.* ▪ **Sucrer les fraises** [fam.], avoir les mains agitées d'un tremblement permanent. ◆ **adj. inv.** De la couleur rouge de la fraise.

2. FRAISE n.f. (de l'anc. fr. *fraser*, peler). **1.** BOUCH. Intestin grêle de veau, ouvert, lavé et poché à l'eau bouillante, consommable comme abats ou utilisable en charcuterie. **2.** Masse charnue, rouge et plissée, qui pend sous le bec des dindons ; caroncule. **3.** Collerette de linon ou de dentelle empesée, portée aux XVIe et XVIIe s.

3. FRAISE n.f. (de 2. *fraise*). **1.** Outil rotatif de coupe, comportant plusieurs arêtes tranchantes, régulièrement disposées autour d'un axe, de dimensions et d'applications diverses. **2.** TRAV. PUBL. Outil de forage. **3.** CHIRURG. Instrument rotatif monté sur le tour de cabinet et servant au traitement des lésions dentaires et aux interventions portant sur les tissus durs de la dent.

1. FRAISER v.t. [3]. MÉCAN. INDUSTR. **1.** Usiner une pièce au moyen d'une fraise. **2.** Effectuer une fraisure.

2. FRAISER ou **FRASER** v.t. [3] (de 2. *fraise*). CUIS. Pétrir la pâte sous la paume de la main pour la rendre homogène.

FRAISERAIE ou **FRAISIÈRE** n.f. Terrain planté de fraisiers.

FRAISEUR, EUSE n. MÉCAN. INDUSTR. Personne qui travaille sur une fraiseuse.

FRAISEUSE n.f. MÉCAN. INDUSTR. Machine-outil servant pour le fraisage.

FRAISIER n.m. **1.** Plante rampante vivace cultivée et existant aussi dans les bois à l'état sauvage, se propageant par stolons et dont le fruit est la fraise. ➲ Genre *Fragaria* ; famille des rosacées. **2.** Gâteau fait de deux abaisses de génoise séparées par une couche de fraises et de crème au beurre.

▲ **fraisiers**

FRAISIÈRE n.f. → **FRAISERAIE.**

FRAISURE n.f. MÉCAN. INDUSTR. Évasement tronconique pratiqué à l'aide d'une fraise à l'entrée d'un trou devant recevoir la tête d'une vis.

FRAMBOISE n.f. (du francique). Fruit parfumé et comestible du framboisier, drupe composée de nombreux petits éléments. ◆ **adj. inv.** De la couleur rose soutenu de la framboise.

FRAMBOISER v.t. [3]. Parfumer à la framboise.

FRAMBOISIER n.m. Sous-arbrisseau cultivé, voisin de la ronce, produisant les framboises et qui existe aussi à l'état sauvage. ➲ Genre *Rubus* ; famille des rosacées.

FRAMÉE n.f. (lat. *framea*). Javelot des Francs, à fer en feuille de laurier, d'une longueur ne dépassant pas la hauteur d'un homme.

1. FRANC n.m. **1.** Unité monétaire principale de la Suisse (*franc suisse* qui a également cours au Liechtenstein), de plusieurs pays d'Afrique francophone (*franc du Burundi, franc congolais, franc de Djibouti, franc guinéen, franc rwandais*) ou de certains pays d'Afrique liés à la France par des accords de coopération monétaire (*franc CFA, franc comorien*), ainsi que de la Polynésie française, de Wallis-et-Futuna et de la Nouvelle-Calédonie (*franc CFP*). **2.** Ancienne unité monétaire principale de la France (*franc français*, qui avait également cours en principauté d'Andorre et à Monaco), de la Belgique (*franc belge*) et du Luxembourg (*franc luxembourgeois*). ➲ Devenus, dès le 1er janvier 1999, des subdivisions de l'euro, le franc français, le franc belge et le franc luxembourgeois ont cessé d'exister, au profit de la monnaie unique européenne, en 2002. ▪ **Franc CFA,** unité monétaire principale de plusieurs États de l'Afrique de l'Ouest (sigle de *Communauté financière africaine*) et de l'Afrique centrale (sigle de *Coopération financière en Afrique*). ▪ **Franc CFP** ou **franc Pacifique,** unité monétaire principale des collectivités françaises de la région Pacifique (Polynésie française, Wallis-et-Futuna) et de la Nouvelle-Calédonie. ➲ *CFP* est le sigle de *change franc Pacifique.* ▪ **Franc comorien** ou **franc des Comores,** unité monétaire principale des Comores.

➲ Le **FRANC** français fut institué par la loi du 17 germinal an XI (7 avril 1803). Monnaie fondée à l'origine sur l'argent et l'or, puis sur l'or seul, et convertible, il jouit d'une stabilité quasi totale de 1803 à 1914, année où le gouvernement décréta l'inconvertibilité du franc-papier en or. Plusieurs fois dévalué entre 1928 et 1958, il fut remplacé en 1960 par le « nouveau franc » (valant 100 francs anciens), qui fut lui aussi dévalué en 1969 et 1986.

2. FRANC, FRANCHE adj. (du francique). **1.** Qui ne dissimule aucune arrière-pensée ; sincère : *Sois franche avec moi.* **2.** Sans mélange ; pur : *Vert franc.* **3.** Net et sans détour : *Il montre une franche hostilité.* **4.** Litt. Qui est parfait dans son genre ; achevé : *Un franc scélérat.* ▪ **Boutique franche,** magasin qui, dans certains emplacements (aéroports, par ex.), bénéficie de l'exemption de taxes sur les produits qui y sont commercialisés. ▪ **Franc de port,** franco. ▪ **Jouer franc jeu avec qqn,** agir loyalement avec lui. ▪ **Port franc,** où les marchandises peuvent transiter sans payer de droits de douane. ▪ **Ville franche** [hist.], dans la France d'Ancien Régime, ville qui ne payait pas la taille. ▪ **Zone franche,** région frontière où les marchandises étrangères pénètrent librement, sans paiement de droits ni formalités ; quartier situé dans une zone sensible où les entreprises bénéficient d'exonérations fiscales. ◆ **adv.** ▪ **Parler franc,** franchement.

3. FRANC, FRANQUE adj. Relatif aux Francs.

FRANÇAIS, E adj. et n. De la France ; de ses habitants : *Il est français. Des Françaises célèbres.* ◆ **adj.** Propre à la langue française : *Un proverbe français.* ▪ **À la française,** se dit d'un format de livre où la hauteur est plus importante que la largeur (par oppos. au format *à l'italienne*). ◆ **n.m.** Langue romane parlée princip. en France, en Belgique, au Canada (surtout au Québec), en Suisse et en Afrique. ▪ **Ancien français** [ling.], stade du français (fin Xe s. - milieu XIVe s.) qui a succédé au gallo-roman et précédé le moyen français. ▪ **En bon français,** en termes clairs et précis. ▪ **Français moderne** [ling.], stade du français (fin XVIe s. à nos jours) qui a succédé au moyen français. ▪ **Moyen français** [ling.], stade intermédiaire du français (XIVe - XVIe s.), qui a succédé à l'ancien français et précédé le français moderne.

➲ Le **FRANÇAIS**, qui compte env. 274 millions de locuteurs dans le monde, est langue officielle ou d'enseignement dans une trentaine d'États et conserve, comme langue de culture et de communication internationale, un rôle certain.

FRANC-ALLEU [frɑ̃kalø] n.m. (pl. *francs-alleux*). HIST. Alleu.

FRANC-BORD n.m. (pl. *francs-bords*). **1.** MAR. Distance verticale mesurée au milieu d'un navire entre la flottaison en charge et la partie supérieure du pont continu le plus élevé. **2.** DR. Espace de terrain libre de propriétaire, qui borde une rivière ou un canal. ▪ **Marques de franc-bord** [mar.], signes tracés sur chaque bord des murailles d'un navire et indiquant la limite réglementaire d'enfoncement.

FRANC-BOURGEOIS n.m. (pl. *francs-bourgeois*). Au Moyen Âge, personne qui, dépendant d'un seigneur, était exempte des charges municipales.

FRANC-COMTOIS, E adj. et n. (pl. *francs-comtois, franc-comtoises*). De Franche-Comté (SYN. **comtois**).

FRANC-FIEF n.m. (pl. *francs-fiefs*). HIST. **1.** Fief dont le détenteur n'était soumis qu'à des services réduits. **2.** Taxe due par un roturier acquérant un fief.

FRANCHEMENT adv. **1.** D'une manière franche, loyale ; sincèrement : *Dis franchement ce que tu penses.* **2.** Sans équivoque ; clairement : *Se prononcer franchement contre la nouvelle loi.* **3.** Tout à fait ; vraiment : *Cela devient franchement ridicule.*

FRANCHIR v.t. [21] (de 2. *franc*). **1.** Passer un obstacle par un moyen quelconque : *Franchir un mur.* **2.** Passer une limite : *Franchir la ligne d'arrivée. Franchir le cap de la quarantaine.*

FRANCHISAGE n.m. (angl. *franchising*). COMM. Contrat par lequel une entreprise autorise une autre entreprise à utiliser sa raison sociale et sa marque pour commercialiser des produits ou des services.

FRANCHISE n.f. **1.** Qualité d'une personne franche ; sincérité : *Répondre avec franchise.* **2.** Clause d'une assurance qui fixe une somme forfaitaire restant à la charge de l'assuré en cas de dommage ; cette somme. **3.** COMM. Droit d'exploiter une marque, une raison sociale, concédé par une entreprise à une autre sous certaines conditions. **4.** Exonération de certaines taxes, de certains droits.

FRANCHISÉ, E n. COMM. Bénéficiaire d'une franchise.

FRANCHISER v.t. [3]. Lier par un contrat de franchisage.

FRANCHISEUR n.m. COMM. Entreprise qui accorde une franchise.

FRANCHISSABLE adj. Qui peut être franchi.

FRANCHISSEMENT n.m. Action de franchir.

FRANCHOUILLARD, E adj. et n. Fam., péjor. Qui présente les défauts traditionnellement attribués au Français moyen (chauvinisme, tendance à récriminer, etc.).

FRANCIEN n.m. Dialecte de langue d'oïl, parlé en Île-de-France au Moyen Âge et qui est à l'origine du français.

FRANCILIEN, ENNE adj. et n. De l'Île-de-France ; de ses habitants.

FRANCIQUE n.m. Langue que parlaient les Francs. ◆ **adj.** Relatif au francique.

FRANCISANT, E adj. et n. Qui étudie la langue ou la littérature française.

FRANCISATION n.f. Action de franciser : *La francisation des termes d'origine anglaise.* ▪ **Acte de francisation** [dr. mar.], document de bord attestant qu'un navire est dûment immatriculé aux registres français tenus à son port d'attache et l'autorisant à arborer le pavillon français.

FRANCISCAIN, E n. Religieux appartenant à l'un des ordres qui observent la règle de saint François d'Assise (ordre des Frères mineurs). ◆ **adj.** Relatif à saint François d'Assise ou aux ordres qui s'en réclament.

FRANCISER v.t. [3]. Donner un caractère français, une forme française à : *Franciser un mot.*

FRANCISQUE n.f. (bas lat. *francisca*). **1.** Hache de guerre des Francs et des Germains. **2.** Hache à deux fers, emblème adopté par le régime de Vichy (1940-1944).

FRANCITÉ n.f. Caractère de ce qui est français.

FRANCIUM [-sjɔm] n.m. **1.** Métal alcalin radioactif, le plus électropositif de tous les éléments chimiques. **2.** Élément chimique (Fr), de numéro atomique 87.

FRANC-JEU adj. inv. et n.m. (pl. *francs-jeux*). Recomm. off. pour **fair-play.**

FRANC-MAÇON, ONNE n. (pl. *francs-maçons, franc-maçonnes*) [angl. *free mason*]. Membre de la franc-maçonnerie (SYN. 3. **maçon**).

FRANC-MAÇONNERIE n.f. (pl. *franc-maçonneries*). **1.** Ordre initiatique universel fondé sur la fraternité et visant à réunir les hommes par-delà leurs différences (SYN. **2. maçonnerie**). **2.** Fig. Groupe à l'intérieur duquel se manifeste une solidarité agissante entre membres : *La franc-maçonnerie au sein d'un parti.*

FRANCO- préf. Élément utilisé dans des mots composés pour exprimer un rapport entre la France et un autre pays ou l'ascendance française d'une communauté : *Traité franco-italien. Les Franco-Canadiens.*

1. FRANCO adv. (ital. *porto franco*). Sans frais pour le destinataire : *Recevoir un paquet franco* (SYN. **franc de port**).

2. FRANCO adv. (de *franchement*). Fam. Sans hésiter ; carrément : *Elle y va franco.*

FRANCO-CANADIEN, ENNE adj. et n. (pl. *franco-canadiens, ennes*). Relatif aux Canadiens d'ascendance française.

FRANCO-FRANÇAIS, E adj. (pl. *franco-français, es*). Fam., souvent péjor. Qui est exclusivement français ; qui ne concerne que les Français.

FRANCOLIN n.m. (ital. *francolino*). Oiseau gallinacé d'Afrique et d'Asie méridionale, voisin de la perdrix. ➲ Famille des phasianidés.

FRANCOPHILE adj. et n. Qui aime la France, les Français.

FRANCOPHILIE n.f. Disposition favorable envers la France, les Français.

FRANCOPHOBE adj. et n. Qui est hostile à la France, aux Français.

FRANCOPHOBIE n.f. Hostilité envers la France, les Français.

FRANCOPHONE adj. et n. De langue française.

FRANCOPHONIE n.f. **1.** Communauté de langue des pays francophones. **2.** Ensemble des pays francophones. **3.** Collectivité que forment les peuples parlant le français.

➲ C'est en 1880 que le géographe Onésime Reclus introduit le terme **FRANCOPHONIE** en se livrant à une classification des peuples qui prend comme critère la langue française. Cependant, il faut attendre 1970 pour que la francophonie devienne institutionnelle, avec la création de l'Agence de coopération culturelle et technique (ACCT). En 1995, elle est devenue l'Agence de la francophonie, qui a pris le nom d'*Organisation internationale de la francophonie (OIF)* en 2005. Agissant pour la diffusion du français et la sauvegarde de son statut international, l'OIF est également chargée de promouvoir les cultures de ses membres et de favoriser leur coopération linguistique, scientifique et politique. On dénombre environ 274 millions de francophones sur les cinq continents.

FRANCO-PROVENÇAL, E, AUX adj. et n.m. Se dit des dialectes français intermédiaires entre la langue d'oïl et la langue d'oc (Suisse romande [sauf le Jura], Val d'Aoste, Savoie, Dauphiné, Lyonnais).

FRANC-PARLER n.m. (pl. *francs-parlers*). Absence de contrainte ou de réserve dans la façon de s'exprimer. ▪ **Avoir son franc-parler,** dire très franchement, très directement ce que l'on pense, parfois même en termes crus.

FRANC-QUARTIER n.m. (pl. *francs-quartiers*). HÉRALD. Carré occupant le quart de l'écu.

FRANC-TIREUR n.m. (pl. *francs-tireurs*). **1.** MIL. Combattant qui ne fait pas partie d'une armée régulière. **2.** Fig. Personne qui mène une action indépendante, sans observer la discipline d'un groupe.

FRANGE n.f. (lat. *fimbria*). **1.** Ornement de vêtement ou de passementerie constitué par une rangée de fils pendants, plus ou moins travaillés. **2.** Cheveux coupés de façon à retomber sur le front. **3.** Ce qui forme une bordure : *Une frange de neige sur le bord du chemin.* **4.** Partie minoritaire plus ou moins marginale d'un groupe de personnes : *Une frange de mécontents au sein du parti.* ▪ **Franges d'interférence** [opt.], bandes, alternativement brillantes et sombres, dues à l'interférence de radiations lumineuses.

FRANGER v.t. [10]. Garnir de franges.

FRANGIN, E n. Fam. Frère ; sœur.

FRANGIPANE n.f. (du n. du marquis ital. *Frangipani*). **1.** Fruit du frangipanier. **2.** Crème pâtissière additionnée de poudre d'amandes, servant à garnir une pâtisserie : *Galette des Rois à la frangipane.*

FRANGIPANIER n.m. Arbuste d'Amérique tropicale cultivé pour ses fleurs odorantes. ➲ Famille des apocynacées.

FRANGLAIS n.m. (de *français* et *anglais*). État de la langue française caractérisé par l'introduction excessive de néologismes et de tournures syntaxiques d'origine anglaise.

À LA BONNE FRANQUETTE loc. adv. Fam. Sans cérémonie ; simplement.

FRANQUISME n.m. Régime instauré en Espagne par le général Franco à partir de 1936.

FRANQUISTE adj. et n. Relatif au franquisme ; qui en est partisan.

FRANSQUILLON n.m. Péjor. En Belgique flamande, personne qui parle le français avec affectation.

FRANSQUILLONNER v.i. [3]. Belgique. Péjor. Parler français avec un accent affecté.

FRAPPANT, E adj. **1.** Qui fait une vive impression ; saisissant : *Un contraste frappant.* **2.** Qui est d'une évidence indéniable ; indiscutable : *Une ressemblance frappante.*

1. FRAPPE n.f. **1.** Action de dactylographier un texte ; exemplaire dactylographié. **2.** Opération de fabrication des monnaies et médailles consistant à imprimer l'empreinte des coins sur les deux faces d'une rondelle de métal, appelée *flan.* **3.** SPORTS. Qualité de l'attaque d'un boxeur ; manière d'attaquer, de frapper le ballon, la balle. **4.** MIL. Opération ponctuelle pouvant combiner des moyens terrestres, navals et aériens.

2. FRAPPE n.f. (de *frapouille*, var. anc. de *fripouille*). Très fam. Voyou.

FRAPPÉ, E adj. **1.** Rafraîchi dans la glace : *Vin blanc frappé.* **2.** Se dit d'une phrase, d'un vers pleins de force expressive, qui sonnent bien. **3.** Fam. Un peu fou. ▪ **Velours frappé,** orné de dessins gravés en relief.

FRAPPEMENT n.m. Action de frapper ; bruit produit par ce qui frappe.

FRAPPER v.t. [3] (onomat.). **1.** Donner un ou plusieurs coups à, sur ; taper : *Il a frappé son adversaire. On a frappé les trois coups.* **2.** Venir heurter ; toucher : *Le ballon a frappé le poteau.* **3.** Québec. Heurter ; percuter : *Il s'est fait frapper par un train. Sa voiture a frappé un orignal.* **4.** Procéder à la frappe d'une monnaie, d'une médaille. **5.** Affliger d'un mal physique ou moral : *La crise cardiaque l'a frappé sur scène. Le sort les a durement frappés.* **6.** Susciter un vif intérêt chez ; impressionner : *L'intervention de la ministre a frappé les esprits.* **7.** Assujettir à une contrainte, notamm. par décision judiciaire ou administrative : *Frapper une marchandise de taxes.* **8.** Rafraîchir en plongeant dans la glace : *Frapper du champagne.* **9.** MAR. Assujettir un cordage à un point fixe. ▪ **Frapper un grand coup,** accomplir une action spectaculaire et décisive. ◆ **v.i.** Donner des coups en produisant un bruit : *Frapper à la porte.* ▪ **Frapper à la porte de qqn, à toutes les portes,** solliciter l'aide de qqn, de nombreuses personnes. ◆ **SE FRAPPER** v.pr. Fam. (Souvent en tournure négative). S'inquiéter, s'émouvoir à l'excès ; céder au pessimisme : *Ne te frappe pas, on n'y peut rien.*

FRAPPEUR adj.m. ▪ **Esprit frappeur,** esprit d'un mort qui, selon les spirites, se manifeste par des coups sur les meubles, sur les murs, etc.

FRASER v.t. [3] → **2. FRAISER.**

FRASIL [frazi] n.m. Québec. Cristaux, petits corps de glace qui forment une masse dans l'eau par suite d'une baisse de température ; pellicule de glace qui commence à prendre.

FRASQUE n.f. (ital. *frasca*). [Surtout pl.]. Écart de conduite sans gravité ; incartade : *Les dernières frasques d'une vedette.*

FRATERNEL, ELLE adj. (lat. *fraternus*). **1.** Propre à des frères, à des frères et sœurs. **2.** Qui évoque l'affection qui unit habituellement des frères, des frères et des sœurs : *Relation fraternelle.*

FRATERNELLEMENT adv. De façon fraternelle.

FRATERNISATION n.f. Action, fait de fraterniser.

FRATERNISER v.i. [3]. **1.** Se manifester des sentiments mutuels de fraternité, d'amitié ; sympathiser : *Les enfants ont vite fraternisé avec les nouveaux.* **2.** Cesser de se traiter en ennemis, en parlant de soldats.

FRATERNITÉ n.f. **1.** Lien de solidarité et d'amitié entre des êtres humains, entre les membres d'une société. **2.** ANTHROP. Lien de parenté entre frères et sœurs, entre germains du même sexe ou du sexe opposé.

1. FRATRICIDE **n.m.** (bas lat. *fratricidium*). Meurtre d'un frère ou d'une sœur.

2. FRATRICIDE **n.** et **adj.** (bas lat. *fratricida*). Celui qui a commis un fratricide. ◆ **adj.** Qui oppose des êtres qui devraient être solidaires : *Des guerres fratricides.*

FRATRIE **n.f.** Ensemble des frères et sœurs d'une famille.

FRAUDE **n.f.** (lat. *fraus, fraudis*). Acte de mauvaise foi accompli en contrevenant à la loi ou aux règlements et nuisant aux droits d'autrui : *Fraude électorale, fiscale.* ▪ **En fraude,** frauduleusement. ▪ **Fraude sur les produits,** tromperie sur la nature, l'origine, la qualité ou la quantité de marchandises.

FRAUDER **v.t.** et **v.i.** **[3].** Commettre une fraude ; tricher : *Frauder le fisc. Il a fraudé à ou dans un concours.*

FRAUDEUR, EUSE **adj.** et **n.** Qui fraude ; coupable de fraude ; tricheur.

FRAUDULEUSEMENT **adv.** De façon frauduleuse ; en fraude.

FRAUDULEUX, EUSE **adj.** Entaché de fraude : *Une vente frauduleuse.*

FRAXINELLE **n.f.** (du lat. *fraxinus*, frêne). **BOT.** Dictame.

FRAYÉE [frɛje] **n.f.** **TRAV. PUBL.** Ornière longitudinale et peu profonde créée en surface d'une chaussée par la circulation.

1. FRAYER [frɛje] **v.t.** **[6]** (du lat. *fricare*, frotter). Ouvrir une voie en écartant les obstacles : *Frayer un passage. Le bûcheron fraye un passage jusqu'à la clairière.* ▪ **Frayer le chemin** ou **la voie à qqn, qqch,** lui faciliter la tâche ; permettre la réalisation de qqch. ◆ **SE FRAYER** **v.pr.** ▪ **Se frayer un chemin,** avancer en écartant les obstacles.

2. FRAYER **v.i.** **[6].** Déposer ses œufs, en parlant d'un poisson femelle ; les arroser de laitance pour les féconder, en parlant du mâle. ◆ **v.t. ind.** **(AVEC).** Litt. Fréquenter qqn.

FRAYÈRE **n.f.** Lieu où les poissons fraient.

FRAYEUR **n.f.** (du lat. *fragor*, vacarme). Peur soudaine et passagère causée par un danger réel ou supposé ; effroi : *Elle fut saisie de frayeur en entendant le volet grincer.*

FREDAINE **n.f.** (de l'anc. fr. *fredain*, mauvais). [Souvent pl.]. Écart de conduite sans gravité ; frasque.

FREDONNEMENT **n.m.** Action de fredonner ; chant de qqn qui fredonne ; chantonnement.

FREDONNER **v.t.** et **v.i.** **[3]** (du lat. *fritinnire*, gazouiller). Chanter à mi-voix, sans articuler les paroles.

FREE-JAZZ, ▲ ***FREEJAZZ*** [fridʒaz] **n.m. inv.** (mot anglo-amér. « jazz libre »). Courant du jazz apparu aux États-Unis au début des années 1960, prônant le rejet des contraintes traditionnelles de cette musique (thème, durée des chorus, tempo régulier, tonalité définie, etc.), l'improvisation totale et utilisant une instrumentation renouvelée (instruments acoustiques, bruits accidentels et provoqués).

FREE-LANCE (pl. *free-lances*), ▲ ***FREELANCE*** [frilɑ̃s] **adj. inv.** et **n.** (mot angl.). Se dit d'un professionnel (photographe, attaché de presse, journaliste, etc.) qui exerce son métier indépendamment d'une agence, d'une entreprise de presse, d'une maison d'édition. ◆ **n.m.** Ce travail lui-même.

FREE-MARTIN (pl. *free-martins*), ▲ ***FREEMARTIN*** [frimartin] **n.m.** (mot angl.). Génisse jumelle d'un mâle normal, présentant une stérilité d'origine congénitale.

FREE-SHOP (pl. *free-shops*), ▲ ***FREESHOP*** [friʃɔp] **n.m.** (mot angl.). [Anglic. déconseillé]. Boutique franche*.

FREESIA [frezja], ▲ ***FRÉSIA*** **n.m.** (du n. de *Freese*). Plante herbacée à bulbe, originaire d'Afrique du Sud, cultivée pour ses grappes de fleurs ornementales. ➲ Famille des iridacées.

FREE-STYLE (pl. *free-styles*), ▲ ***FREESTYLE*** [fristajl] **n.m.** (mot angl.). Dans la pratique de certains sports, figures improvisées, souvent acrobatiques.

FREEZER, ▲ ***FREEZEUR*** [frizœr] **n.m.** (mot angl.). Compartiment de congélation d'un réfrigérateur.

FRÉGATAGE **n.m.** **MAR.** Rétrécissement des flancs d'une coque dont la largeur est maximale à la ligne de flottaison et diminue au niveau du pont.

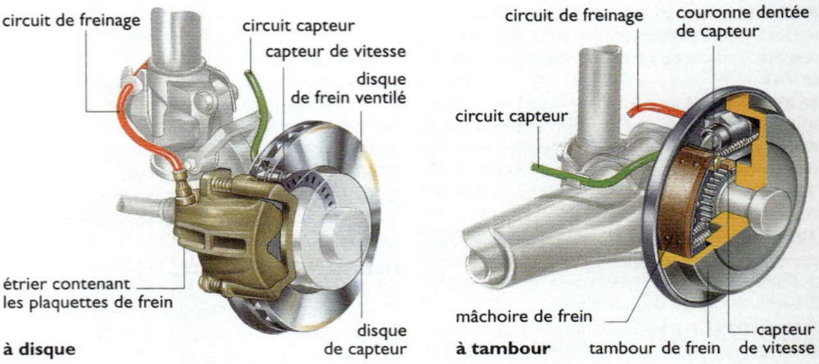

▲ **freins** d'automobile.

FRÉGATE **n.f.** (ital. *fregata*). **1.** Anc. Bâtiment de guerre moins lourd et plus rapide que le vaisseau. **2.** Mod. Bâtiment de combat de moyen tonnage, intermédiaire entre la corvette et le croiseur. **3.** Grand oiseau palmipède des mers tropicales, au plumage sombre, dont le mâle gonfle une poche membraneuse, écarlate, située sous le bec, en période nuptiale. ➲ Famille des frégatidés.

FREIN **n.m.** (lat. *frenum*). **1.** Organe destiné à ralentir ou à arrêter un ensemble mécanique en mouvement. **2.** Fig. Ce qui retient, entrave ; obstacle : *La baisse de la démographie est un frein au rajeunissement de la population.* **3.** **ANAT.** Petit cordon ou petite membrane qui retient un organe : *Le frein de la langue, du prépuce.* **4.** Partie du mors qui se trouve dans la bouche du cheval. ▪ **Frein d'écrou,** dispositif empêchant un écrou de se desserrer sous l'effet de chocs ou de vibrations. ▪ **Frein moteur,** utilisation d'un moteur comme frein en cessant d'accélérer. ▪ **Mettre un frein à qqch,** chercher à le ralentir ou à l'arrêter. ▪ **Ronger son frein,** supporter difficilement l'inactivité, l'attente ou la contrainte. ▪ **Sans frein,** sans limites ; effréné : *Une ambition sans frein.*

FREINAGE **n.m.** Action de freiner.

FREINER **v.i.** **[3].** Ralentir le mouvement d'un véhicule, ou l'arrêter, en parlant de son conducteur ; ralentir son mouvement, ou s'arrêter, en parlant d'un véhicule. ▪ **Freiner des quatre fers** → **FER.** ◆ **v.t.** **1.** Ralentir le mouvement de qqch ; entraver : *Le mauvais temps a freiné les recherches en mer.* **2.** Ralentir la progression, le développement de ; modérer : *Freiner la récession, la violence.*

FREINTE **n.f.** (de l'anc. fr. *fraindre*, briser). **COMM.** Diminution de valeur subie par des marchandises, notamm. pendant la fabrication ou le transport (SYN. **déchet de route**).

FRELATAGE **n.m.** Action de frelater.

FRELATÉ, E **adj.** **1.** Que l'on a frelaté, adultéré : *Denrées frelatées.* **2.** Qui a perdu sa pureté, son naturel ; corrompu : *Société frelatée* ; factice : *Gentillesse frelatée.*

FRELATER **v.t.** **[3]** (du néerl. *verlaten*, transvaser). Dénaturer une substance, notamm. alimentaire, en y mêlant des substances étrangères ; altérer : *Frelater des vins.*

FRÊLE **adj.** (lat. *fragilis*). Qui manque de solidité, de force ; fragile : *Un frêle esquif* ; fluet : *Une frêle adolescente* ; précaire : *Un frêle espoir.*

▲ **frelon**

FRELON **n.m.** (francique **hurslo*). Grosse guêpe, peu agressive mais dont la piqûre est très douloureuse et dont le nid peut atteindre 60 cm de diamètre. ➲ Long. max. 35 mm ; genre *Vespa.* ▪ **Frelon asiatique,** frelon originaire d'Asie qui, introduit par accident en France au début des années 2000, y est rapidement devenu une espèce invasive.

FRELUQUET **n.m.** (de l'anc. fr. *freluque*, mèche de cheveux). **1.** Fam. Homme d'apparence chétive. **2.** Litt., péjor. Jeune homme frivole et prétentieux.

FRÉMIR **v.i.** **[21]** (lat. *fremere*). **1.** Être agité d'un tremblement léger ; frissonner : *Les feuilles frémissent sous la brise.* **2.** Trembler convulsivement sous le coup d'une émotion ; palpiter : *Elle frémissait d'indignation.* **3.** Produire les premières petites bulles qui précèdent l'ébullition, en parlant d'un liquide.

FRÉMISSANT, E **adj.** Qui frémit.

FRÉMISSEMENT **n.m.** **1.** Mouvement de ce qui frémit : *Frémissement du feuillage.* **2.** Tremblement de ce qui frémit d'émotion : *Le frémissement de ses lèvres.* **3.** Léger mouvement dans un liquide près de bouillir. **4.** Fig. Évolution à peine marquée dans une statistique, un sondage : *Frémissement des ventes d'un produit.*

FRÊNAIE **n.f.** Lieu planté de frênes.

FRÉNATEUR, TRICE **adj.** et **n.m.** **MÉD.** Inhibiteur.

FRENCH CANCAN **n.m.** → **2. CANCAN.**

FRÊNE **n.m.** (lat. *fraxinus*). Grand arbre des forêts tempérées, à bourgeons noirs, à bois clair, souple et résistant utilisé en tournerie. ➲ Haut. max. 40 m ; famille des oléacées.

▲ **frêne**

FRÉNÉSIE **n.f.** (du gr. *phrên*, pensée). **1.** État d'exaltation violente ; emportement : *La frénésie d'une foule en colère.* **2.** Enthousiasme extrême : *Les spectateurs applaudissent avec frénésie* ; vif engouement : *Pris de frénésie pour le jeu, la danse.*

FRÉNÉTIQUE **adj.** Poussé jusqu'à une exaltation extrême ; passionné : *Applaudissements frénétiques.* ▪ **École frénétique** [littér.], tendance exacerbée du romantisme français vers 1830, illustrée notamm. par A. Bertrand, P. Borel et Xavier Forneret (1809-1884).

FRÉNÉTIQUEMENT **adv.** Avec frénésie.

FRÉON **n.m.** (nom déposé). Dérivé chloré et fluoré du méthane ou de l'éthane, utilisé comme agent frigorifique. ➲ Le Fréon est un chlorofluorocarbure.

FRÉQUEMMENT [-kamɑ̃] **adv.** Avec une grande fréquence ; souvent.

FRÉQUENCE **n.f.** **1.** Caractère de ce qui se reproduit à intervalles rapprochés, de ce qui se répète : *La fréquence de ces pannes me gêne.* **2.** Nombre de fois où une action, un événement se produit dans un temps donné : *La fréquence des mariages ne baisse pas.* **3. MATH.** Rapport de l'effectif d'une classe, ou de la valeur d'un caractère quantitatif, à la taille de l'échantillon. **4. PHYS.** Nombre de vibrations par unité de temps dans un phénomène périodique. ➲ L'unité de fréquence est le hertz. ■ **Fréquence cardiaque,** nombre de battements du cœur par minute. ■ **Fréquence cumulée** [math.], fréquence des observations d'un caractère quantitatif ayant une valeur inférieure ou égale à une valeur donnée. ■ **Gamme** ou **bande de fréquence** [techn.], ensemble de fréquences comprises dans un intervalle donné. ➲ Les *basses fréquences* sont comprises entre 30 et 300 kHz ; les *hautes fréquences,* entre 3 et 30 MHz.

FRÉQUENCEMÈTRE n.m. Appareil servant à mesurer la fréquence d'un courant alternatif.

FRÉQUENT, E adj. (lat. *frequens*). **1.** Qui se produit souvent ou se répète ; courant : *Les pluies sont fréquentes ici* ; habituel : *Une abréviation fréquente dans les textos.* **2.** Qui arrive souvent, dans une circonstance donnée : *Ces rougeurs sont fréquentes chez le nouveau-né.*

FRÉQUENTABLE adj. Que l'on peut fréquenter : *Une personne, un lieu peu fréquentables.*

FRÉQUENTATIF, IVE adj. et **n.m. LING.** Se dit d'un verbe qui indique qu'une action se répète, comme *clignoter, refaire* (SYN. **itératif**).

FRÉQUENTATION n.f. 1. Action de fréquenter un lieu, une personne : *Taux de fréquentation.* **2.** Personne que l'on fréquente : *Avoir de mauvaises fréquentations.*

FRÉQUENTER v.t. [3] (lat. *frequentare*). **1.** Aller souvent, habituellement dans un lieu : *Fréquenter les cinémas, l'école.* **2.** Avoir des relations suivies avec qqn : *Fréquenter ses voisins.* **3.** Vieilli. Avoir des relations sentimentales avec qqn.

FRÉQUENTIEL, ELLE adj. PHYS. Relatif à la fréquence d'un phénomène périodique.

FRÈRE n.m. (lat. *frater*). **1.** Garçon né du même père et de la même mère qu'un autre enfant. **2.** Celui avec qui l'on est uni par des liens quasi fraternels ; camarade ; ami. **3.** Nom que se donnent entre eux les membres de certaines confréries ou associations (les francs-maçons, par ex.). **4.** Titre donné aux membres de certains ordres religieux, notamm. à ceux qui ne sont pas ordonnés prêtres. ■ **Faux frère,** hypocrite capable de trahir ses amis. ■ **Frère d'armes,** celui qui a combattu ou combat aux côtés de qqn. ■ **Frères des écoles chrétiennes,** membres de congrégations religieuses qui se consacrent à l'enseignement. ■ **Frères mineurs,** franciscains. ■ **Frères prêcheurs,** dominicains. ◆ **adj.m.** Uni par d'étroits rapports de solidarité : *Pays frères.*

FRÉROT n.m. Fam. Petit frère.

FRESQUE n.f. (de l'ital. *fresco,* frais). **1.** Type de peinture murale exécutée, à l'aide de couleurs délayées à l'eau, sur une couche de mortier frais à laquelle ces couleurs s'incorporent : *Les fresques de Giotto.* **2.** (Abusif). Toute peinture murale. **3.** Vaste composition littéraire peignant toute une époque, toute une société.

FRESQUISTE n. Peintre de fresques.

FRESSURE n.f. (du bas lat. *frixura,* friture). Ensemble formé par le cœur, la rate, le foie et les poumons d'un animal de boucherie.

1. FRET [frɛ(t)] **n.m.** (du moyen néerl. *vrecht,* cargaison). **1.** Rémunération due par l'affréteur pour le transport de marchandises par navire, avion, camion ou chemin de fer. **2.** Cargaison. **3.** Transport de marchandises par fret.

2. FRET, FRETTE [frɛt] **adj.** Québec. Fam. Froid ; très froid : *Se baigner dans l'eau frette.* ◆ **n.m.** ■ **Un fret noir,** un froid très vif. ◆ **adv.** ■ **Il fait fret,** il fait froid.

FRÉTER v.t. [11], ▲ *[11*].* **1.** Donner un navire en location. **2.** Prendre en location un avion, un véhicule.

FRÉTEUR n.m. Armateur qui s'engage à mettre un navire à la disposition d'un affréteur, lequel utilisera celui-ci moyennant une somme appelée *fret.*

FRÉTILLANT, E adj. Qui frétille.

FRÉTILLEMENT n.m. Mouvement de ce qui frétille : *Le frétillement des poissons dans la nasse.*

FRÉTILLER v.i. [3] (de l'anc. fr. *freter,* frotter). **1.** S'agiter par des mouvements vifs et courts : *La queue du chien frétille.* **2.** (DE). S'agiter sous l'effet d'un sentiment : *Les enfants frétillent de joie.*

FRETIN n.m. (anc. fr. *frait, fret,* de *fraindre,* briser). Petits poissons que le pêcheur néglige ordinairement. ■ **Menu fretin,** groupe de personnes dont on fait peu de cas ; ensemble de choses sans valeur.

FRETTAGE n.m. Action de fretter.

1. FRETTE n.f. (du francique **fetur,* chaîne). **1. MÉCAN. INDUSTR.** Armature métallique dont on entoure certaines pièces pour en renforcer la résistance. **2.** Fine baguette fixe, autref. en corde de boyau réglable, servant à diviser le manche d'un instrument de musique (guitare, luth, viole, etc.) en demi-tons.

2. FRETTE n.f. (de l'anc. fr. *fraindre,* briser). **ARCHIT., ARTS APPL.** Ornement courant en ligne brisée tel que bâtons rompus, frette crénelée, grecque.

FRETTER v.t. [3]. MÉCAN. INDUSTR. Garnir d'une frette.

FREUDIEN, ENNE adj. et **n.** Relatif au freudisme ; qui s'en réclame.

FREUDISME n.m. Ensemble des théories et des méthodes développées par S. Freud et ses disciples.

FREUDO-MARXISME n.m. (pl. *freudo-marxismes*). Combinaison théorique de la psychanalyse et du marxisme.

FREUX n.m. (francique **hrôk*). Corbeau d'Europe et d'Asie, dont la base du bec est grise et dépourvue de plumes. ➲ Famille des corvidés.

FRIABILITÉ n.f. Caractère de ce qui est friable.

FRIABLE adj. (lat. *friabilis*). Qui peut être aisément réduit en poussière : *Roche friable.*

1. FRIAND, E adj. (anc. p. présent de *frire*). Qui est gourmand de ; qui recherche avidement : *Être friand de spéculoos, de films anglais.*

2. FRIAND n.m. 1. Petit pâté de charcutier, fait de pâte feuilletée garnie d'un hachis de viande, de champignons, etc. **2.** Petit gâteau fait d'une pâte à biscuit aux amandes.

FRIANDISE n.f. Chose délicate à manger, partic. gâteau, confiserie, sucrerie : *Il a toujours les poches pleines de friandises.*

FRIC n.m. (de *fricot*). Fam. Argent : *Manquer de fric.*

FRICADELLE n.f. (de *fricasser*). Belgique. Boulette de viande hachée.

FRICANDEAU n.m. (de *fricasser*). **1.** Tranche de veau piquée de menus morceaux de lard et cuite à l'étouffée. **2.** Petit pâté du Massif central.

FRICASSE n.f. Suisse. Fam. Grand froid.

FRICASSÉE n.f. 1. Ragoût de viande blanche ou de volaille coupée en morceaux et cuite dans une sauce. **2.** Belgique. Œuf sur le plat servi avec du lard. **3.** Louisiane. Sauce à base de roux.

FRICASSER v.t. [3] (de *frire* et *casser*). Préparer en fricassée : *Fricasser une volaille.*

FRICATIVE n.f. (du lat. *fricare,* frotter). **PHON.** Constrictive.

FRIC-FRAC n.m. inv., ▲ *FRICFRAC n.m.* (onomat.). Fam., vieilli. Cambriolage avec effraction.

FRICHE n.f. (du moyen néerl. *versch,* frais). Terrain non cultivé et abandonné. ■ **En friche,** qui n'est pas cultivé ; à l'abandon. ■ **Friche industrielle,** zone industrielle à l'abandon ou en attente de reconversion. ■ **Friche urbaine,** délaissé urbain.

FRICHTI n.m. (mot alsacien, de l'all. *Frühstück*). Fam. Repas, mets que l'on prépare.

FRICOT n.m. (de *fricasser*). Fam. **1.** Ragoût préparé grossièrement. **2.** Repas ; nourriture.

FRICOTAGE n.m. Fam. Trafic malhonnête.

FRICOTER v.t. [3]. Fam. **1.** Accommoder en ragoût. **2.** Préparer secrètement ; manigancer : *Je me demande ce qu'il fricote cette fois-ci.* ◆ **v.t. ind.** (AVEC). Fam., vieilli. Avoir des relations sexuelles avec qqn.

FRICOTEUR, EUSE n. Fam. Personne qui trafique ; aigrefin.

FRICTION n.f. (lat. *frictio*). **1.** Frottement que l'on fait sur une partie du corps ; spécial., nettoyage du cuir chevelu avec une lotion aromatique. **2.** Fig. (Surtout pl.). Désaccord, heurt entre des personnes ; accrochage : *Il y a eu des frictions au sein du gouvernement.* **3. MÉCAN. INDUSTR.** Résistance à un mouvement que présentent deux surfaces en contact.

FRICTIONNEL, ELLE adj. MÉCAN. INDUSTR. Relatif à la friction, au frottement. ■ **Chômage frictionnel** [écon.], chômage temporaire créé par le délai d'ajustement entre deux emplois.

FRICTIONNER v.t. [3]. Faire des frictions à ; frotter : *Frictionner sa peau à l'eau de Cologne.*

FRIDOLIN n.m. (du prénom all. *Fritz*). Fam., péjor., vieilli. Allemand ; soldat allemand. (Surnom utilisé surtout pendant la Seconde Guerre mondiale.)

FRIGIDAIRE n.m. (nom déposé). Réfrigérateur de la marque de ce nom.

FRIGIDARIUM [-rjɔm] **n.m.** (mot lat.). **ANTIQ. ROM.** Partie des thermes où l'on prenait des bains froids.

FRIGIDE adj. (lat. *frigidus*). Se dit d'une femme atteinte de frigidité.

FRIGIDITÉ n.f. Absence récurrente d'orgasme chez la femme lors des rapports sexuels.

FRIGO n.m. (abrév. de *frigorifique*). Fam. Réfrigérateur.

FRIGOLITE n.f. (de *Frigolith,* nom déposé). Belgique. Polystyrène expansé servant à l'isolation et à la fabrication d'emballages.

FRIGORIE n.f. Ancienne unité de mesure de quantité de chaleur enlevée (symb. fg), valant – 4 185,5 joules.

FRIGORIFIÉ, E adj. Fam. Se dit de qqn qui a très froid ; transi.

FRIGORIFIER v.t. [5]. Soumettre au froid pour conserver ; réfrigérer.

FRIGORIFIQUE adj. (lat. *frigorificus*). Qui produit du froid ; qui se rapporte à la production du froid : *Vitrine, camion frigorifiques.* ◆ **n.m. 1.** Établissement de froid industriel. **2.** Appareil frigorifique.

FRIGORIGÈNE adj. et **n.m.** Se dit d'un fluide qui produit du froid au cours d'un cycle frigorifique.

FRIGORISTE n. Spécialiste de la production ou de l'utilisation du froid.

FRILEUSEMENT adv. À la façon d'une personne frileuse : *Frileusement emmitouflé.*

FRILEUX, EUSE adj. et **n.** (du lat. *frigus, -oris,* froid). Qui est très sensible au froid. ◆ **adj.** Qui manifeste une prudence excessive ; timoré : *Une politique frileuse.*

FRILOSITÉ n.f. Comportement frileux, craintif : *La frilosité des banques de crédit.*

FRIMAIRE n.m. (de *frimas*). **HIST.** Troisième mois du calendrier républicain, commençant le 21, 22 ou 23 novembre et finissant le 20, 21 ou 22 décembre.

FRIMAS [frima] **n.m.** (du francique). Litt. Brouillard froid et épais qui se glace en tombant. ■ **Coiffé** ou **poudré à frimas** [anc.], coiffé avec une légère couche de poudre.

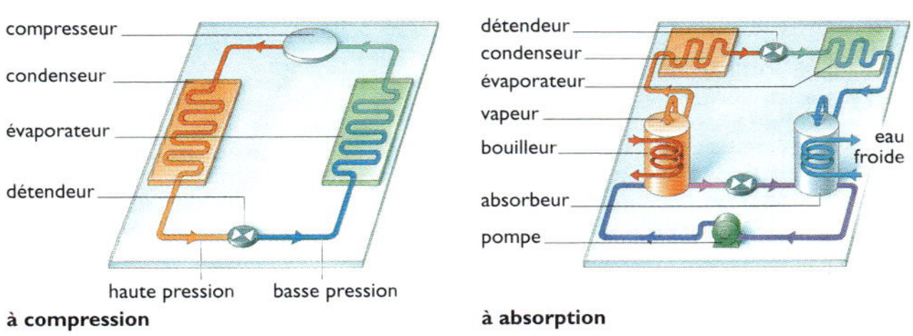

▲ **frigorifique.** Principe des machines frigorifiques.

FRIME n.f. (de l'anc. fr. *frume*, mauvaise mine). Fam. **1.** Fam. Apparence trompeuse destinée à faire illusion ou à épater les autres ; bluff : *Son histoire, c'est de la frime.* **2.** Québec. Carte à jouer (souvent, le joker) pouvant remplacer n'importe quelle autre carte. ▪ **Pour la frime,** pour se rendre intéressant ou donner le change.

FRIMER v.i. [3]. Fam. **1.** Prendre une attitude assurée pour faire illusion ; bluffer : *Il frime pour cacher sa timidité.* **2.** Faire l'important pour attirer l'attention ; fanfaronner : *Il a acheté cette voiture pour frimer.*

FRIMEUR, EUSE adj. et n. Fam. Qui frime.

FRIMOUSSE n.f. (de *frime*). **1.** Fam. Visage d'un enfant ou d'une jeune personne ; minois. **2.** INFORM. Recomm. off. pour **smiley.**

FRINGALE n.f. Fam. **1.** Faim subite et pressante. **2.** Désir violent, irrésistible de qqch : *Une fringale de musique.*

FRINGANT, E adj. (de l'anc. fr. *fringuer*, sautiller). **1.** Se dit d'un cheval vif et de fière allure. **2.** Se dit d'une personne pétulante et élégante ; sémillant : *Un fringant sexagénaire.*

FRINGILLIDÉ [frɛ̃ʒilide] n.m. (du lat. *fringilla*, pinson). Passereau essentiellement granivore, dont il existe de nombreuses espèces en Europe (pinson, chardonneret, etc.). ➲ Les fringillidés forment une famille.

FRINGUE n.f. (Surtout pl.). Fam. Vêtement.

FRINGUER v.t. [3] (onomat.). Fam. Habiller qqn. ◆ **SE FRINGUER** v.pr. Fam. S'habiller.

FRIPE n.f. (de l'anc. fr. *frepe*, chiffon). [Surtout pl.]. Vêtement usé, d'occasion.

FRIPÉ, E adj. Qui est marqué par des plis, des rides : *Visage fripé.*

FRIPER v.t. [3] (anc. fr. *freper*). **1.** Chiffonner ; froisser : *Friper sa veste.* **2.** Couvrir de rides ; flétrir.

FRIPERIE n.f. Commerce de vêtements usagés, d'occasion ; boutique où se fait ce commerce.

FRIPIER, ÈRE n. Personne qui tient une friperie.

FRIPON, ONNE n. (du moyen fr. *friper*, voler). **1.** Fam. Enfant espiègle ; garnement. **2.** Vx. Escroc ; voleur. ◆ adj. Qui dénote une malice un peu provocante et sensuelle : *Un sourire fripon.*

FRIPONNERIE n.f. Vx. Caractère ou acte de fripon.

FRIPOUILLE n.f. Fam. Personne malhonnête et sans scrupule ; crapule.

FRIPOUILLERIE n.f. Fam. Caractère ou action de fripouille.

FRIQUÉ, E adj. (de *fric*). Fam. Qui a beaucoup d'argent ; riche.

FRIQUET n.m. (de l'anc. fr. *frique*, vif). Moineau des campagnes d'Eurasie, reconnaissable à la tache noire qui orne sa joue. ➲ Famille des plocéidés.

FRIRE v.t. [95] (lat. *frigere*). Faire cuire un aliment dans un corps gras bouillant : *Il frit des pommes de terre.* ◆ v.i. Cuire dans un corps gras bouillant, en parlant d'un aliment.

FRISAGE n.m. Action de friser les cheveux.

FRISANT, E adj. Se dit de la lumière qui frappe de biais une surface en l'effleurant.

FRISBEE [frizbi] n.m. (nom déposé). Petit disque de plastique qui plane en tournant sur lui-même quand on le lance ; jeu pratiqué à plusieurs partenaires avec ce disque.

1. FRISE n.f. (du lat. *phrygium*, broderie). **1.** ARCHIT. Partie de l'entablement comprise entre l'architrave et la corniche : *Les frises du Parthénon.* **2.** Surface plane, génér. décorée, formant une bande continue. **3.** MENUIS. Planche étroite et courte utilisée pour fabriquer des lames de parquet, des pièces de meubles ou des tonneaux. **4.** THÉÂTRE. Élément de décor destiné à cacher le cintre.

2. FRISE n.f. → **CHEVAL DE FRISE.**

FRISÉ, E adj. **1.** Qui forme des boucles fines et serrées : *Cheveux frisés.* **2.** Dont les feuilles sont finement dentelées et contournées : *Fougères frisées.* ◆ adj. et n. Dont les cheveux frisent.

FRISÉE n.f. Chicorée d'une variété à feuilles frisées, consommée en salade.

FRISELIS n.m. Litt. Frémissement doux ; bruissement : *Le friselis des feuilles sous la brise.*

FRISER v.t. [3] (p.-ê. de *frire*). **1.** Mettre en boucles : *Friser sa barbe.* **2.** Passer en frôlant ; effleurer : *L'ULM a frisé la toiture.* **3.** Être près d'atteindre qqch : *Il frise la cinquantaine* ; s'en approcher de très près : *Nous avons frisé le scandale.* ◆ v.i. **1.** Se mettre en boucles : *Ses cheveux frisent.* **2.** Avoir les cheveux qui bouclent : *Elle ne frise pas naturellement.* ▪ **L'œil qui frise,** pétillant de malice.

1. FRISETTE n.f. Lame en bois ou PVC servant au revêtement intérieur d'une maison (parquet, lambris).

2. FRISETTE n.f. ou **FRISOTTIS,** ▲ *FRISOTIS* n.m. Fam. Petite boucle de cheveux frisés.

FRISOLÉE n.f. (de *frisoler*, dimin. dial. de *friser*). Maladie à virus de la pomme de terre, qui donne aux feuilles un aspect gaufré.

1. FRISON n.m. Vx. Petite mèche qui frise sur la nuque ou près du visage.

2. FRISON, ONNE adj. et n. De la Frise. ◆ n.m. Langue germanique parlée dans la Frise.

3. FRISON, ONNE n. et adj. (de *Frise*, n.pr.). Bovin laitier à robe pie noir, d'une ancienne race qui, modifiée par croisements avec la race Holstein, a donné la prim'Holstein.

FRISOTTANT, E ou **FRISOTTÉ, E,** ▲ *FRISOTANT, E,* ▲ *FRISOTÉ, E* adj. Qui frisotte.

FRISOTTER, ▲ *FRISOTER* v.t. et v.i. [3]. Friser en petites boucles.

FRISOTTIS n.m. → **2. FRISETTE.**

FRISQUET, ETTE adj. (wallon *frisque*, froid, du flamand). Fam. Légèrement froid : *L'eau du lac est frisquette.* ◆ adv. ▪ **Il fait frisquet** [fam.], il fait un peu froid.

FRISSON n.m. (bas lat. *frictio*, de *frigere*, avoir froid). **1.** Tremblement passager et involontaire, dû à un brusque abaissement de la température ambiante ou à un état fébrile. **2.** Mouvement de saisissement qui naît d'une émotion plus ou moins vive ; frémissement : *Ce film m'a donné le frisson.*

FRISSONNANT, E adj. Qui frissonne.

FRISSONNEMENT n.m. **1.** Action de frissonner. **2.** Litt. Léger tremblement ; frémissement : *Le frissonnement de l'eau qui va bouillir.*

FRISSONNER v.i. [3]. **1.** Être agité de frissons. **2.** Être saisi d'un frisson d'émotion ; frémir : *Frissonner d'espoir.* **3.** Litt. S'agiter légèrement, en parlant de qqch ; frémir : *Les blés frissonnent.*

FRISURE n.f. **1.** Façon de friser ; état des cheveux frisés. **2.** Vx. Frisette.

FRITE n.f. **1.** (Surtout pl.). Bâtonnet de pomme de terre frit. **2.** Fam. Coup sur les fesses donné d'un geste vif du dos de la main. **3.** Support en mousse flottant, oblong et flexible, utilisé pour l'apprentissage de la natation ou pour la gymnastique aquatique. ▪ **Avoir la frite** [fam.], être en forme.

SE FRITER v.pr. [3] (de *frite*, coup). Fam. Se disputer ; se bagarrer : *Elle s'est fritée avec un collègue.*

FRITERIE n.f. Local ou installation ambulante où l'on fait des fritures, des frites.

FRITEUSE n.f. Récipient pourvu d'un égouttoir amovible permettant de faire cuire un aliment dans un bain de friture.

FRITILLAIRE [fritilɛr] n.f. (du lat. *fritillus*, cornet). Plante herbacée bulbeuse ornementale, aux fleurs tombantes, dont l'espèce principale est la couronne impériale. ➲ Famille des liliacées.

FRITON n.m. Résidu frit que l'on obtient en faisant fondre par petits morceaux de la graisse d'oie ou de porc. ◆ n.m. pl. Sorte de pâté que l'on fabrique avec ces résidus salés à chaud et mangés froids en hors-d'œuvre ; grattons. ➲ Spécialité du Sud-Ouest.

FRITTAGE n.m. **1.** Opération effectuée dans la métallurgie des poudres pour leur conférer une forme, une cohésion suffisante par l'action de la pression et de la température, sans passer par la fusion. **2.** Vitrification incomplète de certains matériaux, en céramique, en émaillerie.

FRITTE n.f. (de *frire*). **1.** TECHN. Mélange vitreux obtenu par fusion et broyage de silice, de soude, etc., et utilisé dans la préparation de certains produits céramiques ou de certains verres. **2.** Élément vitreux d'un émail.

FRITTER v.t. [3]. Soumettre au frittage.

FRITURE n.f. **1.** Action ou manière de frire un aliment. **2.** Corps gras servant à frire. **3.** Aliment frit, en partic. petits poissons frits ou à frire : *Une friture de goujons.* **4.** Belgique. Baraque à frites ; friterie. **5.** Grésillement intermittent, lors d'une transmission radio ou téléphonique.

FRITZ [frits] n.m. (mot all., abrév. de *Friedrich*). Fam., péjor., vieilli. Allemand ; soldat allemand.

FRIVOLE adj. (lat. *frivolus*). **1.** Qui a peu de sérieux ou d'importance ; futile : *Conversation frivole.* **2.** Qui a le goût des choses insignifiantes ; superficiel : *Des gens frivoles.* **3.** Qui est instable dans ses attachements ; volage.

FRIVOLEMENT adv. De façon frivole.

FRIVOLITÉ n.f. Caractère frivole ; chose frivole ; futilité. ◆ n.f. pl. Vx. Accessoires de fantaisie de la toilette féminine.

FROC n.m. (francique **hrokk*). **1.** Fam. Pantalon. **2.** Vx. Habit de moine.

1. FROID, E adj. (lat. *frigidus*). **1.** Qui est à basse température : *Ce thé est froid* ; où la température est basse : *La cave est froide.* **2.** Qui conserve mal la chaleur ou en donne peu : *Ce manteau est trop froid pour l'hiver.* **3.** Qui n'est plus chaud : *La soupe est froide* ; qui a refroidi : *Une odeur de tabac froid.* **4.** Qui manifeste du sang-froid, est maître de soi ; impassible : *Il est resté froid face aux critiques. Une colère froide.* **5.** Qui manifeste de la réserve ou manque de chaleur humaine ; distant : *Elle est froide avec ses collègues. Un accueil froid.* ▪ **Avoir** ou **garder la tête froide,** conserver son jugement dans les situations difficiles. ▪ **Couleur froide,** couleur du spectre dont la longueur d'onde est plus proche du bleu que du rouge. ▪ **Pierre froide** [constr.], pierre calcaire très dure et prenant le poli. ◆ adv. ▪ **Avoir froid,** éprouver une sensation de froid. ▪ **Battre froid à qqn** [litt.], lui manifester de la réserve, voire de l'hostilité. ▪ **Manger, boire froid,** absorber un aliment froid, une boisson froide.

2. FROID n.m. **1.** Température basse ou très basse : *Les premiers grands froids.* **2.** Sensation que fait éprouver l'absence ou la diminution de la chaleur : *Le froid me fait trembler.* ▪ **Accumulateur de froid,** dispositif, rigide ou souple, contenant un gel qui emmagasine le froid, utilisé notamm. pour réfrigérer les aliments lors de leur transport. ▪ **À froid,** sans soumettre à la chaleur ; fig., quand les passions se sont calmées. ▪ **Attraper** ou **prendre froid,** s'enrhumer par temps froid. ▪ **Être en froid (avec qqn),** avoir des relations tendues (avec lui). ▪ **Jeter un froid,** susciter une sensation de gêne. ▪ **Opérer à froid,** pratiquer une intervention chirurgicale en dehors des poussées inflammatoires, après une phase aiguë.

FROIDEMENT adv. **1.** Avec calme et lucidité : *Elle examine froidement la situation.* **2.** Avec froideur : *Sa proposition a été froidement reçue.* **3.** Avec une totale insensibilité : *Il l'a laissé froidement tomber.*

FROIDEUR n.f. Absence de sensibilité ; indifférence.

FROIDURE n.f. Litt. ou Antilles. Température froide ; saison froide.

FROISSABLE adj. Qui se froisse facilement.

FROISSEMENT n.m. **1.** Action de froisser, de chiffonner. **2.** Bruit produit par une chose froissée ou qui rappelle ce bruit ; bruissement : *Des froissements de soie, de branches.* **3.** Contusion légère d'un tissu, d'un muscle.

FROISSER v.t. [3] (lat. pop. **frustiare*, de *frustum*, morceau). **1.** Endommager en chiffonnant ; friper : *Froisser son pantalon en lin.* **2.** Heurter par manque de tact ; blesser : *Votre refus l'a froissé.* ◆ **SE FROISSER** v.pr. Se vexer. ▪ **Se froisser un muscle,** se faire une contusion musculaire légère.

FROISSURE n.f. Trace laissée sur un objet qui a été froissé.

FRÔLEMENT n.m. Action de frôler ; bruit léger qui en résulte.

FRÔLER v.t. [3] (onomat.). **1.** Toucher légèrement en passant ; effleurer : *Son bras a frôlé le mien.* **2.** Passer très près de qqn, de qqch sans les toucher : *La balle a frôlé le filet.* **3.** Échapper de justesse à qqch de fâcheux : *Le pilote a frôlé l'accident.*

FRÔLEUR, EUSE adj. Qui frôle. ◆ n.m. Homme qui s'assure des émotions érotiques en frôlant d'autres personnes, génér. dans une foule. ◆ n.f. Femme aguicheuse.

FROLIC n.m. (mot angl.). Acadie. Grande fête populaire.

FROMAGE n.m. (anc. fr. *formage*, du lat. pop. *formaticus*, fait dans une forme). **1.** Aliment produit par coagulation du lait, égouttage du caillé ainsi obtenu et, éventuellement, affinage ; masse de cet aliment moulée de façons diverses. **2.** Fam. Bénéfices qui découlent d'une situation lucrative et peu fatigante : *Se partager le fromage.* ▪ **Entre la poire et le fromage** [fam.], à la fin du repas, quand la gaieté et la convivialité sont plus grandes. ▪ **Faire (tout) un fromage de qqch** [fam.], donner une importance exagérée à un événement mineur. ▪ **Fromage de tête,** pâté fait de morceaux de tête de porc assemblés par de la gelée. ▪ **Fromage en grains** [Québec], caillé de fromage, génér. de cheddar ou de gouda, égoutté et non pressé, se présentant sous forme de petits morceaux à texture souple.

1. FROMAGER n.m. Très grand arbre des régions tropicales, à bois blanc et tendre, dont les fruits fournissent le kapok. ➲ Haut. jusqu'à 70 m ; famille des bombacacées.

2. FROMAGER, ÈRE adj. Relatif au fromage : *Industrie fromagère* ; qui contient du fromage : *Tourteau fromager.* ◆ n. Professionnel qui fabrique ou vend des fromages.

FROMAGERIE n.f. Endroit où l'on fait, où l'on garde, où l'on vend des fromages.

FROMEGI ou **FROMETON** n.m. Fam. Fromage.

FROMENT n.m. (lat. *frumentum*). Blé tendre.

FROMENTAL, E, AUX adj. Relatif au froment. ◆ n.m. **1.** Terre à blé. **2.** Avoine fourragère.

FRONCE n.f. (francique **hrunkja*). Pli non aplati obtenu en coulissant un tissu sur un fil.

FRONCEMENT n.m. Action de froncer les sourcils, le front.

FRONCER v.t. [9]. **1.** Resserrer ou orner par des fronces un vêtement, un tissu. **2.** Plisser, rider en contractant : *Froncer les sourcils.*

FRONCIS n.m. Suite de fronces, de plis faits à un tissu, à un vêtement.

FRONDAISON n.f. (de 3. *fronde*). **1.** Époque où apparaissent les feuilles des arbres ; feuillaison. **2.** Ensemble des feuilles d'un arbre ; feuillage.

1. FRONDE n.f. (lat. *funda*). **1.** Arme de jet constituée d'une pièce de matière souple (du cuir, par ex.) dans laquelle est placé le projectile et que l'on fait tournoyer à l'aide de lanières tenues à la main. **2.** Lance-pierre.

2. FRONDE n.f. (de *fronder*). Révolte d'un groupe contre les institutions, la société, l'autorité : *Un vent de fronde se lève au sein du gouvernement.* ▪ **La Fronde,** v. partie n.pr.

3. FRONDE n.f. (du lat. *frons, frondis*, feuillage). Feuille aérienne des fougères, porteuse des sporanges.

FRONDER v.t. [3] (de 1. *fronde*). Litt. Critiquer, railler le pouvoir, l'autorité : *Fronder le gouvernement.*

1. FRONDEUR n.m. Anc. Soldat armé d'une fronde, spécial. dans l'Antiquité.

2. FRONDEUR, EUSE n. **1.** HIST. Personne qui participa au mouvement de la Fronde. **2.** (Souvent au pl.). Ministre ou député socialiste opposé à la politique économique sociale-libérale mise en place, en France, par le Parti socialiste à partir de 2014 ; par ext., homme ou femme politique s'opposant à la ligne adoptée par son propre parti. ◆ adj. et n. Qui est enclin à l'opposition, à l'insubordination ; contestataire : *Une élève frondeuse.*

FRONT n.m. (lat. *frons, frontis*). **1.** Partie antérieure du crâne des vertébrés comprise, chez l'homme, entre la racine des cheveux et l'arcade sourcilière. **2.** Partie antérieure d'une chose large : *Le front d'une maison.* **3.** MIL. Ligne extérieure présentée par une troupe en ordre de bataille ; limite avant de la zone de combat ; la zone de combat elle-même : *Partir pour le front* (CONTR. **2. arrière**). **4.** Secteur où existent des difficultés : *Inquiétude sur le front monétaire.* **5.** Coalition de partis ou d'organisations politiques. ➲ Entre avec une majuscule dans la dénomination de telles formations : *Front populaire, Front de libération.* **6.** Regroupement d'associations ou d'individus : *Constituer un front contre le racisme.* **7.** MIN. Partie d'un gisement en cours d'exploitation. **8.** MÉTÉOROL. Zone marquant le contact entre deux masses d'air convergentes, différenciées par leur température et leur degré d'humidité : *Un front d'air chaud.* **9.** GÉOMORPH. Versant raide d'une cuesta. ▪ **À fronts renversés,** se dit lorsque des personnes reprennent des arguments habituellement utilisés par leurs adversaires : *La majorité et l'opposition sont à fronts renversés.* (Dans le domaine militaire, on dit qu'une armée combat *à front renversé* lorsqu'elle a le territoire ennemi derrière elle.) ▪ **Avoir le front de** [sout.], l'audace, l'impudence de. ▪ **Baisser** ou **courber le front** [litt.], se soumettre. ▪ **De front,** en faisant face ; par-devant : *Attaquer de front* ; côte à côte sur une même ligne : *Les blindés avancent de front* ; en même temps ; simultanément : *Mener de front plusieurs projets* ; d'une manière directe ; résolument : *Elle a abordé la question de front.* ▪ **Faire front,** tenir tête à une attaque. ▪ **Front de mer,** avenue, promenade en bord de mer ; secteur de défense côtière. ▪ **Front de taille** [min.], chantier d'abattage de grande extension. ▪ **Front pionnier** [géogr.], région dont la mise en valeur s'amorce. ▪ **Le Front populaire,** v. partie n.pr.

FRONTAIL n.m. Frontal.

1. FRONTAL, E, AUX adj. **1.** Qui se fait de face, par-devant : *Collision frontale.* **2.** ANAT. Qui concerne le front : *Artère frontale.* ▪ **Lobe frontal** [anat.], partie de chaque hémisphère cérébral située en avant du lobe pariétal et au-dessus du lobe temporal, et qui joue un rôle important dans la motricité volontaire, le langage, le comportement, l'humeur et la prise de décision. ▪ **Os frontal,** ou **frontal, n.m.** [anat.], os du front. ▪ **Plan frontal de projection,** en géométrie descriptive, un des deux plans de projection.

2. FRONTAL n.m. (pl. *frontaux*). **1.** Partie du harnais qui passe sur le front du cheval et se fixe sur la têtière (SYN. **frontail**). **2.** Os frontal.

FRONTALIER, ÈRE adj. et n. Qui habite une région voisine d'une frontière et, partic., qui va travailler chaque jour au-delà de cette frontière. ◆ adj. Situé à proximité d'une frontière : *Région frontalière.*

FRONTALITÉ n.f. ▪ **Loi de frontalité,** principe fondamental de la sculpture archaïque, caractérisé par la symétrie du corps humain, qui n'est jamais désaxé par une flexion latérale.

FRONTEAU n.m. **1.** Petit fronton au-dessus d'une porte ou d'une fenêtre. **2.** Bandeau ou chaînette portés sur le front, au Moyen Âge.

FRONTIÈRE n.f. (de *front*). **1.** Limite qui sépare deux États. **2.** (En appos., sans trait d'union). Se dit de ce qui est situé à proximité d'une frontière ; limitrophe : *Les villes frontières.* **3.** Fig. Délimitation entre deux choses différentes ; limite : *La frontière entre l'obéissance et la soumission.* **4.** Fig. Territoire à découvrir ou à conquérir : *Le marché des pays émergents, nouvelle frontière des entreprises européennes* ; étape inédite de la connaissance et du savoir-faire de l'homme : *La génomique est l'ultime frontière des chercheurs.* **5.** MATH. Ensemble des points frontières d'une partie d'un espace. ▪ **Frontière naturelle,** frontière formée par un élément du milieu naturel (fleuve ou montagne). ▪ **Point frontière d'une partie A d'un espace topologique E** [math.], point de E dont les voisinages contiennent des éléments appartenant à A et des éléments ne lui appartenant pas.

FRONTIGNAN n.m. Vin doux naturel obtenu à partir de raisin muscat et produit dans la région de Frontignan.

FRONTISPICE n.m. (bas lat. *frontispicium*). **1.** Illustration placée en regard de la page de titre d'un livre. **2.** Titre d'un livre imprimé, placé au début de l'ouvrage. **3.** Vx. Façade principale d'un édifice.

FRONTISTE adj. et n. Relatif au Front national (auj. Rassemblement national) ; qui en est partisan.

FRONTON n.m. (ital. *frontone*). **1.** ARCHIT. Couronnement d'une façade, d'une baie, d'un meuble, etc., de forme triangulaire ou arquée sur base horizontale, plus large que haut et fait d'un tympan qu'entoure un cadre mouluré. **2.** SPORTS. Mur contre lequel on lance la balle, à la pelote basque ; le terrain qui s'étend devant ce mur et sur lequel on joue.

FROTTAGE n.m. Action de frotter.

FROTTANT, E adj. Soumis à un frottement mécanique : *Surfaces frottantes.*

FROTTE-MANCHE n. (pl. *frotte-manches*). Belgique. Fam. Lèche-bottes.

FROTTEMENT n.m. **1.** Action de frotter, de se frotter : *Le frottement d'un cerf contre les arbres.* **2.** Action mécanique entre des solides en contact, en mouvement ou non l'un par rapport à l'autre. **3.** MÉD. Bruit anormal perçu à l'auscultation, au cours de l'inflammation de la plèvre ou du péricarde. **4.** Fig. (Surtout au pl.). Désaccord entre deux partis en présence ; friction. ▪ **À frottement,** se dit d'une manière d'ajuster une pièce dans une autre, de façon que leur mouvement relatif se fasse avec un frottement non négligeable. ▪ **Coefficient de frottement,** rapport de la valeur de la composante tangentielle de la réaction à la valeur de sa composante normale, lorsqu'un solide glisse sur un support. ▪ **Frottement interne,** phénomène qui perturbe la déformation parfaitement élastique des solides, responsable de l'amortissement des vibrations dans un matériau.

FROTTER v.t. [3] (anc. fr. *freter*, du bas lat. *frictare*). **1.** Passer en appuyant une chose sur une autre : *Frotter une allumette sur le frottoir.* **2.** Passer qqch sur un objet dans un mouvement répété et avec une pression plus ou moins forte : *Frotter l'argenterie.* **3.** Passer la main de façon appuyée sur une partie du corps ; frictionner. **4.** Enduire par frottement : *Frotter d'ail des croûtons.* ▪ **Frotter la manche** [Belgique, fam.], flatter qqn pour en recevoir une faveur. ◆ v.i. Produire un frottement : *Le volet frotte en se fermant.* ◆ **SE FROTTER** v.pr. (À). **1.** Fam. S'en prendre à ; attaquer : *Ne te frotte pas à cette harpie !* **2.** Litt. Entrer en contact avec ; fréquenter : *Elle a dû se frotter au monde des affaires.*

1. FROTTEUR, EUSE n. Vieilli. Personne qui frotte les planchers.

2. FROTTEUR n.m. **1.** Pièce conductrice assurant un contact électrique mobile par frottement sur une autre. **2.** Dispositif des véhicules à traction électrique permettant le captage du courant sur le rail conducteur. **3.** Belgique, Burundi. Sorte de brosse servant à effacer le tableau d'une salle de classe.

FROTTEURISME n.m. Affection psychiatrique caractérisée par la nécessité de toucher une personne non consentante ou de se frotter contre elle pour obtenir une excitation sexuelle.

FROTTIS n.m. **1.** PEINT. Dans un tableau, couche mince de couleur laissant voir la texture du support. **2.** MÉD. Étalement par frottement sur une lame de verre, en vue d'un examen microscopique, d'un liquide ou de cellules de l'organisme : *Frottis vaginal, ganglionnaire.* **3.** SYLVIC. Dégât visible sur l'écorce de jeunes arbres, consécutif au frottement d'un animal, princip. cervidé.

FROTTOIR n.m. Surface enduite d'un produit permettant l'inflammation des allumettes par friction.

FROUFROU ou **FROU-FROU** n.m. (pl. *frous-frous*) [onomat.]. **1.** Léger bruit que produit le froissement des étoffes, des feuilles, etc. ; friselis. **2.** (Surtout pl.). Ornement de tissu d'un vêtement féminin : *Robe à froufrous.*

FROUFROUTANT, E adj. Qui froufroute.

FROUFROUTEMENT n.m. Bruit de froufrou.

FROUFROUTER v.i. [3]. Faire un bruit léger semblable à un froissement.

FROUILLER v.i. [3] (p.-ê. du lat. *fraudulosus*, frauduleux). Suisse. Fam. Tricher.

FROUSSARD, E adj. et n. Fam. Peureux ; poltron.

FROUSSE n.f. (orig. obsc.). Fam. Peur : *Elle n'a pas la frousse.*

FRUCTIDOR n.m. (du lat. *fructus*, fruit, et du gr. *dôron*, don). HIST. Douzième mois du calendrier républicain, commençant le 18 ou le 19 août et finissant le 16 ou le 17 septembre.

FRUCTIFÈRE adj. BOT. Qui porte des fruits.

FRUCTIFICATION n.f. BOT. **1.** Formation, production des fruits ; époque où a lieu cette formation. **2.** Ensemble des organes reproducteurs, chez les cryptogames.

FRUCTIFIER v.i. [5] (lat. *fructificare*). **1.** Produire, porter des fruits, des récoltes. **2.** Produire de bons résultats, des bénéfices : *Banque qui fructifie. Faire fructifier ses économies.*

Les fruits tropicaux

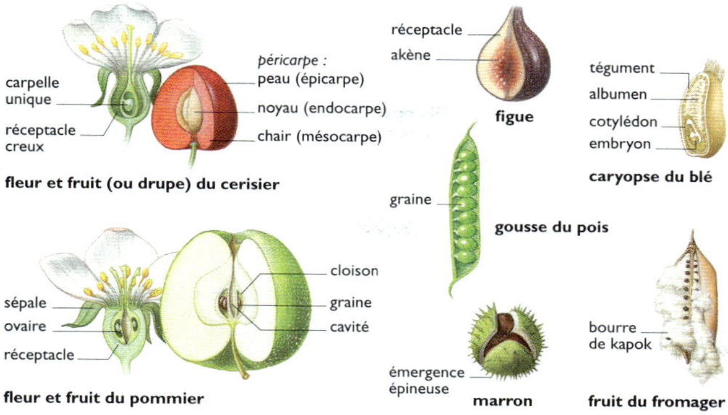

▲ fruits

FRUCTOSE n.m. **CHIM. ORG.** Ose ($C_6H_{12}O_6$), isomère du glucose, contenu dans le miel et de nombreux fruits.

FRUCTUEUSEMENT adv. De façon fructueuse.

FRUCTUEUX, EUSE adj. (lat. *fructuosus*). Qui produit des bénéfices, donne un résultat utile ; rentable : *Placement fructueux* ; fécond : *Une enquête fructueuse.*

FRUCTUS [-tys] **n.m.** (mot lat. « fruit »). **DR. CIV.** Droit de percevoir les fruits d'une chose, l'un des attributs du droit de propriété.

FRUGAL, E, AUX adj. (lat. *frugalis*). **1.** Qui vit, se nourrit d'une manière simple ; sobre. **2.** Composé d'aliments simples et peu abondants : *Un repas frugal.*

FRUGALEMENT adv. Avec frugalité.

FRUGALITÉ n.f. Caractère frugal de qqn, de qqch ; sobriété : *La frugalité d'un ascète, d'un dîner.*

FRUGIVORE adj. et n.m. (du lat. *frux, frugis*, fruit). **ZOOL.** Qui se nourrit de fruits.

1. FRUIT n.m. (lat. *fructus*). **1.** Organe contenant les graines et provenant génér. uniquement de l'ovaire de la fleur. ➲ On distingue les *fruits secs*, dépourvus de pulpe (gousse, capsule, akène), et les *fruits charnus* (drupe, baie). **2.** Produit comestible de certains végétaux, de saveur génér. sucrée et consommé souvent comme dessert : *Manger des fruits de saison.* **3.** Fig. Résultat, produit, bon ou mauvais, de qqch ; bénéfice : *Il a perdu le fruit de son année en ne passant pas l'examen* ; aboutissement : *Voici le fruit de nos réflexions.* ▪ **Fruit confit,** fruit cuit légèrement dans un sirop de sucre, puis séché lentement. ▪ **Fruit défendu,** plaisir interdit, et d'autant plus désirable, par allusion à Adam et Ève. ▪ **Fruit sec,** personne qui a déçu toutes les espérances que l'on fondait sur elle. ▪ **Fruits rafraîchis,** salade de fruits frais au sucre et arrosés d'alcool. ▪ **Fruit vert,** très jeune personne. ▪ **Porter ses fruits,** donner de bons résultats, en parlant de qqch. ◆ **n.m. pl. 1.** Litt. Les productions du sol ; récoltes : *Les fruits de la terre.* **2. DR.** Produits réguliers et périodiques que les choses donnent d'après leur destination et sans perte de leur substance, soit naturellement *(fruits naturels)*, soit par le travail de l'homme *(fruits industriels)*, soit en procurant un profit pécuniaire *(fruits civils)*, comme les revenus des loyers. ▪ **Fruits de mer,** crustacés et coquillages comestibles.

2. FRUIT n.m. (moyen fr. *frit*, de *effruiter*, effriter). **CONSTR.** Obliquité donnée à la face extérieure d'un mur, sa base étant en avant de l'aplomb du sommet.

FRUITAGES n.m. pl. Québec. Vieilli. Petits fruits comestibles (fraises, framboises, mûres, etc.) qui poussent à l'état sauvage.

FRUITÉ, E adj. **1.** Se dit d'un vin, d'une huile d'olive, etc., qui ont conservé l'arôme et le goût du fruit frais. **2.** Qui rappelle l'odeur ou le goût d'un fruit : *Rouge à lèvres fruité.*

FRUITERIE n.f. Magasin où l'on vend des fruits et des légumes frais.

FRUITICULTEUR, TRICE n. Producteur de fruits.

1. FRUITIER, ÈRE adj. Qui produit des fruits comestibles : *Arbre fruitier.* ◆ **n.** Personne qui vend des fruits frais.

2. FRUITIER n.m. Local, étagère où l'on conserve les fruits.

FRUITIÈRE n.f. Région. (Est) ; Suisse. Petite coopérative de producteurs de lait pour la fabrication du fromage, notamm. du gruyère ; établissement où se fabrique ce fromage.

FRUMENTAIRE adj. (lat. *frumentarius*). **ANTIQ. ROM.** ▪ **Lois frumentaires,** lois qui réglaient la distribution gratuite ou à prix réduit du blé aux citoyens.

FRUSQUES n.f. pl. (de *saint-frusquin*). Fam. Vêtements de peu de valeur ou usagés.

FRUSTE adj. (de l'ital. *frusto*, usé). **1.** Qui manque de savoir-vivre ; rustre : *Des gens frustes.* **2.** Qui manque de finesse, d'élégance ; grossier : *Des manières frustes.* **3.** Se dit de la forme très atténuée d'une maladie. **4.** Se dit d'un objet numismatique dont le relief est presque indéchiffrable à force d'usure.

FRUSTRANT, E adj. Qui frustre.

FRUSTRATION n.f. **1.** Action de frustrer ; état d'une personne frustrée. **2. PSYCHOL.** Tension psychologique engendrée par un obstacle qui empêche le sujet d'atteindre un but ou de réaliser un désir. ▪ **Frustration relative** [sociol.], sentiment d'insatisfaction ressenti par comparaison avec autrui, dont on estime injuste qu'il soit mieux loti.

FRUSTRÉ, E adj. et n. Qui souffre de frustration ; insatisfait.

FRUSTRER v.t. [3] (lat. *frustrari*). **1.** Priver qqn d'un avantage dont il croyait pouvoir disposer ou qui était dû ; dépouiller : *Cette décision le frustre de sa victoire.* **2. PSYCHOL.** Mettre qqn dans un état de frustration. **3.** Ne pas répondre à une attente ; décevoir : *La fin du film nous a frustrés.*

FTP n.m. (sigle de l'angl. *file transfer protocol*). **INFORM.** Protocole de transfert de fichiers entre deux ordinateurs distants, reliés par réseau, utilisé notamm. sur Internet.

FUCHSIA [fyʃja] ou [fyksja] **n.m.** (du n. de L. *Fuchs*). Arbrisseau ornemental originaire d'Amérique, aux fleurs pendantes rouge violacé, planté dans les jardins en massif ou en haie. ➲ Famille des œnothéracées. ◆ **adj. inv.** D'une couleur rose violacé, pourpre.

FUCHSINE [fyksin] **n.f.** (de l'all. *Fuchs*, renard). Substance colorante rouge, utilisée en bactériologie et en cytologie.

FUCUS [fykys] **n.m.** (mot lat.). Algue brune, abondante sur les côtes rocheuses, où les différentes espèces forment des ceintures de peuplement successives dans la zone intertidale. ➲ Classe des phéophycées.

FUDGE [fɔdʒ] **n.m.** (mot angl.). Québec. **1.** Confiserie fondante au chocolat. **2.** Glace au chocolat fixée sur un bâtonnet.

FUÉGIEN, ENNE adj. et n. (esp. *fueguino*, de *fuego*, feu). De la Terre de Feu.

FUEL ou **FUEL-OIL** [fjul(ɔjl)] **n.m.** (pl. *fuel-oils*). [Anglic. déconseillé]. Fioul.

FUERO [fwero] **n.m.** (mot esp. « privilège »). **HIST.** En Espagne, surtout au Moyen Âge, charte garantissant les privilèges et les libertés d'une ville ou d'une province.

FUGACE adj. (lat. *fugax*). Qui ne dure pas ; qui disparaît rapidement ; éphémère ; fugitif : *Une odeur, une joie fugace.*

FUGACITÉ n.f. Sout. Caractère de ce qui est fugace.

FUGITIF, IVE adj. et n. (lat. *fugitivus*). Qui a pris la fuite ; qui s'est échappé ; évadé. ◆ **adj.** Qui ne dure pas ; qui disparaît rapidement ; fugace ; passager : *Une sensation, une vision fugitive.*

FUGITIVEMENT adv. De façon fugitive, passagère.

FUGU [fugu] **n.m.** Nom donné au Japon à certains poissons de la famille des tétrodons.

FUGUE n.f. (ital. *fuga*). **1.** Fait de s'enfuir de son domicile, notamm. pour un enfant mineur. **2.** Composition musicale qui donne l'impression d'une fuite et d'une poursuite par l'entrée successive des voix et la reprise d'un même thème.

FUGUÉ, E adj. **MUS.** Dans le style d'une fugue.

FUGUER v.i. [3]. Faire une fugue ; s'enfuir : *Cet adolescent a déjà fugué deux fois.*

FUGUEUR, EUSE adj. et n. Se dit d'un enfant, d'un adolescent qui a tendance à faire des fugues.

FÜHRER [fyrœr] **n.m.** (mot all. « guide »). ▪ **Le Führer,** titre pris par Hitler à partir de 1934.

FUIE n.f. (lat. *fuga*). Région. Petit colombier.

FUIR v.i. [24] (lat. *fugere*). **1.** S'éloigner rapidement pour échapper à qqch, qqn : *Réfugiés qui fuient à l'étranger.* **2.** Ne pas faire face à ; se dérober : *Elle ne fuit pas devant ses responsabilités.* **3.** Litt. S'écouler rapidement, en parlant du temps ; s'envoler : *L'été a fui.* **4.** S'échapper par une fissure, un orifice, en parlant d'un fluide ; se répandre. **5.** Laisser échapper son contenu : *La citerne fuit.* ◆ **v.t. 1.** Chercher à éviter en s'éloignant : *Il fuit les menteurs, les soirées mondaines.* **2.** Litt. Ne pas se laisser saisir : *Le sommeil me fuit.*

FUITE n.f. **1.** Action de fuir ; dérobade : *Fuite devant un adversaire, les difficultés. Prendre la fuite.* **2.** Écoulement d'un fluide par une fissure ; la fissure elle-même. **3.** Divulgation d'informations qui devaient rester secrètes ; indiscrétion : *Il y a eu des fuites au sein du gouvernement.* ▪ **Délit de fuite,** commis par le conducteur d'un véhicule qui, responsable d'un accident, ne s'arrête pas et tente ainsi d'échapper à la responsabilité pénale ou civile qu'il peut encourir. ▪ **Fuite des capitaux,** évasion de capitaux. ▪ **Fuite du temps** [litt.], écoulement rapide du temps. ▪ **Fuite en avant,** fait d'accentuer un processus, faute de pouvoir en contrôler l'évolution. ▪ **Point de fuite** [math.], point d'un dessin en perspective où convergent des droites parallèles dans la réalité.

FUITER v.i. [3]. Fam. Être divulgué, en parlant de qqch qui doit rester secret : *L'annonce du remaniement a fuité.*

FULGURANCE n.f. Litt. Caractère de ce qui est fulgurant : *La fulgurance d'une idée.*

FULGURANT, E adj. (du lat. *fulgur*, foudre). **1.** Litt. Qui jette une lumière rapide et aveuglante : *Éclair fulgurant.* **2.** Litt. Qui frappe par son éclat, sa vivacité : *Une beauté, une réponse fulgurante.* **3.** Qui est très rapide : *Succès fulgurant.* ▪ **Douleur fulgurante** [méd.], très intense et très brève.

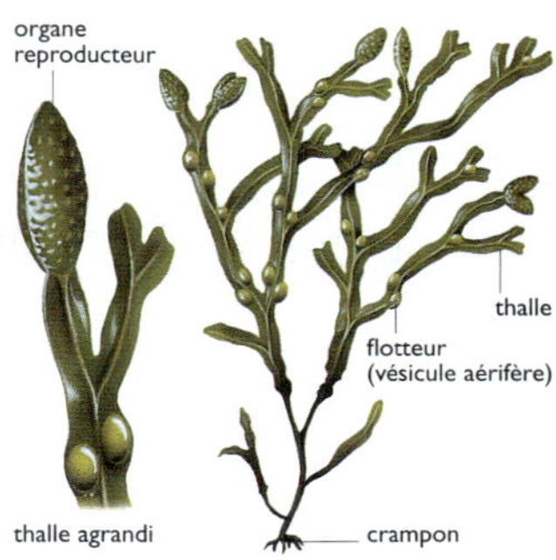

▲ **fucus** *(Fucus vesiculosus).*

FULGURATION n.f. **1.** Éclair de chaleur sans tonnerre. **2.** Accident dû à la foudre.

FULGURER v.i. [3]. Litt. Briller d'un vif éclat ; flamboyer.

FULIGINEUX, EUSE adj. (lat. *fuliginosus*, de *fuligo*, suie). **1.** Qui produit de la suie ; qui a la couleur de la suie ; noirâtre : *Flamme fuligineuse.* **2.** Litt. Qui manque de clarté ; confus : *Esprit fuligineux.*

FULIGULE n.m. (du lat. *fuligo, -inis*, suie). Canard plongeur, hivernant notamm. en France et en Europe méridionale, dont les espèces les plus communes sont le milouin et le morillon. ➲ Genre *Aythya.*

FULL [ful] n.m. (mot angl. « plein »). Au poker, combinaison d'un brelan et d'une paire : *Full aux as.*

FULL-CONTACT [ful-] n.m. (pl. *full-contacts*) [mot angl.]. Boxe américaine.

FULLERÈNE n.m. (du n. de R. B. *Fuller*). CHIM. MINÉR. Forme élémentaire et moléculaire du carbone, de géométrie sphéroïdale ; famille de ses dérivés.

FULMAR n.m. (du lat. *fulica*, foulque). Oiseau marin de l'Atlantique nord, très bon voilier, ne venant à terre que pour se reproduire. ➲ Ordre des procellariiformes.

FULMICOTON n.m. (du lat. *fulmen*, foudre). Coton-poudre spécialement traité pour avoir des propriétés fortement explosives.

FULMINANT, E adj. **1.** Litt. Qui exprime une violente colère ; rageur : *Des regards fulminants* ; qui profère des menaces : *Des spectateurs fulminants.* **2.** Apte à exploser avec un bruit fort et un éclair brillant : *Poudre fulminante.*

FULMINATE n.m. CHIM. ORG. Sel de l'acide fulminique. ➲ Le *fulminate de mercure* sert à la fabrication des amorces.

FULMINATION n.f. Litt. Emportement violent.

FULMINER v.i. [3] (lat. *fulminare*). **1.** Proférer des menaces ; tempêter : *Ils fulminent contre les organisateurs.* **2.** Anc. Faire explosion. ◆ v.t. Litt. Formuler avec véhémence : *Fulminer des critiques.*

FULMINIQUE adj. CHIM. ORG. Se dit de l'acide C=N—OH, formant des sels détonants.

FUMABLE adj. Qui peut être fumé.

1. FUMAGE n.m. Action de fumer une terre.

2. FUMAGE n.m. ou **FUMAISON** n.f. Action d'exposer certaines denrées (viande, poisson) à la fumée pour les conserver.

FUMAGINE n.f. (du lat. *fumus*, fumée). BOT. Maladie des arbres et des arbustes, caractérisée par une croûte noire à la surface des feuilles, due à des moisissures.

FUMAISON n.f. → **2. FUMAGE.**

FUMANT, E adj. Qui dégage de la fumée, de la vapeur : *Cendres, soupe fumantes.* ▪ **Acide fumant**, acide nitrique ou sulfurique très concentré. ▪ **Coup fumant** [fam.], très réussi et qui suscite l'admiration. ▪ **Fumant de colère** [fam.], furieux.

FUMARIACÉE n.f. (du lat. sc. mod. *fumaria*, fumeterre). Plante dialypétale de l'hémisphère Nord tempéré, à fleurs irrégulières munies de deux lèvres, telle que la fumeterre et la dicentra. ➲ Les fumariacées forment une famille.

FUMASSE adj. (de *1. fumer*). Fam. Très en colère ; furieux : *Elle est sortie fumasse de la réunion.*

FUMÉ, E adj. Qui a été soumis au fumage : *Jambon fumé.* ▪ **Verres fumés**, verres de lunettes colorés, sombres.

FUME-CIGARE n.m. inv., ▲ *n.m. (pl. fume-cigares).* Petit tuyau auquel on adapte un cigare pour le fumer.

FUME-CIGARETTE n.m. inv., ▲ *n.m. (pl. fume-cigarettes).* Petit tuyau auquel on adapte une cigarette pour la fumer.

FUMÉE n.f. **1.** Ensemble des produits gazeux et des particules solides extrêmement ténues résultant d'une combustion. **2.** Vapeur exhalée par un liquide chaud. ▪ **Écran** ou **rideau de fumée**, action, discours qui ont pour objet d'occulter la réalité. ▪ **Partir** ou **s'en aller en fumée**, disparaître sans avoir rien produit. ◆ n.f. pl. Litt. Trouble du cerveau provoqué par l'alcool ; griserie : *Les fumées de l'ivresse.*

1. FUMER v.i. [3] (lat. *fumare*). **1.** Dégager de la fumée en se consumant : *Le bois humide fume* ; émettre de la fumée : *La cheminée fume.* **2.** Exhaler de la vapeur : *Bol de lait chaud qui fume.* **3.** Fam., vieilli. Être furieux ; pester. ◆ v.t. **1.** Aspirer la fumée dégagée par du tabac en train de brûler : *Fumer la pipe.* **2.** Absol. Fumer du tabac : *Défense de fumer.* **3.** Exposer un produit alimentaire à la fumée pour le sécher et le conserver.

2. FUMER v.t. [3] (du lat. *femus*, fumier). Apporter à une terre du fumier ou des engrais pour la fertiliser.

FUMERIE n.f. Lieu où l'on fume de l'opium.

FUMEROLLE, ▲ *FUMEROLE* n.f. (ital. *fumaruolo*). Émanation gazeuse régulière et continue issue d'un volcan.

FUMEROLLIEN, ENNE, ▲ *FUMEROLIEN, ENNE* adj. Se dit d'un site volcanique riche en fumerolles.

FUMET n.m. **1.** Odeur agréable des viandes cuites, ou en train de cuire, d'un vin : *Le fumet d'un gigot, d'un bordeaux.* **2.** CUIS. Fond de poisson (*parures*), servant à préparer des sauces ou du velouté de poisson. **3.** Odeur du gibier.

FUMETERRE n.f. (du lat. *fumus terrae*, fumée de la terre). Plante annuelle des champs et des haies, à petites fleurs roses à sommets pourprés munies d'un éperon. ➲ Famille des fumariacées.

FUMETTE n.f. (de *1. fumer*). Fam. Action de fumer du haschisch ou de la marijuana.

1. FUMEUR, EUSE n. Personne qui fume, qui a l'habitude de fumer.

2. FUMEUR n.m. OCÉANOL. Source chaude des dorsales océaniques émettant, notamm., des fluides chargés de sulfures noirâtres (*fumeurs noirs*).

FUMEUX, EUSE adj. **1.** Qui dégage de la fumée : *Flamme fumeuse.* **2.** Fig. Peu clair ; nébuleux : *Des excuses fumeuses.*

FUMIER n.m. (lat. *femus*). **1.** Mélange fermenté des litières et des déjections du bétail, utilisé comme engrais. **2.** Très fam., injur. Personne vile, méprisable ; ordure.

FUMIGATEUR n.m. AGRIC. Appareil produisant des fumées insecticides ou phytocides.

FUMIGATION n.f. (lat. *fumigatio*). **1.** Opération consistant à produire des fumées, des vapeurs désinfectantes (assainissement) ou toxiques (destruction des insectes, des champignons, etc.). **2.** MÉD. Anc. Technique qui consistait à exposer certaines parties du corps à des fumées ou à des vapeurs médicamenteuses.

FUMIGATOIRE adj. Qui sert aux fumigations.

FUMIGÈNE adj. et n.m. Se dit de substances, d'armes, d'engins conçus pour produire de la fumée pour la signalisation, le camouflage, etc.

FUMISTE n. (de *1. fumer*). Spécialiste de l'entretien des cheminées, de l'installation des appareils de chauffage. ◆ adj. et n. Fam. Qui ne prend pas son travail au sérieux ; plaisantin.

FUMISTERIE n.f. **1.** Profession, activité du fumiste. **2.** Fam. Action, chose dépourvue de sérieux ; supercherie : *Ce contrat n'est qu'une vaste fumisterie.*

FUMIVORE adj. et n.m. Se dit d'un foyer qui ne produit pas de fumée ou d'un appareil qui la fait disparaître.

FUMOIR n.m. **1.** Local où l'on fume des produits alimentaires. **2.** Pièce, local où l'on se réunit pour fumer.

FUMURE n.f. (de *2. fumer*). Apport d'engrais à un sol ; ensemble des produits utilisés pour cette opération.

1. FUN [fœn] adj. inv. (mot angl.). Fam. Amusant ; drôle. ◆ n.m. ▪ **C'est le fun** [Québec], c'est amusant, plaisant. ▪ **Le fun** [fam.], le plaisir ; l'amusement. ▪ **Pour le fun** [Québec], pour le plaisir. ▪ **Se faire du fun** [Québec], s'amuser. (Au Québec, on prononce [fɔn].)

2. FUN n.m. → **FUNBOARD.**

FUNAMBULE n. (du lat. *funis*, corde, et *ambulare*, marcher). Acrobate se déplaçant sur une corde tendue à grande hauteur et s'aidant d'un balancier ; fildefériste.

FUNAMBULESQUE adj. **1.** Relatif aux funambules. **2.** Litt. Bizarre jusqu'au grotesque ; extravagant : *Projet funambulesque.*

FUNBOARD ou **FUN** [fœn(bɔrd)] n.m. (mot angl., de *fun*, plaisir, et *board*, planche). Flotteur très court, dépourvu de dérive et permettant la pratique la plus sportive de la planche à voile ; sport pratiqué avec ce flotteur.

FUNÈBRE adj. (lat. *funebris*). **1.** Relatif aux funérailles : *Convoi funèbre.* **2.** Qui évoque la mort ; qui inspire un sentiment de tristesse ; lugubre : *Une ambiance funèbre.*

FUNÉRAILLES n.f. pl. (bas lat. *funeralia*). Cérémonie solennelle en l'honneur d'un mort ; obsèques.

FUNÉRAIRE adj. (bas lat. *funerarius*). Relatif aux funérailles, aux tombes : *L'art funéraire.*

FUNÉRARIUM [-rjɔm] n.m. (de *funérailles*). Lieu, salle où se réunissent avant les obsèques les proches d'une personne décédée.

FUNESTE adj. (lat. *funestus*). Qui apporte le malheur, la mort ; néfaste : *Erreur funeste* ; fatal : *Incident funeste.*

FUNESTEMENT adv. Litt. De façon funeste.

1. FUNICULAIRE n.m. (du lat. *funiculus*, petite corde). Chemin de fer destiné à gravir de très fortes rampes et dont les voitures sont mues par un câble.

2. FUNICULAIRE adj. ANAT. Relatif au cordon ombilical ou au cordon spermatique.

FUNICULE n.m. (du lat. *funiculus*, petite corde). BOT. Fin cordon qui relie l'ovule au placenta, chez les plantes à graines.

FUNK [fœnk] adj. inv. et n.m. inv. (de *funky*). Se dit d'un style de musique afro-américaine apparu à la fin des années 1960, caractérisé par un tempo très rapide, des rythmes complexes et très syncopés.

FUNKY [fœnki] adj. inv. et n.m. inv. (mot arg. anglo-amér., de *funk*, puanteur). Se dit d'un style de hard bop, apparu dans la seconde moitié des années 1950, caractérisé par des thèmes simples et des improvisations inspirées par le style de discours des prédicateurs noirs.

FURANE ou **FURANNE** n.m. CHIM. ORG. Hétérocycle aromatique (C_4H_4O), existant dans le goudron de sapin.

FURAX adj. inv. Fam. Furieux.

FURCULA n.f. (du lat. *fourca*, fourche). ORNITH. Fourchette (os).

FURET n.m. (du lat. *fur*, voleur). **1.** Mammifère carnivore très proche du putois, avec lequel il peut se reproduire, et dont la fourrure, de couleur variée, est souvent blanche ou brune. ➲ Famille des mustélidés. **2.** Jeu de société dans lequel l'un des joueurs doit deviner où se trouve un objet (le furet), passé de main en main sans qu'il l'ait vu. **3.** Vx. Personne curieuse, fouineuse.

▲ furet

FURETAGE n.m. Action de fureter.

AU FUR ET À MESURE loc. adv. (de l'anc. fr. *fur*, proportion). Petit à petit : *Il s'adaptera au fur et à mesure* ; dans la même proportion : *Elle dépense au fur et à mesure ce qu'elle gagne.* ◆ **AU FUR ET À MESURE DE** loc. prép. Successivement et en proportion de : *Faire ses courses au fur et à mesure de ses besoins.* ◆ **AU FUR ET À MESURE QUE** loc. conj. En même temps et dans la même proportion que : *Au fur et à mesure que le temps passait, son espoir s'envolait.*

FURETER v.i. [12]. **1.** Chasser le lapin dans les terriers au moyen d'un furet. **2.** Fouiller pour découvrir des choses cachées ou des secrets ; fouiner.

FURETEUR, EUSE adj. et n. Qui manifeste une curiosité indiscrète. ◆ n.m. INFORM. Navigateur.

FUREUR n.f. (lat. *furor*). **1.** Colère violente, frénétique ; rage : *Accès de fureur.* **2.** Violence déchaînée ; furie : *La fureur des flots, des combats.*

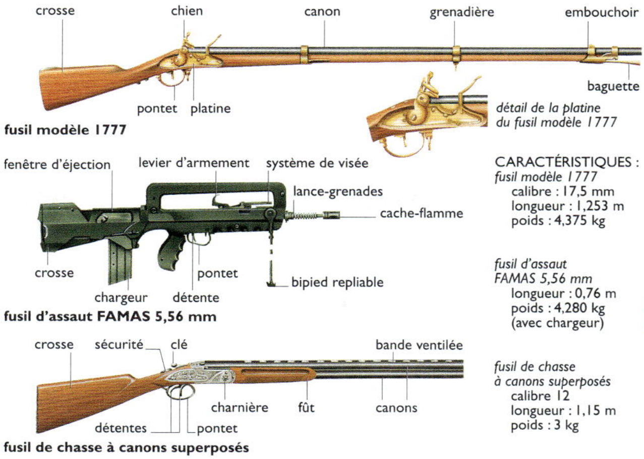

▲ **fusils** de guerre et de chasse.

3. Passion démesurée ; frénésie : *La fureur de vivre.* ▪ **Faire fureur,** être très à la mode.

FURFURACÉ, E adj. (du lat. *furfur,* pellicule). **MÉD.** Se dit de lésions recouvertes ou composées de petites squames poudreuses.

FURFURAL n.m. (pl. *furfurals*) [du lat. *furfur,* cosse de grains]. **CHIM. ORG.** Aldéhyde dérivé du furane, obtenu à partir de céréales et utilisé pour la synthèse chimique.

FURIA n.f. (mot ital.). Litt. Élan enthousiaste ; impétuosité. ▪ **La furia francese,** expression désignant la violence des attaques françaises à la bataille de Fornoue, en 1495, au cours des guerres d'Italie.

FURIBARD, E adj. Fam. Furieux.

FURIBOND, E adj. (lat. *furibundus*). Qui manifeste de la fureur : *Des yeux furibonds.*

FURIE n.f. (lat. *furia*). **1.** Violente colère ; rage : *Il l'a mise en furie.* **2.** Litt. Violence impétueuse ; fureur : *Mer en furie.* **3.** Femme emportée par la fureur ; harpie.

FURIEUSEMENT adv. Avec colère et violence.

FURIEUX, EUSE adj. et **n.** Qui manifeste de la fureur, une violente colère ; furibond. ▪ **Fou furieux,** en proie à une excitation extrême sous l'effet d'une violente colère. ◆ **adj.** D'une grande violence : *Une haine furieuse. Tempête furieuse.*

FURIOSO [fyrjozo] **adj.** (mot ital.). **MUS.** Qui a un caractère violent, furieux : *Allegro furioso.*

FURONCLE n.m. (lat. *furunculus*). Infection aiguë et suppurée d'un follicule pilo-sébacé par un staphylocoque.

FURONCULEUX, EUSE adj. Relatif au furoncle, à la furonculose.

FURONCULOSE n.f. Maladie caractérisée par des furoncles récidivants.

FURTIF, IVE adj. (du lat. *furtivus,* volé). **1.** Qui se fait à la dérobée : *Des sourires furtifs.* **2. MIL.** Se dit d'un avion, d'un bateau que leur forme et les matériaux dont ils sont faits rendent presque indétectables par les radars. ➲ L'architecture et les composants de ces appareils ont été conçus de façon qu'ils ne soient que très faiblement réfléchissants pour les ondes radar et que leur rayonnement infrarouge et leurs émissions électromagnétiques soient très fortement réduits.

FURTIVEMENT adv. De manière furtive ; à la dérobée.

FURTIVITÉ n.f. MIL. Propriété, qualité d'un avion, d'un bateau furtif.

▲ **fusain.** *La Toilette,* fusain sur calque d'Edgar Degas. (Musée du Louvre, Paris.)

FUSAIN n.m. (du lat. *fusus,* fuseau). **1.** Arbrisseau de l'hémisphère Nord tempéré, à fruits roses polylobés, qui fournit un bois de tournerie et de marqueterie et dont une espèce japonaise ornementale est cultivée pour former des haies. ➲ Famille des célastracées. **2.** Bâton de charbon de bois de fusain, servant à dessiner. **3.** Dessin exécuté avec un fusain.

FUSAINISTE ou **FUSINISTE n.** Artiste qui dessine au fusain.

FUSANT, E adj. Apte à fuser : *Poudre fusante.* ▪ **Obus fusant,** ou **fusant, n.m.,** qui explose au-dessus du sol (par oppos. à *obus percutant*).

FUSARIOSE n.f. Maladie des plantes causée par un champignon parasite.

FUSEAU n.m. (lat. *fusus*). **1.** Petite bobine galbée pour filer à la quenouille, exécuter de la dentelle, des passements : *Dentelle au(x) fuseau(x).* **2. TEXT.** Instrument conique utilisé pour filer et enrouler le fil. **3.** Mollusque gastéropode à coquille longue et pointue. ➲ Famille des buccinidés. **4. BIOL. CELL.** Faisceau de microtubules apparaissant pendant la division cellulaire et jouant un rôle dans la séparation des chromosomes au cours de l'anaphase. **5. MATH.** Partie d'une sphère comprise entre deux demi-grands cercles de mêmes extrémités. ▪ **En fuseau,** de forme allongée et aux extrémités fines : *Arbre taillé en fuseau.* ▪ **Fuseau horaire,** chacune des 24 divisions imaginaires de la surface de la Terre dont tous les points ont en principe la même heure légale. ▪ **Fuseau neuromusculaire,** organe sensoriel microscopique du muscle squelettique, sensible à l'étirement. ▪ **Pantalon fuseau,** ou **fuseau,** pantalon de sport dont les jambes vont se rétrécissant et se terminent par un sous-pied.

FUSÉE n.f. (du lat. *fusus,* fuseau). **1.** Pièce d'artifice se propulsant par réaction grâce à la combustion de la poudre : *Fusée éclairante, de détresse.* **2.** Véhicule mû par un ou plusieurs moteurs à réaction (moteurs-fusées) et pouvant se propulser hors de l'atmosphère : *Fusée à étages.* (V. ill. *lanceur.*) **3. MÉD.** Trajet parcouru par le pus à partir de l'abcès. **4. MÉCAN.** Chacune des extrémités d'un essieu supportant une roue et ses roulements. **5. HORLOG.** Pièce conique servant à régulariser le couple moteur, dans certains mécanismes anciens d'horlogerie.

FUSÉE-SONDE n.f. (pl. *fusées-sondes*). Fusée suborbitale non habitée, permettant d'effectuer des mesures et des expériences scientifiques.

FUSELAGE n.m. Corps fuselé d'un avion reliant les ailes à l'empennage, et qui contient la cabine, les soutes et le poste de pilotage.

FUSELÉ, E adj. Qui a la forme d'un fuseau ; mince et galbé : *Jambes fuselées.*

FUSELER v.t. [16], ▲ *[12].* Donner la forme d'un fuseau à.

FUSÉOLOGIE n.f. Science et technique des fusées.

FUSER v.i. [3] (du lat. *fusum,* fondu). **1.** Déflagrer avec lenteur et régularité, en parlant de la poudre. **2.** Jaillir comme une fusée ; retentir : *Des cris fusèrent de l'intérieur de la salle ;* gicler : *Un jet d'eau fusa du tuyau percé.*

FUSETTE n.f. Tube de carton ou de matière plastique, utilisé pour enrouler du fil à coudre.

FUSIBILITÉ n.f. Caractère de ce qui est fusible.

1. FUSIBLE adj. (du lat. *fusum,* fondu). **1.** Susceptible de fondre. **2.** Dont le point de fusion est peu élevé.

2. FUSIBLE n.m. 1. Dispositif contenu dans un appareil dont la fonction est de couper, par la fusion d'un ou de plusieurs de ses éléments, le courant lorsque celui-ci dépasse une valeur donnée pendant un temps suffisant. **2.** Fig., fam. Personne assumant une responsabilité pour protéger son supérieur hiérarchique.

FUSIFORME adj. Dont la forme évoque celle d'un fuseau : *Un coquillage fusiforme.*

FUSIL [fyzi] **n.m.** (du lat. *focus,* feu). **1.** Arme à feu portative, de chasse ou de guerre, constituée d'un canon de petit calibre reposant sur une monture (fût et crosse), et équipée de dispositifs de mise à feu et de visée. **2.** Personne qui tire au fusil : *Un piètre fusil.* **3.** Affiloir constitué d'une tige cannelée en acier dur, munie d'un manche. **4.** Pierre pour affûter les faux. ▪ **Changer son fusil d'épaule,** changer d'opinion, d'attitude. ▪ **Coup de fusil** [fam.], note exorbitante, au restaurant, à l'hôtel. ▪ **Fusil à pompe,** fusil à répétition dont l'alimentation se fait par le mouvement de va-et-vient d'un tube situé sous le canon.

FUSILIER n.m. Soldat armé d'un fusil. ▪ **Fusilier marin,** marin des unités de la Marine nationale destinées à être employées à terre.

FUSILLADE n.f. 1. Décharge simultanée de plusieurs fusils, de plusieurs armes à feu. **2.** Échange de coups de feu.

FUSILLER v.t. [3]. 1. Exécuter un condamné à coups de fusil. **2.** Fam., vieilli. Rendre inutilisable ; détériorer : *Fusiller sa voiture.* ▪ **Fusiller qqn du regard,** le fixer d'un regard dur et hostile.

FUSILLEUR n.m. Personne qui fusille ou donne l'ordre de fusiller.

FUSILLI [fyzili] **n.m. pl.** (mot ital.). Pâtes alimentaires spiralées.

FUSIL-MITRAILLEUR n.m. (pl. *fusils-mitrailleurs*). Arme automatique collective légère, pouvant tirer coup par coup ou par rafales. Abrév. **F-M.**

FUSINISTE n. → **FUSAINISTE.**

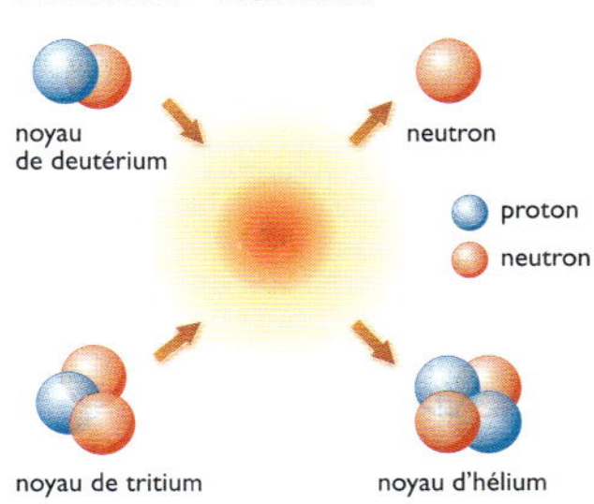

▲ **fusion.** Principe de la fusion nucléaire à partir de noyaux d'isotopes d'hydrogène.

1. FUSION n.f. (lat. *fusio*). **1.** Passage d'un corps solide à l'état liquide sous l'action de la chaleur : *La fusion d'un métal* (SYN. **1. fonte**). **2.** Fig. Réunion, combinaison étroite de deux éléments, de deux groupes : *La fusion de deux associations.* **3. PHYS. NUCL.** Union de plusieurs atomes légers (hydrogène, deutérium, etc.) en un atome plus lourd. ▪ **Cuisine fusion,** forme de cuisine moderne qui marie recettes traditionnelles et ingrédients de différents pays du monde afin de faire émerger de nouvelles créations (nems au boudin noir, par ex.). ▪ **Fusion de sociétés,** procédé de regroupement des sociétés consistant pour une ou plusieurs d'entre elles à se faire absorber par une autre *(fusion-absorption)* ou à en constituer une nouvelle *(fusion par création de société nouvelle)* avant de se dissoudre.

➲ Des processus de **FUSION** sont à l'origine de l'énergie des étoiles et permettent de constituer des noyaux d'hélium à partir de noyaux d'hydrogène, puis des noyaux de carbone à partir de ceux d'hélium, etc. De telles réactions exigent des températures extrêmement élevées, qui s'expriment en millions de degrés. On tente de reproduire ces conditions pour réaliser la fusion thermonucléaire contrôlée qui pourrait représenter une source d'énergie à peu près inépuisable.

2. FUSION **n.f.** (mot angl.). **1.** Jazz-rock. **2.** Courant musical apparu dans les années 1960, associant par la suite rock, funk, rap ou diverses musiques traditionnelles locales.

FUSION-ACQUISITION **n.f.** (pl. *fusions-acquisitions*). Acquisition de une ou plusieurs sociétés par une autre, aboutissant génér. à la création d'une nouvelle entité.

FUSIONNEL, ELLE **adj.** Se dit d'une relation affective dans laquelle l'individu ne parvient pas à se différencier de l'autre.

FUSIONNEMENT **n.m.** Action de fusionner ; fait d'être fusionné ; fusion.

FUSIONNER **v.t.** **[3].** Réunir deux éléments, deux groupes en un seul : *Fusionner deux services d'une administration.* ◆ **v.i.** S'unir pour ne faire plus qu'un ; se fondre.

FUSTANELLE **n.f.** (du lat. *fustaneum*, futaine). Court jupon masculin à plis, évasé, qui fait partie du costume national grec.

FUSTE **n.f.** (du lat. *fustis*, fût). Région. (Alpes du Sud). Maison en rondins de bois brut empilés, ajustés et entrecroisés aux angles.

FUSTET **n.m.** (de l'ar. *fustuq*, pistachier). Arbrisseau (sumac) cultivé dans les parcs pour les houppes plumeuses dont il se couvre après la floraison et appelé *arbre à perruque.* ➲ Famille des anacardiacées.

FUSTIGATION **n.f.** Litt. Action de fustiger.

FUSTIGER **v.t.** **[10]** (lat. *fustigare*). **1.** Litt. Critiquer vivement ; stigmatiser : *La presse a fustigé cette décision.* **2.** Vx. Battre à coups de bâton, de fouet.

FÛT, ▲ *FUT* [fy] **n.m.** (du lat. *fustis*, bâton). **1.** Partie du tronc d'un arbre dépourvue de branches et de rameaux. **2.** Tonneau destiné à contenir du vin, de l'eau-de-vie, du cidre, etc. (SYN. **futaille**). **3.** Monture servant de support : *Fût en bois d'un fusil. Fût d'un rabot.* **4.** ARCHIT. Corps d'une colonne, entre la base et le chapiteau. **5.** Caisse d'un tambour.

FUTAIE **n.f.** (de *fût*). Forêt provenant de semis ou de plantations, pour la production d'arbres de grande dimension au fût élevé et droit.

FUTAILLE **n.f.** Fût (tonneau).

FUTAINE **n.f.** (du lat. *fustis*, bois). Étoffe croisée dont la chaîne est en lin et la trame en coton.

FUTAL **n.m.** (pl. *futals*) [orig. obsc.]. Fam. Pantalon.

FUTÉ, E **adj.** et **n.** (de l'anc. fr. *se futer*, échapper au chasseur). Fam. Intelligent et malicieux ; malin.

FUTÉE **n.f.** (de *fût*). Pâte à bois.

FUTILE **adj.** (lat. *futilis*). Qui est sans intérêt ; insignifiant : *Il ne parle que de choses futiles* ; qui ne s'occupe que de choses frivoles ; superficiel : *Des gens futiles.*

FUTILEMENT **adv.** Avec futilité.

FUTILITÉ **n.f.** Caractère d'une chose, d'une personne futile ; chose futile : *Dire des futilités.*

FUTON **n.m.** (mot jap.). Matelas d'origine japonaise, plus ou moins épais, constitué de couches de flocons de coton.

FUTSAL [futsal] **n.m.** (du port. *futebol salão*, football en salle). Sport proche du football, mais qui oppose deux équipes de cinq joueurs et se pratique dans une salle de sport.

1. FUTUR, E **adj.** (lat. *futurus*). Qui est à venir : *Les générations futures* ; qui sera dans un temps à venir : *Son futur gendre.* ◆ **n.** Vx. Celui, celle que l'on doit épouser ; fiancé.

2. FUTUR **n.m.** **1.** Temps à venir : *Le futur les inquiète.* **2.** GRAMM. Temps verbal qui situe le procès dans l'avenir. ▪ **Futur antérieur** [gramm.], indiquant qu'une action future aura lieu avant une autre action future.

FUTURISME **n.m.** **1.** Mouvement littéraire et artistique du début du XXe s., qui rejette la tradition esthétique et exalte le monde moderne, en partic. la civilisation urbaine, la machine, la vitesse. **2.** Attitude d'une personne qui se tourne vers des idées qu'elle croit être celles de l'avenir ; état de ce qui cherche à inventer l'avenir : *Le futurisme d'une construction.*

➲ **LITTÉR.** Né en Italie autour du poète Marinetti (*Manifeste du futurisme*, 1909), et relayé en Russie notamm. par Maïakovski, le **FUTURISME** prolonge la révolte de l'expressionnisme et annonce le mouvement dada.
Refusant le lyrisme sentimental et les formes traditionnelles, Marinetti et Papini inventent les « mots en liberté », qui détruisent la versification et la syntaxe ; les mots s'agencent dans l'espace de la page au moyen de juxtapositions, de jeux typographiques et de signes mathématiques.
➲ **BX-ARTS.** Auteurs de deux manifestes en 1910, les premiers peintres du mouvement, Balla, Boccioni, Carrà, Severini, empruntent à la technique divisionniste et au cubisme pour faire interférer formes, rythmes, couleurs et lumières, qui expriment ainsi une « sensation dynamique », une simultanéité des états d'âme et des structures multiples du monde visible. Un mouvement futuriste, ou « cubo-futuriste », a existé en Russie dans les années 1910-1917 (Malevitch). Le futurisme est également devenu un courant dans l'architecture (manifeste en 1914 d'Antonio Sant'Elia [1888-1916]).

FUTURISTE **adj.** et **n.** Relatif au futurisme ; qui appartient, se rattache au futurisme. ◆ **adj.** Qui cherche à évoquer la société, les techniques de l'avenir : *Une architecture futuriste.*

FUTUROLOGIE **n.f.** Ensemble des recherches de prospective portant sur l'évolution future des sociétés.

FUTUROLOGUE **n.** Spécialiste de futurologie.

FUYANT, E [fɥijɑ̃, ɑ̃t] **adj.** **1.** Qui se dérobe, manque de franchise : *Un regard fuyant.* **2.** Qui fuit, s'éloigne rapidement : *Une ombre fuyante disparaît dans la nuit.* **3.** Qui paraît s'éloigner par l'effet de la perspective : *Horizon fuyant.* ▪ **Menton, front fuyant,** en retrait par rapport au plan général du visage. ◆ **n.m.** Litt. Ligne fuyante ; perspective.

FUYARD, E [fɥijar, ard] **n.** Personne qui s'enfuit ; fugitif. ◆ **n.m.** Soldat qui fuit devant l'ennemi.

G **n.m. inv.** Septième lettre de l'alphabet et la cinquième des consonnes. ➲ Le *g* note une constrictive sonore devant *e, i, y,* et l'occlusive vélaire sonore devant les autres lettres ; sauf exception, *gu* est prononcé [g] et *gn* sert à transcrire [ɲ]. ■ **Facteur g** ou **facteur général** [psychol.], aptitude générale intellectuelle d'un sujet correspondant à la corrélation entre les résultats qu'il a obtenus à plusieurs tests de niveau. ■ **g** [mécan.], symbole de l'intensité (ou de l'accélération) de la pesanteur ; unité d'accélération utilisée en aéronautique et en astronautique, égale à l'accélération de la pesanteur au sol (9,81 m.s^{-2} env. à Paris). ■ **G** [mus.], *sol*, dans le système de notation en usage dans les pays anglo-saxons et germaniques.

GABA **n.m.** (acronyme de l'angl. *gamma-aminobutyric acid*). Neuromédiateur, abondant dans le cerveau.

GABARDINE **n.f.** (esp. *gabardina*, de l'ar.). **1.** Étoffe de laine croisée présentant des côtes en relief sur l'endroit. **2.** Manteau imperméable fait de cette étoffe.

GABARE ou **GABARRE** **n.f.** (provenç. *gabarra*). Grand chaland pour le transport des marchandises sur les rivières et les estuaires.

GABARIT [-ri] **n.m.** (provenç. *gabarrit*). **1.** Modèle sur lequel on façonne certaines pièces, lors de la construction des navires. **2.** Modèle, instrument utilisé pour contrôler le profil, les dimensions, la conformité d'un objet. **3.** Dimension, forme réglementée d'un véhicule qui détermine les voies et passages de circulation qui lui sont accessibles : *Accès interdit aux gros gabarits.* **4.** Fam. Dimension physique ou morale ; envergure ; stature : *Avoir le gabarit d'un grand avocat.* ■ **Gabarit de chargement,** appareil vérifiant que le chargement des wagons de chemin de fer n'excède pas le gabarit réglementaire.

GABARRE **n.f.** → **GABARE.**

GABBRO **n.m.** (mot ital.). **MINÉRALOG.** Roche magmatique grenue, basique, constituée essentiellement de plagioclase calcique, de pyroxène et d'olivine.

GABEGIE [gabʒi] **n.f.** (de l'anc. fr. *gaber*, tromper). Désordre provenant d'une mauvaise gestion et entraînant du gaspillage.

GABELLE **n.f.** (anc. provenç. *gabella*, de l'ar.). **HIST.** Dans la France du Moyen Âge et de l'Ancien Régime, impôt sur le sel ; administration chargée de percevoir cet impôt.

GABELOU **n.m.** **1.** Fam. Douanier. **2.** **HIST.** Employé de la gabelle.

GABIER **n.m.** (du provenç. *gabia*, cage). Anc. Matelot préposé à la manœuvre des voiles.

GABION **n.m.** (de l'ital. *gabbione*, grande cage). **1.** Abri des chasseurs de gibier d'eau. **2.** **TRAV. PUBL.** Caisse à carcasse métallique remplie de sable ou de cailloux, servant notamm. à renforcer une berge, un talus. **3.** **FORTIF.** Cylindre de branchages, rempli de terre, servant de protection dans la guerre de siège.

GÂBLE ou **GABLE** **n.m.** (du gaul.). **ARCHIT.** Surface décorative triangulaire, pleine ou ajourée et à rampants moulurés, qui couronne certains arcs (portails gothiques, partic.).

▲ **gâble.** Le gâble de la cathédrale de Tours (XVe s.).

GABONAIS, E **adj.** et **n.** Du Gabon ; de ses habitants.

GÂCHAGE **n.m.** **CONSTR.** Action de gâcher.

1. GÂCHE **n.f.** (du francique **gaspia*, boucle). Pièce métallique formant boîtier, fixée au chambranle d'une porte et dans laquelle s'engage le pêne d'une serrure.

2. GÂCHE **n.f.** (de *gâcher*). **1.** Outil de maçon pour gâcher. **2.** **IMPRIM.** Passe.

3. GÂCHE **n.f.** (de *gâcher*, pétrir). **1.** Région. (Bretagne, Normandie). Petit pain plat, de forme ronde ou allongée. **2.** Région. (Vendée). Brioche de forme ovale, présentant une large fente longitudinale.

GÂCHER **v.t.** **[3]** (du francique **waskôn*, laver). **1.** **CONSTR.** Délayer et malaxer du plâtre, du ciment, etc. **2.** Faire un mauvais emploi de qqch ; gaspiller : *Gâcher de la nourriture* ; galvauder : *Gâcher son talent.* ■ **Gâcher le métier** [fam.], travailler à trop bon marché.

GÂCHETTE **n.f.** (de *1. gâche*). **1.** Pièce d'acier solidaire de la détente et commandant le départ du coup d'une arme à feu. **2.** Cour. (Abusif en armurerie). Détente. **3.** **ÉLECTRON.** Électrode de commande d'un thyristor.

GÂCHEUR, EUSE **adj.** et **n.** Qui gâche, gaspille.

GÂCHIS **n.m.** Action de gâcher par une mauvaise utilisation ; gaspillage ; désordre qui en résulte ; chaos.

GADE **n.m.** → **GADIDÉ.**

GADGET [gadʒɛt] **n.m.** (mot angl.). **1.** Petit objet plus ou moins utile, amusant par son caractère de nouveauté : *Il a toujours le dernier gadget.* **2.** Péjor. Dispositif, projet nouveau mais jugé peu utile : *Cette loi n'est qu'un gadget.*

GADGÉTISER **v.t.** **[3].** Équiper de gadgets ; donner la fonction de gadget à : *Éviter de gadgétiser les luttes écologiques.*

GADIDÉ ou **GADE** **n.m.** (du gr. *gados*, morue). Poisson téléostéen possédant souvent un barbillon tactile sous la mandibule, dont les espèces marines sont la morue, l'églefin, le merlan et le colin. ➲ Les gadidés forment une famille.

GADIN **n.m.** (var. de *galet*). Fam. ■ **Prendre** ou **ramasser un gadin,** tomber, en parlant d'une personne.

GADJO **n.m.** (pl. *gadjos* ou *gadjé*). Non-Gitan, pour un Gitan.

GADOLINIUM [-njɔm] **n.m.** **1.** Métal du groupe des terres rares. **2.** Élément chimique (Gd), de numéro atomique 64, de masse atomique 157,25.

GADOUE **n.f.** (orig. obsc.). **1.** Fam. Terre détrempée ; boue : *Patauger dans la gadoue.* **2.** Masse de neige visqueuse, flottant sur l'eau après une forte chute de neige. ◆ **n.f. pl.** Amendement obtenu à partir des ordures ménagères ou des résidus de traitement des eaux usées, par fermentation ou compostage.

GADOUILLE **n.f.** Fam. Boue ; gadoue.

GADROUILLE **n.f.** Suisse. Fam. Gadoue.

GADROUILLER **v.i.** **[3].** Suisse. Fam. Patauger dans la boue.

GAEC ou **G.A.E.C.** [gaɛk] **n.m.** (acronyme de *groupement agricole d'exploitation en commun*). En France, forme de société* civile agricole.

GAÉLIQUE **adj.** Relatif aux Gaëls. ■ **Sports gaéliques,** sports, pratiqués notamm. en Irlande, comprenant des versions locales du football, du rugby, du hockey, etc. ◆ **n.m.** **LING.** Branche du celtique qui comprend l'écossais (erse) et l'irlandais.

1. GAFFE **n.f.** (du provenç. *gaf*, croc). **MAR.** Perche munie d'un croc et d'une pointe métallique pour accrocher, accoster, etc.

2. GAFFE **n.f.** (de *2. gaffer*). Fam. Action, parole maladroite : *Multiplier les gaffes.*

3. GAFFE **n.f.** (de l'arg. *gaffer*, regarder). Fam. ■ **Faire gaffe,** être sur ses gardes ; se méfier.

1. GAFFER **v.t.** **[3].** **MAR.** Accrocher avec une gaffe.

2. GAFFER **v.i.** **[3].** Fam. Commettre une bévue, une gaffe.

SE GAFFER **v.pr.** **[3]** (de *faire gaffe*). Suisse. Fam. Prendre garde.

GAFFEUR, EUSE **adj.** et **n.** Fam. Qui commet des gaffes ; maladroit.

GAG [gag] **n.m.** (mot angl.). Situation, jeu de scène engendrant un effet comique.

GAGA **adj.** et **n.** (onomat.). Fam. Gâteux ; sénile.

GAGAKU [-ku] **n.m.** (mot jap.). Musique de cour de l'Empire japonais, comprenant les pièces orchestrales, la musique de danse, les chants et la musique rituelle.

GAGE n.m. (francique **waddi*). **1. DR.** Objet mobilier (par oppos. à *antichrèse*) remis en dépôt pour garantir le paiement d'une dette ; contrat, droit relatif à cet objet. **2.** Fig. Ce qui représente une garantie, une caution ; assurance : *Son expérience est le gage de notre réussite* ; preuve : *Un gage d'amitié.* **3.** Dans un jeu, pénitence infligée par les autres joueurs à celui qui a perdu une partie ou commis une faute. ◆ **n.m. pl.** Vx. Rémunération des domestiques. ■ **Être aux gages de qqn** [vx], le servir moyennant argent ; le servir aveuglément. ■ **Tueur à gages,** homme payé pour assassiner qqn.

GAGÉ, E adj. DR. Se dit d'un objet mis en gage.

GAGER v.t. [10]. 1. DR. Garantir par un gage. **2.** Litt., vx. Parier : *Je gage qu'il ment.*

GAGEUR, EUSE n. DR. Personne qui gage.

GAGEURE, ▲ *GAGEÜRE* [gaʒyr] **n.f. 1.** Litt. Acte, projet qui semble irréalisable, insensé : *Se loger dans les grandes villes est devenu une gageure.* **2.** Vx ou Québec. Engagement à payer un gage si l'on perd un pari.

GAGISTE adj. et **n. DR.** Qui détient un gage.

GAGNABLE adj. Qui peut être gagné.

GAGNAGE n.m. 1. VÉNER. Lieu où le gros gibier va chercher la nourriture. **2.** Vx. Pâturage.

GAGNANT, E adj. et **n.** Qui gagne ou qui a gagné. ◆ **adj.** Qui gagne ; qui fait gagner : *Numéro gagnant.*

GAGNANT-GAGNANT n.m. inv. et **adj. inv.** Résultat d'une négociation favorable à chacune des parties : *Des contrats gagnant-gagnant.*

GAGNE n.f. Fam. ■ **La gagne,** la volonté de gagner, de réussir.

GAGNE-PAIN n.m. inv., ▲ *n.m. (pl. gagne-pains).* Ce qui permet à qqn de gagner sa vie ; emploi.

GAGNE-PETIT n. inv., ▲ *GAGNEPETIT n.* Péjor. Personne sans ambition et dont le métier rapporte peu.

GAGNER v.t. [3] (du francique **waidanjan,* faire du butin). **1.** Obtenir un profit, un gain, un avantage ; acquérir : *Gagner sa vie, un lot à une tombola* ; conquérir : *Gagner l'estime de qqn* ; mériter : *Il a bien gagné ses vacances.* **2.** Être le gagnant ou le vainqueur de ; remporter : *Gagner une compétition, un procès.* **3.** Atteindre un lieu : *Le nageur a gagné l'autre rive.* **4.** S'emparer progressivement de qqn ; envahir : *Le froid, la peur nous gagnent.* **5.** Économiser qqch : *Gagner du temps, de la place.* ■ **Gagner du terrain,** progresser en bien ou en mal ; avancer : *Éviter que l'incendie, le racisme gagne du terrain.* ◆ **v.i. 1.** Être le vainqueur ; l'emporter : *Notre équipe a gagné.* **2.** Tirer avantage de qqch, en parlant de qqn : *Il gagne à être connu* ; s'améliorer, en parlant de qqch : *Le vin gagne en vieillissant.*

GAGNEUR, EUSE n. Personne animée par la volonté de gagner : *Il a un tempérament de gagneur.*

GAGUESQUE [gagɛsk] **adj.** Fam. Qui tient du gag ; que l'on a du mal à croire.

GAI, E adj. (du francique **gâheis,* impétueux). **1.** Qui manifeste de la bonne humeur, de la joie ; enjoué. **2.** Qui inspire la gaieté, la bonne humeur : *Un gai soleil de printemps* ; qui est joyeusement animé : *Une soirée très gaie.* **3.** Vif et lumineux, en parlant d'une couleur. **4.** Fam. Un peu ivre. ■ **Avoir le vin gai,** être euphorique quand on est ivre. ◆ **adj.** et **n.** Gay.

GAÏAC [gajak] **n.m.** (esp. *guayaco*). Arbre de l'Amérique centrale, dont le bois dur fournit une résine balsamique. ➲ Famille des zygophyllacées.

GAIEMENT, ▲ *GAIMENT* **adv.** Avec gaieté : *Bavarder gaiement.*

GAIETÉ, ▲ *GAITÉ* **n.f. 1.** Bonne humeur ; disposition à rire, à s'amuser ; enjouement. **2.** Caractère de ce qui est gai ; joie : *La gaieté des retrouvailles.* ■ **De gaieté de cœur** (souvent en tournure négative), sans y être contraint ; volontiers : *Elle n'a pas fait ce choix de gaieté de cœur.* ◆ **n.f. pl.** Côtés drôles, ou, iron., désagréments résultant d'une action, d'une situation : *Les gaietés du métro aux heures de pointe.*

GAILLAC n.m. Vin rouge ou blanc (AOC) produit dans le Tarn.

1. GAILLARD, E adj. (du gaul. **galia,* force). **1.** Plein de vigueur et d'entrain ; fringant : *Il est encore gaillard à son âge.* **2.** D'une gaieté un peu osée ; grivois : *Des anecdotes assez gaillardes.* ◆ **n. 1.** (Souvent précédé d'un adj.). Personne robuste, vigoureuse : *Une rude gaillarde.* **2.** (Surtout au masc.). Individu peu scrupuleux, dont il faut se méfier : *Ce gaillard a déjà eu affaire à la police.* **3.** (Surtout au masc.). Fam. Jeune homme : *Alors, mon gaillard !*

2. GAILLARD n.m. MAR. Anc. Superstructure située à l'avant d'un navire (SYN. **gaillard d'avant**).

1. GAILLARDE n.f. 1. Danse de bal sautillante, exécutée en couple, au XVIe s. en France. **2.** Pièce instrumentale à trois temps, de tempo vif, succédant à la pavane dans la suite ancienne (XVIe-XVIIe s.).

2. GAILLARDE ou **GAILLARDIE n.f.** (du n. de *Gaillard*). Plante ornementale à fleurs jaunes ou rouges. ➲ Famille des composées.

GAILLARDEMENT adv. De façon gaillarde.

GAILLARDISE n.f. Vieilli. Humeur, propos un peu libres ; gauloiserie.

GAILLET n.m. (lat. *galium*). Plante herbacée commune dans les prés et les haies, à très petites fleurs jaunes ou blanches, telle que la croisette et le gratteron. ➲ Famille des rubiacées.

GAIN n.m. (de *gagner*). **1.** Action de gagner qqch, ou de l'emporter dans une action : *Le gain d'un procès* ; avantage qui en résulte : *Un gain de place, de temps.* **2.** Action de gagner de l'argent ; ce que l'on gagne ; profit : *Réaliser des gains importants.* **3. ÉLECTRON.** Grandeur, souvent exprimée en décibels, caractérisant, pour un dispositif, l'amplification de puissance, d'intensité ou de tension d'un signal. ■ **Avoir** ou **obtenir gain de cause,** l'emporter dans un procès ; sortir vainqueur d'un débat, d'une discussion. ■ **Gains de survie** [dr.], avantages réservés au conjoint survivant dans le partage des biens de la communauté. ■ **Par gain de paix** [Suisse], pour éviter un conflit.

GAINAGE n.m. Action de gainer.

GAINE n.f. (du lat. *vagina,* fourreau). **1.** Étui qui recouvre, protège qqch ; fourreau : *Gaine d'une épée.* **2.** Sous-vêtement féminin en tissu élastique pour maintenir le bassin. **3. ANAT.** Enveloppe qui entoure un organe, un muscle, un tendon. **4. BOT.** Base élargie par laquelle le pétiole d'une feuille s'insère sur la tige : *Gaine comestible de l'oignon, du fenouil.* **5.** Conduit plus ou moins large destiné à divers usages, dans une construction : *Gaine d'aération, de ventilation.* **6. ARTS APPL.** Support vertical, en forme de tronc de pyramide renversé très allongé, accueillant des œuvres ou des objets d'art.

GAINE-CULOTTE n.f. (pl. *gaines-culottes*). Gaine formant culotte.

GAINER v.t. [3]. Recouvrir d'une gaine.

GAINERIE n.f. Fabrication artisanale ou industrielle d'objets gainés (plateaux, coffrets...) pour la bijouterie, la parfumerie, l'orfèvrerie, etc.

1. GAINIER, ÈRE n. Personne qui fabrique ou vend des articles de gainerie.

2. GAINIER n.m. Arbre de Judée.

GAÏTA n.f. (esp. *gaita*). Cornemuse utilisée dans la musique celtique ibérique. ➲ On la trouve surtout dans le nord-ouest de l'Espagne (Galice, Asturies) et au Portugal.

GAIZE n.f. (d'un mot des Ardennes). Roche sédimentaire siliceuse, constituant un grès riche en débris d'éponges.

GAL n.m. (pl. *gals*) [de *Galilée*]. Unité de mesure (symb. Gal) employée en géodésie et en géophysique pour exprimer l'accélération de la pesanteur et valant 10^{-2} m/s^2.

GALA n.m. (mot esp.). Grande fête, souvent de caractère officiel : *Gala de bienfaisance. Dîner de gala.*

GALACTIQUE adj. (du gr. *galaktikos,* blanc comme du lait). Relatif à la Galaxie ou à une galaxie. ■ **Bulbe galactique,** partie centrale très lumineuse d'une galaxie, composée essentiellement de *vieilles étoiles* (âgées de plus de 5 milliards d'années) et abritant généralement un trou noir dit *supermassif.* ■ **Plan galactique,** plan de symétrie de la Galaxie.

GALACTOGÈNE adj. et **n.m.** Se dit d'une substance qui favorise la sécrétion du lait.

GALACTOPHORE adj. ANAT. ■ **Canal galactophore,** canal excréteur des glandes mammaires.

GALACTOSE n.m. CHIM. Glucide du groupe des hexoses, provenant de l'hydrolyse du lactose.

GALAGO n.m. (mot africain). Petit lémurien carnassier d'Afrique.

GALAMMENT adv. Avec galanterie.

GALANDAGE n.m. (de l'anc. fr. *galande,* enceinte). **CONSTR.** Cloison de briques posées de chant. ■ **Porte à galandage,** porte montée sur un rail, qui coulisse dans un espace aménagé entre deux cloisons.

GALANT, E adj. (de l'anc. fr. *galer,* s'amuser). **1.** Se dit d'un homme prévenant avec les femmes ; courtois : *Se comporter en galant homme.* **2.** Qui a trait aux relations amoureuses : *Un rendez-vous galant.* **3.** Afrique. À la mode ; chic. ■ **En galante compagnie,** avec une personne aimée. ■ **Femme galante** [litt.], femme de mœurs légères. ◆ **n.m.** Vieilli. Homme qui recherche les aventures amoureuses. ■ **Vert galant,** homme entreprenant avec les femmes : *Henri IV, dit « le Vert Galant ».*

GALANTERIE n.f. 1. Courtoisie que manifeste un homme à l'égard des femmes. **2.** (Surtout pl.). Parole flatteuse adressée à une femme.

GALANTINE n.f. (de l'anc. fr. *galatine,* gelée). Préparation de charcuterie cuite, composée de morceaux de viande maigre et de farce, et enrobée de gelée.

GALAPIAT n.m. Fam. Vaurien ; chenapan.

GALATE adj. et **n.** De la Galatie.

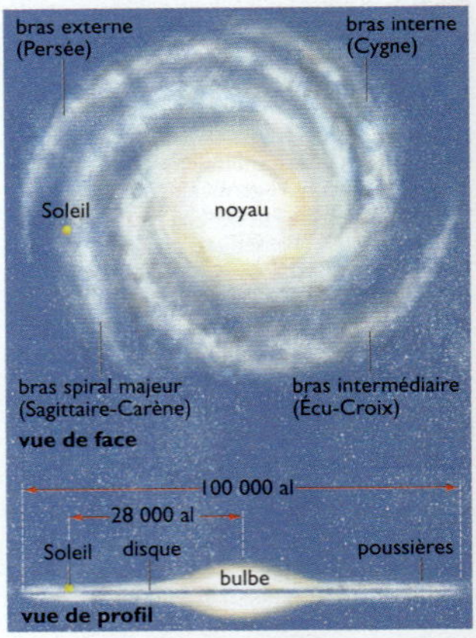

▲ **Galaxie.** Vues schématiques de la Galaxie.

GALAXIE n.f. (du gr. *galaxias,* voie lactée). **1.** Vaste ensemble d'étoiles, de poussières et de gaz interstellaires, isolé dans l'espace, dont la cohésion est assurée par la gravitation. **2.** Fig. Ensemble formé par tout ce qui, de près ou de loin, participe d'une même activité : *La galaxie de la mode.* ■ **La Galaxie,** celle dans laquelle est situé le Système solaire.

➲ La **GALAXIE** se présente comme un disque très aplati d'env. 100 000 années-lumière de diamètre et de 5 000 années-lumière d'épaisseur. Sa trace dans le ciel est la Voie lactée. Le centre est situé pour nous vers la constellation du Sagittaire. Le Soleil et le Système solaire tournent à une vitesse d'env. 250 $km \cdot s^{-1}$; il leur faut env. 240 millions d'années pour effectuer le tour de la Galaxie. On connaît aujourd'hui des dizaines de millions de galaxies et celles-ci apparaissent comme le constituant fondamental de l'Univers. On les classe en trois grandes catégories, d'après leur forme : les elliptiques, les spirales et les irrégulières. On admet généralement que toutes les galaxies se sont formées simultanément, env. un milliard d'années après le big bang. La plupart des galaxies sont rassemblées au sein d'amas ou de superamas de galaxies séparés par de grands vides.

GALBE n.m. (de l'ital. *garbo*, grâce). Contour, profil plus ou moins courbe, harmonieux, d'un élément d'architecture, d'un meuble, d'une statue, du corps humain, etc. : *Le galbe d'un mollet, d'un vase.*

GALBÉ, E adj. **1.** De profil convexe : *Colonne galbée.* **2.** Se dit d'un meuble dont la face et/ou les côtés ont un profil en courbe et contre-courbe. **3.** Qui présente un contour harmonieux : *Des jambes galbées.*

GALBER v.t. [3]. Donner du galbe à ; profiler en courbe.

GALE n.f. (var. de *galle*). **1.** Infestation contagieuse de la peau par un parasite, le sarcopte, provoquant des démangeaisons. **2.** Québec. Plaque de sang coagulé qui se forme lors de la cicatrisation d'une plaie cutanée ; croûte. **3.** Maladie cryptogamique ou bactérienne des végétaux, produisant des pustules à la surface des tissus externes de la plante. **4.** Fig., fam. Personne méchante et médisante ; teigne.

GALÉASSE ou **GALÉACE** n.f. (ital. *galeazza*). Navire à voiles et à rames, plus fort et plus lourd que la galère, utilisé jusqu'au XVIIIe s.

GALÉJADE n.f. (provenç. *galejado*). Fam. Plaisanterie destinée à mystifier qqn.

GALÉJER v.i. [11], ▲*[11*]*. Fam. Raconter des galéjades ; plaisanter.

GALÈNE n.f. (du lat. *galena*, plomb). **MINÉRALOG.** Sulfure de plomb (PbS), principal minerai de plomb.

GALÉNIQUE adj. (de *Galien*, n.pr.). **PHARM.** Qui concerne la préparation, la conservation et la présentation des médicaments : *Pharmacie galénique.* ▪ **Forme galénique,** chacune des formes sous lesquelles est présenté un médicament (comprimés, solution buvable, etc.) [SYN. **forme pharmaceutique**].

GALÉOPITHÈQUE n.m. (du gr. *galê*, belette, et *pithêkos*, singe). Mammifère insectivore des îles de la Sonde et d'Indochine, de la taille d'un chat, pouvant planer grâce à une membrane latérale (patagium) soutenue par les membres et la queue. ➲ Ordre des dermoptères.

GALÈRE n.f. (catalan *galera*). **1.** Bâtiment de guerre ou de commerce à rames et à voiles, en usage de l'Antiquité au XVIIIe s. **2.** Fam. Situation difficile ou précaire ; travail pénible : *Multiplier les galères.* ▪ **Galère portugaise,** physalie. ◆ **n.f. pl. HIST.** Peine des criminels condamnés à ramer sur les galères du roi.

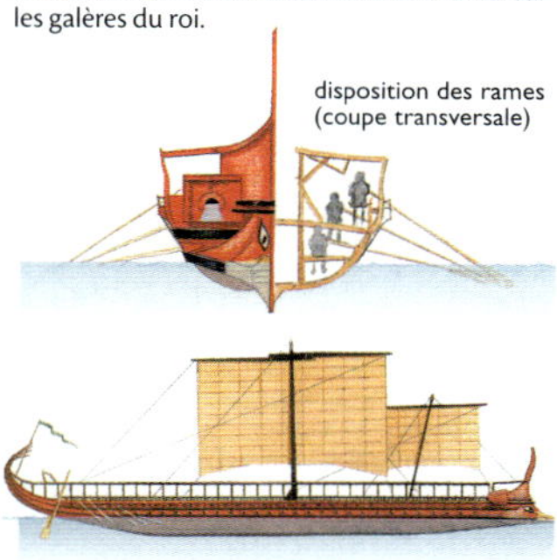

▲ **galère.** Trière grecque (Ve s. av. J.-C.).

GALÉRER v.i. [11], ▲*[11*]*. Fam. **1.** Vivre de travaux épisodiques et dans la précarité. **2.** Se donner beaucoup de mal sans résultat garanti : *Il galère pour reprendre sa place de leader.*

GALERIE n.f. (ital. *galleria*). **1.** Espace couvert en longueur, pour la circulation ou la promenade, à l'intérieur ou à l'extérieur d'un bâtiment : *Galerie de cloître.* **2.** Passage enterré ou souterrain, pour l'exploitation d'un gisement minier, la protection d'une voie, etc. **3.** Couloir de communication creusé dans le sol ou dans le bois par certains animaux (taupe, termite, etc.). **4.** Local aménagé pour recevoir une collection d'œuvres d'art ou d'objets divers : *Les galeries du Louvre.* **5.** Collection d'œuvres ou d'objets d'art, exposés les uns à côté des autres : *Une galerie de portraits.* **6.** Local d'exposition où se fait le commerce des œuvres ou des objets d'art : *Une galerie d'art contemporain.* **7.** Dans une salle de spectacle, étage situé au-dessus du dernier balcon. **8.** Vx. Ensemble des spectateurs d'une compétition, d'un jeu, etc. **9.** Petite balustrade couronnant un meuble, une marquise, une serre, etc. **10. AUTOM.** Cadre métallique fixé sur le toit d'un véhicule pour le transport des bagages. ▪ **Amuser la galerie** [fam.], les personnes présentes. ▪ **Galerie marchande,** passage piétonnier couvert, bordé de commerces. ▪ **Pour la galerie** [fam.], pour se faire remarquer en tentant de se faire valoir.

GALÉRIEN n.m. **HIST.** Homme condamné aux galères. ▪ **Vie de galérien,** très pénible.

GALERISTE n. Personne qui tient une galerie d'art.

GALERNE n.f. (du gaul.). Région. (Ouest). Vent de nord-ouest, humide et froid, soufflant en rafales sur l'ouest de la France.

GALÉRUQUE n.f. (du lat. *galea*, casque, et *eruca*, chenille). Insecte coléoptère phytophage, très nuisible aux arbres (orme, saule, etc.). ➲ Famille des chrysomélidés.

GALET n.m. (de l'anc. fr. *gal*, caillou). **1.** Caillou poli et arrondi par l'action de la mer, des torrents, des rivières ou des glaciers. **2. MÉCAN. INDUSTR.** Petite roue pleine pour diminuer le frottement et permettre le roulement. ▪ **Galet aménagé** [préhist.], outil obtenu à partir d'un galet éclaté par percussion sur une seule face (chopper) ou sur les deux faces (chopping-tool). ▪ **Galet porteur,** roue sur laquelle repose la chenille d'un engin chenillé. ▪ **Moteur à galet,** moteur à transmission du mouvement par contact et rotation, notamm. sur un Solex.

GALETAGE n.m. Action de galeter.

GALETAS [-ta] n.m. (du n. de la tour *Galata*, à Constantinople). **1.** Litt. Logement misérable, dans les combles d'un immeuble ; taudis. **2.** Suisse. Local de débarras dans les combles d'un bâtiment.

GALETER v.t. [16], ▲*[12]*. **MÉCAN. INDUSTR.** Ébaucher ou usiner des matières métalliques en les déformant à l'aide de galets très durs en rotation.

GALETTE n.f. (de *galet*). **1.** Préparation culinaire plate et ronde, à base de farine ou de féculents, que l'on cuit au four ou à la poêle : *Galette de pommes de terre.* **2.** En Bretagne, crêpe salée à base de farine de sarrasin. **3.** Belgique. Gaufrette. **4.** Nom donné à certains gâteaux secs : *Galettes pur beurre.* **5.** Fig., fam. Tout objet en forme de galette : *Des galettes de chaise.* **6.** Fam. Disque compact ou vinyle. **7.** Fam., vieilli. Argent ; fortune : *Avoir de la galette.* ▪ **Plat comme une galette,** de forme aplatie ; très peu épais. ▪ **Galette des Rois,** gâteau en pâte feuilletée que l'on mange pour la fête des Rois et qui contient une fève permettant de désigner le « roi » ou la « reine » de l'assistance.

GALEUX, EUSE adj. et n. Atteint de la gale : *Chien galeux.* ▪ **Brebis galeuse,** personne méprisée et rejetée par un groupe social.

GALGAL n.m. (pl. *galgals*) [de l'anc. fr. *gal*, caillou]. **PRÉHIST.** Tumulus en pierres sèches couvrant un monument mégalithique.

GALHAUBAN n.m. (anc. fr. *calauban*). **MAR.** Chacun des haubans capelés en tête de mât ou dans sa partie supérieure.

GALICIEN, ENNE adj. et n. De la Galice ou de la Galicie. ◆ **n.m.** Langue romane, proche du portugais, parlée en Galice.

1. GALILÉEN, ENNE adj. et n. De la province de Galilée. ◆ **n.m.** ▪ **Le Galiléen,** Jésus-Christ. ▪ **Les Galiléens,** les premiers chrétiens.

2. GALILÉEN, ENNE adj. Relatif aux travaux et aux conceptions de Galilée. ▪ **Référentiel** ou **repère galiléen** [phys.], dans lequel s'applique la relation fondamentale de la dynamique. ➲ La résultante des forces s'appliquant sur un corps est égale au produit de la masse du corps par son accélération.

GALIMATIAS [-tja] n.m. (du bas lat. *ballimathia*, chanson obscène). Discours ou écrit embrouillé et confus ; charabia.

GALION n.m. (de l'anc. fr. *galie*, galère). Grand navire armé en guerre, utilisé notamm. par les Espagnols à partir du XVIe s. pour rapporter l'or, l'argent et les marchandises précieuses de leurs colonies du Nouveau Monde.

GALIOTE n.f. **MAR. 1.** Anc. Petite galère légère. **2.** Mod. Navire à voiles hollandais, génér. gréé en goélette, très arrondi à l'avant et à l'arrière.

GALIPETTE n.f. (de l'anc. fr. *galer*, s'amuser). Fam. Cabriole ; culbute.

GALIPOT n.m. (mot provenç.). **MAR.** Mastic de résine de pin maritime et de matières grasses, destiné à protéger le bois ou certaines pièces métalliques d'un bateau.

GALIPOTE n.f. Québec. Fam. ▪ **Courir la galipote,** chercher des aventures galantes.

GALLE n.f. (lat. *galla*). Excroissance produite chez les végétaux sous l'influence de certains parasites (insectes, champignons) [SYN. **cécidie**]. ▪ **Noix de galle,** galle ronde du chêne, utilisée comme source de tanin.

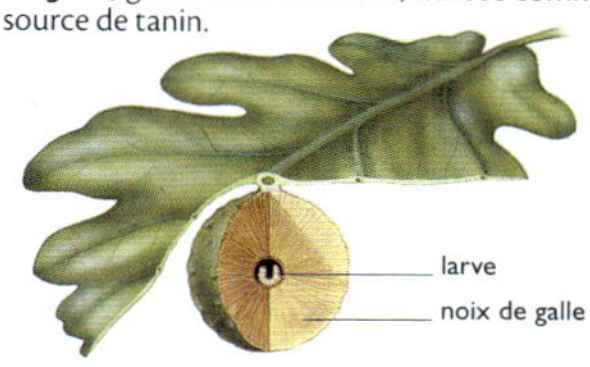

▲ **galle** du chêne.

GALLÉRIE n.f. (lat. *galleria*). Insecte lépidoptère dont la chenille fait de gros ravages dans les ruches (SYN. **fausse teigne, teigne de la cire**). ➲ Famille des pyralidés.

GALLEUX, EUSE adj. **CHIM. MINÉR.** Relatif aux composés du gallium divalent.

GALLICAN, E adj. et n. Relatif à l'Église de France ; partisan du gallicanisme.

GALLICANISME n.m. Doctrine ayant pour objet la défense des franchises de l'Église de France (gallicane) à l'égard du Saint-Siège.

GALLICISME n.m. (du lat. *gallicus*, gaulois). **LING. 1.** Mot, sens, expression ou construction propres à la langue française (ex. : *il y a*). **2.** Emprunt fait au français par une autre langue.

GALLICOLE adj. Se dit d'un insecte qui vit dans les galles ou cause leur apparition.

GALLINACÉ ou **GALLIFORME** n.m. (du lat. *gallina*, poule). Oiseau omnivore, au corps trapu et au vol lourd, tel que la poule, la perdrix, la caille, le faisan, la pintade, le dindon. ➲ Les gallinacés forment un ordre.

GALLINULE n.f. Poule d'eau.

GALLIQUE adj. **CHIM. MINÉR.** Relatif aux composés du gallium trivalent.

GALLIUM [galjɔm] n.m. (du lat. *gallus*, coq). **1.** Métal rare, blanc bleuâtre, aux propriétés chimiques proches de celles de l'aluminium. **2.** Élément chimique (Ga), de numéro atomique 31, de masse atomique 69,723.

GALLO adj. et n. (du breton *gall*, français). De la Bretagne non bretonnante. ◆ **n.m.** Dialecte de langue d'oïl parlé en Bretagne non bretonnante.

GALLOIS, E adj. et n. Du pays de Galles. ◆ **n.m.** Langue celtique du pays de Galles.

GALLON n.m. (mot angl.). ▪ **Imperial** ou **UK gallon,** unité de capacité utilisée en Grande-Bretagne et, anc., au Canada, égale à 4,546 litres [symb. gal (UK)]. ▪ **US gallon,** unité américaine de capacité, égale à 3,785 litres.

GALLO-ROMAIN, E adj. et n. (pl. *gallo-romains, es*). Qui appartient à la civilisation qui s'épanouit en Gaule du Ier s. av. J.-C. à la fin du Ve s. apr. J.-C.

GALLO-ROMAN, E adj. et n.m. (pl. *gallo-romans, es*). Se dit des dialectes romans parlés dans l'ancienne Gaule.

GALOCHE n.f. (de l'anc. fr. *gal*, caillou). **1.** Chaussure de cuir épais à semelle de bois. **2. MAR.** Poulie longue et plate, ouverte sur l'une de ses faces. ▪ **Menton en galoche** [fam.], long, pointu et relevé vers l'avant.

GALON n.m. **1.** Bande tissée ou tressée utilisée comme ornement dans l'habillement et l'ameublement. **2. MIL.** Signe distinctif des grades porté sur l'uniforme. **3.** Québec. Instrument servant à prendre des mesures, constitué d'un simple ruban gradué ou s'enroulant dans un boîtier. ▪ **Prendre du galon,** monter en grade ; obtenir une promotion.

GALONNER v.t. [3] (de l'anc. fr. *galer*, s'amuser). Mettre, coudre un galon sur.

GALOP n.m. 1. La plus rapide des allures naturelles du cheval et de certains quadrupèdes. **2.** Danse de bal, dérivée de la dernière figure du quadrille, exécutée en couple, en Europe au milieu du XIXe s. **3.** Pièce instrumentale de tempo vif à 2/4. ▪ **Au galop** [fam.], très vite ; en se dépêchant : *Visiter un musée au galop.* ▪ **Bruit de galop** [méd.], anomalie de l'auscultation cardiaque, évoquant un galop, par ajout d'un troisième bruit à chaque cycle. ▪ **Galop d'essai,** épreuve, test probatoires.

GALOP n.m. (nom déposé). **ÉQUIT.** Diplôme attestant le niveau équestre (de 1 à 7) d'un cavalier : *Passer, obtenir son Galop.*

GALOPADE n.f. 1. ÉQUIT. Course au galop. **2.** Course précipitée : *La galopade des élèves à la fin des cours.*

GALOPANT, E adj. Se dit d'un phénomène qui s'accélère, que l'on ne peut maîtriser : *Désindustrialisation galopante.*

GALOPER v.i. [3] (du francique). **1. ÉQUIT.** Aller au galop. **2.** Courir très vite.

GALOPEUR, EUSE adj. et **n.** Qui galope. ◆ **n.m.** Cheval qui dispute des courses au galop.

GALOPIN n.m. (de *galoper*). **1.** Fam. Polisson ; garnement. **2.** Verre de bière d'une contenance d'env. 12,5 cl.

GALOUBET n.m. (mot provenç.). Petite flûte à bec provençale, à trois trous, au son aigu et perçant.

GALUCHAT n.m. (du n. de *Galuchat*). Peau de la raie, du squale, préparée et teinte pour la reliure, la maroquinerie, la gainerie, etc.

GALURIN ou **GALURE n.m.** (de l'anc. fr. *galer*, s'amuser). Fam., vieilli. Chapeau.

GALVANIQUE adj. MÉD. ▪ **Courant galvanique,** courant continu employé en électrothérapie.

GALVANISATION n.f. 1. MÉTALL. Action de galvaniser. **2. MÉD.** Traitement par les courants galvaniques.

GALVANISER v.t. [3]. 1. MÉTALL. Recouvrir une pièce métallique d'une couche de zinc à chaud, par immersion dans un bain de zinc fondu. **2.** Donner une énergie soudaine à ; enflammer : *Ce slogan a galvanisé les manifestants.*

GALVANISME n.m. (de L. *Galvani*, n.pr.). **BIOL.** Action des courants électriques continus de basse tension sur certains organes animaux (nerfs, muscles).

GALVANOMÈTRE n.m. Instrument qui sert à mesurer l'intensité des courants électriques faibles en utilisant leurs actions électromagnétiques pour produire la déviation d'un système aimanté.

GALVANOPLASTIE n.f. Procédé consistant à déposer par électrolyse une couche de métal sur un support, métallique ou non, pour le recouvrir (SYN. **électrodéposition**).

GALVANOPLASTIQUE adj. Relatif à la galvanoplastie ; obtenu par ce procédé.

GALVANOTYPE n.m. Cliché typographique autref. obtenu par galvanotypie.

GALVANOTYPIEn.f. Galvanoplastie autref. appliquée à la production de clichés typographiques.

GALVAUDAGE n.m. Action de galvauder.

GALVAUDER v.t. [3] (de l'anc. fr. *galer*, s'amuser, et de *ravauder*). Faire un mauvais usage de ; déprécier : *Galvauder une idée, son nom.*

GAMAY [gamɛ] **n.m.** (de *Gamay*, n. d'une commune). Cépage rouge cultivé dans le Beaujolais et dans le Centre ; vin issu de ce cépage.

GAMBA [gɑ̃(m)ba] **n.f.** (mot esp.). Grosse crevette des eaux profondes de la Méditerranée et de l'Atlantique. ➲ Genre *Parapenaeus.*

GAMBADE n.f. (du provenç. *cambo*, jambe). Bond léger qui manifeste la gaieté, la joie ; cabriole.

GAMBADER v.i. [3]. Faire des gambades ; sautiller.

VIOLE DE GAMBE n.f. → **VIOLE.**

GAMBERGE n.f. Fam. Réflexion ; imagination.

GAMBERGER v.i. et **v.t. [10]** (anc. arg. *comberger*). Fam. Réfléchir ; imaginer : *Cette affaire le fait gamberger.*

1. GAMBETTE n.m. Oiseau échassier du genre chevalier, d'Europe, d'Asie centrale et d'Afrique du Nord-Ouest, nichant dans les marais et sur les côtes. ➲ Famille des scolopacidés.

2. GAMBETTE n.f. (var. picarde de *jambette*). Fam. Jambe : *Elle a de belles gambettes.*

GAMBILLER v.i. [3] (du picard *gambille*, jambe). Fam. Danser.

GAMBISTE n. Instrumentiste qui joue de la viole de gambe.

GAMBIT [gɑ̃bi] **n.m.** (de l'ital. *gambetto*, croc-en-jambe). Aux échecs, sacrifice d'une pièce en vue d'obtenir un avantage d'attaque ou une supériorité de position.

GAMBUSIE n.f. (esp. *gambusina*). Petit poisson vivipare originaire d'Amérique du Nord, acclimaté dans de nombreux étangs et marais des régions tropicales et tempérées, où il détruit les larves de moustiques. ➲ Long. 6 cm env. ; famille des pœciliidés.

GAMELAN n.m. (du javanais *gamel*). Orchestre d'instruments à percussion (gongs, tambours, sarons, etc.) javanais ou balinais.

GAMELLE n.f. (ital. *gamella*). **1.** Récipient métallique, individuel ou collectif, muni ou non d'un couvercle, pour faire la cuisine ou transporter des aliments préparés ; son contenu. **2.** Fam. Projecteur, sur un plateau de théâtre, de cinéma, de télévision. ▪ **Ramasser une gamelle** [fam.], faire une chute, en parlant d'une personne ; fig., essuyer un échec.

GAMER [gemœr] **n.m.** → **GAMEUR.**

GAMÈTE n.m. (du gr. *gametês*, époux). **BIOL.** Cellule reproductrice, mâle ou femelle, dont le noyau ne contient qu'un seul chromosome de chaque paire (noyau haploïde), et dont la fusion avec le gamète de sexe opposé (fécondation) donne naissance à un œuf (ou zygote).

GAMÉTOGENÈSE n.f. Formation des gamètes.

GAMÉTOPHYTE n.m. BOT. Organisme végétal issu de la germination d'une spore et élaborant les gamètes des deux sexes ou d'un seul d'entre eux. ➲ Les cellules d'un gamétophyte sont toutes haploïdes. Le prothalle de fougère, les tiges des mousses sont des gamétophytes.

GAMEUR, EUSE [ge-] **n.** ou **GAMER** [gemœr] **n.m.** (angl. *gamer*). Personne passionnée de jeux vidéo et y jouant fréquemment.

GAMIN, E n. (orig. obsc.). Fam. **1.** Enfant : *Se conduire comme un gamin.* **2.** Fils ou fille : *S'occuper des gamins.* ◆ **adj.** Fam. Qui a un esprit jeune, espiègle : *Elle est très gamine.*

GAMINERIE n.f. Caractère, esprit, acte d'un gamin ; enfantillage.

GAMMA n.m. inv., ▲ *n.m.* Troisième lettre de l'alphabet grec (Γ, γ), correspondant au g français. ▪ **Point gamma,** point vernal*. ▪ **Rayons gamma** [phys.], radiations émises par les corps radioactifs, analogues aux rayons X mais beaucoup plus pénétrantes et de longueur d'onde plus petite, ayant une action biologique puissante. ▪ **Sursaut gamma** [astron.], émission sporadique et brève (de quelques millisecondes à plusieurs minutes) de rayons gamma issus d'événements d'une très grande ampleur (naissance d'un trou noir, fusion de deux étoiles à neutrons, par ex.), constituant le phénomène de l'Univers qui produit le plus d'énergie.

GAMMAGLOBULINE n.f. BIOCHIM. Globuline du plasma sanguin, ayant souvent des propriétés d'immunoglobuline (nom générique).

GAMMAGRAPHIE n.f. TECHN. Radiographie de la structure de corps opaques au moyen de rayons gamma, utilisée pour des contrôles non destructifs.

GAMMARE n.m. (lat. *gammarus*). Petit crustacé vivant sous les pierres, dont les espèces fréquentent les eaux marines ou les eaux douces, parfois désigné sous le nom impropre de *crevette d'eau douce.* ➲ Long. 1 cm ; ordre des amphipodes.

GAMME n.f. (lat. *gamma*, du gr.). **1. MUS.** Série de sons conjoints, ascendants ou descendants, disposés à des intervalles convenus, dans l'espace de l'octave et dans un système musical donné : *Faire des gammes au piano.* **2.** Fig. Série de choses, d'objets de même nature qui présentent diverses nuances, divers degrés ; palette : *Une gamme de couleurs, de lecteurs DVD.* ▪ **Haut, bas de gamme, loc. adj., n.m.** [comm.], supérieur, inférieur, au sein d'une série d'articles, du point de vue du prix, de la qualité, etc. : *Des ordinateurs haut de gamme* ; ce qui appartient à cette catégorie : *N'acheter que le haut de gamme.*

➲ Dans la musique occidentale, les **GAMMES** se divisent en gammes diatoniques et en gammes chromatiques. Il y a deux sortes de gammes diatoniques : la gamme *majeure*, qui se compose de cinq tons et de deux demi-tons ; la gamme *mineure*, qui se compose de trois tons, d'un ton et demi et de trois demi-tons. Toutes les gammes prennent le nom de la note par laquelle elles commencent. Chaque gamme chromatique comprend les douze sons de l'échelle tempérée.

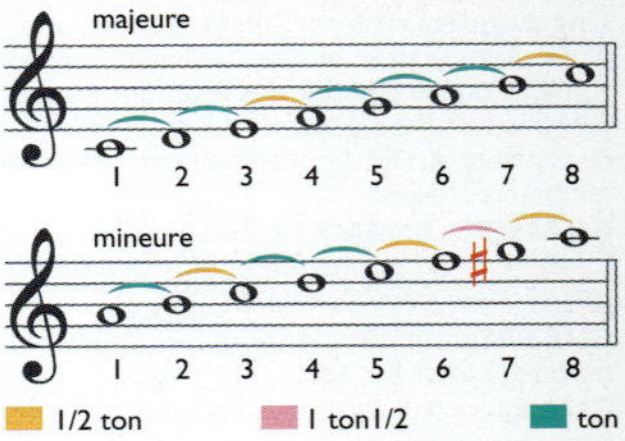

▲ **gammes**

GAMMÉE adj.f. ▪ **Croix gammée,** autre nom donné au svastika, en raison de la forme de gamma majuscule (Γ) des quatre branches de cette croix. ➲ L'Allemagne nazie l'adopta comme emblème (branches orientées vers la droite, croix inclinée de 45°).

GAMOPÉTALE adj. et **n.f.** (du gr. *gamos*, mariage). **BOT.** Se dit d'une fleur dont les pétales sont soudés entre eux, et d'une plante dotée de telles fleurs (par oppos. à *dialypétale*). ➲ Les gamopétales forment une sous-classe.

GAMOSÉPALE adj. (du gr. *gamos*, mariage). **BOT.** Se dit d'une fleur dont le calice présente des sépales plus ou moins soudés entre eux (par oppos. à *dialysépale*).

GAN [gan] **n.m.** Dialecte chinois parlé au Jiangxi et au sud du Hubei.

GANACHE n.f. (de l'ital. *ganascia*, mâchoire). **1. ZOOL.** Partie latérale et postérieure de la mâchoire inférieure des quadrupèdes. **2.** Crème de pâtisserie à base de chocolat, de beurre et de crème fraîche. **3.** Fam., vieilli. Personne stupide et incapable.

GANADERIA, ▲ *GANADÉRIA* [ganaderija] **n.f.** (mot esp.). Élevage de bovins, spécial. de taureaux de combat.

GANDIN n.m. (orig. incert.). Litt., vieilli. Jeune homme d'une élégance recherchée et voyante.

GANDOURA n.f. (ar. *gandūra*). Tunique sans manches, portée sous le burnous ou la djellaba, notamm. en Afrique du Nord.

GANG [gɑ̃g] **n.m.** (mot angl. « équipe »). Bande organisée de malfaiteurs.

GANGA n.m. (mot catalan). Oiseau herbivore des régions méditerranéennes, au plumage bigarré. ➲ Famille des ptéroclididés.

GANGÉTIQUE adj. Relatif au Gange.

GANGLION n.m. (du gr. *gagglion*, glande). **ANAT.** ▪ **Ganglion lymphatique,** petit organe lymphoïde situé sur le trajet des vaisseaux lymphatiques et intervenant dans les défenses immunitaires. ▪ **Ganglion nerveux,** petit renflement sur le trajet de certains nerfs.

GANGLIONNAIRE adj. Relatif aux ganglions.

GANGRÈNE n.f. (du gr. *gaggraina*, pourriture). **1. MÉD.** Nécrose des tissus due à un arrêt circulatoire ou à une infection, en partic. quand un segment de membre est touché. **2.** Fig., litt. Mal insidieux : *La gangrène de la corruption.*

GANGRENER [12], ▲ *GANGRÉNER [11],* ▲ *[11*]* **v.t. 1.** Provoquer la gangrène de. **2.** Fig., litt. Corrompre un groupe, des institutions ; empoisonner. ◆ **SE GANGRENER v.pr.** Être atteint par la gangrène.

GANGRENEUX, EUSE, ▲ *GANGRÉNEUX, EUSE* **adj. MÉD.** De la nature de la gangrène ; atteint de gangrène.

GANGSTA RAP [gɑ̃gstarap] **n.m.** (mot anglo-amér. « rap de gangsters »). Courant musical issu du hip-hop, qui est apparu sur la côte ouest des États-Unis en 1984 et relate la vie des gangs de jeunes Afro-Américains.

GANGSTER [gɑ̃gstɛr] **n.m.** (mot anglo-amér.). Membre d'une bande de malfaiteurs, d'un gang ; bandit.

GANGSTÉRISME n.m. Activité des gangsters.

GANGUE n.f. (de l'all. *Gang*, filon). **1.** Dans un minerai, ensemble des minéraux dépourvus d'intérêt économique qui ne font pas l'objet d'une récupération. **2.** Fig. Ce qui enveloppe, dénature qqch : *La gangue des préjugés.*

GANSE n.f. (provenç. *ganso*). Cordonnet tressé ou ruban utilisé comme ornement dans l'habillement, le matelassage, etc.

GANSER v.t. [3]. Garnir d'une ganse.

GANSETTE n.f. TEXT. Maille de filet.

GANT n.m. (francique *want*). **1.** Pièce de l'habillement qui épouse la forme de la main et des doigts. **2.** Accessoire dans lequel peut se glisser la main et qui sert à divers usages et activités : *Gants de boxe.* ■ **Aller comme un gant,** convenir parfaitement. ■ **Gant de crin,** moufle en crin tricoté pour frictionner le corps. ■ **Gant de données** [inform.], gant pourvu de capteurs sensitifs, utilisé pour la manipulation d'objets virtuels sur un ordinateur. ■ **Gant de toilette,** poche de tissu-éponge pour se laver. ■ **Jeter le gant à qqn, relever le gant,** défier qqn ; accepter un défi. ■ **Mettre** ou **prendre des gants (pour),** agir avec ménagement ; mettre des formes. ■ **Retourner qqn comme un gant,** le faire complètement changer d'avis. ■ **Souple comme un gant,** docile ; soumis.

GANTELET n.m. 1. Manchon de cuir utilisé par certains ouvriers (relieurs, cordonniers, etc.) pour protéger la main (SYN. **manicle**). **2.** Anc. Gant couvert de lames de fer, qui faisait partie de l'armure.

GANTER v.t. [3]. Mettre, fournir des gants à. ◆ **v.i.** Avoir comme pointure de gants.

GANTERIE n.f. Profession, commerce du gantier.

GANTIER, ÈRE n. Personne qui fabrique, vend des gants.

GANTOIS, E adj. et **n.** De Gand.

GAP n.m. (mot angl.). **ÉCON.** Écart important, décalage, retard technologique, économique, etc. Recomm. off. **écart.**

GAPERON n.m. Fromage au lait de vache, à pâte demi-dure, aromatisé à l'ail, fabriqué en Auvergne.

GÂPETTE n.f. Fam., vieilli. Casquette.

GARAGE n.m. 1. Lieu couvert qui sert d'abri aux véhicules. **2.** Entreprise de réparation, d'entretien, de garde des automobiles. **3.** Action de garer un véhicule. ■ **Voie de garage,** voie destinée à garer des véhicules ferroviaires ; fig., emploi subalterne sans possibilité d'avancement.

GARAGISTE n. Exploitant d'un garage.

GARANCE n.f. (du francique). Plante herbacée des régions chaudes et tempérées, autref. cultivée pour sa racine, qui fournissait une teinture rouge, l'alizarine. ➲ Famille des rubiacées. ◆ **adj. inv.** De la couleur rouge vif de la garance.

1. GARANT, E adj. et **n.** (du gotique). Qui répond des actes de qqn et notamm. de ses dettes. ■ **Être** ou **se porter garant de qqch,** en répondre.

2. GARANT n.m. 1. DR. Personne qui sert de garantie, de caution. **2.** Ce qui sert de caution ou de garantie : *La justice est le garant des libertés.* **3. MAR.** Cordage formant un palan.

GARANTI n.m. DR. Personne dont les droits sont garantis par une autre (le garant).

GARANTIE n.f. 1. Ce qui assure l'exécution, le respect des termes d'un contrat : *Donner des garanties de solvabilité.* **2. DR.** Obligation incombant à l'un des cocontractants d'assurer la jouissance de qqch ou la protection contre un dommage : *Garantie décennale du constructeur.* **3. DR. ADMIN.** Constatation légale du titre des matières et ouvrages de métal précieux, qui donne lieu à la perception d'une contribution indirecte *(droit de garantie).* ■ **Contrat de garantie** [dr.], qui procure à un créancier une sûreté, en garantie de l'engagement pris par le débiteur (par un cautionnement, une hypothèque, etc.). ■ **Sous garantie** [dr.], se dit d'une marchandise dont le vendeur s'est engagé à maintenir le bon fonctionnement pendant une période donnée.

GARANTIR v.t. [21]. 1. Assurer, sous sa responsabilité, le maintien ou l'exécution de qqch ; constituer une garantie : *La loi garantit les droits du citoyen.* **2.** Répondre de la qualité d'un objet vendu et s'engager à remédier à tout défaut ou panne constatés pendant un certain temps : *Garantir un portable un an.* **3.** Répondre de l'existence, de la réalité de qqch : *Sa conduite vous garantit sa bonne foi.* **4.** Donner pour assuré : *Je te garantis qu'il acceptera.* **5.** Mettre à l'abri ; protéger : *Serrure qui garantit contre le* ou *du vol.*

GARBURE n.f. (gascon *garburo*). **CUIS.** Potée à base de chou, de légumes de saison, de haricots et de confit d'oie ou de canard. ➲ Spécialité du Sud-Ouest.

GARCE n.f. (de *gars*). Fam. Femme, fille méchante ou désagréable ; chipie. ■ **Garce de…,** maudite : *Garce de vie !*

GARCETTE n.f. (de *garce*). **MAR.** Petit cordage tressé.

GARÇON n.m. (du francique). **1.** Enfant de sexe masculin. **2.** Jeune homme : *Un garçon courageux.* **3.** Employé subalterne affecté à certains travaux ; ouvrier travaillant chez un artisan : *Garçon boucher.* **4.** Serveur, dans un café, un restaurant. **5.** Homme non marié ; célibataire. (Vieilli, sauf dans l'expression *vieux garçon.*) ■ **Enterrer sa vie de garçon,** passer avec des amis une dernière et joyeuse soirée de célibataire.

GARÇONNE n.f. Vieilli. Jeune fille à l'allure masculine menant une vie émancipée. ■ **À la garçonne,** se disait d'une coiffure féminine courte.

GARÇONNET n.m. Petit garçon ; jeune garçon.

GARÇONNIER, ÈRE adj. Vieilli. Relatif aux garçons ; qui rappelle leur comportement.

GARÇONNIÈRE n.f. Petit appartement de célibataire, qui sert souvent de lieu de rendez-vous.

1. GARDE n.f. 1. Action de surveiller un être pour le protéger. **2.** Action de surveiller qqn pour l'empêcher de fuir. **3.** Action de surveiller qqch pour le conserver en bon état, le préserver : *Assurer la garde d'un parc.* **4.** Service de surveillance, assuré à tour de rôle par plusieurs personnes : *Infirmier de garde. Être de garde.* **5.** Action de surveiller un lieu pour le défendre : *Chien de garde.* **6.** Service de surveillance, assuré par une formation militaire pour garder un accès ; détachement de militaires qui assurent ce service : *Appeler la garde.* **7.** Corps de troupes chargé d'assurer la sécurité d'un chef d'État, d'un personnage officiel. **8.** Position prise pour engager le combat et se protéger, à l'escrime, en boxe, etc. **9.** Partie d'une arme blanche couvrant sa poignée et protégeant la main. ■ **Baisser la** ou **sa garde,** cesser de se protéger ou de se défendre ; relâcher sa vigilance. ■ **Droit de garde,** exercice de l'autorité parentale, qui confère au(x) parent(s) le droit et le devoir de surveillance, d'entretien et d'éducation de leur enfant mineur. ■ **Droits de garde** [Bourse], commission payée par le client à l'intermédiaire habilité qui conserve ses valeurs mobilières. ■ **En garde !,** en position de combat. ■ **Garde à vue,** privation temporaire de liberté d'une personne dans les locaux de la police ou de la gendarmerie, pour les besoins d'une enquête de la police judiciaire. ■ **Garde juridique** [dr.], obligation légale, pour le possesseur d'un animal ou d'une chose, d'assumer la responsabilité des dommages causés. ■ **Garde nationale,** milice civique créée en France en 1789 et préposée au maintien de l'ordre. ➲ Elle fut dissoute en 1871, après son ralliement à la Commune de Paris. ■ **Garde rapprochée,** ensemble des collaborateurs de confiance entourant un homme politique, un chef d'entreprise, une vedette, etc. ■ **La Garde républicaine,** corps de la gendarmerie nationale, chargé d'assurer des missions de sécurité et des services d'honneur au profit des hautes autorités de l'État. ■ **La vieille garde,** les plus anciens membres d'un groupe, d'un parti ; les plus anciens partisans d'une personnalité. ■ **Monter la garde,** être de faction. ■ **Page** ou **feuille de garde,** ou **garde,** feuillet placé au début et à la fin d'un livre. ■ **Prendre garde,** faire attention pour éviter un désagrément. ■ **Se tenir, être en garde** ou **sur ses gardes,** se méfier. ■ **Vin de garde,** vin qui présente une bonne aptitude au vieillissement. ◆ **n.f. pl.** Pièces intérieures d'une serrure qui empêchent une clé quelconque, un outil de crochetage de la manœuvrer.

2. GARDE n.m. 1. Personne chargée de garder qqn, qqch : *Échapper à ses gardes.* **2.** Militaire de la gendarmerie nationale appartenant à la Garde républicaine. ■ **Garde champêtre,** agent communal ou intercommunal assermenté qui sanctionne les infractions rurales et de chasse, et concourt au maintien de la tranquillité publique. ■ **Garde du corps,** homme attaché à la sécurité rapprochée d'une personnalité. ■ **Garde forestier,** employé chargé de la surveillance d'une certaine étendue de forêt. ■ **Garde rouge** [hist.], membre d'un mouvement de jeunesse chinois qui défendit la Révolution culturelle (1966-1976). ◆ **n.** Personne qui a la charge de garder un malade, un enfant. ■ **Garde des Sceaux,** ministre de la Justice, en France.

GARDÉ, E adj. ■ **Chasse, pêche gardée,** domaine placé sous la surveillance d'un garde, où le propriétaire se réserve le droit de chasse, de pêche. ◆ **n.** ■ **Gardé à vue,** personne placée en garde à vue.

GARDE-À-VOUS n.m. inv. Position réglementaire (debout, immobile, les talons joints, les bras le long du corps) prise par les militaires en certaines occasions, notamm. au commandement d'un supérieur.

GARDE-BARRIÈRE n. (pl. *gardes-barrière[s]*), ▲ *(pl. garde-barrières).* Préposé à la surveillance, à la manœuvre des barrières d'un passage à niveau.

GARDE-BŒUF n.m. (pl. *garde-bœuf[s]*). Petit héron blanc à houppe fauve, d'Eurasie et d'Afrique, qui se perche sur les bœufs, les rhinocéros, etc., et se nourrit de leurs parasites (SYN. **pique-bœuf**). ➲ Famille des ardéidés.

▲ **garde-bœuf**

GARDE-BOUE n.m. inv., ▲ ***n.m.*** *(pl. garde-boues).* Partie de la carrosserie qui entoure les roues (automobiles) ou pièce incurvée placée au-dessus des roues (cycles, motocycles) pour protéger des projections de boue.

GARDE-CHASSE n.m. (pl. *gardes-chasse[s]*), ▲ *(pl. garde-chasses).* Garde chargé de veiller à la conservation du gibier et de réprimer les dommages causés aux propriétés privées dont il est responsable.

GARDE-CHIOURME n.m. (pl. *gardes-chiourme[s]*), ▲ *(pl. garde-chiourmes).* **1.** Anc. Surveillant des galériens, des forçats. **2.** Péjor. Surveillant brutal.

GARDE-CORPS n.m. inv. 1. Barrière à hauteur d'appui, formant protection devant un vide (SYN. **garde-fou**). **2. MAR.** Cordage léger courant le long du pont, destiné à la protection des personnes (SYN. **bastingage**).

1. GARDE-CÔTE ou **GARDE-CÔTES n.m.** (pl. *garde-côtes*). **1.** Embarcation affectée à la surveillance douanière ou à la surveillance de la pêche côtière. **2.** Anc. Petit bâtiment de guerre conçu pour la surveillance des frontières maritimes.

2. GARDE-CÔTE ou **GARDE-CÔTES n.m.** (pl. *gardes-côtes*), ▲ *(pl. garde-côtes).* Agent chargé de la surveillance des côtes.

GARDE-D'EAU ou **GARDE D'EAU n.f.** (pl. *gardes[-] d'eau*). Hauteur d'eau qui, dans un siphon, empêche les remontées d'odeurs.

GARDE-FEU n.m. (pl. *garde-feu[x]*). Grille, paravent de toile métallique que l'on place devant le foyer d'une cheminée (SYN. **pare-étincelles**).

GARDE-FOU n.m. (pl. *garde-fous*). **1.** Garde-corps. **2.** Fig. Ce qui empêche de commettre des écarts, des erreurs : *Un garde-fou contre la spéculation.*

GARDE-FRANÇAISE n.m. (pl. *gardes-françaises*). Soldat du régiment des gardes françaises, créé en 1563 et chargé jusqu'en 1789 de la garde des palais royaux de Paris.

GARDE-MALADE n. (pl. *gardes-malade[s]*), ▲ *(pl. garde-malades).* Personne qui surveille et aide les malades dans les actes élémentaires de la vie, sans donner de soins.

GARDE-MANGER n.m. inv., ▲ *n.m. (pl. garde-mangers).* Petite armoire formée de châssis garnis de toile métallique ou placard extérieur servant à conserver les aliments.

GARDE-MEUBLE n.m. (pl. *garde-meubles*) ou **GARDE-MEUBLES** n.m. inv. Local spécialisé où l'on entrepose temporairement des meubles.

GARDE-NEIGE n.m. inv. Pièce de bois fixée sur la couverture d'un habitat de montagne pour empêcher la neige de glisser.

GARDÉNIA n.m. (de *Garden*, n. d'un botaniste). Arbuste ornemental originaire de Chine, à fleurs blanches et odorantes. ➲ Famille des rubiacées.

▲ **gardénia**

GARDEN-PARTY (pl. *garden-parties* ou *garden-partys*), ▲ **GARDEN-PARTIE** [gardɛnparti] n.f. (mot angl.). Réception mondaine donnée dans un jardin, un parc.

1. GARDE-PÊCHE n.m. (pl. *gardes-pêche*), ▲ *(pl. garde-pêches).* Agent chargé de la police de la pêche.

2. GARDE-PÊCHE n.m. inv., ▲ *n.m. (pl. garde-pêches).* Bateau destiné à la police de la pêche côtière.

GARDER v.t. [3] (du francique **wardôn*, veiller, être sur ses gardes). **1.** Surveiller un être pour le protéger, prendre soin de lui : *Garder les enfants, le chat d'un ami.* **2.** Surveiller qqn pour l'empêcher de s'évader, de nuire. **3.** Surveiller un lieu, une issue, etc., pour en défendre l'accès : *Garder l'entrée d'un immeuble.* **4.** Conserver une denrée périssable : *Garder du lait au frais.* **5.** Conserver sur soi, près de soi : *Garder son sac sur ses genoux.* **6.** Conserver sur soi un vêtement : *Garder sa veste.* **7.** Conserver pour un temps limité ou en vue d'une utilisation ultérieure : *Peux-tu garder mes affaires un instant ?* **8.** Retenir qqn près de soi : *Garder un ami à dîner.* **9.** Continuer à employer, à fréquenter qqn : *J'ai gardé des amis dans le Sud.* **10.** Conserver pour soi ; taire : *Elle préfère garder ses problèmes.* **11.** Conserver tel sentiment : *Garder rancune à qqn* ; rester dans tel état : *Garder les yeux baissés.* ▪ **Garder le lit** ou **la chambre**, rester chez soi, en parlant d'un malade. ▪ **Garder le silence**, ne pas parler. ◆ **SE GARDER** v.pr. (DE). **1.** Litt. Prendre garde à : *Gardez-vous des flatteurs.* **2.** Éviter soigneusement de : *Il s'est bien gardé de m'en parler !*

GARDERIE n.f. Garde, surveillance collective de jeunes enfants ; lieu où s'effectue cette garde.

GARDE-RIVIÈRE n.m. (pl. *gardes-rivière[s]*), ▲ *(pl. garde-rivières).* Agent chargé de la police des rivières.

GARDE-ROBE n.f. (pl. *garde-robes*). **1.** Ensemble des vêtements d'une personne : *Garde-robe d'été, d'hiver.* **2.** Vx. Armoire ou placard où l'on range les vêtements ; penderie. **3.** Anc. Lieu où l'on plaçait la chaise percée ; cabinets d'aisances.

GARDE-TEMPS n.m. inv. Horloge de très haute précision (horloge à quartz, horloge atomique) servant de référence pour la conservation de l'heure exacte à travers le monde.

GARDEUR, EUSE n. Personne qui garde des animaux.

GARDIAN n.m. (mot provenç.). Gardien à cheval d'un troupeau de bovins ou de chevaux, en Camargue.

GARDIANE ou **GARDIANNE** n.f. Daube de viande de taureau. ➲ Cuisine camarguaise.

GARDIEN, ENNE n. **1.** Personne qui est chargée de garder qqn, un animal, qqch : *Gardien de musée.* **2.** Préposé à la garde d'un immeuble. (Ce terme tend à se substituer à *concierge*.) **3.** Québec. Personne qui garde les enfants. **4.** Litt. Protecteur ou défenseur de : *L'Académie, gardienne de la langue française.* ▪ **Gardien de but,** dernier défenseur du but d'une équipe de football, de hockey, de handball, etc. ▪ **Gardien de la paix,** agent de police. ▪ **Gardien du temple** [litt.], dans un groupe, un parti, partisan d'une stricte orthodoxie. ◆ **n.f.** Assistante maternelle ; nourrice. ◆ **adj.** ▪ **Ange gardien** → **1. ANGE.** ▪ **École gardienne** [Belgique], jardin d'enfants.

GARDIENNAGE n.m. **1.** Emploi de gardien. **2.** Service de garde et de surveillance.

1. GARDON n.m. Poisson des eaux douces de l'Europe tempérée. ➲ Famille des cyprinidés. ▪ **Gardon rouge,** rotengle.

2. GARDON n.m. (de *Gardon*, n. d'une rivière). Torrent, dans les Cévennes.

1. GARE n.f. (de *garer*). **1.** Ensemble des installations de chemin de fer servant au départ et à l'arrivée des voyageurs, au chargement et au déchargement des marchandises. **2.** Bâtiment d'une gare destiné à l'accueil des voyageurs et à la vente de billets. ▪ **De gare,** se dit d'une littérature facile à lire et des œuvres appartenant à ce genre. ▪ **Gare fluviale,** bassin où se garent les bateaux, sur un cours d'eau ou un canal. ▪ **Gare maritime,** gare aménagée sur les quais d'un port. ▪ **Gare routière,** emplacement aménagé pour accueillir les véhicules routiers assurant le transport des voyageurs ou des marchandises.

2. GARE interj. (impér. de *garer*). Sert à prévenir d'un danger ou à menacer : *Gare à toi !* ▪ **Sans crier gare,** sans prévenir.

GARENNE n.f. (lat. médiév. *warenna*). Lieu boisé où les lapins vivent à l'état sauvage. ◆ **n.m.** Lapin de garenne.

GARER v.t. [3] (du francique **warôn*, avertir). **1.** Mettre un véhicule à l'écart de la circulation ou le rentrer dans un lieu de garage ; parquer. **2.** Fam. Mettre à l'abri, en sûreté : *Garer ses bijoux.* ◆ **SE GARER** v.pr. **1.** Ranger le véhicule que l'on conduit dans un lieu réservé au stationnement. **2.** Se ranger de côté pour laisser passer. **3.** Fig. Se mettre à l'abri de : *Se garer d'un péril.*

GARGANTUA n.m. (de *Gargantua*, n.pr.). Gros mangeur.

GARGANTUESQUE adj. Digne de Gargantua.

SE GARGARISER v.pr. [3] (gr. *gargarizein*). **1.** Se soigner la gorge avec un gargarisme. **2.** Fig., fam. Se délecter avec suffisance de : *Se gargariser de sa victoire.*

GARGARISME n.m. **1.** Médicament liquide avec lequel on se rince la gorge, en expirant pour l'agiter sans l'avaler. **2.** Action d'utiliser ce médicament.

GARGOTE n.f. (de l'anc. fr. *gargueter*, faire du bruit avec la gorge). Péjor. Restaurant où l'on mange à bas prix une mauvaise nourriture.

GARGOTIER, ÈRE n. Péjor. Personne qui tient une gargote.

GARGOUILLE n.f. (de l'anc. fr. *gargoule*, gorge). Conduit saillant, souvent orné d'une figure de fantaisie, adapté à une gouttière ou un chéneau et qui déverse les eaux de pluie à distance des murs ; la figure elle-même.

▲ **gargouille** de Notre-Dame de Paris.

GARGOUILLEMENT ou **GARGOUILLIS** n.m. **1.** Bruit produit par un liquide agité de remous dans une canalisation, un récipient. **2.** Bruit d'un liquide, d'un gaz dans la gorge, l'estomac ou l'intestin.

GARGOUILLER v.i. [3]. Faire entendre un gargouillement.

GARGOULETTE n.f. (de l'anc. fr. *gargoule*, gargouille). Cruche poreuse qui permet de rafraîchir l'eau par évaporation.

GARGOUSSE n.f. (provenç. *gargousso*). Anc. Enveloppe contenant la charge de poudre destinée à la propulsion du projectile d'une bouche à feu.

GARI n.m. Afrique. Farine ou semoule de manioc.

GARIBALDIEN, ENNE adj. et n. HIST. Se dit d'un partisan de Garibaldi ; qui a fait campagne sous ses ordres.

GARIGUETTE n.f. Fraise d'une variété précoce, oblongue et parfumée.

GARNEMENT n.m. (de *garnir*, protéger). Enfant insupportable.

1. GARNI, E adj. Se dit d'un plat de viande accompagné de légumes. ▪ **Choucroute garnie** → **CHOUCROUTE.**

2. GARNI n.m. Vieilli. Hôtel où l'on loue des chambres meublées à la semaine, au mois.

GARNIÉRITE n.f. Silicate de nickel et de magnésium, constituant un minerai de nickel.

GARNIR v.t. [21] (du francique **warnjan*, prévenir). **1.** Pourvoir d'éléments protecteurs ; renforcer.

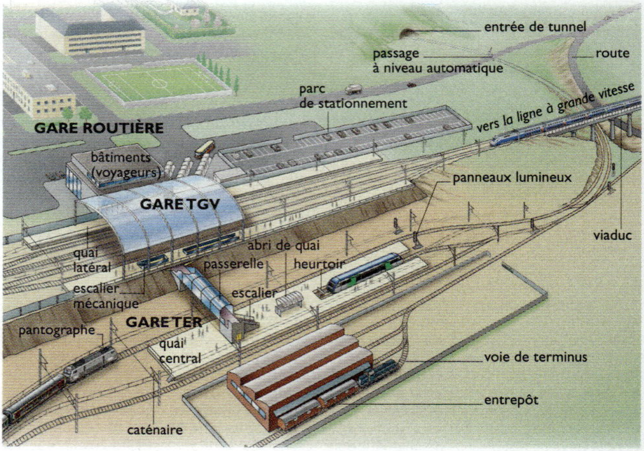

▲ **gare.** Vue d'ensemble.

2. Remplir de ce qui est nécessaire ou adéquat : *Garnir le congélateur.* **3.** Compléter d'éléments accessoires ; agrémenter : *Garnir un mur de photos.* ◆ **SE GARNIR v.pr.** Se remplir graduellement : *Le stade se garnit.*

GARNISON n.f. MIL. 1. Ensemble des troupes stationnées dans une ville ou dans un ouvrage fortifié. **2.** Ville où sont casernées des troupes.

GARNISSAGE n.m. 1. Action de garnir ; ce qui garnit. **2. AUTOM., CH. DE F.** Ensemble des travaux d'aménagement effectués à l'intérieur d'un véhicule pour le rendre confortable. **3. TECHN.** Revêtement intérieur réfractaire d'un four, d'un creuset, d'un convertisseur, etc.

GARNITURE n.f. 1. Ce qui s'ajoute pour garnir, orner : *Un col à garniture de dentelle.* **2.** Ce qui remplit ou accompagne l'élément principal d'un plat : *Garniture de pommes vapeur.* **3.** Aménagement intérieur destiné à rendre confortable une automobile, une voiture de chemin de fer (sièges, revêtement des portes, etc.). **4.** Ensemble d'objets assortis : *Garniture de bureau.* **5. IMPRIM.** Bloc métallique représentant les marges ; ensemble des pièces servant à consolider une forme typographique. ■ **Garniture de cheminée,** assortiment d'objets décorant un dessus de cheminée. ■ **Garniture d'embrayage, de frein** [autom.], matériau collé ou riveté sur les patins de frein ou les disques d'embrayage pour augmenter le coefficient de frottement. ■ **Garniture d'étanchéité** [techn.], dispositif comportant un bourrage formant joint.

GAROU n.m. (mot provenç.). Arbrisseau à fleurs blanches odorantes des garrigues du Midi (SYN. **sainbois**). ➲ Famille des thyméléacées.

GARRIGUE n.f. (provenç. *garriga*). Formation végétale secondaire (chênes verts mélangés à des buissons et à des plantes herbacées) qui apparaît sur les sols calcaires après destruction de la forêt, dans les régions méditerranéennes.

GARROCHER v.t. [3]. Québec, Acadie, Louisiane. Fam. Jeter ; lancer. ■ **Garrocher son argent par les fenêtres,** le dépenser de façon déraisonnable. ◆ **SE GARROCHER v.pr.** S'élancer ; se précipiter : *Se garrocher sur qqn.*

1. GARROT n.m. (du provenç. *garra*, jarret). Région du corps des grands quadrupèdes surmontant les épaules et délimitée par l'encolure, le dos et le plat des épaules.

2. GARROT n.m. (du francique *wrokkôn*, tordre). **1.** Morceau de bois que l'on passe dans une corde pour la tendre en la tordant : *Garrot d'une scie.* **2. CHIRURG.** Appareil, lien serré autour d'un membre pour ralentir ou arrêter la circulation veineuse ou artérielle, en cas d'hémorragie, avant une opération, etc. **3.** Garrotte.

3. GARROT n.m. Canard plongeur d'Eurasie et d'Amérique du Nord, à dos sombre et à ventre blanc, appelé *garrot à œil d'or* à cause de son œil jaune vif. ➲ Famille des anatidés.

GARROTTAGE, ▲ *GARROTAGE* **n.m.** Action de garrotter ; fait d'être garrotté.

GARROTTE, ▲ *GARROTE* **n.f.** Anc. Instrument de supplice par strangulation, formé d'un collier réuni à une vis traversant un poteau ; ce supplice, en usage surtout en Espagne jusqu'à l'abolition de la peine de mort (SYN. **2. garrot**).

GARROTTER, ▲ *GARROTER* **v.t. [3]. 1.** Lier qqn étroitement et fortement ; ligoter. **2.** Anc. Faire mourir par le supplice de la garrotte.

GARS [ga] **n.m.** Fam. **1.** Jeune homme ; garçon. **2.** Homme vigoureux et résolu ; gaillard.

GASCON, ONNE adj. et **n. 1.** De la Gascogne. **2.** Litt., vx. Vantard et fanfaron. ■ **Offre de Gascon,** proposition qui n'est pas sérieuse. ◆ **n.m.** Dialecte de langue d'oc parlé au sud-ouest de la Garonne.

GASCONNADE n.f. Litt. Fanfaronnade.

GAS-OIL (pl. *gas-oils*) ou **GASOIL** [gazɔjl] ou [gazwal] **n.m.** (mot anglo-amér.). Gazole.

GASP [gasp] **n.m.** (mot angl.). Respiration anormalement lente (bradypnée) survenant au cours de l'agonie et caractéristique de l'arrêt cardiaque.

GASPACHO [gaspatʃo] **n.m.** (esp. *gazpacho*). Potage à base de légumes crus macérés à froid et servi très frais avec des dés de pain. ➲ Cuisine espagnole.

GASPILLAGE n.m. Action de gaspiller ; emploi abusif et désordonné de qqch.

GASPILLER v.t. [3]. 1. Dépenser avec profusion ; consommer sans discernement : *Gaspiller l'énergie.* **2.** Faire un emploi désordonné et sans profit de : *Gaspiller sa jeunesse, son talent.*

GASPILLEUR, EUSE adj. et **n.** Qui gaspille.

GASTÉRALE n.f. ou **GASTÉROMYCÈTE n.m.** (du gr. *gastêr*, ventre). Champignon basidiomycète tel que le géaster et le lycoperdon. ➲ Les gastérales forment un ordre.

GASTÉROPODE ou **GASTROPODE n.m.** (du gr. *gastêr*, ventre, et *pous*, *podos*, pied). Mollusque rampant sur un large pied central musculeux, souvent pourvu d'une coquille dorsale spiralée et vivant dans les mers (buccin), en eau douce (limnée) ou dans les lieux humides (escargot, limace). ➲ Les gastéropodes forment une classe.

GASTRALGIE n.f. MÉD. Douleur de l'estomac.

GASTRECTOMIE n.f. Ablation chirurgicale de l'estomac.

GASTRINE n.f. PHYSIOL. Hormone sécrétée par les cellules endocrines de la partie inférieure de l'estomac, des parois du duodénum et du jéjunum et participant à la digestion des aliments.

GASTRIQUE adj. (du gr. *gastêr*, ventre). Relatif à l'estomac (SYN. **stomacal**). ■ **Suc gastrique,** liquide acide sécrété par l'estomac et qui contribue à la digestion.

GASTRITE n.f. MÉD. Inflammation de la muqueuse de l'estomac.

GASTRO-DUODÉNAL, E, AUX, ▲ *GASTRODUODÉNAL, E, AUX* **adj. MÉD.** ■ **Ulcère gastro-duodénal,** destruction localisée de la muqueuse de l'estomac ou du duodénum. ➲ Cet ulcère très fréquent est plus souvent duodénal que gastrique. L'ulcère gastrique peut évoluer vers un cancer et doit être surveillé.

GASTRO-ENTÉRITE (pl. *gastro-entérites*), ▲ *GASTROENTÉRITE* **n.f. MÉD.** Inflammation simultanée de la muqueuse de l'estomac et de celle de l'intestin grêle.

GASTRO-ENTÉROLOGIE, ▲ *GASTROENTÉROLOGIE* **n.f.** Spécialité médicale consacrée au tube digestif et, génér., à ses glandes annexes (foie, vésicule biliaire, pancréas).

GASTRO-ENTÉROLOGUE n. (pl. *gastro-entérologues*), ▲ *GASTROENTÉROLOGUE* **n.** Médecin spécialiste de gastro-entérologie.

GASTRO-INTESTINAL, E, AUX adj. MÉD. Qui concerne l'estomac et l'intestin.

GASTRONOME n. Personne qui aime et apprécie la bonne chère.

GASTRONOMIE n.f. (gr. *gastronomia*). Connaissance de tout ce qui se rapporte à la cuisine, à l'ordonnancement des repas, à l'art de déguster et d'apprécier les mets.

GASTRONOMIQUE adj. 1. Relatif à la gastronomie. **2.** Se dit d'un repas à la préparation soignée et abondante.

GASTRO-ŒSOPHAGIEN, ENNE [-øzɔ-] ou [-ezɔ-] **adj.** (pl. *gastro-œsophagiens, ennes*). **MÉD.** Se dit de ce qui concerne simultanément l'estomac et l'œsophage.

GASTROPLASTIE n.f. Traitement chirurgical de l'obésité grave, consistant à réduire la capacité de l'estomac, partic. par cerclage à l'aide d'un anneau*.

GASTROPODE n.m. → **GASTÉROPODE.**

GASTROSCOPIE n.f. MÉD. Examen permettant l'exploration directe de la muqueuse de la partie haute du tube digestif et la pratique de certaines interventions.

GASTROSTOMIE n.f. CHIRURG. Incision de la paroi de l'estomac, dans le but d'une alimentation par sonde.

GASTRULA n.f. (mot lat. sc.). **EMBRYOL.** Stade embryonnaire succédant à la blastula. ➲ La gastrula est un sac à double paroi, muni d'un seul orifice, le blastopore.

GASTRULATION n.f. Transformation de la blastula en gastrula chez l'embryon.

GÂTÉ n.m. Région. (Sud-Ouest). Câlin : *Va faire un gâté à mamie.*

1. GÂTEAU n.m. (du francique *wastil*, nourriture). **1.** Pâtisserie réalisée à partir d'une pâte de base employée seule ou agrémentée de crème, de fruits, etc. **2.** Suisse. Tarte. **3. APIC.** Ensemble des alvéoles en cire que construisent les abeilles pour conserver leur miel. **4.** Lors du traitement des eaux, masse de boues dont on a retiré suffisamment d'eau pour qu'elle puisse être maniée avec une pelle. ■ **Avoir sa part du gâteau** ou **partager le gâteau** [fam.], partager les bénéfices d'une affaire. ■ **C'est du gâteau** [fam.], c'est facile et agréable. ■ **Gâteau des anges** [Québec], gâteau léger, sans corps gras, à base de blancs d'œufs. ■ **Gâteau éponge** [Québec], gâteau léger, sans corps gras, de texture spongieuse.

2. GÂTEAU adj. inv. Fam. ■ **Papa, maman gâteau,** qui gâte ses enfants.

GÂTE-BOIS n.m. inv. Cossus (papillon).

GÂTER v.t. [3] (du lat. *vastare*, dévaster). **1.** Altérer en pourrissant : *La chaleur gâte la viande.* **2.** Contrarier la réussite de qqch ; gâcher : *Son arrivée a tout gâté.* **3.** Priver de son caractère agréable : *La tour gâte le paysage.* **4.** Afrique. Détériorer ; abîmer. **5.** Combler de cadeaux, de choses agréables. ■ **Gâter un enfant,** le traiter avec trop d'indulgence. ◆ **SE GÂTER v.pr. 1.** Devenir couvert, pluvieux, en parlant du temps. **2.** Prendre une mauvaise tournure ; se détériorer : *Les choses se gâtent.*

GÂTERIE n.f. (Surtout pl.). **1.** Litt. Action de gâter, de choyer à l'excès. **2.** Friandises.

GÂTE-SAUCE n.m. (pl. *gâte-sauce*[*s*]). Vx. **1.** Mauvais cuisinier. **2.** Marmiton.

GÂTEUX, EUSE adj. et **n. 1. MÉD.** Vieilli. Personne atteinte de gâtisme. **2.** Fam. Dont l'intelligence est affaiblie ; qui radote. ◆ **adj.** Fam. Qui perd tout bon sens sous l'effet d'un amour excessif : *Il est gâteux avec son chat.*

GÂTIFIER v.i. [5]. Fam. **1.** Devenir gâteux. **2.** Bêtifier.

GÂTINE n.f. (de l'anc. fr. *gast*, dévasté). Région. (Centre, Ouest). Terre imperméable, marécageuse et stérile.

GÂTION, ONNE [gɑtjɔ̃, ɔn] **n.** Suisse. Fam. Enfant trop gâté.

GÂTISME n.m. 1. MÉD. Vieilli. État des infirmes, des malades mentaux ou des vieillards devenus incontinents. **2.** Fam. État d'une personne gâteuse.

GATTER v.t. [3]. Suisse. Fam. ■ **Gatter l'école,** faire l'école buissonnière.

GATTILIER n.m. (esp. *gatillo*). Arbrisseau du littoral méditerranéen, à longues grappes de fleurs mauves (SYN. **agnus-castus, petit poivre, poivre sauvage**). ➲ Famille des verbénacées.

1. GAUCHE adj. (de *gauchir*). **1.** Se dit du côté du corps où est placé le cœur. **2.** Se dit de ce qui, pour qqn qui regarde, est situé vers son côté gauche : *L'aile gauche de l'avion.* **3.** Qui manque d'habileté ou d'aisance : *Un enfant, un geste gauche.* **4.** Qui n'est pas droit, ou plan, du fait d'une torsion volontaire ou accidentelle. **5. MATH.** Se dit d'une courbe ou d'une figure qui n'est pas plane.

2. GAUCHE n.m. 1. Poing gauche, en boxe : *Un crochet du gauche.* **2.** Pied gauche, au football, au rugby. **3. MÉCAN. INDUSTR.** Défaut de planéité d'une pièce : *Le gauche d'une bielle.*

3. GAUCHE n.f. 1. Côté gauche d'une personne : *Regarde sur ta gauche* ; main gauche : *Maintenant, tendez la gauche.* **2.** En boxe, coup porté avec le poing gauche. ■ **Extrême gauche,** ensemble des mouvements dont les perspectives et les démarches prétendent aller au-delà de ce que préconise la gauche socialiste ou communiste. ■ **Gauche caviar** [péjor.], dont le progressisme s'allie au goût des mondanités et des situations acquises. ■ **La gauche,** partie des assemblées parlementaires qui siège à la gauche du président et comprend les représentants des partis qui professent des opinions progressistes ; ces partis, les courants qu'ils incarnent, la fraction de l'opinion qui est en accord avec eux.

GAUCHEMENT adv. De façon gauche, maladroite.

GAUCHER, ÈRE adj. et **n.** Se dit d'une personne qui se sert ordinairement de la main gauche.

GAUCHERIE n.f. 1. Manque d'aisance ; maladresse. **2.** Acte, geste gauche.

GAUCHIR v.i. [21] (de l'anc. fr. *guenchir*, faire des détours). Subir une déviation ou une torsion ; ne plus être plan ou droit. ◆ **v.t. 1.** Rendre gauche ; fausser. **2.** Fig. Détourner de son sens véritable : *Gauchir les propos de qqn.*

GAUCHISANT, E adj. et **n.** Dont les sympathies politiques tendent vers la gauche.

GAUCHISME **n.m.** **1.** Ensemble des courants, informels ou liés à l'extrême gauche, dont les visées se veulent plus radicales que celles de la gauche traditionnelle. **2.** Tendance à défendre des positions d'extrême gauche.

GAUCHISSEMENT **n.m.** **1.** TECHN. Déformation d'une surface, d'une pièce qui a gauchi (SYN. **voilement**). **2.** Altération d'une idée, de la réalité : *Gauchissement des faits.*

GAUCHISTE **adj.** et **n.** Relatif au gauchisme ; qui en est partisan.

GAUCHO [goʃo] ou [gawtʃo] **n.m.** (mot esp., du quechua). Gardien de troupeaux de la pampa argentine.

GAUDE **n.f.** (germ. *walda*). Herbe bisannuelle, voisine du réséda, appelée aussi *herbe jaune*, et dont on extrayait une teinture jaune. ➲ Haut. jusqu'à 1,50 m ; famille des résédacées.

GAUDRIOLE **n.f.** (de l'anc. fr. *se gaudir*, se réjouir). Fam. Propos d'une gaieté libre. ▪ **La gaudriole** [fam.], les relations amoureuses.

GAUFRAGE **n.m.** Action de gaufrer ; fait d'être gaufré.

GAUFRE **n.f.** (du francique *wāfla*, rayon de miel). **1.** APIC. Gâteau formé d'alvéoles de cire que fabriquent les abeilles. **2.** Pâtisserie ornée d'alvéoles, évoquant une gaufre d'abeilles.

GAUFRER **v.t.** **[3].** Imprimer sur une étoffe, du cuir, du papier, etc., des motifs faits de creux et de reliefs.

GAUFRETTE **n.f.** Petit biscuit sec feuilleté, parfois fourré de crème ou de confiture.

GAUFREUSE **n.f.** Machine servant à gaufrer.

GAUFRIER **n.m.** Moule formé de deux plaques alvéolées articulées entre lesquelles on cuit les gaufres.

GAUFROIR **n.m.** Fer à gaufrer, utilisé à la main.

GAUFRURE **n.f.** Empreinte obtenue par le gaufrage.

GAULAGE **n.m.** Action de gauler.

GAULE **n.f.** (du francique *walu*, bâton). **1.** Longue perche. **2.** Canne à pêche.

GAULEITER [gawlajtœr] **n.m.** (mot all., de *Gau*, district, et *Leiter*, chef). Chef d'un district, dans l'Allemagne nazie et dans les territoires occupés rattachés au IIIe Reich.

GAULER **v.t.** **[3].** Battre les branches d'un arbre avec une gaule pour en faire tomber les fruits : *Gauler des noix.* ▪ **Se faire gauler** [fam.], se faire prendre sur le fait ; se faire arrêter.

GAULETTE **n.f.** La Réunion. Tige de bambou, souvent utilisée comme canne à pêche.

GAULIS **n.m.** (de *gaule*). SYLVIC. Jeune peuplement de futaie dont les brins ont moins de 10 cm de diamètre.

GAULLIEN, ENNE **adj.** Qui se rapporte au général de Gaulle, à son action et à sa pensée ; qui évoque le style de son action politique.

GAULLISME **n.m.** Courant politique se réclamant de l'action et de la pensée du général de Gaulle.

GAULLISTE **adj.** et **n.** Relatif au gaullisme ; qui en est partisan.

1. GAULOIS, E **adj.** et **n.** De la Gaule. ▪ **Village gaulois** → **VILLAGE.** ◆ **n.m.** Langue celtique que parlaient les Gaulois.

2. GAULOIS, E **adj.** D'une gaieté libre et licencieuse ; grivois.

GAULOISE **n.f.** Cigarette de marque française, de tabac brun à l'origine (1910), très répandue en France.

GAULOISEMENT **adv.** D'une manière gauloise, licencieuse.

GAULOISERIE **n.f.** **1.** Caractère de ce qui est gaulois, grivois. **2.** Propos libre ou licencieux.

GAULTHÉRIE **n.f.** (de *Gaulthier*, n. d'un botaniste fr. au Québec). Arbrisseau de l'Amérique du Nord, à feuilles aromatiques fournissant l'essence de wintergreen. ➲ Famille des éricacées.

GAUR **n.m.** (hindoustani *gour*). Grand bœuf sauvage des forêts montagneuses de l'Inde, du Népal et de l'Indochine. ➲ Haut. au garrot 2 m, poids 1 t ; genre *Bos.*

GAUSS **n.m.** (de C. F. *Gauss*, n.pr.). Unité d'induction magnétique (symb. G), dans le système cgs électromagnétique.

SE GAUSSER **v.pr.** **[3]** (DE). Litt. Se moquer ouvertement de.

GAVAGE **n.m.** **1.** Action de gaver : *Le gavage des canards.* **2.** MÉD. Alimentation artificielle au moyen d'une sonde introduite dans l'estomac.

GAVE **n.m.** (béarnais *gabe*). Torrent, dans l'ouest des Pyrénées françaises.

GAVER **v.t.** **[3]** (mot norm., du picard *gave*, gosier). **1.** ÉLEV. Alimenter de force une volaille en lui introduisant de la nourriture jusqu'au fond du gosier, à la main ou à l'aide d'une gaveuse. ➲ Ce sont surtout les oies et les canards que l'on gave, pour obtenir le foie gras. **2.** Faire manger avec excès : *On les gave de sucreries.* **3.** Fam. Encombrer l'esprit de. ◆ **SE GAVER** **v.pr.** (DE). **1.** Manger avec excès. **2.** Fam. Bourrer son esprit de : *Il se gave de séries.*

GAVEUR, EUSE **n.** Personne qui gave les volailles.

GAVEUSE **n.f.** Appareil pour gaver les volailles.

GAVIAL **n.m.** (pl. *gavials*) [hindi *ghariyal*]. Reptile crocodilien piscivore des grands fleuves de l'Inde, à museau long et étroit. ➲ Famille des gavialidés.

GAVOTTE **n.f.** (provenç. *gavoto*). **1.** Danse française exécutée en couple, pratiquée sous plusieurs formes entre le XVIe et le XVIIIe s., et fixée comme danse folklorique bretonne au XIXe s. **2.** Pièce instrumentale de rythme binaire et d'allure modérée.

GAVROCHE **n.m.** (de *Gavroche*, n.pr.). Vieilli. Gamin de Paris malicieux et effronté ; titi. ◆ **adj.** Qui évoque ce gamin : *Un air gavroche.*

GAY [gɛ] **n.** (mot anglo-amér.). Homosexuel, plus rarement, homosexuelle. ◆ **adj. inv.** Relatif à l'homosexualité, aux homosexuels.

✎ On écrit aussi ***gai, e.***

GAYAL **n.m.** (pl. *gayals*) [mot hindi]. Forme domestique du gaur, plus petite, à front large, à dos bossu et à cornes grosses et courtes. ➲ Famille des bovidés.

GAYOLLE ou **GAYOLE** **n.f.** Belgique. **1.** Fam. Cage dans laquelle on enferme des petits animaux de compagnie (oiseaux, notamm.) : *La gayolle des perruches.* **2.** Par plais. Au football, but, cage : *Envoyer une balle en pleine gayolle.* **3.** Fam. Prison.

GAZ **n.m.** (mot créé d'apr. le gr. *khaos*, abîme). **1.** PHYS. Corps à l'état gazeux. **2.** PHYS. État gazeux. **3.** Corps gazeux, naturel ou manufacturé, employé comme combustible ou carburant : *Chauffage au gaz.* **4.** (Surtout pl.). Mélange d'air dégluti et de produits volatils des fermentations, dans le tube digestif. ▪ **Gaz à effet de serre** → **2. SERRE.** ▪ **Gaz à l'eau**, résultant de la décomposition de la vapeur d'eau par du coke porté à température élevée (1 000-1 200 °C) ou par du charbon gazéifié. ▪ **Gaz carbonique**, dioxyde de carbone*. ▪ **Gaz de combat** [mil.], substances chimiques gazeuses ou liquides employées comme arme. ▪ **Gaz de houille** ou **de cokerie**, obtenu par distillation de la houille dans des fours à coke. ▪ **Gaz de pétrole liquéfiés** → **GPL.** ▪ **Gaz de schiste** → **SCHISTE.** ▪ **Gaz naturel**, mélange d'hydrocarbures saturés gazeux que l'on trouve en gisement dans le sous-sol, constituant un excellent combustible. ▪ **Gaz naturel liquéfié** → **GNL.** ▪ **Gaz naturel pour véhicules** → **GNV.** ▪ **Gaz parfait** [phys.], modèle théorique des gaz dans lequel on ne tient pas compte, en dehors des collisions, des interactions entre molécules (état vers lequel tendent les gaz lorsque leur pression tend vers zéro). ▪ **Gaz rares** [chim.], gaz de la colonne de droite de la classification périodique des éléments* (hélium, néon, argon, krypton, xénon, radon). ▪ **Il y a de l'eau dans le gaz** [fam.], il y a des tensions, des désaccords. ▪ **Mettre les gaz**, donner de la vitesse à un moteur en appuyant sur l'accélérateur ; fig., fam., se hâter.

GAZAGE **n.m.** Action de gazer.

GAZE **n.f.** (de *Gaza*, n.pr.). **1.** Étoffe légère et transparente, de soie ou de coton, employée dans la mode ou la confection. **2.** Tissu de coton très lâche utilisé pour les compresses, les pansements, les bandages.

GAZÉ, E **adj.** et **n.** Qui a subi l'action de gaz toxiques ou asphyxiants.

GAZÉIFICATEUR **n.m.** Appareil servant à dissoudre du gaz carbonique dans une boisson pour la rendre gazeuse.

GAZÉIFICATION **n.f.** **1.** Transformation de produits carbonés en gaz combustibles. **2.** Action de gazéifier une boisson.

GAZÉIFIER **v.t.** **[5].** **1.** Transformer en un produit gazeux. **2.** Dissoudre du gaz carbonique dans une boisson pour la rendre gazeuse.

GAZELLE **n.f.** (ar. *al-ghazal*). Petite antilope très rapide, aux cornes arquées en forme de lyre, vivant dans les steppes d'Afrique et d'Asie occidentale. ➲ Famille des bovidés.

GAZER **v.t.** **[3].** Soumettre à l'action de gaz toxiques ou asphyxiants. ◆ **v.i.** Fam. Aller à toute vitesse. ▪ **Ça gaze,** ça va bien.

GAZETIER **n.m.** **1.** Anc. Personne qui rédigeait, publiait une gazette. **2.** Par plais. Journaliste.

GAZETTE **n.f.** (ital. *gazzetta*). **1.** Anc. Écrit périodique donnant des nouvelles politiques, littéraires, artistiques. **2.** Belgique. Journal ; quotidien. **3.** Fam., vieilli. Personne qui colporte des ragots.

GAZEUX, EUSE **adj.** Relatif aux gaz. ▪ **Eau gazeuse,** qui contient du gaz carbonique dissous. ▪ **État gazeux,** état de la matière dans lequel un corps n'a en propre ni forme ni volume.

1. GAZIER, ÈRE **adj.** Relatif à l'industrie des gaz combustibles.

2. GAZIER **n.m.** **1.** Personne qui travaille dans l'industrie gazière. **2.** Fam., vieilli. Type ; individu.

GAZINIÈRE **n.f.** Cuisinière à gaz.

GAZODUC **n.m.** Canalisation destinée au transport à longue distance du gaz.

GAZOGÈNE **n.m.** Appareil transformant, par oxydation incomplète, le charbon ou le bois en gaz combustible.

GAZOLE **n.m.** (anglo-amér. *gas-oil*). Liquide pétrolier jaune clair, utilisé comme carburant et comme combustible. Recomm. off. pour **gas-oil.**

GAZOLINE **n.f.** Produit pétrolier, très volatil, extrait du gaz naturel.

GAZOMÈTRE **n.m.** Anc. Grand réservoir dans lequel le gaz était stocké.

GAZON **n.m.** (francique **waso*). **1.** Herbe courte et fine. **2.** Terrain couvert de gazon.

GAZONNANT, E **adj.** Se dit des plantes qui forment un gazon.

GAZONNEMENT ou **GAZONNAGE** **n.m.** Action de gazonner.

GAZONNER **v.t.** **[3].** Revêtir de gazon.

GAZOUILLANT, E **adj.** Qui gazouille.

GAZOUILLEMENT **n.m.** Petit bruit, léger murmure que font les oiseaux en chantant, les ruisseaux en coulant, etc.

GAZOUILLER **v.i.** **[3]** (onomat.). **1.** En parlant des petits oiseaux, faire entendre un chant léger et doux. **2.** En parlant de l'eau, produire un murmure. **3.** En parlant d'un bébé, émettre les premiers sons articulés.

GAZOUILLEUR, EUSE **adj.** Qui gazouille.

GAZOUILLIS **n.m.** **1.** Gazouillement léger, partic. de l'hirondelle. **2.** Babil.

GEAI **n.m.** (bas lat. *gaius*). Oiseau passereau omnivore à plumage brun clair tacheté de bleu, de blanc et de noir, commun dans les bois en Europe et en Asie. ➲ Cri : le geai cajole ; famille des corvidés.

▲ **géant.** Détail du *Carnaval de Cassel* (1876), d'Alexis Bafcop : une foule déguisée entoure le géant Reuze Papa. (Musée de Flandre, Cassel.)

GÉANT, E **n.** (du gr. *Gigas*, personnage myth.). **1.** Personne, animal ou chose de très grande taille : *Cette athlète est une géante.* **2.** Personne, entreprise ou pays qui dépasse de beaucoup les autres par son génie ou sa puissance : *Un géant de l'agroalimentaire.* **3.** Personnage de grande taille, parfois articulé, que l'on fait défiler lors de processions religieuses, de cortèges de carnaval ou de spectacles de rue. ▪ **À pas de géant,** très vite. ◆ **adj.** Se dit d'une personne, d'un animal ou d'une chose de très grande taille ; gigantesque : *Écran géant.* ◆ **n.m.** Belgique. Grand personnage en osier ou en matériaux synthétiques légers que l'on fait défiler dans les cortèges de carnaval. ◆ **n.f.** **ASTRON.** Étoile géante.

GÉANTISTE n. SPORTS. Skieur spécialiste du slalom géant.

GÉASTER [ʒeastɛr] **n.m.** (du gr. *gê*, terre, et *astêr*, étoile). Champignon basidiomycète globuleux, non comestible, dont l'enveloppe externe se déchire et s'étale en étoile à maturité. ➲ Ordre des gastérales.

GECKO [ʒeko] **n.m.** (malais *gêkoq*). **1.** Lézard de l'Asie du Sud-Est, aux yeux globuleux, très bruyant, qui se déplace avec agilité sur les surfaces verticales et lisses. ➲ Famille des geckonidés. **2.** Tout membre de la famille des geckonidés.

▲ gecko

GEEK [gik] **n.** (mot anglo-amér.). Fan d'informatique, de science-fiction, de jeux vidéo, etc., toujours à l'affût des nouveautés et des améliorations à apporter aux technologies numériques. ◆ **adj.** Relatif aux geeks : *La communauté geek.*

GEEKETTE [gikɛt] **n.f.** Fam. Jeune fille geek.

GÉHENNE [ʒeɛn] **n.f.** (de l'hébr.). Enfer, dans les écrits bibliques.

GEIE ou **G.E.I.E.** [ʒeəjə] **n.m.** (sigle de *groupement européen d'intérêt économique*). Groupement d'entreprises de différents États de l'Union européenne, destiné à faciliter ou à développer l'activité économique de ses membres. ➲ Créé en 1985, le GEIE est doté d'une structure souple lui permettant de s'adapter aux différentes législations nationales.

GEIGNARD, E adj. et **n.** Fam. Qui geint sans cesse.

GEIGNEMENT n.m. Action de geindre ; plainte.

GEINDRE [ʒɛ̃dr] **v.i. [62]** (lat. *gemere*). **1.** Se plaindre d'une voix faible, sans articuler. **2.** Fam. Se lamenter à tout propos ; pleurnicher.

GEISHA [geʃa] ou [gɛjʃa] **n.f.** (mot jap.). Femme japonaise formée dès son jeune âge à la danse, au chant et à la conversation, et dont le rôle est celui d'une hôtesse dont on loue les services dans les maisons de thé, les banquets.

GEL n.m. (lat. *gelu*). **1.** Froid qui produit la gelée des eaux. **2.** Période de gelée : *Persistance du gel.* **3.** Fig. Suspension, blocage d'une activité, de qqch au stade où ils en sont : *Gel des salaires, des recrutements.* **4. CHIM.** État de la matière provenant de la formation d'un réseau de particules, intermédiaire entre un solide (pour les propriétés élastiques) et un liquide (pour la diffusion). **5.** Produit cosmétique ou capillaire, génér. translucide et de consistance molle.

GÉLATINE n.f. (ital. *gelatina*). Protéine ayant l'aspect d'une gelée, fondant vers 25 °C, que l'on obtient par action de l'eau chaude sur le collagène des tissus de soutien animaux. ➲ On l'emploie, en médecine, comme excipient de formes pharmaceutiques, substitut du plasma sanguin, ou milieu de culture pour les bactéries ; dans l'industrie, pour la fabrication de colles, de produits photographiques ; en cuisine, sous forme de feuilles pour confectionner des gelées, etc.

GÉLATINÉ, E adj. Enduit de gélatine.

GÉLATINEUX, EUSE adj. De la consistance de la gélatine ; qui ressemble à la gélatine.

GÉLATINO-BROMURE (pl. *gélatino-bromures*) ou **GÉLATINO-CHLORURE** (pl. *gélatino-chlorures*), ▲ *GÉLATINOBROMURE*, ▲ *GÉLATINOCHLORURE* **n.m. PHOTOGR.** Composition formée d'un sel d'argent (bromure ou chlorure) en suspension dans la gélatine et qui constitue une émulsion sensible à la lumière.

GELÉ, E adj. 1. Très froid ; glacé : *Avoir les pieds gelés.* **2.** Suspendu ou bloqué, en parlant d'une activité, de capitaux : *Prix gelés.*

GELÉE n.f. 1. Abaissement de la température au-dessous de 0 °C. **2. CUIS.** Suc de viande clarifié et solidifié : *Œuf en gelée.* **3.** Jus de fruits cuits avec du sucre, qui se solidifie en se refroidissant : *Gelée de groseilles.* ▪ **Gelée blanche,** passage direct de la vapeur d'eau à l'état solide, par temps clair (à distinguer du *givre*). ▪ **Gelée royale** [apic.], liquide sécrété par les glandes pharyngiennes et mandibulaires des abeilles, destiné à alimenter les larves des futures reines.

GELER v.t. [12] (lat. *gelare*). **1.** Transformer en glace. **2.** Atteindre, détériorer des organes, des tissus, en parlant du froid : *Le froid a gelé les vignes.* **3.** Fig. Interrompre une activité ; bloquer des capitaux : *Geler les négociations, les crédits.* ◆ **v.i. 1.** Se transformer en glace. **2.** Être atteint, détérioré par le froid : *Les mains des alpinistes ont gelé.* **3.** Avoir très froid. ◆ **v. impers.** S'abaisser au-dessous de 0 °C, en parlant de la température.

GÉLIF, IVE adj. Se dit de ce qui est sensible à l'action du gel ou de l'eau gelée.

GÉLIFIANT n.m. 1. Substance qui produit la gélification. **2.** Additif, tels l'amidon ou la pectine, permettant de donner aux aliments la consistance d'un gel.

GÉLIFICATION n.f. CHIM. Formation d'un gel ; transformation en gel.

GÉLIFIER v.t. [5]. CHIM. Transformer en gel par addition d'une substance appropriée.

GÉLIFLUXION n.f. GÉOMORPH. Glissements de matériaux boueux gorgés d'eau lors du dégel.

GÉLIFRACTION n.f. GÉOMORPH. Fragmentation de roches fissurées par les alternances de gel et de dégel (SYN. **cryoclastie**).

GÉLINOTTE ou **GELINOTTE n.f.** (anc. fr. *geline*, du lat. *gallina*, poule). Oiseau gallinacé à plumage roux, long de 35 cm et vivant dans les forêts montagneuses de l'Europe centrale et septentrionale (SYN. **poule des bois**). ➲ Famille des tétraonidés.

GÉLISOL [ʒelisɔl] **n.m. PÉDOL.** Sol soumis au gel, constitué d'un mollisol en surface et d'un pergélisol en profondeur.

GÉLITURBATION n.f. PÉDOL. Déplacement des particules du sol sous l'effet des alternances de gel et de dégel (SYN. **cryoturbation**).

GÉLIVITÉ n.f. CONSTR. Sensibilité de certains matériaux à l'effet du gel.

GÉLIVURE n.f. 1. Fente dans le sol, les pierres, etc., causée par de fortes gelées. **2. SYLVIC.** Fente, fissure du bois due au gel.

GÉLOSE n.f. BOT. Agar-agar.

GÉLULE n.f. (de *gélatine* et *capsule*). **PHARM.** Capsule cylindrique contenant une substance génér. médicamenteuse, formée de deux parties en gélatine qui s'emboîtent l'une dans l'autre.

GELURE n.f. Ensemble des lésions d'une extrémité (main, pied, oreille, etc.) dues à un froid intense, pouvant mener à la gangrène.

GÉMEAUX n.m. pl. (du lat. *gemellus*, jumeau). ▪ **Les Gémeaux,** constellation et signe du zodiaque (v. partie n.pr.). ▪ **Un Gémeaux, n.m. inv.,** personne née sous le signe des Gémeaux.

GÉMELLAIRE adj. Relatif aux jumeaux : *Grossesse gémellaire.*

GÉMELLIPARE adj. Qui accouche ou qui va accoucher de jumeaux.

GÉMELLIPARITÉ n.f. État d'une femme, d'une femelle gémellipare.

GÉMELLITÉ n.f. État d'enfants jumeaux.

GÉMINATION n.f. PHON. Réalisation d'une géminée.

GÉMINÉ, E adj. (du lat. *geminatus*, doublé). Réuni par groupes de deux, par paires : *Fenêtres, atomes géminés.*

GÉMINÉE n.f. PHON. Consonne longue perçue comme une suite de deux consonnes, phonétiquement identiques ; ces deux consonnes (ex. : *comme moi* [kɔmmwa]).

GÉMINER v.t. [3]. Grouper deux à deux.

GÉMIR v.i. [21] (lat. *gemere*). **1.** Exprimer sa peine, sa douleur par des sons inarticulés ; geindre. **2.** Faire entendre un bruit semblable à une plainte : *Le vent gémit dans la bâtisse abandonnée.* **3.** Pousser son cri, en parlant de la tourterelle.

GÉMISSANT, E adj. Qui gémit.

GÉMISSEMENT n.m. 1. Son plaintif et inarticulé exprimant la douleur, la peine. **2.** Son qui a quelque chose de plaintif.

GEMMAGE n.m. SYLVIC. Action d'inciser les pins pour en recueillir la gemme, qui s'écoule dans un godet placé au bas de l'incision.

GEMMAIL n.m. (pl. *gemmaux*). Vitrail sans plombs, obtenu par collage de morceaux de verre de couleur juxtaposés et superposés.

GEMMATION n.f. BIOL. Développement de bourgeons chez une plante ou un invertébré (cnidaire).

GEMME n.f. (lat. *gemma*). **1.** Pierre précieuse ou pierre fine ; par ext., toute matière ornementale précieuse. **2.** Résine de pin. **3.** Vx. Bourgeon. ◆ **adj.** ▪ **Sel gemme,** halite présente en gisement dans les roches sédimentaires.

GEMMÉ, E adj. Orné de gemmes, de pierreries.

GEMMER v.t. [3]. Effectuer le gemmage des pins.

GEMMEUR, EUSE n. Résinier.

GEMMIFÈRE adj. (du lat. *gemma*, bourgeon). **BOT.** Qui porte des bourgeons.

GEMMIPARITÉ n.f. EMBRYOL. Mode de multiplication végétative de certains animaux (cnidaires, ectoproctes) à partir d'un bourgeon.

GEMMOLOGIE n.f. Domaine de la minéralogie appliquée à l'étude des gemmes (pierres) et à leur utilisation en joaillerie.

GEMMOLOGUE ou **GEMMOLOGISTE n.** Spécialiste de gemmologie.

GEMMOTHÉRAPIE n.f. Partie de la phytothérapie qui utilise des tissus végétaux jeunes tels que les bourgeons.

GEMMULE n.f. BOT. Bourgeon de l'embryon (plantule) qui se développe en une pousse lors de la germination.

GÉMONIES n.f. pl. (lat. *gemoniae*). **ANTIQ. ROM.** Escalier, au flanc nord-ouest du Capitole, où l'on exposait les corps des suppliciés avant de les jeter dans le Tibre. ▪ **Vouer** ou **traîner aux gémonies** [litt.], livrer au mépris public.

GÊNANT, E adj. Qui gêne.

GENCIVE n.f. (lat. *gingiva*). Muqueuse recouvrant les os maxillaires et entourant la base des dents.

GENDARME n. (de *gens d'armes*). **1.** Militaire appartenant à un corps de la gendarmerie : *Une gendarme lui a fait signe de s'arrêter.* **2.** Premier grade de sous-officier, dans ce corps. ◆ **n.m. 1.** Instance jouant un rôle régulateur : *Le gendarme de la Bourse.* **2.** Fam. Personne autoritaire. **3.** Saucisse sèche et plate. **4. ENTOMOL.** Pyrrhocoris. **5. ALP.** Pointe rocheuse difficile à franchir. ▪ **Gendarme couché,** ralentisseur.

SE GENDARMER v.pr. [3]. 1. S'emporter contre qqn, qqch ; se fâcher. **2. (CONTRE).** Montrer une vive opposition à ; se révolter.

GENDARMERIE n.f. 1. Force armée chargée de l'exécution des lois, du maintien de l'ordre public et de la police judiciaire sur le territoire national, et pouvant être engagée dans des opérations extérieures au titre de la prévôté ou pour maintenir ou rétablir la paix. **2.** Caserne où sont logés les gendarmes ; ensemble des bureaux où ils assurent leurs fonctions administratives. ▪ **Gendarmerie mobile,** partie de la gendarmerie organisée en escadrons motorisés ou blindés, spécialisée dans le maintien de l'ordre public.

GENDARMESQUE adj. Par plais. Relatif aux gendarmes.

GENDRE n.m. (lat. *gener*). Époux de la fille, par rapport au père et à la mère de celle-ci (SYN. **beau-fils**).

GÈNE n.m. (du gr. *genos*, génération). **BIOL.** Segment d'ADN transmis héréditairement et participant à la synthèse d'une protéine correspondant à un caractère déterminé. *(V. ill. page suivante.)*

GÊNE n.f. (de l'anc. fr. *gehine*, torture). **1.** État ou sensation de malaise éprouvés dans l'accomplissement de certaines actions ou fonctions : *Gêne respiratoire.* **2.** Impression désagréable que l'on éprouve quand on est mal à l'aise : *La gêne la fit rougir.* **3.** Québec. Timidité. **4.** Situation pénible due à un manque d'argent : *Être dans la gêne.* ▪ **Être sans gêne** [fam.], agir, prendre ses aises sans se préoccuper des autres.

Le corps humain contient environ 100 000 milliards de cellules, renfermant chacune, dans son noyau, tout son patrimoine génétique, distribué sur 23 paires de chromosomes. Chaque chromosome est un long filament d'ADN (acide désoxyribonucléique) comportant un enchaînement de nucléotides. En certains segments de ce filament, appelés gènes, la séquence ordonnée des nucléotides constitue une information dont la transmission est héréditaire et qui participe à la synthèse d'une protéine déterminée.

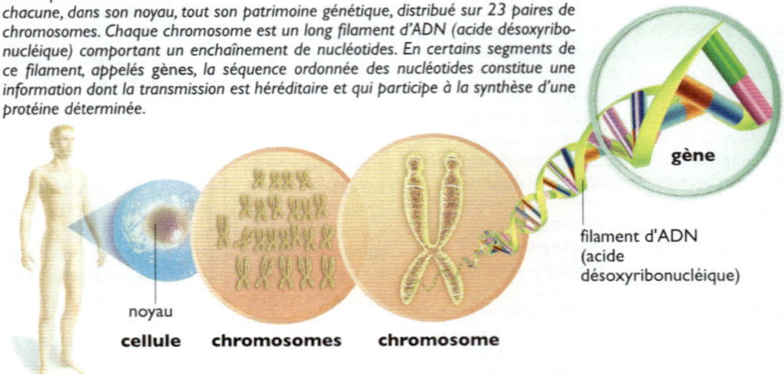

▲ gène

GÊNÉ, E adj. 1. Qui éprouve ou manifeste de la gêne ; embarrassé : *Un air gêné.* **2.** Québec. Timide. **3.** Qui se trouve dans une situation financière difficile.

GÉNÉALOGIE n.f. (du gr. *genos*, origine, et *logos*, science). **1.** Dénombrement, liste des membres d'une famille. **2.** Science auxiliaire de l'histoire qui a pour objet la recherche de l'origine et l'étude de la composition des familles.

GÉNÉALOGIQUE adj. Relatif à la généalogie.

GÉNÉALOGISTE n. Personne qui dresse des généalogies.

GÉNÉPI ou **GENÉPI** n.m. (mot savoyard). **1.** Nom usuel de certaines armoises de haute montagne et de l'achillée musquée, avec lesquelles on prépare une liqueur. **2.** Cette liqueur.

GÊNER v.t. [3]. **1.** Causer à qqn une gêne physique ou morale : *Le bruit me gêne. Votre insistance me gêne.* **2.** Québec. Intimider. **3.** Mettre des obstacles à l'action de qqn, au déroulement de qqch : *Ce coureur a gêné l'autre. Sa déclaration a gêné l'enquête.* ◆ **SE GÊNER** v.pr. **1.** S'imposer une contrainte : *Ne vous gênez pas, entrez !* **2.** Suisse. Être timide.

1. GÉNÉRAL, E, AUX adj. (lat. *generalis*). **1.** Qui s'applique à un ensemble de personnes, de choses (par oppos. à *particulier*) : *Un phénomène général.* **2.** Qui concerne la majorité ou la totalité d'un groupe : *C'est la tendance générale. Dans l'intérêt général.* **3.** Dont le domaine englobe toutes les spécialités : *Culture générale. Histoire générale des sciences.* **4.** Abstrait et vague : *Il s'en tient à des remarques générales.* **5.** Se dit d'une personne, d'un organisme qui est à l'échelon le plus élevé : *Directeur général. Quartier général.* ▪ **Médecine générale** → **MÉDECINE.** ▪ **Répétition générale,** ou **générale, n.f.,** dernière répétition d'une pièce de théâtre devant un public d'invités. ◆ **n.m.** (Toujours au sing.). Ensemble des principes généraux, par oppos. aux cas particuliers. ▪ **En général,** habituellement ; généralement.

2. GÉNÉRAL, E, AUX n. Officier titulaire d'un des grades les plus élevés dans la hiérarchie des armées de terre, de l'air et dans la gendarmerie. ◆ **n.m.** Supérieur majeur de certains ordres religieux : *Le général des jésuites.*

GÉNÉRALAT n.m. Fonctions de général, dans certains ordres religieux.

GÉNÉRALE n.f. **1.** Répétition générale. **2.** Vieilli. Femme d'un général. **3.** Anc. Batterie de tambours ou sonnerie de clairons appelant les militaires au combat.

GÉNÉRALEMENT adv. En général.

GÉNÉRALISABLE adj. Qui peut être généralisé.

GÉNÉRALISATEUR, TRICE ou **GÉNÉRALISANT, E adj.** Qui généralise.

GÉNÉRALISATION n.f. **1.** Action de généraliser. **2.** CARTOGR. Simplification d'un tracé, génér. exigée par la réduction de l'échelle.

GÉNÉRALISER v.t. [3]. **1.** Rendre applicable au grand nombre : *Généraliser l'utilisation d'Internet à l'école.* **2.** Absol. Raisonner, conclure du particulier au général : *Avoir tendance à trop généraliser.* ◆ **SE GÉNÉRALISER** v.pr. S'étendre à un ensemble plus large ; se répandre.

GÉNÉRALISSIME n.m. (ital. *generalissimo*). Général investi du commandement suprême des troupes d'un État ou d'une coalition.

GÉNÉRALISTE adj. et **n.** Se dit d'un médecin qui exerce la médecine générale (SYN. **omnipraticien**). ◆ **adj. 1.** Qui n'a pas de spécialité : *Un consultant généraliste.* **2.** Se dit d'un média qui vise tous les publics (par oppos. à *thématique*).

GÉNÉRALITÉ n.f. **1.** Caractère de ce qui est général. **2.** HIST. Circonscription financière puis administrative de la France d'Ancien Régime, dirigée par un intendant. ▪ **La généralité des...** [vieilli], le plus grand nombre des. ◆ **n.f. pl.** Idées générales ; lieux communs.

1. GÉNÉRATEUR, TRICE adj. (lat. *generator*). **1.** Qui est la cause de : *Événements générateurs de violence.* **2.** BIOL. Relatif à la reproduction. **3.** MATH. Qui engendre une droite, une surface, un groupe, un espace vectoriel.

2. GÉNÉRATEUR n.m. PHYS. Appareil, machine qui transforment une énergie quelconque en énergie électrique. ▪ **Générateur de vapeur,** dans une centrale, une installation thermique, échangeur de chaleur qui produit de la vapeur.

GÉNÉRATIF, IVE adj. BIOL. Relatif à la génération, à la reproduction. ▪ **Grammaire générative** [ling.], grammaire formelle capable de générer l'ensemble infini des phrases d'une langue au moyen d'un ensemble fini de règles.

GÉNÉRATION n.f. (du lat. *generare*, engendrer). **1.** Action de créer ; fait de se former : *La génération de cyclones.* **2.** Vieilli. Fonction par laquelle les êtres se reproduisent ; reproduction. **3.** Intervalle de temps, estimé à trente ans env., séparant deux degrés de filiation. **4.** Ensemble d'êtres, de personnes qui descendent d'un individu à chaque degré de filiation : *Quatre générations sont réunies ici.* **5.** Ensemble de personnes ayant à peu près le même âge à la même époque : *Une génération éprouvée par le chômage.* **6.** Famille de produits représentatifs d'un stade d'évolution technologique, dans un domaine donné : *Scanner de 4e génération.* ▪ **Génération boomerang** → **BOOMERANG.** ▪ **Génération spontanée** [anc.], doctrine selon laquelle un être vivant pourrait se former à partir de matière non vivante, des matières minérales, par ex. ➲ Cette doctrine fut admise dans l'Antiquité et au Moyen Âge pour certains animaux, et jusqu'à Pasteur pour les micro-organismes. ▪ **Génération Y** (de l'angl. *Y*, prononcé *why* [waj], pourquoi), née entre 1980 et 1995 avec l'avènement des nouvelles technologies, adepte des modes de communication planétaires (réseaux sociaux, par ex.), et perpétuellement en quête de sens dans sa vie personnelle et professionnelle. ➲ Elle fait suite à la *génération X*, sans repères ni message, née entre la guerre froide et la révolution technologique.

GÉNÉRATIONNEL, ELLE adj. Qui concerne une génération : *Livre, film générationnel.*

GÉNÉRATRICE n.f. **1.** PHYS. Générateur. **2.** MATH. Droite dont le déplacement engendre une surface réglée ou une surface de révolution*.

GÉNÉRER v.t. [11], ▲ *[11*]*. Avoir pour conséquence : *La crise génère le chômage.*

GÉNÉREUSEMENT adv. De façon généreuse.

GÉNÉREUX, EUSE adj. (du lat. *generosus*, de bonne race). **1.** Qui donne largement ; large. **2.** Qui fait preuve de noblesse de sentiments ; altruiste : *La jeunesse généreuse.* **3.** Litt. Fertile : *Terre généreuse.* **4.** Litt. Copieux : *Dîner généreux.* ▪ **Formes généreuses,** plantureuses. ▪ **Vin généreux,** riche en goût et fort en alcool.

GÉNÉRIQUABLE ou **GÉNÉRICABLE adj.** et **n.m.** (de *1. générique*). Se dit d'un médicament dont le brevet du principe actif est tombé dans le domaine public et qui peut être reproduit librement, sans versement de droits.

1. GÉNÉRIQUE adj. (du lat. *genus, generis*, genre). **1.** Qui appartient au genre, à tout un genre : *Le titre générique de l'œuvre de Balzac.* **2.** Relatif à un type de produit, quelle qu'en soit la marque : *Publicité générique.* **3.** LING. Se dit d'un mot dont le sens englobe toute une catégorie d'êtres ou d'objets (ex. : *siège* est un terme générique pour *chaise, fauteuil*, etc.). ▪ **Médicament générique,** ou **générique, n.m.,** médicament dont la formule est tombée dans le domaine public, commercialisé sous la dénomination de son principe actif indépendamment du laboratoire pharmaceutique d'origine. ▪ **Nom générique** [biol.], nom latin, commun à toutes les espèces du même genre : Panthera *est le nom générique du tigre, du lion, de la panthère et du jaguar.*

2. GÉNÉRIQUE n.m. Partie d'un film, d'une émission de télévision ou de radio où sont indiqués le nom et la fonction de ceux qui y ont collaboré. ➲ Le générique peut être placé au début ou à la fin, ou encore être scindé en deux.

GÉNÉRIQUEUR n.m. Laboratoire pharmaceutique qui fabrique et commercialise des médicaments génériques.

GÉNÉROSITÉ n.f. Qualité d'une personne, d'une action généreuse.

GENÈSE n.f. (du gr. *genesis*, naissance). Processus de développement de qqch ; ensemble des faits qui ont concouru à la formation, à la création de qqch : *La genèse d'un film.* ▪ **La Genèse,** v. partie n.pr.

GÉNÉSIQUE adj. Relatif à la reproduction, à la sexualité.

GENET n.m. (esp. *jinete*). Cheval de petite taille, originaire d'Espagne.

GENÊT n.m. (lat. *genesta*). Arbrisseau à fleurs jaunes, commun dans certaines landes et dont plusieurs espèces sont épineuses. ➲ Sous-famille des papilionacées.

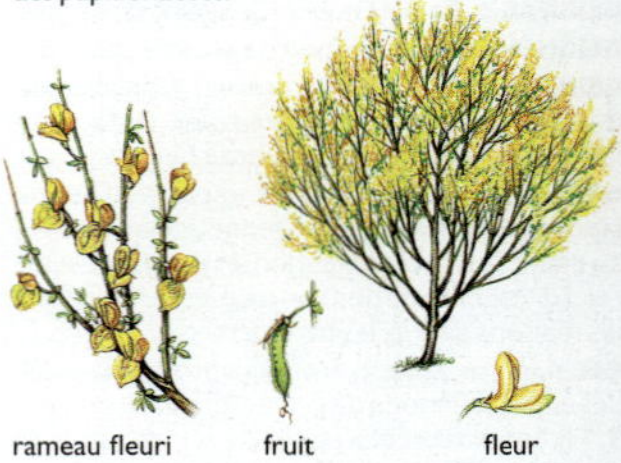

▲ genêt

GÉNÉTICIEN, ENNE n. Spécialiste de génétique.

GÉNÉTIQUE n.f. (du gr. *genos*, race). Science de l'hérédité, qui étudie la transmission des caractères anatomiques et fonctionnels entre les générations d'êtres vivants. ▪ **Génétique des populations,** étude des caractéristiques génétiques des populations (polymorphisme, structure génétique, sélection et mutation). ◆ **adj. 1.** Qui concerne les gènes, l'hérédité, la génétique. **2.** Qui est dû aux gènes ; génique : *Maladie génétique.* **3.** PHILOS. Relatif à la succession logique, à la filiation d'idées entre elles. ▪ **Critique génétique,** étude critique qui reconstitue l'histoire de l'élaboration d'une œuvre, notamm. littéraire, à partir de l'interprétation de ses avant-textes. ▪ **Psychologie génétique,** étude du développement mental de l'enfant et de l'adolescent en tant qu'il prépare et explique les structures intellectuelles de l'adulte.

GÉNÉTIQUEMENT adv. Du point de vue génétique.

GÉNÉTISME n.m. PSYCHOL. Conception selon laquelle une capacité ou une structure psychologique se développe avec l'âge et n'est donc pas innée (CONTR. **nativisme**).

GENETTE n.f. (esp. *jineta*, de l'ar.). Mammifère carnivore d'Europe et d'Afrique, au pelage clair taché de noir. ➲ Famille des viverridés.

GÊNEUR, EUSE n. Personne qui gêne ; importun.

GENEVOIS, E adj. et n. De Genève ; du canton de Genève.

GENÉVRIER n.m. Arbuste très rustique, à feuilles épineuses et à baies violettes (SYN. **genièvre**). ➲ Famille des cupressacées.

GÉNIAL, E, AUX adj. **1.** Qui a du génie. **2.** Inspiré par le génie. **3.** Fam. Remarquable en son genre.

GÉNIALEMENT adv. Avec génie.

GÉNIALITÉ n.f. Caractère de ce qui est génial.

GÉNIE n.m. (lat. *genius*). **1.** Être allégorique personnifiant une idée abstraite. **2.** Esprit ou être mythique détenteur de pouvoirs magiques. **3.** Dans la mythologie gréco-romaine, esprit qui présidait à la destinée d'un être ou d'une collectivité, ou qui protégeait un lieu. **4.** Aptitude naturelle à créer des choses d'une qualité exceptionnelle : *Le génie de Mozart* ; personne douée d'une telle aptitude : *Un génie méconnu.* **5.** Ensemble des connaissances et des techniques que possède un ingénieur : *Le génie frigorifique, rural.* **6.** Dans l'armée de terre, arme chargée des voies de communication et de l'aménagement du terrain, et service assurant la gestion du domaine militaire. ▪ **Avoir le génie de,** des dispositions naturelles pour : *Avoir le génie des affaires.* ▪ **Bon, mauvais génie,** personne qui a une influence positive, négative sur qqn. ▪ **Génie chimique,** ensemble des connaissances nécessaires à la mise en œuvre d'une usine chimique et à l'optimisation de la production. ▪ **Génie civil** [trav. publ.], ensemble des techniques concernant les constructions civiles. ▪ **Génie génétique,** ensemble des techniques de manipulation génétique de certains êtres vivants (bactéries, plantes, animaux), destinées à leur donner de nouveaux caractères héréditaires utiles pour leur exploitation par l'homme ou à leur faire fabriquer des substances utiles dont la synthèse chimique est difficile ou impossible. ▪ **Génie logiciel,** ensemble des méthodes et des procédures mises en œuvre dans les différentes phases de la production d'un logiciel afin d'en améliorer les qualités et la maintenance. ▪ **Génie maritime** [anc.], corps des ingénieurs d'armement chargé des constructions navales.

GENIÈVRE n.m. (lat. *juniperus*). **1.** Genévrier. **2.** Fruit du genévrier, utilisé pour aromatiser le gin et certains plats. (On dit aussi *baie de genièvre.*) **3.** Eau-de-vie obtenue par distillation de moûts de céréales en présence de baies de genévrier (nord de la France, Belgique et Pays-Bas).

GÉNINE n.f. Partie non glucidique d'un hétéroside, autref. appelée *aglycone.*

GÉNIQUE adj. Relatif à un gène, aux gènes : *Maladie génique.* ▪ **Thérapie génique,** méthode thérapeutique consistant à administrer comme médicament un gène artificiel ou des cellules contenant ce gène. ➲ Encore expérimentale, la thérapie génique pourrait permettre de soigner des maladies héréditaires, des cancers, des infections graves.

GÉNISSE n.f. (lat. *junix, -icis*). Jeune femelle de l'espèce bovine n'ayant pas encore vêlé.

GÉNITAL, E, AUX adj. **1.** Relatif à la reproduction sexuée des animaux et de l'homme. **2.** Relatif aux organes génitaux. ▪ **Organes génitaux,** organes sexuels*. ▪ **Stade génital** [psychan.], stade de l'évolution libidinale caractérisé par la subordination des pulsions partielles à la zone génitale et commençant à la puberté.

➲ Les deux gonades – ovaires chez la femme et testicules chez l'homme – produisent les gamètes. Les voies **GÉNITALES** mettent en relation les gonades avec l'extérieur. Outre l'urètre, elles comprennent chez la femme les deux trompes, l'utérus et le vagin, et chez l'homme les canaux des épididymes et les déférents. Elles reçoivent les sécrétions de glandes telles que la prostate de l'homme.

GÉNITEUR, TRICE n. (du lat. *genitor*, père). **1.** Par plais. Père, mère. **2.** ÉLEV. Animal mâle ou femelle qui engendre.

GÉNITIF n.m. LING. Cas exprimant un rapport d'appartenance, de dépendance, etc., dans les langues à déclinaison.

GÉNITOIRES n.m. pl. Fam., vx ou par plais. Testicules.

GÉNITO-URINAIRE adj. (pl. *génito-urinaires*). Relatif aux appareils reproducteur et urinaire (SYN. **uro-génital**).

GÉNOCIDAIRE adj. et n. Relatif à un génocide ; qui y prend part.

GÉNOCIDE n.m. (du gr. *genos*, race, et *cædere*, tuer). Crime contre l'humanité tendant à la destruction de tout ou partie d'un groupe national, ethnique, racial ou religieux.

➲ Apparu en 1944, le terme de **GÉNOCIDE** qualifia alors « la pratique de l'extermination de nations et de groupes ethniques » dont les nazis s'étaient rendus coupables – le génocide des Juifs d'Europe portant le nom de *Shoah.* On l'emploie également pour désigner l'extermination des populations amérindiennes par les conquérants européens et pour caractériser les massacres à grande échelle ; celui dont les Arméniens furent victimes en Turquie en 1915, ceux qui eurent lieu au Cambodge dans les années 1970, dans l'ex-Yougoslavie et au Rwanda dans les années 1990. Le génocide est imprescriptible ; il est du ressort de la Cour pénale internationale mise en place en 2002.

1. GÉNOIS, E adj. et n. De Gênes.

2. GÉNOIS n.m. MAR. Grand foc dont le point d'écoute est reporté vers l'arrière du voilier.

GÉNOISE n.f. **1.** Pâte à biscuit légère qui sert à réaliser des gâteaux fourrés, glacés au fondant ou décorés à la pâte d'amandes. **2.** CONSTR. Corniche composée de tuiles canal superposées.

GÉNOME n.m. Ensemble du matériel génétique composé de l'ADN des chromosomes et de celui des mitochondries (SYN. **patrimoine génétique, patrimoine héréditaire**). ➲ Le génome humain comporte env. 25 000 gènes.

GÉNOMIQUE adj. Relatif au génome. ◆ n.f. Ensemble des disciplines relatives à l'étude du génome et à ses applications (thérapie génique, biotechnologies, etc.).

GÉNOPOLE n.f. Ensemble groupé de laboratoires dédiés à la recherche en génétique.

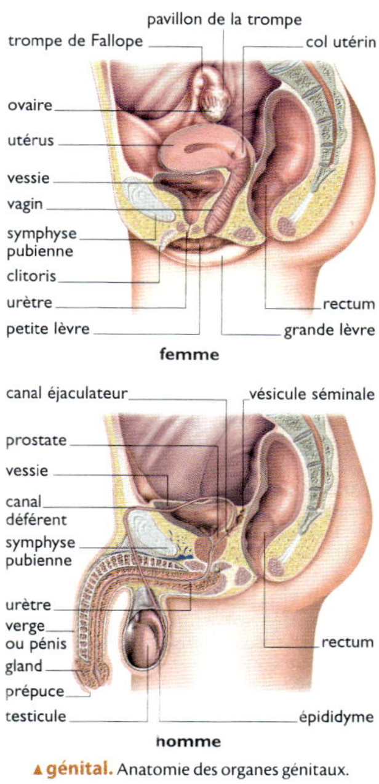

▲ **génital.** Anatomie des organes génitaux.

GÉNOTOXICITÉ n.f. Capacité d'une substance ou d'un rayonnement à altérer le génome d'êtres vivants.

GÉNOTOXIQUE adj. et n.m. Qui est source de génotoxicité.

GÉNOTYPAGE n.m. Fait de déterminer le génotype ou une fraction représentative du génotype d'un individu.

GÉNOTYPE n.m. Ensemble des gènes d'un individu, du point de vue des caractéristiques de leurs allèles (par oppos. à *phénotype*).

GÉNOTYPIQUE adj. Relatif au génotype.

GENOU n.m. (pl. *genoux*) [lat. *geniculum*]. **1.** Partie du membre inférieur où la jambe se joint à la cuisse. **2.** Chez les quadrupèdes, articulation des os carpiens et métacarpiens avec le radius. **3.** MÉCAN. INDUSTR. Vx. Rotule. ▪ **À genoux,** les genoux sur le sol. ▪ **Être à genoux devant qqn,** en adoration devant lui. ▪ **Être sur les genoux** [fam.], très fatigué. ▪ **Faire du genou à qqn,** lui toucher le genou avec son propre genou pour attirer son attention ou flirter. ▪ **Sur les genoux de qqn,** sur ses cuisses quand il est assis.

GENOUILLÉ, E adj. ANAT. ▪ **Corps genouillé,** chacune des deux saillies du thalamus placées comme relais, l'une sur la voie visuelle, l'autre sur la voie auditive.

GENOUILLÈRE n.f. **1.** Appareil orthopédique servant à maintenir l'articulation du genou. **2.** Système de protection du genou pour l'exercice de certains sports et de certains métiers. **3.** Pièce de cuir placée aux genoux du cheval. **4.** Pièce de l'armure qui protégeait le genou.

GENRE n.m. (lat. *genus, generis*). **1.** Division fondée sur un ou plusieurs caractères communs ; sorte : *Une femme dans son genre.* **2.** Allure de qqn, qqch : *Un hôtel d'un genre douteux* ; manière de vivre : *Ils ont mauvais genre.* **3.** BIOL. Ensemble d'êtres vivants situé, dans la classification, entre la famille et l'espèce, et groupant des espèces très voisines. ➲ Le chien, le loup, le chacal et le coyote appartiennent au genre *Canis.* **4.** (Calque de l'angl. *gender*). SOCIOL. Dimension identitaire, historique, culturelle et symbolique de l'appartenance biologique au sexe masculin ou féminin. **5.** LITTÉR. Catégorie d'œuvres répondant à des critères formels ou thématiques semblables ; ensemble de ces œuvres : *Le genre romanesque.* **6.** Manière de s'exprimer d'un écrivain : *Le genre sublime, familier.* **7.** GRAMM. Catégorie grammaticale fondée sur la distinction naturelle des sexes ou sur une distinction conventionnelle : *Genre masculin, féminin, neutre.* (V. *Mémento de grammaire,* § 8). ▪ **Études de genre** (angl. *gender studies*) [sociol.], domaine des sciences sociales consacré à l'étude du genre. (On trouve aussi, employée à tort, l'expression *théorie du genre.*) ➲ Les études de genre ont été initiées à la fin du XXe s. sous l'impulsion de mouvements féministes et homosexuels américains. ▪ **Genre de vie,** ensemble des modes d'activité d'un individu, d'un groupe humain. ▪ **Grand genre,** la peinture d'histoire, le plus noble des genres selon la hiérarchie académique. ▪ **Le genre humain,** l'ensemble des hommes. ▪ **Mélange des genres,** combinaison de styles ou d'influences différents (en art, notamm.) : *Un savant mélange des genres entre rock, pop et jazz* ; fig., péjor., jeu d'influences réciproques entre des milieux dont la déontologie voudrait qu'ils restent indépendants les uns des autres : *Le mélange des genres entre la politique, la finance et les médias exaspère.* ▪ **Peinture de genre,** qui traite de sujets familiers ou anecdotiques. ▪ **Se donner un genre** ou **faire du genre** [fam.], avoir des manières affectées.

GENRÉ, E adj. SOCIOL. **1.** Relatif au genre, aux différences non biologiques, mais sociales, culturelles, entre les hommes et les femmes. **2.** Par ext. Basé sur le genre, sur la distinction masculin-féminin telle qu'elle est inculquée : *Couleurs, jouets genrés.*

1. GENS [ʒɛ̃s] n.f. (pl. *gentes* [ʒɛ̃tɛs]) [mot lat.]. ANTIQ. ROM. Groupe de familles se rattachant à un ancêtre commun et portant le même nom.

2. GENS [ʒɑ̃] n.m. pl. ou n.f. pl. (mot lat.). **1.** Personnes en nombre indéterminé : *Des gens ont protesté.* **2.** Les hommes en général : *Les gens redoutent la crise.* ▪ **Bonnes** ou **braves gens,** personnes simples, honnêtes. ▪ **Gens de**

a b c d e f g h i j k l m n o p q r s t u v w x y z

maison [vieilli], employés de maison. ■ **Gens de mer** [vieilli], marins. ■ **Gens de robe** [litt.], gens de justice (magistrats, avocats, etc.), sous l'Ancien Régime, par oppos. aux *gens d'épée* (nobles, soldats). ■ **Jeunes gens,** jeunes filles et garçons et, en partic., pl. de *jeune homme*.

✎ *Gens* est masculin ***(des gens sots)*** sauf dans le cas d'un adjectif épithète placé avant ***(de vieilles gens).***

1. GENT [ʒɑ̃] **n.f. sing.** (lat. *gens*). Litt. ou par plais. Race ; espèce : *La gent canine. La gent masculine.*

2. GENT, E adj. Litt. Joli ; gracieux.

GENTIANE [ʒɑ̃sjan] **n.f.** (lat. *gentiana*). **1.** Plante des prés montagneux, à fleurs gamopétales, jaunes, bleues ou violettes suivant les espèces. ➲ La grande gentiane à fleurs jaunes fournit une racine amère et apéritive ; famille des gentianacées. **2.** Boisson obtenue par macération de cette racine dans l'alcool.

▲ **gentianes**

1. GENTIL [ʒɑ̃ti] **n.m.** (du lat. *gentiles*, païens, d'un mot hébr.). **1.** Étranger, pour les anciens Hébreux. **2.** Païen, pour les premiers chrétiens.

2. GENTIL, ILLE adj. (du lat. *gentilis*, de race). **1.** Qui est agréable et charmant : *Une gentille collègue.* **2.** Qui manifeste de la bienveillance : *Sois gentil avec eux.* **3.** Se dit d'un enfant qui se conduit bien. **4.** Qui est agréable, mais sans plus : *Un gentil livre.* ■ **Une gentille somme** [fam.], une somme importante.

GENTILÉ n.m. (du lat. *gentile nomen*, nom de famille). Ethnonyme.

GENTILHOMME [ʒɑ̃tijɔm] **n.m.** (pl. *gentilshommes* [ʒɑ̃tizɔm]). **1.** Litt. Homme qui fait preuve de distinction, de délicatesse dans sa conduite. **2.** Anc. Homme noble de naissance.

GENTILHOMMIÈRE n.f. Petit château campagnard.

GENTILLESSE n.f. 1. Qualité d'une personne gentille. **2.** Action, parole aimable ou délicate.

GENTILLET, ETTE adj. Agréable mais sans grande portée : *Des chansons gentillettes.*

GENTIMENT adv. 1. De façon gentille, aimable. **2.** Suisse. Sans précipitation ; tranquillement.

GENTLEMAN [dʒɛntləman] **n.m.** (pl. *gentlemans* ou *gentlemen* [-mɛn]) [mot angl.]. Homme bien élevé et distingué.

GENTLEMAN-FARMER [-farmœr] **n.m.** (pl. *gentlemans-farmers* ou *gentlemen-* [-mɛn]*farmers*) [mot angl.]. Grand propriétaire foncier qui exploite lui-même ses terres.

GENTLEMAN-RIDER [-rajdœr] **n.m.** (pl. *gentlemans-riders* ou *gentlemen-* [-mɛn]*riders*) [mot angl.]. Jockey amateur qui monte dans les courses.

GENTLEMAN'S AGREEMENT [dʒɛntləmansəgrimɛnt] **n.m.** (pl. *gentlemen's* [-mɛns] *agreements*) [mots angl.]. **DR.** Accord international dépourvu d'effets juridiques immédiats mais qui exprime les intentions des États signataires.

GENTRIFICATION [ʒɑ̃tri-] **n.f.** Tendance à l'embourgeoisement d'un quartier populaire.

GENTRY [dʒɛntri] **n.f. sing.** (mot angl.). En Angleterre, ensemble des nobles non titrés ayant droit à des armoiries.

GÉNUFLEXION n.f. (du lat. *genuflectere*, fléchir le genou). Flexion du genou en signe d'adoration, de respect, de soumission.

GÉOCENTRIQUE adj. ASTRON. Qui est mesuré, considéré par rapport à la Terre, prise comme centre. ■ **Mouvement géocentrique,** mouvement apparent d'un astre autour de la Terre, considérée comme centre de référence.

GÉOCENTRISME n.m. Anc. Théorie astronomique qui faisait de la Terre le centre de l'Univers (par oppos. à *héliocentrisme*).

GÉOCHIMIE n.f. Étude de la répartition des éléments chimiques dans les roches, les minéraux, les eaux et les gaz terrestres, de leur nature, de leur origine et de leur comportement au cours des phénomènes géologiques.

GÉOCHIMIQUE adj. Relatif à la géochimie.

GÉOCHIMISTE n. Spécialiste de géochimie.

GÉOCHRONOLOGIE [-krɔ-] **n.f.** Branche de la géologie permettant de reconstituer la suite des événements qui ont affecté les roches (datation relative) et de déterminer leur âge (datation absolue).

GÉOCHRONOLOGIQUE adj. Relatif à la géochronologie.

GÉOCROISEUR n.m. ASTRON. Astéroïde dont l'orbite croise celle de la Terre et qui est donc susceptible de s'en approcher.

GÉODE n.f. (du gr. *geôdês*, terreux). **1. MINÉRALOG.** Cavité d'une roche, tapissée de cristaux. **2. MÉD.** Cavité pathologique à l'intérieur d'un organe, en partic. d'un os.

GÉODÉSIE n.f. (du gr. *gê*, terre, et *daiein*, diviser). Science de la forme et des dimensions de la Terre.

GÉODÉSIEN, ENNE n. Spécialiste de géodésie.

GÉODÉSIQUE adj. Relatif à la géodésie. ■ **Ligne géodésique,** ou **géodésique, n.f.** [math.], courbe d'une surface telle que l'arc joignant deux points soit le plus court de tous les arcs de cette surface joignant ces deux points. ➲ La notion de géodésique généralise à des surfaces quelconques la notion de droite.

GÉODYNAMIQUE n.f. 1. Branche de la géologie qui étudie la cinématique, la dynamique et l'évolution du globe terrestre. **2.** Science qui étudie les propriétés dynamiques et mécaniques d'ensemble de la Terre et de la Lune, en tenant compte de l'interaction mutuelle des deux astres. ◆ **adj.** Relatif à la géodynamique.

GÉOGLYPHE n.m. ARCHÉOL. Ensemble de motifs tracés au sol, sur de longues distances, qui ne sont visibles que d'une très grande hauteur, tels ceux de Nazca, site précolombien de la côte sud du Pérou.

GÉOGRAPHE n. Spécialiste de géographie.

GÉOGRAPHIE n.f. 1. Science qui a pour objet la description et l'explication de l'aspect naturel et humain actuel de la surface de la Terre. **2.** Ensemble des caractères naturels et humains d'une région, d'un pays. ■ **Géographie générale,** qui étudie les phénomènes (population, production, commerce, etc.) à l'échelle mondiale. ■ **Géographie régionale,** qui étudie une région déterminée.

➲ La **GÉOGRAPHIE** est la science qui a pour objet l'organisation de l'espace par les sociétés humaines. Elle s'intéresse au milieu naturel (climat, relief, sol, hydrographie, végétation, notamm.) : c'est l'objet de la *géographie physique* ou *environnementale*. La *géographie humaine* étudie plus particulièrement la façon dont les sociétés construisent leurs espaces, les nomment et y vivent, la répartition des populations, de leurs activités et de leurs échanges étant un domaine important de cette discipline. La *carte* est un mode d'expression privilégié de la géographie.

GÉOGRAPHIQUE adj. Relatif à la géographie.

GÉOGRAPHIQUEMENT adv. Du point de vue géographique.

GÉOÏDE n.m. GÉOPHYS. Surface équipotentielle du champ de pesanteur, choisie pour être voisine du niveau moyen des mers.

GEÔLE [ʒol] **n.f.** (bas lat. *caveola*, de *cavea*, cage). Litt. ou Antilles. Prison.

GEÔLIER, ÈRE [ʒolje, ɛr] **n.** Litt. Gardien de prison.

GÉOLOCALISATION n.f. Technique de détermination de la situation géographique précise d'un lieu ou, à un instant donné, d'une personne, d'un véhicule, d'un objet, etc.

GÉOLOCALISER v.t. [3]. Procéder à une géolocalisation.

GÉOLOGIE n.f. 1. Science des matériaux qui constituent le globe terrestre (en partic. ceux qui sont directement accessibles à l'observation) et étude des transformations actuelles et passées subies par la Terre. **2.** Ensemble des caractéristiques du sous-sol d'une région : *La géologie des Alpes.*

➲ La **GÉOLOGIE** vise à comprendre la nature, la distribution, l'histoire et la genèse des constituants de la Terre à différents niveaux d'organisation : le cristal et le minéral, le complexe rocheux (plutonique, stratigraphique, etc.), le complexe structural (bassin sédimentaire, dorsale océanique, etc.), la plaque lithosphérique. L'étude de ces différents objets concerne la cristallographie, la minéralogie, la pétrologie. La géodynamique s'intéresse aux phénomènes qui affectent les ensembles rocheux. La tectonique étudie les déformations (plis, failles, etc.) des domaines superficiels de la Terre. Intermédiaire entre la biologie et la géologie, la paléontologie se divise en paléontologie animale et végétale, micropaléontologie et paléontologie humaine. Les besoins économiques et industriels ont conduit à l'essor d'une géologie appliquée : hydrogéologie et géologie de l'environnement, prospection et exploitation minières, etc. Par l'extension de ses domaines d'étude, la géologie s'intègre au vaste secteur des « sciences de la Terre », ou géosciences.

GÉOLOGIQUE adj. Relatif à la géologie. ■ **Temps géologiques,** étapes chronologiques de l'histoire de la Terre, de sa formation à nos jours, représentées sous forme d'échelle.

GÉOLOGIQUEMENT adv. Du point de vue géologique.

GÉOLOGUE n. Spécialiste de géologie.

GÉOMAGNÉTIQUE adj. Relatif au géomagnétisme.

GÉOMAGNÉTISME n.m. Magnétisme terrestre.

GÉOMANCIE n.f. Technique divinatoire fondée sur l'observation des figures formées par de la terre ou des cailloux jetés au hasard sur une surface plane.

GÉOMATIQUE n.f. Technique associant l'informatique à la gestion, au stockage et au transfert des données géographiques.

GÉOMEMBRANE n.f. Film résistant et étanche utilisé notamm. en couche dans les sols aquifères pour empêcher toute pollution de la nappe phréatique.

GÉOMÉTRAL, E, AUX adj. Se dit d'un dessin qui représente un objet en plan, coupe et élévation, avec ses dimensions relatives exactes et sans égard à la perspective. ◆ **n.m.** Dessin ou plan à une échelle déterminée.

1. GÉOMÈTRE n. 1. Spécialiste de géométrie. **2.** Spécialiste des opérations de levés de terrains.

2. GÉOMÈTRE n.m. ou **n.f.** Papillon nocturne, dont la chenille est appelée arpenteuse*, tel que le *géomètre du bouleau*. ➲ Famille des géométridés.

GÉOMÉTRIDÉ n.m. Papillon géomètre. ➲ Les géométridés forment une famille.

GÉOMÉTRIE n.f. Science mathématique qui étudie les relations entre points, droites, courbes, surfaces et volumes de l'espace. ■ **À géométrie variable,** qui est susceptible d'évoluer au gré des circonstances ; flexible. ■ **Avion à géométrie variable** [impropre], à flèche variable.

GÉOMÉTRIQUE adj. 1. Relatif à la géométrie. **2.** Fig. Précis comme une démonstration de géométrie ; rigoureux. ■ **Abstraction géométrique** [bx-arts], tendance de l'art abstrait du XXe s. qui expérimente systématiquement le pouvoir esthétique des lignes, des figures géométriques et de la couleur. ■ **Époque géométrique** [bx-arts], période de la civilisation grecque (1100-750 av. J.-C.) qui correspond à l'âge du fer. ➲ Elle doit son nom à la rigoureuse géométrisation qui asservit la représentation des formes humaines ou animales.

GÉOMÉTRIQUEMENT adv. De façon géométrique.

GÉOMÉTRISATION n.f. Action de géométriser.

GÉOMÉTRISER v.t. [3]. Donner à une représentation plastique un aspect géométrique.

GÉOMORPHOLOGIE n.f. Domaine de la géographie qui a pour objet la description, l'explication et l'évolution des formes du relief terrestre.

GÉOMORPHOLOGIQUE adj. Relatif à la géomorphologie.

ère	système	série	millions d'années
CÉNOZOÏQUE (tertiaire et quaternaire) 65 millions d'années	néogène	holocène	– 0,01
		pléistocène	– 2,6
		pliocène	
		miocène	
			– 23
	paléogène	oligocène	
		éocène	
		paléocène	
			– 65,5
MÉSOZOÏQUE (secondaire) 186 millions d'années	crétacé	supérieur	
		inférieur	
			– 145
	jurassique	supérieur (malm)	
		moyen (dogger)	
		inférieur (lias)	
			– 200
	trias	supérieur	
		moyen	
		inférieur	– 251
PALÉOZOÏQUE (primaire) 291 millions d'années	permien	supérieur	
		inférieur	
			– 299
	carbonifère	silésien	
		dinantien	
			– 359
	dévonien	supérieur	
		moyen	
		inférieur	
			– 416
	silurien	pridoli	
		ludlow	
		wenlock	
		llandovery	
			– 444
	ordovicien	ashgill	
		caradoc	
		llandeilo	
		llanvirn	
		arénig	
		trémadoc	
			– 488
	cambrien	supérieur	
		moyen	
		inférieur	
			– 542
		ère	– 542
PRÉCAMBRIEN plus de 4 milliards d'années (formation de la Terre il y a 4,566 milliards d'années)	protérozoïque	néoprotérozoïque	
			– 1 000
		mésoprotérozoïque	
			– 1 600
		paléoprotérozoïque	
			– 2 500
	archéen		

▲ **géologie.** Les divisions stratigraphiques des temps géologiques.

GÉOMORPHOLOGUE n. Spécialiste de géomorphologie.

GÉOPHAGE adj. et **n.** Qui mange de la terre.

GÉOPHAGIE n.f. PSYCHIATR. Trouble conduisant une personne à manger de la terre.

GÉOPHILE n.m. Mille-pattes carnivore à corps long et grêle, brun fauve, vivant dans l'humus et sous les mousses. ➲ Long. jusqu'à 5 cm ; classe des myriapodes.

GÉOPHONE n.m. Instrument d'écoute pour déceler les ondes acoustiques transmises par le sous-sol, utilisé notamm. en sismologie.

GÉOPHYSICIEN, ENNE n. Spécialiste de géophysique.

GÉOPHYSIQUE n.f. Étude, par les moyens de la physique, de la structure du sous-sol et de l'ensemble du globe terrestre, et des mouvements qui l'affectent (SYN. **physique du globe**). ➲ Au sens le plus large, on divise la géophysique en *géophysique interne*, comprenant la géodésie, la sismologie, etc., et en *géophysique externe*, regroupant l'hydrologie, l'océanologie physique et la météorologie. ◆ **adj.** Relatif à la géophysique.

GÉOPOLITIQUE n.f. Étude des rapports entre les données géographiques et la politique des États. ◆ **adj.** Relatif à la géopolitique.

1. GÉORGIEN, ENNE adj. et **n.** De la Géorgie, État du Caucase ; de ses habitants. ◆ **n.m.** Langue caucasienne parlée princip. en Géorgie.

2. GÉORGIEN, ENNE adj. et **n.** De la Géorgie américaine.

GÉORGIQUE adj. Litt. Qui concerne les travaux des champs, la vie rurale.

GÉOSCIENCE n.f. (Surtout pl.). Science de la Terre. ➲ La géologie, la géophysique, la météorologie font partie des géosciences.

GÉOSPHÈRE n.f. Partie minérale, non vivante, de la Terre, qui sert de support à l'ensemble des êtres vivants. ➲ Elle comprend l'atmosphère, l'hydrosphère et la partie externe de la lithosphère.

GÉOSTATIONNAIRE adj. Se dit d'un satellite artificiel géosynchrone qui gravite sur une trajectoire équatoriale et, de ce fait, paraît immobile pour un observateur terrestre. ➲ L'orbite des satellites géostationnaires est unique ; son altitude est voisine de 35 800 km.

GÉOSTATISTIQUE n.f. MIN. Évaluation des gisements par la méthode statistique.

GÉOSTRATÉGIE n.f. MIL. Étude des relations de force entre puissances, à partir de données géographiques, politiques, militaires, économiques, etc.

GÉOSTRATÉGIQUE adj. Relatif à la géostratégie.

GÉOSTROPHIQUE adj. MÉTÉOROL. Se dit de la force de Coriolis* ou des vents déterminés par cette force et parallèles aux isobares.

GÉOSYNCHRONE adj. Se dit d'un satellite artificiel de la Terre dont la période de révolution est égale à la période de rotation de la Terre.

GÉOSYNCLINAL n.m. (du gr. *gê*, terre, *sun*, avec, et *klinê*, lit). GÉOL. Anc. Dans les zones orogéniques, vaste sillon sédimentaire dont le plissement aboutit à la formation d'une chaîne de montagnes. ➲ Cette théorie a laissé la place à la *tectonique des plaques.*

GÉOTECHNICIEN, ENNE n. Spécialiste de géotechnique.

GÉOTECHNIQUE n.f. Partie de la géologie qui étudie les propriétés des sols et des roches en fonction des projets de construction d'ouvrages d'art. ◆ **adj.** Relatif à la géotechnique.

GÉOTEXTILE n.m. Membrane textile utilisée dans le génie civil comme drain, filtre, armature, etc.

GÉOTHERMIE n.f. 1. Ensemble des phénomènes thermiques internes du globe terrestre. **2.** Étude scientifique et ensemble des applications techniques de ces phénomènes, considérés comme une source d'énergie. (V. planche *énergies renouvelables.*)

GÉOTHERMIQUE adj. Relatif à la géothermie. ▪ **Degré** ou **gradient géothermique,** augmentation de la température avec la profondeur, à l'intérieur du globe terrestre. ➲ Gradient moyen : 3,3 °C tous les 100 m dans les bassins sédimentaires. ▪ **Énergie géothermique,** énergie extraite des eaux ou de la vapeur chaudes présentes dans certaines zones à fort gradient géothermique.

GÉOTHERMOMÈTRE n.m. **GÉOL.** Composition d'un minéral ou d'une association de minéraux permettant d'évaluer leur température de formation.

GÉOTROPISME n.m. **1. BOT.** Orientation imposée à la croissance d'un organe végétal par la pesanteur. ➲ Le géotropisme est positif pour les racines, qui croissent vers le bas, négatif pour les tiges dressées. **2. ÉTHOL.** Réaction locomotrice de certaines espèces animales, provoquée et orientée par la pesanteur. ➲ Le maintien de la posture verticale chez l'homme relève d'un géotropisme négatif.

GÉOTRUPE n.m. (du gr. *trupân*, percer). Insecte coléoptère du groupe des bousiers. ➲ Superfamille des scarabéidés.

GÉRABLE adj. Que l'on peut gérer.

GÉRANCE n.f. Fonction de gérant ; durée de cette fonction ; administration par un gérant. ▪ **Gérance libre,** exploitation d'un fonds de commerce par une personne qui n'en est que locataire (SYN. **location-gérance**). ▪ **Gérance salariée,** exploitation d'un fonds de commerce par une personne qui dirige l'exploitation moyennant rémunération, pour le compte et aux risques et périls du propriétaire.

GÉRANIACÉE n.f. Plante à tige velue, à fleurs dialypétales, au fruit allongé (géranium, pélargonium, par ex.). ➲ Les géraniacées forment une famille.

GÉRANIUM [-njɔm] n.m. (lat. *geranium*, du gr. *geranos*, grue). Plante sauvage très commune de l'hémisphère Nord, dont le fruit rappelle un bec de grue et dont certaines espèces ornent les jardins. ➲ On nomme parfois *géraniums* des espèces cultivées de *pélargoniums* ; famille des géraniacées.

GÉRANT, E n. **1. DR. CIV.** Personne physique ou morale qui dirige et administre pour le compte d'autrui en ayant reçu mandat *(gérant d'immeubles)* ou non *(gérant d'affaires)*. **2.** Personne responsable de l'administration d'immeubles pour le compte de propriétaires. ▪ **Gérant de fait,** personne qui traite avec les tiers au nom d'une personne morale sans avoir reçu mandat à cet effet. ▪ **Gérant de société,** dirigeant social d'une société en nom collectif, d'une société en commandite simple ou par actions, d'une société à responsabilité limitée ou d'une société civile.

GERBAGE n.m. Action de gerber ; mise en gerbes.

GERBE n.f. (francique *garba*). **1.** Ensemble de tiges de céréales, de fleurs coupées, disposé de sorte que les épis, les fleurs soient rassemblés d'un même côté. **2.** Forme prise par qqch qui jaillit et se disperse en faisceau (feux d'artifice, jets d'eau, etc.). **3.** Faisceau d'éclats projetés par l'explosion d'un obus. **4.** Ensemble des trajectoires des projectiles tirés par une même arme avec les mêmes éléments de tir. **5. PHYS.** Groupe de particules chargées produites par l'interaction d'une particule de haute énergie avec la matière.

GERBER v.t. [3]. **1.** Mettre en gerbes. **2. MANUT.** Empiler des charges les unes sur les autres. ◆ v.i. **1.** Éclater en formant une gerbe : *Fusée qui gerbe.* **2.** Très fam. Vomir.

GERBERA [-be-], ▲ *GERBÉRA* n.m. (du n. de T. *Gerber*). Plante herbacée originaire d'Asie et d'Afrique, dont une espèce, dite *marguerite du Transvaal*, est cultivée pour ses grandes fleurs rouges ou jaunes. ➲ Famille des composées.

GERBEUR n.m. **MANUT.** Appareil de levage au moyen duquel on empile des charges.

GERBIER n.m. Tas de gerbes ; meule.

GERBILLE n.f. (lat. *gerbillus*). Petit rongeur des steppes d'Afrique et d'Asie. ➲ Long. 8 cm env. ; famille des muridés.

▲ gerboise

GERBOISE n.f. (de l'ar. *yarbū*). Rongeur qui se déplace par bonds grâce à ses longues pattes postérieures et creuse des terriers dans les plaines sablonneuses de l'Ancien Monde et de l'Amérique du Nord. ➲ Famille des dipodidés.

GERCE n.f. **MENUIS.** Petite craquelure perpendiculaire aux fibres du bois, liée à un séchage trop rapide ou excessif.

GERCEMENT n.m. Fait de se gercer.

GERCER v.t. [9] (du gr. *kharassein*, entailler). Faire des gerçures à la surface de la peau. ◆ v.i. ou **SE GERCER** v.pr. Se couvrir de gerçures.

GERÇURE n.f. **1.** Plaie linéaire et superficielle de la peau, due au froid ou à certains états morbides. **2. MÉTALL.** Défaut superficiel d'une pièce forgée, laminée ou fondue.

GÉRÉ n.m. **DR.** Personne pour le compte de qui le gérant d'affaires agit.

GÉRER v.t. [11], ▲ *[11*]* (lat. *gerere*). **1.** Administrer des intérêts, une entreprise, etc., pour son propre compte ou pour le compte d'autrui. **2.** Assurer l'administration, la gestion de : *Gérer une base de données.* **3.** Absol. Fam. S'occuper activement d'un problème, affronter une situation difficile : *Tu révises tes examens ? – T'inquiète, je gère.* ▪ **Gérer la crise, la pénurie,** administrer les choses en s'en accommodant.

GERFAUT n.m. (mot germ.). Grand faucon à plumage clair des régions arctiques, chasseur de rongeurs et d'oiseaux de mer, autref. utilisé en fauconnerie. ➲ Famille des falconidés.

GÉRIATRE n. Médecin spécialisé en gériatrie.

GÉRIATRIE n.f. (du gr. *gerôn*, vieillard, et *iatreia*, traitement). Discipline médicale consacrée aux maladies des personnes âgées.

GÉRIATRIQUE adj. Relatif à la gériatrie.

1. GERMAIN, E adj. (lat. *germanus*). **ANTHROP.** Se dit des frères ou sœurs issus des mêmes père et mère (par oppos. à ceux qui sont soit *consanguins*, soit *utérins*). ▪ **Cousin germain,** né du frère ou de la sœur du père ou de la mère. ◆ n. ▪ **Cousins issus de germains,** personnes nées de cousins germains.

2. GERMAIN, E adj. et n. De Germanie ; relatif aux Germains.

GERMANDRÉE n.f. (du gr. *khamaidrus*, chêne nain). Plante herbacée aromatique dont une espèce à fleurs verdâtres est connue sous le nom de *sauge des bois*. ➲ Famille des labiées.

GERMANIQUE adj. De la Germanie ou de l'Allemagne ; de leurs habitants. ◆ n.m. **LING.** Rameau de l'indo-européen dont sont issus l'anglais, l'allemand, le néerlandais, le frison et les langues scandinaves.

GERMANISATION n.f. Action de germaniser ; fait d'être germanisé.

GERMANISER v.t. [3]. Donner un caractère allemand à.

GERMANISME n.m. Idiotisme propre à la langue allemande ; emprunt à l'allemand.

GERMANISTE ou **GERMANISANT, E** n. Spécialiste de la langue et de la civilisation allemandes.

GERMANIUM [-njɔm] n.m. **1.** Métal gris très cassant, analogue au silicium. **2.** Élément chimique (Ge), de numéro atomique 32, de masse atomique 72,61. ➲ Cristallisé à l'état d'extrême pureté, le germanium est utilisé dans la fabrication des semi-conducteurs.

GERMANOPHILE adj. et n. Qui aime l'Allemagne, les Allemands.

GERMANOPHILIE n.f. Disposition favorable envers l'Allemagne, les Allemands.

GERMANOPHOBE adj. et n. Qui est hostile à l'Allemagne, aux Allemands.

GERMANOPHOBIE n.f. Hostilité envers l'Allemagne, les Allemands.

GERMANOPHONE adj. et n. De langue allemande.

GERMANOPRATIN, E adj. et n. Du quartier Saint-Germain-des-Prés, à Paris.

GERME n.m. (lat. *germen*). **1.** Embryon d'une plante contenu dans la graine (SYN. **plantule**). **2.** Bourgeon rudimentaire qui se développe sur certains organes souterrains (pommes de terre, en partic.). **3.** Micro-organisme, en partic. pathogène. **4.** Fig. Ce qui donne naissance à ; source : *Les germes d'un conflit.*

GERMÉ, E adj. Qui a commencé à développer son germe ou ses germes.

GERMEN [-mɛn] n.m. (mot lat.). **EMBRYOL.** Ensemble des cellules de l'embryon, animal ou végétal, dont la différenciation aboutit à la formation des cellules reproductrices, ou gamètes (par oppos. à *soma*).

GERMER v.i. [3] (lat. *germinare*). **1.** Développer son germe, en parlant d'une graine, d'une pomme de terre. **2.** Fig. Commencer à se développer : *Un soupçon a germé dans son esprit.*

GERMICIDE adj. et n.m. **AGRIC.** Se dit d'un produit qui tue ou inhibe les germes.

1. GERMINAL, E, AUX adj. Qui se rapporte au germen.

2. GERMINAL n.m. (pl. *germinals*) [du lat. *germen*, germe]. **HIST.** Septième mois du calendrier républicain, du 21 ou 22 mars au 19 ou 20 avril.

GERMINATIF, IVE adj. Relatif à la germination.

GERMINATION n.f. Développement de l'embryon contenu dans une graine, mettant fin à la période de vie latente, ou anhydrobiose.

GERMOIR n.m. **1.** Endroit où l'on fait germer l'orge, dans les brasseries. **2.** Récipient destiné à recevoir les graines que l'on veut faire germer ; local où l'on entrepose les pommes de terre de semence.

GERMON n.m. (mot poitevin). Autre nom du *thon blanc*.

GÉROMÉ n.m. (de *Gérardmer*, n.pr.). Gros fromage au lait de vache, analogue au munster, fabriqué en Alsace et dans les Vosges.

GÉRONDIF n.m. (lat. *gerundivus*, de *gerere*, faire). **LING. 1.** En latin, forme verbale déclinable qui se substitue à l'infinitif dans certaines fonctions. **2.** En français, forme verbale terminée par *-ant* et précédée de la préposition *en*, qui sert à décrire certaines circonstances de l'action.

GÉRONTE n.m. (du gr. *gerôn*, vieillard). **ANTIQ. GR.** Membre du conseil des anciens.

GÉRONTOCRATIE [-krasi] n.f. Gouvernement ou domination exercés par des vieillards.

GÉRONTOLOGIE n.f. Étude de la vieillesse et du vieillissement sous leurs divers aspects (médical, psychologique, social, etc.).

GÉRONTOLOGUE n. Spécialiste de gérontologie.

GÉRONTOPHILIE n.f. Attirance sexuelle pour les vieillards.

GERRIS [ʒɛris] n.m. (lat. *gerres*). Insecte aux longues pattes, marchant rapidement à la surface des eaux calmes. ➲ Ordre des hétéroptères.

GES [ʒeəɛs] n.m. (sigle). Gaz à effet de serre*.

GÉSIER n.m. (lat. *gigerium*). Dernière poche de l'estomac des oiseaux, assurant le broyage des aliments grâce à son épaisse paroi musculeuse et aux petits cailloux qu'elle contient souvent.

GÉSINE n.f. (de *gésir*). Litt., vx. ▪ **En gésine,** se dit d'une femme sur le point d'accoucher.

GÉSIR v.i. (conj. : *Je gis, il gît,* ▲ *[il git], nous gisons ; il gisait ; gisant*) (lat. *jacere*). Litt. **1.** Être couché, étendu sans mouvement. **2.** Consister en : *Là gît le problème.* ▪ **Ci-gît,** v. à son ordre alphabétique.

GESSE n.f. (anc. provenç. *geissa*). Plante grimpante de l'hémisphère Nord tempéré, dont certaines espèces sont cultivées comme fourragères ou comme ornementales (*pois de senteur,* ou *gesse odorante*). ➲ Famille des légumineuses.

GESTALTISME [geʃtaltism] n.m. (de l'all. *Gestalt*, structure). **PSYCHOL.** Théorie selon laquelle on ne peut isoler les phénomènes les uns des autres pour les expliquer et on doit les considérer comme des ensembles indissociables structurés *(formes)* [SYN. **théorie de la forme**]. ➲ Cette théorie a notamm. permis de découvrir certaines lois de la perception.

GESTALT-THÉRAPIE [geʃtalt-] n.f. (pl. *gestalt-thérapies*). **PSYCHOL.** Thérapie de groupe ayant pour objet de mobiliser les ressources de l'individu, de manière à rendre conscientes toutes ses contradictions et à lui permettre de les réduire lui-même.

GESTATION n.f. (du lat. *gestare*, porter). **1.** État d'une femelle vivipare, entre nidation et mise bas, chez les espèces qui nourrissent l'embryon, puis le fœtus, par voie placentaire. ➲ La durée de la gestation varie de 13 jours chez l'opossum à 640 jours chez l'éléphant. **2.** Fig. Travail latent de ce qui s'élabore lentement ; genèse : *La gestation d'un poème.* ▪ **Gestation pour autrui (GPA)** [méd.], grossesse qu'une femme, appelée *mère porteuse*, mène pour une autre qui ne peut ni concevoir ni porter un enfant. ➲ Interdite en France, la GPA est autorisée dans certains pays (Belgique, Canada), et tolérée dans d'autres.

GESTATIONNEL, ELLE adj. Relatif à la grossesse.

1. GESTE n.m. (lat. *gestus*). **1.** Mouvement du corps, princip. de la main, des bras, de la tête, porteur ou non de signification : *Un geste d'assentiment.* **2.** Action généreuse ; don : *Faire un geste en faveur d'une association.*

2. GESTE n.f. (du lat. *gesta*, exploits). LITTÉR. Ensemble des exploits d'un héros et de ses compagnons, racontés dans un cycle de poèmes épiques : *La geste de Roland.* ▪ **Chanson de geste** [littér.], poème épique, composé du XIe au XIIIe s. en décasyllabes ou en alexandrins réunis en laisses assonancées, chantant les exploits de héros historiques ou légendaires. ◆ **n.f. pl.** ▪ **Les faits et gestes de qqn**, sa conduite considérée dans ses détails.

GESTICULANT, E adj. Qui gesticule.

GESTICULATION n.f. Action de gesticuler.

GESTICULER v.i. [3] (lat. *gesticulari*). **1.** Faire de grands gestes en tous sens. **2.** Fig. Se livrer à des actions ou des déclarations spectaculaires mais génér. inefficaces.

GESTION [ʒɛstjɔ̃] **n.f.** (lat. *gestio*). Action ou manière de gérer qqch ; période pendant laquelle qqn gère une affaire. ▪ **Gestion d'affaires** [dr. civ.], quasi-contrat par lequel le gérant d'affaires, sans en avoir reçu mandat, agit pour le compte du géré. ▪ **Système de gestion de base de données (SGBD)** [inform.], logiciel permettant de construire, de modifier et d'interroger une base de données.

1. GESTIONNAIRE n. Personne qui a la responsabilité de la gestion d'une affaire, d'une administration, etc. ◆ **adj.** Relatif à une gestion.

2. GESTIONNAIRE n.m. INFORM. Logiciel qui assure, en liaison avec le système d'exploitation d'un ordinateur, la manipulation, en entrée ou en sortie, de l'information en fonction de son organisation logique ou physique : *Gestionnaire de fichiers.*

GESTUALITÉ n.f. Ensemble des gestes, considérés sur le plan de leur signification (SYN. **gestuelle**).

GESTUEL, ELLE adj. Qui concerne les gestes ; qui se fait avec des gestes. ▪ **Peinture gestuelle**, qui privilégie l'acte physique de peindre, la vitesse d'exécution et la spontanéité, notamm. dans l'expressionnisme abstrait et l'abstraction lyrique.

GESTUELLE n.f. **1.** Gestualité. **2.** Façon de s'exprimer corporellement caractéristique d'un acteur ou d'un style de jeu.

GETTER [gɛtər] **n.m.** (mot angl.). ÉLECTRON. Substance utilisée dans un tube électronique pour y parfaire le vide.

GEWURZTRAMINER [gɛvyrstraminɛr] **n.m.** (mot all.). Cépage blanc cultivé dans l'est de la France, donnant des vins parfumés ; vin issu de ce cépage.

GEYSER [ʒɛzɛr] **n.m.** (mot angl., de l'islandais *Geysir*, n. d'un geyser d'Islande méridionale). Source d'eau chaude et de vapeur jaillissant par intermittence. ➲ Phénomènes paravolcaniques, les geysers s'accompagnent souvent de dépôts minéraux.

GHANÉEN, ENNE adj. et **n.** Du Ghana ; de ses habitants.

GHB n.m. (abrév. d'*acide gamma-hydroxybutyrique*). PHARM. Substance psychotrope naturelle ou synthétique, utilisée comme anesthésique, hypnotique ou relaxant. ➲ Parce qu'il désinhibe et provoque une amnésie, le GHB, cour. appelé *drogue du violeur*, est parfois utilisé à des fins criminelles.

GHETTO [gɛto] **n.m.** (mot ital.). **1.** Quartier juif de certaines villes d'Europe. ➲ Suivant les époques, les Juifs y résidaient librement ou étaient soumis à des lois de ségrégation. Le premier ghetto apparut à Venise en 1516. **2.** Lieu où une minorité vit séparée du reste de la société. **3.** Milieu refermé sur lui-même, marginalisé : *Ghetto économique.*

GHETTOÏSATION n.f. Action de ghettoïser, de se ghettoïser.

GHETTOÏSER v.t. [3]. Enfermer, réellement ou symboliquement, une minorité dans un ghetto. ◆ **SE GHETTOÏSER v.pr.** Être mis, se mettre en marge de la société.

GHILDE n.f. → **GUILDE.**

GHRÉLINE [grelin] **n.f.** Hormone stimulant l'appétit (*orexigène*), antagoniste de la leptine* et régulatrice de la sécrétion d'hormone de croissance, produite par certaines cellules de l'estomac et du pancréas, ainsi que par l'hypothalamus et l'hypophyse.

GI ou **G.I.** [dʒiaj] **n.m. inv.** (sigle de l'anglo-amér. *government issue*, fourniture du gouvernement). Soldat de l'armée américaine.

GIAOUR [ʒjaur] **n.m.** (turc *gâvur*, de l'ar.). Terme de mépris par lequel les Turcs désignent les non-musulmans.

GIBASSIER n.m. (du provenç. *giba*, bosse). Région. (Provence). Galette croquante à l'huile d'olive. ➲ Spécialité provençale.

GIBBÉRELLINE n.f. (du lat. *gibber*, bosse). BIOCHIM. Hormone végétale naturelle, produite par certains champignons et les plantes supérieures, qui accélère la croissance et la germination.

GIBBEUX, EUSE adj. (du bas lat. *gibbosus*, bossu). **1.** Qui a la forme d'une bosse : *Dos gibbeux.* **2.** ASTRON. Se dit de l'aspect d'un astre à diamètre apparent sensible, dont la surface éclairée visible occupe plus de la moitié du disque. ▪ **Lune gibbeuse** [astron.], entre le premier quartier et la pleine lune, et entre la pleine lune et le dernier quartier.

GIBBON n.m. (d'une langue de l'Inde). Singe anthropoïde de l'Indochine et de la Sonde, à face noire, grimpant avec agilité aux arbres grâce à ses bras très longs. ➲ Famille des hylobatidés. (V. planche primates.)

GIBBOSITÉ n.f. (du bas lat. *gibbosus*, bossu). MÉD. Bosse du thorax due à une déformation de la colonne vertébrale .

GIBBSITE n.f. MINÉRALOG. Hydroxyde d'aluminium, constituant des argiles.

GIBECIÈRE n.f. (de l'anc. fr. *gibiez*, gibier). **1.** Sac en toile ou en peau, génér. à bretelle, servant au transport du gibier. **2.** Anc. Sac d'écolier, porté sur l'épaule ou dans le dos. ▪ **Sac gibecière,** ou **gibecière,** sac à main à rabat porté en bandoulière.

GIBELIN, E n. et **adj.** (ital. *ghibellino*). HIST. Dans l'Italie médiévale, partisan de l'empereur romain germanique (par oppos. à *guelfe*).

GIBELOTTE n.f. (anc. fr. *gibelet*). Ragoût de lapin au vin blanc.

GIBERNE n.f. (bas lat. *zaberna*). Anc. Sac à cartouches des soldats (XVIIe - XIXe s.).

GIBET n.m. (du francique). Potence pour les condamnés à la pendaison ; lieu où elle est installée.

GIBIER n.m. (du francique). **1.** Ensemble des animaux que l'on chasse ; viande de ces animaux. **2.** Fam. Personne que l'on poursuit ou que l'on cherche à prendre ou à duper. ▪ **Gibier de potence,** mauvais sujet méritant la potence.

GIBOULÉE n.f. Pluie soudaine et de peu de durée, souvent accompagnée de grêle : *Giboulées de mars.*

GIBOYEUX, EUSE [ʒibwajø, øz] **adj.** Abondant en gibier.

GIBUS [ʒibys] **n.m.** (de *Gibus*, n. de l'inventeur). Anc. Chapeau claque.

GIC ou **G.I.C.** [ʒeise] **n.** (sigle). Grand invalide* civil.

GICLÉE n.f. Jet d'un liquide qui gicle.

GICLEMENT n.m. Fait de gicler.

GICLER v.i. [3] (de l'anc. fr. *ciscler*, fouetter). Jaillir avec force, souvent en éclaboussant, en parlant d'un liquide.

GICLEUR n.m. Orifice calibré, amovible, servant à doser le débit du fluide carburant dans les canalisations d'un carburateur.

GIE ou **G.I.E.** [ʒeiə] **n.m.** (sigle). Groupement d'intérêt économique.

GIF ou **GIF** [ʒif] **n.m.** (acronyme de l'angl. *graphics interchange format*, format d'échange d'images). Format d'image numérique de basse résolution, très utilisé sur Internet. ▪ **Gif animé,** succession de plusieurs images en mouvement, revenant en boucle et contenues dans un seul fichier gif.

GIFLE n.f. (mot francique). **1.** Coup donné sur la joue avec la main ouverte. **2.** Fig. Blessure d'amour-propre ; affront : *Ce refus est une gifle.*

GIFLER v.t. [3]. Frapper d'une gifle.

GIG ou **G.I.G.** [ʒeiʒe] **n.** (sigle). Grand invalide* de guerre.

GIGA- [ʒiga] **préf.** Préfixe (symb. G) qui, placé devant une unité, la multiplie par 10^9 ou, en informatique, par 2^{30}, soit 1 073 741 824.

GIGANTESQUE adj. (ital. *gigantesco*). **1.** Très grand par rapport à l'homme ; colossal : *Un arbre gigantesque.* **2.** Fig. Qui dépasse la commune mesure : *Un projet gigantesque.*

GIGANTISME n.m. (du gr. *gigas*, *-antos*, géant). **1.** État d'un individu caractérisé par une taille très importante. **2.** Développement excessif de qqch : *Gigantisme d'une banque.*

GIGANTOMACHIE n.f. (du gr. *gigas*, *-antos*, géant, et *makhê*, combat). Combat mythologique des Géants contre les dieux, thème fréquent dans l'art grec.

GIGANTOSTRACÉ n.m. PALÉONT. Arthropode aquatique fossile, carnassier, du milieu de l'ère primaire, dont certains, tels que le *Pterygotus*, atteignaient 2 m de long. ➲ Les gigantostracés forment une sous-classe de mérostomes.

GIGAOCTET n.m. Unité de mesure (symb. Go) équivalant à 1 024 mégaoctets (Mo) ou 2^{30} octets (1 073 741 824 octets) d'espace mémoire d'un ordinateur, d'un disque optique ou magnétique.

GIGOGNE adj. (de *mère Gigogne*, personnage de théâtre de marionnettes, altér. de *cigogne*). Se dit d'objets qui s'emboîtent les uns dans les autres ou que leur taille décroissante permet de ranger en les incorporant les uns dans les autres : *Poupées, tables gigognes.*

GIGOLO n.m. (de *1. gigue*, jambe). Fam. Jeune homme entretenu par une femme plus âgée que lui.

GIGOT n.m. (de l'anc. fr. *gigue*, instrument de musique). Morceau de mouton, d'agneau ou de chevreuil correspondant au membre postérieur. ▪ **Manche à gigot, n.m.,** instrument qui emboîte l'os et qui permet de saisir le gigot pour le découper. ▪ **Manche gigot, n.f.,** manche bouffante dans sa partie supérieure, étroite et ajustée sur l'avant-bras.

GIGOTÉ, E adj. Se dit d'un animal (chien, cheval) dont les cuisses ont la forme remplie d'un gigot de mouton.

GIGOTEMENT n.m. Fam. Action de gigoter.

GIGOTER v.i. [3]. Fam. Remuer sans cesse bras et jambes : *Bébé qui gigote.*

GIGOTEUSE n.f. Sorte de sac de couchage pour bébé, maintenu aux épaules, servant à préserver du froid et des risques d'étouffement.

1. GIGUE n.f. (de *gigot*). **1.** Cuisse de chevreuil. **2.** Fam., vx. Jambe. ▪ **Grande gigue** [fam.], fille grande et maigre.

2. GIGUE n.f. (angl. *jig*, de l'anc. fr. *giguer*, gambader). **1.** Pièce instrumentale de tempo vif, de coupe binaire à reprises et de rythme ternaire, concluant une suite. **2.** Danse d'origine anglaise, exécutée en solo, caractérisée par des frappements vifs et alternés des talons et des pointes.

GILDE n.f. → **GUILDE.**

GILET n.m. (esp. *gileco*, du turc). **1.** Vêtement masculin court et sans manches, boutonné par le devant, porté sous le veston. **2.** Veste en tricot, ouverte sur le devant, avec ou sans manches. **3.** Vx. Sous-vêtement de flanelle, de coton, etc. ▪ **Gilet de sauvetage** → **SAUVETAGE.** ▪ **Gilet de sécurité,** vêtement réfléchissant la lumière des phares, permettant d'être vu dans l'obscurité. ➲ Le port du gilet de sécurité est obligatoire pour les automobilistes, en cas de panne, et pour les cyclistes qui circulent de nuit hors agglomération.

GILETIER, ÈRE n. Personne qui fabrique des gilets.

GILLES n.m. pl. (d'un n.pr.). ▪ **Les Gilles,** personnages traditionnels à l'accoutrement pittoresque, dansant et distribuant des oranges lors du carnaval de Binche, dans le Hainaut (Belgique).

GIMBLETTE n.f. Petit gâteau en couronne, parfumé aux amandes. ➲ Spécialité d'Albi.

GIMMICK [gimik] **n.m.** (mot anglo-amér.). Fam. Truc astucieux destiné à faire sensation ; gadget publicitaire.

GIN [dʒin] **n.m.** (mot angl.). Eau-de-vie de grain aromatisée avec des baies de genièvre.

GIN-FIZZ [dʒinfiz] **n.m. inv.** (mot anglo-amér.). Cocktail constitué d'un mélange de gin et de jus de citron, additionné de soda ou d'eau gazeuse.

GINGEMBRE n.m. (lat. *zingiber*). Plante originaire d'Asie, dont le rhizome aromatique est utilisé comme condiment. ➲ Famille des zingibéracées.

GINGIVAL, E, AUX adj. (du lat. *gingiva*, gencive). Relatif aux gencives.

GINGIVITE n.f. Inflammation des gencives.

GINKGO [ʒinko] ou [ʒɛ̃ko] **n.m.** (mot chin.). Arbre originaire de Chine à feuilles en éventail échancré, dont on extrait un produit utilisé contre les troubles vasculaires, qui est cultivé comme arbre ornemental et considéré en Extrême-Orient comme un arbre sacré. ➲ Ordre des ginkgoales.

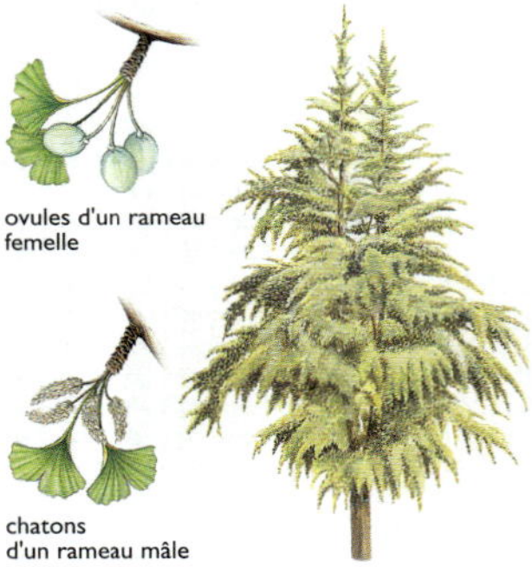

▲ginkgo

GIN-RUMMY [dʒinrœmi] ou **GIN-RAMI** [dʒinrami] **n.m.** (pl. *gin-rummys, gin-ramis*) [mot anglo-amér.]. Jeu de cartes par combinaisons, variante du rami, pratiqué à deux avec un jeu de 52 cartes.

GINSENG [ʒinsɛŋ] **n.m.** (du chin. *gen-chen*, plante-homme). Racine d'une plante herbacée d'Asie orientale et d'Amérique du Nord, utilisée traditionnellement contre la fatigue. ➲ Famille des araliacées.

GIOBERTITE n.f. MINÉRALOG. Magnésite.

A GIORNO loc. adj. inv. et **loc. adv.** → **A GIORNO.**

GIR ou **G.I.R. n.m.** Groupe d'intervention régional.

GIRAFE n.f. (ital. *giraffa*, de l'ar. *zarāfa*). **1.** Grand mammifère ruminant d'Afrique, au cou très long, qui lui permet d'atteindre les feuilles d'acacia jusqu'à 6 m de hauteur, et au pelage fauve marqué de larges taches brunes. ➲ Les girafes vont l'amble* et écartent leurs pattes antérieures pour boire et brouter. Il existe quatre espèces de girafes ; famille des girafidés. **2. CINÉMA.** Perche fixée à un pied articulé et supportant un micro. ▪ **Peigner la girafe** [fam.], ne rien faire d'utile.

▲girafes

GIRAFIDÉ ou **GIRAFFIDÉ n.m.** Mammifère ruminant d'Afrique tel que la girafe et l'okapi. ➲ Les girafidés forment une famille.

GIRAFON ou **GIRAFEAU n.m.** Petit de la girafe.

GIRANDOLE n.f. (ital. *girandola*). **1.** Partie supérieure d'un candélabre, portant les bras de lumière. **2.** Candélabre orné de pendeloques de cristal. **3.** Guirlande lumineuse décorant une fête, un bal, etc. **4.** Gerbe tournante de feu d'artifice.

GIRASOL [-sɔl] **n.m.** Variété de quartz chatoyant employée en joaillerie.

GIRATION n.f. Mouvement giratoire.

GIRATOIRE adj. (du lat. *girare*, faire tourner). Se dit d'un mouvement de rotation autour d'un axe ou d'un centre : *Sens giratoire.* ▪ **Carrefour giratoire,** ou **giratoire, n.m.,** rond-point où la priorité est à gauche.

GIRAUMON ou **GIRAUMONT n.m.** (d'un mot tupi). Nom commun à plusieurs variétés de grosses courges (*Cucurbita maxima*).

GIRAVIATION n.f. Conception, construction et mise en œuvre des giravions.

GIRAVION n.m. (de *giration* et *avion*). Aéronef dans lequel la sustentation est assurée en totalité ou en partie par la rotation de un ou plusieurs rotors à axes sensiblement verticaux.

GIRELLE n.f. (provenç. *girello*). Petit poisson aux couleurs vives, très commun en Méditerranée. ➲ Famille des labridés.

GIRIES n.f. pl. (de l'anc. fr. *girer*, tourner). Fam., vx. **1.** Lamentations hypocrites ou sans objet. **2.** Manières affectées.

GIRL [gœrl] **n.f.** (mot angl.). Danseuse de music-hall faisant partie d'une troupe.

GIRODYNE n.m. Appareil dans lequel le rotor, entraîné par un moteur, assure la sustentation et les mouvements verticaux de l'appareil, la propulsion étant obtenue par une hélice.

GIROFLE n.m. (lat. *caryophyllon*, du gr.). Bouton desséché des fleurs du giroflier, appelé aussi *clou de girofle*, utilisé comme condiment.

GIROFLÉE n.f. Plante vivace de l'Europe tempérée, cultivée pour ses fleurs ornementales et parfumées. ➲ Famille des crucifères. ▪ **Giroflée à cinq feuilles** [fam.], gifle laissant la marque des cinq doigts. ▪ **Giroflée rouge,** matthiole.

GIROFLIER n.m. Arbre tropical originaire d'Indonésie, voisin du jambosier et fournissant les clous de girofle. ➲ Famille des myrtacées.

GIROLLE, ▲ *GIROLE* **n.f.** (anc. provenç. *giroilla*). **1.** Chanterelle d'une espèce jaune-orangé des bois de feuillus, très estimée. ➲ Ordre des chantarellales. **2.** Par ext. Chanterelle.

GIRON n.m. (du francique). **1.** Partie du corps qui s'étend de la ceinture aux genoux quand on est assis : *Enfant endormi dans le giron de sa mère.* **2. CONSTR.** Profondeur d'une marche d'escalier, mesurée entre l'aplomb de deux contremarches successives. **3. HÉRALD.** Pièce honorable en forme de triangle rectangle dont un sommet occupe le centre de l'écu. ▪ **Rentrer dans le giron de,** retourner dans un groupe que l'on avait quitté.

GIROND, E adj. (de l'anc. fr. *girer*, tourner). Fam. **1.** Se dit d'une personne qui a des formes harmonieuses. **2.** Se dit d'une femme bien en chair.

GIRONDIN, E adj. et **n. 1.** De la Gironde ; des Girondins. **2. HIST.** Qui appartient au parti politique des Girondins (v. partie n.pr.).

GIRONNÉ, E adj. HÉRALD. Se dit de l'écu divisé en huit parties triangulaires égales entre elles, ayant toutes un sommet au centre du blason. ▪ **Tuile gironnée** [constr.], tuile de forme trapézoïdale, pour la réalisation de couvertures courbes. ◆ **n.m. HÉRALD.** Écu gironné.

GIROUETTE n.f. (de l'anc. fr. *girer*, tourner). **1.** Plaque de forme variable, mobile autour d'un axe vertical et fixée au sommet d'un toit ou d'un mât pour indiquer la direction du vent. **2.** Fam. Personne qui change souvent d'opinion.

GISANT, E adj. (de *gésir*). Litt. Couché, étendu sans mouvement. ◆ **n.m. SCULPT.** Statue du défunt représenté couché.

GISEMENT n.m. (de *gésir*). **1.** Accumulation naturelle, locale, de matière minérale (solide, liquide ou gazeuse), susceptible d'être exploitée. **2.** En aquaculture, lieu où des coquillages (huîtres, moules, etc.) vivent naturellement et qui peut être utilisé comme ressource. **3.** Potentiel de clientèle, d'audience susceptible d'être touché par une firme, un média. ▪ **Gisement d'une direction** [mar.], angle que fait cette direction avec une direction de référence ou avec l'axe d'un navire, compté dans le sens des aiguilles d'une montre.

GÎT → **GÉSIR.**

GITAN, E adj. et **n.** (esp. *gitano*, de *Egiptano*, Égyptien). Relatif aux Gitans, population tsigane vivant princip. en Espagne, au Portugal et dans le sud de la France (environ 800 000) [v. partie n.pr.].

GITANE n.f. Cigarette de marque française, dont il existe plusieurs variétés (origine 1927).

1. GÎTE, ▲ *GITE* **n.m.** (de *gésir*). **1.** Litt. Lieu où l'on trouve à se loger, où l'on couche habituellement ou temporairement. **2.** Lieu où le lièvre se retire. **3. BOUCH.** Morceau de bœuf correspondant à la partie inférieure de la jambe (SYN. **jarret, trumeau**). **4. GÉOL.** Concentration de minéraux. ▪ **Gîte à la noix** [bouch.], morceau correspondant à la partie postérieure de la cuisse de bœuf. ▪ **Gîte rural,** maison paysanne aménagée selon certaines normes pour recevoir des hôtes payants. ▪ **Gîte touristique** [Québec], établissement d'hébergement touristique d'un maximum de cinq chambres, où le propriétaire fournit le coucher et le petit déjeuner.

2. GÎTE, ▲ *GITE* **n.f. MAR.** Inclinaison sur un bord ; bande.

1. GÎTER, ▲ *GITER* **v.i. [3]. 1.** Avoir son gîte, en parlant d'un lièvre. **2.** Vx ou litt. Habiter ou coucher en un lieu.

2. GÎTER, ▲ *GITER* **v.i. [3]. MAR.** Donner de la gîte, de la bande, en parlant d'un bateau.

GÎTOLOGIE, ▲ *GITOLOGIE* **n.f. GÉOL.** Étude des gîtes métallifères.

GITON n.m. (de *Gito*, n. d'un personnage du *Satiricon* de Pétrone). Litt. Jeune homme entretenu par un homosexuel.

GIVRAGE n.m. Formation de givre sur une surface.

GIVRANT, E adj. Qui provoque la formation de givre : *Brouillard givrant.*

GIVRE n.m. (prélatin **gevero*). **1.** Vapeur d'eau congelée sur un corps solide, une surface (à distinguer de la *gelée blanche*). **2. BIJOUT.** Fêlure ou petite tache blanche dans une gemme (SYN. **givrure, glace**).

GIVRÉ, E adj. 1. Se dit d'un fruit (orange ou citron) dont l'intérieur est fourré de sorbet aromatisé avec la pulpe du fruit. **2.** Fam. Fou. ▪ **Verre givré,** dont le bord est enduit de sucre en poudre.

GIVRER v.t. [3]. 1. Couvrir de givre. **2.** Saupoudrer d'une substance (sucre, par ex.) imitant le givre.

GIVREUX, EUSE adj. Se dit d'une pierre précieuse ou fine qui présente des givres.

GIVRURE n.f. BIJOUT. Givre.

GLABELLE n.f. (du lat. *glaber*, glabre). **ANAT.** Saillie osseuse de l'os frontal, située entre les sourcils.

GLABRE adj. (lat. *glaber*). **1.** Sout. Imberbe. **2. BOT.** Dépourvu de poils.

GLAÇAGE n.m. Action de glacer une étoffe, un papier, un mets, etc.

GLAÇANT, E adj. Qui rebute par sa froideur : *Un regard glaçant.*

GLACE n.f. (lat. *glacies*). **1.** Eau congelée par l'action du froid. ➲ La glace est moins dense que l'eau, ce qui constitue une exception notable, car, en général, un liquide est moins dense que le cristal dont il est issu par fusion. **2.** Crème à base de lait, de sucre, d'œufs, aromatisée ou additionnée de fruits et prise en glace par congélation. **3.** Lame de verre ou de cristal assez épaisse dont on faisait les miroirs, les vitrages. **4.** Miroir. **5.** Vitre à châssis mobile : *Les glaces arrière d'une auto.* **6. CUIS.** Préparation telle que jus de viande, blanc d'œuf, sucre, etc., utilisée pour glacer une pièce cuite ou un gâteau. **7. BIJOUT.** Givre. ▪ **Être** ou **rester de glace,** insensible. ▪ **Glace noire** [Québec], fine couche de glace presque invisible sur la chaussée. ▪ **Rompre** ou **briser la glace,** faire cesser la gêne du premier contact.

GLACÉ, E adj. 1. Durci par le froid : *Sol glacé.* **2.** Très froid : *Avoir les joues glacées.* **3.** Fig. Hostile ou indifférent : *Politesse glacée.* **4. CUIS.** Qui a reçu un glaçage. **5.** Qui a subi le glaçage ; brillant par oppos. à *mat* : *Papier glacé.*

GLACER v.t. [9]. 1. Solidifier un liquide par le froid. **2.** Rendre très froid : *Glacer du champagne.* **3.** Causer une vive sensation de froid à : *Le vent m'a glacé.* **4.** Fig. Remplir d'effroi : *Son regard me glace.* **5.** Donner un aspect lisse et brillant à une étoffe, à un papier, etc. **6.** Donner à une photographie un aspect brillant en la passant à la glaceuse. **7.** CUIS. Couvrir de jus, de gelée une pièce cuite ou de sucre, de sirop un gâteau, un entremets, etc., de façon à rendre sa surface brillante et lisse. ◆ **SE GLACER** v.pr. ▪ **Avoir le sang qui se glace dans les veines,** être saisi d'épouvante.

GLACERIE n.f. Fabrication des glaces et sorbets ; commerce du glacier.

GLACEUSE n.f. Machine qui permet de glacer des tirages photographiques.

GLACIAIRE adj. **1.** Relatif aux glaciers. **2.** Se dit des périodes géologiques marquées par un refroidissement du climat et par le développement des glaciers et des inlandsis. ▪ **Érosion glaciaire,** érosion due aux inlandsis ou aux glaciers des montagnes. ▪ **Régime glaciaire,** régime d'un cours d'eau caractérisé par de hautes eaux d'été (fusion des glaciers) et de basses eaux d'hiver (rétention nivale et glaciaire). ◆ n.m. Époque (surtout du quaternaire) au cours de laquelle les glaciers se sont étendus.

GLACIAL, E, ALS ou **AUX** adj. **1.** Qui pénètre d'un froid vif : *Nuit glaciale.* **2.** Fig. Qui est d'une extrême froideur ; qui paralyse : *Des regards glacials.*

GLACIALEMENT adv. Litt. De façon glaciale, hostile.

GLACIATION n.f. **1.** Transformation en glace. **2.** Période géologique durant laquelle la couverture glaciaire (glaciers, inlandsis) a été étendue. ➲ Il y a eu quatre glaciations avant la fin du néogène : günz, mindel, riss et würm.

GLACIEL, ELLE adj. Didact. Relatif aux glaces flottantes. ◆ n.m. Ensemble de glaces flottantes.

1. GLACIER n.m. Accumulation de neige transformée en glace, animée de mouvements lents.

➲ Les **GLACIERS** forment de vastes coupoles dans les régions polaires (*inlandsis* ou *glacier continental*) ; dans les vallées de montagne, ils s'étendent en aval du névé (*glacier de montagne* ou *de vallée*) ou s'étalent en lobe au sortir de la vallée, dans la plaine (*glacier de piémont*).

2. GLACIER n.m. Professionnel qui prépare ou vend des glaces, des sorbets.

GLACIÈRE n.f. **1.** Garde-manger portatif, refroidi avec de la glace. **2.** Fam. Lieu très froid. **3.** Vx. Local où l'on conservait de la glace.

GLACIÉRISME n.m. Forme d'escalade pratiquée sur les parois des glaciers.

GLACIÉRISTE n. Personne qui pratique le glaciérisme.

GLACIOLOGIE n.f. Branche des sciences de la Terre qui étudie les glaciers, la glace et les régions glaciaires.

GLACIOLOGIQUE adj. Relatif à la glaciologie.

GLACIOLOGUE n. Spécialiste de glaciologie.

GLACIS n.m. **1.** FORTIF. Terrain découvert aménagé en pente douce à partir des éléments extérieurs d'un ouvrage fortifié. **2.** Zone protectrice formée par des États dépendant militairement d'une autre puissance. **3.** ARCHIT. Pente donnée au-dessus d'un bandeau, d'une corniche pour l'écoulement des eaux pluviales. **4.** GÉOMORPH. Surface d'érosion, en pente douce et régulière (inférieure à 10°) et s'appuyant à un relief dominant. **5.** PEINT. Préparation peu chargée en pigments, qui donne un film translucide. ▪ **Glacis continental** [océanol.], rampe sédimentaire, faiblement inclinée, formant le raccord entre la base du talus continental et les régions abyssales.

GLAÇON n.m. **1.** Morceau de glace : *Le fleuve charrie des glaçons.* **2.** Petit cube de glace formé dans un réfrigérateur. **3.** Fam. Personne froide, très distante.

GLAÇURE n.f. (de *glacer*). Enduit vitrifiable appliqué sur une poterie pour l'imperméabiliser.

GLADIATEUR n.m. (lat. *gladiator*). ANTIQ. ROM. Homme qui, dans les jeux du cirque, combattait contre un autre homme ou une bête féroce.

GLAGOLITIQUE adj. (du slavon *glagol,* parole). Se dit d'une écriture introduite, au IXe s., dans les communautés slaves des Balkans pour les besoins de l'évangélisation.

GLAÏEUL [glajœl] n.m. (lat. *gladiolus*). Plante bulbeuse de l'Europe méditerranéenne et de

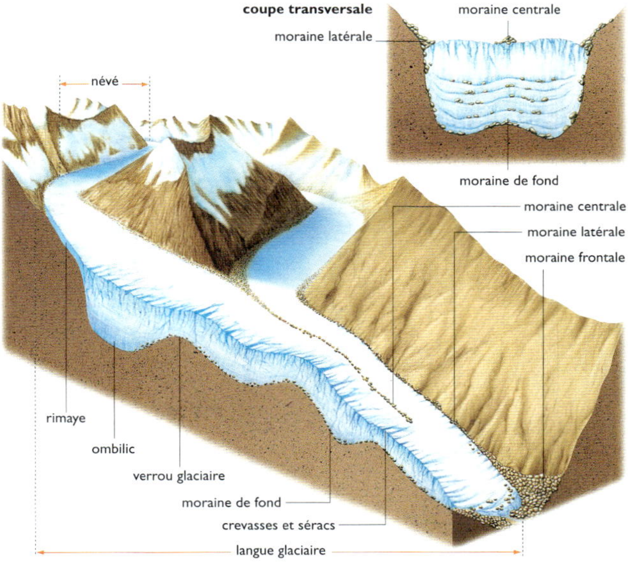

▲ **glacier.** Vues en coupe d'un glacier.

l'Afrique subtropicale, dont il existe de multiples cultivars aux coloris divers. ➲ Famille des iridacées.

GLAIRE n.f. (du lat. *clarus,* clair). **1.** MÉD. Sécrétion blanchâtre et gluante, normale ou pathologique, d'une muqueuse. **2.** Blanc d'œuf cru.

GLAIREUX, EUSE adj. De la nature de la glaire ; visqueux.

GLAISE n.f. (gaul. *gliso*). Terre grasse et compacte, argileuse, dont on fait des tuiles, des briques, de la poterie. (On dit aussi *terre glaise.*)

GLAISEUX, EUSE adj. Qui contient de la glaise.

GLAISIÈRE n.f. Terrain d'où l'on tire la glaise.

GLAIVE n.m. (lat. *gladius*). **1.** Épée courte à deux tranchants. **2.** Litt. Symbole de la guerre, des combats : *Conquérir par le glaive.*

GLAMOUR adj. inv. et n.m. (mot angl. « charme »). Qui est empreint de charme sophistiqué, de sensualité et d'éclat, notamm. dans le domaine du spectacle, de la mode : *Des stars très glamour.*

GLAMOURISER v.t. [3]. Apporter un caractère glamour, sophistiqué, séduisant à : *Cette nouvelle déco a réussi à glamouriser l'entrepôt.*

GLAM-ROCK n.m. inv. (de *glamour*). Style de rock des années 1970-1980, caractérisé par la recherche de la sophistication.

GLANAGE n.m. **1.** Action de glaner après la moisson. **2.** Activité des glaneurs (à la fin d'un marché, par ex.). ➲ Cette pratique est liée à une nécessité économique ou un mode de vie alternatif.

GLAND n.m. (lat. *glans, glandis*). **1.** Fruit du chêne, enchâssé dans une cupule. **2.** Élément de passementerie, de forme ovoïde. **3.** Extrémité renflée du pénis. **4.** Fam. Bon à rien ; imbécile.

GLANDAGE n.m. **1.** Action de recueillir les glands de chêne. **2.** Lieu où l'on recueille les glands.

GLANDE n.f. (lat. *glandula*). **1.** ANAT. Organe, tissu ou cellule de nature épithéliale, qui réalisent la sécrétion d'une substance, puis son excrétion. ➲ On distingue les glandes *exocrines* et les glandes *endocrines,* sécrétant des hormones. *(V. ill. page suivante.)* **2.** Fam. Ganglion lymphatique enflammé et tuméfié du cou, de l'aisselle, de l'aine.

GLANDÉE n.f. Récolte des glands de chêne.

GLANDER ou **GLANDOUILLER** v.i. [3] (de *glande*). Très fam. Perdre son temps à ne rien faire ; paresser.

GLANDEUR, EUSE n. Très fam. Personne qui glande ; fainéant.

GLANDULAIRE ou **GLANDULEUX, EUSE** adj. ANAT. Relatif aux glandes.

GLANE n.f. Vx. **1.** Action de glaner ; poignée d'épis glanés. **2.** Chapelet d'oignons, d'ails, etc.

GLANER v.t. [3] (bas lat. *glenare,* du gaul.). **1.** Ramasser les épis restés dans un champ après la moisson. **2.** Récupérer de la nourriture à la fin des marchés ou dans les poubelles des supermarchés. **3.** Fig. Recueillir çà et là des éléments épars ; grappiller : *Glaner des informations.*

GLANEUR, EUSE n. **1.** Personne qui glane dans un champ. **2.** Personne qui glane (à la fin d'un marché, par ex.).

GLAPIR v.i. [21] (altér. de *glatir*). **1.** Pousser des cris aigus et brefs, en parlant du petit chien, du renard, de la grue. **2.** Souvent péjor. Crier d'une voix aiguë.

GLAPISSANT, E adj. Qui glapit ; criard.

GLAPISSEMENT n.m. Action de glapir ; cri aigu d'un être qui glapit.

GLARÉOLE n.f. (du lat. *glarea,* gravier). Échassier des marécages d'Europe méridionale et d'Asie occidentale, au plumage sombre et à la gorge blanche, appelé aussi *hirondelle des marais.* ➲ Famille des glaréolidés.

GLAS [gla] n.m. (du lat. *classicum,* sonnerie de trompette). Tintement de cloches annonçant l'agonie, la mort ou les funérailles de qqn. ▪ **Sonner le glas de qqch,** annoncer sa fin : *Son arrivée sonne le glas de nos espoirs.*

GLASNOST [glasnɔst] n.f. (mot russe « fait de rendre public »). HIST. En URSS, politique de transparence de la vie publique accompagnant le changement d'orientation *(perestroïka)* conduite, à partir de 1985, par Mikhaïl Gorbatchev.

GLATIR v.i. [21] (lat. *glattire*). Pousser son cri, en parlant de l'aigle.

GLAUCOME n.m. (gr. *glaukôma*). Maladie de l'œil caractérisée par une augmentation de la pression intérieure entraînant soit des crises douloureuses aiguës, soit une diminution insidieuse du champ visuel.

GLAUCONITE ou **GLAUCONIE** n.f. MINÉRALOG. Silicate hydraté de fer et de potassium, vert foncé.

GLAUQUE adj. (lat. *glaucus*). **1.** D'un vert tirant sur le bleu : *Eau glauque.* **2.** Fam. Qui inspire de la tristesse ou de la méfiance ; sinistre : *Une soirée, un quartier glauques.*

GLAVIOT n.m. (du dial. *claviot,* maladie du mouton, d'apr. *glaire*). Très fam. Crachat.

GLÈBE n.f. (lat. *gleba*). **1.** Litt. Sol en culture. **2.** HIST. Sol auquel les serfs étaient assujettis et qu'ils devaient cultiver.

1. GLÈNE n.f. (gr. *glênê*). ANAT. Surface articulaire creuse d'un os, génér. peu profonde et ovoïde (SYN. **cavité glénoïde**).

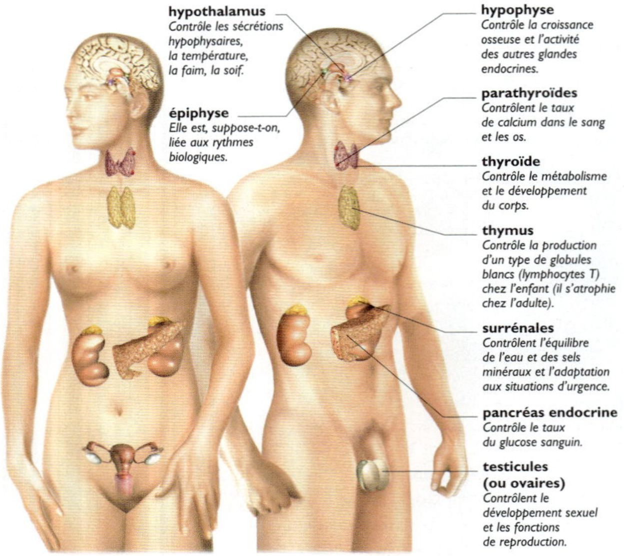

▲ **glande.** Localisation et fonctions des glandes endocrines.

2. GLÈNE n.f. (de *glener*, forme anc. de *glaner*). MAR. Cordage disposé en rond et en anneaux superposés.

GLÉNOÏDE adj. ANAT. ▪ **Cavité glénoïde,** glène.

GLIAL, E, AUX adj. HISTOL. Relatif à la névroglie.

GLIE n.f. (du lat. *glus, glutis*, glu). HISTOL. Névroglie.

GLINGLIN n.m. Suisse. Fam. Auriculaire.

GLIOBLASTOME n.m. MÉD. Tumeur cérébrale cancéreuse développée à partir des cellules de la névroglie.

GLIOME n.m. (lat. *glioma*). MÉD. Tumeur bénigne ou maligne du système nerveux central, développée à partir de la glie.

GLISSADE n.f. **1.** Action de glisser ; mouvement fait en glissant. **2.** Glissoire. **3.** En danse classique, pas exécuté par effleurement des pieds sur le sol et dans lequel un pied s'éloigne de l'autre, qui le rejoint.

GLISSAGE n.m. Opération consistant à faire descendre le long des pentes les troncs d'arbres abattus en montagne.

GLISSANCE n.f. État d'une surface (chaussée, en partic.) présentant un très faible coefficient de frottement.

GLISSANDO n.m. (mot ital. « en glissant »). MUS. Procédé d'exécution vocale ou instrumentale consistant à faire entendre avec rapidité tous les sons compris entre deux notes.

GLISSANT, E adj. **1.** Sur quoi on glisse facilement : *Trottoirs glissants.* **2.** Qui glisse des mains : *Savon glissant.* ▪ **Terrain glissant,** affaire hasardeuse ; situation délicate. ▪ **Vecteur glissant** [math.], vecteur astreint à rester sur une droite donnée.

GLISSE n.f. Capacité d'un matériel ou d'un sportif à glisser sur une surface (neige, glace, eau). ▪ **Sports de glisse,** ou **glisse,** ensemble des sports où l'on glisse sur la neige, la glace ou l'eau (ski, patinage, surf, etc.), ou que l'on pratique sur roulettes (skateboard, roller, trottinette, etc.), voire sur roues (bicross).

GLISSEMENT n.m. **1.** Action de glisser ; mouvement de ce qui glisse : *Le glissement des skis sur la neige.* **2.** Passage progressif d'un état à un autre ; évolution : *Un glissement de l'électorat vers le centre.* ▪ **En glissement** [écon.], se dit de la mesure de l'évolution d'une variable économique opérée en comparant deux périodes ponctuelles de référence (juin 2010 et juin 2011, par ex.). ▪ **Glissement de terrain,** déplacement de matériaux meubles sur un versant, sans bouleversement du relief.

GLISSER v.i. [3] (anc. fr. *glier*, du francique). **1.** Se déplacer d'un mouvement continu sur une surface lisse, unie : *Les skieurs glissent sur la piste. Le tiroir glisse bien.* **2.** Perdre soudain l'équilibre ou le contrôle de sa direction ; déraper : *Il a glissé sur des feuilles mortes.* **3.** Être glissant : *Le trottoir glisse.* **4.** Tomber accidentellement de : *Le bébé a glissé de sa chaise.* **5.** Passer graduellement, insensiblement d'un état à un autre : *Mot qui glisse du sens propre au sens figuré.* **6.** Ne pas insister sur qqch : *Glissons sur son bilan.* **7.** Ne guère faire impression sur qqn : *Les critiques glissent sur elle.* ▪ **Glisser des mains,** échapper accidentellement des mains. ◆ v.t. **1.** Introduire adroitement quelque part : *Glisser sa carte dans la poche de qqn.* **2.** Introduire habilement qqch dans un texte, un discours : *Glisser une clause restrictive dans un acte.* **3.** Dire furtivement qqch à qqn : *Il m'a glissé un mot à ce sujet.* ◆ **SE GLISSER** v.pr. **1.** Pénétrer discrètement quelque part ; se faufiler : *Elle s'est glissée au premier rang.* **2.** S'introduire malencontreusement quelque part : *Des erreurs se sont glissées dans cette page.*

GLISSER-DÉPOSER n.m. inv. Déplacement d'un élément d'une interface graphique d'un endroit à l'autre de l'écran ; modification ainsi réalisée : *Faire un glisser-déposer d'un fichier dans la corbeille.*

GLISSEUR n.m. MATH. Couple formé d'une droite et d'un vecteur de même direction.

GLISSIÈRE n.f. Pièce destinée à guider dans son mouvement, par l'intermédiaire d'une rainure, une autre pièce mobile. ▪ **Glissière de sécurité,** forte bande métallique bordant une voie afin d'empêcher un véhicule d'en sortir.

GLISSOIR n.m. Couloir creusé sur les pentes d'une montagne pour faire descendre les troncs d'arbres abattus.

GLISSOIRE n.f. Chemin de glace sur lequel les enfants s'amusent à glisser (SYN. **glissade**).

GLOBAL, E, AUX adj. (de *globe*). **1.** Qui est considéré dans sa totalité, dans son ensemble : *Une approche globale d'une question.* **2.** ÉCON. Relatif à une activité exercée à l'échelle planétaire. ▪ **Méthode globale,** méthode d'apprentissage de la lecture fondée sur l'idée que, chez l'enfant, la perception d'un ensemble (syllabe) est antérieure à l'analyse des éléments de cet ensemble (lettres).

GLOBALEMENT adv. Dans l'ensemble.

GLOBALISATION n.f. **1.** Action de globaliser. **2.** ÉCON. Mondialisation. ▪ **Globalisation financière,** phénomène qui se traduit par l'existence d'un marché mondial des capitaux sous l'effet de l'internationalisation des places financières (Bourses des valeurs).

GLOBALISER v.t. [3]. Réunir des éléments divers en un tout afin de les présenter d'une manière globale : *Globaliser les besoins des usagers.*

GLOBALITÉ n.f. Caractère global de qqch ; intégralité.

GLOBE n.m. (lat. *globus*). **1.** Corps sphérique ; sphère. **2.** Enveloppe protectrice en verre de forme arrondie : *Pendule sous globe.* **3.** La Terre ; le monde : *La surface du globe.* ▪ **Globe céleste,** sphère sur laquelle est dessinée une carte du ciel. ▪ **Globe oculaire,** l'œil proprement dit, sans ses annexes (muscles oculomoteurs, par ex.) ni le nerf optique. ▪ **Globe terrestre,** sphère sur laquelle est dessinée une carte de la Terre. ▪ **Mettre, garder sous globe,** à l'abri de tout danger.

GLOBE-TROTTEUR, EUSE (pl. *globe-trotteurs, euses*), ▲ **GLOBETROTTEUR, EUSE** n. (angl. *globe-trotter*). Personne qui parcourt le monde.

GLOBICÉPHALE n.m. Mammifère cétacé dont la tête, dépourvue de bec, porte un renflement, ou melon, dans sa partie frontale. ➲ Famille des delphinidés.

GLOBIGÉRINE n.f. MICROBIOL. Foraminifère très abondant dans les mers tempérées et chaudes, dont le test est constitué par de petites loges sphériques disposées en une spirale irrégulière.

GLOBINE n.f. BIOCHIM. Protéine entrant dans la composition de l'hémoglobine du sang et de la myoglobine des muscles.

GLOBISH [glɔbiʃ] n.m. (de l'angl. *global English*). Forme rudimentaire de l'anglo-américain.

1. GLOBULAIRE adj. **1.** Qui est en forme de globe. **2.** Relatif aux globules du sang : *Numération globulaire.*

2. GLOBULAIRE n.f. Plante gamopétale des sols pierreux, à petites fleurs bleues groupées en pompons. ➲ Famille des globulariacées.

GLOBULE n.m. (lat. *globulus*). **1.** Nom donné à certaines cellules de l'organisme. **2.** Vx. Très petit corps sphérique. ▪ **Globule blanc,** leucocyte. ▪ **Globule polaire,** l'une des trois cellules stériles formées avec l'ovule au cours de la méiose, dans la gamétogenèse femelle. ▪ **Globule rouge,** hématie.

GLOBULEUX, EUSE adj. Qui a la forme d'un petit globe. ▪ **Œil globuleux,** dont le globe est très saillant.

GLOBULINE n.f. BIOCHIM. Protéine de poids moléculaire élevé, telle que les anticorps.

GLOCKENSPIEL [glɔkənʃpil] n.m. (mot all.). MUS. Sorte de carillon, instrument à clavier qui se joue avec des baguettes dont la tête est en cuivre (SYN. **jeu de timbres**).

GLOIRE n.f. (lat. *gloria*). **1.** Célébrité éclatante résultant de qualités, d'actions remarquables ; renommée : *Un écrivain au sommet de sa gloire. Médecin qui se couvre de gloire.* **2.** Mérite, honneur qui revient à qqn : *Nous partageons la gloire de cette avancée.* **3.** Ce qui assure le renom, suscite la fierté : *Cet Opéra est la gloire de la capitale.* **4.** Personne illustre, dont la renommée est incontestée : *Il est l'une des gloires de la scène musicale.* **5.** THÉOL. CHRÉT. Manifestation de la majesté, de la toute-puissance et de la sainteté de Dieu, telles qu'elles se reflètent dans sa création. **6.** BX-ARTS. Auréole lumineuse entourant l'image du Christ ; peinture d'un ciel avec anges et saints. **7.** BX-ARTS. À l'époque baroque, faisceau de rayons dorés entourant un symbole sacré. ▪ **Pour la gloire,** sans espérer de profit matériel. ▪ **Rendre gloire à,** rendre un hommage mêlé d'admiration à. ▪ **Tirer gloire de qqch,** en tirer vanité.

GLOMÉRIS [-ris] n.m. (du lat. *glomus, -meris*, boule). Petit mille-pattes détritivore court, à morphologie de cloporte, qui se roule en boule quand on le touche. ➲ Long. 1 à 2 cm ; classe des myriapodes.

GLOMÉRULE n.m. (lat. *glomerulus*). **1.** HISTOL. Structure vasculaire ou nerveuse plus ou moins sphérique, ayant l'aspect d'une petite pelote : *Glomérule du rein.* **2.** BOT. Inflorescence où les fleurs, portées par des axes très courts, semblent insérées au même niveau.

GLOMÉRULONÉPHRITE n.f. Vieilli. Glomérulopathie.

GLOMÉRULOPATHIE n.f. MÉD. Toute néphropathie prédominante au niveau des glomérules du rein.

GLORIA **n.m. inv.** (mot lat. « gloire »). Prière de louange dans les liturgies romaine et grecque, commençant par *Gloria in excelsis Deo...*

GLORIETTE **n.f.** Pavillon d'agrément formant belvédère ; cabinet de verdure dans un parc.

GLORIEUSEMENT **adv.** De façon glorieuse.

GLORIEUX, EUSE **adj.** (lat. *gloriosus*). **1.** Qui procure de la gloire ; mémorable : *Victoire glorieuse.* **2.** Qui s'est acquis de la gloire ; illustre : *De glorieux ancêtres.* **3.** Vx. Qui tire vanité de qqch ; qui est fier de.

GLORIFICATEUR, TRICE **adj.** et **n.** Litt. Qui glorifie.

GLORIFICATION **n.f.** Action de glorifier ; célébration.

GLORIFIER **v.t. [5].** Rendre gloire à ; honorer : *Glorifier un exploit, un héros.* ◆ **SE GLORIFIER** **v.pr. (DE).** Tirer vanité de ; s'enorgueillir de.

GLORIOLE **n.f.** Vaine gloire tirée de petites choses.

GLOSE **n.f.** (du gr. *glôssa*, langage). **1.** Explication de quelques mots obscurs d'une langue par d'autres mots plus compréhensibles. **2.** Commentaires, notes servant à la compréhension d'un texte. **3.** Péjor. (Surtout pl.). Commentaire malveillant : *Faire des gloses sur ses collègues.*

GLOSER **v.t. [3].** Éclaircir un texte par une glose. ◆ **v.t. ind. (SUR).** Péjor. Faire des commentaires malveillants.

GLOSS **n.m.** (mot anglo-amér. « lustre, brillant »). Fard à texture grasse que l'on applique sur les lèvres ou les joues pour les rendre brillantes.

GLOSSAIRE **n.m.** (lat. *glossarium*). **1.** Lexique expliquant les mots rares d'une langue, d'une œuvre, d'un traité. **2.** Liste alphabétique, placée à la fin d'un ouvrage, des mots du vocabulaire spécialisé qui y est utilisé. **3.** Vocabulaire spécifique d'une activité, d'un métier ; ouvrage ou partie d'ouvrage comprenant ce vocabulaire.

GLOSSECTOMIE **n.f.** Amputation chirurgicale de la langue.

GLOSSETTE **n.f.** (nom déposé). Forme médicamenteuse destinée à être absorbée en la laissant fondre sous la langue.

GLOSSINE **n.f.** (du gr. *glôssa*, langue). Genre de mouches ovovivipares d'Afrique tropicale (mouche tsé-tsé, par ex.). ➲ Famille des glossinidés.

GLOSSITE **n.f.** (du gr. *glôssa*, langue). **MÉD.** Inflammation de la langue.

GLOSSODYNIE **n.f. MÉD.** Sensation désagréable, voire douloureuse, au niveau de la langue.

GLOSSOLALIE **n.f.** (du gr. *glôssa*, langue, et *lalein*, parler). **1. PSYCHIATR.** Chez certains malades mentaux, utilisation d'une langue inventée, incompréhensible pour les autres. **2. RELIG.** Phénomène extatique dans lequel le sujet émet une série de sons ou de mots dont les auditeurs ne peuvent saisir le sens sans le concours d'un autre sujet possédant le don de l'interprétation.

GLOSSO-PHARYNGIEN, ENNE (pl. *glosso-pharyngiens, ennes*), ▲ *GLOSSOPHARYNGIEN, ENNE* **adj. ANAT.** Qui concerne à la fois la langue et le pharynx.

GLOTTAL, E, AUX **adj. PHON.** ▪ **Consonne glottale,** ou **glottale, n.f.,** consonne émise par la glotte.

GLOTTE **n.f.** (gr. *glôttis*). **ANAT.** Partie moyenne de la cavité du larynx, bordée par les deux cordes vocales. ▪ **Coup de glotte** [phon.], occlusive produite au niveau de la glotte par l'accolement des cordes vocales l'une contre l'autre.

GLOTTIQUE **adj.** Relatif à la glotte.

GLOUGLOU **n.m.** (onomat.). **1.** Bruit d'un liquide s'échappant d'une bouteille, d'un conduit, etc. **2.** Cri du dindon.

GLOUGLOUTER **v.i. [3]. 1.** Fam. Produire un bruit de glouglou. **2.** Pousser son cri, en parlant du dindon.

GLOUSSANT, E **adj.** Qui glousse.

GLOUSSEMENT **n.m. 1.** Cri de la poule qui appelle ses petits. **2.** Petits cris ou rires étouffés.

GLOUSSER **v.i. [3]** (lat. *glocire*). **1.** En parlant de la poule, appeler ses petits. **2.** Rire en poussant de petits cris.

1. GLOUTON, ONNE **adj.** et **n.** (du lat. *gluttus*, gosier). Qui mange beaucoup et avec avidité ; goinfre.

2. GLOUTON **n.m.** Mammifère carnivore de la taïga et de la toundra d'Eurasie et d'Amérique du Nord, au corps massif et aux mâchoires puissantes. ➲ Famille des mustélidés.

GLOUTONNEMENT **adv.** D'une manière gloutonne.

GLOUTONNERIE **n.f.** Avidité d'une personne gloutonne.

GLU **n.f.** (du lat. *glus*, colle). Matière visqueuse et tenace, extraite notamm. de l'écorce intérieure du houx.

GLUANT, E **adj. 1.** Qui a la consistance ou l'aspect de la glu ; visqueux : *La peau gluante d'un poisson.* **2.** Qui colle ; poisseux : *Des mains gluantes.*

GLUAU **n.m.** Petite branche frottée de glu, pour prendre les oiseaux. ➲ La chasse aux gluaux est interdite.

GLUCAGON **n.m. PHYSIOL.** Hormone sécrétée par les îlots de Langerhans du pancréas et qui a une action hyperglycémiante.

GLUCIDE **n.m.** (du gr. *glukus*, doux, et *eidos*, apparence). **BIOCHIM.** Composant fondamental de la matière vivante, constitué de carbone, d'hydrogène et d'oxygène, jouant dans l'organisme un rôle énergétique.

GLUCIDIQUE **adj.** Relatif aux glucides.

GLUCOCORTICOÏDE **adj.** et **n.m. MÉD.** Se dit d'un corticoïde du groupe du cortisol, agissant sur le métabolisme et utilisé comme médicament anti-inflammatoire, antiallergique ou immunosuppresseur.

GLUCOMÈTRE **n.m.** Aréomètre qui sert à déterminer la concentration en glucose d'un moût de raisin (SYN. **pèse-moût**).

GLUCONIQUE **adj. CHIM. ORG.** Se dit d'un acide formé par oxydation du glucose.

GLUCOSE **n.m.** (du gr. *glukus*, doux). Glucide ($C_6H_{12}O_6$) de saveur sucrée, contenu dans certains fruits (raisin) et entrant dans la composition de presque tous les glucides. ➲ Le glucose joue un rôle fondamental dans le métabolisme des êtres vivants.

GLUCOSÉ, E **adj.** Additionné de glucose.

GLUCOSERIE **n.f.** Industrie du glucose ; fabrique de glucose.

GLUCOSIDE **n.m. BIOCHIM. 1.** Composé donnant du glucose par hydrolyse, que l'on rencontre dans de nombreux végétaux (nom générique). **2.** Hétéroside.

GLUME **n.f.** (lat. *gluma*). **BOT.** Chacune des deux bractées verdâtres situées à la base de chaque épillet des graminées.

GLUMELLE **n.f. BOT.** Chacune des deux bractées qui enveloppent directement chacune des fleurs de l'épi des graminées.

GLUON **n.m.** (de *glu*). **PHYS.** Particule élémentaire, agent des interactions entre les quarks.

GLUTAMATE **n.m. CHIM. ORG.** Sel ou ester de l'acide glutamique, utilisé notamm. comme agent de sapidité (*glutamate de sodium*).

GLUTAMIQUE **adj.** (de *gluten*). **BIOCHIM.** ▪ **Acide glutamique,** acide aminé neuromédiateur, jouant aussi un rôle dans le métabolisme et comme constituant des protéines.

GLUTEN [-tɛn] **n.m.** (mot lat. « colle »). Partie protéique, visqueuse, de la farine des céréales.

GLUTINEUX, EUSE **adj.** Qui contient du gluten ; qui a la nature, la consistance ou l'apparence du gluten.

GLYCÉMIE **n.f. MÉD.** Concentration du glucose dans le sang.

GLYCÉMIQUE **adj.** Relatif à la glycémie. ▪ **Index** ou **indice glycémique (IG),** mesure qui permet de classer les aliments selon leur capacité à élever plus ou moins rapidement le taux de glucose dans le sang (la glycémie). ➲ L'index glycémique d'un aliment est calculé par comparaison avec le glucose pur, dont l'IG a été fixé à 100.

GLYCÉRIDE **n.m.** Ester de la glycérine.

GLYCÉRIE **n.f.** Plante qui pousse près des étangs, au bord de la mer ou dans les marais salants, dont certaines espèces ressemblent aux roseaux. ➲ Famille des graminées.

GLYCÉRINE **n.f.** Produit à base de glycérol, obtenu industriellement (nom générique).

GLYCÉRINER **v.t. [3].** Enduire de glycérine ; incorporer de la glycérine dans.

GLYCÉRIQUE **adj.** ▪ **Acide glycérique,** formé par oxydation de la glycérine.

GLYCÉROL **n.m.** Trialcool liquide $CH_2OH—CHOH—CH_2OH$ donnant, par estérification avec des acides gras, des lipides tels que les triglycérides.

GLYCÉROLÉ **n.m.** Préparation médicamenteuse fluide, à base de glycérine, destinée à être appliquée sur la peau.

GLYCÉROPHTALIQUE **adj.** Se dit d'une résine dérivée du glycérol et de composés phtaliques. ▪ **Peinture glycérophtalique,** peinture à l'huile à base de résine glycérophtalique.

1. GLYCINE **n.f.** (du gr. *glukus*, doux). Arbuste grimpant originaire de Chine et cultivé pour ses longues grappes de fleurs mauves et odorantes. ➲ Sous-famille des papilionacées.

▲ **glycine**

2. GLYCINE **n.f.** ou **GLYCOCOLLE** **n.m. CHIM. ORG.** Acide aminé utilisé par l'organisme pour la synthèse d'autres substances (glucose, par ex.), constituant essentiel des protéines et neuromédiateur.

GLYCOGÈNE **n.m.** Glucide complexe, constituant la principale réserve de glucose dans le foie et les muscles.

GLYCOGENÈSE **n.f.** Formation du glucose par des cellules de l'organisme.

GLYCOGÉNIQUE **adj.** Qui se rapporte au glycogène ou à la glycogenèse.

GLYCOL **n.m.** ▪ **Éthylène glycol,** dialcool ($HOH_2C—CH_2OH$) employé notamm. comme antigel. ▪ **Propylène glycol,** dialcool ($CH_3—CHOH—CH_2OH$) employé notamm. comme solvant et comme antigel.

GLYCOLIPIDE **n.m. BIOCHIM.** Substance associant un lipide et un glucide, abondante dans les membranes cellulaires.

GLYCOLIQUE **adj.** Se dit d'un acide dérivant de l'oxydation du glycol.

GLYCOLYSE **n.f.** Dégradation du glucose dans les cellules, au cours du catabolisme.

GLYCOPROTÉINE **n.f. BIOCHIM.** Substance constituée d'une protéine combinée à un glucide.

GLYCOSURIE [-zyri] **n.f. MÉD.** Présence de glucose dans l'urine, l'un des signes du diabète.

GLYPHE **n.m.** (du gr. *gluphê*, gravure). **1. ARCHIT.** Trait gravé en creux génér. vertical, dont la répétition constitue un ornement. (→ **triglyphe**). **2. ARCHÉOL.** Signe de l'écriture pictographique des Mayas.

GLYPHOSATE **n.m.** (de *N-[phosphonométhyl] glycine*). Herbicide chimique puissant, toxique pour l'environnement et soupçonné d'être cancérogène.

GLYPTIQUE **n.f.** (du gr. *gluptikos*, propre à graver). Art de tailler les pierres dures, fines ou précieuses, en creux (intailles) ou en relief (camées) ; œuvre produite par cet art.

GLYPTODON ou **GLYPTODONTE** **n.m.** Mammifère édenté fossile mesurant jusqu'à 4 m de long, à carapace osseuse, qui a vécu au quaternaire en Amérique du Sud.

GLYPTOTHÈQUE **n.f. 1.** Collection, cabinet de glyptiques. **2.** Musée de sculptures.

GMT **n.m.** (sigle de l'angl. *Greenwich mean time* ou, plus souvent auj., *Greenwich meridian time*). **1.** À l'origine, temps* solaire moyen de Greenwich. **2.** Auj., cour. (Abusif en astronomie). Désignation du temps* universel coordonné (UTC).

GNANGNAN adj. inv. (onomat.). Fam. **1.** Qui est lent et se plaint au moindre effort ; mou. **2.** Sans intérêt ni agrément ; insipide : *Un roman gnangnan.*

GNAOUA n.f. et adj. → **GNAWA.**

GNAQUE n.f. → **NIAQUE.**

GNAULE n.f. → **GNÔLE.**

GNAWA ou **GNAOUA** [gnawa] **n.f.** et **adj.** Musique originaire d'Afrique subsaharienne et répandue auj. dans le Maghreb, qui rassemble notamm. les membres d'une confrérie pratiquant des rituels de transe à visée thérapeutique.

GNEISS [gnɛs] **n.m.** (mot all.). Roche métamorphique constituée d'alternances de lits de mica et de lits de quartz et de feldspath.

GNEISSIQUE ou **GNEISSEUX, EUSE** [gnɛ-] **adj.** De la nature du gneiss.

GNÉTOPHYTE [gne-] **n.f.** Plante gymnosperme d'un type très évolué, telle que le gnetum, l'éphédra et le welwitschia. ➲ Les gnétophytes forment une classe.

GNETUM [gnetɔm] **n.m.** ou **GNÈTE** [gnɛt] **n.f.** (lat. *gnetum*). Arbrisseau lianescent, à feuilles larges et opposées. ➲ Classe des gnétophytes.

GNIOLE n.f. → **GNÔLE.**

GNL ou **G.N.L. n.m.** (sigle de *gaz naturel liquéfié*). Gaz naturel rendu liquide pour en réduire le volume et en permettre le transport par navire.

GNOCCHI [ɲɔki] **n.m.** (mot ital.). Boulette à base de semoule de blé ou de pommes de terre, génér. pochée et servie avec une sauce tomate ou gratinée.

GNOGNOTE ou **GNOGNOTTE** **n.f.** (onomat.). Fam. ▪ **C'est de la gnognote,** c'est une chose sans valeur.

GNÔLE, GNIOLE ou **GNAULE** **n.f.** (mot lyonnais). Fam. Eau-de-vie.

GNOME [gnom] **n.m.** (lat. *gnomus*, du gr. *gnômê*, intelligence). **1.** Dans la tradition ésotérique, petit génie difforme qui habite à l'intérieur de la terre, dont il garde les richesses. **2.** Homme petit et contrefait ; nabot.

GNOMIQUE [gnɔ-] **adj.** (du gr. *gnômikos*, sentencieux). Didact. Qui exprime des vérités morales sous forme de maximes, de proverbes.

GNOMON [gnɔmɔ̃] **n.m.** (mot lat., du gr.). Cadran solaire primitif, constitué d'une simple tige dont l'ombre se projette sur une surface plane.

GNOMONIQUE [gnɔ-] **n.f.** Art de construire des cadrans solaires.

GNON [ɲɔ̃] **n.m.** (de *oignon*). Fam. Coup ; marque qui en résulte.

GNOSE [gnoz] **n.f.** (du gr. *gnôsis*, connaissance). Pensée religieuse selon laquelle le salut s'obtient par la connaissance et non par la grâce.

GNOSÉOLOGIE [gno-] **n.f.** Partie de la philosophie qui traite des fondements de la connaissance.

GNOSIE [gnozi] **n.f.** PSYCHOL. Connaissance du monde construite à partir des expériences sensorielles.

GNOSTICISME [gnɔ-] **n.m.** Doctrine d'un ensemble de sectes chrétiennes hétérodoxes des trois premiers siècles de notre ère, qui fondait le salut de l'homme sur une connaissance supérieure *(gnose)* des choses divines.

GNOSTIQUE [gnɔ-] **adj.** et **n.** (du gr. *gnôstikos*, savant). Relatif au gnosticisme, à la gnose ; qui en est adepte.

GNOU [gnu] **n.m.** (mot hottentot). Antilope d'Afrique, à grosse tête chevaline ornée d'une barbe et d'une crinière, qui effectue des migrations saisonnières en troupeaux immenses. ➲ Genre *Connochaetes.*

GNOUF [ɲuf] **n.m.** Arg. Prison ; commissariat (de police).

GNV ou **G.N.V. n.m.** (sigle de *gaz naturel pour véhicules*). Gaz naturel comprimé, utilisé comme carburant automobile. ➲ Il offre un grand intérêt écologique, mais son emploi est réservé à des véhicules adaptés.

GO **n.m. inv.** (mot jap.). Jeu de stratégie d'origine chinoise, pratiqué à deux sur un quadrillage à l'aide de pions, respectivement noirs et blancs et appelés *pierres*, que l'on pose aux points d'intersection des lignes.

▲ **goélands**

TOUT DE GO loc. adv. (de *gober*). Fam. **1.** Sans préambule ; directement : *Annoncer sa candidature tout de go.* **2.** Sans façon ; sans cérémonie.

GOAL [gol] **n.m.** (angl. *goal-keeper*). Gardien de but.

GOAL-AVERAGE [golaveraʒ] ou [golavərɛdʒ] **n.m.** (pl. *goal-averages*) [de l'angl. *goal*, but, et *average*, moyenne]. Dans divers sports, comparaison (différence, rapport) des nombres de buts ou de points marqués et encaissés par chaque équipe, prise en compte pour départager des équipes ex aequo à l'issue d'une compétition.

GOBAGE **n.m.** Remous produit en surface par un poisson gobeur.

GOBELET **n.m.** (anc. fr. *gobel*). **1.** Petit récipient pour boire, sans pied ni anse ; son contenu. **2.** Cornet tronconique servant à lancer les dés ou à faire des tours de prestidigitation.

GOBELETERIE [-lɛtri], ▲ *GOBELÈTERIE* **n.f.** Catégorie de produits comprenant la verrerie de table et la verrerie culinaire.

GOBE-MOUCHES **n.m. inv.** ou **GOBE-MOUCHE** **n.m.** (pl. *gobe-mouches*). **1.** Petit passereau migrateur d'Europe et d'Afrique qui capture des insectes au vol. ➲ Famille des muscicapidés. **2.** Fam., vieilli. Homme niais et crédule. ▪ **Gobe-mouches américain,** tyran (oiseau).

GOBER **v.t. [3]** (du gaul. **gobbo*, bouche). **1.** Avaler en aspirant et sans mâcher : *Gober un œuf.* **2.** Fam. Croire naïvement ce que l'on entend. ▪ **Ne pas (pouvoir) gober qqn** [fam., vieilli], ne pas pouvoir le supporter.

GOBERGE **n.f.** (altér. de *écoperche*). Québec. Poisson marin comestible, voisin de la morue. ➲ Genres *Pollachius* et *Theragra* ; famille des gadidés.

SE GOBERGER **v.pr. [10]** (de l'anc. fr. *gobert*, joyeux). Fam., vieilli. **1.** Prendre ses aises ; se prélasser. **2.** Faire bonne chère.

GOBETAGE **n.m.** Action de gobeter.

GOBETER **v.t. [16]**, ▲ *[12]* (de *gobet*, morceau de qqch que l'on gobe). Appliquer un gobetis.

GOBETIS **n.m.** Mortier grossier projeté sur une maçonnerie servant de couche d'accrochage à un enduit de finition.

GOBEUR, EUSE **n.** **1.** Personne qui gobe qqch : *Gobeur d'huîtres.* **2.** Fam. Personne qui croit tout ce qu'on lui dit ; naïf. ◆ **n.m.** Poisson qui se nourrit de proies (insectes ou autres) à la surface de l'eau.

GOBIE **n.m.** (lat. *gobio*). Petit poisson du littoral marin ou d'eau douce, pouvant se fixer aux rochers par ses nageoires ventrales formant ventouse. ➲ Le *gobie pygmée* des Philippines, long de moins de 1 cm, est l'un des poissons les plus petits. Famille des gobiidés.

GODAGE **n.m.** Faux pli d'une étoffe qui gode.

GODAILLER **v.i. [3]** → **GODER.**

GODASSE **n.f.** (de *godillot*). Fam. Chaussure.

GODELUREAU **n.m.** (de l'anc. fr. *galureau*, galant). Fam., vieilli. Jeune homme empressé auprès des femmes.

GODENDART **n.m.** (du moyen néerl.). Québec. Anc. Longue scie que l'on manie à deux et qui sert à tronçonner.

GODER ou **GODAILLER** **v.i. [3]** (de *godron*). COUT. Faire des faux plis en bombant par suite d'une mauvaise coupe ou d'un mauvais assemblage.

GODET **n.m.** (du moyen néerl. *kodde*, billot). **1.** Petit gobelet à boire. **2.** Sorte d'auge fixée sur certains appareils de manutention ou de travaux publics (drague, roue-pelle, etc.). **3.** Petit récipient à l'usage des peintres. **4.** COUT. Pli rond qui va en s'évasant, formé par un tissu coupé dans le biais.

GODICHE **adj.** et **n.f.** (de *Godon*, dimin. de *Claude*). Fam. Maladroit ; nigaud.

GODILLE **n.f.** (mot dial.). **1.** Aviron placé à l'arrière d'une embarcation et permettant de la propulser par un mouvement hélicoïdal de la pelle. **2.** En ski, enchaînement de virages courts suivant la ligne de plus grande pente.

GODILLER **v.i. [3]**. **1.** Faire avancer une embarcation avec la godille. **2.** En ski, descendre en godille.

GODILLOT **n.m.** (du n. de A. *Godillot*). **1.** Anc. Chaussure militaire à tige courte. **2.** Fam. Grosse chaussure de marche. **3.** Fam. (Aussi en appos.). Parlementaire inconditionnel d'un homme ou d'un parti politique : *Les godillots du président.*

GODIVEAU **n.m.** (de l'anc. fr. *gaudebillaux* et de *veau*). CUIS. Boulette de hachis de viande, pochée au bouillon.

GODRON **n.m.** (de *godet*). **1.** BX-ARTS. Ornement en relief ou en creux, de forme ovale allongée, employé en nombre (chapiteaux romans, décor baroque, orfèvrerie). **2.** COST. Gaufrage rigide pratiqué sur des toiles empesées (jabot, par ex.).

GOÉLAND **n.m.** (breton *gwelan*). Oiseau palmipède omnivore, cosmopolite des régions côtières, à plumage dorsal gris *(goéland argenté)* ou noir *(goéland brun)*, qui niche en colonies importantes. ➲ Famille des laridés.

GOÉLETTE **n.f.** (de *goéland*). Voilier à deux mâts, dont le grand mât est à l'arrière.

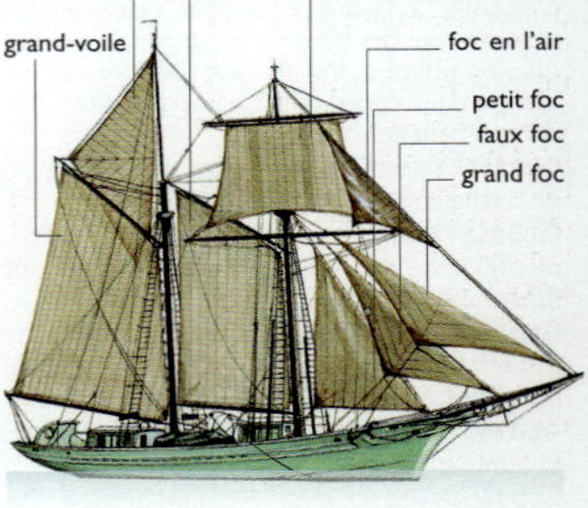

▲ **goélette** paimpolaise à hunier.

GOÉMON **n.m.** (breton *gwemon*). Région. (Bretagne, Normandie). Varech.

GOÉMONIER, ÈRE **adj.** Relatif au goémon. ◆ **n.** Personne qui assure le ramassage et le séchage des algues marines, notamm. en Bretagne.

GOETHITE [gøtit] **n.f.** (du n. de *Goethe*). MINÉRALOG. Hydroxyde de fer, associé à l'hématite.

GOÉTIE [gɔesi] **n.f.** (du gr. *goêteia*, sorcellerie). Pratique occultiste faisant appel aux esprits du mal (par oppos. à *théurgie*) [SYN. **magie noire**].

GO FAST **n.m. inv.** (de l'angl. *go fast boat*, bateau rapide). **1.** Méthode utilisée par les trafiquants pour le transport des stupéfiants, qui consiste à rouler à très grande vitesse pour éviter les contrôles de police. **2.** Par ext. Véhicule automobile de grosse cylindrée, génér. volé, utilisé pour ce type de transport : *L'interception d'un go fast par les forces de l'ordre est une intervention risquée.*

GOGER **v.i. [10]** (mot dial.). Suisse. Rester longtemps dans l'eau : *Une pièce de bois qui goge.* ◆ **v.t.** ▪ **Goger une maladie,** la couver.

GOGLU **n.m.** Passereau chanteur, insectivore et granivore, qui niche en Amérique du Nord et hiverne en Amérique du Sud. ➲ Famille des ictéridés.

▲ **goglu** commun.

GOGO n.m. (de *Gogo*, n. d'un personnage de théâtre). Fam. Personne crédule, facile à tromper.

À GOGO loc. adv. (de l'anc. fr. *gogue*, réjouissance). Fam. En abondance ; à volonté : *Du champagne à gogo.*

GOGUENARD, E adj. (de l'anc. fr. *gogue*, plaisanterie). Qui manifeste une moquerie insolente ; narquois : *Des ricanements goguenards.*

GOGUENARDISE n.f. Raillerie méprisante.

GOGUENOTS ou **GOGUES** n.m. pl. (normand *goguenots*, pot à cidre). Très fam. Lieux d'aisance ; toilettes.

GOGUETTE n.f. (de l'anc. fr. *gogue*, réjouissance). Fam. ▪ **Être en goguette,** être un peu ivre ; être enjoué et décidé à s'amuser.

GOÏ n. et adj. → **GOY.**

GOINFRE adj. et n. (orig. obsc.). Fam. Qui mange avidement et salement ; glouton.

SE GOINFRER v.pr. [3]. Fam. Manger gloutonnement et malproprement.

GOINFRERIE n.f. Fam. Comportement du goinfre ; gloutonnerie.

GOITRE n.m. (de l'anc. fr. *goitron*, gorge). Augmentation de volume de la glande thyroïde. ➲ Cette anomalie est le plus souvent diffuse.

GOITREUX, EUSE adj. et n. Se dit d'une personne atteinte d'un goitre.

GOJI n.m. (mot chin.). Baie rouge orangé comestible, riche en vitamine C et autres antioxydants, produite par un arbuste, le lyciet*.

GOLDEN [gɔldɛn] n.f. (mot angl. « doré »). Pomme d'une variété à peau jaune d'or et à chair parfumée.

GOLDEN RETRIEVER n.m. Labrador à poils longs.

GOLÉE n.f. (var. de *goulée*). Suisse. Gorgée ; lampée.

GOLEM [gɔlɛm] n.m. (mot hébr. « masse d'argile »). Dans la culture juive ashkénaze, sorte d'automate à forme humaine que des rabbins avaient le pouvoir d'animer.

GOLF n.m. (mot angl.). **1.** Sport consistant à envoyer une balle, en un minimum de coups et à l'aide de clubs, dans les dix-huit trous successifs d'un terrain coupé d'obstacles. **2.** Terrain de golf. ▪ **Golf miniature,** jeu inspiré du golf, pratiqué sur de petites aires aménagées comportant des obstacles à franchir ou à éviter ; le terrain où se pratique ce jeu (SYN. **minigolf**).

GOLFE n.m. (ital. *golfo*, du gr. *kolpos*, pli). Partie de mer avancée dans les terres, suivant génér. une large courbure du littoral.

GOLFEUR, EUSE n. Personne qui pratique le golf.

GOLGI [gɔlʒi] **(APPAREIL DE)** n.m. BIOL. CELL. Organite cellulaire formé par un empilement de petits sacs aplatis produisant des vésicules à leurs extrémités, jouant un rôle dans la maturation et le stockage des produits de sécrétion. (On dit aussi un *golgi*, n.m. inv.)

GOLMOTE ou **GOLMOTTE** n.f. (de *columelle*). Nom usuel de l'amanite rougeâtre *(Amanita rubescens)* ou oronge vineuse, comestible.

GOMASIO [gɔmazjo] n.m. (jap. *gomashio*, de *goma*, sésame, et *shio*, sel). Condiment constitué d'un mélange de gros sel gris et de graines de sésame torréfiées broyés, pouvant servir de substitut au sel.

GOMBO n.m. (mot anglo-amér., du bantou). **1.** Plante potagère tropicale à fleurs jaunes dont on consomme soit les feuilles, soit les fruits en forme de capsule pyramidale ; ces fruits, consommés jeunes en légumes ou en condiments. ➲ Famille des malvacées. **2.** Louisiane. Soupe à base de gombo. (Dans ce sens, on écrit aussi *gumbo*.)

GOMINA n.f. (nom déposé). Pommade pour lisser les cheveux.

GOMINÉ, E adj. Enduit de Gomina.

GOMMAGE n.m. **1.** Action de recouvrir de gomme. **2.** Action d'effacer avec une gomme. **3.** Élimination des cellules mortes de la peau, obtenue par un produit cosmétique très légèrement abrasif. **4.** IMPRIM. Traitement et protection des pierres lithographiques.

GOMME n.f. (bas lat. *gumma*, du gr. *kommi*). **1.** Substance visqueuse et transparente qui suinte du tronc de certains arbres. **2.** Petit bloc de caoutchouc ou d'une autre matière, servant à effacer le crayon, l'encre, etc. **3.** MÉD. Lésion infectieuse formant une grosseur qui se ramollit, puis s'ulcère et se vide : *Gomme syphilitique.* ▪ **À la gomme** [fam.], de mauvaise qualité ; sans importance. ▪ **Gomme (à mâcher)** [Québec], chewing-gum. ▪ **Gomme arabique,** fournie par certains acacias et d'abord récoltée en Arabie. ▪ **Mettre (toute) la gomme** [fam.], accélérer l'allure ; utiliser toutes ses forces.

GOMMÉ, E adj. Recouvert d'une couche de gomme adhésive sèche qui devient collante au contact d'un liquide : *Rabat d'enveloppe gommé.*

GOMME-GUTTE [-gyt] n.f. (pl. *gommes-guttes*). Gomme-résine jaune extraite d'un arbuste d'Asie, utilisée dans la fabrication de peintures et employée aussi comme purgatif.

GOMME-LAQUE n.f. (pl. *gommes-laques*). Substance résineuse produite par une cochenille de l'Inde, soluble dans l'alcool et utilisée dans la fabrication des vernis.

GOMMER v.t. [3]. **1.** Effacer avec une gomme. **2.** Enduire de gomme adhésive. **3.** Fig. Faire disparaître ou atténuer : *Gommer les épisodes scabreux.*

GOMME-RÉSINE n.f. (pl. *gommes-résines*). Mélange naturel de gomme et de résine, tel que la myrrhe.

GOMMETTE n.f. Petit morceau de papier gommé, de couleur et de forme variées.

1. GOMMEUX, EUSE adj. De la nature de la gomme.

2. GOMMEUX n.m. Fam., vx. Jeune homme prétentieux et d'une élégance ridicule.

GOMMIER n.m. **1.** Arbre producteur de gomme. **2.** Antilles. Bateau de pêche à fond plat.

GOMMIFÈRE adj. Gummifère.

GOMMOSE n.f. Maladie des plantes, notamm. des arbres fruitiers, caractérisée par la production abondante de gomme.

GON n.m. (du gr. *gônia*, angle). MATH. Grade (symb. gon).

GONADE n.f. (du gr. *gonê*, semence). PHYSIOL. Glande sexuelle qui produit les gamètes et sécrète des hormones. ➲ Le testicule est la gonade mâle, l'ovaire la gonade femelle.

GONADIQUE adj. Relatif aux gonades.

GONADOSTIMULINE n.f. Gonadotrophine.

GONADOTROPE adj. Qui agit sur les gonades. ▪ **Hormone gonadotrope,** gonadotrophine.

GONADOTROPHINE n.f. PHYSIOL. Hormone de l'antéhypophyse et du placenta, stimulant l'ovaire ou le testicule (SYN. **gonadostimuline, hormone gonadotrope**).

GONALGIE n.f. (du gr. *gonu*, genou). Douleur du genou.

GONANGE, GONOPHORE ou **GONOZOÏDE** n.m. ZOOL. Polype reproducteur dans une colonie d'hydrozoaires, dépourvu de bouche et de tentacules.

GONCOURABLE adj. et n. Susceptible de recevoir le prix Goncourt.

GOND n.m. (du lat. *gomphus*, cheville). Pièce métallique servant de pivot et de support à un vantail de porte ou de fenêtre. ▪ **Sortir de ses gonds** [fam.], se mettre en colère.

GONDOLAGE ou **GONDOLEMENT** n.m. Action de gondoler ; fait de se gondoler.

GONDOLANT, E adj. Fam. Très drôle.

GONDOLE n.f. (ital. *gondola*). **1.** Barque vénitienne longue et plate, aux extrémités relevées, mue par un seul aviron à l'arrière. **2.** COMM. Meuble à plateaux superposés, utilisé dans les libres-services comme présentoir. ▪ **En tête de gondole de** [par plais.], à la première place, au premier rang de : *En tête de gondole des monuments à voir, on cite souvent la tour Eiffel.* ▪ **Siège en gondole,** dont le dossier, cintré, se creuse en portion de cylindre. ▪ **Tête de gondole** [comm.], emplacement situé à une extrémité de gondole, destiné à la présentation d'un produit à des fins promotionnelles : *Les articles en promotion sont en tête de gondole.*

GONDOLER v.t. [3] (de *gondole*). Déformer une surface rigide ; gauchir. ◆ v.i. ou **SE GONDOLER** v.pr. Se bomber sous l'effet de la chaleur ou de l'humidité : *Bois qui gondole.* ◆ **SE GONDOLER** v.pr. Fam. Se tordre de rire.

GONDOLIER n.m. Batelier qui conduit une gondole.

GONE [gɔn] n.m. (mot lyonnais, de *goner*, vêtir sans goût). Région. (Lyon). Enfant des rues ; gamin.

GONELLE ou **GONNELLE** n.f. Poisson des côtes rocheuses de la Manche, au corps allongé marqué d'ocelles noirs, cour. appelé *papillon de mer.* ➲ Ordre des perciformes.

GONFALON ou **GONFANON** n.m. (francique *gundfano*). Au Moyen Âge, étendard à plusieurs bandelettes sous lequel se rangeaient les vassaux et qui fut adopté par l'Église et certaines milices urbaines.

GONFALONIER ou **GONFANONIER** n.m. **1.** Porteur de gonfalon. **2.** Officier de justice de cités italiennes, au Moyen Âge.

GONFLABLE adj. Qui prend sa forme véritable, utile, par gonflage : *Un matelas gonflable.* ▪ **Coussin gonflable,** recomm. off. pour **airbag.**

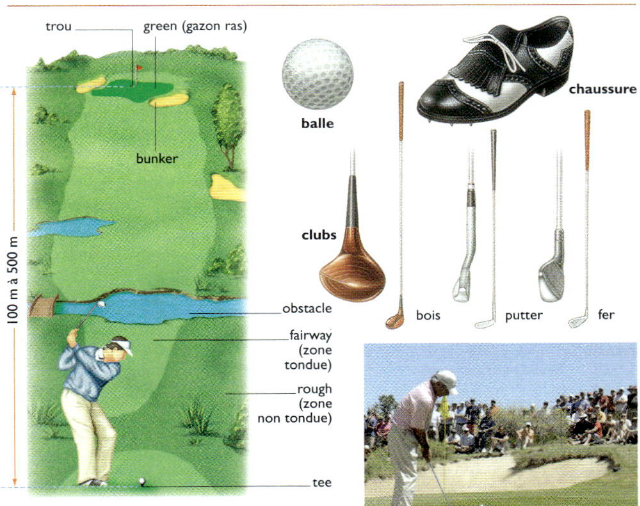

Joueur venant d'envoyer la balle vers le trou, près d'un bunker.

▲ golf

GONFLAGE n.m. **1.** Action de gonfler ; fait de se gonfler. **2.** CINÉMA. Fam. Agrandissement des images d'un film sur un film de format supérieur.

GONFLANT, E adj. Qui a ou peut prendre du volume : *Coiffure gonflante.* ◆ n.m. Qualité de qqch qui a du volume ; ce volume.

1. GONFLE adj. Région. (Provence, Lyonnais). Qui a trop mangé (voire, également, trop bu) ; rassasié ; repu.

2. GONFLE n.f. Suisse. Congère.

GONFLEMENT n.m. **1.** État de ce qui est gonflé. **2.** Augmentation exagérée : *Le gonflement des marges des intermédiaires.*

GONFLER v.t. [3] (du lat. *conflare*, souffler). **1.** Augmenter le volume de qqch en le remplissant d'air ou de gaz : *Gonfler des pneus.* **2.** Accroître le volume de ; grossir : *Le vent gonfle les voiles.* **3.** Donner une importance exagérée à ; amplifier : *La presse a gonflé l'incident.* **4.** Remplir, en parlant d'un sentiment. **5.** Très fam. Importuner ; exaspérer. **6.** CINÉMA. Fam. Agrandir les images d'un film de petit format sur un film de format supérieur. ■ **Être gonflé** [fam.], être téméraire, effronté. ◆ v.i. Devenir plus ample, plus volumineux. ◆ **SE GONFLER** v.pr. **1.** Prendre du volume. **2.** Être envahi par un sentiment : *Se gonfler d'orgueil.*

GONFLETTE n.f. Fam., péjor. Musculation culturiste, visant à donner un important volume musculaire ; musculature ainsi développée.

GONFLEUR n.m. Appareil (compresseur, soufflet) servant à gonfler.

GONG [gɔ̃g] n.m. (mot malais). **1.** Instrument de musique ou d'appel, originaire d'Extrême-Orient, formé d'un disque de métal aux bords relevés que l'on frappe avec une mailloche. **2.** Timbre annonçant le début et la fin de chaque reprise d'un match de boxe.

GONGORISME n.m. (du n. de L. de *Góngora*). LITTÉR. Cultisme.

GONIOMÈTRE n.m. (du gr. *gônia*, angle). Instrument servant à la mesure des angles, notamm. dans les opérations topographiques.

GONIOMÉTRIE n.f. **1.** MÉTROL. Théorie et technique de la mesure des angles. **2.** Radiogoniométrie.

GONIOMÉTRIQUE adj. Relatif à la goniométrie ou au goniomètre.

GONNELLE n.f. → **GONELLE.**

GONOCHORIQUE adj. Propre au gonochorisme.

GONOCHORISME [-kɔ-] n.m. (du gr. *khôrismos*, séparation). BIOL. Caractère des espèces animales dont les gamètes mâles et femelles sont produits par des individus distincts.

GONOCOCCIE [-kɔksi] n.f. Blennorragie.

GONOCOQUE n.m. Bactérie diplocoque responsable de la blennorragie.

GONOCYTE n.m. EMBRYOL. Cellule embryonnaire des animaux qui, selon le sexe, donne au cours de la méiose soit quatre spermatozoïdes, soit un seul ovule, ou ovotide, et deux ou trois globules polaires stériles.

GONOPHORE n.m. → **GONANGE.**

GONORRHÉE n.f. (bas lat. *gonorrhoea*, du gr.). Blennorragie.

GONOSOME n.m. BIOL. Hétérochromosome.

GONOZOÏDE n.m. → **GONANGE.**

GONZE n.m. (de l'ital. *gonzo*, lourdaud). Arg., vieilli. Individu ; type.

GONZESSE n.f. Fam. Femme ; fille.

GOOGLISER [guglize] v.t. [3]. Rechercher des informations (en partic. sur qqn) sur Internet en utilisant le moteur de recherche Google. (On dit aussi *googler* [gugle].)

GOPAK n.m. (mot russe). Danse folklorique ukrainienne, exécutée par des hommes, scandée de sauts acrobatiques et souvent accompagnée de chants (SYN. **hopak**).

GOPURA [-pu-] n.m. (mot sanskr.). Tour à l'entrée des temples hindouistes, dans le sud de l'Inde.

GORDIEN adj.m. (de *Gordion*, n.pr.). Litt. ■ **Trancher le nœud gordien,** résoudre une difficulté de manière violente mais décisive.

GORE adj. inv. et n.m., ▲ *adj.* (mot anglo-amér. « sang séché »). Se dit d'une œuvre de fiction privilégiant les scènes sanglantes.

GORET n.m. (de l'anc. fr. *gore*, truie). **1.** Jeune porc. **2.** Fam. Homme, garçon malpropre.

GORE-TEX n.m. (nom déposé). Textile synthétique microporeux à base de polytétrafluoroéthylène, utilisé dans la fabrication de vêtements et de chaussures.

GORFOU n.m. Petit manchot de l'Antarctique, pourvu d'une huppe de plumes jaunes. ➲ Famille des sphéniscidés.

GORGE n.f. (du lat. *gurges*, gouffre). **1.** Partie antérieure et latérale du cou. **2.** Partie interne du cou, correspondant au pharynx et au larynx ; gosier. **3.** Litt. Seins d'une femme ; poitrine. **4.** GÉOMORPH. Vallée étroite et encaissée : *Les gorges du Tarn.* (V. dessin *relief karstique**.) **5.** ARCHIT. Large moulure creuse et arrondie. **6.** Évidement à la périphérie d'une poulie, destiné à recevoir une courroie, une corde, etc. **7.** Dans une serrure, pièce mobile soumise à l'action d'un ressort, qui immobilise le pêne dormant et le libère par action de la clef. ■ **Ça m'est resté en travers de la gorge** [fam.], je ne peux l'admettre, l'oublier. ■ **Faire des gorges chaudes de** [fam.], prendre plaisir à se moquer ouvertement de. ■ **Faire rentrer à qqn ses paroles dans la gorge**, l'obliger à les rétracter. ■ **Rendre gorge**, restituer par force ce que l'on a pris indûment.

GORGE-DE-PIGEON adj. inv. D'une couleur à reflets changeants.

GORGÉE n.f. Quantité de liquide que l'on peut avaler en une seule fois.

GORGER v.t. [10]. **1.** Faire manger avec excès ; gaver : *Gorger son chat de croquettes.* **2.** Litt. Donner avec excès ; combler. ◆ **SE GORGER** v.pr. **1.** Se remplir jusqu'à saturation ; déborder de : *Son pansement s'est gorgé de sang.* **2.** (DE). Consommer jusqu'à satiété : *Se gorger de romans policiers.*

GORGERIN n.m. **1.** ARM. Partie inférieure d'un casque fermé, qui couvrait la gorge et le cou. **2.** ARCHIT. Bande, ornée ou non, entre l'astragale et l'échine, dans certains chapiteaux.

GORGET n.m. Rabot de menuisier servant à faire les moulures creuses appelées *gorges*.

GORGONE n.f. (du gr. *gorgos*, terrible). **1.** Invertébré cnidaire des mers chaudes dont les polypes forment des colonies blanches, arborescentes ou en éventail. ➲ Sous-classe des octocoralliaires. **2.** Litt. Femme très méchante ou très laide.

GORGONZOLA n.m. (de *Gorgonzola*, n.pr.). Fromage gras au lait de vache, à pâte persillée, originaire d'Italie et fabriqué aussi dans d'autres pays.

GORGOTON n.m. Québec. Gorge ; gosier. ■ **Se rincer le gorgoton** [fam.], boire ; s'enivrer.

GORILLE n.m. (gr. *gorillai*, êtres humains velus). **1.** Singe anthropoïde de l'Afrique équatoriale. ➲ Le gorille est le plus grand de tous les singes, sa taille atteignant 2 m et son poids pouvant dépasser 200 kg ; famille des hominidés. (V. planche *primates*.) **2.** Fam. Garde du corps.

GORON n.m. Vin rouge du Valais.

GOSETTE n.f. Belgique. Chausson aux pommes ou aux abricots.

GOSIER n.m. (du gaul.). **1.** Gorge. **2.** Organe de la voix : *Ils chantaient à plein gosier.*

GOSPEL [gɔspɛl] n.m. (de l'anglo-amér. *gospel song*, chant d'évangile). Chant populaire religieux, bénéficiant d'un accompagnement musical, né dans la communauté noire des États-Unis au début du XXe siècle.

GOSSE n. (p.-ê. de *gonze*). Fam. Enfant. ■ **Beau, belle gosse** [fam.], beau jeune homme ; belle jeune fille.

GOTHA n.m. (de *Gotha*, v. d'Allemagne). Ensemble de personnalités du monde politique, culturel, médiatique, etc., considérées du point de vue de leur notoriété, de leur importance dans la vie sociale.

GOTHIQUE adj. (du bas lat. *gothicus*, des Goths). **1.** Se dit d'une forme d'art, en partic. architectural, qui s'est épanouie en Europe du XIIe s. à la Renaissance. **2.** Se dit d'une écriture à traits droits et anguleux utilisée à partir du XIIe s. **3.** Se dit d'un mouvement issu de la contre-culture punk, dont l'esthétique romantique et macabre s'exprime par une musique sombre, par le port de vêtements noirs et d'un maquillage blafard. ■ **Roman gothique**, roman d'épouvante d'inspiration fantastique, dont l'action est située dans un cadre médiéval, en vogue en Angleterre dans la seconde moitié du XVIIIe s. ■ **Style gothique international,** nom donné à une esthétique gracieuse qui s'est répandue en Europe à la jonction des XIVe et XVe s. ◆ n.m. Art gothique. ◆ n.f. Écriture gothique. ◆ n. Adepte du mouvement gothique.

GOTIQUE n.m. Langue que parlaient les Goths, représentant la branche orientale du germanique.

GOUACHE n.f. (ital. *guazzo*). Peinture de consistance pâteuse, opaque, faite de couleurs détrempées à l'eau et mêlées de gomme ; œuvre, génér. sur papier, exécutée avec cette peinture.

GOUACHER v.t. [3]. Rehausser à la gouache.

GOUAILLE n.f. Fam. Attitude moqueuse et insolente.

GOUAILLER v.i. [3] (onomat.). Fam. Railler, plaisanter avec gouaille.

GOUAILLERIE n.f. Fam. Raillerie de qqn qui gouaille.

GOUAILLEUR, EUSE adj. Fam. Plein de gouaille ; narquois : *Un sourire gouailleur.*

GOUALANTE n.f. Fam., vx. Chanson, complainte populaire.

GOUALEUSE n.f. Fam., vx. Chanteuse des rues.

GOUAPE n.f. (du provenç. *gouapo*, gueux). Fam. Voyou ; vaurien.

GOUDA n.m. (de *Gouda*, n.pr.). Fromage de Hollande au lait de vache, à pâte pressée non cuite, de forme cylindrique.

GOUDRON n.m. (ar. *qatrān*). **1.** Substance sombre et visqueuse, obtenue par distillation de divers produits. ➲ Le *goudron de houille* fournit de nombreux dérivés : benzène, toluène, etc. **2.** (Abusif). Bitume. **3.** Afrique. Route ou rue goudronnée.

GOUDRONNAGE n.m. Action de goudronner.

GOUDRONNER v.t. [3]. Recouvrir, enduire, imprégner de goudron.

GOUDRONNEUSE n.f. Machine à goudronner.

GOUDRONNEUX, EUSE adj. De la nature du goudron.

GOUET [gwɛ] n.m. (lat. pop. *gubius*). BOT. Arum.

GOUFFRE n.m. (du gr. *kolpos*, littoral). **1.** GÉOL. Cavité profonde et abrupte qui s'ouvre dans les régions calcaires, soit par dissolution, soit par effondrement de la voûte de cavités karstiques (SYN. **aven**). [V. dessin *relief karstique**.] **2.** Fig. Niveau le plus bas du malheur : *Des gouffres de misère.* **3.** Litt. Ce qui paraît insondable : *L'oubli nous entraîne dans le gouffre du néant.* **4.** Ce qui engloutit beaucoup d'argent : *Cette maison est un gouffre.* ■ **Au bord du gouffre,** dans une situation morale ou matérielle inquiétante.

GOUGE n.f. (du lat. *gubia*, burin). **1.** Ciseau à tranchant courbe ou en V, servant à sculpter, à faire des moulures. **2.** Outil du graveur sur bois.

GOUGEAGE n.m. Travail exécuté à l'aide d'une gouge.

GOUGER v.t. [10]. Travailler avec une gouge.

GOUGÈRE n.f. Pâtisserie en pâte à choux salée, additionnée de gruyère et cuite au four.

GOUGNAFIER n.m. (du moyen fr. *goin*, lourdaud). Fam. Bon à rien.

GOUGOUNE n.f. Québec. Tong : *Mettre ses gougounes pour aller à la plage.*

GOUILLE n.f. (du francique). Suisse. Mare, flaque d'eau.

GOUINE n.f. (du moyen fr. *goin*, lourdaud). Vulg. Femme homosexuelle.

GOUJAT n.m. (anc. gascon *gojat*). Homme mal élevé, grossier ; malotru.

GOUJATERIE n.f. Caractère, action de goujat ; muflerie.

1. GOUJON n.m. (lat. *gobio, -onis*). Poisson de rivière de l'Europe occidentale et centrale. ➲ Famille des cyprinidés.

▲ goujon

2. GOUJON n.m. (de *gouge*). OUTILL. Pièce de métal ou de bois servant à lier deux ou plusieurs pièces de machine, de charpente, de construction.

GOUJONNAGE n.m. OUTILL. Mise en place de goujons.

GOUJONNER v.t. [3]. OUTILL. Fixer par des goujons.

L'art gothique

L'art si original que les érudits italiens du quattrocento, férus d'Antiquité classique, qualifièrent péjorativement et très improprement de *gothique* (des Goths, des Germains) est apparu en Île-de-France au cours des années 1140. Les conséquences sur la structure de l'église de l'usage de la voûte sur croisée d'ogives * – le report des poussées sur les supports d'angles permettant l'allégement des murs et l'agrandissement des ouvertures – apparaissent en effet à cette période dans le déambulatoire du chœur de l'abbatiale de Saint-Denis. À la fin du XIIᵉ s., la nouvelle architecture a déjà débordé ses frontières régionales vers la Picardie, la Champagne, la Bourgogne et même l'Angleterre. Au cours du XIIIᵉ s., le style gothique s'impose à la plus grande partie de l'Occident, tout en prenant dans chaque pays une coloration particulière. Cette floraison, étalée sur trois siècles, concerne l'ensemble des arts.

Reims. Légèreté, finesse et humanisme caractérisent l'« ange au sourire » (XIIIᵉ s.) de la façade ouest de la cathédrale de Reims, le célèbre représentant d'un style qui a influencé toute la sculpture gothique.

Louvain (Belgique). L'hôtel de ville, édifié de 1448 à 1463 par l'architecte Matthijs de Layens (?-1483). Tourelles d'escaliers, arcs en accolade ornés de crosses végétales, arcatures et garde-corps ajourés, statues sous dais à pinacles composent le décor exubérant de ce joyau de l'architecture communale brabançonne.

Exeter (Angleterre). L'Angleterre connaît ses propres phases : gothique primitif, « décoré » (v.1280) et « perpendiculaire » (v. 1350) ; la cathédrale d'Exeter (XIIᵉ - XIVᵉ s.) rassemble des éléments de ces différents styles – comme les remarquables voûtes en éventail de sa nef où siège un orgue monumental.

Rue. La chapelle du Saint-Esprit, construite entre 1440 et 1514, est un parfait exemple du gothique flamboyant français. L'effervescence graphique caractéristique de ce style est entière dans ce décor sculpté surplombant un portail intérieur, chargé de motifs végétaux et d'arabesques.

Noyon. Avec celles de Sens, Senlis et Laon la cathédrale de Noyon s'inscrit, dans la seconde moitié du XIIᵉ s., dans le type complexe du gothique primitif. L'élévation de la nef se fait sur quatre niveaux : grandes arcades, tribunes, triforium et fenêtres hautes. La transition entre les styles roman et gothique s'exprime par la présence d'arcs en plein cintre aux deux étages supérieurs et d'arcs brisés au-dessous.

Amiens. La cathédrale Notre-Dame fut construite, à partir de 1220, sur l'emplacement d'un édifice roman détruit en 1218 par un incendie, et achevée pour sa plus grande partie en 1269 ; sa façade ouest date de 1236. L'édifice, avec une nef vertigineuse qui culmine à 42 m, est une prouesse architecturale au cœur du gothique classique français.

GOUJONNETTE n.f. **CUIS.** Languette de filet de sole, de limande ou de merlan, taillée en biais et frite.

GOUJONNIÈRE adj.f. ▪ **Perche goujonnière,** grémille.

GOULACHE ou **GOULASCH** n.m. (hongr. *gulyas*). Ragoût de viande mijoté avec des oignons, des tomates et du paprika. ➲ Cuisine hongroise.

GOULAFRE ou **GOULAFE** adj. et n. (du lat. *gula*, gueule). Région. (Nord, Est) ; Belgique. Goinfre ; glouton.

GOULAG n.m. (acronyme du russe *glavnoïe ou pravlenie laguereï*, direction générale des camps). **HIST.** Système concentrationnaire de l'URSS ou de ses pays satellites.

➲ Instauré dès 1919, le réseau des camps de travail forcé s'est considérablement développé avec Staline. Il visait diverses catégories sociales ou nationales, accusées de délits contre-révolutionnaires. Instrument de répression de masse, le **GOULAG** a aussi, en fournissant une main-d'œuvre gratuite au pays, contribué au développement économique de l'URSS stalinienne.

GOULASCH n.m. → **GOULACHE.**

GOULE n.f. (ar. *gūl*). Démon femelle qui, selon les superstitions orientales, dévore les cadavres dans les cimetières.

GOULÉE n.f. (de l'anc. fr. *goule*, gueule). Fam. **1.** Grosse quantité de liquide avalée d'un coup ; gorgée : *Il a bu son verre d'eau en quelques goulées.* **2.** Quantité d'air qu'on peut aspirer en une fois.

GOULET n.m. (de l'anc. fr. *goule*, gueule). **1.** Passage étroit faisant communiquer un port ou une rade avec la haute mer : *Le goulet de Brest.* **2.** Tout passage étroit, difficile. ▪ **Goulet d'étranglement** → **ÉTRANGLEMENT.**

GOULEYANT, E adj. (de l'anc. fr. *goule*, gueule). Fam. Se dit d'un vin agréable, frais et léger.

GOULOT n.m. (de l'anc. fr. *goule*, gueule). Col d'une bouteille, d'un vase, etc., à entrée étroite. ▪ **Goulot d'étranglement** → **ÉTRANGLEMENT.**

GOULOTTE n.f. (de l'anc. fr. *goule*, gueule). **1. MANUT.** Conduit incliné guidant la descente de colis ou de matériaux entraînés par gravité. **2. TRAV. PUBL.** Petite rigole pour l'écoulement des eaux.

GOULU, E adj. et n. (de l'anc. fr. *goule*, gueule). Qui aime manger et mange avec avidité ; glouton.

GOULÛMENT, ▲ *GOULUMENT* adv. De façon goulue ; avec avidité.

GOUM n.m. (ar. *gūm*). **HIST.** Formation militaire supplétive recrutée par la France au Maroc (1908-1956).

GOUMIER n.m. Militaire d'un goum.

GOUPIL [gupi] n.m. (du lat. *vulpicula*, petit renard). Vx. Renard.

GOUPILLE n.f. (de *goupil*). Petite broche métallique traversant deux organes de faibles dimensions afin de les assembler en un ensemble démontable.

GOUPILLER v.t. [3]. **1.** Assembler à l'aide de goupilles. **2.** Fam. Arranger ; combiner. ◆ **SE GOUPILLER** v.pr. Fam. S'arranger ; se dérouler : *Ça s'est mal goupillé.*

GOUPILLON n.m. (de l'anc. fr. *guipon*, pinceau). **1.** Instrument liturgique qui sert pour l'aspersion d'eau bénite. **2.** Péjor. Symbole de la puissance temporelle de l'Église : *L'alliance du sabre et du goupillon.* **3.** Brosse cylindrique à manche pour nettoyer l'intérieur des bouteilles.

GOUR n.m. (mot ar.). Au Sahara, butte à sommet tabulaire et à flancs abrupts.

GOURA n.m. (du javanais *gora*, tonnerre). Oiseau de Nouvelle-Guinée, à huppe érectile, souvent appelé *pigeon couronné.* ➲ Famille des columbidés.

GOURAMI n.m. (mot malais). Poisson d'ornement originaire des eaux douces chaudes (23 à 30 °C) du Sud-Est asiatique, aux nageoires pelviennes longues et effilées. ➲ Famille des anabantidés.

GOURANCE ou **GOURANTE** n.f. Fam., vieilli. Erreur.

GOURBET n.m. **BOT.** Oyat.

GOURBI n.m. (de l'ar. *qurbā*, parenté). **1.** Habitation rudimentaire traditionnelle, en Afrique du Nord. **2.** Fam. Habitation misérable, mal entretenue ; taudis.

GOURD, E adj. (du lat. *gurdus*, lourdaud). Engourdi par le froid : *Doigts gourds.*

1. GOURDE n.f. (du lat. *cucurbita*, citrouille). **1.** Plante grimpante dont le fruit creux (calebasse) peut servir de boîte ou de bouteille. ➲ Famille des cucurbitacées. **2.** Récipient, souvent de forme ovoïde et plate, servant à conserver les boissons en voyage. ◆ **adj.** et **n.f.** Fam. Se dit d'une personne un peu niaise et maladroite ; nigaud.

2. GOURDE n.f. (de l'esp. *gordo*, lourd). Unité monétaire principale d'Haïti.

GOURDIN n.m. (ital. *cordino*). Bâton gros et court servant à frapper ; massue ; trique.

GOUREN [gurẽ] n.m. (mot breton). Lutte traditionnelle bretonne.

SE GOURER v.pr. [3] (de l'anc. fr. *gore*, truie). Fam. Se tromper.

GOURGANDINE n.f. (mot dial.). Fam., vx. Femme dévergondée.

GOURGANE n.f. Québec. Fève d'une variété à gros grains : *Soupe aux gourganes.*

1. GOURMAND, E adj. et n. (orig. inconnue). **1.** Qui aime manger en quantité les bonnes choses : *C'est une gourmande.* **2.** (DE). Qui mange beaucoup de : *Il est gourmand de pâtisseries.* ◆ **adj.** Relatif à la cuisine gastronomique : *Chronique gourmande.* ▪ **Café gourmand,** café agrémenté de plusieurs petites pâtisseries, souvent proposé en dessert dans les restaurants.

2. GOURMAND n.m. **BOT.** Rameau vigoureux d'une plante, qui émerge d'une tige principale (sur un rosier, par ex.).

GOURMANDER v.t. [3] (de *1. gourmand*). Litt. Réprimander sévèrement ; sermonner.

GOURMANDISE n.f. **1.** Caractère, défaut du gourmand. **2.** (Souvent pl.). Mets appétissant, souvent sucré ; friandise.

GOURME n.f. (du francique **worm*, pus). **1.** Maladie contagieuse du cheval, due à un streptocoque, qui atteint surtout les jeunes adultes. **2.** Fam., vx. Impétigo. ▪ **Jeter sa gourme** [vieilli], en parlant d'un jeune homme, se livrer à ses premières fredaines.

GOURMÉ, E adj. Litt. Qui affecte un maintien grave et compassé ; guindé.

GOURMET n.m. (de l'anc. fr. *grommes*, valet). Personne qui sait distinguer et apprécier la bonne cuisine et les bons vins ; gastronome.

GOURMETTE n.f. **1.** Bracelet formé d'une chaîne à maillons aplatis. **2.** Chaînette fixée de chaque côté du mors du cheval et passant sous la mâchoire inférieure.

GOUROU n.m. (du sanskr. *guru*, vénérable). **1.** Maître spirituel hindou. **2.** Homme qui dirige une secte. **3.** Par plais. Maître à penser : *Les gourous médiatiques.*

GOUSSE n.f. (orig. obsc.). **BOT. 1.** Fruit sec à deux valves, garnies chacune d'une rangée de graines, des plantes du groupe des légumineuses. **2.** Partie de tête d'ail, d'échalote appelée aussi *caïeu.*

GOUSSET n.m. (orig. obscure). **1.** Petite poche du gilet ou de l'intérieur de la ceinture du pantalon, destinée à loger une montre. **2. CONSTR.** Élément d'assemblage ou de contreventement de forme triangulaire utilisé dans les charpentes. **3.** Console de bois destinée à supporter une tablette. **4. HÉRALD.** Pièce horizontale formée de deux lignes diagonales partant des angles du chef et qui rejoignent un pal.

GOÛT, ▲ *GOUT* n.m. (lat. *gustus*). **1.** Celui des cinq sens par lequel on perçoit les saveurs. **2.** Saveur d'un aliment : *Un goût sucré, amer.* **3.** Attirance pour un aliment : *N'avoir aucun goût pour les épinards.* **4.** Discernement de ce qui est bon, beau, etc. ; sens intuitif des valeurs esthétiques : *Femme de goût. Salon décoré avec goût, sans goût.* **5.** Penchant particulier ; inclination : *Avoir du goût pour la musique, pour les audacieux.* ▪ **Avoir un goût,** avoir une saveur désagréable : *Cette sauce a un goût.* ▪ **Dans ce goût-là** [fam.], de cette sorte. ▪ **Dans le goût de,** dans le style de. ▪ **Faire passer le goût de qqch à qqn** [fam.], lui ôter l'envie de recommencer. ▪ **Faire passer le goût du pain à qqn** [fam.], le tuer.

➲ Le **GOÛT** a pour siège les papilles gustatives, petites saillies réparties sur toute la surface de la langue. Elles renferment les *bourgeons du goût*, organes microscopiques contenant les cellules sensorielles. Celles-ci, sensibles à différentes substances chimiques, transmettent leurs informations à des neurones qui aboutissent à l'encéphale.

1. GOÛTER, ▲ *GOUTER* v.t. [3] (lat. *gustare*). **1.** Porter un aliment, une boisson à la bouche pour en vérifier la saveur. **2.** Litt. Trouver bon ou agréable ; apprécier : *Goûter l'opéra. Goûter la douceur d'un soir d'été.* **3.** Belgique. Avoir le goût de : *Ce vin goûte le bouchon.* ◆ **v.t. ind.** (À, DE). **1.** Prendre, absorber une petite quantité de qqch pour voir si l'on aime : *Goûtez à cette terrine. Veux-tu goûter de ce vin ?* **2.** Fig. Essayer ; expérimenter : *Goûter d'un métier.* ◆ **v.i. 1.** Faire un léger repas dans l'après-midi. **2.** Région. (Nord) ; Belgique. Être agréable au goût.

2. GOÛTER, ▲ *GOUTER* n.m. Repas de l'après-midi, léger et souvent sucré.

GOÛTEUR, EUSE, ▲ *GOUTEUR, EUSE* n. Personne chargée de goûter une boisson, une préparation ; dégustateur.

GOÛTEUX, EUSE, ▲ *GOUTEUX, EUSE* adj. Région. (Midi). Qui a du goût, de la saveur.

1. GOUTTE n.f. (lat. *gutta*). **1.** Petite quantité de liquide de forme sphérique se détachant par condensation ou ruissellement d'une masse : *Gouttes de pluie.* **2.** Petite quantité de boisson ; larme : *Boire une goutte de whisky.* **3. ARCHIT.** Chacun des petits ornements tronconiques sous les mutules et les triglyphes, dans l'entablement dorique. ▪ **Goutte à goutte,** goutte après goutte ; fig., petit à petit. ▪ **La goutte** [fam.], l'eau-de-vie : *Boire la goutte.* ▪ **La goutte d'eau qui fait déborder le vase,** ce qui, venant après bien d'autres choses, fait exploser la colère de qqn. ▪ **N'y voir, n'y entendre, n'y comprendre goutte** [litt.], ne rien voir, entendre, comprendre. ▪ **Vin de goutte,** qui coule du pressoir avant le pressage du raisin. ◆ **n.f. pl.** Médicament à prendre sous forme de gouttes.

2. GOUTTE n.f. (lat. *gutta*). **MÉD.** Maladie métabolique due à l'excès d'acide urique dans l'organisme, donnant des atteintes articulaires (inflammation aiguë du gros orteil, par ex.), sous-cutanées (tophus), rénales (calculs).

GOUTTE-À-GOUTTE n.m. inv. Petit appareil permettant de régler le débit d'une perfusion ; la perfusion elle-même.

GOUTTE-D'EAU n.f. (pl. *gouttes-d'eau*). **ARCHIT.** Rainure en quart-de-rond, creusée sous un entablement ou un appui, et empêchant l'eau de ruisseler sur la façade d'un bâtiment.

GOUTTELETTE n.f. Petite goutte.

GOUTTER v.i. [3]. **1.** Tomber goutte à goutte ; dégoutter : *L'eau goutte du parapluie mouillé.* **2.** Laisser tomber des gouttes ; fuir : *Robinet qui goutte.*

GOUTTEREAU adj.m. **CONSTR.** ▪ **Mur gouttereau,** portant un chéneau ou une gouttière (par oppos. à *mur pignon*).

GOUTTEUR n.m. Organe de distribution de l'eau, en irrigation au goutte-à-goutte.

GOUTTEUX, EUSE adj. **MÉD.** Relatif à la goutte. ◆ **adj.** et **n.** Atteint de la goutte.

GOUTTIÈRE n.f. **1.** Petit canal ouvert recevant les eaux de pluie à la base d'un toit. **2.** Région. (Sud-Ouest). Voie d'eau dans une toiture. **3. MÉD.** Appareil orthopédique semi-circulaire employé pour maintenir un membre malade ou fracturé. **4. IMPRIM.** Dans une mise en page, espace étroit séparant deux colonnes de texte ou deux illustrations. ▪ **Gouttière (dentaire),** appareil d'orthodontie semi-circulaire, en plastique souple, transparent et amovible, conçu à partir d'une empreinte de la dentition. ➲ On l'utilise aussi pour appliquer du gel de blanchiment dentaire, notamm.

GOUTTINER v. impers. [3] (de *goutte*). Belgique. Pleuvoir légèrement ; bruiner : *Rentre, il gouttine.*

GOUVERNABLE adj. Que l'on peut gouverner.

GOUVERNAIL n.m. (lat. *gubernaculum*). Ensemble d'équipement (notamm. *barre, mèche* et *safran*) placé à l'arrière d'un navire et destiné à le diriger. ▪ **Être au gouvernail** ou **tenir le gouvernail de,** tenir la barre de ; diriger. ▪ **Gouvernail automatique,** servomécanisme qui, sous l'effet du vent, permet de maintenir un voilier au cap désiré sans intervention humaine. ▪ **Gouvernail de profondeur,** plan mince horizontal et orientable disposé à l'avant et à l'arrière des sous-marins pour les mouvements dans un plan vertical.

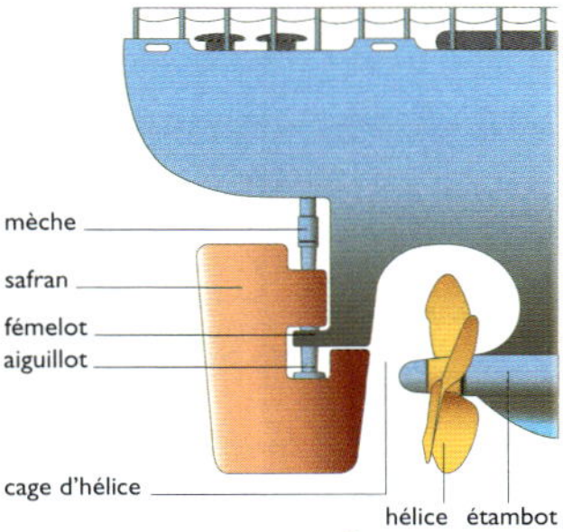

▲ **gouvernail**

GOUVERNANCE n.f. **1.** Action de gouverner ; manière de le faire. **2.** (angl. *governance*). Art de gouverner indépendant de l'autorité étatique. ➲ Soucieuse de souplesse, de transdisciplinarité et du respect des enjeux environnementaux, elle repose sur la participation de différents acteurs de la société civile. ▪ **Gouvernance mondiale,** mise en place d'un ensemble de régulations transnationales pour faire face aux enjeux économiques et environnementaux de la mondialisation.

GOUVERNANT, E adj. Qui gouverne. ◆ **n.m. pl.** L'ensemble de ceux qui exercent le pouvoir gouvernemental (par oppos. à *gouvernés*).

GOUVERNANTE n.f. **1.** Femme à laquelle est confiée l'éducation de un ou plusieurs enfants. **2.** Anc. Femme qui s'occupait de la maison d'un homme seul.

GOUVERNE n.f. **1.** Action de diriger une embarcation : *Aviron de gouverne.* **2.** AÉRON. Chacun des organes utilisés pour obtenir la rotation d'un aéronef autour de ses trois axes : tangage *(gouverne de profondeur),* roulis *(gouverne latérale),* lacet *(gouverne de direction).* ▪ **Pour ma, ta, sa gouverne** [litt.], pour me, te, lui servir de règle de conduite.

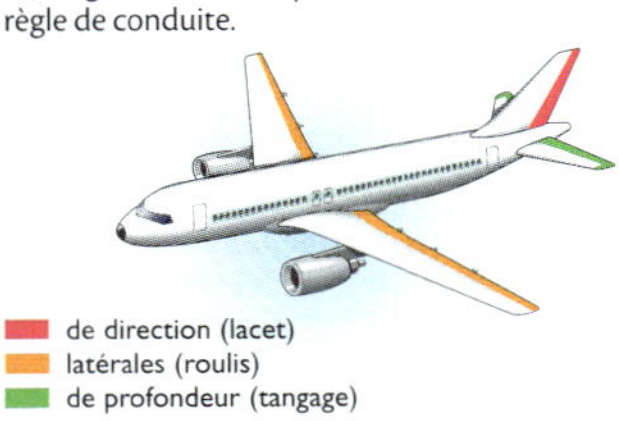

▲ **gouvernes**

GOUVERNEMENT n.m. **1.** Action de gouverner, de diriger politiquement un pays : *Le gouvernement d'un pays en guerre est difficile.* **2.** Forme politique qui régit un État ; régime : *Gouvernement démocratique.* **3.** Organe qui détient le pouvoir exécutif dans un État : *Entrer au gouvernement.* **4.** HIST. Circonscription administrative de la France d'Ancien Régime. ▪ **Acte de gouvernement** [dr.], acte administratif échappant à tout contrôle juridictionnel et concernant les relations du gouvernement et du Parlement ou les relations internationales. ▪ **Gouvernement d'entreprise** [écon.], système de répartition du pouvoir dans l'entreprise entre les actionnaires, le conseil d'administration et les dirigeants, défini par un ensemble de règles qui permettent de contrôler le rôle de chacun.

GOUVERNEMENTAL, E, AUX adj. **1.** Relatif au gouvernement. **2.** Qui soutient le gouvernement en place, est inspiré par le gouvernement.

GOUVERNER v.t. **[3]** (lat. *gubernare*). **1.** Diriger politiquement : *Gouverner un pays.* **2.** Absol. Exercer le pouvoir exécutif. **3.** Diriger un bateau à l'aide de son gouvernail. **4.** Suisse. S'occuper du bétail. **5.** LING. Régir. ◆ **v.i.** Obéir au gouvernail, en parlant d'un bateau.

GOUVERNÉS n.m. pl. L'ensemble de ceux qui sont soumis au pouvoir gouvernemental (par oppos. à *gouvernants*).

GOUVERNEUR, E n. **1.** Titulaire du pouvoir exécutif, dans les Constitutions des États fédérés des États-Unis. **2.** Agent public de haut rang investi de fonctions administratives et politiques. **3.** Belgique. Fonctionnaire inamovible placé à la tête d'une province. ▪ **Gouverneur général,** représentant de la reine (ou du roi) d'Angleterre dans plusieurs États du Commonwealth (Australie, Canada, Nouvelle-Zélande, etc.). ◆ **n.m. 1.** HIST. Personne placée à la tête d'une province, d'un gouvernement, d'un territoire, d'une colonie, etc. : *Gouverneurs romains.* **2.** Anc. Personne chargée de l'éducation d'un prince, d'un jeune aristocrate.

GOY ou **GOÏ** [gɔj] **n. et adj.** (hébr. *goï*). Terme par lequel les juifs désignent les non-juifs.

✎ Pluriel savant : ***goyim*** ou ***goïm.***

GOYA n.m. (du n. de F. de *Goya y Lucientes*). Distinction honorifique décernée annuellement, en Espagne, dans le domaine du cinéma.

GOYAVE [gɔjav] n.f. (esp. *guayaba*). Fruit du goyavier.

GOYAVIER n.m. Arbre cultivé en Amérique tropicale pour ses fruits sucrés, ou goyaves. ➲ Famille des myrtacées.

GPA ou **G.P.A.** [gepea] n.f. (sigle). Gestation pour autrui.

GPL ou **G.P.L.** n.m. (sigle de *gaz de pétrole liquéfiés*). Mélange liquide sous pression d'hydrocarbures légers (butane, propane, etc.), utilisé comme combustible (bouteilles de gaz, par ex.) ou comme carburant automobile.

GPRS n.m. (sigle de l'angl. *general packet radio service,* service général de radiocommunication en mode paquet). Système de transmission de téléphonie mobile basé sur la norme GSM, mais à débit rapide et adapté aux données multimédias et à Internet.

GPS n.m. (sigle). Appareil de géolocalisation par satellite utilisant le système GPS (v. partie n.pr.).

1. GR ou **G.R.** n.m. (nom déposé). Sentier de grande randonnée*.

2. GR ou **G.R.** n.f. (sigle). Gymnastique rythmique.

GRABAT n.m. (lat. *grabatus,* du gr.). Litt., vieilli. Lit misérable, sur lequel on souffre.

GRABATAIRE adj. et n. Se dit d'un malade qui ne peut plus quitter le lit.

GRABATISATION n.f. MÉD. Fait de devenir grabataire.

GRABEN [grabən] n.m. (mot all.). GÉOL. Fossé tectonique (CONTR. **horst**).

GRABUGE n.m. (du néerl.). Fam. Dispute bruyante pouvant entraîner des dégâts : *Il y a eu du grabuge dans un bar.*

GRÂCE n.f. (lat. *gratia*). **1.** Faveur que l'on accorde sans y être obligé ; bienveillance : *Il nous a fait la grâce de venir.* **2.** DR. Dispense partielle ou totale d'exécution d'une peine ou commutation d'une peine en une peine plus légère, par mesure de clémence. **3.** Beauté, charme particuliers ; élégance : *Marcher avec grâce.* **4.** THÉOL. CHRÉT. Don surnaturel que Dieu accorde en vue du salut. ▪ **Agir de bonne, de mauvaise grâce,** avec bonne, mauvaise volonté. ▪ **Coup de grâce,** qui abrège les souffrances d'un animal blessé ; fig., épreuve ultime qui anéantit une personne en difficulté. ▪ **Crier** ou **demander grâce,** faire appel à la pitié du vainqueur. ▪ **De grâce !,** par pitié ! ▪ **État de grâce** [théol. chrét.], état de celui auquel Dieu accorde le salut ; fig., période où tout semble favorable. ▪ **Être en grâce auprès de qqn,** jouir de sa faveur. ▪ **Faire grâce à qqn de qqch,** l'en dispenser : *Faites-moi grâce des détails.* ▪ **Grâce amnistiante** [dr.], grâce accordée par le chef de l'État et à laquelle sont attachés les effets de l'amnistie. ▪ **Rendre grâce(s) à qqn** [litt.], le remercier. ◆ **n.f. pl.** Prière de remerciement après le repas ou un événement heureux. ▪ **Faire des grâces** [vieilli], minauder. ◆ **GRÂCE À loc. prép.** Par l'action heureuse de : *Il a accepté grâce à votre intervention.* ▪ **Grâce à Dieu,** par bonheur.

GRACIABLE adj. Susceptible d'être gracié.

GRACIER v.t. **[5].** Faire grâce à un condamné.

GRACIEUSEMENT adv. **1.** Avec grâce ; aimablement. **2.** À titre gracieux ; gratuitement.

GRACIEUSETÉ n.f. **1.** Litt., vx. Manière aimable d'agir ; action courtoise. **2.** Litt., vx. Gratification ; prime. **3.** Québec. Bien ou service offert à titre gracieux, notamm. à des fins publicitaires. ▪ **(Être une) gracieuseté de** [Québec], (être) offert gracieusement par.

GRACIEUX, EUSE adj. (du lat. *gratiosus,* obligeant). **1.** Qui a de la grâce, du charme : *Des patineurs gracieux.* **2.** Qui est accordé gratuitement : *Offrir son concours gracieux.* **3.** DR. Non contentieux. ▪ **À titre gracieux,** gratuitement. ▪ **Recours gracieux** [dr.], qui s'exerce en dehors des tribunaux (par oppos. à *recours contentieux*).

GRACILE adj. (lat. *gracilis*). Litt. Mince, élancé et fragile : *Corps gracile.*

GRACILITÉ n.f. Litt. Caractère de ce qui est gracile ; finesse.

GRADATION n.f. (lat. *gradatio*). Progression par degrés successifs de valeurs croissantes ou décroissantes ; chacun de ces degrés : *Gradation des menaces de crise.*

GRADE n.m. (du lat. *gradus,* degré). **1.** Degré d'une hiérarchie, en partic. de la hiérarchie militaire ; échelon : *Le grade de lieutenant.* *(V. ill. page suivante.)* **2.** MATH. Unité de mesure d'angle plan (symb. gr, ^{g} ou gon) égale à la centième partie de l'angle droit. **3.** Désignation conventionnelle de la dureté d'un abrasif aggloméré. **4.** PÉTROLE. Niveau de viscosité d'un lubrifiant. ▪ **En prendre pour son grade** [fam.], recevoir une vive remontrance. ▪ **Grade universitaire,** titre correspondant au niveau atteint dans le cursus universitaire. ➲ Le premier grade universitaire est celui de bachelier.

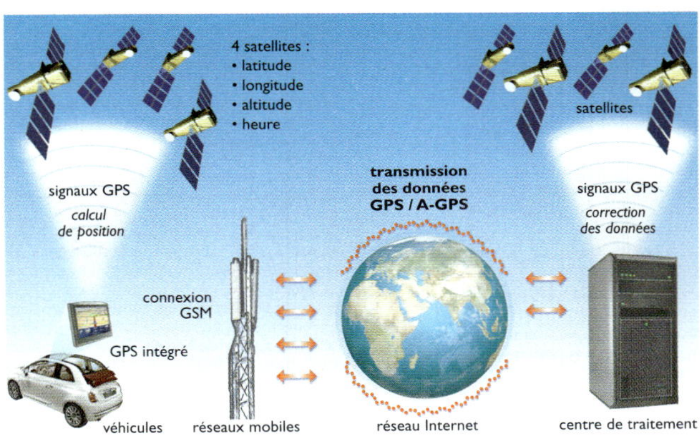

▲ **GPS.** Principe du système de géolocalisation par satellite.

1. Maréchal de France ;
2. Général d'armée ;
3. Général de corps d'armée ;
4. Général de division ;
5. Général de brigade ;
6. Colonel ; 7. Lieutenant-colonel ;
8. Chef de bataillon ou d'escadron ;
9. Capitaine ; 10. Lieutenant ;
11. Sous-lieutenant ; 12. Aspirant ;
13. Major ; 14. Adjudant-chef ;
15. Adjudant ; 16. Sergent-chef ou maréchal des logis-chef ;
17. Sergent ou maréchal des logis ;
18. Sergent ou maréchal des logis * ;
19. Caporal-chef ou brigadier-chef ;
20. Caporal ou brigadier.

* *personnel appelé, volontaire ou sous contrat*

01. Amiral ;
02. Vice-amiral d'escadre ;
03. Vice-amiral ;
04. Contre-amiral ;
05. Capitaine de vaisseau ;
06. Capitaine de frégate ;
07. Capitaine de corvette ;
08. Lieutenant de vaisseau ;
09 et 10. Enseignes de vaisseau (1re classe et 2e classe) ;
11. Aspirant ;
12. Major ; 13. Maître principal ;
14. Premier maître ; 15. Maître ;
16. Second maître ;
17. Quartier-maître de 1re classe ;
18. Quartier-maître de 2e classe ;
19. Matelot breveté.

01. Général d'armée aérienne ;
02. Général de corps aérien ;
03. Général de division aérienne ;
04. Général de brigade aérienne ;
05. Colonel ;
06. Lieutenant-colonel ;
07. Commandant ;
08. Capitaine ;
09. Lieutenant ;
10. Sous-Lieutenant ;
11. Aspirant ; 12. Major ;
13. Adjudant-chef ;
14. Adjudant ;
15. Sergent-chef ;
16. Sergent ; 17. Sergent * ;
18. Caporal-chef ;
19. Caporal ;
20. 1re classe.

01. Général d'armée ;
02. Général de corps d'armée ;
03. Général de division ;
04. Général de brigade ;
05. Colonel ;
06. Lieutenant-colonel ;
07. Chef d'escadron ;
08. Capitaine ; 9. Lieutenant ;
10. Sous-Lieutenant ;
11. Major ; 12. Adjudant-chef ;
13. Adjudant ;
14. Maréchal des logis-chef ;
15. Gendarme ;
16. Gendarme * ;
17. Maréchal des logis ;
18. Brigadier-chef ;
19. Brigadier ;
20. 1re classe.

▲ **grade.** Insignes des grades dans l'armée française.

GRADÉ, E adj. Pourvu d'un grade. ◆ **n.** Militaire non officier titulaire d'un grade supérieur à celui de soldat ou de matelot.

GRADER v.i. [3]. Suisse. Monter en grade, dans l'armée ou dans la police.

GRADIENT n.m. (du lat. *gradus*, degré). **1.** Taux de variation d'un élément météorologique selon une direction donnée : *Gradient thermique.* **2. BIOL.** Variation, progressivement décroissante à partir d'un point maximal, de la concentration d'une substance ou d'une propriété physiologique dans un biotope, une cellule ou un organisme. ▪ **Gradient d'une fonction** [math.], vecteur, noté $\overrightarrow{\text{grad}}\, f$, dont les composantes, dans une base orthonormée, sont les dérivées partielles de *f* par rapport à chacune des 3 variables.

GRADIN n.m. (ital. *gradino*). **1.** Chacun des bancs étagés et en retrait les uns par rapport aux autres d'un amphithéâtre, d'un stade. **2.** Chacun des degrés d'un terrain, d'une construction.

GRADINE n.f. (ital. *gradina*). Ciseau à dents pointues ou plates des sculpteurs sur pierre.

GRADUALISME n.m. BIOL. Notion selon laquelle l'évolution des espèces est un processus graduel, qui résulte de l'accumulation ininterrompue de modifications minimes au cours des générations.

GRADUAT n.m. Belgique. Cycle d'études techniques immédiatement inférieur au niveau universitaire ; diplôme sanctionnant ce cycle.

GRADUATION n.f. 1. Action de graduer : *La graduation d'un thermomètre.* **2.** Chacune des divisions établies en graduant ; ensemble de ces divisions : *Une graduation en centimètres.*

1. GRADUÉ, E adj. 1. Divisé en degrés : *Un verre gradué.* **2.** Qui respecte une progression : *Exercices gradués.*

2. GRADUÉ, E adj. et **n.** Belgique. Titulaire d'un diplôme de graduat.

1. GRADUEL, ELLE adj. Qui va par degrés ; progressif : *Amélioration graduelle.*

2. GRADUEL n.m. Chant qui, dans la messe romaine (avant la réforme liturgique de 1969), suivait la lecture de l'épître.

GRADUELLEMENT adv. Par degrés.

GRADUER v.t. [3] (lat. *graduare*). **1.** Diviser en degrés : *Graduer une règle.* **2.** Augmenter par degrés : *Graduer ses efforts.*

GRAFF n.m. (abrév. de *graffiti*). Composition picturale à base calligraphique bombée sur un mur, une paroi.

GRAFFER v.t. [3]. Exécuter des graffs sur un mur.

GRAFFEUR, EUSE n. Artiste qui réalise des graffs.

GRAFFITEUR, EUSE n. Personne qui trace des graffitis sur les murs.

GRAFFITI n.m. (mot ital.). Inscription, dessin griffonnés ou gravés à la main sur un mur.

GRAFIGNER v.t. [3] (de l'anc. scand. *krafla*, gratter). Québec. Fam. Égratigner ; érafler.

1. GRAILLER v.i. [3] (de l'anc. fr. *graille*, corneille). **1.** Pousser son cri, en parlant de la corneille. **2.** Parler d'une voix enrouée.

2. GRAILLER v.t. [3] (de *1. graillon*). Arg. Manger.

3. GRAILLER v.i. et **v.t.** (mot dial.). Région. (Est) ; Suisse. Gratter ; fouiller : *Grailler le sol.*

1. GRAILLON n.m. (de l'anc. fr. *graeillier*, rôtir). Odeur de graisse brûlée, de mauvaise cuisine.

2. GRAILLON n.m. (de *1. graillon*). Très fam. Crachat épais.

1. GRAILLONNER v.i. [3]. Avoir une odeur de graillon.

2. GRAILLONNER v.i. [3]. Très fam. Expulser des crachats épais en toussant.

GRAIN n.m. (lat. *granum*). **1.** Fruit (caryopse) des céréales ; ce fruit utilisé comme semence ; les céréales elles-mêmes : *Donner du grain aux poules.* **2.** Petite baie ronde provenant d'une grappe : *Grain de raisin.* **3. AGRIC.** Graine de quelques légumineuses ou fruit, graine de certaines plantes : *Grains de café, de poivre.* **4.** Petit corps sphérique ressemblant à un grain ; perle : *Grains d'ambre.* **5.** Élément minuscule de matière : *Grain de sable.* **6.** Aspérité d'une surface ; texture : *Cuir d'un grain très fin.* **7. PHOTOGR.** Amas microscopique d'argent réduit, au sein d'une image photographique. **8. MAR.** Coup de vent violent et subit, génér. de courte durée ; averse soudaine et brève, accompagnée de vent. ▪ **Avoir un grain** [fam.], être un peu fou. ▪ **Donner du grain à moudre à qqn** [fam.], lui fournir des arguments ; lui donner matière à réflexion. ▪ **Grain de beauté,** petite tache foncée sur la peau (SYN. **lentigo, nævus pigmentaire commun**). ▪ **Grain métrique,** unité de masse des perles, valant 0,25 carat métrique, soit 0,05 g. ▪ **Mettre son grain de sel** [fam.], intervenir dans une conversation sans y être invité. ▪ **Un grain de,** une toute petite quantité de : *Elle sait mettre un grain de fantaisie dans la routine.* ▪ **Veiller au grain,** être sur ses gardes. ◆ **n.m. pl.** La Réunion. Féculents (haricots, pois, lentilles, fèves, etc.).

GRAINAGE n.m. 1. Production des œufs, ou graines, de vers à soie. **2.** Grenage.

GRAINE n.f. (lat. *grana*). **1.** Organe dormant de nombreuses plantes, ovule fécondé entouré de substances de réserve, qui, après dispersion et germination, donne une nouvelle plante. ➲ Nue chez les gymnospermes, la graine est enfermée dans un fruit chez les angiospermes. **2.** Œuf du bombyx du mûrier, dont la chenille est le ver à soie. **3. GÉOPHYS.** Noyau interne, solide, de la Terre. ▪ **Casser la graine** [fam.], manger. ▪ **En prendre de la graine** [fam.], prendre modèle, exemple sur. ▪ **Mauvaise graine** [fam.], se dit d'un enfant dont on ne présage rien de bon. ▪ **Monter en graine,** se développer jusqu'à la production des graines ; fam., grandir vite, en parlant d'un enfant, d'un adolescent.

GRAINÉ, E adj. Se dit d'un poisson qui contient des œufs (SYN. **rogué**).

GRAINER [3] ou **GRENER [12] v.i. AGRIC.** Produire des graines.

GRAINETERIE [grɛntri], ▲ ***GRAINÈTERIE*** **n.f.** Commerce, magasin du grainetier.

GRAINETIER, ÈRE n. Commerçant en grains, graines, oignons, bulbes, etc.

GRAINIER, ÈRE adj. Relatif aux graines.

GRAISSAGE n.m. Action de graisser un moteur, un mécanisme.

GRAISSE n.f. (du lat. *crassus*, épais). **1.** Substance lipidique présente dans le corps de l'homme et des animaux, servant à la fois de réserve énergétique et d'isolant thermique. **2.** Tout corps gras utilisé comme lubrifiant ou comme protection. **3.** Matière grasse animale ou végétale utilisée en cuisine pour divers types de cuisson. **4.** Altération d'origine microbienne du vin, du cidre, de la bière, qui deviennent filants comme de l'huile. **5. IMPRIM.** Épaisseur des traits, notamm. de la lettre.

GRAISSER v.t. [3]. 1. Frotter, enduire de graisse ; introduire un corps gras entre deux surfaces mobiles en contact : *Graisser un moteur.* **2.** Tacher de graisse : *Graisser son pull.* ▪ **Graisser la patte à qqn** [fam.], lui donner de l'argent pour obtenir un service, une faveur. ◆ **v.i.** S'altérer par l'effet de la graisse, en parlant du vin, du cidre, de la bière.

1. GRAISSEUR, EUSE adj. Qui graisse.

2. GRAISSEUR n.m. 1. Professionnel qui effectue le graissage d'appareils mécaniques. **2.** Dispositif permettant cette opération.

GRAISSEUX, EUSE adj. 1. Qui contient de la graisse ; adipeux : *Cellules graisseuses.* **2.** Taché de graisse : *Pantalon graisseux.*

GRAM (COLORATION DE) n.f. Technique de coloration des bactéries, permettant de les classer selon qu'elles sont violettes, dites alors *Gram positif,* ou roses, dites alors *Gram négatif.*

GRAMINÉE ou **GRAMINACÉE n.f.** (lat. *gramineus*). Monocotylédone aux minuscules fleurs en épis et aux fruits (caryopses) riches en amidon (céréales, bambou, canne à sucre, par ex.). ➲ Les graminées forment une immense famille.

GRAMMAGE n.m. PAPET. Masse en grammes par mètre carré d'un papier ou d'un carton.

GRAMMAIRE n.f. (lat. *grammatica*). **1.** Ensemble des règles morphologiques, syntaxiques et phonétiques, écrites et orales, d'une langue ; étude et description de ces règles. **2.** Livre, manuel enseignant ces règles. **3.** Ensemble des règles d'un art, d'une technique : *La grammaire du photoreportage.*

GRAMMAIRIEN, ENNE n. Spécialiste de grammaire.

GRAMMATICAL, E, AUX adj. 1. Relatif à la grammaire : *Analyse grammaticale d'un texte.* **2.** Conforme aux règles de la grammaire : *Une phrase grammaticale.* ▪ **Mots grammaticaux,** qui dénotent les facteurs syntaxiques (conjonctions, prépositions, pronoms, etc.), par oppos. aux *mots lexicaux,* porteurs d'un contenu sémantique (noms, adjectifs, verbes, adverbes).

GRAMMATICALEMENT adv. Selon les règles de la grammaire.

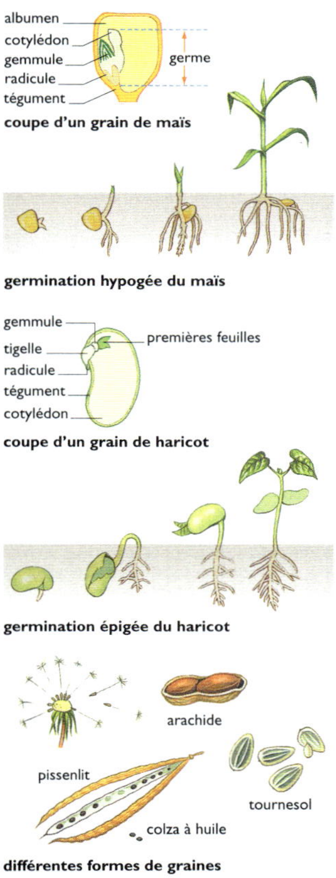

▲ **graine.** Graines de quelques plantes et exemples de germination.

GRAMMATICALISATION n.f. LING. Fait pour un morphème lexical de devenir un morphème grammatical (à la façon du mot latin *mens, mentis,* devenu en français le suffixe d'adverbe *-ment*).

GRAMMATICALITÉ n.f. LING. Caractère d'une phrase dont la construction est conforme aux règles de la grammaire d'une langue.

GRAMME n.m. (du lat. *gramma,* petit poids). Unité de masse (symb. g) de l'ancien système CGS, valant un millième de kilogramme.

GRANA n.m. (mot ital.). Fromage italien, variété de parmesan.

1. GRAND, E adj. (lat. *grandis*). **1.** De taille élevée : *Il est plus grand que son cousin. Un grand immeuble.* **2.** Qui a des dimensions étendues ; vaste : *Ils ont un grand jardin.* **3.** D'une taille, d'une intensité, d'une quantité supérieure à la moyenne : *Grandes jambes. Grand froid. Grands cris. Grand choix.* **4.** Qui a atteint une certaine maturité : *Maintenant que ses enfants sont grands.* **5.** Qui se distingue par qqch de remarquable, par ses qualités, son talent ; prestigieux : *Un grand penseur.* **6.** S'ajoute au titre des premiers dignitaires d'un ordre : *Grand officier.* **7.** Qui est marquant ; exceptionnel : *Je garde cette bouteille pour une grande occasion.* ▪ **Grand frère, grande sœur,** frère, sœur aînés. ◆ **adv.** ▪ **Chausser, tailler grand,** en parlant de chaussures, d'un vêtement, être plus grand que la taille de référence. ▪ **En grand,** sur une vaste échelle. ▪ **Grand ouvert,** tout à fait ouvert : *Fenêtres grandes ouvertes* ou *grand ouvertes.* ▪ **Voir grand,** prévoir qqch de plus important que ce qui est nécessaire ; avoir de grands projets. ◆ **n. 1.** Personne adulte : *Grands et petits.* **2.** Personne de taille élevée. **3.** Enfant plus âgé comparativement à d'autres : *La section des grands.*

2. GRAND n.m. 1. Personne, entreprise importante par son rang, son influence : *Un grand de la distribution.* **2.** Ce qui est grand : *L'infiniment grand.* **3. HIST.** Membre de la plus haute noblesse, dans la France d'Ancien Régime et en Espagne. ▪ **Les Grands,** les grandes puissances mondiales.

GRAND-ANGLE [grɑ̃tɑ̃gl] ou **GRAND-ANGULAIRE** [grɑ̃tɑ̃gylɛr] **n.m.** (pl. *grands-angles, grands-angulaires*). Objectif photographique couvrant une grande largeur de champ. ➲ Sa distance focale est, en format 24 × 36, inférieure à 50 mm.

GRAND-CHOSE pron. indéf. et **adv.** ▪ **Pas grand-chose,** presque rien. ◆ **n. inv.** ▪ **Un, une pas-grand-chose,** v. à son ordre alphabétique.

1. GRAND-CROIX n.f. inv. Dignité la plus haute des ordres de chevalerie et des ordres nationaux.

2. GRAND-CROIX n.m. (pl. *grands-croix*). Personne qui a reçu la grand-croix.

GRAND-DUC n.m. (pl. *grands-ducs*). **1.** Souverain d'un grand-duché. **2.** Prince de la famille impériale de Russie. ▪ **Faire la tournée des grands-ducs** [fam.], la tournée des établissements de nuit, des lieux de plaisir.

GRAND-DUCAL, E, AUX adj. Qui concerne un grand-duc ou un grand-duché.

GRAND-DUCHÉ n.m. (pl. *grands-duchés*). Pays où règne un grand-duc : *Le grand-duché de Luxembourg.*

GRANDE-DUCHESSE n.f. (pl. *grandes-duchesses*). **1.** Femme ou fille d'un grand-duc. **2.** Souveraine d'un grand-duché.

GRANDELET, ETTE adj. Fam., vieilli. Qui commence à devenir grand : *Fille grandelette.*

GRANDEMENT adv. 1. À un très haut degré ; beaucoup : *Cela nous a grandement aidés.* **2.** Au-delà de ce qui est habituel : *Faire grandement les choses.* **3.** Litt. Avec grandeur d'âme ; noblement.

GRANDESSE n.f. (esp. *grandeza*). **1.** Dignité de grand d'Espagne. **2.** Ensemble des grands d'Espagne.

GRANDET, ETTE adj. Fam., vieilli. Se dit d'une personne assez grande.

GRANDEUR n.f. 1. Dimension en hauteur, longueur, largeur ; taille : *Un ordinateur de la grandeur d'un agenda de poche.* **2.** Caractère de ce qui est important ; énormité : *La grandeur d'un crime, d'un projet.* **3.** Qualité exceptionnelle qui suscite le respect, l'admiration ; noblesse : *La grandeur d'une action, d'une œuvre d'art.* **4. ASTRON.** Fraction maximale du diamètre du Soleil ou de la Lune affectée par une éclipse. ▪ **Grandeur nature** ou **en vraie grandeur,** qui représente qqch selon ses dimensions réelles. ▪ **Idée de grandeur** [psychiatr.], idée délirante dans laquelle le sujet s'attribue une puissance exceptionnelle (physique, sexuelle, intellectuelle, etc.). ▪ **Ordre de grandeur,** dimension, quantité en valeur approximative.

GRAND-GUIGNOLESQUE adj. (pl. *grand-guignolesques*). Fam. Qui a le caractère d'horreur outrée et invraisemblable des spectacles présentés autref. par le théâtre parisien du Grand-Guignol (1897-1962).

GRANDILOQUENCE n.f. (du lat. *grandis,* grand, et *loqui,* parler). Caractère de ce qui est grandiloquent ; emphase.

GRANDILOQUENT, E adj. Qui a un caractère affecté et pompeux ; déclamatoire : *Entrée en matière grandiloquente.*

GRANDIOSE adj. (de l'ital. *grandioso,* grand). Imposant par sa grandeur, sa majesté : *Une cérémonie grandiose.*

GRANDIR v.i. [21]. Devenir grand ; croître ; se développer. ◆ **v.t. 1.** Rendre ou faire paraître plus grand : *Ces talons la grandissent.* **2.** Rendre plus élevé, plus prestigieux : *Ces épreuves l'ont grandi.* ◆ **SE GRANDIR v.pr. 1.** Se faire paraître plus grand qu'on n'est. **2.** S'élever en honneur, en dignité : *Il ne s'est pas grandi avec ces mesquineries.*

GRANDISSANT, E adj. Qui va croissant.

GRANDISSEMENT n.m. OPT. Rapport de la longueur d'une image à la longueur de l'objet.

GRANDISSIME adj. (lat. *grandissimus*). Fam. ou par plais. Très grand.

GRAND-LIVRE n.m. (pl. *grands-livres*). **COMPTAB. 1.** Registre obligatoire sur lequel on reporte, compte par compte, les opérations du livre journal. **2.** Liste qui mentionne, en France, tous les créanciers de l'État : *Grand-livre de la dette publique.*

GRAND-MAMAN n.f. (pl. *grand[s]-mamans*). Grand-mère, dans le langage enfantin.

GRAND-MÈRE n.f. (pl. *grand[s]-mères*). **1.** Mère du père ou de la mère. **2.** Fam. Vieille femme.

GRAND-MESSE n.f. (pl. *grand[s]-messes*). **1.** Messe solennelle chantée. **2.** Fig. Manifestation spectaculaire visant à souder l'homogénéité d'un groupe, d'un parti, etc.

GRAND-ONCLE n.m. (pl. *grands-oncles*). Frère du grand-père ou de la grand-mère.

GRAND-PAPA n.m. (pl. *grands-papas*). Grand-père, dans le langage enfantin.

À GRAND-PEINE loc. adv. Avec difficulté ; péniblement.

GRAND-PÈRE n.m. (pl. *grands-pères*). **1.** Père du père ou de la mère. **2.** Fam. Vieillard.

GRAND-RUE n.f. (pl. *grand-rues*). Rue principale d'une bourgade.

GRANDS-PARENTS n.m. pl. Le grand-père et la grand-mère, du côté paternel et du côté maternel. (On rencontre le sing. *un grand-parent.*)

GRAND-TANTE n.f. (pl. *grand[s]-tantes*). Sœur du grand-père ou de la grand-mère.

GRAND-VOILE n.f. (pl. *grand[s]-voiles*). **MAR.** Voile carrée inférieure du grand mât des gréements carrés, ou voile principale des gréements auriques ou marconi.

GRANGE n.f. (du lat. *granum,* grain). Bâtiment d'une exploitation agricole où sont entreposées les récoltes de paille, de foin, etc.

GRANGÉE n.f. Contenu d'une grange pleine.

GRANIT n.m. (ital. *granito,* de *grano,* grain). Roche dure et grenue qui, une fois taillée et polie, est susceptible d'être utilisée en ornementation.

GRANITE n.m. (de *granit*). Roche plutonique formée princip. de quartz, de feldspath alcalin, de plagioclase et de mica, parfois accompagnés d'amphibole et de pyroxène, et constituant l'essentiel de la croûte continentale.

GRANITÉ, E adj. 1. Qui présente des grains, de petits reliefs rappelant le granit. **2.** Peint, moucheté d'une manière qui rappelle le granit. ◆ **n.m. 1.** Étoffe de laine, de coton à gros grain. **2.** Sorte de sorbet de texture granuleuse, préparé à partir d'un sirop peu sucré.

GRANITEUX, EUSE adj. Qui contient du granite.

GRANITIQUE adj. De la nature du granite.

GRANITOÏDE n.m. Roche du groupe des granites ou apparentée génétiquement aux granites. ◆ adj. Qui a l'aspect du granite.

GRANIVORE adj. et n.m. Qui se nourrit de graines : *Oiseaux, rongeurs granivores.*

GRANNY-SMITH [granismis] n.f. inv. (mot anglo-amér.). Pomme d'une variété à peau verte et à chair ferme.

GRANOCLASSEMENT n.m. PÉTROL. Répartition, croissante ou décroissante, d'éléments rocheux selon leur taille, dans des sédiments ou dans des projections volcaniques.

GRANULAIRE adj. Qui se compose de petits grains ; granuleux.

GRANULAT n.m. CONSTR. Ensemble des constituants inertes (sables, graviers, cailloux) des mortiers, des enrobés et des bétons.

GRANULATION n.f. **1.** Agglomération d'une substance en petits grains. **2.** MÉTALL. Fragmentation et solidification en grains d'un liquide fondu sous l'effet d'un jet d'eau. **3.** MÉD. Petit grain normal ou pathologique, dans une cellule, un tissu.

1. GRANULE n.m. (lat. *granulum*). **1.** Petit grain d'une matière quelconque. **2.** PHARM. Petite pilule contenant génér. une substance active à faible dose ; forme médicamenteuse typique de l'homéopathie, constituée d'un petit grain imprégné du remède.

2. GRANULE n.f. ASTRON. Petite tache brillante de forme polygonale, éphémère, observée sur la photosphère du Soleil.

GRANULÉ, E adj. **1.** Qui se présente sous forme de grains. **2.** Réduit en granules. ◆ n.m. PHARM. Médicament en forme de grain constitué d'une substance active et de sucre qui le rend agréable à absorber. ▪ **Granulé (de bois),** petit tube de bois, composé de sciure et de copeaux séchés et compactés sous haute pression, utilisé comme combustible.

GRANULER v.t. [3]. Agglomérer, réduire en petits grains.

GRANULEUX, EUSE adj. **1.** Divisé en petits grains ; granulaire : *Terre granuleuse.* **2.** MÉD. Qui présente des granulations.

GRANULITE n.f. Roche métamorphique constituée essentiellement de quartz et de feldspath, et, accessoirement, de grenat ou de pyroxène.

GRANULOCYTE n.m. HISTOL. Globule blanc du sang caractérisé par des granulations neutrophiles, éosinophiles ou basophiles, et par un noyau polylobé.

GRANULOME n.m. (de *granule*). MÉD. Petite lésion inflammatoire contenant des globules blancs, observée dans certaines maladies (tuberculose, sarcoïdose, etc.).

GRANULOMÉTRIE n.f. **1.** Mesure des dimensions des grains d'un mélange ; détermination de leur forme et de leur répartition statistique. **2.** Mesure de la fréquence des grains de différentes dimensions d'un sol, d'une roche sédimentaire, de retombées volcaniques.

GRAPE-FRUIT (pl. *grape-fruits*), ▲ GRAPEFRUIT [grɛpfrut] n.m. (mot anglo-amér.). Pomélo.

GRAPHE n.m. (de *2. graphique*). MATH. Ensemble de points, nommés *sommets*, dont certains couples sont reliés par une ligne, orientée *(flèche)* ou non *(arête)*. ▪ **Graphe d'une fonction *f* de A dans B,** ensemble des couples $(x, f(x))$, x décrivant l'ensemble de définition de f. ▪ **Graphe d'une relation de A dans B,** ensemble de tous les couples (a, b) constitués d'un élément a de A et d'un élément b de B en relation.

GRAPHÈME n.m. LING. Unité graphique minimale entrant dans la composition d'un système d'écriture.

GRAPHÈNE n.m. Cristal de carbone dont les atomes sont disposés dans un plan selon un motif hexagonal. ➲ Ses propriétés en font un matériau d'avenir, notamm. pour l'électronique.

GRAPHEUR n.m. INFORM. Logiciel qui produit des graphiques à partir de données chiffrées issues d'un autre logiciel ou entrées par le clavier.

GRAPHIE n.f. (du gr. *graphein*, écrire). LING. Représentation écrite d'un mot ou d'un énoncé.

GRAPHIOSE n.f. Maladie cryptogamique de l'orme, entraînant la disparition progressive de l'espèce.

1. GRAPHIQUE adj. (gr. *graphikos*). **1.** Qui représente par des dessins, des signes écrits : *L'alphabet est un système graphique.* **2.** INFORM. Se dit d'un matériel ou d'un logiciel permettant l'affichage d'informations sous forme d'images ou de points sur l'écran d'un ordinateur. ▪ **Industries graphiques,** ensemble des techniques et des activités qui concourent à la production d'imprimés (composition, impression, reliure, etc.). ▪ **Méthode graphique** [math.], méthode de résolution de certains problèmes au moyen de figures géométriques, génér. dessinées dans le plan. ▪ **Représentation graphique d'une fonction numérique** f [math.], ensemble des points du plan de coordonnées $(x, f(x))$, x décrivant l'ensemble de définition de f. ▪ **Roman graphique,** bande dessinée, génér. pour adultes, d'une longueur comparable à celle d'un roman, caractérisée par la grande place accordée au texte. ◆ n.m. Représentation de données chiffrées par un dessin (courbe, histogramme, camembert, etc.). ▪ **Graphique d'une fonction numérique,** sa représentation graphique ; cour., sa courbe.

2. GRAPHIQUE n.f. Système de signes utilisant les propriétés du plan pour faire apparaître les relations de différence, d'ordre ou de proportionnalité dans un ensemble de données.

GRAPHIQUEMENT adv. **1.** Par l'écrit. **2.** Par des procédés graphiques.

GRAPHISME n.m. **1.** Caractère particulier d'une écriture ; manière d'écrire individuelle. **2.** Manière de tracer une ligne, de dessiner.

GRAPHISTE n. Spécialiste des arts et industries graphiques.

GRAPHITE n.m. Carbone naturel ou artificiel cristallisé, gris-noir, tendre et friable, bon conducteur de l'électricité (SYN. **plombagine**).

GRAPHITER v.t. [3]. **1.** Transformer du carbone en graphite, notamm. pour la fabrication des électrodes. **2.** Enduire superficiellement de graphite.

GRAPHITEUX, EUSE ou **GRAPHITIQUE** adj. Qui contient du graphite.

GRAPHITISATION n.f. MÉTALL. Traitement thermique effectué sur les fontes (princip. les fontes malléables), pour précipiter le carbone à l'état de graphite.

GRAPHOLOGIE n.f. (du gr. *graphein*, écrire, et *logos*, science). Technique de l'interprétation de l'écriture considérée comme une expression de la personnalité.

GRAPHOLOGIQUE adj. Relatif à la graphologie.

GRAPHOLOGUE n. Spécialiste de graphologie.

GRAPPA n.f. (mot ital. « grappe »). Eau-de-vie de marc de raisin, produite en Italie.

GRAPPE n.f. (du germ. **krappa*, crochet). **1.** Assemblage étagé et conique de fruits, de fleurs autour d'une tige commune : *Grappe de raisin, de lilas.* **2.** Groupe de personnes serrées les unes contre les autres : *Des grappes de passagers accrochés aux flancs du tram.*

GRAPPILLAGE n.m. Action de grappiller.

GRAPPILLER v.t. et v.i. [3]. **1.** Cueillir, ramasser çà et là des fruits. **2.** Prendre en petite quantité, au hasard ou illégalement ; glaner : *Il grappille ses idées dans les magazines.* ◆ v.i. **1.** Enlever ce qui reste sur les ceps après la vendange. **2.** Faire de petits gains illicites.

GRAPPILLEUR, EUSE n. Personne qui grappille.

GRAPPILLON n.m. Partie d'une grappe de raisin ; petite grappe de raisin.

GRAPPIN n.m. (de *grappe*, au sens anc. de « crochet »). **1.** MAR. Ancre sans jas, à quatre ou cinq crochets, pour les petites embarcations. **2.** MAR. Crochet d'abordage. **3.** Accessoire d'appareils de levage pour saisir des objets ou des matériaux. ▪ **Mettre le grappin sur** [fam.], accaparer qqn ; se réserver l'usage de qqch.

GRAPTOLITE n.m. (du gr. *graptos*, gravé). Organisme marin fossile de l'ère primaire, qui vivait en colonies flottantes dans des loges formées de chitine. ➲ Les graptolites forment une classe éteinte.

GRAS, GRASSE adj. (lat. *crassus*). **1.** Formé de graisse ; de la nature de la graisse : *Matières grasses végétales, animales.* **2.** Qui contient plus ou moins de graisse, de matière grasse : *Lard gras* ; préparé avec de la viande ou de la graisse (par oppos. à *maigre*) : *Bouillon gras.* **3.** Qui a beaucoup de graisse, en parlant de qqn ou d'un animal. **4.** Imprégné de graisse ou d'une substance grasse ; taché de graisse : *Ce torchon est gras.* **5.** Dont la consistance évoque celle de la graisse : *De l'argile grasse.* **6.** Qui produit un son pâteux, peu clair : *Une voix grasse.* **7.** Fig. Qui frôle l'obscénité ; graveleux. **8.** Litt. Qui donne d'abondantes productions ; fertile ; ces productions : *De grasses récoltes.* ▪ **Acide gras,** constituant caractéristique des lipides, comprenant une chaîne d'atomes de carbone. ▪ **Caractère gras** [imprim.], caractère dont la graisse est importante par rapport au caractère normal (par oppos. à *caractère maigre*). ▪ **Corps gras,** substance neutre, d'origine organique, qui est un ester de glycérine. ➲ Le beurre, l'huile, le suif sont des corps gras. ▪ **Crayon gras,** à mine tendre qui laisse un trait épais, largement marqué. ▪ **Eaux grasses,** ensemble des reliquats d'aliments de collectivités, utilisés pour l'alimentation des porcs. ▪ **Faire la grasse matinée,** s'attarder dans son lit le matin. ▪ **Jours gras,** jours où l'Église catholique permettait de manger de la viande, en partic. les trois jours précédant le mercredi des Cendres, début du carême : *Mardi gras.* ▪ **Peau grasse, cheveux gras,** séborrhéiques. ▪ **Plantes grasses,** à feuilles épaisses et charnues (cactacées, par ex.). ▪ **Série grasse,** série des composés organiques à chaîne ouverte. ▪ **Terre grasse,** terre argileuse et fertile. ▪ **Toux grasse,** associée à un excès de sécrétions bronchiques (par oppos. à *toux sèche*). ◆ adv. D'une manière grasse : *Tousser gras.* ◆ n.m. Partie grasse d'une viande (par oppos. au *maigre*) : *Le gras du jambon.* ▪ **Au gras,** préparé avec de la viande ou de la graisse : *Du riz au gras.* ▪ **Avoir du gras** ou **être en gras** [constr.], en parlant d'une pièce, d'une pierre de taille, avoir des dimensions trop fortes pour l'endroit qui lui est assigné. ▪ **Discuter le bout de gras** [fam.], bavarder un moment. ▪ **Faire gras,** manger de la viande les jours où l'Église l'autorise (par oppos. à *faire maigre*). ▪ **Le gras de la jambe,** le mollet.

GRAS-DOUBLE n.m. (pl. *gras-doubles*). Produit de triperie préparé à partir de panse de bœuf, échaudée et cuite à l'eau.

GRASSEMENT adv. **1.** D'une voix grasse : *Rire grassement.* **2.** Avec largesse ; généreusement : *Ils l'ont grassement rétribué.*

GRASSERIE n.f. Maladie contagieuse du ver à soie, provoquée par un virus.

GRASSET n.m. ZOOL. Région du membre postérieur des quadrupèdes, située à la limite de la cuisse et de la jambe et ayant pour base la rotule.

GRASSEYANT, E adj. Qui grasseye.

GRASSEYEMENT n.m. Prononciation d'une personne qui grasseye.

GRASSEYER [grasɛje] v.i. et v.t. [7] (de *parler gras*). Prononcer de la gorge certaines consonnes, et partic. les *r*.

GRASSOUILLET, ETTE adj. Fam. Un peu gras ; potelé : *Des bébés grassouillets.*

GRATELLE n.f. La Réunion. ▪ **Avoir la gratelle,** avoir des démangeaisons.

GRATERON n.m. → **GRATTERON.**

GRATICULE ou **CRATICULE** n.m. Châssis recouvert d'une feuille de papier quadrillée servant à la reproduction, réduite ou agrandie, d'un dessin dont on conserve les proportions.

GRATICULER v.t. [3] (du lat. *craticula*, petit gril). Diviser un dessin en carrés égaux pour le reproduire, sur une feuille quadrillée.

GRATIFIANT, E adj. Qui procure une satisfaction psychologique ; valorisant : *Un succès gratifiant.*

GRATIFICATION n.f. **1.** Somme versée par l'employeur en plus de la rémunération régulière, à titre contractuel ou exceptionnel. **2.** Satisfaction psychologique.

GRATIFIER v.t. [5] (du lat. *gratificari*, se rendre agréable). **1.** Accorder un don, une faveur à : *Gratifier qqn d'une prime, d'une parole gentille.* **2.** Procurer un plaisir, une satisfaction psychologique à : *La victoire de sa fille l'a beaucoup gratifié.* **3.** Iron. Donner, attribuer qqch de désagréable à : *Ils m'ont gratifié d'une contravention.*

GRATIN n.m. (de *gratter*). **1. CUIS.** Préparation cuite au four et recouverte d'une croûte souvent composée de fromage râpé et/ou de chapelure : *Gratin de macaronis* ; cette croûte. **2.** Ce qui reste attaché au fond d'un récipient après la cuisson d'un mets. **3.** Mélange de colle et de phosphore rendu rugueux par du verre pilé, utilisé pour fabriquer les frottoirs à allumettes. ▪ **Gratin dauphinois** → **DAUPHINOIS.** ▪ **Le gratin** [fam.], les personnes les plus en vue d'une société, d'un milieu ; l'élite.

GRATINÉ, E adj. **1.** Cuit au four, en gratin. **2.** Fam., souvent iron. Remarquable dans son genre : *Un imbécile, un scandale gratiné.*

GRATINÉE n.f. Soupe à l'oignon, saupoudrée de fromage râpé, gratinée au four.

GRATINER v.t. [3]. Accommoder un mets au gratin.

GRATIS [-tis] adv. (mot lat.). Sans qu'il en coûte rien : *Voyager gratis.* ◆ **adj.** Dont on profite sans payer : *Un spectacle gratis.*

GRATITUDE n.f. (lat. *gratitudo*). Reconnaissance d'un bienfait reçu : *Témoigner sa gratitude à qqn.*

GRATTAGE n.m. Action de gratter.

GRATTE n.f. Fam. **1.** Guitare. **2.** Petit profit plus ou moins illicite. **3.** Belgique. Égratignure.

GRATTE-CIEL n.m. inv., ▲ *n.m. (pl. gratte-ciels)* [calque de l'anglo-amér. *sky-scraper*]. Immeuble de grande hauteur revêtant la forme d'une tour à très nombreux étages.

GRATTE-CUL n.m. inv., ▲ *n.m. (pl. gratte-culs).* Cynorhodon.

GRATTE-DOS n.m. inv. Baguette portant à l'une de ses extrémités un petit grattoir en forme de main.

GRATTEMENT n.m. Bruit fait en grattant.

GRATTE-PAPIER n.m. inv., ▲ *n.m. (pl. gratte-papiers).* Fam., péjor. Employé de bureau.

GRATTE-PIEDS n.m. inv., ▲ *GRATTE-PIED n.m. (pl. gratte-pieds).* Claie de lames métalliques pour gratter les semelles de ses chaussures en entrant dans un bâtiment.

GRATTER v.t. [3] (francique **krattôn*). **1.** Racler en entamant superficiellement : *Gratter les volets avant de les repeindre.* **2.** Faire disparaître en raclant : *Gratter les tags sur un mur.* **3.** Frotter une partie du corps avec les ongles pour faire cesser une démangeaison. **4.** Faire éprouver une démangeaison, une irritation de la peau : *Ce pull me gratte.* **5.** Fam. Réaliser secrètement un petit profit, souvent de manière indélicate : *Gratter quelques minutes de stationnement.* **6.** Fam. Devancer un concurrent dans une compétition ; rattraper le retard concédé : *Elle a gratté ses rivales sur la ligne d'arrivée.* ◆ **v.i. 1.** Fam. Travailler. **2.** Fam. Jouer médiocrement d'un instrument à cordes, en partic. de la guitare. **3.** Racler avec les ongles pour signaler sa présence : *Le chien gratte à la porte.*

GRATTERON ou **GRATERON** n.m. (de l'anc. fr. *gleton*, bardane). **BOT.** Gaillet dont la tige porte de petits crochets.

GRATTEUR, EUSE n. Personne qui procède au grattage d'une surface.

GRATTOIR n.m. **1.** Outil, instrument pour gratter. **2.** Canif à large lame pour effacer en grattant le papier. **3.** Frottoir enduit de gratin pour l'inflammation des allumettes. **4. PRÉHIST.** Outil lithique au front arrondi, façonné sur lame ou sur éclat.

GRATTONS n.m. pl. Région. Résidus de la fonte de graisse animale (oie, canard), salés et consommés froids ; fritons.

GRATTOUILLER v.t. [3]. Fam. Gratter légèrement ; démanger.

GRATTURE n.f. Débris provenant du grattage ; petit copeau.

GRATUIT, E adj. (lat. *gratuitus*). **1.** Fait ou donné sans qu'il en coûte rien ; dont on jouit sans payer : *Entrée gratuite.* **2.** Sans fondement ; arbitraire : *Accusation gratuite.* ▪ **Acte gratuit,** sans motif rationnel ni finalité apparente. ◆ **n.m.** Journal distribué gratuitement et financé exclusivement par des recettes publicitaires.

GRATUITÉ n.f. Caractère de ce qui est gratuit : *La gratuité des soins pour les démunis.*

GRATUITEMENT adv. **1.** Sans payer. **2.** Sans but réel ; par caprice : *Commettre un méfait gratuitement.*

GRAU n.m. (pl. *graus*) [mot languedocien]. Sur la côte du Languedoc, chenal de communication entre un étang côtier et la mer : *Le Grau-du-Roi.*

GRAVATS n.m. pl. (anc. fr. *gravois*). **1.** Débris provenant d'une démolition (SYN. **gravois**). **2.** Partie grossière du plâtre, qui ne traverse pas le crible.

1. GRAVE adj. (lat. *gravis*). **1.** Qui a de l'importance : *Il a été licencié pour faute grave* ; qui peut avoir des conséquences fâcheuses : *La situation est grave.* **2.** Qui manifeste du sérieux, de la dignité : *Elle nous a regardés d'un air grave.* **3.** Se dit d'un son de basse fréquence : *Voix grave.* **4.** Se dit d'une musique, d'un rythme solennels et lents. **5.** Fam. Stupide ; nul : *Elle est grave, ta cousine.* ▪ **Accent grave,** descendant de gauche à droite (par oppos. à *accent aigu*). ◆ **adv.** Fam. Gravement ; énormément : *Il nous ennuie grave.*

2. GRAVE n.m. (Surtout pl.). **1.** Son grave ; ensemble des sons graves ; registre grave. **2. MÉCAN.** Vieilli. Corps pesant : *La chute des graves.*

3. GRAVE n.f. (var. de *1. grève*). **TRAV. PUBL.** Mélange, naturel ou non, à granulométrie homogène, utilisé pour la constitution de la couche de base d'une chaussée.

GRAVELEUX, EUSE adj. **1.** Qui contient des graviers : *Terre graveleuse.* **2.** Se dit d'un fruit dont la chair contient de petits corps durs : *Des poires graveleuses.* **3.** Qui manifeste une indécence grossière : *Histoire graveleuse.*

GRAVELLE n.f. (de *1. grève*). Vx. Lithiase urinaire.

GRAVELURE n.f. Vieilli. Caractère de ce qui est graveleux, grivois ; propos graveleux.

GRAVEMENT adv. **1.** De façon importante ou dangereuse ; grièvement : *Être gravement malade.* **2.** Avec gravité, sérieux ; solennellement : *S'adresser gravement à qqn.*

GRAVER v.t. [3] (du francique **graban*, creuser). **1.** Tracer en creux une figure, des caractères sur une surface dure (bois, métal, pierre, etc.) avec un instrument pointu ou par un procédé chimique ; produire des gravures (estampes) par un tel procédé, suivi d'un encrage et d'une impression. **2.** Inscrire des données à la surface d'un CD, d'un cédérom ou d'un DVD à l'aide d'un rayon laser. **3.** Fig. Fixer durablement dans le souvenir, le cœur : *Graver une scène dans sa mémoire.* ◆ **SE GRAVER** v.pr. Laisser une empreinte durable : *Ces mots se sont gravés dans son esprit.*

GRAVES n.m. (de *Graves*, n.pr.). Vin produit dans les Graves, région du Bordelais.

GRAVETTIEN n.m. (de la *Gravette*, en Dordogne). Faciès culturel du paléolithique supérieur (de – 25 000 à – 20 000), dit aussi *périgordien supérieur.* ➲ Il présente des affinités avec le châtelperronien, ou *périgordien ancien.* L'aurignacien s'intercale entre ces deux faciès. On rattache au gravettien les nombreuses figurations féminines retrouvées de l'Atlantique à l'Oural, dites « *Vénus* » *de Lespugue, de Willendorf* ou *de Kostenki.* ◆ **GRAVETTIEN, ENNE** adj. Relatif au gravettien.

1. GRAVEUR, EUSE n. **1.** Artiste qui grave, réalise des gravures (estampes). **2.** Professionnel dont le métier consiste à graver sur matériau dur.

2. GRAVEUR n.m. Appareil à laser permettant d'inscrire des données sur un CD, un cédérom ou un DVD.

GRAVIDE adj. (lat. *gravidus*). **BIOL.** Se dit d'une femelle ou d'un utérus qui porte un fœtus ou un embryon.

GRAVIDIQUE adj. **MÉD.** Relatif à la grossesse : *Albuminurie gravidique.*

GRAVIDITÉ n.f. État d'une femelle ou d'un utérus gravides.

GRAVIER n.m. (de *1. grève*). Matériau fait de petits cailloux, dont on recouvre les allées, les chaussées, etc.

GRAVIÈRE n.f. Carrière de gravier.

GRAVILLON n.m. Petit gravier, naturel ou obtenu par concassage de roches.

GRAVILLONNAGE n.m. Épandage de gravillons sur une chaussée.

GRAVILLONNER v.t. [3]. Couvrir de gravillons.

GRAVIMÈTRE n.m. Appareil permettant de mesurer l'intensité du champ de la pesanteur.

GRAVIMÉTRIE n.f. **1.** Domaine de la géophysique qui a pour objet la mesure de la pesanteur. **2.** Analyse chimique quantitative effectuée par pesées.

GRAVIMÉTRIQUE adj. Relatif à la gravimétrie.

GRAVIR v.t. [21] (du francique). **1.** Monter avec effort ; grimper : *Les cyclistes gravissent le col.* **2.** Fig. Franchir progressivement : *Gravir les échelons de la hiérarchie.*

GRAVISSIME adj. Extrêmement grave : *Des conséquences gravissimes.*

GRAVITATION n.f. (lat. *gravitatio*). **PHYS.** Phénomène selon lequel tous les corps matériels s'attirent réciproquement de façon proportionnelle à leur masse et inversement proportionnelle au carré de leur distance. ➲ C'est l'une des quatre interactions* fondamentales de la physique.

GRAVITATIONNEL, ELLE adj. **PHYS.** Qui concerne la gravitation. ▪ **Écroulement** ou **effondrement gravitationnel** [astron.], événement cataclysmique de la vie d'une étoile, survenant lorsque les forces gravitationnelles l'emportent sur les forces thermonucléaires au sein de cette étoile. ▪ **Interaction gravitationnelle** [phys.], interaction fondamentale qui se manifeste à l'échelle macroscopique et qui est responsable, notamm., de la pesanteur ou des phénomènes décrits par la mécanique céleste.

GRAVITÉ n.f. (du lat. *gravitas*, pesanteur). **1. PHYS.** Force de gravitation exercée par un astre sur un corps quelconque. **2.** Qualité d'une personne grave, de son comportement ; sérieux : *Prononcer un discours plein de gravité.* **3.** Caractère d'une chose importante ou dangereuse : *Étant donné la gravité de la situation.* **4.** Caractère d'un son musical relativement bas. ▪ **Centre de gravité** [phys.], point d'application de la résultante des actions de la pesanteur sur toutes les parties d'un corps.

GRAVITER v.i. [3]. **1. PHYS.** Décrire une trajectoire autour d'un point central selon les lois de la gravitation. **2.** Fig. Évoluer autour de qqch, dans l'entourage de qqn : *Graviter autour de la scène techno, autour d'une célébrité.*

GRAVITON n.m. **PHYS.** Particule hypothétique censée véhiculer l'interaction gravitationnelle.

GRAVLAX n.m. (mot suédois). Saumon cru mariné avec de l'aneth, du sel et du poivre. ➲ Spécialité scandinave.

GRAVOIS n.m. pl. **TRAV. PUBL.** Gravats.

GRAVURE n.f. **1.** Manière, art ou action de graver ; son résultat. **2.** Image, estampe obtenue à l'aide d'une planche gravée. **3.** Toute reproduction d'un dessin, d'un tableau, etc. ; illustration de livre. **4.** Action de graver un CD, un cédérom ou un DVD.

▲ **gravure** coloriée sur bois (XVIe s.) représentant une mine en Allemagne.

GRAY [grɛ] n.m. (du n. de S. *Gray*). Unité dérivée du système SI de dose absorbée lors d'une irradiation par des rayonnements ionisants (symb. Gy). ➲ 1 gray vaut 1 joule par kilogramme.

GRÉ n.m. (du lat. *gratum*, ce qui est agréable). ▪ **Au gré de,** selon la convenance, les goûts de qqn ; selon le hasard, le caprice de qqch. ▪ **Bon gré, mal gré,** volontairement ou non : *Bon gré, mal gré, il* *faut accepter.* ▪ **Contre le gré de qqn,** contre sa volonté. ▪ **De gré à gré,** à l'amiable. ▪ **De mon, ton, son plein gré,** volontairement : *Ils ont signé de leur plein gré.* ▪ **Marché de gré à gré** → **MARCHÉ.** ▪ **Savoir gré à qqn de qqch,** lui en être reconnaissant : *Je vous saurai gré de votre appui.*

GRÈBE n.m. (mot savoyard). Oiseau palmipède des régions marécageuses, qui se nourrit de poissons et d'invertébrés, et construit un nid flottant. ➲ Famille des podicipédidés.

GRÉBICHE n.f. **1.** IMPRIM. Numéro d'ordre d'un travail inscrit sur les registres d'un imprimeur. **2.** Pièce métallique renforçant le bord de certains articles de maroquinerie.

GREC, GRECQUE adj. et n. De la Grèce ; de ses habitants. ◆ **adj.** ▪ **À la grecque,** se dit d'un aliment cuit dans une marinade d'huile d'olive et d'aromates, et servi froid. ◆ **n.m.** Langue indo-européenne parlée par les Grecs, autrefois (*grec ancien*) et aujourd'hui (*grec moderne*).

1 imprimerie 2 appellation

1	2	1	2
Α α	a *alpha*	Ν ν	n *nu*
Β ϐ, β	b *bêta*	Ξ ξ	ks *ksi*
Γ γ	g *gamma*	Ο ο	o *omicron*
Δ δ	d *delta*	Π π	p *pi*
Ε ε	e *epsilon*	Ρ ρ	r *rhô*
Ζ ζ	dz *zêta*	Σ σ, ς	s *sigma*
Η η	e *êta*	Τ τ	t *tau*
Θ θ	t aspiré : *thêta*	Υ υ	u *upsilon*
Ι ι	i *iota*	Φ φ	p aspiré : *phi*
Κ κ	k *kappa*	Χ χ	k aspiré : *khi*
Λ λ	l *lambda*	Ψ ψ	ps *psi*
Μ μ	m *mu*	Ω ω	o *oméga*

▲ **grec.** Alphabet grec.

GRÉCISER v.t. [3]. Donner une forme grecque à un mot d'une autre langue.

GRÉCITÉ n.f. Caractère de ce qui est grec.

GRÉCO-BOUDDHIQUE adj. (pl. *gréco-bouddhiques*). Relatif à l'art de l'ancienne province indienne du Gandhara, influencé par l'art grec.

GRÉCO-LATIN, E adj. (pl. *gréco-latins, es*). Commun aux cultures grecque et latine.

GRÉCO-ROMAIN, E adj. (pl. *gréco-romains, es*). Relatif à la civilisation née de la rencontre des cultures grecque et latine (de 146 av. J.-C. [conquête de la Grèce par les Romains] à la fin du Ve s. [chute de l'Empire romain d'Occident]). ▪ **Lutte gréco-romaine** → **LUTTE.**

GRECQUE n.f. **1.** ARCHIT., ARTS APPL. Frette dont la ligne, en angles droits, revient périodiquement sur elle-même (décor grec et romain). **2.** REL. Entaille pratiquée au dos des cahiers assemblés pour loger la ficelle qui les reliera.

GREDIN, E n. (du moyen néerl. *gredich*, avide). Individu malhonnête ; crapule.

GREDINERIE n.f. Vieilli. Action, caractère de gredin.

GRÉEMENT [gremɑ̃] n.m. MAR. Ensemble des cordages, manœuvres, poulies qui servent à l'établissement et à la manœuvre des voiles d'un bateau.

GREEN [grin] n.m. (mot angl.). Espace gazonné, apte au roulement des balles, aménagé autour de chaque trou d'un golf.

GRÉER [gree] v.t. [8] (du scand.). MAR. Garnir un voilier, un mât de son gréement.

GRÉEUR n.m. MAR. Spécialiste de la pose du gréement d'un navire.

GREFFAGE n.m. Action, manière de greffer.

1. GREFFE n.m. (de *greffier*). DR. Secrétariat d'une juridiction judiciaire, chargé notamm. de la conservation des minutes, des pièces de procédure et de la délivrance des copies ; ensemble des services administratifs d'une juridiction administrative (SYN. **secrétariat-greffe**).

2. GREFFE n.f. (du lat. *graphium*, stylet). **1.** BOT. Opération qui permet la multiplication des arbres fruitiers, de la vigne, de nombreuses espèces ornementales (arbres, rosiers, etc.) et de certains légumes sous serre (tomate, melon), par l'insertion sur une plante (*porte-greffe* ou *sujet*) d'une partie d'une autre (*greffon*) dont on désire développer les caractères ; le greffon lui-même. **2.** MÉD. Transfert sur un individu humain ou animal d'un tissu tel que la peau ou la moelle osseuse, prélevé sur lui-même ou sur un autre ; transplantation d'un organe. ▪ **Greffe siamoise,** parabiose.

➲ Le tissu ou l'organe destinés à la **GREFFE** peuvent être prélevés sur le sujet lui-même (*autogreffe* ou *autoplastie*), sur un individu génétiquement identique (*isogreffe*) – vrai jumeau –, sur un autre individu de la même espèce (*allogreffe* ou *homogreffe*) ou sur un individu d'une autre espèce (*xénogreffe* ou *hétérogreffe*).

GREFFÉ, E n. Personne qui a subi une greffe d'organe.

GREFFER v.t. [3]. **1.** BOT. Soumettre à la greffe : *Greffer un rosier.* **2.** MÉD. Réaliser une greffe : *Greffer une main.* ◆ **SE GREFFER** v.pr. (SUR). Être un développement de ; s'ajouter à : *Ses problèmes personnels sont venus se greffer sur la perte de son emploi.*

GREFFIER, ÈRE n. Fonctionnaire qui assiste les magistrats dans leur mission à travers des actes techniques (mise en état des dossiers, authentification des actes). ▪ **Greffier en chef,** fonctionnaire qui dirige le greffe, en assure la responsabilité et la gestion administrative. ◆ **n.m.** Arg. Chat.

GREFFOIR n.m. Couteau à lame très tranchante servant à greffer les plantes.

GREFFON n.m. **1.** BOT. Partie d'un végétal (rameau, bourgeon, œil) utilisée pour réaliser une greffe. **2.** MÉD. Tissu qui a été greffé ; transplant.

GRÉGAIRE adj. (du lat. *grex, gregis*, troupeau). ZOOL. Relatif à une espèce animale qui vit en groupe ou en communauté sans être nécessairement sociale. ▪ **Instinct** ou **esprit grégaire,** tendance qui pousse les êtres humains à vivre en groupe ou à adopter le même comportement.

GRÉGARINE n.f. Sporozoaire parasite du tube digestif de nombreux invertébrés (arthropodes, mollusques, échinodermes, etc.).

GRÉGARISME n.m. **1.** ZOOL. Tendance de certains animaux à vivre en groupe, partic. en dehors de la période de reproduction. **2.** Instinct grégaire.

GRÈGE adj.f. (du lat. pop. **gredius*, brut). ▪ **Soie grège,** soie brute, telle qu'on l'a tirée du cocon. ◆ **adj.** et **n.m.** D'une couleur tenant du gris et du beige.

GRÉGEOIS adj.m. (de l'anc. fr. *grezois*, grec). ▪ **Feu grégeois,** composition incendiaire à base de salpêtre et de bitume. ➲ Pouvant brûler sur l'eau, il servait dans les combats navals dans l'Antiquité et au Moyen Âge.

GRÉGORIEN, ENNE adj. Relatif à l'un des papes du nom de Grégoire. ▪ **Calendrier grégorien,** calendrier tel qu'il a été réformé par le pape Grégoire XIII (→ **calendrier**). ▪ **Chant grégorien,** chant rituel de l'Église latine, dont la codification fut attribuée tardivement au pape Grégoire Ier et qui a été à la base du chant ecclésiastique catholique. ▪ **Réforme grégorienne,** restauration de l'esprit religieux et de la discipline dans l'Église latine, à laquelle le pape Grégoire VII a donné l'impulsion décisive (XIe s.).

➲ Héritier du plain-chant, le chant dit **GRÉGORIEN** fut codifié au IXe s. Disparu au XVIIe s., il fut réhabilité au XIXe s. par les moines de l'abbaye de Solesmes (Sarthe). Purement mélodique, il est calqué sur les mots latins, dont il suit le rythme afin de souligner le sens d'un texte. Il ne peut donc être chanté qu'à une voix ou à plusieurs voix à l'unisson.

GRÈGUES n.f. pl. (du provenç. *grega*, grecque). Haut-de-chausses porté en France du XVIe au XVIIe s.

1. GRÊLE adj. (lat. *gracilis*). **1.** Long et menu : *Des bras grêles.* **2.** Dont la sonorité est faible et aiguë : *Une voix grêle.* ▪ **Intestin grêle** [anat.], première partie de l'intestin.

2. GRÊLE n.f. **1.** Pluie congelée qui tombe sous forme de grains, ou grêlons. **2.** Fig. Grande quantité de choses qui tombent dru : *Une grêle de quolibets.*

GRÊLÉ, E adj. Vieilli. Qui porte des cicatrices de variole.

GRÊLER v. impers. [3] (francique *grisilôn*). Tomber, en parlant de la grêle. ◆ **v.t.** Endommager par la grêle : *L'orage a grêlé les vignes.*

GRELIN n.m. (néerl. *greling*). MAR. Gros cordage pour l'amarrage ou le remorquage d'un navire.

GRÊLON n.m. Grain de grêle.

GRELOT n.m. (d'un rad. germ.). Boule métallique creuse contenant un morceau de métal qui la fait résonner dès qu'on l'agite.

GRELOTTANT, E, ▲ *GRELOTANT, E* **adj.** Qui grelotte.

GRELOTTEMENT, ▲ *GRELOTEMENT* **n.m.** Fait de grelotter.

GRELOTTER, ▲ *GRELOTER* **v.i. [3].** Trembler fortement : *Grelotter de froid, de fièvre.*

GRELUCHE n.f. Fam., péjor. Femme ; fille.

GRELUCHON n.m. Fam., vx. Amant de cœur d'une femme entretenue.

GRÉMIL n.m. (de *1. grès* et *2. mil*). Plante à fleurs blanc verdâtre, à petits fruits très durs et brillants, dont une espèce, le grémil officinal, est appelée *herbe aux perles*. ➲ Famille des borraginacées.

▲ **grémil**

GRÉMILLE n.f. (mot mosellan). Poisson des grands cours d'eau et des lacs à fond sableux, voisin de la perche (SYN. **perche goujonnière**). ➲ Famille des percidés.

GRENACHE n.m. (ital. *vernaccia*). Cépage rouge de Provence, du Languedoc et du Roussillon, dont la variété à raisins noirs est la plus répandue ; vin doux naturel issu de ce cépage.

GRENADAGE n.m. Action de grenader.

1. GRENADE n.f. (du lat. *granatum*, fruit à grains). Fruit du grenadier, de la grosseur d'une pomme et renfermant de nombreuses graines charnues, rouges et rosées, à l'agréable saveur aigrelette.

2. GRENADE n.f. (de *1. grenade*). **1.** Projectile léger qui peut être lancé à courte distance soit à la main, soit à l'aide d'un fusil : *Grenade lacrymogène.* **2.** MIL. Ornement représentant une grenade allumée, et placé sur les écussons de nombreux uniformes. ▪ **Grenade d'exercice,** grenade inerte utilisée à l'instruction. ▪ **Grenade sous-marine,** engin explosif conçu pour l'attaque des sous-marins en plongée.

GRENADER v.t. [3]. Attaquer à la grenade.

GRENADEUR n.m. Appareil servant à lancer des grenades sous-marines.

1. GRENADIER n.m. Arbre originaire du Moyen-Orient, à fleurs rouge vif, cultivé pour son fruit, la grenade. ➲ Famille des punicacées.

2. GRENADIER n.m. **1.** Soldat de certains corps d'élite. **2.** Anc. Soldat chargé de lancer des grenades (XVIIIe s.).

GRENADILLE n.f. Passiflore d'Australie, de Malaisie et d'Amérique tropicale, dont le fruit, par sa forme et par son goût, est voisin du fruit de la Passion.

1. GRENADIN, E adj. et n. De Grenade ; du royaume de Grenade.

2. GRENADIN n.m. **1.** Tranche de veau peu épaisse piquée de lard et bardée. **2.** Œillet d'une variété très parfumée.

GRENADINE n.f. Sirop aromatisé de jus de fruits rouges, de vanille et parfois de citron.

GRENAGE ou **GRAINAGE** n.m. Action de transformer la surface lisse d'une pierre, d'une plaque de métal, etc., en une surface légèrement grenue, souvent en vue d'un travail ultérieur (lithographie, par ex.).

GRENAILLAGE n.m. **MÉTALL.** Action de projeter des billes d'acier, de verre, de glace, etc., à la surface d'une pièce, à l'aide d'une turbine (SYN. **billage**).

GRENAILLE n.f. Métal réduit en menus grains : *Pistolet à grenailles.* ▪ **Pomme grenaille,** ou **grenaille,** pomme de terre nouvelle d'un calibre inférieur à 35 mm, à chair légèrement sucrée : *Des grenailles sautées.* ◆ **n.f. pl.** Belgique. ▪ **Grenailles errantes,** gravillons sur une chaussée : *Attention, grenailles errantes !*

GRENAILLER v.t. [3]. Effectuer un grenaillage pour décaper une pièce ou augmenter ses caractéristiques mécaniques (SYN. **biller**).

GRENAISON n.f. **AGRIC.** Formation des grains, en parlant des céréales.

GRENAT n.m. (de l'anc. fr. *pome grenate,* grenade). **MINÉRALOG.** Silicate double de divers métaux, qui se rencontre dans certaines roches métamorphiques de hautes pressions et dont plusieurs variétés sont des pierres fines. ◆ **adj. inv.** D'une couleur rouge sombre.

GRENÉ, E adj. Qui présente de nombreux petits points rapprochés : *Dessin grené.*

GRENELER [grənle] ou [grɛnle] v.t. [16], ▲ *[12].* **TECHN.** Marquer de petits grains ou de points très rapprochés : *Greneler du papier, un cuir.*

GRENER v.i. [12] → **GRAINER.**

GRÈNETIS [-ti] n.m. **NUMISM.** Cordon de petits grains en relief sur une monnaie, une médaille.

GRENIER n.m. (lat. *granarium,* de *granum,* grain). **1.** Partie d'un bâtiment située sous le comble. **2.** Partie d'un bâtiment d'exploitation agricole destinée à conserver les grains, le foin, etc. **3.** Fig. Région, pays très fertiles, notamm. en céréales : *La Beauce est le grenier de la France.*

GRENOUILLAGE n.m. (de *grenouille*). Fam., péjor. Ensemble de manœuvres peu honnêtes, notamm. dans le domaine politique.

GRENOUILLE n.f. (lat. pop. *ranucula*). Amphibien sauteur et nageur, à peau lisse, dont plusieurs espèces européennes, vertes ou rousses, vivent au bord des mares et des étangs. ➲ Cri : la grenouille coasse ; le têtard, larve de la grenouille, vit dans l'eau. Famille des ranidés. ▪ **Faire sauter** ou **manger la grenouille** [fam.], s'approprier le fonds commun d'un groupe, d'une société. ▪ **Grenouille taureau,** ouaouaron.

GRENOUILLER v.i. [3]. Fam., péjor. Se livrer au grenouillage : *Ils grenouillent dans les antichambres.*

GRENOUILLÈRE n.f. Combinaison pour bébé avec jambes à chaussons.

GRENOUILLETTE n.f. **MÉD.** Tumeur liquide qui se forme sous la langue aux dépens des glandes salivaires.

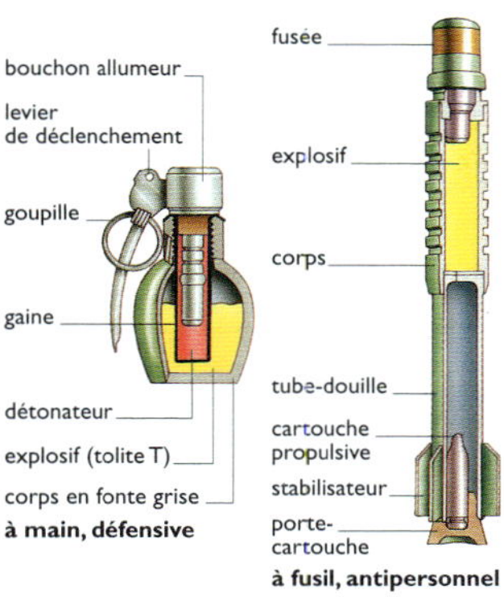

▲ **grenades**

GRENU, E adj. (de *grain* ou *graine*). **1.** Couvert de petites saillies arrondies ayant la forme de grains : *Cuir grenu.* **2. MINÉRALOG.** Se dit d'une roche magmatique plutonique dont les cristaux sont visibles à l'œil nu (granite, gabbro, diorite).

GRENURE n.f. État d'une surface (cuir, métal) grenue.

1. GRÈS n.m. (du francique). **1. MINÉRALOG.** Roche sédimentaire détritique le plus souvent formée de grains de quartz réunis par un ciment siliceux ou calcaire. **2.** Céramique à pâte silico-argileuse qui, cuite à haute température (1 200-1 400 °C), subit une vitrification partielle qui la rend dure et imperméable aux liquides ; objet fait de cette matière.

2. GRÈS n.m. Un des deux constituants de la fibre de soie (SYN. **séricine**).

GRÉSAGE n.m. Action de gréser.

GRÉSER v.t. [11], ▲ *[11*].* **CONSTR.** Polir, poncer un béton ou un pavement avec une meule ou une pierre de grès.

GRÉSEUX, EUSE adj. De la nature du grès : *Des roches gréseuses.*

GRÉSIL [grezi(l)] n.m. (de *1. grès*). **1.** Pluie congelée formée de petits grains de glace friables et blancs. **2. VERR.** Groisil.

GRÉSILLEMENT n.m. **1.** Fait de grésiller ; bruit de ce qui grésille. **2.** Cri du grillon.

1. GRÉSILLER v. impers. [3]. Tomber, en parlant du grésil.

2. GRÉSILLER v.i. [3] (de l'anc. fr. *gredilier,* griller). **1.** Faire entendre des petits crépitements : *Huile chaude qui grésille.* **2.** Faire entendre son chant, en parlant du grillon.

GRESSIN [grɛsɛ̃] n.m. (ital. *grissino*). Petit pain fin et friable fait avec une pâte à l'œuf.

GREUBONS n.m. pl. (de l'anc. haut all.). Suisse. Morceaux de gras restant après la cuisson d'une viande, que l'on fait frire et dont on garnit un gâteau salé dit *taillé aux greubons.*

1. GRÈVE n.f. (du prélatin **grava,* sable). Terrain plat et uni, couvert de gravier et de sable, le long de la mer ou d'un cours d'eau : *La barque s'est échouée sur la grève.*

2. GRÈVE n.f. (du n. de la place de *Grève,* à Paris, où se réunissaient les ouvriers sans travail). Cessation collective et concertée du travail, décidée par des salariés dans le but d'appuyer une revendication professionnelle : *Droit de grève. Faire (la) grève. Se mettre en grève.* ▪ **Grève à la japonaise,** mécontentement qui s'exprime par le port d'un brassard durant les heures de travail, par allusion à de telles grèves, fréquentes au début du printemps, au Japon. ▪ **Grève de la faim,** refus de se nourrir afin d'attirer l'attention sur une revendication, en signe de protestation, etc. ▪ **Grève de l'impôt,** refus concerté d'acquitter l'impôt. ▪ **Grève du zèle,** qui consiste à appliquer avec une minutie excessive les consignes de travail, en vue de bloquer l'activité de l'entreprise. ▪ **Grève perlée,** succession de ralentissements du travail à différents postes. ▪ **Grève sauvage,** qui éclate spontanément en dehors de toute consigne syndicale. ▪ **Grève sur le tas,** avec occupation du lieu de travail. ▪ **Grève surprise,** qui n'a pas été précédée d'un préavis. ▪ **Grève tournante,** qui affecte tour à tour certaines catégories du personnel ou certains secteurs d'activité d'une entreprise.

GREVER v.t. [12] (du lat. *gravare,* alourdir). Soumettre à de lourdes charges, notamm. financières : *Ces crédits à rembourser grèvent leur budget.*

GRÉVISTE n. et adj. Personne qui participe à une grève.

GRIBICHE adj.f. (mot normand). ▪ **Sauce gribiche,** sauce vinaigrette additionnée de jaune d'œuf cuit et de fines herbes.

GRIBOUILLAGE ou **GRIBOUILLIS** n.m. Écriture illisible ; dessin informe ; griffonnage.

GRIBOUILLE n.m. Vieilli. Personne sotte et naïve. ▪ **Politique de gribouille** [vieilli], attitude qui consiste à se précipiter dans les dangers que l'on veut éviter.

GRIBOUILLER v.i. et v.t. [3] (néerl. *kriebelen*). Écrire, dessiner d'une manière informe.

GRIBOUILLEUR, EUSE n. Personne qui gribouille.

GRIBOUILLIS n.m. → **GRIBOUILLAGE.**

GRIEF [grijɛf] n.m. (du lat. *gravis,* pénible). **1.** Motif de plainte que l'on estime avoir contre qqn, qqch : *Exposer ses griefs.* **2. DR.** Préjudice subi donnant droit d'agir en justice. ▪ **Faire grief de qqch à qqn,** le lui reprocher ; lui en tenir rigueur.

GRIÈVEMENT adv. (de *grief*). De façon grave : *Des passagers grièvement blessés.*

✎ Ne s'emploie auj. qu'avec des verbes comme ***blesser, brûler,*** etc.

GRIFFADE n.f. Vx. Griffure.

GRIFFE n.f. (de *griffer*). **1. ZOOL.** Ongle de corne, pointu et courbe, porté par la phalange terminale des doigts de nombreux vertébrés (mammifères carnassiers et rongeurs, oiseaux, reptiles). **2.** Fig. Moyen d'attaque ou de défense : *Montrer les griffes.* **3.** Pouvoir dominateur et cruel : *Tomber entre les griffes d'un escroc.* **4.** Crochet permettant de saisir une pièce, de la bloquer ; chacun des crochets de métal qui maintiennent en place la pierre d'un bijou. **5.** Région. (Nord) ; Belgique. Éraflure ; égratignure. **6. BOT.** Rhizome de certaines plantes, dont la forme rappelle une griffe ; nom donné aux crampons de certaines plantes : *Griffes du lierre.* **7. ARCHIT.** Chacun des ornements sculptés pouvant relier la base moulurée d'une colonne aux angles de la plinthe, surtout au Moyen Âge. **8.** Cachet, empreinte reproduisant une signature, destinés à authentifier qqch et à en éviter la contrefaçon. **9.** Nom, sigle propre à un créateur, à un fabricant. **10.** Petit morceau de tissu cousu à l'intérieur d'un vêtement et portant le nom de son créateur. **11. OUTILL.** Outil permettant de faire des incisions de traçage.

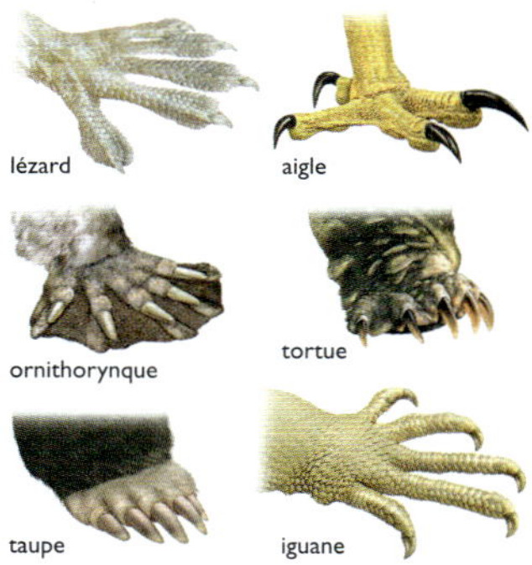

▲ **griffe.** Différents types de griffes.

GRIFFER v.t. [3] (anc. haut all. *grîfan*). **1.** Donner un coup de griffe ou un coup d'ongle à ; égratigner ; érafler. **2.** Mettre une griffe à un vêtement.

GRIFFEUR, EUSE adj. et n. Qui griffe.

1. GRIFFON n.m. (lat. *gryphus*). **1.** Animal fabuleux, doté d'un corps de lion et de la tête et des ailes d'un aigle. **2.** Chien au poil rude et broussailleux, dont il existe plusieurs races de chasse et d'agrément. **3.** Oiseau de proie diurne, notamm. le vautour fauve.

2. GRIFFON n.m. (provenç. *grifoul*). **HYDROL.** Point d'émergence d'une source minérale se caractérisant par des dépôts minéralisés.

GRIFFONNAGE n.m. Action de griffonner ; texte écrit en griffonnant.

GRIFFONNER v.t. [3] (de *griffer*). **1.** Écrire très mal ou hâtivement ; gribouiller. **2. BX-ARTS.** Réaliser une esquisse, un croquis rapides ; crayonner.

GRIFFONNEUR, EUSE n. Personne qui griffonne, qui dessine mal.

GRIFFU, E adj. **ZOOL.** Armé de griffes.

GRIFFURE n.f. Coup de griffe. ▪ **Maladie des griffures de chat,** lymphoréticulose bénigne d'inoculation.

GRIGNARD, E adj. **ZOOL.** Se dit des incisives supérieures d'un quadrupède situées en arrière des incisives inférieures (par oppos. à *bégu*).

GRIGNE n.f. (de *grigner*). Fente que le boulanger trace sur le pain ou qui se forme à la cuisson.

GRIGNER v.i. [3] (du francique **grînan*, faire la moue). TECHN. Froncer, faire un faux pli, en parlant d'une couture.

GRIGNEUX, EUSE adj. et n. Belgique. Fam. Qui est d'humeur revêche : *Un vieux grigneux.* ◆ adj. Qui suscite la tristesse, l'ennui : *Un temps grigneux.*

GRIGNOTAGE n.m. **1.** Action de grignoter : *Le grignotage devant la télévision.* **2.** Fig. Destruction progressive : *Le grignotage d'un capital.* **3.** Action de s'approprier progressivement qqch : *Le grignotage de l'électorat adverse.*

GRIGNOTEMENT n.m. Action de grignoter, de ronger ; bruit produit en grignotant.

GRIGNOTER v.t. [3] (de *grigner*). **1.** Manger du bout des dents ; manger par petites quantités, partic. entre les repas. **2.** Fig. Détruire progressivement : *Il a eu vite grignoté son héritage.* **3.** S'approprier peu à peu, par empiétements successifs : *Elle grignote quelques secondes à chaque passage.*

GRIGNOTEUSE n.f. Machine-outil utilisée pour le découpage du bois ou des métaux en feuille.

GRIGNOTINE n.f. Québec. (Surtout pl.). Amuse-gueule génér. salé et croustillant.

GRIGOU n.m. (mot languedocien « gredin »). Fam. Homme d'une avarice sordide.

GRIGRI ou **GRI-GRI** n.m. (pl. *grigris, gris-gris*). **1.** Afrique. Amulette ; talisman. **2.** Petit objet censé porter bonheur, protéger.

GRIL [gril] n.m. (forme masc. de *grille*). **1.** Ustensile constitué de tiges métalliques parallèles ou d'une plaque de fonte striée, pour faire cuire un aliment à feu vif. **2.** Résistance électrique ou rampe de flammes située sur la partie supérieure d'un four. **3.** Plancher à claire-voie situé au-dessus des cintres d'un théâtre, pour la manœuvre des décors. ▪ **Être sur le gril** [fam.], être anxieux ou impatient. ▪ **Gril costal** [anat.], ensemble des côtes, du côté droit ou du côté gauche.

GRILL [gril] n.m. (angl. *grill-room*). Restaurant spécialisé dans les grillades.

GRILLADE n.f. Tranche de viande grillée ou à griller.

GRILLADERIE n.f. Québec. Restaurant où l'on mange des grillades ; rôtisserie.

GRILLADIN ou **GRILLARDIN** n.m. Celui qui s'occupe des cuissons sur le gril, dans un restaurant.

1. GRILLAGE n.m. **1.** Action de griller, de torréfier : *Grillage du café.* **2.** MÉTALL. Action d'un gaz sur un minerai, à température élevée.

2. GRILLAGE n.m. (de *grille*). Treillis métallique utilisé pour protéger ou obstruer une ouverture ou pour servir de clôture.

GRILLAGER v.t. [10]. Garnir d'un grillage.

GRILLARDIN n.m. → **GRILLADIN.**

GRILLE n.f. (lat. *craticula*). **1.** Assemblage de barreaux fermant une ouverture ou établissant une séparation : *Grille d'un parloir, d'un guichet.* **2.** Clôture métallique plus ou moins ouvragée : *Les grilles des fenêtres du rez-de-chaussée.* **3.** Châssis métallique disposé pour recevoir le combustible solide d'un foyer. **4.** Électrode formée d'une plaque ajourée, placée entre la cathode et l'anode de certains tubes électroniques. **5.** Électrode de commande de certains transistors dits *à effet de champ*, ou MOS. **6.** Quadrillage percé de trous conventionnels, pour écrire et lire des cryptogrammes. **7.** Quadrillage utilisé dans différents jeux : *Grille de mots croisés.* **8.** Organisation et répartition susceptibles d'être représentées par un tableau ; ce tableau : *Grilles d'horaires.* **9.** Fig. Système de pensée qui permet d'analyser un événement, de comprendre une œuvre, etc. : *Une grille de lecture freudienne.* ▪ **Grille des programmes de télévision, de radio,** plan donnant l'ensemble des émissions et leur répartition horaire. ▪ **Grille des salaires,** ensemble hiérarchisé des salaires dans une convention collective, une branche professionnelle ou dans la fonction publique. ▪ **Grille indiciaire,** référentiel servant à calculer, selon le grade et l'échelon, le traitement de base des fonctionnaires. ▪ **Grille (informatique),** ensemble d'ordinateurs et de systèmes de stockage et d'acquisition de données géographiquement dispersés, connectés par un réseau à haut débit et fonctionnant comme un superordinateur unique.

GRILLÉ, E adj. **1.** Cuit au gril. **2.** Fam. Qui est démasqué et empêché de continuer son action clandestine. ▪ **Marrons grillés,** cuits à feu vif dans leur coque. ▪ **Pain grillé,** doré en surface dans un grille-pain.

GRILLE-ÉCRAN n.f. (pl. *grilles-écrans*). Dans un tube électronique à plusieurs grilles, électrode portée à un potentiel positif inférieur à celui de la plaque.

GRILLE-PAIN n.m. inv., ▲ *n.m. (pl. grille-pains).* Appareil pour griller les tranches de pain (SYN. **toasteur**).

1. GRILLER v.t. [3]. Protéger, fermer avec une grille : *Griller un soupirail.*

2. GRILLER v.t. [3]. **1.** Faire cuire sur un gril ; soumettre à sec à un feu vif : *Griller des sardines.* **2.** Torréfier : *Griller du café, des arachides.* **3.** Dessécher par un excès de chaleur ou de froid : *La canicule a grillé la pelouse.* **4.** Fam. Mettre hors d'usage par une tension, un échauffement excessifs : *Griller une lampe, un moteur.* **5.** Fam. Dépasser dans une course : *Il m'a grillé à l'arrivée.* **6.** Fam. Démasquer qqn, l'empêchant ainsi de continuer son activité. **7.** MÉTALL. Effectuer un grillage. ▪ **Griller une cigarette** [fam.], la fumer. ▪ **Griller un feu rouge** [fam.], ne pas s'y arrêter. ◆ v.i. Cuire ou dorer à feu vif. ▪ **Griller de,** avoir très envie de : *Je grille de les connaître.*

GRILLOIR n.m. Dispositif d'un four destiné à cuire à feu vif.

GRILLON n.m. (anc. fr. *grillet*). Insecte sauteur de couleur noire à fauve, dont une espèce vit parfois dans les cuisines et les boulangeries, et dont une autre creuse des terriers dans les champs. ➲ Chant : le grillon grésille ; ordre des orthoptères.

▲ **grillon** des champs.

GRIMAÇANT, E adj. Qui grimace.

GRIMACE n.f. (du francique **grima*, masque). **1.** Contorsion du visage, volontaire ou non, due à la contraction de certains muscles de la face ; expression du visage qui traduit un sentiment de douleur, de dépit, de gêne : *Une grimace de dépit.* **2.** Faux pli d'un vêtement, d'une étoffe. ◆ n.f. pl. Litt. Mines affectées ; minauderies.

GRIMACER v.i. [9]. **1.** Faire une grimace, des grimaces. **2.** Faire un faux pli : *Veston qui grimace dans le dos.*

GRIMACIER, ÈRE adj. et n. Qui fait des grimaces.

GRIMAGE n.m. Maquillage de théâtre.

GRIMER v.t. [3]. Maquiller pour le théâtre ; farder.

GRIMOIRE n.m. (altér. de *grammaire*). **1.** Livre de magie ou de sorcellerie, à l'écriture et aux formules mystérieuses. **2.** Litt. Livre, écrit indéchiffrable.

GRIMPANT, E adj. Se dit des plantes qui montent le long des corps voisins, soit par enroulement de la tige (liseron, haricot), soit au moyen d'organes fixateurs (crampons du lierre, vrilles du pois). ◆ n.m. Arg. Pantalon.

GRIMPE n.f. Fam. Escalade ; varappe.

GRIMPÉE n.f. Fam. Grimpette.

1. GRIMPER v.i. [3] (de *gripper*). **1.** Monter en s'agrippant, en s'aidant des pieds et des mains : *Grimper aux arbres.* **2.** Monter en s'accrochant, en s'enroulant, en parlant des plantes. **3.** Monter avec effort jusqu'à un point élevé : *Grimper au sixième sans ascenseur.* **4.** S'élever en pente raide : *Sentier qui grimpe.* **5.** Atteindre une valeur, un niveau plus élevés : *La température grimpe.* ▪ **Grimper aux rideaux** [fam.], se mettre dans une grande colère. ◆ v.t. Parcourir en montant : *Grimper les étages en courant.*

2. GRIMPER n.m. SPORTS. Exercice qui consiste à monter à la corde, lisse ou à nœuds, ou à la perche.

GRIMPEREAU n.m. Passereau des régions centrales et septentrionales de l'Eurasie, qui grimpe aux troncs des arbres pour en fouiller l'écorce. ➲ Famille des certhiidés.

GRIMPETTE n.f. Fam. **1.** Chemin en pente raide ; raidillon. **2.** Ascension d'une côte ; grimpée.

GRIMPEUR, EUSE adj. Qui grimpe. ◆ n. **1.** Coureur cycliste particulièrement à l'aise dans l'ascension des côtes et des cols. **2.** Alpiniste ; varappeur.

GRIMPION, ONNE n. Suisse. Fam. Arriviste.

GRINÇANT, E adj. **1.** Qui grince ; discordant. **2.** Qui raille avec férocité ou aigreur : *Commentaire grinçant.*

GRINCEMENT n.m. Fait de grincer ; bruit désagréable produit par certains frottements : *Le grincement d'une scie.* ▪ **Grincements de dents,** mécontentement ou dépit contenu.

GRINCER v.i. [9] (anc. fr. *grisser*, du francique). Produire par frottement un bruit strident : *Les volets grincent.* ▪ **Grincer des dents,** frotter les dents du bas contre celles du haut, le plus souvent de manière convulsive ; fig., éprouver du mécontentement, du dépit.

GRINCHE ou **GRINGE** adj. et n. Suisse. Fam. Grincheux.

GRINCHEUX, EUSE adj. et n. (forme norm. de *grinceur*). Qui se plaint continuellement ; qui trouve à redire à tout ; acariâtre.

GRINGALET n.m. (d'un mot alémanique). Fam. Petit homme chétif.

GRINGO [griŋgo] n.m. (mot esp.). Péjor. Étranger, surtout venant des États-Unis, pour les Latino-Américains.

GRINGUE n.m. Fam. ▪ **Faire du gringue à qqn,** chercher à le séduire ; lui faire des avances.

GRIOT, OTTE [grijo, ɔt] n. En Afrique noire, membre de la caste des poètes musiciens ambulants, dépositaire de la culture orale et réputé être en relation avec les esprits.

GRIOTTE n.f. (provenç. *agriote*, de *agre*, aigre). **1.** Cerise d'une espèce à chair acide, à jus coloré et à queue courte. **2.** Marbre à taches rouges ou brunes arrondies.

GRIOTTIER n.m. Cerisier de l'espèce qui produit les griottes.

GRIP n.m. (mot angl.). SPORTS. **1.** Position de la main sur un club de golf, une raquette de tennis. **2.** Revêtement qui permet d'assurer la prise à l'endroit où le club, la raquette sont saisis.

GRIPPAGE n.m. **1.** MÉCAN. INDUSTR. Effet d'adhérence non souhaité aboutissant au blocage de deux surfaces en contact, dû à leur dilatation, à une mauvaise lubrification, à un ajustage défectueux, etc. **2.** Fig. Mauvais fonctionnement d'un système ; paralysie : *Le grippage de la régulation financière.*

GRIPPAL, E, AUX adj. MÉD. Relatif à la grippe. ▪ **Syndrome grippal,** ensemble de troubles dus à un virus et ressemblant à la grippe.

GRIPPE n.f. Maladie infectieuse, contagieuse et épidémique, d'origine virale et épizootique, génér. caractérisée par de la fièvre, de la fatigue, des céphalées, des courbatures, une rhinite et une bronchite. ▪ **Prendre qqn, qqch en grippe,** éprouver de l'antipathie pour eux.

➲ Il existe trois types de virus de la **GRIPPE** : le type A (responsable des grandes pandémies), le type B (fréquent mais moins agressif) et le type C (plus rare et peu dangereux). Chaque type est divisé en sous-groupes définis par leurs principaux antigènes, H et N, numérotés selon leurs mutations (le H3N2 de la grippe de Hongkong en 1968, par ex.). Les mutations apparaissent régulièrement chez les oiseaux aquatiques, et se transmettent parfois au porc, puis au cheval et/ou à l'homme (le H5N1 de la grippe aviaire en 1997 ; le H1N1 de la grippe porcine en 2009). Deux virus de grippe A et un virus de grippe B circulent en permanence dans le monde ; des vaccins sont élaborés chaque année en fonction des souches identifiées.

GRIPPÉ, E adj. et n. Atteint de la grippe.

GRIPPER v.i. [3] (du francique **grîpan*, accrocher). **1.** Se bloquer par grippage, en parlant de pièces mécaniques. **2.** Fig. Fonctionner mal, en parlant d'un processus : *La mise en place de la réforme grippe.* ◆ **SE GRIPPER** v.pr. S'arrêter de fonctionner ; se bloquer.

GRIPPE-SOU n.m. (pl. *grippe-sous*). Fam., vieilli. Avare qui fait de petits gains sordides ; harpagon.

GRIS, E adj. (francique *grîs*). **1.** D'un ton intermédiaire entre le blanc et le noir. **2.** Se dit d'une chevelure, d'une barbe qui commence à blanchir ; se dit de qqn qui a de tels cheveux. **3.** Fig. Qui est sans éclat, sans intérêt ; morne : *Une vie grise.* **4.** Fam. À moitié ivre ; éméché. ▪ **Carton gris,** fabriqué à partir de vieux papiers. ▪ **Marché gris** → **MARCHÉ.** ▪ **Matière grise** [fam.], cerveau en tant que siège de l'intelligence : *Faire travailler sa matière grise.* ▪ **Substance grise** [histol.], partie du système nerveux central contenant les corps cellulaires des neurones. ▪ **Temps, ciel gris,** couvert. ▪ **Zone grise** [dr.], zone de flou juridique dans laquelle on ne peut affirmer avec certitude, pour un cas donné, quelle règle s'applique et dans quelles limites. ◆ **n.m. 1.** Couleur grise. **2.** Tabac fort de qualité ordinaire. ▪ **Gris perle,** proche du blanc.

GRISAILLE n.f. 1. Atmosphère triste et monotone, sans fait marquant : *La grisaille quotidienne.* **2. BX-ARTS.** Peinture en camaïeu gris, pouvant donner l'illusion du relief. **3.** Couleur noirâtre des peintres verriers, vitrifiée par cuisson.

GRISAILLER v.t. [3]. 1. Peindre en gris. **2.** Rendre grisâtre, terne : *Le calcaire grisaille le linge.* ◆ **v.i.** Devenir grisâtre.

GRISANT, E adj. Qui grise, exalte : *Succès grisant.*

GRISÂTRE adj. Qui tire sur le gris.

GRISBI n.m. Arg. Argent ; magot.

GRISÉ n.m. BX-ARTS. Teinte grise donnée à une partie d'un plan, d'une gravure, d'un tableau.

GRISER v.t. [3]. 1. Enivrer légèrement : *Le champagne me grise.* **2.** Mettre dans un état d'excitation physique : *L'altitude grise les randonneurs.* **3.** Transporter d'enthousiasme ; enivrer. ◆ **SE GRISER v.pr.** S'enivrer légèrement. ▪ **Se griser de paroles,** s'écouter parler.

GRISERIE n.f. 1. Début d'ivresse. **2.** Excitation qui fait perdre le sens des réalités : *La griserie de la victoire.*

GRISET n.m. 1. Requin gris de la Méditerranée et de l'Atlantique, aux flancs blancs, doté de 6 fentes branchiales. ➲ Ordre des hexanchiformes. **2.** Daurade grise.

GRISETTE n.f. Vx. Jeune fille coquette de condition modeste, génér. ouvrière de mode.

GRISOLLER v.i. [3]. Chanter, en parlant de l'alouette.

1. GRISON, ONNE adj. et **n.** Du canton des Grisons, en Suisse.

2. GRISON n.m. Litt. Âne.

GRISONNANT, E adj. Qui grisonne.

GRISONNEMENT n.m. Fait de grisonner.

GRISONNER v.i. [3]. Devenir gris, en parlant du poil, des cheveux.

GRISONS (VIANDE DES) n.f. Préparation de viande séchée, originaire de Suisse, servie en tranches très fines.

GRISOU n.m. (mot wallon). Gaz méthane qui se dégage dans les mines de charbon et qui, mélangé avec l'air, explose au contact d'une flamme (coup de grisou).

GRISOUMÈTRE n.m. Appareil servant à mesurer la teneur de l'air en grisou dans une mine.

GRISOUTEUX, EUSE adj. Qui dégage ou contient du grisou.

GRIVE n.f. (de l'anc. fr. *grieu*, grec). Passereau d'Eurasie et d'Afrique, voisin du merle, à plumage brun et gris. ➲ Famille des turdidés.

GRIVELÉ, E adj. Litt. Tacheté de brun et de gris, comme le ventre de la grive.

GRIVÈLERIE n.f. (de *grive*). **DR.** Filouterie.

GRIVOIS, E adj. (de l'arg. *grive*, guerre). Libre et hardi, sans être obscène ; égrillard.

GRIVOISERIE n.f. Caractère de ce qui est grivois ; geste ou propos grivois ; gauloiserie.

GRIZZLI ou **GRIZZLY** [grizli] **n.m.** (mot anglo-amér.). Sous-espèce d'ours brun *(Ursus arctos)* d'Amérique du Nord.

GRŒNENDAEL [grɔnɛndal] **n.m.** (mot flamand). Chien de berger belge, à poils noirs.

GROG n.m. (de *Old Grog*, surnom d'un amiral angl. qui obligea ses marins à étendre d'eau leur ration de rhum). Boisson composée d'eau-de-vie ou de rhum, d'eau chaude sucrée et de citron.

GROGGY [grɔgi] **adj. inv.** (mot angl. « ivre »). **1.** Se dit d'un boxeur qui a perdu conscience pendant quelques instants, mais qui tient encore debout. **2.** Fam. Étourdi, assommé par un choc physique ou moral.

GROGNARD n.m. 1. HIST. Soldat de la Vieille Garde de Napoléon Ier. **2.** Militant de longue date d'un mouvement politique, qui en défend les principes avec intransigeance.

GROGNASSE n.f. Vulg., péjor. Femme laide et antipathique.

GROGNASSER ou **GROGNONNER v.i. [3].** Fam. Grogner continuellement, en parlant de qqn.

GROGNE n.f. Fam. Mécontentement : *La grogne des usagers.*

GROGNEMENT n.m. 1. Cri du porc, du sanglier, de l'ours. **2.** Parole inintelligible exprimant une contrariété ; bougonnement.

GROGNER v.i. [3] (anc. fr. *gronir*). **1.** Pousser son cri, en parlant du porc, de l'ours, etc. **2.** Fam. Manifester son mécontentement en protestant sourdement ; grommeler.

GROGNEUR n.m. Nom donné à des poissons capables de produire des sons.

GROGNON, ONNE adj. et **n.** Fam. Qui est de mauvaise humeur et grogne ; bougon.

✎ Le fém. est rare. On dit plutôt ***elle est grognon.***

GROGNONNER v.i. [3] → **GROGNASSER.**

GROIE n.f. (de l'anc. fr. *groe*, gravier). **PÉDOL.** Sol constitué d'argiles de décalcification et de fragments calcaires de quelques centimètres.

GROIN n.m. (du lat. *grunnire*, grogner). Museau du porc et du sanglier.

GROISIL [grwazil] **n.m.** (var. de *grésil*). **VERR.** Déchets de verre que l'on réintroduit dans le mélange vitrifiable ; par ext., verre recyclé issu de cette récupération (SYN. **grésil**).

GROLE ou **GROLLE** [grɔl] **n.f.** (lat. pop. **grolla*). Fam. Chaussure.

GROMMELER v.t. et **v.i. [16],** ▲ *[12]* (flamand *grommelen*). Murmurer entre ses dents ; maugréer : *Grommeler une excuse.* ◆ **v.i.** Pousser son cri, en parlant du sanglier.

GROMMELLEMENT, ▲ ***GROMMÈLEMENT*** **n.m.** Action de grommeler ; paroles émises en grommelant.

GRONDANT, E adj. Qui gronde : *La houle grondante.*

GRONDEMENT n.m. Bruit sourd, ample et prolongé qui évoque une menace : *Le grondement d'un molosse, du tonnerre.*

GRONDER v.i. [3] (anc. fr. *grondir*). **1.** Faire entendre un bruit sourd et menaçant : *Chien qui gronde.* **2.** Pousser son cri, en parlant de l'ours. **3.** Produire un bruit sourd, grave et prolongé : *Les moteurs grondent sur la ligne de départ.* **4.** Se manifester sourdement : *La révolte gronde.* **5. (CONTRE).** Litt. Exprimer de sourdes critiques : *Les gens grondent contre cette taxe.* ◆ **v.t.** Réprimander un enfant ; sermonner : *Il a grondé ses élèves.*

GRONDERIE n.f. Vieilli. Action de gronder qqn ; Réprimande.

GRONDEUR, EUSE adj. Qui gronde souvent ; grincheux.

GRONDIN n.m. (de *gronder*, ce poisson émettant un grognement). Poisson marin des fonds vaseux atlantiques et méditerranéens, à museau proéminent et à chair estimée (SYN. **trigle**). ➲ Les espèces ou variétés rouges ou roses sont les *rougets grondins* ; famille des triglidés.

▲ **grondin.** Rouget grondin.

GROOM [grum] **n.m.** (mot angl. « jeune homme »). Jeune employé en livrée dans un hôtel, un restaurant ; chasseur.

GROOVE [gruv] **adj. inv.** et **n.m. inv.** (mot anglo-amér. « rythme »). **MUS.** Se dit de rythmes, binaires le plus souvent, au caractère répétitif très entraînant.

GROOVER [gruve] **v.i. [3] MUS.** Appliquer un groove à une musique que l'on joue pour la rendre plus entraînante.

1. GROS, GROSSE adj. (du lat. *crassus*, épais). **1.** Qui a des dimensions (volume, épaisseur) importantes : *Un gros sac. Son frère est un peu gros.* **2.** Qui est d'une grande taille par rapport à d'autres de même nature : *Aimer les grosses voitures. Du gros sel.* **3.** D'une importance considérable : *De gros bénéfices. Les gros actionnaires. Une grosse faute.* **4.** D'une forte intensité : *Une grosse colère.* **5.** Qui manque de finesse, de délicatesse : *Une chemise en grosse toile. Des gros mots.* ▪ **Avoir la grosse tête** [fam.], être imbu de soi-même. ▪ **C'est un peu gros** ou **c'est gros comme une maison** [fam.], c'est invraisemblable ou difficilement crédible. ▪ **Faire les gros yeux,** menacer du regard. ▪ **Grosse mer,** mer agitée. ▪ **Grosse voix,** forte et menaçante. ◆ **adj.f.** Fam., vieilli. Enceinte, en parlant d'une femme. ◆ **adv. 1.** Beaucoup : *Risquer gros.* **2.** En grandes dimensions : *Écrire gros.* ▪ **En avoir gros sur le cœur** ou, [fam.], **sur la patate,** avoir beaucoup de peine ou de dépit. ◆ **n. 1.** Personne corpulente. **2.** Fam. Personne riche, influente.

2. GROS n.m. 1. Ce qu'il y a de plus important : *J'ai fait le plus gros.* **2.** Vente ou achat par grandes quantités chez le producteur ou le fabricant (par oppos. à *demi-gros* et à *détail*) : *Prix de gros.* **3.** Monnaie française d'argent instituée par Louis IX. ▪ **En gros,** par grandes quantités (par oppos. à *au détail*) ; sans entrer dans le détail : *En gros, voilà ce qu'il m'a dit.* ▪ **Le gros de,** la partie la plus considérable de : *Le gros de l'équipe.* ▪ **Pêche au gros,** pêche sportive à la ligne, en mer, de gros poissons. ▪ **Pêche au tout-gros,** même type de pêche, de très gros poissons (plus de 300 kg).

GROS-BEC n.m. (pl. *gros-becs*). Passereau granivore des bois de l'Europe et de l'Asie, au bec très robuste. ➲ Famille des fringillidés.

GROSCHEN [grɔʃɛn] **n.m. inv.,** ▲ ***n.m.*** Ancienne monnaie divisionnaire de l'Autriche, qui valait 1/100 de schilling.

à maquereau — à grappes

▲ **groseilles**

GROSEILLE n.f. (anc. fr. *grosele*). Fruit comestible du groseillier, petite baie rouge ou blanche qui vient par grappes : *Gelée de groseille.* ▪ **Groseille à maquereau,** grosse baie solitaire, rouge, jaune ou verte, produite par le groseillier épineux. ◆ **adj. inv.** De couleur rouge clair.

GROSEILLIER n.m. Petit arbuste des régions tempérées cultivé pour ses fruits, les groseilles. ➲ Famille des saxifragacées.

GROS-GRAIN n.m. (pl. *gros-grains*). **COUT.** Ruban sans lisière à côtes verticales.

GROS-JEAN n.m. inv. (du prénom *Jean*). Fam. ▪ **Être Gros-Jean comme devant,** ne pas être plus avancé qu'auparavant ; éprouver une désillusion.

GROS-PLANT n.m. (pl. *gros-plants*). Cépage blanc cultivé près de Nantes, connu ailleurs sous le nom de *folle-blanche* ; vin issu de ce cépage.

GROS-PORTEUR n.m. et **adj.m.** (pl. *gros-porteurs*). Avion de grande capacité.

GROSSE n.f. 1. COMM. Douze douzaines de certaines marchandises : *Une grosse de clous.* **2. DR.** Copie d'un acte authentique ou d'un jugement, revêtue de la formule exécutoire.

GROSSERIE n.f. Branche de la gainerie qui fabrique des tables à jeux, des boîtes pour l'argenterie, des ménagères, etc.

GROSSESSE n.f. Ensemble des phénomènes se déroulant chez la femme entre la fécondation et l'accouchement ; état d'une femme enceinte.

■ **Grossesse nerveuse,** trouble psychologique au cours duquel une femme ressent certains des signes de la grossesse (gonflement des seins, nausées, etc.).

➲ Première étape de la **GROSSESSE**, la fécondation, fusion entre un spermatozoïde et un ovule, a lieu dans une trompe utérine. Ensuite, l'œuf fécondé est entraîné vers l'utérus, s'implante dans la muqueuse de celui-ci et augmente de volume tout en s'entourant d'annexes (placenta, cordon ombilical, liquide amniotique, etc.). L'œuf passe d'abord par un stade embryonnaire de deux mois, pendant lequel se forment les organes et se dessine une morphologie humaine. Alors devenu fœtus, il parachève cette formation, continue à grandir et subit une maturation pendant encore sept mois.

GROSSEUR n.f. **1.** État, volume de ce qui est gros. **2.** Volume plus ou moins important : *De la grosseur d'un œuf.* **3.** Tuméfaction ; enflure.

GROSSIER, ÈRE adj. **1.** De qualité médiocre : *Des décors grossiers.* **2.** Qui est fait sans soin : *Nettoyage grossier.* **3.** Insuffisamment précis, élaboré ; approximatif : *Un aperçu grossier de la situation.* **4.** Qui dénote un manque d'intelligence ou de culture : *Une grossière erreur.* **5.** Qui choque la bienséance, les usages : *Personnage, paroles grossiers.*

GROSSIÈREMENT adv. De façon grossière.

GROSSIÈRETÉ n.f. **1.** Caractère de ce qui est grossier, sans finesse. **2.** Parole, action grossière.

GROSSIR v.t. [21]. **1.** Rendre ou faire paraître plus gros : *La loupe grossit les objets.* **2.** Fig. Donner une ampleur exagérée à : *Les médias ont grossi l'incident.* ◆ v.i. **1.** Devenir ou paraître plus gros : *La tumeur a grossi. L'avion grossit en approchant.* **2.** Prendre de l'ampleur ; augmenter : *La rumeur grossit.*

GROSSISSANT, E adj. Qui fait paraître plus gros : *Miroir grossissant.*

GROSSISSEMENT n.m. **1.** Action de rendre plus gros, d'agrandir. **2.** Fait de devenir gros, de se développer : *Le grossissement d'un abcès.* **3.** Action de déformer en grossissant : *Le grossissement d'un fait divers.* **4.** OPT. Rapport du diamètre apparent de l'image à celui de l'objet.

GROSSISTE n. Marchand en gros et en demi-gros, intermédiaire entre le producteur et le détaillant.

GROSSO MODO loc. adv. (mots lat.). Sans entrer dans le détail ; en gros.

GROTESQUE adj. (ital. *grottesco*). Qui suscite le rire par son caractère bizarre ou ridicule : *Un chapeau grotesque.* ◆ n.m. Genre littéraire et artistique caractérisé par le goût du bizarre, du bouffon et de la caricature.

GROTESQUES n.f. pl. BX-ARTS. Nom donné à la Renaissance à des décors muraux redécouverts dans des vestiges enfouis de la Rome antique et dont s'inspirèrent de nombreux artistes et ornemanistes jusqu'au XIXe s. ➲ Ce sont des compositions d'aspect capricieux, mêlant arabesques, éléments végétaux et architecturaux légers, figures de fantaisie.

GROTTE n.f. (ital. *grotta*). **1.** Cavité souterraine naturelle qui se développe horizontalement. (V. dessin *relief karstique**.) **2.** Excavation artificielle ou décor évoquant une grotte, très en vogue dans les jardins et les parcs du XVIe au XVIIIe siècle.

GROUILLANT, E adj. Qui grouille.

GROUILLEMENT n.m. Mouvement et bruit de ce qui grouille.

GROUILLER v.i. [3] (de l'anc. fr. *grouler*, s'agiter). S'agiter ensemble et en grand nombre : *Les fourmis grouillent sur le sol.* ◆ v.t. ind. (DE). Être plein d'une masse confuse en mouvement : *La ville grouille de touristes.* ◆ **SE GROUILLER** v.pr. Fam. Se dépêcher.

GROUILLOT n.m. Fam., vieilli. Apprenti qui fait les courses, porte les messages.

GROUPAGE n.m. **1.** Action de grouper des colis ayant une même destination. **2.** MÉD. Détermination du groupe sanguin ou tissulaire.

GROUPAL, E, AUX adj. PSYCHOL. Relatif au groupe : *Imaginaire groupal.*

GROUPE n.m. (de l'ital. *gruppo*, nœud). **1.** Ensemble distinct de choses ou d'êtres de même nature, réunis dans un même endroit : *Les visiteurs avancent par petits groupes.* **2.** Ensemble plus ou moins organisé de personnes liées par des activités, des objectifs communs : *Groupe de travail.* **3.** Formation de musiciens : *Groupe rock.* **4.** MIL. Formation élémentaire du peloton ou de la section (env. 12 hommes) : *Groupe de combat.* **5.** Ensemble de choses, d'animaux ou de personnes défini par une caractéristique commune : *Groupe socioprofessionnel.* **6.** BX-ARTS. Réunion de figures formant un ensemble, surtout dans la sculpture en ronde bosse. **7.** MATH. Ensemble G muni d'une opération interne dans G, associative, qui admet un élément neutre et telle que tout élément a un symétrique et un seul. ■ **Cabinet de groupe** [dr.], dans lequel deux ou plusieurs membres (médecins, avocats, etc.) d'une profession libérale exercent leur activité en partageant les mêmes locaux. ■ **Effet de groupe** [éthol.], ensemble des modifications morphologiques, éthologiques, etc., que provoque la proximité de plusieurs individus de la même espèce dans un espace restreint. ■ **Groupe d'armées** [mil.], réunion de plusieurs armées sous un même commandement pour une mission stratégique. ■ **Groupe de presse,** ensemble de journaux qui appartiennent à un même propriétaire, à une même société. ■ **Groupe de référence** [sociol.], groupe social auquel l'individu emprunte ses normes et ses valeurs. ■ **Groupe d'intervention régional (GIR),** unité composée notamm. de policiers, de gendarmes, de douaniers, d'agents du fisc, chargée dans chaque Région de lutter contre l'économie souterraine*. ■ **Groupe expérimental** [psychol., méd.], groupe constitué en vue d'une étude expérimentale, soumis à des conditions particulières par comparaison à un groupe analogue (*groupe témoin*) non soumis à ces conditions. ■ **Groupe industriel,** ensemble d'entreprises liées financièrement. ■ **Groupe parlementaire,** formation permanente réunissant administrativement des élus d'une même tendance au sein d'une assemblée. ➲ En France, le groupe doit avoir au moins 15 membres à l'Assemblée nationale et au moins 10 au Sénat. ■ **Groupe primaire** [sociol.], groupe restreint de personnes communiquant directement entre elles et associées par des liens affectifs, par oppos. au *groupe secondaire*, où les relations sont indirectes, par personnes interposées. ■ **Groupe sanguin (érythrocytaire)** [méd.], catégorie dans laquelle on classe les personnes selon la présence ou non d'antigène à la surface de leurs globules rouges. ➲ Les groupes sanguins les plus importants sont ceux des systèmes ABO et Rhésus. Recherchés systématiquement avant toute transfusion, ils doivent être identiques entre donneur et receveur. ■ **Groupe (systématique)** [biol.], ensemble d'espèces proches, du point de vue de la systématique : *Le groupe des passiflores.* ➲ La notion de *groupe* est indépendante des divisions traditionnelles de la classification, telles que l'embranchement, la classe ou la famille. ■ **Groupe tissulaire** [méd.], catégorie analogue à un groupe sanguin érythrocytaire, mais qui se rapporte à l'ensemble des cellules de l'organisme. ➲ Presque tous les antigènes tissulaires font partie du système HLA.

GROUPEMENT n.m. **1.** Action de grouper ; fait d'être groupé : *Groupement de commandes.* **2.** Organisation plus ou moins structurée de personnes ayant des idées ou des intérêts communs : *Groupement de consommateurs.* ■ **Groupement de gendarmerie départementale,** unité dont la circonscription correspond à un département. ■ **Groupement de gendarmerie mobile,** unité formée de plusieurs escadrons. ■ **Groupement d'intérêt économique (GIE)** [dr.], personne morale qui a pour but de faciliter ou de développer l'activité économique de ses membres. ■ **Groupement européen d'intérêt économique** → **GEIE.** ■ **Groupement foncier agricole,** société civile formée par des apports en numéraire et/ou en propriété d'immeubles. ■ **Groupement (organique),** ensemble d'atomes qui comporte au moins un atome de carbone et un atome d'hydrogène liés entre eux. ■ **Groupement tactique** [mil.], réunion de plusieurs éléments de corps ou d'armes différents, sous le commandement d'un seul chef, pour une mission particulière.

GROUPER v.t. [3]. Réunir dans un lieu, dans un ensemble ou dans une même catégorie : *Grouper les bagages dans le hall de l'hôtel.* ◆ **SE GROUPER** v.pr. SPORTS. Avoir le corps ramassé en boule.

GROUPIE n. (mot angl.). **1.** Personne, souvent jeune fille, qui admire un chanteur ou un groupe et qui le suit dans ses déplacements. **2.** Fam., péjor. Partisan inconditionnel de qqn, d'un parti.

GROUPUSCULAIRE adj. Relatif à un groupuscule.

GROUPUSCULE n.m. Péjor. Petit groupe politique, plus ou moins organisé.

GROUSE [gruz] n.f. (mot angl.). Lagopède d'Écosse.

GRUAU n.m. (du francique *grût*). **1.** Semoule de blé dur. **2.** Québec. Flocon d'avoine ; bouillie de flocons d'avoine. ■ **Farine de gruau,** ou **gruau,** farine fine et très pure, provenant de blé de qualité d'abord réduit en semoule. ■ **Pain de gruau,** fait de farine de gruau.

1. GRUE n.f. (lat. *grus*). **1.** Groupe d'échassiers dont une espèce, gris cendré, traverse la France pour hiverner en Afrique. ➲ Cri : la grue glapit, trompette, craquette ; famille des gruidés. **2.** Fam., vieilli. Prostituée. ■ **Faire le pied de grue** [fam.], attendre longtemps, debout.

▲ **grue** cendrée.

2. GRUE n.f. (de *1. grue*). **1.** Appareil de levage formé d'un bras orientable (flèche) monté sur un support de hauteur variable. **2.** CINÉMA, TÉLÉV. Appareil permettant le déplacement vertical ou des mouvements combinés de la caméra.

GRUGE n.f. (de *gruger*). Fam. Fraude ; tricherie, spécial. à un examen : *Il y a eu de la gruge au bac ;* escroquerie : *C'est de la gruge, le prix de ce resto !*

GRUGEOIR n.m. Outil de verrier ou de vitrier, en forme de petite pince, servant à rogner le bord d'une pièce de verre et à en rectifier la coupe.

GRUGER v.t. [10] (du néerl. *gruizen*, broyer). **1.** Litt. Voler, tromper qqn. **2.** VERR. Rogner le bord des verres à l'aide d'un grugeoir. ◆ v.i. Fam. Frauder (dans un bus, par ex.) ; tricher, spécial. à un examen.

GRUIFORME n.m. Échassier, plutôt mauvais voilier, tel que la grue, l'outarde, le râle. ➲ Les gruiformes constituent un ordre.

GRULETTE n.f. (mot dial.). Suisse. Fam. ■ **Avoir la grulette,** avoir la tremblote.

GRUME n.f. (bas lat. *gruma*). **1.** Tronc d'arbre abattu, ébranché et écimé. **2.** Région. (Bourgogne). Grain de raisin.

GRUMEAU n.m. (lat. *grumulus*). Petite boule formée par une substance (œuf, farine) mal délayée dans un liquide ou une pâte.

SE GRUMELER v.pr. [16], ▲ *[12].* Se mettre en grumeaux.

GRUMELEUX, EUSE adj. **1.** Qui forme des grumeaux ; qui présente des grumeaux. **2.** Qui présente des granulations : *Chair grumeleuse.*

GRUMIER n.m. Camion ou cargo spécialement aménagé pour le transport des grumes.

GRUNGE [grœndʒ] adj. inv. (mot anglo-amér. « crasse »). Se dit d'un style vestimentaire volontairement négligé et débraillé, adopté par certains jeunes dans les années 1990. ◆ n.m. Style de rock apparu sur la côte ouest des États-Unis (Seattle), mêlant au heavy metal l'influence punk. ➲ Le groupe américain Nirvana, fondé en 1987, en est l'initiateur.

GRUPPETTO [grupɛto] **n.m.** (mot ital.). **MUS.** Ornement constitué par 3 ou 4 notes brèves et conjointes qui précèdent ou suivent la note principale.

✎ Pluriel savant : ***gruppetti.***

GRUTER v.t. [3]. Lever, déplacer au moyen d'une grue.

GRUTIER, ÈRE n. Personne qui conduit une grue.

GRUYÈRE [gryjɛr] ou [grɥijɛr] **n.m.** (de la *Gruyère*, n. pr.). Fromage AOC d'origine suisse au lait de vache, à pâte pressée cuite et à croûte lavée, se présentant sous forme de meule de 50 à 60 kg. ➲ On parle parfois de fromages de la famille du gruyère à propos du comté ou du beaufort.

GRYPHÉE n.f. (du bas lat. *grypus*, recourbé). Mollusque bivalve comestible, voisin de l'huître portugaise, dont la coquille a des valves très inégales.

GSM n.m. (sigle de l'angl. *global system for mobile communication*, système global pour les communications mobiles). **1.** Norme européenne de radiotéléphonie numérique, adoptée en 1992. **2.** Belgique. Téléphone portable.

GUACAMOLE [gwakamɔl] **n.m.** (mot esp., du nahuatl). Préparation à base d'avocat, de tomate, d'oignon, de crème fraîche et d'épices. ➲ Cuisine mexicaine.

GUADELOUPÉEN, ENNE [gwa-] **adj.** et **n.** De la Guadeloupe.

GUAI ou **GUAIS** [gɛ] **adj.m. PÊCHE.** Se dit d'un hareng qui a frayé et qui n'a plus ni œufs ni laitance.

GUANACO [gwa-] **n.m.** (mot esp., du quechua). Mammifère ruminant sauvage d'Amérique du Sud, ancêtre probable des lamas domestiques. ➲ Famille des camélidés.

GUANINE [gwa-] **n.f.** (de *guano*). **BIOCHIM.** L'une des bases puriques de l'ADN et de l'ARN.

GUANO [gwa-] **n.m.** (mot esp., du quechua). Matière constituée d'excréments et de cadavres d'oiseaux marins, et que l'on a employée comme engrais jusqu'à l'épuisement des gisements.

GUAR [gwar] **n.m.** (mot hindi). Plante légumineuse cultivée dans les régions chaudes, dont les graines fournissent une gomme épaississante utilisée dans l'industrie (agroalimentaire et pétrolière, partic.). ➲ Famille des fabacées.

GUARANA [gwa-] **n.m.** (de *guarani*). **1.** Liane des forêts tropicales d'Amérique du Sud, dont la graine fournit une substance très riche en caféine. ➲ Famille des sapindacées. **2.** Cette substance.

GUARANI [gwa-] **adj. inv.** et **n. inv.** Relatif aux Guarani. ◆ **n.m. 1.** Langue des Guarani, auj. seconde langue parlée au Paraguay. **2.** Unité monétaire principale du Paraguay.

GUATÉMALTÈQUE [gwa-] **adj.** et **n.** Du Guatemala ; de ses habitants.

1. GUÉ n.m. (lat. *vadum*). Endroit peu profond d'une rivière où l'on peut traverser sans nager. ▪ **Au milieu du gué,** dans un moment difficile ; en pleine action.

2. GUÉ interj. (var. de *gai*). Vx. Exprime la joie, dans les chansons : *Oh ! gué, vive la rose !*

GUÈBRE adj. et **n.** (persan *gabr*). **RELIG.** Se dit des Iraniens restés fidèles au mazdéisme après la conquête musulmane. ➲ En Inde, les guèbres sont nommés *parsis*.

GUÈDE n.f. (du germ.). **BOT.** Pastel.

GUÉGUERRE n.f. Fam. Conflit de peu d'importance ; querelle.

GUELFE [gɛlf] **n.** et **adj.** (du n. de *Welfe*). **HIST.** Dans l'Italie médiévale, partisan des papes (par oppos. à *gibelin*).

GUENILLE n.f. (anc. fr. *genipe*, du gaul.). **1.** (Souvent pl.). Vêtement sale, en lambeaux ; haillons. **2.** Québec. Chiffon ; serpillière.

GUENON n.f. 1. Singe femelle, partic., femelle du chimpanzé. **2.** Fam. Femme très laide.

GUÉPARD n.m. (ital. *gattopardo*, de *gatto*, chat, et *pardo*, léopard). Mammifère carnivore d'Afrique, d'Asie méridionale et du Proche-Orient, capable de courir à plus de 100 km/h. ➲ C'est le seul félin dont les griffes ne soient pas rétractiles. Famille des félidés. (V. planche *félins*.)

GUÊPE n.f. (lat. *vespa*). Insecte social à abdomen annelé de jaune et de noir, dont la femelle est pourvue d'un aiguillon venimeux. ➲ Il existe de nombreuses espèces de guêpes (guêpes maçonnes, frelons, etc.). Elles construisent des nids souterrains ou aériens. Famille des vespidés. ▪ **Taille de guêpe,** très fine.

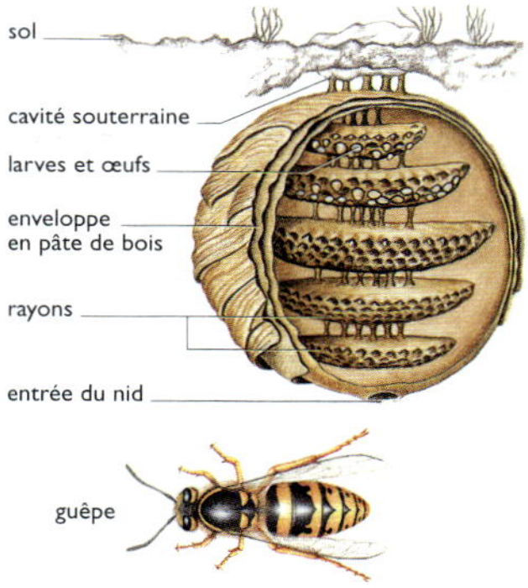

▲ **guêpe** et guêpier.

GUÊPIER n.m. 1. Nid de guêpes. **2.** Fig. Situation fâcheuse qui cause des dommages : *Le guêpier des hooligans.* **3.** Oiseau au plumage très coloré, nichant dans des falaises en bord de rivière et se nourrissant d'abeilles et de guêpes. ➲ Famille des méropidés.

GUÊPIÈRE n.f. (de *taille de guêpe*). Pièce de lingerie féminine constituée d'un bustier qui descend au-dessous de la taille et l'affine, le plus souvent muni de jarretelles.

GUÈRE adv. (du francique). ▪ **Ne... guère,** pas beaucoup ; peu : *Il ne va guère mieux* ; presque uniquement : *Il n'y a guère que moi qui l'aide.*

GUÉRET n.m. (du lat. *vervactum*, jachère). **AGRIC.** Terre labourée pour être ensemencée.

GUÉRÉZA n.m. ZOOL. Colobe au pelage noir et blanc.

GUÉRIDON n.m. (de *Guéridon*, n. d'un personnage de farce). Table ou support à petit plateau circulaire, le plus souvent à piétement central ou à trois pieds.

GUÉRILLA [gerija] **n.f.** (esp. *guerrilla*). **1.** Guerre de harcèlement, de coups de main menée par des unités régulières ou des troupes de partisans. **2.** Groupe de guérilleros.

GUÉRILLERO, A [-jero, a], ▲ ***GUÉRILLÉRO, A*** **n.** (esp. *guerrillero*). Combattant d'une guérilla.

GUÉRIR v.t. [21] (du francique **warjan*, protéger). **1.** Délivrer d'un mal physique ou mental : *Cet antibiotique l'a guéri* ; faire cesser une maladie : *Guérir un rhume.* **2.** Fig. Débarrasser d'un défaut : *Elle m'a guéri de cette manie.* ◆ **v.i.** ou **SE GUÉRIR v.pr. 1.** Recouvrer la santé. **2.** Disparaître, en parlant d'une maladie : *Sa grippe a guéri.* **3.** Fig. Se débarrasser d'un défaut : *Guérir* ou *se guérir de sa timidité.*

GUÉRISON n.f. Disparition complète d'un mal physique ou moral. ▪ **Guérison fonctionnelle,** état d'une personne porteuse chronique d'un virus (VIH, notamm.), dont l'organisme, à l'arrêt du traitement antiviral, devient capable de maintenir la concentration du virus à un niveau très bas ne mettant plus sa santé en danger.

GUÉRISSABLE adj. Que l'on peut guérir.

GUÉRISSEUR, EUSE n. Toute personne donnant des traitements, des soins, sans être médecin. ➲ Selon les pays et les époques, les guérisseurs peuvent être ou non munis de diplômes officiels.

GUÉRITE n.f. (anc. provenç. *garida*). **1.** Abri pour une personne debout, servant aux militaires de faction. **2.** Baraque de chantier servant de bureau.

GUERRE n.f. (du francique **werra*). **1.** Lutte armée entre États ; situation de conflit qu'elle implique. ➲ La guerre est le recours à la force armée pour dénouer une situation conflictuelle entre deux ou plusieurs collectivités organisées, clans, factions ou États. Elle consiste pour chacun des adversaires à tenter de contraindre l'autre à se soumettre à sa volonté. **2.** Conflit non armé entre des groupes puissants : *Guerre économique. La guerre des polices.* **3.** Lutte entre des personnes : *Entre les deux adjoints, c'est la guerre.* **4.** Action entreprise pour supprimer, détruire qqch : *Faire la guerre aux abus.* ▪ **De bonne guerre,** se dit du comportement habile d'un adversaire, que l'on considère comme légitime. ▪ **De guerre lasse,** en renonçant par lassitude : *De guerre lasse, j'ai accepté.* ▪ **Faire la guerre à qqn,** lutter pour qu'il change sa conduite. ▪ **Guerre des étoiles,** programme d'études lancé par R. Reagan en 1983 et visant à l'élimination de la menace de missiles stratégiques. ➲ Ce programme a été partiellement abandonné en 1993. ▪ **Guerre des ondes** [vieilli], utilisation de la radiodiffusion comme moyen de propagande, de manipulation de l'opinion. ▪ **Guerre éclair** (calque de l'all. *Blitzkrieg*), menée avec une rapidité foudroyante. ▪ **Guerre froide,** hostilité latente, forte tension installée entre des États, et, par ext., entre des personnes, des groupes ; spécial., état de tension entre les États-Unis, l'URSS et leurs alliés respectifs (v. partie n.pr.). ▪ **Guerre juste,** doctrine visant à définir dans quelles conditions la guerre trouve une légitimité et une justification morale. ▪ **Guerre nucléaire, biologique, chimique** ou **guerre NBC,** formes de guerre où seraient employés ces types d'armes. ▪ **Guerre sainte,** menée au nom de motifs religieux. ▪ **Guerre totale,** forme de guerre dans laquelle on utilise tous les moyens de lutte, qui vise à l'anéantissement de l'adversaire et où la totalité des activités de la nation sont mobilisées et engagées (comme lors de la Première et de la Seconde Guerre mondiale). ▪ **Homme de guerre,** dont le métier est de faire la guerre. ▪ **Nom de guerre** [anc.], nom que prenait un soldat en s'enrôlant ; mod., pseudonyme d'un chanteur, d'un écrivain, etc.

GUERRIER, ÈRE adj. 1. Litt. Qui a trait à la guerre : *Exploits guerriers.* **2.** Porté à la guerre : *Peuple guerrier.* ◆ **n.m.** Litt. **1.** Personne qui fait la guerre ; soldat. **2.** Homme qui a le goût de la guerre. ◆ **n.f. 1.** Jeune fille qui revendique avec agressivité sa place dans la société. **2.** Militante féministe.

GUERROYER [gɛrwaje] **v.i. [7].** Litt. Faire la guerre ; batailler.

GUET [gɛ] **n.m.** (de *guetter*). **1.** Surveillance destinée à surprendre qqn ou à éviter d'être pris : *Faire le guet.* **2. HIST.** Patrouille ou sentinelle chargée de la surveillance de nuit.

GUETALI [getali] **n.m.** (de *guetter*). La Réunion. Terrasse, parfois couverte, indépendante de la maison et située en bordure de rue.

GUET-APENS n.m. (pl. *guets-apens*) [gɛtapɑ̃] (de *guet* et de l'anc. fr. *apenser*, préméditer). **1.** Embuscade dressée contre qqn pour l'assassiner, lui faire subir des violences, le voler. **2.** Fig. Machination perfide ; traquenard.

GUÊTRE n.f. (du francique). Bande de cuir ou de tissu qui couvre le bas de la jambe et le dessus de la chaussure. ▪ **Traîner ses guêtres** [fam.], se promener sans but.

GUETTE ou **GUÈTE n.f. FORTIF.** Tourelle construite au sommet d'un château fort, où se tenait le guetteur.

GUETTER v.t. [3] (du francique). **1.** Surveiller pour surprendre ou pour ne pas être surpris : *Ils guettent les vigiles.* **2.** Faire peser une menace imminente sur : *La dépression le guette.* **3.** Attendre avec impatience : *Guetter la sortie d'un film.*

GUETTEUR, EUSE n. 1. Personne qui guette. **2. MIL.** Combattant ayant une mission de renseignement, d'alerte et de surveillance.

GUEULANTE n.f. Fam. Clameur de protestation, parfois de joie. ▪ **Pousser une gueulante,** exprimer son mécontentement en criant très fort.

1. GUEULARD, E adj. et **n.** Fam. Qui crie fort et souvent.

2. GUEULARD n.m. MÉTALL. Ouverture supérieure d'un haut-fourneau, destinée au chargement du minerai, du fondant et du combustible.

GUEULE n.f. (lat. *gula*). **1.** Bouche de certains animaux, quand elle peut s'ouvrir largement. **2.** Fam. Bouche de l'homme. **3.** Fam. Figure ; visage. **4.** Ouverture béante : *La gueule d'un four.*

■ **Avoir de la gueule** [fam.], faire beaucoup d'effet ; avoir de l'allure. ■ **Casser la gueule à qqn** [fam.], le frapper au visage. ■ **Faire la gueule** [fam.], être morose ; bouder. ■ **Fine gueule** [fam.], gourmet. ■ **Gueule cassée** [fam., vieilli], grand blessé de la face, lors de la Première Guerre mondiale. ■ **Gueule noire** [fam.], mineur des houillères. ■ **Se casser la gueule** [fam.], tomber. ■ **Un fort en gueule** ou **une grande gueule** [fam.], personne qui parle haut et fort, mais n'agit guère.

GUEULE-DE-LOUP n.f. (pl. *gueules-de-loup*). **BOT.** Muflier.

GUEULER v.i. et v.t. [3]. Fam. **1.** Parler, chanter très fort ; beugler. **2.** Hurler de douleur ou de colère.

GUEULES n.m. (de *gueule*). **HÉRALD.** La couleur rouge du blason, figurée dans le dessin par des hachures verticales.

GUEULETON n.m. Fam. Repas excellent et abondant.

GUEULETONNER v.i. [3]. Fam. Faire un gueuleton.

GUEUSE [gøz] n.f. (bas all. *göse*). **MÉTALL.** Lingot de fonte de première fusion.

GUEUSERIE n.f. Vx ou litt. Condition, action de gueux.

GUEUX, GUEUSE n. (du moy. néerl. *guit*, vaurien). Litt. **1.** Personne réduite à la mendicité ; miséreux. **2.** Personne méprisable ; gredin. ■ **Courir la gueuse** [vieilli], rechercher les aventures amoureuses. ◆ **n.m. pl. HIST.** Dans les Pays-Bas espagnols, révoltés qui se liguèrent en 1566 contre l'administration espagnole.

GUEUZE n.f. Bière belge forte, fabriquée à partir de lambic et subissant une seconde fermentation.

GUÈZE n.m. Ancienne langue éthiopienne, auj. langue liturgique de l'Église orthodoxe d'Éthiopie.

GUGUSSE n.m. (de *guss*, abrév. de *Auguste*, n. de clown). Fam. Individu peu sérieux ; guignol.

1. GUI n.m. (lat. *viscum*). Arbuste à feuilles persistantes et à baies blanches, visqueuses et toxiques, qui vit en parasite sur les branches de certains arbres (peuplier et pommier, surtout). ➲ Famille des loranthacées.

▲ **gui**

2. GUI n.m. (néerl. *giek*). **MAR.** Vieilli. Bôme.

GUIBOLLE, ▲ *GUIBOLE* **n.f.** (du norm. *guibon*, cuisse). Fam. Jambe.

GUIBRE n.f. **MAR. 1.** Pièce consolidant le mât de beaupré d'un voilier. **2.** Étrave de forme élancée.

GUICHE n.f. (du n. du marquis de *La Guiche*, qui fit connaître cette coiffure). Accroche-cœur.

GUICHET n.m. (de l'anc. scand. *vik*, cachette). **1.** Comptoir permettant au public de communiquer avec les employés d'un bureau de poste, d'une banque, d'une administration. **2.** Organisation généraliste ou thématique de l'accueil ou de la réception de demandes au sein d'une administration, d'une entreprise, etc : *Un guichet unique a été ouvert pour les sinistrés.* **3.** Vx. Petite porte aménagée dans une porte monumentale. ■ **À guichets fermés,** en ayant vendu toutes les places au moment où commence la représentation, le concert. ■ **Guichet automatique,** terminal informatique permettant aux clients d'un établissement de crédit d'effectuer des opérations bancaires courantes (retrait d'espèces, demande de chéquier, de relevé, etc.). ■ **Scie à guichet,** égoïne très étroite, employée pour chantourner.

GUICHETIER, ÈRE n. Employé préposé au guichet d'un bureau de poste, d'une banque, etc.

GUIDAGE n.m. **1.** Action de guider. **2. AÉRON., ARM.** Processus visant à imposer une trajectoire donnée à un aéronef ou à un missile, par intervention humaine à distance (*téléguidage*) ou de façon automatique (*autoguidage*). **3. MÉCAN. INDUSTR.** Ensemble des dispositifs servant à guider un organe mobile ou à le maintenir dans une position.

GUIDANCE n.f. (mot angl.). **PSYCHOL.** ■ **Centre de guidance,** structure de soins pluridisciplinaire destinée à venir en aide aux enfants en difficulté avec leur entourage.

1. GUIDE n. (anc. provenç. *guida*, du francique). **1.** Personne qui guide, montre le chemin, fait visiter. **2.** Alpiniste professionnel diplômé qui conduit une ou plusieurs personnes en montagne. **3.** Personne qui fait autorité moralement, intellectuellement ou politiquement ; mentor.

2. GUIDE n.m. **1.** Ce qui sert de principe directeur. **2.** Ouvrage qui donne des renseignements classés, destinés à fournir des repères au lecteur. **3. MÉCAN. INDUSTR.** Organe servant au guidage. ■ **Guide d'ondes** [télécomm.], dispositif destiné à guider les ondes électromagnétiques entre deux points avec un minimum de pertes d'énergie par rayonnement. ■ **Les guides** [hist.], régiment d'escorte à cheval (XVIIIe-XIXe s.) ; Belgique, régiment blindé.

3. GUIDE n.f. (Surtout pl.). Lanière de cuir que l'on attache au mors d'un cheval attelé pour le diriger.

GUIDEAU n.m. Filet de pêche conique que l'on dispose près des chutes d'eau, contre les arches d'un pont, etc.

GUIDE-FIL n.m. (pl. *guide-fils*). **TEXT.** Appareil qui guide les fils sur certaines machines textiles.

GUIDER v.t. [3] (de *1. guide*). **1.** Accompagner qqn pour lui montrer le chemin. **2.** Éclairer qqn dans le choix d'une direction intellectuelle ou morale : *Guider un jeune dans sa recherche d'emploi.* **3.** Montrer la voie à ; diriger : *Le bruit l'a guidé jusqu'à la fête.* **4.** Faire agir ; inspirer : *Seule l'ambition la guide.* ◆ **SE GUIDER** v.pr. (**SUR**). Prendre qqn, qqch comme repère.

GUIDEROPE [gidrɔp] n.m. (mot angl.). Cordage que l'on laisse traîner à terre pour faciliter certaines manœuvres d'un aérostat à l'approche du sol.

GUIDON n.m. (de *guider*). **1.** Tube de métal, muni de poignées, commandant la direction d'une bicyclette, d'un cyclomoteur, d'une motocyclette, etc. **2. ARM.** Petite pièce métallique fixée à l'avant du canon d'une arme à feu, et qui, avec le cran de mire ou l'œilleton de la hausse, sert à prendre la ligne de mire. **3. HIST.** Étendard des gens d'armes de Charles VII, puis des dragons, au XVIIe s. ; officier qui le portait. **4. MAR.** Pavillon servant souvent d'insigne de commandement. ■ **Guidon de départ** [ch. de f.], petit signal à main, avec lequel le chef de service d'une gare donne le signal de départ d'un train. ■ **Le nez** ou **la tête dans le guidon** [fam.], en plein effort et, de ce fait, sans vision globale de la situation.

GUIGNARD, E adj. et n. Fam., vieilli. Malchanceux.

1. GUIGNE n.f. (de l'all.). Cerise d'une variété à chair molle et sucrée, à jus coloré. ■ **Se soucier de qqch comme d'une guigne** [fam.], s'en moquer complètement.

2. GUIGNE n.f. (de *guignon*). Fam. Malchance.

GUIGNER v.t. [3] (du gallo-roman). **1.** Regarder du coin de l'œil, à la dérobée ; lorgner : *Guigner le fils des voisins.* **2.** Regarder avec envie ; convoiter : *Il guigne la moto de son cousin.*

GUIGNIER n.m. Cerisier de la variété qui donne les guignes.

GUIGNOL n.m. (de *Guignol*, n.pr.). **1.** Théâtre de marionnettes où l'on joue le répertoire de Guignol : *Aller au guignol.* **2.** Fam. Personne en qui on ne peut avoir confiance : *Pas question de traiter avec ces guignols.* ■ **Faire le guignol** [fam.], se conduire de manière ridicule.

GUIGNOLADE n.f. Fam. Situation grotesque, digne du guignol ; farce.

GUIGNOLÉE n.f. Québec. Collecte effectuée avant Noël en faveur des personnes démunies.

GUIGNOLET n.m. Liqueur ou boisson apéritive préparée à partir de guignes ou de griottes macérées dans l'alcool.

GUIGNON n.m. Fam., vieilli. Malchance.

GUILDE, GILDE ou **GHILDE** [gild] n.f. (moy. néerl. *gilde*). **HIST.** Organisation de solidarité regroupant le plus souvent des marchands, des artisans ou des artistes. ➲ Les guildes furent florissantes dans l'Europe du Nord-Ouest du XIe au XIIIe s.

GUILI-GUILI n.m. inv., ▲ *GUILIGUILI n.m.* (onomat.). Fam. Chatouillis.

GUILLAIN-BARRÉ [gilɛ̃-] **(SYNDROME DE)** n.m. Paralysie motrice et sensitive affectant surtout les membres, avec un début brutal et une régression en quelques mois, et dont le mécanisme inflammatoire, auto-immun, peut être déclenché par de nombreux facteurs (infections virales, partic.).

GUILLAUME n.m. (du n. pr. *Guillaume*). Rabot étroit utilisé pour rectifier des feuillures, des rainures.

GUILLEDOU n.m. (de l'anc. fr. *guiler*, tromper). Fam., vieilli. ■ **Courir le guilledou,** chercher des aventures amoureuses.

GUILLEMET [gijmɛ] n.m. (dimin. de *Guillaume*, n. de l'inventeur). [Génér. au pl.]. Signe typographique double (« ») servant à isoler un mot ou un groupe de mots (citation, paroles rapportées, etc.). ■ **Entre guillemets,** se dit d'une phrase, d'un mot que l'on ne prend pas à son compte.

GUILLEMETER [gijmete] [16], ▲ *[12]*, ▲ *GUILLEMÉTER [11]*, ▲ *[11*]* v.t. Mettre entre guillemets.

GUILLEMOT n.m. (dimin. de *Guillaume*). Oiseau palmipède proche du pingouin, à bec droit et long, nichant en colonies sur les côtes arctiques et atlantiques de l'Europe et de l'Amérique. ➲ Famille des alcidés.

GUILLERET, ETTE adj. (de l'anc. fr. *guiller*, séduire). Vif et gai ; sémillant.

GUILLOCHAGE n.m. Action, manière de guillocher ; son résultat.

GUILLOCHER v.t. [3] (de l'ital. dial. *ghiocciare*, du lat. pop. *guttiare*, dégoutter). Orner d'un guillochis.

GUILLOCHIS [gijɔʃi] n.m. ou **GUILLOCHURE** n.f. **ARTS APPL.** Décor gravé d'une surface métallique, constitué de lignes brisées ou onduleuses qui s'entrecroisent ou non.

GUILLON n.m. (mot dial.). Suisse. Fausset d'un tonneau.

GUILLOTINE n.f. (de J. I. *Guillotin*, n.pr.). **1.** Instrument qui servait à décapiter les condamnés à mort par la chute d'un couperet glissant entre deux montants verticaux. **2.** Peine de mort infligée au moyen de la guillotine. ■ **Fenêtre à guillotine,** à translation verticale du châssis dans un bâti à rainures.

GUILLOTINÉ, E adj. et n. Qui a eu la tête tranchée par la guillotine.

GUILLOTINER v.t. [3]. Décapiter au moyen de la guillotine.

GUIMAUVE n.f. (de *gui*, dérivé du gr. *hibiskos*, mauve, et de *mauve*). **1.** Plante des marais ou des prés humides, qui possède des propriétés émollientes (*guimauve officinale*), et dont une espèce est cultivée comme ornementale sous le nom de *rose trémière*. ➲ Famille des malvacées. **2.** Fig. Ce qui est d'une sentimentalité mièvre : *Ce feuilleton est de la guimauve.* ■ **Pâte de guimauve,** ou **guimauve,** friandise molle et sucrée, confectionnée à l'origine à partir de racine de guimauve.

GUIMBARDE n.f. (du provenç.). **1.** Fam. Vieille voiture ; tacot. **2.** Instrument de musique populaire composé d'une languette flexible fixée dans un cadre, que l'index fait vibrer et dont le son est amplifié par la bouche de l'instrumentiste.

GUIMPE n.f. (francique *wimpil*). **1.** Anc. Pièce de toile encadrant le visage, au XIIIe s., longtemps conservée dans le costume de certaines religieuses ; lingerie très fine couvrant le buste, portée au XVIe s. sous la robe largement décolletée. **2.** Mod. Chemisette brodée qui se porte sous des robes très décolletées.

GUINCHER v.i. [3] (de l'anc. fr. *guenchir*, obliquer). Fam. Danser.

GUINDAILLE n.f. Belgique. Fam. Beuverie d'étudiants.

GUINDAILLER v.i. [3]. Belgique. Fam. Faire une virée.

GUINDANT n.m. **MAR.** Hauteur d'un pavillon, d'une voile (par oppos. à *battant*).

▲ **guitare sèche**

GUINDÉ, E adj. 1. Qui a un maintien raide, maniéré ; compassé. **2.** Qui manque de naturel : *Un air guindé.*

GUINDEAU n.m. (anc. fr. *vindas*). **MAR.** Treuil servant à mouiller et à relever les chaînes d'ancre.

GUINDER v.t. [3] (de l'anc. scand. *vinda*, hausser). **1. MAR.** Lever, hisser au moyen d'une grue, d'une poulie, etc. **2.** Vieilli. Donner un aspect guindé à.

GUINÉE n.f. (angl. *guinea*). Ancienne monnaie de compte anglaise, valant 21 shillings.

GUINÉEN, ENNE adj. et **n.** De la Guinée ; de ses habitants.

DE GUINGOIS loc. adv. (de l'anc. fr. *ginguer*, sauter). Fam. De travers : *Son chapeau est de guingois.*

GUINGUETTE n.f. (de l'anc. fr. *guinguet*, étroit). Débit de boissons, situé génér. dans la banlieue d'une grande ville, où l'on peut danser, souvent en plein air.

GUIPER v.t. [3] (francique **wîpan*). Torsader, en passementerie.

GUIPURE n.f. 1. Étoffe imitant la dentelle, utilisée princip. pour confectionner des rideaux et des stores. **2.** Anc. Dentelle de fil ou de soie dépourvue de fond et faite de mailles larges.

GUIRLANDE n.f. (ital. *ghirlanda*). **1.** Cordon ornemental de verdure, de fleurs, etc., souvent festonné. **2.** Ruban de papier ou fil agrémenté d'ornements, servant à décorer.

GUISE n.f. (du germ. *wisa*, manière). ■ **À ma, ta, sa guise,** comme il me, te, lui plaît. ◆ **EN GUISE DE loc. prép.** À la place de : *Mettre son sac sur sa tête en guise de parapluie* ; parfois iron., en manière de : *En guise de remerciement, on a eu droit à un bon sermon.*

GUITARE n.f. (esp. *guitarra*, de l'ar.). Instrument de la famille du luth, à cordes pincées (6 le plus souvent), à caisse plate et à long manche portant des frettes. ■ **Guitare basse,** guitare électrique avec accord de contrebasse. ■ **Guitare électrique,** dont les sons sont captés par des micros et amplifiés. ■ **Guitare sèche,** dont le son n'est pas amplifié électriquement.

GUITARISTE n. Instrumentiste qui joue de la guitare.

GUITOUNE n.f. (ar. *gītūn*). Arg. Tente.

GUIVRE n.f. (du lat. *vipera*, vipère). **HÉRALD.** Serpent monstrueux avalant un être humain.

GUJARATI [gudʒarati] **n.m.** Langue indo-aryenne parlée au Gujerat.

GULDEN [guldɛn] **n.m.** Florin (des Pays-Bas).

GUMMIFÈRE [gɔmi-] **adj.** ■ **Arbre gummifère,** qui produit de la gomme (SYN. **gommifère**).

GUNITAGE n.m. Procédé de revêtement par projection de gunite.

GUNITE n.f. (de l'angl. *gun*, arme à feu). **TECHN.** Mortier à base de liants hydrauliques projeté par air comprimé sur une surface à enduire.

GUNITER v.t. [3]. Recouvrir de gunite.

GÜNZ [gynz] **n.m.** (n. d'une rivière d'Allemagne). **GÉOL.** Première des quatre grandes glaciations du quaternaire en Europe, de – 650 000 à – 550 000 ans env.

GUPPY n.m. (du n. de R. J. L. *Guppy*). Poisson d'ornement aux couleurs vives, originaire d'Amérique, d'Amazonie notamm., qui se reproduit très facilement en aquarium. ➲ Long. du mâle 3 cm, de la femelle 6 cm ; famille des pœciliidés.

GUS [gys] ou **GUSSE n.m.** (abrév. de *Auguste*, n. de clown). Fam. Individu quelconque ; type.

GUSTATIF, IVE adj. (du lat. *gustus*, goût). Relatif au goût : *Papilles gustatives.*

GUSTATION n.f. (bas lat. *gustatio*). Fonction qui permet au goût de s'exercer ; action de goûter.

GUTTA-PERCHA (pl. *guttas-perchas*), ▲ *GUTTAPERCHA* [gytapɛrka] **n.f.** (mot angl., du malais). Substance plastique et isolante, tirée du latex d'un arbre (sapotacée) de Malaisie.

GUTTIFÉRACÉE n.f. BOT. Clusiacée.

GUTTURAL, E, AUX adj. (du lat. *guttur, -uris*, gorge). **1. PHON.** Se dit d'un son qui est émis au fond de la gorge. **2. ANAT.** Relatif au gosier.

GUTTURALE n.f. PHON. Vx. Consonne postérieure telle que la vélaire, l'uvulaire et la pharyngale.

GUYANAIS, E [gɥijanɛ, ɛz] **adj.** et **n.** De la Guyane.

1. GUYOT [gɥijo] **n.m.** (de A. *Guyot*, n. d'un géographe). **GÉOMORPH.** Relief sous-marin d'origine volcanique, à sommet aplati.

2. GUYOT [gɥijo] **n.f.** (du n. de J. *Guyot*). Poire d'une variété à peau jaune pâle, couverte de points roux, à chair parfumée.

GUZLA [guzla] **n.f.** (mot ital., du serbo-croate). **MUS.** Vièle à une corde frottée, en usage dans les Balkans pour accompagner le chant épique.

GWO KA ou **GWOKA n.m. inv.** (mot guadeloupéen). **1.** Tambour traditionnel de la Guadeloupe. **2.** Musique de la Caraïbe, dansée et chantée sur des rythmes joués avec ce tambour.

GYM [ʒim] **n.f.** (abrév.). Fam. Gymnastique.

GYMKHANA [ʒimkana] **n.m.** (de l'hindi *gendkhāna*, salle de jeu de balle). **SPORTS.** Ensemble d'épreuves en automobile ou à motocyclette, où les concurrents doivent suivre un parcours compliqué de chicanes, de barrières, etc.

GYMNASE n.m. (lat. *gymnasium*, du gr.). **1.** Établissement et salle où l'on peut pratiquer des sports, notamm. de la gymnastique. **2.** Suisse. Lycée. **3. ANTIQ. GR.** Édifice public d'abord destiné aux seuls exercices physiques et qui devint, par la suite, un centre de formation intellectuelle.

GYMNASIAL, E, AUX adj. Suisse. Relatif au gymnase (lycée).

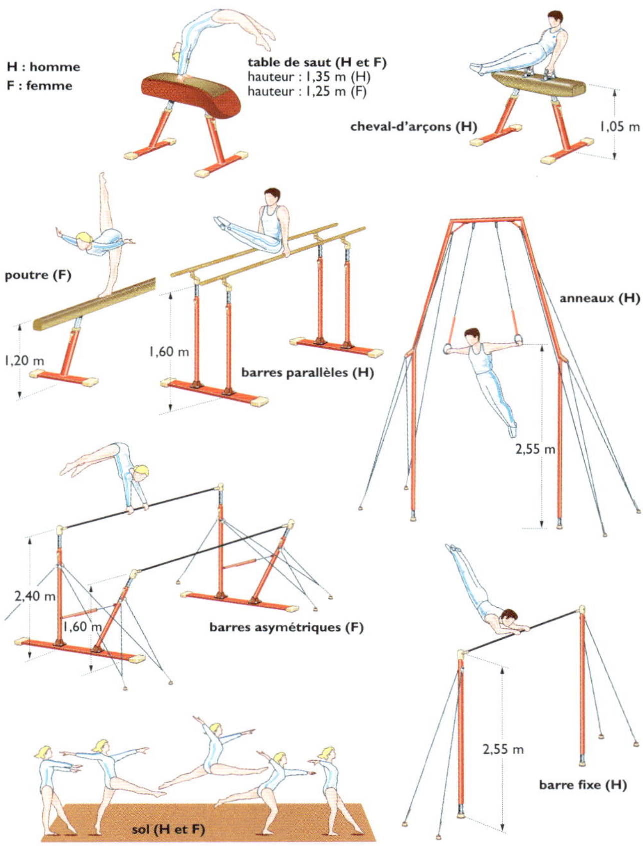

▲ **gymnastique.** À gauche : figure de gymnastique rythmique. – À droite : appareils (agrès) de gymnastique artistique.

GYMNASTE n. Personne qui pratique la gymnastique.

GYMNASTIQUE n.f. 1. Ensemble des exercices physiques destinés à assouplir ou à développer le corps ; culture physique. Abrév. (fam.) **gym.** *(V. ill. page précédente.)* **2.** Fig. Ensemble d'exercices qui visent à développer les facultés intellectuelles. **3.** Fig., fam. Ensemble de manœuvres plus ou moins compliquées, imposées par une situation : *Il a fallu faire une de ces gymnastiques pour que chacun soit content !* ▪ **Gymnastique acrobatique,** enchaînements acrobatiques, gymniques et chorégraphiques présentés en groupe sur un fond musical (SYN. **acrosport**). ▪ **Gymnastique aquatique,** gymnastique pratiquée dans l'eau. ▪ **Gymnastique artistique,** ensemble d'épreuves sportives comprenant des enchaînements d'exercices au sol ou aux agrès. ▪ **Gymnastique rythmique (GR),** gymnastique (exclusivement féminine) avec accompagnement musical et utilisant des engins légers (ballon, cerceau, corde, massues, ruban).

➲ La **GYMNASTIQUE** artistique est pratiquée au moyen d'appareils (ou *agrès*). Les compétitions se déroulent en trois temps : le concours par équipe (sur tous les agrès), le concours général (individuel, sur tous les agrès) et les finales par agrès (individuel). *[V. ill. page précédente.]*

GYMNIQUE adj. Relatif à la gymnastique.

GYMNOCARPE adj. BOT. Se dit des plantes dont les fruits ne sont soudés avec aucun organe accessoire.

GYMNOSPERME n.f. Végétal phanérogame arborescent, dont les graines, nues, sont génér. portées sur des écailles ouvertes regroupées en cônes. ➲ Les gymnospermes forment un sous-embranchement.

GYMNOTE n.m. (du gr. *gumnos,* nu, et *nôtos,* dos). Poisson des eaux douces boueuses de l'Amérique du Sud, aux yeux atrophiés, qui détecte et étourdit ses proies en produisant des décharges électriques. ➲ Ordre des gymnotiformes.

GYNÉCÉE n.m. (du gr. *gunê,* femme). **1. ANTIQ. GR.** Appartement réservé aux femmes. **2. BOT.** Pistil.

▲ gyrin

GYNÉCOLOGIE n.f. (du gr. *gunê,* femme, et *logos,* science). Spécialité médicale consacrée à l'organisme de la femme et à son appareil génital.

GYNÉCOLOGIQUE adj. Relatif à la gynécologie.

GYNÉCOLOGUE n. Médecin spécialiste de gynécologie.

GYNÉCOMASTIE n.f. MÉD. Développement anormal des glandes mammaires chez l'homme.

GYNÉRIUM [-rjɔm] **n.m.** (lat. *gynerium,* du gr.). Grande graminée ornementale aux longues feuilles tombant en panache, aux inflorescences plumeuses, souvent appelée *herbe de la pampa.*

GYOZA [gjɔza] **n.m.** (mot jap.). Ravioli épicé renfermant une farce au porc et au chou, grillé sur une face et cuit à la vapeur.

GYPAÈTE [ʒipaɛt] **n.m.** (du gr. *gups, gupos,* vautour, et *aetos,* aigle). Grand rapace diurne des hautes montagnes d'Afrique, d'Asie centrale et d'Europe méditerranéenne, qui se nourrit de charognes. ➲ Son envergure peut dépasser 2,50 m ; famille des accipitridés. (V. ill. *rapaces.*)

GYPSE [ʒips] **n.m.** (lat. *gypsum*). **1.** Sulfate de calcium hydraté ($CaSO_4, 2H_2O$), qui cristallise dans le système monoclinique. ➲ On l'appelle souvent *pierre à plâtre* car, chauffé entre 60 et 200 °C, le gypse perd de son eau et se transforme en plâtre. **2.** [ʒi] Suisse. Plâtre.

GYPSERIE n.f. Décor architectural de plâtre ou de stuc mouluré et sculpté.

GYPSEUX, EUSE adj. Qui contient du gypse.

GYPSIER n.m. Suisse. Plâtrier.

GYPSOPHILE n.f. Plante herbacée de l'Eurasie tempérée, voisine de l'œillet, parfois cultivée pour ses minuscules et très nombreuses fleurs blanches. ➲ Famille des caryophyllacées.

GYRE n.m. (du gr. *gûros,* cercle). Gigantesque tourbillon océanique résultant de la convergence de plusieurs courants marins (SYN. **vortex**).

GYRIN n.m. (du gr. *gûros,* cercle). Coléoptère de l'Ancien Monde, qui décrit des cercles sur la surface des eaux calmes (étangs, rivières). ➲ Famille des gyrinidés.

GYROCOMPAS n.m. (du gr. *gûros,* cercle). Appareil d'orientation utilisé sur les navires et les avions, et comprenant un gyroscope entretenu électriquement, dont l'axe conserve une direction invariable dans le plan horizontal (SYN. **compas gyroscopique**).

GYROLASER n.m. Gyromètre statique utilisant des lasers.

GYROMAGNÉTIQUE adj. PHYS. ▪ **Rapport gyromagnétique,** rapport du moment magnétique d'une particule à son moment cinétique.

GYROMÈTRE n.m. Capteur gyroscopique permettant la mesure de vitesses angulaires, notamm. pour contrôler l'attitude d'un avion ou d'un engin spatial.

GYROMITRE n.m. (du gr. *mitra,* bandeau). Champignon ascomycète voisin de la morille, au chapeau en forme de cervelle, comestible seulement après cuisson ou dessiccation. ➲ Ordre des pézizales.

GYROPHARE n.m. Phare rotatif équipant le toit de certains véhicules prioritaires (voitures de police, ambulances, etc.).

GYROPILOTE n.m. Gyrocompas qui permet le pilotage automatique des navires, des avions.

GYROSCOPE n.m. (du gr. *gûros,* cercle, et *skopein,* examiner). Appareil qui fournit une direction invariable de référence grâce à la rotation rapide d'une lourde masse autour d'un axe.

GYROSCOPIQUE adj. Relatif au gyroscope ; qui est équipé d'un gyroscope.

GYROSTAT [-sta] **n.m.** Solide animé d'un mouvement de rotation rapide autour de son axe, et permettant la stabilisation en direction de cet axe.

GYRUS n.m. (mot lat.). Circonvolution cérébrale.

hélicoptère

hévéa

halage

hippopotame

hibou

hippocampe

H n.m. inv. Huitième lettre de l'alphabet et la sixième des consonnes. ▪ **Bombe H,** bombe thermonucléaire*. ▪ **H** [mus.], *si* naturel, dans la notation germanique.

➲ L'**H** initial peut être *muet* ou *aspiré*. Dans les deux cas, il ne représente aucun son. Si l'*h* est *muet*, il y a élision ou liaison : *l'homme ; les hommes*. Si l'*h* est *aspiré*, il n'y a ni élision ni liaison : *le *héros ; les *héros*.

***HA interj. 1.** Marque la surprise : *Ha ! tu viens ?* **2.** Répété, exprime le rire.

***HABANERA n.f.** (mot esp.). **1. MUS.** Pièce instrumentale d'origine cubaine, de rythme binaire et syncopé. **2.** Danse cubaine, à la mode au XIXe s.

HABEAS CORPUS [abeaskɔrpys] **n.m.** (loc. lat. « que tu aies ton corps »). Institution anglo-saxonne qui, depuis 1679, garantit la liberté individuelle et protège contre les arrestations arbitraires.

HABILE adj. (lat. *habilis*). **1.** Qui fait preuve d'adresse manuelle, de savoir-faire, de compétence : *Un artisan habile.* **2.** Qui manifeste de la ruse, de l'ingéniosité : *Un procédé habile.*

HABILEMENT adv. Avec habileté.

HABILETÉ n.f. 1. Qualité d'une personne habile ; dextérité. **2.** Qualité de ce qui est fait avec adresse, intelligence ; ingéniosité.

HABILITATION n.f. 1. DR. Action d'habiliter, de conférer une capacité juridique. **2.** Aptitude à conférer un diplôme national accordée par arrêté ministériel à une université ou à une grande école. **3.** En France, diplôme le plus élevé de l'enseignement supérieur faisant suite à un doctorat et permettant de postuler au professorat des universités. (On dit aussi *habilitation à diriger des recherches*.) ▪ **Habilitation familiale,** dispositif judiciaire, plus souple et/ou plus ponctuel que la tutelle ou la curatelle, par lequel le juge autorise des proches, à leur demande, à représenter une personne lorsqu'il est médicalement constaté qu'elle n'est plus apte à pourvoir seule à ses intérêts.

HABILITÉ n.f. DR. Aptitude légale.

HABILITER v.t. [3] (lat. *habilitare*). Rendre qqn apte à accomplir un acte, une action d'un point de vue légal.

HABILLABLE adj. Que l'on peut habiller.

HABILLAGE n.m. 1. Action d'habiller qqn, de s'habiller. **2.** Action d'habiller qqch : *L'habillage d'un flacon* ; ce qui habille un objet : *L'habillage d'une montre.* **3.** Identité visuelle et sonore d'un média audiovisuel, d'une émission, etc. **4.** Fig. Manière de présenter qqch pour obtenir un certain effet : *L'habillage médiatique d'une réforme.*

HABILLÉ, E adj. 1. Qui porte des habits : *Dormir tout habillé.* **2.** Qui convient à une cérémonie : *Tenue habillée.* ▪ **Dîner, soirée habillés,** où l'on doit venir en tenue élégante.

HABILLEMENT n.m. 1. Action d'habiller, de fournir des vêtements. **2.** Ensemble de vêtements dont on est vêtu. **3.** Profession du vêtement : *Le secteur de l'habillement.*

HABILLER v.t. [3] (de l'anc. fr. *abillier*, préparer une bille de bois). **1.** Mettre, fournir des vêtements à : *Habiller un malade, les chœurs de l'Opéra.* **2.** Être seyant, en parlant d'un vêtement : *Un rien l'habille.* **3.** Préparer une volaille, une pièce de gibier pour la cuisson. **4.** Couvrir pour décorer ou protéger : *Habiller les murs de matériaux isolants.* **5.** Fig. Arranger en présentant sous un aspect séduisant : *Habiller un refus de compliments.* ▪ **Habiller qqn pour l'hiver** [fam.], en dire du mal en son absence. ◆ **S'HABILLER v.pr. 1.** Mettre ses vêtements. **2.** Se fournir en vêtements : *Elle s'habille sur Internet.* **3.** Coordonner ses vêtements avec goût : *Savoir s'habiller.* **4.** Revêtir une toilette élégante : *S'habiller pour un mariage.*

HABILLEUR, EUSE n. Personne chargée d'aider les comédiens, les mannequins à s'habiller et d'assurer l'entretien de leurs costumes.

HABIT n.m. (du lat. *habitus*, aspect extérieur). **1.** Vêtement masculin de cérémonie dont les basques, arrondies à partir des hanches, pendent par-derrière. **2.** Vêtement des religieux. ▪ **Habit de neige** [Québec], vêtement d'extérieur, porté surtout par les enfants, couvrant tout le corps et destiné à protéger du froid. ▪ **Habit vert,** habit de cérémonie des membres de l'Académie française. ▪ **Prise d'habit,** cérémonie qui marque l'entrée en religion. ◆ **n.m. pl.** Ensemble des pièces de l'habillement : *Ôter ses habits.* ▪ **Les habits neufs de qqn, qqch,** la nouvelle apparence qu'ils revêtent : *Les habits neufs du libéralisme.*

HABITABILITÉ n.f. Qualité de ce qui est habitable.

HABITABLE adj. 1. Où l'on peut habiter. **2.** Où il y a suffisamment de place pour les occupants ; logeable.

HABITACLE n.m. (du lat. *habitaculum*, demeure). **1. AUTOM.** Partie de la carrosserie d'un véhicule qui constitue l'espace réservé aux occupants. **2.** Partie d'un avion réservée à l'équipage. **3. MAR.** Petite armoire vitrée renfermant des instruments de navigation (boussoles, compas) sur les navires anciens.

HABITANT, E n. 1. Personne qui habite, vit ordinairement en un lieu : *Pays de un milliard d'habitants.* **2.** Être humain, animal qui s'établit dans un lieu : *Les habitants de la plaine, des eaux.* **3.** Antilles. Paysan ; cultivateur.

HABITAT n.m. 1. Aire dans laquelle vit une population, une espèce animale ou végétale particulière. **2. GÉOGR.** Mode de peuplement par l'homme des lieux où il vit : *Habitat rural, urbain, groupé, dispersé.* *(V. planche page suivante.)* **3.** Ensemble des conditions, des faits relatifs à l'habitation, au logement : *Rénovation de l'habitat.*

HABITATION n.f. 1. Fait d'habiter : *Améliorer les conditions d'habitation.* **2.** Lieu où l'on habite. **3.** Antilles, La Réunion. Propriété agricole ; domaine. ▪ **Habitation à loyer modéré → HLM.** ▪ **Taxe d'habitation,** impôt annuel dû, en France, par toute personne propriétaire ou locataire d'une habitation meublée.

HABITÉ, E adj. Occupé par des habitants, des personnes. ▪ **Vol habité** [astronaut.], mission d'un vaisseau spatial transportant des êtres humains.

HABITER v.t. [3] (lat. *habitare*). Avoir sa demeure, sa résidence en tel lieu : *Habiter une grande maison.* ◆ **v.i.** Résider : *Habiter en banlieue.*

HABITUATION n.f. PSYCHOL. Réduction progressive et disparition d'une réponse à la suite de la répétition régulière et sans changement du stimulus.

HABITUDE n.f. (lat. *habitudo*). **1.** Manière ordinaire d'agir, de penser propre à qqn ; coutume : *Il a l'habitude de dessiner en parlant.* **2.** Capacité acquise par la répétition des mêmes actions : *Avoir l'habitude de travailler en équipe.* ▪ **D'habitude,** ordinairement ; habituellement.

HABITUÉ, E n. Personne qui fréquente habituellement un lieu : *Les habitués d'une librairie.*

HABITUEL, ELLE adj. Devenu une habitude ; coutumier : *Emprunter son itinéraire habituel.*

HABITUELLEMENT adv. De façon presque constante ; généralement.

HABITUER v.t. [3] (du lat. *habitus*, manière d'être). Faire prendre l'habitude de ; accoutumer : *Habituer un enfant à manger des légumes.* ◆ **S'HABITUER v.pr. (À).** Prendre l'habitude de ; se familiariser avec : *Elle s'est habituée à ses nouvelles fonctions.*

HABITUS [-tys] **n.m.** (mot lat.). **1. MÉD.** Aspect extérieur du corps, du visage indiquant l'état de santé d'un sujet. **2. SOCIOL.** Comportement acquis et caractéristique d'un groupe social. ➲ Concept fondamental dans la pensée de P. Bourdieu.

***HÂBLERIE n.f.** Sout. Caractère, propos de hâbleur ; vantardise.

***HÂBLEUR, EUSE adj.** et **n.** (de l'anc. fr. *hâbler*, se vanter). Sout. Qui aime à vanter ses mérites ; fanfaron.

***HACHAGE** ou ***HACHEMENT n.m.** Action de hacher.

***HACHE n.f.** (francique **hâppia*). Instrument formé d'un fer tranchant fixé à l'extrémité d'un manche et qui sert à fendre, à couper. ▪ **Hache d'armes,** hache au large fer utilisée comme arme de guerre au Moyen Âge.

***HACHÉ, E adj. 1.** Coupé en menus morceaux : *Ajoutez les oignons hachés.* **2.** Marqué par une suite de ruptures ou d'interruptions : *Un récit haché de sanglots.* ◆ **n.m.** Viande hachée.

* *L'astérisque à l'initiale indique un « h » aspiré.*

Les habitats traditionnels

chalet suisse

maison au toit en tourbe (Islande)

chaumière à colombages (Normandie)

maison chinoise

igloo (Groenland)

tipi (Canada)

case masai (Kenya)

maison sur pilotis (Birmanie)

isba (Russie)

yourte mongole

maison troglodytique (Chine)

***HACHE-LÉGUMES** n.m. inv., ▲ **HACHE-LÉGUME n.m. (pl. *hache-légumes).* Appareil pour hacher finement les légumes.

***HACHE-PAILLE** n.m. inv., ▲ *n.m. (pl. *hache-pailles).* Appareil pour hacher la paille, le fourrage.

***HACHER** v.t. [3]. **1.** Réduire en menus morceaux avec un instrument tranchant : *Hacher du persil, de la viande.* **2.** Réduire en morceaux ; mettre en pièces : *La grêle a haché les vignes.* **3.** Fig. Interrompre sans cesse : *Applaudissements qui hachent un discours.*

***HACHETTE** n.f. Petite hache.

***HACHEUR** n.m. ÉLECTROTECHN. Circuit électronique destiné à découper un signal analogique en éléments temporels.

***HACHIS** [aʃi] n.m. CUIS. Préparation de viandes, de poissons ou de légumes hachés. ▪ **Hachis parmentier** → **PARMENTIER.**

***HACHISCH** n.m. → ***HASCHISCH.**

***HACHOIR** n.m. **1.** Ustensile mécanique ou électrique servant à hacher. **2.** Planche sur laquelle on hache des aliments.

***HACHURE** n.f. Chacun des traits parallèles ou entrecroisés qui servent à marquer les volumes, les ombres, les demi-teintes d'un dessin, d'une gravure, etc.

***HACHURER** v.t. [3]. Marquer de hachures.

HACIENDA [asjɛnda] n.f. (mot esp.). Grande propriété foncière, en Amérique latine.

HACKATHON n.m. (mot angl., de *hack*, trouvaille, et *marathon*). Processus créatif, très utilisé dans le domaine de l'innovation numérique, qui consiste à faire travailler ensemble et sans interruption des volontaires sur une durée de 24 à 48 heures env., dans le but de faire émerger des idées novatrices.

***HACKEUR, EUSE** n. ou ***HACKER** [akœr] n.m. (angl. *hacker*). Personne qui s'introduit frauduleusement dans un système ou un réseau informatique. Recomm. off. **fouineur.**

HACKTIVISME n.m. (de *hackeur* et *activisme*). **1.** Pratique subversive qui consiste à s'introduire frauduleusement dans un système ou un réseau informatique pour le détourner, dans le cadre d'une lutte militante à dimension politique, religieuse ou sociale. **2.** Par ext. Pratique d'un activiste qui utilise les outils numériques.

HAD [aʃade] n.f. (sigle). Hospitalisation à domicile.

***HADAL, E, AUX** adj. (de *Hadês*, n. myth.). Se dit des plus grandes profondeurs océaniques (supérieures à 7 000 m).

***HADDOCK** n.m. (mot angl.). Églefin fumé.

***HADITH** [adit] n.m. (mot ar. « propos », « récit »). Ensemble des paroles du prophète Mahomet, recueillies par ses femmes et ses compagnons, à propos de la religion mais aussi de tous les aspects de la vie.

1. *HADJ ou ***HADJDJ** [adʒ] n.m. inv., ▲ *n.m.* (ar. *hajj*). Pèlerinage à La Mecque que tout musulman doit effectuer au moins une fois dans sa vie.

2. *HADJ ou ***HADJI** n.m. inv., ▲ *n.m.* (de l'ar. *hajj*, pèlerinage). Terme désignant tout musulman ayant effectué le hadj.

***HADRON** n.m. (du gr. *hadros*, fort). PHYS. Particule élémentaire susceptible d'interaction forte (nucléon, méson, etc.) [par oppos. à *lepton*]. ▪ **Grand collisionneur de hadrons,** type d'accélérateur de particules.

HADRONIQUE adj. Relatif aux hadrons.

***HAFNIUM** [afnjɔm] n.m. (de *Hafnia*, n. lat. de Copenhague). **1.** Métal rare, analogue au zirconium. **2.** Élément chimique (Hf), de numéro atomique 72 et de masse atomique 178,49.

***HAGARD, E** adj. (du moy. angl. *hagger*, sauvage). Qui paraît en proie à un trouble violent ; effaré : *Des rescapés hagards.*

***HAGGIS** [agis] n.m. (mot écossais). CUIS. Panse de mouton farcie avec la fressure de l'animal. ➲ Plat national écossais.

HAGIOGRAPHE n. (du gr. *hagios*, saint, et *graphein*, écrire). Auteur d'hagiographies.

HAGIOGRAPHIE n.f. **1.** Branche de l'histoire religieuse qui traite de la vie et du culte des saints. **2.** Récit de la vie des saints. **3.** Par ext. Biographie excessivement embellie.

HAGIOGRAPHIQUE adj. Relatif à l'hagiographie.

***HAÏDOUK** [ajduk] ou ***HEIDUQUE** [edyk] n.m. (du hongr.). HIST. Membre de bandes armées luttant contre les Turcs en Hongrie et dans les Balkans (XVe-XIXe s.).

***HAIE** [ɛ] n.f. (francique **hagja*). **1.** Alignement d'arbustes, avec ou sans arbres, pouvant former une clôture, un brise-vent ou une séparation entre deux parcelles, deux propriétés. **2.** Rangée de personnes le long d'une voie, sur le passage de qqn : *Une haie de gendarmes, de curieux.* ▪ **Course de haies,** ou **haies,** dans laquelle les coureurs doivent franchir un certain nombre de barrières (par oppos. à *course de plat*) : *Courir le 110 m haies.*

▲ **haie.** Épreuve féminine de 100 m haies.

***HAÏK** [aik] n.m. (ar. *hā'ik*). Grand voile rectangulaire que les femmes musulmanes portent par-dessus leurs vêtements.

***HAÏKAÏ** [ajkaj] n.m. (mot jap.). Forme poétique japonaise qui a donné naissance au haïku.

***HAÏKU** [ajku] n.m. (mot jap.). Petit poème japonais constitué d'un verset de 17 syllabes.

***HAILLON** n.m. (du moy. haut all. *hadel*, lambeau). [Surtout pl.]. Vêtement en loques ; guenille.

***HAINE** n.f. (de **haïr*). **1.** Vive hostilité qui porte à souhaiter ou à faire du mal à qqn ; inimitié : *Cet attentat attise la haine.* **2.** Vive répugnance pour qqch ; aversion : *Avoir une haine viscérale de l'injustice.* ▪ **Avoir la haine** [fam.], éprouver un vif sentiment de rancœur.

***HAINEUSEMENT** adv. Avec haine.

***HAINEUX, EUSE** adj. Porté à la haine : *Des gens haineux* ; inspiré par la haine : *Un article haineux.*

***HAINUYER, ÈRE** ou ***HENNUYER, ÈRE** [ɛnɥije, ɛr] adj. et n. Du Hainaut.

***HAÏR** v.t. [22] (francique **hatjan*). Avoir de la haine pour : *Haïr la discrimination, les fraudeurs.*

***HAIRE** [ɛr] n.f. (du francique). Anc. Chemise en étoffe de crin ou de poils de chèvre, portée par les ascètes par esprit de pénitence.

***HAÏSSABLE** adj. Qui mérite d'être haï.

HAÏTIEN, ENNE [aisjɛ̃, ɛn] adj. et n. D'Haïti ; de ses habitants. ◆ n.m. Créole français parlé à Haïti.

***HAKA** n.m. (mot maori). Chant tribal maori que les rugbymans néo-zélandais entonnent avant chaque match international.

***HAKKA** n.m. Dialecte chinois parlé dans le sud-est de la Chine.

***HALAGE** n.m. Action de haler un bateau. ▪ **Chemin de halage,** chemin aménagé le long d'une voie navigable pour le halage des bateaux.

***HALAKHA** ou ***HALAKHAH** n.f. (mot hébr. « manière de marcher »). Dans le judaïsme, désigne le droit et la jurisprudence, comprenant les règles qui sont investies d'une autorité religieuse contraignante (la Torah) et qui indiquent aux fidèles la voie à suivre en toute matière (par oppos. à l'*agada*).

***HALAL** adj. inv. (de l'ar. *ḥalāl*, licite). Se dit de la viande d'un animal tué selon les rites prescrits et qui peut être consommée par les musulmans.

***HALBI** n.m. (du néerl. *haalbier*, bière légère). Boisson normande faite d'un mélange de pommes et de poires fermentées.

***HALBRAN** n.m. (du moy. haut all. **halberant*). Canard sauvage de l'année.

***HÂLE** n.m. Couleur brune que prend la peau sous l'effet du grand air et du soleil.

***HÂLÉ, E** adj. Bruni par le soleil et le grand air.

HALEINE n.f. (du lat.**anhelare*, souffler). **1.** Air qui sort des poumons pendant l'expiration. **2.** Rythme de la respiration : *Être hors d'haleine.* ▪ **À perdre haleine,** jusqu'à l'essoufflement : *Courir, rire à perdre haleine.* ▪ **De longue haleine,** se dit d'un travail qui exige un effort prolongé et soutenu. ▪ **D'une (seule) haleine** [vieilli], sans interruption. ▪ **Reprendre haleine,** s'arrêter pour se reposer. ▪ **Tenir en haleine,** maintenir l'attention, l'intérêt en éveil.

***HALENER** [alne] v.t. [12]. Flairer l'odeur du gibier, en parlant d'un chien de chasse.

***HALER** v.t. [3] (germ. *halon*). **1.** Faire effort en tirant sur : *Haler une ancre.* **2.** Remorquer un bateau à l'aide d'un câble le long d'une voie navigable ou d'un quai, à partir de la berge.

***HÂLER** v.t. [3] (du lat. pop. **assulare*, griller). Brunir la peau, le teint, en parlant du soleil et du grand air.

***HALETANT, E** adj. **1.** Qui halète ; essoufflé. **2.** Fig. Qui tient en haleine : *Un suspense haletant.*

***HALÈTEMENT** n.m. Action de haleter ; respiration forte et saccadée.

***HALETER** v.i. [12] (du lat. *halare*, exhaler). Respirer à un rythme précipité ; être hors d'haleine.

***HALEUR, EUSE** n. Personne qui hale les bateaux.

HALF COURT** (pl. **half courts*), ▲ ****HALFCOURT [alfkurt] n.m. (mot angl.). Jeu de raquette et de balle d'origine australienne, proche du tennis, mais qui se déroule sur un court plus petit.

HALF-PIPE** (pl. **half-pipes*), ▲ ****HALFPIPE [alfpajp] n.m. (mot angl.). Piste, utilisée au skateboard et au snowboard, dont le profil transversal est en forme de demi-cylindre ; figures acrobatiques que l'on y effectue.

HALF-TRACK** (pl. **half-tracks*), ▲ ****HALFTRACK [alftrak] n.m. (mot anglo-amér.). Véhicule semi-chenillé, blindé, utilisé à partir de la Seconde Guerre mondiale.

***HALICTE** n.m. (lat. sc. *halictus*). Insecte européen voisin de l'abeille, et dont les sociétés, ne comptant que quelques individus, vivent dans des nids souterrains. ➲ Famille des halictidés.

HALIEUTIQUE adj. (gr. *halieutikos*). Qui concerne la pêche. ◆ n.f. Ensemble des disciplines de la pêche.

HALIOTIDE n.f. (du gr. *halios*, marin, et *ous, ôtos*, oreille). Mollusque gastéropode marin primitif, à coquille plate nacrée à l'intérieur et percée d'une rangée d'orifices (SYN. **oreille-de-mer, 2. ormeau**). ➲ Sous-classe des prosobranches.

HALITE n.f. MINÉRALOG. Chlorure de sodium (NaCl) cristallisé extrait du sous-sol ou de l'eau de mer (SYN. **sel gemme**).

***HALL** [ol] n.m. (mot angl.). Salle de grandes dimensions servant d'entrée : *Le hall de la mairie, de notre immeuble.*

HALLALI n.m. (du francique *hara*, par ici). Cri des chasseurs ou sonnerie de trompe annonçant que le cerf est aux abois.

***HALLE** n.f. (francique **halla*). Grande salle, ouverte plus ou moins largement sur l'extérieur, servant notamm. au commerce en gros d'une marchandise. ◆ n.f. pl. Bâtiment, place couverte où se tient le principal marché des denrées alimentaires d'une ville ; ce marché lui-même.

***HALLEBARDE** n.f. (moy. all. *helmbarte*). Arme d'hast, à fer pointu d'un côté et tranchant de l'autre (XIVe-XVIIe s.). ▪ **Il pleut des hallebardes,** à verse.

***HALLEBARDIER** n.m. HIST. Militaire armé d'une hallebarde.

***HALLIER** n.m. (du germ.). Gros buisson touffu où se réfugie le gibier.

***HALLOWEEN** [alɔwin] n.f. (mot angl.). Fête d'origine anglo-saxonne, célébrée la veille de la Toussaint et lors de laquelle les enfants se déguisent en fantômes et en sorcières et quémandent des friandises dans le voisinage.

***HALLSTATTIEN, ENNE** [alʃtatjɛ̃, ɛn] adj. et n.m. (de *Hallstatt*, n. d'un bourg d'Autriche). Relatif à la période protohistorique dite *de Hallstatt* ou premier âge du fer.

HALLUCINANT, E adj. Qui frappe de saisissement : *Des images d'une précision hallucinante.*

HALLUCINATION n.f. MÉD. Trouble psychique dans lequel le sujet a la conviction de percevoir, par la vue, l'ouïe ou l'odorat, un objet qui n'existe pas.

* *L'astérisque à l'initiale indique un « h » aspiré.*

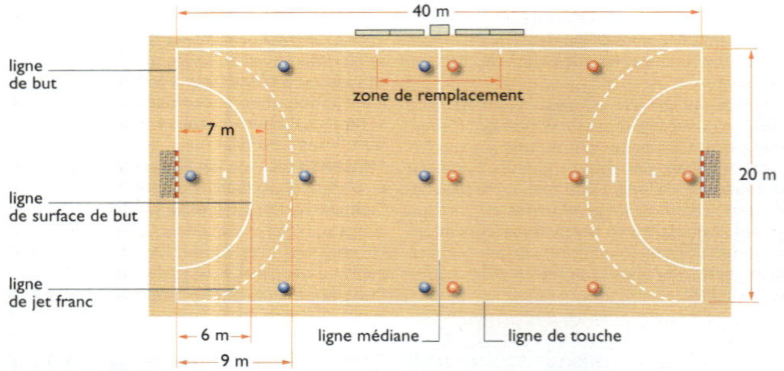

Tir en extension (le joueur est au-dessus de la surface de but).

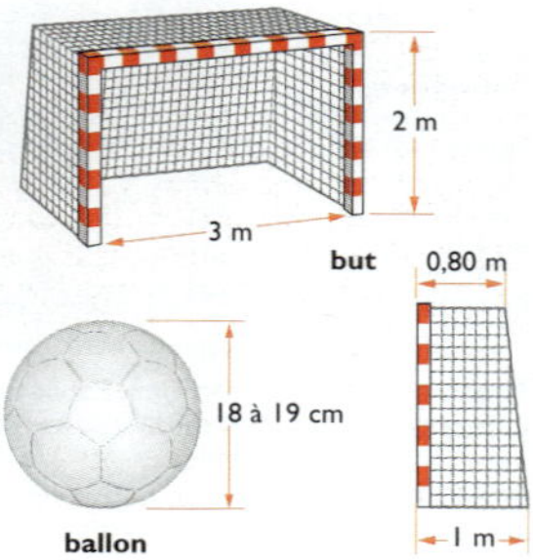

ballon

▲ **handball**

HALLUCINATOIRE adj. MÉD. Qui a le caractère de l'hallucination ; qui comporte des hallucinations.

HALLUCINÉ, E adj. et **n. 1.** Qui a des hallucinations. **2.** Qui semble égaré ; hagard.

HALLUCINER v.t. [3] (lat. *hallucinare*). Rare. Provoquer des hallucinations chez qqn. ◆ **v.i.** Fam. Être stupéfait de ce que l'on voit ou entend ; ne pas y croire.

HALLUCINOGÈNE adj. et **n.m.** Se dit des substances qui provoquent des hallucinations.

HALLUCINOSE n.f. MÉD. Hallucination dont le caractère anormal est reconnu par le malade.

***HALO n.m.** (gr. *halôs*). **1.** Zone circulaire diffuse autour d'une source lumineuse : *Le halo des phares.* **2.** Cercle lumineux légèrement irisé qui entoure quelquefois le Soleil ou la Lune, par suite de la réfraction de la lumière au sein de cristaux ou de nuages de glace. **3. PHOTOGR.** Auréole qui entoure parfois l'image photographique d'un point lumineux.

HALOGÉNATION n.f. CHIM. ORG. Introduction d'halogènes dans une molécule organique.

HALOGÈNE adj. et **n.m.** (du gr. *hals, halos*, sel, et *gennân*, engendrer). Se dit des éléments qui figurent dans la colonne VII A du tableau périodique* : fluor, chlore, brome, iode et astate. ▪ **Lampe (à) halogène,** ou **halogène, n.m.,** lampe à incandescence contenant un gaz ou une poudre halogène qui améliore sa durée de vie et son efficacité lumineuse.

HALOGÉNÉ, E adj. Qui contient un halogène. ▪ **Dérivé halogéné,** composé organique comportant un ou plusieurs atomes d'halogène, qui joue un grand rôle dans les synthèses (nom générique).

HALOGÉNURE n.m. Combinaison chimique contenant un halogène.

***HÂLOIR n.m.** (de *hâler*). Local destiné à l'affinage de certains fromages à pâte molle.

HALOPHYTE ou **HALOPHILE adj.** et **n.f.** (du gr. *hals, halos*, sel, et *phuton*, plante). **BOT.** Se dit d'une plante vivant dans des eaux ou sur les sols salés.

HALOTHANE n.m. BIOCHIM. Liquide volatil, anesthésique par voie respiratoire.

***HALTE n.f.** (all. *Halt*). **1.** Moment d'arrêt pendant une marche, un voyage ; pause. **2.** Lieu où l'on s'arrête ; station. ▪ **Halte routière** [Québec], aire de repos, le long d'une route. ◆ **interj.** ▪ **Halte(-là) !,** arrêtez ! ; en voilà assez !

***HALTE-GARDERIE n.f.** (pl. *haltes-garderies*). Petit établissement de quartier accueillant occasionnellement et pour une durée limitée des enfants de trois mois à six ans.

HALTÈRE n.m. (du gr. *haltêres*, balancier). **SPORTS.** Instrument formé de deux masses métalliques sphériques ou de disques de fonte, réunis par une tige.

HALTÉROPHILE n. Sportif qui pratique l'haltérophilie.

HALTÉROPHILIE n.f. Sport consistant à soulever des haltères. (On disait autref. *poids et haltères*.)

***HALVA n.m.** (turc *'halvā*, de l'ar.). Confiserie orientale à base de farine, d'huile de sésame, de miel, de fruits secs.

***HAMAC n.m.** (esp. *hamaca*, mot arawak). Rectangle de toile ou de filet suspendu par ses deux extrémités, dans lequel on s'allonge pour se reposer ou pour dormir.

***HAMADA n.f.** (mot ar.). **GÉOMORPH.** Au Sahara, plateau où affleurent de grandes dalles rocheuses.

HAMADRYADE n.f. (du gr. *hama*, avec, et *drûs*, arbre). **MYTH. GR.** Nymphe des bois, née avec un arbre et mourant avec lui.

HAMADRYAS [-drijas] **n.m.** Singe d'Éthiopie, voisin du babouin. ➲ Sous-ordre des catarhiniens.

HAMAMÉLIS [-lis] **n.m.** (du gr. *hamamêlis*, néflier). Arbuste ornemental, originaire d'Amérique du Nord, dont les feuilles sont utilisées traditionnellement en cas de troubles veineux. ➲ Famille des hamamélidacées.

***HAMBURGER** [ɑ̃bœrgœr] ou [ɑ̃burgœr] **n.m.** (mot anglo-amér.). Steak haché souvent servi dans un petit pain rond ou avec un œuf au plat.

***HAMEAU n.m.** (du francique *haim*). Groupement de quelques maisons rurales situées en dehors de l'agglomération principale d'une commune.

HAMEÇON n.m. (lat. *hamus*). Petit crochet métallique placé au bout d'une ligne avec un appât pour prendre du poisson. ▪ **Mordre à l'hameçon,** se laisser séduire par des apparences trompeuses ; tomber dans un piège.

HAMEÇONNAGE n.m. Technique de fraude par courriel, basée sur l'usurpation d'identité de banques ou d'entreprises commerciales, afin d'obtenir de particuliers des renseignements confidentiels (numéros de cartes de crédit).

***HAMMAM** [amam] **n.m.** (ar. *hammām*). Établissement où l'on prend des bains de vapeur.

***HAMMERLESS** [amɛrlɛs] **n.m.** (mot angl. « sans marteau »). Fusil de chasse à percussion centrale et sans chien apparent.

1. *HAMPE n.f. (de l'anc. fr. *hante*, lance). **1.** Manche en bois qui supporte un drapeau, une arme d'hast, etc. **2.** Trait vertical des lettres *t, h, j*, etc., et des notes de musique. **3. BOT.** Axe florifère allongé, terminé par une fleur ou par un groupe de fleurs.

2. *HAMPE n.f. (haut all. *wampa*, panse). **BOUCH.** Portion charnue périphérique du diaphragme du bœuf.

***HAMSTER** [amstɛr] **n.m.** (mot all.). Petit rongeur d'Europe et d'Asie Mineure, omnivore, au pelage jaune ocre, apprécié comme animal d'agrément. ➲ Le hamster sauvage peut causer des dégâts considérables aux cultures ; famille des cricétidés.

1. *HAN interj. (onomat.). Cri sourd d'un homme qui frappe avec effort.

2. *HAN adj. inv. Relatif aux Han ; qui appartient à cette population.

***HANAFISME n.m.** Une des quatre grandes écoles juridiques de l'islam sunnite. ➲ Fondé par Abu Hanifa (700-768), le hanafisme fut adopté notamm. par l'Empire ottoman.

***HANAP n.m.** (du francique **hnapp*, écuelle). Vase à boire du Moyen Âge, en métal, souvent à pied et muni d'un couvercle.

***HANBALISME n.m.** Une des quatre grandes écoles juridiques de l'islam sunnite. ➲ Fondé par Ahmad ibn Hanbal (780-855), le hanbalisme est en vigueur en Arabie saoudite.

***HANCHE n.f.** (germ. **hanka*). **1. ANAT.** Partie du membre inférieur correspondant à sa jonction avec le tronc et contenant la fesse et l'aine. **2. ANAT.** Articulation du fémur avec l'os iliaque. **3.** Portion latérale de la région anatomique de la hanche : *Avoir mal à la hanche.* **4. ZOOL.** Région de l'arrière-main des quadrupèdes, située à la jonction de la croupe et de la cuisse. **5. ENTOMOL.** Partie du thorax des insectes qui reçoit la cuisse. ◆ **n.f. pl.** Zone correspondant au pourtour du bassin : *Être large des hanches.*

***HANCHEMENT n.m. BX-ARTS. 1.** Mouvement, attitude faisant saillir la hanche. **2.** En sculpture, position d'une statue hanchée.

***HANCHER v.t. [3]. BX-ARTS.** Représenter un personnage debout en appui sur une jambe, de manière à obtenir un hanchement. ◆ **v.i.** ou **SE HANCHER v.pr.** Vieilli. Prendre une attitude qui fait saillir la hanche.

***HANDBALL** [ɑ̃dbal] **n.m.** (de l'all. *Hand*, main, et *Ball*, ballon). Sport qui oppose deux équipes de sept joueurs et qui se joue avec un ballon rond et uniquement avec les mains.

***HANDBALLEUR, EUSE n.** Joueur de handball.

***HANDICAP n.m.** (mot angl.). **1.** Limitation d'activité ou restriction de participation à la vie en société due à une altération des capacités sensorielles, physiques, mentales, cognitives ou psychiques. **2.** Fig. Désavantage qui met en état d'infériorité : *La corruption est un handicap pour ce pays.* **3. SPORTS.** Désavantage de poids, de distance, etc., imposé à un concurrent ; épreuve sportive dans laquelle on désavantage certains concurrents pour égaliser les chances de victoire.

➲ Un **HANDICAP** peut être sensoriel (visuel, auditif), physique (neurologique, musculaire, etc.), ou encore mental (déficience intellectuelle, trouble psychiatrique). Les causes, très variées, en sont surtout les traumatismes, les malformations, les anomalies génétiques, les infections, les maladies cardio-vasculaires, respiratoires ou rhumatismales.

***HANDICAPANT, E adj.** Qui handicape : *Migraine handicapante.*

***HANDICAPÉ, E adj.** et **n. 1.** Se dit d'une personne atteinte d'un handicap : *Des handicapés mentaux, moteurs.* **2.** Se dit d'une personne désavantagée.

***HANDICAPER v.t. [3]. 1.** Constituer un handicap pour : *Sa naïveté la handicape.* **2. SPORTS.** Soumettre un concurrent aux conditions du handicap : *Handicaper un cheval.*

***HANDICAPEUR n.m. SPORTS.** Officiel chargé de handicaper.

***HANDISPORT adj. inv.** Relatif aux sports pratiqués par les handicapés physiques. ◆ **n.m.** Ensemble des disciplines sportives pratiquées par les handicapés.

* *L'astérisque à l'initiale indique un « h » aspiré.*

***HANGAR** n.m. (du francique *haimgard*, clôture). Abri ouvert ou fermé, constitué essentiellement d'une toiture et de ses supports.

***HANNETON** n.m. (du francique *hano*, coq). Coléoptère d'Europe centrale et occidentale. ➲ Cet insecte était très répandu en France et sa larve ou *ver blanc* était un ravageur des cultures. Famille des scarabéidés.

***HANOUKKA** n.f. (mot hébr.). Fête juive de la Dédicace ou des Lumières, célébrée en novembre ou en décembre, qui commémore la victoire de Judas Maccabée sur Antiochos IV Épiphane et la purification du Temple (164 av. J.-C.).

***HANSE** n.f. (de l'anc. haut all. *hansa*, troupe). **HIST.** Association de marchands, au Moyen Âge. ▪ **La Hanse (teutonique),** v. partie n.pr.

***HANSÉATIQUE** adj. Relatif à la Hanse.

***HANSEN** [ɑ̃sɛn] **(BACILLE DE)** n.m. Bactérie responsable de la lèpre.

***HANTAVIRUS** n.m. **MÉD.** Virus responsable d'infections épidémiques caractérisées par de la fièvre, des hémorragies et une atteinte rénale (nom générique).

***HANTÉ, E** adj. Visité par des esprits, des fantômes : *Château hanté.*

***HANTER** v.t. [3] (de l'anc. scand.). **1.** Apparaître dans un lieu, en parlant d'esprits, de fantômes. **2.** Fig. Occuper entièrement l'esprit de : *Les images de l'attentat le hantent.*

***HANTISE** n.f. Inquiétude qui tourne à l'obsession ; idée fixe : *La hantise de l'échec.*

***HAOUSSA** n. et adj. Afrique centrale. Commerçant musulman ambulant ou possédant un éventaire.

HAPAX [apaks] n.m. (du gr. *hapax legomenon*, chose dite une seule fois). **LING.** Mot ou expression qui n'apparaît qu'une seule fois dans un corpus donné.

HAPLOÏDE adj. (du gr. *haploos*, simple). **BIOL. CELL.** Se dit des cellules dont le noyau ne contient qu'un seul exemplaire de chaque chromosome (gamète, par ex.) ; se dit des organes ou des organismes constitués de telles cellules.

HAPLOLOGIE n.f. **PHON.** Processus par lequel une des deux séries de phonèmes successifs et semblables disparaît. (Le latin *nutrix* est issu par haplologie de *nutritix*.)

***HAPPE** n.f. (de *happer*). **CONSTR.** Crampon à deux pointes qui sert à lier deux pierres ou deux pièces de charpente.

***HAPPEMENT** n.m. Action de happer.

***HAPPENING** [apəniŋ] n.m. (mot angl. « événement »). **1.** Forme de spectacle qui exige la participation active du public et cherche à provoquer une création artistique spontanée. **2.** Par ext. Apparition impromptue de mouvements, de déclarations au sein d'un groupe.

***HAPPER** v.t. [3] (du néerl. *happen*, mordre). **1.** Saisir brusquement avec la gueule, le bec : *Le chien a happé le gâteau qui tombait.* **2.** Accrocher brusquement, avec violence : *Le train a happé le cycliste.*

***HAPPY END** [apiɛnd] n.m. (pl. *happy ends*) [mots angl.]. Dénouement heureux d'un film, d'un roman ou d'une histoire quelconque.

***HAPPY FEW** [apifju] n.m. pl. (mots angl.). Ensemble très restreint de personnes privilégiées.

HAPTÈNE n.m. (du gr. *haptein*, attacher). **BIOCHIM.** Substance incapable par elle-même de provoquer une synthèse d'anticorps, mais capable de réagir avec des anticorps déjà existants.

▲ **handisport.** Des athlètes handicapés disputant une course en fauteuil roulant.

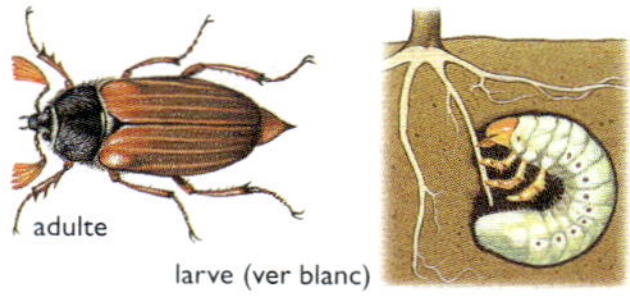

▲ **hanneton**

HAPTIQUE adj. (du gr. *haptein*, toucher). **PSYCHOL.** Relatif à la sensibilité cutanée. ◆ n.f. **PSYCHOL.** Étude scientifique du toucher.

HAPTONOMIE n.f. (du gr. *haptein*, toucher, et *nomos*, loi). Science de la vie affective qui étudie les phénomènes propres aux contacts, essentiellement tactiles, dans les relations humaines. ➲ Ses applications concernent la vie entière, de la conception (accompagnement périnatal) à la mort.

***HAQUENÉE** n.f. (du moy. angl. *haquenei*, cheval dressé au pas). Vx. Petit cheval ou jument qui va l'amble, autref. monture de femme.

***HARA-KIRI** (pl. *hara-kiris*), ▲ ***HARAKIRI** n.m. (mot jap. « ouverture du ventre »). [Abusif]. Seppuku.

***HARANGUE** n.f. (ital. *aringa*, de *aringo*, place publique). **1.** Discours solennel prononcé devant une assemblée, des troupes, etc. **2.** Discours pompeux, ennuyeux ; sermon.

***HARANGUER** v.t. [3]. Adresser une harangue à : *Le rockeur harangue son public.*

***HARANGUEUR, EUSE** n. Personne qui harangue.

***HARAS** [ara] n.m. (p.-ê. de l'anc. scand. *hârr*, au poil gris). Établissement où l'on entretient des étalons et des juments pour propager et améliorer les races de chevaux, d'ânes et de poneys.

***HARASSANT, E** adj. Extrêmement fatigant : *Un travail harassant.*

***HARASSE** n.f. Emballage en osier ou caisse à claire-voie, servant au transport du verre creux ou de la porcelaine.

***HARASSEMENT** n.m. Sout. Fatigue extrême.

***HARASSER** v.t. [3] (de l'anc. fr. *harace*, poursuite). Fatiguer à l'extrême ; exténuer : *Ce déménagement l'a harassé.* (S'emploie surtout au p. passé et aux temps composés.)

***HARCÈLEMENT** n.m. Action de harceler : *Un élève victime de harcèlement au collège.* ▪ **Harcèlement moral,** agissements malveillants et répétés à l'égard d'autrui, susceptibles notamm. d'altérer sa santé physique ou mentale, de porter atteinte à ses droits ou à son avenir professionnel, ou, quand ils s'exercent à l'égard du conjoint ou concubin, par ex., d'altérer ses conditions de vie. ▪ **Harcèlement sexuel,** fait d'imposer à qqn, de façon répétée, des propos ou comportements à connotation sexuelle (portant atteinte à sa dignité, notamm.) ; fait d'user sur qqn, même à une seule occasion, de pression grave dans le but réel ou apparent d'obtenir de lui un acte de nature sexuelle. ▪ **Tir de harcèlement** [mil.], tir visant à créer un sentiment d'insécurité dans une zone limitée que l'on sait occupée par l'ennemi.

***HARCELER** v.t. [12] (de l'anc. fr. *herser*, frapper). **1.** Soumettre à des attaques incessantes : *Les guérilleros harcèlent les troupes régulières.* **2.** Soumettre à des demandes, des critiques répétées : *Harceler qqn de réclamations.*

***HARCELEUR, EUSE** n. Personne qui harcèle : *Les harceleurs sont visés par la loi.*

***HARD** [ard] adj. inv. (mot angl. « dur »). **1.** Fam. Difficile, pénible ou violent : *Une rupture hard.* **2.** Se dit d'un film pornographique. ◆ n.m. inv. **1.** Cinéma pornographique. **2.** Hard-rock. **3. INFORM.** Abrév. de *hardware.*

***HARD BOP** n.m. inv. Courant du jazz, apparu à la fin des années 1950 et caractérisé par un retour aux sources du blues et du gospel et l'utilisation des riffs.

***HARD-CORE** n.m. inv. Genre musical apparu en 1980 aussi bien en Angleterre qu'aux États-Unis et en Europe, dans la foulée du punk dont il amplifie les principales caractéristiques. ➲ Par extension, le terme désigne également la tendance dure du rap et de la techno.

1. *HARDE n.f. (du francique *herda*, troupeau). Troupeau de ruminants sauvages : *Une harde de daims.*

2. *HARDE n.f. **1.** Lien avec lequel on attache les chiens quatre à quatre ou six à six. **2.** Réunion de plusieurs couples de chiens.

***HARDES** n.f. pl. (de l'ar. *farda*, balle de vêtements). Vêtements usagés et misérables.

***HARDEUR, EUSE** n. (de *hard*). Acteur de films pornographiques.

***HARDI, E** adj. (de l'anc. fr. *hardir*, rendre courageux). **1.** Qui montre de l'audace et de la décision en face d'un danger ; intrépide : *Des sauveteurs hardis.* **2.** Qui agit avec effronterie ou impudence : *Vous êtes bien hardi de le contredire.* **3.** Qui témoigne d'audace, d'originalité : *Une théorie hardie.* ◆ interj. Sert à encourager : *Hardi, les gars !*

***HARDIESSE** n.f. **1.** Qualité d'une personne hardie, d'une chose audacieuse : *La hardiesse des pompiers, d'une décision.* **2.** Originalité dans la conception et l'exécution d'une œuvre artistique : *Les hardiesses d'un architecte.* **3.** Mépris des convenances ; impudence. **4.** (Surtout pl.). Action, manières, propos hardis : *Des hardiesses de langage.*

***HARDIMENT** adv. Avec hardiesse.

***HARD-ROCK** (pl. *hard-rocks*) ou ***HARD** n.m. Courant de la pop, développé dans les années 1970, caractérisé par l'accentuation de certaines composantes du rock : puissance sonore, longs solos de guitare, chant hurleur.

***HARD-TOP** n.m. (pl. *hard-tops*) [mots angl.]. Toit amovible de certaines automobiles, cabriolets ou pick-up notamm.

***HARDWARE** [ardwɛr] n.m. (mot angl. « quincaillerie »). **INFORM.** (Anglic. déconseillé). Matériel (par oppos. à *software*, logiciel). Abrév. ***hard.**

***HAREM** [arɛm] n.m. (de l'ar. *haram*, défendu et sacré). Ensemble des appartements des femmes, chez les musulmans ; ensemble des femmes qui y habitent.

***HARENG** [arɑ̃] n.m. (mot francique). Poisson à dos bleu-vert, à ventre argenté, abondant dans la Manche et la mer du Nord, se déplaçant en bancs énormes. ➲ Famille des clupéidés. ▪ **Filet de hareng,** chair de hareng levée le long de l'arête et mise à mariner ou à fumer. ▪ **Roi des harengs,** régalec.

***HARENGAISON** n.f. Pêche au hareng ; époque où elle a lieu.

***HARENGÈRE** n.f. Vx. **1.** Marchande de harengs et d'autres poissons. **2.** Fam. Femme querelleuse et grossière.

***HARENGUIER** n.m. Bateau spécialisé dans la pêche au hareng.

***HARET** adj.m. (de l'anc. fr. *harer*, exciter [les chiens] après une proie). ▪ **Chat haret,** ou **haret, n.m.,** chat domestique retourné à l'état sauvage (SYN. **chat féral**).

***HARFANG** [arfɑ̃] n.m. (mot suédois). ▪ **Harfang des neiges,** grande chouette de l'Arctique, au plumage blanc moucheté de brun, emblème ornithologique du Québec. ➲ Famille des strigidés.

***HARGNE** n.f. (du francique *harmjan*, injurier). Mauvaise humeur qui se manifeste par de l'agressivité, des paroles blessantes ; animosité.

***HARGNEUSEMENT** adv. Avec hargne.

***HARGNEUX, EUSE** adj. Qui manifeste de la hargne : *Un opposant hargneux.*

***HARICOT** n.m. (de l'anc. fr. *harigoter*, couper en morceaux). **1.** Légumineuse aux très nombreuses variétés cultivées, grimpantes ou naines, comestibles ou ornementales. ➲ Famille des fabacées. **2.** Fruit de cette plante, qui se mange soit en gousses, avant maturité des graines *(haricots verts)*, soit en grains *(flageolets, haricots secs)*. **3.** Petit récipient à usage médical en forme de haricot. ▪ **C'est la fin des haricots** [fam.], c'est la fin de tout ; c'est un désastre. ▪ **Courir sur le haricot à qqn** [fam.], l'importuner ; l'agacer. ▪ **Haricot de mouton,** ragoût de mouton aux haricots ou aux fèves en grains.

***HARIDELLE** n.f. (de l'anc. scand. *hârr*, au poil gris). Vieilli. Mauvais cheval, maigre et mal conformé.

***HARISSA** n.f. ou n.m. (mot ar.). Condiment très fort, à base de piment et d'huile, d'origine nord-africaine.

** L'astérisque à l'initiale indique un « h » aspiré.*

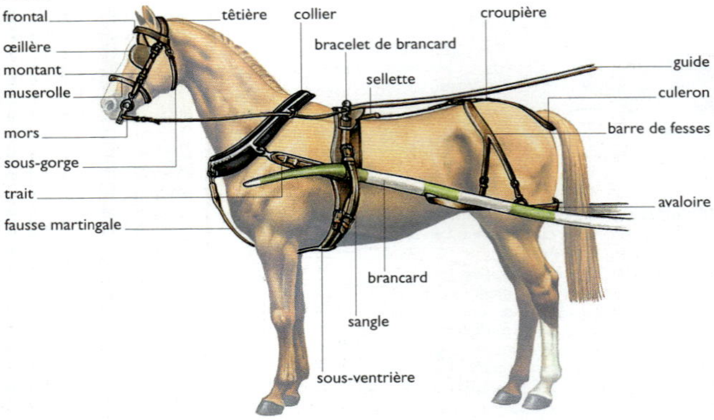

▲ **harnais** d'un cheval de trait.

1. *HARKI n.m. (mot ar.). Homme d'origine algérienne ayant servi comme supplétif dans l'armée française en Algérie (de 1954 à 1962).

2. *HARKI, E n. et **adj.** Membre de la famille ou descendant d'un harki : *Les familles harkies.*

***HARLE n.m.** (mot dial.). Grand canard plongeur piscivore des estuaires et des lacs du nord de l'Amérique et de l'Eurasie, qui migre en hiver vers les pays tempérés. ➲ Long. jusqu'à 75 cm ; famille des anatidés.

HARMATTAN, ▲ *HARMATAN* [armatɑ̃] **n.m.** (mot d'une langue africaine). Vent d'est, chaud et sec, originaire du Sahara et soufflant sur l'Afrique occidentale.

HARMONICA n.m. (mot angl., du lat. *harmonicus*, harmonieux). Instrument de musique à anches libres logées dans les cavités d'un cadre et mises en vibration par le souffle.

HARMONICISTE n. Instrumentiste qui joue de l'harmonica.

HARMONIE n.f. (du gr. *harmozein*, ajuster). **1.** Accord bien réglé entre les diverses parties d'un ensemble : *L'harmonie d'un visage.* **2.** Accord de sentiments, d'idées entre plusieurs personnes ; entente : *Vivre en harmonie avec son entourage.* **3.** Ensemble ou suite de sons agréables à l'oreille : *L'harmonie d'un chant d'oiseau.* **4. MUS.** Science de la formation et de l'enchaînement des accords. **5.** Orchestre composé uniquement d'instruments à vent et de percussions.

HARMONIEUSEMENT adv. De façon harmonieuse.

HARMONIEUX, EUSE adj. 1. Dont les parties forment un ensemble bien proportionné, agréable : *Une construction harmonieuse.* **2.** Qui produit des sons agréables à l'oreille : *Une musique harmonieuse.*

1. HARMONIQUE adj. MUS. Qui utilise les lois de l'harmonie. ▪ **Distorsion harmonique,** altération d'un signal sonore provoquée dans un système électroacoustique par la formation d'harmoniques parasites. ▪ **Marche harmonique** [mus.], groupe d'accords se reproduisant symétriquement à des intervalles égaux, en montant ou en descendant. ▪ **Points en division harmonique** [math.], points A, B, C, D d'un axe tels que $\frac{\overline{CA}}{\overline{CB}} = \frac{\overline{DA}}{\overline{DB}}$.

2. HARMONIQUE n.m. Son accessoire ayant des fréquences multiples de celles du son fondamental et qui, se surajoutant à celui-ci, contribue avec d'autres à former le timbre. (On dit aussi *son harmonique.*)

HARMONIQUEMENT adv. MUS. Selon les lois de l'harmonie.

HARMONISATION n.f. Action d'harmoniser ; fait d'être harmonisé.

HARMONISER v.t. [3]. 1. Mettre en harmonie, en accord : *Harmoniser les salaires des hommes et des femmes.* **2. MUS.** Ajouter à une mélodie une ou plusieurs parties harmoniques. **3. MUS.** Donner une sonorité équilibrée aux différents registres d'un instrument à clavier : *Harmoniser un orgue* (en réglant les tuyaux), *un piano.* ◆ **S'HARMONISER v.pr. (AVEC).** Être en harmonie avec.

HARMONISTE n. MUS. 1. Personne qui connaît et met en pratique les règles de l'harmonie. **2.** Personne qui harmonise un instrument.

HARMONIUM [-njɔm] **n.m.** Instrument de musique à clavier, à anches libres mises en vibration par l'air d'une soufflerie commandée par un pédalier.

***HARNACHEMENT n.m. 1.** Action de harnacher. **2.** Ensemble des pièces qui composent le harnais. **3.** Fam. Accoutrement pesant et encombrant ; attirail.

***HARNACHER v.t. [3].** Mettre le harnais à : *Harnacher un cheval.* ◆ **SE *HARNACHER v.pr.** Se munir d'un équipement encombrant et parfois grotesque.

***HARNAIS n.m.** (de l'anc. scand. **hernest*, provision d'armée). **1.** Ensemble des pièces qui servent à équiper un cheval de selle et de trait : *Un harnais en cuir.* **2.** Ensemble des sangles qui entourent un parachutiste, un alpiniste, un monteur de lignes téléphoniques, etc., et qui, attachées en un point, répartissent sur l'ensemble du corps la traction exercée en cas de chute. **3. MÉCAN. INDUSTR.** Dans une machine-outil, ensemble d'engrenages introduit dans la transmission du mouvement de rotation de la broche pour en réduire la vitesse.

***HARNOIS n.m.** (forme anc. de *harnais*). Litt. ▪ **Blanchir sous le harnois,** vieillir en exerçant son métier.

***HARO interj.** (de l'anc. fr. *hare*, cri pour exciter les chiens). Litt. ▪ **Crier haro sur,** s'élever avec indignation contre.

HARPAGON n.m. (de *Harpagon*, n.pr.). Homme très avare.

***HARPAIL n.m.** ou ***HARPAILLE n.f. VÉNER.** Harde de biches.

1. *HARPE n.f. (bas lat. *harpa*). Instrument de musique à cordes pincées tendues entre deux parties d'un cadre triangulaire.

2. *HARPE n.f. CONSTR. 1. Pierre ou brique laissée en saillie à l'extrémité d'un mur pour faire liaison avec un autre mur à construire ultérieurement. **2.** Ensemble des pierres apparentes d'un chaînage d'angle.

***HARPIE n.f.** (lat. *harpya*, du gr. *Harpuia*, Harpye, mère des vents). **1.** Femme acariâtre ; mégère. **2.** Grand aigle des forêts tropicales d'Amérique centrale et méridionale, chasseur de singes et de serpents. ➲ Long. 1 m ; famille des accipitridés.

***HARPISTE n.** Instrumentiste qui joue de la harpe.

***HARPON n.m. 1.** Instrument métallique, barbelé et acéré, emmanché, dont on se sert pour la pêche des gros poissons et la chasse de la baleine. **2. PRÉHIST.** Instrument de pêche ou de chasse, en bois de renne, muni d'une ou de deux rangées de barbelures.

***HARPONNAGE** ou ***HARPONNEMENT n.m.** Action de harponner.

***HARPONNER v.t. [3]. 1.** Accrocher avec le harpon : *Harponner un requin.* **2.** Fam. Arrêter qqn au passage : *Il m'a harponné à la machine à café.*

***HARPONNEUR n.m.** Pêcheur qui lance le harpon.

***HARRAGA n.m. pl.** (mot ar. « ceux qui brûlent [leurs papiers] »). Algérie. Jeunes adultes que l'absence de perspectives d'avenir pousse à fuir leur pays par tous les moyens possibles (une embarcation de fortune, par ex.).

HARUSPICE ou **ARUSPICE n.m.** (lat. *haruspex*, *-picis*). **ANTIQ. ROM.** Devin qui interprétait la volonté des dieux, notamm. par l'examen des entrailles des victimes des sacrifices.

***HASARD n.m.** (de l'ar. *az-zahr*, jeu de dés). **1.** Puissance considérée comme la cause d'événements fortuits ou inexplicables : *Le hasard a voulu qu'il soit présent à ce moment-là.* **2.** Événement imprévu : *Par quel heureux hasard êtes-vous ici ?* ▪ **À tout hasard,** en prévision d'un événement possible. ▪ **Au hasard,** à l'aventure. ▪ **Par le plus grand des hasards,** d'une manière tout à fait imprévisible.

***HASARDÉ, E adj.** Litt. Émis à la légère et sans preuve : *Hypothèse hasardée.*

***HASARDER v.t. [3]. 1.** Faire ou dire qqch au risque d'échouer : *Hasarder une proposition.* **2.** Litt. Exposer qqch à un risque, à un danger : *Hasarder sa fortune.* ◆ **SE HASARDER v.pr. 1.** S'exposer à un risque : *Elle s'est hasardée sur le sol gelé.* **2. (À).** Se résoudre à faire qqch qui présente un danger : *Se hasarder à partir malgré l'orage.*

***HASARDEUX, EUSE adj.** Qui comporte des risques ; aventureux : *Une démarche hasardeuse.*

***HAS BEEN** [azbin] **n. inv.** (mots angl. « a été »). Fam. Artiste, sportif, personnalité dont la notoriété appartient au passé.

***HASCH,** ▲ **HACH* [aʃ] **n.m.** (abrév.). Fam. Haschisch.

***HASCHISCH, *HASCHICH** ou ***HACHISCH,** ▲ **HACHICH* [aʃiʃ] **n.m.** (de l'ar. *ḥachīch*, chanvre indien). Résine psychotrope extraite des feuilles et des inflorescences du chanvre indien, consommée le plus souvent fumée.

***HASE n.f.** (mot all. « lièvre »). Femelle du lièvre.

***HASHTAG** [aʃtag] **n.m.** (mot angl., de *hash*, dièse, et *tag*, balise). Mot-clé cliquable, précédé du signe dièse (#), permettant de faire du référencement sur les sites de microblogage : *Le hashtag #chien regroupe les posts consacrés au chien sur Twitter.* Recomm. off. **mot-dièse.**

✎ Au Québec, on dit *mot-clic.*

***HASSIDIM** [asidim] **n.m. pl.** (mot hébr. « les pieux »). Membres du hassidisme.

✎ Au sing., on dit ***hassid.***

***HASSIDIQUE adj.** Relatif au hassidisme.

***HASSIDISME n.m.** Mouvement populaire de renouveau mystique du judaïsme, fondé en Ukraine par Ba'al Shem Tov (1700-1760).

➲ Dernier en date des grands courants apparus au sein du judaïsme, le **HASSIDISME** renoue avec la mystique de la foi empreinte de joie, sanctifie tout acte de la vie ordinaire et magnifie la danse. Les groupes qui en sont issus auj. réhabilitent l'étude du Talmud et prônent une ferveur intransigeante, tels les hassidim du mouvement Loubavitch.

▲ **harpe**

** L'astérisque à l'initiale indique un « h » aspiré.*

***HASSIUM** [asjɔm] **n.m.** (de *Hassia*, n. lat. du Land de Hesse). Élément chimique artificiel (Hs), de numéro atomique 108.

HAST [ast] **n.m.** (du lat. *hasta*, lance). ▪ **Arme d'hast,** arme blanche dont le fer est emmanché au bout d'une longue hampe.

HASTATI n.m. pl. (mot lat.). **ANTIQ. ROM.** Légionnaires romains combattant en première ligne.

HASTÉ, E adj. (de *hast*). **BOT.** Qui a la forme d'un fer de lance, en parlant d'une feuille.

***HÂTE n.f.** (du francique **haist*, véhémence). Grande rapidité à faire qqch : *Dans sa hâte, elle a oublié de fermer la porte.* ▪ **À la hâte,** précipitamment. ▪ **Avoir hâte de** (+ inf.), **que** (+ subj.), être impatient de, que. ▪ **En (toute) hâte,** sans perdre de temps.

***HÂTER v.t. [3]. 1.** Rendre plus rapide : *Hâter les préparatifs.* **2.** Rapprocher dans le temps : *Hâter les retrouvailles.* ◆ **SE HÂTER v.pr.** Se dépêcher : *Se hâter de répondre.*

***HÂTIF, IVE adj. 1.** Qui vient avant le temps : *Fruit hâtif.* **2.** Fait trop vite : *Mesures hâtives.*

***HÂTIVEMENT adv.** En hâte ; précipitamment.

***HATTÉRIA n.m.** Reptile de Nouvelle-Zélande, à morphologie de lézard (SYN. **sphénodon**). ➲ C'est le seul survivant actuel de l'ordre des rhynchocéphales.

***HAUBAN n.m.** (mot scand.). **1. MAR.** Chacune des manœuvres dormantes servant à soutenir et à assujettir les mâts d'un navire par le travers et par l'arrière. **2.** Câble servant à maintenir ou à consolider : *Les haubans d'une grue, d'un pont.*

***HAUBANAGE n.m.** Ensemble de haubans : *Haubanage d'un mât, d'une cheminée, d'un portique.*

***HAUBANER v.t. [3].** Fixer, assujettir au moyen de haubans : *Haubaner un pylône.*

***HAUBERT n.m.** (du francique *hals*, cou, et *berg*, ce qui protège). Longue cotte de mailles des hommes d'armes, au Moyen Âge.

***HAUSSE** [os] **n.f.** (de **hausser*). **1.** Fait de s'accroître en hauteur, d'atteindre un niveau plus élevé : *La hausse du niveau de la mer.* **2.** Augmentation de valeur, de prix : *La hausse des salaires. Températures en hausse.* **3. TECHN.** Objet ou dispositif servant à hausser. **4. ARM.** Appareil placé sur le canon d'une arme à feu et servant à son pointage. ▪ **Angle de hausse d'une arme** [arm.], angle formé par les lignes de tir et de site. ▪ **Jouer à la hausse** [Bourse], spéculer sur la hausse des cours.

***HAUSSE-COL n.m.** (pl. **hausse-cols*). Pièce de métal qui protégeait le cou dans l'équipement militaire. ➲ Il fut supprimé en 1881.

***HAUSSEMENT n.m.** Action de hausser.

***HAUSSER v.t. [3]** (du lat. *altus*, haut). **1.** Rendre plus haut : *Hausser une maison d'un étage.* **2.** Augmenter la valeur, l'importance de : *Hausser les impôts.* **3.** Augmenter l'intensité d'un son : *Hausser la voix pour se faire entendre.* ▪ **Hausser les épaules,** les soulever rapidement en signe d'indifférence, de doute ou de mépris. ▪ **Hausser le ton,** parler avec force pour exprimer sa colère ou sa supériorité. ◆ **SE HAUSSER v.pr.** S'élever à un niveau supérieur : *Se hausser au rang des champions.*

***HAUSSIER, ÈRE n.** Personne qui, en Bourse, spécule à la hausse. ◆ **adj.** Relatif à la hausse des cours.

***HAUSSIÈRE n.f.** → **AUSSIÈRE.**

HAUSSMANNIEN, ENNE adj. Relatif à la politique d'urbanisme du baron Haussmann : *Un immeuble haussmannien.*

1. *HAUT, E adj. (lat. *altus*). **1.** Qui a une certaine dimension dans le sens vertical : *Un chêne haut de 30 m.* **2.** Qui a une dimension verticale importante par rapport à qqch de même nature pris comme référence : *De très hautes tours.* **3.** Qui est situé plus haut que le niveau ordinaire : *Une robe à taille haute.* **4.** Se dit de la partie d'un pays qui est la plus éloignée de la mer, de la partie d'un cours d'eau qui est la plus proche de sa source : *Haute-Égypte. La haute Loire.* **5.** Qui correspond à la partie la plus reculée d'une époque : *Dès la plus haute antiquité. Le haut Moyen Âge.* **6.** Qui atteint un niveau élevé en intensité : *Lait porté à haute température.* **7.** Qui produit un son aigu : *Elle a une voix très haute.* **8.** Qui occupe une position supérieure, éminente dans sa catégorie : *Les hauts fonctionnaires. Un appareil de haute technologie.* **9.** Qui est très grand, à quelque titre que ce soit : *Quartier de haute sécurité. Avoir une haute idée de soi-même.* ▪ **À haute voix** ou **à voix haute,** en prononçant clairement et assez fort. ▪ **Haut en couleur,** dont les couleurs sont très vives ; fig., savoureux par sa verdeur, en parlant d'un style ; truculent. ▪ **Hautes eaux,** niveau d'un cours d'eau à l'époque de l'année où le débit est le plus fort. ▪ **Hautes parties contractantes** [dr. intern.], membres des délégations engagées dans des négociations ; parties signataires d'un pacte, d'un accord. ◆ **adv. 1.** À haute altitude ; en un lieu élevé ; à un degré élevé : *Voler haut dans le ciel.* **2.** À haute voix : *Parler haut et fort.* ▪ **Haut la main,** très facilement. ▪ **Haut les cœurs !,** courage ! ▪ **Haut les mains !,** les mains en l'air ! ▪ **Locomotive haut le pied,** locomotive circulant sans remorquer un train.

2. *HAUT n.m. 1. Dimension verticale d'un corps : *Cet arbre a 10 m de haut.* **2.** Partie haute de qqch ; sommet : *Le haut de la colline est boisé. Passe par le haut.* **3.** Partie de l'habillement féminin qui couvre le buste : *Elle a mis son haut noir.* ▪ **De haut,** d'un endroit élevé : *Sauter de haut ;* fig., avec mépris ou insolence : *Il nous regarde de haut.* ▪ **D'en haut,** d'un endroit élevé ; d'un niveau élevé du pouvoir : *Des ordres venus d'en haut.* ▪ **Des hauts et des bas,** des périodes heureuses et malheureuses. ▪ **En haut,** dans un lieu (plus) élevé. ▪ **En haut de,** au sommet de. ▪ **Le prendre de haut,** réagir avec mépris. ▪ **Tomber de (son) haut,** être extrêmement surpris.

1. *HAUTAIN, E adj. Qui affiche une supériorité méprisante ; condescendant : *Une femme hautaine.*

***HAUTBOIS n.m.** (de *1. *haut* et *bois*). Instrument de musique à vent, à anche double et au tuyau de perce conique. ▪ **Hautbois alto,** cor anglais. ◆ **n.** Hautboïste.

***HAUTBOÏSTE** [ɔbɔist] **n.** Instrumentiste qui joue du hautbois (SYN. ***hautbois**).

***HAUT-COMMISSAIRE n.** (pl. **hauts-commissaires*). **1.** Titre donné à certains hauts fonctionnaires. **2.** Titre donné à un membre du gouvernement ayant reçu une mission particulière.

***HAUT-COMMISSARIAT n.m.** (pl. **hauts-commissariats*). **1.** Fonction de haut-commissaire. **2.** Administration, ensemble des services dépendant d'un haut-commissaire.

***HAUT-DE-CHAUSSES n.m.** (pl. **hauts-de-chausses*). Partie supérieure des chausses, qui couvrait le corps de la ceinture aux genoux.

✎ On trouve parfois la forme ***haut-de-chausse*** (pl. ***hauts-de-chausse***).

***HAUT-DE-FORME n.m.** (pl. **hauts-de-forme*). Chapeau masculin de cérémonie, à calotte de soie haute et cylindrique et à bord étroit.

***HAUTE n.f.** Fam. ▪ **La haute,** les hautes classes de la société.

***HAUTE-CONTRE** (pl. **hautes-contre*), ▲ ****HAUTECONTRE* n.f. MUS.** Voix masculine située dans le registre aigu du ténor. ◆ **n.m.** Chanteur qui a cette voix (SYN. **contre-ténor**).

***HAUTE-FIDÉLITÉ** (pl. **hautes-fidélités*), ▲ ****HAUTEFIDÉLITÉ* n.f.** Ensemble des techniques visant à obtenir une grande qualité de reproduction du son. (On dit aussi *HI-FI*, par abrév. de l'angl. *high fidelity*.)

***HAUTEMENT adv. 1.** À un haut degré : *C'est hautement improbable.* **2.** Avec courage et franchise : *Affirmer hautement ses opinions.*

***HAUTEUR n.f. 1.** Dimension verticale d'un objet, considéré de la base au sommet : *La hauteur d'une montagne.* **2.** Élévation relative d'un corps : *Avion qui vole à la hauteur de 3 000 mètres.* **3.** Lieu élevé ; butte : *Le village est sur une hauteur.* **4.** Élévation, dans l'ordre moral ou intellectuel : *Hauteur de vues.* **5.** Attitude méprisante : *Parler avec hauteur.* **6.** Une des trois dimensions de l'espace, dans la géométrie euclidienne. **7.** Droite perpendiculaire à la base de certaines figures du plan (triangle) ou de l'espace (pyramide, cône, tétraèdre) et passant par le sommet associé ; longueur du segment joignant ce sommet au pied de la perpendiculaire. **8.** Caractéristique liée à la fréquence de vibrations d'un son audible : *Hauteur d'un son.* ▪ **À (la) hauteur de tant,** à cette valeur ; pour ce montant : *Être remboursé à hauteur de mille euros.* ▪ **À la hauteur de** [mar.], à la latitude de ; au même niveau que : *Arrivé à la hauteur du bar, l'homme a ouvert le feu ;* au même niveau de connaissances que : *Se mettre à la hauteur de qqn.* ▪ **Être à la hauteur** [fam.], être capable de s'acquitter d'une tâche. ▪ **Hauteur barométrique,** longueur de la colonne de mercure au-dessus du niveau de la cuve d'un baromètre. ▪ **Hauteur d'un astre,** angle de sa direction avec le plan horizontal du lieu d'observation. ▪ **Saut en hauteur,** ou **hauteur,** épreuve d'athlétisme consistant à franchir une barre horizontale posée sur des taquets.

***HAUT-FOND** (pl. **hauts-fonds*), ▲ ****HAUTFOND* n.m.** Élévation du fond de la mer ou d'un cours d'eau, de moindre étendue qu'un banc, toujours recouverte d'eau mais dangereuse pour la navigation (CONTR. **bas-fond**).

***HAUT-FOURNEAU n.m.** (pl. **hauts-fourneaux*). **MÉTALL.** Appareil à cuve, chauffé au coke, où s'effectuent la réduction puis la fusion réductrice des minerais de fer, et l'élaboration de la fonte, du ferromanganèse et d'autres ferroalliages.

***HAUTIN n.m.** Vigne dont les ceps sont élevés, dont les branches à fruits sont en hauteur et qui s'appuie sur des arbres ou des échalas.

***HAUT-LE-CŒUR n.m. inv. 1.** Envie de vomir ; nausée. **2.** Fig. Sentiment de dégoût, de répulsion.

***HAUT-LE-CORPS n.m. inv.** Brusque mouvement du corps, marquant la surprise, l'indignation, etc.

***HAUT-PARLEUR** (pl. **haut-parleurs*), ▲ ****HAUTPARLEUR* n.m.** Appareil qui reçoit de l'énergie électrique correspondant à des sons audibles (parole, musique, bruits) et la convertit en énergie acoustique, qu'il fait rayonner dans l'espace environnant. ▪ **Haut-parleur d'aigus, de graves,** conçu pour assurer la reproduction des sons aigus, des basses.

***HAUT-RELIEF n.m.** (pl. **hauts-reliefs*). Sculpture dont les figures sont en forte saillie, presque indépendantes du fond.

▲ **haut-relief** (vers 1530) représentant un buste de femme en médaillon. (Musée des Beaux-Arts, Lyon.)

***HAUTURIER, ÈRE adj. MAR.** Relatif à la haute mer : *Navigation hauturière.*

***HAÜYNE** [oin] **n.f.** (de R. J. *Haüy*, n.pr.). Feldspathoïde contenant du sodium et du calcium, de couleur bleu ciel (→ **néphéline, leucite**).

***HAVAGE n.m. MIN.** Abattage de la roche en continu le long d'un front de taille ou à l'aide d'une haveuse.

***HAVANAIS, E adj.** et **n.** De La Havane.

***HAVANE n.m.** Tabac ou cigare de La Havane. ◆ **adj. inv.** D'une couleur marron clair.

***HÂVE adj.** (du francique **haswa*, gris comme le lièvre). Litt. D'une pâleur et d'une maigreur maladives : *Visage hâve.*

***HAVENEAU** ou ***HAVENET n.m.** (mot scand.). Filet à poche et à manche pour pêcher la crevette.

***HAVER v.t. [3]** (mot wallon « creuser »). Procéder au havage de.

***HAVERS** [avɛrs] **(SYSTÈME DE) n.m.** Unité microscopique du tissu osseux compact, formée d'un canal nutritif entouré de lamelles concentriques calcifiées.

***HAVEUSE n.f.** Machine à haver.

***HAVRE n.m.** (moyen néerl. *havene*). Litt. **1.** Petit port bien abrité. **2.** Fig. Refuge sûr et tranquille.

***HAVRESAC n.m.** (de l'all. *Habersack*, sac à avoine). Vieilli. Sac porté derrière le dos par les militaires ou les campeurs et contenant leur équipement.

HAWAIIEN, ENNE ou **HAWAÏEN, ENNE** [awajɛ̃, ɛn] **adj.** et **n.** Des îles Hawaii. ◆ **adj. GÉOL.** Se dit d'un type d'éruption volcanique caractérisé par l'émission de coulées de lave basaltique très fluide.

***HAYON** [ajɔ̃] ou [ɛjɔ̃] **n.m.** (de **haie*). **1.** Porte de panneau arrière d'une automobile (berline, limousine ou break). **2.** Panneau de bois amovible à l'avant et à l'arrière d'une charrette. ▪ **Hayon élévateur,** plaque métallique fixée à l'arrière d'un camion et destinée à élever ou à descendre des charges.

***HD n.f.** (sigle). **TECHN.** Haute définition*.

HDL-CHOLESTÉROL n.m. BIOCHIM. Fraction du cholestérol sanguin transportée par des lipoprotéines de haute densité. ➲ C'est le « bon cholestérol ». Plus le taux de HDL-cholestérol est élevé, plus le risque d'athérosclérose est faible.

***HÉ interj. 1.** Sert à appeler : *Hé ! Attends-moi !* **2.** Exprime la surprise, l'indignation : *Hé ! Rends-moi mon portable !* **3.** Répété, marque l'approbation, l'ironie : *Hé ! hé ! Cela prend tournure !*

***HEAUME** [om] **n.m.** (du francique **helm*, casque). Au Moyen Âge, grand casque des hommes d'armes enveloppant toute la tête.

HEAVY METAL [evimetal] **n.m. inv.** (mots angl.). Version exacerbée du hard-rock, apparue dans les années 1970, et de nouveau en vogue depuis les années 1990, sous la forme du *nu metal*, dit encore *alternative metal*.

HEBDOMADAIRE adj. (du gr. *hebdomas, -adis*, semaine). **1.** De la semaine ; de chaque semaine. **2.** Se dit de ce qui revient chaque semaine : *Une émission hebdomadaire.* ◆ **n.m.** Périodique qui paraît chaque semaine. Abrév. (fam.) **hebdo.**

HEBDOMADAIREMENT adv. Chaque semaine.

HÉBÉPHRÉNIE n.f. (du gr. *hêbê*, jeunesse, et *phrên*, esprit). **PSYCHIATR.** Forme de schizophrénie, touchant princip. les adolescents, où prédomine la dissociation.

HÉBERGE n.f. DR. Ligne sur un mur mitoyen séparant deux bâtiments contigus et d'inégale hauteur, formée par la projection, sur ce mur, de la ligne de faîte du bâtiment le moins élevé.

HÉBERGEMENT n.m. Action d'héberger ; fait d'être hébergé : *Frais d'hébergement.*

HÉBERGER v.t. [10] (francique **heribergôn*). **1.** Loger provisoirement : *Héberger des cousins* ; servir de lieu de séjour à : *Le gymnase héberge les sinistrés.* **2. INFORM.** Accueillir sur un serveur un service ou des pages Web pour les rendre accessibles aux utilisateurs.

HÉBERGEUR n.m. INFORM. Prestataire de services équipé de disques durs et de serveurs, qui propose aux internautes le stockage de leurs contenus et leur diffusion sur le Web.

HÉBERTISME n.m. Méthode naturelle d'éducation physique de Georges Hébert.

HÉBERTISTE n. et **adj.** Sous la Révolution française, partisan de Jacques Hébert.

HÉBÉTÉ, E adj. 1. Abasourdi par un choc physique ou moral ; égaré. **2. PSYCHIATR.** Atteint d'hébétude.

HÉBÉTEMENT ou **HÉBÈTEMENT n.m.** État d'une personne hébétée ; hébétude.

HÉBÉTER v.t. [11], ▲ *[11*]* (du lat. *hebetare*, émousser). Faire perdre toute intelligence, toute volonté de réaction à ; rendre stupide.

HÉBÉTUDE n.f. 1. Litt. Hébétement. **2. PSYCHIATR.** Sidération de la vie psychique, caractéristique notamm. de certains états démentiels.

* *L'astérisque à l'initiale indique un « h » aspiré.*

1 écriture carrée (imprimerie)	2 cursive moderne (manuscrite)	3 nom	4 transcription
א	א	aleph	ʾ (esprit doux)
ב בּ	ב בּ	bet	b, v
ג גּ	ג	gimel	g, gh
ד דּ	ד	dalet	d, dh
ה	ה	he	h
ו	ו	waw *ou* vav	w, v
ז	ז	zayin	z
ח	ח	ḥet	ḥ
ט	ט	ṭet	ṭ
י	י	yod	y
כ כּ [ך]	כ כּ [ך]	kaf	k, kh
ל	ל	lamed	l
מ [ם]	מ [ם]	mem	m
נ [ן]	נ [ן]	nun	n
ס	ס	samek	s
ע	ע	ayin	ʿ (esprit rude)
פ פּ [ף]	פ פּ [ף]	pe *ou* phe	p, f
צ [ץ]	צ [ץ]	tsade	ṣ
ק	ק	qof	q
ר	ר	resh	r
שׂ שׁ	שׂ שׁ	sin *ou* shin	s, ch
ת תּ	ת	taw *ou* tav	t, th

Les lettres entre crochets sont des variantes finales.

▲ **hébreu.** Alphabet hébreu.

HÉBOÏDOPHRÉNIE n.f. PSYCHIATR. Forme de schizophrénie où prédominent les tendances antisociales.

HÉBRAÏQUE adj. Des Hébreux ; de leur langue : *Études hébraïques.*

HÉBRAÏSANT, E ou **HÉBRAÏSTE n.** et **adj.** Spécialiste de l'hébreu.

HÉBRAÏSER v.t. [3]. Donner un caractère hébraïque à : *Hébraïser la culture.*

HÉBRAÏSME n.m. Idiotisme propre à l'hébreu ; emprunt à l'hébreu.

HÉBREU adj.m. (du lat. *Hebraeus*, de Judée). Des Hébreux. (Au fém., on emploie *hébraïque*.) ◆ **n.m.** Langue sémitique parlée autref. par les Hébreux, reconstruite et parlée auj. en Israël. ▪ **C'est de l'hébreu** [fam.], c'est incompréhensible (par allusion à la difficulté supposée de la langue hébraïque).

HÉCATOMBE n.f. (du gr. *hekatombê*, sacrifice de cent bœufs). **1.** Massacre d'un grand nombre de personnes ou d'animaux. **2.** Grand nombre de personnes atteintes ou éliminées par qqch. **3. ANTIQ. GR.** Sacrifice de cent bœufs.

HECT(O)- [ɛkt(o)] **préf.** (du gr. *hekaton*, cent). Préfixe (symb. h) qui, placé devant le nom d'une unité, la multiplie par 10^2.

HECTARE n.m. (de *hect(o)-* et *are*). Mesure de superficie (symb. ha), employée notamm. pour les surfaces agricoles et valant 10^4 m^2.

HECTIQUE adj. (du gr. *hektikos*, habituel). **MÉD.** ▪ **Fièvre hectique,** état grave caractérisé par une fièvre oscillante et une dégradation de l'état général.

HECTO- [ɛkto] **préf.** → **HECT(O)-.**

HECTO n.m. (abrév.). Fam. **1.** Hectogramme. **2.** Hectolitre.

HECTOGRAMME n.m. Masse valant 100 g (symb. hg).

HECTOLITRE n.m. Volume valant 100 l (symb. hl).

HECTOMÈTRE n.m. Longueur valant 100 m (symb. hm).

HECTOMÉTRIQUE adj. Relatif à l'hectomètre.

HECTOPASCAL n.m. (pl. *hectopascals*). Unité de mesure de pression (symb. hPa) valant 100 Pa. ➲ L'hectopascal a remplacé le millibar pour la mesure de la pression atmosphérique.

HÉDÉRACÉE n.f. Plante dicotylédone à fleurs en ombelles, grimpante ou rampante, telle que le lierre, le ginseng (SYN. **araliacée**). ➲ Les hédéracées forment une famille.

HÉDONISME n.m. (du gr. *hêdonê*, plaisir). **1. PHILOS.** Doctrine morale qui fait des plaisirs le principe ou le but de la vie. **2.** Motivation de l'activité économique par la recherche du maximum de satisfaction par le minimum d'efforts.

HÉDONISTE adj. et **n.** Relatif à l'hédonisme ; qui en est partisan.

HÉDONISTIQUE adj. PHILOS. Relatif à l'hédonisme.

HÉGÉLIANISME [ege-] **n.m.** Philosophie de Hegel et de ses continuateurs.

HÉGÉLIEN, ENNE [ege-] **adj.** et **n.** Relatif à la philosophie de Hegel ; qui en est partisan.

HÉGÉMONIE n.f. (gr. *hêgemonia*). Pouvoir prépondérant, dominateur d'un État, d'un groupe social sur d'autres ; suprématie.

HÉGÉMONIQUE adj. Relatif à l'hégémonie.

HÉGÉMONISME n.m. Tendance à l'hégémonie d'un État, d'un groupe.

HÉGIRE n.f. (de l'ar. *hidjra*, fuite). Ère de l'islam qui commence l'année où Mahomet, persécuté à La Mecque, s'enfuit à Médine (an 622 de l'ère chrétienne).

***HEIDUQUE n.m.** → ***HAÏDOUK.**

***HEIMLICH** [ɛmliʃ] **(MANŒUVRE DE) n.f.** Technique de secourisme pour expulser un corps étranger des voies respiratoires, le sauveteur comprimant rapidement le creux de l'estomac.

***HEIN interj.** Fam. **1.** Sert à solliciter une explication : *Hein ? Peux-tu répéter ?* **2.** Exprime la surprise : *Hein ! Tout le monde a refusé ?*

***HÉLAS** [elas] **interj.** Exprime le regret, la douleur : *Hélas, la trêve a été rompue !*

***HÉLER v.t. [11],** ▲ *[11*]* (de l'angl. *to hail*, saluer). Appeler de loin : *Héler un taxi.*

HÉLIANTHE n.m. (du gr. *hêlios*, soleil, et *anthos*, fleur). Plante herbacée de grande taille, originaire d'Amérique du Nord, à grandes fleurs jaunes ornementales et dont les principales espèces sont le tournesol et le topinambour. ➲ Famille des composées.

HÉLIANTHÈME n.m. Sous-arbrisseau rampant à fleurs jaune d'or, voisin des cistes. ➲ Famille des cistacées.

HÉLIANTHINE n.f. CHIM. Indicateur coloré, jaune en milieu basique, rose en milieu acide (SYN. **méthylorange**).

HÉLIAQUE adj. (du gr. *hêliakos*, qui concerne le soleil). **ASTRON.** Se dit du lever d'un astre qui a lieu peu avant celui du Soleil ou du coucher d'un astre qui a lieu peu après celui du Soleil.

HÉLIASTE n.m. (gr. *hêliastês*). **ANTIQ. GR.** Membre de l'Héliée, ancien tribunal populaire d'Athènes.

HÉLICE n.f. (du gr. *helix*, spirale). **1.** Appareil de propulsion, de traction ou de sustentation constitué par des pales disposées régulièrement autour d'un moyeu actionné par un moteur. **2. MATH.** Courbe gauche dont la tangente en chaque point fait un angle constant avec une direction fixe. ▪ **Escalier en hélice** [constr.], escalier à vis*. ▪ **Hélice circulaire** [math.], courbe enroulée sur un cylindre de révolution et s'éloignant d'une distance constante (le *pas*) à chaque tour.

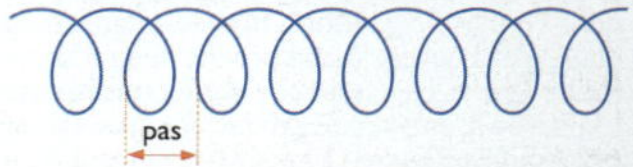

▲ **hélice circulaire**

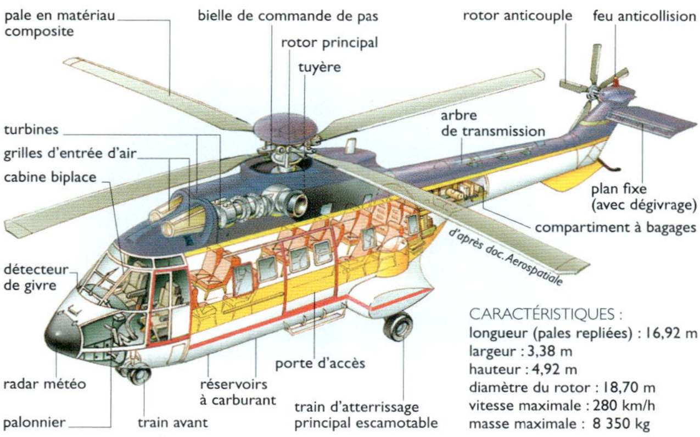

▲ **hélicoptère**

HÉLICICULTEUR, TRICE n. Personne qui élève des escargots.

HÉLICICULTURE n.f. Élevage des escargots.

HÉLICO n.m. (abrév.). Fam. Hélicoptère.

HÉLICOÏDAL, E, AUX adj. (gr. *helikoeidês*). En forme d'hélice. ▪ **Déplacement hélicoïdal** [math.], déplacement dans l'espace, composé d'une rotation autour d'un axe (axe du déplacement) et d'une translation dont le vecteur a même direction que l'axe (SYN. **vissage**).

HÉLICOÏDE adj. **BOT.** Se dit d'une cyme unipare dont les rameaux floraux sont émis alternativement d'un côté et de l'autre des axes successifs de l'inflorescence, en hélice. ◆ **n.m. MATH.** Surface engendrée par une demi-droite $[OM_0)$ dont l'origine O décrit une droite (Δ) et dont le point fixe M_0 décrit une hélice (H_0) d'axe (Δ), $[OM_0)$ restant orthogonale à (Δ).

HÉLICON n.m. (du gr. *helikos*, qui se recourbe). Instrument de musique à vent et à embouchure, en cuivre, muni de pistons, contrebasse de la famille des tubas.

HÉLICOPTÈRE n.m. (du gr. *helix, -icis*, hélice, et *pteron*, aile). Appareil dont la voilure tournante lui permet de voler verticalement et de rester immobile, le rotor assurant la sustentation et la propulsion grâce à l'inclinaison de son plan de rotation. Abrév. (fam.) **hélico.**

HÉLIGARE n.f. Partie d'un héliport mise à la disposition du public et des passagers.

HÉLIO n.f. → **HÉLIOGRAVURE.**

HÉLIOCENTRIQUE adj. Qui est mesuré, considéré par rapport au Soleil pris comme centre de référence.

HÉLIOCENTRISME n.m. Description du Système solaire qui fait du Soleil l'astre autour duquel tournent les planètes (par oppos. à *géocentrisme*).

HÉLIODORE n.m. Béryl de couleur jaune d'or, classé dans les pierres fines.

HÉLIOGRAPHE n.m. (du gr. *hêlios*, soleil, et *graphein*, écrire). **MÉTÉOROL.** Appareil servant à mesurer la durée de l'ensoleillement.

HÉLIOGRAPHIE n.f. **IMPRIM.** Reproduction d'originaux transparents ou translucides sur papier aux diazoïques (tirages Ozalid).

HÉLIOGRAVEUR, EUSE n. Spécialiste d'héliogravure.

HÉLIOGRAVURE ou **HÉLIO** n.f. Procédé d'obtention de formes d'impression cylindriques gravées en creux ; procédé d'impression utilisant ces formes. ▪ **Héliogravure tramée,** rotogravure.

HÉLIOMARIN, E adj. Qui combine l'héliothérapie et les bienfaits d'un séjour au bord de la mer : *Un centre héliomarin.*

HÉLION n.m. Noyau de l'atome d'hélium, dit aussi *particule alpha.*

HÉLIOPAUSE n.f. Zone de transition entre l'héliosphère et le milieu interstellaire.

HÉLIOSISMOLOGIE n.f. Étude des vibrations du Soleil.

HÉLIOSPHÈRE n.f. Région de l'espace dans laquelle la densité d'énergie du vent solaire* est supérieure à celle du milieu interstellaire.

HÉLIOSTAT [-sta] n.m. **ÉNERG.** Système de miroirs, utilisé par ex. dans les fours solaires, qui permet de réfléchir les rayons du Soleil dans une direction donnée malgré le mouvement diurne.

HÉLIOSYNCHRONE adj. Se dit de l'orbite d'un satellite artificiel de la Terre dont le plan fait un angle constant avec la direction Terre-Soleil. ➲ Une même région de la surface terrestre peut ainsi être observée dans des conditions d'éclairement identiques d'une révolution à l'autre, ce qui constitue un avantage appréciable pour la météorologie, la télédétection ou la surveillance militaire.

HÉLIOTHÉRAPIE n.f. Traitement médical par l'exposition à la lumière solaire, active par ses rayons ultraviolets.

HÉLIOTROPE n.m. (du gr. *hêlios*, soleil, et *tropos*, direction). **1.** Plante des régions chaudes et tempérées à feuilles entières persistantes, à fleurs blanches odorantes, parfois cultivée comme ornementale. ➲ Famille des borraginacées. **2. MINÉRALOG.** Calcédoine verte tachée de rouge. ▪ **Héliotrope d'hiver,** plante des lieux humides, parfois cultivée, à fleurs mauves au parfum vanillé. ➲ Famille des composées.

HÉLIOTROPINE n.f. **CHIM. ORG.** Composé aromatique ($C_8H_6O_3$), d'une odeur analogue à celle de l'héliotrope, obtenu à partir de l'essence de sassafras (SYN. **pipéronal**).

HÉLIOTROPISME n.m. **1.** Réaction à la lumière du tournesol, du souci, etc., dont les capitules s'orientent face au Soleil tout au long de la journée. ➲ C'est un cas de phototropisme. **2. DÉMOGR.** Migration d'une partie de la population d'un pays ou d'une région vers un lieu de vie où l'ensoleillement est plus fort.

HÉLIPORT n.m. Aérodrome pour hélicoptères (SYN. **hélistation**).

HÉLIPORTAGE n.m. Transport par hélicoptère.

HÉLIPORTÉ, E adj. **1.** Transporté par hélicoptère : *Troupes héliportées.* **2.** Effectué, exécuté par hélicoptère.

HÉLISTATION n.f. Héliport.

HÉLISURFACE n.f. Plateforme destinée à recevoir des hélicoptères, en dehors des aérodromes : *L'hélisurface de l'hôpital voisin.*

HÉLITRANSPORTÉ, E adj. Se dit d'un matériel embarqué et débarqué par hélicoptère.

HÉLITREUILLAGE n.m. Treuillage à bord d'un hélicoptère en vol stationnaire.

HÉLITREUILLER v.t. **[3].** Effectuer un hélitreuillage.

HÉLIUM [eljɔm] n.m. (du gr. *hêlios*, soleil). **1.** Corps simple gazeux très léger et ininflammable, de densité 0,126 et qui se liquéfie à – 268,934 °C. **2.** Élément chimique (He), de numéro atomique 2, de masse atomique 4,0026. ➲ L'hélium est utilisé pour gonfler les ballons et les aérostats et, à l'état liquide, en cryogénie.

HÉLIX n.m. (mot gr. « spirale »). **ANAT.** Repli qui forme le tour du pavillon de l'oreille.

HELLADIQUE adj. (du gr. *Hellas*, Grèce). **ARCHÉOL.** Se dit de l'âge du bronze (v. 3000-1100 av. J.-C.) sur le continent grec, dont la dernière phase correspond à la civilisation mycénienne.

HELLÉBORE ou **ELLÉBORE** n.m. (lat. *helleborus*, du gr.). Dicotylédone vivace à feuilles palmées, à fleurs vertes ou jaunâtres, dont une espèce est aussi appelée *rose de Noël*, s'épanouissant dès la fin de l'hiver et dont la racine, très toxique, était autref. utilisée comme purgatif. ➲ Famille des renonculacées. ▪ **Hellébore blanc,** monocotylédone à fleurs verdâtres, poussant dans les prés humides de montagne, dont une espèce est aussi appelée *vératre blanc.* ➲ Famille des liliacées.

HELLÈNE adj. et n. (du gr. *Hellên*, Grec). De la Grèce ancienne.

HELLÉNIQUE adj. Relatif à la Grèce.

HELLÉNISATION n.f. Action d'helléniser.

HELLÉNISER v.t. **[3].** Donner un caractère hellénique à.

HELLÉNISME n.m. **1.** Civilisation grecque ; civilisation développée hors de Grèce sous l'influence de la culture grecque. **2. LING.** Idiotisme propre à la langue grecque ; emprunt au grec.

HELLÉNISTE ou **HELLÉNISANT, E** n. Spécialiste des études grecques.

HELLÉNISTIQUE adj. Se dit de la période de la civilisation grecque allant de la conquête d'Alexandre (331 av. J.-C.) à la domination romaine (31 av. J.-C.).

***HELLO** [ɛlo] interj. Fam. Sert à appeler ou à saluer qqn : *Hello ! quel plaisir de te voir !*

HELMINTHE n.m. (du gr. *helmins, -minthos*, ver). Ver parasite de l'homme et des vertébrés (ténia, ascaris, douve, acanthocéphale, etc.).

HELMINTHIASE n.f. Maladie parasitaire causée par un helminthe.

HÉLODÉE n.f. → **ÉLODÉE.**

HÉLODERME n.m. (du gr. *hêlos*, clou, et *derma*, peau). Gros lézard au corps lourd, à la queue épaisse, de mœurs nocturnes, qui vit au Mexique et dans le sud-ouest des États-Unis. ➲ L'héloderme est le seul lézard venimeux ; long. 50 cm ; famille des hélodermatidés.

HELVELLE n.f. (du lat. *helvella*, petit chou). Champignon ascomycète des bois, comestible, à chapeau brun ou blanc, lobé et contourné. ➲ Ordre des pézizales.

HELVÈTE adj. **HIST.** De l'Helvétie ; des Helvètes.

HELVÉTIQUE adj. Relatif à la Suisse.

HELVÉTISME n.m. Mot, tournure propres au français parlé en Suisse romande.

***HEM** [ɛm] interj. Sert à attirer l'attention ; exprime le doute : *Hem ! Je me demande si c'est vrai.*

HÉMAGGLUTININE n.f. **BIOL.** Glycoprotéine antigénique présente à la surface de certains virus, tel celui de la grippe, et qui leur permet de se fixer sur les récepteurs des cellules qu'ils infectent.

HÉMANGIOME n.m. **MÉD.** Angiome constitué de vaisseaux sanguins (par oppos. à *lymphangiome*).

HÉMARTHROSE n.f. **MÉD.** Épanchement de sang dans une articulation.

HÉMATÉMÈSE n.f. **MÉD.** Vomissement de sang.

HÉMATIE [-si] n.f. (du gr. *haima, -atos*, sang). Cellule du sang transportant l'hémoglobine (SYN. **érythrocyte, globule rouge**).

HÉMATIQUE adj. (gr. *haimatikos*). Relatif au sang ; contenant du sang.

HÉMATITE n.f. **MINÉRALOG.** Oxyde ferrique (Fe_2O_3) de couleur rouge.

HÉMATOCRITE n.m. **MÉD.** Pourcentage du volume occupé par les globules rouges par rapport au volume total du sang, égal normalement à environ 40 %.

HÉMATOLOGIE n.f. Spécialité médicale qui étudie le sang, les organes hématopoïétiques et leurs affections.

HÉMATOLOGIQUE adj. Relatif au sang ou à l'hématologie.

HÉMATOLOGISTE ou **HÉMATOLOGUE** n. Médecin spécialiste d'hématologie.

** L'astérisque à l'initiale indique un « h » aspiré.*

HÉMATOME [-tɔm] **n.m. MÉD.** Collection de sang dans une cavité naturelle ou dans un tissu, consécutive à une hémorragie.

HÉMATOPHAGE adj. Se dit d'un animal (insecte, par ex.) qui se nourrit de sang et peut ainsi devenir le vecteur de maladies.

HÉMATOPOÏÈSE [-pɔjɛz] **n.f. PHYSIOL.** Formation des cellules du sang dans la moelle rouge des os et dans le tissu lymphoïde.

HÉMATOPOÏÉTIQUE adj. Relatif à l'hématopoïèse ; qui en est le siège.

HÉMATOSE n.f. PHYSIOL. Ensemble des échanges gazeux se produisant dans les poumons et transformant le sang riche en gaz carbonique, rouge sombre, en sang riche en oxygène, rouge vif.

HÉMATOZOAIRE n.m. Protozoaire parasite vivant dans le sang, tel le plasmodium.

HÉMATURIE n.f. (du gr. *ouron*, urine). **MÉD.** Émission de sang dans les urines.

HÉMÉRALOPIE n.f. (du gr. *hêmera*, jour, et *ôps*, vue). Affaiblissement pathologique de la vision en lumière peu intense, par ex. au crépuscule.

HÉMÉROCALLE n.f. (du gr. *hêmerokalles*, belle d'un jour). Plante bulbeuse d'Eurasie cultivée pour ses fleurs éphémères jaunes ou rougeâtres, décoratives. ➲ Famille des liliacées.

HÉMIANOPSIE n.f. Perte de la vue atteignant une moitié du champ visuel d'un œil ou de chacun des deux yeux.

HÉMICORDÉ n.m. Invertébré marin vermiforme, vivant en solitaire dans le sable, ou en colonies (SYN. **stomocordé**). ➲ Les hémicordés forment un embranchement minuscule.

HÉMICYCLE n.m. (du gr. *hêmikuklion*, demi-cercle). **1.** Espace ayant la forme d'un demi-cercle. **2.** Construction semi-circulaire à gradins destinée à recevoir des spectateurs, des auditeurs, les membres d'une assemblée.

HÉMIONE n.m. (du gr. *hêmionos*, mulet). Âne sauvage d'Asie centrale, dont la morphologie est plus proche de celle du cheval que de celle des autres ânes. ➲ Famille des équidés.

HÉMIOXYDE n.m. CHIM. MINÉR. Oxyde comprenant un atome d'oxygène pour deux atomes de l'élément auquel il est lié.

HÉMIPLÉGIE n.f. (du gr. *hêmi*, à demi, et *plêgê*, coup). **MÉD.** Paralysie de tout ou partie de la moitié droite ou gauche du corps, due le plus souvent à une lésion cérébrale dans l'hémisphère opposé.

HÉMIPLÉGIQUE adj. Relatif à l'hémiplégie. ◆ **adj.** et **n.** Atteint d'hémiplégie.

HÉMIPTÉROÏDE ou, vx, **HÉMIPTÈRE n.m.** (du gr. *hêmi*, à demi, et *pteron*, aile). Insecte possédant un rostre terminé par des pièces buccales servant à piquer et à sucer, tel que le puceron, la cigale, la punaise. ➲ Les hémiptéroïdes forment un superordre.

HÉMISPHÈRE n.m. (lat. *hemisphaerium*). **1.** Chacune des deux moitiés du globe terrestre, d'un astre sphéroïdal ou de la sphère céleste, séparées par un plan diamétral, en partic. par celui de l'équateur : *Hémisphère Nord, septentrional* ou *boréal. Hémisphère Sud, méridional* ou *austral.* **2. MATH.** Chacune des deux portions de sphère limitées par un grand cercle. ▪ **Hémisphère cérébral** [anat.], chacune des deux masses volumineuses du cerveau attachées sur les côtés du diencéphale. ▪ **Hémisphères de Magdebourg**, demi-sphères métalliques creuses dont O. von Guericke se servit en 1654 pour mettre en évidence la pression atmosphérique.

HÉMISPHÉRIQUE adj. Qui a la forme d'un hémisphère.

HÉMISTICHE n.m. (lat. *hemistichium*). **VERSIF.** Chacune des deux parties d'un vers coupé par la césure ; la césure elle-même.

HÉMOCHROMATOSE [-kro-] **n.f.** (du gr. *haima*, sang). Maladie due à une accumulation de fer dans l'organisme. ➲ Elle se manifeste par un diabète sucré, une cirrhose hépatique et une coloration grise de la peau.

HÉMOCULTURE n.f. MÉD. Ensemencement d'un milieu de culture avec le sang d'un malade, pour rechercher des bactéries.

* *L'astérisque à l'initiale indique un « h » aspiré.*

HÉMODIALYSE n.f. MÉD. Épuration extrarénale du sang effectuée grâce à un appareil extérieur au corps, le rein artificiel.

HÉMODYNAMIQUE n.f. Discipline médicale qui étudie les différents facteurs régissant la circulation du sang dans l'organisme. ◆ **adj.** Relatif aux facteurs régissant la circulation du sang.

HÉMOGLOBINE n.f. BIOCHIM. Pigment protéique des globules rouges du sang, assurant le transport de l'oxygène entre l'appareil respiratoire et les cellules de l'organisme.

HÉMOGLOBINOPATHIE n.f. Maladie telle que la drépanocytose, caractérisée par une anomalie héréditaire de l'hémoglobine.

HÉMOGLOBINURIE n.f. MÉD. Présence d'hémoglobine dans les urines.

HÉMOGRAMME n.m. MÉD. Examen diagnostique des globules du sang, comprenant notamm. la numération globulaire et la formule leucocytaire.

HÉMOLYMPHE n.f. Sang des invertébrés, génér. incolore, mais qui peut être rouge, bleu ou vert selon les espèces.

HÉMOLYSE n.f. MÉD. Destruction des globules rouges du sang ; maladie caractérisée par une destruction excessive des globules rouges, provoquant une anémie.

HÉMOLYSINE n.f. Anticorps provoquant des lésions de la membrane des globules rouges et aboutissant à leur destruction.

HÉMOLYTIQUE adj. Qui provoque l'hémolyse ; qui s'accompagne d'hémolyse.

HÉMOPATHIE n.f. Toute maladie du sang ou des organes hématopoïétiques.

HÉMOPHILE adj. et **n.** Atteint d'hémophilie.

HÉMOPHILIE n.f. Maladie héréditaire, récessive et liée au sexe (transmise par les femmes et n'atteignant que les hommes), caractérisée par une tendance plus ou moins grave aux hémorragies, du fait de l'insuffisance d'un facteur de coagulation A ou B dans le plasma.

HÉMOPTYSIE n.f. MÉD. Expectoration de sang provenant du poumon ou des bronches.

HÉMORRAGIE n.f. (du gr. *haima*, sang, et *rhagê*, rupture). **1. MÉD.** Écoulement de sang hors des vaisseaux qui doivent le contenir. **2.** Fig. Déperdition importante : *Une hémorragie de capitaux.*

HÉMORRAGIQUE adj. Relatif à l'hémorragie ; caractérisé par des hémorragies.

HÉMORROÏDAIRE ou **HÉMORROÏDAL, E, AUX adj.** Relatif aux hémorroïdes.

HÉMORROÏDE n.f. (du gr. *haima*, sang, et *rheîn*, couler). **MÉD.** Varice des veines de l'anus et du rectum.

HÉMOSTASE n.f. PHYSIOL. Ensemble des phénomènes qui empêchent ou arrêtent les hémorragies, comme la coagulation du plasma sanguin.

HÉMOSTATIQUE adj. et **n.m.** Se dit d'un agent physique (compresse, pince) ou médicamenteux arrêtant les hémorragies.

HÉMOVIGILANCE n.f. Surveillance des effets indésirables de la transfusion sanguine par un réseau de recueil d'informations et d'analyse statistique.

HÉNAURME adj. Fam., par plais. Qui fait une forte impression ; exceptionnel.

HENDÉCAGONE [ɛ̃-] **n.m.** et **adj.** (du gr. *hendeka*, onze). **MATH.** Polygone qui a onze angles, et donc onze côtés.

HENDÉCASYLLABE adj. et **n.m.** ou **HENDÉCASYLLABIQUE** [ɛ̃-] **adj.** Se dit d'un vers qui a onze syllabes.

HENDIADYS [ɛndjadis] ou **HENDIADYIN** [ɛndjadin] **n.m.** (du gr. *hein dia duoîn*, une chose par deux mots). **STYL.** Figure consistant à remplacer un nom déterminé par un adjectif ou un complément par deux noms coordonnés (ex. : *boire dans des patères et de l'or* pour *boire dans des patères d'or*).

***HENNÉ n.m.** (ar. *ḥinnā*). **1.** Plante tinctoriale originaire d'Inde et d'Arabie, cultivée au Moyen-Orient et en Afrique du Nord. ➲ Famille des lythracées. **2.** Poudre fournie par les feuilles de henné, séchées et pulvérisées, utilisée en Afrique du Nord et au Moyen-Orient pour teindre les cheveux, la paume des mains et la plante des pieds.

***HENNIN n.m.** (du néerl. *henninck*, coq). Anc. Haute coiffe féminine conique et rigide portée au début du XVe s.

***HENNIR v.i. [21]** (lat. *hinnire*). Pousser son cri, en parlant du cheval.

***HENNISSEMENT n.m. 1.** Cri du cheval. **2.** Cri ou rire évoquant un cheval qui hennit.

***HENNUYER, ÈRE adj.** et **n.** → ***HAINUYER.**

***HENRY n.m.** (du n. de J. *Henry*). Unité de mesure d'inductance électrique (symb. H) équivalant à l'inductance d'un circuit fermé dans lequel une force électromotrice de 1 volt est produite lorsque le courant varie uniformément à raison de 1 ampère par seconde.

***HEP interj.** Sert à appeler, héler : *Hep ! Vous, là-bas !*

HÉPARINE n.f. (du gr. *hêpar*, foie). **BIOCHIM.** Substance anticoagulante de l'organisme, extraite également de tissus animaux pour prévenir ou traiter la thrombose.

HÉPATALGIE n.f. MÉD. Douleur du foie.

1. HÉPATIQUE adj. (gr. *hêpatikos*). Relatif au foie. ◆ **adj.** et **n.** Qui souffre d'une affection chronique du foie.

2. HÉPATIQUE n.f. 1. Plante voisine des mousses, à thalle polylobé, à reproduction sexuée ou asexuée, commune dans les lieux très humides, telle que la marchantia. ➲ Les hépatiques forment une classe. **2.** Petite plante printanière des bois, à fleurs bleues. ➲ Famille des renonculacées.

HÉPATITE n.f. MÉD. Toute inflammation du foie (virale, alcoolique, etc.). ▪ **Hépatite virale**, causée par un virus, en partic. quand il s'agit d'un virus atteignant spécifiquement le foie (hépatites A, B, C, D, E).

➲ Les **HÉPATITES** virales A et E sont transmises par les aliments, l'hépatite B par le sang et les rapports sexuels, l'hépatite C par le sang, tandis que l'hépatite D ne se déclare qu'après une infection à virus B. Ces maladies sont souvent inapparentes, mais peuvent provoquer une jaunisse et – pour les formes B et C – évoluer vers une hépatite chronique, une cirrhose, voire un cancer.

HÉPATOCYTE n.m. HISTOL. Cellule caractéristique du foie.

HÉPATOLOGIE n.f. Étude du foie et de ses maladies, rattachée à la gastro-entérologie.

HÉPATOMÉGALIE n.f. MÉD. Augmentation anormale du volume du foie.

HÉPATOPANCRÉAS n.m. ZOOL. Organe de certains invertébrés assurant à la fois les fonctions du foie et celles du pancréas.

HEPTAÈDRE n.m. (du gr. *hepta*, sept). **MATH.** Polyèdre à sept faces.

HEPTAÉDRIQUE adj. Qui a la forme d'un heptaèdre.

HEPTAGONAL, E, AUX adj. Qui a la forme d'un heptagone.

HEPTAGONE n.m. (du gr. *hepta*, sept). **MATH.** Polygone qui a sept angles, et donc sept côtés.

HEPTAMÈTRE adj. et **n.m.** Se dit d'un vers grec ou latin qui a sept pieds.

HEPTANE n.m. CHIM. ORG. Hydrocarbure saturé (C_7H_{16}) contenu dans certains pétroles et utilisé comme solvant.

HEPTASYLLABE adj. et **n.m.** ou **HEPTASYLLABIQUE adj.** Se dit d'un vers qui a sept syllabes.

HEPTATHLON n.m. (du gr. *hepta*, sept, et *athlon*, lutte). **1.** Épreuve d'athlétisme féminin combinant 100 m haies, 200 m, 800 m, hauteur, longueur, poids et javelot. **2.** Épreuve d'athlétisme masculin en salle combinant 60 m haies, 60 m, 1 000 m, hauteur, longueur, perche et poids.

HÉRALDIQUE n.f. (du bas lat. *heraldus*, héraut). Science auxiliaire de l'histoire qui a pour objet la connaissance et l'étude des armoiries (SYN. **blason**). ◆ **adj.** Relatif au blason, aux armoiries : *Figure héraldique.*

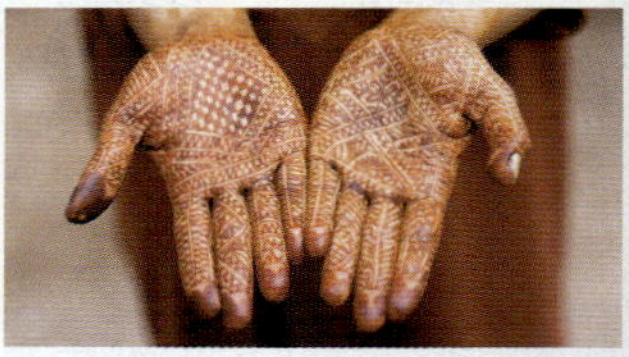

▲ **henné.** Mains teintes au henné (Maroc).

L'héraldique

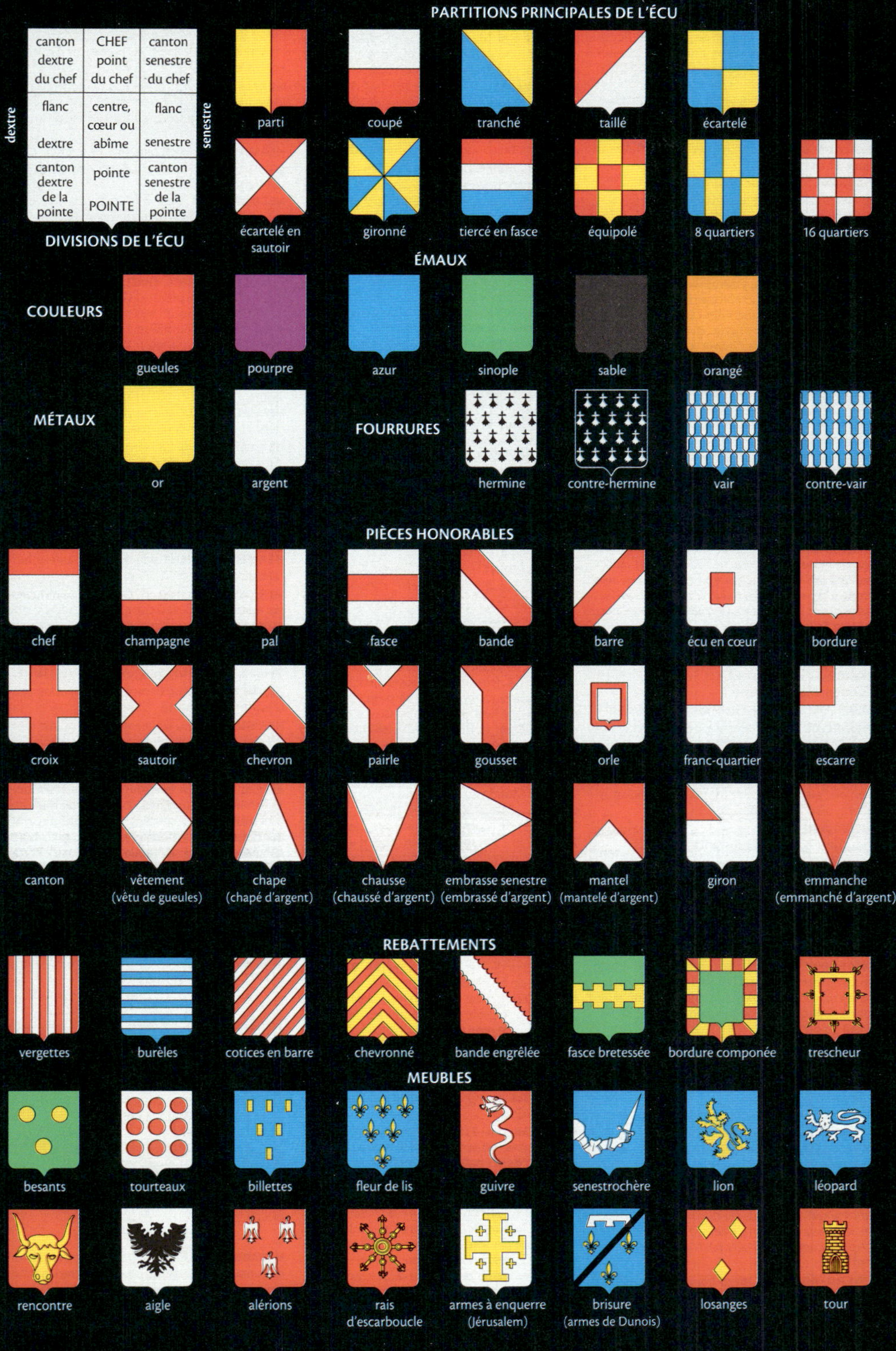

HÉRALDISTE n. Spécialiste d'héraldique.

***HÉRAUT n.m.** (du francique *heriwald*, chef d'armée). Litt. Celui qui annonce la venue de qqn ou de qqch ; prophète. ▪ **Héraut (d'armes),** au Moyen Âge, officier chargé de porter les déclarations de guerre, les sommations, d'organiser les cérémonies et les jeux, de surveiller les blasons, etc.

HERBACÉ, E adj. (lat. *herbaceus*). BOT. Qui a l'aspect, qui est de la nature de l'herbe (par oppos. à *ligneux*). ▪ **Plantes herbacées,** plantes frêles, non ligneuses, dont les parties aériennes meurent après la fructification.

HERBAGE n.m. Prairie pâturée par le bétail.

1. HERBAGER, ÈRE n. Éleveur exploitant des herbages pour engraisser des bovins.

2. HERBAGER v.t. [10]. Vx. Mettre du bétail à l'herbage.

HERBE n.f. (lat. *herba*). **1.** Plante non ligneuse dont les parties aériennes, y compris la tige, meurent chaque année. **2.** Ensemble de plantes herbacées diverses formant une végétation naturelle ; gazon : *Dormir dans l'herbe.* **3.** Fam. Marijuana ; haschisch : *Fumer de l'herbe.* ▪ **Couper l'herbe sous le pied à qqn,** le supplanter en le devançant. ▪ **En herbe,** se dit d'une graminée qui n'a pas épié ; fig., se dit d'une personne jeune qui a des dispositions pour telle activité : *Une cinéaste en herbe.* ▪ **Fines herbes,** plantes aromatiques employées comme condiments (persil, estragon, ciboulette, etc.). ▪ **Herbe aux écrouelles,** scrofulaire. ▪ **Herbe aux écus,** lunaire. ▪ **Herbe aux femmes battues,** tamier. ▪ **Herbe aux perles,** grémil officinal. ▪ **Herbe aux poux,** plante herbacée telle que la staphisaigre, la pédiculaire des marais et la pulicaire. ▪ **Herbe aux verrues,** chélidoine. ▪ **Herbe de la pampa,** gynérium. ▪ **Herbe jaune,** gaude. ▪ **Herbe vivace,** qui conserve vivantes ses parties souterraines en hiver. ▪ **Mauvaise herbe,** herbe sauvage nuisible aux cultures ; fig., adolescent dont il n'y a rien à attendre de bon. ▪ **Mise à l'herbe → MISE.** ▪ **Pousser comme de la mauvaise herbe,** pousser rapidement, facilement.

HERBE-AUX-CHATS n.f. (pl. *herbes-aux-chats*). **1.** Cataire. **2.** Valériane.

HERBEUX, EUSE adj. Où il pousse de l'herbe.

HERBICIDE adj. et **n.m.** Se dit d'un produit qui détruit les mauvaises herbes.

HERBIER n.m. 1. Collection de plantes desséchées et conservées entre des feuilles de papier, servant aux études botaniques. **2.** Fond sous-marin où poussent des plantes.

HERBIVORE adj. et **n.m.** Se dit d'un animal qui se nourrit d'herbes, de substances végétales.

HERBORISATION n.f. Action d'herboriser.

HERBORISER v.i. [3]. Recueillir des plantes dans la nature pour les étudier, pour réaliser des herbiers, ou pour les utiliser en herboristerie.

HERBORISTE n. Personne non diplômée en pharmacie qui vend des plantes médicinales au public.

HERBORISTERIE n.f. 1. Partie de la phytothérapie qui utilise la plante entière ou une de ses parties, selon un mode simple de préparation (infusion, par ex.). **2.** Commerce des plantes médicinales ; local où on les vend.

HERBU, E adj. Couvert d'une herbe abondante.

***HERCHER v.i. [3]** (du lat. pop. *hirpicare*, herser). MIN. Anc. Pousser à bras une berline dans une mine.

HERCULE n.m. (de *Hercule*, n. myth.). Homme d'une très grande force physique ; colosse.

HERCULÉEN, ENNE adj. Digne d'Hercule : *Force herculéenne.*

HERCYNIEN, ENNE adj. (du lat. *Hercynia sylva*, n. d'une forêt de Germanie). GÉOL. Se dit de l'orogenèse qui se déroula du dévonien au permien et qui créa plusieurs chaînes de montagnes (Appalaches, Massif central, Massif armoricain, etc.).

***HERD-BOOK** (pl. **herd-books*), ▲ ***HERDBOOK** [œrdbuk] **n.m.** (de l'angl. *herd*, troupeau, et *book*, livre). Livre généalogique des races bovines, caprines et porcines.

1. *HÈRE n.m. (de l'anc. fr. *haire*, pauvre). Litt. ▪ **Un pauvre hère,** un homme misérable.

2. *HÈRE n.m. (du néerl. *hert*, cerf). VÉNER. Jeune cerf ou jeune daim âgé de six mois à un an et n'ayant pas encore ses premiers bois.

HÉRÉDITAIRE adj. (lat. *hereditarius*). **1.** Qui se transmet selon les lois génétiques de l'hérédité : *Maladie héréditaire.* **2.** Transmis par voie de succession : *Patrimoine héréditaire.* **3.** Qui perdure de génération en génération : *Ennemi héréditaire.*

HÉRÉDITAIREMENT adv. De façon héréditaire.

HÉRÉDITÉ n.f. (lat. *hereditas*). **1.** Transmission des caractères génétiques d'une génération aux suivantes. **2.** Ensemble des caractères transmis des parents aux enfants. **3.** Caractère d'un bien, d'une dignité, d'une charge transmis par voie de succession.

***HEREFORD** [ɛrfɔrd] **n.** (de *Hereford*, comté de Grande-Bretagne). Bovin à viande d'une race d'origine anglaise, très répandue dans les pays anglo-saxons et en Amérique latine.

HÉRÉSIARQUE n. RELIG. Auteur ou propagateur d'une hérésie.

HÉRÉSIE n.f. (du gr. *hairesis*, choix). **1.** Doctrine d'origine chrétienne contraire à la foi et condamnée par l'Église. **2.** Doctrine qui s'oppose à l'orthodoxie dans toute religion établie. **3.** Idée, action jugée contraire à celles qui sont généralement admises, pratiquées : *Une hérésie gastronomique.* **4.** Fig. Manière d'agir jugée aberrante : *Gâcher autant de papier, c'est une hérésie !*

HÉRÉTIQUE adj. Qui tient de l'hérésie ; qui constitue une hérésie : *Doctrine hérétique.* ◆ **adj.** et **n.** Qui professe ou soutient une hérésie (par oppos. à *orthodoxe*).

***HÉRISSEMENT n.m. 1.** Action de hérisser ; fait d'être hérissé. **2.** Litt. Fait d'être irrité, en colère.

***HÉRISSER v.t. [3]** (de *hérisson*). **1.** Dresser son poil, ses plumes, en parlant d'un animal : *La vive hérisse ses épines.* **2.** Faire dresser les cheveux, les poils, les plumes : *Le vent hérisse ses cheveux.* **3.** Garnir d'objets menaçants, dangereux : *Hérisser un mur de pointes.* **4.** Parsemer de choses difficiles, désagréables : *Hérisser un entretien de pièges.* **5.** Mettre de mauvaise humeur ; exaspérer : *La moindre contradiction le hérisse.* ◆ **SE HÉRISSER v.pr. 1.** Se dresser, en parlant des poils, des cheveux, des plumes. **2.** Fig. Réagir en se crispant ; se cabrer.

***HÉRISSON n.m.** (lat. *ericius*). **1.** Mammifère de l'Ancien Monde au dos recouvert de piquants, grand prédateur d'insectes, de vers, de mollusques et de reptiles. ➲ Ordre des insectivores. **2.** Fig., fam. Personne d'un abord difficile. **3.** Brosse métallique sphérique de ramoneur, manœuvrée à l'aide d'un filin métallique ou d'une canne. **4.** Ensemble de couronnes de métal étagées et garnies de chevilles pour faire égoutter les bouteilles (SYN. **égouttoir à bouteilles, if**). **5.** FORTIF. Anc. Poutre hérissée de pointes de fer, utilisée comme cheval de frise. **6.** AGRIC. Organe distributeur d'un épandeur d'engrais. **7.** CONSTR. Couche de blocs de pierre servant de fondations. ▪ **Défense en hérisson** [mil.], défense d'un point d'appui isolé face à toutes les directions. ▪ **Hérisson de mer,** oursin.

HÉRITABILITÉ n.f. ANTHROP. Ressemblance d'individus apparentés, pour un caractère donné, due à des causes génétiques ou environnementales.

HÉRITABLE adj. Qui est transmis selon les lois de l'hérédité.

HÉRITAGE n.m. 1. Ensemble des biens acquis ou transmis par voie de succession. **2.** Ce que l'on tient de ses parents, des générations précédentes ; legs : *L'héritage d'une tradition familiale, des dettes du gouvernement précédent.*

HÉRITER v.i. [3] (lat. *hereditare*, de *heres, heredis*, héritier). Recueillir un héritage. ◆ **v.t. ind. (DE). 1.** Recevoir par voie de succession. **2.** Tenir de ses parents ou des générations précédentes : *Hériter des cheveux frisés de sa mère.* **3.** Être doté de ce qui était auparavant affecté ailleurs : *J'ai hérité de son vieil ordinateur.* ◆ **v.t. 1.** Recevoir qqch de qqn par voie d'héritage : *Hériter la maison familiale.* **2.** Recevoir une particularité par hérédité : *Elle a hérité la joie de vivre de sa mère.*

HÉRITIER, ÈRE n. (lat. *hereditarius*). **1.** Toute personne qui hérite des biens d'un défunt. **2.** Fam. ou par plais. Enfant : *Ils attendent un héritier.* **3.** Fig. Personne qui recueille et perpétue une tradition ; continuateur.

HERMANDAD n.f. (mot esp. « confrérie »). Institution espagnole créée au Moyen Âge entre certaines communes pour le maintien de la paix publique.

HERMAPHRODISME n.m. BIOL. Présence, chez un même individu, des organes reproducteurs des deux sexes.

HERMAPHRODITE adj. et **n.** (de *Hermaphrodite*, n. myth.). BIOL. Se dit d'un être vivant où sont présents les organes reproducteurs des deux sexes (SYN. **bisexué**).

HERMÉNEUTIQUE n.f. (du gr. *hermeneuein*, expliquer). **1.** THÉOL. CHRÉT. Science de la critique et de l'interprétation des textes bibliques. **2.** PHILOS. Théorie de l'interprétation des signes. ◆ **adj.** Relatif à l'herméneutique.

HERMÈS [ɛrmɛs] **n.m.** (de *Hermès*, n. myth.). SCULPT. Terme. ▪ **Buste en hermès,** dont les épaules, la poitrine, le dos sont coupés par des plans verticaux.

HERMÉTICITÉ n.f. Caractère hermétique de qqch : *Herméticité d'un couvercle.*

HERMÉTIQUE adj. (de *Hermès Trismégiste*). **1.** Se dit d'une fermeture étanche et de l'objet qui en est muni : *Une boîte hermétique.* **2.** Qui est difficile à comprendre : *Un texte hermétique.* **3.** Relatif à l'hermétisme. ▪ **Visage hermétique,** qui ne laisse paraître aucun sentiment, aucune émotion ; impénétrable.

HERMÉTIQUEMENT adv. D'une manière hermétique.

HERMÉTISME n.m. 1. Caractère de ce qui est hermétique, difficile à comprendre. **2.** Doctrine ésotérique fondée sur des écrits de l'époque gréco-romaine attribués à l'inspiration du dieu Hermès Trismégiste. **3.** Doctrine occulte des alchimistes, au Moyen Âge et à la Renaissance.

HERMÉTISTE n. Anc. Personne étudiant ou professant l'hermétisme.

HERMINE n.f. (du lat. *Armenius mus*, rat d'Arménie). **1.** Mammifère carnivore proche de la belette, dont le pelage, fauve l'été, devient blanc l'hiver (sauf le bout de la queue, toujours noir) et constitue une fourrure très appréciée. ➲ Famille des mustélidés. **2.** Bande de fourrure d'hermine, fixée à certains costumes d'apparat. **3.** HÉRALD. L'une des fourrures de l'écu, présentant des mouchetures de sable semées sur champ d'argent.

▲ **hermine** (pelage hivernal).

HERMINETTE n.f. 1. Hache de charpentier ou de tonnelier, à fer recourbé, dont le tranchant se trouve dans un plan perpendiculaire au manche. **2.** Fourrure d'été, fauve, de l'hermine.

***HERNIAIRE adj.** Relatif à une hernie.

* *L'astérisque à l'initiale indique un « h » aspiré.*

***HERNIE** n.f. (lat. *hernia*). **1.** Sortie d'un organe ou d'une partie d'organe hors de la cavité où ils se trouvent normalement, par un orifice naturel ou accidentel : *Hernie inguinale, crurale, ombilicale, discale, hiatale.* **2.** Saillie de la chambre à air à travers la déchirure d'un pneumatique. ▪ **Hernie du chou,** maladie cryptogamique du chou.

***HERNIÉ, E** adj. MÉD. Qui fait hernie.

HÉROÏCITÉ n.f. Qualité de ce qui est héroïque : *L'héroïcité d'une vertu.*

HÉROÏ-COMIQUE (pl. *héroï-comiques*), ▲ *HÉROÏCOMIQUE* adj. **1.** Qui comporte des épisodes tragiques et cocasses : *Une campagne électorale héroï-comique.* **2.** Se dit d'une œuvre littéraire qui mêle l'héroïque et le comique, qui traite sur le ton de l'épopée un thème commun ou ridicule.

HÉROÏDE n.f. LITTÉR. Épître en vers dans laquelle l'auteur fait parler un héros fameux.

1. HÉROÏNE n.f. → **2. *HÉROS.**

2. HÉROÏNE n.f. (all. *Heroin*). Stupéfiant dérivé de la morphine, extrêmement toxique (SYN. **diacétylmorphine**).

HÉROÏNOMANE n. Toxicomane à l'héroïne.

HÉROÏNOMANIE n.f. Toxicomanie à l'héroïne.

HÉROÏQUE adj. (lat. *heroicus*). **1.** Qui se conduit en héros : *Pompier héroïque ;* qui est digne d'un héros : *Une résistance héroïque.* **2.** Qui se rapporte aux héros de l'Antiquité. **3.** Qui chante les exploits des héros : *La poésie héroïque.* ▪ **Temps héroïques,** époque reculée où se sont produits des faits remarquables, mémorables : *Les temps héroïques des premiers ordinateurs.*

HÉROÏQUEMENT adv. De façon héroïque.

HÉROÏSATION n.f. Action de héroïser.

HÉROÏSER v.t. [3]. Conférer à qqn, à un groupe un statut de héros : *Les médias héroïsent certains sportifs.*

HÉROÏSME n.m. **1.** Courage exceptionnel ; vaillance. **2.** Caractère de ce qui est héroïque ; noblesse : *L'héroïsme de la conduite de qqn.*

***HÉRON** n.m. (francique **haigro*). Grand oiseau échassier migrateur, à long bec, au cou long et grêle, vivant au bord des eaux, où il pêche divers animaux aquatiques. ➲ Famille des ardéidés.

▲ **héron** cendré.

***HÉRONNEAU** n.m. Petit du héron.

***HÉRONNIÈRE** n.f. Lieu où nichent les hérons ; colonie de hérons.

1. *HÉROS n.m. (gr. *hêrôs*). **1.** MYTH. GR. Demi-dieu ou grand homme divinisé. **2.** Personnage légendaire à qui l'on prête des exploits extraordinaires.

2. *HÉROS, HÉROÏNE n. **1.** Personne qui se distingue par son courage, par des qualités ou des actions exceptionnelles : *Mourir en héros. Ce juge est un héros de la lutte antiterroriste.* **2.** Personnage principal d'une œuvre de fiction. **3.** Personne qui tient le rôle principal dans un événement, qui s'y distingue : *L'héroïne d'un feuilleton judiciaire.*

HERPÈS [ɛrpɛs] n.m. (du gr. *herpês*, dartre). Affection de la peau et des muqueuses d'origine virale, caractérisée par une éruption de vésicules, passagère mais pouvant réapparaître pendant des années.

HERPÉTIQUE adj. Relatif à l'herpès ou au virus de l'herpès. ◆ adj. et n. Atteint par un herpès.

HERPÉTOLOGIE n.f. → **ERPÉTOLOGIE.**

HERPÉTOLOGIQUE adj. → **ERPÉTOLOGIQUE.**

HERPÉTOLOGISTE n. → **ERPÉTOLOGISTE.**

***HERSAGE** n.m. Action de herser.

***HERSE** n.f. (lat. *hirpex*). **1.** Instrument agricole traîné par un tracteur ou un attelage, formé d'un châssis muni de dents métalliques pour le travail superficiel du sol. **2.** Pièce munie de pointes servant à barrer une route. **3.** Appareil d'éclairage suspendu au cintre d'un théâtre. **4.** Support muni de nombreuses pointes pour piquer des cierges. **5.** Anc. Grille coulissant verticalement dans des glissières, armée de pointes à sa partie inférieure, que l'on abaissait pour interdire l'accès d'un ouvrage fortifié.

***HERSER** v.t. [3]. AGRIC. Passer la herse sur une terre.

***HERTZ** [ɛrts] n.m. (du n. de H. *Hertz*). Unité de mesure de fréquence (symb. Hz), équivalant à la fréquence d'un phénomène périodique dont la période est 1 seconde.

***HERTZIEN, ENNE** adj. **1.** Se dit des ondes électromagnétiques de fréquences inférieures à celles des ondes optiques, ainsi que des phénomènes qui s'y rapportent (SYN. **radioélectrique**). **2.** Qui utilise les ondes hertziennes : *Liaison hertzienne.*

HÉSITANT, E adj. et n. Qui manifeste de l'hésitation, de l'indécision : *Investisseur hésitant.* ◆ adj. Qui dénote un manque d'assurance : *Réponse hésitante.*

HÉSITATION n.f. Fait d'hésiter ; moment d'arrêt dans l'action qui marque l'indécision ; flottement.

HÉSITER v.i. [3] (lat. *haesitare*). **1.** Être dans un état d'incertitude, d'irrésolution qui empêche d'agir ; atermoyer : *Il a beaucoup hésité avant d'accepter. Hésiter à parler.* **2.** Marquer son indécision par un temps d'arrêt, un silence : *Répondre en hésitant.*

HESSOIS, E adj. et n. De la Hesse.

HÉSYCHASME [ezikasm] n.m. (du gr. *hêsukhia*, paix). École de spiritualité dans l'Église orthodoxe, fondée sur la contemplation et l'invocation réitérée du nom de Jésus.

HÉTAÏRE [etair] n.f. (gr. *hetaira*). ANTIQ. GR. Courtisane d'un rang élevé.

HÉTAIRIE n.f. (gr. *hetaireia*). **1.** ANTIQ. GR. Association politique exerçant un pouvoir plus ou moins occulte. **2.** Société littéraire ou politique de la Grèce moderne, princip. au XIXe s. ▪ **L'Hétairie,** v. partie n.pr.

HÉTÉRO adj. et n. (abrév.). Fam. Hétérosexuel.

HÉTÉROCERQUE adj. (du gr. *heteros*, autre, et *kerkos*, queue). Se dit de la nageoire caudale de certains poissons (esturgeon, requin), dont le lobe dorsal, plus développé que le ventral, contient l'extrémité de la colonne vertébrale (par oppos. à *homocerque*).

HÉTÉROCHROMOSOME n.m. BIOL. Chromosome dont dépend le sexe du zygote (SYN. **chromosome sexuel, gonosome**). ➲ Dans l'espèce humaine, il s'agit de chromosomes X et Y, l'homme ayant un X et un Y, et la femme ayant deux X.

HÉTÉROCLITE adj. (du lat. *heteroclitus*, irrégulier). Composé d'éléments disparates ; hétérogène : *Des cabanes faites de matériaux hétéroclites.*

HÉTÉROCYCLE n.m. CHIM. ORG. Composé organique cyclique dont l'anneau comporte des atomes d'éléments autres que le carbone. ➲ Le furanne est un hétérocycle.

HÉTÉROCYCLIQUE adj. Relatif à un hétérocycle.

HÉTÉRODONTE adj. ZOOL. Se dit de la denture des vertébrés, quand leurs dents sont diversifiées dans leur forme et leur fonction, ou des animaux qui ont une telle denture (par oppos. à *homodonte*).

HÉTÉRODOXE adj. et n. (du gr. *heterodoxos*, qui pense autrement). **1.** RELIG. Qui s'écarte de l'orthodoxie. **2.** Litt. Qui s'oppose aux idées reçues ; non conformiste : *Un créateur hétérodoxe.*

HÉTÉRODOXIE n.f. (gr. *heterodoxia*). **1.** RELIG. Caractère de ce qui est hétérodoxe ; doctrine hétérodoxe. **2.** Litt. Non-conformisme.

HÉTÉRODYNE n.f. ÉLECTROTECHN. Appareil permettant un changement de fréquence, génér. employé dans les récepteurs radioélectriques.

HÉTÉROGAMÉTIQUE adj. BIOL. Se dit du sexe qui produit deux sortes de gamètes. ➲ Chez les mammifères, c'est le mâle ; chez les oiseaux, c'est la femelle.

HÉTÉROGAMIE n.f. **1.** BIOL. Fusion de deux gamètes plus ou moins dissemblables (cas qui se présente le plus généralement, l'oogamie représentant un cas extrême d'hétérogamie) (CONTR. **isogamie**). **2.** SOCIOL. Mariage entre individus de statuts sociaux différents.

HÉTÉROGÈNE adj. (gr. *heterogenês*). Formé d'éléments de nature différente ; disparate : *Une équipe hétérogène.*

HÉTÉROGÉNÉITÉ n.f. Caractère de ce qui est hétérogène ; diversité.

HÉTÉROGREFFE n.f. MÉD. Xénogreffe.

HÉTÉROLOGUE adj. Se dit d'une greffe dont le donneur est distinct du receveur (par oppos. à *autologue*). ➲ Ce type de greffe, où donneur et receveur appartiennent à la même espèce, est à distinguer de la xénogreffe* (ou *hétérogreffe*).

HÉTÉROMÉTABOLE adj. ENTOMOL. Se dit des insectes qui ont des métamorphoses progressives, sans stade nymphal (CONTR. **holométabole**).

HÉTÉROMORPHE adj. BIOL. Qui présente des formes très différentes chez une même espèce.

HÉTÉROMORPHIE n.f. ou **HÉTÉROMORPHISME** n.m. Caractère hétéromorphe.

HÉTÉRONOME adj. (du gr. *heteros*, autre, et *nomos*, loi). PHILOS. Qui reçoit de l'extérieur les lois régissant sa conduite, au lieu de les trouver en soi.

HÉTÉRONOMIE n.f. Fait d'être hétéronome ; absence d'autonomie.

HÉTÉRONYME adj. et n.m. **1.** Se dit de mots formant ensemble une structure sémantique (par ex. *frère* et *sœur* ou *capitaine, lieutenant, général*, etc.). **2.** Pseudonyme auquel un écrivain a cherché à donner une existence concrète, en lui prêtant une vie, une œuvre distinctes de la sienne propre : *Les hétéronymes de Fernando Pessoa.*

HÉTÉROPHORIE n.f. MÉD. Déviation de l'axe des yeux n'apparaissant que lorsqu'un des deux yeux est masqué.

HÉTÉROPROTÉINE n.f. BIOCHIM. Protéine complexe comportant, outre les acides aminés, un groupement prosthétique (par oppos. à *holoprotéine*).

HÉTÉROPTÈRE n.m. Insecte hémiptéroïde dont les ailes antérieures sont coriaces à l'avant et membraneuses à l'arrière, tel que la punaise, le gerris, l'hydromètre. ➲ Les hétéroptères forment un ordre.

HÉTÉROSEXUALITÉ n.f. Sexualité de l'hétérosexuel (par oppos. à *homosexualité*).

HÉTÉROSEXUEL, ELLE adj. et n. Qui éprouve une attirance sexuelle pour le sexe opposé (par oppos. à *homosexuel*). Abrév. (fam.) **hétéro.**

HÉTÉROSIDE [-zid] n.m. BIOCHIM. Oside formé d'oses et d'un composé non glucidique (SYN. **glucoside**).

HÉTÉROSIS [-zis] n.f. (du gr. *heterôsis*, changement). GÉNÉT. Accroissement de la vigueur ou des performances d'un hybride par rapport aux lignées, aux races, etc., dont il provient.

HÉTÉROSPHÈRE n.f. GÉOPHYS. Couche de l'atmosphère terrestre située au-dessus de l'homosphère (vers 90 à 100 km d'altitude), dans laquelle les principaux constituants se stratifient sous l'influence du champ de gravitation.

HÉTÉROTHERME adj. et n.m. PHYSIOL. Poïkilotherme.

HÉTÉROTROPHE adj. BIOL. Se dit d'un être vivant qui se nourrit de substances organiques, comme les animaux et la plupart des plantes dépourvues de chlorophylle (par oppos. à *autotrophe*).

HÉTÉROZYGOTE adj. et n. GÉNÉT. Se dit d'un organisme diploïde dont les cellules possèdent, pour un caractère donné, deux allèles différents d'un même gène (CONTR. **homozygote**).

HETMAN [ɛtmɑ̃] ou [ɛtman] n.m. (mot polon.). HIST. **1.** Chef militaire, en Pologne et en Lituanie (XVe-XVIIIe s.), ainsi qu'en Moldavie. **2.** Commandant en chef des Cosaques, puis chef du gouvernement civil, en Ukraine (XVe-XVIIIe s.).

***HÊTRAIE** n.f. Lieu planté de hêtres.

** L'astérisque à l'initiale indique un « h » aspiré.*

▲ **hêtre**

***HÊTRE** n.m. (du francique). **1.** Arbre des forêts tempérées de l'hémisphère Nord, à écorce lisse, à bois blanc, ferme et flexible, dont les fruits sont les faines. ➲ Famille des fagacées. **2.** Bois de cet arbre, utilisé en menuiserie.

***HEU** interj. Marque le doute, l'hésitation, l'embarras : *Heu ! Je ne sais plus.*

HEUR n.m. (du lat. *augurium*, présage). Litt. ▪ **Avoir l'heur de,** la chance de : *Je n'ai pas l'heur de lui plaire.*

HEURE n.f. (lat. *hora*). **1.** Unité de temps (symb. h) valant 3 600 secondes, soit 60 minutes, contenue vingt-quatre fois dans un jour. **2.** Période de temps correspondant approximativement à cette unité : *Il me faut une petite heure pour terminer.* **3.** Période de temps correspondant à cette unité et affectée à un travail ; unité de travail ou de salaire : *Être payé à l'heure.* **4.** Organisation temporelle de la journée permettant, par référence à un système conventionnel, de situer précisément chacun des moments de la journée : *L'heure de Londres, de Mexico.* **5.** Moment précis du jour, déterminé par référence à ce système conventionnel : *Il est cinq heures.* **6.** Moment de la journée, déterminé de manière plus ou moins précise par rapport à une activité, à un emploi du temps : *Il est l'heure de partir.* **7.** Moment, période quelconques dans le cours d'une vie, dans l'histoire d'un pays, etc. : *Connaître des heures difficiles* ; spécial., période de réussite : *Son heure viendra.* **8.** Mesure d'une distance en fonction de la durée du trajet correspondant : *Le refuge est à deux heures de marche.* **9.** En course à pied ou en cyclisme, épreuve consistant à parcourir la distance la plus longue possible en une heure. **10.** Dans l'Antiquité, douzième partie de l'intervalle de temps compris entre le lever et le coucher du Soleil. ▪ **À la bonne heure !,** voilà qui est bon, qui va bien. ▪ **À son heure,** au moment qui convient. ▪ **À une heure avancée,** tard. ▪ **De bonne heure,** tôt. ▪ **De dernière heure,** se dit de la copie ou des informations qui parviennent à la rédaction d'un média juste avant leur impression ou leur diffusion. ▪ **De la première heure,** se dit des tout premiers partisans d'une cause. ▪ **D'heure en heure,** toutes les heures ; à mesure que passent les heures. ▪ **D'une heure à l'autre,** sous peu. ▪ **Être à l'heure,** donner l'heure juste, en parlant d'une montre, d'une pendule ; être exact, ponctuel, en parlant d'une personne. ▪ **Heure d'angle,** unité de mesure d'angle plan utilisée en astronomie et en navigation, et valant $2\pi/24$ radian, soit 15 degrés. ▪ **Heure d'été,** heure adoptée au printemps et en été par de nombreux pays, en vue de réduire les dépenses d'énergie, et qui avance génér. de 60 minutes l'heure légale en vigueur le reste de l'année *(heure d'hiver).* ▪ **Heure légale** [dr.], heure déterminée par la loi dans chaque pays par rapport à une référence internationale (génér. le méridien de Greenwich) [SYN. **temps légal**]. ▪ **Heure locale,** heure légale en un lieu donné. ▪ **Heure supplémentaire,** heure de travail accomplie au-delà de la durée légale hebdomadaire de travail. ▪ **La dernière heure,** le moment de la mort. ▪ **N'avoir pas d'heure,** être incapable de respecter un horaire régulier. ▪ **Sur l'heure,** sur-le-champ. ▪ **Tout à l'heure,** dans un moment ; il y a un moment. ◆ **n.f. pl. CATH.** ▪ **Heures canoniales,** heures où l'on récite les diverses parties de l'ancien bréviaire ; ces parties elles-mêmes. ▪ **Livre des heures,** recueil de prières à l'usage de la dévotion personnelle des fidèles, resté en usage, surtout dans les monastères, depuis la fin du Moyen Âge.

HEUREUSEMENT adv. **1.** Par chance : *Heureusement, la batterie n'était pas déchargée.* **2.** Litt. De façon avantageuse : *Cette aventure s'est heureusement terminée.* **3.** Litt. De manière harmonieuse : *Des pièces heureusement agencées.* ▪ **Heureusement que,** c'est une chance que.

HEUREUX, EUSE adj. (de *heur*). **1.** Qui jouit du bonheur ; qui manifeste ce bien-être : *Des gens, des sourires heureux.* **2.** Qui éprouve de la satisfaction ; content : *Elle est heureuse de cette promotion.* **3.** Qui procure un avantage : *Un choix heureux. Un heureux concours de circonstances.* **4.** Favorisé par le sort ; chanceux : *Être heureux au jeu.* **5.** Qui est particulièrement réussi ; harmonieux : *Ce parquet est d'un très heureux effet dans cette pièce.* ▪ **Heureux caractère** ou **heureuse nature,** personne portée à l'optimisme. ◆ **n.** ▪ **Faire un, des heureux,** procurer à une ou plusieurs personnes ce qu'elles attendaient ou un avantage inespéré.

HEURISTIQUE adj. (du gr. *heuriskein*, trouver). Didact. Qui sert à la découverte, notamm. dans la recherche scientifique et épistémologique : *Hypothèse heuristique.* ◆ **n.f.** Discipline qui se propose de dégager les règles de la recherche scientifique et de la découverte.

***HEURT** [œr] **n.m. 1.** Fait de heurter, de se heurter ; collision : *Heurt de deux véhicules* ; choc, coup qui en résulte : *Il faut le déplacer sans heurt.* **2.** Opposition, contraste très forts ; antagonisme : *Le heurt de deux personnalités.* **3.** (Souvent pl.). Opposition violente entre des personnes ; friction : *Des heurts entre la population et les policiers.*

***HEURTÉ, E** adj. Qui contraste violemment : *Couleurs heurtées.* ▪ **Style heurté,** qui présente des ruptures de construction ; haché.

***HEURTER** v.t. [3] (du francique **hurt*, bélier). **1.** Entrer rudement en contact avec ; percuter : *Le tram a heurté le camion.* **2.** Cogner une chose contre une autre ; entrechoquer : *Heurter des verres.* **3.** Fig. Contrarier vivement ; choquer : *Ses méthodes brutales me heurtent.* **4.** Être en opposition complète avec : *Cela heurte mes convictions.* ◆ **v.i.** Litt. Frapper : *Heurter au volet.* ◆ **SE HEURTER** v.pr. **1.** (**À, CONTRE**). Se cogner accidentellement contre. **2.** (**À**). Fig. Rencontrer un obstacle, une difficulté : *Se heurter à un problème administratif.* **3.** Être en conflit ; s'affronter : *Ils se heurtent chaque fois qu'il faut prendre une décision.*

***HEURTOIR** n.m. **1.** Marteau de porte monté sur une charnière, qui retombe sur une plaque de métal. **2. CH. DE F.** Butoir.

HÉVÉA n.m. (quechua *hyeve*). Grand arbre des régions chaudes cultivé pour son latex, qu'on extrait de l'arbre sur pied et dont on tire le caoutchouc. ➲ Famille des euphorbiacées.

HEXACHLOROCYCLOHEXANE [-klɔ-] **n.m. CHIM. ORG.** Composé $(C_6H_6Cl_6)$ dérivé du cyclohexane, dont un isomère est employé comme insecticide.

HEXACHLORURE [-klɔ-] **n.m. CHIM. MINÉR.** Espèce chimique ayant six atomes de chlore liés par coordination à l'atome central en une disposition octaédrique.

HEXACORALLIAIRE n.m. **ZOOL.** Invertébré cnidaire, solitaire ou colonial, dont les polypes ont un nombre de tentacules et de cloisons multiple de six, tel que les madrépores et les actinies. ➲ Les hexacoralliaires forment une sous-classe.

HEXACORDE n.m. **MUS.** Série de six degrés diatoniques consécutifs, sur laquelle repose le système musical employé jusqu'au XVIIe s.

HEXADÉCANE n.m. **CHIM. ORG.** Hydrocarbure saturé, de formule $H_3C—(CH_2)_{14}—CH_3$ (SYN. **cétane**).

HEXADÉCIMAL, E, AUX adj. Se dit d'un système de numération à base 16.

HEXAÈDRE n.m. (du gr. *hexa*, six). **MATH.** Polyèdre à six faces. ➲ Le cube est un hexaèdre régulier.

HEXAÉDRIQUE adj. Qui a la forme d'un hexaèdre.

HEXAFLUORURE n.m. Espèce chimique ayant six atomes de fluor liés par coordination à l'atome central en une disposition octaédrique. ➲ L'hexafluorure d'uranium est utilisé dans le procédé de séparation de l'isotope fissile au cours de l'enrichissement de l'uranium.

HEXAGONAL, E, AUX adj. **1.** Qui a la forme d'un hexagone. **2.** Qui concerne l'Hexagone, la France : *Les entreprises hexagonales.* ▪ **Système hexagonal** [cristallogr.], système cristallin dont la maille élémentaire est un prisme droit à base d'hexagone.

HEXAGONE n.m. (du gr. *hexa*, six). **MATH.** Polygone à six angles, et donc six côtés. ▪ **L'Hexagone,** la France métropolitaine, dont les contours ont été assimilés à un hexagone.

HEXAMÈTRE adj. et n.m. Se dit d'un vers grec ou latin qui a six pieds.

HEXANE n.m. **CHIM. ORG.** Hydrocarbure saturé (C_6H_{14}), dont un isomère est fréquemment utilisé comme solvant.

HEXAPODE adj. et n.m. **ZOOL.** Qui possède trois paires de pattes.

HEXASTYLE adj. et n.m. **ARCHIT.** Qui présente six colonnes de front (cas le plus fréquent des temples grecs).

HEXASYLLABE adj. et n.m. ou **HEXASYLLABIQUE** adj. Se dit d'un vers qui a six syllabes.

HEXOSE n.m. **BIOCHIM.** Sucre $(C_6H_{12}O_6)$, de même formule que le glucose et le galactose.

***HI** interj. Répété, exprime le rire ou, parfois, les pleurs.

HIATAL, E, AUX adj. **MÉD.** Relatif à un hiatus. ▪ **Hernie hiatale,** hernie de l'estomac, à travers l'orifice œsophagien du diaphragme.

HIATUS ou, cour., ***HIATUS** [jatys] **n.m.** (mot lat. « ouverture »). **1. LING.** Succession de deux voyelles appartenant à des syllabes différentes, à l'intérieur d'un mot *(aorte)* ou à la frontière de deux mots *(il alla à Paris).* **2. ANAT.** Orifice naturel étroit. **3.** Fig. Manque de continuité, de cohérence ; décalage : *L'hiatus entre les promesses et les réalisations.*

HIBERNAL, E, AUX adj. (lat. *hibernalis*). Qui a lieu pendant l'hiver : *La germination hibernale.*

HIBERNANT, E adj. Se dit d'un animal qui pratique l'hibernation naturelle.

HIBERNATION n.f. **1. ÉCOL.** État léthargique, dû à un abaissement de la température du corps, dans lequel certains mammifères (marmotte, loir, chauve-souris) passent l'hiver (par oppos. à *estivation*). **2.** Fig. État d'inertie, d'improductivité ; stagnation : *Une économie en hibernation.* ▪ **Hibernation artificielle** [méd.], technique de mise au repos de l'organisme par l'action de médicaments et la réfrigération du corps, facilitant des interventions chirurgicales ou certains traitements.

▲ **hévéa**

* *L'astérisque à l'initiale indique un « h » aspiré.*

HIBERNER v.i. [3] (lat. *hibernare*). ÉCOL. Passer l'hiver en hibernation.

HIBISCUS [-kys] **n.m.** (du lat. *hibiscum*, guimauve). Arbuste tropical originaire d'Asie, d'Océanie et d'Afrique, dont certaines espèces (l'une est l'ambrette et une autre fournit un textile) ont été acclimatées en Europe et en Amérique. ➲ Famille des malvacées.

***HIBOU** **n.m.** (pl. **hiboux*) [onomat.]. Rapace nocturne, portant des aigrettes de plumes, prédateur de petits rongeurs. ➲ Cri : le hibou hue ou ulule ; famille des strigidés. (V. ill. *rapaces*.) ▪ **Vieux hibou** [fam.], homme âgé, solitaire et bourru.

HIC** **n.m. inv.**, ▲ ***n.m. (de la loc. lat. *hic est quaestio*, ici est la question). Fam. Difficulté principale ; écueil : *Nous manquons de temps ; voilà le hic.*

***HIC ET NUNC** [ikɛtnɔ̃k] **loc. adv.** (mots lat. « ici et maintenant »). Sans délai et en ce lieu même.

***HICKORY** [ikɔri] **n.m.** (mot algonquien). Arbre de l'Amérique du Nord, voisin du noyer, dont le bois est très résistant (SYN. **caryer**). ➲ Famille des juglandacées.

HIDALGO **n.m.** (mot esp.). Noble espagnol.

***HIDEUR** **n.f.** (de l'anc. fr. *hisde*, horreur). Litt. Caractère de ce qui est hideux ; laideur extrême.

***HIDEUSEMENT** **adv.** De façon hideuse.

***HIDEUX, EUSE** **adj.** **1.** Qui est d'une laideur repoussante ; horrible : *Des figurines hideuses.* **2.** Qui provoque un dégoût moral ; ignoble : *Une hideuse injustice.*

***HIDJAB** [idʒab] **n.m.** (mot ar., de *hajaba*, cacher). Vêtement, en partic. foulard, que porte la femme musulmane pour respecter l'obligation de pudeur.

***HIE** **n.f.** (du néerl.). TRAV. PUBL. Dame ; demoiselle.

HIÈBLE ou **YÈBLE** **n.f.** (lat. *ebulum*). Petit sureau à tige herbacée de l'Europe occidentale, commun dans les haies. ➲ Famille des caprifoliacées.

HIÉMAL, E, AUX **adj.** (du lat. *hiems*, hiver). Litt. Relatif à l'hiver ; qui pousse en hiver : *Plantes hiémales.*

HIER [(i)jɛr] **adv.** (lat. *heri*). **1.** Le jour précédant immédiatement celui où l'on est. **2.** Dans un passé récent : *Des technologies hier encore inimaginables.*

***HIÉRARCHIE** [-ʃi] **n.f.** (du gr. *hieros*, sacré, et *arkhia*, commandement). **1.** Classement des fonctions, des dignités, des pouvoirs dans un groupe social selon un rapport de subordination et d'importance respective ; ensemble des personnes qui occupent des fonctions supérieures : *Consulter sa hiérarchie.* **2.** RELIG. Ordre et subordination des différents chœurs des anges, ainsi que des différents degrés de responsabilité au sein d'une institution religieuse. **3.** Organisation en une série décroissante ou croissante d'éléments classés selon leur grandeur ou leur valeur : *Établir une hiérarchie des dépenses.*

***HIÉRARCHIQUE** **adj.** Relatif à la hiérarchie ; fondé sur la hiérarchie : *Passer par la voie hiérarchique.* ▪ **Pouvoir hiérarchique** [dr.], exercé dans l'Administration par un supérieur sur les actes de ses subordonnés et se distinguant, en droit français, de la *tutelle administrative.*

***HIÉRARCHIQUEMENT** **adv.** De façon hiérarchique ; selon une hiérarchie.

***HIÉRARCHISATION** **n.f.** Action de hiérarchiser.

***HIÉRARCHISER** **v.t.** [3]. **1.** Soumettre à un ordre hiérarchique. **2.** Classer selon un ordre d'importance : *Hiérarchiser les dépenses.*

***HIÉRARQUE** **n.m.** **1.** Titre donné à certains hauts dignitaires des Églises chrétiennes d'Orient. **2.** Sout. Personnalité importante au sein d'une hiérarchie.

HIÉRATIQUE **adj.** (du gr. *hieros*, sacré). **1.** Conforme aux normes d'une tradition liturgique. **2.** Se dit d'une écriture cursive de l'Égypte ancienne, dérivée des hiéroglyphes. **3.** Litt. D'une majesté solennelle ; olympien : *Une pose hiératique.*

HIÉRATIQUEMENT **adv.** Litt. De façon hiératique.

HIÉRATISME **n.m.** Litt. Attitude, caractère hiératiques.

HIÉRODULE **n.m.** (du gr. *hieros*, sacré, et *doulos*, esclave). ANTIQ. GR. Esclave attaché au service d'un temple.

HIÉROGAMIE **n.f.** (du gr. *hieros*, sacré, et *gamos*, union). Conjonction d'un dieu et d'une déesse, ou de deux principes complémentaires de sexes opposés, qui figure au nombre des mythes de nombreuses religions.

HIÉROGLYPHE ou, cour., ***HIÉROGLYPHE** **n.m.** (du gr. *hieros*, sacré, et *gluphein*, graver). **1.** Chacun des signes du système d'écriture idéographique des anciens Égyptiens. **2.** (Génér. pl.). Signe d'écriture impossible à déchiffrer : *Les hiéroglyphes d'un médecin.*

HIÉROGLYPHIQUE ou, cour., ***HIÉROGLYPHIQUE** **adj.** Relatif aux hiéroglyphes.

HIÉRONYMITE **n.m.** (du lat. *Hieronymus*, Jérôme). Membre d'un des ordres religieux d'ermites de Saint-Jérôme.

HIÉROPHANTE **n.m.** (gr. *hierophantês*). ANTIQ. GR. Prêtre qui présidait aux mystères d'Éleusis.

HI-FI** **n.f. inv.**, ▲ ****HIFI [ifi] ***n.f.*** (abrév. de l'angl. *high fidelity*). ÉLECTROACOUST. Haute-fidélité.

***HIGHLANDER** [ajlɑ̃dœr] **n.m.** (mot angl. « montagnard »). **1.** Habitant ou personne originaire des Highlands *(Hautes Terres)*, en Écosse. **2.** Soldat d'un régiment britannique recruté parmi les Écossais, dont il a conservé le costume traditionnel.

***HIGH-TECH** [ajtɛk] **adj. inv.** et **n.m. inv.** (abrév. de l'angl. *high technology*). **1.** Se dit d'un style de décoration intérieure, développé à partir de la fin des années 1970 et caractérisé par l'utilisation de matériaux, de meubles ou d'accessoires conçus pour un usage professionnel ou industriel. **2.** Se dit d'un type d'architecture contemporaine faisant notamm. appel à des techniques de pointe en matière de structures métalliques. **3.** Se dit d'un produit qui relève des techniques de pointe, des industries utilisant ces technologies.

HIGOUMÈNE **n.m.** (gr. mod. *hêgoumenos*). Supérieur d'un monastère orthodoxe.

HI-HAN**, ▲ ****HIHAN **interj.** (onomat.). Cri de l'âne.

***HILAIRE** **adj.** ANAT., BOT. Relatif au hile d'un organe.

HILARANT, E **adj.** Qui provoque le rire ; désopilant. ▪ **Gaz hilarant** [vieilli], hémioxyde ou protoxyde d'azote (N_2O), qui produit un état d'ivresse gaie.

HILARE **adj.** (lat. *hilaris*). Qui montre une franche gaieté ; réjoui.

HILARITÉ **n.f.** Gaieté subite ; explosion de rires : *Déclencher l'hilarité générale.*

***HILE** **n.m.** (lat. *hilum*). **1.** ANAT. Région d'un viscère où les vaisseaux sanguins et les nerfs pénètrent ou sortent. **2.** BOT. Région d'une graine, de couleur distincte, cicatrice de l'insertion du funicule sur l'ovule.

HILOIRE **n.f.** (du néerl. *sloerie*, plat-bord). MAR. **1.** Poutre verticale bordant un panneau d'écoutille pour le protéger d'une entrée d'eau. **2.** Poutre longitudinale participant à la structure du pont d'un navire.

HILOTE ou **ILOTE** **n.m.** (gr. *heilôtês*). ANTIQ. GR. Esclave d'État, à Sparte.

▲ **hiératique.** Extrait du *Livre des morts* en écriture hiératique (Égypte, Nouvel Empire). (Musée du Louvre, Paris.)

▲ **highlander**

HILOTISME ou **ILOTISME** **n.m.** Condition d'hilote.

HIMALAYEN, ENNE [-jɛ̃, -jɛn] **adj.** De l'Himalaya.

HIMATION [-tjɔn] **n.m.** (mot gr.). ANTIQ. GR. Pièce d'étoffe drapée qui servait de manteau long aux Grecs.

HINAYANA **adj. inv.** (du sanskr. *hīnayāna*, petit véhicule). ▪ **Bouddhisme hinayana** ou **du petit véhicule**, école affirmant que chaque membre de la communauté peut atteindre le nirvana individuellement (par oppos. à *bouddhisme mahayana*) [SYN. **bouddhisme theravada**].

***HINDI** [indi] **n.m.** Langue indo-aryenne parlée en Inde du Nord. (L'usage de la devanagari est sa principale différence avec l'ourdou, autre forme de la même langue, dite *hindoustani*.)

✎ Graphie savante : ***hindī.***

HINDOU, E [ɛ̃du] **adj.** et **n.** (de *Inde*). Relatif à l'hindouisme ; adepte de l'hindouisme.

HINDOUISME **n.m.** Religion répandue surtout en Inde, dont la base philosophique est la thèse de l'identité du soi individuel au soi universel, ou absolu.

➲ Constitué sous sa forme classique aux alentours du ve s. apr. J.-C., l'**HINDOUISME** n'a ni prophète fondateur ni autorité suprême. Il repose, en revanche, sur la connaissance de textes sacrés – les *Veda*, les *Upanishad* –, écrits en sanskrit. Avec le brahmanisme et le bouddhisme, il a en commun des croyances essentielles (délivrance du cycle des renaissances, dharma, yoga), mais il s'en distingue surtout par l'affirmation de l'existence d'un principe universel *(atman-brahman)* et par la foi en un panthéon qui est dominé par la « trinité » *(trimurti)* que forment Brahma, Vishnou et Shiva.

HINDOUISTE **adj.** et **n.** Relatif à l'hindouisme.

HINDOUSTANI **n.m.** Vx. Nom donné à la langue commune parlée dans le nord de l'Inde, dont les deux formes sont le hindi et l'ourdou.

HINTERLAND [intərlɑ̃d] **n.m.** (mot all.). Région desservie par un port, une voie navigable ; arrière-pays.

***HIP, HIP, HIP, HOURRA** **interj.** Sert à marquer la joie, à saluer une victoire, un événement heureux.

***HIP-HOP** **adj. inv.** et **n.m. inv.** Se dit d'un mouvement socioculturel contestataire et de ses modes d'expression, apparus aux États-Unis au début des années 1980, issus de la jeunesse urbaine et se manifestant par des graffs, des tags, des styles de danse (breakdance, smurf) et de musique (raggamuffin, rap...).

HIPPARION **n.m.** (mot gr. « petit cheval »). Équidé fossile de la fin du tertiaire en Eurasie et en Afrique.

HIPPIATRIE **n.f.** (du gr. *hippos*, cheval). Médecine du cheval.

***HIPPIE** ou ***HIPPY** **n.** et **adj.** (pl. **hippies*, **hippys*) [mot anglo-amér.]. Adepte d'un mouvement des années 1960 et 1970 rejetant la société de consommation et prônant la non-violence, la liberté en tous domaines et la vie en communauté. ◆ **adj.** Relatif aux hippies.

** L'astérisque à l'initiale indique un « h » aspiré.*

HIPPIQUE adj. (gr. *hippikos*). Relatif aux chevaux, à l'hippisme : *Concours hippique.*

HIPPISME n.m. Ensemble des activités sportives pratiquées à cheval.

HIPPOCAMPE n.m. (du gr. *hippos*, cheval, et *kampê*, courbure). **1.** Poisson marin à tête chevaline et perpendiculaire au corps, d'où son nom de *cheval marin*, qui nage verticalement et s'accroche aux algues par sa queue préhensile. ➲ L'hippocampe mâle possède une poche incubatrice ; famille des syngnathidés. **2. ANAT.** Zone du lobe temporal de chaque hémisphère cérébral faisant partie du rhinencéphale et jouant un rôle dans le comportement. **3. MYTH. GR.** Animal fabuleux, mi-cheval, mi-poisson.

HIPPOCRATIQUE adj. Relatif à Hippocrate et à sa doctrine.

HIPPOCRATISME n.m. MÉD. ▪ **Hippocratisme digital,** épaississement des doigts avec bombement des ongles, observé notamm. dans les affections pulmonaires chroniques.

HIPPODROME n.m. (gr. *hippodromos*). **1.** Ensemble formé par la piste et les aménagements destinés aux courses de chevaux ; champ de courses. **2. ANTIQ.** Lieu aménagé pour les courses de chevaux ou de chars.

HIPPOGRIFFE n.m. (ital. *ippogrifo*). Animal fabuleux, mi-cheval, mi-griffon, des romans de chevalerie.

HIPPOLOGIE n.f. Science, étude du cheval.

HIPPOLOGIQUE adj. Relatif à l'hippologie.

HIPPOMOBILE adj. Se dit d'un véhicule tiré par un ou plusieurs chevaux : *Voiture hippomobile.*

➲ Principal moyen de transport jusqu'au XXe s., les **VOITURES HIPPOMOBILES** offrent une grande diversité selon leur utilisation : diligence ou coche des voyageurs, chaise de poste ou malle-poste du courrier et des dépêches, cab urbain, charrette des campagnes... Le domaine a influencé le vocabulaire de l'automobile : la voiture hippomobile – carrosse, berline ou cabriolet –, suspendue ou non, est constituée d'un train, formé par l'assemblage des roues et de l'essieu, d'un coffre, et, parfois, une capote la recouvre.

▲ **hippomobile.** Ce cabriolet français était une voiture hippomobile légère à capote mobile, conduite par le passager.

HIPPOPHAÉ [-fae] **n.m.** Vieilli. Argousier.

HIPPOPHAGIE n.f. Utilisation alimentaire de la viande de cheval.

HIPPOPHAGIQUE adj. ▪ **Boucherie hippophagique,** boucherie chevaline*.

HIPPOPOTAME n.m. (du gr. *hippos*, cheval, et *potamos*, fleuve). **1.** Mammifère massif des fleuves et des zones humides d'Afrique, où il vit en partie ou totalement immergé, sortant au crépuscule pour se nourrir d'herbes. ➲ Les deux espèces – l'*hippopotame commun* (ou *amphibie*), qui vit en groupe, et l'*hippopotame nain*, plus petit et solitaire – sont menacées. Cri : l'hippopotame grogne ; long. 2 à 5 m (espèce commune) ; ordre des artiodactyles. **2.** Fam. Personne énorme.

HIPPOPOTAMESQUE adj. Fam., par plais. Qui évoque la lourdeur d'un hippopotame.

HIPPOTECHNIE n.f. Technique de l'élevage et du dressage des chevaux.

***HIPPY n.** et **adj.** → ***HIPPIE.**

***HIPSTER** [ipstœr] **n.** et **adj.** (mot angl., de *hip*, à la mode). Jeune citadin branché au look caractéristique et aux choix culturels originaux, qui est rompu aux nouvelles technologies de la communication et adepte des produits bio et équitables.

* *L'astérisque à l'initiale indique un « h » aspiré.*

HIRAGANA n.m. Écriture syllabique japonaise.

HIRCIN, E adj. (lat. *hircinus*). Didact. Relatif au bouc ; qui rappelle le bouc.

HIRONDEAU n.m. Petit de l'hirondelle.

HIRONDELLE n.f. (lat. *hirundo*). **1.** Oiseau passereau à dos noir, à ventre blanc et à queue échancrée, qui capture les insectes au vol. ➲ Les hirondelles migrent des régions tempérées vers les tropiques en automne et reviennent en mars-avril. Cri : l'hirondelle gazouille ou trisse ; famille des hirundinidés. **2.** Fam., vx. Agent de police cycliste. ▪ **Hirondelle de mer,** sterne. ▪ **Hirondelle des marais,** glaréole. ▪ **Nid d'hirondelle,** nid de la salangane, que cet oiseau fabrique en régurgitant du jabot de la gélose provenant des algues absorbées, constituant un mets très apprécié des Chinois.

HIRSUTE adj. (lat. *hirsutus*). Dont les cheveux, les poils sont touffus et hérissés.

HIRSUTISME n.m. MÉD. Développement d'une pilosité d'aspect masculin chez une femme.

HIRUDINE n.f. (du lat. *hirudo, -inis*, sangsue). Protéine produite par la glande salivaire des sangsues, empêchant la coagulation du sang.

HIRUDINÉE n.f. Ver annélide dépourvu de soies, tel que la sangsue (SYN. **achète**). ➲ Les hirudinées forment une classe.

HISPANIQUE adj. De l'Espagne. ◆ **n.** et **adj.** Aux États-Unis, personne originaire d'Amérique latine.

HISPANISANT, E n. → **HISPANISTE.**

HISPANISATION n.f. Action d'hispaniser ; fait d'être hispanisé.

HISPANISER v.t. [3]. Donner un caractère espagnol à.

HISPANISME n.m. (du lat. *hispanus*, espagnol). Mot, tournure propres à l'espagnol ; emprunt à la langue espagnole.

HISPANISTE ou **HISPANISANT, E n.** Spécialiste de la langue et de la civilisation hispaniques.

HISPANO-AMÉRICAIN, E adj. et **n.** (pl. *hispano-américains, es*). De l'Amérique de langue espagnole.

HISPANO-MAURESQUE ou **HISPANO-ARABE adj.** (pl. *hispano-mauresques, hispano-arabes*). Se dit de l'art, de la civilisation islamiques développés au temps où les califes de Cordoue réunissaient sous leur autorité le Maroc et l'Espagne.

HISPANOPHONE adj. et **n.** De langue espagnole.

HISPIDE adj. (du lat. *hispidus*, hérissé). **BOT.** Couvert de poils rudes et épais.

***HISSER v.t.** [3] (bas all. *hissen*). **1.** Faire monter en tirant : *Hisser un drapeau, les voiles.* **2.** Transporter avec effort dans un lieu élevé : *Hisser un piano sur une estrade.* **3.** Faire accéder à un rang supérieur ; porter : *Ils l'ont hissé à la tête du parti.* ◆ **SE HISSER v.pr.** S'élever avec effort ou difficulté.

HISTAMINE n.f. (du gr. *histos*, tissu). **BIOCHIM.** Amine dérivée de l'histidine présente dans les tissus animaux, médiateur chimique de plusieurs phénomènes (sécrétion gastrique, allergie, etc.) et neuromédiateur.

HISTAMINIQUE adj. Relatif à l'histamine.

HISTIDINE n.f. Acide aminé basique, précurseur de l'histamine et constituant des protéines.

HISTIOCYTE n.m. HISTOL. Macrophage du tissu conjonctif.

HISTOCHIMIE n.f. Partie de l'histologie qui étudie les substances chimiques contenues dans les cellules et les tissus.

▲ **hippopotame**

HISTOCOMPATIBILITÉ n.f. Similitude entre les antigènes portés par les tissus de deux personnes, dépendant surtout de leur groupe tissulaire et prise en compte lors des greffes. ▪ **Complexe majeur d'histocompatibilité (CMH),** système d'identification *(reconnaissance du soi)* entre les protéines dites *de surface*, situées sur la membrane des cellules, et les lymphocytes T, support de l'immunité cellulaire. (→ **HLA**). ➲ Ce système est responsable des réactions de rejet des greffes.

HISTOGENÈSE n.f. 1. Étude de la formation des tissus, en partic. chez l'embryon, et de la formation des lésions des tissus. **2. ENTOMOL.** Remaniement des tissus qui, chez les insectes, s'opère à la fin des métamorphoses.

HISTOGRAMME n.m. MATH. Graphique obtenu en portant sur un axe les intervalles de classes d'une distribution statistique et, sur ces intervalles, des rectangles ayant une aire proportionnelle à l'effectif ou à la fréquence de la classe.

HISTOIRE n.f. (lat. *historia*). **1.** Compte rendu des faits, des événements passés concernant la vie de l'humanité, d'une société, d'une personne, etc. : *L'histoire du XXe siècle* ; ouvrage relatant ces faits : *Lire une histoire du Québec.* **2.** Science qui étudie le passé de l'humanité, son évolution : *Faire des études d'histoire.* **3.** Partie du passé postérieure à l'apparition de l'écriture (par oppos. à *préhistoire*) : *Histoire médiévale, contemporaine.* **4.** Relation d'événements, réels ou fictifs ; anecdote : *J'adore ces histoires de voisinage* ; récit : *Ne dévoilez pas la fin de l'histoire.* **5.** Récit mensonger visant à tromper ; fable : *Elle a inventé toute une histoire pour expliquer son absence.* **6.** Succession d'événements impliquant qqn ou qqch ; affaire : *Faisons le silence sur cette histoire.* **7.** Fam. Ensemble de complications découlant d'un événement ; problème : *Cette histoire d'héritage a duré des années.* ▪ **C'est toute une histoire,** c'est long à raconter. ▪ **Histoire de** [fam.], dans l'intention de : *Histoire de passer le temps.* ▪ **Histoire naturelle** [vieilli], sciences naturelles. ▪ **La petite histoire,** les anecdotes concernant le passé. ▪ **Peinture d'histoire,** celle qui, prenant ses sujets dans la Bible, l'Antiquité, la fable ou l'histoire (ancienne ou contemporaine), occupait le premier rang de l'ancienne hiérarchie académique des genres ; grand genre.

HISTOLOGIE n.f. (du gr. *histos*, tissu, et *logos*, science). Spécialité médicale et biologique qui étudie au microscope la structure des tissus des êtres vivants.

HISTOLOGIQUE adj. Relatif à l'histologie.

HISTOLYSE n.f. ENTOMOL. Destruction de tissus vivants au cours d'une métamorphose. ➲ La nymphose des insectes s'accompagne d'une histolyse.

HISTONE n.f. BIOCHIM. Protéine basique associée à l'ADN des chromosomes.

HISTOPLASMOSE n.f. Maladie due à des levures microscopiques.

HISTORICISME n.m. 1. Doctrine qui tend à rendre compte de tout ce qui est d'ordre humain, et notamm. des idées, des valeurs, par la seule considération de l'histoire. **2.** Tendance, en architecture, à s'inspirer du style de une ou de plusieurs époques du passé.

HISTORICISTE adj. et **n.** Relatif à l'historicisme ; qui en est partisan.

HISTORICITÉ n.f. Caractère de ce qui est historique, attesté par l'histoire.

HISTORIÉ, E adj. Décoré de scènes à un ou plusieurs personnages : *Chapiteau historié.*

HISTORIEN, ENNE n. Spécialiste des études historiques ; auteur d'ouvrages historiques.

HISTORIETTE n.f. Petit récit d'une aventure plaisante ; anecdote.

HISTORIOGRAPHE n. Écrivain chargé officiellement d'écrire l'histoire de son temps ou d'un souverain.

HISTORIOGRAPHIE n.f. 1. Travail de l'historiographe. **2.** Ensemble des documents historiques relatifs à une question. **3.** Étude des façons de concevoir et d'écrire l'histoire.

HISTORIQUE adj. 1. Qui est relatif à l'histoire, en tant que discipline : *Recherches historiques* ; qui est conforme à ses méthodes, à ses règles :

Un documentaire historique. **2.** Qui appartient à l'histoire, partie du passé de l'humanité dont l'existence est considérée comme objectivement établie : *Personnage historique.* **3.** Qui appartient à une période sur laquelle on possède des documents écrits (par oppos. à *préhistorique*). **4.** Qui est resté célèbre dans l'histoire : *Un exploit historique* ; qui est digne d'être conservé par l'histoire : *La Bourse a atteint un niveau historique.* **5.** Qui a participé à la création d'un mouvement politique, artistique, etc. : *Une militante historique.* ▪ **Matérialisme historique** → **MATÉRIALISME.** ◆ **n.m.** Exposé chronologique des faits ; récit : *L'historique d'un conflit.*

HISTORIQUEMENT adv. Du point de vue historique.

HISTRION n.m. (du lat. *histrio*, mime). **1.** Litt. Personne qui se donne en spectacle ; bouffon : *Ce chanteur est un histrion.* **2. ANTIQ.** Acteur qui jouait des farces grossières.

HISTRIONIQUE adj. Qui relève de l'histrionisme.

HISTRIONISME n.m. PSYCHIATR. Théâtralisme.

HITLÉRIEN, ENNE adj. et **n.** Relatif à la doctrine de Hitler, au régime politique qu'il institua ; qui en est partisan.

HITLÉRISME n.m. Doctrine de Hitler.

***HIT-PARADE** (pl. **hit-parades*), ▲ ***HITPARADE n.m.** (mot angl.). Palmarès de chansons, de films, de vedettes, etc., classés selon leur succès. Recomm. off. **palmarès.**

***HITTITE adj.** Qui appartient aux Hittites. ◆ **n.m.** Langue indo-européenne que parlaient les Hittites.

***HIV** [aʃive] **n.m.** (sigle de l'angl. *human immunodeficiency virus*, virus d'immunodéficience humaine). Dénomination internationale du VIH.

HIVER n.m. (lat. *hibernum*). **1.** Saison qui succède à l'automne et précède le printemps, et qui, dans l'hémisphère Nord, commence le 21 ou le 22 décembre et finit le 20 ou le 21 mars. **2.** Période des basses températures, dans les climats tempérés : *L'hiver est en avance. Les sports d'hiver.*

HIVERNAGE n.m. 1. MAR. Temps de relâche des navires pendant la saison des pluies, des glaces ou des ouragans ; port abrité dédié à cette période. **2.** Saison des pluies, dans les régions tropicales, notamm. aux Antilles. **3. AGRIC.** Séjour des troupeaux à l'étable pendant l'hiver (par oppos. à *estivage*). **4. AGRIC.** Vx. Fourrage consommé en hiver.

HIVERNAL, E, AUX adj. Relatif à l'hiver ; qui a lieu en hiver : *Un temps hivernal.*

HIVERNALE n.f. ALP. Ascension hivernale en haute montagne.

HIVERNANT, E n. Personne qui séjourne en un lieu en hiver.

HIVERNEMENT n.m. Québec. Action, fait d'hiverner.

HIVERNER v.i. [3]. 1. Passer l'hiver à l'abri : *Troupeaux qui hivernent.* **2.** Passer l'hiver dans une région : *L'expédition a hiverné au Groenland.* ◆ **v.t.** Mettre le bétail à l'étable pour l'hiver.

***HLA (SYSTÈME) n.m.** (sigle de l'angl. *human leucocyte antigen*, antigène des globules blancs humains). Ensemble de groupes d'antigènes tissulaires (analogues aux groupes sanguins) constituant le complexe majeur d'histocompatibilité*, et parfois lié à certaines maladies.

***HLM** ou ***H.L.M. n.m.** ou **n.f.** (sigle de *habitation à loyer modéré*). Immeuble construit sous l'impulsion des pouvoirs publics et dont les logements sont destinés aux familles à revenus modestes.

***HO interj.** Sert à interpeller ou à exprimer l'indignation : *Ho ! vous, lâchez cet enfant ! Ho ! Quelle brute !*

***HOBBY n.m.** (pl. **hobbys* ou **hobbies*) [mot angl.]. Passe-temps favori ; violon d'Ingres.

***HOBEREAU n.m.** (de l'anc. fr. *hobe*, faucon). **1.** Souvent péjor. Gentilhomme campagnard. **2.** Petit faucon gris-bleu de l'Eurasie et de l'Afrique, au vol très rapide, qui pond ses œufs dans l'ancien nid d'une autre espèce.

***HOCCO** [ɔko] **n.m.** (mot caraïbe). Oiseau gallinacé de l'Amazonie au plumage sombre, surtout herbivore. ➲ Famille des cracidés.

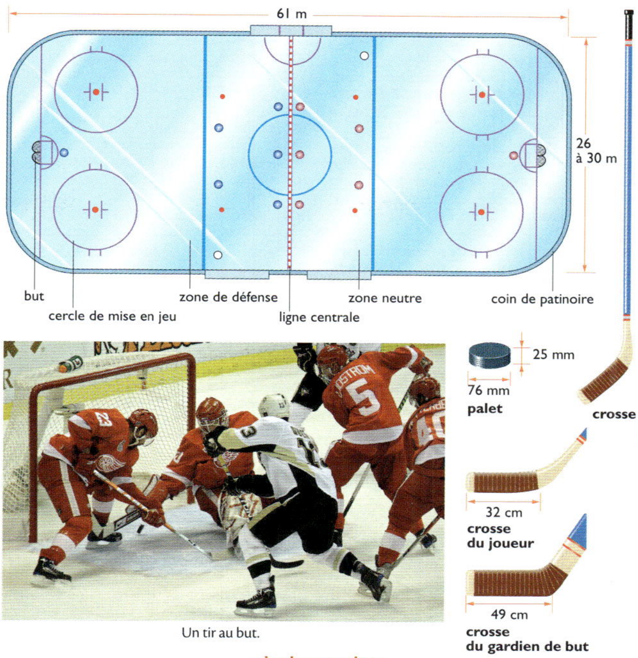

Un tir au but.

▲ **hockey sur glace**

***HOCHEMENT n.m.** Action de hocher la tête ; mouvement ainsi effectué : *Elle a acquiescé d'un hochement de tête.*

***HOCHEPOT n.m.** Pot-au-feu à base de queue de porc, de poitrine de bœuf et de mouton, et de légumes divers. ➲ Spécialité flamande.

***HOCHEQUEUE n.m.** Bergeronnette.

***HOCHER v.t. [3]** (du francique). ▪ **Hocher la tête,** la remuer de bas en haut en signe d'accord ou de droite à gauche en signe de désaccord.

***HOCHET n.m. 1.** Petit jouet sonore pour les bébés. **2.** Fig., litt. Chose vaine, futile qui flatte : *Le pouvoir et ses hochets.*

***HOCKEY** [ɔkɛ] **n.m.** (mot angl., de l'anc. fr. *hocquet*, bâton). Sport d'équipe pratiqué avec une crosse. ▪ **Hockey sur gazon,** qui oppose, sur un terrain recouvert de gazon synthétique, deux équipes de onze joueurs et se joue avec une balle que les joueurs tentent d'envoyer dans le but adverse. ▪ **Hockey sur glace,** qui oppose deux équipes de six joueurs et se joue avec un palet (appelé *rondelle* au Québec).

➲ Dans le **HOCKEY** sur glace, la partie se joue en trois périodes de 20 minutes chacune. Chaque équipe dispose au total de 22 joueurs munis de casques et d'équipements rembourrés pour se protéger des chocs. Ce sport est discipline olympique depuis 1920 (hommes) et 1998 (femmes).

***HOCKEYEUR, EUSE n.** Joueur de hockey.

***HODGKIN** [ɔdʒkin] **(MALADIE DE) n.f.** Lymphome de cause inconnue, prédominant aux ganglions lymphatiques (SYN. **lymphogranulomatose maligne**).

▲ **hocco**

HODJATOLESLAM [ɔdʒatɔleslam] **n.m.** (de l'ar. *ḥudjdja al-islām*, preuve de l'islam). Titre donné aux théologiens et aux docteurs en jurisprudence, dans l'islam chiite.

HODOGRAPHE n.m. ▪ **Hodographe d'un mouvement,** courbe décrite par l'extrémité P d'un vecteur $\overline{AP}$ égal au vecteur vitesse de ce mouvement et tracé à partir d'un point fixe A.

***HO ! HISSE ! interj.** Sert à encourager ou rythmer l'effort de personnes qui hissent, tirent qqch.

HOIR n.m. (du lat. *heres, -edis*, héritier). **DR.** Vx. Héritier direct.

HOIRIE n.f. DR. 1. Vx. Héritage. **2.** Suisse. Héritage indivis ; ensemble des héritiers indivis. ▪ **Avance** ou **avancement d'hoirie,** donation faite à un héritier présomptif par anticipation sur sa part successorale.

***HOLÀ interj.** Sert à appeler ou à arrêter : *Holà ! Calmez-vous !* ◆ **n.m. inv.** ▪ **Mettre le holà à qqch,** faire cesser une situation abusive.

***HOLDING** [ɔldiŋ] **n.m.** ou **n.f.** (de l'angl. *to hold*, tenir). Société financière détenant des participations dans d'autres sociétés dont elle assure l'unité de direction et le contrôle des activités.

***HOLD-UP n.m. inv.,** ▲ ***HOLDUP n.m.** [ɔldœp] (mot angl.). Attaque à main armée, organisée en vue de dévaliser une banque, un bureau de poste, etc.

HOLISME n.m. (du gr. *holos*, entier). **PHILOS.** En épistémologie ou en sciences humaines, doctrine qui ramène la connaissance du particulier, de l'individuel à celle de l'ensemble, du tout dans lequel il s'inscrit.

1. HOLISTE ou **HOLISTIQUE adj.** Relatif à l'holisme.

2. HOLISTE n. Partisan de l'holisme.

***HOLLANDAIS, E adj.** et **n.** De la Hollande ; de ses habitants. ◆ **adj.** ▪ **Sauce hollandaise,** émulsion chaude de jaunes d'œufs et de beurre, additionnée de jus de citron.

***HOLLANDE n.m. 1.** Fromage des types édam et gouda. **2.** Papier de luxe, très résistant et vergé.

HOLLOFIL n.m. (nom déposé). Fibre de polyester creuse qui emmagasine la chaleur et évacue l'humidité.

* *L'astérisque à l'initiale indique un « h » aspiré.*

***HOLLYWOODIEN, ENNE** [-wu-] **adj. 1.** De Hollywood ; relatif au cinéma de Hollywood. **2.** Qui évoque le luxe tapageur et artificiel de Hollywood : *Une villa hollywoodienne.*

HOLMIUM [ɔlmjɔm] **n.m.** (de *Stockholm*, n.pr.). **1.** Métal du groupe des terres rares. **2.** Élément chimique (Ho) de numéro atomique 67, de masse atomique 164,9303.

HOLOCAUSTE n.m. (du gr. *holos*, tout, et *kaiein*, brûler). Chez les Hébreux, sacrifice dans lequel la victime était entièrement brûlée ; victime ainsi sacrifiée. ■ **L'Holocauste,** v. partie n.pr. ■ **S'offrir en holocauste** [vieilli], faire don de sa vie pour une cause.

HOLOCÈNE n.m. GÉOL. Partie supérieure du système néogène, d'une durée d'env. 12 000 ans. ◆ **adj.** Relatif à l'holocène.

HOLOCRISTALLIN, E adj. GÉOL. Se dit d'une roche magmatique entièrement cristallisée.

HOLOGRAMME n.m. Image obtenue par holographie.

HOLOGRAPHE adj. → **OLOGRAPHE.**

HOLOGRAPHIE n.f. OPT. Méthode de photographie en relief utilisant la superposition de deux faisceaux laser, l'un provenant directement de l'appareil producteur, l'autre réfléchi par l'objet à photographier.

HOLOGRAPHIQUE adj. Qui concerne l'holographie ; obtenu par holographie.

HOLOMÉTABOLE adj. ENTOMOL. Se dit des insectes qui ont des métamorphoses complètes, présentant toujours un stade nymphal (CONTR. **hétérométabole**).

HOLOPHRASTIQUE adj. (du gr. *holos*, tout, et *phrasis*, phrase). **LING.** Se dit des langues où un mot, grâce à sa racine et à ses divers affixes, a le sens d'une phrase.

HOLOPROTÉINE n.f. BIOCHIM. Protéine proprement dite, constituée uniquement d'acides aminés (par oppos. à *hétéroprotéine*).

HOLOSIDE [-zid] **n.m. BIOCHIM.** Glucide formé de plusieurs oses et dont l'hydrolyse ne libère que des oses (nom générique).

HOLOSTÉEN n.m. Poisson osseux d'un stade évolutif intermédiaire entre les chondrostéens (esturgeons) et les téléostéens, représenté par des espèces d'eau douce telles que le lépisostée et surtout connu par des fossiles. ➲ Les holostéens forment un superordre.

HOLOTHURIE n.f. (lat. *holothurium*). Invertébré des fonds marins, à corps mou et cylindrique (SYN. **concombre de mer**). ➲ Classe des holothurides.

HOLOTYPE n.m. BIOL. Individu à partir duquel une espèce végétale ou animale a été décrite pour la première fois et qui sert de référence. (On dit aussi *type*.)

***HOLSTER** [ɔlstɛr] **n.m.** (mot angl.). Étui souple porté sous l'épaule et destiné à recevoir un pistolet ou un revolver.

***HOLTER** [ɔltɛr] **(MÉTHODE DE) n.f.** Électrocardiographie de longue durée (24 ou 48 heures), réalisée grâce à un boîtier porté en ceinture.

***HOMARD n.m.** (du scand.). Crustacé décapode marin, à grosses pinces, au corps bleu marbré de jaune. ➲ C'est un comestible très recherché ; sous-ordre des macroures. ■ **Homard à l'américaine** ou **à l'armoricaine,** homard coupé en morceaux, sauté à l'huile, flambé et cuit dans une préparation à base de vin blanc, de tomates et d'aromates.

▲ **homard**

***HOME** [om] **n.m.** (mot angl. « maison »). Belgique. Maison de repos. ■ **Home d'enfants,** centre d'accueil, pension pour enfants, en partic. pour des séjours de vacances.

***HOME CINÉMA** [om-] **n.m.** (pl. **home cinémas*) [angl. *home cinema*]. Ensemble d'équipements audiovisuels destinés à la projection chez soi de vidéogrammes sur grand écran, accompagnés d'une bande-son diffusée sur plusieurs enceintes, dans des conditions proches de celles d'une salle de cinéma.

***HOME-JACKING** [omdʒakiŋ] **n.m.** (pl. **home-jackings*) [de l'angl. *home*, maison, et *hijacking*, piraterie aérienne]. Vol d'un véhicule automobile au domicile de son propriétaire, contraint sous la menace de remettre ses clés.

HOMÉLIE n.f. (du gr. *homilia*, réunion). **1.** Instruction familière sur l'Évangile, au cours de la messe. **2.** Vieilli. Discours moralisateur et ennuyeux ; prêche.

HOMÉOMORPHE adj. MATH. Se dit d'espaces topologiques ou de figures pouvant se déduire l'un de l'autre par déformation continue. ■ **Cristaux homéomorphes,** qui présentent la propriété d'homéomorphisme.

HOMÉOMORPHISME n.m. 1. MATH. Application bijective faisant se correspondre des éléments de deux espaces topologiques par une transformation continue et réciproque. **2.** Analogie des formes cristallines de certains minéraux.

HOMÉOPATHE n. et **adj.** Médecin qui pratique l'homéopathie.

HOMÉOPATHIE n.f. (du gr. *homoios*, semblable, et *pathos*, maladie). Méthode de traitement d'une maladie par administration de doses infinitésimales d'une substance qui en reproduirait les symptômes (principe de similitude) à fortes doses.

HOMÉOPATHIQUE adj. Relatif à l'homéopathie. ■ **À dose homéopathique,** en très petite quantité : *Il pratique le sport à dose homéopathique.*

HOMÉOSTASIE n.f. PHYSIOL. Maintien à un niveau constant, par les organismes vivants, des caractéristiques internes (température, concentrations des substances, etc.).

HOMÉOTHERME adj. et **n.m.** (du gr. *homoios*, semblable, et *thermos*, chaleur). **PHYSIOL.** Se dit d'un animal (mammifère, oiseau) dont la température centrale est constante (CONTR. **poïkilotherme**).

HOMÉOTHERMIE n.f. Caractère des organismes homéothermes.

HOMÉOTIQUE adj. BIOL. Se dit d'un gène contrôlant le développement et la mise en place d'une région précise d'un embryon, et dont la mutation transforme une partie du corps en une autre.

HOMÉRIQUE adj. 1. Relatif à Homère ; qui évoque son style. **2.** Mémorable par son intensité, sa grandeur ; épique : *Ils nous ont offert un match homérique.* ■ **Rire homérique,** bruyant et inextinguible.

***HOME STUDIO** [om-] **n.m. inv.** Petit studio d'enregistrement et de mixage, génér. associé à un ordinateur, utilisé par les musiciens, professionnels ou amateurs, pour réaliser des maquettes de disques. ➲ On parle aussi de *station audionumérique*.

***HOME-TRAINER** [omtrɛnœr] **n.m.** (pl. **home-trainers*) [mot angl.]. Appareil de culture physique, bicyclette fixe pour l'entraînement.

1. HOMICIDE adj. et **n.** Litt. Qui a causé la mort d'un être humain ; meurtrier. ◆ **adj.** Qui révèle la volonté de tuer : *Des intentions homicides.*

2. HOMICIDE n.m. (lat. *homicidium*). Action de tuer, volontairement ou non, un être humain.

HOMINIDÉ n.m. Mammifère primate à locomotion partiellement ou totalement bipède, présentant de fortes aptitudes à la vie sociale et à l'apprentissage, tel que l'homme actuel, ses parents fossiles, les gorilles, les chimpanzés et les orangs-outans. ➲ Les hominidés forment une famille.

HOMINIEN adj.m. PALÉONT. Relatif à l'homme et à ses ancêtres fossiles. ◆ **n.m.** Vx. Primate de la lignée humaine, par oppos. à celle des singes. ➲ La classification actuelle réunit, au contraire, l'homme et les singes dans un même groupe.

HOMININÉ n.m. Mammifère primate de la lignée comprenant l'homme actuel et les fossiles apparentés, depuis les australopithèques. ➲ Les homininés forment une sous-famille, créée pour distinguer, au sein de la famille des hominidés, la lignée humaine de celle des gorilles et des chimpanzés.

HOMINISATION n.f. Processus évolutif par l'effet duquel la lignée humaine est apparue et s'est développée au sein du groupe des primates.

HOMINOÏDE adj. et **n.m.** Se dit d'un grand primate, arboricole ou terrestre, tel que les singes anthropoïdes, l'homme et leurs ancêtres fossiles. ➲ Les hominoïdes forment un groupe systématique, créé pour traduire la forte parenté entre l'homme et les grands singes, dont l'authenticité n'est pas admise par l'ensemble des scientifiques.

HOMMAGE n.m. (de *homme*). **1.** Témoignage de respect envers qqn ou qqch : *Les pompiers ont reçu l'hommage du pays tout entier* ; don qui exprime l'estime, le respect, l'admiration de qqn : *Ce livre est un hommage de ma reconnaissance.* **2. HIST.** Cérémonie au cours de laquelle le vassal se déclarait l'homme de son suzerain. ■ **Rendre hommage à,** témoigner de son estime, de sa considération pour. ◆ **n.m. pl.** Témoignages de respect adressés à qqn.

HOMMASSE adj. Péjor. Se dit d'une femme d'allure masculine.

HOMME n.m. (lat. *homo*, *-inis*). **1.** Être humain considéré par rapport à son espèce ou aux autres espèces animales ; mammifère de l'ordre des primates, à locomotion bipède, doté de mains préhensiles, d'un langage articulé et d'un cerveau volumineux et complexe doué de la pensée abstraite, et vivant en sociétés très structurées. ➲ Genre *Homo* ; famille des hominidés. **2.** L'espèce humaine en général : *Les origines de l'homme.* **3.** Membre de l'espèce humaine : *La répartition des hommes sur la Terre.* **4.** Être humain de sexe masculin : *Y a-t-il plus d'hommes que de femmes en politique ?* **5.** Adulte du sexe masculin : *Des vêtements d'homme.* **6.** Être humain de sexe masculin considéré du point de vue des qualités attribuées communément à son sexe (virilité, courage, etc.) : *Cette expérience a fait de lui un homme.* **7.** Adulte de sexe masculin considéré par rapport à ses qualités, ses défauts, ses activités, ses origines : *Brave homme. Homme d'action.* **8.** Individu attaché au service d'un autre : *Le commissaire et ses hommes ont arrêté les mafieux.* ■ **C'est** ou **voilà ton (notre, votre) homme,** celui qu'il te, nous faut, dont tu as, nous avons besoin. ■ **Comme un seul homme,** tous ensemble ; d'un commun accord. ■ **D'homme à homme,** en toute franchise. ■ **Grand homme,** remarquable par ses actions, ses qualités. ■ **Homme de loi,** exerçant une profession juridique (magistrat, avocat, etc.). ■ **Homme de main,** qui agit pour le compte d'un autre. ■ **Homme de Neandertal,** néandertalien. ■ **Le premier homme** [relig.], Adam.

➲ La lignée de l'**HOMME** (homininés) est issue de primates arboricoles ayant vécu en Afrique. Son ancêtre le plus ancien pourrait être Toumaï (7 millions d'années), encore proche de la lignée du chimpanzé. Plusieurs espèces d'australopithèques, présentant une mosaïque de caractères archaïques et évolués, coexistent ensuite, tandis que les premiers véritables humains (genre *Homo*) apparaissent en Afrique il y a 2,4, peut-être 2,8 millions d'années. L'homme moderne (*Homo sapiens*), né il y a au moins 150 000 ans, a également côtoyé l'homme de Neandertal et, vraisemblablement, le petit homme de Florès (taille env. 1 m), dont les restes fossiles ont été découverts en 2003 en Indonésie.

HOMME-GRENOUILLE n.m. (pl. *hommes-grenouilles*). Plongeur équipé d'un scaphandre autonome.

HOMME-ORCHESTRE n.m. (pl. *hommes-orchestres*). **1.** Musicien ambulant jouant simultanément de plusieurs instruments. **2.** Fig. Personne ayant des compétences multiples.

HOMME-SANDWICH n.m. (pl. *hommes-sandwichs*). Homme qui promène deux panneaux publicitaires, l'un sur son dos, l'autre sur sa poitrine.

***HOMMOS n.m.** → ***HOUMOUS.**

1. HOMO n.m. inv. (mot lat. « homme »). **BIOL., PALÉONT.** Nom de genre de l'espèce humaine. ➲ L'homme moderne, *Homo sapiens*, est le seul représentant actuel du genre *Homo*, qui compte plusieurs espèces fossiles.

* *L'astérisque à l'initiale indique un « h » aspiré.*

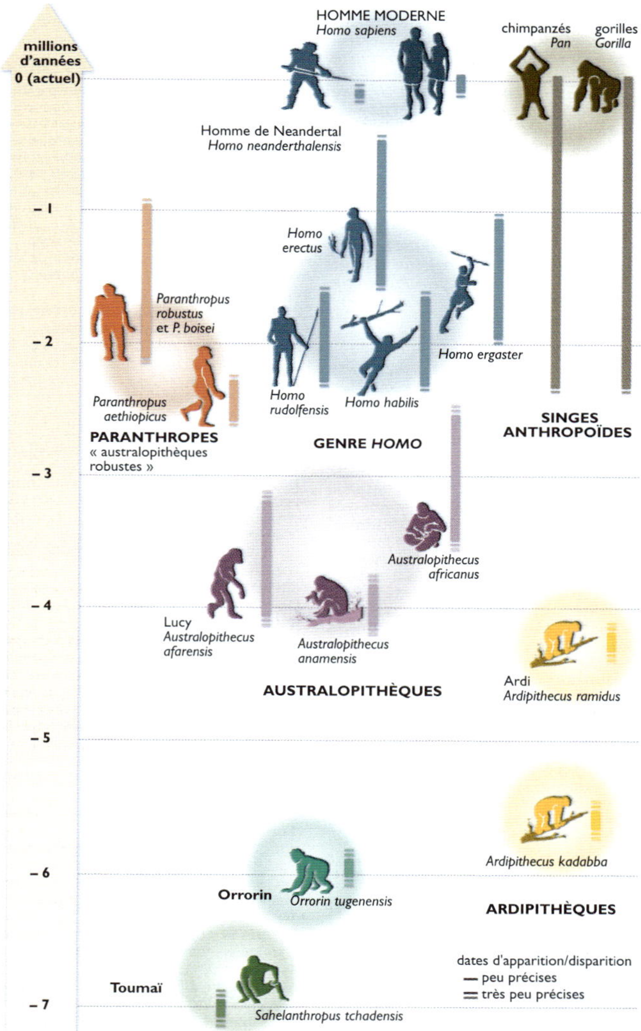

▲**homme.** Évolution de la lignée humaine.

2. HOMO adj. et n. (abrév.). Fam. Homosexuel.

HOMOCENTRIQUE adj. OPT. Se dit d'un faisceau lumineux dont tous les rayons passent par un même point.

HOMOCERQUE adj. (du gr. *homos*, semblable, et *kerkos*, queue). Se dit de la nageoire caudale des poissons quand elle est apparemment symétrique par rapport au plan horizontal (par oppos. à *hétérocerque*).

HOMOCHROMIE [-krɔ-] n.f. ÉCOL. Aptitude de certaines espèces animales à harmoniser leur coloration, de façon permanente ou temporaire, avec celle du milieu où elles vivent.

HOMOCINÉTIQUE adj. **1.** MÉCAN. INDUSTR. Se dit d'une liaison entre deux arbres assurant une transmission régulière des vitesses même si les deux arbres ne sont pas en ligne. **2.** Se dit de particules ayant toutes la même vitesse.

HOMODONTE adj. ZOOL. Se dit de la denture des vertébrés, quand toutes les dents ont même forme et même taille, ou des animaux qui ont une telle denture (par oppos. à *hétérodonte*).

HOMOFOCAL, E, AUX adj. MATH. Se dit de coniques ayant les mêmes foyers.

HOMOGAMÉTIQUE adj. BIOL. Se dit du sexe qui produit des gamètes semblables. ➲ Chez les mammifères, la femelle est homogamétique.

HOMOGAMIE n.f. SOCIOL. Mariage entre individus de même statut social.

HOMOGÈNE adj. (gr. *homogenês*). **1.** Dont les éléments constitutifs sont de même nature. **2.** Fig. Qui présente une grande unité, une harmonie entre ses divers éléments : *Un gouvernement homogène.* ▪ **Polynôme homogène de degré *n*** [math.], polynôme à plusieurs variables dont la somme des degrés pour chaque monôme est égale à *n*.

HOMOGÉNÉISATEUR, TRICE adj. et n.m. Se dit d'un appareil servant à homogénéiser certains liquides, notamm. le lait.

HOMOGÉNÉISATION n.f. **1.** Action de rendre homogène. **2.** Traitement du lait qui réduit la dimension des globules gras, empêchant ainsi la séparation de la crème. **3.** Méthode de laboratoire permettant de disperser parfaitement dans un liquide des particules ou des micro-organismes initialement agglomérés.

HOMOGÉNÉISÉ, E adj. ▪ **Lait homogénéisé,** ayant subi une homogénéisation.

HOMOGÉNÉISER v.t. [3]. Rendre homogène.

HOMOGÉNÉITÉ n.f. Qualité de ce qui est homogène ; cohérence.

HOMOGRAPHE adj. et n.m. LING. Se dit d'homonymes ayant la même orthographe (ex. : *cousin* [insecte] et *cousin* [parent]).

HOMOGRAPHIE n.f. (du gr. *homos*, semblable, et *graphein*, écrire). LING. Caractère des mots homographes. ▪ **Homographie d'une conique** [math.], bijection de cette conique qui conserve le birapport.

HOMOGREFFE n.f. MÉD. Greffe dans laquelle le greffon est pris sur un sujet de même espèce que le sujet greffé (SYN. **allogreffe**).

HOMOLOGATION n.f. Action d'homologuer, de ratifier ; entérinement.

HOMOLOGIE n.f. **1.** Caractère de ce qui est homologue. **2.** BIOL. Présence, chez deux ou plusieurs espèces distinctes, d'un caractère anatomique hérité d'un ancêtre commun, mais dont la forme et la fonction peuvent être différentes (bras des êtres humains, ailes des chauves-souris et nageoires pectorales des cétacés, par ex.). ▪ **Homologie de centre O, d'axe D et de birapport *k*** [math.], transformation ponctuelle qui à tout point M associe le point M′ (tel que O, M et M′ soient alignés) et telle que le birapport des quatre points (O, S, M, M′) soit égal à *k*, S étant l'intersection de la droite (OM) et de la droite (D).

1. HOMOLOGUE adj. (du gr. *homologos*, semblable). **1.** Qui correspond à ; équivalent : *Elles ont un titre homologue à celui d'ingénieur dans notre pays.* **2.** CHIM. ORG. Se dit des corps organiques ayant les mêmes fonctions et des structures analogues. **3.** GÉNÉT. Se dit de chacun des deux chromosomes d'une paire, l'un étant hérité du père et l'autre de la mère. ◆ n.m. CHIM. ORG. Corps homologue.

2. HOMOLOGUE n. Personne dont les fonctions, l'activité ou les conditions de vie sont analogues à celles d'une autre : *L'entraîneur français a reçu son homologue irlandais.*

HOMOLOGUER v.t. [3]. **1.** DR. Approuver officiellement un acte juridique ou une convention afin de permettre son exécution ; entériner. **2.** Déclarer qqch comme étant conforme aux règlements en vigueur, à certaines normes ; agréer. **3.** SPORTS. Reconnaître officiellement après vérification ; valider : *Homologuer un record.*

HOMOMORPHISME n.m. MATH. Application f d'un ensemble E (muni de l'opération $\top$) dans un ensemble E′ (muni de l'opération $\perp$), telle que $f(x \top y) = f(x) \perp f(y)$ pour tout couple (x, y) d'éléments de E.

HOMONCULE n.m. → **HOMUNCULE.**

1. HOMONYME adj. et n.m. (du gr. *homos*, semblable, et *onoma*, nom). LING. Se dit d'un mot qui présente la même forme graphique (*homographe*) et/ou phonique (*homophone*) qu'un autre, mais qui en diffère par le sens.

2. HOMONYME n. Personne qui porte le même nom qu'une autre.

HOMONYMIE n.f. LING. Caractère des mots homonymes.

HOMONYMIQUE adj. Relatif à l'homonymie.

HOMO ŒCONOMICUS [-ekɔnɔmikus] n.m. inv. Concept d'inspiration néoclassique par lequel on désigne un agent économique rationnel dans ses choix, c.-à-d. recherchant un maximum de satisfaction pour un minimum de dépenses.

HOMOPARENTAL, E, AUX adj. Relatif à l'homoparentalité.

HOMOPARENTALITÉ n.f. Exercice des droits parentaux par deux personnes du même sexe vivant en couple.

HOMOPHOBE adj. et n. Qui est hostile à l'homosexualité, aux homosexuels.

HOMOPHOBIE n.f. Rejet de l'homosexualité ; hostilité systématique à l'égard des homosexuels.

HOMOPHONE adj. MUS. **1.** Se dit de ce qui a le même son. **2.** Se dit de l'exécution à l'unisson ou à l'octave des différentes parties d'une musique (SYN. **homophonique**). ◆ adj. et n.m. LING. Se dit d'homonymes ayant la même prononciation (par ex. *saint, ceint, sein, seing*).

** L'astérisque à l'initiale indique un « h » aspiré.*

HOMOPHONIE **n.f.** (du gr. *homos*, semblable, et *phônê*, voix). **1.** LING. Caractère des mots homophones. **2.** Caractère d'une composition musicale homophone.

HOMOPHONIQUE **adj.** MUS. Homophone.

HOMOPTÈRE **n.m.** Insecte hémiptéroïde, souvent suceur de sève et donc nuisible aux cultures, aux ailes antérieures de texture uniforme, tel que la cigale, le puceron, la cochenille. ➲ Les homoptères forment un ordre.

HOMOSEXUALITÉ **n.f.** Sexualité de l'homosexuel (par oppos. à *hétérosexualité*).

HOMOSEXUEL, ELLE **adj.** et **n.** Qui éprouve une attirance sexuelle pour les personnes de son sexe (par oppos. à *hétérosexuel*). Abrév. (fam.) **homo.** ◆ **adj.** Relatif à l'homosexualité, aux homosexuels.

HOMOSPHÈRE **n.f.** GÉOPHYS. Couche de l'atmosphère terrestre située entre le sol et une altitude de 90 à 100 km env., où les constituants principaux (azote et oxygène) restent en proportions constantes.

HOMOTHÉTIE [-tesi] ou [-teti] **n.f.** MATH. **1.** Transformation ponctuelle qui à tout point M associe le point M′ tel que $\overrightarrow{OM'} = k\overrightarrow{OM}$, où O est le centre de l'homothétie et k le rapport de l'homothétie. ➲ L'homothétie permet de réduire ou d'agrandir une figure dans une proportion donnée. **2.** Endomorphisme défini sur un espace vectoriel qui à tout vecteur x de cet espace associe le vecteur αx, α étant un scalaire non nul.

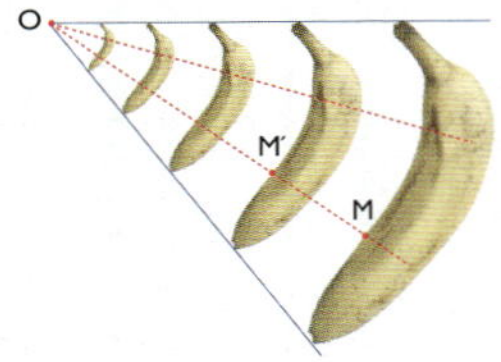

▲ homothétie

HOMOTHÉTIQUE **adj.** Se dit d'un point (ou d'une figure), image par homothétie d'un autre point (ou d'une autre figure).

HOMOZYGOTE **adj.** et **n.** GÉNÉT. Se dit d'un organisme diploïde ou polyploïde dont les cellules possèdent, pour un caractère donné, les deux mêmes allèles d'un même gène (CONTR. **hétérozygote**).

HOMUNCULE [ɔmɔ̃kyl] ou **HOMONCULE** **n.m.** (du lat. *homo*, homme). Petit être vivant doué d'un pouvoir surnaturel, que les alchimistes prétendaient fabriquer à partir de sperme et de sang.

***HONDURIEN, ENNE** **adj.** et **n.** Du Honduras ; de ses habitants.

***HONGRE** **adj.m.** et **n.m.** (de *hongrois*). Se dit d'un cheval châtré.

***HONGRER** **v.t.** [3]. VÉTÉR. Châtrer un cheval.

***HONGROIERIE** **n.f.** ou ***HONGROYAGE** [ɔ̃grwajaʒ] **n.m.** Méthode de tannage des cuirs au moyen d'alun et de sel.

***HONGROIS, E** **adj.** et **n.** De la Hongrie ; de ses habitants (SYN. **magyar**). ◆ **n.m.** Langue ougrienne parlée par les Hongrois.

***HONGROYER** [ɔ̃grwaje] **v.t.** [7] (de *Hongrie*). Travailler et préparer le cuir à la façon des cuirs dits *de Hongrie*, c.-à-d. à l'alun et au sel.

HONNÊTE **adj.** (du lat. *honestus*, honorable). **1.** Qui est conforme ou qui se conforme aux règles de la morale, de la probité, de la loyauté : *Une répartition honnête des subventions. Une ministre honnête.* **2.** Qui ne s'écarte pas d'un niveau moyen et convenable ; satisfaisant : *Ce film a eu un honnête succès.* ▪ **Honnête homme,** homme cultivé, dont le langage et les manières répondaient à l'idéal de l'époque classique.

HONNÊTEMENT **adv.** **1.** De façon honnête : *Gagner honnêtement sa vie.* **2.** Franchement : *Honnêtement, j'avoue qu'elle a raison.*

HONNÊTETÉ **n.f.** Qualité d'une personne ou d'un comportement honnête.

HONNEUR **n.m.** (lat. *honor, -oris*). **1.** Ensemble de principes qui incitent à mériter l'estime de soi et des autres : *Manquer à l'honneur* ; sentiment que l'on a de sa dignité morale : *L'honneur de la profession est en jeu.* **2.** Considération, renom dus au travail, au courage, au talent : *L'honneur de cette réussite vous revient.* **3.** Marque ou témoignage d'estime, d'admiration : *Il est sensible à l'honneur qui lui est fait.* ▪ **Avoir, faire l'honneur de,** avoir le privilège, faire le plaisir de : *J'ai eu l'honneur de la rencontrer. Faites-nous l'honneur de venir.* ▪ **D'honneur** (précédé d'un n. désignant une chose), où la fierté de qqn est en jeu : *Affaire, dette d'honneur* ; précédé d'un n. désignant une personne, digne de confiance ; estimable : *Homme d'honneur.* ▪ **En l'honneur de qqn, qqch,** en hommage à qqn ; pour célébrer qqch. ▪ **Être à l'honneur,** en parlant de qqn, être célébré, fêté. ▪ **Être en honneur,** en parlant de qqch, jouir d'une grande estime : *Ces débats télévisés sont en honneur.* ▪ **Faire honneur à qqch,** se montrer digne de : *Elle fait honneur à nos idéaux.* ▪ **Faire honneur à qqn,** lui procurer la considération : *Ce film vous fait honneur.* ▪ **Faire honneur à sa signature, à ses engagements,** accomplir ce à quoi on s'est engagé. ▪ **Faire honneur à un plat,** en manger beaucoup. ▪ **Garçon, demoiselle d'honneur,** jeune personne qui mène un cortège nuptial et assiste les mariés. ▪ **Garde d'honneur,** troupe qui accompagne les hauts personnages, partic. dans les cérémonies officielles. ▪ **Mettre un point d'honneur à,** engager à ses propres yeux sa dignité, sa réputation. ▪ **Ordre de la Légion* d'honneur,** v. partie n.pr. ▪ **Parole d'honneur,** qui engage la dignité de qqn : *Nous avons sa parole d'honneur.* ▪ **Place d'honneur,** réservée à la personne que l'on veut honorer. ▪ **Pour l'honneur,** pour la satisfaction d'avoir bien agi. ◆ **n.m. pl.** **1.** Marques de distinction accordées aux personnes que l'on veut honorer, célébrer : *Avoir les honneurs des JT.* **2.** Les cartes les plus hautes à certains jeux, notamm. au bridge. ▪ **Faire les honneurs d'un lieu à qqn,** l'y recevoir et le lui faire visiter soi-même. ▪ **Honneurs de la guerre,** conditions honorables consenties par le vainqueur à une troupe qui a capitulé. ▪ **Honneurs funèbres** ou **suprêmes,** ceux rendus aux morts lors des funérailles. ▪ **Honneurs (militaires),** cérémonie par laquelle une formation témoigne son respect à un drapeau, à une autorité civile ou militaire, etc. : *Rendre les honneurs.*

***HONNIR** **v.t.** [21] (du francique **haunjan*). Litt. Vouer au mépris public en couvrant de honte ; vilipender.

HONORABILITÉ **n.f.** Qualité d'une personne honorable ; respectabilité.

HONORABLE **adj.** **1.** Digne de considération, d'estime : *Des gens honorables.* **2.** Qui donne droit au respect, à la considération : *Une vie honorable.* **3.** D'un niveau, d'une importance convenables : *Performances honorables.* ▪ **Pièce honorable** [hérald.], figure qui peut couvrir le tiers de l'écu.

HONORABLEMENT **adv.** De façon honorable.

HONORAIRE **adj.** (lat. *honorarius*). **1.** Se dit de qqn qui, après avoir exercé une charge, une fonction, en conserve le titre et les prérogatives honorifiques : *Professeur honoraire.* **2.** Qui porte un titre honorifique, sans exercer les fonctions correspondantes : *Trésorier honoraire.*

HONORAIRES **n.m. pl.** Rétribution versée aux personnes qui exercent des professions libérales (médecin, avocat, etc.).

HONORARIAT **n.m.** Qualité de qqn qui, après avoir exercé une fonction, en reçoit le titre honorifique.

HONORER **v.t.** [3] (lat. *honorare*). **1.** Rendre hommage au mérite de qqn ; célébrer : *Honorer un défenseur des droits de l'homme.* **2.** Procurer de l'honneur, de la considération à : *Cette découverte honore notre laboratoire. Cette franchise vous honore.* **3.** Accorder une marque d'attention flatteuse à ; gratifier : *Honorer un acteur d'un prix, un film d'une récompense.* **4.** Tenir un engagement, une promesse : *Honorer sa signature.* ◆ **S'HONORER** **v.pr.** (DE). Tirer fierté de : *Il s'honore de bien faire son travail.*

HONORIFIQUE **adj.** (lat. *honorificus*). Qui procure des honneurs sans aucun avantage matériel : *Titre honorifique.*

***HONORIS CAUSA** [ɔnɔriskoza] **loc. adj.** (loc. lat. « pour marquer son respect à »). Se dit de grades universitaires conférés à titre honorifique et sans examen à de hauts personnalités.

***HONTE** **n.f.** (du francique **haunipa*, mépris). **1.** Sentiment d'humiliation provoqué par une faute commise, par la crainte du déshonneur ; confusion : *Il n'y a pas de honte à avoir besoin d'aide.* **2.** Action, parole qui provoque un sentiment de honte ou de rejet ; ignominie : *Ces discriminations sont une honte.* ▪ **Avoir perdu toute honte** ou **avoir toute honte bue** [litt.], être insensible au déshonneur. ▪ **Faire honte à qqn,** être pour lui un sujet de déshonneur : *Sa conduite nous fait honte.* ▪ **Faire honte à qqn de qqch,** lui en faire le reproche : *Elle lui a fait honte de son manque de solidarité.* ▪ **Sans fausse honte,** sans gêne, embarras ni scrupule inutiles.

***HONTEUSEMENT** **adv.** **1.** D'une façon honteuse, scandaleuse. **2.** En éprouvant de la honte.

***HONTEUX, EUSE** **adj.** **1.** Qui éprouve de la honte ; confus : *Ils sont honteux de cet oubli.* **2.** Qui cause de la honte ; scandaleux : *Une défaite honteuse. C'est honteux de traiter les gens comme ça.* **3.** (Après le n.). Qui n'ose faire état de ses convictions, de ses opinions : *Un matérialiste honteux.* ▪ **Maladie honteuse** [vieilli], maladie sexuellement transmissible.

***HOOLIGAN** ou ***HOULIGAN** [uligan] **n.m.** (angl. *hooligan*). Voyou qui se livre à des actes de violence et de vandalisme, partic. lors de compétitions sportives.

***HOOLIGANISME** ou ***HOULIGANISME** **n.m.** Comportement des hooligans.

***HOP** **interj.** Exprime un geste, un mouvement rapide : *Allez hop ! Debout !*

***HOPAK** **n.m.** (mot russe). Gopak.

HÔPITAL **n.m.** (lat. *hospitalis*). Établissement, public ou privé, où sont effectués des soins médicaux ou chirurgicaux. ▪ **Hôpital de jour,** service hospitalier où les malades sont pris en traitement pendant la journée et retournent passer la nuit à leur domicile. ▪ **Hôpital psychiatrique,** établissement hospitalier spécialisé dans le traitement des troubles mentaux, nommé *asile* avant 1938 et auj. *centre psychothérapique* ou *centre hospitalier spécialisé* (CHS).

HOPLITE **n.m.** (gr. *hoplitês*). ANTIQ. GR. Fantassin lourdement armé.

***HOQUET** **n.m.** (onomat.). **1.** Contraction brusque du diaphragme, provoquant une secousse et un bruit aigu provenant de la glotte et des cordes vocales : *Avoir le hoquet.* **2.** Bruit produit par à-coups, partic. dans un appareil.

***HOQUETER** **v.i.** [16], ▲ *[12]*. **1.** Avoir le hoquet. **2.** Être secoué comme par le hoquet : *Le moteur a hoqueté et calé.*

***HOQUETON** **n.m.** (de l'ar. *al-qutun*, le coton). Vêtement à manches courtes et à capuchon, en étoffe ou en cuir, porté par les hommes d'armes (XIVe-XVe s.).

HORAIRE **adj.** (lat. *horarius*). **1.** Relatif aux heures : *Fuseau horaire.* **2.** Calculé par heure : *Tarif, vitesse horaires.* ◆ **n.m.** **1.** Relevé des heures de départ et d'arrivée des moyens de transport ; tableau, brochure indiquant ces heures : *Consulter l'horaire des trains.* **2.** Répartition des heures de travail ; emploi du temps. ▪ **Horaire flexible,** horaire de travail permettant aux employés d'une entreprise un certain choix de leurs heures d'arrivée et de départ. (On dit aussi *horaire mobile* ou *horaire à la carte.*)

***HORDE** **n.f.** (mot tatar). **1.** Groupe de personnes causant des dommages par sa violence : *Une horde de hooligans.* **2.** Troupe nombreuse et indisciplinée : *Une horde de collégiens.*

HORECA [ɔreka] **n.m.** (acronyme). Belgique. Secteur de l'hôtellerie, de la restauration et des cafés : *Travailler dans l'horeca.*

***HORION** **n.m.** (de l'anc. fr. *oreillon*, coup sur l'oreille). Litt. (Souvent pl.). Coup violent donné à qqn.

HORIZON **n.m.** (du gr. *horizein*, borner). **1.** Ligne imaginaire circulaire dont l'observateur est le centre et où le ciel et la terre ou la mer semblent se joindre. **2.** Partie de la terre, de la mer ou du ciel que borne cette ligne : *Le bateau disparaît à l'horizon.* **3.** Fig. Domaine d'une action ou d'une activité quelconque : *Élargir son horizon profes-*

* *L'astérisque à l'initiale indique un « h » aspiré.*

sionnel ; perspective d'avenir : *L'horizon politique d'un député.* **4. ASTRON.** Grand cercle de la sphère céleste formé en un lieu donné par l'intersection de cette sphère et du plan horizontal. **5. GÉOL.** Niveau très fin et particulier, ce qui le distingue au sein d'une série sédimentaire. **6. PÉDOL.** Couche du sol plus ou moins épaisse et sensiblement parallèle à la surface. **7. ARCHÉOL.** Distribution de traits culturels identiques sur une vaste région au cours d'une période limitée. ▪ **À l'horizon,** dans un avenir proche : *Aucune solution à l'horizon.* ▪ **Faire un tour d'horizon,** étudier succinctement tous les aspects d'une question. ▪ **Horizon artificiel** [aéron.], instrument gyroscopique qui fournit au pilote des informations sur l'assiette longitudinale et l'assiette latérale de l'avion. ▪ **Ouvrir des horizons,** créer de nouvelles perspectives : *Cette formation m'a ouvert des horizons.*

HORIZONTAL, E, AUX adj. 1. Parallèle au plan de l'horizon, donc perpendiculaire à une direction qui représente conventionnellement la verticale. **2. MATH.** Se dit d'une droite, d'un plan parallèles à un plan représentant celui de l'horizon. ▪ **Concentration horizontale** [écon.], réunion d'entreprises exerçant le même type d'activité économique (par oppos. à *concentration* ou *intégration verticale*). ▪ **Coordonnées horizontales** [astron.], la hauteur et l'azimut.

HORIZONTALE n.f. Droite horizontale. ▪ **À l'horizontale,** dans une position horizontale, et en partic. couché, étendu.

HORIZONTALEMENT adv. Parallèlement à l'horizon ; en suivant une ligne horizontale.

HORIZONTALITÉ n.f. Caractère, état de ce qui est horizontal : *Vérifier l'horizontalité d'une étagère.*

HORLOGE n.f. (lat. *horologium*). **1.** Appareil fixe de mesure du temps, de taille plus ou moins importante, qui indique l'heure sur un cadran et peut sonner à intervalles fixes. **2. INFORM.** Dispositif qui fournit le signal périodique servant à synchroniser le fonctionnement d'un microprocesseur et ses échanges avec l'extérieur. ▪ **Heure d'horloge** [fam.], heure entière : *Son discours a duré deux heures d'horloge.* ▪ **Horloge à quartz analogique, numérique,** utilisant un mécanisme et des aiguilles, un module électronique et un affichage digital. ▪ **Horloge atomique** ou **moléculaire,** fonctionnant à partir des molécules ou des atomes de certains corps, dont les vibrations servent d'étalon de temps. ➲ C'est le type d'horloge auj. le plus précis. ▪ **Horloge interne** ou **biologique** [éthol.], mécanisme interne à l'être vivant et contrôlant ses rythmes biologiques. ▪ **Horloge parlante,** horloge et service donnant l'heure par téléphone, à l'aide de tops horaires. ▪ **Réglé comme une horloge,** extrêmement régulier dans ses habitudes.

HORLOGER, ÈRE n. Personne qui fabrique, répare ou vend des horloges, des montres, etc. ◆ **adj.** Relatif à l'horlogerie.

HORLOGERIE n.f. 1. Technique de la fabrication ou de la réparation des horloges, des pendules, des montres, etc. **2.** Commerce de ces objets ; magasin de l'horloger.

***HORMIS prép.** (de **hors* et *mis*). Sout. À l'exception, en dehors de ; excepté : *Personne n'a réagi, hormis le maire.*

HORMONAL, E, AUX adj. Relatif aux hormones. ▪ **Traitement hormonal substitutif (THS)** [méd.], traitement par des hormones visant à pallier le dysfonctionnement d'une glande (thyroïde, surrénale) ; traitement œstroprogestatif de la ménopause.

HORMONE n.f. (du gr. *hormân*, exciter). **BIOL., MÉD.** Substance sécrétée par une glande endocrine, déversée dans le sang et exerçant une action spécifique sur le fonctionnement de un ou plusieurs organes ou sur un processus biochimique. ▪ **Hormone antidiurétique** [biol., méd.], vasopressine. ▪ **Hormone (végétale)** [biol.], substance produite par une plante et qui agit sur sa croissance, sa floraison, etc. (SYN. **phytohormone**).

➲ Les **HORMONES** assurent la régulation du fonctionnement de l'organisme parallèlement au système nerveux. La thyroïde, les surrénales, les gonades sont sous la dépendance de l'hypophyse et de l'hypothalamus. Les parathyroïdes et le pancréas endocrine sont autonomes. Certains organes ou tissus (placenta, rein, etc.) ont une fonction de glande endocrine plus ou moins accessoire. L'insuffisance de sécrétion d'une hormone peut être traitée par une hormone naturelle ou de synthèse.

HORMONOTHÉRAPIE n.f. MÉD. Traitement par les hormones.

***HORNBLENDE** [ɔrnblɛ̃d] **n.f.** (de l'all. *Horn*, corne, et *blenden*, éblouir). **MINÉRALOG.** Amphibole calcique, noire ou vert foncé, contenant de l'aluminium, du fer et du magnésium.

HORODATÉ, E adj. Se dit d'un document qui comporte l'indication de la date et de l'heure : *Ticket horodaté.* ▪ **Stationnement horodaté,** stationnement payant qui se fait à l'aide d'horloges horodatrices.

HORODATEUR, TRICE adj. et **n.m.** Se dit d'un appareil imprimant la date et l'heure sur certains documents, notamm. les tickets de stationnement.

HOROKILOMÉTRIQUE adj. Qui se rapporte au temps passé et à l'espace parcouru : *Compteur horokilométrique.*

HOROSCOPE n.m. (du gr. *hôroskopos*, qui observe l'heure de la naissance). **ASTROL. 1.** Carte du ciel tel qu'il est observé de la Terre lors d'un événement, et partic. lors d'une naissance. **2.** Ensemble des déductions et interprétations concernant l'avenir de qqn, que l'on peut tirer de cette carte du ciel.

HORREUR n.f. (lat. *horror*). **1.** Sensation d'effroi, de répulsion à l'idée ou à la vue d'une chose horrible ; épouvante : *Un hurlement d'horreur.* **2.** Caractère de ce qui est horrible ; monstruosité : *L'horreur d'une catastrophe.* **3.** Chose horrible, de nature à provoquer la répulsion, l'indignation ; infamie : *Cet attentat est une horreur.* ▪ **Avoir horreur de, que,** détester : *Avoir horreur de la solitude* ou *d'être seul.* ▪ **Faire horreur,** inspirer de l'effroi, de la répugnance. ◆ **n.f. pl. 1.** Les côtés effrayants, tragiques de qqch : *Les horreurs de cette maladie.* **2.** Propos ou actes indécents, obscènes.

HORRIBLE adj. (lat. *horribilis*). **1.** Qui fait horreur ; abominable : *Un accident horrible.* **2.** Qui provoque la répulsion, la réprobation : *Une horrible perfidie.* **3.** Qui atteint un degré extrême dans ce qui est désagréable ; insupportable : *Une chaleur horrible. Une horrible gabegie.*

HORRIBLEMENT adv. 1. De façon horrible : *Un corps horriblement mutilé.* **2.** À un très haut degré : *Un film horriblement compliqué.*

HORRIFIANT, E adj. Qui horrifie.

HORRIFIER v.t. [5]. Remplir d'horreur ou d'effroi.

HORRIFIQUE adj. Litt., souvent par plais. Qui suscite l'horreur : *Un désordre horrifique.*

HORRIPILANT, E adj. Fam. Qui horripile ; très agaçant.

HORRIPILATEUR adj.m. PHYSIOL. Se dit de chacun des muscles de la peau responsables de l'horripilation.

HORRIPILATION n.f. 1. PHYSIOL. Redressement des poils dû à différentes causes (peur, froid, etc.) [SYN. (cour.) **chair de poule**]. **2.** Fam. État d'agacement, d'irritation extrêmes.

HORRIPILER v.t. [3] (du lat. *horripilare*, avoir le poil hérissé). Fam. Mettre hors de soi ; exaspérer : *Ce bruit continu m'horripile.*

***HORS prép.** (de *dehors*). **1.** En dehors d'un ensemble défini : *Film présenté hors festival.* **2.** Indique la supériorité, un dépassement des normes : *Pianiste hors pair. Modèles hors commerce.* **3.** Litt. Indique ce qui n'est pas compris dans un ensemble ; excepté : *Hors les actionnaires, personne n'était informé.* ▪ **Hors barème,** dont les appointements sont au-dessus du plus haut salaire prévu par une grille conventionnelle de salaires. ▪ **Hors cadre,** se dit d'un fonctionnaire soustrait temporairement ou définitivement au cadre auquel il appartenait pour occuper d'autres fonctions. ▪ **Hors concours,** qui n'est plus autorisé à concourir en raison de sa supériorité. ▪ **Hors les murs,** off. ▪ **Hors-sol,** v. à son ordre alphabétique. ▪ **Hors tout,** se dit de la plus grande valeur de la dimension d'un objet. ◆ **HORS DE loc. prép. 1.** À l'extérieur de : *Le supermarché se trouve hors de la ville.* **2.** En dehors de l'action, de l'influence de : *Être mis hors de cause. L'avion est hors de vue.* ▪ **Être hors de soi,** dans un état d'agitation ou de colère extrême. ▪ **Hors d'eau,** se dit d'une construction qui est protégée de la pluie. ▪ **Hors de question,** que l'on ne peut ou ne veut envisager. ▪ **Hors d'état de nuire,** qui ne peut plus nuire. ▪ **Hors d'ici !,** sortez ! ▪ **Hors d'usage,** qui ne peut plus servir.

***HORSAIN** ou ***HORSIN n.m.** Région. (Normandie). Étranger au village, au pays.

***HORS-BORD adj. inv.,** ▲ *adj.* (pl. **hors-bords*). Se dit d'un moteur fixé à l'arrière d'un bateau, à l'extérieur du bord (par oppos. à *in-bord*). ◆ **n.m. inv.** Canot léger de plaisance ou de course, propulsé par un moteur hors-bord.

***HORS-D'ŒUVRE n.m. inv. 1.** Mets chauds ou froids servis au début du repas. **2.** Fig. Ce qui donne une idée de ce qui va suivre, qui annonce l'essentiel.

***HORSE-BALL** (pl. **horse-balls*), ▲ ***HORSEBALL** [ɔrsbol] **n.m.** (de l'angl. *horse*, cheval, et *ball*, ballon). Sport qui oppose deux équipes de six cavaliers qui tentent d'envoyer un ballon dans des buts ressemblant à des paniers de basket-ball.

***HORSE-GUARD** (pl. **horse-guards*), ▲ ***HORSEGUARD** [ɔrsgard] **n.m.** (de l'angl. *horse*, cheval, et *guard*, garde). Militaire de l'un des régiments de cavalerie de la garde royale anglaise.

***HORSIN n.m.** → ***HORSAIN.**

***HORS-JEU n.m. inv.,** ▲ *n.m.* (pl. **hors-jeux*). Dans certains sports d'équipe, faute commise par un joueur qui se place sur le terrain d'une manière interdite par les règles. ▪ **Hors-jeu de position,** au football, situation d'un joueur qui est hors jeu mais ne participe pas à l'action. ◆ ***HORS JEU adj. inv.** (Sans trait d'union). Se dit d'un joueur en position de hors-jeu.

***HORS-LA-LOI n. inv.** (calque de l'angl. *out law*). Individu qui, par ses actions, se met hors la loi ; bandit.

***HORS-MÉDIA n.m. inv.,** ▲ *n.m.* (pl. **hors-médias*). Investissements publicitaires (en marketing direct, parrainage, promotions, etc.) non effectués dans les médias.

***HORS-ŒUVRE adj. inv.** → **2. ŒUVRE.**

***HORS-PISTE** ou ***HORS-PISTES n.m. inv.** et **adj. inv.,** ▲ *n.m.* (pl. **hors-pistes*). Ski pratiqué en dehors des pistes balisées.

***HORS-PLACE adj. inv.** ▪ **Chèque hors-place,** chèque tiré sur une banque ou une agence bancaire située dans un autre département que celui où il est remis à l'encaissement.

***HORS-SÉRIE adj. inv.** et **n.m.** (pl. **hors-séries*). Se dit d'un journal, d'un magazine publié en dehors des dates habituelles, et souvent consacré à un seul sujet.

***HORS-SOL adj. inv.** et **n.m. inv.,** ▲ *n.m.* (pl. **hors-sols*). **AGRIC.** ▪ **Culture hors-sol,** culture hydroponique*. ▪ **Élevage hors-sol,** mode d'élevage où l'approvisionnement alimentaire des animaux ne provient pas, pour l'essentiel ou pour la totalité, de l'exploitation agricole où ils se trouvent. ◆ **adj. inv.** Se dit de qqn, d'un groupe qui semblent être complètement déconnectés des réalités et des contraintes (financières, partic.) de la vie quotidienne : *Des technocrates hors-sol.* (On écrit aussi *hors sol.*)

***HORS STATUT loc. adj. inv.** Se dit d'un salarié qui ne bénéficie pas du statut génér. applicable aux personnels de son secteur d'activité. ◆ ***HORS-STATUT n. inv.** Salarié hors statut. (Dans le cadre de l'orthographe réformée, on peut écrire : *des *hors-statuts.*)

***HORST** [ɔrst] **n.m.** (mot all.). **GÉOL.** Compartiment soulevé et situé entre des failles normales (CONTR. **graben**).

***HORS-TEXTE n.m. inv.,** ▲ *n.m.* (pl. **hors-textes*). Feuillet, le plus souvent illustré, non compris dans la pagination, que l'on intercale dans un livre.

HORTENSIA n.m. (de *Hortense*, prénom). Arbrisseau originaire d'Extrême-Orient, cultivé pour ses fleurs ornementales en ombelles, blanches, roses ou bleues. ➲ Famille des hydrangéacées.

HORTICOLE adj. Relatif à l'horticulture.

HORTICULTEUR, TRICE n. Personne qui pratique l'horticulture.

* *L'astérisque à l'initiale indique un « h » aspiré.*

HORTICULTURE n.f. (du lat. *hortus*, jardin). Branche de l'agriculture comprenant la culture des légumes, des petits fruits (fraise, groseille, etc.), des fleurs, des arbres et arbustes fruitiers et d'ornement.

HORTILLONNAGE n.m. (du lat. *hortus*, jardin). Région. (Picardie). Marais entrecoupé de petits canaux, exploité pour les cultures maraîchères.

***HORTON (MALADIE DE)** n.f. Artérite inflammatoire d'origine auto-immune, touchant les artères de la tête et princip. l'artère temporale. ➲ Atteignant les personnes âgées, elle peut se compliquer de troubles visuels allant jusqu'à la cécité.

HOSANNA n.m. (de l'hébr. *hoscha na*, sauve-nous maintenant). **1.** Acclamation de la liturgie juive passée dans la liturgie chrétienne. **2.** Litt. Cri de joie ; chant de triomphe.

HOSPICE n.m. (du lat. *hospitium*, hospitalité). Vieilli. **1.** Maison d'assistance où l'on reçoit les vieillards démunis ou atteints de maladie chronique. **2.** Maison où des religieux donnent l'hospitalité aux pèlerins, aux voyageurs.

1. HOSPITALIER, ÈRE adj. **1.** Relatif aux hôpitaux. **2.** Relatif aux ordres religieux militaires, créés au Moyen Âge, qui se vouaient au service des voyageurs, des pèlerins ou des malades et dont certains exercent encore une activité charitable. ◆ **adj.** et **n. 1.** Se dit d'une personne employée dans un hôpital. **2.** Se dit des membres des ordres hospitaliers. ◆ **n.m.** Membre d'un ordre hospitalier.

2. HOSPITALIER, ÈRE adj. **1.** Qui pratique l'hospitalité ; accueillant : *Famille hospitalière.* **2.** Où l'on est accueilli avec générosité : *Un pays hospitalier.*

HOSPITALISATION n.f. Séjour d'un malade dans un établissement hospitalier. ▪ **Hospitalisation à domicile (HAD),** système de soins spécialisés à domicile permettant au malade de ne pas être hospitalisé dans un établissement.

HOSPITALISER v.t. [3] (du lat. *hospitalis*, d'hôte). Faire entrer un malade dans un établissement hospitalier.

HOSPITALISME n.m. Ensemble des troubles psychiques et somatiques atteignant un jeune enfant (moins de 15 mois, génér.), à la suite d'une hospitalisation prolongée qui le prive des relations affectives avec sa mère.

HOSPITALITÉ n.f. **1.** Action de recevoir et d'héberger qqn chez soi, par générosité, amitié. **2.** Cordialité dans la manière d'accueillir et de traiter ses hôtes. **3.** Asile accordé à qqn, à un groupe par un pays.

HOSPITALO-UNIVERSITAIRE adj. (pl. *hospitalo-universitaires*). ▪ **Centre hospitalo-universitaire (CHU),** en France, centre hospitalier des villes dotées d'une faculté de médecine, où est dispensé l'enseignement médical.

HOSPODAR n.m. (mot ukrainien). HIST. Titre des princes de Moldavie et de Valachie (XIVe-XIXe s.).

HOST n.m. → **OST.**

HOSTA n.m. (du n. de T. *Host*). Petite plante herbacée vivace, originaire d'Extrême-Orient, aux fleurs en grappes simples, blanches, bleues ou violettes, et au feuillage décoratif. ➲ Famille des liliacées.

HOSTELLERIE [ɔstɛlri] n.f. Hôtel, restaurant de caractère élégant et traditionnel, souvent situé à la campagne (SYN. **hôtellerie**).

HOSTIE n.f. (du lat. *hostia*, victime). CATH. Pain eucharistique fait de farine sans levain (azyme), en forme de lamelle mince et ronde, que le prêtre consacre à la messe et distribue aux fidèles recevant la communion.

HOSTILE adj. (lat. *hostilis*). **1.** Qui manifeste des intentions agressives ; ennemi : *Pays entouré de voisins hostiles.* **2.** (À). Qui manifeste de la désapprobation, une opposition ; défavorable : *Des manifestations hostiles au pouvoir, au ministre.* **3.** Qui semble contraire à l'homme et à ses entreprises ; inhospitalier : *Une nature hostile.*

HOSTILEMENT adv. Avec hostilité.

HOSTILITÉ n.f. Attitude d'inimitié ou d'opposition : *Hostilité envers les terroristes, au plan de restructuration.* ◆ **n.f. pl.** Opérations de guerre ; état de guerre : *Le déclenchement des hostilités.*

HOSTO n.m. Fam. Hôpital.

* *L'astérisque à l'initiale indique un « h » aspiré.*

***HOT** [ɔt] **adj. inv.** et **n.m. inv.** (mot angl. « chaud »). Se dit du jazz expressif et coloré des années 1925-1930, usant abondamment de procédés tels que vibratos, inflexions, glissandos, etc.

***HOT DOG** (pl. **hot dogs*), ▲ **HOTDOG* [ɔtdɔg] **n.m.** (mot anglo-amér. « chien chaud »). Petit pain fourré d'une saucisse chaude enduite de moutarde.

1. HÔTE n.m. (lat. *hospes, -itis*). Personne qui est reçue chez qqn ; invité. ▪ **Chambre d'hôte,** chambre de l'habitation d'un particulier, aménagée afin d'être louée à des touristes. ➲ En France, leur nombre est limité à cinq par habitation.

2. HÔTE, HÔTESSE n. Personne qui reçoit qqn chez elle, qui lui donne l'hospitalité. ◆ **n.m.** BIOL. Organisme vivant qui héberge un parasite.

HÔTEL n.m. (du lat. *hospitale*, auberge). **1.** Établissement commercial qui loue des chambres ou des appartements meublés pour un prix journalier. **2.** Édifice abritant un organisme, une administration : *L'hôtel de la Monnaie.* ▪ **Hôtel de police,** commissariat. ▪ **Hôtel de ville,** mairie d'une commune importante. ▪ **Hôtel (particulier),** demeure citadine d'un riche particulier. ▪ **Maître d'hôtel,** chef du service de la table dans une grande maison, un restaurant. ▪ **Sauce maître d'hôtel** [cuis.], à base de beurre et de persil.

HÔTEL-CLUB n.m. (nom déposé). Établissement dans lequel les prestations hôtelières classiques sont complétées par des activités diverses, surtout sportives et culturelles.

HÔTEL-DIEU n.m. (pl. *hôtels-Dieu*). Anc. Nom souvent donné à l'hôpital, au Moyen Âge.

HÔTELIER, ÈRE n. Personne qui tient un hôtel, une hôtellerie, une auberge. ◆ **adj.** Relatif aux hôtels, à l'hôtellerie, à l'activité économique liée à l'hébergement payant : *École hôtelière.*

HÔTELLERIE n.f. **1.** Ensemble de la profession hôtelière. **2.** Hostellerie. **3.** Partie d'une abbaye, d'un monastère réservée au logement des hôtes. ▪ **Hôtellerie de plein air,** ensemble des activités hôtelières liées au camping et au caravaning.

HÔTESSE n.f. Femme chargée d'accueillir et d'informer les visiteurs ou les clients, dans des lieux publics ou privés (expositions, entreprises, magasins, etc.). ▪ **Hôtesse de l'air,** femme chargée d'assurer, à bord des avions commerciaux, les différents services utiles au confort et à la sécurité des passagers. ▪ **Robe d'hôtesse,** robe d'intérieur longue et confortable.

***HOT LINE** [ɔtlajn] **n.f.** (pl. **hot lines*) [mots angl. « ligne directe »]. Ligne téléphonique directe mise en place par les fabricants de produits informatiques afin d'apporter un service après-vente à leurs clients.

***HOTTE** n.f. (francique **hotta*). **1.** Grand panier, souvent étanche, que l'on porte sur le dos à l'aide de bretelles et qui sert à transporter divers produits, notamm. agricoles : *Hotte de vendangeur.* **2.** CONSTR. Tronc de pyramide, en maçonnerie ou en tôle, relié à un organe de tirage (cheminée ou aspirateur). ▪ **Hotte (aspirante, filtrante),** appareil électroménager destiné à expulser ou à recycler l'air chargé de vapeurs grasses, dans une cuisine.

***HOTTENTOT, E** [-tɑ̃-] **adj.** Relatif aux Hottentots ; qui fait partie de ce peuple.

***HOTU** n.m. (mot wallon). Poisson des eaux douces courantes, à dos brunâtre et à lèvres cornées et tranchantes, originaire d'Europe centrale et acclimaté en France. ➲ Famille des cyprinidés.

***HOU** interj. **1.** S'emploie pour faire peur, faire honte ou conspuer : *Hou ! Dehors !* **2.** (Souvent répété). S'emploie pour interpeller : *Hou ! hou ! Y a-t-il quelqu'un ?*

***HOUACHE** [waʃ] ou ***HOUAICHE** [wɛʃ] **n.f.** (du néerl.). MAR. Anc. Sillage d'un navire en marche.

***HOUARI** [wari] **n.m.** (angl. *wherry*). MAR. Gréement longitudinal de petit voilier, constitué d'une voile triangulaire fixée sur sa partie haute à une vergue qui se hisse le long du mât.

***HOUBLON** n.m. (anc. néerl. *hoppe*). Plante grimpante cultivée pour ses inflorescences femelles (cônes), employées pour aromatiser la bière. ➲ Famille des cannabacées.

***HOUBLONNAGE** n.m. Action de houblonner.

***HOUBLONNER** v.t. [3]. Ajouter au moût de bière la lupuline produite par le houblon.

1. *HOUBLONNIER, ÈRE adj. Relatif au houblon.

2. *HOUBLONNIER, ÈRE n. Personne qui cultive le houblon.

***HOUBLONNIÈRE** n.f. Champ de houblon.

***HOUDAN** n.f. Poule d'une race originaire de la région de Houdan, caractérisée par un plumage noir et blanc, et une magnifique huppe.

***HOUE** n.f. (francique **hauwa*). Outil de jardinier formé d'un manche en bois et d'un fer large utilisé pour ameublir un sol.

***HOUILLE** n.f. (wallon *hoye*, du francique). Combustible minéral fossile solide, provenant de végétaux ayant subi, au cours des temps géologiques, une transformation lui conférant un grand pouvoir calorifique. ▪ **Houille blanche** [vieilli], énergie obtenue à partir des chutes d'eau.

***HOUILLER, ÈRE** adj. Relatif à la houille ; qui en renferme : *Bassin houiller.*

***HOUILLÈRE** n.f. Mine de houille.

***HOUKA** n.m. (mot hindi). Pipe orientale analogue au narguilé.

***HOULE** n.f. (du germ. *hol*, creux). **1.** Mouvement d'ondulation de la mer de longue période et grande longueur d'onde. **2.** Litt. Ondulations de la cime des arbres, d'une foule, etc. : *La houle des supporteurs.*

***HOULETTE** n.f. (de l'anc. fr. *houler*, lancer). **1.** Anc. Bâton de berger, terminé par un crochet pour attraper les animaux. **2.** Petite bêche de jardinier. ▪ **Sous la houlette de qqn,** sous sa direction.

***HOULEUX, EUSE** adj. **1.** Se dit d'une mer agitée par la houle. **2.** Fig. Se dit d'une assemblée agitée de sentiments contraires ; mouvementé : *Un conseil d'administration houleux.*

***HOULIGAN** n.m. → ***HOOLIGAN.**

***HOULIGANISME** n.m. → ***HOOLIGANISME.**

***HOULOMOTEUR, TRICE** adj. Relatif à la force motrice de la houle.

***HOULQUE** ou ***HOUQUE** n.f. (lat. *holcus*). Plante herbacée très commune, voisine de l'avoine, dont une espèce, la *houlque laineuse*, est utilisée comme fourrage. ➲ Famille des graminées.

***HOUMOUS** [umus] ou ***HOMMOS** [ɔmɔs] **n.m.** (de l'ar.). Purée de pois chiches à l'huile de sésame. ➲ Spécialité du Moyen-Orient.

***HOUPPE** n.f. (du francique **huppo*, touffe). **1.** Touffe de brins de laine, de soie, de duvet. **2.** Touffe de cheveux dressée sur la tête. **3.** Huppe.

***HOUPPELANDE** n.f. Anc. Manteau ample et long, sans manches : *Houppelande de berger.*

***HOUPPETTE** n.f. Petite houppe.

***HOUPPIER** n.m. BOT. Ensemble des ramifications portées par la tige d'un arbre au-dessus du fût.

***HOUQUE** n.f. → ***HOULQUE.**

***HOURD** [ur] **n.m.** (du francique). **1.** Au Moyen Âge, estrade dressée pour les spectateurs d'un tournoi. **2.** FORTIF. Galerie de bois établie en encorbellement au sommet d'une muraille pour en défendre l'accès au moyen de projectiles.

***HOURDAGE** n.m. CONSTR. Maçonnerie grossière en moellons ou en plâtras.

***HOURDER** v.t. [3]. Exécuter un hourdage ; poser des hourdis : *Hourder une cloison.*

***HOURDIS** [urdi] **n.m.** CONSTR. Bloc de remplissage posé entre les solives, les poutrelles ou les nervures d'un plancher.

***HOURI** n.f. (persan *huri*, de l'ar.). **1.** Dans le Coran, vierge du paradis, promise comme épouse aux croyants qui y sont admis. **2.** Litt. Femme très belle.

***HOURRA** ou ***HURRAH** [ura] **interj.** et **n.m.** Cri d'acclamation, d'enthousiasme ; vivat : *Des hourras ont accueilli le but de la victoire.*

***HOURVARI** n.m. (de *hourre*, cri pour exciter les chiens, et *charivari*). **1.** CHASSE. Ruse d'un gibier traqué ; appel destiné aux chiens pour les en avertir. **2.** Litt., vieilli. Grand tumulte ; vacarme.

***HOUSE** [aws] ou ***HOUSE MUSIC** [awsmjuzik] **n.f.** (pl. **house musics*) [mots anglo-amér.]. Courant musical apparu aux États-Unis au début des années 1980, influencé notamm. par la culture musicale afro-américaine, le disco et la pop.

***HOUSE-BOAT** [awsbot] **n.m.** (pl. **house-boats*) [mot angl. « bateau-maison »]. Bateau à fond plat portant une cabine habitable, utilisé pour le tourisme et la villégiature sur les lacs et les fleuves.

***HOUSPILLER** v.t. [3] (de l'anc. fr. *housser*, frapper, et *pignier*, peigner). Faire de vifs reproches à qqn ;

réprimander : *Il est toujours en train de houspiller son équipe.*

***HOUSSAIE n.f.** Région. Partie de forêt où abonde le houx.

***HOUSSE n.f.** (du francique). Enveloppe souple pour recouvrir et protéger des meubles, des vêtements, de la literie.

***HOUSSER v.t. [3].** Couvrir d'une housse.

***HOUSSINE n.f.** (de *houx). Vx. Baguette de houx.

***HOUSSOIR n.m.** Vx. Balai de branchages ou de crin.

***HOUX** [u] **n.m.** (du francique). Petit arbre des sous-bois, à feuilles luisantes, épineuses et persistantes, à baies rouges et dont l'écorce sert à fabriquer la glu. ➲ Famille des aquifoliacées. ▪ **Petit houx,** fragon.

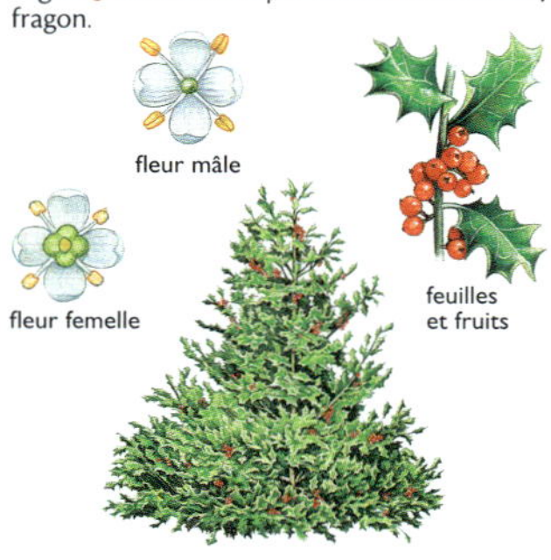

▲**houx**

HOVERCRAFT [ɔvœrkraft] **n.m.** (de l'angl. *to hover,* planer, et *craft,* embarcation). Aéroglisseur.

HOVERPORT [ɔvœrpɔrt] **n.m.** Partie d'un port formée d'un plan incliné et réservée à l'accostage des aéroglisseurs.

***HQE** ou ***H.Q.E. n.f.** (sigle). Haute Qualité* Environnementale.

***HS** ou ***H.S. adj.** (sigle). Fam. Hors service*.

***HT** ou ***H.T. abrév.** (sigle). Hors taxes.

***HTML n.m.** (sigle de l'angl. *hypertext markup language,* langage de balisage hypertexte). **INFORM.** Langage de description de documents servant à présenter des pages Web et à préciser à l'aide de balises les liens hypertextes avec d'autres documents.

***HTTP n.m.** (sigle de l'angl. *hypertext transmission protocol,* protocole de transmission hypertexte). **INFORM.** Protocole de communication entre internautes et serveurs du Web, pour la consultation et le transfert de documents de type hypermédia.

***HUARD** ou ***HUART** [ɥar] **n.m.** (de *huer). Québec. **1.** Plongeon (oiseau). **2.** Fam. Pièce de un dollar à l'emblème du huard.

***HUB** [œb] **n.m.** (mot angl.). **1. INFORM., TÉLÉCOMM.** Concentrateur. **2. AÉRON.** Plateforme aéroportuaire de correspondance permettant aux compagnies aériennes de concentrer leurs avions en un point unique.

***HUBLOT n.m.** (de l'anc. fr. *huve*). **1.** Petite fenêtre étanche, génér. ovale ou circulaire, munie d'un verre épais, aménagée dans la coque d'un navire, le fuselage d'un avion ou la paroi d'un vaisseau spatial. ➲ Certains hublots de navire peuvent s'ouvrir ; ceux des avions et des vaisseaux spatiaux sont toujours hermétiquement clos. **2.** Partie vitrée de la porte d'un four, d'un appareil ménager, permettant de surveiller l'opération en cours. **3.** Luminaire rappelant la forme d'un hublot et pouvant être utilisé en applique ou en plafonnier.

HUBRIS ou **UBRIS** [ybris] **n.f.** (gr. *hubris*). **1.** Litt. Outrance dans le comportement inspirée par l'orgueil ; démesure : *Journalistes se défiant de l'hubris.* **2. ANTIQ. GR.** Tout ce qui, dans la conduite de l'homme, est considéré par les dieux comme démesure, orgueil, et appelle leur vengeance.

***HUCHE n.f.** (du germ.). **1.** Coffre ou petit meuble pour conserver le pain. **2.** Grand coffre médiéval à couvercle plat, qui pouvait servir de siège.

***HUCHER v.i. [3]** (lat. *huccare*). Vx ou région. ; Acadie, Suisse. Pousser de longs cris ; appeler en criant.

***HUE** [y] **interj.** Cri des charretiers pour faire avancer leurs chevaux ou les faire tourner à droite (par oppos. à *dia*) : *Allez, hue !* ▪ **À hue et à dia,** dans des directions opposées ; de manière contradictoire : *Les militants tirent à hue et à dia.*

***HUÉE n.f.** (Surtout pl.). Cri hostile poussé par un groupe : *Son arrivée a déclenché les huées des spectateurs.*

***HUER v.t. [3]** (de *hue). Accueillir par des cris de dérision et d'hostilité ; conspuer : *Le public l'a hué.* ◆ **v.i.** Pousser son cri, en parlant du hibou, de la hulotte (ou chat-huant).

***HUERTA** [wɛrta] **n.f.** (mot esp.). **GÉOGR.** Plaine irriguée couverte de riches cultures, en milieu méditerranéen.

***HUGUENOT, E n.** et **adj.** (de l'all. *Eidgenossen,* confédéré). **HIST.** Surnom donné par les catholiques français aux calvinistes.

HUILAGE n.m. Action d'huiler.

HUILE n.f. (lat. *oleum*). **1.** Substance grasse, liquide à la température ordinaire et insoluble dans l'eau, d'origine végétale, animale ou minérale, employée à des usages alimentaires, domestiques, industriels, pharmaceutiques, etc. : *Huile de noix, de vidange.* **2.** Toile, tableau exécutés à la peinture à l'huile. **3.** Fam. Personnage haut placé et influent ; notable. **4.** Pétrole brut. ▪ **Arbre à huile** → **ALEURITE.** ▪ **Faire tache d'huile,** s'étendre insensiblement mais inexorablement : *Le mécontentement fait tache d'huile.* ▪ **Huile à chauffage** [Québec, emploi critiqué], mazout. ▪ **Huile de coude** [fam.], énergie déployée à faire qqch. ▪ **Huile essentielle,** mélange de substances génér. terpéniques. ➲ Les huiles essentielles ont des fonctions diverses : insecticide ou éloignement des herbivores, et sont utilisées dans la fabrication des parfums. ▪ **Huile sainte,** ou **saintes huiles** [cath.], huile consacrée utilisée pour les sacrements. ▪ **Mer d'huile,** très calme. ▪ **Mettre de l'huile dans les rouages,** aplanir les difficultés. ▪ **Peinture à l'huile,** ou **huile,** peinture dont le liant est fait de une ou plusieurs huiles minérales ou végétales. ▪ **Verser** ou **jeter de l'huile sur le feu,** envenimer une querelle.

HUILER v.t. [3]. Frotter, imprégner d'huile ; lubrifier avec de l'huile : *Huiler une serrure.*

HUILERIE n.f. Fabrique ou magasin d'huile végétale.

HUILEUX, EUSE adj. 1. Qui est de la nature de l'huile. **2.** Gras et comme imbibé d'huile : *Cheveux huileux.*

1. HUILIER n.m. Accessoire de table réunissant les burettes d'huile et de vinaigre.

2. HUILIER n.m. Industriel fabriquant de l'huile alimentaire.

HUIS [ɥi] **n.m.** (du lat. *ostium,* porte). Vx ou litt. Porte extérieure d'une maison.

***HUIS CLOS n.m.** Débats judiciaires hors de la présence du public : *Le tribunal a ordonné le huis clos.* ▪ **À huis clos,** toutes portes fermées, sans que le public soit admis : *L'audition du témoin a eu lieu à huis clos* ; en petit comité ou en secret : *Une réunion à huis clos.*

HUISSERIE n.f. CONSTR. Partie fixe en bois ou en métal formant les piédroits et le linteau d'une porte.

HUISSIER, ÈRE n. (de *huis*). **1.** Employé chargé d'annoncer et d'introduire les visiteurs et personnalités dans les cérémonies et réceptions officielles. **2.** Employé chargé du service dans les assemblées, les administrations. ▪ **Huissier (de justice),** officier ministériel chargé de signifier les actes de procédure et les décisions de justice, d'assurer l'exécution de ceux qui ont force exécutoire et de procéder à des constats.

***HUIT** [ɥit] ([ɥi] devant une consonne) **adj. num.** (lat. *octo*). **1.** Nombre qui suit sept dans la suite des entiers naturels. **2.** Huitième : *Charles VIII.* ▪ **Huit jours,** une semaine. ◆ **n.m. inv. 1.** Chiffre ou nombre huit. **2.** Dessin, mouvement en forme de huit. **3.** En aviron, embarcation à huit rameurs et un barreur ; discipline pratiquée avec cette embarcation. ▪ **En huit,** le même jour, une semaine plus tard : *Dimanche en huit.* ▪ **Grand huit,** attraction foraine constituée d'un circuit en forme de huit, que l'on parcourt à grande vitesse dans des véhicules sur rail. ▪ **Les trois(-)huit,** organisation du travail fondée sur la succession de trois équipes œuvrant chacune huit heures sur un même poste, assurant ainsi un fonctionnement ininterrompu de vingt-quatre heures.

***HUITAIN n.m.** Strophe ou poème de huit vers.

***HUITAINE n.f.** Espace de huit jours ; semaine : *Téléphonez-moi dans une huitaine.* ▪ **À huitaine** ou **sous huitaine,** le même jour la semaine suivante.

***HUITANTE adj. num. inv.** Suisse. Quatre-vingts.

***HUITIÈME adj. num. ord.** et **n.** Qui occupe un rang marqué par le nombre huit. ▪ **Le huitième art** → **ART.** ◆ **n.m.** et **adj. num.** Quantité désignant le résultat d'une division par huit. ▪ **Huitième de finale,** phase éliminatoire d'une compétition sportive, opposant deux à deux seize équipes ou seize concurrents. (On dit aussi *les huitièmes.*)

***HUITIÈMEMENT adv.** En huitième lieu.

HUÎTRE, ▲ *HUITRE* **n.f.** (lat. *ostrea,* du gr.). **1.** Mollusque bivalve comestible, fixé aux rochers marins par une valve de sa coquille, dont on fait l'élevage (ostréiculture) dans des parcs et dont les espèces (belon, portugaise, etc.) sont surtout consommées pendant les « mois en *r* » (de septembre à avril), hors période de reproduction. ➲ Famille des ostréidés. **2.** Fam., vieilli. Personne stupide. ▪ **Huître perlière,** qui donne des perles fines, comme la pintadine des mers chaudes.

▲**huîtres**

***HUIT-REFLETS n.m. inv.** Anc. Haut-de-forme.

1. HUÎTRIER, ÈRE, ▲ *HUITRIER, ÈRE* **adj.** Relatif aux huîtres, à leur élevage, à leur vente.

2. HUÎTRIER, ▲ *HUITRIER* **n.m.** Échassier des régions côtières ou marécageuses de l'Eurasie, au plumage blanc et noir, et au bec rouge, qui se nourrit de crustacés et de mollusques. ➲ Famille des hématopodidés.

HUÎTRIÈRE, ▲ *HUITRIÈRE* **n.f.** Parc à huîtres.

***HULOTTE n.f.** (de l'anc. fr. *huller,* hurler). Oiseau rapace nocturne, commun dans les bois de l'Eurasie, appelé cour. *chat-huant.* ➲ Cri : la hulotte hue ; famille des strigidés.

***HULULEMENT n.m.** → **ULULEMENT.**

***HULULER v.i. [3]** → **ULULER.**

***HUM** [œm] **interj. 1.** Marque le doute, l'impatience, la réticence. **2.** Répété, s'emploie pour signaler sa présence.

HUMAGNE n.m. Vin rouge ou blanc du Valais.

1. HUMAIN, E adj. (lat. *humanus*). **1.** Qui a les caractères, la nature de l'homme : *Un être humain* ; qui se compose d'hommes : *L'espèce humaine.* **2.** Qui est relatif à l'homme : *Le corps humain* ; qui lui est propre : *L'erreur est humaine.* **3.** Qui concerne l'homme ; qui a l'homme pour objet : *Géographie humaine.* **4.** Qui est à la mesure de l'homme : *Des immeubles à l'échelle humaine.* **5.** Qui manifeste à un haut degré les qualités propres à l'homme en tant qu'être social ; indulgent : *La présidente a su rester humaine* ; altruiste : *Trouver des solutions humaines.* ▪ **Sciences humaines,** disciplines ayant pour objet l'homme et ses comportements individuels et collectifs, passés et présents.

2. HUMAIN n.m. Litt. Être humain ; homme. ◆ **n.m. pl.** Les hommes ; l'humanité.

* *L'astérisque à l'initiale indique un « h » aspiré.*

HUMAINEMENT adv. 1. Avec les capacités de l'homme : *Faire tout ce qui est humainement possible.* **2.** Avec humanité, bonté.

HUMANISATION n.f. Action d'humaniser ; fait de s'humaniser.

HUMANISER v.t. [3]. 1. Donner un caractère plus humain à ; rendre plus supportable à l'homme : *Humaniser les conditions de travail.* **2.** Rendre plus sociable, plus compatissant : *Ses malheurs l'ont un peu humanisé.* ◆ **S'HUMANISER v.pr.** Devenir plus humain, plus compréhensif.

HUMANISME n.m. 1. Position philosophique qui met l'homme et les valeurs humaines au-dessus des autres valeurs. **2.** Mouvement intellectuel constitutif de la Renaissance, né en Italie au XVe s., qui gagna progressivement toute l'Europe pour s'épanouir au XVIe s. et qui fut marqué par le retour aux textes antiques, dont il tira des modèles de vie, d'écriture et de pensée.

➲ **HUMANISME** et Renaissance sont des termes inséparables. L'attitude nouvelle que l'homme adopte alors envers lui-même est la clé de la prodigieuse vitalité culturelle de la civilisation occidentale et de ses bouleversements politiques et religieux. L'homme réalise en effet que, bien qu'imparfait et sujet à la tentation du mal, il est aussi libre et capable de concevoir le bien.
La lecture des Anciens et une théologie repensée ont persuadé l'homme de cette dignité spécifique, de la chance comme du devoir qu'il a de devenir plus *humain.* Sans cela, il ne se serait sans doute pas élancé à la conquête du monde et des cieux dont témoigneront la découverte de l'Amérique, les travaux de Galilée ou les audaces de la Réforme. Les principaux représentants de l'humanisme sont Pétrarque, Pic de La Mirandole et Érasme.

HUMANISTE n. 1. Partisan de l'humanisme. **2.** Vx. Personne versée dans la connaissance des langues et des littératures anciennes. ◆ **adj.** Relatif à l'humanisme.

HUMANITAIRE adj. Qui recherche le bien de l'humanité, lutte pour le respect de l'être humain ; philanthropique. ▪ **Corridor, couloir humanitaire,** espace, voie de communication destinés à l'acheminement de l'aide humanitaire dans une région sinistrée ou en proie à la guerre. ◆ **n.m.** ▪ **L'humanitaire,** l'ensemble des organisations humanitaires et des actions qu'elles mènent. ◆ **n.** Membre d'une organisation humanitaire.

HUMANITARISME n.m. Péjor. Conceptions humanitaires jugées utopiques ou dangereuses.

HUMANITÉ n.f. (lat. *humanitas*). **1.** Ensemble des hommes ; genre humain : *S'interroger sur le sort de l'humanité.* **2.** Essence de l'homme ; nature humaine : *La folie a fait disparaître toute humanité en ce criminel.* **3.** Disposition à la compassion ; bienveillance : *Traiter qqn avec humanité.* ◆ **n.f. pl. 1.** Vieilli. Étude des lettres classiques (latin et grec). **2.** Belgique. Cycle complet d'études secondaires : *Humanités générales.*

HUMANOÏDE n. Être ressemblant à l'homme, notamm. dans le langage de la science-fiction. ◆ **adj.** Qui présente des caractères humains : *Un crâne humanoïde.*

HUMBLE adj. (lat. *humilis*, de *humus*, terre). **1.** Qui manifeste une attitude volontairement modeste ; effacé : *Sa célébrité ne l'empêche pas de rester humble.* **2.** Qui est de condition modeste ou occupe un poste peu élevé : *Un humble cantonnier.* **3.** Sans prétention ou sans importance ; simple : *Une humble demeure.* ▪ **À mon humble avis** [souvent iron.], formule de courtoisie pour introduire l'expression de son opinion. ◆ **n.m. pl.** Les petites gens.

HUMBLEMENT adv. Avec humilité ; modestement.

HUMECTAGE n.m. Action d'humecter.

HUMECTER v.t. [3] (lat. *humectare*). Mouiller légèrement : *Humecter le front d'un enfant fiévreux.*

HUMECTEUR n.m. Appareil utilisé pour humecter les étoffes, le papier.

***HUMER v.t. [3]** (onomat.). Aspirer par le nez pour sentir ; respirer.

HUMÉRAL, E, AUX adj. Relatif à l'humérus.

* *L'astérisque à l'initiale indique un « h » aspiré.*

HUMÉRUS [-rys] **n.m.** (lat. *humerus*). **ANAT.** Os unique du bras, qui s'articule à l'épaule avec la cavité glénoïde de l'omoplate et au coude avec le cubitus et le radius.

HUMEUR n.f. (du lat. *humor*, liquide). **1.** Disposition affective et émotionnelle dominante ; caractère : *Incompatibilité d'humeur entre des personnes.* **2.** Disposition affective passagère, liée aux circonstances : *Sa bonne humeur est communicative. Il est de mauvaise humeur ce matin.* **3.** Disposition à la colère : *Un mouvement d'humeur.* **4. MÉD.** Vx. Liquide de l'organisme, réel (sang, lymphe, etc.) ou hypothétique (atrabile). **5.** Anc. État d'esprit fondamental dominant la vie affective et les réactions émotionnelles d'un individu ; tempérament. ▪ **Être d'humeur à,** être dans de bonnes dispositions pour. ▪ **Humeur aqueuse** [physiol.], liquide contenu dans l'œil entre la cornée et le cristallin.

HUMIDE adj. (lat. *humidus*). **1.** Chargé d'eau ou de vapeur d'eau : *Linge humide.* **2. ÉCOL.** Se dit d'un milieu terrestre riche en eau, tel qu'un marécage, une tourbière : *Zones humides.* ▪ **Yeux humides,** mouillés de larmes.

HUMIDIFICATEUR n.m. Appareil servant à réguler le degré hygrométrique de l'air par humidification.

HUMIDIFICATION n.f. Action d'humidifier.

HUMIDIFIER v.t. [5]. Rendre humide.

HUMIDIMÈTRE n.m. Appareil de mesure de l'humidité d'un matériau.

HUMIDITÉ n.f. État de ce qui est humide : *L'humidité de l'air.* ▪ **Humidité absolue, relative** [météorol.], nombre de grammes de vapeur d'eau contenue dans un mètre cube d'air ; rapport de la pression effective de la vapeur d'eau à la pression maximale.

HUMIFICATION n.f. PÉDOL. Transformation en humus de la matière organique morte, sous l'action des micro-organismes du sol.

HUMILIANT, E adj. Qui humilie : *Un refus humiliant.*

HUMILIATION n.f. 1. Acte, situation qui humilient ; affront : *Son refus de nous écouter est une humiliation.* **2.** Sentiment qu'éprouve une personne humiliée ; honte.

HUMILIÉ, E adj. et **n.** Qui a subi une humiliation.

HUMILIER v.t. [5] (du lat. *humilis*, humble). Rabaisser qqn en le faisant apparaître comme inférieur, méprisable ; mortifier : *Chercher à humilier un adversaire.* ◆ **S'HUMILIER v.pr.** Avoir une attitude servile, par lâcheté ou intérêt ; se rabaisser.

HUMILITÉ n.f. État d'esprit, attitude de qqn qui est humble ; modestie : *Savoir écouter les compliments, les critiques avec humilité.* ▪ **En toute humilité,** très humblement.

HUMIQUE adj. PÉDOL. Relatif à l'humus.

HUMORAL, E, AUX adj. MÉD. 1. Relatif au sang ou au sérum : *Bilan humoral.* **2.** Vx. Relatif aux humeurs du corps.

HUMORISTE n. 1. Personne qui a de l'humour. **2.** Auteur de dessins, d'écrits comiques ou satiriques.

HUMORISTIQUE adj. 1. Relatif à l'humour ; qui est empreint d'humour. **2.** Relatif à un texte, un dessin comique ou satirique ; qui en crée : *Un dessinateur humoristique.*

▲ **humour.** Dessin de Chaval (années 1960).

HUMOUR n.m. (mot angl., du fr. *humeur*). Forme d'esprit qui cherche à mettre en valeur avec drôlerie le caractère ridicule, insolite ou absurde de certains aspects de la réalité. ▪ **Avoir le sens de l'humour,** avoir une tournure d'esprit qui porte à pratiquer, à comprendre l'humour. ▪ **Humour noir,** qui souligne avec cruauté, amertume et parfois désespoir l'absurdité du monde.

HUMUS [ymys] **n.m.** (mot lat.). **PÉDOL.** Dans un sol, substance colloïdale noirâtre résultant de la décomposition partielle, par les micro-organismes, de matières végétales et animales.

***HUNE n.f.** (du scand.). **MAR.** Anc. Plateforme fixée à l'extrémité supérieure du bas-mât, qui permettait de donner un écartement convenable aux haubans.

***HUNIER n.m. MAR.** Anc. Voile carrée située immédiatement au-dessus des basses voiles.

***HUNNIQUE adj.** Relatif aux Huns.

***HUNTER** [œntœr] **n.m.** (mot angl.). **ÉQUIT. 1.** Cheval de selle anglais, spécialisé dans le saut d'obstacles et le concours complet. **2.** Discipline comprenant des épreuves d'équitation où sont évalués le style et la technique du cavalier et du cheval.

***HUNTINGTON** [œntiŋtɔn] **(MALADIE** ou **CHORÉE DE) n.f.** Maladie neurologique dégénérative de l'adulte, qui se traduit par des mouvements involontaires et une altération progressive des facultés mentales aboutissant à une démence. ➲ C'est une maladie rare d'origine génétique.

***HUPPE n.f.** (de *houppe*). **1.** Touffe de plumes que certains oiseaux ont sur la tête (SYN. **houppe**). **2.** Passereau insectivore d'Eurasie et d'Afrique, au plumage roux barré de noir et de blanc sur les ailes, doté d'une crête de plumes sur la tête. ➲ Famille des upupidés.

▲ **huppe**

***HUPPÉ, E adj. 1.** Se dit de certains oiseaux qui portent une huppe. **2.** Fam. D'un rang social élevé ; fortuné.

***HURDLER** [œrdlœr] **n.m.** ou ***HURDLEUR, EUSE n.** (angl. *hurdler*). Athlète spécialisé dans les courses de haies.

***HURE n.f.** (du germ.). **1.** Tête de certains animaux : *Hure de sanglier, de saumon.* **2.** Trophée constitué par une tête coupée de sanglier. **3.** Charcuterie cuite à base de tête de porc.

***HURLANT, E adj.** Qui hurle. ▪ **Les cinquantièmes hurlants** → **CINQUANTIÈME.**

***HURLEMENT n.m. 1.** Cri prolongé, aigu et plaintif, particulier au loup, au chien, à l'hyène. **2.** Cri violent et prolongé émis par qqn : *Des hurlements de colère, d'épouvante.*

***HURLER v.i. [3]** (lat. *ululare*). **1.** Faire entendre des hurlements, des cris violents : *Hurler de joie, de douleur.* **2.** Pousser son cri, notamm. en parlant du loup, de l'hyène, du chien. **3.** Présenter une disparité choquante : *Couleurs qui hurlent.* ◆ **v.t.** Dire, chanter en criant très fort : *Hurler son texte.*

***HURLEUR, EUSE adj.** Qui hurle. ▪ **Singe hurleur,** ou **hurleur, n.m.,** singe de l'Amérique du Sud tropicale, dont les cris modulés s'entendent très loin (SYN. **alouate**). ➲ Long. 1,40 m, dont 70 cm pour la queue ; famille des cébidés.

HURLUBERLU, E n. Fam. Personne écervelée et extravagante.

1. *HURON, ONNE n. et **adj.** (de *hure*). Litt. Personne grossière ; malotru.

2. *HURON, ONNE adj. Relatif aux Hurons.

***HURONIEN, ENNE adj. GÉOL.** Se dit de l'orogenèse qui, au protérozoïque, affecta l'Amérique du Nord.

***HURRAH interj.** et **n.m.** → ***HOURRA.**

***HURRICANE** [yrikan] **n.m.** (mot angl.). Cyclone tropical, en Amérique centrale et aux Antilles.

***HUSKY** [œski] **n.m.** (pl. **huskys, *huskies*) [mot angl. « enroué »]. Chien originaire de Sibérie, utilisé pour la traction des traîneaux.

***HUSSARD n.m.** (du hongr.). Militaire d'un corps de cavalerie légère, dont la tenue fut primitivement empruntée à la cavalerie hongroise. ▪ **Hussard (noir) de la République** [hist.], sous la IIIe République, nom donné à l'instituteur, qui était le fer de lance de l'instruction publique ; mod., enseignant, éducateur, etc., caractérisé par la force de ses convictions et sa détermination.

***HUSSARDE n.f.** Fam. ▪ **À la hussarde,** avec brutalité.

***HUSSITE n.** Partisan du réformateur tchèque Jan Hus.

***HUTTE n.f.** (francique **hutta*). Abri sommaire ou habitation primitive faits de branchages, de paille, de terre ; cabane.

HYACINTHE n.f. (lat. *hyacinthus*). **1.** Pierre fine rouge-orangé, variété de zircon. **2.** Vx. Jacinthe.

HYALIN, E adj. (bas lat. *hyalinus*). **MINÉRALOG.** Qui a l'apparence du verre ; vitreux : *Quartz hyalin.*

HYALITE n.f. MINÉRALOG. Opale d'une variété transparente et vitreuse.

HYALOCLASTITE n.f. Roche volcanique fragmentée, produite lors de la rencontre brutale du magma avec de l'eau.

HYALOPLASME n.m. BIOL. CELL. Substance fondamentale du cytoplasme, gel riche en eau, en substances protéiques et en ions, dans lequel baignent les organites (SYN. **protoplasme**).

HYALURONIQUE adj. BIOCHIM. ▪ **Acide hyaluronique,** polysaccharide qui assure la viscosité de divers liquides biologiques (vitré, liquide synovial, etc.). ➲ Il est utilisé notamm. dans le traitement de l'arthrose et en cosmétologie.

HYBRIDATION n.f. BIOL. Croisement entre deux variétés, deux races d'une même espèce ou entre deux espèces différentes.

HYBRIDE adj. et **n.m.** (du lat. *hibrida*, de sang mêlé). **1.** Se dit d'un animal ou d'un végétal résultant d'une hybridation (SYN. **1. croisé**). **2. AUTOM.** Se dit de la motorisation d'un véhicule comportant un moteur thermique et un moteur électrique ; se dit du véhicule lui-même. ◆ **adj. 1.** Composé d'éléments disparates ; composite : *Un film hybride.* **2. LING.** Se dit d'un mot formé d'éléments empruntés à des langues différentes (ex. : *automobile*, du gr. *autos* et du lat. *mobilis*).

HYBRIDER v.t. [3]. Réaliser l'hybridation de.

HYBRIDISME n.m. 1. GÉNÉT. Étude de la distribution des caractères héréditaires exprimés dans le phénotype, chez les descendants d'un hybride, afin de déterminer les lois fondamentales de leur transmission. **2.** Hybridité.

HYBRIDITÉ n.f. Didact. Caractère hybride (SYN. **hybridisme**).

HYBRIDOME n.m. Cellule issue de la fusion en laboratoire de deux cellules génétiquement différentes.

HYDARTHROSE n.f. (du gr. *hudôr*, eau, et *arthron*, articulation). **MÉD.** Épanchement de liquide séreux dans une articulation (SYN. **épanchement de synovie**).

HYDATIDE n.f. (du gr. *hudatis, -idos*, poche remplie d'eau). Larve d'un ténia échinocoque, qui se développe dans le foie ou le poumon de plusieurs mammifères et de l'homme, en y formant un kyste.

HYDATIFORME adj. En forme d'hydatide.

HYDATIQUE adj. Qui contient des hydatides.

HYDNE n.m. (gr. *hudnon*). Champignon basidiomycète comestible, à chapeau jaunâtre muni d'aiguillons mous à la face inférieure, appelé cour. *pied-de-mouton.* ➲ Ordre des cantharellales.

HYDRACIDE n.m. CHIM. MINÉR. Acide contenant de l'hydrogène combiné à un non-métal et ne comportant pas d'oxygène (nom générique) [SYN. **acide protique**].

HYDRAIRE n.m. Cnidaire marin ou d'eau douce, tel que l'hydre, dont le cycle reproductif comporte toujours un polype et une méduse. ➲ Les hydraires forment un ordre.

HYDRAMNIOS [-njɔs] **n.m. MÉD.** Excès de liquide amniotique pendant la grossesse.

HYDRANGÉE n.f. Québec. Arbrisseau ornemental cultivé pour ses grosses fleurs en ombelles ; hortensia.

HYDRANT n.m. ou **HYDRANTE n.f.** Suisse. Borne d'incendie.

HYDRANTHE n.m. ZOOL. Polype nourricier, dans une colonie d'hydrozoaires.

HYDRARGYRISME n.m. ou **HYDRARGIE n.f.** (du gr. *hudrarguros*, mercure). **MÉD.** Intoxication par le mercure.

HYDRASTIS [-stis] **n.m.** (lat. *hydrastina*). Petite plante vivace de l'Amérique du Nord, dont on extrait un alcaloïde et une teinture safranée. ➲ Famille des renonculacées.

HYDRATABLE adj. CHIM. MINÉR. Qui peut être hydraté.

HYDRATANT, E adj. 1. Qui produit une hydratation ; qui fournit de l'eau. **2.** Se dit de produits de beauté utilisés pour restituer à l'épiderme sa teneur en eau.

HYDRATATION n.f. 1. Quantité d'eau dans l'organisme, dans un tissu ; introduction d'eau dans l'organisme. **2. CHIM. MINÉR.** Fixation d'eau sur une espèce chimique ; transformation en hydrate.

HYDRATE n.m. (du gr. *hudôr*, eau). **CHIM. MINÉR.** Combinaison d'un corps avec une ou plusieurs molécules d'eau. ▪ **Hydrate de carbone** [vieilli], glucide. ▪ **Hydrate de méthane** → **MÉTHANE.**

HYDRATER v.t. [3] (du gr. *hudôr*, eau). **1.** Introduire de l'eau dans un organisme, un tissu. **2. CHIM. MINÉR.** Procéder à l'hydratation d'une espèce chimique.

HYDRAULICIEN, ENNE n. et **adj.** Spécialiste de l'hydraulique ou des installations hydrauliques.

HYDRAULIQUE adj. 1. Relatif à l'eau. **2. TRAV. PUBL.** Qui durcit, prend sous l'eau : *Liant, mortier hydraulique.* **3. MÉCAN. INDUSTR.** Qui met en jeu un liquide sous pression : *Frein hydraulique.* ◆ **n.f. 1.** Branche de la mécanique des fluides qui traite des liquides. **2.** Technique industrielle relative à la mise en œuvre de liquides sous pression.

HYDRAVION n.m. Avion conçu pour prendre son envol de la surface de l'eau et pour s'y poser.

HYDRAZINE n.f. CHIM. MINÉR. Composé basique ($H_2N{-}NH_2$), utilisé comme ergol.

HYDRE n.f. (gr. *hudra*). **1. MYTH. GR.** Animal fabuleux en forme de serpent d'eau. **2.** Litt. Mal qui se renouvelle ou s'étend constamment : *L'hydre de la violence.* **3.** Petit polype solitaire et nu des eaux douces, ayant de six à dix tentacules, qui peut se couper spontanément en deux ou trois morceaux dont chacun régénère un animal entier. ➲ Ordre des hydraires. ▪ **L'Hydre* de Lerne,** v. partie n.pr.

HYDRIE n.f. ANTIQ. GR. Grand vase grec à eau à trois anses, dont une verticale.

HYDRIQUE adj. Qui concerne l'eau. ▪ **Bilan, stress hydrique** → **BILAN, STRESS.** ▪ **Diète hydrique** [méd.], régime dans lequel seule l'eau est permise.

HYDROALCOOLIQUE adj. Se dit de préparations composées d'extraits alcooliques dissous dans de l'eau : *Gel hydroalcoolique.*

HYDROBASE n.f. Base pour hydravions (SYN. **hydroport**).

HYDROCARBONATE n.m. Carbonate basique hydraté.

HYDROCARBONÉ, E adj. Qui ne contient que de l'hydrogène et du carbone.

HYDROCARBURE n.m. Molécule composée uniquement de carbone et d'hydrogène. ➲ Le méthane du gaz naturel, le propane, le butane et le pétrole sont les principaux hydrocarbures utilisés comme combustibles.

HYDROCÈLE n.f. MÉD. Épanchement de liquide séreux dans les testicules.

HYDROCÉPHALE adj. et **n.** Atteint d'hydrocéphalie.

HYDROCÉPHALIE n.f. MÉD. Augmentation de volume du liquide céphalo-rachidien, provoquant une dilatation des ventricules cérébraux.

HYDROCHARITACÉE [-ka-] **n.f.** Plante monocotylédone aquatique, d'eau douce (élodée, morène) ou marine. ➲ Les hydrocharitacées forment une famille.

HYDROCLASSEUR n.m. MIN. Appareil hydraulique utilisé pour séparer en catégories de grosseur des minerais fins entraînés en suspension dans l'eau.

HYDROCORALLIAIRE n.m. Cnidaire chez lequel la phase méduse n'apparaît jamais et qui forme des colonies bâtissant des récifs coralliens. ➲ Les hydrocoralliaires forment un ordre.

HYDROCORTISONE n.f. Cortisol.

HYDROCOTYLE n.f. Petite plante vivace poussant dans les lieux humides de l'Europe à l'Asie centrale, aux feuilles peltées, rondes. ➲ Famille des ombellifères.

HYDROCRAQUAGE n.m. PÉTROLE. Craquage de fractions lourdes d'un produit pétrolier en présence d'hydrogène, afin d'obtenir des produits plus légers.

HYDROCUTION n.f. MÉD. Syncope réflexe déclenchée par un bain dans l'eau froide, pouvant entraîner la noyade.

HYDRODÉSULFURATION n.f. PÉTROLE. Procédé de raffinage qui utilise l'hydrogène pour désulfurer une essence ou un gazole.

HYDRODYNAMIQUE n.f. Partie de la mécanique des fluides qui s'applique aux liquides, étudie les lois régissant leurs mouvements et les résistances qu'ils opposent aux corps qui se meuvent par rapport à eux. ◆ **adj.** Relatif à l'hydrodynamique.

HYDROÉLECTRICITÉ n.f. Énergie électrique obtenue par conversion de l'énergie hydraulique des rivières et des chutes d'eau.

HYDROÉLECTRIQUE adj. Relatif à l'hydroélectricité : *Centrale hydroélectrique.*

HYDROFILICALE n.f. Plante aquatique voisine des fougères, telle que la pilulaire et l'azolla. ➲ Les hydrofilicales forment un ordre.

HYDROFOIL [-fɔjl] **n.m.** (mot angl.). Plan porteur inclinable, destiné aux embarcations susceptibles de déjauger. Abrév. **foil.**

HYDROFUGATION n.f. Action d'hydrofuger.

HYDROFUGE adj. et **n.m.** Se dit d'un produit qui, appliqué en enduit ou mêlé à la masse d'un matériau, le préserve de l'humidité.

HYDROFUGER v.t. [10]. Rendre hydrofuge.

HYDROGEL n.m. CHIM. Gel dont le milieu de suspension est l'eau.

HYDROGÉNATION n.f. CHIM. Fixation d'hydrogène sur un corps simple ou composé. ▪ **Hydrogénation du charbon,** procédé de conversion du charbon en hydrocarbures gazeux ou liquides.

HYDROGÈNE n.m. (du gr. *hudôr*, eau, et *gennân*, engendrer). **1.** Corps simple, gazeux, extrêmement léger, de densité 0,071, qui se solidifie à – 259,14 °C et se liquéfie à – 252,87 °C. **2.** Élément chimique (H), de numéro atomique 1, de masse atomique 1,0079. ▪ **Bombe à hydrogène,** bombe thermonucléaire*.

➲ L'**HYDROGÈNE** est l'élément le plus abondant de l'Univers. Il est inflammable et brûle à l'air avec une flamme pâle. Il est utilisé dans l'industrie pour de nombreuses synthèses (ammoniac) ou des traitements pétrochimiques. Liquide, il est employé comme combustible pour la propulsion des lanceurs spatiaux.

HYDROGÉNÉ, E adj. 1. Combiné avec l'hydrogène. **2.** Qui contient de l'hydrogène.

HYDROGÉNER v.t. [11], ▲*[11*]*. Combiner avec l'hydrogène.

HYDROGÉNOCARBONATE n.m. Ion de formule HCO_3^- (SYN. [cour.] **bicarbonate**).

HYDROGÉOLOGIE n.f. Domaine de la géologie qui s'occupe de la recherche et du captage des eaux souterraines.

HYDROGÉOLOGUE n. Spécialiste d'hydrogéologie.

HYDROGLISSEUR n.m. Engin de transport rapide sur l'eau, mû par une hélice ou un turbopropulseur, dont la coque à fond plat lui permet de déjauger.

* *L'astérisque à l'initiale indique un « h » aspiré.*

HYDROGRAPHE n. Spécialiste d'hydrographie. ▪ **Ingénieur hydrographe,** ingénieur appartenant au Service hydrographique de la marine (rattaché, depuis 1970, au corps des ingénieurs de l'armement).

HYDROGRAPHIE n.f. 1. Partie de la géographie qui traite des eaux marines ou douces. **2.** Ensemble des eaux courantes ou stables d'un pays. **3.** Topographie qui a pour objet de lever le plan du fond des mers et des fleuves.

HYDROGRAPHIQUE adj. Relatif à l'hydrographie. ▪ **Service hydrographique et océanographique de la marine,** service de la Marine nationale chargé d'établir les cartes marines et de diffuser les informations nautiques. ➲ Son siège est auj. à Brest.

HYDROLASE n.f. BIOCHIM. Enzyme réalisant une hydrolyse.

HYDROLAT n.m. Eau distillée aromatisée.

HYDROLIENNE n.f. Convertisseur d'énergie actionné par les mouvements de l'eau (en mer ou sur des cours d'eau).

HYDROLOGIE n.f. Science qui traite des propriétés mécaniques, physiques et chimiques des eaux marines (*hydrologie marine*, ou *océanographie*) et continentales (*hydrologie fluviale*, ou *potamologie ; hydrologie lacustre*, ou *limnologie*).

HYDROLOGIQUE adj. Relatif à l'hydrologie. ▪ **Bilan hydrologique → BILAN.**

HYDROLOGUE ou **HYDROLOGISTE n.** Spécialiste d'hydrologie.

HYDROLYSABLE adj. Qui peut être hydrolysé.

HYDROLYSE n.f. CHIM. Décomposition de certains composés chimiques par l'eau.

HYDROLYSER v.t. [3]. Réaliser l'hydrolyse de.

HYDROMÉCANIQUE adj. Se dit d'une installation mécanique dans laquelle un liquide, génér. de l'eau ou de l'huile sous pression, est employé comme organe de transmission d'effort ou de mouvement.

HYDROMEL n.m. (gr. *hudromeli*). Boisson alcoolique obtenue par fermentation du miel dans de l'eau.

HYDROMÉTALLURGIE n.f. Ensemble des procédés et des techniques d'extraction et de purification des métaux contenus dans un matériau brut ou concentré, par dissolution dans une phase aqueuse.

HYDROMÈTRE n.f. Insecte prédateur d'Europe, du Proche-Orient et d'Afrique du Nord, aux longues pattes le maintenant à la surface des eaux, d'où son nom usuel d'*araignée d'eau*. ➲ Ordre des hétéroptères.

HYDROMÉTRIE n.f. Mesure des débits des cours d'eau et des eaux souterraines.

HYDROMINÉRAL, E, AUX adj. Relatif aux eaux minérales.

HYDRONÉPHROSE n.f. MÉD. Distension des calices et du bassinet du rein par l'urine, quand celle-ci ne peut s'écouler normalement par les uretères.

HYDROPEROXYDE n.m. CHIM. Composé organique ou minéral ayant un hydroxyle lié à un autre atome d'oxygène, $HO—O^-$ ou HO—OR.

1. HYDROPHILE adj. 1. Se dit d'une fibre apte à être mouillée par l'eau : *Coton hydrophile.* **2. CHIM., BIOCHIM.** Qui a de l'affinité pour l'eau (CONTR. **hydrophobe**).

2. HYDROPHILE n.m. Gros coléoptère noir vivant dans les eaux stagnantes de toute la zone tempérée. ➲ Long. 5 cm ; famille des hydrophilidés.

HYDROPHOBE adj. 1. Se dit d'une fibre qui ne se laisse pas mouiller par l'eau (le polyester, par ex.). **2. CHIM., BIOCHIM.** Qui n'a pas d'affinité pour l'eau (CONTR. **1. hydrophile**).

HYDROPHONE n.m. Détecteur d'ondes acoustiques, immergé et employé notamm. en sismologie et en prospection pétrolière.

HYDROPISIE n.f. MÉD. Vx. Anasarque.

HYDROPNEUMATIQUE adj. Oléopneumatique.

HYDROPONIQUE adj. AGRIC. ▪ **Culture hydroponique,** avec des solutions nutritives renouvelées, sans terre naturelle (SYN. **culture hors-sol**).

HYDROPORT n.m. Hydrobase.

* *L'astérisque à l'initiale indique un « h » aspiré.*

HYDROPTÈRE n.m. Navire rapide muni de surfaces immergées portantes reliées à la coque par des bras et capable, à partir d'une certaine vitesse, de naviguer en position déjaugée.

▲ **hydroptère**

HYDROQUINONE n.f. CHIM. Composé comportant deux fonctions phénol, employé comme révélateur photographique.

HYDROSILICATE n.m. Silicate hydraté.

HYDROSOL n.m. CHIM. Sol ayant l'eau pour milieu dispersif.

HYDROSOLUBLE adj. Se dit des substances chimiques solubles dans l'eau.

HYDROSPHÈRE n.f. Totalité des eaux de la planète, comprenant les océans, les mers, les lacs, les cours d'eau, les eaux souterraines et les nuages.

HYDROSTATIQUE n.f. Étude des conditions d'équilibre des liquides. ◆ **adj.** Relatif à l'hydrostatique. ▪ **Balance hydrostatique,** appareil qui sert à déterminer la densité des corps. ▪ **Pression hydrostatique,** qu'exerce l'eau sur la surface d'un corps immergé.

HYDROSYSTÈME n.m. Ensemble formé par un cours d'eau ou une nappe d'eau et par tous les éléments qui concourent à son fonctionnement.

HYDROTHÉRAPIE n.f. Ensemble des traitements mettant à profit les propriétés de l'eau, notamm. au cours de la kinésithérapie, de la thalassothérapie (bains, douches, etc.).

HYDROTHERMAL, E, AUX adj. 1. GÉOL. Qui se rapporte aux circulations d'eaux souterraines chaudes riches en fluides minéralisés. **2. MÉD.** Relatif aux eaux thermales.

HYDROTIMÉTRIE n.f. Mesure de la dureté d'une eau par dosage des sels de calcium et de magnésium.

HYDROTRAITEMENT n.m. Épuration d'un produit pétrolier par hydrogénation.

HYDROXYDE n.m. CHIM. MINÉR. Nom courant des hydrates d'oxyde (ne contenant pas de groupements OH^-). ▪ **Hydroxyde (vrai),** base renfermant au moins un groupement OH^-.

HYDROXYLAMINE n.f. CHIM. MINÉR. Réactif, de formule NH_2—OH.

HYDROXYLE n.m. CHIM. MINÉR. 1. Radical —OH qui figure dans l'eau, les hydroxydes, les alcools, etc. (SYN. **oxhydryle**). **2.** Anion HO^- présent dans les solutions aqueuses d'une base.

HYDROZOAIRE n.m. (du gr. *hudôr*, eau, et *zôon*, animal). Cnidaire à symétrie d'ordre quatre mais dépourvu de cloisons, tel que l'hydre, le millépore, la physalie. ➲ Les hydrozoaires forment une classe.

HYDRURE n.m. CHIM. MINÉR. Combinaison de l'hydrogène avec un élément plus électropositif.

HYÈNE ou, cour., ***HYÈNE** [jɛn] **n.f.** (gr. *huaina*). Mammifère carnivore d'Afrique et d'Asie, à pelage gris ou fauve tacheté ou rayé de brun et qui est prédateur ou charognard. ➲ Cri : l'hyène hurle, ricane ; famille des hyénidés.

HYGIAPHONE n.m. (nom déposé). Dispositif transparent et perforé équipant des guichets où des employés sont en contact avec le public (poste, banques, etc.).

HYGIÈNE n.f. (du gr. *hugieinon*, santé). **1.** Partie de la médecine étudiant les moyens et les pratiques qui visent à préserver ou favoriser la santé ; respect de ces principes : *Les règles d'hygiène à l'hôpital. Une bonne hygiène de vie.* **2.** Ensemble des soins apportés au corps pour le maintenir propre. **3.** Ensemble des conditions sanitaires d'un lieu : *L'hygiène des bureaux.* ▪ **Hygiène mentale,** ensemble des activités médico-psychologiques visant à préserver la santé mentale des populations.

HYGIÉNIQUE adj. 1. Relatif à l'hygiène. **2.** Bon pour la santé ; sain. **3.** Qui a trait à l'hygiène du corps, et partic. de ses parties intimes : *Serviette hygiénique.*

HYGIÉNISTE n. Spécialiste d'hygiène.

HYGROMA n.m. MÉD. Inflammation d'une bourse séreuse.

HYGROMÈTRE n.m. Instrument de mesure de l'humidité de l'air.

HYGROMÉTRIE n.f. (du gr. *hugros*, humide). Domaine de la météorologie qui étudie la quantité de vapeur d'eau contenue dans l'air (SYN. **hygroscopie**).

HYGROMÉTRIQUE adj. Relatif à l'hygrométrie.

HYGROPHILE adj. ÉCOL. Se dit d'un organisme, et notamm. d'une plante, qui se développe mieux à l'humidité.

HYGROPHORE n.m. Champignon basidiomycète à chapeau souvent visqueux et coloré, dont plusieurs espèces sont comestibles. ➲ Ordre des agaricales.

HYGROSCOPE n.m. Instrument qui indique l'humidité de l'air.

HYGROSCOPIE n.f. Hygrométrie.

HYGROSCOPIQUE adj. Se dit d'un corps qui a des affinités avec l'eau et favorise la condensation.

HYGROSTAT [-sta] **n.m.** Appareil mesurant l'humidité dans un local pour le contrôle du conditionnement d'air.

HYLOZOÏSME n.m. (du gr. *hulê*, matière, et *zôê*, vie). **PHILOS.** Doctrine selon laquelle le monde et la matière posséderaient une vie propre.

1. HYMEN [imɛn] **n.m.** (du gr. *humên*, membrane). **ANAT.** Membrane qui ferme plus ou moins complètement l'entrée du vagin chez la femme vierge.

2. HYMEN [imɛn] ou **HYMÉNÉE n.m.** (de *Humên*, dieu gr. du Mariage). Litt. Mariage.

HYMÉNIUM [-njɔm] **n.m.** Chez les champignons, couche de mycélium portant les éléments producteurs de spores (comme les asques, les basides).

HYMÉNOPTÈRE n.m. et **adj.** (du gr. *humên*, membrane, et *pteron*, aile). Insecte holométabole, possédant deux paires d'ailes solidaires pendant le vol et qui nourrit ses larves, tel que l'abeille, la fourmi, la guêpe, etc. ➲ Les hyménoptères forment un ordre.

1. HYMNE n.m. (gr. *humnos*). **1.** Chez les Anciens, chant, poème à la gloire des dieux ou des héros, souvent associé à un rituel religieux. **2.** Chant, poème lyrique à la gloire d'un personnage, d'une grande idée, etc. ▪ **Hymne national,** chant patriotique associé aux cérémonies publiques.

2. HYMNE n.f. Chant latin à strophes, poème religieux qui, dans la liturgie chrétienne, fait partie de l'office divin.

HYOÏDE [jɔid] **adj.** (du gr. *huoeidês*, en forme de Y). **ANAT.** ▪ **Os hyoïde,** petit os en fer à cheval situé au-dessus du larynx.

HYPALLAGE n.f. (du gr. *hupallagê*, échange). **STYL.** Figure consistant à qualifier certains noms d'une phrase par des adjectifs convenant à d'autres noms de la même phrase. (Ex. : *Ce marchand accoudé sur son comptoir avide* [V. Hugo].)

▲ **hyène** tachetée.

***HYPE** [ajp] **adj. inv.** (mot angl.). Fam. Qui est à la pointe de la mode : *Quartier, créateur hype.* ◆ **n.f.** Fam. ▪ **La hype,** la dernière mode : *Le temple de la hype* ; groupe de personnes qui lance les nouvelles tendances : *La hype barcelonaise.*

HYPER n.m. (abrév.). Fam. Hypermarché.

HYPERACOUSIE n.f. MÉD. Sensibilité excessive au son.

HYPERACTIF, IVE adj. et **n. 1. MÉD. PSYCHIATR.** Sujet à l'hyperactivité. **2.** Cour. Très actif : *Une cadre hyperactive.*

HYPERACTIVITÉ n.f. MÉD., PSYCHIATR. État d'activité constante et d'instabilité de comportement, s'accompagnant de difficultés d'attention, observé notamm. en cas d'anxiété ou chez l'enfant.

HYPERALGIE ou **HYPERALGÉSIE n.f. MÉD.** Exagération de la sensibilité douloureuse.

HYPERAPPEL n.m. INFORM. Fonction permettant d'accéder directement à une base documentaire à partir d'un mot sélectionné dans un texte affiché à l'écran d'un ordinateur.

HYPERBARE adj. TECHN. Se dit d'une enceinte où la pression est largement supérieure à la pression atmosphérique : *Caisson hyperbare.*

HYPERBATE n.f. (du gr. *huperbaton,* inversion). **STYL.** Figure consistant à modifier l'ordre habituel des mots d'une phrase. (Ex. : *Là coule un clair ruisseau.*)

HYPERBOLE n.f. (du gr. *huperbolê,* excès). **1. STYL.** Procédé qui consiste à exagérer l'expression pour produire une forte impression (ex. : *un géant* pour *un homme de haute taille*) [CONTR. **litote**]. **2. MATH.** Ensemble des points d'un plan dont la valeur absolue de la différence des distances à deux points fixes (foyers) de ce plan est constante.

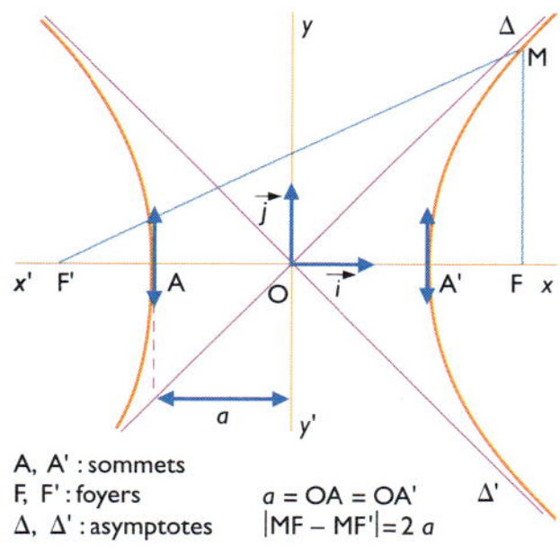

▲ **hyperbole**

HYPERBOLIQUE adj. 1. STYL. Relatif à l'hyperbole ; qui en contient. **2.** Qui a la forme d'une hyperbole ou d'un hyperboloïde : *Miroir hyperbolique.* ▪ **Doute hyperbolique** [philos.], chez Descartes, doute systématique consistant à considérer comme faux ce qui n'est pas indubitable. ▪ **Fonctions hyperboliques** [math.], fonctions réelles d'une variable réelle, définies à partir de la fonction exponentielle (sinus hyperbolique [sh], cosinus hyperbolique [ch], tangente hyperbolique [th]).

HYPERBOLOÏDE n.m. MATH. Quadrique admettant un centre de symétrie et dont les sections par un plan passant par le centre sont des hyperboles.

HYPERBORÉEN, ENNE adj. Litt. De l'extrême nord.

HYPERCALCÉMIE n.f. MÉD. Augmentation pathologique de la concentration de calcium dans le sang.

HYPERCAPNIE n.f. MÉD. Augmentation pathologique de la concentration de gaz carbonique dans le sang.

HYPERCHLORHYDRIE [-klɔ-] **n.f. MÉD.** Augmentation de la quantité d'acide chlorhydrique dans la sécrétion gastrique.

HYPERCHOLESTÉROLÉMIE [-kɔ-] **n.f. MÉD.** Élévation pathologique de la concentration du cholestérol sanguin, un des principaux facteurs de risque cardio-vasculaire.

HYPERCONTINENTAL, E, AUX adj. ▪ **Climat hypercontinental (des moyennes latitudes),** climat caractérisé par un long hiver très froid et sec et par un été chaud et peu pluvieux.

HYPERCORRECTION n.f. LING. Phénomène consistant à reconstruire de manière erronée un mot en lui restituant un élément que l'on croit disparu.

HYPERÉMIE n.f. → **HYPERHÉMIE.**

HYPERÉMOTIVITÉ n.f. PSYCHOL. Émotivité excessive.

HYPERÉOSINOPHILIE n.f. MÉD. Augmentation du nombre de globules blancs éosinophiles dans le sang.

HYPERESTHÉSIE n.f. MÉD. Exagération de la sensibilité, tendant à transformer les sensations ordinaires en sensations douloureuses.

HYPERFIN, E adj. Se dit, en physique atomique, de la division d'une raie spectrale en composantes de fréquences très voisines.

HYPERFOCAL, E, AUX adj. OPT., PHOTOGR. ▪ **Distance hyperfocale,** distance minimale du sujet à l'objectif, à partir de laquelle la netteté de l'image est assurée jusqu'à l'infini.

HYPERFRÉQUENCE n.f. TÉLÉCOMM. Fréquence radioélectrique très élevée, supérieure à 1 000 mégahertz (1 GHz) environ.

HYPERGAMIE n.f. ANTHROP. Forme de mariage qui suppose une différence de rang ou de statut entre les deux familles ou lignées impliquées.

HYPERGLYCÉMIANT, E adj. Se dit d'une hormone, d'un médicament qui augmentent la glycémie.

HYPERGLYCÉMIE n.f. MÉD. Excès de la concentration de glucose dans le sang.

HYPERGOL n.m. ASTRONAUT. Propergol dont les ergols s'enflamment spontanément au contact l'un de l'autre.

HYPERHÉMIE ou **HYPERÉMIE n.f. MÉD.** Congestion.

HYPERINFLATION n.f. Inflation dont le taux dépasse les 100 % (SYN. **inflation galopante**).

HYPERKALIÉMIE n.f. MÉD. Augmentation pathologique de la concentration du potassium dans le sang.

HYPERLEUCOCYTOSE n.f. MÉD. Augmentation du nombre de globules blancs dans le sang.

HYPERLIEN n.m. INFORM. Lien associé à un élément d'un document hypertexte, qui pointe vers un autre élément textuel ou multimédia.

HYPERLIPIDÉMIE ou **HYPERLIPÉMIE n.f. MÉD.** Élévation pathologique de la concentration sanguine des lipides (cholestérol ou triglycérides).

HYPERMARCHÉ n.m. Magasin exploité en libre-service et présentant une superficie consacrée à la vente supérieure à 2 500 m². Abrév. (fam.) **hyper.**

HYPERMÉDIA n.m. INFORM. Technique ou système analogues à l'hypertexte mais adaptés à la manipulation d'images et de sons.

HYPERMÉTROPE adj. et **n.** Atteint d'hypermétropie.

HYPERMÉTROPIE n.f. (du gr. *huper,* au-delà, *metron,* mesure, et *ôps,* vue). **MÉD.** Anomalie de la vision dans laquelle l'image tend à se former en arrière de la rétine, ce qui oblige le cristallin à accommoder.

HYPERMNÉSIE n.f. PSYCHOL. Acuité excessive de la mémoire, au cours de certains troubles psychiques.

HYPERNATRÉMIE n.f. MÉD. Augmentation pathologique de la concentration du sodium sanguin.

HYPERNOVA n.f. (pl. *hypernovae* [-nɔve]), ▲ *(pl. hypernovas).* Étoile de très grande masse dont l'explosion, en fin de vie, libère cent fois plus d'énergie qu'une supernova et se manifeste par un sursaut de rayonnement gamma.

HYPERŒSTROGÉNIE [-ɛstrɔ-] **n.f. MÉD.** Quantité excessive d'œstrogènes dans l'organisme féminin.

HYPÉRON n.m. PHYS. Particule (baryon) de masse supérieure à celle du proton.

HYPERONYME n.m. LING. Terme dont le sens inclut le sens d'autres termes, dits ses *hyponymes* (ex. : *meuble* est l'hyperonyme de *siège*).

HYPERPHAGIE n.f. Trouble caractérisé par l'absorption permanente d'une nourriture trop abondante.

HYPERPLAQUETTOSE n.f. MÉD. Augmentation du nombre de plaquettes dans le sang.

HYPERPLASIE n.f. MÉD. Augmentation de volume d'un tissu, d'un organe, due à une augmentation du nombre de ses cellules.

HYPERPUISSANCE n.f. Superpuissance en position d'hégémonie : *L'hyperpuissance américaine.*

HYPERRÉALISME n.m. Courant des arts plastiques apparu aux États-Unis à la fin des années 1960 et caractérisé par une interprétation quasi photographique du visible. (V. encadré *pop art et hyperréalisme.*)

HYPERRÉALISTE adj. et **n.** Relatif à l'hyperréalisme.

HYPERSENSIBILITÉ n.f. 1. PSYCHOL. Sensibilité extrême. **2. MÉD.** État d'un organisme réagissant d'une manière excessive à l'introduction d'un allergène. ➲ L'allergie est une forme d'hypersensibilité.

HYPERSENSIBLE adj. et **n.** D'une sensibilité extrême.

HYPERSEXUALISATION n.f. 1. Dans la société, fait d'accorder une place de plus en plus importante à la sexualité, en multipliant les références à celle-ci dans l'espace public (médias, publicité). **2.** Spécial. Représentation sexualisée des adolescents et des enfants (filles, partic.) à travers l'habillement, le maquillage, la gestuelle, qui exagère les stéréotypes de la féminité ou de la masculinité. ➲ Elle constitue un phénomène social jugé préoccupant.

HYPERSOMNIE n.f. MÉD. Besoin pathologique de sommeil.

HYPERSONIQUE adj. AÉRON. Se dit d'une vitesse correspondant à un nombre de Mach égal ou supérieur à 5 (soit, à haute altitude, env. 5 000 km/h) ; se dit d'un engin se déplaçant à une telle vitesse.

HYPERSTATIQUE adj. MÉCAN. Se dit d'un système de corps ayant entre eux plus de liaisons qu'il ne peut en exister entre solides indéformables.

HYPERSUSTENTATEUR adj.m. et **n.m.** Se dit d'un dispositif assurant l'hypersustentation.

HYPERSUSTENTATION n.f. AÉRON. Augmentation momentanée de la portance d'une aile à l'aide de dispositifs spéciaux (notamm. au décollage et à l'atterrissage).

HYPERTÉLIE n.f. BIOL. Développement excessif de certains organes chez certaines espèces, en partic. chez les mâles. ➲ Les défenses recourbées en dedans du mammouth en sont un exemple.

HYPERTENDU, E adj. et **n.** Qui est atteint d'hypertension artérielle.

HYPERTENSEUR adj.m. Qui provoque une hypertension.

HYPERTENSIF, IVE adj. Relatif à l'hypertension artérielle.

HYPERTENSION n.f. MÉD. Augmentation anormale de la pression à l'intérieur d'un vaisseau ou d'une cavité. ▪ **Hypertension (artérielle),** augmentation de la tension artérielle, facteur de risque cardio-vasculaire. ▪ **Hypertension intracrânienne,** augmentation de la pression dans le cerveau, par hydrocéphalie, œdème ou hypertension artérielle.

HYPERTEXTE n.m. INFORM. Technique ou système qui permet, dans une base documentaire de textes, de passer d'un document à un autre en cliquant sur certains des mots affichés à l'écran. ◆ **adj.** Relatif à l'hypertexte.

HYPERTEXTUEL, ELLE adj. Relatif à l'hypertexte ; qui comporte des liens hypertextes.

HYPERTHERMIE n.f. MÉD. Élévation de la température du corps au-dessus de la normale.

HYPERTHYROÏDIE n.f. MÉD. Excès de sécrétion des hormones thyroïdiennes.

HYPERTONIE n.f. 1. BIOCHIM. État d'une solution hypertonique. **2.** Exagération du tonus musculaire, au cours des perturbations neurologiques.

HYPERTONIQUE adj. 1. BIOCHIM. Se dit d'une solution dont la pression osmotique est supérieure à celle d'une autre solution. **2.** Relatif à l'hypertonie musculaire.

HYPERTROPHIE n.f. 1. MÉD. Augmentation de volume d'un tissu, d'un organe, due à une augmentation de volume de ses cellules. **2.** Développement excessif, exagéré : *L'hypertrophie d'une réglementation.*

* *L'astérisque à l'initiale indique un « h » aspiré.*

HYPERTROPHIÉ, E adj. Atteint d'hypertrophie (CONTR. **atrophié**).

HYPERTROPHIER v.t. [5]. Produire l'hypertrophie d'un tissu, d'un organe. ◆ **S'HYPERTROPHIER v.pr. 1.** Augmenter de volume par hypertrophie. **2.** Se développer excessivement : *La ville s'est hypertrophiée.*

HYPERTROPHIQUE adj. MÉD. Qui a les caractères de l'hypertrophie.

HYPERVENTILATION n.f. MÉD. Augmentation de la ventilation pulmonaire par anxiété, activité physique ou maladie.

HYPERVITAMINOSE n.f. MÉD. Ensemble des troubles dus à l'excès d'une vitamine dans l'organisme.

HYPHE [if] **n.f.** (du gr. *huphê*, tissu). **BOT.** Chacun des filaments qui constituent ensemble le mycélium des champignons.

HYPHOLOME n.m. Champignon basidiomycète à lamelles, non comestible, poussant en touffes sur les souches. ➲ Ordre des agaricales.

HYPNAGOGIQUE adj. (du gr. *hupnos*, sommeil, et *agein*, conduire). Didact. Qui concerne la période précédant le sommeil.

HYPNE n.f. Mousse très commune dans les sous-bois, sur les troncs d'arbres. ➲ Embranchement des bryophytes.

HYPNOÏDE adj. PSYCHIATR. Se dit d'un état d'obscurcissement de la conscience et de diminution des perceptions survenant en dehors du véritable sommeil.

HYPNOSE n.f. (du gr. *hupnoûn*, endormir). État de conscience particulier, entre la veille et le sommeil, provoqué par la suggestion ; hypnotisme.

HYPNOSÉDATION n.f. MÉD. Procédé combinant des produits anesthésiques ou analgésiques et l'hypnose afin d'éviter une anesthésie générale en vue d'une opération.

HYPNOTHÉRAPIE n.f. 1. Psychothérapie par l'hypnose. **2.** Médecine alternative utilisant l'hypnose à des fins thérapeutiques, notamm. dans le traitement de la douleur. ➲ Contrairement à l'hypnose médicale (hypnosédation, par ex.), l'hypnothérapie n'est pas réglementée et peut donc être pratiquée par un non-professionnel de santé.

HYPNOTIQUE adj. Relatif à l'hypnose, à l'hypnotisme : *Sommeil hypnotique.* ◆ **adj.** et **n.m.** Vieilli. Somnifère.

HYPNOTISER v.t. [3]. 1. Soumettre à l'hypnose. **2.** S'imposer à l'esprit de qqn ; obnubiler : *La prochaine élection l'hypnotise.* ◆ **S'HYPNOTISER v.pr.** Être totalement absorbé, fasciné par.

HYPNOTISEUR, EUSE n. Personne qui hypnotise.

HYPNOTISME n.m. Ensemble des techniques permettant de provoquer un état d'hypnose, utilisées notamm. au cours de certaines psychothérapies.

HYPOACOUSIE n.f. MÉD. Diminution partielle de l'acuité auditive.

HYPOALGÉSIE ou **HYPOALGIE n.f. MÉD.** Diminution de la perception et de la réactivité à la douleur.

HYPOALLERGÉNIQUE adj. et **n.m.** Se dit d'une substance qui provoque peu de réactions allergiques : *Lotion hypoallergénique.*

HYPOCALCÉMIE n.f. MÉD. Insuffisance de la concentration de calcium dans le sang.

HYPOCALORIQUE adj. Qui constitue un faible apport énergétique pour l'organisme. ▪ **Régime hypocalorique,** destiné à faire maigrir (SYN. **régime amaigrissant**).

HYPOCAPNIE n.f. MÉD. Diminution pathologique de la concentration de gaz carbonique dans le sang.

HYPOCAUSTE n.m. ANTIQ. ROM. Système de chauffage à air chaud installé dans le sous-sol de certaines constructions, notamm. les thermes.

HYPOCENTRE n.m. GÉOL. Foyer d'un séisme.

HYPOCHLOREUX [-klɔ-] **adj.m. CHIM. MINÉR.** Se dit de l'anhydride Cl_2O et de l'acide HClO.

* *L'astérisque à l'initiale indique un « h » aspiré.*

HYPOCHLORHYDRIE [-klɔ-] **n.f. MÉD.** Diminution de la quantité d'acide chlorhydrique dans la sécrétion gastrique.

HYPOCHLORITE [-klɔ-] **n.m.** Sel de l'acide hypochloreux. ➲ L'hypochlorite de sodium existe dans l'eau de Javel.

HYPOCHROME [-krom] **adj.** Se dit d'une anémie caractérisée par une diminution de la concentration de l'hémoglobine dans les globules rouges.

HYPOCONDRE n.m. (du gr. *hupo*, sous, et *khondros*, cartilage). **ANAT.** Chacune des parties latérales de la région supérieure de l'abdomen, sous les côtes.

HYPOCONDRIAQUE adj. et **n.** Qui souffre d'hypocondrie.

HYPOCONDRIE n.f. PSYCHIATR. Inquiétude permanente pathologique d'une personne concernant sa santé, l'état et le fonctionnement de ses organes, qui la pousse à une recherche continuelle de soins.

HYPOCORISTIQUE adj. et **n.m.** (du gr. *hupokoristikos*, caressant). **LING.** Se dit d'un mot, d'une tournure exprimant une intention affectueuse (ex. : *sœurette, ma biche*, etc.).

HYPOCRAS [-kras] **n.m.** (de *Hippocrate*). Anc. Boisson faite avec du vin additionné de sucre, dans lequel on faisait macérer de la cannelle, de la vanille et du girofle.

HYPOCRISIE n.f. (du gr. *hupokrisis*, mimique). **1.** Défaut qui consiste à dissimuler sa véritable personnalité et à affecter des sentiments, des opinions et des vertus que l'on n'a pas ; fausseté. **2.** Caractère de ce qui est hypocrite : *Hypocrisie d'un compliment.* **3.** Action, parole hypocrite : *Les hypocrisies mondaines.*

HYPOCRITE adj. et **n.** Qui manifeste de l'hypocrisie ; fourbe.

HYPOCRITEMENT adv. De façon hypocrite.

HYPOCYCLOÏDAL, E, AUX adj. 1. Qui a la forme d'une hypocycloïde. **2. MÉCAN. INDUSTR.** Se dit d'un engrenage dans lequel le pignon tourne à l'intérieur de la roue.

HYPOCYCLOÏDE n.f. MATH. Courbe plane décrite par un point fixé d'un cercle qui roule sans glisser à l'intérieur d'un cercle fixe.

HYPODERME n.m. 1. ANAT. Partie profonde de la peau, sous le derme, riche en tissu adipeux. **2.** Grosse mouche velue, voisine de l'œstre, dont la larve (varron) provoque l'hypodermose. ➲ Long. 13 mm ; famille des œstridés.

HYPODERMIQUE adj. ANAT. Relatif à l'hypoderme.

HYPODERMOSE n.f. VÉTÉR. Affection parasitaire cutanée causée aux animaux, et plus partic. aux bovins, par des hypodermes.

HYPOESTHÉSIE n.f. NEUROL. Affaiblissement de un ou des différents types de sensibilité.

HYPOGASTRE n.m. ANAT. Partie inférieure et médiane de l'abdomen.

HYPOGASTRIQUE adj. De l'hypogastre.

HYPOGÉ, E adj. BOT. Qui se développe sous terre.

HYPOGÉE n.m. (du gr. *hupo*, sous, et *gê*, terre). **ARCHÉOL.** Excavation creusée de main d'homme ; construction ou tombeau souterrains.

HYPOGLOSSE adj. (du gr. *hupoglôssios*, sous la langue). **ANAT.** ▪ **Nerf grand hypoglosse,** nerf crânien qui innerve les muscles de la langue.

HYPOGLYCÉMIANT, E adj. et **n.m. MÉD.** Se dit d'une substance qui diminue la glycémie. ➲ Des hypoglycémiants, comme l'insuline, sont utilisés pour traiter le diabète.

HYPOGLYCÉMIE n.f. MÉD. Diminution de la concentration de glucose dans le sang.

HYPOGYNE adj. BOT. Se dit d'une fleur où sépales, pétales et étamines sont insérés au-dessous de l'ovaire, alors qualifié de *supère* (CONTR. **épigyne**).

HYPOÏDE adj. MÉCAN. INDUSTR. Se dit d'un engrenage conique à denture spirale, dont les axes ne se rencontrent pas et qui est utilisé pour la transmission du mouvement aux roues motrices d'une automobile.

HYPOKALIÉMIE n.f. MÉD. Diminution de la concentration de potassium dans le sang.

HYPOKHÂGNE n.f. Arg. scol. Première année de classe préparatoire au concours d'entrée à l'École normale supérieure (sections littéraires).

HYPOMANIE n.f. PSYCHIATR. État d'excitation constituant une forme mineure de manie.

HYPONATRÉMIE n.f. MÉD. Diminution pathologique de la concentration du sodium sanguin.

HYPONEURIEN n.m. Animal dont la chaîne nerveuse est située sous le tube digestif (SYN. **protostomien ;** CONTR. **épineurien**). ➲ La plupart des invertébrés sont des hyponeuriens.

HYPONOMEUTE ou **YPONOMEUTE n.m.** Petit papillon nocturne dont la chenille cause de graves dégâts aux arbres fruitiers en en dévorant les feuilles. ➲ Famille des hyponomeutidés.

HYPONYME n.m. LING. Terme dont le sens est inclus dans celui d'un autre, dit son *hyperonyme* (ex. : *goélette* est un hyponyme de *voilier*).

HYPOŒSTROGÉNIE [-ɛstrɔ-] **n.f. MÉD.** Insuffisance de la sécrétion d'œstrogènes par les ovaires.

HYPOPHOSPHITE n.m. Sel de l'acide hypophosphoreux.

HYPOPHOSPHOREUX adj.m. CHIM. MINÉR. ▪ **Acide hypophosphoreux,** acide HPO_2H_2, le moins oxygéné des acides du phosphore.

HYPOPHYSAIRE adj. Relatif à l'hypophyse.

HYPOPHYSE n.f. (du gr. *hupophusis*, croissance en dessous). **ANAT.** Glande endocrine située à la base du cerveau, sous l'hypothalamus. ➲ On distingue l'*antéhypophyse*, qui sécrète la prolactine, l'hormone somatotrope et les stimulines, et la *posthypophyse*, où sont stockées l'hormone antidiurétique et l'ocytocine.

HYPOPLASIE n.f. MÉD. Aplasie modérée d'un tissu, d'un organe.

HYPOSODÉ, E adj. MÉD. Se dit d'un régime alimentaire pauvre en sel.

HYPOSPADIAS [-djas] **n.m.** (mot gr.). **MÉD.** Malformation de la verge, dans laquelle l'urètre s'ouvre à la face inférieure de celle-ci et non à son extrémité.

HYPOSTASE n.f. (du lat. ecclés. *hypostasis*, substance). **THÉOL. CHRÉT.** Chacune des trois personnes de la Trinité, en tant que distincte des deux autres et consubstantielle avec elles.

HYPOSTASIER v.t. [5]. Considérer à tort une idée comme une réalité en soi.

HYPOSTATIQUE adj. THÉOL. CHRÉT. ▪ **Union hypostatique,** union en une seule hypostase des deux natures, divine et humaine, dans le Christ.

HYPOSTYLE adj. (gr. *hupostulos*). **ARCHÉOL.** Se dit d'une salle dont le plafond est soutenu par des colonnes.

HYPOSULFITE n.m. Sel de l'acide hyposulfureux utilisé comme fixateur en photographie (SYN. **thiosulfate**).

HYPOSULFUREUX adj.m. CHIM. MINÉR. ▪ **Acide hyposulfureux,** acide $H_2S_2O_3$ (SYN. **acide thiosulfurique**).

HYPOTAUPE n.f. Arg. scol. Classe de mathématiques supérieures.

HYPOTENDU, E adj. et **n.** Se dit d'une personne atteinte d'hypotension artérielle.

HYPOTENSEUR adj.m. et **n.m.** Se dit d'un médicament qui diminue la tension artérielle.

HYPOTENSIF, IVE adj. Relatif à l'hypotension.

HYPOTENSION n.f. MÉD. ▪ **Hypotension (artérielle),** diminution pathologique de la tension artérielle.

HYPOTÉNUSE n.f. (du gr. *hupoteinousa*, se tendant sous les angles). **MATH.** Côté opposé à l'angle droit d'un triangle rectangle.

HYPOTHALAMIQUE adj. Relatif à l'hypothalamus.

HYPOTHALAMUS [-mys] **n.m. ANAT.** Région du diencéphale, contrôlant le système nerveux végétatif et une partie du système hormonal.

HYPOTHÉCABLE adj. Qui peut être hypothéqué.

HYPOTHÉCAIRE adj. Relatif à l'hypothèque ; garanti par une hypothèque. ▪ **Prêt viager hypothécaire,** prêt gagé par une hypothèque sur un bien immobilier, dont le capital et les intérêts sont remboursés au décès de l'emprunteur.

HYPOTHÉNAR adj. inv. ANAT. ▪ **Éminence hypothénar,** saillie à la partie interne de la paume de la main, formée par les muscles du petit doigt.

HYPOTHÈQUE n.f. (du gr. *hupothêkê*, gage). **1. DR.** Droit réel dont est grevé un bien immobilier au profit d'un créancier pour garantir le paiement de sa créance. **2.** Fig. Obstacle qui empêche l'accomplissement de qqch : *Leur intransigeance fait peser une hypothèque sur les négociations.* ▪ **Hypothèque rechargeable,** possibilité pour un emprunteur ayant amorti au moins une partie d'un crédit immobilier garanti par hypothèque de mobiliser la fraction disponible pour gager un nouveau crédit. ▪ **Prendre une hypothèque sur l'avenir,** disposer d'une chose avant de la posséder.

HYPOTHÉQUER **v.t. [11],** ▲ *[11*].* **DR.** Grever un bien d'une hypothèque pour garantir une créance : *Hypothéquer sa maison.* ▪ **Hypothéquer l'avenir,** le compromettre.

HYPOTHERMIE **n.f. MÉD.** Abaissement de la température du corps au-dessous de la normale.

HYPOTHÈSE **n.f.** (gr. *hupothesis*). **1. LOG.** Proposition à partir de laquelle on raisonne pour résoudre un problème, pour démontrer un théorème ; spécial., proposition résultant d'une observation et que l'on soumet au contrôle de l'expérience ou que l'on vérifie par déduction. **2.** Supposition destinée à expliquer ou à prévoir des faits : *Les enquêteurs n'écartent aucune hypothèse.* ▪ **En toute hypothèse,** en tout cas ; quoi qu'il arrive.

HYPOTHÉTICO-DÉDUCTIF, IVE (pl. *hypothético-déductifs, ives*), ▲ *HYPOTHÉTICODÉDUCTIF, IVE* **adj. LOG.** **1.** Se dit d'un raisonnement qui déduit des conséquences observables d'une hypothèse. **2.** Se dit d'un système axiomatisé et formalisé.

HYPOTHÉTIQUE **adj. 1. LOG.** Fondé sur une hypothèse. **2.** Se dit de qqch dont on n'est pas sûr : *Une hypothétique rentrée d'argent.*

HYPOTHÉTIQUEMENT **adv.** D'une façon hypothétique.

HYPOTHYROÏDIE **n.f. MÉD.** Insuffisance de sécrétion des hormones thyroïdiennes.

HYPOTONIE **n.f. 1. BIOCHIM.** État d'une solution hypotonique. **2.** Diminution du tonus musculaire par trouble neurologique (SYN. **atonie musculaire**).

HYPOTONIQUE **adj. 1. BIOCHIM.** Se dit d'une solution dont la pression osmotique est inférieure à celle d'une autre solution. **2.** Relatif à l'hypotonie musculaire.

HYPOTROPHIE **n.f. MÉD.** Retard de la croissance observé chez le nouveau-né ou le nourrisson.

HYPOTYPOSE **n.f. STYL.** Figure consistant en une description animée et frappante de la chose dont on veut donner l'idée.

HYPOVENTILATION **n.f. MÉD.** Diminution pathologique de la ventilation pulmonaire.

HYPOVITAMINOSE **n.f. MÉD.** Carence bénigne en une vitamine.

HYPOXÉMIE **n.f. MÉD.** Diminution modérée de la quantité d'oxygène dans le sang.

HYPOXIE **n.f. MÉD.** Diminution modérée de la quantité d'oxygène dans les tissus, à la suite d'une hypoxémie ; l'hypoxémie elle-même.

HYPSOMÈTRE **n.m.** (du gr. *hupsos*, hauteur). **MÉTÉOROL.** Instrument qui sert à mesurer la pression de l'air en altitude par la mesure du point d'ébullition de l'eau.

HYPSOMÉTRIE **n.f. GÉOGR. 1.** Mesure et représentation cartographique du relief terrestre. **2.** Étendue respective des différentes zones d'altitude d'une région.

HYPSOMÉTRIQUE **adj.** Relatif à l'hypsométrie. ▪ **Carte hypsométrique,** carte qui représente la répartition des altitudes, génér. par des courbes de niveau.

HYSOPE **n.f.** (gr. *hussôpos*). Arbrisseau aromatique, originaire d'Europe et d'Asie méridionales, à fleurs bleues utilisées en infusion pour leurs propriétés médicinales. ➲ Famille des labiées.

HYSTÉRECTOMIE **n.f.** (du gr. *hustera*, utérus, et *ektomê*, ablation). Ablation chirurgicale de l'utérus.

HYSTÉRÉSIS [-zis] **n.f.** (du gr. *husterêsis*, manque). **PHYS. 1.** Retard dans l'évolution d'un phénomène physique par rapport à un autre, dont il dépend. **2.** Propriété des substances ferromagnétiques, pour lesquelles l'induction dépend à la fois du champ magnétisant actuel et des états magnétiques antérieurs.

HYSTÉRIE **n.f.** (du gr. *hustera*, utérus). **1. PSYCHIATR.** Névrose caractérisée par un type de personnalité pathologique (théâtralisme, besoin de séduire, par ex.), ou par une conversion des troubles psychiques en symptômes physiques (fausse paralysie, malaises, par ex.). **2.** Vive excitation poussée jusqu'au délire ; frénésie : *L'hystérie de certains supporteurs.* ▪ **Hystérie collective,** excitation, parfois violente, qui gagne tous les membres d'un groupe, d'une foule.

HYSTÉRIQUE **adj. 1.** Relatif à l'hystérie. **2.** Se dit d'une personne extrêmement agitée. ◆ **adj.** et **n.** Atteint d'hystérie.

HYSTÉRISATION **n.f.** Fait de se laisser emporter de manière totalement excessive, voire obsessionnelle, à propos d'un thème d'actualité, d'une personnalité politique, etc. : *On constate une hystérisation des médias sur certains thèmes sociétaux.*

HYSTÉRISER **v.t. [3].** Provoquer chez qqn une agitation extrême : *Ce chanteur hystérise son public.*

HYSTÉROGRAPHIE **n.f. MÉD.** Radiographie de l'utérus après injection d'un produit opaque aux rayons X.

HYSTÉROMÉTRIE **n.f. MÉD.** Mesure de la profondeur de l'utérus à l'aide d'un instrument constitué d'une petite tige.

HYSTÉROSALPINGOGRAPHIE **n.f. MÉD.** Radiographie de l'utérus et des trompes après injection d'un liquide opaque aux rayons X.

HYSTÉROSCOPIE **n.f. MÉD.** Examen endoscopique de la cavité utérine.

** L'astérisque à l'initiale indique un « h » aspiré.*

a b c d e f g h i j k l m n o p q r s t u v w x y z

iris

insecte

ichtyosaure

isba

Indienne

I **n.m. inv. 1.** Neuvième lettre de l'alphabet et la troisième des voyelles. **2. MATH.** Désigne le nombre complexe ayant pour partie réelle 0 et pour partie imaginaire 1. ➲ $i^2 = -1$. ■ **I,** notation de l'unité, dans la numération romaine. ■ **Mettre les points sur les « i »,** s'expliquer de façon claire et précise pour éviter les ambiguïtés.

IAD ou **I.A.D. n.f.** (sigle). Insémination artificielle avec donneur.

IAMBE ou **ÏAMBE** [jɑ̃b] **n.m.** (gr. *iambos*). **VERSIF. 1.** Pied composé de deux syllabes, une brève suivie d'une longue accentuée, dans la poésie grecque et latine. **2.** Pièce satirique en alexandrins alternant avec des octosyllabes.

IAMBIQUE ou **ÏAMBIQUE adj.** Composé d'iambes.

IATROGÈNE adj. MÉD. Se dit d'un trouble, d'une maladie provoqués par un acte médical ou par les médicaments, même en l'absence d'erreur du médecin.

IBÈRE adj. De l'Ibérie. ◆ **n.m.** Langue non indo-européenne que parlaient les Ibères.

IBÉRIQUE adj. 1. Relatif à l'Ibérie. **2.** Relatif à l'Espagne et au Portugal : *La péninsule Ibérique.*

IBÉRIS [-ris] **n.m.** ou **IBÉRIDE n.f.** (lat. *iberis, -idis,* du gr.). Plante de l'Europe et du pourtour méditerranéen, dont une espèce est cultivée comme ornementale sous le nom de *corbeille-d'argent.* ➲ Famille des crucifères.

IBIDEM [-dɛm] **adv.** (mot lat.). Au même endroit d'un texte, dans le même ouvrage. Abrév. **ibid.**

IBIS [ibis] **n.m.** (mot gr.). Oiseau échassier à bec long et courbé vers le bas. ➲ L'*ibis sacré* était vénéré des anciens Égyptiens comme une incarnation du dieu Thot. Famille des threskiornithidés.

▲ **ibis** sacré.

IBUPROFÈNE n.m. Médicament antalgique et anti-inflammatoire non stéroïdien, d'usage courant.

ICAQUE n.f. Fruit comestible de l'icaquier, à pulpe cotonneuse, appelé aussi *prune de coton.*

ICAQUIER n.m. Arbrisseau originaire d'Amérique tropicale, cultivé dans certaines régions chaudes pour son fruit, l'icaque. ➲ Famille des chrysobalanacées.

ICAUNAIS, E adj. et **n.** De l'Yonne.

ICBM n.m. inv. (sigle de l'anglo-amér. *intercontinental ballistic missile,* missile balistique intercontinental). Missile stratégique sol-sol dont la portée est supérieure à 6 500 km.

ICEBERG [isbɛrg] ou [ajsbɛrg] **n.m.** (du norv. *ijsberg,* montagne de glace). Bloc de glace continentale constitué d'eau douce et flottant à la surface de la mer. ➲ La portion émergée ne représente qu'env. un huitième du volume total de l'iceberg. ■ **La partie immergée de l'iceberg,** la partie cachée et souvent la plus importante d'une affaire.

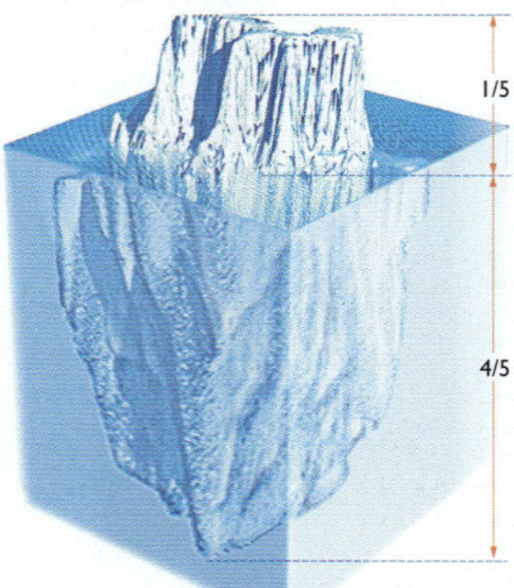

▲ **iceberg**

ICEFIELD [ajsfild] **n.m.** (mot angl.). Vaste étendue de glace, dans les régions polaires.

ICELUI, ICELLE pron. (pl. *iceux, icelles*). Vx ou par plais. Celui-ci, celle-ci.

ICE-SHELF [ajsʃɛlf] ou **SHELF n.m.** (pl. *ice-shelfs, shelfs*) [mot angl.]. Plateforme de glace continentale, de plusieurs dizaines à plusieurs centaines de milliers de kilomètres carrés, flottant sur la mer.

ICHNEUMON [iknømɔ̃] **n.m.** (mot gr.). **1.** Vx. Nom donné à deux espèces de mangoustes d'Afrique, d'Europe méridionale et du Proche-Orient. ➲ Famille des viverridés. **2.** Hyménoptère térébrant dont la femelle pond ses œufs dans le corps des chenilles, qui servent ainsi de nourriture aux larves. ➲ Famille des ichneumonidés.

ICHNOLOGIE [ik-] **n.f.** (du gr. *ikhnos,* trace). Science qui étudie les traces laissées par les animaux (pistes de déplacement, excréments, débris de repas, etc.).

ICHTHUS [iktys] **n.m.** Transcription en caractères romains du monogramme grec du Christ : *Iêsous Christos Theou Uios Sôtêr* (Jésus-Christ, fils de Dieu, sauveur). ➲ Ces lettres forment le mot grec *ikhthus* (poisson) ; aussi le poisson a-t-il été souvent pris comme symbole du Christ.

ICHTYOCOLLE [iktjɔ-] **n.f.** (du gr. *ikhthus,* poisson). Colle de poisson, utilisée notamm. dans le collage des vins.

ICHTYOLOGIE [iktjɔ-] **n.f.** Étude scientifique des poissons.

ICHTYOLOGIQUE adj. Relatif à l'ichtyologie.

ICHTYOLOGISTE n. Spécialiste d'ichtyologie.

ICHTYOPHAGE [iktjɔ-] **adj.** et **n.** Piscivore.

ICHTYORNIS [iktjɔrnis] **n.m.** (du gr. *ikhthus,* poisson, et *ornis,* oiseau). Oiseau marin fossile du crétacé de l'Amérique du Nord, de la taille d'une mouette, au bec muni de dents.

ICHTYOSAURE [iktjɔzɔr] **n.m.** (du gr. *ikhthus,* poisson, et *sauros,* lézard). Reptile marin fossile, au corps pisciforme, qui était vivipare et qui vécut de la fin du trias au début du crétacé supérieur.

ICHTYOSE [iktjoz] **n.f.** (du gr. *ikhthus,* poisson). **MÉD.** Maladie cutanée caractérisée par la formation d'écailles ou de rugosités sur la peau et la desquamation de l'épiderme.

ICHTYOSTÉGA [iktjɔ-] **n.m.** Amphibien fossile du dévonien du Groenland, très voisin des poissons crossoptérygiens et tenu pour l'un des plus anciens vertébrés terrestres.

ICI adv. (du lat. pop. **ecce hic,* voilà ici). **1.** Dans le lieu où l'on se trouve (par oppos. à *là*) : *J'habite ici.* **2.** À un endroit précis : *Posez-le ici.* **3.** Indique l'identité de celui qui parle : *Ici l'envoyé spécial à Berlin.* ■ **D'ici,** de ce pays : *Les gens d'ici.* ■ **D'ici (à),** indique le commencement d'un laps de temps : *D'ici (à) une heure.* ■ **Par ici,** de ce côté-ci ; dans les environs.

ICI-BAS adv. Sur la terre ; en ce monde (par oppos. à *là-haut*).

ICITTE adv. Québec. Fam. Ici : *Viens un peu par icitte !*

1. ICÔNE n.f. (russe *ikona,* du gr.). **1.** Image sacrée, dans les Églises de rite oriental, présente aussi en Occident. **2.** Fig. Personne qui incarne une communauté, un courant, une mode : *Les icônes du glam-rock.*

2. ICÔNE n.f. (angl. *icon*). **INFORM.** Symbole graphique affiché sur un écran et correspondant, au sein d'un logiciel, à l'exécution d'une tâche particulière.

ICONIQUE adj. 1. Qui se rapporte à l'image en tant que signe. **2.** Se dit d'un objet, d'un produit, partic. représentatif d'une marque : *Le sac iconique d'un célèbre maroquinier* ; se dit d'une personne qui incarne un courant, une mode, une époque, etc. ; emblématique : *Marilyn Monroe, figure iconique du cinéma hollywoodien.*

ICONOCLASME **n.m.** **HIST.** Dans l'Empire byzantin, doctrine des VIIIe et IXe s. qui a tenté de supprimer les icônes et d'interdire leur culte.

ICONOCLASTE **adj.** et **n.** (du gr. *eikonoklastês*, briseur d'images). **1.** **HIST.** Relatif à l'iconoclasme ; qui en est partisan. **2.** Fig. Qui cherche à détruire tout ce qui est attaché au passé, à la tradition : *Jeunesse iconoclaste.*

ICONOGRAPHE **n.** Spécialiste d'iconographie.

ICONOGRAPHIE **n.f.** **1.** Étude descriptive des différentes représentations figurées d'un même sujet ; ensemble classé des images correspondantes. **2.** Étude de la représentation figurée dans une œuvre particulière. **3.** Ensemble de l'illustration d'un ouvrage imprimé ou d'une publication en ligne.

ICONOGRAPHIQUE **adj.** Relatif à l'iconographie.

ICONOLOGIE **n.f.** Étude de la formation des images, des représentations figurées, de leur contenu et de leur transmission d'une époque à d'autres.

ICONOLOGIQUE **adj.** Relatif à l'iconologie.

ICONOSCOPE **n.m.** **TÉLÉV.** Anc. Tube électronique analyseur d'image.

ICONOSTASE **n.f.** **ARCHIT.** Cloison couverte d'icônes, qui sépare la nef du sanctuaire, dans les églises de rite chrétien oriental.

ICOSAÈDRE [-zaɛdr] **n.m.** (du gr. *eikosi*, vingt, et *edra*, face). **MATH.** Polyèdre à vingt faces. ➲ L'icosaèdre régulier a pour faces vingt triangles équilatéraux isométriques.

ICTÈRE **n.m.** (gr. *ikteros*). **MÉD.** Coloration jaune de la peau, des muqueuses et du blanc de l'œil, due à l'accumulation de bilirubine dans les tissus (SYN. [cour.] **jaunisse**).

ICTÉRIQUE **adj.** Relatif à l'ictère. ◆ **adj.** et **n.** Atteint d'ictère.

ICTUS [iktys] **n.m.** (mot lat. « coup »). **MÉD.** Symptôme neurologique (paralysie, amnésie, etc.) survenant brutalement.

IDE **n.m.** (lat. sc. *idus*). Poisson d'eau douce d'Europe centrale, dont une variété rouge est élevée dans les étangs. ➲ Famille des cyprinidés.

IDE ou **I.D.E.** **n.m.** (sigle). Investissement direct à l'étranger.

1. IDÉAL, E, ALS ou **AUX** **adj.** (bas lat. *idealis*). **1.** Qui n'existe que dans la pensée et non dans le réel : *Société idéale.* **2.** Qui est conçu par l'esprit et a le caractère d'une idée ; théorique : *La géométrie raisonne sur des objets idéals.* **3.** Qui possède toutes les qualités souhaitables : *Collègue idéal* ; parfaitement adapté à : *Temps idéal pour une sortie.*

2. IDÉAL **n.m.** (pl. *idéals* ou *idéaux*). **1.** Modèle qui répond aux exigences esthétiques, morales, intellectuelles de qqn, d'un groupe : *Cet athlète est l'idéal de la sportivité.* **2.** Ce qui représente la perfection et donne entière satisfaction : *Jouer dans un film de Spielberg, voilà son idéal.* ▪ **Idéal du moi** [psychan.], instance du moi qui choisit les valeurs morales constituant le surmoi. ▪ **Idéal d'un anneau unitaire (A, +, ·)** [math.], sous-groupe additif I d'un anneau commutatif A, tel que, pour tout élément *x* de A et pour tout élément *y* de I, le produit *x* · *y* appartient à I.

IDÉALEMENT **adv.** De façon idéale.

IDÉALISATEUR, TRICE **adj.** et **n.** Qui idéalise.

IDÉALISATION **n.f.** Action d'idéaliser ; fait d'être idéalisé.

IDÉALISER **v.t.** [3]. Donner un caractère idéal à : *Idéaliser la vie à la campagne.*

IDÉALISME **n.m.** **1.** **PHILOS.** Pensée philosophique qui ramène ou subordonne toute existence à la pensée. **2.** Attitude, caractère d'une personne qui aspire à un idéal élevé, voire utopique : *L'idéalisme de la jeunesse.*

IDÉALISTE **adj.** et **n.** **1.** **PHILOS.** Relatif à l'idéalisme ; qui en est partisan. **2.** Qui a une conception idéale mais souvent utopique des valeurs sociales.

IDÉALITÉ **n.f.** **PHILOS.** Caractère de ce qui est idéal.

IDÉATION **n.f.** **PSYCHOL.** Vieilli. Formation et enchaînement des idées.

IDÉE **n.f.** (lat. *idea*). **1.** Représentation abstraite d'un être, d'un objet, etc., élaborée par la pensée : *L'idée du bien et du mal.* **2.** Représentation sommaire de qqch ; aperçu : *Ce dépliant donne une idée du voyage.* **3.** Façon particulière de se représenter le réel : *Quelle est ton idée sur ce point ?* **4.** Élaboration originale de la pensée, à l'origine d'une œuvre artistique ou d'une invention : *Elle a une bonne idée de roman. Je n'ai pas d'idées pour la fête de cette année.* **5.** Siège de la pensée : *Cela m'est sorti de l'idée.* **6.** **PHILOS.** Essence intelligible des choses sensibles ; notion : *L'idée de mort.* ▪ **Avoir idée que,** penser que. ▪ **Avoir l'idée de,** concevoir le projet de. ▪ **Idée fixe,** représentation mentale qui s'impose avec ténacité à la conscience et dont le sujet méconnaît le caractère pathologique ; idée qui occupe tyranniquement l'esprit. ▪ **Idée reçue,** admise par tous et devenue banale ; préjugé. ◆ **n.f. pl.** **1.** Ensemble des opinions de qqn : *Défendre ses idées.* **2.** Disposition d'esprit ; humeur : *Sortir pour se changer les idées.* ▪ **Se faire des idées** [fam.], imaginer des choses fausses.

IDÉE-FORCE **n.f.** (pl. *idées-forces*). Idée principale, pivot d'un raisonnement et germe d'action.

IDÉEL, ELLE **adj.** **PHILOS.** Relatif aux idées ; qui est de la nature des idées.

IDEM [idɛm] **adv.** (mot lat. « la même chose »). De même. Abrév. **id.** (S'emploie pour éviter des répétitions.)

IDEMPOTENT, E [idɛm-] **adj.** **MATH.** ▪ **Élément idempotent d'un ensemble E muni d'une loi de composition interne ⊤,** élément de E qui vérifie $x \top x = x$.

IDENTIFIABLE **adj.** Qui peut être identifié.

IDENTIFIANT **n.m.** Information permettant de se connecter à un système informatique (nom d'utilisateur, mot de passe, numéro de téléphone, etc.).

IDENTIFICATEUR ou **IDENTIFIEUR** **n.m.** **INFORM.** Nom symbolique donné à une information pour en faciliter la manipulation ; nom attaché à une unité de disque.

IDENTIFICATION **n.f.** **1.** Action d'identifier ; fait de s'identifier à : *L'identification d'un malfaiteur.* **2.** **PSYCHAN.** Assimilation d'un aspect d'un moi étranger que le sujet prend à son insu comme modèle dans la constitution de sa personnalité. ➲ Celle-ci se construit à travers de multiples identifications. ▪ **Identification par radiofréquence** (angl. *radio frequency identification*, RFID), moyen d'identification à distance associant une antenne à une puce électronique.

IDENTIFICATOIRE **adj.** Qui concerne l'identification.

IDENTIFIER **v.t.** [5]. **1.** Établir l'identité de qqn : *Le témoin a identifié le meurtrier.* **2.** Déterminer la nature de qqch : *Identifier le gène d'une maladie.* **3.** (**À, AVEC, ET**). Déclarer qqn, qqch identique à qqn, qqch d'autre : *Identifier un savant à la science moderne, la paix et la démocratie.* ◆ **S'IDENTIFIER** **v.pr.** (**À, AVEC**). Se rendre, en pensée, identique à : *Romancière qui s'identifie à son héroïne.*

IDENTIFIEUR **n.m.** → **IDENTIFICATEUR.**

IDENTIQUE **adj.** (lat. *identicus*). **1.** Qui ne diffère en rien d'un autre : *Leurs écritures sont identiques.* **2.** Qui est unique bien que se rapportant à des choses différentes : *Deux mots d'origine identique.* ▪ **Application identique** [math.], identité. ◆ **n.m.** Ce qui est identique. ▪ **À l'identique,** qui reproduit fidèlement un original.

IDENTIQUEMENT **adv.** De façon identique.

IDENTITAIRE **adj.** **1.** Relatif à l'identité, aux caractéristiques d'une personne, d'un groupe. **2.** Parfois péjor. Qui caractérise la revendication par une communauté de son identité menacée. ◆ **n.** et **adj.** Membre d'un courant politique (apparu en Europe à la fin du XXe s. et souvent apparenté à l'extrême droite), militant pour la défense de son identité régionale ou nationale, qu'il estime menacée.

IDENTITÉ **n.f.** (bas lat. *identitas*, du lat. *idem*, le même). **1.** Rapport que présentent entre eux deux ou plusieurs êtres ou choses qui ont une similitude parfaite : *Identité des vrais jumeaux, des titres des médias.* **2.** Caractère permanent et fondamental de qqn, d'un groupe : *Le verlan leur sert à affirmer leur identité.* **3.** **DR.** Ensemble des données de fait et de droit (date et lieu de naissance, nom, prénom, filiation, etc.) qui permettent d'individualiser qqn : *Vérification d'identité.* **4.** **MATH.** Égalité vérifiée pour toutes les valeurs des variables. ▪ **Identité d'un ensemble E** [math.], application de E dans E qui à tout élément associe cet élément lui-même. (On dit aussi *application identique de E.*) ▪ **Identité judiciaire** [dr.], ensemble des moyens techniques et scientifiques qui permettent l'identification d'une personne (portrait-robot, relevé d'empreintes, etc.) ; en France, ensemble des services chargés de la mise en œuvre de ces moyens. ▪ **Identité sexuelle** [psychol.], fait de se reconnaître et d'être reconnu comme appartenant à tel sexe. ▪ **Identité sociale** [psychol.], sentiment ressenti par un individu d'appartenir à un groupe social, et qui le porte à adopter certains comportements spécifiques. ▪ **Pièce d'identité** [dr.], en France, document officiel qui comporte une photographie et des indications d'état civil. ▪ **Principe d'identité** [log.], principe fondamental de la logique traditionnelle, selon lequel toute chose est identique à elle-même (« A est A »).

IDÉOGRAMME **n.m.** (du gr. *idea*, idée, et *gramma*, signe). **LING.** Signe graphique qui représente le sens du mot et non les sons (par oppos. à *phonogramme*).

IDÉOGRAPHIQUE **adj.** Se dit d'une écriture qui utilise des idéogrammes (par oppos. à *alphabétique*).

IDÉOLOGIE **n.f.** (du gr. *idea*, idée, et *logos*, science). **1.** Ensemble plus ou moins systématisé de croyances, d'idées, de doctrines influant sur le comportement individuel ou collectif : *L'idéologie libérale.* **2.** Pour les marxistes, représentation de la réalité propre à une classe sociale. ➲ Elle est dépendante de la place que cette classe occupe dans le mode de production et de son rôle dans la lutte des classes. **3.** Péjor. Ensemble de spéculations, d'idées vagues et nébuleuses. ▪ **Idéologie dominante,** pour les marxistes, représentation que la classe dominante (la bourgeoisie, par ex.) s'efforce d'imposer aux autres classes pour asseoir sa domination.

IDÉOLOGIQUE **adj.** Relatif à l'idéologie.

IDÉOLOGUE **n.** **1.** Personne qui est à l'origine de la doctrine d'un groupe. **2.** Péjor. Personne qui vit dans un monde d'idées, qui ignore la réalité. ◆ **n.m. pl.** Groupe de philosophes français de la fin du XVIIIe s. et du début du XIXe s., dans la lignée de Condillac, dont l'objet d'étude est la genèse des idées (Destutt de Tracy, Cabanis, etc.).

IDÉOMOTEUR, TRICE **adj.** **PSYCHOL.** Se dit d'un processus qui participe à la fois de la représentation et de la motricité.

IDES [id] **n.f. pl.** (lat. *idus*). **ANTIQ. ROM.** Quinzième jour des mois de mars, mai, juillet et octobre, et treizième jour des autres mois, dans le calendrier romain.

ID EST [idɛst] **loc. conj.** (loc. lat. « c'est »). C'est-à-dire. Abrév. **i. e.**

IDH ou **I.D.H.** **n.m.** (sigle). Indice de développement humain.

IDIOLECTE **n.m.** (du gr. *idios*, particulier, et de *dialecte*). **LING.** Ensemble des particularités langagières propres à un individu donné.

IDIOMATIQUE **adj.** Caractéristique de tel ou tel idiome.

IDIOME **n.m.** (gr. *idiôma*). Tout instrument de communication linguistique utilisé par une communauté (langue, dialecte, patois, etc.).

IDIOPATHIQUE **adj.** (du gr. *idios*, particulier, et *pathos*, maladie). **MÉD.** **1.** Se dit d'une affection qui est définie en elle-même et n'est ni la conséquence ni la complication d'une autre (SYN. **essentiel, primaire, primitif**). **2.** Se dit d'une maladie qui n'a pas de cause connue (SYN. **cryptogénétique**).

IDIOPHONE **n.m.** Instrument de musique dont le son est produit par la vibration directe de la matière qui le compose (cloches, cymbales, par ex.).

IDIOSYNCRASIE **n.f.** (du gr. *idios*, particulier, et *sugkrasis*, mélange). Didact. Manière d'être particulière à chaque individu, qui l'amène à avoir des réactions, des comportements qui lui sont propres.

IDIOT, E **adj.** et **n.** (du gr. *idiôtês*, ignorant). **1.** Dépourvu d'intelligence, de bon sens ;

imbécile : *Cesse de me prendre pour un idiot.* **2.** Fam. Qui agit sans réfléchir ; étourdi : *Quel idiot, il leur a tout raconté !* ◆ **adj. 1.** Qui révèle de la sottise : *Un raisonnement idiot.* **2.** Qui dénote l'absurdité de la destinée : *Une mort idiote.*

IDIOTEMENT adv. De façon idiote.

IDIOTIE [-si] **n.f. 1.** Manque d'intelligence, de bon sens. **2.** Caractère inepte, stupide de qqch : *Ce film est d'une idiotie !* **3.** Action, parole qui révèle une absence d'intelligence : *Faire, dire des idioties.* **4. MÉD.** Vx. Déficience mentale très profonde.

IDIOTISME n.m. (du gr. *idios*, particulier). **LING.** Expression ou construction propre à une langue et impossible à traduire littéralement. ➲ On parle, selon la langue, de gallicisme, d'anglicisme, de germanisme, etc.

IDOINE adj. (lat. *idoneus*). Qui convient ; approprié : *J'ai déniché le meuble idoine.*

IDOLÂTRE adj. et **n.** (gr. *eidôlolatrês*). **1.** Qui voue un culte aux idoles. **2.** Qui voue un amour excessif à qqn ou à qqch : *Des fans idolâtres.*

IDOLÂTRER v.t. [3]. 1. Adorer comme une idole, un dieu. **2.** Aimer avec passion : *Idolâtrer son fils.*

IDOLÂTRIE n.f. 1. Culte rendu à des idoles. **2.** Passion que l'on voue à qqn, qqch ; adoration.

IDOLÂTRIQUE adj. Relatif à l'idolâtrie.

IDOLE n.f. (du gr. *eidôlon*, image). **1.** Image ou représentation d'une divinité qui est l'objet d'un culte d'adoration. **2.** Personne qui est l'objet d'une admiration passionnée : *Cet acteur est mon idole.*

IDYLLE n.f. (du lat. *idyllium*, poème pastoral). **1.** Amour tendre et naïf. **2.** Relation harmonieuse entre individus ou groupes : *Une idylle entre les partis de l'opposition.* **3. LITTÉR.** Petit poème pastoral chantant l'amour.

IDYLLIQUE adj. 1. Marqué par une entente parfaite : *Relation idyllique.* **2.** Qui représente une version idéalisée de qqch : *Une vision idyllique de la politique.* **3. LITTÉR.** Relatif à l'idylle.

IF n.m. (gaul. **ivos*). Conifère à feuillage persistant et à baies rouges (arilles), souvent planté et taillé pour l'ornement. ➲ Famille des taxacées. ▪ **If (à bouteilles),** ustensile conique, garni de pointes, pour égoutter les bouteilles après rinçage.

IGLOO [iglu], ▲ *IGLOU* **n.m.** (mot inuit). Habitation en forme de coupole, faite de blocs de neige ou de glace, que construisent les Inuits.

IGNAME [iɲam] ou [ignam] **n.f.** (port. *inhame*). Plante vivrière grimpante des régions tropicales, cultivée pour son gros rhizome tubérisé, comestible. ➲ Famille des dioscoréacées.

▲ **igname**

IGNARE [iɲar] **adj.** et **n.** (lat. *ignarus*). Se dit d'une personne sans instruction ; ignorant.

IGNÉ, E [igne] ou [iɲe] **adj.** (lat. *igneus*, de *ignis*, feu). **1.** Litt. Qui est en feu. **2.** Produit par l'action de la chaleur.

IGNIFUGATION [igni-] ou [iɲi-] **n.f.** Action d'ignifuger.

IGNIFUGEANT, E ou **IGNIFUGE** [igni-] ou [iɲi-] **adj.** Se dit d'une substance propre à ignifuger. ◆ **n.m.** Composé ajouté à un matériau macromoléculaire pour atténuer ou supprimer son inflammabilité.

IGNIFUGER [igni-] ou [iɲi-] **v.t. [10].** Traiter un matériau avec un ignifugeant.

IGNIMBRITE [ignɛ̃-] **n.f.** (du lat. *ignis*, feu, et *imber, -bris*, pluie). Roche constituée de dépôts de cendres volcaniques soudées.

IGNITION [ignisjɔ̃] ou [iɲi-] **n.f.** (du lat. *ignis*, feu). État des corps en combustion vive.

IGNITRON [igni-] ou [iɲi-] **n.m. ÉLECTRON.** Tube redresseur à gaz, à cathode liquide (en mercure) et à décharge d'arc.

IGNOBLE [iɲɔbl] **adj.** (du lat. *ignobilis*, non noble). **1.** Qui est d'une bassesse écœurante ; abject : *Une accusation ignoble.* **2.** D'une saleté ou d'une laideur repoussante : *Des toilettes ignobles.*

IGNOBLEMENT adv. De façon ignoble.

IGNOMINIE [iɲɔ-] **n.f.** (lat. *ignominia*). Sout. **1.** Déshonneur public qui atteint qqn qui a commis une action infamante ; abjection : *Sombrer dans l'ignominie de la délation.* **2.** Action, parole infâme ; vilenie.

IGNOMINIEUSEMENT adv. Sout. Avec ignominie.

IGNOMINIEUX, EUSE adj. Sout. Qui dénote l'ignominie, cause le déshonneur ; infamant.

IGNORANCE n.f. 1. Manque de connaissances, d'instruction ; inculture : *Association qui lutte contre l'ignorance.* **2. (EN, SUR, DE).** Défaut de connaissances ou d'expérience dans un domaine déterminé ; incompétence : *J'avoue mon ignorance en informatique, sur cette question, de cette clause.*

IGNORANT, E adj. et **n. 1.** Qui manque de connaissances, de savoir ; ignare. **2. (EN, DANS).** Qui n'est pas instruit de certaines choses : *Être ignorant en musique.*

IGNORANTIN n.m. et **adj.m.** Titre donné par dérision, dès le XVIIIe s., aux membres de l'institut des Frères des écoles chrétiennes.

IGNORÉ, E adj. 1. Dont l'existence, la nature n'est pas connue : *L'identité du meurtrier reste ignorée.* **2.** Qui n'atteint pas à la notoriété : *Chef-d'œuvre, poète ignoré.*

IGNORER v.t. [3] (lat. *ignorare*). **1.** Ne pas savoir : *J'ignore qui le lui a dit* ; ne pas être informé de : *Nul n'est censé ignorer la loi.* **2.** Ne pas connaître par expérience : *Ignorer la peur.* **3.** Manifester à l'égard de qqn une indifférence complète : *Depuis cet incident, il m'ignore.* **4.** Ne pas tenir compte de : *J'ai décidé d'ignorer ses critiques.* ◆ **S'IGNORER v.pr.** ▪ **Qui s'ignore,** qui n'est pas conscient de sa vraie nature, de sa valeur : *Un poète qui s'ignore.*

▲ **iguane**

IGUANE [igwan] **n.m.** (esp. *iguana*). Reptile saurien herbivore de l'Amérique tropicale, atteignant 1,60 m de long (1,20 m pour la queue), portant une crête dorsale d'écailles pointues. ➲ Famille des iguanidés.

IGUANODON [igwanɔdɔ̃] **n.m.** Reptile dinosaurien herbivore du crétacé de l'hémisphère Nord, long de 10 m, à démarche bipède ou quadrupède. ➲ Groupe des ornithischiens.

IGUE [ig] **n.f.** Région. (Quercy). **GÉOL.** Gouffre.

IHS ou **I.H.S.** [iaʃɛs] **abrév.** Monogramme grec de Jésus, que l'Église latine a interprété : *Iesus, Hominum Salvator* (« Jésus, sauveur des hommes »).

IJTIHAD n.m. (mot ar. « effort »). Effort de compréhension et d'interprétation du Coran et de la charia pour adapter ces sources, notamm. dans le droit, à chaque époque.

IKAT [ikat] **n.m.** (du malais *mengikat*, nouer, lier). Étoffe obtenue en tissant des fils préalablement teints de façon qu'apparaissent des motifs réguliers.

IKEBANA [ike-] **n.m.** (mot jap.). Art traditionnel japonais de la composition florale, dont les codes ont été établis dès le VIIe s.

IL pron. pers. (pl. *ils*) [du lat. *ille*, celui-là]. Désigne la 3e pers. du masc. en fonction de sujet : *Il est architecte. Ils jouent aux échecs.*

ILANG-ILANG ou **YLANG-YLANG** [ilɑ̃ilɑ̃] **n.m.** (pl. *ilangs-ilangs, ylangs-ylangs*). Arbre cultivé en Indonésie et à Madagascar pour ses fleurs, utilisées en parfumerie. ➲ Famille des anonacées.

ÎLE, ▲ *ILE* **n.f.** (lat. *insula*). Étendue de terre entourée d'eau. ▪ **Île flottante** [cuis.], œufs à la neige dont les blancs sont cuits au bain-marie dans un moule.

ILÉAL, E, AUX adj. Relatif à l'iléon.

ILÉITE n.f. Inflammation de l'iléon.

ILÉO-CÆCAL, E, AUX, ▲ *ILÉOCÆCAL, E, AUX* [ileosekal, o] **adj.** Relatif à la fois à l'iléon et au cæcum.

ILÉON n.m. (du gr. *eileîn*, enrouler). Troisième partie de l'intestin grêle, entre le jéjunum et le gros intestin.

ÎLET, ▲ *ILET* **n.m. 1.** Antilles. Petite île. **2.** La Réunion. Petit village ; hameau.

ILÉUS [ileys] **n.m. MÉD.** Occlusion intestinale.

ILIAQUE adj. (lat. *iliacus*, de *ilia*, flancs). **ANAT.** Relatif aux parois latérales du bassin. ▪ **Fosse iliaque,** région inférieure et latérale de l'abdomen. ▪ **Os iliaque,** chacun des deux os formant la ceinture pelvienne, résultant de la soudure de l'ilion, de l'ischion et du pubis. (On dit parfois *os coxal*.)

ÎLIEN, ENNE, ▲ *ILIEN, ENNE* **adj.** et **n.** Qui habite une île (du littoral breton, surtout) ; insulaire.

ILION n.m. L'un des trois éléments de l'os iliaque, formant le côté du bassin.

ILLECTRONISME n.m. (de *illettrisme* et *électronique*). État d'une personne qui ne maîtrise pas les compétences nécessaires à l'utilisation et à la création des ressources numériques. ➲ On distingue dans l'illectronisme les lacunes liées à l'utilisation des outils numériques (ordinateurs, téléphones intelligents, etc.) et celles liées à l'usage des contenus disponibles sur Internet (remplir un formulaire en ligne, acheter sur un site Web, etc.).

ILLÉGAL, E, AUX adj. (lat. médiév. *illegalis*, de *lex, legis*, loi). Contraire à la loi ; illicite. ▪ **Travail illégal** [dr.], travail au noir*.

ILLÉGALEMENT adv. De façon illégale.

ILLÉGALITÉ n.f. 1. Caractère contraire à la loi : *Illégalité d'une sanction.* **2.** Acte illégal ; irrégularité : *Il a commis une illégalité.* **3.** Situation contraire à la loi : *Vivre dans l'illégalité.*

ILLÉGITIME adj. (lat. *illegitimus*). **1.** Qui se situe hors des institutions établies par la loi : *Gouvernement illégitime.* **2.** Qui n'est pas fondé, justifié : *Demande illégitime.* ▪ **Enfant illégitime,** enfant né hors mariage et qui n'a pas été légitimé.

ILLÉGITIMEMENT adv. De façon illégitime.

ILLÉGITIMITÉ n.f. Caractère de ce qui est illégitime.

ILLETTRÉ, E adj. et **n. 1.** Qui ne maîtrise ni la lecture ni l'écriture. **2.** Vx. Inculte.

ILLETTRISME n.m. État d'une personne illettrée ; par ext., état d'une personne qui ne maîtrise pas les compétences de base (lecture, écriture, calcul). ➲ Pour le calcul, on parle auj. parfois d'*innumérisme*.

ILLICITE adj. (lat. *illicitus*). Qui est interdit par la morale ou par la loi : *Trafic illicite.*

ILLICITEMENT adv. De manière illicite.

ILLICO adv. (mot lat.). Fam. Sur-le-champ : *Il répliqua illico qu'il refusait.*

ILLIMITÉ, E adj. Sans limites : *Forfait illimité.*

ILLISIBILITÉ n.f. Caractère de ce qui est illisible.

▲ **iguanodon**

ILLISIBLE adj. 1. Que l'on ne peut lire ; indéchiffrable : *Inscription illisible.* **2.** Dont la lecture est rebutante ou difficile : *Ses poèmes sont illisibles.*

ILLISIBLEMENT adv. De façon illisible.

ILLITE n.f. (de *Illinois*, n.pr.). Argile potassique à structure feuilletée, la plus commune.

ILLOGIQUE adj. Qui n'est pas logique : *Raisonnement, esprit illogique.*

ILLOGIQUEMENT adv. De façon illogique.

ILLOGISME n.m. Caractère de ce qui est illogique ; chose illogique.

ILLUMINATION n.f. 1. Action d'illuminer. **2.** (Souvent pl.). Ensemble des lumières disposées pour décorer les rues ou éclairer les monuments publics. **3.** Inspiration soudaine ; trait de génie : *Avoir une illumination.* **4. RELIG.** Dans l'expérience ascétique et mystique, état d'éveil, intelligence des choses spirituelles.

ILLUMINÉ, E n. et **adj.** Personne qui embrasse une idée ou soutient une doctrine avec une foi aveugle, un zèle fanatique ; utopiste ; visionnaire.

ILLUMINER v.t. [3] (lat. *illuminare*). **1.** Éclairer d'une vive lumière. **2.** Donner un vif éclat à : *Une lueur de moquerie illuminait son regard.* ◆ **S'ILLUMINER v.pr.** Prendre de l'éclat sous l'effet d'un vif sentiment : *Son visage s'illumina.*

ILLUMINISME n.m. Doctrine métaphysique et mystique fondée sur la croyance à une illumination intérieure inspirée directement par Dieu.

ILLUSION n.f. (du lat. *illusio*, ironie, de *illudere*, se moquer de). **1.** Interprétation erronée d'une donnée sensorielle : *J'ai cru le voir dans la foule, mais c'était une illusion.* **2.** Opinion trompeuse, espoir chimérique qui abuse l'esprit : *Elle avait l'illusion qu'elle deviendrait célèbre. Illusions de jeunesse.* ▪ **Faire illusion,** donner de soi une apparence flatteuse. ▪ **Illusion d'optique,** erreur relative à la forme, aux dimensions, à la couleur des objets. ▪ **Se faire des illusions,** nourrir des espérances chimériques.

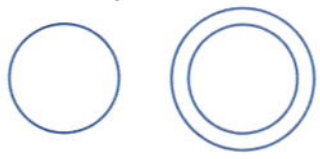

de Delbœuf : un cercle identique inscrit dans un autre cercle paraît plus grand.

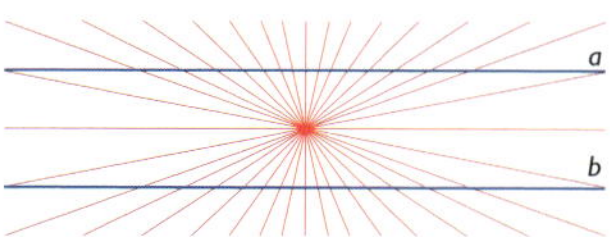

de Hering : les lignes *a* et *b*, d'apparence courbe, sont, en fait, strictement droites et parallèles.

de Müller-Lyer : suivant la disposition de l'empennage, des segments égaux semblent de différentes longueurs.

▲ **illusions d'optique**

ILLUSIONNER v.t. [3]. Créer des illusions chez. ◆ **S'ILLUSIONNER v.pr.** Se faire des illusions.

ILLUSIONNISME n.m. 1. Art de tromper le regard du spectateur par dextérité manuelle ou trucage ; prestidigitation. **2. BX-ARTS.** Pratique d'effets accentués de perspective, de luminisme, de trompe-l'œil, dans l'imitation du visible.

ILLUSIONNISTE n. Artiste de variétés pratiquant l'illusionnisme ; prestidigitateur.

ILLUSOIRE adj. Propre à tromper par une fausse apparence : *Promesses illusoires* ; qui n'a pas de fondement réel : *Il est illusoire d'espérer sa guérison.*

ILLUSOIREMENT adv. Litt. D'une façon illusoire.

ILLUSTRATEUR, TRICE n. Artiste qui exécute des illustrations.

ILLUSTRATIF, IVE adj. Qui illustre qqch, le rend plus clair : *Exemple illustratif d'une définition.*

ILLUSTRATION n.f. 1. Action d'illustrer un texte ; image figurant dans le texte d'un livre, d'un journal. **2.** Ce qui illustre, rend plus clair : *Ce fait divers est l'illustration de la dégradation de la situation.*

ILLUSTRE adj. (lat. *illustris*). Dont le renom est éclatant : *Un illustre savant.*

ILLUSTRÉ, E adj. Se dit d'un livre, d'un journal orné d'illustrations. ◆ **n.m.** Journal, revue contenant des récits accompagnés de dessins.

ILLUSTRER v.t. [3] (lat. *illustrare*). **1.** Orner un livre, un journal, etc., d'illustrations. **2.** Rendre plus clair par des notes, des exemples. **3.** Litt. Rendre illustre, célèbre : *Le village d'Illiers qu'a illustré Marcel Proust.* ◆ **S'ILLUSTRER v.pr.** Devenir illustre, célèbre.

ILLUSTRISSIME adj. Titre donné à certains personnages, princip. à de hauts dignitaires ecclésiastiques catholiques.

ILLUVIAL, E, AUX adj. Qui résulte de l'illuviation.

ILLUVIATION n.f. (du lat. *illuvio*, débordement). **PÉDOL.** Processus d'accumulation, dans un horizon du sol, d'éléments dissous provenant d'un autre horizon.

ILLUVIUM [-vjɔm] **n.m.** Horizon d'un sol résultant du processus d'illuviation.

ILLYRIEN, ENNE adj. et **n.** De l'Illyrie.

ILM ou **I.L.M.** [iɛlɛm] **n.m.** (sigle de *immeuble à loyer moyen*). Immeuble dont les logements sont destinés aux familles dont les ressources ne dépassent pas un plafond déterminé.

ILMÉNITE n.f. (de *Ilmen*, n.pr.). **MINÉRALOG.** Oxyde de fer et de titane ($FeTiO_3$).

ILN ou **I.L.N.** [iɛlɛn] **n.m.** (sigle de *immeuble à loyer normal*). Immeuble dont les logements sont destinés aux familles et pour lequel aucun plafond de ressources n'est exigé.

ÎLOT, ▲ *ILOT* **n.m.** (de *île*). **1.** Très petite île. **2.** Élément ayant une unité, un caractère particulier, mais isolé au sein d'un espace plus vaste (géographique, ethnique, abstrait, etc.) : *Un îlot de verdure. Des îlots de résistance.* **3.** Groupe de maisons, d'immeubles délimité par des rues, dans une ville ; pâté de maisons. **4. MAR., MIL.** Bloc formé par la superstructure d'un porte-aéronefs ou d'un porte-avions.

ÎLOTAGE, ▲ *ILOTAGE* **n.m.** Système de surveillance policière qui consiste à diviser un quartier en îlots placés sous le contrôle d'un îlotier.

ILOTE n.m. (gr. *heilôs, -ôtos*). **1. ANTIQ. GR.** Hilote. **2.** Litt. Homme réduit au dernier degré de misère, de servilité ou d'ignorance.

ÎLOTIER, ÈRE, ▲ *ILOTIER, ÈRE* **n.** Agent de police chargé de la surveillance d'un îlot.

ILOTISME n.m. 1. ANTIQ. GR. Hilotisme. **2.** Litt. État de servilité et d'ignorance.

IL Y A loc. impers. → **1. AVOIR.**

IMAGE n.f. (lat. *imago*). **1.** Représentation d'un être ou d'une chose par les arts, par les techniques d'impression ou de reproduction. **2.** Fig. Ce qui reproduit, imite ou évoque qqn, qqch : *Cette femme est l'image même du bonheur.* **3. OPT., TECHN.** Ensemble plan de points ou d'éléments (pixels) représentatifs de l'apparence d'un objet, formés à partir du rayonnement émis, réfléchi, diffusé ou transmis par cet objet. **4.** Représentation d'un objet matériel donnée par un système optique. **5.** Représentation mentale d'un être ou d'une chose : *Je garde de lui l'image d'un homme dynamique.* **6.** Expression évoquant la réalité par analogie ou similitude avec un domaine autre que celui auquel elle s'applique : *L'eau qui coule, image du temps qui passe.* ▪ **Arrêt sur image** [cinéma, audiovis.], faculté qu'ont certains projecteurs d'immobiliser la projection sur une seule image ; trucage ayant pour effet de suspendre le défilement de l'image. ▪ **Droit à l'image** [dr.], protection des personnes contre l'usage abusif de photographies ou de films les représentant sans leur accord. ▪ **Image de marque,** notoriété et perception qualitative dans le public d'une marque, d'un organisme, d'une personnalité. ▪ **Image d'Épinal** (nom déposé), gravure à usage populaire, de style naïf, dont la société Imagerie d'Épinal est l'unique centre de fabrication depuis la fin du XVIIIe s. ; fig., présentation naïve, simpliste d'un événement, d'un fait. ▪ **Image disque,** copie d'un disque dur ou d'une de ses partitions sur un autre support de stockage afin de pouvoir le restaurer facilement. ▪ **Image du corps** [psychol.], représentation que l'individu a de son propre corps (à distinguer du *schéma corporel**, dont la base est neurologique). ▪ **Image d'une application *f* de E vers F** [math.], sous-ensemble de F, noté $f(E)$ ou $Im(f)$, égal à l'ensemble des images par f des éléments de E. ▪ **Image d'un élément *x* par une application *f*** [math.], élément y de l'ensemble d'arrivée de l'application f tel que $y = f(x)$. ▪ **Image mentale** [psychol.], représentation psychique d'un objet absent. ▪ **Image système,** sauvegarde de la partition abritant le système d'exploitation d'un ordinateur afin de le restaurer en cas de nécessité.

▲ **Image d'Épinal.** *Jeux de l'enfance : le cerf-volant* ; estampe, XIXe s. (Musée des Civilisations de l'Europe et de la Méditerranée, Marseille.)

IMAGÉ, E adj. Orné d'images, de métaphores : *Style imagé.*

IMAGERIE n.f. 1. Ensemble d'images représentant des faits, des personnages, etc. **2.** Art, fabrication, commerce des images populaires à grande diffusion : *L'imagerie populaire.* **3.** Technique permettant d'obtenir des images à partir de différents types de rayonnements (lumière visible, infrarouges, ultrasons, rayons X, etc.). ▪ **Imagerie médicale,** ensemble des techniques d'examen médical aboutissant à la création d'images. ▪ **Imagerie par résonance magnétique fonctionnelle (IRMf),** technique d'imagerie médicale utilisant des ondes électromagnétiques afin d'obtenir une image en trois dimensions de l'intérieur du corps.

➲ L'**IMAGERIE** médicale comprend la microscopie, l'endoscopie et la radiologie. L'image peut être analysée (numérisée) et traitée par ordinateur, imprimée sur un film ou projetée sur un écran, enregistrée en vidéo, ou transmise directement à distance. La radiologie, au sens strict, utilise soit le rayonnement X – d'une façon classique (radiographie « conventionnelle »), sur écran (radioscopie), en coupe (tomographie), ou avec traitement par ordinateur (scanner) –, soit le rayonnement gamma radioactif (scintigraphie). Au sens large s'y ajoutent les ultrasons (échographie) et les champs magnétiques (IRM).

IMAGEUR, EUSE adj. et **n.m.** Se dit d'un instrument ou d'un appareillage qui permet d'obtenir une image : *Radar, radiomètre imageur.* ◆ **n.m.** Palette électronique ou graphique.

1. IMAGIER, ÈRE n. 1. Vx. Professionnel qui édite et/ou vend des images populaires. **2.** Au Moyen Âge, sculpteur en figures, plus rarement miniaturiste. ◆ **adj.** Relatif aux images, à l'illustration.

2. IMAGIER n.m. (nom déposé). Livre d'images.

IMAGINABLE adj. Qui peut être imaginé.

IMAGINAIRE adj. (lat. *imaginarius*). Qui n'existe que dans l'esprit ; fictif : *Ces menaces sont imaginaires.* ▪ **Malade imaginaire,** personne qui se croit malade sans l'être. ▪ **Nombre imaginaire pur** [math.], nombre complexe dont la partie réelle est nulle. ▪ **Partie imaginaire d'un nombre complexe *z*** [math.], nombre réel y, noté $Im(z)$, dans l'écriture $z = x + iy$. ◆ **n.m. 1.** Domaine de l'imagination, des choses créées par l'imagination. **2. PSYCHAN.** Chez Lacan, catégorie qui fait le lien entre le symbolique (assimilé à l'inconscient) et le réel ; instance qui reflète le désir dans l'image que le sujet a de lui-même.

IMAGINAL, E, AUX adj. ENTOMOL. Qui se rapporte à l'imago.

IMAGINATIF, IVE adj. et n. Qui imagine aisément ; qui se laisse emporter par son imagination.

IMAGINATION n.f. **1.** Faculté de se représenter par l'esprit des objets ou des faits irréels, ou jamais perçus, de restituer à la mémoire des perceptions ou des expériences antérieures : *Jules Verne avait une imagination fertile.* **2.** Faculté d'inventer, de créer, de concevoir : *Être publicitaire demande de l'imagination.* **3.** Litt. Construction plus ou moins extravagante de l'esprit ; chimère.

IMAGINER v.t. [3] (lat. *imaginari*). **1.** Se représenter mentalement : *Imaginer la Terre avec 7 milliards d'habitants.* **2.** Avoir l'idée de ; inventer : *Imaginer un stratagème, un personnage de BD.* ◆ **S'IMAGINER** v.pr. **1.** Se représenter par l'esprit. **2.** Croire sans raison que qqch est vrai : *Il s'imagine que tout le monde l'admire.*

1. IMAGO n.m. (mot lat. « image »). ENTOMOL. Insecte adulte, arrivé à son complet développement et apte à se reproduire.

2. IMAGO n.f. (mot lat. « image »). PSYCHAN. Représentation des personnes de l'entourage premier du sujet (père, mère, etc.), qui se fixe dans son inconscient et oriente son mode d'appréhension d'autrui.

IMAM [imam] n.m. (ar. *imām*). **1.** Ministre ou dignitaire religieux musulman qui dirige la prière collective ; autorité en matière religieuse. **2.** Dans le chiisme, un des douze (pour les duodécimains) ou des sept (pour les ismaéliens) dépositaires de la pureté et de la science divine sur terre, qui descendent de Ali, le premier imam. ➲ Les chiites attendent le retour de l'*imam caché* à la fin des temps.

IMAMAT n.m. Charge ou dignité d'imam.

IMAO ou **I.M.A.O.** [imao] n.m. (acronyme). Inhibiteur de la monoamine-oxydase, utilisé comme antidépresseur (nom générique).

IMBATTABLE adj. Qui ne peut être surpassé : *Il est imbattable aux échecs.*

IMBÉCILE adj. et n. (du lat. *imbecillus*, faible). Dépourvu d'intelligence ; stupide. ■ **Faire l'imbécile,** faire le pitre ; agir sottement.

IMBÉCILEMENT adv. De façon imbécile.

IMBÉCILLITÉ, ▲ *IMBÉCILITÉ* n.f. **1.** Absence d'intelligence ; bêtise. **2.** Acte ou parole qui dénotent un manque d'intelligence : *Dire des imbécillités.* **3.** Vx. Déficience mentale correspondant à un QI entre 30 et 50.

IMBERBE adj. (lat. *imberbis*). Qui n'a pas de barbe : *Adolescent imberbe.*

IMBIBER v.t. [3] (lat. *imbibere*). **1.** En parlant d'un liquide, pénétrer profondément un corps, une matière : *L'encre renversée a imbibé le manuscrit.* **2.** Faire pénétrer profondément un liquide dans un corps, une matière : *Imbiber un coton d'eau oxygénée.* ◆ **S'IMBIBER** v.pr. **1.** S'imprégner d'un liquide, en parlant de qqch. **2.** Fam. Boire de l'alcool à l'excès.

IMBIBITION n.f. Action d'imbiber ; fait de s'imbiber, d'être imbibé.

IMBRICATION n.f. **1.** État de choses imbriquées. **2.** Liaison étroite d'éléments divers.

IMBRIQUÉ, E adj. (lat. *imbricatus*). Se dit des choses qui se recouvrent en partie, à la façon des tuiles sur un toit.

IMBRIQUER v.t. [3] (de *imbriqué*). Disposer des choses de manière qu'elles soient imbriquées : *Imbriquer des tranches de pommes sur la pâte à tarte.* ◆ **S'IMBRIQUER** v.pr. **1.** Pouvoir être engagé dans ; s'encastrer. **2.** Être lié de manière étroite ; s'entremêler.

IMBROGLIO [ɛ̃brɔljo] ou [-glijo] n.m. (mot ital.). **1.** Situation confuse et d'une grande complexité ; embrouillamini. **2.** Événement survenant dans une pièce de théâtre, un récit, etc., qui introduit des péripéties aux limites du vraisemblable.

IMBRÛLÉ, E, ▲ *IMBRULÉ, E* adj. Se dit d'un corps combustible qui, dans une combustion, s'est incomplètement combiné à l'oxygène de l'air. ◆ n.m. pl. Résidus d'ergols subsistant après l'extinction d'un moteur-fusée.

IMBU, E adj. (du lat. *imbutus*, imprégné). Pénétré d'une idée, d'un sentiment : *Imbu de préjugés.* ■ **Être imbu de soi-même,** être persuadé de sa supériorité ; être prétentieux.

IMBUVABLE adj. **1.** Que l'on ne doit pas boire : *Cette eau polluée est imbuvable* ; désagréable à boire : *Ce vin est imbuvable.* **2.** Fam. Qui est insupportable, inacceptable ou fastidieux : *Un comportement, un présentateur imbuvable.*

IMC ou **I.M.C.** n.m. (sigle). Indice de masse* corporelle.

IMG ou **I.M.G.** n.f. (sigle). Interruption médicale de grossesse.

IMIDAZOLE n.m. Molécule diazotée cyclique à cinq chaînons.

IMIDE n.m. (de *amide*). CHIM. ORG. Dérivé de l'ammoniac, $(RCO)_2NH$, dans lequel deux atomes d'hydrogène ont été remplacés par des groupes acyles RCO (nom générique).

IMINE n.f. (de *amine*). CHIM. ORG. Composé obtenu par condensation des aldéhydes et des cétones avec l'ammoniac ou les amines primaires (nom générique).

IMITABLE adj. Qui peut être imité.

IMITATEUR, TRICE adj. et n. Qui imite. ◆ n. Artiste de variétés spécialisé dans l'imitation de personnalités.

IMITATIF, IVE adj. De la nature de l'imitation : *La parole imitative du perroquet.*

IMITATION n.f. **1.** Action d'imiter qqn ou d'évoquer qqch. **2.** Action de reproduire artificiellement une matière, un objet ou de faire une copie d'un objet de valeur ; cette reproduction ou copie. **3.** MUS. Procédé d'écriture qui consiste à répéter le même dessin mélodique d'une partie à l'autre. ■ **À l'imitation de,** sur le modèle de.

IMITER v.t. [3] (lat. *imitari*). **1.** Reproduire l'allure, le comportement de qqn, d'un animal, le bruit, le mouvement de qqch. **2.** Reproduire exactement ; contrefaire : *Imiter une signature.* **3.** Prendre pour modèle : *Imiter une chanteuse.* **4.** Être une imitation de : *Matière imitant le marbre.*

IMMACULÉ, E adj. (lat. *immaculatus*, de *macula*, tache). **1.** Qui n'a pas la moindre tache ou qui est d'une blancheur absolue. **2.** Qui est sans souillure morale. ■ **L'Immaculée Conception,** dogme défini par Pie IX en 1854, selon lequel la Vierge Marie a été conçue en étant préservée du péché originel.

IMMANENCE n.f. État de ce qui est immanent.

IMMANENT, E adj. (lat. *immanens, -entis*). PHILOS. Qui est intérieur à un être, à un objet, qui résulte de sa nature (par oppos. à *transcendant*). ■ **Justice immanente,** qui découle naturellement des actes accomplis et s'exerce sans intervention d'un agent extérieur.

IMMANGEABLE [ɛ̃mɑ̃-] adj. Qui n'est pas comestible ; qui n'est pas agréable à manger.

IMMANQUABLE [ɛ̃mɑ̃-] adj. **1.** Qui ne peut manquer d'arriver, d'atteindre son but : *Succès immanquable. Méthode immanquable.* **2.** Que l'on ne peut manquer, rater : *Un but immanquable.*

IMMANQUABLEMENT [ɛ̃-] adv. De façon inévitable ; à coup sûr.

IMMARCESCIBLE adj. (lat. *immarcescibilis*, de *marcescere*, se flétrir). Litt. Qui ne peut se flétrir : *Conviction immarcescible.*

IMMATÉRIALITÉ n.f. Qualité, état de ce qui est immatériel : *L'immatérialité de l'esprit.*

IMMATÉRIEL, ELLE adj. Qui n'a pas de consistance corporelle.

IMMATRICULATION n.f. Action d'immatriculer ; fait d'être immatriculé ; numéro ainsi attribué : *Immatriculation d'un assuré social, d'une moto.*

IMMATRICULER v.t. [3] (lat. médiév. *immatriculare*, du bas lat. *matricula*, registre). Inscrire sur la matricule, sur un registre un nom, un numéro d'identification ; donner un numéro d'immatriculation à.

IMMATURATION n.f. PSYCHOPATHOL. Trouble du processus de maturation, s'exprimant par un désordre intellectuel, affectif, émotionnel ou psychomoteur.

IMMATURE adj. et n. Qui n'a pas encore atteint la maturité psychologique, intellectuelle ou affective.

IMMATURITÉ n.f. État de qqn d'immature.

IMMÉDIAT, E adj. (du bas lat. *immediatus*, qui se fait sans intermédiaire). **1.** Qui précède ou qui suit sans qu'il y ait d'intermédiaire : *Successeur immédiat. Effet immédiat.* **2.** PHILOS. Qui est connu ou qui existe sans intermédiaire, sans médiation. ■ **Analyse immédiate** [chim.], séparation des constituants d'un mélange. ■ **Fief immédiat** [hist.], fief relevant directement du souverain et, dans le Saint Empire, de l'empereur. ◆ n.m. ■ **Dans l'immédiat,** pour le moment.

IMMÉDIATEMENT adv. À l'instant même.

IMMÉDIATETÉ n.f. **1.** Caractère de ce qui est immédiat. **2.** HIST. Privilège d'un fief immédiat.

IMMELMANN [imɛlman] n.m. (du n. de M. *Immelmann*). Figure d'acrobatie aérienne consistant en un demi-looping vertical suivi d'un demi-tonneau.

IMMÉMORIAL, E, AUX adj. (lat. *immemorialis*). Litt. Qui est si ancien qu'on n'en connaît plus l'origine : *Coutume immémoriale.* ■ **De temps immémorial,** aussi loin que l'on remonte dans le passé.

IMMENSE adj. (lat. *immensus*). Qui présente une étendue, des dimensions, une intensité considérables : *Une cuisine immense. Une immense tristesse.*

IMMENSÉMENT adv. Dans des proportions considérables ; infiniment.

IMMENSITÉ n.f. **1.** Caractère de ce qui est immense ; étendue très vaste : *L'immensité d'un désert.* **2.** Caractère de ce qui est considérable en grandeur, en intensité : *L'immensité de leur chagrin.*

IMMERGÉ, E adj. Qui est sous l'eau. ■ **Économie immergée,** économie souterraine*.

IMMERGER v.t. [10] (lat. *immergere*). Plonger entièrement dans un liquide, partic. dans la mer : *Immerger des blocs de béton pour construire une digue.* ◆ **S'IMMERGER** v.pr. Se plonger totalement dans : *S'immerger dans les milieux du sport pour faire un reportage.*

IMMÉRITÉ, E adj. Que l'on n'a pas mérité.

IMMERSIF, IVE adj. Fait par immersion.

IMMERSION n.f. (lat. *immersio*). **1.** Action de plonger un corps dans un liquide ; fait d'être immergé : *L'immersion d'un caisson.* **2.** Fait de se retrouver dans un milieu étranger sans contact direct avec son milieu d'origine : *Séjour linguistique en immersion.* **3.** ASTRON. Début de l'occultation d'un astre.

IMMETTABLE [ɛ̃-] adj. Que l'on ne peut pas ou plus mettre.

1. IMMEUBLE adj. et n.m. (du lat. *immobilis*, immobile). DR. Se dit d'un bien fixe, du sol et de ce qui est incorporé, notamm. les bâtiments *(immeuble par nature)*, ou que la loi considère comme tel *(immeuble par destination)*.

2. IMMEUBLE n.m. Grand bâtiment à plusieurs étages, divisé en appartements ou aménagé en bureaux : *Immeuble en copropriété.*

IMMIGRANT, E n.et adj. Personne qui immigre.

IMMIGRATION n.f. Entrée dans un pays d'étrangers venus s'y installer.

IMMIGRÉ, E n. et adj. Personne qui a immigré.

IMMIGRER v.i. [3] (lat. *immigrare*). Venir se fixer dans un pays étranger.

IMMINENCE n.f. Caractère de ce qui est imminent.

IMMINENT, E adj. (lat. *imminens,-entis*). Qui est sur le point de se produire : *L'orage est imminent.*

S'IMMISCER v.pr. [9] (DANS) [lat. *immiscere*]. Intervenir indûment dans ce qui est de la compétence d'autrui ; s'ingérer dans.

IMMIXTION n.f. (bas lat. *immixtio*). Litt. Action de s'immiscer dans les affaires d'autrui.

IMMOBILE adj. (lat. *immobilis*). Qui ne se meut pas ; qui demeure fixe.

IMMOBILIER, ÈRE adj. **1.** Qui est immeuble, composé de biens immeubles. **2.** Relatif à un immeuble : *Saisie immobilière.* ◆ n.m. ■ **L'immobilier,** secteur d'activité qui comprend la construction, la vente, la location de maisons individuelles ou d'appartements.

IMMOBILISATION n.f. **1.** Action d'immobiliser ; fait d'être immobilisé : *L'immobilisation des secours par la tempête.* **2.** ÉCON. Élément non circulant de l'actif d'une entreprise (bâtiments, terrains, machines et matériel, brevets, fonds de commerce, etc.).

IMMOBILISER v.t. [3]. Rendre immobile : *Immobiliser le balancier d'une horloge* ; empêcher ou arrêter le mouvement de : *La neige a immobilisé les voitures sur l'autoroute.* ▪ **Immobiliser des capitaux,** les utiliser à des investissements qui les rendent indisponibles pour un autre objectif. ◆ **S'IMMOBILISER v.pr.** S'arrêter dans sa progression.

IMMOBILISME n.m. Disposition à se satisfaire de l'état (politique, social, etc.) présent.

IMMOBILISTE adj. et **n.** Qui relève de l'immobilisme ; qui en est partisan.

IMMOBILITÉ n.f. État d'un être, d'une chose qui est ou paraît immobile.

IMMODÉRÉ, E adj. Qui dépasse la mesure ; excessif : *Vos exigences sont immodérées.*

IMMODÉRÉMENT adv. De façon immodérée.

IMMODESTE adj. Litt. Qui manque de modestie, de pudeur.

IMMODESTIE n.f. Litt. Manque de pudeur, de retenue.

IMMOLATION n.f. Action d'immoler.

IMMOLER v.t. [3] (lat. *immolare*, de *mola*, meule). **1.** Tuer qqn, un animal pour l'offrir en sacrifice à une divinité. **2.** Litt. Faire périr : *La guerre immole d'innocentes victimes.* **3. (À).** Litt. Sacrifier qqn, qqch pour satisfaire une exigence morale, passionnelle : *Immoler sa famille à son ambition.* ◆ **S'IMMOLER v.pr.** Se donner la mort, génér. dans un esprit de sacrifice : *S'immoler par le feu.*

IMMONDE adj. (lat. *immundus*, de *mundus*, propre). **1.** D'une saleté qui provoque le dégoût : *Son bureau est immonde.* **2.** D'une grande bassesse ; abject : *D'immondes rumeurs.*

IMMONDICE n.f. (lat. *immunditia*). Vx. Chose sale ou impure. ◆ **n.f. pl.** Ordures ménagères ; déchets de toutes sortes : *Immondices malodorantes.*

IMMORAL, E, AUX adj. Qui agit contrairement à la morale établie ; qui est contraire à cette morale.

IMMORALEMENT adv. Litt. De façon immorale.

IMMORALISME n.m. Doctrine qui nie toute obligation morale.

IMMORALISTE adj. et **n.** Qui concerne l'immoralisme ; qui en est partisan.

IMMORALITÉ n.f. Caractère de ce qui est immoral ; acte immoral.

IMMORTALISATION n.f. Action d'immortaliser ; fait d'être immortalisé.

IMMORTALISER v.t. [3]. Rendre immortel dans la mémoire des hommes. ◆ **S'IMMORTALISER v.pr.** Se rendre à jamais illustre.

IMMORTALITÉ n.f. (lat. *immortalitas*). **1.** Qualité, état de ce qui est immortel, d'un être immortel : *L'immortalité des dieux.* **2.** Survivance éternelle dans la mémoire des hommes.

IMMORTEL, ELLE adj. (lat. *immortalis*). **1.** Qui n'est pas sujet à la mort : *Déités immortelles.* **2.** Que l'on suppose devoir durer toujours : *Un amour immortel.* **3.** Dont le souvenir reste dans la mémoire des hommes : *Chef-d'œuvre immortel.* ◆ **n.** Fam. Membre de l'Académie française.

IMMORTELLE n.f. Plante à fleurs persistantes en capitules serrés, très utilisée pour la confection des bouquets de fleurs séchées ; fleur coupée de cette plante. ➲ Famille des composées. ▪ **Immortelle annuelle,** xéranthème.

IMMOTIVÉ, E adj. Sans motif ; infondé : *Réclamation immotivée.*

IMMUABILITÉ n.f. Didact. Caractère de ce qui est immuable.

IMMUABLE adj. (de l'anc. fr. *muable*, mobile). Qui ne subit pas de modification : *Un cérémonial immuable.*

IMMUABLEMENT adv. De façon immuable.

IMMUN, E [imœ̃, yn] **adj.** IMMUNOL. Se dit d'une personne immunisée ; se dit de ce qui résulte d'une immunisation. ▪ **Complexe immun,** substance résultant de l'association entre un antigène et l'anticorps correspondant.

IMMUNISATION n.f. IMMUNOL. État d'un organisme capable de réagir à un antigène soit pour s'en protéger (immunité), soit à la suite d'un processus pathologique (hypersensibilité, auto-immunité, etc.).

IMMUNISER v.t. [3] (du lat. *immunis*, exempt de). **1.** IMMUNOL. Produire une immunisation, une immunité. **2.** Fig. Mettre à l'abri d'un mal, d'une influence nocive.

IMMUNITAIRE adj. IMMUNOL. Relatif à l'immunité. ▪ **Déficit immunitaire,** immunodéficience. ▪ **Système immunitaire,** ensemble de cellules, de tissus et d'organes (globules blancs, tissu lymphoïde, etc.) assurant la défense de l'organisme contre les agents extérieurs.

IMMUNITÉ n.f. (du lat. *immunitas*, exemption, de *munus*, charge). **1.** IMMUNOL. Ensemble des mécanismes de défense d'un organisme vivant contre les agents étrangers (antigènes), notamm. infectieux ; état d'un organisme protégé, par ces mécanismes, contre une maladie donnée (SYN. **défenses immunitaires**). **2.** DR. Droit de bénéficier d'une dérogation à la loi commune, conférée par certaines fonctions ; privilège. ▪ **Immunité diplomatique,** immunité dont bénéficient les agents diplomatiques (inviolabilité des personnes et des locaux, valise diplomatique, privilèges fiscaux et juridictionnels). ▪ **Immunité parlementaire,** privilège selon lequel les parlementaires ne peuvent être poursuivis, sauf en cas de flagrant délit, sans l'autorisation de l'assemblée à laquelle ils appartiennent.

➲ L'**IMMUNITÉ** naturelle, non spécifique, comprend, par ex., la protection par la barrière cutanée. L'immunité acquise, spécifique de chaque antigène, comprend une *immunité humorale*, assurée par les anticorps provenant des lymphocytes B, et une *immunité cellulaire*, assurée par les lymphocytes T.

IMMUNOCOMPÉTENT, E adj. Se dit d'un leucocyte, d'une cellule doués de propriétés immunitaires.

IMMUNODÉFICIENCE n.f. Déficience des mécanismes immunitaires (SYN. **déficit immunitaire, immunodépression, immunosuppression**).

IMMUNODÉFICITAIRE adj. Relatif à l'immunodéficience.

IMMUNODÉPRESSEUR ou **IMMUNOSUPPRESSEUR adj.m.** Se dit d'un médicament ou d'un traitement capable de diminuer ou de supprimer les réactions immunitaires de l'organisme (corticoïdes, ciclosporine, radiations ionisantes). ◆ **n.m.** Médicament immunodépresseur.

IMMUNODÉPRESSION n.f. Immunodéficience.

IMMUNODÉPRIMÉ, E adj. et **n.** Qui n'a pas des réactions immunitaires normales.

IMMUNOFLUORESCENCE n.f. Technique de diagnostic immunologique fondée sur la coloration par une substance fluorescente des anticorps qui, se combinant à l'antigène correspondant, permettent de le mettre en évidence à l'examen microscopique.

IMMUNOGÈNE adj. Qui produit une immunisation, une immunité.

IMMUNOGÉNÉTIQUE n.f. Étude des facteurs génétiques qui interviennent dans les mécanismes de l'immunité.

IMMUNOGLOBULINE n.f. Globuline naturelle présente surtout dans le plasma, faisant génér. partie des gammaglobulines, ayant des fonctions d'anticorps et utilisable à titre curatif ou préventif.

IMMUNOLOGIE n.f. Spécialité qui étudie l'immunité des organismes vivants.

IMMUNOLOGIQUE adj. Relatif à l'immunologie. ▪ **Test immunologique** [méd.], mesure de la présence d'une molécule à l'aide d'un anticorps (ou, parfois, d'un antigène) et d'un marqueur révélant l'existence de l'interaction entre l'anticorps et la molécule, permettant ainsi d'établir ou de confirmer un diagnostic.

IMMUNOLOGISTE n. Spécialiste d'immunologie.

IMMUNOSTIMULANT, E adj. Se dit d'un produit ou d'un procédé qui stimule les défenses immunitaires (vaccin, par ex.). ◆ **n.m.** Produit immunostimulant.

IMMUNOSUPPRESSEUR adj.m. et **n.m.** → **IMMUNODÉPRESSEUR.**

IMMUNOSUPPRESSION n.f. Immunodéficience.

IMMUNOTHÉRAPIE n.f. Traitement consistant à renforcer, à diminuer ou à modifier l'état immunitaire de l'organisme (avec un vaccin ou un médicament immunodépresseur, par ex.).

IMMUTABILITÉ n.f. (lat. *immutabilitas*, de *mutare*, changer). DR. Caractère des conventions juridiques qui ne peuvent être modifiées par la volonté des contractants.

IMPACT n.m. (lat. *impactus*, de *impingere*, heurter). **1.** Fait pour un corps, un projectile de venir frapper qqch ; choc : *La motocyclette a été détruite dans l'impact.* **2.** Effet produit par qqch : *L'impact d'une chanson* ; influence qui en résulte : *Mesurer l'impact des OGM sur la santé.* **3.** Influence exercée par qqn, par ses idées : *L'impact d'un écrivain.* ▪ **Angle d'impact,** angle de chute*. ▪ **Étude d'impact,** étude qui accompagne tout projet de loi et qui vise notamm. à évaluer ses conséquences juridiques, financières, sociales et environnementales. ▪ **Étude d'impact environnemental,** étude qui vise à définir les conséquences environnementales de grands travaux (route, barrage, installation industrielle, etc.). ▪ **Point d'impact,** ou **impact** [mil.], endroit où a frappé un projectile : *Relever des impacts.*

IMPACTER v.t. [3] (angl. *to impact*). Fam. Avoir un impact, une incidence sur ; se répercuter sur : *La crise impacte le moral des ménages.*

IMPACTEUR adj.m. et **n.m. 1.** Se dit d'un corps céleste qui en percute un autre. **2.** Engin spatial ayant pour mission de s'écraser à la surface d'un astre.

IMPACTITE n.f. Roche métamorphique formée à la suite de l'impact d'une météorite.

1. IMPAIR, E adj. (lat. *impar*). **1.** MATH. Se dit d'un nombre entier qui n'est pas divisible par deux. **2.** Qui est affecté d'un nombre impair, de numéros impairs : *Le côté impair d'une rue.* ▪ **Fonction impaire** [math.], fonction numérique f d'une variable réelle x telle que, pour tout x, $f(-x) = -f(x)$. ▪ **Organe impair** [anat.], organe qui n'a pas de symétrie dans l'organisme (cœur, estomac, foie, etc.).

2. IMPAIR n.m. Maladresse choquante ; bévue : *Commettre un impair.*

IMPALA [impala] **n.m.** (mot d'une langue africaine). Antilope d'Afrique australe et orientale, vivant en grands troupeaux et dont le mâle porte des cornes en forme de lyre. ➲ Famille des bovidés.

▲ **impala** mâle.

IMPALPABLE adj. Si fin, si ténu qu'on ne le sent pas au toucher : *Poussière impalpable.*

IMPALUDATION n.f. Infection par le parasite agent du paludisme.

IMPALUDÉ, E adj. Se dit d'une personne, d'une région atteinte par le paludisme.

IMPARABLE adj. Impossible à parer, à éviter.

IMPARDONNABLE adj. Qui ne peut ou ne doit pas être pardonné ; inexcusable.

1. IMPARFAIT, E adj. 1. Qui présente des lacunes : *Connaissance du métier imparfaite* ; qui n'est pas achevé : *Une guérison imparfaite.* **2.** Qui n'atteint pas la perfection absolue ; qui présente des défauts : *Une copie imparfaite.*

2. IMPARFAIT n.m. GRAMM. Système de formes verbales constituées d'une racine verbale et d'un affixe exprimant le passé et situant l'énoncé dans un moment indéterminé avant le moment présent ou avant le moment du récit.

IMPARFAITEMENT adv. De façon imparfaite.

IMPARIDIGITÉ, E adj. et **n.m.** (du lat. *impar, -aris*, impair, et *digitus*, doigt). Vx. Périssodactyle.

IMPARIPENNÉ, E adj. BOT. Se dit de feuilles composées pennées possédant un nombre impair de folioles (une seule foliole terminale).

IMPARISYLLABIQUE adj. et n.m. **LING.** Se dit des mots latins qui ont au génitif singulier une syllabe de plus qu'au nominatif (par oppos. à *parisyllabique*).

IMPARITÉ n.f. Caractère de ce qui est impair.

IMPARTAGEABLE adj. Qui ne peut être partagé.

IMPARTIAL, E, AUX [-sjal] adj. Qui ne favorise pas l'un aux dépens de l'autre : *Arbitre impartial* ; qui n'exprime aucun parti pris : *Compte rendu impartial.*

IMPARTIALEMENT adv. De façon impartiale.

IMPARTIALITÉ n.f. Caractère, qualité de qqn qui est impartial, de ce qui est juste, équitable.

IMPARTIR v.t. [21] (lat. *impertire*, faire part de). **DR.** ou litt. Attribuer : *Impartir un délai à qqn.*

IMPARTITION n.f. **ÉCON.** Stratégie d'une entreprise qui se procure à l'extérieur des biens matériels ou des services, au lieu de prendre elle-même en charge leur production ou leur fourniture.

IMPASSE n.f. (de *passer*). **1.** Rue, ruelle sans issue. **2.** Fig. Situation ne présentant pas d'issue favorable : *Recherches dans l'impasse.* ▪ **Faire une impasse,** à certains jeux de cartes, ne pas jouer la carte maîtresse mais une carte plus basse, pour faire tomber la carte intermédiaire ; fam., négliger d'étudier une des parties d'un programme d'examen en espérant être interrogé sur une autre. ▪ **Impasse budgétaire,** différence entre l'ensemble des dépenses publiques autorisées, y compris les comptes du Trésor, et la totalité des recettes dont la rentrée est considérée comme certaine.

IMPASSIBILITÉ n.f. Caractère ou état d'une personne impassible.

IMPASSIBLE adj. (bas lat. *impassibilis*, de *pati*, souffrir). Qui ne manifeste aucune émotion, aucun sentiment : *Le condamné est resté impassible.*

IMPASSIBLEMENT adv. Avec impassibilité.

IMPATIEMMENT [-sjamɑ̃] adv. Avec impatience.

IMPATIENCE [-sjɑ̃s] n.f. Manque de patience ; incapacité à se contraindre ou à attendre. ◆ n.f. pl. **MÉD.** ▪ **Impatiences (des membres inférieurs),** mouvement incontrôlable des jambes survenant au repos et pouvant provoquer des troubles du sommeil (SYN. **syndrome des jambes sans repos**).

IMPATIENT, E [-sjɑ̃] adj. (lat. *impatiens, -entis*, de *pati*, endurer). Qui manifeste un manque de patience ; qui ne peut garder son calme lors d'une attente : *Impatient de les voir, il courut jusqu'à la gare.* ◆ n. Personne impatiente.

IMPATIENTE ou **IMPATIENS** [-sjɑ̃s] n.f. **BOT.** Balsamine.

IMPATIENTER [-sjɑ̃-] v.t. [3]. Faire perdre patience à qqn ; agacer. ◆ **S'IMPATIENTER** v.pr. Perdre patience ; s'énerver : *Dépêche-toi, il s'impatiente.*

IMPATRONISATION n.f. Litt. Action de s'impatroniser.

S'IMPATRONISER v.pr. [3] (de *1. patron*). Litt. S'établir avec autorité quelque part ; s'y imposer en maître.

IMPAVIDE adj. (lat. *impavidus*, de *pavidus*, saisi d'effroi). Litt. Qui ne manifeste aucune crainte ; impassible : *Leurs menaces la laissent impavide.*

IMPAYABLE adj. Fam. Incroyablement comique ; risible : *Une histoire impayable.*

IMPAYÉ, E adj. Qui n'a pas été payé ; qui est dû. ◆ n.m. Dette, traite, effet non payés.

IMPEACHMENT [impitʃmɛnt] n.m. (mot angl.). Aux États-Unis et en Grande-Bretagne, procédure de mise en accusation des membres de l'exécutif par la chambre basse du Parlement (Chambre des représentants ou Chambre des communes) devant la chambre haute érigée en juge (Sénat ou Chambre des lords).

IMPECCABLE adj. (du lat. *peccare*, pécher). **1.** Qui est sans défaut : *Un travail impeccable.* **2.** Parfaitement propre ; net : *Ongles impeccables.* **3. THÉOL. CHRÉT.** Incapable de pécher.

IMPECCABLEMENT adv. De façon impeccable.

IMPÉCUNIEUX, EUSE adj. (du lat. *pecuniosus*, riche). Litt. Qui manque d'argent ; démuni.

IMPÉCUNIOSITÉ n.f. Litt. Manque d'argent.

IMPÉDANCE n.f. (angl. *impedance*). **PHYS.** Rapport de l'amplitude complexe d'une grandeur sinusoïdale (tension électrique, pression acoustique) à l'amplitude complexe de la grandeur induite (courant électrique, flux de vitesse), dont le module se mesure en ohms.

IMPÉDANCEMÉTRIE n.f. (de *impédance*). **1.** Technique de mesure du pourcentage corporel de masse grasse, basée sur la résistance des tissus adipeux à un courant électrique de faible intensité. ➲ Intégrée à certains pèse-personnes (*impédancemètres*), elle est utilisée notamm. dans le cadre de régimes. **2. MÉD.** Technique qui sert à mesurer la souplesse de la membrane du tympan.

IMPEDIMENTA n.m. pl., ▲ *IMPÉDIMENTA n.m.* [ɛ̃pedimɛ̃ta] (mot lat. « bagages »). **1. MIL.** Vx. Véhicules, bagages, etc., qui ralentissent la marche d'une armée. **2.** Litt. Ce qui entrave l'activité, le mouvement ; obstacle.

IMPÉNÉTRABILITÉ n.f. **1.** Caractère d'une personne, d'une chose impénétrable : *Impénétrabilité d'un juré, d'un mystère.* **2. PHYS.** Fait, pour deux corps, de ne pas pouvoir occuper en même temps le même lieu dans l'espace.

IMPÉNÉTRABLE adj. (du lat. *penetrare*, pénétrer). **1.** Qui ne peut être pénétré, traversé : *Une jungle impénétrable.* **2.** Fig. Impossible à comprendre : *Énigme impénétrable.*

IMPÉNITENT, E adj. (du lat. *paenitere*, se repentir). **1.** Qui persiste dans une habitude : *Un joueur impénitent.* **2. THÉOL. CHRÉT.** Qui refuse de se repentir.

IMPENSABLE adj. Qui dépasse l'imagination ; inconcevable.

IMPENSES [ɛ̃pɑ̃s] n.f. pl. (lat. *impensa*). **DR.** Dépense faite pour l'entretien ou l'amélioration d'un bien.

IMPER n.m. (abrév.). Fam. Imperméable.

IMPÉRATIF, IVE adj. (lat. *imperativus*, de *imperare*, commander). **1.** Qui a le caractère du commandement : *Ton impératif* ; qui exprime un ordre absolu : *Présence impérative.* **2.** Qui s'impose comme une nécessité absolue : *Besoin impératif d'aide.* ◆ n.m. **1.** Nécessité absolue qui impose certaines actions comme un ordre : *Impératifs techniques.* **2. GRAMM.** Mode du verbe caractérisé par l'absence de pronoms de conjugaison et qui exprime un ordre ou une défense. ▪ **Impératif catégorique** [philos.], commandement moral inconditionné qui porte sur une valeur absolue, une fin en soi, chez Kant (par oppos. à *impératif hypothétique*, commandement moral conditionné en vue d'une fin).

IMPÉRATIVEMENT adv. De façon impérative.

IMPÉRATRICE n.f. **1.** Femme d'un empereur. **2.** Femme qui gouverne un empire.

IMPERCEPTIBILITÉ n.f. Caractère de ce qui est imperceptible.

IMPERCEPTIBLE adj. (lat. *imperceptibilis*, de *percipere*, percevoir). **1.** Qui échappe aux sens ; indécelable : *Bruit, micro-organisme imperceptible.* **2.** Qui échappe à l'attention ; insensible : *Amélioration imperceptible.*

IMPERCEPTIBLEMENT adv. De façon imperceptible.

IMPERDABLE adj. Qui ne peut être perdu. ◆ n.f. Suisse. Épingle de nourrice.

IMPERFECTIBLE adj. Qui n'est pas perfectible.

IMPERFECTIF, IVE adj. **LING.** Non accompli. ◆ n.m. **LING.** Aspect imperfectif ; ensemble des formes verbales imperfectives.

IMPERFECTION n.f. (bas lat. *imperfectio*). **1.** État d'une personne ou d'une chose imparfaite. **2.** Ce qui rend qqn ou qqch imparfait ; défaut : *Traiter les imperfections de la peau.*

IMPERFORATION n.f. **MÉD.** Occlusion congénitale d'un orifice naturel.

IMPÉRIAL, E, AUX adj. (du lat. *imperium*, empire). **1.** Qui appartient ou se rapporte à un empereur ou à un empire : *La famille impériale.* **2.** Sout. Qui montre beaucoup d'autorité et de grandeur ; majestueux : *Maintien impérial.*

IMPÉRIALE n.f. **1.** Anc. Étage supérieur d'une diligence, d'un tramway, d'un omnibus, d'une voiture ferroviaire. **2.** Anc. Petite touffe de barbe sous la lèvre inférieure, mise à la mode par Napoléon III.

IMPÉRIALEMENT adv. Sout. De façon impériale.

IMPÉRIALISME n.m. **1.** Domination militaire, économique, culturelle, etc., d'un État ou d'un groupe d'États sur un autre État ou groupe d'États. **2.** Pour les marxistes, stade avancé du capitalisme, marqué par la suprématie du capital financier et sa politique d'expansion généralisée. **3.** Volonté d'expansion et de domination, collective ou individuelle : *Impérialisme culturel.*

IMPÉRIALISTE adj. et n. Qui relève de l'impérialisme ; qui en est partisan.

IMPÉRIAUX n.m. pl. **HIST.** ▪ **Les impériaux,** les soldats du Saint Empire romain germanique.

IMPÉRIEUSEMENT adv. De façon impérieuse.

IMPÉRIEUX, EUSE adj. (lat. *imperiosus*, de *imperium*, empire). **1.** Qui exige une totale obéissance : *Chef, règlement impérieux.* **2.** Qui s'impose avec le caractère d'une obligation : *L'impérieuse nécessité de riposter.*

IMPÉRISSABLE adj. Qui ne peut être détruit ; qui dure très longtemps : *Un souvenir impérissable.*

IMPÉRITIE [-si] n.f. (du lat. *peritus*, expérimenté). Litt. Manque de capacité dans la fonction que l'on exerce ; inaptitude.

IMPERIUM, ▲ *IMPÉRIUM* [ɛ̃perjɔm] n.m. (mot lat.). **ANTIQ. ROM.** Puissance publique ; pouvoir, dans le domaine politique, judiciaire et militaire, de celui qui gouvernait l'État.

IMPERMANENCE n.f. Caractère de ce qui n'est pas permanent, ne dure pas et change sans cesse. ➲ Le concept d'impermanence occupe une place centrale dans la pensée bouddhique.

IMPERMÉABILISANT, E adj. et n.m. Se dit d'un produit à base de silicones qui, pulvérisé sur le cuir ou le tissu, le rend imperméable.

IMPERMÉABILISATION n.f. Action d'imperméabiliser ; fait d'être imperméabilisé.

IMPERMÉABILISER v.t. [3]. Rendre imperméable.

IMPERMÉABILITÉ n.f. Qualité de ce qui est imperméable.

IMPERMÉABLE adj. **1.** Qui ne se laisse pas traverser par les liquides : *Un tissu imperméable.* **2.** (À). Qui est fermé à tel sentiment, telle idée : *Être imperméable aux critiques, à la musique.* ◆ n.m. Manteau en tissu imperméable. Abrév. (fam.) **imper.**

IMPERSONNALITÉ n.f. Caractère de ce qui est impersonnel.

IMPERSONNEL, ELLE adj. **1.** Qui n'appartient ou n'est destiné à personne en propre : *La loi est impersonnelle.* **2.** Qui n'a aucun caractère personnel, original ; banal : *Mise en scène impersonnelle.* ▪ **Mode impersonnel** [gramm.], mode du verbe qui n'exprime pas la personne (l'infinitif, le participe et le gérondif) [par oppos. à *mode personnel*]. ▪ **Phrase impersonnelle** [gramm.], dans laquelle le sujet, placé après le verbe, est remplacé devant le verbe par le pronom neutre *il* (ex. : *il est arrivé un paquet*). ▪ **Verbe impersonnel** [gramm.], qui n'a que la 3ᵉ pers. du sing., représentant un sujet neutre indéterminé (*il faut, il pleut*, etc.).

IMPERSONNELLEMENT adv. De façon impersonnelle.

IMPERTINEMMENT [-namɑ̃] adv. Litt. De façon impertinente.

IMPERTINENCE n.f. **1.** Manière déplacée de parler, d'agir ; effronterie. **2.** Parole, action déplacée ou impolie.

IMPERTINENT, E adj. et n. (du lat. *pertinens, -entis*, qui convient). Qui fait preuve d'impertinence ; insolent.

IMPERTURBABILITÉ n.f. État, caractère d'une personne imperturbable.

IMPERTURBABLE adj. (du lat. *perturbare*, bouleverser). Que rien ne peut troubler, émouvoir ; impassible.

IMPERTURBABLEMENT adv. De façon imperturbable.

IMPESANTEUR n.f. Apesanteur.

IMPÉTIGO [ɛ̃petigo] n.m. (lat. *impetigo*, de *impetere*, attaquer). Infection bactérienne et contagieuse de la peau, fréquente chez l'enfant, caractérisée par des pustules puis des croûtes épaisses.

IMPÉTRANT, E n. (du lat. *impetrare*, obtenir). **DR.** Personne qui obtient de l'autorité compétente qqch qu'elle a sollicité (diplôme, charge, titre).

IMPÉTRATION n.f. **DR.** Fait d'obtenir une grâce, un bénéfice ou un titre.

IMPÉTUEUSEMENT adv. Avec impétuosité.

IMPÉTUEUX, EUSE adj. (bas lat. *impetuosus*, de *impetus*, élan). **1.** Qui est animé d'un mouvement puissant, rapide : *L'assaut impétueux des vagues.* **2.** Vif et emporté, en parlant de qqn, de son comportement : *Une oratrice, une passion impétueuse.*

IMPÉTUOSITÉ n.f. **1.** Caractère, nature de ce qui est impétueux : *L'impétuosité d'un torrent.* **2.** Caractère fougueux de qqn ; ardeur.

IMPIE adj. et n. (du lat. *impius*, sacrilège). Litt. Qui méprise la religion ; athée ; qui outrage la religion ; blasphématoire.

IMPIÉTÉ n.f. Litt. **1.** Mépris pour la religion. **2.** Parole, action impie.

IMPITOYABLE adj. **1.** Qui ne montre aucune pitié, aucune humanité : *Des occupants impitoyables.* **2.** Qui ne fait grâce de rien ; sans indulgence : *Le public a été impitoyable.*

IMPITOYABLEMENT adv. De façon impitoyable.

IMPLACABILITÉ n.f. Litt. Caractère implacable de qqn, de qqch.

IMPLACABLE adj. (du lat. *placare*, apaiser). **1.** Dont on ne peut apaiser la violence, la dureté : *Adversaire, vengeance implacable.* **2.** À quoi l'on ne peut échapper : *Maladie, logique implacable.*

IMPLACABLEMENT adv. De façon implacable.

IMPLANT n.m. **CHIRURG.** Élément (appareil, dispositif contenant un médicament, prothèse, organe ou tissu greffé, etc.) introduit dans l'organisme pour une longue durée, afin de remplacer un organe, de suppléer à une fonction ou de traiter une maladie. ▪ **Implant dentaire,** cylindre métallique fixé dans l'os maxillaire pour soutenir une prothèse dentaire.

IMPLANTABLE adj. **CHIRURG.** Se dit d'un élément, par ex. un organe, qui peut être implanté.

IMPLANTATION n.f. **1.** Action d'implanter ; fait d'être implanté. **2.** Disposition des bâtiments, du matériel, du mobilier, etc., dans une entreprise. **3.** Manière dont les cheveux sont plantés. **4. CHIRURG.** Intervention ayant pour but d'insérer un implant dans l'organisme. **5. COMM.** Opération par laquelle on introduit une marque, un produit sur un marché ou dans un canal de distribution.

IMPLANTER v.t. [3] (bas lat. *implantare*). **1.** Fixer, introduire, planter dans qqch. **2.** Établir quelque part de façon durable : *Implanter une entreprise en Chine.* **3. CONSTR.** Matérialiser le tracé au sol d'un ouvrage à construire, par ex. à l'aide de cordeaux tendus entre des piquets. **4. CHIRURG.** Pratiquer une implantation. ◆ **S'IMPLANTER** v.pr. S'établir dans un lieu ; s'y fixer.

IMPLANTOLOGIE n.f. Partie de la chirurgie dentaire qui concerne les implants.

IMPLÉMENTATION n.f. Étape finale de la réalisation d'un logiciel, qui intègre les fonctionnalités décrites dans ses spécifications.

IMPLÉMENTER v.t. [3] (de l'angl. *to implement*, accomplir). **INFORM.** Écrire des lignes de programme pour mettre en œuvre une fonction ou un composant au sein d'un système : *Implémenter une interface, un algorithme.*

IMPLICATION n.f. **1.** État d'une personne impliquée dans une affaire ; participation : *Son implication dans cette escroquerie a été établie.* **2.** (Surtout pl.). Ce qui est impliqué par qqch ; conséquence attendue : *Les implications économiques d'une réforme.* **3. LOG., MATH.** Liaison de deux propositions par *si... alors*, du type « s'il est vrai que A ⇒ B et B ⇒ C, alors A ⇒ C », la première proposition étant l'*antécédent*, la seconde le *conséquent*. ➲ Le symbole logique ⇒ se lit « implique ».

IMPLICITE adj. (lat. *implicitus*). Qui est contenu dans une proposition sans être exprimé en termes précis, formels ; sous-entendu : *Consentement implicite.*

IMPLICITEMENT adv. De façon implicite.

IMPLIQUER v.t. [3] (du lat. *implicare*, envelopper). **1.** Entraîner dans une affaire fâcheuse ; compromettre. **2.** Avoir pour conséquence logique ou inéluctable : *Cette profession implique une grande disponibilité.* **3. LOG.** Entraîner comme implication. ◆ **S'IMPLIQUER** v.pr. **(DANS).** Se consacrer activement à ; s'investir dans.

IMPLORANT, E adj. Litt. Qui implore.

IMPLORATION n.f. Litt. Action d'implorer ; supplication.

IMPLORER v.t. [3] (lat. *implorare*). Demander avec insistance, en faisant appel à la pitié : *Je vous implore de nous aider. J'implore votre aide.*

IMPLOSER v.i. [3]. Faire implosion : *Téléviseur qui implose.*

IMPLOSIF, IVE adj. et n.f. **PHON.** Se dit d'une consonne placée après la voyelle ou le noyau syllabique et dépourvue de sa phase d'explosion (par ex. le [p] dans *aptitude*).

IMPLOSION n.f. **1.** Phénomène physique par lequel un milieu solide ou un corps creux, soumis à une pression externe supérieure à sa résistance mécanique, s'écrase violemment et tend à se concentrer en un volume réduit. **2. CONSTR.** Technique de démolition d'un immeuble par effondrement sur lui-même, par disposition de charges explosives en différents points de sa structure. **3.** Fig. Effondrement interne d'un système ; désagrégation. **4. PHON.** Première phase de l'émission d'une consonne occlusive, caractérisée par la mise en place des organes mobilisés par son émission.

IMPLUVIUM [-vjɔm] n.m. (mot lat.). **ANTIQ. ROM.** Espace découvert au milieu de l'atrium des maisons romaines, qui contenait un bassin pour recevoir les eaux de pluie ; ce bassin lui-même.

IMPOLI, E adj. et n. Qui manifeste un manque de politesse ; discourtois.

IMPOLIMENT adv. Avec impolitesse.

IMPOLITESSE n.f. **1.** Manque de politesse. **2.** Action, parole impolie.

IMPOLITIQUE adj. Qui manque d'habileté politique ; inopportun.

IMPONDÉRABILITÉ n.f. Didact. Caractère impondérable de qqch.

IMPONDÉRABLE adj. Litt. Qu'il est impossible de prévoir ; dont l'importance peut difficilement être évaluée : *Facteurs impondérables.* ◆ n.m. (Surtout pl.). Élément imprévisible qui influe sur la tournure des événements ; imprévu : *Les impondérables de la météo.*

IMPOPULAIRE adj. Qui n'est pas conforme aux désirs de la population ; qui n'a pas ses faveurs : *Mesure, ministre impopulaire.*

IMPOPULARITÉ n.f. Manque de popularité ; caractère de ce qui est impopulaire.

1. IMPORTABLE adj. Qu'il est permis d'importer.

2. IMPORTABLE adj. (de *porter*). Se dit d'un vêtement que l'on ne peut ou que l'on n'ose pas porter.

IMPORTANCE n.f. **1.** Caractère de ce qui importe par sa valeur, par son intérêt, par son rôle : *J'attache de l'importance à son témoignage.* **2.** Caractère de ce qui est considérable par la force, le nombre, la quantité : *L'importance des pertes humaines depuis le début du conflit.* **3.** Autorité, influence que confère un rang élevé dans la société, un talent reconnu, etc. ▪ **D'importance** [litt.], important : *L'affaire est d'importance.*

IMPORTANT, E adj. **1.** Qui a une valeur, un intérêt, un rôle considérables : *Son avis est très important. Un poste important.* **2.** Considérable par ses proportions, sa quantité : *Réaliser d'importants bénéfices.* ◆ adj. et n. Péjor. Qui témoigne une prétention à paraître plus qu'il n'est : *Il fait l'important.* ◆ n.m. Ce qui importe le plus : *L'important, c'est que cela te plaise.*

IMPORTATEUR, TRICE adj. et n. Qui fait des importations : *Pays importateur de pétrole.*

IMPORTATION n.f. **1.** Action d'importer qqch. **2.** (Surtout pl.). Marchandise, produit, service importés : *L'excédent des importations.* **3. INFORM.** Conversion d'un fichier stocké dans un format donné vers le format propre à l'application en cours d'utilisation.

1. IMPORTER v.t. [3] (angl. *to import*, du lat. *importare*, porter dans). **1.** Faire entrer dans un pays des marchandises provenant de l'étranger : *Importer du pétrole.* **2.** Fig. Introduire dans son pays, dans son milieu ce qui vient de l'étranger : *Importer un style de boutique.* **3. INFORM.** Procéder à une importation.

2. IMPORTER v.i. ou v.t. ind. [3] **(À)** [de l'ital. *importare*, être important]. Avoir de l'importance ; présenter de l'intérêt : *Son avis m'importe peu.* ◆ v. impers. ▪ **Il importe de** (+ inf.), **que** (+ subj.), il est nécessaire de, que. ▪ **N'importe qui, quoi, lequel, où** → **N'IMPORTE.** ▪ **Peu importe** ou **qu'importe,** cela n'a aucune importance.

✎ Ne s'emploie qu'à l'inf. et aux 3ᵉ pers.

IMPORT-EXPORT [ɛ̃pɔrɛkspɔr] n.m. (pl. *imports-exports*). Commerce de produits importés et exportés.

IMPORTUN, E adj. et n. (du lat. *importunus*, difficile à aborder). Qui ennuie ou irrite par son insistance, son caractère déplacé : *Une visite, un visiteur importuns.*

IMPORTUNÉMENT adv. Litt. De façon importune.

IMPORTUNER v.t. [3]. Causer du désagrément à ; gêner.

IMPORTUNITÉ n.f. Litt. Caractère de ce qui est importun.

IMPOSABLE adj. Soumis à l'impôt : *Revenu imposable.*

IMPOSANT, E adj. Qui impressionne par la taille, le nombre, la noblesse.

IMPOSÉ, E adj. **1.** Qui est obligatoire. **2. SPORTS.** Se dit de figures qui étaient obligatoires dans les concours de patinage ; se dit d'exercices obligatoires dans les concours de gymnastique. **3.** Soumis à l'impôt. ▪ **Prix, tarif imposé,** que le commerçant doit respecter strictement. ◆ adj. et n. Se dit d'une personne soumise à l'impôt.

IMPOSER v.t. [3] (du lat. *imponere*, placer sur). **1.** Obliger à faire, à subir ; dicter : *Imposer une date limite, un régime draconien à qqn.* **2.** Faire accepter par une pression morale : *Il a réussi à imposer son point de vue.* **3.** Soumettre qqn ou qqch à un impôt, à une taxe : *Imposer les contribuables.* **4. IMPRIM.** Faire l'imposition d'un imprimé. ▪ **Imposer le respect,** inspirer un sentiment de respect. ▪ **Imposer les mains** [christ.], pratiquer l'imposition des mains. ▪ **Imposer silence,** faire taire. ◆ v.t. ind. ▪ **En imposer à qqn,** lui inspirer du respect, de l'admiration ou de la crainte. ▪ **S'en laisser imposer,** se laisser impressionner. ◆ **S'IMPOSER** v.pr. **1.** Imposer sa présence. **2.** Se faire accepter par le respect que l'on inspire ou par sa valeur : *Elle s'est imposée à la tête de l'orchestre.* **3.** Avoir un caractère de nécessité : *Des mesures d'urgence s'imposent.*

IMPOSITION n.f. **1.** Fait d'imposer, de soumettre qqn, qqch à un impôt ; procédé de fixation de l'assiette et de liquidation d'un impôt. **2. IMPRIM.** Opération consistant à déterminer la répartition des pages d'un ouvrage dans les formes d'impression, pour le recto et le verso. ▪ **Imposition des mains** [christ.], geste du prêtre ou de l'évêque qui met les mains sur qqn pour le bénir ou lui conférer un sacrement.

IMPOSSIBILITÉ n.f. **1.** Caractère de ce qui est impossible ; manque de possibilité. **2.** Chose impossible : *Se heurter à une impossibilité technique.* ▪ **Être dans l'impossibilité de,** être incapable ou hors d'état de : *Elle est dans l'impossibilité de sortir.*

IMPOSSIBLE adj. **1.** Qui ne peut pas être ; qui ne peut pas se faire : *Toute discussion avec lui est impossible.* **2.** Fam. Très difficile à faire, à concevoir, à endurer : *Il a des habitudes impossibles.* **3.** Fam. Se dit de qqn qu'il est difficile de supporter : *Des voisins impossibles.* **4.** Fam. Se dit de qqch qui est jugé bizarre ou extravagant : *Elle a toujours des tenues impossibles.* ◆ n.m. Ce qui ne saurait exister, se produire, être réalisé : *Demander l'impossible.* ▪ **Faire l'impossible,** recourir à tous les moyens. ▪ **Si, par impossible** [litt.], en supposant que se réalise ce que l'on croit impossible.

IMPOSTE n.f. (ital. *imposta*). **1. MENUIS.** Partie d'une baie située au-dessus des vantaux ouvrants d'une porte ou d'une fenêtre. **2. ARCHIT.** Pierre ou autre élément, génér. en saillie, qui couronne le piédroit d'une arcade et reçoit la retombée de l'arc.

IMPOSTEUR n.m. (bas lat. *impostor*, de *imponere*, tromper). Personne qui trompe par de fausses apparences, qui se fait passer pour qqn d'autre ; mystificateur.

IMPOSTURE n.f. Litt. Action de tromper, notamm. en usurpant une qualité, un titre, une identité : *Les impostures d'un guérisseur.*

IMPÔT n.m. (du lat. *impositum*, ce qui est imposé). Prélèvement obligatoire déterminé sur les ressources ou les biens des personnes physiques ou morales et payé en argent pour subvenir aux dépenses d'intérêt général de l'État ou des collectivités locales : *Impôt proportionnel, progressif. Impôt de répartition, de quotité.* ▪ **Impôt de solidarité sur la fortune → ISF.** ▪ **Impôt direct,** perçu directement et nominativement par l'Administration sur les revenus du contribuable. ▪ **Impôt indirect,** non nominatif, perçu sur certains biens ou services (TVA, taxe sur les alcools, par ex.).

IMPOTENCE n.f. État d'une personne ou d'un organe impotents.

IMPOTENT, E adj. et n. (du lat. *impotens, -entis,* impuissant). Se dit d'une personne privée de l'usage de un ou plusieurs membres et qui éprouve des difficultés à se mouvoir ; se dit des membres eux-mêmes : *Vieillard, bras impotent.*

IMPRATICABILITÉ n.f. Caractère, état de ce qui est impraticable.

IMPRATICABLE adj. **1.** Où l'on ne peut pas passer : *Route impraticable.* **2.** Que l'on ne peut mettre à exécution ; irréalisable : *Projet impraticable.*

IMPRÉCATEUR, TRICE n. Litt. Personne qui profère des imprécations.

IMPRÉCATION n.f. (lat. *imprecatio,* de *precari,* prier). Litt. Malédiction proférée contre qqn.

IMPRÉCATOIRE adj. Litt. Qui a la forme d'une imprécation.

IMPRÉCIS, E adj. Qui manque de précision ; vague : *Description imprécise.*

IMPRÉCISION n.f. Manque de précision, d'exactitude, de netteté.

IMPRÉDICTIBILITÉ n.f. Didact. Caractère d'un phénomène imprédictible.

IMPRÉDICTIBLE adj. Que l'on ne peut prédire ; imprévisible.

IMPRÉGNATION n.f. **1.** Action d'imprégner ; fait d'être imprégné : *L'imprégnation d'une éponge.* **2.** Fig. Pénétration lente : *L'imprégnation des esprits par la propagande.* **3.** ÉTHOL. Empreinte.

IMPRÉGNER v.t. [11], ▲*[11°]* (du bas lat. *impraegnare,* féconder). **1.** Faire pénétrer un liquide, une odeur dans : *Imprégner une compresse d'antiseptique. Une odeur d'huile rance imprègne la cuisine.* **2.** Fig. Pénétrer de façon insidieuse et profonde, en parlant d'une influence : *Ces préjugés ont imprégné les esprits.*

IMPRENABLE adj. Qui ne peut être pris : *Un fort imprenable.* ▪ **Vue imprenable,** qui ne peut être masquée par des constructions nouvelles.

IMPRÉPARATION n.f. Manque de préparation : *L'impréparation d'un candidat à un examen.*

IMPRÉSARIO [ɛpresarjo] ou [ɛprezarjo] n.m. (ital. *impresario,* de *impresa,* entreprise). Personne qui négocie, moyennant rémunération, les engagements et les contrats d'un artiste ou d'un groupe d'artistes du spectacle.

IMPRESCRIPTIBILITÉ n.f. Caractère de ce qui est imprescriptible.

IMPRESCRIPTIBLE adj. **1.** DR. Qui ne peut être atteint par la prescription : *Les crimes contre l'humanité sont imprescriptibles.* **2.** Qui ne peut être effacé par le temps.

IMPRESSIF, IVE adj. Litt. Qui est propre à causer ou à traduire des impressions : *Un panorama impressif.*

IMPRESSION n.f. (du lat. *impressio,* application). **1.** Marque laissée par un objet qui appuie ou est pressé sur une substance ; trace : *L'impression de ses pas dans la neige.* **2.** Sentiment ou sensation résultant de l'effet d'un agent extérieur : *Ce bain chaud lui procure une impression de bien-être.* **3.** Sentiment, opinion qui naissent d'un premier contact : *Faire bonne, mauvaise impression sur qqn. Quelle est votre impression sur cette chanson ?* **4.** Opération par laquelle on transfère sur un support (papier, étoffe, etc.) l'empreinte des éléments imprimants (caractères, dessins, illustrations) préparés dans des formes, sur des plaques, des cylindres ou des pierres lithographiques ; l'ensemble ainsi reproduit. **5.** INFORM. Action d'imprimer le contenu d'un fichier informatique ; résultat de cette action : *Impression couleur.* **6.** Vieilli. Édition : *La dernière impression d'un livre.* **7.** Première couche (de peinture, de colle, etc.) appliquée sur un subjectile, avant de peindre, pour en réduire le pouvoir absorbant. **8.** PHOTOGR. Action d'impressionner une surface sensible. ▪ **Avoir l'impression de, que,** croire, s'imaginer que : *J'ai l'impression de rêver, que je rêve.* ▪ **Faire impression,** frapper les esprits : *Sa déclaration a fait impression.* ▪ **Impression 3D,** technique de prototypage rapide réalisé à l'aide de modèles CFAO, notamment en résine.

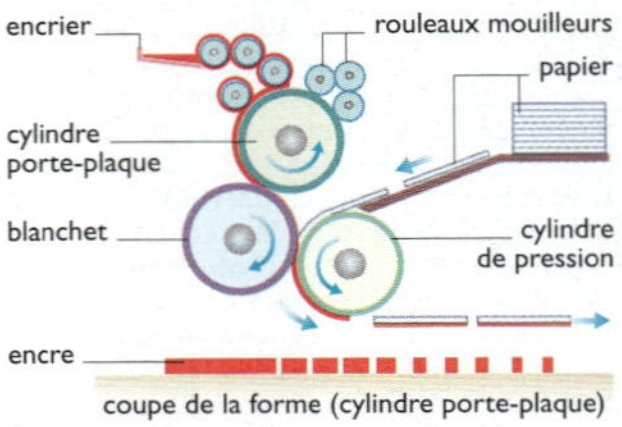

Offset
Le cylindre, revêtu d'un blanchet en caoutchouc, reçoit le décalque de la plaque, qui constitue la forme, et le reporte sur le papier.

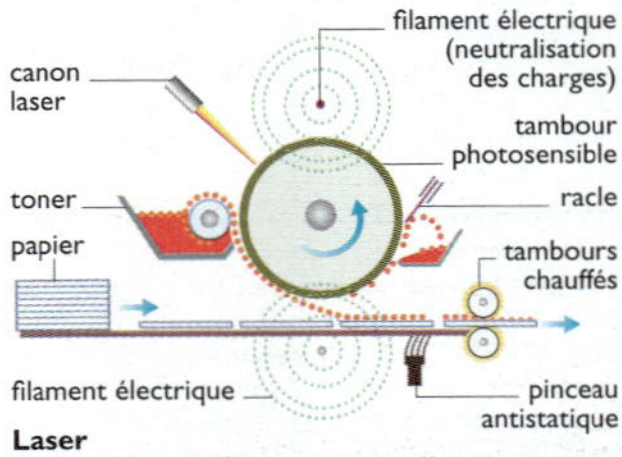

Laser
Sur le tambour se forme une image électrostatique, tracée par le rayon laser, par attraction de particules de toner, qui, détachées grâce au champ électrique, tombent sur le papier.

▲ **impressions** offset (impression à plat) et laser (impression électrostatique).

IMPRESSIONNABILITÉ n.f. **1.** Litt. Caractère d'une personne impressionnable. **2.** PHOTOGR. Sensibilité à la lumière.

IMPRESSIONNABLE adj. **1.** Facile à impressionner, à émouvoir ; émotif. **2.** PHOTOGR. Se dit d'une surface sensible qui peut être impressionnée.

IMPRESSIONNANT, E adj. **1.** Qui produit une forte impression ; qui impressionne : *Un accident impressionnant.* **2.** D'une dimension, d'une grandeur imposante ; considérable : *Il a perdu des sommes impressionnantes.*

IMPRESSIONNER v.t. [3]. **1.** Produire une vive impression sur : *Vos menaces ne l'impressionnent pas. Ces images sur l'esclavage l'ont impressionné.* **2.** PHOTOGR. En parlant d'un rayonnement, produire une transformation photochimique d'une surface sensible.

IMPRESSIONNISME n.m. **1.** École picturale française qui se manifesta, notamm. de 1874 à 1886, par huit expositions publiques à Paris et qui marqua la rupture de l'art moderne avec l'académisme. **2.** Tendance générale, en art, à noter la mobilité des phénomènes, les impressions plutôt que l'aspect conceptuel des choses.

> ➲ **PEINT.** L'œuvre de Monet *Impression, soleil levant* inspira en 1874 à un critique d'art – par dérision – le nom **IMPRESSIONNISME,** sous lequel une nouvelle école picturale est passée à la postérité. Dans cette génération de peintres nés autour de 1830-1840, si Manet joue un rôle précurseur, les impressionnistes au sens strict sont Monet, Pissarro et Sisley, qu'accompagnent d'autres artistes à l'évolution personnelle spécifique – parmi eux, Renoir, Cézanne, Degas, B. Morisot, M. Cassatt et A. Guillaumin. L'impressionnisme est un point de départ pour Seurat et Signac, maîtres du néo-impressionnisme, pour Gauguin, Toulouse-Lautrec et Van Gogh, ainsi que pour de nombreux postimpressionnistes.

> ➲ **MUS.** Le terme s'appliqua, à partir de 1887, à Debussy, Ravel, Dukas, Satie, Roussel, etc., des musiciens préoccupés par la perception subjective des couleurs sonores et des rythmes, par la liberté du langage harmonique.

IMPRESSIONNISTE adj. Relatif à l'impressionnisme. ◆ n. Peintre impressionniste.

IMPRÉVISIBILITÉ n.f. Caractère de ce qui est imprévisible.

IMPRÉVISIBLE adj. Que l'on ne peut prévoir ; dont on ne peut prévoir les réactions.

IMPRÉVISION n.f. Fait de ne pas prévoir qqch. ▪ **Théorie de l'imprévision** [dr.], selon laquelle les conditions de l'exécution d'un contrat administratif peuvent être révisées lorsque survient un bouleversement économique imprévisible.

IMPRÉVOYANCE n.f. Défaut, manque de prévoyance ; insouciance.

IMPRÉVOYANT, E adj. et n. Qui ne se soucie pas de prévoir les situations futures.

IMPRÉVU, E adj. Qui arrive sans avoir été prévu et déconcerte ; inattendu : *Des circonstances imprévues.* ◆ n.m. Ce qui n'a pas été prévu : *En cas d'imprévu, prévenez-la.*

IMPRIMABILITÉ n.f. IMPRIM. Ensemble des relations physico-chimiques entre un support d'impression et les éléments imprimants.

IMPRIMABLE adj. Qui peut être imprimé ; qui mérite de l'être.

IMPRIMANT, E adj. Qui imprime ; qui sert à l'impression : *Élément imprimant (plaque, cylindre, par ex.).*

IMPRIMANTE n.f. Dispositif d'impression sur papier des résultats d'un traitement sur ordinateur. ▪ **Imprimante 3D,** imprimante qui produit un objet en trois dimensions (par solidification de plastique, de cire, de métal, etc.), à partir d'un fichier informatique contenant son modèle. ▪ **Imprimante multifonction,** imprimante qui, en plus des fonctions d'impression, permet la numérisation et la photocopie de documents.

IMPRIMATUR [-tyr] n.m. inv., ▲*n.m.* (mot lat. « qu'il soit imprimé »). CATH. Permission d'imprimer donnée par l'autorité ecclésiastique.

IMPRIMÉ n.m. **1.** Livre, journal, brochure imprimés. **2.** Papier ou tissu à motifs : *Un imprimé à pois pour une robe d'été.* ▪ **Imprimé (+ n. de l'animal),** tissu, papier, cuir, etc., aux motifs de la peau de certains animaux : *Un imprimé panthère, léopard, python, crocodile, etc.*

IMPRIMER v.t. [3] (du lat. *imprimere,* appuyer sur). **1.** Transférer sur un support un dessin, des couleurs, un texte, etc., par pression d'une surface sur une autre : *Imprimer un logo sur des brochures, sur des tee-shirts.* **2.** Reproduire des caractères graphiques, des gravures, etc., à un certain nombre d'exemplaires par les techniques de l'imprimerie : *Imprimer des romans, des dictionnaires, des tracts.* **3.** Faire paraître ; publier : *Ce journal a accepté d'imprimer son article.* **4.** Litt. Laisser une trace, une empreinte par pression sur une surface : *Imprimer ses pas dans la neige.* **5.** Communiquer, transmettre une impulsion, un mouvement à : *Imprimer un mouvement de va-et-vient à un balancier.* ◆ v.i. Fam. Saisir le sens de ; comprendre : *Il serait temps que tu imprimes : entre nous, c'est fini !* ▪ **Ne plus imprimer** [fam.], ne plus être en mesure de comprendre qqch ; être complètement dépassé : *Je suis trop fatigué, je n'imprime (ou j'imprime) plus !* ◆ **S'IMPRIMER** v.pr. **1.** Se marquer sur, dans qqch : *Pas qui s'impriment dans un sol détrempé.* **2.** Se fixer dans l'esprit de qqn : *Souvenir qui s'imprime à jamais.*

IMPRIMERIE n.f. **1.** Ensemble des techniques et des métiers qui participent à la fabrication d'ouvrages imprimés. **2.** Établissement où l'on effectue des travaux d'impression. **3.** Secteur industriel réalisant ce type de travaux.

> ➲ Les caractères mobiles utilisés en **IMPRIMERIE** sont apparus en Chine au XIe s. En Europe, c'est Gutenberg qui, au milieu du XVe s., mit au point le procédé typographique (la composition des textes en caractères mobiles fondus). L'imprimerie a suscité l'essor de l'édition puis de la presse, permettant la diffusion du savoir et l'avènement des médias de masse.

L'impressionnisme

Traduire la sensation spontanée est la première revendication des impressionnistes, qui préfèrent ainsi la clarté du plein air à l'éclairage d'atelier. Pour suggérer les formes et les distances, leur peinture utilise la vibration et les contrastes de couleur, s'affranchissant des conventions traditionnelles que sont la perspective et le dessin. La réalité contemporaine, le mouvement, la modernité leur offrent des réservoirs de sujets. Peintres d'une nature changeante et transitoire, d'une vie heureuse saisie dans la particularité de l'instant, les impressionnistes sont indifférents à la recherche, chère aux classiques, d'un beau idéal et d'une essence éternelle des choses.

Auguste Renoir, ***Bal du Moulin de la Galette*** (1876). Les rayons du soleil qui traversent le feuillage des arbres engendrent de multiples reflets sur la scène et les protagonistes de cette grande toile : une étude de plein air très poussée, où les jeux d'ombre et de lumière sont l'élément essentiel. (Musée d'Orsay, Paris.)

Camille Pissarro, ***Gelée blanche*** (1873). Pissarro poursuit la tradition terrienne de l'école de Barbizon, mais il choisit une vue de campagne banale (près de Pontoise) pour se concentrer sur l'effet lumineux d'ensemble, sur une palpitation chromatique obtenue par la juxtaposition de couleurs claires posées en touches irrégulières. (Musée d'Orsay, Paris.)

Alfred Sisley, ***la Barque pendant l'inondation, Port-Marly*** (1876). Les miroitements de l'eau transfigurent le quotidien dans de nombreuses toiles impressionnistes, à plus forte raison dans ce thème de crue de la Seine, plusieurs fois traité par l'artiste anglais. (Musée d'Orsay, Paris.)

Claude Monet, ***Gare Saint-Lazare*** (1877). À côté de quelques usines et installations portuaires chez Pissarro, la série consacrée par Claude Monet à la gare parisienne qui dessert la Normandie constitue l'une des principales incursions des impressionnistes dans les aspects « techniques » de la vie moderne. Mais le caractère d'instantané atmosphérique y demeure essentiel. (Musée d'Orsay, Paris.)

Edgar Degas, ***Danseuses bleues*** (v. 1893). Le motif des danseuses en attente dans les coulisses de l'Opéra n'est que le prétexte à un poème purement pictural. Celui-ci, outre l'entrecroisement dynamique des lignes correspondant aux attitudes des danseuses, fait jouer l'intensité des complémentaires bleue et orangée dans le plan du tableau, le rôle de la perspective devenant négligeable. (Musée d'Orsay, Paris.)

Berthe Morisot, ***le Berceau*** (1872). Restituer l'instant est au cœur de la démarche impressionniste : les fugaces moments d'intimité de la vie familiale sont saisis et traduits aussi bien par des femmes, comme Mary Cassatt ou, ici, Berthe Morisot, que des hommes, comme Auguste Renoir. (Musée d'Orsay, Paris.)

IMPRIMEUR n.m. 1. Personne qui travaille dans l'imprimerie. **2.** Entreprise d'imprimerie.

IMPROBABILITÉ n.f. Caractère de ce qui est improbable.

IMPROBABLE adj. 1. Qui a peu de chances de se produire : *Une telle panne est improbable avec ce modèle.* **2.** Qui ne ressemble à rien de ce que l'on connaît ; invraisemblable : *Une pauvre rue bordée de quelques improbables boutiques.*

IMPROBATEUR, TRICE adj. Litt. Qui désapprouve.

IMPROBATION n.f. (lat. *improbatio*). Litt. Action de ne pas approuver ; désapprobation.

IMPROBITÉ n.f. Litt. Manque de probité ; malhonnêteté.

IMPRODUCTIF, IVE adj. Qui ne produit rien ; stérile : *Un sol improductif.* ◆ **adj.** et **n. ÉCON.** Se dit d'un facteur de production (capital, travail) dont la rentabilité est jugée insuffisante.

IMPRODUCTIVITÉ n.f. Caractère, état improductif.

IMPROMPTU, E [ɛ̃prɔ̃pty] **adj.** (du lat. *in promptu*, sous la main). Qui est fait sans préparation ; improvisé : *Un discours impromptu.* ◆ **adv.** À l'improviste ; au pied levé. ◆ **n.m. 1. LITTÉR.** Petite pièce de vers improvisée ou composée rapidement. **2. THÉÂTRE.** Pièce que l'on improvise ou qui se joue sans préparation. **3. MUS.** Pièce instrumentale de forme libre, génér. pour le piano.

IMPRONONÇABLE adj. Très difficile à prononcer : *Le nom de ce volcan est imprononçable.*

IMPROPRE adj. (lat. *improprius*). **1.** Qui ne convient pas ; inadéquat : *Mot impropre.* **2. (À).** Qui ne convient pas pour tel usage : *Denrée impropre à la consommation.*

IMPROPREMENT adv. De façon impropre, inadéquate.

IMPROPRIÉTÉ n.f. 1. Caractère d'un mot, d'une expression impropres ; incorrection. **2.** Emploi impropre d'un mot ; barbarisme.

IMPROUVABLE adj. Que l'on ne peut prouver.

IMPROVISATEUR, TRICE n. Personne qui a le talent d'improviser.

IMPROVISATION n.f. 1. Action, art d'improviser. **2.** Ce que l'on improvise : *Une improvisation hilarante.* **3.** Technique théâtrale fondée sur la spontanéité, utilisée pour l'approche d'un personnage pendant les répétitions d'une pièce ou pour l'écriture du texte d'une création collective. Abrév. (fam.) **impro.**

➲ Pratique fondamentale dans le jazz, l'**IMPROVISATION** permet à chaque soliste de développer des variations originales ou à un orchestre d'élaborer des morceaux entiers, le plus souvent après détermination d'un thème.

IMPROVISÉ, E adj. (du lat. *improvisus*, imprévu). Qui est fait à la hâte, sous la pression des circonstances : *Un dîner improvisé.*

IMPROVISER v.t. [3]. 1. Produire, composer sans préparation un discours, un morceau de musique, etc. **2.** Absol. Interpréter un morceau de musique, un passage, sans suivre une partition précise. **3.** (Avec ou sans compl.). Réaliser, organiser à la hâte, avec les moyens dont on dispose : *Improviser un alibi. Nous avons dû improviser.* ◆ **S'IMPROVISER v.pr.** Devenir subitement, sans préparation : *On ne s'improvise pas poète.*

À L'IMPROVISTE loc. adv. (de l'ital. *improvvisto*, imprévu). De façon inattendue ; impromptu : *Ils font des vérifications à l'improviste.*

IMPRUDEMMENT [-damɑ̃] **adv.** De façon imprudente.

IMPRUDENCE n.f. 1. Défaut d'une personne imprudente ; témérité : *L'imprudence de la ministre peut lui coûter cher.* **2.** Caractère d'une action imprudente ; inconséquence. **3.** Action imprudente, irréfléchie : *Il fait des imprudences sur son scooter des mers.*

IMPRUDENT, E adj. et **n.** Qui manque de prudence ; irréfléchi : *Une personne, une déclaration imprudente.*

IMPUBÈRE adj. et **n.** (du lat. *impubes, -eris*, sans poil). Qui n'a pas atteint l'âge de la puberté.

IMPUBLIABLE adj. Que l'on ne peut ou que l'on ne doit pas publier.

IMPUDEMMENT [-damɑ̃] **adv.** Avec impudence.

IMPUDENCE n.f. 1. Caractère d'une personne, d'une action impudente ; cynisme : *Tourner le dos avec impudence.* **2.** Action, parole impudente ; insolence.

IMPUDENT, E adj. et **n.** (lat. *impudens*, de *pudere*, avoir honte). Qui manifeste une effronterie, une audace éhontée : *Une menteuse, une gaieté impudente.*

IMPUDEUR n.f. Manque de pudeur physique ou morale, de retenue ; indécence : *L'impudeur d'un décolleté, d'une confidence.*

IMPUDICITÉ n.f. 1. Caractère d'une personne, d'une chose impudique ; impudeur. **2.** Action, parole impudique ; obscénité.

IMPUDIQUE adj. Qui blesse la pudeur ; indécent : *Une tenue, une gravure impudique.*

IMPUDIQUEMENT adv. Avec impudeur.

IMPUISSANCE n.f. Manque de force, de moyens pour faire qqch. ▪ **Impuissance (sexuelle),** incapacité organique ou psychique pour l'homme à accomplir l'acte sexuel.

IMPUISSANT, E adj. Qui est réduit à l'impuissance ; qui manque du pouvoir, de la force nécessaires pour faire qqch : *Face aux groupes de pression, ils sont impuissants.* ◆ **adj.m.** et **n.m.** Se dit d'un homme atteint d'impuissance sexuelle.

IMPULSER v.t. [3]. Donner une impulsion, de l'essor à ; développer : *Impulser les spectacles de rue.*

IMPULSIF, IVE adj. et **n.** (lat. *impulsivus*). Qui cède à ses impulsions ; irréfléchi : *Mouvement impulsif. C'est une impulsive.*

IMPULSION n.f. (lat. *impulsio*, de *impellere*, pousser à). **1.** Force, penchant qui poussent à agir : *Elle a agi sous l'impulsion de la peur.* **2.** Action propre à accroître le développement, le dynamisme d'une activité, d'une entreprise ; effet qui en résulte : *Donner de l'impulsion à l'artisanat d'art.* **3.** Action d'une force qui agit par poussée sur qqch et tend à lui imprimer un mouvement ; mouvement ainsi produit : *Transmettre une impulsion à un mécanisme.* **4. PHYS.** Variation brusque d'une grandeur physique suivie d'un retour rapide à sa valeur initiale. **5. PSYCHIATR.** Tendance spontanée et irrésistible à l'accomplissement d'un acte (à la différence de la *compulsion*, également irrésistible, mais précédée d'une lutte anxieuse). ▪ **Impulsion d'une force** [mécan.], produit de l'intensité de cette force par son temps d'application.

IMPULSIVEMENT adv. De façon impulsive.

IMPULSIVITÉ n.f. Caractère impulsif de qqn, de ses actions.

IMPUNÉMENT adv. 1. Sans subir ou sans encourir de punition ; en toute impunité : *Ils ont triché impunément.* **2.** Sans s'exposer à des conséquences fâcheuses : *On ne peut pas impunément manger autant de sucreries.*

IMPUNI, E adj. (lat. *impunitus*). Qui n'est pas puni : *Un voleur, un vol impuni.*

IMPUNITÉ n.f. Caractère d'une personne ou d'une faute impunie : *L'impunité d'un trafiquant, d'un trafic* ; absence de punition : *S'assurer l'impunité.* ▪ **En toute impunité,** impunément.

IMPUR, E adj. (lat. *impurus*). **1.** Qui n'est pas pur ; vicié : *Près de l'usine d'incinération, l'air est impur.* **2.** Litt. ou vieilli. Contraire à la chasteté. ◆ **adj.** et **n.** Se dit de qqn, de qqch qui est frappé d'impureté par une loi religieuse.

IMPURETÉ n.f. 1. État de ce qui est impur, vicié ; pollution : *L'impureté de l'eau d'une région.* **2.** Ce qui salit, altère qqch : *Ce filtre permet d'éliminer les impuretés.* **3. RELIG.** Souillure attachée à certains actes ou états.

IMPUTABILITÉ n.f. DR. Possibilité d'imputer une infraction à qqn.

IMPUTABLE adj. 1. Qui peut, qui doit être imputé à qqch, à qqn : *Retard imputable à un embouteillage.* **2.** Qui peut être prélevé sur tel compte, tel budget.

IMPUTATION n.f. 1. Fait d'imputer une faute à qqn ; accusation : *Imputation mensongère.* **2.** Affectation d'une somme à un compte.

IMPUTER v.t. [3] (du lat. *imputare*, porter en compte). **1. (À).** Attribuer à qqn, à qqch la responsabilité de. **2. (À, SUR).** Porter une somme au compte de : *Imputer une dépense sur un chapitre du budget.*

IMPUTRESCIBILITÉ n.f. Caractère de ce qui est imputrescible.

IMPUTRESCIBLE adj. Qui ne peut se putréfier ; inaltérable : *Un bois imputrescible.*

IN [in] **adj. inv.** (mot angl.). Fam., vieilli. À la mode.

INABORDABLE adj. 1. Où l'on ne peut aborder ; inaccessible : *Île inabordable.* **2.** Qui est d'un abord difficile ; fermé : *La ministre est inabordable.* **3.** Dont le prix est trop élevé : *Les cerises sont inabordables.*

INABOUTI, E adj. Qui n'a pu aboutir : *Enquête inaboutie.*

INABRITÉ, E adj. Qui n'est pas abrité, protégé : *Rade inabritée.*

IN ABSTRACTO [inabstrakto] **loc. adv.** (mots lat.). Dans l'abstrait ; sans tenir compte de la réalité.

INACCENTUÉ, E adj. PHON. Qui ne porte pas d'accent ; atone.

INACCEPTABLE adj. Que l'on ne peut accepter, tolérer ; inadmissible : *Sa conduite est inacceptable.*

INACCESSIBILITÉ n.f. Caractère, état d'une personne, d'une chose inaccessible.

INACCESSIBLE adj. 1. Dont l'accès est impossible : *Sommet inaccessible.* **2.** Que l'on ne peut comprendre ; hermétique : *Philosophie inaccessible.* **3.** Fermé à tel sentiment, à telle idée ; insensible à : *Être inaccessible à la solidarité.*

INACCOMPLI, E adj. Litt. Qui n'a pas été accompli.

INACCOMPLISSEMENT n.m. Litt. Absence d'accomplissement, d'exécution : *L'inaccomplissement d'une clause, d'un désir.*

INACCORDABLE adj. 1. Que l'on ne peut octroyer : *Faveur inaccordable.* **2.** Que l'on ne peut concilier : *Ils ont des principes inaccordables.*

INACCOUTUMÉ, E adj. Dont on n'a pas l'habitude ; inhabituel : *Une agitation inaccoutumée.*

INACHEVÉ, E adj. Qui n'est pas achevé.

INACHÈVEMENT n.m. État de ce qui n'est pas achevé.

INACTIF, IVE adj. 1. Qui n'a pas d'activité ; oisif : *Elle ne peut rester inactive.* **2.** Qui n'a pas d'action, d'effet ; inefficace : *Traitement inactif.* ◆ **adj.** et **n.** Qui n'exerce pas d'activité professionnelle rémunérée ; qui n'appartient pas à la population active (élèves, étudiants, retraités).

INACTINIQUE adj. OPT., PHOTOGR. Se dit d'un rayonnement, d'un éclairage qui n'agit pas sur un récepteur, en partic. sur une surface sensible.

INACTION n.f. Absence d'activité ; désœuvrement.

INACTIVATION n.f. MÉD. Suppression artificielle du pouvoir pathogène d'une substance ou d'un micro-organisme, notamm. pour préparer un vaccin.

INACTIVER v.t. [3]. Produire l'inactivation de.

INACTIVITÉ n.f. Absence d'activité ; oisiveté.

INACTUALITÉ n.f. Litt. Caractère de ce qui est inactuel : *L'inactualité de la dictature du paraître.*

INACTUEL, ELLE adj. Qui n'est plus actuel ou n'est pas d'actualité.

INADAPTABLE adj. Qui n'est pas susceptible d'être adapté.

INADAPTATION n.f. 1. Défaut d'adaptation de qqch : *L'inadaptation des rues à la circulation automobile.* **2.** Manque d'adaptation de qqn : *Inadaptation au milieu scolaire.*

INADAPTÉ, E adj. et **n.** Qui ne peut s'adapter à son milieu, à la société. ◆ **adj.** Qui n'est pas adapté : *Bus inadaptés aux fauteuils roulants.* ▪ **Enfance inadaptée** [psychol.], ensemble des enfants qui justifient de mesures éducatives particulières en raison d'un handicap physique, d'une déficience intellectuelle, de troubles affectifs ou de difficultés liées au milieu.

INADÉQUAT, E [-kwa, -at] **adj.** Qui n'est pas adéquat ; inapproprié.

INADÉQUATION n.f. Caractère de ce qui n'est pas adéquat.

INADMISSIBILITÉ n.f. Caractère de ce qui est inadmissible.

INADMISSIBLE adj. Qui ne peut ou ne doit pas être admis ou toléré ; inacceptable : *Preuve, négligence inadmissible.*

INADVERTANCE n.f. (du lat. *advertere*, tourner son attention vers). Litt. Faute commise par inattention ou étourderie ; négligence. ▪ **Par inadvertance,** par mégarde.

INAFFECTIVITÉ n.f. PSYCHOL. Absence apparente de sentiments.

INALIÉNABILITÉ n.f. DR. Caractère de ce qui est inaliénable : *L'inaliénabilité du domaine public.*

INALIÉNABLE adj. DR. Qui ne peut être aliéné ; incessible ; insaisissable.

INALIÉNATION n.f. DR. État de ce qui n'est pas aliéné.

INALPAGE n.m. ou **INALPE** n.f. Région. (Savoie), Suisse. Ascension des troupeaux aux alpages.

INALTÉRABILITÉ n.f. Caractère de ce qui est inaltérable.

INALTÉRABLE adj. **1.** Qui ne peut être altéré, abîmé ; imputrescible : *Métal inaltérable.* **2.** Qui ne peut être amoindri ; indestructible : *Bonne humeur inaltérable.*

INALTÉRÉ, E adj. Qui n'a subi aucune altération.

INAMICAL, E, AUX adj. Qui témoigne de l'hostilité ou de la malveillance : *Réponse inamicale.*

INAMISSIBLE adj. (du lat. *amittere*, perdre). THÉOL. CHRÉT. Qui ne peut être perdu : *Grâce inamissible.*

INAMOVIBILITÉ n.f. DR. Garantie statutaire de certains agents de l'État, en vertu de laquelle ils sont inamovibles.

INAMOVIBLE adj. DR. Qui ne peut être révoqué, puni ou déplacé qu'en vertu d'une procédure spéciale offrant des garanties renforcées.

INANALYSABLE adj. Qui ne peut être analysé.

INANIMÉ, E adj. **1.** Qui n'est pas doué de vie. **2.** Qui a perdu la vie ou qui semble privé de vie ; inerte : *Il est tombé inanimé sur le trottoir.* **3.** LING. Se dit des noms désignant des choses.

INANITÉ n.f. (lat. *inanitas*, de *inanis*, vide). Caractère de ce qui est vain, inutile : *L'inanité d'une démarche.*

INANITION n.f. (du lat. *inanis*, vide). Privation d'aliments : *Mourir, tomber d'inanition.*

INAPAISABLE adj. Litt. Qui ne peut être apaisé ou assouvi.

INAPAISÉ, E adj. Litt. Qui n'est pas apaisé ; inassouvi : *Soif inapaisée.*

INAPERÇU, E adj. Qui échappe aux regards, à l'attention : *Absence inaperçue.* ▪ **Passer inaperçu,** ne pas être remarqué.

INAPPARENT, E adj. Qui n'est pas apparent ; invisible.

INAPPÉTENCE n.f. **1.** Diminution de l'appétit. **2.** Sout. Affaiblissement d'un désir, d'une aspiration : *Une inappétence intellectuelle.*

INAPPLICABLE adj. Qui ne peut être appliqué : *Loi inapplicable.*

INAPPLICATION n.f. **1.** Fait de ne pas mettre en application : *L'inapplication d'un règlement.* **2.** Manque d'application dans ce que l'on fait.

INAPPLIQUÉ, E adj. Qui manque d'application, d'attention ; négligent.

INAPPRÉCIABLE adj. **1.** Que l'on ne peut évaluer : *Différence inappréciable.* **2.** Que l'on ne saurait trop estimer : *Une aide inappréciable.*

INAPPRÉCIÉ, E adj. Qui n'est pas apprécié à sa valeur.

INAPPRIVOISABLE adj. Qui ne peut être apprivoisé.

INAPPRIVOISÉ, E adj. Qui n'est pas apprivoisé ; sauvage.

INAPPROCHABLE adj. Que l'on ne peut approcher ; inabordable : *Une femme d'affaires inapprochable.*

INAPPROPRIÉ, E adj. Qui n'est pas approprié ; inadéquat.

INAPTE adj. **1.** (À). Qui n'est pas apte à telle activité ; incapable de : *Il est inapte aux affaires, à gérer des affaires.* **2.** Absol. Qui n'est pas apte au service national.

INAPTITUDE n.f. Défaut d'aptitude à qqch ; incompétence.

INARTICULÉ, E adj. Qui n'est pas ou qui est mal articulé ; indistinct : *Des gémissements inarticulés.*

INASSIMILABLE adj. **1.** Qui ne peut être assimilé par l'organisme. **2.** Que l'on ne peut assimiler intellectuellement : *Théories inassimilables.* **3.** Qui ne peut s'intégrer dans un groupe social : *Communauté inassimilable.*

INASSIMILÉ, E adj. Qui n'est pas assimilé.

INASSOUVI, E adj. Qui n'est pas assouvi ; inapaisé : *Un désir de paternité inassouvi.*

INASSOUVISSEMENT n.m. Sout. État d'une personne, d'un désir assouvis.

INATTAQUABLE adj. Que l'on ne peut pas attaquer, contester : *Journaliste, éditorial inattaquable.*

INATTENDU, E adj. Que l'on n'attendait pas ; imprévu : *Invitée, réussite inattendue.*

INATTENTIF, IVE adj. Qui ne fait pas attention ; distrait.

INATTENTION n.f. Manque d'attention ; étourderie.

INAUDIBLE adj. **1.** Qui ne peut être perçu par l'ouïe. **2.** Qui est difficile ou pénible à écouter : *Disque, musique inaudibles.*

INAUGURAL, E, AUX adj. Relatif à une inauguration : *Réception inaugurale.*

INAUGURATION n.f. **1.** Cérémonie par laquelle on procède officiellement à la mise en service d'un bâtiment, à l'ouverture d'une exposition, etc. **2.** Litt. Début marquant de qqch : *L'inauguration de l'âge de la communication instantanée.*

INAUGURER v.t. [3] (du lat. *inaugurare*, prendre les augures, consacrer). **1.** Procéder à l'inauguration de : *Inaugurer un musée.* **2.** Introduire, mettre en pratique une chose nouvelle ; instaurer : *Inaugurer une nouvelle méthode thérapeutique.* **3.** Marquer le début de : *Cet album inaugura le renouveau du rock.*

INAUTHENTICITÉ n.f. Manque d'authenticité.

INAUTHENTIQUE adj. Qui n'est pas authentique.

INAVOUABLE adj. Qui ne peut être avoué : *Motif inavouable.*

INAVOUÉ, E adj. Que l'on ne veut pas avouer ou s'avouer ; secret.

IN-BORD [inbɔr(d)] adj. inv. (mot angl.). Se dit d'un moteur fixé à l'intérieur de la coque d'un bateau, en motonautisme (par oppos. à *hors-bord*). ◆ n.m. inv. Bateau propulsé par un moteur in-bord.

INCA adj. Relatif aux Incas ; qui se rapporte à leur civilisation. ▪ **Os inca,** os surnuméraire au sommet de l'os occipital.

INCALCULABLE adj. **1.** Qu'on ne peut calculer ; indénombrable : *Un nombre incalculable de fourmis.* **2.** Difficile ou impossible à évaluer ; inchiffrable : *Des dégâts incalculables.*

INCANDESCENCE n.f. État d'un corps qu'une température élevée rend lumineux.

INCANDESCENT, E adj. (lat. *incandescens*). Qui est en incandescence : *Métal incandescent.*

INCANTATION n.f. (du lat. *incantare*, ensorceler). Formule magique, chantée ou récitée, pour obtenir un effet surnaturel.

INCANTATOIRE adj. Relatif à l'incantation : *Rites incantatoires.*

INCAPABLE adj. (DE). Qui est dans l'incapacité ou l'impossibilité de faire qqch : *Elle est incapable de mentir, de compassion.* ◆ adj. et n. **1.** Qui manque d'aptitude, d'habileté : *Il est paresseux et incapable.* **2.** DR. Qui est frappé d'incapacité. ▪ **Incapable majeur** [dr.], personne majeure dont la capacité juridique est réduite ou supprimée du fait de l'altération de ses facultés mentales ou corporelles.

INCAPACITANT, E adj. et n.m. MIL. Se dit d'un produit chimique non mortel, qui provoque chez l'homme une incapacité immédiate et temporaire en paralysant certains organes ou en annihilant la volonté de combattre.

INCAPACITÉ n.f. **1.** État de qqn qui est incapable de faire qqch ; incompétence : *Incapacité à prendre des décisions.* **2.** DR. Inaptitude à jouir d'un droit ou à l'exercer. ▪ **Incapacité de travail** [dr.], état d'une personne qu'un accident ou une maladie empêchent de travailler.

INCARCÉRATION n.f. **1.** Action d'incarcérer ; emprisonnement. **2.** Fait d'être enfermé dans un véhicule accidenté, à la suite de la déformation de la carrosserie.

INCARCÉRER v.t. [11], ▲ *[11*]* (du lat. *carcer*, prison). Mettre en prison ; écrouer.

INCARNAT, E adj. et n.m. (ital. *incarnato*, de *carne*, chair). D'un rose vif : *Des lèvres incarnates.*

INCARNATION n.f. **1.** Acte par lequel un être spirituel, une divinité s'incarnent, prennent les apparences d'un être animé ; forme sous laquelle cet être apparaît : *Les incarnations de Vishnou.* **2.** THÉOL. CHRÉT. (Avec une majuscule). Mystère de Dieu fait homme en Jésus-Christ. **3.** Personne ou chose qui apparaît comme la représentation concrète d'une réalité abstraite ; personnification : *Il se veut l'incarnation de l'espoir des jeunes.*

1. INCARNÉ, E adj. THÉOL. CHRÉT. Qui s'est fait homme. ▪ **C'est la méchanceté, la jalousie incarnée, etc.,** se dit d'une personne extrêmement méchante, jalouse, etc. ▪ **C'est le diable incarné,** se dit d'une personne très méchante ou d'un enfant très turbulent.

2. INCARNÉ adj.m. ▪ **Ongle incarné,** qui s'enfonce dans la chair, partic. au pied, et y cause une plaie.

INCARNER v.t. [3] (lat. *incarnare*, de *caro, carnis*, chair). **1.** Personnifier une réalité abstraite : *Cet homme incarne la joie de vivre.* **2.** Interpréter un personnage à la scène, à l'écran ; jouer. ◆ **S'INCARNER** v.pr. **1.** Prendre un corps de chair, en parlant d'une divinité, d'un être spirituel. **2.** Sembler pouvoir être matérialisé dans : *Leur espoir s'est incarné dans ce candidat, ce parti.*

INCARTADE n.f. (de l'ital. *inquartata*, coup d'épée). Léger écart de conduite ; frasque.

INCASSABLE adj. Qui ne peut se casser.

INCENDIAIRE n. Auteur volontaire d'un incendie. ◆ adj. **1.** Destiné à provoquer un incendie : *Bombe incendiaire.* **2.** Fig. Propre à enflammer les esprits ; séditieux : *Discours incendiaire.* **3.** De nature à éveiller le désir ; émoustillant : *Une brune incendiaire.*

INCENDIE n.m. (lat. *incendium*). Grand feu qui, en se propageant, cause des dégâts importants.

INCENDIER v.t. [5]. **1.** Détruire par le feu ; brûler : *Incendier une grange.* **2.** Fam. Accabler de reproches, d'injures ; invectiver : *Le cycliste s'est fait incendier.*

INCERTAIN, E adj. **1.** Qui n'est pas certain ; indéterminé : *Date, durée, origine incertaine.* **2.** Se dit du temps, quand on ne sait s'il ne va pas tourner à la pluie.

INCERTITUDE n.f. **1.** Caractère de ce qui ne peut être déterminé, connu à l'avance : *L'incertitude de l'avenir.* **2.** Ce qui ne peut être établi avec exactitude ; doute : *Des incertitudes sur l'efficacité d'un médicament.* **3.** État d'une personne incertaine ; indécision : *Depuis qu'elle a surpris leur conversation, elle est dans l'incertitude.* ▪ **Incertitude absolue, relative** [métrol.], dans la mesure d'une grandeur, valeur supérieure, de façon certaine, à l'erreur absolue ; rapport de l'incertitude absolue à la valeur donnée par la mesure. ▪ **Relations d'incertitude** [phys.], relations d'inégalité énoncées par W. Heisenberg, qui traduisent l'impossibilité de mesurer simultanément la vitesse et la position d'une particule.

INCESSAMMENT adv. D'un instant à l'autre.

INCESSANT, E adj. Qui ne cesse pas ; qui se reproduit fréquemment ; continuel : *D'incessantes récriminations.*

INCESSIBILITÉ n.f. DR. Qualité des biens incorporels incessibles.

INCESSIBLE adj. DR. Qui ne peut être cédé.

INCESTE n.m. (lat. *incestus*, de *castus*, chaste). DR. Relations sexuelles entre un homme et une femme liés par un degré de parenté entraînant la prohibition du mariage ; relations sexuelles entre parents très proches.

INCESTUEUX, EUSE adj. et n. Entaché d'inceste ; coupable d'inceste. ◆ adj. **1.** Né d'un inceste. **2.** Fig. Se dit de relations considérées comme inacceptables d'un point de vue déontologique : *Les rapports incestueux entre le pouvoir et l'argent public.*

INCHANGÉ, E adj. Qui n'a subi aucun changement : *Décoration inchangée.*

INCHAUFFABLE adj. Que l'on ne peut chauffer.

INCHAVIRABLE adj. Construit pour ne pas chavirer.

INCHIFFRABLE adj. Qui ne peut être chiffré, quantifié.

INCHOATIF, IVE [ɛ̃kɔ-] **adj.** et **n.m.** (bas lat. *inchoativus*, de *inchoare*, commencer). **LING.** Se dit d'une forme verbale qui indique le commencement ou la progression d'une action (par ex. : *s'endormir, vieillir*).

INCIDEMMENT [-damɑ̃] **adv.** De façon incidente ; par hasard : *Apprendre une nouvelle incidemment.*

INCIDENCE n.f. 1. Conséquence plus ou moins directe de qqch ; répercussion : *Cela peut avoir des incidences sur votre vie.* **2. PHYS.** Caractéristique géométrique d'un corps ou d'un rayon se dirigeant vers une surface, mesurée par l'angle *(angle d'incidence)* que fait le vecteur vitesse du corps ou la direction du rayon avec la normale à la surface au point de rencontre *(point d'incidence).* **3. MÉD.** Nombre de nouveaux cas d'une maladie dans une population, pendant un temps donné. ▪ **Incidence fiscale,** conséquences économiques de l'impôt.

1. INCIDENT, E adj. (du lat. *incidere*, tomber sur). **1.** Qui apparaît comme accessoire, hors du sujet : *Poser une question incidente.* **2. PHYS.** Se dit d'un corps, d'un rayonnement qui se dirige vers un autre corps, avec lequel il interagit. ▪ **Demande incidente** [dr.], formée au cours de l'instance. ▪ **Proposition incidente** ou **incidente, n.f.** [gramm.], incise.

2. INCIDENT n.m. 1. Événement, souvent fâcheux, qui survient au cours d'une action et peut la perturber ; contretemps. **2.** Difficulté peu importante mais dont les conséquences peuvent être graves : *Des incidents répétés à la frontière.* ▪ **Incident de procédure** [dr.], contestation élevée au cours d'un procès, ayant pour effet de suspendre ou d'arrêter la marche de l'instance.

INCINÉRATEUR n.m. Appareil servant à incinérer : *Incinérateur d'ordures ménagères.*

INCINÉRATION n.f. 1. Action d'incinérer : *Incinération de vieux papiers.* **2.** Crémation.

INCINÉRER v.t. [11], ▲ *[11*]* (bas lat. *incinerare*, de *cinis, -eris*, cendre). Réduire en cendres.

INCIPIT [ɛ̃sipit] **n.m. inv.,** ▲ *n.m.* (mot lat. « il commence »). **LITTÉR.** Premiers mots d'un ouvrage.

▲ **incipit** tracé en capitales à l'encre d'or. Évangiles de la Sainte-Chapelle, manuscrit enluminé par le Maître du *Registrum Gregorii* (v. 984).

INCISE n.f. GRAMM. Proposition, génér. courte, insérée dans une autre (ex. : *L'homme*, dit-on, *est raisonnable*) [SYN. **(proposition) incidente**].

INCISER v.t. [3] (du lat. *incidere*, couper). Faire une incision à, dans : *Inciser un abcès.*

INCISIF, IVE adj. Qui blesse profondément ; acerbe : *Ironie, débatteuse incisive.*

INCISION n.f. Coupure allongée ; entaille faite par un instrument tranchant. ▪ **Incision annulaire** [arbor.], pratiquée sur le pourtour d'un rameau ou du tronc pour hâter la maturité et favoriser le grossissement des fruits.

INCISIVE n.f. Dent des mammifères, génér. aplatie et tranchante, pourvue d'une seule racine et située à la partie antérieure de chacun des deux maxillaires.

INCISURE n.f. BIOL. Découpure profonde, irrégulière, ou échancrure, dans un organe animal ou végétal.

INCITATEUR, TRICE adj. et **n.** Se dit de qqn qui incite à faire qqch ; instigateur.

INCITATIF, IVE adj. Se dit de ce qui est propre à inciter : *Campagne incitative à l'épargne.*

INCITATION n.f. Action d'inciter ; ce qui incite : *Ce film est une incitation à la violence.*

INCITER v.t. [3] (lat. *incitare*). Pousser à faire qqch ; encourager : *Inciter qqn à la dépense, à investir.*

INCIVIL, E adj. Litt. Qui manque de civilité ; discourtois.

INCIVILITÉ n.f. 1. Litt. Manque de courtoisie. **2.** Acte, comportement qui manifeste l'ignorance ou le rejet des règles élémentaires de la vie sociale.

INCIVIQUE adj. Qui témoigne d'incivisme : *La fraude fiscale est incivique.* ◆ **adj.** et **n.** Belgique. Collaborateur, sous l'occupation allemande.

INCIVISME n.m. Manque de civisme.

INCLASSABLE adj. Que l'on ne peut faire entrer dans une catégorie : *Un musicien inclassable.*

INCLÉMENCE n.f. Litt. **1.** Manque d'indulgence. **2.** Rigueur des conditions climatiques.

INCLÉMENT, E adj. Litt. **1.** Qui manque d'indulgence. **2.** Se dit d'un temps qui manque de douceur ; rigoureux.

INCLINABLE adj. Qui peut s'incliner : *Dossier inclinable.*

INCLINAISON n.f. 1. État de ce qui est incliné par rapport à l'horizon ; déclivité : *Inclinaison d'un terrain.* **2.** Position inclinée du corps, d'une partie du corps par rapport à la verticale : *Inclinaison du buste.* **3. ARM.** Angle que fait la trajectoire d'un projectile en un de ses points avec le plan horizontal. **4. ASTRON., ASTRONAUT.** Angle formé par le plan de l'orbite d'un astre ou d'un engin spatial avec un plan de référence (génér., le plan de l'équateur). ▪ **Inclinaison magnétique** [géophys.], angle que forme avec le plan horizontal une aiguille aimantée suspendue librement par son centre de gravité.

INCLINATION n.f. 1. Action de pencher la tête ou le corps en signe d'acquiescement ou de respect : *Saluer d'une inclination de la tête.* **2.** Disposition, tendance naturelle à qqch ; penchant : *Inclination à la gaieté, à espérer.*

INCLINER v.t. [3] (du lat. *inclinare*, pencher). Pencher légèrement ; pencher : *Incliner un pichet pour verser de l'eau.* ◆ **v.t. ind. (À).** Être porté, enclin à : *Sa mésaventure l'incline à la prudence ou à être prudent.* ◆ **S'INCLINER v.pr. 1.** Avoir ou prendre une position oblique par rapport à un plan donné. **2.** Se courber pour saluer. **3.** Renoncer à la lutte ; céder : *S'incliner devant l'évidence.* **4.** Être vaincu dans une compétition sportive.

INCLINOMÈTRE n.m. TOPOGR. Clinomètre.

INCLURE v.t. [76] (du lat. *includere*, enfermer). **1.** Introduire une chose dans une autre ; insérer : *Inclure une photo dans un courriel.* **2.** Contenir en soi ; comprendre, renfermer : *L'abonnement inclut trois hors-séries.*

✎ ***Inclure*** se conjugue comme ***conclure,*** mais son p. passé est ***inclus, e.***

INCLUS, E adj. Contenu, compris dans qqch : *Charges incluses dans le loyer.* ▪ **Dent incluse,** qui ne perce pas (génér. dent de sagesse). ▪ **Ensemble A inclus dans un ensemble B** [math.], ensemble A dont tous les éléments appartiennent à B (noté $A \subset B$).

INCLUSIF, IVE adj. 1. Qui contient en soi qqch d'autre. **2.** Qui intègre une personne ou un groupe en mettant fin à leur exclusion : *Rêver d'une société plus inclusive et solidaire.* ▪ **École inclusive,** qui cherche à faire suivre un maximum d'enseignements communs aux enfants d'âge scolaire, qu'ils soient ou non en situation de handicap, en mettant en place des dispositifs adaptés à chacun. ▪ **Écriture inclusive,** ensemble des conventions graphiques et syntaxiques visant à promouvoir une égalité de représentation entre les hommes et les femmes dans la grammaire française. ➲ Récusant l'idée selon laquelle le masculin l'emporte grammaticalement sur le féminin, l'écriture inclusive préconise notamm. d'indiquer la forme ou la flexion féminine d'un mot avant ou après un *point médian* (ou *point milieu*) [ex. : *ils·elles ; professeur·e ; ingénieur·e·s*].

INCLUSION n.f. 1. Action d'inclure ; introduction : *L'inclusion d'une clause dans un contrat.* **2.** Action d'intégrer une personne, un groupe, de mettre fin à leur exclusion (sociale, notamm.) : *Les auxiliaires de vie scolaire ont pour mission de favoriser l'inclusion des élèves.* **3.** État d'une dent incluse. **4.** Insecte, fleur, etc., conservés dans un bloc de matière plastique transparente et servant d'objet décoratif. **5. MATH.** État d'un ensemble inclus dans un autre. **6.** Particule, métallique ou non, venant perturber les caractéristiques physiques, mécaniques ou chimiques d'un métal, d'un alliage ou d'un milieu cristallin. **7. MINÉRALOG.** Tout corps étranger, lacune ou accident de formation dans une gemme.

INCLUSIVEMENT adv. Y compris.

INCOAGULABLE adj. Qui ne coagule pas.

INCOERCIBILITÉ n.f. Litt. Caractère incoercible.

INCOERCIBLE adj. Litt. Que l'on ne peut contenir, arrêter ; irrépressible : *Tics incoercibles.*

INCOGNITO [ɛ̃kɔɲito] **adv.** (mot ital., du lat. *incognitus*, inconnu). Sans se faire connaître ; secrètement : *L'actrice est arrivée incognito.* ◆ **n.m.** Situation d'une personne qui dissimule son identité : *Garder l'incognito.*

INCOHÉRENCE n.f. 1. Caractère de ce qui est incohérent. **2.** Parole, action incohérente ; absurdité. **3. PHYS.** Caractéristique d'un ensemble de vibrations qui ne présentent pas de différence de phase constante entre elles.

INCOHÉRENT, E adj. 1. Qui manque de cohérence, de logique ; décousu : *Réponses incohérentes.* **2.** Qui manque d'unité, de cohésion ; hétéroclite : *Une majorité incohérente.* **3. PHYS.** Qui a la propriété d'incohérence.

INCOLLABLE adj. 1. Qui ne colle pas pendant la cuisson : *Riz incollable.* **2.** Fam. Capable de répondre à toutes les questions ; imbattable : *Il est incollable sur les séries policières.*

INCOLORE adj. (lat. *incolor*). **1.** Qui n'a pas de couleur : *Vernis incolore.* **2.** Fig. Qui manque d'originalité ; terne : *Description incolore.*

INCOMBER v.t. ind. [3] (seulem. à l'inf., à la 3e pers. du sing. et du pl. et au p. présent) **(À)** [du lat. *incumbere*, peser sur]. Être imposé à qqn, en parlant d'une charge, d'un devoir ; revenir à : *Cette révélation incombe à son médecin.*

INCOMBUSTIBILITÉ n.f. Caractère incombustible.

INCOMBUSTIBLE adj. Qui ne brûle pas : *De nouveaux matériaux incombustibles.*

INCOMMENSURABILITÉ n.f. Caractère incommensurable.

INCOMMENSURABLE adj. 1. D'une étendue, d'une grandeur telle qu'on ne peut l'évaluer : *L'Univers est incommensurable.* **2. MATH.** Se dit de deux grandeurs dont le rapport des mesures est un nombre irrationnel. ➲ Le périmètre du cercle est incommensurable avec son diamètre.

INCOMMENSURABLEMENT adv. De façon incommensurable.

INCOMMODANT, E adj. Qui incommode, gêne ; désagréable : *Un bruit incommodant.*

INCOMMODE adj. 1. Qui n'est pas d'usage facile, pratique : *Système de fermeture incommode.* **2.** Qui cause de la gêne, du désagrément : *Cette agitation est incommode pour les riverains.*

INCOMMODER v.t. [3]. Causer de la gêne, un malaise physique à ; indisposer : *Ces émanations m'incommodent.*

INCOMMODITÉ n.f. Caractère de ce qui est peu pratique ou qui cause du désagrément.

INCOMMUNICABILITÉ n.f. 1. Caractère de ce qui ne peut pas être communiqué. **2.** Impossibilité de communiquer avec autrui.

INCOMMUNICABLE adj. 1. Qui ne peut être exprimé ; indicible : *Des sentiments incommunicables.* **2.** Que l'on ne peut transmettre ou faire partager : *Un savoir-faire incommunicable.*

INCOMMUTABILITÉ n.f. Caractère incommutable.

INCOMMUTABLE adj. DR. Qui n'est pas transmissible.

INCOMPARABLE adj. À qui ou à quoi rien ne peut être comparé ; inégalable : *Conteuse, situation incomparable.*

INCOMPARABLEMENT adv. Sans comparaison possible.

INCOMPATIBILITÉ n.f. 1. Absence de compatibilité ; discordance : *Incompatibilité d'emplois du temps, d'humeur.* **2. DR.** Impossibilité légale d'exercer simultanément certaines fonctions. **3. MÉD.** Différence trop importante entre les antigènes d'une personne et ceux du sang ou des tissus d'un donneur, interdisant une transfusion ou une greffe. **4. MATH.** Caractère de ce qui est incompatible. ▪ **Incompatibilité fœto-maternelle** [méd.], entre les antigènes des globules rouges de la mère et ceux du fœtus, pouvant aboutir à une hémolyse chez l'enfant. ▪ **Incompatibilité médicamenteuse** [méd.], impossibilité, sous peine d'accident, d'administrer certains médicaments en même temps que d'autres.

INCOMPATIBLE adj. 1. Qui n'est pas compatible avec qqch ; inconciliable : *Caractères, logiciels incompatibles.* **2. DR.** Se dit des fonctions qui ne peuvent être exercées simultanément par une même personne. **3. MATH.** Se dit d'un système d'équations dont l'ensemble des solutions est vide. ▪ **Événements incompatibles** [math.], événements n'ayant aucune éventualité commune et dont la réalisation simultanée est impossible.

INCOMPÉTENCE n.f. 1. Manque des connaissances nécessaires pour faire qqch ; incapacité. **2. DR.** Inaptitude d'un juge, d'un tribunal à juger une affaire, à accomplir un acte juridique.

INCOMPÉTENT, E adj. 1. (EN). Qui n'a pas les connaissances voulues pour décider ou parler de qqch : *Incompétent en art contemporain.* **2. DR.** Qui n'a pas qualité pour juger, pour accomplir un acte juridique : *Tribunal incompétent.* ◆ **adj.** et **n.** Qui n'a pas les connaissances requises ; incapable.

INCOMPLET, ÈTE adj. Qui n'est pas complet ; fragmentaire : *Dossier incomplet.*

INCOMPLÈTEMENT adv. De façon incomplète.

INCOMPLÉTUDE n.f. 1. État de ce qui est incomplet. **2. LOG.** Propriété d'une théorie dans laquelle il existe une formule qui n'est ni démontrable ni réfutable. ▪ **Sentiment d'incomplétude** [psychol.], insatisfaction éprouvée par qqn qui a le sentiment de ne pas s'être complètement réalisé.

INCOMPRÉHENSIBILITÉ n.f. Litt. État de ce qui est incompréhensible.

INCOMPRÉHENSIBLE adj. 1. Que l'on ne peut comprendre ; inintelligible : *Phrase incompréhensible.* **2.** Que l'on ne peut expliquer, comprendre ; indéchiffrable : *Comportement, collègue incompréhensible.*

INCOMPRÉHENSIF, IVE adj. Qui ne cherche pas à comprendre les autres.

INCOMPRÉHENSION n.f. Incapacité ou refus de comprendre qqn, qqch, de l'apprécier.

INCOMPRESSIBILITÉ n.f. Caractère incompressible.

INCOMPRESSIBLE adj. 1. Qui ne peut être comprimé. ➲ L'eau est à peu près incompressible. **2.** Qui ne peut être réduit : *Dépense, peine incompressible.*

INCOMPRIS, E adj. et **n.** Qui n'est pas compris, apprécié à sa juste valeur.

INCONCEVABLE adj. Que l'on ne peut concevoir, comprendre, admettre ; inimaginable ; impensable.

INCONCILIABLE adj. Que l'on ne peut concilier avec qqch d'autre ; incompatible : *Idées inconciliables.*

INCONDITIONNALITÉ n.f. 1. Caractère inconditionnel. **2.** Adhésion totale à : *Inconditionnalité d'un militant.*

INCONDITIONNÉ, E adj. PHILOS. Qui n'est pas soumis à une condition ; absolu.

INCONDITIONNEL, ELLE adj. 1. Qui n'admet ou ne suppose aucune condition ; total : *Un soutien inconditionnel.* **2. PSYCHOL.** Se dit, dans la terminologie pavlovienne, d'un stimulus qui provoque un réflexe, une réaction, une réponse indépendamment de tout conditionnement. ◆ **n.** et **adj.** Partisan, admirateur sans réserve de.

INCONDITIONNELLEMENT adv. De façon inconditionnelle.

INCONDUITE n.f. Sout. Mauvaise conduite ; dévergondage.

INCONEL n.m. (nom déposé). Alliage de nickel (80 %), de chrome (14 %) et de fer (6 %).

INCONFORT n.m. 1. Manque de confort. **2.** Situation de malaise moral ; déchirement : *Cette obligation de choisir entre vous est un grand inconfort.*

INCONFORTABLE adj. Qui n'est pas confortable.

INCONFORTABLEMENT adv. De façon inconfortable.

INCONGRU, E adj. (bas lat. *incongruus*). Qui va contre les règles du savoir-vivre, de la bienséance ; inconvenant : *Réflexion incongrue.*

INCONGRUITÉ n.f. Caractère de ce qui est incongru ; action ou parole incongrue : *Dire des incongruités.*

INCONGRÛMENT, ▲ *INCONGRUMENT* **adv.** Litt. De façon incongrue, grossière.

INCONNAISSABLE adj. et **n.m.** Qui ne peut être connu : *L'homme est curieux de l'inconnaissable.*

INCONNU, E adj. et **n. 1.** Que l'on n'a jamais vu ; étranger : *Parler à un inconnu.* **2.** Qui n'est pas célèbre ; obscur : *Peintre inconnu.* ◆ **adj.** Que l'on n'a pas encore éprouvé ; nouveau : *Une sensation inconnue.* ◆ **n.m.** Ce qui reste mystérieux : *L'attrait de l'inconnu.*

INCONNUE n.f. 1. Élément d'une situation qui n'est pas connu : *Trop d'inconnues dans ce projet.* **2. MATH.** Nom donné à la ou aux variables dans le cas d'équations ou d'inéquations.

INCONSCIEMMENT [-sjamɑ̃] **adv.** De façon inconsciente ; machinalement.

INCONSCIENCE n.f. 1. Perte de connaissance momentanée ou durable. **2.** État de qqn qui agit sans mesurer la portée de ses actes ; irresponsabilité.

INCONSCIENT, E adj. 1. Qui a perdu connaissance ; évanoui. **2.** Qui se produit sans qu'on en ait conscience ; involontaire. **3. PSYCHAN.** Relatif à l'inconscient. ◆ **adj.** et **n.** Qui agit de façon inconsidérée : *Il faut être inconscient pour rouler aussi vite.* ◆ **n.m. 1.** Ensemble des phénomènes psychiques qui échappent à la conscience. **2. PSYCHAN.** Instance psychique, distincte de la conscience, capable d'élaborer une pensée. ▪ **Inconscient collectif** [psychan.], inconscient identique chez tous les individus et fait de la stratification des expériences millénaires de l'humanité.

> ➲ S. Freud révolutionna notre savoir en passant de la notion d'un *inconscient physiologique* à la conception d'un *inconscient psychique*. Ce faisant, il créa la « science » psychanalytique. Les rêves, les actes manqués et les symptômes névrotiques attestent l'existence de cet **INCONSCIENT**, inséparable du refoulement* qui en définit le fonctionnement. Freud est alors conduit à reconsidérer radicalement le statut du *moi*. En effet, celui-ci ne peut plus être identifié à la personne tout entière : il n'est qu'une des « instances » du système psychique, une autre étant le *ça* et une autre le *surmoi*.
> Due à C. G. Jung, la notion d'*inconscient collectif* trouve son origine dans les archétypes* qui préexistent à toute existence individuelle et qui conditionnent le développement de la vie psychique.

INCONSÉQUENCE n.f. 1. Manque de suite dans les idées ; erreur de jugement : *Votre inconséquence pourrait vous nuire.* **2.** Action ou parole inconséquente, irréfléchie.

INCONSÉQUENT, E adj. 1. Qui manque de logique, de cohérence ; irréfléchi : *Un adolescent inconséquent.* **2.** Fait ou dit à la légère ; inconsidéré : *Décision inconséquente.*

INCONSIDÉRÉ, E adj. (lat. *inconsideratus*). Fait ou dit sans avoir réfléchi ; inconséquent : *Paroles inconsidérées.*

INCONSIDÉRÉMENT adv. De manière inconsidérée.

INCONSISTANCE n.f. 1. Manque de consistance, de dureté : *L'inconsistance de la vase.* **2.** Fig. Manque de fermeté, de force de caractère ; veulerie. **3.** Manque d'intérêt, de fondement ; insignifiance : *L'inconsistance d'un programme politique.* **4. LOG.** Propriété d'une théorie déductive où une même formule est à la fois démontrable et réfutable.

INCONSISTANT, E adj. 1. Qui manque de consistance, de solidité ; mou. **2.** Fig. Qui manque de logique, de valeur : *Personne, opinion inconsistante.*

INCONSOLABLE adj. Qui ne peut être consolé.

INCONSOLÉ, E adj. et **n.** Qui n'est pas consolé.

INCONSOMMABLE adj. Qui ne peut être consommé ; immangeable.

INCONSTANCE n.f. 1. Tendance à manquer de constance dans ses idées, ses engagements ; versatilité : *L'inconstance de l'électorat* ; infidélité : *Les inconstances d'un conjoint.* **2.** Litt. Caractère changeant, variable ; instabilité : *L'inconstance du succès.*

INCONSTANT, E adj. Sujet à changer ; versatile : *Le public est inconstant.*

INCONSTITUTIONNALITÉ n.f. Caractère de ce qui est inconstitutionnel.

INCONSTITUTIONNEL, ELLE adj. Non conforme à la Constitution.

INCONSTITUTIONNELLEMENT adv. De façon inconstitutionnelle.

INCONSTRUCTIBLE adj. Se dit d'un lieu où aucun permis de construire ne peut être délivré : *Terrain inondable et inconstructible.*

INCONTESTABLE adj. Qui n'est pas contestable ; indiscutable : *Un incontestable succès électoral.*

INCONTESTABLEMENT adv. D'une manière incontestable ; sans conteste.

INCONTESTÉ, E adj. Qui n'est pas contesté ; indiscuté : *Le maître incontesté du reggae.*

INCONTINENCE n.f. 1. Absence de retenue dans les paroles : *Incontinence verbale.* **2.** Vx ou litt. Manque de tempérance dans les plaisirs de l'amour. **3. MÉD.** Évacuation involontaire de selles ou d'urine.

1. INCONTINENT, E adj. (lat. *incontinens*). **1.** Qui manque de modération dans ses paroles : *Une bavarde incontinente.* **2.** Vx ou litt. Qui n'est pas chaste ; débauché. ◆ **adj.** et **n. MÉD.** Atteint d'incontinence.

2. INCONTINENT adv. (du lat. *in continenti tempore*, dans un temps continu). Litt. Tout de suite ; sur-le-champ.

INCONTOURNABLE adj. Qu'il est impossible de contourner, d'éviter : *Un obstacle incontournable* ; dont il faut tenir compte : *Un opposant incontournable.* ◆ **n.m.** Ce qu'il faut absolument faire ou posséder pour être à la mode : *L'ordiphone est un incontournable.*

INCONTRÔLABLE adj. Que l'on ne peut contrôler, vérifier ou maîtriser : *Chiffres, soulèvements incontrôlables.*

INCONTRÔLÉ, E adj. Qui n'est pas contrôlé : *Nouvelles, manifestants incontrôlés.*

INCONVENANCE n.f. 1. Caractère de ce qui est inconvenant ; incorrection. **2.** Action, parole inconvenante ; grossièreté.

INCONVENANT, E adj. Qui heurte les convenances, la bienséance ; malséant.

INCONVÉNIENT n.m. (lat. *inconveniens*, de *convenire*, convenir). **1.** Conséquence fâcheuse d'une situation, d'une action : *Y a-t-il un inconvénient à remettre cette réunion ?* **2.** Ce qui cause un désavantage ; désagrément : *Je ne vois que des inconvénients à cette solution.*

INCONVERTIBILITÉ n.f. Caractère inconvertible : *Inconvertibilité d'une monnaie.*

INCONVERTIBLE adj. 1. Qui n'est pas convertible : *Titre inconvertible en espèces.* **2.** Que l'on ne peut convertir à une religion.

INCOORDINATION n.f. Manque de coordination.

INCORPORABLE adj. Que l'on peut incorporer : *GPS incorporable dans la planche de bord.*

INCORPORATION n.f. 1. Action d'incorporer ; mélange : *Incorporation du beurre à la farine.* **2. MIL.** Opération de prise en compte par une unité militaire des recrues ou des réservistes qui lui sont affectés. **3. PSYCHAN.** Processus tendant à faire pénétrer et à conserver en soi un objet, au moins sur le mode du fantasme.

INCORPOREL, ELLE adj. (lat. *incorporalis*). Qui n'a pas de corps ; immatériel. ▪ **Bien incorporel** [dr.], qui n'a pas d'existence matérielle (nom de société, marque, droits d'auteur, etc.) [par oppos. au *bien corporel*].

INCORPORER v.t. [3] (lat. *incorporare*, de *corpus, -oris*, corps). **1.** Mêler intimement une substance à une autre ; intégrer un élément dans un tout : *Incorporer de la crème à une soupe, des illustrations dans un livre.* **2. MIL.** Procéder à l'incorporation d'une recrue ou d'un réserviste.

INCORRECT, E adj. 1. Qui comporte des erreurs ; erroné : *Calcul incorrect.* **2.** Qui manque aux règles de la politesse ; grossier : *Élève, attitude incorrects.*

INCORRECTEMENT adv. De façon incorrecte.

INCORRECTION n.f. 1. Faute de grammaire ; impropriété. **2.** Manquement aux règles de la bienséance ; impolitesse : *Incorrection à l'égard d'un supérieur.*

INCORRIGIBLE adj. Que l'on ne peut corriger ; invétéré : *Une bavarde, une faute incorrigible.*

INCORRIGIBLEMENT adv. De façon incorrigible.

INCORRUPTIBILITÉ n.f. 1. Qualité de ce qui ne peut se corrompre ; inaltérabilité. **2.** Qualité d'une personne incorruptible ; intégrité.

INCORRUPTIBLE adj. (bas lat. *incorruptibilis*). **1.** Qui ne s'altère pas ; imputrescible. **2.** Que l'on ne peut corrompre, faire agir contre son devoir ; intègre : *Fonctionnaire incorruptible.*

INCRÉDIBILITÉ n.f. Litt. Caractère incroyable de qqch.

INCRÉDULE adj. et **n.** (lat. *incredulus*). **1.** Qui se laisse difficilement convaincre ; sceptique : *L'astrologie la laisse incrédule.* **2.** Qui ne croit pas ou met en doute les croyances religieuses ; incroyant.

INCRÉDULITÉ n.f. Attitude d'une personne qui ne se laisse pas facilement convaincre ; scepticisme.

INCRÉÉ, E adj. RELIG. Qui existe sans avoir été créé.

INCRÉMENT n.m. (angl. *increment*, du lat. *incrementum*, accroissement). **INFORM.** Quantité constante ajoutée à la valeur d'une variable à chaque exécution d'une instruction d'un programme.

INCRÉMENTATION n.f. Action d'ajouter un incrément à.

INCRÉMENTER v.t. [3]. Ajouter un incrément à.

INCRÉMENTIEL, ELLE adj. 1. Se dit d'un logiciel ou d'un matériel qui fonctionne par adjonction d'incréments aux variables qu'il utilise. **2. PSYCHOL.** Qui se constitue par échanges successifs.

INCREVABLE adj. 1. Qui ne peut pas être crevé : *Ballon increvable.* **2.** Fam. Qui n'est jamais fatigué : *Des danseurs increvables.*

INCRIMINABLE adj. Qui peut être incriminé.

INCRIMINATION n.f. Action d'incriminer ; fait d'être incriminé.

INCRIMINER v.t. [3] (lat. *criminare*, de *crimen, -inis*, accusation). Mettre en cause ; accuser : *Ils incriminent toujours les médias.*

INCROCHETABLE adj. Que l'on ne peut crocheter.

1. INCROYABLE adj. 1. À quoi il est difficile ou impossible d'ajouter foi : *Cette coïncidence est incroyable.* **2.** Qui suscite l'étonnement par son caractère excessif ou insolite ; fantastique : *Une interprétation incroyable de réalisme.*

2. INCROYABLE n.m. HIST. Au début du Directoire, membre de la jeunesse dorée, à la tenue vestimentaire excentrique et au langage affecté.

INCROYABLEMENT adv. De façon incroyable ; extraordinairement.

INCROYANCE n.f. Absence de foi religieuse.

INCROYANT, E adj. et **n.** Qui n'a pas de foi religieuse ; irréligieux.

INCRUSTANT, E adj. GÉOL. Qui a la propriété de recouvrir les corps d'une croûte minérale.

INCRUSTATION n.f. 1. Action d'incruster ; ce qui est incrusté : *Des incrustations de nacre dans de l'ébène.* **2.** Motif de broderie ou de dentelle appliqué sur un fond de tissu destiné à être découpé. **3.** Dépôt plus ou moins dur que laisse une eau chargée de carbonates dissous. **4.** Insertion et superposition de plusieurs séquences et images vidéo numériques : *Son nom apparaît en incrustation sur l'écran.*

INCRUSTE n.f. ▪ **Taper l'incruste** [fam.], imposer sa présence, notamm. dans une fête à laquelle on n'a pas été invité ; s'incruster.

INCRUSTER v.t. [3] (lat. *incrustare*, de *crusta*, croûte). **1.** Orner une matière en y enchâssant des fragments d'une autre matière, génér. plus précieuse : *Incruster d'or la lame d'une épée.* **2.** Couvrir d'un dépôt minéral adhérent. ◆ **S'INCRUSTER v.pr. 1.** Adhérer fortement à qqch : *La saleté s'incruste dans l'évier.* **2.** Se couvrir d'incrustations, de dépôts : *Cafetière qui s'incruste de calcaire.* **3.** Fam. Imposer sa présence : *Ils se sont incrustés chez nous tout le week-end.*

INCUBATEUR, TRICE adj. ZOOL. Se dit d'un organe où se fait l'incubation. ◆ **n.m. 1. MÉD.** Couveuse. **2. ÉCON.** Structure créée par de grands groupes, des organismes de recherche ou des universités, réunissant de jeunes entreprises dont ils encouragent la croissance.

INCUBATION n.f. (lat. *incubatio*). **1. ZOOL.** Protection assurée aux œufs dans une cavité du corps de l'un des parents, chez de nombreux vertébrés (SYN. **couvaison**). ➲ Chez l'hippocampe, l'incubation des œufs a lieu dans la poche ventrale du mâle. **2. MÉD.** Période d'une maladie infectieuse comprise entre l'introduction du micro-organisme et l'apparition des symptômes. **3.** Couvaison.

INCUBE n.m. (du bas lat. *incubus*, cauchemar). **OCCULT.** Démon masculin qui, selon la tradition, abuse des femmes pendant leur sommeil (par oppos. à *succube*).

INCUBER v.t. [3] (du lat. *incubare*, être couché sur). **ZOOL.** Opérer l'incubation de.

INCUIT n.m. CONSTR. Partie inerte d'une chaux, d'un ciment, d'un plâtre qui n'a pas été assez chauffée.

INCULCATION n.f. Litt. Action d'inculquer.

INCULPATION n.f. DR. Vieilli. Mise en examen.

INCULPÉ, E n. et **adj.** Vieilli. Mis en examen.

INCULPER v.t. [3] (lat. *inculpare*, de *culpa*, faute). **DR.** Vieilli. Procéder à une mise en examen.

INCULQUER v.t. [3] (du lat. *inculcare*, fouler, presser). Faire entrer durablement qqch dans l'esprit de qqn : *Inculquer le respect aux enfants.*

INCULTE adj. (lat. *incultus*). **1.** Sans culture intellectuelle ; ignare : *Individu inculte.* **2.** Qui n'est pas cultivé ; en friche : *Terres incultes.* **3.** Vx. Se dit d'une chevelure, d'une barbe peu soignée.

INCULTIVABLE adj. AGRIC. Qui ne peut être cultivé.

INCULTURE n.f. Manque de culture intellectuelle ; ignorance.

INCUNABLE adj. et **n.m.** (du lat. *incunabula*, berceau). Se dit d'un ouvrage qui date des origines de l'imprimerie (antérieur à 1500).

INCURABILITÉ n.f. Caractère d'un mal, d'un malade incurable.

INCURABLE adj. et **n.** (bas lat. *incurabilis*). Qui ne peut être guéri : *Accompagner les incurables.* ◆ **adj. 1.** Que l'on ne peut guérir ; inguérissable : *Maladie incurable.* **2.** À quoi l'on ne peut remédier ; incorrigible : *Une incurable paresse.*

INCURABLEMENT adv. De façon incurable.

INCURIE n.f. (lat. *incuria*, de *cura*, soin). Manque de soin ; négligence : *L'incurie nous conduit à la ruine.*

▲ **incroyable.** Caricature d'incroyables et de merveilleuses : *le Bon Genre* (v. 1795).

INCURIEUX, EUSE adj. Litt. Qui ne manifeste aucune curiosité.

INCURIOSITÉ n.f. Litt. Manque de curiosité.

INCURSION n.f. (lat. *incursio*, de *incurrere*, se jeter sur). **1.** Invasion, génér. de courte durée, d'un groupe armé très mobile ; raid. **2.** Entrée soudaine, jugée importune ; irruption : *L'incursion de protestataires sur un plateau de télévision.* **3.** Intérêt momentané pour un domaine dans lequel on est profane : *La sportive a fait une incursion dans la peinture.*

INCURVATION n.f. Action d'incurver ; fait d'être incurvé.

INCURVER v.t. [3] (lat. *incurvare*, de *curbus*, courbe). Rendre courbe ; courber de dehors en dedans. ◆ **S'INCURVER v.pr.** Avoir une forme courbe, concave : *Les cornes de cette antilope s'incurvent joliment.*

INCUS, E adj. (du lat. *incusus*, incrusté). **NUMISM.** Se dit d'une monnaie, d'une médaille dont le revers reproduit en creux le type qui apparaît en relief à l'avers.

INDATABLE adj. Impossible à dater.

INDÉ adj. (abrév.). [Inv. en genre]. Fam. Indépendant : *Ce film est une pépite du cinéma indé américain.*

INDÉBOULONNABLE adj. Fam. Qui ne peut être destitué, révoqué ; intouchable.

INDÉBROUILLABLE adj. Qui ne peut être débrouillé ; inextricable : *Un mystère indébrouillable.*

INDÉCELABLE adj. Qui ne peut être décelé.

INDÉCEMMENT [-samɑ̃] **adv.** De façon indécente.

INDÉCENCE n.f. 1. Caractère d'une personne, d'une chose indécente ; impudeur. **2.** Caractère de ce qui choque par son côté déplacé : *Ce déballage de leur vie privée est d'une totale indécence.*

INDÉCENT, E adj. 1. Qui viole les règles de la pudeur ; inconvenant : *Tenue, personne indécente.* **2.** Qui choque par son caractère immoral ou démesuré ; scandaleux : *Étalage indécent de sa richesse.*

INDÉCHIFFRABLE adj. 1. Que l'on ne peut déchiffrer, lire ; illisible. **2.** Qui est difficile à comprendre ; impénétrable : *Personnalité indéchiffrable.*

INDÉCHIRABLE adj. Qui ne peut être déchiré.

INDÉCIDABILITÉ n.f. Propriété d'une formule indécidable.

INDÉCIDABLE adj. LOG. Se dit d'un énoncé qui, à partir des axiomes d'une théorie donnée, ne peut être ni démontré ni réfuté.

INDÉCIS, E adj. et **n.** (du bas lat. *indecisus*, non tranché). Qui ne sait pas se décider ; hésitant. ◆ **adj. 1.** Qui n'est pas décidé ou décisif ; hypothétique : *Sa présence, sa victoire est indécise.* **2.** Que l'on ne peut pas distinguer nettement ; vague : *Formes indécises dans la brume.*

INDÉCISION n.f. État, caractère d'une personne indécise ; incertitude.

INDÉCLINABLE adj. LING. Qui ne se décline pas.

INDÉCODABLE adj. 1. Qui ne peut être décodé : *Message indécodable.* **2. INFORM.** Dont le décodage par des manœuvres frauduleuses est rendu très difficile ou impossible.

INDÉCOLLABLE adj. Impossible à décoller.

INDÉCOMPOSABLE adj. Qui ne peut être décomposé, analysé.

INDÉCROCHABLE adj. Fam. Que l'on ne peut pas décrocher, obtenir : *Contrat indécrochable.*

INDÉCROTTABLE adj. Fam. Impossible à améliorer ; incorrigible : *Un indécrottable casanier.*

INDÉFECTIBILITÉ n.f. Sout. Caractère de ce qui est indéfectible.

INDÉFECTIBLE adj. (du lat. *deficere*, faire défaut). **1.** Qui ne peut cesser d'être ; immuable : *Amour indéfectible.* **2.** Qui ne peut faire défaut, manquer ; sûr : *Un indéfectible sens de l'orientation.*

INDÉFECTIBLEMENT adv. Sout. De façon indéfectible.

INDÉFENDABLE adj. Qui ne peut être défendu ; insoutenable : *Une théorie indéfendable.*

INDÉFINI, E adj. (lat. *indefinitus*). **1.** Que l'on ne peut délimiter ; infini. **2.** Que l'on ne peut définir ; vague : *Tristesse indéfinie.* ▪ **Adjectif, pronom indéfini** [gramm.], qui indique une indétermination. ➲ *Aucun, chaque, quelque*, etc., sont des adjectifs indéfinis ; *chacun, quelqu'un, personne*, etc., sont des pronoms indéfinis. ▪ **Article indéfini** [gramm.], qui se rapporte à un être ou à un objet indéterminé *(un, une, des)*. ◆ **n.m.** Adjectif ou pronom indéfini.

INDÉFINIMENT adv. Éternellement.

INDÉFINISSABLE adj. Que l'on ne saurait définir ; vague : *Émotion, couleur indéfinissable.*

INDÉFORMABLE adj. Qui ne peut être déformé.

INDÉFRICHABLE adj. Impossible à défricher.

INDÉFRISABLE n.f. Vieilli. Permanente (coiffure).

INDÉHISCENT, E adj. BOT. Se dit d'un fruit sec (akène) qui ne s'ouvre pas, mais se détache en entier de la plante mère.

INDÉLÉBILE adj. (lat. *indelebilis*). **1.** Qui ne peut être effacé : *Tache indélébile.* **2.** Fig. Qu'il est impossible de faire disparaître ; indestructible : *Habitude indélébile.*

INDÉLICAT, E adj. 1. Qui manque de délicatesse, de tact ; grossier. **2.** Qui manque de probité ; malhonnête.

INDÉLICATESSE n.f. Action malhonnête ; escroquerie : *Commettre une indélicatesse.*

INDÉMAILLABLE adj. Se dit d'un tricot dont les mailles ne filent pas si l'une se défait. ◆ **n.m.** Textile indémaillable.

INDEMNE [ɛ̃dɛmn] **adj.** (lat. *indemnis*, de *damnum*, préjudice). **1.** Qui n'a pas subi de dommage physique : *Les passagers de l'autocar accidenté sont indemnes.* **2.** Qui n'est pas atteint dans son intégrité morale : *Sortir indemne d'une affaire judiciaire.*

INDEMNISABLE [-dɛm-] **adj.** Qui peut ou doit être indemnisé.

INDEMNISATION [-dɛm-] **n.f.** Action d'indemniser ; paiement d'une indemnité.

INDEMNISER [-dɛm-] **v.t. [3].** Dédommager qqn de ses frais, de ses pertes, d'un préjudice.

INDEMNITAIRE [-dɛm-] **adj.** Qui a le caractère d'une indemnité. ◆ **n.** Personne qui reçoit une indemnité.

INDEMNITÉ [-dɛm-] **n.f.** (bas lat. *indemnitas*). **1.** Somme allouée pour dédommager d'un préjudice. **2.** Élément d'une rémunération ou d'un salaire destiné à compenser une augmentation du coût de la vie ou à rembourser une dépense imputable à l'exercice de la profession. ▪ **Indemnité de licenciement,** versée par l'employeur à un salarié licencié sans faute grave, calculée en proportion de son salaire et de son ancienneté. ▪ **Indemnité journalière,** prestation en espèces destinée à compenser la perte de salaire subie par l'assuré social, incapable temporairement de travailler. ▪ **Indemnité parlementaire,** traitement perçu par un député ou un sénateur.

INDÉMODABLE adj. Qui ne se démode pas.

INDÉMONTABLE adj. Qui ne peut être démonté.

INDÉMONTRABLE adj. Que l'on ne peut démontrer.

INDÈNE n.m. CHIM. Hydrocarbure à deux cycles benzéniques (C_9H_8), extrait des goudrons de houille.

INDÉNIABLE adj. Que l'on ne peut nier ; incontestable : *Supériorité, victoire indéniable.*

INDÉNIABLEMENT adv. De façon indéniable ; incontestablement.

INDÉNOMBRABLE adj. Qu'il est impossible de dénombrer ; incalculable.

INDENTATION n.f. (de *dent*). Échancrure d'une côte, d'un littoral.

INDÉPASSABLE adj. Que l'on ne peut dépasser.

INDÉPENDAMMENT adv. De manière autonome, indépendante : *Ils ont agi indépendamment.* ◆ **INDÉPENDAMMENT DE loc. prép. 1.** En considérant à part chacun des éléments. **2.** En plus de ; par surcroît : *Indépendamment du confort, l'avion offre l'avantage de la rapidité.*

INDÉPENDANCE n.f. 1. État d'une personne indépendante, autonome. **2.** Caractère, attitude d'une personne qui refuse les contraintes, les influences, les règles établies ; individualisme. **3.** Autonomie politique ; souveraineté nationale : *Ce territoire réclame son indépendance.* **4.** LOG. Propriété d'un axiome indémontrable à partir des autres axiomes de la théorie dans laquelle il figure.

INDÉPENDANT, E adj. 1. Qui ne dépend d'aucune autorité ; libre. **2.** Qui refuse la contrainte, la soumission : *Caractère indépendant.* **3.** Qui jouit de l'autonomie politique ; souverain : *Pays indépendant.* **4.** Qui n'a aucun rapport avec autre chose ; distinct : *Chaque épisode de la série est indépendant des autres.* **5.** Se dit du secteur de la production cinématographique ou musicale qui revendique une certaine autonomie artistique et financière face à l'hégémonie des majors et des circuits de distribution traditionnels ; se dit d'une œuvre produite par ce secteur : *Cinéma, film indépendant. Un festival du film indépendant.* Abrév. **indé.** ▪ **Événements indépendants** [math.], événements A et B d'un même univers tels que la probabilité conditionnelle de A relative à B soit égale à la probabilité simple de A : $P_B(A) = P(A)$. ▪ **Proposition indépendante,** ou **indépendante, n.f.** [gramm.], proposition qui ne dépend d'aucune autre et dont aucune ne dépend. ▪ **Travailleur indépendant,** exerçant librement son activité, sans lien de subordination avec celui qui lui demande un travail. ▪ **Variables aléatoires indépendantes** [math.], variables aléatoires conjointes X et Y susceptibles de prendre respectivement les valeurs x_i de probabilité p_i et y_j de probabilité q_j et telles que la probabilité pour que X soit égale à x_i et Y soit égale à y_j est $p_i \times q_j$. ▪ **Vecteurs (linéairement) indépendants** [math.], dont les seules combinaisons linéaires nulles sont celles pour lesquelles tous les coefficients sont nuls.

INDÉPENDANTISME n.m. Revendication d'indépendance de la part d'un peuple.

INDÉPENDANTISTE adj. et **n.** Qui est partisan de l'indépendance politique ; qui la revendique.

INDÉRACINABLE adj. Que l'on ne peut déraciner, faire disparaître : *Principes indéracinables.*

INDÉRÉGLABLE adj. Qui ne peut se dérégler.

INDESCRIPTIBLE adj. Qui ne peut être décrit, exprimé ; inimaginable : *Un désordre indescriptible.*

1. INDÉSIRABLE adj. et **n.** Que l'on n'accepte pas dans un pays, un groupe ; intrus.

2. INDÉSIRABLE adj. ▪ **Effet indésirable,** trouble physique, psychique, biologique provoqué par un médicament.

INDESTRUCTIBILITÉ n.f. Sout. Caractère de ce qui est indestructible.

INDESTRUCTIBLE adj. Qui ne peut être détruit.

INDÉTECTABLE adj. Impossible à détecter.

INDÉTERMINABLE adj. Qui ne peut être déterminé.

INDÉTERMINATION n.f. 1. Caractère de ce qui n'est pas déterminé, précisé ; imprécision. **2.** Litt. Caractère hésitant, indécis de qqn ; irrésolution. **3.** MATH. Non-aboutissement, souvent provisoire, dans le calcul d'une limite. ▪ **Cas d'indétermination** [math.], forme indéterminée*.

INDÉTERMINÉ, E adj. 1. Qui n'est pas déterminé, précisé ; indéfini : *Pour une raison indéterminée.* **2.** MATH. Se dit des formes $\frac{0}{0}$, $\frac{\infty}{\infty}$, $0 \times \infty$, $\infty - \infty$, 0^0, ∞^0, 1^∞, sous lesquelles se présentent, lors d'une recherche de limite, certaines expressions mathématiques. ◆ **n.f.** MATH. Nombre, variable ou inconnu, désigné par une lettre.

INDÉTERMINISME n.m. 1. Doctrine épistémologique qui remet en question la validité des déterminismes, partic. au niveau de la physique des particules. **2.** Caractère de ce qui n'est pas soumis au déterminisme. **3.** Doctrine métaphysique qui nie le déterminisme et affirme en conséquence le libre arbitre de l'homme.

INDÉTRÔNABLE adj. À qui l'on ne peut ravir sa prééminence : *Un maire indétrônable.*

INDEX [ɛ̃dɛks] **n.m.** (mot lat. « indicateur »). **1.** Deuxième doigt de la main, le plus proche du pouce. **2.** Repère servant au réglage de la position d'un élément mobile ou à la lecture d'une graduation. **3.** Liste alphabétique des mots, des sujets, des noms apparaissant dans un ouvrage, une collection, etc., avec les références permettant de les retrouver. **4.** Belgique. Indice des prix. **5.** INFORM. Valeur fixe permettant de compléter ou de corriger les valeurs de certaines adresses lors de l'exécution d'une instruction. ▪ **Index glycémique** → **GLYCÉMIQUE.** ▪ **L'Index,** v. partie n.pr. ▪ **Mettre à l'index,** signaler comme dangereux ; exclure.

INDEXATION n.f. ou **INDEXAGE n.m.** Action d'indexer ; fait d'être indexé. ▪ **Indexation automatique,** processus informatique consistant à référencer des données (documents, mots-clés, etc.) pour faciliter leur accès ou leur traitement.

INDEXER v.t. [3]. 1. Lier la variation d'une valeur (prix, salaire, loyer) à la variation d'une autre valeur prise comme référence : *Indexer le prix de l'essence sur celui du pétrole.* **2.** Réaliser l'index d'un ouvrage, d'une collection. **3.** Mettre à sa place, à son ordre dans un index : *Indexer le nom d'un auteur.* ▪ **Indexer les éléments d'un ensemble E par l'ensemble ordonné I** [math.], établir une bijection entre E et I.

INDEXEUR, EUSE n. Personne qui réalise l'index d'un ouvrage.

INDIANISME n.m. 1. Étude des langues et des civilisations de l'Inde. **2.** Tendance littéraire sud-américaine du XIXe s., qui se caractérise par l'intérêt porté aux cultures amérindiennes et par la célébration de la nature américaine.

INDIANISTE n. 1. Spécialiste de l'indianisme. **2.** Écrivain se rattachant à l'indianisme.

INDIC n.m. (abrév.). Fam. Indicateur de police.

INDICATEUR, TRICE adj. Qui indique, fait connaître : *Poteau indicateur.* ◆ **n.m. 1.** Livre ou brochure qui sert de guide : *L'indicateur des horaires de trains.* **2.** Appareil qui sert à indiquer : *L'indicateur d'altitude d'un avion.* **3.** Individu qui renseigne la police en échange d'un privilège ou d'une rémunération. Abrév. (fam.) **indic. 4.** Petit oiseau insectivore des régions chaudes, au plumage terne, voisin du pic. ➲ Famille des indicatoridés. ▪ **Indicateur coloré** [chim.], substance dont la couleur change suivant qu'elle est sous forme d'acide ou de base conjuguée. ▪ **Indicateur économique,** donnée quantitative illustrant la situation économique d'un pays pour une période donnée (PIB, taux d'inflation, taux de chômage, etc.) [SYN. **clignotant**].

1. INDICATIF, IVE adj. Qui indique, annonce, renseigne : *Prix communiqué à titre indicatif.* ◆ **n.m. 1.** Thème musical répétitif diffusé par une station de radio ou de télévision au début d'une émission, pour en permettre l'identification. **2.** Nombre sélectionnant une zone géographique que l'on doit composer avant le numéro d'appel d'un correspondant au téléphone. ▪ **Indicatif d'appel,** groupe de lettres et de chiffres assigné à une station d'émission radiophonique pour permettre son identification.

2. INDICATIF n.m. GRAMM. Mode du verbe qui présente le procès de façon neutre, objective, sans interprétation. ➲ En français, l'indicatif comporte des temps simples (présent, futur, imparfait, passé simple) et des temps composés (passé composé, plus-que-parfait, passé antérieur, futur antérieur).

INDICATION n.f. 1. Action d'indiquer : *Une lettre sans indication de lieu ni de date.* **2.** Ce qui indique, fait connaître ; indice : *Le tremblement de ses mains est une indication de son angoisse.* **3.** Ce qu'il est recommandé de faire ; conseil : *Suivre les indications du médecin.* **4.** MÉD. Affection pour laquelle un traitement particulier est recommandé : *Les indications d'un antibiotique.*

INDICE n.m. (du lat. *indicium*, dénonciation). **1.** Objet, signe qui met sur la trace de qqch ; indication : *Les concurrents du rallye recherchent des indices. La police n'a relevé aucun indice.* **2.** Rapport entre des quantités ou des prix, qui en montre l'évolution : *L'indice des prix de détail.* **3.** MATH. Nombre placé à droite et en bas d'une lettre pour constituer avec elle un nouveau symbole. ➲ A_n se lit « A indice *n* ». **4.** PHYS. Nom donné à certaines grandeurs obtenues comme quotient de deux grandeurs ou de deux produits de grandeurs de même espèce. ▪ **Indice d'écoute,** nombre des personnes, évalué en pourcentage, ayant écouté ou regardé une émission de radio, de télévision à un moment déterminé. ▪ **Indice de développement humain (IDH)** [écon.], indicateur composite permettant d'évaluer les conditions d'existence de la population d'un pays. ➲ Il prend en compte l'espérance de vie, l'accès à l'éducation et le PNB par habitant. ▪ **Indice de masse corporelle** → **1. MASSE.** ▪ **Indice de traitement,** valeur de référence de la grille indiciaire des fonctionnaires. ▪ **Indice optique,** paramètre sans dimension caractérisant la réfringence d'un milieu optique.

INDICIAIRE adj. Rattaché à un indice.

INDICIBLE adj. (du lat. *dicere*, dire). Litt. Que l'on ne peut exprimer : *Peur indicible.*

INDICIBLEMENT adv. Litt. De façon indicible.

INDICIEL, ELLE adj. ÉCON. Relatif à un indice statistique.

INDIEN, ENNE adj. et **n. 1.** De l'Inde ; de ses habitants. **2.** De l'ensemble des régions d'Asie (jadis appelé *les Indes*), comprenant, outre l'Inde proprement dite, les pays culturellement apparentés : *Le monde indien.* **3.** Cour. Amérindien. ◆ **adj.** ▪ **Été indien** → **ÉTÉ.**

INDIENNE n.f. Toile de coton peinte ou imprimée fabriquée, à l'origine, en Inde.

INDIFFÉREMMENT [-ra-] **adv.** Sans faire de différence ; indistinctement.

INDIFFÉRENCE n.f. État d'une personne indifférente, qui ne porte aucun intérêt à qqn, qqch ; détachement : *Elle est partie dans l'indifférence générale.* ▪ **Liberté d'indifférence** [philos.], qui consiste dans le fait de n'être soumis à aucune contrainte.

INDIFFÉRENCIATION n.f. État de ce qui est indifférencié.

INDIFFÉRENCIÉ, E adj. BIOL., MÉD. Se dit d'un tissu, d'une cellule qui n'a pas subi de différenciation (cellule embryonnaire, par ex.) ou qui a subi une dédifférenciation (cellule cancéreuse). ▪ **Descendance indifférenciée** [anthrop.], ensemble de personnes parentes indifféremment par les hommes ou par les femmes. (On dit aussi *descendance cognatique.*)

INDIFFÉRENT, E adj. (lat. *indifferens*). **1.** Qui n'éprouve aucun sentiment, aucun intérêt particulier pour qqn, qqch : *Ses larmes me laissent indifférent.* **2.** Qui ne suscite chez qqn aucun motif de préférence, aucun sentiment particulier : *Ce film ou l'autre, c'est indifférent. Il lui est indifférent de rester ou de partir.* **3.** Qui est de peu d'importance ; banal : *Parler de choses indifférentes.* ▪ **Équilibre indifférent** [mécan.], dans lequel un corps, écarté de sa position d'équilibre, se stabilise dans sa nouvelle position. ◆ **n.** Individu que rien ne touche ni n'émeut.

INDIFFÉRENTISME n.m. Système qui érige l'indifférence en principe dans les domaines philosophique, politique, religieux.

INDIFFÉRER v.t. [11], ▲ *[11*].* Être indifférent à qqn : *Son opinion m'indiffère.*

INDIGÉNAT n.m. 1. HIST. Régime administratif qui était appliqué aux indigènes des colonies françaises. **2.** Suisse. Droit de cité.

INDIGENCE n.f. (du lat. *indigentia*, besoin). **1.** État d'une personne qui vit dans la misère ; dénuement. **2.** Grande pauvreté intellectuelle ou morale : *L'indigence d'un discours politique.*

INDIGÈNE adj. et **n.** (lat. *indigena*). **1.** Né dans le pays qu'il habite (SYN. **aborigène, autochtone**). **2. HIST.** Originaire d'un pays d'outre-mer, avant la décolonisation. ◆ **adj.** Se dit d'une plante ou d'un animal originaires de la région où ils vivent.

INDIGÉNISME n.m. Politique ayant pour but l'acculturation, l'assimilation des Amérindiens, en Amérique latine.

INDIGENT, E adj. et **n.** (lat. *indigens*, de *egere*, manquer). Qui est privé de ressources suffisantes ; nécessiteux. ◆ **adj.** Qui révèle une nette insuffisance ; stérile : *Une imagination indigente.*

INDIGESTE adj. (lat. *indigestus*). **1.** Difficile à digérer ; lourd : *Sa choucroute est indigeste.* **2.** Fig. Difficile à assimiler par l'esprit : *Article indigeste.*

INDIGESTION n.f. Trouble bénin de la digestion après un repas, aboutissant génér. au vomissement. ▪ **Avoir une indigestion de qqch** [fam.], en être dégoûté pour en avoir fait un usage excessif.

INDIGNATION n.f. Sentiment de colère, de révolte provoqué par qqn, qqch : *Les journalistes ont crié leur indignation devant le sort réservé à leur consœur.*

INDIGNE adj. (lat. *indignus*). **1.** Qui n'est pas digne de qqch : *Il est indigne de présider notre association.* **2.** Qui inspire le mépris ; vil : *Délation indigne.* **3.** Qui n'est pas digne de son rôle, de sa fonction : *Fils indigne.*

INDIGNÉ, E adj. Qui manifeste ou révèle l'indignation ; outré : *Une voix indignée.* ◆ **adj.** et **n.** Qui éprouve de l'indignation : *Un rassemblement d'indignés.*

INDIGNEMENT adv. De façon indigne.

INDIGNER v.t. [3]. Provoquer l'indignation de ; scandaliser : *Son égoïsme nous indigne.* ◆ **S'INDIGNER v.pr.** Éprouver de l'indignation ; s'insurger.

INDIGNITÉ n.f. 1. Caractère d'une personne, d'un acte indignes : *L'indignité d'un délateur, d'une requête.* **2.** Action indigne, méprisable ; bassesse. ▪ **Indignité nationale** [dr.], peine comportant notamm. la privation des droits civiques, qui réprimait les crimes d'intelligence avec l'ennemi commis pendant l'Occupation. ▪ **Indignité successorale** [dr.], qui exclut d'une succession l'héritier ayant commis une faute grave envers le défunt.

INDIGO n.m. (port. *indico*, du lat. *indicum*, de l'Inde). **1.** Matière colorante qui, dans sa forme première, est d'un bleu légèrement violacé. ➲ Extrait à l'origine de l'indigotier, l'indigo est auj. obtenu par synthèse. **2.** Couleur bleu foncé légèrement violacé. ◆ **adj. inv.** De la couleur de l'indigo.

INDIGOTIER n.m. Plante vivace des régions chaudes, autref. cultivée comme plante tinctoriale. ➲ Sous-famille des papilionacées.

INDIGOTINE n.f. CHIM. ORG. Composé $C_{16}H_{10}N_2O_2$, principe colorant de l'indigo.

INDIQUÉ, E adj. Qui convient parfaitement ; adapté : *Ce médicament est tout indiqué dans votre cas.*

INDIQUER v.t. [3] (lat. *indicare*). **1.** Montrer qqn, qqch d'une manière précise ; désigner. **2.** Être le signe, l'indice de ; révéler : *Cette remarque indique une grande hypocrisie.* **3.** Fournir un renseignement à qqn : *Indiquer le chemin de la gare.* **4. BX-ARTS.** Esquisser.

INDIRECT, E adj. Qui ne conduit pas au but directement ; détourné : *Un chemin indirect* ; qui ne se produit pas directement : *Les conséquences indirectes de la crise.* ▪ **Complément d'objet indirect** → **OBJET.** ▪ **Discours** ou **style indirect, interrogation indirecte** [ling.], énoncé qui reproduit les paroles de qqn à l'intérieur d'un autre énoncé par l'intermédiaire d'un subordonnant (ex. : *Il a dit qu'il ne viendrait pas*) [CONTR. **1. direct**]. ▪ **Tir indirect** [mil.], dans lequel l'objectif est invisible depuis l'emplacement de l'arme.

INDIRECTEMENT adv. De façon indirecte.

INDISCERNABLE adj. Que l'on ne peut discerner ; imperceptible.

INDISCIPLINE n.f. Attitude de qqn qui ne se soumet pas à la discipline ; insubordination.

INDISCIPLINÉ, E adj. Rebelle à toute discipline ; désobéissant : *Élève indiscipliné.*

INDISCRET, ÈTE adj. et **n. 1.** Qui manque de discrétion ou dénote de l'indiscrétion : *Un collaborateur, un regard indiscret.* **2.** Qui révèle ce qu'il devrait taire ; bavard : *Ne parlons pas devant lui, il est très indiscret.*

INDISCRÈTEMENT adv. De façon indiscrète.

INDISCRÉTION n.f. Manque de discrétion ; révélation de ce qui devait rester secret : *Je l'ai su par une indiscrétion de sa part.*

INDISCUTABLE adj. Qui n'est pas discutable ; évident : *Un succès indiscutable.*

INDISCUTABLEMENT adv. De façon indiscutable.

INDISCUTÉ, E adj. Qui n'est pas mis en doute ; incontesté.

INDISPENSABLE adj. 1. Dont on ne peut se passer ; essentiel : *Votre présence est indispensable.* **2. BIOL., MÉD.** Essentiel. ◆ **n.m.** Ce dont on ne peut se passer : *N'emporter que l'indispensable.*

INDISPONIBILITÉ n.f. État de qqn ou de qqch qui est indisponible.

INDISPONIBLE adj. 1. Dont on ne peut pas disposer ; occupé : *La salle de réunion est indisponible.* **2.** Qui n'est pas libre en raison de contraintes, d'obligations : *Le directeur est indisponible.*

INDISPOSÉ, E adj. Légèrement souffrant. ◆ **adj.f.** Se dit d'une femme qui a ses règles.

INDISPOSER v.t. [3]. 1. Rendre un peu malade ; incommoder. **2.** Rendre mécontent ; fâcher : *L'augmentation des tarifs indispose les usagers.*

INDISPOSITION n.f. 1. Léger malaise. **2.** État d'une femme indisposée.

INDISSOCIABLE adj. 1. Que l'on ne peut dissocier d'une autre chose ou d'une autre personne ; inséparable. **2.** Que l'on ne peut fractionner ; indivisible : *Un tout indissociable.*

INDISSOLUBILITÉ n.f. Qualité de ce qui est indissoluble.

INDISSOLUBLE adj. Qui ne peut être dissous, défait ; indestructible : *Leur amitié est indissoluble.*

INDISSOLUBLEMENT adv. De façon indissoluble.

INDISTINCT, E [-tɛ̃(kt), ɛ̃kt] **adj.** Que l'on distingue mal ; flou : *Sommet indistinct dans la brume* ; confus : *D'ici, leur conversation est indistincte.*

INDISTINCTEMENT adv. 1. De façon indistincte ; vaguement : *Apercevoir indistinctement des silhouettes.* **2.** Sans faire de différence ; indifféremment : *Tous les enfants du quartier sont accueillis indistinctement à l'atelier théâtre.*

INDIUM [ɛ̃djɔm] **n.m. 1.** Métal blanc, plus malléable que le plomb, qui fond à 156,6 °C et présente des analogies avec l'aluminium. **2.** Élément chimique (In), de numéro atomique 49, de masse atomique 114,818.

INDIVIDU n.m. (du lat. *individuum*, ce qui est indivisible). **1.** Être humain ; personne : *L'individu et la société.* **2.** (Souvent péjor.). Être humain indéterminé ; quidam : *Un individu s'est introduit chez nous.* **3. BIOL.** Chaque spécimen vivant d'une espèce animale ou végétale, issu d'une cellule unique : *Le genre, l'espèce et l'individu.*

INDIVIDUALISATION n.f. Action d'individualiser ; fait de s'individualiser.

INDIVIDUALISER v.t. [3]. Rendre distinct des autres par des caractères propres ; personnaliser : *La loi permet d'individualiser les peines.* ◆ **S'INDIVIDUALISER v.pr.** Se distinguer en affirmant sa personnalité ; se singulariser : *Elle s'est individualisée de sa sœur jumelle.*

INDIVIDUALISME n.m. 1. Tendance à s'affirmer indépendamment des autres. **2.** Attitude prônant l'initiative individuelle, l'indépendance et l'autonomie de la personne au regard de la société. **3. PHILOS.** Doctrine qui accorde la primauté à l'individu, placé au fondement de toutes les valeurs ou conçu comme la seule réalité véritable et le principe ultime d'explication des phénomènes collectifs. ▪ **Individualisme méthodologique** [sociol.], méthode consistant à analyser les phénomènes collectifs comme la résultante d'un ensemble d'actions, de croyances ou d'attitudes individuelles.

INDIVIDUALISTE adj. et **n. 1.** Qui manifeste de l'indépendance, une tendance à ne penser qu'à soi. **2. PHILOS.** Partisan de l'individualisme.

INDIVIDUALITÉ n.f. 1. Personne douée d'un caractère particulièrement marqué et original ; personnalité. **2.** Ce qui constitue l'individu : *La drogue modifie l'individualité psychique des êtres humains.* **3.** Originalité propre à une personne ; particularité : *L'individualité d'un peintre.*

INDIVIDUATION n.f. 1. PHILOS. Processus par lequel un individu se distingue d'un autre. **2. PSYCHOL.** Processus par lequel la personnalité se différencie.

1. INDIVIDUEL, ELLE adj. 1. Qui concerne une seule personne : *Chambre individuelle* ; qui est le fait d'une seule personne ; personnel : *Travail individuel.* **2. SPORTS.** Se dit d'une épreuve ou d'une compétition qui ne se dispute pas par équipe. ▪ **Maison individuelle,** destinée à loger une seule famille.

2. INDIVIDUEL, ELLE n. SPORTS. Concurrent n'appartenant à aucun club, à aucune équipe, dans une compétition.

INDIVIDUELLEMENT adv. De façon individuelle ; séparément.

INDIVIS, E [ɛ̃divi, iz] **adj.** (du lat. *indivisus*, qui n'est pas séparé). **DR. 1.** Qui est possédé à la fois par plusieurs personnes et n'a pas été partagé (par oppos. à *divis*) : *Propriété indivise.* **2.** Qui possède conjointement une propriété non divisée :

Héritiers indivis. ◆ **n.m. DR.** ▪ **Par** ou **en indivis,** sans qu'il y ait eu partage ; en commun.

INDIVISAIRE n. DR. Personne qui possède qqch dans l'indivision.

INDIVISIBILITÉ n.f. Caractère indivisible.

INDIVISIBLE adj. Qui ne peut être divisé ; indissociable.

INDIVISION n.f. DR. 1. État d'un bien indivis. **2.** Situation de qqn qui possède de tels biens.

IN-DIX-HUIT [indizɥit] **adj. inv.** et **n.m. inv.** Se dit du format déterminé par le pliage d'une feuille d'impression en 18 feuillets (36 pages) ; livre de ce format. (On écrit aussi *in-18.*)

INDO-ARYEN, ENNE adj. et **n.m.** (pl. *indo-aryens, ennes*). Se dit des langues indo-européennes parlées en Inde (sanskrit, hindi, ourdou, marathe, bengali, pendjabi, gujarati, oriya, cinghalais, etc.).

INDOCHINOIS, E adj. et **n.** De l'Indochine.

INDOCILE adj. Qui n'est pas docile ; rebelle : *Enfant indocile.*

INDOCILITÉ n.f. Attitude d'une personne indocile ; insubordination.

INDO-EUROPÉEN, ENNE adj. et **n.** (pl. *indo-européens, ennes*). Se dit des langues issues de l'indo-européen et des peuples qui les ont parlées. ◆ **n.m.** Langue qui n'est pas directement attestée mais qui a été reconstituée par comparaison des diverses langues à l'origine desquelles elle se trouve.

INDOLE n.m. CHIM. ORG. Composé comportant un cycle benzénique accolé à un cycle pyrrole, à la base d'une série d'hétérocycles.

INDOLE-ACÉTIQUE adj. (pl. *indole-acétiques*). **BIOCHIM.** ▪ **Acide indole-acétique,** principe actif de croissance des végétaux, contenu dans l'auxine.

INDOLEMMENT [-lamɑ̃] **adv.** Avec indolence.

INDOLENCE n.f. Comportement indolent ; nonchalance.

INDOLENT, E adj. (lat. *indolens*, de *dolere*, souffrir). Qui évite de se donner de la peine ; apathique : *Un entraîneur indolent.*

INDOLIQUE adj. Se dit d'une molécule comportant un squelette indole (benzopyrrole). ➲ De nombreux alcaloïdes naturels ont une structure indolique.

INDOLORE adj. Qui ne cause aucune douleur : *Blessure indolore.*

INDOMPTABLE [-dɔ̃tabl] **adj.** Que l'on ne peut dompter, maîtriser ; sauvage : *Tigre indomptable ;* irréductible : *Un orgueil indomptable.*

INDOMPTÉ, E [-dɔ̃-] **adj.** Que l'on n'a pu dompter, soumettre.

INDONÉSIEN, ENNE adj. et **n.** De l'Indonésie ; de ses habitants. ◆ **n.m. 1.** Ensemble de langues constituant la branche occidentale de la famille austronésienne. **2.** Forme du malais parlée en Indonésie.

INDOPHÉNOL n.m. CHIM. Matière colorante obtenue en faisant agir un phénate alcalin sur une amine (nom générique).

IN-DOUZE [induz] **adj. inv.** et **n.m. inv.** Se dit du format déterminé par le pliage d'une feuille d'impression en 12 feuillets (24 pages) ; livre de ce format. (On écrit aussi *in-12.*)

INDRI [ɛ̃dri] **n.m.** (mot malgache). Lémurien arboricole et herbivore de Madagascar, à queue courte, qui pousse de longs cris plaintifs. ➲ Famille des indridés.

INDRICOTHÉRIUM [-rjɔm] **n.m.** Baluchithérium.

1. INDU, E adj. Non conforme à la règle, à l'usage : *Réclamation indue.* ▪ **Heure indue,** heure où il n'est pas convenable de faire telle ou telle chose.

2. INDU n.m. DR. Ce qui n'est pas dû.

INDUBITABLE adj. (lat. *indubitabilis*). Dont on ne peut douter ; certain : *Complicité indubitable.*

INDUBITABLEMENT adv. De façon indubitable.

INDUCTANCE n.f. ÉLECTROMAGN. Quotient du flux d'induction à travers un circuit, créé par le courant traversant celui-ci, par l'intensité de ce courant. ▪ **Inductance propre,** auto-inductance.

INDUCTEUR, TRICE adj. ÉLECTROMAGN. Se dit de ce qui produit le phénomène d'induction. ◆ **n.m. 1.** Aimant ou électroaimant destiné à fournir le champ magnétique créateur de l'induction. **2. BIOL., MÉD.** Substance chimique qui a la propriété d'induire une réaction biologique, un processus physiologique. ▪ **Inducteur de l'ovulation** [biol., méd.], médicament provoquant l'ovulation chez la femme, prescrit dans certaines stérilités.

INDUCTIF, IVE adj. 1. Qui procède par induction : *Méthode inductive.* **2. ÉLECTROMAGN.** Qui possède une inductance.

INDUCTION n.f. (lat. *inductio*). **1.** Opération intellectuelle par laquelle on passe de données particulières à une proposition générale qui en rend compte. **2. MATH.** Raisonnement par récurrence*. **3. MÉD.** Déclenchement naturel ou thérapeutique d'un phénomène dans l'organisme. **4. EMBRYOL.** Processus qui commande la différenciation des cellules de l'embryon et contrôle la constitution de celui-ci. ▪ **Induction électromagnétique,** production de tension ou de courants induits dans un circuit par suite de la variation du flux d'induction magnétique qui le traverse. ▪ **Induction magnétique,** vecteur caractérisant la densité du flux magnétique qui traverse une substance. ➲ Son unité SI est le tesla. ▪ **Moteur à induction,** moteur électrique à courant alternatif sans collecteur, dont une partie seulement, rotor ou stator, est reliée au réseau, l'autre partie travaillant par induction.

INDUIRE v.t. [78] (du lat. *inducere*, conduire à). **1.** Inciter qqn à une action, à un comportement ; pousser à : *C'est la peur qui l'a induit à te mentir.* **2.** Avoir pour conséquence ; entraîner : *Son changement de poste induit une meilleure paie.* **3.** Établir par voie de conséquence, par induction ; conclure. **4. ÉLECTROMAGN.** Produire les effets de l'induction. ▪ **Induire qqn en erreur,** l'amener à se tromper.

1. INDUIT, E adj. 1. Établi par induction : *Proposition induite.* **2.** Se dit d'un courant électrique produit par induction. ▪ **Loi induite sur une partie A de E munie d'une loi de composition interne** ⊤ [math.], application définie de A × A dans A qui, à (x, y), associe $x \top y$.

2. INDUIT n.m. Partie d'une machine électrique dans laquelle est induite une force électromotrice.

INDULGENCE n.f. 1. Capacité d'excuser ou de pardonner les fautes d'autrui ; clémence : *Je n'ai aucune indulgence pour le mensonge, les menteurs.* **2. CATH.** Remise totale *(indulgence plénière)* ou partielle *(indulgence partielle)* des peines temporelles dues pour les péchés déjà pardonnés. ▪ **Querelle des Indulgences***, v. partie n.pr.

INDULGENT, E adj. (lat. *indulgens*). Qui est porté à excuser, à pardonner ; bienveillant.

INDULINE n.f. CHIM. Colorant bleu dérivé de l'aniline (nom générique).

INDULT [ɛ̃dylt] **n.m.** (du bas lat. *indultum*, permission). **DR. CANON.** Toute faveur accordée par le Saint-Siège, soit au bénéfice d'une communauté, soit pour le bien d'un particulier, et qui dispense du droit commun de l'Église.

INDÛMENT, ▲ *INDUMENT* **adv.** De façon illégitime ; illégalement.

INDURATION n.f. MÉD. Durcissement anormal d'un tissu ; la partie dure elle-même.

INDURÉ, E adj. MÉD. Qui est dur à la palpation. ▪ **Chancre induré,** chancre syphilitique.

INDURER v.t. [3]. Rendre dur un tissu organique.

▲ **indri**

INDUSTRIALISATION n.f. Action d'industrialiser ; fait de s'industrialiser.

INDUSTRIALISÉ, E adj. Où l'industrie tient une place prédominante. ▪ **Nouveaux pays industrialisés** [vieilli], pays dits auj. *émergents.*

INDUSTRIALISER v.t. [3]. 1. Donner un caractère industriel à une activité. **2.** Équiper une région, un pays en usines, en industries. ◆ **S'INDUSTRIALISER v.pr. 1.** Prendre un caractère industriel. **2.** S'équiper en usines, en industries.

INDUSTRIALISME n.m. Système économique dans lequel l'industrie est considérée comme le moteur des sociétés.

INDUSTRIALO-PORTUAIRE (pl. *industrialo-portuaires*), ▲ **INDUSTRIALOPORTUAIRE adj.** Se dit d'un espace ou d'un complexe aménagé industriellement pour traiter des produits livrés par bateau.

INDUSTRIE n.f. (du lat. *industria*, activité). **1.** Ensemble des activités économiques qui produisent des biens matériels par la transformation et la mise en œuvre de matières premières. **2.** Chacune de ces activités économiques : *L'industrie pharmaceutique.* **3.** Souvent péjor. Activité organisée sur une grande échelle : *L'industrie du crime.* **4.** Litt., vx. Habileté employée à faire qqch ; ingéniosité. ▪ **Apport en industrie** [dr. comm.], apport par l'associé de ses connaissances techniques, de son travail, de ses services. ▪ **Capitaine d'industrie,** dirigeant d'une entreprise industrielle. ▪ **Chevalier d'industrie** → **CHEVALIER.** ▪ **Industries de la langue,** ensemble des activités liées aux applications de la recherche en linguistique, en informatique et en linguistique informatique (synthèse et reconnaissance de la parole, systèmes de dialogue homme-machine, aides à la correction orthographique, etc.). [On dit aussi *ingénierie linguistique.*] ▪ **Petites et moyennes industries** → **PMI.**

1. INDUSTRIEL, ELLE adj. 1. Relatif à l'industrie : *Secteur industriel ;* qui relève de l'industrie (par oppos. à *artisanal*) : *Fromage de chèvre industriel.* **2.** Relatif à un lieu où sont implantées des usines, des industries : *Zone industrielle.* ▪ **Économie industrielle,** branche de la science économique qui s'intéresse au développement des industries par des analyses sectorielles visant à mieux comprendre le fonctionnement et la structure de chaque marché. ▪ **Psychologie industrielle,** qui s'occupe des problèmes de psychologie (choix et orientation du personnel, notamm.) et d'organisation du travail. ▪ **Quantité industrielle** [fam.], très grande quantité. ▪ **Révolution industrielle** [hist.], ensemble des phénomènes qui ont accompagné, à partir du XVIIIe s., la transformation du monde moderne grâce au développement du capitalisme, des techniques de production et des moyens de communication.

2. INDUSTRIEL n.m. Chef d'une entreprise transformant des matières premières en produits finis ou semi-finis.

INDUSTRIELLEMENT adv. De façon industrielle.

INDUSTRIEUX, EUSE adj. Litt. **1.** Qui a de l'habileté dans son métier : *Un artisan industrieux.* **2.** Qui est très dynamique, actif : *Abeilles industrieuses.*

INDUVIE n.f. (du lat. *induvium*, écorce). **BOT.** Organe de dissémination du fruit, provenant de la partie mâle de la fleur.

INEAT [ineat] **n.m. inv.** (mot lat. « qu'il entre »). Pour certains fonctionnaires, autorisation de venir exercer dans le ressort de l'autorité qui la délivre.

INÉBRANLABLE adj. 1. Qui ne peut être ébranlé ; indestructible : *Maison inébranlable.* **2.** Que l'on ne peut faire changer ; inflexible : *Volonté inébranlable.* **3.** Qui ne se laisse pas abattre, fléchir ; imperturbable : *Il est resté inébranlable face à ses détracteurs.*

INÉBRANLABLEMENT adv. De façon inébranlable.

INÉCHANGEABLE adj. Qui ne peut être échangé.

INÉCOUTABLE adj. Que l'on ne juge pas digne d'être écouté : *Musique inécoutable.*

INÉCOUTÉ, E adj. Qui n'est pas écouté.

INÉDIT, E adj. (lat. *ineditus*). **1.** Qui n'a pas été imprimé, publié, diffusé : *Une œuvre de jeunesse inédite.* **2.** Que l'on n'a jamais vu ; nouveau : *Un système antivol inédit.* ◆ **n.m. 1.** Œuvre inédite : *Des inédits de Romain Gary.* **2.** (Au sing.). Ce qui est entièrement nouveau.

INÉDUCABLE adj. Que l'on ne peut éduquer.

INEFFABLE adj. (lat. *ineffabilis*). Qui ne peut être exprimé ; indicible : *Une ineffable allégresse.*

INEFFABLEMENT adv. De façon ineffable.

INEFFAÇABLE adj. Qui ne peut être effacé ; indélébile ; que l'on ne peut faire disparaître ; impérissable : *Souvenir ineffaçable.*

INEFFICACE adj. Qui n'est pas efficace ; incompétent : *Entraîneur inefficace* ; inopérant : *Un détachant inefficace.*

INEFFICACEMENT adv. De façon inefficace.

INEFFICACITÉ n.f. Manque d'efficacité.

INÉGAL, E, AUX adj. 1. Qui n'est pas égal à qqch ou à qqn d'autre : *Des parts inégales. Adversaires de force inégale.* **2.** Qui présente des aspérités ; accidenté : *Chemin inégal.* **3.** Dont le rythme n'est pas régulier : *Pouls inégal.* **4.** Dont la qualité n'est pas constante : *Cinéaste, feuilleton inégal.* **5.** Qui change sans cesse ; irrégulier : *Humeur inégale.*

INÉGALABLE adj. Qui ne peut être égalé.

INÉGALÉ, E adj. Qui n'a pas été égalé.

INÉGALEMENT adv. De façon inégale.

INÉGALITAIRE adj. Fondé sur l'inégalité politique, civile, sociale.

INÉGALITÉ n.f. 1. Caractère, état de choses ou de personnes inégales entre elles ; disparité : *L'inégalité des ressources agricoles entre les pays. Les inégalités sociales.* **2.** Manque de constance, de régularité ; variation : *L'inégalité de la production littéraire, du pouls d'un malade.* **3.** Saillie, creux, etc., qui rendent une surface inégale ; aspérité : *Les inégalités d'un terrain.* ▪ **Inégalité au sens large** [math.], notée $a \leq b$ (a inférieur ou égal à b) ou $b \geq a$ (b supérieur ou égal à a). ▪ **Inégalité stricte,** notée $a < b$ (a inférieur à b) ou $b > a$ (b supérieur à a). ▪ **Relation d'inégalité (large),** relation d'ordre dans un ensemble.

INÉLASTIQUE adj. PHYS. ▪ **Collision, diffusion inélastique,** au cours de laquelle l'énergie cinétique totale n'est pas conservée.

INÉLÉGAMMENT adv. Sans élégance.

INÉLÉGANCE n.f. Manque d'élégance ; acte inélégant.

INÉLÉGANT, E adj. 1. Qui manque d'élégance. **2.** Qui manque de délicatesse ; inconvenant : *Le lui rappeler serait inélégant.*

INÉLIGIBILITÉ n.f. État, condition d'une personne inéligible.

INÉLIGIBLE adj. Qui n'a pas les qualités requises pour être élu.

INÉLUCTABILITÉ n.f. Caractère de ce qui est inéluctable.

INÉLUCTABLE adj. (lat. *ineluctabilis*, de *eluctari*, surmonter en luttant). Qui ne peut être évité, empêché ; inévitable : *Un changement est inéluctable.*

INÉLUCTABLEMENT adv. De façon inéluctable ; immanquablement.

INEMPLOYABLE adj. Qui ne peut être employé.

INEMPLOYÉ, E adj. Qui n'est pas employé : *Compétences inemployées.*

INÉNARRABLE adj. (lat. *inenarrabilis*). D'une bizarrerie, d'un comique extraordinaires, difficiles à décrire : *Une rencontre, une personne inénarrable.*

INENTAMÉ, E adj. Qui n'est pas entamé ; entier.

INENVISAGEABLE adj. Que l'on ne peut envisager.

INÉPROUVÉ, E adj. Sout. Qui n'a pas encore été éprouvé, ressenti.

INEPTE adj. (du lat. *ineptus*, qui n'est pas apte). Qui fait preuve de sottise ; stupide : *Un animateur inepte* ; qui est dépourvu de sens : *Argument inepte.*

INEPTIE [-si] **n.f. 1.** Caractère d'un comportement, d'un acte inepte ; absurdité. **2.** Action ou parole stupide ; niaiserie.

INÉPUISABLE adj. 1. Dont le contenu ne peut être épuisé ; intarissable. **2.** Qui ne se fatigue jamais ; inlassable.

INÉPUISABLEMENT adv. De façon inépuisable.

INÉPUISÉ, E adj. Qui n'est pas épuisé.

INÉQUATION [-kwa-] **n.f. MATH.** Inégalité qui n'est satisfaite que pour certaines valeurs de l'inconnue ou des inconnues.

INÉQUITABLE adj. Qui n'est pas équitable ; injuste.

INERME adj. (du lat. *inermis*, sans armes). **1. BOT.** Qui n'a ni aiguillon ni épines. **2. ZOOL.** Sans crochets.

INERTAGE n.m. Enrobage d'un déchet dans du verre ou dans un liant hydraulique pour empêcher la dissémination de ses composés toxiques dans l'environnement.

INERTE adj. (du lat. *iners, -tis*, incapable). **1.** Sans activité ni mouvement propres : *Matière inerte.* **2.** Qui ne fait plus de mouvements ; inanimé : *Un blessé inerte.* **3.** Sans énergie ni réaction ; passif.

INERTER v.t. [3]. Procéder à l'inertage de.

INERTIE [-si] **n.f.** (du lat. *inertia*, incapacité). **1.** Manque d'activité, d'énergie, d'initiative ; indolence : *L'inertie d'un élu.* **2. PHYS.** Propriété de la matière qui fait que les corps ne peuvent d'eux-mêmes modifier leur état de mouvement. **3.** Caractéristique d'un système chimique qu'une barrière d'énergie élevée maintient dans son état de stabilité ou d'instabilité (par oppos. à *labilité*). ▪ **Centre d'inertie d'un corps ou d'un système** [phys.], barycentre des points matériels constituant ce corps ou ce système, le coefficient affecté à chacun étant sa masse. ▪ **Force d'inertie,** résistance passive de qqn qui refuse d'obéir, de se soumettre. ▪ **Forces d'inertie** [phys.], forces fictives que l'on fait intervenir dans l'étude d'un mouvement rapporté à un référentiel non galiléen (force centrifuge, force de Coriolis). ➲ On appelait *force d'inertie* la résistance que les corps, en raison de leur masse, opposent au mouvement. ▪ **Moment d'inertie d'un système solide S** [phys.], somme, sur l'ensemble des points du système S, des quantités mr^2, m étant la masse d'un point M du système S situé à la distance r d'un point O, d'un plan P ou d'un axe C donnés. ▪ **Navigation par inertie,** reposant sur la mesure puis l'intégration des accélérations subies par un véhicule (aérien, maritime, spatial). ▪ **Principe d'inertie** [phys.], principe selon lequel tout point matériel qui n'est soumis à aucune force est soit au repos, soit animé d'un mouvement rectiligne uniforme.

INERTIEL, ELLE [-sjɛl] **adj. MÉCAN.** Qui se rapporte à l'inertie ; dont le principe de fonctionnement est fondé sur l'inertie. ▪ **Centrale inertielle,** dispositif muni d'accéléromètres, de gyroscopes et d'un calculateur, utilisé pour la navigation par inertie.

INES [inɛs] **(ÉCHELLE) n.f.** Échelle internationale de mesure de la gravité d'un incident ou d'un accident nucléaire. ➲ Graduée de 0 à 7, elle a été établie en 1991.

INESPÉRÉ, E adj. Que l'on n'espérait pas ; inattendu : *Une victoire inespérée.*

INESTHÉTIQUE adj. Qui n'est pas esthétique ; laid.

INESTIMABLE adj. 1. Dont on ne peut estimer la valeur ; incalculable : *Œuvres d'art, dommages inestimables.* **2.** Que l'on ne saurait trop estimer ; inappréciable : *Une aide inestimable.*

INÉTENDU, E adj. Qui n'a pas d'étendue.

INÉVITABLE adj. 1. Que l'on ne peut éviter ; inéluctable. **2.** (Avant le n.). Que l'on rencontre, subit nécessairement ; incontournable : *L'inévitable habitué des vernissages.* ◆ **n.m.** Ce que l'on ne peut éviter.

INÉVITABLEMENT adv. De façon inévitable.

INEXACT, E [-za(kt), -zakt] **adj. 1.** Qui contient des erreurs ; erroné : *Addition, réponse inexacte.* **2.** Vieilli. Qui manque de ponctualité : *Un employé inexact.*

INEXACTEMENT adv. De façon inexacte, erronée.

INEXACTITUDE n.f. 1. Caractère de ce qui est inexact, erroné. **2.** Erreur commise par manque de précision ; faute. **3.** Vieilli. Manque de ponctualité.

INEXAUCÉ, E adj. Qui n'a pas été exaucé : *Un souhait inexaucé.*

INEXCITABILITÉ n.f. État de ce qui est inexcitable.

INEXCITABLE adj. PHYSIOL. Que l'on ne peut stimuler ou exciter, en parlant d'un nerf, d'un neurone, d'un muscle.

INEXCUSABLE adj. Qui ne peut être excusé ; impardonnable.

INEXÉCUTABLE adj. Qui ne peut être exécuté ; irréalisable.

INEXÉCUTÉ, E adj. DR. Qui n'a pas été exécuté.

INEXÉCUTION n.f. DR. Absence ou défaut d'exécution.

INEXERCÉ, E adj. Qui n'est pas exercé.

INEXIGIBILITÉ n.f. Caractère de ce qui est inexigible.

INEXIGIBLE adj. Qui ne peut être exigé : *Une créance inexigible.*

INEXISTANT, E adj. 1. Qui n'existe pas ; imaginaire : *Un danger inexistant.* **2.** Qui n'a ni valeur ni substance : *Des arguments inexistants.*

INEXISTENCE n.f. 1. Défaut d'existence ; absence : *L'inexistence de preuves.* **2. DR.** Qualité d'un acte juridique auquel il manque un élément constitutif essentiel.

INEXORABILITÉ n.f. Sout. Caractère inexorable.

INEXORABLE adj. (lat. *inexorabilis*, de *exorare*, obtenir par prière). **1.** D'une dureté implacable ; inflexible : *Magistrate, sévérité inexorable.* **2.** À quoi l'on ne peut se soustraire ; inévitable : *Une faillite inexorable.*

INEXORABLEMENT adv. De façon inexorable.

INEXPÉRIENCE n.f. Manque d'expérience.

INEXPÉRIMENTÉ, E adj. Qui n'a pas d'expérience ; novice.

INEXPERT, E adj. Qui manque d'habileté, de savoir-faire ; inexpérimenté.

INEXPIABLE adj. 1. Qui ne peut être expié ; impardonnable : *Un crime inexpiable.* **2.** Litt. Qui est sans merci ; impitoyable : *Lutte inexpiable.*

INEXPLICABLE adj. et **n.m.** Qui ne peut être expliqué ; incompréhensible.

INEXPLICABLEMENT adv. De façon inexplicable.

INEXPLIQUÉ, E adj. Qui n'est pas expliqué, élucidé : *Une affaire judiciaire inexpliquée.*

INEXPLOITABLE adj. Qui n'est pas susceptible d'être exploité : *Une mine inexploitable.*

INEXPLOITÉ, E adj. Qui n'est pas exploité ; inutilisé : *Une énergie inexploitée.*

INEXPLORABLE adj. Qui ne peut être exploré.

INEXPLORÉ, E adj. Qui n'a pas été exploré.

INEXPLOSIBLE adj. Qui ne peut faire explosion.

INEXPRESSIF, IVE adj. Dépourvu d'expression ; impassible : *Un visage inexpressif.*

INEXPRIMABLE adj. et **n.m.** Que l'on ne peut exprimer ; indéfinissable : *Une angoisse inexprimable.*

INEXPRIMÉ, E adj. Qui n'est pas exprimé.

INEXPUGNABLE [-ɲabl] **adj.** (du lat. *expugnare*, prendre d'assaut). Litt. Que l'on ne peut prendre par la force : *Citadelle inexpugnable.*

INEXTENSIBLE adj. Qui ne peut être étiré, allongé : *Fil inextensible.*

IN EXTENSO [inɛkstɛ̃so] **loc. adv.** (mots lat. « dans toute son étendue »). Tout au long ; en entier ; intégralement : *Il a recopié le recueil in extenso.*

INEXTINGUIBLE [-tɛ̃gibl] **adj.** (bas lat. *inextinguibilis*). **1.** Fig. Que l'on ne peut apaiser, arrêter : *Soif, rire inextinguibles.* **2.** Litt. Que l'on ne peut éteindre.

INEXTIRPABLE adj. Que l'on ne peut extirper : *Des préjugés inextirpables.*

IN EXTREMIS, ▲ *IN EXTRÉMIS* [inɛkstremis] **loc. adv.** (mots lat. « aux tout derniers moments »). Au tout dernier moment ; à la dernière limite.

INEXTRICABLE adj. (lat. *inextricabilis*). Qui ne peut être démêlé, résolu : *Sa situation est inextricable.*

INEXTRICABLEMENT adv. De façon inextricable.

INFAILLIBILISTE n. et **adj. CATH.** Partisan de l'infaillibilité pontificale, par oppos. à ceux qui en contestèrent l'opportunité ou aux vieux-catholiques, qui la rejetèrent.

INFAILLIBILITÉ n.f. 1. Qualité de qqn qui ne peut se tromper. **2.** Caractère de ce qui ne peut manquer de réussir. ▪ **Infaillibilité pontificale** [cath.], dogme, proclamé en 1870 par le premier concile du Vatican, d'après lequel le pape, parlant ex cathedra, ne peut se tromper en matière de foi.

INFAILLIBLE adj. 1. Qui ne peut se tromper : *Expert infaillible.* **2.** Qui produit les résultats attendus : *Une méthode infaillible.*

INFAILLIBLEMENT adv. À coup sûr ; immanquablement.

INFAISABILITÉ [-fə-] **n.f.** Caractère de ce qui est infaisable.

INFAISABLE [-fə-] **adj.** Qui ne peut être fait.

INFALSIFIABLE adj. Qui ne peut être falsifié.

INFAMANT, E adj. Qui déshonore ; ignominieux : *Une infamante injustice.* ▪ **Peine infamante** [dr.], peine criminelle politique (bannissement, dégradation civique) qui soumettait le condamné à la réprobation publique.

INFÂME adj. (lat. *infamis*, de *fama*, réputation). **1.** Qui avilit ou déshonore celui qui agit, parle ; abject : *Des procédés infâmes.* **2.** Qui provoque le dégoût ; répugnant : *Des taudis infâmes.*

INFAMIE n.f. 1. Action ou parole vile, honteuse ; bassesse : *Il a commis des infamies.* **2.** État de déshonneur ; ignominie. **3.** Litt. Caractère d'une personne ou d'une action infâme ; abjection : *L'infamie d'un chantage.*

INFANT, E n. (esp. *infante*). Titre des enfants puînés des rois de Portugal et d'Espagne.

INFANTERIE n.f. (ital. *infanteria*). Ensemble des troupes capables de combattre à pied.

1. INFANTICIDE n.m. (bas lat. *infanticidium*). Meurtre d'un enfant, spécial. d'un nouveau-né.

2. INFANTICIDE adj. et **n.** (bas lat. *infanticida*). Qui a commis un infanticide.

INFANTILE adj. (bas lat. *infantilis*). **1.** Relatif à l'enfant en bas âge : *Maladie infantile.* **2.** Péjor. Qui manifeste à l'âge adulte certains caractères, notamm. psychologiques, de l'enfant ; puéril : *Réaction infantile.*

INFANTILISANT, E adj. Qui infantilise.

INFANTILISATION n.f. Action d'infantiliser ; fait d'être infantilisé.

INFANTILISER v.t. [3]. Rendre infantile ; maintenir chez un adulte une mentalité infantile.

INFANTILISME n.m. 1. Absence de maturité ; comportement infantile ; puérilité. **2. MÉD.** Arrêt pathologique du développement physique ou psychique d'un individu.

INFARCI, E adj. MÉD. Se dit d'un tissu vivant atteint d'un infarctus.

INFARCTUS [ɛ̃farktys] **n.m.** (du lat. *farcire*, remplir de farce). **MÉD.** Nécrose d'un tissu d'une partie d'organe, par ischémie. ▪ **Infarctus du myocarde,** touchant une partie du muscle cardiaque et dû à l'obstruction d'une artère coronaire (SYN. [cour.] **crise cardiaque**).

INFATIGABLE adj. Que rien ne fatigue ; endurant ; inlassable.

INFATIGABLEMENT adv. De façon infatigable ; sans se lasser.

INFATUATION n.f. Sout. Autosatisfaction excessive ; vanité.

INFATUÉ, E adj. (du lat. *fatuus*, sot). Qui a une trop bonne opinion de sa personne ; prétentieux.

S'INFATUER v.pr. [3]. Litt., vieilli. Avoir une trop bonne opinion de soi.

INFÉCOND, E adj. 1. Litt. Qui n'est pas fécond ; stérile : *Pensée inféconde.* **2. MÉD.** Qui n'a jamais eu d'enfant, quelle qu'en soit la raison : *Couple inféconde.*

INFÉCONDITÉ n.f. Caractère d'une personne ou d'une chose inféconde ; stérilité.

INFECT, E adj. (lat. *infectus*, de *inficere*, souiller). **1.** Fam. Très mauvais ; répugnant : *Une nourriture infecte.* **2.** Fam. Qui provoque le dégoût moral ; immonde : *Journal infect.* **3.** Litt. Qui exhale de mauvaises odeurs ; pestilentiel : *Local à poubelles infect.*

INFECTANT, E adj. Qui cause une infection.

INFECTER v.t. [3]. 1. Contaminer par des germes infectieux. **2. INFORM.** Entrer dans un système et s'y propager, en parlant d'un virus : *Le dernier virus a infecté tous les ordinateurs de l'entreprise.* ◆ **S'INFECTER v.pr.** Être atteint par une infection : *La plaie s'est infectée.*

INFECTIEUX, EUSE [-sjø, øz] **adj. 1.** Qui produit une infection : *Germe infectieux.* **2.** Qui résulte d'une infection ou s'accompagne d'infection.

INFECTIOLOGIE [-sjɔ-] **n.f.** Branche de la médecine qui étudie les maladies infectieuses.

INFECTIOLOGUE [-sjɔ-] **n.** Spécialiste d'infectiologie.

INFECTION [-sjɔ̃] **n.f.** (bas lat. *infectio*). **1.** Pénétration et développement dans un être vivant de micro-organismes qui peuvent provoquer des lésions en se multipliant, et éventuellement en sécrétant des toxines ou en se propageant par voie sanguine. **2.** Pénétration et développement d'un virus dans un système informatique. **3.** Odeur ou goût partic. mauvais ; puanteur.

> ➲ Les principales **INFECTIONS** sont d'origine bactérienne, virale, mycosique ou parasitaire. Les signes peuvent être une fièvre, une douleur, un écoulement, une perturbation de l'organe atteint (toux, diarrhée, etc.), une anomalie sanguine. Les médicaments contre les bactéries (antibiotiques), les champignons et les parasites sont beaucoup plus efficaces que ceux visant les virus.

INFECTIVITÉ n.f. MÉD. Pouvoir infectieux d'un agent pathogène.

INFÉODATION n.f. Action d'inféoder ; fait d'être inféodé.

INFÉODÉ, E adj. 1. Mis sous la dépendance de : *Pays inféodé à une grande puissance.* **2. ÉCOL.** Qui ne peut vivre qu'aux dépens d'une espèce ou d'un milieu : *Chenille inféodée au liseron.*

INFÉODER v.t. [3] (du lat. *feodum*, fief). **1.** Mettre sous la dépendance de ; soumettre. **2. HIST.** Donner une terre pour qu'elle soit tenue en fief. ◆ **S'INFÉODER v.pr.** Se mettre sous la dépendance de ; s'affilier à : *S'inféoder à un clan.*

INFÈRE adj. (lat. *inferus*). **BOT.** Se dit d'un ovaire situé au-dessous des points d'insertion des sépales, des pétales et des étamines, comme chez l'iris, le pommier (CONTR. **supère**).

INFÉRENCE n.f. LOG. Opération intellectuelle par laquelle on passe d'une vérité à une autre vérité, jugée telle en raison de son lien avec la première : *La déduction est une inférence.* ▪ **Moteur d'inférence** [inform.], programme qui, dans un système expert, interprète les données de la base de connaissances et assure l'enchaînement des étapes de la résolution d'un problème. ▪ **Règles d'inférence** [log.], celles qui permettent, dans une théorie déductive, de conclure à la vérité d'une proposition à partir d'une ou de plusieurs propositions, prises comme hypothèses.

INFÉRER v.t. [11], ▲ *[11*]* (du lat. *inferre*, alléguer). Litt. Tirer comme conséquence d'un fait, d'un principe ; conclure.

1. INFÉRIEUR, E adj. (lat. *inferior*). **1.** Situé en bas, plus bas, au-dessous : *Membres inférieurs.* **2. (À).** Moindre en quantité, en importance, en valeur : *Un résultat inférieur aux prévisions.* **3.** Se dit de la partie d'un fleuve la plus rapprochée de la mer : *La Loire inférieure.* **4. BIOL.** A priori moins avancé dans l'évolution et d'organisation moins élaborée : *Espèces animales, végétales inférieures.* ▪ **Élément *x* d'un ensemble ordonné, inférieur à un élément *y*** [math.], élément x vérifiant la relation d'inégalité $x \leq y$.

2. INFÉRIEUR, E n. Personne qui occupe une position subalterne ; subordonné.

INFÉRIEUREMENT adv. (À). D'une façon inférieure à ; moins bien que.

INFÉRIORISATION n.f. Action d'inférioriser ; fait d'être infériorisé.

INFÉRIORISER v.t. [3]. Donner un sentiment d'infériorité à.

INFÉRIORITÉ n.f. Caractère de ce qui est inférieur en rang, en valeur, etc. : *Infériorité en nombre.* ▪ **Complexe d'infériorité** [psychol.], sentiment morbide qui pousse le sujet, ayant la conviction intime d'être inférieur à ceux qui l'entourent, à se sous-estimer.

INFERNAL, E, AUX adj. (bas lat. *infernalis*). **1.** Qui tient de l'enfer par son caractère horrible ; démoniaque : *Cruauté infernale.* **2.** Fam. Difficile à supporter ; terrible : *Un vacarme, un élève infernal.* **3.** Litt. Qui appartient à l'enfer ou aux Enfers : *Les puissances infernales.* ▪ **Cycle infernal,** que l'on ne peut interrompre.

INFERTILE adj. Litt. Qui n'est pas fertile ; stérile.

INFERTILITÉ n.f. Litt. Stérilité : *L'infertilité d'un sol, d'une imagination.*

INFESTATION n.f. MÉD. État d'un organisme vivant envahi par un parasite.

INFESTER v.t. [3] (du lat. *infestare*, ravager). **1.** Abonder dans un lieu, en parlant d'animaux nuisibles : *Les moustiques infestent ce littoral.* **2. MÉD.** Provoquer une infestation. **3.** Litt. Ravager par des actes de brigandage ; écumer.

INFEUTRABLE adj. Qui ne se feutre pas.

INFIBULATION n.f. ETHNOL. Opération qui consiste à faire passer un anneau (*fibule*) à travers le prépuce chez l'homme, à travers les petites lèvres chez la femme, ou à coudre partiellement celles-ci, afin d'empêcher les rapports sexuels.

INFICHU, E adj. (DE). Fam. Incapable de.

1. INFIDÈLE adj. 1. Qui manque à ses engagements, spécial. dans le mariage. **2.** Litt. Qui trahit la vérité, la réalité ; inexact : *Narration, mémoire infidèle.* ◆ **n.f.** ▪ **Belle infidèle** [littér.], traduction élégante mais inexacte d'une œuvre littéraire.

2. INFIDÈLE n. 1. Vieilli. Qui ne croit pas au Dieu considéré comme le vrai Dieu par le fidèle d'une religion. **2.** Personne infidèle en amour.

INFIDÈLEMENT adv. De façon infidèle.

INFIDÉLITÉ n.f. 1. Manque de fidélité, en partic. dans le mariage ; acte manifestant ce caractère. **2.** Litt. Manque d'exactitude, de vérité : *L'infidélité d'une citation.*

INFILTRAT n.m. MÉD. Liquide ou ensemble de cellules accumulés dans un organe à la suite d'une infiltration.

INFILTRATION n.f. 1. Passage lent d'un liquide à travers les interstices d'un corps. **2.** Fig. Action de s'insinuer dans l'esprit de qqn : *Infiltration d'une doctrine chez les jeunes.* **3. MÉD.** Envahissement d'un tissu, d'un organe par un liquide (du sang, par ex.) ou par des cellules anormales (cancéreuses, par ex.) ; injection d'un médicament destiné à se diffuser localement, notamm. dans une articulation. **4. MIL.** Mode de progression utilisant au maximum les accidents de terrain et les zones non battues par le feu adverse. **5. DR.** Pénétration clandestine et légale d'enquêteurs dans des groupes de malfaiteurs pour révéler leurs crimes et délits. ▪ **Eaux d'infiltration,** eaux de pluie qui rejoignent une nappe par percolation.

INFILTRER v.t. [3]. 1. MÉD. Pratiquer une infiltration. **2.** Faire entrer des éléments clandestins dans un groupe afin d'en surveiller ou d'en révéler les activités : *Infiltrer un réseau de narcotrafiquants.* ◆ **S'INFILTRER v.pr. 1.** Pénétrer peu à peu à travers les pores d'un corps solide : *L'eau s'infiltre dans le mur.* **2.** S'introduire furtivement ; s'insinuer : *Des casseurs se sont infiltrés dans les groupes lycéens.* **3. MIL.** Progresser par infiltration.

INFIME adj. (lat. *infimus*). Très petit ; minime : *Un pourcentage infime.*

IN FINE [infine] **loc. adv.** (mots lat. « à la fin »). En fin de compte. ▪ **Crédit in fine** → **CRÉDIT.**

INFINI, E adj. (lat. *infinitus*). **1.** Qui est sans limites ; illimité : *La suite infinie des nombres.* **2.** Très grand ; considérable : *Cela a mis un temps infini.* ▪ **Ensemble infini,** ou **infini, n.m.** [math.], ensemble que l'on peut mettre en bijection avec une de ses parties propres. ◆ **n.m.** Ce que l'on suppose sans limites : *L'infini des cieux.* ▪ **À l'infini,** à une distance infiniment grande ; d'un très grand nombre de manières : *On peut changer le fond d'écran à l'infini.* ▪ **Plus l'infini, moins l'infini** [math.], éléments, notés respectivement $+\infty$ et $-\infty$, tels que tout nombre réel est inférieur à $+\infty$ et supérieur à $-\infty$.

INFINIMENT adv. À un degré extrême ; beaucoup : *Je regrette infiniment cet incident.* ▪ **Fonction infiniment grande** [math.], fonction qui tend vers l'infini dans certaines conditions.

INFINITÉ n.f. 1. Très grand nombre ; multitude : *Une infinité d'informations.* **2.** Caractère de ce qui est infini : *L'infinité des mondes.*

INFINITÉSIMAL, E, AUX adj. (angl. *infinitesimal*). Extrêmement petit. ▪ **Calcul infinitésimal,** partie des mathématiques recouvrant princip. le calcul différentiel et le calcul intégral, fondée sur l'étude des infiniment petits et des limites.

1. INFINITIF n.m. (lat. *infinitivus*). **GRAMM.** Forme nominale du verbe, ne portant pas de marque de nombre ni de personne.

2. INFINITIF, IVE adj. GRAMM. Caractérisé par l'emploi de l'infinitif. ▪ **Proposition infinitive,** ou **infinitive, n.f.,** subordonnée complétive dont le verbe est à l'infinitif.

INFINITUDE n.f. Litt. Qualité de ce qui est infini.

INFIRMATIF, IVE adj. DR. Qui infirme.

INFIRMATION n.f. DR. Action d'infirmer.

a b c d e f g h i j k l m n o p q r s t u v w x y z

INFIRME adj. et **n.** (lat. *infirmus*). Atteint de une ou plusieurs infirmités ; invalide.

INFIRMER v.t. [3] (lat. *infirmare*). **1.** Détruire la crédibilité de ; remettre en question ; démentir : *Les résultats ont infirmé votre hypothèse.* **2. DR.** Annuler partiellement ou totalement une décision en appel.

INFIRMERIE n.f. Partie d'un établissement (école, caserne, etc.), où sont soignés les sujets atteints d'affections bénignes ou victimes d'accidents sans gravité.

INFIRMIER, ÈRE n. Personne habilitée à assurer la surveillance des malades et à les soigner sur prescription médicale. ◆ **adj.** Relatif aux infirmiers, aux soins qu'ils dispensent.

INFIRMITÉ n.f. Altération définitive et grave d'une fonction du corps par une affection, un traumatisme. ▪ **Infirmité motrice cérébrale,** paralysie et déficience mentale par anomalie cérébrale survenue avant, pendant ou peu après l'accouchement.

INFIXE n.m. (du lat. *infixus*, inséré). **LING.** Élément qui s'insère à l'intérieur d'un mot, notamm. dans la racine, pour en modifier le sens, la valeur grammaticale.

INFLAMMABILITÉ n.f. Caractère de ce qui est inflammable.

INFLAMMABLE adj. (du lat. *inflammare*, allumer). **1.** Qui s'enflamme facilement : *Un gaz inflammable.* **2.** Fig. Se dit d'un sujet d'actualité propre à déchaîner les passions ; brûlant : *La crise migratoire est une question hautement inflammable.*

INFLAMMATION n.f. 1. MÉD. Ensemble de réactions de l'organisme contre une agression (traumatisme, infection, etc.), pouvant se manifester par divers signes (douleur, tuméfaction, chaleur, rougeur, etc.). **2.** Litt. Fait de s'enflammer, en parlant d'une matière combustible.

INFLAMMATOIRE adj. MÉD. Relatif à l'inflammation ; caractérisé par une inflammation.

INFLATION n.f. (lat. *inflatio*, de *inflare*, gonfler). **1. ÉCON.** Déséquilibre économique caractérisé par une hausse durable et cumulative du niveau général des prix. **2.** Fig. Accroissement, développement excessif : *Une inflation du nombre de télé-réalités.* ▪ **Inflation cosmologique,** phase hypothétique d'expansion très rapide de l'Univers primordial, caractérisée par une forte densité d'énergie et un vide instable, invoquée dans le modèle standard du big bang. ▪ **Inflation galopante,** hyperinflation. ▪ **Inflation rampante,** inflation chronique, mais dont le taux demeure relativement faible (par oppos. à *inflation galopante*, ou *hyperinflation*).

INFLATIONNISTE adj. Qui est cause ou signe d'inflation : *Politique inflationniste.*

INFLÉCHI, E adj. Qui est courbé de dehors en dedans ; incurvé. ▪ **Voyelle infléchie** [phon.], qui a subi une inflexion.

INFLÉCHIR v.t. [21] (de *inflexion*). **1.** Modifier l'orientation de : *L'atmosphère terrestre infléchit les rayons du soleil.* **2.** Influer sur l'évolution de : *Sa démission a infléchi le cours des événements.* ◆ **S'INFLÉCHIR v.pr. 1.** Prendre une autre direction. **2.** Subir une modification progressive de son évolution.

INFLÉCHISSEMENT n.m. Modification légère d'un processus, d'une évolution.

INFLEXIBILITÉ n.f. Caractère, attitude d'une personne inflexible.

INFLEXIBLE adj. 1. Que rien ne peut fléchir, vaincre ou émouvoir ; inébranlable : *Examinatrice, volonté inflexible.* **2.** Dénué de souplesse ; rigoureux : *Règlement inflexible.*

INFLEXIBLEMENT adv. De façon inflexible.

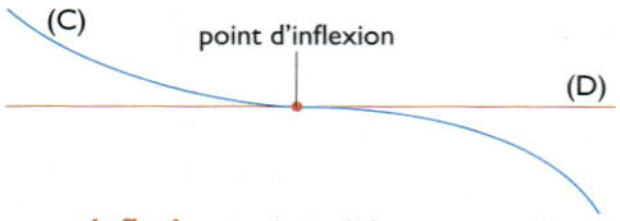

▲ **inflexion.** La droite (D) est tangente à la courbe (C) de part et d'autre du point d'inflexion.

INFLEXION n.f. (lat. *inflexio*). **1.** Action de plier légèrement, d'incliner : *Elle a renchéri d'une inflexion de la tête.* **2.** Changement de direction : *L'inflexion de la rivière vers le sud.* **3.** Changement dans la manière de conduire une affaire, de se comporter : *Les sociologues ont noté une inflexion des mentalités après cet événement.* **4.** Changement d'accent ou d'intonation ; modulation : *Une voix aux inflexions persuasives.* **5. PHON.** Modification du timbre d'une voyelle sous l'influence d'une voyelle voisine. ▪ **Point d'inflexion** [math.], point où une courbe plane traverse sa tangente.

INFLIGER v.t. [10] (du lat. *infligere*, heurter). **1.** Appliquer une sanction pour une faute, une infraction : *Infliger une contravention.* **2.** Faire subir qqch de pénible à qqn ; imposer : *Il nous a infligé tous les détails de son opération.* ▪ **Infliger un démenti à,** montrer à l'évidence l'erreur de.

INFLORESCENCE n.f. (du lat. *inflorescere*, fleurir). **BOT.** Mode de groupement des fleurs sur une plante ; ensemble de ces fleurs.

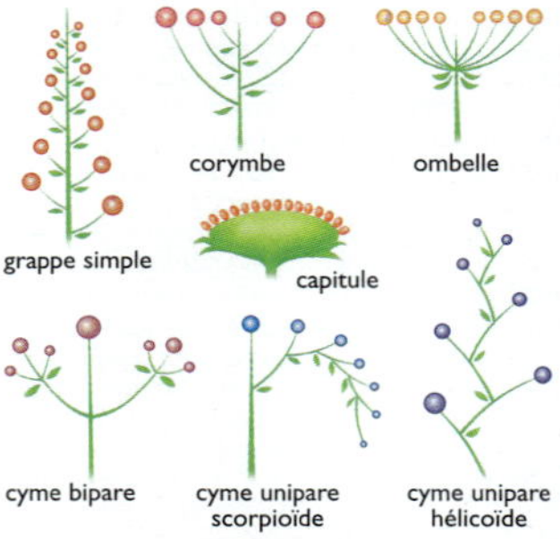

▲ **inflorescences**

INFLUENÇABLE adj. Qui se laisse influencer.

INFLUENCE n.f. (lat. *influentia*). **1.** Action qu'une personne exerce sur une autre ; emprise : *Ce cinéaste a de l'influence sur les jeunes.* **2.** Action qu'une chose exerce sur qqn ou qqch ; effet : *L'influence du climat sur la santé.* ▪ **Électrisation par influence** [électrotechn.], séparation des charges électriques sur un conducteur par l'approche d'un autre corps chargé. ▪ **Influence sociale** [psychol.], ensemble des empreintes et des changements que la vie sociale ou les relations avec autrui produisent sur les individus ou les groupes, qu'ils en soient ou non conscients. ▪ **Syndrome d'influence** [psychiatr.], conviction délirante d'être soumis à une force extérieure qui commande les pensées et les actes.

INFLUENCER v.t. [9]. Exercer une influence sur ; influer, agir sur : *Le temps influence son humeur. Chroniqueur qui influence l'opinion. Ils se sont laissé influencer par le vendeur.*

INFLUENT, E adj. Qui a de l'autorité, du prestige ; puissant.

INFLUENZA [ɛ̃flyɑ̃za] **n.f.** (mot ital.). Vieilli. Grippe.

INFLUER v.t. ind. [3] (SUR) [du lat. *influere*, couler dans]. Exercer une action sur ; influencer.

INFLUX [ɛ̃fly] **n.m.** (bas lat. *influxus*). **PHYSIOL.** ▪ **Influx nerveux,** potentiel d'action qui se propage le long d'une fibre nerveuse.

INFO n.f. (abrév.). Fam. Information. ◆ **n.f. pl.** Fam. Informations.

INFOBÉSITÉ n.f. (de *information* et *obésité*). Surabondance d'informations imputée aux chaînes d'information en continu, aux nouvelles technologies de la communication (Internet, téléphones portables, messageries, réseaux sociaux) et à la dépendance qu'elles créent chez l'utilisateur.

INFOBULLE n.f. INFORM. Message d'aide contextuel apparaissant lorsque le curseur est pointé sur certains éléments de l'interface d'un logiciel.

INFOGÉRANCE n.f. Prise en charge contractuelle, par un prestataire extérieur, d'une partie ou de la totalité des ressources informatiques d'une entreprise.

INFOGRAPHIE n.f. (nom déposé). Application de l'informatique à la représentation graphique et au traitement de l'image.

INFOGRAPHIQUE adj. Relatif à l'Infographie.

INFOGRAPHISTE n. Spécialiste d'Infographie.

INFOLETTRE n.f. Québec. Newsletter.

IN-FOLIO adj. inv. et **n.m. inv.,** ▲ *INFOLIO* [infɔljo] **n.m.** (mots lat. « en feuille »). **IMPRIM.** Se dit du format déterminé par le pliage d'une feuille d'impression en 2 feuillets (4 pages) ; livre de ce format. (On écrit aussi *in-f°*.)

INFONDÉ, E adj. Dénué de fondement ; injustifié : *Des soupçons infondés.*

INFONUAGIQUE n.f. Québec. Informatique en nuage*.

INFORMATEUR, TRICE n. Personne qui donne des informations ou qui les recueille.

INFORMATICIEN, ENNE n. Spécialiste d'informatique.

INFORMATIF, IVE adj. Qui informe : *Publicité informative.*

INFORMATION n.f. 1. Action d'informer ; fait de s'informer : *Un guichet a été ouvert pour l'information des riverains.* **2.** Renseignement obtenu sur qqn, qqch ; précision : *Il a eu des informations sur l'accident.* **3.** Nouvelle communiquée par une agence de presse, un journal, la radio, la télévision. Abrév. (fam.) **info. 4. INFORM.** Élément de connaissance susceptible d'être codé pour être conservé, traité ou communiqué. **5. DR.** Ensemble des actes d'instruction qui ont pour objet de faire la preuve d'une infraction et d'en connaître les auteurs. ▪ **Information publique,** ensemble des données produites ou reçues par des administrations et mises à disposition du public en vue de leur réutilisation, y compris à des fins commerciales. ▪ **Théorie de l'information,** étude du processus de communication fondée sur la mesure quantitative de l'information et l'étude mathématique des divers facteurs qui régissent la transmission et la réception de signaux. ◆ **n.f. pl.** Émission de radio ou de télévision qui donne des nouvelles du jour. Abrév. (fam.) **infos.**

INFORMATIONNEL, ELLE adj. Relatif à l'information.

INFORMATIQUE n.f. (de *information* et *1. automatique*). Science du traitement automatique et rationnel de l'information en tant que support des connaissances et des communications ; ensemble des applications de cette science, mettant en œuvre des matériels (ordinateurs) et des logiciels. ▪ **Informatique en nuage** → **NUAGE.** ◆ **adj.** Relatif à l'informatique.

➲ L'**INFORMATIQUE** fondamentale comprend la théorie de l'information, l'algorithmique, l'analyse numérique et les méthodes théoriques de représentation des connaissances et de modélisation des problèmes. Le traitement automatique de l'information nécessite de capter les documents par des organes d'entrée, de les transmettre, de les stocker, de les modifier dans une unité de traitement (processeur ou unité centrale d'ordinateur, appelée parfois *unité logique*) grâce à un logiciel et, enfin, de les restituer à l'utilisateur par des organes de sortie.

INFORMATIQUEMENT adv. Par des moyens informatiques.

INFORMATISABLE adj. Qui peut être informatisé.

INFORMATISATION n.f. Action d'informatiser ; fait d'être informatisé.

INFORMATISER v.t. [3]. 1. Traiter par les procédés de l'informatique : *Informatiser les commandes.* **2.** Doter de moyens informatiques. ◆ **S'INFORMATISER v.pr.** Se doter de moyens informatiques.

INFORME adj. (du lat. *informis*, affreux). **1.** Qui n'a pas de forme nette, reconnaissable : *Des débris informes.* **2.** Qui est insuffisamment élaboré, pensé ; sommaire : *Un programme politique informe.* **3.** Péjor. Qui a une forme lourde et sans grâce : *Un monument informe.*

INFORMÉ n.m. ▪ **Jusqu'à plus ample informé,** jusqu'à la découverte d'un fait nouveau. ◆ **INFORMÉ, E adj.** Qui a des informations sûres : *Les milieux bien informés.*

INFORMEL, ELLE adj. 1. Qui n'obéit pas à des règles déterminées ; qui n'a pas un caractère officiel : *Rencontre informelle.* **2.** Se dit d'une forme de peinture abstraite (apparue v. 1945) marquée par l'absence de composition organisée et traduisant, dans la gestualité ou la matière, la spontanéité de l'artiste (Fautrier, Wols, S. Francis, etc.). ■ **Économie informelle,** ensemble des activités économiques réalisées en dehors de la législation pénale, fiscale et sociale, et qui échappent ainsi à la régulation et à la comptabilité de l'État. ■ **Secteur informel** [Afrique], activité professionnelle qui n'obéit pas aux règles du marché du travail (vendeurs à la sauvette, par ex.). ◆ **n.** Artiste informel. ◆ **n.m. 1.** Art informel. **2.** Afrique. Secteur informel.

INFORMER v.t. [3] (du lat. *informare*, façonner). **1.** Mettre au courant de qqch ; aviser : *Il m'a informé de ta venue, que tu allais venir.* **2.** Donner des informations à ; renseigner : *Informer les étudiants sur les filières.* ◆ **v.i. DR.** Procéder à une information ; instruire une affaire. ◆ **S'INFORMER v.pr. (DE).** Recueillir des renseignements.

INFORMULÉ, E adj. Qui n'est pas formulé, exprimé.

INFORTUNE n.f. (lat. *infortunium*). **1.** (Souvent au pl.). Événement malheureux ; revers : *Connaître des infortunes.* **2.** Fait d'être trompé par son conjoint : *Infortune conjugale.* **3.** Litt. Malchance ; adversité.

INFORTUNÉ, E adj. et **n.** Litt. Qui n'a pas de chance.

INFOTHÈQUE n.f. INFORM. Portail, centre d'information et de documentation multimédia.

INFOUTU, E adj. Fam. ■ **Être infoutu de,** incapable de.

INFRA [ɛ̃fra] **adv.** (mot lat. « au-dessous »). Plus bas dans le texte ; ci-dessous (CONTR. **supra**).

INFRACTION n.f. (lat. *infractio*, de *frangere*, briser). **1.** Transgression, violation de ce qu'une institution a défini comme règle. **2. DR.** Action ou comportement définis par la loi et sanctionnés par une peine. ➲ Il y a trois catégories d'infractions en France : les contraventions, les délits et les crimes.

INFRALIMINAIRE adj. PSYCHOL. Se dit d'un stimulus dont l'intensité est trop faible pour entraîner une réponse manifeste de l'organisme (SYN. **subliminal**).

INFRANCHISSABLE adj. Que l'on ne peut franchir.

INFRANGIBLE adj. (du lat. *frangere*, briser). Litt. Qui ne peut être brisé.

INFRAROUGE adj. et **n.m. PHYS.** Se dit du rayonnement électromagnétique de longueur d'onde comprise entre 0,8 micromètre (lumière rouge) et 1 mm, utilisé pour le chauffage ou le séchage, ainsi qu'en télédétection, en thérapeutique, dans des matériels militaires, etc.

INFRASON [-sɔ̃] **n.m. ACOUST.** Vibration de même nature que le son, mais de fréquence trop basse (inférieure à 15 Hz) pour être perçue par l'oreille humaine.

INFRASONORE adj. Relatif aux infrasons.

INFRASTRUCTURE n.f. 1. Ensemble des travaux relatifs aux fondations d'un ouvrage (route, voie ferrée, etc.) ; ensemble des parties inférieures d'un ouvrage, d'un bâtiment qui résultent de ces travaux (par oppos. à *superstructure*). **2. MIL.** Ensemble des installations territoriales (services, écoles, bases, etc.) indispensables à la création et à l'emploi de forces armées. **3.** Structure sous-jacente d'une œuvre, d'une organisation : *L'infrastructure d'une saga, d'une ONG.* **4. PHILOS.** Pour les marxistes, ensemble des moyens et des rapports de production qui sont à la base des formations sociales (par oppos. à *superstructure*). ■ **Infrastructure aérienne,** ensemble des installations au sol indispensables aux avions.

INFRÉQUENTABLE adj. Que l'on ne peut fréquenter.

INFROISSABLE adj. Qui ne peut se chiffonner, se froisser.

INFRUCTUEUSEMENT adv. Sans résultat.

INFRUCTUEUX, EUSE adj. Qui ne donne pas de résultat utile ; vain : *Recherches infructueuses.*

INFULE n.f. (lat. *infula*). **ANTIQ. ROM.** Bandelette sacrée qui ceignait le front des prêtres et dont on parait les victimes des sacrifices.

INFUMABLE adj. Désagréable à fumer.

INFUNDIBULIFORME [ɛ̃fɔ̃-] **adj.** (du lat. *infundibulum*, entonnoir). **BOT.** Se dit de la corolle d'une fleur, du chapeau d'un champignon, lorsqu'ils ont la forme d'un entonnoir.

INFUSE adj.f. (du lat. *infusus*, répandu dans). ■ **Avoir la science infuse,** prétendre tout savoir sans avoir eu besoin d'étudier.

INFUSER v.t. [3] (du lat. *infundere*, verser dans). **1.** Faire macérer une plante aromatique dans un liquide bouillant afin que celui-ci en prenne l'arôme. **2.** Litt. Inspirer un sentiment à ; instiller : *Sa déclaration a infusé le doute dans l'équipe.* ◆ **v.i.** Communiquer ses sucs aromatiques à un liquide : *Le thé a infusé deux minutes.*

INFUSETTE n.f. (nom déposé). Sachet de tisane prêt à infuser.

INFUSIBILITÉ n.f. Caractère de ce qui est infusible.

INFUSIBLE adj. Que l'on ne peut fondre.

INFUSION n.f. (lat. *infusio*). Action de verser de l'eau bouillante sur une plante aromatique ; boisson ainsi obtenue.

INFUSOIRE n.m. MICROBIOL. Vieilli. Protozoaire cilié.

INGAGNABLE adj. Qui ne peut être gagné : *Match ingagnable.*

INGAMBE adj. (de l'ital. *in gambe*, en jambes). Qui marche ou court aisément ; alerte : *Une vieille dame ingambe.*

S'INGÉNIER v.pr. [5] (À) [du lat. *ingenium*, esprit]. Mettre en œuvre toutes les ressources de son esprit pour parvenir à son but ; s'évertuer à : *S'ingénier à faire régner la bonne humeur.*

INGÉNIERIE [-niri] **n.f.** (de *ingénieur*). Étude d'un projet industriel sous tous ses aspects (techniques, économiques, etc.), qui nécessite un travail de synthèse coordonnant les travaux de plusieurs équipes de spécialistes ; discipline regroupant la formation à de telles études. ■ **Ingénierie linguistique,** industries de la langue.

INGÉNIERISTE [-ni-] **n.** Spécialiste d'ingénierie.

INGÉNIEUR, E n. (de l'anc. fr. *engin*, machine de guerre). Personne, génér. diplômée de l'enseignement supérieur, apte à occuper des fonctions scientifiques ou techniques actives, en vue de créer, organiser, diriger, etc., des travaux qui en découlent, ainsi qu'à y tenir un rôle de cadre. ■ **Ingénieur du son,** ingénieur électricien responsable des opérations d'enregistrement et de mixage du son, en partic. dans l'équipe de tournage d'un film. ■ **Ingénieur système, réseau,** ingénieur informaticien spécialisé dans la conception, la production, l'utilisation et la maintenance de systèmes d'exploitation d'ordinateurs, de réseaux informatiques et de télécommunication.

✎ Au fém., on rencontre aussi ***une ingénieur.***

INGÉNIEUR-CONSEIL n. (pl. *ingénieurs-conseils*). Personne dont le métier est de donner, à titre personnel, des conseils, d'établir des projets, des expertises, de préparer et de suivre des travaux dans les activités qui relèvent du métier d'ingénieur. (Au fém., on dit *une ingénieur(e)-conseil, des ingénieur(e)s-conseils.*)

INGÉNIEUSEMENT adv. De façon ingénieuse.

INGÉNIEUX, EUSE adj. (lat. *ingeniosus*). Plein d'invention ; astucieux : *Bricoleuse, excuse ingénieuse.*

INGÉNIOSITÉ n.f. Qualité de qqn, qqch qui est ingénieux ; habileté : *Il a déployé beaucoup d'ingéniosité pour masquer son erreur. L'ingéniosité d'un gadget.*

INGÉNU, E adj. et **n.** (du lat. *ingenuus*, né libre). **1.** Sout. Qui agit, parle avec une innocente franchise. **2.** Iron. Qui est d'une candeur un peu sotte ; simplet. ◆ **n.f. THÉÂTRE.** Emploi de jeune fille simple et naïve.

INGÉNUITÉ n.f. 1. Caractère ingénu ; candeur. **2.** Iron. Sincérité excessive dans sa naïveté.

INGÉNUMENT adv. De façon ingénue.

1. INGÉRABLE adj. Qui peut être ingéré, absorbé : *Substance ingérable.*

2. INGÉRABLE adj. (de *gérable*). Impossible à gérer : *Une crise ingérable.*

INGÉRENCE n.f. Action de s'ingérer ; immixtion. ■ **Délit d'ingérence,** prise illégale d'intérêt par un fonctionnaire ou un élu dans une entreprise ou une opération dont il a la surveillance. ■ **Droit d'ingérence,** possibilité d'immixtion dans les affaires intérieures d'un État, reconnue dans certains cas par l'ONU à un ou plusieurs autres États ou organisations intergouvernementales. (On parle aussi de *devoir d'ingérence.*)

INGÉRER v.t. [11], ▲ *[11*]* (du lat. *ingerere*, porter dans). Introduire dans l'estomac, par la bouche ; absorber : *Ingérer de la purée.* ◆ **S'INGÉRER v.pr. (DANS).** Se mêler d'une chose sans y être autorisé ; s'immiscer : *S'ingérer dans la vie privée d'autrui.*

INGESTION n.f. Action d'ingérer ; absorption.

INGOUVERNABLE adj. Que l'on ne peut gouverner.

INGRAT, E adj. et **n.** (lat. *ingratus*). Qui n'a aucune reconnaissance pour les bienfaits reçus. ◆ **adj. 1.** Qui n'est pas agréable à l'œil ; disgracieux : *Visage ingrat.* **2.** Qui produit peu, malgré le travail fourni ; stérile : *Terre ingrate.* **3.** Qui exige de gros efforts sans résultats appréciables ; pénible : *Une tâche ingrate.* ■ **L'âge ingrat,** le début de l'adolescence.

INGRATITUDE n.f. Caractère de qqn qui manque de reconnaissance ; acte ou parole ingrats.

INGRÉDIENT n.m. (lat. *ingrediens*). **1.** Produit qui entre dans la composition d'un mélange ; constituant : *Les ingrédients de la mayonnaise.* **2.** Fig. Ce qui joue un rôle dans qqch ; facteur : *Tous les ingrédients d'une bonne comédie.*

INGRESQUE adj. Qui se rapporte à Ingres, à l'ingrisme.

INGRISME n.m. Art d'Ingres ou de ses successeurs.

INGUÉRISSABLE adj. Que l'on ne peut guérir ; incurable.

INGUINAL, E, AUX [ɛ̃gɥi-] **adj.** (du lat. *inguen, -inis*, aine). **ANAT.** Relatif à l'aine.

INGURGITATION n.f. Action d'ingurgiter.

INGURGITER v.t. [3] (du lat. *ingurgitare*, engouffrer). **1.** Avaler rapidement et souvent en grande quantité ; engloutir. **2.** Fig. Absorber massivement des connaissances, sans les assimiler.

INHABILE adj. Litt. Qui manque d'habileté ; maladroit.

INHABILETÉ n.f. Litt. Manque d'habileté ; gaucherie.

INHABILITÉ n.f. DR. Incapacité légale.

INHABITABLE adj. Qui ne peut être habité.

INHABITÉ, E adj. Qui n'est pas habité.

INHABITUEL, ELLE adj. Qui n'est pas habituel ; inaccoutumé.

INHALATEUR n.m. MÉD. Appareil servant à prendre des inhalations.

INHALATION n.f. 1. Action, fait d'inhaler. **2. MÉD.** Traitement qui consiste à inhaler des vapeurs d'eau chaude chargées de principes médicamenteux volatils.

INHALER v.t. [3] (du lat. *inhalare*, souffler sur). Absorber par les voies respiratoires ; aspirer : *Inhaler des fumées nocives.*

INHALOTHÉRAPEUTE n. Québec. Technicien en inhalothérapie et en assistance anesthésique.

INHALOTHÉRAPIE n.f. Québec. Technique de soins consistant à évaluer, maintenir ou traiter les fonctions cardiaque et respiratoire.

INHARMONIEUX, EUSE adj. Litt. Qui n'est pas harmonieux : *Sons, bâtiments inharmonieux.*

INHÉRENCE n.f. État de ce qui est inhérent à qqch.

INHÉRENT, E adj. (du lat. *inhaerens*, fixé à). Lié d'une manière intime et nécessaire à qqch ; intrinsèque : *Les droits inhérents à la personne humaine.*

INHIBANT, E adj. Qui inhibe, paralyse.

INHIBÉ, E adj. Qui souffre d'inhibition ; timide.

INHIBER v.t. [3] (du lat. *inhibere*, arrêter). **1.** Supprimer toute réaction, toute activité chez qqn ; paralyser : *Le vertige l'inhibait.* **2.** Suspendre un processus physiologique ou psychologique.

INHIBITEUR, TRICE adj. et **n.m. MÉD.** Se dit d'une substance, d'une cellule, d'un phénomène qui bloquent ou retardent une réaction chimique ou un processus physiologique (SYN. **frénateur**). ◆ **n.m.** ■ **Inhibiteur calcique,** substance inhibant l'entrée du calcium dans les cellules musculaires du cœur et des artères, prescrite dans l'angine de poitrine et l'hypertension artérielle.

INHIBITION n.f. Phénomène d'arrêt, de blocage ou de ralentissement d'un processus chimique, physiologique ou psychologique. ➲ En psychanalyse, l'inhibition peut être un moment du processus de refoulement.

INHOMOGÈNE adj. Didact. Qui n'est pas homogène.

INHOSPITALIER, ÈRE adj. Qui n'est pas accueillant ; hostile : *Population, terre inhospitalière.*

INHUMAIN, E adj. 1. Qui ne semble pas appartenir à la nature ou à l'espèce humaine ; monstrueux : *Un cri inhumain.* **2.** Qui semble au-dessus des forces humaines ; surhumain : *Tâche inhumaine.* **3.** Qui est sans pitié ; cruel : *Geôlier, traitement inhumain.*

INHUMAINEMENT adv. De façon inhumaine.

INHUMANITÉ n.f. Litt. Manque d'humanité ; barbarie.

INHUMATION n.f. Action d'inhumer ; fait d'être inhumé.

INHUMER v.t. [3] (lat. *inhumare*, de *humus*, terre). Mettre un corps humain en terre, avec les cérémonies d'usage ; enterrer ; ensevelir.

INIMAGINABLE adj. Qui dépasse l'imagination ; impensable ; incroyable.

INIMITABLE adj. Qui ne peut être imité.

INIMITÉ, E adj. Qui n'a pas été imité.

INIMITIÉ n.f. (lat. *inimicitia*). Sentiment durable d'hostilité ; antipathie.

ININFLAMMABLE adj. Qui ne peut s'enflammer : *Gaz ininflammable.*

ININTELLIGENCE n.f. Manque d'intelligence ; stupidité.

ININTELLIGENT, E adj. Qui manque d'intelligence.

ININTELLIGIBILITÉ n.f. Caractère de ce qui est inintelligible.

ININTELLIGIBLE adj. Que l'on ne peut comprendre ; obscur.

ININTÉRESSANT, E adj. Qui est sans intérêt ; banal.

ININTÉRÊT n.m. Litt. Manque d'intérêt.

ININTERROMPU, E adj. Qui n'est pas interrompu dans l'espace ou le temps ; continu.

INIQUE adj. (lat. *iniquus*). Qui n'agit pas avec équité ; contraire à l'équité ; injuste : *Arbitre, arbitrage inique.*

INIQUEMENT adv. Sout. De façon inique.

INIQUITÉ [-ki-] **n.f.** Caractère de ce qui est inique ; action inique.

INITIAL, E, AUX [-sjal, o] **adj.** (du lat. *initium*, commencement). Qui est au commencement ; premier : *La forme initiale d'un embryon* ; originel : *Le sens initial d'un mot.*

INITIALE n.f. Première lettre d'un mot, du nom, du prénom d'une personne.

INITIALEMENT adv. Au début ; à l'origine.

INITIALER v.t. [3] (angl. *to initial*). Québec. (Emploi critiqué). Apposer ses initiales sur ; parapher.

INITIALISATION n.f. INFORM. Ensemble des opérations préliminaires à la mise en œuvre d'un ordinateur, d'un périphérique ou d'un programme.

INITIALISER v.t. [3]. Effectuer l'initialisation de.

INITIATEUR, TRICE n. 1. Personne qui initie qqn à qqch ; maître : *Il a été leur initiateur en philosophie.* **2.** Personne qui est à l'origine de qqch ; promoteur : *L'initiatrice d'une loi.* ◆ **adj.** Se dit du rôle de celui qui initie.

INITIATION n.f. 1. Action de donner ou de recevoir les premiers rudiments d'une discipline, la connaissance d'une pratique ; formation : *Initiation à la génétique, à la peinture.* **2.** Ensemble de cérémonies introduisant dans des sociétés secrètes : *Initiation maçonnique.* **3. ANTHROP.** Cérémonie permettant aux individus d'accéder à un nouveau statut (lié à une classe d'âge, à un métier, etc.) qui leur confère une pleine appartenance à la société. **4. ANTIQ.** Ensemble de rites d'affiliation dans les cultes à mystères de l'Antiquité orientale et gréco-romaine.

INITIATIQUE adj. Relatif à l'initiation à une discipline, à une pratique : *Rite initiatique.*

INITIATIVE n.f. 1. Action de proposer ou de faire le premier qqch : *Je l'ai invité de ma propre initiative* ; droit de proposer, de commencer qqch : *L'initiative des lois leur appartient.* **2.** Qualité de qqn qui sait prendre les décisions nécessaires : *Une collaboratrice capable d'initiative.* ▪ **Initiative citoyenne européenne,** droit de pétition par lequel des ressortissants de l'UE peuvent inciter la Commission européenne à présenter une proposition législative. ➲ Elle doit être soutenue par au moins 1 million de signataires d'au moins 7 États membres. ▪ **Initiative législative,** droit de soumettre à la discussion et au vote des assemblées parlementaires le texte d'une proposition de loi (*initiative parlementaire*) ou un projet de loi (*initiative du gouvernement*). ▪ **Initiative populaire,** droit reconnu aux citoyens de certains États (Suisse, Italie, par ex.) de soumettre au Parlement des propositions de loi recueillant un certain nombre de signatures. ➲ En Suisse, l'initiative ne s'exerce qu'au niveau de la Constitution.

INITIÉ, E adj. et **n.** Qui a reçu une initiation ; instruit d'un secret, d'un art. ▪ **Délit d'initié** [Bourse], infraction commise par ceux qui, disposant avant le public d'informations privilégiées sur le marché des valeurs mobilières, réalisent en Bourse des opérations bénéficiaires.

INITIER v.t. [5] (du lat. *initiare*, commencer). **1.** Apprendre les rudiments d'une science, d'une technique à qqn ; enseigner, former : *Initier les élèves du primaire à l'anglais.* **2.** Mettre qqn au courant de choses secrètes ou connues d'un petit nombre. **3.** Admettre qqn à la connaissance ou au culte d'un mystère religieux, aux pratiques d'une secte. **4.** Être le premier à faire connaître qqch à qqn ; révéler. **5.** (Emploi critiqué). Mettre en route ; faire démarrer : *Initier un mouvement de protestation.* ◆ **S'INITIER v.pr. (À).** Commencer à s'instruire dans une discipline, une activité.

INJECTABLE adj. Qui peut être injecté.

INJECTÉ, E adj. Coloré par l'afflux du sang : *Yeux injectés.*

INJECTER v.t. [3] (lat. *injectare*). **1.** Introduire sous pression un liquide, un gaz dans un corps ; faire une injection. **2.** Fournir massivement des capitaux à une entreprise. ◆ **S'INJECTER v.pr.** Devenir injecté.

INJECTEUR n.m. Appareil au moyen duquel on opère l'introduction forcée d'un fluide dans une machine ou dans un mécanisme.

INJECTIF, IVE adj. MATH. ▪ **Application injective de A dans B,** application pour laquelle tout élément de B est l'image d'au plus un élément de A (SYN. **injection**).

INJECTION n.f. (lat. *injectio*). **1.** Opération qui consiste à injecter un produit. **2.** Introduction d'un liquide ou d'un gaz dans l'organisme (SYN. [cour.] **piqûre**). **3.** Apport massif de capitaux, d'argent frais. **4. MATH.** Application injective*. ▪ **Injection directe,** injection du mélange carburé directement dans la chambre de combustion du moteur. ▪ **Injection sur orbite,** fait, pour un engin spatial, de passer de sa trajectoire de lancement à une trajectoire orbitale ; instant de ce passage. ▪ **Moteur à injection,** moteur dans lequel un injecteur, souvent électronique, dose le mélange carburé sans l'intermédiaire d'un carburateur.

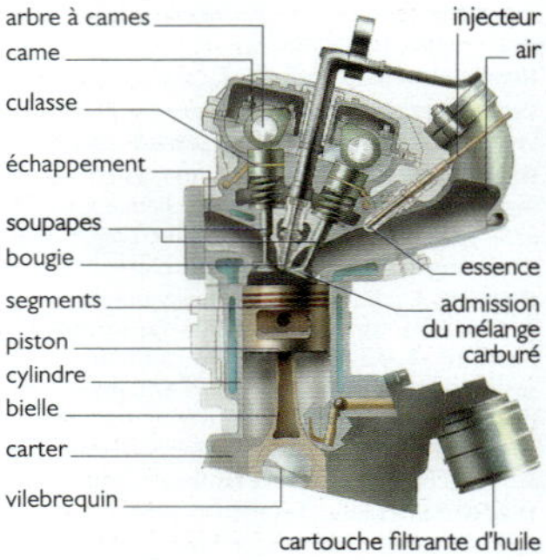

▲ **injection.** Détail des soupapes et de l'injection d'un moteur à explosion.

INJOIGNABLE adj. Que l'on ne peut joindre, rencontrer.

INJONCTIF, IVE adj. et **n.m. GRAMM.** Qui exprime un ordre.

INJONCTION n.f. (lat. *injunctio*). Ordre précis, formel d'obéir sur-le-champ ; sommation : *Obtempérer à l'injonction de la police.* ▪ **Injonction de payer** [dr.], procédure simplifiée de recouvrement des petites créances non payées à échéance et non contestées. ▪ **Injonction thérapeutique,** obligation faite par la justice à un toxicomane de suivre un traitement médical.

INJOUABLE adj. 1. Que l'on ne peut jouer, représenter, interpréter : *Musique, pièce injouable.* **2. SPORTS.** Se dit d'une balle, d'un ballon, etc., très difficiles à jouer.

INJURE n.f. (du lat. *injuria*, injustice, tort). **1.** Parole qui blesse d'une manière grave et voulue ; insulte. **2.** Litt. Action, procédé qui offensent ; affront. **3. DR.** Expression outrageante ou méprisante qui ne renferme l'imputation d'aucun fait précis, constituant un délit si elle est publique et n'a pas été précédée de provocation. ▪ **Les injures du temps** [litt.], les dommages qu'il provoque.

INJURIER v.t. [5]. Offenser par des injures ; insulter.

INJURIEUSEMENT adv. De façon injurieuse.

INJURIEUX, EUSE adj. Qui constitue une injure ; qui porte atteinte à la réputation de qqn ; outrageant : *Soupçons, tracts injurieux.*

INJUSTE adj. 1. Qui n'est pas conforme à la justice ; inique : *Une condamnation injuste.* **2.** Qui n'agit pas avec justice ; partial : *Le père a été injuste dans son testament.*

INJUSTEMENT adv. De façon injuste.

INJUSTICE n.f. 1. Caractère de ce qui est injuste ; partialité : *L'injustice d'un entraîneur envers un joueur.* **2.** Acte, décision injustes ; iniquité : *Commettre des injustices.*

INJUSTIFIABLE adj. Que l'on ne saurait justifier ; indéfendable.

INJUSTIFIÉ, E adj. Qui n'est pas justifié : *Une absence injustifiée.*

INLANDSIS [inlɑ̃dsis] **n.m.** (mot scand.). **GÉOGR.** Vaste et épais glacier des hautes latitudes (Antarctique, Groenland) masquant le relief sous-jacent.

INLASSABLE adj. Qui ne se lasse pas ; infatigable : *Un conteur inlassable.*

INLASSABLEMENT adv. Sans se lasser.

INLAY [inlɛ] **n.m.** (mot angl. « incrustation »). Type de prothèse partielle qui comble une dent délabrée pour lui redonner un volume et un aspect normaux.

INNÉ, E adj. (lat. *innatus*). **1.** Qui existe dès la naissance ; héréditaire. **2.** Qui appartient au caractère fondamental de qqn : *Avoir un sens inné des affaires.* ▪ **Idées innées** [philos.], dans le cartésianisme, idées qui appartiennent à l'esprit dès la naissance, comme celles de Dieu, de l'âme ou du corps (par oppos. à *idées adventices* et à *idées factices*). ◆ **n.m.** Ce qui est inné : *L'inné et l'acquis.*

INNÉISME n.m. PHILOS. Doctrine postulant l'innéité de certaines structures mentales.

INNÉITÉ n.f. PHILOS. Caractère de ce qui est inné.

INNERVATION n.f. ANAT. Ensemble des nerfs d'un organe, d'une région du corps.

INNERVER v.t. [3]. Atteindre un organe, une région du corps, en parlant d'un nerf.

INNOCEMMENT [-samɑ̃] **adv.** De façon innocente ; sans vouloir mal faire.

INNOCENCE n.f. 1. Absence de culpabilité : *Ce témoignage prouve l'innocence de l'accusé.* **2.** Qualité de qqn qui ignore le mal ; pureté. **3.** Méconnaissance des réalités ; naïveté : *Abuser de l'innocence de qqn.* ▪ **En toute innocence,** en toute simplicité. ▪ **Présomption d'innocence** [dr.], principe selon lequel une personne poursuivie est présumée innocente tant qu'elle n'a pas été condamnée.

INNOCENT, E adj. et **n.** (lat. *innocens*, de *nocere*, nuire). **1.** Qui n'est pas coupable de ce dont on le soupçonne : *Innocent du crime dont on l'accuse.* **2.** Qui n'est pour rien dans les événements dont il souffre : *D'innocentes victimes.* **3.** Qui ignore les réalités de la vie ; candide. ▪ **Le massacre des Innocents***, v. partie n.pr. ◆ **n.** Simple d'esprit ; niais. ◆ **adj.** Qui est fait sans intention maligne : *Une farce bien innocente.*

INNOCENTER v.t. [3]. 1. Établir l'innocence de ; déclarer innocent ; disculper : *Ce rapport, le juge l'a innocenté.* **2.** Faire apparaître comme innocent ; excuser : *Innocenter la conduite de qqn.*

INNOCUITÉ n.f. (du lat. *innocuus*, inoffensif). Caractère de ce qui n'est pas nuisible, toxique.

INNOMBRABLE adj. Qui est en nombre trop considérable pour pouvoir être compté ; incalculable.

INNOMMABLE adj. Trop ignoble pour recevoir un nom ; inqualifiable : *Attitude innommable.*

INNOMMÉ, E ou **INNOMÉ, E adj. 1.** Qui n'a pas reçu de nom. **2. DR.** Qui n'a reçu de la loi ni dénomination ni réglementation particulière.

INNOVANT, E adj. Se dit de ce qui constitue une innovation.

INNOVATEUR, TRICE adj. et **n.** Qui innove.

INNOVATION n.f. 1. Action d'innover, de créer qqch de nouveau : *Innovation artistique.* **2.** Ce qui est nouveau ; création : *Des innovations électroniques.*

INNOVER v.i. [3] (lat. *innovare*, de *novus*, nouveau). Introduire qqch de nouveau dans un domaine particulier : *Innover en matière de transports, en politique.*

INOBSERVABLE adj. 1. Qui ne peut être observé : *Étoile inobservable.* **2.** Qui ne peut être exécuté, suivi : *Clause inobservable.*

INOBSERVANCE n.f. Attitude d'une personne qui n'observe pas des prescriptions religieuses ou morales.

INOBSERVATION n.f. Fait de ne pas respecter les lois, les règlements, ses engagements.

INOBSERVÉ, E adj. Qui n'a pas été observé : *Consigne inobservée.*

INOCCUPATION n.f. 1. État d'une personne qui n'a pas d'occupations régulières. **2.** Fait d'être inhabité, en parlant d'un logement.

INOCCUPÉ, E adj. 1. Sans occupation ; désœuvré. **2.** Qui n'est pas occupé, habité ; vacant : *Studio inoccupé.*

IN-OCTAVO adj. inv. et **n.m. inv.**, ▲ *INOCTAVO* [inɔktavo] ***n.m.*** (mots lat. « en huitième »). **IMPRIM.** Se dit du format déterminé par le pliage d'une feuille d'impression en 8 feuillets (16 pages) ; livre de ce format. (On écrit aussi *in-8°* ou *in-8.*)

INOCULABLE adj. Qui peut être inoculé : *Virus inoculable.*

INOCULATION n.f. MÉD. Introduction volontaire ou accidentelle d'un micro-organisme dans le corps, dans un milieu de culture.

INOCULER v.t. [3] (lat. *inoculare*, greffer). **1.** Produire une inoculation. **2.** Fig., litt. Transmettre par une sorte de contagion morale ; instiller : *Il a inoculé le goût du risque à sa fille.*

INOCULUM [-lɔm] **n.m.** Quantité de germes ou de substance inoculée ou à inoculer lors d'une vaccination.

INOCYBE n.m. (du gr. *is*, *inos*, fibre, et *kubos*, cube). Champignon basidiomycète dont la plupart des espèces, de couleur ocre, sont très toxiques. ➲ Ordre des agaricales.

INODORE adj. (lat. *inodorus*). Qui n'a pas d'odeur.

INOFFENSIF, IVE adj. Qui ne présente pas de danger : *Chien, remède inoffensif.*

INONDABLE adj. Qui peut être inondé : *Zone inondable.*

INONDATION n.f. 1. Submersion, lors d'une crue, des terrains avoisinant le lit d'un cours d'eau, un littoral ; masse des eaux qui inondent. **2.** Présence anormale d'une grosse quantité d'eau dans un local : *Une inondation dans la salle de bains.* **3.** Afflux considérable de choses ; déferlement : *Inondation de contrefaçons.*

INONDÉ, E adj. et **n.** Qui a souffert d'une inondation.

INONDER v.t. [3] (lat. *inundare*). **1.** Produire une inondation : *Les pluies d'orage ont inondé les bas quartiers.* **2.** Mouiller abondamment ; tremper : *Inonder la cuisine en lavant la salade.* **3.** Se répandre en grande quantité dans : *Les aoûtiens inondent les plages.* **4. (DE).** Répandre abondamment dans : *Inonder une messagerie de spams.*

INOPÉRABLE adj. Qui ne peut subir une opération chirurgicale.

INOPÉRANT, E adj. Qui est sans effet : *Traitement inopérant.*

INOPINÉ, E adj. (lat. *inopinatus*). Qui arrive sans qu'on l'ait prévu ; inattendu.

INOPINÉMENT adv. De façon inopinée.

INOPPORTUN, E adj. Qui n'est pas opportun ; qui n'arrive pas à propos ; malvenu.

INOPPORTUNÉMENT adv. Litt. De façon inopportune.

INOPPORTUNITÉ n.f. Litt. Caractère de ce qui n'est pas opportun.

INOPPOSABILITÉ n.f. Caractère d'un acte inopposable.

INOPPOSABLE adj. DR. Se dit d'un acte qui ne produit pas d'effet juridique à l'égard des tiers.

INORGANIQUE adj. ▪ Chimie inorganique, chimie minérale*.

INORGANISABLE adj. Qui ne peut être organisé.

INORGANISATION n.f. État de ce qui n'est pas organisé ; désordre.

INORGANISÉ, E adj. Qui n'est pas organisé. ◆ **adj.** et **n.** Qui n'appartient pas à un parti, à un syndicat.

INOTROPE adj. (du gr. *is*, *inos*, fibre, et *trepein*, tourner). **PHYSIOL.** Qui concerne la force de contraction du cœur ; qui peut la modifier.

INOUBLIABLE adj. Que l'on ne peut oublier ; mémorable.

INOUÏ, E adj. (de *ouïr*). Qui est sans exemple, sans précédent ; extraordinaire.

INOX n.m. (nom déposé). Acier inoxydable.

INOXYDABLE adj. 1. Qui résiste à l'oxydation. **2.** Fig. Que rien ne peut altérer : *Un moral inoxydable.*

IN PACE ou **IN-PACE** [inpatʃe] **n.m. inv.** (lat. « en paix »). **HIST.** Prison, souterrain d'un monastère où l'on enfermait jusqu'à leur mort ceux qui s'étaient rendus coupables de grandes fautes.

IN PARTIBUS [inpartibys] **loc. adj.** (lat. « dans les pays des infidèles »). **CATH.** Se dit d'un évêque ayant reçu en titre, mais sans juridiction réelle, un siège épiscopal situé dans un pays autrefois chrétien.

IN PETTO [inpeto] **loc. adv.** (ital. « dans son esprit »). À part soi ; intérieurement : *Rire in petto.*

IN-PLANO adj. inv. et **n.m. inv.**, ▲ *INPLANO* [inplano] ***n.m.*** (lat. « en plan »). **IMPRIM.** Se dit du format de base d'une feuille d'impression formant un feuillet de deux pages ; livre de ce format.

INPUT [input] **n.m.** (mot angl.). **ÉCON.** Intrant.

INQUALIFIABLE adj. Qui ne peut être qualifié assez sévèrement ; indigne.

IN-QUARTO adj. inv. et **n.m. inv.**, ▲ *INQUARTO* [inkwarto] ***n.m.*** (loc. lat. « en quart »). **IMPRIM.** Se dit du format déterminé par le pliage d'une feuille d'impression en 4 feuillets (8 pages) ; livre de ce format. (On écrit aussi *in-4°*.)

INQUIET, ÈTE adj. et **n.** (lat. *inquietus*). Agité par la crainte, l'incertitude : *Il est inquiet de ne pas avoir de vos nouvelles* ; qui manifeste cet état : *Regard inquiet.*

INQUIÉTANT, E adj. Qui cause de l'inquiétude ; préoccupant : *Une toux inquiétante.*

INQUIÉTER v.t. [11], ▲ *[11*]*. **1.** Rendre inquiet ; préoccuper : *Ce projet m'inquiète.* **2.** Porter atteinte à la suprématie de : *Ce candidat pourrait inquiéter le maire en place.* ◆ **S'INQUIÉTER v.pr. 1. (DE).** Se faire du souci pour : *S'inquiéter de l'avenir de ses enfants.* **2.** Absol. Être inquiet : *Ne t'inquiète pas !* **3. (DE).** S'occuper de savoir qqch : *T'es-tu inquiété de la météo ?*

INQUIÉTUDE n.f. État pénible causé par la crainte, l'incertitude ; anxiété.

INQUILIN, E adj. et **n.m.** (du lat. *inquilinus*, locataire). **BIOL.** Espèce vivant à l'intérieur d'une autre, ou fixée sur elle, sans se nourrir à ses dépens (l'anémone de mer sur le pagure, par ex.).

INQUILINISME n.m. État, mode de vie des espèces inquilines. (On trouve parfois *inquilisme.*)

INQUISITEUR, TRICE adj. Qui marque une curiosité indiscrète : *Regard inquisiteur.* ◆ **n.m. HIST.** Membre d'un tribunal de l'Inquisition.

INQUISITION n.f. (lat. *inquisitio*, de *inquirere*, rechercher). Litt. Enquête indiscrète et vexatoire. **▪ L'Inquisition,** v. partie n.pr.

INQUISITOIRE adj. DR. ▪ Système, procédure inquisitoires, dans lesquels le juge dirige la procédure, en principe de manière écrite, secrète et non contradictoire (par oppos. à *système accusatoire*).

INQUISITORIAL, E, AUX adj. 1. Qui semble digne de l'Inquisition ; arbitraire. **2. HIST.** Relatif à l'Inquisition.

INRACONTABLE ou **IRRACONTABLE adj.** Que l'on ne peut raconter car trop embrouillé ou trop grivois.

INRATABLE adj. Fam. Que l'on ne peut rater : *Gâteau, but inratable.*

INRAYABLE adj. Que l'on ne peut rayer.

INSAISISSABILITÉ n.f. DR. Caractère de ce que la loi défend de saisir. **▪ Garantie d'insaisissabilité d'un bien culturel,** dans le cadre du prêt d'un bien culturel par une puissance ou une institution étrangère, protection accordée à ce bien par l'État emprunteur, qui le déclare insaisissable pendant la durée du prêt.

INSAISISSABLE adj. 1. Qui ne peut être arrêté : *Criminel insaisissable.* **2.** Qui ne peut être compris, perçu : *Nuance insaisissable.* **3. DR.** Que la loi défend de saisir.

INSALISSABLE adj. Qui ne peut se salir.

INSALUBRE adj. Nuisible à la santé ; malsain : *Climat insalubre.*

INSALUBRITÉ n.f. État de ce qui est insalubre.

INSANE adj. (lat. *insanus*). Litt. Contraire à la raison, au bon sens ; insensé.

INSANITÉ n.f. 1. État d'une personne qui manque de bon sens ; folie. **2.** Parole ou action déraisonnable ; ineptie.

INSATIABILITÉ [-sja-] **n.f.** Litt. Caractère insatiable ; avidité.

INSATIABLE [-sja-] **adj.** (lat. *insatiabilis*, de *satiare*, rassasier). **1.** Qui ne peut être rassasié ; vorace. **2.** Que l'on ne peut assouvir : *Ambition insatiable.*

INSATIABLEMENT [-sja-] **adv.** De façon insatiable.

INSATISFACTION n.f. État de qqn qui n'est pas satisfait, qui n'a pas ce qu'il souhaite.

INSATISFAISANT, E [-fə-] **adj.** Qui ne satisfait pas ; insuffisant.

INSATISFAIT, E adj. et **n.** Qui n'est pas satisfait ; mécontent.

INSATURÉ, E adj. CHIM. ORG. Se dit d'un composé organique contenant des liaisons multiples. ➲ Les poissons et les huiles végétales sont riches en acides gras insaturés.

INSCRIPTIBLE adj. MATH. Que l'on peut inscrire dans une courbe ou une surface donnée, en partic. dans un cercle ou une sphère.

INSCRIPTION n.f. (lat. *inscriptio*). **1.** Ce qui est inscrit quelque part : *Effacer des inscriptions sur un mur.* **2.** Ensemble de caractères gravés ou écrits sur la pierre, le métal, etc., dans un but commémoratif : *L'épigraphie est la science des inscriptions.* **3.** Action d'inscrire sur une liste, un registre officiel ou administratif. **▪ Inscription de faux** [dr.], procédure par laquelle on tente de démontrer qu'un acte authentique est faux. **▪ Inscription hypothécaire** [dr.], mention faite, sur un registre public, de l'hypothèque dont une propriété est grevée.

INSCRIRE v.t. [79] (du lat. *inscribere*, écrire sur). **1.** Porter sur un registre, une liste le nom de : *Inscrire sa fille à la crèche.* **2.** Écrire, graver sur le métal, la pierre, etc. : *Inscrire un prénom sur une gourmette.* **3.** Noter ce que l'on ne veut pas oublier : *Inscrire un rendez-vous sur son agenda.* **4. SPORTS.** Marquer : *Inscrire le premier but.* ◆ **S'INSCRIRE v.pr. 1.** Écrire, faire enregistrer son nom sur une liste, un registre, etc. **2.** Entrer dans un groupe, un organisme, un parti, un établissement ; s'affilier. **3.** Être placé au milieu d'autres éléments : *Ces départs s'inscrivent dans le cadre d'un plan social.* **▪ S'inscrire en faux contre qqch,** soutenir en justice qu'une pièce authentique produite par la partie adverse n'est pas crédible sur le fond ; nier ce qui est affirmé.

1. INSCRIT, E adj. MATH. ▪ Angle inscrit dans un cercle, dont le sommet appartient au cercle et les côtés coupent ce cercle. **▪ Polygone inscrit dans un cercle, polyèdre inscrit dans une sphère,** dont les sommets appartiennent à ce cercle, à cette sphère.

2. INSCRIT, E n. Personne dont le nom est inscrit sur une liste, qui s'est inscrite dans une organisation.

INSCRIVANT, E n. DR. Personne qui requiert l'inscription d'une hypothèque.

Les insectes

On ne connaît aujourd'hui qu'un million (environ) d'espèces d'insectes, bien qu'il en existe sans doute plusieurs millions. Répandus sur les six continents, ils peuplent tous les milieux terrestres et aquatiques, à l'exception des milieux marins (seul un genre d'insecte vit sur des algues flottantes). C'est parmi les insectes que l'on trouve les seuls invertébrés pourvus d'ailes. Les insectes (pollinisateurs ou non) sont en déclin un peu partout dans le monde, à cause de l'usage des insecticides en agriculture. Cet effondrement affecte la pollinisation (et donc les cultures), ainsi que tous les animaux insectivores (oiseaux, amphibiens, chauves-souris...).

INSCULPER v.t. [3] (lat. *insculpere*). **ORFÈVR.** Marquer d'un poinçon un objet de métal.

INSÉCABILITÉ n.f. Caractère de ce qui est insécable.

INSÉCABLE adj. (lat. *insecabilis*, de *secare*, couper). Qui ne peut être coupé ou partagé.

INSECTARIUM [-rjɔm] n.m. Local aménagé pour l'élevage des insectes.

INSECTE n.m. (du lat. *insectus*, coupé). **1.** Invertébré à trois paires de pattes et au corps enveloppé dans un tégument coriace de chitine. ➲ Les insectes forment une immense classe. **2.** (Abusif en zool.). Tout animal très petit, qui, au regard de la zoologie, peut être un insecte proprement dit ou un arachnide, un myriapode, etc.

➲ Le corps des **INSECTES** comprend : la *tête*, avec deux antennes, des yeux à facettes, des pièces buccales ; le *thorax*, formé de trois segments, avec une paire d'ailes sur chacun des deux derniers ; l'*abdomen*, où sortent les trachées (tubes respiratoires) et qui renferme les viscères. Les insectes pondent génér. des œufs qui donnent naissance à des larves sans ailes, parfois si différentes de l'adulte qu'un stade intermédiaire (nymphe) est nécessaire.

INSECTICIDE adj. et n.m. Se dit d'un produit utilisé pour détruire les insectes nuisibles.

INSECTIFUGE adj. et n.m. Se dit d'un produit qui éloigne les insectes.

INSECTIVORE adj. Se dit d'un animal qui se nourrit principalement ou exclusivement d'insectes, comme le lézard, l'hirondelle. ◆ **n.m.** Mammifère de petite taille, doté de nombreuses dents pointues, se nourrissant de petites proies (notamm. d'insectes, de vers et de mollusques), tel que le hérisson, la taupe, la musaraigne. ➲ Les insectivores constituent un ordre.

INSÉCURITÉ n.f. Manque de sécurité ; état de ce qui n'est pas sûr.

IN-SEIZE [insɛz] adj. inv. et n.m. inv. **IMPRIM.** Se dit du format déterminé par le pliage d'une feuille d'impression en 16 feuillets (32 pages) ; livre de ce format. (On écrit aussi *in-16*.)

INSELBERG [insɛlbɛrg] n.m. (mot all., de *Insel*, île, et *Berg*, montagne). **GÉOMORPH.** Butte qui se dresse au-dessus de plaines d'érosion, dans les régions désertiques ou tropicales.

INSÉMINATEUR, TRICE adj. et n. Qui pratique l'insémination artificielle.

INSÉMINATION n.f. (du lat. *inseminatum*). Dépôt de la semence du mâle dans les voies génitales de la femelle. ▪ **Insémination artificielle** [méd., élev.], technique permettant la reproduction en dehors de tout rapport sexuel, par dépôt du sperme dans les voies génitales de la femme ou de la femelle. ▪ **Insémination artificielle avec donneur (IAD)** [méd.], insémination artificielle réalisée avec le sperme d'un donneur anonyme au lieu de celui du conjoint.

➲ L'**INSÉMINATION** artificielle est utilisée dans le cadre de la procréation médicalement assistée.

➲ En élevage, l'insémination artificielle est très utilisée dans toutes les filières (bovins, porcs, moutons, chèvres, lapins).

INSÉMINER v.t. [3]. Féconder par insémination artificielle.

INSENSÉ, E adj. et n. Dépourvu de raison, de bon sens ; dément : *Personne, proposition insensée.* ◆ **adj.** Excessif ou démesuré : *Prendre un risque insensé.*

INSENSIBILISATION n.f. Action d'insensibiliser une partie du corps ; perte de la sensibilité.

INSENSIBILISER v.t. [3]. Rendre insensible.

INSENSIBILITÉ n.f. Manque de sensibilité physique ou morale.

INSENSIBLE adj. **1.** Qui n'éprouve pas certaines sensations physiques : *L'anesthésie rend insensible à la douleur.* **2.** Qui n'est pas accessible à certains sentiments ; indifférent : *Insensible aux compliments, aux critiques.* **3.** Qui n'est pas aisément perçu, remarqué : *Différence insensible entre deux rouges à lèvres.*

INSENSIBLEMENT adv. De façon insensible ; peu à peu.

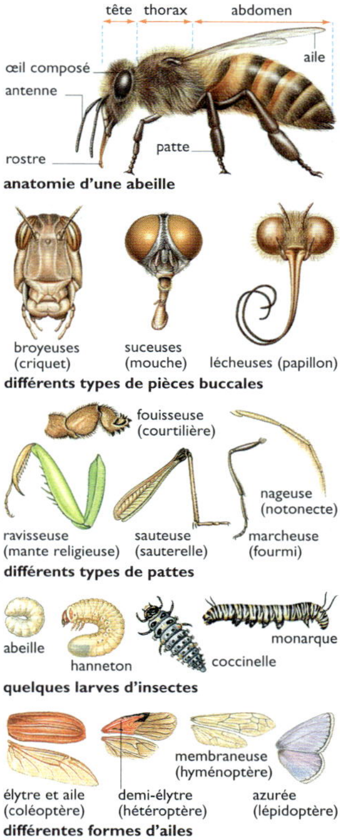

▲ **insectes**

INSÉPARABLE adj. Qui ne peut être séparé. ◆ **adj.** et **n.** Se dit de personnes qui sont souvent ensemble : *Des héros de BD inséparables.* ◆ **n.m.** Perruche des steppes arbustives de l'Afrique, qui vit en couples permanents. ➲ Famille des psittacidés.

INSÉPARABLEMENT adv. De façon à ne pouvoir être séparé.

INSÉRABLE adj. Qui peut être inséré.

INSÉRER v.t. [11], ▲ *[11*]* (lat. *inserere*). **1.** Introduire, placer une chose parmi d'autres : *Insérer une photo dans un album.* **2.** Introduire un document (texte, image, son) dans un autre, de manière à l'intégrer en vue de sa publication ou de sa diffusion : *Insérer un lien dans une vidéo.* ▪ **Prière d'insérer, n.m.,** formule imprimée qu'un éditeur envoie aux revues et journaux, et qui contient des indications relatives à un nouvel ouvrage. ◆ **S'INSÉRER** v.pr. **1.** Trouver place dans un ensemble : *Ce stage s'insère dans votre formation.* **2.** Trouver sa place dans un groupe. **3.** (**SUR**). Être attaché sur : *Les muscles s'insèrent sur les os.*

INSERMENTÉ adj.m. **HIST.** ▪ **Prêtre insermenté,** ou **insermenté, n.m.,** prêtre réfractaire*.

INSERT [ɛ̃sɛr] n.m. (mot angl.). **1. CINÉMA.** Gros plan, génér. bref, destiné à mettre en valeur un détail utile à la compréhension de l'action (lettre, nom de rue, carte de visite, etc.). **2.** Brève séquence ou bref passage introduit dans un programme de télévision ou de radio en direct. **3. THERM.** Appareil de chauffage à caisson métallique qui s'encastre dans une cheminée existante.

INSERTION [-sjɔ̃] n.f. **1.** Fait de s'insérer, de s'attacher sur qqch : *L'insertion des feuilles sur la tige.* **2.** Fait d'insérer un document dans un autre, en vue de sa publication ou de sa diffusion. **3.** Fait de s'insérer dans un groupe : *L'insertion des immigrés.*

INSIDIEUSEMENT adv. De façon insidieuse.

INSIDIEUX, EUSE adj. (lat. *insidiosus*, de *insidiae*, embûches). **1.** Qui constitue un piège ; qui cherche à tromper : *Promesse insidieuse.* **2.** Qui se répand insensiblement : *Virus informatique insidieux.* ▪ **Maladie insidieuse,** maladie d'apparence bénigne et qui se révèle grave.

INSIGHT [insajt] n.m. (mot angl., de l'all. *Einsicht*, compréhension intuitive). **PSYCHOL.** Compréhension soudaine d'une situation déterminée.

1. INSIGNE adj. (lat. *insignis*). Litt. Digne d'attirer l'attention ; remarquable : *J'ai eu l'insigne honneur de lui parler.*

2. INSIGNE n.m. (mot lat.). **1.** Marque distinctive d'une dignité, d'une fonction : *Insigne de policier.* **2.** Signe distinctif des membres d'une association ; emblème.

INSIGNIFIANCE n.f. Caractère insignifiant ; inconsistance.

INSIGNIFIANT, E adj. **1.** Qui a peu d'importance, de valeur et ne présente pas d'intérêt ; négligeable : *Augmentation insignifiante.* **2.** Qui manque de personnalité, de qualités : *Réalisateur insignifiant.*

IN SILICO [insiliko] adj. inv. et loc. adv. (mots lat. « dans le silicium »). Se dit d'une méthode d'étude effectuée au moyen d'ordinateurs (dont les puces sont princip. composées de silicium), permettant d'analyser des données et de modéliser des phénomènes, en biologie et en bio-informatique, notamm.

INSINCÈRE adj. Litt. Qui n'est pas sincère.

INSINCÉRITÉ n.f. Litt. Manque de sincérité.

INSINUANT, E adj. Qui s'impose par des manières adroites ou hypocrites ; sournois.

INSINUATION n.f. Action d'insinuer : *Procéder par insinuation* ; ce qui est ainsi suggéré : *Des insinuations calomnieuses.*

INSINUER v.t. [3] (du lat. *insinuare*, faire entrer dans). Laisser entendre d'une manière détournée ; suggérer : *Insinuez-vous qu'il ment ?* ◆ **S'INSINUER** v.pr. **1.** S'introduire, se faire admettre adroitement : *Pique-assiette qui s'insinue partout.* **2.** Pénétrer doucement : *L'eau s'insinue dans les fentes. Peu à peu, le doute s'insinua en lui.*

INSIPIDE adj. (du lat. *sapidus*, qui a du goût). **1.** Qui n'a pas de saveur, de goût : *L'eau pure est insipide* (CONTR. **sapide**). **2.** Fig. Sans agrément ; ennuyeux : *Roman insipide.*

INSIPIDITÉ n.f. Caractère de ce qui est insipide.

INSISTANCE n.f. Action d'insister ; persévérance : *Réclamer qqch avec insistance.*

INSISTANT, E adj. Qui insiste ; pressant.

INSISTER v.i. [3] (du lat. *insistere*, s'attacher à). **1.** Persévérer à demander qqch ; persister : *Insister pour parler à qqn.* **2.** (**SUR**). Souligner qqch avec force ; y revenir : *Insister sur les points forts de son CV.*

IN SITU [insity] loc. adv. (loc. lat.). Dans son milieu naturel : *Observer un animal in situ.*

INSITUABLE adj. Dont il est difficile de déterminer la place dans un groupe, un ensemble ; inclassable : *Un auteur, un film insituable.*

INSOCIABLE adj. Sout. Qui n'est pas sociable.

INSOLATION n.f. (lat. *insolatio*). **1.** Action des rayons du soleil qui frappent un objet. **2. MÉD.** Coup de chaleur dû à une exposition trop longue au soleil. **3. MÉTÉOROL.** Ensoleillement. **4. PHOTOGR.** Exposition d'une surface sensible à la lumière.

INSOLEMMENT [-amɑ̃] adv. Avec insolence.

INSOLENCE n.f. (du lat. *insolentia*, inexpérience). **1.** Manque de respect ; effronterie : *Son insolence les irrite.* **2.** Parole, action insolente ; impertinence : *Cessez vos insolences !*

INSOLENT, E adj. et n. (du lat. *insolens*, inaccoutumé). Qui est effronté et manque de respect : *Ne soyez pas insolent avec les clients.* ◆ **adj.** **1.** Qui dénote l'insolence : *Sourire insolent.* **2.** Qui semble constituer une provocation : *Santé insolente.*

INSOLER v.t. [3]. **PHOTOGR.** Pratiquer l'insolation d'une surface sensible.

INSOLITE adj. (lat. *insolitus*, de *solere*, avoir coutume). Qui est différent de l'usage, de l'habitude et qui surprend ; bizarre : *Architecture insolite.* ◆ **n.m.** Ce qui est insolite.

INSOLUBILISER v.t. [3]. Rendre insoluble.

INSOLUBILITÉ n.f. Caractère de ce qui est insoluble.

INSOLUBLE adj. **1.** Qui ne peut pas être dissous : *Une huile insoluble dans l'eau.* **2.** Que l'on ne peut résoudre : *Énigme insoluble.*

INSOLVABILITÉ n.f. DR. COMM. État d'une personne ou d'une société qui ne peut pas payer ses dettes.

INSOLVABLE adj. et n. Qui est en état d'insolvabilité : *Locataire insolvable.*

INSOMNIAQUE adj. et n. Qui souffre d'insomnie.

INSOMNIE n.f. (lat. *insomnia*, de *somnus*, sommeil). Impossibilité ou difficulté à s'endormir ou à dormir suffisamment.

INSONDABLE adj. **1.** Qui ne peut être sondé ; dont on ne peut connaître la profondeur : *Abîme insondable.* **2.** Fig. Impossible à comprendre ; impénétrable : *Mystère insondable.*

INSONORE adj. **1.** Qui ne produit aucun son sous l'effet d'une percussion, d'un frottement. **2.** Qui transmet peu les sons ou les amortit : *Mur insonore.* **3.** Où l'on n'entend que peu de bruit : *Local insonore.*

INSONORISATION n.f. Action d'insonoriser.

INSONORISER v.t. [3]. Rendre un appareil, un lieu moins sonore, insonore.

INSONORITÉ n.f. Manque de sonorité.

INSORTABLE adj. Fam. Avec qui l'on n'a pas envie de sortir, de se montrer : *Un type insortable.*

INSOUCIANCE n.f. Caractère d'une personne insouciante ; légèreté.

INSOUCIANT, E adj. et n. Qui est peu porté à s'inquiéter. ◆ **adj.** Qui ne se soucie de rien : *Des adolescents insouciants.*

INSOUCIEUX, EUSE adj. Litt. Qui ne se soucie pas de : *Insoucieux de l'avenir.*

INSOUMIS, E adj. Qui refuse de se soumettre ; rebelle. ◆ **n.m.** Militaire en état d'insoumission.

INSOUMISSION n.f. **1.** Fait de ne pas se soumettre à l'autorité ; insubordination. **2.** MIL. Infraction commise par une personne qui, astreinte aux obligations du service national, n'a pas obéi à un ordre de route régulièrement notifié.

INSOUPÇONNABLE adj. Que l'on ne peut soupçonner : *Un gérant insoupçonnable.*

INSOUPÇONNÉ, E adj. Dont l'existence n'est pas soupçonnée ; inattendu : *Un courage insoupçonné.*

INSOUTENABLE adj. **1.** Que l'on ne peut continuer sans fléchir : *Rythme insoutenable.* **2.** Que l'on ne peut supporter : *Chaleur insoutenable.* **3.** Qu'on ne peut soutenir, défendre, justifier : *Argument insoutenable.*

INSPECTER v.t. [3] (lat. *inspectare*). **1.** Examiner avec soin pour contrôler : *Inspecter un camion, des marchandises.* **2.** Observer attentivement ; scruter : *Inspecter le ciel.*

INSPECTEUR, TRICE n. Titre donné aux agents de divers services publics et à certains officiers généraux chargés d'une mission de surveillance et de contrôle. ▪ **Inspecteur de police** [anc.], officier de police. ▪ **Inspecteur des impôts,** agent de l'État chargé de collecter les renseignements qui permettent de fixer les bases d'imposition. ▪ **Inspecteur du travail,** fonctionnaire qui est chargé, en France, de contrôler l'application de la législation du travail. ▪ **Inspecteur général des armées,** militaire relevant de l'autorité directe du ministre de la Défense, qui le charge de missions.

INSPECTION n.f. **1.** Action de surveiller, de contrôler. **2.** Partie de l'examen clinique dans laquelle le médecin cherche des anomalies visibles à l'œil nu. **3.** Fonction d'inspecteur ; corps des inspecteurs : *Inspection générale des Finances.*

INSPECTORAT n.m. Charge d'inspecteur.

INSPIRANT, E adj. Fam. Propre à inspirer, à donner de l'inspiration.

1. INSPIRATEUR adj.m. ANAT. ▪ **Muscle inspirateur,** qui sert à l'inspiration de l'air dans les poumons.

2. INSPIRATEUR, TRICE n. **1.** Celui qui inspire une action : *L'inspiratrice d'une réforme.* **2.** Auteur, œuvre dont s'inspire un artiste et qu'il prend comme modèle. ◆ **n.f.** Femme qui inspire un artiste ; muse.

INSPIRATION n.f. **1.** Action de faire pénétrer l'air dans ses poumons. **2.** Enthousiasme créateur de l'artiste : *Écrivain à court d'inspiration.* **3.** Idée soudaine : *Il a des inspirations de génie.* **4.** Influence exercée sur une œuvre artistique ou littéraire : *Patio d'inspiration mauresque.* **5.** Influence divine ou surnaturelle par laquelle l'homme aurait la révélation de ce qu'il doit croire, dire ou faire.

INSPIRATOIRE adj. Relatif à l'inspiration de l'air pulmonaire.

INSPIRÉ, E adj. et n. Mû par un élan créateur : *Poète inspiré.* ◆ **adj.** Fam. ▪ **Être bien, mal inspiré,** avoir une bonne, une mauvaise idée.

INSPIRER v.t. [3] (du lat. *inspirare*, souffler dans). **1.** Faire pénétrer l'air dans ses poumons, en respirant ; aspirer : *Inspirez, puis soufflez !* **2.** Faire naître un sentiment, une pensée, un dessein ; susciter : *Inspirer la méfiance, le désir.* **3.** Communiquer à qqn l'inspiration, l'élan de la création : *Ce pays inspire les peintres.* ◆ **S'INSPIRER** v.pr. (DE). Se servir des idées de qqn ; tirer ses idées de qqch : *La scénariste s'est inspirée d'une histoire vraie.*

INSTABILITÉ n.f. **1.** Manque de stabilité, d'équilibre, de constance. **2.** CHIM. État de haute énergie, pour un système chimique (par oppos. à *stabilité*). ➲ À l'instabilité du méthane CH_4 s'oppose la stabilité de ses produits de combustion, CO_2 et H_2O. ▪ **Instabilité psychomotrice** [psychopathol.], insuffisance du contrôle de la motricité, souvent liée à une hyperémotivité.

INSTABLE adj. **1.** Qui manque de stabilité : *Situation, adolescente instable.* **2.** PHYS. Se dit d'un équilibre détruit par la moindre perturbation. **3.** CHIM. Se dit d'un état de haute énergie d'un système chimique, par rapport à un autre état d'énergie accessible à ce système. ◆ **adj.** et **n.** **1.** Qui n'a pas de suite dans les idées ; versatile. **2.** PSYCHOPATHOL. Qui souffre d'instabilité psychomotrice.

INSTALLATEUR, TRICE n. Spécialiste assurant l'installation d'un appareil (chauffage central, appareils sanitaires, etc.).

INSTALLATION n.f. **1.** Action d'installer qqn dans un lieu, dans une fonction : *Son installation à Londres est provisoire. L'installation d'un juge.* **2.** Mise en place d'un appareil, d'un réseau électrique, téléphonique, etc. ; ensemble de ces appareils : *Réparer l'installation électrique.* **3.** INFORM. Procédure qui vise à rendre un matériel ou un logiciel apte à fonctionner sur un équipement spécifique. **4.** ART MOD. Œuvre dont les éléments, de caractère plastique ou conceptuel, sont organisés dans un espace donné.

INSTALLER v.t. [3] (lat. médiév. *installare*, de *stallum*, stalle). **1.** Établir solennellement, officiellement dans une dignité, dans une charge : *Installer un magistrat.* **2.** Établir dans un lieu pour un certain temps : *Installer une filiale en Chine.* **3.** Mettre à une place déterminée : *Installer des étagères dans un bureau.* **4.** Mettre en place un appareil, un circuit en effectuant certains travaux : *Installer une antenne-relais sur un toit.* **5.** Aménager un local en vue de l'habiter ou d'y exercer une activité donnée : *Installer un cabinet dentaire.* **6.** INFORM. Procéder à l'installation d'un système informatique, d'un périphérique ou d'un logiciel pour le rendre opérationnel. ▪ **Être installé,** être parvenu à une situation qui assure l'aisance et le confort. ◆ **S'INSTALLER** v.pr. S'établir dans un lieu ; se fixer : *S'installer à Berlin.*

INSTALLEUR n.m. Programme servant à installer facilement un logiciel sur un ordinateur.

INSTAMMENT adv. Litt. De façon instante, pressante.

INSTANCE n.f. (du lat. *instantia*, imminence). **1.** (Au pl.). Demande pressante ; prière : *Céder aux instances de qqn.* **2.** DR. Série des actes d'une procédure, depuis la demande en justice jusqu'au jugement. **3.** Organisme, service qui exerce le pouvoir de décision : *Les instances d'un syndicat.* **4.** PSYCHAN. Toute structure de l'appareil psychique, dans les différentes topiques freudiennes (le ça, le moi, le surmoi). ▪ **En instance,** en attente : *Dossier en instance.* ▪ **En instance de qqch,** sur le point de le faire : *En instance de mutation.*

1. INSTANT, E adj. (lat. *instans*, du lat. *instare*, serrer de près). Sout. Pressant : *Ce malade a un besoin instant de sang.*

2. INSTANT n.m. Moment très court : *Puis-je vous voir un instant ?* ▪ **À chaque instant,** continuellement. ▪ **À** ou **dans l'instant,** tout de suite. ▪ **Dans un instant,** dans un moment. ▪ **Dès l'instant que,** dans la mesure où ; puisque. ▪ **Par instants,** de temps à autre. ▪ **Pour l'instant,** pour le moment ; actuellement. ▪ **Un instant !,** attendez un peu !

INSTANTANÉ, E adj. **1.** Qui se produit dans l'instant : *Mort, riposte instantanée.* **2.** Sout. Qui ne dure qu'un instant : *Une lueur instantanée.* **3.** Se dit d'un produit alimentaire déshydraté qui, après adjonction d'eau, est prêt à la consommation : *Purée instantanée.* **4.** Se dit d'un procédé de photographie qui utilise un film comportant les produits de traitement et qui se développe automatiquement dès sa sortie de l'appareil. ◆ **n.m.** Photographie obtenue par une exposition de très courte durée.

INSTANTANÉITÉ n.f. Sout. Caractère de ce qui est instantané.

INSTANTANÉMENT adv. De façon instantanée.

À L'INSTAR DE loc. prép. (de la loc. lat. *ad instar*, à la ressemblance de). À la manière, à l'exemple de : *À l'instar de ses amis, il a créé son blog.*

INSTAURATEUR, TRICE n. Litt. Personne qui instaure qqch.

INSTAURATION n.f. Action d'instaurer qqch ; institution : *L'instauration d'une taxe.*

INSTAURER v.t. [3] (lat. *instaurare*). Établir les bases de ; fonder : *Instaurer un système électoral, un nouveau genre littéraire.*

INSTIGATEUR, TRICE n. Personne qui pousse à faire qqch : *Les instigateurs d'un attentat.*

INSTIGATION n.f. (lat. *instigatio*, de *instigare*, exciter). Action d'inciter qqn à faire qqch : *Suivre les instigations de qqn.* ▪ **À l'instigation de,** sur les conseils, sous l'influence de : *Il a posé sa candidature à l'instigation d'un ami.*

INSTIGUER v.t. [3]. Belgique. Pousser qqn à faire qqch ; inciter.

INSTILLATION n.f. MÉD. Action d'introduire goutte à goutte une substance médicamenteuse dans un canal, une cavité naturelle de l'organisme.

INSTILLER [-le] v.t. [3] (lat. *instillare*, de *stilla*, goutte). **1.** MÉD. Pratiquer une instillation. **2.** Litt. Faire pénétrer lentement ; inoculer : *Instiller la peur, l'ennui.*

INSTINCT [ɛ̃stɛ̃] n.m. (du lat. *instinctus*, excitation). **1.** ÉTHOL. Part héréditaire et innée des tendances comportementales de l'homme et des animaux : *Instinct de survie.* **2.** Impulsion souvent irraisonnée qui détermine l'homme dans ses actes, son comportement : *Son instinct lui disait de s'en méfier.* **3.** Disposition naturelle pour qqch ; aptitude : *Avoir l'instinct de la communication.*

INSTINCTIF, IVE adj. et n. Qui est poussé par l'instinct ; impulsif. ◆ **adj.** Qui naît de l'instinct : *Geste instinctif.*

INSTINCTIVEMENT adv. Par instinct.

INSTINCTUEL, ELLE adj. PSYCHOL. Qui se rapporte à l'instinct ; pulsionnel.

INSTIT [ɛ̃stit] n. (abrév.). Fam. Instituteur.

INSTITUER v.t. [3] (du lat. *instituere*, placer dans). **1.** Établir qqch durablement ; instaurer : *Instituer un règlement.* **2.** DR. Nommer un héritier par testament. ◆ **S'INSTITUER** v.pr. Se donner une fonction de sa propre autorité ; s'autoproclamer.

INSTITUT n.m. (du lat. *institutum*, ce qui est établi). **1.** Établissement de recherche scientifique, d'enseignement, etc. : *Institut de cancérologie.* **2.** CATH. Congrégation de religieux contemplatifs ou apostoliques, unis par des vœux. ▪ **Institut de beauté,** établissement commercial où l'on dispense des soins du visage et du corps à des fins esthétiques. ▪ **Institut d'émission** [banque], organisme chargé d'émettre la monnaie centrale (la Banque centrale européenne, pour l'euro). ▪ **Institut universitaire de formation des maîtres** → **IUFM.** ▪ **Institut universitaire de technologie** → **IUT.** ▪ **L'Institut**, v. partie n.pr. **INSTITUT DE FRANCE**.

INSTITUTEUR, TRICE n. Personne chargée de l'enseignement du premier degré. Abrév. (fam.) **instit.** ➲ Le titre de *professeur des écoles* s'est progressivement substitué à celui d'*instituteur*.

INSTITUTION n.f. 1. Action d'instituer, d'établir ; instauration : *L'institution de relations diplomatiques entre des pays.* **2.** Établissement d'enseignement privé : *Une institution catholique.* **3. DR.** Ensemble des règles, régies par le droit, établies en vue de la satisfaction d'intérêts collectifs ; organisme visant à les maintenir. ➲ L'État, le Parlement, une fondation, la tutelle, la prescription sont des institutions. ◆ **n.f. pl.** Ensemble des formes ou des structures politiques établies par la loi ou la coutume et relevant du droit public : *Institutions démocratiques.*

INSTITUTIONNALISATION n.f. Action d'institutionnaliser.

INSTITUTIONNALISER v.t. [3]. Donner un caractère institutionnel à.

INSTITUTIONNALISME n.m. École de pensée économique américaine, née dans les années 1920, qui met l'accent sur le rôle joué par les institutions dans le champ et l'orientation des décisions économiques.

INSTITUTIONNEL, ELLE adj. Relatif aux institutions de l'État. ▪ **Analyse institutionnelle** [psychol.], méthode d'investigation qui analyse les effets pathogènes ou thérapeutiques d'une institution. ▪ **Pédagogie institutionnelle,** pédagogie qui préconise la création de règles d'organisation collectives. ▪ **Psychothérapie institutionnelle,** psychothérapie qui repose sur l'examen des relations d'interdépendance entre les membres d'une collectivité. ◆ **n.m.** Investisseur institutionnel.

INSTITUTIONNELLEMENT adv. De façon institutionnelle.

INSTRUCTEUR, TRICE n. Gradé chargé de faire l'instruction militaire. ◆ **adj.** ▪ **Magistrat instructeur** [dr.], chargé d'instruire un procès.

INSTRUCTIF, IVE adj. Qui instruit, informe ; éducatif : *Exposition instructive.*

INSTRUCTION n.f. (lat. *instructio*). **1.** Action d'instruire, de donner des connaissances nouvelles ; enseignement : *L'instruction donnée au collège.* **2.** Savoir acquis par l'étude, par un enseignement reçu ; connaissances : *Avoir une solide instruction.* **3.** Ordre de service adressé par un supérieur à ses subordonnés : *Instruction ministérielle.* **4. INFORM.** Ordre, en langage de programmation, qui entraîne l'exécution d'une opération élémentaire déterminée. ➲ Une suite d'instructions constitue un programme. **5. DR.** Phase de la procédure pénale pendant laquelle le juge d'instruction met une affaire en état d'être jugée (recherche des preuves d'une infraction, découverte de son auteur, etc.). ▪ **Instruction militaire,** formation donnée aux militaires et notamm. aux recrues. ◆ **n.f. pl.** Consignes pour la conduite d'une affaire, l'utilisation d'un appareil, etc. : *La directrice a laissé ses instructions par écrit.*

INSTRUIRE v.t. [78] (du lat. *instruere*, bâtir). **1.** Former l'esprit de qqn en lui donnant des connaissances nouvelles : *Ce cédérom l'a beaucoup instruit.* **2. (DE).** Sout. Mettre au courant de : *Instruire son chef d'un incident.* ▪ **Instruire contre qqn** [dr.], ouvrir une information contre lui. ▪ **Instruire une cause, une affaire** [dr.], la mettre en état d'être jugée. ◆ **S'INSTRUIRE v.pr.** Développer ses connaissances ; étudier.

INSTRUIT, E adj. Qui a des connaissances étendues ; cultivé.

INSTRUMENT n.m. (lat. *instrumentum*). **1.** Outil, machine servant à accomplir un travail, une opération ; appareil : *Instrument de mesure.* **2.** Appareil conçu pour produire des sons à des fins musicales : *De quel instrument jouez-vous ? (V. planche page suivante.)* **3.** Personne ou chose employée pour atteindre un résultat : *Elle a été l'instrument de la paix. Ce site est un instrument de propagande.*

INSTRUMENTAIRE adj. DR. ▪ **Témoin instrumentaire,** témoin dont la présence est indispensable pour la validité de certains actes authentiques.

1. INSTRUMENTAL, E, AUX adj. MUS. Qui se rapporte uniquement aux instruments, à l'orchestre. ▪ **Conditionnement instrumental** [psychol.], conditionnement où le comportement du sujet est l'instrument de l'obtention d'un agent renforçateur. ▪ **Formation instrumentale** → **FORMATION.** ▪ **Musique instrumentale,** où l'on n'entend que des instruments (par oppos. à *musique vocale*).

2. INSTRUMENTAL n.m. LING. Cas de la déclinaison de certaines langues qui indique le moyen, l'instrument.

INSTRUMENTALISATION n.f. Action d'instrumentaliser ; fait d'être instrumentalisé.

INSTRUMENTALISER v.t. [3]. Traiter qqn, qqch comme un instrument ; manipuler : *Instrumentaliser un gréviste de la faim, une grève.*

INSTRUMENTALISME n.m. PHILOS. Doctrine qui considère les théories scientifiques comme des outils destinés à interpréter les phénomènes. ➲ Principaux représentants : P. Duhem, K. R. Popper.

INSTRUMENTATION n.f. 1. Choix des instruments correspondant à chaque partie d'une œuvre musicale. **2.** Ensemble des instruments de mesure, d'analyse, de contrôle, etc., utilisés dans les domaines physico-chimiques, biomédicaux.

INSTRUMENTER v.t. [3]. 1. Confier chaque partie d'une œuvre musicale à un instrument ; orchestrer. **2. CONSTR., TRAV. PUBL.** Doter une installation, une construction d'instruments et d'appareils de contrôle. ◆ **v.i. DR.** Établir un acte authentique.

INSTRUMENTISTE n. 1. Musicien qui joue d'un instrument. **2.** Personne qui prépare et présente au chirurgien les instruments nécessaires au cours de l'intervention.

À L'INSU DE loc. prép. ▪ **À l'insu de qqn,** en échappant à son attention : *S'enfuir à l'insu de ses gardiens* ; sans qu'il s'en doute : *Peu à peu, à son insu, il a sombré dans l'alcoolisme.*

INSUBMERSIBILITÉ n.f. Caractère d'une embarcation insubmersible.

INSUBMERSIBLE adj. MAR. Qui ne peut pas couler ; qui est doté de dispositifs de flottabilité (caissons étanches, volumes de matière plastique expansée, etc.) d'une capacité supérieure aux mêmes volumes envahis par l'eau de mer.

INSUBORDINATION n.f. Attitude de qqn qui refuse d'obéir ; insoumission.

INSUBORDONNÉ, E adj. Qui fait preuve d'insubordination ; rebelle.

INSUCCÈS n.m. Manque de succès ; échec.

INSUFFISAMMENT adv. De façon insuffisante.

INSUFFISANCE n.f. 1. Caractère de ce qui est insuffisant ; carence : *Vous souffrez d'une insuffisance en fer.* **2.** (Souvent pl.). Manque de capacité, d'aptitudes ; lacune : *Avoir des insuffisances en informatique.* **3. MÉD.** Incapacité d'un organe à accomplir totalement sa fonction caractéristique : *Insuffisance rénale.*

INSUFFISANT, E adj. 1. Qui ne suffit pas ; faible : *Ressources insuffisantes pour partir en vacances.* **2.** Qui n'a pas les aptitudes nécessaires ; incompétent.

INSUFFLATION n.f. MÉD. Introduction d'air, de gaz dans une cavité (péritonéale, par ex.) ou dans les poumons, à l'aide du souffle ou d'un appareil.

INSUFFLER v.t. [3] (bas lat. *insufflare*). **1. MÉD.** Pratiquer une insufflation. **2.** Inspirer un sentiment, un état d'esprit à qqn ; communiquer : *Insuffler du dynamisme à ses collaborateurs.*

INSULA [insula] **n.f.** (mot lat. « île »). **ANTIQ. ROM.** Maison de rapport, divisée en logements ; îlot urbain délimité par le réseau des rues.

INSULAIRE adj. et **n.** (bas lat. *insularis*, de *insula*, île). Qui habite une île. ◆ **adj.** Relatif à une île, aux îles (par oppos. à *continental*).

INSULARITÉ n.f. Caractère propre à un pays situé sur une ou plusieurs îles.

INSULINE n.f. (du lat. *insula*, île). Hormone hypoglycémiante sécrétée par le pancréas et dont l'insuffisance provoque le diabète.

INSULINIQUE adj. Relatif à l'insuline, au traitement par l'insuline.

INSULINODÉPENDANT, E adj. et **n. MÉD.** Se dit d'un diabète de type 1, ou d'un diabétique qui en est atteint, dont l'équilibre glucidique ne peut être assuré que par l'injection quotidienne d'insuline.

INSULINONÉCESSITANT, E adj. Se dit d'un diabète de type 2, ou d'un diabétique qui en est atteint, pour qui l'insuline est devenue avec le temps une partie nécessaire du traitement (SYN. **insulinorequérant**).

INSULINOTHÉRAPIE n.f. MÉD. Traitement par l'insuline.

INSULTANT, E adj. Qui constitue une insulte ; injurieux.

INSULTE n.f. Parole qui a pour objet d'outrager ; acte qui offense ; injure.

INSULTÉ, E adj. et **n.** Qui a subi une insulte ; offensé.

INSULTER v.t. [3] (du lat. *insultare*, sauter sur). Offenser par des paroles blessantes ou des actes méprisants, injurieux ; outrager.

INSULTEUR, EUSE n. Personne qui insulte.

INSUPPORTABLE adj. 1. Que l'on ne peut supporter ; intenable : *Migraine insupportable.* **2.** Se dit d'une personne difficile à supporter ; invivable : *Voisin insupportable.*

INSUPPORTER v.t. [3]. Fam. Être insupportable à qqn : *Ce bavardage, ce prétentieux m'insupporte.*

INSURGÉ, E adj. et **n.** Qui participe à une insurrection, une révolte ; mutin.

S'INSURGER v.pr. [10] (du lat. *insurgere*, se lever contre). **1.** Se soulever contre une autorité, un pouvoir, etc. ; se révolter. **2.** Manifester sa désapprobation : *S'insurger contre la discrimination.*

INSURMONTABLE adj. Qui ne peut être surmonté : *Difficultés insurmontables.*

INSURPASSABLE adj. Qui ne peut être surpassé.

INSURRECTION n.f. Fait de s'insurger, de se soulever contre le pouvoir établi ; émeute.

INSURRECTIONNEL, ELLE adj. Qui tient de l'insurrection ; séditieux : *Soulèvement insurrectionnel.*

INTACT, E adj. (lat. *intactus*, de *tangere*, toucher). **1.** À quoi l'on n'a pas touché : *Repas intact.* **2.** Qui n'a subi aucune atteinte physique ou morale : *Fresque, popularité intacte.*

INTAILLE [ɛ̃taj] **n.f.** (de l'ital. *intaglio*, entaille). Pierre fine gravée en creux (par oppos. à *camée*).

INTANGIBILITÉ n.f. Caractère intangible.

INTANGIBLE adj. Qui doit rester intact ; inviolable : *Droit intangible.*

INTARISSABLE adj. 1. Qui ne peut être tari : *Puits intarissable.* **2.** Qui ne s'épuise pas : *Imagination intarissable.* **3.** Dont il est difficile d'arrêter les paroles : *Il est intarissable sur la mondialisation.*

INTARISSABLEMENT adv. De façon intarissable ; inlassablement.

INTÉGRABLE adj. MATH. Se dit d'une fonction numérique qui admet une intégrale.

INTÉGRAL, E, AUX adj. (du lat. *integer*, entier). Qui ne fait l'objet d'aucune restriction, d'aucune coupure ; complet : *Remboursement intégral. Version intégrale d'un film.* ▪ **Calcul intégral** [math.], ensemble des méthodes et des algorithmes relatifs au calcul des primitives, des intégrales et à la résolution des équations différentielles. ▪ **Casque intégral,** ou **intégral, n.m.,** casque à l'usage des motocyclistes, des coureurs automobiles ou de certains pratiquants de sports de glisse, permettant une protection de la boîte crânienne, du visage et des mâchoires. ▪ **Fonction intégrale d'une fonction *f*** [math.], fonction *g* obtenue en considérant une intégrale définie de *f* comme dépendant de la borne supérieure de l'intervalle d'intégration. ➲ On la note $g(x) = \int_a^x f(t)\mathrm{d}t$. ◆ **n.f.** Œuvre complète d'un écrivain, d'un musicien, d'un interprète. ▪ **Intégrale définie d'une fonction *f* sur l'intervalle [*a*, *b*]** [math.], nombre obtenu comme limite d'une somme de termes infinitésimaux et qui représente l'aire (algébrique) comprise entre la courbe représentative de la fonction *f*, l'axe des *x* et les deux verticales d'abscisses *a* et *b*. ➲ Ce nombre se note $\int_a^b f(x)\mathrm{d}x$ et est égal à F(*b*) – F(*a*), où F est une primitive de *f*. ▪ **Intégrale d'une équation différentielle** [math.], fonction, solution de cette équation différentielle.

INTÉGRALEMENT adv. En totalité.

INTÉGRALITÉ n.f. État de ce qui est entier, complet. ▪ **L'intégralité de,** la totalité de.

a b c d e f g h i j k l m n o p q r s t u v w x y z

Les instruments de musique traditionnels

INTÉGRANT, E adj. ▪ **Partie intégrante,** élément constituant d'un tout et qui ne peut en être retiré : *L'informatique fait partie intégrante de notre quotidien.*

1. INTÉGRATEUR n.m. ÉLECTRON. Appareil ou circuit dont la réponse est proportionnelle à l'intégrale du signal d'entrée par rapport au temps.

2. INTÉGRATEUR, TRICE n. Professionnel qui réalise des systèmes informatiques à partir d'éléments assemblés au préalable par d'autres fabricants.

INTÉGRATIF, IVE adj. ▪ **Action intégrative** [physiol.], intégration. ▪ **Biologie intégrative,** partie de la biologie qui étudie de façon globalisée le fonctionnement des êtres vivants et leurs relations avec l'environnement.

INTÉGRATION n.f. 1. Action d'intégrer qqn ou qqch ; fait de s'intégrer : *L'intégration d'un immigré.* **2. INDUSTR.** Opération qui consiste à assembler les différentes parties d'un système et à assurer leur compatibilité ainsi que le bon fonctionnement du système complet. **3. PHYSIOL.** Fonction d'un centre nerveux consistant à recueillir un ensemble d'informations, à l'analyser d'une façon complexe et à produire une réponse coordonnée de plusieurs organes (SYN. **action intégrative**). **4. MATH.** Recherche de l'intégrale d'une fonction ou de la solution d'une équation différentielle. ▪ **Intégration économique,** processus par lequel deux ou plusieurs États créent un espace économique commun. ▪ **Intégration verticale,** concentration verticale.

INTÈGRE adj. (du lat. *integer, -gri,* entier). D'une probité absolue ; incorruptible : *Député intègre.*

INTÉGRÉ, E adj. 1. Qui est assimilé à un groupe : *Population intégrée.* **2.** Se dit d'un circuit commercial caractérisé par l'absence de grossiste. **3.** Se dit d'un élément inclus dès le stade de la construction dans la structure ou l'ensemble dont il fait partie : *Chaîne avec graveur de CD intégré.* **4.** Se dit d'un service spécialisé d'une administration, d'une entreprise, etc., assurant des tâches confiées habituellement à des fournisseurs extérieurs : *Imprimerie intégrée.* ▪ **Agriculture intégrée,** agriculture raisonnée*. ▪ **Protection intégrée** [agric.], protection de cultures contre des bioagresseurs combinant différentes méthodes (culturales, biologiques, chimiques, etc.).

INTÈGREMENT adv. D'une manière intègre.

INTÉGRER v.t. [11], ▲ *[11*].* **1.** Faire entrer dans un ensemble plus vaste ; inclure : *Elle a intégré une chanson de Barbara à son album.* **2.** Faire qu'une personne ne se sente plus étrangère à un groupe : *Les enfants ont immédiatement intégré le nouveau.* **3.** Fam. Être reçu au concours d'entrée à une grande école. **4. MATH.** Procéder à une intégration. ◆ **S'INTÉGRER v.pr.** S'assimiler à un groupe.

INTÉGRISME n.m. Attitude de certains croyants qui, au nom d'un respect intransigeant de la tradition, se refusent à toute évolution ou interprétation des textes sacrés : *Intégrisme catholique, juif, musulman.*

INTÉGRISTE adj. et **n. 1.** Relatif à l'intégrisme ; qui en est partisan. **2.** Fig. Qui fait preuve d'intransigeance, d'un conformisme excessif.

INTÉGRITÉ n.f. 1. État d'une chose qui a toutes ses parties, qui n'a pas subi d'altération. **2.** Qualité d'une personne intègre ; probité.

INTELLECT [-lɛkt] **n.m.** (du lat. *intellectus,* action de discerner). Faculté de forger et de comprendre des concepts ; entendement.

INTELLECTION n.f. (lat. *intellectio*). **PHILOS.** Activité de l'intellect.

INTELLECTUALISATION n.f. Action d'intellectualiser.

INTELLECTUALISER v.t. [3]. Donner un caractère intellectuel, abstrait à.

INTELLECTUALISME n.m. 1. Tendance à donner la primauté à l'intelligence et aux facultés intellectuelles. **2. PHILOS.** Doctrine qui affirme la prééminence de l'intelligence sur les sentiments et la volonté.

INTELLECTUALISTE adj. et **n.** Relatif à l'intellectualisme ; qui en est partisan.

INTELLECTUALITÉ n.f. Qualité de ce qui est intellectuel ; cérébralité.

INTELLECTUEL, ELLE adj. Relatif à l'intelligence, à l'activité de l'esprit (par oppos. à *manuel*) : *Profession intellectuelle.* ◆ **n.** et **adj. 1.** Personne que sa profession conduit principalement à faire appel à ses facultés intellectuelles. **2.** Personne qui se consacre à des activités d'ordre intellectuel. Abrév. (fam.) **intello.**

INTELLECTUELLEMENT adv. De façon intellectuelle ; sur le plan intellectuel : *Intellectuellement, cet enfant est en avance.*

INTELLIGEMMENT [-ʒamɑ̃] **adv.** Avec intelligence.

INTELLIGENCE n.f. (lat. *intelligentia*). **1.** Faculté de comprendre, de saisir par la pensée ; ensemble des fonctions mentales ayant pour objet la connaissance conceptuelle et rationnelle. **2.** Aptitude à s'adapter à une situation, à des circonstances nouvelles ; capacité de comprendre, de donner un sens à telle ou telle chose : *Il a manqué d'intelligence dans cette affaire.* **3.** Être humain considéré dans ses aptitudes intellectuelles ; personne très intelligente ; cerveau. ▪ **Être d'intelligence avec qqn,** s'entendre secrètement avec lui. ▪ **Intelligence artificielle,** ensemble des théories et des techniques mises en œuvre pour réaliser des machines dont le fonctionnement s'apparente à celui du cerveau humain. ▪ **Intelligence économique,** recherche, traitement et diffusion de l'information utile au développement des entreprises et à la protection de leur patrimoine (contre la contrefaçon ou le piratage informatique, par ex.). ▪ **Vivre en bonne, en mauvaise intelligence avec qqn,** vivre en bons, en mauvais termes avec lui. ◆ **n.f. pl.** Relations secrètes ; complicités : *Avoir des intelligences avec l'ennemi.*

➲ Les divers tests d'**INTELLIGENCE** (Binet-Simon, NEMI, etc.) correspondent à des situations standardisées, et les interprétations auxquelles ils donnent lieu, notamment en termes de quotient intellectuel (QI), sont guidées par la théorie de l'intelligence qui a présidé, en psychologie, à leur conception. À côté des conceptions empiriques axées sur la vie courante (Binet-Simon, par exemple), les théories structurales mettent l'accent sur des stades de développement (Piaget) ou sur des facteurs généraux (facteur g de Spearman), les théories hiérarchiques proposent une échelle des aptitudes et des savoir-faire, et d'autres théories décomposent l'intelligence en capacités ou opérations intellectuelles distinctes (Thurstone). Les questions relatives à l'unicité de l'intelligence (avec l'opposition fréquente de l'intelligence pratique à l'intelligence abstraite) et à la part respective qui revient à l'hérédité et au milieu sont toujours débattues.
Plus récemment, la *théorie des intelligences multiples* avance qu'il n'existe pas une, mais plusieurs formes d'intelligence (spatiale, corporelle, sociale, logico-mathématique, etc.), d'importance variable selon les individus.

INTELLIGENT, E adj. 1. Doué d'intelligence, de discernement : *Une élève très intelligente.* **2.** Qui dénote l'intelligence : *Réflexion, émission intelligente.* **3.** Se dit d'une machine, d'un véhicule, etc., équipés d'un processeur leur assurant une certaine autonomie de fonctionnement : *Voiture, maison intelligente.* ▪ **Téléphone intelligent** → **TÉLÉPHONE.**

INTELLIGENTSIA [ɛ̃teliʒɛ̃sja] ou [inteligɛntsja] **n.f.** (mot russe). **1.** Ensemble des intellectuels d'un pays, d'une région, etc. **2. HIST.** Dans la Russie du XIXe s., ensemble des intellectuels manifestant des aspirations révolutionnaires.

INTELLIGIBILITÉ n.f. Caractère intelligible.

INTELLIGIBLE adj. 1. Qui peut être facilement compris : *Parler à haute et intelligible voix.* **2. PHILOS.** Qui n'est connaissable que par l'entendement.

INTELLIGIBLEMENT adv. De façon intelligible.

INTELLO n. et **adj.** (abrév.). Fam., souvent péjor. Intellectuel.

INTEMPÉRANCE n.f. 1. Litt. Manque de retenue, de modération : *Intempérance de langage.* **2.** Manque de sobriété dans le manger ou le boire.

INTEMPÉRANT, E adj. Qui fait preuve d'intempérance.

INTEMPÉRIE n.f. (du lat. *intemperies,* de *tempus,* temps). [Souvent pl.]. Mauvais temps ; rigueur du climat : *Les intempéries nous ont contraints à rebrousser chemin.*

INTEMPESTIF, IVE adj. (lat. *intempestivus,* de *tempus,* temps). Qui se produit mal à propos ; déplacé : *Remarque intempestive.*

INTEMPESTIVEMENT adv. De façon intempestive.

INTEMPORALITÉ n.f. Sout. Caractère de ce qui est intemporel.

INTEMPOREL, ELLE adj. Qui est indépendant du temps et ne varie pas avec lui ; immuable : *Vérité intemporelle.*

INTENABLE adj. 1. Qui n'est pas supportable : *Situation intenable.* **2.** Que l'on ne peut pas discipliner : *Élève intenable.* **3.** Que l'on ne peut soutenir, défendre : *Conception philosophique intenable.*

INTENDANCE n.f. Fonction, service, bureaux de l'intendant. ▪ **Intendance militaire** [anc.], commissariat de l'armée de terre. ▪ **Intendance universitaire,** corps de fonctionnaires chargés d'assurer l'administration financière des lycées et collèges, et de pourvoir aux besoins matériels de ces établissements. ▪ **L'intendance,** les questions matérielles et économiques : *Il se charge de l'intendance.* ▪ **L'intendance suivra,** les solutions économiques viendront en leur temps, après les décisions politiques.

INTENDANT, E n. (du lat. *superintendere,* surveiller). **1.** Fonctionnaire chargé de l'administration financière d'un établissement public ou d'enseignement. **2.** Personne chargée d'administrer les affaires, le patrimoine d'une collectivité ou d'un particulier. ◆ **n.m. 1.** Anc. Officier de l'intendance militaire, auj. commissaire de l'armée de terre. **2. HIST.** Dans la France d'Ancien Régime, commissaire royal établi dans une généralité.

INTENSE adj. (bas lat. *intensus*). D'une puissance très grande : *Froid intense. Trafic intense.*

INTENSÉMENT adv. De façon intense.

INTENSIF, IVE adj. 1. Qui met en œuvre des moyens importants : *Suivre des cours intensifs de chinois .* **2.** Se dit d'une grandeur thermodynamique dont la valeur est indépendante de la masse du système. ➲ La pression, la température sont des paramètres intensifs. **3.** Se dit d'une culture, d'un système de production agricole dont on obtient de forts rendements à l'hectare ; se dit d'un élevage dont on obtient de hauts rendements zootechniques. **4. LING.** Qui renforce la notion exprimée. ➲ *Extra-, hyper-, super-* sont des préfixes intensifs. ▪ **Soins intensifs** → **SOIN.**

INTENSIFICATION n.f. Action d'intensifier.

INTENSIFIER v.t. [5]. 1. Rendre plus intense, plus fort, plus actif : *Sa chute a intensifié la douleur.* **2.** Accroître les rendements à l'hectare d'une culture, d'un système de production agricole ; augmenter les rendements zootechniques d'un élevage. ◆ **S'INTENSIFIER v.pr.** Devenir plus intense ; s'amplifier.

INTENSIONNEL, ELLE adj. LOG. Se dit de tout énoncé qui ne satisfait pas aux propriétés définies à l'intérieur d'un champ conceptuel donné (par oppos. à *extensionnel*).

✎ Ne pas confondre avec ***intentionnel.***

INTENSITÉ n.f. 1. Très haut degré d'énergie, de force, de puissance atteint par qqch. **2. MÉTROL.** Valeur d'une grandeur génér. vectorielle : *Intensité d'une force.* ▪ **Intensité d'un courant** [électr.], dérivée, par rapport au temps, de la quantité d'électricité passant au point considéré (unité SI : l'*ampère*). ➲ Pour un courant continu, c'est la quantité d'électricité débitée par unité de temps. ▪ **Intensité lumineuse** [opt.], flux lumineux envoyé par une source de lumière dans un angle solide de 1 stéradian (unité SI : la *candela*).

INTENSIVEMENT adv. De façon intensive.

INTENTER v.t. [3] (lat. *intentare*). **DR.** Entreprendre contre qqn une action en justice.

INTENTION n.f. (lat. *intentio,* action de diriger). Dessein délibéré d'accomplir tel ou tel acte ; volonté : *Mon intention était de vous faire plaisir.* ▪ **À l'intention de qqn,** spécialement pour lui : *J'ai écrit un discours à son intention.* ▪ **Procès d'intention** → **PROCÈS.**

a b c d e f g h i j k l m n o p q r s t u v w x y z

INTENTIONNALITÉ **n.f.** **PHILOS.** Pour la phénoménologie, particularité qu'a la conscience d'être toujours dirigée vers un objet.

INTENTIONNÉ, E **adj.** ▪ **Bien intentionné,** qui a de bonnes dispositions d'esprit à l'égard de qqn.

> ✎ *Malintentionné* s'écrit en un seul mot.

INTENTIONNEL, ELLE **adj.** Fait de propos délibéré, avec intention : *Retard intentionnel.*

> ✎ Ne pas confondre avec *intensionnel.*

INTENTIONNELLEMENT **adv.** De façon intentionnelle ; exprès.

INTER **n.m.** (abrév.). Vieilli. Interurbain.

INTERACTIF, IVE **adj.** **1.** Se dit de phénomènes qui réagissent les uns sur les autres. **2. INFORM.** Doué d'interactivité (SYN. **conversationnel**). **3.** Se dit d'un dispositif de communication favorisant un échange avec le public : *Jeu, livre interactif.* ▪ **Télévision interactive,** système de télévision numérique permettant au téléspectateur de sélectionner un programme à la demande et d'obtenir des informations complémentaires.

INTERACTION **n.f.** Influence réciproque de deux phénomènes, de deux personnes. ▪ **Interaction fondamentale** [phys.], chacun des types d'action réciproque qui s'exercent entre les constituants de la matière (interactions gravitationnelle*, électromagnétique, faible* [radioactivité et désintégration] et forte* [force nucléaire]). ▪ **Interaction médicamenteuse** [pharm.], augmentation ou diminution des effets thérapeutiques ou toxiques d'un médicament par une autre substance (alcool, autre médicament, etc.).

INTERACTIONNEL, ELLE **adj.** Didact. Relatif à l'interaction.

INTERACTIONNISME **n.m.** **SOCIOL.** Analyse de la société comme produit de l'interaction des individus.

INTERACTIVITÉ **n.f.** **1. INFORM.** Qualité d'un logiciel dont l'exécution prend en permanence en compte les informations fournies par l'utilisateur. **2.** Caractère d'un média interactif.

INTERAFRICAIN, E **adj.** Qui concerne l'ensemble du continent africain.

INTERAGIR **v.i.** **[21].** Exercer une interaction.

INTERALLIÉ, E **adj.** Commun à plusieurs ou à l'ensemble des alliés d'une coalition.

INTERAMÉRICAIN, E **adj.** Commun à l'ensemble du continent américain.

INTERARABE **adj.** Commun à l'ensemble des pays arabes.

INTERARMÉES **adj.** Commun à plusieurs armées (de terre, de mer ou de l'air).

INTERARMES **adj.** Commun à plusieurs armes (infanterie, artillerie, etc.) de l'armée de terre : *Opération interarmes.*

INTERATTRACTION **n.f.** **ÉTHOL.** Attirance mutuelle qui s'exerce entre les animaux d'une même espèce et qui tend à les faire se regrouper.

INTERBANCAIRE **adj.** Qui concerne les relations entre banques.

INTERCALAIRE **adj.** **1.** Inséré, ajouté entre d'autres choses de même nature : *Feuille intercalaire.* **2.** Se dit du jour ajouté au mois de février lors des années bissextiles (29 février). ▪ **Culture intercalaire,** culture pratiquée entre les rangées d'un vignoble, d'un verger. ◆ **n.m.** Feuille, feuillet intercalaires.

INTERCALATION **n.f.** Action d'intercaler ; ce qui est intercalé.

INTERCALER **v.t.** **[3]** (lat. *intercalare,* de *calare,* appeler). Introduire parmi d'autres choses, dans une série, un ensemble : *Intercaler un rendez-vous urgent dans son planning.* ◆ **S'INTERCALER** **v.pr.** Se placer entre deux personnes, deux choses.

INTERCÉDER **v.i.** **[11],** ▲ *[11*]* (lat. *intercedere*). Intervenir en faveur de qqn : *Intercéder pour une collègue auprès des autorités.*

INTERCELLULAIRE **adj.** **BIOL. CELL.** Se dit des espaces compris entre les cellules.

INTERCEPTER **v.t.** **[3]** (de *interception*). **1.** Arrêter au passage : *Les volets interceptent la lumière.* **2.** S'emparer de qqch qui était destiné à autrui : *Ils interceptent son courrier.* **3. SPORTS.** Dans certains sports d'équipe, s'emparer du ballon au cours d'une passe entre deux joueurs du camp adverse. **4.** Arrêter qqn, un véhicule, en l'empêchant d'atteindre son but : *La police a intercepté le chauffard.*

INTERCEPTEUR **n.m.** **MIL.** Avion de chasse chargé de missions d'interception.

INTERCEPTION **n.f.** **1.** Action d'intercepter ; fait d'être intercepté. **2. MIL.** Action qui consiste, après détection et identification d'appareils ou engins adverses dans l'espace aérien du territoire national, à diriger sur eux des avions de chasse ou des missiles. **3. SPORTS.** Action d'intercepter le ballon.

INTERCESSEUR **n.m.** Litt. Personne qui intercède en faveur d'une autre personne.

INTERCESSION **n.f.** (lat. *intercessio*). Litt. Action d'intercéder.

> ✎ À distinguer de *intersession.*

INTERCHANGEABILITÉ **n.f.** **1.** Caractère de ce qui est interchangeable. **2. MÉCAN.** Caractère propre à des pièces ou organes d'un ensemble pouvant assurer les mêmes fonctions et être montés à la place les uns des autres sans ajustage.

INTERCHANGEABLE **adj.** Se dit de choses, de personnes qui peuvent être mises à la place les unes des autres.

INTERCIRCULATION **n.f.** **CH. DE F.** Circulation entre les voitures d'un train.

INTERCITÉS **adj.** Se dit de certains trains rapides internationaux.

INTERCLASSE ou **INTERCOURS** **n.m.** **ENSEIGN.** Intervalle de temps qui sépare deux cours.

INTERCLASSEMENT **n.m.** Réunion de plusieurs fichiers informatiques en un seul.

INTERCLASSER **v.t.** **[3].** Effectuer un interclassement.

INTERCLUBS **adj.** et **n.m. pl.,** ▲ *INTERCLUB* [ɛ̃tɛrklœb] **n.m.** Se dit d'une compétition qui oppose les équipes ou les membres de plusieurs clubs sportifs.

INTERCOMMUNAL, E, AUX **adj.** Qui concerne plusieurs communes.

INTERCOMMUNALE **n.f.** Belgique. Organisme public ou semi-public géré par plusieurs communes.

INTERCOMMUNALITÉ **n.f.** **1.** Caractère de ce qui est intercommunal. **2.** Structure qui regroupe un ensemble de communes au sein d'un établissement public à fiscalité propre (c'est-à-dire habilité à prélever l'impôt), notamm. afin d'élaborer des projets de développement économique.

INTERCOMMUNAUTAIRE **adj.** Qui concerne les relations entre plusieurs communautés.

INTERCOMPRÉHENSION **n.f.** **LING.** Compréhension réciproque.

INTERCONFESSIONNEL, ELLE **adj.** Qui concerne plusieurs confessions religieuses.

INTERCONNECTABLE **adj.** Qui peut être interconnecté.

INTERCONNECTER **v.t.** **[3].** Réaliser une interconnexion.

INTERCONNEXION **n.f.** **1. ÉLECTROTECHN.** Association, par connexion, de réseaux distincts, pour assurer la continuité du service en cas de défaut, la mise en commun des réserves et une production plus économique. **2. INFORM.** Mise en relation de diverses entités matérielles ou logicielles pour qu'elles travaillent ensemble.

INTERCONTINENTAL, E, AUX **adj.** Qui concerne simultanément deux ou plusieurs continents, les met en rapport, va de l'un à l'autre : *Missile intercontinental. Migrations intercontinentales.*

INTERCOSTAL, E, AUX **adj.** **ANAT.** Qui se situe entre les côtes : *Muscles intercostaux.*

INTERCOTIDAL, E, AUX **adj.** → **INTERTIDAL.**

INTERCOURS **n.m.** → **INTERCLASSE.**

INTERCRITIQUE **adj.** Se dit d'une période entre deux crises ou deux accès d'une maladie.

INTERCULTURE **n.f.** **AGRIC.** Période comprise entre la récolte d'une culture et le semis de la suivante.

INTERCULTUREL, ELLE **adj.** Qui concerne les contacts entre différentes cultures, civilisations.

INTERCURRENT, E **adj.** (lat. *intercurrens,* de *intercurrere,* s'interposer). **MÉD.** Se dit d'une affection qui survient pendant la durée d'une autre.

INTERDENTAIRE **adj.** Situé entre les dents : *Espace interdentaire.*

INTERDÉPARTEMENTAL, E, AUX **adj.** Commun à plusieurs départements.

INTERDÉPENDANCE **n.f.** Dépendance mutuelle.

INTERDÉPENDANT, E **adj.** Se dit de personnes ou de choses dépendant les unes des autres.

INTERDICTION **n.f.** **1.** Action d'interdire : *Interdiction de fumer.* **2.** Défense perpétuelle ou temporaire faite à une personne de remplir ses fonctions : *Médecin frappé d'une interdiction d'exercer.* ▪ **Interdiction de séjour,** peine frappant certains condamnés, qui leur interdit l'accès de lieux déterminés.

INTERDIGITAL, E, AUX **adj.** Situé entre les doigts : *Mycose interdigitale.*

INTERDIRE **v.t.** **[83]** (lat. *interdicere*). **1.** Défendre à qqn de faire qqch : *Le médecin lui a interdit le sucre, de sortir.* **2.** Frapper d'interdiction : *Interdire un magistrat.* ◆ **S'INTERDIRE** **v.pr.** S'imposer l'obligation de ne pas faire qqch.

INTERDISCIPLINAIRE **adj.** Qui établit des relations entre plusieurs sciences ou disciplines.

INTERDISCIPLINARITÉ **n.f.** Caractère de ce qui est interdisciplinaire.

1. INTERDIT, E **adj.** et **n.** Qui est l'objet d'une interdiction : *Journaliste interdit d'antenne. Être interdit bancaire.* ◆ **adj.** **1.** Non autorisé : *Port d'armes interdit.* **2.** Qui ne sait que répondre, que faire ; déconcerté : *Rester interdit.*

2. INTERDIT **n.m.** **1.** Condamnation absolue qui vise à exclure qqn, qqch : *Jeter l'interdit sur qqn, sur une pratique. Lever un interdit.* **2. ANTHROP.** Impératif institué par un groupe, une société et qui prohibe un acte, un comportement : *Transgression d'un interdit ;* signe matérialisé qui localise et rappelle l'acte interdit tout en protégeant son objet (un site funéraire, par ex.). **3. DR. CANON.** Censure qui prive les fidèles de certains biens spirituels (célébration du culte, par ex.) sans les exclure de la communauté ecclésiale.

INTERENTREPRISES **adj.** Qui concerne plusieurs entreprises.

INTÉRESSANT, E **adj.** **1.** Digne d'intérêt, d'attention ou de considération : *Livre, film intéressant. Artiste intéressant.* **2.** Qui procure un avantage matériel : *Rabais intéressant.* ▪ **État intéressant** [vieilli], état d'une femme enceinte. ◆ **n.** ▪ **Faire l'intéressant,** chercher à se faire remarquer.

INTÉRESSÉ, E **adj.** et **n.** Qui est concerné par une chose : *Consulter les intéressés.* ◆ **adj.** **1.** Qui n'a en vue que son intérêt : *Un homme intéressé.* **2.** Qui est inspiré par l'intérêt : *Un conseil intéressé.*

INTÉRESSEMENT **n.m.** Mode de participation des salariés aux résultats de leur entreprise.

INTÉRESSER **v.t.** **[3]** (du lat. *interesse,* importer). **1.** Avoir de l'importance pour ; concerner : *Réforme qui intéresse les enseignants.* **2.** Inspirer de l'intérêt : *Cet auteur m'intéresse ;* retenir l'attention de : *Ce jeu vidéo ne l'intéresse plus.* **3.** Attribuer une part des bénéfices d'une entreprise à qqn : *Intéresser les salariés aux résultats.* ◆ **S'INTÉRESSER** **v.pr.** **(À).** Avoir de l'intérêt pour.

INTÉRÊT **n.m.** (du lat. *interest,* il importe). **1.** Ce qui importe ; ce qui est utile, avantageux : *Agir dans l'intérêt de la science.* **2.** Ce qui retient l'attention par sa valeur : *Un scénario dépourvu d'intérêt.* **3.** Sentiment de curiosité à l'égard de qqch, de qqn ; agrément que l'on y prend : *Regarder une émission avec intérêt.* **4.** Attachement exclusif à ce qui est avantageux pour soi, en partic. à l'argent ; cupidité : *Agir par intérêt.* **5.** (Génér. pl.). Capitaux qu'une personne a dans une affaire : *Il a des intérêts dans la société de son neveu.* **6.** Somme que le débiteur paie au créancier en rémunération de l'usage de l'argent prêté. ▪ **Atteintes aux intérêts fondamentaux de la nation** → **SÛRETÉ.** ▪ **Conflit d'intérêts,** situation dans laquelle se trouve une personne (ayant une mission d'intérêt général, par ex.) dont les intérêts personnels sont incompatibles avec les exigences de la fonction qu'elle occupe : *Conflit d'intérêts susceptible de nuire à l'indépendance d'un médecin.* ▪ **Déclaration d'intérêts,** obligation pour toute personne (ayant une mission d'intérêt général, par ex.) de rendre publics, lors de sa prise de fonction, les liens d'intérêts de toute nature, directs ou indirects, susceptibles d'être en conflit avec les exigences de cette fonction. ▪ **Intérêt composé,** intérêt perçu sur un capital formé d'un capital primitif accru de ses intérêts accumulés jusqu'à l'époque de l'échéance. ▪ **Intérêts compensatoires,** somme destinée à réparer le préjudice causé par l'inexécution d'une obligation. ▪ **Intérêt simple,** intérêt perçu sur le capital primitif non accru de ses intérêts. ▪ **Intérêts moratoires,** somme destinée à réparer le préjudice causé par un retard dans l'exécution d'une obligation.

INTERETHNIQUE adj. Relatif aux relations entre les ethnies.

INTERFAÇAGE n.m. Connexion de plusieurs systèmes par interface.

INTERFACE [ɛ̃tɛrfas] **n.f.** (mot angl.). **1.** Limite commune à deux systèmes, permettant des échanges entre ceux-ci : *L'interface air-océan. L'interface université-entreprises.* **2. INFORM.** Ensemble des règles et des conventions qui permettent l'échange d'informations entre deux systèmes donnés. **3.** Échange d'informations entre deux domaines, deux services ; personne qui assure cet échange : *Commercial qui est l'interface entre la production et la clientèle.*

INTERFACER v.t. [9]. INFORM. Réaliser l'interface entre deux systèmes.

INTERFÉCOND, E adj. BIOL. Se dit d'individus ou de populations qui peuvent se reproduire par croisement.

INTERFÉCONDITÉ n.f. Caractère d'entités interfécondes.

INTERFÉRENCE n.f. 1. Rencontre, conjonction de deux séries distinctes de phénomènes ; interaction. **2. PHYS.** Phénomène résultant de la superposition d'oscillations ou d'ondes de même nature et de fréquences égales ou voisines.

INTERFÉRENT, E adj. PHYS. Qui présente le phénomène d'interférence.

INTERFÉRENTIEL, ELLE adj. PHYS. Relatif aux interférences.

INTERFÉRER v.i. [11], ▲*[11*]* (de l'angl. *to interfere,* s'interposer). **1. (AVEC).** Se superposer en se renforçant ou en se contrariant : *Le krach boursier a interféré avec notre endettement. Leurs ambitions interfèrent.* **2. (DANS).** Jouer un rôle dans : *Ce scandale a interféré dans leur vie privée.* **3. PHYS.** Produire des interférences : *Rayons qui interfèrent.*

INTERFÉROMÈTRE n.m. Appareil de mesure par interférométrie.

INTERFÉROMÉTRIE n.f. Méthode de mesure fondée sur les phénomènes d'interférence.

INTERFÉRON n.m. BIOCHIM. Cytokine produite par certaines cellules et synthétisable, qui a des propriétés antivirales, anticancéreuses et immunostimulantes.

INTERFLUVE n.m. (mot angl.). **GÉOMORPH.** Espace situé entre deux vallées voisines.

INTERFRANGE n.m. Distance séparant deux franges consécutives d'interférence ou de diffraction.

INTERGALACTIQUE adj. Situé entre les galaxies.

INTERGÉNÉRATIONNEL, ELLE adj. Qui concerne plusieurs générations : *Solidarité, complicité intergénérationnelle.*

INTERGLACIAIRE adj. Se dit des périodes, et notamm. des périodes du quaternaire, comprises entre deux glaciations.

INTERGOUVERNEMENTAL, E, AUX adj. Qui concerne plusieurs gouvernements.

INTERGROUPE n.m. Groupe de parlementaires de différentes tendances, formé pour étudier un problème déterminé.

INTERHUMAIN, E adj. D'un être humain à un autre : *Transmission interhumaine d'un virus.*

INTÉRIEUR, E adj. (lat. *interior*). **1.** Qui est au-dedans, dans l'espace compris entre les limites de qqch ; interne : *Mer intérieure.* **2.** Qui concerne la nature morale, psychologique de l'homme : *Paix intérieure.* **3.** Qui concerne un pays, un territoire : *Sécurité intérieure. Les vols aériens intérieurs.* ◆ **n.m. 1.** La partie de dedans : *L'intérieur d'un avion.* **2.** Espace compris entre les frontières d'un pays ; le pays lui-même, ou sa partie centrale, par oppos. aux frontières ou aux côtes. **3.** Endroit où l'on habite ; logement : *Aménager son intérieur.* ▪ **De l'intérieur,** en faisant partie d'un groupe ; en participant à la chose même : *Juger de l'intérieur.* ▪ **Femme d'intérieur,** qui sait tenir sa maison. ▪ **Ministère de l'Intérieur,** administration chargée en France de l'administration territoriale, des élections, des forces et services en charge de la sécurité (police, gendarmerie, sécurité civile). ▪ **Robe, veste d'intérieur,** vêtement confortable que l'on porte chez soi.

INTÉRIEUREMENT adv. 1. Au-dedans. **2.** En soi-même : *Rire intérieurement.*

INTÉRIM [ɛ̃terim] **n.m.** (du lat. *interim,* pendant ce temps-là). **1.** Temps pendant lequel une fonction est remplie par un autre que par le titulaire ; exercice de cette fonction. **2.** Activité des salariés intérimaires : *Faire de l'intérim. Agence d'intérim.* ▪ **Par intérim,** pendant l'absence du titulaire : *Directeur par intérim.*

INTÉRIMAIRE n. et **adj. 1.** Personne qui exerce temporairement des fonctions à la place du titulaire. **2.** Travailleur mis temporairement à la disposition d'une entreprise par une société de travail temporaire pour occuper un emploi ponctuel (remplacement, surcroît de travail). ◆ **adj.** Qui a lieu, qui s'exerce par intérim : *Travail intérimaire.*

INTERINDIVIDUEL, ELLE adj. Qui concerne les rapports entre individus.

INTERINDUSTRIEL, ELLE adj. Qui concerne les échanges entre secteurs de l'économie.

INTÉRIORISATION n.f. 1. Action d'intérioriser. **2. SOCIOL.** Processus par lequel une société adopte des normes et des valeurs.

INTÉRIORISER v.t. [3]. 1. Garder pour soi : *Intérioriser sa joie.* **2.** Faire siennes des opinions, des règles de conduite propres à un autre individu, à un groupe extérieur : *Il avait fini par intérioriser les règles de la secte.* **3.** Rendre plus intime, plus profond : *Intérioriser un rôle.*

INTÉRIORITÉ n.f. Caractère de ce qui est intérieur, intime.

INTERJECTIF, IVE adj. GRAMM. ▪ **Locution interjective,** groupe de mots jouant le rôle d'une interjection. (Ex. : *Tu parles !, Nom d'un chien !*).

INTERJECTION n.f. (lat. *interjectio*). **GRAMM.** Mot invariable, isolé, qui exprime un sentiment violent, une émotion, un ordre. (Ex. : *ah !, ouf !, chut !*).

INTERJETER v.t. [16]. DR. ▪ **Interjeter appel,** faire appel d'une décision de justice.

INTERLEUKINE n.f. Cytokine sécrétée par des macrophages et des lymphocytes, leur permettant d'agir sur d'autres cellules du système immunitaire.

INTERLIGNAGE n.m. Action ou manière d'interligner.

1. INTERLIGNE n.m. Blanc entre deux lignes écrites ou imprimées.

2. INTERLIGNE n.f. IMPRIM. Lame de métal qui servait, en composition typographique, à espacer les lignes.

INTERLIGNER v.t. [3]. Séparer par des interlignes.

INTERLINÉAIRE adj. Qui est écrit dans l'interligne.

INTERLOCK n.m. (mot angl.). Tricot dont l'aspect est identique sur les deux faces.

INTERLOCUTEUR, TRICE n. (du lat. *loqui,* parler). **1.** Toute personne conversant avec une autre. **2.** Personne avec laquelle on engage des négociations, des pourparlers : *Interlocuteur valable.*

INTERLOCUTOIRE adj. DR. ▪ **Jugement interlocutoire,** ou **interlocutoire, n.m.,** jugement qui, avant de statuer sur le fond, ordonne des mesures propres à préparer la solution de l'affaire.

INTERLOPE adj. (de l'angl. *interloper,* navire trafiquant en fraude). **1.** Qui est suspect de combinaisons malhonnêtes ; qui est le lieu de trafics louches : *Hôtel interlope.* **2.** Qui se fait en fraude ; illégal : *Commerce interlope.*

INTERLOQUER v.t. [3] (du lat. *interloqui,* interrompre). Mettre dans l'embarras par un effet de surprise ; désarçonner : *Sa question m'a interloqué.*

INTERLUDE n.m. (mot angl., du lat. *ludus,* jeu). Divertissement dramatique ou musical entre deux parties d'un spectacle, d'une émission de télévision, etc.

INTERMÈDE n.m. (ital. *intermedio,* du lat. *intermedius,* intercalé). **1.** Divertissement entre deux pièces ou deux actes d'une représentation théâtrale : *Intermède musical.* **2.** Temps pendant lequel une action s'interrompt : *Ces vacances ont été un court intermède.*

1. INTERMÉDIAIRE adj. (du lat. *intermedius,* intercalé). Qui est entre deux choses et forme une transition entre les deux : *Solution, couleur intermédiaire.* ◆ **n.m.** ▪ **Par l'intermédiaire de,** grâce à l'intervention de qqn ; au moyen de qqch : *Je l'ai rencontré par l'intermédiaire d'un ami.*

2. INTERMÉDIAIRE n. 1. Personne qui sert de lien entre deux autres : *Elle a été mon intermédiaire avec le producteur.* **2.** Personne physique ou morale qui intervient dans les circuits commerciaux (grossiste, détaillant, etc.).

INTERMÉDIATION n.f. BANQUE. Fonction des intermédiaires monétaires et financiers qui reçoivent des ressources et les mettent à la disposition de leur clientèle.

INTERMÉTALLIQUE adj. Se dit de composés formés de deux ou de plusieurs métaux.

INTERMEZZO [ɛ̃tɛrmedzo] **n.m.** (mot ital. « intermède »). **1.** Divertissement musical intercalé entre les parties d'une œuvre théâtrale. **2.** Pièce instrumentale de caractère intimiste.

INTERMINABLE adj. Qui dure très longtemps : *Discussion interminable.*

INTERMINABLEMENT adv. De façon interminable.

INTERMINISTÉRIEL, ELLE adj. Relatif à plusieurs ministres ou ministères.

INTERMITTENCE n.f. 1. Caractère de ce qui est intermittent. **2.** Condition des travailleurs intermittents. ▪ **Par intermittence,** par moments ; de façon discontinue.

INTERMITTENT, E adj. (du lat. *intermittere,* interrompre). Qui s'arrête et reprend par intervalles : *Travail intermittent. Signal intermittent.* ◆ **n.** et **adj.** Personne dont l'activité comporte une alternance de périodes travaillées et non travaillées : *Les intermittents du spectacle.*

INTERMODAL, E, AUX adj. Qui met en jeu plusieurs moyens de transport différents : *Gare intermodale.* ▪ **Transfert intermodal** [psychol.], transfert d'une information sensorielle d'un récepteur à un autre (de la vision au toucher, par ex.).

INTERMODALITÉ n.f. Utilisation de plusieurs modes de transport au cours d'un même trajet, pour les marchandises ou les voyageurs.

INTERMOLÉCULAIRE adj. Propre à un ensemble de molécules considérées dans leurs interactions.

INTERMUSCULAIRE adj. Qui est situé entre les muscles.

INTERNALISATION n.f. 1. ÉCON. Inclusion, dans les charges d'une entreprise, du coût d'effets externes de l'activité de celle-ci (nuisances, pollutions, etc.). **2. PSYCHOL.** Processus par lequel le comportement socialement requis est mis en accord avec les valeurs personnelles.

INTERNAT n.m. 1. Situation d'un élève interne. **2.** Établissement où les élèves sont nourris et logés. **3. MÉD., PHARM.** Concours permettant d'obtenir le titre d'interne des hôpitaux ; fonction de l'interne : *Passer l'internat ;* période pendant laquelle on est interne : *Dernière année d'internat.*

INTERNATIONAL, E, AUX adj. Qui a lieu, qui se passe entre plusieurs nations : *Conférence internationale.* ▪ **Style gothique international** → **GOTHIQUE.** ▪ **Style international** [archit.], mouvement moderne*. ◆ **n.** Sportif qui représente son pays dans des épreuves internationales. ◆ **n.m.** Domaine des relations internationales, spécial. dans les échanges commerciaux ; dans une entreprise, secteur chargé de ce domaine : *Développer l'international.* ◆ **n.m. pl.** Compétitions internationales : *Les Internationaux de France.*

INTERNATIONALEMENT adv. Sur le plan international.

INTERNATIONALISATION n.f. **1.** Soumission d'un territoire à un régime d'administration internationale. **2.** ÉCON. Stratégie qui conduit les entreprises à se développer à l'échelle internationale, par le biais de filiales, par ex., afin de tirer parti des avantages offerts par les différents pays.

INTERNATIONALISER v.t. [3]. Rendre international : *Internationaliser la lutte contre la pollution.*

INTERNATIONALISME n.m. Doctrine prônant l'union internationale des peuples par-delà les intérêts nationaux.

INTERNATIONALISTE adj. et n. Relatif à l'internationalisme ; qui en est partisan.

INTERNATIONALITÉ n.f. Caractère de ce qui est international.

INTERNAUTE n. Utilisateur du réseau Internet (SYN. **cybernaute**).

1. INTERNE adj. (lat. *internus*). **1.** Qui concerne le dedans de qqch : *Paroi interne de l'intestin.* **2.** (A). Qui concerne la nature profonde de qqch : *Problème interne à la filiale.* ▪ **Énergie interne d'un système,** grandeur thermodynamique dont les variations sont égales à la somme du travail et de la chaleur échangés par ce système. ▪ **Médecine interne,** partie de la médecine consacrée aux maladies ne relevant pas de la chirurgie ; en partic., spécialité médicale soignant les maladies complexes ne relevant pas précisément d'une autre spécialité. ▪ **Médicament à usage interne,** à introduire dans l'organisme (par voie buccale, rectale, etc.).

2. INTERNE n. **1.** Élève logé et nourri dans un établissement scolaire. **2.** Étudiant en fin d'études de médecine ou de pharmacie, assurant les fonctions de base dans un établissement hospitalier.

INTERNÉ, E adj. et n. **1.** Enfermé dans un camp de concentration, une prison. **2.** Vieilli. Qui est l'objet d'une mesure d'internement en milieu psychiatrique.

INTERNÉGATIF n.m. PHOTOGR., CINÉMA. Film négatif en couleurs établi à partir d'un film original (négatif ou positif) en vue du tirage en série de copies.

INTERNEMENT n.m. **1.** Action d'interner ; fait d'être interné. **2.** Décision administrative de suppression de la liberté d'aller et de venir à une personne considérée comme dangereuse pour la sécurité et l'ordre publics. **3.** Vieilli. Action d'interner un malade en milieu psychiatrique.

INTERNER v.t. [3]. **1.** Enfermer dans un camp, une prison ; emprisonner. **2.** Vieilli. Hospitaliser un malade en milieu psychiatrique sans son consentement.

INTERNET ou **INTERNET** [ɛ̃tɛrnɛt] n.m. (de l'anglo-amér. *international network*, réseau international). Réseau télématique international, issu du réseau militaire américain Arpanet (conçu en 1969) et résultant de l'interconnexion d'ordinateurs du monde entier utilisant un protocole commun d'échanges de données (IP pour *Internet protocol*). Abrév. **Net.**

➲ Tout utilisateur d'un micro-ordinateur muni d'un modem peut se connecter à **INTERNET** via un fournisseur d'accès pour la consultation d'informations (sites Web), la messagerie électronique, des forums, des blogs, le commerce électronique, les réseaux sociaux, etc.

INTERNISTE n. Spécialiste de médecine interne.

INTEROCÉANIQUE adj. Qui sépare ou relie deux océans : *Canal interocéanique.*

INTÉROCEPTIF, IVE adj. PHYSIOL. Se dit de la sensibilité nerveuse dépendante de récepteurs sensibles aux modifications ou aux signaux provenant du milieu intérieur ; se dit de tels récepteurs (par oppos. à *extéroceptif*).

INTEROPÉRABILITÉ n.f. **1.** Compatibilité des équipements, des procédures ou des organisations permettant à plusieurs systèmes, forces armées ou organismes d'agir ensemble : *Interopérabilité des forces de l'OTAN.* **2.** INFORM. Capacité de matériels, de logiciels ou de protocoles différents à fonctionner ensemble et à partager des informations : *Interopérabilité des réseaux téléphoniques.*

INTEROSSEUX, EUSE adj. Situé entre deux os.

INTERPARLEMENTAIRE adj. Qui concerne les parlements de plusieurs pays.

INTERPELLATEUR, TRICE n. Personne qui interpelle.

INTERPELLATION n.f. **1.** Action d'interpeller. **2.** Demande d'explication adressée au gouvernement par un membre du Parlement sur un aspect de sa politique. **3.** DR. Sommation faite à qqn d'avoir à dire, à faire qqch.

INTERPELLER [ɛ̃tɛrpəle] ou [-pele] [17], ▲ *INTERPELER [16]* v.t. (du lat. *interpellare*, interrompre). **1.** Adresser vivement la parole à qqn pour lui demander qqch : *Interpeller un serveur.* **2.** DR. Sommer qqn de répondre, lui demander de s'expliquer sur un fait ; vérifier son identité, l'arrêter. **3.** (Emploi critiqué). Contraindre qqn à regarder en face une situation : *Ce désastre écologique nous interpelle.*

INTERPÉNÉTRATION n.f. Pénétration mutuelle.

S'INTERPÉNÉTRER v.pr. [11], ▲ *[11*]*. Pour deux choses, pénétrer l'une dans l'autre.

INTERPERSONNEL, ELLE adj. Qui concerne les relations entre les individus.

INTERPHASE n.f. BIOL. CELL. Période qui sépare deux divisions successives d'une cellule vivante, au cours de laquelle se déroule l'essentiel de l'activité cellulaire (synthèses organiques, nutrition, croissance, duplication de l'ADN, etc.).

INTERPHONE n.m. (nom déposé). Téléphone à haut-parleur permettant des communications à courte distance, génér. à l'intérieur du même bâtiment.

INTERPLANÉTAIRE adj. Situé entre les planètes du Système solaire.

INTERPOLATION n.f. **1.** Action d'interpoler ; passage interpolé. **2.** MATH. Opération consistant à déterminer, à partir d'une série statistique succincte aux valeurs trop espacées, de nouvelles valeurs correspondant à un caractère intermédiaire pour lequel aucune mesure n'a été effectuée. ▪ **Interpolation linéaire** [math.], approximation de la valeur d'une fonction, sur un intervalle donné, par la fonction affine définie sur cet intervalle et prenant aux bornes de cet intervalle les valeurs de la fonction approchée.

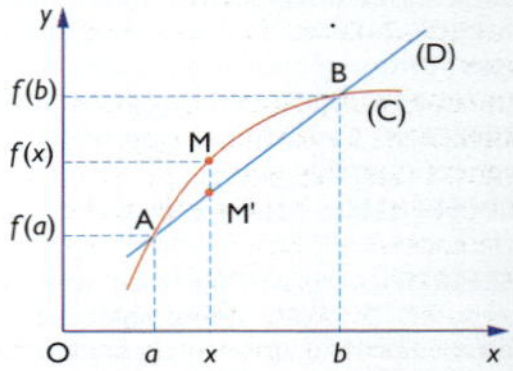

▲ **interpolation linéaire.** Elle consiste à remplacer $f(x)$, ordonnée de M sur la courbe (C), par l'ordonnée de M′ sur la droite (D) passant par A et B.

INTERPOLER v.t. [3] (lat. *interpolare*). **1.** Introduire dans un texte des passages qui n'en font pas partie et qui en changent le sens. **2.** MATH. Pratiquer une interpolation.

INTERPOSER v.t. [3] (lat. *interponere*). **1.** Placer entre deux choses : *Interposer un paravent entre les lits d'une chambre.* **2.** Faire intervenir entre deux personnes, deux groupes : *Interposer un médiateur entre deux adversaires.* ◆ **S'INTERPOSER** v.pr. Se placer entre deux personnes, deux choses : *S'interposer entre deux bandes rivales.*

INTERPOSITIF n.m. CINÉMA. Copie positive impropre à la projection, tirée à partir du négatif original et utilisée pour la réalisation de trucages ou pour l'établissement de l'internégatif.

INTERPOSITION n.f. Action d'interposer ; fait de s'interposer. ▪ **Force d'interposition** [mil.], troupes déployées entre deux armées ou groupes armés pour les empêcher de se combattre. ▪ **Interposition de personnes** [dr.], situation dans laquelle un acte conclu au bénéfice d'une personne doit profiter en fait à une autre, qui ne peut ou ne veut apparaître dans l'acte.

INTERPRÉTABLE adj. Qui peut être interprété.

INTERPRÉTARIAT n.m. Métier, fonction d'interprète.

INTERPRÉTATIF, IVE adj. Qui contient une interprétation : *Jugement interprétatif.*

INTERPRÉTATION n.f. **1.** Action d'interpréter, de donner un sens à qqch : *Interprétation d'un texte.* **2.** Action ou manière d'incarner un rôle, de jouer une partition, de danser une œuvre. **3.** PSYCHAN. Travail effectué par le patient, aidé par son analyste, pour dégager le désir inconscient qui anime certains de ses comporte-

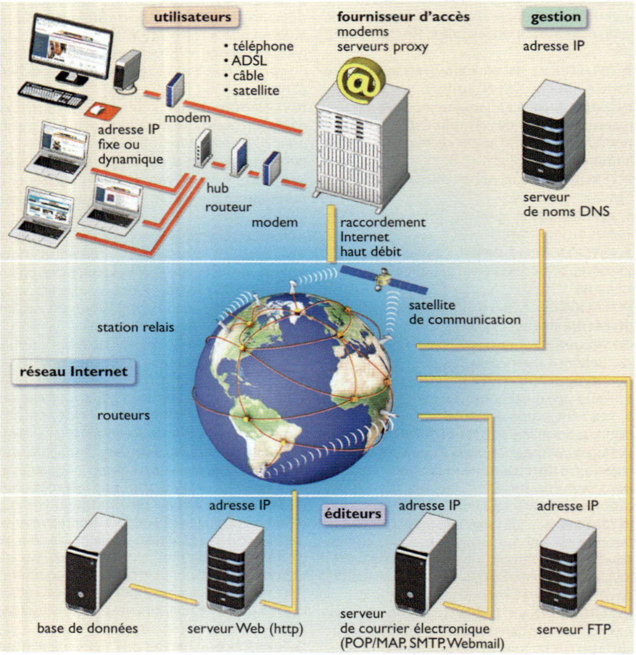

▲ **Internet**

ments. **4.** Traduction orale : *L'interprétation des débats ne sera pas assurée en chinois.* **5. INFORM.** Traduction et exécution d'un programme instruction par instruction.

INTERPRÈTE **n.** (lat. *interpres, -pretis*). **1.** Personne qui traduit oralement une langue dans une autre. **2.** Personne qui est chargée de déclarer, de faire connaître les volontés, les intentions d'une autre ; porte-parole : *Soyez mon interprète auprès d'elle.* **3.** Artiste qui assure l'interprétation d'un rôle, d'une partition, d'une œuvre.

INTERPRÉTER **v.t. [11],** ▲ *[11*]* (du lat. *interpretari*, expliquer). **1.** Chercher à rendre compréhensible, à traduire, à donner un sens à : *Interpréter une loi. Mal interpréter un geste.* **2.** Jouer un rôle dans une pièce ou un film. **3.** Exécuter un morceau de musique. **4.** Danser une œuvre chorégraphique. ◆ **S'INTERPRÉTER** **v.pr.** Être compris, expliqué : *Ce sourire peut s'interpréter de diverses façons.*

INTERPRÉTEUR **n.m.** Logiciel d'interprétation.

INTERPROFESSIONNEL, ELLE **adj.** Qui groupe, concerne plusieurs professions.

INTERQUARTILE **adj. MATH.** Se dit de l'écart entre le premier et le troisième quartile d'une série statistique.

INTERRACIAL, E, AUX **adj.** Qui concerne les relations entre personnes, communautés distinguées selon l'origine, la couleur de la peau.

INTERRÉGIONAL, E, AUX **adj.** Qui concerne plusieurs régions. ▪ **Entente interrégionale,** en France, établissement public associant plusieurs Régions limitrophes.

INTERRÈGNE **n.m. 1.** Intervalle entre la mort d'un roi et le sacre de son successeur. **2.** Par plais. Intervalle pendant lequel une fonction n'est pas assurée par un titulaire ; intérim.

INTERRELATION **n.f.** Relation réciproque existant entre choses, pays, etc.

INTERRELIGIEUX **adj.** Qui concerne plusieurs religions.

INTERROGATEUR, TRICE **adj.** Qui interroge : *Haussement de sourcils interrogateur.*

INTERROGATIF, IVE **adj. 1.** Qui exprime une interrogation : *Air interrogatif.* **2. LING.** Se dit d'un mot, d'une phrase qui expriment l'interrogation. ◆ **n.m.** Mot interrogatif (adjectif, pronom, adverbe). ◆ **n.f.** Phrase interrogative.

INTERROGATION **n.f.** (lat. *interrogatio*). Question ou ensemble de questions : *Une interrogation écrite.* ▪ **Point d'interrogation,** signe de ponctuation (?) placé à la fin d'une interrogative directe ; fig., problème à la solution incertaine.

INTERROGATIVEMENT **adv.** D'une manière qui exprime l'interrogation.

INTERROGATOIRE **n.m. 1.** Ensemble des questions posées à qqn (prévenu, accusé) et des réponses qu'il y apporte au cours d'une enquête, d'une instruction ; procès-verbal consignant ces demandes et ces réponses. **2.** Partie de l'examen clinique dans laquelle le médecin demande des renseignements sur les antécédents et les symptômes.

INTERROGEABLE **adj. TÉLÉCOMM., INFORM.** Que l'on peut interroger.

INTERROGER **v.t. [10]** (lat. *interrogare*). **1.** Poser des questions à ; questionner. **2.** Examiner avec attention : *Interroger un texte ancien. Interroger l'horizon.* **3. TÉLÉCOMM., INFORM.** Entrer en communication, génér. à distance, avec un répondeur téléphonique, un serveur ou une base de données pour en obtenir des informations. ◆ **S'INTERROGER** **v.pr. (SUR).** Se poser des questions sur : *Je m'interroge sur son attitude.*

INTERROMPRE **v.t. [60]** (lat. *interrumpere*). **1.** Rompre la continuité ou la continuation de : *Interrompre ses études.* **2.** Couper la parole à qqn : *Il m'interrompt tout le temps.* ◆ **S'INTERROMPRE** **v.pr.** Cesser de faire qqch ; s'arrêter au cours d'une action.

INTERRO-NÉGATIF, IVE (pl. *interro-négatifs, ives*), ▲ *INTERRONÉGATIF, IVE* **adj. GRAMM.** Se dit d'une phrase interrogative dont l'interrogation porte sur une phrase négative. (Ex. : *Ne viendra-t-elle pas demain ?*).

1. INTERRUPTEUR **n.m.** Appareil qui sert à interrompre ou à rétablir un courant électrique en ouvrant ou en fermant le circuit.

2. INTERRUPTEUR, TRICE **n.** Litt. Personne qui en interrompt une autre.

INTERRUPTIF, IVE **adj. DR.** Qui interrompt (une prescription, par ex.).

INTERRUPTION **n.f. 1.** Action d'interrompre : *Lire sans interruption.* **2.** Parole prononcée pour interrompre qqn : *Bruyantes interruptions.* ▪ **Interruption médicale de grossesse (IMG),** interruption de grossesse pratiquée lorsque la poursuite de la grossesse mettrait en péril la vie de la mère ou s'il existe une forte probabilité que l'enfant à naître soit atteint d'une affection très grave considérée comme incurable ; avortement thérapeutique. ▪ **Interruption volontaire de grossesse (IVG),** interruption de grossesse provoquée au début de la grossesse pour des raisons non thérapeutiques. ➲ Cette appellation est réservée à l'avortement provoqué légal (en France, avant 14 semaines d'aménorrhée).

INTERSAISON **n.f.** Période qui sépare deux saisons commerciales, touristiques, sportives, etc.

INTERSECTION **n.f.** (lat. *intersectio*, de *sectio*, coupure). **1.** Endroit où deux routes se croisent. **2. MATH.** Ensemble des points ou des éléments communs à deux ou à plusieurs lignes, surfaces ou volumes. ▪ **Intersection** ou **produit de deux relations** [log.], jonction entre deux relations s'exprimant par « et » et qui se vérifie si, et seulement si, les deux relations se vérifient à la fois. ▪ **Intersection** ou **produit des classes K et L** [log.], classe constituée d'éléments appartenant à la fois à la classe K et à la classe L ; l'opération elle-même (symbolisée par $K \cap L$). ▪ **Intersection de deux ensembles A et B** [math.], ensemble des éléments communs à ces deux ensembles, noté $A \cap B$ (A inter B). ▪ **Point d'intersection de deux lignes** [math.], endroit où elles se coupent.

INTERSESSION **n.f.** Temps qui sépare deux sessions d'une assemblée.

✎ À distinguer de ***intercession.***

INTERSEXUALITÉ **n.f.** État d'un individu chez lequel coexistent des caractères sexuels mâles et femelles.

INTERSEXUÉ, E **n.** et **adj.** Personne qui présente une intersexualité.

INTERSIDÉRAL, E, AUX **adj.** Situé entre les astres.

INTERSIGNE **n.m.** Lien mystérieux qui existerait entre deux faits apparemment indépendants l'un de l'autre ; présage.

INTERSPÉCIFIQUE **adj. ÉCOL.** Relatif aux rapports entre espèces.

INTERSTELLAIRE **adj.** (du lat. *stella*, étoile). Situé entre les étoiles : *L'espace interstellaire.* ▪ **Matière interstellaire,** matière (gaz et poussières) présente dans l'espace situé entre les étoiles d'une galaxie.

INTERSTICE **n.m.** (du lat. *interstare*, se trouver entre). Petit espace vide entre les parties de qqch ; fente : *Les interstices des stores.*

INTERSTITIEL, ELLE [-sjɛl] **adj. 1.** Situé dans les interstices de qqch. **2. HISTOL.** Se dit des éléments (tissu conjonctif de soutien, par ex.) qui comblent les espaces entre les cellules parenchymateuses d'un organe. **3.** Se dit d'un syndrome, d'une maladie atteignant le tissu interstitiel : *Pneumopathie interstitielle.*

INTERSUBJECTIF, IVE **adj.** Relatif à l'intersubjectivité.

INTERSUBJECTIVITÉ **n.f. PHILOS.** Communication entre les consciences individuelles, impliquant échanges et réciprocité.

INTERSYNDICAL, E, AUX **adj.** Qui concerne plusieurs syndicats : *Revendication intersyndicale.* ◆ **n.f.** Regroupement de plusieurs syndicats pour des objectifs communs.

INTERTEXTE **n.m.** Ensemble des écrits auxquels un texte est relié (conformément aux critères de l'intertextualité).

INTERTEXTUALITÉ **n.f. LITTÉR.** Ensemble des relations qu'un texte, notamm. littéraire, entretient avec un autre ou avec d'autres, tant sur le plan de sa création (par la citation, le plagiat, l'allusion, le pastiche, etc.) que sur le plan de sa lecture et de sa compréhension, par les rapprochements qu'opère le lecteur.

INTERTEXTUEL, ELLE **adj.** Relatif à l'intertextualité.

INTERTIDAL, E, AUX ou **INTERCOTIDAL, E, AUX** **adj.** (de l'angl. *tide*, marée). **HYDROL.** Se dit de la zone comprise entre les niveaux des marées les plus hautes et ceux des marées les plus basses. (→ **estran**).

INTERTITRE **n.m. 1.** Titre secondaire annonçant une partie ou un paragraphe d'un article. **2. CINÉMA.** Dans un film muet, ensemble des textes inscrits sur l'écran entre deux séquences (SYN. **carton**).

INTERTRIGO **n.m.** (mot lat. « écorchure »). **MÉD.** Infection siégeant dans les plis de la peau (aine, aisselle, etc.).

INTERTROPICAL, E, AUX **adj.** Tropical.

INTERURBAIN, E **adj.** Établi entre des villes différentes. ◆ **n.m.** Vieilli. Téléphone interurbain. Abrév. (fam.) **inter.**

INTERVALLE **n.m.** (lat. *intervallum*). **1.** Espace plus ou moins large entre deux choses ; distance d'un point à un autre : *Intervalle entre deux lampadaires.* **2.** Temps séparant deux moments : *À trois jours d'intervalle.* **3. MUS.** Distance qui sépare deux sons. ➲ On parle de *seconde*, de *tierce*, de *quarte*, de *quinte*, de *sixte*, de *septième* ou d'*octave*, selon l'écart entre les sons. **4. ACOUST.** Rapport des fréquences de deux sons. **5. MATH.** Ensemble de nombres réels x compris entre deux nombres a et b. ▪ **Intervalle fermé [*a*, *b*]** [math.], ensemble des nombres x tels que $a \leq x \leq b$. ▪ **Intervalle ouvert]*a*, *b*[** [math.], ensemble des nombres x tels que $a < x < b$. ▪ **Par intervalles,** de temps à autre.

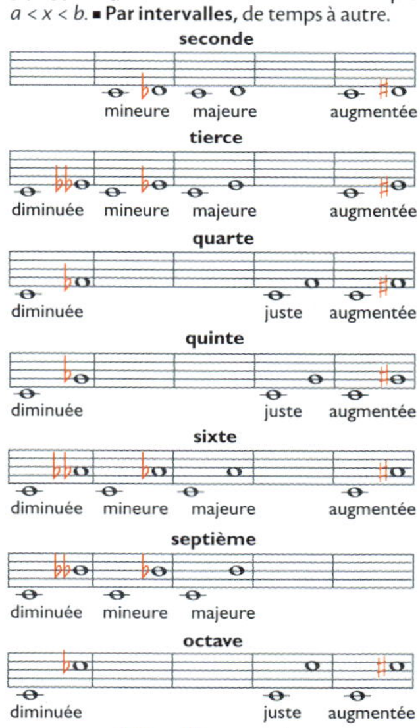

▲ **intervalles** en musique.

INTERVENANT, E **adj.** et **n.** Qui intervient dans un procès, une discussion, un processus économique, etc.

INTERVENIR **v.i. [28]** (auxil. *être*) [lat. *intervenire*]. **1.** Prendre part volontairement à une action pour en modifier le cours : *Intervenir dans une dispute.* **2.** Prendre la parole pour donner son avis : *Intervenir dans un débat.* **3.** Avoir lieu ; advenir : *Un accord est intervenu entre les deux parties.* **4. MIL.** Engager des forces militaires.

INTERVENTION **n.f. 1.** Action d'intervenir dans un débat, une action, etc. **2. DR. INTERN.** Action d'un État ou d'un groupe d'États s'ingérant dans la sphère de compétence d'un autre État. ▪ **Force d'intervention** [mil.], troupes engagées sur un théâtre d'opérations. ▪ **Intervention (chirurgicale),** traitement réalisé par le chirurgien (SYN. **opération**).

INTERVENTIONNEL, ELLE **adj.** Se dit d'un examen radiologique pendant lequel on réalise un traitement (injection, par ex.), que l'on peut surveiller sur les images.

INTERVENTIONNISME n.m. **1.** Doctrine préconisant l'intervention de l'État dans les affaires économiques. **2.** Doctrine préconisant l'intervention d'un État dans un conflit concernant d'autres États.

INTERVENTIONNISTE adj. et n. Qui relève de l'interventionnisme ; qui en est partisan.

INTERVERSION n.f. Renversement de l'ordre habituel ou naturel : *Interversion de deux noms dans une liste.*

INTERVERTÉBRAL, E, AUX adj. Placé entre deux vertèbres.

INTERVERTIR v.t. [21] (du lat. *intervertere*, détourner). Renverser l'ordre naturel ou habituel des choses ; permuter : *Intervertir les lettres d'un mot.*

INTERVIEW [ɛ̃tɛrvju] n.f. ou n.m. (mot angl., du fr. *entrevue*). Entretien avec une personne pour l'interroger sur sa vie, ses idées, ses projets, afin soit d'en publier ou diffuser le contenu, soit de l'utiliser aux fins d'analyse (enquête d'opinion).

INTERVIEWÉ, E adj. et n. Qui est soumis à une interview.

INTERVIEWER [ɛ̃tɛrvjuve] v.t. [3]. Soumettre à une interview.

INTERVIEWEUR, EUSE n. ou **INTERVIEWER** [ɛ̃tɛrvjuvœr] n.m. Journaliste qui interviewe qqn.

INTERVOCALIQUE adj. Situé entre deux voyelles.

INTESTAT [ɛ̃tɛsta] adj. inv. et n. (lat. *intestatus*, de *testari*, faire son testament). Qui n'a pas fait de testament.

1. INTESTIN, E adj. (du lat. *intestinus*, intérieur). Litt. Qui se passe entre des adversaires appartenant à la même communauté : *Querelles intestines.*

✎ Le masc. est rare.

2. INTESTIN n.m. (lat. *intestinum*). Portion du tube digestif allant de l'estomac au rectum, divisée en deux parties, l'*intestin grêle* et le *gros intestin*, ou *côlon*.

INTESTINAL, E, AUX adj. Qui concerne l'intestin. ▪ **Suc intestinal,** liquide sécrété par les glandes de l'intestin grêle, contenant des enzymes qui participent à la digestion. ▪ **Ver intestinal,** parasite (ténia, oxyure, etc.) vivant dans l'intestin de l'homme et des animaux.

INTIFADA n.f. (de *Intifada*, n.pr.). Dans les pays arabes, révolte populaire menée contre un régime oppresseur ou un ennemi étranger. ▪ **L'Intifada,** v. partie n.pr.

INTIMATION n.f. DR. Action d'intimer.

INTIME adj. (lat. *intimus*, superlatif de *interior*, intérieur). **1.** Litt. Qui constitue l'essence d'un être, d'une chose : *Ce film révèle sa nature intime.* **2.** Qui existe au plus profond de nous : *J'ai l'intime conviction qu'elle ment.* **3.** Qui est privé, personnel (par oppos. à *extime*) : *Un journal intime.* **4.** Qui se passe entre amis : *Soirée intime.* ▪ **Toilette intime,** des organes génitaux. ◆ adj. et n. À qui l'on est étroitement lié : *Dîner entre intimes.*

INTIMÉ, E adj. et n. DR. Cité en justice, partic. en appel ; se dit de la personne contre laquelle l'appel est formé.

INTIMEMENT adv. Très profondément : *Intimement convaincu. Intimement liés.*

INTIMER v.t. [3] (bas lat. *intimare*). **1.** Déclarer avec autorité ; notifier : *Intimer un ordre.* **2.** DR. Assigner en appel.

INTIMIDABLE adj. Que l'on peut intimider.

INTIMIDANT, E adj. Qui intimide.

INTIMIDATEUR, TRICE adj. Propre à intimider.

INTIMIDATION n.f. Action d'intimider : *Politique d'intimidation.*

INTIMIDER v.t. [3]. **1.** Faire perdre son assurance à ; embarrasser : *Son regard m'intimide.* **2.** Faire pression en inspirant de la crainte à : *Chercher à intimider qqn.*

INTIMISME n.m. Style, manière intimistes.

INTIMISTE adj. et n. **1.** LITTÉR. Qui prend pour sujet les sentiments les plus intimes. **2.** Qui représente des scènes de caractère intime ou familier : *Peintre, œuvre intimiste.*

INTIMITÉ n.f. **1.** Relations étroites ; amitié : *L'intimité amoureuse.* **2.** Vie privée : *Préserver son intimité.* **3.** Litt. Ce qui est intime, secret : *Dans l'intimité de son cœur.* **4.** Afrique. Soirée dansante entre amis : *Nous organisons une intimité chez lui ce soir.* ▪ **Dans l'intimité** ou **dans la plus stricte intimité,** en présence des seuls membres de la famille ou des amis les plus proches : *L'enterrement a eu lieu dans l'intimité.*

INTITULÉ n.m. Titre d'un livre, d'un chapitre, d'une loi, d'un jugement, etc.

INTITULER v.t. [3] (bas lat. *intitulare*, de *titulus*, inscription). Désigner par un titre. ◆ **S'INTITULER** v.pr. Avoir pour titre.

INTOLÉRABLE adj. **1.** Que l'on ne peut pas supporter : *Souffrance intolérable.* **2.** Que l'on ne peut pas admettre : *Attitude intolérable.*

INTOLÉRANCE n.f. (du lat. *tolerare*, supporter). **1.** Attitude hostile ou agressive à l'égard de ceux dont on ne partage pas les opinions, les croyances. **2.** MÉD. Impossibilité, pour un organisme, de supporter certains médicaments ou certains aliments.

INTOLÉRANT, E adj. et n. Qui fait preuve d'intolérance ; sectaire.

INTONATION n.f. (du lat. *intonare*, tonner). **1.** Inflexion que prend la voix. **2.** PHON. Mouvement mélodique de la parole, caractérisé par des variations de hauteur des voyelles et qui joue un rôle important dans l'organisation de l'énoncé oral. **3.** MUS. Façon d'attaquer un son vocal permettant une émission juste.

INTOUCHABLE adj. **1.** Qui ne peut être touché. **2.** Que l'on ne peut jamais joindre, contacter ; injoignable. ◆ adj. et n. Qui ne peut être l'objet d'aucune critique, d'aucune sanction : *Ce présentateur est intouchable. Les intouchables du CAC 40.* ◆ n. En Inde, individu hors caste considéré comme impur (SYN. **dalit, paria**).

INTOUCHÉ, E adj. Qui n'a pas été touché et n'a subi aucune atteinte : *Un écosystème intouché.*

INTOX n.f. (abrév. de *intoxication*). Fam. Action d'intoxiquer les esprits.

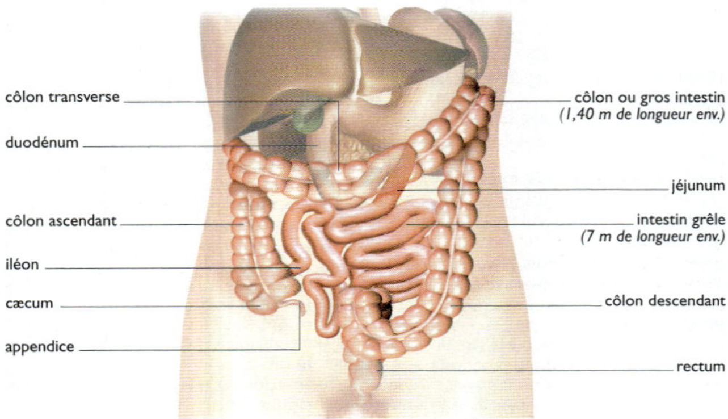

▲ **intestin**

INTOXICATION n.f. **1.** Ensemble des troubles dus à l'introduction d'une substance toxique dans l'organisme. **2.** Fig. Effet insidieux de certaines influences qui émoussent le sens critique. Abrév. (fam.) **intox.** ▪ **Intoxication alimentaire,** toxi-infection alimentaire.

INTOXIQUÉ, E adj. et n. Qui est sous l'effet d'un produit toxique.

INTOXIQUER v.t. [3] (lat. *intoxicare*). **1.** Imprégner un organisme vivant de substances toxiques. **2.** Fig. Influencer en faisant perdre tout sens critique.

INTRA-ATOMIQUE adj. (pl. *intra-atomiques*). PHYS. Situé dans l'atome.

INTRACARDIAQUE adj. Relatif à l'intérieur du cœur.

INTRACELLULAIRE adj. BIOL. CELL. Qui est à l'intérieur d'une cellule vivante.

INTRACOMMUNAUTAIRE adj. Qui se fait à l'intérieur d'une communauté, et en partic. au sein de l'Union européenne.

INTRACRÂNIEN, ENNE adj. Situé à l'intérieur de la boîte crânienne.

INTRADERMIQUE adj. Qui est situé ou pratiqué dans l'épaisseur du derme. ◆ adj. et n.f. Se dit d'une injection faite dans la peau.

INTRADERMO-RÉACTION (pl. *intradermo-réactions*), ▲ *INTRADERMORÉACTION* n.f. Test étudiant la réaction à l'injection dans la peau d'une substance antigénique. ➲ L'intradermo-réaction à la tuberculine est le test de référence pour le diagnostic de la tuberculose.

INTRADOS [-do] n.m. **1.** ARCHIT. Face inférieure (intérieure) d'un arc, d'une voûte (par oppos. à *extrados*). **2.** Surface inférieure d'une aile d'avion (par oppos. à *extrados*).

INTRADUISIBLE adj. Que l'on ne peut traduire : *Calembour intraduisible.*

INTRAFAMILIAL, E, AUX adj. Qui concerne les membres d'une même famille : *Violences intrafamiliales.*

INTRAITABLE adj. Qui n'accepte aucun compromis : *Il est intraitable sur la ponctualité.*

INTRAMOLÉCULAIRE adj. CHIM., PHYS. Qui concerne l'intérieur des molécules.

INTRAMONTAGNARD, E adj. Situé à l'intérieur d'une chaîne de montagnes.

INTRA-MUROS, ▲ *INTRAMUROS* [ɛ̃tramyros] adv. et adj. inv. (mots lat. « à l'intérieur des murs »). À l'intérieur de la ville : *Habiter intra-muros.*

INTRAMUSCULAIRE adj. Qui est situé ou pratiqué à l'intérieur d'un muscle. ◆ adj. et n.f. Se dit d'une injection faite dans un muscle.

INTRANET ou **INTRANET** n.m. Réseau informatique interne à une entreprise, qui s'appuie sur les technologies d'Internet pour faciliter la communication et le partage du travail entre les collaborateurs.

INTRANQUILLE adj. et n. Litt. Qui manifeste ou révèle de l'inquiétude, de l'insatisfaction.

INTRANQUILLITÉ n.f. Litt. État intranquille.

INTRANSIGEANCE n.f. Caractère d'une personne intransigeante.

INTRANSIGEANT, E adj. et n. (esp. *intransigente*, du lat. *transigere*, transiger). Qui ne fait aucune concession ; qui n'admet aucun compromis.

INTRANSITIF, IVE adj. et n.m. GRAMM. Se dit des verbes qui n'admettent pas de complément d'objet, comme *paraître, devenir, dîner, dormir*, etc.

INTRANSITIVEMENT adv. GRAMM. À la façon d'un intransitif : *Transitif employé intransitivement.*

INTRANSITIVITÉ n.f. GRAMM. Caractère d'un verbe intransitif.

INTRANSMISSIBILITÉ n.f. Caractère de ce qui est intransmissible.

INTRANSMISSIBLE adj. Qui ne peut se transmettre : *Secret intransmissible.*

INTRANSPORTABLE adj. Que l'on ne peut transporter : *Malade, matériel intransportable.*

INTRANT n.m. (lat. *intrans*). ÉCON. Facteur de production tel que matières premières ou main-d'œuvre (par oppos. à *output*) (SYN. **input**).

INTRANUCLÉAIRE adj. PHYS. Situé dans le noyau de l'atome.

INTRAOCULAIRE adj. ANAT. Qui est situé à l'intérieur de l'œil.

INTRA-UTÉRIN, E adj. (pl. *intra-utérins, es*). **MÉD.** Qui est situé ou qui a lieu à l'intérieur de l'utérus. ▪ **Dispositif intra-utérin,** stérilet.

INTRAVEINEUX, EUSE adj. Qui concerne l'intérieur d'une veine. ◆ **adj.** et **n.f.** Se dit d'une injection faite dans une veine.

INTRÉPIDE adj. et **n.** (lat. *intrepidus,* de *trepidus,* inquiet). Qui ne craint pas le danger ; audacieux : *Un surfeur intrépide.*

INTRÉPIDEMENT adv. Avec intrépidité.

INTRÉPIDITÉ n.f. Caractère d'une personne intrépide ; hardiesse.

INTRICATION n.f. (du lat. *intricare,* embrouiller). État de ce qui est intriqué ; enchevêtrement.

INTRIGANT, E adj. et **n.** Qui recourt à l'intrigue pour parvenir à ses fins.

INTRIGUE n.f. 1. Machination secrète ou déloyale employée pour obtenir un avantage ou nuire à qqn : *Intrigues parlementaires, politiques.* **2.** Enchaînement de faits et d'actions formant la trame d'une œuvre de fiction.

INTRIGUER v.t. [3] (de l'ital. *intrigare,* embrouiller). Exciter vivement la curiosité de : *Cet homme m'intrigue.* ◆ **v.i.** Se livrer à des intrigues ; comploter.

INTRINSÈQUE adj. (du lat. *intrinsecus,* intérieur). Qui est inhérent à qqn, à qqch, qui lui appartient en propre, indépendamment des facteurs extérieurs (par oppos. à *extrinsèque*) : *Valeur intrinsèque.*

INTRINSÈQUEMENT adv. De façon intrinsèque ; en soi.

INTRIQUER v.t. [3] (du lat. *intricare,* embrouiller). Rendre complexe ; entremêler : *Romancier qui intrique les vies de deux héros.* ◆ **S'INTRIQUER v.pr.** S'enchevêtrer.

INTRODUCTEUR, TRICE n. 1. Personne qui introduit qqn, le fait entrer ou le présente. **2.** Personne qui introduit quelque part une idée, un usage, etc. ; initiateur.

INTRODUCTIF, IVE adj. 1. Qui sert à introduire une question : *Exposé introductif.* **2. DR.** Qui sert de commencement à une procédure : *Réquisitoire introductif d'instance.*

INTRODUCTION n.f. 1. Action d'introduire. **2.** Texte explicatif en tête d'un ouvrage ; entrée en matière d'un exposé, d'un discours ; avant-propos. **3.** Ce qui introduit à la connaissance d'une science. **4. MUS.** Section lente précédant l'entrée d'un mouvement principal. ▪ **Lettre d'introduction,** lettre que l'on écrit pour faciliter à une personne l'accès auprès d'une autre.

INTRODUIRE v.t. [78] (lat. *introducere*). **1.** Faire entrer qqn dans un lieu : *Introduire un visiteur.* **2.** Faire pénétrer une chose dans une autre : *Introduire la clé dans la serrure.* **3.** Faire adopter par l'usage : *Ce couturier a introduit le smoking pour les femmes.* **4.** Faire entrer illégalement qqch en un lieu : *Introduire des cigarettes en fraude.* **5.** Faire admettre qqn dans un groupe ; le présenter. ◆ **S'INTRODUIRE v.pr.** Entrer dans un lieu : *Les voleurs se sont introduits dans le musée.*

INTROÏT [ɛ̃trɔit] **n.m.** (du lat. *introitus,* introduction). **CATH.** Chant d'entrée de la messe romaine en latin.

INTROJECTION n.f. PSYCHAN. Processus qui consiste à transposer sur un mode fantasmatique les objets extérieurs et leurs qualités inhérentes dans les différentes instances de l'appareil psychique. (L'introjection peut être opposée à la *projection.*)

INTROMISSION n.f. (du lat. *intromittere,* introduire dans). **1.** Introduction d'un objet, d'un organe dans un autre. **2.** Introduction du pénis dans le vagin.

INTRON n.m. Fragment non codant d'un gène, situé entre deux exons.

INTRONISATION n.f. Action d'introniser.

INTRONISER v.t. [3] (du gr. *enthronizein,* placer sur un trône). **1.** Installer sur le trône un roi, un évêque, etc. **2.** Placer officiellement qqn dans une fonction : *Introniser un jeune styliste à la direction artistique d'une prestigieuse maison de couture.*

INTRORSE [ɛ̃trɔrs] **adj.** (lat. *introrsum*). **BOT.** Se dit d'une anthère dont les fentes de déhiscence sont tournées vers l'intérieur de la fleur (CONTR. **extrorse**).

INTROSPECTIF, IVE adj. Relatif à l'introspection.

INTROSPECTION n.f. (du lat. *introspicere,* regarder dans). Observation méthodique, par le sujet lui-même, de ses états de conscience et de sa vie intérieure.

INTROUVABLE adj. Que l'on ne peut pas trouver, retrouver.

INTROVERSION n.f. (all. *Introversion,* du lat. *introversus,* vers l'intérieur). **PSYCHOL.** Propension au repliement sur soi-même (CONTR. **extraversion**).

INTROVERTI, E adj. et **n.** Qui manifeste de l'introversion (CONTR. **extraverti**).

INTRUS, E [ɛ̃try, yz] **adj.** et **n.** (du lat. *intrudere,* introduire de force). Qui s'introduit quelque part sans en avoir le droit, sans y avoir été invité.

INTRUSIF, IVE adj. Qui constitue une intrusion : *Marketing intrusif.*

INTRUSION n.f. (lat. *intrusio*). **1.** Action de s'introduire sans y être invité dans un lieu, un groupe, un système. **2.** Action d'intervenir dans un domaine où l'on n'a aucun titre à le faire. **3. GÉOL.** Mise en place d'un magma dans des formations préexistantes ; roche magmatique mise en place en profondeur.

INTUBATION n.f. MÉD. Introduction dans la trachée d'un tube creux pour permettre la respiration artificielle en réanimation ou au cours d'une anesthésie générale.

INTUBER v.t. [3]. Pratiquer une intubation.

INTUITIF, IVE adj. et **n.** Qui procède par intuition : *Connaissance intuitive.*

INTUITION n.f. (lat. *intuitio,* de *intueri,* regarder). **1.** Perception immédiate de la vérité sans l'aide du raisonnement. **2.** Faculté de prévoir, de deviner ; prémonition : *Avoir l'intuition d'un désastre.*

INTUITIONNISME n.m. Doctrine des logiciens néerlandais Heyting et Brouwer, selon laquelle on ne doit considérer en mathématiques que les entités que l'on peut construire par l'intuition.

INTUITIONNISTE adj. et **n.** Relatif à l'intuitionnisme ; qui en est partisan.

INTUITIVEMENT adv. Par intuition.

INTUITU PERSONAE [ɛ̃tɥitypɛrsɔne] **loc. adv. DR.** Se dit pour souligner qu'une convention n'a été passée qu'en raison des qualités du cocontractant.

INTUMESCENCE n.f. (du lat. *intumescere,* gonfler). **1.** Gonflement d'une partie du corps. **2. PHYS.** En mécanique des fluides, onde de surface qui se produit dans les canaux découverts de faible profondeur.

INUIT, E adj. Qui se rapporte aux Inuits, fait partie de ce peuple. ◆ **n.m.** Langue ou groupe de dialectes de l'est de l'Arctique, parmi lesquels on compte notamm. l'inuktitut.

INUKSHUK [inukʃuk] ou **INUKSUK** [inuksuk] **n.m.** Monument inuit formé d'un empilement de pierres évoquant une forme humaine et servant de point de repère.

INUKTITUT [inuktitut] **n.m.** Langue parlée par les Inuits (nord et nord-est du Canada).

INULE n.f. (lat. *inula*). Plante herbacée des régions tempérées d'Eurasie et d'Afrique, à grands capitules jaunes (SYN. **aunée**). ➲ Famille des composées.

INULINE n.f. CHIM. ORG. Glucide voisin de l'amidon, soluble dans l'eau, insoluble dans l'alcool, présent dans le rhizome de diverses composées (dahlia, topinambour).

INUSABLE adj. Qui ne peut s'user.

INUSITÉ, E adj. Qui n'est pas usité : *Mot inusité.*

INUSUEL, ELLE adj. Sout. Qui n'est pas usuel.

IN UTERO [inytero] **loc. adj. inv.** et **loc. adv.** (mots lat. « dans l'utérus »). Qui se produit dans l'utérus.

INUTILE adj. Qui ne sert à rien : *Détail inutile.*

INUTILEMENT adv. De façon inutile.

INUTILISABLE adj. Impossible à utiliser.

INUTILISÉ, E adj. Que l'on n'utilise pas.

INUTILITÉ n.f. Caractère de ce qui est inutile.

INVAGINATION n.f. (du lat. *in,* dans, et *vagina,* gaine). **MÉD.** Pénétration d'un segment d'intestin dans le segment suivant, qui se retourne comme un doigt de gant.

S'INVAGINER v.pr. [3]. MÉD. En parlant d'une portion d'organe (spécial. de l'intestin), s'engager dans une autre.

INVAINCU, E adj. Qui n'a jamais été vaincu.

INVALIDANT, E adj. Se dit d'une maladie qui provoque une invalidité ou une gêne importante.

INVALIDATION n.f. 1. Action d'invalider. **2.** Décision par laquelle une assemblée ou un juge annule l'élection d'un membre de cette assemblée.

INVALIDE adj. et **n.** (du lat. *invalidus,* faible). Se dit d'une personne qui n'est pas en état d'avoir une activité normale ; infirme. ▪ **Grand invalide civil (GIC), grand invalide de guerre (GIG),** personne titulaire d'une carte d'invalidité et disposant d'une voiture, à qui l'on délivre un macaron lui offrant des facilités de stationnement ; ce macaron. ➲ Ce macaron a été remplacé par la carte de stationnement* pour personnes handicapées. ◆ **n.m.** Militaire que ses blessures ont rendu incapable de servir.

INVALIDER v.t. [3]. Déclarer nul ou non valable : *Invalider un contrat.*

INVALIDITÉ n.f. État d'une personne invalide. ▪ **Assurance invalidité,** assurance du régime général de la Sécurité sociale, en France, qui permet notamm. l'octroi d'une pension aux invalides. ▪ **Carte d'invalidité,** carte de priorité attribuée aux personnes handicapées dont le taux d'incapacité permanente est supérieur ou égal à 80 %.

INVAR [ɛ̃var] **n.m.** (nom déposé). Alliage de fer à 36 % de nickel, caractérisé par une dilatation quasi nulle entre – 50 et 100 °C.

INVARIABILITÉ n.f. Caractère de ce qui est invariable.

INVARIABLE adj. 1. Qui ne change pas : *Emploi du temps invariable.* **2. GRAMM.** Se dit d'un mot qui ne subit aucune modification quelle que soit sa fonction.

INVARIABLEMENT adv. De façon invariable ; constamment.

INVARIANCE n.f. 1. MATH. Propriété d'une variable de ne pas être changée par une transformation particulière. **2. PHYS.** Propriété de certaines grandeurs physiques qui sont régies par des lois de conservation.

INVARIANT, E adj. MATH. Se dit d'un point, d'une figure qui est sa propre image dans une transformation ponctuelle. ➲ Une figure est *invariante point par point* si chaque point est invariant. Autrement, elle est dite *globalement invariante.* ▪ **Système invariant** [phys., chim.], système en équilibre dont la variance est nulle. ◆ **n.m. 1.** Ce qui ne varie pas ; ce qui est constant : *Un invariant économique.* **2. MATH.** Point invariant ; figure globalement invariante.

INVASIF, IVE adj. MÉD. Se dit d'une méthode d'exploration ou de soins nécessitant une lésion de l'organisme. ▪ **Espèce invasive** [écol.], espèce animale ou végétale qui, introduite dans un milieu naturel, s'y implante et en affecte l'équilibre écologique. (Au Québec, on dit *espèce envahissante.*)

INVASION n.f. (du lat. *invadere,* envahir). **1.** Action d'envahir un pays avec des forces armées. **2.** Arrivée massive d'organismes vivants souvent nuisibles : *Invasion de virus.* **3.** Irruption de personnes ou de choses qui arrivent quelque part en grand nombre : *Invasion de curieux.* **4.** Diffusion soudaine et massive d'objets, de comportements jugés négatifs : *L'invasion des anglicismes dans les médias.* **5. MÉD.** Période d'une maladie infectieuse correspondant à l'apparition des premiers symptômes.

INVECTIVE n.f. (du bas lat. *invectivus,* de *invehere,* attaquer). Parole violente et injurieuse : *Se répandre en invectives contre qqn.*

INVECTIVER v.t. et **v.i. [3].** Dire des invectives : *Invectiver un chauffard.*

INVENDABLE adj. Que l'on ne peut vendre.

INVENDU, E adj. et **n.m.** Qui n'a pas été vendu : *Brader les invendus.*

INVENTAIRE n.m. (du lat. *inventus,* trouvé). **1.** État, description et estimation des biens appartenant à qqn, à une collectivité : *Faire l'inventaire d'une succession.* **2.** État détaillé et estimatif des biens et droits d'une entreprise, pour constater les profits ou les pertes. ▪ **Faire l'inventaire de qqch,** en faire la revue détaillée : *Faire l'inventaire de ses placards.* ▪ **Inventaire à la Prévert** (de l'*Inventaire,* poème de J. Prévert [*Paroles*, 1946]), énumération burlesque d'éléments sans rapport entre eux, dans un but poétique ou ludique.

INVENTER v.t. [3] (de *inventeur*). **1.** Créer le premier, en faisant preuve d'ingéniosité, ce qui n'existait pas encore et dont personne n'avait eu l'idée : *Ils ont inventé le premier livre numérique.* **2.** Imaginer à des fins déterminées : *Inventer un moyen de s'échapper.* **3.** Créer de toutes pièces ce que l'on fait passer pour réel ou vrai : *Elle a inventé toute une histoire de train en retard.* ▪ **Ne pas avoir inventé la poudre** ou **le fil à couper le beurre** [fam.], ne pas être très malin. ◆ **S'INVENTER v.pr.** Être le pur produit de l'imagination : *Une telle histoire ne s'invente pas.*

INVENTEUR, TRICE n. (lat. *inventor*, de *invenire*, trouver). **1.** Personne qui invente. **2. DR.** Personne qui découvre, retrouve un objet caché ou perdu, un trésor.

INVENTIF, IVE adj. Qui a le talent d'inventer : *Artiste inventif.*

INVENTION n.f. 1. Action d'inventer qqch : *L'invention de l'imprimerie.* **2.** Chose inventée, imaginée : *Être fier de sa nouvelle invention.* **3.** Faculté d'inventer : *Avoir l'esprit d'invention.* **4.** Mensonge fait pour tromper : *C'est encore une invention de son frère.* **5. MUS.** Courte composition musicale de style contrapuntique, pour instruments à clavier. **6. DR.** Découverte de choses cachées (trésor, gisement archéologique, etc.) ; objet ainsi découvert.

INVENTIVITÉ n.f. Qualité d'une personne inventive.

INVENTORIER v.t. [5]. Faire l'inventaire de.

INVÉRIFIABLE adj. Qui ne peut être vérifié.

INVERSABLE adj. Qui ne peut se renverser.

INVERSE adj. (lat. *inversus*). **1.** Qui est exactement opposé à la direction actuelle ou naturelle : *Sens, ordre inverse.* **2. MATH.** Se dit du transformé d'un point ou d'une figure par inversion. ▪ **Élément inverse d'un élément *x*,** ou **inverse, n.m.** [math.], dans un ensemble muni d'une loi de composition interne notée multiplicativement, élément noté x^{-1} et tel que $xx^{-1} = x^{-1}x = e$ (e étant l'élément unité de l'ensemble considéré). ▪ **En raison inverse,** se dit d'une comparaison entre objets qui varient en proportion inverse l'un de l'autre. ▪ **Nombres inverses l'un de l'autre** [math.], dont le produit est égal à l'unité. ▪ **Relief inverse** [géomorph.], relief d'inversion*. ◆ **n.m. MATH.** Élément ou nombre inverse d'un autre. ▪ **À l'inverse (de),** à l'opposé (de). ▪ **Inverse optique** [chim.], énantiomère. ▪ **L'inverse,** le contraire : *Il a fait l'inverse de ce que je voulais.* ◆ **n.f. MATH.** Transformé d'un point, d'une figure, par inversion.

INVERSÉ, E adj. 1. Qui a pris réciproquement la place, la position de l'autre : *Une famille où les rôles sont inversés.* **2.** Qui est orienté dans le sens contraire au sens initial : *Inversée, cette phrase prendrait un tout autre sens.* ▪ **Classe inversée, cours inversé,** classe, cours basés sur un mode d'apprentissage selon lequel, contrairement à l'enseignement traditionnel, le cours est consacré à des exercices d'application en présence de l'enseignant alors que les notions ont été étudiées en amont par l'élève, à la maison (avec des manuels, des vidéos, des applications numériques, etc.).

INVERSEMENT adv. D'une manière inverse ; vice versa.

INVERSER v.t. [3]. 1. Renverser la direction, la position relative de : *Inverser deux nombres dans un tableau.* **2.** Changer le sens d'un courant électrique. ◆ **S'INVERSER v.pr.** Se placer, s'orienter en sens contraire.

INVERSEUR n.m. Dispositif pour inverser un courant électrique, le sens de marche d'un ensemble mécanique. ▪ **Inverseur de poussée,** dispositif qui, dans un propulseur à réaction, peut modifier l'orientation de la poussée en changeant la direction des gaz.

INVERSIBLE adj. MATH. Se dit d'un élément d'un ensemble muni d'une loi de composition interne, admettant un inverse. ▪ **Film inversible,** ou **inversible, n.m.** [photogr.], émulsion sensible destinée à donner une diapositive après inversion.

INVERSION n.f. 1. Action d'inverser ; fait de s'inverser. **2. GRAMM.** Construction par laquelle on donne aux mots un ordre autre que l'ordre normal ou habituel : *L'inversion du sujet dans l'interrogation directe.* **3. CHIM. ORG.** Transformation du saccharose en glucose et en lévulose par hydrolyse. **4. PHOTOGR.** Suite d'opérations permettant d'obtenir directement une image positive sur la couche sensible employée à la prise de vue. **5. MATH.** Transformation ponctuelle qui, à tout point M (différent d'un point O appelé *pôle*), associe le point M′ de la droite (OM) tel que le produit $\overline{OM} \times \overline{OM'}$ soit égal à une constante k (appelée *puissance*). **6. GÉNÉT.** Mutation consistant en un retournement d'une portion de gène ou de chromosome. ▪ **Inversion de température** ou **thermique** [météorol.], température plus élevée en altitude qu'au sol, qui entraîne une stabilité de l'atmosphère. ▪ **Relief d'inversion,** ou **inversion de relief** [géomorph.], relief dont l'allure topographique est en opposition avec la disposition structurale (SYN. **relief inverse**).

✎ Dans le cadre de l'orthographe réformée, lorsque l'on fait l'***inversion du sujet*** après un verbe terminé par « -e », on peut écrire : ***aimè-je, dussè-je, finissè-je,*** etc.

INVERTASE n.f. BIOCHIM. Saccharase.

INVERTÉBRÉ, E adj. et **n.m.** Se dit des animaux pluricellulaires sans colonne vertébrale (insectes, crustacés, mollusques, par ex.). ➲ La plupart des invertébrés supérieurs sont réunis dans l'embranchement des arthropodes.

1. INVERTI, E adj. CHIM. ORG. Se dit du saccharose ayant subi l'inversion.

2. INVERTI, E adj. et **n.** Vx. Homosexuel.

INVERTIR v.t. [21] (lat. *invertere*). **1.** Vx. Renverser symétriquement ; inverser. **2. CHIM. ORG.** Transformer le saccharose par inversion.

INVESTIGATEUR, TRICE adj. et **n.** (lat. *investigator*, de *vestigium*, trace). Qui fait des investigations : *Journaliste investigateur.*

INVESTIGATION n.f. Recherche attentive et suivie : *Investigation policière.* ▪ **Journalisme d'investigation,** type de journalisme fondé sur des enquêtes approfondies et indépendantes, menées génér. sur un personnage public ou un fait de société. ➲ Sa finalité est la découverte de la vérité, souvent à travers la révélation de faits inédits.

INVESTIGUER v.i. [3]. Procéder à des investigations ; enquêter.

1. INVESTIR v.t. [21] (du lat. *investire*, entourer). **1.** Charger solennellement, officiellement d'un pouvoir, d'un droit, d'une dignité. **2. MIL.** Encercler une ville, une position militaire pour couper les communications avec l'extérieur. **3.** (Emploi critiqué mais cour.). Se répandre dans un lieu ; envahir : *La police a investi le quartier.* ▪ **Investir qqn de sa confiance,** lui accorder une confiance sans réserve.

2. INVESTIR v.t. [21] (angl. *to invest*). **1.** Placer des capitaux dans une entreprise. **2. PSYCHOL.** Mettre toute son énergie dans une action, une activité. ◆ **S'INVESTIR v.pr. (DANS).** Accorder beaucoup d'importance à ; s'impliquer : *Il s'investit dans son travail.*

1. INVESTISSEMENT n.m. Action d'encercler une place, une position militaire dont on veut faire le siège.

2. INVESTISSEMENT n.m. (angl. *investment*). **1.** Emploi de capitaux visant à accroître la production d'une entreprise ou à améliorer sa rentabilité ; ensemble des capitaux, des biens ainsi investis. **2.** Placement de fonds : *Un investissement rentable.* **3. PSYCHOL.** Action d'investir. **4. PSYCHAN.** Mobilisation de l'énergie pulsionnelle. ▪ **Investissement de placement,** opération d'un agent économique cherchant à rentabiliser son épargne par l'acquisition de biens en capital, notamm. sur les marchés financiers (Bourses des valeurs). ▪ **Investissement direct à l'étranger (IDE),** selon le FMI, engagement financier supérieur à 10 % de la valeur du capital d'une entreprise étrangère.

INVESTISSEUR, EUSE adj. et **n.** Qui pratique un, des investissements. ◆ **n.m.** ▪ **Investisseur institutionnel,** organisme effectuant des placements à grande échelle pour son compte ou celui de tiers sur les marchés financiers. (Abrév. fam. au pl. : *zinzins*.)

INVESTITURE n.f. (de *1. investir*). **1.** Acte par lequel un parti politique désigne son ou ses candidats pour une élection. **2.** Cérémonie marquant l'entrée en fonctions officielle d'un nouveau chef d'État. **3.** Procédure qui tend, en régime parlementaire, à accorder à un nouveau chef de gouvernement la confiance du Parlement. **4. HIST.** Cérémonie de la mise en possession d'un fief.

INVÉTÉRÉ, E adj. (lat. *inveteratus*, de *inveterare*, faire vieillir). **1.** Fortifié, enraciné par le temps ; ancré : *Une habitude invétérée.* **2.** Qui a laissé s'enraciner en lui une manière d'être ; impénitent : *Un menteur invétéré.*

S'INVÉTÉRER v.pr. [11], ▲ *[11*].* Litt. S'affermir, se fortifier avec le temps.

INVINCIBILITÉ n.f. Caractère d'une chose, d'une personne invincible.

INVINCIBLE adj. (bas lat. *invincibilis*). **1.** Que l'on ne peut vaincre ; imbattable : *Équipe invincible.* **2.** Que l'on ne peut surmonter : *Une angoisse invincible.* **3.** Que l'on ne peut réfuter ; inattaquable : *Argument invincible.*

INVINCIBLEMENT adv. De façon invincible.

INVIOLABILITÉ n.f. 1. Caractère de ce qui est inviolable : *L'inviolabilité du domicile.* **2. DR. CONSTIT.** Privilège des parlementaires de ne pouvoir être arrêtés, privés en tout ou partie de liberté sans l'autorisation du bureau de leur assemblée, sauf en cas de flagrant délit ou de condamnation définitive.

INVIOLABLE adj. 1. Que l'on ne doit jamais violer, enfreindre. **2.** Qui est comme sacré et protégé de toute atteinte : *Un sanctuaire inviolable.* **3.** Dont on ne peut s'emparer par la force ; inexpugnable : *Forteresse inviolable.*

INVIOLÉ, E adj. Qui n'a pas été enfreint ou profané : *Loi, refuge inviolés.*

INVISIBILITÉ n.f. Caractère de ce qui est invisible.

INVISIBLE adj. 1. Qui ne peut pas être vu ou se voit très peu ; indécelable : *Retouche invisible.* **2.** Qui, par sa nature, échappe à la vue ; indiscernable : *Les acariens sont invisibles à l'œil nu.*

INVISIBLEMENT adv. De façon invisible.

INVITANT, E adj. Se dit de qqn, d'un organisme qui fait une invitation : *La puissance invitante d'une conférence.*

INVITATION n.f. 1. Action d'inviter ; fait d'être invité : *Décliner une invitation.* **2.** Action d'inciter qqn à qqch, à faire qqch : *Ce paysage est une invitation à la rêverie* ou *à rêver.*

INVITE n.f. Manière adroite de pousser qqn à faire qqch : *Céder aux invites de qqn.*

INVITÉ, E n. Personne que l'on invite à un repas, à une fête. ◆ **adj.** ▪ **Artiste invité,** créateur ou interprète engagé temporairement par une compagnie étrangère à la sienne et rémunéré au cachet.

INVITER v.t. [3] (lat. *invitare*). **1.** Prier qqn de venir en un lieu, d'assister ou de participer à qqch : *Inviter ses proches pour le réveillon.* **2.** Absol. Payer le repas, la consommation, etc. : *Cette fois, c'est moi qui invite.* **3.** Demander avec autorité à qqn de faire qqch ; enjoindre : *Je vous invite à vous taire.* **4.** Engager à faire qqch ; inciter : *Ce film nous invite à la solidarité.* ◆ **S'INVITER v.pr.** Aller chez qqn sans y avoir été convié.

IN VITRO [invitro] **loc. adj. inv.** et **loc. adv.** (mots lat. « dans le verre »). **BIOL.** Se dit de toute exploration, expérimentation ou manipulation biologique qui se fait en dehors de l'organisme, en milieu artificiel (dans des éprouvettes, par ex.) (CONTR. **in vivo**).

INVIVABLE adj. Avec qui il est impossible de vivre.

IN VIVO [invivo] **loc. adj. inv.** et **loc. adv.** (mots lat. « dans le vif »). **BIOL.** Se dit d'une réaction physiologique, biochimique dont on fait l'étude expérimentale dans l'organisme (CONTR. **in vitro**).

INVOCATEUR, TRICE n. Personne qui invoque.

INVOCATION n.f. (lat. *invocatio*). **1.** Action d'invoquer ; prière. **2. CATH.** Action de placer un lieu sous la protection d'un saint.

INVOCATOIRE adj. Qui sert à invoquer ; incantatoire.

INVOLONTAIRE adj. 1. Qui échappe au contrôle de la volonté ; instinctif : *Réaction involontaire.* **2.** Qui se trouve dans une situation sans l'avoir voulu : *Témoin involontaire d'un vol.*

INVOLONTAIREMENT adv. Sans le vouloir.

INVOLUCRE n.m. (du lat. *involucrum*, enveloppe). **BOT.** Ensemble de bractées, d'organes foliacés situés autour de la base d'une fleur ou d'une inflorescence, en partic. d'une ombelle ou d'un capitule.

INVOLUTÉ, E adj. (du lat. *involutus*, enveloppé). **BIOL.** Enroulé de l'extérieur vers l'intérieur (chapeau d'un champignon, coquille de certains mollusques, etc.).

INVOLUTIF, IVE adj. MÉD. Se dit des processus liés au vieillissement. ▪ **Application involutive** [math.], application définie de E dans E dont la composition avec elle-même donne l'application identique (SYN. **involution**).

INVOLUTION n.f. (du lat. *involutio*, enroulement). **1. MÉD.** Régression d'un organe, soit chez un individu, soit dans une espèce, suivant un des mécanismes de l'évolution ; régression d'un organe, d'une fonction (provoquée notamm. par l'âge), d'une maladie. **2. MATH.** Application involutive*.

INVOQUER v.t. [3] (lat. *invocare*). **1.** Appeler une puissance surnaturelle à l'aide par des prières : *Invoquer Dieu, les saints.* **2.** Solliciter l'aide d'une personne puissante par des prières, des supplications ; implorer : *Invoquer la clémence des juges.* **3.** Avancer comme justification ; alléguer : *Invoquer une excuse pour partir.*

INVRAISEMBLABLE adj. 1. Qui ne semble pas vrai ou qui ne peut être vrai ; incroyable : *Une histoire invraisemblable.* **2.** Qui surprend par son côté bizarre ; extravagant : *Une tenue invraisemblable.* ◆ **n.m.** Ce qui n'est pas vraisemblable.

INVRAISEMBLABLEMENT adv. De façon invraisemblable.

INVRAISEMBLANCE n.f. 1. Manque de vraisemblance. **2.** Fait, chose invraisemblables : *Film plein d'invraisemblances.*

INVULNÉRABILITÉ n.f. Caractère invulnérable.

INVULNÉRABLE adj. 1. Qui ne peut être blessé. **2.** Qui résiste à toute atteinte morale : *Être invulnérable aux coups du sort.* **3.** À l'abri de toute atteinte sociale ; intouchable : *Un haut fonctionnaire invulnérable.*

IODATE n.m. Sel de l'acide iodique.

IODE n.m. (du gr. *iôdês*, violet). **1.** Corps simple de la famille des halogènes, de densité 4,9 et qui fond à 114 °C. **2.** Élément chimique (I), de numéro atomique 53, de masse atomique 126,9045. ➲ L'iode se présente sous forme de paillettes grises à éclat métallique et répand, quand on le chauffe, des vapeurs violettes ; il est utilisé en pharmacie et en photographie.

IODÉ, E adj. 1. Qui contient de l'iode : *Eau iodée.* **2.** Qui évoque l'iode : *La saveur iodée d'un gigot de pré-salé.*

IODER v.t. [3]. Couvrir ou additionner d'iode.

IODHYDRIQUE adj.m. ▪ **Acide iodhydrique,** combinaison d'iode et d'hydrogène (HI).

IODIQUE adj.m. ▪ **Acide iodique,** acide HIO_3 produit par l'oxydation de l'iode.

IODLER v.i. [3] → **IOULER.**

IODOFORME n.m. Composé (CHI_3), solide et jaune, formé par l'action de l'iode sur l'acétone en milieu basique, utilisé comme antiseptique.

IODURE n.m. Sel de l'acide iodhydrique.

IODURÉ, E adj. 1. Qui contient un iodure. **2.** Couvert d'une couche d'iodure.

ION n.m. (mot angl., du gr. *ion*, allant). **CHIM., PHYS.** Atome ou groupe d'atomes ayant gagné ou perdu un ou plusieurs électrons.

IONIEN, ENNE adj. et **n.** De l'Ionie. ◆ **n.m.** L'un des principaux dialectes du grec ancien, parlé en Ionie. ◆ **adj. PHILOS.** ▪ **École ionienne,** école philosophique grecque des VIIe et VIe s. av. J.-C., caractérisée par son refus du surnaturel et sa recherche d'un principe fondateur de la nature.

1. IONIQUE adj. Dû à des ions ; relatif à des ions. ▪ **Liaison ionique,** liaison qui unit par attraction électrostatique des ions de signes contraires dans des cristaux.

2. IONIQUE adj. ▪ **Ordre ionique,** ou **ionique, n.m.,** ordre d'architecture de la Grèce antique (apparu v. 560 av. J.-C.), caractérisé par une colonne cannelée, posée sur une base moulurée, et par un chapiteau flanqué de deux volutes.

IONISANT, E adj. Qui produit l'ionisation : *Radiations ionisantes.*

IONISATION n.f. PHYS., CHIM. Transformation d'atomes, de molécules neutres en ions.

IONISER v.t. [3]. Provoquer l'ionisation de.

IONOGRAMME n.m. CHIM. ORG. Formule représentant les concentrations des différents ions (sodium, potassium, chlore, etc.) contenus dans un liquide organique.

IONONE n.f. Cétone à odeur de violette très prononcée, employée notamm. en parfumerie.

IONOPLASTIE n.f. Production d'un dépôt métallique par passage d'un courant électrique dans un gaz raréfié (SYN. **pulvérisation cathodique**).

IONOSPHÈRE n.f. Zone de la haute atmosphère d'une planète, caractérisée par la présence de particules chargées (électrons et ions), formées sous l'effet du rayonnement solaire, et qui est susceptible de réfléchir certaines ondes électromagnétiques.

IONOSPHÉRIQUE adj. De l'ionosphère.

IOTA n.m. inv., ▲ *n.m.* **1.** Neuvième lettre de l'alphabet grec (ι, Ι), correspondant au *i* français. **2.** Fig. La moindre chose : *Ne changez pas un iota à votre article.*

IOULER, IODLER, JODLER [jɔdle] ou **YODLER v.i. [3]** (all. dial. *jodeln*). Chanter à la manière des Tyroliens qui vocalisent sans paroles, en passant sans transition de la voix de poitrine à la voix de tête avec de fréquents changements de registre.

IOURTE n.f. → **YOURTE.**

IP [ipe] **n.m.** (sigle de l'angl. *Internet protocol*). Protocole de communication utilisé sur Internet. ▪ **Adresse IP,** numéro permettant d'identifier un appareil connecté au réseau Internet. ➲ L'adresse IP comprend génér. quatre nombres, compris entre 0 et 256, notés sous forme décimale et séparés par des points.

IPÉ n.m. Arbre d'Amérique tropicale, au bois sombre, très dur et très lourd, utilisé en construction, menuiserie et sculpture (SYN. **ébène verte**). ➲ Famille des bignoniacées.

IPÉCA ou **IPÉCACUANHA** [-kwana] **n.m.** (mot port., du tupi). Racine fournie par différents arbrisseaux d'Amérique du Sud, utilisée en médecine comme vomitif. ➲ Famille des rubiacées.

IPOMÉE n.f. (du gr. *ips, ipos*, ver, et *homoios*, semblable). Plante volubile des régions chaudes, à fleurs vivement colorées, dont les espèces sont cultivées comme légume (patate douce), pour l'ornement (volubilis) ou pour leurs racines purgatives (jalap). ➲ Famille des convolvulacées.

IPPON [ipɔn] **n.m.** (mot jap.). Point décisif, dans les arts martiaux (judo, karaté, kendo, etc.).

IPSÉITÉ n.f. (du lat. *ipse*, même). **PHILOS.** Ce qui fait qu'un être est lui-même et non pas autre chose.

IPSO FACTO loc. adv. (loc. lat. « par le fait même »). Par une conséquence obligée ; automatiquement : *Signer ce contrat, c'est en accepter ipso facto les conditions.*

IRAKIEN, ENNE ou **IRAQUIEN, ENNE adj.** et **n.** De l'Iraq ; de ses habitants.

IRANIEN, ENNE adj. et **n.** De l'Iran ; de ses habitants. ◆ **n.m. LING. 1.** Groupe de langues indo-européennes parlées en Iran et dans les régions environnantes. **2.** Persan.

IRASCIBILITÉ [-si-] **n.f.** Litt. Caractère d'une personne irascible ; irritabilité.

IRASCIBLE [-sibl] **adj.** (bas lat. *irascibilis*). Prompt à la colère ; irritable.

IRBM n.m. (sigle de l'anglo-amér. *intermediate range ballistic missile*, missile balistique à portée intermédiaire). Missile stratégique de portée comprise entre 2 400 et 6 500 km.

IRE n.f. (lat. *ira*). Litt. ou vx. Colère.

IRÉNIQUE adj. (du gr. *eirênikos*, pacifique). **1.** Qui veut éviter les excès d'une attitude purement polémique. **2.** Relatif à l'irénisme.

IRÉNISME n.m. CHRIST. Attitude de compréhension et de charité adoptée entre chrétiens de confessions différentes pour étudier les problèmes qui les séparent.

IRIDACÉE n.f. (de *iris*). Plante monocotylédone à fleurs souvent décoratives, telle que l'iris, le glaïeul, le crocus. ➲ Les iridacées forment une famille.

IRIDECTOMIE n.f. (du gr. *ektomê*, coupure). Excision chirurgicale d'une partie de l'iris.

IRIDESCENT, E adj. Litt. Qui brille avec des reflets irisés : *Des gouttes de rosée iridescentes.*

IRIDIÉ, E adj. CHIM. MINÉR. Qui contient de l'iridium en alliage : *Platine iridié.*

IRIDIUM [-djɔm] **n.m.** (du lat. *iris, iridis*, arc-en-ciel). **1.** Métal blanc grisâtre, insoluble dans les acides et qui fond à 2 443 °C. **2.** Élément chimique (Ir), de numéro atomique 77, de masse atomique 192,22. ➲ Analogue au platine, qu'il accompagne dans ses minerais, l'iridium est génér. employé allié à celui-ci.

IRIDOLOGIE n.f. Médecine douce qui permettrait le diagnostic des maladies à partir de l'examen de l'iris.

IRIEN, ENNE adj. MÉD. Relatif à l'iris de l'œil.

IRIS [iris] **n.m.** (mot gr.). **1.** Disque coloré de la partie antérieure de l'œil, visible à travers la cornée, placé devant le cristallin et percé en son centre d'un orifice à diamètre variable, la pupille. **2. PHOTOGR.** Ouverture circulaire à diamètre variable formée d'un ensemble de lamelles, utilisée comme diaphragme. **3.** Plante de l'hémisphère Nord tempéré, souvent cultivée pour ses fleurs ornementales et odorantes, et dont le rhizome est parfois employé en parfumerie. ➲ Famille des iridacées. **4.** Substance parfumée (huile essentielle ou poudre) tirée du rhizome de l'iris.

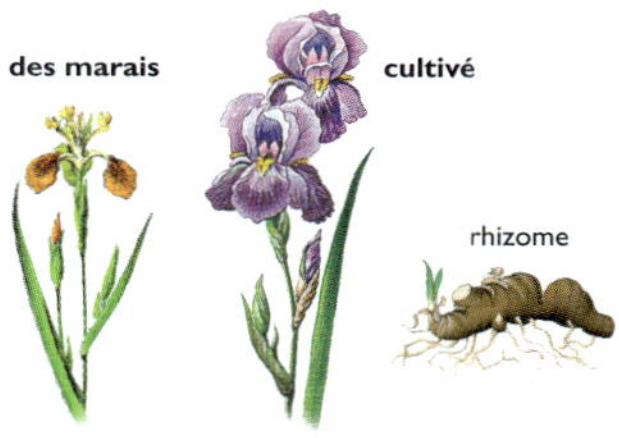

▲ **iris**

IRISABLE adj. Susceptible d'irisation.

IRISATION n.f. Propriété qu'ont certains corps de disperser la lumière en rayons colorés comme l'arc-en-ciel ; reflets ainsi produits.

IRISÉ, E adj. Qui a les couleurs de l'arc-en-ciel : *Cristal irisé.*

IRISER v.t. [3] (de *iris*). **1.** Faire apparaître l'irisation dans. **2.** Donner les couleurs de l'arc-en-ciel à.

IRISH-COFFEE ou **IRISH COFFEE** [ajriʃkɔfi] **n.m.** (pl. *irish*[-]*coffees*) [mot angl. « café irlandais »]. Boisson composée de café très chaud additionné de whisky et nappé de crème fraîche.

IRISH-TERRIER [ajriʃterje] **n.m.** (pl. *irish-terriers*) [mot angl. « terrier irlandais »]. Chien terrier irlandais, à la robe uniformément rouge.

IRITIS [-tis] **n.f. MÉD.** Inflammation de l'iris.

IRLANDAIS, E adj. et **n.** De l'Irlande ; de ses habitants. ◆ **n.m.** Langue celtique parlée en Irlande.

IRM ou **I.R.M. n.f.** (sigle). Imagerie par résonance* magnétique.

IROKO n.m. (mot d'une langue africaine). Grand arbre de la forêt tropicale africaine, dont le bois, brun-jaune à brun sombre, à grain plutôt grossier, réputé imputrescible, est utilisé pour les charpentes, les parquets et dans la construction navale).

IRONE n.f. Cétone qui constitue le principe odorant de la racine d'iris.

IRONIE n.f. (du gr. *eirôneia*, interrogation). Raillerie consistant à ne pas donner aux mots leur valeur réelle ou complète, ou à faire entendre le contraire de ce qu'on dit ; persiflage : *Des remarques pleines d'ironie.* ▪ **Ironie du sort,** événement si malencontreux qu'il apparaît comme une moquerie du destin. ▪ **Ironie socratique,** manière de philosopher propre à Socrate, qui posait des questions en feignant l'ignorance ou l'admiration pour conduire l'interlocuteur à prendre conscience de sa propre ignorance.

IRONIQUE adj. 1. Qui manifeste de l'ironie ou emploie l'ironie : *Sourire, pamphlétaire ironique.* **2.** Fig. Qui fait un contraste étrange ; dérisoire : *Un ironique retournement de situation.*

IRONIQUEMENT adv. De façon ironique.

IRONISER v.i. [3]. User d'ironie ; persifler : *Ils ont ironisé sur l'embarras de la ministre.*

IRONISTE n. Personne, en partic. écrivain, qui pratique habituellement l'ironie.

IROQUOIEN, ENNE [-kɔjɛ̃, ɛn] adj. et n.m. Se dit d'une famille de langues amérindiennes, comprenant notamm. celles des Cinq Nations (les Iroquois) et celle, disparue, des Hurons.

IRRACONTABLE adj. → **INRACONTABLE.**

IRRADIANT, E adj. Qui irradie : *Une douleur irradiante.*

IRRADIATION n.f. **1.** Fait de se propager par rayonnement à partir d'un centre d'émission : *L'irradiation de la lumière solaire.* **2.** PHYS. Action d'un rayonnement ionisant sur une matière vivante ou inanimée ; fait d'être irradié. ▪ **Irradiation douloureuse** [méd.], propagation d'une douleur à partir de son point d'apparition.

IRRADIER v.i. ou **S'IRRADIER** v.pr. [9] (du lat. *radius*, rayon). Se propager en rayonnant : *La douleur irradie dans la jambe.* ◆ v.t. Exposer à certaines radiations, en partic. à des radiations ionisantes.

IRRAISONNÉ, E adj. Qui n'est pas contrôlé par la raison : *Une peur irraisonnée.*

IRRATIONALISME n.m. Doctrine selon laquelle le savoir ou l'action ne peuvent ni ne doivent se fonder sur la raison ; hostilité au rationalisme.

IRRATIONALISTE adj. et n. Relatif à l'irrationalisme ; qui en est partisan.

IRRATIONALITÉ n.f. Caractère de ce qui est irrationnel ; incohérence.

IRRATIONNEL, ELLE adj. Contraire à la raison ; inaccessible à la raison : *Comportement, adolescent irrationnel.* ▪ **Nombre irrationnel,** ou **irrationnel, n.m.** [math.], nombre réel qui n'est pas un nombre rationnel, qui ne peut s'écrire comme quotient de deux entiers. ➲ $\sqrt{2}$, e, π sont des nombres irrationnels.

IRRATTRAPABLE adj. Qui ne peut être rattrapé, réparé : *Erreur irrattrapable.*

IRRÉALISABLE adj. Qui ne peut être réalisé ; chimérique.

IRRÉALISÉ, E adj. Qui n'est pas réalisé.

IRRÉALISME n.m. Manque de sens du réel.

IRRÉALISTE adj. et n. Qui manque de réalisme.

IRRÉALITÉ n.f. Caractère de ce qui est irréel : *L'irréalité des songes.*

IRRECEVABILITÉ n.f. **1.** Caractère de ce qui n'est pas recevable. **2.** DR. Caractère d'une demande en justice qui ne peut être examinée pour des raisons de forme ou de délai.

IRRECEVABLE adj. **1.** Qui ne peut être pris en considération ; inacceptable : *Une demande irrecevable.* **2.** DR. Qui n'est pas recevable.

IRRÉCONCILIABLE adj. Qui ne veut pas se réconcilier avec : *Des frères irréconciliables.*

IRRÉCOUVRABLE adj. Qui ne peut être recouvré.

IRRÉCUPÉRABLE adj. Qui n'est pas récupérable. ◆ adj. et n. Que l'on ne peut pas réadapter, réintégrer dans la société.

IRRÉCUSABLE adj. Qui ne peut être récusé.

IRRÉDENTISME n.m. (ital. *irredentismo*). **1.** HIST. Après 1870, mouvement de revendication italien sur les terres « non rachetées » restées à l'Autriche-Hongrie de 1868 à 1918 (Trentin, Istrie, Dalmatie), puis sur l'ensemble des territoires considérés par lui comme italiens. **2.** Mouvement analogue de revendication territoriale.

IRRÉDENTISTE adj. et n. Relatif à l'irrédentisme ; qui en est partisan.

IRRÉDUCTIBILITÉ n.f. Qualité, caractère de ce qui est irréductible.

IRRÉDUCTIBLE adj. **1.** Qui ne peut être réduit, simplifié : *Équation irréductible.* **2.** Que l'on ne peut fléchir, faire céder : *Un opposant irréductible.* **3.** MÉD. Se dit d'une fracture, d'une luxation, d'une hernie qui ne peuvent être réduites sans intervention chirurgicale. ▪ **Fraction irréductible** [math.], fraction dont le numérateur et le dénominateur n'ont pas de diviseur commun autre que 1. ➲ 11/4 est irréductible. ▪ **Polynôme irréductible sur un corps K** [math.], polynôme ne pouvant se décomposer en produit de polynômes à coefficients dans le corps K. ◆ n. Personne farouchement opposée à qqch et qui n'accepte aucun compromis.

IRRÉDUCTIBLEMENT adv. De façon irréductible.

IRRÉEL, ELLE adj. Qui n'est pas réel ; qui paraît en dehors de la réalité : *Un spectacle irréel.* ◆ adj. et n.m. GRAMM. Se dit d'une forme verbale exprimant que l'action dépend d'une condition improbable ou irréalisable.

> ✎ On distingue l'***irréel du présent,*** rendu par le conditionnel présent (par ex. : ***Si tu voulais, tu réussirais***), dont certaines langues notent grammaticalement l'opposition avec le potentiel, et l'***irréel du passé,*** rendu par le conditionnel passé (par ex. : ***Si tu avais voulu, tu aurais réussi***).

IRRÉFLÉCHI, E adj. Qui manifeste un manque de réflexion : *Réponse, élève irréfléchie.*

IRRÉFLEXION n.f. Manque de réflexion ; étourderie.

IRRÉFORMABLE adj. Qui ne peut être réformé, corrigé.

IRRÉFRAGABLE adj. (bas lat. *irrefragabilis*, du lat. *refragari*, s'opposer). Litt. Que l'on ne peut récuser ; irréfutable : *Un ascendant irréfragable sur la jeunesse.*

IRRÉFUTABILITÉ n.f. Sout. Caractère de ce qui est irréfutable.

IRRÉFUTABLE adj. Qui ne peut être réfuté : *Des arguments irréfutables.*

IRRÉFUTABLEMENT adv. De façon irréfutable.

IRRÉFUTÉ, E adj. Qui n'a pas été réfuté.

IRRÉGULARITÉ n.f. **1.** Manque de régularité, de symétrie, d'uniformité : *L'irrégularité de ses traits, de ses efforts.* **2.** Caractère de ce qui n'est pas régulier, réglementaire, légal : *Contrat irrégulier.* **3.** Action contraire à la loi, au règlement ; faute : *Irrégularités dans les comptes.* **4.** Chose, surface irrégulière : *Irrégularités du sol.*

1. IRRÉGULIER, ÈRE adj. **1.** Qui n'est pas symétrique, uniforme. **2.** BOT. Zygomorphe. **3.** Qui n'est pas régulier, constant ; inégal : *Élève, résultats irréguliers.* **4.** Non conforme à l'usage commun : *Décision irrégulière.* **5.** Qui n'est pas honnête : *Il a été irrégulier dans cette affaire.* **6.** GRAMM. Qui s'écarte d'un type considéré comme normal : *Verbes irréguliers.*

2. IRRÉGULIER n.m. Partisan, franc-tireur qui coopère à l'action d'une armée régulière.

IRRÉGULIÈREMENT adv. De façon irrégulière.

IRRÉLIGIEUX, EUSE adj. Qui manifeste une absence de convictions religieuses.

IRRÉLIGION n.f. (lat. *irreligio*). Absence de convictions religieuses.

IRRÉMÉDIABLE adj. À quoi l'on ne peut remédier ; irréparable : *Perte irrémédiable.*

IRRÉMÉDIABLEMENT adv. De façon irrémédiable.

IRRÉMISSIBLE adj. Litt. **1.** Qui ne mérite pas de rémission, de pardon ; impardonnable : *Faute irrémissible.* **2.** Se dit de ce qui est implacable, fatal.

IRRÉMISSIBLEMENT adv. Litt. De façon irrémissible.

IRREMPLAÇABLE adj. Qui ne peut être remplacé.

IRRÉPARABLE adj. Qui ne peut être réparé, rattrapé : *Dommage irréparable.* ◆ n.m. Ce qui ne peut être réparé : *Commettre l'irréparable.*

IRRÉPARABLEMENT adv. De façon irréparable.

IRRÉPRÉHENSIBLE adj. Litt. Que l'on ne saurait blâmer ; irréprochable.

IRRÉPRESSIBLE adj. Que l'on ne peut réprimer : *Envie de dormir irrépressible.*

IRRÉPROCHABLE adj. Qui ne mérite aucun reproche : *Personne, vie irréprochable.*

IRRÉPROCHABLEMENT adv. De façon irréprochable.

IRRÉSISTIBLE adj. **1.** À qui ou à quoi l'on ne peut résister : *Une emprise irrésistible.* **2.** Qui fait rire ; désopilant : *Comédie, humoriste irrésistible.*

IRRÉSISTIBLEMENT adv. De façon irrésistible.

IRRÉSOLU, E adj. et n. Qui a de la peine à se déterminer, à prendre parti ; hésitant. ◆ adj. Qui n'a pas reçu de solution : *Affaire irrésolue.*

IRRÉSOLUTION n.f. État d'une personne irrésolue ; indécision.

IRRESPECT n.m. Manque de respect.

IRRESPECTUEUSEMENT adv. De façon irrespectueuse.

IRRESPECTUEUX, EUSE adj. Qui manifeste un manque de respect ; impoli.

IRRESPIRABLE adj. **1.** Non respirable : *Un air irrespirable.* **2.** Fig. Se dit d'un milieu difficile à supporter : *L'atmosphère dans cette équipe est irrespirable.*

IRRESPONSABILITÉ n.f. **1.** Caractère de qqn qui agit à la légère ; irréflexion. **2.** DR. Privilège mettant le chef de l'État à l'abri de tout contrôle parlementaire ou juridictionnel pour les actes accomplis dans l'exercice de ses fonctions, sauf cas prévus par la Constitution. ▪ **Irresponsabilité pénale,** état d'une personne reconnue par une juridiction pénale irresponsable de l'infraction qu'elle a commise.

IRRESPONSABLE adj. et n. **1.** Qui manifeste une légèreté coupable, de l'irréflexion, de l'inconscience vis-à-vis des conséquences de ses actes. **2.** DR. Qui n'est pas capable de répondre de ses actes, de sa conduite : *Déclaré irresponsable en raison de son état mental.*

IRRÉTRÉCISSABLE adj. Se dit d'un tissu qui ne peut rétrécir.

IRRÉVÉRENCE n.f. (lat. *irreverentia*). Litt. **1.** Manque de respect ; insolence. **2.** Action, parole irrévérencieuse.

IRRÉVÉRENCIEUSEMENT adv. Litt. De façon irrévérencieuse.

IRRÉVÉRENCIEUX, EUSE adj. Litt. Qui manque de respect ; impertinent.

IRRÉVERSIBILITÉ n.f. Caractère de ce qui est irréversible.

IRRÉVERSIBLE adj. **1.** Que l'on ne peut ni enrayer ni inverser : *Lésions irréversibles.* **2.** Que l'on ne peut suivre que dans une seule direction, dans un seul sens : *L'histoire est irréversible.* **3.** CHIM. Se dit d'une réaction qui se poursuit jusqu'à son achèvement et qui n'est pas limitée par la réaction inverse.

IRRÉVERSIBLEMENT adv. De façon irréversible.

IRRÉVOCABILITÉ n.f. Caractère de ce qui est irrévocable.

IRRÉVOCABLE adj. **1.** Qui ne peut être révoqué : *Fonctionnaire irrévocable.* **2.** Sur quoi il est impossible de revenir ; définitif : *Décision irrévocable.*

IRRÉVOCABLEMENT adv. De façon irrévocable.

IRRIGABLE adj. Qui peut être irrigué.

IRRIGATION n.f. **1.** Apport d'eau sur un terrain cultivé ou une prairie en vue de compenser l'insuffisance des précipitations et de permettre le plein développement des plantes. **2.** MÉD. Action de faire couler un liquide sur une partie malade : *Irrigation d'une plaie.* **3.** PHYSIOL. Apport du sang dans les tissus par les vaisseaux sanguins.

IRRIGUER v.t. [3] (lat. *irrigare*). Arroser par irrigation.

IRRITABILITÉ n.f. Caractère d'une personne irritable ; irascibilité.

IRRITABLE adj. **1.** Qui se met facilement en colère ; irascible. **2.** Se dit d'un tissu, d'un organe qui s'irrite facilement : *Une peau fragile et irritable.* ▪ **Syndrome de l'intestin** ou **du côlon irritable,** ensemble de symptômes chroniques (douleur abdominale, alternance de diarrhée et de constipation, ballonnements, notamm.) qui traduisent un mauvais fonctionnement du gros intestin, sans lésion organique (SYN. **colopathie fonctionnelle**).

IRRITANT, E adj. **1.** Qui met en colère ; énervant : *Sa façon de nous toiser est irritante.* **2.** Qui irrite les tissus, les organes : *Lotion irritante.*

IRRITATIF, IVE adj. MÉD. Relatif à une irritation.

IRRITATION n.f. **1.** État de qqn qui est irrité, en colère ; énervement : *Plus j'insistais, plus son irritation grandissait.* **2.** MÉD. Inflammation légère de la peau, d'un organe.

IRRITER v.t. [3] (lat. *irritare*). **1.** Mettre en colère ; exaspérer : *Chacune de nos questions l'irrite.* **2.** MÉD. Provoquer une irritation : *Ce détergent irrite la peau.* ◆ **S'IRRITER** v.pr. **1.** Se mettre en colère. **2.** MÉD. Subir une inflammation.

IRRUPTION n.f. (lat. *irruptio*). **1.** Entrée soudaine et violente d'un grand nombre de personnes dans un lieu : *L'irruption des supporteurs sur le terrain.*

L'art de l'Islam

C'est au gré des conquêtes religieuses que s'élabore et se développe l'art islamique. Monument essentiel et lieu de la prière collective, la mosquée est implantée partout, et toutes les traditions artistiques s'emploieront à l'enrichir. L'Iran ancien donne sa forme à l'iwan, la Mésopotamie offre les subtilités de la maçonnerie en brique, et les Byzantins se font les héritiers de l'Antiquité. L'art de l'Islam, ainsi vivifié, n'en est pas moins profondément original, et l'intensité de la foi en préserve la cohésion.

La mosquée de Djenné (Mali). Le banco – un mélange compact de terre crue et de matières végétales – est le matériau de construction des bâtiments traditionnels en zone sahélienne. La mosquée, reconstruite en 1905, témoigne de ce que fut le riche passé de Djenné : un important carrefour commercial en Afrique subsaharienne, islamisé progressivement par les échanges avec les caravaniers arabes et berbères, et qui devint un grand centre religieux.

L'Alhambra (Espagne). Édifiée à Grenade par les souverains nasrides aux XIIIe et XIVe s., l'Alhambra (« la rouge ») est un témoin unique d'architecture profane de l'Islam médiéval. Le palais-forteresse de la capitale andalouse s'étend autour de délicats jardins intérieurs et de patios, dont le plus emblématique, la cour des Lions, présente une riche décoration de stucs, un chef-d'œuvre du genre.

Le mausolée d'Itimad al-Dawla (Inde). Blancheur du marbre, incrustations de pierres polychromes, finesse des claires-voies, ce monument d'Agra édifié en 1628 se fait l'écho du raffinement et de l'élégance de l'architecture moghole dans laquelle, avec le style indo-musulman, s'accomplit la synthèse entre influence iranienne et goût autochtone.

La mosquée du Sultan Ahmet (Turquie). Érigée entre 1609 et 1619 à Constantinople (auj. Istanbul), la mosquée du Sultan Ahmet (ou « mosquée Bleue ») reprend avec brio le plan de la mosquée de Chāh Zade (XVIe s.). Les six minarets à la forme élancée et la vaste coupole centrale contrebutée sur quatre demi-coupoles signent une construction typique de l'art ottoman.

Le minaret de la mosquée Kalan (Ouzbékistan). Édifié à Boukhara en 1127, d'une grande hauteur (46 m), et surmonté d'une lanterne percée de seize baies, il est entièrement orné d'un décor de bandeaux géométriques tous différents, obtenu par le savant agencement des briques.

La mosquée al-Azhar (Égypte). Fondée par les Fatimides en 973, « la splendide » est l'université islamique du Caire. À ce titre, elle joue dans l'Orient musulman le rôle de l'Université de Paris dans l'Occident médiéval. Malgré de continuels agrandissements, l'ensemble réuni autour d'une immense cour centrale bordée de portiques, conserve son unité et constitue l'une des plus belles réalisations du Caire.

2. Débordement brusque et violent de la mer, d'un fleuve ; envahissement : *Irruption des eaux dans les villages de la plaine.* **3.** Apparition soudaine d'éléments dans un domaine : *L'irruption des nouvelles technologies dans l'enseignement.* ▪ **Faire irruption quelque part,** y entrer inopinément et brusquement.

ISABELLE adj. inv. et **n.m.** (esp. *isabel,* p.-ê. du n. d'*Isabelle la Catholique*). Se dit d'un cheval dont la robe est d'une couleur jaune, avec les crins et l'extrémité des poils noirs.

ISALLOBARE n.f. (de *isobare* et du gr. *allos,* autre). **MÉTÉOROL.** Courbe joignant les points où les variations de la pression atmosphérique sont égales en un temps donné.

ISARD n.m. (prélatin *izar*). Appellation du chamois dans les Pyrénées.

ISATIS [-tis] **n.m.** (mot gr.). **1. BOT.** Pastel. **2.** Renard des régions arctiques, appelé aussi *renard bleu* ou *renard polaire,* dont la fourrure d'hiver peut être gris bleuté ou blanche. ➲ Famille des canidés.

ISBA [isba] ou [izba] **n.f.** (russe *izba*). Habitation des paysans russes, faite de rondins de bois de sapin.

ISBN n.m. (sigle de l'angl. *international standard book number,* numéro international normalisé du livre). Numéro d'identification international attribué à chaque ouvrage publié.

ISCHÉMIE [-ke-] **n.f.** (du gr. *iskhaimos,* qui arrête le sang). **MÉD.** Diminution ou interruption de l'irrigation sanguine d'un organe, d'un tissu.

ISCHÉMIQUE [-ke-] **adj.** Relatif à l'ischémie.

ISCHIATIQUE [-kja-] **adj.** Relatif à l'ischion.

ISCHION [iskjɔ̃] **n.m.** (du gr. *iskhion,* hanche). **ANAT.** L'un des trois éléments de l'os iliaque, situé au niveau de la fesse.

ISENTROPIQUE adj. Se dit d'une transformation thermodynamique au cours de laquelle l'entropie reste constante.

ISF ou **I.S.F. n.m.** (sigle de *impôt de solidarité sur la fortune*). Taxation du patrimoine au-dessus d'un certain seuil, instituée en France en 1989.

ISIAQUE adj. Relatif à Isis.

ISLAM [islam] **n.m.** (mot ar. « abandon confiant en Dieu »). Religion des musulmans. ▪ **L'Islam,** la civilisation qui caractérise le monde musulman. *(V. planche page précédente.)*

➲ Religion apparue au VIIe s. en Arabie, l'**ISLAM** a pour fondement la révélation que le prophète Mahomet a reçue de Dieu (Allah) et qui est consignée dans le Coran. Reconnaissant pleinement les livres et les prophètes bibliques, il professe l'adhésion au monothéisme initial d'Adam et d'Abraham, et se présente comme le dernier message révélé à l'humanité.

L'islam a une triple dimension spirituelle, rituelle et sociale. Il est édifié sur cinq « piliers » : 1° la profession de foi, ou *chahada* (« il n'y a de divinité que Dieu [Allah], et Mahomet est l'envoyé de Dieu ») ; 2° la prière rituelle, ou *salāt,* que l'on prononce cinq fois par jour en se tournant en direction de La Mecque ; 3° l'aumône « purificatrice », ou *zakāt,* que les plus riches versent aux plus pauvres ; 4° le jeûne du ramadan, ou *sawm* ; 5° le pèlerinage à La Mecque, ou *hadj,* que l'on doit accomplir une fois au moins au cours de sa vie.

L'enseignement de l'islam a pour source le Coran, explicité par l'exemple du Prophète *(sunna).* « Théocratie laïque », l'islam sunnite n'a pas de clergé, à la différence de l'islam chiite. Princip. pratiqué en Asie (l'Indonésie étant le premier pays musulman du monde), l'islam étend de plus en plus son influence en Afrique et en Europe.

ISLAMIQUE adj. Relatif à l'islam.

ISLAMISATION n.f. Action d'islamiser.

ISLAMISER v.t. [3]. 1. Convertir à l'islam. **2.** Appliquer la Loi islamique dans la vie publique.

ISLAMISME n.m. 1. Désigne, depuis les années 1970, un courant politique de l'islam dont certains mouvements prônent une application stricte de la charia et la création d'un État régi exclusivement selon des principes religieux. **2.** Vieilli. Religion musulmane ; islam.

ISLAMISTE adj. et **n.** Relatif à l'islamisme ; qui en est partisan.

ISLAMOLOGIE n.f. Discipline qui étudie l'islam.

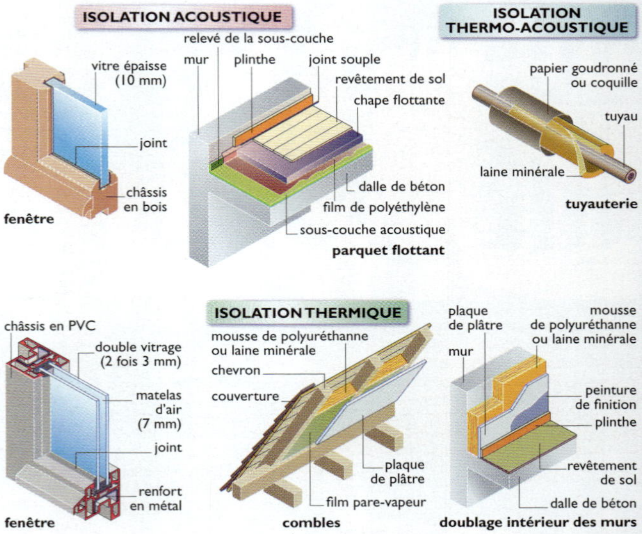

▲ **isolation.** Les systèmes d'isolation dans le bâtiment.

ISLAMOPHOBE adj. et **n.** Qui est hostile à l'islam, aux musulmans.

ISLAMOPHOBIE n.f. Hostilité envers l'islam, les musulmans.

ISLANDAIS, E adj. et **n.** De l'Islande ; de ses habitants. ◆ **n.m. LING.** Langue scandinave parlée en Islande.

ISMAÉLIEN, ENNE ou **ISMAÏLIEN, ENNE n.** Membre d'une secte chiite pour laquelle le dernier imam est le septième, Ismaïl (d'où le nom de *chiisme septimain* donné à cette secte).

ISMAÉLISME n.m. Système religieux des ismaéliens.

ISMAÉLITE adj. et **n. ANTIQ.** Se dit d'un ensemble de populations nomades du désert arabique, que la Bible fait descendre d'Ismaël, fils d'Abraham.

ISME n.m. (du suff. *-isme*). Péjor. Courant politique, religieux, philosophique, etc., qui, par une dérive doctrinaire, peut devenir une menace pour la liberté.

ISO adj. inv. (de l'angl. *international organization for standardization,* organisation internationale de normalisation). ▪ **Échelle ISO** [photogr.], échelle internationale des sensibilités des émulsions photographiques. ▪ **Norme ISO,** norme s'appliquant aux produits et aux services, définie par l'Organisation internationale de normalisation (v. partie n.pr.).

ISOBARE adj. (du gr. *isobarês,* d'un poids égal). **1. MÉTÉOROL.** D'égale pression atmosphérique. **2. THERMODYN.** Qui se fait à pression constante : *Transformation isobare.* ◆ **adj.** et **n.m. PHYS.** Se dit de noyaux ayant même nombre de masse mais des numéros atomiques différents. ◆ **n.f. MÉTÉOROL.** Courbe ou surface sur laquelle la pression atmosphérique est constante à un moment donné.

ISOBARYCENTRE n.m. MATH. Barycentre de points affectés de coefficients égaux.

ISOBATHE adj. et **n.f.** (du gr. *isobathês,* également profond). **CARTOGR., TOPOGR.** Se dit d'une courbe reliant les points d'égale profondeur, sous terre ou sous l'eau.

ISOCARDE n.m. (du gr. *isos,* égal, et *kardia,* cœur). Mollusque bivalve de l'Atlantique et de la Méditerranée, voisin de la coque, dont la coquille vue de profil a la forme d'un cœur. ➲ Famille des cardiidés.

ISOCARÈNE adj. MAR. Se dit de volumes de carène égaux, mais de formes distinctes correspondant à des degrés de gîte et d'assiette différents.

ISOCÈLE adj. (lat. *isosceles,* du gr.). **MATH.** ▪ **Trapèze isocèle,** trapèze dont les côtés non parallèles sont égaux. ▪ **Triangle isocèle,** triangle ayant deux côtés de même longueur.

ISOCHORE [-kɔr] **adj.** (du gr. *isos,* égal, et *khôra,* espace). **THERMODYN.** Qui se fait à volume constant : *Transformation isochore.*

ISOCHRONE [-krɔn] **adj.** (du gr. *isokhronos,* égal en durée). Didact. Qui s'effectue dans des intervalles de temps égaux.

ISOCHRONISME [-krɔ-] **n.m.** Didact. Caractère de ce qui est isochrone.

ISOCLINAL, E, AUX adj. GÉOL. ▪ **Pli isoclinal,** dont les deux flancs sont parallèles. ▪ **Structure isoclinale,** caractérisée par la répétition de plis isoclinaux.

ISOCLINE adj. (du gr. *isoklinês,* qui penche également). **GÉOPHYS.** ▪ **Courbe isocline,** ou **isocline, n.f.,** courbe reliant les points où l'inclinaison magnétique est la même.

ISODOME adj. (gr. *isodomos*). **ARCHIT.** Se dit d'un appareil régulier dans lequel les pierres, taillées en parallélépipèdes rectangles, se chevauchent et offrent toutes une face visible de même hauteur et de même longueur.

ISODYNAMIE n.f. (du gr. *isos,* égal, et *dunamis,* force). **PHYSIOL.** Équivalence entre des aliments qui fournissent à l'organisme la même quantité d'énergie.

ISOÉDRIQUE adj. (du gr. *isos,* égal, et *hedra,* face). **CRISTALLOGR.** Dont les facettes sont semblables.

ISOÉLECTRIQUE adj. Se dit d'un corps électriquement neutre.

ISOÈTE n.m. (du gr. *isoetês,* qui dure un an). Petite plante cryptogame des lieux très humides, rhizomateuse, portant des sporanges de deux sortes. ➲ Ordre des isoétales.

ISOFLAVONE n.f. BIOCHIM. Polyphénol présent dans certaines plantes, en partic. le soja, et dont la structure est similaire à celle des œstrogènes (nom générique).

ISOGAMIE n.f. (du gr. *isos,* égal, et *gamos,* mariage). **BIOL.** Mode de reproduction sexuée dans lequel les deux gamètes sont semblables, qui se rencontre chez diverses espèces d'algues, de champignons inférieurs et de protozoaires (CONTR. **hétérogamie**).

ISOGLOSSE n.f. (du gr. *isos,* égal, et *glôssa,* langue). **LING.** Ligne idéale séparant deux aires dialectales qui offrent pour un trait linguistique donné des formes ou des systèmes différents. ◆ **adj.** Situé sur la même isoglosse.

ISOGLUCOSE n.m. Glucose tiré de l'amidon des céréales, princip. du maïs, utilisé dans l'agroalimentaire.

ISOGONE adj. (du gr. *isogônios,* qui a des angles égaux). **GÉOPHYS.** ▪ **Courbe isogone,** ou **isogone,**

n.f., courbe joignant les points ayant la même déclinaison magnétique.

ISOGREFFE n.f. MÉD. Greffe entre donneur et receveur génétiquement identiques (greffe entre jumeaux vrais, chez l'homme).

ISOHYÈTE [izɔjɛt] **adj.** (du gr. *isos*, égal, et *huetos*, forte pluie). **MÉTÉOROL.** ▪ **Courbe isohyète,** ou **isohyète, n.f.,** courbe joignant les points recevant la même quantité de précipitations pour une période considérée.

ISOHYPSE n.f. (du gr. *isohupsês*, d'une hauteur égale). **CARTOGR.** Courbe de niveau*.

ISOÏONIQUE adj. CHIM. Qui contient les mêmes ions à la même concentration.

ISOLABLE adj. Qui peut être isolé.

ISOLANT, E adj. Se dit d'un matériau qui est mauvais conducteur de la chaleur, de l'électricité ou du son. ▪ **Langue isolante** [ling.], où les mots se réduisent à un radical, leur place relative marquant les rapports grammaticaux (ex. : le chinois). ◆ **n.m.** Matériau isolant.

ISOLAT n.m. 1. BIOL. Population animale ou végétale qu'une barrière climatique ou géographique a complètement isolée, du point de vue génétique, du reste de l'espèce. **2. ANTHROP.** Groupe humain que son isolement géographique, social ou culturel contraint aux unions endogamiques.

ISOLATEUR n.m. Support isolant d'un conducteur électrique.

ISOLATION n.f. 1. Ensemble des procédés mis en œuvre dans un bâtiment pour le protéger des variations thermiques et acoustiques environnantes. **2.** Ensemble des matériaux utilisés pour isoler un dispositif. **3. PSYCHAN.** Mécanisme de défense qui consiste en la rupture des liens associatifs existant entre une représentation ou un acte et son affect.

ISOLATIONNISME n.m. (anglo-amér. *isolationism*). **1.** Politique consistant, pour un État, à s'intégrer le moins possible à la vie internationale et à récuser toute ingérence dans ses propres affaires. **2.** Politique officielle des États-Unis à l'époque de la doctrine Monroe (1823).

ISOLATIONNISTE adj. et **n.** Relatif à l'isolationnisme ; qui en est partisan.

ISOLÉ, E adj. (ital. *isolato*, de *isola*, île). **1.** Séparé des autres ; seul : *Personne âgée qui se sent isolée. Un tireur isolé.* **2.** Éloigné des autres habitations ou de toute activité ; écarté : *Village isolé.* **3.** Qui ne se produit pas souvent ou n'est fait que par de rares personnes : *Un fait isolé. Quelques applaudissements isolés.* **4.** Détaché de son contexte : *Phrase, citation isolée.* **5.** Se dit d'un local pourvu d'une isolation acoustique ou thermique : *Appartement bien isolé.* ▪ **Point isolé *a* d'une partie A (d'un espace topologique E)** [math.], point *a* de E admettant un voisinage ne contenant aucun élément de A autre que lui-même.

ISOLEMENT n.m. 1. État d'une habitation, d'un lieu à l'écart : *L'isolement d'une auberge.* **2.** État de qqn qui est isolé ; solitude : *L'isolement d'un sans-papiers. Souffrir de l'isolement.* **3.** État d'un pays, d'une région sans relation politique ou économique avec les autres. **4. MÉD.** Séparation d'avec son milieu habituel d'une personne atteinte d'une maladie contagieuse ou psychiatrique.

ISOLÉMENT adv. De façon isolée ; à part.

ISOLER v.t. [3]. 1. Séparer qqch, un lieu de ce qui l'entoure ; couper : *La neige isole les villages de montagne.* **2.** Mettre qqn à l'écart des autres ; confiner : *Isoler les malades contagieux. Son comportement l'isole de ses collègues.* **3.** Considérer qqch à part : *Isoler une phrase de son contexte.* **4.** Procéder à l'isolation thermique ou acoustique. **5. CHIM.** Dégager de ses mélanges ou de ses combinaisons : *Isoler un produit réactionnel, un métal.* **6. ÉLECTROTECHN.** Empêcher la conduction électrique entre des conducteurs au moyen d'isolants ; déconnecter un circuit, un dispositif. ◆ **S'ISOLER v.pr.** Se mettre à l'écart : *S'isoler pour écrire.*

ISOLEUCINE n.f. Acide aminé essentiel, présent dans de nombreuses protéines.

ISOLOIR n.m. Cabine dans laquelle l'électeur met son bulletin sous enveloppe et qui garantit le secret du vote.

ISOMÉRASE n.f. BIOCHIM. Enzyme qui transforme une substance chimique en l'un de ses isomères (une forme dextrogyre en une forme lévogyre, par ex.).

ISOMÈRE adj. et **n.m.** (du gr. *isomerês*, pourvu d'une part égale). **CHIM.** Se dit de composés identiques par la composition élémentaire, mais qui diffèrent par la disposition des atomes. ➲ Deux composés sont isomères s'ils ont la même formule brute, mais des formules développées différentes.

ISOMÉRIE n.f. Caractère des composés isomères.

ISOMÉRISATION n.f. Transformation en un composé isomère.

ISOMÉTRIE n.f. MATH. Transformation ponctuelle conservant les distances.

ISOMÉTRIQUE adj. 1. MATH. Qui est homologue dans une isométrie. **2. MINÉRALOG.** Dont les dimensions sont égales : *Cristaux isométriques.* **3. PHYSIOL.** Se dit d'une contraction musculaire telle que la longueur du muscle ne change pas alors que la force développée par le muscle augmente. ▪ **Figures, configurations isométriques** [math.], figures, configurations qui se correspondent par une isométrie. (On disait naguère *figures égales.*)

ISOMORPHE adj. 1. CHIM. De même forme. ➲ Deux composés différents peuvent avoir des cristaux isomorphes. **2. MATH.** Se dit de deux ensembles tels qu'il existe un isomorphisme de l'un dans l'autre.

ISOMORPHISME n.m. 1. CHIM. Relation entre objets isomorphes. **2. MATH.** Homomorphisme bijectif.

ISOPET n.m. → **YSOPET.**

ISOPODE n.m. (du gr. *isos*, égal, et *pous*, *podos*, pied). Crustacé au corps aplati, doté de sept paires de pattes semblables, tel que la ligie, le cloporte. ➲ Les isopodes forment un ordre.

ISOPRÈNE n.m. Hydrocarbure liquide incolore, $H_2C{=}C(CH_3){-}CH{=}CH_2$, de point d'ébullition 37 °C. ➲ Le caoutchouc naturel est un polymère de l'isoprène ; celui-ci sert de monomère pour nombre de matières plastiques et d'élastomères.

ISOPTÈRE n.m. (du gr. *isos*, égal, et *pteron*, aile). Insecte phytophage doté de deux paires d'ailes égales, tel que le termite. ➲ Les isoptères forment un ordre.

ISOSÉISTE ou **ISOSISTE adj.** et **n.f. GÉOPHYS.** Se dit d'une courbe réunissant les points où un séisme a été ressenti avec la même intensité.

ISOSPIN [-spin] **n.m.** (mot angl.). **PHYS.** Nombre quantique, noté I, correspondant à une symétrie interne des particules élémentaires. ➲ Par ex., le nucléon peut se présenter sous la forme d'un proton d'isospin + 1/2 ou d'un neutron d'isospin – 1/2. Le passage d'une forme à l'autre est appelé *rotation isospin.*

ISOSTASIE n.f. GÉOPHYS. Équilibre relatif des divers compartiments (montagnes, mers, etc.) de l'écorce terrestre, dû à des différences de densité (dans la théorie dite *de l'isostasie*).

ISOSTATIQUE adj. Relatif à l'isostasie.

ISOTHÉRAPIE n.f. MÉD. Ancienne méthode thérapeutique basée sur des produits fabriqués à partir des sécrétions du malade lui-même, et qui a plus ou moins persisté en homéopathie.

ISOTHERME adj. (du gr. *isos*, égal, et *thermos*, chaud). **1.** De même température. **2. THERMODYN.** Qui se fait à température constante : *Réaction isotherme.* **3.** Maintenu à une température constante ; qui comporte une isolation thermique : *Camion, sac isotherme.* ▪ **Courbe isotherme,** ou **isotherme, n.f.** [météorol.], courbe joignant les points où la température de l'atmosphère est identique à un moment donné.

ISOTONIE n.f. CHIM. Équilibre moléculaire de deux solutions séparées par une membrane perméable et qui ont la même pression osmotique.

ISOTONIQUE adj. 1. CHIM. Se dit de solutions qui ont la même concentration moléculaire. **2. MÉD.** Se dit d'une solution, en partic. médicamenteuse, qui a la même pression osmotique que les liquides de l'organisme (plasma, par ex.). **3. PHYSIOL.** Se dit d'une contraction musculaire telle que la force développée reste constante alors que la longueur du muscle diminue.

ISOTOPE n.m. (mot angl., du gr.). **PHYS.** Chacun des différents types d'atomes d'un même élément, différant par leur nombre de neutrons mais ayant le même nombre de protons et d'électrons, et possédant donc les mêmes propriétés chimiques. ▪ **Isotope radioactif,** radioélément.

ISOTOPIQUE adj. Relatif aux isotopes.

ISOTROPE adj. (du gr. *isos*, égal, et *tropos*, direction). **PHYS.** Dont les propriétés physiques sont identiques dans toutes les directions.

ISOTROPIE n.f. Caractère d'un milieu isotrope.

ISRAÉLIEN, ENNE adj. et **n.** De l'État d'Israël ; de ses habitants.

ISRAÉLITE adj. et **n. 1.** Relatif à l'Israël biblique, à son peuple. **2.** Juif : *La communauté israélite.*

ISSANT, E adj. (du lat. *exire*, sortir). **HÉRALD.** Se dit des animaux qui paraissent sortir, plus ou moins à mi-corps, d'une partition, des bords de l'écu, d'une pièce ou d'un meuble.

ISSN n.m. (sigle de l'angl. *international standard serial number*, numéro international normalisé des périodiques). Numéro d'identification international attribué à chaque publication périodique.

ISSU, E adj. (de l'anc. fr. *escir*, du lat. *exire*, sortir). **1.** Qui provient par descendance ; né de : *Elle est issue d'une lignée de musiciens.* **2.** Fig. Qui dérive ou résulte de qqch : *Protestations issues de l'inquiétude générale.*

ISSUE n.f. 1. Ouverture ou passage par où l'on peut sortir, s'échapper : *Issue de secours. Voie sans issue.* **2.** Moyen de sortir d'une difficulté, d'un embarras ; échappatoire : *Cette crise est sans issue.* **3.** Litt. Manière dont une affaire se conclut, dont qqch aboutit ; aboutissement : *L'issue d'un procès. On craint l'issue fatale.* ▪ **À l'issue de,** à la fin de : *À l'issue du premier tour de l'élection.* ◆ **n.f.pl. 1.** Produits autres que la farine provenant de la mouture des céréales. **2. BOUCH.** Parties non consommables des animaux (cornes, cuir, suif, etc.).

IST ou **I.S.T.** [iɛste] **n.f.** (sigle). Infection sexuellement* transmissible.

ISTHME [ism] **n.m.** (lat. *isthmus*, du gr.). **1.** Bande de terre étroite, située entre deux mers et réunissant deux terres. **2. ANAT.** Partie rétrécie de certaines régions du corps, de certains organes.

ISTHMIQUE [ismik] **adj. ANTIQ. GR.** ▪ **Les jeux Isthmiques,** célébrés à Corinthe, en l'honneur de Poséidon.

ITALIANISANT, E adj. BX-ARTS. Se dit d'artistes, d'œuvres marqués par l'italianisme. ◆ **adj.** et **n.** Qui étudie la langue, la littérature et la civilisation italiennes ; italianiste.

ITALIANISER v.t. [3]. Donner un caractère, un aspect italien à.

ITALIANISME n.m. 1. Idiotisme propre à la langue italienne ; emprunt à la langue italienne. **2. BX-ARTS.** Tendance, chez les artistes étrangers, à l'imitation de la manière italienne, de modèles italiens, notamm. à la Renaissance.

ITALIANISTE n. Spécialiste de la langue et de la civilisation italiennes ; italianisant.

ITALIEN, ENNE adj. et **n.** De l'Italie ; de ses habitants. ◆ **n.m.** Langue romane parlée princip. en Italie. ◆ **n.f. THÉÂTRE.** Répétition au cours de laquelle les acteurs disent à vive allure la totalité de leurs dialogues, dans un but de mémorisation, sans prendre en compte les indications de mise en scène. ◆ **À L'ITALIENNE loc. adj. 1.** Se dit d'une salle de théâtre constituée de plusieurs niveaux (parterre, corbeille, balcon, galerie) en partie divisés en loges. **2.** Se dit d'un format de livre où la largeur est plus importante que la hauteur (par oppos. au format *à la française*).

1. ITALIQUE adj. (lat. *italicus*). Se dit des populations indo-européennes qui pénétrèrent en Italie au cours du IIᵉ millénaire av. J.-C. ◆ **n.m.** Groupe de langues indo-européennes parlées en Italie au Iᵉʳ millénaire (latin, ombrien, vénète, etc.).

2. ITALIQUE adj. et **n.m. IMPRIM.** Se dit du caractère typographique incliné vers la droite (par oppos. à *romain*). ➲ Il a été créé par Alde Manuce en 1500.

1. ITEM [itɛm] **adv.** (mot lat. « de même »). De même ; en outre : *Réglé 500 euros pour une cuisinière, item pour un four.* (S'emploie dans les comptes, les énumérations, etc.)

2. ITEM [itɛm] **n.m.** (de *1. item*). **1. LING.** Tout élément d'un ensemble (grammatical, lexical, etc.) considéré en tant que terme particulier. **2. PSYCHOL.** Chacune des questions, chacun des éléments d'un test.

ITÉRATIF, IVE adj. (lat. *iterativus*, de *iterare*, recommencer). Fait ou répété plusieurs fois ; répétitif : *Des gestes itératifs.* ◆ **adj.** et **n.m. LING.** Fréquentatif.

ITÉRATION n.f. 1. Action de répéter, de faire de nouveau. **2. PSYCHIATR.** Répétition prolongée de gestes, de paroles ou de pensées stéréotypés et vains, à caractère pathologique.

ITÉRATIVEMENT adv. De manière itérative.

ITHYPHALLIQUE adj. (du gr. *ithus*, droit). **ANTIQ.** Qui présente un pénis en érection.

ITINÉRAIRE n.m. (du lat. *iter*, *itineris*, voyage). Chemin à suivre ou suivi pour aller d'un lieu à un autre ; trajet : *Elle change d'itinéraire chaque fois.* ◆ **adj. TOPOGR.** ▪ **Mesure itinéraire,** évaluation d'une distance.

ITINÉRANCE n.f. TÉLÉCOMM. 1. Capacité d'un téléphone mobile à changer de zone d'émission et de réception sans perdre la faculté d'émettre et de recevoir des appels. **2.** Possibilité d'utiliser un téléphone mobile sur un autre réseau que celui d'origine.

ITINÉRANT, E adj. et **n.** Qui se déplace dans l'exercice de ses fonctions : *Commercial, carnettiste itinérant.* ◆ **n.** Québec. Personne qui n'a pas de domicile fixe ; sans-abri. ◆ **adj.** Qui exige des déplacements : *Tourisme itinérant.* ▪ **Agriculture itinérante,** déplacement de zones de cultures à la suite d'une baisse momentanée de la fertilité du sol, caractéristique des régions tropicales.

ITOU adv. (anc. fr. *atut*, avec infl. de *itel*, pareillement). Fam. Aussi ; de même : *Cheveux châtains, barbe itou.*

IUFM ou **I.U.F.M.** [iyɛfɛm] **n.m.** (sigle de *institut universitaire de formation des maîtres*). Anc. Établissement d'enseignement supérieur qui assurait la formation professionnelle des enseignants du premier et du second degré. ➲ Les IUFM ont été remplacés en 2013 par les *écoles supérieures du professorat et de l'éducation* (ESPE).

IULE n.m. (gr. *ioulos*). Mille-pattes au corps cylindrique, qui se nourrit de végétaux en décomposition et qui s'enroule en spirale quand on le touche.

▲ **iule**

IUT ou **I.U.T.** [iyte] **n.m.** (sigle de *institut universitaire de technologie*). Établissement d'enseignement assurant en deux années la formation de techniciens supérieurs, auxquels il délivre un diplôme, le DUT. ➲ Une troisième année d'études permet l'obtention d'une licence professionnelle (LP).

IVE ou **IVETTE n.f.** (de *if*). Plante à fleurs jaunes très odorantes, commune dans les jachères des régions tempérées. ➲ Famille des labiées.

IVG ou **I.V.G. n.f.** (sigle). Interruption volontaire de grossesse.

IVOIRE n.m. (lat. *ebur*, *eboris*). **1.** Tissu dur des dents de l'homme et des mammifères, recouvert d'émail au niveau de la couronne (SYN. **dentine**). **2.** Substance osseuse et dure qui constitue les défenses de l'éléphant et de quelques autres mammifères (sanglier ou morse, par ex.). ➲ Bien que le commerce de l'ivoire soit interdit depuis 1989, il est difficile de faire cesser le braconnage que subissent les éléphants d'Afrique. **3.** Objet fabriqué, sculpté dans de l'ivoire. ▪ **Ivoire végétal,** corozo. ◆ **adj. inv.** D'un blanc crémeux.

IVOIRERIE n.f. Art du travail de l'ivoire ; ensemble des produits de cet art.

IVOIRIEN, ENNE adj. et **n.** De la Côte d'Ivoire ; de ses habitants.

IVOIRIN, E adj. Litt. Qui ressemble à l'ivoire par sa blancheur, son éclat ; éburnéen.

IVOIRINE n.f. Substance obtenue à partir de poudre d'ivoire mêlée à une résine synthétique.

IVRAIE n.f. (du lat. *ebrius*, ivre). Graminée à graines toxiques, commune dans les prés et les cultures, où elle gêne la croissance des céréales. ➲ On emploie deux espèces d'ivraie pour les gazons, sous le nom de *ray-grass.* ▪ **Séparer le bon grain de l'ivraie,** séparer les bons des méchants, le bien du mal.

IVRE adj. (lat. *ebrius*). **1.** Qui a l'esprit troublé par l'effet de l'alcool. **2.** (**DE**). Exalté par un sentiment, une idée, une sensation ; grisé par : *Ivre de joie, de rage, de fatigue.* ▪ **Ivre mort,** ivre au point d'avoir perdu connaissance.

IVRESSE n.f. 1. État d'excitation psychique et d'incoordination motrice dû à l'ingestion excessive d'alcool ; ébriété. **2.** État voisin dû à l'ingestion de diverses substances (médicaments, stupéfiants). **3.** Excitation euphorique ; extase : *L'ivresse de la victoire.*

IVRESSOMÈTRE n.m. Québec. Éthylotest.

IVROGNE n. (de l'anc. fr. *ivroigne*, ivresse). Personne qui s'enivre souvent ; alcoolique.

IVROGNERIE n.f. Habitude de s'enivrer ; alcoolisme.

IVROGNESSE n.f. Vieilli. Femme ivrogne.

IWAN [iwan] **n.m.** (anc. persan *iwān*). **ARCHIT.** Salle voûtée quadrangulaire, d'origine iranienne, grande ouverte par un arc brisé en façade ou sur la cour de certaines mosquées.

IXIA n.f. (mot lat., du gr.). Plante d'origine sud-africaine, cultivée pour ses fleurs de couleurs vives. ➲ Famille des iridacées.

IXIÈME adj. (de *x*). Qui occupe un rang indéterminé et important : *Pour l'ixième fois.*

IXODE n.m. (du gr. *ixôdês*, gluant). Tique.

J n.m. inv. **1.** Dixième lettre de l'alphabet et la septième des consonnes. ➲ *J* note la constrictive sonore palatale. **2.** MATH. Nombre complexe défini par $j = -\frac{1}{2} + i\frac{\sqrt{3}}{2}$ (j est l'une des racines cubiques de 1, les autres sont 1 et j^2). ▪ **Jour J,** jour où doit se déclencher une action militaire, une attaque ; jour où doit avoir lieu un événement important.

JABIRU n.m. (mot tupi-guarani). Grande cigogne des régions tropicales, au bec puissant et coloré. ➲ Haut. 1,40 m ; famille des ciconiidés.

JABLE n.m. (mot gaul.). **1.** Rainure pratiquée dans les douves des tonneaux pour y emboîter le fond. **2.** Partie de la douve qui dépasse le fond du tonneau.

JABLER v.t. [3]. Faire le jable d'une douve, d'un tonneau.

JABLOIR n.m., **JABLOIRE** ou **JABLIÈRE** n.f. Outil de tonnelier servant à creuser le jable dans les douves.

JABORANDI n.m. (mot guarani). Arbuste aromatique de l'Amérique tropicale dont on extrait la pilocarpine (SYN. **pilocarpe**). ➲ Famille des rutacées.

JABOT n.m. (mot auvergnat). **1.** Chez les oiseaux, poche formée par un renflement de l'œsophage, où la nourriture séjourne quelque temps avant de passer dans l'estomac et d'où elle peut être régurgitée. **2.** Renflement volumineux placé entre l'œsophage et le gésier des insectes. **3.** Ornement (dentelle, mousseline) fixé au plastron d'une chemise, d'un chemisier.

JABOTER v.i. [3] (de *jabot*). Litt., vx. Bavarder à voix basse, génér. pour médire des autres.

JACARANDA n.m. (mot guarani). Arbre ornemental d'Amérique tropicale et de Madagascar, à fleurs mauves, dont le bois est employé en ébénisterie sous le nom de *palissandre*. ➲ Famille des bignoniacées.

JACASSEMENT n.m. **1.** Action de jacasser en parlant de la pie. **2.** Fam. Bavardage continuel et bruyant ; caquetage.

JACASSER v.i. [3] (de *jacque*, n. dial. du geai). **1.** Pousser son cri, en parlant de la pie. **2.** Fam. Bavarder avec volubilité ; caqueter.

JACASSEUR, EUSE ou **JACASSIER, ÈRE** n. et adj. Fam. Personne qui jacasse ; bavard.

JACÉE n.f. (lat. *jacea*). Centaurée à fleurs mauves des prés et des chemins.

JACHÈRE n.f. (du gaul.). **1.** Terre temporairement non cultivée pour permettre la reconstitution de la fertilité du sol ou, auj., pour limiter une production jugée trop abondante. **2.** Anc. Terre non ensemencée, subissant des labours de printemps et d'été pour préparer les semailles d'automne.

JACINTHE n.f. (du gr. *Huakinthos*, n. d'un personnage myth.). Plante bulbeuse aux grappes de fleurs parfumées, dont une espèce d'Asie Mineure est cultivée pour l'ornement et une autre, commune en Europe, est appelée *jacinthe des bois*. ➲ Famille des liliacées.

JACK [dʒak] n.m. (mot angl.). ÉLECTROTECHN. Fiche mâle ou femelle (mâle le plus souvent) à deux conducteurs coaxiaux.

JACKPOT [ʒakpɔt] n.m. (mot angl.). **1.** JEUX. Combinaison qui permet de remporter le gros lot, notamm. dans certaines machines à sous ; montant en monnaie du gros lot. **2.** Machine à sous fondée sur le principe du jackpot. **3.** Fig. Grosse somme vite gagnée ; pactole : *Avec son site de vente en ligne, il a touché le jackpot.*

JACO n.m. → **JACQUOT.**

JACOBIN, E n. (du lat. *Jacobus*, Jacques). Vx. Dominicain (en France). ◆ n.m. **1.** HIST. (Avec une majuscule). Membre du club des Jacobins (v. partie n.pr.). **2.** Républicain intransigeant, partisan d'un État centralisé. ◆ adj. Propre aux Jacobins ou aux jacobins.

JACOBINISME n.m. **1.** Doctrine politique des Jacobins. **2.** Opinion préconisant le centralisme de l'État.

1. JACOBITE n. et adj. HIST. Partisan de Jacques II et de la maison des Stuarts, après la révolution de 1688, en Angleterre.

2. JACOBITE adj. et n. RELIG. Se dit d'un membre de l'Église jacobite. ◆ adj. ▪ **Église jacobite,** Église orientale issue de la crise monophysite, au Vᵉ s.

JACONAS [-nas] n.m. Anc. Étoffe de coton légère.

JACOT n.m. → **JACQUOT.**

JACQUARD n.m. **1.** Métier à tisser inventé par Jacquard. **2.** Tricot qui présente des dessins géométriques sur un fond de couleur différente.

JACQUEMART n.m. → **JAQUEMART.**

JACQUERIE n.f. (de *jacques*). **1.** HIST. Révolte paysanne. **2.** Toute révolte sociale ; émeute : *Jacquerie urbaine.* ▪ **La Jacquerie,** v. partie n.pr.

JACQUES n.m. **1.** HIST. (Avec une majuscule). Membre de la Jacquerie. **2.** (Avec une majuscule). Vx. Sobriquet du paysan français. **3.** Fam., vx. Imbécile ; niais. ▪ **Faire le Jacques** [fam., vieilli], se livrer à des excentricités.

JACQUET n.m. (dimin. de *Jacques*). Jeu de société dérivé du trictrac, pratiqué à l'aide de deux dés et de dames sur une table comportant 24 cases en forme de flèche, groupées en quatre compartiments.

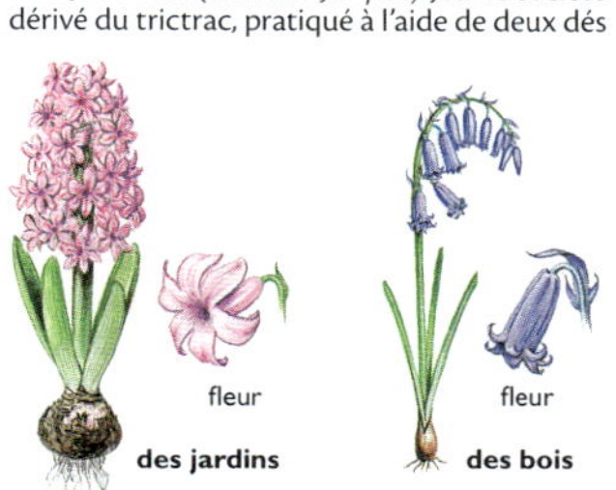

▲**jacinthes**

JACQUIER n.m. → **JAQUIER.**

JACQUOT, JACOT ou **JACO** n.m. Perroquet gris parleur des forêts d'Afrique occidentale.

1. JACTANCE n.f. (lat. *jactancia*, de *jactare*, vanter). Litt. Vanité qui se manifeste par des paroles pleines de suffisance ; vantardise.

2. JACTANCE n.f. (de *jacter*). Fam. Bavardage ; baratin.

JACTER v.i. [3] (de l'arg. anc. *jaquette*, pie). Fam. Parler ; bavarder.

JACUZZI [ʒakuzi] n.m. (nom déposé). Spa (bain bouillonnant) de la marque de ce nom.

JADE n.m. (esp. *ijada*). **1.** Roche métamorphique noire, verte ou blanchâtre, très dure, utilisée comme pierre fine, notamm. en Chine. ➲ Le jade est constitué soit d'un pyroxène (jadéite), soit d'une amphibole fibreuse (trémolite, actinote), appelée alors *néphrite*. **2.** Objet en jade.

JADÉITE n.f. MINÉRALOG. Aluminosilicate de sodium, vert ou blanchâtre, de la famille des pyroxènes.

JADIS [ʒadis] adv. (de l'anc. fr. *ja a dis*, il y a déjà des jours). Dans le passé ; autrefois. ▪ **Le temps jadis,** une époque lointaine, reculée.

JAGUAR [ʒagwar] n.m. (mot tupi-guarani). Grand félin du Mexique et de l'Amérique du Sud, voisin de la panthère, à taches ocellées. ➲ Long. 1,80 m env. ; sous-famille des panthérinés. (V. planche *félins*.)

JAGUARONDI [ʒagwarɔ̃di] n.m. Petit félin sauvage des Amériques, de couleur fauve, grise ou brune, au corps fuselé évoquant celui d'un mustélidé, comme la loutre.

JAILLIR v.i. [21] (lat. pop. *galire*, du gaul. *gali*, bouillir). **1.** Sortir impétueusement, en parlant d'un fluide ; gicler : *L'eau jaillit de la source.* **2.** Fig. Se manifester soudainement ; surgir : *Une idée jaillit de la discussion.*

JAILLISSANT, E adj. Qui jaillit.

JAILLISSEMENT n.m. Action, fait de jaillir : *Jaillissement de vapeur, de nouveaux sites Internet.*

JAÏN, E, DJAÏN, E adj. et n. ou **JAÏNA** adj. inv. et n. inv. Qui appartient au jaïnisme.

JAÏNISME, DJAÏNISME ou **JINISME** n.m. Religion fondée en Inde par Jina ou Mahavira (selon la tradition) au VIᵉ s. av. J.-C.

➲ Comme le brahmanisme*, le **JAÏNISME** vise à libérer l'homme de la souffrance et du cycle des réincarnations. Il met l'accent sur la non-violence envers toutes les créatures et sur l'ascétisme.

JAIS [ʒɛ] n.m. (du lat. *gagatês*, pierre de Gages, en Lycie). Variété de lignite d'un noir brillant, pouvant être polie et taillée. ▪ **(Noir) de jais,** d'un noir brillant : *Des yeux de jais.*

JALAP n.m. (esp. *jalapa*). Plante du Mexique, dont la racine a des propriétés purgatives. ➲ Famille des convolvulacées.

JALON n.m. (p.-ê. de l'anc. fr. *jalir*, jaillir). **1.** TOPOGR. Piquet servant à établir des alignements, à marquer des distances. **2.** Ce qui sert de point de repère, de marque dans un raisonnement, un processus : *Poser les jalons d'un projet.*

JALON-MIRE n.m. (pl. *jalons-mires*). TOPOGR. Jalon équipé de voyants à écartement parfois variable et permettant de déterminer, en une seule opération, une direction et une distance.

JALONNEMENT n.m. Action de jalonner : *Le jalonnement d'un site de fouilles.*

JALONNER v.t. [3]. **1.** Matérialiser un parcours, une direction, un alignement dans un lieu, sur un terrain : *Des balises jalonnent le chenal.* **2.** Marquer des étapes dans le temps, au cours d'un processus : *Visites qui jalonnent un voyage.*

JALONNEUR, EUSE n. Personne chargée de jalonner un parcours, un terrain.

JALOUSEMENT adv. **1.** Avec jalousie : *Observer jalousement un adversaire.* **2.** Avec un soin jaloux : *Préserver jalousement sa vie privée.*

JALOUSER v.t. [3]. Être jaloux de : *Jalouser sa sœur.*

1. JALOUSIE n.f. **1.** Sentiment d'inquiétude douloureuse fondé sur le désir de possession exclusive de la personne aimée et la crainte de son éventuelle infidélité. **2.** Dépit rageur ressenti à la vue des avantages d'autrui.

2. JALOUSIE n.f. (ital. *gelosia*). Dispositif de fermeture de fenêtre composé de lamelles mobiles horizontales ou verticales.

JALOUX, OUSE adj. et n. (lat. pop. **zelosus*, du gr. *zêlos*, zèle). **1.** Qui manifeste de la jalousie en amour. **2.** Qui manifeste du dépit devant les avantages des autres ; envieux. ◆ **adj.** Qui manifeste le souci de préserver ce qu'il possède, notamm. un droit : *Peuple jaloux de son indépendance.*

JAMAÏQUAIN, E ou **JAMAÏCAIN, E** adj. et n. De la Jamaïque ; de ses habitants.

JAMAIS adv. (de l'anc. fr. *ja*, déjà, et *mais*, davantage). **1.** (Souvent accompagné de *ne* ou *sans*). En aucun temps ; à aucun moment : *Cela ne s'est jamais vu. Se battre sans jamais flancher.* **2.** (Sans *ne*, notamm. après *si*, *que*). En un moment quelconque : *Si jamais tu viens. Le seul que j'aie jamais vu.* ■ **À (tout) jamais,** dans tout le temps à venir ; pour toujours. ■ **Jamais de la vie,** il n'en est pas question.

JAMAIS-VU n.m. inv. ■ **Du jamais-vu,** une situation, une pratique, des agissements tout à fait exceptionnels et qui font sensation.

JAMBAGE n.m. **1.** Trait vertical ou légèrement incliné d'un *m*, d'un *n*, etc. **2.** ARCHIT. Piédroit ou partie antérieure de piédroit.

JAMBALAYA n.m. Plat de riz au gras très épicé, garni de jambon et de poulet, et agrémenté de poivrons, de tomates, de crevettes, etc. ➲ Cuisine de La Nouvelle-Orléans.

JAMBE n.f. (bas lat. *gamba*). **1.** ANAT. Partie du membre inférieur de l'homme comprise entre le genou et la cheville. **2.** Cour. Le membre inférieur tout entier. **3.** Partie du pantalon recouvrant chacune des deux jambes. **4.** ZOOL. Partie du membre d'un quadrupède, et spécial. d'un cheval, correspondant à la jambe et à l'avant-bras de l'homme. **5.** CONSTR. Pilier ou chaîne en pierre de taille que l'on intercale dans un mur en maçonnerie afin de le renforcer. ■ **À toutes jambes,** en courant le plus vite possible. ■ **Ça me, lui fait une belle jambe** [fam., iron.], cela ne m'avance en rien, ne présente aucune utilité. ■ **Jambe de force** [constr.], contrefiche. ■ **Jambe de suspension** [autom.], composant vertical d'une suspension. ■ **Jeu de jambes,** manière de mouvoir les jambes : *Le jeu de jambes d'un boxeur.* ■ **Par-dessous** ou **par-dessus la jambe** [fam.], avec désinvolture et sans soin : *Travail exécuté par-dessus la jambe.* ■ **Prendre ses jambes à son cou** [fam.], s'enfuir en courant. ■ **Syndrome des jambes sans repos** [méd.], impatiences des membres inférieurs. ■ **Tenir la jambe à qqn** [fam.], l'importuner par un long discours, souvent ennuyeux. ■ **Tirer dans les jambes de qqn,** l'attaquer d'une façon déloyale.

JAMBETTE n.f. **1.** CONSTR. Petite pièce verticale de charpente, soulageant, par ex., un arbalétrier. **2.** Québec. Croc-en-jambe.

JAMBIER, ÈRE adj. ANAT. Relatif à la jambe.

JAMBIÈRE n.f. **1.** Morceau de tissu ou de cuir façonné pour envelopper et protéger la jambe. **2.** Longue chaussette de femme montant à mi-cuisse. **3.** Partie d'une armure protégeant la jambe.

JAMBON n.m. Morceau du porc correspondant au membre postérieur, préparé, après salage, soit cru et séché *(jambon sec)*, soit cuit et désossé *(jambon de Paris)* ou avec os *(jambon d'York).*

JAMBONNEAU n.m. BOUCH. Portion de la jambe du porc située au-dessus du genou : *Jambonneau pané.* ■ **Jambonneau de mer,** pinne.

JAMBONNETTE n.f. Plat de viande de volaille présentée roulée, comme un jambonneau.

JAMBOREE [-re] ou [-ri], ▲ *JAMBORÉE* n.m. (mot anglo-amér.). Réunion internationale des scouts.

JAMBOSE n.f. (port. *jambos*). Fruit du jambosier, à chair rafraîchissante.

JAMBOSIER n.m. Arbre originaire de l'Inde, cultivé dans les régions tropicales pour ses fruits (jamboses). ➲ Famille des myrtacées.

JAM-SESSION [dʒamseʃən] n.f. (pl. *jam-sessions*) [de l'anglo-amér. *jam*, foule, et *session*, réunion]. Réunion de musiciens de jazz improvisant en toute liberté pour leur plaisir.

JANGADA n.f. (mot port.). Radeau équipé d'une voile triangulaire, utilisé par les pêcheurs brésiliens de la région de Recife.

JANISSAIRE n.m. (du turc *yeni tcheri*, nouvelle milice). Soldat d'un corps d'infanterie ottoman qui servit du XIVᵉ au XIXᵉ s.

JANSÉNISME n.m. Doctrine de Jansénius et de ses disciples ; mouvement religieux de ses partisans.

➲ Le **JANSÉNISME** est un mouvement religieux qui se développa aux XVIIᵉ et XVIIIᵉ s., notamm. en France (abbaye de Port-Royal). S'appuyant sur l'*Augustinus** de Jansénius, il privilégiait l'initiative divine face à la liberté humaine, s'opposant ainsi aux jésuites, qui accordaient à celle-ci un plus grand pouvoir en matière de mérite. En 1653, il fut condamné par le pape Innocent X.

JANSÉNISTE adj. et n. **1.** Relatif au jansénisme. **2.** Qui manifeste une vertu austère. ◆ **adj.** ■ **Reliure janséniste,** reliure sans aucun ornement.

JANTE n.f. (du gaul.). Cercle qui constitue la périphérie d'une roue de véhicule, d'un volant, d'une poulie.

JANVIER n.m. (du lat. *januarius*, mois de Janus). Premier mois de l'année.

JAPON n.m. Porcelaine, ivoire fabriqués au Japon. ■ **Papier japon,** ou **japon,** papier légèrement jaune, fabriqué autref. au Japon et qui servait aux tirages de luxe ; mod., papier fabriqué à l'imitation du papier japon.

JAPONAIS, E adj. et n. Du Japon ; de ses habitants ; nippon. ◆ **n.m.** Langue parlée au Japon. ➲ Il s'écrit à l'aide de caractères chinois *(kanji)* et de deux syllabaires *(hiragana* et *katakana)*, et peut se transcrire en caractères latins *(romaji).*

JAPONISANT, E n. Spécialiste de la langue et de la civilisation japonaises. ◆ **adj.** Se dit d'une œuvre, d'un objet, d'une préparation culinaire, etc., inspirés par la culture japonaise.

JAPONISME n.m. Mode et influence des œuvres et objets d'art du Japon en Occident (surtout pendant la seconde moitié du XIXᵉ s.).

JAPPEMENT n.m. Cri aigre et perçant des jeunes chiens ou des petits chiens, du renard et du chacal.

JAPPER v.i. [3] (onomat.). **1.** Pousser un cri, en parlant des jeunes chiens ou des petits chiens, du renard et du chacal. **2.** Québec. Aboyer, en parlant de tous les chiens.

JAQUE n.m. (port. *jaca*). Fruit du jaquier, à chair amylacée, consommé cuit comme légume et pouvant atteindre 15 kg.

JAQUEMART ou **JACQUEMART** n.m. (anc. provenç. *Jaqueme*, de *Jacques*). Automate qui frappe sur le timbre ou la cloche de certaines horloges monumentales.

JAQUETTE n.f. (de *Jacques*, surnom du paysan). **1.** Veste de cérémonie masculine dont les pans ouverts se prolongent par-derrière. **2.** Veste de femme ajustée à la taille qui, avec la jupe assortie, compose le costume tailleur. **3.** Suisse. Gilet ; cardigan. **4.** Couverture de protection imprimée sous laquelle un livre, une cassette audio ou vidéo, un CD ou un DVD sont présentés à la vente. **5.** Prothèse remplaçant la couche d'émail de la couronne dentaire.

JAQUIER ou **JACQUIER** n.m. Arbre originaire du Sud-Est asiatique, cultivé sous les tropiques pour ses fruits (jaques). ➲ Famille des moracées.

JARDE n.f. ou **JARDON** n.m. (ital. *giarda*, de l'ar.). VÉTÉR. Tumeur calleuse à la face externe du jarret du cheval.

JARDIN n.m. (du francique **gardo*, enclos). Terrain, souvent clos, où l'on cultive des végétaux utiles (légumes, arbres fruitiers) et/ou d'agrément (fleurs, arbustes ornementaux) : *Un jardin potager. Jardin à la française.* ■ **Côté jardin,** partie de la scène d'un théâtre située à la gauche des spectateurs (par oppos. à *côté cour*). ■ **Jardin de curé,** petit jardin bien tenu, produisant légumes, fruits et fleurs. ■ **Jardin d'enfants,** établissement assurant la garde, pendant la journée, des enfants de 3 à 6 ans, qui y développent leurs capacités physiques et mentales par des exercices et des jeux appropriés. ■ **Jardin d'hiver,** pièce aménagée en serre d'agrément. ■ **Jardin familial,** parcelle de terre mise à la disposition d'une personne afin qu'elle la cultive pour ses besoins personnels. ■ **Jardin partagé,** jardin collectif, géré par une association et ouvert au public, permettant de développer des liens sociaux de proximité et de maintenir des espaces verts dans le tissu urbain. ■ **Jeter une pierre dans le jardin de qqn,** le dénigrer par une allusion voilée.

JARDINAGE n.m. **1.** Culture des jardins. **2.** SYLVIC. Action de jardiner une forêt.

JARDINER v.i. [3]. S'adonner au jardinage. ◆ **v.t.** SYLVIC. Exploiter les arbres d'une forêt un à un ou par bouquets, de façon à dégarnir le sol le moins possible et à faire vivre côte à côte des arbres de tous âges.

JARDINERIE n.f. Établissement commercial où l'on vend tout ce qui concerne le jardin et le jardinage.

JARDINET n.m. Petit jardin.

1. JARDINIER, ÈRE n. Personne qui cultive les jardins.

2. JARDINIER, ÈRE adj. Relatif aux jardins.

JARDINIÈRE n.f. **1.** Caisse ou bac garnis de terre ou de pots dans lesquels on cultive des plantes, des fleurs. **2.** Assortiment de différents légumes coupés en petits morceaux et cuits ensemble. **3.** ENTOMOL. Carabe doré.

JARDON n.m. → **JARDE.**

1. JARGON n.m. (du radical onomat. *garg-*, gosier). **1.** Langage incorrect employé par qqn qui a une connaissance approximative d'une langue. **2.** Fam. Langue que l'on ne comprend pas ; charabia. **3.** Vocabulaire propre à une profession, à une discipline, etc. ; argot de métier : *Le jargon informatique.*

2. JARGON n.m. (d'un mot dial.). Cri du jars.

JARGONAPHASIE n.f. PSYCHIATR. Trouble du langage caractérisé par la déformation des mots et par une grande volubilité, notamm. au cours des aphasies.

1. JARGONNER v.i. [3] (de *1. jargon*). Fam. Parler en jargon.

2. JARGONNER v.i. [3] (de *2. jargon*). Pousser son cri, en parlant du jars.

JARGONNEUX, EUSE adj. Se dit d'un langage où foisonnent des mots de jargon : *Un article jargonneux.*

JARNICOTON interj. (de *je renie Coton*, n. du confesseur d'Henri IV). Vx. Juron plaisant.

JAROVISATION n.f. (du russe *jarovoe*, blé de printemps). BOT. Vernalisation.

1. JARRE n.f. (provenç. *jarra*, de l'ar.). Grand vase en terre cuite, à large ouverture, panse ovoïde, anses et fond plat, servant à la conservation des aliments.

2. JARRE n.m. (du francique). ZOOL. Poil plus long, plus dur et plus épais, disséminé dans la fourrure des animaux.

JARRET n.m. (du gaul. **garra*, jambe). **1.** ANAT. Partie de la jambe située derrière l'articulation du genou (SYN. **creux poplité***). **2.** ZOOL. Endroit où se plie la jambe postérieure des chevaux, la patte postérieure des grands ongulés. **3.** BOUCH.

L'art des jardins

Le jardin en tant qu'évocation, sur terre, du paradis céleste, existe dès l'époque des Sumériens au IIIe millénaire av. J.-C. : c'est un lieu de délices dont héritent l'Iran ancien et le monde islamique. L'Occident médiéval courtois célèbre à sa façon l'enclos fleuri, allégorie de la femme et de l'amour. Dans de nombreuses civilisations, le jardin est un monde en réduction. Parterres de broderies, plans d'eau reflétant la lumière, vastes perspectives composent une œuvre ordonnée dans les jardins italiens de la Renaissance, hiérarchisée selon les lois de la géométrie et de l'optique dans les jardins à la française. Rompant avec cette vision formelle, l'art paysager anglais, influencé par la tradition chinoise, se veut une évocation poétique de la nature. Le jardin japonais recrée pour sa part des paysages « naturels » symboliques, où se matérialise un ordre des choses rendu visible par l'art du jardinier.

Japon. ▶ Le jardin de dalles et de mousses du temple Tofuku-ji, à Kyoto, réalisé par Mirei Shigemori (1896-1975) en 1939 : sa contemplation invite à la méditation sereine.

▲ **Angleterre.** Le jardin de Stourhead, dans le Wiltshire, v. 1740-1780 : les jardiniers anglais du XVIIIe s. se sont notamment inspirés des paysages peints par Claude Lorrain.

▲ **France.** Les jardins de Vaux-le-Vicomte réalisés par Le Nôtre autour de 1660 : l'art de Versailles s'annonce.

Partie inférieure musclée des pattes du bœuf (plus souvent appelée *gîte*), des pattes du porc (aussi appelée *jambonneau*) et du veau, ainsi que des pattes arrière *(gigot)* du mouton (plus souvent appelée *souris*). **4.** ARCHIT. Solution de continuité ou imperfection d'une partie de construction courbe.

JARRETÉ, E adj. ZOOL. Se dit d'un quadrupède, et notamm. du cheval, dont les pointes du jarret convergent l'une vers l'autre.

JARRETELLE n.f. Petite bande élastique munie d'un crochet et servant à maintenir le bas attaché à la gaine ou au porte-jarretelles.

JARRETER v.i. [16], ▲ *[12]*. ARCHIT. Former un jarret, en parlant d'une voûte ou d'une pièce de bois ouvrée et courbe.

JARRETIÈRE n.f. Anc. Bande de tissu élastique entourant la jambe par-dessus le bas et le maintenant tiré.

JARS [ʒar] **n.m.** (du francique). Oie mâle. ➲ Cri : le jars jargonne.

1. JAS [ʒa] **n.m.** (du lat. *jugum*, joug). MAR. Barre transversale d'une ancre portant les pattes d'accrochage sur le fond.

2. JAS [ʒa] **n.m.** (mot provenç.). Région. (Provence). Bergerie.

JASER v.i. [3] (onomat.). **1.** Bavarder sans fin pour dire des futilités ou des indiscrétions ou médire : *Ils sont toujours à jaser. Le voisinage jase de sa conduite.* **2.** Québec. Fam. Échanger des propos ; bavarder. **3.** Émettre des sons modulés, évoquant un babillage. **4.** Pousser son cri, en parlant de certains oiseaux, tels la pie, le perroquet, etc.

JASETTE n.f. Québec. Fam. Causette : *Faire un brin de jasette avec qqn.* ▪ **Avoir de la jasette** [fam.], avoir du bagou.

1. JASEUR, EUSE adj. et **n.** Se dit de qqn qui aime jaser ; bavard.

2. JASEUR n.m. Passereau des forêts boréales de l'Eurasie et de l'Amérique, à la tête surmontée d'une courte crête de plumes, venant parfois en France. ➲ Famille des bombycillidés.

JASMIN n.m. (de l'ar.). **1.** Arbuste des régions méditerranéennes et d'Extrême-Orient, dressé ou sarmenteux, aux fleurs tubuleuses blanches ou jaunes très odorantes réunies en cymes ou en grappes. ➲ Famille des oléacées. **2.** Parfum que l'on tire de ces fleurs.

JASPE n.m. (lat. *iaspis*). Roche sédimentaire siliceuse, de couleurs vives mêlées (rouge, vert, jaune, etc.), employée en joaillerie.

JASPER v.t. [3]. Bigarrer de diverses couleurs rappelant les jaspes.

JASPINER v.i. [3]. Arg. Bavarder ; parler.

JASPURE n.f. Aspect jaspé.

JASS n.m. → **YASS.**

JATAKA n.m. inv., ▲ *n.m.* (mot sanskr. « naissance »). Récit populaire et didactique des vies antérieures du Bouddha.

JATTE n.f. (lat. *gabata*). Récipient rond et sans rebord ; son contenu : *Une jatte de lait.*

JAUGE n.f. (du francique). **1.** Dispositif propre à mesurer une quantité déterminée de liquide ou de grains. **2.** AGRIC. Tranchée qui sépare la terre labourée de celle qui ne l'est pas encore. **3.** MAR. Capacité de chargement d'un navire définie par les conventions internationales ou nationales (SYN. **tonnage**). **4.** MÉCAN. INDUSTR. Instrument servant à contrôler ou à mesurer une cote intérieure. **5.** TECHN. Détermination de la quantité de produit stockée dans un réservoir. ▪ **Formule de jauge** [mar.], règle servant à mesurer certaines caractéristiques des yachts pour les classer en plusieurs séries. ▪ **Jauge (de niveau)** [autom.], indicateur du niveau de l'essence dans le réservoir et de l'huile dans le carter du moteur. ▪ **Mettre en jauge** [hortic.], enterrer de jeunes plants pour les protéger avant leur repiquage.

JAUGEAGE n.m. Action de jauger.

JAUGER v.t. [10]. 1. Mesurer avec une jauge la capacité, le volume de. **2.** MAR. Déterminer la jauge de. **3.** Litt. Déterminer, apprécier la valeur de qqn, qqch ; évaluer : *Jauger les postulants à un rôle. Jauger le potentiel d'un athlète.* ◆ **v.i.** MAR. Avoir une capacité de : *Navire qui jauge 1 200 tonneaux.*

JAUGEUR n.m. MAR. Spécialiste du jaugeage des navires, des yachts.

JAUMIÈRE n.f. (moyen fr. *haumière*). MAR. Tube par lequel passe la mèche du gouvernail d'un navire.

JAUNÂTRE adj. Qui tire sur le jaune ; d'un jaune terne ou sale.

1. JAUNE adj. (lat. *galbinus*). Se dit de la couleur du citron, du soufre, etc. ▪ **Corps jaune** [biol.], formation de couleur rosée, de fonction endocrinienne, qui se développe dans l'ovaire après l'ovulation, persiste si l'ovule a été fécondé ou dégénère, entraînant l'apparition des règles. ➲ Il sécrète des hormones, princip. la progestérone, qui conditionnent la gestation. ▪ **Fièvre jaune,** infection contagieuse des pays tropicaux, due à un virus transmis par un moustique et caractérisée par de la fièvre, des douleurs, parfois de la jaunisse et des vomissements de sang. ◆ **adv.** ▪ **Rire jaune,** à contrecœur, en essayant de dissimuler son dépit.

2. JAUNE n. Vieilli ou péjor. (Avec une majuscule). Personne d'origine extrême-orientale.

3. JAUNE adj. HIST. ▪ **Syndicats jaunes,** organisations apparues pour faire obstacle aux syndicats ouvriers et dont l'emblème était, à leur création en France (1899), un gland jaune et un genêt. ◆ **adj.** et **n.** Péjor. Se dit d'un briseur de grève.

4. JAUNE n.m. 1. Couleur jaune : *Foulard d'un jaune pâle.* **2.** Rayonnement lumineux situé dans le spectre solaire entre le vert et l'orangé, d'une longueur d'onde moyenne de 580 nm. **3.** Matière colorante jaune : *Un tube de jaune.* **4.** CH. DE F. Couleur caractéristique des signaux d'annonce d'arrêt ou de limitation de vitesse. ▪ **Jaune d'argent,** couleur de surface obtenue par la cémentation de sels d'argent avec de l'ocre sur la feuille de verre, dans l'art du vitrail. ▪ **Jaune (d'œuf),** partie centrale de l'œuf des oiseaux, vésicule sphérique remplie de vitellus et surmontée par l'ovule mûr (appelé *germe* s'il n'est pas fécondé) : *Dans cette recette, il faut séparer les blancs des jaunes.* ➲ Le jaune d'œuf est riche en protéines (vitelline), lipides (lécithine) et vitamines A et D. ▪ **Jaune d'or,** légèrement orangé. ▪ **(Petit) jaune** [région., fam.], verre de pastis (apéritif).

JAUNET, ETTE adj. Litt. Un peu jaune. ◆ **n.m.** Fam., vx. Pièce d'or.

JAUNIR v.t. [21]. Teindre qqch en jaune ; rendre jaune : *L'automne jaunit les feuilles des arbres.* ◆ **v.i.** Devenir jaune : *L'entre-deux des poutres apparentes avait jauni.*

JAUNISSANT, E adj. Qui jaunit.

JAUNISSE n.f. MÉD. Vieilli. Ictère. ▪ **En faire une jaunisse** [fam.], éprouver un grand dépit à propos de qqch : *S'il apprenait ça, il en ferait une jaunisse.*

JAUNISSEMENT n.m. Action de rendre jaune ; fait de devenir jaune.

1. JAVA n.f. (orig. obsc.). **1.** Valse saccadée, génér. jouée à l'accordéon sur une mesure à 3/4. **2.** Danse française exécutée en couple, populaire dans les bals musettes au début du XXe s. ▪ **Faire la java** [fam.], faire la fête.

2. JAVA n.m. (de l'île de *Java*). Afrique. Tissu de pagne en coton imprimé, de qualité commune.

3. JAVA n.m. (nom déposé). **INFORM.** Langage de programmation orienté objets, indépendant d'une architecture matérielle ou d'un système d'exploitation, servant notamm. à programmer des applications interactives, ou *appliquettes*, liées à Internet.

JAVANAIS, E adj. et **n.** De Java. ◆ **n.m. 1.** Langue du groupe indonésien parlée à Java. **2.** Argot codé qui consiste à insérer après chaque consonne les syllabes *av* ou *va.* (Ex. : *bonjour* se transforme en *bavonjavour.*)

JAVART n.m. (occitan *gavarri*). **VÉTÉR.** Tumeur au bas de la jambe du cheval, du bœuf, etc.

JAVASCRIPT n.m. (nom déposé). **INFORM.** Langage de programmation utilisé pour écrire des appliquettes incorporables à des documents au format HTML.

JAVEL (EAU DE) n.f. Solution aqueuse d'hypochlorite et de chlorure de sodium, oxydante, utilisée comme décolorant et désinfectant.

✎ On écrit ***de l'eau de Javel,*** mais ***de la javel.***

JAVELER v.t. [16], ▲ *[12].* **AGRIC.** Mettre en javelles.

JAVELINE n.f. Dans l'Antiquité et au Moyen Âge, arme de jet longue et mince.

JAVELLE n.f. (lat. pop. **gabella*, du gaul.). **1. AGRIC.** Vieilli. Dans la moisson à la main, petit tas de tiges de céréales que l'on laisse sur place quelques jours avant la mise en gerbe. **2.** Petit tas de sel, dans les salins.

JAVELLISATION n.f. Procédé de stérilisation de l'eau consistant à ajouter la quantité suffisante d'eau de Javel pour oxyder les matières organiques.

JAVELLISER v.t. [3]. Stériliser l'eau par addition d'eau de Javel.

JAVELOT n.m. (du gaul.). **1.** Dans l'Antiquité, arme d'hast plus courte que la lance. **2.** Instrument de lancer, en forme de lance, employé en athlétisme (poids : 800 g pour les hommes ; 600 g pour les femmes) ; lancer du javelot.

▲ **javelot.** Lancer du javelot.

JAZZ [dʒaz] **n.m.** (abrév. de *jazz-band*). Musique afro-américaine, créée au début du XXe s. par les communautés noire et créole du sud des États-Unis, et fondée pour une large part sur l'improvisation et une mise en valeur spécifique du rythme, le swing.

JAZZ-BAND [dʒazbɑ̃d] **n.m.** (pl. *jazz-bands*) [mot anglo-amér.]. Vieilli. Orchestre de jazz.

JAZZIQUE ou **JAZZISTIQUE** [dʒa-] **adj.** Relatif au jazz.

JAZZMAN [dʒazman] **n.m.** (pl. *jazzmans* ou *jazzmen* [-mɛn]) [mot anglo-amér.]. Musicien de jazz.

JAZZ-ROCK [dʒazrɔk] **n.m.** (pl. *jazz-rocks*). Courant musical apparu à la fin des années 1960, caractérisé notamm. par l'association entre l'improvisation, la variété instrumentale du jazz et le rythme binaire de différentes expressions du rock (soul music, pop, funk, folk, etc.) [SYN. **2. fusion**].

JAZZY [dʒazi] **adj. inv.** (mot angl.). Fam. Relatif au jazz ; qui évoque le jazz : *Un album, une ambiance jazzy.*

JDC ou **J.D.C. n.f.** (sigle). Journée défense et citoyenneté.

JE pron. pers. (lat. *ego*). Désigne la 1re pers. du sing., représentant celui, celle qui parle, en fonction de sujet : *Je vais le lui dire. J'ai raté le train.* ◆ **n.m. inv. PHILOS.** Sujet qui parle, qui pense.

JEAN [dʒin] ou **JEANS** [dʒins] **n.m.** (anglo-amér. *jeans*, grosse toile). **1.** Tissu de coton ou de polyester-coton, très serré, fabriqué à partir d'une chaîne teinte génér. en bleu ou en noir et d'une trame écrue : *Une jupe, un blouson en jean.* **2.** Pantalon à coutures apparentes coupé dans ce tissu (SYN. [vieilli] **blue-jean**). **3.** Pantalon de tissu quelconque, coupé comme un jean.

JEAN-FOUTRE n.m. inv., ▲ ***JEANFOUTRE n.m.*** Fam., vieilli. Homme incapable, sur qui l'on ne peut compter.

1. JEANNETTE n.f. (du prénom *Jeannette*). Petite planche à repasser montée sur un pied, utilisée notamm. pour le repassage des manches.

2. JEANNETTE n.f. (du n. de *Jeanne d'Arc*). Jeune fille de 8 à 11 ans, chez les Guides de France (mouvement de scoutisme).

JEEP [dʒip] **n.f.** (nom déposé ; de *GP*, sigle de l'angl. *general purpose*, tous usages). Automobile tout-terrain à quatre roues motrices, d'un type mis au point pour l'armée américaine pendant la Seconde Guerre mondiale.

JÉJUNAL, E, AUX adj. Du jéjunum.

JÉJUNUM [-nɔm] **n.m.** (du lat. *jejunum intestinum*, intestin à jeun). **ANAT.** Partie de l'intestin grêle comprise entre le duodénum et l'iléon.

JE-M'EN-FOUTISME ou, vieilli, **JE-M'EN-FICHISME n.m.** (pl. *je-m'en-foutismes, je-m'en-fichismes*). Fam. Attitude de qqn qui manifeste une indifférence totale à l'égard des événements, de la situation.

JE-M'EN-FOUTISTE ou, vieilli, **JE-M'EN-FICHISTE adj.** et **n.** (pl. *je-m'en-foutistes, je-m'en-fichistes*). Fam. Qui fait preuve de je-m'en-foutisme.

JE-NE-SAIS-QUOI n.m. inv. Chose que l'on ne saurait définir ou exprimer : *Il a un je-ne-sais-quoi qui me plaît. Tous ces je-ne-sais-quoi qui donnent des couleurs à la vie.*

JENNY [dʒeni] **n.f.** (pl. *jennys*) [mot angl.]. Anc. Machine utilisée pour filer le coton.

JÉRÉMIADE n.f. (du n. du prophète *Jérémie*). Fam. (Surtout pl.). Lamentation persistante, importune ; pleurnicherie : *Je ne supporte plus ses jérémiades.*

JEREZ n.m. → **XÉRÈS.**

JERK [dʒɛrk] **n.m.** (mot angl. « secousse »). Danse exécutée individuellement et caractérisée par des secousses rythmées de tout le corps, à la mode dans les années 1960, aux États-Unis et en Europe.

JERKER [dʒɛrke] **v.i. [3].** Danser le jerk.

JÉROBOAM n.m. (angl. *jeroboam*). Grosse bouteille de champagne d'une contenance de quatre champenoises (soit plus de 3 litres).

JERRICAN ou **JERRYCAN,** ▲ ***JERRICANE*** [ʒerikan] ou [dʒerikan] **n.m.** (de l'angl. *Jerry*, surnom donné aux Allemands par les Anglais, et *can*, récipient). Récipient métallique muni d'un bec verseur, d'une contenance d'env. 20 litres.

JERSEY [ʒɛrzɛ] **n.m.** (de l'île de *Jersey*). **1.** Tricot ne comportant que des mailles à l'endroit sur une même face. **2.** Vêtement, et en partic. chandail, en jersey. ▪ **Point de jersey,** point de tricot obtenu en alternant un rang de mailles à l'endroit et un rang de mailles à l'envers.

JERSIAIS, E adj. et **n.** De Jersey. ◆ **adj.** ▪ **Race jersiaise,** race bovine de petite taille, originaire de Jersey, excellente pour la production de beurre.

JÉSUITE n.m. Membre de la Compagnie de Jésus* (v. partie n.pr.). ◆ **adj.** et **n.** Péjor. Qui agit de façon hypocrite. ◆ **adj.** ▪ **Style jésuite** [vieilli], style architectural de la Contre-Réforme.

JÉSUITIQUE adj. 1. Relatif aux jésuites. **2.** Péjor. Hypocrite : *Argumentation jésuitique.*

JÉSUITISME n.m. 1. Système moral et religieux des jésuites. **2.** Péjor. Hypocrisie doucereuse ; fourberie.

JÉSUS n.m. ▪ **(Un) jésus (de Lyon),** saucisson sec de gros diamètre emballé sous cæcum de porc.

1. JET [ʒɛ] **n.m. 1.** Action de jeter, de lancer ; lancement : *Un jet de pierres.* **2.** Distance parcourue par un projectile lancé : *Le lanceur de javelot a réussi un jet exceptionnel.* **3.** Mouvement d'un fluide qui jaillit avec force ; flot : *Le jet puissant d'une lance d'incendie. Jet de vapeur, de salive.* **4.** Émission, projection vive et soudaine ; gerbe : *Un jet d'étincelles s'échappe du brasier.* **5. MÉTALL.** Action de faire couler la matière en fusion dans un moule ; dispositif de remplissage d'un moule. ▪ **À jet continu,** sans interruption. ▪ **Arme de jet,** arme qui constitue elle-même un projectile (javelot) ou qui le lance (arc). ▪ **À un jet de pierre (de),** tout près (de). ▪ **D'un (seul) jet** ou **du premier jet,** en une seule fois ; d'un seul coup : *Elle a écrit son discours d'un seul jet.* ▪ **Jet à la mer** [mar.], opération qui consiste à jeter à la mer tout ou partie de la cargaison afin d'alléger le navire. ▪ **Jet d'eau,** filet ou gerbe d'eau qui jaillit verticalement ou obliquement et retombe dans un bassin ; traverse saillante au bas d'un vantail de fenêtre ou d'une porte extérieure, permettant d'écarter le ruissellement de la pluie. ▪ **Premier jet,** ébauche, première version d'une œuvre, notamm. littéraire.

2. JET [dʒɛt] **n.m.** (mot angl.). Avion à réaction.

JETABLE adj. Se dit d'un objet destiné à être jeté après usage : *Nappe, serviettes jetables.* ◆ **n.m.** Appareil photographique jetable.

JETAGE n.m. VÉTÉR. Sécrétion s'écoulant du nez d'animaux atteints de la morve, de la gourme.

1. JETÉ n.m. 1. En tricot, brin jeté sur l'aiguille avant de prendre une maille. **2.** En haltérophilie, mouvement amenant la barre de l'épaule au bout des bras tendus verticalement. ▪ **Jeté de lit,** couvre-lit. ▪ **Jeté de table,** bande d'étoffe que l'on met sur une table comme ornement.

2. JETÉ, E adj. Fam. Fou : *Une bande de supporteurs complètement jetés.*

JETÉE n.f. 1. Chaussée enracinée dans le rivage et établie pour permettre l'accès à une installation portuaire ou pour faciliter les manœuvres dans les chenaux d'accès au port. **2.** Couloir reliant une aérogare à un satellite ou à un poste de stationnement d'avion.

JETER v.t. [16] (lat. *jactare*). **1.** Envoyer loin en lançant : *Jeter une balle.* **2.** Porter vivement le corps ou une partie du corps dans une direction : *Jeter la tête en arrière.* **3.** Mettre au rebut ; se débarrasser de : *Tu devrais jeter tous ces vieux journaux.* **4.** Mettre, poser rapidement ou sans précaution : *Jeter sa veste sur un fauteuil, une lettre à la boîte.* **5.** Mettre en place ; établir : *Jeter un pont sur une rivière.* **6.** Dire, écrire rapidement l'ébauche de qqch : *Jeter les grandes lignes d'un roman.* **7.** Répandre ; déverser : *Jeter une vive lumière sur un tableau.* **8.** Faire naître un sentiment : *Cette rumeur jeta le doute, la consternation dans les esprits.* **9.** Mettre qqn quelque part sans ménagement : *Jeter un malfaiteur en prison, un gêneur dehors.* **10.** Fam. Repousser qqn ; expulser : *Le service d'ordre a jeté les perturbateurs.* **11.** Mettre brusquement dans tel état ; plonger : *Son échec nous jette dans le désespoir.* **12.** Lancer hors de soi ; émettre : *La moufette jette son liquide anal.* ▪ **En jeter** [fam.], avoir une allure, une élégance qui impressionne. ▪ **Jeter qqch à la face** ou **à la figure** ou **à la tête de qqn,** le lui dire, le lui reprocher vivement. ▪ **Jeter un regard** ou **un coup d'œil sur,** regarder subrepticement. ◆ **SE JETER v.pr. 1.** Se porter vivement ; se précipiter : *Se jeter sur son adversaire.* **2.** S'adonner avec passion à : *Se jeter dans la politique.* **3.** Déverser ses eaux, en parlant d'un cours d'eau : *L'Allier se jette dans la Loire.* ▪ **S'en jeter un (derrière la cravate)** [fam.], boire un verre.

JETEUR, EUSE n. ▪ **Jeteur de sort(s),** personne qui lance des malédictions en usant de magie.

JETON n.m. (de *jeter*, calculer). **1.** Pièce plate utilisée pour faire fonctionner certains appareils, comme marque à certains jeux et à divers autres usages. **2.** Fam. Coup de poing : *Prendre un jeton.* ▪ **Avoir,**

foutre les jetons [fam.], avoir, faire peur. ▪ **Faux jeton** [fam.], hypocrite. ▪ **Jeton de présence,** somme forfaitaire allouée aux membres assistant à certaines réunions ou assemblées (conseil d'administration, par ex.).

JET-SET [dʒɛtsɛt] **n.f.** ou, vieilli, **n.m.** (pl. *jet-sets*) [mot angl., de 2. *jet* et *set*, groupe]. Ensemble des personnalités qui constituent un milieu riche et international voyageant en jet.

✎ On dit aussi *jet-society* [dʒɛtsɔsajti], n.f.

JET-SETTEUR, EUSE [dʒɛt-] **n.** (pl. *jet-setteurs, euses*). Membre de la jet-set.

JET-SKI [dʒɛtski] **n.m.** (nom déposé). Petite embarcation propulsée par le jet d'eau d'un moteur à turbine et se pilotant debout ; sport ainsi pratiqué.

JET-STREAM [dʒɛtstrim] **n.m.** (pl. *jet-streams*) [mot angl.]. **MÉTÉOROL.** Courant-jet.

JETTATURA [dʒɛtatura] **n.f.** (mot napolitain, de l'ital. *gettare*, jeter). En Italie, action de jeter des sorts ; sorcellerie.

JEU n.m. (pl. *jeux*) [du lat. *jocus*, plaisanterie]. **1.** Activité non imposée, à laquelle on s'adonne pour se divertir, en tirer un plaisir ; divertissement : *À quel jeu veux-tu jouer ?* **2.** Action, attitude de qqn qui n'agit pas sérieusement ; plaisanterie : *Il l'a contredit par jeu.* **3.** Activité de loisir soumise à des règles conventionnelles, comportant gagnant(s) et perdant(s), et dans laquelle interviennent les qualités physiques ou intellectuelles, l'adresse, l'habileté ou le hasard : *Le basket est un jeu d'équipe. Jeu de tarot.* **4.** Ensemble des règles d'après lesquelles on joue : *C'est le jeu.* **5.** Ensemble des différents jeux de hasard, notamm. ceux où l'on risque de l'argent : *Dette de jeu.* **6.** Action, manière de jouer ; partie qui se joue : *C'est du très beau jeu.* **7.** Ensemble des éléments nécessaires à la pratique d'un jeu : *Les 32 pièces d'un jeu d'échecs.* **8.** Ensemble des cartes distribuées à un joueur : *Avoir un bon, mauvais jeu.* **9.** Série complète d'objets de même nature : *Un jeu de clés.* **10.** Manière de jouer d'un instrument de musique. **11.** Manière d'interpréter un rôle ; interprétation. **12. SPORTS.** Manière d'utiliser ou de mouvoir une partie du corps : *Un bon jeu de jambes.* **13.** Lieu où se pratiquent certains jeux ; espace délimité où la partie doit se tenir : *Jeu de pelote. La balle est sortie du jeu.* **14.** Division d'un set, au tennis. **15.** Manière de pratiquer un sport : *Une équipe au jeu très technique.* **16.** Manière d'agir en vue d'un résultat ; manège : *Lire dans le jeu de qqn.* **17.** Litt. Ensemble de mouvements produisant un effet esthétique : *Le jeu des vagues, du soleil.* **18.** Mouvement régulier d'un mécanisme, d'un organe : *Jeu du piston dans le cylindre, d'un muscle sous la peau.* **19.** Fonctionnement normal d'un système, d'une organisation : *Le jeu de l'offre et de la demande.* **20. THÉÂTRE.** Au Moyen Âge, forme dramatique caractérisée par le mélange des tons et la variété des sujets : « *Le Jeu de Robin et Marion* ». **21. MÉCAN.** Intervalle laissé entre deux pièces, leur permettant de se mouvoir librement ; excès d'aisance dû à un défaut de serrage ou à une usure entre deux pièces en contact : *Il y a trop de jeu.* ▪ **Avoir beau jeu de,** être dans des conditions favorables pour. ▪ **Ce n'est pas du jeu** ou **de jeu,** ce n'est pas conforme aux règles. ▪ **D'entrée de jeu,** dès le début. ▪ **Entrer dans le jeu de qqn,** faire cause commune avec lui. ▪ **Entrer en jeu,** intervenir dans une affaire. ▪ **Être en jeu,** être en question, exposé à un risque : *Sa réputation est en jeu.* ▪ **Faire le jeu de qqn,** l'avantager, parfois involontairement. ▪ **Grand jeu** (par allusion au nom donné à l'affrontement entre la Russie et l'Empire britannique en Asie centrale, au début du XXe s.), lutte d'influence que se livrent depuis les années 1990 les États-Unis, la Russie et, plus récemment, la Chine en Asie centrale, avec pour enjeux le gaz et le pétrole. ▪ **Jeu à XIII** [vieilli], rugby à XIII. ▪ **Jeu blanc,** dans lequel le perdant n'a marqué aucun point, au tennis. ▪ **Jeu d'arcade,** jeu et type de jeu vidéo d'adresse, encastré dans un meuble dit *borne d'arcade* et installé à l'origine dans un local commercial. ▪ **Jeu d'eau,** configuration esthétique donnée à un ensemble de jets d'eau. ▪ **Jeu de barres** [électrotechn.], ensemble des conducteurs rigides auxquels se raccordent les arrivées et les départs de ligne, dans un poste de transformation, une sous-station, etc. ▪ **Jeu décisif,** au tennis, jeu supplémentaire servant à départager deux joueurs ou deux équipes à égalité à six jeux partout. ▪ **Jeu d'écriture,** opération comptable purement formelle, n'ayant aucune incidence sur l'équilibre des recettes et des dépenses. ▪ **Jeu de hasard,** qui est fondé sur les caprices du sort et non sur le calcul ou l'habileté des joueurs. ▪ **Jeu de mots,** plaisanterie fondée sur une équivoque, sur la ressemblance des mots. ▪ **Jeu d'enfant,** chose très facile. ▪ **Jeu d'entreprise,** méthode de formation à la gestion des entreprises et d'entraînement à la prise de décision, par l'étude de situations proposant des problèmes analogues à ceux que pose la vie de l'entreprise. ▪ **Jeu de physionomie,** mimique significative du visage. ▪ **Jeu de plateforme,** jeu et type de jeu vidéo dans lequel un personnage se déplace dans un décor représenté en coupe. ▪ **Jeu de rôle,** dans lequel chaque joueur, incarnant un personnage, le fait évoluer dans le cadre d'un scénario ; mise en situation imaginaire autour d'un thème de la vie courante ou professionnelle, visant à permettre une évolution positive des personnes et des groupes concernés. ▪ **Jeu de scène** [théâtre], mouvement, attitude concourant à un effet scénique, sans lien direct avec le texte. ▪ **Jeu de société,** qui se joue à plusieurs, selon des règles déterminées et à l'aide d'un support matériel. ▪ **Jeu d'esprit,** qui exige de la culture, de l'invention. ▪ **Jeu de stratégie,** reposant sur la mise en œuvre d'une tactique. ▪ **Jeu d'orgue,** tableau de commande des éclairages d'un théâtre. ▪ **Jeu en réseau,** jeu vidéo regroupant des utilisateurs connectés simultanément à un réseau informatique interne ou à Internet. ▪ **Jeu vidéo,** programme informatique permettant de jouer seul ou à plusieurs, conçu surtout en 3 D et installé le plus souvent sur une console électronique ou un micro-ordinateur. ▪ **Jouer double jeu,** avoir deux attitudes différentes pour tromper. ▪ **Les jeux sont faits,** tout est décidé. ▪ **Maison de jeu,** établissement ouvert au public où l'on joue de l'argent. ▪ **Mettre qqch en jeu,** le risquer : *Il a mis sa vie en jeu pour faire libérer les otages.* ▪ **Mise en jeu,** action d'utiliser ; usage : *La mise en jeu de nouveaux moyens.* ▪ **Se faire un jeu de qqch,** le faire très facilement. ▪ **Se prendre** ou **se piquer au jeu,** se passionner pour une chose à laquelle on n'avait guère pris d'intérêt jusque-là. ▪ **(Sortir, jouer) le grand jeu,** mettre en œuvre tous les moyens pour emporter l'adhésion, arriver à ses fins ; par ext., déployer tous les artifices pour séduire qqn : *Il avait mis une cravate et son plus beau costume, bref le grand jeu !* ▪ **Théorie des jeux,** ensemble des méthodes mathématiques permettant la résolution de problèmes faisant intervenir des règles de décision et des notions abstraites de tactique et de stratégie. ▪ **Vieux jeu,** démodé ; suranné : *Ses parents sont vieux jeu.* ◆ **n.m. pl. 1.** Ensemble de compétitions regroupant plusieurs disciplines sportives et auquel participent les représentants de divers pays : *Les jeux Olympiques, Panafricains.* **2. ANTIQ.** Compétitions sportives ou dramatiques qui se déroulaient en présence de la foule : *Les jeux du cirque.* ▪ **Les Jeux,** les jeux Olympiques* : *Être sélectionné pour les Jeux.*

JEUDI n.m. (du lat. *Jovis dies*, jour de Jupiter). Quatrième jour de la semaine. ▪ **Jeudi saint,** jeudi de la semaine sainte. ➲ Les célébrations commémorent le dernier repas du Christ et l'instauration de l'eucharistie. ▪ **La semaine des quatre jeudis** [fam.], un moment qui n'arrivera jamais.

À JEUN [ʒœ̃] **loc. adv.** et **loc. adj. inv.** (lat. *jejunus*). Sans avoir rien mangé ni bu depuis le réveil.

JEUNE adj. (lat. *juvenis*). **1.** Qui n'est pas avancé en âge : *Elle a de jeunes enfants.* **2.** Qui présente certaines caractéristiques de la jeunesse : *À cinquante ans, il est resté très jeune.* **3.** Qui existe depuis peu de temps ; nouveau : *Une jeune industrie. Des vins jeunes.* **4.** Qui est moins âgé que les personnes de la même fonction, de la même profession, etc. : *Une jeune maire, ingénieure.* **5.** Qui n'a pas encore les qualités de la maturité ; inexpérimenté : *Il est jeune et pense qu'il sera élu du premier coup.* **6.** S'emploie pour distinguer deux homonymes d'âge ou d'époque différents ; fils : *Dupont jeune et Cie.* **7.** Qui concerne surtout la jeunesse : *La musique jeune.* **8.** Se dit d'un vin auquel il manque encore les qualités qu'il peut acquérir par le vieillissement. ▪ **C'est un peu jeune** [fam.], c'est un peu insuffisant. ◆ **adv.** À la manière des personnes jeunes : *S'habiller jeune.* ◆ **n. 1.** Personne jeune. **2.** Animal (mammifère, oiseau) non encore adulte. ▪ **Les jeunes,** la jeunesse.

JEÛNE [ʒøn] **n.m.** Privation d'aliments. ▪ **Jeûne fédéral** [Suisse], fête religieuse consacrée à l'amour de la patrie, fixée au troisième dimanche de septembre.

JEUNEMENT adv. VÉNER. ▪ **Cerf dix cors jeunement,** cerf de 6 ans.

JEÛNER, ▲ *JEUNER* **v.i. [3]** (lat. *jejunare*). **1.** S'abstenir de manger ; pratiquer le jeûne, la diète. **2.** Pratiquer le jeûne pour des raisons religieuses.

JEUNESSE n.f. 1. Période de la vie humaine comprise entre l'enfance et l'âge mûr : *Des poèmes de jeunesse.* **2.** Fait d'être jeune : *La jeunesse de la nouvelle équipe* ; ensemble des caractères physiques et moraux d'une personne jeune : *Une grande jeunesse d'allure, de caractère.* **3.** Ensemble des jeunes, ou des enfants et des adolescents : *La jeunesse d'aujourd'hui.* **4.** (En appos.). Se dit des publications ou des activités destinées aux enfants et aux adolescents : *La littérature jeunesse. Les loisirs jeunesse.* **5.** Période de croissance, de développement ; état des choses nouvellement créées et qui n'ont pas encore atteint leur plénitude : *La génétique est encore dans sa jeunesse.* ▪ **N'être plus de la première jeunesse,** être déjà assez âgé. ▪ **Une jeunesse** [fam.], une jeune fille ou une très jeune femme. ◆ **n.f. pl.** Mouvement, groupement de jeunes gens : *Les jeunesses musicales.*

JEUNET, ETTE adj. Fam. Très ou trop jeune.

JEUNE-TURC, JEUNE-TURQUE adj. (pl. *jeunes-turcs, -turques*). Relatif aux Jeunes-Turcs, à leur politique. ◆ **n.** Personne favorable, dans une organisation politique, à une évolution radicale.

JEÛNEUR, EUSE, ▲ *JEUNEUR, EUSE* **n.** Personne qui jeûne.

JEUNISME n.m. Tendance à exalter la jeunesse, ses valeurs, et à en faire un modèle obligé.

JEUNOT, OTTE adj. et **n.** Fam. Jeune et naïf.

JIGGER [dʒigœr] **n.m.** (mot angl.). Appareil utilisé pour les traitements et la teinture de différents tissus.

JIHAD n.m. → **DJIHAD.**

JIHADISME n.m. → **DJIHADISME.**

JIHADISTE adj. et **n.** → **DJIHADISTE.**

JINGLE [dʒingœl] **n.m.** (mot angl.). **AUDIOVIS.** Bref thème musical destiné à introduire ou à accompagner une émission ou un message publicitaire. Recomm. off. **sonal.**

JINGXI [ʒiŋksi] **n.m.** (mot chin. « théâtre de la capitale »). Genre dramatique musical chinois, connu en Occident sous le nom d'*opéra de Pékin*, dans lequel les acteurs déclament, chantent, dansent, miment et font parfois de l'acrobatie, accompagnés par un ensemble d'instruments.

JINISME n.m. → **JAÏNISME.**

JIU-JITSU n.m. inv. → **JUJITSU.**

1. JO ou **J.O.** [ʒio] **n.m. pl.** (sigle). Jeux Olympiques*.

2. JO ou **J.O.** [ʒio] **n.m.** Journal officiel de la République française (v. partie n.pr.).

JOAILLERIE [ʒɔajri] **n.f. 1.** Art de mettre en valeur les pierres fines et précieuses, ou d'autres gemmes, en utilisant leur forme, leur couleur, leur éclat. **2.** Commerce du joaillier ; ensemble des articles vendus par le joaillier.

1. JOAILLIER, ÈRE [ʒɔaje, ɛr], ▲ *JOAILLER, ÈRE* **n.** (de l'anc. fr. *joiel, joel*, joyau). Personne qui crée, fabrique ou vend de la joaillerie (SYN. **bijoutier-joaillier**).

2. JOAILLIER, ÈRE, ▲ *JOAILLER, ÈRE* **adj.** Relatif à la joaillerie.

JOB [dʒɔb] **n.m.** (mot angl. « travail »). Fam. **1.** Emploi rémunéré, peu qualifié et provisoire : *Un job de vacances.* **2.** Tout travail rémunéré : *Chercher un bon job.*

✎ Au Québec, ce mot est féminin.

JOBARD, E adj. et **n.** (du moyen fr. *jobe*, niais, de *Job*, n.pr.). Fam., vieilli. Très naïf ; crédule.

JOBARDISE ou **JOBARDERIE n.f.** Fam., vieilli. Crédulité ; naïveté.

JOBISTE [dʒɔbist] **n.** Belgique. Fam. Étudiant occupant un emploi occasionnel, un job.

JOCISTE adj. et **n.** Qui appartient à la Jeunesse ouvrière chrétienne. ➲ Mouvement d'action catholique fondé en 1925 par un prêtre belge.

JOCKEY [ʒɔkɛ] **n.** (mot angl.). Cavalier professionnel qui monte les chevaux de course.

JOCRISSE n.m. (du moyen fr. *joque sus*, niais). Vx. Benêt qui se laisse duper.

JODHPURS [ʒɔdpyr] **n.m. pl.** (de *Jodhpur*, v. de l'Inde). Pantalon long, serré du genou à la cheville, utilisé à l'origine pour monter à cheval.

JODLER v.i. [3] → **IOULER.**

JOGGEUR, EUSE [dʒɔgœr, øz] **n.** Personne qui pratique le jogging.

JOGGING [dʒɔgiŋ] **n.m.** (mot angl.). **1.** Course à pied pratiquée pour l'entretien de la forme physique, sur des terrains variés ou en ville. **2.** Survêtement utilisé pour cette activité.

JOHANNIQUE adj. Relatif à l'apôtre Jean, à son œuvre.

JOHANNISBERG n.m. (du n. d'une comm. de Hesse). Vin blanc du Valais.

JOICE adj. → **JOUASSE.**

JOIE n.f. (lat. *gaudia*). **1.** Sentiment de bonheur intense, limité dans sa durée, éprouvé par une personne dont une aspiration, un désir sont satisfaits : *Le succès de leur fille les remplit de joie.* **2.** État de satisfaction qui se manifeste par de la gaieté et de la bonne humeur : *La foule était en joie* ; ces manifestations elles-mêmes : *Des cris de joie.* **3.** Ce qui provoque chez qqn un sentiment de vif bonheur, de vif plaisir : *Cet enfant est sa joie.* ▪ **Les joies de,** les bons moments que qqch procure ; fam., iron., les désagréments de : *Les joies du périphérique aux heures de pointe.* ▪ **S'en donner à cœur joie** [fam.], profiter pleinement de l'agrément qui se présente.

JOIGNABLE adj. Que l'on peut joindre, notamm. par téléphone : *Je suis toujours joignable.*

JOINDRE v.t. [62] (lat. *jungere*). **1.** Rapprocher des choses de telle sorte qu'elles se touchent ; assembler : *Joindre des feuilles de papier avec de l'adhésif.* **2.** Assujettir par un lien solide : *Joindre des tuyaux par une soudure.* **3.** Établir une communication entre ; relier : *La nouvelle autoroute joindra notre ville à la capitale.* **4.** Ajouter à une chose, à un ensemble préexistants pour compléter ; annexer : *Joindre une pièce à un dossier* ; associer en vue d'un résultat ; conjuguer : *Joignez vos efforts aux nôtres.* **5.** Fig. Posséder simultanément plusieurs qualités ; allier : *Voyage qui joint l'utile à l'agréable.* **6.** Entrer en rapport, en communication avec ; contacter : *Je l'ai jointe par courriel.* ▪ **Joindre les deux bouts** [fam.], parvenir à équilibrer son budget. ◆ **v.i.** En parlant d'une porte, d'une fenêtre, être en contact parfait avec le châssis. ◆ **SE JOINDRE v.pr. (À).** S'associer à qqn, à un groupe ; participer à qqch.

1. JOINT, E adj. Qui est rapproché de manière à se toucher : *Sauter à pieds joints.* ▪ **Fichier joint, pièce jointe** [inform.], fichier attaché*.

2. JOINT n.m. 1. Surface ou ligne d'assemblage de deux éléments fixes. **2.** Point de raccordement de deux tuyaux, de deux rails. **3.** Espace entre deux éléments (pierres, briques, etc.) garni de liant. **4.** Garniture assurant l'étanchéité d'un assemblage : *Changer le joint d'un robinet qui fuit.* **5. MÉCAN. INDUSTR.** Dispositif permettant la transmission d'un mouvement de rotation entre deux arbres. ▪ **Chercher, trouver le joint** [fam.], le moyen de résoudre une difficulté. ▪ **Joint de cardan** → **CARDAN.** ▪ **Joint de culasse,** joint d'étanchéité interposé entre le bloc-cylindres et la culasse d'un moteur à combustion interne. ▪ **Joint de dilatation** [constr.], dispositif permettant la libre dilatation ou la contraction d'une chaussée, d'un pont, etc., en fonction de la température.

3. JOINT n.m. (mot anglo-amér.). Fam. Cigarette de haschisch ou de marijuana.

JOINTER v.t. [3]. MENUIS. Disposer ou coller deux éléments bord à bord.

JOINTIF, IVE adj. Qui joint sans laisser d'intervalle : *Lames de parquet jointives.*

JOINTOIEMENT n.m. Action de jointoyer.

JOINTOYER [-twaje] **v.t. [7]. CONSTR.** Garnir d'une barbotine ou d'un mortier les joints d'une maçonnerie, d'un mur, d'un sol.

JOINTURE n.f. 1. Endroit où deux choses se joignent : *La jointure de deux planches.* **2.** Endroit où deux os se joignent ; articulation : *Faire craquer les jointures de ses doigts.*

JOINT-VENTURE [dʒɔjntvɛntʃər] **n.m.** (pl. *joint-ventures*) [mot angl.]. **DR.** Coentreprise.

1. JOJO adj. inv. Fam. Joli : *C'est pas jojo, ce que tu as fait.*

2. JOJO n.m. (n. d'un personnage créé par le dessinateur Ami). Fam. ▪ **Un affreux jojo,** un enfant turbulent et mal élevé.

JOJOBA n.m. (mot esp.). Arbuste des régions arides du Mexique et de la Californie, dont les graines renferment une cire liquide utilisée en cosmétique comme substitut du blanc de baleine. ➲ Famille des buxacées.

JOKARI n.m. (nom déposé). Jeu qui consiste, pour deux joueurs (ou plus) munis de raquettes, à se renvoyer une balle fixée à un socle par un élastique.

JOKER [ʒɔkɛr] **n.m.** (mot angl., de *to joke*, plaisanter). **1.** Carte portant la figure d'un bouffon et pouvant prendre à certains jeux la valeur que lui donne son détenteur. **2.** Élément inattendu qui se révèle déterminant dans le succès d'une entreprise : *Sortir son joker.* **3.** Personne choisie pour en remplacer temporairement une autre : *Elle sera le joker du présentateur du 20 heures.*

JOLI, E adj. (anc. scand. *jôl*). **1.** Qui séduit par sa grâce, son charme : *Un joli visage. Une jolie musique, chanson.* **2.** Fam. Qui mérite d'être considéré : *Avoir un joli coup de crayon* ; assez important : *C'est une jolie somme.* **3.** Iron. Se dit de qqn ou de qqch qui est déplaisant, désagréable, laid : *C'est vraiment un joli monsieur ! Il s'est mis dans un joli pétrin !* ▪ **Faire le joli cœur,** chercher à séduire : *Il n'arrête pas de faire le joli cœur.* ◆ **n.m.** Ce qui est joli. ▪ **C'est du joli !** [fam., iron.], c'est mal.

JOLIESSE n.f. Litt. Caractère de ce qui est joli.

JOLIMENT adv. 1. De façon agréable, plaisante. **2.** Iron. Très mal : *Se faire joliment recevoir.* **3.** Fam. À un haut degré ; très : *Être joliment amoché.*

JOMON n.m. (mot jap. « empreinte de cordes »). Période néolithique du Japon (7000-300 av. J.-C.), caractérisée par des poteries portant des marques de cordes ou des impressions de coquillages.

JONC [ʒɔ̃] **n.m.** (lat. *juncus*). **1.** Monocotylédone herbacée à rhizome rampant, à hautes tiges droites, cylindriques et souples, qui pousse dans les lieux très humides. ➲ Famille des joncacées. **2.** Canne de rotin. **3. BIJOUT.** Anneau ou bracelet dont le cercle est de grosseur uniforme. ▪ **Jonc des chaisiers** ou **des tonneliers,** scirpe. ▪ **Jonc d'Inde,** rotang. ▪ **Jonc fleuri,** butome.

JONCACÉE n.f. Monocotylédone herbacée, à rhizome rampant, comme le jonc ou la luzule. ➲ Les joncacées forment une famille.

JONCHAIE, JONCHÈRE ou **JONCHERAIE n.f.** Lieu où poussent les joncs.

1. JONCHÉE n.f. Litt. Quantité d'objets qui jonchent le sol : *Une grande jonchée de fleurs et de feuilles.*

2. JONCHÉE n.f. (de *jonc*). Fromage frais de vache, de chèvre ou de brebis, présenté dans un panier de jonc.

JONCHER v.t. [3] (de *jonc*). **1.** Couvrir en répandant çà et là ; parsemer : *Le vent a jonché le sol de feuilles mortes.* **2.** Être épars sur ; recouvrir : *Des papiers jonchent le sol.*

JONCHÈRE ou **JONCHERAIE n.f.** → **JONCHAIE.**

JONCHET n.m. Bâtonnet utilisé au jeu de jonchets. ◆ **n.m. pl.** Jeu d'adresse consistant à recueillir un à un dans un tas le maximum de bâtonnets sans faire bouger les autres.

JONCTION n.f. (lat. *junctio*). **1.** Action de joindre, d'unir ; fait de se joindre : *La jonction des colonnes de secours.* **2. ÉLECTRON.** Interface entre deux semi-conducteurs dopés différemment. ▪ **Point de jonction,** ou **jonction,** endroit où deux choses se joignent : *À la jonction de la route et du chemin.*

JONGLAGE n.m. Technique, art du jongleur de cirque.

JONGLER v.i. [3] (du lat. *joculari*, plaisanter). **1.** Lancer en l'air, les uns après les autres, divers objets que l'on relance à mesure qu'on les reçoit. **2.** Manier avec une grande habileté ou désinvolture : *Jongler avec les horaires, les cours de la Bourse.*

JONGLERIE n.f. 1. Art du jongleur ; tour d'adresse ou de passe-passe. **2.** Fig. Habileté hypocrite.

JONGLEUR, EUSE n. 1. Personne qui pratique l'art de jongler. **2.** Personne habile, qui jongle avec les idées, les chiffres. ◆ **n.m.** Poète-musicien ambulant du Moyen Âge ; ménestrel.

JONQUE n.f. (port. *junco*, du javanais). Bateau d'Extrême-Orient, à fond plat, à dérive, muni de deux ou trois mâts et gréé de voiles raidies par des lattes en bambou.

JONQUILLE n.f. (esp. *junquillo*). Narcisse à haute collerette, à feuilles cylindriques comme celles des joncs, cultivé pour ses fleurs jaunes. ➲ Famille des amaryllidacées. ◆ **adj. inv.** D'une couleur jaune vif.

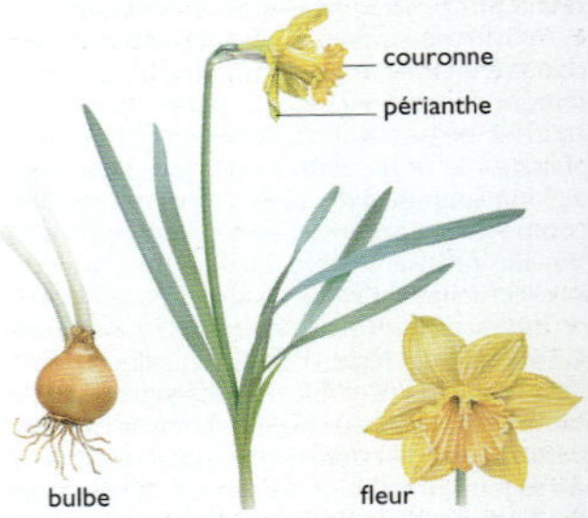

▲ **jonquille**

JORAN n.m. (de *Jura*, n.pr.). Vent frais du nord-ouest qui souffle sur le sud du Jura et le lac Léman.

JORDANIEN, ENNE adj. et **n.** De la Jordanie ; de ses habitants.

JORURI [joruri] **n.m.** (mot jap.). Spectacle traditionnel de marionnettes japonais, qui a donné naissance au bunraku.

1. JOTA [χɔta] **n.f.** (mot esp.). **1.** Danse d'origine andalouse, exécutée en couple, pratiquée comme danse de scène et danse populaire récréative. **2.** Chanson populaire espagnole à trois temps, accompagnée de castagnettes.

2. JOTA [χɔta] **n.f.** Lettre espagnole qui a la forme du *j* français, mais qui représente la constrictive vélaire [χ].

JOUABILITÉ n.f. Ensemble des possibilités interactives offertes par un jeu vidéo (convivialité, maniabilité, fluidité, etc.).

JOUABLE adj. 1. Qui peut être joué, représenté : *Cette pièce n'est pas jouable.* **2.** Qui a quelque chance de succès : *Le coup est encore jouable.*

JOUAL [ʒwal] **n.m. sing.** (altér. de *cheval*). Parler québécois de certains milieux populaires.

JOUASSE ou **JOICE** [ʒwas] **adj.** Fam., vieilli. Content ; heureux.

JOUBARBE n.f. (du lat. *Jovis barba*, barbe de Jupiter). Plante vivace poussant sur les toits, les murs, les rochers et dont les rosettes de feuilles ressemblent à de petits artichauts. ➲ Famille des crassulacées.

JOUE n.f. (mot prélatin). **1. ANAT.** Partie latérale de la bouche, sous la pommette. **2.** Partie latérale de la tête de certains animaux. **3. BOUCH.** Morceau du bœuf correspondant à la région du maxillaire inférieur, servant à faire du pot-au-feu. **4.** Espace plein ou vide au-dessous de l'accotoir d'un canapé, d'un fauteuil. **5.** Pièce latérale servant de fermeture ou de support à un ensemble mécanique. **6. CONSTR.** Épaisseur de bois de chaque côté d'une mortaise, d'une rainure. ▪ **Mettre en joue,** viser avec une arme à feu pour tirer.

JOUÉE n.f. (de *joue*). **ARCHIT.** Côté d'une embrasure, d'une lucarne, d'une stalle d'église, etc.

JOUER **v.i.** **[3]** (lat. *jocari*). **1.** Pratiquer des jeux ; s'amuser : *Les enfants jouent dans leur chambre.* **2.** Exercer le métier d'acteur ; tenir un rôle : *Elle jouera dans mon prochain film.* **3.** Fonctionner correctement : *Les muscles de l'athlète jouent avec souplesse.* **4.** Changer de dimensions, de forme sous l'effet de l'humidité ; prendre du jeu, en parlant de ce qui est en bois : *Le bois de la fenêtre a joué.* **5.** Produire un effet ; agir : *L'assurance ne joue pas en cas d'attentat.* **6.** Suisse. Fonctionner correctement ; s'ajuster ; convenir. ◆ **v.t. ind.** **1.** **(À).** Se divertir en pratiquant un jeu, en s'amusant avec un jeu, un jouet ; pratiquer un sport : *Jouer à un jeu vidéo. Jouer au rugby.* **2.** **(À).** Engager de l'argent dans un jeu ; miser : *Jouer au vingt-et-un.* **3.** **(À, EN).** Pratiquer des opérations financières en vue d'un profit ; spéculer : *Jouer à la Bourse* ou *en Bourse.* **4.** **(AVEC).** Exposer à des risques par légèreté : *Jouer avec sa santé.* **5.** **(DE).** Manier un instrument, une arme : *Jouer du couteau.* **6.** **(DE).** Tirer parti, faire usage d'une partie de son corps en vue d'un résultat : *Jouer des mains et des bras pour se dégager.* **7.** **(DE).** Se servir ou savoir se servir d'un instrument de musique : *Jouer de l'ukulélé.* **8.** **(DE).** Tirer parti de qqch dont on dispose : *Jouer de son sourire, de sa force.* **9.** **(SUR).** Tabler sur qqch pour en tirer profit : *Jouer sur la lassitude de la population.* **10.** **(À).** Chercher à paraître ce que l'on n'est pas : *Jouer à l'amoureux transi.* ▪ **Jouer à la hausse, à la baisse** [Bourse], spéculer sur la hausse, la baisse des cours des valeurs ou des marchandises, partic. sur les marchés à terme. ▪ **Jouer au plus fin,** chercher à se duper l'un l'autre. ▪ **Jouer de bonheur, de malchance,** avoir une chance, une malchance durable. ◆ **v.t.** **1.** Mettre en jeu, lancer, déplacer ce avec quoi on joue : *Jouer la balle de match, le valet de cœur.* **2.** Mettre comme enjeu ; miser : *Jouer dix euros sur le rouge.* **3.** Mettre en danger ; risquer : *Jouer sa carrière.* **4.** Exécuter sur un instrument de musique : *Jouer une sonate.* **5.** Donner la représentation d'une pièce ; passer un film. **6.** Interpréter une œuvre, un auteur : *Jouer Pirandello* ; tenir le rôle de : *Jouer les ingénues.* **7.** Tenter de se faire passer pour : *Jouer l'homme providentiel.* **8.** Feindre un sentiment ; simuler : *Jouer le soulagement.* **9.** Adopter une stratégie dans une perspective donnée : *Jouer le dialogue.* **10.** Litt. Tromper ; duper : *Ce charlatan nous a joués.* ▪ **Jouer gros jeu,** risquer beaucoup. ▪ **Jouer gros, petit jeu,** miser une grosse, une petite somme. ▪ **Jouer la montre,** chercher à gagner du temps. ▪ **Jouer un rôle dans qqch,** y avoir une part, une influence. ▪ **La jouer…** [fam.], adopter tel comportement : *La jouer décontracté.* ◆ **SE JOUER** **v.pr.** **1.** **(DE).** Ne pas se laisser arrêter par : *Se jouer des difficultés* ; ne faire aucun cas de : *Se jouer des lois.* **2.** Être en jeu : *C'est son avenir qui se joue.* **3.** **(DE).** Litt. Abuser de la confiance de qqn : *Elle s'est jouée de nous.* ▪ **Se la jouer…** [fam.], se comporter d'une certaine façon : *Il se la joue trader repenti.*

JOUET **n.m.** Objet conçu pour amuser un enfant ; par anal., objet avec lequel joue un animal. ▪ **Être le jouet de,** être victime de qqn, de l'action d'éléments, etc. : *Les populations civiles sont le jouet de ces guerres dévastatrices. Le catamaran était le jouet de la mer en furie.*

JOUETTE **adj.** et **n.f.** Région. (Nord, Nord-Est) ; Belgique. Se dit d'un enfant, d'une personne qui ne songe qu'à s'amuser.

JOUEUR, EUSE **n.** **1.** Personne qui pratique un jeu, un sport : *Joueuse d'échecs, de golf.* **2.** Personne qui a la passion des jeux d'argent, le goût du risque. **3.** Personne qui joue d'un instrument de musique : *Joueur de flûte.* ◆ **adj.** Qui aime jouer, s'amuser : *Un enfant joueur.*

JOUFFLU, E **adj.** (de *joue* et *gifle*). Qui a de grosses joues.

JOUG [ʒu] **n.m.** (lat. *jugum*). **1.** Élément d'attelage en bois servant à atteler une paire d'animaux de trait. **2.** Litt. Contrainte matérielle ou morale ; oppression. **3.** **ANTIQ. ROM.** Javelot attaché horizontalement sur deux autres fichés en terre et sous lequel le vainqueur faisait passer, en signe de soumission, les chefs et les soldats de l'armée vaincue.

JOUIR **v.t. ind.** **[21]** **(DE)** [lat. *gaudere*]. **1.** Tirer un vif plaisir de ; savourer : *Jouir de sa victoire, de la vie.* **2.** Avoir la possession de qqch dont on tire des avantages ; bénéficier de. ◆ **v.i.** Fam. Atteindre l'orgasme.

JOUISSANCE **n.f.** **1.** Plaisir intense tiré de la possession de qqch, de la connaissance, etc. ; délectation. **2.** Plaisir sexuel ; orgasme. **3.** **DR.** Libre disposition de qqch ; droit d'utiliser une chose, d'en jouir ; usage. ▪ **Jouissance légale** [dr.], usufruit sur les biens de l'enfant mineur dont bénéficient les parents.

JOUISSEUR, EUSE **n.** Personne qui recherche les plaisirs matériels ou sensuels.

JOUISSIF, IVE **adj.** Fam. Qui procure un plaisir intense.

JOUJOU **n.m.** (pl. *joujoux*). **1.** Jouet, dans le langage enfantin. **2.** Fig. Objet dont on aime se servir ; mécanique très perfectionnée, merveilleuse : *Son ordiphone, c'est son dernier joujou.* ▪ **Faire joujou** [fam.], jouer ; s'amuser.

JOUJOUTHÈQUE **n.f.** Québec. Ludothèque.

JOULE **n.m.** (du n. de J. P. *Joule*). Unité de mesure de travail, d'énergie et de quantité de chaleur (symb. J), équivalant au travail produit par une force de 1 newton dont le point d'application se déplace de 1 mètre dans la direction de la force. ▪ **Effet Joule,** dégagement de chaleur dans un conducteur homogène parcouru par un courant électrique.

JOUR **n.m.** (du lat. *diurnus*, du jour). **1.** Clarté, lumière du soleil permettant de voir les objets : *Mets-toi face au jour. En plein jour.* **2.** Ouverture, dans un espace plein, qui laisse passer la lumière ; fente : *Des jours entre les volets mal fermés.* **3.** **BROD.** Évidement décoratif obtenu dans une étoffe soit par le retrait des fils, soit par l'écartement des fils, maintenus par un point de broderie (SYN. **ajour**). **4.** Intervalle de temps compris entre le lever et le coucher du soleil en un lieu donné : *Travailler jour et nuit pour finir un ouvrage.* **5.** Période de rotation de la Terre, d'une autre planète ou d'un satellite naturel autour de son axe : *Une année de 365 jours.* **6.** Période de 24 h, assimilée au jour civil, constituant une unité de temps et un repère dans le calendrier : *Quel jour sommes-nous ?* ➲ On lui affecte le symb. d ou, en France, j. **7.** Intervalle de 24 h considéré en fonction des circonstances qui le marquent (température, événements, activité des personnes, etc.) : *Un jour de pluie. Jour férié.* **8.** Période, moment indéterminés : *Et puis, un jour, il a décidé de partir. Un jour ou l'autre, on se reverra.* **9.** Moment présent ; époque actuelle : *Les nouvelles du jour. Ils ont remis cette musique au goût du jour.* ▪ **À jour,** en conformité avec le temps présent : *Son CV n'est plus à jour.* ▪ **Au grand jour,** ouvertement. ▪ **Au jour le jour,** sans omettre un jour : *Noter ses dépenses au jour le jour* ; sans s'occuper du lendemain : *Vivre au jour le jour.* ▪ **De jour,** pendant le jour : *Travailler de jour.* ▪ **De jour en jour,** au fur et à mesure que les jours passent. ▪ **Donner le jour à** [litt.], mettre au monde. ▪ **D'un jour à l'autre,** à tout moment ; incessamment. ▪ **Faux jour,** lumière qui éclaire mal les objets. ▪ **Jour civil, sidéral** [astron.], jour solaire moyen dont la durée est de 24 h exactement et commençant à minuit ; période de rotation de la Terre sur elle-même, mesurée par rapport à la direction du point vernal (env. 23 h 56 min 4 s). ▪ **Jour du dépassement,** date théorique correspondant au jour de l'année où l'humanité a utilisé la totalité des ressources que la Terre produit en un an et à partir de laquelle elle commence à puiser dans les réserves naturelles. ➲ Lié à la notion d'empreinte* écologique, ce jour est le symbole d'une surconsommation épuisant les ressources de la planète. Fixé au 7 décembre en 1990, il est passé au 21 août en 2010. ▪ **Jour pour jour,** au jour près ; exactement : *Dans un an, jour pour jour.* ▪ **Jour solaire moyen, vrai** [astron.], durée moyenne, constante par définition, d'un jour solaire vrai, fixée à 24 h et commençant à midi ; durée variable, voisine de 24 h, séparant deux passages consécutifs du Soleil au méridien d'un lieu. ➲ Il est plus long que le jour sidéral en raison du mouvement de la Terre autour du Soleil. ▪ **Le petit jour** ou **le point du jour,** l'aube. ▪ **Mettre à jour,** actualiser : *Dictionnaire régulièrement mis à jour.* ▪ **Mettre au jour,** dégager une chose enfouie sous terre : *Mettre au jour des vestiges gaulois.* ▪ **(Percé) à jour** [archit., arts appl.], se dit d'un élément d'architecture, d'un objet, d'un ornement percé de nombreux vides. (On dit aussi *ajouré*.) ▪ **Percer qqn à jour,** deviner ses intentions ; découvrir sa nature cachée. ▪ **Se faire jour,** finir par apparaître, par être connu : *Sa véritable personnalité s'est fait jour à cette occasion.* ▪ **Sous un jour** (+ adj.), sous tel aspect ; selon tel point de vue : *Présenter les choses sous un jour flatteur.* ▪ **Voir le jour** [litt.], naître ; être révélé au public. ◆ **n.m. pl.** **1.** Litt. Époque ; période : *Les jours heureux.* **2.** Litt. Vie ; existence : *Mettre fin à ses jours.* ▪ **De nos jours,** dans le temps où nous vivons. ▪ **Les beaux jours,** le printemps.

JOUR-AMENDE **n.m.** (pl. *jours-amendes*). **DR.** Montant quotidien d'une amende fixé par le juge en fonction des ressources et des charges du condamné, et dû un certain nombre de jours.

JOURNAL **n.m.** (pl. *journaux*) [du lat. *diurnalis*, journalier]. **1.** Publication, le plus souvent quotidienne, qui donne des informations politiques, artistiques, scientifiques, etc. **2.** L'ensemble du personnel d'un journal : *Le journal est en grève* ; le bâtiment qui l'abrite. **3.** Anc. Mesure de superficie correspondant au terrain labourable par un attelage en un jour. ▪ **Journal de bord** [mar.], livre de bord. ▪ **Journal de classe** [Belgique], cahier de textes. ▪ **Journal interne d'entreprise,** publication réalisée par une entreprise et destinée à ses différents collaborateurs. ▪ **Journal (intime),** notation, plus ou moins régulière, de ses impressions ou réflexions personnelles : *Tenir son journal.* ▪ **Journal lumineux** ou **électronique,** dispositif visible de la rue, faisant apparaître des annonces par un procédé électrique ou électronique. ▪ **Journal (parlé, télévisé),** actualités quotidiennes commentées donnant lieu à une émission spécifique de la radio, de la télévision ; informations : *Regarder le journal de treize heures.* ▪ **Livre journal,** ou **journal** [comptab.], registre sur lequel un commerçant inscrit, jour par jour, ses diverses opérations comptables.

1. JOURNALIER, ÈRE **adj.** Qui se fait chaque jour ; quotidien.

2. JOURNALIER, ÈRE **n.** Travailleur payé à la journée, partic. ouvrier agricole saisonnier.

JOURNALISME **n.m.** **1.** Profession de journaliste. **2.** Ensemble des journaux ou des journalistes.

JOURNALISTE **n.** Professionnel chargé, au sein d'un média, de sélectionner des informations, de les vérifier et de les mettre en forme. ▪ **Journaliste reporter d'images,** journaliste spécialisé dans la prise de vues.

JOURNALISTIQUE **adj.** Relatif au journalisme, aux journalistes : *Le style journalistique.*

JOURNÉE **n.f.** **1.** Espace de temps compris approximativement entre le lever et le coucher du soleil : *Bonne journée !* **2.** Cet espace de temps considéré du point de vue du climat ou des activités auxquelles on le consacre : *Une belle journée d'automne. Journée bien remplie.* **3.** Travail, quantité d'affaires que l'on fait : *Ils ont de longues journées* ; rémunération correspondante : *Faire une bonne journée.* **4.** Jour marqué par un événement historique important : *La journée des Dupes.* ▪ **Journée défense et citoyenneté (JDC)** [mil.], journée destinée à présenter à tout jeune Français avant son dix-huitième anniversaire les enjeux et l'organisation de la défense nationale ainsi que les possibilités d'engagement dans les forces armées, le service civique ou d'autres formes de volontariat, et à le sensibiliser aux droits et devoirs liés à la citoyenneté.

JOURNELLEMENT **adv.** **1.** Tous les jours ; quotidiennement. **2.** Vieilli. Continuellement.

JOUTE **n.f.** **1.** Lutte spectaculaire où l'on rivalise de talent ; duel : *Joute oratoire. Une joute entre deux saxophonistes.* **2.** Au Moyen Âge, combat entre deux hommes à cheval armés d'une lance. ▪ **Joute nautique, lyonnaise, sétoise,** jeu où deux hommes, debout sur une barque, cherchent à se faire tomber à l'eau en se poussant avec une longue perche.

JOUTER **v.i.** **[3]** (du lat. pop. **juxtare*, juxtaposer). **1.** Pratiquer la joute à cheval ou la joute nautique. **2.** Sout. Rivaliser, se mesurer avec qqn.

JOUTEUR, EUSE **n.** Personne qui prend part à une joute.

JOUVENCE n.f. ▪ **Eau, bain de jouvence,** ce qui fait rajeunir qqn, lui redonne de la vitalité.

JOUVENCEAU, ELLE n. (lat. pop. **juvencellus*). Vx ou par plais. Adolescent.

JOUXTER [ʒukste] v.t. [3] (anc. fr. *joster*). Litt. Être contigu à ; avoisiner : *Son jardin jouxte le nôtre.*

JOVIAL, E, ALS ou **AUX** adj. (de l'ital. *gioviale*, né sous l'influence de Jupiter). Qui manifeste une gaieté simple et communicative ; enjoué.

JOVIALEMENT adv. De façon joviale.

JOVIALITÉ n.f. Humeur joviale.

JOVIEN, ENNE adj. (du lat. *Jovis*, de Jupiter). ASTRON. Jupitérien.

JOYAU [ʒwajo] n.m. (anc. fr. *joel*). **1.** Objet fait de matières précieuses (métaux, pierreries, etc.), notamm. destiné à la parure ; bijou. **2.** Fig. Chose très belle ou d'une grande valeur : *Un joyau de l'art roman.*

JOYEUSEMENT adv. Avec joie ; dans la joie.

JOYEUSETÉ n.f. Fam., souvent iron. Propos, action qui amusent.

JOYEUX, EUSE [ʒwajø, øz] adj. **1.** Qui éprouve ou manifeste de la joie : *Une joyeuse tablée. Des visages joyeux.* **2.** Qui inspire la joie : *Joyeuse nouvelle.*

JOYSTICK [dʒɔjstik] n.m. (mot anglo-amér.). Manette de commande qui sert, dans certains jeux vidéo, à déplacer le curseur sur l'écran. Recomm. off. **manche à balai.**

JPEG [ʒipɛg] n.m. (acronyme de l'angl. *joint photographic experts group*, coordination d'experts pour les images fixes). Norme informatique internationale de compression des images fixes.

JT ou **J.T.** n.m. (sigle). Journal télévisé.

JUBARTE n.f. (angl. *jubartes*). ZOOL. Mégaptère.

JUBÉ n.m. (du lat. *Jube, Domine*, ordonne, Seigneur). Clôture, surmontée d'une plateforme, séparant le chœur de la nef, dans certaines églises, et qui servait aux lectures liturgiques.

1. JUBILAIRE adj. CATH. Relatif à un jubilé.

2. JUBILAIRE n. Belgique, Québec, Suisse. Personne qui fête un jubilé, un anniversaire.

JUBILANT, E adj. Qui jubile.

JUBILATION n.f. Joie intense et expansive ; allégresse.

JUBILATOIRE adj. Qui provoque la jubilation.

JUBILÉ n.m. (lat. *jubilaeus*, de l'hébr. *yôbel*, sonnerie de cor). **1.** Dans la Bible, année privilégiée revenant tous les cinquante ans et marquée par la redistribution égalitaire des terres. **2.** CATH. Année sainte, revenant avec une périodicité qui a varié selon les époques, où les pèlerins de Rome bénéficient d'une indulgence plénière. **3.** Anniversaire important, génér. cinquantenaire, d'un mariage, de l'exercice d'une fonction, etc., et partic. du début d'un règne. **4.** SPORTS. Manifestation à caractère festif, organisée en l'honneur d'un champion qui se retire de la compétition.

JUBILER v.i. [3] (lat. *jubilare*). Éprouver une joie intense : *Jubiler à l'idée de revoir un ami.*

JUCHÉE n.f. Lieu où se perchent les faisans.

JUCHER v.t. [3] (anc. fr. *joschier*). Placer à une hauteur relativement grande par rapport à sa taille : *Jucher un enfant sur un tabouret.* ◆ **v.i.** Se mettre sur une branche, sur une perche pour dormir, en parlant des poules et de quelques oiseaux. ◆ **SE JUCHER** v.pr. (SUR). Se placer en un lieu élevé ; se percher.

JUCHOIR n.m. Tige ou bâton préparés pour faire jucher la volaille ; perchoir.

JUDAÏCITÉ n.f. Didact. Fait d'être juif.

JUDAÏQUE adj. (lat. *judaicus*). Relatif au judaïsme.

JUDAÏSER v.i. [3]. Observer, en partie ou en totalité, la Loi judaïque. ◆ **v.t.** Convertir au judaïsme.

JUDAÏSME n.m. Ensemble de la pensée et des institutions religieuses du peuple d'Israël, des Juifs.

➲ On désigne par **JUDAÏSME** la forme prise par la religion israélite après la destruction du premier Temple de Jérusalem et l'Exil (587-538 av. J.-C.). La tradition religieuse juive, qui témoigne du caractère unique de la relation du « peuple élu » avec Dieu (l'Alliance), se réclame d'Abraham, père des croyants, et de Moïse, législateur d'Israël. L'Ancien Testament contient la Loi écrite, dont l'essentiel fut révélé à Moïse sur le mont Sinaï : c'est la Torah (« doctrine »). Une Loi orale (la Mishna), explicitant la Loi écrite, est contenue dans le Talmud, dont la rédaction définitive remonte au VIe s.

JUDAS n.m. (de *Judas Iscariote*). **1.** (Souvent avec une majuscule). Traître. **2.** Petite ouverture ou système optique aménagés dans une porte, pour voir ce qui se passe de l'autre côté sans être vu.

JUDÉITÉ ou **JUDAÏTÉ** n.f. Ensemble des caractères qui constituent l'identité juive.

JUDELLE n.f. Foulque.

JUDÉO-ALLEMAND, E adj. et n.m. (pl. *judéo-allemands, es*). LING. Yiddish.

JUDÉO-ARABE adj. et n.m. (pl. *judéo-arabes*). Se dit de la langue arabe moyenne parlée et écrite, essentiellement au Moyen Âge, par les Juifs des pays arabophones.

JUDÉO-CHRÉTIEN, ENNE adj. (pl. *judéo-chrétiens, ennes*). Se dit des croyances et des valeurs communes au judaïsme et au christianisme. ◆ **adj.** et **n.** Adepte du judéo-christianisme.

JUDÉO-CHRISTIANISME n.m. sing. **1.** Doctrine professée, dans l'Église primitive, par les chrétiens d'origine juive, dont beaucoup jugeaient nécessaire de rester fidèles à la Loi mosaïque. ➲ On ne doit pas le confondre avec le *pagano-christianisme.* **2.** Ensemble des éléments constitutifs de la civilisation judéo-chrétienne, qui a modelé les sociétés occidentales.

JUDÉO-ESPAGNOL n.m. sing. LING. Ladino.

JUDÉOPHOBIE n.f. Hostilité systématique à l'égard des Juifs.

JUDICIAIRE adj. (lat. *judiciarius*). **1.** Qui relève de la justice, de son administration. **2.** Qui se fait en justice, par autorité de justice. ▪ **Acte judiciaire,** lié au déroulement d'une procédure. ▪ **Juridiction judiciaire,** ensemble de tribunaux jugeant des litiges des particuliers entre eux (par oppos. aux *juridictions administratives*, qui jugent les affaires dans lesquelles l'Administration est partie).

JUDICIAIREMENT adv. Du point de vue judiciaire.

JUDICIARISATION n.f. **1.** Propension à privilégier le recours aux tribunaux pour trancher des litiges qui pourraient être réglés par d'autres voies (médiation, accord amiable). **2.** Intervention croissante des juges dans le contrôle de la régularité des actes de certaines autorités (élus, administrateurs, chefs d'entreprise, etc.).

JUDICIARISER v.t. [3]. Confier à la justice la solution d'un litige, l'exécution d'une procédure ; pratiquer la judiciarisation de.

JUDICIEUSEMENT adv. De façon judicieuse.

JUDICIEUX, EUSE adj. (du lat. *judicium*, discernement). Qui a un jugement droit, juste, rationnel : *Esprit, choix judicieux.*

JUDO n.m. (du jap. *ju*, souplesse, et *do*, voie). Sport de combat, dérivé du jujitsu, où la souplesse et la vitesse jouent un rôle prépondérant, et qui consiste à utiliser la force de l'adversaire pour le déséquilibrer.

➲ Au **JUDO**, les combats, teintés de discipline morale, se disputent sur un tapis, le tatami, et durent de deux à cinq minutes. Les prises utilisées sont classées en projections, immobilisations, clés et strangulations (il est interdit de donner des coups). La valeur (classement) du judoka est attestée par la couleur de sa ceinture. En démonstration aux JO de 1964, le judo devient sport olympique en 1972 pour les hommes, et en 1992 pour les femmes.

JUDOGI [-gi] n.m. (mot jap.). Kimono de judoka.

JUDOKA n. (mot jap.). Personne qui pratique le judo.

JUGAL, E, AUX adj. (lat. *jugalis*). ANAT. Relatif à la joue. ◆ **n.m.** ZOOL. L'un des os de la joue, chez certains vertébrés.

JUGE n. (lat. *judex, judicis*). **1.** Magistrat chargé de rendre la justice en appliquant les lois. **2.** Commissaire chargé, dans une course, une compétition sportive, de constater l'ordre des arrivées et de réprimer les irrégularités qui pourraient se produire au cours d'une épreuve. **3.** Personne qui est appelée à servir d'arbitre dans une contestation, à donner son avis : *Il est seul juge de la conduite à adopter.* ▪ **Juge aux affaires familiales,** chargé, en France, de l'ensemble des problèmes familiaux (que les parents soient mariés ou non), notamm. de la défense des intérêts des enfants mineurs. ▪ **Juge consulaire** [vx], magistrat d'un tribunal de commerce. ▪ **Juge de la mise en état,** chargé, en matière civile, d'instruire une affaire et de la mettre en état d'être jugée par le tribunal. ▪ **Juge de l'application des peines,** juge du tribunal de grande instance chargé, en France, de suivre et d'aménager l'exécution des peines des condamnés. ▪ **Juge délégué aux victimes,** chargé d'informer les victimes de leurs droits, de veiller à leur indemnisation par le condamné et de leur protection après la libération de celui-ci. ▪ **Juge de l'exécution,** président du tribunal de grande instance ou magistrat délégué, chargé de régler les litiges concernant les obligations d'un débiteur. ➲ Il contrôle notamm. les procédures de traitement du surendettement des particuliers. ▪ **Juge de ligne** [sports], au tennis et au hockey sur glace, personne chargée d'assister l'arbitre lors d'une compétition sportive. ▪ **Juge de proximité,** nommé pour une durée maximale de sept ans non renouvelable, dans le ressort du tribunal d'instance, afin de statuer sur les infractions et les litiges mineurs. ▪ **Juge des enfants,** chargé, en matière civile, de tout ce qui concerne l'assistance éducative et, en matière pénale, des contraventions et délits commis par les mineurs. ▪ **Juge des libertés et de la détention,** président ou vice-président du tribunal de grande instance, statuant sur les demandes de détention provisoire émanant des juges d'instruction. ▪ **Juge des référés,** qui a le pouvoir d'ordonner des mesures urgentes et provisoires qui ne se heurtent à aucune contestation sérieuse, sans préjuger de la décision qui sera rendue ultérieurement sur le fond. ▪ **Juge des tutelles,** chargé princip. de surveiller la gestion des biens des incapables. ▪ **Juge d'instance,** du tribunal d'instance, anc. appelé *juge de paix.* ▪ **Juge d'instruction,** du tribunal de grande instance chargé, en France, de l'instruction préparatoire en matière pénale. ▪ **Juge rapporteur,** chargé d'étudier le dossier d'une affaire en cours et d'entendre les arguments des parties.

JUGEABLE adj. Qui peut être mis en jugement, décidé par un jugement.

JUGÉ n.m. → **2. JUGER.**

JUGE-COMMISSAIRE n. (pl. *juges-commissaires*). Juge désigné, en France, par le tribunal de commerce pour diriger certaines procédures (redressement et liquidation judiciaires, par ex.).

JUGEMENT n.m. **1.** Action de juger une affaire selon le droit ; décision rendue par un tribunal (d'instance, de grande instance, de commerce) ou un conseil de prud'hommes. **2.** Faculté de l'esprit qui permet de juger, d'apprécier les êtres et les choses ; discernement : *Elle ne manque pas de jugement.* **3.** Action de se faire une opinion ; manière de juger : *Faire une erreur de jugement.* **4.** Appréciation portée sur qqn, qqch ; sentiment : *Revenir sur un premier jugement.* ▪ **Jugement avant dire droit,** ordonnant une mesure provisoire ou une mesure d'instruction au cours du procès. ▪ **Jugement de Dieu** [hist.], ordalie. ▪ **Jugement par défaut,** rendu à l'égard

▲ **judo.** Projection (« te guruma », enroulement avec les mains).

d'une partie qui n'a pas comparu ou n'a pas été représentée à l'audience. ▪ **Le Jugement dernier** [christ.], acte de la fin des temps par lequel le Christ rendra manifeste le sort de chacun des vivants et des morts ; représentation peinte, sculptée de cet acte.

JUGEOTE n.f. Fam. Bon sens : *Dans cette affaire, il faut de la jugeote.*

1. JUGER v.t. [10] (lat. *judicare*). **1.** DR. Prononcer une sentence en qualité de juge ; prendre une décision en qualité d'arbitre : *Juger un prévenu, une affaire, un litige.* **2.** Estimer la valeur de ; évaluer : *Juger les postulants, les films d'un festival.* **3.** Être d'avis ; penser : *Il n'a pas jugé utile de répondre.* ◆ **v.t. ind. (DE). 1.** Porter une appréciation sur qqch : *Vouloir juger de tout.* **2.** Se faire une idée ; imaginer : *Jugez de leur satisfaction.* ◆ **SE JUGER** v.pr. Se considérer comme ; s'estimer : *Se juger compromis, sauvé.*

2. JUGER ou **JUGÉ** n.m. ▪ **Au juger,** d'après une approximation sommaire. ▪ **Tir au juger,** exécuté sans épauler ni viser.

1. JUGULAIRE adj. (du lat. *jugulum*, gorge). ANAT. Relatif à la gorge. ◆ **adj.** et **n.f.** Se dit de chacune des quatre grosses veines situées sur les côtés du cou.

2. JUGULAIRE n.f. Courroie de cuir ou bande métallique servant à assujettir un casque, un shako, etc., sous le menton ; mentonnière.

JUGULER v.t. [3] (du lat. *jugulare*, égorger). Arrêter dans son développement ; enrayer : *Juguler la crise.*

JUIF, IVE n. (du lat. *judaeus*, de Judée). **1.** (Avec une majuscule). Personne appartenant à la communauté israélite, au peuple juif : *Un Juif polonais, marocain.* **2.** Personne qui professe la religion judaïque : *Un juif pratiquant.* ▪ **Le petit juif** [fam., vieilli], l'endroit sensible de l'articulation du coude. ◆ **adj.** Relatif aux Juifs, aux juifs.

JUILLET n.m. (du lat. *julius*, mois de Jules César). Septième mois de l'année.

JUILLETTISTE n. Personne qui prend ses vacances en juillet.

JUIN n.m. (du lat. *Junius Brutus*, mois de Junius Brutus). Sixième mois de l'année.

JUIVERIE n.f. HIST. Quartier juif ; ghetto.

JUJITSU, JU-JITSU [ʒyʒitsy] ou **JIU-JITSU,** ▲ *JIUJITSU* [ʒjyʒitsy] **n.m. inv.** (mot jap.). Art martial japonais fondé sur les projections, les clés, les étranglements et les coups frappés (atémis) sur les points vitaux du corps, qui, codifié, a donné naissance au judo.

JUJUBE n.m. (occitan **gigube*, du gr.). **1.** Fruit du jujubier, drupe rouge, à pulpe blanche et sucrée, dont on fait des confitures et des pâtes de fruit. **2.** Suc, pâte extraits du jujube, aux propriétés émollientes.

JUJUBIER n.m. Arbre épineux originaire d'Asie, cultivé dans les régions tropicales et méditerranéennes pour ses fruits (jujubes). ➲ Famille des rhamnacées.

JUKE-BOX ou **JUKEBOX** [dʒukbɔks] **n.m. inv.** (mot anglo-amér.). Lecteur automatique placé génér. dans un lieu public et permettant, après introduction d'une pièce ou d'un jeton, d'écouter un disque sélectionné.

JULEP [ʒylɛp] **n.m.** (mot provenç., de l'ar.). PHARM. Préparation liquide, sucrée et aromatisée, servant de base aux potions (julep simple et julep gommeux).

JULES n.m. **1.** Fam. Petit ami ; amant ; mari. **2.** Arg. Souteneur ; proxénète.

JULIEN, ENNE adj. (du lat. *julianus*, de Jules César). ▪ **Année julienne,** année de 365,25 jours. ▪ **Calendrier julien,** que réforma Jules César en 46 av. J.-C. (→ **calendrier**). ▪ **Ère** ou **période julienne,** espace de 7 980 années juliennes utilisé pour la chronologie des phénomènes astronomiques, dont l'origine a été fixée au 1er janvier de l'an 4713 av. J.-C., à 12 h temps universel.

JULIÉNAS [-nas] **n.m.** (de *Juliénas*, n. d'une commune du Rhône). Vin d'un cru renommé du Beaujolais.

JULIENNE n.f. (du prénom *Julienne*). **1.** Plante ornementale (nom usuel de plusieurs espèces de crucifères des genres *Malcolmia* et *Hesperis*). **2.** Manière de tailler certains légumes en fins bâtonnets ; potage fait et servi avec des légumes ainsi taillés. **3.** Lingue.

JUMBO [dʒœmbo] **n.m.** (mot anglo-amér., surnom de l'éléphant). TRAV. PUBL. Chariot à portique supportant des perforatrices et servant au forage des trous de mine ou de boulonnage.

JUMBO-JET [dʒœmbodʒɛt] **n.m.** (pl. *jumbo-jets*) [mot anglo-amér.]. Avion de transport à réaction de grande capacité ; gros-porteur.

1. JUMEAU, ELLE adj. (lat. *gemellus*). **1.** Se dit de deux enfants nés d'une même grossesse. **2.** Se dit de deux choses semblables ou symétriques : *Maisons jumelles. Les flèches jumelles d'une cathédrale.* ▪ **Muscles jumeaux,** ou **jumeaux, n.m. pl.** [anat.], se dit de deux muscles de la fesse et de deux muscles du mollet. ◆ **n.** Frère jumeau ; sœur jumelle. ◆ **n. pl.** Enfants jumeaux. ▪ **Faux jumeaux** ou **jumeaux dizygotes,** qui résultent de la fécondation simultanée de deux ovules. ➲ Les faux jumeaux peuvent être de sexe différent. ▪ **Vrais jumeaux** ou **jumeaux monozygotes,** qui proviennent de la division d'un seul ovule fécondé.

2. JUMEAU n.m. BOUCH. Morceau du bœuf situé dans l'épaule.

JUMEL adj.m. (du n. de A. *Jumel*). ▪ **Coton jumel,** coton égyptien à longues fibres.

JUMELAGE n.m. **1.** Action de jumeler. **2.** MIL. Affût commun à plusieurs armes, permettant leur tir simultané.

JUMELÉ, E adj. Disposé par couples : *Colonnes, maisons jumelées.*

JUMELÉ adj.m. (nom déposé). ▪ **Pari Jumelé,** ou **Jumelé, n.m.,** offre de pari mutuel permettant de désigner les chevaux arrivés premier et deuxième d'une course.

JUMELER v.t. [16], ▲ *[12]*. **1.** Ajuster côte à côte deux objets semblables et disposés de la même façon ; accoupler : *Jumeler des mitraillettes.* **2.** Associer des villes étrangères en vue d'établir entre elles des liens, des échanges culturels, etc.

1. JUMELLE adj.f. et n.f. → **1. JUMEAU.**

2. JUMELLE n.f. Instrument d'optique formé de deux lunettes identiques accouplées de façon à permettre la vision binoculaire : *Une jumelle marine. Des jumelles de théâtre.*

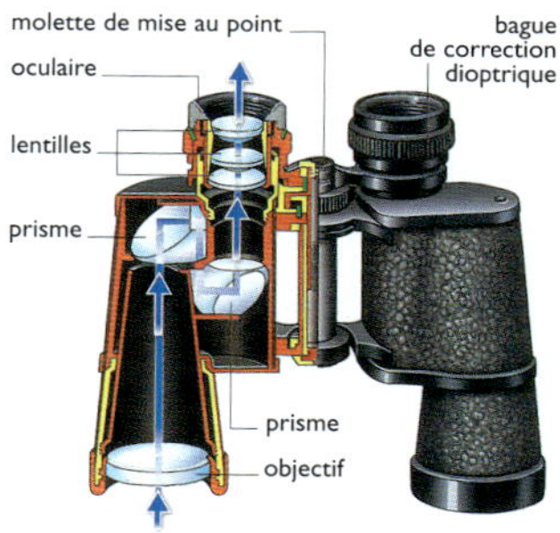

▲**jumelles** à prismes.

JUMENT n.f. (lat. *jumentum*). Femelle adulte de l'espèce chevaline.

JUMPING [dʒœmpiŋ] **n.m.** (mot angl.). Concours hippique consistant en une succession de sauts d'obstacles.

JUNGLE [ʒœ̃gl] ou, vieilli, [ʒɔ̃gl] **n.f.** (du sanskr.). **1.** En Inde, formation végétale arborée qui prospère sous un climat chaud et humide avec une courte saison sèche. **2.** Fig. Milieu où règne la loi du plus fort : *La jungle de l'immobilier.* ▪ **La loi de la jungle,** la loi du plus fort.

JUNIOR adj. et n. (mot lat. « plus jeune »). **1.** Qui concerne les jeunes ; qui leur est destiné : *La presse junior.* **2.** Débutant, sur le plan professionnel : *Ingénieurs juniors.* **3.** Se dit d'un sportif appartenant à une tranche d'âge dont les limites se situent selon les sports autour de 17 ans. ◆ **adj.** Se dit du frère le plus jeune ou du fils pour le distinguer du père.

JUNIOR-ENTREPRISE n.f. (nom déposé). Association créée par des étudiants dans le cadre de leurs études et au sein de laquelle ils accomplissent des travaux spécialisés et rémunérés pour le compte d'entreprises.

JUNKER [junkər] **n.m.** (mot all.). HIST. Membre de la noblesse terrienne, en Prusse.

JUNKIE ou **JUNKY** [dʒœnki] **n.** (pl. *junkies, junkys*) [de l'arg. anglo-amér. *junk*, drogue dure]. Fam. Héroïnomane.

JUNTE [ʒœ̃t] **n.f.** (de l'esp. *junta*, réunion). **1.** Gouvernement à caractère autoritaire, le plus souvent militaire, issu d'un coup d'État. **2.** HIST. Conseil politique ou administratif, dans les pays ibériques.

JUPE n.f. (ar. *djoubba*). **1.** Vêtement génér. féminin qui enserre la taille et descend plus ou moins bas sur les jambes. **2.** Carénage de tôle, de plastique, placé à la partie inférieure d'une automobile pour améliorer l'aérodynamisme. **3.** Dans les véhicules à coussin d'air, paroi souple limitant une chambre dans laquelle une certaine surpression permet la sustentation du véhicule. **4.** MÉCAN. Surface latérale d'un piston, qui assure son guidage à l'intérieur du cylindre. ▪ **Jupe portefeuille,** qui se croise largement par-devant.

JUPE-CULOTTE n.f. (pl. *jupes-culottes*). Pantalon très ample coupé de manière à tomber comme une jupe.

JUPETTE n.f. Jupe très courte ; minijupe.

JUPITÉRIEN, ENNE adj. **1.** Litt. Qui rappelle Jupiter par son caractère impérieux, dominateur. **2.** ASTRON. Relatif à la planète Jupiter : *Satellites jupitériens* (SYN. **jovien**).

JUPON n.m. Pièce de lingerie qui soutient l'ampleur d'une jupe, d'une robe. ▪ **Coureur de jupons** [fam.], homme en quête d'aventures amoureuses.

JUPONNER v.t. [3]. Donner de l'ampleur à une jupe ou à une robe grâce à un jupon.

JURANÇON n.m. (de *Jurançon*, n. d'une commune des Pyrénées-Atlantiques). Vin du Béarn.

JURANDE n.f. (de *1. jurer*). Dans la France de l'Ancien Régime, groupement professionnel autonome, avec une personnalité juridique propre et une discipline collective stricte, composé de membres égaux unis par un serment.

JURASSIEN, ENNE adj. et n. Du Jura. ◆ **adj.** GÉOMORPH. ▪ **Relief jurassien,** relief développé dans une structure sédimentaire régulièrement plissée, où alternent couches dures et couches tendres, et dans lequel la topographie est conforme à la structure.

JURASSIQUE n.m. GÉOL. Système du mésozoïque. ➲ Le jurassique se situe, à l'ère secondaire, entre le trias et le crétacé, de – 200 à – 145 millions d'années. ◆ **adj.** Relatif au jurassique.

JURAT n.m. HIST. Juré.

JURATOIRE adj. DR. CIV. ▪ **Caution juratoire,** serment fait en justice de se représenter en personne, ou de rapporter une chose dont on s'est chargé.

1. JURÉ, E adj. **1.** Qui a prêté serment. **2.** HIST. Doté du statut de juré ; composé de jurés. ▪ **Ennemi juré,** adversaire acharné, implacable.

2. JURÉ, E n. **1.** Citoyen désigné par voie de tirage au sort en vue de participer au jury d'une cour d'assises. **2.** Membre d'un jury quelconque : *Les jurées du prix Femina.* ◆ **n.m.** HIST. Dans la France du Moyen Âge et de l'Ancien Régime, titulaire d'une fonction à laquelle on accédait en prêtant un serment, telle que magistrat municipal de certaines villes (appelé aussi *jurat*), administrateur d'une corporation, courtier ou mesureur.

JUREMENT n.m. Vx. Blasphème.

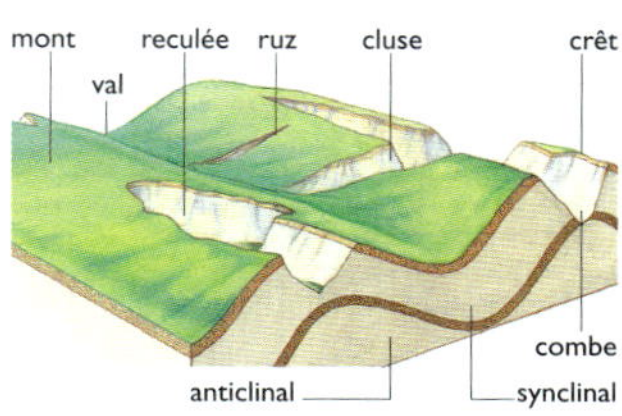

▲**jurassien.** Relief jurassien.

1. JURER v.t. [3] (lat. *jurare*). **1.** Prononcer solennellement un serment en engageant un être ou une chose que l'on tient pour sacrés : *Jurer sur l'honneur de dire la vérité.* **2.** Affirmer avec vigueur : *Jurer le secret* ; promettre solennellement : *Il jure qu'il ne recommencera pas.* **3.** Prendre la ferme résolution de : *Jurer de se venger.* ▪ **Ne jurer que par qqn**, approuver tout ce qu'il fait. ◆ **SE JURER** v.pr. **1.** Se promettre réciproquement qqch : *Se jurer fidélité.* **2.** Se promettre à soi-même de faire qqch : *Il s'est juré de triompher.*

2. JURER v.i. [3]. Proférer des jurons ; blasphémer. ◆ **v.t. ind.** (AVEC). Être mal assorti avec qqch ; détonner : *Couleurs qui jurent.*

JUREUR adj.m. HIST. ▪ **Prêtre jureur**, ou **jureur**, **n.m.**, prêtre assermenté*.

JURIDICTION n.f. (lat. *jurisdictio*). DR. **1.** Pouvoir de rendre la justice ; étendue de territoire où s'exerce ce pouvoir. **2.** Organisme institué pour trancher les litiges qui lui sont soumis. **3.** Ensemble des tribunaux de même ordre ou de même degré hiérarchique. ▪ **Juridiction du premier, du second degré**, statuant en première instance ; d'appel.

JURIDICTIONNEL, ELLE adj. Relatif à une juridiction.

JURIDIQUE adj. Qui relève du droit.

JURIDIQUEMENT adv. Par intervention de la justice ; du point de vue du droit.

JURIDISME n.m. Attachement étroit à la règle juridique.

JURISCONSULTE n.m. (lat. *jurisconsultus*). Anc. Spécialiste et praticien du droit.

JURISPRUDENCE n.f. (du bas lat. *jurisprudentia*, science des lois). DR. Ensemble des décisions de justice qui interprètent la loi ou comblent un vide juridique. ➲ Elle constitue une source du droit. ▪ **Faire jurisprudence**, faire autorité et servir d'exemple dans un cas déterminé ; créer un précédent.

JURISPRUDENTIEL, ELLE adj. Qui résulte de la jurisprudence.

JURISTE n. (du lat. *jus, juris*, droit). Personne qui a fait des études de droit, le connaît, le pratique ; auteur d'ouvrages juridiques.

JURON n.m. Expression grossière ou blasphématoire traduisant sous forme d'interjection une réaction vive de dépit ou de colère.

JURY n.m. (mot angl.). **1.** Ensemble des jurés appelés à titre temporaire à participer, dans une affaire criminelle, à l'exercice de la justice (en France, en cour d'assises). **2.** Commission d'examinateurs chargée d'un examen, d'un classement, etc. : *Jury du bac, d'un prix littéraire.*

JUS [ʒy] n.m. (du lat. *jus, juris*, jus, sauce). **1.** Liquide extrait de la pulpe de certains fruits ou légumes ; boisson constituée par ce liquide. **2.** Suc résultant de la cuisson d'une viande, d'une volaille. **3.** Concentré de substances servant à la fabrication d'un parfum ; par ext., ce parfum : *Un nouveau jus.* **4.** Fam. Café noir. **5.** Fam. Courant électrique. ▪ **Jus de chaussette(s)** [fam.], mauvais café. ▪ **Pur jus** [fam.], conforme à la norme ; authentique : *Un écolo pur jus.*

JUSANT n.m. (de l'anc. fr. *jus*, en bas). MAR. Reflux.

JUSÉE n.f. (de *jus*). Liqueur acide obtenue par le lessivage du tan et utilisée au début du tannage à l'écorce de chêne.

JUSQU'AU-BOUTISME n.m. (pl. *jusqu'au-boutismes*). Fam. Comportement des jusqu'au-boutistes ; extrémisme.

JUSQU'AU-BOUTISTE adj. et n. (pl. *jusqu'au-boutistes*). Fam. Qui va jusqu'au bout de ses idées ; extrémiste.

JUSQUE prép. (de l'anc. fr. *enjusque*, du lat. *inde*, de là, et *usque*, jusque). [Suivi des prép. *à, en, vers, dans*]. Indique une limite spatiale ou temporelle, un degré extrême : *Nous avons cherché jusque dans le grenier. Il sera là jusque vers midi. Elle est allée jusqu'à mentir.* ▪ **En avoir jusque-là** [fam.], avoir atteint la limite de ce que l'on peut supporter. ▪ **Jusque-là** ou **jusqu'ici**, indiquent la limite spatiale ou temporelle que l'on ne dépasse pas. ◆ **JUSQU'À CE QUE** loc. conj. Indique la limite temporelle ; jusqu'au moment où.

✎ L'e de ***jusque*** s'élide devant une voyelle ; ***jusque*** s'écrit quelquefois avec un s final, surtout en poésie : ***Jusques à quand ?*** [ʒyskəzakɑ̃].

JUSQUIAME [-kjam] n.f. (lat. *jusquiamus*). Plante des décombres, à feuilles visqueuses et à fleurs jaunâtres rayées de pourpre, très toxique. ➲ Famille des solanacées.

JUSSIE n.f. (de B. de *Jussieu*, n.pr.). Petite plante aquatique originaire d'Amérique du Sud, utilisée pour l'ornement des jardins, mais pouvant envahir les étangs et cours d'eau d'Europe, et appelée aussi *jussieua* ou *jussiée* (SYN. **ludwigia**). ➲ Famille des œnothéracées.

JUSSION n.f. (du lat. *jussio*, ordre). HIST. ▪ **Lettre de jussion**, lettre patente par laquelle le roi enjoignait une cour souveraine d'enregistrer un acte législatif.

JUSTAUCORPS n.m. **1.** Vêtement collant d'une seule pièce utilisé pour la danse et certains sports. **2.** Pourpoint serré à la taille, à basques et à manches, en usage au XVIIe s.

JUSTE adj. (lat. *justus*). **1.** Qui se conforme à l'équité, en respectant les règles de la morale ou de la religion : *Arbitre, décision justes.* **2.** Conforme à la raison, à la vérité : *Se faire une idée juste de la situation.* **3.** Qui est conforme à la règle, à la réalité : *Note de musique, heure juste.* **4.** Se dit de vêtements ou de chaussures trop étroits. **5.** Qui suffit à peine : *Deux jours pour tout relire, ce sera juste.* **6.** Qui fonctionne avec précision : *Ce pèse-bébé est juste.* ◆ **n. 1.** Personne qui observe la loi morale, agit avec droiture. **2.** (De l'expression hébraïque tirée du Talmud, *juste [parmi les nations]*). HIST. (Avec une majuscule). Titre décerné par l'État d'Israël aux non-Juifs ayant fait preuve de bravoure pour soustraire des Juifs aux persécutions nazies, pendant la Seconde Guerre mondiale. ▪ **Dormir du sommeil du juste**, d'un sommeil profond et tranquille. ◆ **adv. 1.** Avec justesse : *Chanter juste.* **2.** Très précisément : *La gare est juste après le pont.* **3.** À l'instant : *Elle vient juste de partir.* **4.** D'une manière insuffisante : *Il a prévu trop juste pour le buffet.* **5.** Tout au plus : *J'ai juste bu un café ce matin.* ▪ **Au juste**, exactement ; précisément : *Je voudrais savoir où il va, au juste.* ▪ **Comme de juste** [parfois iron.], comme il se doit ; évidemment : *Comme de juste, c'est lui qui a été félicité.*

JUSTE-À-TEMPS n.m. inv. INDUSTR. Méthode de production à flux tendus, employée dans des productions de masse relativement stables, et consistant à acheter ou à produire la quantité juste nécessaire au moment où on en a besoin.

JUSTEMENT adv. **1.** Avec légitimité : *Il a été justement puni.* **2.** Par coïncidence : *Je viens justement de la voir.* **3.** D'une manière exacte : *Comme tu l'as si justement dit.*

JUSTESSE n.f. **1.** Qualité d'une chose bien réglée, exacte et donc bien adaptée à sa fonction : *La justesse d'un piano.* **2.** MÉTROL. Qualité d'un instrument de mesure dont la moyenne des indications pour une grandeur est très voisine de la valeur vraie. **3.** Exactitude d'une expression, d'un ton, etc. : *Objection pleine de justesse.* **4.** Manière de faire, de penser, etc., sans erreur ni écart : *S'exprimer avec justesse.* ▪ **De justesse**, de très peu : *Drame évité de justesse.*

JUSTICE n.f. **1.** Principe moral qui exige le respect du droit et de l'équité : *Défendre l'idée de justice.* **2.** Qualité morale qui invite à respecter les droits d'autrui : *Agir avec justice.* **3.** Caractère de ce qui est juste : *Elle a gagné, et ce n'est que justice.* **4.** Action par laquelle une autorité, un pouvoir judiciaire reconnaît le droit de chacun : *Demander, obtenir justice.* **5.** Fonction souveraine de l'État consistant à définir le droit positif et à trancher les litiges entre sujets de droit ; acte par lequel s'exprime cette fonction : *Être acquitté par décision de justice.* **6.** Institution qui exerce un pouvoir juridictionnel ; ensemble de ces institutions : *Justice civile, militaire.* ▪ **Justice commutative** [philos.] → **COMMUTATIF.** ▪ **Justice distributive** [philos.] → **DISTRIBUTIF.** ▪ **Justice restaurative** [dr.] → **RESTAURATIF.** ▪ **Justice sociale**, qui exige des conditions de vie équitables pour chacun. ▪ **Rendre** ou **faire justice à qqn**, réparer le tort qu'il a subi ; reconnaître ses mérites. ▪ **Se faire justice**, se venger ; se tuer, en parlant d'un coupable.

➲ En France, l'organisation de la **JUSTICE** distingue deux ordres de juridiction : l'ordre judiciaire et l'ordre administratif. De l'ordre judiciaire relèvent les juridictions civiles (tribunaux d'instance ou de grande instance, juges de proximité), chargées de régler les litiges entre particuliers, et les juridictions pénales (cours d'assises, tribunaux correctionnels, tribunaux de police), qui sanctionnent les infractions contre les personnes, les biens et les institutions. Celles que commettent les mineurs sont du ressort du juge des enfants, du tribunal pour enfants ou de la cour d'assises pour mineurs. Il existe aussi des juridictions spécialisées (telles que les tribunaux de commerce ou les tribunaux militaires).
De l'ordre administratif relèvent les juridictions qui tranchent les différends entre les citoyens et l'Administration. Elles sont organisées en trois degrés : tribunaux administratifs, cours administratives d'appel, Conseil d'État.

JUSTICIABLE adj. et n. Qui relève de la justice, des tribunaux. ◆ **adj.** Qui doit répondre de ses actes. ▪ **Justiciable de**, qui doit répondre de : *Il est justiciable de cette décision* ; qui nécessite : *Tumeur justiciable d'une ablation.*

JUSTICIER, ÈRE n. et adj. **1.** Personne qui agit en redresseur de torts sans en avoir reçu le pouvoir légal. **2.** HIST. Seigneur qui avait le droit de rendre la justice.

JUSTIFIABLE adj. Qui peut être justifié.

JUSTIFIANT, E adj. THÉOL. CHRÉT. ▪ **Grâce justifiante**, qui rend juste.

JUSTIFICATEUR, TRICE adj. Qui apporte une justification.

JUSTIFICATIF, IVE adj. et n.m. Qui sert à justifier ou à prouver : *Document justificatif.* ◆ **n.m.** Exemplaire ou extrait de journal prouvant l'insertion d'un article ou d'une annonce, et envoyé à l'auteur ou à l'annonceur.

JUSTIFICATION n.f. **1.** Action de justifier, de se justifier. **2.** Preuve d'une chose par titres ou par témoins : *Justification de domicile.* **3.** THÉOL. CHRÉT. Acte par lequel Dieu fait passer une âme de l'état de péché à l'état de grâce. **4.** IMPRIM. Longueur d'une ligne pleine. ▪ **Justification du tirage** [imprim.], formule indiquant le nombre d'exemplaires d'un livre imprimé sur différentes sortes de papiers.

JUSTIFIER v.t. [5] (lat. *justificare*). **1.** Mettre qqn hors de cause ; prouver que qqch n'est pas répréhensible : *Justifier une collègue, son retard.* **2.** Établir le bien-fondé, la nécessité de : *Justifier sa demande.* **3.** IMPRIM. Donner à une ligne composée la longueur requise (*justification*) en modifiant la taille des espaces entre les mots, les caractères. **4.** THÉOL. CHRÉT. Mettre au nombre des justes. ◆ **v.t. ind.** (DE). Apporter la preuve matérielle de : *Justifier de son identité.* ◆ **SE JUSTIFIER** v.pr. Donner des preuves de son innocence, de son bon droit.

JUTE n.m. (mot angl., du bengali *jhuto*). **1.** Fibre textile extraite des tiges d'une plante de la famille des tiliacées. **2.** Étoffe faite avec cette fibre.

JUTER v.i. [3] (de *jus*). Rendre du jus : *Pêche qui jute.*

1. JUTEUX, EUSE adj. **1.** Qui a beaucoup de jus : *Poire juteuse.* **2.** Fam. Qui rapporte beaucoup d'argent : *Investissement juteux.*

2. JUTEUX n.m. Arg. mil. Adjudant.

JUVÉNAT n.m. (du lat. *juvenis*, jeune homme). Stage qui prépare au professorat, dans certains ordres religieux.

JUVÉNILE adj. (lat. *juvenilis*). Relatif à la jeunesse ; qui en a la vivacité : *Allure, ardeur juvénile.* ◆ **n.m.** ZOOL. Jeune d'un animal.

JUVÉNILITÉ n.f. Litt. Caractère juvénile.

JUXTALINÉAIRE adj. (du lat. *juxta*, à côté, et *linea*, ligne). Se dit d'une traduction où le texte original et la version se correspondent ligne à ligne dans deux colonnes contiguës.

JUXTAPOSABLE adj. Que l'on peut juxtaposer.

JUXTAPOSÉ, E adj. GRAMM. Se dit des propositions qui ne sont liées par aucune coordination ou subordination.

JUXTAPOSER v.t. [3] (du lat. *juxta*, à côté). Placer côte à côte, dans une proximité immédiate.

JUXTAPOSITION n.f. Action de juxtaposer ; son résultat.

K

K n.m. inv. Onzième lettre de l'alphabet et la huitième des consonnes. ➲ *K* note l'occlusive palatale sourde.

1. KA n.m. → **KAON.**

2. KA n.m. (mot égyptien « double »). Dans l'Égypte antique, ensemble des énergies vitales animant les dieux et les hommes.

KABBALE ou, vx, **CABALE n.f.** (de l'hébr. *qabbalah*, tradition). Interprétation juive ésotérique et symbolique du texte de la Bible, dont le livre classique est le *Zohar*, ou *Livre de la splendeur*. ➲ Les adeptes des sciences occultes utilisent dans un sens magique les symboles de la kabbale.

KABBALISTE ou, vx, **CABALISTE n.** Spécialiste de la kabbale.

KABBALISTIQUE ou, vx, **CABALISTIQUE adj.** Relatif à la kabbale.

KABIG ou **KABIC n.m.** (mot breton). Veste à capuchon en drap de laine imperméable.

KABUKI [-bu-] **n.m.** (mot jap.). Genre théâtral traditionnel japonais où le dialogue alterne avec des parties psalmodiées ou chantées, et des intermèdes de ballet.

KABYLE adj. et **n.** De Kabylie ; relatif aux Kabyles. ◆ **n.m.** Langue berbère parlée par les Kabyles (SYN. **tamazight**).

KACHA n.f. (mot russe « bouillie »). Semoule de sarrasin mondé, cuite à l'eau ou au gras. ➲ Cuisine russe.

KADDISH ou **QADDICH n.m.** (mot araméen « saint »). Dans le judaïsme, hymne à la gloire de Dieu faisant appel à l'établissement de son Royaume sur terre. ➲ On récite le kaddish debout et tourné vers Jérusalem, notamm. à l'occasion d'un deuil.

KAFKAÏEN, ENNE adj. Dont l'absurdité, l'illogisme rappellent l'atmosphère des romans de Kafka.

KAHLER (MALADIE DE) n.f. Affection maligne caractérisée par la prolifération dans la moelle osseuse de plasmocytes qui détruisent le tissu osseux et qui sécrètent une protéine anormale (SYN. **myélome multiple**).

KAISER [kajzœr] ou, vieilli, [kɛzɛr] **n.m.** (mot all., du lat. *Caesar*). HIST. Empereur d'Allemagne. ▪ **Le Kaiser,** l'empereur Guillaume II.

KAKAWI n.m. → **CACAOUI.**

KAKEMONO [kakemɔno], ▲*KAKÉMONO* **n.m.** (mot jap. « chose suspendue »). **1.** Peinture ou calligraphie japonaise, sur soie ou papier, qui se déroule verticalement. **2.** Support d'affichage publicitaire suspendu verticalement.

1. KAKI n.m. (mot jap.). Fruit du plaqueminier, jaune orangé, à pulpe molle et sucrée, ressemblant à une tomate (SYN. **plaquemine**).

▲ **kaki**

2. KAKI adj. inv. (de l'hindi *khâkî*, couleur de poussière). Brun-jaune, qui est la couleur de la tenue de campagne de nombreuses armées. ◆ **n.m.** Afrique. Coutil servant à faire des uniformes (quelle qu'en soit la couleur).

KALA-AZAR n.m. (pl. *kala-azars*) [mot de l'Assam]. MÉD. Forme grave de leishmaniose, atteignant les viscères (foie, rate, etc.).

KALACH [kalaʃ] **n.f.** ou **n.m.** Fam. Kalachnikov.

KALACHNIKOV [kalaʃnikɔf] **n.f.** ou **n.m.** (du n. de l'inventeur M. *Kalachnikov*). Fusil d'assaut soviétique de 7,62 mm, à chargeur en portion de cercle contenant 30 cartouches. Abrév. (fam.) **kalach.**

KALE [kɛl] **n.m.** (mot angl.). Chou vert frisé non pommé* utilisé comme plante fourragère et dont on cuisine auj. de nouveau les feuilles riches en nutriments et en vitamines. (On dit aussi *chou kale*.) ➲ Famille des crucifères.

KALÉIDOSCOPE n.m. (du gr. *kalos*, beau, *eidos*, aspect, et *skopein*, regarder). **1.** Appareil formé d'un tube opaque, contenant plusieurs miroirs disposés de façon que l'objet regardé ou les petits objets colorés placés dans le tube y produisent des dessins symétriques et variés. **2.** Fig. Suite rapide de sensations vives et variées.

KALÉIDOSCOPIQUE adj. Relatif au kaléidoscope.

KALIÉMIE n.f. MÉD. Concentration de potassium dans le sang.

KAMI n.m. inv. (mot jap. « seigneur »). Divinité, dans la religion shintoïste.

KAMICHI n.m. (mot indien du Brésil). Échassier des marais et des prairies humides d'Amérique du Sud, aux ailes armées de deux éperons. ➲ Famille des anhimidés.

KAMIKAZE [kamikaz] **n.m.** (mot jap. « tempête providentielle »). En 1944-1945, pilote japonais volontaire pour écraser son avion chargé d'explosifs sur un objectif ; cet avion. ◆ **n. 1.** Auteur d'un attentat suicide. **2.** (Aussi employé en appos.). Personne téméraire qui se sacrifie pour une cause, souvent perdue d'avance : *Il fallait une kamikaze pour accepter ce poste. Candidat kamikaze.*

KAMISHIBAÏ [kamiʃibaj] **n.m.** (mot jap. « théâtre de papier »). **1.** Genre narratif où un conteur insère successivement, dans un petit théâtre portatif (appelé *butaï*), des planches cartonnées illustrant un récit génér. destiné au jeune public. **2.** Cour., abusif. Ce petit théâtre.

KAMMERSPIEL [kamœrʃpil] **n.m.** (mot all. « théâtre de chambre »). **1.** Technique dramatique qui vise à créer sur scène une impression d'intimité par la simplification des thèmes et des décors. **2.** Genre cinématographique inspiré par cette technique.

KAMPTOZOAIRE n.m. (du gr. *kamptos*, recourbé). ZOOL. Invertébré marin microscopique, pourvu d'une couronne de tentacules ciliés entourant la bouche et l'anus, et qui vit souvent en colonies sur les algues et les rochers. ➲ Les kamptozoaires, parfois rattachés aux ectoproctes, forment un embranchement.

KANA n.m. inv., ▲ *n.m.* (mot jap.). Signe de l'écriture japonaise, à valeur syllabique.

KANAK adj. et **n.** (Inv. en genre). Relatif aux Kanaks ; qui fait partie de ce peuple.

KANDJAR n.m. (ar. *handjar*). Poignard oriental à grand pommeau et à lame étroite et recourbée.

KANGOUROU n.m. (angl. *kangaroo*, d'une langue australienne). Marsupial herbivore d'Australie et de Nouvelle-Guinée, se déplaçant par bonds grâce à des membres postérieurs très longs et une queue servant de balancier, dont la femelle porte son petit dans une poche ventrale. ➲ On distingue les *kangourous-rats* (famille des potoroïdés), les *wallabys* et les *kangourous* proprement dits (famille des macropodidés). ▪ **Sac kangourou,** ou **kangourou,** qui permet de porter un bébé sur le ventre.

KANJI [kɑ̃dʒi] **n.m. inv.** (mot jap.). Signe de l'écriture japonaise, à valeur idéographique.

KANNARA n.m. Langue dravidienne parlée au Karnataka.

KANTIEN, ENNE [-sjɛ̃] **adj.** et **n.** Qui concerne la philosophie de Kant.

KANTISME n.m. Philosophie de Kant.

KAOLIANG [-ljɑ̃] **n.m.** (mot chin.). Sorgho à panicule lâche, cultivé en Extrême-Orient.

KAOLIN n.m. (du chin.). MINÉRALOG. Roche argileuse, blanche et friable, composée essentiellement de kaolinite et qui entre dans la composition de la porcelaine dure.

KAOLINISATION n.f. Formation du kaolin par altération des feldspaths alcalins des granites.

KAOLINITE n.f. MINÉRALOG. Silicate d'aluminium appartenant au groupe des argiles, principal constituant du kaolin.

KAON ou **KA n.m.** PHYS. Particule élémentaire (K), neutre ou chargée, de la famille des mésons et dont la masse vaut 965 fois celle de l'électron.

KAPO n.m. (mot all.). HIST. Dans les camps de concentration nazis, détenu chargé de commander les autres détenus.

KAPOK n.m. (mot néerl., du malais). Duvet végétal, très léger et imperméable remplissant l'intérieur des fruits de certains arbres (fromager, kapokier) et utilisé pour rembourrer les coussins.

KAPOKIER n.m. 1. Grand arbre de l'Asie tropicale, voisin du fromager. ➲ Famille des bombacacées. **2.** Tout arbre fournissant du kapok.

KAPOSI [kapozi] **(SARCOME DE) n.m.** Affection caractérisée par des sarcomes multiples de la peau, et parfois des viscères, observée en partic. au cours du sida.

KAPPA n.m. inv., ▲ *n.m.* Dixième lettre de l'alphabet grec (Κ, κ), correspondant au *k* français.

KARAÏTE, CARAÏTE ou **QARAÏTE adj.** et **n.** (de l'hébr. *qaraïm*, fils des Écritures). Relatif aux Karaïtes ; qui appartient à cette population.

KARAKUL ou **CARACUL** [karakyl] **n.m.** (de *Karakoul*, v. d'Ouzbékistan). **1.** Mouton d'Asie centrale, d'une race à toison longue et ondulée. **2.** Fourrure de ce mouton. ➲ Le karakul né avant terme fournit le breitschwanz.

KARAOKÉ n.m. (du jap. *kara*, vide, et *oke*, orchestration). Divertissement collectif consistant à chanter sur une musique préenregistrée.

KARATÉ n.m. (jap. *karate*, de *kara*, vide, et *te*, main). Sport de combat et art martial d'origine japonaise, à mains et pieds nus, où les coups ne sont pas assénés et sont interdits en certains endroits.

KARATÉKA n. (jap. *karateka*). Personne qui pratique le karaté.

KARBAU ou **KÉRABAU n.m.** (mot indonésien). Buffle domestiqué de Malaisie, aux cornes très longues et très écartées.

KÄRCHER n.m. (nom déposé). Nettoyeur à eau à haute pression.

KARITÉ n.m. (mot wolof). Arbre de l'Afrique tropicale, dont les graines fournissent une matière grasse, le *beurre de karité*, d'usage culinaire et cosmétique. ➲ Famille des sapotacées.

▲ **karité**

KARMA ou **KARMAN** [karman] **n.m.** (mot sanskr. « acte »). Principe fondamental des religions indiennes, qui repose sur la conception de la vie humaine comme maillon d'une chaîne de vies et selon lequel les actes accomplis dans les vies antérieures déterminent l'existence présente.

KARMAN n.m. Carénage d'emplanture d'une aile d'avion.

KARMAN [karman] **(MÉTHODE DE) n.f.** Technique d'avortement par aspiration, efficace au début de la grossesse.

KARMIQUE adj. Relatif au karma : *L'astrologie karmique.*

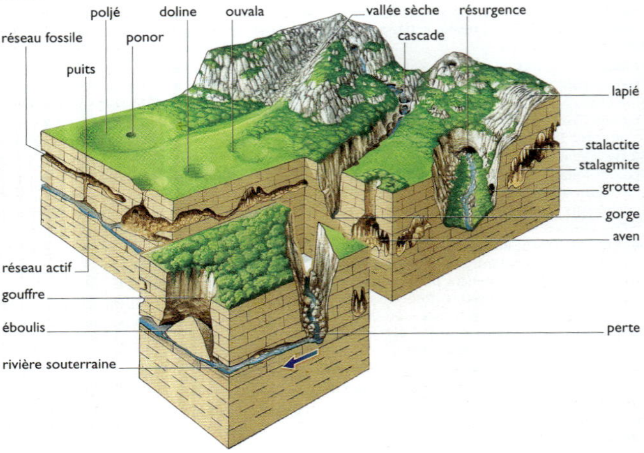

▲ **karstique.** Relief karstique.

KARST n.m. (de *Karst,* n.pr.). **GÉOMORPH.** Région à relief karstique*.

KARSTIFICATION n.f. Action des eaux d'infiltration sur un massif calcaire, qui conduit à la formation d'un relief karstique.

KARSTIQUE adj. Relatif au karst. ▪ **Relief karstique,** relief particulier aux régions calcaires et résultant de l'action, en grande partie souterraine, d'eaux qui dissolvent le carbonate de calcium. ➲ Il aboutit à la formation de grottes, avens, lapiés, dolines, etc.

KART [kart] n.m. (mot anglo-amér.). Petit véhicule automobile de compétition, à embrayage automatique, sans boîte de vitesses, ni carrosserie, ni suspension.

KARTING [kartiŋ] n.m. (mot anglo-amér.). Sport pratiqué avec le kart.

KASHER, CASHER [kaʃɛr] ou **CACHÈRE** adj. inv. (mot hébr. « conforme à la Loi »). Se dit d'un aliment (viande, notamm.) conforme aux prescriptions rituelles du judaïsme, ainsi que du lieu où il est préparé ou vendu.

KASHROUT n.f. → **CACHEROUT.**

KASSITE adj. **ANTIQ.** Relatif aux Kassites.

KATA n.m. (mot jap. « forme »). Au judo et au karaté, ainsi que dans certains arts martiaux, enchaînement de mouvements, de coups, de parades effectué hors combat, en démonstration.

KATAKANA n.m. Écriture syllabique japonaise transcrivant les mots empruntés aux langues étrangères autres que le chinois.

KATCHINA n.m. (mot d'une langue amérindienne). Chez certains Indiens de l'Amérique du Nord, être surnaturel intermédiaire entre les dieux et les hommes ; masque qui le représente.

KATHAK n.m. Danse du nord de l'Inde, issue du rapprochement entre les cultures hindoue et musulmane.

KATHAKALI n.m. (mot tamoul). Théâtre dansé traditionnel du sud de l'Inde.

KAWA [kawa] ou **KAVA** n.m. (mot polynésien). Boisson euphorisante, à usage cérémoniel, tirée d'un poivrier d'une espèce commune aux îles Marquises et à Hawaii.

KAYAK [kajak] n.m. (mot inuit). **1.** Embarcation individuelle des Inuits. **2.** Embarcation de sport étanche et légère, inspirée du kayak inuit, propulsée par une pagaie double ; sport pratiqué avec cette embarcation.

KAYAKISTE n. Sportif pratiquant le kayak.

KAZAKH, E adj. et n. Du Kazakhstan ; de ses habitants. (On dit aussi *kazakhstanais.*) ◆ n.m. Langue turque parlée par les Kazakhs.

KEBAB, ▲ *KÉBAB* n.m. Plat à base de brochettes de mouton ; ces brochettes (SYN. **chiche-kebab**). ➲ Cuisine orientale.

KEFFIEH [kefje], ▲ *KÉFIÉ* n.m. (ar. *kaffiyah*). Coiffure traditionnelle des Bédouins, faite d'un carré de tissu plié et maintenu sur la tête par un cordon, devenue l'emblème des Palestiniens.

KÉFIR ou **KÉPHIR** n.m. (mot caucasien). Boisson fermentée, gazeuse et acidulée, originaire du Caucase, obtenue à partir du lait de vache, de chèvre, de brebis ou de chamelle (*kéfir de lait*) ou d'eau sucrée additionnée de fruits (*kéfir d'eau* ou *kéfir de fruits*). ▪ **Grains de kéfir,** agrégat de micro-organismes (bactéries, levures) et de glucides, utilisé pour ensemencer du lait ou de l'eau sucrée, afin d'obtenir cette boisson fermentée.

KEFTA [kɛfta] n.f. Boulette de viande hachée et épicée. ➲ Cuisine orientale.

KEIRETSU [kɛjrɛtsu] n.m. (mot jap.). **ÉCON.** Conglomérat japonais à structure horizontale rassemblant des sociétés aux multiples activités.

KEIRIN [kerin] n.m. (du jap. *kei,* roue, et *rin,* course). Course cycliste de vitesse sur piste dans laquelle les concurrents s'élancent derrière un cyclomoteur jusqu'au tour final qui donne lieu à un sprint individuel.

KÉKÉ n.m. Région. (Est, Sud-Est). Crâneur ; idiot : *Arrête de faire le kéké !*

KELP n.m. Algue brune marine géante (jusqu'à 60 m de long) dont on trouve des peuplements denses autour des îles Kerguelen et le long de certaines côtes américaines.

KELVIN [kɛlvin] n.m. (de *Kelvin,* n.pr.). Unité de mesure de température thermodynamique (symb. K), équivalant à 1/273,16 de la température thermodynamique du point triple de l'eau. ➲ Une variation de température de 1 kelvin équivaut à une variation de 1 degré Celsius et 0 K correspond à – 273,15 °C. Unité de base du SI.

KÉMALISME n.m. **HIST.** Courant politique se réclamant de Mustafa Kemal.

KÉNAF n.m. (du persan). Plante tropicale dont les feuilles servent à l'alimentation du bétail et dont les tiges fournissent une fibre textile voisine du jute, utilisée pour la fabrication de tissus, de pâte à papier, de cordes, de matériaux écologiques, etc.

▲ **kayak**

KENDO [kɛndo] n.m. (mot jap.). Art martial d'origine japonaise dans lequel les adversaires, protégés par un casque et un plastron, luttent avec un sabre de bambou.

KENTIA [kɛntja] ou [kɛ̃sja] n.m. Palmier originaire de Nouvelle-Guinée, des îles Moluques et d'Australie, cultivé comme plante ornementale.

KÉNYAN, E adj. et n. Du Kenya ; de ses habitants.

KÉPHIR n.m. → **KÉFIR.**

KÉPI n.m. (de l'all. *Kappe,* bonnet). Coiffure légère munie d'une visière, portée notamm. par l'armée de terre française et la gendarmerie.

KÉRABAU n.m. → **KARBAU.**

KÉRATINE n.f. (du gr. *keras, -atos,* matière cornée). Scléroprotéine imperméable à l'eau, riche en soufre, composant fondamental de la couche superficielle de l'épiderme et des phanères (poils, ongles, etc.).

KÉRATINISATION n.f. Processus par lequel les cellules de l'épiderme ou les phanères s'imprègnent de kératine.

KÉRATINISÉ, E adj. Se dit d'un tissu contenant de la kératine.

KÉRATITE n.f. **MÉD.** Inflammation de la cornée.

KÉRATOCÔNE n.m. **MÉD.** Maladie de la cornée caractérisée par une modification de sa courbure lui donnant progressivement la forme d'un cône.

KÉRATOLYSE n.f. Décollement pathologique de la couche cornée de l'épiderme ; ramollissement, à des fins thérapeutiques, de cette couche par des substances médicamenteuses.

KÉRATOLYTIQUE adj. Se dit d'un médicament qui décolle et élimine la kératine de la peau, pour soigner un psoriasis, par ex.

KÉRATOPLASTIE n.f. Greffe de la cornée.

KÉRATOSE n.f. **MÉD.** Épaississement de la couche cornée de l'épiderme, au cours de diverses affections (verrues, ichtyoses, etc.).

KÉRATOTOMIE n.f. Incision de la cornée.

KERMA n.m. (acronyme de l'angl. *kinetic energy released in material,* énergie cinétique libérée dans la matière). **PHYS. NUCL., MÉD.** Quantité d'énergie libérée par des particules ionisantes non chargées (photons X ou γ, neutrons) et transférée à la matière. ➲ Il s'exprime en grays.

KERMÈS n.m. (ar. *qirmiz*). Cochenille parasite de certains chênes et des arbres fruitiers, dont on tirait autref. une teinture rouge. ▪ **Chêne kermès,** petit chêne méditerranéen à feuilles persistantes et épineuses.

KERMESSE n.f. (du néerl. *kerkmisse,* messe d'église). **1.** Région. (Nord), Belgique. Fête patronale et foire annuelle d'une localité, d'un quartier. **2.** Fête de bienfaisance, génér. en plein air : *Kermesse des écoles.*

KÉROGÈNE n.m. (du gr. *kêros,* cire, et *gennân,* produire). **GÉOL.** Forme sous laquelle se présente la majeure partie de la matière organique fossilisée dans les roches. ➲ Le kérogène est un intermédiaire commun à tous les combustibles fossiles (charbon, gaz, hydrocarbures).

KÉROSÈNE n.m. (du gr. *kêros,* cire). Liquide pétrolier incolore ou jaune pâle, distillé entre 175 et 250 °C, princip. utilisé comme carburant d'aviation.

KERRIA n.m. ou **KERRIE** n.f. (du n. de B. *Ker,* botaniste angl.). Arbuste ornemental, d'origine japonaise, à fleurs jaune d'or en pompons. ➲ Famille des rosacées.

KET [kɛt] n.m. (mot flamand). Belgique. Gamin des rues de Bruxelles, souvent malicieux et frondeur.

KETCH [kɛtʃ] n.m. (mot angl.). Voilier dont le grand mât est à l'avant et dont l'artimon est implanté en avant de la barre (à la différence du yawl).

KETCHUP [kɛtʃœp] n.m. (mot angl., du hindi). **1.** Sauce épaisse à base de tomates, de saveur piquante et sucrée, utilisée comme condiment. **2.** Québec. Condiment à base de tomates ou d'autres fruits coupés en morceaux, de vinaigre et d'épices.

✎ Au Québec, on prononce [kɛtʃɔp].

KETMIE n.f. (ar. *khatmi*). Nom de certaines espèces d'hibiscus.

KEUF n.m. (verlan de *flic*). Fam. Policier.

KEUM n.m. (verlan de *mec*). Fam. Homme ; jeune homme.

keV **n.m.** Symbole de kiloélectronvolt (1 000 électronvolts), unité d'énergie utilisée en physique des particules.

KEVLAR **n.m.** (nom déposé). **TEXT.** Fibre aramide légère, robuste et très résistante au feu et à la corrosion.

KEYNÉSIANISME **n.m.** Ensemble des théories de l'économiste J. M. Keynes.

KEYNÉSIEN, ENNE [kɛnezjɛ̃, ɛn] **adj.** et **n.** Relatif au keynésianisme ; qui en est partisan.

KHÂGNE **n.f.** Arg. scol. Seconde année de classe préparatoire au concours d'entrée à l'École normale supérieure (sections littéraires).

KHÂGNEUX, EUSE **n.** Arg. scol. Élève de khâgne.

KHALIFAT **n.m.** → **CALIFAT.**

KHALIFE **n.m.** → **CALIFE.**

KHALKHA **n.m.** **LING.** Mongol.

KHAMSIN ou **CHAMSIN** [xamsin] ou [kamsin] **n.m.** (de l'ar. *khamsin*, cinquantaine). Vent de sable soufflant en Égypte et sur la mer Rouge, analogue au sirocco.

1. KHAN, ▲ *KAN* [kɑ̃] **n.m.** (mot turc). Titre turc équivalant à l'origine à celui d'empereur, et porté par la suite par des souverains ou des nobles du Moyen-Orient ou de l'Inde.

2. KHAN, ▲ *KAN* [kɑ̃] **n.m.** (mot persan). En Orient, abri pour les voyageurs ; caravansérail.

KHANAT, ▲ *KANAT* **n.m.** (de *1. khan*). Fonction, juridiction d'un khan ; pays soumis à cette juridiction.

KHARIDJISME **n.m.** (de l'ar. *kharadja*, sortir). Doctrine religieuse et politique d'une secte musulmane qui fit dissidence en 657 et qui pratiquait un islam rigoriste.

KHARIDJITE **adj.** et **n.** Relatif au kharidjisme ; qui en est partisan.

KHAT **n.m.** → **QAT.**

KHÉDIVAT ou **KHÉDIVIAT** **n.m.** Dignité de khédive.

KHÉDIVE **n.m.** (du persan *khediw*, seigneur). Titre porté par le vice-roi d'Égypte de 1867 à 1914.

KHI **n.m. inv.,** ▲ *n.m.* Vingt-deuxième lettre de l'alphabet grec (Χ, χ).

KHMER, ÈRE **adj.** et **n.** Relatif aux Khmers. ◆ **n.m.** Langue de la famille môn-khmère parlée par les Khmers (SYN. **cambodgien**).

KHOISAN ou **KHOIN** **n.m.** Famille de langues parlées dans le sud de l'Afrique par les Bochimans et les Hottentots.

KHÔL ou **KOHOL** [kol] **n.m.** (ar. *kuhl*). Fard noirâtre provenant de la carbonisation de substances grasses, utilisé à l'origine dans les pays arabes, pour le maquillage des yeux.

KIBBOUTZ [kibuts] **n.m.** (mot hébr.). En Israël, exploitation communautaire, le plus souvent agricole.

KIBBOUTZNIK **n.** Membre d'un kibboutz.

KICK **n.m.** (mot angl. « coup de pied »). Dispositif de mise en marche d'un moteur de motocyclette, à l'aide du pied.

KICKER [kikɛr] **n.m.** Belgique. Baby-foot.

KIDNAPPER **v.t. [3]** (angl. *to kidnap*). Commettre un kidnapping.

KIDNAPPEUR, EUSE **n.** Personne qui commet un kidnapping ; ravisseur.

KIDNAPPING [kidnapiŋ] **n.m.** (mot angl.). Enlèvement d'une personne, partic. pour obtenir une rançon.

KIEF [kjɛf] **n.m.** (ar. *kaif*). Litt. Repos absolu observé par les Orientaux au milieu du jour.

KIF **n.m.** (mot ar. « état de béatitude »). **1.** Poudre de haschisch mêlée de tabac, en Afrique du Nord. **2.** Fam. État de béatitude totale, de bonheur parfait : *Les vacances à la mer, c'est le kif !* ; ce qu'on apprécie particulièrement, qu'on adore : *La musique, c'est vraiment son grand kif !* (Dans ce sens, on écrit aussi *kiff*.)

KIFFER ou **KIFER** **v.t. [3]** (de *kif*). Fam. Prendre du plaisir à ; aimer.

KIF-KIF, ▲ *KIFKIF* **adj. inv.** (de l'ar. algérien *kif*, comme). Fam. ▪ **C'est kif-kif,** c'est pareil.

KIG HA FARS [kigafars] **n.m. inv.** (mot breton). Potée dans laquelle on fait cuire une préparation à base de froment ou de blé noir. ➲ Cuisine bretonne.

KIKI **n.m.** Fam., vieilli. Cou ; gorge.

▲ **kimono.** Jeunes filles japonaises en kimono, photographie prise en 1868 par Felice Beato. (Coll. part.)

KIL **n.m.** (abrév. de *kilo*). Fam. ▪ **Un kil de rouge,** un litre de vin rouge.

KILIM [kilim] **n.m.** (mot turc). Tapis d'Orient tissé.

1. KILO- **préf.** (du gr. *khilioi*, mille). Préfixe (symb. k) qui, placé devant une unité, la multiplie par 10^3 : *kiloeuro, kilogramme.*

2. KILO- **préf.** (du gr. *khilioi*, mille). **INFORM.** Préfixe (symb. K) qui, placé devant une unité, la multiplie par 2^{10}, soit 1 024 : *Koctets, Kbits.*

KILO **n.m.** (abrév.). Kilogramme.

✎ Ne doit pas être utilisé en métrologie.

KILOCALORIE **n.f.** **1.** Unité de quantité de chaleur (symb : kcal) valant 1 000 calories. **2.** **MÉD.** Calorie.

KILOEURO **n.m.** Unité de compte équivalant à 1 000 euros. Abrév. **k€.**

KILOGRAMME **n.m.** Unité de mesure de masse (symb. kg), définie en fonction de la constante de Planck, *h*, égale à 6,626 070 15 x 10^{-34} J s ou kg m^2 s^{-1} (le kilogramme est ainsi lié aux constantes définissant le mètre et la seconde). ➲ Unité de base du SI. ▪ **Kilogramme-force,** ancienne unité de force, d'emploi prohibé. (→ **newton**).

KILOHERTZ **n.m.** Fréquence de 1 000 hertz (symb. kHz).

KILOMÉTRAGE **n.m.** Action de kilométrer ; nombre de kilomètres parcourus.

KILOMÈTRE **n.m.** Unité pratique de distance (symb. km) valant 1 000 m. ▪ **Kilomètre par heure** ou **kilomètre à l'heure** [cour.] ou **kilomètre-heure** [cour.], unité pratique de mesure de vitesse (symb. km/h) valant 1/3,6 (env. 0,27) mètre par seconde : *100 kilomètres-heure.* ▪ **Au kilomètre, loc. adj.** [imprim.], se dit d'une saisie de texte où l'on ne se préoccupe ni de la justification ni des coupures de mots en fin de lignes ; fig., se dit d'une œuvre réalisée très vite, sans grand souci de qualité : *Séries policières produites au kilomètre.*

KILOMÉTRER **v.t. [11],** ▲ *[11*]*. Marquer d'indications kilométriques ; mesurer en kilomètres.

KILOMÉTRIQUE **adj.** Relatif au kilomètre.

KILOTONNE **n.f.** Unité servant à évaluer la puissance d'une charge nucléaire, équivalant à l'énergie dégagée par l'explosion de 1 000 tonnes de trinitrotoluène (TNT).

KILOTONNIQUE **adj.** Se dit d'une charge nucléaire dont les effets sont comparables à ceux produits par l'explosion d'une charge de l'ordre de 1 kilotonne d'équivalent TNT.

KILOVOLT **n.m.** Tension de 1 000 volts (symb. kV).

KILOWATT **n.m.** Puissance de 1 000 watts (symb. kW).

KILOWATTHEURE **n.m.** Unité d'énergie ou de travail (symb. kWh), équivalant au travail exécuté pendant 1 heure par une machine dont la puissance est de 1 kilowatt.

KILT **n.m.** (mot angl.). **1.** Jupe portefeuille courte, plissée, en tartan, faisant partie du costume national écossais. **2.** Jupe féminine ayant cette forme.

KIMBANGUISME **n.m.** (du n. de son fondateur S. *Kimbangu*). Mouvement messianique d'inspiration chrétienne, répandu en Afrique centrale et occidentale.

KIMBERLITE **n.f.** (de *Kimberley*, n.pr.). Roche magmatique ultrabasique qui peut contenir du diamant et que l'on trouve dans d'anciennes cheminées volcaniques.

KIMONO **n.m.** (mot jap.). **1.** Tunique japonaise très ample, d'une seule pièce, croisée par-devant et maintenue par une large ceinture. **2.** Peignoir léger dont la coupe évoque le kimono japonais. **3.** Tenue composée d'une veste et d'un pantalon amples portée par les judokas, les karatékas, etc. ◆ **adj. inv.** ▪ **Manche kimono,** manche ample taillée d'une seule pièce avec le corsage.

KINASE **n.f.** (du gr. *kineîn*, mettre en mouvement). **BIOCHIM.** **1.** Enzyme telle que l'entérokinase, qui a pour propriété d'activer une autre enzyme. **2.** Enzyme qui transporte le phosphate d'une substance chimique à une autre.

KINÉ **n.** (abrév.). Fam. Kinésithérapeute. ◆ **n.f.** Fam. Kinésithérapie.

KINÉSIE **n.f.** (du gr. *kinesis*, mouvement). **PHYSIOL.** Activité musculaire ; mouvement.

KINÉSISTE **n.** Belgique. Kinésithérapeute.

KINÉSITHÉRAPEUTE **n.** Professionnel paramédical exerçant la kinésithérapie (SYN. **masseur-kinésithérapeute**). Abrév. (fam.) **kiné.**

KINÉSITHÉRAPIE **n.f.** (du gr. *kinesis*, mouvement). Ensemble des traitements qui utilisent la mobilisation active ou passive pour donner ou rendre à un malade, à un blessé, le geste et la fonction des différentes parties du corps. Abrév. (fam.) **kiné.**

KINESTHÉSIE ou **CINESTHÉSIE** **n.f.** (du gr. *kinein*, se mouvoir, et *aisthêsis*, sensation). Sensibilité nerveuse consciente concernant les muscles, leur position, leur tension et leur mouvement.

KINESTHÉSIQUE ou **CINESTHÉSIQUE** **adj.** Relatif à la kinesthésie.

KINÉTOSCOPE **n.m.** Appareil inventé par Edison en 1891, et qui permettait à un spectateur de visionner individuellement de très courts films.

KING-CHARLES [kiŋʃarl] **n.m. inv.** (de l'angl. *King Charles's spaniel*, épagneul du roi Charles). Épagneul nain anglais, à poil long.

KINKAJOU [kɛ̃kaʒu] **n.m.** (de l'algonquien). Mammifère de l'Amérique tropicale, arboricole et nocturne, à queue préhensile. ➲ Famille des procyonidés.

KINOIS, E **adj.** et **n.** De Kinshasa.

KIOSQUE **n.m.** (du turc *kiösk*, pavillon de jardin). **1.** Pavillon ouvert de tous côtés, installé dans un jardin ou sur une promenade publique. **2.** Petite boutique installée sur la voie publique pour la vente de journaux, de fleurs, etc. **3.** Québec. Stand, notamm. dans une exposition, une foire. **4.** Superstructure d'un sous-marin, servant d'abri de navigation pour la marche en surface et de logement pour les mâts pendant la plongée.

KIOSQUIER, ÈRE **n.** Personne qui tient un kiosque à journaux.

KIP **n.m.** Unité monétaire principale du Laos.

KIPPA **n.f.** (mot hébr.). Calotte que portent les juifs pratiquants.

KIPPER [kipœr] **n.m.** (mot angl.). Hareng étêté, ouvert et fumé.

KIPPOUR **n.m. inv.** → **YOM KIPPOUR.**

KIR **n.m.** (nom déposé). Apéritif constitué par un mélange de liqueur de cassis et de vin blanc. ▪ **Kir royal,** où le vin blanc est remplacé par du champagne.

KIRGHIZ, E ou **KIRGHIZE** **adj.** et **n.** Du Kirghizistan ; de ses habitants. ◆ **n.m.** Langue turque parlée par les Kirghiz.

KIRSCH, ▲ *KIRCH* [kirʃ] **n.m.** (de l'all. *Kirschwasser*). Eau-de-vie extraite de cerises ou de merises fermentées.

KIT [kit] **n.m.** (mot angl.). Ensemble d'éléments vendus avec un plan de montage et que l'on assemble soi-même : *Étagères en kit.* Recomm. off. **prêt-à-monter.** ▪ **Kit main(s) libre(s)** [télécomm.], dispositif qui permet à l'utilisateur d'un téléphone mobile de converser sans tenir le combiné en main. ➲ Adapté à la marche, ce dispositif est un *kit piéton.*

KITCHENETTE **n.f.** (de l'angl. *kitchen*, cuisine). Petite cuisine souvent intégrée à la salle de séjour ; coin-cuisine. Recomm. off. **cuisinette.**

KITESURF ou **KITE** [kajt(sœrf)] **n.m.** (anglo-amér. *kite surfing*, de l'angl. *kite*, cerf-volant). Planche à voile mue par un cerf-volant ; sport ainsi pratiqué. (On dit aussi *fly surf* [flajsœrf].)

KITSCH ou **KITCH** [kitʃ] **adj. inv.** et **n.m. inv.**, ▲ *adj. et n.m.* (mot all. « toc »). Se dit d'un objet, d'un décor, d'une œuvre d'art dont le mauvais goût, voulu ou non, réjouit les uns, rebute les autres.

KIWI [kiwi] **n.m.** (mot angl., d'un mot de Nouvelle-Zélande). **1.** Aptéryx (oiseau). **2.** Fruit comestible de l'actinidie de Chine, à pulpe verte et à peau marron couverte d'une pilosité soyeuse.

KLAXON [klaksɔn] **n.m.** (nom déposé). **AUTOM.** Avertisseur sonore à commande mécanique ou électrique.

KLAXONNER v.i. et **v.t. [3].** Faire fonctionner un Klaxon.

KLEENEX [klinɛks] **n.m.** (nom déposé). Mouchoir jetable en ouate de cellulose de la marque de ce nom.

KLEPHTE ou **CLEPHTE n.m.** (du gr. mod. *klephthês*, brigand). **HIST.** Dans la Grèce ottomane, montagnard vivant surtout de brigandage, engagé dans la lutte pour l'indépendance de son pays au XIXe s.

KLEPTOCRATIE n.f. (du gr. *kleptein*, voler). Péjor. Forme de gouvernement où l'autorité est exercée par des personnes pratiquant la corruption (détournement de fonds publics, par ex.) pour s'enrichir et/ou accroître leur pouvoir.

KLEPTOMANE ou **CLEPTOMANE n.** et **adj.** Personne atteinte de kleptomanie.

KLEPTOMANIE ou **CLEPTOMANIE n.f.** (du gr. *kleptein*, voler). Impulsion pathologique qui pousse certaines personnes à commettre des vols.

KLEZMER n.m. Musique traditionnelle des Juifs d'Europe centrale et orientale. ➲ Son style a influencé certains courants du jazz.

KLINEFELTER [klinfɛltœr] **(SYNDROME DE) n.m.** Affection du sexe masculin, due à une aberration chromosomique, caractérisée par une atrophie des testicules et une stérilité, et parfois associée à une déficience mentale.

KLIPPE n.f. (de l'all. *Klippe*, écueil). **GÉOL.** Lambeau de recouvrement d'une structure charriée, mis en relief par l'érosion.

KLOUKER v.i. [3]. Région. (Bretagne). Manger avec avidité ; se goinfrer.

KLYSTRON n.m. (du gr. *kludzein*, envoyer un jet de liquide). Tube électronique à modulation de vitesse utilisé en hyperfréquence pour les fortes puissances.

KNICKERS [nikœrs] ou [knikɛrs] **n.m. pl.** ou **KNICKER n.m.** (mot angl.). Pantalon large et court, serré au-dessous du genou.

KNOCK-DOWN n.m. inv., ▲ *KNOCKDOWN n.m.* [nɔkdawn] (de l'angl. *to knock down*, faire tomber à terre). État d'un boxeur envoyé à terre, mais qui n'est pas encore mis hors de combat.

KNOCK-OUT n.m. inv., ▲ *KNOCKOUT n.m.* [nɔkawt] (de l'angl. *to knock out*, assommer). Mise hors de combat d'un boxeur resté au moins dix secondes à terre ; état de ce boxeur. Abrév. **K.-O.** ◆ **adj. inv.** Assommé : *Le coup l'a mis knock-out.* Abrév. **K.-O.**

KNOUT [knut] **n.m.** (mot russe). **1.** En Russie, fouet constitué de plusieurs lanières de cuir. **2.** Châtiment corporel qui consistait à frapper le dos de qqn avec ce fouet.

K.-O. [kao] **n.m.** et **adj.** (abrév.). Knock-out. ◆ **adj.** Fam. Épuisé par un effort ou étourdi par un choc.

KOALA n.m. (mot d'une langue indigène d'Australie). Mammifère marsupial de l'Australie orientale, arboricole, à allure d'ourson, se nourrissant exclusivement de feuilles d'eucalyptus. ➲ Famille des phascolarctidés.

KOB ou **COB n.m.** (mot wolof). Antilope des marais de l'Afrique subsaharienne, au poil mi-long et rude, excellente nageuse. ➲ Famille des bovidés.

KOBOLD [kɔbɔld] **n.m.** (all. *Kobold*). Génie familier de la mythologie germanique.

KOCH [kɔk] **(BACILLE DE) n.m.** Bactérie responsable de la tuberculose.

KODIAK n.m. (du n. d'une île de l'Alaska). Ours brun d'une sous-espèce de l'Alaska, le géant des carnivores actuels (3,50 m de long, 800 kg).

KOHOL n.m. → **KHÔL.**

KOINÈ [kɔjnɛ] **n.f.** (du gr. *koinos*, commun). **1.** Langue commune à tout le monde grec à l'époque hellénistique et romaine. **2.** Toute langue commune se superposant à un ensemble de dialectes sur une aire géographique donnée.

KOLA ou **COLA n.m.** (mot soudanais). **1.** Kolatier. **2.** Fruit du kolatier (aussi appelé *noix de kola*), contenant des alcaloïdes stimulants.

KOLATIER ou **COLATIER n.m.** Arbre originaire d'Afrique, qui produit le kola (SYN. **kola**). ➲ Famille des sterculiacées.

KOLINSKI [kɔlɛ̃ski] **n.m.** (mot russe). Fourrure d'une martre de Sibérie que l'on peut employer, teinte, pour imiter la zibeline.

KOLKHOZ ou **KOLKHOZE n.m.** (mot russe). **HIST.** En URSS, coopérative agricole de production qui avait la jouissance de la terre qu'elle occupait et la propriété collective des moyens de production.

KOLKHOZIEN, ENNE adj. et **n.** Relatif à un kolkhoz ; membre d'un kolkhoz.

KOMMANDANTUR [-tur] ou [-tyr] **n.f.** (all. *Kommandantur*). **HIST.** Commandement militaire local en région occupée par les Allemands, lors des deux guerres mondiales. ▪ **La Kommandantur,** service d'un commandement allemand ; bâtiment abritant ce service.

KOMSOMOL [kɔmsɔmɔl] **n.** (mot russe). **HIST.** Membre d'une organisation de masse soviétique (le *Komsomol*) chargée de former la jeunesse dans l'esprit du communisme.

KONDO n.m. (mot jap.). Bâtiment principal d'un ensemble monastique bouddhique, au Japon, qui abrite l'image du Bouddha ou du bodhisattva.

KONZERN [kɔ̃zɛrn] ou [kɔntsɛrn] **n.m.** (all. *Konzern*). Groupement d'entreprises liées entre elles par des participations financières croisées.

KOP [kɔp] **n.m.** (de l'afrikaans *Spion Kop*, colline d'où l'on espionne, par allus. à une bataille de la guerre des Boers). Dans un stade, tribune où se rassemblent les supporteurs d'un club de football ; ces supporteurs : *Le kop de Liverpool.* ➲ Le kop est souvent situé derrière les buts.

KOPECK n.m. (russe *kopejka*). Monnaie divisionnaire russe valant 1/100 de rouble. ▪ **Pas un kopeck** [fam.], pas un sou.

KORA n.f. (mot mandingue). Harpe-luth à 21 cordes, originaire d'Afrique de l'Ouest.

KORÊ ou **CORÉ n.f.** (du gr. *korê*, jeune fille). Statue de jeune fille debout, typique de l'art grec archaïque, sculptée jusqu'au tout début du Ve s. av. J.-C.

✎ Pluriel savant : ***korai.***

▲ **korê** en marbre (530 av. J.-C.) provenant de l'Acropole. (Musée de l'Acropole, Athènes.)

KORITÉ n.f. (mot wolof). Afrique. Fête musulmane qui marque la fin du jeûne du ramadan.

KORRIGAN, E n. (mot breton). Nain ou fée des légendes bretonnes, tantôt bienveillants, tantôt malveillants.

KORSAKOFF (SYNDROME DE) n.m. Affection neurologique caractérisée par une amnésie antérograde avec fabulations, souvent associée à une polynévrite des membres inférieurs.

KOSOVAR, E [kɔsɔ-], **KOSOVIEN, ENNE** [kɔsɔ-] ou **KOSSOVIEN, ENNE adj.** et **n.** Du Kosovo ; de ses habitants.

KOT [kɔt] **n.m.** (mot néerl. « chambre »). Belgique. **1.** Chambre d'étudiant. **2.** Débarras. (Dans ce sens, on emploie aussi *kotch* ou *kotje* [kɔtʃ].)

KOTO n.m. (mot jap.). Cithare japonaise sur table, à 13 cordes en soie possédant chacune leur chevalet.

KOUBBA n.f. (ar. *qubba*). Monument élevé sur la tombe d'un marabout, en Afrique du Nord.

KOUDOU ou **COUDOU n.m.** Grande antilope de l'Afrique subsaharienne, à la robe fauve rayée de fines bandes blanches verticales, et dont le mâle possède de longues cornes spiralées. ➲ Famille des bovidés.

KOUGLOF [kuglɔf] **n.m.** (mot alsacien, de l'all. *Kugel*, boule). Brioche alsacienne aux raisins secs, en forme de couronne.

KOUIGN-AMANN n.m. inv., ▲ *KOUIGNAMANN n.m.* [kwiɲaman] (mot breton « gâteau au beurre »). Galette riche en beurre et en sucre, caramélisée sur le dessus. ➲ Spécialité bretonne.

KOULAK n.m. (mot russe). **HIST.** Paysan enrichi de la Russie de la fin du XIXe s. et du début du XXe s. ➲ En 1930-1931, Staline entreprit la liquidation de cette classe sociale.

KOULIBIAC n.m. (russe *koulebiaka*). Pâté brioché et farci de poisson, de viande, de chou, etc. ➲ Cuisine russe.

KOUMYS ou **KOUMIS** [kumis] **n.m.** (mot tatar). Boisson fermentée, fabriquée par les nomades de l'Asie centrale à partir de lait de jument, de chamelle ou de vache.

KOURGANE n.m. (turc *kurgan*). **ARCHÉOL.** En Russie, tumulus abritant des sépultures collectives, utilisé dès la fin du néolithique.

KOUROS ou **COUROS** [-rɔs] **n.m.** (du gr. *kouros*, jeune homme). Statue grecque archaïque représentant un jeune homme nu.

✎ Pluriel savant : ***kouroi.***

KOWEÏTIEN, ENNE [kowɛtjɛ̃, ɛn] **adj.** et **n.** Du Koweït ; de ses habitants.

KRAAL [kral] **n.m.** (mot néerl.). Enclos pour le bétail, dans les villages d'Afrique australe.

KRACH [krak] **n.m.** (de l'all. *Krach*, débâcle). **1.** Effondrement des cours des valeurs ou des marchandises, à la Bourse. **2.** Débâcle financière d'une entreprise.

KRAFT adj. (de l'all. *Kraft*, force). ▪ **Papier kraft,** ou **kraft, n.m.,** papier d'emballage très résistant fabriqué avec de la pâte kraft écrue ou blanchie. ▪ **Pâte kraft,** pâte chimique, de résistance mécanique élevée.

KRAK n.m. (ar. *karāk*). **HIST.** Ensemble fortifié construit aux XIIe-XIIIe s. par les croisés, en Palestine et en Syrie.

KRAKEN [krakɛn] **n.m.** (mot norv.). Monstre marin des légendes scandinaves, génér. représenté sous la forme d'un poulpe géant.

KREMLIN [krɛmlɛ̃] **n.m.** (du russe *kreml*, citadelle). **HIST.** Partie centrale et fortifiée des villes russes anciennes. ▪ **Le Kremlin,** v. partie n.pr.

KREMLINOLOGUE n. Observateur de la politique soviétique, et auj. russe, cherchant à tirer au clair les intrigues et les luttes pour le pouvoir qui se déroulent au Kremlin.

KREUZER [krøtzɛr] ou [-dzɛr] **n.m.** (all. *Kreuzer*, de *Kreuz*, croix). **NUMISM.** Ancienne monnaie d'Autriche-Hongrie, qui valait 1/100 de florin.

KRIEK [krik] **n.f.** Belgique. Gueuze aromatisée à la cerise.

KRILL [kril] **n.m.** (norv. *kril*). Plancton des mers froides, formé de petits crustacés (essentiellement *Euphausia superba*) transparents, et qui constitue la nourriture principale des baleines.

KRISHNAÏSME [kriʃnaism] **n.m.** Dans l'hindouisme, mouvement de dévotion populaire centré sur la personne de Krishna et sur l'évocation de ses exploits, relatés dans le *Mahabharata*.

KRISS ou **CRISS** [kris] **n.m.** (malais *kris*). Poignard malais à lame ondulée en forme de flamme.

KRONPRINZ [krɔnprints] **n.m.** (mot all.). **HIST.** Titre du prince héritier, en Allemagne et en Autriche. ▪ **Le Kronprinz,** v. partie n.pr.

KRYPTON **n.m.** (du gr. *kruptos*, caché). **1.** Gaz rare de l'atmosphère, utilisé dans certaines ampoules électriques. **2.** Élément chimique (Kr), de numéro atomique 36, de masse atomique 83,80.

KSAR **n.m.** (pl. *ksour*), ▲ *(pl. ksars)* [ar. *qṣar*]. Village fortifié de l'Afrique du Nord.

KSHATRIYA ou **KSATRIYA** [kʃatrija] **n.m. inv.** (sanskr. *kṣatriya*). Deuxième des quatre castes de la société hindoue, constituée par les nobles et les guerriers.

KSI ou **XI** [ksi] **n.m. inv.,** ▲ *n.m.* Quatorzième lettre de l'alphabet grec (Ξ, ξ), correspondant à l'*x* français.

KUFIQUE **n.m.** et **adj.** → **COUFIQUE.**

KUIPER (CEINTURE DE) **n.f.** Zone circulaire aplatie du Système solaire, située au-delà de l'orbite de Neptune, occupée par des petits astres (planètes naines, astéroïdes, comètes).

KUMMEL **n.m.** (de l'all. *Kümmel*, cumin). Liqueur d'origine russe, à base de cumin, appréciée pour ses qualités digestives.

KUMQUAT [kumkwat] **n.m.** (mot chin., par l'angl.). **1.** Arbuste voisin du mandarinier, cultivé pour ses petits fruits comestibles et pour l'ornement. ➲ Famille des rutacées. **2.** Son fruit, consommé confit.

KUNG-FU [kuŋfu] **n.m. inv.** (mot chin.). Art martial chinois, assez proche du karaté.

KURDE **adj.** et **n.** Relatif aux Kurdes ; relatif au Kurdistan. ◆ **n.m.** Langue du groupe iranien parlée par les Kurdes.

KURU [kuru] **n.m.** (mot de Nouvelle-Guinée). **MÉD.** Encéphalopathie due à un prion, qui affectait certaines populations de Nouvelle-Guinée pratiquant le cannibalisme (notamm. l'ingestion rituelle du cerveau des défunts).

KWA [kwa] **n.m.** Groupe de langues nigéro-congolaises parlées dans l'Afrique de l'Ouest.

KWAS [kvas] ou **KVAS** **n.m.** (russe *kvas*). Boisson alcoolique d'origine russe, obtenue à partir de farine d'orge ou de seigle fermentée.

KWASHIORKOR [kwaʃjɔrkɔr] **n.m.** (mot du Ghana). Dénutrition grave par carence en protéines, observée chez les enfants du tiers-monde.

K-WAY [kawɛ] **n.m.** (nom déposé). Coupe-vent qui, replié dans une poche prévue à cet effet, peut être porté à la ceinture.

KYAT [kjat] **n.m.** Unité monétaire principale de la Birmanie.

KYRIE ou **KYRIE ELEISON** [kirije(elejsɔn)] **n.m. inv.** (du gr. *Kurie*, Seigneur, et *eleêson*, aie pitié). **1.** Invocation grecque en usage dans la liturgie romaine et dans de nombreuses liturgies chrétiennes orientales. **2.** Musique composée sur cette invocation liturgique.

KYRIELLE **n.f.** (de *Kyrie*). Longue suite ininterrompue : *Une kyrielle de critiques.*

KYSTE **n.m.** (du gr. *kustis*, vessie). **1. MÉD.** Cavité pathologique à contenu génér. liquide ou semi-liquide, entourée d'une paroi propre. **2. BIOL.** Forme de résistance ou de dissémination de certains organismes vivants (protistes, champignons), à paroi épaisse et protectrice. **3. ZOOL.** Formation noduleuse apparaissant dans les tissus d'un animal, en réaction à la présence d'un parasite, et dans laquelle ce dernier demeure en vie ralentie : *Kyste hydatique de l'échinocoque.*

KYSTIQUE **adj.** **MÉD.** Relatif aux kystes ; de la nature des kystes.

KYUDO [kjudo] **n.m.** (mot jap.). Tir à l'arc japonais.

locomotive

litchi

loup

L **n.m. inv.** Douzième lettre de l'alphabet et la neuvième des consonnes. ➲ *L* note la consonne latérale. ■ **L,** notation de 50, dans la numération romaine.

1. LA art. déf. fém. sing. et **pron. pers. fém. sing.** → **LE.**

2. LA n.m. inv. Note de musique, sixième degré de la gamme de do. ■ **Donner le « la »,** donner l'exemple sur lequel les autres modèlent leur comportement ; servir d'exemple.

LÀ adv. (lat. *illac*). **1.** Indique un lieu autre que celui où l'on se trouve (par oppos. à *ici*). **2.** Indique un lieu précis ou le lieu où l'on est, dans la langue cour. : *C'est là que j'habite.* **3.** Indique un moment, une situation, un point précis dans le temps : *Là, je renonce.* **4.** Indique un renforcement de l'énoncé : *Que dis-tu là ?* **5.** Se place avec un trait d'union à la suite des pronoms démonstratifs et des noms précédés eux-mêmes de l'adj. dém. *ce (cet, cette, ces),* pour rendre la désignation plus précise : *Cette fille-là. Celle-là.* **6.** Se place avant quelques adverbes de lieu : *Là-dessus. Là-bas.* ■ **De là,** de ce lieu-là ; pour cette raison. ■ **De là à,** il s'en faut de beaucoup que : *Je l'aime bien, mais de là à l'épouser...* ■ **Par là,** par ce lieu ; dans les environs. ◆ **interj.** ■ **Là, là !,** sert de parole apaisante, consolatrice : *Là, là ! calme-toi.*

LABANOTATION n.f. DANSE. Système de notation chorégraphique élaboré par Rudolf von Laban (appelé aussi *cinétographie*).

LABARUM [-rɔm] **n.m.** (mot lat.). **HIST.** Étendard impérial sur lequel l'empereur Constantin Ier aurait fait mettre, après sa victoire sur Maxence (312), une croix et le monogramme du Christ.

LÀ-BAS adv. En un lieu situé plus bas ou plus loin.

LABBE n.m. (mot suédois). **ORNITH.** Stercoraire.

LABDANUM ou **LADANUM** [-nɔm] **n.m.** (gr. *ladanon*). Gomme-résine extraite d'un ciste, utilisée en parfumerie.

LABEL [labɛl] **n.m.** (mot angl. « étiquette »). **1.** Marque distinctive créée par un syndicat professionnel et apposée sur un produit destiné à la vente, pour en certifier l'origine, en garantir la qualité et la conformité avec les normes de fabrication. **2.** Signe, marque sous lesquels se présente qqn, qqch : *Candidat qui se présente sous le label écologique.* **3.** Société éditrice de disques ; marque déposée par cette société.

LABELLE n.m. (du lat. *labellum,* petite lèvre). **BOT.** Pétale supérieur de la corolle des orchidées.

LABELLISATION ou **LABÉLISATION n.f.** Action de labelliser ; fait d'être labellisé.

LABELLISER ou **LABÉLISER v.t. [3].** Attribuer un label à : *Labelliser un fromage.*

LABEUR n.m. (lat. *labor*). **1.** Litt. Travail pénible et prolongé. **2. IMPRIM.** Ouvrage de longue haleine (par oppos. à *bilboquet*). ■ **Imprimerie de labeur,** imprimerie spécialisée dans les labeurs (par oppos. à *imprimerie de presse*).

LABIAL, E, AUX adj. (du lat. *labium,* lèvre). Relatif aux lèvres. ■ **Consonne labiale,** ou **labiale, n.f.** [phon.], consonne dont l'articulation principale consiste en un arrondissement des lèvres (bilabiales [p], [b], [m] ; labiodentales [f], [v]).

LABIALISER v.t. [3]. PHON. Prononcer un phonème en arrondissant les lèvres.

LABIÉ, E adj. BOT. Se dit d'une corolle gamopétale, dont les pétales soudés forment le plus souvent deux lèvres proéminentes.

LABIÉE n.f. (du lat. *labium,* lèvre). Dicotylédone, à fleurs zygomorphes souvent parfumées, telle que le lamier, la sauge, la menthe, le thym (SYN. **lamiacée**). ➲ Les labiées forment une famille.

LABILE adj. (du bas lat. *labilis,* glissant). **1.** Se dit d'une substance chimique instable. **2. PSYCHOL.** Se dit d'une humeur changeante. **3. MÉD.** Variable d'un moment à l'autre : *Tension artérielle labile.*

LABILITÉ n.f. 1. Caractéristique d'un système chimique qu'une barrière d'énergie faible laisse évoluer vers un autre état (par oppos. à *inertie*). ➲ La nitroglycérine est labile vis-à-vis de sa décomposition explosive en azote, CO_2 et H_2O. **2. PSYCHOL.** Caractère d'une humeur labile.

LABIODENTAL, E, AUX adj. et **n.f. PHON.** Se dit d'une consonne réalisée avec la lèvre inférieure et les incisives supérieures (ex. : [f], [v]).

LABIUM [labjɔm] **n.m.** (mot lat. « lèvre »). Pièce inférieure de l'appareil buccal des insectes.

LABO n.m. (abrév.). Fam. Laboratoire.

LABORANTIN, E n. Personne employée dans un laboratoire d'analyses ou de recherches.

LABORATOIRE n.m. (du lat. *laborare,* travailler). **1.** Local aménagé pour faire des recherches scientifiques, des analyses biologiques, des essais industriels, des travaux photographiques, etc. Abrév. (fam.) **labo. 2.** Ensemble de chercheurs effectuant dans un lieu déterminé un programme de recherches. **3.** Fig. Lieu où qqch semble être en train de s'élaborer : *Ce quartier est un laboratoire de l'innovation urbaine.* ■ **Laboratoire de langue(s),** salle insonorisée permettant à l'étudiant de se livrer à la pratique orale de la langue à l'aide d'un support numérique sur lequel est enregistré un modèle d'enseignement. ■ **Laboratoire d'idées,** recomm. off. pour **think tank.** ■ **Laboratoire (pharmaceutique),** entreprise qui crée, fabrique et commercialise des médicaments.

LABORIEUSEMENT adv. Avec peine ; difficilement.

LABORIEUX, EUSE adj. et **n.** (lat. *laboriosus,* de *labor,* travail). Qui travaille beaucoup, assidûment. ◆ **adj. 1.** Qui coûte beaucoup de travail, d'efforts : *Une enquête laborieuse* ; qui se fait difficilement : *Digestion laborieuse.* **2.** Qui manque de spontanéité, de vivacité : *Plaisanterie laborieuse.*

LABOUR n.m. Travail agricole consistant à labourer le sol. ◆ **n.m. pl.** Terres labourées.

LABOURABLE adj. Propre à être labouré ; cultivable : *Terres labourables.*

LABOURAGE n.m. Action, manière de labourer la terre.

LABOURER v.t. [3] (du lat. *laborare,* travailler). **1.** Ouvrir et retourner la terre avec la charrue, afin de l'ameublir et d'enfouir ce qu'elle porte en surface. **2.** Creuser profondément, déformer le sol : *Les pneus du tracteur ont labouré le chemin.* **3.** Fig. Marquer une partie du corps de raies, de stries profondes : *Les griffes du chat m'ont labouré les mains.*

LABOUREUR n.m. 1. Vieilli. Celui qui laboure, cultive la terre. **2.** Dans la France de l'Ancien Régime, paysan qui possédait charrue et animaux de trait nécessaires pour mettre en valeur les terres qu'il louait ou dont il était propriétaire.

1. LABRADOR n.m. (de *Labrador,* n.pr.). Retriever d'une race de grande taille, à poil ras, noir ou fauve.

2. LABRADOR n.m. (de *Labrador,* n.pr.). **MINÉRALOG.** Feldspath de type plagioclase, parfois chatoyant.

1. LABRE n.m. (lat. sc. mod. *labrus*). Poisson marin des côtes rocheuses de l'Atlantique et de la Méditerranée, aux couleurs vives, comestible, dont une espèce est la *vieille.* ➲ Ordre des perciformes. ■ **Labre vert,** tourd.

2. LABRE n.m. (du lat. *labrum,* lèvre). Lèvre supérieure des insectes.

LABRIT [labri] **n.m.** (de *Labrit,* commune des Landes). Chien de berger des Pyrénées, à poil long.

LABYRINTHE n.m. (gr. *laburinthos*). **1.** (Avec une majuscule). Édifice légendaire dont le plan complexe rendait l'issue introuvable (v. partie n.pr.). **2. ARCHIT.** Composition en méandres, de plan centré, du pavement de certaines grandes églises du Moyen Âge, que les fidèles suivaient à genoux. **3.** Petit bois ou plantation de haies aux allées entrelacées de façon que l'on s'y perde facilement. **4.** Réseau compliqué de chemins où l'on a du mal à s'orienter ; dédale. **5.** Complication inextricable ; maquis : *Le labyrinthe des lois.* **6. ANAT.** Ensemble des parties qui composent l'oreille interne (limaçon ou cochlée, vestibule et canaux semi-circulaires).

LABYRINTHIQUE adj. Relatif à un labyrinthe.

LABYRINTHITE n.f. MÉD. Inflammation du labyrinthe de l'oreille interne.

LAC n.m. (lat. *lacus*). Grande étendue d'eau intérieure, génér. douce, d'origine diverse (glaciaire, volcanique, etc.). ■ **Tomber dans le lac** [fam.], n'aboutir à rien ; échouer.

LAÇAGE ou **LACEMENT n.m.** Action, manière de lacer.

LACAUNE n. et **adj.** (de *Lacaune,* n.pr.). Mouton d'une race exploitée pour le lait (fromage de Roquefort) et la viande. ➲ En France, c'est la race qui a le plus fort effectif.

LACCOLITE n.m. (du gr. *lakkos*, fosse, et *lithos*, pierre). **GÉOL.** Massif convexe de roches magmatiques résultant d'une montée de magma qui n'atteint pas la surface.

LACÉDÉMONIEN, ENNE adj. et n. De Lacédémone.

LACEMENT n.m. → **LAÇAGE.**

LACER v.t. [9] (lat. *laqueare*, de *laqueus*, lien). Fermer, maintenir avec un lacet.

LACÉRATION n.f. Action de lacérer.

LACÉRER v.t. [11], ▲ *[11*]* (lat. *lacerare*). **1.** Mettre en pièces ; déchirer : *Lacérer des affiches.* **2.** Faire des entailles dans la peau : *Le fouet lui lacéra le dos.*

LACERIE n.f. Procédé de vannerie employé pour fabriquer de petites corbeilles en osier fin.

LACERTILIEN n.m. (du lat. *lacertus*, lézard). Reptile squamate génér. muni de pattes, de taille et de mœurs variées, tel que le lézard, le caméléon, le varan, l'orvet (SYN. **saurien**). ➲ Les lacertiliens forment un sous-ordre.

LACET n.m. (de *lacs*). **1.** Cordon que l'on passe dans des œillets pour serrer ou fermer un vêtement, des chaussures. **2.** Série de zigzags : *Route en lacet(s).* **3.** Mouvement d'oscillation d'un avion autour d'un axe vertical *(axe de lacet)*, passant par son centre de gravité. **4.** Nœud coulant pour prendre le gibier ; lacs.

LÂCHAGE n.m. **1.** Action de lâcher qqch. **2.** Fam. Abandon d'une personne que l'on aidait ou défendait.

1. LÂCHE adj. (de *1. lâcher*). **1.** Qui n'est pas tendu, pas serré : *Câble, encolure lâches.* **2.** Litt. Qui manque de précision, de vigueur : *Règlement lâche.*

2. LÂCHE adj. et n. **1.** Qui manque de courage ; peureux. **2.** Qui manifeste de la bassesse, en s'attaquant à des êtres sans défense : *Un lâche attentat. De lâches agresseurs.*

LÂCHÉ, E adj. **BX-ARTS.** Fait avec négligence, sans fermeté : *Dessin lâché.*

LÂCHEMENT adv. Avec lâcheté.

1. LÂCHER v.t. [3] (lat. *laxare*). **1.** Cesser de tenir, de retenir qqch : *Lâcher la main de qqn. Lâcher sa proie.* **2.** Rendre qqch moins tendu : *Lâcher sa ceinture d'un cran.* **3.** Laisser échapper malgré soi une parole, un geste : *Lâcher un juron.* **4.** Abandonner une occupation, une personne : *Lâcher son travail, ses amis.* **5.** Fam. Cesser d'importuner : *Elle ne m'a pas lâché de la soirée.* **6. SPORTS.** Distancer un concurrent, un groupe de concurrents : *Lâcher le peloton.* ▪ **Lâcher pied,** abandonner une position ; céder. ◆ **v.i.** Céder brutalement ; rompre : *Le câble a lâché.* ◆ **SE LÂCHER** v.pr. Fam. Se laisser aller ; se comporter, s'exprimer sans retenue.

2. LÂCHER n.m. Action de laisser partir : *Un lâcher de ballons, de pigeons.*

LÂCHER-PRISE n.m. (pl. *lâcher-prises*). Moyen de libération psychologique consistant à se détacher du désir de maîtrise.

LÂCHETÉ n.f. **1.** Manque de courage ; couardise. **2.** Action indigne ; bassesse : *Les petites lâchetés d'un mari infidèle.*

LÂCHEUR, EUSE n. Fam. Personne qui abandonne ceux avec qui elle était engagée.

LACINIÉ, E adj. (du lat. *laciniatus*, fait de morceaux). **BOT.** Se dit d'un organe qui offre des découpures profondes et étroites, en lanières.

LACIS n.m. (de *lacer*). Réseau de fils, de vaisseaux, de routes, etc., entrelacés : *Un lacis de ruelles, de vaisseaux sanguins.*

LACONIQUE adj. (du gr. *lakônikos*, de Laconie). Qui économise les mots ; concis : *Écrivain, réponse laconiques.*

LACONIQUEMENT adv. En peu de mots.

LACONISME n.m. Façon laconique de s'exprimer ; concision.

LACQUEMANT [lakmɑ̃] n.m. Belgique. Gaufrette ovale fourrée de sirop de sucre brun aromatisé à la fleur d'oranger, qui se vend sur les champs de foire. (De nombreuses graphies de ce mot sont attestées, parmi lesquelles *lacment* et *lack(e)man*.)

LACRIMA-CHRISTI [-kristi] n.m. inv. (mots lat. « larme du Christ »). Vin provenant des vignes cultivées au pied du Vésuve ; cépage qui le produit.

LACRYMAL, E, AUX adj. (lat. *lacrimalis*, de *lacrima*, larme). Relatif aux larmes.

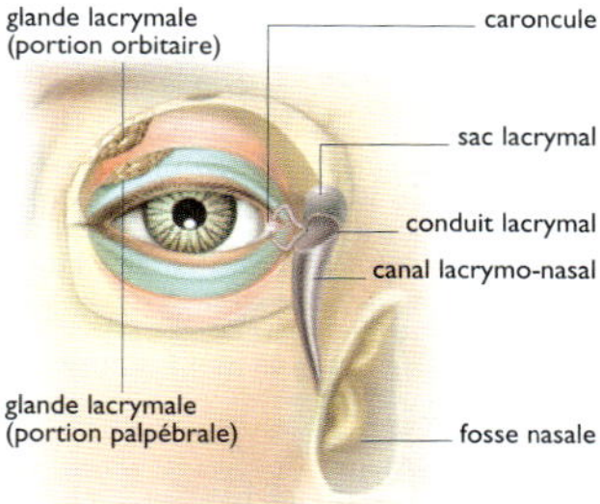

▲ **lacrymal.** Appareil lacrymal.

LACRYMOGÈNE adj. Qui fait pleurer : *Gaz lacrymogène.*

LACRYMO-NASAL, E, AUX, ▲ *LACRYMONASAL, E, AUX* adj. ▪ **Canal lacrymo-nasal,** conduit reliant le sac lacrymal aux fosses nasales.

LACS [lɑ] n.m. (lat. *laqueus*). **1.** Nœud coulant pour prendre du gibier ; lacet. **2.** Ruban de toile solide employé pour exercer une traction lors d'une fracture ou d'une luxation.

LACTAIRE n.m. (du lat. *lac, lactis*, lait). Champignon basidiomycète des bois, à chapeau souvent déprimé et à lamelles, dont la chair brisée laisse écouler un lait blanc ou coloré. ➲ Beaucoup d'espèces sont comestibles ; d'autres sont à rejeter en raison de leur âcreté. Ordre des astéroporales.

LACTALBUMINE n.f. Albumine du lait.

LACTAME n.m. **CHIM. ORG.** Amide interne cyclique souvent formé par élimination d'eau à partir d'un aminoacide (nom générique).

LACTARIUM [-rjɔm] n.m. (mot lat.). Centre de collecte et de distribution du lait maternel.

LACTASE n.f. **PHYSIOL.** Enzyme de la muqueuse intestinale, qui hydrolyse le lactose du lait en glucose et en galactose.

LACTATE n.m. **CHIM. ORG.** Sel de l'acide lactique.

LACTATION n.f. (du lat. *lactare*, allaiter). Sécrétion et excrétion du lait.

LACTÉ, E adj. (du lat. *lacteus*, laiteux). **1.** Qui est à base de lait : *Produit, régime lacté.* **2.** Qui contient du lait : *Farine lactée.* **3.** Qui ressemble au lait : *Suc lacté.* ▪ **La Voie lactée,** bande blanchâtre, floue, irrégulière, qui fait le tour complet de la sphère céleste. ➲ C'est la trace dans le ciel du disque de la Galaxie ; elle doit son aspect à la multitude d'étoiles qui la composent.

LACTÉAL, E, AUX adj. Relatif aux dents de lait : *Dentition lactéale.*

LACTESCENCE n.f. Litt. Caractère d'un liquide qui ressemble au lait.

LACTESCENT, E adj. (du lat. *lactescens*, qui devient laiteux). **1. BOT.** Qui contient un suc laiteux, un latex blanc. **2.** Qui est d'un blanc laiteux.

LACTIFÈRE adj. **ANAT.** Se dit d'un canal qui conduit le lait.

LACTIQUE adj. **CHIM.** Se dit d'un acide-alcool H_3C—CHOH—COOH, qui apparaît lors de la fermentation des hexoses, et lors de la décomposition du glycogène pendant la contraction musculaire. ▪ **Ferments, bactéries lactiques,** ensemble des bacilles isolés de divers produits laitiers, qui transforment les hexoses en acide lactique. ➲ Ils sont utilisés contre la diarrhée.

LACTODENSIMÈTRE n.m. Pèse-lait.

LACTOFLAVINE n.f. (du lat. *lac, lactis*, lait, et *flavus*, jaune). Riboflavine. (SYN. **vitamine B2**).

LACTONE n.f. **CHIM. ORG.** Ester cyclique, fourni par certains acides-alcools, et dont le groupe fonctionnel fait partie d'un cycle (nom générique).

LACTOSE n.m. **CHIM. ORG.** Sucre (molécule à 12 atomes de carbone) contenu dans le lait, et se dissociant en glucose et en galactose.

LACTOSÉRUM [-rɔm] n.m. Liquide jaune pâle séparé du caillé lors de la fabrication du fromage (SYN. **sérum**).

LACUNAIRE adj. **1.** Qui comporte des lacunes : *Exposé lacunaire.* **2. MÉD.** Qui présente des lacunes ; qui est dû à des lacunes : *Syndrome lacunaire.* ▪ **Amnésie lacunaire** [méd.], oubli portant sur une ou plusieurs périodes bien circonscrites de la vie passée.

LACUNE n.f. (du lat. *lacuna*, cavité). **1.** Ce qui manque pour compléter une chose : *Il a beaucoup de lacunes en géographie.* **2.** Interruption dans un texte : *Le texte retrouvé comporte des lacunes.* **3.** Vx. Espace vide dans l'intérieur d'un corps. **4. GÉOL.** Absence d'un niveau géologique dans une série stratigraphique. **5. MÉD.** Petite perte de substance dans un organe, par destruction locale : *Lacune cérébrale.*

LACUNEUX, EUSE adj. Litt. Qui comporte des lacunes. ▪ **Tissu lacuneux** [bot.], situé sous l'épiderme des feuilles de dicotylédones, plus ou moins alvéolé et où ont lieu les échanges gazeux.

LACUSTRE adj. (lat. *lacustris*, de *lacus*, lac). Qui vit sur les bords ou dans les eaux d'un lac : *Faune lacustre.* ▪ **Village lacustre,** village construit ou non sur pilotis, en bordure ou à proximité d'un lac. (Autref., on disait *cité lacustre*, ou *palafitte*.)

LAD [lad] n.m. (mot angl.). Garçon d'écurie qui soigne les chevaux de course.

LADANG [ladɑ̃g] n.m. En Indonésie, culture temporaire semi-nomade sur brûlis.

LADANUM n.m. → **LABDANUM.**

LÀ-DEDANS adv. → **1. DEDANS.**

LÀ-DESSOUS adv. → **1. DESSOUS.**

LÀ-DESSUS adv. → **1. DESSUS.**

LADIN n.m. (du lat. *latinus*, latin). Dialecte rhéto-roman parlé dans le Tyrol du Sud.

LADINO n.m. (mot esp.). Forme du castillan parlée dans les Balkans, en Afrique du Nord et au Proche-Orient par les descendants des Juifs expulsés d'Espagne en 1492 (SYN. **judéo-espagnol**).

LADITE adj.f. → **1. DIT.**

1. LADRE adj. et n. (lat. *Lazarus*, n. du pauvre couvert d'ulcères dans la parabole de saint Luc). **1.** Litt. Avare. **2.** Vx. Lépreux. **3. VÉTÉR.** Se dit du porc ou du bœuf qui a des cysticerques de ténia dans les muscles ou sous la langue.

2. LADRE n.m. ▪ **Taches de ladre,** parties de la peau du cheval dépourvues de pigment, rosâtres, dégarnies de poils autour des yeux, des naseaux et des parties génitales.

LADRERIE n.f. **1.** Litt. Avarice. **2.** Vx. Lèpre ; hôpital où l'on recevait les lépreux. **3. VÉTÉR.** Maladie du porc ou du bœuf ladre.

LADY [lɛdi] n.f. (pl. *ladys* ou *ladies*) [mot angl.]. Femme de haut rang, en Angleterre.

LACS : LES PRINCIPALES ÉTENDUES D'EAU DOUCE

nom	région	superficie
lac Supérieur	Amérique du Nord	82 700 km²
lac Victoria	Afrique équatoriale	68 100 km²
lac Huron	Amérique du Nord	59 800 km²
lac Michigan	Amérique du Nord	58 300 km²
lac Tanganyika	Afrique orientale	31 900 km²
lac Baïkal	Sibérie	31 500 km²
Grand lac de l'Ours	Amérique du Nord	31 100 km²
lac Malawi	Afrique orientale	30 800 km²
Grand lac des Esclaves	Amérique du Nord	28 930 km²

LAFFER (COURBE DE) n.f. Courbe représentant la relation entre l'augmentation des prélèvements obligatoires et les recettes fiscales, et montrant que celles-ci diminuent au-delà d'un certain seuil d'imposition.

LAGOMORPHE n.m. (du gr. *lagôs*, lièvre). Mammifère herbivore, différent des rongeurs par la présence de 4 incisives supérieures au lieu de 2, tel que le lièvre et le lapin. ➲ Les lagomorphes forment un ordre.

▲ **lagomorphes**

LAGON [lagɔ̃] **n.m.** (mot esp.). Étendue d'eau peu profonde à l'intérieur d'un atoll, ou fermée vers le large par un récif corallien.

LAGOPÈDE n.m. (du gr. *lagôpous, -podos*, aux pieds de lièvre). Gallinacé des hautes montagnes et du nord de l'Europe. ➲ Famille des tétraonidés.

▲ **lagopède** des Alpes.

LAGOTRICHE n.m. (du gr. *lagôs*, lièvre, et *thrix, thrikhos*, poil). Singe de l'Amérique du Sud, appelé aussi *singe laineux*. ➲ Famille des cébidés.

LAGUIOLE [lajɔl] **n.m.** (de *Laguiole*, n.pr.). Fromage AOC voisin du cantal, fabriqué dans l'Aubrac.

LAGUIOLE n.m. (nom déposé). Couteau de poche à manche légèrement recourbé et à lame allongée.

LAGUIS [lagi] **n.m.** MAR. Cordage terminé par un nœud qui se serre par le seul poids du corps qu'il entoure.

LAGUNAGE n.m. AGRIC. Opération d'épuration des eaux résiduaires ou des lisiers, consistant à les laisser séjourner dans de grands bassins.

LAGUNAIRE adj. Relatif aux lagunes.

LAGUNE n.f. (ital. *laguna*). Étendue d'eau marine retenue derrière un cordon littoral.

LAHAR n.m. (mot javanais). Coulée boueuse de flanc de volcan, aux effets parfois catastrophiques.

LÀ-HAUT adv. **1.** En un lieu situé plus haut ; au-dessus. **2.** Au ciel ; dans la vie future (par oppos. à *ici-bas*).

1. LAI [lɛ] **n.m.** (de l'irlandais *laid*, chant). LITTÉR. Au Moyen Âge, petit poème narratif ou lyrique en octosyllabes à rimes plates.

2. LAI, E adj. (lat. *laicus*). ▪ **Frère lai, sœur laie,** religieux, religieuse appartenant à un ordre ou une congrégation qui observe la règle tout en conservant un statut laïque.

LAÏC adj.m. et n.m. → **LAÏQUE.**

LAÏCAT n.m. Ensemble des laïcs dans l'Église catholique.

LAÎCHE, ▲ *LAICHE* **n.f.** (bas lat. *lisca*). Monocotylédone vivace des zones humides, aux longues tiges de section triangulaire, et aux feuilles à bords coupants (SYN. **carex**). ➲ Famille des cypéracées.

LAÏCISATION n.f. Action de laïciser.

LAÏCISER v.t. [3]. **1.** Rendre laïque. **2.** Soustraire à l'autorité religieuse ; organiser selon les principes de la laïcité. ◆ **SE LAÏCISER** v.pr. Devenir laïque.

LAÏCISME n.m. Doctrine des partisans de la laïcisation des institutions.

LAÏCITÉ n.f. **1.** Caractère de ce qui est laïque, indépendant des conceptions religieuses ou partisanes. **2.** Système qui exclut les Églises de l'exercice du pouvoir politique ou administratif, et en partic. de l'organisation de l'enseignement public.

> ➲ Après avoir institué la séparation des Églises et de l'État dans la loi de 1905, la France a affirmé la **LAÏCITÉ** de la République dans sa Constitution en 1946, puis en 1958, principe qui implique la neutralité confessionnelle de l'État, la protection de la liberté de conscience, de la liberté de culte et du pluralisme religieux.

LAID, E adj. (du francique). **1.** Dont l'aspect heurte le sens esthétique, l'idée que l'on a de la beauté : *Figurines, maisons très laides.* **2.** Qui s'écarte de ce que l'on pense être moral, honnête : *C'est laid de trahir.* ◆ **n.m.** Ce qui est laid, inesthétique.

LAIDEMENT adv. De façon déplaisante ou vile.

LAIDERON n.m. Jeune fille laide.

> ✎ Le féminin ***laideronne*** est rare.

LAIDEUR n.f. **1.** Caractère de ce qui est laid : *La laideur d'un monument, d'un corps.* **2.** Caractère de ce qui est bas, vil : *La délation dans toute sa laideur.*

LAIE n.f. (francique **lêha*). Femelle du sanglier.

LAIMARGUE n.f. (du gr. *laimargos*, vorace). Requin du Groenland à chair toxique, chassé par les Inuits pour son huile et son cuir (SYN. **2. dormeur**). ➲ Famille des squalidés.

1. LAINAGE n.m. **1.** Étoffe, vêtement de laine. **2.** Toison des moutons.

2. LAINAGE n.m. TEXT. Opération qui donne aux tissus de laine et de coton un aspect pelucheux et doux.

LAINE n.f. (lat. *lana*). **1.** Fibre à croissance continue provenant de la toison des moutons et utilisée comme matière textile ; fibre d'origine animale (alpaga, chameau, lapin angora, etc.) ; fil à tricoter obtenu à partir de ces fibres : *Laine en pelote, en écheveau.* **2.** Fam. Vêtement de laine tricoté ; lainage : *Mettre une (petite) laine.* **3.** BOT. Duvet qui recouvre certaines plantes. ▪ **Laine à tricoter,** en pelote ; en écheveau. ▪ **Laine bouillie,** qui, après avoir été filée et tissée, ou tricotée, est feutrée par chauffage. ➲ Elle est ainsi plus dense et plus imperméable. ▪ **Laine crue,** qui n'est pas apprêtée. ▪ **Laine minérale,** matériau à base de fibres minérales, ayant plus ou moins l'aspect de la laine, et utilisé comme isolant calorifique. ➲ On distingue, selon la provenance, la *laine de verre*, la *laine de laitier* et la *laine de roche*. ▪ **Pure laine** [Québec], qui descend en droite ligne des premiers colons venus de France : *Une Québécoise pure laine* ; qui est de souche ; qui est représentatif de sa communauté d'origine : *Un Américain pure laine.* ▪ **Se laisser manger la laine sur le dos** [fam.], se laisser dépouiller.

> ➲ La **LAINE** est l'un des textiles les plus anciennement connus en Europe. Elle peut être transformée en étoffe sans le recours à la filature ni au tissage. Certains traitements la rendent irrétrécissable.

LAINÉ, E adj. ▪ **Peau lainée,** peausserie ayant conservé sa laine ; vêtement fait dans cette peausserie.

LAINER v.t. [3]. TEXT. Opérer le lainage d'une étoffe.

LAINEUSE n.f. Machine utilisée pour lainer les tissus.

LAINEUX, EUSE adj. **1.** Qui est fait de laine épaisse. **2.** Qui a l'apparence de la laine : *Cheveux laineux.* **3.** Se dit d'une plante couverte de poils fins.

1. LAINIER, ÈRE adj. Relatif à la laine : *L'industrie lainière.*

2. LAINIER, ÈRE n. **1.** Industriel de la laine. **2.** Professionnel qui travaille dans l'industrie lainière.

LAÏQUE ou **LAÏC, LAÏQUE** adj. et n. (lat. ecclés. *laicus*, du gr. *laikos*, du peuple). **1.** Qui n'appartient pas au clergé. **2.** Relatif à la laïcité ; qui en est partisan. ◆ **adj. 1.** Indépendant des organisations religieuses : *État, autorités laïques.* **2.** Qui est étranger à la religion, au sentiment religieux : *Mythe laïque.* ▪ **École laïque,** école publique organisée selon les règles et les valeurs de la laïcité, avec obligation de neutralité sur le plan confessionnel.

LAIRD [lɛrd] **n.m.** (var. écossaise de *lord*). Grand propriétaire foncier, en Écosse.

LAIS [lɛ] **n.m. pl.** (de *laisser*). DR. Terrains que la mer, en se retirant, laisse à découvert et qui appartiennent au domaine public.

1. LAISSE n.f. (de *laisser*). Corde, lanière servant à mener un chien. ▪ **Tenir qqn en laisse,** l'empêcher d'agir librement.

2. LAISSE n.f. Suite de vers qui constitue une section d'un poème médiéval ou d'une chanson de geste.

3. LAISSE n.f. OCÉANOL. Ligne constituée de goémons et de débris abandonnés par la mer sur le rivage à marée basse.

LAISSÉES n.f. pl. VÉNER. Excréments du sanglier, du loup ou de l'ours.

LAISSÉ-POUR-COMPTE, LAISSÉE-POUR-COMPTE n. (pl. *laissés-, laissées-pour-compte*). Personne rejetée par un groupe social ou marginalisée parce qu'elle n'a pu s'adapter aux mutations du monde. ◆ **n.m.** Marchandise dont on a refusé de prendre livraison.

LAISSER v.t. [3] (du lat. *laxare*, relâcher). **1.** Ne pas prendre, employer ou consommer qqch dont on pourrait disposer : *Il a laissé la moitié de son dessert.* **2.** Abandonner à qqn qqch que l'on pourrait garder : *Laisser sa place à une senior.* **3.** Remettre qqch à qqn : *Laisser sa clé à une voisine.* **4.** Abandonner involontairement ; oublier : *J'ai laissé mon écharpe chez lui.* **5.** Ne pas prendre avec soi : *Laissez vos affaires dans l'entrée.* **6.** Abandonner volontairement ; quitter : *Il a laissé femme et enfants* ; céder : *Je vous laisse le tout pour 30 euros.* **7.** Être la cause de qqch qui se forme ou qui subsiste : *La mer a laissé des algues.* **8.** Perdre : *Il y a laissé beaucoup d'argent, la vie.* **9.** Donner par testament ; léguer. **10.** Être définitivement séparé de : *Elle laisse deux enfants* ; avoir tel acquit au moment de sa mort : *Cet auteur a laissé une œuvre considérable.* **11.** Maintenir dans tel état, telle situation : *Laisser un animal en liberté. Laisser une maison à l'abandon.* **12.** (Suivi d'un inf.). Ne pas empêcher de ; permettre de : *Elle les a laissés parler. Laisser passer qqn.* ▪ **Cela laisse à penser,** donne à réfléchir. ▪ **Laisser faire, dire,** ne pas se soucier de ce que font, de ce que disent les autres. ▪ **Laisser tomber** [fam.], abandonner. ▪ **Ne pas laisser de** [litt.], ne pas manquer de : *Sa déclaration ne laisse pas d'être inquiétante.* ◆ **SE LAISSER** v.pr. **1.** Être, volontairement ou non, l'objet d'une action : *Ne te laisse pas faire.* **2.** Fam. Être agréable à, en parlant de choses : *Film qui se laisse voir.* ▪ **Se laisser aller** ou **vivre,** ne plus se surveiller ; ne pas s'en faire. ▪ **Se laisser dire que…,** entendre dire, mais sans y croire beaucoup, que. ▪ **Se laisser faire,** ne pas opposer de résistance.

LAISSER-ALLER n.m. inv. Négligence dans la tenue, les manières.

LAISSER-COURRE n.m. inv. VÉNER. Lieu ou moment où l'on découple les chiens.

LAISSER-FAIRE n.m. inv. Attitude qui consiste à ne pas intervenir : *Politique du laisser-faire.*

LAISSEZ-PASSER n.m. inv. Permis de pénétrer et de circuler sur un territoire déterminé, délivré par une autorité.

LAIT n.m. (lat. *lac, lactis*). **1.** Liquide, génér. blanc, sécrété par les glandes mammaires de la femme et des femelles des mammifères, très riche en graisses émulsionnées, en protides, en lactose, en vitamines, en sels minéraux et qui assure la nutrition des jeunes au début de leur vie. **2.** Liquide qui ressemble au lait : *Lait d'amande, de coco, de chaux.* **3.** Préparation plus ou moins fluide, souvent parfumée, pour les soins de la peau : *Lait démaquillant.* ▪ **Au lait,** additionné de lait : *Chocolat au lait.* ▪ **De lait,** se dit d'un jeune animal de boucherie (agneau, porcelet ou veau) non sevré. ▪ **Frères, sœurs de lait,** enfants nourris du lait de la même femme. ▪ **Lait de poule,** jaune d'œuf battu dans du lait chaud avec du sucre. ▪ **Lait en poudre,** lait déshydraté, écrémé ou non, sucré ou non, pouvant être reconstitué par adjonction d'eau. ▪ **Lait UHT** → **UHT.**

➲ La réglementation définit différents types de **LAIT** de consommation. Selon sa teneur en matière grasse, le lait est dit *entier* (au moins 36 g par litre), *demi-écrémé* (entre 15,45 et 18,45 g par litre) ou *écrémé* (moins de 3,09 g par litre). Selon le traitement thermique qu'il a subi, il est dit *cru, pasteurisé, stérilisé* ou *stérilisé UHT*. Outre les laits liquides, on commercialise des laits concentrés (sucrés ou non), des laits en poudre et des laits fermentés (yaourts).

LAITAGE n.m. Aliment à base de lait.

LAITANCE n.f. **1.** Sperme de poisson. **2.** CONSTR. Poudre blanchâtre qui apparaît parfois à la surface du béton.

LAITÉ, E adj. Se dit d'un poisson qui a de la laitance : *Hareng laité.*

LAITERIE n.f. **1.** Usine où le lait est traité, pour sa consommation en nature ou pour la production de produits dérivés (beurre, fromage, etc.). **2.** Industrie, commerce du lait. **3.** Dans une ferme, local où l'on conserve le lait et où l'on fait le beurre.

LAITERON n.m. Plante herbacée à fleurs jaunes, contenant un latex blanc et constituant une excellente nourriture pour les porcs et les lapins. ➲ Famille des composées.

LAITEUX, EUSE adj. Qui ressemble au lait ; de couleur blanchâtre : *Teint laiteux.*

1. LAITIER, ÈRE n. Commerçant détaillant en produits laitiers. ▪ **L'heure du laitier,** le petit jour. ◆ **adj.** Relatif au lait et à ses dérivés : *Industrie laitière.* ▪ **Vache laitière,** ou **laitière, n.f.,** élevée pour la production du lait.

2. LAITIER n.m. Sous-produit métallurgique surtout composé de silicates et formé en cours de fusion pour rassembler les impuretés.

LAITIÈRE n.f. **1.** Vache laitière. **2.** Pot à lait à anse et à couvercle.

LAITON n.m. (de l'ar. *lātūn*, cuivre). Alliage de cuivre et de zinc (jusqu'à 46 %), ductile et malléable.

LAITONNAGE n.m. MÉTALL. Électrodéposition d'une couche de laiton à la surface d'une pièce.

LAITONNER v.t. [3]. Effectuer un laitonnage.

LAITUE n.f. (lat. *lactuca*, de *lac, lactis*, lait). Plante potagère annuelle, à végétation rapide, que l'on consomme en salade et dont il existe plusieurs variétés (romaine, batavia, etc.). ➲ Famille des composées. ▪ **Laitue de mer,** ulve.

▲ **laitues**

LAÏUS [lajys] n.m. (de *Laïus*, père d'Œdipe). Fam. Discours long et ennuyeux.

LAÏUSSER v.i. [3]. Fam. Faire un laïus.

LAÏUSSEUR, EUSE n. Fam. Discoureur.

LAIZE n.f. (du lat. *latus*, large). TEXT. Lé.

LAKISTE [lakist] adj. et n. (de l'angl. *lake*, lac). Se dit des poètes anglais de la fin du XVIIIe s. et du début du XIXe s., tels que Wordsworth, Coleridge, Southey, qui fréquentaient le Lake District et appartiennent à la première génération du romantisme.

LALA interj. (Après *ah* ou *oh*). Exprime la déception, la lassitude, etc.

LALLATION n.f. **1.** PHON. Défaut de prononciation de la consonne *l*. **2.** Babil.

1. LAMA n.m. (du tibétain *blama*, maître). Moine bouddhiste, partic. au Tibet et en Mongolie, qui se distingue par sa sagesse et son enseignement.

2. LAMA n.m. (esp. *llama*, du quechua). Ruminant de la cordillère des Andes, dont il existe deux races sauvages (*guanaco* et *vigogne*) et deux races domestiques (*lama* proprement dit et *alpaga*) élevées pour leur chair et leur laine, et utilisées comme bêtes de somme. ➲ Famille des camélidés.

LAMAGE n.m. Action de lamer.

LAMAÏQUE adj. Relatif au lamaïsme.

LAMAÏSME n.m. Forme particulière du bouddhisme au Tibet et en Asie centrale, consécutive à l'établissement du pouvoir temporel des dalaï-lamas (XVIIe s.).

LAMANAGE n.m. **1.** Anc. Pilotage des navires à l'entrée et à la sortie d'un port, dans un chenal. **2.** Mod. Manœuvres accomplies pour attacher, détacher les amarres des navires à quai.

LAMANEUR n.m. (anc. fr. *laman*, pilote, du moyen néerl.). Marin chargé du lamanage des navires.

LAMANTIN n.m. (de l'esp. *manati*). Mammifère herbivore aquatique au corps massif, vivant dans les fleuves d'Afrique et d'Amérique tropicales. ➲ Long. jusqu'à 3 m, poids jusqu'à 500 kg ; ordre des siréniens.

LAMARCKIEN, ENNE adj. Relatif au lamarckisme ; qui en est partisan.

LAMARCKISME n.m. BIOL. Théorie transformiste de Lamarck, qui explique l'évolution des êtres vivants par l'influence des variations du milieu. ➲ Le lamarckisme suppose une hérédité des caractères acquis qui a depuis été réfutée.

LAMASERIE n.f. Couvent de lamas.

LAMBADA n.f. (mot brésilien « coup de fouet »). Danse exécutée en couple, corps contre corps, avec ondulation des hanches et des épaules, pratiquée dans les années 1990.

1. LAMBDA [lɑ̃bda] n.m. inv., ▲ *n.m.* Onzième lettre de l'alphabet grec (Λ, λ), correspondant au *l* français. ◆ **adj. inv.,** ▲ *adj.* Fam. Qui ne se distingue par aucun trait remarquable ; quelconque : *Les citoyens lambda.*

2. LAMBDA n.m. ANAT. Fontanelle postérieure du crâne, située entre les os pariétaux et l'occipital.

LAMBEAU n.m. (francique **labba*). **1.** Morceau d'étoffe, de papier, d'une matière quelconque déchiré, détaché, arraché : *Le papier peint part en lambeaux.* **2.** Partie détachée d'un tout : *Il ne reste que des lambeaux du patrimoine* ; fragment d'un ensemble : *Des lambeaux de conversation.*

LAMBEL n.m. HÉRALD. Brisure horizontale placée en chef dans l'écu, d'où se détachent des pendants rectangulaires ou trapézoïdaux.

LAMBERT (PROJECTION) n.f. Représentation plane conique conforme directe d'une sphère ou d'un ellipsoïde, introduite par J. H. Lambert en 1772 et utilisée pour le calcul des triangulations géodésiques et l'établissement des cartes topographiques.

LAMBI n.m. Antilles. Strombe.

LAMBIC ou **LAMBICK** n.m. (flamand *lambiek*). Bière forte de Belgique, préparée avec du malt et du froment cru par fermentation spontanée.

LAMBIN, E n. et adj. (p.-ê. de *lambeau*). Fam. Personne qui lambine.

LAMBINER v.i. [3]. Fam. Agir avec lenteur, sans énergie ni vivacité.

LAMBLIASE n.f. Maladie parasitaire provoquée par la présence dans l'intestin grêle d'un protozoaire flagellé (*Giardia lamblia*).

LAMBOURDE n.f. (de l'anc. fr. *laon*, planche, et *bourde*, poutre). **1.** CONSTR. Petite pièce de bois sur laquelle sont clouées les lames d'un parquet ; poutre fixée le long d'un mur et sur laquelle s'appuient les extrémités des solives d'un plancher. **2.** ARBOR. Rameau court d'un arbre fruitier, terminé par des boutons à fruits.

LAMBREQUIN n.m. (néerl. *lamperkijn*, de *lamper*, voile). **1.** Bande d'étoffe festonnée par le bas dont on décore les cantonnières de baies, les ciels de lit. **2.** Motif décoratif d'une grande fantaisie de formes, à symétrie axiale, employé en céramique, en reliure. ◆ **n.m. pl.** HÉRALD. Ornement en forme de longs rubans festonnés partant du heaume et entourant l'écu.

LAMBRIS n.m. Revêtement en bois, marbre, stuc, etc., des parois d'une pièce, d'un plafond, d'une voûte. ◆ **n.m. pl.** Lames de bois profilées et rainées destinées au lambrissage. ▪ **Lambris dorés** [litt.], riche habitation ; palais.

LAMBRISSAGE n.m. Action de lambrisser ; ensemble des lambris d'un ouvrage.

LAMBRISSER v.t. [3] (du lat. pop. **lambrusca*, vigne sauvage). Revêtir de lambris.

LAMBSWOOL [lɑ̃bswul] n.m. (mot angl., de *lamb*, agneau, et *wool*, laine). **1.** Laine très légère provenant d'agneaux âgés de 6 à 8 mois. **2.** Étoffe tissée ou tricotée avec cette laine.

LAME n.f. (du lat. *lamina*, mince pièce). **1.** Partie métallique d'un instrument ou d'un outil propre à couper, à trancher, à scier, à raser, à gratter, etc. : *Lame de scalpel, de rasoir. La lame d'un tournevis.* **2.** Morceau de métal ou d'autre matière dure, plat et étroit : *Lames de parquet.* **3.** Litt. Épée. **4.** Carte du jeu de tarot. **5.** OPT. Rectangle de verre sur lequel on dépose les objets à examiner au microscope, et que l'on recouvre ensuite d'une lamelle. **6.** PRÉHIST. Éclat de pierre dont la longueur est au moins le double de la largeur. **7.** TEXT. Bande continue relativement étroite d'une matière apte à un usage textile. **8.** MYCOL. Lamelle. **9.** MAR. Vague : *Le pont du navire a été balayé par une lame.* ▪ **Fine lame,** personne qui manie bien l'épée. ▪ **Lame de fond,** vague déferlante de forte amplitude apparaissant soudainement ; fig., phénomène brutal et violent : *Une lame de fond électorale.* ▪ **Lame mince** [géol.], tranche très fine (0,03 mm) de roche obtenue par sciage et polissage. ➲ Transparente à la lumière, elle permet l'observation microscopique, en lumière naturelle ou polarisée, des structures et des minéraux constitutifs de la roche. ▪ **Lame vertébrale** [anat.], partie postérieure et latérale d'une vertèbre.

LAMÉ, E adj. ▪ **Tissu lamé,** ou **lamé, n.m.,** orné de minces lames d'or ou d'argent (ou d'imitation), ou dont le tissage comporte des fils de métal.

LAMELLAIRE adj. HISTOL. Dont la structure présente des lamelles.

LAMELLE n.f. (lat. *lamella*). **1.** Petite lame : *Des lamelles de mica.* **2.** Fine tranche : *Couper une échalote en lamelles.* **3.** MYCOL. Chacun des feuillets rayonnants qui portent l'hyménium, au-dessous du chapeau, chez de nombreux basidiomycètes (SYN. **lame**). **4.** OPT. Mince lame de verre, de forme carrée ou ronde, utilisée pour recouvrir les préparations microscopiques (SYN. **couvre-objet**). **5.** PRÉHIST. Lame de très petite taille.

LAMELLÉ, E ou **LAMELLEUX, EUSE** adj. Garni ou constitué de lamelles.

LAMELLÉ-COLLÉ n.m. (pl. *lamellés-collés*). Matériau formé de lamelles de bois assemblées par collage.

LAMELLIBRANCHE n.m. Mollusque aquatique muni d'une coquille à deux valves, dont la respiration est assurée par des lamelles branchiales, tel que l'huître, la moule (SYN. **bivalve**). ➲ Les lamellibranches forment une classe.

LAMELLIFORME adj. En forme de lamelle.

LAMELLIROSTRE adj. ZOOL. Se dit d'un oiseau, tel le canard, qui a le bec garni sur ses bords de lamelles transversales.

LAMELLOPHONE n.m. Instrument de musique traditionnel, constitué de lames végétales ou métalliques, que l'on fait vibrer avec les pouces sur une caisse de résonance. (En Afrique, il est souvent appelé *sanza*.)

LAMENTABLE adj. **1.** Qui fait pitié ; affligeant : *Cette famille a eu un sort lamentable.* **2.** Qui est mauvais au point de faire pitié ; désastreux : *Une lamentable escroquerie. Un orateur lamentable.*

LAMENTABLEMENT adv. De façon lamentable.

LAMENTATION n.f. Plainte prolongée, accompagnée de gémissements et de cris. ▪ **Lamentation sur le Christ mort,** Déploration du Christ. ◆ **LAMENTATIONS** n.f. pl. (Avec une majuscule). Dans la liturgie catholique, jusqu'à la réforme de Paul VI (1969), les neuf poèmes empruntés au livre des Lamentations qui, évoquant la destruction du premier Temple de Jérusalem, étaient psalmodiés lors des offices de la semaine sainte.

SE LAMENTER v.pr. [3] (lat. *lamentari*). Se plaindre de son sort ; se désoler.

LAMENTO [lamɛnto] n.m. (mot ital.). Chant de tristesse et de douleur, souvent utilisé dans le madrigal, la cantate, l'opéra italien.

LAMER v.t. [3]. MÉCAN. INDUSTR. Dresser une surface (notamm. une surface perpendiculaire à l'axe d'un trou) au moyen d'une lame tournante.

LAMIACÉE n.f. (du lat. *lamium*, ortie). BOT. Labiée.

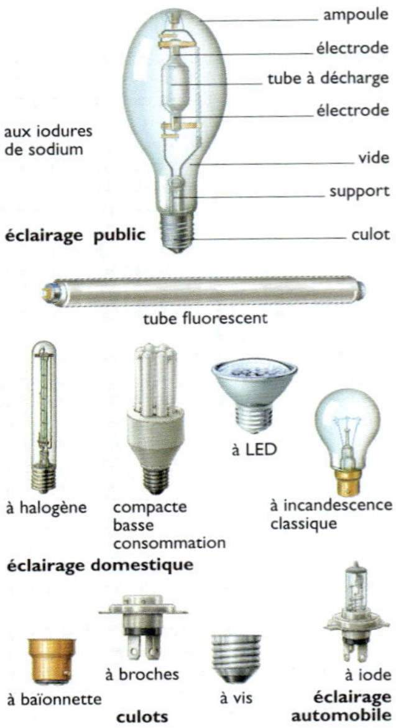

▲ **lampe.** Types de lampes et de culots.

LAMIE n.f. (lat. *lamia*). **1.** MYTH. GR. Monstre femelle à queue de serpent qui dévore les enfants. **2.** Requin-taupe.

LAMIER n.m. (lat. sc. mod. *lamium*). Plante commune en Europe au bord des chemins et dans les bois, appelée cour. *ortie blanche, jaune* ou *rouge*. ➲ Famille des labiées.

LAMIFIÉ, E adj. Stratifié. ◆ n.m. Appellation commerciale du bois stratifié décoratif.

LAMINAGE n.m. **1.** Action de laminer un métal. **2.** Fig. Action de laminer ; fait d'être laminé, réduit : *Le laminage des classes moyennes, des salaires.*

1. LAMINAIRE adj. PHYS. ▪ **Régime** ou **écoulement laminaire**, écoulement dans lequel les couches de fluide glissent les unes sur les autres sans échange de particules entre elles (par oppos. à *régime turbulent*).

2. LAMINAIRE n.f. (du lat. *lamina*). Algue brune des côtes rocheuses de l'Atlantique, au thalle rubané pouvant atteindre 3 m de long, qui sert d'engrais et fournit de l'iode, de la soude, de la potasse. ➲ Classe des phéophycées.

LAMINÉ n.m. Produit sidérurgique obtenu par passage au laminoir.

LAMINECTOMIE n.f. Résection des lames vertébrales, premier temps de toute intervention neurochirurgicale sur la moelle épinière.

LAMINER v.t. [3] (du lat. *lamina*, lame). **1.** Faire subir à un produit métallurgique une déformation permanente par passage dans un laminoir. **2.** Fig. Réduire progressivement qqch : *Ces mesures laminent les revenus.* **3.** Ruiner les forces physiques ou psychiques de qqn : *Ce drame l'a laminé.*

LAMINEUR adj.m. Qui lamine : *Cylindre lamineur.*

LAMINOIR n.m. **1.** Machine pour laminer un produit métallurgique par passage entre deux cylindres d'axes parallèles et tournant en sens inverses ; usine où sont installées de telles machines. **2.** En pâtisserie, machine pour étaler une pâte et pour l'amincir jusqu'à une épaisseur voulue. ▪ **Passer au laminoir** [vieilli], être soumis à de rudes épreuves.

LAMPADAIRE n.m. (lat. médiév. *lampadarium*). Dispositif d'éclairage d'appartement ou de voie publique, à une ou plusieurs lampes montées sur un support élevé.

LAMPANT, E adj. (provenç. *lampan*, de *lampa*, briller). ▪ **Pétrole lampant,** ou **lampant, n.m.,** kérosène utilisé dans des lampes à flamme.

LAMPARO n.m. (mot provenç.). PÊCHE. Lampe placée à l'avant d'un bateau, servant à attirer les poissons.

LAMPAS [lɑ̃pa(s)] n.m. (p.-ê. du germ. **labba*, lambeau). Tissu d'ameublement en soie orné de grands motifs décoratifs en relief.

LAMPASSÉ, E adj. (de *lampas*). HÉRALD. Se dit d'un quadrupède dont la langue est d'un émail particulier.

LAMPE n.f. (lat. *lampas*, du gr.). **1.** Appareil d'éclairage fonctionnant à l'électricité : *Lampe de bureau.* **2.** Ampoule électrique : *Changer une lampe.* **3.** Récipient contenant un liquide ou un gaz combustible pour produire de la lumière : *Lampe à pétrole.* **4.** Dispositif produisant une flamme ou un rayonnement : *Lampe à alcool. Lampe à souder.* **5.** ÉLECTRON. Vieilli. Tube. ▪ **Lampe à décharge électrique,** dans laquelle la lumière est produite par une décharge électrique dans un gaz ou une vapeur métallique (lampe à vapeur de mercure, de sodium, etc.). ▪ **Lampe à incandescence,** dans laquelle l'émission de la lumière est produite par un corps porté à l'incandescence par le passage d'un courant électrique. ▪ **Lampe de poche,** boîtier équipé d'une pile et d'une ampoule électrique. ▪ **Lampe de sûreté,** lampe de mine utilisable en atmosphère grisouteuse. ▪ **Lampe fluorescente,** lampe à décharge, dans laquelle la lumière est émise par une couche de substance fluorescente excitée par le rayonnement ultraviolet de la décharge. ▪ **Lampe témoin,** signalant le fonctionnement et la mise en marche d'un appareil en s'allumant ou en s'éteignant.

LAMPÉE n.f. Fam. Grande gorgée de liquide que l'on avale d'un coup : *De grandes lampées d'eau fraîche.*

LAMPER v.t. [3] (var. de *laper*). Fam. Boire avidement, par lampées.

LAMPE-TEMPÊTE n.f. (pl. *lampes-tempête*). Lampe à pétrole dont la flamme est parfaitement protégée des intempéries.

LAMPION n.m. (ital. *lampione*, grande lampe). **1.** Lanterne vénitienne. **2.** Petit récipient contenant une matière combustible et une mèche, qui sert aux illuminations : *Lampions du 14 Juillet.* ▪ **Sur l'air des lampions,** en scandant trois syllabes sur une seule note : *Le public criait : « Remboursez ! » sur l'air des lampions.*

LAMPISTE n.m. **1.** Fam. Employé subalterne à qui l'on fait injustement endosser les fautes : *Accuser le lampiste.* **2.** Vx. Personne chargée de l'entretien des lampes dans une gare, une mine, etc.

LAMPISTERIE n.f. Vx. Lieu où l'on garde et entretient les lampes d'une mine, d'une gare.

LAMPOURDE n.f. (provenç. *lampourdo*). Plante annuelle des régions chaudes et tempérées, dont une espèce est dépurative. ➲ Famille des composées.

▲ **lamproie** de rivière.

LAMPROIE n.f. (bas lat. *lampreda*). Vertébré aquatique sans mâchoires des eaux côtières et des fleuves, très primitif, anguiforme, à peau nue et gluante, apprécié pour sa chair fine et délicate. ➲ Ordre des cyclostomes.

LAMPROPHYRE n.m. (du gr. *lampros*, brillant). Roche magmatique, génér. filonienne, caractérisée par sa richesse en mica noir ou en amphibole brune.

LAMPYRE n.m. (lat. *lampyris*, du gr. *lampein*, briller). Coléoptère dont la femelle, dépourvue d'ailes, est appelée *ver luisant*, en raison des organes bioluminescents de son abdomen. ➲ Famille des lampyridés.

LANÇAGE n.m. TRAV. PUBL. Injection, dans un sol, d'eau ou d'air comprimé au moyen de tuyaux métalliques appelés *lances*, pour faciliter l'enfoncement de pieux.

LANCE n.f. (lat. *lancea*). **1.** Arme d'hast à long manche et à fer pointu. **2.** Long bâton garni d'un tampon, pour jouter sur l'eau. **3.** Tuyau muni d'un ajutage ou d'un diffuseur servant à former et à diriger un jet d'eau : *Lance d'arrosage, d'incendie.* **4.** Au Moyen Âge, unité comprenant autour d'un homme d'armes à cheval quelques combattants attachés à son service. ▪ **Rompre une lance** ou **des lances avec qqn** [litt.], soutenir une discussion avec lui.

LANCE-AMARRE n.m. et adj. (pl. *lance-amarres*). MAR. Appareil (pistolet, fusil, etc.) pour lancer une amarre soit à terre, soit d'un navire à un autre (SYN. **porte-amarre**).

LANCE-BOMBES n.m. inv., ▲ *LANCE-BOMBE n.m. (pl. lance-bombes).* Appareil ou dispositif installé sur un avion pour le largage des bombes.

LANCÉE n.f. **1.** Mouvement donné à qqch par le lancement, à qqn par la prise d'élan : *Un ballon en pleine lancée.* **2.** Suisse. Brusque accès de douleur ; élancement. ▪ **Sur sa lancée,** en profitant du mouvement donné par l'élan initial : *Elle accéléra et, sur sa lancée, dépassa tous ses adversaires* ; fig., en profitant des succès déjà remportés : *Sur sa lancée, elle a créé son entreprise.*

LANCE-FLAMMES n.m. inv., ▲ *LANCE-FLAMME n.m. (pl. lance-flammes).* Arme employée au combat pour projeter des liquides enflammés.

LANCE-FUSÉES n.m. inv., ▲ *LANCE-FUSÉE n.m. (pl. lance-fusées).* Vieilli. Lance-roquettes multiple.

LANCE-GRENADES n.m. inv., ▲ *LANCE-GRENADE n.m. (pl. lance-grenades).* Arme lançant des grenades.

LANCEMENT n.m. **1.** Action de lancer : *Le lancement du marteau, d'un satellite.* **2.** Ensemble des actions de communication mises en œuvre pour promouvoir qqch ou qqn : *Profitez de notre offre de lancement. Organiser un concert pour le lancement d'un chanteur.* **3.** Belgique. Élancement.

LANCE-MISSILES n.m. inv., ▲ *LANCE-MISSILE n.m. (pl. lance-missiles).* Matériel ou engin servant à lancer des missiles.

LANCÉOLÉ, E adj. (lat. *lanceolatus*). BOT. Se dit d'un organe terminé en forme de lance : *Feuille lancéolée.* ▪ **Arc lancéolé** [archit.], lancette.

LANCE-PIERRE n.m. (pl. *lance-pierres*). Dispositif à deux branches, muni de deux élastiques et d'une pochette, dont on se sert pour lancer des pierres (SYN. **1. fronde**). ▪ **Être payé au lance-pierre** [fam.], être mal payé. ▪ **Manger avec un lance-pierre** [fam.], très rapidement.

1. LANCER [lɑ̃se] v.t. [9] (de *lance*). **1.** Envoyer qqch avec force loin de soi : *Lancer un ballon, une flèche, un satellite.* **2.** Mouvoir une partie du corps d'un geste vif dans une direction : *Lancer le bras en avant puis en arrière.* **3.** Regarder rapidement : *Elle lui a lancé une œillade complice* ; dire de manière soudaine ou violente : *Lancer un cri d'alarme, de terreur.* **4.** Envoyer qqn accomplir une action : *Lancer des policiers à la recherche d'un fugueur.* **5.** Écrire ou publier qqch et l'envoyer pour informer qqn, un groupe : *Lancer un mandat d'arrêt, des invitations.* **6.** Faire connaître ou reconnaître d'un large public : *Ce film l'a lancé. Lancer une nouvelle marque de yaourts.* **7.** Donner l'élan nécessaire à : *C'est leur chaîne de télévision qui a lancé ce genre d'émission.* **8.** Mettre à l'eau un navire par glissement sur sa cale de construction. **9.** Fam. Faire parler qqn de l'un de ses sujets favoris : *Si tu le lances sur le football, on ne l'arrêtera plus.* ▪ **Lancer un cerf** [véner.], le faire sortir de l'endroit où il est. ◆ **SE LANCER** v.pr. **1.** Se précipiter, se jeter dans une direction déterminée : *Les chevaux affolés se sont lancés dans le feu.* **2.** Fig. S'engager impétueusement dans une action : *Se lancer dans de gros travaux.*

2. LANCER v.i. [7] (de *élancer*). Région. ; Antilles, Belgique. Élancer.

3. LANCER n.m. Épreuve d'athlétisme consistant à projeter le plus loin possible un engin (poids, disque, javelot, marteau). ▪ **Lancer franc,** au basket-ball, privilège accordé à un joueur victime d'une faute, de tirer sans opposition de l'adversaire à partir d'une ligne particulière, dite *ligne de lancer franc.* ▪ **Pêche au lancer,** pêche à la ligne consistant à envoyer loin devant soi un appât ou un leurre que l'on ramène grâce à un moulinet.

LANCE-ROQUETTES n.m. inv., ▲ ***LANCE-ROQUETTE n.m.*** *(pl. lance-roquettes).* Arme tirant des roquettes.

LANCE-TORPILLES n.m. inv., ▲ ***LANCE-TORPILLE n.m.*** *(pl. lance-torpilles).* Dispositif servant à lancer des torpilles.

LANCETTE n.f. 1. Anc. Petit instrument médical en forme de couteau pliant qui servait à la saignée, à l'incision de petits abcès. **2. ARCHIT.** Arc brisé plus aigu que le tiers-point, dans l'art gothique (SYN. **arc lancéolé**). [On dit aussi *arc (en) lancette.*]

1. LANCEUR, EUSE n. 1. Personne qui lance un objet : *Un lanceur de couteaux.* **2.** Athlète spécialisé dans le lancer. ▪ **Lanceur d'alerte** → **1. ALERTE.**

2. LANCEUR n.m. 1. ASTRONAUT. Véhicule propulsif capable d'envoyer une charge utile dans l'espace. **2.** Sous-marin porteur de missiles stratégiques.

➲ On distingue deux grands types de **LANCEURS** spatiaux : les fusées et les navettes. Les lanceurs traditionnels, ou *fusées,* sont dits « consommables » : ils ne servent qu'une fois et aucun de leurs éléments n'est récupéré. Leur silhouette est celle d'un cylindre de 30 à 60 m de haut, avec, au sommet, protégée par une coiffe, la charge utile, composée de un ou plusieurs satellites et, à la base, un groupe de moteurs-fusées assurant la propulsion. Les fusées décollent toujours verticalement, leur déplacement étant obtenu par éjection d'importantes quantités de gaz produits par les moteurs. Ceux-ci brûlent divers ergols, solides (poudres) ou liquides selon les modèles. Les différents étages d'une fusée sont largués une fois vides.
En 1981, les États-Unis ont mis en service la *navette spatiale* qui présentait l'avantage d'être réutilisable. L'élément principal, l'*orbiteur,* était un vaisseau habité en forme d'avion à aile delta qui pouvait revenir se poser au sol, comme un planeur. Au décollage, deux propulseurs auxiliaires à poudre et un énorme réservoir d'hydrogène et d'oxygène liquides lui étaient adjoints. En raison des coûts élevés et de différents accidents (explosion de *Challenger* en 1986 et de *Columbia* en 2003), leurs missions ont été abandonnées en 2011.

LANCIER n.m. HIST. Soldat d'un corps de cavalerie, armé de la lance (XIXe s.). ▪ **Quadrille des lanciers,** ou **les lanciers** [danse], variante du quadrille, d'origine anglaise, dansée en France v. 1850.

LANCINANT, E adj. Qui lancine : *Douleur, musique, souvenirs lancinants.*

LANCINER v.t. et **v.i. [3]** (lat. *lancinare*). Faire souffrir par des élancements répétés ; élancer. ◆ **v.t.** Tourmenter de façon persistante ; obséder.

LANÇON n.m. (de *lance*). Équille.

LAND [lɑ̃d] **n.m.** (pl. *Länder* [lɛndœr]), ▲ ***LAND n.m.*** *(pl. lands)* [mot all.]. **1.** Chacun des États de l'Allemagne. **2.** Province, en Autriche.

LANDAIS, E adj. et **n.** Des Landes. ◆ **adj.** ▪ **Course landaise,** jeu traditionnel des Landes dans lequel un homme *(l'écarteur)* doit éviter la charge d'une vache.

LANDAMMANN [lɑ̃daman] **n.m.** (mot alémanique). Suisse. Chef du gouvernement cantonal, dans certains cantons alémaniques.

LAND ART [lɑ̃dart] **n.m.** (mot anglo-amér.). Tendance de l'art contemporain, apparue aux États-Unis en 1967, caractérisée par un travail dans et sur la nature.

LANDAU n.m. (pl. *landaus*) [de *Landau,* v. d'Allemagne]. **1.** Voiture d'enfant composée d'une nacelle rigide à capote mobile, suspendue dans une armature de métal à roues et à guidon. **2.** Anc. Véhicule hippomobile découvert à quatre roues et à quatre places disposées vis-à-vis.

LANDE n.f. (gaul. **landa*). Formation végétale de la zone tempérée où dominent des buissons de bruyères, genêts et ajoncs ; terrain recouvert par cette végétation.

LÄNDER n.m. pl. Pluriel de *Land.*

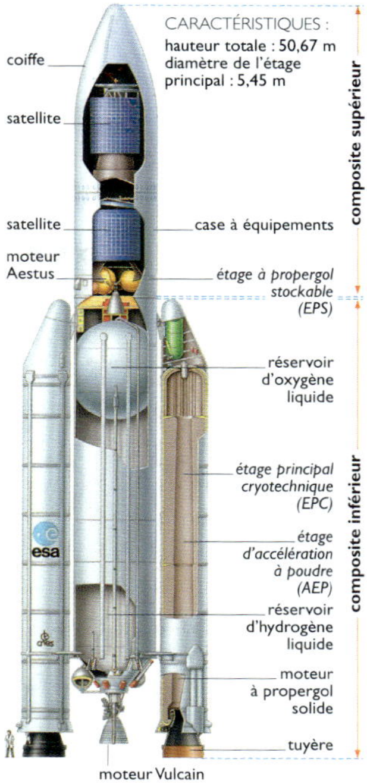

▲ **lanceur.** Structure du lanceur spatial européen Ariane 5 Générique (version initiale).

LANDERNEAU n.m. (de *Landerneau,* n.pr.). Milieu étroit et fermé ; microcosme : *Le Landerneau du journalisme parisien.*

LANDGRAVE [lɑ̃dgrav] **n.m.** (de l'all. *Land,* terre, et *Graf,* comte). **HIST. 1.** Titre porté au Moyen Âge par des princes germaniques possesseurs de terres relevant directement de l'empereur. **2.** Magistrat qui rendait la justice au nom de l'empereur germanique.

LANDGRAVIAT n.m. HIST. 1. Dignité du landgrave. **2.** Pays gouverné par un landgrave.

LANDIER n.m. (du gaul.). Haut chenet de cuisine, muni de crochets et parfois surmonté d'un panier métallique.

LANDRACE n.m. Porc d'une race originaire du Danemark, à robe blanche, et aux oreilles tombantes, très apprécié tant pour la boucherie que pour la reproduction.

LANDSGEMEINDE [lɑ̃dsgemajnd(ə)] **n.f. inv.** (mot all.). Suisse. Assemblée législative réunissant tous les citoyens. ➲ Cette institution est en voie de disparition.

LANDTAG [lɑ̃dtag] **n.m.** (mot all.). Assemblée délibérante, dans les États germaniques.

LANERET n.m. Mâle du faucon lanier.

LANGAGE n.m. (de *langue*). **1.** Faculté propre à l'homme d'exprimer et de communiquer sa pensée au moyen d'un système de signes vocaux ou graphiques ; ce système. **2.** Système structuré de signes non verbaux remplissant une fonction de communication : *Le langage des signes.* **3.** Manière de parler propre à un groupe social ou professionnel, à une discipline, etc. ; jargon : *Le langage médical.* **4.** Ensemble des procédés utilisés par un artiste dans l'expression de ses sentiments et de sa conception du monde : *Le langage de la danse.* **5.** Mode d'expression propre à un sentiment, à une attitude : *Le langage de l'amitié, du cœur.* **6. INFORM.** Ensemble de caractères, de symboles et de règles permettant de les assembler, utilisé pour donner des instructions à un ordinateur. ▪ **Langage machine,** langage directement exécutable par l'unité centrale d'un ordinateur, dans lequel les instructions sont exprimées en code binaire.

▲ **land art.** *Spiral Jetty,* de Robert Smithson, œuvre éphémère réalisée en 1970 sur le Grand lac Salé (Utah).

LANGAGIER, ÈRE adj. Relatif au langage.

LANGE n.m. (du lat. *laneus,* laineux). Anc. Rectangle de laine ou de coton pour emmailloter un bébé.

LANGER v.t. [10]. Vieilli. Mettre une couche à un bébé, l'emmailloter dans un lange.

LANGERHANS [lɑ̃gœrɑ̃s] **(ÎLOT DE) n.m. ANAT.** Chacun des petits groupes de cellules typiques du pancréas endocrine, sécrétant l'insuline et le glucagon.

LANGOUREUSEMENT adv. De façon langoureuse.

LANGOUREUX, EUSE adj. Qui exprime la langueur ; alangui.

LANGOUSTE n.f. (anc. provenç. *langosta,* du lat. *locusta,* sauterelle). Crustacé marcheur à fortes antennes, mais sans pinces, très apprécié pour sa chair. ➲ Famille des palinuridés.

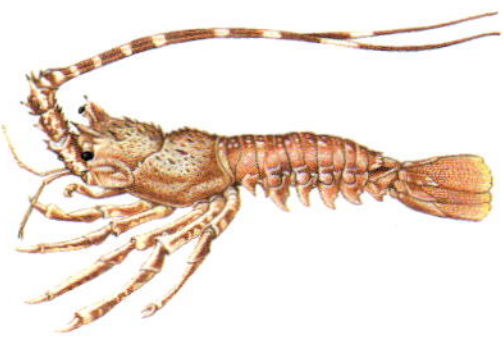

▲ **langouste**

LANGOUSTIER n.m. 1. Bateau équipé pour la pêche de la langouste. **2.** Filet tramail destiné à prendre les langoustes.

LANGOUSTINE n.f. Crustacé décapode de la taille d'une grosse écrevisse, pêché sur les fonds vaseux, au large des côtes atlantiques européennes et en Méditerranée. ➲ Famille des homaridés.

LANGOUSTINIER n.m. Navire de pêche spécialisé dans la pêche de la langoustine.

LANGRES n.m. (de *Langres,* plateau de Haute-Marne). Fromage de forme tronconique, à pâte molle et fermentée, fabriqué en Haute-Marne avec du lait de vache.

LANGUE n.f. (lat. *lingua*). **1. ANAT.** Corps charnu, allongé et mobile, situé dans la cavité buccale et qui, chez l'homme, joue un rôle dans la déglutition, le goût et la parole. **2. BOUCH.** Langue comestible de certains animaux (bœuf, veau). **3.** Système de signes verbaux propre à une communauté d'individus qui l'utilisent pour s'exprimer et communiquer entre eux : *La langue française. La langue scientifique.* **4.** Système d'expression propre à un écrivain : *La langue de Molière. La langue de Mistral.* **5.** Ce qui a la forme allongée et étroite d'une langue : *Langue de terre.* ▪ **Avoir avalé sa langue** [fam.], garder le silence. ▪ **Avoir la langue bien pendue** [fam.], parler beaucoup. ▪ **Avoir la langue trop longue** [fam.], ne pas savoir garder un secret. ▪ **La langue verte,** l'argot. ▪ **Langue de bois,** manière rigide de s'exprimer en multipliant les stéréotypes et les formules figées ; en politique, discours dogmatique révélant l'absence d'idée nouvelle. ▪ **Langue de vipère** ou **mauvaise langue,** personne qui se plaît à médire, calomnier. ▪ **Langue glaciaire,** glacier étroit s'étendant dans une vallée en aval du névé. ▪ **Langue maternelle,** première langue apprise par l'enfant, au contact de son environnement immédiat. ▪ **Langue mère,** celle qui est à l'origine d'autres langues. ▪ **Langue morte,** qui n'est plus parlée. ▪ **Langue naturelle,** instrument de communication spécifique à l'espèce humaine. ▪ **Langue vivante,** actuellement parlée.

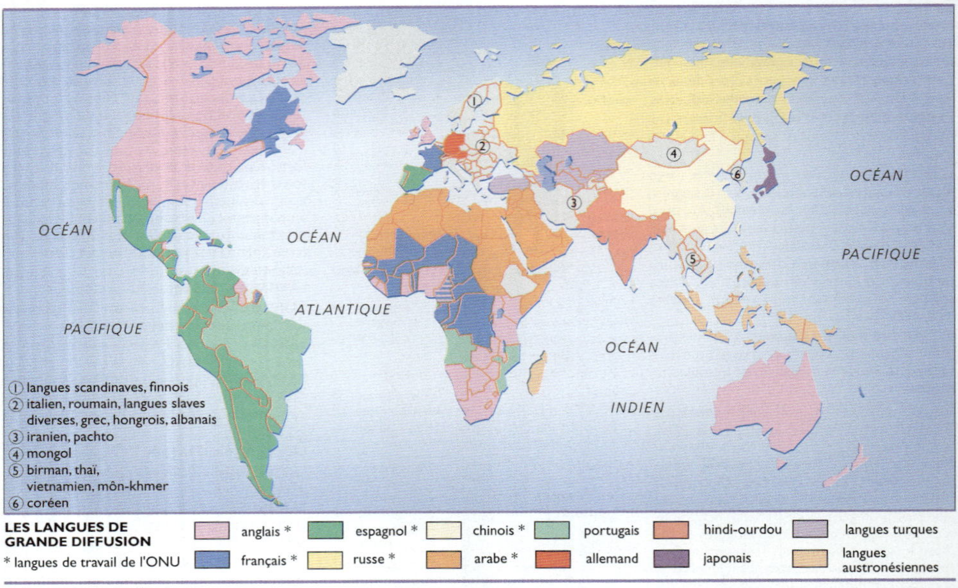

■ **Maladie de la langue bleue** [vétér.], fièvre catarrhale*. ■ **Prendre langue avec qqn** [litt.], entrer en pourparlers avec lui. ■ **Tenir sa langue** [fam.], garder un secret. ■ **Tirer la langue**, la sortir de la bouche en signe de moquerie ; fig., fam., être dans une situation financière difficile.

LANGUÉ, E adj. HÉRALD. Se dit d'un oiseau dont la langue est d'un émail particulier.

LANGUE-DE-BŒUF n.f. (pl. *langues-de-bœuf*). **MYCOL.** Fistuline.

LANGUE-DE-CERF n.f. (pl. *langues-de-cerf*). **BOT.** Scolopendre.

LANGUE-DE-CHAT n.f. (pl. *langues-de-chat*). Petit gâteau sec en forme de languette arrondie.

LANGUE-DE-CHIEN n.f. (pl. *langues-de-chien*). **BOT.** Cynoglosse.

LANGUE-DE-SERPENT n.f. (pl. *langues-de-serpent*). **BOT.** Ophioglosse.

LANGUEDOCIEN, ENNE adj. et **n.** Du Languedoc ; de ses habitants. ◆ **n.m.** Dialecte de langue d'oc parlé en Languedoc.

LANGUETTE n.f. 1. Pièce de forme mince, étroite et allongée : *Languette de chaussure.* **2. OUTILL.** Petite pièce plate, fixée à l'une de ses extrémités, génér. par encastrement. **3.** Lame vibrante, dans certains instruments de musique. **4. MENUIS.** Partie saillante, longue et mince, sur la rive d'une planche, destinée à entrer dans la rainure d'une planche voisine.

LANGUEUR n.f. (lat. *languor*). **1.** Abattement physique ou moral, qui se manifeste par un manque d'énergie. **2.** Mélancolie douce et rêveuse.

LANGUIDE adj. Litt. Langoureux ; alangui.

LANGUIR v.i. [21] (lat. *languere*). **1.** Litt. Éprouver une peine qui dure et dépérir : *Languir d'amour.* **2.** Traîner en longueur ; manquer d'animation : *La conversation languissait.* **3.** Attendre longtemps : *Cesse de me faire languir.* ◆ **v.t. ind. (APRÈS).** Fam. Attendre impatiemment et souffrir de cette attente ; soupirer après. ◆ **SE LANGUIR v.pr. (DE).** Éprouver de la tristesse du fait de l'absence de.

LANGUISSAMMENT adv. Litt. De façon languissante.

LANGUISSANT, E adj. Litt. Qui manque d'entrain ou d'animation.

LANIER n.m. Faucon du sud-est de l'Europe, du Moyen-Orient et d'Afrique, prédateur des oiseaux et des chauves-souris. (On dit aussi *faucon lanier.*) ➲ Famille des falconidés.

LANIÈRE n.f. (du francique). Bande longue, étroite et souple, génér. en cuir : *Les lanières d'un cartable.*

LANIGÈRE ou **LANIFÈRE adj. ZOOL., BOT.** Qui porte de la laine ou un duvet cotonneux.

LANISTE n.m. (lat. *lanista*). **ANTIQ. ROM.** Celui qui formait, louait ou vendait des gladiateurs.

LANLAIRE adv. (onomat.). ■ **Envoyer qqn se faire lanlaire** [fam., vieilli], l'envoyer promener.

LANOLINE n.f. (du lat. *lana*, laine, et *oleum*, huile). Graisse jaune ambré, retirée du suint du mouton et employée comme excipient pour les crèmes, les pommades auxquelles on veut incorporer une solution aqueuse.

LANSQUENET n.m. (de l'all. *Landsknecht*, serviteur du pays). Mercenaire allemand au service de la France et du Saint Empire (XVᵉ-XVIIᵉ s.).

LANTANIER ou **LANTANA n.m.** (lat. sc. *lantana*, du gaul.). Arbuste grimpant originaire d'Amérique tropicale, cultivé dans les jardins. ➲ Famille des verbénacées.

LANTERNE n.f. (lat. *lanterna*). **1.** Boîte à parois transparentes qui abrite une lumière. **2.** Signal lumineux à l'arrière du dernier véhicule d'un train. ➲ Un train est génér. équipé de deux feux, appelés aussi *lanternes de queue* quand ils sont amovibles. **3.** Anc. Réverbère. **4. ARCHIT.** Construction de plan centré, percée de baies, au sommet d'un bâtiment ou d'une partie de bâtiment : *Lanterne d'escalier.* ■ **Éclairer la lanterne de qqn**, le renseigner. ■ **La lanterne rouge**, le dernier d'une course, d'un classement. ■ **Lanterne d'Aristote** [zool.], appareil masticateur de l'oursin. ■ **Lanterne des morts** [archit.], dans certains cimetières, pilier creux d'époque médiévale dans le sommet ajouré duquel on plaçait un fanal le soir. ■ **Lanterne magique**, instrument d'optique utilisé autref. pour projeter l'image agrandie de figures peintes sur un support transparent. ■ **Lanterne vénitienne**, lanterne en papier translucide et coloré, employée dans les fêtes, les illuminations (SYN. **lampion**). ■ **Mettre à la lanterne** [hist.], pendant la Révolution française, pendre qqn à un réverbère. ◆ **n.f. pl. AUTOM.** Feux de position.

LANTERNEAU n.m. ARCHIT. Construction basse en surélévation sur un toit, pour l'éclairage et/ou la ventilation.

LANTERNER v.i. [3]. Fam. Perdre son temps ; traîner. ■ **Faire lanterner qqn** [fam.], le faire attendre.

LANTERNON n.m. ARCHIT. Petite lanterne de forme élancée au faîte d'un toit, d'un dôme.

LANTHANE n.m. (du gr. *lanthanein*, être caché). **1.** Métal du groupe des terres rares, premier de la série des lanthanides. **2.** Élément chimique (La), de numéro atomique 57, de masse atomique 138,9055.

LANTHANIDE n.m. Nom générique des éléments appartenant à la série des terres rares, dont le premier est le lanthane.

LAO n.m. Langue du groupe thaï parlée par les Laotiens (SYN. **laotien**).

LAOGAI [laogaj] **n.m.** (mot chin., de *lao*, travail, et *gai*, redressement). Système concentrationnaire de la République populaire de Chine.

LAOTIEN, ENNE [laɔsjɛ̃, ɛn] **adj.** et **n.** Du Laos ; de ses habitants. ◆ **n.m. LING.** Lao.

LAPALISSADE n.f. (du n. du seigneur de *La Palice* ou *La Palisse*, personnage d'une chanson). Affirmation d'une évidence niaise ; vérité de La Palice.

LAPAROSCOPIE n.f. Cœlioscopie.

LAPAROTOMIE n.f. (du gr. *lapara*, ventre, et de *tomê*, section). Ouverture chirurgicale de l'abdomen.

LAPEMENT n.m. Action de laper ; bruit que fait un animal qui lape.

LAPER v.i. et **v.t. [3]** (onomat.). Boire à coups de langue, en parlant des animaux.

LAPEREAU n.m. (préroman **lapparo*). Jeune lapin.

LAPETTE n.f. Belgique. Fam. Café très léger, trop dilué ; lavasse.

LAPIAZ n.m. → **LAPIÉ.**

1. LAPIDAIRE adj. (lat. *lapidarius*, de *lapis, -idis*, pierre). **1.** Qui concerne les pierres fines et précieuses, leur taille ; qui concerne la pierre. **2.** Qui est d'une concision brutale : *Style lapidaire.* ■ **Inscription lapidaire**, gravée sur la pierre. ■ **Musée lapidaire**, consacré à des sculptures sur pierre et à des vestiges monumentaux.

2. LAPIDAIRE n. Professionnel qui taille et polit les pierres précieuses et fines ; commerçant qui vend ces pierres.

3. LAPIDAIRE n.m. 1. Meule utilisée pour le dressage des surfaces planes. **2.** Traité sur les vertus magiques et médicinales des pierres précieuses, au Moyen Âge.

LAPIDATION n.f. Action de lapider.

LAPIDER v.t. [3] (lat. *lapidare*). Tuer, attaquer à coups de pierres.

LAPIÉ ou **LAPIAZ** [lapjaz] **n.m.** (vaudois *lapya*, du lat. *lapis, -idis*, pierre). **GÉOMORPH.** Étroits sillons parallèles à la surface d'un relief karstique, résultant de l'érosion par le ruissellement des eaux. (V. dessin *relief karstique**.)

LAPILLI [lapili] **n.m. pl.,** ▲ *n.m. (pl. lapillis)* [mot ital., « petites pierres »]. Projections volcaniques de petites dimensions (entre 2 et 64 mm).

LAPIN, E n. (de *lapereau*). **1.** Mammifère herbivore, originaire de la péninsule Ibérique et d'Afrique du Nord, largement répandu et très prolifique. ➲ Le lapin sauvage, ou *lapin de garenne*, qui est un gibier apprécié, vit sur les terrains boisés et sableux, où il creuse des terriers collectifs. Le lapin domestique est élevé princip. pour sa chair, parfois pour sa fourrure ou comme animal de compagnie. Cri : le lapin clapit. Ordre des lagomorphes. (V. ill. *lagomorphes*.) **2.** Chair comestible du lapin. **3.** Fourrure de lapin. ▪ **Cage** ou **cabane à lapins** [fam.], immeuble regroupant de nombreux appartements exigus. ▪ **Chaud lapin** [fam.], homme porté sur les plaisirs sexuels. ▪ **Coup du lapin** [fam.], coup brutal sur la nuque. ▪ **Poser un lapin à qqn** [fam.], ne pas venir au rendez-vous qu'on lui a fixé.

LAPINER v.i. [3]. Mettre bas, en parlant de la lapine.

LAPINIÈRE n.f. Endroit où l'on élève des lapins.

LAPINISME n.m. Fam., péjor. Fécondité jugée excessive d'un couple, d'un peuple.

LAPIS-LAZULI ou **LAPIS** [lapis] **n.m. inv.** (du lat. *lapis*, pierre, et *lazuli*, d'azur). Pierre fine d'un bleu intense, composée de lazurite, employée en bijouterie et en ornementation (SYN. **outremer**).

▲ **lapis-lazuli.** Bracelet en or avec des incrustations de lapis-lazuli, art égyptien, XXIIe dynastie. (Musée égyptien, Le Caire.)

LAPON, ONE ou **ONNE adj.** et **n.** De Laponie ; relatif aux Lapons (SYN. **saami**). ◆ **n.m.** Langue finno-ougrienne parlée par les Lapons (SYN. **same**).

LAPPING [lapiŋ] **n.m.** (de l'angl. *to lap*, laper). **MÉCAN. INDUSTR.** Rodage d'une surface métallique au moyen d'une poudre abrasive.

LAPS [laps] **n.m.** (du lat. *lapsus*, écoulement). ▪ **Laps de temps,** intervalle de temps.

LAPSI n.m. pl. (mot lat. « ceux qui sont tombés »). Aux premiers temps du christianisme, chrétiens qui, lors des persécutions, avaient renié ou fait semblant de renier leur foi.

LAPSUS [lapsys] **n.m.** (mot lat. « glissement, erreur »). Faute commise en parlant *(lapsus linguae)* ou en écrivant *(lapsus calami)* et qui consiste à substituer au terme attendu un autre mot.

LAQUAGE n.m. Action de laquer.

LAQUAIS n.m. (orig. obsc.). **1.** Anc. Valet de pied qui portait la livrée. **2.** Litt. Homme d'un caractère servile.

1. LAQUE n.f. (de l'ar. *lakk*, du sanskr.). **1.** Gomme-résine rouge-brun, fournie par plusieurs plantes d'Orient de la famille des anacardiacées ; vernis noir ou rouge préparé, en Chine ou au Japon, avec cette résine. **2.** Peinture brillante, à finesse de broyage élevée ; peinture pour couche de finition, lisse et tendue, ayant l'aspect d'une laque. **3.** Produit qui, vaporisé sur la chevelure, maintient la coiffure. **4.** Vernis à ongles non transparent.

2. LAQUE n.m. Objet d'Extrême-Orient revêtu de nombreuses couches de laque.

LAQUÉ, E adj. Se dit d'une volaille (canard), d'une viande (porc) enduite, entre deux cuissons, d'une sauce aigre-douce. ➲ Cuisine chinoise.

LAQUELLE pron. relat. → **LEQUEL.**

LAQUER v.t. [3]. Couvrir de laque, d'une couche de laque.

LAQUEUR, EUSE n. Ouvrier qui décore des objets par application de laques et de vernis.

LARAIRE n.m. ANTIQ. ROM. Petit sanctuaire domestique destiné au culte des dieux lares.

LARBIN n.m. Fam., péjor. **1.** Domestique ; valet. **2.** Homme servile.

LARCIN n.m. (lat. *latrocinium*). Petit vol commis sans effraction ni violence ; produit de ce vol.

LARD n.m. (lat. *lardum*). Tissu adipeux sous-cutané du porc et de certains animaux. ▪ **Faire du lard** [fam.], engraisser du fait de l'inaction. ▪ **Gros lard** [fam.], personne grosse. ▪ **Lard gras** ou **gros lard,** tissu adipeux recouvrant le corps du porc dans la région du cou, du dos et du rein. ▪ **Lard maigre** ou **de poitrine,** morceau prélevé dans la poitrine du porc, qui peut être salé ou fumé, très employé en cuisine. ▪ **Tête de lard** [fam.], personne entêtée et qui a mauvais caractère.

LARDER v.t. [3]. 1. CUIS. Piquer une viande de petits morceaux de lard. **2.** Blesser en transperçant ; cribler : *Un corps lardé de coups de couteau.*

LARDOIRE n.f. Grosse aiguille creuse utilisée pour larder les viandes.

LARDON n.m. 1. Petit morceau de lard pour accommoder un plat. **2.** Fam. Enfant.

LARE n.m. et **adj.** (lat. *lar, laris*). **MYTH. ROM.** Dieu protecteur du foyer domestique.

LARGABLE adj. Qui peut être largué.

LARGAGE n.m. Action de larguer, notamm. à partir d'un aéronef.

1. LARGE adj. (lat. *largus*). **1.** Qui a une certaine dimension dans le sens perpendiculaire à la longueur : *Ce boulevard est très large. Large d'épaules.* **2.** Qui a une étendue importante : *Un large cercle de curieux s'était formé* ; ample : *Tunique large.* **3.** Qui est important ou très grand : *Une large part de responsabilité.* **4.** Qui n'est pas borné ; qui est sans préjugés : *Un esprit large.* **5.** Qui récompense généreusement : *Être large avec ses collaborateurs.* ▪ **Au sens large,** dans la plus grande extension du mot. ◆ **adv.** De manière large : *Ces bottines chaussent large.* ▪ **Avoir vu large,** avoir prévu en trop grande quantité. ▪ **Ne pas en mener large** [fam.], être inquiet, mal à son aise.

2. LARGE n.m. Largeur : *Une table de un mètre de large.* ▪ **Au large !,** commandement pour faire écarter une embarcation. ▪ **Au large de,** dans les parages de. ▪ **Du large !** [fam.], partez ! ▪ **Être au large,** avoir de la place ; fig., être à l'abri du besoin. ▪ **Le large,** la haute mer : *Vent du large.* ▪ **Prendre** ou **gagner le large** [fam.], s'enfuir précipitamment.

LARGEMENT adv. 1. De façon large ; abondamment : *Tu as largement le temps.* **2.** Au minimum : *Il est largement midi. Elle gagne largement le double.*

LARGESSE n.f. Générosité. ◆ **n.f. pl.** Dons généreux : *Ses largesses sont sans bornes.*

LARGEUR n.f. 1. Dimension d'un corps dans le sens perpendiculaire à la longueur. **2.** Caractère de ce qui n'est pas mesquin : *Largeur de vues, d'idées, d'esprit.* **3. MATH.** Côté le plus petit d'un rectangle ; sa mesure. ▪ **Dans les grandes largeurs** [fam.], complètement : *Ils l'ont dupé dans les grandes largeurs.*

LARGE WHITE [larʒwajt] **n. inv.** et **adj. inv.** (mots angl.). Porc d'une race à robe blanche et à oreilles dressées, répandue dans le monde entier.

LARGHETTO [-gɛ-] **adv.** (mot ital.). **MUS.** Selon un tempo moins lent et ample que largo. ◆ **n.m.** Morceau exécuté dans le tempo larghetto.

LARGO adv. (mot ital.). **MUS.** Selon un tempo lent et ample. ◆ **n.m.** Morceau exécuté dans le tempo largo.

LARGUE adj. (du provenç. *larga*, large). **MAR.** Vx. Qui n'est pas tendu : *Cordage largue.* ▪ **Vent largue,** ou **largue, n.m.,** vent portant oblique par rapport à l'axe du navire. ◆ **n.m.** Allure du navire qui reçoit le vent largue. ▪ **Grand largue,** allure portante se rapprochant du vent arrière.

LARGUER v.t. [3] (provenç. *largá*). **1. MAR.** Détacher une amarre, une voile, etc. **2.** Lâcher depuis un aéronef du personnel ou du matériel muni de parachute, des bombes, etc. **3.** Fam. Abandonner volontairement qqch ou qqn ; quitter. ▪ **Être largué** [fam.], être complètement dépassé dans un domaine ; être perdu, ne plus rien comprendre. ▪ **Larguer les amarres,** partir.

LARGUEUR n.m. Spécialiste chargé à bord d'un aéronef du parachutage de personnel ou de matériel.

LARIFORME n.m. (du lat. *larus*, mouette). Oiseau palmipède marin, tel que la mouette, le goéland et la sterne. ➲ Les lariformes forment un ordre, considéré parfois comme un sous-ordre des charadriiformes.

LARIGOT n.m. 1. Jeu d'orgue imitant la flûte. **2.** Vx. Petite flûte pastorale.

LARME n.f. (lat. *lacrima*). **1.** Goutte de liquide aqueux et salé produit par les glandes lacrymales, humidifiant et protégeant la cornée, et éliminé dans les fosses nasales : *Être en larmes.* **2.** Fig. Petite quantité d'un liquide ; goutte : *Une larme de porto.* **3. ZOOL.** Liquide sécrété par le larmier des cervidés. ▪ **Avoir la larme à l'œil,** être ému ou attendri. ▪ **Larmes de crocodile** [fam.], larmes hypocrites. ▪ **Pleurer à chaudes larmes,** abondamment. ▪ **Rire aux larmes,** rire très fort.

LARME-DE-JOB n.f. (pl. *larmes-de-Job*). Graminée cultivée dans les régions méditerranéennes pour ses grains décoratifs.

LARMIER n.m. (de *larme*). **1. ARCHIT.** Moulure en saillie d'un mur, génér. creusée par en dessous d'un canal qui évite aux eaux pluviales de ruisseler sur la façade. **2. ZOOL.** Glande située au-dessous de l'angle interne de l'œil des cervidés, qui sécrète un liquide gras et odorant. **3. ZOOL.** Tempe du cheval.

LARMOIEMENT n.m. 1. Écoulement pathologique de larmes. **2.** Péjor. (Surtout pl.). Pleurnicheries.

LARMOYANT, E adj. 1. Dont les yeux sont humides de larmes : *Enfant larmoyant.* **2.** Qui cherche à attendrir : *Récit larmoyant.*

LARMOYER [-mwaje] **v.i. [7]. 1.** Être plein de larmes, en parlant des yeux. **2.** Péjor. Pleurnicher : *Larmoyer sur une occasion ratée.*

LARRON n.m. (lat. *latro*). Litt. Voleur. ▪ **Le bon et le mauvais larron,** les deux voleurs qui, selon les Évangiles, furent mis en croix avec Jésus-Christ et dont le premier se repentit avant de mourir. ▪ **Le troisième larron,** celui qui tire profit de la querelle de deux autres personnes. ▪ **S'entendre comme larrons en foire,** s'entendre parfaitement.

LARSEN [-sɛn] **n.m.** (du n. de S. A. *Larsen*). Oscillation parasite se manifestant par un sifflement lorsque la sortie d'une chaîne électroacoustique, par ex. le haut-parleur, réagit sur son entrée (le microphone). [On dit aussi *effet Larsen*.]

LARVAIRE adj. 1. Relatif à une larve, à son état : *Formes larvaires des insectes.* **2.** Fig. Qui en est à son début ; embryonnaire : *Une théorie à l'état larvaire.*

LARVE n.f. (du lat. *larva*, fantôme). **1.** Forme embryonnaire apparaissant à l'éclosion de l'œuf et présentant avec la forme adulte de son espèce des différences importantes, tant par sa forme que par son régime alimentaire ou son milieu. **2.** Fam. Personne qui a perdu toute dignité, toute énergie ; loque. **3. MYTH. ROM.** Fantôme malfaisant, spectre d'homme coupable d'un crime ou victime d'une mort violente.

LARVÉ, E adj. 1. MÉD. Se dit d'une maladie qui n'est pas encore apparente ou qui ne se manifeste pas complètement. **2.** Fig. Qui ne s'est pas encore manifesté nettement ; latent : *Un conflit larvé.*

LARVICIDE adj. et **n.m.** Se dit d'une substance utilisée pour détruire des larves d'insectes.

LARYNGÉ, E ou **LARYNGIEN, ENNE adj.** Relatif au larynx.

LARYNGECTOMIE n.f. Ablation chirurgicale du larynx.

LARYNGITE n.f. Inflammation du larynx.

LARYNGOLOGIE n.f. Spécialité médicale qui étudie le larynx et ses affections.

LARYNGOLOGISTE n. Spécialiste de laryngologie.

LARYNGOSCOPE n.m. Appareil avec lequel on effectue une laryngoscopie.

LARYNGOSCOPIE n.f. Examen visuel de l'intérieur du larynx, à l'aide d'un petit instrument.

LARYNGOTOMIE n.f. Incision chirurgicale du larynx.

LARYNX n.m. (du gr. *larugx*, gosier). **ANAT.** Organe de la phonation, situé sur le trajet des voies respiratoires, entre le pharynx et la trachée.

1. LAS [lɑs] **interj.** Vx. Hélas.

2. LAS, LASSE [lɑ, lɑs] **adj.** (lat. *lassus*). Litt. Qui éprouve, manifeste une grande fatigue physique : *Être las à la fin de la journée.* ▪ **Être las de,** être ennuyé, dégoûté de : *Je suis lasse d'attendre, de ces mesquineries.*

LASAGNE n.f. (ital. *lasagna*). Pâte alimentaire en forme de large plaque. ◆ **n.f. pl.** Plat fait avec ces pâtes, disposées en couches alternées avec un hachis de viande, et gratinées. ➲ Cuisine italienne.

LASCAR n.m. (mot persan « armée »). Fam. **1.** Individu rusé, qui aime jouer des tours. **2.** Individu quelconque ; gars.

LASCIF, IVE adj. (lat. *lascivus*). **1.** Qui évoque les plaisirs de l'amour ; voluptueux : *Danse lascive.* **2.** Vieilli. Enclin aux plaisirs de l'amour ; sensuel.

LASCIVEMENT adv. De façon lascive.

LASCIVITÉ ou **LASCIVETÉ n.f.** Sout. Penchant, caractère lascif ; sensualité.

LASER [lazɛr] **n.m.** (acronyme de l'angl. *light amplification by stimulated emission of radiation*, amplification de la lumière par émission stimulée de rayonnement). **1.** Appareil pouvant engendrer un faisceau de rayonnement cohérent dans l'espace et dans le temps, et susceptible de multiples applications (recherche scientifique, armement, médecine, télécommunications, industrie, etc.). **2.** (En appos.). Qui utilise le rayonnement ainsi émis : *Lecteur laser.*

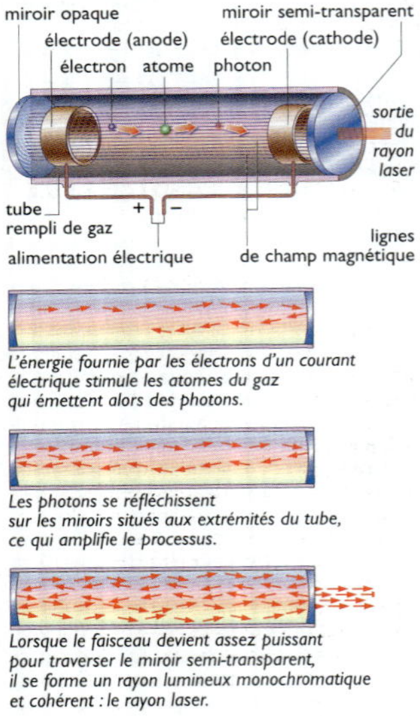

▲ **laser.** Structure et fonctionnement.

LASSANT, E adj. Qui lasse ; ennuyeux : *Des questions lassantes* ; importun : *Il est lassant avec ses fanfaronnades.*

LASSER v.t. [3] (lat. *lassare*). Rendre las ; fatiguer ; ennuyer : *Lasser qqn par ses questions.* ◆ **SE LASSER v.pr.** Éprouver de l'ennui, du dégoût de : *Il s'est lassé de ce jeu vidéo.* ▪ **Ne pas se lasser de,** éprouver toujours le même plaisir à faire qqch, à voir qqn, etc. ▪ **Sans se lasser,** infatigablement.

LASSI n.m. (mot hindi). Boisson indienne à base de yaourt nature sucré additionné de lait et d'eau glacée, souvent aromatisée.

LASSIS n.m. (de *lacer*). TEXT. Bourre de soie ; étoffe faite avec cette bourre.

LASSITUDE n.f. (lat. *lassitudo*). **1.** Sensation de fatigue physique. **2.** Dégoût mêlé d'ennui ; découragement.

LASSO n.m. (de l'esp. *lazo*, lacet). Corde ou longue lanière de cuir tressé, terminée par un nœud coulant et utilisée pour capturer les animaux. ➲ Le lasso est l'attribut traditionnel du gaucho et du cow-boy.

LASTEX n.m. (nom déposé). Filé de latex recouvert de fibres textiles (coton, rayonne, Nylon, soie, laine, etc.).

LASURE n.f. (all. *Lasur*). MENUIS. Produit de finition du bois par imprégnation superficielle non filmogène.

LATANIER n.m. (d'un mot des Caraïbes). Palmier de La Réunion et de l'île Maurice, parfois cultivé comme plante d'appartement. ➲ Famille des arécacées.

LATENCE n.f. 1. État de ce qui est latent. **2.** PSYCHOL. Temps écoulé entre le stimulus et la réponse correspondante (SYN. **temps de réaction**). ▪ **Période de latence** [psychan.], période de la vie sexuelle infantile, de l'âge de cinq ans à la préadolescence, au cours de laquelle les acquis de la sexualité infantile seraient refoulés.

LATENT, E adj. (du lat. *latens*, de *latere*, être caché). **1.** Qui existe sans être apparent ; larvé : *Mécontentement latent.* **2.** MÉD. Qui provoque peu ou pas de symptômes. ▪ **Chaleur latente** [thermodyn.], chaleur nécessaire pour que se produise la fusion, la vaporisation, etc., d'une substance. ▪ **Contenu latent d'un rêve** [psychan.], ensemble des désirs inconscients exprimés par le rêve. ▪ **Image latente** [photogr.], image invisible d'une surface sensible impressionnée, qui n'est pas encore développée. ▪ **Œil latent** [arbor.], œil à fruit qui, sur les arbres cultivés, demeure un certain temps à l'état rudimentaire.

LATÉRAL, E, AUX adj. (lat. *lateralis*, de *latus, lateris*, côté). **1.** Qui se trouve sur le côté : *Rue latérale.* **2.** Qui double une chose ; secondaire : *Canal latéral et canal principal.* ▪ **Aire latérale** [math.], aire totale d'un volume, déduction faite de celle de sa ou de ses bases. ▪ **Consonne latérale,** ou **latérale, n.f.** [phon.], consonne occlusive laissant s'écouler l'air de chaque côté de la langue (par ex. [l], en français). ▪ **Face latérale** [math.], face d'un polyèdre, différente de sa ou de ses bases.

LATÉRALEMENT adv. Sur le côté ; de côté.

LATÉRALISATION n.f. PSYCHOL. **1.** Spécialisation progressive, au cours de la petite enfance, de chacun des hémisphères du cerveau dans leurs fonctions respectives. **2.** Résultat de cette spécialisation ; dominance.

LATÉRALISÉ, E adj. PSYCHOL. Qui présente une latéralisation. ▪ **Enfant bien, mal latéralisé,** qui présente une latéralisation nette dans toutes les tâches, fluctuante selon les tâches.

LATÉRALITÉ n.f. PSYCHOL. Dominance fonctionnelle systématisée, droite ou gauche, dans l'utilisation de certains organes pairs (main, œil, pied).

LATÉRITE n.f. (du lat. *later, -eris*, brique). PÉDOL. Sol rougeâtre de la zone tropicale humide, riche en hydroxydes de fer et d'aluminium.

LATÉRITIQUE adj. Qui est formé de latérite ou qui en contient (SYN. **ferrallitique**).

LATÉRITISATION n.f. PÉDOL. Transformation d'un sol en latérite par lessivage de la silice.

LATEX n.m. (mot lat. « liquide, liqueur »). **1.** Substance liquide sécrétée par certaines plantes (hévéa, par ex.), pouvant donner, une fois transformée, des matériaux élastiques comme le caoutchouc qui sert à la fabrication de nombreux produits (matelas, par ex.). **2.** Émulsion aqueuse de certaines substances macromoléculaires synthétiques, utilisée dans les industries du textile, de la peinture, du papier, etc.

LATICIFÈRE n.m. BOT. Partie d'un tissu végétal qui sécrète du latex. ◆ **adj.** Se dit de ce tissu, de la plante qui le possède.

LATICLAVE n.m. (du lat. *laticlava*, large bande). ANTIQ. ROM. Bande pourpre qui ornait la tunique des sénateurs romains ; la tunique elle-même.

LATIFOLIÉ, E adj. BOT. Qui a de larges feuilles.

LATIFUNDISTE [-fɔ̃-] **n.m.** Propriétaire d'un latifundium.

LATIFUNDIUM [-fɔ̃djɔm] **n.m.** (pl. *latifundiums* ou *latifundia*) [mot lat.]. Grand domaine agricole privé, exploité de façon extensive et archaïque.

LATIN, E adj. et **n.** (lat. *latinus*). **1.** Du Latium ; relatif aux Latins. **2.** D'un pays dont la langue a pour origine le latin : *Les Espagnols sont des Latins.* ◆ **adj. 1.** Relatif aux pays latins, à leurs habitants : *Amérique latine.* **2.** Relatif au latin : *Grammaire latine.* **3.** HIST. Relatif à l'Église romaine, qui avait le latin pour langue liturgique : *Rite latin.* ▪ **Alphabet latin,** utilisé pour transcrire les langues romanes et de nombreuses autres langues. ▪ **Bâtiment latin** [mar.], gréant des voiles latines. ▪ **Nom latin,** nom scientifique*. ▪ **Voile latine** [mar.], voile triangulaire à antenne. ◆ **n.m.** Langue indo-européenne que parlaient les Latins. ➲ Le latin a survécu à l'Empire romain comme langue du christianisme en Occident et comme langue de culture. ▪ **Bas latin,** parlé ou écrit après la chute de l'Empire romain et durant le Moyen Âge. ▪ **Latin de cuisine** [fam.], jargon formé de mots français à désinences latines. ▪ **Latin populaire** ou **vulgaire,** latin parlé qui a donné naissance aux langues romanes. ▪ **Y perdre son latin** [fam.], n'y rien comprendre.

LATINISANT, E adj. et **n.** RELIG. Qui pratique le culte de l'Église latine dans un pays de rite grec.

LATINISATION n.f. Action de latiniser ; fait d'être latinisé.

LATINISER v.t. [3]. 1. Donner une forme ou une terminaison latine à un mot ; doter une langue d'un alphabet latin. **2.** Donner le caractère latin à : *L'Empire romain a latinisé la Gaule.*

LATINISME n.m. Tournure, expression propre à la langue latine ; emprunt au latin.

LATINISTE n. Spécialiste de la langue et de la littérature latines.

LATINITÉ n.f. 1. Caractère latin de qqn, d'un groupe. **2.** Le monde latin ; la civilisation latine.

LATINO, NA n. et **adj.** Aux États-Unis, immigré originaire d'Amérique latine. ◆ **adj.** Fam. Relatif à l'Amérique latine : *La musique latina.*

LATINO-AMÉRICAIN, E adj. et **n.** (pl. *latino-américains, es*). D'Amérique latine.

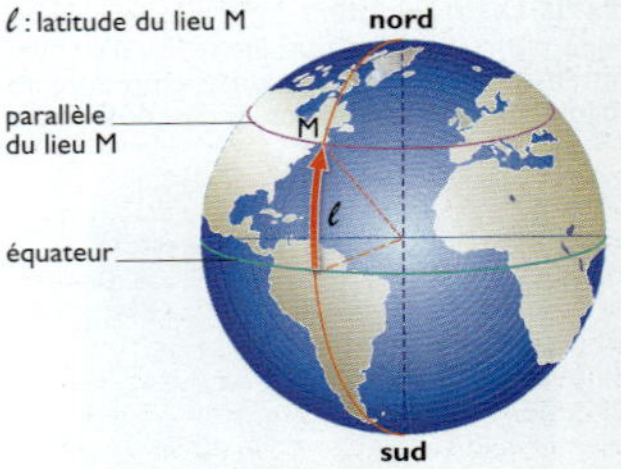

▲ **latitude**

LATITUDE n.f. (du lat. *latitudo*, largeur). **1.** Distance angulaire à l'équateur comptée vers le nord ou vers le sud, dans un système de coordonnées sphériques. **2.** Lieu considéré sous le rapport du climat : *Plante qui peut vivre sous toutes les latitudes.* **3.** Fig. Pouvoir d'agir à son gré ; liberté : *Laisser toute latitude à qqn de faire qqch.* ▪ **Basses, hautes latitudes,** voisines de l'équateur, du pôle. ▪ **Latitude (géographique) d'un lieu,** latitude, mesurée en degrés le long du méridien, de la verticale du lieu par rapport au plan de l'équateur terrestre : *Une latitude de 45° nord, de 60° sud (45° N., 60° S.).*

LATOMIES n.f. pl. (lat. *latomiae*). ANTIQ. ROM. Vastes carrières à ciel ouvert qui servaient de prison, à Syracuse.

LATO SENSU [-sɛ̃sy] **loc. adv.** (mots lat.). Au sens large (par oppos. à *stricto sensu*).

LATRINES n.f. pl. (lat. *latrina*). Lieux d'aisances sommaires, dans une collectivité.

LATS [lats] **n.m.** Ancienne unité monétaire principale de la Lettonie.

LATTAGE n.m. Action de latter ; ensemble de lattes ; lattis.

LATTE n.f. (du francique). **1.** CONSTR. Planchette de bois servant d'armature ou de couverture. **2.** Long sabre droit de cavalerie, au XIXe s. **3.** Fam. Chaussure ; pied : *Donner des coups de lattes.* **4.** Belgique. Règle plate graduée.

LATTER v.t. [3]. CONSTR. Garnir de lattes.

LATTIS n.m. CONSTR. Garniture de lattes.

▲ **lauburu**

LAUBURU [loburu] **n.m.** (mot basque « quatre têtes », de *lau*, quatre, et *buru*, tête). Croix basque, à l'origine symbole du soleil ou de la vie, composée de branches courbes, génér. au nombre de quatre. ➲ Le lauburu, qui se retrouve sur les stèles funéraires et sur des bâtisses, est devenu aujourd'hui un symbole identitaire fort du Pays basque.

LAUDANUM [-nɔm] **n.m.** (du lat. *ladanum*, résine du ciste). Anc. Préparation à base d'opium utilisée comme antalgique et contre la diarrhée.

LAUDATEUR, TRICE n. Litt. Personne qui fait des louanges.

LAUDATIF, IVE adj. (lat. *laudativus*, de *laudare*, louer). Litt. Qui loue, glorifie ; élogieux : *Paroles laudatives.*

LAUDES n.f. pl. (du lat. *laus, laudis*, louange). **CHRIST.** Prière liturgique à l'aurore.

LAURACÉE n.f. Arbre ou arbuste aromatique des climats chauds, à feuillage persistant, tel que le laurier, le camphrier, le cannelier. ➲ Les lauracées forment une famille.

LAURE ou **LAVRA n.f.** (gr. *laura*). Grand monastère orthodoxe.

LAURÉ, E adj. (du lat. *laureus*, de laurier). Couronné de lauriers.

LAURÉAT, E adj. et **n.** (du lat. *laureatus*, couronné de lauriers). Qui a réussi un examen, a remporté un prix dans un concours.

LAURENTIEN, ENNE [-sjɛ̃, ɛn] **adj.** et **n.** Relatif aux Laurentides ou à la vallée du Saint-Laurent.

LAURIER n.m. (lat. *laurus*). **1.** Arbuste des régions méditerranéennes, à fleurs blanchâtres discrètes, dont les feuilles persistantes et coriaces sont utilisées comme condiment (SYN. **laurier-sauce**). ➲ Dans l'Antiquité, le laurier était l'emblème de la victoire. Famille des lauracées. **2.** Feuille de cet arbuste utilisée en cuisine. ◆ **n.m. pl.** Symbole de la gloire, du succès : *Les lauriers de la victoire.* ▪ **S'endormir, se reposer sur ses lauriers,** ne pas poursuivre ses efforts après un succès.

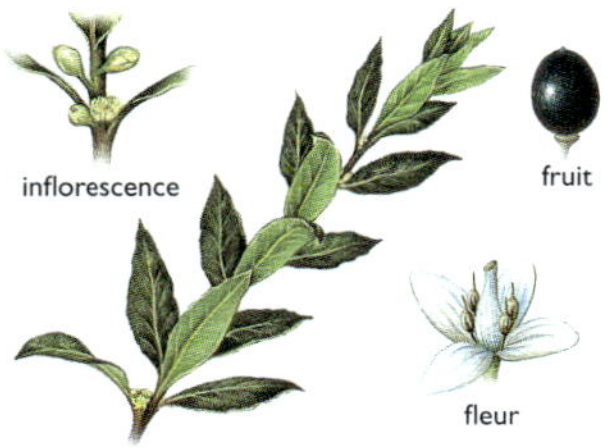

▲ **laurier**

LAURIER-CERISE n.m. (pl. *lauriers-cerises*). Arbrisseau d'Europe et d'Asie Mineure, à feuilles persistantes et à fleurs blanches en grappes, utilisé dans les haies vives et dont les fruits sont toxiques. ➲ Famille des rosacées.

LAURIER-ROSE n.m. (pl. *lauriers-roses*). Arbuste à fleurs blanches, roses ou jaunes, ornemental et toxique. ➲ Famille des apocynacées.

LAURIER-SAUCE n.m. (pl. *lauriers-sauce*). Nom culinaire du laurier.

LAURIER-TIN n.m. (pl. *lauriers-tins*). Viorne des régions méditerranéennes, dont les feuilles persistantes rappellent celles du laurier. ➲ Famille des caprifoliacées.

LAUSE ou **LAUZE n.f.** (du gaul.). Pierre plate utilisée comme dalle ou pour couvrir des bâtiments.

LAVABLE adj. Qui peut être lavé.

LAVABO n.m. (mot lat. « je laverai »). **1.** Appareil sanitaire en forme de cuvette, muni d'une arrivée d'eau et d'un système de vidange, que l'on utilise pour faire sa toilette. **2.** (Surtout pl.). Pièce contenant un ou plusieurs de ces appareils, avec toilettes attenantes, dans les collectivités, les lieux publics. **3. CHRIST.** Action du prêtre qui se lave les mains au cours de l'office eucharistique, après présentation des offrandes ; moment de l'office, lieu de l'église où se fait ce geste.

LAVAGE n.m. 1. Action de laver. **2. MIN.** Élimination de la partie stérile (gangue) des charbons ou des minerais. ▪ **Lavage de cerveau,** action coercitive exercée sur une personne pour anéantir ses pensées personnelles, et la rendre réceptive à l'adoption d'un nouveau comportement.

LAVALLIÈRE n.f. (du n. de la duchesse de *La Vallière*). Cravate souple, nouée en deux larges boucles.

LAVANDE n.f. (de l'ital. *lavanda*, qui sert à laver). **1.** Plante aromatique cultivée des régions méditerranéennes, à feuilles persistantes et à fleurs bleues ou violettes en épi. ➲ Famille des labiées. **2.** Huile essentielle odorante obtenue à partir de ces fleurs. ◆ **adj. inv.** Se dit d'un bleu mauve assez clair.

LAVANDIÈRE n.f. 1. Anc., litt. Femme qui lavait le linge à la main. **2. ORNITH.** Bergeronnette grise, commune dans toute l'Eurasie et en Afrique du Nord.

LAVANDIN n.m. Lavande hybride, cultivée pour son essence.

LAVARET n.m. (mot savoyard). Corégone des lacs alpins, notamm. du lac du Bourget.

LAVASSE n.f. Fam. Café, soupe dans lesquels on a mis trop d'eau. ◆ **adj.** D'une couleur claire, mais sans éclat : *Blond lavasse.*

LAVE n.f. (ital. *lava*, du lat. *labes*, éboulement). Magma en fusion émis par un volcan et qui, en refroidissant, se solidifie pour former une roche volcanique. ▪ **Lave en coussins,** pillow-lava.

LAVÉ, E adj. 1. Se dit d'une couleur d'un faible degré d'intensité chromatique, mêlée de blanc. **2.** Teinté ou rehaussé de lavis : *Dessin lavé.*

LAVE-AUTO n.m. (pl. *lave-autos*). Québec. Station de lavage automatique pour automobiles.

LAVE-DOS n.m. inv. Brosse munie d'un long manche pour se laver le dos.

LAVE-GLACE ou **LAVE-VITRE n.m.** (pl. *lave-glaces, lave-vitres*). Appareil envoyant un jet de liquide sur le pare-brise, la vitre arrière ou les phares d'une automobile pour les laver.

LAVE-LINGE n.m. inv., ▲ ***n.m.*** *(pl. lave-linges).* Appareil électroménager pour laver le linge.

LAVE-MAINS n.m. inv., ▲ ***LAVE-MAIN n.m.*** *(pl. lave-mains).* Petit lavabo d'appoint, en partic. dans les toilettes.

LAVEMENT n.m. MÉD. Injection d'un liquide dans le gros intestin, par l'anus, dans un but diagnostique ou thérapeutique. ▪ **Lavement des pieds** [christ.], cérémonie du jeudi saint célébrée en souvenir de Jésus, qui, d'après saint Jean, lava les pieds de ses douze apôtres avant la Cène.

LAVE-PONT n.m. (pl. *lave-ponts*). Balai-brosse pour laver le plancher d'un navire.

LAVER v.t. [3] (lat. *lavare*). **1.** Nettoyer avec un liquide, notamm. avec de l'eau : *Laver du linge, les murs.* **2.** Fig. Prouver l'innocence de ; disculper : *Ce témoignage le lave de tout soupçon.* **3. MIN.** Procéder au lavage. ▪ **Laver la tête à qqn** [fam., vieilli], le réprimander sévèrement. ▪ **Laver un dessin, un plan,** le rehausser au lavis. ▪ **Laver une injure (dans le sang)** [litt.], se venger. ▪ **Machine à laver le linge, la vaisselle,** lave-linge ; lave-vaisselle. ◆ **SE LAVER v.pr.** Laver son corps. ▪ **Se laver les mains de qqch,** décliner toute responsabilité à ce sujet.

LAVERIE n.f. 1. Blanchisserie équipée de machines à laver individuelles. **2. MIN.** Atelier de lavage du minerai.

LAVE-TÊTE n.m. inv., ▲ ***n.m.*** *(pl. lave-têtes).* Cuvette qui, fixée par un support au dossier d'un siège, permet, chez les coiffeurs, de laver les cheveux au-dessus d'un lavabo.

LAVETTE n.f. 1. Carré de tissu-éponge servant à laver la vaisselle, à essuyer une table, etc. **2.** Suisse. Carré de tissu-éponge pour se laver. **3.** Fam. Personne veule et sans énergie.

1. LAVEUR, EUSE n. Personne qui lave : *Un laveur de voitures.*

2. LAVEUR n.m. CHIM. Appareil utilisé pour purifier des gaz.

LAVEUSE n.f. Québec. Lave-linge.

LAVE-VAISSELLE n.m. inv., ▲ ***n.m.*** *(pl. lave-vaisselles).* Appareil électroménager qui lave et sèche la vaisselle.

LAVE-VITRE n.m. → **LAVE-GLACE.**

LAVIS [lavi] **n.m.** Manière de colorer ou d'ombrer un dessin avec des couleurs délayées dans de l'eau ; œuvre exécutée par ce procédé.

LAVOIR n.m. 1. Anc. Lieu public où on lavait le linge. **2. MIN.** Atelier de lavage pour le charbon. **3.** Belgique. Laverie.

LAVRA n.f. → **LAURE.**

LAVURE n.f. Eau qui a servi à laver la vaisselle.

LAWRENCIUM [lorɑ̃sjɔm] **n.m.** (du n. de E. O. *Lawrence*). Élément chimique transuranien (Lr), de numéro atomique 103.

LAXATIF, IVE adj. et **n.m.** (lat. *laxativus*, de *laxare*, lâcher). Se dit d'une substance qui accélère le transit intestinal.

LAXISME n.m. (du lat. *laxus*, relâché). **1.** Indulgence, tolérance excessive ; laisser-aller. **2. THÉOL. CHRÉT.** Système selon lequel on peut suivre une opinion du moment qu'elle est un tant soit peu probable.

LAXISTE adj. et **n. 1.** Qui manifeste du laxisme. **2. THÉOL. CHRÉT.** Relatif au laxisme ; qui en est partisan.

LAXITÉ n.f. (du lat. *laxitas*, relâchement). État de ce qui est lâche, distendu : *La laxité d'une corde.*

LAYETTE [lɛjɛt] **n.f.** (de l'anc. fr. *laie*, tiroir). **1.** Ce qui sert à habiller un nouveau-né, un bébé. **2. HORLOG.** Meuble à tiroirs plats et compartimentés, servant à ranger l'outillage et les fournitures.

LAYON [lɛjɔ̃] **n.m.** (de 2. *laie*). **SYLVIC.** Petit sentier forestier.

LAZARET n.m. (ital. *lazaretto*, de *lazaro*, ladre). **1.** Établissement où l'on isole et où l'on contrôle les arrivants d'un pays où sévit une maladie contagieuse. **2.** Anc. Léproserie.

LAZARISTE n.m. (du prieuré de *Saint-Lazare*). **CATH.** Membre de la Société des prêtres de la Mission, fondée en 1625 par saint Vincent de Paul.

LAZURITE n.f. MINÉRALOG. Feldspathoïde d'une variété bleue, constituant principal du lapis-lazuli.

LAZY-JACK [lɛzidʒak] **n.m.** (pl. *lazy-jacks*). **MAR.** Filin en patte-d'oie entre la mâture et la bôme, permettant de ferler la grand-voile.

LAZZI [la(d)zi] **n.m.** (pl. *lazzi[s]*) [mot ital.]. **1.** Parole moqueuse ; quolibet. **2.** Jeux de scène comiques, hérités de la commedia dell'arte.

LCD n.m. (sigle de l'angl. *liquid crystal display*). Affichage par cristaux liquides. ▪ **Écran LCD,** dispositif d'affichage d'images ou de données alphanumériques ou graphiques qui utilise la propriété des cristaux liquides à transmettre ou à réfléchir la lumière. ➲ Ce type d'écran équipe notamm. les ordinateurs portables et certains téléviseurs à écran plat.

LDL-CHOLESTÉROL [-kɔ-] **n.m.** (de l'angl. *low density lipoproteins*). **BIOCHIM.** Fraction du cholestérol sanguin transportée par des lipoprotéines de basse densité. ➲ C'est le « mauvais cholestérol ». Plus le taux de LDL-cholestérol est important, plus le risque d'athérosclérose est élevé.

LDR n.m. (sigle de l'angl. *light dependent resistor*, résistance dépendante de la lumière). **ÉLECTRON.** Photorésistance.

1. LE, LA art. déf. (pl. *les*) [lat. *ille, illa*]. Détermine un groupe nominal dont il indique le genre, le nombre : *Le marteau. La loi. Les élèves.* ▪ **À la, à l'** (+ adj. ou n.f.), indique une façon de faire ; à la manière : *Champignons à la grecque.*

✎ L'article ***le (les),*** en combinaison avec les prép. ***à*** et ***de,*** donne les formes contractées ***au, aux*** et ***du, des.*** L'article singulier ***(le, la)*** s'élide en ***l'*** devant une voyelle ou un ***h*** muet : ***l'abri, l'habitude,*** etc., sauf devant ***onzième, uhlan, yacht, oui,*** et quelques autres mots.

▲ **lavis.** *L'Amour, un berger et une nymphe* (fin du XVIIe s.), dessin à la plume et au lavis par Michel II Corneille. (Musée du Louvre, Paris.)

2. LE, LA pron. pers. (pl. *les*). En fonction de complément d'objet direct, désigne la personne, la chose que l'on vient de nommer : *Nous la connaissons. Rangez-les dans le tiroir.*

Le pronom singulier *(le, la)* s'élide en *l'* devant une voyelle ou un *h* muet : ***Ce musée, nous l'avons visité. Je l'héberge parfois.***

LÉ n.m. (du lat. *latus*, large). **1.** Largeur d'une bande de papier peint. **2. TEXT.** Largeur d'une étoffe entre ses deux lisières (SYN. **laize**). **3. COUT.** Panneau d'étoffe incrusté dans une jupe pour lui donner plus d'ampleur.

LEADER ou **LEADEUR, EUSE** [lidœr, øz] **n.** (angl. *leader*, chef). **1.** Personne qui est à la tête d'un parti politique, d'un mouvement, d'un groupe. **2.** Concurrent, équipe qui sont en tête d'une compétition sportive. **3.** (Parfois en appos.). Entreprise, groupe, produit qui occupent la première place dans un domaine : *Logiciel, marque leaders.* ◆ **n.m. MIL.** Avion guide d'un dispositif aérien ; son chef de bord.

LEADERSHIP [lidœrʃip] **n.m.** (mot angl.). Fonction de leader ; position dominante.

LEASING [liziŋ] **n.m. BANQUE.** (Anglic. déconseillé). Crédit-bail.

LEBEL n.m. (du n. de N. *Lebel*). Fusil de calibre 8 mm, créé en 1886, plusieurs fois perfectionné, et employé dans l'armée française jusqu'en 1940.

LECANORA [le-] **n.f.** (du gr. *lekanê*, bassin). Lichen crustacé, commun sur les pierres et les écorces. ➲ L'espèce *Lecanora esculenta* est comestible et serait la *manne* des Hébreux.

LÉCHAGE ou **LÈCHEMENT n.m.** Action de lécher.

LÈCHE n.f. ▪ **Faire de la lèche à qqn** [fam.], le flatter bassement.

LÉCHÉ, E adj. Fam. Exécuté minutieusement : *Toile léchée.* ▪ **Ours mal léché,** personne grossière.

LÈCHE-BOTTES (fam.) **n. inv.,** ▲ *LÈCHE-BOTTE n. (pl. lèche-bottes)* ou **LÈCHE-CUL** (très fam.) **n. inv.,** ▲ *n. (pl. lèche-culs).* Personne qui flatte servilement.

LÈCHEFRITE n.f. (anc. fr. *lechefroie*). Ustensile de cuisine placé sous la broche ou le gril pour recevoir le jus et la graisse d'une pièce de viande mise à rôtir.

LÈCHEMENT n.m. → **LÉCHAGE.**

LÉCHER v.t. [11], ▲ *[11*]* (du francique). **1.** Passer la langue sur : *La chatte lèche ses petits* ; enlever avec la langue : *Lécher la confiture sur la cuillère.* **2.** Litt. Effleurer légèrement, en parlant de l'eau, du feu : *Les flammes lèchent les brochettes.* **3.** Fam. Exécuter avec un soin minutieux ; peaufiner ; fignoler : *Lécher une description.* ▪ **Lécher les bottes à qqn** [fam.], le flatter servilement. ▪ **Lécher les vitrines** [fam.], faire du lèche-vitrines. ◆ **SE LÉCHER v.pr. 1.** En parlant d'un animal, se passer la langue sur le corps. **2.** Enlever qqch d'une partie du corps à coups de langue : *Se lécher les doigts.*

1. LÉCHEUR, EUSE n. Fam. Vil flatteur.

2. LÉCHEUR adj.m. ▪ **Insecte lécheur,** doté de pièces buccales lui permettant de lécher le nectar.

LÈCHE-VITRINES n.m. inv., ▲ *LÈCHE-VITRINE n.m. (pl. lèche-vitrines).* ▪ **Faire du lèche-vitrines** [fam.], flâner le long des rues en regardant les vitrines, les étalages des magasins.

LÉCITHINE n.f. (du gr. *lekithos*, jaune d'œuf). **BIOCHIM.** Lipide phosphoré complexe, abondant dans certains aliments (jaune d'œuf, soja) et utilisé dans l'industrie alimentaire comme émulsifiant et stabilisateur de corps gras.

LEÇON n.f. (du lat. *lectio, -onis*, lecture). **1.** Enseignement donné en une séance par un professeur, un maître, à une classe, à un élève ; cours. **2.** Ce que le maître donne à apprendre : *Réviser ses leçons.* **3.** Enseignement tiré d'une erreur, d'un événement : *Les leçons d'un échec.* ▪ **Donner, recevoir une leçon,** corriger, se faire corriger par des paroles ou par des coups.

1. LECTEUR, TRICE n. 1. Personne qui lit un livre, un journal, etc. **2.** Personne qui lit à haute voix, devant un auditoire. **3.** Personne qui, dans une maison d'édition, lit et apprécie les textes proposés. **4.** Professeur étranger chargé de faire pratiquer sa langue maternelle, dans un établissement d'enseignement. **5. CATH.** Anc. Clerc qui avait reçu l'un des ordres mineurs.

2. LECTEUR n.m. 1. AUDIOVIS. Appareil qui permet de restituer des informations enregistrées (sons, textes, images) sur un support numérique, mécanique, magnétique ou optique : *Lecteur laser. Lecteur MP3.* **2. INFORM.** Dispositif permettant l'introduction dans un ordinateur des données stockées sur un support d'enregistrement extérieur. ▪ **Lecteur optique,** appareil électronique permettant la lecture des codes-barres et leur conversion en signaux numériques exploitables par un ordinateur.

LECTORAT n.m. 1. Ensemble des lecteurs d'un média écrit. **2.** Fonction de lecteur dans l'enseignement.

LECTURE n.f. (lat. médiév. *lectura*). **1.** Action de lire, de déchiffrer : *La lecture du journal.* **2.** Fait de savoir lire : *S'entraîner à la lecture.* **3.** Action de lire à haute voix, devant un auditoire : *Donner lecture d'un communiqué.* **4.** Ce que l'on lit : *Avoir de mauvaises lectures.* **5.** Analyse, interprétation d'un texte, d'une partition, etc. : *Vous avez une lecture réductrice de ce texte.* **6.** Discussion et vote d'un texte par une assemblée législative ; délibération sur un projet de loi. **7. AUDIOVIS.** Restitution, par un lecteur, de signaux enregistrés sous forme numérique, mécanique, magnétique ou optique. **8. INFORM.** Accès à une information présente dans une mémoire ou sur un support quelconque. ▪ **Lecture optique** [audiovis.], utilisant un procédé optoélectronique automatique.

LÉCYTHE n.m. (gr. *lêkuthos*). **ANTIQ. GR.** Petit vase à corps cylindrique, à goulot étroit, à anse et à pied.

LED [ɛlœde] **n.f.** (sigle de l'angl. *light emitting diode*). Diode électroluminescente.

LEDIT adj.m. → **1. DIT.**

LÉGAL, E, AUX adj. (lat. *legalis*, de *lex, legis*, loi). Défini par la loi ; conforme à la loi.

LÉGALEMENT adv. De façon légale.

LÉGALISATION n.f. Action de légaliser.

LÉGALISER v.t. [3]. 1. Rendre légal. **2.** Certifier l'authenticité des signatures apposées sur un acte, en parlant d'un officier public.

LÉGALISME n.m. Souci de respecter minutieusement la loi.

LÉGALISTE adj. et **n.** Relatif au légalisme ; qui fait preuve de légalisme.

LÉGALITÉ n.f. 1. Caractère de ce qui est légal. **2.** Ensemble des actions qui sont conformes à la loi : *Il s'est enrichi sans sortir de la légalité.*

LÉGAT n.m. (du lat. *legatus*, ambassadeur). **1. CATH.** Représentant officiel du pape. **2. ANTIQ. ROM.** Sous la République, personnage chargé d'une mission diplomatique, administrative ou militaire ; sous l'Empire, gouverneur de province ou commandant de légion.

LÉGATAIRE n. (lat. *legatarius*). Bénéficiaire d'un legs : *Légataire universel.*

LÉGATION n.f. 1. Représentation diplomatique d'un gouvernement auprès d'un État où il n'a pas d'ambassade ; bâtiment occupé par cette représentation. **2. CATH.** Charge de légat pontifical ; étendue de pays soumise à cette charge.

LEGATO [le-] **adv.** (mot ital.). **MUS.** En liant les sons. ◆ **n.m. MUS.** Passage exécuté en liant les sons. (On peut aussi écrire *un légato, des légatos.*)

LÈGE adj. (du néerl. *leeg*, vide). **MAR.** ▪ **Navire lège,** sans cargaison.

LÉGENDAIRE adj. 1. Qui appartient à la légende ; mythique : *Une héroïne légendaire.* **2.** Qui est connu de tous ; célèbre : *Un humour légendaire.*

LÉGENDE n.f. (du lat. *legenda*, ce qui doit être lu). **1.** Récit à caractère merveilleux, où les faits historiques sont transformés par l'imagination populaire ou par l'invention poétique. **2.** Représentation embellie de la vie de qqn, qui se conserve dans la mémoire collective : *Jean Moulin est entré dans la légende.* **3.** Rumeur née d'une déformation et d'une amplification de faits réels. **4.** Texte ou série de signes conventionnels expliquant une photographie, un dessin, un plan, une carte. **5.** Identité fictive destinée à servir de couverture à un agent secret en mission à l'étranger. ➲ Une légende est un personnage civil créé de toutes pièces, et d'une manière très détaillée, par un service en charge des agents clandestins. ▪ **La Légende dorée,** v. partie n.pr. ▪ **Légende urbaine,** récit proche de la rumeur, qui se répand dans le public par le bouche-à-oreille ou par le Net.

LÉGENDER v.t. [3]. 1. Pourvoir une illustration d'une légende : *Légender un schéma.* **2.** Maroc. Raconter à la manière d'une légende : *Légender son pays.* ◆ **SE LÉGENDER v.pr.** Maroc. Devenir une légende : *Leur aventure s'est peu à peu légendée.*

LÉGER, ÈRE adj. (lat. *levis*). **1.** Dont le poids est peu élevé : *Portez le sac le plus léger.* **2.** Dont la densité est faible : *Métal, gaz léger.* **3.** Dont la texture, l'épaisseur est faible ; mince : *Un manteau léger.* **4.** Qui est peu concentré, peu fort : *Café léger.* **5.** Qui est facile à digérer : *Un dîner léger.* **6.** Qui met en œuvre des moyens peu importants : *Chirurgie légère.* **7.** Qui donne une impression de vivacité, de grâce : *Marcher d'un pas léger. Une légère caresse.* **8.** Libre de soucis, de responsabilités : *Avoir le cœur léger.* **9.** Qui est peu important : *Blessure légère. Une légère migraine.* **10.** Qui est enjoué, sans gravité : *Ton léger.* **11.** Qui manque de sérieux ; désinvolte : *Vous êtes un peu léger de signer sans garantie.* **12.** Se dit d'un sol riche en sable, facile à travailler. ▪ **À la légère,** sans réflexion ; inconsidérément. ▪ **Avoir la main légère,** agir avec délicatesse. ▪ **Cigarette légère,** dont la teneur en nicotine et en goudrons a été diminuée. ▪ **Musique légère,** de variété. ▪ **Sommeil léger,** que peu de chose suffit à troubler. ▪ **Vin léger,** vin peu corsé, mais équilibré et agréable. ◆ **adj.** et **n.m.** Dans certains sports individuels, qualifie une catégorie de poids ; se dit d'un sportif appartenant à cette catégorie. ◆ **adv.** ▪ **Manger léger,** manger des aliments faciles à digérer ou manger peu.

LÉGÈREMENT adv. 1. De façon légère : *Appuyez légèrement sur la pédale. S'habiller légèrement.* **2.** Un peu : *Ce vin est légèrement bouchonné.* **3.** À la légère ; inconsidérément.

LÉGÈRETÉ n.f. 1. Propriété de ce qui est peu pesant, peu dense : *La légèreté de la soie.* **2.** Manière d'agir légère, fine, agile : *La légèreté d'une danseuse.* **3.** Caractère de ce qui est sans gravité : *La légèreté d'une blessure.* **4.** Manque de sérieux ; désinvolture : *Agir avec légèreté.*

LEGGING [legiŋ] **n.m.** (mot angl.). Collant épais sans pied.

LEGGINGS [legiŋs] **n.f. pl.** (mot angl.). Jambières en cuir, tricot ou fibres synthétiques.

LEGHORN [legɔrn] **n.f.** (mot angl., de *Leghorn*, n. angl. de Livourne). Poule d'une race obtenue aux États-Unis par sélection, excellente pondeuse.

LÉGIFÉRER v.i. [11], ▲ *[11*]* (du lat. *legifer*, qui établit des lois). **1.** Établir des lois : *Le Parlement légifère.* **2.** Édicter des règles : *La mairie légiférera bientôt.*

LÉGION n.f. (lat. *legio*). **1.** Unité fondamentale de l'armée romaine. **2.** Grand nombre de personnes, d'êtres vivants ; nuée : *Une légion d'admirateurs.* ▪ **Être légion,** être très nombreux : *Les cas de ce genre sont légion.* ▪ **La Légion étrangère,** formation militaire française créée en 1831 par Louis-Philippe et composée de volontaires, en majorité étrangers. ➲ Une Légion étrangère espagnole a été créée en 1920.

LÉGIONELLE n.f. Bactérie responsable de la légionellose.

LÉGIONELLOSE n.f. Infection contagieuse grave, d'origine bactérienne, se traduisant surtout par une pneumopathie.

LÉGIONNAIRE n.m. 1. Militaire de la Légion étrangère. **2.** Soldat d'une légion romaine. ▪ **Maladie des légionnaires** [vieilli], légionellose. ◆ **n.** Membre de l'ordre de la Légion d'honneur.

LÉGISLATEUR, TRICE adj. et **n.** (lat. *legislator*). Qui a le pouvoir de légiférer. ◆ **n.m.** Autorité qui a le pouvoir d'établir des lois ; la loi en général : *Le législateur n'a pas prévu ce cas.*

LÉGISLATIF, IVE adj. Relatif à la loi, au pouvoir de légiférer. ▪ **Assemblée législative,** v. partie n.pr. ▪ **Corps législatif,** assemblée élue chargée de voter les lois, sous le Consulat et le second Empire. ▪ **Élections législatives,** ou **législatives, n.f. pl.,** élections des députés de l'Assemblée nationale au suffrage universel, en France. ▪ **Pouvoir législatif,** chargé de voter les lois.

LÉGISLATION n.f. Ensemble des lois d'un pays, des dispositions législatives concernant un domaine particulier : *La législation belge, du travail.*

LÉGISLATURE n.f. Durée du mandat d'une assemblée législative.

LÉGISTE n. (lat. médiév. *legista*). Spécialiste des lois. ◆ **n.m.** Dans la France du Moyen Âge, juriste spécialisé en droit civil. ◆ **adj.** ▪ **Médecin légiste,** ou **légiste, n.,** chargé d'expertises en matière de médecine légale.

LÉGISTIQUE n.f. Ensemble des règles, principes et méthodes utiles à la conception et à la rédaction des textes législatifs et réglementaires, visant, du point de vue de la forme et du fond, à assurer la cohérence et l'efficacité de ceux-ci.

LÉGITIMATION n.f. DR. Action de légitimer.

1. LÉGITIME adj. (lat. *legitimus*). **1.** Qui est consacré, reconnu, admis par la loi ; légal : *Autorité légitime.* **2.** Qui est fondé en raison, en droit, en justice : *Demande légitime.* ▪ **Enfant légitime** [vieilli], conçu pendant le mariage de ses parents (par oppos. à *enfant naturel**). ▪ **Légitime défense,** droit de riposter par un acte interdit (notamm. homicide, blessures et coups) et de façon proportionnée, pour se protéger ou pour protéger autrui contre un acte de violence.

2. LÉGITIME n.f. Fam., vieilli. Épouse.

LÉGITIMÉ, E adj. et **n. DR.** Qui a été légitimé.

LÉGITIMEMENT adv. Conformément à la loi, à l'équité ou à la raison.

LÉGITIMER v.t. [3]. 1. Faire admettre comme excusable, juste ; justifier : *Il cherche à légitimer son refus.* **2. DR.** Faire reconnaître comme légitime un pouvoir, un titre, un traité, etc.

LÉGITIMISME n.m. Opinion, attitude des légitimistes.

LÉGITIMISTE adj. et **n. 1.** Qui défend une dynastie considérée comme légitime, les droits héréditaires au trône. **2.** En France, après la révolution de 1830, partisan de la branche aînée des Bourbons et de son dernier héritier direct, le comte de Chambord. **3.** Qui a tendance à favoriser le pouvoir en place : *Réflexe légitimiste de l'électorat.*

LÉGITIMITÉ n.f. Qualité de ce qui est fondé en droit ou équitable : *La légitimité d'un traité, d'une revendication.*

LEGO [lego] **n.m.** (nom déposé). Jeu de construction en plastique, à pièces emboîtables.

LEGS [lɛ(g)] **n.m.** (anc. fr. *lais*, de *laisser*). **1. DR.** Libéralité faite par testament au bénéfice d'une personne. **2.** Litt. Ce qu'une génération transmet aux générations suivantes ; héritage : *Le legs des Lumières.* ▪ **Legs à titre particulier** [dr.], legs de un ou plusieurs biens déterminés. ▪ **Legs à titre universel,** qui porte sur un ensemble de biens, par ex. une quote-part de l'ensemble de la succession ou la totalité des meubles ou des immeubles. ▪ **Legs universel,** qui porte sur la totalité de la succession ou seulem. sur la quotité disponible, lorsque le légataire universel est en concurrence avec des héritiers réservataires.

LÉGUER v.t. [11], ▲*[11*]* (lat. *legare*). **1.** Donner par testament. **2.** Fig. Transmettre à ceux qui viennent ensuite : *Léguer un déficit budgétaire.*

1. LÉGUME n.m. (lat. *legumen, -inis*). **1.** Plante potagère dont on consomme, selon les espèces, les graines, les feuilles, les tiges, les fruits ou les racines. **2.** Fam. Personne réduite à une existence végétative. ▪ **Légume sec,** graine des légumineuses arrivée à maturité. ▪ **Légume vert,** légume consommé frais peu après la cueillette ou après conservation (appertisation, congélation).

2. LÉGUME n.f. Fam. ▪ **Grosse légume,** personnage important.

1. LÉGUMIER, ÈRE adj. Relatif aux légumes : *Culture légumière.* ◆ **n.m.** Plat creux, avec couvercle, dans lequel on sert des légumes.

2. LÉGUMIER, ÈRE n. 1. Producteur de légumes. **2.** Algérie, Belgique. Commerçant en légumes. (Dans ce sens, le terme est vieilli en Belgique.)

LÉGUMINE n.f. Substance protidique existant dans certaines graines (pois, lentilles).

LÉGUMINEUSE n.f. Dicotylédone dont le fruit est une gousse, exploitée comme légume (pois, haricot), fourrage (trèfle, luzerne), pour l'ornement (acacia) ou pour le bois (palissandre). ➲ Les légumineuses forment l'ordre des fabales.

LEI n.m. pl. → **2. LEU.**

LÉIOMYOME n.m. (du gr. *leios*, lisse). **MÉD.** Tumeur bénigne qui se développe à partir de fibres musculaires lisses. ➲ Les léiomyomes de l'utérus sont appelés cour. *fibromes.*

LÉIPOA [leipoa] **n.m.** (du gr. *leipein*, abandonner, et *ôon*, œuf). Oiseau terrestre du sud de l'Australie, au plumage terne, qui pond ses œufs dans un gigantesque nid de feuilles et d'humus (5 m de diamètre), dont il contrôle la température jusqu'à l'éclosion. ➲ Famille des mégapodiidés.

LEISHMANIE ou **LEISHMANIA** [lɛʃ-] **n.f.** (du n. de W. B. *Leishman*). Protozoaire parasite, flagellé, commun à l'homme et aux animaux, transmis par les phlébotomes et provoquant chez l'homme les leishmanioses.

LEISHMANIOSE [lɛʃ-] **n.f. MÉD.** Maladie parasitaire des régions chaudes due aux leishmanies, pouvant prendre une forme viscérale grave (*kala-azar*).

LEITMOTIV [lɛtmɔtiv] ou [lajtmɔtif] **n.m.** (pl. *leitmotivs* ou *leitmotive*) [mot all.]. **1. MUS.** Motif, thème caractéristique dont la répétition est destinée à rappeler une idée, un sentiment, un personnage. **2.** Formule, idée qui revient sans cesse dans un discours, une conversation, une œuvre littéraire.

LEK n.m. Unité monétaire principale de l'Albanie.

LÉMANIQUE adj. Relatif au lac Léman.

LEMME n.m. (du gr. *lêmma*, majeure d'un syllogisme). **MATH.** Proposition qui prépare la démonstration d'un théorème.

LEMMING [lɛmiŋ] **n.m.** (mot norv.). Petit rongeur de l'Eurasie septentrionale, voisin du campagnol, qui pullule tous les deux à quatre ans et effectue alors des migrations massives vers le sud. ➲ Famille des cricétidés.

▲ **lemming** des toundras.

LEMNISCATE n.f. (lat. *lemniscatus*, du gr. *lêmniskos*, ruban). **MATH.** Courbe plane en forme de 8, correspondant à l'ensemble des points dont le produit des distances à deux points fixes est constant.

LEMPIRA [lɛm-] **n.m.** Unité monétaire principale du Honduras.

LÉMURE n.m. (du lat. *lemures*, âmes des morts). **MYTH. ROM.** Spectre d'un mort ; fantôme.

LÉMURIEN n.m. (de *lémure*). Primate arboricole, végétarien ou omnivore, tel que le maki ou l'aye-aye (SYN. **prosimien**). ➲ Ordre des primates.

LENDEMAIN n.m. (anc. fr. *l'endemain*). **1.** Jour qui suit celui où l'on est, ou celui dont on parle. **2.** Avenir plus ou moins immédiat ; futur : *Il faut penser au lendemain.* ▪ **Du jour au lendemain,** subitement. ▪ **Sans lendemain,** qui ne dure pas : *Amour, succès sans lendemain.* ◆ **n.m. pl.** Conséquences d'un événement ; prolongements : *Cette affaire a eu de tristes lendemains.*

LENDIT [lɑ̃di] **n.m.** (du lat. *indictum*, ce qui est fixé). **HIST.** Importante foire qui se tenait au Moyen Âge dans la plaine Saint-Denis.

LÉNIFIANT, E adj. Qui lénifie ; apaisant : *Atmosphère lénifiante.*

LÉNIFIER v.t. [5] (du lat. *lenis*, doux). **1.** Ôter toute énergie à ; affaiblir. **2.** Apaiser une douleur morale : *Paroles qui lénifient qqn.*

LÉNINISME n.m. Doctrine de Lénine, considérée dans son apport au marxisme, notamm. en ce qui concerne la stratégie de prise du pouvoir par les partis communistes.

LÉNINISTE adj. et **n.** Relatif au léninisme ; qui en est partisan.

LENT, E adj. (du lat. *lentus*, tenace). **1.** Qui parcourt peu d'espace en un temps donné : *Véhicule lent.* **2.** Qui n'agit pas avec rapidité : *Ils sont lents à se décider.* **3.** Qui se fait dans un temps relativement long : *L'évolution des mœurs est lente.* **4.** Dont l'effet tarde à se manifester : *L'action lente d'un médicament.* ▪ **Sommeil lent** [psychol.], sommeil profond.

LENTE n.f. (lat. *lens, lendis*). Œuf que le pou dépose à la base des cheveux.

LENTEMENT adv. Avec lenteur.

LENTEUR n.f. Manque de rapidité dans les mouvements, de vivacité dans la pensée : *Sa lenteur est exaspérante.* ◆ **n.f. pl.** Manque de rapidité à agir : *Les lenteurs de l'Administration.*

LENTICELLE n.f. (du lat. *lens, lentis*, lentille). **BOT.** Pore traversant le liège d'une écorce et permettant la respiration des tissus sous-jacents. ➲ Les lenticelles forment les petits trous visibles sur les bouchons de liège.

LENTICULAIRE ou **LENTICULÉ, E adj.** En forme de lentille. ▪ **Imagerie, optique lenticulaire,** technique complexe utilisant des systèmes de lentilles pour obtenir, à partir d'images fixes, des images en relief ou animées.

LENTICULE n.f. Lentille d'eau.

LENTIGO n.m. ou **LENTIGINE n.f.** (du lat. *lentigo, -inis*, lentille). **MÉD.** Grain de beauté.

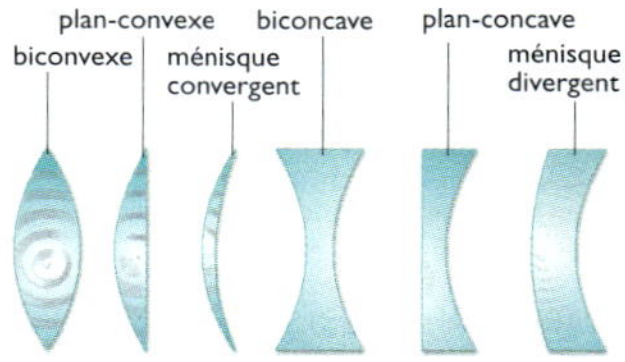

▲ **lentilles** optiques.

LENTILLE n.f. (lat. *lenticula*). **1.** Plante annuelle cultivée, aux fruits en gousses larges contenant deux graines. ➲ Sous-famille des papilionacées. **2.** La graine elle-même, consommée comme légume sec et qui a la forme d'un petit disque renflé en son centre. **3.** Verre de contact qui s'applique sur la cornée sans en déborder. ➲ On dit aussi *lentille cornéenne.* **4.** Verre taillé en forme de lentille servant, dans les instruments d'optique, à dévier les rayons lumineux. **5. GÉOL.** Formation géologique sédimentaire d'extension limitée, se terminant latéralement en biseau. **6.** Vx. Tache de rousseur. ▪ **Lentille d'eau,** petite monocotylédone aquatique, aux minuscules feuilles bombées ou trilobées, abondante à la surface des eaux stagnantes (SYN. **lenticule**). ➲ Famille des lemnacées. ▪ **Lentille électronique,** dispositif qui dévie les faisceaux de particules chargées, en partic. d'électrons. ▪ **Lentille gravitationnelle** [astron.], objet céleste massif (galaxie, par ex.) qui modifie l'apparence d'astres en courbant par son attraction gravitationnelle les rayons lumineux.

LENTISQUE n.m. (lat. *lentiscus*). Arbrisseau voisin du pistachier, cultivé au Proche-Orient, et dont le tronc fournit une résine appelée *mastic*, employée comme masticatoire. ➲ Famille des anacardiacées.

LENTIVIRUS n.m. Genre de virus de la famille des rétrovirus, dont font partie les VIH.

LENTO [lɛnto] **adv.** (mot ital.). **MUS.** Selon un tempo lent. ◆ **n.m.** Morceau exécuté dans ce tempo.

LÉONARD, E adj. et **n.** Du pays de Léon, en Bretagne.

1. LÉONIN, E adj. (lat. *leoninus*, de *leo, leonis*, lion). **1.** Litt. Propre au lion ; qui rappelle le lion : *Chevelure léonine.* **2. DR.** Se dit d'un partage, d'un contrat où qqn se réserve la plus grosse part.

2. LÉONIN, E adj. (de *Léon*, chanoine du XIIe s.). ▪ **Vers léonin,** vers dont les deux hémistiches riment ensemble.

LÉOPARD n.m. (du lat. *leo*, lion, et *pardus*, panthère). **1.** Panthère tachetée d'Afrique. ➲ Famille des félidés. **2.** Fourrure de cet animal, aux taches en rosettes. **3. HÉRALD.** Lion représenté la tête de face et, la plupart du temps, passant. ▪ **Léopard de mer,** grand phoque carnassier vivant dans l'Antarctique. ➲ Famille des phocidés. ▪ **Tenue léopard,** tenue de combat tachetée utilisée notamm. par les parachutistes.

LÉOPARDÉ, E adj. HÉRALD. ▪ **Lion léopardé,** lion passant (et non rampant), représenté de profil.

LÉPIDODENDRON [-dɛ̃-] **n.m.** (du gr. *lepis, -idos*, écaille, et *dendron*, arbre). **PALÉONT.** Plante arborescente fossile du carbonifère et du permien, qui atteignait 25 à 30 m de haut. ➲ Ordre des lépidodendrales.

LÉPIDOLITE n.m. Mica lithinifère mauve, principal minerai du lithium.

a b c d e f g h i j k l m n o p q r s t u v w x y z

LÉPIDOPTÈRE n.m. (du gr. *lepis, -idos*, écaille, et *pteron*, aile). Insecte holométabole, portant à l'état adulte quatre ailes membraneuses couvertes d'écailles microscopiques colorées, dont la larve est appelée *chenille*, la nymphe *chrysalide* et l'adulte *papillon*. ➲ Les lépidoptères forment un ordre.

LÉPIDOSTÉE n.m. → **LÉPISOSTÉE.**

LÉPIOTE n.f. (du gr. *lepion*, petite croûte). Basidiomycète à lamelles, à chapeau couvert d'écailles, à anneau, mais sans volve, croissant dans les bois et les prés. ➲ La coulemelle *(Macrolepiota procera)*, comestible, est la *lépiote élevée* ; ordre des agaricales.

LÉPISME n.m. (du gr. *lepisma*, écorce). Insecte primitif à corps gris argenté dépourvu d'ailes, cour. appelé *(petit) poisson d'argent*, vivant dans les lieux humides des maisons. ➲ Ordre des thysanoures.

LÉPISOSTÉE ou **LÉPIDOSTÉE n.m.** (du gr. *lepis, -idos*, écaille, et *osteon*, os). Poisson holostéen des eaux douces d'Amérique du Nord, au corps allongé et aux écailles épaisses. ➲ Taille jusqu'à 3 m.

LÉPORIDÉ n.m. (du lat. *lepus, leporis*, lièvre). Petit mammifère lagomorphe, tel que le lièvre et le lapin. ➲ Les léporidés forment une famille.

LÈPRE n.f. (lat. *lepra*). **1.** Maladie infectieuse chronique plus ou moins contagieuse, due au bacille de Hansen, qui prédomine au niveau de la peau (forme lépromateuse) ou des nerfs (forme tuberculoïde). **2.** Litt. Mal grave qui s'étend ; gangrène : *La lèpre du racisme.*

LÉPREUX, EUSE adj. 1. Relatif à la lèpre. **2.** Fig. Dont la surface est dégradée : *Murs lépreux.* ◆ **adj.** et **n.** Atteint de la lèpre.

LÉPROLOGIE n.f. Étude de la lèpre.

LÉPROMATEUX, EUSE adj. Relatif à un lépromé ; caractérisé par les lépromes.

LÉPROME n.m. MÉD. Nodule sous-cutané, déformant et mutilant, caractéristique de la lèpre lépromateuse.

LÉPROSERIE n.f. Établissement réservé à l'isolement et au traitement des lépreux.

LEPTINE n.f. GÉNÉT. Protéine sécrétée sous l'influence d'un gène et jouant un rôle dans l'obésité.

LEPTOCÉPHALE n.m. (du gr. *leptos*, étroit, et *kephalê*, tête). Larve transparente de l'anguille, en forme de feuille de saule, qui traverse, en deux ans env., l'Atlantique vers les côtes d'Europe où elle se transforme en civelle.

LEPTON n.m. PHYS. Particule insensible à la force nucléaire forte (par oppos. à *hadron*). ➲ L'électron, son neutrino associé (ν_e) et leurs antiparticules sont des leptons.

LEPTONIQUE adj. Relatif aux leptons.

LEPTOSPIRE n.m. (du gr. *leptos*, étroit, et de *spire*). Genre de bactérie de la même famille que les spirochètes, et responsable des leptospiroses.

LEPTOSPIROSE n.f. MÉD. Infection due à un leptospire, transmise par l'eau ou les morsures d'animaux, pouvant donner de la fièvre, des douleurs, une méningite ou une jaunisse.

LEPTURE n.m. (du gr. *leptos*, étroit, et *oura*, queue). Coléoptère longicorne au corps allongé, brun-rouge, commun sur les fleurs dans les prés et les jardins. ➲ Famille des cérambycidés.

LEQUEL, LAQUELLE pron. relat. (pl. *lesquels, lesquelles*). Représente qqn ou qqch dont on vient de parler et dont on va parler : *Des personnes parmi lesquelles nous comptons plusieurs ministres. Les fichiers sur lesquels je travaille.* ◆ **pron. interr.** Interroge sur une ou plusieurs choses ou personnes à choisir dans un ensemble : *Voici deux étoffes, laquelle choisissez-vous ?*

✎ Forme avec **à** et **de** les pronoms ***auquel, auxquels, auxquelles, duquel, desquels, desquelles.***

LERCHE adv. (de l'adv. *cher*, en largonji). Arg. ■ **Pas lerche,** pas beaucoup.

LÉROT n.m. (de *loir*). Petit rongeur hibernant d'Eurasie et d'Afrique, omnivore à tendance carnivore. ➲ Famille des gliridés.

LES art. et **pron. pl.** → **LE.**

LÈS prép. → **LEZ.**

LESBIANISME n.m. Homosexualité féminine.

LESBIEN, ENNE adj. et **n.** De Lesbos. ◆ **adj.** Relatif au lesbianisme, à l'homosexualité féminine. ◆ **n.f.** Homosexuelle.

LESBIENNE n.f. Femme homosexuelle.

LESDITS, LESDITES adj. pl. → **1. DIT.**

LÈSE- [lɛz] **préf.** (du lat. *laesa*, blessée). Élément placé devant un nom, le plus souvent fém., pour indiquer qu'il a été porté atteinte à ce que celui-ci désigne : *Un crime de lèse-société.*

LÈSE-MAJESTÉ n.f. inv., ▲ *n.f. (pl. lèse-majestés).* Anc. ■ **Crime de lèse-majesté,** attentat contre la personne du prince ou son autorité.

LÉSER v.t. [11], ▲ *[11*]* (du lat. *laesus*, blessé). **1.** Porter préjudice à qqn, à ses intérêts : *Les petits actionnaires ont été lésés.* **2.** Produire la lésion d'un organe.

LÉSINE ou **LÉSINERIE n.f.** (de l'ital. *lesina*, alêne, par allusion aux avares raccommodant eux-mêmes leurs chaussures). Litt. ou vieilli. Épargne excessive dans les plus petites choses ; avarice.

LÉSINER v.i. [3]. Économiser avec excès : *Lésiner sur la qualité des matériaux.* ■ **Ne pas lésiner sur,** ne pas hésiter à utiliser abondamment.

LÉSION n.f. (lat. *laesio*). **1.** Modification pathologique de la structure d'un tissu, d'un organe, visible à l'œil nu ou au microscope. **2. DR.** Préjudice qu'éprouve une partie dans un contrat ou un partage.

LÉSIONNAIRE adj. DR. Qui a un caractère de lésion ; entaché de lésion : *Contrat lésionnaire.*

LÉSIONNEL, ELLE adj. MÉD. 1. Relatif à une lésion. **2.** Organique.

LESSIVABLE adj. Que l'on peut lessiver : *Peinture lessivable.*

LESSIVAGE n.m. 1. Action de lessiver. **2. PÉDOL.** Dans un sol, migration d'argile ou de limon vers un horizon inférieur sous l'action des eaux météoriques.

LESSIVE n.f. (lat. pop. **lixiva*, de *lix, licis*). **1.** Produit détersif à base de savon ou de détergents de synthèse, en poudre ou liquide, qui sert à laver les textiles ou à nettoyer. **2.** Solution alcaline ou saline servant à la fabrication du savon. **3.** Action de laver le linge : *J'ai fait trois lessives hier* ; linge lavé : *Sors la lessive de la machine.* **4.** Fam. Exclusion rapide et massive de personnes jugées indésirables dans un groupe.

LESSIVER v.t. [3]. 1. Nettoyer avec de la lessive : *Lessiver les murs.* **2.** Belgique. Laver le linge. **3.** Fam. Faire perdre à qqn toute force physique ; épuiser : *Cette randonnée en VTT nous a lessivés.* **4.** Fam. Battre, écraser un adversaire. **5.** Fam. Au jeu, dépouiller qqn ; ruiner. **6. CHIM.** Débarrasser une substance des parties solubles qu'elle contient à l'aide d'une lessive. **7. PÉDOL.** Entraîner le lessivage d'un sol. ■ **Machine à lessiver** [Belgique], lave-linge. ■ **Se faire lessiver** [fam.], se faire éliminer d'un groupe, de son poste.

LESSIVEUSE n.f. 1. Anc. Récipient en tôle galvanisée, utilisé pour faire bouillir le linge. **2.** Belgique. Lave-linge.

LESSIVIEL, ELLE adj. Relatif à la lessive.

LESSIVIER n.m. Fabricant de produits de lessive.

LEST n.m. (néerl. *last*). **1.** Matière pesante placée dans les fonds d'un navire ou fixée à sa quille pour lui assurer un tirant d'eau ou une stabilité convenables. **2.** Sable emporté dans la nacelle d'un aérostat, et que l'aéronaute jette pour prendre de l'altitude ou ralentir sa descente. ■ **Lâcher du lest,** faire des concessions pour rétablir une situation compromise. ■ **Navire sur lest,** qui navigue sans fret.

▲ **lérot**

LESTAGE n.m. Action de lester.

LESTE adj. (de l'ital. *lesto*, dégagé). **1.** Qui se meut avec agilité, aisance ; alerte : *Elle est encore leste.* **2.** Qui blesse la décence ; grivois : *Il raconte des histoires très lestes.* ■ **Avoir la main leste,** être prompt à frapper, à gifler.

LESTEMENT adv. D'une manière leste, agile.

LESTER v.t. [3]. 1. Charger de lest : *Lester un aérostat.* **2.** Fam. Charger en remplissant ; alourdir : *Son gâteau nous a lesté l'estomac.*

LET [lɛt] **adj. inv.** (mot angl. « obstacle »). Au tennis et au tennis de table, se dit d'un point donné à rejouer (souvent à la suite d'une balle net).

LÉTAL, E, AUX adj. (lat. *letalis*, de *letum*, la mort). **MÉD.** Qui entraîne la mort : *Dose létale.*

LÉTALITÉ n.f. MÉD. Caractère de ce qui est létal (maladie, virus, etc.) : *La létalité de la grippe aviaire.*

LÉTHARGIE n.f. (gr. *lêthargia*, de *lêthê*, oubli). **1.** Sommeil pathologique profond et prolongé. **2.** Fig. Affaiblissement extrême ; prostration ; atonie.

LÉTHARGIQUE adj. 1. Relatif à la léthargie : *Sommeil léthargique.* **2.** Fig. Dont l'activité est très diminuée : *Esprit, gouvernement léthargique.*

1. LETTON, ONNE ou **ONE adj.** et **n.** De la Lettonie ; de ses habitants.

2. LETTON ou **LETTE n.m.** Langue balte parlée en Lettonie.

LETTRAGE n.m. Marquage au moyen de lettres.

LETTRE n.f. (lat. *littera*). **1.** Chacun des signes graphiques dont l'ensemble constitue un alphabet. **2.** Signe alphabétique envisagé dans sa forme, sa taille, etc. : *Lettre minuscule, majuscule.* **3.** Message personnel écrit adressé à qqn sous enveloppe ; missive : *Je lui ai écrit trois lettres.* **4.** Document officiel ou privé : *Lettre de motivation.* **5.** Sens strict des mots d'un texte, d'un discours, etc. (par oppos. à *esprit*) : *Décret conforme à la lettre de la loi.* **6. IMPRIM.** Caractère typographique représentant une des lettres de l'alphabet. **7. GRAV.** Inscription gravée sur une estampe. ■ **À la lettre** ou **au pied de la lettre,** au sens propre, littéral ; scrupuleusement. ■ **Avant la lettre,** qui préfigure ce que sera l'état définitif. ■ **En toutes lettres,** écrit sans abréviation ; écrit avec des mots (et non avec des chiffres, des signes conventionnels, etc.). ■ **Épreuve avant la lettre** [grav.], tirée avant gravure de toute inscription. ■ **Les cinq lettres** ou **le mot de cinq lettres** [par euphém.], merde. ■ **Lettre de cachet,** dans la France d'Ancien Régime, lettre scellée du cachet royal, renfermant l'ordre de faire interner ou exiler un individu. ■ **Lettre de château** [vx], lettre de remerciement aux personnes chez qui l'on a été invité à faire un séjour. ■ **Lettre de marque,** lettre patente que l'État délivrait, en temps de guerre, au capitaine d'un navire armé en course. ■ **Lettre de voiture** [dr.], qui prouve le contrat de transport d'une marchandise. ■ **Lettre d'intention** [dr.], document dans lequel est déclarée l'intention de passer un contrat, de conclure un accord ultérieur. ■ **Lettre ouverte,** écrit polémique ou revendicatif adressé à qqn en particulier, mais rendu public simultanément. ■ **Lettre pastorale** [cath.], mandement. ■ **Passer comme une lettre à la poste** [fam.], être cru, admis facilement : *Cette excuse est passée comme une lettre à la poste.* ■ **Rester lettre morte,** sans effet ; inutile : *Nos demandes sont restées lettre morte.* ◆ **n.f. pl. 1.** Culture et activités littéraires. **2.** Ensemble des connaissances et des études concernant la littérature, les langues, etc. (par oppos. à *sciences*). ■ **Homme, femme de lettres,** écrivain ; écrivaine.

LETTRÉ, E adj. et **n.** Qui a une solide culture, notamm. littéraire ; érudit.

LETTRE-TRANSFERT n.f. (pl. *lettres-transferts*). Caractère graphique se reportant sur une surface lisse par pression et frottement.

LETTRINE n.f. (ital. *letterina*). Dans les manuscrits ou les livres imprimés, grande initiale, ornée ou non, placée au début d'un chapitre ou d'un paragraphe.

LETTRISME n.m. Mouvement littéraire, fondé vers 1945 par Isidore Isou, qui fait consister la poésie dans la seule sonorité ou dans le seul aspect des lettres disposées en un certain ordre ; école artistique liée à ce mouvement.

1. LEU **n.m.** (forme anc. de *loup*). ▪ **À la queue leu leu,** à la suite les uns des autres ; en file indienne.

2. LEU **n.m.** (pl. *lei* [lei]) [mot roumain]. Unité monétaire principale de la Roumanie et de la Moldavie.

LEUCANIE **n.f.** (lat. *leucania*). Petite noctuelle aux ailes grises ou jaunes, dont la chenille vit sur les graminées. ➲ Famille des noctuidés.

LEUCÉMIE **n.f.** (du gr. *leukos*, blanc, et *haima*, sang). Maladie maligne de cause inconnue, aiguë ou chronique, caractérisée par la prolifération dans la moelle osseuse (leucose), et éventuellement dans les autres organes lymphoïdes, de globules blancs ou de leurs précurseurs, qui peuvent se répandre dans le sang (leucémie proprement dite).

LEUCÉMIQUE **adj.** Relatif à la leucémie. ◆ **adj.** et **n.** Atteint de leucémie.

LEUCINE **n.f.** **BIOCHIM.** Acide aminé indispensable, constituant des protéines et intervenant dans le métabolisme.

LEUCITE **n.f.** **CRISTALLOGR.** Feldspathoïde contenant du potassium, caractéristique de certaines roches volcaniques.

LEUCOBRYUM [-jɔm] **n.m.** (du gr. *leukos*, blanc, et *bruon*, mousse). Mousse très commune au pied des arbres, où elle forme des coussins mamelonnés. ➲ Ordre des bryales.

LEUCOCYTAIRE **adj.** Relatif aux leucocytes.

LEUCOCYTE **n.m.** (du gr. *leukos*, blanc, et *kutos*, cavité). Cellule du sang et du tissu lymphoïde, capable de se déplacer dans les différents tissus pour participer aux défenses immunitaires (SYN. **globule blanc**). ➲ On distingue les granulocytes, les lymphocytes et les monocytes.

LEUCOCYTOSE **n.f.** **MÉD.** Augmentation anormale du nombre des globules blancs du sang.

LEUCODERME **adj.** et **n.** Se dit de qqn dont la peau est de couleur claire (SYN. **2. Blanc**).

LEUCODERMIE **n.f.** **MÉD.** Diminution ou absence de pigmentation de la peau, généralisée (albinisme) ou localisée (SYN. **achromie**).

LEUCODYSTROPHIE **n.f.** (Souvent pl.). Groupe de maladies génétiques rares qui altèrent la myéline, ce qui provoque des troubles moteurs et/ou psychiques.

LEUCO-ENCÉPHALITE (pl. *leuco-encéphalites*), ▲ *LEUCOENCÉPHALITE* **n.f.** **MÉD.** Inflammation du système nerveux central, souvent virale, prédominant dans la substance blanche.

LEUCOME **n.m.** **MÉD.** Tache blanchâtre cicatricielle sur la cornée.

LEUCOPÉNIE **n.f.** Diminution du nombre des globules blancs du sang.

LEUCOPLASIE **n.f.** Plaque blanche sur une muqueuse, surtout celle de la bouche, due à une kératinisation, et parfois précancéreuse.

LEUCOPOÏÈSE [-pɔjɛz] **n.f.** Formation des globules blancs dans la moelle osseuse et dans le tissu lymphoïde.

LEUCORRHÉE **n.f.** **MÉD.** Écoulement muqueux ou purulent provenant des voies génitales de la femme (SYN. **pertes blanches**).

LEUCOSE **n.f.** Prolifération maligne de globules blancs dans la moelle osseuse, avec ou sans leucémie.

LEUCOTOMIE **n.f.** Lobotomie cérébrale partielle.

LEUDE **n.m.** (du francique **leudi*, gens). **HIST.** Dans les royaumes barbares (Vᵉ-VIᵉ s.), homme de haut rang au service du roi.

▲ **lettrine** historiée du sacramentaire de Drogon, évêque de Metz (v. 850).

1. LEUR **pron. pers. inv.** (du lat. *illorum*, d'eux). Désigne la 3ᵉ pers. du pl., représentant des êtres ou des choses, en fonction de complément d'objet indirect ou complément d'attribution ; à eux, à elles : *Elle leur a offert un café. Les volets s'abîmaient, je leur ai donné un coup de peinture.*

2. LEUR **adj. poss.** (pl. *leurs*). Représente un possesseur de la 3ᵉ pers. du pl., pour indiquer un rapport d'appartenance, un rapport d'ordre affectif ou social : *Elles prennent leur portable et leurs papiers. Leurs parents. Leurs collègues.* (Dans le style soutenu, *leur* s'emploie en fonction d'attribut pour *le leur, la leur, les leurs : ces idées qui sont leurs.*) ◆ **LE LEUR, LA LEUR, LES LEURS** **pron. poss.** Celui, celle qui est à eux, à elles : *J'ai aussi des roses, mais les leurs sont plus belles.* ▪ **Être (un) des leurs,** faire partie de leur groupe. ▪ **Les leurs,** leurs parents, leurs amis, leurs proches.

LEURRE **n.m.** (du francique). **1.** Moyen d'attirer et de tromper ; artifice : *Cette exposition médiatique est un leurre.* **2.** **FAUCONN.** Morceau de cuir rouge façonné en forme d'oiseau, auquel on attache un appât et que l'on jette en l'air pour faire revenir le faucon. **3.** **PÊCHE.** Appât artificiel (poisson nageur, cuiller, mouche, etc.) muni de un ou plusieurs hameçons. **4.** **MIL.** Moyen destiné à gêner la détection d'un aéronef, d'un navire ou d'un sous-marin, ou à faire dévier les armes offensives dirigées contre eux ; faux matériel de guerre (blindés, avions, par ex.) déployé pour tromper l'ennemi.

LEURRER **v.t.** [3]. **1.** Tromper par de fausses espérances ; berner : *Leurrer qqn avec des promesses mirobolantes.* **2.** **FAUCONN.** Dresser à revenir au leurre. ◆ **SE LEURRER** **v.pr.** Se faire des illusions : *Il se leurre sur mes intentions.*

LEV [lɛv] **n.m.** (pl. *leva*). Unité monétaire principale de la Bulgarie.

LEVAGE **n.m.** **1.** Fait de lever, en parlant d'une pâte. **2.** Action de lever, de déplacer verticalement une charge : *Appareil de levage.*

LEVAIN **n.m.** (de *1. lever*). **1.** Culture de micro-organismes utilisée pour produire une fermentation. **2.** Morceau de pâte en cours de fermentation, qui mélangé à la pâte du pain la fait lever et fermenter. **3.** Fig., litt. Ce qui peut faire naître, amplifier un sentiment, une action : *Le levain de la révolte.*

LEVALLOIS (TECHNIQUE) **n.f.** **PRÉHIST.** Technique de taille de la pierre au paléolithique, qui permet d'obtenir des produits de forme prédéterminée (grands éclats, pointes triangulaires).

LEVANT **n.m.** Litt. Est ; orient : *Le levant et le ponant.* ◆ **adj.m.** ▪ **Le soleil levant,** qui se lève.

LEVANTIN, E **adj.** et **n.** Vieilli. Originaire des pays de la Méditerranée orientale.

1. LEVÉ, E **adj.** **1.** Placé plus haut : *Poing levé.* **2.** Sorti du lit ; debout : *Le premier levé.* **3.** Placé verticalement ; dressé : *Pierres levées.* ▪ **Au pied levé,** sans préparation ; à l'improviste.

2. LEVÉ ou **LEVER** **n.m.** **TOPOGR.** Établissement d'un plan, d'une carte, à partir de données de terrain, de photographies aériennes ou d'images satellitaires ; plan, carte ainsi tracés.

LEVÉE **n.f.** **1.** Action de retirer, de faire cesser ; suppression : *La levée d'une punition* ; clôture : *Levée d'une séance.* **2.** Action de recueillir ; collecte ; ce qui a été collecté : *Levée des cotisations.* **3.** Enlèvement des lettres de la boîte par un préposé de la Poste : *La dernière levée a lieu à 19 heures.* **4.** Ensemble des cartes jouées à chaque coup et ramassées par celui qui a gagné (SYN. **1. pli**). **5.** Remblai formant digue, élevé parallèlement à un cours d'eau pour protéger la vallée des inondations : *Levée de terre.* **6.** En boulangerie, gonflement de la pâte sous l'effet de la fermentation (SYN. **pousse**). **7.** **AGRIC.** Apparition des plantes à la surface d'un champ, après leur germination. ▪ **Levée de troupes,** enrôlement de soldats. ▪ **Levée d'option** [dr.], acte du bénéficiaire d'une promesse de vente qui déclare se porter acquéreur d'un bien aux conditions convenues. ▪ **Levée du corps,** enlèvement du cercueil de la maison mortuaire ; cérémonie qui l'accompagne. ▪ **Levée en masse,** appel de tous les hommes valides pour la défense du pays.

LÈVE-GLACE **n.m.** → **LÈVE-VITRE.**

1. LEVER **v.t.** [12] (lat. *levare*). **1.** Mettre plus haut, à un niveau supérieur : *Elle lève la vitre de la voiture.* **2.** Diriger vers le haut, mouvoir de bas en haut une partie du corps : *Lever le bras.* **3.** Placer verticalement, redresser ce qui était horizontal ou penché : *Le gardien du parking lève la barrière pour laisser passer les voitures.* **4.** Retirer ce qui était posé ou déposé ; annuler : *Lever un préavis de grève.* **5.** Soulever en découvrant ce qui était caché : *Lever le rideau.* **6.** Faire disparaître ; ôter : *Lever toutes les objections.* **7.** Faire sortir un animal de son gîte : *Lever un lièvre.* **8.** Faire sortir du lit ; mettre debout : *Lever un malade.* **9.** Recueillir des fonds ; collecter : *Lever des capitaux.* **10.** **TOPOGR.** Effectuer le levé d'un plan, d'une carte. **11.** **CUIS.** Enlever les filets d'une volaille, d'un poisson. **12.** Recruter ; mobiliser : *Lever une armée.* ▪ **Lever l'ancre** ou **le camp** ou **le siège,** partir. ▪ **Lever la séance, l'audience,** l'interrompre ; la clore. ▪ **Lever les yeux sur qqn, qqch,** s'intéresser à eux. ▪ **Lever le voile,** révéler ce qui était secret. ◆ **v.i.** **1.** Sortir de terre : *Les radis lèvent.* **2.** Gonfler sous l'effet de la fermentation : *La pâte lève.* ◆ **SE LEVER** **v.pr.** **1.** Quitter la position couchée ou assise ; se mettre debout. **2.** Sortir du lit : *Nous nous sommes levés à huit heures.* **3.** Se révolter : *Le peuple s'est levé contre la dictature.* **4.** Apparaître à l'horizon, en parlant d'un astre : *La lune se lève.* **5.** Commencer à souffler, en parlant du vent : *La tramontane s'est levée.* **6.** Se former, devenir forte, en parlant de la houle, de la mer. **7.** S'éclaircir, devenir meilleur, en parlant du temps. ▪ **Se lever de table,** quitter la table.

2. LEVER **n.m.** **1.** Action de sortir du lit ; moment où l'on se lève. **2.** Apparition d'un astre au-dessus de l'horizon : *Le lever du soleil.* **3.** **TOPOGR.** Levé. ▪ **Lever de rideau,** moment où le rideau se lève pour découvrir la scène ; petite pièce en un acte jouée en début de spectacle ; match préliminaire, dans une réunion sportive.

LÈVE-TARD **n. inv.** Fam. Personne qui se lève habituellement à une heure tardive.

LÈVE-TÔT **n. inv.** Fam. Personne qui se lève habituellement de bonne heure.

LÈVE-VITRE ou **LÈVE-GLACE** **n.m.** (pl. *lève-vitres, lève-glaces*). Mécanisme servant à ouvrir ou fermer les vitres d'une automobile ; bouton ou manivelle servant à actionner ce mécanisme.

LEVIER **n.m.** **1.** Barre rigide pouvant tourner autour d'un point fixe (point d'appui ou pivot), pour remuer, soulever les fardeaux. **2.** Tige de commande d'un mécanisme : *Levier de changement de vitesse.* **3.** Fig. Ce qui sert à surmonter une résistance : *La consommation est le levier de la reprise économique.* ▪ **Effet de levier** [écon.], technique d'accroissement de la rentabilité des capitaux propres d'une entreprise par l'effet de l'endettement.

LÉVIGATION **n.f.** (du lat. *levigatio*, polissage). **CHIM.** Séparation, par entraînement dans un courant d'eau, des constituants d'un mélange préalablement réduit en poudre.

LÉVIRAT **n.m.** (du lat. *levir*, beau-frère). **1.** **RELIG.** Loi hébraïque qui obligeait un homme à épouser la veuve de son frère mort sans descendant mâle. **2.** **ETHNOL.** Coutume selon laquelle l'épouse ou les épouses d'un homme deviennent à sa mort les épouses de son frère, de ses frères.

LÉVITATION **n.f.** (angl. *levitation*, du lat. *levitas, -atis*, légèreté). **1.** **PHYS.** État d'un corps restant en équilibre au-dessus d'une surface grâce à une force compensant la pesanteur. **2.** **PARAPSYCHOL.** Phénomène par lequel quelqu'un pourrait s'élever dans l'espace comme s'il était délivré de la pesanteur.

LÉVITE **n.m.** (hébr. *lêvî*). **RELIG.** Membre de la tribu de Lévi, traditionnellement chargé du service du Temple, dans l'ancien Israël.

LÉVITER **v.i.** [3]. Être en état de lévitation.

LÉVOGYRE **adj.** (du lat. *laevus*, gauche). **CHIM.** Se dit des composés qui font tourner le plan de polarisation de la lumière dans le sens inverse des aiguilles d'une montre (CONTR. **dextrogyre**).

LEVRAUT ou **LEVREAU** **n.m.** Jeune lièvre.

LÈVRE **n.f.** (lat. *labrum*). **1.** Chacune des deux parties charnues, l'une inférieure et l'autre supérieure, de l'orifice externe de la bouche. **2.** **ANAT.** Chacun des quatre replis cutanés de la vulve. ➲ Les deux *grandes lèvres* sont longées en dedans par les deux *petites lèvres*. **3.** **BOT.** Partie proéminente de la corolle d'une fleur formée par la soudure de certains pétales. **4.** TECHN. Bord saillant d'une ouverture : *Joint à lèvres.* ▪ **Du bout des lèvres,** avec réticence ou dédain : *Accepter du bout des lèvres.* ◆ **n.f. pl.** MÉD. Bords d'une plaie linéaire.

LEVRETTE n.f. Femelle du lévrier. ▪ **Levrette d'Italie,** femelle du lévrier italien (SYN. **levronne**).

LEVRETTÉ, E adj. Se dit d'un animal qui a le ventre creusé comme celui d'un lévrier : *Jument levrettée.*

LÉVRIER n.m. (de *lièvre*). Chien longiligne, à la tête allongée, au corps arqué et musclé, très rapide, propre à la chasse au lièvre. ➲ La femelle est la levrette. ▪ **Lévrier arabe,** sloughi. ▪ **Lévrier italien,** levron. ▪ **Lévrier russe,** barzoï.

LEVRON, ONNE n. La plus petite des races de lévriers (SYN. **lévrier italien, levrette d'Italie**).

LÉVULOSE n.m. CHIM. ORG. Variété lévogyre du fructose.

LEVURE n.f. (de *1. lever*). Champignon ascomycète unicellulaire à reproduction asexuée, qui produit la fermentation alcoolique des solutions sucrées ou qui fait lever les pâtes farineuses. ▪ **Levure chimique,** mélange de produits chimiques utilisé en pâtisserie et en biscuiterie pour faire lever la pâte. ➲ Ce mélange est dénommé *poudre à lever* ou *poudre levante* dans la terminologie technique.

LEXÈME n.m. LING. Unité minimale de signification appartenant au lexique, appelée aussi *morphème lexical*, par oppos. à *morphème grammatical.*

LEXICAL, E, AUX adj. Relatif au lexique, au vocabulaire d'une langue.

LEXICALISATION n.f. LING. Processus par lequel une suite de morphèmes devient une unité lexicale.

LEXICALISÉ, E adj. LING. Se dit d'une suite de morphèmes fonctionnant comme une unité de lexique et employée comme un mot : *« Pomme de terre », « tout à fait » sont lexicalisés.*

LEXICOGRAPHE n. Spécialiste de lexicographie ; auteur de dictionnaires.

LEXICOGRAPHIE n.f. LING. Discipline dont l'objet est la connaissance et l'étude des mots et des expressions d'une langue déterminée, et qui vise partic. à l'élaboration des dictionnaires.

LEXICOGRAPHIQUE adj. Relatif à la lexicographie.

LEXICOLOGIE n.f. Partie de la linguistique qui étudie le vocabulaire, considéré dans son histoire, son fonctionnement, etc.

LEXICOLOGIQUE adj. Relatif à la lexicologie.

LEXICOLOGUE n. Spécialiste de lexicologie.

LEXIE n.f. (du gr. *lexis*, mot). LING. Toute unité du lexique (mot ou expression).

LEXIQUE n.m. (gr. *lexikon*, de *lexis*, mot). **1.** Ensemble des mots formant la langue d'une communauté et considéré abstraitement comme l'un des éléments constituant le code de cette langue. ➲ On l'oppose parfois à la *grammaire.* **2.** Dictionnaire spécialisé regroupant les termes utilisés dans une science ou une technique. **3.** Dictionnaire bilingue succinct. **4.** Liste alphabétique de mots placée à la fin d'un ouvrage ; glossaire. **5.** Ensemble du vocabulaire employé par qqn, notamm. un écrivain, un homme politique.

LEXIS [lɛksis] **n.f.** (mot gr. « action de parler »). LOG. Énoncé considéré indépendamment de la vérité ou de la fausseté de son contenu sémantique.

LEZ ou **LÈS** [lɛ] **prép.** (lat. pop. **latus*). [Conservé seulem. dans des noms de lieux]. Près de : *Lys-lez-Lannoy. Joué-lès-Tours.*

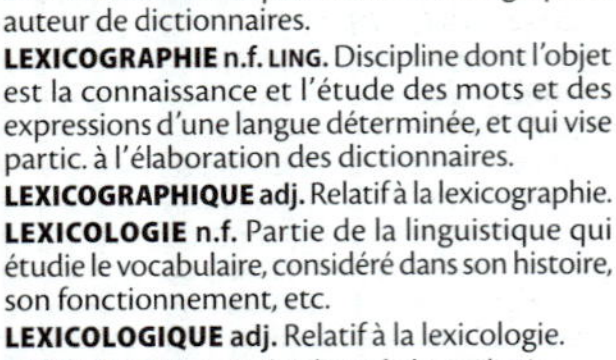

▲ **lézard** vert.

LÉZARD n.m. (lat. *lacertus*). **1.** Reptile très commun en Europe, princip. insectivore, tel que le lézard des murailles ou le lézard vert. ➲ Famille des lacertidés. **2.** Par ext. Tout reptile du sous-ordre des lacertiliens qui ressemble à un lézard (varan, iguane, etc.). **3.** Peau tannée de lézards tropicaux (iguanes, varans). **4.** Fam. Difficulté imprévue ; problème : *Avec lui, il y a toujours un lézard.* ▪ **Faire le lézard** [fam.], se prélasser au soleil pour se réchauffer ou bronzer ; lézarder.

LÉZARDE n.f. 1. Crevasse sur toute l'épaisseur d'un ouvrage de maçonnerie ; fissure. **2.** Galon étroit d'ameublement, servant à masquer clous ou coutures.

1. LÉZARDER v.i. [3]. Fam. Faire le lézard ; paresser.

2. LÉZARDER v.t. [3]. Produire des lézardes ; fissurer. ◆ **SE LÉZARDER v.pr. 1.** En parlant d'un mur, se couvrir de lézardes. **2.** Fig. Être atteint dans sa solidité, sa cohésion : *Équipe qui se lézarde.*

LGBT adj. inv. et **n.m. pl.** (sigle de *lesbiennes, gays, bisexuels, transgenres*). Se dit des personnes se reconnaissant dans l'un des termes *lesbienne, gay, bisexuel* ou *transgenre* et des organisations qui les représentent.

LGV ou **L.G.V. n.f.** (nom déposé ; sigle de *ligne à grande vitesse*). Ligne ferroviaire pour les trains à grande vitesse, à partir de 250 km/h (TGV, ICE, etc.).

LI n.m. (mot chin.). Mesure itinéraire chinoise valant env. 576 mètres.

LIAGE n.m. Action de lier.

LIAIS [ljɛ] **n.m.** (de *lie*, par anal. de couleur). Calcaire dur, à grain fin, pouvant être poli, utilisé en dallages et revêtements.

LIAISON n.f. (de *lier*). **1.** Lien, rapport assuré entre différents services, différents organismes ; contact : *Maintenir la liaison entre les ministères.* **2.** Relation établie entre plusieurs personnes au moyen des télécommunications : *La liaison radio avec le pilote a été coupée.* **3.** Communication régulièrement assurée entre deux ou plusieurs endroits : *Liaison aérienne, ferroviaire.* **4.** Enchaînement des parties d'un tout : *Faire une liaison entre deux paragraphes.* **5.** Litt. Lien entre deux personnes, reposant sur des affinités de goût, d'intérêt ; relation : *Il n'est plus en liaison avec ces gens.* **6.** Relation amoureuse suivie. **7.** PHON. Prononciation de la dernière consonne d'un mot, habituellement muette, avec la voyelle initiale du mot suivant (ex. : *vient-elle* [vjɛ̃tɛl]). **8.** CONSTR. Action, manière de joindre les matériaux ; mortier utilisé pour la liaison. **9.** CUIS. Opération consistant à incorporer un ingrédient (jaune d'œuf, farine, crème, etc.) à une préparation pour l'épaissir ; cet ingrédient. **10.** MUS. Trait réunissant deux ou plusieurs notes écrites sur le même degré, et indiquant que la seconde et, le cas échéant, les suivantes ne doivent pas être attaquées de nouveau ; signe indiquant que l'on ne doit pas détacher les notes les unes des autres. **11.** CHIM. Force responsable de l'union d'atomes sous forme de molécules ou de cristaux. ➲ Une liaison peut être ionique, métallique ou covalente. Par ext., la liaison désigne aussi les forces réunissant les ligands à l'atome central d'un complexe ou celles, dites « de London-Van der Waals », responsables de la cohésion de la matière liquide ou solide. **12.** MÉCAN. Ensemble de conditions particulières auxquelles est assujetti un corps solide par rapport à un autre, qui limite les mouvements possibles de l'un par rapport à l'autre et qui détermine leur degré de liberté relatif. **13.** MIL. Lien permanent établi entre chefs et subordonnés, entre armes, unités différentes : *Officier de liaison.* ▪ **En liaison avec,** en contact, en relation avec. ▪ **Liaison (génétique),** transmission concomitante, au fil des générations, de deux caractères individuels n'ayant aucun lien logique apparent, en raison de la proximité des gènes correspondants sur un même chromosome (SYN. **linkage**). ▪ **Liaison logique** [log.], articulation linéaire d'un terme à un autre. ▪ **Maçonnerie en liaison,** dans laquelle chaque élément (pierre, brique, etc.) est posé à cheval sur le joint des éléments du rang inférieur. ▪ **Mots de liaison** [gramm.], conjonctions et prépositions.

LIAISONNER v.t. [3]. CONSTR. **1.** Disposer en liaison des éléments de maçonnerie : *Liaisonner des briques.* **2.** Remplir de mortier des joints de maçonnerie.

LIANE n.f. (de *lier*). Plante dont la tige flexible s'enroule autour d'un support (liseron) ou s'y accroche grâce à des vrilles (vigne) ou des crampons (lierre). ➲ Les lianes de la forêt équatoriale peuvent atteindre jusqu'à 100 m.

LIANESCENT, E adj. BOT. Qui a le port, l'aspect d'une liane.

1. LIANT, E adj. Qui se lie facilement avec autrui ; sociable.

2. LIANT n.m. 1. Matière ajoutée à une autre, qui, en se solidifiant, en agglomère les parties composantes. **2.** CONSTR. Matériau servant à agglomérer des matières inertes (sables, graviers, etc.). **3.** Constituant non volatil des vernis et des peintures, qui assure une bonne dispersion des pigments et permet la formation d'un film uniforme. **4.** Litt. Affabilité : *Avoir du liant.*

1. LIARD n.m. (de l'anc. fr. *liart*, gris). Ancienne monnaie de cuivre qui valait trois deniers, le quart d'un sou.

2. LIARD n.m. (de *lier*). Région. (Ouest). Peuplier dont les jeunes tiges sont utilisées en vannerie.

LIAS [ljas] **n.m.** (mot angl., du fr. *liais*). GÉOL. Une des trois séries du système jurassique (jurassique inférieur, de – 200 à – 176 millions d'années).

LIASSE n.f. Paquet de papiers, de billets, etc., liés ensemble : *Une liasse de journaux.*

LIBAGE n.m. (de l'anc. fr. *libe*, bloc de pierre). CONSTR. Quartier de roche utilisé pour les fondations d'un mur ou d'un pilier.

LIBANAIS, E adj. et **n.** Du Liban ; de ses habitants.

LIBANISATION n.f. Processus de fragmentation d'un État, par allus. aux affrontements que connut le Liban dans les années 1980. (On dit aussi *balkanisation.*)

LIBATION n.f. (lat. *libatio*, de *libare*, verser). ANTIQ. Offrande rituelle à une divinité d'un liquide (vin, huile, lait) que l'on répandait sur le sol ou sur un autel. ◆ **n.f. pl.** ▪ **Faire des libations,** bien s'amuser en buvant copieusement du vin, de l'alcool.

LIBECCIO [libɛtʃjo] **n.m.** (mot ital.). Vent du sud-ouest qui souffle sur la Côte d'Azur et la Corse.

LIBELLE n.m. (lat. *libellus*). Litt. Petit écrit satirique, parfois diffamatoire ; pamphlet.

LIBELLÉ n.m. Formulation d'un acte, d'un document ; manière dont il est rédigé.

LIBELLER v.t. [3]. 1. DR. Rédiger un acte dans les formes légales ou requises. **2.** Formuler par écrit : *Libellez votre réponse sur papier libre.* ▪ **Libeller un chèque, un mandat,** en spécifier le montant et la destination.

LIBELLULE n.f. (du lat. *libella*, niveau, à cause du vol horizontal de l'insecte). **1.** Insecte des mares, à quatre ailes transparentes horizontales, au vol rapide, très carnassier, et dont la larve, carnivore, est aquatique. ➲ Ordre des odonates. (V. planche *insectes.*) **2.** Cour. Tout insecte appartenant à l'ordre des odonates (demoiselle, agrion, etc.).

LIBER [libɛr] **n.m.** (mot lat.). BOT. Tissu végétal assurant par ses tubes criblés la conduction de la sève élaborée, et se trouvant dans la partie profonde des racines, des tiges et de l'écorce du tronc (SYN. **phloème**).

LIBÉRABLE adj. 1. Se dit d'un prisonnier qui présente les conditions requises pour être libéré. **2.** Se dit d'un militaire qui va être rendu à la vie civile.

LIBÉRAL, E, AUX adj. et **n. 1.** Qui appartient au libéralisme économique ou politique ; qui en est partisan : *Les libéraux et les conservateurs.* **2.** Favorable aux libertés individuelles, à la liberté politique : *Conception libérale du fonctionnement de la presse.* ▪ **Parti libéral,** parti se réclamant du libéralisme politique, notamm. en Grande-Bretagne, en Allemagne, en Belgique, en Italie. ◆ **adj. 1.** Relatif au libéralisme économique : *Dérives du capitalisme libéral.* **2.** Favorable aux libertés individuelles ; tolérant : *Une éducation libérale.* ▪ **Arts libéraux,** au Moyen Âge, ensemble des disciplines intellectuelles fondamentales, divisées en deux cycles. ➲ Les deux cycles étaient : le *trivium* (grammaire, rhétorique, dialectique) et le *quadrivium* (arithmétique, musique, géométrie, astronomie) ; à l'époque classique, arts dans lesquels la conception intellectuelle et l'inspiration prédominent, et, spécial., les beaux-arts (par oppos. à *arts mécaniques*). ▪ **Profession libérale,** profession civile non salariée, qui a pour objet un travail intellectuel effectué dans le respect de règles déontologiques (architecte, avocat, médecin, par ex.).

LIBÉRALEMENT adv. **1.** Avec libéralité ; généreusement. **2.** Avec libéralisme, tolérance.

LIBÉRALISATION n.f. Action de libéraliser.

LIBÉRALISER v.t. [3]. **1.** Rendre une économie, un régime plus libéraux. **2.** Autoriser ; légaliser : *Libéraliser la vente des contraceptifs.*

LIBÉRALISME n.m. **1.** Doctrine économique qui repose sur la valorisation de l'initiative individuelle et la limitation de l'intervention de l'État. **2.** Doctrine politique visant à limiter les pouvoirs de l'État au bénéfice des libertés individuelles. **3.** Fait d'être libéral, tolérant : *Le libéralisme du médiateur a permis de régler le différend.*

➲ **ÉCON.** Fondé sur la règle du « laissez faire, laissez passer », le **LIBÉRALISME** économique fut la doctrine des penseurs de l'école classique des XVIIIe et XIXe s. Au lendemain de la crise de 1929, cette doctrine fut tempérée sous l'impulsion de J. M. Keynes, qui justifia l'action de l'État dans une économie de marché pour pallier certains déséquilibres. Sous le nom de « néolibéralisme » se répand auj. un courant qui redonne toute la priorité à la libre concurrence, à l'initiative individuelle et à l'esprit d'entreprise.

➲ **POLIT.** Opposé à l'absolutisme monarchique, le libéralisme politique fut la doctrine de la bourgeoisie, qui était la classe montante au XVIIIe s. Il reposait à la fois sur l'application du principe de séparation des pouvoirs, sur l'exercice de la démocratie représentative et parlementaire, et sur la réalisation de l'État de droit garantissant à l'individu des droits et des libertés inaliénables. Il s'incarne auj. dans le modèle de démocratie dite *libérale.*

LIBÉRALITÉ n.f. **1.** Litt. Disposition à donner largement ; générosité. **2.** Litt. (Surtout pl.). Don fait avec générosité : *Les libéralités d'un milliardaire.* **3.** **DR.** Acte par lequel qqn procure à autrui un avantage sans contrepartie.

LIBÉRATEUR, TRICE adj. Qui libère de contraintes morales ou physiques : *Aveu libérateur.* ◆ adj. et n. Qui libère d'une oppression, d'une occupation étrangère : *Fêter les libérateurs.*

LIBÉRATION n.f. **1.** Action de rendre libre une personne prisonnière ; élargissement. **2.** Action de délivrer un peuple de la servitude, de l'occupation étrangère. **3.** Affranchissement de tout ce qui limite la liberté, le développement de qqn, d'un groupe ; émancipation. **4.** Action de mettre fin à une réglementation, à un contrôle strict ; dérégulation : *Libération des échanges internationaux.* **5.** Cessation d'une contrainte matérielle ou psychologique ; soulagement. **6.** **MIL.** Renvoi du contingent dans ses foyers après l'accomplissement de son service actif ; démobilisation. **7.** **DR.** Décharge d'une obligation, quelle que soit la cause de l'extinction (paiement, remise de dette, etc.). **8.** **CHIM., PHYS.** Dégagement d'énergie lors d'une réaction chimique ou nucléaire. ■ **La Libération,** v. partie n.pr. ■ **Libération conditionnelle** [dr.], remise en liberté d'un condamné avant l'expiration de sa peine, sous certaines conditions. ■ **Libération d'une action,** paiement par un actionnaire de tout ou partie du montant de l'action souscrite. ■ **Théologie de la libération** [christ.], mouvement apostolique, né dans les années 1970, mettant en avant les valeurs de l'Évangile pour la libération politique, sociale, économique et culturelle des peuples de l'Amérique latine. ➲ Elle s'est étendue à d'autres régions du monde, notamm. à l'Afrique noire. ■ **Vitesse de libération** [astronaut.], vitesse minimale qu'il faut communiquer à un corps au départ d'un astre pour lui permettre d'échapper au champ d'attraction de cet astre. ➲ Pour la Terre, elle est voisine de 11,2 km/s.

LIBÉRATOIRE adj. **DR.** Qui a pour effet de libérer d'une dette : *Paiement libératoire.*

LIBÉRÉ, E adj. **1.** Dégagé d'une obligation, d'une peine, d'une servitude. **2.** Affranchi des contraintes sociales ; émancipé : *C'est une fille libérée.*

LIBÉRER v.t. [11], ▲ *[11*]* (lat. *liberare*). **1.** Remettre en liberté un prisonnier ; élargir ; relâcher. **2.** Rendre sa liberté d'action à qqn : *L'école les a libérés une heure plus tôt.* **3.** Débarrasser de qqch qui entrave : *Les pompiers ont libéré le blessé de sa ceinture de sécurité.* **4.** Soustraire à une contrainte physique ou morale ; soulager : *Lui parler m'a libéré d'un grand poids.* **5.** Délivrer un pays, un peuple de la domination ou de l'occupation étrangère. **6.** **MIL.** Renvoyer une recrue, une classe dans ses foyers ; démobiliser. **7.** **DR.** Décharger d'une obligation, d'une dette. **8.** Rendre libre un mécanisme ; débloquer : *Libérer le frein à main.* **9.** Dégager de ce qui obstrue, entrave : *Libérer le trottoir des voitures garées.* **10.** Rendre un lieu libre, disponible : *Libérer un logement.* **11.** Rendre libre ce qui était soumis à des restrictions : *Libérer les prix.* **12.** **CHIM., PHYS.** Dégager une énergie, une substance : *Réaction qui libère de l'oxygène.* ◆ **SE LIBÉRER** v.pr. **1.** (DE). S'affranchir d'une tutelle. **2.** Absol. Se rendre libre de toute obligation : *Je n'ai pas pu me libérer.* **3.** (DE). **DR.** Acquitter une dette, une obligation.

LIBÉRIEN, ENNE adj. et n. Du Liberia ; de ses habitants.

LIBÉRINE n.f. **BIOCHIM.** Releasing factor.

LIBÉRISTE adj. Relatif au vol à voile pratiqué avec une aile libre. ◆ n. Personne qui pratique ce sport.

LIBERO [libero] ou **LIBÉRO** n.m. (ital. *libero*). **SPORTS.** **1.** Au football, défenseur évoluant librement devant le gardien de but et en couverture de la ligne de défense. **2.** Au volley-ball, défenseur spécialisé ne pouvant ni servir, ni attaquer, ni contrer.

LIBÉRO-LIGNEUX, EUSE (pl. *libéro-ligneux, euses*), ▲ *LIBÉROLIGNEUX, EUSE* adj. **BOT.** Composé de liber et de bois.

LIBERTAIRE n. et adj. Partisan de la liberté absolue de l'individu en matière politique et sociale ; anarchiste. ◆ adj. Relatif à la doctrine libertaire.

LIBERTARIEN, ENNE n. et adj. (angl. *libertarian*). Partisan d'une philosophie politique et économique (princip. répandue dans les pays anglo-saxons) qui repose sur la liberté individuelle conçue comme fin et moyen. ➲ Les libertariens se distinguent des anarchistes par leur attachement à la liberté du marché et des libéraux par leur conception très minimaliste de l'État. ◆ adj. Relatif à cette philosophie.

LIBERTÉ n.f. (lat. *libertas*). **1.** État d'une personne qui n'est pas soumise à la servitude. **2.** État d'un être qui n'est pas retenu prisonnier : *Ici, les loups vivent en liberté. Les otages ont recouvré la liberté.* **3.** Possibilité d'agir, de penser, de s'exprimer selon ses propres choix ; autonomie : *Bénéficier d'une certaine liberté dans son travail.* **4.** État d'une personne qui n'est liée par aucun engagement professionnel, conjugal, etc. ; indépendance. **5.** Attitude de qqn qui n'est pas dominé par la peur, les préjugés : *Ne pas pouvoir parler en toute liberté avec son supérieur.* **6.** **PHILOS.** Faculté de l'homme qui se gouverne selon sa raison, en l'absence de tout déterminisme. ■ **Avoir toute liberté pour** (+ inf.), pouvoir agir à sa guise. ■ **Liberté (civile),** faculté pour un citoyen de faire tout ce qui n'est pas contraire à la loi et qui ne nuit pas à autrui. ■ **Liberté de conscience,** droit de choisir ses convictions religieuses ou philosophiques et d'agir en conséquence. ■ **Liberté de mouvement,** possibilité de se mouvoir avec aisance ; possibilité d'agir sans contrainte. ■ **Liberté d'enseignement,** liberté de créer un établissement d'enseignement et, pour l'élève, de choisir entre l'enseignement public et l'enseignement privé. ■ **Liberté de réunion,** droit accordé aux individus de délibérer des sujets de leur choix dans un local ouvert à tous, sans autorisation préalable. ■ **Liberté d'opinion, d'expression, de pensée** ou **de penser,** droit d'exprimer ses opinions, ses pensées, et de les publier. ■ **Liberté du culte,** droit de pratiquer la religion de son choix. ■ **Liberté individuelle,** droit reconnu à l'individu d'aller et venir sans entraves sur le territoire national, d'y entrer et d'en sortir à son gré. ■ **Liberté naturelle** [philos.], principe selon lequel la liberté est inhérente à la nature humaine. ■ **Liberté surveillée** [dr.], mesure qui consiste, en France, à remettre un mineur délinquant à sa famille ou à une institution spécialisée, sous le contrôle du juge des enfants. ■ **Liberté syndicale,** droit pour les salariés de constituer des syndicats, d'adhérer ou non à un syndicat. ■ **Prendre la liberté de,** se permettre de. ◆ n.f. pl. Autonomie plus ou moins large de certains groupes sociaux : *Une atteinte aux libertés.* ■ **Libertés publiques,** ensemble des droits reconnus aux individus, isolément ou en groupe, face à l'État. ■ **Prendre des libertés avec qqn,** agir avec lui trop familièrement. ■ **Prendre des libertés avec un texte,** ne pas le citer ou le traduire exactement.

➲ Le plein exercice des libertés publiques caractérise l'État de droit. Outre la **LIBERTÉ** individuelle, celles-ci englobent les libertés de pensée, telles que la liberté d'opinion, la liberté de conscience, la liberté d'expression (dont fait partie la liberté de la presse), la liberté de réunion, la liberté de circulation, la liberté de l'enseignement ainsi que des droits économiques et sociaux, comme la liberté syndicale et le droit de grève. Il s'y ajoute aujourd'hui les droits de la personne humaine relativement à l'usage de l'informatique et au respect de la bioéthique.

LIBERTICIDE adj. Litt. Qui porte atteinte aux libertés : *Loi liberticide.*

LIBERTIN, E adj. et n. (du lat. *libertinus*, affranchi). **1.** Qui mène une vie dissolue mais raffinée. **2.** Anc. Se disait au XVIIe s. de qqn qui manifestait son indépendance d'esprit par rapport aux enseignements du christianisme. ◆ adj. Litt. Marqué par le libertinage, la licence des mœurs : *Estampes libertines.*

LIBERTINAGE n.m. Manière de vivre dissolue du libertin ; licence.

LIBERTY n.m. inv. et adj. inv. (nom déposé). Tissu fin, le plus souvent en coton, à petites fleurs, employé pour l'habillement et l'ameublement.

LIBERUM VETO [liberɔmveto] n.m. inv. (mots lat.). **HIST.** Droit de veto qui appartenait à chaque membre de la Diète polonaise.

LIBIDINAL, E, AUX adj. Relatif à la libido : *Des pulsions libidinales.*

LIBIDINEUX, EUSE adj. Sout. ou par plais. Qui est obsédé par les plaisirs érotiques ; lubrique.

LIBIDO n.f. (mot lat. « désir »). **PSYCHAN.** Énergie psychique de la pulsion sexuelle.

LIBRAIRE n. (lat. *librarius*, de *liber*, livre). Personne qui vend des livres, des ouvrages imprimés.

LIBRAIRIE n.f. **1.** Magasin du libraire ; activité, commerce du libraire. **2.** (Dans des noms de firmes). Maison d'édition qui assure la vente directe d'une partie de sa production par l'intermédiaire de un ou plusieurs magasins qu'elle possède. **3.** Vx. Bibliothèque : *La librairie de Montaigne.*

LIBRATION n.f. (lat. *libratio*). **ASTRON.** Oscillation d'un astre autour d'une position moyenne ; spécial., léger balancement apparent de la Lune autour de son axe, que l'on perçoit depuis la Terre.

LIBRE adj. (lat. *liber*). **1.** Qui n'est pas esclave ; qui n'est pas prisonnier, retenu en captivité : *L'accusé s'est présenté libre devant le tribunal.* **2.** Qui a le pouvoir d'agir, de se déterminer à sa guise : *Laissez-moi libre d'en juger.* **3.** Se dit d'un État, d'un peuple qui exerce le pouvoir en toute souveraineté ; indépendant. **4.** Qui est sans contrainte, sans souci des règles : *Mœurs très libres.* **5.** Qui n'est pas lié par un engagement et dispose de son temps : *Mon contrat de travail se termine, je serai libre le mois prochain.* **6.** Qui n'est pas marié, engagé dans une relation amoureuse. **7.** Qui se détermine indépendamment des dogmes : *Esprit libre.* **8.** Qui n'éprouve pas de gêne dans ses relations avec autrui : *Être très libre avec qqn.* **9.** Qui ne respecte pas la décence, les convenances ; licencieux : *Des propos très libres.* **10.** Qui n'est pas assujetti, retenu : *Laisser ses cheveux libres.* **11.** Qui ne comporte pas d'obstacles ; dégagé : *La voie est libre.* **12.** Qui n'est pas défini par un règlement, un programme, etc. : *Figures, prix libres.* **13.** Se dit d'une adaptation, d'une traduction qui n'est pas tout à fait fidèle au texte original. **14.** Qui n'est pas assujetti à des contraintes fixées par le pouvoir politique ; qui ne subit aucune pression : *Une presse libre.* **15.** Qui n'est pas occupé ou réservé à qqn ; disponible : *L'appartement est libre.* **16.** **INFORM.** Se dit d'un matériel (logiciel, interface) disponible pour tous et parfois gratuit (par oppos. à *propriétaire*). ■ **Entrée libre,** gratuite et sans formalité. ■ **Famille libre de vecteurs** [math.], famille de vecteurs linéairement indépendants. ▪ **Libre arbitre** → **2. ARBITRE.** ▪ **Libre à vous de,** il vous est permis de. ▪ **Papier libre,** sans en-tête ou non timbré. ▪ **Temps libre,** dont on peut disposer à sa guise.

LIBRE-ÉCHANGE **n.m.** (pl. *libres-échanges*). Système économique dans lequel aucun obstacle douanier, fiscal ou réglementaire ne vient freiner les échanges commerciaux entre États (par oppos. à *protectionnisme*).

LIBRE-ÉCHANGISME **n.m.** (pl. *libre-échangismes*). Doctrine économique visant à établir le libre-échange.

LIBRE-ÉCHANGISTE **adj.** et **n.** (pl. *libre-échangistes*). Relatif au libre-échange ; qui en est partisan.

LIBREMENT **adv.** **1.** Sans entrave ; sans restriction ni contrainte. **2.** En toute liberté de choix. **3.** Avec franchise, spontanéité : *Parler librement.*

LIBRE-PENSÉE **n.f.** (pl. *libres-pensées*) [de *1. pensée*]. **1.** Attitude, ensemble des conceptions d'un libre-penseur. **2.** Ensemble des libres-penseurs.

LIBRE-PENSEUR **n.m.** (pl. *libres-penseurs*). **1.** Personne qui professe un rationalisme antireligieux. **2.** Anc. Personne qui, en matière religieuse, ne se fie qu'à la raison, refuse de se soumettre aux dogmes ; libertin.

LIBRE-SERVICE **n.m.** (pl. *libres-services*). **1.** Méthode de vente où le client se sert lui-même, dans un magasin, un restaurant. **2.** Établissement où l'on se sert soi-même.

LIBRETTISTE **n.** (de l'ital. *libretto*, livret). Auteur du livret d'une œuvre lyrique ou chorégraphique.

LIBYEN, ENNE **adj.** et **n.** De la Libye ; de ses habitants.

1. LICE **n.f.** (du francique). **1. FORTIF.** Palissade de bois dont on entourait les places ou les châteaux fortifiés ; terrain ainsi clos, qui servait aux tournois, aux joutes. **2.** Tout champ clos préparé pour des tournois, des joutes de plein air. ▪ **Entrer en lice** [litt.], s'engager dans une lutte ; intervenir dans une discussion.

2. LICE **n.f.** (lat. *licia*). ▪ **Lice portière,** chienne destinée à la reproduction.

3. LICE **n.f.** → **3. LISSE.**

LICÉITÉ **n.f.** **DR.** Caractère d'une clause, d'un acte autorisés par la loi.

LICENCE **n.f.** (du lat. *licentia*, permission). **1.** Litt. Liberté excessive qui tend au dérèglement moral ; caractère de ce qui est licencieux. **2.** Liberté que prend un écrivain, un poète avec les règles de la grammaire, de la syntaxe, de la versification : *Licence poétique.* **3.** Deuxième grade universitaire, conféré par un diplôme national de l'enseignement supérieur obtenu au terme de trois ans d'études après le baccalauréat. **4. DR. ADMIN.** Permis d'exercer une activité soumise à autorisation préalable. **5. SPORTS.** Document émanant d'une fédération, délivré à titre personnel, et qui permet de prendre part aux compétitions qu'elle organise. ▪ **Licence d'exploitation** [dr. admin.], autorisation accordée par le titulaire d'un brevet d'invention pour l'exploitation de celui-ci dans des conditions et des zones déterminées. ▪ **Licence d'importation, d'exportation** [dr. admin.], autorisation délivrée par l'Administration d'importer, d'exporter divers produits.

LICENCE-MASTER-DOCTORAT [-mastɛr-] **n.m.** (pl. *licences-masters-doctorats*). Organisation européenne des études universitaires reposant sur des diplômes obtenus à bac + 3 (licence), bac + 5 (master) et bac + 8 (doctorat). Abrév. **LMD.**

1. LICENCIÉ, E **n.** et **adj.** **1.** Titulaire d'une licence universitaire : *Licencié en droit, ès lettres.* **2.** Titulaire d'une licence sportive.

2. LICENCIÉ, E **adj.** et **n.** Privé de son emploi à la suite d'un licenciement.

LICENCIEMENT **n.m.** Rupture, à l'initiative de l'employeur, d'un contrat de travail à durée indéterminée. ▪ **Licenciement collectif,** concernant plusieurs salariés d'une entreprise, génér. décidé pour des motifs d'ordre économique soit structurels, soit conjoncturels, et soumis à certaines formalités. ▪ **Licenciement individuel,** ne concernant qu'un seul salarié et pouvant intervenir pour cause économique ou pour faute professionnelle.

LICENCIER **v.t.** [5]. Renvoyer un salarié ; rompre son contrat de travail.

LICENCIEUX, EUSE **adj.** (lat. *licentiosus*). **1.** Extrêmement libre dans ses mœurs, ses écrits, ses paroles. **2.** Contraire à la pudeur, à la décence ; grivois : *Chanson licencieuse.*

LICHEN [likɛn] **n.m.** (du gr. *leikhên*, lécher). Végétal cryptogame formé par l'association symbiotique d'un champignon et d'un organisme chlorophyllien (algue verte ou cyanobactérie), et capable de coloniser, génér. sur des arbres ou sur des rochers, les milieux les plus hostiles. ▪ **Lichen (plan)** [méd.], affection de la peau et des muqueuses caractérisée par de petites papules violacées, sèches et dures, et des stries ou des plaques blanches.

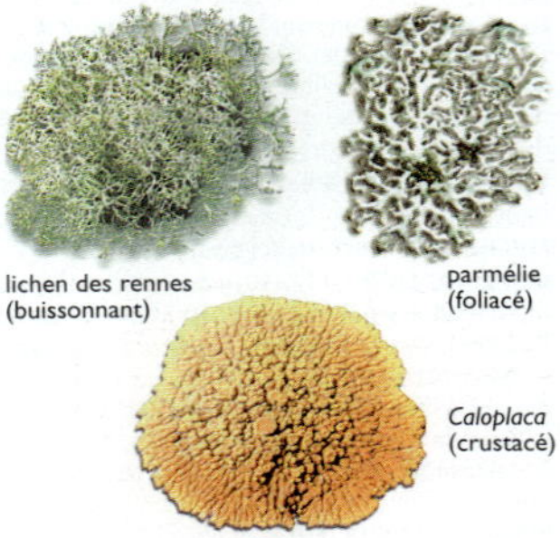

▲ **lichens**

LICHETTE **n.f.** **1.** Fam. Petit morceau, petite quantité d'un aliment. **2.** Belgique. Attache, cordon servant à suspendre un vêtement, une serviette.

LICIER **n.m.** → **LISSIER.**

LICITATION **n.f.** **DR.** Cessation d'une indivision par vente aux enchères ou cession amiable à l'un des cohéritiers.

LICITE **adj.** (lat. *licitus*). Permis par la loi ; légal.

LICITEMENT **adv.** De façon licite ; légalement.

LICITER **v.t.** [3]. Vendre par licitation.

LICOL ou **LICOU** **n.m.** (de *lier* et de l'anc. fr. *col*, cou). Pièce de harnais que l'on place sur la tête des bêtes de somme pour les atteler.

1. LICORNE **n.f.** (du lat. *unicornis*, qui n'a qu'une corne). Animal fabuleux représenté avec un corps de cheval portant au milieu du front une longue corne torsadée. ▪ **Licorne de mer,** narval.

2. LICORNE **n.f.** (angl. *unicorne*, de *1. licorne*). Start-up non cotée en Bourse dont la valorisation, basée sur un potentiel de croissance très important, dépasse le milliard de dollars.

LICTEUR **n.m.** (lat. *lictor*). **ANTIQ. ROM.** Officier qui marchait devant les principaux magistrats, portant un faisceau de verges enserrant une hache.

LIDAR **n.m.** (acronyme de l'angl. *light detection and ranging*, détection et réglage par la lumière). **GÉOPHYS.** Appareil analogue au radar mais fonctionnant avec un faisceau laser, utilisé pour le sondage à distance de l'atmosphère.

LIDO **n.m.** (de *Lido*, n.pr.). **GÉOMORPH.** Cordon littoral en position avancée à l'entrée d'une baie et pouvant isoler une lagune.

LIDOCAÏNE **n.f.** (nom déposé). Substance employée au cours de l'anesthésie locale.

LIE **n.f.** (du gaul.). **1.** Dépôt qui se forme dans les liquides fermentés (bière, vin). **2.** Litt. Ce qu'il y a de plus vil dans une société ; rebut : *La lie de la population.* ▪ **Boire le calice** ou **la coupe jusqu'à la lie,** endurer les pires humiliations.

LIÉ, E **adj.** Se dit d'un gène donnant avec un autre un phénomène de liaison génétique. ▪ **Famille liée** [math.], famille de vecteurs qui n'est pas libre.

LIED [lid] **n.m.** (pl. *lieds* ou *lieder* [lidœr]) [mot all.]. Poème chanté, à une ou à plusieurs voix, avec ou sans accompagnement, originaire des pays germaniques.

LIE-DE-VIN **adj. inv.** Rouge violacé.

LIÈGE **n.m.** (du lat. *levis*, léger). **1. BOT.** Tissu végétal épais, imperméable et léger, à parois imprégnées de subérine, fourni par l'écorce de certains arbres, en partic. du chêne-liège (SYN. **suber**). **2.** Cette partie de l'écorce produite par le chêne-liège, propre à divers usages commerciaux (bouchons, flotteurs, plaques, etc.).

LIÉGÉ, E **adj.** Garni de liège.

LIÉGEOIS, E **adj.** et **n.** De Liège. ◆ **adj.** ▪ **Café, chocolat liégeois,** glace au café, au chocolat nappée de crème Chantilly.

LIEN **n.m.** (du lat. *ligamen*, ruban). **1.** Ce qui sert à lier pour maintenir ou fermer (ficelle, lacet, etc.) ; attache. **2.** Rapport logique ou de dépendance ; relation : *Lien de cause à effet.* **3.** Ce qui lie deux ou plusieurs personnes : *Liens d'amitié, du mariage.* **4.** Litt. Ce qui impose une contrainte ; carcan : *Les liens de l'habitude.* **5. INFORM.** Dans un document hypertexte, commande qui, à partir d'une zone activable, permet d'accéder à d'autres informations.

LIER **v.t.** [5] (lat. *ligare*). **1.** Attacher, maintenir avec un lien : *Ils lui ont lié les mains avec une corde.* **2.** Joindre des éléments en établissant une continuité entre eux ; enchaîner : *Lier deux mots par un trait d'union.* **3.** Constituer un lien d'amitié, d'intérêt entre des personnes ; rapprocher : *Le souci de l'environnement nous lie.* **4.** Attacher par un engagement juridique ou moral ; engager : *Un contrat lie les deux parties.* **5.** Maintenir, réunir à l'aide d'une substance : *Lier des pierres avec du mortier.* **6. CUIS.** Épaissir une sauce avec une liaison. ▪ **Avoir partie liée avec qqn,** être engagé solidairement avec lui dans une affaire. ▪ **Lier amitié, conversation avec qqn,** devenir son ami ; engager la conversation. ▪ **Lier des notes,** les rendre par une seule émission de voix ou de souffle, par un seul coup d'archet, etc. ◆ **SE LIER** **v.pr.** Devenir amis ; être uni à qqn, rattaché à qqch : *Il s'est lié à eux par contrat.*

LIERNE **n.f.** (de *lier*). **1. ARCHIT.** Chacune des nervures qui joignent les sommets des doubleaux, des formerets ou des tiercerons à la clé, dans une voûte de style gothique flamboyant. **2. CONSTR.** Dans une charpente métallique, barre oblique reliant les pannes entre elles pour prévenir le flambage ; pièce de bois intermédiaire formant entretoise.

LIERRE **n.m.** (anc. fr. *l'iere*, du lat. *hedera*). Plante ligneuse grimpante, à feuilles persistantes, à baies noires toxiques, qui se fixe aux murs, aux arbres par des racines crampons. ➲ Famille des araliacées. ▪ **Lierre terrestre,** petite plante à fleurs violettes, commune dans les cultures et les friches. ➲ Famille des labiées.

LIESSE **n.f.** (lat. *laetitia*). Litt. Joie collective débordante ; allégresse. ▪ **En liesse,** qui manifeste une grande joie.

1. LIEU **n.m.** (pl. *lieux*) [lat. *locus*]. **1.** Partie circonscrite de l'espace où se situe une chose, où se déroule une action : *Date et lieu de naissance.* **2.** Endroit, édifice, etc., considéré du point de vue de sa destination, de son usage : *Lieu de travail. Un lieu de culte, de rencontre. Un lieu de débauche.* ▪ **Au lieu de,** à la place de : *Employer un mot au lieu d'un autre.* ▪ **Au lieu de** (+ inf.) ou **au lieu que** (+ subj.), plutôt que (de) : *Écoute au lieu de parler. Mieux vaudrait que tu ailles le voir au lieu que ce soit moi.* ▪ **Avoir lieu,** se produire ; arriver. ▪ **Avoir (tout) lieu de,** avoir de bonnes raisons pour. ▪ **Ce n'est pas le lieu de,** ce n'est pas l'endroit pour. ▪ **Donner lieu à,** fournir l'occasion de : *Cela a donné lieu à des protestations.* ▪ **En haut lieu,** auprès des responsables, des dirigeants. ▪ **En premier, second, dernier lieu,** premièrement ; deuxièmement ; finalement. ▪ **En tous lieux,** partout. ▪ **Il y a lieu de,** il convient de : *Il n'y a pas lieu d'être optimiste.* ▪ **Lieu géométrique** [math., vieilli], ensemble de points vérifiant une propriété caractéristique donnée. ▪ **Lieu public,** endroit où le public a accès (parc, cinéma, café, etc.). ▪ **S'il y a lieu,** le cas échéant. ▪ **Tenir lieu de,** jouer le rôle de ; remplacer. ◆ **n.m. pl.** **1.** Locaux : *Faire l'état des lieux. Laisser les lieux dans l'état où on les a trouvés.* **2.** Endroit précis où qqch s'est produit : *Ils sont très vite arrivés sur les lieux de l'accident.* ▪ **Les Lieux saints,** les villes ou sites vénérés par les fidèles d'une religion ; les localités et les sanctuaires de Palestine liés au souvenir de Jésus (v. partie n.pr. **JÉRUSALEM**). ▪ **Lieux d'aisances** [vieilli], cabinets ; toilettes.

2. LIEU **n.m.** (pl. *lieus*) [anc. scand. *lyr*]. ▪ **Lieu (noir),** colin (poisson).

LIEU-DIT **n.m.** (pl. *lieux-dits*), ▲ *LIEUDIT n.m.* Lieu qui porte un nom rappelant une particularité topographique ou historique et qui, souvent, constitue un écart d'une commune.

LIEUE **n.f.** (du gaul.). Anc. Mesure linéaire de valeur variable. ▪ **Être à cent** ou **à mille lieues de,** être fort éloigné de : *J'étais à cent lieues de m'en douter.* ▪ **Lieue commune** ou **de terre** [anc.], vingt-cinquième partie du degré de méridien terrestre, soit 4,445 km. ▪ **Lieue marine** ou **géographique** [anc.], vingtième partie du degré de méridien terrestre, soit 3 milles ou env. 5,556 km.

LIEUSE **n.f.** AGRIC. Mécanisme conçu pour lier les gerbes ou les bottes sur un appareil de récolte.

LIEUTENANT, E **n.** (du lat. *locum tenens,* qui tient lieu de). **1.** Personne qui seconde et remplace le chef : *Un chef de bande et ses lieutenants.* **2.** Officier dont le grade se situe entre celui de sous-lieutenant et celui de capitaine. ▪ **Lieutenant de vaisseau,** officier de marine dont le grade correspond à celui de capitaine, dans les armées de terre et de l'air. ◆ **n.m.** HIST. ▪ **Lieutenant criminel,** magistrat établi dans chaque bailliage ou sénéchaussée pour juger les affaires criminelles, à partir du XIVe s. ▪ **Lieutenant général de police,** magistrat qui dirigeait la police à Paris et dans les principales villes du royaume, à partir de la fin du XVIIe s. ▪ **Lieutenant général du royaume,** titre conférant à un prince français le commandement général du royaume dans des circonstances exceptionnelles.

LIEUTENANT-COLONEL, LIEUTENANTE-COLONELLE **n.** (pl. *lieutenants-colonels, lieutenantes-colonelles*). Officier des armées de terre et de l'air, et de la gendarmerie, dont le grade est intermédiaire entre celui de commandant et celui de colonel.

LIEUTENANT-GOUVERNEUR, LIEUTENANTE-GOUVERNEURE **n.** (pl. *lieutenants-gouverneurs, lieutenantes-gouverneures*). Au Canada, représentant de la Couronne britannique nommé dans chaque province.

LIÈVRE **n.m.** (lat. *lepus, leporis*). **1.** Mammifère herbivore de l'hémisphère Nord, aux pattes postérieures très longues, aux oreilles allongées, rapide à la course. ➲ La femelle est la hase, le petit le levraut ; cri : le lièvre vagit. Ordre des lagomorphes. (V. ill. *lagomorphes*.) **2.** Chair comestible de cet animal. **3.** SPORTS. Coureur chargé de mener un train rapide au début d'une course, pour aider les autres concurrents à réaliser une bonne performance. ▪ **Courir** ou **chasser deux lièvres à la fois,** poursuivre deux buts en même temps. ▪ **Lever un lièvre,** le faire sortir de son gîte ; fig., soulever une question importante.

LIFT **n.m.** (de l'angl. *to lift,* soulever). Au tennis, effet donné à la balle en la frappant de bas en haut et d'arrière en avant, afin d'en augmenter et d'en accélérer le rebond.

1. LIFTER **v.t. [3].** Au tennis, donner un effet de lift à une balle. ◆ **v.i.** Faire un lift.

2. LIFTER **v.t. [3].** Procéder à un lifting.

LIFTIER, ÈRE **n.** (de l'angl. *lift,* ascenseur). Vieilli. Personne préposée à la manœuvre d'un ascenseur, dans un grand magasin, un hôtel.

LIFTING [liftiŋ] **n.m.** (mot angl.). **1.** Intervention de chirurgie esthétique consistant à enlever des bandelettes de peau et à retendre celle-ci pour supprimer les rides du visage. **2.** Fig., fam. Opération de rajeunissement, de rénovation : *Le lifting d'un quartier, d'un programme électoral.*

LIGAMENT **n.m.** (lat. *ligamentum,* de *ligare,* lier). ANAT. Ensemble de fibres conjonctives serrées qui unissent deux os au niveau d'une articulation ou qui maintiennent un organe en place. ▪ **Ligament croisé,** ligament interne du genou.

LIGAMENTAIRE **adj.** Relatif aux ligaments.

LIGAMENTEUX, EUSE **adj.** De la nature des ligaments.

LIGAND [ligɑ̃] **n.m.** (mot anglo-amér., du lat.). CHIM. Molécule ou ion unis à l'atome central d'un complexe par une liaison de coordination.

LIGASE **n.f.** BIOCHIM. Toute enzyme qui réalise une synthèse par formation d'une liaison entre deux molécules (SYN. **synthétase**).

LIGATURE **n.f.** (lat. *ligatura*). **1.** MÉD. Opération qui consiste à serrer et à nouer un fil autour d'un vaisseau, d'un canal, d'un tissu ; le fil lui-même. **2.** AGRIC. Action d'entourer d'un lien une plante, une greffe, etc. **3.** Ensemble de lettres liées qui forme un caractère unique (ex. : œ). **4.** MUS. Signe de notation constitué par deux ou plusieurs notes soudées les unes aux autres. ➲ Il est utilisé dans le chant grégorien. ▪ **Ligature des trompes** [méd.], méthode de stérilisation chirurgicale plus ou moins irréversible, consistant à ligaturer les trompes de Fallope.

LIGATURER **v.t. [3].** MÉD. Serrer avec une ligature.

LIGE **adj.** (du francique). HIST. Se disait d'un vassal lié à son seigneur par une forme d'hommage plus étroite que l'hommage ordinaire. ▪ **Homme lige** [sout.], personne totalement dévouée à qqn, à un groupe.

LIGÉRIEN, ENNE **adj.** et **n.** (du lat. *Liger,* la Loire). Du département de la Loire. ◆ **adj.** De la Loire ; de son bassin.

LIGIE **n.f.** (de *Ligie,* n. myth.). Crustacé terrestre voisin des cloportes, qui vit sur les côtes du littoral atlantique. ➲ Famille des oniscidés.

1. LIGNAGE **n.m.** ANTHROP. **1.** Groupe de filiation unilinéaire dont tous les membres se considèrent comme descendants d'un même ancêtre. **2.** Au Moyen Âge, ensemble de parents procédant d'une même origine, par les hommes ou par les femmes (par descendance cognatique). ▪ **De haut lignage,** de haute noblesse.

2. LIGNAGE **n.m.** IMPRIM. Nombre de lignes d'un texte imprimé.

LIGNE **n.f.** (du lat. *linea,* fil de lin). **1.** Trait continu dont l'étendue se réduit quasiment à la dimension de la longueur. **2.** Trait réel ou imaginaire qui sépare deux éléments contigus : *Franchir la ligne blanche* ; intersection de deux surfaces : *La ligne de l'horizon.* **3.** Chacun des traits qui sillonnent la paume de la main : *Ligne de vie, de cœur.* **4.** Belgique. Raie dans les cheveux. **5.** Trait imaginaire marquant une direction suivie de façon continue : *Vingt kilomètres en ligne droite.* **6.** Contour d'un corps, d'un objet, etc. ; profil : *La ligne aérodynamique d'un train.* **7.** Fam. Corps mince, svelte : *Surveiller sa ligne.* **8.** Orientation qui définit l'action de qqn, d'un groupe : *Ils ont opté pour une nouvelle ligne.* **9.** Itinéraire régulier desservi par un service de transport ; ce service : *Ligne de bus, de métro. Ligne aérienne, ferroviaire, maritime.* **10.** Cordeau tendu servant à marquer un tracé : *Ligne de maçon.* **11.** Série continue de personnes ou de choses ; rangée : *Une ligne de gardiens de la paix, de cyprès.* **12.** Suite de mots écrits ou imprimés sur une longueur déterminée. **13.** Installation servant au transport d'énergie électrique, à la communication : *Ligne à haute tension. Ligne téléphonique.* **14.** Dans certains sports de ballon, ensemble des joueurs d'une équipe occupant une place déterminée sur le terrain et dans le système de jeu : *La ligne d'attaque.* **15.** MIL. Formation dans laquelle se trouve une troupe dont les éléments (hommes, unités, moyens de combat) sont placés les uns à côté des autres ; cette troupe elle-même. **16.** MIL. Ensemble de fortifications permanentes destinées à protéger une frontière : *La ligne Maginot.* **17.** TÉLÉCOMM. Segment de droite décrit lors du balayage d'une image en télévision ou en télécopie, à l'émission ou à la réception. **18.** PÊCHE. Fil muni ou non d'un flotteur, terminé par un ou plusieurs hameçons ou relié à un leurre ; la canne à pêche elle-même. **19.** MATH. Figure qui peut être matérialisée par un fil assez fin. **20.** MATH. Ensemble des éléments se trouvant sur une même horizontale dans un tableau à double entrée (matrice, déterminant, etc.). **21.** BANQUE. Ensemble des actions ou obligations d'une même société ou d'un même type figurant dans un portefeuille de valeurs mobilières. **22.** Ancienne mesure française de longueur représentant la douzième partie du pouce (env. 2,25 mm). **23.** Au Canada, ancienne mesure de longueur valant 3,175 mm (huitième partie du pouce). ▪ **Aller à la ligne,** commencer une nouvelle ligne d'écriture. ▪ **Bâtiment de ligne,** grand navire de guerre puissamment armé et formant l'élément principal d'une escadre. ▪ **Cargo, navire de ligne,** qui dessert une ligne régulière de navigation. ▪ **En ligne,** se dit de données, de ressources ou de services accessibles via Internet. ▪ **En ligne directe,** en descendant directement les uns des autres (par oppos. à *en ligne collatérale,* en descendant d'un frère, d'une sœur ou d'un cousin). ▪ **En première ligne,** au plus près de l'ennemi. ▪ **Entrer en ligne de compte** [banque], être inclus dans un compte ; fig., avoir de l'importance. ▪ **Être en ligne,** en communication téléphonique avec un correspondant. ▪ **Faire bouger les lignes** [fam.], proposer ou entreprendre une action, génér. politique, marquant un changement, voire une rupture, avec la tradition. ▪ **Franchir la ligne blanche** ou **jaune** [fam.], dépasser la mesure ; aller trop loin. ▪ **Hors ligne,** exceptionnel, tout à fait supérieur ; inform., se dit d'un support d'informations préenregistré (génér. cédérom ou DVD), à consulter sur un ordinateur. ▪ **La ligne,** avant 1914, ensemble de régiments d'infanterie du corps de bataille. ▪ **La Ligne** [mar.], l'équateur. ▪ **Les grandes lignes,** les points principaux d'un projet, d'un texte. ▪ **Ligne claire,** en bande dessinée, style graphique caractérisé par un trait linéaire et continu, sans ombre ni volume. ▪ **Ligne d'arbre** [mécan.], alignement des supports de vilebrequin d'un moteur. ▪ **Ligne d'eau,** alignement de flotteurs reliés par un filin, visant à délimiter un couloir de natation dans une piscine ; le couloir ainsi délimité ; mar., courbe de niveau d'une carène, parallèle à la flottaison. ▪ **Ligne de ballon mort,** au rugby, limite extrême (longitudinale) du terrain, située de 10 à 22 m au-delà de la ligne de but. ▪ **Ligne de changement de date,** tracé imaginaire situé en grande partie le long du 180e méridien, dans l'océan Pacifique, et qui sépare les deux fuseaux horaires appartenant à deux jours différents. ▪ **Ligne de charge** [mar.], marque apposée sur le flanc pour identifier le tirant d'eau maximal admissible. ▪ **Ligne (de coke)** [fam.], dose de cocaïne que l'on prise en une fois. ▪ **Ligne de crédit** [banque], montant d'un crédit accordé par une banque, sur lequel viennent s'imputer les paiements que le bénéficiaire du crédit doit effectuer. ▪ **Ligne de crête** → **CRÊTE.** ▪ **Ligne de niveau** [math.], ligne du plan dont la position dépend d'un paramètre. ▪ **Ligne de produits** [comm.], série de produits ou d'articles se complétant dans leur utilisation et unis par des qualités communes. ▪ **Ligne latérale** [zool.], organe sensoriel des poissons et des larves d'amphibiens, formé par un canal sous-cutané parcourant les flancs et comportant des cellules sensibles aux vibrations de l'eau. ▪ **Lire entre les lignes,** comprendre, deviner ce qui est sous-entendu dans un texte, un discours. ▪ **Mettre en ligne** [mil.], présenter des troupes pour affronter l'ennemi ; inform., rendre des informations accessibles sur Internet. ▪ **Monter en ligne,** aller au combat. ▪ **Première, deuxième, troisième ligne,** au rugby, chacune des lignes d'avants constitutives de la mêlée ordonnée ; joueur de chacune de ces lignes. ▪ **Sur toute la ligne** [fam.], d'un bout à l'autre ; complètement : *Elle a vu juste sur toute la ligne.*

LIGNÉE **n.f.** **1.** Ensemble des descendants d'une personne ; postérité. **2.** ANTHROP. Série de parents par descendance unilinéaire, partie d'un lignage. **3.** BIOL. Phylum. **4.** Fig. Filiation spirituelle, intellectuelle, artistique : *Être de la lignée des grands diplomates.*

LIGNER **v.t. [3].** Marquer d'une ligne ou de lignes.

LIGNEUL **n.m.** (du lat. *linea,* fil de lin). Gros fil enduit de poix, utilisé par les cordonniers pour la couture à la main.

LIGNEUX, EUSE **adj.** (lat. *lignosus*). BOT. **1.** De la nature du bois. **2.** Dont la tige contient suffisamment de faisceaux lignifiés pour devenir résistante (par oppos. à *herbacé*).

LIGNICOLE **adj.** (du lat. *lignum,* bois). ZOOL. Se dit d'une espèce animale qui vit dans le bois des arbres.

LIGNICULTURE **n.f.** Sylviculture intensive (pin maritime et peuplier, princip.) destinée à la seule production de bois.

LIGNIFICATION **n.f.** BOT. Fait de se lignifier.

SE LIGNIFIER **v.pr. [5].** BOT. En parlant d'organes végétaux, s'imprégner de lignine, se changer en bois.

LIGNINE **n.f.** (du lat. *lignum,* bois). BIOCHIM. Substance organique complexe, constituant principal du bois, qui imprègne les cellules, les fibres et les vaisseaux conducteurs, les rendant imperméables, inextensibles et rigides.

a b c d e f g h i j k l m n o p q r s t u v w x y z

LIGNITE **n.m.** (du lat. *lignum,* bois). Roche d'origine organique, résultant de la décomposition incomplète de débris végétaux. ➲ Le lignite a une valeur calorifique moindre que la houille.

LIGNOMÈTRE **n.m.** **IMPRIM.** Anc. Règle graduée qui servait à compter les lignes d'un texte composé.

LIGOT **n.m.** (mot gascon). Petite botte de bûchettes enduites de résine à un bout, pour allumer le feu.

LIGOTAGE **n.m.** Action de ligoter.

LIGOTER **v.t.** [3] (du lat. *ligare,* lier). **1.** Attacher étroitement qqn à qqch ; lui lier les membres. **2.** Fig. Priver qqn de sa liberté d'action, d'expression ; museler.

LIGUE **n.f.** (ital. *liga,* du lat. *ligare,* lier). **1.** Association formée pour défendre des intérêts politiques, religieux, etc. : *La Ligue des droits de l'homme.* **2.** **HIST.** Union formée entre plusieurs princes, en partic. pour défendre des intérêts politiques ou religieux ; confédération entre plusieurs cités ou États. ▪ **La Sainte Ligue***, v. partie n.pr.

LIGUER **v.t.** [3]. Unir dans une même coalition, une même alliance ; rassembler. ◆ **SE LIGUER** **v.pr.** Unir ses efforts dans un but commun.

LIGUEUR, EUSE **n.** **1.** Membre d'une ligue. **2.** **HIST.** Partisan de la Sainte Ligue, sous Henri III et Henri IV.

LIGULE **n.f.** (du lat. *ligula,* petite langue). **BOT.** Étroite languette latérale sur les fleurs externes des capitules des composées, formée par la soudure des cinq pétales. ➲ Les ligules de la marguerite sont blanches, celles du pissenlit, jaunes.

LIGULÉ, E **adj.** Se dit des fleurs à pétales soudés en ligule.

LIGURE ou **LIGURIEN, ENNE** **adj.** et **n.** De la Ligurie.

LIKER [lajke] **v.t.** [3] (de l'angl. *to like,* aimer). Signifier qu'on apprécie ou qu'on approuve un contenu (texte ou image) sur un site Web en cliquant sur le bouton dédié : *Liker une vidéo.*

LILAS **n.m.** (ar. *lilâk,* du persan). **1.** Arbuste originaire du Moyen-Orient, cultivé pour ses grappes de fleurs odorantes, mauves ou blanches. ➲ Famille des oléacées. **2.** Branche fleurie de cet arbre. ◆ **adj. inv.** D'une couleur mauve rosé.

LILIACÉE **n.f.** (bas lat. *liliaceus,* de *lilium,* lis). **BOT.** Monocotylédone à bulbe ou à rhizome, à périanthe floral comprenant six parties, telle que le lis, la tulipe, le muguet. ➲ Les liliacées forment une famille.

LILIAL, E, AUX **adj.** Litt. Qui a la blancheur, la pureté du lis.

LILLIPUTIEN, ENNE [-sjɛ̃, ɛn] **adj.** et **n.** (de *Lilliput,* n.pr.). De très petite taille.

LIMACE **n.f.** (lat. *limax, -acis*). **1.** Mollusque gastéropode terrestre, sans coquille externe, dont certaines espèces, telles que la loche (genre *Limax*), ou la limace rouge (genre *Arion*), s'attaquent aux cultures. ➲ Sous-classe des pulmonés. **2.** Fam. Personne lente et molle. ▪ **Limace de mer,** mollusque marin des eaux côtières, sans coquille, aux couleurs souvent vives. ➲ Ordre des nudibranches.

LIMAÇON **n.m.** **1.** Vieilli. Escargot (SYN. **colimaçon**). **2.** **ANAT.** Cochlée.

LIMAGE **n.m.** Action de limer.

LIMAILLE **n.f.** Matière que forment les parcelles de métal détachées par l'action de la lime.

LIMAN **n.m.** (mot russe, du gr.). **GÉOGR.** Lagune isolée par un cordon littoral barrant partiellement l'embouchure d'un fleuve.

LIMANDE **n.f.** (anc. fr. *lime*). Poisson plat dissymétrique, comestible, vivant dans la Manche et l'Atlantique. ➲ Famille des pleuronectidés. ▪ **Plat comme une limande** [fam.], très plat.

▲ **limande**

LIMBE **n.m.** (du lat. *limbus,* bordure). **1.** **BOT.** Partie principale, élargie et étalée, de la feuille ; partie large et étalée d'un pétale ou d'un sépale. **2.** **ASTRON.** Bord lumineux du disque d'un astre. **3.** **MÉTROL.** Couronne circulaire en métal ou en verre portant la graduation angulaire d'un instrument de mesure.

LIMBES **n.m. pl.** **1.** **THÉOL. CHRÉT.** Séjour où les justes de l'Ancien Testament attendaient la venue rédemptrice du Christ ; séjour de félicité des enfants morts sans baptême. **2.** Fig. État vague, incertain : *La réforme est toujours dans les limbes.*

LIMBIQUE **adj.** **ANAT.** ▪ **Système limbique,** rhinencéphale.

1. LIME **n.f.** (lat. *lima*). **1.** Outil à main, en acier trempé, long et étroit, couvert de stries ou d'aspérités, utilisé pour travailler les métaux ou le bois par frottement. **2.** Mollusque bivalve marin, à coquille finement côtelée. ▪ **Lime à ongles,** petite lime de métal strié ou de papier émeri utilisée pour raccourcir les ongles, arrondir leur bord.

2. LIME **n.f.** (esp. *lima*). Fruit comestible du limettier, de couleur verte, à peau lisse, à chair sans pépins très juteuse.

LIMER **v.t.** [3] (lat. *limare*). Dégrossir, couper, polir au moyen d'une lime. ◆ **SE LIMER** **v.pr.** ▪ **Se limer les ongles,** les raccourcir, les arrondir avec une lime à ongles.

LIMERICK [limrik] **n.m.** (mot angl.). Dans la littérature britannique, épigramme burlesque de cinq vers.

LIMES [limɛs], ▲ **LIMÈS** **n.m.** (lat. *limes*). **HIST.** Sous l'Empire romain, ligne de fortifications plus ou moins continue bordant certaines frontières dépourvues de défenses naturelles.

LIMETTE **n.f.** Fruit d'un arbuste proche du citronnier, jaune doré, à la chair dépourvue d'acidité et au parfum évoquant la bergamote.

LIMETTIER **n.m.** Agrume du genre *Citrus* dont le fruit est la lime. ➲ Famille des rutacées.

LIMICOLE **adj.** (du lat. *limus,* boue). **BIOL.** Qui vit dans la vase ou qui y cherche sa nourriture : *Oiseau, larve limicoles.*

LIMIER **n.m.** (de l'anc. fr. *liem,* chien en laisse). **1.** Chien courant employé, dans la chasse à courre, pour la recherche du gibier. **2.** Fam. Policier ; détective : *Les limiers de la PJ.*

1. LIMINAIRE **adj.** (du lat. *limen, liminis,* seuil). Qui est au début d'un livre, d'un poème, d'un débat.

2. LIMINAIRE ou **LIMINAL, E, AUX** **adj.** **PSYCHOL., PHYSIOL.** Dont la valeur correspond au seuil, en parlant d'un stimulus, d'une perception.

LIMITATIF, IVE **adj.** Qui fixe ou constitue une limite : *Liste non limitative.*

LIMITATION **n.f.** **1.** Action de fixer la limite, la frontière d'un terrain. **2.** Action de fixer un terme, des bornes, des restrictions à qqch : *Limitation de vitesse.*

LIMITATIVEMENT **adv.** De façon limitative.

LIMITE **n.f.** (lat. *limes, limitis*). **1.** Ligne séparant deux pays, deux territoires contigus ; frontière. **2.** Ligne qui circonscrit un espace ; cadre : *La balle est sortie des limites du terrain.* **3.** Point au-delà duquel ne peuvent aller ou s'étendre une action, une influence, un état, etc. ; borne : *Les limites du pouvoir de qqn. Dans cette affaire, il a montré ses limites.* **4.** (En appos.). Indique un seuil que l'on ne peut ou ne devrait pas dépasser ; extrême : *Date limite de consommation, d'inscription.* ▪ **À la limite,** si on envisage le cas extrême. ▪ **État limite** [psychiatr.], trouble psychiatrique intermédiaire entre la psychose et la névrose. ▪ **Limite d'âge,** âge au-delà duquel on ne peut exercer une fonction, se présenter à un examen. ▪ **Limite finie d'une fonction, d'une suite de nombres** [math.], nombre dont la fonction, ou la suite, peut être approchée autant que l'on veut. ➲ Lorsque la fonction, ou la suite, tend vers l'infini, on parle de *limite infinie.* ◆ **adj.** Fam. Tout juste acceptable : *Une action, un comportement limites.*

LIMITÉ, E **adj.** **1.** De peu d'étendue ; de peu d'importance ; restreint : *Un vocabulaire limité.* **2.** Fam. Sans grands moyens intellectuels ; peu inventif : *Esprit limité.*

LIMITER **v.t.** [3] (lat. *limitare*). **1.** Constituer la limite de ; délimiter : *Un ruisseau limite le parc.* **2.** Restreindre dans certaines limites ; réduire : *Il devra limiter ses déplacements.* ◆ **SE LIMITER** **v.pr.** **1.** (À). Ne pas aller au-delà de ; se cantonner à : *Se limiter à des remarques de détail.* **2.** (À). Avoir pour limites ; se borner à : *Son univers se limite à sa famille.* **3.** Absol. S'imposer des limites.

LIMITEUR **n.m.** **TECHN.** Dispositif destiné à empêcher qu'une grandeur, par sa variation au-delà d'une certaine valeur, puisse avoir des conséquences dangereuses : *Limiteur de vitesse.*

LIMITROPHE **adj.** **1.** Situé à la frontière d'un pays, d'une région. **2.** Qui a des limites communes avec un lieu : *La France et la Suisse sont limitrophes.*

LIMIVORE **adj.** (du lat. *limus,* limon). **ZOOL.** Se dit d'un animal qui se nourrit des divers éléments organiques contenus dans la vase.

LIMNÉE **n.f.** (du gr. *limnê,* marais). Mollusque gastéropode d'eau douce, à coquille spiralée et pointue, et à respiration pulmonaire. ➲ Sous-classe des pulmonés.

LIMNOLOGIE **n.f.** (du gr. *limnê,* marais). Hydrologie lacustre.

LIMNOLOGIQUE **adj.** Relatif à la limnologie.

LIMOGEAGE **n.m.** Action de limoger.

LIMOGER **v.t.** [10] (de *Limoges,* n. pr.). Révoquer un officier ; priver un fonctionnaire de son emploi par révocation ou le déplacer.

1. LIMON **n.m.** (lat. *limus*). Roche sédimentaire détritique, continentale, de granulométrie inférieure à 62,5 µm (classe des lutites), qui comprend les silts et les argiles, constituant des sols légers et fertiles.

2. LIMON **n.m.** (du gaul.). **1.** Chacun des deux bras de la limonière d'une voiture hippomobile. **2.** Partie rampante d'un escalier dans laquelle s'assemblent les marches et les contremarches.

LIMONADE **n.f.** (esp. *limonada,* de *limón,* citron). **1.** Boisson gazeuse à base de sucre, d'essence de citron et de gaz carbonique. **2.** Québec. Boisson sucrée à base de jus de citron et d'eau non gazéifiée. ▪ **La limonade** [fam.], le commerce des cafetiers.

LIMONADIER, ÈRE **n.** **1.** Personne qui fabrique de la limonade. **2.** Vx. Personne qui fait le commerce de boissons au détail.

LIMONAGE **n.m.** **AGRIC.** Action de répandre du limon sur des terres pauvres.

LIMONAIRE **n.m.** (du n. de l'inventeur). Anc. Type d'orgue de Barbarie.

LIMONÈNE **n.m.** **CHIM. ORG.** Hydrocarbure monocyclique de la famille des terpènes, composant majoritaire de l'huile essentielle contenue dans les écorces d'oranges et de citrons.

LIMONEUX, EUSE **adj.** Qui contient du limon.

LIMONIÈRE **n.f.** Sur une voiture hippomobile, ensemble constitué par deux brancards solidarisés par une traverse.

LIMONITE **n.f.** (de *1. limon*). Hydroxyde de fer d'aspect terreux, exploité comme minerai.

LIMOUGEAUD, E **adj.** et **n.** De Limoges.

LIMOUSIN, E **adj.** et **n.** **1.** Du Limousin. **2.** Se dit d'un bovin d'une race de boucherie dont la viande est très appréciée. ◆ **n.m.** Dialecte de langue d'oc parlé dans le Limousin.

LIMOUSINAGE **n.m.** **CONSTR.** Maçonnerie faite avec des moellons et du mortier.

LIMOUSINE **n.f.** (de *limousin*). Automobile à conduite intérieure, possédant quatre portes et six glaces latérales.

LIMPIDE **adj.** (lat. *limpidus*). **1.** Clair et transparent : *L'eau limpide d'un torrent.* **2.** Fig. Aisé à comprendre ; clair : *Une démonstration limpide.*

LIMPIDITÉ **n.f.** Caractère de ce qui est limpide.

LIMULE **n.f.** (lat. *limulus*). Arthropode marin fouisseur des Antilles et du Pacifique, à épaisse carapace bombée en fer à cheval. ➲ Ordre des xiphosures.

▲ **lin**

LIN **n.m.** (lat. *linum*). **1.** Plante herbacée des régions tempérées, à fleurs bleues, cultivée pour sa tige, qui fournit des fibres textiles, et pour sa graine qui donne une farine dont on faisait des cataplasmes, une huile siccative, employée en peinture, et des tourteaux utilisés pour l'alimentation du bétail. ➲ Famille des linacées. **2.** Fibre textile obtenue à partir de cette plante ; tissu fait avec cette fibre. ▪ **Lin de la Nouvelle-Zélande,** phormium.

LINAIGRETTE n.f. (de *lin* et *aigrette*). Plante des marais, aux petits fruits secs entourés d'une houppe cotonneuse. ➲ Famille des cypéracées.

LINAIRE n.f. (lat. *linaria*). Plante herbacée à fleurs en grappes jaunes, blanches, pourpres ou violettes, dont une espèce est la *ruine-de-Rome* (SYN. **velvote**). ➲ Famille des scrofulariacées.

LINCEUL n.m. (du lat. *linteum*, toile de lin). Pièce de toile dans laquelle on ensevelit un mort (SYN. **suaire**).

LINÇOIR n.m. CONSTR. Lambourde indépendante recevant un plancher au droit d'un mur affecté d'un percement et reportant les charges de part et d'autre de celui-ci.

LINDANE n.m. PHARM. Isomère gamma de l'hexachlorocyclohexane, insecticide comme celui-ci mais possédant une action plus puissante.

1. LINÉAIRE adj. (lat. *linearis*, de *linea*, ligne). **1.** Qui a l'aspect continu d'une ligne. **2.** Fig. Qui évoque une ligne par sa sobriété : *Un exposé linéaire.* ▪ **Algèbre linéaire,** étude des structures d'espaces vectoriels. ▪ **Application** ou **fonction linéaire réelle,** fonction de type $f(x) = a \cdot x$ où a est un réel déterminé. ➲ Sa représentation graphique est une droite passant par l'origine du repère. ▪ **Application linéaire,** application f d'un espace vectoriel sur un autre espace vectoriel vérifiant les égalités $f(x + y) = f(x) + f(y)$ et $f(a \cdot x) = a \cdot f(x)$ pour tous les vecteurs x et y, et pour tout nombre a. ▪ **Combinaison linéaire de vecteurs (d'un espace vectoriel),** vecteur obtenu en multipliant chacun des vecteurs par un nombre (coefficient) et en additionnant les vecteurs ainsi obtenus. ▪ **Dessin linéaire,** qui ne reproduit que les seuls contours d'un objet. ▪ **Mesure linéaire,** mesure de longueur (par oppos. à *mesure d'aire* ou *de volume*).

2. LINÉAIRE n.m. 1. Dans un magasin, longueur des gondoles, mesurée en mètres et attribuée à la présentation d'une marchandise. **2.** Écriture syllabique de la Grèce archaïque.

LINÉAIREMENT adv. De façon linéaire.

LINÉAMENT n.m. (lat. *lineamentum*). **GÉOL.** Élément linéaire presque rectiligne, génér. repérable sur des cartes topographiques à petite échelle ou sur des images satellitaires, et qui correspond à la trace en surface d'un accident tectonique profond. ◆ **n.m. pl.** Litt. **1.** Ensemble des lignes élémentaires qui indiquent la forme générale d'un être, d'un objet : *Les linéaments d'un visage.* **2.** Esquisse d'ensemble ; ébauche : *Les linéaments d'une restructuration.*

LINÉARITÉ n.f. Caractère de ce qui est linéaire.

LINÉATURE n.f. IMPRIM. Nombre de lignes que comporte sur un pouce (25,4 mm) ou sur un centimètre la trame d'un cliché d'impression. (→ **résolution**).

LINÉIQUE adj. Didact. Se dit d'une grandeur rapportée à l'unité de longueur.

LINGA ou **LINGAM** [lĩgam] **n.m.** (sanskr. *linga*). Dans l'hindouisme, symbole phallique du dieu Shiva.

LINGE n.m. (du lat. *lineus*, de lin). **1.** Ensemble des objets de tissu à usage vestimentaire ou domestique : *Laver, étendre le linge.* **2.** Morceau d'étoffe, de tissu ; chiffon : *Un linge doux pour essuyer l'écran.* **3.** Suisse. Serviette de toilette. ▪ **Du beau linge** [fam.], des gens élégants ou connus. ▪ **Être blanc comme un linge,** très pâle. ▪ **Laver son linge sale en famille** [fam.], régler les conflits intimes au sein de la famille. ▪ **Linge de bain** [Suisse], serviette de bain. ▪ **Linge de corps,** ensemble des sous-vêtements. ▪ **Linge de maison,** ensemble des articles de tissu destinés à la literie, la toilette, la table, la cuisine.

LINGÈRE n.f. Personne chargée de l'entretien du linge d'une maison, d'un hôpital, etc.

LINGERIE n.f. 1. Fabrication et commerce du linge. **2.** Lieu où l'on range le linge. **3.** Ensemble des sous-vêtements féminins.

LINGETTE n.f. Petite serviette jetable en cellulose, imprégnée d'une lotion et destinée à l'hygiène et au ménage.

LINGOT n.m. (mot de l'anc. provenç.). **1.** Masse de métal ou d'alliage de forme parallélépipédique obtenue par moulage dans une lingotière. **2.** Masse coulée de un kilogramme d'or fin au titre de 995 millièmes. **3. IMPRIM.** Pièce de métal servant à remplir les blancs d'une page ou d'une forme.

LINGOTIÈRE n.f. Moule dans lequel on coule le métal en fusion pour en faire un lingot.

LINGUA FRANCA [lingwa-] **n.f. inv.** (mots ital.). **1.** Langue auxiliaire de relation, utilisée par des groupes de langues maternelles différentes. **2.** Sabir utilisé notamm. dans les ports de la Méditerranée, du XIIIe au XIXe s.

LINGUAL, E, AUX [lẽgwal, o] **adj.** (bas lat. *lingualis*). **1. ANAT.** Relatif à la langue. **2. PHON.** Se dit d'une consonne articulée avec la langue (ex. : [d], [k], [r]).

LINGUATULE [lẽgwa-] **n.f.** (du lat. *lingua*, langue). Arthropode vermiforme, parasite des voies respiratoires de certains vertébrés tels que les chiens. ➲ Classe des pentastomides.

LINGUE n.f. (néerl. *leng*). Poisson de mer des eaux profondes de l'Atlantique nord, souvent pêché au chalut (SYN. **julienne**). ➲ Famille des gadidés.

LINGUISTE [lẽgɥist] **n.** (du lat. *lingua*, langue). Spécialiste de linguistique.

LINGUISTIQUE [-gɥi-] **n.f.** Science qui a pour objet l'étude du langage et des langues. ▪ **Linguistique structurale,** structuralisme. ◆ **adj. 1.** Relatif à la langue comme moyen de communication : *Communauté linguistique.* **2.** Relatif à l'apprentissage d'une langue étrangère : *Séjour linguistique.* **3.** Relatif à la linguistique.

LINGUISTIQUEMENT adv. Du point de vue linguistique.

LINIER, ÈRE adj. Relatif au lin : *L'industrie linière.*

LINIÈRE n.f. Champ de lin.

LINIMENT n.m. (du lat. *linire*, enduire). Préparation médicamenteuse fluide, souvent grasse, destinée à l'application cutanée.

LINKAGE [linkedʒ] **n.m.** (mot angl.). **GÉNÉT.** Liaison génétique.

LINKS [links] **n.m. pl.** (mot angl.). Terrain, parcours de golf.

LINNÉEN, ENNE adj. BIOL. Relatif à Linné : *La classification linnéenne.*

LINO n.m. (abrév.). Linoléum.

LINOGRAVURE n.f. Procédé de gravure en relief sur linoléum.

LINOLÉINE n.f. CHIM. ORG. Glycéride de l'acide linoléique, contenu dans les huiles siccatives.

LINOLÉIQUE adj. CHIM. ORG. ▪ **Acide linoléique,** acide gras diéthylénique en C_{18}.

LINOLÉUM [-ɔm] **n.m.** (angl. *linoleum*, du lat. *linum*, lin, et *oleum*, huile). Revêtement de sol imperméable, composé d'une toile de jute recouverte d'un mélange d'huile de lin, de résine et de poudre de liège agglomérée. Abrév. **lino.**

LINON n.m. Toile fine et transparente, en lin ou en coton.

LINOTTE n.f. (de *lin*). Passereau des landes de l'Europe et de l'Asie occidentale, granivore, chanteur, à dos brun et à poitrine rouge. ➲ Famille des fringillidés. ▪ **Tête de linotte** [fam.], personne très étourdie.

LINOTYPE n.f. (nom déposé). **IMPRIM.** Anc. Machine de composition mécanique utilisant un clavier pour produire des lignes justifiées fondues en un seul bloc.

LINOTYPIE n.f. Anc. Composition à la Linotype.

LINSANG [lẽsɑ̃g] **n.m.** (mot javanais). Mammifère carnivore arboricole de l'Asie du Sud-Est et de l'Afrique, à pelage tacheté et à queue annelée. ➲ Famille des viverridés.

LINTEAU n.m. (de l'anc. fr. *lintier*, seuil). Pièce allongée horizontale au-dessus d'une baie, reportant sur les côtés de celle-ci la charge des parties supérieures.

LINTERS [lintɛrs] **n.m. pl.** (mot anglo-amér., de *lint*, filasse). **TEXT.** Fibres très courtes, formées de cellulose pure, restant fixées sur les graines de coton après l'égrenage, et utilisées auj. pour la réalisation des pâtes et papiers de chiffons.

LINUX (SYSTÈME) n.m. INFORM. Système d'exploitation dérivé d'Unix, dont le code source est disponible gratuitement sur Internet.

LION n.m. (lat. *leo, leonis*). **1.** Grand mammifère carnivore, au pelage fauve orné d'une crinière, confiné auj. dans les savanes d'Afrique et dans une réserve au nord-ouest de l'Inde, après avoir vécu au Proche-Orient et en Europe. ➲ Le plus souvent, ce sont les femelles qui chassent, en bandes, des proies de grande taille. Long. 2,60 m env. ; cri : le lion rugit. Le petit est le lionceau. Famille des félidés. **2. HÉRALD.** Figure représentant un lion rampant, dressé sur ses pattes arrière, la tête de profil. ▪ **Avoir mangé du lion** [fam.], faire preuve d'une énergie inaccoutumée. ▪ **La part du lion,** la plus grosse part. ▪ **Le Lion,** constellation et signe du zodiaque (v. partie n.pr.). ▪ **Lion de mer,** otarie d'une des quatre espèces de grande taille chez lesquelles le mâle porte une crinière. ▪ **Un Lion, n.m. inv.,** personne née sous le signe du Lion.

▲ **lions** dans la savane (mâle à gauche, femelle à droite).

LIONCEAU n.m. Petit du lion.

LIONNE n.f. 1. Femelle du lion, qui n'a pas de crinière. **2.** Femme fougueuse, courageuse.

LIPASE n.f. (du gr. *lipos*, graisse). **BIOCHIM.** Enzyme qui hydrolyse les lipides en formant des acides gras.

LIPIDE n.m. (du gr. *lipos*, graisse). **CHIM. ORG.** Composant fondamental de la matière vivante, constitué d'acides gras éventuellement estérifiés, faisant partie des structures cellulaires et jouant un rôle énergétique.

LIPIDÉMIE ou **LIPÉMIE n.f. BIOCHIM.** Concentration de l'ensemble des lipides dans le sang.

LIPIDIQUE adj. Relatif aux lipides.

LIPIZZAN [lipidzɑ̃] **n.** et **adj.** (de *Lipizza*, v. de Slovénie). Cheval d'une race dont l'aptitude au dressage fait la renommée de l'école espagnole de Vienne.

LIPO-ASPIRATION n.f. (pl. *lipo-aspirations*). Liposuccion.

LIPOCHROME [-krom] **n.m. BIOL.** Pigment caroténoïde soluble dans les graisses et qui les colore en jaune.

LIPOGENÈSE n.f. PHYSIOL. Production de corps gras dans les organismes vivants.

LIPOGRAMME n.m. (du gr. *leipein*, ôter, et *gramma*, lettre). Œuvre littéraire dans laquelle on s'astreint à ne pas utiliser une ou plusieurs lettres de l'alphabet. (Par ex., *la Disparition* de G. Perec.)

LIPOME n.m. (lat. *lipoma*). **MÉD.** Tumeur bénigne constituée de tissu graisseux siégeant sous la peau.

LIPOPHILE adj. BIOCHIM. Se dit d'une substance chimique qui a de l'affinité pour les graisses.

LIPOPHOBE adj. BIOCHIM. Se dit de ce qui n'absorbe pas les graisses ou les absorbe peu.

LIPOPLASTIE n.f. Ablation chirurgicale des tissus graisseux (sur l'abdomen, par ex.).

LIPOPROTÉINE n.f. BIOCHIM. Substance constituée d'une protéine et d'un lipide. ➲ C'est sous cette forme que sont véhiculées les graisses du plasma sanguin.

LIPOPROTÉIQUE adj. BIOCHIM. Composé de lipides et de protéines.

LIPOSOLUBLE adj. CHIM. Se dit des substances chimiques solubles dans les graisses et les solvants des graisses.

LIPOSOME [-zom] **n.m. BIOL. CELL.** Vésicule artificielle microscopique, à membrane lipidique, utilisée comme modèle d'étude des membranes biologiques et faisant l'objet de recherches pour l'introduction de substances dans les cellules d'un organisme.

LIPOSUCCION [-sy(k)sjɔ̃] **n.f.** Traitement de certaines surcharges adipeuses localisées par aspiration de la graisse sous-cutanée (SYN. **lipo-aspiration**).

LIPOTHYMIE n.f. (du gr. *leipein*, laisser, et *thumos*, esprit). **MÉD.** Impression passagère d'évanouissement ; étourdissement.

LIPPE n.f. (mot néerl.). Lèvre inférieure épaisse et proéminente. ■ **Faire la lippe** [fam., vieilli], faire la moue ; bouder.

LIPPÉE n.f. Vx. ■ **Franche lippée,** bon repas qui ne coûte rien.

LIPPU, E adj. Qui a de grosses lèvres.

LIQUATION [likwasjɔ̃] **n.f.** (du lat. *liquare*, fondre). **MÉTALL.** Séparation, par échauffement, de deux métaux alliés grâce à leurs températures de fusion différentes.

LIQUÉFACTEUR n.m. Appareil employé pour liquéfier un gaz.

LIQUÉFACTION n.f. 1. Action de liquéfier ; fait de se liquéfier : *La liquéfaction de la cire.* **2.** Action de liquéfier un gaz en le refroidissant au-dessous de sa température critique. **3.** Transformation du charbon naturel en produits hydrocarbonés liquides par action de l'hydrogène. **4.** Fam. État d'amollissement, d'abattement physique et intellectuel.

LIQUÉFIABLE adj. Que l'on peut liquéfier.

LIQUÉFIANT, E adj. Qui liquéfie.

LIQUÉFIER v.t. [5] (lat. *liquefacere*). **1.** Faire passer un gaz, un solide à l'état liquide. **2.** Fam. Ôter toute force, toute énergie à qqn : *La canicule m'a liquéfié.* ◆ **SE LIQUÉFIER v.pr. 1.** Passer à l'état liquide. **2.** Fam. Perdre toute énergie, toute vigueur.

LIQUETTE n.f. (de l'arg. *limace*, chemise). Fam. Chemise.

LIQUEUR n.f. (lat. *liquor*). **1.** Boisson alcoolisée, préparée sans fermentation à partir d'alcool, de produits végétaux, d'eau et de produits sucrés ; eau-de-vie, sucrée ou non. **2.** Vieilli. Nom donné à certaines préparations pharmaceutiques en solution aqueuse. ■ **Liqueur (douce)** [Québec, emploi critiqué], boisson gazeuse ; soda.

LIQUIDABLE adj. DR. Qui peut être liquidé.

LIQUIDAMBAR [likidɑ̃bar] **n.m.** (mot esp.). Arbre ornemental de l'Asie et de l'Amérique du Nord, dont on tire des résines balsamiques (styrax, ambre liquide). ➲ Famille des hamamélidacées.

▲ liquidambar

LIQUIDATEUR, TRICE n. et **adj. 1. DR.** Personne chargée des opérations de liquidation. **2.** Technicien chargé d'intervenir sur un site nucléaire après un accident ou un dysfonctionnement majeur.

LIQUIDATIF, IVE adj. DR. Qui concerne une liquidation ; qui opère une liquidation.

LIQUIDATION n.f. 1. DR. Action de calculer et de fixer le montant, jusque-là indéterminé, d'un compte à régler ; règlement de ce compte. **2. DR.** Ensemble des opérations préliminaires au partage d'une indivision : *Liquidation de communauté.* **3. BOURSE.** Règlement des opérations à terme et des opérations conditionnelles. **4. COMM.** Fait de liquider des marchandises ; solde. **5.** Fam. Action de mettre fin à une situation difficile par des mesures énergiques : *La liquidation d'un partenariat inique.* **6.** Fam. Action de se débarrasser d'une personne gênante en l'assassinant : *La liquidation du dernier témoin.* ■ **Liquidation judiciaire** [dr. comm.], procédure judiciaire qui permet de réaliser l'actif et d'apurer le passif d'un commerçant, d'un artisan ou d'une société en état de cessation de paiements, en vue du règlement de ses créanciers.

1. LIQUIDE adj. (lat. *liquidus*). **1.** Qui coule ou tend à couler : *Lessive liquide.* **2.** Qui est à l'état liquide : *Hydrogène liquide.* **3.** Qui est de faible consistance ; fluide : *Crème fraîche liquide.* ■ **Consonne liquide,** ou **liquide, n.f.** [phon., vieilli], le [l] ou le [r]. ■ **État liquide,** état de la matière dans lequel un corps a un volume invariable mais pas de forme propre.

2. LIQUIDE adj. (ital. *liquido*). **ÉCON. 1.** Déterminé dans son montant : *Dette liquide.* **2.** Qui n'est grevé d'aucune charge. ■ **Argent liquide,** ou **liquide, n.m.,** argent immédiatement disponible, en espèces.

3. LIQUIDE n.m. (de *1. liquide*). **1.** Corps à l'état liquide ; état liquide. **2.** Aliment liquide ou boisson : *N'absorber que du liquide.*

LIQUIDER v.t. [3]. 1. DR. Procéder à la liquidation d'un impôt, d'une dette, d'un commerce, etc. **2.** Vendre des marchandises à bas prix soit en raison d'une cessation de commerce, soit pour écouler rapidement un stock ; solder. **3.** Fam. Mettre fin, avec énergie, à une situation difficile : *Liquider les conflits internes.* **4.** Fam. Éliminer qqn, un groupe, en le supprimant physiquement. **5.** Fam. Consommer complètement un aliment, un repas ; vider un contenant : *Ils ont liquidé la bouteille.*

LIQUIDIEN, ENNE adj. Didact. De nature liquide ; qui renferme un liquide.

LIQUIDITÉ n.f. FIN. Caractère d'une somme d'argent liquide, dont on peut disposer immédiatement ou à court terme. ■ **Crise de liquidité,** situation de perte de confiance entre des établissements financiers qui, par conséquent, refusent de se prêter de l'argent. ➲ Elle se résout génér. par l'intervention d'une banque centrale ou celle du FMI. ■ **Liquidité d'un actif,** capacité pour un actif d'être mobilisé ou réalisé à vue. ◆ **n.f. pl.** Sommes immédiatement disponibles pour faire face à des dépenses, des dettes. ■ **Liquidités internationales,** moyens de règlement, composés de devises et de droits de tirage, dont dispose un pays pour honorer ses engagements à l'égard des autres.

LIQUOREUX, EUSE [-kɔ-] **adj.** Se dit de boissons alcoolisées sucrées, de saveur douce.

LIQUORISTE [-kɔ-] **n.** Fabricant de liqueurs.

1. LIRE v.t. [86] (lat. *legere*). **1.** Reconnaître les signes graphiques d'une langue, former mentalement ou à voix haute les sons que ces signes ou leurs combinaisons représentent et leur associer un sens : *Lire l'arabe.* **2.** Absol. Déchiffrer un texte : *Apprendre à lire* ; s'adonner à la lecture : *Ce roman se laisse lire.* **3.** Prendre connaissance du contenu d'un texte par la lecture : *Lire ses courriels.* **4.** Énoncer à voix haute un texte écrit, pour le porter à la connaissance d'autrui : *Le porte-parole a lu un communiqué.* **5.** Comprendre, déchiffrer un ensemble de signes autres que ceux de l'écriture ; interpréter : *Lire la musique, le braille.* **6. INFORM.** Reconnaître une information présentée à un organe d'entrée ou stockée dans une mémoire d'ordinateur, afin de la transmettre vers une autre unité de la machine. **7. AUDIOVIS.** Restituer sous leur forme initiale des signaux (électriques, acoustiques) enregistrés. **8.** Reconnaître qqch à certains signes ; deviner : *On lisait l'espoir sur le visage des parents.* ◆ **SE LIRE v.pr. 1.** Être proposé à la lecture ; pouvoir être compris, lu. **2.** Être discerné, distingué : *La fatigue se lit sur son visage.*

2. LIRE n.f. (ital. *lira*). Ancienne unité monétaire principale de l'Italie, qui avait également cours à Saint-Marin et dans l'État de la Cité du Vatican. ➲ Devenue, dès le 1er janvier 1999, une subdivision de l'euro, la lire italienne a cessé d'exister, au profit de la monnaie unique européenne, en 2002.

LIRETTE n.f. Tissage artisanal dont la trame est constituée de fines bandes de tissu.

LIS ou **LYS** [lis] **n.m.** (lat. *lilium*). Plante bulbeuse de l'hémisphère Nord tempéré, à grandes fleurs diversement colorées ; spécial., fleur du lis blanc. ➲ Famille des liliacées. ■ **Fleur de lis,** meuble héraldique qui était l'emblème de la royauté, en France. ■ **Lis de mer,** encrine. ■ **Lis Saint-Jacques,** amaryllis.

LISAGE n.m. (de *1. lire*). **TEXT. 1.** Analyse d'un dessin pour tissu avant le perçage des cartons. **2.** Métier servant à cette opération.

LISBONNIN, E, LISBONNAIS, E ou **LISBOÈTE adj.** et **n.** De Lisbonne.

LISE n.f. (du gaul.). Région. (Ouest). Sable mouvant des bords de la mer.

LISERÉ ou **LISÉRÉ n.m. COUT. 1.** Ruban étroit dont on borde un vêtement. **2.** Raie étroite bordant une étoffe d'une autre couleur.

LISERER [12] ou **LISÉRER [11],** ▲ *[11*]* **v.t.** (de *lisière*). Border d'un liseré.

LISERON n.m. (dimin. de *lis*). Plante volubile, fréquente dans les haies, où elle épanouit ses fleurs à corolle en entonnoir, souvent blanches. Noms usuels : *volubilis, belle-de-jour.* ➲ Famille des convolvulacées. ■ **Faux liseron,** vrillée.

▲ liseron

LISETTE n.f. Jeune maquereau, souvent consommé en marinade.

LISEUR, EUSE n. Vieilli. Personne qui aime lire.

LISEUSE n.f. 1. Petit coupe-papier qui sert à marquer la page d'un livre où l'on arrête sa lecture. **2.** Couvre-livre. **3.** Vêtement féminin, chaud et léger, qui couvre le buste et les bras, et que l'on met pour lire au lit. **4.** Petite lampe personnelle de lecture. **5.** Livre électronique.

LISIBILITÉ n.f. Qualité de ce qui est lisible.

LISIBLE adj. 1. Aisé à lire, à déchiffrer : *Écriture lisible.* **2.** Qui peut être lu sans fatigue, sans ennui : *Ce compte rendu n'est pas lisible.* **3.** Fig. Dont on comprend d'emblée la structure ou la finalité : *Une stratégie économique peu lisible.*

LISIBLEMENT adv. De façon lisible.

LISIER n.m. (mot région., du lat. *lotium*, urine). **AGRIC.** Mélange liquide des urines et des excréments des animaux domestiques, partic. des bovins et des porcins, servant d'engrais.

LISIÈRE n.f. (orig. obsc.). **1. TEXT.** Bord d'une pièce de tissu qui en limite de chaque côté la largeur. **2.** Bord, extrémité d'un lieu : *La lisière d'une forêt.*

Lisp n.m. (acronyme de l'angl. *list processing*, traitement de liste). **INFORM.** Langage de programmation symbolique, utilisé notamm. en intelligence artificielle.

LISSAGE n.m. 1. Action de lisser : *Le lissage d'un enduit.* **2. TEXT.** Disposition des lisses d'un métier à tisser suivant le genre d'étoffe que l'on veut obtenir. **3. MATH.** Procédé d'ajustement des valeurs observées, visant à leur substituer des valeurs représentables par une courbe continue et sans points anguleux.

1. LISSE adj. (de *lisser*). **1.** Sans aspérités ; uni et poli : *Cuir lisse.* **2.** Qui n'a rien de déconcertant, de dérangeant ni de choquant : *Un téléfilm, une star lisses.* ■ **Muscle lisse** [anat.], muscle à contraction involontaire contenu dans certains organes et dont les cellules vues au microscope sont dépourvues de stries transversales (par oppos. à *muscle strié*).

2. LISSE n.f. **1. MAR.** Élément métallique longitudinal qui raidit les ponts et les bordés du navire ; profilé en métal ou en bois, placé à la partie supérieure d'un pavois et servant de main courante ou d'appui. **2. PAPET.** Calandre utilisée pour adoucir et égaliser la surface du papier.

3. LISSE ou **LICE** n.f. (lat. *licia*). Sur un métier à tisser, fil de métal portant un maillon ou une lamelle allongée percée d'un trou dans lesquels passe le fil de chaîne. ▪ **Métier de basse lisse, de haute lisse,** métier de tapisserie dans lequel les nappes de fils de chaîne, et donc l'ouvrage, sont disposées horizontalement, verticalement.

LISSÉ n.m. **CUIS.** Degré de cuisson du sucre qui forme des filaments plus ou moins fins en refroidissant : *Petit, grand lissé.*

LISSER v.t. [3] (du lat. *lixare*, repasser). **1.** Rendre lisse : *L'oiseau lisse ses plumes.* **2.** Donner du brillant, du lustre ; polir : *Lisser du cuir, du papier.* **3. MATH.** Procéder à l'opération de lissage.

LISSEUR, EUSE n. **TEXT.** Personne qui exécute un lissage.

LISSEUSE n.f. Machine utilisée pour lisser les cuirs, le papier, le carton, etc.

LISSIER ou **LICIER** n.m. Personne qui exécute des tapisseries sur métier.

LISSOIR n.m. Instrument servant à lisser le sable d'un moule, le ciment, etc.

LISTAGE n.m. **INFORM.** Action de lister, d'imprimer un fichier ; document ainsi produit ; impression. Recomm. off. pour **listing.**

1. LISTE n.f. (du germ. *lista*, lisière). **ZOOL.** Bande de poils blancs qui marque le front et le chanfrein de certains chevaux.

2. LISTE n.f. (ital. *lista*, du germ.). **1.** Suite de mots, de nombres, de noms de personnes, de choses le plus souvent inscrits l'un au-dessous de l'autre : *Établir la liste des invités.* **2.** Longue énumération : *La liste de ses méfaits est interminable.* **3. INFORM.** Impression d'un fichier (résultat). Recomm. off. pour **listing.** ▪ **Liste civile,** somme allouée annuellement au chef de l'État, dans certains régimes monarchiques. ▪ **Liste de mariage,** ensemble de cadeaux sélectionnés par de futurs époux, parmi lesquels parents et amis peuvent choisir celui qu'ils vont offrir. ▪ **Liste (de substances vénéneuses)** [pharm.], groupe de médicaments obéissant aux mêmes règles de prescription et de délivrance. ➲ Les médicaments délivrés sur ordonnance sont répartis en une *liste I*, une *liste II* et une *liste des substances stupéfiantes.* ▪ **Liste de vérification,** recomm. off. pour **check-list.** ▪ **Liste d'ordre *p* d'un ensemble de cardinal *n*** [math.], groupement ordonné de *p* éléments, distincts ou non, pris dans cet ensemble. ➲ Le nombre de ces listes est n^p. ▪ **Liste noire,** ensemble de personnes à éviter, voire à écarter.

LISTEL ou **LISTEAU** n.m. (ital. *listello*). **1. ARCHIT.** Moulure plate saillante employée notamm. en combinaison avec une ou deux moulures creuses. **2. NUMISM.** Cercle périphérique présentant une saillie supérieure aux saillies du type et de la légende, sur chaque côté d'une pièce de monnaie.

LISTER v.t. [3]. **1.** Mettre en liste ; répertorier. **2. INFORM.** Imprimer en continu, article par article, tout ou partie des informations traitées par un ordinateur.

LISTERIA [-te-] n.f. (de J. *Lister*, n.pr.). **BIOL.** Genre bactérien composé de bacilles Gram positif, pathogène pour l'homme et les animaux.

LISTÉRIOSE n.f. Maladie infectieuse des animaux et de l'homme, due à une listeria, et partic. grave chez la femme enceinte et le nouveau-né.

LISTING [listiŋ] n.m. (mot angl.). **INFORM.** (Anglic. déconseillé). **1.** Listage. **2.** Liste.

LISTON n.m. (de l'esp. *listón*, bordure). **MAR.** Dans les petites embarcations, moulure longitudinale, souvent décorative, s'étendant de l'avant à l'arrière au niveau du pont.

LIT n.m. (lat. *lectus*). **1.** Meuble à sommier pour dormir ou se reposer : *Un lit en chêne* ; partie de ce meuble sur laquelle on s'allonge ; matelas : *Un lit moelleux.* **2.** Ensemble des draps, des couvertures qui garnissent le matelas d'un lit ; literie : *Son lit n'a pas été défait.* **3.** Place considérée comme unité de capacité d'accueil dans un hôpital, une résidence, etc. : *Clinique de 120 lits.* **4.** Tout ce qui, sur le sol, peut être utilisé pour se coucher, s'étendre : *Lit de feuilles.* **5.** Couche horizontale d'une matière ou d'objets quelconques sur laquelle vient reposer qqch : *Escalope sur un lit de petits légumes.* **6.** Partie du fond de vallée où s'écoulent les eaux d'un cours d'eau. **7. GÉOL.** Niveau de faible épaisseur d'une formation sédimentaire. **8. MIN.** Séparation naturelle de la masse de roche en bancs. **9. CONSTR.** Intervalle entre deux assises superposées, rempli ou non de liant. ▪ **Enfant du premier, du second lit,** d'un premier, d'un second mariage. ▪ **Être tombé du lit,** s'être levé plus tôt que de coutume. ▪ **Faire le lit de qqch** [litt.], favoriser, volontairement ou non, le développement d'un phénomène jugé néfaste. ▪ **Faire lit à part,** coucher séparément, en parlant d'un couple. ▪ **Faire un lit,** y disposer les draps et les couvertures, ou la couette, afin que l'on puisse s'y coucher. ▪ **Garder le lit** ou **être cloué au lit,** rester au lit pour cause de maladie. ▪ **Lit clos** [anc.], lit accolé au mur et fermé de panneaux de bois dont certains étaient ajourés. ▪ **Lit de camp,** lit démontable composé essentiellement d'un châssis pliable et d'un fond garni de sangles ou de grosse toile. ▪ **Lit de jour** ou **de repos** [anc.], lit bas ou chaise longue sur lesquels on s'allonge pour se reposer (XVIIe s.). ▪ **Lit de justice** [hist.], dans la France de l'Ancien Régime, séance solennelle du parlement qui avait lieu en présence du roi, et permettait notamm. à celui-ci d'imposer sa volonté (enregistrement d'édits contraignants, par ex.). ▪ **Lit du vent** [mar.], direction selon laquelle souffle le vent. ▪ **Lit majeur** [hydrol.], occupé par les eaux d'un cours d'eau seulement lors des crues. ▪ **Lit mineur** ou **apparent** [hydrol.], occupé par les eaux d'un cours d'eau en dehors des périodes de crue. ▪ **Lits jumeaux,** lits de même forme placés l'un à côté de l'autre.

LITAGE n.m. **GÉOL.** Fait, pour une formation sédimentaire, de comporter des lits.

LITANIE n.f. (du gr. *litaneia*, prière). Fam. Longue et ennuyeuse énumération : *Une litanie de reproches.* ◆ **n.f. pl. CHRIST.** Suite de courtes invocations, que les fidèles récitent ou chantent en l'honneur de Dieu, de la Vierge ou des saints.

LITAS [litɑs] n.m. Ancienne unité monétaire principale de la Lituanie.

LIT-CAGE n.m. (pl. *lits-cages*). Lit métallique pliant.

LITCHI ou **LYCHEE** [litʃi] n.m. (chin. *li-chi*). **1.** Arbre originaire d'Extrême-Orient, cultivé dans les régions tropicales humides pour son fruit et son bois. ➲ Famille des sapindacées. **2.** Fruit comestible de cet arbre, contenant une pulpe blanche gorgée d'un suc savoureux.

▲ litchi

LITEAU n.m. (de 1. *liste*). **1. TEXT.** Dans le linge de maison, raie colorée qui va d'une lisière à l'autre : *Torchon à liteaux.* **2. MENUIS.** Baguette de bois servant d'appui à une tablette. **3. CONSTR.** Pièce de bois placée horizontalement sur les chevrons pour recevoir les tuiles ou les ardoises.

LITÉE n.f. **1.** Réunion d'animaux dans un même repaire. **2.** Portée d'une femelle, notamm. d'une femelle de sanglier.

LITER v.t. [3]. **PÊCHE.** Superposer des poissons salés dans les barils ou les caques.

LITERIE n.f. Ensemble des pièces qui forment l'équipement d'un lit (sommier, matelas, couvertures, draps, etc.).

LITHAM [litam] n.m. (ar. *litham*). Voile dont les femmes musulmanes et certains nomades sahariens se couvrent la face.

LITHARGE n.f. (du gr. *litharguros*, pierre d'argent). **CHIM. MINÉR.** Oxyde de plomb (PbO), de couleur rouge orangé, utilisé en verrerie et dans la fabrication de composés (pigments, siccatifs, etc.).

LITHERGOL n.m. **ASTRONAUT.** Propergol constitué d'un ergol solide et d'un ergol liquide.

LITHIASE n.f. (du gr. *lithiasis*, maladie de la pierre). **MÉD.** Présence pathologique de calculs dans un organe : *Lithiase biliaire, urinaire.*

LITHIASIQUE adj. Relatif à la lithiase. ◆ **adj.** et **n.** Atteint de lithiase.

LITHINE n.f. (de *lithium*). **CHIM. MINÉR.** Hydroxyde de lithium.

LITHINÉ, E adj. Qui contient de la lithine.

LITHINIFÈRE adj. Qui contient du lithium.

LITHIQUE adj. (du gr. *lithos*, pierre). **PRÉHIST.** Relatif à une industrie de la pierre.

LITHIUM [litjɔm] n.m. **CHIM. MINÉR.** **1.** Métal blanc, alcalin, le plus léger de tous les corps solides (densité 0,53), fondant à 180,54 °C. **2.** Élément chimique (Li), de numéro atomique 3, de masse atomique 6,941. ➲ Le lithium est utilisé pour la production d'alliages légers (aluminium-lithium), pour celle du tritium, ainsi que dans des piles électriques. Certains sels de lithium sont employés en psychiatrie, notamm. contre le trouble bipolaire.

LITHO n.f. (abrév.). Fam. Lithographie.

LITHOBIE n.m. (du gr. *lithos*, pierre, et *bios*, vie). Mille-pattes carnassier, brun ou jaune, vivant sous les pierres et les écorces. ➲ Classe des myriapodes.

LITHODOME n.m. (gr. *lithodomos*). Mollusque bivalve de la Méditerranée, à coquille allongée, qui perfore les rochers calcaires grâce à une sécrétion acide (SYN. **lithophage**). ➲ Famille des mytilidés.

LITHOGRAPHE n. Ouvrier ou artiste utilisant les procédés de la lithographie.

▲ **lithographie** d'Henri de Toulouse-Lautrec, *l'Anglais au Moulin-Rouge*, 1892.

LITHOGRAPHIE n.f. (du gr. *lithos*, pierre). **1.** Art de reproduire par impression des dessins tracés avec une encre ou un crayon gras sur une pierre calcaire. ➲ La lithographie a été inventée en 1796 par A. Senefelder. **2.** Image, estampe obtenue par ce procédé. Abrév. (fam.) **litho.**

LITHOGRAPHIER v.t. [5]. Reproduire, imprimer par les procédés de la lithographie.

LITHOGRAPHIQUE adj. Relatif à la lithographie. ▪ **Calcaire lithographique,** calcaire à grain fin et homogène, utilisé en lithographie.

LITHOLOGIE n.f. Nature des roches constituant une formation géologique.

LITHOLOGIQUE adj. Relatif à la lithologie.

LITHOPHAGE adj. (du gr. *lithos*, pierre). **ZOOL.** Qui ronge la pierre : *Coquillages lithophages.* ◆ **n.m.** Lithodome.

Les grands courants littéraires

◄ *Le Colporteur*, gravure sur bois (XVIe s.).

▲ **La référence antique.** Disciple de Platon, puis précepteur d'Alexandre le Grand, Aristote fonde sa propre école philosophique, le Lycée. Ses propositions concernant l'art de composer un texte, réunies dans *la Poétique*, ont été déterminantes pour la littérature occidentale. (Miniature du XVe s. représentant Alexandre enfant aux pieds d'Aristote, The British Library, Londres.)

L'art de composer

Les pratiques littéraires occidentales reposent essentiellement sur *la Poétique* (v. 350 av. J.-C.) d'Aristote. Le philosophe y définit « la manière dont il faut agencer les histoires si l'on souhaite que la composition soit réussie ». L'ouvrage devient une référence capitale pour les Temps modernes, les courants littéraires se construisant en rivalité avec les préceptes qu'il énonce et qui tiennent à la vraisemblance des récits, à celle de personnages « ni tout à fait bons ni tout à fait méchants », à l'unité d'action, de temps et de lieu.

▲ **Le mouvement humaniste.** Qualifié de « prince de l'humanisme » par les intellectuels de son temps, Érasme, dont la correspondance couvre toute l'Europe, laisse une œuvre multiforme d'éditeur, de traducteur, d'exégète et d'écrivain. (Gravure de A. Dürer, XVe-XVIe s.)

La formation de la langue

Au XIVe s. naît en Italie, puis s'étend à toute l'Europe, avec Pétrarque, Guillaume Budé, Érasme, le **mouvement humaniste** qui recherche chez les auteurs grecs et latins des modèles d'humanité. En France, l'ordonnance de Villers-Cotterêts de 1539, imposant que les actes officiels soient rédigés en français (et non en latin), contribue au développement de la langue. Le poète Joachim Du Bellay, auteur de *Défense et illustration de la langue française* (1549), y participe et prône un art poétique fondé sur l'imitation des auteurs de l'Antiquité gréco-romaine. Il crée, avec Pierre de Ronsard et Jean Antoine de Baïf, l'école de la **Pléiade** qui renouvelle profondément la poésie française.

Classiques et baroques

En 1635, c'est encore l'État, sous l'instigation du cardinal de Richelieu, qui réglemente les pratiques littéraires avec la création de l'**Académie française**, en charge de la rédaction d'un dictionnaire et d'une grammaire. En 1637, l'un de ses membres, le dramaturge Georges de Scudéry, déclenche une polémique à propos de la pièce de Pierre Corneille, *le Cid*, lui reprochant de plagier un auteur espagnol, « sans respect des règles classiques » (les trois *unités, la vraisemblance, la bienséance).

Dès lors coexistent deux conceptions : l'une représente un monde en constante métamorphose, où l'homme apparaît changeant ; l'autre, habitée du désir d'équilibre et de mesure. Appelés **baroques**, les tenants de la première s'inscrivent dans la lignée du *Décaméron* (1349-1351) de Boccace, du *Tiers Livre* (1546) de François Rabelais, du *Don Quichotte de la Manche* (1605-1615) de Cervantès. Ils proposent des personnages dans des situations cocasses, permettant de peindre la diversité sociale et morale des hommes. Les auteurs fidèles à la seconde conception, appelés **classiques**, privilégient l'usage de la raison.

▲ **La naissance du roman moderne.** *Don Quichotte de la Manche*, de Miguel de Cervantès, est considéré comme le point culminant des lettres espagnoles. Il ouvre la voie au roman moderne en s'interrogeant sur le rapport complexe entre le réel et sa représentation. (Gravure de G. Doré, 1863.)

Un XVIIIᵉ fécond

Au cours du XVIIIᵉ s., Voltaire défend les genres nobles de l'épopée et de la tragédie quand Denis Diderot s'en détache pour créer le drame bourgeois, synthèse de la tragédie et de la comédie. Jean-Jacques Rousseau pratique, lui, un genre oublié, les « confessions », appartenant à la tradition religieuse de l'introspection. Les philosophes des **Lumières**, avec notamment la publication de l'*Encyclopédie*, mettant en œuvre l'esprit critique, luttent pour leur part contre les préjugés, les superstitions et développent la tolérance.

Le rejet des règles

La réaction au classicisme vient des **romantiques**, qui privilégient l'expression des sentiments personnels. Ils contestent les classifications, les genres, la règle des unités au théâtre et revendiquent l'absolue liberté du créateur (bataille d'*Hernani*, 1830).

Les **réalistes**, puis les **naturalistes** s'attacheront à présenter la société sous ses aspects les plus divers, en s'appuyant sur les progrès des sciences. « Le vrai n'a pas besoin de draperies ; il doit marcher dans sa nudité », écrit Émile Zola. En réaction, les **symbolistes** appréhendent le monde dans son mystère que seul l'art peut exprimer.

À l'issue de la Première Guerre mondiale naissent divers mouvements qui contestent l'ordre ancien, **dada** en Suisse, le **surréalisme** à Paris. Marqués par la psychanalyse, ils se veulent internationaux et cherchent à explorer, au-delà de la réalité immédiate, une « sur-réalité ».

▲ **Le théâtre romantique.** La première représentation d'*Hernani*, de Victor Hugo, fut l'occasion d'une joute mémorable entre classiques et romantiques : « M. Théophile Gautier, raconta Adèle Hugo, surtout insultait les yeux par un gilet de satin écarlate et par l'épaisse chevelure qui lui descendait jusqu'aux reins. » (Peinture de A. Besnard, 1903, Maison de Victor Hugo, Paris.)

Un espace d'interrogation

À mi-chemin entre littérature et philosophie, l'**existentialisme**, avec *la Nausée* (1938) de Jean-Paul Sartre, et l'**absurde**, avec *le Mythe de Sisyphe* (1942) d'Albert Camus, vont prendre naissance autour des années 1940. Le premier s'intéresse au vertige des sens et s'inspire d'écrivains américains tels que William Faulkner ou John Dos Passos qui diversifient les points de vue narratifs ; le second peint la condition humaine dépourvue de signification.

Prolongeant les recherches de Marcel Proust, le **nouveau roman** refuse les notions traditionnelles d'histoire et de personnage. La chronologie y est déconstruite, les personnages n'apparaissent pas comme des êtres réels. Ce renouveau s'étend à la critique littéraire qui connaît, avec le *Sur Racine* (1963) de Roland Barthes, sa querelle des *Anciens et des Modernes, ces derniers adoptant les outils du structuralisme et des sciences humaines (ethnologie, psychanalyse, sémiologie).

Enfin, fondé par Raymond Queneau et François Le Lionnais (1901-1984), l'**Oulipo** se fixe comme objectif d'inventer de nouvelles formes poétiques ou romanesques résultant d'un transfert entre mathématiciens et écrivains. Il se veut une tentative d'exploration méthodique des potentialités de la littérature, et plus généralement de la langue.

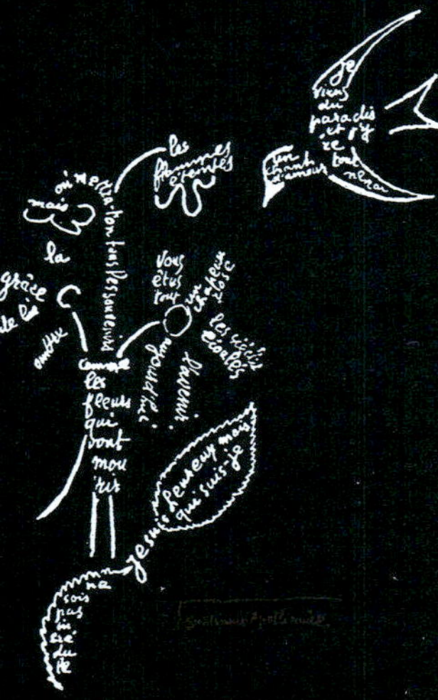

▲ **Les mots en liberté.** Les poésies visuelles des *Calligrammes* de Guillaume Apollinaire – tel *l'Oiseau et le Bouquet* (vers 1915) – annoncent les poèmes-objets surréalistes dont la lecture sera tout autant plastique (*signe* à identifier) que littéraire (*texte* à comprendre).

▼ **Le renouveau du roman.** De droite à gauche : Nathalie Sarraute, Samuel Beckett, Jérôme Lindon, Robert Pinget, Alain Robbe-Grillet, Claude Simon. Les écrivains du nouveau roman réunis devant les Éditions de Minuit à Paris, en 1959 (manquent notamment Marguerite Duras et Michel Butor).

LITHOPHANIE n.f. (du gr. *lithos*, pierre). Réalisation d'effets de translucidité dans la porcelaine, le verre opaque, etc., par des variations d'épaisseur de la pâte.

LITHOPONE n.m. Pigment blanc, mélange de sulfate de baryum et de sulfure de zinc, non toxique, employé en peinture.

LITHOSOL [-sɔl] n.m. PÉDOL. Sol très peu évolué, constitué de fragments mécaniques provenant de la roche mère sous-jacente.

LITHOSPHÈRE n.f. GÉOL. Couche externe du globe terrestre, épaisse de 100 à 200 km, rigide, constituée par la croûte et une partie du manteau supérieur, et limitée en profondeur par l'asthénosphère. ➲ Cette couche est divisée en plaques* mobiles.

LITHOSPHÉRIQUE adj. Relatif à la lithosphère.

LITHOTHAMNIUM [-tamnjɔm] n.m. (du gr. *thamnos*, buisson). Algue rouge de l'Atlantique et de la Méditerranée, au thalle incrusté de calcaire, à l'origine de la formation du maërl. ➲ Famille des lithothamniacées.

LITHOTRITEUR ou **LITHOTRIPTEUR** n.m. Appareil médical destiné à la lithotritie.

LITHOTRITIE [-ti] ou **LITHOTRIPSIE** n.f. MÉD. Opération consistant à broyer ou à pulvériser des calculs. ▪ **Lithotritie extracorporelle,** réalisée sans pénétration dans le corps, à l'aide d'un appareil externe produisant des ondes de choc.

LITIÈRE n.f. (de *lit*). **1.** Lit de paille ou d'autres matières végétales sur lequel se couchent les animaux dans les bâtiments d'élevage. **2.** Matière faite de particules absorbantes, destinée à recueillir les déjections des animaux de compagnie, notamm. des chats. **3.** Anc. Lit couvert, porté par des hommes ou des bêtes de somme à l'aide de deux brancards. ▪ **Faire litière de qqch** [litt.], n'en faire aucun cas. ▪ **Litière végétale** [écol.], ensemble des feuilles mortes et des débris végétaux en décomposition qui recouvrent le sol des forêts.

LITIGE n.m. (lat. *litigium*, de *lis*, *litis*, procès). **1.** DR. Contestation donnant lieu à procès ou à arbitrage. **2.** Contestation quelconque ; controverse : *Ce point reste en litige.*

LITIGIEUX, EUSE adj. Qui est ou peut être l'objet d'un litige : *Question litigieuse.*

LITISPENDANCE n.f. (du lat. *lis*, *litis*, procès, et *pendere*, être pendant). DR. Existence de deux actions, portant sur le même objet et opposant les mêmes parties, et portées devant deux juridictions également compétentes.

LITORNE n.f. (mot picard). Grive à tête grise et au ventre moins tacheté que chez les autres espèces. ➲ Famille des turdidés.

LITOTE n.f. (du gr. *litotês*, simplicité). STYL. Figure consistant à dire moins pour faire entendre plus. (Ex. : *[...] je ne te hais point* [Corneille] pour signifier « *je t'aime* ») [CONTR. **hyperbole**].

LITRE n.m. (du gr. *litra*, poids de onze onces). **1.** Unité de volume pour les liquides ou pour les matières sèches, équivalant à 1 décimètre cube (symb. l ou L). **2.** Récipient contenant un litre : *Un litre en verre* ; son contenu : *Un litre de lait.*

LITRON n.m. Fam. Litre de vin.

LITTÉRAIRE adj. (lat. *litterarius*). **1.** Qui concerne la littérature ; qui relève de ses techniques et de ses qualités spécifiques : *Revue littéraire.* **2.** Relatif aux lettres (par oppos. à *scientifique*) : *Les matières littéraires.* **3.** Péjor. Qui donne du réel une image faussée, artificielle. ◆ **adj.** et **n.** Qui a des aptitudes pour les lettres, la littérature.

LITTÉRAIREMENT adv. Du point de vue littéraire.

LITTÉRAL, E, AUX adj. (du bas lat. *litteralis*, formé de lettres). **1.** Qui suit un mot lettre à lettre : *Transcription littérale.* **2.** Qui suit un texte mot à mot : *Traduction littérale.* **3.** Qui reproduit un texte mot pour mot : *Reproduction littérale d'un discours.* ▪ **Sens littéral d'un mot,** son sens strict, propre (par oppos. à *sens figuré*).

LITTÉRALEMENT adv. **1.** Mot à mot ; mot pour mot ; textuellement. **2.** En prenant le mot dans son sens strict ; absolument : *J'étais littéralement gelée.*

LITTÉRALITÉ n.f. Didact. Caractère de ce qui est littéral.

LITTÉRARITÉ n.f. LITTÉR. Ensemble des caractères formels, stylistiques qui font qu'un texte appartient à la littérature ; caractère spécifique du texte littéraire.

LITTÉRATEUR n.m. Souvent péjor. Homme de lettres ; écrivain.

LITTÉRATURE n.f. (du lat. *litteratura*, écriture). **1.** Ensemble des œuvres écrites ou orales auxquelles on reconnaît une finalité esthétique. (*V. planche page précédente.*) **2.** Les œuvres littéraires, considérées du point de vue du pays, de l'époque, du milieu où elles s'inscrivent, du genre auquel elles appartiennent : *La littérature policière.* **3.** Activité, métier de l'écrivain, de l'homme ou de la femme de lettres. **4.** Ensemble des articles, des textes écrits sur un sujet, une personne : *Le séquençage du génome humain a engendré une abondante littérature.* ▪ **C'est de la littérature,** c'est un texte superficiel, souvent peu sincère.

LITTORAL, E, AUX adj. (lat. *litoralis*). Qui appartient au bord de la mer ; côtier. ▪ **Érosion littorale,** érosion des côtes sous l'action conjuguée de la mer et des agents atmosphériques. ◆ **n.m.** Étendue de pays le long des côtes, au bord de la mer (par oppos. à *arrière-pays*).

LITTORALISATION n.f. Mouvement de concentration croissante des populations et des activités industrielles ou touristiques sur les parties littorales des continents.

LITTORINE n.f. (du lat. *litus*, *-oris*, rivage). Mollusque gastéropode très abondant sur les côtes européennes à marée basse, et dont une espèce comestible est appelée *bigorneau.* ➲ Famille des littorinidés.

LITUANIEN, ENNE adj. et n. De la Lituanie ; de ses habitants. ◆ **n.m.** Langue balte parlée en Lituanie.

LITURGIE n.f. (du gr. *leitourgia*, service public). **1.** CHRIST. Ensemble des règles fixant le déroulement des actes du culte : *La liturgie catholique* ; partie de ce culte : *La liturgie de la messe.* **2.** ANTIQ. GR. Service public (fête, armement d'un vaisseau, etc.) dont l'organisation et le financement étaient confiés aux citoyens les plus riches.

LITURGIQUE adj. CHRIST. Relatif à la liturgie.

LIURE n.f. (de *lier*). MAR. Cordage ou pièce de charpente servant à en unir d'autres.

LIVARDE n.f. MAR. Espar servant à pousser, en diagonale, sous le vent du mât et vers l'arrière, le point supérieur d'une voile aurique appelée *voile à livarde.*

LIVAROT n.m. Fromage au lait de vache, à pâte molle et à croûte lavée, fabriqué dans la région de Livarot.

LIVE adj. inv. et n.m. inv., ▲ *adj. et n.m.* [lajv] (mot angl.). Se dit d'un disque, d'une émission enregistrés en direct, sur scène devant un public.

LIVÈCHE n.f. (lat. pop. *levistica*). Plante originaire de Perse, cultivée pour ses graines dépuratives et stimulantes. ➲ Famille des ombellifères.

LIVEDO [livedo], ▲ *LIVÉDO* n.m. (mot lat. « tache bleue »). MÉD. Anomalie localisée de la circulation sanguine cutanée, dessinant un réseau ou des ramifications rouge violacé.

LIVERMORIUM [livɛrmɔrjɔm] n.m. (de *Livermore*, v. de Californie). Élément chimique artificiel (Lv), de numéro atomique 116.

LIVET n.m. (var. de l'anc. fr. *livel*, niveau). MAR. Ligne de jonction du pont et de la coque d'un navire.

LIVIDE adj. (du lat. *lividus*, bleuâtre). Extrêmement pâle ; blême : *Un visage livide.*

LIVIDITÉ n.f. État de ce qui est livide.

LIVING-ROOM ou **LIVING** [liviŋ(rum)] n.m. (pl. *living-rooms, livings*) [mot angl.]. Salle de séjour*.

LIVRABLE adj. Qui peut ou qui doit être livré.

LIVRAISON n.f. **1.** Action de livrer une marchandise à son acquéreur : *Livraison à domicile. Paiement à la livraison.* **2.** Marchandise ainsi remise. **3.** Partie d'un ouvrage que l'on délivre périodiquement aux souscripteurs, au fur et à mesure de l'impression ; fascicule.

1. LIVRE n.m. (lat. *liber*). **1.** Assemblage de feuilles portant un texte, réunies en un volume relié ou broché : *Des livres d'occasion.* **2.** Volume imprimé considéré du point de vue de son contenu : *Un livre de classe, de cuisine.* **3.** Division d'un ouvrage : *Les douze livres des Fables de La Fontaine.* **4.** Registre sur lequel on note des comptes, des opérations commerciales : *Livre de comptes.* ▪ **À livre ouvert,** couramment : *Traduire le russe à livre ouvert.* ▪ **Les religions du Livre,** le judaïsme, le christianisme et l'islam, religions fondées sur un texte considéré comme révélé (la Bible, les Évangiles et le Coran). ▪ **Livre animé** ou **livre pop-up,** livre dont l'illustration est rendue mobile grâce à divers éléments (tirettes, volets, pliages, etc.) [SYN. **pop-up**]. ▪ **Livre audio,** livre ou texte enregistré sur un support numérique (disque compact, fichier à télécharger) afin de pouvoir être écouté. ▪ **Livre blanc,** recueil de documents sur un problème déterminé, publié par un gouvernement ou un organisme quelconque. ▪ **Livre (de bord),** registre sur lequel sont inscrits tous les renseignements concernant la navigation d'un navire. ➲ La locution *journal de bord* n'est pas réglementaire. ▪ **Livre électronique** ou **numérique,** micro-ordinateur de la taille d'un livre, destiné à l'affichage et à la consultation sur écran de textes et d'images préalablement téléchargés et stockés dans sa mémoire (SYN. **e-book, liseuse**) ; version électronique d'un ouvrage, constituant un fichier téléchargeable et consultable sur ce micro-ordinateur ou un autre support multimédia (téléphone portable, par ex.) [SYN. **e-book**].

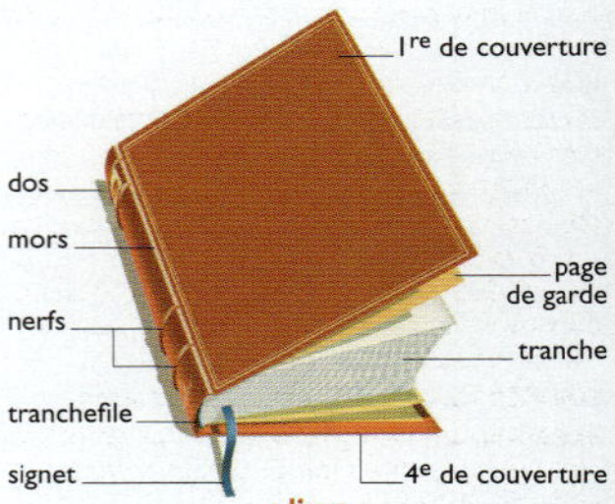

▲ livre

2. LIVRE n.f. (lat. *libra*). **1.** Demi-kilogramme. **2.** Ancienne unité de poids de valeur variable. **3.** Au Canada, ancienne unité de masse équivalant à la pound britannique (symb. lb), valant 453,592 grammes.

3. LIVRE n.f. (lat. *libra*). **1.** Ancienne monnaie de compte dont la valeur a beaucoup varié suivant les temps et les lieux : *Livre parisis, tournois.* **2.** Unité monétaire principale de l'Égypte, du Liban, du Soudan, du Soudan du Sud, de la Syrie et de la Turquie. ▪ **Livre (sterling),** unité monétaire principale (symb. £) du Royaume-Uni.

LIVRE-CASSETTE n.m. (pl. *livres-cassettes*). Vieilli. Cassette contenant l'enregistrement d'un roman, génér. accompagnée du texte imprimé.

LIVRÉE n.f. **1.** Costume distinctif que portaient les domestiques masculins ; tenue que portent certains employés dans les palaces. **2.** Pelage de certains mammifères (cerfs, chevreuils) ; plumage de certains oiseaux (paons, quiscales). **3.** Aspect visuel de certains autres animaux (insectes, poissons) : *La livrée métallique des cétoines.*

LIVREL n.m. Livre électronique.

LIVRER v.t. [3] (du lat. *liberare*, rendre libre). **1.** Remettre qqn au pouvoir de : *Livrer des terroristes à la justice.* **2.** Trahir en dénonçant ; vendre : *Livrer ses complices.* **3.** Abandonner qqch au pouvoir, à l'action de : *Livrer une ville au pillage.* **4.** Apporter une marchandise à un acheteur, à son destinataire : *On lui a livré son canapé hier. Un coursier livrera ces fleurs.* ▪ **Livrer passage à,** laisser passer. ▪ **Livrer (un) combat, (une) bataille,** les engager et les mener à leur terme. ◆ **SE LIVRER** v.pr. (À). **1.** Se constituer prisonnier ; se rendre. **2.** Absol. Confier ses sentiments, ses pensées à qqn : *Il ne se livre pas facilement.* **3.** S'abandonner sans réserve à un sentiment : *Se livrer à la joie.* **4.** S'adonner à une activité : *Se livrer à une fouille.*

LIVRESQUE adj. Qui provient des livres et non de l'expérience : *Savoir livresque.*

LIVRET n.m. **1.** Petit registre ou petite brochure ; carnet. **2.** MUS. Petit livre contenant les paroles d'une œuvre lyrique ; texte mis en musique : *Livret d'un opéra.* **3.** DANSE. Brochure donnant l'explication d'un ballet (SYN. **argument**). **4.** Suisse. Table de multiplication : *Savoir son livret.* ▪ **Compte sur livret,** compte ouvert par les banques à des personnes physiques et fonctionnant dans des conditions analogues à celles des livrets d'épargne. ▪ **Livret de famille,** livret remis, en France, à l'occasion du mariage, d'une première naissance ou d'une première adoption, contenant, selon les cas, un extrait de l'acte de mariage ou des actes de naissance des parents, s'ils sont français, et les extraits des actes de naissance des enfants. (En Belgique, on dit *livret de mariage.* En Suisse, le livret de famille, supprimé en 2004, a été remplacé par le *certificat de famille.*) ▪ **Livret d'épargne,** livret que certains établissements de crédit remettent à chacun de leurs déposants et sur lequel sont inscrits les dépôts et les retraits ainsi que les intérêts acquis. ▪ **Livret individuel** ou **militaire** [anc.], extrait du livret matricule, remis à l'intéressé et indiquant sa situation militaire. ➲ Ce livret a été remplacé par la carte de service national. ▪ **Livret matricule,** livret établi et détenu par l'autorité militaire, où sont consignés les renseignements d'ordre militaire sur l'intéressé (états de service, spécialités, etc.). ▪ **Livret ouvrier** [hist.], en France, livret rendu obligatoire sous le second Empire, sur lequel l'ouvrier devait faire inscrire son embauchage et son départ de tout établissement (supprimé en 1890). ▪ **Livret scolaire,** mentionnant les notes d'un élève ainsi que les diverses appréciations portées sur lui.

LIVREUR, EUSE n. Personne qui livre les marchandises vendues.

LIXIVIATION n.f. (du lat. *lix, licis,* lessive). **1. CHIM.** Opération qui consiste à faire passer lentement un solvant à travers une couche d'un produit en poudre, pour en extraire un ou plusieurs constituants solubles (parfums, alcaloïdes). **2. MIN.** Cyanuration.

LIXIVIER v.t. **[5].** Soumettre à la lixiviation.

LLANOS, ▲ *LIANOS* [ljanos] **n.m. pl.** (mot esp. « plaines »). **GÉOGR.** Grande plaine herbeuse de l'Amérique du Sud.

LMD ou **L.M.D.** n.m. (sigle). Licence-master-doctorat.

LOADER [lowdər] **n.m.** (mot angl., de *to load,* charger). **TRAV. PUBL.** (Anglic. déconseillé). Chargeuse.

LOB n.m. (mot angl.). **SPORTS.** Coup qui consiste à faire passer la balle ou le ballon au-dessus d'un adversaire, assez haut pour qu'il ne puisse pas l'intercepter.

LOBAIRE adj. **ANAT.** Relatif à un lobe.

LOBBY [lɔbi] **n.m.** (pl. *lobbys* ou *lobbies*) [mot anglo-amér. « couloir »]. Groupe de pression*.

LOBBYING [lɔbiiŋ] ou **LOBBYISME** n.m. (anglo-amér. *lobbying*). Action menée par un lobby.

LOBBYISTE n. Membre d'un lobby.

LOBE n.m. (gr. *lobos*). **1. ANAT.** Partie de certains organes (poumon, foie, cerveau, etc.), plus ou moins séparée du reste de l'organe ou ayant une fonction propre. **2. ARCHIT., ARTS APPL.** Découpure en arc de cercle dont la répétition sert à composer certains arcs et rosaces (dits *polylobés*), certains ornements. **3. BOT.** Division profonde et génér. arrondie d'une feuille, d'un pétale, etc. ▪ **Lobe de l'oreille,** partie molle et arrondie, à la base du pavillon auriculaire.

LOBÉ, E adj. **BOT.** Divisé en lobes : *Feuille lobée du chêne.*

LOBECTOMIE n.f. Ablation chirurgicale d'un lobe d'un organe.

LOBÉLIE n.f. (de *Lobel,* médecin flamand de la fin du XVIe s.). Plante ornementale des régions chaudes et tempérées, cultivée pour ses fleurs colorées. ➲ Famille des campanulacées.

LOBER v.t. et v.i. **[3]. SPORTS.** Tromper par un lob ; faire un lob.

LOBOTOMIE n.f. Vieilli. Opération chirurgicale consistant à sectionner des fibres nerveuses de l'encéphale, pratiquée pour traiter certains troubles psychiatriques. ➲ Elle n'est plus guère employée.

LOBOTOMISANT, E adj. Fig., par plais. Qui abrutit, rend stupide : *Une musique lobotomisante.*

LOBOTOMISER v.t. **[3]. 1.** Pratiquer une lobotomie. **2.** Fig., par plais. Altérer profondément l'intelligence ; rendre complètement stupide ; abrutir : *Ce jeu télévisé lobotomise les spectateurs.*

LOBULAIRE adj. Relatif à un lobule.

LOBULE n.m. **ANAT.** Petit lobe.

LOBULÉ, E adj. **ANAT.** Formé de lobules.

LOBULEUX, EUSE adj. **ANAT.** Qui est divisé en lobes ou en lobules.

1. LOCAL, E, AUX adj. (bas lat. *localis,* du class. *locus,* lieu). **1.** Particulier à un lieu, à une région (par oppos. à *national*) : *Radio locale. Produits locaux.* **2.** Qui n'affecte qu'une partie du corps (par oppos. à *général*) : *Anesthésie locale.* **3. PHYS.** Se dit d'un objet possédant la propriété de localité. ▪ **Couleur locale,** ensemble des traits caractéristiques d'un pays, d'une époque.

2. LOCAL n.m. (pl. *locaux*). Lieu, partie d'un bâtiment qui a une destination déterminée : *Le local syndical. Le club cherche des nouveaux locaux.*

LOCALE n.f. Fam. Dans un journal, rubrique particulière à une localité, une ville, une région.

LOCALEMENT adv. De façon locale ; par endroits.

LOCALIER, ÈRE n. Journaliste chargé des locales.

LOCALISABLE adj. Qui peut être localisé.

LOCALISATEUR, TRICE adj. Qui permet de localiser.

LOCALISATION n.f. **1.** Action de localiser, de situer ; fait d'être localisé ou situé dans l'espace ou le temps : *La localisation d'un navire en détresse.* **2.** Action de limiter l'extension de qqch ; fait d'être limité : *La localisation d'une épidémie.* **3. ÉCON.** Adaptation d'un produit (multimédia, par ex.), d'une activité productrice ou commerciale à une zone géographique en fonction de différents facteurs naturels, techniques, économiques, culturels et sociaux. ▪ **Localisation cérébrale** [physiol.], correspondance entre les fonctions du cortex cérébral, ou leurs anomalies, et les aires qui le constituent.

LOCALISÉ, E adj. ▪ **Liaison localisée,** liaison chimique dans laquelle les électrons de liaison restent pratiquement dans le voisinage des atomes qu'ils unissent.

LOCALISER v.t. **[3]. 1.** Déterminer la place, le moment, l'origine, la cause de : *Localiser une rue.* **2.** Arrêter l'extension de : *Localiser un conflit.* **3.** Adapter et développer un produit multimédia (cédérom, DVD) dans un pays étranger.

LOCALITÉ n.f. **1.** Petite ville ; bourg ; village. **2. PHYS.** Propriété d'entités susceptibles d'agir localement, au sens relativiste (par oppos. à la *non-localité** au sens quantique).

LOCATAIRE n. (du lat. *locare,* louer). Personne qui reçoit la jouissance d'une terre, d'une maison, d'un appartement en vertu d'un contrat de louage. ▪ **Locataire principal,** personne qui prend à bail un local pour le sous-louer en totalité ou en partie.

LOCATEUR, TRICE n. ▪ **Locateur d'ouvrage,** personne qui exécute un ouvrage dans le cadre d'un contrat de louage d'ouvrage et d'industrie.

1. LOCATIF, IVE adj. Qui concerne le locataire ou la chose louée : *Bail locatif.* ▪ **Impôts locatifs, taxes locatives,** répartis d'après la valeur locative. ▪ **Réparations locatives,** qui sont, en France, à la charge du locataire. ▪ **Risques locatifs,** responsabilité encourue par le locataire pour les dommages (incendie, dégât des eaux) qu'il peut causer à l'immeuble qu'il occupe. ▪ **Valeur locative,** revenu que peut rapporter un bien immeuble en location.

2. LOCATIF n.m. (du lat. *locus,* lieu). **LING.** Cas qui, dans certaines langues, exprime le lieu où se passe l'action.

LOCATION n.f. (lat. *locatio,* de *locare,* louer). **1.** Action de donner ou de prendre à bail un local, un appareil, etc. : *Location d'un chalet, d'une perceuse.* **2.** Action de retenir à l'avance une place de train, d'avion, de théâtre, etc. ; réservation.

LOCATION-ACCESSION n.f. (pl. *locations-accessions*). Location-vente, en matière de propriété immobilière.

LOCATION-GÉRANCE n.f. (pl. *locations-gérances*). Gérance libre.

LOCATION-VENTE n.f. (pl. *locations-ventes*). Contrat aux termes duquel un bien est loué à une personne qui, à l'expiration d'un délai fixé, a la possibilité d'en devenir propriétaire.

LOCAVORE n. et **adj.** Personne qui décide de ne consommer que des fruits et des légumes locaux et de saison, afin de contribuer au développement durable. ◆ **adj.** Relatif au locavorisme.

LOCAVORISME n.m. Mouvement prônant de ne consommer que des fruits et des légumes locaux et de saison, afin de contribuer au développement durable. (On dit aussi *mouvement locavore.*)

1. LOCH [lɔk] **n.m.** (du néerl. *log,* poutre). **MAR.** Appareil servant à mesurer la vitesse apparente d'un navire.

2. LOCH [lɔk] **n.m.** (mot écossais). Lac très allongé au fond d'une vallée glaciaire, en Écosse.

LOCHE n.f. (du gaul. **leukos,* blanc). **1.** Poisson des eaux douces d'Europe, à la bouche garnie de barbillons, tel que la *loche d'étang,* la *loche de rivière* et la *loche franche* (SYN. **barbote**). ➲ Famille des cobitidés. **2.** Poisson marin voisin de la morue, commun dans l'Atlantique nord et en Méditerranée (SYN. **motelle**). ➲ Famille des phycidés. **3.** Région. (Ouest). Limace ; spécial., la limace grise *(Limax agrestis).*

LOCHER v.t. **[3]** (du francique **luggi,* branlant). Région. (Normandie). Secouer un arbre pour en faire tomber les fruits.

LOCHIES n.f. pl. (du gr. *lokheia,* accouchement). **MÉD.** Écoulement par le vagin, contenant notamm. du sang, qui dure quelques semaines après l'accouchement.

LOCKED-IN SYNDROME n.m. (de l'angl. *to lock in,* enfermer). Affection neurologique rare, génér. consécutive à un AVC, dans laquelle le patient reste conscient, avec l'ouïe et la vue intactes, mais est totalement paralysé et incapable de parler (SYN. **syndrome d'enfermement**). ➲ Le patient ne peut communiquer que par des mouvements des paupières.

LOCK-OUT n.m. inv., ▲ *LOCKOUT n.m.* [lɔkawt] (mot angl., de *to lock out,* mettre à la porte). Fermeture temporaire d'une entreprise sur l'initiative de l'employeur. ➲ Le lock-out constitue le plus souvent une réponse patronale à une grève.

LOCOMOBILE n.f. Anc. Machine à vapeur montée sur roues non motrices, qui servait à actionner les batteuses agricoles.

LOCOMOTEUR, TRICE adj. **1.** Qui sert à la locomotion : *Machine locomotrice.* **2. PHYSIOL.** Relatif à la locomotion ; qui permet la locomotion. ▪ **Appareil locomoteur,** ensemble formé par le squelette, les muscles qui lui sont attachés et la partie du système nerveux contrôlant les muscles.

LOCOMOTION n.f. Fonction des êtres vivants, et notamm. des animaux, par laquelle ils assurent le déplacement de leur organisme tout entier. ➲ Les principaux modes de locomotion chez les animaux sont la marche, la course, la reptation, la natation, le vol. ▪ **Moyen de locomotion,** moyen utilisé pour se déplacer d'un lieu à un autre.

LOCOMOTIVE n.f. **1.** Machine à moteur électrique ou thermique, à vapeur, etc., montée sur roues et destinée à remorquer un convoi de voitures ou de wagons sur une voie ferrée. *(V. ill. page suivante.)* **2.** Fig., fam. Personne, groupe, produit qui sont un élément moteur par leur prestige, leur talent, leur succès : *Cette femme est la locomotive de l'équipe.*

LOCORÉGIONAL, E, AUX adj. ▪ **Anesthésie locorégionale,** anesthésie locale sélective intéressant un segment de membre, un membre ou toute une région du corps.

LOCOTRACTEUR n.m. Engin de traction sur rail actionné par un moteur thermique de faible puissance et utilisé pour les manœuvres ou la desserte des lignes secondaires.

LOCUS [lɔkys] **n.m.** (mot lat. « lieu »). **GÉNÉT.** Emplacement d'un gène sur son chromosome.

LOCUSTE n.f. (du lat. *locusta,* sauterelle). Criquet migrateur dont l'aire d'extension s'étend de l'Inde au Maroc, et dont les nuées ravagent les cultures. ➲ Famille des acrididés.

LOCUTEUR, TRICE n. **LING.** Auteur d'un message parlé (par oppos. à *scripteur*). ▪ **Locuteur natif,** sujet parlant qui, ayant intériorisé les règles de grammaire de sa langue maternelle, peut porter sur les énoncés émis des jugements de grammaticalité.

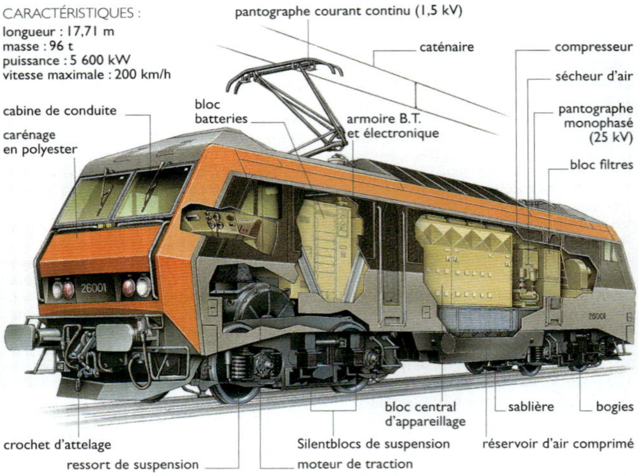

▲ **locomotive** électrique synchrone bicourant BB 26001.

LOCUTION **n.f.** (lat. *locutio*). **1.** Tour de langue ; expression. **2. GRAMM.** Groupe de mots figé constituant une unité sur le plan du sens : *Locution adverbiale (tout de suite...), conjonctive (afin que...).*

LODEN [lɔdɛn] **n.m.** (all. *Loden*). **1.** Lainage imperméable, épais et feutré, fabriqué à l'origine en Autriche. **2.** Manteau coupé dans ce tissu.

LODS [lo] **n.m. pl.** (de l'anc. fr. *los*, approbation, du lat. *laus, laudis*, éloge). **HIST.** ▪ **Lods et ventes,** redevance que le seigneur percevait lors de la vente d'une tenure par un paysan.

LŒSS [løs] **n.m.** (all. *Löss*). Limon d'origine éolienne, très fertile. ➲ Déposé lors de phases climatiques froides, il recouvre de vastes surfaces en Europe, en Chine, aux États-Unis, en Argentine.

LOF [lɔf] **n.m.** (néerl. *loef*). **MAR.** Vx. Côté d'un navire qui se trouve frappé par le vent.

LOFER **v.i. [3]. MAR.** Gouverner plus près du vent (par oppos. à *abattre*).

LOFING-MATCH [lɔfiŋ-] **n.m.** (pl. *lofing-matchs*). Dans une régate, manœuvre consistant à forcer un concurrent à se placer bout au vent.

LOFT [lɔft] **n.m.** (mot anglo-amér.). Studio d'artiste ou logement aménagé dans un ancien local professionnel (entrepôt, atelier, usine).

LOGARITHME **n.m.** (du gr. *logos*, parole, et *arithmos*, nombre). **MATH.** ▪ **Fonction logarithme de base** ***a*****,** quotient de la fonction ln par la constante ln *a* (symb. $\log_a$). ▪ **Fonction logarithme décimal,** fonction logarithme de base 10 (symb. log). ▪ **Fonction logarithme népérien,** primitive de la fonction $x \to 1/x$ qui s'annule pour $x = 1$ (symb. ln ou Log). ▪ **Logarithme décimal d'un nombre,** image de ce nombre par la fonction logarithme décimal. ➲ $a = \log b$ équivaut à $b = 10^a$. ▪ **Logarithme d'un nombre,** image de ce nombre par une fonction logarithme. ▪ **Logarithme népérien d'un nombre,** image de ce nombre par la fonction logarithme népérien.

LOGARITHMIQUE **adj.** Relatif aux logarithmes. ▪ **Calcul logarithmique,** usage des logarithmes des nombres pour effectuer des calculs de puissances et de racines. ▪ **Échelle logarithmique,** telle que les grandeurs représentées graphiquement le sont par des nombres ou des longueurs proportionnels au logarithme de ces grandeurs.

LOGE **n.f.** (francique *laubja*). **1.** Petit local, à l'entrée d'un immeuble, servant de logement à un gardien, à un concierge. **2.** Compartiment cloisonné dans une salle de spectacle : *La loge présidentielle.* **3.** Petite pièce dans laquelle se préparent les artistes de théâtre, de cinéma, de music-hall. **4.** Lieu de réunion des francs-maçons. **5.** (Avec une majuscule). Cellule maçonnique ; groupe de francs-maçons réunis sous la présidence d'un vénérable. **6. ARCHIT.** Loggia. **7. BX-ARTS.** Atelier où est isolé chacun des élèves participant à certains concours (notamm. le prix de Rome, jadis). **8. ANAT.** Cavité contenant un organe : *Loge hépatique.* **9. ZOOL.** Compartiment dans lequel vit un individu, chez certaines espèces à coquille (nautile) ou coloniales (polype). **10. BOT.** Chacune des cavités délimitées au sein de l'ovaire par les cloisons des divers carpelles. ▪ **Être aux premières loges** [fam.], être bien placé pour suivre le déroulement d'un événement quelconque. ▪ **Grande Loge,** fédération de Loges maçonniques.

LOGEABLE **adj.** Où l'on peut loger.

LOGEMENT **n.m.** **1.** Action de loger ; fait de se loger : *Le droit au logement.* **2.** Partie d'une maison, d'un immeuble où l'on habite ; appartement : *Un logement insalubre.* **3.** Lieu, en partic. cavité, où vient se loger qqch : *Faire entrer un cliquet dans son logement.*

LOGER **v.i. [10]. 1.** Avoir sa résidence permanente ou provisoire quelque part ; habiter : *Loger à l'hôtel.* **2.** Trouver place : *Toutes ses affaires logent dans le placard.* ◆ **v.t. 1.** Procurer un lieu d'habitation à : *Loger des amis.* **2.** Faire entrer ; faire pénétrer : *Qui t'a logé cette idée dans la tête ?* **3.** Arg. Repérer ; localiser : *Loger un évadé.* ◆ **SE LOGER** **v.pr. 1.** Avoir un endroit pour habiter : *Se loger à Paris coûte cher.* **2.** Pénétrer quelque part : *La balle s'est logée dans le poumon.*

LOGETTE **n.f. ARCHIT. 1.** Petit ouvrage en saillie sur une façade, de plan allongé, à un seul étage. **2.** Petite loge.

LOGEUR, EUSE **n.** Personne qui loue des chambres meublées.

LOGGIA [lɔdʒja] **n.f.** (mot ital. « loge »). **ARCHIT.** Pièce, galerie, le plus souvent en étage, largement ouverte sur l'extérieur par des arcades, des baies libres, etc. (SYN. **loge**).

1. LOGICIEL **n.m. 1. INFORM.** Ensemble des programmes, des procédés et des règles, et éventuellement de la documentation, relatifs au fonctionnement d'un ensemble de traitement de l'information. Recomm. off. pour **software. 2.** Fig., souvent péjor. Manière de raisonner propre à qqn, un groupe, génér. considérée comme figée, rigide : *Face au chômage, il faudrait changer de logiciel.* ▪ **Logiciel malveillant** [inform.], programme développé dans le but de nuire à un système informatique et installé dans un ordinateur sans le consentement de l'utilisateur. (On rencontre aussi le terme anglais *malware.*) ➲ Les logiciels malveillants englobent notamm. les virus, les chevaux de Troie et les vers.

2. LOGICIEL, ELLE **adj. INFORM.** Relatif à un ou des logiciels.

LOGICIEN, ENNE **n.** Spécialiste de logique.

LOGICISME **n.m. 1. PHILOS.** Tendance à faire prévaloir la logique des raisonnements sur leur aspect psychologique. **2. ÉPISTÉMOL.** Doctrine, développée par G. Frege et B. Russell, selon laquelle les mathématiques seraient soumises à la formalisation de la logique et s'y réduiraient.

LOGICISTE **adj. ÉPISTÉMOL.** Relatif au logicisme ; qui en est partisan.

LOGICO-MATHÉMATIQUE (pl. *logico-mathématiques*), ▲ *LOGICOMATHÉMATIQUE* **adj.** Qui relève à la fois de la logique et des mathématiques.

1. LOGIQUE **n.f.** (du gr. *logikê*, de *logos*, raison). **1.** Science du raisonnement en lui-même, abstraction faite de la matière à laquelle il s'applique et de tout processus psychologique. **2.** Manière de raisonner juste, méthodique ; suite cohérente d'idées : *En toute logique. La simple logique voudrait que l'on refuse cet argument.* **3.** Manière de raisonner et d'agir propre à un individu, un groupe : *Enfant qui suit sa logique.* **4.** Enchaînement de faits qui semble devoir aboutir à telle situation : *Entrer dans une logique de négociation.* **5.** Ensemble des procédés cognitifs ; leur étude : *La logique de la médecine expérimentale.* **6.** Ensemble des relations qui règlent le fonctionnement d'une organisation ou l'apparition de phénomènes : *La logique du vivant.* ▪ **Logique bivalente, classique, déontique, floue, modale, plurivalente** → **BIVALENT, 1. CLASSIQUE, DÉONTIQUE, FLOU, MODAL, PLURIVALENT.** ▪ **Logique formelle** ou **symbolique,** étude générale des raisonnements déductifs, abstraction faite de leur application à des cas particuliers. ▪ **Logique mathématique,** théorie scientifique des raisonnements, excluant les processus psychologiques mis en œuvre et qui se divise en calcul des propositions et calcul des prédicats. ➲ Son développement a permis de mener à bien la formalisation des mathématiques.

➲ C'est Aristote qui fonde (formalisant notamm. le syllogisme) la **LOGIQUE**. Elle est ensuite développée par l'école de Mégare, les stoïciens, puis, après l'Antiquité, par la scolastique médiévale, d'Arnauld et de Nicole (les « logiciens » de Port-Royal) ou encore de Leibniz. Ce n'est qu'au XIXe s. qu'elle s'émancipe de la philosophie pour devenir, au XXe s., une branche florissante des mathématiques, notamm. avec les travaux de B. Russell et L. Wittgenstein.

2. LOGIQUE **adj. 1.** Conforme aux règles de la logique ; cohérent. **2.** Qui raisonne de manière cohérente ; conséquent. ▪ **Lois logiques,** ensemble des formules représentant un enchaînement cohérent de propositions dans un discours, indépendamment de la vérité ou de la fausseté des propositions qui y figurent.

LOGIQUEMENT **adv.** De façon logique.

LOGIS **n.m.** (de *loger*). Litt. Logement.

LOGISTICIEN, ENNE **n.** Spécialiste de logistique.

LOGISTIQUE **n.f.** (du gr. *logistikos*, relatif au raisonnement). **1. MIL.** Ensemble des opérations ayant pour but de permettre aux armées de subsister, de se déplacer et de combattre. **2.** Ensemble des méthodes et des moyens relatifs à l'organisation d'un service, d'une entreprise (manutentions, transports, conditionnements, etc.). **3. MATH.** Vx. Chez les Anciens, ensemble des techniques de calcul. ◆ **adj. 1.** Relatif à la logistique militaire. **2.** Relatif aux méthodes et aux moyens d'organisation d'une opération, d'un processus. ▪ **Soutien logistique,** mission assurée par les organismes des services des armées (matériel, commissariat, carburant, santé, etc.).

LOGITHÈQUE **n.f.** Bibliothèque de logiciels.

LOGO ou, rare, **LOGOTYPE** **n.m.** Représentation graphique d'une marque commerciale, du sigle d'un organisme.

LOGOGRAPHE **n.m.** (gr. *logographos*). **ANTIQ. GR. 1.** Historien antérieur à Hérodote. **2.** Rhéteur qui rédigeait pour autrui des accusations ou des plaidoiries.

LOGOGRIPHE **n.m.** (du gr. *logos*, parole, et *grîphos*, énigme). Énigme consistant à deviner un mot à partir duquel on compose d'autres mots qu'il faut également deviner. ➲ Ainsi, avec *orange*, on peut former *ange, orge, orage, organe, rage, rang*, etc.

LOGOMACHIE **n.f.** (du gr. *logos*, discours, et *makhê*, combat). **1. STYL.** Discussion sur les mots, ou dans laquelle les interlocuteurs emploient les mêmes mots dans des sens différents. **2.** Péjor. Assemblage de mots creux.

LOGOPÈDE n. Belgique. Spécialiste de logopédie ; orthophoniste.

LOGOPÉDIE n.f. (du gr. *logos*, parole, et *pais, paidos*, enfant). Technique qui a pour but de corriger les défauts de prononciation chez les enfants.

LOGORRHÉE n.f. (du gr. *logos*, parole, et *rheîn*, couler). **1.** PSYCHIATR. Trouble caractéristique de la manie, qui se manifeste par un abondant flot de paroles débitées rapidement sur de longues périodes. **2.** Verbosité intarissable.

LOGORRHÉIQUE adj. Caractéristique de la logorrhée.

LOGOS [lɔgɔs] n.m. (mot gr.). **1.** Rationalité suprême gouvernant le monde, chez certains philosophes (Héraclite, les stoïciens, etc.). **2.** THÉOL. CHRÉT. Verbe éternel incarné, dans l'Évangile de saint Jean.

LOGOTYPE n.m. → **LOGO.**

SE LOGUER v.pr. [3] (angl. *to log in*). INFORM. Se connecter à un système informatique à l'aide d'un code appelé aussi *login*.

LOI n.f. (lat. *lex, legis*). **1.** Prescription établie par l'autorité souveraine de l'État, applicable à tous, et définissant les droits et les devoirs de chacun : *Voter un projet de loi. Se mettre hors la loi.* **2.** (Avec une majuscule). Ce que prescrit l'autorité divine ; ensemble des prescriptions propres à une religion. **3.** Règle de conduite établie par un individu, par la morale, la vie sociale : *La loi du plus fort. Les lois de l'hospitalité.* **4.** Ce qu'imposent les événements, les circonstances ; nécessité : *La loi du marché.* **5.** Principe fondamental déterminant les choses, les hommes : *La loi de la nature. La loi des séries.* **6.** Proposition générale énonçant des rapports nécessaires et constants entre des phénomènes physiques : *La loi de la pesanteur.* ▪ **Avoir force de loi,** obliger, au même titre que la loi. ▪ **La loi,** l'ensemble des prescriptions légales : *Nul n'est censé ignorer la loi* ; la légalité : *Respecter la loi.* ▪ **La Loi ancienne** ou **Loi mosaïque,** prescriptions contenues dans l'Ancien Testament. ▪ **La Loi divine,** ensemble des préceptes que Dieu a donnés aux hommes par la Révélation : *Tables de la Loi. Loi coranique.* ▪ **La Loi nouvelle** ou **Loi du Christ,** prescriptions contenues dans le Nouveau Testament. ▪ **Loi de programmation,** loi-programme. ▪ **Loi de règlement,** qui a pour objet de clore les dépenses et les recettes d'un exercice budgétaire. ▪ **Loi d'habilitation,** autorisant le gouvernement à prendre, par ordonnances, pendant une période limitée, des mesures qui relèvent normalement du domaine de la loi. ▪ **Loi d'orientation,** définissant un certain nombre de principes dans un domaine donné. ▪ **Loi islamique,** charia. ▪ **Loi mémorielle,** qui présente ou impose un point de vue officiel sur un événement historique. ➲ Son principe fait débat, en partic. chez les historiens et les juristes, qui dénoncent notamm. un danger pour la liberté d'expression. ▪ **Loi morale,** principe universel de détermination d'une volonté libre en vue d'une action. ▪ **Loi naturelle,** ensemble des règles de conduite fondées sur la nature même de l'homme et de la société. ▪ **Loi organique,** qui précise l'organisation des pouvoirs publics établis par la Constitution. ▪ **Loi(s) fondamentale(s),** la Constitution ou les textes formant la Constitution d'un pays. ▪ **Se faire une loi de,** s'imposer l'obligation de.

LOI-CADRE n.f. (pl. *lois-cadres*). Loi se bornant à définir les grands principes ou orientations d'une réforme, dont la réalisation dans le détail est confiée au pouvoir réglementaire.

LOIN adv. (lat. *longe*). **1.** À une grande distance dans l'espace ou le temps : *Habiter loin. L'hiver est encore loin.* **2.** Indique une grande différence de valeur : *Il y a loin des discours aux actes.* ▪ **Aller loin,** avoir de grandes conséquences : *Cette affaire peut aller loin* ; être promis à un grand avenir : *Jeune diplômé qui ira loin.* ▪ **Aller trop loin,** exagérer. ▪ **Au loin,** à une grande distance : *Regarder au loin.* ▪ **De loin,** d'une grande distance : *Je l'ai vu de loin* ; longtemps à l'avance : *Prévoir les difficultés de loin* ; de beaucoup : *C'est de loin son meilleur film.* ▪ **De loin en loin,** de temps en temps. ▪ **Être loin** [Suisse], être parti : *Le train est loin.* ▪ **Ne pas aller loin,** être sans valeur. ▪ **Voir loin,** faire preuve de prévoyance. ◆ **LOIN DE** loc. prép. **1.** À une grande distance de : *Travailler loin de chez soi. On est loin de Noël, de la vérité.* **2.** Indique une négation renforcée : *Je suis loin de lui en vouloir.* ▪ **Loin de là,** bien au contraire.

LOINTAIN, E adj. **1.** Qui se trouve à une grande distance dans l'espace ou dans le temps ; éloigné. **2.** Se dit d'un parent indirect : *Un lointain cousin.* **3.** Détaché de ce qui se passe ; absent : *Un air lointain.* ◆ n.m. **1.** Plan situé à une grande distance : *Apercevoir qqn dans le lointain.* **2.** (Souvent pl.). Partie d'un tableau, d'un dessin représentant les lieux et les objets les plus éloignés.

LOI-PROGRAMME n.f. (pl. *lois-programmes*). **1.** Loi autorisant le gouvernement à engager certaines dépenses dont le règlement est échelonné sur plusieurs exercices budgétaires annuels. (On dit aussi *loi de programmation*.) **2.** Loi dépourvue de caractère contraignant qui fixe les objectifs et les moyens de l'État dans un secteur déterminé.

LOIR n.m. (lat. pop. **lis, liris*). Rongeur hibernant d'Europe méridionale et d'Asie Mineure, au pelage gris, frugivore, familier des maisons isolées. ➲ Famille des gliridés. ▪ **Dormir comme un loir** [fam.], longtemps et profondément.

▲loir

LOISIBLE adj. ▪ **Il est loisible de,** il est permis, possible de.

LOISIR n.m. (du lat. *licere*, être permis). Vx. Possibilité de faire ce que l'on veut. ▪ **Avoir le loisir de** (+ inf.), disposer du temps pour. ▪ **(Tout) à loisir,** en prenant son temps. ◆ **n.m. pl.** Temps dont qqn peut disposer en dehors de ses occupations obligatoires ; distractions pratiquées pendant le temps libre : *Les loisirs culturels.* ▪ **Parc de loisirs** → **PARC.**

LOKOUM n.m. → **LOUKOUM.**

LOLETTE n.f. Suisse. Tétine que l'on donne à sucer à un nourrisson pour le calmer.

LOLITA n.f. (de *Lolita*, héroïne du roman de V. Nabokov). Fam. Nymphette.

LOLLARD n.m. (de l'all. *lullen*, chantonner). HIST. Nom donné à des pénitents ou hérétiques du XIVe s.

LOLO n.m. **1.** Lait, dans le langage enfantin. **2.** Fam. Sein de femme.

LOMBAGO n.m. → **LUMBAGO.**

LOMBAIRE adj. (de *lombes*). Relatif aux lombes : *Vertèbre lombaire.* ◆ **n.f.** Vertèbre lombaire.

LOMBALGIE n.f. Douleur de la région lombaire. (On dit cour. *mal de reins*.)

LOMBARD, E adj. et n. De la Lombardie. ◆ **adj.** BANQUE. ▪ **Taux lombard,** taux appliqué aux banques commerciales, en Allemagne, pour leur refinancement auprès de la banque centrale.

LOMBARTHROSE n.f. Arthrose du rachis lombaire.

LOMBES n.f. pl. (du lat. *lumbus*, rein). ANAT. Régions de l'abdomen situées de chaque côté de la colonne vertébrale, au-dessous de la cage thoracique, au-dessus de l'os du bassin (SYN. [cour.] **reins**).

LOMBO-SACRÉ, E adj. (pl. *lombo-sacrés, es*), ▲*LOMBOSACRÉ, E* **adj.** ANAT. Qui se rapporte au sacrum et à la colonne vertébrale lombaire.

LOMBOSCIATIQUE n.f. Association d'une lombalgie et d'une sciatique.

LOMBOSTAT [-sta] n.m. Corset orthopédique destiné à soutenir la colonne vertébrale lombaire et sacrée.

LOMBRIC n.m. (lat. *lumbricus*). Ver annélide, appelé cour. *ver de terre*, qui creuse des galeries dans le sol humide, dont il se nourrit, contribuant ainsi à son aération et à sa fertilité. ➲ Peut atteindre 3 m ; classe des oligochètes.

LOMBRICOMPOSTAGE n.m. Méthode de compostage utilisant des lombrics pour décomposer les déchets organiques.

LOMBRICULTURE n.f. Élevage de lombrics pour la production de terreau.

LOMPE n.m. Lump.

LONDONIEN, ENNE adj. et n. De Londres ; de ses habitants.

LÔNE n.f. Région. (Sud-Est). Bras secondaire ou méandre du Rhône ou de l'un de ses affluents, plus ou moins à sec entre ses crues.

1. LONG, LONGUE adj. (lat. *longus*). **1.** Qui a une certaine étendue d'une extrémité à l'autre : *Table longue de deux mètres.* **2.** Qui s'étend sur une grande distance, une grande longueur : *Faire un long détour. Un long cortège.* **3.** Qui se caractérise par sa longueur : *Manteau long. Os long.* **4.** Qui dure un certain temps ou longtemps : *Un entretien long de cinq heures. De longues études.* **5.** Fam. Se dit d'une personne qui met beaucoup de temps à faire qqch ; lent : *Il a été long à se décider.* **6.** Se dit d'un discours, d'un texte qui a un développement important : *Une longue lettre.* ▪ **Syllabe, voyelle longue,** ou **longue, n.f.** [phon.], dont la durée d'émission est sensible (par oppos. à *brève*). ◆ **adv.** Avec de longs vêtements : *S'habiller long.* ▪ **En dire long,** avoir une signification importante. ▪ **En savoir long,** être bien informé.

2. LONG n.m. Longueur : *Une voiture de 4 m de long.* ▪ **De long en large,** alternativement en longueur, puis en largeur. ▪ **De tout son long,** de toute sa longueur : *Tomber de tout son long.* ▪ **En long et en large,** sous tous les aspects. ▪ **Le long de,** en longeant : *Se garer le long du trottoir.* ▪ **(Tout) au long,** sans abréger ; complètement.

LONGANE n.m. (du chin. *long-yen*, œil de dragon). Fruit comestible du longanier, à chair blanche et translucide, de couleur rose ou pourpre.

LONGANIER n.m. Arbre originaire de l'Inde, cultivé en Chine et en Océanie, voisin du litchi, dont le fruit est le longane. ➲ Famille des sapindacées.

LONGANIMITÉ n.f. (du lat. *longus*, patient, et *anima*, âme). Litt. **1.** Patience à supporter la douleur morale. **2.** Indulgence qui porte à pardonner ce que l'on pourrait punir.

LONG-COURRIER n.m. et adj.m. (pl. *long-courriers*). **1.** Avion de transport destiné à voler sur de très longues distances (6 000 km au moins). **2.** Navire effectuant une navigation au long cours.

LONG DRINK [lɔ̃gdrink] n.m. (pl. *long drinks*) [mots angl.]. Vx. Boisson alcoolisée allongée d'eau ou de soda.

1. LONGE n.f. (de *1. long*). **1.** Courroie pour attacher un cheval, le conduire à la main ou le faire travailler circulairement autour de son cavalier. **2.** Longue courroie pour attacher ou mener un animal.

2. LONGE n.f. (du lat. *lumbus*, rein). BOUCH. ▪ **Longe de porc, de veau,** morceau du porc correspondant à la partie supérieure des régions cervicale, lombaire et sacrée ; morceau du veau correspondant aux lombes.

LONGEOLE n.f. Grosse saucisse de porc de forme allongée. ➲ Spécialité genevoise.

LONGER v.t. [10]. Suivre le bord de : *Le sentier longe la rivière. Le cotre longe la côte.*

LONGÈRE n.f. Région. (Bretagne). Ensemble de bâtiments ruraux, de forme basse et allongée.

LONGERON n.m. Pièce maîtresse de l'ossature d'une machine, d'une aile d'avion, d'une construction en charpente, etc., disposée dans le sens de la longueur ; poutre longitudinale du tablier d'un pont.

LONGÉVITÉ n.f. (bas lat. *longaevitas*, du lat. *longus*, long, et *aevum*, âge). **1.** Longue durée de vie : *La longévité des tortues.* **2.** Durée de la vie en général.

LONGICORNE adj. ENTOMOL. Se dit des insectes dotés de longues antennes. ◆ **n.m.** Cérambycidé.

LONGILIGNE adj. Se dit d'une personne élancée, aux membres longs et minces (CONTR. **bréviligne**).

LONGITUDE n.f. (du lat. *longitudo*, longueur). Distance angulaire, comptée sur l'équateur ou sur un cercle parallèle, vers l'est ou vers l'ouest, à partir d'un méridien origine, dans un système de coordonnées sphériques. ▪ **Longitude (géographique) d'un lieu,** longitude, mesurée en degrés (de 0 à 180°) le long d'un parallèle, de la verticale du lieu par rapport au plan du méridien origine : *Une longitude de 68° est, de 54° ouest (68° E., 54° O.).*

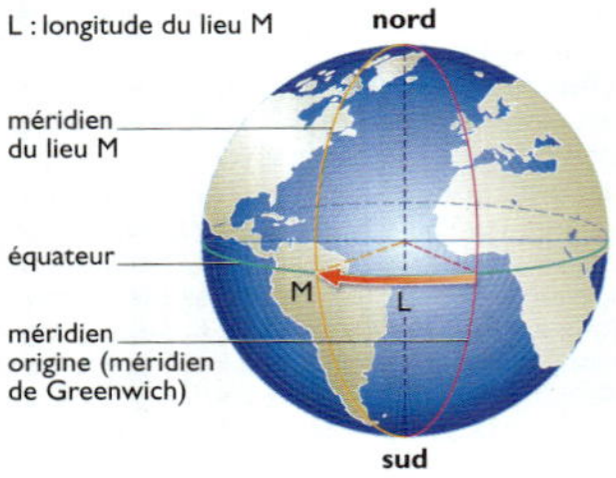

▲ **longitude**

LONGITUDINAL, E, AUX adj. 1. Qui est fait dans la longueur, dans le sens de la longueur. **2.** Se dit d'une onde dont la grandeur oscillante varie dans la direction de propagation. ➲ Le son est une vibration longitudinale.

LONGITUDINALEMENT adv. Dans le sens de la longueur.

LONG-JOINTÉ, E adj. (pl. *long-jointés, es*). Se dit d'un cheval qui a les paturons trop longs.

LONG-MÉTRAGE ou **LONG MÉTRAGE n.m.** (pl. *longs*[-]*métrages*). Film dont la durée dépasse une heure.

LONGOTTE n.f. (de *1. long*). Tissu de coton épais et lourd.

LONGRINE n.f. (ital. *lungarina*, de *lungo*, long). Pièce de construction horizontale reposant sur plusieurs points d'appui, sur lesquels elle répartit la charge.

LONG-SELLER (pl. *long-sellers*), ▲ **LONGSELLER** [lɔ̃gsɛlœr] **n.m.** (mot angl. « qui se vend longtemps »). Livre au succès commercial durable.

LONGTEMPS adv. Pendant un long espace de temps : *Il y a longtemps que je suis là.*

LONGUE n.f. 1. PHON. Voyelle ou syllabe longue. **2. MUS.** Note longue. ▪ **À la longue,** avec le temps : *À la longue, il s'habituera.*

LONGUEMENT adv. 1. Pendant un long moment ; longtemps. **2.** Avec minutie ; soigneusement.

1. LONGUET, ETTE adj. Fam. Un peu trop long (dans l'espace ou dans le temps).

2. LONGUET n.m. Petit pain long et mince.

LONGUEUR n.f. 1. Dimension d'une chose dans le sens de sa plus grande étendue : *Mesurer la longueur d'une chambre, puis sa largeur.* **2. MATH.** Côté le plus grand d'un rectangle ; sa mesure ; distance entre les extrémités d'un segment. **3.** Unité de mesure égale à la longueur d'un cheval, d'un véhicule, d'une embarcation, etc., servant à évaluer la distance entre les concurrents à l'arrivée d'une course : *La nageuse a pris deux longueurs d'avance.* **4.** Espace de temps que dure qqch, un phénomène : *La longueur d'une émission de radio* ; durée excessive : *Il se plaint de la longueur des travaux.* ▪ **À longueur de,** pendant toute la durée de. ▪ **Longueur d'un cercle,** mesure équivalente au périmètre P d'un cercle (ou circonférence), définie par le rayon *r* du cercle multiplié par deux fois le nombre pi ($P = r \times 2\pi$). ▪ **Longueur d'un intervalle,** valeur de la différence entre la borne supérieure et la borne inférieure de cet intervalle. ▪ **Saut en longueur** ou **longueur,** épreuve d'athlétisme consistant à sauter le plus loin possible, après une course d'élan, d'une planche d'appel. ▪ **Tirer les choses en longueur,** les faire durer. ▪ **Traîner en longueur,** durer trop longtemps. ◆ **n.f. pl.** Développements longs et inutiles dans un texte, un film, etc.

LONGUE-VUE n.f. (pl. *longues-vues*). Lunette d'approche.

LOOCH [lɔk] **n.m.** (de l'ar. *la'ūq*, petite dose). Médicament sirupeux préparé au moment de l'emploi, constitué d'une émulsion et d'un mucilage.

LOOK [luk] **n.m.** (mot angl.). Fam. Allure générale de qqn, qqch ; image : *Elle a un nouveau look. Le look design d'une voiture.*

LOOPING [lupiŋ] **n.m.** (mot angl.). Exercice de voltige aérienne consistant à faire une boucle dans un plan vertical.

LOPETTE ou **LOPE n.f. 1.** Arg., injur. Homosexuel. **2.** Fam. Homme veule.

LOPHOPHORE n.m. (du gr. *lophos*, aigrette, et *phoros*, qui porte). **1.** Gallinacé des forêts de l'Himalaya, au plumage éclatant et à la tête surmontée d'une crête de plumes. ➲ Famille des phasianidés. **2. ZOOL.** Panache de petits tentacules ciliés, disposés en U ou en spirale autour de la bouche des brachiopodes et des ectoproctes, et assurant leur nutrition.

LOPIN n.m. (de l'anc. fr. *lope*, morceau). **1.** Petite parcelle de terrain. **2. MÉTALL.** Masse métallique destinée à être formée par action mécanique à chaud.

LOQUACE [-kas] **adj.** (lat. *loquax*). Qui parle beaucoup ; bavard.

LOQUACITÉ n.f. Litt. Disposition à parler beaucoup ; volubilité.

LOQUE n.f. (du moy. néerl. *locke*, mèche de cheveux). **1.** (Souvent pl.). Vêtement vieux ou très abîmé ; guenille. **2.** Belgique. Étoffe servant au nettoyage des sols, au ménage. **3.** Fig. Personne sans énergie ou usée : *Il est devenu une vraie loque.* **4.** Maladie des abeilles due à une bactérie.

LOQUET n.m. (de l'anc. fr. *loc*, serrure). Dispositif de fermeture de porte constitué d'une barre mobile autour d'un pivot, qui se bloque dans une pièce métallique fixée au chambranle.

LOQUETEAU n.m. Petit loquet pour la fermeture des châssis, des persiennes, etc.

LOQUETEUX, EUSE adj. Vêtu de loques ; déguenillé.

LORAN [lɔran] **n.m.** (acronyme de l'angl. *long range navigation*, aide à longue distance à la navigation). Système de radionavigation maritime ou aérienne. ➲ Dans sa version actuelle, numérique, il s'appelle *eLORAN*.

LORD [lɔr(d)] **n.m.** (mot angl. « seigneur »). **1.** Titre usuel des pairs britanniques. **2.** Membre de la Chambre des lords* (v. partie n.pr.).

LORD-MAIRE n.m. (pl. *lords-maires*). Premier magistrat de certaines villes britanniques.

LORDOSE n.f. (du gr. *lordôsis*, action de se courber en avant). **1. ANAT.** Courbure naturelle, à convexité antérieure, des parties cervicale et lombaire de la colonne vertébrale. **2.** Cour. Exagération volontaire ou pathologique de cette courbure. (Dans ce sens, le terme médical est *hyperlordose*.)

LORETTE n.f. (du n. du quartier *Notre-Dame-de-Lorette*, à Paris). Anc. Jeune femme élégante et de mœurs faciles.

LORGNER v.t. [3] (de l'anc. fr. *lorgne*, qui louche). **1.** Regarder du coin de l'œil ou avec insistance. **2.** Convoiter qqch secrètement : *Lorgner la présidence.*

LORGNETTE n.f. Petite lunette d'approche portative. ▪ **Regarder par le petit bout de la lorgnette,** ne s'intéresser qu'aux détails d'une chose et en exagérer l'importance ; ne voir que le côté mesquin des choses.

LORGNON n.m. Paire de lunettes sans branches que l'on tient à la main ou qu'un ressort fait tenir sur le nez.

LORI n.m. (mot malais). Petit perroquet d'Océanie, au plumage très coloré, parfois élevé en volière. ➲ Famille des psittacidés.

LORICAIRE n.m. (du lat. *lorica*, cuirasse). Poisson téléostéen d'Amérique du Sud, au corps recouvert de plaques osseuses. ➲ Famille des loricariidés.

LORIOT n.m. (du lat. *aureolus*, d'or). Passereau jaune et noir (mâle) ou verdâtre (femelle), frugivore et insectivore et au chant sonore. ➲ Famille des oriolidés.

LORIQUET n.m. (de *lori*). Petit perroquet de l'Inde, de la Malaisie et du Pacifique ouest, au plumage vert ou multicolore, souvent élevé en volière. ➲ Famille des psittacidés.

LORIS [-ris] **n.m.** (de l'anc. néerl. *loeris*, clown). Primate arboricole de l'Inde, de mœurs nocturnes, mangeur de fruits et d'insectes, se déplaçant très lentement comme les paresseux. ➲ Sous-ordre des lémuriens.

LORRAIN, E adj. et **n.** De la Lorraine. ◆ **n.m.** Dialecte de langue d'oïl parlé en Lorraine.

LORRY n.m. (pl. *lorrys* ou *lorries*) [mot angl.]. Petit chariot à quatre roues que l'on pousse à la main sur une voie ferrée pour le transport des matériaux.

LORS [lɔr] **adv.** (du lat. *illa hora*, à cette heure). ▪ **Depuis lors,** depuis ce temps-là. ▪ **Dès lors** → **DÈS.** ▪ **Dès lors que** → **DÈS.** ◆ **LORS DE loc. prép.** À l'époque ; au moment de : *Lors de son divorce.* ◆ **LORS MÊME QUE loc. conj.** (Suivi du conditionnel). Litt. Quand bien même ; même si.

LORSQUE [lɔrsk(ə)] **conj.** Quand : *Lorsqu'elle parle, ils l'écoutent* ; au moment où : *Lorsque vous aurez fini, dites-le.*

✎ La voyelle ***e*** de ***lorsque*** ne s'élide que devant ***il, elle, on, en, un, une.***

LOSANGE n.m. (du gaul.). Quadrilatère plan dont les quatre côtés ont même longueur.

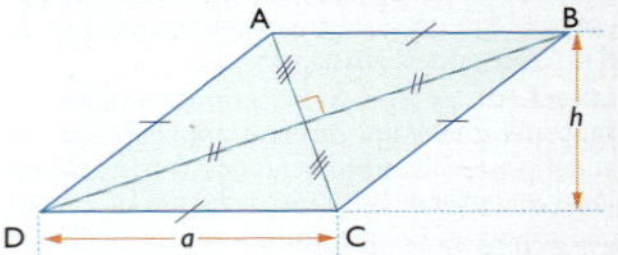

a : côté — AC = d_1 : petite diagonale
h : hauteur — BD = d_2 : grande diagonale
P : périmètre — $P = 4a$
A : aire — $A = a \times h = \frac{1}{2}\, d_1 \times d_2$

▲ **losange**

LOSANGÉ, E adj. Divisé en losanges.

LOSANGIQUE adj. Didact. En forme de losange.

LOSE [luz] **n.f.** (de l'angl. *to lose*, perdre). Fam. Échec ; malchance : *Il a perdu ses clés et s'est fait cambrioler : c'est vraiment la lose !*

LOSEUR, EUSE [luz-] **n.** ou **LOSER** [luzœr] **n.m.** (angl. *loser*). Fam. Perdant.

LOT n.m. (du francique **lot*, sort). **1.** Part qui revient à chacun dans un partage. **2.** Fraction d'un terrain destiné à être vendu par parcelles. **3.** Ce qui revient à qqn dont le numéro est sorti dans une loterie : *Gagner le gros lot.* **4.** Sout. Ce que le destin réserve à chacun : *Aller de ville en ville est le lot des circassiens.* **5.** Ensemble d'articles, d'objets assortis, de marchandises vendues ensemble. **6.** Groupe de personnes présentant les mêmes caractères : *Candidate qui sort du lot.* ▪ **Traitement par lots** [inform.], mode d'exploitation d'un ordinateur dans lequel les programmes devant être exécutés sont stockés par ordre d'arrivée, puis mis en œuvre périodiquement l'un après l'autre en fonction de leurs priorités éventuelles.

LOTE n.f. → **LOTTE.**

LOTERIE n.f. (néerl. *loterij*). **1.** Jeu de hasard consistant à tirer au sort des numéros qui désignent des billets gagnants et donnent droit à des lots. **2.** Fig. Ce qui est régi par le hasard : *La vie est une loterie.* ▪ **Loterie nationale,** en France, loterie instituée par l'État en 1933 et supprimée en 1990.

LOTI, E adj. ▪ **Être bien, mal loti,** être favorisé, défavorisé par le sort.

LOTIER n.m. (du lat. *lotus*, mélilot). Petite plante des champs et des landes, à fleurs jaunes à reflets rougeâtres, cour. appelée *trèfle cornu*. ➲ Sous-famille des papilionacées.

LOTION [lɔsjɔ̃] **n.f.** (du bas lat. *lotio*, action de laver). Eau de toilette, souvent légèrement alcoolisée, utilisée pour les soins de l'épiderme ou de la chevelure : *Lotion après-rasage.*

LOTIONNER v.t. [3]. Frictionner le cuir chevelu, l'épiderme avec une lotion.

LOTIR v.t. [21]. 1. Diviser en lots : *Lotir une propriété pour la vendre.* **2.** Attribuer un lot à qqn ; doter : *Lotir un associé d'une part de capital.* **3.** Fig. Réserver tel sort à qqn : *La vie l'a bien mal loti.*

LOTISSEMENT n.m. 1. Morcellement d'une propriété foncière par lots en vue de construire des habitations. **2.** Ensemble des habitations construites sur un terrain loti.

LOTISSEUR, EUSE n. Personne qui lotit un terrain.

LOTO n.m. (de l'ital. *lotto*, sort). Jeu de hasard dans lequel chaque joueur doit recouvrir complètement, avec des jetons tirés d'un sac, les cases numérotées figurant sur le ou les cartons qui lui ont été attribués. ◆ **n.f.** Québec. Loterie : *Gagner à la loto.*

LOTTE ou **LOTE** n.f. (du gaul.). Poisson des eaux douces et fraîches de l'hémisphère Nord, à chair estimée, dont la deuxième nageoire dorsale est très longue. ➲ Famille des gadidés. ▪ **Lotte de mer,** baudroie.

LOTUS [lɔtys] n.m. (mot lat.). **1.** Plante aquatique ornementale, représentée par des nénuphars (lotus blanc, genre *Nymphea*) ou par des espèces voisines (lotus bleu d'Égypte, genre *Nelumbo*). **2.** BOT. Lotier (nom générique).

1. LOUABLE adj. Digne de louanges.

2. LOUABLE adj. Qui peut être mis ou pris en location.

LOUAGE n.m. DR. Contrat par lequel une personne s'engage à laisser à une autre la jouissance d'une chose pendant un certain temps *(louage de choses)* ou à faire qqch pour elle *(louage d'ouvrage et d'industrie)*. ▪ **Louage de services,** anc. nom du contrat de travail.

LOUANGE n.f. Action de louer qqn, de vanter ses mérites : *Ce reportage est fait à la louange de la reine.* ◆ **n.f. pl.** Paroles par lesquelles on fait l'éloge de qqn, de qqch ; compliments : *Couvrir un élève de louanges.* ▪ **Chanter les louanges de qqn,** vanter ses mérites.

LOUANGER v.t. [10]. Litt. Décerner des louanges à qqn ; faire l'éloge de qqch.

LOUANGEUR, EUSE adj. Litt. Qui contient des louanges ; élogieux.

LOUBARD ou **LOUBAR** n.m. Fam. Jeune voyou.

LOUBAVITCH adj. inv. et n. inv., ▲ *adj. et n.m.* Relatif au Loubavitch ; qui en est membre.

1. LOUCHE adj. (du lat. *luscus*, borgne). **1.** Qui manque de franchise, de clarté ; équivoque : *Individu, comportement louche.* **2.** Vieilli. Se dit d'une couleur, d'un liquide, etc., qui n'ont pas un ton franc.

2. LOUCHE n.m. **1.** Ce qui éveille la méfiance : *Il y a du louche là-dessous.* **2.** CHIM. Léger précipité qui donne à un liquide un aspect trouble.

3. LOUCHE n.f. (du francique). Grande cuillère à long manche, pour servir le potage ; son contenu. ▪ **À la louche** [fam.], en grande quantité ; de façon approximative. ▪ **En remettre une louche** [fam.], insister lourdement ; en rajouter.

LOUCHER v.i. [3]. Être atteint de strabisme. ◆ **v.t. ind. (SUR).** Regarder avec envie ; convoiter : *Loucher sur un poste.*

LOUCHERBEM [luʃɛbɛm] n.m. Argot des bouchers.

LOUCHERIE n.f. ou **LOUCHEMENT** n.m. Vieilli. Strabisme.

LOUCHET n.m. (de 3. *louche*). Bêche à fer long et étroit.

LOUCHEUR, EUSE n. Personne qui louche.

LOUCHON n.m. Fam., vx. Loucheur.

1. LOUER v.t. [3] (lat. *laudare*). Vanter les mérites ou les qualités de. ▪ **Louer Dieu,** célébrer sa grandeur, ses bienfaits. ◆ **SE LOUER** v.pr. (DE). Se féliciter de : *Elle s'est louée de l'avoir embauché.*

2. LOUER v.t. [3] (lat. *locare*). **1.** Donner à bail. **2.** Prendre à bail. **3.** Engager du personnel, des services moyennant finances et de façon provisoire : *Louer un animateur pour une soirée.* **4.** Réserver une place dans un train, un théâtre, etc.

LOUEUR, EUSE n. DR. Personne qui donne à louer un bien ; bailleur : *Loueur de voitures.*

LOUFIAT n.m. Fam., péjor. Garçon de café.

LOUFOQUE adj. et n. (de *1. fou*). Fam. Extravagant ; insensé.

LOUFOQUERIE n.f. Fam. Acte, propos insensés ; extravagance.

LOUGRE n.m. (angl. *lugger*). Voilier comportant génér. deux mâts gréés de voiles au tiers.

LOUIS n.m. NUMISM. **1.** Monnaie d'or française, d'env. 6,70 g, à l'effigie de Louis XIII et de ses successeurs. **2.** Napoléon.

LOUISE-BONNE n.f. (pl. *louises-bonnes*). Poire d'une variété fondante et sucrée.

LOUKOUM ou **LOKOUM** n.m. (de l'ar. *rāḥat al-ḥulqum*, le repos de la gorge). Confiserie orientale faite d'une pâte sucrée parfumée aux amandes, à la pistache, etc. (SYN. **rahat-loukoum**).

1. LOULOU n.m. (de *loup*). Petit chien d'agrément à museau pointu et à fourrure longue et abondante.

2. LOULOU n.m. Fam. Loubard.

3. LOULOU, OUTE n. Fam. Garçon ; fille : *Une chouette louloute.*

LOUMA n.f. (nom déposé). CINÉMA. Grue télescopique télécommandée, qui permet à la caméra fixée à son extrémité une grande liberté de mouvement. ➲ Ses inventeurs sont J.-M. Lavalou et A. Masseron.

LOUNGE [launʒ] n.m. (mot angl. « salon »). Bar, restaurant à l'atmosphère feutrée, au design raffiné (larges banquettes, par ex.) et à la musique d'ambiance caractéristique (appelée *musique lounge*) invitant à la détente.

✎ S'emploie souvent en appos. : ***Bar lounge.***

LOUP n.m. (lat. *lupus*). **1.** Mammifère carnivore, à pelage gris jaunâtre, vivant en meutes dans les forêts d'Europe, d'Asie et d'Amérique, appelé aussi *loup gris* ou *loup commun.* ➲ Cri : le loup hurle. La femelle est la louve, le petit le louveteau. Famille des canidés. Exterminé en France au début des années 1930, le loup y est revenu, depuis l'Italie, au début des années 1990. **2.** Région. (Midi). Nom donné à plusieurs poissons voraces, en partic. au bar. **3.** Masque de velours ou de satin noir, couvrant le pourtour des yeux. **4.** TECHN. Erreur, oubli irréparables dans la confection d'un ouvrage ; malfaçon. ▪ **Être connu comme le loup blanc,** être connu de tout le monde. ▪ **Hurler avec les loups,** se joindre aux autres pour critiquer ou attaquer. ▪ **Jeune loup,** jeune homme ambitieux, souvent peu scrupuleux. ▪ **Loup marsupial,** thylacine. ▪ **Loup solitaire,** personne qui, par tempérament ou par goût, travaille, agit ou vit seule ; spécial., terroriste qui, au nom d'une idéologie, perpétue seul des actes violents (attentat, prise d'otage, par ex.). ➲ La notion est controversée dans la mesure où il s'avère, le plus souvent, que l'auteur de ces actes avait un lien avec une organisation terroriste. ▪ **Se jeter dans la gueule du loup,** s'exposer de sa propre initiative à un grand danger. ▪ **Vieux loup de mer,** marin expérimenté.

▲ **loup**

LOUPAGE n.m. Fam. Action de louper ; chose loupée.

LOUP-CERVIER n.m. (pl. *loups-cerviers*) [du lat. *lupus cervarius*, loup qui chasse le cerf]. Lynx.

LOUPE n.f. (du francique **luppa*, masse informe d'un liquide caillé). **1.** Lentille de verre convergente qui grossit les objets. **2.** SYLVIC. Excroissance ligneuse qui vient sur le tronc et sur les branches de certains arbres. **3.** MÉD. Kyste sébacé, dû à l'hypertrophie d'une glande sébacée. **4.** MÉTALL. Anc. Masse ferreuse ou de fonte, renfermant des scories éliminées au cours du puddlage. ▪ **À la loupe,** d'une manière minutieuse : *Elle a tout examiné à la loupe.*

LOUPÉ n.m. Fam. Erreur ; échec.

LOUPER v.t. [3] (de *loup*, au sens de malfaçon). Fam. **1.** Ne pas réussir ; mal exécuter ; échouer à. **2.** Ne pas réussir à rencontrer qqn, à prendre un moyen de transport : *J'ai failli louper son frère, le train.* ◆ **v.i.** Fam. ▪ **Ça n'a pas loupé,** cela s'est produit comme il fallait s'y attendre.

LOUP-GAROU n.m. (pl. *loups-garous*) [de *loup* et de l'anc. fr. *garou*, homme-loup]. Selon la légende, homme, génér. sorcier, parfois le diable lui-même, prenant l'apparence d'un loup la nuit et retrouvant forme humaine le jour ; lycanthrope.

LOUPIOT, E n. (dimin. de *loup*). Fam. Enfant.

LOUPIOTE n.f. (de *loupe*). Fam. Petite lampe.

LOUP-MARIN n.m. (pl. *loups-marins*). Acadie, Québec. Nom donné au phoque.

1. LOURD, E adj. (du lat. *luridus*, blême, maladroit). **1.** Dont le poids est élevé : *Ces cartons sont lourds.* **2.** Dont la densité est élevée : *Métal, gaz lourd.* **3.** Qui met en œuvre des moyens techniques, financiers, etc., importants : *L'industrie lourde.* **4.** Qui éprouve une sensation de lourdeur : *Se sentir lourd après un repas* ; qui est le siège de cette sensation : *Avoir les paupières lourdes.* **5.** Se dit d'un sol argileux, difficile à labourer ; se dit d'un sol détrempé, où l'on enfonce. **6.** Qui est difficile à digérer : *Un repas trop lourd.* **7.** Qui donne une impression de pesanteur : *Marcher d'un pas lourd. Le temps est lourd.* **8.** Que son importance, son ampleur, sa gravité rend difficile à supporter, à faire : *Une lourde responsabilité.* **9.** Qui manque de finesse, d'intelligence : *Une plaisanterie lourde.* ▪ **Avoir la main lourde,** frapper rudement ; peser ou verser une chose en trop grande quantité. ▪ **Eau lourde,** eau constituée uniquement d'oxyde de deutérium (D_2O), employée comme ralentisseur de neutrons dans certains réacteurs nucléaires. ▪ **Lourd de,** chargé de qqch de pesant ou de pénible : *Un choix lourd de conséquences.* ▪ **Sommeil lourd,** profond. ◆ **adj. et n.m.** Dans certains sports individuels, qualifie une catégorie de poids ; se dit d'un sportif appartenant à cette catégorie. ◆ **adv.** ▪ **Il fait lourd,** le temps est orageux. ▪ **Il n'y en a pas lourd** [fam.], il n'y en a pas beaucoup. ▪ **Pas lourd** [fam.], très peu : *Il n'en fait pas lourd* ; insuffisamment : *Elle n'a pas touché lourd.* ▪ **Peser lourd,** avoir un poids plus élevé que la moyenne ; fig., avoir une grande importance. ◆ **n.m.** ▪ **C'est du lourd** [fam.], il s'agit d'une chose très importante, très sérieuse : *Leur histoire d'amour, c'est du lourd* ; il s'agit d'une chose ou, plus rarement, d'une personne remarquable, de grande qualité : *Cet auteur, son dernier roman, c'est du lourd !*

2. LOURD n.m. COMM. En France, marchandise pesant plus de 1 000 kg au mètre cube ; à l'étranger, marchandise cubant moins de 1,132 m^3 pour 1 016 kg.

LOURDAUD, E adj. et n. Lent, gauche et maladroit ; balourd.

LOURDE n.f. Arg. Porte : *Ouvre la lourde !*

LOURDEMENT adv. **1.** Avec un grand poids : *Camion lourdement chargé.* **2.** De tout son poids : *S'asseoir lourdement dans un fauteuil.* **3.** De manière importante : *Les exportations ont lourdement chuté.* ▪ **Insister lourdement,** maladroitement. ▪ **Se tromper lourdement,** grossièrement.

LOURDER v.t. [3] (de *lourde*). Arg. Mettre à la porte ; congédier.

LOURDEUR n.f. Caractère de ce qui est lourd : *La lourdeur d'un colis. Lourdeur d'esprit.*

LOURDINGUE adj. Fam. Qui manque de vivacité intellectuelle ; lourd.

LOURE n.f. (du bas lat. *lura*, sacoche). **1.** Cornemuse d'un type très répandu au Moyen Âge. **2.** Danse théâtrale pratiquée sous le règne de Louis XIV, en France.

LOURER v.t. [3] (de *loure*). MUS. Lier les notes en appuyant sur le premier temps de chaque mesure ou sur la première note de chaque temps.

LOUSSE adj. (de l'angl. *loose*, desserré). Québec. Fam. **1.** Qui n'est pas serré, tendu : *Corde lousse.* **2.** Ample : *Une chemise lousse.* **3.** Sans entrave ; libre : *Laisser son chien lousse.* **4.** Prodigue ; généreux.

LOUSTIC n.m. (de l'all. *lustig*, joyeux). Fam. Individu en qui on n'a pas grande confiance ; plaisantin.

LOUTRE n.f. (lat. *lutra*). **1.** Mammifère carnivore semi-aquatique, aux pattes palmées, mangeur de poissons, devenu rare car activement chassé pour sa fourrure. ➲ La loutre de mer est la seule espèce à ne jamais quitter l'eau, où elle se nourrit de coquillages, notamm. d'ormeaux ; famille des mustélidés. **2.** Fourrure de cet animal ; nom donné à diverses fourrures y ressemblant (ondatra, par ex.).

▲ loutre

1. LOUVE n.f. (lat. *lupa*). Femelle du loup.

2. LOUVE n.f. CONSTR. Outil utilisé pour la manutention des pierres de taille.

LOUVET, ETTE adj. Se dit de la robe d'un cheval, mélangée de poils jaunes et noirs rappelant le poil du loup.

LOUVETEAU n.m. **1.** Jeune loup de moins de un an. **2.** Jeune de 8 à 11 ou 12 ans, dans divers mouvements de scoutisme.

LOUVETERIE [luvtri], ▲ *LOUVÈTERIE* [luvεtri] **n.f.** Institution ayant pour fonction d'assurer les battues de destruction des nuisibles (sangliers, renards, etc., et autref. loups). ■ **Lieutenant de louveterie,** fonctionnaire bénévole et assermenté appartenant à la louveterie.

LOUVETIER n.m. Lieutenant de louveterie.

LOUVETTE n.f. Jeune fille de 8 à 12 ans, dans divers mouvements de scoutisme.

LOUVOYAGE ou **LOUVOIEMENT** n.m. Action de louvoyer.

LOUVOYER [luvwaje] **v.i. [7]** (de *lof*). **1.** MAR. Naviguer contre le vent, tantôt sur un bord, tantôt sur l'autre. **2.** Fig. User de moyens détournés pour atteindre son but ; biaiser : *Face aux difficultés, il louvoie.*

LOVELACE [lɔvlas] **n.m.** (de *Lovelace*, n.pr.). Litt. Séducteur pervers et cynique.

LOVER v.t. **[3]** (du bas all. *lofen*, tourner). MAR. Rouler un cordage en anneaux superposés. ◆ **SE LOVER** v.pr. S'enrouler sur soi-même : *Serpent qui se love.*

LOW COST [lokɔst] **n.m. inv.** (mots angl. « bas coût »). Stratégie commerciale consistant à proposer un bien ou un service (transport aérien, par ex.) à un prix inférieur à ceux que pratiquent habituellement les entreprises concurrentes. Recomm. off. **bas coût.** ◆ **adj. inv. 1.** Qui applique cette stratégie. Recomm. off. **à bas coût.** *Vols low cost.* **2.** Fig., parfois péjor. Qui ne coûte pas cher ; bon marché ; au rabais : *Le numérique fait-il planer le spectre d'une école low cost ?* **3.** Spécial. Se dit d'une forme de terrorisme qui ne s'appuie pas sur une logistique sophistiquée et recourt à des moyens sommaires (voiture, outil, couteau, etc.) pour la réalisation d'un attentat ; se dit d'un attentat relevant de ce mode opératoire.

LOXODROMIE n.f. (du gr. *loxos*, oblique, et *dromos*, course). Ligne coupant les méridiens sous un angle constant ; route d'un navire ou d'un avion qui suit constamment le même cap.

LOXODROMIQUE adj. Relatif à la loxodromie.

LOYAL, E, AUX [lwajal, o] **adj.** (du lat. *legalis*, conforme à la loi). Qui obéit aux lois de l'honneur, de la probité, de la droiture : *Adversaires loyaux. Attitude loyale.* ■ **À la loyale** [fam.], sans user de coups interdits : *Se battre à la loyale.*

LOYALEMENT adv. Avec loyauté.

LOYALISME n.m. Fidélité au régime établi ou à une autorité considérée comme légitime.

LOYALISTE adj. et n. Fidèle au régime établi. ◆ **n.m.** HIST. Colon américain demeuré fidèle aux Britanniques durant et après la guerre de l'Indépendance américaine. ➲ Beaucoup de loyalistes s'exilèrent au Canada.

LOYAUTÉ n.f. Caractère loyal de qqn, de qqch ; honnêteté : *La loyauté d'une amie, d'une transaction.* ■ **Conflit de loyauté** [psychol.], impossibilité pour qqn (un enfant, par ex.) de choisir entre deux exigences contraires, ce choix impliquant le plus souvent les sentiments envers deux personnes qui lui sont également chères : *Enfants de divorcés pris dans un conflit de loyauté.*

LOYER [lwaje] **n.m.** (du lat. *locarium*, prix d'hébergement). **1.** Prix du louage d'une chose. **2.** Prix de la location d'un logement. ■ **Loyer de l'argent** [fin.], taux d'intérêt de l'argent emprunté.

LP ou **L.P.** n.m. (sigle). Lycée professionnel.

LSD ou **L.S.D.** n.m. (abrév. de l'all. *Lysergsäurediäthylamid*). Dérivé de l'acide lysergique, hallucinogène utilisé par les toxicomanes (SYN. **lysergamide**).

LUBIE n.f. (du lat. *lubere*, plaire). Fantaisie soudaine ; caprice extravagant.

LUBRICITÉ n.f. Caractère lubrique.

LUBRIFIANT, E adj. et n.m. Se dit d'un produit qui lubrifie.

LUBRIFICATION n.f. Action de lubrifier.

LUBRIFIER v.t. **[5]** (du lat. *lubricus*, glissant). Rendre glissant pour atténuer le frottement et faciliter le fonctionnement ; graisser.

LUBRIQUE adj. (du lat. *lubricus*, glissant). Qui manifeste un penchant excessif pour les plaisirs charnels, la luxure.

LUBRIQUEMENT adv. Avec lubricité.

LUCANE n.m. (du lat. *lucanus*, cerf-volant). Coléoptère des chênes et des châtaigniers. ➲ Les mandibules parfois énormes du mâle lui valent son autre nom de *cerf-volant.*

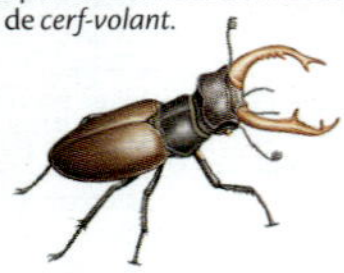

▲ lucane

LUCANOPHILE ou **LUCANISTE** n. Cerf-voliste.

LUCARNE n.f. (de l'anc. fr. *lucanne*). **1.** Ouvrage en saillie sur un toit, comportant une ou plusieurs fenêtres donnant du jour au comble. **2.** SPORTS. Chacun des deux angles supérieurs d'un but de football, de handball ; tir effectué dans ces angles. **3.** Fam. Écran de télévision, d'ordinateur ou de téléphone portable.

1. LUCERNAIRE n.m. (du lat. *lucerna*, lampe). Office religieux célébré à la tombée du jour, dans les communautés des premiers siècles du christianisme.

2. LUCERNAIRE n.f. Méduse très commune, qui vit fixée aux algues par son ombrelle. ➲ Classe des scyphozoaires.

LUCIDE adj. (lat. *lucidus*). **1.** Se dit de qqn qui est objectif dans sa vision de la réalité, de sa vision elle-même ; perspicace : *Sois un peu lucide : c'est irréalisable !* **2.** Qui est en pleine possession de ses facultés intellectuelles ; conscient : *Parlez au blessé pour le garder lucide.*

LUCIDEMENT adv. Avec lucidité.

LUCIDITÉ n.f. Qualité d'une personne, d'une chose lucide : *La lucidité d'un juge, d'un jugement.*

LUCIFÉRIEN, ENNE adj. Litt. Qui tient du diable ; démoniaque. ◆ **n.m.** Membre de certaines sectes démoniaques rendant un culte à Lucifer.

LUCIFÉRINE n.f. (du lat. *lucifer*, qui apporte la lumière). Substance contenue dans les organes lumineux de divers animaux et dont l'oxydation provoque une émission de lumière (lampyre, divers poissons).

LUCIFUGE adj. Se dit des animaux qui évitent la lumière.

LUCILIE n.f. (du lat. *lux, lucis*, lumière). Mouche d'un vert métallique pouvant pondre sur la viande ou sur les blessures d'animaux vivants, en provoquant une myiase. ➲ Famille des calliphoridés.

LUCIOLE n.f. (ital. *lucciola*, de *luce*, lumière). Coléoptère voisin du lampyre, mais dont le mâle et la femelle sont pourvus d'ailes et luminescents. ➲ Famille des lampyridés.

▲ luciole

LUCITE n.f. (du lat. *lux, lucis*, lumière). MÉD. Lésion cutanée due à la lumière (SYN. **actinite**).

LUCRATIF, IVE adj. (lat. *lucrativus*). Qui rapporte de l'argent : *Association à but non lucratif* ; qui procure de gros profits : *Placements lucratifs.*

LUCRATIVEMENT adv. De façon lucrative.

LUCRE n.m. (lat. *lucrum*). Litt. Profit recherché avec avidité : *Esprit de lucre.*

LUDDISME n.m. HIST. Organisation et action des luddites.

LUDDITE [lydit] **n.m.** HIST. Membre d'une bande d'ouvriers anglais, menés par un certain Ned Ludd, qui, entre 1811 et 1816, détruisirent les machines, accusées de provoquer le chômage. ◆ **adj.** Relatif aux luddites.

LUDICIEL n.m. (du lat. *ludus*, jeu, et de *logiciel*). Logiciel de jeu.

LUDION n.m. (du bas lat. *ludio*, histrion). Objet ou figurine creux et percés dans leur partie inférieure, qui montent ou descendent dans un liquide selon les variations de pression exercées à la surface de celui-ci.

LUDIQUE adj. (du lat. *ludus*, jeu). Relatif au jeu : *Activité ludique.*

LUDISME n.m. Comportement caractérisé par la recherche du jeu sous toutes ses formes.

LUDO-ÉDUCATIF, IVE (pl. *ludo-éducatifs, ives*), ▲ *LUDOÉDUCATIF, IVE* **adj.** Se dit d'un logiciel ou d'un cédérom qui permet de s'instruire en s'amusant.

LUDOLOGUE n. Personne qui crée des jeux pour les médias.

LUDOSPACE n.m. Voiture particulière, dérivée d'un véhicule utilitaire et destinée aux loisirs.

LUDOTHÉCAIRE n. Personne chargée d'animer une ludothèque.

LUDOTHÈQUE n.f. Espace d'animation ludique et de prêt de jeux et jouets.

LUDWIGIA [lydviʒja] **n.m.** (du n. de C. G. *Ludwig*). BOT. Jussie.

LUETTE n.f. (anc. fr. *l'uette*, dimin. du lat. *uva*, grappe). Appendice charnu et mobile, prolongeant le bord postérieur du voile du palais et qui contribue à la fermeture des fosses nasales pendant la déglutition (SYN. **uvule**).

LUEUR n.f. (du lat. *lucere*, luire). **1.** Clarté faible ou éphémère : *À la lueur d'une bougie.* **2.** Éclat fugitif du regard : *Une lueur de malice s'alluma dans ses yeux.* **3.** Manifestation passagère et vive : *Une lueur de bon sens.*

LUFFA [lu-] **n.m.** (ar. *luff*). Cucurbitacée grimpante d'Afrique et d'Asie, dont la pulpe fibreuse, desséchée, constitue l'éponge végétale.

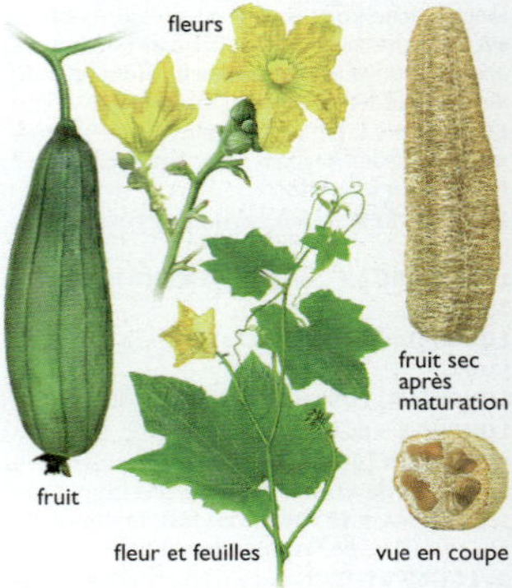

▲ luffa

LUGE n.f. (mot savoyard, du gaul.). Petit traîneau utilisé pour glisser sur la neige ; sport pratiqué avec ce traîneau.

1. LUGER v.i. **[10].** Faire de la luge. ◆ **SE LUGER** v.pr. Suisse. Fam. Échouer à un examen, une élection, etc.

2. LUGER [lyʒɛr] **n.m.** (du n. de G. *Luger*). Pistolet automatique allemand de 9 mm.

LUGEUR, EUSE n. Sportif qui pratique la luge.

LUGUBRE adj. (du lat. *lugere*, être en deuil). Qui exprime ou inspire la tristesse ; sinistre : *Une maison, une atmosphère lugubre.*

LUGUBREMENT adv. De façon lugubre.

LUI pron. pers. **1.** Désigne la 3e pers. du sing. et s'emploie comme complément d'objet indirect devant un verbe ou après un impératif : *Appelle-la* *pour lui dire de venir. Donne-lui son cadeau.* **2.** (Au masc.). S'emploie comme sujet pour renforcer *il*, comme complément d'objet direct pour renforcer *le* ou après une préposition : *Lui, il a le droit. Préviens-le, lui. Pour lui.*

LUIRE v.i. [77] (lat. *lucere*). **1.** Émettre ou réfléchir de la lumière ; briller : *Le soleil luit.* **2.** Se manifester comme une lueur ; apparaître : *La fierté luit dans son regard.*

✎ Le passé simple ***il luisit*** est supplanté par ***il luit.***

LUISANCE n.f. Litt. Qualité de ce qui luit ; éclat lumineux.

LUISANT, E adj. Qui luit. ■ **Ver luisant,** femelle du lampyre. ◆ **n.m.** Aspect d'une surface qui reluit.

LULU n.m. (onomat.). Petite alouette des landes et des prairies de montagne de l'Europe, du Moyen-Orient et de l'Afrique du Nord. ➲ Famille des alaudidés.

LUMA n.m. (du lat. *limax*, escargot). Région. (Centre, Ouest). Petit-gris (escargot).

LUMACHELLE n.f. (de l'ital. *lumachella*, petit limaçon). **GÉOL.** Roche sédimentaire calcaire formée essentiellement par l'accumulation de coquilles fossiles entières ou brisées.

LUMBAGO [lœbago] ou **LOMBAGO** n.m. (du lat. *lumbus*, rein). **MÉD.** Douleur brutale et intense siégeant au niveau de la colonne vertébrale lombaire, due à l'irritation des racines nerveuses sensitives ou à la contracture des muscles voisins (SYN. [cour.] **tour de reins**).

LUMEN [lymɛn] **n.m.** (mot lat. « lumière »). Unité de mesure de flux lumineux (symb. lm), équivalant au flux lumineux émis dans un angle solide de 1 stéradian par une source ponctuelle uniforme située au sommet de l'angle solide et ayant une intensité lumineuse de 1 candela.

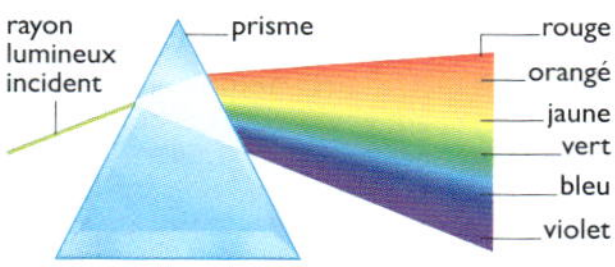

▲ **lumière.** Décomposition par réfraction de la lumière blanche dans un prisme.

LUMIÈRE n.f. (lat. *lumen, -inis*). **1.** Rayonnement émis par des corps portés à haute température (incandescence) ou par des substances excitées (luminescence), qui est perçu par les yeux et fournit un éclairage. ➲ La lumière est constituée par des ondes électromagnétiques, et sa vitesse de propagation dans le vide est de 299 792 458 m/s ; on peut aussi la considérer comme un flux de particules énergétiques dénuées de masse, les *photons*. **2.** Clarté du soleil. **3.** Éclairage artificiel ; ce qui produit cet éclairage : *Éteindre la lumière.* **4.** Partie claire ou plus éclairée que les autres, dans une peinture, un dessin : *L'opposition des ombres et des lumières.* **5.** Ce qui éclaire l'esprit ; élément qui fait comprendre : *Ce fait nouveau n'a apporté aucune lumière à l'enquête.* **6.** (Souvent en tournure négative). Personne au savoir ou aux mérites éclatants ; sommité : *Ce n'est vraiment pas une lumière.* **7.** Chacune des branches d'un candélabre. **8.** Dans les instruments d'optique à pinnules, petit trou par lequel on voit l'objet observé. **9.** Ouverture percée dans le canon des anciennes armes à feu, par laquelle on enflammait la charge. **10. ANAT.** Intérieur d'un organe creux : *La lumière de l'intestin.* ■ **À la lumière de,** en se référant à. ■ **Faire (toute) la lumière sur qqch,** en révéler les tenants et les aboutissants. ■ **Habit de lumière,** habit brodé de fils brillants, que porte le matador. ■ **Lumière noire** ou **de Wood,** rayonnement ultraviolet invisible qui provoque la fluorescence de certains corps. ■ **Lumière zodiacale** → **ZODIACAL.** ■ **Mettre en lumière,** faire ressortir ; mettre en évidence. ◆ **n.f. pl. 1.** Feux d'un véhicule automobile. **2.** Connaissances possédées par qqn sur tel sujet : *J'ai besoin de vos lumières.* ■ **Les Lumières,** mouvement intellectuel et philosophique qui domine le monde des idées en Europe, au XVIIIe s., et dont les traits fondamentaux sont un rationalisme en prise sur l'expérience, ouvert au sensible et au monde des sentiments, le rejet de la métaphysique, la croyance dans le progrès et dans la perfectibilité de l'homme, le combat pour la tolérance et le respect des libertés civiles.

LUMIGNON n.m. (du lat. *lumen, -inis*, lumière). **1.** Bout de la mèche d'une bougie allumée ; petit morceau de chandelle. **2.** Lampe qui diffuse une lumière faible.

LUMINAIRE n.m. **1.** Tout appareil d'éclairage. **2.** Ensemble des lampes, des cierges utilisés dans le culte chrétien. **3. ASTROL.** Le Soleil ou la Lune.

LUMINANCE n.f. **OPT.** Quotient de l'intensité lumineuse d'une surface par l'aire apparente de cette surface, pour un observateur lointain. ➲ Unité : la candela par mètre carré (cd/m²). ■ **Signal de luminance,** signal qui représente la luminance des différents points d'une image, en télévision.

LUMINESCENCE n.f. **PHYS.** Caractère propre à de nombreuses substances d'émettre de la lumière sous l'effet d'une excitation (électrique, biologique, etc.).

LUMINESCENT, E adj. Relatif à la luminescence. ■ **Tube luminescent,** tube contenant un gaz ou une vapeur qui s'illumine lorsqu'on y produit une décharge électrique.

LUMINEUSEMENT adv. De façon lumineuse, claire : *Une théorie lumineusement exposée.*

LUMINEUX, EUSE adj. **1.** Qui émet ou réfléchit la lumière : *Des panneaux lumineux.* **2.** Qui paraît émettre de la lumière : *Visage lumineux.* **3.** Qui reçoit beaucoup de lumière : *Une salle lumineuse.* **4.** Fig. Qui comprend ou fait comprendre rapidement : *Esprit, exposé lumineux.*

LUMINISME n.m. **BX-ARTS.** Tendance picturale qui privilégie les effets de lumière ou de clair-obscur (le Caravage, de La Tour, par ex.).

LUMINISTE adj. et n. Relatif au luminisme ; qui s'y rattache.

LUMINOPHORE n.m. **ÉLECTRON.** Constituant élémentaire de la couche sensible d'un tube cathodique, qui émet de la lumière sous l'impact d'un faisceau d'électrons.

LUMINOSITÉ n.f. **1.** Qualité de ce qui est lumineux. **2. ASTRON.** Quantité totale d'énergie rayonnée par unité de temps par un astre.

LUMINOTHÉRAPIE n.f. **MÉD.** Exposition régulière à une source artificielle de lumière blanche*, qui peut être bénéfique notamm. dans le traitement des états dépressifs hivernaux.

LUMITYPE n.f. (nom déposé). **IMPRIM.** Anc. Machine à composer photographique.

LUMP [lœp] **n.m.** (mot angl.). Poisson côtier des mers froides, dont les œufs noirs, comestibles, évoquent le caviar (SYN. **lompe**). ➲ Ordre des scorpéniformes.

1. LUNAIRE adj. (lat. *lunaris*). **1.** Relatif à la Lune : *Diamètre lunaire.* **2.** Qui évoque la Lune, par son aspect, sa forme, etc. : *Paysage lunaire.* **3.** Litt. Chimérique : *Projet lunaire.* ■ **Mois lunaire,** lunaison.

2. LUNAIRE n.f. Plante ornementale cultivée pour ses fleurs odorantes et ses fruits, de larges disques blanc argenté. Noms usuels : *monnaie-du-pape, herbe aux écus.* ➲ Famille des crucifères.

LUNAISON n.f. (bas lat. *lunatio*). Espace de temps qui s'écoule entre deux nouvelles lunes consécutives (env. 29,5 j) [SYN. **mois lunaire**].

LUNATIQUE adj. et n. (de *1. lune*). **1.** Dont l'humeur est changeante et imprévisible. **2.** Québec. Qui est distrait, dans la lune, qui a la tête ailleurs.

LUNCH [lœ(nt)ʃ] **n.m.** (pl. *lunchs* ou *lunches*) [mot angl.]. **1.** Repas servi en buffet à l'occasion d'une réception. **2.** Québec. Repas de midi ; mets que l'on apporte pour un repas quelconque.

LUNDI n.m. (du lat. *Lunae dies*, jour de la Lune). Premier jour de la semaine.

1. LUNE n.f. (lat. *luna*). **1.** (Avec une majuscule). Satellite naturel de la Terre. **2.** Satellite naturel d'une planète quelconque : *Les lunes de Saturne.* ■ **Demander, promettre la lune,** demander, promettre l'impossible. ■ **Être dans la lune,** être distrait. ■ **Lune de miel,** premier temps du mariage, où est supposé régner le bonheur ; période de bonne entente entre deux personnes, deux pays, notamm. au début de leurs relations. ■ **Lune rousse,** appellation traditionnelle de la lunaison qui commence après Pâques. ➲ C'est souvent une période de gelées nocturnes ou de vents froids qui font roussir les jeunes pousses. ■ **Nouvelle lune,** phase de la Lune dans laquelle celle-ci, se trouvant placée entre le Soleil et la Terre, tourne vers la Terre son hémisphère obscur et, de ce fait, est invisible. ■ **Pleine lune,** phase de la Lune dans laquelle celle-ci, se trouvant à l'opposé du Soleil par rapport à la Terre, tourne vers la Terre son hémisphère éclairé et se trouve donc visible sous l'aspect d'un disque entier. ■ **Tomber de la lune,** être surpris par un événement imprévu. ■ **Vieilles lunes** [fam.], idées dépassées.

➲ La **LUNE** tourne autour de la Terre en 27 j 7 h 43 min *(révolution sidérale)*, à une distance moyenne de 384 400 km. Dans le même temps, elle accomplit une rotation complète sur elle-même. Aussi présente-t-elle toujours la même face à la Terre. Dépourvue de lumière propre, elle ne fait que réfléchir celle qu'elle reçoit du Soleil et possède donc en permanence un hémisphère obscur et un hémisphère éclairé. Les aspects différents, ou *phases*, suivant lesquels on la voit de la Terre s'expliquent par les variations de sa position relative par rapport à notre planète et au Soleil. Ces phases se déroulent suivant un cycle de 29 j 12 h 44 min (*révolution synodique, lunaison* ou *mois lunaire*). Le rayon de la Lune est de 1 738 km, sa densité moyenne de 3,34 et sa masse n'est que le 1/81 environ de celle de la Terre. Sa surface présente de vastes plaines *(mers lunaires)* criblées de cratères météoritiques et des montagnes aux formes douces. Elle n'est entourée d'aucune atmosphère, ce qui lui vaut de connaître des températures allant d'environ + 120 °C le jour à – 170 °C la nuit. Le sol lunaire a été étudié directement de 1969 à 1972 au cours de six vols de la série Apollo*.

PRINCIPALES LUNES DU SYSTÈME SOLAIRE

nom	planète (lune de...)	diamètre
Ganymède	Jupiter	5 268 km
Titan	Saturne	5 150 km
Callisto	Jupiter	4 806 km
Io	Jupiter	3 643 km
Lune	Terre	3 476 km
Europe	Jupiter	3 130 km
Triton	Neptune	2 707 km

2. LUNE n.m. Môle (poisson).

LUNÉ, E adj. Fam. ■ **Bien, mal luné,** de bonne, de mauvaise humeur.

1. LUNETIER, ÈRE ou **LUNETTIER, ÈRE** n. Fabricant, marchand de lunettes.

2. LUNETIER, ÈRE ou **LUNETTIER, ÈRE** adj. Relatif à la vente, à la fabrication de lunettes.

LUNETTE n.f. (de *1. lune*, à cause de la forme). **1.** Instrument d'optique destiné à l'observation des objets éloignés (en partic. des astres) et dont l'objectif est constitué d'une lentille convergente ou d'un système achromatique équivalent. **2.** Ouverture d'une cuvette de W-C. **3. MÉCAN. INDUSTR.** Appareil servant de guide ou de soutien,

▲ **Lune.** Principales phases de la Lune.

sur une machine-outil, à une pièce de révolution de grande longueur afin d'éviter qu'elle ne flambe sous l'effort de l'outil. **4. ARCHIT.** Portion de voûte en berceau pénétrant dans la montée d'une voûte principale, génér. en rapport avec une baie. **5. FORTIF.** En système bastionné, ouvrage extérieur d'une place, composé de deux faces et de deux flancs, et constituant une position avancée. **6. BX-ARTS.** Peinture occupant une portion cintrée de mur ; panneau supérieur, cintré, d'un polyptyque. ▪ **Lunette arrière,** vitre arrière d'une automobile. ▪ **Lunette d'approche,** lunette terrestre munie d'un redresseur d'image interposé entre l'objectif et l'oculaire (SYN. **longue-vue**). ▪ **Lunette de pointage** [arm.], lunette qui sert à viser un objectif en le grossissant. ▪ **Lunette d'étambot** [mar.], orifice percé dans l'étambot d'un navire pour le passage de l'arbre de l'hélice. ◆ **n.f. pl.** Paire de verres correcteurs ou filtrants, enchâssés dans une monture conçue pour être placée sur le nez, devant les yeux. ▪ **Serpent à lunettes,** naja.

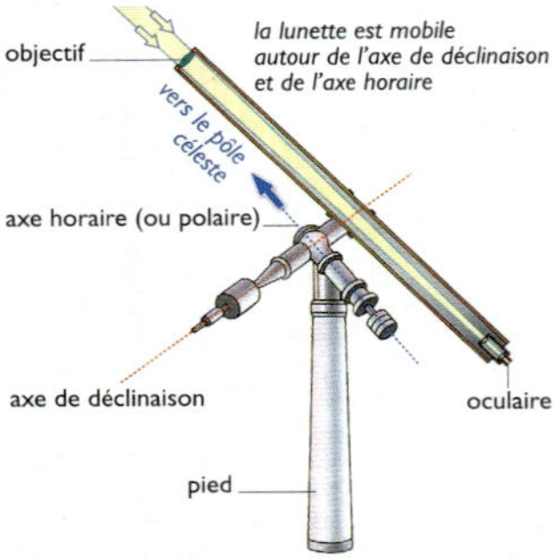

▲ **lunette** astronomique à monture équatoriale.

LUNETTERIE n.f. Métier, commerce du lunetier.

LUNI-SOLAIRE (pl. *luni-solaires*), ▲ *LUNISOLAIRE* **adj. ASTRON.** Relatif à la fois à la Lune et au Soleil, à leurs mouvements et aux repères chronologiques que ceux-ci fournissent : *Calendrier luni-solaire.*

LUNULE n.f. (du lat. *lunula*, petit croissant). **1. ANAT.** Tache blanche en forme de croissant, située à la base de l'ongle. **2. MATH.** Surface limitée par deux arcs de cercle ayant mêmes extrémités et dont la convexité est tournée du même côté.

LUNURE n.f. Défaut du bois consistant en une inclusion d'aubier dans le bois de cœur.

LUPANAR n.m. (mot lat., de *lupa*, prostituée). Litt. Maison de prostitution.

LUPERCALES n.f. pl. (lat. *Lupercalia*). **ANTIQ. ROM.** Fêtes annuelles célébrées en l'honneur de Faunus Lupercus, dieu des Troupeaux.

LUPERQUE n.m. (lat. *Lupercus*). **ANTIQ. ROM.** Prêtre qui célébrait les lupercales.

LUPIN n.m. (lat. *lupinus*). Plante herbacée dont certaines variétés (non toxiques) ont une grande importance pour l'alimentation animale et d'autres sont cultivées pour leurs fleurs ornementales. ➲ Sous-famille des papilionacées.

LUPIQUE adj. **MÉD.** Relatif au lupus. ◆ **adj.** et **n.** Atteint du lupus.

1. LUPULINE n.f. ou **LUPULIN** n.m. (du lat. *lupulus*, houblon). Poudre jaune produite par les fleurs femelles de houblon et contenant des résines amères qui aromatisent la bière.

2. LUPULINE n.f. Luzerne sauvage à petites fleurs jaunes, très commune dans les champs (SYN. **2. minette**). ➲ Famille des fabacées.

LUPUS [lypys] n.m. (mot lat. « loup »). **MÉD.** Vieilli. Nom de diverses affections cutanées envahissantes. ▪ **Lupus érythémateux (aigu) disséminé,** maladie caractérisée par des plaques rouges cutanées, une altération de l'état général et des atteintes viscérales multiples. ▪ **Lupus érythémateux chronique,** dermatose caractérisée par des plaques rouges avec kératose, en partic. sur le visage.

LURETTE n.f. (de *heurette*, dimin. de *heure*). Fam. ▪ **Il y a belle lurette,** il y a bien longtemps.

LUREX n.m. (nom déposé). Fil textile gainé de polyester, qui lui donne un aspect métallique.

LURON, ONNE n. Fam. Personne gaie, insouciante : *Un gai luron.*

LUSIN n.m. (du néerl. *huising*). **MAR.** Ligne d'amarrage faite de deux fils de caret entrelacés.

LUSITANIEN, ENNE ou **LUSITAIN, E** adj. et n. De la Lusitanie ; du Portugal.

LUSOPHONE adj. et n. De langue portugaise.

LUSTRAGE n.m. Action de lustrer.

LUSTRAL, E, AUX adj. (du lat. *lustralis*, expiatoire). **1. RELIG.** Qui sert à purifier : *Eau lustrale.* **2. ANTIQ. ROM.** Que l'on fait tous les cinq ans : *Sacrifice lustral.*

LUSTRATION n.f. **RELIG.** Rite de purification d'une personne ou d'un lieu.

1. LUSTRE n.m. (lat. *lustrum*). **1.** Litt. Période de cinq années. **2.** (Au pl.). Longue période : *Il y a des lustres qu'il ne vient plus.* **3. ANTIQ. ROM.** Sacrifice de purification pratiqué tous les cinq ans.

2. LUSTRE n.m. (de l'ital. *lustro*, lumière). **1.** Appareil décoratif d'éclairage suspendu au plafond. **2.** Éclat brillant de qqch : *Le lustre d'un parquet ciré.* **3.** Fig., litt. Ce qui rend digne d'intérêt ; éclat : *Ce festival a donné du lustre à notre ville.*

LUSTRÉ, E adj. Rendu brillant par l'usure : *Une veste lustrée aux coudes.*

LUSTRER v.t. [3]. **1.** Donner du brillant, du poli à : *Lustrer un sac en cuir.* **2.** Rendre un vêtement brillant par l'usure.

LUSTRERIE n.f. **1.** Fabrication des lustres et des appareils d'éclairage. **2.** Ensemble des luminaires muraux ou de plafond d'un bâtiment.

LUSTRINE n.f. (ital. *lustrino*, de *lustro*, brillant). Étoffe de coton apprêtée et lustrée.

LUT [lyt] n.m. (du lat. *lutum*, limon). Enduit se durcissant par dessiccation et que l'on utilise pour boucher ou entourer des récipients au contact du feu.

LUTÉCIUM ou **LUTETIUM** [lytesjɔm] n.m. **1.** Métal du groupe des terres rares. **2.** Élément chimique (Lu), de numéro atomique 71, de masse atomique 174,967.

LUTÉINIQUE ou **LUTÉAL, E, AUX** adj. (du lat. *luteus*, jaune). **MÉD.** Relatif au corps jaune de l'ovaire.

LUTER v.t. [3]. Boucher avec du lut.

LUTH n.m. (ar. *al-'ūd*). Instrument de musique à 7, 13 ou 21 cordes pincées, dont le corps est en forme de demi-poire et le chevillier à angle droit avec le manche. ➲ Il fut en vogue en Europe aux XVIe et XVIIe s. ▪ **Tortue luth,** tortue marine à la carapace recouverte d'un cuir épais. ➲ Long. 2 m, poids 500 kg.

▲ **luth.** Le luthiste Charles Mouton par F. De Troy (détail). [Musée du Louvre, Paris.]

LUTHÉRANISME n.m. Ensemble des Églises protestantes qui se rattachent à Luther ; doctrine théologique issue de la pensée de Luther. ➲ Solidement implanté à la fin du XVIe s. dans l'Allemagne du Nord et du Centre, en Alsace et dans les pays scandinaves, le luthéranisme compte auj. des fidèles sur tous les continents.

LUTHERIE n.f. Métier, commerce du luthier.

LUTHÉRIEN, ENNE adj. et n. Qui appartient à la doctrine de Luther ; qui professe cette doctrine religieuse.

LUTHIER, ÈRE n. Fabricant d'instruments de musique portables à cordes (violons, guitares, etc.). [Pour les instruments de grande taille comme le clavecin, le piano, la harpe, on dit *facteur.*]

LUTHISTE n. Instrumentiste qui joue du luth.

1. LUTIN n.m. (du lat. *Neptunus*, Neptune). **1.** Petit génie malicieux. **2.** Vieilli. Enfant espiègle, taquin.

2. LUTIN, E adj. Litt. Qui est espiègle, taquin.

LUTINER v.t. [3]. Litt. Poursuivre une femme de ses caresses, en parlant d'un homme.

LUTITE n.f. Classe de roches sédimentaires meubles dont la dimension des éléments est inférieure à 62,5 μm. (→ **limon**).

LUTRAIRE n.f. (du lat. *lutarius*, qui vit dans la vase). Grand mollusque bivalve, à coquille mince et oblongue, qui vit enfoui dans la vase des estuaires, en Méditerranée et dans l'Atlantique. ➲ Long. 12 cm ; famille des mactridés.

LUTRIN n.m. (lat. pop. **lectorinum*). **1.** Meuble à pupitre destiné à supporter les livres ouverts pour en faciliter la lecture ; ce meuble, placé dans le chœur d'une église pour porter les livres de chant liturgique. **2.** Belgique, Suisse. Pupitre pour les partitions musicales.

LUTTE n.f. **1.** Affrontement entre deux personnes, deux groupes, dont chacun s'efforce de faire triompher sa cause ou d'imposer sa domination à l'autre ; combat : *Un peuple en lutte contre l'oppression.* **2.** Sport de combat dans lequel deux adversaires s'affrontent à mains nues, chacun cherchant à renverser l'autre sur le dos. **3.** Ensemble d'actions menées pour vaincre un mal, des difficultés : *Lutte contre la pollution.* **4.** Action de deux forces agissant en sens contraire : *Lutte entre le devoir et la passion.* **5. ÉLEV.** Accouplement, dans l'espèce ovine. ▪ **De haute lutte,** à la suite d'un effort vigoureux et continu. ▪ **Lutte biologique** [agric.], protection des cultures utilisant les prédateurs ou les parasites naturels des espèces indésirables. ▪ **Lutte des classes,** antagonisme fondamental entre les classes dominantes et les classes dominées, et partic. entre le prolétariat et la bourgeoisie, dans lequel le marxisme voit le moteur de l'histoire. ▪ **Lutte gréco-romaine,** sport de combat dans lequel les prises ne peuvent être portées qu'au-dessus de la ceinture. ▪ **Lutte libre,** sport de combat dans lequel les prises sur tout le corps sont autorisées. ▪ **Lutte pour la vie,** combat que mène chaque individu, chaque espèce pour assurer sa survie ; concurrence vitale des espèces ayant pour résultat, selon une lecture de C. Darwin par H. Spencer, la survie des plus adaptés (sélection naturelle).

LUTTER v.i. [3] (lat. *luctare*). **1. SPORTS.** Combattre à la lutte. **2.** Déployer toute son énergie pour atteindre un but : *Lutter contre la mort. Lutter pour le droit au logement.* **3.** (DE). Faire des efforts pour l'emporter sur qqn ; rivaliser : *Lutter d'inventivité.*

LUTTEUR, EUSE n. **1.** Sportif qui pratique la lutte. **2.** Personne énergique, qui aime lutter pour obtenir qqch.

LUTZ [lutz] ou [lytz] n.m. En patinage artistique, saut piqué, l'appel et la réception se faisant en arrière, sur l'autre jambe et sur une courbe opposée à celle du départ.

LUX [lyks] n.m. (mot lat. « lumière »). Unité de mesure d'éclairement lumineux (symb. lx), équivalant à l'éclairement d'une surface qui reçoit, d'une manière uniformément répartie, un flux lumineux de 1 lumen par mètre carré.

LUXATION n.f. Déplacement des os normalement en contact au niveau d'une articulation (SYN. [cour.] **déboîtement**).

LUXE n.m. (lat. *luxus*). **1.** Caractère de ce qui est coûteux, raffiné, somptueux : *Le luxe d'un palais vénitien.* **2.** Environnement constitué par des objets coûteux ; manière de vivre coûteuse et raffinée : *Aimer le luxe.* **3.** Litt. Grande abondance de qqch : *Un grand luxe de détails.* **4.** Ce que l'on se permet de manière exceptionnelle : *Voyager est son seul luxe ;* ce que l'on se permet de dire, de faire en plus, pour le plaisir : *Elle peut s'offrir le luxe de refuser.* ▪ **Ce n'est pas du luxe** [fam.], c'est indispensable. ▪ **De luxe,** se dit de produits, de services qui correspondent à des goûts recherchés et coûteux : *Une édition de luxe.*

LUXEMBOURGEOIS, E adj. et n. Du Luxembourg ; de ses habitants. ◆ **n.m.** Dialecte allemand parlé dans le grand-duché de Luxembourg.

LUXER v.t. [3] (lat. *luxare*). Provoquer la luxation de ; déboîter : *Le choc lui a luxé l'épaule.* ◆ **SE LUXER** v.pr. Se faire une luxation à telle articulation : *Se luxer le genou.*

LUXMÈTRE n.m. (du lat. *lux*, lumière, et *1. mètre*). Appareil servant à mesurer l'éclairement.

LUXUEUSEMENT adv. De façon luxueuse.

LUXUEUX, EUSE adj. Qui se signale par son luxe : *Appartement luxueux.*

LUXURE n.f. (du lat. *luxuria*, surabondance). Litt. Recherche sans retenue des plaisirs sensuels ; débauche.

LUXURIANCE n.f. Caractère luxuriant.

LUXURIANT, E adj. (lat. *luxurians*, surabondant). Qui pousse, se développe avec abondance : *Végétation luxuriante.*

LUXURIEUX, EUSE adj. Litt. Qui dénote la luxure ; lubrique.

LUZERNE n.f. (provenç. *luzerno*). Plante vivace du groupe des légumineuses, riche en protéines, largement cultivée pour la qualité de son fourrage. ➲ Sous-famille des papilionacées.

LUZERNIÈRE n.f. Champ de luzerne.

LUZULE n.f. (ital. *luzziola*, de *luce*, lumière). Plante des prés et des bois de l'Eurasie tempérée, à tige dressée portant une inflorescence terminale. ➲ Famille des joncacées.

LYCANTHROPE n.m. (du gr. *lukos*, loup, et *anthrôpos*, homme). Loup-garou.

LYCANTHROPIE n.f. 1. Métamorphose supposée d'un homme en loup-garou. **2. PSYCHIATR.** Délire consistant à se croire transformé en loup (et, plus génér., en bête féroce).

LYCAON [likaɔ̃] **n.m.** (mot lat.). Mammifère carnivore d'Afrique, rappelant à la fois le chien et l'hyène, à pelage fauve et noir, qui chasse en meute zèbres et gnous. ➲ Famille des canidés.

LYCÉE n.m. (gr. *Lukeion*). **1.** Établissement qui dispense l'enseignement du second degré (de la seconde à la classe terminale). **2.** Belgique. Établissement public d'enseignement secondaire naguère réservé aux filles. ▪ **Lycée d'enseignement général et technologique,** établissement d'enseignement du second degré préparant aux baccalauréats d'enseignement général, aux baccalauréats technologiques et aux brevets de technicien, ainsi qu'aux concours d'entrée dans les grandes écoles, dans les classes préparatoires et aux BTS dans les sections de techniciens supérieurs. ▪ **Lycée professionnel (LP),** établissement d'enseignement professionnel préparant aux CAP, aux BEP et aux baccalauréats professionnels.

LYCÉEN, ENNE n. Élève d'un lycée. ◆ **adj.** Relatif au lycée, aux lycéens.

LYCÈNE n.f. (lat. *lycaena*). Papillon diurne, à ailes bleues, ou orange chez le mâle, à vol vif, et dont la chenille vit sur les légumineuses ou sur les plantes des marais. ➲ Famille des lycénidés.

LYCHEE n.m. → **LITCHI.**

LYCHNIS [liknis] **n.m.** (du gr. *lukhnos*, flambeau). Plante de l'hémisphère Nord tempéré, comprenant de nombreuses espèces, nuisibles (nielle des blés) ou cultivées pour l'ornement. ➲ Famille des caryophyllacées.

LYCIET [lisjɛ] **n.m.** (lat. sc. mod. *lycinium*, du gr. *lukion*). Arbuste d'Europe et d'Asie, cultivé princip. en Chine, dont deux espèces produisent des fruits, les gojis*. ➲ Famille des solanacées.

LYCOPE n.m. (lat. *lycopus*). Plante des lieux humides à petites fleurs blanches, appelée aussi *patte-de-loup* ou *chanvre d'eau.* ➲ Famille des labiées.

LYCOPÈNE n.m. Pigment caroténoïde rouge de la tomate.

LYCOPERDON n.m. (du gr. *lukos*, loup, et *perdesthai*, péter). Champignon basidiomycète en forme de poire retournée, blanc, rejetant une poussière de spores à maturité. Nom usuel : *vesse-de-loup.* ➲ Ordre des gastérales.

LYCOPHYTE n.m. Ptéridophyte à sporanges isolés, portés par des feuilles spécialisées, tel que la sélaginelle ou le lépidodendron, fossile de l'ère primaire. ➲ Les lycophytes forment un embranchement.

LYCOPODE n.m. (du gr. *lukos*, loup, et *pous*, *podos*, pied). Petite plante cryptogame vivace dont les tiges, rampantes ou dressées, portent un manchon de petites feuilles. Nom usuel : *pied-de-loup.* ➲ Ordre des lycopodiales.

LYCOPODIALE n.f. Plante cryptogame vasculaire, à sporange réniforme ne portant qu'un seul type de spores, telle que le lycopode. ➲ Les lycopodiales forment un ordre.

LYCOSE n.f. (gr. *lycos*). Grosse araignée errante du sud de l'Europe et des régions tropicales, qui creuse des terriers et dont une espèce est la tarentule. ➲ Famille des lycosidés.

LYCRA n.m. inv. (nom déposé). Élasthanne de la marque de ce nom.

LYDIEN, ENNE adj. et **n.** De la Lydie.

LYME (MALADIE DE) n.f. Borréliose transmise par les tiques.

LYMPHANGIOME n.m. Angiome constitué de vaisseaux lymphatiques (par oppos. à *hémangiome*).

LYMPHANGITE n.f. Inflammation des vaisseaux lymphatiques.

LYMPHATIQUE adj. Relatif à la lymphe ou au système lymphatique. ▪ **Drainage lymphatique,** massage thérapeutique effectué par des mouvements doux, lents et circulaires afin de stimuler la circulation lymphatique. ▪ **Système lymphatique,** ensemble des ganglions lymphatiques et des vaisseaux contenant la lymphe, intervenant dans le drainage des tissus et dans l'immunité. ◆ **adj.** et **n.** Qui manque d'énergie ; indolent.

LYMPHE n.f. (du lat. *lympha*, eau). **PHYSIOL.** Liquide riche en protéines et en lymphocytes circulant dans le système lymphatique.

LYMPHOBLASTE n.m. Cellule du tissu lymphoïde provenant de l'activation d'un lymphocyte par un antigène.

LYMPHOCYTAIRE adj. Relatif aux lymphocytes.

LYMPHOCYTE n.m. Globule blanc du sang et du tissu lymphoïde, responsable de l'immunité spécifique. ➲ On distingue les lymphocytes B, capables de se transformer en plasmocytes, et les lymphocytes T, support de l'immunité cellulaire.

LYMPHOCYTOSE n.f. MÉD. Augmentation du nombre des lymphocytes dans le sang.

LYMPHŒDÈME [-edɛm] ou [-ødɛm] **n.m.** Accumulation anormale de lymphe dans les tissus.

LYMPHOGRANULOMATOSE n.f. MÉD. ▪ **Lymphogranulomatose bénigne,** sarcoïdose. ▪ **Lymphogranulomatose inguinale subaiguë** ou **vénérienne,** maladie de Nicolas-Favre*. ▪ **Lymphogranulomatose maligne,** maladie de Hodgkin*.

LYMPHOGRAPHIE n.f. Radiographie des vaisseaux et des ganglions lymphatiques après injection d'une substance opaque aux rayons X.

LYMPHOÏDE adj. HISTOL. Qui se rapporte aux ganglions lymphatiques. ▪ **Organe lymphoïde,** constitué de tissu lymphoïde (thymus de l'enfant, moelle osseuse, ganglions lymphatiques, etc.). ▪ **Tissu lymphoïde,** ensemble des lymphocytes en partie disséminés et en partie groupés en organes, jouant un rôle central dans l'immunité.

LYMPHOKINE n.f. IMMUNOL. Ensemble des cytokines sécrétées par les lymphocytes.

LYMPHOME n.m. Tumeur génér. maligne développée aux dépens du tissu lymphoïde. ➲ On distingue la maladie de Hodgkin* et les autres lymphomes, dits *non hodgkiniens.*

LYMPHOPÉNIE n.f. MÉD. Diminution du nombre des lymphocytes dans le sang.

LYMPHORÉTICULOSE n.f. MÉD. ▪ **Lymphoréticulose bénigne d'inoculation,** infection bactérienne se traduisant par une adénopathie dans une région du corps griffée par un chat (SYN. **maladie des griffures de chat**).

LYMPHOSARCOME n.m. Tumeur maligne du tissu lymphoïde dont les cellules sont des lymphocytes.

LYNCH [lintʃ] **(LOI DE) n.f.** (de *Lynch*, n. d'un juge). **HIST.** Procédure expéditive qui consistait, aux États-Unis, à condamner et à exécuter aussitôt les criminels pris en flagrant délit.

LYNCHAGE [lɛ̃ʃaʒ] **n.m. 1.** Action de lyncher qqn. **2.** Fig. Acharnement collectif contre qqn : *Lynchage médiatique.*

LYNCHER [lɛ̃ʃe] **v.t. [3]** (de loi de *Lynch*). Exécuter qqn sommairement, sans jugement régulier, en parlant d'une foule, d'un groupe.

LYNCHEUR, EUSE [lɛ̃ʃœr, -øz] **n.** Personne qui participe à un lynchage.

LYNX [lɛ̃ks] **n.m.** (du gr. *lugx*, loup-cervier). Mammifère carnivore de taille moyenne, haut sur pattes, à vue perçante, vivant en Europe (loup-cervier des Alpes), en Amérique du Nord (lynx du Canada, lynx roux), en Asie et en Afrique (caracal). ➲ Famille des félidés. (V. planche *félins.*) ▪ **Avoir un œil** ou **des yeux de lynx,** avoir une vue perçante.

LYOCELL n.m. inv. (nom déposé). Fibre de cellulose, biodégradable, fabriquée à partir de pulpe de bois, utilisée dans l'industrie textile, notamm. pour son aspect soyeux, et dans la fabrication du papier.

LYONNAISE n.f. Jeu de boules (d'un diamètre d'au moins 9 cm) originaire de la région de Lyon, qui se pratique sur un emplacement à cadre fixe. ▪ **À la lyonnaise,** se dit de mets cuisinés avec des oignons émincés étuvés au beurre.

LYOPHILE adj. Se dit des substances qui perdent leurs propriétés biologiques après lyophilisation et qui les retrouvent par addition d'eau.

LYOPHILISAT n.m. Produit résultant d'une opération de lyophilisation.

LYOPHILISATEUR n.m. Appareil permettant de procéder à une lyophilisation.

LYOPHILISATION n.f. (du gr. *luein*, dissoudre). Déshydratation par sublimation à basse température et sous vide que l'on fait subir à certaines substances pour les conserver (SYN. **cryodessiccation**).

LYOPHILISÉ, E adj. Se dit d'un produit alimentaire présenté sous forme déshydratée : *Café lyophilisé.*

LYOPHILISER v.t. [3]. Soumettre à la lyophilisation.

LYRE n.f. (lat. *lyra*, du gr.). Instrument de musique à cordes pincées, surtout utilisé dans l'Antiquité et au Moyen Âge.

LYRIC n.m. (mot angl.). Partie chantée d'un film ou d'une œuvre dramatique.

LYRIQUE adj. (du lat. *lyricus*, du gr.). **1.** Se dit d'une œuvre poétique, littéraire ou artistique où s'expriment avec une certaine passion les sentiments personnels de l'auteur. **2.** Qui est mis en musique et chanté : *Théâtre lyrique.* **3.** Fig. Qui est plein d'enthousiasme, d'exaltation ; passionné : *Il devient lyrique dès qu'il parle d'elle.* **4.** Se dit d'un genre poétique inspiré de la poésie lyrique grecque. **5. ANTIQ. GR.** Se disait de la poésie chantée avec accompagnement de la lyre. ▪ **Abstraction lyrique,** tendance de l'art abstrait opposée à l'abstraction géométrique et qui se caractérise par la liberté et la spontanéité de l'expression. ▪ **Artiste lyrique,** chanteur d'opéra, d'opéra-comique. ◆ **n.** Poète qui pratique la poésie lyrique. ◆ **n.f.** Poésie lyrique.

LYRIQUEMENT adv. Avec lyrisme.

LYRISME n.m. Expression poétique et exaltée de sentiments personnels, de passions.

LYS n.m. → **LIS.**

LYSAT n.m. Produit résultant d'une lyse.

LYSE n.f. (du gr. *lusis*, dissolution). **BIOL.** Destruction par fragmentation d'une molécule organique d'une cellule ou d'un tissu, sous l'influence d'agents physiques ou chimiques.

LYSER v.t. [3]. Détruire par lyse.

LYSERGAMIDE ou **LYSERGIDE n.m.** LSD.

LYSERGIQUE adj. ▪ **Acide lysergique,** aminoacide dérivé de l'indole.

LYSIMAQUE n.f. (lat. *lysimachia*, du n. du médecin gr. *Lusimakhos*). Plante des lieux humides de l'Eurasie et de l'Amérique du Nord, à fleurs jaunes, dont certaines espèces, telle la nummulaire, sont cultivées pour l'ornement des jardins. ➲ Famille des primulacées.

LYSINE n.f. Acide aminé basique constituant des protéines.

LYSOGÈNE adj. Se dit des souches bactériennes qui hébergent des bactériophages sous une forme latente intégrée au chromosome bactérien.

LYSOSOME n.m. BIOL. CELL. Petit organite intracellulaire, riche en enzymes, impliqué dans la dégradation des nutriments.

LYSOZYME n.m. Enzyme bactéricide qui se trouve dans les liquides de l'organisme (salive, sang, etc.).

LYTIQUE adj. Qui provoque la lyse : *Des enzymes lytiques.* ▪ **Cocktail lytique,** mélange de puissants médicaments antalgiques et calmants utilisé en anesthésiologie ou pour effectuer une euthanasie.

martin-pêcheur

méduse

mangues

montgolfière

monocycle

M [ɛm] **n.m. inv.** Treizième lettre de l'alphabet et la dixième des consonnes. ➲ *M* note l'occlusive nasale bilabiale. ▪ **M,** notation de 1 000, dans la numération romaine.

MA adj. poss. fém. → **MON.**

MAALOUF n.m. → **MALOUF.**

MAAR n.m. (all. *Maar*). Cratère d'explosion volcanique, occupé ou non, selon le climat, par un lac.

MABOUL, E adj. et **n.** (de l'ar.). Fam. Fou.

MAC n.m. (abrév.). Arg. Maquereau ; proxénète.

MACABRE adj. Qui a trait à la mort ; funèbre : *En creusant les fondations, ils ont fait une découverte macabre. Humour macabre.*

MACACHE interj. (de l'ar.). Fam., vieilli. Exprime la négation, le refus ; rien à faire.

MACADAM [makadam] **n.m.** (du n. de J. L. *McAdam*). Assise de chaussée formée de pierres concassées, cylindrées et agglomérées avec un agrégat sableux ; chaussée ainsi revêtue.

MACADAMIA n.m. 1. Nom générique du noisetier d'Australie, ou du Queensland, cultivé en Californie et en Floride. ➲ Famille des protéacées. **2.** Fruit de cet arbre, appelé aussi *noix du Queensland.*

MACADAMISER v.t. [3]. Recouvrir de macadam.

MACAQUE n.m. (port. *macaco,* du bantou). **1.** Singe d'Asie voisin des cercopithèques, mesurant 50 à 60 cm de long sans la queue. ➲ Le *macaque rhésus* a permis la découverte du facteur Rhésus ; famille des cercopithécidés. **2.** Fam., vieilli. Personne très laide.

MACAREUX n.m. Oiseau marin, voisin du pingouin, au plumage noir et blanc, au gros bec multicolore, vivant en colonies dans les régions tempérées fraîches de l'Atlantique nord. ➲ Famille des alcidés.

▲ **macareux**

MACARON n.m. (de l'ital. *macarone,* macaroni). **1.** Gâteau rond et moelleux, à base d'amandes pilées, de blancs d'œufs et de sucre. ➲ Le *macaron parisien* est fait de deux parties superposées liées par une garniture de crème, de confiture, etc. **2.** Fam. Décoration, insigne de forme ronde. **3.** Vignette, insigne à caractère officiel que l'on appose sur le pare-brise d'une voiture. **4.** Québec. Badge. **5.** Ornement rond aux apprêts divers, en passementerie. **6.** Natte de cheveux enroulée sur l'oreille.

MACARONI n.m. (mot ital.). Pâte alimentaire de semoule de blé dur, moulée en tubes d'environ 5 mm de diamètre.

MACARONIQUE adj. LITTÉR. ▪ **Poésie macaronique,** poésie burlesque où les mots sont mêlés de latin ou prennent une terminaison latine.

MACASSAR n.m. (de *Macassar,* n.pr.). **1.** Huile extraite des graines d'un arbre tropical, le moringa, utilisée autref. en cosmétique capillaire. (On dit aussi *huile de Macassar.*) **2.** Ébène à veines d'un brun foncé sur un fond plus clair. (On dit aussi *bois de Macassar.*)

MACCARTHYSME ou **MACCARTISME** [makkartism] **n.m.** (de J. *McCarthy,* n.pr.). Politique de persécution, menée aux États-Unis dans les années 1950, de toute personne soupçonnée de sympathies communistes.

MACCHABÉE [-ka-] **n.m.** Fam. Cadavre.

MACCHIAIOLI [makjajɔli] **n.m. pl.** (mot ital., de *macchia,* tache). Groupe de peintres italiens du XIXe s., en rupture avec l'académisme, et qui utilisèrent une technique de touche large, de tons contrastés.

MACÉDOINE n.f. (de *Macédoine,* n.pr.). Mélange de plusieurs fruits ou légumes coupés en menus morceaux.

MACÉDONIEN, ENNE adj. et **n.** De la Macédoine. ◆ **n.m.** Langue slave méridionale parlée princip. en Macédoine.

MACÉRATEUR n.m. Récipient où s'opère une macération.

MACÉRATION n.f. 1. Fait de macérer. **2.** Opération consistant à faire tremper un produit alimentaire pour le parfumer ou le conserver. ◆ **n.f. pl.** RELIG. Mortifications que l'on s'inflige par esprit de pénitence.

MACÉRER v.t. [11], ▲ *[11*]* (du lat. *macerare,* amollir). Mettre un aliment dans un liquide pour le conserver ou le parfumer : *Macérer des raisins secs dans du rhum.* ◆ **v.i.** Baigner dans un liquide, en parlant d'un produit alimentaire ; mariner.

MACERON n.m. (ital. *macerone*). Plante herbacée des terrains vagues et des falaises littorales, aux grandes ombelles de fleurs jaunes. ➲ Famille des ombellifères.

MACH (NOMBRE DE) ou **MACH** [mak] **n.m.** Rapport de la vitesse d'un mobile (projectile, avion) à celle du son dans l'atmosphère où il se déplace. ➲ Ce n'est pas une véritable unité de vitesse, car la vitesse du son dans l'air est proportionnelle à la racine carrée de la température.

MACHAON [-kaɔ̃] **n.m.** (de *Machaon,* n. myth.). Papillon diurne de l'hémisphère Nord tempéré, à ailes jaunes tachetées de noir, de rouge et de bleu, cour. appelé *porte-queue.* ➲ La chenille du machaon est très grosse et très colorée ; famille des papilionidés.

MÂCHE n.f. (de *mâcher*). Plante potagère à petites feuilles, que l'on mange en salade (SYN. **doucette**). ➲ Famille des valérianacées.

MÂCHEFER [-fɛr] **n.m.** (de l'anc. picard *maquer,* frapper). Scorie poreuse provenant de la combustion des charbons et parfois utilisée dans la construction ou pour la réalisation de chaussées.

MÂCHER v.t. [3] (lat. *masticare*). **1.** Broyer avec les dents avant d'avaler ; mastiquer. **2.** Couper sans netteté, en déchirant les fibres : *Outil qui mâche le bois.* ▪ **Mâcher la besogne** ou **le travail à qqn** [fam.], lui préparer ce qu'il a à faire. ▪ **Ne pas mâcher ses mots,** dire crûment son opinion.

MACHETTE n.f. (esp. *machete*). Grand coutelas des régions tropicales, à lame épaisse, à poignée courte, utilisé à la volée comme outil ou comme arme.

MÂCHEUR, EUSE n. Personne qui a l'habitude de mâcher qqch : *Un mâcheur de chewing-gum.*

MACHIAVEL [-kja-] **n.m.** Homme politique pratiquant le machiavélisme.

MACHIAVÉLIEN, ENNE [-kja-] **adj.** Relatif à la doctrine de Machiavel.

MACHIAVÉLIQUE [-kja-] **adj.** Digne de Machiavel ; diabolique : *Un plan, un personnage machiavélique.*

MACHIAVÉLISME [-kja-] **n.m. 1.** Doctrine de Machiavel. **2.** Politique faisant abstraction de la morale. **3.** Action tortueuse et empreinte de perfidie.

MÂCHICOULIS n.m. (de l'anc. fr. *macher,* écraser, et *col,* cou). FORTIF. Au Moyen Âge, galerie en encor-

▲ **macchiaioli.** *La Rotonde des bains Palmieri* (1866), de Giovanni Fattori, qui adhéra aux macchiaioli. (Galerie d'art moderne, Florence.)

bellement au sommet d'une muraille ou d'une tour, comportant des ouvertures permettant d'en défendre l'accès au moyen de projectiles divers ; chacune de ces ouvertures.

MACHIN, E **n.** (de *machine*). Fam. (Avec une majuscule). Personne inconnue ; personne que l'on ne peut pas ou que l'on ne veut pas nommer. ◆ **n.m.** Fam. Chose dont on ne veut pas ou dont on ne peut pas dire le nom ; bidule.

MACHINAL, E, AUX **adj.** Se dit d'un mouvement où la volonté n'a pas de part ; mécanique : *Un salut machinal.*

MACHINALEMENT **adv.** De façon machinale.

MACHINATION **n.f.** Ensemble de menées secrètes visant à faire réussir un complot, un mauvais dessein ; intrigue : *Déjouer une machination.*

MACHINE **n.f.** (lat. *machina*, du gr. *makhana*, invention ingénieuse). **1.** Appareil ou ensemble d'appareils capable d'effectuer un certain travail ou de remplir une certaine fonction, soit sous la conduite d'un opérateur, soit d'une manière autonome. **2.** Appareil destiné à simplifier les tâches de la vie quotidienne : *Machine à repasser, à voter.* **3.** Tout véhicule comportant un mécanisme ou un moteur. **4.** CH. DE F. Locomotive. **5.** Dispositif assurant la propulsion d'un navire : *Salle des machines.* **6.** Fig. Grande organisation fortement structurée, à rouages complexes : *La machine judiciaire.* **7.** Personne dont l'action est automatique et qui semble dénuée de sentiments : *Nous ne sommes pas des machines.* ▪ **Faire machine arrière,** renoncer à faire qqch. ▪ **Grosse machine,** recomm. off. pour **blockbuster.** ▪ **Machine à bois,** machine-outil pour le travail du bois. ▪ **Machine à calculer,** machine utilisée pour effectuer des opérations sans que l'opérateur ait à procéder à un comptage. ▪ **Machine (à écrire),** machine destinée à établir des documents au moyen de caractères et de symboles simulant ceux de l'imprimerie, et commandés par la manœuvre des touches d'un clavier. ▪ **Machine à sous,** appareil pour jeu de hasard, dans lequel on introduit une pièce de monnaie dans l'espoir de gagner les sommes d'argent déclenchées par certaines combinaisons. ▪ **Machine de guerre,** dans l'Antiquité et au Moyen Âge, tout engin employé dans la guerre de siège (bélier, catapulte, baliste, etc.) ; par ext., moyen offensif utilisé contre qqn. ▪ **Machine simple,** dispositif mécanique dans lequel la force se transmet directement (levier, poulie, treuil, etc.). ▪ **Pièce à machine** [théâtre], dans le répertoire du XVIIe s., pièce à sujet mythologique ou merveilleux reposant sur l'utilisation de la machinerie.

MACHINE-OUTIL **n.f.** (pl. *machines-outils*). Machine destinée à façonner la matière au moyen d'un outillage mis en œuvre par des mouvements et des efforts appropriés. ▪ **Machine-outil à commande numérique,** pilotée par un système informatique qui obéit à un programme d'usinage spécifique à chaque pièce et met en œuvre plusieurs outils.

MACHINER **v.t. [3]** (lat. *machinari*). Combiner certains moyens d'action dans un but malveillant ; manigancer.

MACHINERIE **n.f.** **1.** Ensemble de machines employées à un travail. **2.** Local où se trouvent les machines d'un navire. **3.** THÉÂTRE. Ensemble des appareils permettant la mise en place et la manœuvre des éléments scéniques d'un spectacle (décors, accessoires, etc.).

MACHINE-TRANSFERT **n.f.** (pl. *machines-transferts*). Machine-outil à postes d'usinage multiples, devant lesquels les pièces à usiner sont successivement et automatiquement transférées.

MACHINISME **n.m.** Recours aux machines dans le processus de production, afin d'augmenter la productivité du travail industriel.

MACHINISTE **n.** **1.** THÉÂTRE. Ouvrier chargé de la manœuvre de la machinerie nécessaire à un spectacle. **2.** Conducteur d'autobus. **3.** Conducteur de machines industrielles. **4.** Belgique. Vieilli. Conducteur de locomotive.

MACHISME [ma(t)ʃism] **n.m.** (de *macho*). Idéologie et comportement fondés sur l'idée que l'homme domine socialement la femme et qu'il faut, en tout, faire primer de supposées vertus viriles ; phallocratie.

MACHISTE [ma(t)ʃist] **adj.** et **n.m.** Qui fait preuve de machisme ; phallocrate.

MACHMÈTRE [mak-] **n.m.** Instrument servant à mesurer le nombre de Mach d'un avion.

MACHO [matʃo] **n.m.** et **adj.** (mot esp., du lat. *masculus*, mâle). Fam. Homme machiste ; phallocrate.

MÂCHOIRE **n.f.** (de *mâcher*). **1.** ANAT. Chacune des deux formations osseuses ou cartilagineuses sur lesquelles sont génér. implantées des dents et qui soutiennent la bouche des vertébrés, à l'exception des agnathes ; spécial., maxillaire inférieur (SYN. **mandibule**). **2.** ANAT. Pièce buccale de fonction analogue, chez divers invertébrés. **3.** TECHN. Pièce double dont les deux parties peuvent se rapprocher ou s'éloigner à volonté pour serrer et maintenir un objet : *Mâchoires d'un étau.* ▪ **Mâchoire de frein** [autom.], élément d'un frein à tambour, constitué d'une pièce métallique garnie à sa périphérie d'une matière à haut coefficient de frottement et qui, lors du freinage, appuie fortement sur le tambour solidaire de la roue.

MÂCHON **n.m.** Région. (Lyonnais). Restaurant où l'on sert un repas léger ; ce repas.

MÂCHONNEMENT **n.m.** Action de mâchonner.

MÂCHONNER **v.t. [3].** **1.** Mâcher lentement. **2.** Mordre machinalement un objet : *Maigret mâchonne sa pipe.*

MÂCHOUILLER **v.t. [3].** Fam. Mâchonner.

MÂCHURE **n.f.** (de l'anc. fr. *macher*, écraser). TEXT. Partie du drap où le poil, mal tondu, est couché, écrasé.

1. MÂCHURER **v.t. [3]** (du lat. pop. **mascarare*, noircir avec de la suie). Vx ou région. Barbouiller de noir.

2. MÂCHURER **v.t. [3]** (de *mâchure*). Vx. Déchirer.

MACIS **n.m.** (du lat. *macir*, écorce). Arille de la noix muscade, utilisé comme condiment.

MACLE **n.f.** (du francique). CRISTALLOGR. Association de plusieurs cristaux d'une même espèce minérale, selon des lois géométriques précises.

MACLÉ, E **adj.** Qui présente des macles.

MÂCON **n.m.** Vin récolté dans le Mâconnais.

1. MAÇON **n.m.** (du francique **makjo*). Personne qui réalise une construction en maçonnerie (gros œuvre) ou des ouvrages légers (enduits, ravalements, etc.).

2. MAÇON, ONNE **adj.** Se dit des animaux qui se construisent une habitation avec de la terre, de la cire, etc. : *Guêpe maçonne.*

3. MAÇON, ONNE **n.** Franc-maçon.

MAÇONNAGE **n.m.** Action de maçonner ; travail du maçon.

MAÇONNER **v.t. [3].** Construire en maçonnerie ; réparer, boucher, revêtir avec une maçonnerie.

1. MAÇONNERIE **n.f.** Ouvrage composé de matériaux (pierres, briques, moellons, etc.) unis par un liant (mortier, plâtre, ciment, etc.) ; partie des travaux d'un bâtiment qui s'y rapporte.

2. MAÇONNERIE **n.f.** Franc-maçonnerie.

MAÇONNIQUE **adj.** Qui appartient à la franc-maçonnerie.

MACRAMÉ **n.m.** (mot ar. « nœud »). Dentelle d'ameublement assez lourde, obtenue avec des fils tressés et noués à la main.

MACRE **n.f.** (mot germ.). Plante aquatique des étangs, à fleurs blanches, et dont le fruit *(châtaigne d'eau)* renferme une amande comestible. ➲ Famille des trapacées.

1. MACREUSE **n.f.** (mot normand, du néerl. *meerkol*). Canard des régions boréales, à plumage sombre, qui passe l'hiver notamm. sur les côtes de France, où il se nourrit de coquillages. ➲ Famille des anatidés.

2. MACREUSE **n.f.** BOUCH. Morceau du bœuf constitué par les muscles de l'épaule.

MACRO **n.f.** (abrév.). INFORM. Macro-instruction.

MACROBIOTIQUE **n.f.** Méthode diététique comportant un régime végétarien composé essentiellement de céréales, de légumes et de fruits. ◆ **adj.** Relatif à la macrobiotique.

MACROCÉPHALE **adj.** et **n.** Atteint de macrocéphalie.

MACROCÉPHALIE **n.f.** (du gr. *makros*, grand, et *kephalê*, tête). MÉD. Augmentation anormale du volume du crâne, souvent par suite d'une hydrocéphalie.

MACROCHEIRE [-kɛr] **n.m.** Crabe géant des mers du Japon. ➲ Envergure jusqu'à 4 m ; famille des inachidés.

MACROCOSME **n.m.** ▪ **Le macrocosme,** l'univers dans sa relation analogique avec l'homme *(microcosme)*, dans la tradition ésotérique et alchimique.

MACROCOSMIQUE **adj.** Relatif au macrocosme.

MACROCYSTE ou **MACROCYSTIS** [-tis] **n.m.** (du gr. *kustis*, poche gonflée). Algue brune des mers froides, voisine des laminaires, dont le thalle peut atteindre 200 m de long. ➲ Classe des phéophycées.

MACROCYTOSE **n.f.** Augmentation de la taille des globules rouges, lors de certaines anémies.

MACROÉCONOMIE **n.f.** Étude et analyse des relations qui unissent les différentes fonctions (production, répartition, consommation) et les différents agents du système économique.

MACROÉCONOMIQUE **adj.** Relatif à la macroéconomie.

MACROFAUNE **n.f.** ÉCOL. Ensemble des animaux observables à l'œil nu. ▪ **Macrofaune du sol,** ensemble des animaux vivant dans le sol et dont la taille est supérieure à 4 mm (mille-pattes, vers de terre, ainsi que de nombreux insectes et leurs larves).

MACROGLOBULINE **n.f.** BIOCHIM. Globuline de poids moléculaire élevé, aux fonctions d'anticorps.

MACROGLOBULINÉMIE **n.f.** Affection caractérisée par un excès de macroglobulines dans le plasma sanguin.

MACROGRAPHIE **n.f.** MÉTALL. Étude, avec un faible grossissement, de la structure d'un métal ou d'un alliage après traitement de sa surface par un réactif.

MACROGRAPHIQUE **adj.** Relatif à la macrographie.

MACRO-INSTRUCTION **n.f.** (pl. *macro-instructions*). INFORM. Instruction complexe, définissant des opérations composées à partir des instructions du répertoire de base d'un ordinateur. Abrév. **macro.**

MACROLIDE **n.m.** Antibiotique bactériostatique d'usage courant (nom générique).

MACROMOLÉCULAIRE **adj.** Relatif aux macromolécules. ▪ **Chimie macromoléculaire,** partie de la chimie qui traite de la synthèse et des propriétés des macromolécules.

MACROMOLÉCULE **n.f.** CHIM. Très grosse molécule, formée par l'enchaînement et la répétition d'un grand nombre de motifs élémentaires.

MACROMUTATION **n.f.** GÉNÉT. Mutation affectant de larges portions de chromosomes (par oppos. à *micromutation*).

MACRONUTRIMENT **n.m.** PHYSIOL. Élément chimique que l'organisme utilise en grandes quantités (le carbone, par ex.).

MACRO-ORDINATEUR **n.m.** (pl. *macro-ordinateurs*). Ordinateur universel de moyenne ou de grande puissance.

MACROPHAGE **n.m.** IMMUNOL. Cellule des tissus provenant de la transformation du monocyte sanguin et capable de phagocytose.

MACROPHOTOGRAPHIE **n.f.** Photographie d'un très petit sujet, en donnant une image agrandie.

MACROPODE **n.m.** Poisson brillamment coloré, originaire du sud-est de l'Asie, qui s'élève en aquarium et est aussi appelé *poisson-paradis.* ➲ Famille des bélontiidés.

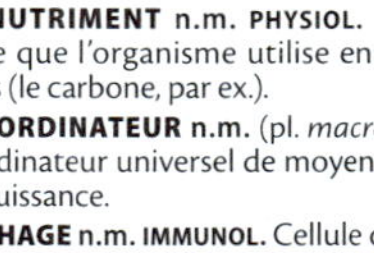

▲ **macroscélide** (rat à trompe).

MACROSCÉLIDE **n.m.** (du gr. *makros*, grand, et *skelos*, jambe). Petit mammifère insectivore africain, se déplaçant par bonds, au museau allongé et mobile, tel que le rat à trompe. ➲ Les macroscélides forment l'ordre des macroscélidiens et la famille des macroscélididés.

MACROSCOPIQUE **adj.** Qui se voit à l'œil nu.

MACROSÉISME n.m. **GÉOPHYS.** Séisme directement perceptible par l'homme (par oppos. à *microséisme*).

MACROSOCIOLOGIE n.f. Sociologie qui étudie la société globalement, à travers ses principales structures économiques, politiques, idéologiques, etc.

MACROSPORANGE n.m. **BOT.** Sporange femelle, produisant des macrospores.

MACROSPORE n.f. **BOT.** Grosse spore qui, chez certains végétaux cryptogames, donne un gamétophyte femelle.

MACROSTRUCTURE n.f. Structure principale, organisation générale de qqch.

MACROURE n.m. (du gr. *makros*, grand, et *oura*, queue). Crustacé décapode à l'abdomen bien développé, tel que l'écrevisse, le homard, la langouste. ➲ Les macroures forment un sous-ordre.

MACULA n.f. (mot lat. « tache »). **ANAT.** Dépression de la rétine située au pôle postérieur de l'œil, où l'acuité visuelle est maximale (SYN. **tache jaune**).

MACULAGE n.m. **1.** Action de maculer, de tacher. **2. IMPRIM.** Défaut d'impression qui consiste en des salissures d'encre sur les feuilles imprimées (par transfert, pression, frottement, etc.).

MACULAIRE adj. Relatif à la macula.

MACULE n.f. (lat. *macula*). **1. IMPRIM.** Mauvaise feuille d'impression (mal encrée, mal repérée, maculée). **2.** Papier d'emballage très ordinaire, à base de vieux papiers. **3. MÉD.** Lésion cutanée élémentaire constituée d'une petite tache, souvent rouge, non saillante (par oppos. à *papule*).

MACULER v.t. [3] (lat. *maculare*). Sout. Couvrir de taches ; salir : *Mains maculées de peinture.*

MACUMBA [-kum-] n.f. (mot port. du Brésil). Culte proche du vaudou, pratiqué dans certaines régions du Brésil.

MADAME n.f. (pl. *mesdames*). **1.** Titre accordé autref. aux dames de qualité et donné auj. aux femmes mariées et, de plus en plus, à toutes les femmes. (En abrégé, *Mme* ou *Mme*, au pl., *Mmes* ou *Mmes*.) **2.** Titre précédant la fonction ou la profession d'une femme : *Madame la ministre.* **3. HIST.** (Avec une majuscule). Titre que l'on donnait, à la cour de France, aux filles du roi, du Dauphin et à la femme de Monsieur, frère du roi.

MADAPOLAM [-lam] n.m. (de *Madapolam*, v. de l'Inde). Tissu de coton blanc, à armure toile, à grain très marqué, intermédiaire entre le calicot et la percale.

MADE IN [mɛdin] loc. adj. (Suivi du n. angl. d'un pays). Indique l'origine d'un produit manufacturé ; estampillé : *Des montres made in China.* ◆ n.m. ▪ **Le made in (+ n. d'un pays),** la production manufacturée originaire de tel pays : *Le made in France a le vent en poupe.*

1. MADELEINE n.f. (du prénom *Madeleine*). **1.** Petit gâteau en forme de coquille bombée, constitué d'une pâte à base d'œufs battus, de sucre, de farine, de beurre fondu, parfumée au citron ou à la fleur d'oranger. **2.** Fig. Objet, événement, odeur, saveur qui font surgir un souvenir ancien : *À chacun sa madeleine.*

2. MADELEINE n.f. (de sainte *Marie Madeleine*). **VITIC.** Nom commun à divers cépages précoces donnant du raisin de table. ➲ On leur donne ce nom car ils mûrissent au moment où l'on célèbre cette sainte, le 22 juillet. ▪ **Pleurer comme une Madeleine,** pleurer abondamment.

MADEMOISELLE n.f. (pl. *mesdemoiselles*). **1.** Titre donné aux jeunes filles ou aux femmes célibataires. (En abrégé, *Mlle* ou *Mlle*, au pl., *Mlles* ou *Mlles*.) [En France, ce titre a disparu des formulaires administratifs depuis déc. 2012.] **2.** Anc. Titre donné à une femme mariée dont le mari n'était pas noble. **3. HIST.** (Avec une majuscule). Titre de la fille aînée du frère du roi de France.

MADÈRE n.m. Vin muté à l'alcool, produit dans l'île de Madère. ▪ **Sauce madère,** sauce brune à laquelle est incorporé du madère.

MADÉRISATION n.f. Fait de se madériser.

SE MADÉRISER v.pr. [3]. En parlant d'un vin blanc ou rosé, prendre un goût de madère du fait d'une oxydation.

MADIRAN n.m. (de *Madiran*, v. des Hautes-Pyrénées). Vin rouge du Sud-Ouest.

MADONE n.f. (de l'ital. *madonna*, madame). Représentation de la Vierge Marie. ▪ **La Madone,** la Vierge.

MADRAGUE n.f. (provenç. *madraga*, de l'ar. *madraba*). Région. (Provence). Grande enceinte de filets pour la pêche au thon.

MADRAS [-drɑs] n.m. (de *Madras*, n.pr.). **1.** Étoffe à chaîne de soie et trame de coton, de couleurs vives. **2.** Coiffure formée d'un foulard de cette étoffe, drapé et noué.

MADRASA [-sa] n.f. inv., ▲ *n.f.* ou **MEDERSA** [medɛrsa] n.f. inv., ▲ *MÉDERSA n.f.* (mot ar.). Collège, université dépendant de l'autorité religieuse, dans les pays musulmans.

MADRÉ, E adj. (de l'anc. fr. *masdre*, bois veiné, du francique). Se dit de certains bois aux fibres irrégulièrement enchevêtrées, utilisés en ébénisterie et tabletterie (SYN. **ronceux**). ◆ adj. et n. Litt. Inventif et retors, sous des allures bonhommes ; matois.

MADRÉPORAIRE n.m. Cnidaire des mers chaudes à squelette calcaire, dont les colonies forment les récifs coralliens. ➲ Les madréporaires forment un ordre.

MADRÉPORE n.m. (ital. *madrepora*, de *madre*, mère, et *poro*, pore). Cnidaire constructeur formant des colonies de polypes à squelette calcaire (polypier), jouant un rôle déterminant dans la formation des récifs coralliens. ➲ Ordre des madréporaires.

MADRIER n.m. (du lat. *materia*). Pièce de bois très épaisse, employée en construction.

MADRIGAL n.m. (pl. *madrigaux*) [ital. *madrigale*]. **1. MUS.** Composition vocale polyphonique a cappella, ou monodique avec accompagnement, et qui cherche à traduire les inflexions d'un poème. **2. LITTÉR.** Petite pièce en vers exprimant une pensée fine, tendre ou galante.

MADRIGALISTE n. **MUS.** Auteur de madrigaux.

MADRILÈNE adj. et n. De Madrid ; de ses habitants.

MADRURE n.f. Sinuosité des veines du bois madré.

MAELSTRÖM [malstrøm] ou **MALSTROM** n.m. (mot néerl.). **1.** Courant tourbillonnaire marin. **2.** Litt. Mouvement impétueux ; tourbillon.

MAËRL [maɛrl] ou **MERL** n.m. (mot breton). Sable calcaire des rivages utilisé pour l'amendement des sols, notamm. en Bretagne.

MAESTRIA [maɛstrija] n.f. (mot ital. « maîtrise »). Aisance, perfection dans l'exécution d'une œuvre d'art, dans la réalisation de qqch ; virtuosité : *Remporter une course avec maestria.*

MAESTRO [maɛstro] n.m. (mot ital. « maître »). Nom donné à un compositeur de musique ou à un chef d'orchestre célèbre.

MAFÉ n.m. (du wolof). Afrique. Ragoût de viande ou de poisson dans une sauce à l'arachide.

MAFFLU, E adj. (du néerl. *maffelen*, mâchonner). Litt. Joufflu.

MAFIA ou **MAFFIA** n.f. (mot sicilien « hardiesse »). **1.** Association criminelle d'envergure, comparable par sa structure et ses procédés à la Mafia. **2.** Fam., péjor. Groupe occulte de personnes qui se soutiennent dans leurs intérêts par tous les moyens. ▪ **La Mafia,** organisation criminelle italienne dont les activités, exercées par des clans familiaux soumis à l'omerta, reposent sur une stratégie d'infiltration de la société civile et de ses institutions. ➲ Ses branches principales sont la Camorra (région napolitaine) et Cosa Nostra (Sicile).

MAFIEUX, EUSE ou **MAFFIEUX, EUSE** adj. et n. De la Mafia ; d'une mafia.

MAFIOSO ou **MAFFIOSO** [mafjozo] n.m. (pl. *maf[f]iosos*, *maf[f]iosi*). Membre de la Mafia.

MAGANÉ, E adj. Québec. Fam. **1.** Détérioré ; usé. **2.** Fatigué ; épuisé ; malade.

MAGANER v.t. [3] (de l'anc. fr. *mahaignier*, blesser). Québec. Fam. Abîmer ; user.

MAGASIN n.m. (de l'ar. *makhâzin*, dépôts). **1.** Établissement de commerce plus ou moins important, où l'on vend des marchandises en gros ou au détail : *Un magasin d'électroménager.* **2.** Local aménagé pour recevoir et conserver des marchandises, des provisions ; entrepôt : *Les magasins d'un port.* **3.** Cavité qui reçoit les cartouches ou le chargeur, dans une arme à répétition. **4. CINÉMA, PHOTOGR.** Contenant hermétique où est enroulée, à l'abri de la lumière, la surface sensible destinée à la prise de vue(s). **5. PHOTOGR.** Dispositif recevant les diapositives et permettant l'alimentation automatique d'un projecteur. ▪ **Grand magasin,** établissement de vente au détail proposant un large assortiment de marchandises sur une grande surface, génér. en étages et souvent situé en ville. ▪ **Magasin d'usine,** grande surface où sont vendus, à des prix inférieurs à ceux du marché, des articles provenant directement d'une usine. ▪ **Magasin général** [dr.], établissement exploité par des personnes de droit privé, après autorisation administrative, qui met à la disposition du public des locaux destinés à recevoir des marchandises en vue de constituer une garantie à un prêt.

MAGASINAGE n.m. **1.** Action de mettre ou conserver en magasin. **2.** Québec. Action de magasiner ; shopping. ▪ **Frais de magasinage,** droit que l'on paie ou frais que l'on supporte pour laisser des marchandises en dépôt dans un magasin.

MAGASINER v.i. [3]. Québec. Faire des courses dans les magasins. ▪ **Magasiner en ligne** [Québec], sur Internet. ◆ v.t. Québec. Faire des démarches pour obtenir le meilleur produit, le meilleur prix ; négocier : *Magasiner une assurance.*

MAGASINIER, ÈRE n. Employé chargé de garder les objets amenés en magasin et de tenir des états de stock.

MAGAZINE n.m. (mot angl., du fr. *magasin*). **1.** Publication périodique, le plus souvent illustrée, qui traite des sujets les plus divers ; revue. **2.** Émission de radio, de télévision traitant régulièrement de sujets appartenant à un même domaine de connaissances.

MAGDALÉNIEN n.m. (de *la Madeleine*, village de Dordogne). Ensemble de faciès culturels qui succèdent au solutréen, à la fin du paléolithique supérieur (de – 15 000 à – 10 000). ➲ Outre l'industrie lithique, ces faciès sont caractérisés par un riche outillage osseux pour la chasse et la pêche, le plus souvent en bois de renne, ainsi que par un art mobilier et rupestre. ◆ **MAGDALÉNIEN, ENNE** adj. Relatif au magdalénien.

▲ **magdalénien.** Bois de cerf gravé figurant un bison : art magdalénien provenant de la grotte de la Madeleine en Dordogne. (Musée des Antiquités nationales, Saint-Germain-en-Laye.)

MAGE n.m. (lat. *magus*, du gr. *magos*). **1.** Personne qui pratique les sciences occultes, la magie. **2.** Membre de la caste sacerdotale et savante de l'Iran ancien. ▪ **Les Rois mages** ou **les Mages,** personnages (prêtres perses ou savants) qui vinrent, guidés par une étoile, adorer Jésus à Bethléem, selon l'Évangile de saint Matthieu. ➲ Une tradition datant du VIIIe s. leur a donné les noms de Melchior, Gaspard et Balthazar.

MAGENTA [-ʒɛ̃-] n.m. et adj. inv. (de *Magenta*, v. d'Italie). Rouge violacé de la synthèse soustractive trichrome, en photographie et en imprimerie.

MAGHRÉBIN, E, ▲ *MAGRÉBIN, E* adj. et n. Du Maghreb.

MAGHZEN n.m. → **MAKHZEN.**

MAGICIEN, ENNE n. **1.** Illusionniste qui produit ses effets au moyen d'accessoires truqués. **2.** Personne qui pratique la magie. **3.** Personne qui semble disposer d'un pouvoir magique sur les êtres et les choses.

MAGIE n.f. (lat. *magia*, du gr.). **1.** Ensemble des pratiques visant à s'assurer la maîtrise de forces invisibles, immanentes à la nature ou surnaturelles, et à les faire servir aux fins que l'on se propose ; sorcellerie. **2.** Fig. Puissance de séduction, d'illusion ; charme : *On se laisse fasciner par la magie des lieux.* ▪ **Comme par magie,** d'une manière inexplicable. ▪ **Magie noire, blanche,** respectivement mises en œuvre pour le mal, pour le bien.

MAGIQUE adj. **1.** Relatif à la magie ; occulte : *Formule magique.* **2.** Dont les effets sont merveilleux, enchanteurs ; féerique : *Spectacle* *magique*. **3.** Se dit de ce qui agit d'une manière surprenante : *L'amour, c'est magique.* ▪ **Carré magique,** tableau carré de nombres, tel que la somme des éléments d'une ligne, d'une colonne ou d'une diagonale soit le même nombre. ▪ **Pensée magique** [psychol.], forme de pensée de l'enfant, entre 2 et 7 ans, caractérisée par une confusion entre l'univers subjectif et l'univers objectif ; fig., souvent péjor., trait de caractère propre à certains adultes immatures ou peu réalistes, qui s'attribuent le pouvoir de provoquer l'accomplissement de leurs désirs (résolution de problèmes, par ex.) par la seule force de leur pensée : *Le discours de ce politicien relève de la pensée magique.*

MAGIQUEMENT adv. De façon magique.

MAGISTER [-tɛr] **n.m.** (mot lat. « maître »). Fam., vx. Pédant.

MAGISTÈRE n.m. (lat. *magisterium*). **1.** Diplôme de haut niveau décerné par les universités et sanctionnant au minimum trois années de formation associant enseignement et stages. **2. CATH.** Ensemble des enseignements et des décisions de ceux qui, détenant l'autorité au nom du Christ, ont la charge d'interpréter la doctrine révélée. **3.** Dignité de grand maître d'un ordre religieux militaire. **4.** Composition à laquelle les alchimistes attribuaient des propriétés merveilleuses.

MAGISTRAL, E, AUX adj. (du lat. *magister*, maître). **1.** Qui porte la marque de la supériorité, de l'excellence : *Une interprétation magistrale.* **2.** Qui évoque un maître ; solennel : *Parler sur un ton magistral.* ▪ **Cours magistral,** dont le contenu et la présentation dépendent du professeur, par oppos. aux travaux dirigés ou à d'autres formes de pédagogie qui impliquent une participation active des étudiants. ▪ **Préparation magistrale,** médicament qui se confectionne en pharmacie d'après l'ordonnance du médecin.

MAGISTRALEMENT adv. De façon magistrale.

MAGISTRAT, E n. (lat. *magistratus*). **1.** Tout fonctionnaire ou officier civil investi d'une autorité juridictionnelle (membre des tribunaux, des cours, etc.), administrative (maire, préfet, etc.) ou politique (ministre, président de la République, etc.). **2.** Personne exerçant ses fonctions au sein d'une juridiction de l'ordre judiciaire ou administratif, et en partic. membre de la magistrature du siège ou du parquet.

MAGISTRATURE n.f. 1. Dignité, charge de magistrat ; temps pendant lequel un magistrat exerce ses fonctions. **2.** Corps des magistrats. ▪ **La magistrature suprême,** la fonction de président de la République, en France. ▪ **Magistrature assise** → **ASSIS.** ▪ **Magistrature debout** → **DEBOUT.**

MAGMA n.m. (mot gr. « pâte pétrie »). **1.** Mélange de consistance pâteuse : *Magma de neige fondue et de terre.* **2. GÉOL.** Liquide silicaté qui se forme à l'intérieur de la Terre par fusion partielle du manteau supérieur ou de la croûte, et qui, en refroidissant, forme une roche volcanique ou plutonique, selon les conditions de mise en place. **3.** Fig. Mélange confus de choses abstraites : *Un magma d'hypothèses incohérentes.*

MAGMATIQUE adj. GÉOL. Relatif au magma : *Chambre magmatique.* ▪ **Roche magmatique,** roche provenant de la cristallisation d'un magma en profondeur (roche plutonique) ou en surface (roche volcanique) [SYN. **roche éruptive**].

MAGMATISME n.m. GÉOL. Formation, migration et solidification des magmas.

MAGNAN [maɲɑ̃] **n.m.** (mot provenç.). **1.** Région. (Midi). Ver à soie. **2.** Fourmi noire d'Afrique, très vorace, qui migre en formant d'immenses colonnes dévastant tout sur leur passage. ➲ Famille des formicidés.

MAGNANARELLE n.f. Région. (Midi). Femme qui pratique l'élevage des vers à soie.

MAGNANERIE n.f. Bâtiment destiné à l'élevage des vers à soie.

MAGNANIER, ÈRE n. Personne qui pratique l'élevage des vers à soie.

MAGNANIME adj. (du lat. *magnus*, grand, et *animus*, âme). Litt. Qui manifeste de la bienveillance, de la clémence, de la générosité ; noble.

MAGNANIMEMENT adv. Litt. Avec magnanimité.

MAGNANIMITÉ n.f. Litt. Caractère magnanime ; grandeur d'âme.

MAGNAT [magna] ou [maɲa] **n.m.** (du lat. *magnus*, grand). **1.** Personnalité très importante du monde des affaires, de l'industrie, de la finance, de la presse. **2. HIST.** En Hongrie et en Pologne, membre des grandes familles nobles dominantes.

SE MAGNER [3] ou **SE MANIER v.pr. [5]** (de *manier*). Fam. Se dépêcher.

MAGNÉSIE n.f. (du lat. *magnes lapis*, pierre d'aimant). **CHIM. MINÉR.** Oxyde ou hydroxyde de magnésium. ➲ La magnésie anhydre MgO est une poudre blanche fondant vers 2 500 °C, que l'eau transforme en magnésie hydratée $Mg(OH)_2$.

MAGNÉSIEN, ENNE adj. Qui contient du magnésium. ◆ **adj.m.** et **n.m.** Organomagnésien.

MAGNÉSIOTHERMIE n.f. MÉTALL. Procédé de préparation de métaux purs utilisant le pouvoir de réduction du magnésium.

MAGNÉSITE n.f. MINÉRALOG. Carbonate de magnésium ($MgCO_3$) [SYN. **giobertite**].

MAGNÉSIUM [-zjɔm] **n.m. 1.** Métal solide, blanc argenté, de densité 1,74, fondant à 648,8 °C. **2.** Élément chimique (Mg), de numéro atomique 12, de masse atomique 24,3050.

➲ Sous forme divisée, le **MAGNÉSIUM** brûle dans l'air avec une flamme très lumineuse. La chimie du magnésium tire parti de ses propriétés de réducteur. En biologie, c'est un oligoélément indispensable à l'organisme. Il entre dans la composition de la plupart des alliages d'aluminium.

MAGNET [-ɲɛt] ou [-gnɛt] **n.m.** (mot angl. « aimant »). Petit objet décoratif ou publicitaire aimanté.

MAGNÉTAR n.m. (de l'angl. *magnetic star*). Étoile à neutrons dotée d'un champ magnétique extrêmement puissant qui se manifeste par de violentes émissions de rayons X et gamma.

MAGNÉTIQUE adj. (lat. *magneticus*, de *magnes*, aimant minéral). **1. PHYS.** Doué des propriétés de l'aimant : *Corps magnétique.* **2. PHYS.** Qui concerne le magnétisme : *Champ magnétique.* **3.** Fig. Qui a une influence puissante et mystérieuse ; envoûtant : *Voix magnétique.*

MAGNÉTISABLE adj. PHYS. Qui peut être magnétisé.

MAGNÉTISANT, E adj. PHYS. Qui provoque l'aimantation.

MAGNÉTISATION n.f. PHYS. Action de magnétiser.

MAGNÉTISER v.t. [3]. 1. PHYS. Communiquer une aimantation à un matériau, à un corps. **2.** Fig. Tenir sous le charme ; envoûter : *Chanteuse qui magnétise son public.*

MAGNÉTISEUR, EUSE n. OCCULT. Guérisseur censé agir au moyen de son fluide magnétique, mis en œuvre notamm. par l'imposition des mains.

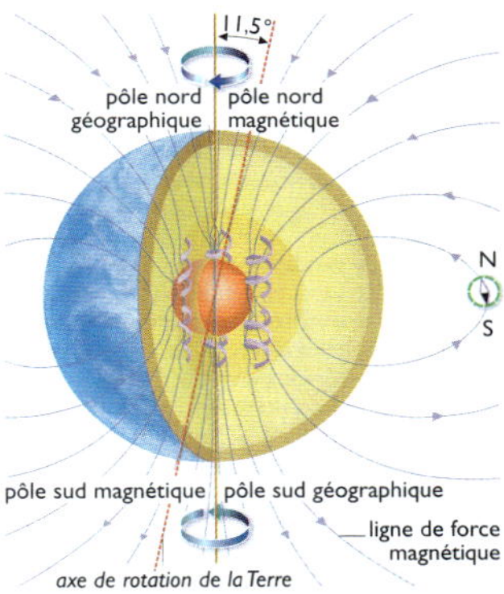

▲ **magnétisme terrestre**

MAGNÉTISME n.m. 1. PHYS. Ensemble des phénomènes que présentent les matériaux aimantés. **2.** Fig. Attrait puissant et mystérieux exercé par qqn sur son entourage ; charme. ▪ **Magnétisme animal,** mesmérisme. ▪ **Magnétisme terrestre** [phys.], ensemble des phénomènes magnétiques liés au globe terrestre (SYN. **géomagnétisme**).

MAGNÉTITE n.f. MINÉRALOG. Oxyde de fer (Fe_3O_4), doué de magnétisme, utilisé comme minerai de fer.

1. MAGNÉTO n.f. ÉLECTROTECHN. Génératrice électrique où le champ inducteur est produit par un aimant permanent.

2. MAGNÉTO n.m. Fam. Magnétophone ; magnétoscope.

MAGNÉTOCASSETTE n.m. Vieilli. Magnétophone utilisant des cassettes.

MAGNÉTOCHIMIE n.f. Étude des propriétés magnétiques des combinaisons chimiques.

MAGNÉTODYNAMIQUE adj. Se dit d'un appareil dans lequel l'excitation magnétique est produite par un aimant permanent.

MAGNÉTOÉLECTRIQUE adj. Qui tient à la fois des phénomènes magnétiques et électriques.

MAGNÉTOHYDRODYNAMIQUE n.f. Domaine de la physique qui traite de la dynamique des fluides conducteurs (un gaz ionisé, par ex.) en présence d'un champ magnétique. Abrév. **MHD.** ◆ **adj.** Relatif à la magnétohydrodynamique.

MAGNÉTOMÈTRE n.m. Appareil destiné à la mesure d'un champ magnétique.

MAGNÉTOMÉTRIE n.f. Mesure des champs magnétiques et des propriétés magnétiques des corps.

MAGNÉTOMOTEUR, TRICE adj. ÉLECTR. ▪ **Force magnétomotrice,** grandeur scalaire égale à la circulation du vecteur champ magnétique le long d'un contour fermé. Abrév. **f.m.m.**

MAGNÉTON n.m. PHYS. Unité élémentaire de moment magnétique propre aux domaines atomique et subatomique. ➲ La valeur du magnéton de Bohr est $\mu = e\hbar/2mc$, avec e = charge de l'électron, ħ = constante de Planck réduite, m = masse de l'électron et c = vitesse de la lumière dans le vide.

MAGNÉTO-OPTIQUE n.f. (pl. *magnéto-optiques*). Étude des propriétés optiques des substances soumises à des champs magnétiques.

MAGNÉTOPAUSE n.f. ASTRON. Limite externe de la magnétosphère d'une planète.

MAGNÉTOPHONE n.m. Vieilli. Appareil d'enregistrement et de lecture des sons par aimantation rémanente d'une bande magnétique.

MAGNÉTORÉSISTANCE n.f. PHYS. Modification de la résistance électrique d'un matériau conducteur sous l'effet d'un champ magnétique.

MAGNÉTOSCOPE n.m. Appareil d'enregistrement et de lecture d'images vidéo et de sons sur un support magnétique ou un disque dur.

MAGNÉTOSPHÈRE n.f. ASTRON. Zone dans laquelle le champ magnétique d'une planète se trouve confiné par le vent solaire.

MAGNÉTOSTATIQUE n.f. Domaine de la physique qui traite des phénomènes concernant des aimants ou des masses magnétiques au repos. ◆ **adj.** Relatif à la magnétostatique.

MAGNÉTOSTRICTION n.f. Déformation mécanique d'un matériau ferromagnétique, qui accompagne son aimantation.

MAGNÉTRON n.m. ÉLECTRON. Tube à vide de forte puissance, générateur ou amplificateur de courants de très haute fréquence, dont le flux d'électrons est commandé à la fois par un champ électrique et par un champ magnétique.

MAGNIFICAT [maɲifikat] ou [magnifikat] **n.m. inv.** (mot lat.). **CATH.** Cantique de la Vierge Marie chanté aux vêpres ; musique composée sur ce cantique.

MAGNIFICENCE n.f. 1. Qualité de ce qui est magnifique ; splendeur : *La magnificence d'un palais.* **2.** Litt. Générosité ; prodigalité.

✎ À distinguer de ***munificence,*** malgré la proximité de sens.

MAGNIFIER v.t. [5] (lat. *magnificare*, de *magnus*, grand). Exalter la grandeur de ; glorifier : *Magnifier le courage des sauveteurs.*

MAGNIFIQUE adj. (lat. *magnificus*). **1.** Qui a une beauté pleine de grandeur ; somptueux : *Un magnifique décor d'époque.* **2.** Qui est extrêmement beau ; splendide : *Un soleil magnifique. Des enfants magnifiques.* **3.** Qui est d'une qualité exceptionnelle : *Cette broderie est magnifique.* **4.** Qui suscite l'admiration ; remarquable : *Quelle idée magnifique !*

MAGNIFIQUEMENT adv. De façon magnifique.

MAGNITUDE n.f. (du lat. *magnitudo*, grandeur). **1.** ASTRON. Nombre qui caractérise l'éclat apparent *(magnitude apparente)* ou réel *(magnitude absolue)* d'un astre. ➲ Ce nombre diminue quand l'éclat augmente. **2.** GÉOPHYS. Représentation numérique, sur une échelle donnée, de l'importance d'un séisme.

MAGNOLIA [maɲɔlja] **n.m.** (du n. de P. *Magnol*). Arbre ornemental originaire d'Asie et d'Amérique, à port élégant, à feuilles alternes, luisantes, à grandes fleurs d'odeur suave. ➲ Famille des magnoliacées.

fleurs et feuilles de *Magnolia soulangiana* — fleurs et feuilles de *Magnolia grandiflora*

▲ **magnolia**

MAGNOLIACÉE n.f. Dicotylédone à grandes fleurs, d'origine tropicale, telle que le tulipier, le magnolia, la badiane. ➲ Les magnoliacées forment une famille.

MAGNUM [magnɔm] **n.m.** (du lat. *magnus*, grand). **1.** Grosse bouteille de vin contenant l'équivalent de deux bouteilles ordinaires (1,5 litre) : *Des magnums de champagne.* **2.** Bouteille de 1,5 ou de 2 litres d'eau minérale, de jus de fruits, etc.

1. MAGOT n.m. (de l'hébr. *magog*, barbare). **1.** Macaque d'une espèce dépourvue de queue, vivant en Afrique du Nord et à Gibraltar. **2.** Figurine représentant un personnage trapu et pittoresque, chinois ou japonais.

2. MAGOT n.m. (de l'anc. fr. *mugot*, trésor caché). Fam. Somme d'argent plus ou moins importante amassée peu à peu et mise en réserve ; pécule.

MAGOUILLE n.f. ou **MAGOUILLAGE n.m.** Fam. Ensemble de manœuvres douteuses menées entre des groupes ou entre des personnes ; intrigue : *Il se livre à toutes sortes de magouilles pour obtenir ce poste.*

MAGOUILLER v.t. et **v.i. [3]** (orig. incert.). Fam. Se livrer à des magouilles ; manigancer.

MAGOUILLEUR, EUSE adj. et **n.** Fam. Qui magouille.

MAGRET n.m. (mot gascon, de *1. maigre*). CUIS. Filet de chair prélevé sur la poitrine d'un canard.

MAGYAR, E [magjar] **adj.** et **n.** Hongrois.

MAHARAJA ou **MAHARADJAH,** ▲ *MAHARADJA* [maaradʒa] **n.m.** (sanskr. *mahārājā*). Titre signifiant *grand roi* que l'on donne aux princes feudataires de l'Inde.

MAHARANI n.f. (sanskr. *mahārānī*). Femme de maharaja.

MAHATMA n.m. (du sanskr. *mahātmā*, grande âme). Titre donné en Inde à des personnalités spirituelles de premier plan : *Le mahatma Gandhi.*

MAHAYANA adj. (du sanskr. *mahāyāna*, grand véhicule). ▪ **Bouddhisme mahayana** ou **du grand véhicule,** école issue de la réforme du bouddhisme primitif, qui renonce au nirvana individuel pour viser la délivrance de tous les êtres (par oppos. au *bouddhisme hinayana*). ➲ Encore appelé « bouddhisme du Nord », il s'est surtout développé dans le nord de l'Inde, d'où il a gagné la Corée, la Chine et le Japon.

MAHDI n.m. (ar. *mahdī*). Dans l'islam, envoyé de Dieu qui doit venir à la fin des temps pour rétablir la foi, corrompue, et la justice sur la Terre.

MAHDISME n.m. Manifestation religieuse de l'islam, caractérisée par l'attente ou la proclamation du mahdi.

MAHI-MAHI n.m. (pl. *mahis-mahis*) [du tahitien *mahi*, fort]. Cour. Daurade coryphène*.

MAH-JONG (pl. *mah-jongs*), ▲ *MAJONG* [maʒɔ̃(g)] **n.m.** (mot chin. « je gagne »). Jeu de société d'origine chinoise, qui se joue à quatre et consiste à former des combinaisons à l'aide de 144 pièces (appelées *tuiles*), réparties en séries.

MAHOMÉTAN, E adj. et **n.** Vx. Péjor. Musulman.

MAHONIA n.m. (du n. de B. *McMahon*). Arbrisseau originaire de l'Amérique du Nord, à feuilles épineuses, à fleurs jaunes et à baies bleues, souvent cultivé dans les parcs. ➲ Famille des berbéridacées.

MAHOUS, OUSSE adj. → **MAOUS.**

MAHRATTE n.m. → **MARATHE.**

MAI n.m. (du lat. *Maius mensis*, mois de la déesse Maia). Cinquième mois de l'année. ▪ **Premier Mai,** journée de revendication des syndicats américains dès 1884, adoptée en France par l'Internationale socialiste en 1889 et devenue fête légale et jour férié en 1947.

MAÏA n.m. (lat. *maia*). Grand crabe comestible des fonds vaseux du littoral atlantique, à carapace triangulaire épineuse, aux pattes très longues. Nom usuel : *araignée de mer.* ➲ Famille des majidés.

MAICHE n.m. Louisiane. Marécage sans arbres, le long de la mer.

MAIE n.f. (du lat. *magis*, pétrin). **1.** Coffre sur pieds qu'on utilisait autref. pour pétrir et conserver le pain. **2.** Table de pressoir.

MAÏEUR, E ou **MAYEUR, E n.** (du lat. *major*, plus grand). Belgique. Bourgmestre.

MAÏEUTIQUE n.f. (du gr. *maieutikê*, art de faire accoucher). **1.** Dans la philosophie socratique, art de conduire l'interlocuteur à découvrir et formuler les vérités qu'il a en lui. **2.** Partie de l'obstétrique qui concerne la pratique de l'accouchement, assurée essentiellement par les sages-femmes.

1. MAIGRE adj. et **n.** (lat. *macer*). Qui a très peu de graisse : *Un enfant très maigre.* ◆ **adj. 1.** Qui contient peu ou pas de matières grasses : *Yaourts maigres* ; préparé sans viande ni graisse (par oppos. à *gras*) : *Bouillon maigre.* **2.** Peu abondant ; frugal : *Un maigre dîner.* **3.** Peu important ; médiocre : *Un maigre salaire.* ▪ **Caractère maigre** [imprim.], caractère dont la graisse est plus faible que celle du caractère normal (par oppos. à *caractère gras*). ▪ **Jours maigres,** jours pendant lesquels les catholiques ne doivent pas manger de viande. ◆ **n.m.** Partie maigre d'une viande, d'un jambon, etc. (par oppos. au *gras*). ▪ **Faire maigre,** ne pas manger de viande aux jours prescrits par l'Église (par oppos. à *faire gras*).

2. MAIGRE n.m. (de *1. maigre*). Sciène.

MAIGRELET, ETTE ou, fam., **MAIGRICHON, ONNE adj.** Un peu maigre.

MAIGREMENT adv. De façon peu abondante.

MAIGREUR n.f. 1. État d'un être qui est maigre, sans graisse : *Bétail d'une grande maigreur.* **2.** Fig. Manque d'ampleur, de richesse ; pauvreté : *La maigreur du sujet d'un roman.*

MAIGRIR v.i. [21]. Devenir maigre. ◆ **v.t.** Faire paraître maigre, mince : *Ce tailleur la maigrit.*

MAIL [maj] **n.m.** (du lat. *malleus*, maillet). **1.** Promenade publique. **2.** Voie piétonne dans un centre d'activités commerciales ou tertiaires, incluant éventuellement un ensemble résidentiel.

MAIL-COACH [mɛlkotʃ] **n.m.** (pl. *mail-coach[e]s*) [mot angl.]. Anc. Berline anglaise attelée à quatre chevaux, avec plusieurs rangs de banquettes sur le toit de la voiture.

MAILING [meliŋ] **n.m.** (Anglic. déconseillé). Publipostage.

MAILLAGE n.m. 1. Disposition, organisation en réseau : *Le maillage communal.* **2.** Interconnexion d'un réseau électrique ou radioélectrique.

MAILLANT, E adj. ▪ **Filet maillant** → **2. FILET.**

1. MAILLE n.f. (du lat. *macula*, tache, maille d'un filet). **1.** Boucle de fil reliée à d'autres boucles pour former un tricot ou un filet. **2.** Étoffe tricotée : *Robe en maille.* **3.** MAR. Élément d'une chaîne d'ancre ; intervalle entre deux membrures ou deux varangues, sur la coque d'un navire. **4.** Annelet de fer dont on faisait les armures, au Moyen Âge : *Cotte de mailles.* **5.** TECHN. Division élémentaire d'un tamis, d'un grillage. **6.** ÉLECTROTECHN. Ensemble des conducteurs reliant les nœuds d'un réseau et formant un circuit fermé. **7.** CRISTALLOGR. Volume de forme géométrique qui, répété périodiquement dans les trois directions de l'espace, constitue le réseau cristallin. **8.** CHASSE. Tache apparaissant sur le plumage des jeunes perdreaux et des jeunes faucons. ▪ **Maille à l'endroit, à l'envers,** maille dont la courbe supérieure est en avant, en arrière du tricot. ▪ **Passer entre les mailles du filet,** échapper à une obligation ou à une arrestation.

2. MAILLE n.f. (du bas lat. *medalia*, moitié d'un denier). Petite monnaie médiévale en cuivre, de très faible valeur. ▪ **Avoir maille à partir avec qqn,** avoir un démêlé, un différend avec lui.

MAILLECHORT [majʃɔr(t)] **n.m.** (des n. de *Maillot* et *Chorier*). Alliage de cuivre, de nickel et de zinc, imitant l'argent.

MAILLER v.t. [3]. 1. TEXT. Former des mailles par entrelacement de boucles de fil. **2.** Structurer en réseau ; établir des liens : *Les associations qui maillent le quartier.* **3.** Suisse. Tordre ; fausser. ▪ **Mailler une chaîne** [mar.], la relier à une autre ou la fixer à une boucle au moyen d'une manille. ◆ **v.i.** CHASSE. Se couvrir de mailles, en parlant du plumage des perdreaux, des faucons.

MAILLET n.m. (de l'anc. fr. *mail*, marteau). **1.** Gros marteau à deux têtes, en bois dur, en plastique, en caoutchouc, etc. **2.** Outil de sculpteur sur bois, fait d'une masse tronconique de bois dur disposée dans l'axe du manche.

MAILLOCHE n.f. 1. Gros maillet à une seule tête, cylindrique et située dans l'axe du manche, utilisé en tonnellerie, en cordonnerie, etc. **2.** Baguette terminée par une boule garnie de matière souple pour battre certains instruments de musique à percussion (grosse caisse, xylophone, vibraphone, etc.).

MAILLON n.m. 1. Chaînon. **2.** MAR. Partie d'une chaîne d'ancre comprise entre deux manilles d'assemblage, d'une longueur de 30 m. ▪ **Être un maillon de la chaîne,** un élément d'un système organisé, d'une hiérarchie.

MAILLOT n.m. (de *1. maille*). **1.** Vêtement plus ou moins moulant ne couvrant que le haut du corps : *Maillot de sport.* **2.** Vêtement moulant porté à même la peau par les danseurs, gymnastes, acrobates, etc. **3.** Anc. Lange dont on enveloppait un enfant. ▪ **Maillot (de bain),** vêtement court et moulant porté pour se baigner (une-pièce, deux-pièces, slip de bain, etc.). ▪ **Maillot de corps,** sous-vêtement en maille couvrant le torse. ▪ **Maillot jaune,** maillot de couleur jaune que revêt le premier du classement général dans le Tour de France cycliste ; ce cycliste ou sa position de leader, attestée par le port de ce maillot.

MAILLURE n.f. BOIS. Aspect donné par les rayons ligneux du bois sur une section radiale.

MAIN n.f. (lat. *manus*). **1.** Organe de la préhension et de la sensibilité, muni de cinq doigts, qui constitue l'extrémité des membres supérieurs de l'homme. **2.** Cet organe, utilisé pour donner, recevoir qqch ou considéré comme un instrument : *Travailler de ses mains.* **3.** Faute commise par un footballeur qui touche le ballon de la main. **4.** Ensemble des cartes détenues par un joueur, au début d'une partie : *Avoir une belle main.* **5.** Extrémité des membres antérieurs des vertébrés tétrapodes, notamm. des mammifères : *Les mains d'un singe.* **6.** Unité de longueur égale à la largeur d'une main. **7.** Ensemble de 25 feuilles de papier, ou vingtième de rame. **8.** Rapport du grammage d'un papier à son épaisseur. **9.** Afrique. Portion d'un régime de bananes. ▪ **À main,** que l'on porte ou que l'on manœuvre à la main : *Frein à main.* ▪ **À main armée,** les armes à la main. ▪ **À pleines mains,** en emplissant ses mains : *Les enfants prenaient des bonbons à pleines mains.* ▪ **Avoir de la main,** pour un papier, donner au toucher une impression d'épaisseur. ▪ **Avoir la haute main sur,** commander. ▪ **Avoir la main,** aux cartes, être le premier à jouer. ▪ **Avoir la main heureuse, malheureuse,** avoir, ne pas avoir de chance dans un tirage au sort, une tombola, etc. ▪ **Avoir le cœur sur la main,** être très généreux. ▪ **Avoir les mains libres,** avoir toute liberté d'agir. ▪ **Avoir sous la main,** à sa portée. ▪ **Changer de mains,** passer d'un possesseur à un autre. ▪ **De la**

main à la main, sans passer par un intermédiaire ; en espèces, dans une transaction non reconnue ou frauduleuse. ▪ **De longue main** [litt.], par un travail long et mûrement réfléchi. ▪ **De main en main,** d'une personne à une autre. ▪ **Demander la main d'une jeune fille,** la demander en mariage. ▪ **De première main,** obtenu directement, sans intermédiaire : *Information de première main.* ▪ **Des deux mains,** avec empressement. ▪ **De seconde, de troisième main,** obtenu après être passé par un ou deux intermédiaires. ▪ **Donner la main à qqn** [Région. (Bretagne, Midi)], l'aider. ▪ **En bonnes mains,** confié à une personne capable. ▪ **En main(s) propre(s),** au destinataire lui-même. ▪ **Faire main basse sur qqch,** s'en emparer indûment. ▪ **Lever la main sur qqn,** s'apprêter à le frapper ; le frapper effectivement. ▪ **Main à main,** exercice d'équilibre au cours duquel deux acrobates (un porteur et un voltigeur) multiplient les élévations en se tenant par les mains. ▪ **Main courante,** partie supérieure d'une rampe d'escalier, d'une barre d'appui, etc. ; comptab., brouillard ; dr., registre chronologique tenu par la police pour consigner les déclarations des usagers sur des faits ne constituant pas des crimes ou des délits ; l'une de ces déclarations. ➲ Une main courante n'est qu'un éventuel élément de preuve à étayer par d'autres ; contrairement à la *plainte*, elle ne déclenche pas de procédure judiciaire. ▪ **Main de Bouddha,** fruit comestible d'une variété de cédratier, à la peau épaisse jaune orangé, à la chair blanche, sans pulpe, et dont la forme digitée peut évoquer une main. ▪ **Main de justice** [hist.], main d'ivoire à trois doigts levés, placée à l'extrémité du bâton royal de France, symbole de l'autorité judiciaire. ▪ **Main invisible** [écon.], expression, empruntée à Adam Smith, désignant le processus naturel qui pousse chaque individu recherchant son intérêt personnel à servir l'intérêt général. ▪ **Main(s) libre(s),** se dit d'un récepteur téléphonique conçu pour être utilisé sans être tenu en main. ▪ **Mettre la dernière main à un travail,** le terminer. ▪ **Mettre la main à la pâte,** participer activement à un travail. ▪ **Mettre la main sur qqch,** découvrir ce que l'on cherchait. ▪ **Mettre la main sur qqn,** l'arrêter. ▪ **Ne pas y aller de main morte,** agir avec brutalité. ▪ **Passer la main,** renoncer à ses pouvoirs ; les transmettre. ▪ **Perdre la main,** perdre son habileté manuelle. ▪ **Petite main** [anc.], apprentie couturière ; fig., simple exécutant, mais qui est chargé d'une tâche génér. minutieuse. ▪ **Première main,** première ouvrière d'une maison de couture, capable d'exécuter tous les modèles. ▪ **Prendre en main,** se charger de. ▪ **Prêter la main à qqch,** prêter son concours à une entreprise génér. malhonnête. ▪ **Reprendre en main,** redresser une situation compromise. ▪ **Se faire la main,** s'exercer. ▪ **Se prendre par la main** [fam.], s'obliger à faire qqch. ▪ **Tendre la main,** demander l'aumône. ▪ **Tendre la main à qqn,** lui faire une offre de réconciliation. ▪ **Voter à main levée,** exprimer son suffrage par ce geste de la main.

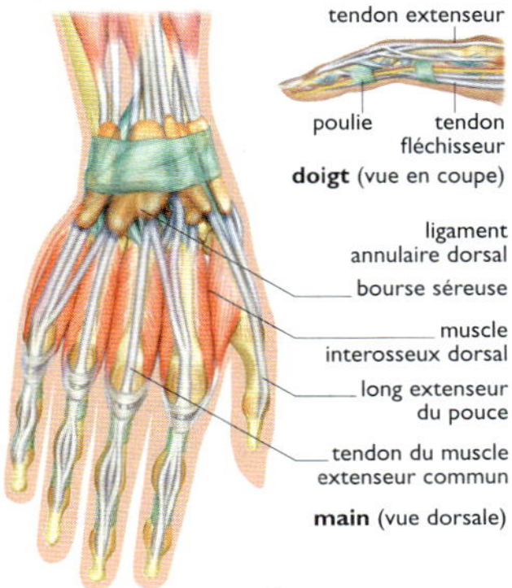

▲ main

MAINATE n.m. (du malais). Passereau originaire du Sud-Est asiatique, au plumage noir et au bec jaune, excellent imitateur de la voix humaine. ➲ Famille des sturnidés.

MAIN-D'ŒUVRE n.f. (pl. *mains-d'œuvre*). **1.** Façon, travail de l'ouvrier dans la confection d'un ouvrage. **2.** Ensemble des salariés, en partic. des ouvriers, d'un établissement, d'une région, d'un pays.

MAIN-FORTE, ▲ *MAINFORTE* **n.f. sing.** ▪ **Prêter main-forte à qqn,** lui venir en aide.

MAINLEVÉE n.f. DR. Acte qui arrête les effets d'une saisie, d'une opposition, d'une hypothèque.

MAINMISE n.f. **1.** Action de s'emparer de qqch : *La mainmise d'une bande sur un quartier.* **2.** Action de s'assurer une domination exclusive et souvent abusive sur qqch : *La mainmise d'un parti sur la municipalité.*

MAINMORTABLE adj. HIST. Qui est sujet à la mainmorte.

MAINMORTE n.f. HIST. Au Moyen Âge, droit de succession perçu par le seigneur sur les biens de ses serfs. ▪ **Bien de mainmorte** [dr.], bien appartenant à des personnes morales (associations, communautés, hospices, etc.), non transmissible de main en main et échappant au régime des successions.

MAINT, E adj. indéf. (du germ.). Litt. En grand nombre : *Mainte personne l'a déploré. À maintes reprises.*

MAINTENANCE n.f. **1.** Ensemble des opérations permettant de maintenir un système, un matériel, un appareil, etc., dans un état donné ou de lui restituer des caractéristiques de fonctionnement spécifiées : *Assurer la maintenance des ordinateurs.* **2.** MIL. Action ayant pour but de maintenir en condition opérationnelle les matériels militaires.

MAINTENANT adv. (de *main* et *tenant*). **1.** À présent : *Maintenant, il faut dormir* ; à partir de l'instant présent : *Maintenant, elle sera plus prudente.* **2.** Cela dit : *C'est mon avis ; maintenant, vous ferez à votre guise.* ◆ **MAINTENANT QUE loc. conj.** À présent que ; dès lors que.

MAINTENEUR n.m. Litt. Personne qui soutient, maintient qqch qui est menacé de disparaître.

MAINTENIR v.t. [28] (lat. *manutenere*). **1.** Garder dans une position fixe, stable ; soutenir : *Le tuteur maintient la plante.* **2.** Empêcher de remuer, d'avancer ; immobiliser : *Des barrières maintiennent les badauds à distance.* **3.** Conserver dans le même état ; préserver : *Maintenir la production au niveau actuel.* **4.** Affirmer avec force : *Il maintient ses déclarations.* ◆ **SE MAINTENIR v.pr.** Rester dans le même état : *Le beau temps se maintient.*

MAINTIEN n.m. **1.** Action de faire durer, de conserver ; continuité : *Le maintien des personnes âgées à domicile.* **2.** Manière de se tenir ; allure : *Un maintien timide.* ▪ **Maintien dans les lieux** [dr.], mesure qui permet à l'occupant de bonne foi d'un logement de rester dans les lieux malgré la volonté du propriétaire. ▪ **Maintien de l'ordre** [dr. admin.], ensemble des mesures de sécurité prises par l'autorité compétente pour prévenir ou réprimer les actions de nature à troubler l'ordre public. ▪ **Maintien sous les drapeaux** [mil.], mesure par laquelle le gouvernement décide de conserver temporairement sous les drapeaux les hommes ayant achevé leur service actif.

MAÏOLIQUE n.f. → **MAJOLIQUE.**

MAÏORAL, E, AUX ou **MAYORAL, E, AUX adj.** Belgique. Vieilli. Relatif au bourgmestre, au maïeur.

MAÏORAT ou **MAYORAT** n.m. Belgique. Vieilli. Fonction de bourgmestre, de maïeur.

MAIRE n. (du lat. *major*, plus grand). Premier magistrat de la commune, élu par le conseil municipal. ➲ Le maire est l'organe exécutif de la commune. ▪ **Maire d'arrondissement,** maire élu dans chaque arrondissement de Paris, de Lyon et de Marseille. ◆ **n.m.** HIST. ▪ **Maire du palais,** chef des fidèles de l'entourage d'un roi mérovingien.

MAIRESSE n.f. Vieilli. **1.** Femme d'un maire. **2.** Femme exerçant les fonctions de maire.

MAIRIE n.f. **1.** Édifice où se trouvent les services de l'administration municipale. **2.** Fonction de maire. **3.** Administration municipale : *Secrétaire de mairie.*

1. MAIS adv. (du lat. *magis*, davantage). Litt. ▪ **N'en pouvoir mais,** ne pouvoir rien à qqch : *Tous se plaignent à elle qui n'en peut mais.*

2. MAIS conj. 1. Indique une opposition : *Cet élève est intelligent mais paresseux.* **2.** Introduit une objection, une restriction, une précision : *Non seulement je le crois, mais j'en suis certain.* **3.** Introduit une transition : *Mais, j'y pense, l'avez-vous rencontré ?* **4.** Marque le renforcement d'une réponse, d'une exclamation : *C'est dommage, mais vraiment dommage !* ◆ **n.m.** Argument avancé pour refuser qqch ; objection : *Il n'y a pas de mais qui tienne.*

MAÏS n.m. (esp. *maiz*, d'une langue haïtienne). Céréale de grande dimension, à tige génér. unique et très forte, à gros épi portant des grains en rangs serrés, très largement cultivée dans le monde pour l'alimentation humaine (grains) et, surtout, animale (grains ou plante entière). ➲ Famille des graminées.

MAÏSERIE [maizri] **n.f. 1.** Usine où l'on traite le maïs pour en extraire fécule, glucose, etc. **2.** Activité industrielle liée à la transformation du maïs.

MAISON n.f. (lat. *mansio*, de *manere*, demeurer). **1.** Bâtiment construit pour servir d'habitation aux personnes ; immeuble : *Elle habite au troisième étage de cette maison. (V. ill. page suivante.)* **2.** Construction individuelle abritant une famille : *Se faire construire une maison.* **3.** Logement où l'on habite : *Je vous invite à la maison.* **4.** Ensemble des membres d'une même famille ; maisonnée : *Toute la maison se retrouve pour dîner.* **5.** Ensemble des familles nobles issues d'une souche commune. **6.** Édifice public ou privé servant à un usage particulier : *Maison de repos.* **7.** Entreprise commerciale ou industrielle ; établissement : *La maison mère et ses filiales.* **8.** ASTROL. Chacune des douze divisions égales du ciel, en relation analogique avec un signe du zodiaque, qui permettent aux astrologues de situer la position des planètes à la naissance de qqn et d'établir son horoscope. ▪ **Maison de retraite,** logement collectif pour les personnes âgées de 60 ans et plus, génér. doté de services (restaurant, par ex.) et d'une infrastructure médicale. (On parle dans ce cas-là de *maison de retraite médicalisée.*) ▪ **Maison des jeunes et de la culture** → **MJC.** ▪ **Maison de titres** [banque], établissement qui gère des portefeuilles de valeurs mobilières. ▪ **Maison du roi, de l'empereur** [hist.], ensemble des personnes civiles (maison civile) et militaires (maison militaire) attachées à la personne du souverain. ▪ **Maison mobile,** recomm. off. pour **mobile home.** ◆ **adj. inv. 1.** Fabriqué à la maison, par un restaurant et non industriellement : *Des rillettes maison.* **2.** Particulier à une entreprise, à l'établissement dans lequel on travaille : *Syndicats maison. Avoir l'esprit maison.*

MAISONNÉE n.f. Ensemble des personnes d'une famille vivant dans la même maison.

MAISONNETTE n.f. Petite maison.

MAISTRANCE [mɛstrɑ̃s] **n.f.** (de *maistre*, anc. forme de *maître*). Cadre des sous-officiers de carrière de la Marine nationale.

1. MAÎTRE, MAÎTRESSE, ▲ *MAITRE, MAITRESSE* **n.** (lat. *magister*). **1.** Personne qui commande, gouverne, exerce une autorité : *Le commandant est maître à bord. Maîtresse de maison.* **2.** Personne qui enseigne ; instituteur : *Des maîtres d'école.* **3.** Personne qui possède un animal domestique et s'en occupe.

2. MAÎTRE, ▲ *MAITRE* **n.m. 1.** Personne qui enseigne qqch : *Maître de musique.* **2.** Personne qui dirige l'exécution de qqch, qui a autorité sur les exécutants : *Maître d'hôtel.* **3.** Artiste, écrivain éminent susceptible d'être pris comme modèle : *Les grands maîtres de la littérature.* **4.** Titre donné aux avocats, à certains officiers ministériels. (En abrégé, Mᵉ.) **5.** Artisan admis à la maîtrise, dans un métier où subsistent des traditions de corporation. **6.** BX-ARTS. Vx. Artiste qui dirigeait un atelier ; artiste du passé dont on ignore le nom et dont on a reconstitué une partie de l'œuvre : *Le Maître de Moulins.* ➲ On le désigne en faisant suivre le mot « Maître » du nom de la ville où il travaillait, ou du titre de son œuvre clé, du nom de son commanditaire, etc. ▪ **Maître à danser** [vx], professeur de danse. ▪ **Maître à penser,** philosophe ou personnalité ayant une importante influence idéologique ou spirituelle (SYN. **maître-penseur**). ▪ **Maître auxiliaire,** professeur non titulaire assurant l'intérim d'un emploi vacant de professeur titulaire. ▪ **Maître d'armes,** qui enseigne l'escrime.

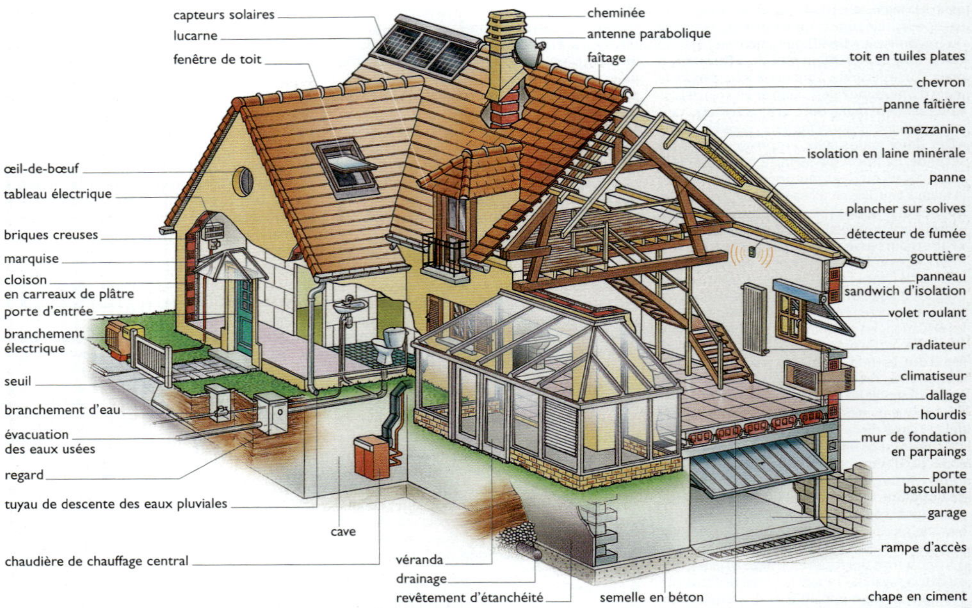

▲ **maison.** Éléments, parties ou espaces constituant une maison individuelle.

▪ **Maître de ballet,** responsable chargé des répétitions des danseurs et de la réalisation de spectacles chorégraphiques. ▪ **Maître de chapelle,** personne qui dirige les chanteurs et les musiciens dans une église. ▪ **Maître de conférences,** membre titulaire de l'enseignement supérieur qui organise les travaux dirigés et contribue aux travaux de recherche. ➲ Ce titre a remplacé celui de *maître assistant.* ▪ **Maître de forges** [vieilli], propriétaire d'un établissement sidérurgique. ▪ **Maître des requêtes,** membre du Conseil d'État chargé en France de présenter un rapport sur les affaires qui lui sont soumises. ▪ **Maître d'état** [Suisse], artisan responsable d'un secteur de la construction d'une maison. ▪ **Maître d'œuvre,** personne ou organisme qui dirigent un chantier du bâtiment après avoir élaboré les plans de l'ouvrage ; responsable de l'organisation et de la réalisation d'un vaste ouvrage. ▪ **Maître d'ouvrage** ou **de l'ouvrage,** personne physique ou morale pour le compte de laquelle une construction est réalisée. ▪ **Maître du jeu,** dans un jeu de rôle, joueur qui crée ou anime le scénario du jeu et en dirige le déroulement en fonction de l'action des participants. ▪ **Passer maître en** ou **dans,** devenir très habile dans un art, un métier, etc. ▪ **Petit maître,** écrivain, artiste de second plan. ▪ **Second maître, maître, premier maître, maître principal,** grades des officiers de la Marine nationale. ▪ **Trouver son maître,** rencontrer qqn qui vous est supérieur en qqch.

3. MAÎTRE, MAÎTRESSE, ▲ *MAITRE, MAITRESSE* **adj. 1.** Qui a un rôle capital, essentiel : *La qualité maîtresse de cet artisan. Le maître mot.* **2.** Qui est le plus important dans son genre : *La poutre maîtresse de la charpente.* **3.** Se dit de la plus forte carte à jouer dans la couleur et de la personne qui la détient : *Être maître à cœur.* ▪ **Être maître de qqch, de faire qqch,** en disposer librement : *Être maître de son temps* ; être libre de le faire : *Vous êtes maître de rester ou de partir.* ▪ **Maître mot,** celui qui résume une théorie, une argumentation, etc. : *Le maître mot, c'est la transparence.* ▪ **Maîtresse femme,** femme énergique, déterminée.

MAÎTRE-À-DANSER (pl. *maîtres-à-danser*), ▲ *MAITRE-À-DANSER (pl. maitres-à-danser)* **n.m.** Compas d'épaisseur à branches croisées pour la mesure ou le report d'une dimension intérieure.

MAÎTRE-AUTEL (pl. *maîtres-autels*), ▲ *MAITRE-AUTEL (pl. maitres-autels)* **n.m.** Autel principal d'une église.

MAÎTRE-CHIEN (pl. *maîtres-chiens*), ▲ *MAITRE-CHIEN (pl. maitres-chiens)* **n.m.** Responsable du dressage d'un chien à certaines actions, dans les corps spécialisés de la police et de l'armée.

MAÎTRE-COUPLE ou **MAÎTRE COUPLE** (pl. *maîtres*[-]*couples*), ▲ *MAITRE(-)COUPLE (pl. maitres[-]couples)* **n.m. 1. MAR.** Plan de la plus grande section transversale de la coque d'un navire. **2. PHYS.** Aire de la section droite du cylindre engendré par un solide en mouvement.

MAÎTRE-CYLINDRE (pl. *maîtres-cylindres*), ▲ *MAITRE-CYLINDRE (pl. maitres-cylindres)* **n.m. AUTOM.** Piston actionné par la pédale de frein et qui envoie du liquide sous pression dans le système de freinage.

MAÎTRE-NAGEUR (pl. *maîtres-nageurs*), ▲ *MAITRE-NAGEUR (pl. maitres-nageurs)* **n.m.** Personne habilitée à l'enseignement de la natation, à la surveillance d'une piscine, d'une plage.

MAÎTRE-PENSEUR (pl. *maîtres-penseurs*), ▲ *MAITRE-PENSEUR (pl. maitres-penseurs)* **n.m.** Maître à penser.

MAÎTRESSE, ▲ *MAITRESSE* **n.f.** Femme avec laquelle un homme a des relations amoureuses et sexuelles en dehors du mariage.

MAÎTRISABLE, ▲ *MAITRISABLE* **adj.** Que l'on peut maîtriser.

MAÎTRISE, ▲ *MAITRISE* **n.f. 1.** Domination de soi ; sang-froid. **2.** Fait de dominer une science, une technique : *La maîtrise des nouvelles technologies* ; supériorité dans un domaine : *La maîtrise de l'espace.* **3.** Sûreté d'exécution dans une technique, un art ; virtuosité : *Cet ouvrage révèle sa grande maîtrise.* **4.** Ensemble des contremaîtres et des chefs d'équipe. **5. MUS.** École de chant et ensemble des chantres d'une église. **6.** En France, ancien diplôme de l'enseignement supérieur obtenu au terme de quatre ans d'études après le baccalauréat. ➲ La maîtrise peut encore être délivrée aux étudiants qui en font la demande. **7.** Vx. Qualité de maître dans une corporation ou un corps analogue. ▪ **Maîtrise fédérale** [Suisse], brevet supérieur qui autorise un artisan à s'installer à son compte et à former des apprentis.

MAÎTRISER, ▲ *MAITRISER* **v.t.** [3]. **1.** Dominer ses états affectifs, ses réactions : *Maîtriser sa colère.* **2.** Se rendre maître de phénomènes difficilement contrôlables : *Maîtriser un incendie, la récession.* **3.** Soumettre un être vivant par la force : *Maîtriser un chien dangereux.* **4.** Avoir une bonne connaissance, une pratique sûre de qqch : *Maîtriser le chinois.* ◆ **SE MAÎTRISER v.pr.** Rester, redevenir maître de soi.

MAÏZENA [maizena] **n.f.** (nom déposé). Farine de maïs préparée pour être utilisée en cuisine.

MAJESTÉ n.f. (lat. *majestas*). **1.** Caractère de grandeur, de dignité, de noblesse. **2.** (Avec une majuscule). Titre des empereurs, des rois : *Sa Majesté la reine.* **3.** Apparence pleine de grandeur, de noblesse : *Une démarche pleine de majesté.* ▪ **Christ, Vierge, saint en majesté** [bx-arts], représentés assis sur un trône dans une attitude hiératique. ▪ **Sa Majesté Catholique,** le roi d'Espagne. ▪ **Sa Majesté Très Chrétienne,** le roi de France.

MAJESTUEUSEMENT adv. Avec majesté.

MAJESTUEUX, EUSE adj. Empreint de majesté ; grandiose.

1. MAJEUR, E adj. (lat. *major*). **1.** Plus grand ; plus important : *La majeure partie des électeurs a voté.* **2.** Très important ; primordial : *Défaite majeure.* **3. MUS.** Se dit des intervalles de 2e, 3e, 6e et 7e formés entre la tonique et les autres notes d'une gamme majeure. ▪ **Cas de force majeure,** événement que l'on ne peut éviter et dont on n'est pas responsable. ▪ **En majeure partie,** pour la plus grande partie. ▪ **Gamme majeure** [mus.], gamme diatonique du mode majeur. ▪ **Mode majeur,** ou **majeur, n.m.** [mus.], dans lequel les intervalles formés à partir de la tonique sont majeurs, et caractérisé par la succession, dans la gamme, de deux tons, un demi-ton, trois tons et un demi-ton. ◆ **adj.** et **n.** Qui a atteint l'âge de la majorité.

2. MAJEUR n.m. Doigt du milieu de la main (SYN. **médius**).

MAJEURE n.f. LOG. Première proposition d'un syllogisme.

▲ **majolique.** Grand plat à décor historié, en faïence de Faenza, v. 1530. (Musée du Louvre, Paris.)

MAJOLIQUE ou **MAÏOLIQUE n.f.** (de l'ital. *majolica,* de Majorque). Faïence italienne de la Renaissance, initialement inspirée de la céramique hispano-mauresque.

1. MAJOR **n.m.** (mot lat. « plus grand »). **1.** Depuis 1975, grade le plus élevé des sous-officiers des armées. **2.** Anc. Officier supérieur chargé de l'administration d'un corps de troupes. **3.** Premier d'une promotion, dans une grande école. **4.** Officier d'un grade égal à celui de commandant, dans la France d'Ancien Régime. **5.** Anc. Médecin militaire. **6.** Suisse. Officier commandant un bataillon. ▪ **Major de table** [Suisse], personne qui préside un banquet, anime une soirée. ▪ **Major général,** officier général adjoint du chef d'état-major des armées, des chefs d'état-major des trois armées et du directeur général de la gendarmerie.

2. MAJOR **n.f.** (de l'angl. *major company*). Entreprise faisant partie des plus puissantes sociétés de son secteur.

MAJORANT **n.m.** MATH. ▪ **Majorant d'une fonction, d'une suite,** nombre supérieur à toutes les valeurs de cette fonction, de cette suite. ▪ **Majorant d'un ensemble de nombres,** nombre supérieur à tous les éléments de cet ensemble.

MAJORAT **n.m.** HIST. Bien inaliénable attaché à un titre de noblesse et transmis avec le titre à l'héritier du titulaire.

MAJORATION **n.f.** Action de majorer ; augmentation.

MAJORDOME **n.m.** (ital. *maggiordomo*, du lat. *major domus*, chef de la maison). Maître d'hôtel, chez un riche particulier.

MAJORER **v.t.** [3]. **1.** Augmenter le montant d'une facture, d'un impôt, etc. ; relever : *Majorer les retraites.* **2.** MATH. Trouver un majorant, ou être un majorant, pour un ensemble de nombres, une fonction ou une suite.

MAJORETTE **n.f.** Jeune fille en uniforme de fantaisie qui parade lors de fêtes et de défilés.

MAJORITAIRE **adj.** **1.** Qui appartient à la majorité ; qui s'appuie sur une majorité. **2.** Se dit de personnes en plus grand nombre que d'autres : *Ici, les moins de vingt ans sont majoritaires.* **3.** Se dit d'un actionnaire qui détient la majorité du capital dans une entreprise ; se dit de la participation elle-même. ▪ **Scrutin majoritaire,** dans lequel est proclamé élu le candidat ayant obtenu le plus grand nombre de suffrages.

MAJORITAIREMENT **adv.** En majorité ; à la majorité.

MAJORITÉ **n.f.** (du lat. *major*, plus grand). **1.** DR. Âge auquel, selon la loi, une personne acquiert la pleine capacité d'exercer ses droits *(majorité civile)* ou est reconnue responsable de ses actes *(majorité pénale).* ➲ En France, la majorité est fixée à 18 ans. **2.** La plus grande partie d'un ensemble (par oppos. à *minorité*) : *Il y a une majorité de femmes sur sa liste électorale.* **3.** Le plus grand nombre des voix ou des suffrages dans une assemblée. **4.** Parti ou coalition de partis détenant le plus grand nombre de sièges dans une assemblée. ▪ **En majorité,** pour la plupart : *Ils sont en majorité pour.* ▪ **Majorité absolue,** exigeant la moitié des suffrages exprimés plus un. ▪ **Majorité qualifiée** ou **renforcée,** pour laquelle la loi exige que soient réunis plus de suffrages que pour la majorité absolue. ▪ **Majorité relative** ou **simple,** celle obtenue par un candidat qui recueille plus de suffrages que ses concurrents. ▪ **Majorité silencieuse,** partie majoritaire de la population, qui n'exprime pas publiquement ses opinions, contrairement aux minorités agissantes.

MAJORQUIN, E **adj.** et **n.** De Majorque.

MAJUSCULE **adj.** (du lat. *majusculus*, un peu plus grand). Litt. D'une importance majeure ; primordial : *Une artiste, une crise majuscule.* ▪ **Lettre majuscule,** ou **majuscule, n.f.,** lettre plus grande que les autres et de forme différente (par oppos. à *minuscule*) [SYN. **capitale**].

MAKAIRE **n.m.** Marlin.

MAKHZEN [makzɛn] ou **MAGHZEN** [magzɛn] **n.m.** (de l'ar.). HIST. Au Maroc, gouvernement du sultan.

1. MAKI **n.m.** (mot malgache). Primate de Madagascar, à museau allongé et à longue queue. ➲ Sous-ordre des lémuriens.

2. MAKI **n.m.** (mot jap.). Boulette de riz entourée d'une feuille sèche de nori et garnie de poisson cru, d'omelette, etc. ➲ Cuisine japonaise.

MAKILA **n.m.** (mot basque). Canne ferrée, plombée à l'extrémité inférieure et dont la poignée mobile contient une pointe acérée.

MAKIMONO **n.m.** (mot jap. « rouleau »). Peinture japonaise composée et déroulée horizontalement.

MAKING OF [mɛkiŋɔf] **n.m. inv.** (mots angl.). Documentaire portant sur la genèse et le tournage d'un film ; coulisses du tournage.

1. MAL **adv.** (lat. *male*). **1.** D'une manière contraire à la morale : *Agir, se conduire mal.* **2.** D'une manière non satisfaisante ; incorrectement : *Écrire, parler mal.* ▪ **Aller mal,** être en mauvaise santé. ▪ **Être, se mettre mal avec qqn,** être brouillé, se brouiller avec lui. ▪ **Pas mal de** [fam.], une assez grande quantité de : *Avoir pas mal de travail, d'ennuis.* ▪ **Prendre mal** ou **mal prendre qqch,** s'en offenser. ▪ **Se sentir mal,** être sur le point de s'évanouir.

2. MAL **adj. inv.** **1.** Contraire à la morale : *C'est mal de tricher. Je n'ai rien dit de mal.* **2.** En mauvaise forme ; en mauvaise santé : *Elles sont très mal.* ▪ **Ce n'est pas plus mal,** cela vaut mieux. ▪ **Être au plus mal,** être gravement malade ; être à l'agonie. ▪ **Mal fait** [Suisse], déplorable ; regrettable : *C'est mal fait pour elle, elle ne mérite pas ça.* ▪ **N'être pas mal** [fam.], être assez beau ; être satisfaisant : *Ses romans ne sont pas mal.* ▪ **On est mal** [fam.], dans une situation difficile.

3. MAL **n.m.** (pl. *maux*) [lat. *malum*]. **1.** Ce qui est contraire au bien, condamné par la morale : *Quel mal y a-t-il à cela ?* **2.** Ce qui est susceptible de nuire, de faire souffrir ; dommage : *Le mal est fait.* **3.** Souffrance physique : *Maux de gorge. Le mal régresse.* **4.** Souffrance morale : *Les maux de l'âme.* ▪ **Avoir du mal (à),** éprouver de la difficulté (à). ▪ **Avoir mal,** souffrir. ▪ **Avoir mal au cœur,** avoir la nausée. ▪ **Dire du mal de qqn,** le dénigrer. ▪ **Être en mal de qqch,** souffrir de son absence : *Être en mal d'inspiration.* ▪ **Faire du mal à qqn,** le faire souffrir ; lui nuire. ▪ **Faire mal à qqn,** le faire souffrir : *Ses chaussures lui font mal.* ▪ **Grand mal,** épilepsie généralisée classique, dont les crises comportent une perte de conscience, une chute et des convulsions. ▪ **Mal blanc,** panaris. ▪ **Mal de reins,** lombalgie. ▪ **Mal des montagnes** ou **d'altitude,** ensemble des troubles dus à un séjour en montagne. ▪ **Mal des transports,** ensemble des troubles ressentis en bateau *(mal de mer),* en avion *(mal de l'air),* en voiture. ▪ **Mal de tête,** douleur au niveau du crâne (SYN. **céphalée**). ▪ **Mal du siècle,** mélancolie de la jeunesse de l'époque romantique (XIXe s.). ▪ **Petit mal,** épilepsie dont la forme la plus typique est représentée par les absences*. ▪ **Se donner du mal,** faire des efforts.

MALABAR **n.m.** (de *Malabar*, région de l'Inde). Fam. Homme grand et fort.

MALABSORPTION **n.f.** MÉD. Affection due à un trouble de l'absorption des aliments par l'intestin, provoquant une dénutrition.

MALACHITE [-kit] **n.f.** (du gr. *malakhê*, mauve [plante]). Carbonate de cuivre hydraté, d'un beau vert, utilisé en joaillerie et en tabletterie.

MALACOLOGIE **n.f.** (du gr. *malakos*, mou, et *logos*, science). Étude des mollusques.

MALACOSTRACÉ **n.m.** (du gr. *malakos*, mou, et *ostrakon*, coquille). Crustacé, génér. de grande taille et très évolué, tel que la langouste, le crabe, le cloporte. ➲ Les malacostracés forment une sous-classe.

MALADE **adj.** et **n.** (du lat. *male habitus*, en mauvais état). **1.** Dont la santé est altérée : *Tomber malade.* **2.** Fam. Qui est mentalement perturbé : *Ce chauffard est un malade.* ◆ **adj.** **1.** Se dit d'un organe atteint par la maladie : *Cœur malade.* **2.** Qui est en mauvais état : *Une économie malade.* **3.** Qui éprouve un malaise général : *La voir désemparée me rendait malade.* ▪ **Malade de,** qui a une maladie à tel organe : *Malade du foie* ; affecté au plus haut point par : *Malade de peur, de dégoût.*

MALADIE **n.f.** **1.** Altération de la santé, des fonctions des êtres vivants (animaux et végétaux), en partic. quand la cause est connue (par oppos. à *syndrome*). **2.** Dégradation de qqch : *La pollution provoque la maladie des pierres.* **3.** Fam. Trouble dans la manière de se conduire ; manie : *La maladie des jeux vidéo.* ▪ **Assurance maladie,** celle des assurances sociales françaises qui permet au salarié de percevoir, en cas d'arrêt de travail, des indemnités journalières et de bénéficier du remboursement partiel ou total des frais occasionnés par sa maladie. ▪ **En faire une maladie** [fam.], être très contrarié par qqch. ▪ **Longue maladie** [cour.], affection de longue durée : *Sa collègue est en (congé) longue maladie pour dépression* ; par euphém., cancer : *Le cinéaste est mort hier des suites d'une longue maladie.* ▪ **Maladie émergente,** maladie infectieuse due à un micro-organisme nouveau ou ayant évolué récemment par mutation et dont on observe une augmentation significative de la fréquence (ou incidence) dans une population donnée. ▪ **Maladie professionnelle,** provoquée par l'exercice de certaines activités professionnelles.

MALADIF, IVE **adj.** **1.** Sujet à être malade ; qui a l'air malade. **2.** Dont les manifestations ressemblent à celles des troubles mentaux ; morbide : *Curiosité maladive.*

MALADIVEMENT **adv.** De façon maladive.

MALADRERIE **n.f.** (de *1. ladre*, lépreux). Hôpital de lépreux, au Moyen Âge.

MALADRESSE **n.f.** **1.** Caractère d'une personne maladroite, de ses gestes, de ce qu'elle réalise ; gaucherie : *La maladresse d'un serveur.* **2.** Défaut de savoir-faire, de tact dans la conduite : *Sa maladresse a blessé ses collègues.* **3.** Action maladroite ; bévue : *Encore une de ses maladresses !*

MALADROIT, E **adj.** et **n.** **1.** Qui manque d'adresse, d'aisance dans ses mouvements ; gauche. **2.** Qui manque d'expérience, de sûreté pour l'exécution de qqch : *Une coiffeuse encore maladroite.* **3.** Qui manque de tact, de sens de l'opportunité : *Tu as été maladroit de répondre ainsi.*

MALADROITEMENT **adv.** De façon maladroite.

MALAGA **n.m.** **1.** Raisin récolté dans la région de Málaga. **2.** Vin liquoreux fait avec ce raisin.

MAL-AIMÉ, E (pl. *mal-aimés, es*), ▲ **MALAIMÉ, E** **adj.** et **n.** Se dit d'une personne tenue à l'écart d'un groupe : *Une élève mal-aimée. Les mal-aimés de la finance.*

MALAIRE **adj.** et **n.m.** (du lat. *mala*, joue). ANAT. Se dit de l'os qui forme la saillie de la pommette.

MALAIS, E **adj.** et **n.** Relatif aux Malais. ◆ **n.m.** Langue du groupe indonésien, parlée dans la péninsule malaise et sur les côtes de l'Insulinde.

MALAISE **n.m.** (de *2. mal* et *1. aise*). **1.** Sensation pénible causée par un trouble physiologique ; indisposition : *Il a eu un malaise.* **2.** État d'inquiétude, de mécontentement ; tension : *Le malaise est général.*

MALAISÉ, E **adj.** Qui n'est pas facile à faire.

MALAISÉMENT **adv.** Avec difficulté.

MALAISIEN, ENNE **adj.** et **n.** De la Malaisie ; de ses habitants.

MALANDRE **n.f.** (bas lat. *malandria*). VÉTÉR. Crevasse située au pli du jarret des chevaux.

MALANDRIN **n.m.** (ital. *malandrino*). Vx ou litt. Bandit de grand chemin ; brigand.

MALAPPRIS, E **adj.** et **n.** Impoli ; malotru. (Le fém. est rare.)

MALARD ou **MALART** **n.m.** Région. Mâle des canards sauvages ou domestiques.

MALARIA **n.f.** (de l'ital. *mala aria*, mauvais air). Vieilli. Paludisme.

MALAVISÉ, E **adj.** Litt. Qui agit sans discernement ; irréfléchi.

MALAXAGE **n.m.** Action de malaxer.

MALAXER **v.t.** [3] (du lat. *malaxare*, amollir). **1.** Pétrir une substance pour la ramollir, la rendre plus homogène : *Malaxer de l'argile.* **2.** Masser du bout des doigts une partie du corps.

MALAXEUR **n.m.** et **adj.m.** Appareil muni d'une cuve, servant à mélanger mécaniquement plusieurs produits.

MALAYALAM [malaja-] **n.m.** Langue dravidienne parlée au Kerala.

MALAYO-POLYNÉSIEN, ENNE [malɛjɔ-] **adj.** et **n.m.** (pl. *malayo-polynésiens, ennes*). LING. Austronésien.

MALBAR, MALBARAISE **n.** La Réunion. Indien non musulman.

MALBÂTI, E **adj.** Se dit d'une personne mal faite. (On écrit aussi *mal bâti*.)

MALBEC **n.m.** VITIC. Cépage rouge, très répandu en France.

MALBOUFFE **n.f.** Fam. Mauvaise alimentation, nuisible à la santé.

MALCHANCE **n.f.** **1.** Sort hostile ; infortune : *Être poursuivi par la malchance.* **2.** Hasard malheureux ; mésaventure : *Une série de malchances l'a conduit à la faillite.* ▪ **Jouer de malchance,** ne pas avoir de chance dans une action.

MALCHANCEUX, EUSE **adj.** et **n.** En butte à la malchance.

MALCOMMODE **adj.** Qui n'est pas commode, pas pratique.

MALDONNE **n.f.** Erreur dans la distribution des cartes ; fausse donne. ▪ **Il y a maldonne** [fam.], c'est un malentendu ; il y a erreur.

MÂLE **n.m.** (lat. *masculus*). **1.** Animal mâle. **2.** Fam., parfois péjor. Homme vigoureux, partic. sexuellement. ◆ **adj.** **1.** BIOL. Se dit d'un individu, animal ou végétal, d'un organe qui appartient au sexe produisant les cellules reproductrices les plus petites et les plus mobiles (spermatozoïdes chez les animaux, pollen chez les végétaux) ; se dit de ce sexe. **2.** Qui est du sexe masculin : *Titre transmis aux descendants mâles.* **3.** Qui présente des caractéristiques génér. attribuées à un homme ; viril : *Une mâle assurance.* **4.** TECHN. Se dit d'une pièce, d'un instrument qui portent un saillant destiné à entrer dans une autre pièce, appelée *femelle.* ▪ **Fleur mâle,** fleur qui ne porte que des étamines.

MALÉDICTION **n.f.** (lat. *maledictio*). **1.** Litt. Action de maudire. **2.** Sort défavorable qui s'acharne sur qqn ; fatalité : *La malédiction s'acharne sur eux.*

MALÉFICE **n.m.** (lat. *maleficium*). Pratique magique visant à nuire ; sortilège.

MALÉFIQUE **adj.** Qui a une influence surnaturelle et malfaisante : *Un film de science-fiction peuplé de créatures maléfiques.*

MALÉKISME ou **MALIKISME** **n.m.** École juridique de l'islam sunnite, issue de Malik ibn Anas (715-795), prédominante au Maghreb.

MALENCONTREUSEMENT **adv.** De façon malencontreuse.

MALENCONTREUX, EUSE **adj.** (de 2. *mal* et de l'anc. fr. *encontre*, rencontre). Qui survient mal à propos ; fâcheux : *Une révélation malencontreuse.*

MALENGUEULÉ, E **adj.** et **n.** Québec. Fam. Qui parle grossièrement ; malappris.

MAL-EN-POINT **adj. inv.** En mauvais état de santé, de fortune, de situation : *Une athlète, une entreprise mal-en-point.* (On écrit aussi *mal en point.*)

MALENTENDANT, E **adj.** et **n.** Se dit de qqn dont l'acuité auditive est diminuée.

MALENTENDU **n.m.** Fait de se méprendre sur le sens d'une parole, d'un mot ; méprise : *C'est un malentendu, il faut le dissiper.*

MAL-ÊTRE **n.m. inv.** Sentiment de profond malaise : *Le mal-être au travail.*

MALFAÇON **n.f.** Défaut dans la fabrication d'un ouvrage, dans la réalisation d'un travail ; défectuosité.

MALFAISANCE [-fə-] **n.f.** Litt. Disposition à faire du mal ; action nuisible.

MALFAISANT, E [-fə-] **adj.** Qui fait, qui cause du mal ; pernicieux : *Personnes, idées malfaisantes.*

MALFAITEUR **n.m.** Individu qui commet des actions criminelles ; gangster.

MALFAMÉ, E **adj.** (du lat. *fama*, renommée). Fréquenté par des individus de mauvaise réputation : *Ruelle malfamée.* (On écrit aussi *mal famé.*)

MALFORMATION **n.f.** MÉD. Altération morphologique congénitale d'un tissu, d'un organe du corps humain : *Malformation cardiaque.*

MALFRAT **n.m.** (du languedocien *malfar*, faire mal). Fam. Malfaiteur.

MALGACHE **adj.** et **n.** De Madagascar ; de ses habitants. ◆ **n.m.** Langue du groupe indonésien parlée à Madagascar.

MALGRACIEUX, EUSE **adj.** Litt., vieilli. Qui manque de grâce ou de délicatesse.

MALGRÉ **prép.** **1.** Contre la volonté de : *Il est sorti malgré son père.* **2.** En dépit de : *Malgré son handicap, elle participe à toutes les activités.* ▪ **Malgré tout,** en dépit des obstacles, des inconvénients ; pourtant. ◆ **MALGRÉ QUE** **loc. conj.** Bien que ; quoique : *Malgré qu'il fasse froid.* ▪ **Malgré que j'en aie, que tu en aies** [litt.], bien que cela me, te contrarie.

✎ Excepté dans l'expression litt., l'emploi de ***malgré que*** est critiqué.

MALHABILE **adj.** Qui manque d'habileté manuelle ; maladroit.

MALHABILEMENT **adv.** De façon malhabile.

MALHEUR **n.m.** (de 2. *mal* et *heur*). **1.** Situation pénible qui affecte douloureusement qqn ; épreuve : *Le malheur s'est abattu sur leur famille.* **2.** Événement fâcheux, funeste ; accident : *Raconte-moi tes malheurs.* **3.** Sort hostile ; malchance : *Le malheur, c'est que les freins ont lâché.* ▪ **Faire un malheur** [fam.], faire un scandale ; obtenir un grand succès. ▪ **Jouer de malheur,** avoir une malchance persistante. ▪ **Par malheur,** par un fâcheux concours de circonstances. ▪ **Porter malheur,** avoir une influence néfaste.

MALHEUREUSEMENT **adv.** Par malheur.

MALHEUREUX, EUSE **adj.** et **n.** **1.** Qui est dans une situation pénible, douloureuse : *Les malheureux sinistrés sont hébergés par la mairie.* **2.** Qui inspire la pitié ; infortuné : *Le malheureux interprète ne comprenait rien.* ◆ **adj.** **1.** Qui exprime le malheur, la douleur ; triste : *Un air malheureux.* **2.** Qui se termine mal ; regrettable : *Une initiative malheureuse.* **3.** Qui n'a pas de chance ; malchanceux : *Les candidats malheureux.* **4.** Qui a des conséquences funestes ; désastreux : *Un geste malheureux.* **5.** (Avant le n.). Sans valeur ; sans importance ; insignifiant : *Une malheureuse erreur de un euro.*

MALHONNÊTE **adj.** **1.** Qui enfreint les règles de la probité, de l'honnêteté ; déloyal : *Une vendeuse, une transaction malhonnête.* **2.** Qui choque la décence ; inconvenant : *Des propositions malhonnêtes.* **3.** Suisse. Fam. Mal élevé ; impoli.

MALHONNÊTEMENT **adv.** De façon malhonnête.

MALHONNÊTETÉ **n.f.** **1.** Caractère malhonnête de qqn, de son comportement ; déloyauté : *Malhonnêteté d'un corrompu.* **2.** Action contraire à l'honnêteté ; indélicatesse : *Ses malhonnêtetés ont été révélées.*

MALI **n.m.** Belgique. Déficit.

MALICE **n.f.** (du lat. *malitia*, méchanceté). Penchant à dire ou à faire des taquineries ; espièglerie : *Ses yeux pétillent de malice.*

MALICIEUSEMENT **adv.** Avec malice.

MALICIEUX, EUSE **adj.** Qui a de la malice ; taquin.

MALIEN, ENNE **adj.** et **n.** Du Mali ; de ses habitants.

MALIGNITÉ **n.f.** (lat. *malignitas*). **1.** Tendance à faire le mal ; méchanceté : *La malignité d'un harceleur.* **2.** MÉD. Caractère d'une tumeur maligne ; caractère grave d'une maladie.

MALIKISME **n.m.** → **MALÉKISME.**

MALIN, IGNE **adj.** et **n.** (du lat. *malignus*, méchant). Qui manifeste de la finesse, de l'ingéniosité ; rusé : *Un négociateur, un argument malin.* ▪ **Faire le malin,** vouloir se mettre en avant. (En parlant d'une personne, la forme fém. *maline* tend à se substituer à *maligne.*) ▪ **Le Malin** ou **l'esprit malin** [litt.], le diable. ◆ **adj.** **1.** Qui montre de la malveillance : *Il prend un malin plaisir à nous voir perdre.* **2.** Québec. Méchant ; dangereux : *Un chien malin.* **3.** Suisse. Coléreux ; irascible : *Un homme malin.* **4.** MÉD. Se dit d'une maladie d'une gravité anormale ; se dit d'une tumeur cancéreuse. ▪ **Ce n'est pas bien malin,** ce n'est pas très difficile. ▪ **Ce n'est pas malin,** c'est stupide.

MALINES **n.f.** (de *Malines*, n.pr.). Dentelle belge très fine, exécutée aux fuseaux, et dont les motifs sont cernés d'un fil plat qui leur donne un léger relief.

MALINGRE **adj.** (de 2. *mal* et de l'anc. fr. *heingre*, décharné). Qui est d'une constitution fragile ; chétif.

MALINOIS **n.m.** (de *Malines*, n.pr.). Chien de berger belge à poil court, de couleur fauve.

MALINTENTIONNÉ, E **adj.** Qui a de mauvaises intentions ; malveillant.

MALIQUE **adj.** (du lat. *malum*, pomme). CHIM. ORG. Se dit d'un diacide-alcool qui se trouve dans les pommes et les fruits acides.

MALLE **n.f.** (du francique). Coffre de grandes dimensions, où l'on enferme les objets que l'on emporte en voyage. ▪ **Malle arrière** [vx], coffre arrière d'une automobile. ▪ **Se faire la malle** [fam.], partir sans prévenir ; s'enfuir.

MALLÉABILISATION **n.f.** MÉTALL. Traitement thermique de recuit, rendant malléable une fonte fragile et dure.

MALLÉABILISER **v.t.** [3]. Procéder à la malléabilisation de.

MALLÉABILITÉ **n.f.** **1.** Caractère de qqn qui est docile, malléable. **2.** Qualité d'un métal malléable.

MALLÉABLE **adj.** (du lat. *malleatus*, battu au marteau). **1.** Qui se laisse influencer ; maniable : *Un esprit malléable.* **2.** MÉTALL. Se dit d'un métal que l'on peut façonner et réduire facilement en feuilles sans qu'il se rompe.

MALLÉOLAIRE **adj.** Relatif à une malléole.

MALLÉOLE **n.f.** (du lat. *malleolus*, petit marteau). ANAT. Apophyse de l'extrémité inférieure du tibia ou du péroné, faisant partie de la cheville.

MALLE-POSTE **n.f.** (pl. *malles-poste*). Anc. Voiture hippomobile qui faisait surtout le service des dépêches.

MALLETIER **n.m.** Fabricant, vendeur de malles et de mallettes.

MALLETTE **n.f.** **1.** Petite valise, génér. rigide. **2.** Belgique. Cartable d'écolier.

MAL-LOGÉ, E **n.** (pl. *mal-logés, es*). Personne dont les conditions d'habitation ne sont pas satisfaisantes.

MAL-LOGEMENT **n.m. inv.** Situation des mal-logés.

MALLOPHAGE **n.m.** (du gr. *mallos*, toison). Petit insecte aptère vivant en parasite externe, princip. sur les oiseaux, et appelé de ce fait *pou d'oiseaux.* ➲ Les mallophages forment un ordre.

MALM **n.m.** (mot angl.). GÉOL. Une des trois séries du système jurassique (jurassique supérieur, de – 161 à – 145 millions d'années).

MALMENER **v.t.** [12]. **1.** Traiter durement ; molester : *Des voyous l'ont malmené* ; vilipender : *Les critiques malmènent tous ses films.* **2.** Dans un combat, mettre un adversaire dans une situation difficile : *Son adversaire l'a malmené au premier round.*

MALMIGNATTE **n.f.** Araignée des régions méditerranéennes, très voisine de la veuve noire, mais à l'abdomen noir tacheté de rouge, et dont la morsure est dangereuse. ➲ Famille des théridiidés.

MALNUTRI, E **n.** et **adj.** Personne qui souffre de malnutrition.

MALNUTRITION **n.f.** Excès, insuffisance ou déséquilibre des apports alimentaires ou défaut d'assimilation des aliments par l'organisme ; état nutritionnel qui en résulte.

MALOCCLUSION **n.f.** MÉD. ▪ **Malocclusion (dentaire),** mauvaise imbrication de l'ensemble des dents d'un maxillaire avec celles de l'autre lorsque la bouche est fermée.

MALODORANT, E **adj.** Qui a une mauvaise odeur ; puant : *Une décharge malodorante.*

MALON **n.m.** Région. (Sud-Est). Carreau de terre cuite utilisé pour le dallage des sols ; par ext., carrelage.

MALONIQUE **adj.** CHIM. ORG. Se dit d'un diacide provenant de l'oxydation de l'acide malique.

MALOSSOL **n.m.** (mot russe). Gros cornichon au vinaigre doux.

MALOTRU, E **n.** (du lat. *male astrucus*, né sous une mauvaise étoile). Personne grossière, mal élevée ; malappris.

MALOUF ou **MAALOUF** **n.m.** (de l'ar. *maalouf*, habitué). Genre musical arabo-andalou, constitué traditionnellement de vingt-quatre noubas.

MALOUIN, E **adj.** et **n.** De Saint-Malo.

MALOYA [malɔja] **n.m.** La Réunion. Ancienne danse des esclaves noirs, devenue l'une des formes de l'expression musicale créole.

MAL-PENSANT, E **adj.** et **n.** (pl. *mal-pensants, es*). Qui ne se conforme pas à l'opinion dominante ; anticonformiste.

MALPIGHIE [-gi] **n.f.** (de M. *Malpighi*, n.pr.). Plante d'Amérique tropicale, cultivée pour ses fleurs et dont une espèce à fruits comestibles est appelée *cerisier des Antilles.* ➲ Famille des malpighiacées.

MALPOLI, E **adj.** et **n.** Fam. Qui fait preuve de manque d'éducation ; mal élevé.

MALPOSITION **n.f.** **MÉD.** Position anormale d'un organe (dent, par ex.).

MALPROPRE **adj.** Vieilli ou Québec. Qui manque de propreté ; sale : *Des mains malpropres.* ◆ **adj.** et **n.** Vieilli. Qui manque de décence ; obscène. ▪ **Comme un malpropre** [fam.], sans ménagement et d'une façon indigne : *Il s'est fait renvoyer comme un malpropre.*

MALPROPREMENT **adv.** De façon malpropre.

MALPROPRETÉ **n.f.** **1.** Vieilli ou Québec. Défaut de propreté ; saleté. **2.** Acte, propos inconvenant ; grossièreté.

MALSAIN, E **adj.** **1.** Susceptible de nuire à la santé physique ou morale ; nocif : *Atmosphère, campagne de presse malsaine.* **2.** Qui suscite le rejet ; morbide : *Curiosité malsaine.* **3.** Dangereux pour l'équilibre moral ; pervers : *Film, individu malsain.*

MALSÉANT, E **adj.** Litt. Contraire à la bienséance ; inconvenant : *Des propos malséants.*

MALSONNANT, E **adj.** Litt. Contraire à la pudeur ; ordurier : *Des mots malsonnants.*

MALSTROM **n.m.** → **MAELSTRÖM.**

MALT **n.m.** (mot angl.). Produit utilisé pour fabriquer la bière, obtenu à partir de grains d'orge trempés, germés, séchés à chaud puis dégermés.

MALTAGE **n.m.** Opération de conversion de l'orge en malt.

MALTAIS, E **adj.** et **n.** De Malte ; de ses habitants. ◆ **n.m.** Dialecte arabe maghrébin parlé à Malte par env. 300 000 locuteurs. ➲ C'est la seule forme d'arabe qui s'écrit avec un alphabet latin.

MALTAISE **n.f.** Orange d'une variété sucrée.

MALTASE **n.f.** **BIOCHIM.** Enzyme des sucs digestifs qui hydrolyse le maltose en glucose.

MALTE (FIÈVRE DE) **n.f.** Brucellose.

MALTER **v.t.** **[3].** Convertir l'orge en malt.

MALTERIE **n.f.** **1.** Usine où l'on réalise le maltage. **2.** Ensemble des activités industrielles liées à la fabrication du malt.

MALTEUR **n.m.** **1.** Personne travaillant dans une malterie. **2.** Industriel de la malterie.

MALTHUSIANISME **n.m.** (de T. R. *Malthus*, n.pr.). **1.** Doctrine de Malthus. **2.** Toute doctrine d'inspiration comparable, préconisant une restriction de la procréation ; cette restriction. **3.** **ÉCON.** Ralentissement volontaire de la production, de l'expansion économique.

MALTHUSIEN, ENNE **adj.** et **n.** **1.** Relatif aux doctrines de Malthus ; qui en est partisan. **2.** **ÉCON.** Qui est partisan du malthusianisme.

MALTOSE **n.m.** **BIOCHIM.** Glucide provenant de l'hydrolyse de l'amidon, et formé de deux molécules de glucose.

MALTÔTE **n.f.** (de l'anc. fr. *tolte*, rapine). **HIST.** Taxe extraordinaire levée en France, à partir de 1291 et durant quelques décennies, sur toutes les marchandises.

MALTRAITANCE **n.f.** Fait de maltraiter un enfant, une personne âgée ou dépendante, etc. ; l'ensemble des mauvais traitements eux-mêmes.

MALTRAITANT, E **adj.** et **n.** Qui se rend coupable de maltraitance : *Familles maltraitantes.*

MALTRAITER **v.t.** **[3].** **1.** Soumettre qqn, un animal à de mauvais traitements ; brutaliser : *Maltraiter un enfant.* **2.** Critiquer durement : *L'opposition a maltraité le ministre.*

MALUS [malys] **n.m.** (mot lat. « mauvais »). Majoration d'une prime d'assurance automobile en fonction du nombre d'accidents survenus annuellement aux assurés et dans lesquels leur responsabilité se trouve engagée (CONTR. **bonus**). ▪ **Malus écologique** → **ÉCOLOGIQUE.**

MALVACÉE **n.f.** (du lat. *malva*, mauve). Dicotylédone dialypétale, aux nombreuses étamines, telle que la mauve, l'hibiscus, le cotonnier. ➲ Les malvacées forment une famille.

MALVEILLANCE **n.f.** **1.** Intention de nuire ; sabotage : *Des actes de malveillance.* **2.** Disposition d'esprit agressive à l'égard de qqn ; hostilité : *Un article empreint de malveillance.*

MALVEILLANT, E **adj.** (de l'anc. fr. *vueillant*, voulant). Qui manifeste de la malveillance ; venimeux : *Une rumeur malveillante.*

MALVENU, E **adj.** Hors de propos ; déplacé : *Cette demande est malvenue.* ▪ **Être malvenu à, de** [litt.], être peu fondé à, peu qualifié pour. (On écrit aussi *mal venu.*)

MALVERSATION **n.f.** (du lat. *male versari*, se comporter mal). Détournement de fonds dans l'exercice d'une fonction.

MAL-VIVRE **n.m. inv.** Fait de mener une existence insatisfaisante, source de mal-être.

MALVOISIE **n.m.** (de *Malvoisie*, v. de Grèce). **1.** Cépage cultivé sur le pourtour méditerranéen, sous différents noms. **2.** Vin produit à Madère.

MALVOYANCE **n.f.** Amblyopie.

MALVOYANT, E **adj.** et **n.** **1.** Se dit d'une personne dont l'acuité visuelle est très diminuée. **2.** Cour. Amblyope.

MAMAN **n.f.** (du lat. *mamma*, sein). Mère, dans le langage affectif, surtout celui des enfants.

MAMBA [mãmba] **n.m.** Grand serpent d'Afrique tropicale, très venimeux et agressif. ➲ Long. 4 m ; famille des élapidés.

MAMBO [mãbo] **n.m.** (mot esp.). **1.** Danse d'origine cubaine, exécutée en couple, proche de la rumba, à la mode au milieu des années 1960, aux États-Unis et en Europe. **2.** Musique d'origine cubaine, de mesure à 2/4, mêlant les rythmes de la rumba et du swing, et utilisant la batterie de jazz.

MAMELLE **n.f.** (lat. *mamilla*). Glande placée sur la face ventrale du tronc des femelles des mammifères, sécrétant après la gestation le lait dont se nourrissent les jeunes. ➲ Le nombre de mamelles varie de une paire à six paires selon les espèces.

MAMELON **n.m.** **1.** **ANAT.** Éminence charnue qui s'élève au centre du sein ou de la mamelle. **2.** Colline de forme arrondie ; croupe : *Les mamelons boisés des Vosges.*

MAMELONNÉ, E **adj.** **1.** Dont le relief présente des mamelons, des collines. **2.** Qui porte des protubérances en forme de mamelons.

MAMELOUK ou **MAMELUK** [mamluk] **n.m.** (ar. *mamlūk*). **HIST.** **1.** Soldat esclave faisant partie d'une milice qui joua un rôle considérable dans l'histoire de l'Égypte (1250-1517) et, épisodiquement, en Inde (v. partie n.pr.). **2.** Cavalier d'un escadron de la Garde de Napoléon Ier.

MAMELU, E **adj.** Fam. Qui a de grosses mamelles, de gros seins.

MAMIE, MAMY ou **MAMMY** **n.f.** Grand-mère, dans le langage enfantin.

MAMILLAIRE [-lɛr] **adj.** **ANAT.** Relatif au mamelon. ◆ **n.f.** Cactacée charnue d'origine mexicaine, à surface couverte de mamelons épineux, à grandes fleurs, cultivée en serre.

MAMMAIRE **adj.** (du lat. *mamma*, sein). **ANAT.** Relatif au sein ou à la mamelle. ▪ **Glande mammaire**, glande contenue dans le sein ou la mamelle, sécrétant le lait.

MAMMALIEN, ENNE **adj.** Relatif aux mammifères.

MAMMALOGIE **n.f.** Partie de la zoologie qui traite des mammifères.

MAMMECTOMIE **n.f.** → **MASTECTOMIE.**

MAMMIFÈRE **n.m.** Animal vertébré caractérisé par la présence de mamelles, d'une peau génér. couverte de poils, d'un cœur à quatre cavités, d'un encéphale relativement développé, par une température constante et une reproduction presque toujours vivipare. ➲ Les mammifères forment une classe.

➲ Apparus à la fin du trias (220 millions d'années), les **MAMMIFÈRES** ne deviennent importants qu'au début de l'ère tertiaire. Extrêmement diversifiés (plus de 4 000 espèces), ils ont conquis tous les milieux : terrestre, aérien (chauve-souris), aquatique (dauphin) et souterrain (taupe). Leur poids varie de 2 g (musaraigne pachyure) à 150 tonnes (baleine bleue). Leurs principales caractéristiques sont : l'abondance des glandes cutanées (sudoripares, sébacées, etc.) et des phanères (poils, cornes et ongles), la possession de trois sortes de dents (incisives, canines, dents jugales), d'un cœur, complètement cloisonné, qui isole totalement la circulation pulmonaire de la circulation générale, d'un système nerveux central très développé et d'une température centrale constante et élevée. Tous les mammifères sont vivipares, sauf les monotrèmes.

MAMMITE **n.f.** Mastite.

MAMMOGRAPHIE **n.f.** Radiographie de la glande mammaire.

MAMMOPLASTIE **n.f.** Intervention de chirurgie plastique sur le sein.

MAMMOUTH **n.m.** (du russe *mammut*, qui vit sous terre). Proboscidien fossile du quaternaire, voisin de l'éléphant d'Asie, qui s'est éteint il y a moins de 10 000 ans et dont on a retrouvé des cadavres entiers dans les glaces de Sibérie. ➲ Couvert d'une toison laineuse, il possédait d'énormes défenses recourbées et mesurait 3 m de haut.

▲ mammouth

MAMMY **n.f.** → **MAMIE.**

MAMOURS **n.m. pl.** (de *ma amour*, forme anc. de *mon amour*). Fam. Grandes démonstrations de tendresse ; câlins.

MAM'SELLE ou **MAM'ZELLE** **n.f.** (abrév.). Fam. Mademoiselle.

MAMY **n.f.** → **MAMIE.**

MAN [mã] **n.m.** (du francique). Larve du hanneton, appelée aussi *ver blanc.*

MANA **n.m.** (mot mélanésien « force »). Dans les religions animistes, force surnaturelle conférant une efficacité magique ou charismatique.

MANADE **n.f.** (provenç. *manado*). Troupeau de bovins ou de chevaux, en Camargue.

MANAGEMENT [-dʒmɛnt] ou [-ʒmã] **n.m.** (mot angl.). **1.** Ensemble des techniques de direction, d'organisation et de gestion de l'entreprise. **2.** Ensemble des dirigeants d'une entreprise.

MANAGER [-(d)ʒe] **v.t.** **[10].** **1.** Organiser, diriger une entreprise, un service, etc. **2.** Entraîner des sportifs ; être leur manageur.

MANAGÉRIAL, E, AUX **adj.** Relatif au management.

MANAGEUR, EUSE [-dʒœr, øz] **n.** ou **MANAGER** [-dʒɛr] **n.m.** (angl. *manager*). **1.** Spécialiste du management ; dirigeant d'entreprise. **2.** Personne qui gère les intérêts d'un sportif, qui entraîne une équipe ; entraîneur.

MANANT **n.m.** (du lat. *manere*, habiter). **1.** Paysan, vilain ou habitant d'un village, dans la France d'Ancien Régime. **2.** Litt. Rustre.

MANCEAU, ELLE **adj.** et **n.** De la ville, de la région du Mans.

MANCELLE **n.f.** (du lat. pop. **manicella*, petite poignée). Chacune des deux courroies fixées sur les côtés du mantelet, et qui servent à supporter les traits dans les attelages à deux chevaux.

MANCENILLE [-nij] **n.f.** (esp. *manzanilla*). Fruit toxique du mancenillier, qui ressemble à une petite pomme d'api.

MANCENILLIER [-nije] **n.m.** Arbre originaire des Antilles et d'Amérique équatoriale, dont toutes les parties sont très toxiques. ➲ Famille des euphorbiacées.

1. MANCHE **n.m.** (lat. *manicum*, de *manus*, main). **1.** Partie par laquelle on tient un instrument, un outil. **2.** Partie d'un instrument de musique à cordes fixée à la caisse, supportant la touche et le chevillier. **3.** **BOUCH.** Os apparent des côtelettes et des gigots. ▪ **Être du côté du manche** [fam.], du côté du plus fort. ▪ **Manche (à balai)**, commande de vol permettant d'activer, depuis le poste de pilotage d'un avion, les gouvernes de gauchissement (roulis) et de profondeur (tangage) ; recomm. off. pour **joystick**. ▪ **Se débrouiller** ou **s'y prendre comme un manche** [fam.], se montrer maladroit ou incapable. ▪ **Tomber sur un manche** [fam., vieilli], rencontrer une difficulté.

2. MANCHE n.f. (lat. *manica*, de *manus*, main). **1.** Partie du vêtement qui entoure le bras. **2.** Au jeu, une des parties liées qu'il est convenu de disputer. ▪ **Avoir qqn dans sa manche** [fam.], pouvoir disposer de lui, de sa protection. ▪ **C'est une autre paire de manches** [fam.], c'est tout différent et plus difficile. ▪ **Manche à air,** tube en toile placé au sommet d'un mât, sur un aérodrome, pour indiquer la direction du vent ; conduit métallique servant à aérer l'intérieur d'un navire. ▪ **Retrousser ses manches** [fam.], se mettre au travail avec ardeur.

3. MANCHE n.f. (de l'ital. *mancia*, gratification). Fam. ▪ **Faire la manche,** mendier.

1. MANCHERON n.m. (de *1. manche*). Chacune des deux poignées d'une charrue à traction animale, d'un motoculteur ou d'une motofaucheuse.

2. MANCHERON n.m. (de *2. manche*). Petite manche couvrant le haut du bras.

MANCHETTE n.f. **1.** Poignet à revers d'une chemise ou d'un chemisier, à quatre boutonnières que l'on réunit souvent avec des boutons de manchette (SYN. **poignet mousquetaire**). **2.** Coup porté avec l'avant-bras. **3.** Titre en gros caractères en tête de la première page d'un journal. **4.** IMPRIM. Note ou addition marginale dans un texte à composer.

MANCHON n.m. **1.** Rouleau de fourrure dans lequel on met les mains pour les préserver du froid. **2.** TECHN. Pièce cylindrique servant à réunir l'extrémité de deux tuyaux. **3.** MÉCAN. INDUSTR. Pièce d'accouplement des arbres de transmission. **4.** PAPET. Rouleau de feutre sur lequel se fabrique le papier.

1. MANCHOT, E adj. et n. (lat. *mancus*). Estropié ou privé d'une main, d'un bras. ▪ **Ne pas être manchot** [fam.], être adroit, habile.

2. MANCHOT n.m. Oiseau piscivore des régions antarctiques, dont les membres antérieurs, impropres au vol, sont transformés en nageoires. ➲ Famille des sphéniscidés.

▲ **manchots** empereurs (adulte à droite, petit à gauche).

MANCIE n.f. (gr. *manteia*). OCCULT. Divination obtenue par quelque procédé que ce soit.

MANDALA n.m. (mot sanskr. « cercle »). Dans le tantrisme hindou et bouddhique, diagramme circulaire symbolique figurant l'univers et servant de support à la méditation.

MANDALE n.f. (p.-ê. de l'arg. ital. *mandolino*, coup de pied). Arg. Gifle.

MANDANT, E n. DR. CIV. Personne qui, par un mandat, donne à une autre (le *mandataire*) pouvoir de la représenter dans un acte juridique.

MANDARIN n.m. (port. *mandarim*, du malais). **1.** HIST. Titre donné par les Européens aux hauts fonctionnaires de l'Empire chinois, choisis parmi les lettrés. **2.** Péjor. Personnage important et influent dans son milieu ; spécial., professeur d'université. **3.** LING. Forme dialectale du chinois, parlée par plus de 70 % de la population, et qui sert de base à la langue commune officielle actuelle, le putonghua. **4.** Canard originaire d'Extrême-Orient, au plumage très coloré, introduit en Europe comme oiseau d'ornement. ➲ Famille des anatidés.

MANDARINAL, E, AUX adj. **1.** Relatif au mandarinat. **2.** Relatif au pouvoir arbitraire de certains milieux.

MANDARINAT n.m. **1.** HIST. Dignité, fonction de mandarin ; corps des mandarins chinois. **2.** Péjor. Pouvoir arbitraire détenu dans certains milieux par des intellectuels influents.

MANDARINE n.f. (de l'esp. *mandarina*, orange des mandarins). Fruit du mandarinier, sorte de petite orange douce et parfumée, dont l'écorce est facile à décoller.

MANDARINIER n.m. Arbre du genre *Citrus*, très proche de l'oranger, cultivé pour son fruit, la mandarine. ➲ Famille des rutacées.

MANDAT n.m. (lat. *mandatum*). **1.** DR. Pouvoir qu'une personne donne à une autre d'agir en son nom. **2.** DR. Mission que les citoyens confient à certains d'entre eux par voie élective, d'exercer en leur nom le pouvoir politique ; durée de cette mission : *Mandat de délégué du personnel, de député.* **3.** Titre remis par le service de la poste pour faire parvenir une somme à un correspondant. **4.** DR. COMM. Effet négociable par lequel une personne doit payer à une autre une somme d'argent. **5.** FIN. Pièce comptable qui, accompagnée d'un titre de règlement, permet le paiement d'une dépense publique. ▪ **Mandat d'amener, d'arrêt** [dr.], ordre donné à la force publique de conduire qqn devant un juge d'instruction, d'arrêter qqn et de le conduire en prison. ▪ **Mandat de comparution, de dépôt** [dr.], ordre donné à qqn de se présenter devant un juge d'instruction, au directeur d'une prison d'écrouer qqn. ▪ **Mandat impératif** [dr.], mandat tel que l'élu est, en principe, tenu de se conformer au programme qu'il a exposé à ses mandants. ➲ Il est illégal en France. ▪ **Mandat légal** [dr.], mandat conféré par la loi, qui désigne la personne chargée d'en représenter une autre pour l'accomplissement d'un ou de plusieurs actes juridiques. ▪ **Territoire sous mandat** [hist.], territoire dont l'administration était confiée à une puissance étrangère, partic. après la Première Guerre mondiale.

MANDATAIRE n. (lat. *mandatarius*). DR. CIV. Personne qui a reçu mandat ou procuration pour représenter son mandant dans un acte juridique. ▪ **Mandataire(-)liquidateur,** mandataire chargé, par décision de justice, de représenter les créanciers et de procéder, le cas échéant, aux opérations de liquidation judiciaire d'une entreprise.

MANDAT-CARTE n.m. (pl. *mandats-cartes*). Mandat postal payable en espèces, établi sur une formule remplie par l'expéditeur.

MANDAT-CONTRIBUTIONS n.m. (pl. *mandats-contributions*). Mandat-carte réservé au paiement des contributions.

MANDATEMENT n.m. **1.** Action de mandater. **2.** DR. Ordonnancement.

▲ **mandarin.** Peinture sur soie du XVe s., représentant deux mandarins sous les Ming. (Musée de Topkapı, Istanbul.)

MANDATER v.t. [3]. **1.** Donner à qqn le pouvoir d'agir en son nom ; l'investir d'un mandat. **2.** Payer qqch sous la forme d'un mandat.

MANDAT-LETTRE n.m. (pl. *mandats-lettres*). Mandat, encaissable dans un bureau de poste, adressé par l'émetteur au bénéficiaire.

MANDATURE n.f. Durée d'un mandat politique électif.

MANDCHOU, E [mɑ̃tʃu] adj. et n. De la Mandchourie.

MANDÉ n.m. Mandingue.

MANDÉEN, ENNE adj. et n. Relatif au mandéisme ; qui en est adepte.

MANDÉISME n.m. Doctrine religieuse à caractère gnostique, née vers le IIe s. de notre ère, et dont il reste quelques milliers d'adeptes en Iraq.

MANDEMENT n.m. CATH. Écrit d'un évêque à ses diocésains ou à son clergé pour éclairer un point de doctrine ou pour donner des instructions (SYN. **lettre pastorale**).

MANDER v.t. [3] (lat. *mandare*). Litt. Intimer à qqn l'ordre de venir ; convoquer.

MANDIBULAIRE adj. De la mandibule.

MANDIBULATE n.m. Antennate.

MANDIBULE n.f. (lat. *mandibula*). **1.** ANAT. Maxillaire inférieur. **2.** ZOOL. Pièce buccale paire des crustacés, des myriapodes et des insectes, située en avant des mâchoires. **3.** Fam. (Souvent pl.). Mâchoire. ▪ **Jouer des mandibules** [fam.], manger.

MANDINGUE adj. et n. Relatif aux Mandingues ; qui fait partie de ces peuples. ◆ **n.m.** Groupe de langues nigéro-congolaises parlées par les Mandingues (SYN. **mandé**).

MANDOLINE n.f. (ital. *mandolino*). Instrument de musique à cordes doubles pincées et à caisse de résonance le plus souvent bombée.

MANDOLINISTE n. Instrumentiste qui joue de la mandoline.

MANDORLE n.f. (ital. *mandorla*). BX-ARTS. Gloire en forme d'amande qui entoure le Christ triomphant, dans certaines représentations médiévales.

MANDRAGORE n.f. (lat. *mandragora*, du gr.). Plante des régions méditerranéennes et de l'Asie du Sud, dont la racine, tubérisée et divisée en deux branches rappelant vaguement la forme d'un corps humain, passait pour avoir des vertus magiques. ➲ Famille des solanacées.

MANDRILL [-dril] n.m. (mot angl.). Singe des forêts d'Afrique centrale, voisin du babouin, au museau rouge bordé de sillons faciaux bleus. ➲ Famille des cercopithécidés. (V. planche *primates*.)

MANDRIN n.m. (provenç. *mandre*). TECHN. **1.** Appareil qui se fixe sur une machine-outil ou sur un outil portatif, et qui permet de serrer l'élément tournant et d'assurer son entraînement en rotation. **2.** Outil d'ajustage servant à la finition de trous de formes particulières. **3.** Tube creux servant au bobinage du papier.

MANDUCATION n.f. (bas lat. *manducatio*). Didact. Ensemble des opérations mécaniques (mastication, déglutition, etc.) qui préparent les aliments contenus dans la bouche à passer dans l'œsophage ; action de manger.

MANÉCANTERIE n.f. (du lat. *mane*, le matin, et *cantare*, chanter). Anc. École de chant attachée à une paroisse et destinée à former les enfants de chœur.

MANÈGE n.m. (ital. *maneggio*). **1.** ÉQUIT. Ensemble des exercices destinés à apprendre à un cavalier à monter, à dresser correctement son cheval ; lieu où se pratiquent ces exercices. **2.** Attraction foraine où des véhicules miniatures, des figures d'animaux (à l'origine, des chevaux de bois) servant de montures aux enfants sont fixés sur un plancher circulaire animé d'un mouvement rotatif. **3.** Piste d'un cirque. **4.** En danse classique, enchaînement de pas effectués selon un parcours circulaire. **5.** Manière habile ou trompeuse d'agir ; machination : *Ce manège dure depuis des mois.*

MÂNES n.m. pl. (lat. *manes*). **1.** MYTH. ROM. Âmes des morts, considérées comme des divinités. **2.** Litt. Aïeux considérés comme vivant dans l'au-delà.

MANETON n.m. (de *manette*). Partie d'un vilebrequin ou d'une manivelle sur laquelle est articulée la tête de bielle.

MANETTE n.f. (de *main*). Levier de commande manuelle de certains organes de machines.

MANGA n.m. (mot jap.). Bande dessinée japonaise.

MANGAKA n. Dessinateur ou auteur de mangas.

MANGANATE n.m. **CHIM. MINÉR.** Sel M_2MnO_4, où M est un métal monovalent.

MANGANÈSE n.m. (ital. *manganese*). **CHIM. MINÉR. 1.** Métal grisâtre, de densité 7,43, fondant à 1 244 °C. **2.** Élément chimique (Mn), de numéro atomique 25, de masse atomique 54,938. ➲ Très dur et très cassant, le manganèse se trouve dans la nature à l'état d'oxyde ; on l'utilise surtout comme métal d'alliage dans la fabrication des aciers spéciaux.

MANGANEUX adj.m. Se dit de l'oxyde et des sels du manganèse dans l'état d'oxydation + 2.

MANGANINE n.f. (nom déposé). Alliage de cuivre, de manganèse et de nickel utilisé dans les résistances électriques de haute précision.

MANGANIQUE adj.m. Se dit de l'oxyde et des sels du manganèse dans l'état d'oxydation + 3.

MANGANITE n.m. Sel dérivant de l'anhydride manganeux MnO_2.

MANGEABLE adj. **1.** Que l'on peut manger ; comestible. **2.** Qui est tout juste bon à manger : *C'est à peine mangeable.*

MANGEAILLE n.f. Fam. Nourriture abondante et de médiocre qualité.

MANGE-DISQUE n.m. (pl. *mange-disques*). Électrophone portatif à fonctionnement automatique, comportant une fente dans laquelle on glissait un disque vinyle (45 tours).

MANGE-MIL n.m. inv. Afrique. Petit oiseau vivant en bande et causant des dégâts importants aux récoltes de céréales.

MANGEOIRE n.f. Auge où mangent le bétail, les animaux de basse-cour.

MANGEOTTER, ▲ *MANGEOTER* v.t. et v.i. [3]. Fam. Manger sans appétit ; grignoter.

1. MANGER v.t. [10] (lat. *manducare*). **1.** Avaler un aliment, après l'avoir mâché ou non, afin de se nourrir. **2.** Absol. Absorber des aliments ; s'alimenter : *Venez manger !* **3.** Détruire en rongeant : *Les termites mangent la charpente.* **4.** Entamer une matière ; corroder : *La rouille mange le fer.* **5.** Dépenser ce que l'on possède ; dilapider : *Manger ses économies.* **6.** Consommer pour son fonctionnement : *En veille, ces appareils mangent de l'électricité.* ▪ **Ça ne mange pas de pain** [fam.], cela ne coûte rien ou n'engage à rien. ▪ **Manger des yeux,** regarder avidement. ▪ **Manger le morceau** [fam.], faire des aveux complets. ▪ **Manger ses mots** [fam.], les prononcer mal. ◆ **SE MANGER** v.pr. **1.** Être comestible : *Ces baies ne se mangent pas.* **2.** Devoir ou pouvoir être consommé de telle façon : *Ce gâteau se mange chaud.*

2. MANGER n.m. **1.** Ce que l'on mange ; nourriture : *On peut apporter son manger.* **2.** Fait de manger : *En perdre le boire et le manger.*

MANGE-TOUT ou **MANGETOUT** n.m. inv. et adj. inv., ▲ *n.m.* et *adj.* Variété de haricot dont les gousses, vertes ou jaunes, sont sans fil et ne deviennent pas coriaces à maturité. ▪ **(Pois) mange-tout,** pois gourmand.

MANGEUR, EUSE n. Personne qui mange ; personne qui aime manger tel ou tel aliment : *Un gros mangeur.*

MANGLE n.f. (mot esp.). Fruit du manglier.

MANGLIER n.m. Palétuvier à fruit comestible, constituant principal de la mangrove.

MANGONNEAU n.m. (bas lat. *manganum*, du gr.). Sorte de catapulte utilisée au Moyen Âge.

MANGOUSTAN n.m. (port. *mangustão*, du malais). Fruit du mangoustanier, au goût délicat.

MANGOUSTANIER n.m. Arbre fruitier originaire de Malaisie, produisant le mangoustan. ➲ Famille des clusiacées.

MANGOUSTE n.f. (esp. *mangosta*, d'une langue de l'Inde). Petit mammifère carnivore d'Afrique et d'Asie méridionale, dont certaines espèces sont des prédateurs de serpents, et qui peuvent partiellement en supporter le venin. ➲ Famille des herpestidés.

MANGROVE n.f. (mot angl., du malais). Formation végétale littorale tropicale, constituée de forêts de palétuviers, qui fixent leurs fortes racines dans les baies aux eaux calmes, où se déposent boues et limons.

MANGUE n.f. (port. *manga*, du tamoul). Fruit charnu du manguier, dont la pulpe jaune est savoureuse et très parfumée.

▲ **manguier**

MANGUIER n.m. Arbre originaire d'Asie du Sud, cultivé dans les régions tropicales pour son fruit, la mangue. ➲ Famille des anacardiacées.

MANHATTAN [manatan] n.m. (de *Manhattan*, n.pr.). Cocktail à base de whisky, de vermouth et d'angusture.

MANIABILITÉ n.f. Qualité de ce qui est maniable.

MANIABLE adj. **1.** Qui est facile à manier ou à manœuvrer : *Une voiture maniable.* **2.** Qui se laisse diriger ; malléable : *Un homme, un caractère maniable.*

MANIACO-DÉPRESSIF, IVE (pl. *maniaco-dépressifs, ives*), ▲ *MANIACODÉPRESSIF, IVE* adj. et n. Se dit d'un malade atteint d'une psychose maniaco-dépressive. ◆ adj. ▪ **Psychose maniaco-dépressive,** trouble bipolaire.

MANIAQUE adj. et n. (du lat. *mania*, folie). **1.** Qui manifeste une obsession pour qqch : *Une maniaque de la propreté, du ménage.* **2.** Qui a des habitudes bizarres, un peu ridicules : *Un vieux garçon maniaque.* **3. PSYCHIATR.** Relatif à la manie ; atteint de manie : *Un dangereux maniaque.*

MANIAQUERIE n.f. Fam. Comportement d'une personne maniaque, qui a un souci excessif du détail.

MANICHÉEN, ENNE [-keɛ̃, ɛn] adj. et n. **1.** Relatif au manichéisme ; qui en est adepte. **2.** Qui juge les choses selon les principes du bien et du mal, sans nuances : *Une conception manichéenne des rapports sociaux.*

▲ **mangoustanier**

MANICHÉISME [-ke-] n.m. **1.** Religion fondée par Mani, au IIIe s. apr. J.-C., qui professe un strict dualisme opposant les principes du bien et du mal. ➲ Répandu en Asie, puis en Extrême-Orient, le manichéisme fut une religion missionnaire rivale du christianisme jusqu'au Moyen Âge. Son influence se fit sentir chez les bogomiles et les cathares. **2.** Conception qui divise toute chose en deux parties, dont l'une est considérée tout entière avec faveur et l'autre rejetée sans nuances.

MANICLE ou **MANIQUE** n.f. (du lat. *manicula*, petite main). Gantelet.

MANIE n.f. (du lat. *mania*, folie, du gr.). **1.** Habitude bizarre qui provoque la moquerie ou l'irritation : *Il a la manie de mâchonner son stylo.* **2.** Goût excessif, déraisonnable pour qqch ; idée fixe ; obsession : *Manie du rangement.* **3. PSYCHIATR.** État d'excitation pathologique (c'est notamm. l'une des phases du trouble bipolaire), caractérisé par l'agitation, l'exaltation de l'humeur, l'accélération désordonnée de la pensée.

MANIEMENT n.m. **1.** Action ou façon d'utiliser un instrument, un outil, de manier qqch ; usage : *Un appareil d'un maniement facile. Le maniement de l'imparfait du subjonctif.* **2.** Gestion, administration de qqch : *Le maniement des capitaux.* **3. BOUCH.** Dépôt graisseux qui se forme en différents points du corps d'un animal de boucherie, que l'on palpe à la main pour déterminer l'état d'engraissement du sujet vivant. ▪ **Maniement d'armes,** suite de mouvements réglementaires effectués par les militaires avec leurs armes pour défiler, rendre les honneurs, etc.

MANIER v.t. [5] (de *main*). **1.** Tenir qqch entre ses mains ; manipuler : *Maniez ces bibelots avec précaution.* **2.** Se servir d'un instrument, d'une machine ; manœuvrer un véhicule ; utiliser : *Camion difficile à manier.* **3.** Employer avec habileté des idées, des mots ; pratiquer : *Manier le sarcasme, l'humour.* **4.** Pétrir à la main de la farine et du beurre pour les mêler intimement.

SE MANIER v.pr. [5] → **SE MAGNER.**

MANIÈRE n.f. (de l'anc. fr. *manier*, habile). **1.** Façon particulière d'être ou d'agir : *Vivre d'une manière simple.* **2.** Façon de dessiner, de peindre, de composer particulière à un artiste ; style propre à un écrivain. ▪ **À la manière de,** à l'imitation de. ▪ **C'est une manière de parler,** ce qui est dit ne doit pas être pris au pied de la lettre. ▪ **De manière à** (+ inf.), de façon à ; afin de : *Partez de manière à arriver avant la nuit.* ▪ **De manière que** (+ subj.), afin que ; pour que : *Parlez lentement, de manière que tout le monde comprenne.* ▪ **De telle manière que** (+ indic.), de telle sorte que : *Il agit de telle manière qu'il mécontente tout le monde.* ▪ **Manière noire,** procédé de gravure à l'eau-forte dans lequel le graveur, à l'aide du brunissoir, fait apparaître le motif désiré en clair, avec toute la gamme possible des demi-teintes, sur un fond noir obtenu par grenage (SYN. **mezzo-tinto**). ◆ n.f. pl. **1.** Façons habituelles de parler ou d'agir en société : *Connaître les bonnes manières.* **2.** Attitude pleine d'affectation ; minauderies. ▪ **Faire des manières,** agir, parler d'une façon affectée ; se faire prier. ▪ **Sans manières,** en toute simplicité.

MANIÉRÉ, E adj. Qui manque de naturel, de simplicité ; affecté.

MANIÉRISME n.m. (ital. *manierismo*). **1.** Manque de naturel, affectation, en partic. en matière artistique et littéraire. **2. BX-ARTS.** Forme d'art qui s'est développée en Italie puis en Europe au XVIe s., sous l'influence de la *manière* des grands maîtres de la Renaissance. ➲ On peut citer, chez les peintres, le Pontormo, J. Romain, le Parmesan, le Tintoret, divers artistes de l'école de *Fontainebleau, J. Metsys, Spranger, Archimboldo, le Greco ; architecture et sculpture ont été également touchées. *(V. encadré page suivante.)* **3. PSYCHIATR.** Caractère affecté et surchargé des moyens de communication (langage, gestes, mimiques) au cours de certains troubles mentaux.

MANIÉRISTE adj. et n. **BX-ARTS.** Qui se rattache au maniérisme.

MANIEUR, EUSE n. ▪ **Manieur d'hommes,** personne qui sait diriger, mener les hommes ; meneur.

Le maniérisme

De Florence à Prague en passant par l'Espagne, la France, la Flandre, les Pays-Bas, le maniérisme essaime partout en Europe ; s'écartant de l'équilibre classique, il se caractérise par des effets irréalistes, où se côtoient des thèmes contradictoires, entre morbidité et sensualité.

▲ **Le Greco.** *Laocoon* (v. 1610) est l'un des rares sujets profanes du peintre espagnol d'origine crétoise ; on y retrouve, comme dans ses œuvres religieuses, des couleurs blafardes et des corps de personnages étirés à l'extrême, expressions hallucinées du réel. (National Gallery of Art, Washington.)

Le Pontormo. ▶ Dans la *Déposition* (v. 1527), tableau du maître-autel de l'église Santa Felicitá (Florence), on note l'absence des éléments traditionnels que sont la croix et le tombeau ; la composition complexe, les tons légers et froids, les poses compliquées des personnages contribuent à l'impression d'étrangeté.

MANIF n.f. (abrév.). Fam. Manifestation sur la voie publique.

MANIFESTANT, E n. Personne qui manifeste sur la voie publique.

MANIFESTATION n.f. **1.** Action de manifester un sentiment ; témoignage : *Des manifestations de sympathie.* **2.** Fait de se manifester, de devenir visible : *Votre attitude n'aide pas à la manifestation de la vérité.* **3.** Événement organisé dans un but commercial, culturel, etc. **4.** Défilé de personnes organisé sur la voie publique, et destiné à exprimer collectivement une opinion politique, une revendication. Abrév. (fam.) **manif.**

1. MANIFESTE adj. (lat. *manifestus*). Dont la nature, la réalité, l'authenticité s'imposent avec évidence ; indéniable : *La différence est manifeste.*

2. MANIFESTE n.m. (ital. *manifesto*). **1.** Écrit public par lequel un chef d'État, un gouvernement, un parti, etc., expose son programme, son point de vue politique, ou rend compte de son action ; proclamation. **2.** Exposé théorique par lequel des artistes, des écrivains lancent un mouvement artistique, littéraire : *Le « Manifeste du surréalisme »* ; œuvre d'art ayant une valeur équivalente à un tel exposé. **3.** Document de bord d'un avion comportant l'itinéraire du vol, le nombre de passagers et la quantité de fret emportée. **4.** Tableau descriptif des marchandises formant la cargaison d'un navire, à l'usage des douanes.

MANIFESTEMENT adv. De façon manifeste, patente ; visiblement.

MANIFESTER v.t. [3] (lat. *manifestare*). Faire connaître ; exprimer : *Il a manifesté son désir de les revoir* ; donner des preuves de ; révéler : *Ses gestes manifestent sa nervosité.* ◆ v.i. Participer à une démonstration collective publique. ◆ **SE MANIFESTER** v.pr. **1.** Se faire reconnaître à tel signe : *Cette maladie se manifeste par des rougeurs au visage.* **2.** Se faire connaître : *Pas un volontaire ne s'est manifesté.*

MANIFOLD [manifɔld] n.m. (mot angl.). Carnet de notes, de factures, etc., permettant d'établir des copies de documents.

MANIGANCE n.f. (du lat. *manus*, main). [Souvent pl.]. Petite manœuvre secrète qui a pour but de tromper qqn ou d'obtenir qqch ; manège.

MANIGANCER v.t. [9]. Préparer qqch secrètement et avec des moyens plus ou moins honnêtes ; tramer.

MANIGUETTE n.f. (ital. *meleghetta*). Graine de l'amome, de goût poivré (SYN. **graine de paradis**).

1. MANILLE n.f. **1.** Jeu de cartes par levées et contrat, génér. pratiqué à quatre, deux contre deux, avec un jeu de 32 cartes où le dix et l'as sont les cartes maîtresses. **2.** Au jeu de la manille, le dix de chaque couleur.

2. MANILLE n.f. (lat. *manicula*). MAR. Étrier métallique fermé par un axe fileté, servant à relier deux longueurs de chaîne, des câbles, des voilures, etc.

3. MANILLE n.m. (de *Manille*, n.pr.). Tabac provenant des Philippines, et, par ext., cigare réalisé avec ce tabac. ▪ **Chanvre de Manille,** ou **manille,** fibre textile tirée de l'abaca.

MANILLON n.m. L'as de chaque couleur, au jeu de la manille.

MANIOC n.m. (du tupi). Plante vivrière tropicale dont la racine tubérisée comestible fournit des produits alimentaires divers, notamm. le tapioca. ➲ Famille des euphorbiacées.

MANIP ou **MANIPE** n.f. (abrév.). Arg. scol. Manipulation scientifique, expérience (de physique, de chimie, etc.).

MANIPULABLE adj. Que l'on peut manipuler.

1. MANIPULATEUR, TRICE n. Personne qui manipule.

2. MANIPULATEUR n.m. TÉLÉCOMM. Dispositif manuel ou automatique servant à former un signal télégraphique, ou à moduler une onde.

MANIPULATION n.f. **1.** Action ou manière de manipuler un objet, un appareil ; maniement : *La manipulation de cette tablette numérique est simple.* **2.** Spécialité du prestidigitateur qui, par sa seule dextérité, fait apparaître et disparaître des objets. **3.** Manœuvre destinée à tromper. **4.** Exercice au cours duquel des élèves, des chercheurs, etc., réalisent une expérience ; cette expérience même. Abrév. (fam.) **manip** ou **manipe. 5.** MÉD. (Souvent pl.). Technique thérapeutique de médecine officielle moderne ou de certaines médecines alternatives, consistant à mobiliser avec les mains une partie du corps, génér. une articulation : *Manipulations vertébrales.* ▪ **Manipulations génétiques,** ensemble des opérations de modification de l'ADN de cellules et de micro-organismes, effectuées dans le cadre du génie génétique.

MANIPULE n.m. (du lat. *manipulus*, poignée). ANTIQ. ROM. Unité de base de la légion, composée de deux centuries.

MANIPULER v.t. [3] (du lat. *manipulus*, poignée). **1.** Tenir un objet dans ses mains lors d'une utilisation quelconque ; déplacer : *Manipuler des bibelots avec précaution.* **2.** Faire fonctionner un appareil avec la main ; utiliser : *Elle apprend à manipuler son ordiphone.* **3.** Soumettre qqch à certaines opérations en le tenant avec la main ou un instrument : *Manipuler des éprouvettes, des substances chimiques.* **4.** Transformer par des opérations plus ou moins honnêtes ; trafiquer : *Manipuler les comptes.* **5.** Amener insidieusement qqn à tel ou tel comportement ; manœuvrer : *Le vendeur les a manipulés.*

MANIQUE n.f. (lat. *manicula*). **1.** Manicle. **2.** Gant ou petit carré de tissu matelassé servant à tenir les plats chauds.

MANITOU n.m. (mot algonquien). **1.** Chez certains Indiens d'Amérique du Nord, autorité surnaturelle pouvant s'incarner dans des personnes ou des objets. **2.** Fam. Personnage puissant dans un certain domaine d'activité : *Un manitou de la finance.*

MANIVELLE n.f. (du lat. *manicula*, mancheron). **1.** Levier coudé deux fois à angle droit, à l'aide duquel on imprime un mouvement de rotation. **2.** Bielle reliée à l'axe du pédalier d'une bicyclette et portant la pédale. ▪ **Premier tour de manivelle,** début du tournage d'un film.

1. MANNE n.f. (bas lat. *manna*, de l'hébr.). **1.** Nourriture providentielle et miraculeuse envoyée aux Hébreux lors de leur traversée du désert du Sinaï, après leur sortie d'Égypte. **2.** Litt. Avantage inespéré ; aubaine. **3.** BOT. Exsudat sucré provenant de différents végétaux (mélèze, eucalyptus). ▪ **Manne des pêcheurs** ou **des poissons** [pêche], ensemble des éphémères qui s'abattent sur les cours d'eau en été, dont se nourrissent les poissons et qui peuvent servir d'appât.

2. MANNE n.f. (mot du moyen néerl.). Grand panier qui servait au transport des marchandises.

MANNELE [mɛnələ] ou [manələ] ou **MANNALA** n.m. inv., ▲ *n.m.* (mot alsacien « petit bonhomme »). Région. (Est). Pain au lait en forme de petit bonhomme, préparé pour la Saint-Nicolas. (On écrit aussi *männele.*) ➲ Spécialité alsacienne.

1. MANNEQUIN n.m. (moyen néerl. **mannekijn*, de *man*, homme). **1.** Forme humaine sur laquelle on assemble les pièces d'un vêtement ou on expose les modèles en vitrine. **2.** Dans une maison de couture, personne sur laquelle le couturier essaie ses créations, et qui les présente ensuite au public lors d'un défilé. (Au fém., on rencontre souvent *une mannequin.*) **3.** BX-ARTS. Figure en ronde bosse d'homme ou d'animal, cheval en partic., articulée, destinée aux peintres et aux sculpteurs, pour l'étude des attitudes du corps.

2. MANNEQUIN n.m. (de 2. *manne*). Panier à claire-voie, dont se servent en partic. les horticulteurs.

MANNEQUINAT n.m. Profession de mannequin.

MANNITOL n.m. ou **MANNITE** n.f. CHIM. ORG. Substance organique comportant six fonctions alcool, à goût sucré, existant dans la manne du frêne.

MANNOSE n.m. BIOCHIM. Glucide du groupe des hexoses, dérivant du mannitol.

MANODÉTENDEUR n.m. Dispositif permettant de ramener la pression d'un fluide comprimé à la pression d'utilisation.

MANŒUVRABILITÉ n.f. Qualité d'un véhicule manœuvrable ; maniabilité : *La manœuvrabilité d'un avion.*

MANŒUVRABLE adj. Se dit d'un véhicule, d'une machine faciles à manœuvrer ; maniable.

1. MANŒUVRE n.f. **1.** Ensemble d'opérations permettant de mettre en marche, de faire fonctionner une machine, un véhicule, etc. ; maniement : *La manœuvre d'un scanner.* **2.** Action de diriger un véhicule, un appareil de transport : *La manœuvre d'un autobus* ; mouvement ou série de mouvements que détermine cette action : *Faire une manœuvre pour se garer.* **3.** MAR. Action exercée sur la marche d'un navire par le jeu de la voilure, des machines ou du gouvernail ; évolution, mouvement particuliers que détermine cette action : *Manœuvre d'accostage.* **4.** MAR. Cordage appartenant au gréement d'un navire. **5.** MIL. Action ou manière de combiner les mouvements de formations militaires dans un but déterminé ; (surtout pl.) exercice d'instruction militaire. **6.** Ensemble de moyens employés pour obtenir un résultat ; manigance : *Une manœuvre perfide.* ▪ **Fausse manœuvre,** erreur dans la manipulation d'un appareil, d'une machine, susceptible d'avoir des conséquences fâcheuses : *J'ai dû faire une fausse manœuvre et l'ordinateur s'est éteint.*

2. MANŒUVRE n.m. Ouvrier dont le travail ne nécessite pas de qualifications professionnelles spéciales, et qui est à la base de la hiérarchie des salaires.

MANŒUVRER v.t. [3] (du lat. *manuoperare,* travailler à la main). **1.** Mettre en action un appareil, une machine ; faire fonctionner : *Manœuvrer un treuil.* **2.** Faire exécuter une manœuvre à un véhicule ; conduire : *Manœuvrer un chariot élévateur.* **3.** Amener une personne à agir dans le sens que l'on souhaite ; manipuler : *Manœuvrer une connaissance pour obtenir un poste.* ◆ **v.i. 1.** Exécuter une manœuvre, un exercice d'instruction militaire. **2.** Employer des moyens détournés pour atteindre un objectif ; intriguer : *Ils ont bien manœuvré pour obtenir cette maison à bas prix.*

MANŒUVRIER, ÈRE adj. et n. **1.** Qui sait obtenir ce qu'il veut par des moyens habiles ; manipulateur. **2.** Qui est habile à faire manœuvrer des troupes, un navire.

MANOGRAPHE n.m. Manomètre enregistreur.

MANOIR n.m. (du lat. *manere,* habiter). Habitation ancienne et de caractère, d'une certaine importance, et entourée de terres ; gentilhommière.

MANOMÈTRE n.m. (du gr. *manos,* rare, et *metron,* mesure). Instrument servant à mesurer la pression d'un fluide.

MANOMÉTRIE n.f. Mesure des pressions des fluides.

MANOMÉTRIQUE adj. Relatif à la manométrie.

MANOQUE n.f. (mot picard). Petite botte de feuilles de tabac.

MANOSTAT n.m. Appareil servant à maintenir constante la pression d'un fluide dans une enceinte.

MANOUCHE adj. et n. (du tsigane *manuš,* homme). Relatif aux Manouches ; qui fait partie de cette population (v. partie n.pr. **TSIGANES**). ▪ **Jazz manouche,** style musical d'origine tsigane mêlant le swing et le musette au jazz américain, rythmé princip. par une ou plusieurs guitares. ➲ D. Reinhardt est son principal représentant.

MANOUVRIER, ÈRE n. Vx. Ouvrier qui exécutait des gros travaux à la journée.

MANQUANT, E adj. Qui manque ; qui est en moins : *Les cartes manquantes dans un jeu.* ◆ **adj. et n.** Se dit de qqn qui est absent : *Élèves manquants.*

MANQUE n.m. **1.** Fait de manquer, de faire défaut ; insuffisance ou absence de ce qui serait nécessaire ; pénurie : *Manque de médecins, de cliniques dans une région.* **2.** À la roulette, pari sur l'un des numéros qui vont du 1 au 18 inclus ; cette série de numéros (par oppos. à *passe*). ▪ **État de manque,** ensemble de troubles physiques (spasmes, douleurs, etc.) liés à l'arrêt volontaire ou accidentel d'une drogue, chez un toxicomane (SYN. **syndrome de sevrage**). ▪ **Manque à gagner,** perte portant sur un bénéfice escompté et non réalisé. ▪ **Par manque de,** faute de : *Ils ont échoué par manque de moyens.*

À LA MANQUE loc. adj. inv. Fam. Défectueux ; raté ; mauvais : *Un présentateur, des idées à la manque.*

1. MANQUÉ, E adj. **1.** Qui n'est pas réussi ; raté : *Un gâteau manqué.* **2.** Où l'on n'a pu se rendre : *Rendez-vous, interview manqués.* **3.** Qui n'est pas devenu ce qu'il aurait pu être : *Une romancière manquée.* ▪ **Garçon manqué** [fam.], fille ayant les comportements d'un garçon.

2. MANQUÉ n.m. ▪ **Moule à manqué,** moule à pâtisserie, rond et plat, à bord assez haut et roulé.

MANQUEMENT n.m. Action de manquer à un devoir, à une règle : *Un manquement au règlement.*

MANQUER v.i. [3] (de l'ital. *mancare,* être insuffisant). **1.** Ne pas réussir ; échouer : *La tentative de détournement d'avion a manqué.* **2.** Faire défaut ; être en quantité insuffisante : *La nourriture manque pour tous ces démunis.* **3.** Être absent de son lieu de travail, d'études : *Il a manqué deux fois cette semaine.* ▪ **Il ne manquait plus que ça** [fam.], un ennui supplémentaire qui nous accable. ▪ **Il ne manquerait plus que** (+ subj.), ce serait le comble si : *Il ne manquerait plus qu'il soit élu.* ◆ **v.t. ind. 1. (À).** Faire défaut à : *Le courage lui manque.* **2. (À).** Se dérober à une obligation morale ; trahir : *Manquer à sa promesse.* **3. (DE).** Ne pas avoir, ou ne pas disposer en quantité suffisante de : *Ces enfants manquent d'affection. L'imprimante manque de papier.* **4.** Absol. Être dans le besoin : *Aider les familles qui viennent à manquer.* **5. (DE).** Être sur le point de ; faillir : *Elle a manqué tomber* ou *de tomber.* ▪ **Ne pas manquer de,** ne pas oublier de : *Il n'a pas manqué de nous le rappeler.* ◆ **v.t. 1.** Ne pas réussir qqch ; rater : *Manquer toutes ses photos.* **2.** Ne pas réussir à atteindre ; ne pas toucher : *La basketteuse a manqué le panier.* **3.** Ne pas profiter de : *Vous avez manqué une occasion d'être célèbre, le début du film.* **4.** Ne pas rencontrer comme prévu : *Tu l'as manqué, il vient de partir.* **5.** Arriver trop tard pour prendre un moyen de transport : *Manquer son bus.* ▪ **Ne pas manquer qqn,** ne pas laisser échapper l'occasion de lui donner une leçon, de se venger de lui. ◆ **SE MANQUER** v.pr. **1.** Ne pas se rencontrer : *Nous nous sommes manqués de cinq minutes.* **2.** Rater son suicide.

MANSARDE n.f. (du n. de F. *Mansart*). Pièce de comble, en principe sous toit brisé, avec un mur incliné.

MANSARDÉ, E adj. Disposé en mansarde.

MANSE n.m. ou n.f. (lat. médiév. *mansa,* de *manere,* demeurer). HIST. Habitation rurale avec jardin et champs, constituant une unité d'exploitation agricole, dans la France du VIIe au IXe siècle.

MANSION n.f. (du lat. *mansio,* habitation). THÉÂTRE. Dans le théâtre médiéval (représentation des mystères, en partic.), chacune des parties indépendantes du décor, fortement individualisées et servant de cadre à un épisode de l'action.

MANSUÉTUDE n.f. (lat. *mansuetudo*). Litt. Disposition d'esprit qui incline à une bonté indulgente ; bienveillance.

MANTA n.f. (mot esp. « couverture »). Mante (poisson).

1. MANTE n.f. (provenç. *manta*). Anc. Ample cape à capuchon froncé, portée par les femmes.

2. MANTE n.f. (gr. *mantis*). **1.** Insecte carnassier à petite tête triangulaire très mobile, aux pattes antérieures ravisseuses, qui chasse à l'affût. Nom usuel : *mante religieuse.* ➲ Ordre des dictyoptères. (V. planche *insectes.*) **2.** Grande raie cornue de l'Atlantique tropical, vivipare, qui se nourrit de plancton (SYN. **manta** ou **raie manta**). ➲ Envergure 5 m, poids 1 000 kg ; famille des myliobatidés.

MANTEAU n.m. (du lat. *mantellum,* voile). **1.** Vêtement à manches longues, boutonné par-devant, que l'on porte sur les autres vêtements pour se protéger du froid ; pardessus. **2.** Construction qui délimite le foyer d'une cheminée et fait saillie dans la pièce. **3.** GÉOPHYS. Partie d'une planète tellurique, en partic. de la Terre, intermédiaire entre la croûte et le noyau. **4.** HÉRALD. Ornement extérieur de l'écu, formé d'une draperie doublée d'hermine. **5.** ZOOL. Chez les oiseaux et les mammifères, région dorsale, quand elle est d'une autre couleur que celle du reste du corps. **6.** ZOOL. Chez les mollusques, repli du tégument qui recouvre la masse viscérale et dont la face externe sécrète souvent une coquille qui n'y reste pas adhérente. ▪ **Manteau d'Arlequin** [théâtre], partie supérieure du cadre mobile de la scène, simulant une draperie. ▪ **Sous le manteau,** en dehors des formes légales ou régulières ; clandestinement.

MANTELÉ, E adj. ZOOL. Dont le dos est d'une couleur différente de celle du corps : *Corneille mantelée.*

MANTELÉE n.f. Xanthie.

MANTELET n.m. Cape de femme en tissu léger, à capuchon, à pans longs par-devant et écourtée par-derrière.

MANTILLE n.f. (esp. *mantilla*). Écharpe de dentelle souvent noire que les femmes portent sur la tête.

MANTIQUE n.f. (gr. *mantikê*). OCCULT. Art, pratique de la divination.

MANTISSE n.f. (du lat. *mantissa,* gain). MATH. ▪ **Mantisse d'un nombre,** partie décimale de ce nombre. ➲ C'est la différence entre ce nombre et sa partie entière.

MANTRA n.m. (mot sanskr. « instrument de pensée »). Dans l'hindouisme et le bouddhisme, syllabe ou phrase sacrée dotée d'un pouvoir spirituel. ➲ Le mantra *om* est prononcé au début de toute récitation sacrée.

MANUBRIUM [-brijɔm] n.m. (mot lat. « manche »). **1.** ANAT. Partie supérieure du sternum, sur laquelle s'articulent les clavicules. **2.** ZOOL. Chez les méduses, tube axial, garni ou non de tentacules, à l'extrémité duquel s'ouvre la bouche.

1. MANUCURE n. (du lat. *manus,* main, et *curare,* soigner). Personne chargée des soins esthétiques des mains, des ongles.

2. MANUCURE n.f. Ensemble des soins esthétiques des mains, des ongles.

MANUCURER v.t. [3]. Donner des soins aux mains de qqn ; lui faire les ongles.

1. MANUEL, ELLE adj. (lat. *manualis*). **1.** Qui relève du travail des mains, de l'activité de la main (par oppos. à *intellectuel*) : *Activités manuelles.* **2.** Qui requiert l'intervention active de l'homme, de sa main (par oppos. à *automatique*) : *Ouverture manuelle des portes d'une écluse.* ▪ **Médecine manuelle,** technique thérapeutique où prédominent les manipulations (chiropractie et ostéopathie, par ex.). ◆ **adj. et n. 1.** Qui est tourné vers les activités manuelles : *C'est une manuelle.* **2.** Qui exerce un métier manuel : *Travailleur manuel.*

2. MANUEL n.m. Ouvrage didactique ou scolaire qui expose les notions essentielles d'un art, d'une science, d'une technique, etc. ; guide : *Un manuel de russe, de bricolage.*

MANUÉLIN, E adj. (de *Manuel Ier le Grand*). Se dit du style décoratif abondant et complexe qui caractérise l'architecture gothique portugaise à la fin du XVe s. et au début du XVIe s.

MANUELLEMENT adv. En se servant de la main : *La porte du garage s'ouvre manuellement.*

MANUFACTURE n.f. (du lat. médiév. *manu factura,* travail à la main). Établissement industriel où la fabrication des produits est surtout manuelle. ➲ Ne se dit plus que pour certains établissements (manufacture d'armes, par ex.). ▪ **Manufacture royale,** dans la France d'Ancien Régime, établissement industriel privé, bénéficiant de privilèges royaux. ▪ **Manufacture royale d'État,** établissement appartenant à l'État et travaillant essentiellement pour lui.

MANUFACTURÉ, E adj. ▪ **Produit manufacturé,** issu de la transformation en usine de matières premières.

MANUFACTURER v.t. [3]. Transformer industriellement des matières premières en produits finis.

MANUFACTURIER, ÈRE adj. Relatif aux manufactures.

MANU MILITARI loc. adv. (loc. lat. « par la main [force] militaire »). **1.** Par l'emploi de la force publique : *Les squatteurs ont été délogés manu militari.* **2.** En utilisant la force physique ; avec violence.

MANUSCRIT, E adj. (lat. *manuscriptus*). Qui est écrit à la main : *Lettre de motivation manuscrite.* ◆ **n.m. 1.** Ouvrage écrit à la main. **2. IMPRIM.** Texte destiné à la composition, qu'il soit écrit à la main, dactylographié ou saisi sur micro-ordinateur. ➲ Auj., on emploie aussi le mot *tapuscrit* pour désigner le manuscrit dactylographié.

MANUTENTION n.f. (du lat. *manu tenere*, tenir avec la main). **1.** Action de déplacer des marchandises en vue de leur emmagasinage, expédition ou vente. **2.** Local réservé à ces opérations ; entrepôt.

MANUTENTIONNAIRE n. Personne effectuant des travaux de manutention.

MANUTENTIONNER v.t. [3]. Soumettre à des opérations de manutention.

MANZANILLA [mɑ̃zanilja] **n.m.** (mot esp.). Vin de Jerez, très sec, légèrement amer.

MAOÏSME n.m. Théorie et philosophie politique de Mao Zedong.

MAOÏSTE adj. et **n.** Relatif au maoïsme ; qui en est partisan.

MAORI, E adj. Relatif aux Maoris.

MAOUS, OUSSE ou **MAHOUS, OUSSE adj.** Fam. Grand ; gros.

MAPPEMONDE n.f. (du lat. *mappa mundi*, nappe du monde). **1.** Carte représentant le globe terrestre divisé en deux hémisphères. **2.** (Abusif en géogr.). Planisphère.

MAPPING VIDÉO [mapiŋ-] **n.m.** (angl. *video mapping*). Technique qui consiste à projeter à grande échelle des éléments visuels (images, vidéos, jeux de lumière, rayons laser, etc.) sur une surface en relief (un monument, par ex.). ➲ Il est utilisé dans l'événementiel et le spectacle vivant. (Au Québec, on dit une *projection illusionniste*.)

MAQUÉE n.f. Belgique. Fromage blanc du genre caillebotte.

MAQUER v.t. [3]. Arg. Être le souteneur d'une prostituée. ◆ **SE MAQUER v.pr.** Très fam. Se mettre en ménage avec qqn.

MAQUERAISON n.f. Saison de la pêche au maquereau.

1. MAQUEREAU n.m. (de 2. *maquereau*). Poisson de mer à dos bleu-vert zébré de noir, s'approchant des côtes au printemps et en été, objet d'une pêche industrielle en vue de la conserverie. ➲ Famille des scombridés.

▲ **maquereau**

2. MAQUEREAU n.m. (du moyen néerl. *makelâre*, courtier). Arg. Proxénète ; souteneur.

MAQUERELLE n.f. Arg. Tenancière de maison close. (On dit aussi *mère maquerelle*.)

MAQUETTE n.f. (de l'ital. *macchietta*, ébauche). **1.** Représentation en trois dimensions, à échelle réduite, d'un bâtiment, d'un décor de théâtre, etc. **2.** Modèle réduit vendu en pièces détachées prêtes à monter : *La maquette d'un bateau.* **3.** Petit modèle, notamm. en terre ou en cire, d'une sculpture. **4. IMPRIM.** Conception graphique d'un imprimé, destinée à en permettre la réalisation. **5. MUS.** Prototype de disque réalisé par un chanteur ou un groupe pour trouver un producteur ou une maison de disques.

MAQUETTER v.t. [17]. IMPRIM. Concevoir la maquette d'un imprimé.

MAQUETTISME n.m. Modélisme.

MAQUETTISTE n. 1. Professionnel capable d'exécuter une maquette d'après des plans, des dessins, des données numérisées. **2. IMPRIM.** Personne spécialisée dans l'élaboration, la conception, la mise en pages des imprimés.

MAQUIGNON n.m. (du moyen néerl. *makeln*, trafiquer). **1.** Marchand de chevaux. **2.** Marchand de bétail, notamm. de bovins. **3.** Personne peu scrupuleuse en affaires.

✎ Le fém. ***maquignonne*** est rare.

MAQUIGNONNAGE n.m. 1. Métier de maquignon. **2.** Manœuvres frauduleuses employées dans les affaires.

MAQUIGNONNER v.t. [3]. Maquiller un animal pour dissimuler son âge, ses défauts.

MAQUILLAGE n.m. 1. Action, manière de maquiller ou de se maquiller. **2.** Ensemble de produits servant à se maquiller. **3.** Fig. Action de maquiller pour falsifier, tromper : *Le maquillage d'un crime en accident.*

MAQUILLER v.t. [3] (de l'anc. picard *makier*, feindre). **1.** Modifier l'aspect du visage au moyen de produits cosmétiques, pour l'embellir ou pour l'adapter aux nécessités d'un rôle artistique ; farder : *L'esthéticienne maquille la future mariée ;* grimer : *Maquiller une cantatrice.* **2.** Fig. Modifier pour donner une apparence trompeuse : *Maquiller une voiture volée.* ◆ **SE MAQUILLER v.pr.** Se farder ; se grimer.

MAQUILLEUR, EUSE n. Personne dont le métier consiste à maquiller les gens du spectacle ou de la télévision.

MAQUIS n.m. (du corse *macchia*, tache). **1.** Dans les régions méditerranéennes, association végétale touffue et dense qui caractérise les sols siliceux des massifs anciens et qui est composée d'arbustes (chênes verts, chênes-lièges), de myrtes, de bruyères, d'arbousiers et de lauriers-roses. **2. HIST.** Lieu retiré, génér. en montagne ou en forêt, où se groupaient les résistants armés au cours de la Seconde Guerre mondiale ; groupe de ces résistants. **3.** Fig. Complication inextricable ; labyrinthe : *On se perd dans le maquis de ses histoires sentimentales.* **4.** Afrique. Bar ; dancing. ▪ **Prendre le maquis**, se réfugier, après avoir commis un délit, dans une zone peu accessible couverte par le maquis, dans les régions méditerranéennes ; hist., rejoindre les résistants du maquis, sous l'Occupation.

MAQUISARD n.m. HIST. Résistant d'un maquis, sous l'Occupation.

▲ **marabout**

MARABOUT n.m. (ar. *murābit*). **1.** Dans les pays musulmans du Maghreb, saint personnage, objet de la vénération populaire durant sa vie et après sa mort. **2.** Afrique. Musulman réputé pour ses pouvoirs magiques ; guérisseur. **3.** Tombeau d'un marabout. **4.** Tente ronde à toit conique. **5.** Grande cigogne des régions chaudes de l'Ancien Monde, au bec énorme et au cou dénudé, qui se nourrit de petits animaux et de charognes. ➲ Envergure plus de 3 m ; famille des ciconiidés. ◆ **adj.** et **n.** Québec. De mauvaise humeur ; désagréable : *Une vieille marabout.*

MARABOUTAGE n.m. Afrique. Action de marabouter ; ensemble des pratiques à la fois magiques et religieuses des marabouts.

MARABOUTER v.t. [3]. Afrique. Jeter un sort à qqn en recourant à un marabout.

MARACAS [-kas] **n.m. pl.** (mot esp.). Instrument à percussion d'origine sud-américaine, constitué par une coque contenant des grains durs, destiné à scander le rythme des danses.

MARACUDJA [-ku-] **n.m.** (mot amérindien du Brésil). Antilles. Fruit de la Passion*.

MARAE [marae] **n.m.** (mot polynésien). Polynésie. Cour rectangulaire recouverte de pavés en pierre ou en corail, qui servait à l'accomplissement de certains rites religieux, souvent associés à des cérémonies culturelles, sociales et politiques.

MARAGING [-redʒiŋ] **adj. inv.** ▪ **Acier maraging → ACIER.**

MARAÎCHAGE, ▲ *MARAICHAGE* **n.m.** Culture intensive des légumes et de certains fruits, en plein air ou sous abri.

1. MARAÎCHER, ÈRE, ▲ *MARAICHER, ÈRE* **adj.** (de *marais*). Relatif au maraîchage.

2. MARAÎCHER, ÈRE, ▲ *MARAICHER, ÈRE* **n.** Personne pratiquant le maraîchage.

MARAÎCHIN, E, ▲ *MARAICHIN, E* **adj.** et **n.** Relatif au Marais breton ou au Marais poitevin.

MARAIS n.m. (francique **marisk*). **1.** Région basse recouverte par des eaux stagnantes peu profondes et une végétation adaptée à l'humidité (aulnes, roseaux, plantes aquatiques, etc.). **2.** Ancien marécage assaini consacré à la culture maraîchère. ▪ **Le Marais**, v. partie n.pr. ▪ **Marais salant**, ensemble de bassins et de canaux, où le sel est produit par évaporation des eaux de mer sous l'action du soleil et du vent (SYN. **salin**).

MARANS [marɑ̃] **n.f.** et **adj. inv.** (de *Marans*, n.pr.). Poule d'une race française réputée pour ses gros œufs.

MARANTA n.m. ou **MARANTE n.f.** (du n. de B. *Maranta*). Monocotylédone des régions tropicales, cultivée pour ses rhizomes, dont on tire l'arrow-root. ➲ Famille des marantacées.

1. MARASME n.m. (du gr. *marasmos*, épuisement). **1.** Ralentissement important ou arrêt de l'activité économique ou commerciale ; récession. **2.** Affaiblissement des forces morales ; dépression. **3. MÉD.** Dénutrition grave par insuffisance des apports énergétiques, observée en partic. chez l'enfant.

2. MARASME n.m. Champignon à pied coriace, dont une espèce est consommée sous le nom de *faux mousseron.* ➲ Ordre des agaricales.

MARASQUE n.f. (ital. *marasca*). Cerise d'une variété amère originaire de Dalmatie, qui sert à fabriquer le marasquin.

MARASQUIN n.m. (ital. *maraschino*). Liqueur ou eau-de-vie tirée de la marasque.

MARATHE, MAHRATTE ou **MARATHI n.m.** Langue indo-aryenne parlée dans l'État de Maharashtra, en Inde.

MARATHON n.m. (de *Marathon*, n.pr.). **1.** Course à pied de grand fond (42,195 km) constituant une discipline olympique. **2.** (Parfois employé en appos., avec ou sans trait d'union). Négociation longue et difficile, mettant à rude épreuve la résistance des participants : *Le marathon sur la réforme des retraites. Négociations-marathons.*

MARATHONIEN, ENNE n. Coureur de marathon.

MARÂTRE n.f. (du bas lat. *matrastra*, seconde femme du père). **1.** Mauvaise mère. **2.** Vx. Épouse du père, pour les enfants nés d'un autre mariage de celui-ci ; belle-mère.

MARAUD, E n. (n. dial. du chat). Vx. Vaurien.

MARAUDAGE n.m. 1. DR. Vol de fruits, de légumes encore sur pied (SYN. **maraude**). **2. HIST.** Vol de denrées commis par des gens de guerre en campagne ; rapine.

MARAUDE n.f. 1. DR. Maraudage. **2.** Parcours effectué par les humanitaires dans les rues ou les campements des grandes villes pour porter assistance aux personnes qui y vivent. ▪ **Taxi en maraude**, taxi en quête de clients, qui circule à vide au lieu de stationner.

MARAUDER v.i. [3] (de *maraud*). **1. DR.** Commettre un maraudage. **2.** Être en maraude, en parlant d'un taxi.

MARAUDEUR, EUSE n. 1. Personne qui se livre au maraudage ; voleur. **2.** Humanitaire qui effectue des maraudes dans les rues ou les campements des grandes villes pour venir en aide aux SDF et aux migrants qui y vivent.

MARAVÉDIS [-di] **n.m.** (esp. *maravedí*, de l'ar.). Monnaie frappée en Espagne à partir de la fin du Moyen Âge.

MARBRE n.m. (lat. *marmor*). **1.** Roche calcaire ayant subi un faible métamorphisme. ➲ Dur, souvent veiné de couleurs variées, le marbre peut recevoir un beau poli, ce qui le fait employer en art et comme pierre ornementale. **2.** Toute pierre pouvant recevoir un beau poli, et utilisée en sculpture ou en marbrerie. **3.** Objet, statue en marbre : *Une collection de marbres.* **4.** Plateau, tablette de marbre : *Le marbre d'une coiffeuse.* **5. TECHN.** Plaque rigide à la surface parfaitement plane, utilisée pour vérifier la planéité d'autres surfaces ou comme plan de référence dans le traçage. **6.** IMPRIM. Table métallique sur laquelle on place les pages de composition typographiques pour les imposer et les corriger avant l'établissement de formes imprimantes. ■ **De marbre,** qui ne manifeste aucune émotion ; impassible : *Elle est restée de marbre à l'annonce du verdict.* ■ **Gravé** ou **inscrit dans le marbre,** établi de façon sûre et définitive.

1. MARBRÉ, E adj. Veiné comme le marbre.

2. MARBRÉ n.m. Gâteau à pâte levée, moelleux, veiné de chocolat.

MARBRER v.t. [3]. 1. Décorer de dessins, de couleurs rappelant les veines du marbre. **2.** Marquer de marbrures : *Le froid marbrait ses joues.*

MARBRERIE n.f. Industrie de transformation et de mise en œuvre des marbres et des roches dures ; lieu où se pratique cette activité.

1. MARBRIER, ÈRE adj. Relatif au marbre, à la marbrerie.

2. MARBRIER n.m. Industriel, artisan, commerçant du secteur de la marbrerie.

MARBRIÈRE n.f. Carrière de marbre.

MARBRURE n.f. 1. Décor imitant les veines, les taches du marbre : *Les marbrures de la tranche d'un livre.* **2.** Marque cutanée violacée, d'origine vasculaire, évoquant les veines d'un marbre.

MARBURG (FIÈVRE DE) n.f. Maladie hémorragique très contagieuse due à un virus à ARN, et qui sévit en Afrique. ➲ Ce virus a été mis en évidence en 1967, dans un laboratoire médical de Marburg (Allemagne).

1. MARC [mar] **n.m.** (francique **marka*). Ancienne unité de masse. ➲ Un marc valait 8 onces locales : 244,75 g à Paris. ■ **Au marc le franc** [dr.], se dit d'un partage fait entre les intéressés au prorata de leurs créances ou de leurs intérêts dans une affaire.

2. MARC [mar] **n.m.** (de *marcher*, au sens anc. de « fouler »). **1.** Résidu des fruits, en partic. du raisin, que l'on a pressés pour en extraire le jus. **2.** Eau-de-vie obtenue en distillant du marc de raisin. **3.** Résidu de certaines substances que l'on a fait infuser, bouillir, etc. : *Marc de café, de thé.*

MARCAIRIE n.f. (de l'all. *Melker*, trayeur de vaches). Région. (Alsace). Ferme des montagnes vosgiennes où l'on fabrique le fromage. ➲ Aujourd'hui, de nombreuses marcairies font aussi office d'auberges.

MARCASSIN n.m. (p.-ê. de *marque*, l'animal portant des raies). Petit du sanglier âgé de moins de six mois, au pelage rayé horizontalement de noir et de blanc.

MARCASSITE ou **MARCASITE n.f.** (lat. médiév. *marchasita*, de l'ar.). MINÉRALOG. Sulfure de fer (FeS_2), cristallisant dans le système orthorhombique.

MARCEL n.m. (du prénom *Marcel*). Tee-shirt sans manches ; débardeur : *Quand il fait chaud, il met des marcels* ; haut féminin de cette forme : *Elle portait un marcel pailleté.*

MARCESCENCE n.f. Caractère d'un organe marcescent.

MARCESCENT, E adj. (du lat. *marcescere*, se faner). BOT. Se dit d'un organe qui se flétrit sur la plante sans se détacher.

1. MARCHAND, E adj. (du lat. *mercatus*, marché). Qui a rapport au commerce. ■ **Denrée marchande,** qui est à vendre, ou qui se vend facilement. ■ **Marine marchande,** flotte qui assure le transport des voyageurs et des marchandises. ■ **Prix marchand,** prix auquel les commerçants vendent et achètent entre eux. ■ **Qualité marchande,** qualité normale d'un produit dans le commerce, par rapport aux qualités supérieures (extra, surfine, etc.). ■ **Valeur marchande,** valeur d'un objet dans le commerce. ■ **Ville marchande,** où il se fait beaucoup de commerce ; qui vit grâce au commerce.

2. MARCHAND, E n. 1. Personne qui fait du commerce, qui est habile dans l'art du commerce ; négociant : *Une lignée de marchands.* **2.** Commerçant qui vend un type de marchandises, de produits : *Un marchand de thé, de bois.* ■ **Entrecôte marchand de vin,** entrecôte poêlée servie avec une sauce à base de vin rouge, d'échalotes hachées et de crème fraîche. ■ **Marchand de biens,** commerçant dont l'activité consiste à acheter des immeubles, des fonds de commerce, pour les revendre. ■ **Marchand de canons** [péjor.], fabricant d'armes de guerre. ■ **Marchand de couleurs** [vieilli], droguiste. ■ **Marchand de sommeil** [péjor.], logeur qui exploite ses clients. ■ **Marchand de soupe** [péjor., vx], directeur d'une institution scolaire privée qui ne songe qu'au profit.

MARCHANDAGE n.m. 1. Action de marchander pour obtenir qqch à meilleur prix. **2.** Tractation laborieuse à des fins plus ou moins honorables : *Marchandage électoral.* **3.** DR. Délit constitué par la fourniture à but lucratif de main-d'œuvre qui porte préjudice au salarié ou est contraire aux obligations du droit du travail.

MARCHANDER v.t. [3]. 1. Discuter le prix d'une marchandise pour l'obtenir à meilleur compte : *Marchander un miroir aux puces.* **2.** Litt. Accorder avec parcimonie ou en exigeant certains avantages : *Elle ne lui a pas marchandé son appui.* ◆ **v.i. 1.** Discuter avant d'acheter : *Il aime marchander.* **2.** DR. Conclure un contrat de marchandage.

MARCHANDEUR, EUSE n. Personne qui marchande en achetant.

MARCHANDISAGE n.m. Ensemble des techniques commerciales assurant la présentation et la mise en valeur de produits sur le lieu de vente.

MARCHANDISATION n.f. Péjor. Tendance à tirer un profit mercantile d'une activité non marchande : *La marchandisation de la culture.*

MARCHANDISE n.f. 1. Objet, produit qui se vend et s'achète. **2.** Fig. Ce que qqn a à proposer et qu'il cherche à faire accepter en le présentant sous son jour le plus favorable : *Scénariste qui sait vanter sa marchandise.* ■ **Tromper sur la marchandise,** faire payer trop cher ou donner autre chose que ce que l'on avait promis.

MARCHANT, E adj. ■ **Aile marchante,** dans le mouvement de conversion d'une armée en ordre de bataille, partie la plus éloignée du pivot, qui décrit un large arc de cercle ; fig., membres les plus dynamiques d'un groupe et qui entraînent les autres.

MARCHANTIA [-tja] **n.f.** (du n. du botaniste N. *Marchant*). Petite plante cryptogame commune dans les lieux tempérés humides. ➲ Classe des hépatiques.

▲ **marche.** L'épreuve du 20 km marche.

1. MARCHE n.f. (de *marcher*). **1.** Action, fait de marcher ; mode de locomotion de l'homme : *La marche et la course.* **2.** Manière de marcher ; démarche : *La marche d'une mannequin sur un podium.* **3.** Action de marcher considérée comme une activité physique, un exercice sportif. **4.** Action de marcher considérée du point de vue de la distance parcourue : *J'ai fait une petite marche dans le parc.* **5.** MIL. Déplacement d'une troupe à pied. **6.** Déplacement à pied d'un groupe constituant une manifestation publique d'opinion : *Marche contre le racisme.* **7.** Pièce de musique destinée à régler les pas d'un groupe, d'une troupe : *Marche militaire.* **8.** Déplacement d'un véhicule : *S'asseoir dans le sens de la marche.* **9.** Mouvement d'un astre ; cours : *La marche du Soleil.* **10.** Fonctionnement d'un mécanisme : *La marche d'un automate. Moteur en état de marche.* **11.** Fonctionnement d'un organisme, d'une institution, d'une entreprise : *Assurer la bonne marche du service.* **12.** Progression dans le temps ; déroulement : *Les manifestations n'ont pas arrêté la marche du procès* ; évolution : *Surveiller la marche d'une épidémie.* **13.** Surface plane sur laquelle on pose le pied pour monter ou pour descendre un escalier : *La marche et sa contremarche.* **14.** Pédale du métier à tisser à bras, reliée aux fils de chaîne. ■ **Être en marche,** fonctionner, en parlant d'un mécanisme, d'une machine ; fig., commencer à s'appliquer : *La révolution bio est en marche.* ■ **Marche blanche** → **1. BLANC.** ■ **Marche forcée** → **FORCÉ.** ■ **Marche nordique,** marche sportive rapide qui se pratique avec des bâtons à l'instar du ski de fond ou de randonnée. ■ **Marche sportive** ou **athlétique,** discipline de l'athlétisme qui consiste en des courses de fond que les compétiteurs doivent accomplir en marchant sans que leurs pieds quittent le sol simultanément. ■ **Mettre en marche,** déclencher le fonctionnement de ; faire marcher. ■ **Monter, descendre en marche,** monter dans un véhicule, en descendre alors que celui-ci est en marche. ■ **Ouvrir, fermer la marche,** marcher dans les premiers, derniers rangs, au cours d'un défilé, d'une promenade en groupe.

2. MARCHE n.f. (du francique **marka*, frontière). **1.** Sous les Carolingiens, territoire jouant le rôle de zone de protection militaire, à proximité d'une frontière ou dans une région mal pacifiée. ➲ Le gouvernement des marches était confié à des marquis ou à des margraves. **2.** Mod. Zone périphérique d'un État, mal soumise ou menacée par un pays voisin : *Les marches de la Russie.*

MARCHÉ n.m. (du lat. *mercatus*, commerce). **1.** Lieu public, en plein air ou couvert, où l'on vend et où l'on achète des marchandises : *Le marché aux puces.* **2.** Réunion périodique de commerçants ambulants qui vendent, au détail et au comptant, dans un lieu dépendant du domaine public, des marchandises à emporter : *Il est interdit de se garer ici les jours de marché.* **3.** Ville, pays où se fait principalement le commerce de un ou plusieurs produits déterminés : *Londres est un grand marché financier.* **4.** Débouché économique ; ensemble de clients qui achètent ou peuvent acheter un produit ou un service : *Conquérir de nouveaux marchés.* **5.** Lieu théorique où se rencontrent l'offre et la demande ; état de l'offre et de la demande : *Le marché de l'immobilier.* **6.** Tractation, accord impliquant un échange à titre onéreux de biens ou de services ; convention d'achat et de vente : *Conclure un marché.* **7.** Convention arrêtée entre deux personnes ; arrangement convenu : *Je te propose un marché : je te conduis à la gare en voiture le matin et en contrepartie tu participes aux frais d'essence.* ■ **À bon marché,** à bas prix ; fig., sans grands inconvénients ; à bon compte : *Il s'en est tiré à bon marché.* ■ **Bon marché,** d'un prix peu élevé. ■ **Économie de marché,** système économique dans lequel les mécanismes naturels tendent à assurer seuls, à l'exclusion de toute intervention des monopoles ou de l'État, l'équilibre de l'offre et de la demande. ■ **Étude de marché,** étude prévisionnelle des débouchés d'un produit donné, ou des produits d'une branche d'activité, d'un pays, etc. ■ **Faire bon marché de qqch,** en faire peu de cas : *Ils font bon marché de ses conseils* ; ne pas l'épargner : *Faire bon marché de sa vie.* ■ **Faire son marché** ou **le marché,** aller acheter ses provisions sur un marché public ou dans les magasins. ■ **Marché à la baisse,** dans lequel l'offre l'emporte sur la demande. ■ **Marché à option,** marché où s'échangent des options, c.-à-d. des droits contractuels d'achat ou de vente d'une quantité déterminée d'un actif, à prix fixe et dans un certain délai. ■ **Marché à prime,** sur lequel l'acheteur de titres se réserve la faculté, vis-à-vis du vendeur, soit d'exécuter le contrat passé, soit de l'annuler contre paiement d'un dédit, ou prime. ■ **Marché à terme international de France** → **MATIF.** ■ **Marché au comptant,** sur lequel la livraison et le règlement des capitaux suivent immédiatement la négociation. ■ **Marché commun,** v. partie n.pr. **UNION EUROPÉENNE.** ■ **Marché de gré à gré,** dont les règles sont librement fixées par les parties au moment de leur opération ; contrat administratif impliquant la liberté de choix du cocontractant par l'Administration. ■ **Marché dérivé** → **DÉRIVÉ.** ■ **Marché des options négociables de Paris** → **MONEP.** ■ **Marché d'intérêt national,** marché de produits agricoles ou alimentaires institué en France par décret, après consultation des collectivités locales, des chambres de commerce et d'industrie, et des branches de l'agriculture intéressées. ▪ **Marché du travail,** situation de l'offre et de la demande d'emploi dans une région, un pays ou par rapport à un type d'activité. ▪ **Marché en hausse,** dans lequel la demande l'emporte sur l'offre. ▪ **Marché financier,** sur lequel s'effectuent les négociations de valeurs à revenus fixe et variable, les émissions de titres et, d'une manière générale, les opérations sur capitaux à long terme. ▪ **Marché gris,** lieu fictif de cotation et d'échange anticipé d'une valeur, avant son admission officielle à la cote. ▪ **Marché interbancaire,** permettant aux banques de procéder à un refinancement ou de placer leurs excédents de trésorerie. ▪ **Marché libre,** où les négociations au comptant sont réalisées directement par les acheteurs et les vendeurs. ▪ **Marché monétaire,** sur lequel s'effectuent les transactions à court terme entre banques et institutions financières. ▪ **Marché noir** → **1. NOIR.** ▪ **Marché officiel** ou **principal,** sur lequel sont négociées les valeurs admises à la cote officielle. ▪ **Marché public,** contrat administratif par lequel un entrepreneur s'engage, moyennant un paiement convenu, à fournir une prestation à l'Administration. ➲ La passation des marchés publics a lieu notamm. par appel d'offres, procédure négociée ou concours. ▪ **Mettre le marché en main à qqn,** lui donner nettement le choix de conclure l'accord ou de le rompre. ▪ **Part de marché,** pourcentage des ventes d'un produit, d'une entreprise, d'une marque, par rapport au total des ventes des produits similaires sur un marché déterminé. ▪ **Par-dessus le marché,** en plus de ce qui a été convenu, stipulé ; fam., de plus ; en outre : *Il arrive en retard et par-dessus le marché, il nous insulte.* ▪ **Segment de marché,** groupe homogène et distinct de personnes possédant en commun un certain nombre de caractéristiques qui permettent d'ajuster la politique de produits d'une entreprise et sa stratégie publicitaire. ▪ **Sur le marché,** parmi les produits en vente, commercialisés, distribués.

MARCHÉAGE n.m. Branche du marketing coordonnant l'ensemble des actions commerciales en termes de dosage et de cohérence.

MARCHEPIED n.m. **1.** Marche ou série de marches qui servent à monter dans un véhicule (autocar, voiture de chemin de fer, etc.) ou à en descendre. **2.** Escabeau à deux ou trois marches. **3.** Fig. Moyen de progresser, de réaliser ses ambitions, de s'élever socialement : *Ce stage lui a servi de marchepied pour obtenir un poste.* **4.** Antilles. Paillasson.

MARCHER v.i. [3] (du francique). **1.** Se déplacer en mettant un pied devant l'autre : *Leur fils a su marcher à un an.* **2.** Mettre le pied sur, dans qqch, lors de son déplacement : *Marcher sur la pelouse.* **3.** En parlant d'un véhicule, d'un mobile, se déplacer : *Ce train marche à plus de 300 km à l'heure.* **4.** Être en état de marche, en parlant d'un appareil, d'un organe, etc. ; fonctionner : *Le graveur de CD marche mal. L'un de ses reins ne marche plus.* **5.** Être en activité, en parlant d'organismes, de services, etc. : *Demain les centres des impôts ne marcheront pas.* **6.** Se dérouler correctement ; suivre son cours : *Les affaires marchent mal.* **7.** Fam. Donner son accord à une proposition : *Je ne marche pas* ; consentir à participer à qqch avec qqn : *Elle ne marchera pas dans cette combine.* **8.** Fam. Faire preuve de crédulité : *L'histoire est insensée, pourtant, ils ont tous marché !* ▪ **Ça marche** [fam.], c'est d'accord. ▪ **Faire marcher qqn** [fam.], abuser de sa crédulité ou de sa gentillesse. ▪ **Marcher droit,** avoir une conduite irréprochable. ▪ **Marcher sur les traces** ou **les pas de qqn,** suivre son exemple ; l'imiter.

MARCHETTE n.f. Québec. Déambulateur.

MARCHEUR, EUSE n. **1.** Personne qui marche, qui aime marcher. **2.** Personne qui pratique la marche sportive.

MARCHEUSE n.f. Figurante muette dans un opéra, au music-hall, etc.

MARCONI adj. inv. (de G. *Marconi*, n.pr., à cause du haubanage évoquant une antenne de TSF). MAR. Se dit d'un type de gréement très utilisé en yachting, caractérisé par un mât à pible et une grand-voile triangulaire hissée avec une seule drisse.

MARCOPHILIE n.f. Collection des marques, flammes et oblitérations apposées sur les objets postaux.

MARCOTTAGE n.m. HORTIC. Procédé de multiplication végétative des plantes, par lequel une tige aérienne est mise en contact avec le sol et s'y enracine avant d'être isolée de la plante mère.

MARCOTTE n.f. (moy. fr. *marcot*). HORTIC. Branche tenant à la plante mère, couchée en terre pour y prendre racine et fournir un nouveau sujet.

MARCOTTER v.t. [3]. Pratiquer le marcottage de.

MARDI n.m. (du lat. *Martis dies*, jour de Mars). Deuxième jour de la semaine. ▪ **Mardi gras,** dernier jour avant le début du carême.

MARE n.f. (de l'anc. scand. *marr*, lac). **1.** Petite étendue d'eau dormante. **2.** Grande quantité de liquide répandu : *La voiture a laissé une mare d'huile.*

MARÉCAGE n.m. (de *maresc*, forme anc. de *marais*). **1.** Étendue de terrain couverte de marais. **2.** Litt. Situation où l'on risque les compromissions, l'abaissement moral : *Le marécage des délits d'initiés.*

MARÉCAGEUX, EUSE adj. Relatif aux marécages. ▪ **Terrain marécageux,** situation difficile où l'on ne sait pas à qui ni à quoi se fier.

MARÉCHAL n.m. (pl. *maréchaux*) [du francique **marhskalk*, domestique chargé des chevaux]. **1.** Dans de nombreux pays, dignité ou grade d'un officier général. **2.** Maréchal-ferrant. ▪ **Maréchal de camp** [hist.], officier général des armées de l'Ancien Régime et de la Restauration. ▪ **Maréchal de France,** officier général titulaire d'une dignité d'État, conférée à certains commandants en chef victorieux devant l'ennemi. ➲ Son insigne est un bâton de commandement. ▪ **Maréchal des logis, maréchal des logis-chef,** sous-officier des armes anciennement montées (gendarmerie, cavalerie, artillerie et train), d'un grade correspondant à ceux de sergent et de sergent-chef dans les autres armes de l'armée de terre.

MARÉCHALAT n.m. Dignité de maréchal.

MARÉCHALE n.f. Femme d'un maréchal.

MARÉCHALERIE n.f. Atelier, métier du maréchal-ferrant.

MARÉCHAL-FERRANT n.m. (pl. *maréchaux-ferrants*). Artisan qui ferre les chevaux (SYN. **maréchal**).

MARÉCHAUSSÉE n.f. Dans la France d'Ancien Régime, corps de troupes à cheval chargé d'assurer la sécurité publique et qui, réorganisé en 1791, a pris le nom de *gendarmerie nationale*. ▪ **La maréchaussée** [fam., par plais.], la gendarmerie ; les gendarmes.

MARÉE n.f. (de *mer*). **1.** Mouvement oscillatoire du niveau de la mer, dû à l'attraction de la Lune et du Soleil sur la masse d'eau des océans. **2.** Foule considérable en mouvement : *Une marée de supporteurs a envahi le stade* ; grand nombre de choses qui déferlent en un lieu : *Une marée de livres sur l'attentat a envahi les librairies.* **3.** Phénomène de masse évoquant le flux par son caractère inéluctable : *La marée montante de la violence scolaire.* **4.** Ensemble des produits frais de la mer destinés à la consommation (poissons, crustacés, coquillages) : *Ici, la marée arrive chaque jour.* **5.** Période d'absence d'un bateau parti en pêche. **6.** ASTRON. Déformation d'un astre sous l'action gravitationnelle d'un ou de plusieurs autres. ▪ **Coefficient de marée,** nombre compris entre 20 et 120, caractéristique de chaque marée et indicatif du niveau de celle-ci. ▪ **Échelle de marée,** planche verticale placée à poste fixe et portant des graduations sur lesquelles on lit la hauteur d'eau. ▪ **Marée basse,** fin du jusant. ▪ **Marée descendante,** reflux ; jusant. ▪ **Marée haute,** maximum du flot. ▪ **Marée montante,** flot ; flux. ▪ **Marée noire,** arrivée sur un rivage de nappes de pétrole provenant d'un navire qui a été accidenté ou qui a purgé ses réservoirs, ou de l'éruption accidentelle d'une tête de puits sous-marine. ▪ **Marée rouge,** coloration en rouge des eaux marines littorales due à une prolifération d'algues rouges unicellulaires. ➲ La forte toxicité de ces algues provoque la mort de nombreux poissons. ▪ **Marée verte,** dépôt, par la mer, d'une importante couche d'algues vertes sur le rivage (dans les baies, les anses et les estuaires, princip.). ➲ Cette prolifération d'algues vertes est due à la pollution de l'eau des rivières par les nitrates. La décomposition de ces algues dégage un gaz toxique.

➲ Les allures et amplitudes des **MARÉES** sont liées non seulement à la position relative de la Terre, du Soleil et de la Lune, qui se modifie chaque jour, mais également aux irrégularités du contour et de la profondeur des bassins océaniques. D'une façon générale, le phénomène présente, selon les endroits, un caractère *diurne* (une haute et une basse mer toutes les 24 h 50 min), *semi-diurne* (deux hautes mers et deux basses mers en 24 h 50 min) ou *mixte* (inégalités dans la durée des hautes et des basses mers). Dans les mers fermées, les amplitudes sont le plus souvent nulles ou presque nulles. Au contraire, sur les rivages précédés d'une vaste plateforme continentale, elles sont très élevées : jusqu'à 16,20 m dans la baie de Fundy (Canada) ; env. 13 m dans la baie du Mont-Saint-Michel.

MARÉGRAPHE n.m. Appareil enregistrant les variations du niveau de la mer.

MARELLE n.f. (de l'anc. fr. *merel*, jeton). Jeu d'enfant qui consiste à pousser à cloche-pied un palet dans des cases tracées sur le sol.

MARÉMOTEUR, TRICE adj. Relatif à la force motrice des marées ; qui l'utilise : *Usine marémotrice.*

1. MARENGO [marɛ̃go] n.m. (de *Marengo*, n.pr.). Drap dont le fond noir est parsemé de petits effets blancs à peine apparents.

2. MARENGO adj. inv. ▪ **Poulet, veau (à la) marengo,** poulet ou veau détaillé en morceaux et cuit dans une sauce à base de vin blanc avec des tomates et des champignons.

MARENNES n.f. Huître creuse élevée dans la région de Marennes.

MAREYAGE n.m. Travail, commerce du mareyeur.

MAREYEUR, EUSE n. (de *marée*). Commerçant en gros vendant aux poissonniers et aux écaillers les produits frais de la mer.

MARGARINE n.f. (du gr. *margaron*, perle, par anal. de couleur). Matière grasse alimentaire, de consistance molle, faite avec de l'eau et diverses huiles et graisses génér. végétales.

MARGARITA n.m. Cocktail à base de tequila, de liqueur d'orange et de jus de citron.

MARGAUDER v.i. [3] → **MARGOTER.**

MARGAUX n.m. Vin de Médoc rouge très réputé, produit sur la commune de Margaux (Gironde).

MARGAY [margɛ] n.m. (tupi-guarani *maracay*). Chat sauvage du Mexique et de l'Amérique du Sud, aussi appelé *chat-tigre*, au pelage tacheté comme celui de l'ocelot. ➲ Famille des félidés.

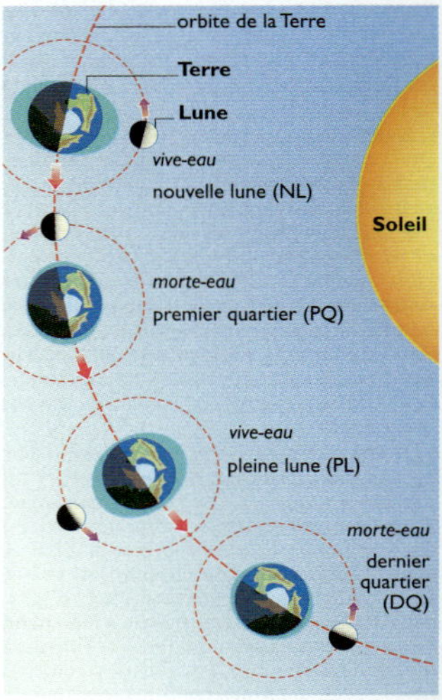

▲ **marée.** Le phénomène des marées.

MARGE n.f. (du lat. *margo, -ginis*, bordure). **1.** Espace blanc laissé autour d'une page imprimée ou écrite : *Corrections portées dans la marge d'une copie* ou *en marge*. **2.** Fig. Intervalle de temps ou liberté d'action dont on dispose, pour la réalisation de qqch : *Accordez-nous un peu de marge pour finir.* **3.** Fig. Écart possible admis dans une évaluation ; tolérance : *Prévoir une marge d'erreur.* **4.** BANQUE. Différence entre le montant d'un crédit accordé et la valeur des biens remis en gage pour obtenir le remboursement de ce crédit. ▪ **À la marge,** de façon accessoire, secondaire, superficielle : *Un projet de réforme revu à la marge* ; à la périphérie d'un système, d'une tendance, d'un groupe : *Un homme d'affaires, un acteur à la marge.* ▪ **À la marge** ou **en marge de,** plus ou moins à l'écart de : *Il vend ses créations en marge des circuits commerciaux.* ▪ **Avoir de la marge,** un délai, une liberté suffisants pour agir. ▪ **Marge arrière** [écon.], pratique commerciale consistant à faire rémunérer par un fournisseur les services ou prestations que lui impose un distributeur. ▪ **Marge bénéficiaire,** différence entre le prix de vente et le prix de revient d'un bien, génér. exprimée en pourcentage du prix de vente. ▪ **Marge brute d'autofinancement,** cash-flow. ▪ **Marge continentale** [géophys.], ensemble formé par la plateforme continentale et la pente continentale qui la limite. ➲ On distingue les *marges actives*, qui sont le site de phénomènes géodynamiques importants (volcanisme, séismes), des *marges passives* ou *stables*, qui sont des zones calmes.

MARGELLE n.f. (lat. pop. **margella*). Pierre ou assise de pierres qui forme le rebord d'un puits, d'une fontaine, etc.

MARGER v.t. [10]. IMPRIM. Placer la feuille à imprimer sur la machine en position correcte par rapport à la forme d'impression.

MARGEUR, EUSE n. IMPRIM. Ouvrier qui marge.

1. MARGINAL, E, AUX adj. **1.** Qui est écrit dans la marge : *Notes marginales.* **2.** Qui a une valeur, une importance secondaire : *Phénomènes marginaux. Jouer un rôle marginal.* **3.** BOT. Se dit de ce qui est situé sur les bords d'un organe : *Nervure marginale.*

2. MARGINAL, E, AUX adj. et n. Qui vit en marge de la société, faute de pouvoir s'y intégrer ou par refus de se soumettre à ses normes.

MARGINALEMENT adv. De façon marginale.

MARGINALISATION n.f. Fait de devenir marginal, d'être marginalisé.

MARGINALISER v.t. [3]. **1.** Placer en marge ; situer en dehors de ce qui est essentiel, central : *Marginaliser un parti.* **2.** Mettre qqn, un groupe à l'écart de la société ; le conduire à être désocialisé : *Crise qui marginalise les classes populaires.*

MARGINALISME n.m. Courant économique de la fin du XIXe s., selon lequel la valeur d'échange d'un bien donné est déterminée par l'utilité de sa dernière unité disponible, appelée *unité marginale*.

MARGINALITÉ n.f. Caractère, état d'une personne marginalisée, d'une chose marginale, secondaire.

MARGINER v.t. [3]. Didact. Annoter un texte, un livre dans la marge.

MARGOTER, MARGOTTER ou **MARGAUDER** v.i. [3] (de *margot*, n. dial. de divers oiseaux). Pousser son cri, en parlant de la caille.

MARGOUILLAT n.m. (de l'anc. fr. *margouiller*, souiller). **1.** Agame des savanes africaines au sud du Sahara, diurne et insectivore. ➲ Famille des agamidés. **2.** Polynésie. Gecko.

MARGOUILLIS n.m. (de l'anc. fr. *margouiller*, souiller, de *marga*, marne). Fam., vx. Boue mêlée d'ordures.

MARGOULETTE n.f. (de l'anc. fr. *goule*, gueule). Fam., vieilli. Mâchoire ; figure. ▪ **Se casser la margoulette** [fam.], tomber.

MARGOULIN n.m. (mot dial.). Fam. Commerçant, homme d'affaires peu scrupuleux.

MARGOUSIER n.m. BOT. Melia.

MARGRAVE n.m. (de l'all. *Markgraf*, comte d'une marche). Titre donné aux chefs militaires des marches, dans l'Empire carolingien, puis à certains princes du Saint Empire.

MARGRAVIAT n.m. **1.** État, dignité de margrave. **2.** Seigneurie, juridiction d'un margrave.

MARGUERITE n.f. (lat. *margarita*, du gr. *margaritês*, perle). **1.** Plante herbacée dont les inflorescences forment de grands capitules de fleurs jaunes au centre, blanches et ligulées à la périphérie. ➲ Nom commun à plusieurs espèces de la famille des composées. **2.** Vieilli. Roue portant à sa périphérie les caractères d'impression, sur certaines machines à écrire. ▪ **Marguerite du Transvaal,** gerbera.

MARGUILLIER [margije], ▲ *MARGUILLER* n.m. (du lat. *matricularis*, qui tient un registre). HIST. Membre du conseil de fabrique d'une paroisse.

MARI n.m. (lat. *maritus*). Homme uni à une femme par le mariage ; époux.

MARIABLE adj. Qui est en âge ou en état d'être marié.

MARIACHI [marjatʃi] n.m. (mot hispano-amér.). Au Mexique, musicien ambulant qui joue en groupe.

MARIAGE n.m. **1.** Acte solennel par lequel deux personnes, de sexe différent ou de même sexe, établissent entre elles une union dont les conditions, les effets et la dissolution sont régis par les dispositions juridiques en vigueur dans leur pays (en France, par le Code civil), par les lois religieuses ou par la coutume ; union ainsi établie. **2.** Cérémonie organisée à l'occasion de la célébration de cette union. **3.** Situation de deux personnes mariées. **4.** Un des sept sacrements de l'Église catholique. **5.** Combinaison, réunion de plusieurs choses, organismes, etc. ; association : *Un mariage d'épices.* ▪ **Mariage homosexuel,** union de deux personnes de même sexe.

MARIAL, E, ALS ou **AUX** adj. Relatif à la Vierge Marie.

MARIANISTE n.m. Membre de la Société de Marie, institut clérical spécialement voué à l'éducation.

MARIÉ, E n. Personne sur le point de se marier ou qui vient de se marier : *Les mariés vont partir en voyage de noces.* ▪ **Se plaindre que la mariée est trop belle,** se plaindre de qqch dont on devrait se louer.

MARIE-JEANNE n.f. inv. Fam. Haschisch ; marijuana.

La marine marchande

Les flottes de commerce comportent désormais, pour le transport du fret, une large panoplie de navires spécialisés : porte-conteneurs, pétroliers, minéraliers, chimiquiers, méthaniers, etc. Le transport des passagers s'effectue à l'aide de paquebots (croisières) ou de transbordeurs. La mise en service de navires plus rapides au fonctionnement largement automatisé permet de réduire les coûts d'exploitation.

▲ **Le paquebot *Oasis of the Seas*.** Inauguré fin 2009, l'un des plus grands paquebots du monde (360 m de long, 65 m au-dessus de la ligne de flottaison, 16 ponts) peut embarquer plus de 6 000 passagers et 2 000 membres d'équipage. Véritable palace flottant, il comporte sept promenades, des piscines et un parc à ciel ouvert.

Navire porte-conteneurs. ▶ La mise en conteneurs d'une partie du fret maritime permet d'automatiser les opérations de chargement et de déchargement. Les navires passent ainsi moins de temps dans les ports et peuvent effectuer des rotations accélérées.

▲ **Pétrolier et remorqueurs.** Quelque 7 000 pétroliers sillonnent les mers du globe, les plus gros chargés d'environ 300 000 t de brut. Pour prévenir les risques de pollution accidentelle, les modèles les plus récents sont munis d'une double coque, plus résistante en cas d'échouement ou d'abordage.

MARIE-LOUISE n.f. (pl. *maries-louises*). Passe-partout biseauté ou à gorge, placé au bord intérieur d'un cadre.

MARIER v.t. [5] (lat. *maritare*). **1.** Unir par le lien conjugal. **2.** Donner en mariage : *Marier sa fille.* **3.** Région. (Nord) ; Belgique, Québec. Épouser : *Marier une amie d'enfance.* **4.** Associer des choses qui peuvent se combiner : *Marier des saveurs, des couleurs.* ◆ **SE MARIER v.pr. 1.** Contracter mariage. **2.** Être en accord, en harmonie avec qqch.

MARIE-SALOPE n.f. (pl. *maries-salopes*). **MAR.** Chaland à fond mobile destiné à recevoir les vases extraites par une drague puis à les évacuer en haute mer.

MARIEUR, EUSE n. Personne qui aime s'entremettre pour faciliter les mariages.

MARIGOT n.m. 1. Dans les pays tropicaux, bras mort d'un fleuve ou d'une rivière, ou mare d'eau stagnante ; tout petit cours d'eau. **2.** Fig. Secteur de la société considéré par certains comme un domaine réservé et qui est parfois le lieu d'affrontements féroces : *Le marigot de la politique.*

MARIJUANA ou **MARIHUANA** [marirwana] **n.f.** (mot hispano-amér.). Substance que forment les feuilles et les sommités fleuries des pieds femelles du chanvre indien *(Cannabis sativa)*, utilisée comme drogue.

MARIMBA [-rim-] **n.m.** (mot port., d'une langue africaine). Xylophone, probablement d'origine africaine, dont chaque lame est prolongée par un résonateur en forme de tube.

1. MARIN, E adj. (lat. *marinus*, de *mare*, mer). **1.** Relatif à la mer : *Courants marins* ; qui y vit : *Faune marine* ; qui en provient : *Sel marin.* **2.** Qui sert à la navigation sur mer ou qui en relève : *Carte marine. Un nœud marin.* **3.** Qui tient bien la mer : *Canot marin.* ■ **Avoir le pied marin,** savoir se déplacer à bord d'un bateau malgré le roulis, le tangage ; ne pas être sujet au mal de mer.

2. MARIN n.m. 1. Personne dont la profession est de naviguer sur mer. **2.** Homme habile dans l'art de la navigation sur mer : *Les Hollandais, peuple de marins.*

3. MARIN n.m. Vent du sud-est, très pluvieux, qui souffle sur le Languedoc, la Montagne Noire et les Cévennes.

MARINA n.f. (mot ital. « plage »). Ensemble immobilier construit en bord de mer, et comprenant à la fois des habitations et des installations portuaires pour les bateaux de plaisance.

MARINADE n.f. Mélange liquide aromatique composé de vin, de vinaigre, de sel, d'épices, etc., dans lequel on fait macérer viandes et poissons avant de les cuire ; viande, poisson marinés. ◆ **n.f. pl.** Québec. Cornichons, petits oignons, betteraves marinés, employés comme condiments.

MARINAGE n.m. CUIS. Action de faire mariner ; fait de mariner.

1. MARINE n.f. 1. Ensemble de ce qui relève de l'art de la navigation sur mer. **2.** Ensemble des gens de mer, des navires et des activités qui s'y rapportent. **3.** Ensemble des navires et des activités de navigation relevant d'une même catégorie : *Marine marchande, de plaisance. (V. encadré page précédente.)* **4.** Puissance navale, marine militaire d'un État : *S'engager dans la marine.* **5. BX-ARTS.** Tableau représentant une vue de mer, de port, etc. ■ **Artillerie, infanterie, troupes de marine,** formations de l'armée de terre chargées de la sécurité des territoires français situés outre-mer et constituant une part importante des forces terrestres de projection. ■ **Marine de guerre** ou **marine militaire,** ensemble des forces navales et aéronavales d'un État, destinées à la guerre sur mer. ◆ **adj. inv. et n.m.** ■ **Bleu marine,** ou **marine,** bleu foncé : *Pulls marine* ou *bleu marine. Le marine te va bien.*

2. MARINE n.m. (mot angl.). Soldat d'un corps spécialisé américain.

MARINER v.t. [3]. 1. CUIS. Mettre un aliment dans une marinade. **2. MIN.** Enlever les produits d'abattage après un tir de mine. ◆ **v.i. 1.** Tremper dans une marinade, en parlant d'un aliment. **2.** Fam. Attendre longtemps, génér. dans une situation peu agréable : *J'ai dû mariner une heure dehors.*

MARINGOUIN n.m. (tupi-guarani *mbarigui*). Louisiane, Québec. Petit insecte diptère piqueur, au corps grêle et allongé, aux longues pattes fines. ➲ Genres *Aedes, Anopheles, Culex*, etc. ; famille des culicidés.

1. MARINIER, ÈRE adj. Qui appartient à la marine. ■ **Arche marinière,** arche d'un pont, plus large que les autres, sous laquelle s'effectue la navigation. ■ **Officier marinier,** sous-officier de la Marine nationale appartenant au cadre de maistrance.

2. MARINIER, ÈRE n. Batelier.

MARINIÈRE n.f. Blouse très ample, qui se passe par la tête. ■ **Moules (à la) marinière,** cuites dans leur jus additionné de vin blanc, d'oignons hachés, et aromatisé aux fines herbes.

MARIN-POMPIER n.m. (pl. *marins-pompiers*). À Marseille, membre de la Marine nationale affecté à un corps de pompiers.

MARIOL, MARIOLE ou **MARIOLLE adj.** et **n.** (de l'ital. *mariuolo*, filou). Fam. Malin ; roublard. ■ **Faire le mariole,** faire l'intéressant.

MARIOLOGIE n.f. Partie de la théologie catholique concernant la Vierge Marie.

MARIONNETTE n.f. (de *Marion*, n.pr.). **1.** Petite figure de bois, de carton ou de tissu qu'une personne cachée ou visible fait mouvoir avec la main ou grâce à des fils. **2.** Fig. Personne sans caractère, que l'on manœuvre à sa guise ; pantin.

▲ **marionnette.** Marionnette à tiges et à fils actionnée par Bruce D. Schwartz dans *la Chrysalide.* (Théâtre de l'Est parisien, février 1982.)

MARIONNETTISTE n. Montreur, manipulateur de marionnettes.

MARISQUE n.f. (du lat. *marisca*, espèce de figue). **MÉD.** Tuméfaction sur le pourtour de l'anus, reliquat d'une hémorroïde résorbée.

MARISTE n.m. Membre de congrégations catholiques vouées à la Vierge. ➲ Les deux plus importantes sont : les pères maristes et les frères maristes.

MARITAL, E, AUX adj. (lat. *maritalis*). **DR.** Qui relève du mari.

MARITALEMENT adv. Comme des époux mais sans être mariés ; en concubinage : *Vivre maritalement.*

MARITIME adj. (lat. *maritimus*, de *mare*, mer). **1.** Situé au bord de la mer. **2.** Relatif à la mer ou à la navigation sur mer : *Commerce maritime.*

MARITORNE n.f. (du n. de *Maritorne*, fille d'auberge laide, dans *Don Quichotte*). Litt. Fille laide, malpropre et acariâtre.

MARIVAUDAGE n.m. (de *marivauder*). **1. LITTÉR.** Langage raffiné et précieux utilisé dans l'expression de la passion amoureuse et dont le modèle est le théâtre de Marivaux. **2.** Litt. Badinage spirituel et superficiel ; échange de propos galants et raffinés.

MARIVAUDER v.i. [3] (de *Marivaux*, n.pr.). Litt. Se livrer au marivaudage, au badinage galant.

MARJOLAINE n.f. (du moy. fr. *mariolaine*). Plante aromatique d'Europe et d'Asie, voisine du thym, dont les feuilles sont utilisées comme condiment (SYN. **origan**). ➲ Famille des labiées.

MARK n.m. (mot all.). Dénomination usuelle du Deutsche Mark, ancienne unité monétaire principale de l'Allemagne (symb. DM). ➲ Devenu, dès le 1er janvier 1999, une subdivision de l'euro, le Deutsche Mark a cessé d'exister, au profit de la monnaie unique européenne, en 2002. ■ **Mark convertible,** unité monétaire principale de la Bosnie-Herzégovine. ■ **Mark finlandais,** ou **markka,** ancienne unité monétaire principale de la Finlande. ➲ Devenu, dès le 1er janvier 1999, une subdivision de l'euro, le mark finlandais a cessé d'exister, au profit de la monnaie unique européenne, en 2002.

MARKETER [markete] **[16],** ▲ *[12],* ▲ ***MARKÉTER*** *[11],* ▲ *[11*]* **v.t.** Utiliser les méthodes du marketing pour positionner un produit, une entreprise dans leur environnement concurrentiel.

MARKETEUR, EUSE [marketœr, øz], ▲ ***MARKÉTEUR, EUSE*** **n.** Professionnel du marketing.

MARKETING, ▲ ***MARKÉTING*** [marketiŋ] **n.m.** (mot angl., de *market*, marché). Ensemble des actions coordonnées (étude de marché, publicité, promotion sur le lieu de vente, stimulation du personnel de vente, recherche de nouveaux produits, etc.) qui concourent au développement des ventes d'un produit ou d'un service. Recomm. off. **mercatique.** ■ **Marketing direct,** méthode de vente permettant de prospecter à distance une clientèle ciblée (téléphone, coupons-réponse, messages multimédias, etc.). ■ **Marketing mix** [anglic. déconseillé], marchéage. ■ **Marketing téléphonique,** télémarketing. ■ **Marketing viral,** méthode de vente qui consiste à cibler un noyau de consommateurs pour qu'ils deviennent les vecteurs de la promotion d'un produit auprès d'autres consommateurs et ainsi de suite.

MARLI n.m. (de *Marly*, v. des Yvelines). Limite séparant l'aile du fond d'une assiette ou d'un plat.

MARLIN n.m. Grand poisson téléostéen des mers chaudes, voisin de l'espadon (SYN. **makaire**). ➲ Long. 2,50 m ; famille des istiophoridés.

MARLOU n.m. (mot dial.). Arg. Souteneur ; voyou.

MARMAILLE n.f. (de *marmot*). Fam. Troupe désordonnée d'enfants bruyants. ◆ **n.m.** La Réunion. Enfant.

MARMELADE n.f. (port. *marmelada*, de *marmelo*, coing). Compote de fruits coupés en morceaux et cuits avec du sucre jusqu'à ce qu'ils aient une consistance de purée. ■ **En marmelade** [fam.], réduit en bouillie ; en piteux état : *Avoir le nez en marmelade.*

MARMENTEAU adj.m. et **n.m.** (du lat. pop. *materiamentum*, bois de construction). **DR.** Se dit d'un arbre de haute tige servant à la décoration, et que les usufruitiers n'ont pas le droit de faire couper.

MARMITE n.f. (mot d'anc. fr. « hypocrite »). **1.** Récipient avec couvercle, muni d'anses et dans lequel on fait cuire des aliments ; son contenu. **2.** Arg. mil., vx. Obus de gros calibre, pendant la Première Guerre mondiale. ■ **Marmite de géants** [géomorph.], cavité que l'érosion fluviale creuse, par le frottement de graviers et de galets, dans une roche assez homogène pour s'user sans s'émietter. ■ **Marmite de Papin** ou **marmite à pression,** vase clos muni d'une soupape de sûreté et dans lequel on peut élever l'eau liquide à une température supérieure à celle de l'ébullition à l'air libre.

MARMITON n.m. Apprenti attaché au service de la cuisine, dans un restaurant.

MARMONNEMENT n.m. Action de marmonner ; bruit fait en marmonnant.

MARMONNER v.i. [3] (onomat.). Murmurer entre ses dents, parfois avec hostilité. ◆ **v.t.** Dire en murmurant entre ses dents : *Marmonner des menaces.*

MARMORÉEN, ENNE adj. (lat. *marmoreus*). **1.** Qui a la nature ou l'aspect du marbre. **2.** Litt. Froid, dur, blanc comme le marbre : *Visage marmoréen.*

MARMOT n.m. (de l'anc. fr. *marmote*, guenon). **1.** Fam. Petit enfant. **2.** Anc. Figurine grotesque ou de fantaisie qui, souvent, servait de heurtoir. ■ **Croquer le marmot** [vx], attendre longtemps et en vain.

MARMOTTE n.f. 1. Mammifère rongeur dont une espèce vit dans les Alpes entre 1 500 et 3 000 m d'altitude, et hiberne plusieurs mois dans un terrier. ➲ Famille des sciuridés. **2.** Vieilli. Boîte à échantillons des voyageurs de commerce. ■ **Dormir comme une marmotte,** profondément et longuement.

La marine militaire

Les marines de guerre ne se distinguent réellement des marines marchandes qu'à l'époque des grandes rivalités maritimes, aux XVe-XVIe s. Au XIXe s., la mise en œuvre de nouvelles techniques (propulsion à vapeur, blindage en fer puis en acier, artillerie utilisant des canons rayés, obus explosifs, etc.) donne au navire de ligne (cuirassé) un rôle prépondérant. Depuis la Seconde Guerre mondiale, porte-avions et sous-marins à propulsion nucléaire tiennent un rôle primordial dans la stratégie de la guerre navale moderne.

▲ **Galion anglais (XVIe s.).** Le galion fut, à l'origine, utilisé par les Espagnols pour leur commerce avec l'Amérique latine. Plus fin et plus rapide que la nef, possédant en général deux ponts, ce navire reste, jusqu'à la fin du XVIIe s., le principal navire de guerre.

▲ **Vaisseau de ligne français (XVIIIe s.).** À partir du XVIIIe s., le navire de guerre par excellence est le navire de ligne, à la puissante artillerie, qui reste le maître des mers jusqu'au milieu du XIXe s., lorsque la vapeur détrône la voile.

▲ **Le cuirassé britannique *Dreadnought* (1906).** Au début du XXe s., muni d'une forte artillerie et protégé par un épais blindage, le cuirassé devient le navire principal des marines de guerre jusqu'à la Seconde Guerre mondiale.

◄ **Le sous-marin français *le Terrible*.** Le sous-marin nucléaire lanceur d'engins est l'une des composantes de la stratégie de dissuasion. Doté d'une propulsion nucléaire, il peut rester plusieurs mois en plongée en étant silencieux grâce à son acoustique et est donc difficilement détectable. Il est porteur de missiles d'une portée d'environ 8 000 km.

▲ **Le porte-avions français *Charles-de-Gaulle*.** Un porte-avions à propulsion nucléaire assure la couverture aérienne d'un théâtre d'opérations et permet des actions contre des objectifs terrestres ou navals avec des avions porteurs de missiles de croisière ou de missiles à tête nucléaire. Il est accompagné de frégates et de sous-marins nucléaires d'attaque.

◄ **La frégate *La Fayette*.** L'évolution accélérée des progrès techniques modifie de façon constante la constitution des flottes modernes. En France, les frégates de type *La Fayette*, destinées à contrôler les espaces outre-mer et à participer au règlement de crises limitées hors d'Europe, présentent dans leur conception un certain nombre d'innovations techniques telles que l'utilisation de matériaux absorbant les ondes radar.

MARMOTTEMENT n.m. Action de marmotter ; murmure d'une personne qui marmotte.

MARMOTTER v.t. et v.i. [3] (onomat.). Murmurer confusément et entre ses dents.

MARMOUSET n.m. (de l'anc. fr. *marmote*, guenon). **1.** BX-ARTS. Figurine grotesque, souvent accroupie : *Marmouset sculpté sur une miséricorde.* **2.** Fam., vieilli. Petit garçon ; homme de petite taille. **3.** Chenet orné d'une petite tête. **4.** ZOOL. Ouistiti ou tamarin.

1. MARNAGE n.m. OCÉANOL. Différence entre la hauteur de la pleine mer et celle de la basse mer.

2. MARNAGE n.m. AGRIC. Opération consistant à marner une terre.

MARNE n.f. (mot gaul.). Roche sédimentaire argileuse contenant une forte proportion (de 35 à 65 %) de calcaire, et que l'on utilise pour amender les sols acides ou pour fabriquer le ciment.

MARNER v.t. [3]. AGRIC. Amender un sol pauvre en calcaire par incorporation de marne. ◆ **v.i.** Fam. Travailler dur.

MARNEUX, EUSE adj. Qui est de la nature de la marne ; qui en contient.

MARNIÈRE n.f. Carrière de marne.

MAROCAIN, E adj. et n. Du Maroc ; de ses habitants.

MAROILLES [marwal] n.m. (de *Maroilles*, n.pr.). Fromage AOC au lait de vache, à pâte molle et à croûte lavée, fabriqué en Thiérache.

MAROLLIEN n.m. (de *Marolles*, n. d'un anc. quartier de Bruxelles). Argot des faubourgs de Bruxelles, à base de français et de flamand.

MARONITE adj. et n. (du n. de saint *Maron*, anachorète du IVe s.). Se dit d'un fidèle de l'Église maronite. ◆ **adj.** ▪ **Église maronite,** Église catholique orientale. ➲ Constitués au VIIe s. en communauté autonome, les maronites proclamèrent leur communion avec l'Église de Rome au XIIe s. L'Église maronite joue un rôle important au Liban, où réside le patriarche.

MARONNER v.i. [3] (mot du Nord-Ouest « miauler »). Fam. Exprimer son mécontentement en marmonnant ; maugréer. ▪ **Faire maronner qqn,** le faire enrager.

MAROQUIN n.m. (de *Maroc*). **1.** Peau de chèvre tannée au moyen de tanins végétaux, utilisée princip. pour la reliure et la maroquinerie. **2.** Fam., vieilli. Portefeuille ministériel.

MAROQUINAGE n.m. Action de maroquiner.

MAROQUINER v.t. [3]. Tanner et corroyer une peau à la façon du maroquin.

MAROQUINERIE n.f. **1.** Fabrication du maroquin. **2.** Fabrication, commerce de petits objets en cuir ; ces objets eux-mêmes.

MAROQUINIER, ÈRE n. Personne qui travaille dans la maroquinerie.

MAROTTE n.f. (dimin. de *Marie*). **1.** Sceptre surmonté d'une tête grotesque coiffée d'un capuchon garni de grelots, attributs de la Folie. **2.** Tête factice dont se servent les modistes, les coiffeurs. **3.** Fam. Idée fixe ; manie.

MAROUETTE n.f. (du provenç. *maroueto*, marionnette). Petit râle crépusculaire des régions marécageuses d'Eurasie occidentale, nichant parfois en France. ➲ Famille des rallidés.

MAROUFLAGE n.m. Action de maroufler.

MAROUFLER v.t. [3] (de *maroufle*, colle forte). Coller une toile peinte sur un mur, un panneau de bois, une toile plus forte. ➲ On maroufle également du papier sur de la toile.

MARQUAGE n.m. Action de marquer, d'apposer ou de faire une marque sur qqch. ▪ **Marquage radioactif,** introduction de radioéléments dans une molécule, une substance, un organisme vivant, permettant de les suivre dans leurs déplacements.

MARQUANT, E adj. **1.** Qui fait impression ; qui laisse une trace : *Un événement, un rôle marquant.* **2.** Qui est remarquable par sa situation, son mérite : *Les femmes marquantes du monde scientifique.*

MARQUE n.f. **1.** Trace de contact, empreinte laissée par un corps sur un autre : *Avoir la marque de ses lunettes sur le nez.* **2.** Trace laissée sur le corps par un coup, un choc, etc. : *Des marques de coups dans le dos.* **3.** Signe, objet qui sert à repérer, à reconnaître qqch ; coche : *Mettez une marque devant les articles que vous commandez.* **4.** Insigne, attribut d'une fonction, d'un grade, etc. : *L'antilope est la marque du capitaine de l'équipe.* **5.** Caractère propre ; manière : *Pièce qui porte la marque de ce grand dramaturge* ; trait distinctif ; signe : *Pour beaucoup de noms communs, l'« s » est la marque du pluriel.* **6.** Signe, indice qui atteste qqch ; témoignage : *Donner à qqn des marques de confiance.* **7.** Anc. Flétrissure au fer rouge. **8.** Ensemble des produits fabriqués, vendus sous un label : *N'acheter que des marques* ; entreprise qui est propriétaire de ce label : *Une grande marque de parfum.* **9.** SPORTS. Nombre de points acquis par chaque équipe ou par chaque adversaire au cours d'une compétition (SYN. **score**). **10.** Jeton, fiche dont on se sert à certains jeux. **11.** Pavillon ou guidon hissé au mât du bâtiment de guerre à bord duquel est embarqué l'officier général ou supérieur commandant le groupe et, le cas échéant, le ministre de tutelle de la Marine ou le chef de l'État. **12.** LING. Trait pertinent dont la présence ou l'absence permet d'opposer deux formes ou deux éléments linguistiques dont les autres traits sont identiques (par ex. le trait de voisement qui oppose le phonème [b], dit *marqué*, au phonème [p], dit *non marqué*). ▪ **De marque,** se dit d'un produit qui sort d'une maison dont la marque est connue ; de qualité. ▪ **Marque (de fabrique, de commerce, de service),** tout signe servant à distinguer des biens ou des services faisant l'objet d'une propriété commerciale. ▪ **Marque de fabrique** [fig.], trait de caractère ou comportement propre à un individu ou à un groupe : *L'humour noir, c'est sa marque de fabrique.* ▪ **Marque déposée** → **DÉPOSÉ.** ▪ **Personnalité, hôte de marque,** importants ; de haut rang. ▪ **Taux de marque** [écon.], rapport entre la marge bénéficiaire et le prix de vente. ◆ **n.f. pl. 1.** Repères placés par un athlète pour régler son élan et réussir son appel : *Prendre ses marques.* **2.** Fig. Ensemble de repères délimitant une zone d'influence : *La nouvelle ministre cherche ses marques.* ▪ **À vos marques !,** en athlétisme, ordre donné par le starter pour amener les athlètes sur la ligne de départ.

MARQUÉ, E adj. **1.** Qui apparaît avec netteté : *Avoir une préférence marquée pour la mer.* **2.** Se dit de qqn qui est engagé dans qqch, ou compromis par ses agissements antérieurs : *Elle est marquée à gauche. Il est trop marqué pour ce poste.* ▪ **Visage marqué,** qui porte des traces de fatigue.

MARQUE-PAGE n.m. (pl. *marque-pages*). Papier, carton, marque quelconque qui servent à retrouver une page dans un livre.

MARQUER v.t. [3] (de l'anc. fr. *merchier*, faire une marque). **1.** Faire ou laisser une marque visible, une trace : *Les ans ont marqué son visage.* **2.** Laisser une marque, une trace dans le caractère ou la personnalité de qqn ; affecter : *Ce drame l'a terriblement marqué.* **3.** Distinguer par un repère, un signe ; cocher : *Le bûcheron marque chaque arbre malade.* **4.** Indiquer par écrit ; noter : *Marquer les coordonnées de qqn dans son répertoire.* **5.** Fournir une indication, en parlant d'un instrument de mesure : *Le thermomètre marque 28 °C.* **6.** Rendre plus apparent, plus sensible ; souligner : *Marquer une pause avant la péroraison.* **7.** Faire ressortir, en partic. en parlant d'un vêtement : *Corsage qui marque la poitrine.* **8.** Faire connaître à autrui ; exprimer : *Marquer sa gratitude à qqn.* **9.** Être le signe de ; révéler : *Cette réaction marque son profond égoïsme.* **10.** PHYS. NUCL. Procéder au marquage radioactif : *Marquer une molécule.* **11.** Anc. Soumettre un condamné à la peine infamante de la flétrissure. **12.** SPORTS. Réussir un but, un essai, un panier. ▪ **Marquer le pas** [mil.], continuer à frapper le sol avec les pieds, selon la cadence du pas, sans avancer ; fig., ralentir, cesser de progresser, en parlant d'un processus. ▪ **Marquer un adversaire** [sports], rester dans sa proximité immédiate et le surveiller étroitement pour contrecarrer ses initiatives, dans un sport d'équipe. ◆ **v.i. 1.** Faire une marque ; laisser une trace : *Ce tampon ne marque plus.* **2.** Laisser une impression, un souvenir durables, en parlant d'événements : *Un attentat qui a marqué.* **3.** SPORTS. Réussir un but, un essai, un panier : *Aucune équipe n'a marqué.* ▪ **Marquer mal** [fam., vieilli], avoir mauvais genre ; faire mauvaise impression.

MARQUETER v.t. [16], ▲ [12] (de *marquer*). Revêtir, orner de marqueterie.

MARQUETERIE [markɛtri] ou [markətri], ▲ **MARQUÈTERIE** n.f. **1.** Assemblage décoratif de minces feuilles de bois d'essences et de couleurs variées ou de feuilles de métaux, de nacre, d'écaille, etc., employé en revêtement, notamm. sur un ouvrage d'ébénisterie. **2.** Litt. Ensemble formé d'éléments disparates ; mosaïque.

MARQUETEUR, EUSE, ▲ **MARQUÉTEUR, EUSE** n. Ouvrier qui pratique la marqueterie.

1. MARQUEUR, EUSE n. **1.** Personne qui marque les points dans un jeu, un sport. **2.** Joueur qui marque un but, un essai, un panier, etc., ou qui en marque fréquemment.

2. MARQUEUR n.m. **1.** Crayon-feutre formant un trait large. **2.** MÉD. Substance présente naturellement ou introduite dans un milieu (organisme, lame de microscope, etc.), que l'on détecte ou dont on suit le cheminement afin de faire un diagnostic, d'étudier un phénomène : *Marqueur tumoral* (SYN. **1. traceur, biomarqueur**). **3.** GÉNÉT. Segment de l'ADN permettant de localiser un gène voisin ; caractère dépendant d'un gène (groupe sanguin, par ex.) permettant de différencier des individus (SYN. **biomarqueur**). ▪ **Marqueur chronologique** [archéol.], tout artefact ou phénomène particulier propre à un faciès culturel, permettant de fournir un repère chronologique. ▪ **Marqueur social** [sociol.], caractéristique permettant de situer une personne du point de vue de son appartenance à un groupe social (milieu, niveau de revenus, diplôme, etc.).

MARQUIS n.m. (anc. fr. *marchis*). **1.** Titre de noblesse entre ceux de duc et de comte. **2.** HIST. Dans l'Empire carolingien, seigneur préposé à la garde d'une marche territoriale.

MARQUISAT n.m. **1.** Titre, dignité de marquis. **2.** Fief d'un marquis.

1. MARQUISE n.f. Femme d'un marquis.

2. MARQUISE n.f. **1.** Auvent vitré placé au-dessus d'une porte d'entrée, d'un perron, etc. **2.** Bague à chaton oblong, couvrant la première phalange. **3.** Bergère à deux places, sorte de demi-canapé (XVIIIe s.). **4.** Entremets glacé, intermédiaire entre la mousse et le parfait, servi avec une crème anglaise.

MARQUOIR n.m. Instrument de tailleur, de couturière pour marquer.

MARRAINE n.f. (du lat. *mater*, mère). **1.** CHRIST. Femme qui présente un enfant au baptême ou à la confirmation et qui se porte garante de sa fidélité à l'Église. **2.** Femme qui préside au baptême d'un navire, d'un ouvrage d'art, etc. **3.** Femme qui présente qqn dans un club, une société pour l'y faire entrer. ▪ **Marraine de guerre,** correspondante d'un soldat pendant une guerre.

MARRANE n. (esp. *marrano*). HIST. Juif d'Espagne ou du Portugal converti de force au catholicisme et qui continuait à pratiquer en secret sa religion.

MARRANT, E adj. Fam. Amusant ; comique.

MARRE adv. (de *se marrer*). Fam. ▪ **En avoir marre (de),** en avoir assez (de) ; être excédé (par). ▪ **(Il) y en a marre,** ça suffit.

SE MARRER v.pr. [3] (anc. fr. *se marrir*, s'ennuyer). Fam. Rire ; s'amuser. ◆ **v.i.** ▪ **Faire marrer qqn,** le faire rire.

MARRI, E adj. (de l'anc. fr. *se marrir*, s'affliger). Vx ou litt. Contrarié ; attristé.

1. MARRON n.m. (du rad. préroman *marr-, caillou). **1.** Fruit comestible de certaines variétés cultivées de châtaigniers. **2.** Couleur brun-rouge. **3.** Fam. Coup de poing. ▪ **Marron d'Inde,** graine du marronnier d'Inde, riche en amidon mais non comestible, dont certaines préparations sont utilisées contre les troubles circulatoires (varices, hémorroïdes). ▪ **Marron glacé,** marron confit dans du sucre et glacé au sirop. ▪ **Tirer les marrons du feu,** courir des risques pour le seul profit d'autrui. ◆ **adj. inv.** Brun-rouge.

2. MARRON, ONNE adj. (mot des Antilles, de l'esp. *cimarrón*). **1.** HIST. Se disait d'un esclave noir fugitif, dans l'Amérique coloniale. **2.** ETHNOL. Se dit d'une société (Aluku, Njuka, etc.) issue du regroupement de ces esclaves fugitifs, et d'un membre de cette société. **3.** Qui exerce une profession libérale dans des conditions illégales : *Avocat marron.* **4.** Antilles. Clandestin ; illégal. ◆ **n.m.** Animal domestique qui est redevenu sauvage.

3. MARRON adj. inv. Fam. ▪ **Être marron,** être trompé dans son attente ou dupé : *Ils sont marron avec leurs contraventions à amnistier.*

MARRONNAGE n.m. (de *2. marron*). Retour à la vie sauvage d'un animal domestique.

MARRONNASSE adj. Péjor. D'un marron sale.

MARRONNIER n.m. 1. Châtaignier d'une variété cultivée, qui produit le marron. **2.** Grand arbre à feuilles composées palmées, dont une espèce, dite *marronnier d'Inde* (bien qu'originaire des Balkans), à fleurs blanches ou rouges, orne souvent les voies et les jardins publics. ➲ Haut. 25 m ; famille des hippocastanacées. **3.** Article de presse sur un événement qui se reproduit à date fixe.

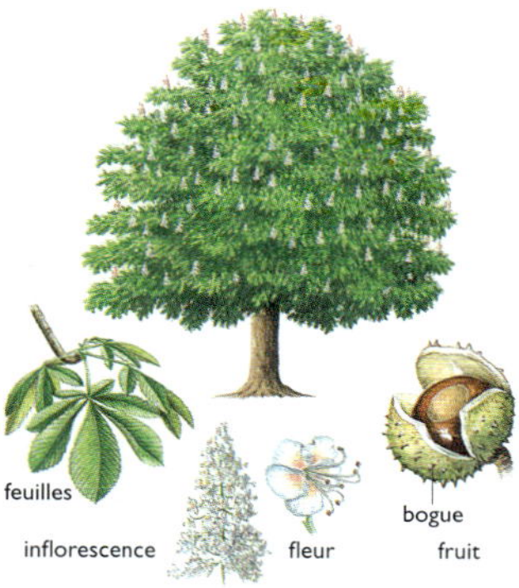

▲ **marronnier** d'Inde.

MARRUBE n.m. (lat. *marrubium*). Plante herbacée des terrains vagues et des prés secs, à odeur de thym. ➲ Famille des labiées. ▪ **Marrube noir,** ballote.

MARS [mars] **n.m.** (du lat. *martius*, de Mars). **1.** Troisième mois de l'année. **2.** Papillon diurne de l'Eurasie tempérée, brun tacheté de blanc, avec des reflets bleus ou violets changeants. ➲ Famille des nymphalidés.

MARSALA n.m. (de *Marsala*, n.pr.). Vin de liqueur produit en Sicile.

MARSAULT [marso] **n.m.** (du lat. *marem salicem*, saule mâle). Saule très répandu dans les bois humides de l'Europe et de l'Asie occidentale, et dont le bois sert à faire des perches à houblon. ➲ Famille des salicacées.

MARSEILLAIS, E adj. et **n.** De Marseille.

MARSHMALLOW [marʃmalo] **n.m.** (mot angl.). Guimauve molle enrobée de sucre glace et d'amidon.

MARSOUIN n.m. (de l'anc. scand. *marsvin*, cochon de mer). **1.** Cétacé voisin du dauphin, commun dans l'Atlantique, où il suit souvent les navires (SYN. **cochon de mer**). ➲ Famille des phocénidés. **2.** Arg. mil. Militaire de l'infanterie de marine.

MARSUPIAL, E, AUX adj. (du lat. *marsupium*, bourse). Se dit d'un organe propre aux marsupiaux : *Poche marsupiale. Os marsupial.* ◆ **n.m.** Mammifère primitif, à placentation courte suivie de la mise bas d'un embryon qui gagne le marsupium et y poursuit son développement, tel que le kangourou, la sarigue, le koala. ➲ Les marsupiaux constituent la sous-classe des métathériens et vivent surtout en Australie, en Tasmanie et en Nouvelle-Guinée, ainsi que sur le continent américain.

MARSUPIUM [-pjɔm] **n.m.** (mot lat.). Poche ventrale des marsupiaux, s'ouvrant vers l'avant (kangourou) ou vers l'arrière (koala), et qui contient les mamelles (SYN. **poche marsupiale**).

MARTAGON n.m. (esp. *martagón*). Lis des prairies et des bois de montagne, à fleurs rose maculé de pourpre. ➲ Famille des liliacées.

MARTE n.f. → **MARTRE.**

1. MARTEAU n.m. (lat. pop. **martellus*). **1.** Outil de percussion formé d'une tête en acier dur trempé et d'un manche. **2.** Battant métallique servant de heurtoir à une porte. **3.** Pièce d'horlogerie qui frappe les heures sur un timbre. **4.** Pièce garnie de feutre qui frappe la corde d'un piano. **5.** Sphère métallique munie d'un fil d'acier et d'une poignée, que lancent les athlètes (7,257 kg pour les hommes, 4 kg pour les femmes) ; lancer du marteau. **6.** SYLVIC. Instrument qui porte une empreinte en relief, servant à marquer les arbres à abattre. **7.** TECHN. Appareil constitué d'un outil (fleuret, burin) et d'un corps cylindrique dans lequel se meut un piston qui frappe l'outil sous l'effet d'un choc pneumatique, hydraulique ou électrique, et qui sert à briser ou à perforer des matériaux : *Marteau piqueur. Marteau perforateur.* **8.** ANAT. Premier osselet de l'oreille moyenne, dont le manche est solidaire du tympan et dont la tête s'articule avec l'enclume. **9.** ZOOL. Requin-marteau. ◆ **n.m. pl.** DANSE. Mouvements alternatifs de tension des jambes, exécutés par le danseur accroupi et au cours desquels seuls les talons frappent le sol, qui sont caractéristiques de la danse russe traditionnelle.

2. MARTEAU adj. Fam. Fou : *Elle est marteau, celle-ci !*

MARTEAU-PILON n.m. (pl. *marteaux-pilons*). Machine-outil de forge servant à déformer le métal par action d'une masse tombante.

MARTEAU-PIOLET n.m. (pl. *marteaux-piolets*). Instrument d'alpiniste analogue au piolet, mais à manche plus court et à panne formant masse, permettant de poser des pitons ou de tailler la glace.

MARTEL n.m. (lat. pop. **martellus*). ▪ **Se mettre martel en tête,** se faire du souci : *Ne vous mettez pas martel en tête, elle va téléphoner.*

MARTELAGE n.m. 1. TECHN. Action de marteler ; façonnage ou forgeage au marteau. **2.** SYLVIC. Marque faite avec le marteau aux arbres qui doivent être abattus ou réservés.

MARTÈLEMENT n.m. 1. Action de marteler ; bruit qui en résulte. **2.** Bruit cadencé rappelant celui des coups de marteau : *Le martèlement des sabots des chevaux.* **3.** Action de répéter systématiquement qqch : *Le martèlement publicitaire.*

MARTELER v.t. [12]. 1. Forger, façonner au moyen du marteau. **2.** Frapper fort et à coups redoublés : *Marteler une porte à coups de poings.* **3.** Prononcer distinctement en détachant les syllabes : *L'orateur martèle les mots de son slogan.* **4.** SYLVIC. Procéder à un martelage. ▪ **Marteler la cervelle** ou **la tête de qqn,** en parlant d'une idée, l'obséder.

MARTENSITE [-tɛ̃-] **n.f.** (du n. de l'ingénieur A. *Martens*). Composant de l'acier et de certains autres métaux ou alliages, résultant de la trempe, après transformation de l'austénite.

MARTENSITIQUE [-tɛ̃-] **adj.** Qui renferme de la martensite. ▪ **Structure martensitique,** structure du même type que celle des aciers contenant de la martensite, observée dans d'autres alliages.

1. MARTIAL, E, AUX adj. (lat. *martialis*, de *Mars, Martis*, dieu de la Guerre). **1.** Litt. Qui manifeste des dispositions belliqueuses : *Un discours martial.* **2.** Se dit d'une attitude décidée, résolue, qui cherche à en imposer : *S'avancer d'un air martial.* ▪ **Arts martiaux,** ensemble des sports de combat d'origine japonaise (ou plus génér. asiatique), tels que le judo, le karaté, l'aïkido, le kendo. ▪ **Cour martiale,** tribunal militaire d'exception (XVIIIe-XIXe s.). ▪ **Loi martiale,** loi d'exception confiant le maintien de l'ordre aux autorités militaires.

2. MARTIAL, E, AUX adj. MÉD. **1.** Qui contient du fer. **2.** Qui se rapporte au fer : *Anémie par carence martiale.*

MARTIEN, ENNE adj. Relatif à la planète Mars. ◆ **n.** Habitant imaginaire de Mars.

MARTIN-CHASSEUR n.m. (pl. *martins-chasseurs*). Oiseau au bec puissant des forêts tropicales de l'Ancien Monde, voisin du martin-pêcheur, qui chasse les insectes et les reptiles. ➲ Famille des alcédinidés.

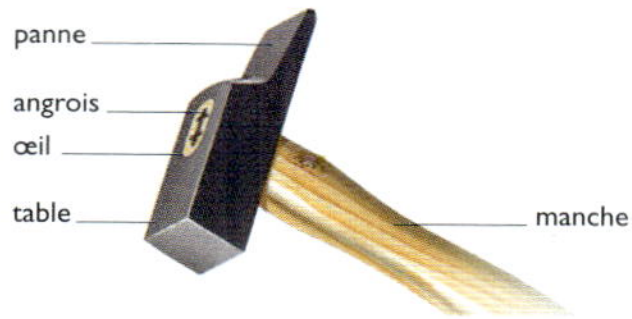

▲ **marteau**

1. MARTINET n.m. (de *Martin*, n.pr.). Oiseau ressemblant à l'hirondelle, mais à ailes plus étroites et à queue plus courte, qui ne vient à terre que pour nidifier. ➲ Présent en Europe de mai à août, il hiverne en Afrique ; ordre des micropodiformes.

2. MARTINET n.m. Fouet formé de plusieurs lanières de cuir fixées à un manche.

MARTINGALE n.f. (provenç. *martegalo*, de Martigues). **1.** Bande de tissu placée à la taille dans le dos d'un vêtement pour le resserrer. **2.** Courroie du harnais qui s'oppose à l'élévation exagérée de la tête du cheval. **3.** Système de jeu qui prétend, selon des principes fondés sur le calcul des probabilités, assurer un bénéfice certain dans les jeux de hasard.

MARTINI n.m. (nom déposé). Vermouth rouge ou blanc de la marque de ce nom.

MARTINIQUAIS, E adj. et **n.** De la Martinique ; de ses habitants.

MARTINISME n.m. Doctrine mystique de Claude de Saint-Martin, qui considère le Christ comme intermédiaire unique avec Dieu.

MARTIN-PÊCHEUR n.m. (pl. *martins-pêcheurs*). Oiseau d'Eurasie au plumage très coloré, vivant près des cours d'eau, qui plonge avec rapidité pour prendre de petits poissons. ➲ Famille des alcédinidés.

▲ **martin-pêcheur**

MARTRE ou **MARTE n.f.** (germ. **marthor*). Mammifère carnivore d'Eurasie et d'Amérique du Nord, à fourrure soyeuse, dont il existe trois espèces, la martre proprement dite, la fouine et la zibeline. ➲ Famille des mustélidés.

MARTYR, E n. (du gr. *martus, -uros*, témoin de Dieu). **1.** Chrétien mis à mort ou torturé en témoignage de sa foi. **2.** Personne qui a souffert la mort pour sa foi religieuse ou pour une cause à laquelle elle s'est sacrifiée : *Les martyrs de la Résistance.* ◆ **adj.** Qui souffre de mauvais traitements systématiques : *Un enfant martyr.*

MARTYRE n.m. (lat. ecclés. *martyrium*). **1.** Torture, supplice, mort que qqn endure, génér. pour la défense de sa foi, de sa cause. **2.** Grande douleur physique ou morale ; état, situation extrêmement pénibles : *Cette femme battue a souffert le martyre.*

MARTYRISER v.t. [3]. Faire endurer de cruels traitements à ; supplicier.

MARTYRIUM [-rjɔm] **n.m.** (mot du lat. ecclés.). Dans le christianisme primitif, monument, chapelle élevés autour de la tombe d'un martyr.

MARTYROLOGE n.m. 1. Liste ou catalogue des martyrs et des saints. **2.** Litt. Liste des victimes d'une cause : *Le martyrologe de la Résistance.*

MARXIEN, ENNE adj. Relatif à Karl Marx, à ses œuvres.

MARXISANT, E adj. Qui tend vers le marxisme, est influencé par lui.

MARXISME **n.m.** Ensemble des conceptions philosophiques, économiques, sociales et politiques de Karl Marx, de Friedrich Engels et de leurs continuateurs.

➲ Pour le **MARXISME**, la lutte des classes est le moteur de l'histoire et le projet de révolution socialiste devant mener à la réalisation du communisme* s'inscrit dans cette perspective. L'antagonisme des classes tenant à la place que celles-ci occupent dans le processus de production industrielle, l'analyse du mode de production capitaliste (avec la théorie de la plus-value) constitue le socle d'une réflexion critique qui s'étend à tous les aspects de l'existence sociale. De la théorie élaborée par Marx et Engels sont issus principalement le léninisme*, le trotskisme et le maoïsme.

MARXISME-LÉNINISME **n.m. sing.** Doctrine qui voit dans Lénine le véritable continuateur de Marx et qui synthétise leurs pensées.

MARXISTE **adj.** et **n.** Relatif au marxisme ; qui en est partisan.

MARXISTE-LÉNINISTE **adj.** et **n.** (pl. *marxistes-léninistes*). Relatif au marxisme-léninisme ; qui en est partisan.

MARYLAND [marilɑ̃d] **n.m.** Tabac qui provient du Maryland.

MAS [mɑ(s)] **n.m.** (mot provenç.). Région. (Provence). Maison de campagne ; ferme traditionnelle.

MASCARA **n.m.** (mot angl., d'un mot esp. « masque »). Produit cosmétique coloré pour le maquillage des cils.

MASCARADE **n.f.** (de l'ital. *mascherata*, masque). **1.** Réunion ou défilé de personnes déguisées et masquées. **2.** Déguisement étrange ; accoutrement ridicule. **3.** Péjor. Mise en scène trompeuse : *Cette conférence de presse est une mascarade.*

MASCARET **n.m.** (mot gascon). Remontée brusque des eaux, qui se produit dans certains estuaires au moment du flux et qui progresse rapidement vers l'amont sous la forme d'une vague déferlante.

MASCARON **n.m.** (ital. *mascherone*). **ARCHIT.** Masque sculpté de fantaisie pouvant décorer l'agrafe d'un arc, la panse d'un vase, l'orifice d'une fontaine, etc.

MASCARPONE **n.m.** (mot ital.). Fromage frais italien au lait de vache, très crémeux.

MASCOTTE **n.f.** (du provenç. *mascoto*, sortilège). Objet, personne ou animal considérés comme des porte-bonheur.

1. MASCULIN, E **adj.** (lat. *masculinus*, de *masculus*, mâle). **1.** Propre au mâle, à l'homme : *Voix masculine. Préjugé masculin.* **2.** Qui rappelle les caractéristiques de l'homme : *Une sportive assez masculine.* **3.** Qui est composé d'hommes : *Clientèle masculine.* **4.** Qui est réservé aux hommes : *Métier masculin.* **5. GRAMM.** Qui appartient au genre dit masculin : « *Lit* » *est un nom masculin.* ▪ **Rime masculine,** rime qui ne finit pas par un *e* muet ou une syllabe muette.

2. MASCULIN **n.m.** Genre grammatical qui s'applique, en français, à la plupart des noms d'êtres mâles et à une partie des noms désignant des choses.

MASCULINISATION **n.f.** **1.** Action de masculiniser ; son résultat. **2.** Fait de se masculiniser.

MASCULINISER **v.t. [3]. 1.** Donner un caractère masculin à. **2. BIOL.** Provoquer l'apparition de caractères sexuels masculins. ◆ **SE MASCULINISER** **v.pr.** Comporter un plus grand nombre d'hommes qu'auparavant, en parlant d'une profession, par ex.

MASCULINITÉ **n.f.** Caractère masculin ; ensemble des caractères propres à l'homme ou jugés tels.

MASER [mazɛr] **n.m.** (acronyme de l'angl. *microwave amplification by stimulated emission of radiation*, amplificateur de micro-ondes par émission stimulée de rayonnement électromagnétique). **PHYS.** Dispositif fonctionnant suivant les mêmes principes que le laser, mais pour des ondes électromagnétiques non visibles.

MASKINONGÉ **n.m.** (de l'algonquien). Brochet de grande taille de l'Amérique du Nord, vorace et combatif. ➲ Long. jusqu'à 1,20 m ; famille des ésocidés.

MASO **adj.** et **n.** (abrév.). Fam. Masochiste.

MASOCHISME [-ʃism] **n.m.** (du n. de L. von *Sacher-Masoch*). **1.** Déviation sexuelle, liée à une pulsion d'autodestruction, dans laquelle le sujet ne trouve le plaisir que dans la douleur physique et les humiliations qui lui sont infligées. **2.** Comportement d'une personne qui semble rechercher les situations où elle souffre, se trouve en difficulté, etc.

MASOCHISTE **adj.** Relatif au masochisme. ◆ **adj.** et **n.** Qui fait preuve de masochisme. Abrév. (fam.) **maso.**

MASQUAGE **n.m.** **1.** Action de masquer qqch, de l'occulter. **2. IMPRIM.** Technique de correction utilisée en photogravure pour améliorer la qualité de la sélection des couleurs.

MASQUE **n.m.** (ital. *maschera*). **1.** Faux visage de carton peint, de matière plastique, de tissu, etc., dont on se couvre la figure pour se déguiser ou dissimuler son identité : *Masque de carnaval.* **2.** Vx. Personne qui porte un masque. **3. ETHNOL.** Forme stylisée du visage ou du corps (humain ou animal), ayant une efficacité rituelle. ➲ Les masques de certains peuples, véritables œuvres d'art, peuvent représenter un homme, une force surnaturelle, un animal sacré ou une entité divine exerçant symboliquement une fonction rituelle précise. **4.** Litt. Apparence, aspect du visage : *Sous un masque de sévérité, se cachait un homme avenant.* **5.** Moulage de la face, pris sur le vif ou sur un défunt : *Masque mortuaire.* **6.** Préparation, sous forme de crème, de pâte ou de gel, utilisée en application pour les soins esthétiques du visage. **7.** Appareil médical que l'on applique sur le nez et la bouche pour administrer les anesthésiques gazeux et l'oxygène. **8.** Accessoire des plongeurs subaquatiques, isolant de l'eau les yeux et le nez. **9.** Protection pour le visage utilisée dans certaines professions, certains sports : *Masque d'apiculteur, d'escrimeur.* ▪ **Arracher son masque à qqn,** dévoiler sa duplicité. ▪ **Lever** ou **tomber le masque,** révéler sa vraie nature tenue jusqu'alors secrète. ▪ **Masque à gaz,** appareil individuel de protection contre les gaz toxiques. ▪ **Masque de barrage** [trav. publ.], couche de béton imperméable et souple, placée sur la face amont d'un barrage pour le rendre étanche. ▪ **Masque de grossesse** [méd.], chloasma.

▲ **masque** de théâtre grec en marbre (Ier s. av. J.-C.). (Musée archéologique national, Naples.)

MASQUÉ, E **adj.** Qui porte un masque : *Un chanteur d'Opéra masqué.* ▪ **Bal masqué,** bal où l'on va déguisé. ▪ **Tir masqué** [mil.], tir exécuté par-dessus un obstacle.

MASQUER **v.t. [3]. 1.** Couvrir d'un masque. **2.** Dérober à la vue : *Les arbres masquent la maison.* **3.** Cacher sous de fausses apparences : *Masquer sa véritable nature, la vérité.* ▪ **Masquer une voile** [mar.], la brasser de telle façon que le vent la frappe par-devant. ◆ **v.i. MAR.** Avoir ses voiles frappées par-devant par le vent, en parlant d'un navire.

MASSACRANT, E **adj.** Fam. ▪ **Être d'une humeur massacrante,** de très mauvaise humeur.

MASSACRE **n.m.** **1.** Action de massacrer. **2.** Fam. Exécution très maladroite d'un travail, d'une œuvre : *Cette restauration est un massacre.* **3. VÉNER.** Trophée de chasse formé de la tête et des bois d'un cervidé, de la tête d'un sanglier, séparée du corps et naturalisée. ▪ **Faire un massacre** [fam.], remporter un grand succès. ▪ **Jeu de massacre,** jeu forain qui consiste à renverser des poupées à bascule avec des balles.

MASSACRER **v.t. [3]** (lat. pop. **matteuculare*). **1.** Tuer sauvagement et en masse des êtres sans défense ; exterminer : *Massacrer les habitants d'un village, des otages.* **2.** Fam. Endommager par un travail maladroit : *Sans de bonnes cisailles, je risque de massacrer le poulet* ; défigurer une œuvre par une exécution malhabile : *Massacrer une symphonie.* ◆ **SE MASSACRER** **v.pr.** Se tuer les uns les autres.

MASSACREUR, EUSE **n.** **1.** Personne qui commet un massacre. **2.** Fam. Personne qui massacre un travail, une œuvre.

MASSAGE **n.m.** Action de pratiquer différentes manipulations avec les mains (presser, pétrir, pincer, etc.) sur une partie du corps ou un organe. ➲ Les massages médicaux sont réalisés par un kinésithérapeute. ▪ **Massage cardiaque,** traitement de l'arrêt cardiaque basé sur des compressions rythmées du cœur.

MASSALIOTE **adj.** et **n.** (de *Massalia*, n. gr. de Marseille). De l'antique Marseille.

1. MASSE **n.f.** (lat. *massa*). **1.** Grande quantité d'une matière, d'une substance sans forme précise : *Masse de rochers, de neige.* **2.** Quantité, volume importants de liquide, de gaz formant une unité : *Mesurer la masse d'eau tombée en une nuit.* **3.** Ensemble compact et imposant dont on ne distingue pas les parties : *Nous apercevions la masse du château d'eau.* **4.** Réunion d'éléments distincts de même nature, rassemblés en un tout indistinct : *Reconnaître sa valise dans la masse des bagages.* **5.** Grande quantité d'éléments formant un tout : *Avoir une masse de factures à payer* ; grand nombre de personnes : *Une masse de clients a demandé à être remboursée.* **6.** (Avec l'art. déf.). Parfois péjor. Le commun des hommes ; le plus grand nombre : *Un programme qui plaît à la masse.* **7.** Caisse spéciale d'un groupe, en partic. d'un atelier de peinture ou de sculpture, à laquelle chacun contribue pour sa quote-part : *Masse d'un atelier des Beaux-Arts.* **8. DR.** Ensemble des biens d'une succession, d'une société ou d'un groupement. **9. MÉCAN.** Une des grandeurs caractéristiques d'un corps (unité SI : le *kilogramme*). **10. PHYS.** Quotient de la force appliquée à un corps par l'accélération que cette force imprime au mouvement de ce corps *(masse inerte)* ; grandeur qui caractérise un corps relativement à l'attraction qu'il subit de la part d'un autre *(masse pesante)*. ➲ L'identification de la masse inerte et de la masse pesante est à la base de la théorie de la relativité générale. **11. ÉLECTROTECHN.** Ensemble des pièces conductrices qui, dans une installation électrique, sont mises en communication avec le sol ; ensemble métallique d'une automobile par où se ferment les circuits de l'équipement électrique. ▪ **Comme une masse,** de tout son poids, comme une chose inanimée : *J'étais si épuisé que je suis tombé comme une masse sur le lit.* ▪ **Dans la masse,** dans un seul bloc de matière homogène : *Sculpter dans la masse.* ▪ **De masse,** qui concerne la grande majorité du corps social, considérée comme culturellement homogène : *Culture de masse.* ▪ **Des masses** [fam.], beaucoup : *Des blogs comme ça, il y en a des masses.* ▪ **En masse,** en grand nombre : *Manifester en masse.* ▪ **Être à la masse** [fam.], être dépassé par les événements ; être déphasé. ▪ **Indice de masse corporelle (IMC)** [méd.], indice de mesure du statut pondéral d'un adulte, égal au quotient de son poids, exprimé en kilogrammes, par le carré de sa taille, exprimée en mètres. ▪ **Masse critique** [nucl.], quantité minimale de substance fissile nécessaire pour qu'une réaction en chaîne puisse s'établir spontanément et se maintenir. ▪ **Masse d'air** [météorol.], volume d'air assez étendu dont les caractéristiques physiques (pression, température, degré d'humidité) présentent une relative homogénéité. ▪ **Masse molaire** [chim.], masse d'une mole de substance. ▪ **Masse monétaire** [écon.], ensemble de la monnaie en circulation (pièces, billets, dépôts à vue). ▪ **Masse salariale,** somme des rémunérations, directes ou indirectes, perçues par l'ensemble des salariés d'une entreprise, d'un pays. ▪ **Masse spécifique** ou **volumique** [phys.], quotient de la masse d'un corps par son volume. ▪ **Nombre de masse** [chim.], nombre total de particules (protons et neutrons) constituant le noyau d'un atome. ▪ **Plan de masse** [archit.], plan à petite échelle, ne donnant d'un ensemble de bâtiments que les contours et souvent, par des ombres, une indication des volumes (SYN. **plan-masse**). ▪ **Rapport de masse** [astronaut.], rapport entre la masse d'une fusée au lancement et sa masse à l'achèvement de la combustion des ergols. ▪ **Unité de masse atomique** [chim.], unité de mesure de masse atomique* (symb. u) égale au douzième de la masse du nucléide ^{12}C et valant approximativement 1,66056 × 10^{-27} kilogramme. ◆ **n.f. pl.** Les classes populaires ; le peuple.

2. MASSE **n.f.** (lat. pop. **mattea*). Outil formé d'une lourde tête métallique ou en bois fixée à un long manche, et servant à frapper, à casser, à enfoncer, etc. ▪ **Masse d'armes,** arme formée d'un manche assez souple surmonté d'une masse métallique, souvent garnie de pointes, en usage au Moyen Âge et jusqu'au XVIe s.

MASSELOTTE **n.f.** (dimin. de *2. masse*). Excédent de métal qui permet de remplir complètement un moule afin d'obtenir une pièce de fonderie ayant un minimum de défaut.

MASSEPAIN **n.m.** (ital. *marzapane*, de l'ar.). Gâteau rond, fait avec des amandes, du sucre et des blancs d'œufs.

1. MASSER **v.t. [3]** (de l'ar. *massa*, palper). Faire un massage.

2. MASSER **v.t. [3].** Disposer en masse ; rassembler : *Masser des troupes.* ◆ **SE MASSER** **v.pr.** Se réunir en masse : *Les agriculteurs se sont massés devant la préfecture.*

MASSERIA [maserja] **n.f.** (mot ital.). Vaste propriété agricole familiale du sud de l'Italie (région des Pouilles, partic.). ➲ Généralement construites entre le XVIe et le XIXe s., nombre de masserias développent aujourd'hui des activités touristiques (agritourisme).

MASSÉTER [-tɛr] **adj.m. et n.m.** (du gr. *masêtêr*, qui mâche). **ANAT.** Se dit d'un muscle masticateur qui élève la mâchoire inférieure.

MASSETTE **n.f.** (de *2. masse*). **1.** Petite masse utilisée notamm. par les carriers, les maçons, les plâtriers. **2.** Grande monocotylédone du bord des étangs, dite *roseau-massue* ou *quenouille*, dont les fleurs femelles forment un épi compact d'aspect brun et velouté. ➲ Famille des typhacées.

MASSEUR, EUSE **n.** Personne qui effectue des massages.

MASSEUR-KINÉSITHÉRAPEUTE, MASSEUSE-KINÉSITHÉRAPEUTE **n.** (pl. *masseurs-kinésithérapeutes, masseuses-kinésithérapeutes*). Kinésithérapeute.

MASSICOT **n.m.** (du n. de G. *Massiquot*). **1.** Machine à couper le papier en feuilles. **2.** Machine permettant la mise aux dimensions du bois de placage déroulé ou tranché.

MASSICOTER **v.t. [3].** Couper au massicot.

1. MASSIF, IVE **adj.** **1.** Qui forme un bloc compact ; qui n'est ni creux, ni plaqué, ni mélangé : *Acajou, or massif.* **2.** Qui a une apparence épaisse, lourde, compacte : *Bâtisse massive.* **3.** Fait sur une grande échelle : *Licenciements massifs* ; donné en grande quantité : *Dose massive de calmants.* **4.** Qui groupe un grand nombre de personnes : *Mobilisation massive.* **5.** **ASTRON.** Qui possède une forte masse : *Étoile massive.*

2. MASSIF **n.m.** **1.** Ensemble de plantes fleuries ou d'arbustes, dans un parterre : *Un massif de roses.* **2.** Ensemble de hauteurs présentant un caractère montagneux : *Le massif des Vosges.* **3.** **ARCHIT.** Ouvrage plein de maçonnerie épaulant une construction (contrefort, culée, etc.).

MASSIFICATION **n.f.** Adaptation d'un phénomène à la masse, au grand nombre ; transformation en phénomène de masse : *La massification du tourisme.*

MASSIFIER **v.t. [5].** Opérer la massification de.

MASSIQUE **adj.** **PHYS.** **1.** Qui concerne la masse. **2.** Se dit d'une grandeur rapportée à l'unité de masse : *Volume massique. Chaleur massique.* ▪ **Concentration massique** → **CONCENTRATION.**

MASSIVEMENT **adv.** En grande quantité ; en grand nombre.

MASSIVITÉ **n.f.** Caractère de ce qui est massif.

MASS MEDIA [-medja] **n.m. pl.,** ▲ *MASS MÉDIA n.m. (pl. mass médias)* [mots angl.]. Moyens de communication* de masse (télévision, radio, presse, cinéma, etc.).

▲ **mastodonte.** Reconstitution du genre *Gomphotherium.*

MASSORE ou **MASSORAH** **n.f.** (de l'hébr. *massôrâh*, tradition). Annotation destinée à fixer le texte hébreu de la Bible et à remédier aux altérations dans la transmission du texte au cours des siècles.

MASSORÈTE **n.m.** Érudit juif, auteur de massores.

MASSOTHÉRAPEUTE **n.** Québec. Professionnel paramédical exerçant la massothérapie.

MASSOTHÉRAPIE **n.f.** Québec. Ensemble des traitements qui utilisent le massage à des fins thérapeutiques.

MASSUE **n.f.** (lat. pop. **matteuca*, de **mattea*, masse). **1.** Bâton noueux, beaucoup plus gros à un bout qu'à l'autre, utilisé comme arme contondante dès l'Antiquité. **2.** Un des engins de la gymnastique rythmique. ▪ **Argument(s) massue(s),** qui laisse(nt) l'interlocuteur sans réplique. ▪ **Coup de massue,** événement imprévu qui laisse anéanti ; prix excessif auquel on ne s'attendait pas.

MASTABA **n.m.** (mot ar. « banc, banquette »). Monument funéraire trapézoïdal abritant caveau et chapelle, construit pour les notables de l'Égypte pharaonique de l'Ancien Empire.

MASTARD **n.m.** Fam. Costaud.

MASTECTOMIE ou **MAMMECTOMIE** **n.f.** Ablation chirurgicale du sein.

MASTER [mastɛr] **n.m.** (mot anglo-amér.). Troisième grade universitaire, conféré par un diplôme national de l'enseignement supérieur obtenu au terme de deux ans d'études après la licence.

MASTER CLASS [mastɛrklas] **n.f. inv.** Cours magistral donné par un artiste de renom : *Les master class de la Callas.*

✎ On trouve parfois le pl. *master classes.*

MASTÈRE **n.m.** (nom déposé). ▪ **Mastère Spécialisé,** formation à finalité professionnelle assurée par certaines grandes écoles, d'une durée d'au moins un an.

MASTIC **n.m.** (du gr. *mastikhê*, gomme du lentisque). **1.** Pâte malléable durcissant au contact de l'air, servant à boucher des trous ou des joints, à faire adhérer des objets de nature différente, etc. **2.** **IMPRIM.** Erreur dans la composition typographique (en partic., mélange des caractères). **3.** Résine jaunâtre qui s'écoule du lentisque. ◆ **adj. inv.** Beige clair.

MASTICAGE **n.m.** Action de mastiquer, de mettre du mastic.

MASTICATEUR, TRICE **adj.** Qui intervient dans la mastication : *Muscle masticateur.*

MASTICATION **n.f.** Action de mastiquer, de mâcher.

MASTICATOIRE **adj. et n.m.** Se dit d'une substance que l'on mâche, sans l'avaler (tel le chewing-gum), pour exciter la sécrétion de la salive.

MASTIFF **n.m.** (mot angl. « mâtin »). Chien à corps trapu, voisin du dogue de Bordeaux.

1. MASTIQUER **v.t. [3]** (bas lat. *masticare*). Broyer avec les dents ; mâcher : *Mastiquer de la viande.*

2. MASTIQUER **v.t. [3].** Coller, joindre, boucher avec du mastic : *Mastiquer une vitre.*

MASTITE **n.f.** (du gr. *mastos*, mamelle). **MÉD.** Inflammation de la glande mammaire (SYN. **mammite**).

MASTOC **adj. inv.** (p.-ê. de l'all. *Mastochs*, bœuf à l'engrais, ou de *1. massif*). Fam. D'un aspect lourd et disgracieux : *Des villas mastoc.*

MASTOCYTE **n.m.** **BIOL.** Cellule du tissu conjonctif qui sécrète des substances chimiques participant aux réactions immunitaires et à la coagulation du sang, et qui est impliquée dans les phénomènes d'allergie.

MASTOCYTOSE **n.f.** Maladie caractérisée par une prolifération diffuse de mastocytes, atteignant souvent la peau.

MASTODONTE **n.m.** (du gr. *mastos*, mamelle, et *odous, odontos*, dent). **1.** Mammifère fossile de la fin du tertiaire et du début du quaternaire, voisin de l'éléphant, mais muni de molaires mamelonnées et, parfois, de deux paires de défenses. ➲ Une espèce américaine s'est éteinte il y a seulement 10 000 ans. **2.** Fam. Personne, animal ou chose énormes.

MASTOÏDE **adj.** (du gr. *mastoeidês*, semblable à un sein). **ANAT.** ▪ **Apophyse mastoïde,** ou **mastoïde, n.f.,** éminence placée à la partie inférieure et postérieure de l'os temporal, en arrière de l'oreille.

MASTOÏDIEN, ENNE **adj.** Relatif à l'apophyse mastoïde. ▪ **Cavités** ou **cellules mastoïdiennes,** cavités de l'apophyse mastoïde, en communication avec la caisse du tympan.

MASTOÏDITE **n.f.** **MÉD.** Inflammation de l'apophyse mastoïde, due génér. à une otite aiguë.

MASTOPATHIE **n.f.** **MÉD.** Toute affection des seins.

MASTOSE **n.f.** **MÉD.** Vieilli. Toute affection du sein non cancéreuse ni inflammatoire (kystes multiples, par ex.).

MASTROQUET **n.m.** Fam., vieilli. **1.** Marchand de vin au détail. **2.** Débit de boissons ; café.

MASTURBATION **n.f.** **1.** Action de masturber. **2.** Action de se masturber (SYN. **onanisme**).

MASTURBER **v.t. [3]** (lat. *masturbare*, de *manus*, main, et *stuprare*, souiller). Procurer le plaisir sexuel par l'excitation manuelle des parties génitales. ◆ **SE MASTURBER** **v.pr.** Se livrer à la masturbation sur soi-même.

M'AS-TU-VU **n. inv.** (question que posaient les acteurs évoquant entre eux leurs succès). Fam. Personne vaniteuse. ◆ **adj. inv.** Fam. Qui est ostentatoire : *Un intérieur très m'as-tu-vu.*

MASURE **n.f.** (du bas lat. *mansura*, demeure). Maison misérable, délabrée.

1. MAT [mat] **n.m.** (de l'ar. *mât*, mort). Aux échecs, position du roi qui est en échec, sans pouvoir se mettre hors de prise, ce qui termine la partie. ◆ **adj. inv.** Aux échecs, se dit du roi en position de mat, du joueur dont le roi est dans une telle situation.

2. MAT, E [mat] **adj.** (du lat. *mattus*, humide). **1.** Qui n'a pas d'éclat, de poli : *Une peinture mate.* **2.** Qui n'a pas de transparence, n'est pas lumineux : *Des vitraux mats.* **3.** Qui n'a pas de résonance : *Bruit mat.* ▪ **Teint mat, peau mate,** légèrement bistre.

3. MAT [mat] **n.m.** (mot angl. « natte, tapis »). **MATÉR.** Feutre de fibres de verre coupées et agglomérées par un liant organique, utilisé dans la fabrication des plastiques armés, des stratifiés, etc.

MÂT [mɑ] **n.m.** (francique **mast*). **1.** Longue pièce de bois ou de métal, de section génér. circulaire, dressée verticalement ou obliquement sur le pont d'un voilier, génér. maintenue par des haubans et destinée à porter la voilure. **2.** Longue pièce plantée dans le sol, au sommet de laquelle on hisse un drapeau. **3.** **CH. DE F.** Support vertical portant des signaux mécaniques ou lumineux. **4.** Longue perche fixe servant aux exercices des gymnastes. ▪ **Grand mât,** mât principal d'un voilier. ▪ **Mât de charge,** appareil comprenant un mât et une corne mobile, monté sur le pont d'un navire et servant à la manutention des marchandises. ▪ **Mât de cocagne** → **COCAGNE.**

MATABICHE n.m. (mot bantou, du port. *matar o bicho*, tuer la bête). Afrique. Pot-de-vin ; bakchich.

MATADOR n.m. (mot esp. proprem. « tueur »). Dans les courses de taureaux, celui qui, ayant reçu l'alternative, est chargé de la mise à mort de l'animal.

MATAF n.m. Arg. Matelot.

MATAGE n.m. ORFÈVR. Action de matir un métal précieux.

MÂTAGE n.m. Action de mâter un navire.

MATAMORE n.m. (de l'esp. *Matamoros*, tueur de Maures, n. d'un faux brave de la comédie esp.). Personne qui n'est courageuse qu'en paroles ; fier-à-bras.

MATCH [matʃ] **n.m.** (pl. *match[e]s*) [mot angl.]. **1.** Compétition sportive disputée entre deux concurrents, deux équipes : *Un match de tennis, de rugby.* **2.** Compétition économique, politique, etc., entre États, organismes, etc.

MATCHA [matʃa] **n.m.** (mot jap.). Poudre très fine de feuilles de thé, qui, battue dans de l'eau chaude, fournit une boisson dégustée lors de la cérémonie du thé au Japon ; cette boisson. ➲ Le matcha est aussi utilisé comme ingrédient culinaire.

MATCHICHE [matʃiʃ] **n.f.** (port. du Brésil *maxixe*). **1.** Danse d'origine brésilienne, exécutée en couple, à la mode vers 1914 aux États-Unis et en Europe. **2.** Pièce instrumentale de tempo vif, à deux temps.

MATCH-PLAY [matʃplɛ] **n.m.** (pl. *match-plays*) [mot angl.]. Au golf, compétition se jouant trou par trou.

MATÉ n.m. (mot esp. *mate*, du quechua). Houx d'Amérique du Sud dont les feuilles torréfiées fournissent une infusion stimulante et diurétique ; cette boisson.

MATEFAIM n.m. (de *1. mater* et *faim*). Crêpe très épaisse. ➲ Spécialité lyonnaise et franc-comtoise.

MATELAS n.m. (de l'ar. *matrah*, tapis pour dormir). **1.** Pièce de literie, génér. capitonnée, rembourrée de laine, de latex, de mousse, ou à ressorts, que l'on place sur le sommier. **2.** Épaisse couche d'un matériau mou, souple ou meuble : *Matelas de foin.* ▪ **Matelas d'air,** couche d'air aménagée entre deux parois, dans une construction. ▪ **Matelas pneumatique,** enveloppe gonflable de toile caoutchoutée ou de plastique, utilisée pour le camping, la plage, etc.

MATELASSAGE n.m. Procédé de rembourrage d'un siège, d'un coussin, etc., qui maintient la couche intérieure par des piqûres ou des boutons.

MATELASSÉ, E adj. et **n.m.** Se dit d'un tissu doublé d'une couche moelleuse maintenue par des piqûres.

MATELASSER v.t. [3]. 1. Procéder au matelassage de. **2.** Doubler une étoffe avec un tissu matelassé.

MATELASSIER, ÈRE n. Personne qui confectionne ou répare les matelas.

MATELASSURE n.f. Ce qui sert à rembourrer, à faire des matelas.

MATELOT n.m. (du moy. néerl. *mattenoot*, compagnon de couche). **1.** Homme d'équipage qui, à bord, participe à la manœuvre et à l'entretien du navire. **2.** Militaire du rang, dans la Marine nationale (premier grade).

MATELOTAGE n.m. MAR. Ensemble des travaux relatifs à la manœuvre et au service du gabier.

MATELOTE n.f. Préparation faite de poissons coupés en morceaux, cuits dans du vin avec des oignons : *Matelote de saumonette.* (S'emploie aussi en appos. : *sauce matelote.*)

1. MATER v.t. [3] (de *1. mat*). **1.** Aux échecs, mettre le roi, l'adversaire en position de mat. **2.** Absol. Faire mat. **3.** Réduire à l'obéissance ; discipliner : *Mater un élève turbulent.* **4.** Empêcher le développement de : *Mater une rébellion.*

2. MATER v.t. [3] (de *2. mat*). **ORFÈVR.** Matir. ▪ **Mater une soudure** [techn.], la battre avec un matoir.

3. MATER v.t. [3] (du fr. d'Afrique du Nord *faire la mata*, faire le guet). Fam. **1.** Regarder ; surveiller. **2.** Épier avec convoitise ; lorgner.

MÂTER v.t. [3]. Pourvoir un navire de son ou de ses mâts.

MÂTEREAU n.m. Petit mât de faible diamètre.

MATÉRIALISATION n.f. 1. Action de matérialiser ; fait de se matérialiser : *La matérialisation d'un rêve d'enfance.* **2.** Action de matérialiser une voie, un emplacement, etc. ; traçage. **3. PHYS.** Transformation d'énergie rayonnante en particules de masse non nulle.

MATÉRIALISER v.t. [3] (de *matériel*). **1.** Donner une forme concrète, une réalité sensible à : *Ces bornes matérialisent les limites du terrain.* **2.** Considérer comme issu de la matière : *Philosophie qui matérialise l'âme.* **3.** Rendre concret, effectif ; concrétiser : *Matérialiser un vieux rêve.* **4.** Rendre visible : *Matérialiser les voies d'une autoroute.* ◆ **SE MATÉRIALISER v.pr.** Devenir réel ; se réaliser.

MATÉRIALISME n.m. 1. PHILOS. Doctrine selon laquelle rien d'autre n'existe que la matière, la pensée et tous les phénomènes dits *spirituels* en relevant eux aussi (par oppos. à *spiritualisme*). **2.** Manière de vivre, état d'esprit orientés vers la recherche des satisfactions et des plaisirs matériels. ▪ **Matérialisme dialectique,** philosophie marxiste qui, liant une conception matérialiste du monde et l'héritage de la dialectique de Hegel, voit dans l'univers un tout matériel dont la dynamique est assurée par le jeu de contradictions internes. ▪ **Matérialisme historique,** théorie marxiste de l'histoire qui fait dépendre, en dernière instance, tous les phénomènes historiques, politiques et sociaux du facteur économique, et attribue un rôle moteur à la lutte des classes.

➲ Le **MATÉRIALISME,** en tant que courant philosophique, remonte à l'Antiquité (Démocrite, Épicure, Lucrèce). À l'époque moderne, c'est essentiellement à partir du XVIIIe s. (Helvétius, Holbach, La Mettrie) qu'il se développe, associant le plus souvent une conception mécaniste de la matière et une proclamation d'athéisme, avant d'imprégner largement, au XIXe s. et au-delà, la pensée scientifique. Sur ce fond se détache le matérialisme dialectique de Marx, qui renouvelle profondément le contenu et la portée de la doctrine en faisant de la lutte des classes le moteur de l'histoire.

MATÉRIALISTE adj. et **n. 1.** Relatif au matérialisme ; qui en est partisan. **2.** Orienté vers la seule recherche des satisfactions matérielles.

MATÉRIALITÉ n.f. 1. Caractère de ce qui est matériel. **2. DR.** Circonstance matérielle qui constitue un acte : *La matérialité des faits n'est pas établie.*

MATÉRIAU n.m. 1. Substance, matière, d'origine naturelle ou artificielle, utilisée pour la fabrication d'objets, de machines, ou pour la construction de bâtiments, de véhicules, etc. ➲ On distingue trois grandes familles de matériaux : les *matériaux bruts* (produits de carrière, matériaux de construction, etc.), les *matériaux structurels* (aciers, verres, ciments, etc.) et les *matériaux supports* (silicium des semi-conducteurs, cuivre des conducteurs, etc.) ; par des mélanges appropriés entre groupes, on réalise des *composites.* **2.** Ensemble d'informations utilisable pour une recherche, la rédaction d'un ouvrage, etc. ; matériel : *L'histoire de sa famille constitue le matériau du roman.* ◆ **n.m. pl.** Informations, documents recueillis et combinés pour former un tout : *Réunir des matériaux pour un reportage.*

MATÉRIEL, ELLE adj. (du bas lat. *materialis*, formé de matière). **1.** Formé de matière (par oppos. à *spirituel, intellectuel*, etc.) : *Le monde matériel.* **2.** Qui concerne les objets et non les personnes : *Dégâts matériels.* **3.** Qui existe effectivement ; tangible : *Nous n'avons pas de preuves matérielles de son existence.* **4.** Qui est considéré d'un point de vue purement concret, en dehors de toute subjectivité : *Je suis dans l'impossibilité matérielle d'intervenir.* **5.** Qui concerne les nécessités concrètes de l'existence : *Les besoins matériels d'une population.* ▪ **Point matériel** [mécan.], corps d'aspect ponctuel. ▪ **Temps matériel,** temps nécessaire pour accomplir une action. ◆ **n.m. 1.** Ensemble des objets, des instruments nécessaires pour le bon fonctionnement d'une exploitation, d'un établissement, la pratique d'un sport, d'une activité, etc. **2.** Ensemble d'éléments susceptibles d'être exploités, traités scientifiquement ; matériau. **3.** Ensemble des équipements nécessaires aux forces armées. **4.** Ensemble des éléments physiques d'un système informatique. Recomm. off. pour **hardware.** ▪ **Matériel génétique** [rare], ADN. ▪ **Service du matériel,** chargé, dans les armées de terre et de l'air, de la gestion et du maintien en condition des matériels.

MATÉRIELLE n.f. Fam., vieilli. ▪ **La matérielle,** l'argent nécessaire pour vivre : *Assurer la matérielle.*

MATÉRIELLEMENT adv. 1. D'une manière concrète, objective : *C'est matériellement irréalisable.* **2.** Sur le plan financier, matériel.

MATERNAGE n.m. 1. Ensemble des soins courants qu'une mère, ou la personne qui la remplace, prodigue à un nourrisson. **2. PSYCHOL.** Relation établie entre le thérapeute et son patient sur ce modèle. **3.** Action de materner, de surprotéger qqn.

MATERNEL, ELLE adj. (lat. *maternus*). **1.** Propre à la mère : *Allaitement maternel.* **2.** Qui concerne les mères. **3.** Qui rappelle, imite le comportement d'une mère : *Elle a des gestes maternels avec ses petits frères.* **4.** Qui vient de la mère : *Propriétés maternelles* ; qui est du côté de la mère : *Oncle maternel.* ▪ **Centre maternel,** structure d'accueil pour mères ou futures mères en difficulté. ▪ **École maternelle,** ou **maternelle, n.f.,** école accueillant les enfants avant l'âge de la scolarité obligatoire (6 ans). ▪ **Langue maternelle** → **LANGUE.**

MATERNELLEMENT adv. De façon maternelle.

MATERNER v.t. [3]. 1. PSYCHOL. Établir une relation de maternage avec qqn. **2.** Entourer de soins excessifs ; surprotéger.

MATERNISÉ, E adj. Se dit d'un lait de vache modifié industriellement pour avoir une composition le plus proche possible de celle du lait de femme.

MATERNITÉ n.f. (lat. médiév. *maternitas*). **1.** État, qualité de mère. **2.** Fait de porter un enfant et de le mettre au monde ; grossesse ; accouchement : *Elle a eu trois maternités rapprochées.* **3. DR.** Lien de droit entre une mère et son enfant. **4.** Établissement, service d'un hôpital, d'une clinique où s'effectuent la surveillance médicale de la grossesse et l'accouchement. **5.** Œuvre d'art représentant une mère avec son enfant. ▪ **Assurance maternité,** assurance sociale française qui prend en charge les frais médicaux et pharmaceutiques de la grossesse, de l'accouchement et l'indemnité de repos *(congé maternité).*

MATÉTÉ ou **MATOUTOU n.m.** Plat à base de crabe de terre accompagné de riz. ➲ Cuisine antillaise.

MATH ou **MATHS n.f. pl.** (abrév.). Mathématiques : *La prof de math(s). Être fort en math(s).* ▪ **Math sup, math spé,** mathématiques supérieures ; mathématiques spéciales.

MATHÉMATICIEN, ENNE n. Personne qui fait de la recherche et/ou de l'enseignement en mathématiques.

MATHÉMATIQUE n.f. (du gr. *mathêmatikos*, de *mathêma*, science). **1.** (Au pl.). Science qui étudie par le moyen du raisonnement déductif les propriétés d'êtres abstraits (nombres, figures géométriques, fonctions, espaces, etc.) ainsi que les relations qui s'établissent entre eux ; ensemble des techniques de calcul et de géométrie. Abrév. **math** ou **maths. 2.** (Au sing.). Ensemble des disciplines mathématiques envisagées comme constituant un tout organique. ▪ **Mathématiques spéciales,** seconde année de classe préparatoire aux concours des grandes écoles scientifiques. Abrév. **math spé.** ▪ **Mathématiques supérieures,** première année de classe préparatoire aux concours des grandes écoles scientifiques. Abrév. **math sup.** ◆ **adj. 1.** Relatif aux mathématiques. **2.** Qui exclut toute incertitude, toute inexactitude : *Elle a tout réglé avec une précision quasi mathématique.* ▪ **C'est mathématique** [fam.], c'est logique, inévitable.

➲ Les civilisations anciennes ont joué un grand rôle dans l'essor des **MATHÉMATIQUES :** il y a près de 6 000 ans, les Sumériens utilisaient déjà un système de numération de base 10, et un autre de base 60 ; les fondateurs de la géométrie furent les Égyptiens, puis les Grecs ; la notion fondamentale du zéro a été introduite par les anciens Indiens.

Les mathématiques se sont développées dans trois directions principales. Les combinaisons de collections finies d'objets ont conduit aux concepts de nombre et de calcul : l'*algèbre*. La mesure et la description de l'espace ont abouti à la *géométrie*. Enfin, au XVIIe s., l'étude des notions de continuité et de limites a permis de développer l'*analyse* (ou *calcul infinitésimal*). Plus récemment, diverses branches nouvelles sont apparues : la *théorie des ensembles*, la *logique*, la *topologie mathématique*, le *calcul des probabilités*, etc.

MATHÉMATIQUEMENT adv. **1.** Au point de vue mathématique ; de façon mathématique. **2.** Avec une exactitude rigoureuse. **3.** Inévitablement ; immanquablement.

MATHÉMATISATION n.f. Action de mathématiser.

MATHÉMATISER v.t. [3]. Appliquer, introduire des méthodes mathématiques dans un domaine : *Mathématiser une théorie économique.*

MATHEUX, EUSE n. Fam. Étudiant en mathématiques ; personne douée pour les mathématiques.

MATHS n.f. pl. → **MATH.**

MATHUSALEM [-lɛm] **n.m.** (de *Mathusalem*, n.pr.). Grosse bouteille de champagne d'une contenance de huit bouteilles champenoises ordinaires (6 litres).

MATIÈRE n.f. (lat. *materia*). **1.** Substance, réalité constitutive des corps, douée de propriétés physiques. *(V. planche page suivante.)* **2.** PHILOS. Corps, réalité matérielle (par oppos. à *âme*, à *esprit*). **3.** Substance particulière dont est faite une chose et connaissable par ses propriétés : *Matière inflammable. Ce fromage contient beaucoup de matières grasses.* **4.** Ce qui peut constituer le fond, le sujet d'un ouvrage, d'une étude, etc. : *Ces résultats lui ont fourni la matière de son exposé. Il y a dans ce fait divers la matière d'un téléfilm.* **5.** Ce qui est l'objet d'une étude systématique, d'un enseignement : *L'histoire est sa matière préférée.* **6.** Ce qui fournit l'occasion, ce qui est la cause de : *Donner matière à réflexion. Il n'y a pas là matière à plaisanter.* **7.** Ce qui fait l'objet du droit, qui en constitue le contenu : *Matière civile, criminelle.* ▪ **En matière de** ou **en matière** (+ adj.), en ce qui concerne tel domaine : *En matière de musique ou en matière musicale.* ▪ **Entrée en matière,** introduction d'un exposé, d'une étude, etc. ▪ **Entrer en matière,** aborder un sujet. ▪ **La matière vivante** [biol.], la matière dont sont faits les êtres vivants. ▪ **Matière noire** ou **sombre** [astron.], matière obscure, de nature inconnue, révélée par ses effets gravitationnels et dont la masse totale dans l'Univers excéderait largement celle de la matière lumineuse. ▪ **Matière première,** matériau d'origine naturelle qui est l'objet d'une transformation et d'une utilisation économique. ➲ On distingue, communément, les matières premières *agricoles* (animales ou végétales), les matières premières *minérales* et les matières premières *énergétiques*. ▪ **Quantité de matière** [chim.], nombre de moles. ▪ **Table des matières,** liste fournissant l'indication des sujets traités dans un ouvrage, et leur référence. (Elle est génér. placée en fin d'ouvrage, par oppos. au *sommaire*.)

➲ La **MATIÈRE** est formée d'atomes, assemblés en molécules. Les arrangements des molécules entre elles déterminent les divers *états* de la matière (principalement gazeux, liquide et solide). Le passage de l'état gazeux à l'état liquide puis solide correspond à une augmentation de la densité atomique, qui s'accompagne d'une restriction de l'agitation thermique ; dans l'état solide, les atomes occupent des positions bien déterminées. Outre ces trois états « classiques », on a mis en évidence des liquides *superfluides* à très basse température et des *plasmas* à très haute température, aux propriétés très particulières, ainsi que des états intermédiaires entre l'état solide et l'état fluide *(cristaux liquides)*.
La découverte, vers 1930, qu'à toute particule fondamentale de matière est associée une « antiparticule » a conduit à la notion d'*antimatière*.
(V. planche page suivante.)

MATIÉRISME n.m. ART MOD. Accent mis, dans la peinture abstraite, sur la présence physique de la matière que travaille l'artiste (emploi d'une couche picturale épaisse, souvent additionnée de matériaux hétérogènes).

MATIÉRISTE adj. et n. Relatif au matiérisme ; qui le pratique.

MATIF ou **M.A.T.I.F.** [matif] **n.m.** (acronyme de *marché à terme international de France*). BOURSE. Marché français, créé en 1986, qui propose des contrats portant sur des taux d'intérêt, des devises, des indices boursiers, et qui est essentiellement destiné à protéger les détenteurs d'actifs financiers contre les fluctuations des cours de ceux-ci.

MATIFIANT, E adj. Se dit d'un produit cosmétique qui rend la peau mate, l'empêche de briller.

MATIN n.m. (lat. *matutinum*). **1.** Début du jour : *Deux heures du matin.* **2.** Partie du jour comprise entre le lever du soleil et midi ; matinée : *Le médecin passera ce matin.* ▪ **De bon** ou **de grand matin,** de bonne heure ; tôt. ◆ **adv. 1.** Litt. De bonne heure : *Se lever matin.* **2.** Dans la matinée : *Elle m'appelle tous les lundis matin.*

1. MÂTIN n.m. (du lat. *mansuetus*, apprivoisé). Vieilli. **1.** Gros chien de garde. **2.** Chien massif et trapu, voisin du dogue de Bordeaux, dont il existe plusieurs races en Europe méridionale.

2. MÂTIN, E n. Fam., vx. Personne vive, délurée. ◆ **interj.** Marque l'étonnement ou l'admiration.

MATINAL, E, AUX adj. **1.** Propre au matin : *Brume matinale.* **2.** Qui se lève de bonne heure : *Son père est matinal.* ◆ **n.f.** Émission de radio ou de télévision en direct, diffusée de six heures à neuf heures env. et ponctuée de bulletins d'information.

MATINALIER, ÈRE n. Journaliste assurant la présentation d'une matinale, à la télévision ou à la radio.

MÂTINÉ, E adj. **1.** BIOL. Croisé. **2.** Qui est mêlé à qqch d'autre : *Un français mâtiné d'espagnol.*

MATINÉE n.f. **1.** Temps qui s'écoule depuis le point du jour jusqu'à midi ; matin. **2.** Spectacle qui a lieu l'après-midi (par oppos. à *soirée*). ▪ **Faire la grasse matinée,** rester tard au lit le matin.

MÂTINER v.t. [3]. Couvrir une chienne de race, en parlant d'un chien de race différente ou d'un corniaud.

SYMBOLES MATHÉMATIQUES

symbole	explication
▪ **THÉORIE DES ENSEMBLES**	
$\in$	élément de, appartient à
$\notin$	n'appartient pas à
$\subset$	sous-ensemble de, inclus dans
$\cup$	réunion, union
$\cap$	intersection
$\{x_i\}$	ensemble des éléments x_i
$\varnothing$	ensemble vide
▪ **ARITHMÉTIQUE, ALGÈBRE**	
$=$	égal
$\simeq$ ou $\approx$	approximativement égal
$\equiv$	identique
$\neq$	différent
$<$	inférieur strictement
$>$	supérieur strictement
$\leq$	inférieur ou égal
$\geq$	supérieur ou égal
$+$	plus
$-$	moins
$\times$ ou $\cdot$	multiplié par
$:$ ou $\div$	divisé par
%	pour cent
‰	pour mille
$\sum_{i=1}^{n} a_i$	somme $a_1 + a_2 + ... + a_n$
$\prod_{i=1}^{n} a_i$	produit $a_1 \cdot a_2 \cdot ... \cdot a_n$
a^n	a à la puissance n
$\sqrt{a}$	racine carrée de a
$\sqrt[n]{a}$	racine nième de a
$n\,!$	factorielle n
C_n^p ou $\binom{n}{p}$	nombre des combinaisons de p éléments pris parmi n
$\lvert a \rvert$	valeur absolue (ou module) de a
$\log_b$	logarithme de base b
$\log$	logarithme de base 10
$\ln$	logarithme népérien, de base e
i	nombre imaginaire unité, $i^2 = -1$
$(a_{ik}) = A$	matrice A d'éléments a_{ik}
$\lvert a_{ik} \rvert = \det A$	déterminant d'une matrice carrée A
$a \equiv b \pmod{m}$	a congru à b modulo m

symbole	explication
▪ **ANALYSE**	
$]a, b[$	intervalle ouvert $a < x < b$
$[a, b]$	intervalle fermé $a \leq x \leq b$
∞	infini
$\rightarrow$	tend vers, converge vers
lim	limite
d	symbole de différenciation
$\frac{dy}{dx}, y'$	dérivée de y par rapport à x
$\frac{d^n y}{dx^n}, y^{(n)}$	dérivée d'ordre n de y par rapport à x
∂	symbole de dérivation partielle
Δ ou δ	variation
$\int$	intégrale simple
$\iint$	intégrale double
$\iiint$	intégrale triple
$\int_b^a f(x)dx$	intégrale définie
▪ **GÉOMÉTRIE**	
$\parallel$ ou //	parallèle
$\perp$	orthogonale ou perpendiculaire
$\frown$	angle
$^\circ$	degré d'angle
$'$	minute d'angle
$''$	seconde d'angle
$\overset{\frown}{AB}$	arc AB
[AB]	segment AB
$\overrightarrow{AB}, \vec{a}$	vecteur AB, vecteur a
$\lVert\overrightarrow{AB}\rVert$	norme de $\overrightarrow{AB}$
$\overline{AB}$	mesure algébrique de $\overrightarrow{AB}$
AB	longueur AB
(AB)	droite AB
$\vec{a} \cdot \vec{b}$	produit scalaire
$\vec{a} \wedge \vec{b}$	produit vectoriel
sin	sinus
cos	cosinus
tan ou tg	tangente
cotan ou cotg	cotangente
arc sin	arc sinus
▪ **LOGIQUE**	
$\neg$	non (négation)
$\wedge$	et (conjonction)
$\vee$	ou (disjonction)
$\Rightarrow$	si ... alors (implication)
$\Leftrightarrow$	si et seulement si (équivalence)
$\exists$	il existe (quantificateur existentiel)
$\forall$	pour tout (quantificateur universel)

La découverte de la matière

Du fond des océans aux satellites que nous envoyons dans l'espace, en passant par l'air que nous respirons, tout est matière. Mais de quoi est-elle constituée ? Quels sont ses différents états ? D'où vient-elle ? L'étude de la matière est une invitation au voyage vers l'infiniment grand et l'infiniment petit.

LES ÉTATS DE LA MATIÈRE

Solide, liquide, gaz. La matière se présente généralement sous trois états physiques. Dans les corps solides, la cohésion entre les molécules est très forte ; dans les liquides, la cohésion est moindre : les molécules se déplacent ; dans un gaz, la cohésion est nulle : les molécules se déplacent librement et occupent tout l'espace disponible.

Glace, eau et vapeur d'eau. L'eau est la seule substance sur Terre qui existe naturellement sous ses trois formes : glace (état solide), eau (état liquide) et vapeur d'eau (état gazeux).

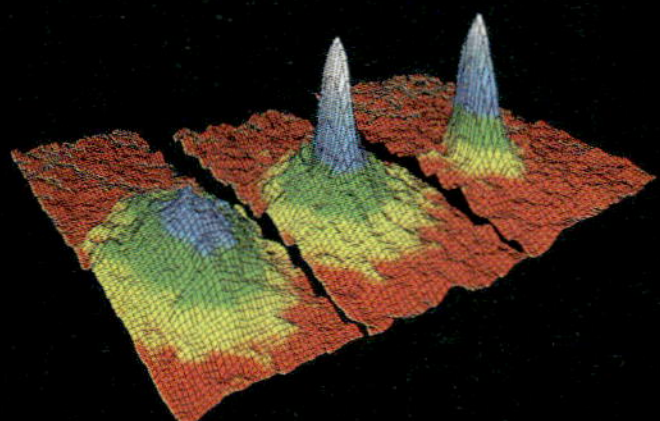

Condensat de Bose-Einstein. C'est un état particulier obtenu à une température proche du zéro absolu (environ – 273 °C), où la matière est constituée d'atomes dans le même état fondamental. L'image représente l'augmentation du nombre d'atomes à l'approche de cet état.

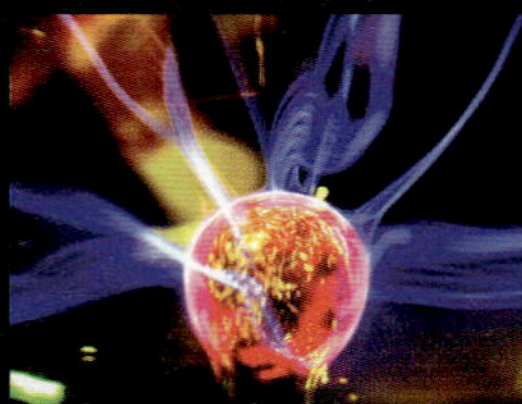

Plasma. Un plasma est un gaz partiellement ou totalement ionisé (formé de particules chargées). Les éclairs et les aurores polaires en sont une manifestation courante sur Terre.

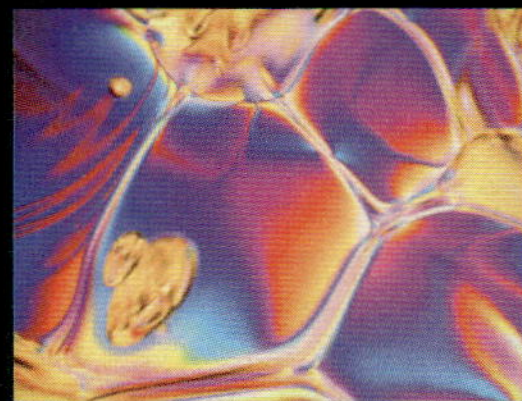

Cristal liquide. Les cristaux liquides sont des matériaux à l'état mésomorphe, intermédiaire entre l'état cristallin et l'état amorphe (sans structure atomique ordonnée).

LA MATIÈRE ET L'HISTOIRE DE L'UNIVERS

Selon le modèle du big bang, qui décrit l'évolution de l'Univers à partir d'une phase initiale très dense et très chaude, on peut retracer les principales étapes de formation de la matière connue. Toutefois, ce modèle nous livre un Univers composé à 96 % de matière et d'énergie noires encore inconnues…

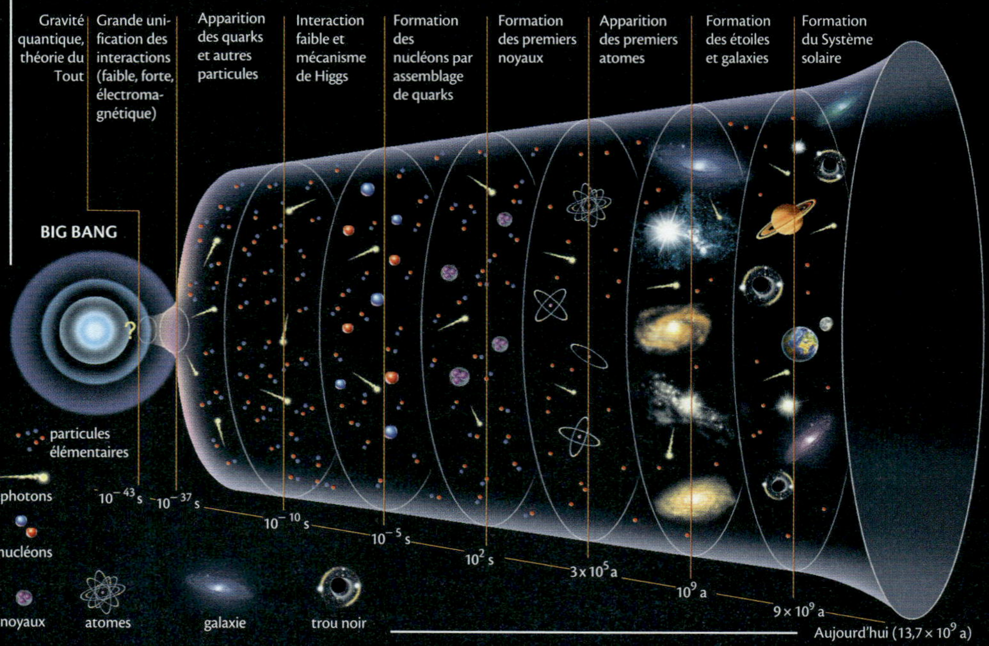

LES CONSTITUANTS DE LA MATIÈRE

Les 118 éléments connus (H, C, O,…) diffèrent par leur nombre de protons et d'électrons.

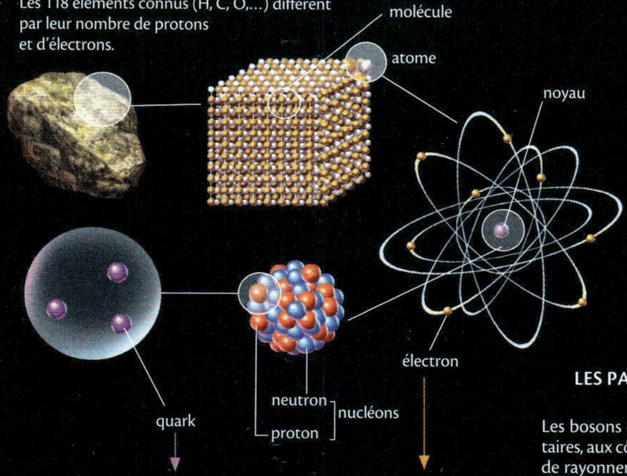

LES PARTICULES ÉLÉMENTAIRES DE MATIÈRE : LES FERMIONS

Les fermions sont les particules constitutives de la matière. Il y a 12 fermions différents, regroupés en 6 leptons et 6 quarks. Toutefois, la matière ordinaire que l'on trouve sur Terre et dans la quasi-totalité de l'Univers visible est formée de seulement quatre fermions : les quarks up et down, qui constituent les nucléons (protons et neutrons) ; l'électron, qui avec les nucléons forme les atomes ; le neutrino électronique, qui est créé dans la radioactivité bêta.

Quarks		Leptons	
d quark down	**u** quark up	**e** électron	ν_e neutrino électronique
s quark strange	**c** quark charm	**μ** muon	ν_μ neutrino muonique
b quark bottom	**t** quark top	**τ** tau	ν_τ neutrino tauique
Charge électrique			
– 1/3	2/3	– 1	0

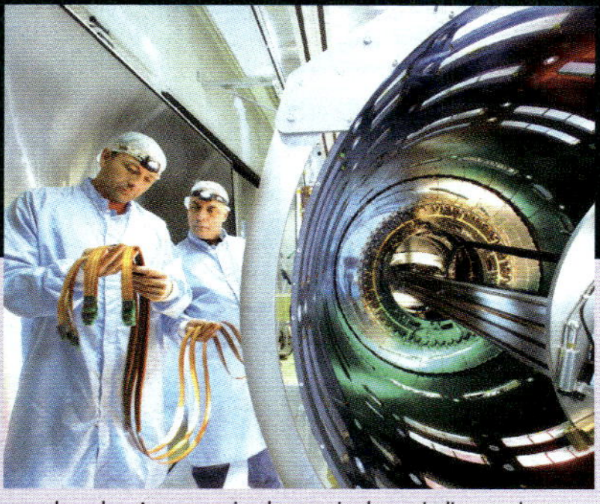

L'ANTIMATIÈRE

Les antiparticules qui constituent l'antimatière sont les symétriques des particules élémentaires. Ainsi, l'antiparticule de l'électron, le positon, possède une charge positive de $1{,}6.10^{-19}$ coulombs ; son existence fut supposée par Paul Dirac en 1930 et mise en évidence en 1932 par Carl Anderson dans les rayons cosmiques. Lorsqu'une particule de matière et son antiparticule se rencontrent, elles s'annihilent mutuellement en libérant la totalité de leur énergie sous forme de rayonnement. Ces collisions sont couramment utilisées dans les expériences de physique des particules. La durée de vie de l'antimatière sur Terre, ou même dans notre galaxie, est très faible puisqu'elle rencontre rapidement de la matière et s'annihile alors.

LES PARTICULES ÉLÉMENTAIRES D'INTERACTION : LES BOSONS

Les bosons constituent l'autre grande classe de particules élémentaires, aux côtés des fermions. Ce sont des particules d'interaction (ou de rayonnement), qui permettent d'expliquer comment la matière est assemblée. Il existe 12 bosons (dits *de jauge*) dans le modèle standard : le photon, 8 gluons et 3 bosons faibles. En plus, on prédit l'existence du graviton qui n'a pas encore été observé, et celle du boson de Higgs, responsable de la masse des autres particules. Chaque boson est associé à l'une des 4 interactions fondamentales.

Interactions fondamentales		Bosons
	**Gravitation.** Responsable de l'attraction des masses, elle explique la pesanteur et le mouvement des corps célestes.	 graviton
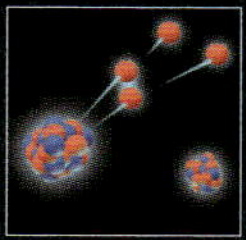	**Interaction faible.** Elle est responsable de certains phénomènes de la radioactivité (par exemple, la radioactivité bêta).	 bosons intermédiaires W^+, W^- et Z
	**Interaction électromagnétique.** Elle se manifeste sous deux formes, la force électrique et la force magnétique, et sous-tend les propriétés chimiques des atomes.	 photon
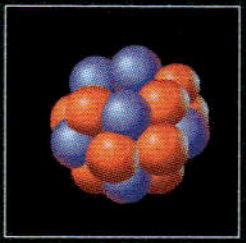	**Interaction forte.** Elle assure la cohésion du noyau en faisant fortement s'attirer les nucléons.	 gluon

LE BOSON DE HIGGS : UNE DÉCOUVERTE HISTORIQUE

La théorie de Higgs. Le boson de Higgs (ou de Brout-Englert-Higgs) est la particule élémentaire dont l'existence, postulée indépendamment par Robert Brout, François Englert et Peter Higgs dans les années 1960, permet d'expliquer l'origine de la masse de toutes les autres particules. En effet, les particules n'acquièrent une masse qu'en interagissant avec un champ de force invisible (appelé *champ de Higgs*) par l'intermédiaire du boson de Higgs. Plus les particules interagissent avec ce champ et plus elles deviennent lourdes. Au contraire, les particules qui n'interagissent pas avec ce champ ne possèdent aucune masse (comme le photon).

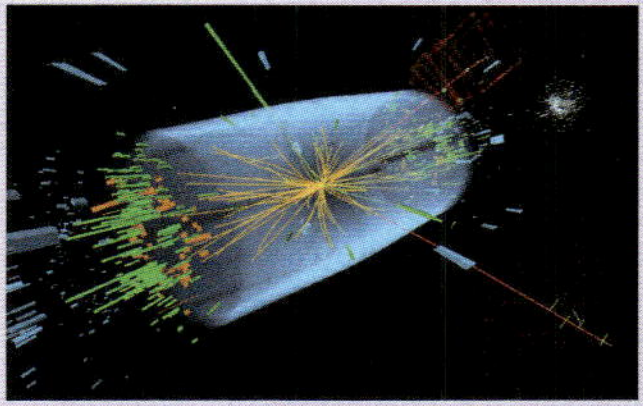

La chasse au boson. Pour mettre au jour le boson de Higgs, on provoque des milliards de chocs entre protons qui se déplacent quasiment à la vitesse de la lumière et on analyse les gerbes de particules produites (comme sur l'image présentée ici). La découverte de ce boson, très probablement détecté dans le LHC du Cern en 2012, validerait ainsi le modèle standard de la physique des particules. Toutefois, si le modèle standard permet de décrire l'ensemble des particules élémentaires de la matière et les interactions fondamentales qui s'exercent entre elles, il n'inclut toujours pas l'interaction gravitationnelle. Ainsi, les recherches expérimentales et théoriques pour percer les mystères de la matière continuent…

MATINES n.f. pl. **CHRIST.** Premier office divin chanté avant le lever du jour. (On l'appelle auj. *office de lectures*.)

MATINEUX, EUSE adj. et n. Vx ou litt. Qui a l'habitude de se lever de bon matin.

MATIR v.t. [21]. **ORFÈVR.** Rendre mat un métal précieux (par oppos. à *brunir*) [SYN. **2. mater**].

MATITÉ n.f. État de ce qui est mat, sans éclat.

MATOIR n.m. Outil en acier trempé qui sert à matir.

MATOIS, E adj. et n. (de l'anc. arg. *mate*, voleur, filou). Litt. Rusé et sournois ; madré.

MATON, ONNE n. (de 3. *mater*). Arg. Gardien de prison.

MATORRAL n.m. (pl. *matorrals*) [mot esp. « buisson »]. Formation végétale des pays méditerranéens, plus ouverte que le maquis et constituée de cistes, de lentisques, de caroubiers, etc. ➲ C'est une forme dégradée de la forêt à chêne vert.

MATOS [matos] n.m. Fam. Matériel ; équipement.

MATOSSER v.t. [3] (de *matos*). **MAR.** Déplacer le matériel à l'intérieur d'un voilier, pour en améliorer l'assiette.

MATOU n.m. Gros chat mâle, génér. non castré.

MATOUTOU n.m. → **MATÉTÉ.**

MATRAQUAGE n.m. Action de matraquer.

MATRAQUE n.f. (de l'ar.). Arme contondante, faite le plus souvent d'un cylindre de bois ou de caoutchouc durci.

MATRAQUER v.t. [3]. **1.** Frapper à coups de matraque. **2.** Fig. Critiquer durement. **3.** Fam. Demander à un client un prix excessif pour un produit, un service. **4.** Diffuser de manière répétée un slogan, un message publicitaire, etc.

MATRAQUEUR, EUSE n. Personne qui matraque.

MATRAS [matra] n.m. Récipient à long col, de forme sphérique ou ovoïde, utilisé dans les laboratoires de chimie.

MATRIARCAL, E, AUX adj. Relatif au matriarcat ; conforme aux principes du matriarcat : *Société matriarcale.*

MATRIARCAT n.m. (du lat. *mater, matris*, mère, d'apr. *patriarcat*). **ANTHROP.** Système social, politique et juridique dans lequel les femmes exercent une autorité prépondérante.

MATRIARCHE n.f. **1.** Épouse d'un patriarche biblique. **2.** Éléphante dominante qui mène un clan de femelles et de petits. **3.** Femme qui joue un rôle prépondérant dans une famille, un secteur d'activité, etc. : *Cette chanteuse est la matriarche du fado.*

MATRIÇAGE n.m. **MÉTALL.** Forgeage à chaud de produits à l'aide d'une matrice.

MATRICAIRE n.f. (de *matrice*). Plante herbacée odorante, telle que la camomille. ➲ Famille des composées.

MATRICE n.f. (lat. *matrix, -icis*). **1. ANAT.** Substance qui constitue la fraction organique d'un tissu minéralisé : *Matrice osseuse* ; zone de formation d'un tissu : *Matrice de l'ongle.* **2. TECHN.** Outillage en creux ou en relief, servant à reproduire une empreinte sur un objet soumis à son action. **3.** Vieilli. Utérus. ▪ **Matrice (à *n* lignes et à *p* colonnes)** [math.], tableau rectangulaire de nombres disposés suivant *n* lignes et *p* colonnes, *n* et *p* pouvant être égaux (*matrice carrée*). ▪ **Matrice cadastrale** [admin.], document énumérant les parcelles appartenant à chaque propriétaire dans la commune. ▪ **Matrice du rôle des contributions** [admin.], registre original d'après lequel sont établis les rôles des contributions dans chaque commune.

MATRICER v.t. [9]. **TECHN.** Former une pièce au moyen de matrices.

1. MATRICIDE n.m. (lat. *matricidium*). Crime d'une personne qui a tué sa mère.

2. MATRICIDE adj. et n. (lat. *matricida*). Qui a commis un matricide.

MATRICIEL, ELLE adj. **MATH.** Relatif aux matrices : *Calcul matriciel.*

MATRICLAN n.m. **ANTHROP.** Clan fondé sur la filiation matrilinéaire.

1. MATRICULE n.f. (bas lat. *matricula*). Registre où sont inscrits les noms de tous les individus qui entrent dans un hôpital, une prison, un corps de troupes, etc. ; inscription sur ce registre : *Vérifier un nom sur la matricule.*

2. MATRICULE n.m. **MIL.** Numéro d'inscription sur la matricule ; numéro d'identification des véhicules et matériels militaires.

MATRILIGNAGE n.m. Groupe de filiation matrilinéaire.

MATRILINÉAIRE adj. **ANTHROP.** Se dit d'un mode de filiation dans lequel seule l'ascendance par les femmes est prise en compte pour la transmission du nom, des statuts, de l'appartenance à une unité sociale et pour le choix du groupe dans lequel on doit se marier (par oppos. à *patrilinéaire*) [SYN. **utérin**].

MATRILOCAL, E, AUX adj. **ANTHROP.** Se dit du mode de résidence d'un couple, dans lequel l'époux vient habiter dans la famille de sa femme (SYN. **uxorilocal**).

MATRIMONIAL, E, AUX adj. (du lat. *matrimonium*, mariage). Relatif au mariage. ▪ **Agence matrimoniale**, établissement commercial qui met en rapport des personnes désireuses de se marier. ▪ **Régime matrimonial**, régime qui règle la répartition et la gestion des biens entre époux.

MATRIOCHKA n.f. (mot russe). Poupée gigogne en bois peint dont l'intérieur creux reçoit une série de poupées identiques, de taille décroissante, emboîtées les unes dans les autres (SYN. **poupée russe**).

MATRONE n.f. (lat. *matrona*). **1.** Femme d'âge mûr et d'allure imposante. **2.** Péjor. Femme corpulente aux manières vulgaires. **3.** Accoucheuse, autref., ou dans les pays où la profession de sage-femme n'est pas réglementée. **4. ANTIQ. ROM.** Femme mariée ; mère de famille.

MATRONYME n.m. Nom de famille transmis par la mère (par oppos. à *patronyme*).

MATTE n.f. (mot du moy. fr. « lait caillé »). Substance métallique sulfureuse résultant de la première fusion d'un minerai traité et pas assez épuré.

MATTHIOLE n.f. (du n. de P. A. *Mattioli*). Plante du littoral atlantique et méditerranéen, cultivée pour l'ornement des jardins sous les noms de *giroflée rouge* et de *violier.* ➲ Famille des crucifères.

MATURATION n.f. (lat. *maturatio*, de *maturare*, mûrir). **1.** Processus menant au développement complet d'un phénomène, à la plénitude d'une faculté : *Une œuvre d'art qui a exigé une longue maturation.* **2. PSYCHOL.** Processus qui conduit à l'image ordonnée de soi, caractérisée par l'ordre intellectuel, affectif, émotionnel et psychomoteur. **3. BIOL.** Évolution d'un organe vers sa fonction finale : *La maturation du cerveau* ; évolution de l'organisme humain vers son état adulte : *La maturation sexuelle.* **4. BIOCHIM.** Processus par lequel une cellule fait subir à un précurseur d'une protéine diverses modifications biochimiques destinées à la transformer en une molécule active (enzyme, hormone, etc.). **5. MÉTALL.** Maintien à une température voisine de la température ambiante d'un produit en alliage d'aluminium préalablement trempé, destiné à en améliorer les qualités mécaniques (SYN. **vieillissement**).

MATURE adj. **1.** Arrivé à une certaine maturité psychologique. **2.** Se dit du poisson prêt à frayer.

MÂTURE n.f. Ensemble des mâts d'un navire.

MATURITÉ n.f. (lat. *maturitas*, de *maturus*, mûr). **1. BOT.** État d'un fruit mûr. **2.** Période de la vie caractérisée par le plein développement physique, affectif et intellectuel. **3.** État de l'intelligence, d'une faculté qui a atteint son plein développement ; sûreté du jugement, génér. propre à l'âge mûr : *Cet adolescent fait preuve de beaucoup de maturité.* **4.** Suisse. Examen de fin d'études secondaires, homologue du baccalauréat.

MATUTINAL, E, AUX adj. Vx ou litt. Qui appartient au matin ; matinal.

MAUBÈCHE n.f. (mot dial.). Bécasseau hivernant sur les côtes atlantiques, représenté par deux espèces, la *maubèche des estuaires* et la *maubèche des champs.* ➲ Famille des scolopacidés.

MAUDIRE v.t. [84] (du lat. *maledicere*, dire du mal). **1.** Litt. Vouer à la damnation éternelle. **2.** Litt. Appeler la malédiction, la colère divine sur. **3.** Exprimer son impatience, sa colère contre : *Maudire les embouteillages.*

MAUDIT, E adj. et n. **1.** Voué à la damnation éternelle. **2.** Réprouvé, rejeté par la société : *Artiste maudit.* ▪ **Le Maudit**, le démon. ◆ **adj.** (Avant le n.). Qui contrarie : *Maudite neige !* ; dont on a sujet de se plaindre : *Ce maudit répondeur ne s'est pas déclenché !*

MAUGRÉER v.i. et v.t. [8] (de l'anc. fr. *maugré*, chagrin). Litt. Manifester sa mauvaise humeur, son mécontentement ; grommeler : *Maugréer des excuses.*

MAUL n.m. (de l'angl. *to maul*, malmener). Au rugby, regroupement de joueurs, debout, entourant le porteur du ballon. ➲ Le fait que le ballon soit porté – et non pas au sol – permet de distinguer le maul de la mêlée ouverte.

MAURANDIA n.m. (du n. de *Maurandy*). Plante du Mexique et de l'Arizona, parfois grimpante, dont les fleurs à grande corolle tubuleuse sont recherchées pour orner les tonnelles. ➲ Famille des scrofulariacées.

MAURE ou **MORE** adj. et n. (du lat. *Maurus*, de Mauritanie). **1.** Relatif aux Maures de l'époque actuelle. **2.** Musulman, dans l'Espagne du Moyen Âge. **3. ANTIQ. ROM.** Qui appartenait à la Mauritanie ancienne (actuel Maghreb). ▪ **Tête de Maure** [hérald.], figure représentant une tête de Noir, portant un tortil d'argent.

1. MAURESQUE ou **MORESQUE** adj. Relatif aux Maures. ◆ **n.f.** Femme maure.

2. MAURESQUE n.f. Pastis additionné de sirop d'orgeat.

MAURICIEN, ENNE adj. et n. De l'île Maurice ; de ses habitants.

MAURISTE n.m. Membre de la congrégation bénédictine de Saint-Maur.

MAURITANIEN, ENNE adj. et n. De la Mauritanie ; de ses habitants.

MAUSER [mozɛr] n.m. (du n. de W. von *Mauser*). **1.** Type de pistolet automatique. **2.** Fusil adopté en 1872 par l'Allemagne.

MAUSOLÉE n.m. (de *Mausole*, n.pr.). Monument funéraire de grandes dimensions, à l'architecture somptueuse.

MAUSSADE adj. (de *1. mal* et de l'anc. fr. *sade*, agréable). **1.** Qui est de mauvaise humeur et le manifeste ; qui est renfrogné : *Personne, air maussades.* **2.** Qui inspire l'ennui, la tristesse : *Temps maussade.*

MAUSSADERIE n.f. Litt. Humeur maussade.

MAUVAIS, E adj. (du bas lat. pop. **malifatius*, qui a un mauvais sort). **1.** Qui peut nuire, présenter un danger : *Les émotions fortes sont mauvaises pour son cœur. Une mauvaise toux.* **2.** Qui ne présente pas les qualités requises par sa nature, sa destination, sa fonction : *Un mauvais sommier. Un mauvais acteur* ; qui présente des défauts : *Son accent en anglais est mauvais.* **3.** Qui ne convient pas : *Je l'ai appelé au mauvais moment.* **4.** De valeur nulle ou faible : *Avoir une mauvaise note* ; qui rapporte peu : *Faire un mauvais placement.* **5.** Qui provoque une réaction défavorable : *Faire mauvais effet* ; qui déplaît : *Ce café a mauvais goût.* **6.** Qui aime faire du mal : *Quand elle est en colère, elle devient mauvaise* ; qui manifeste de la méchanceté : *De mauvaises intentions.* **7.** Contraire à la morale ou à la loi : *Commettre une mauvaise action.* ▪ **L'avoir** ou **la trouver mauvaise** [fam.], être mécontent, déçu de qqch. ▪ **Mauvaise tête**, personne sujette à des emportements. ▪ **Mer mauvaise**, très agitée. ◆ **n.m.** Ce qui est mauvais, désagréable : *Il n'y a pas que du mauvais dans ses propositions.* ◆ **adv.** ▪ **Il fait mauvais**, le temps n'est pas beau. ▪ **Sentir mauvais**, exhaler une odeur fétide.

MAUVE n.f. (lat. *malva*). Plante à fleurs roses ou violacées commune dans les terrains vagues ou cultivés. ➲ Famille des malvacées. ◆ **adj.** et **n.m.** Couleur violet pâle.

MAUVÉINE n.f. Anc. Colorant violet dérivé de l'aniline (nom générique).

MAUVIETTE n.f. (dimin. de *mauvis*). **1.** Fam. Personne chétive, maladive ou peu courageuse. **2.** Vx. Alouette devenue grasse à la fin de l'été.

MAUVIS **n.m.** (de l'anglo-saxon *maew*, mouette). Petite grive du nord de l'Europe. ➲ Famille des turdidés.

MAUX **n.m. pl.** → **3. MAL.**

1. MAXI **adj. inv.** Se dit d'un vêtement très long : *Des jupes maxi.* ◆ **n.m.** Habillement fait de jupes et de manteaux longs : *Le maxi est à la mode.*

2. MAXI **adj. inv.** (abrév.). Fam. Maximal : *Prix, vitesse maxi.* ◆ **adv.** Fam. Au maximum ; tout au plus : *Budget vacances de mille euros maxi.*

MAXIDISCOMPTE **n.m.** Vente au public de marchandises à très bas prix.

MAXIDISCOMPTEUR **n.m.** Magasin pratiquant le maxidiscompte.

MAXILLAIRE [-lɛr] **adj.** (lat. *maxillaris*, de *maxilla*, mâchoire). Qui se rapporte aux mâchoires ou aux os des mâchoires. ◆ **n.m.** Chacun des trois os des mâchoires. ■ **Maxillaire inférieur,** os de la mâchoire inférieure (SYN. **mandibule**). ■ **Maxillaire (supérieur),** chacun des deux os faisant partie de la mâchoire supérieure.

MAXILLE [maksil] **n.f.** (du lat. *maxilla*, mâchoire). Pièce buccale paire des insectes, des crustacés, etc., située en arrière des mandibules.

MAXILLIPÈDE [-li-] **n.m.** **ZOOL.** Appendice pair des crustacés, situé entre les mâchoires et les pattes, et servant surtout à tenir les proies (SYN. **patte-mâchoire**).

MAXILLO-FACIAL, E, AUX [-lo-] **adj.** Qui se rapporte aux maxillaires et au reste de la face : *Chirurgie maxillo-faciale.*

A **MAXIMA** **loc. adj. inv.** → **A MAXIMA.**

MAXIMA **n.m. pl.** → **MAXIMUM.**

MAXIMAL, E, AUX **adj.** Qui atteint le plus haut degré : *Vitesse maximale. Rendement maximal.* ■ **Élément maximal** [math.], élément d'un ensemble ordonné tel qu'il n'existe aucun autre élément qui lui soit supérieur.

MAXIMALISME **n.m.** Tendance à préconiser des solutions extrêmes, notamm. en politique (par oppos. à *minimalisme*).

MAXIMALISTE **adj.** et **n.** Relatif au maximalisme ; qui en est partisan.

MAXIME **n.f.** (du lat. *maxima sententia*, pensée générale). Formule brève énonçant une règle de morale ou de conduite, ou une réflexion d'ordre général.

MAXIMISATION ou **MAXIMALISATION** **n.f.** Action de maximiser.

MAXIMISER ou **MAXIMALISER** **v.t. [3]. 1.** Donner la plus haute valeur possible à une grandeur, un fait, une idée, etc. **2.** Porter une quantité au plus haut degré.

MAXIMUM [-mɔm] **n.m.** (pl. *maximums* ou *maxima*) [mot lat. « le plus grand »]. **1.** Le plus haut degré atteint par qqch ou que qqch puisse atteindre : *Prendre le maximum de précautions.* **2.** Limite supérieure d'une condamnation pénale : *Elle risque le maximum.* **3. MATH.** Plus grand élément d'un ensemble ordonné. ■ **Au maximum,** dans le pire des cas : *Vous devriez en avoir au maximum pour 1 000 euros* ; au plus haut degré : *Profiter de ses vacances au maximum.* ■ **Maximum d'une fonction** [math.], la plus grande des valeurs de cette fonction dans un intervalle de la variable ou dans son domaine de définition. ◆ **adj.** (Emploi critiqué). Maximal. (*Maximal* est préconisé par l'Académie des sciences.)

MAXWELL [makswɛl] **n.m.** (de J. C. *Maxwell*, n.pr.). Anc. Unité de flux magnétique (symb. Mx), dans le système c.g.s. électromagnétique.

▲ **mauve**

1. MAYA **adj.** et **n.** Relatif aux Mayas, à leur civilisation. ◆ **n.m.** Famille de langues indiennes de l'Amérique centrale.

2. MAYA **n.f.** (du sanskr. *māyā*, illusion). Dans la pensée hindoue, apparence illusoire qui cache la réalité et provoque l'ignorance.

MAYEN [majɛ̃] **n.m.** (du lat. *maius*, mai). Suisse. Dans le Valais, pâturage d'altitude moyenne, comportant des bâtiments rudimentaires, où les troupeaux séjournent en été ; ces bâtiments.

MAYEUR, E **n.** → **MAÏEUR.**

MAYONNAISE **n.f.** (p.-ê. de *Port-Mahon*, cap. de Minorque). Sauce froide composée d'une émulsion de jaune d'œuf, de moutarde et d'huile. Abrév. (fam.) **mayo.** ■ **Faire monter la mayonnaise** [fam.], grossir, dramatiser une situation. ■ **La mayonnaise prend, ne prend pas** [fam.], la situation évolue de façon positive, négative.

MAYORAL, E, AUX **adj.** → **MAÏORAL.**

MAYORAT **n.m.** → **MAÏORAT.**

MAZAGRAN **n.m.** (de *Mazagran*, v. d'Algérie). **1.** Récipient de faïence épaisse, en forme de verre à pied bas, pour boire le café. **2.** Vx. Café froid ou chaud, servi dans un verre profond.

MAZAMA **n.m.** ■ **Mazama rouge,** cariacou.

MAZARINADE **n.f.** **HIST.** Chanson ou pamphlet publiés contre Mazarin pendant la Fronde.

MAZDÉEN, ENNE **adj.** Du mazdéisme.

MAZDÉISME **n.m.** (de l'avestique *māzdhā*, sage). Religion de l'Iran ancien, réformée, au VIIe s. av. J.-C., par Zarathushtra.

➲ Le **MAZDÉISME** est une religion dualiste, dont la doctrine originelle est contenue dans l'Avesta. Selon celle-ci, le monde est le théâtre d'une lutte opposant le principe du Bien (Ahura-Mazdâ ou Ormuzd) et le principe du Mal (Ahriman). Zarathushtra fait du Bien le vainqueur du Mal à la fin des temps.

MAZETTE **n.f.** (du norm. *mesette*, mésange). Vx. Joueur maladroit, en partic. aux échecs. ◆ **interj.** Vieilli. Exprime l'admiration, l'étonnement : *Mazette ! trois millions !*

MAZOT **n.m.** Région. (Savoie) ; Suisse. Petit bâtiment rural et montagnard.

MAZOUT [mazut] **n.m.** (mot russe). Fioul domestique.

MAZOUTER **v.t. [3].** Polluer par le mazout. ◆ **v.i.** Se ravitailler en mazout, en parlant d'un navire.

MAZURKA [-zyr-] **n.f.** (polon. *mazurkha*). **1.** Danse d'origine polonaise exécutée en couple, à la mode en Europe dans la seconde moitié du XIXe s. **2.** Pièce instrumentale à trois temps.

MBALAX [ɛmbalaks] **n.m.** Sénégal. Musique populaire moderne, très dansante, jouée sur un rythme ternaire avec des instruments à percussion.

MDMA [ɛmdeɛma] **n.f.** (sigle de *méthylène-dioxy-métamphétamine*). Drogue de type métamphétamine, plus connue sous le nom d'*ecstasy.*

ME **pron. pers.** Désigne la 1re pers. du sing., représentant celui, celle qui parle en fonction de complément d'objet direct ou indirect, de complément d'attribution : *Il me semble. Tu me le prêtes ? Je m'interroge.*

MEA CULPA ou **MEA-CULPA** [meakylpa] **n.m. inv.** (loc. lat. « par ma faute », tirée du *Confiteor*). Aveu d'une faute commise ; coup dont on se frappe la poitrine en prononçant ces paroles. ■ **Faire son mea culpa,** reconnaître ses torts.

MÉANDRE **n.m.** (de *Méandre*, n. pr.). **1.** Sinuosité que décrit un cours d'eau. **2.** Fig. Cheminement indirect et capricieux : *Les méandres d'une intrigue romanesque.* **3. ARCHIT.** Ornement courant du type des grecques ou des postes, onde de certains guillochis.

MÉAT **n.m.** (du lat. *meatus*, passage). **1. ANAT.** Orifice de certains conduits. **2. BOT.** Cavité intercellulaire des végétaux. ■ **Méat urinaire** [anat.], orifice externe de l'urètre.

MEC **n.m.** Fam. **1.** Garçon ; homme. **2.** Mari ; amant ; compagnon.

MÉCANICIEN, ENNE **n. 1.** Spécialiste de la mécanique physique. **2.** Personne effectuant le montage et les réparations courantes d'ensembles mécaniques. Abrév. (fam.) **mécano. 3.** Ouvrier exécutant à la machine certains travaux dans le prêt-à-porter. ◆ **n.m. CH. DE F.** Vieilli. Agent de conduite d'un engin moteur (locomotive, automotrice, etc.).

1. MÉCANIQUE **n.f.** (du gr. *mêkhanê*, machine). **1.** Combinaison d'organes propres à produire ou à transmettre des mouvements. **2.** Domaine de la physique ayant pour objet l'étude des forces et des mouvements. **3.** Étude des machines, de leur construction et de leur fonctionnement. **4.** Machine considérée du point de vue du fonctionnement de ses organes mécaniques : *Cette moto est une belle mécanique.* **5.** Litt. Ensemble des moyens utilisés dans le fonctionnement d'une activité : *La mécanique financière.* ■ **Mécanique céleste,** branche de l'astronomie qui étudie le mouvement des astres sous l'action de la gravitation universelle. ■ **Mécanique des fluides** → **FLUIDE.** ■ **Mécanique quantique** ou **ondulatoire,** dénominations originelles de la physique quantique*. ■ **Mécanique statistique** → **STATISTIQUE.**

2. MÉCANIQUE **adj. 1.** Se dit de ce qui concerne le mouvement et ses propriétés : *Lois mécaniques. L'énergie mécanique.* **2.** Se dit de certaines opérations techniques effectuées à la machine : *Tissage mécanique* ; se dit de produits ainsi fabriqués : *Dentelle mécanique.* **3.** Qui est mis en mouvement par une machine ; qui comporte un mécanisme : *Jouet mécanique.* **4.** Qui relève du fonctionnement d'une machine, d'un mécanisme, et en partic. du moteur d'un véhicule : *Problèmes mécaniques.* **5.** Qui ne dépend pas de la volonté ; automatique : *Un geste mécanique.* ■ **Arts mécaniques** [anc.], arts exigeant un travail manuel ou l'emploi de machines (par oppos. à *arts libéraux*).

MÉCANIQUEMENT **adv. 1.** Du point de vue de la mécanique. **2.** De façon mécanique, machinale.

MÉCANISATION **n.f.** Action de mécaniser.

MÉCANISER **v.t. [3]. 1.** Introduire l'emploi des machines dans une activité, une installation. **2.** Rendre une action mécanique, automatique ; automatiser : *Mécaniser la traite des vaches.*

MÉCANISME **n.m. 1.** Dispositif constitué par des pièces disposées de façon à remplir une fonction donnée (entraînement, freinage, etc.) : *Démonter le mécanisme d'une serrure.* **2.** Mode de fonctionnement d'un ensemble d'éléments dépendant les uns des autres : *Le mécanisme de l'économie mondiale.* **3. PHILOS.** Conception selon laquelle l'ensemble des phénomènes naturels s'explique par les seules lois de cause à effet. ■ **Mécanismes de résolution** → **RÉSOLUTION.**

MÉCANISTE **adj.** et **n. PHILOS.** Relatif au mécanisme ; qui en est partisan.

MÉCANO **n.m.** (abrév.). Fam. Mécanicien.

MÉCANOGRAPHE **n.** Anc. Personne qui était chargée des travaux de mécanographie.

MÉCANOGRAPHIE **n.f.** (du gr. *mêkhanê*, machine, et *graphein*, écrire). Anc. Méthode de traitement de documents administratifs, comptables ou statistiques, fondée sur l'utilisation de machines qui traitaient mécaniquement des cartes perforées.

MÉCANOGRAPHIQUE **adj.** Anc. Relatif à la mécanographie.

▲ **méandres** dans le delta de l'Okavango, au Botswana.

MÉCANOTHÉRAPIE n.f. (du gr. *mêkhanê*, machine, et *therapeuein*, soigner). Kinésithérapie effectuée au moyen d'appareils mécaniques (poulies, contrepoids, etc.).

MÉCATRONIQUE n.f. (de *1. mécanique* et *électronique*). Combinaison de la mécanique, de l'électronique et de l'informatique pour la conception de systèmes automatiques complexes.

MECCANO n.m. (nom déposé). Jeu de construction composé de lames percées de trous équidistants et de boulons.

MÉCÉNAT n.m. Protection, soutien financier accordés à des activités culturelles, scientifiques, sportives, etc.

MÉCÈNE n. (de *Mécène*, n.pr.). Personne physique ou morale qui soutient les artistes, les savants, les écrivains, etc., par un financement ou par des commandes : *Une généreuse mécène.*

MÉCÉNER v.t. [11] ▲ *[11*]*. En parlant d'une personne physique ou morale, apporter une aide financière à un projet ou un événement artistique, un artiste, etc. : *Mécéner une exposition, un ensemble vocal, la restauration d'un tableau.*

MÉCHAGE n.m. **1.** MÉD. Action de placer une mèche. **2.** Désinfection d'une cuve, d'un tonneau par combustion d'une mèche soufrée à l'intérieur du récipient.

MÉCHAMMENT adv. **1.** De façon méchante, dure : *Il a répondu méchamment.* **2.** Fam. Extrêmement : *Il est méchamment riche.*

MÉCHANCETÉ n.f. **1.** Penchant à faire du mal : *Elle a dit ça par méchanceté.* **2.** Action, parole méchante : *Faire des méchancetés.*

MÉCHANT, E adj. et n. (de l'anc. fr. *mescheoir*, mal tomber). Qui fait intentionnellement du mal à autrui : *Il est méchant avec ses collègues* ; qui manifeste de la malveillance : *Un regard méchant.* ◆ adj. **1.** (Souvent avant le n.). Qui est dangereux ou nuisible : *Le soleil est méchant à cette heure-ci.* **2.** (Souvent avant le n.). Se dit d'un enfant insupportable, turbulent. **3.** (Après le n.). Se dit d'un animal agressif : *Attention, chien méchant !* **4.** (Souvent avant le n.). Qui est médiocre ou insignifiant : *Il n'avait qu'une méchante veste.* **5.** (Souvent avant le n.). Fam. Extraordinaire ; remarquable : *Elle a une méchante collection de jouets anciens !*

1. MÈCHE n.f. (du lat. *myxa*, lumignon). **1.** Cordon au cœur d'une bougie ou servant à conduire un liquide combustible dans une lampe. **2.** Touffe de cheveux. **3.** Gaine de coton contenant de la poudre noire et servant à mettre le feu à une arme, une mine, un explosif. **4.** Toile imprégnée de soufre que l'on fait brûler dans les tonneaux pour les désinfecter. **5.** MÉD. Bande de tissu introduite dans une plaie, une cavité, pour drainer un épanchement ou tarir un saignement. **6.** TEXT. Ruban formé par l'assemblage de fibres textiles, qui alimente le métier à filer. **7.** Bout de ficelle attaché à la lanière d'un fouet. **8.** MUS. Touffe de crins de cheval tendue entre les extrémités d'un archet et qui frotte les cordes de l'instrument. **9.** Outil rotatif en acier servant à percer des trous. **10.** Axe du gouvernail d'un navire. ▪ **Éventer, vendre la mèche** [fam.], découvrir, livrer un secret. ▪ **Mèche lente,** Bickford.

2. MÈCHE n.f. (de l'ital. *mezzo*, moyen). ▪ **Être de mèche avec qqn** [fam.], être son complice. ▪ **Y a pas mèche** [arg.], il n'y a pas moyen ; c'est impossible.

MÉCHER v.t. [11], ▲ *[11*]*. Procéder au méchage d'une cuve à vin, d'un tonneau.

MÉCHOUI [meʃwi] n.m. (ar. *machwī*). Mouton ou agneau cuit en entier à la broche ; repas où l'on sert cet animal rôti. ➲ Cuisine d'Afrique du Nord.

MECHTA [mɛʃta] n.f. (ar. *machtā*). En Algérie et en Tunisie, hameau.

MÉCOMPTE n.m. Litt. Espérance trompée ; désillusion : *Vous allez au-devant de graves mécomptes.*

SE MÉCONDUIRE v.pr. [78]. Belgique. Se conduire mal.

MÉCONDUITE n.f. Belgique. Mauvaise conduite ; débauche.

MÉCONIUM [-njɔm] n.m. (du gr. *mêkônion*, suc de pavot). PHYSIOL. Matière contenue dans l'intestin du fœtus et expulsée après la naissance.

MÉCONNAISSABLE adj. Transformé au point d'être difficile à reconnaître.

MÉCONNAISSANCE n.f. Litt. Fait de méconnaître ; ignorance.

MÉCONNAÎTRE, ▲ *MÉCONNAITRE* v.t. [71]. Litt. Ne pas voir qqch tel qu'il est ; oublier : *Méconnaître les contraintes budgétaires* ; ne pas apprécier à sa juste valeur ; sous-estimer : *Méconnaître l'œuvre d'un cinéaste.*

MÉCONNU, E adj. et n. Qui n'est pas apprécié à sa juste valeur ; ignoré : *Un compositeur méconnu.*

MÉCONTENT, E adj. et n. Qui n'est pas content ; insatisfait : *Réforme qui fait des mécontents.*

MÉCONTENTEMENT n.m. Sentiment d'un groupe qui est mécontent ; insatisfaction.

MÉCONTENTER v.t. [3]. Rendre mécontent ; indisposer.

MÉCOPTÈRE n.m. (du gr. *mêkos*, longueur, et *pteron*, aile). Insecte portant deux paires d'ailes égales et dont la tête est prolongée vers le bas en un rostre, tel que la panorpe. ➲ Les mécoptères forment un ordre.

MÉCRÉANT, E n. (de l'anc. fr. *mescroire*, être incroyant). Vieilli. Personne qui n'a pas de religion ; incroyant.

MÉDAILLE n.f. (ital. *medaglia*). **1.** Pièce de métal, génér. circulaire, portant un dessin, une inscription en relief, frappée en l'honneur d'une personne ou en souvenir d'un événement. **2.** Pièce de métal représentant un sujet de dévotion : *Médaille de la Vierge.* **3.** Pièce de métal donnée en prix dans certains concours, certaines épreuves sportives, en récompense d'actes de dévouement, etc. : *Médaille du travail.* **4.** Petite pièce de métal portée comme breloque ou comme plaque d'identité par les animaux domestiques. ▪ **Médaille d'or, d'argent, de bronze,** chacune des médailles attribuées aux trois premiers d'une épreuve olympique ou d'un championnat international ; titre correspondant ; athlète ayant obtenu ce titre. ▪ **Médailles commémoratives,** décorations militaires commémorant une guerre ou une opération extérieure.

MÉDAILLÉ, E adj. et n. Décoré d'une médaille ayant valeur de récompense.

MÉDAILLER v.t. [3]. Décerner une médaille à qqn ; décorer.

MÉDAILLEUR n.m. Artiste qui crée des médailles ; graveur en médailles.

MÉDAILLIER, ▲ *MÉDAILLER* n.m. **1.** Collection de médailles. **2.** Meuble à tiroirs plats conçu pour abriter une telle collection.

MÉDAILLON n.m. (ital. *medaglione*). **1.** Médaille sans revers qui dépasse en poids et en taille les médailles ordinaires. **2.** Bijou de forme circulaire ou ovale, dans lequel on place un portrait, des cheveux, etc. **3.** Bas-relief ou autre élément décoratif circulaire ou ovale. **4.** Préparation culinaire de forme ronde ou ovale.

MEDAL PLAY [medəlplɛ] n.m. (pl. *medal plays*) [mots angl.]. Au golf, compétition fondée sur le décompte des coups pour l'ensemble du parcours.

MÈDE adj. et n. De la Médie ; relatif aux Mèdes. ◆ adj. Médique.

MÉDECIN n. (lat. *medicus*). Titulaire du diplôme de docteur en médecine ; personne qui exerce la médecine : *Une médecin généraliste.* ▪ **Médecin de famille,** généraliste qui suit à long terme plusieurs personnes d'une famille. ▪ **Médecin des armées,** officier du corps des médecins militaires, depuis 1968. ▪ **Médecin traitant** → **TRAITANT.**

MÉDECIN-CONSEIL n.m. (pl. *médecins-conseils*). Médecin attaché à un organisme (assurance-maladie, compagnie d'assurances privée, etc.), chargé de donner un avis médical motivé sur les cas qui lui sont soumis.

MÉDECIN-DENTISTE n.m. (pl. *médecins-dentistes*). Suisse. Dentiste.

MÉDECINE n.f. (lat. *medicina*). **1.** Ensemble des connaissances scientifiques et des moyens mis en œuvre pour la prévention, la guérison ou le soulagement des maladies, blessures ou infirmités. **2.** Système médical particulier : *La médecine scolaire.* **3.** Profession de médecin : *Exercer la médecine.* ▪ **Médecine de ville,** exercée en dehors de l'hôpital. ▪ **Médecine du travail,** branche de la médecine dont le rôle est de prévenir et de surveiller les troubles ou les accidents dus à l'activité professionnelle. ▪ **Médecine générale,** médecine qui s'occupe de toutes les pathologies et de l'ensemble de l'organisme. ▪ **Médecine légale,** spécialité exercée par un médecin légiste chargé d'effectuer des expertises ou des constatations ayant pour objet d'aider la justice pénale ou civile dans la recherche de la vérité. ▪ **Médecine sociale,** ensemble des connaissances portant sur les conséquences médicales des lois et des phénomènes sociaux (législation sociale, médecine du travail, etc.). ▪ **Médecine vétérinaire,** médecine des animaux.

➲ La **MÉDECINE** se préoccupe des causes des maladies, ainsi que de leur fréquence, de leur diagnostic, de leur évolution, de leur prévention et de leur traitement. Elle se subdivise en de nombreuses branches, qui correspondent à différentes fonctions dans la société (médecine scolaire, par ex.), à différents modes d'exercice (médecine libérale, médecine hospitalière, etc.) ou à différentes spécialités : gastro-entérologie, ophtalmologie, orthopédie, pédiatrie, etc.
À côté de la médecine officielle moderne, il existe des médecines alternatives (phytothérapie, oligothérapie, etc.). Certaines cultures nationales ou régionales comportent une branche médicale spécifique : médecine chinoise, médecine indienne, médecines africaines, etc.

MÉDECINE-BALL [mɛdsinbɔl] n.m. (pl. *médecine-balls*) [angl. *medicine-ball*]. Ballon plein et lourd, utilisé pour les exercices d'assouplissement et de musculation.

MEDERSA n.f. inv. → **MADRASA.**

MÉDIA n.m. (de *mass media*). Tout procédé de transmission de la pensée, tout support des technologies de l'information et de la communication permettant la diffusion de messages sonores ou audiovisuels. (On trouve aussi les graphies *médium* ou *medium* au sing., et *media*, n.m. inv.) ▪ **Média de groupe,** organe d'information ou de communication dont les usagers ou les destinataires appartiennent à un même groupe. ▪ **Plan média,** recherche d'une combinaison de médias et de supports permettant d'atteindre par la publicité le maximum de consommateurs. Recomm. off. pour **médiaplanning.**

➲ Un **MÉDIA** est un support matériel qui permet d'établir une communication (écrite, orale, audiovisuelle) entre différents acteurs (producteurs, diffuseurs, usagers). Les médias sont des dispositifs complexes à la fois d'ordre sémiotique (langage écrit ou oral, images fixes ou animées), d'ordre technique (encre et papier, écran et ordinateur), d'ordre économique (financier et organisationnel) et d'ordre politique et social (produits par différents acteurs, ils établissent des relations de communication au sein de la société).
On peut distinguer les *entreprises* médiatiques (presse écrite, radio, télévision, cinéma) des *dispositifs* médiatiques (blog, site Internet, téléphone mobile, réseaux sociaux). Ces derniers permettent de communiquer mais, génér., n'émanent pas d'entreprises spécialisées dans le divertissement et l'information. Deux facteurs font que les médias sont de plus en plus nombreux dans l'espace social : le premier est lié à l'impulsion des progrès informatiques et le second au fait qu'un nombre croissant d'entreprises, d'institutions ou d'individus cherchent à rendre leur action visible.

MÉDIALE n.f. (du lat. *medialis*, milieu). MATH. Nombre séparant les valeurs prises par un caractère quantitatif, rangées par ordre croissant, en deux groupes tels que les sommes des valeurs y soient égales.

MÉDIAN, E adj. (lat. *medianus*). Qui se trouve au milieu : *Cloison médiane.* ▪ **Nerf médian** [anat.], principal nerf de la flexion du membre supérieur, agissant sur l'avant-bras et la main. ▪ **Plan médian (d'un tétraèdre)** [math.], plan passant par une arête et le milieu de l'arête opposée.

MÉDIANE n.f. MATH. **1.** Dans un triangle, droite passant par un sommet et par le milieu du côté opposé. **2.** Nombre séparant les valeurs prises par un caractère quantitatif, rangées par ordre croissant, en deux groupes tels que les sommes des effectifs y soient égales.

MÉDIANOCHE [-nɔʃ] **n.m.** (de l'esp. *media*, qui est au milieu, et *noche*, nuit). Litt. Repas fin pris peu après minuit.

MÉDIANTE n.f. (du lat. *medians*, au milieu). **MUS.** Note située au troisième degré d'une gamme diatonique.

MÉDIAPLANNEUR n.m. Publicitaire chargé de concevoir et de mettre en application un plan média*.

MÉDIAPLANNING n.m. Recomm. off. **plan média*.**

MÉDIASPHÈRE n.f. Ensemble des médias.

MÉDIASTIN n.m. (du lat. *mediastinus*, qui se tient au milieu). **ANAT.** Espace compris entre les deux poumons.

MÉDIAT, E adj. Qui se fait indirectement, en passant par un intermédiaire : *Auscultation médiate.*

1. MÉDIATEUR, TRICE adj. (bas lat. *mediator*, de *mediare*, être au milieu). Qui sert d'intermédiaire, d'arbitre, de conciliateur : *Une nation médiatrice.* ◆ **n. 1.** Personne qui effectue une médiation. **2.** Dans les quartiers sensibles et les transports en commun, personne chargée d'apaiser les conflits avec les autorités. ▪ **Médiateur européen,** personne élue par le Parlement européen afin d'examiner les plaintes déposées par des citoyens, des entreprises ou des associations à l'encontre des institutions de l'Union européenne, à l'exclusion de la Cour de justice.

2. MÉDIATEUR, TRICE adj. MATH. ▪ **Plan médiateur (d'un segment de l'espace),** plan perpendiculaire au segment en son milieu. ◆ **n.m. BIOCHIM.** ▪ **Médiateur chimique,** substance synthétisée et libérée par une cellule (neuromédiateur, cytokine, prostaglandine, etc.), intervenant dans un processus de l'organisme (conduction nerveuse, inflammation, etc.).

MÉDIATHÉCAIRE n. Personne responsable d'une médiathèque.

MÉDIATHÈQUE n.f. Organisme chargé de la conservation et de la mise à la disposition du public d'une collection de documents qui figurent sur des supports variés.

MÉDIATION n.f. (bas lat. *mediatio*). **1.** Entremise destinée à amener un accord ; arbitrage : *La médiation du maire a été essentielle.* **2. PHILOS.** Articulation entre deux êtres ou deux termes au sein d'un processus dialectique ou dans un raisonnement. ▪ **Médiation animale,** interaction à visée préventive ou thérapeutique d'un patient avec un animal spécialement éduqué à cet effet. ➲ Effectuée sous la responsabilité d'un professionnel qualifié, elle a pour but de maintenir ou d'améliorer l'état physique, cognitif et/ou psychologique du patient, ainsi que sa socialisation et sa qualité de vie. ▪ **Médiation pénale,** mesure alternative aux poursuites pénales, négociée entre la victime d'une infraction et l'auteur de celle-ci, en présence d'un médiateur mandaté par le parquet.

MÉDIATIQUE adj. 1. Relatif aux médias. **2.** Rendu populaire par les médias : *Une ministre médiatique.*

MÉDIATIQUEMENT adv. Du point de vue des médias ; grâce aux médias.

MÉDIATISATION n.f. Action de médiatiser.

1. MÉDIATISER v.t. [3] (de *média*). Faire diffuser par les médias ; donner une grande publicité à.

2. MÉDIATISER v.t. [3] (de *médiat*). **1.** Didact. Servir d'intermédiaire pour transmettre qqch (œuvre, théorie, etc.). **2. PHILOS.** Instaurer une médiation.

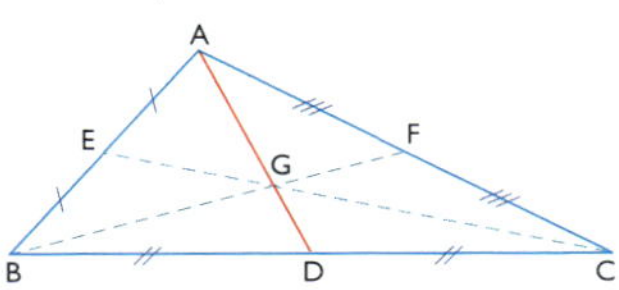

▲ **médiane** d'un triangle.

MÉDIATOR n.m. (lat. *mediator*). Lamelle rigide servant à toucher les cordes de certains instruments de musique (mandoline, balalaïka, banjo, guitare, etc.) [SYN. **plectre**].

MÉDIATRICE n.f. MATH. ▪ **Médiatrice d'un segment,** droite perpendiculaire au segment en son milieu. ▪ **Médiatrice d'un triangle,** chacune des médiatrices des côtés de ce triangle.

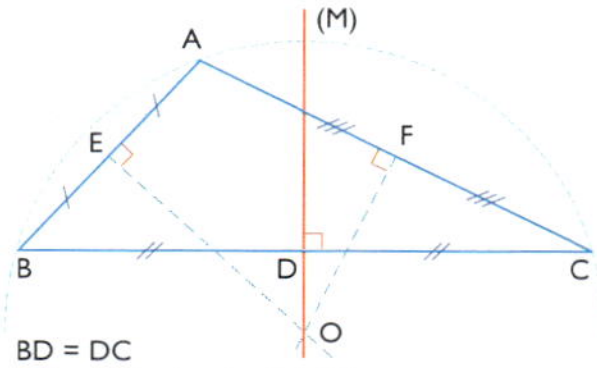

▲ **médiatrice d'un triangle**

MÉDICAL, E, AUX adj. 1. Relatif à la médecine, aux médecins : *Le corps médical.* **2.** Qui relève de la médecine, en dehors de la chirurgie : *Un traitement médical.* ▪ **Professions médicales,** exercées par les médecins, chirurgiens-dentistes et sages-femmes. ▪ **Visiteur** ou **délégué médical,** représentant des laboratoires pharmaceutiques et des fabricants de matériel auprès des professions médicales et pharmaceutiques.

MÉDICALEMENT adv. Du point de vue de la médecine ; par les moyens de la médecine.

MÉDICALISATION n.f. Action de médicaliser.

MÉDICALISÉ, E adj. Qui fait l'objet d'une médicalisation : *Maison de retraite médicalisée.*

MÉDICALISER v.t. [3]. 1. Faire relever certains phénomènes naturels ou sociaux du domaine médical : *Médicaliser la grossesse.* **2.** Doter une région, un local d'une infrastructure médicale.

MÉDICAMENT n.m. (lat. *medicamentum*). Substance ou préparation administrée en vue de traiter ou de prévenir une maladie, ou de restaurer, corriger, modifier des fonctions organiques.

MÉDICAMENTEUX, EUSE adj. Relatif aux médicaments, à leur action.

MÉDICASTRE n.m. Vx. Mauvais médecin ; charlatan.

MÉDICATION n.f. (lat. *medicatio*). Emploi thérapeutique d'un médicament : *Médication post-opératoire.*

MÉDICINAL, E, AUX adj. Qui a des propriétés thérapeutiques : *Une plante médicinale.*

MÉDICINIER n.m. Arbuste à graines purgatives de l'Amérique du Sud, voisin du manioc, dont l'huile est utilisée en savonnerie. ➲ Famille des euphorbiacées.

MÉDICO-CHIRURGICAL, E, AUX ou **MÉDICOCHIRURGICAL, E, AUX adj.** Qui concerne à la fois la médecine et la chirurgie.

MÉDICO-LÉGAL, E, AUX, ▲ *MÉDICOLÉGAL, E, AUX* **adj.** Relatif à la médecine légale. ▪ **Institut médico-légal,** morgue, notamm. celle de Paris.

MÉDICO-PÉDAGOGIQUE (pl. *médico-pédagogiques*), ▲ *MÉDICOPÉDAGOGIQUE* **adj.** Se dit d'une institution pédagogique placée sous contrôle médical et accueillant des enfants présentant des difficultés psychologiques ou intellectuelles, pour les préparer à la vie professionnelle.

MÉDICO-PSYCHOLOGIQUE (pl. *médico-psychologiques*), ▲ *MÉDICOPSYCHOLOGIQUE* **adj.** Qui relève d'une thérapeutique des troubles organiques et psychiques.

MÉDICO-SOCIAL, E, AUX, ▲ *MÉDICOSOCIAL, E, AUX* **adj.** Relatif à la médecine sociale.

MÉDICO-SPORTIF, IVE (pl. *médico-sportifs, ives*), ▲ *MÉDICOSPORTIF, IVE* **adj.** Relatif à la médecine du sport.

MÉDIÉVAL, E, AUX adj. (du lat. mod. *medium aevum*, Moyen Âge). Relatif au Moyen Âge.

MÉDIÉVISME n.m. 1. Étude de la civilisation, de l'histoire du Moyen Âge. **2.** Expression propre au Moyen Âge.

MÉDIÉVISTE n. Spécialiste du Moyen Âge.

MÉDINA n.f. (ar. *madina*). Vieille ville, par oppos. à la ville neuve européenne, dans les pays d'Afrique du Nord, en partic. au Maroc et en Tunisie.

MÉDIOCRATIE [-si] **n.f.** Pouvoir exercé par les médiocres.

MÉDIOCRE adj. (lat. *mediocris*, de *medius*, qui est au milieu). **1.** Qui est au-dessous de la moyenne ; insuffisant : *Un chiffre d'affaires médiocre.* **2.** Qui a peu de capacités dans un domaine : *Étudiant médiocre en orthographe.* **3.** Qui est sans éclat, sans intérêt ; quelconque : *Interprétation médiocre.* ◆ **adj.** et **n.** Qui manque de capacités intellectuelles, d'envergure ou de noblesse d'esprit. ◆ **n.m.** Ce qui est plus mauvais que l'ordinaire ; médiocrité.

MÉDIOCREMENT adv. De façon médiocre.

MÉDIOCRITÉ n.f. 1. Caractère médiocre de qqn, de qqch. **2.** Personne médiocre.

MÉDIOLOGIE n.f. Courant des sciences sociales qui rend compte des liens entre la culture et ses moyens de transmission.

MÉDIOLOGUE n. Spécialiste de médiologie.

MÉDIQUE adj. Relatif aux Mèdes, à la Médie (SYN. **mède**). *Les guerres médiques.*

MÉDIRE v.t. ind. [83] (DE). Tenir sur qqn des propos malveillants ; dénigrer : *Il passe son temps à médire de ses collègues.*

MÉDISANCE n.f. 1. Action de médire, de dénigrer. **2.** (Souvent pl.). Propos de qqn qui médit.

MÉDISANT, E adj. et **n.** Qui médit. ◆ **adj.** Qui manifeste de la médisance : *Ragots médisants.*

MÉDITATIF, IVE adj. Qui est porté à la méditation ; rêveur : *Un esprit méditatif.*

MÉDITATION n.f. (lat. *meditatio*). **1.** Action de réfléchir longuement à un sujet, à la réalisation de qqch : *Noter le fruit de ses méditations.* **2.** Attitude qui consiste à s'absorber dans une réflexion profonde : *La solitude est propice à la méditation.* **3.** Concentration du corps et de l'esprit sur un thème ou un symbole religieux.

MÉDITER v.t. [3] (lat. *meditari*). **1.** Soumettre à une profonde réflexion ; étudier : *Méditer une maxime.* **2.** Préparer par une longue réflexion ; mûrir : *Méditer une œuvre, un stratagème.* ◆ **v.t. ind. 1. (SUR).** Réfléchir à. **2. (DE).** Projeter de : *Elle médite de tout transformer.* ◆ **v.i.** S'absorber dans une méditation.

MÉDITERRANÉEN, ENNE adj. De la Méditerranée ; des régions qui l'entourent. ▪ **Climat méditerranéen,** l'un des deux types de climat subtropical, caractérisé par des étés chauds et secs, et des hivers génér. doux et pluvieux, typique de l'ouest des continents (Californie, par ex.) et des régions du pourtour méditerranéen. ▪ **Régime méditerranéen,** régime alimentaire riche en légumes et en fruits frais, pauvre en graisses saturées et utilisant l'huile d'olive (SYN. **régime crétois**). ➲ Il entraîne une diminution de la mortalité due aux affections cardio-vasculaires. ◆ **n.** Personne originaire des régions qui bordent la Méditerranée ; habitant de ces régions.

1. MÉDIUM [medjɔm] **n.m.** (du lat. *medium*, milieu). **1. MUS.** Registre moyen d'une voix, d'un instrument. **2.** Aggloméré de fines particules de bois, très compact, susceptible de coloration et de poli.

2. MÉDIUM [medjɔm] **n.** (de l'angl.). **OCCULT.** Personne susceptible de jouer les intermédiaires entre le monde des vivants et le monde des esprits, selon le spiritisme.

3. MÉDIUM ou **MEDIUM n.m.** → **MÉDIA.**

MÉDIUMNIQUE [-djɔm-] **adj.** Qui a trait à la médiumnité.

MÉDIUMNITÉ [-djɔm-] **n.f. OCCULT.** Faculté que posséderaient les médiums de servir d'interprètes aux esprits.

MÉDIUS [medjys] **n.m.** (du lat. *medius digitus*, doigt du milieu). **ANAT.** Majeur (doigt).

1. MÉDOC n.m. Vin rouge provenant de la région du Médoc.

2. MÉDOC n.m. Fam. (Souvent pl.). Médicament : *Il prend trop de médocs.*

MÉDULLA n.f. (du lat. *medulla*, moelle). **ANAT.** Partie centrale de certains organes (par oppos. à *cortex*) [SYN. **médullaire**].

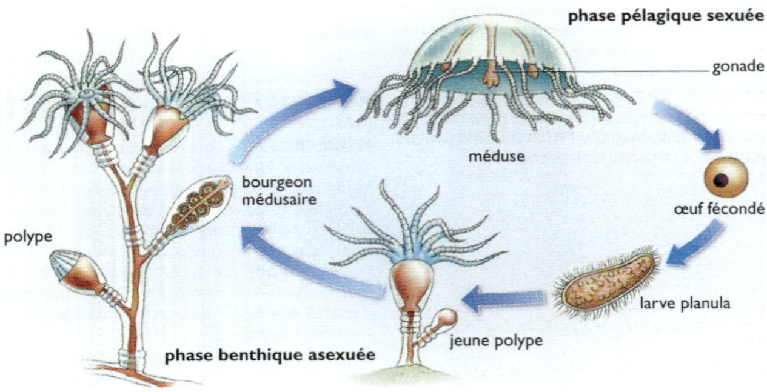

▲ **méduse.** Cycle d'alternance de générations d'*Obelia*.

MÉDULLAIRE adj. (du lat. *medulla*, moelle). **1.** Relatif à la moelle épinière. **2.** Relatif à la moelle osseuse. **3.** Relatif à la médulla. **4. BOT.** Relatif à la moelle d'une plante, d'un lichen. ▪ **Canal médullaire,** canal axial des os longs, qui contient de la moelle osseuse. ◆ **n.f.** Médulla.

MÉDULLEUX, EUSE adj. BOT. Se dit d'une tige remplie de moelle.

MÉDULLOSURRÉNALE adj.f. et **n.f. ANAT.** Se dit de la partie centrale de la glande surrénale, sécrétant l'adrénaline et la noradrénaline.

MÉDUSE n.f. (de *Méduse*, n. myth.). Animal marin, représentant la forme nageuse et sexuée de nombreux cnidaires, fait d'une ombrelle contractile, transparente et d'aspect gélatineux, dont le bord porte des filaments urticants et la face inférieure la bouche et génér. les tentacules. ➲ Dans certaines espèces, la larve est un polype fixé au fond marin ; embranchement des cnidaires.

MÉDUSE n.f. (nom déposé). Chaussure de plage en plastique de la marque de ce nom.

MÉDUSÉ, E adj. Qui manifeste de la stupeur ; éberlué.

MÉDUSER v.t. [3]. Frapper de stupeur ; sidérer : *Son insolence nous a médusés.*

MEETING [mitiŋ] **n.m.** (mot angl.). **1.** Réunion publique organisée par un parti, un syndicat, etc., pour informer et débattre d'un sujet politique ou social. **2.** Réunion sportive : *Meeting aérien. Meeting d'athlétisme.*

MÉFAIT n.m. 1. Action mauvaise, nuisible et, en partic., crime ou délit : *Méfait resté impuni.* **2.** Effet nuisible de qqch : *Les méfaits du tabac.*

MÉFIANCE n.f. État d'esprit de qqn qui se tient sur ses gardes face à qqn d'autre ou à propos de qqch ; défiance : *Éveiller la méfiance de qqn.*

MÉFIANT, E adj. et **n.** Qui se méfie ; soupçonneux : *Ce commerçant est très méfiant depuis qu'il a été escroqué.*

SE MÉFIER v.pr. [5] (DE). 1. Être soupçonneux à l'égard de ; se défier de : *Méfie-toi d'eux, ils ne sont pas francs.* **2.** Se tenir sur ses gardes : *Méfiez-vous, il y a du brouillard en cette saison !*

MÉFORME n.f. Mauvaise condition physique d'un sportif.

MÉG(A)- préf. (du gr. *megas*, grand). Préfixe (symb. M) qui, placé devant une unité, la multiplie par un million (10^6) ou, en informatique, par 2^{20}, soit 1 048 576.

MÉGA n.m. (abrév.). Mégaoctet.

MÉGABIT n.m. INFORM. Unité de mesure (symb. Mbit ou Mb), équivalant à 2^{20} bits.

MÉGACARYOCYTE n.m. HISTOL. Cellule géante de la moelle osseuse, dont les fragments constituent les plaquettes sanguines.

MÉGACÉROS [-rɔs] **n.m.** (du gr. *keras*, corne). Grand cerf fossile du quaternaire de l'Eurasie, dont la ramure atteignait 3 m d'envergure.

MÉGACÔLON n.m. MÉD. Dilatation importante et permanente d'un segment du côlon, parfois congénitale, accompagnée d'une constipation opiniâtre.

MÉGADONNÉES n.f. pl. Québec. Big data.

MÉGAFLOPS [-flɔp] **n.m.** Unité de mesure de la puissance d'un système informatique, qui correspond au traitement d'un million d'opérations en virgule flottante par seconde (symb. Mflops).

MÉGAHERTZ n.m. Un million de hertz (symb. MHz).

MÉGALÉRYTHÈME n.m. MÉD. ▪ **Mégalérythème épidémique,** cinquième maladie.

MÉGALITHE n.m. (du gr. *lithos*, pierre). Monument érigé avec un seul ou plusieurs blocs de pierre assemblés (allées couvertes, cromlechs, dolmens, menhirs).

▲ **mégalithe.** Alignement de menhirs de Carnac.

MÉGALITHIQUE adj. Relatif aux mégalithes ; fait de mégalithes.

MÉGALITHISME n.m. Coutume consistant à édifier des mégalithes.

MÉGALO adj. et **n.** (abrév.). Fam. Mégalomane ; mégalomaniaque.

MÉGALOMANE n. et **adj. 1. PSYCHIATR.** Personne atteinte de mégalomanie. **2.** Personne qui manifeste des idées de grandeur, un orgueil excessif. Abrév. (fam.) **mégalo.**

MÉGALOMANIAQUE adj. Relatif à la mégalomanie. Abrév. (fam.) **mégalo.**

MÉGALOMANIE n.f. (du gr. *mania*, folie). **1. PSYCHIATR.** Délire de grandeur au cours de divers troubles psychiatriques (SYN. [cour.] **folie des grandeurs**). **2.** Surestimation par qqn de sa valeur physique ou intellectuelle, de sa puissance.

MÉGALOPOLE ou **MÉGAPOLE n.f.** (du gr. *polis*, ville). Très grande agglomération urbaine ou ensemble de grandes villes voisines : *Mexico est une mégalopole.*

MÉGALOPTÈRE n.m. (du gr. *pteron*, aile). Insecte doté de quatre longues ailes membraneuses, à larve aquatique carnivore, tel que le sialis. ➲ Les mégaloptères forment un ordre.

MÉGAOCTET n.m. INFORM. Unité de mesure (symb. Mo), équivalant à 2^{20} octets. Abrév. **méga.**

MÉGAPHONE n.m. (du gr. *phônê*, voix). Porte-voix équipé d'un amplificateur électronique.

MÉGAPODE n.m. (du gr. *pous, podos*, pied). Oiseau terrestre d'Océanie qui construit au sol un très grand nid où ses œufs sont couvés grâce à une source de chaleur extérieure (soleil, sources chaudes, etc.), tel que le léipoa d'Australie. ➲ Famille des mégapodiidés.

MÉGAPOLE n.f. → **MÉGALOPOLE.**

MÉGAPTÈRE n.m. (du gr. *pteron*, aile). Cétacé à fanons, doté de longues nageoires, cour. appelé *baleine à bosse* (SYN. **jubarte**). ➲ Long. 15 m env. ; famille des balénoptéridés.

PAR MÉGARDE loc. adv. (de l'anc. fr. *se mesgarder*, se mal garder). Sans faire attention ; par inadvertance : *Par mégarde, j'ai pris ton manteau.*

MÉGARON [-rɔn] **n.m.** (gr. *megaron*). **ANTIQ. GR.** Grande salle rectangulaire, à foyer fixe central, qui caractérise le premier type d'habitation, en Crète, à Mycènes, etc.

MÉGATHÉRIUM [-rjɔm] **n.m.** (du gr. *thêrion*, bête sauvage). Grand mammifère fossile, voisin des actuels paresseux, des terrains tertiaires et quaternaires d'Amérique du Sud. ➲ Jusqu'à 4,50 m de long ; ordre des édentés.

MÉGATONNE n.f. Unité servant à évaluer la puissance d'un explosif nucléaire, équivalent de l'énergie produite par l'explosion de un million de tonnes de trinitrotoluène (TNT).

MÉGÈRE n.f. (de *Mégère*, n. myth.). Femme acariâtre ; harpie.

MÉGIR [21] ou **MÉGISSER [3] v.t.** (de *mégis*). Tanner une peau, un cuir à l'alun.

MÉGIS n.m. (de l'anc. fr. *megier*, soigner). Bain de cendre, d'eau et d'alun qui était employé pour mégir les peaux.

MÉGISSERIE n.f. 1. Industrie, commerce des peaux mégissées. **2.** Industrie de transformation des peaux de petites tailles par un mode quelconque de tannage.

MÉGISSIER n.m. 1. Ouvrier qui mégit les peaux. **2.** Tanneur de petites peaux.

MÉGOHM [megɔm] **n.m.** Un million d'ohms (symb. MΩ).

MÉGOT n.m. (d'un mot dial. *mégauder*, téter). Bout d'une cigarette ou d'un cigare que l'on a fini de fumer.

MÉGOTAGE n.m. Fam. Action de mégoter.

MÉGOTER v.i. [3]. Fam. Faire des économies sur de petites choses ; lésiner : *Il ne mégote pas sur la nourriture.*

MÉHARÉE n.f. Voyage à dos de méhari.

MÉHARI n.m. (pl. *méharis* ou *méhara*) [mot ar.]. Nom donné au dromadaire en Afrique du Nord et au Sahara.

MÉHARISTE n. Personne qui monte un méhari.

MEILLEUR, E adj. (lat. *melior*). **1.** (Comparatif de supériorité de *bon*). Plus favorable : *Aspirer à un monde meilleur* ; plus clément ; plus généreux : *Il est meilleur qu'il (n')en a l'air.* **2.** (Superlatif de *bon*). Qui atteint le plus haut degré de qualité dans son domaine : *C'est la meilleure méthode, la meilleure voisine.* ▪ **Avoir meilleur temps de** [région. (Est), Suisse, fam.], avoir avantage, intérêt à. ▪ **C'est la meilleure (de l'année) !** [fam.], l'histoire la plus incroyable, l'événement le plus étonnant. ▪ **J'en passe et des meilleures** [fam.], je ne vous raconte pas tout. ◆ **n.m.** Ce qui est excellent chez qqn ou dans qqch : *Il a donné le meilleur de lui-même dans ce travail. Pour le meilleur et pour le pire.* ▪ **Prendre le meilleur sur qqn** [emploi critiqué], l'emporter sur. ◆ **adv.** ▪ **Il fait meilleur,** le temps s'est amélioré.

MÉIOSE n.f. (du gr. *meiôsis*, diminution). **BIOL. CELL.** Double division de la cellule aboutissant à la réduction de moitié du nombre des chromo-

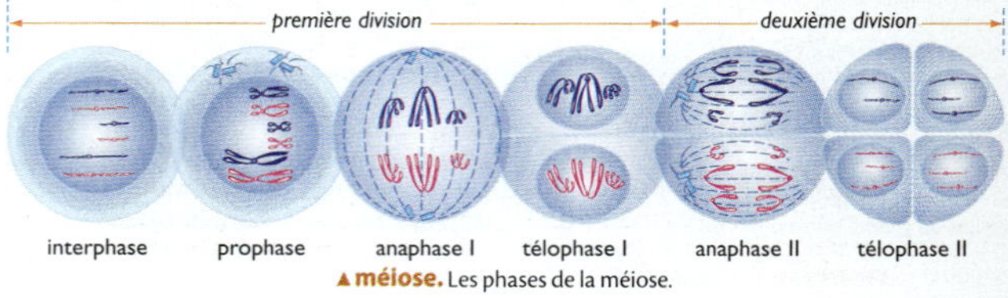

▲ **méiose.** Les phases de la méiose.

somes, et qui se produit au moment de la formation des cellules reproductrices, ou gamètes. ➲ À l'issue de la méiose, chaque cellule diploïde forme ainsi quatre gamètes haploïdes.

MÉIOTIQUE adj. Relatif à la méiose.

MEITNÉRIUM [majtnerjɔm] **n.m.** (du n. de L. *Meitner*). Élément chimique artificiel (Mt), de numéro atomique 109.

MÉJUGER v.t. [10]. Litt. Porter un jugement défavorable ou erroné sur ; mésestimer : *Méjuger qqn, son travail.* ◆ **v.t. ind. (DE).** Litt. Se tromper sur : *Méjuger des intentions de qqn.* ◆ **SE MÉJUGER v.pr.** Litt. Se sous-estimer.

MÉL symb. Abréviation de *messagerie électronique*, que l'on fait figurer devant son nom dans l'adresse électronique. (→ **courriel**).

MELÆNA [melena] ou **MÉLÉNA n.m.** (du gr. *melaina*, noire). **MÉD.** Élimination par l'anus de sang noir. ➲ Il est dû à la présence, dans l'intestin, de sang digéré.

MÉLAMINE n.f. CHIM. ORG. Composé ($C_3H_6N_6$) obtenu par polymérisation du cyanamide et employé pour la fabrication de résines synthétiques ; les résines ainsi obtenues.

MÉLAMINÉ, E adj. et **n.m.** Se dit d'un support recouvert de mélamine.

MÉLAMPYRE n.m. (du gr. *melas*, noir, et *puros*, grain). Plante herbacée à longues bractées bordées de crêtes dentées, aussi appelée *queue-de-renard*, qui parasite les racines de nombreuses plantes, notamm. des céréales. ➲ Famille des scrofulariacées.

MÉLANCOLIE n.f. (lat. *melancholia*, du gr. *melas*, noir, et *kholê*, bile). **1.** État de dépression, de tristesse vague, de dégoût de la vie ; spleen : *Sombrer dans la mélancolie après une rupture.* **2.** Caractère de ce qui inspire cet état : *La mélancolie d'une évocation du temps passé.* **3. PSYCHIATR.** Dépression intense caractérisée par un ralentissement psychomoteur, une tristesse avec douleur morale et idées de suicide, et constituant notamm. l'une des phases du trouble bipolaire. ▪ **Ne pas engendrer la mélancolie** [fam.], être très gai.

MÉLANCOLIQUE adj. et **n. 1.** Qui manifeste de la mélancolie, une tristesse vague. **2. PSYCHIATR.** Atteint de mélancolie. ◆ **adj.** Qui dénote, inspire de la mélancolie : *Une chanson mélancolique.*

MÉLANCOLIQUEMENT adv. De façon mélancolique.

MÉLANÉSIEN, ENNE adj. et **n.** De la Mélanésie. ◆ **n.m.** Groupe de langues de la famille austronésienne parlées en Mélanésie.

MÉLANGE n.m. (de *mêler*). **1.** Action de mêler, de mettre ensemble des substances diverses : *Faire un mélange d'épices pour cuisiner un poulet.* **2.** Absol. Absorption, dans un temps relativement court, de boissons alcoolisées de nature différente : *Éviter les mélanges.* **3.** Substance obtenue en mêlant des ingrédients : *Un mélange de robusta et d'arabica.* **4.** Réunion d'êtres d'origine différente, de choses de nature différente ; brassage : *Le mélange des populations* ; panachage : *Style qui est un mélange d'ancien et de moderne.* **5. CHIM.** Association de plusieurs corps sans réaction chimique. ▪ **Mélange des genres** → **GENRE.** ▪ **Mélange détonant** → **DÉTONANT.** ▪ **Sans mélange,** parfait : *Bonheur sans mélange.* ◆ **n.m. pl. 1.** Recueil de textes portant sur des sujets variés. **2.** Ouvrage composé d'articles divers, offert en hommage à un professeur par ses collègues et ses disciples.

MÉLANGÉ, E adj. Composé d'éléments différents ; hétérogène : *Population très mélangée.*

MÉLANGER v.t. [10]. 1. Mettre ensemble pour former un tout : *Mélanger la farine et le lait.* **2.** Mettre en désordre ; embrouiller : *Tu as mélangé mes DVD avec les tiens.* **3.** Mêler en un tout confus ; confondre : *Il mélange les noms de ses élèves.* ▪ **Mélanger les cartes,** les battre. ◆ **SE MÉLANGER v.pr.** Se mêler en un tout confus : *Tout se mélange dans sa tête.* ▪ **Se mélanger les pieds, les pédales** ou **les pinceaux** [fam.], s'embrouiller.

MÉLANGEUR n.m. 1. Appareil servant à mélanger des substances gazeuses, pâteuses ou solides. **2.** Appareil de robinetterie à deux têtes et à un bec, permettant d'obtenir un mélange d'eau froide et d'eau chaude.

MÉLANINE n.f. (du gr. *melas, -anos*, noir). **BIOCHIM.** Pigment foncé produit par les mélanocytes, présent notamm. dans la peau, les phanères et l'iris.

MÉLANIQUE adj. 1. Relatif à la mélanine ; qui en contient. **2.** Relatif au mélanisme : *Mutation mélanique.*

MÉLANISME n.m. (du gr. *melas, -anos*, noir). Pigmentation noire de la peau et des phanères, apparaissant parfois chez certains animaux, provoquée par une production excessive de mélanine. ➲ Le mélanisme est une mutation récessive.

MÉLANOCYTE n.m. (du gr. *kutos*, creux). Cellule de la peau de l'homme et des vertébrés assurant la synthèse de la mélanine.

MÉLANODERME adj. et **n.** (du gr. *derma*, peau). Se dit de qqn dont la peau est de couleur foncée (SYN. **2. noir**).

MÉLANODERMIE n.f. MÉD. Coloration foncée de la peau, due à une surcharge en pigment, en partic. en mélanine.

MÉLANOME n.m. MÉD. Tumeur contenant un pigment ou développée à partir des mélanocytes et siégeant génér. sur la peau. ▪ **Mélanome malin,** cancéreux (SYN. **nævo-carcinome**).

MÉLANOSE n.f. (du gr. *melanôsis*, tache). **MÉD.** Accumulation de pigment dans les tissus.

MÊLANT, E adj. Québec. Difficile à comprendre ; confus ; embrouillé : *Une histoire mêlante.*

MÉLASSE n.f. (du lat. *mellaceum*, vin cuit). **1.** Résidu sirupeux non cristallisable de la fabrication du sucre, utilisé notamm. pour l'alimentation du bétail. **2.** Fam. Mélange confus. ▪ **Être dans la mélasse** [fam.], dans une situation inextricable ou dans la misère. ▪ **Mélasse optique** [phys.], assemblage de faisceaux laser servant à capturer et à refroidir des atomes.

MÉLATONINE n.f. Hormone sécrétée par l'épiphyse, qui intervient notamm. dans la régulation des rythmes biologiques.

MELBA adj. inv., ▲ ***MELBA adj.*** (du n. de N. *Melba*). ▪ **Pêche, poire, fraises Melba,** pochées au sirop, servies sur une couche de glace à la vanille et nappées de crème Chantilly.

MELCHITE adj. et **n.** → **MELKITE.**

MELDOIS, E adj. et **n.** De Meaux.

MÊLÉ, E adj. 1. Formé d'éléments divers, disparates ; hétérogène : *Une assistance très mêlée.* **2.** Québec. Qui a perdu le fil de ses idées ; troublé.

MÉLÉAGRINE n.f. (du gr. *meleagris*, pintade). Pintadine.

MÊLÉ-CASS, MÊLÉ-CASSE ou **MÊLÉ-CASSIS n.m. inv.** Fam., vieilli. Mélange d'eau-de-vie et de cassis. ▪ **Voix de mêlé-cass,** voix éraillée, rauque.

MÊLÉE n.f. 1. Combat opiniâtre et confus où on lutte corps à corps ; bataille : *Il se jeta dans la mêlée pour défendre son ami.* **2.** Bousculade confuse : *Quand la star est arrivée, il y a eu une mêlée pour l'approcher.* **3.** Conflit d'intérêts, de passions : *La ministre s'est jetée dans la mêlée.* **4. SPORTS.** Phase du jeu de rugby sanctionnant une faute, où les avants de chaque équipe se mettent face à face en s'arc-boutant et tentent de récupérer le ballon lancé sur le sol au milieu d'eux par le demi de mêlée (dans ce cas, la mêlée est dite *fermée* ou *ordonnée*) ; ensemble des joueurs qui participent à cette phase de jeu ; pack. ▪ **Mêlée ouverte** [sports], mêlée que les avants forment spontanément. (À distinguer du *maul*.) [On dit aussi *mêlée spontanée*, par oppos. à la *mêlée ordonnée*.]

MÉLÉNA n.m. → **MELÆNA.**

MÊLER v.t. [3] (bas lat. *misculare*). **1.** Mettre ensemble des choses diverses ; combiner : *Mêler du noir et du blanc pour obtenir du gris* ; mélanger : *Mêler du plâtre avec de l'eau.* **2.** Mettre dans le plus grand désordre ; embrouiller : *Il a mêlé tous les fils, tous les dossiers.* **3.** Québec. Troubler qqn, lui faire perdre le fil de ses idées ; embrouiller : *Toutes vos questions l'ont mêlé.* **4.** Faire participer qqn à une action ; impliquer : *Ils l'ont mêlée à leur escroquerie.* ◆ **SE MÊLER v.pr. 1.** Se fondre dans un tout ; se mélanger : *Des populations diverses se mêlent.* **2.** Se joindre à un groupe : *Se mêler à la foule.* **3.** Intervenir dans qqch sans en avoir été prié ; s'immiscer : *Laisse-les discuter et ne t'en mêle pas !* **4.** Québec. Se tromper : *Elle s'est mêlée dans les prix.*

MÊLE-TOUT n. inv., ▲ ***MÊLETOUT n.*** Région. (Nord), Belgique. Personne qui s'occupe de ce qui ne la regarde pas.

MÉLÈZE n.m. (mot dauphinois). Grand conifère des montagnes d'Europe, à aiguilles caduques insérées par touffes. ➲ Haut. 20 à 35 m ; famille des pinacées.

▲ **mélèze** d'Europe.

MELIA [melja] **n.m.** (mot gr. « frêne »). Arbre ornemental à longues grappes de fleurs odorantes, originaire d'Asie occidentale, souvent appelé *acajou de Ceylan* (SYN. **margousier**). ➲ Famille des méliacées.

MÉLIACÉE n.f. Dicotylédone arborescente des régions chaudes, au bois très recherché en ébénisterie, telle que le melia et l'acajou. ➲ Les méliacées forment une famille.

MÉLILOT n.m. (du gr. *meli*, miel, et *lôtos*, lotus). Herbe fourragère aux petites fleurs odorantes jaunes ou blanches, à feuilles trilobées, utilisée en parfumerie et en pharmacopée. ➲ Sous-famille des papilionacées.

MÉLI-MÉLO (pl. *mélis-mélos*), ▲ ***MÉLIMÉLO*** **n.m.** Fam. Mélange confus, désordonné ; fouillis.

MÉLINITE n.f. (du lat. *melinus*, couleur de coing). Explosif à base d'acide picrique.

MÉLIORATIF, IVE adj. et **n.m.** (du lat. *melior*, meilleur). **LING.** Se dit d'un terme qui présente sous un aspect favorable l'idée ou l'objet désignés (par oppos. à *péjoratif*).

MÉLISSE n.f. (du gr. *melissa*, abeille). Plante mellifère aromatique des régions méditerranéennes et d'Asie occidentale, antispasmodique et stomachique. ➲ Famille des labiées. ▪ **Mélisse des bois,** mélitte.

MÉLITOCOCCIE [-ksi] **n.f.** (du lat. *Melita*, Malte). **MÉD.** Brucellose.

MÉLITTE n.f. (lat. sc. *melittis*). Plante mellifère vivace, à grosses fleurs roses ou blanches, appelée aussi *mélisse des bois.* ➲ Famille des labiées.

MELKITE ou **MELCHITE** [-kit] **adj.** et **n.** (du syriaque *melech*, roi). Se dit des fidèles orthodoxes ou catholiques de l'un des patriarcats melkites. ▪ **Patriarcats melkites,** patriarcats orthodoxes d'Alexandrie, d'Antioche et de Jérusalem.

MELLAH [mɛlla] **n.m.** (de l'ar. *mallāḥ*, saloir). Anc. Quartier juif, dans les villes marocaines.

MELLIFÈRE adj. (lat. *mellifer*). **1.** Se dit d'un insecte qui produit du miel (SYN. **mellifique**). **2.** Se dit d'une plante qui produit un suc avec lequel les abeilles font le miel.

MELLIFICATION n.f. Élaboration du miel par les abeilles.

MELLIFIQUE adj. Mellifère.

MELLIFLU, E ou **MELLIFLUE adj.** Litt. **1.** Qui a la douceur du miel ; suave. **2.** D'une douceur excessive ; douceâtre.

MELLITE n.m. 1. Substance minérale contenant de l'aluminium, qui se présente en petits cristaux octaédriques jaunes. **2.** Médicament liquide, de consistance sirupeuse, due à la forte proportion de miel entrant dans sa composition.

MÉLO n.m. (abrév.). Fam. Mélodrame. ◆ **adj. inv.** Mélodramatique.

MÉLODIE n.f. (gr. *melôdia*). **1.** Suite de sons formant un air. **2.** Poème chanté avec accompagnement, dans la musique française. **3.** Suite harmonieuse de mots, de phrases, etc., propre à charmer l'oreille : *La mélodie d'un vers.*

MÉLODIEUSEMENT adv. De façon mélodieuse.

MÉLODIEUX, EUSE adj. Dont la sonorité est agréable à l'oreille ; harmonieux.

MÉLODIQUE adj. Relatif à la mélodie.

MÉLODISTE n. Musicien qui compose des mélodies.

MÉLODRAMATIQUE adj. 1. Qui relève du mélodrame. **2.** Qui évoque le mélodrame par son emphase, son exagération : *Ton mélodramatique.* Abrév. (fam.) **mélo.**

MÉLODRAME n.m. (du gr. *melos*, cadence, et *drama*, action dramatique). **1.** Drame populaire, né à la fin du XVIIIe s., où sont accumulés des situations pathétiques et des coups de théâtre. Abrév. (fam.) **mélo. 2.** Au XVIe s., drame dans lequel une musique instrumentale alterne avec le dialogue des personnages. **3. ANTIQ. GR.** Dialogue de tragédie chanté entre le coryphée et un personnage.

MÉLOÉ n.m. (lat. sc. *meloe*). Coléoptère vésicant, noir ou bleu, à reflets métalliques, dépourvu d'ailes membraneuses et aux élytres très courts. ➲ Famille des méloïdés.

MÉLOMANE n. et adj. Amateur de musique, partic. de musique classique.

MELON n.m. (lat. *melo, -onis*). **1.** Plante annuelle rampante, cultivée pour ses fruits, nécessitant de la chaleur et de la lumière. ➲ Famille des cucurbitacées. **2.** Fruit de cette plante, arrondi ou ovoïde, vert, jaune ou brun clair, à chair orangée ou vert clair, sucrée et parfumée. **3.** Renflement plus ou moins volumineux du front, chez certains mammifères cétacés (dauphin, globicéphale). ▪ **Avoir le melon** [fam.], être prétentieux, imbu de soi-même ; avoir la grosse tête. ▪ **Chapeau melon,** ou **melon,** chapeau rond et bombé à bords étroits, ourlés sur les côtés. ▪ **Melon d'eau,** pastèque.

▲ **melon**

MELONNIÈRE n.f. Terrain, serre où l'on cultive le melon.

MÉLOPÉE n.f. (gr. *melopoiia*). **1.** Chant monotone et triste : *Les pleureuses entonnent leur mélopée funèbre.* **2. ANTIQ. GR.** Chant rythmé qui accompagnait la déclamation.

MÉLOPHAGE n.m. (du gr. *mêlon*, mouton, et *phagein*, manger). Mouche aptère, parasite des moutons dont elle suce le sang. ➲ Famille des hippoboscidés.

MELTING-POT [mɛltiŋpɔt] **n.m.** (pl. *melting-pots*) [mot angl. « creuset »]. **1. HIST.** Brassage et assimilation d'éléments démographiques divers, en partic. aux États-Unis, au XIXe s. **2.** Endroit où se rencontrent des personnes d'origines variées, des idées différentes.

MEMBRANAIRE adj. Relatif à une membrane.

MEMBRANE n.f. (lat. *membrana*, de *membrum*, membre). **1. ANAT.** Enveloppe souple entourant un organe, une cellule (*membrane plasmique*), un organite cellulaire. **2. MÉD.** Chacune des trois enveloppes fermant en bas la cavité amniotique, et se rompant à l'accouchement. **3.** Pièce d'une mince couche de matière souple et génér. élastique : *Membrane d'étanchéité.* **4. CHIM.** Mince paroi d'une substance poreuse que l'on interpose entre deux milieux et qui permet d'éliminer ou de concentrer certains constituants par osmose, dialyse, filtration, etc. ▪ **Fausse membrane,** enduit blanchâtre se formant sur les muqueuses, en partic. au cours de l'angine diphtérique. ▪ **Membrane du tympan** → **TYMPAN.** ▪ **Membrane semi-perméable** [chim.], qui permet le passage de certaines substances et en arrête d'autres. ▪ **Membrane vibrante,** dans un haut-parleur, membrane qui engendre des ondes sonores en vibrant sous l'impulsion d'un dispositif électromagnétique, électrostatique, etc. ; dans un instrument de musique, membrane qui vibre, notamm. sous l'effet d'une percussion (tambours), de la vibration d'une corde (banjo), d'une colonne d'air (mirliton).

MEMBRANEUX, EUSE adj. De la nature des membranes ; contenant une ou des membranes.

MEMBRANOPHONE n.m. Instrument de musique dont le son est produit par la vibration d'une membrane (le tambour, par ex.).

MEMBRE n.m. (lat. *membrum*). **1. ANAT.** Appendice attaché par paires sur le tronc de l'homme et des vertébrés tétrapodes, servant à la locomotion et à la préhension. **2.** Personne, groupe faisant partie d'un ensemble, d'une association, etc. : *Les membres de l'Union européenne.* **3. ARCHIT.** Élément structurel, ou ensemble de moulures. **4. MATH.** Chacun des deux termes figurant de part et d'autre d'un signe d'égalité ou d'inégalité. **5. LING.** Partie d'un constituant ou constituant d'une unité de rang supérieur : *Membre de phrase.* ▪ **Membre viril** [vieilli], pénis. ▪ **Pays, État membre** (en appos.), pays faisant partie d'une communauté internationale ; État faisant partie d'une fédération.

MEMBRÉ, E adj. ▪ **Bien, mal membré** [litt.], qui a les membres vigoureux, faibles. ▪ **Bien membré** [fam.], se dit d'un homme dont le sexe est particulièrement développé.

MEMBRON n.m. CONSTR. Baguette en plomb ou en zinc protégeant la ligne de brisis d'un toit mansardé.

MEMBRU, E adj. Litt. Qui a de gros membres.

MEMBRURE n.f. 1. Ensemble des membres du corps humain. **2. CONSTR.** Forte pièce en bois ou en métal, servant de point d'appui à une charpente ou à un assemblage de pièces ajustées. **3.** Couple, en construction navale.

MÈME n.m. (angl. *meme*, de *gene*, gène, et du gr. *mimesis*, imitation). Concept (texte, image, vidéo) massivement repris, génér. sur Internet, et détourné de manière souvent parodique, qui se répand très vite, créant ainsi le buzz.

MÊME adj. (du lat. *egomet ipse*, moi-même). **1.** (Avant le n.). Marque la similitude, l'identité totale : *J'ai la même écharpe. Ils ont eu la même idée que nous.* **2.** (Après le n.). Marque une insistance : *Elle est la discrétion et le tact mêmes* ; souligne une précision : *Ce sont les mots mêmes qu'il a employés.* ▪ **De soi-même,** spontanément. ◆ **adv. 1.** Marque un renforcement : *C'est ici même que c'est arrivé.* **2.** Marque un renchérissement, une gradation : *Ils ont même un Jacuzzi.* ▪ **À même,** directement sur : *Dormir à même le sol.* ▪ **De même,** de la même manière : *Agissez de même !* ▪ **Être, mettre à même de,** être, mettre en état, en mesure de. ▪ **Tout de même** ou **quand même** [emploi critiqué], malgré tout : *Il a tout de même réussi.* ◆ **pron. indéf.** Indique l'identité, la ressemblance : *Je sais conduire ce scooter, j'ai le même.* ▪ **Cela revient au même,** c'est la même chose. ◆ **loc. conj.** ▪ **De même que,** ainsi que ; comme. ▪ **Même que** [fam.], au point que. ◆ **n.m. PHILOS.** Catégorie de l'être et de la pensée, qualifiant l'un, l'identique (par oppos. à l'*autre*).

✎ *Même* est adj. et variable quand il précède le substantif ***(redire cent fois les mêmes mots)*** ou lorsqu'il suit un pron. pers. auquel il est joint par un trait d'union ***(eux-mêmes)***. *Même* est adv. et inv. quand il modifie un adj., un subst., etc. ***(ses parents même ne l'ont pas reconnu ; ils sont réservés et même timides ; même ces murs ont des oreilles).***

MÉMÉ n.f. 1. Grand-mère, dans le langage enfantin. **2.** Fam., péjor. Femme d'un certain âge, ayant perdu toute ambition personnelle ou sociale.

MÊMEMENT adv. Vx. De même.

MÉMENTO [memɛ̃to] **n.m.** (du lat. *memento*, souviens-toi). **1.** Agenda, carnet où l'on inscrit ce dont on veut se souvenir. **2.** Livre où est résumé l'essentiel d'une question : *Mémento de grammaire.* **3. CATH.** Prière du canon de la messe commençant par ce mot.

MÉMÈRE n.f. 1. Grand-mère, dans le langage enfantin. **2.** Fam., péjor. Femme d'un certain âge et, le plus souvent, de forte corpulence. **3.** Québec. Fam. Personne bavarde, indiscrète ; commère. ◆ **adj.** Fam., péjor. Qui donne une allure de mémère ; démodé ; vieux jeu : *Une coiffure mémère, un sac mémère.*

MÉMÉRER v.i. [11], ▲ *[11*].* Québec. Fam. Faire des commérages ; bavarder.

MÉMÉRISER v.t. [3]. Fam., péjor. Donner une allure de mémère à une femme, la vieillir : *Cette robe la mémérise un peu.* ◆ **SE MÉMÉRISER v.pr.** Fam., péjor. **1.** Prendre une allure de mémère. **2.** S'encroûter dans de vieilles habitudes : *Elle a tout plaqué, de peur de se mémériser.*

MÉMO n.m. (abrév.). Fam. Mémorandum.

1. MÉMOIRE n.f. (lat. *memoria*). **1.** Activité biologique et psychique qui permet d'acquérir, de conserver et de restituer des informations. **2.** Aptitude à se souvenir : *Avoir la mémoire des dates.* **3.** L'esprit, en tant que siège des souvenirs : *Fouiller dans sa mémoire.* **4.** Souvenir que l'on garde de qqn, de qqch : *Ce livre ternit la mémoire de l'ancien président.* **5. INFORM.** Organe d'un ordinateur qui permet l'enregistrement, la conservation et la restitution des données. ▪ **À la mémoire de,** en l'honneur d'un mort, d'un événement passé. ▪ **Carte mémoire** [inform.], dispositif mobile de stockage de fichiers numériques à base de mémoire flash. ▪ **De mémoire,** en s'aidant seulement de la mémoire : *Réciter un poème de mémoire.* ▪ **De mémoire d'homme,** du plus loin qu'on se souvienne. ▪ **Devoir de mémoire,** obligation morale de témoigner, individuellement ou collectivement, d'événements dont la connaissance et la transmission sont jugées nécessaires pour tirer les leçons du passé (la Résistance ou la déportation pendant la Seconde Guerre mondiale, par ex.). ▪ **Lieu de mémoire,** site (monument, musée, vestiges industriels, etc.), œuvre, objet aptes à symboliser l'appartenance d'une collectivité à son passé, son patrimoine. ▪ **Mémoire cache** → **2. CACHE.** ▪ **Mémoire collective,** ensemble des souvenirs spécifiques d'une communauté, d'une nation. ▪ **Mémoire de masse** [inform.], mémoire externe de grande capacité. ▪ **Mémoire morte, vive** [inform.], mémoire non volatile dont le contenu n'est accessible qu'en lecture et ne peut être modifié par l'utilisateur ; mémoire dont le contenu peut être lu ou modifié au gré de l'utilisateur tant que l'ordinateur est sous tension. ▪ **Pour mémoire,** à titre de rappel.

➲ La **MÉMOIRE** humaine est multiforme. Les différences de capacité de rétention des individus, selon que les informations à mémoriser concernent le cours de l'action ou des événements passés, conduisent à distinguer la *mémoire immédiate*, dont la capacité est limitée, et la *mémoire à long terme*, dont la capacité est en principe illimitée.
Afin de rendre compte de déficits spécifiques dus à l'âge, à la maladie ou à des traumatismes affectant de manière différenciée divers aspects de la mémoire, on distingue aussi la *mémoire épisodique* (qui concerne les événements ponctuels) et la *mémoire sémantique* (relative à des faits, à des connaissances générales), ainsi que la *mémoire déclarative* et la *mémoire procédurale* – opposition qui reprend la distinction classique entre savoir et savoir-faire. En outre, la psychanalyse décrit une *mémoire inconsciente*, qui influe sur l'activité psychique.

2. MÉMOIRE n.m. 1. Écrit sommaire exposant des faits, des idées. **2.** Exposé scientifique ou littéraire en vue d'un examen, d'une communication dans une société savante. **3.** Relevé des sommes dues à un fournisseur. **4. DR.** Acte de procédure contenant les prétentions et arguments des parties, devant certaines juridictions. ◆ **MÉMOIRES n.m. pl.** (Avec une majuscule). Relation écrite des événements marquants d'une période par qqn qui en a été le témoin ou l'un des acteurs.

MÉMORABLE adj. Digne d'être conservé dans la mémoire.

MÉMORANDUM [-dɔm] **n.m.** (du lat. *memorandum*, ce qui doit être rappelé). **1.** Note de service adressée à des personnes pour leur rappeler, leur notifier qqch. Abrév. (fam.) **mémo. 2. DR. INTERN.** Note diplomatique contenant l'exposé sommaire de l'état d'une question.

Les animaux menacés

Chaque jour, des espèces d'animaux ou de plantes disparaissent de la surface de la Terre. L'UICN a étudié la situation pour 30 000 espèces (environ 0,2 % du vivant !...). Parmi elles, plus de la moitié (18 000) sont considérées comme menacées : dans l'immense majorité des cas, les causes sont à chercher dans les activités humaines.

roussette des îles Mariannes : chassée illégalement pour être mangée ; victime d'un serpent introduit par l'homme.

oryx d'Arabie : très recherché par les zoos privés.

pélobate marocain : victime de la destruction de son habitat pour des besoins agricoles.

poisson-scie : en péril à cause de la surpêche et de la chasse au trophée.

amazone impériale : victime du trafic illégal comme animal de compagnie.

tortue luth : braconnée pour sa carapace, ses œufs ; victime collatérale de la pêche intensive.

propithèque soyeux : victime de la déforestation et de la chasse (viande de brousse).

ornithoptère de la reine Alexandra : menacé par le commerce illicite, par l'exploitation et la destruction de son habitat originel.

dauphin d'eau douce de Chine : probablement éteint, victime de l'aménagement de son habitat (le fleuve Yangzi Jiang), de la pollution, de la pêche.

once (ou panthère des neiges) : chassée comme prédateur ou pour sa fourrure ; traite illégale pour des zoos privés.

MÉMORIAL **n.m.** (pl. *mémoriaux*). **1.** (Avec une majuscule). Ouvrage dans lequel sont consignés des faits mémorables : *Le « Mémorial de Sainte-Hélène ».* **2.** Monument ou musée commémoratif. **3.** Mémoire servant à l'instruction d'une affaire diplomatique.

MÉMORIALISTE **n.** Auteur de Mémoires historiques ou littéraires.

MÉMORIEL, ELLE **adj.** Relatif à la mémoire. ▪ **Loi mémorielle** → **LOI.**

MÉMORISABLE **adj.** Qui peut être mémorisé.

MÉMORISATION **n.f.** Action de mémoriser.

MÉMORISER **v.t. [3]. 1.** Fixer dans sa mémoire. **2.** INFORM. Conserver une information dans une mémoire.

MENAÇANT, E **adj.** Qui exprime une menace ; qui laisse prévoir un danger : *Propos menaçants.*

MENACE **n.f.** (lat. pop. *minacia*, de *minae*, menaces). **1.** Parole, geste, acte par lesquels on exprime la volonté que l'on a de faire du mal à qqn : *Le ministre a reçu des menaces de mort.* **2.** Signe, indice qui laisse prévoir un danger ; risque : *Des menaces d'orage, de crise financière.*

MENACÉ, E **adj.** En danger : *Une espèce menacée.* *(V. planche page précédente.)*

MENACER **v.t. [9]. 1.** Chercher à intimider par des menaces : *Elle nous a menacés de poursuites en justice. Il menace de vendre l'entreprise.* **2.** Constituer un danger, un péril pour : *Un conflit menace cette région.* **3.** Laisser prévoir ; risquer de : *L'épidémie menace de s'étendre.* **4.** Absol. Être à craindre : *La grêle menace.* ▪ **Menacer ruine,** être dans un état de délabrement qui laisse craindre un écroulement prochain.

MÉNADE **n.f.** (gr. *mainas*, *-ados*, de *mainesthai*, être fou). ANTIQ. GR. Bacchante adonnée aux transes sacrées (SYN. **thyiade**).

MENAGE **n.m.** Action de mener, de conduire un attelage.

MÉNAGE **n.m.** (du lat. *mansio*, maison). **1.** Homme et femme vivant ensemble et formant la base de la famille : *Un ménage sans enfant.* **2.** ÉCON. Personne célibataire ou ensemble de personnes (couple, famille, communauté) occupant un même logement, vivant dans une même institution, et considérées dans leur fonction économique de consommation : *Les dépenses des ménages.* **3.** Ensemble de ce qui concerne la vie domestique, l'organisation matérielle du foyer : *Subvenir aux frais du ménage.* **4.** Ensemble de ce qui concerne l'entretien, la propreté d'un intérieur : *Ces chiffons serviront au ménage.* **5.** Fam. Prestation rémunérée exercée par qqn, génér. un journaliste, en plus de son activité salariée habituelle. ▪ **Faire bon, mauvais ménage,** s'entendre bien, mal. ▪ **Faire des ménages,** assurer contre rémunération les travaux ménagers. ▪ **Faire le ménage,** ranger et nettoyer un local ; fig., réorganiser qqch en se débarrassant de ce qui est inutile. ▪ **Femme, homme de ménage,** personne qui fait des ménages chez un particulier, dans une entreprise, etc. ▪ **Monter son ménage** [vieilli], acheter les objets nécessaires à la vie quotidienne. ▪ **Scène de ménage,** querelle entre époux. ▪ **Se mettre en ménage,** se marier ou vivre maritalement.

MÉNAGÉ, E **adj.** CHIM. ▪ **Oxydation ménagée,** dont les conditions sont soigneusement contrôlées, afin d'éviter la formation de produits non souhaités.

MÉNAGEMENT **n.m.** Attitude destinée à ménager qqn ; égards. ▪ **Sans ménagement,** sans précaution ; brutalement.

1. MÉNAGER **v.t. [10]** (de *ménage*). **1.** Employer avec modération, avec mesure ; économiser : *Elle ménage ses forces pour le marathon.* **2.** Traiter avec égards, avec respect : *Je n'ai rien dit afin de ménager sa susceptibilité.* **3.** Prendre des dispositions pour ; organiser : *Ils lui ont ménagé un entretien avec le directeur.* ▪ **Ménager les oreilles de qqn,** éviter de le choquer par des paroles déplacées. ▪ **Ménager ses paroles,** parler peu. ▪ **Ménager une ouverture, un passage,** les pratiquer, les créer. ▪ **Ne pas ménager ses expressions,** parler brutalement ou crûment. ◆ **SE MÉNAGER** **v.pr. 1.** Économiser ses forces ; prendre soin de sa santé. **2.** S'arranger pour disposer de : *Se ménager deux semaines de vacances.*

2. MÉNAGER, ÈRE **adj.** Relatif aux soins du ménage : *Occupations ménagères.* ▪ **Équipement ménager,** ensemble des appareils domestiques destinés à faciliter les tâches ménagères.

1. MÉNAGÈRE **n.f.** Femme qui s'occupe de sa maison et en assure le fonctionnement ; femme au foyer.

2. MÉNAGÈRE **n.f.** Service d'ustensiles de table dans leur coffret.

MÉNAGERIE **n.f.** (de *ménage*). **1.** Ensemble d'animaux de toutes espèces, entretenus pour l'étude ou pour la présentation au public. **2.** Lieu où l'on entretient ces animaux.

MÉNAQUINONE **n.f.** Vitamine liposoluble, dont la carence provoque notamm. une anémie (SYN. **vitamine K2**). ➲ La vitamine K comprend également la phylloquinone (vitamine K1).

MENCHEVIQUE ou **MENCHEVIK,** ▲ *MENCHÉVIQUE* [mɛnʃevik] **adj.** et **n.** (mot russe « minoritaire »). HIST. De la fraction minoritaire du Parti ouvrier social-démocrate russe qui s'opposa, à partir de 1903, aux bolcheviques et que ceux-ci éliminèrent après octobre 1917.

MENDEL [mɛ̃dɛl] **(LOIS DE)** **n.f. pl.** Ensemble des règles décrivant la transmission des caractères héréditaires dans les cas les plus simples, et constituant la base de la génétique.

MENDÉLÉVIUM [mɛ̃delevjɔm] **n.m.** (de *Mendeleïev*, n.pr.). Élément chimique transuranien (Md), de numéro atomique 101, obtenu artificiellement à partir de l'einsteinium.

MENDÉLIEN, ENNE [mɛ̃-] **adj.** Relatif aux lois de Mendel ; qui obéit à ces lois.

MENDIANT, E **n.** Personne qui mendie. ◆ **n.m.** ▪ **Les quatre mendiants,** ou **mendiant,** dessert composé de quatre fruits secs : figues, raisins secs, amandes, noisettes (par allusion à la couleur de l'habit des quatre ordres mendiants principaux). ◆ **adj.** ▪ **Ordres mendiants,** ordres religieux fondés à partir du XIIIe s., auxquels leur règle impose la pauvreté. ➲ Les quatre ordres les plus anciens et les plus importants sont les carmes, les franciscains, les dominicains et les augustins.

▲ **mendiant.** *Les Mendiants* (1568), par Bruegel l'Ancien. (Musée du Louvre, Paris.)

MENDICITÉ **n.f.** (lat. *mendicitas*). **1.** Action de mendier. **2.** Condition de celui qui mendie : *Être réduit à la mendicité.*

MENDIER **v.i. [5]** (lat. *mendicare*). Demander l'aumône, la charité. ◆ **v.t. 1.** Demander comme une aumône : *Mendier sa nourriture.* **2.** Solliciter humblement ou avec insistance : *Il a dû mendier les voix de ses électeurs.*

MENDIGOT, E **n.** Fam., vx. Mendiant.

MENDOLE **n.f.** (anc. provenç. *amendolla*). Poisson osseux des côtes méditerranéennes et de l'Atlantique nord, gris argenté avec des raies brunes. ➲ Famille des centracanthidés.

MENEAU **n.m.** (de l'anc. fr. *meien*, qui est au milieu). ARCHIT. Montant fixe divisant une fenêtre en compartiments, notamm. dans l'architecture du Moyen Âge et de la Renaissance. ➲ Il peut être recoupé par un ou plusieurs croisillons.

MENÉE **n.f. 1.** VÉNER. Voie d'un cerf qui fuit. **2.** Région. (Est) ; Suisse. Congère.

MENÉES **n.f. pl.** Manœuvres secrètes et malveillantes ; machination.

MENER **v.t. [12]** (du lat. *minari*, menacer). **1.** Faire aller avec soi ; conduire quelque part ; emmener : *La guide les mena dans un lieu peu connu.* **2.** Transporter à telle destination ; conduire : *Le bus nous a menés au parc.* **3.** Permettre d'accéder à un lieu : *Cette route mène à leur ferme.* **4.** Fig. Entraîner vers : *Ce témoignage a mené la police sur une fausse piste.* **5.** Être à la tête de ; diriger : *Mener l'entreprise familiale.* **6.** Assurer la marche, le déroulement de ; conduire : *Mener sa carrière, les débats.* **7.** Être en tête de : *Mener la course.* **8.** MATH. Tracer : *Mener une circonférence par trois points.* ▪ **Mener la vie dure à qqn,** lui rendre la vie pénible. ▪ **Mener loin,** avoir de graves conséquences pour qqn. ▪ **Mener qqch à bien,** le faire aboutir. (En Suisse, on dit aussi *mener qqch à chef.*) ▪ **Mener qqn en bateau** → **BATEAU.** ▪ **Mener une vie** (+ adj. ou complément), vivre de telle façon : *Mener une vie mouvementée.* ◆ **v.i.** SPORTS. Avoir l'avantage sur un adversaire.

MÉNESTREL **n.m.** (du lat. *ministerium*, service). Au Moyen Âge, musicien de basse condition qui récitait ou chantait des vers en s'accompagnant d'un instrument de musique.

MÉNÉTRIER **n.m.** (de *ménestrel*). Anc. Dans les campagnes, homme qui jouait d'un instrument de musique pour faire danser.

MENEUR, EUSE **n.** Personne qui, par son ascendant et son autorité, dirige un mouvement, notamm. populaire ou insurrectionnel. ▪ **Meneur de jeu,** animateur d'un jeu, d'un spectacle ; sports, joueur qui anime une équipe, qui conduit ses évolutions. ▪ **Meneur d'hommes,** personne qui sait par son autorité entraîner les autres à sa suite. ▪ **Meneuse de revue,** artiste, à la fois danseuse et chanteuse, autour de laquelle s'articulent les tableaux d'un spectacle de music-hall.

MENHIR [menir] **n.m.** (du breton *men*, pierre, et *hir*, longue). Monument mégalithique constitué d'un seul bloc de pierre vertical (SYN. **pierre levée**).

MENIN, E [me-], ▲ *MÉNIN, E* **n.** (esp. *menino*). HIST. En Espagne, jeune homme, jeune fille attachés à la personne des enfants royaux.

MÉNINGE **n.f.** (lat. *meninga*, du gr. *mênigx*, *-iggos*). ANAT. Chacune des trois membranes (pie-mère, arachnoïde, dure-mère) entourant l'encéphale et la moelle épinière. ◆ **n.f. pl.** Fam. Cerveau ; esprit : *Se creuser les méninges.*

MÉNINGÉ, E **adj.** Relatif aux méninges. ▪ **Syndrome méningé** [méd.], ensemble des troubles provoqués par une irritation des méninges, quelle qu'en soit la cause.

MÉNINGIOME **n.m.** MÉD. Tumeur bénigne des méninges, développée à partir de l'arachnoïde.

MÉNINGITE **n.f.** MÉD. Inflammation des méninges, en partic. d'origine infectieuse, se traduisant par de la fièvre, une raideur de la nuque, des maux de tête et des vomissements.

MÉNINGITIQUE **adj.** Relatif à la méningite.

MÉNINGOCOQUE **n.m.** MÉD. Bactérie responsable de méningites.

MÉNINGO-ENCÉPHALITE **n.f.** (pl. *méningo-encéphalites*). MÉD. Inflammation simultanée de l'encéphale et des méninges.

MÉNISCAL, E, AUX **adj.** ANAT. Relatif à un ménisque.

MÉNISCOGRAPHIE **n.f.** Radiographie du ménisque du genou après injection d'un produit opaque aux rayons X dans l'articulation.

MÉNISQUE **n.m.** (du gr. *mêniskos*, petite lune). **1.** ANAT. Lame de cartilage située entre deux os, dans certaines articulations comme celle du genou. **2.** OPT. Lentille de verre convexe d'un côté et concave de l'autre. **3.** Surface incurvée qui forme l'extrémité supérieure d'une colonne de liquide contenue dans un tube.

MENNONITE **n.** et **adj.** Membre d'une branche issue de l'anabaptisme, fondée par le réformateur néerlandais Menno Simonsz (1496-1561).

MÉNOLOGE **n.m.** (du gr. *mênologion*, tableau des mois). Livre liturgique de l'Église grecque, correspondant au martyrologe latin.

MÉNOPAUSE **n.f.** (du gr. *mên*, *mênos*, mois, et *pausis*, cessation). **1.** Cessation de l'activité des ovaires chez la femme, vers 50 ans, caractérisée notamm. par l'arrêt définitif de la menstruation ; époque où elle se produit. **2.** Par ext. Arrêt définitif de l'activité des ovaires à la suite d'une maladie ou d'une ablation chirurgicale.

MÉNOPAUSÉE **adj.f.** Se dit d'une femme dont la ménopause est accomplie.

MÉNOPAUSIQUE **adj.** Relatif à la ménopause.

MENORA [me-] **n.f.** (mot hébr.). Chandelier à sept branches, un des principaux objets du culte hébraïque.

MÉNORRAGIE **n.f.** MÉD. Augmentation de l'abondance ou de la durée des règles.

MENOTTAGE **n.m.** Action de menotter.

MENOTTE **n.f.** (de *main*). Fam. Petite main ; main d'enfant. ◆ **n.f. pl.** Bracelets avec lesquels on attache les poignets d'une personne pour empêcher son évasion.

MENOTTER **v.t. [3].** Passer les menottes à qqn.

MENSE [mɑ̃s] **n.f.** (du lat. *mensa*, table). HIST. Dans l'Empire carolingien, part des biens fonciers d'un évêché ou d'un monastère affectée à l'usage personnel des ecclésiastiques.

MENSONGE **n.m.** (du lat. *mentiri*, mentir). **1.** Action de mentir, d'altérer la vérité. **2.** Affirmation contraire à la vérité ; contrevérité.

MENSONGER, ÈRE **adj.** Fondé sur un mensonge ; fallacieux : *Publicité mensongère.*

MENSONGÈREMENT **adv.** De façon mensongère.

MENSTRUATION **n.f.** (de *menstrues*). Phénomène physiologique caractérisé par un écoulement sanguin périodique (règles) dû à l'élimination de la muqueuse utérine, se produisant chez la femme, lorsqu'il n'y a pas eu fécondation, de la puberté à la ménopause.

MENSTRUEL, ELLE **adj.** Relatif à la menstruation. ▪ **Cycle menstruel,** succession des règles et, par ext., ensemble des phénomènes périodiques (ovariens, vaginaux, etc.) qui lui sont rattachés ; chacune des périodes comprises entre ces phénomènes.

MENSTRUES **n.f. pl.** (lat. *menstrua*, de *mensis*, mois). PHYSIOL. Vx. Règles.

MENSUALISATION **n.f.** Action de mensualiser.

MENSUALISER **v.t. [3]. 1.** Rendre mensuel un paiement, un salaire, un impôt. **2.** Faire passer à une rémunération mensuelle qqn qui était payé à l'heure, à la journée, etc.

MENSUALITÉ **n.f. 1.** Somme payée chaque mois pour s'acquitter d'une dette (crédit, impôts, etc.). **2.** Salaire mensuel.

MENSUEL, ELLE **adj.** (du lat. *mensis*, mois). Qui se fait, qui paraît tous les mois : *Réunion, revue mensuelle.* ◆ **n.m.** Publication qui paraît chaque mois.

MENSUELLEMENT **adv.** Par mois ; chaque mois.

MENSURATION **n.f.** (bas lat. *mensuratio*). Mesure des dimensions de tout ou partie du corps (tour de taille, tour de hanches, etc.). ◆ **n.f. pl.** Ensemble des dimensions caractéristiques du corps humain.

MENTAL, E, AUX **adj.** (bas lat. *mentalis*, de *mens*, *mentis*, esprit). **1.** Relatif aux fonctions intellectuelles, au psychisme : *Troubles mentaux.* **2.** Qui se fait exclusivement dans l'esprit, sans être exprimé : *Calcul mental.* ◆ **n.m.** Ensemble des dispositions mentales, psychiques de qqn ; état d'esprit : *Ce sportif a un mental de gagnant.*

MENTALEMENT **adv. 1.** Par la pensée ; de tête. **2.** Du point de vue mental, psychique : *Être mentalement épuisé.*

MENTALISATION **n.f.** PSYCHOL. Intellectualisation des conflits psychiques.

MENTALISME **n.m.** PHILOS. Conception selon laquelle la psychologie a pour objet l'étude des divers états de conscience et pour méthode privilégiée l'introspection.

MENTALITÉ **n.f. 1.** Ensemble des manières d'agir, de penser de qqn. **2.** SOCIOL. Ensemble des habitudes intellectuelles, des croyances, des comportements caractéristiques d'un groupe.

MENTERIE **n.f.** Fam., vieilli ou Québec. Mensonge.

MENTEUR, EUSE **adj.** et **n.** Qui ment ; qui a l'habitude de mentir. ◆ **adj.** Sout. Qui n'est pas conforme à la vérité ; qui induit en erreur ; mensonger : *Un contrat menteur.*

MENTHE **n.f.** (gr. *minthê*). **1.** Plante aromatique des lieux humides, velue, à fleurs roses ou blanches, fréquemment cultivée. ➲ Famille des labiées. **2.** Essence de cette plante, utilisée pour son arôme et ses propriétés médicinales. ▪ **Menthe à l'eau,** boisson rafraîchissante faite de sirop de menthe allongé d'eau.

MENTHOL [mɑ̃tɔl] ou [mɛ̃tɔl] **n.m.** PHARM. Alcool terpénique extrait de l'essence de menthe.

MENTHOLÉ, E [mɑ̃-] **adj.** Qui contient du menthol.

MENTION **n.f.** (lat. *mentio*, de *mens*, *mentis*, esprit). **1.** Action de signaler, de citer ; fait d'être signalé, cité : *Dans son autobiographie, il ne fait jamais mention de son père.* **2.** Indication, note dans un texte, un formulaire : *Rayer la mention inutile.* **3.** Appréciation, souvent favorable, donnée par un jury sur une personne, un travail, dans un examen, un concours : *Obtenir le bac avec mention bien.*

MENTIONNER **v.t. [3].** Faire mention de ; citer.

MENTIR **v.i. [26]** (lat. *mentiri*). **1.** Donner pour vrai ce que l'on sait être faux ; nier ce que l'on sait être vrai. **2.** Tromper par de fausses apparences : *Les tests ADN ne mentent pas.* ▪ **Sans mentir,** sans exagérer. ◆ **SE MENTIR** **v.pr.** Refuser de voir la vérité en face : *Inutile de se mentir, la situation est désespérée.*

MENTISME **n.m.** (du lat. *mens*, *mentis*, esprit). PSYCHOL. Défilement rapide et presque incoercible des idées et des images dans la pensée.

MENTON **n.m.** (lat. *mentum*). ANAT. Partie saillante du visage, au-dessous de la bouche. ▪ **Coup de menton,** geste d'un orateur qui pointe le menton vers son auditoire en signe d'autorité, de fermeté ; fig., péjor., déclaration spectaculaire énoncée d'un ton martial, mais génér. non suivie d'effets : *Un ministre habitué à la politique du coup de menton.*

MENTONNET **n.m.** CH. DE F. Boudin.

MENTONNIER, ÈRE **adj.** Relatif au menton.

MENTONNIÈRE **n.f. 1.** Bande passant sous le menton et retenant une coiffure. **2.** Pièce entourant le menton et assurant la tenue d'un casque. **3.** ARM. Pièce articulée d'un casque servant à protéger le bas de la figure (XVe-XVIIIe s.). **4.** MÉD. Appareil orthopédique pour les fractures du maxillaire inférieur, prenant appui sur le menton et faisant le tour du crâne. **5.** MUS. Accessoire épousant la forme du menton et servant à maintenir le violon pendant le jeu.

MENTOR [mɑ̃tɔr] ou [mɛ̃tɔr] **n.m.** (de *Mentor*, n. myth.). Litt. Guide attentif ; conseiller expérimenté. ◆ **MENTOR, E** [mɑ̃tɔr] **n.** Québec. Personne expérimentée qui contribue, bénévolement ou non, au développement personnel ou professionnel d'un débutant.

MENTORAT [mɑ̃-] **n.m.** Québec. Aide apportée à un débutant par son mentor.

MENTORÉ, E [mɑ̃-] **n.** Québec. Personne qui bénéficie de l'aide d'un mentor.

1. MENU, E **adj.** (du lat. *minutus*, diminué). **1.** Qui a peu de volume, d'épaisseur, d'importance : *Couper du lard en menus morceaux. De menus détails.* **2.** Se dit d'une personne mince, frêle ; fluet. ▪ **Le menu peuple** [litt.], les gens modestes. ▪ **Menue monnaie,** monnaie de peu de valeur. ▪ **Menus plaisirs,** dépenses d'agrément occasionnelles. ◆ **adv.** En petits morceaux : *Hacher menu.* ◆ **n.m.** ▪ **Par le menu,** jusqu'au moindre détail.

2. MENU **n.m. 1.** Liste détaillée des plats servis à un repas. **2.** Repas à prix fixe servi dans un restaurant : *Menu du jour, gastronomique.* **3.** Fam. Ordre du jour ; programme : *Le menu d'une conférence.* **4.** INFORM., TÉLÉV. Liste de commandes ou d'options affichées sur un écran et offertes au choix d'un utilisateur. ▪ **Menu déroulant** → **DÉROULANT.**

MENU-CARTE **n.m.** (pl. *menus-cartes*). Menu à prix fixe proposant un choix d'entrées, de plats et de desserts.

MENUET **n.m.** (de *1. menu*). **1.** Danse de bal et de théâtre, née à la cour de Louis XIV et exécutée en couple. **2.** MUS. Pièce instrumentale à trois temps.

MENUISE **n.f.** (lat. *minutia*). Petit poisson à frire, comme le jeune sprat ou le hareng.

MENUISER **v.t. [3]** (du lat. pop. **minutiare*, rendre menu). Travailler du bois en utilisant les techniques de la menuiserie.

MENUISERIE **n.f. 1.** Activité artisanale ou industrielle du menuisier. **2.** Ouvrage du menuisier ; atelier de menuisier. ▪ **Menuiserie métallique,** métallerie.

MENUISIER, ÈRE **n.** Entrepreneur, artisan ou compagnon qui réalise des ouvrages en bois pour le bâtiment, constitués de pièces relativement petites (par oppos. au charpentier), ou des meubles sans placage ni ornement (par oppos. à l'ébéniste).

MÉNURE **n.m.** (du gr. *mênê*, lune, et *oura*, queue). Passereau d'Australie, de la taille d'un faisan, et qui doit son nom d'*oiseau-lyre* aux longues plumes recourbées de la queue des mâles. ➲ Famille des ménuridés.

▲ **ménure** mâle.

MÉNYANTHE **n.m.** (du gr. *minuanthes*, qui fleurit peu de temps). Plante des étangs européens, à feuilles à trois folioles (d'où son nom de *trèfle d'eau*). ➲ Famille des ményanthacées.

MÉPHISTOPHÉLIQUE **adj.** Litt. Digne de Méphistophélès ; démoniaque : *Il a un air méphistophélique.*

MÉPHITIQUE **adj.** (du lat. *mephitis*, odeur infecte). Litt. Qui a une odeur répugnante ou toxique.

MÉPHITISME **n.m.** Litt. Caractère de ce qui est méphitique ; pollution de l'air par des exhalaisons méphitiques.

MÉPLAT, E **adj.** TECHN. Se dit d'une pièce de bois, de métal qui a plus de largeur que d'épaisseur. ▪ **Bas-relief méplat** [sculpt.], où le motif se présente comme un jeu de surfaces planes, qui sont les parties épargnées (non entaillées) du matériau mis en œuvre. ◆ **n.m. 1.** Partie relativement plane : *Les méplats du visage.* **2.** TECHN. Pièce méplate.

SE MÉPRENDRE **v.pr. [61] (SUR).** Litt. Se tromper sur qqn, qqch : *Elle s'est méprise sur eux, sur leurs intentions.* ▪ **À s'y méprendre,** au point de se tromper.

MÉPRIS **n.m. 1.** Sentiment par lequel on juge qqn, sa conduite condamnables, indignes d'estime ; dédain. **2.** Fait de ne tenir aucun compte de qqch : *Mépris du règlement.* ▪ **Au mépris de,** sans tenir compte de : *Agir au mépris du bon sens, de la mort.*

MÉPRISABLE **adj.** Digne de mépris.

MÉPRISANT, E **adj.** Qui manifeste du mépris ; dédaigneux : *Sourire méprisant.*

MÉPRISE **n.f.** Erreur commise sur qqn, qqch : *Quelle regrettable méprise, je pensais que vous aviez été prévenu !* ▪ **Par méprise,** à la suite d'une erreur.

MÉPRISER **v.t. [3]** (de *mé-*, préf. péjor., et *1. priser*). **1.** Avoir ou témoigner du mépris pour qqn, qqch : *Mépriser ses voisins, le mensonge.* **2.** Ne faire aucun cas de : *Mépriser les richesses, la modération.*

MER **n.f.** (lat. *mare*). **1.** Très vaste étendue d'eau salée qui couvre une partie de la surface du globe ; partie définie de cette étendue : *La mer Caspienne.* **2.** Ensemble des villes, des plages qui bordent la mer ; littoral : *Passer l'été à la mer.* **3.** Eau de la mer ou de l'océan : *La mer est froide.* **4.** Marée : *La mer monte.* **5.** Grande quantité de liquide, d'une autre chose : *Une mer de sang, de nuages.* **6.** ASTRON. Vaste étendue plane, sombre, de la surface lunaire, constituée de laves solidifiées et génér. bordée de montagnes. ▪ **Armée de mer,** ensemble des navires et des formations aériennes et terrestres relevant de la marine militaire. ▪ **Basse mer,** marée basse. ▪ **Ce n'est pas la mer à boire** [fam.], ce n'est pas très difficile. ▪ **Haute mer** [dr. intern.], partie de la mer en principe libre de la juridiction des États. ▪ **Haute** ou **pleine mer,** marée haute. ▪ **Homme de mer,** marin. ▪ **Mal de mer,** mal des transports dû aux oscillations d'un bateau (SYN. **naupathie**). ▪ **Mer fermée** [dr. intern.], mer qui n'a qu'un seul État riverain et qui communique avec la mer libre par un détroit dominé par cet État. ▪ **Mer intérieure,** mer bordée par un seul État et considérée comme faisant partie de son territoire. ▪ **Mer nationale,** eaux intérieures. ▪ **Mer territoriale,** eaux territoriales. ▪ **Pleine mer,** la partie de la mer éloignée du rivage ; le large. ▪ **Prendre la mer,** quitter le mouillage, en parlant d'un bateau. ▪ **Une goutte d'eau dans la mer,** un apport insignifiant.

MERCALLI (ÉCHELLE DE) n.f. Échelle mesurant l'intensité d'un séisme (→ **Richter [échelle de]**). ➲ Elle comprend douze degrés, notés de I à XII, par ordre croissant des dégâts provoqués par un séisme.

MERCANTI n.m. (mot ital. « marchands »). Péjor., vieilli. Commerçant malhonnête, âpre au gain.

MERCANTILE adj. (mot ital. « du commerce »). Animé par l'appât du gain, le profit ; cupide : *Homme d'affaires mercantile.*

MERCANTILISME n.m. **1.** État d'esprit mercantile. **2.** ÉCON. Doctrine économique des XVIe et XVIIe s., préconisant le protectionnisme, le développement du commerce et l'acquisition de métaux précieux, dans le but d'enrichir l'État (en Espagne, le bullionisme ; en France, le colbertisme).

MERCANTILISTE adj. et n. ÉCON. Relatif au mercantilisme ; qui en est partisan.

MERCAPTAN n.m. (du lat. *mercurium captans,* qui capte le mercure). CHIM. ORG. Thiol.

MERCATICIEN, ENNE n. Spécialiste de mercatique.

MERCATIQUE n.f. Recomm. off. pour **marketing.**

MERCATO n.m. (mot ital. « marché »). Marché des transferts, dans les sports d'équipe (spécial. le football), et dans l'audiovisuel ; période où ces transferts ont lieu.

MERCENAIRE adj. (lat. *mercenarius,* de *merces,* salaire). Litt. Qui ne fait quelque chose que pour un salaire ; qui est inspiré par le profit. ◆ **n.m.** Soldat qui sert pour de l'argent un gouvernement étranger.

MERCERIE n.f. **1.** Ensemble des articles destinés à la couture, aux travaux d'aiguille. **2.** Commerce, magasin du mercier.

MERCERISAGE n.m. (de *Mercer,* n. d'un chimiste angl.). TEXT. Traitement à la soude des fils et des tissus de coton afin de leur donner un aspect brillant et soyeux.

MERCERISÉ, E adj. Traité par mercerisage.

MERCERISER v.t. [3]. Traiter par mercerisage.

MERCHANDISING [mɛrʃɑ̃diziŋ] ou [-daj-] n.m. (Anglic. déconseillé). Marchandisage.

1. MERCI n.f. (du lat. *merces, -edis,* salaire). Litt. ▪ **À la merci de qqn, de qqch,** sous la dépendance de qqn ; soumis à l'action de qqch. ▪ **Demander merci,** demander grâce. ▪ **Dieu merci,** grâce à Dieu ; heureusement. ▪ **Sans merci,** sans pitié.

2. MERCI interj. et n.m. Terme de politesse utilisé pour remercier : *Non merci, je n'ai plus faim. C'est parfait, mille mercis !*

MERCIER, ÈRE n. (de l'anc. fr. *merz,* marchandise). Personne vendant de la mercerie.

MERCREDI n.m. (du lat. *Mercurii dies,* jour de Mercure). Troisième jour de la semaine. ▪ **Mercredi des Cendres** [christ.], le premier jour du carême, lors duquel le célébrant impose les cendres sur le front des fidèles en signe de pénitence.

MERCURE n.m. (du n. de la planète *Mercure*). **1.** Métal blanc très brillant, de densité 13,6, liquide à la température ordinaire, qui se solidifie à – 38,87 °C et bout à 356,58 °C. ➲ Le mercure, très toxique, est notamm. utilisé lors de l'extraction de l'or. **2.** Élément chimique (Hg), de numéro atomique 80, de masse atomique 200,59.

MERCUREUX adj.m. Se dit de l'oxyde de mercure Hg_2O et des sels du mercure dans l'état d'oxydation + 1.

MERCUREY n.m. Vin de Bourgogne rouge, récolté dans la région de Mercurey.

1. MERCURIALE n.f. **1.** Dans la France d'Ancien Régime, assemblée des différentes chambres du parlement qui se tenait à l'origine le mercredi et au cours de laquelle étaient dénoncés des abus commis dans l'administration de la justice ; discours prononcé dans cette assemblée. **2.** Litt. Remontrance, réprimande d'une certaine vivacité.

2. MERCURIALE n.f. (de *Mercure,* n. myth.). Bulletin reproduisant les cours des denrées vendues sur un marché public ; l'ensemble de ces cours.

3. MERCURIALE n.f. (du lat. *mercurialis herba,* plante de Mercure). Plante commune dans les champs, les bois, à fleurs verdâtres, à odeur désagréable, toxique. ➲ Famille des euphorbiacées.

MERCURIEL, ELLE adj. Qui contient du mercure.

MERCURIQUE adj. Se dit de l'oxyde de mercure HgO et des sels du mercure dans l'état d'oxydation + 2.

MERCUROCHROME n.m. (nom déposé). Composé organique mercuriel de couleur rouge, dont les solutions aqueuses sont antiseptiques.

MERDE n.f. (lat. *merda*). **1.** Vulg. Excrément de l'homme et de quelques animaux. **2.** Très fam. Désagrément ; difficulté : *Il nous est arrivé une merde hier.* **3.** Très fam. Être ou chose sans valeur. ▪ **De merde** [très fam.], très mauvais ; détestable : *Quelle voiture de merde !* ▪ **Être dans la merde** [très fam.], se trouver dans une situation difficile, inextricable. ◆ **interj.** Très fam. Exprime la colère, l'indignation, le mépris, etc. : *Merde, j'ai encore raté !*

MERDER v.i. [3]. Très fam. Ne pas réussir.

MERDEUX, EUSE adj. Très fam. **1.** Qui ne donne pas satisfaction ; mauvais. **2.** Qui est mal à l'aise après avoir commis une maladresse ; gêné. ◆ **n.** Très fam. Personne mal élevée ou prétentieuse.

MERDIER n.m. Très fam. **1.** Grand désordre. **2.** Situation confuse et difficile.

MERDIQUE adj. Très fam. Sans valeur ; nul.

MERDOYER [-dwaje] v.i. [7]. Très fam. S'empêtrer dans ses réponses ; avoir des difficultés pour faire qqch.

1. MÈRE n.f. (lat. *mater*). **1.** Femme qui a mis au monde ou qui a adopté un ou plusieurs enfants : *Elle est mère de trois enfants.* **2.** Femme qui joue le rôle d'une mère : *Elle a été une mère pour ses neveux orphelins.* **3.** DR. Femme ayant autorité reconnue pour élever un, des enfants au sein de la cellule familiale, qu'elle les ait ou non engendrés. **4.** Femelle d'un animal qui a eu des petits. **5.** Supérieure d'un couvent. **6.** Litt. Lieu d'origine, de fondation de qqch ; source : *La Chaldée, mère de l'astronomie.* **7.** (En appos.). Qui est à l'origine d'autres choses de même nature : *L'idée mère d'une théorie.* ▪ **La mère X** [fam.], madame X. ▪ **Maison mère,** principal établissement d'une communauté, notamm. religieuse. ▪ **Mère célibataire,** femme non mariée qui élève seule son ou ses enfants. ▪ **Mère du vinaigre,** pellicule visqueuse qui se forme à la surface des liquides alcooliques, à la suite de la transformation de l'alcool en acide acétique. ▪ **Mère patrie,** pays où l'on est né ; patrie considérée sur le plan affectif. ▪ **Mère porteuse** → **1. PORTEUR.** ▪ **Société mère,** société ayant sous sa dépendance financière d'autres sociétés, dites *filiales.* ▪ **Sous la mère,** se dit d'un jeune animal de boucherie (agneau ou veau) non sevré.

2. MÈRE adj. (du lat. *merus,* pur). ▪ **Mère goutte,** première huile qui sort des olives pressées.

MÈRE-GRAND n.f. (pl. *mères-grand*). Vx. Grand-mère.

MÉRENGUÉ [-rɛ̃-] n.m. (orig. incert.). Danse d'Haïti et de Saint-Domingue proche de la samba, mais avec un rythme moins syncopé ; musique à deux temps accompagnant cette danse. (On écrit aussi *merengue* [merɛ̃ge] et *méringue* [-ge].)

MÉRENS [merɛ̃s] n.m. (de *Mérens,* v. d'Ariège). Poney d'une race originaire des montagnes de l'Ariège, utilisé pour le tourisme équestre.

MERGUEZ [mɛrgɛz] n.f. (ar. *mergaz*). Saucisse fraîche pimentée, à base de bœuf ou de bœuf et de mouton, et consommée grillée ou frite. ➲ Spécialité d'Afrique du Nord.

MERGULE n.m. (du lat. *mergus,* plongeon [oiseau]). Oiseau palmipède marin de l'Atlantique nord, à bec très court, qui se nourrit de zooplancton. ➲ Famille des alcidés.

1. MÉRIDIEN, ENNE adj. (lat. *meridianus,* de *meridies,* midi). **1.** ASTRON. Se dit du plan qui, en un lieu, comprend la verticale de ce lieu et l'axe du monde ; se dit d'un instrument servant à observer les astres dans le plan du méridien. **2.** MATH. Se dit d'un plan qui contient l'axe d'une surface de révolution. ▪ **Pause méridienne,** interruption dans les activités, notamm. scolaires, autour de l'heure du déjeuner.

2. MÉRIDIEN n.m. **1.** Lieu des points ayant même longitude, à la surface de la Terre ou de tout autre astre. **2.** ASTRON. Plan défini, en un lieu, par la verticale locale et l'axe du monde. (On dit aussi *plan méridien.*) **3.** ASTRON. Demi-grand cercle de la sphère céleste limité aux pôles et passant par le zénith, en un lieu donné. **4.** Chacun des trajets qui, dans la théorie de l'acupuncture, sont empruntés par l'énergie, dans le corps et à sa surface. ▪ **Méridien magnétique** [astron.], plan vertical contenant la direction du champ magnétique terrestre. ▪ **Méridien origine** ou **premier méridien,** méridien choisi conventionnellement comme origine des longitudes. ➲ Le méridien origine international passe par l'ancien observatoire de Greenwich, à 2° 20′ 14″ à l'ouest de celui de Paris.

1. MÉRIDIENNE n.f. **1.** MATH. Intersection d'une surface de révolution et d'un demi-plan ayant pour frontière l'axe de cette surface. **2.** GÉOGR. Chaîne de triangulation orientée suivant un méridien.

2. MÉRIDIENNE n.f. **1.** Litt., vieilli. Sieste. **2.** Lit de repos à deux chevets de hauteur inégale réunis par un dossier, à la mode sous l'Empire.

MÉRIDIONAL, E, AUX adj. et n. (lat. *meridionalis,* de *meridies,* midi). Du midi de la France : *La cuisine méridionale.* ◆ **adj.** Situé au sud : *La Chine méridionale.*

MERINGUE n.f. Pâtisserie légère, à base de blancs d'œufs battus et de sucre, que l'on fait cuire au four à feu doux.

MERINGUER v.t. [3]. Garnir de meringue.

MÉRINOS [-nos] n.m. (esp. *merino,* de l'ar.). **1.** Race ovine très répandue dans le monde, dont il existe plusieurs variétés, à laine fine et très estimée. **2.** Étoffe fabriquée avec la laine de ce mouton.

MERISE n.f. (de *1. amer* et *cerise*). Fruit du merisier, noir, suret et peu charnu.

MERISIER n.m. Cerisier sauvage, appelé aussi *cerisier des oiseaux,* dont le bois est apprécié en ébénisterie. ➲ Famille des rosacées.

MÉRISME n.m. (du gr. *merisma,* délimitation). LING. Trait distinctif constituant des phonèmes.

MÉRISTÈME n.m. (du gr. *meristos,* partagé). BOT. Tissu végétal formé de cellules indifférenciées, siège de divisions rapides et nombreuses, situé à l'extrémité des tiges et des racines, et qui contribue à la croissance de la plante.

MÉRITANT, E adj. Qui a du mérite : *Des candidats méritants.*

MÉRITE n.m. (du lat. *meritum,* gain). **1.** Ce qui rend qqn, sa conduite dignes d'estime, de récompense : *Elle a du mérite à travailler dans de telles conditions.* **2.** Ensemble des qualités intellectuelles et morales partic. dignes d'estime : *Des gens de mérite.* **3.** Qualité louable de qqn, qqch : *Le mérite de cet article, de son auteur, c'est la sincérité.* ▪ **Ordre national du Mérite*,** v. partie n.pr.

MÉRITER v.t. [3]. **1.** Être digne de récompense ou passible de châtiment : *Vous méritez nos félicitations, un blâme.* **2.** Donner lieu à ; justifier : *Cette attitude mérite une explication.* ◆ **v.t. ind. (DE).** ▪ **Bien mériter de,** avoir droit à la reconnaissance de : *Ce médecin a bien mérité de l'humanité.*

MÉRITOCRATIE [-si] n.f. Système selon lequel le mérite doit déterminer la position sociale.

MÉRITOIRE adj. Digne d'estime ; louable : *Une action méritoire.*

MERL n.m. → **MAËRL.**

MERLAN n.m. (de *merle*). **1.** Poisson des côtes d'Europe occidentale, pêché activement pour sa chair tendre et légère. ➲ Famille des gadidés. **2.** BOUCH. Partie du tende-de-tranche du bœuf formée par le muscle couturier et que l'on découpe en biftecks. **3.** Fam., vx. Coiffeur.

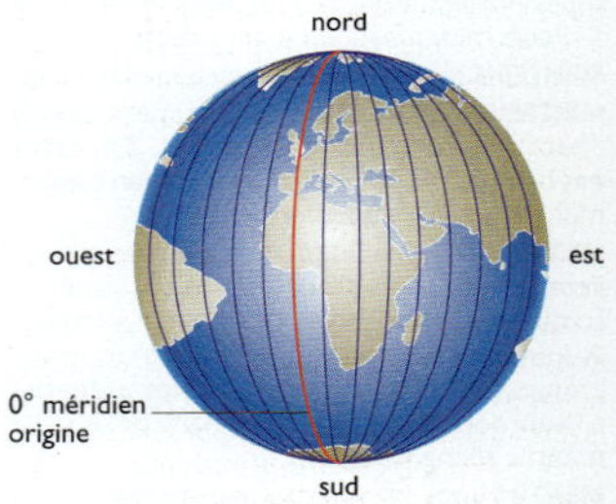

▲ **méridiens**

MERLE n.m. (bas lat. *merulus*). Passereau d'Europe et d'une partie de l'Asie, voisin de la grive, à plumage noir chez le mâle, brun chez la femelle. ➲ Cri : le merle siffle, jase, chante. Famille des turdidés. ▪ **Merle blanc** [fam.], personne ou objet très rares. ▪ **Merle d'eau,** cincle.

MERLETTE n.f. Merle femelle.

1. MERLIN n.m. (mot lorrain, du lat. *marculus*, marteau). **1.** Forte masse dont la tête se termine en biseau d'un côté, utilisée pour fendre le bois. **2.** Anc. Marteau utilisé pour assommer les bovins lors de l'abattage.

2. MERLIN n.m. (du néerl.). **MAR.** Petite corde formée de trois fils de caret tordus ensemble, habituellement goudronnée et utilisée comme ligature.

MERLON n.m. (ital. *merlone*). **FORTIF.** Partie pleine d'un parapet entre deux créneaux.

MERLOT n.m. Cépage rouge ou blanc, cultivé surtout dans le Bordelais ; vin issu de ce cépage.

MERLU n.m. (anc. provenç. *merlus*). Poisson marin à dos gris, et dont une espèce commune dans l'Atlantique et la Méditerranée est commercialisée sous le nom de *colin* ou *saumon blanc*. ➲ Famille des merluciidés.

MERLUCHE n.f. (anc. provenç. *merluce*). Type de poisson marin de l'Atlantique, comestible. ➲ Famille des gadidés.

MÉROSTOME n.m. **ZOOL.** Arthropode primitif aquatique et marcheur, représenté par les gigantostracés fossiles et la limule, seul survivant actuel. ➲ Les mérostomes forment une classe de chélicérates.

MÉROU n.m. (esp. *mero*). Poisson osseux pouvant atteindre, dans les mers chaudes, 2 m de long et peser plus de 100 kg, à la chair très estimée. ➲ Famille des serranidés.

▲ **mérou**

MÉROVINGIEN, ENNE adj. Relatif à la dynastie des Mérovingiens.

MERRAIN n.m. (du bas lat. *materiamen*, bois). **1.** Planche obtenue en débitant un billot de bois, et servant à façonner une douve de tonneau. **2. VÉNER.** Tronc des bois du cerf ou du chevreuil, d'où partent les andouillers (SYN. **2. perche**).

MERROUTAGE n.m. (de *mer* et *routage*). Mode de transport de marchandises dans lequel des camions sont acheminés par bateau d'un port à un autre avec leur cargaison et leur chauffeur.

MÉRULE n.m. ou n.f. (lat. sc. *merulius*). Champignon basidiomycète voisin des polypores, destructeur du bois des charpentes et des planchers des maisons humides.

MERVEILLE n.f. (lat. *mirabilia*). **1.** Ce qui inspire une grande admiration par sa beauté, sa grandeur : *Cette bague, la route du littoral est une merveille.* **2.** Pâtisserie faite de pâte frite, de formes diverses, que l'on mange saupoudrée de sucre (SYN. **oreillette**). ▪ **À merveille,** parfaitement. ▪ **Faire merveille** ou **des merveilles,** obtenir un remarquable résultat : *Le chirurgien a fait des merveilles sur ce grand brûlé.* ▪ **La huitième merveille du monde,** une chose remarquable en son genre. ▪ **Les Sept Merveilles du monde,** les sept ouvrages les plus remarquables de l'Antiquité (les pyramides d'Égypte, les jardins suspendus de Sémiramis à Babylone, la statue en or et ivoire de Zeus Olympien par Phidias, le temple d'Artémis à Éphèse, le Mausolée d'Halicarnasse, le colosse de Rhodes, le phare d'Alexandrie).

MERVEILLEUSE n.f. **HIST.** Femme élégante et excentrique, sous le Directoire.

MERVEILLEUSEMENT adv. De façon merveilleuse.

MERVEILLEUX, EUSE adj. Qui suscite l'admiration par sa beauté, ses qualités exceptionnelles ; magnifique : *Un merveilleux appartement sur les quais* ; admirable : *De merveilleux aides-éducateurs.* ◆ n.m. **1.** Ce qui s'éloigne du cours ordinaire des choses ; surnaturel. **2.** Intervention de moyens et d'êtres surnaturels dans une œuvre (conte, film, etc.).

MÉRYCISME n.m. (du gr. *mêrukismos*, rumination). **MÉD.** Comportement pathologique de rumination d'aliments d'abord déglutis, puis régurgités et mastiqués sans arrêt.

MES adj. poss. → **MON.**

MESA, ▲ *MÉSA* [mesa] n.f. (mot esp. « table »). **GÉOMORPH.** Plateau constitué par les restes d'une coulée volcanique mise en relief par l'érosion.

MÉSADAPTÉ, E n. et adj. Québec. Personne présentant des difficultés d'adaptation à son milieu ; inadapté.

MÉSAISE [mezɛz] n.m. Vx. État de malaise physique ou moral.

MÉSALLIANCE n.f. Mariage avec une personne d'une condition considérée comme inférieure.

SE MÉSALLIER v.pr. **[5].** Faire une mésalliance.

MÉSANGE n.f. (francique **meisinga*). Petit passereau insectivore, au plumage parfois rehaussé de teintes vives, répandu dans le monde entier. ➲ Famille des paridés ou des aegithalidés.

▲ **mésange** bleue.

MÉSANGETTE n.f. Cage à trébuchet, pour prendre les petits oiseaux.

MÉSAVENTURE n.f. Aventure fâcheuse ; déboire.

MÉSAXONIEN adj.m. et n.m. Périssodactyle.

MESCAL ou **MEZCAL** n.m. (du mexicain *mexcalli*, peyotl). Eau-de-vie donnée par une agave.

MESCALINE n.f. Alcaloïde hallucinogène extrait d'une cactacée mexicaine, le peyotl.

MESCLUN [mɛsklœ̃] n.m. (mot provenç., de *mescla*, mélanger). **CUIS.** Salade composée d'un mélange de jeunes plants de diverses espèces et de plantes aromatiques.

MESDAMES n.f. pl. → **MADAME.**

MESDEMOISELLES n.f. pl. → **MADEMOISELLE.**

MÉSENCÉPHALE n.m. (du gr. *mesos*, au milieu, et de *encéphale*). **ANAT.** Région de l'encéphale située au sommet du tronc cérébral et comprenant les pédoncules cérébraux en avant, et les tubercules quadrijumeaux en arrière.

MÉSENCHYME [-ʃim] n.m. **BIOL.** Tissu de l'embryon à partir duquel se forment le tissu conjonctif, les vaisseaux, les muscles et le squelette.

MÉSENTENTE n.f. Mauvaise entente ; discorde.

MÉSENTÈRE n.m. (gr. *mesenterion*). **ANAT.** Repli du péritoine reliant les anses de l'intestin grêle à la paroi postérieure de l'abdomen.

MÉSENTÉRIQUE adj. Relatif au mésentère.

MÉSESTIME n.f. Litt. Mauvaise opinion que l'on a de qqn ; mépris.

MÉSESTIMER v.t. **[3].** Litt. Ne pas apprécier qqn, qqch à sa juste valeur ; sous-estimer.

MÉSINTELLIGENCE n.f. Litt. Manque d'entente entre des personnes ; dissension.

MESMÉRISME n.m. (de F. *Mesmer*, n.pr.). **OCCULT.** Doctrine selon laquelle les astres et les objets influeraient sur le corps humain ; magnétisme animal.

MÉSO-AMÉRICAIN, E adj. (pl. *méso-américains, es*). Relatif à la Méso-Amérique, aire culturelle des civilisations précolombiennes (Amérique centrale et Mexique).

MÉSOBLASTE ou **MÉSODERME** n.m. **EMBRYOL.** Feuillet embryonnaire situé entre l'endoblaste et l'ectoblaste, et qui fournit le squelette, le derme, la musculature, les reins et le sang.

MÉSOBLASTIQUE ou **MÉSODERMIQUE** adj. Relatif au mésoblaste.

MÉSOCARPE n.m. **BOT.** Couche moyenne d'un fruit, entre l'épicarpe (la « peau ») et l'endocarpe (noyau ou graines), qui correspond à la partie comestible, charnue et juteuse.

MÉSOÉCONOMIE n.f. Branche de la science économique analysant les sous-ensembles économiques, à mi-chemin de la macroéconomie et de la microéconomie.

MÉSOLITHIQUE n.m. (du gr. *mesos*, au milieu, et *lithos*, pierre). Période chronologique de − 9000 à − 5000, intermédiaire entre le paléolithique et le néolithique, qui est marquée par un réchauffement climatique postglaciaire. ◆ adj. Relatif au mésolithique.

MÉSOMÈRE adj. En état de mésomérie.

MÉSOMÉRIE n.f. **CHIM.** Caractère d'un composé dont la distribution électronique est telle que la molécule est représentée comme la coexistence de plusieurs formules limites, distinctes non par la position des noyaux mais par la répartition des électrons. ➲ Ce formalisme, qui permet par ex. de représenter le benzène, est dû à L. Pauling.

MÉSOMORPHE adj. **PHYS.** Se dit d'états de la matière (par ex. smectique, nématique), intermédiaires entre l'état amorphe et l'état cristallin. ▪ **Corps mésomorphe,** cristal liquide.

MÉSON n.m. (du gr. *mesos*, médian). **PHYS.** Particule d'interaction forte (hadron), composée d'un quark et d'un antiquark (par oppos. à *baryon*).

MÉSOPAUSE n.f. **GÉOPHYS.** Zone de transition entre la mésosphère et la thermosphère.

MÉSOPOTAMIEN, ENNE adj. et n. De la Mésopotamie.

MÉSOSPHÈRE n.f. **GÉOPHYS.** Région de l'atmosphère qui s'étend entre la stratosphère et la thermosphère, de 50 à 85 km d'altitude env.

MÉSOTHÉLIOME n.m. **MÉD.** Tumeur bénigne ou maligne du mésothélium. ➲ Le plus fréquent est le *mésothéliome pleural*, cancer primitif de la plèvre, lié à l'exposition à l'amiante.

MÉSOTHÉLIUM [-ljɔm] n.m. (du gr. *mesos*, au milieu, et *thêlê*, mamelon). **BIOL.** Tissu tapissant la surface interne de certaines membranes séreuses.

MÉSOTHÉRAPIE n.f. Technique de traitement local, consistant à injecter dans le derme, avec un appareil muni de plusieurs aiguilles, des doses minimes de médicaments.

MÉSOTHORAX n.m. **ENTOMOL.** Deuxième division du thorax des insectes, entre le prothorax et le métathorax, qui porte les ailes antérieures et la deuxième paire de pattes (SYN. **écusson**).

MÉSOZOAIRE n.m. **ZOOL.** Organisme parasite de certains invertébrés marins (mollusques, étoiles de mer, vers, etc.), formé seulement d'une vingtaine de cellules bordées de cils. ➲ Les mésozoaires forment un minuscule embranchement.

MÉSOZOÏQUE n.m. Ère géologique correspondant aux systèmes trias, jurassique et crétacé (SYN. **secondaire**). ➲ Le mésozoïque s'étend de − 251 à − 65,5 millions d'années. Il est caractérisé par le développement des gymnospermes, l'abondance des bélemnites et des ammonites, la prépondérance et la variété des reptiles, l'apparition des oiseaux et des mammifères. ◆ adj. Relatif au mésozoïque.

MESQUIN, E adj. (de l'ital. *meschino*, chétif). Qui manque de grandeur ; médiocre : *Un esprit mesquin* ; qui dénote de l'avarice ; chiche : *Un cadeau mesquin.*

MESQUINEMENT adv. Avec mesquinerie.

MESQUINERIE n.f. Caractère de ce qui est mesquin ; petitesse ; action, parole mesquine ; bassesse.

MESS [mɛs] n.m. (mot angl.). **MIL.** Lieu où les officiers, les sous-officiers d'un corps ou d'une garnison prennent leurs repas.

MESSAGE n.m. (du lat. *missus*, envoyé). **1.** Nouvelle transmise à qqn ; information ainsi transmise : *Après le bip, vous pouvez laisser un message.* **2.** Communication adressée avec une certaine solennité à qqn, à une assemblée, à une nation ; déclaration : *La ministre a lu un message du président.* **3. LING.** Toute séquence de discours produite par un locuteur dans le cadre de la communication linguistique. **4.** Annonce publicitaire ou promotionnelle de courte durée diffusée sur un support audiovisuel. **5.** Pensée profonde, incitation adressée aux hommes par un être d'exception, un artiste. ▪ **Message électronique,** courriel.

MESSAGER, ÈRE n. **1.** Personne chargée de transmettre un message ; ambassadeur. **2.** Litt. Ce qui annonce qqch : *Les fortes chaleurs nocturnes sont les messagères de la canicule.* ▪ **ARN messager** [biochim.], l'un des acides ribonucléiques, qui est la copie d'un gène de l'ADN et qui est traduit en une protéine.

MESSAGERIE n.f. (Souvent pl.). **1.** Transport rapide de marchandises (colis) par fer, route, eau ou air. **2.** Entreprise chargée du routage, de l'acheminement et de la distribution d'ouvrages imprimés (presse, librairie). ▪ **Messagerie électronique,** service d'envoi de messages en temps réel ou différé entre des personnes connectées sur un réseau informatique (SYN. **courriel**).

MESSE n.f. (lat. *missa,* de *mittere,* renvoyer). **1.** Célébration majeure du culte catholique, dont l'acte central – l'eucharistie – commémore, sous la forme du pain et du vin de la Cène, le sacrifice du Christ sur la Croix. **2.** Musique composée pour une grand-messe. ▪ **La messe est dite** [fam.], l'affaire est entendue ; les jeux sont faits. ▪ **Messe basse,** messe dont toutes les parties sont lues et récitées, et non chantées ; fam., entretien à voix basse entre deux personnes. ▪ **Messe chantée,** grand-messe. ▪ **Messe de minuit,** célébrée dans la nuit de Noël. ▪ **Messe des morts** ou **de requiem,** que l'on dit pour le repos de l'âme des morts.

MESSEOIR, ▲ *MESSOIR* **v.t. ind.** et **v. impers.** **[53]** (de *seoir*). Litt. Ne pas convenir.

MESSIANIQUE adj. Relatif au Messie, au messianisme.

MESSIANISME n.m. **1.** Attente et espérance du Messie, dans la Bible. **2.** Croyance en la venue d'un homme ou d'un groupe d'hommes qui instaurera un monde de justice et de bonheur : *Messianisme social.*

MESSIDOR n.m. (du lat. *messis,* moisson, et du gr. *dôron,* don). **HIST.** Dixième mois du calendrier républicain, commençant le 19 ou le 20 juin et finissant le 18 ou le 19 juillet.

MESSIE n.m. (lat. *Messias,* de l'araméen). **1.** (Avec une majuscule). Dans le judaïsme, envoyé de Dieu qui rétablira Israël dans ses droits et inaugurera l'ère de la justice. **2.** (Avec une majuscule). Chez les chrétiens, le Christ. **3.** Fig. Personnage providentiel, impatiemment attendu ; sauveur. ▪ **Être attendu comme le Messie,** comme un sauveur.

IL MESSIED → **MESSEOIR.**

MESSIEURS n.m. pl. → **MONSIEUR.**

MESSIN, E adj. et n. De Metz.

MESSIRE n.m. (de l'anc. fr. *mes,* mon, et de *sire*). Titre d'honneur donné autref. aux personnes nobles et plus tard réservé au chancelier de France.

MESURABLE adj. Que l'on peut mesurer ; évaluable.

MESURAGE n.m. Action de mesurer.

MESURE n.f. (lat. *mensura*). **1.** Action d'évaluer une grandeur d'après son rapport avec une grandeur de même espèce, prise comme unité et comme référence ; grandeur, dimension ainsi évaluée : *La mesure du temps.* **2.** Quantité servant d'unité de base pour l'évaluation d'une grandeur : *Le mètre carré est une mesure de surface.* **3.** Récipient de contenance déterminée servant à mesurer des volumes. **4.** Moyen mis en œuvre en vue d'un résultat déterminé ; disposition : *La mesure qu'ils ont prise risque de faire des mécontents.* **5.** Modération, retenue dans le comportement, le jugement : *Dépenser sans mesure. Parler avec mesure.* **6.** Fig. Élément de référence servant à apprécier la valeur de qqn, l'importance de qqch : *L'homme est la mesure de toute chose.* **7. MUS.** Division du temps musical en unités égales, matérialisées dans la partition par des barres verticales dites *barres de mesure.* **8. VERSIF.** Quantité de syllabes exigée par le rythme du vers. ▪ **À mesure (que),** en même temps (que) et en proportion. ▪ **Battre la mesure** [mus.], indiquer le rythme, la cadence par des gestes convenus. ▪ **Dans une certaine mesure,** dans une certaine proportion. ▪ **Donner (toute) sa mesure,** montrer tout ce que l'on est capable de faire. ▪ **En mesure** [mus.], dans la cadence convenant à l'exécution du morceau. ▪ **Être en mesure de,** être à même de faire qqch. ▪ **Faire bonne mesure,** donner à un acheteur un peu au-delà de ce qui lui revient ; donner généreusement. ▪ **Le sur-mesure,** v. à son ordre alphabétique. ▪ **Passer** ou **dépasser la mesure,** aller au-delà de ce qui est permis, régulier. ▪ **Prendre les mesures de qqn,** mesurer son corps ou une partie de son corps en vue de confectionner ou de choisir un vêtement. ▪ **Sur mesure,** confectionné d'après des mesures prises sur la personne même ; fig., particulièrement bien adapté : *Elle a obtenu un rôle sur mesure.*

MESURÉ, E adj. **1.** Bien réglé et lent : *Elle s'approchait à pas mesurés.* **2.** Modéré et circonspect : *Il reste mesuré dans ses paroles.*

MESURER v.t. **[3]** (bas lat. *mensurare*). **1.** Déterminer une quantité par le moyen d'une mesure : *Mesurer la distance entre deux maisons.* **2.** Déterminer l'importance de ; évaluer : *Mesurer les risques.* **3.** Estimer la valeur, l'importance de qqch : *Mesurer le succès d'un chanteur au nombre d'albums vendus.* **4.** Ne pas dépasser certaines limites ; modérer : *Mesurer ses dépenses, ses critiques.* **5.** Donner avec parcimonie : *La mairie mesure les subventions aux associations.* ◆ **SE MESURER** v.pr. **(À, AVEC).** Se comparer à qqn dans une épreuve ; affronter.

MESURETTE n.f. **1.** Cuillère servant à doser des liquides, des poudres, etc. **2.** Fam. Mesure sans grande portée ; réformette.

MESUREUR n.m. **1.** Personne préposée à la mensuration et à la pesée d'objets divers. **2.** Appareil ou instrument permettant d'effectuer diverses mesures ou analyses. ◆ **adj.m.** ▪ **Verre mesureur,** récipient dont les parois sont graduées.

MÉSUSAGE n.m. Litt. Usage abusif ou détourné de qqch.

MÉSUSER v.t. ind. **[3]** **(DE).** Litt. Faire un mauvais usage de.

MÉTA n.m. (nom déposé). **CHIM.** Métaldéhyde employé en tablettes comme combustible solide.

MÉTABOLE adj. **ENTOMOL.** Se dit d'un insecte qui subit une métamorphose.

MÉTABOLIQUE adj. Du métabolisme.

MÉTABOLISER v.t. **[3].** Transformer une substance dans le cadre du métabolisme, en parlant d'une cellule, d'un organe.

MÉTABOLISME n.m. (du gr. *metabolê,* changement). **BIOCHIM. 1.** Ensemble des réactions chimiques de transformation de matière et d'énergie, catalysées par des enzymes, qui s'accomplissent dans tous les tissus de l'organisme vivant. **2.** Ensemble des réactions biochimiques concernant une substance donnée : *Métabolisme du glucose.* ▪ **Métabolisme de base,** dépense minimale d'énergie de l'organisme, pour assurer sa survie.

MÉTABOLITE n.m. **BIOCHIM.** Produit de transformation d'une substance dans l'organisme.

MÉTACARPE n.m. (gr. *metakarpion*). **ANAT.** Ensemble des cinq os constituant le squelette de la paume de la main, compris entre le carpe et les phalanges.

MÉTACARPIEN, ENNE adj. et n.m. Se dit de chacun des cinq os du métacarpe.

MÉTACENTRE n.m. **MAR.** Point d'intersection de l'axe vertical d'un navire et de la perpendiculaire à la ligne de flottaison passant par le centre de carène, lorsque l'inclinaison du bâtiment tend vers zéro (SYN. **point métacentrique**).

MÉTACENTRIQUE adj. **MAR.** ▪ **Hauteur** ou **distance métacentrique,** distance du métacentre au centre de gravité du navire, primordiale pour sa stabilité. ▪ **Point métacentrique,** métacentre.

MÉTACOGNITION n.f. **PSYCHOL.** Connaissance d'un individu sur ses capacités et ses fonctionnements cognitifs personnels.

MÉTACONNAISSANCE n.f. Connaissance sur des connaissances.

MÉTADONNÉE n.f. **INFORM.** Donnée servant à caractériser une autre donnée, physique ou numérique : *Les métadonnées sont à la base de l'archivage.*

MÉTAIRIE n.f. (de *métayer*). **1.** Propriété foncière exploitée selon un contrat de métayage. **2.** Ensemble des bâtiments d'une métairie.

MÉTAL n.m. (pl. *métaux*) [du lat. *metallum,* mine]. **1.** Corps simple caractérisé par un éclat particulier, dit *éclat métallique,* une aptitude à la déformation, une tendance marquée à former des cations, et conduisant génér. bien la chaleur et l'électricité. **2.** Matériau constitué d'un de ces éléments chimiques ou de leur mélange (alliage). **3. HÉRALD.** L'or ou l'argent, par oppos. aux *couleurs* et aux *fourrures.* ▪ **Métaux lourds** [cour., abusif], composés métalliques (cadmium, cuivre, mercure, plomb, etc.) ou non (arsenic, notamm.), toxiques à plus ou moins forte dose. (Les scientifiques privilégient auj. l'appellation d'*éléments traces métalliques.*) ▪ **Métaux précieux,** l'or, l'argent, le palladium, le platine.

MÉTALANGAGE n.m. ou **MÉTALANGUE** n.f. **1. LING.** Langage permettant de décrire une langue naturelle. **2. LOG.** Langage de description d'un autre langage formel ou informatique.

MÉTAL-CARBONYLE n.m. (pl. *métaux-carbonyles*). **CHIM.** Combinaison d'un métal avec le monoxyde de carbone.

MÉTALDÉHYDE n.m. **CHIM.** Trimère de l'aldéhyde acétique, corps solide blanc, employé comme combustible et pour détruire les limaces.

MÉTALINGUISTIQUE adj. Qui concerne le métalangage.

MÉTALLERIE n.f. Fabrication et pose des ouvrages métalliques pour le bâtiment (SYN. **menuiserie métallique**).

MÉTALLIER, ÈRE n. Spécialiste de la métallerie (SYN. **serrurier**).

MÉTALLIFÈRE adj. Qui renferme un métal : *Gisement métallifère.*

MÉTALLIQUE adj. **1.** Constitué par du métal : *Passerelle métallique.* **2.** Qui a l'apparence du métal : *Reflet métallique ;* qui évoque le métal par sa dureté, sa sonorité, etc. : *Une voix métallique.* ▪ **Liaison métallique** [chim.], liaison dans laquelle une très forte délocalisation des électrons maintient les atomes d'un métal.

MÉTALLISATION n.f. Action de métalliser.

MÉTALLISÉ, E adj. Qui a l'éclat du métal : *Peinture bleu métallisé.*

MÉTALLISER v.t. **[3]. 1.** Revêtir une surface d'une couche de métal ou d'alliage aux fins de protection, de traitement ou pour assurer un contact électrique. **2.** Donner un éclat métallique à.

MÉTALLISEUR adj.m. Se dit d'un appareil qui sert à métalliser : *Pistolet métalliseur.*

MÉTALLO n.m. (abrév.). Fam. Ouvrier métallurgiste.

MÉTALLOCHROMIE [-krɔ-] n.f. Technique de coloration de la surface des métaux.

MÉTALLOGÉNIE n.f. Étude de la formation et de la mise en place des gîtes métallifères.

MÉTALLOGRAPHIE n.f. Étude de la structure, de la microstructure et de la texture des métaux et de leurs alliages.

MÉTALLOGRAPHIQUE adj. Relatif à la métallographie.

MÉTALLOÏDE n.m. (du gr. *metallon,* métal, et *eidos,* aspect). Vx. Non-métal.

MÉTALLOPHONE n.m. Instrument de musique composé d'un jeu de lames métalliques percutées.

MÉTALLOPROTÉINE n.f. **BIOCHIM.** Protéine associée à des composés contenant des métaux.

MÉTALLURGIE n.f. (du gr. *metallourgeîn,* exploiter une mine). Ensemble des procédés et des techniques d'extraction, d'élaboration, de formage et de traitement des métaux et des alliages. ▪ **Métallurgie des poudres,** ensemble des procédés de la métallurgie permettant d'obtenir des produits ou des pièces, par compression et frittage à chaud à partir de poudres métalliques.

MÉTALLURGIQUE adj. Relatif à la métallurgie.

MÉTALLURGISTE n.m. Personne qui travaille dans la métallurgie. Abrév. (fam.) **métallo.**

MÉTALOGIQUE n.f. Discipline qui a pour objet de décrire les propriétés d'une théorie logique déterminée et d'assurer son axiomatisation et sa formalisation. ◆ **adj.** Relatif à la métalogique.

MÉTAMATHÉMATIQUE n.f. Théorie déductive qui a pour objet d'établir certaines propriétés des théories mathématiques déjà formalisées. ◆ **adj.** Relatif à la métamathématique.

MÉTAMÈRE n.m. **1. EMBRYOL.** Unité anatomique de l'embryon, répétée un certain nombre de fois de la tête à la région caudale (SYN. **somite**). **2. ZOOL.** Anneau : *Les métamères du lombric.*

MÉTAMÉRIE n.f. **ZOOL.** Caractéristique des animaux dont le corps est formé d'une suite de métamères.

MÉTAMÉRISÉ, E adj. EMBRYOL. Divisé en métamères.

MÉTAMORPHIQUE adj. Relatif au métamorphisme. ■ **Roche métamorphique,** qui a subi un ou plusieurs métamorphismes.

MÉTAMORPHISER v.t. [3]. Transformer une roche par métamorphisme.

MÉTAMORPHISME n.m. (du gr. *meta*, après, et *morphê*, forme). **GÉOL.** Dans la croûte terrestre, transformation à l'état solide d'une roche préexistante sous l'effet de la température et de la pression, avec recristallisation des minéraux. ➲ Le *métamorphisme de contact*, localisé, est lié à l'intrusion de roches magmatiques ; le *métamorphisme régional*, qui affecte une portion de la croûte terrestre, est lié à l'orogenèse.

MÉTAMORPHOSABLE adj. Qui peut être métamorphosé.

MÉTAMORPHOSE n.f. (du gr. *meta*, après, et *morphê*, forme). **1.** Changement de forme, de nature d'un être en un autre : *La métamorphose d'un crapaud en prince.* **2. EMBRYOL.** Transformation importante et brutale, au cours de leur développement, du corps et du mode de vie de certains animaux, comme les amphibiens et de nombreux invertébrés. **3.** Changement complet dans l'état, le caractère d'une personne, dans l'aspect des choses.

MÉTAMORPHOSER v.t. [3]. 1. Changer la forme, la nature ou l'individualité d'un être ; transformer : *La fée métamorphosa Pinocchio en petit garçon.* **2.** Modifier profondément l'aspect ou le caractère de : *Cette coiffure te métamorphose.* ◆ **SE MÉTAMORPHOSER v.pr.** Changer complètement de forme, d'aspect, d'état.

MÉTAMOTEUR n.m. INFORM. Logiciel ou site Web qui permet d'interroger simultanément plusieurs moteurs de recherche et d'obtenir la synthèse de leurs réponses à une requête donnée.

MÉTAMPHÉTAMINE n.f. Drogue de synthèse dérivée de l'amphétamine.

MÉTAPHASE n.f. BIOL. CELL. Deuxième phase de la division cellulaire (mitose), pendant laquelle les chromosomes se regroupent sur le plan équatorial de la cellule.

MÉTAPHORE n.f. (du gr. *metaphora*, transfert). **STYL.** Procédé par lequel on substitue à la signification d'un mot ou d'un groupe de mots une autre signification qui s'y rapporte en vertu d'une analogie ou d'une comparaison implicite (ex. : *l'hiver de la vie, une* carotte *de forage*). ■ **Métaphore filée,** métaphore longuement développée par une suite d'associations métonymiques.

MÉTAPHORIQUE adj. Relatif à la métaphore ; qui abonde en métaphores.

MÉTAPHORIQUEMENT adv. De façon métaphorique.

MÉTAPHOSPHORIQUE adj. CHIM. MINÉR. ■ **Acide métaphosphorique,** acide HPO_3, formé à partir de l'oxyde du phosphore dans l'état d'oxydation + 5.

MÉTAPHYSE n.f. ANAT. Partie des os longs située entre la diaphyse et l'épiphyse.

MÉTAPHYSICIEN, ENNE n. Spécialiste de métaphysique.

MÉTAPHYSIQUE n.f. (du gr. *meta ta phusika*, après la physique, cette connaissance étant, chez Aristote, traitée après la physique). **1.** Science de l'être en tant qu'être, recherche et étude des premiers principes et des causes premières ; conception propre à un philosophe dans ces domaines : *La métaphysique de Leibniz.* **2.** Ensemble des connaissances tirées de la raison seule, indépendamment de l'expérience, chez Kant, qui leur dénie le statut de connaissance à proprement parler. **3.** Interrogation sur la conduite humaine en général, dans l'existentialisme. **4.** Souvent péjor. Spéculation sur des choses abstraites, n'aboutissant à aucune solution concrète. ◆ **adj. 1.** Relatif à la métaphysique. **2.** Qui a un caractère trop abstrait. ■ **Peinture métaphysique** [bx-arts], courant pictural italien du début du XXe s., illustré par De Chirico, Carrà, Morandi et caractérisé par une transposition onirique de la réalité, un climat de tension et d'« inquiétante étrangeté ».

MÉTAPHYSIQUEMENT adv. D'un point de vue métaphysique.

1. La chenille tisse une ceinture de soie, pour se fixer à son support (tige) ;
2. Elle mue, la chrysalide se forme, durcit et devient terne ; **3.** Les ailes sont visibles par transparence ;
4. La chrysalide cède ; **5.** Le papillon s'accroche à la chrysalide et sèche ses ailes.

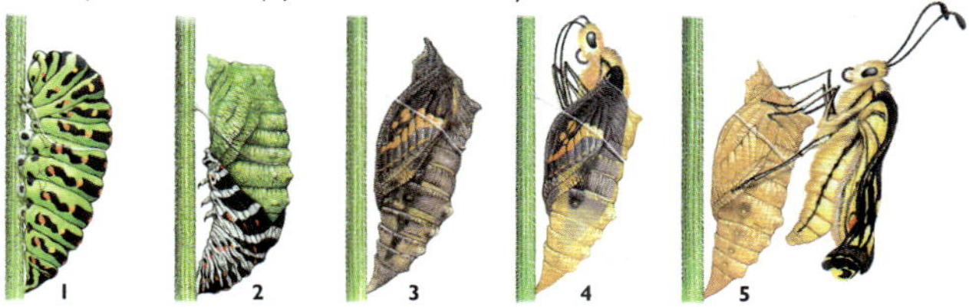

▲ **métamorphose** d'un papillon (machaon).

MÉTAPLASIE n.f. MÉD. Transformation d'un tissu vivant en un autre, à la suite d'une irritation.

MÉTAPSYCHIQUE adj. Parapsychologique. ◆ **n.f.** Parapsychologie.

MÉTAPSYCHOLOGIE n.f. Partie la plus théorique de la psychanalyse freudienne, qui envisage tout processus mental sous ses aspects à la fois dynamiques et topiques.

MÉTASTABLE adj. CHIM., PHYS. Se dit d'un système qui n'est pas stable en théorie, mais qui paraît tel en raison d'une vitesse de transformation très faible.

MÉTASTASE n.f. (du gr. *metastasis*, déplacement). **MÉD.** Foyer pathologique secondaire, infectieux ou surtout cancéreux, dû à la propagation à distance d'un foyer primitif (par voie sanguine, lymphatique, etc.).

MÉTASTASER v.i. et v.t. [3]. Produire des métastases.

MÉTASTATIQUE adj. Relatif aux métastases ; de la nature des métastases.

MÉTATARSE n.m. (du gr. *meta*, après, et *tarsos*, plat du pied). **ANAT.** Partie du squelette du pied comprise entre le tarse et les orteils, et qui reste verticale dans la marche chez les vertébrés ongulígrades ou digitigrades.

MÉTATARSIEN, ENNE adj. et **n.m.** Se dit de chacun des cinq os du métatarse.

MÉTATHÉORIE n.f. LOG. Étude des propriétés d'un système formel au moyen d'une métalangue. ➲ La métathéorie étudie notamm. les concepts de consistance, de complétude et d'indépendance des axiomes.

MÉTATHÉRIEN n.m. Marsupial. ➲ Les métathériens forment une sous-classe.

MÉTATHÈSE n.f. (du gr. *metathesis*, transposition). **LING.** Déplacement de voyelles, de consonnes ou de syllabes à l'intérieur d'un mot. (Ex. : l'anc. fr. *formage* devenu *fromage*.)

MÉTATHORAX n.m. ENTOMOL. Troisième division du thorax des insectes, qui porte les ailes et les pattes postérieures.

MÉTAYAGE [metɛjaʒ] **n.m.** Contrat d'exploitation agricole dans lequel un propriétaire donne à bail un domaine rural pour une durée déterminée contre partage des fruits et des pertes (SYN. **colonage partiaire**).

MÉTAYER, ÈRE [metɛje, ɛr] **n.** (de *meitié*, forme anc. de *moitié*). Exploitant agricole lié par un contrat de métayage.

MÉTAZOAIRE n.m. (du gr. *meta*, après, et *zôon*, animal). Animal pluricellulaire (par oppos. à *protozoaire*).

MÉTEIL n.m. (du lat. *mixtus*, mélangé). **AGRIC.** Mélange de seigle et de blé semés et récoltés ensemble.

MÉTEMPSYCOSE [metɑ̃-] **n.f.** (gr. *metempsychosis*). Réincarnation de l'âme après la mort dans un corps humain, dans celui d'un animal ou dans un végétal.

MÉTENCÉPHALE n.m. ANAT. Partie de l'encéphale embryonnaire d'où dérivent le cervelet et la protubérance annulaire.

MÉTÉO n.f. (abrév.). **1.** Météorologie. **2.** Bulletin météorologique : *Écouter la météo.* **3.** Conditions atmosphériques : *Si la météo le permet.* ◆ **adj. inv.** Météorologique : *Bulletins météo.*

MÉTÉORE n.m. (du gr. *meteôros*, élevé dans les airs). **1.** Tout phénomène observé dans l'atmosphère. **2.** Phénomène lumineux qui résulte de la chute dans l'atmosphère terrestre d'un corps solide venant de l'espace (SYN. [cour.] **étoile filante**). **3.** Fig. Personne ou chose qui brille d'un éclat très vif mais passager : *Un météore de la chanson.*

MÉTÉORIQUE adj. 1. Relatif à un ou à des météores : *Averse météorique.* **2. GÉOL.** Se dit des phénomènes prenant leur source dans l'atmosphère : *Érosion météorique.*

MÉTÉORISATION n.f. GÉOMORPH. Modifications en surface subies par les roches au contact de l'atmosphère.

MÉTÉORISME n.m. MÉD. Accumulation de gaz dans l'intestin, se traduisant par un gonflement du ventre (SYN. [cour.] **ballonnement**).

MÉTÉORITE n.f. Fragment de corps céleste qui tombe à la surface d'un astre, en partic. de la Terre. ■ **Météorite ferreuse** [vx], sidérite.

➲ Les chutes de **MÉTÉORITES** dont la masse se chiffre en kilogrammes ou en tonnes sont rares, car sur les 10 000 t de matière qui tombent chaque année sur la Terre, l'essentiel arrive au sol sous forme de poussières. Les comètes passant près du Soleil donnent naissance à des essaims de météorites. Lorsque la Terre rencontre de tels essaims, on observe de nombreuses étoiles filantes qui semblent toutes émaner d'une même région du ciel, le radiant (les Perséides, chaque année, autour du 12 août, par ex.).

MÉTÉORITIQUE adj. Relatif à une ou à des météorites. ■ **Cratère météoritique** → **CRATÈRE.**

MÉTÉOROLOGIE n.f. (gr. *meteôrologia*). **1.** Branche de la géophysique qui se consacre à l'étude des éléments du temps (températures, précipitations, vents, pression, etc.) et à la recherche de modèles sur les mouvements de l'atmosphère. *(V. ill. page suivante.)* **2.** Organisme chargé de ces études. Abrév. (fam.) **météo.**

MÉTÉOROLOGIQUE adj. Relatif à la météorologie.

MÉTÉOROLOGUE ou **MÉTÉOROLOGISTE n.** Spécialiste de météorologie.

MÉTÈQUE n.m. (du gr. *metoikos*, qui change de résidence). **1.** Péjor., raciste. Étranger établi en France et dont le comportement est jugé défavorablement. **2. ANTIQ. GR.** Étranger domicilié dans une cité et jouissant d'un statut particulier.

MÉTHACRYLATE n.m. Ester de l'acide méthacrylique.

MÉTHACRYLIQUE adj. Se dit d'un acide carboxylique et de résines qui en dérivent et qui servent à la fabrication de verres de sécurité.

MÉTHADONE n.f. Substance morphinique de synthèse, utilisée comme succédané de l'héroïne dans le traitement de substitution de certains toxicomanes.

MÉTHANAL n.m. (pl. *méthanals*). Formaldéhyde.

MÉTHANE n.m. (de *méthyle*). Gaz incolore (CH_4), de densité 0,554, brûlant à l'air avec une flamme pâle. ■ **Hydrate de méthane,** mélange d'eau et de méthane constituant un gaz présent sous forme cristallisée dans les fonds marins et dans les parties profondes du sol des régions polaires (le pergélisol).

➲ Le **MÉTHANE** est le plus simple des hydrocarbures et le principal composant du gaz naturel. Il se dégage des matières en putréfaction (gaz des marais) et de la digestion des animaux (notamm. des ruminants). Naturellement présent dans l'atmosphère terrestre, il constitue un puissant gaz à effet de serre.

a b c d e f g h i j k l m n o p q r s t u v w x y z

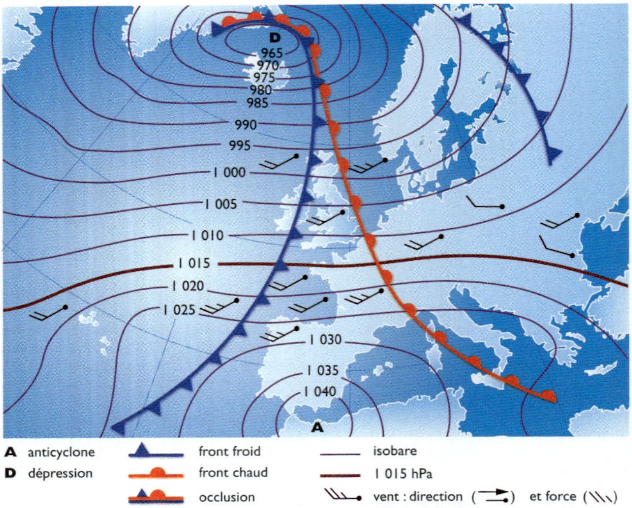

▲ **météorologie.** Exemple de courant perturbé d'ouest (les vents circulent de l'ouest vers l'est, entre la dépression et l'anticyclone), avec les principaux symboles utilisés.

MÉTHANIER, ÈRE adj. Relatif à l'industrie du méthane, à son transport. ◆ **n.m.** Navire conçu pour le transport du méthane liquéfié.

MÉTHANISATION n.f. BIOCHIM. Processus de fermentation de la matière organique en l'absence d'oxygène, produisant du méthane.

MÉTHANISER v.t. [3]. Transformer des déchets, des ordures en méthane.

MÉTHANISEUR n.m. ÉNERG. Digesteur.

MÉTHANOÏQUE adj. ▪ **Acide méthanoïque,** acide formique*.

MÉTHANOL n.m. Alcool méthylique*.

MÉTHÉMOGLOBINE n.f. BIOCHIM. Hémoglobine altérée d'une manière réversible, impropre au transport de l'oxygène.

MÉTHÉMOGLOBINÉMIE n.f. MÉD. Accumulation pathologique de méthémoglobine dans les globules rouges, notamm. lors d'intoxications par des substances chimiques.

MÉTHIONINE n.f. BIOCHIM. Acide aminé soufré indispensable à la croissance et à l'équilibre de l'organisme, présent dans les protéines.

MÉTHODE n.f. (lat. *methodus*). **1.** Démarche rationnelle de l'esprit pour arriver à la connaissance ou à la démonstration d'une vérité. **2.** Manière ordonnée de mener qqch : *Jeune chercheuse qui manque de méthode.* **3.** Ensemble ordonné de manière logique de principes, de règles permettant de parvenir à un résultat ; procédé : *Ce hackeur a une méthode infaillible.* **4.** Ensemble des règles qui permettent l'apprentissage d'une technique, d'une science. **5.** Ouvrage groupant logiquement les éléments d'une science, d'un enseignement ; manuel : *Une méthode de solfège.* ▪ **Méthode expérimentale,** procédure qui consiste à observer les phénomènes, à en tirer des hypothèses et à vérifier les conséquences de ces hypothèses par une expérimentation scientifique.

MÉTHODIQUE adj. 1. Qui résulte de l'application d'une méthode : *Recherches méthodiques.* **2.** Qui agit avec méthode ; organisé. ▪ **Doute méthodique** [philos.], chez Descartes, doute volontaire amenant à révoquer tout ce qui ne s'impose pas par une évidence rationnelle pour reconstruire le savoir sur une base inébranlable.

MÉTHODIQUEMENT adv. Avec méthode.

MÉTHODISME n.m. Mouvement religieux protestant fondé en Angleterre au XVIIIe s. par John Wesley, afin de promouvoir le « réveil » de l'Église anglicane.

MÉTHODISTE adj. et **n.** Relatif au méthodisme ; qui le professe.

MÉTHODOLOGIE n.f. 1. Étude systématique, par observation, de la pratique scientifique, des principes qui la fondent et des méthodes de recherche qu'elle utilise. **2.** Ensemble des méthodes et des techniques d'un domaine particulier. **3.** Cour. Manière de procéder ; méthode.

MÉTHODOLOGIQUE adj. Relatif à la méthodologie.

MÉTHYLATION n.f. Ajout d'un groupe méthyle à une molécule. ➲ La méthylation de l'ADN est une modification épigénétique, réversible, de l'ADN.

MÉTHYLE n.m. CHIM. ORG. Groupement (—CH_3) dérivé du méthane. ▪ **Chlorure de méthyle,** liquide (CH_3Cl) qui se liquéfie à – 24 °C, employé comme agent frigorigène.

MÉTHYLÈNE n.m. (du gr. *methu*, boisson fermentée, et *hulê*, bois). **CHIM. ORG. 1.** Groupement CH_2, maillon dans la chaîne des hydrocarbures saturés. **2.** Espèce chimique (CH_2), fortement réactive, qui s'additionne sur les liaisons éthyléniques ou s'insère dans des liaisons simples (le chlorure de méthylène CH_2Cl_2, par ex.). ▪ **Bleu de méthylène,** colorant doué d'un pouvoir antiseptique faible.

MÉTHYLIQUE adj. CHIM. ORG. Se dit de composés dérivés du méthane. ▪ **Alcool méthylique,** alcool CH_3OH extrait des goudrons de bois ou préparé synthétiquement et utilisé comme solvant, combustible et matière première pour de nombreuses synthèses (SYN. **méthanol**).

MÉTHYLORANGE n.m. CHIM. Hélianthine.

METICAL [me-] **n.m.** (pl. *meticals*). Unité monétaire principale du Mozambique.

MÉTICULEUSEMENT adv. De façon méticuleuse.

MÉTICULEUX, EUSE adj. (du lat. *meticulosus*, craintif). Qui apporte beaucoup d'attention, de soin à ce qu'il fait ; minutieux.

MÉTICULOSITÉ n.f. Caractère d'une personne, d'une action méticuleuse.

MÉTIER n.m. (du lat. *ministerium*, service). **1.** Profession caractérisée par une spécificité exigeant une formation, de l'expérience, etc., et entrant dans un cadre légal ; activité dont on tire des moyens d'existence : *Il est musicien de métier.* **2.** Savoir-faire, habileté technique résultant de l'expérience, d'une longue pratique : *Ébéniste qui a du métier.* **3.** Chacun des secteurs d'activité d'un groupe industriel : *Firme qui se recentre sur son métier principal.* **4.** Fig. Fonction, rôle présentant certains des caractères d'une profession : *Le métier de parents.* **5. HIST.** Ancien nom de la *corporation* (avant le XVIIIe s.). **6.** Machine servant à travailler les textiles : *Métier à tisser.* **7.** Armature de bois rectangulaire ou circulaire sur laquelle on tend un ouvrage à broder.

MÉTIS, ISSE [metis] **adj.** et **n.** (du lat. *mixtus*, mélange). **1.** Qui est issu de l'union de deux personnes de couleur de peau différente. **2. BOT., ZOOL.** Se dit d'un hybride obtenu à partir de deux variétés différentes de la même espèce. ▪ **Toile métisse,** ou **métis, n.m.,** toile dont la chaîne est en coton et la trame en lin.

MÉTISSAGE n.m. 1. Union féconde entre hommes et femmes d'origine ethnique différente. **2.** Croisement de variétés végétales différentes, mais appartenant à la même espèce. **3. ÉLEV.** Croisement entre animaux de la même espèce, mais de races différentes, destiné à créer, au bout de quelques générations, une race aux caractéristiques intermédiaires. ▪ **Métissage culturel,** production culturelle (musique, littérature, etc.) résultant de l'influence mutuelle de civilisations en contact.

MÉTISSER v.t. [3]. Croiser par métissage.

MÉTONYMIE n.f. (du gr. *metônumia*, changement de nom). **STYL.** Procédé par lequel un concept est exprimé par un terme désignant un autre concept qui lui est relié par une relation nécessaire (l'effet par la cause, le tout par la partie, etc.). [Ex. : *les cuivres* jouent bien (musiciens).]

MÉTONYMIQUE adj. Relatif à la métonymie.

MÉTOPE n.f. (gr. *metopê*). **ARCHIT.** Partie de la frise dorique entre deux triglyphes ; panneau sculpté remplissant cet espace.

MÉTRAGE n.m. 1. Action de métrer. **2.** Longueur en mètres, notamm. d'un coupon d'étoffe. ▪ **Court(-)métrage, long(-)métrage, moyen(-)métrage,** v. à leur ordre alphabétique.

1. MÈTRE n.m. (du gr. *metron*, mesure). **1.** Unité de longueur (symb. m), égale à la longueur du trajet parcouru dans le vide par la lumière pendant une durée de 1/299 792 458 de seconde. **2.** Objet servant à mesurer et ayant la longueur d'un mètre.

➲ Le **MÈTRE**, unité de base du SI, avait été primitivement défini comme une longueur égale à la dix millionième partie du quart du méridien terrestre. En 1983, l'utilisation de lasers ayant permis une détermination très précise de la vitesse de la lumière, la nouvelle définition du mètre a été rattachée à la valeur de cette grandeur.

2. MÈTRE n.m. (du lat. *metrum*, mesure d'un vers). **VERSIF. 1.** Dans la prosodie grecque et latine, groupe déterminé de syllabes longues ou brèves, comprenant deux temps marqués (SYN. **pied**). **2.** Forme rythmique d'une œuvre poétique ; vers.

MÉTRÉ n.m. 1. Mesure d'une construction, d'un ouvrage quelconques. **2.** Devis détaillé de tous travaux dans le bâtiment.

MÉTRER v.t. [11], ▲ *[11*]*. Effectuer un métré.

MÉTREUR, EUSE n. 1. Personne qui établit des métrés pour un architecte, un entrepreneur. **2.** Personne chargée de contrôler l'état d'avancement d'un travail de construction par la mesure des éléments réalisés.

1. MÉTRIQUE adj. 1. Relatif au mètre, aux mesures auxquelles il sert de base. **2. TÉLÉCOMM.** Se dit d'ondes radio dont la longueur d'onde est comprise entre 1 et 10 m. ▪ **Géométrie métrique,** qui étudie les propriétés des figures invariantes par les isométries. ▪ **Quintal métrique,** masse de 100 kg (symb. q). ▪ **Système métrique,** ensemble des mesures ayant pour base le mètre (→ **système**). ▪ **Tonne métrique,** masse de 1 000 kg (symb. t). ➲ On utilise ce qualificatif pour éviter une confusion avec d'autres unités de masse, par ex. la tonne américaine, ou *short ton*.

2. MÉTRIQUE n.f. VERSIF. 1. Science qui étudie les éléments dont sont formés les vers. **2.** Système de versification propre à un poète, un pays, une langue. ◆ **adj.** Relatif à la mesure du vers.

MÉTRISATION n.f. Conversion des mesures au système métrique.

MÉTRITE n.f. (du gr. *mêtra*, matrice). **MÉD.** Inflammation de l'utérus, en partic. de la muqueuse de son corps (endométrite) ou de son col (cervicite).

1. MÉTRO n.m. (de *2. métropolitain*). **1.** Chemin de fer souterrain ou aérien à traction électrique, qui dessert les quartiers d'une grande ville et de sa banlieue ; ensemble des installations de ce moyen de transport. **2.** Rame d'un tel chemin de fer : *Rater le dernier métro.*

2. MÉTRO adj. et **n.** (de *1. métropolitain*). Fam. Se dit d'une personne originaire de la métropole, dans les territoires français situés outre-mer.

3. MÉTRO n.m. Afrique. Anc. Franc français.

MÉTROLOGIE **n.f.** (du gr. *metron*, mesure, et *logos*, science). Science des mesures.

MÉTROLOGIQUE **adj.** Relatif à la métrologie.

MÉTROLOGISTE ou **MÉTROLOGUE** **n.** Spécialiste de métrologie.

MÉTRONOME **n.m.** (du gr. *metron*, mesure, et *nomos*, règle). Appareil servant à marquer la pulsation rythmique d'un morceau de musique.

MÉTROPOLE **n.f.** (du gr. *mêtêr*, *mêtros*, mère, et *polis*, ville). **1.** État considéré par rapport à ses territoires extérieurs. **2.** Capitale politique ou économique d'une région, d'un État. **3.** Statut que peuvent adopter les communautés urbaines françaises, leur permettant de s'associer pour mettre en œuvre une gestion commune, afin d'améliorer la cohésion et la compétitivité de leur territoire. **4.** Centre le plus important dans un domaine particulier : *Milan, la métropole du design.* **5.** CHRIST. Chef-lieu d'une province ecclésiastique et siège de l'archevêque métropolitain (SYN. **archevêché**).

MÉTROPOLISATION **n.f.** **1.** Processus de renforcement de la puissance des grandes métropoles, par l'accroissement de la population, de la densité des réseaux de communication, de la concentration d'organismes de commandement dans tous les domaines (production, recherche et culture, notamm.). ➲ Elle oriente le développement mondial vers une économie d'archipel où les échanges se font moins entre nations qu'entre métropoles, déconnectées de leur arrière-pays. (→ **archipel métropolitain mondial**). **2.** Dynamique spatiale contribuant à organiser le territoire autour d'une ville ou d'un espace urbain qualifié de métropole.

1. MÉTROPOLITAIN, E **adj.** **1.** Qui appartient à la métropole, par rapport aux territoires d'outre-mer. **2.** CHRIST. Qui appartient à une métropole ecclésiastique. ■ **Archevêque métropolitain,** ou **métropolitain, n.m.,** qui a juridiction sur une province ecclésiastique. ◆ **adj.** et **n.** De la métropole.

2. MÉTROPOLITAIN **n.m.** Vieilli ou terme administratif. Métro.

MÉTROPOLITE **n.m.** RELIG. Évêque orthodoxe qui occupe un rang intermédiaire entre le patriarche et les archevêques.

MÉTRORRAGIE **n.f.** (du gr. *mêtra*, matrice, et *rhagê*, rupture). MÉD. Hémorragie utérine survenant en dehors des règles (SYN. **pertes rouges**).

MÉTROSEXUEL, ELLE **adj.** et **n.m.** (de *1. métro* et *sexuel*). Se dit d'un homme, génér. citadin et trentenaire, qui prend soin de son corps et de sa tenue vestimentaire : *La mode métrosexuelle.*

METS [mɛ] **n.m.** (du lat. *missus*, mis sur la table). Tout aliment cuisiné qui entre dans la composition d'un repas.

METTABLE **adj.** Se dit d'un vêtement que l'on peut mettre, porter.

METTEUR, EUSE **n.** ■ **Metteur en ondes,** spécialiste de la mise en ondes d'émissions radiophoniques. ■ **Metteur en page(s),** personne qui réalise la mise en pages d'un ouvrage. ■ **Metteur en scène,** personne qui règle la réalisation scénique d'une œuvre dramatique ou lyrique en dirigeant les acteurs et en harmonisant les divers éléments de la représentation ; réalisateur d'un film.

METTON **n.m.** Produit issu du lait caillé, utilisé lors de la fabrication de la cancoillotte.

METTRE **v.t.** [64] (du lat. *mittere*, envoyer). **1.** Placer qqch ou qqn dans un endroit déterminé : *Mettre du lait au réfrigérateur, un bébé dans son couffin.* **2.** Disposer sur le corps ; porter : *Mettre un imperméable, un casque, un parfum.* **3.** Ajouter une chose à une autre ; introduire : *Mettre des intercalaires dans un classeur, de la crème dans une soupe.* **4.** Placer dans une certaine position, une certaine situation : *Mettre les mains sur la tête, un financier à la tête d'une entreprise.* **5.** Faire fonctionner un appareil ; actionner un mécanisme : *Mettre la radio, le frein à main.* **6.** Faire résider dans ; placer : *Mettre son espoir dans les enfants.* **7.** Employer certains moyens à qqch ; dépenser : *Mettre ses économies dans une voiture* ; consacrer : *Mettre toute son énergie à finir à temps.* **8.** Modifier la forme de qqch : *Mettre les verbes à l'imparfait.* **9.** Faire passer dans un certain état : *Ce film m'a mis de bonne humeur.* **10.** Soumettre à une action : *Mettre des escargots à dégorger, sa montre à l'heure.* ■ **En mettre un coup** [fam.], fournir un effort intense. ■ **Mettons, mettez** [fam.], supposons ; supposez. ■ **Y mettre du sien,** faire un effort pour aplanir une difficulté. ◆ **SE METTRE** **v.pr.** **1.** Aller occuper un lieu, une situation ; se placer : *Se mettre au premier rang, à table.* **2.** Prendre une certaine position : *Se mettre au garde-à-vous, à l'aise.* **3.** S'habiller avec tel vêtement : *Se mettre en pyjama.* **4.** Commencer à être dans tel état, à faire telle action : *Se mettre en colère, au travail.* ■ **Se mettre en tête** ou **dans la tête,** s'imaginer ; vouloir absolument.

MEUBLANT, E **adj.** DR. ■ **Meubles meublants,** objets qui servent à meubler et à garnir un logement.

1. MEUBLE **adj.** (du lat. *mobilis*, qui peut être déplacé). **1.** Qui se fragmente, se laboure facilement : *Terre meuble.* **2.** GÉOL. Se dit d'une formation dont les éléments ont peu ou pas de cohésion (limons, vases, sables, cendres volcaniques, etc.).

2. MEUBLE **adj.** DR. ■ **Bien meuble par détermination de la loi,** bien incorporel que la loi assimile aux précédents (créances, hypothèques, etc.). ■ **Bien meuble par nature,** bien corporel susceptible d'être déplacé (par oppos. à *bien immeuble*).

3. MEUBLE **n.m.** **1.** Objet mobile servant à l'aménagement ou à la décoration d'un lieu d'habitation (notamm. lit, armoire, table, siège, luminaire) ou d'un bureau. **2.** DR. Bien meuble. **3.** HÉRALD. Figure occupant une place variable sur le champ de l'écu (SYN. **pièce**).

MEUBLÉ, E **adj.** et **n.m.** Se dit d'un appartement loué avec le mobilier.

MEUBLER **v.t.** [3]. **1.** Garnir, équiper de meubles. **2.** Occuper une période de temps : *Meubler les journées de pluie.* ◆ **v.i.** Produire un effet d'ornementation : *Tableaux qui meublent bien.*

MEUF [mœf] **n.f.** (verlan de *femme*). Fam. Femme, notamm. jeune femme ; compagne ou petite amie.

MEUGLEMENT **n.m.** Beuglement.

MEUGLER **v.i.** [3] (lat. *mugilare*). Beugler.

MEUH [mø] **interj.** (onomat.). Cri de la vache.

MEULAGE **n.m.** Action de meuler.

1. MEULE **n.f.** (lat. *mola*). **1.** Lourd cylindre en pierre, servant à moudre les grains, à écraser les olives. **2.** Corps solide de forme circulaire constitué de matière abrasive, qui sert à aiguiser, à polir. **3.** Grande pièce cylindrique de fromage : *Meule de comté.* ■ **Faire la meule** [Suisse, fam.], harceler qqn pour obtenir qqch.

2. MEULE **n.f.** **1.** Tas de gerbes de céréales, ou tas de paille ou de foin, lié ou en vrac, constitué pour la conservation de ces produits. **2.** Anc. Tas de bois recouvert de terre, que l'on carbonisait en plein air pour fabriquer du charbon de bois. **3.** HORTIC. Anc. Couche à champignons.

3. MEULE **n.f.** Arg. Motocyclette ; cyclomoteur.

MEULER **v.t.** [3]. Procéder à l'abrasion d'une pièce, de qqch à l'aide d'une meule.

MEULEUSE **n.f.** Machine-outil entraînant une meule abrasive.

MEULIÈRE **n.f.** Roche sédimentaire siliceuse employée autref. en région parisienne à la fabrication de meules à grain et utilisée par la suite en construction. (On dit aussi *pierre meulière.*)

MEULON **n.m.** Petit tas de sel tiré d'un marais salant.

MEUNERIE **n.f.** Industrie de la transformation des grains en farine ; usine où elle s'effectue.

1. MEUNIER, ÈRE **adj.** (lat. *molinarius*). Qui concerne la meunerie. ◆ **n.** Personne qui dirige une meunerie ou un moulin. ■ **Échelle de meunier** → **ÉCHELLE.** ■ **Truite, sole (à la) meunière** [cuis.], farinée, cuite au beurre à la poêle, citronnée et servie dans son jus de cuisson.

2. MEUNIER **n.m.** **1.** Chevaine. **2.** Blatte. **3.** Variété de pinot à grains noirs servant à préparer les vins de Champagne.

MEUNIÈRE **n.f.** Mésange d'Europe et d'Asie, à longue queue. ➲ Famille des aegithalidés.

MEURETTE **n.f.** (de l'anc. fr. *murette*, sauce). CUIS. Sauce au vin rouge, avec des croûtons, accompagnant les œufs, le poisson, etc.

MEURON **n.m.** Suisse. Mûre (fruit de la ronce).

MEURSAULT [-so] **n.m.** (de *Meursault*, n. pr.). Vin de Bourgogne réputé, issu du cépage chardonnay.

MEURTRE **n.m.** (de *meurtrir*). Action de tuer volontairement un être humain.

MEURTRIER, ÈRE **n.** Personne qui commet ou a commis un meurtre. ◆ **adj.** Propre à causer la mort ; qui provoque la mort de nombreuses personnes : *Une route meurtrière.*

MEURTRIÈRE **n.f.** Ouverture étroite, souvent verticale, pratiquée dans le mur d'un ancien ouvrage fortifié pour lancer des projectiles sur les assaillants.

MEURTRIR **v.t.** [21] (du francique *murthrjan*, assassiner). **1.** Blesser par un choc qui laisse une marque sur la peau ; contusionner. **2.** Endommager un fruit par choc ou par contact ; taler. **3.** Fig. Blesser moralement ; peiner : *Votre refus l'a meurtri.*

MEURTRISSURE **n.f.** **1.** Contusion marquée par une tache bleuâtre ; ecchymose. **2.** Partie d'un fruit endommagée par un choc ; talure.

MEUTE **n.f.** (du lat. *motus*, mû). **1.** Ensemble de chiens dressés pour la chasse à courre. **2.** Fig. Bande de gens acharnés contre qqn ; horde : *Une meute de paparazzis poursuit le chanteur.*

MeV [ɛməve] **n.m.** Symbole de mégaélectronvolt (un million d'électronvolts), unité d'énergie utilisée en physique des particules.

MÉVENTE **n.f.** Forte chute des ventes.

MEXICAIN, E **adj.** et **n.** Du Mexique ; de ses habitants.

MEZCAL **n.m.** → **MESCAL.**

MÉZÉ **n.m.** → **MEZZE.**

MÉZIGUE **pron. pers.** Arg. Moi.

MEZZANINE [mɛdzanin] **n.f.** (ital. *mezzanino*). **1.** ARCHIT. Niveau intermédiaire ménagé dans une pièce haute de plafond. **2.** Petit étage compris entre l'orchestre et le balcon, dans un théâtre ; corbeille.

MEZZA VOCE [mɛdzavɔtʃe] **loc. adv.** (mots ital.). MUS. À mi-voix.

MEZZE [medze] **n.m. pl.** ou **MÉZÉ** **n.m.** (gr. mod. *mezes*). CUIS. Assortiment de hors-d'œuvre servis le plus souvent froids. ➲ Spécialité grecque, turque et moyen-orientale.

MEZZO-SOPRANO [mɛdzo-] **n.m.** ou **n.f.** (pl. *mezzo-sopranos*) [mot ital. « soprano moyen »]. MUS. Voix de femme plus grave et plus étendue que le soprano ; chanteuse qui possède cette voix.

MEZZOTINTO [mɛdzotinto] **n.m. inv.** (mot ital. « demi-teinte »). GRAV. Manière noire.

Mflops [megaflɔp] **n.m.** (abrév.). Symbole du mégaflops.

MHD ou **M.H.D.** **n.f.** (abrév.). Magnétohydrodynamique.

MI- **préf.** (du lat. *medius*, qui est au milieu). Entre dans la composition de très nombreux mots pour exprimer la moitié, le milieu, un état intermédiaire : *Mi-mai. Mi-descente. Mi-souriant.*

MI **n.m. inv.** Note de musique, troisième degré de la gamme de *do.*

MIAILLE [mjaj] **n.f.** (mot franco-provenç. « joue, mine, visage »). Région. (Lyonnais). ■ **Se faire péter la miaille,** s'embrasser bruyamment.

MIAM ou **MIAM-MIAM** **interj.** Fam. Indique que qqch est appétissant, alléchant.

MIAOU **n.m.** (onomat.). Cri du chat ; miaulement.

MIASMATIQUE **adj.** Litt. Qui exhale des miasmes.

MIASME **n.m.** (du gr. *miasma*, souillure). [Surtout pl.]. Émanation pestilentielle dangereuse provenant de matières putrides.

MIAULEMENT **n.m.** Cri du chat et de certaines espèces voisines.

MIAULER **v.i.** [3] (onomat.). Pousser son cri, en parlant du chat et de certains carnassiers.

MI-BAS **n.m. inv.** Longue chaussette fine, s'arrêtant au-dessous du genou (SYN. **demi-bas**).

À MI-BOIS **loc. adv.** MENUIS. ■ **Assemblage à mi-bois,** réalisé en entaillant deux pièces de bois sur la moitié de leur épaisseur.

MICA **n.m.** (mot lat. « parcelle »). MINÉRALOG. Silicate d'aluminium et de potassium brillant et pouvant se cliver, abondant dans les roches magmatiques et métamorphiques. ➲ Les deux principaux micas sont la biotite (ou *mica noir*) et la muscovite (ou *mica blanc*).

MICACÉ, E **adj.** Qui contient du mica.

MI-CARÊME **n.f.** (pl. *mi-carêmes*). CHRIST. Jeudi de la troisième semaine du carême.

MICASCHISTE [-ʃist] **n.m.** GÉOL. Roche métamorphique feuilletée, formée de lits de mica séparés par de petits cristaux de quartz.

MICELLAIRE adj. Constitué de micelles.

MICELLE n.f. (du lat. *mica*, parcelle). CHIM. Particule mesurant entre 0,001 et 0,3 micromètre, formée d'un agrégat de molécules semblables, et donnant un système colloïdal.

MICHE n.f. (du lat. *mica*, parcelle). **1.** Gros pain rond. **2.** Belgique, Suisse. Petit pain rond. ◆ **n.f. pl.** Fam. Fesses. ▪ **Serrer les miches,** avoir peur.

MICHELINE n.f. (de *Michelin*, n.pr.). CH. DE F. **1.** Anc. Autorail monté sur pneumatiques spéciaux (1932-1953). **2.** Cour., abusif. Tout autorail.

À MI-CHEMIN loc. adv. Vers le milieu de la distance à parcourir. ◆ **À MI-CHEMIN DE loc. prép.** À la moitié de la distance jusqu'à : *À mi-chemin du sommet* ; sans aller jusqu'à : *À mi-chemin de la grossièreté.*

MICHETON n.m. Arg. Client d'une prostituée.

MI-CLOS, E adj. À moitié fermé : *Yeux mi-clos.*

MICMAC n.m. (du moyen néerl. *muetmaken*, se rebeller). Fam. Situation suspecte et embrouillée ; imbroglio.

MICOCOULIER n.m. (mot provenç.). Arbre ou arbuste des régions tempérées et tropicales, dont une espèce méditerranéenne, au bois très dur, sert à faire des manches d'outils, des cannes. ➲ Famille des ulmacées.

MICOQUIEN n.m. (du gisement de *la Micoque*, en Dordogne). PRÉHIST. Faciès industriel correspondant à l'acheuléen final et marquant la transition avec le paléolithique moyen. ◆ **MICOQUIEN, ENNE adj.** Relatif au micoquien.

À MI-CORPS loc. adv. Au milieu du corps ; à la taille.

À MI-CÔTE loc. adv. À la moitié de la côte.

À MI-COURSE loc. adv. 1. Vers le milieu de la course. **2.** Au milieu du chemin à parcourir pour atteindre un but.

MICR(O)- préf. (du gr. *mikros*, petit). MÉTROL. Préfixe (symb. μ) qui, placé devant une unité, la divise par un million (10^6).

1. MICRO n.m. (abrév.). Microphone.

2. MICRO n.m. (abrév.). Fam. Micro-ordinateur.

3. MICRO n.f. (abrév.). Fam. Micro-informatique.

MICROALGUE n.f. Algue microscopique, unicellulaire, composant principal du phytoplancton.

MICROALVÉOLE n.f. AUDIOVIS. Très petite alvéole, et spécial. chacune de celles qui constituent la piste d'un enregistrement numérique sur disque compact (SYN. **microcuvette**).

MICROANALYSE n.f. Analyse chimique portant sur des masses de substance faibles, par convention de 0,1 à 5 mg.

MICROBALANCE n.f. Balance utilisée pour mesurer de très petites masses.

MICROBE n.m. (du gr. *mikros*, petit, et *bios*, vie). **1.** Vx. Micro-organisme. ➲ Ce terme n'est plus employé en biologie. **2.** Fam. Personne chétive ou sans envergure.

MICROBIEN, ENNE adj. Relatif aux micro-organismes.

MICROBILLE n.f. CHIM. Particule de pigment, d'agent abrasif, de charge inerte, obtenue par micronisation.

MICROBIOLOGIE n.f. Ensemble des disciplines biologiques (bactériologie, mycologie, virologie et parasitologie) qui étudient les micro-organismes.

MICROBIOLOGIQUE adj. Relatif à la microbiologie.

MICROBIOLOGISTE n. Spécialiste de microbiologie.

MICROBIOTE n.m. Ensemble des bactéries, virus et levures vivant dans un milieu déterminé. ➲ Le microbiote intestinal de l'homme est composé d'environ 100 000 milliards de micro-organismes.

MICROBLOG ou **MICROBLOGUE n.m.** Blog au contenu textuel court qui permet de communiquer en temps réel, notamm. depuis un téléphone mobile, une messagerie instantanée.

MICROBLOGAGE ou **MICROBLOGGING** [-giŋ] **n.m.** Publication d'un microblog.

MICROBOUTURAGE n.m. Micropropagation.

MICROBRASSERIE n.f. Québec. **1.** Brasserie artisanale où l'on produit des bières génér. inspirées de traditions brassicoles européennes. **2.** Établissement où l'on offre à consommer des bières brassées sur place.

MICROBUS [-bys] **n.m.** Petit autobus (10 voyageurs env.) destiné à des déplacements rapides.

MICROCALORIMÉTRIE n.f. Mesure des très faibles quantités de chaleur.

MICROCASSETTE n.f. Vieilli. Cassette magnétique miniaturisée.

MICROCÉPHALE adj. et **n.** (du gr. *mikros*, petit, et *kephalê*, tête). Atteint de microcéphalie.

MICROCÉPHALIE n.f. MÉD., ZOOL. Diminution anormale du volume du crâne.

MICROCHIMIE n.f. Chimie portant sur des quantités de matière de l'ordre du milligramme.

MICROCHIRURGIE n.f. Chirurgie pratiquée sous le contrôle du microscope, avec des instruments miniaturisés.

MICROCINÉMA n.m. 1. Filmage de sujets microscopiques ; appareil qui sert à ces prises de vues. **2.** Cinéma caractérisé par des films à petit budget, tournés avec une caméra vidéo numérique, édités par ordinateur et distribués en marge des circuits traditionnels.

MICROCIRCUIT n.m. Circuit électronique de très petites dimensions, composé de circuits intégrés, de transistors, de diodes, de résistance et de condensateurs, et enfermé dans un boîtier étanche.

MICROCLIMAT n.m. Climat régnant dans une petite couche de l'atmosphère adjacente à une surface quelconque (sol, roche, etc.), et de dimension inférieure au décamètre. ➲ Cette notion est parfois étendue de façon abusive à une petite région (ville, vallée, etc.) ; il vaut mieux alors parler de *climat local.*

MICROCLINE n.m. MINÉRALOG. Feldspath potassique.

MICROCOSME n.m. (du gr. *mikros*, petit, et *kosmos*, monde). **1.** En philosophie et dans les doctrines ésotériques, être constituant un monde en réduction dont la structure reflète le monde (*macrocosme*) auquel il appartient ; l'homme ainsi considéré par rapport à l'Univers. ➲ Ce thème a partic. imprégné la Renaissance. **2.** Milieu social replié sur lui-même, fonctionnant selon ses règles propres : *Le microcosme médiatique.*

MICROCOSMIQUE adj. Relatif au, à un microcosme.

MICROCOUPURE n.f. ÉLECTROTECHN. Creux de tension électrique de très courte durée (quelques périodes).

MICRO-CRAVATE n.m. (pl. *micros-cravates*). Microphone miniaturisé à accrocher aux vêtements.

MICROCRÉDIT n.m. Prêt d'un faible montant, à taux d'intérêt bas, voire nul, consenti par certains organismes bancaires à des personnes considérées comme insolvables pour leur permettre de financer une activité génératrice de revenus (SYN. **crédit solidaire**).

MICROCRISTAL n.m. (pl. *microcristaux*). Cristal microscopique formant la structure des principaux alliages.

MICROCUVETTE n.f. Microalvéole.

MICROCYTOSE n.f. MÉD. Diminution de la taille des globules rouges, lors de certaines anémies.

MICRODERMABRASION n.f. Abrasion de la peau par pulvérisation de très petites particules solides sur l'épiderme, effectuée dans un but esthétique. ➲ C'est une variante douce de la *dermabrasion*, qui permet de raffermir la peau et d'éliminer les rides, les vergetures, les petites cicatrices, etc.

MICRODISSECTION n.f. BIOL. Dissection faite sous le microscope sur des cellules ou des êtres de petite taille.

MICROÉCONOMIE n.f. Branche de la science économique étudiant les comportements individuels des agents économiques.

MICROÉCONOMIQUE adj. Relatif à la microéconomie.

MICROÉDITION n.f. Publication assistée par ordinateur (PAO).

MICROÉLECTRONIQUE n.f. Technologie des composants, des circuits, des assemblages électroniques miniaturisés. ◆ **adj.** Relatif à la microélectronique.

MICROENCAPSULATION n.f. Enrobage de très petites particules (de 0,001 mm à 1 mm de diamètre) d'une substance active dans des membranes de polymères ou de lipides. ➲ Utilisée dans l'industrie pharmaceutique, celle des cosmétiques, l'agroalimentaire, etc., elle permet notamm. de protéger la substance active ou de contrôler sa libération.

MICROENTREPRISE n.f. Entreprise employant moins de dix salariés.

MICRO-ÉTAT n.m. (pl. *micro-États*). État souverain exceptionnellement petit par sa superficie (inférieure à 1 000 km²) et/ou sa population (moins de 500 000 habitants), et disposant génér. de faibles ressources économiques.

MICROFAUNE n.f. ÉCOL. Ensemble des animaux de très petite taille (arthropodes, protozoaires, etc.) présents dans un milieu donné.

MICROFIBRE n.f. Fibre textile très fine (titre inférieur à 1 décitex), utilisée pour conférer à un produit des propriétés particulières de souplesse, de toucher ou d'aspect.

MICROFICHE n.f. Film photographique en feuilles rectangulaires comportant une ou plusieurs images de dimensions très réduites.

MICROFICTION n.f. Récit de fiction de la longueur d'une très courte nouvelle.

MICROFILM n.m. Film photographique en rouleau ou en bande, composé d'une série d'images de dimensions très réduites.

MICROFILMER v.t. [3]. Reproduire des documents sur microfilm.

MICROFINANCE n.f. Ensemble des dispositifs permettant aux populations les plus pauvres d'accéder à des services financiers diversifiés (microcrédit, épargne, assurance, etc.) adaptés à leurs besoins ; ensemble de ces services financiers.

MICROFLORE n.f. BIOL. Flore microbienne d'un milieu donné.

MICROFLUIDIQUE n.f. Branche de la mécanique des fluides étudiant ceux qui circulent dans des canaux de quelques micromètres de diamètre.

MICROFORME n.f. TECHN. Tout support d'information comportant des images de dimensions très réduites.

MICROFRACTOGRAPHIE n.f. Technique d'examen des cassures des matériaux, en partic. des métaux, au microscope.

MICROGLIE n.f. Ensemble de cellules (dites *gliales*) de petite taille dispersées dans le système nerveux central, chargées de le défendre contre les infections et d'en nettoyer les lésions.

MICROGLOBULINE n.f. BIOCHIM. Protéine du système HLA, présente également dans le sang.

MICROGRAPHIE n.f. 1. Étude au microscope de très petits objets, notamm. de la structure des métaux et alliages. **2.** Ensemble des opérations liées à l'utilisation des microformes.

MICROGRAPHIQUE adj. Relatif à la micrographie.

MICROGRAVITÉ n.f. Micropesanteur.

MICROGREFFAGE n.m. HORTIC. Technique de greffage de l'apex de très jeunes plantules.

MICROGRENU, E adj. GÉOL. Se dit d'une roche dont les cristaux sont de deux tailles différentes, certains étant visibles à l'œil nu, d'autres au microscope. ➲ Les roches magmatiques filoniennes (microgranite, microgabbro) sont microgrenues.

MICROHABITAT n.m. Mode de logement constitué de maisons très petites (dites *micromaisons* ou *minimaisons*), peu coûteuses, souvent en bois, écologiques et transportables.

MICROHISTOIRE n.f. Courant de l'histoire dont l'objet d'étude porte sur les individus et les petites communautés humaines.

MICROHM [mikrɔm] **n.m.** Sous-multiple de l'ohm, qui vaut un millionième d'ohm.

MICRO-INFORMATIQUE n.f. (pl. *micro-informatiques*). Domaine de l'informatique relatif à la fabrication et à l'utilisation des micro-ordinateurs. Abrév. (fam.) **micro.** ◆ **adj.** Relatif à la micro-informatique.

MICRO-INTERVALLE n.m. (pl. *micro-intervalles*). MUS. Intervalle plus petit qu'un demi-ton.

MICRO-IRRIGATION n.f. (pl. *micro-irrigations*). Technique d'irrigation où l'eau est apportée à faible dose à proximité immédiate des plantes.

MICROLITE n.m. PÉTROL. Dans une roche volcanique, petit cristal allongé (en partic. plagioclase), visible seulem. au microscope.

MICROLITHE **n.m.** (du gr. *mikros*, petit, et *lithos*, pierre). **PRÉHIST.** Petite pièce de pierre taillée souvent destinée à être enchâssée ou emmanchée.

MICROLITHIQUE **adj.** Relatif aux microlithes.

MICROLITIQUE **adj.** Se dit d'une roche volcanique formée essentiellement de microlites.

MICROMÉCANIQUE **n.f.** Ensemble des techniques concernant la conception, la fabrication et le fonctionnement des objets mécaniques de très petites dimensions.

MICROMÉTÉORITE **n.f.** Météorite de très petites dimensions.

1. MICROMÈTRE **n.m.** Instrument permettant de mesurer avec une grande précision des longueurs ou des angles très petits.

2. MICROMÈTRE **n.m.** Un millionième de mètre (symb. µm).

MICROMÉTRIE **n.f.** Mesure des très petites dimensions.

MICROMÉTRIQUE **adj.** Relatif à la micrométrie. ▪ **Vis micrométrique,** à pas très fin et à tête graduée, permettant de réaliser des réglages très précis.

MICROMOTEUR **n.m.** Moteur de très petites dimensions, génér. à variation de vitesse contrôlée.

MICROMUTATION **n.f.** **GÉNÉT.** Mutation ponctuelle sur un chromosome (par oppos. à *macromutation*).

MICRON **n.m.** Anc. Micromètre.

MICRONÉSIEN, ENNE **adj.** et **n.** **1.** De la Micronésie. **2.** Des États fédérés de Micronésie ; de leurs habitants.

MICRONISATION **n.f.** Réduction d'un corps solide en particules (microbilles) ayant des dimensions de l'ordre du micromètre.

MICRONISER **v.t.** **[3].** Procéder à une micronisation.

MICRONUTRIMENT **n.m.** Oligoélément.

MICRO-ONDABLE (pl. *micro-ondables*), ▲ *MICROONDABLE* **adj.** Que l'on peut cuire ou réchauffer au micro-ondes.

MICRO-ONDE (pl. *micro-ondes*), ▲ *MICROONDE* **adj.** et **n.f.** Se dit du rayonnement électromagnétique d'une longueur comprise entre 1 m et 1 mm.

MICRO-ONDES **n.m. inv.**, ▲ *MICROONDE* **n.m.** Four à cuisson très rapide utilisant les micro-ondes.

MICRO-ORDINATEUR (pl. *micro-ordinateurs*), ▲ *MICROORDINATEUR* **n.m.** Ordinateur construit autour d'un microprocesseur auquel on adjoint l'environnement logiciel et matériel (écran, clavier) nécessaire au traitement complet de l'information. Abrév. (fam.) **micro.**

MICRO-ORGANISME (pl. *micro-organismes*), ▲ *MICROORGANISME* **n.m.** **BIOL.** Être vivant microscopique tel que les bactéries, les virus, les champignons unicellulaires (levures) et les protistes. ➲ Appelés autref. *microbes*, les micro-organismes jouent un rôle essentiel dans les cycles écologiques. Certaines espèces sont pathogènes.

MICROPAIEMENT **n.m.** ou **MICROTRANSACTION** **n.f.** Mode de paiement permettant d'acheter des contenus ou services de faible valeur unitaire en passant par un site Web ou par un service téléphonique : *Un micropaiement effectué par SMS surtaxé.*

MICROPALÉONTOLOGIE **n.f.** Branche de la paléontologie qui étudie les organismes microscopiques.

MICROPESANTEUR **n.f.** Pesanteur très réduite, au moins inférieure au millième de la pesanteur terrestre normale (SYN. **microgravité**).

MICROPHONE **n.m.** **ÉLECTROACOUST.** Appareil qui transforme les vibrations sonores en oscillations électriques. Abrév. (cour.) **micro.**

MICROPHONIQUE **adj.** Relatif à un microphone.

MICROPHOTOGRAPHIE **n.f.** **1.** **BIOL.** Photographie de sujets observés au microscope. **2.** **PHOTOGR.** Image photographique de très petites dimensions.

MICROPHOTOGRAPHIQUE **adj.** Relatif à la microphotographie.

MICROPHYSIQUE **n.f.** Partie de la physique qui étudie les atomes, les noyaux et les particules élémentaires.

MICROPILULE **n.f.** Pilule contraceptive ne contenant que des progestatifs.

MICROPODIFORME **n.m.** Oiseau à pattes impropres à la marche, très bon voilier, tel que le martinet et le colibri. ➲ Les micropodiformes constituent un ordre.

MICROPOREUX, EUSE **adj.** Qui comporte des pores très petits.

MICROPROCESSEUR **n.m.** **INFORM.** Processeur miniaturisé dont tous les éléments sont rassemblés en un seul circuit intégré.

MICROPROGRAMMATION **n.f.** **INFORM.** Mode d'organisation de la commande d'un ordinateur, dans lequel les instructions du programme sont exécutées par une suite d'instructions élémentaires.

MICROPROGRAMME **n.m.** **INFORM.** Programme enregistré dans une mémoire morte, et qui permet l'exécution d'une fonction déterminée.

MICROPROPAGATION **n.f.** **BIOL.** Multiplication végétale non sexuée réalisée, à partir de fragments de plantes, par culture in vitro sur milieu stérile et utilisée pour la production industrielle des rosiers, des orchidées, etc. (SYN. **microbouturage**).

MICROPYLE **n.m.** (de *micro-* et du gr. *pulê*, porte). **BOT.** Petit orifice dans les téguments de l'ovule des végétaux phanérogames, permettant la fécondation.

MICROSATELLITE **n.m.** **ASTRONAUT.** Petit satellite (génér. moins de 100 kg) placé à bord d'un lanceur comme passager auxiliaire, en même temps qu'une charge utile principale. ◆ **adj.** et **n.m.** **BIOL. CELL.** Se dit d'une séquence d'ADN composée par la répétition d'une courte série de nucléotides.

MICROSCOPE **n.m.** (du gr. *mikros*, petit, et *skopein*, observer). ▪ **Microscope à effet tunnel,** microsonde permettant d'explorer une surface à l'échelle atomique, et utilisant l'effet tunnel*. ▪ **Microscope électronique,** appareil analogue au microscope optique, dans lequel les rayons lumineux sont remplacés par un faisceau d'électrons. ➲ Il peut grossir jusqu'à 500 000 fois. ▪ **Microscope électronique à balayage,** appareil dans lequel un faisceau d'électrons focalisé sur l'objet à observer entraîne l'émission de particules qui sont ensuite transformées en une image de l'objet. ▪ **Microscope (optique),** instrument d'optique composé de plusieurs lentilles, qui sert à regarder les objets très petits.

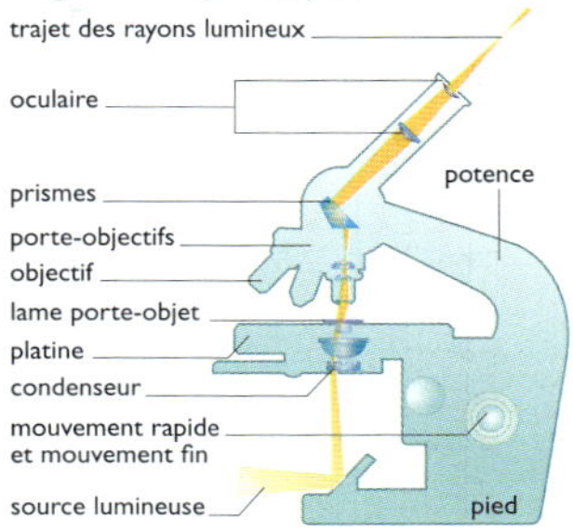

microscope optique

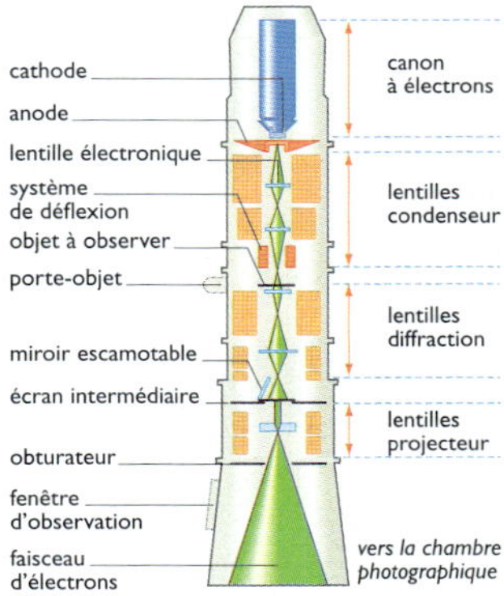

microscope électronique

▲ **microscopes**

MICROSCOPIE **n.f.** Examen au microscope.

MICROSCOPIQUE **adj.** **1.** Fait au moyen d'un microscope. **2.** Qui ne peut être vu qu'avec un microscope : *Champignons microscopiques.* (*V. planche page suivante.*) **3.** Très petit ; minuscule : *Une tache microscopique.*

MICROSÉISME [-se-] **n.m.** **GÉOPHYS.** Séisme de très faible amplitude, détectable seulement au moyen d'instruments, qui se produit de façon plus ou moins permanente (par oppos. au *macroséisme*).

MICROSILLON [-si-] **n.m.** Vieilli. Disque vinyle.

MICROSOCIOLOGIE [-sɔ-] **n.f.** Étude des relations sociales au sein des petits groupes.

MICROSONDE [-sɔ̃-] **n.f.** **CHIM.** Appareil qui permet, grâce à l'impact d'un faisceau d'électrons sur une lame mince, de doser les éléments que contient cette lame.

MICROSPORANGE **n.m.** **BOT.** Sporange produisant des microspores.

MICROSPORE **n.f.** **BOT.** Spore fournie par certains cryptogames, plus petite que la spore femelle et qui germe en donnant un gamétophyte mâle.

MICROSTRUCTURE **n.f.** Structure dépendant d'une structure plus vaste.

MICROTECHNIQUE **n.f.** Technique applicable à la conception, la fabrication, la réparation, etc., d'objets de très petites dimensions, de l'ordre du micromètre.

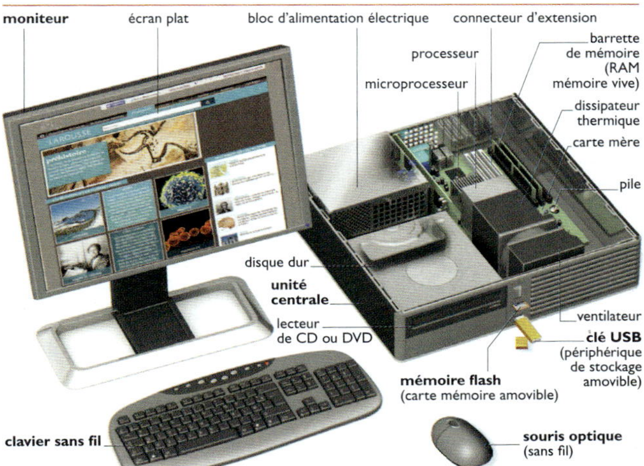

▲ **micro-ordinateur**

La vie microscopique

Le monde vivant s'étend bien en deçà de la limite de perception de l'œil humain. Cette vie microscopique revêt des formes très variées. Elle peut avoir des affinités animales ou végétales, ou appartenir aux univers particuliers des bactéries et des virus.

foraminifère (protozoaire) : 300 micromètres (µm)

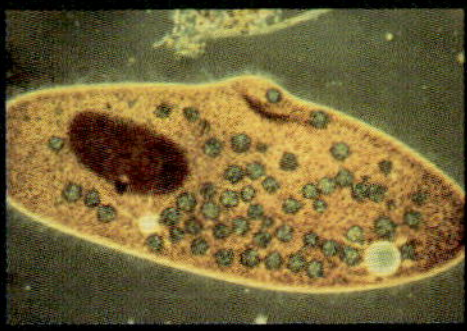

paramécie (protozoaire) : 100 µm

radiolaires (protozoaires) : 30 à 40 µm

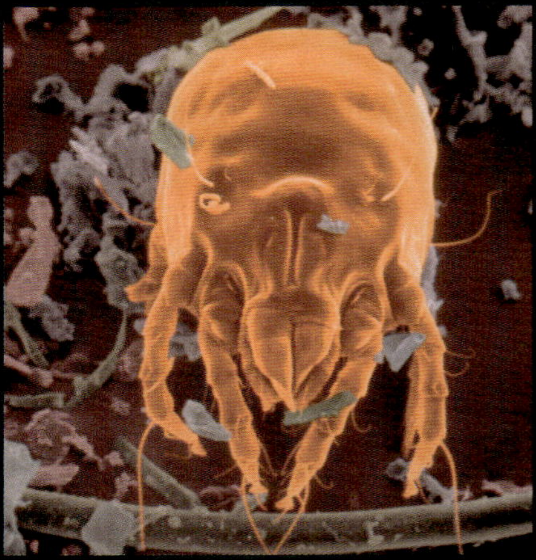

acarien de la poussière (arachnide) : 300 µm

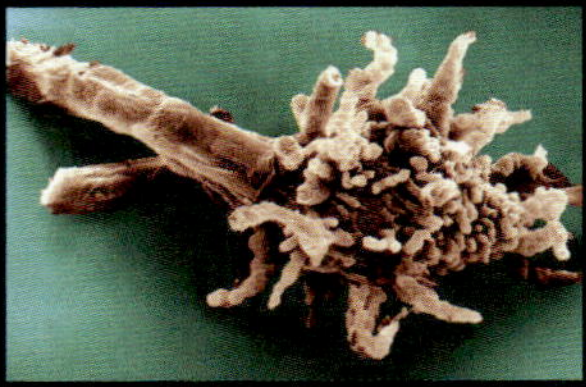

amibe (protozoaire) : 500 µm

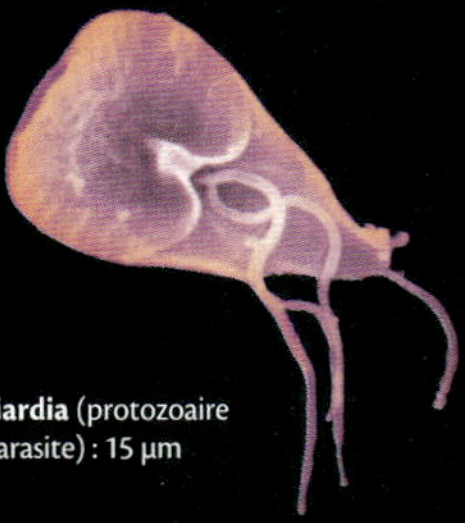

giardia (protozoaire parasite) : 15 µm

diatomées (protophytes) : 20 à 100 µm

spirulines (cyanobactéries) : 200 µm de long

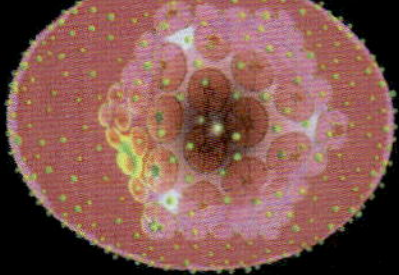

virus herpès : 0,2 µm

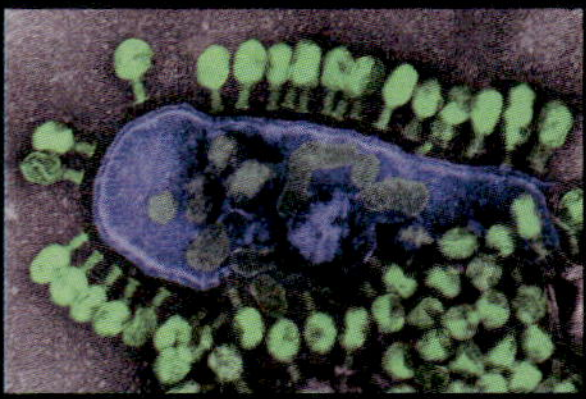

virus bactériophages (sur une bactérie) : 0,02 µm

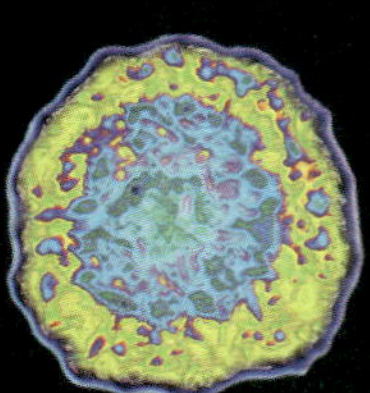

virus de l'hépatite B : 0,04 µm

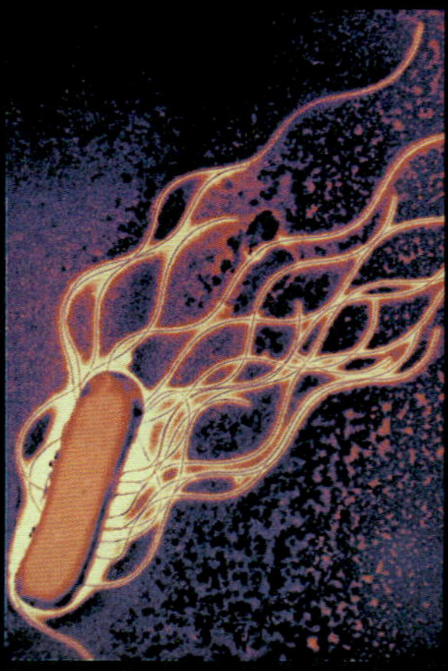

salmonelle (bactérie) : 2 µm

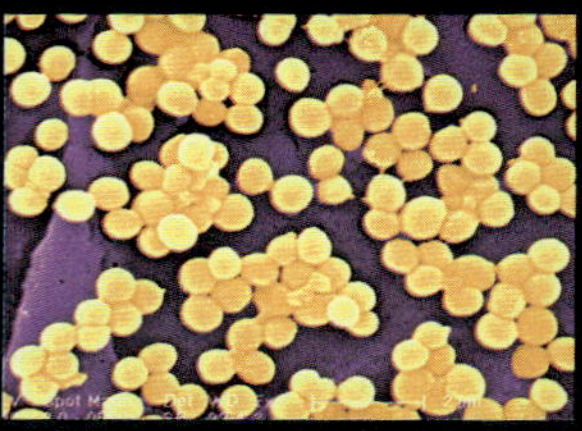

staphylocoques dorés (bactéries) : 1 µm

MICROTOME n.m. Instrument permettant, en vue d'une observation au microscope, de prélever des fragments de tissus animaux ou végétaux de quelques micromètres (*microtome* proprem. dit), ou de quelques centièmes de micromètre d'épaisseur *(ultramicrotome)*.

MICROTRACTEUR n.m. Petit tracteur agricole pour le jardinage et le maraîchage.

MICROTRANSACTION n.f. → **MICROPAIEMENT.**

MICROTRAUMATISME n.m. **MÉD.** Traumatisme très léger, sans conséquence lorsqu'il est unique, mais dont la répétition peut entraîner des manifestations pathologiques.

MICRO-TROTTOIR n.m. (pl. *micros-trottoirs*). Enquête d'opinion effectuée au hasard dans la rue, pour une radio ou une télévision.

MICROTUBULE n.m. **BIOL. CELL.** Fine structure cytoplasmique cylindrique, constituant d'une partie du squelette cellulaire et qui intervient dans la mitose, le transport intracellulaire de substances, ainsi que dans la mobilité cellulaire.

MICROVILLOSITÉ n.f. **HISTOL.** Petite saillie effilée de la surface cellulaire, dans les épithéliums glandulaires.

MICROVOITURE n.f. Véhicule automobile de petites dimensions (génér. moins de 3 m de long) et de performances réduites.

MICTION n.f. (bas lat. *mictio*). **PHYSIOL.** Action d'uriner.

✎ À distinguer de ***mixtion.***

MIDDLE JAZZ [midəl-] n.m. inv. (mots anglo-amér.). Ensemble des styles de jazz des années 1930-1940, par oppos. au jazz traditionnel et au jazz moderne.

1. MIDI n.m. (de *mi-* et de l'anc. fr. *di*, du lat. *dies*, jour). **1.** Milieu du jour ; heure du milieu du jour (douzième heure). **2.** Litt. Le milieu de l'existence humaine. **3.** Le sud comme point cardinal : *Versant exposé au midi.* **4.** (Avec une majuscule). Région sud de la France : *Le soleil du Midi.* ▪ **Chercher midi à quatorze heures,** chercher des difficultés là où il n'y en a pas. ▪ **Heure** ou **temps de midi** [Belgique], heure du déjeuner. ▪ **Le démon de midi,** les tentations d'ordre sexuel qui assaillent l'homme vers le milieu de la vie.

2. MIDI adj. inv. (acronyme de l'angl. *musical instrument digital interface*, interface numérique pour instrument de musique). Interface destinée au transfert d'informations en temps réel entre des instruments de musique électroniques.

MIDINETTE n.f. (de *1. midi* et *dînette*). Fam. **1.** Jeune fille à la sentimentalité naïve. **2.** Vx. Jeune ouvrière parisienne de la couture et de la mode.

MIDRASH n.m. (mot hébr.). Méthode d'exégèse rabbinique de la Bible qui, au-delà du sens littéral fixé à partir d'un certain moment de l'histoire, tend à rechercher dans les écrits bibliques une signification plus profonde.

✎ Pluriel savant : ***midrashim.***

1. MIE n.f. (du lat. *mica*, parcelle). Partie intérieure du pain.

2. MIE n.f. (de l'anc. fr. *m'amie*, mon amie). Litt., vx. Amie : *Ma mie.*

MIEL n.m. (lat. *mel, melis*). Substance sucrée et parfumée produite par les abeilles, à partir du nectar des fleurs ou de sécrétions de certaines plantes, ou à partir d'excrétions d'insectes suceurs de végétaux, qu'elles transforment dans leur jabot et entreposent dans les alvéoles de la ruche. ▪ **Être tout sucre, tout miel,** d'une affabilité hypocrite. ▪ **Faire son miel de,** se servir avec profit de qqch.

MIELLAT n.m. Produit sucré élaboré par divers pucerons à partir de la sève des végétaux, et dont se nourrissent certaines abeilles et fourmis.

MIELLÉ, E adj. Sucré avec du miel ; qui rappelle le miel : *Couleur miellée.*

MIELLÉE n.f. **BOT.** Production saisonnière intense du nectar par les fleurs.

MIELLEUSEMENT adv. D'un ton mielleux.

MIELLEUX, EUSE adj. D'une douceur hypocrite ; doucereux.

MIEN, MIENNE pron. poss. (lat. *meum*). Précédé de *le, la, les*, désigne ce qui est à moi : *Sa robe ressemble à la mienne.* ▪ **Les miens,** ma famille ; mes proches. ◆ **adj. poss.** Litt. Qui est à moi : *Cette terre est mienne. Une mienne cousine.*

MIETTE n.f. (de *1. mie*). **1.** Petit fragment qui tombe du pain, d'un gâteau quand on le coupe. **2.** Fig. Ce qui reste de qqch : *Les miettes d'un héritage.* ▪ **En miettes,** en petits morceaux. ▪ **Ne pas perdre une miette de qqch,** y prêter une grande attention.

MIEUX adv. (lat. *melius*). **1.** (Comparatif de *bien*). De façon plus convenable, plus avantageuse : *Ça serait mieux. Il dort mieux qu'avant.* **2.** (Superlatif de *bien*). De la meilleure façon : *L'ouvrage le mieux documenté.* ▪ **Acheter, vendre au mieux** [Bourse], exécuter un ordre (de vente ou d'achat) au premier cours coté à la Bourse du jour, quelles que soient les conditions du marché. ▪ **Aimer mieux,** préférer. ▪ **Aller mieux,** être en meilleure santé. ▪ **À qui mieux mieux,** en rivalisant avec les autres. ▪ **Au mieux,** aussi bien que possible ; dans le meilleur des cas. ▪ **De mieux en mieux,** en s'améliorant. ▪ **Faute de mieux,** à défaut d'une chose plus avantageuse, plus agréable. ▪ **Tant mieux !,** c'est très bien ainsi ! ◆ **n.m. 1.** Ce qui est préférable, plus avantageux : *Le mieux est d'attendre.* **2.** État meilleur : *La kiné a observé un léger mieux.*

MIEUX-DISANT, E n. et adj. (pl. *mieux-disants, es*). **1.** Le plus offrant aux enchères publiques. **2. DR.** Soumissionnaire à un marché public ou privé dont l'offre présente le meilleur rapport entre la qualité et le prix. ◆ **n.m. et adj.** Offre plus avantageuse ; ce qui apporte un plus : *Le direct constitue le mieux-disant de son émission.*

MIEUX-ÊTRE n.m. inv. Amélioration du confort, de la santé, etc.

MIEUX-VIVRE n.m. inv. Amélioration des conditions matérielles de l'existence.

MIÈVRE adj. Qui est d'une grâce affectée et fade ; qui manque de vigueur, de caractère ; mignard.

MIÈVREMENT adv. Avec mièvrerie.

MIÈVRERIE n.f. Caractère de qqn, de qqch qui est mièvre ; action, propos mièvres.

À MI-FER loc. adv. **MÉCAN. INDUSTR.** Se dit d'un assemblage réalisé en entaillant deux pièces de fer sur la moitié de leur épaisseur.

MIGMATITE n.f. (du gr. *migma, -atos*, mélange). **MINÉRALOG.** Roche métamorphique profonde ayant subi un début d'anatexie et dans laquelle des zones gneissiques sont séparées par des zones granitiques.

MIGNARD, E adj. (de *1. mignon*). Litt. D'une délicatesse affectée ; mièvre.

MIGNARDISE n.f. **1.** Litt. Manque de naturel ; grâce affectée. **2.** Œillet vivace très parfumé, souvent utilisé pour les bordures. **3.** (Surtout pl.). Petite pâtisserie servie en assortiment à la fin d'un repas.

1. MIGNON, ONNE adj. (de *minet*). **1.** Qui a de la grâce, de la délicatesse : *Une mignonne petite fille.* **2.** Fam. Qui fait preuve de gentillesse : *Sois mignon, viens m'aider.* ▪ **Filet mignon** [bouch.], morceau de bœuf, de porc, de veau coupé dans la pointe du filet. ▪ **Péché mignon** [fam.], petit défaut auquel on s'abandonne volontiers. ◆ **n.** Appellatif de tendresse.

2. MIGNON n.m. **HIST.** Nom donné aux favoris d'Henri III, très efféminés.

MIGNONNET, ETTE adj. Petit et mignon.

MIGNONNETTE n.f. **1.** Petit gravillon roulé. **2.** Poivre concassé. **3.** Nom commun au réséda, à une saxifrage, à l'œillet mignardise et à d'autres petites fleurs. **4.** Flacon miniature contenant un échantillon d'alcool.

MIGNOTER v.t. [3] (de l'anc. fr. *mignot*, gracieux). Fam., vx. Dorloter.

MIGRAINE n.f. (du gr. *hêmikrania*, moitié du crâne). **1. MÉD.** Affection caractérisée par des accès de maux de tête intenses touchant la moitié du crâne. **2.** Cour. (Abusif en médecine). Mal de tête.

MIGRAINEUX, EUSE adj. Relatif à la migraine. ◆ **adj. et n.** Atteint de migraine.

MIGRANT, E adj. et n. Se dit de qqn qui effectue une migration.

MIGRATEUR, TRICE adj. et n.m. Se dit d'un animal qui effectue des migrations.

MIGRATION n.f. (lat. *migratio*). **1.** Déplacement d'une personne quittant son lieu de résidence pour un autre lieu, dans son pays ou à l'étranger. **2.** Déplacement quotidien ou saisonnier de populations entières de certaines espèces animales, entre deux zones géographiques distinctes, ou entre deux habitats différents propres à une même espèce. **3. PÉDOL.** Entraînement, par les eaux, de diverses substances du sol (ions, particules, etc.). **4. BIOL.** Déplacement d'une cellule, d'une larve de parasite dans un organisme ; déplacement d'une substance ou d'une molécule dans un milieu. **5.** Transformation de données, de programmes ou de logiciels afin de les rendre compatibles avec un autre environnement* informatique. ▪ **Migration larvaire** [biol.], au cours de laquelle les larves de parasite se déplacent dans l'organisme de l'hôte afin d'y trouver les conditions optimales à leur développement. ▪ **Migration pendulaire** → **PENDULAIRE.**

MIGRATOIRE adj. Relatif aux migrations.

MIGRER v.i. [3]. Effectuer une migration.

MIHRAB [mirab] n.m. (ar. *miḥrāb*). Dans une mosquée, niche creusée dans le mur indiquant la direction de La Mecque (qibla).

À MI-JAMBE loc. adv. À la hauteur du milieu de la jambe.

MIJAURÉE n.f. (mot dial. de l'Ouest, d'orig. obsc.). Femme qui a des manières affectées et ridicules ; pimbêche.

MIJOTER v.t. [3] (de l'anc. fr. *musgode*, provision de vivres, du germ.). **1.** Faire cuire lentement et à petit feu ; mitonner. **2.** Fig., fam. Préparer avec soin, dans le secret : *Mijoter sa vengeance.* ◆ **v.i.** Cuire lentement : *Laisser mijoter le bourguignon.*

MIJOTEUSE n.f. Cocotte électrique permettant une cuisson prolongée à feu doux.

MIKADO n.m. (mot jap. « souverain »). **1.** Empereur du Japon. **2.** Jeu de jonchets pratiqué à l'aide de fines baguettes dont la couleur correspond à un nombre donné de points.

1. MIL adj. num. → **1. MILLE.**

2. MIL n.m. (lat. *milium*). Céréale à petit grain, telle que le millet et le sorgho, cultivée en zone tropicale sèche.

MILAN n.m. (lat. pop. **milanus*). Rapace diurne des régions chaudes et tempérées de l'Ancien Monde, à queue longue et fourchue, chasseur de rongeurs. ➲ Envergure jusqu'à 1,50 m ; famille des accipitridés.

MILANAIS, E adj. et n. De Milan. ◆ **adj.** ▪ **Escalope milanaise,** panée à l'œuf et frite.

MILDIOU n.m. (de l'angl. *mildew*, moisissure). Maladie des plantes cultivées (vigne, pomme de terre, tomate, etc.), provoquée par des champignons phycomycètes microscopiques, affectant surtout les jeunes pousses et les feuilles.

MILDIOUSÉ, E adj. Attaqué par le mildiou.

MILE [majl] n.m. (mot angl.). Mesure itinéraire anglo-saxonne valant environ 1 609 m.

MILER [majlœr] n.m. (mot angl.). **1. SPORTS.** Athlète spécialiste du demi-fond (1 500 m, mile). **2.** Cheval qui court sur de petites distances (mile).

MILIAIRE adj. (du lat. *miliarius*, relatif au mil). Se dit d'une affection caractérisée par des lésions petites et nombreuses ; se dit des lésions elles-mêmes : *Tuberculose miliaire.* ◆ **n.f.** ▪ **Miliaire (cutanée),** éruption de petites lésions vésiculeuses d'origines diverses.

MILICE n.f. (du lat. *militia*, service militaire). **1.** Organisation paramilitaire constituant l'élément de base de certains partis totalitaires ou de certaines dictatures. **2.** Belgique. Anc. Service militaire. **3.** Entre le Moyen Âge et le XVIIIe s., troupe levée dans les communes pour renforcer l'armée régulière. ▪ **De milice** [Suisse], formé de non-professionnels : *Armée, parlement de milice.* ▪ **La Milice (française),** v. partie n.pr.

MILICIEN, ENNE n. Personne appartenant à une milice. ◆ **n.m. 1.** Belgique. Anc. Soldat du contingent. **2. HIST.** Membre de la Milice.

MILIEU n.m. (de *mi-* et *1. lieu*). **1.** Lieu également éloigné de tous les points du pourtour ou des extrémités de qqch. **2.** Position de qqch, qqn situé entre d'autres : *Le doigt du milieu. Mettons-nous ici et vous vous assiérez au milieu.* **3.** Moment également éloigné du début et de la fin d'une période de temps : *Le milieu de l'année.* **4.** Position modérée entre deux partis extrêmes ; entre-deux : *Trouver le juste milieu.* **5.** Entourage social de qqn ; la société dont il est issu : *Milieu bourgeois.* **6.** Groupe de personnes ayant les mêmes activités, les mêmes intérêts : *Le milieu* *artistique.* **7. CHIM., PHYS.** Substance dans laquelle se produisent une réaction, un phénomène et qui est caractérisée par certaines propriétés. **8. ÉCOL.** Ensemble des facteurs physico-chimiques et biologiques qui agissent sur un être vivant ou une espèce, dans le lieu où ils vivent ordinairement ; ce lieu. **9. DANSE.** Exercices que l'on exécute au centre de la classe, sans appui à la barre. ▪ **Au beau** ou **en plein milieu de,** alors que qqch est à son moment le plus fort. ▪ **Au milieu de,** au centre de. ▪ **Au milieu de nulle part** [fam.], dans un endroit perdu ou indéterminé : *Il habite au milieu de nulle part.* ▪ **Le milieu,** l'ensemble des personnes en marge de la loi, qui vivent de trafics illicites, des revenus de la prostitution, etc. ▪ **L'empire du Milieu*,** v. partie n.pr. ▪ **Milieu de culture** [microbiol.], produit nutritif artificiel, qui permet la multiplication des micro-organismes en nombre suffisant pour les étudier. ▪ **Milieu de terrain,** au football, joueur chargé d'assurer la liaison entre défenseurs et attaquants ; ensemble des joueurs tenant ce rôle dans une équipe. ▪ **Milieu d'un segment** [math.], point situé à égale distance des extrémités du segment. ▪ **Milieu géographique,** ensemble des caractéristiques naturelles (relief, climat, etc.) et humaines (environnement politique, économique, etc.) influant sur la vie des sociétés humaines. ▪ **Milieu intérieur** [physiol.], ensemble des liquides dans lesquels baignent les cellules vivantes chez les animaux supérieurs, c'est-à-dire notamm. le plasma sanguin et le liquide interstitiel des tissus. ▪ **Milieu naturel** [écol.], écosystème.

MILITAIRE adj. (lat. *militaris*, de *miles, militis*, soldat). **1.** Qui concerne les armées, leurs membres, les opérations de guerre. **2.** Considéré comme propre à l'armée : *La rigueur militaire.* ◆ **n.** Personne qui fait partie des forces armées.

MILITAIREMENT adv. Par la force armée.

MILITANCE n.f. Activité militante.

MILITANT, E adj. Qui milite pour une idée, un parti. ◆ **n.** Membre actif d'une organisation politique, syndicale, etc.

MILITANTISME n.m. Attitude, activité du militant.

MILITARISATION n.f. Action de militariser.

MILITARISER v.t. [3]. 1. Donner un caractère, une structure militaire à. **2.** Pourvoir de forces armées.

MILITARISME n.m. 1. Système politique fondé sur la prépondérance de l'armée. **2.** Doctrine qui exalte les valeurs militaires et le rôle de l'armée.

MILITARISTE adj. et **n.** Relatif au militarisme ; qui en est partisan.

MILITARO-INDUSTRIEL, ELLE adj. (pl. *militaro-industriels, elles*). ▪ **Complexe militaro-industriel,** ensemble imbriqué des décideurs politiques, des responsables militaires et des industriels chargés d'assurer la fourniture de leurs matériels aux forces armées.

MILITER v.i. [3] (du lat. *militare*, être soldat). **1.** Participer activement à la vie d'un parti, d'une association, et se charger d'en diffuser les idées. **2.** Constituer un argument pour ou contre qqn, qqch ; plaider : *Ce témoignage milite en faveur de l'accusé.*

MILK-SHAKE (pl. *milk-shakes*) ou **MILKSHAKE** [milkʃɛk] **n.m.** (mot angl.). Boisson frappée, à base de lait aromatisé.

MILLAGE [milaʒ] **n.m.** (de 2. *mille*). Québec. Distance comptée en milles.

MILLAS n.m. → **MILLIASSE.**

1. MILLE adj. num. inv. (du lat. *milia*, milliers, pl. de *mille*). **1.** Dix fois cent : *Trois mille spectateurs. L'an deux mille.* (Dans les dates, on écrit *mille* ou *mil.*) **2.** Millième, dans l'expression d'un rang : *Numéro six mille deux cents.* **3.** Un très grand nombre de : *Mille mercis.* ◆ **n.m. inv. 1.** Nombre composé de mille unités : *Dix fois cent égale mille.* **2.** Ensemble, quantité de mille objets : *Un mille de signes.* ▪ **Des mille et des cents** [fam.], de très fortes sommes. ▪ **Mettre** ou **taper dans le mille** [fam.], deviner juste ; atteindre son objectif. ▪ **Pour mille,** pour une quantité de mille unités : *Douze pour mille (noté 12 ‰).*

2. MILLE n.m. (lat. *mille*). **1.** Unité de mesure internationale pour les distances en navigation aérienne ou maritime. (On dit aussi *mille marin* ou *mille nautique.*) ➲ Le mille vaut, par convention, 1 852 m, sauf dans les pays du Commonwealth, où il vaut 1 853,18 m. **2.** Au Canada, ancienne unité de mesure des distances, équivalant au mile britannique (env. 1 609 m). **3.** Mesure itinéraire romaine, qui valait mille doubles pas (1 481,5 m).

1. MILLEFEUILLE ou **MILLE-FEUILLE n.f.** (pl. *mille-feuilles*). **BOT.** Achillée mille-feuille.

2. MILLEFEUILLE ou **MILLE-FEUILLE n.m.** (pl. *mille-feuilles*). **1.** Gâteau de pâte feuilletée garni de crème pâtissière. **2.** Par anal. Préparation culinaire salée (à base de saumon ou de légumes, par ex.) ayant l'aspect de ce gâteau. **3.** Fig. Texte administratif, organisation, etc., constitués d'un empilement incohérent d'éléments sans lien : *Un millefeuille fiscal.*

MILLEFIORI [millefjɔri] **n.m. inv.** (mot ital. « mille fleurs »). Objet de verre (presse-papiers, par ex.) décoré intérieurement d'une mosaïque formée de sections de baguettes de verre de plusieurs couleurs.

MILLE-FLEURS n.f. inv., ▲ ***MILLEFLEUR n.f.*** Tapisserie du XVe s. ou du début du XVIe s., dont le fond est semé de petites plantes fleuries.

1. MILLÉNAIRE adj. (lat. *millenarius*). Qui existe depuis mille ans ou plus : *Séquoias millénaires.*

2. MILLÉNAIRE n.m. 1. Période de mille ans. **2.** Millième anniversaire d'un événement.

MILLÉNARISME n.m. 1. Ensemble de croyances à un règne terrestre du Messie et de ses élus, censé devoir durer mille ans. **2.** Mouvement ou système de pensée en rupture avec l'ordre social et politique existant, et attendant une rédemption collective.

MILLÉNARISTE adj. et **n.** Qui appartient au millénarisme ; qui en est adepte.

MILLÉNIAUX n.m. pl. (angl. *millennials*). Personnes nées autour des années 2000 (env. 1985-2005), qui se caractérisent notamm. par leur aisance à utiliser les nouvelles technologies, avec lesquelles elles ont grandi et dont elles sont adeptes ; par ext., ensemble des jeunes. (On emploie aussi l'anglais *millennials* ou *digital natives.*) [→ **génération Y.**] ◆ **MILLÉNIAL, E, AUX adj.** Relatif aux milléniaux, à leur tranche d'âge, à leurs centres d'intérêt ; par ext., relatif aux années 2000. (On écrit parfois *millennial* [pl. *millennials*].)

MILLENIUM [milenjɔm] **n.m.** L'Âge d'or attendu par les millénaristes.

MILLE-PATTES n.m. inv., ▲ ***MILLEPATTE n.m.*** Nom usuel des animaux appartenant au groupe des myriapodes. ➲ Ils ont de 10 à 375 paires de pattes.

MILLEPERTUIS n.m. Plante vivace à fleurs jaunes, aux feuilles à taches translucides, utilisée en infusions vulnéraires et en homéopathie. ➲ Famille des clusiacées.

MILLÉPORE n.m. Animal marin formant des colonies de polypes construisant un squelette calcaire massif (polypier). ➲ Ordre des hydrocoralliaires.

MILLERAIES, ▲ ***MILLERAIE*** [milrɛ] **n.m.** Tissu de velours à côtes très fines et très serrées.

MILLERANDAGE n.m. (de l'adj. *millerand*, raisin à grains très petits). **VITIC.** Accident occasionné par la coulure, qui entraîne un arrêt du développement des grains de raisin.

MILLERANDÉ, E adj. Atteint de millerandage.

MILLÉSIME n.m. (du lat. *millesimus*, millième). Série de chiffres indiquant l'année d'émission d'une pièce de monnaie, de la récolte d'un grand cru, de la production d'une voiture, etc.

MILLÉSIMER v.t. [3]. Attribuer un millésime à.

MILLET [mijɛ] **n.m.** (de 2. *mil*). Nom donné à plusieurs graminées, en partic. à une céréale qui est d'un grand usage en Afrique. ▪ **Millet des oiseaux,** panic.

MILLI- [mili] **préf.** (du lat. *mille*, mille). Préfixe (symb. m) qui, placé devant une unité, la divise par 10^3.

MILLIAIRE [miljɛr] **adj. ANTIQ. ROM.** Se disait des bornes placées au bord des voies romaines pour indiquer les milles.

MILLIAMPÈRE n.m. Millième d'ampère (symb. mA).

MILLIAMPÈREMÈTRE n.m. ÉLECTR. Ampèremètre gradué en milliampères.

MILLIARD n.m. 1. Mille millions (10^9). **2.** Quantité extrêmement grande : *Des milliards d'utilisateurs.*

MILLIARDAIRE adj. et **n.** Se dit d'une personne qui possède un capital ou des revenus d'au moins un milliard d'une unité monétaire donnée.

MILLIARDIÈME adj. num. ord. et **n.** Qui occupe un rang marqué par le nombre 10^9. ◆ **n.m.** et **adj.** Quantité désignant le résultat d'une division par 10^9.

MILLIASSE n.f. ou **MILLAS** [mijas] **n.m.** (de *millet*). Région. (Sud-Ouest). Bouillie de farine de maïs refroidie, puis mise à frire ou à griller.

MILLIBAR n.m. Vieilli. **MÉTÉOROL.** Unité de pression atmosphérique (symb. mbar), remplacée auj. par l'hectopascal, et égale à un millième de bar.

MILLIÈME adj. num. ord. et **n.** Qui occupe un rang marqué par le nombre 1 000. ◆ **n.m.** et **adj.** Quantité désignant le résultat d'une division par 1 000. ◆ **n.m. MÉTROL. 1.** Unité d'angle, égale à l'angle sous lequel on voit une hauteur de 1 m à 1 000 m. **2.** Unité de mesure du titre en métal précieux d'un produit. ➲ Lorsqu'un kilogramme de produit contient *n* grammes de métal précieux, son titre en métal précieux est de *n* millièmes.

MILLIER n.m. 1. Quantité, nombre de mille, d'environ mille : *Un millier de clients en ont acheté un.* **2.** Grand nombre indéterminé : *Des milliers d'éphémères.*

MILLIGRAMME n.m. Millième de gramme (symb. mg).

MILLILITRE n.m. Millième de litre (symb. ml).

MILLIMÈTRE n.m. Millième de mètre (symb. mm).

MILLIMÉTRIQUE ou **MILLIMÉTRÉ, E adj.** Relatif au millimètre ; gradué en millimètres. ▪ **Papier millimétrique** ou **millimétré,** feuille de papier divisée horizontalement et verticalement par des lignes espacées d'un millimètre. ➲ Ce papier est utilisé pour les tracés de courbes, de graphiques, etc.

MILLION [miljɔ̃] **n.m.** (ital. *milione*). Mille fois mille (10^6).

MILLIONIÈME adj. num. ord. et **n.** Qui occupe un rang marqué par le nombre 10^6. ◆ **n.m.** et **adj.** Quantité désignant le résultat d'une division par 10^6.

MILLIONNAIRE adj. et **n.** Se dit d'une personne qui possède un capital ou des revenus d'au moins un million d'une unité monétaire donnée.

MILLIVOLT n.m. Millième de volt (symb. mV).

MILLIVOLTMÈTRE n.m. ÉLECTR. Voltmètre gradué en millivolts.

MILONGA n.f. (mot esp., d'orig. africaine). **1.** Danse argentine, proche du tango, en vogue au début du XXe s. **2.** Air d'Amérique du Sud, chanté avec un accompagnement de guitare.

MILORD [milɔr] **n.m.** (de l'angl. *my lord*, mon seigneur). Vx. Homme riche et élégant.

MILOUIN n.m. (du lat. *miluus*, milan). Fuligule d'Eurasie, qui hiverne notamm. en Europe occidentale. ➲ Famille des anatidés.

MI-LOURD adj.m. (pl. *mi-lourds*). Dans certains sports, qualifie une catégorie de poids. ◆ **adj.m.** et **n.m.** Se dit d'un sportif appartenant à cette catégorie.

MIME n.m. (du lat. *mimus*, farce de théâtre). **1.** Genre de comédie où l'acteur raconte une histoire par gestes ; art du mime ; pantomime. **2.** Action de mimer : *Un jeu où l'on doit présenter un métier par le mime.* ◆ **n. 1.** Acteur spécialisé dans le genre du mime. **2.** Personne qui, sans paroles, imite bien les gestes, les attitudes d'autrui.

▲ **mime.** Le mime Georges Wague dans *le Toucher.* (Coll. part.)

MIMER v.t. [3]. 1. Exprimer un sentiment, une action par les gestes, les jeux de physionomie, sans utiliser la parole : *Mimer la peur.* **2.** Imiter d'une façon plaisante l'air, les gestes, les manières de qqn ; contrefaire.

Le mimétisme animal et végétal

Par leur aspect ou leur couleur, de nombreuses espèces parviennent à ressembler à d'autres ou à se fondre dans leur environnement. Ce mimétisme les protège des agressions, leur permet de tromper leurs proies (pour les animaux) ou d'attirer des insectes pollinisateurs (pour les végétaux).

phasme. Pour échapper à ses prédateurs, cet insecte prend l'aspect d'une brindille ou, comme ici, se confond avec une feuille.

rainette verte. Reine du camouflage, elle est presque invisible sur les feuilles où elle se tient à l'affût.

renard arctique. Sa fourrure d'hiver, blanche, lui permet de mieux se confondre avec la neige et de chasser sans attirer l'attention de ses proies.

ganga tacheté. Le plumage de couleur sable de cet oiseau des régions désertiques l'aide à passer inaperçu lors de ses déplacements au sol.

ophrys abeille. En prenant l'aspect et en exhalant l'odeur d'une abeille femelle, la fleur de cette orchidée attire les abeilles mâles, qui assurent ensuite sa pollinisation.

flambé. Pour effrayer les oiseaux, ce papillon déploie ses ailes et simule un visage au regard redoutable.

lepture tacheté/guêpe. Coléoptère inoffensif, le lepture tacheté éloigne ses prédateurs grâce à sa livrée jaune et noir, imitant celle d'une guêpe.

Angraecum sesquipedale. La fleur de cette orchidée de Madagascar comporte un long éperon dont la base est emplie de nectar ; seul un papillon du genre *Xanthopan* dispose d'une trompe adaptée, assurant par là la pollinisation de cette fleur.

chiendent/blé. Plante herbacée envahissante et nuisible aux cultures, le chiendent présente un aspect qui le rend très difficile à séparer du blé.

MIMÊSIS ou **MIMESIS** [mimezis] **n.f.** (mot gr. « imitation »). Terme (emprunté à Aristote) qui définit l'œuvre d'art comme une imitation du monde obéissant à des conventions.

MIMÉTIQUE adj. Relatif au mimétisme.

MIMÉTISME n.m. (du gr. *mimeisthai*, imiter). **1.** Propriété que possèdent certaines espèces animales (le caméléon, par ex.) de se confondre, par la forme ou la couleur, avec l'environnement ou avec les individus d'une autre espèce mieux protégée ou moins redoutée. *(V. planche page précédente.)* **2.** Reproduction machinale des gestes, des attitudes d'autrui.

MIMI n.m. 1. Chat, dans le langage enfantin. **2.** Fam. Baiser. ◆ **adj. inv.** Fam. Mignon : *Qu'ils sont mimi !*

MIMIQUE adj. Didact. Relatif au mime : *Langage mimique.* ◆ **n.f. 1.** Expression de la pensée par le geste, les jeux de physionomie. **2.** Ensemble des expressions du visage : *Une mimique de désespoir.*

MIMIVIRUS n.m. BIOL. Virus à ADN géant, parasite de l'amibe.

MIMODRAME n.m. Œuvre dramatique représentée en pantomime.

MIMOLETTE n.f. (de *mi-* et 2. *mollet*). Fromage voisin de l'édam, mais plus gros, fabriqué en France et aux Pays-Bas.

MIMOSA n.m. (du lat. *mimus*, qui se contracte comme un mime). **1.** Arbre ou arbuste d'origine tropicale, cultivé pour ses fleurs jaunes en petites boules très odorantes. ➲ Genre *Acacia* ; une espèce de mimosa fournit le bois d'amourette, utilisé notamm. en tabletterie. **2.** Plante légumineuse originaire d'Amérique tropicale, à fleurs roses, cour. appelée *sensitive*, car ses feuilles se replient au moindre contact. ➲ Genre *Mimosa*. ▪ **Œuf mimosa,** œuf dur dont chaque moitié est farcie d'une mayonnaise épaissie du jaune écrasé.

MIMOSACÉE ou **MIMOSOÏDÉE n.f.** Plante légumineuse des régions chaudes, telle que l'acacia, le mimosa des fleuristes et la sensitive. ➲ Famille des fabacées.

MI-MOYEN adj.m. (pl. *mi-moyens*). Dans certains sports, qualifie une catégorie de poids. ◆ **adj.m.** et **n.m.** Se dit d'un sportif appartenant à cette catégorie.

MIN [min] **n.m.** Dialecte chinois parlé au Fujian, à Taïwan et à Hainan.

MINABLE adj. et **n.** (de *miner*). Fam. D'une médiocrité pitoyable : *Un scénario, un chanteur minable.*

MINABLEMENT adv. Fam. De manière minable.

MINAGE n.m. Action de miner.

MINARET n.m. (turc *minare*). Tour d'une mosquée, du haut de laquelle le muezzin fait les cinq appels quotidiens à la prière.

MINAUDER v.i. [3] (de *1. mine*). Faire des mines, des manières pour séduire.

MINAUDERIE n.f. 1. Action de minauder. **2.** (Souvent pl.). Mines affectées ; simagrées.

MINAUDIER, ÈRE adj. et **n.** Qui minaude.

MINAUDIÈRE n.f. (nom déposé). Boîte, souvent d'orfèvrerie, portée à la main comme accessoire de la toilette féminine.

MINBAR [minbar] **n.m.** (mot ar.). Chaire à prêcher, dans une mosquée.

1. MINCE adj. (de l'anc. fr. *mincier*, couper en menus morceaux). **1.** Qui est peu épais : *Une mince tranche de jambon.* **2.** Qui a peu de largeur : *Fleur à tige mince* ; qui est fin : *Des lèvres minces.* **3.** Litt. Qui a peu d'importance ; faible : *Son avance est bien mince.* ▪ **Mince comme un fil,** très mince.

2. MINCE interj. Fam. Marque le mécontentement ou l'admiration : *Mince ! J'ai loupé le bus.*

MINCEUR n.f. 1. Caractère de qqn, de qqch qui est mince. **2.** (En appos.). Qui aide à mincir : *Crèmes minceur.*

MINCIR v.i. [21]. Devenir plus mince. ◆ **v.t.** Faire paraître plus mince : *Ce pantalon te mincit.*

MINDEL [mindɛl] **n.m.** (de *Mindel*, n. d'une riv. all.). **GÉOL.** Glaciation quaternaire alpine, de – 450 000 à – 350 000 ans environ.

1. MINE n.f. (du breton *min*, bec). **1.** Aspect de la physionomie indiquant certains sentiments ou l'état du corps ; expression : *Mine défaite.*

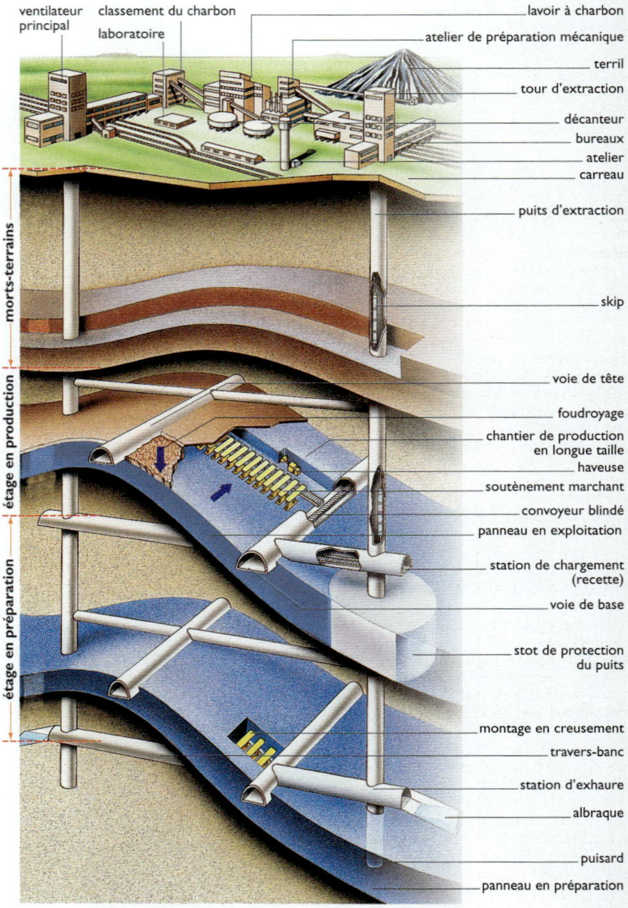

▲ **mine.** Exploitation souterraine de charbon dans un gisement de faible pente.

2. Aspect extérieur ; apparence : *Ne la juge pas sur sa mine.* ▪ **Avoir bonne mine,** avoir un visage qui dénote la bonne santé ; fam., iron., avoir l'air ridicule. ▪ **Avoir mauvaise mine,** paraître malade. ▪ **Faire bonne mine, mauvaise** ou **grise mine à qqn,** lui faire bon, mauvais accueil. ▪ **Faire mine de** [fam.], faire semblant de. ▪ **Mine de rien** [fam.], sans en avoir l'air. ▪ **Ne pas payer de mine** [fam.], ne pas se présenter sous un aspect engageant. ◆ **n.f. pl.** ▪ **Faire des mines,** faire des simagrées ; minauder.

2. MINE n.f. (du gaul. **meina*, métal brut). **1.** Gîte de substance minérale ou fossile se trouvant dans le sous-sol ou en surface. (→ **2. carrière**). **2.** Cavité creusée dans le sol pour extraire du charbon, un minerai ou une substance utile : *Descendre dans la mine.* **3.** Ensemble des installations nécessaires à l'exploitation d'un gisement. **4.** Fig. Fonds riche de qqch ; ressource importante : *Ce site est une mine de connaissances.* **5.** Petit bâton de graphite ou d'une autre matière formant le cœur d'un crayon et qui marque le papier. **6. MIL.** Galerie souterraine pratiquée en vue de détruire au moyen d'une charge explosive un ouvrage fortifié ennemi. **7. MIL.** Charge explosive sur le sol, sous terre ou dans l'eau et qui agit soit directement par explosion, soit indirectement par éclats ou effet de souffle. ➲ Il existe des mines terrestres (antichars, antipersonnel, fixes, etc.), marines (acoustiques, magnétiques, etc.). ▪ **Métaux de la mine de platine** → **PLATINE.**

3. MINE n.f. (gr. *mnâ*). **ANTIQ. GR.** Unité de masse valant 1/60 du talent.

MINER v.t. [3]. **1. MIL.** Poser des mines. **2.** Creuser lentement en dessous, à la base : *La mer mine la falaise.* **3.** Fig. Affaiblir, détruire peu à peu : *Ses soucis la minent.*

MINERAI n.m. (de 2. *mine*). Roche contenant des minéraux utiles en proportion notable.

MINÉRAL, E, AUX adj. (lat. médiév. *mineralis*, de *minera*, mine). Relatif aux minéraux, aux roches : *Une substance minérale.* ▪ **Chimie minérale,** partie de la chimie qui traite des substances minérales (par oppos. à *chimie organique*). [On dit aussi *chimie inorganique*.] ▪ **Eau minérale,** eau de source que sa composition en éléments minéraux, stable et garantie, et son absence de bactéries rendent propre à la consommation comme boisson et à une utilisation thérapeutique. ▪ **Règne minéral** [vx], ensemble des minéraux (par oppos. à *règne animal* et à *règne végétal*). ➲ Ce terme n'est plus employé en science. ◆ **n.m.** Solide naturel homogène, caractérisé par une structure atomique ordonnée et une composition chimique précise, et constituant les roches terrestres. ➲ On distingue les *minéraux amorphes*, où les molécules sont disposées sans ordre (opale, par ex.), et les *minéraux cristallisés*, les plus nombreux, où les molécules ou les atomes sont régulièrement distribués (quartz, mica, etc.). [V. planche *roches et minéraux*.]

MINÉRALIER n.m. Navire conçu pour le transport des cargaisons sèches en vrac, des minerais. (→ **vraquier**).

MINÉRALIER-PÉTROLIER n.m. (pl. *minéraliers-pétroliers*). Pétrolier-minéralier.

MINÉRALISATEUR, TRICE adj. et n.m. Se dit d'un élément (chlore, fluor, soufre, etc.) qui se combine à un métal, lors de la cristallisation d'un magma, ce qui a pour effet de concentrer cette substance. ◆ n.m. **ÉCOL.** Décomposeur.

MINÉRALISATION n.f. **1.** État d'une eau chargée d'éléments minéraux solubles. **2. GÉOL.** Transformation d'un métal par un agent minéralisateur ; accumulation locale de substances minérales. **3. ÉCOL.** Stade ultime de la décomposition des substances organiques sous la forme de sels minéraux, de gaz carbonique et d'eau.

MINÉRALISÉ, E adj. Qui contient des matières minérales : *Eau faiblement minéralisée.*

MINÉRALISER v.t. [3]. Produire une minéralisation. ◆ **SE MINÉRALISER** v.pr. En parlant de substances organiques, subir une minéralisation.

MINÉRALOCORTICOÏDE adj. et n.m. **MÉD.** Se dit d'un corticoïde du groupe de l'aldostérone, agissant sur l'eau et les minéraux du corps.

MINÉRALOGIE n.f. Domaine de la géologie qui étudie la composition chimique et les propriétés physiques des minéraux ainsi que leur formation.

MINÉRALOGIQUE adj. Relatif à la minéralogie. ▪ **Numéro, plaque minéralogiques,** numéro, plaque d'immatriculation des véhicules automobiles en France. ➲ Depuis 2009, le numéro d'immatriculation est inchangé pour toute la durée de vie du véhicule.

MINÉRALOGISTE n. Spécialiste de minéralogie.

MINÉRALURGIE n.f. Ensemble des techniques d'extraction et de concentration des minéraux à partir de minerais bruts extraits des mines (SYN. **valorisation des minerais**).

MINERVAL n.m. (pl. *minervals*) [mot lat.]. Belgique. Droits d'inscription dans une grande école ou une université.

MINERVE n.f. (de *Minerve*, n. myth.). **MÉD.** Appareil orthopédique que l'on place autour du cou pour immobiliser la colonne vertébrale.

MINERVOIS n.m. Vin rouge récolté dans le Minervois.

MINESTRONE [minɛstrɔn] n.m. (mot ital.). Soupe aux légumes et au lard additionnée de petites pâtes ou de riz. ➲ Cuisine italienne.

MINET, ETTE n. Fam. **1.** Chat. **2.** Terme d'affection. **3.** Vieilli. Jeune homme, jeune fille à la mode.

1. MINETTE n.f. (de 2. *mine*). Minerai de fer sédimentaire, naguère exploité en Lorraine.

2. MINETTE n.f. Lupuline.

1. MINEUR n.m. **1.** Ouvrier qui travaille dans les mines. **2.** Militaire qui pose des mines.

2. MINEUR n.m. ▪ **Mineur continu,** engin d'abattage mécanique qui permet de creuser des galeries ou d'abattre du minerai.

3. MINEUR, E adj. (du lat. *minor*, plus petit). **1.** D'une importance, d'un intérêt secondaires : *Événement mineur. Œuvre mineure.* **2. MUS.** Se dit de l'intervalle musical qui est plus petit d'un demi-ton chromatique que l'intervalle majeur formé du même nombre de degrés. ▪ **Frères mineurs,** religieux appartenant aux ordres franciscains. ▪ **Mode mineur,** ou **mineur, n.m.** [mus.], mode dans lequel les intervalles formés à partir de la tonique sont mineurs ou justes, et caractérisé par la succession, dans la gamme, de un ton, un demi-ton, deux tons, un demi-ton, un ton et demi, un demi-ton.

4. MINEUR, E adj. et n. Qui n'a pas encore atteint l'âge de la majorité légale. ➲ En France, 18 ans. ▪ **Détournement** ou **enlèvement de mineur** [dr. pén., vieilli], soustraction de mineur.

MINEURE n.f. **LOG.** Seconde proposition d'un syllogisme.

MINI adj. inv. Se dit d'un vêtement très court : *Des shorts mini.* ◆ n.m. Habillement féminin très court.

MINIATURE n.f. (du lat. *miniare*, enduire au minium). **1.** Image peinte participant à l'enluminure d'un manuscrit. **2.** Petite peinture finement exécutée, qui est encadrée, traitée en médaillon, employée pour décorer une boîte, etc. **3.** Modèle réduit : *Salon de la miniature.* **4.** Flacon de parfum en réduction. ▪ **En miniature,** en réduction. ◆ adj. Extrêmement petit : *Un chien miniature* ; qui est la réduction de qqch : *Avions miniatures.*

MINIATURISATION n.f. Action de miniaturiser.

MINIATURISER v.t. [3]. **TECHN.** Fabriquer un appareil, un mécanisme sous de très petites dimensions.

MINIATURISTE n. Peintre en miniatures.

MINIBUS ou **MINICAR** n.m. Petit autocar.

MINICASSETTE n.f. Vieilli. Cassette audio de petit format.

MINICHAÎNE, ▲ *MINICHAINE* n.f. Chaîne haute-fidélité compacte.

MINIDISQUE n.m. Disque numérique à lecture optique, au format inférieur à celui d'un CD.

MINIER, ÈRE adj. Relatif aux mines.

MINIGOLF n.m. Golf miniature.

MINIJUPE n.f. Jupe s'arrêtant à mi-cuisse.

A **MINIMA** loc. adj. inv. → **A MINIMA.**

MINIMA n.m. pl. → **MINIMUM.**

MINIMAL, E, AUX adj. **1.** Qui a atteint son minimum : *Niveau minimal d'une rivière.* **2. ART MOD.** Se dit d'une œuvre réduite à des formes géométriques strictes ainsi qu'à des modalités élémentaires de matière ou de couleur. ▪ **Élément minimal** [math.], élément d'un ensemble ordonné tel qu'il n'existe aucun autre élément qui lui soit inférieur.

➲ Apparu aux États-Unis dans les années 1960, l'**ART MINIMAL** (*minimal art* en anglais) s'oppose à l'expressionnisme* abstrait. Il se manifeste par des travaux en trois dimensions (« structures primaires »), souvent à base de matériaux industriels, qui visent, non à une expression d'ordre esthétique, mais à un constat physique de l'objet en soi et à une action sur l'environnement.

MINIMALISATION n.f. Action de minimaliser ; fait d'être minimalisé.

MINIMALISER v.t. [3]. Réduire jusqu'au seuil minimal : *Minimaliser les frais.*

MINIMALISME n.m. **1.** Recherche des solutions requérant le minimum de moyens, d'efforts (par oppos. à *maximalisme*). **2. ART MOD.** Art minimal*. **3.** Tendance artistique et littéraire contemporaine caractérisée par une économie extrême des moyens mis en œuvre.

MINIMALISTE adj. et n. **1.** Qui relève du minimalisme ; qui en est partisan. **2.** Qui est réduit au minimum, vise le minimum. **3.** Relatif à l'art minimal ; qui s'y rattache.

1. MINIME adj. (lat. *minimus*). Qui est très petit, peu important : *Différence minime.*

2. MINIME n. et adj. Jeune sportif appartenant à une tranche d'âge dont les limites se situent, selon les sports, autour de 13 ans.

3. MINIME n.m. **CATH.** Religieux membre d'un ordre mendiant institué au XVe s. par saint François de Paule.

▲ **miniature** persane (XVIIe s.), extraite des *Sept Portraits* de Nezami.

MINIMESSAGE n.m. **TÉLÉCOMM.** Texto.

MINIMEX n.m. (de *minimum de moyens d'existence*). Belgique. Revenu minimum d'insertion.

MINIMEXÉ, E n. Personne bénéficiaire du minimex.

MINIMISATION n.f. Action de minimiser ; fait d'être minimisé.

MINIMISER v.t. [3]. Réduire l'importance de : *Minimiser l'efficacité de qqn, un risque.*

MINIMUM [-mɔm] n.m. (pl. *minimums* ou *minima*) [mot lat. « la plus petite quantité »]. **1.** Le plus petit degré auquel qqch peut être réduit : *Emporter le minimum de bagages.* **2. DR.** Peine la plus faible qui puisse être appliquée pour un cas déterminé : *Être condamné au minimum.* **3. MATH.** Plus petit élément d'un ensemble ordonné. ▪ **Au minimum,** pour le moins ; sans pouvoir être inférieur à. ▪ **Minima sociaux,** en France, ensemble des allocations (RSA, minimum vieillesse, parent isolé, etc.) garanties aux personnes ne disposant pas de ressources suffisantes. ▪ **Minimum d'une fonction** [math.], la plus petite des valeurs de cette fonction sur un intervalle donné ou sur son domaine de définition. ▪ **Minimum vieillesse,** pension de vieillesse minimale accordée sous condition d'âge et de ressources. ➲ On dit auj. *allocation de solidarité aux personnes âgées.* ◆ adj. (Emploi critiqué). Minimal. (*Minimal* est préconisé par l'Académie des sciences.)

MINI-ORDINATEUR (pl. *mini-ordinateurs*), ▲ *MINIORDINATEUR* n.m. Ordinateur de bonne performance, utilisé de manière autonome ou comme élément périphérique d'un ordinateur central ou d'un réseau informatique.

MINIPILULE n.f. Pilule contraceptive d'usage courant, faiblement dosée en œstrogène.

MINIPORTABLE n.m. Ordinateur de petites dimensions et peu coûteux, avec quelques fonctions de base (traitement de texte, accès à Internet, etc.).

MINISATELLITE n.m. **ASTRONAUT.** Petit satellite, pesant génér. entre 100 et 500 kg.

MINISÉRIE n.f. Série télévisée composée d'un petit nombre d'épisodes.

MINISPACE n.m. **AUTOM.** Monospace très compact particulièrement adapté à un usage urbain.

MINISTÈRE n.m. (du lat. *ministerium*, service, fonction). **1.** Fonction de ministre ; temps pendant lequel on l'exerce. **2.** Ensemble des ministres et de leurs collaborateurs qui composent le gouvernement d'un État. **3.** Administration dépendant d'un ministre ; bâtiment où se trouvent ses services. **4. RELIG.** Ensemble des fonctions qu'exerce un ministre du culte ; sacerdoce. ▪ **Ministère public** [dr.], magistrature debout*.

MINISTÉRIEL, ELLE adj. Relatif à un ministre, à un ministère : *Crise ministérielle.* ▪ **Office, officier ministériel** → **1. OFFICE, 2. OFFICIER.**

MINISTRABLE adj. et n. Susceptible de devenir ministre.

MINISTRE n. (du lat. *minister*, *-tri*, serviteur). Membre du gouvernement d'un État à la tête d'un département ministériel. ▪ **Le Premier ministre,** le chef du gouvernement, dans certains régimes parlementaires. ▪ **Ministre délégué,** chargé, en France, d'exercer certaines des fonctions ou missions d'un ministre pour le compte de ce dernier. ▪ **Ministre d'État,** titre honorifique attribué en France à certains ministres, en raison de leur personnalité ou de l'importance que l'on veut donner à leur domaine. ➲ Le ministre d'État est génér. chargé d'une mission particulière. ◆ n.m. **CHRIST.** Vieilli. Pasteur du culte réformé. ▪ **Ministre du culte,** prêtre ou pasteur chargé d'un service d'Église.

MINITEL n.m. (nom déposé). Anc. Terminal d'interrogation vidéotex français (en service de 1980 à 2012), pionnier de la télématique.

MINIUM [minjɔm] n.m. (mot lat.). **1.** Pigment rouge-orangé très toxique, obtenu par oxydation du plomb fondu. **2.** Peinture antirouille au minium dont l'usage tend à disparaître en raison de sa toxicité.

MINIVAGUE **n.f.** (nom déposé). Assouplissement des cheveux grâce à une permanente légère ; cette permanente.

MINNESANG [minəsɑ̃g] **n.m. sing.** (all. *Minnesang*, de *Minne*, amour, et *Sang*, chant). Poésie courtoise allemande des XIIe et XIIIe s.

MINNESÄNGER [-sɛngɛr] **n.m. inv.** (all. *Minnesänger*). Poète courtois du Moyen Âge, en Allemagne.

MINOEN [minɔɛ̃] **n.m.** (de *Minos*, n. myth.). Période de l'histoire de la Crète préhellénique, depuis le IIIe millénaire jusqu'à 1100 av. J.-C. ◆ **MINOEN, ENNE adj.** Relatif au minoen : *Bronzes minoens.*

▲ **minoen.** Art minoen : rhyton en forme de tête de taureau (terre cuite), 1400-1150 av. J.-C. (Musée du Louvre, Paris.)

MINOIS **n.m.** (de *1. mine*). Visage jeune et gracieux ; frimousse : *Un joli minois.*

MINON **n.m.** Suisse. Chaton (inflorescence). ◆ **n.m. pl.** Amas de poussière ; chatons.

MINORANT **n.m.** MATH. ▪ **Minorant d'une fonction, d'une suite,** nombre inférieur à toutes les valeurs de cette fonction, de cette suite. ▪ **Minorant d'un ensemble de nombres,** nombre inférieur à tous les éléments de cet ensemble.

MINORATIF, IVE **adj.** Litt. Qui minore.

MINORATION **n.f.** Action de minorer ; diminution du prix d'un bien, d'un service.

MINORER **v.t.** [3]. **1.** Diminuer l'importance de : *Minorer la gravité d'un acte.* **2.** Porter à une valeur inférieure ; baisser : *Minorer les prix de 2 %.* **3.** MATH. Trouver un minorant, ou être un minorant, pour un ensemble de nombres, une fonction ou une suite.

MINORITAIRE **adj.** et **n.** Qui appartient à la minorité ; qui s'appuie sur une minorité.

1. MINORITÉ **n.f.** (angl. *minority*). **1.** État d'une personne qui n'a pas atteint l'âge de la majorité. **2.** Période pendant laquelle l'enfant n'a pas l'exercice de ses droits, la responsabilité civile de ses actes et est totalement ou partiellement irresponsable pénalement.

2. MINORITÉ **n.f.** (lat. médiév. *minoritas*). **1.** Ensemble de personnes, de choses inférieures en nombre par rapport à un autre ensemble. **2.** Groupe de personnes réunissant le moins de voix dans une élection, un vote. **3.** La plus petite partie d'un ensemble (par oppos. à *majorité*) : *Il y a une minorité de débutants au cours de théâtre.* ▪ **Minorité agissante,** groupe de personnes qui poursuivent des fins communes et dont l'action, socialement influente, est source de changements. ▪ **Minorité de blocage** [dr.], minorité qui empêche que soit valablement prise une décision pour laquelle la loi exige une majorité qualifiée. ▪ **Minorité nationale,** groupe se distinguant de la majorité de la population par ses particularités ethniques, sa religion, sa langue ou ses traditions. ▪ **Minorité visible,** groupe minoritaire dans un pays, distinct par la couleur de sa peau du reste de la population et sous-représenté dans les institutions.

MINORQUIN, E **adj.** et **n.** De Minorque.

MINOT **n.m.** Région. (Sud-Est). Enfant.

MINOTERIE **n.f.** (de *minotier*). Meunerie.

MINOTIER **n.m.** (de l'anc. fr. *minot*, farine de blé). Industriel de la minoterie.

MINOU **n.m.** (var. de *minet*). **1.** Chat, dans le langage enfantin. **2.** Fam. Terme d'affection.

MINQUE **n.f.** Belgique. Halle aux poissons, dans les localités côtières.

MINUIT **n.m. 1.** Milieu de la nuit. **2.** Douzième heure après midi ; instant marqué vingt-quatre heures ou zéro heure.

MINUS [minys] **n.** (du lat. *minus habens*, qui a le moins). Fam. Personne sans envergure ; minable.

MINUSCULE **adj.** (du lat. *minusculus*, assez petit). Très petit : *Une minuscule cicatrice.* ▪ **Lettre minuscule,** ou **minuscule, n.f.,** petite lettre (par oppos. à *majuscule*).

MINUTAGE **n.m.** Action de minuter.

MINUTAIRE **adj.** DR. Qui a le caractère d'un original : *Acte minutaire.*

1. MINUTE **n.f.** (lat. médiév. *minuta*, du class. *minutus*, menu). **1.** Unité de temps (symb. min) valant 60 secondes. **2.** Court espace de temps : *J'en ai pour une minute.* **3.** MÉTROL. Unité d'angle plan (symb. ′) valant 1/60 de degré, soit π/10 800 radian. (En géométrie et en astronomie, on parle de *minute d'arc*.) ▪ **Minute de vérité,** moment décisif où la vérité éclate. ◆ **interj.** ▪ **Minute (papillon) !** [fam.], attendez !

2. MINUTE **n.f.** (du lat. *minutus*, menu). DR. Écrit original d'un jugement ou d'un acte notarié, dont il ne peut être délivré aux intéressés que des copies (*grosses* ou *expéditions*) ou des extraits (par oppos. à *acte en brevet**).

MINUTER **v.t.** [3] (de *1. minute*). Fixer avec précision la durée, le déroulement de : *Minuter une cérémonie.*

MINUTERIE **n.f. 1.** Appareil à mouvement d'horlogerie, destiné à assurer un contact électrique pendant un laps de temps déterminé : *Minuterie d'escalier.* **2.** Partie d'un mouvement d'horlogerie qui sert à diviser les heures en minutes.

MINUTEUR **n.m.** Mécanisme d'horlogerie, permettant de contrôler la durée d'une opération ménagère.

MINUTIE [-si] **n.f.** (du lat. *minutia*, très petite parcelle). Application scrupuleuse aux détails.

MINUTIER [-tje] **n.m.** Registre contenant les minutes des actes d'un notaire.

MINUTIEUSEMENT **adv.** Avec minutie.

MINUTIEUX, EUSE **adj.** Qui manifeste de la minutie ; méticuleux : *Correctrice, révision minutieuse.*

MIOCÈNE **n.m.** (du gr. *meiôn*, moindre, et *kainos*, récent). GÉOL. Série du cénozoïque, entre l'oligocène et le pliocène (de – 23,5 à – 5,3 millions d'années), qui a vu l'apparition des mammifères évolués (singes, ruminants, mastodontes, dinothériums). ◆ **adj.** Relatif au miocène.

MIOCHE **n.** (de *1. mie*). Fam. Jeune enfant.

MI-PARTI, E **adj.** (de l'anc. fr. *mi-partir*, partager). Sout. Composé de deux parties égales dissemblables : *Arbre mi-parti feuilles et fleurs.* ▪ **Chambres mi-parties,** dans la France des XVIe et XVIIe s., chambres des parlements composées par moitié de magistrats protestants et de magistrats catholiques.

MIPS [mips] **n.m.** (acronyme de *million d'instructions par seconde*). INFORM. Unité de mesure de la puissance d'un ordinateur, correspondant à un million d'instructions exécutées par seconde.

MIQUE **n.f.** (de l'occitan *mica*, miche). Boule de pâte, génér. à la graisse d'oie ou de canard, pochée dans un bouillon (de pot-au-feu ou de potée, le plus souvent). ➲ Spécialité de l'Aquitaine.

MIR **n.m.** (mot russe). Dans la Russie tsariste, assemblée gérant les affaires d'une commune paysanne ; la commune paysanne elle-même.

MIRABELLE **n.f.** (de *Mirabel*, toponyme répandu dans le sud de la France). **1.** Petite prune jaune, douce et parfumée. **2.** Eau-de-vie faite avec ce fruit.

MIRABELLIER **n.m.** Prunier cultivé qui produit les mirabelles. ➲ Famille des rosacées.

MIRABILIS [-lis] **n.m.** (mot lat. « admirable »). Plante herbacée, originaire d'Afrique et d'Amérique, cultivée pour ses grandes fleurs colorées qui s'ouvrent la nuit, d'où son nom cour. de *belle-de-nuit.* ➲ Famille des nyctaginacées.

MIRACIDIUM [-djɔm] **n.m.** Première forme larvaire des vers trématodes (douves, bilharzies).

MIRACLE **n.m.** (du lat. *miraculum*, prodige). **1.** Phénomène interprété comme résultant d'une intervention surnaturelle ou divine. **2.** Fait étonnant, qui suscite l'émerveillement : *Ce médicament fait des miracles. C'est un miracle qu'elle ait survécu.* **3.** (En appos.). D'une efficacité surprenante : *Des antirides miracles.* **4.** Au Moyen Âge, drame religieux mettant en scène l'intervention miraculeuse d'un saint ou de la Vierge. ▪ **Crier au miracle,** marquer un étonnement admiratif. ▪ **Par miracle,** de façon heureuse et inattendue.

MIRACULÉ, E **adj.** et **n. 1.** Qui a été guéri par un miracle. **2.** Qui a échappé, par une chance exceptionnelle, à une catastrophe.

MIRACULEUSEMENT **adv.** Par miracle.

MIRACULEUX, EUSE **adj. 1.** Qui tient du miracle : *Sauvetage miraculeux.* **2.** Qui produit des effets étonnants ; prodigieux : *Crème miraculeuse.*

MIRADOR **n.m.** (mot esp., de *mirar*, regarder). Tour d'observation ou de surveillance, pour la garde d'un camp de prisonniers, d'un dépôt, etc.

MIRAGE **n.m.** (de *mirer*). **1.** Phénomène d'optique qui donne l'illusion que des objets éloignés ont une ou plusieurs images. ➲ Ce phénomène, observable dans les régions où se trouvent superposées des couches d'air de températures différentes (déserts, banquise), est dû à la densité inégale de ces couches et, par suite, à la courbure des rayons lumineux. **2.** Fig. Apparence séduisante et trompeuse ; chimère : *Le mirage de l'amour.* **3.** Action de mirer un œuf. ▪ **Mirage gravitationnel** [astron.], ensemble des images d'un astre lointain qui sont dues à la courbure des rayons lumineux issus de cet astre, provoquée par la présence d'un objet massif situé sur la ligne de visée et plus proche de l'observateur.

MIRBANE **n.f.** ▪ **Essence de mirbane,** nitrobenzène.

MIRE **n.f.** (de *mirer*). **1.** Règle graduée ou signal fixe utilisés pour le nivellement, en géodésie ou en topographie. **2.** Dessin de traits de largeur et d'orientation différentes, servant à étudier les limites de netteté d'un objectif photographique ou d'une surface sensible. **3.** Image comportant divers motifs géométriques, qui sert au réglage des écrans de télévision. ▪ **Cran de mire** [arm.], échancrure pratiquée dans la hausse d'une arme à feu et servant à la visée. ▪ **Ligne de mire** [arm.], ligne droite déterminée par le milieu du cran de mire ou de l'œilleton et par le sommet du guidon d'une arme à feu. ▪ **Point de mire** [arm.], point que l'on veut atteindre avec une arme à feu ; fig., personne, chose qui est l'objet de tous les regards.

MIRE-ŒUF (pl. *mire-œufs*) ou **MIRE-ŒUFS** **n.m.** Appareil servant à observer par transparence l'intérieur des œufs à la lumière électrique.

MIREPOIX **n.f.** (du n. du duc de *Mirepoix*). Préparation d'oignons, de carottes, de jambon ou de lard de poitrine que l'on ajoute à certains plats ou à certaines sauces pour en relever la saveur.

MIRER **v.t.** [3] (du lat. pop. **mirare*, regarder attentivement). **1.** Litt. Refléter. **2.** Observer un œuf à contre-jour ou au moyen d'un mire-œuf afin de s'assurer de l'état de son contenu. ◆ **SE MIRER** **v.pr.** Litt. **1.** Se regarder dans un miroir ou une surface réfléchissante. **2.** Se refléter sur une surface : *Amsterdam se mire dans ses canaux.*

MIRETTES **n.f. pl.** Fam. Yeux.

MIREUR, EUSE **n.** Personne qui effectue le mirage des œufs.

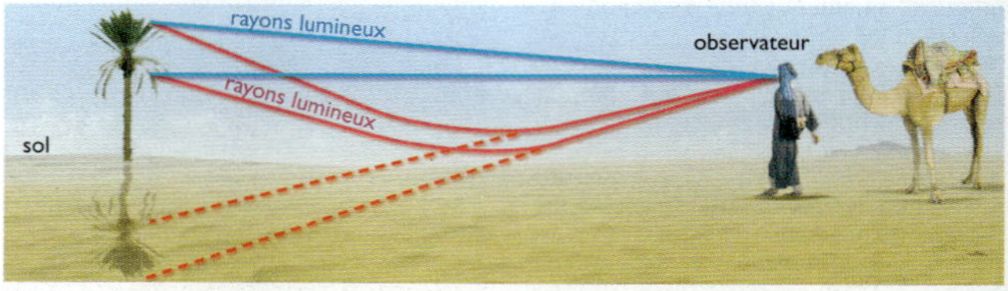

Une partie des rayons lumineux provenant d'un palmier lointain traverse l'air surchauffé par le sol, ce qui modifie son indice de réfraction : l'observateur voit l'image du palmier réel et une autre, inversée, qui semble être son reflet dans un miroir.

▲ **mirage**

MIRIFIQUE adj. (lat. *mirificus*). Fam. Surprenant ; fabuleux.

MIRLIFLORE ou **MIRLIFLOR n.m.** (du lat. *mille flores*, [parfum] aux mille fleurs). Vx. Jeune élégant qui fait l'intéressant.

MIRLITON n.m. (p.-ê. d'un anc. refrain). Instrument de musique en forme de tube, aux extrémités pourvues de membranes qui vibrent sous l'effet de l'air insufflé par l'une des deux ouvertures latérales et produisent un son nasillard. ■ **De mirliton** [fam.], se dit d'un air de musique, de vers de mauvaise qualité.

MIRMIDON n.m. → **MYRMIDON.**

MIRMILLON n.m. (lat. *mirmillo*). **ANTIQ. ROM.** Gladiateur casqué, armé d'un bouclier et d'une courte épée.

MIRO adj. et **n.** (de *mirer*). Fam. Myope.

MIROBOLANT, E adj. Fam. Si étonnant que l'on a peine à y croire : *Faire des bénéfices mirobolants.*

MIROIR n.m. (de *mirer*). **1.** Objet destiné à refléter l'image des personnes ou des choses grâce à une surface en verre étamé : *Le miroir de la salle de bains.* **2.** Litt. Surface unie qui réfléchit les choses : *Le miroir des eaux.* **3.** Fig. Ce qui offre l'image, le reflet de qqch : *Internet, miroir de notre société.* **4. OPT.** Surface réfléchissante, en métal poli ou en verre recouvert d'un dépôt métallique : *Miroir de télescope.* ■ **Écriture en miroir** [psychol.], où les lettres et les mots se succèdent de droite à gauche, lisible dans un miroir. ➲ Elle apparaît fréquemment chez les jeunes gauchers. ■ **Épreuve du miroir** [psychol.], étude de la réaction du sujet à son image spéculaire. ■ **Miroir aux alouettes,** instrument monté sur un pivot et garni de petits morceaux de miroir que l'on fait tourner au soleil pour attirer les alouettes et d'autres petits oiseaux ; fig., ce qui fascine par une apparence trompeuse. ■ **Miroir d'appontage** [mar.], système optique permettant aux pilotes d'effectuer seuls leur manœuvre d'appontage sur un porte-avions. ■ **Miroir (de) sorcière,** miroir convexe de forme génér. ronde, permettant de refléter l'image de toute une pièce. ➲ Utilisé pour la surveillance dans les magasins et les hôpitaux, ce miroir, notamm. parce qu'il diffuse amplement la lumière, est auj. également apprécié en décoration. ■ **Passer de l'autre côté du miroir,** mourir ; se mettre dans la situation inverse de celle que l'on vit habituellement : *Acteur qui passe de l'autre côté du miroir.* ■ **Site miroir** [inform.], sur Internet, serveur qui reproduit tout ou partie des informations présentes sur un autre serveur, afin d'en alléger le trafic et d'accélérer l'accès aux informations. ■ **Stade du miroir** [psychan.], selon J. Lacan, première étape décisive de la structuration du sujet, qui se met en place entre 6 et 18 mois, lorsque l'enfant identifie sa propre image dans un miroir.

MIROITANT, E adj. Qui miroite.

MIROITEMENT n.m. Éclat d'une surface qui miroite.

MIROITER v.i. [3] (de *miroir*). Réfléchir la lumière avec des éclats scintillants. ■ **Faire miroiter qqch à qqn,** le lui faire entrevoir comme possible pour le séduire : *On lui a fait miroiter une augmentation.*

MIROITERIE n.f. Industrie, commerce de miroirs ; atelier, magasin de miroitier.

MIROITIER, ÈRE n. Personne qui confectionne ou vend des miroirs.

MIROTON ou **MIRONTON n.m.** Plat de tranches de bœuf bouilli accommodé avec des oignons et du vin blanc.

MIRV [mirv] **n.m.** (acronyme de l'angl. *multiple independently targetable reentry vehicle*). Partie d'une ogive nucléaire constituée de têtes multiples qui peuvent être guidées chacune sur un objectif particulier.

1. MIS, E adj. Qui est habillé, vêtu de telle manière : *Il est toujours bien mis.*

2. MIS, E n. et **adj.** ■ **Mis en examen,** personne qui fait l'objet d'une mise en examen : *Les mis en examen ont choisi un avocat.*

MISAINE n.f. (ital. *mezzana*). ■ **Mât de misaine,** mât de l'avant d'un navire, situé entre le grand mât et le beaupré. ■ **Voile de misaine,** ou **misaine,** basse voile du mât de misaine.

MISANDRE adj. et **n.** (du gr. *miseîn*, haïr, et *andros*, homme). Qui manifeste une hostilité systématique à l'égard des hommes (par oppos. à *misogyne*).

MISANDRIE n.f. Mépris envers les hommes.

MISANTHROPE adj. et **n.** (gr. *misanthrôpos*). Qui a de l'aversion pour le genre humain ; insociable ; sauvage.

MISANTHROPIE n.f. Caractère de celui qui fuit la compagnie des gens.

MISANTHROPIQUE adj. Qui a le caractère de la misanthropie.

MISCELLANÉES [miselane] **n.f. pl.** (du lat. *miscellanea*, choses mêlées). **LITTÉR.** Recueil composé d'études, d'articles variés.

MISCIBILITÉ [misi-] **n.f.** Aptitude à former avec un autre corps un mélange homogène.

MISCIBLE [misibl] **adj.** (du lat. *miscere*, mêler). Qui a la propriété de miscibilité.

MISE n.f. (de *mettre*). **1.** Action de placer qqch, qqn dans une position, un lieu particuliers : *Mise en bouteilles, en sac. Mise en bière. Mise à la porte.* **2.** Action de risquer de l'argent au jeu, ou dans une affaire ; cet argent : *Rafler la mise.* **3.** Action de faire passer qqch dans un nouvel état ou une nouvelle situation ; son résultat : *Mise en tas. Mise en veille, en vente, en vigueur.* **4.** Action de disposer selon un certain ordre, pour une certaine finalité : *Mise au propre.* **5.** Action de donner l'impulsion initiale à qqch : *Mise en train, en marche.* **6.** Action de faire apparaître d'une certaine manière : *Mise en lumière, en évidence.* **7.** Action d'établir certaines relations : *Mise en contact.* **8.** Action d'amener une personne à une situation déterminée : *Mise en liberté, à la retraite.* **9.** Manière d'être habillé ; tenue : *Une mise soignée.* ■ **De mise,** convenable ou opportun (souvent dans une phrase négative) : *Un tel tapage n'était pas de mise.* ■ **Mise à,** inscription dans telle liste, tel document : *Mise à l'ordre du jour d'une question. Mise à l'index d'un roman.* ■ **Mise à feu** [astronaut.], allumage d'un moteur-fusée. ■ **Mise à l'épreuve,** période de probation au cours de laquelle une personne condamnée à une peine d'emprisonnement avec sursis est soumise à des mesures judiciaires de contrôle et, le cas échéant, à diverses obligations (exercer une activité professionnelle, par ex.). ■ **Mise à l'herbe** [élev.], action de sortir les animaux des étables après l'hiver pour les faire paître dans les champs. ■ **Mise à pied,** suspension temporaire du contrat de travail, notamm. par mesure disciplinaire. ■ **Mise à poste** [astronaut.], ensemble des manœuvres qui permettent à un satellite de passer de l'orbite fournie par son lanceur à l'orbite qu'exige sa mission et d'acquérir une orientation convenable dans l'espace. ■ **Mise à prix,** détermination du prix de vente d'un objet ; somme à partir de laquelle démarrent les enchères dans une vente publique ; Suisse, vente aux enchères. ■ **Mise au point,** opération qui consiste, dans un instrument d'optique, à rendre l'image nette ; assemblage, mise en place et réglage d'éléments mécaniques ou électriques ; fig., explication destinée à régler des questions restées jusque-là dans le vague. ■ **Mise(-)aux(-)points** [sculpt.], technique de reproduction d'un modèle en ronde bosse par report sur l'ébauche des points les plus caractéristiques du volume à reproduire. ■ **Mise(-)bas,** action de mettre bas, en parlant d'une femelle de mammifère. ■ **Mise en eau d'un barrage,** remplissage du bassin de retenue. ■ **Mise en état** [dr.], préparation d'une affaire sous le contrôle d'un juge en vue de sa venue à l'audience pour y être jugée. ■ **Mise en examen,** acte de procédure par lequel le juge d'instruction ouvre une information et fait connaître à qqn les faits qui rendent vraisemblable sa participation comme auteur ou complice à un crime ou à un délit. ■ **Mise en forme,** ensemble des opérations permettant d'obtenir un produit de forme donnée (par déformation plastique, enlèvement de matière, etc.). ■ **Mise en garde,** acte de défense décrété par un État, un gouvernement en cas de menace de conflit, pour assurer la sécurité du pays ; avertissement. ■ **Mise en ondes,** réalisation radiophonique d'une œuvre, d'une émission. ■ **Mise en page(s),** assemblage, d'après la maquette, d'éléments de texte et d'illustration d'un livre, d'un journal, etc., pour obtenir des pages montées en vue de l'impression. ■ **Mise en plis,** opération qui consiste à mettre en boucles les cheveux mouillés en vue de la coiffure à réaliser après le séchage. ■ **Mise en scène,** réalisation scénique ou cinématographique d'une œuvre lyrique ou dramatique, d'un scénario ; présentation dramatique et arrangée d'un événement. ■ **Mise en service,** opération par laquelle une installation, une machine neuve, etc., est utilisée pour la première fois en service normal. ■ **Mise sous tension,** opération d'alimentation d'une installation électrique. ■ **Mise sur** ou **en orbite,** ensemble des opérations qui permettent de placer un engin spatial sur une orbite donnée, autour de la Terre ou de tout autre astre (SYN. **satellisation**). ■ **Sauver la mise à qqn,** le tirer d'une situation où il risque de tout perdre.

MISER v.t. [3] (de *mise*). **1.** Engager une mise, un enjeu : *Miser une forte somme au poker.* **2.** Suisse. Vendre ou acheter dans une vente aux enchères. ◆ **v.t. ind. (SUR). 1.** Parier sur qqn, qqch : *Miser sur les nouveaux arrivants, sur les avancées de la science.* **2.** Compter sur qqch pour aboutir à un résultat : *Il mise sur notre lassitude pour l'emporter.*

MISÉRABILISME n.m. Tendance littéraire et artistique caractérisée par un goût pour la représentation de la misère humaine.

MISÉRABILISTE adj. Relatif au misérabilisme.

MISÉRABLE adj. et **n.** (lat. *miserabilis*). Qui manque de ressources ; indigent ; nécessiteux. ◆ **adj. 1.** De nature à susciter la compassion : *Des conditions de vie misérables.* **2.** Digne de mépris : *Une misérable vengeance.* **3.** Qui est d'une extrême insuffisance : *Un salaire misérable.*

MISÉRABLEMENT adv. De façon misérable.

MISÈRE n.f. (lat. *miseria*). **1.** État d'extrême pauvreté ; dénuement. **2.** Événement douloureux, qui suscite la pitié ; malheur : *C'est une misère de la voir ruiner sa vie ainsi.* **3.** Chose de peu d'importance : *100 000 euros, c'est une misère pour lui.* **4. BOT.** Tradescantia. ■ **Avoir de la misère** [Québec], éprouver des difficultés. ■ **Chercher misère à qqn** [Belgique], lui chercher querelle ; le harceler. ◆ **n.f. pl.** Ce qui rend la vie douloureuse, pénible : *Les petites misères quotidiennes.* ■ **Faire des misères à qqn** [fam.], le harceler.

MISERERE [mizerere] **n.m. inv.** ou **MISÉRÉRÉ n.m.** (du lat. *miserere*, aie pitié). Psaume dont la traduction dans la Vulgate commence par ce mot, l'un des sept psaumes de la pénitence ; pièce de musique chantée, composée sur les paroles de ce psaume.

MISÉREUX, EUSE adj. et **n.** Qui est dans la misère ; misérable. ◆ **adj.** Qui dénote la misère : *Un logement miséreux.*

MISÉRICORDE n.f. (lat. *misericordia*). **1.** Litt. Pitié qui pousse à pardonner à un coupable, à faire grâce à un vaincu ; clémence : *Traiter qqn sans miséricorde.* **2.** Sorte de console placée sous le siège relevable d'une stalle d'église et servant, quand ce siège est relevé, à s'appuyer tout en ayant l'air d'être debout ; dispositif de ce genre installé dans un lieu public où il faut attendre (métro, gare, etc.). ◆ **interj.** Vx. Marque la surprise accompagnée de regret, d'effroi, etc.

MISÉRICORDIEUX, EUSE adj. Litt. Enclin à la miséricorde, au pardon.

MISO n.m. (mot jap.). Pâte à base de soja, de céréales (riz ou orge) et de sel, mise à fermenter et utilisée notamm. pour préparer la *soupe miso.* ➲ Cuisine japonaise.

MISOGYNE adj. et **n.** (du gr. *miseîn*, haïr, et *gunê*, femme). Qui manifeste une hostilité systématique à l'égard des femmes (par oppos. à *misandre*).

MISOGYNIE n.f. Mépris envers les femmes.

MISONÉISME n.m. (du gr. *miseîn*, haïr, et *neos*, nouveau). Rare. Aversion pour tout ce qui est nouveau.

MISONÉISTE adj. et **n.** Rare. Qui fait preuve de misonéisme.

MISPICKEL n.m. (mot all.). **MINÉRALOG.** Sulfure de fer et d'arsenic.

MISS [mis] **n.f.** (mot angl. « mademoiselle »). **1.** Fam. Jeune fille. **2.** (Avec une majuscule). Reine de beauté : *Les Miss France.*

MISSEL n.m. (du lat. ecclés. *missalis liber*, livre de messe). **CATH.** Livre qui contient les textes de la liturgie de la messe.

a b c d e f g h i j k l m n o p q r s t u v w x y z

MISSI DOMINICI **n.m. pl.** (mots lat. « envoyés du maître »). **HIST.** Agents nommés par Charlemagne, qui allaient deux par deux, un clerc et un laïque, pour assurer le contrôle et la surveillance des autorités locales.

MISSILE **n.m.** (mot lat. « arme de jet »). Projectile faisant partie d'un système d'arme à charge militaire classique ou nucléaire, doté d'un système de propulsion automatique et guidé sur tout ou partie de sa trajectoire par autoguidage ou téléguidage. ▪ **Missile de croisière,** missile propulsé par un réacteur, dont la trajectoire est notamm. déterminée par comparaison entre le terrain survolé et les données mémorisées fournies par satellite.

➲ En fonction de leur point de lancement et de leur objectif, les **MISSILES** sont classés en missiles *air-air, air-sol, sol-sol, mer-mer, air-mer,* etc. On distingue les missiles tactiques, armes du combat terrestre, naval ou aérien, des missiles stratégiques, de type IRBM ou ICBM, qui sont lancés de silos ou de sous-marins. Tous peuvent être munis d'une charge nucléaire.

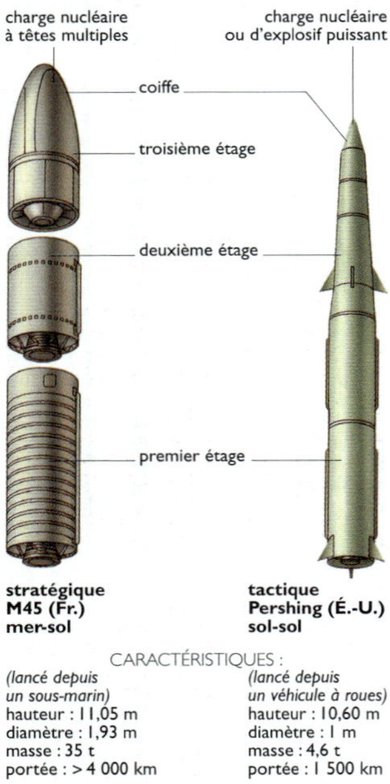

▲ **missiles** nucléaires.

MISSILIER **n.m.** Militaire spécialisé dans le service des missiles.

MISSION **n.f.** (du lat. *missio,* action d'envoyer). **1.** Charge donnée à qqn d'accomplir une tâche définie : *Il a rempli sa mission. Envoyer qqn en mission.* **2.** Fonction temporaire et déterminée dont un gouvernement, une organisation chargent qqn, un groupe : *Experts de l'ONU en mission.* **3.** Ensemble des personnes chargées d'accomplir une tâche déterminée : *Mission d'exploration.* **4.** But élevé, devoir inhérent à une profession et au rôle social qu'on lui attribue : *L'école remplit-elle encore sa mission ?* **5.** **ASTRONAUT.** Tâche spécifique confiée à un lanceur, à un satellite automatique ou à l'équipage d'un vaisseau spatial. **6.** **CHRIST.** Engagement du chrétien pour répandre la parole de l'Évangile ; établissement de missionnaires ; ensemble de prédications adressées aux non-croyants ou aux croyants d'autres religions pour les convertir au christianisme.

MISSIONNAIRE **n.** Prêtre, pasteur, religieux employé dans une mission. ◆ **adj.** Relatif aux missions, à la propagation de la foi.

MISSIONNER **v.t.** **[3].** Charger d'une mission : *Missionner un expert pour évaluer les dégâts.*

MISSIVE **n.f.** (du lat. *missus,* envoyé). Litt. Lettre ; épître. ◆ **adj.f.** **DR.** ▪ **Lettre missive,** tout écrit confié à un particulier ou à la poste pour le faire parvenir à son destinataire.

MISTELLE **n.f.** (esp. *mistela,* de *misto,* mélangé). Moût de raisin auquel on a ajouté de l'alcool pour en arrêter la fermentation.

MISTIGRI **n.m.** (de l'anc. fr. *miste,* var. de *mite,* n. fam. du chat, et de *gris*). **1.** Fam., vieilli. Chat. **2.** À certains jeux de cartes, valet de trèfle. **3.** Fam. Problème grave ou extrêmement gênant dont on veut se décharger : *Le mistigri du statut des intermittents.*

MISTOUFLE **n.f.** Fam., vx. Misère.

MISTRAL **n.m.** (pl. *mistrals*) [de l'anc. provenç. *maestral,* vent maître]. Vent du nord violent, froid, turbulent et sec, qui souffle le long de la vallée du Rhône et, en Méditerranée, de Sète à Toulon.

MITA **n.f.** (mot inca). **HIST.** Travail forcé auquel les Espagnols astreignaient les Amérindiens dans leurs colonies.

MITAGE **n.m.** (de *se miter*). Multiplication de résidences dispersées dans un espace rural.

MITAINE **n.f.** (de l'anc. fr. *mite,* chatte). **1.** Gant qui ne couvre que les premières phalanges. **2.** Région. ; Québec, Suisse. Moufle.

MITAN **n.m.** Vieilli, région. ou Acadie. Milieu ; centre : *Le mitan du lit.*

MITARD **n.m.** Arg. Cachot d'une prison.

MITE **n.f.** (du moy. néerl. *mîte,* racloir). Petit papillon argenté, appelé aussi *teigne,* dont les chenilles vivent sur des plantes cultivées (pomme de terre, lilas) ou sur des tissus de laine, des fourrures, etc. ➲ Famille des tinéidés. ▪ **Mite du fromage,** petit acarien qui vit sur la croûte de certains fromages.

▲ **mite**

MITÉ, E **adj.** Troué par les mites : *Pull mité.*

1. MI-TEMPS **n.f. inv.** Chacune des deux périodes d'égale durée que comportent certains sports d'équipe, comme le football, le rugby ; temps d'arrêt qui sépare ces deux périodes. ▪ **La troisième mi-temps,** la soirée arrosée qui suit un match, spécial. au rugby.

2. MI-TEMPS **n.m. inv.** Temps de travail équivalent à la moitié de la normale. ▪ **Travailler à mi-temps,** pendant la moitié de la durée normale.

SE MITER **v.pr.** **[3].** Être abîmé par les mites.

MITEUX, EUSE **adj.** D'apparence misérable : *Un bar, des vêtements miteux.*

MITHRIACISME ou **MITHRAÏSME** **n.m.** Culte de Mithra.

MITHRIAQUE **adj.** Relatif au culte de Mithra.

MITHRIDATISER **v.t.** **[3].** Immuniser contre un poison par une accoutumance progressive.

MITHRIDATISME **n.m.** ou **MITHRIDATISATION** **n.f.** (de *Mithridate,* n.pr.). Tolérance à une substance toxique telle qu'un morphinique, acquise par l'ingestion de doses progressivement croissantes de cette substance.

MITIGATION **n.f.** (du lat. *mitigatio,* action de calmer). **DR.** ▪ **Mitigation des peines,** substitution d'une peine plus douce à la peine infligée par les juges, en raison de la faiblesse physique du condamné.

MITIGÉ, E **adj.** **1.** Se dit d'un jugement qui n'est pas tranché, net : *Le film a reçu un accueil mitigé.* **2.** Qui est relâché, moins strict : *Une attention mitigée.* ▪ **Mitigé de** [emploi critiqué], mêlé de : *Remerciements mitigés de reproches.*

MITIGER **v.t.** **[10]** (du lat. *mitigare,* rendre doux). Vieilli. Rendre moins rigoureux, moins strict ; adoucir.

MITIGEUR **n.m.** Appareil de robinetterie permettant un réglage manuel ou thermostatique de la température et du débit de l'eau.

MITOCHONDRIAL, E, AUX [-kɔ̃-] **adj.** Relatif aux mitochondries.

MITOCHONDRIE [-kɔ̃-] **n.f.** (du gr. *mitos,* filament, et *khondros,* grain). **BIOL. CELL.** Organite cytoplasmique de la cellule, limité par une double membrane, qui synthétise l'adénosine triphosphate (ATP), source universelle d'énergie pour les êtres vivants. ➲ Les mitochondries contiennent un fragment d'ADN provenant uniquement de l'ovule.

MITONNER **v.i.** **[3]** (mot de l'Ouest, de *miton,* mie de pain). Mijoter, en parlant d'aliments. ◆ **v.t.** **1.** Faire mijoter un aliment. **2.** Fig. Préparer qqch avec soin : *Mitonner une surprise à qqn.*

MITOSE **n.f.** (du gr. *mitos,* filament). **BIOL. CELL.** Mode habituel de division de la cellule vivante, assurant le maintien d'un nombre constant de chromosomes. ➲ La mitose comporte quatre phases : prophase, métaphase, anaphase et télophase.

MITOTIQUE **adj.** Relatif à la mitose.

MITOYEN, ENNE **adj.** (de *moitié*). Qui appartient à deux propriétaires voisins et sépare leurs biens : *Clôture mitoyenne.*

MITOYENNETÉ **n.f.** Caractère de ce qui est mitoyen.

MITRAILLADE **n.f.** Décharge simultanée de nombreuses armes à feu.

MITRAILLAGE **n.m.** Action de mitrailler.

MITRAILLE **n.f.** (altér. de l'anc. fr. *mitaille,* menu métal). **1.** Décharge d'obus, de balles. **2.** Ensemble de menus déchets de métal ou d'alliage. **3.** Fam. Menue monnaie de métal. **4.** Anc. Amas de ferraille dont on chargeait les canons. ▪ **Obus à mitraille,** obus rempli de galettes de fonte, qui se morcellent à l'éclatement du projectile.

MITRAILLER **v.t.** **[3].** **1.** Tirer par rafales sur. **2.** Fam. Photographier ou filmer qqn, qqch sans interruption et sous tous les angles. ▪ **Mitrailler qqn de questions** [fam.], le soumettre à un grand nombre de questions.

MITRAILLETTE **n.f.** Pistolet-mitrailleur.

MITRAILLEUR **n.m.** Servant d'une mitrailleuse.

MITRAILLEUSE **n.f.** Arme automatique, de petit ou moyen calibre (inférieur à 20 mm), à tir tendu et par rafales, montée sur un affût. ➲ Mise au point à la fin du XIXe s., douée d'une grande précision, elle arme les unités d'infanterie, les engins blindés, les avions, etc.

MITRAL, E, AUX **adj.** (de *mitre*). **ANAT.** Relatif à la valvule mitrale : *Orifice mitral. Insuffisance mitrale.* ▪ **Valvule mitrale,** valvule située entre l'oreillette et le ventricule gauches du cœur.

MITRE **n.f.** (lat. *mitra,* du gr. *mitra,* bandeau). **1.** **CATH.** Coiffure liturgique de cérémonie portée par le pape, les évêques et certains abbés de monastères. **2.** **ANTIQ.** Ornement en forme de bandeau triangulaire de la tiare assyrienne. **3.** **CONSTR.** Appareil coiffant le sommet d'un conduit de cheminée pour empêcher la pluie ou le vent d'y pénétrer. **4.** **ZOOL.** Mollusque gastéropode marin à coquille fusiforme. ➲ Famille des mitridés.

MITRÉ, E **adj.** **CATH.** Qui porte ou a le droit de porter la mitre.

MITRON **n.m.** (de *mitre*). **1.** Apprenti boulanger ou pâtissier. **2.** **CONSTR.** Extrémité supérieure d'un conduit de cheminée, surmontée éventuellement d'une mitre.

À MI-VOIX **loc. adv.** En émettant un faible son de voix.

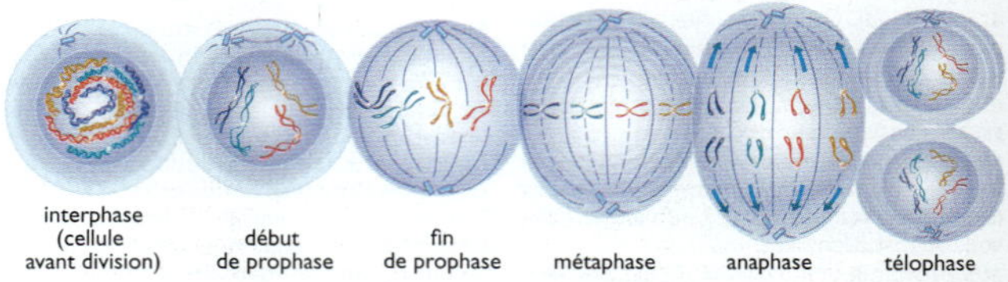

▲ **mitose.** Les phases de la mitose.

MIX n.m. Assemblage de différents morceaux de musique et/ou effets sonores réalisé par un DJ avec une fluidité rythmique et tonale.

MIXAGE n.m. (de l'angl. *to mix*, mélanger). ÉLECTROACOUST. Mélange de signaux sonores provenant d'enregistrements différents.

MIXER v.t. [3]. **1.** Broyer un aliment au mixeur. **2.** ÉLECTROACOUST. Procéder au mixage de.

MIXEUR ou **MIXER** [miksœr] **n.m.** (de l'angl. *to mix*, mélanger). Appareil électrique servant à broyer ou mélanger des denrées alimentaires.

MIXITÉ n.f. Caractère d'un groupe, d'une équipe, d'un établissement scolaire comprenant des personnes des deux sexes. ▪ **Mixité sociale,** cohabitation, dans une zone géographique ou une collectivité donnée, d'individus ayant des origines ethniques, sociales, culturelles différentes.

MIXOLOGIE n.f. (angl. *mixology*, de *to mix*, mélanger). Art de confectionner des cocktails et, spécial., de créer ou d'adapter des recettes, par des assemblages de boissons complexes et originaux.

MIXTE adj. (lat. *mixtus*, de *miscere*, mélanger). **1.** Formé d'éléments de nature, d'origine différentes : *Commission mixte.* **2.** Qui comprend des personnes des deux sexes : *Établissement, classe mixtes.* ▪ **Mariage mixte,** entre deux personnes de nationalité, d'ethnie ou de religion différentes. ▪ **Produit mixte de trois vecteurs** [math.], produit scalaire du premier par le produit vectoriel des deux autres.

MIXTION [mikstjɔ̃] **n.f.** (lat. *mixtio*). PHARM. Action de mélanger des substances dans un liquide pour la composition d'un médicament.

✎ À distinguer de ***miction.***

MIXTURE n.f. **1.** Mélange de plusieurs substances (solutions alcooliques, médicaments, etc.). **2.** Mélange quelconque dont le goût est désagréable.

MJC ou **M.J.C.** n.f. (sigle de *maison des jeunes et de la culture*). Établissement destiné à favoriser la diffusion et la pratique des activités culturelles les plus diverses, notamm. chez les jeunes.

MKSA ou **M.K.S.A.** abrév. Ancien système d'unités, à l'origine du SI, et dans lequel les unités fondamentales étaient le mètre, le kilogramme, la seconde et l'ampère.

MMPI n.m. (sigle de l'angl. *Minnesota multiphasic personality inventory*). PSYCHOL. Questionnaire destiné à explorer plusieurs traits de la personnalité.

MMS n.m. (sigle de l'angl. *multimedia messaging service*). Message multimédia envoyé et reçu sur un téléphone mobile.

MNÉMONIQUE adj. (gr. *mnêmonikos*). Relatif à la mémoire (SYN. **mnésique**).

MNÉMOTECHNIQUE adj. (du gr. *mnêmê*, mémoire, et *tekhnê*, art). Se dit d'un procédé qui facilite la fixation des souvenirs par des associations mentales.

MNÉSIQUE adj. Mnémonique.

MOA n.m. (mot de Nouvelle-Zélande). Oiseau aptère de Nouvelle-Zélande, voisin de l'autruche, tel que le moa géant, ou dinornis, d'une hauteur de 3,50 m pour un poids de 250 kg env. ➲ Les 25 espèces de moas se sont éteintes entre le XVIe et le XIXe s. ; sous-classe des ratites.

MOABITE adj. et n. Du pays de Moab ; de ses habitants.

MOAI n.m. Statue géante de l'île de Pâques.

MOB n.f. (abrév.). Fam. Mobylette.

MOBBING [mɔbiŋ] **n.m.** (faux anglic.). Suisse. Harcèlement psychologique, partic. sur le lieu de travail.

MOBICARTE n.f. (nom déposé). Moyen de paiement sans abonnement pour téléphone mobile.

1. MOBILE adj. (lat. *mobilis*, de *movere*, mouvoir). **1.** Que l'on peut changer de position ou enlever : *Calendrier à feuillets mobiles. Cloison mobile.* **2.** Qui est amené à se déplacer ou qui est prêt à changer d'activité : *Une main-d'œuvre mobile.* **3.** Se dit de troupes qui peuvent se déplacer rapidement. **4.** Qui est animé d'un mouvement constant : *La surface mobile des eaux. Une physionomie très mobile.* **5.** AUDIOVIS., INFORM., TÉLÉCOMM. Nomade : *Informatique, téléphonie mobile.* ▪ **Caractère mobile** [imprim.], élément d'un ensemble de caractères typographiques fondus séparément. ▪ **Fêtes mobiles,** fêtes chrétiennes dont la date varie en fonction de la date de Pâques. ▪ **Garde nationale mobile** [hist.], formation militaire organisée de 1868 à 1871 avec les jeunes gens qui n'étaient pas appelés au service militaire. ▪ **Garde républicaine mobile** [anc.], gendarmerie mobile.

2. MOBILE n.m. **1.** Corps ou point en mouvement : *La vitesse d'un mobile.* **2.** Œuvre d'art constituée d'un ensemble d'éléments reliés par des tiges articulées, suspendue ou en équilibre sur un support, et susceptible de mouvement sous l'action de l'air, d'un moteur. ➲ Les premiers mobiles ont été conçus par A. Calder. **3.** Motif conscient ou inconscient qui pousse qqn à agir de telle ou telle façon : *L'argent est un puissant mobile chez lui.* **4.** Raison qui conduit une personne à commettre une infraction : *Le mobile d'un crime.* **5.** Téléphone mobile (SYN. [vieilli] **radiotéléphone**). **6.** HIST. Soldat de la Garde nationale mobile*.

MOBILE HOME [mɔbilom] **n.m.** (pl. *mobile homes*) [mot anglo-amér.]. Caravane de très grande dimension, aux normes de la construction, immobilisée sur des plots et destinée à l'habitation principale. Recomm. off. **maison mobile.**

MOBIL-HOME [mɔbilom] **n.m.** (pl. *mobil-homes*) [mot anglo-amér.]. Caravane de grande dimension, hors gabarit routier, destinée à une occupation temporaire de loisirs, et conservant ses moyens de mobilité. Recomm. off. **résidence mobile.**

1. MOBILIER, ÈRE adj. DR. Relatif aux biens meubles : *Valeurs mobilières.* ▪ **Art mobilier** [préhist.], ensemble des petits objets d'art.

2. MOBILIER n.m. **1.** Ensemble des meubles destinés à l'usage personnel et à l'aménagement d'une habitation. **2.** Ensemble des meubles et objets d'équipement destinés à un usage particulier : *Mobilier de jardin.* **3.** DR. Ensemble des biens meubles qui dépendent d'un patrimoine. ▪ **Mobilier national,** meubles meublants appartenant à l'État. ▪ **Mobilier urbain,** ensemble des équipements installés au bénéfice des usagers sur la voie publique et dans les lieux publics.

MOBILISABLE adj. MIL. Qui peut être mobilisé.

MOBILISATEUR, TRICE adj. Qui mobilise, incite à agir : *Un discours mobilisateur.* ▪ **Centre mobilisateur** [anc.], organisme de l'armée chargé de la mobilisation à l'époque de la conscription.

MOBILISATION n.f. **1.** Action de mobiliser des troupes. **2.** Action de mobiliser qqn ; fait de se mobiliser : *La mobilisation des salariés.*

MOBILISER v.t. [3]. **1.** MIL. Prendre toutes les mesures nécessaires pour que les forces militaires d'un pays puissent assurer sa défense ; adapter la structure de son économie et de son administration aux nécessités du temps de guerre. **2.** Faire appel à l'action de qqn, d'un groupe : *Le syndicat a mobilisé ses troupes.* **3.** Être d'un intérêt suffisant pour faire agir qqn, un groupe : *Cette élection a mobilisé les citoyens.* **4.** Mettre en jeu des forces, les réunir en vue d'une action : *Mobiliser les énergies.* **5.** BANQUE. Céder à terme une créance moyennant un prix donné. **6.** DR. Ameublir. **7.** MÉD. Mettre en mouvement des articulations pour en rétablir la souplesse, en parlant d'un kinésithérapeute ; faire déambuler un malade. ◆ **SE MOBILISER** v.pr. Rassembler toute son énergie pour l'accomplissement de qqch.

MOBILITÉ n.f. (lat. *mobilitas*). **1.** Facilité à se mouvoir, à être mis en mouvement, à changer, à se déplacer : *Personne à mobilité réduite.* **2.** Caractère de ce qui est variable, fluctuant, instable : *Mobilité des traits du visage, de l'humeur.* ▪ **Mobilité de la main-d'œuvre,** pour les salariés, passage d'une région d'emploi à une autre ; changement de profession, de qualification. ▪ **Mobilité sociale,** changement de position sociale, professionnelle d'un individu, d'un groupe ; situation caractérisée par ce changement.

MOBINAUTE n. Personne qui utilise un appareil mobile (téléphone, assistant personnel) pour accéder à Internet.

MÖBIUS [møbjys] **(RUBAN DE)** n.m. (de A. F. *Möbius*, n.pr.). Surface qui ne possède qu'une seule face et qu'un seul bord.

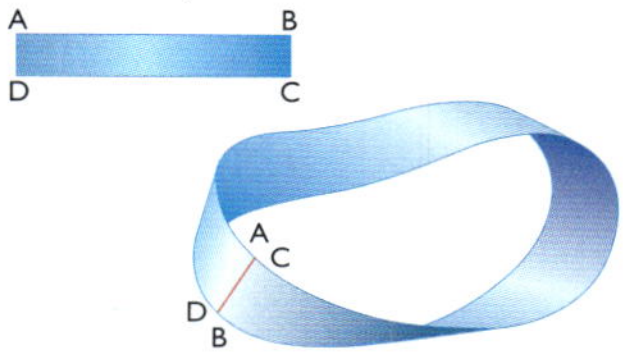

▲ **Möbius.** Ruban de Möbius.

MOBLOT n.m. (de 2. *mobile*). Fam., vx. Soldat de la Garde nationale mobile.

MOBYLETTE n.f. (nom déposé). Cyclomoteur de la marque de ce nom. Abrév. (fam.) **mob.**

MOCASSIN n.m. (algonquien *mockasin*). **1.** Chaussure des Indiens de l'Amérique du Nord, en peau de chevreuil ou d'orignal mégie ou non. **2.** Chaussure basse, souple et sans lacets. **3.** Serpent américain, venimeux, voisin des crotales mais dépourvu de « sonnette » caudale, dont une espèce a des mœurs aquatiques. ➲ Famille des vipéridés.

MOCHE adj. (de *amocher*). Fam. **1.** Physiquement ou moralement laid. **2.** Se dit de qqch de désagréable ; pénible : *Mourir comme ça, c'est moche.*

MOCHETÉ n.f. Fam. Personne ou chose laide.

MODAL, E, AUX adj. **1.** GRAMM. Qui se rapporte aux modes du verbe. **2.** MUS. Se dit d'une musique utilisant d'autres modes que le majeur et le mineur. **3.** PHILOS. Relatif aux modes de la substance. ▪ **Logique modale,** qui prend en compte la modalité des propositions.

MODALISATION n.f. LING. Ensemble des moyens linguistiques traduisant la relation entre le locuteur et son énoncé (ex. : les adverbes *peut-être, certainement*, etc., les niveaux de langue, les déictiques).

MODALITÉ n.f. **1.** Condition, particularité qui accompagne un fait, un acte juridique : *Quelles sont les modalités de paiement ?* **2.** MUS. Échelle modale d'un morceau, par oppos. à la *tonalité.* **3.** PHILOS., LOG. Façon dont un jugement affirme le mode d'existence de son objet (possible ou impossible, réel ou non réel, nécessaire ou contingent).

1. MODE n.f. (du lat. *modus*, manière). **1.** Manière passagère d'agir, de vivre, de penser, etc., liée à un milieu, à une époque déterminés : *La mode des trottinettes.* **2.** Manière particulière de s'habiller conformément au goût d'une certaine société : *Suivre la mode.* **3.** Industrie de la haute couture, du prêt-à-porter, et de leurs accessoires. (*V. planche page suivante.*) ▪ **À la mode,** vêtu suivant le goût du moment : *Elle est toujours à la (dernière) mode* ; en vogue : *Un chanteur à la mode.* ▪ **À la mode de,** à la manière de. ▪ **À la mode de Bretagne,** se dit de parents (cousin, oncle, etc.) qui ont entre eux un lien de descendance directe par rapport à des cousins germains ; se dit de personnes ayant un lien de parenté éloigné. ◆ **adj. inv.** Qui est au goût du jour : *Des couleurs très mode.* ▪ **Bœuf mode** [cuis.], piqué de lard et cuit avec des carottes et des oignons.

2. MODE n.m. (du lat. *modus*, manière). **1.** Manière générale dont un phénomène se présente, dont une action se fait ; méthode : *Mode de vie. Mode d'emploi.* **2.** GRAMM. Manière dont le verbe exprime l'état ou l'action. ➲ En français, il y a six modes : quatre personnels (l'*indicatif*, le *subjonctif*, le *conditionnel* et l'*impératif*) et deux impersonnels (l'*infinitif* et le *participe*). **3.** État particulier de fonctionnement d'un système informatique, électronique, etc., déterminé par l'usage que l'on veut en faire : *Ordinateur en mode réseau, local, veille.* **4.** MUS. Suite de notes caractérisée par un nombre déterminé d'intervalles dans le cadre de l'octave : *Mode majeur, mineur.* **5.** PHILOS. Détermination d'une substance, dans la philosophie de Spinoza en partic. **6.** MATH. Valeur d'un caractère quantitatif discret ayant la fréquence la plus élevée ; centre d'une classe présentant la fréquence la plus élevée. ▪ **En mode** (+ adj. ou n.), indique ce que la situation, les circonstances

Panorama d'un siècle de mode

Au début du XXᵉ siècle, le vêtement accède à une nouvelle dimension, celle d'une création artistique qui se doit d'être sans cesse renouvelée. Contrairement au costume, reflet du rang social (voir planche *costumes civils*), la mode et la haute couture mélangent les genres, bousculent les codes, dans un univers de luxe, de rêve et d'élégance.

Les précurseurs de la révolution vestimentaire. Au début du XXᵉ siècle, l'invention de la haute couture, des mannequins vivants et des défilés bouleverse la mode. Couturier phare de la Belle Époque, **Paul Poiret** s'inspire des kimonos japonais et amorce la libération du corset. Il crée l'événement avec ses fêtes somptueuses, s'entoure d'artistes, griffe un parfum… des formules incontournables aujourd'hui.

Robes de Paul Poiret en 1908 (dessin de Paul Iribe [1883-1935])

La mode en 1900. Jusqu'à la fin du XIXᵉ siècle, les tenues féminines avec leurs corsets, jupons, crinoline et manches gigot sont de véritables carcans, qui imposent au corps un profil en S, reins cambrés, taille comprimée et poitrine en avant.

Jeanne Lanvin (1867-1946) fonde sa maison de couture en 1889, la plus ancienne encore en activité. La sobriété, le luxe et l'élégance distinguent ses créations, qui rayonnent durant toutes les années 1920.

Croquis de Jeanne Lanvin (gouache du modèle « Rita la Cavallini » de 1925)

La mode des années 1920. Au cours des Années folles, un vent d'émancipation féminine souffle sur la mode. Les premiers pantalons pour femme voient le jour, les jupes raccourcissent, les cheveux coupés à la garçonne sont, lors des sorties, cachés sous un chapeau aux formes Art déco.

Les drapés antiques de Madame Grès. Autodidacte, Madame Grès trouve son inspiration dans les musées pour créer des robes de style antique caractérisées par des drapés et des lignes pures qu'elle sculpte, sans croquis, à même le corps de ses modèles (ici, une publicité de 1952).

Le « new-look » de Christian Dior. Au lendemain de la Seconde Guerre mondiale, Christian Dior (ici, lors d'un essayage en 1948) amorce une nouvelle révolution avec sa collection « new-look » : en 1947, ses robes en forme de corolle sont des écrins pour une nouvelle féminité. L'inventeur de la robe de cocktail, symbole de l'élégance des années 1950, devient le maître de la haute couture… « entre Dieu et or », selon Cocteau.

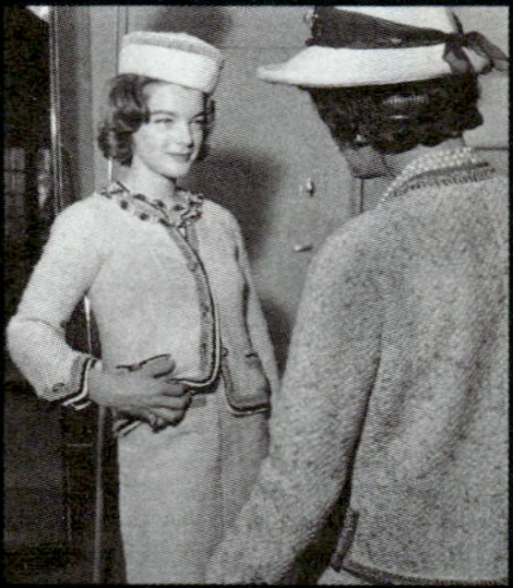

Le tailleur CHANEL. Par sa vie libre et son élégance totale, **Gabrielle Chanel**, dite « Coco », a marqué de son empreinte la mode du XXᵉ siècle. Sa « petite robe noire » de 1926 reste indémodable. En 1954, en réaction au « new-look » de Dior, elle propose un tailleur moderne, chic et pratique, pour la journée comme pour le soir. Portée ici par Romy Schneider en 1960, cette tenue est devenue un classique, revisité notamment dans les années 1980 par Karl Lagerfeld, nouveau directeur artistique de CHANEL.

Créer la mode. Chaque année, les nouvelles collections printemps/été et automne/hiver sont présentées lors des « semaines de la mode » (*fashion weeks*). Contrairement au prêt-à-porter, qui suit les nouvelles tendances, la haute couture se doit d'être innovante et joue un rôle d'avant-garde. Les créateurs élaborent des croquis, simples ou techniques, sur lesquels figurent des échantillons de tissus, broderies, imprimés, boutons et autres accessoires (ici, un croquis de Pierre Balmain [1914-1982], vers 1960). Les créations sont ensuite réalisées dans des ateliers où s'affairent parfois des centaines de professionnels, notamment des couturières émérites.

Le smoking d'Yves Saint Laurent. Bras droit de Dior, le « petit prince de la haute couture » fonde sa maison en 1962. Grand amateur d'art, Saint Laurent s'inspire du pop art, de Mondrian, et bouscule les codes vestimentaires en féminisant des vêtements d'homme comme le trench-coat ou le caban et, surtout, le smoking, présenté en 1966 et devenu depuis le symbole de l'émancipation féminine (ici, lors d'un défilé en 2002).

Les robes de métal de Paco Rabanne. En 1966, avec l'emploi de nouvelles matières et une inspiration résolument futuriste, le premier défilé de Paco Rabanne, « Douze robes importables en matériaux contemporains », devient une performance artistique. Ces robes de métal – ici un modèle porté par Anny Duperey, en 1970 – sont toujours légendaires.

Jean-Paul Gaultier, la mode pop. Dans les années 1980, Jean-Paul Gaultier est sur tous les fronts : défilés, costumes de scène, de clips et de cinéma. Il détourne et assemble les vêtements les plus improbables : blouson de cuir sur tutu, jupes pour homme, marinières revisitées (ici, en 2003) et un célèbre corset à bonnets coniques porté par la chanteuse Madonna.

Pierre Cardin, l'avant-garde pour tous. Dès 1954, la robe-bulle de Pierre Cardin donne le ton, celui de la modernité : costume Mao, look cosmonaute, cerceaux, matériaux synthétiques et inspiration géométrique (ici, en 1991) dynamitent les règles. Homme d'affaires invétéré, Cardin multiplie les franchises de prêt-à-porter dans le monde entier et des millions d'hommes porteront ses costumes.

Christian Lacroix, le métissage méticuleux. Couleurs chatoyantes, broderies raffinées, perles, dentelles et chapeaux de paille ornés de bijoux... Christian Lacroix s'inspire de la Provence, de l'Espagne ou de Byzance pour des créations baroques et ensoleillées (ici, en 2006).

Un défilé de Jean-Charles de Castelbajac en 2012. Aujourd'hui, les défilés de mode et de haute couture sont des événements planétaires qui attirent les médias du monde entier. L'innovation et la créativité sont toujours au rendez-vous (ici, les célèbres détournements de Castelbajac) dans un secteur du luxe en pleine croissance.

demandent : *La ministre est passée en mode silencieux. Aujourd'hui, je suis en mode décontraction.* ▪ **Mode opératoire,** façon de faire ; manière habituelle d'agir.

MODELAGE n.m. Action de modeler un objet, une figure ; la chose modelée.

MODÈLE n.m. (ital. *modello*). **1.** Ce qui est donné pour servir de référence, de type : *Un modèle de lettre.* **2.** Ce qui est donné, ou choisi, pour être reproduit : *Tu avais un modèle pour dessiner cela ?* **3.** Personne ou objet qui représentent idéalement une catégorie, un ordre, une qualité, etc. : *Un modèle de courage.* **4.** Personne qui pose pour un photographe, un peintre, un sculpteur, etc. **5.** Objet type conçu pour être reproduit en série. **6.** Modelage en terre, en cire, en plâtre, etc., constituant le prototype d'une sculpture. **7.** MÉTALL. Pièce en bois, en métal, en matière plastique, en cire, ayant, au retrait près, la même forme que les pièces à mouler et destinée à la réalisation des moules de fonderie. **8.** PHILOS. Structure formalisée utilisée pour rendre compte d'un ensemble de phénomènes qui possèdent entre eux certaines relations. **9.** Représentation schématique d'un processus, d'une démarche raisonnée : *Modèle linguistique.* ▪ **Modèle économique,** représentation simplifiée d'une économie nationale montrant les relations les plus significatives entre ses éléments fondamentaux (entre le revenu et la consommation, par ex.). ▪ **Modèle mathématique,** représentation mathématique d'un phénomène physique, économique, humain, etc., réalisée afin de pouvoir mieux étudier celui-ci. ▪ **Modèle réduit,** reproduction à petite échelle d'une machine, d'un véhicule, d'un navire, etc. ▪ **Modèle standard** [phys.], théorie décrivant l'ensemble des particules élémentaires de la matière (électrons, quarks, bosons, etc.) et les interactions fondamentales (forte, faible, et électromagnétique) qui s'exercent entre elles. ◆ **adj.** (Seulem. épithète). Parfait en son genre : *Un couple modèle. Des fermes modèles.*

MODELÉ n.m. **1.** Relief des formes, en sculpture, en peinture, etc. : *Corps au modelé accusé.* **2.** GÉOMORPH. Aspect de détail que l'érosion donne au relief : *Modelé glaciaire, désertique, karstique.*

MODELER v.t. **[12]** (de *modèle*). **1.** Pétrir un matériau plastique (terre, cire, etc.) pour obtenir une forme : *Modeler un buste en argile.* **2.** Donner une forme, un relief particuliers à : *La mer modèle le contour de la falaise.* **3.** Fig. Fixer d'après un modèle : *Il modèle sa conduite sur celle de ses aînés.* ◆ **SE MODELER** v.pr. (SUR). Régler sa conduite sur qqn, qqch.

MODELEUR, EUSE n. **1.** Artiste qui exécute des sculptures ou des modèles de sculptures en terre, en plâtre, etc. **2.** MÉTALL. Personne qui fait des modèles pour le moulage des pièces coulées.

MODÉLISATION n.f. Établissement des modèles, notamm. ceux utilisés en automatique, en informatique, en recherche opérationnelle et en économie.

MODÉLISER v.t. **[3].** Procéder à la modélisation de.

MODÉLISME n.m. Activité de loisirs consistant à construire des modèles réduits (SYN. **maquettisme**).

MODÉLISTE n. **1.** Personne qui exécute des dessins de mode. **2.** Personne qui fait du modélisme.

MODEM [mɔdɛm] n.m. (contraction de *modulateur-démodulateur*). Appareil électronique utilisé en télécommunication et en transmission de données, qui assure la modulation des signaux émis et la démodulation des signaux reçus. ➲ Il permet notamm. l'échange d'informations entre des ordinateurs par le réseau téléphonique.

MODÉNATURE n.f. (ital. *modanatura*). ARCHIT. Traitement ornemental de certains éléments structurels d'une construction, pour en exprimer la plastique.

1. MODÉRATEUR, TRICE n. (lat. *moderator*). **1.** Personne qui tend à limiter les excès, à atténuer les conflits. **2.** Personne responsable du contrôle et du tri des messages, dans un forum de discussion sur Internet. ◆ **adj.** Qui modère, tempère ce qui est excessif : *Rôle modérateur.* ▪ **Ticket modérateur,** quote-part du coût des soins que l'assurance-maladie laisse, en France, à la charge de l'assuré.

2. MODÉRATEUR n.m. NUCL. Substance (eau ordinaire, eau lourde, graphite) qui diminue la vitesse des neutrons résultant d'une fission nucléaire et permet une réaction en chaîne.

MODÉRATION n.f. **1.** Caractère de qqn qui fait preuve de pondération, de mesure dans sa conduite : *Sa modération en a surpris plus d'un. Attitude pleine de modération.* **2.** Action de limiter, de modérer qqch, de ralentir un mouvement : *Boire avec modération. Modération salariale.* ▪ **Engagement de modération,** accord aux termes duquel les entreprises conviennent avec les pouvoirs publics de ne pas dépasser un certain pourcentage de hausse de prix.

MODERATO [mɔderato], ▲ ***MODÉRATO*** adv. (mot ital.). MUS. Selon un tempo modéré. ◆ **n.m.** Passage exécuté moderato.

MODÉRÉ, E adj. **1.** Qui n'est pas exagéré, excessif : *Un loyer modéré.* **2.** Éloigné de tout excès : *Être modéré dans ses propos.* ◆ **adj.** et **n.** Partisan d'une politique éloignée des solutions extrêmes.

MODÉRÉMENT adv. Avec modération.

MODÉRER v.t. **[11],** ▲ *[11*]* (lat. *moderari*, de *modus*, mesure). Diminuer la force, l'intensité de : *Modérer sa joie, ses dépenses.* ◆ **SE MODÉRER** v.pr. S'écarter de tout excès ; se contenir : *Apprendre à se modérer.*

MODERN DANCE [mɔdɛrndɑ̃s] n.f. (pl. *modern dances*) [mots anglo-amér.]. Courant américain de la danse* moderne.

➲ Héritière des conceptions de la « danse libre » d'Isadora Duncan et des théories de François Delsarte sur le mouvement, la **MODERN DANCE** propose de nouveaux langages gestuels, qui sont avant tout l'expression de sentiments intérieurs. Les pionniers en furent Ruth Saint Denis et Ted Shawn, puis, dans les années 1930, les grandes figures en furent Martha Graham, Doris Humphrey et Lester Horton. Par la suite, ce courant n'a pas cessé d'évoluer grâce à de nouvelles recherches, aux contacts avec la danse moderne européenne et à des remises en question parfois radicales.

1. MODERNE adj. (bas lat. *modernus*, du class. *modo*, récemment). **1.** Qui appartient au temps présent ou à une époque relativement récente : *Société moderne. Appartement moderne.* **2.** Qui bénéficie des progrès les plus récents : *Équipement hospitalier très moderne.* **3.** Qui est fait selon les techniques et le goût contemporains (par oppos. à *ancien*) : *Mobilier moderne.* **4.** Qui s'adapte à l'évolution des mœurs : *Avoir des idées modernes.* **5.** Qui a pour objet l'étude des langues et littératures vivantes (par oppos. à *classique*). **6.** Qui est conforme à l'usage actuel d'une langue (par oppos. à *vieux, vieilli, classique*). ▪ **Histoire moderne,** celle qui concerne la période qui va de la chute de Constantinople (1453) à la fin du XVIIIe s. (partic., à 1789 pour la France). ▪ **Mouvement moderne** [archit.], architecture fonctionnelle, aux formes orthogonales, sans ornements, créée par Le Corbusier, Gropius, Mies van der Rohe, les architectes du groupe De Stijl, etc., et qui s'est répandue dans de nombreux pays au cours des années 1925-1935 (SYN. **style international***).

2. MODERNE n.m. **1.** Ce qui est moderne. **2.** Écrivain, artiste de l'époque contemporaine.

MODERNISATEUR, TRICE adj. et **n.** Qui modernise.

MODERNISATION n.f. Action de moderniser.

MODERNISER v.t. **[3].** Donner une forme plus moderne, adaptée aux techniques présentes ; rajeunir ; rénover : *Moderniser des locaux, les programmes scolaires.* ◆ **SE MODERNISER** v.pr. Se conformer aux usages modernes ; se transformer pour s'y adapter.

MODERNISME n.m. **1.** Goût, recherche de ce qui est moderne. **2.** Mouvement littéraire hispano-américain de la fin du XIXe s., qui a subi l'influence du Parnasse et du symbolisme français. **3.** Mouvement littéraire et artistique brésilien, né à Sao Paulo en 1922, et qui cherche ses thèmes dans la nature et la culture nationale. **4.** CATH. Ensemble de doctrines et de tendances qui ont pour objet commun de renouveler l'exégèse, la doctrine et le gouvernement de l'Église pour les mettre en accord avec les données de la critique historique moderne, et avec les nécessités de l'époque où l'on vit.

MODERNISTE adj. et **n. 1.** Qui a le goût de ce qui est moderne ; partisan du moderne. **2.** Qui relève du modernisme.

MODERNITÉ n.f. **1.** Caractère de ce qui est moderne. **2.** Les temps modernes (période ouverte par la révolution industrielle), par oppos. à la *postmodernité.*

MODERN STYLE n.m. inv. et **adj. inv.** (mots angl.). Art nouveau.

MODESTE adj. (lat. *modestus*, de *modus*, mesure). **1.** Qui manifeste de la modestie : *Être modeste dans ses ambitions. Un air modeste.* **2.** D'une grande simplicité : *Un train de vie modeste. Un modeste repas.* **3.** De peu d'importance : *Un salaire modeste.*

MODESTEMENT adv. **1.** De façon modeste : *Vivre modestement.* **2.** Avec modestie, retenue.

MODESTIE n.f. **1.** Qualité d'une personne modérée dans l'appréciation qu'elle a d'elle-même. **2.** Vx. Pièce de tissu placée dans l'échancrure d'un haut de vêtement féminin pour atténuer un décolleté trop profond.

MODEUX, EUSE adj. et **n.** Fam. Qui travaille dans la mode (styliste, journaliste) ou est toujours à la dernière mode.

MODICITÉ n.f. (du bas lat. *modicitas*, faibles moyens). Caractère de ce qui est modique : *La modicité d'un revenu.*

MODIFIABLE adj. Qui peut être modifié.

MODIFICATEUR, TRICE adj. Propre à modifier.

MODIFICATIF, IVE adj. Qui modifie : *Texte modificatif.*

MODIFICATION n.f. Action de modifier ; son résultat : *Modification des méthodes de travail.*

MODIFIER v.t. **[5]** (lat. *modificare*). **1.** Changer qqch sans en altérer la nature : *Nous devons modifier nos plans.* **2.** GRAMM. En parlant d'un adverbe, déterminer ou préciser le sens d'un verbe, d'un adjectif ou d'un autre adverbe. ◆ **SE MODIFIER** v.pr. Se transformer.

MODILLON n.m. (ital. *modiglione*). ARCHIT. Ornement saillant répété de proche en proche sous une corniche, comme s'il la soutenait.

MODIQUE adj. (lat. *modicus*, de *modus*, mesure). De peu d'importance ; de faible valeur : *Un prix modique.*

MODIQUEMENT adv. De façon modique.

MODISTE n. Personne qui confectionne ou vend des chapeaux de femme.

MODULABLE adj. Qui peut être modulé.

MODULAIRE adj. **1.** Qui est constitué d'un ensemble de modules : *Bibliothèque modulaire.* **2.** Qui se conforme à un système dimensionnel ayant un module pour unité de base.

MODULANT, E adj. Qui module.

MODULARITÉ n.f. Caractère d'un espace, d'un système modulaire.

MODULATEUR, TRICE adj. Qui produit une modulation. ◆ **n.m.** TECHN. Dispositif réalisant l'opération de modulation.

MODULATION n.f. (du lat. *modulatio*, action de mesurer). **1.** Chacun des changements de ton, d'accent, d'intensité dans l'émission d'un son, en partic. dans l'inflexion de la voix. **2.** Modification de qqch selon certains critères ou certaines circonstances ; adaptation : *Modulation des horaires.* **3.** MUS. Action de moduler au cours d'un morceau. **4.** PEINT. Procédé, utilisé partic. par Cézanne, qui substitue les rapports de couleurs (chaudes, froides...) au modelé par l'ombre et la lumière pour suggérer volumes et profondeur. **5.** PHYS. Variation dans le temps d'une caractéristique d'un phénomène (amplitude, fréquence, etc.) en fonction des valeurs d'une caractéristique d'un autre phénomène. **6.** TECHN. Processus par lequel une grandeur (amplitude, fréquence, etc.) caractéristique d'une oscillation, appelée *porteuse*, est astreinte à suivre les variations d'un signal, dit *signal modulant.* ▪ **Modulation d'amplitude** [techn.], modulation par laquelle on astreint l'amplitude de la porteuse à varier proportionnellement aux valeurs instantanées du signal modulant. ▪ **Modulation**

de fréquence [techn.], modulation par laquelle on astreint la fréquence de la porteuse à varier proportionnellement aux valeurs instantanées du signal modulant ; bande de fréquences dans laquelle sont diffusées des émissions de radio selon ce procédé. ▪ **Modulation d'impulsion** [techn.], modulation faisant varier certaines caractéristiques d'impulsions qui, en l'absence de modulation, se suivent, identiques entre elles, à intervalles réguliers.

MODULE n.m. (du lat. *modulus*, mesure). **1.** Unité fonctionnelle susceptible d'être utilisée conjointement à d'autres éléments de même nature : *Un meuble constitué de trois modules.* **2.** Dans un programme éducatif, unité d'enseignement qu'un étudiant, un élève combine à d'autres, afin de personnaliser sa formation. **3.** Dans l'architecture antique et classique, commune mesure conventionnelle d'une ordonnance, correspondant génér. au demi-diamètre du fût de la colonne dans sa partie basse. **4.** TECHN. Unité de coordination modulaire permettant l'emploi d'éléments standardisés industriels. **5.** ASTRONAUT. Partie d'un véhicule spatial constituant une unité à la fois structurelle et fonctionnelle. **6.** HYDROL. Débit moyen annuel d'un cours d'eau. ➲ Le *module absolu* est donné en mètres cubes par seconde ; ex. : Seine, 500 m^3/s ; Amazone, 200 000 m^3/s. **7.** NUMISM. Diamètre d'une monnaie, d'une médaille. ▪ **Module d'un nombre complexe** $z = a + ib$ [math.], réel noté $|z|$, égal à $\sqrt{a^2+b^2}$. ▪ **Module sur un anneau commutatif A** [math.], groupe additif muni d'une loi de composition externe sur A satisfaisant aux mêmes axiomes que ceux des espaces vectoriels.

MODULER v.t. [3] (du lat. *modulari*, mesurer). **1.** Exécuter avec des inflexions variées : *Moduler une récitation.* **2.** Adapter d'une manière souple à des circonstances diverses : *Moduler les remboursements d'un prêt.* **3.** TECHN. Effectuer la modulation de. ◆ v.i. **1.** MUS. Passer d'une tonalité à une autre, au cours d'un morceau. **2.** PEINT. Rendre les variations de couleur, de lumière par des modulations.

MODULO adj. inv. MATH. ▪ **Congruence modulo** ***p***, relation d'équivalence entre deux nombres dont la différence est un multiple de *p*.

MODULOR n.m. (nom déposé). Système de proportions architecturales breveté en 1945 par Le Corbusier, et fondé sur le nombre d'or.

MODUS VIVENDI [mɔdysvivɛ̃di] n.m. inv. (mots lat. « manière de vivre »). **1.** DR. Accord permettant à deux parties en litige de s'accommoder d'une situation en réservant la solution du litige sur le fond. **2.** Accommodement, arrangement dans une relation, une manière de vivre : *Trouver un modus vivendi.*

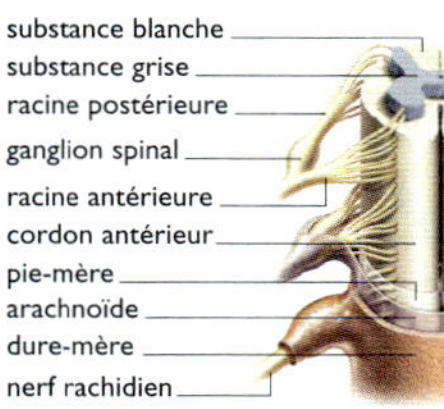

▲ **moelle.** La moelle épinière et les nerfs rachidiens.

MOELLE [mwal] n.f. (lat. *medulla*). **1.** BOT. Région axiale du cylindre central de la tige et de la racine, occupée génér. par les grosses cellules, non chlorophylliennes. **2.** Fig., litt. Partie essentielle de qqch ; quintessence : *La moelle d'une théorie.* ▪ **Jusqu'à la moelle (des os),** très profondément : *Être transi jusqu'à la moelle.* ▪ **Moelle épinière,** partie du système nerveux central située dans la colonne vertébrale, jouant un rôle de centre nerveux responsable de certains réflexes et de conduction des messages entre les nerfs qui lui sont rattachés et l'encéphale. ▪ **Moelle (osseuse),** substance molle contenue dans différents os. ➲ On distingue la *moelle rouge*, hématopoïétique, et la *moelle jaune*, contenant surtout de la graisse.

MOELLEUSEMENT [mwa-] adv. De façon confortable, agréable.

MOELLEUX, EUSE [mwa-] adj. **1.** Doux au toucher et comme élastique : *Un oreiller moelleux.* **2.** Agréable à goûter, à entendre : *Une voix moelleuse.* ▪ **Vin moelleux,** ni très doux ni très sec. ◆ n.m. Type de gâteau fondant à cœur : *Moelleux au chocolat.*

MOELLON [mwa-] n.m. (lat. pop. *mutulio*, corbeau). CONSTR. **1.** Pierre, non taillée ou grossièrement taillée, de petites dimensions. **2.** Région. (Sud-Est). Parpaing.

MOERE ou **MOËRE** [mwɛr] ou [mur] n.f. (du moy. néerl. *moer*, marais). En Flandre, polder.

MŒURS [mœr(s)] n.f. pl. (lat. *mores*). **1.** Coutumes et usages communs à une société, un peuple, une époque : *Les mœurs contemporaines.* **2.** ÉTHOL. Habitudes particulières à chaque espèce animale : *Les mœurs des fourmis.* **3.** Habitudes de vie personnelles : *Ils ont des mœurs libres.* **4.** Ensemble des principes, des règles morales régissant une société, en partic. sur le plan sexuel : *Police des mœurs* ; conduites individuelles considérées par rapport à ces règles : *Mœurs légères.*

MOFETTE n.f. (ital. *moffetta*, de *muffa*, moisissure). GÉOL. Fumerolle dont la température est inférieure à 100 °C, riche en eau et en gaz carbonique, et souvent située à proximité de sources thermales.

MOFLER v.t. [3] (du wallon *mofe*, moufle). Belgique. Arg. scol. Recaler à un examen.

MOGETTE ou **MOJETTE** n.f. Région. (Ouest). Haricot blanc sec.

MOHAIR [mɔɛr] n.m. et adj. (mot angl., de l'ar.). Poil de la chèvre angora, dont on fait des laines à tricoter ; étoffe faite avec cette laine.

MOHO n.m. (de A. *Mohorovičić*, n.pr.). GÉOL. Discontinuité définissant la transition entre la croûte et le manteau, caractérisée par une augmentation brutale de la vitesse des ondes sismiques longitudinales.

MOHS (ÉCHELLE DE) n.f. (du n. du géologue all. F. *Mohs*). MINÉRALOG. Échelle empirique de dureté permettant de classer les éléments non métalliques et minéraux par comparaison avec dix minéraux rangés par ordre de dureté croissante, du talc au diamant.

1. MOI pron. pers. (lat. *me*). Désigne la 1re pers. du sing. représentant celui, celle qui parle, en fonction de sujet pour renforcer *je*, comme complément après une préposition ou un impératif, ou comme attribut : *Et moi de rire. Moi, je veux bien y aller.* ▪ **À moi !,** au secours ! ▪ **De vous à moi** ou **entre vous et moi,** en confidence ; entre nous.

2. MOI n.m. inv. **1.** Ce qui constitue l'individualité, la personnalité du sujet. **2.** Personnalité qui s'affirme en excluant les autres : *Le moi est haïssable.* **3.** PHILOS. Sujet pensant, envisagé en tant qu'objet de sa propre pensée. **4.** PSYCHAN. Dans la deuxième topique freudienne, instance distinguée du ça et du surmoi, qui permet une défense de l'individu contre la réalité et contre les pulsions (SYN. **ego**). ▪ **Moi idéal** [psychan.], position du moi relevant de l'imaginaire ou du narcissisme infantile.

MOIE n.f. → **MOYE.**

MOIGNON n.m. (de l'anc. fr. *moing*, estropié). **1.** Extrémité restante d'un membre amputé, au-dessous de la dernière articulation (au-dessous du genou, par ex.). **2.** (Abusif en zoologie). Membre rudimentaire. **3.** Ce qui reste d'une grosse branche cassée ou coupée (SYN. **chicot**).

MOINDRE adj. (lat. *minor*). **1.** Plus petit en dimensions, en quantité, en intensité : *À moindre coût. Hauteur moindre.* **2.** (Avec l'art. déf.). Le plus petit ; le moins important ; le moins grand : *La moindre remarque le vexe.* **3.** Suisse. Fam. Maladif ; affaibli : *Il est tout moindre.* ▪ **Méthode des moindres carrés** [math.], méthode qui permet de trouver la moyenne la plus probable parmi les résultats de plusieurs observations.

MOINDREMENT adv. Litt. ▪ **Pas le moindrement,** pas du tout.

1. MOINE n.m. (lat. ecclés. *monachus*, du gr. *monakhos*, solitaire). CHRIST. Homme lié par des vœux religieux et menant une vie de prières, rythmée par les offices quotidiens, le plus souvent en communauté dans un monastère.

2. MOINE n.m. **1.** Phoque des mers chaudes et de la Méditerranée, à pelage gris tacheté. **2.** Grand vautour noir des plaines et des montagnes boisées de l'Europe méditerranéenne et orientale et d'Asie centrale. ➲ Famille des accipitridés. **3.** Anc. Récipient dans lequel on plaçait des braises pour chauffer un lit.

MOINEAU n.m. (de *moine*, d'apr. la couleur du plumage). **1.** Passereau originaire d'Eurasie, répandu dans le monde entier, abondant dans les villes (*moineau franc*) et dans les champs (*moineau friquet*). ➲ Cri : le moineau pépie. Famille des plocéidés. **2.** Fam., vieilli. Individu désagréable ou malhonnête : *Un sale moineau.* ▪ **Manger comme un moineau** [fam.], très peu. ▪ **Tête** ou **cervelle de moineau** [fam.], personne étourdie.

MOINE-SOLDAT n.m. (pl. *moines-soldats*). Militant inconditionnel d'une cause, d'un parti.

MOINILLON n.m. Fam. Jeune moine.

1. MOINS adv. (lat. *minus*). **1.** Indique une infériorité de qualité, de quantité, de prix : *Moins gentil. Moins d'ennuis. Moins cher.* **2.** Précédé de l'art. déf., sert de superlatif à l'adv. *peu* : *C'est la moins belle des plages.* ▪ **À moins,** pour un moindre prix ; pour un motif moins important. ▪ **À tout le moins** ou **pour le moins** ou **tout du moins,** en tout cas ; avant tout. ▪ **Au moins,** si ce n'est davantage : *Il y a au moins un an* ; de toute façon : *Tu pourrais au moins t'excuser.* ▪ **De moins en moins,** en diminuant graduellement : *Il entend de moins en moins.* ▪ **Du moins,** en tout cas : *C'est du moins ce qu'il m'a dit.* ▪ **N'être rien moins que,** être bel et bien : *Il n'est rien moins qu'un génie.* ▪ **Pas le moins du monde,** pas du tout. ◆ prép. Indique une soustraction : *9 moins 6 égale 3.* ◆ **À MOINS DE** loc. prép. **1.** Au-dessous de ; à un prix moindre que : *À moins de cent euros, j'achète.* **2.** (Suivi d'un inf.). Sauf si ; excepté si : *À moins d'être bête, il acceptera.* ◆ **À MOINS QUE** loc. conj. (Suivi du subj.). Sauf si : *À moins qu'il (ne) pleuve.*

2. MOINS n.m. Signe noté « – », utilisé pour représenter une soustraction ou pour l'écriture des nombres négatifs.

MOINS-DISANT, E n. et adj. (pl. *moins-disants, es*). DR. Soumissionnaire à un marché privé qui fait l'offre de prix la plus basse.

MOINS-PERÇU n.m. (pl. *moins-perçus*). DR. Ce qui est dû et n'a pas été perçu.

MOINS-QUE-RIEN n.inv. Personne sans intérêt, sans valeur : *Des moins-que-rien.*

MOINS-VALUE n.f. (pl. *moins-values*). **1.** Diminution de la valeur d'une ressource, d'un avoir (action, bien immobilier). **2.** Différence négative entre le prix de cession et le prix d'acquisition d'un bien ou d'un titre (CONTR. **plus-value**).

MOIRAGE n.m. Reflet chatoyant d'une étoffe moirée.

MOIRE n.f. (angl. *mohair*, de l'ar.). **1.** Étoffe à reflet changeant, obtenue en écrasant le grain du tissu avec une calandre spéciale ; ce reflet. **2.** Litt. Reflets changeants et chatoyants d'une surface, d'un objet.

MOIRÉ, E adj. Qui a les reflets de la moire. ◆ n.m. Effet de la moire : *Le moiré du satin.*

MOIRER v.t. [3]. Donner un aspect moiré à une étoffe.

MOIRURE n.f. Litt. Effet de moire.

MOIS n.m. (lat. *mensis*). **1.** Chacune des douze divisions de l'année civile. **2.** Espace de temps d'environ trente jours. **3.** Unité de travail et de salaire correspondant à un mois légal ; ce salaire lui-même : *Toucher un treizième mois.* **4.** Somme due pour un mois de location, de services, etc.

MOISE n.f. (du lat. *mensa*, table). CONSTR. Couple de deux pièces de charpente jumelles assemblées de façon à enserrer et à maintenir d'autres pièces ; chacune des pièces de ce couple.

MOÏSE [mɔiz] n.m. (de *Moïse*, n.pr.). Berceau en osier, portatif et capitonné.

MOISER v.t. [3]. CONSTR. Réunir à l'aide de moises.

MOISI, E adj. Attaqué par la moisissure. ◆ n.m. Partie moisie de qqch : *Jeter le moisi d'une confiture.*

MOISIR v.i. [21] (lat. *mucere*, de *mucus*, morve). **1.** Se couvrir de moisissure : *Les fruits ont moisi.* **2.** Fam. Rester, attendre longtemps au même endroit : *Je n'ai pas l'intention de moisir ici.* ◆ v.t. Couvrir de moisissure : *L'humidité moisit le pain.*

MOISISSURE n.f. **1.** Champignon dont on ne distingue que les filaments du mycélium, sous la forme d'un feutrage velouté, blanc ou coloré, d'odeur souvent caractéristique. ➲ Quelques moisissures sont parasites de végétaux (mildiou) ou d'animaux (muguet), mais la plupart sont saprophytes, pouvant gâter les aliments ou être utilisées pour la fabrication de fromages et d'antibiotiques (pénicillium). **2.** Altération de qqch sous l'effet de ces champignons ; partie moisie de qqch : *Enlever les moisissures d'une prune.*

MOISSINE n.f. **VITIC.** Fragment de sarment que l'on cueille avec la grappe et qui sert à la suspendre pour la conserver fraîche plus longtemps.

MOISSON n.f. (lat. *messionem*). **1.** Action de récolter les blés et d'autres céréales parvenus à maturité ; époque de cette récolte. **2.** Céréale récoltée : *Rentrer la moisson.* **3.** Fig. Grande quantité de choses amassées, recueillies : *Une moisson de médailles aux JO.*

MOISSONNAGE n.m. Action, manière de moissonner.

MOISSONNER v.t. [3]. **1.** Faire la moisson des céréales : *Moissonner l'orge.* **2.** Absol. Faire la moisson : *Commencer à moissonner.* **3.** Fig., litt. Recueillir, amasser en quantité : *Moissonner des informations.*

MOISSONNEUR, EUSE n. Personne qui fait la moisson.

MOISSONNEUSE n.f. Machine utilisée pour la moisson.

MOISSONNEUSE-BATTEUSE n.f. (pl. *moissonneuses-batteuses*). Machine servant à récolter les plantes à graines, notamm. les céréales, qui coupe, bat, trie et nettoie les grains.

MOISSONNEUSE-LIEUSE n.f. (pl. *moissonneuses-lieuses*). Machine qui coupe les céréales et les lie en gerbes.

MOITE adj. (du lat. pop. *muscidus*, moisi). **1.** Légèrement humide sous l'effet de la transpiration : *Front moite.* **2.** Imprégné, chargé d'humidité : *Vêtements moites. Chaleur moite.*

MOITEUR n.f. **1.** Légère humidité de la peau. **2.** État de ce qui est moite, humide : *La moiteur de l'air.*

MOITIÉ n.f. (lat. *medietas*). **1.** Chacune des parties égales d'un tout divisé en deux : *Dix est la moitié de vingt.* **2.** Une des deux parties à peu près égales d'un espace, d'une durée, d'une action : *On a fait la moitié du trajet. Il vit à l'étranger la moitié de l'année.* **3.** Fam. Épouse. ▪ **À moitié**, à demi ; en partie. ▪ **À moitié chemin**, au milieu de la distance à parcourir ; avant d'avoir achevé une action entreprise. ▪ **(À) moitié prix**, pour la moitié du prix ordinaire. ▪ **De moitié**, dans la proportion de un sur deux. ▪ **Être** ou **se mettre de moitié**, participer à égalité avec qqn aux risques et aux résultats d'une entreprise. ▪ **Être pour moitié dans qqch**, en être responsable pour une part. ▪ **Moitié…, moitié…**, en partie…, en partie… : *Tissu moitié lin, moitié coton.*

MOITIÉ-MOITIÉ adv. **1.** À parts égales : *Partager moitié-moitié.* **2.** Fam. Ni bien ni mal : « *Le film était bien ? – Moitié-moitié* ».

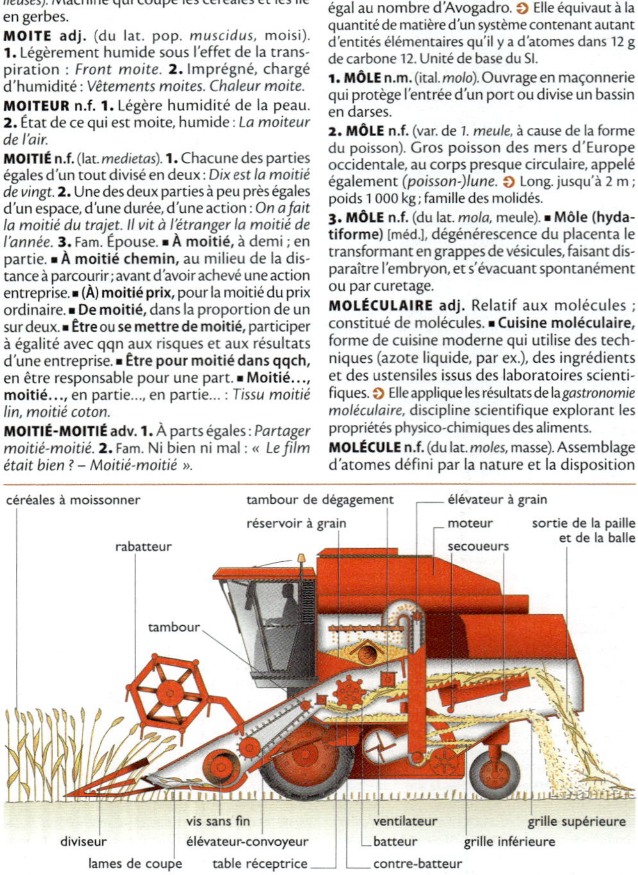

▲ moissonneuse-batteuse

MOITIR v.t. [21]. Vx. Rendre moite.

MOJETTE n.f. → **MOGETTE.**

MOJITO [mɔxito] n.m. Cocktail à base de rhum, de citron vert et de feuilles de menthe. ➲ Spécialité cubaine.

MOKA n.m. (de *Moka*, v. du Yémen). **1.** Café d'une variété estimée, riche en caféine. **2.** Infusion de ce café. **3.** Gâteau fait d'une génoise fourrée d'une crème au beurre parfumée au café.

MOL adj.m. sing. → **1. MOU.**

1. MOLAIRE adj. **CHIM.** Relatif à la mole. ▪ **Concentration molaire** → **CONCENTRATION.**

2. MOLAIRE n.f. (lat. *molaris*, de *mola*, meule). Grosse dent placée à la partie moyenne et postérieure des maxillaires, qui sert à broyer les aliments. ➲ La forme des molaires, chez les mammifères, est en rapport avec le régime alimentaire.

MÔLAIRE adj. **MÉD.** Relatif à la môle hydatiforme : *Grossesse môlaire.*

MOLALITÉ n.f. **CHIM.** Concentration molaire massique.

MOLARITÉ n.f. **CHIM.** Concentration molaire volumique.

MOLASSE n.f. (de *mol*, mou). **GÉOL.** Formation sédimentaire détritique, contenant notamm. des grès, déposée dans les zones orogéniques en fin de plissement et provenant de l'érosion de reliefs jeunes avoisinants.

MOLDAVE adj. et n. De la Moldavie, État indépendant, ou de la Moldavie, région roumaine ; de leurs habitants. ◆ n.m. Forme du roumain parlée en Moldavie.

MOLE n.f. (de *molécule-gramme*). **CHIM.** Unité de quantité de matière (symb. mol), correspondant à un nombre d'atomes, ou de molécules, égal au nombre d'Avogadro. ➲ Elle équivaut à la quantité de matière d'un système contenant autant d'entités élémentaires qu'il y a d'atomes dans 12 g de carbone 12. Unité de base du SI.

1. MÔLE n.m. (ital. *molo*). Ouvrage en maçonnerie qui protège l'entrée d'un port ou divise un bassin en darses.

2. MÔLE n.f. (var. de *1. meule*, à cause de la forme du poisson). Gros poisson des mers d'Europe occidentale, au corps presque circulaire, appelé également *(poisson-)lune.* ➲ Long. jusqu'à 2 m ; poids 1 000 kg ; famille des molidés.

3. MÔLE n.f. (du lat. *mola*, meule). ▪ **Môle (hydatiforme)** [méd.], dégénérescence du placenta le transformant en grappes de vésicules, faisant disparaître l'embryon, et s'évacuant spontanément ou par curetage.

MOLÉCULAIRE adj. Relatif aux molécules ; constitué de molécules. ▪ **Cuisine moléculaire**, forme de cuisine moderne qui utilise des techniques (azote liquide, par ex.), des ingrédients et des ustensiles issus des laboratoires scientifiques. ➲ Elle applique les résultats de la *gastronomie moléculaire*, discipline scientifique explorant les propriétés physico-chimiques des aliments.

MOLÉCULE n.f. (du lat. *moles*, masse). Assemblage d'atomes défini par la nature et la disposition de ces derniers. ➲ L'état moléculaire de la matière (sucre, chlorophylle, par ex.) se distingue d'états continus de la matière, tels que le cristal (chlorure de sodium, fer, par ex.).

MOLÉCULE-GRAMME n.f. (pl. *molécules-grammes*). **1.** Masse molaire moléculaire. **2.** Anc. Mole d'une substance formée de molécules.

MOLÈNE n.f. (p.-ê. de *mol*, mou). Plante des lieux incultes, dont une espèce est le bouillon-blanc. ➲ Famille des scrofulariacées.

MOLESKINE n.f. (de l'angl. *moleskin*, peau de taupe). Toile de coton fin recouverte d'un enduit et d'un vernis imitant le cuir.

MOLESTER v.t. [3] (du bas lat. *molestare*, ennuyer). Faire subir des violences physiques à : *Des voyous ont molesté un SDF.*

MOLETAGE n.m. **MÉCAN. INDUSTR.** Action de réaliser au moyen de molettes des stries sur une surface de révolution d'une pièce ; ensemble de ces stries.

MOLETER v.t. [16], ▲ *[12].* Effectuer un moletage.

MOLETTE n.f. (dimin. de *1. meule*). **1.** Pièce cylindrique striée servant notamm. à actionner un mécanisme mobile (clé à molette, jumelles, etc.). **2. TECHN.** Outil de coupe des tunneliers pour le travail en roche dure. **3. TECHN.** Cône denté d'un trépan de forage. **4. ÉQUIT.** Partie mobile de certains éperons, en forme de roue étoilée. **5.** Suisse. Pierre à aiguiser.

MOLIÈRE n.m. (du n. de *Molière*). Distinction honorifique décernée annuellement, en France, dans le domaine du théâtre. ◆ n.f. Belgique. Richelieu.

MOLINISME n.m. Système théologique du jésuite Luis Molina, qui voulait concilier la liberté humaine et l'action de la grâce divine.

MOLINISTE adj. et n. Relatif au molinisme ; qui en est partisan.

MOLLACHU, E adj. et n. Suisse. Fam. Sans énergie ; mou ; mollasson.

MOLLAH [mɔla], **MULLA** ou **MULLAH** [mula] n.m. (de l'ar. *mawlā*, seigneur). Dans l'islam, titre donné aux personnalités religieuses, aux docteurs de la Loi, partic. dans les mondes turco-iranien et indien.

MOLLARD n.m. Très fam. Crachat épais.

MOLLASSE adj. (de *mol*, mou). Qui est mou, flasque : *Des joues un peu mollasses.* ◆ adj. et n.f. Fam. Apathique ; indolent.

MOLLASSERIE n.f. Fam. Caractère de qqn qui est d'une mollesse excessive.

MOLLASSON, ONNE adj. et n. Fam. Qui est très mou, sans énergie.

MOLLEMENT adv. **1.** Avec nonchalance, abandon : *Être mollement allongé dans un hamac.* **2.** Sans conviction : *Se défendre mollement.*

MOLLESSE n.f. (de *mol*, mou). État, caractère de qqch, de qqn qui est mou.

1. MOLLET n.m. (anc. fr. *mol*). **ANAT.** Saillie que font les muscles de la partie postérieure de la jambe, entre la cheville et le pli du genou.

2. MOLLET, ETTE adj. (dimin. de *mol*, mou). Litt. Un peu mou ; douillet : *Coussin mollet.* ▪ **Œuf mollet**, œuf bouilli peu de temps dans sa coque, pour que le blanc soit coagulé, le jaune restant liquide. ▪ **Pain mollet**, petit pain au lait.

✎ Le féminin est rare.

MOLLETIÈRE n.f. et adj.f. (de *1. mollet*). Bande de cuir ou de toile couvrant la jambe de la cheville au jarret.

MOLLETON n.m. (de *2. mollet*). Tissu gratté ou émerisé, de coton, de laine ou synthétique, doux et moelleux.

MOLLETONNÉ, E adj. Garni ou doublé de molleton : *Gants molletonnés.*

MOLLETONNER v.t. [3]. Garnir ou doubler de molleton : *Molletonner une veste.*

MOLLIR v.i. [21]. Perdre de sa force, de son énergie, de sa vigueur : *Sentir ses jambes mollir. Son courage a molli. Le vent mollit.* ◆ v.t. **MAR.** ▪ **Mollir un cordage**, le détendre.

MOLLISOL n.m. **PÉDOL.** Partie supérieure d'un gélisol, appelée aussi *couche active*, parce qu'elle dégèle pendant une partie de l'année.

MOLLO adv. Fam. Sans forcer ; doucement : *Vas-y mollo.*

MOLLUSCUM [-kɔm] **n.m.** (mot lat. « nœud de l'érable »). **MÉD.** ▪ **Molluscum contagiosum,** petite tumeur cutanée bénigne, d'origine virale et contagieuse, arrondie et de couleur blanche ou rose. ▪ **Molluscum pendulum,** fibrome cutané bénin, mou, blanc ou rose et relié à la peau par un pédicule.

MOLLUSQUE n.m. (lat. sc. *molluscum,* de *mollusca nux,* noix à écorce molle). Invertébré aquatique ou des lieux humides, au corps mou, portant sur sa face dorsale un manteau souvent couvert d'une coquille et, sur sa face ventrale, un pied. ➲ Les trois classes principales de mollusques sont : les gastéropodes (escargot), les lamellibranches (moule) et les céphalopodes (pieuvre).

MOLOCH [mɔlɔk] **n.m.** (de *Moloch,* n.pr.). Lézard des déserts australiens, mangeur de fourmis, au corps recouvert d'énormes épines. ➲ Famille des agamidés.

MOLOSSE n.m. (du gr. *molossos,* du pays des Molosses). Gros chien de garde.

MOLOSSOÏDE adj. et **n.m.** Se dit de chiens à tête et corps massifs, aux oreilles petites et au museau court (dogue, par ex.).

MOLURE n.m. (du gr. *molouros*). Python réticulé.

MOLYBDÈNE n.m. (gr. *molubdaina,* de *molubdos,* plomb). **1.** Métal blanc, dur, cassant et peu fusible. **2.** Élément chimique (Mo), de numéro atomique 42, de masse atomique 95,94.

MOLYBDÉNITE n.f. Sulfure de molybdène.

MOLYBDIQUE adj. CHIM. MINÉR. Se dit de l'anhydride MoO_3 et des acides correspondants.

MOMBIN n.m. Fruit comestible du spondias, à saveur acidulée.

MÔME n. Fam. Enfant. ◆ **n.f.** Jeune fille : *Une jolie môme.*

MOMENT n.m. (lat. *momentum*). **1.** Espace de temps considéré dans sa durée plus ou moins brève : *Il est parti depuis un moment.* **2.** Espace de temps considéré du point de vue de son contenu, des événements qui s'y situent : *Un moment de bonheur. Il a peu de moments libres.* **3.** Temps présent ; époque actuelle : *Le meilleur film du moment.* **4.** Instant opportun ; occasion : *Ce n'est pas le moment de flancher. Attendre le bon moment pour agir.* ▪ **À tout moment** ou **à tous moments,** continuellement ; sans cesse. ▪ **Au moment de** (+ n. ou + inf.), marque la simultanéité : *Au moment des repas, de partir.* ▪ **Au moment où,** à l'instant précis où ; lorsque. ▪ **Avoir de bons moments,** être agréable à vivre par périodes ; connaître des périodes heureuses. ▪ **Du moment que,** dès lors que ; puisque. ▪ **En ce moment** ou **pour le moment,** pour l'instant ; actuellement. ▪ **En un moment,** en très peu de temps. ▪ **Moment algébrique d'une force $\vec{F}$ s'exerçant sur un solide pouvant tourner autour d'un axe** [phys.], moment arithmétique, compté positivement si la force tend à faire tourner le solide dans le sens direct, négativement sinon. ▪ **Moment (arithmétique) d'une force $\vec{F}$ s'exerçant sur un solide pouvant tourner autour d'un axe Δ (**$\vec{F}$ **agissant orthogonalement à Δ)** [phys.], produit de F par la distance de Δ à la droite d'action de $\vec{F}$. ▪ **Moment cinétique en O d'un point matériel M de quantité de mouvement $\vec{p}$** [phys.], produit vectoriel de $\overrightarrow{OM}$ et de $\vec{p}$. ▪ **Moment (d'ordre *n*) d'une variable statistique** [math.], moyenne des puissances $n^{\text{ièmes}}$ de ces valeurs pondérée par les effectifs de leurs classes respectives. ▪ **Moment d'un bipoint (A, B) par rapport à un point O** [math.], produit vectoriel de $\overrightarrow{OA}$ et de $\overrightarrow{AB}$. ▪ **Moment d'un couple de forces** [phys.], produit de la valeur de l'une de ces forces par la distance de leurs droites d'action. ▪ **Moment électrique d'un dipôle de pôles A et B** [phys.], produit du vecteur $\overrightarrow{AB}$ par la charge portée en B. ▪ **Moment (vectoriel) d'une force $\vec{F}$ par rapport à un point O** [phys.], produit vectoriel de $\overrightarrow{OA}$ par $\vec{F}$, A étant le point d'application de la force. ▪ **Par moments,** par intervalles ; de temps à autre. ▪ **Sur le moment,** sur l'instant ; sur le coup. ▪ **Un moment !,** attendez !

MOMENTANÉ, E adj. Qui ne dure qu'un moment ; temporaire : *Une coupure d'eau momentanée.*

MOMENTANÉMENT adv. De façon momentanée ; provisoirement.

MOMERIE n.f. (de l'anc. fr. *mommer,* se déguiser). Litt., vx. Affectation de sentiments que l'on n'éprouve pas ; affectation de pratiques religieuses.

MÔMERIE n.f. (de *môme*). Fam. (Surtout pl.). Enfantillage.

MOMIE n.f. (ar. *moûmîya*). **1.** Cadavre conservé par embaumement. **2.** Fam. Personne très sèche et très maigre.

▲ **momie** égyptienne d'époque ptolémaïque. (Musée du Louvre, Paris.)

MÔMIER, ÈRE ou **MOMIER, ÈRE adj.** et **n.** (de *momerie*). Suisse. Péjor. Bigot ; puritain.

MOMIFICATION n.f. Action de momifier ; fait de se momifier.

MOMIFIER v.t. [5]. Transformer un corps en momie. ◆ **SE MOMIFIER v.pr.** Se dessécher, physiquement ou intellectuellement ; perdre toute apparence de vie.

MON, MA adj. poss. (pl. *mes*) [lat. *meus*]. Représente un possesseur de la 1re pers. du sing., celui, celle qui parle, pour indiquer un rapport d'appartenance, un rapport d'ordre affectif ou social : *C'est mon livre. Mes souvenirs. Mes frères.*

✎ ***Mon*** s'emploie pour ***ma*** devant un nom ou un adj. fém. commençant par une voyelle ou un ***h*** muet : ***Mon amie. Mon histoire.***

MONACAL, E, AUX adj. (du lat. *monachus,* moine). Relatif au genre de vie des moines.

MONACHISME [-ʃism] ou [-kism] **n.m. 1.** État de moine ; vie monastique. **2.** Institution monastique.

➲ Apparu dans l'Orient ancien, avec les anachorètes du désert et les cénobites, vivant en communauté, le **MONACHISME** chrétien trouva son expression définitive dans la *Règle* édictée au VIe s. par saint Benoît de Nursie. Mis à part des formes particulières d'érémitisme, le monachisme existe aussi dans la religion orthodoxe (mont Athos, en Grèce) et dans le bouddhisme (bonzes).

MONADE n.f. (du gr. *monos,* seul). **PHILOS.** Chez Leibniz, substance de nature spirituelle, simple, active et indivisible, dont le nombre est infini et dont tous les êtres sont composés.

MONADELPHE adj. (du gr. *monos,* seul, et *adelphos,* frère). **BOT.** Se dit d'une fleur dont les étamines sont soudées entre elles, comme le genêt ou la rose trémière.

MONADOLOGIE n.f. ou **MONADISME n.m.** Théorie des monades.

MONARCHIE n.f. (du gr. *monos,* seul, et *arkhein,* commander). **1.** Régime dans lequel l'autorité est exercée par un individu et par ses délégués. **2.** Régime politique dans lequel le chef de l'État est un roi ou un empereur héréditaire ; État ainsi gouverné : *La monarchie britannique.* ▪ **Monarchie absolue,** où le pouvoir du monarque n'est contrôlé par aucun autre. ▪ **Monarchie constitutionnelle,** où l'autorité du prince est soumise à une Constitution. ▪ **Monarchie parlementaire,** monarchie constitutionnelle dans laquelle le gouvernement est responsable devant le Parlement.

MONARCHIEN n.m. HIST. Sous la Révolution française, partisan d'une monarchie à l'anglaise.

MONARCHIQUE adj. Propre à la monarchie.

MONARCHISME n.m. Doctrine politique des partisans de la monarchie.

MONARCHISTE adj. et **n.** Qui est partisan de la monarchie.

MONARQUE n.m. (du gr. *monos,* seul, et *arkhein,* commander). **1.** Chef de l'État, dans une monarchie ; roi ; souverain. **2.** Papillon diurne qui migre, par millions, au printemps et en automne. ➲ Famille des nymphalidés.

MONASTÈRE n.m. (gr. *monastêrion*). Maison, ensemble des bâtiments qu'habitent des moines ou des moniales.

MONASTIQUE adj. (du gr. *monastikos,* solitaire). Relatif aux moines ou aux moniales.

MONAURAL, E, AUX adj. (du gr. *monos,* seul, et du lat. *auris,* oreille). Monophonique.

MONAZITE n.f. (all. *Monazit*). **MINÉRALOG.** Phosphate de cérium, de lanthane ou de thorium.

MONBAZILLAC n.m. Vin blanc liquoreux (AOC) produit dans la région de Monbazillac (Dordogne).

MONCEAU n.m. (du lat. *monticellus,* petit mont). **1.** Amoncellement plus ou moins haut d'objets ; tas : *Un monceau de pierres.* **2.** Grande quantité de choses ; ramassis : *Un monceau de contrevérités.*

MONDAIN, E adj. (lat. *mundanus*). **1.** Relatif à la vie sociale et aux divertissements de la haute société : *Conversation, soirée mondaine.* **2. RELIG.** Relatif à la vie séculière. **3. PHILOS.** Se dit de ce qui concerne le monde extérieur, dans la pensée phénoménologique. ▪ **Danseur mondain,** professionnel qui fait danser les clientes dans un dancing. ▪ **La brigade mondaine,** ou **la mondaine** [fam.], anc. dénomination de la brigade des stupéfiants et du proxénétisme de la préfecture de police de Paris. ◆ **adj.** et **n.** Qui fréquente les gens du monde ; qui aime les mondanités.

MONDANITÉ n.f. Caractère de ce qui relève de la vie mondaine ; goût pour la vie mondaine. ◆ **n.f. pl.** Habitudes de vie propres aux gens du monde ; événements de la vie mondaine : *Un habitué des mondanités.*

MONDE n.m. (lat. *mundus*). **1.** Ensemble de tout ce qui existe ; l'univers : *L'origine du monde.* **2.** La nature ; ce qui constitue l'environnement des êtres humains : *Enfant qui découvre le monde.* **3.** La Terre ; la surface terrestre ; le globe terrestre : *Le tour du monde à la voile.* **4.** La Terre, considérée comme le séjour de l'homme : *En ce bas monde.* **5.** Ensemble des êtres humains vivant sur la Terre ; l'humanité : *Le monde entier s'indigne devant cet acte de barbarie.* **6.** Ensemble de personnes ; grand nombre ou nombre indéterminé de personnes : *Il y avait du monde à l'inauguration.* **7.** L'ensemble des personnes à qui l'on a affaire : *Elle sait motiver son monde.* **8.** Entourage de qqn ; famille proche : *Il aime avoir tout son monde autour de lui.* **9.** Vieilli. Ensemble des personnes qui sont au service de qqn. **10.** Milieu, groupe social défini par une caractéristique, un type d'activité : *Nous ne sommes pas du même monde. Le monde du spectacle.* **11.** Ensemble des personnes constituant les classes sociales les plus aisées : *Femme, homme, gens du monde.* **12.** Ensemble de choses ou d'êtres formant un tout organisé : *Le monde préhistorique. Le monde des reptiles.* **13.** Ensemble de choses abstraites, de concepts considérés comme formant un univers : *Le monde des idées. Le monde du fantastique.* **14. PHILOS.** En phénoménologie, réalité à laquelle le sujet appartient et dont la cohérence s'impose à lui sans qu'il ait à la constituer. **15.** Écart important ; grande différence ; abîme : *Un monde sépare ces deux générations.* **16.** Litt. Vie séculière, profane, par oppos. à la vie religieuse : *Se retirer du monde.* ▪ **Au bout du monde,** dans un endroit éloigné. ▪ **Avoir du monde,** des invités. ▪ **Beau monde,** société brillante, élégante. ▪ **C'est le monde à l'envers,** le contraire de ce qui devrait être. ▪ **Courir le monde,** voyager beaucoup. ▪ **Depuis que le monde est monde,** de tout temps. ▪ **En ce bas monde,** sur terre, par oppos. au ciel. ▪ **L'Ancien Monde,** l'Europe, l'Asie et l'Afrique. ▪ **L'autre monde,** l'au-delà. ▪ **Le Nouveau Monde,** l'Amérique. ▪ **Le petit monde,** les enfants. ▪ **Mettre un enfant au monde,** lui donner naissance. ▪ **Pour**

a b c d e f g h i j k l m n o p q r s t u v w x y z

rien au monde, en aucun cas. ▪ **Se faire (tout) un monde de,** attribuer une importance exagérée à. ▪ **Tout le monde,** tous les gens ; chacun. ▪ **Venir au monde,** naître.

MONDER v.t. [3] (du lat. *mundare,* purifier). Émonder.

MONDEUSE n.f. Cépage noir de Savoie et du Dauphiné donnant un vin de garde de qualité.

MONDIAL, E, AUX adj. Qui concerne le monde entier : *Guerre mondiale.* ◆ n.m. SPORTS. Championnat du monde.

MONDIALEMENT adv. Dans le monde entier.

MONDIALISATION n.f. **1.** Fait de devenir mondial, de se mondialiser. **2.** ÉCON. Extension du champ d'activité des agents économiques (entreprises, banques, Bourses), conduisant à la mise en place d'un marché mondial unifié (SYN. **globalisation**).

➲ La **MONDIALISATION** est un phénomène qui affecte à la fois la sphère réelle de l'économie – c.-à-d. la production et la consommation des biens et des services – et la sphère financière (monnaies et capitaux). Elle se traduit par une recomposition de l'espace économique mondial, au sein duquel le modèle occidental d'économie de marché s'étend aux pays dits « émergents* », et suscite de vives oppositions, qui prennent la forme soit de l'antimondialisation*, soit de l'altermondialisation*.

MONDIALISER v.t. [3]. Donner à qqch un caractère mondial. ◆ **SE MONDIALISER** v.pr. Prendre une extension mondiale : *La crise financière s'est mondialisée.*

MONDIALISME n.m. **1.** Doctrine qui vise à réaliser l'unité politique du monde considéré comme une communauté humaine unique. **2.** Prise en considération des problèmes politiques, culturels, etc., dans une optique mondiale.

MONDIALISTE adj. et n. Relatif au mondialisme ; qui en est partisan.

MONDOVISION n.f. (de *monde* et *télévision*). Transmission d'images de télévision entre divers continents par l'intermédiaire de satellites relais et de câbles sous-marins de télécommunications.

MONÉGASQUE adj. et n. De Monaco ; de ses habitants.

MONEL n.m. (nom déposé). Alliage de cuivre et de nickel résistant à la corrosion.

MONÈME n.m. LING. Morphème, dans la terminologie de la linguistique fonctionnelle.

MONEP ou **M.O.N.E.P.** [mɔnɛp] n.m. (acronyme de *marché des options négociables de Paris*). BOURSE. Marché français, créé en 1987, qui propose des options d'achat ou de vente portant sur des produits financiers, en partic. des actions.

MONERGOL n.m. Propergol composé d'un seul ergol (eau oxygénée, hydrazine, etc.).

MONÉTAIRE adj. (lat. *monetarius,* de *moneta,* monnaie). Relatif à la monnaie, aux monnaies.

MONÉTARISME n.m. Courant libéral de la pensée économique, qui insiste sur l'importance de la politique monétaire dans la régulation de la vie économique.

MONÉTARISTE adj. et n. Relatif au monétarisme ; qui en est partisan.

MONÉTIQUE n.f. (nom déposé). Ensemble des dispositifs utilisant l'informatique et l'électronique dans les transactions bancaires (cartes de paiement, terminaux de points de vente, etc.). ◆ **MONÉTIQUE** adj. Relatif à la Monétique.

MONÉTISATION n.f. **1.** Action de transformer des métaux en monnaie. **2.** Introduction de nouvelles formes de moyen de paiement dans le circuit économique. **3.** Action de transformer qqch en source de revenus : *Monétisation d'un blog, de journées de RTT.*

MONÉTISER v.t. [3]. Effectuer la monétisation de.

MONGOL, E adj. et n. **1.** De la Mongolie ; de ses habitants. **2.** Relatif aux Mongols, à cet ensemble de peuples. ◆ n.m. Groupe de langues altaïques parlées par les Mongols (SYN. **khalkha**).

MONGOLIEN, ENNE adj. et n. Vieilli. Trisomique.

MONGOLISME n.m. Vieilli. Trisomie 21.

MONGOLOÏDE adj. Qui rappelle le type mongol.

MONIALE n.f. Religieuse contemplative à vœux solennels.

MONILIE ou **MONILIA** n.m. (du lat. *monile,* collier). Champignon qui se développe sur les fruits et provoque leur pourriture. ➲ Classe des ascomycètes.

MONILIOSE n.f. Maladie touchant particulièrement certains arbres fruitiers, due au monilie, et cour. appelée *rot brun.*

MONISME n.m. (du gr. *monos,* seul). PHILOS. Doctrine selon laquelle tout ce qui est se ramène, sous les apparences de la multiplicité, à une seule réalité fondamentale (par oppos. à *dualisme,* à *pluralisme*).

1. MONITEUR, TRICE n. (du lat. *monitor,* qui avertit). **1.** Personne chargée d'enseigner ou de faire pratiquer certaines activités : *Moniteur d'auto-école, de ski.* **2.** Doctorant bénéficiant, en plus d'une allocation de recherche, d'une rémunération en échange de laquelle il assure en université et sous la responsabilité d'un tuteur un certain nombre d'heures d'enseignement. **3.** Personne chargée de l'encadrement des enfants dans les activités collectives extrascolaires. Abrév. (fam.) **mono.** **4.** Afrique. Fonctionnaire de rang subalterne employé dans le développement agricole ; enseignant de rang inférieur à celui d'instituteur.

2. MONITEUR n.m. **1.** INFORM. Écran de visualisation associé à un micro-ordinateur. **2.** INFORM. Programme de contrôle permettant de surveiller l'exécution de plusieurs programmes n'ayant aucun lien entre eux. **3.** MÉD. Appareil électronique permettant un monitorage permanent et automatique, et déclenchant une alarme au moment d'un trouble (irrégularité cardiaque, par ex.).

MONITION n.f. (lat. *monitio*). DR. CANON. Avertissement officiel de l'autorité ecclésiastique.

MONITOIRE n.m. et adj. (lat. *monitorius*). Monition publique qu'un juge ecclésiastique adresse à la personne qui a connaissance d'un délit pour l'obliger à témoigner.

MONITOR n.m. (mot anglo-amér.). **1.** MAR. Bâtiment cuirassé de moyen tonnage et de faible tirant d'eau d'un type utilisé, notamm. aux États-Unis, à la fin du XIXe s. et au début du XXe s. **2.** MIN. Canon à eau sous pression utilisé pour l'abattage des roches tendres.

MONITORAGE ou **MONITORING** [-riŋ] n.m. (angl. *monitoring*). Surveillance médicale continue, effectuée avec affichage sur écran ou enregistrement de divers paramètres (pouls, tension artérielle, oxygénation du sang, battements cardiaques du fœtus, etc.).

MONITORAT n.m. Formation à la fonction de moniteur ; cette fonction.

MÔN-KHMER, ÈRE [mɔnkmɛr] adj. et n.m. (pl. *môn-khmers, ères*). LING. Se dit d'un groupe de langues parlées en Asie du Sud-Est continentale.

MONNAIE n.f. (de *Juno Moneta,* Junon la Conseillère, dans le temple de laquelle les Romains frappaient la monnaie). **1.** Pièce de métal frappée par l'autorité souveraine pour servir aux échanges. **2.** Instrument légal des paiements : *Monnaie scripturale.* **3.** Unité monétaire adoptée par un État : *La monnaie de la Chine est le yuan.* **4.** Équivalent de la valeur d'un billet ou d'une pièce en billets ou pièces de moindre valeur : *Faire la monnaie de 50 euros.* **5.** Ensemble de pièces ou de coupures de faible valeur que l'on porte sur soi : *Je n'ai plus de monnaie.* ▪ **Battre monnaie,** fabriquer de la monnaie. ▪ **Fausse monnaie,** qui imite frauduleusement la monnaie légale. ▪ **Monnaie centrale,** émise par la banque centrale. ▪ **Monnaie de compte,** unité monétaire non représentée matériellement et utilisée uniquement pour les comptes. ▪ **Monnaie de réserve,** monnaie détenue par les banques d'émission et utilisée parallèlement à l'or dans les règlements internationaux. ▪ **Petite monnaie,** pièces de faible valeur. ▪ **Rendre à qqn la monnaie de sa pièce,** user de représailles envers lui ; lui rendre la pareille. ▪ **Rendre la monnaie,** donner la différence entre la valeur d'un billet, d'une pièce et le prix exact d'une marchandise. ▪ **Servir de monnaie d'échange,** être utilisé comme moyen d'échange dans une négociation.

MONNAIE-DU-PAPE n.f. (pl. *monnaies-du-pape*). Lunaire (plante).

MONNAYABLE adj. **1.** Qui peut être monnayé. **2.** Dont on peut tirer un profit ; susceptible d'être rémunéré, payé.

MONNAYAGE n.m. Fabrication de la monnaie.

MONNAYER v.t. [6]. **1.** Convertir un métal en monnaie. **2.** Tirer un profit, un avantage de : *Monnayer son influence.* **3.** Afrique. Rendre la monnaie sur une somme.

MONNAYEUR n.m. **1.** Personne qui effectue la frappe de la monnaie. **2.** Appareil qui fait automatiquement la monnaie de la somme introduite.

1. MONO n. (abrév.). Fam. Moniteur ; monitrice.

2. MONO n.f. (abrév.). Monophonie.

MONOACIDE n.m. CHIM. Acide qui ne libère qu'un seul ion H^+ par molécule.

MONOAMINE n.f. BIOCHIM. Substance telle qu'une catécholamine, ne possédant qu'un radical amine $—NH_2$.

MONOAMINE-OXYDASE n.f. (pl. *monoamines-oxydases*). Enzyme qui détruit par oxydation les monoamines en excès dans l'organisme. ▪ **Inhibiteur de la monoamine-oxydase** → **IMAO.**

MONOATOMIQUE adj. CHIM. Se dit d'un corps simple constitué d'atomes isolés.

MONOBASE n.f. CHIM. Base dont les éléments ne peuvent capter qu'un proton.

MONOBASIQUE adj. Qui a les caractères d'une monobase.

MONOBLOC adj. et n.m. TECHN. Qui est fait d'une seule pièce, d'un seul bloc : *Châssis monobloc.*

MONOCÂBLE adj. Qui n'a qu'un seul câble. ◆ n.m. Moyen de transport aérien utilisant un seul câble sans fin, à la fois porteur et tracteur.

MONOCAMÉRAL, E, AUX adj. (du lat. *camera,* chambre). Qui ne comporte qu'une seule chambre, qu'une seule assemblée parlementaire.

MONOCAMÉRISME ou **MONOCAMÉRALISME** n.m. Système politique dans lequel le Parlement est composé d'une seule chambre.

MONOCATÉNAIRE adj. BIOCHIM. Se dit d'une macromolécule telle que l'ARN, formée d'une seule chaîne polymère.

MONOCHROMATEUR [-kro-] n.m. Dispositif optique fournissant une radiation monochromatique.

MONOCHROMATIQUE [-kro-] adj. PHYS. Se dit d'un rayonnement électromagnétique ayant une fréquence unique.

MONOCHROME [-krom] adj. Qui est d'une seule couleur. ◆ n.m. Toile, tableau non figuratifs se réduisant à une surface plus ou moins uniforme d'une seule couleur.

MONOCHROMIE [-kro-] n.f. Caractère de ce qui est monochrome.

MONOCLE n.m. (du gr. *monos,* seul, et du lat. *oculus,* œil). Verre correcteur unique que l'on fait tenir dans l'arcade sourcilière.

MONOCLINAL, E, AUX adj. Se dit d'un relief structural (cuesta, crêt, barre) ou d'une série sédimentaire dont les couches inclinées sont affectées par un faible pendage. ➲ Le Bassin parisien a une structure monoclinale.

MONOCLINIQUE adj. CRISTALLOGR. ▪ **Système monoclinique,** système cristallin dont la maille élémentaire est un prisme oblique ayant pour base un rectangle.

MONOCLONAL, E, AUX adj. GÉNÉT. Qui appartient à un seul clone cellulaire. ▪ **Anticorps monoclonal,** anticorps sécrété, dans l'organisme ou en laboratoire, par un clone de lymphocytes B et utilisé pour le diagnostic ou le traitement immunodépresseur.

MONOCOLORE adj. Se dit d'un gouvernement qui est l'émanation d'un seul des partis représentés au Parlement.

MONOCOQUE adj. Se dit d'une structure de véhicule automobile combinant carrosserie et châssis, et composée d'éléments en tôle soudés, formant un ensemble qui résiste à la flexion et à la torsion. (→ **autoportant**). ◆ n.m. Bateau, voilier à une seule coque (par oppos. à *multicoque*).

1. MONOCORDE adj. (lat. *monochordos*). Qui est émis sur une seule note et ne varie pas : *Chant monocorde.*

LES MONNAIES DU MONDE

pays	monnaie	code ISO
Afghanistan	afghani	AFN
Afrique du Sud	rand	ZAR
Albanie	lek	ALL
Algérie	dinar algérien	DZD
Allemagne	euro	EUR
Andorre	euro	EUR
Angola	kwanza	AOA
Antigua-et-Barbuda	dollar des Caraïbes orientales	XCD
Arabie saoudite	riyal saoudien	SAR
Argentine	peso argentin	ARS
Arménie	dram arménien	AMD
Australie	dollar australien	AUD
Autriche	euro	EUR
Azerbaïdjan	manat azerbaïdjanais	AZN
Bahamas	dollar des Bahamas	BSD
Bahreïn	dinar de Bahreïn	BHD
Bangladesh	taka	BDT
Barbade	dollar de la Barbade	BBD
Belgique	euro	EUR
Belize	dollar du Belize	BZD
Bénin	franc CFA	XOF
Bhoutan	ngultrum et roupie indienne	BTN INR
Biélorussie (Belarus)	nouveau rouble biélorusse	BYN
Birmanie (Myanmar)	kyat	MMK
Bolivie	boliviano	BOB
Bosnie-Herzégovine	mark convertible	BAM
Botswana	pula	BWP
Brésil	real brésilien	BRL
Brunei	dollar de Brunei	BND
Bulgarie	lev bulgare	BGN
Burkina	franc CFA	XOF
Burundi	franc du Burundi	BIF
Cambodge	riel	KHR
Cameroun	franc CFA	XAF
Canada	dollar canadien	CAD
Cap-Vert	escudo du Cap-Vert	CVE
centrafricaine (République)	franc CFA	XAF
Chili	peso chilien	CLP
Chine	yuan	CNY
Chypre	euro	EUR
Colombie	peso colombien	COP
Comores	franc comorien	KMF
Congo	franc CFA	XAF
Congo (Rép. démocratique du)	franc congolais	CDF
Corée du Nord	won nord-coréen	KPW
Corée du Sud	won	KRW
Costa Rica	colón costaricain	CRC
Côte d'Ivoire	franc CFA	XOF
Croatie	kuna croate	HRK
Cuba	peso cubain et peso convertible	CUP CUC
Danemark	krone (couronne danoise)	DKK
Djibouti	franc de Djibouti	DJF
dominicaine (République)	peso dominicain	DOP
Dominique	dollar des Caraïbes orientales	XCD
Égypte	livre égyptienne	EGP
Émirats arabes unis	dirham des Émirats arabes unis	AED
Équateur	dollar des États-Unis	USD
Érythrée	nakfa	ERN
Espagne	euro	EUR
Estonie	euro	EUR
Eswatini	lilangeni	SZL
États-Unis	dollar des États-Unis	USD
Éthiopie	birr éthiopien	ETB
Fidji	dollar fidjien	FJD
Finlande	euro	EUR
France	euro	EUR
Gabon	franc CFA	XAF
Gambie	dalasi	GMD
Géorgie	lari	GEL
Ghana	cedi	GHS
Grande-Bretagne	livre sterling	GBP
Grèce	euro	EUR
Grenade	dollar des Caraïbes orientales	XCD
Guatemala	quetzal	GTQ
Guinée	franc guinéen	GNF
Guinée-Bissau	franc CFA	XOF
Guinée équatoriale	franc CFA	XAF
Guyana	dollar du Guyana	GYD
Haïti	gourde et dollar des États-Unis	HTG USD
Honduras	lempira	HNL
Hongrie	forint	HUF
Inde	roupie indienne	INR
Indonésie	rupiah (roupie indonésienne)	IDR
Iran	rial iranien	IRR
Iraq	dinar irakien	IQD
Irlande	euro	EUR
Islande	krona (couronne islandaise)	ISK
Israël	shekel	ILS
Italie	euro	EUR
Jamaïque	dollar de la Jamaïque	JMD
Japon	yen	JPY
Jordanie	dinar jordanien	JOD
Kazakhstan	tenge	KZT
Kenya	shilling du Kenya	KES
Kirghizistan	som	KGS
Kiribati	dollar australien	AUD
Koweït	dinar koweïtien	KWD
Laos	kip	LAK
Lesotho	loti et rand	LSL ZAR
Lettonie	euro	EUR
Liban	livre libanaise	LBP
Liberia	dollar libérien	LRD
Libye	dinar libyen	LYD
Liechtenstein	franc suisse	CHF
Lituanie	euro	EUR
Luxembourg	euro	EUR
Macédoine	denar	MKD
Madagascar	ariary malgache	MGA
Malaisie	ringgit (dollar de la Malaisie)	MYR
Malawi	kwacha	MWK
Maldives	rufiyaa (roupie des Maldives)	MVR
Mali	franc CFA	XOF
Malte	euro	EUR
Maroc	dirham marocain	MAD
Marshall (îles)	dollar des États-Unis	USD
Maurice	roupie mauricienne	MUR
Mauritanie	ouguiya	MRU
Mexique	peso mexicain	MXN
Micronésie (États fédérés de)	dollar des États-Unis	USD
Moldavie	leu moldave	MDL
Monaco	euro	EUR
Mongolie	tugrik	MNT
Monténégro	euro	EUR
Mozambique	metical	MZN
Namibie	dollar namibien et rand	NAD ZAR
Nauru	dollar australien	AUD
Népal	roupie népalaise	NPR
Nicaragua	córdoba oro	NIO
Niger	franc CFA	XOF
Nigeria	naira	NGN
Norvège	krone (couronne norvégienne)	NOK
Nouvelle-Zélande	dollar néo-zélandais	NZD
Oman	rial omanais	OMR
Ouganda	shilling ougandais	UGX
Ouzbékistan	soum ouzbek	UZS
Pakistan	roupie pakistanaise	PKR
Palaos	dollar des États-Unis	USD
Panama	balboa et dollar des États-Unis	PAB USD
Papouasie-Nouvelle-Guinée	kina	PGK
Paraguay	guarani	PYG
Pays-Bas	euro	EUR
Pérou	sol	PEN
Philippines	peso philippin	PHP
Pologne	złoty	PLN
Portugal	euro	EUR
Qatar	riyal du Qatar	QAR
Roumanie	leu	RON
Russie	rouble russe	RUB
Rwanda	franc rwandais	RWF
Sainte-Lucie	dollar des Caraïbes orientales	XCD
Saint-Kitts-et-Nevis	dollar des Caraïbes orientales	XCD
Saint-Marin	euro	EUR
Saint-Vincent-et-les-Grenadines	dollar des Caraïbes orientales	XCD
Salomon (îles)	dollar des îles Salomon	SBD
Salvador	dollar des États-Unis	USD
Samoa	tala	WST
Sao Tomé-et-Principe	dobra	STN
Sénégal	franc CFA	XOF
Serbie	dinar serbe	RSD
Seychelles	roupie des Seychelles	SCR
Sierra Leone	leone	SLL
Singapour	dollar de Singapour	SGD
Slovaquie	euro	EUR
Slovénie	euro	EUR
Somalie	shilling somalien	SOS
Soudan	livre du Soudan	SDG
Soudan du Sud	livre du Soudan du Sud	SSP
Sri Lanka	roupie du Sri Lanka	LKR
Suède	krona (couronne suédoise)	SEK
Suisse	franc suisse	CHF
Suriname	dollar du Suriname	SRD
Syrie	livre syrienne	SYP
Tadjikistan	somoni	TJS
Tanzanie	shilling tanzanien	TZS
Tchad	franc CFA	XAF
tchèque (République)	koruna (couronne tchèque)	CZK
Thaïlande	baht	THB
Timor oriental (Timor-Leste)	dollar des États-Unis	USD
Togo	franc CFA	XOF
Tonga	pa'anga	TOP
Trinité-et-Tobago	dollar de Trinité-et-Tobago	TTD
Tunisie	dinar tunisien	TND
Turkménistan	manat	TMT
Turquie	livre turque	TRY
Tuvalu	dollar australien	AUD
Ukraine	hrivna	UAH
Uruguay	peso uruguayen	UYU
Vanuatu	vatu	VUV
Vatican	euro	EUR
Venezuela	bolívar	VES
Viêt Nam	dông	VND
Yémen	rial yéménite	YER
Zambie	kwacha	ZMW
Zimbabwe	dollar des États-Unis	USD

2. MONOCORDE **adj.** et **n.m.** (gr. *monokhordon*). Se dit d'un instrument de musique à une seule corde.

MONOCORPS **adj.** et **n.m.** **AUTOM.** Se dit d'un véhicule dont le profil ne présente de décrochement ni à l'avant ni à l'arrière.

MONOCOTYLÉDONE **n.f.** (du gr. *monos*, seul, et *kotulêdôn*, cavité). Plante à fleurs (angiosperme) dont la graine contient une plantule à un seul cotylédon, et qui présente des feuilles à nervures parallèles et des fleurs dont la symétrie est souvent d'ordre 3. ➲ Les monocotylédones forment une classe.

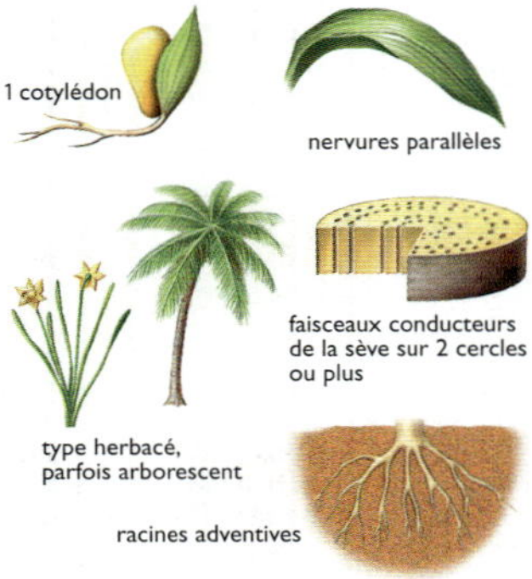

▲ **monocotylédone**

MONOCRISTAL **n.m.** (pl. *monocristaux*). **1. MINÉRALOG.** Domaine d'un milieu cristallin possédant une périodicité atomique parfaite. ➲ Un cristal est génér. formé d'agrégats de monocristaux. **2. PHYS.** Cristal homogène dont les plans réticulaires ont une orientation uniforme dans tout le volume.

MONOCRISTALLIN, E **adj.** Relatif à un monocristal.

MONOCULAIRE **adj.** Relatif à un seul œil : *Vision monoculaire.*

MONOCULTURE **n.f.** **1.** Culture unique ou largement dominante d'une espèce végétale (vigne, maïs, café, etc.) dans une région ou une exploitation. **2.** Culture de la même espèce végétale pendant plusieurs années sur un même terrain.

MONOCYCLE **n.m.** Cycle à une seule roue, utilisé dans les cirques.

MONOCYCLIQUE **adj.** **1.** Se dit d'un composé chimique dont la formule renferme un cycle. **2. ZOOL.** Se dit d'espèces animales ne présentant qu'un cycle sexuel par an.

MONOCYLINDRE **adj.** et **n.m.** Se dit d'un moteur à un seul cylindre.

MONOCYTE **n.m.** (du gr. *kutos*, creux, cellule). Globule blanc du sang qui passe dans les différents tissus, où il se transforme en macrophage.

MONODÉPARTEMENTAL, E, AUX **adj.** **DR. ADMIN.** ▪ **Région monodépartementale,** qui ne compte qu'un seul département.

MONODIE **n.f.** (gr. *monôdia*). **MUS.** Chant à une voix.

MONODIQUE **adj.** Se dit d'un chant à une seule voix.

MONŒCIE [-ne-] **n.f.** Caractère d'une plante monoïque.

MONOGAME **adj.** **1.** Qui n'a qu'un seul conjoint légitime. **2.** Qui se conforme au système de la monogamie : *Société monogame.* **3. ÉTHOL.** Se dit de certains animaux (oiseaux, notamm.) qui forment des couples stables et durables.

MONOGAMIE **n.f.** (gr. *monogamia*). Système juridique dans lequel un homme ou une femme ne peuvent avoir plusieurs conjoints simultanément. ➲ La monogamie s'oppose à la *polyandrie* et à la *polygynie*, les deux formes de la *polygamie*.

MONOGAMIQUE **adj.** Relatif à la monogamie.

MONOGATARI **n.m.** (mot jap.). Genre littéraire japonais qui regroupe à la fois des contes très courts, parfois mêlés de vers, génér. réunis en recueils, et de longues œuvres romanesques.

MONOGÉNIQUE **adj.** Se dit d'une maladie génétique due à une anomalie d'un seul gène.

MONOGÉNISME **n.m.** **ANTHROP.** Théorie selon laquelle toutes les races humaines dériveraient d'un type, d'une population, voire d'un couple, uniques (par oppos. à *polygénisme*).

MONOGRAMME **n.m.** **1.** Chiffre composé des lettres ou des principales lettres d'un nom entrelacées en un seul caractère. **2.** Marque ou signature abrégée d'un artiste.

MONOGRAPHIE **n.f.** Étude détaillée sur un point précis d'histoire, de science, de littérature, sur une personne, sa vie, etc.

MONOGRAPHIQUE **adj.** Relatif à la monographie.

MONOÏ [mɔnɔj] **n.m. inv.,** ▲ ***n.m.*** (mot polynésien). Huile parfumée d'origine tahitienne, tirée de la noix de coco et des fleurs de tiaré.

MONOÏDÉISME **n.m.** **PSYCHIATR.** Concentration pathologique de la pensée sur un seul thème.

MONOÏQUE **adj.** (du gr. *monos*, seul, et *oikos*, maison). **BOT.** Se dit d'une plante à fleurs unisexuées mais où chaque pied porte des fleurs mâles et femelles (comme le maïs, le noisetier, etc.) [SYN. **androgyne ;** CONTR. **dioïque**].

MONOKINI **n.m.** (d'apr. *Bikini*). Vieilli. Maillot de bain féminin ne comportant pas de soutien-gorge.

MONOLINGUE **adj.** et **n.** Qui ne parle qu'une langue (par oppos. à *bilingue, trilingue*, etc.). ◆ **adj.** Rédigé en une seule langue : *Dictionnaire monolingue* (SYN. **unilingue**).

MONOLINGUISME [-gɥism] **n.m.** État d'une personne, d'une région, d'un pays monolingues.

MONOLITHE **adj.** et **n.m.** (du gr. *monos*, seul, et *lithos*, pierre). **1.** Se dit d'un ouvrage formé d'un seul bloc de pierre. **2. ARCHIT.** Se dit d'un monument taillé dans le roc.

MONOLITHIQUE **adj.** **1.** Formé d'un seul bloc de pierre. **2.** Fig. Qui présente l'aspect d'un bloc homogène, rigide : *Doctrine, politicien monolithiques.*

MONOLITHISME **n.m.** Caractère de ce qui est monolithique, rigide.

MONOLOGUE **n.m.** (du gr. *monologos*, qui parle seul). **1.** Discours que se tient à lui-même un personnage de théâtre. **2.** Discours de qqn qui se parle tout haut à lui-même ou qui, dans la conversation, ne laisse pas parler les autres ; soliloque. ▪ **Monologue comique,** pièce médiévale à un seul personnage, qui fait la satire d'un type social ou psychologique.

MONOLOGUER **v.i.** [3]. Tenir un monologue.

MONOMANIAQUE **adj.** Vx. Relatif à la monomanie. ◆ **adj.** et **n.** Atteint de monomanie.

MONOMANIE **n.f.** **1. PSYCHIATR.** Vx. Affection psychique qui n'affecte que partiellement l'esprit. **2.** Cour. Idée fixe.

1. MONÔME **n.m.** (du gr. *monos*, seul, et *nomos*, portion). Expression algébrique de la forme ax^n (a est le coefficient, l'entier naturel n est le degré et x est la variable, ou l'indéterminée).

2. MONÔME **n.m.** (jeu de mots avec *1. monôme*, formé sur *seul-homme*). Arg. scol. Cortège d'étudiants marchant en file indienne en se tenant par les épaules, jadis traditionnel en France après la fin des examens.

MONOMÈRE **adj.** et **n.m.** **CHIM.** Se dit d'un motif ou module de base pouvant former de nouvelles liaisons avec d'autres, identiques ou différents. ➲ Selon le nombre de motifs liés, la molécule résultante est un *oligomère* (petit nombre d'unités) ou un *polymère* (très grand nombre d'unités).

MONOMÉTALLISME **n.m.** Système monétaire qui n'admet qu'un étalon monétaire, génér. l'or ou l'argent (par oppos. à *bimétallisme*).

MONOMÉTALLISTE **adj.** et **n.** Relatif au monométallisme ; qui en est partisan.

MONOMOTEUR **adj.m.** et **n.m.** Se dit d'un avion équipé d'un seul moteur.

MONONUCLÉAIRE **n.m.** Globule blanc (monocyte ou lymphocyte) n'appartenant pas à la catégorie des granulocytes.

MONONUCLÉÉ, E **adj.** Se dit d'une cellule, en partic. d'un globule blanc, qui a un noyau unique et non segmenté en lobes.

MONONUCLÉOSE **n.f.** **MÉD.** Augmentation du nombre des lymphocytes du sang, dont certains prennent un aspect anormal. ▪ **Mononucléose (infectieuse),** infection virale bénigne qui se manifeste par une angine, une augmentation de volume des ganglions lymphatiques et de la rate, une très grande fatigue et l'augmentation du nombre et du volume des lymphocytes.

MONOPARENTAL, E, AUX **adj.** Se dit d'une famille où l'enfant ou les enfants sont élevés par un seul parent.

MONOPARENTALITÉ **n.f.** Situation d'une famille monoparentale.

MONOPARTISME **n.m.** Système politique fondé sur l'existence d'un parti unique.

MONOPHASÉ, E **adj.** **ÉLECTR.** Se dit des tensions ou des courants alternatifs simples ainsi que des installations correspondantes (par oppos. à *polyphasé*).

MONOPHONIE **n.f.** Technique de reproduction des sons enregistrés ou transmis par radio, au moyen d'une seule voie (disque, amplificateur, radiorécepteur classique, etc.) [par oppos. à *stéréophonie*]. Abrév. **mono.**

MONOPHONIQUE **adj.** Relatif à la monophonie (SYN. **monaural**).

MONOPHYSISME **n.m.** (du gr. *monos*, seul, et *phusis*, nature). **CHRIST.** Doctrine du Ve s. affirmant l'union du divin et de l'humain dans le Christ en une seule nature. ➲ Condamné par le concile de Chalcédoine en 451, le monophysisme est à la source des Églises arménienne, copte et jacobite.

MONOPHYSITE **adj.** et **n.** Relatif au monophysisme ; qui en est partisan.

MONOPLACE **adj.** Se dit d'un véhicule à une seule place. ◆ **n.f.** Automobile à une place, spécialement conçue pour les compétitions.

MONOPLAN **adj.** et **n.m.** Se dit d'un avion qui possède un seul plan de sustentation.

MONOPLÉGIE **n.f.** (du gr. *plêgê*, coup). **MÉD.** Paralysie d'un seul membre.

MONOPOLE **n.m.** (du gr. *monos*, seul, et *pôlein*, vendre). **1.** Situation d'un marché, de droit ou de fait, caractérisée par la présence d'un vendeur unique de biens ou de services (individu, entreprise, organisme public). **2.** Fig. Possession exclusive de qqch : *Vous n'avez pas le monopole de la vérité.*

MONOPOLEUR, EUSE **adj.** et **n.** **ÉCON.** Monopoliste.

MONOPOLISATEUR, TRICE **n.** Personne qui monopolise qqch.

MONOPOLISATION **n.f.** Action de monopoliser.

MONOPOLISER **v.t.** [3]. **1.** Exercer un monopole sur une production, un secteur d'activité. **2.** Accaparer pour son seul profit ; se réserver : *Monopoliser la conversation, le maître de maison.*

MONOPOLISTE **adj.** et **n.** **ÉCON.** Qui exerce, détient un monopole (SYN. **monopoleur**).

MONOPOLISTIQUE **adj.** **ÉCON.** Relatif à un monopole ; qui s'y apparente : *Stratégie monopolistique.*

MONOPOLY **n.m.** (nom déposé). Jeu de société dans lequel les joueurs doivent acquérir des terrains et des immeubles, figurés sur un plateau, jusqu'à en obtenir le monopole.

MONOPROCESSEUR **adj.m.** et **n.m.** Se dit d'un système informatique possédant une seule unité de traitement.

MONOPSONE **n.m.** (du gr. *opsônein*, s'approvisionner). **ÉCON.** Marché caractérisé par la présence d'un acheteur unique et d'une multitude de vendeurs.

MONOPTÈRE **adj.** et **n.m.** (du gr. *pteron*, aile). **ARCHIT.** Se dit d'un monument circulaire entouré d'une rangée unique de colonnes.

MONORAIL **adj.** et **n.m.** **1.** Se dit d'un chemin de fer n'utilisant qu'un seul rail de roulement. **2.** Se dit d'un dispositif de manutention comportant un rail unique, génér. suspendu.

MONORIME **adj.** Se dit d'un poème dont les vers n'ont qu'une rime.

MONOROUE **n.f.** Engin de déplacement individuel électrique, aussi appelé *monocycle* ou *gyroroue*, constitué d'une roue stabilisée par un système gyroscopique, de deux marchepieds, d'un moteur électrique et d'une batterie rechargeable.

MONOSACCHARIDE, ▲ *MONOSACCARIDE* [-saka-] **n.m.** **BIOCHIM.** Ose.

MONOSÉMIQUE **adj.** **LING.** Se dit d'un mot qui n'a qu'un seul sens (CONTR. **polysémique**).

MONOSKI **n.m.** Ski sur lequel on pose les deux pieds pour glisser sur l'eau ou sur la neige ; discipline pratiquée avec ce ski.

MONOSPACE n.m. Voiture particulière spacieuse et monocorps.

MONOSPERME adj. BOT. Se dit des fruits et des divisions de fruits qui ne contiennent qu'une seule graine.

MONOSTABLE adj. Se dit d'un montage électronique présentant un état stable dans lequel il peut rester indéfiniment et un état instable de durée déterminée (période).

MONOSYLLABE adj. Se dit d'un vers qui n'a qu'une seule syllabe (SYN. **monosyllabique**). ◆ n.m. **1.** Mot, vers monosyllabe. **2.** Phrase réduite à un ou deux mots assez courts : *Il boude, je ne lui ai arraché que quelques monosyllabes.*

MONOSYLLABIQUE adj. **1.** Monosyllabe. **2.** Formé de monosyllabes. **3.** Se dit des langues où la plupart des mots sont monosyllabes (le chinois, par ex.).

MONOTHÉISME n.m. (du gr. *theos*, dieu). Religion qui n'admet qu'un seul dieu.

MONOTHÉISTE adj. et n. Relatif au monothéisme ; qui le professe. ➲ Le judaïsme, le christianisme et l'islam sont des religions monothéistes.

MONOTHÉLISME n.m. (du gr. *thelein*, vouloir). CHRIST. Doctrine du VIIe s. selon laquelle il n'y aurait eu dans le Christ qu'une seule volonté, la volonté divine. ➲ Le monothélisme fut condamné en 681 par le troisième concile de Constantinople.

MONOTONE adj. (gr. *monotonos*). **1.** Qui est toujours sur le même ton ; monocorde : *Chant monotone.* **2.** Qui lasse par son rythme, ses intonations sans variété ; terne : *Orateur monotone.* **3.** Sans imprévu ; morne : *Une vie monotone.* ▪ **Fonction monotone (sur un intervalle)** [math.], fonction croissante ou décroissante sur tout l'intervalle.

MONOTONIE n.f. Caractère de ce qui est monotone : *La monotonie d'un travail, d'un conférencier.*

MONOTRACE adj. AÉRON. Se dit d'un train d'atterrissage dont les roues principales sont toutes situées dans l'axe du fuselage.

MONOTRÈME n.m. (du gr. *trêma*, trou). Mammifère primitif d'Océanie qui présente à la fois des caractères archaïques (reproduction ovipare) et très spécialisés (bec corné), tel que l'ornithorynque (SYN. **protothérien**). ➲ Les monotrèmes forment un ordre.

1. MONOTYPE n.m. **1.** Estampe obtenue à partir d'une planche sur laquelle le motif a été fraîchement peint, et non gravé. **2.** Yacht à voile faisant partie d'une série de bateaux identiques, tous construits sur le même plan.

2. MONOTYPE n.f. (nom déposé). IMPRIM. Vieilli. Machine à composer produisant des lignes justifiées en caractères mobiles.

MONOVALENT, E adj. CHIM. Univalent.

MONOXYDE n.m. CHIM. Oxyde qui contient un seul atome d'oxygène dans sa molécule. ▪ **Monoxyde d'azote,** gaz (NO) polluant atmosphérique, produit en partic. par la combustion des combustibles fossiles. ▪ **Monoxyde de carbone,** gaz (CO) très toxique, résultant d'une combustion incomplète de produits carbonés.

MONOXYLE adj. Qui est fabriqué, taillé dans une seule pièce de bois : *Pirogue monoxyle.*

MONOZYGOTE adj. EMBRYOL. Se dit de jumeaux issus d'un même œuf, ou *vrais jumeaux* (SYN. **univitellin ;** CONTR. **bivitellin, dizygote**).

MONSEIGNEUR n.m. (pl. *messeigneurs* ou *nosseigneurs*). **1.** Titre donné aux princes d'une famille souveraine, aux prélats. Abrév. **Mgr**. **2.** (Avec une majuscule). Titre du Grand Dauphin, fils de Louis XIV, et, après lui, des Dauphins de France.

MONSIEUR [məsjø] n.m. (pl. *messieurs*). **1.** Titre donné, par civilité, à un homme à qui l'on s'adresse, oralement ou par écrit. Abrév. **M. ;** au pl. **MM.** (Précède la fonction quand on la nomme : *Monsieur l'Ambassadeur.*) **2.** Appellation respectueuse utilisée par un serveur, un employé, etc., pour s'adresser à un client, au maître de maison ou pour parler de lui : *Monsieur a choisi ? Monsieur rentrera tard.* **3.** (Avec une majuscule). Titre du frère puîné du roi de France, à partir de la seconde moitié du XVIe s. ▪ **Un vilain monsieur** [péjor.], un individu peu estimable.

MONSIGNOR [-ɲɔr] ou **MONSIGNORE** [-ɲɔre] n.m. (pl. *monsignors, monsignori*) [mot ital.]. Prélat de la curie romaine.

MONSTERA [mɔ̃stera] n.m. (mot lat.). Plante grimpante originaire d'Amérique tropicale, à feuilles très découpées et à racines pendantes, appréciée comme plante d'appartement. ➲ Famille des aracées.

MONSTRANCE n.f. Pièce d'orfèvrerie médiévale, ancêtre de l'ostensoir, qui servait à montrer ou à exposer aux fidèles l'hostie consacrée.

MONSTRATION n.f. Action, fait de montrer.

MONSTRE n.m. (lat. *monstrum*). **1.** Être vivant présentant une importante malformation. ➲ L'étude des monstres est la tératologie. **2.** Être fantastique de la mythologie, des légendes. **3.** Animal, objet effrayant par sa taille, son aspect : *L'hyène est un monstre de la savane.* **4.** Personne d'une laideur repoussante. **5.** Personne qui suscite l'horreur par sa cruauté, sa perversité : *Ce dictateur est un monstre.* ▪ **Monstre sacré,** comédien très célèbre ; personnage hors du commun, auréolé d'une gloire mythique. ▪ **Un monstre de,** une personne possédant un défaut à un degré extrême : *Un monstre d'ingratitude.* ◆ adj. Fam. Prodigieux ; extraordinaire : *Des soldes monstres.*

MONSTRUEUSEMENT adv. **1.** D'une manière monstrueuse ; abominablement. **2.** Excessivement ; prodigieusement : *C'est monstrueusement méchant.*

MONSTRUEUX, EUSE adj. **1.** Excessivement laid ; horrible : *Un corps monstrueux.* **2.** Extraordinaire par une taille hors du commun ; prodigieux : *Une pieuvre monstrueuse.* **3.** Qui atteint un degré extrême dans le mal ; atroce : *Attentat monstrueux.*

MONSTRUOSITÉ n.f. **1.** Caractère de ce qui est monstrueux ; horreur. **2.** Chose monstrueuse. **3.** Malformation grave, déformant le corps.

MONT n.m. (lat. *mons, montis*). **1.** Grande élévation naturelle au-dessus du terrain environnant : *Le mont Blanc.* **2.** GÉOMORPH. Forme structurale d'une région plissée, correspondant à la couche dure d'un anticlinal. (V. dessin *relief jurassien**.) ▪ **Mont de Vénus** [anat.], éminence large couverte de poils, formée par le tissu sous-cutané devant le pubis, chez la femme (SYN. **pénil**). ▪ **Par monts et par vaux** → **VAL.** ▪ **Promettre monts et merveilles,** des choses extraordinaires mais peu réalisables.

MONTAGE n.m. **1.** Action de porter du bas vers le haut. **2.** TECHN. Assemblage des différentes pièces d'un appareil, d'un meuble : *Montage d'un ventilateur, d'un bureau.* **3.** Choix et assemblage raisonné des plans d'un film, des bandes enregistrées pour une émission de radio, etc. **4.** IMPRIM. Assemblage des films portant les textes et les illustrations qui sont copiés ensemble sur la forme d'impression. ▪ **Montage alterné** ou **parallèle** [cinéma], qui présente en alternance deux actions simultanées. ▪ **Montage financier** [Bourse], ensemble de procédés permettant à une entreprise de se procurer des ressources sur le marché des capitaux bancaires ou financiers. ▪ **Montage symétrique** [électron.], circuit amplificateur à deux transistors, l'un amplifiant les alternances positives, l'autre les alternances négatives du signal (SYN. **push-pull**). ▪ **Montage virtuel** [audiovis.], procédé de montage de sons et d'images vidéo, réalisé à l'aide d'un logiciel et d'un micro-ordinateur.

MONTAGNARD, E adj. et n. **1.** Qui est de la montagne ; qui habite les montagnes. **2.** HIST. Qui appartenait au groupe de la Montagne. ◆ **MONTAGNARD** n.m. ▪ **Les Montagnards,** v. partie n.pr.

MONTAGNE n.f. (du lat. *mons, montis*, mont). **1.** Élévation naturelle du sol, caractérisée par une forte dénivellation entre les sommets et le fond des vallées. **2.** Région de forte altitude choisie comme lieu de villégiature : *Vacances à la montagne.* **3.** Fig. Amoncellement important d'objets ; monceau : *Une montagne de linge à repasser.* ▪ **Climat de montagne,** climat propre aux régions de montagne, indépendamment de la zone climatique où elles se situent. ➲ Génér., les températures sont plus faibles et les précipitations plus abondantes. ▪ **Lait de montagne,** appellation commerciale d'un lait de consommation produit, traité et transformé à plus de 700 m d'altitude. ▪ **La Montagne,** v. partie n.pr. ▪ **Montagne à vaches,** peu élevée et dont l'ascension ne présente pas de difficultés. ▪ **Montagnes russes,** attraction foraine constituée de montées et de descentes abruptes sur lesquelles roulent à grande vitesse des rames de petites voitures.

MONTAGNES : LES PRINCIPAUX SOMMETS

continent/ sommet	chaîne ou massif	altitude
ASIE		
Everest	Himalaya	8 848 m
K2	Karakorum	8 611 m
Kangchenjunga	Himalaya	8 586 m
Lhotse	Himalaya	8 545 m
Makalu	Himalaya	8 515 m
AMÉRIQUE		
Aconcagua	Andes	6 959 m
AFRIQUE		
Kilimandjaro		5 895 m
EUROPE		
mont Blanc	Alpes	4 810 m

MONTAGNEUX, EUSE adj. Où il y a beaucoup de montagnes.

MONTAISON n.f. **1.** PÊCHE. Migration par laquelle certains poissons (notamm. les saumons) quittent l'eau salée pour remonter les fleuves et s'y reproduire ; saison de cette migration. **2.** Allongement des tiges d'une plante herbacée avant la floraison.

MONTALBANAIS, E adj. et n. De Montauban.

MONTANISME n.m. CHRIST. Hérésie chrétienne du IIe s. professée par Montanus.

1. MONTANT n.m. **1.** Élément vertical d'un ensemble, destiné à servir de support ou de renfort. **2.** Élément vertical, central ou latéral, du cadre d'un vantail ou d'un châssis de fenêtre, de porte. **3.** Chacune des deux pièces latérales auxquelles sont fixés les échelons d'une échelle.

2. MONTANT n.m. Total d'un compte, d'une recette, d'une somme quelconque : *Le montant de la prime annuelle est variable.*

3. MONTANT, E adj. Qui monte et recouvre une partie du corps : *Des chaussures montantes.* ▪ **Garde montante** [mil.], celle qui va prendre son service. ▪ **Marée montante,** qui recouvre le rivage ; flot ; flux.

MONTBÉLIARD, E n. et adj. (de *Montbéliard*, n.pr.). Bovin d'une race française à tête blanche et robe pie rouge, surtout exploitée pour la production de lait.

MONT-BLANC n.m. (pl. *monts-blancs*) [de *Mont-Blanc*, n.pr.]. Entremets froid fait d'un dôme de crème Chantilly entouré d'une bordure de purée de marrons.

MONT-DE-PIÉTÉ n.m. (pl. *monts-de-piété*) [de l'ital. *monte di pietà*, banque de charité]. Anc. Caisse de crédit* municipal.

MONT-D'OR n.m. (pl. *monts-d'or*). Fromage voisin du vacherin, fabriqué dans le Doubs.

MONTE n.f. **1.** Action, manière de monter à cheval. **2.** Accouplement, dans les espèces équine, bovine, caprine et porcine ; époque de cet accouplement.

MONTÉ, E adj. **1.** Pourvu d'une monture, d'un cheval : *La police montée.* **2.** Pourvu du nécessaire : *Être bien monté en vêtements chauds.* **3.** Assemblé ; serti : *Diamant mal monté.* **4.** Fam. Fâché ; irrité : *Ils sont montés contre le ministre.* ▪ **Coup monté,** machination tramée contre qqn : *Les journalistes dénoncent le coup monté par le pouvoir.* ▪ **Être bien, mal monté,** avoir un bon, un mauvais cheval. ▪ **Troupes montées** [anc.], armes qui utilisaient le cheval (cavalerie, artillerie, train).

MONTE-CHARGE n.m. (pl. *monte-charge[s]*). Appareil élévateur permettant de transporter des charges d'un étage à un autre.

MONTÉE n.f. **1.** Action de monter sur un lieu élevé ; escalade. **2.** Chemin par lequel on monte au sommet d'une éminence ; côte : *J'ai mis pied à terre au milieu de la montée.* **3.** Fait d'être porté à un niveau plus élevé : *La montée d'un ballon.* **4.** Élévation en quantité, en valeur, en intensité ; augmentation : *Une montée des prix, de fièvre.* **5.** Trajectoire d'un aéronef, d'une fusée qui s'élèvent ; ascension. **6.** ARCHIT. Chacune des deux parties comprises entre le faîte et les supports latéraux d'un arc, d'une voûte. **7.** Afrique. Début de la demi-journée de travail. ▪ **Montée à graine,** période du cycle d'une plante herbacée incluant la montaison, la floraison et la fructification. ▪ **Montée de lait,** début de la sécrétion lactée, après l'accouchement. ▪ **Montée en puissance,** progression spectaculaire de la production ou de l'utilisation d'un produit, de la popularité de qqn, etc.

MONTE-EN-L'AIR n.m. inv. Fam., vieilli. Cambrioleur.

MONTE-MEUBLES n.m. inv., ▲ *MONTE-MEUBLE n.m. (pl. monte-meubles).* Rampe élévatrice à moteur, munie d'une plateforme et utilisée lors des déménagements.

MONTÉNÉGRIN, E adj. et **n.** Du Monténégro ; de ses habitants. ◆ **n.m.** Langue parlée au Monténégro.

MONTE-PLAT n.m. (pl. *monte-plats*) ou **MONTE-PLATS n.m. inv.** Petit monte-charge assurant la circulation des plats, de la vaisselle entre la cuisine et la salle à manger.

MONTER v.i. [3] (lat. pop. **montare*, de *mons, montis*, mont). **1.** (Auxil. *être*). Se transporter en un lieu plus élevé : *Monter au sommet de la colline, sur une chaise, en chaire.* **2.** (Auxil. *être*). Se placer sur un animal, sur ou dans un véhicule : *Monter sur un cheval, dans un camion.* **3.** (Auxil. *être*). Se rendre dans un lieu situé plus au nord : *Monter à Lille.* **4.** (Auxil. *être*). Avoir de l'avancement : *Monter dans la hiérarchie.* **5.** (Auxil. *avoir* ou *être*). Être dans une courbe ascendante : *Sa cote de popularité monte.* **6.** (Auxil. *être*). Suivre une pente ; s'élever en pente : *Le sentier monte jusqu'au chalet.* **7.** (Auxil. *être*). Croître en hauteur : *Les murs sont montés vite.* **8.** (Auxil. *être*). Augmenter en intensité, en parlant d'un sentiment : *L'angoisse montait en lui.* **9.** (Auxil. *être* ou *avoir*). Atteindre un niveau plus élevé : *Les eaux du fleuve sont montées ou ont monté.* **10.** (Auxil. *avoir* ou *être*). Pousser, en parlant de légumes. **11.** (Auxil. *avoir*). Passer du grave à l'aigu : *Soprano qui monte jusqu'au contre-ut.* **12.** (Auxil. *avoir*). Atteindre un degré plus élevé ; augmenter : *Les prix ont monté.* **13.** (Auxil. *avoir*). Atteindre un total de : *La facture monte à mille euros.* **14.** (Auxil. *être*). Afrique. Aller au travail. ▪ **Le ton monte,** les esprits s'échauffent ; la discussion devient plus âpre. ◆ **v.t.** (Auxil. *avoir*). **1.** Parcourir de bas en haut ; gravir : *Il n'a pu monter la côte.* **2.** Utiliser un animal comme monture : *Monter un cheval.* **3.** Transporter dans un lieu plus élevé : *Le livreur a monté les colis.* **4.** Accroître la valeur, l'intensité de qqch : *Les restaurants ont monté leurs prix.* **5.** Fig. Encourager l'hostilité envers qqn : *Vous les avez montés contre nous.* **6.** Pourvoir du nécessaire : *Monter la maison en linge de table.* **7.** Assembler les différentes parties de : *Monter un paravent, une tente.* **8.** Effectuer le montage d'un film, d'une bande magnétique, etc. **9.** Sertir dans une monture : *Monter un saphir.* **10.** Mettre sur pied ; combiner : *Monter un guet-apens ; fonder : Monter son entreprise.* ▪ **Monter le coup à qqn** [fam.], l'induire en erreur. ▪ **Monter une mayonnaise, des blancs en neige,** battre les ingrédients qui les composent pour en augmenter la consistance et le volume. ▪ **Monter un spectacle,** en organiser la représentation, la mise en scène. ◆ **SE MONTER v.pr. 1.** S'élever à un total de. **2.** Se pourvoir du nécessaire : *Se monter en vaisselle.* ▪ **Se monter la tête** [fam.], s'exalter.

MONTE-SAC n.m. (pl. *monte-sacs*) ou **MONTE-SACS n.m. inv.** Appareil servant à monter des sacs.

MONTEUR, EUSE n. 1. Professionnel qui assemble les diverses pièces constitutives d'un ensemble. **2.** CINÉMA. Technicien chargé du montage.

MONTGOLFIÈRE n.f. (de *Montgolfier*, n.pr.). Aérostat dont la sustentation est assurée par de l'air chauffé par un foyer situé sous le ballon.

MONTICOLE n.m. (lat. *monticola*). Passereau voisin du merle. ➲ Famille des muscicapidés.

MONTICULE n.m. Petite élévation du sol ; butte.

MONTJOIE n.f. Anc. Monceau de pierres pour marquer les chemins ou pour rappeler un événement important.

MONTMORENCY n.f. (de *Montmorency*, v. du Val-d'Oise). Cerise d'une variété acidulée utilisée dans l'industrie (confitures, eau-de-vie) et la pâtisserie.

MONTMORILLONITE n.f. MINÉRALOG. Silicate hydraté d'aluminium et de magnésium, constituant une variété d'argile.

MONTOIR n.m. ▪ **Côté du montoir,** ou **montoir,** côté gauche du cheval, où l'on se met en selle. ▪ **Côté hors montoir,** côté droit du cheval.

MONTOIS, E adj. et **n.** De Mont-de-Marsan ou du Mont-Saint-Michel.

MONTRABLE adj. Qui peut être montré.

MONTRACHET [mɔ̃raʃɛ] **n.m.** Vin blanc sec issu du cépage chardonnay, grand cru de la côte de Beaune.

1. MONTRE n.f. (de *montrer*). Petit appareil portatif servant à donner l'heure et d'autres indications (date, par ex.). ▪ **Contre-la-montre,** v. à son ordre alphabétique. ▪ **Course contre la montre,** épreuve cycliste sur route dans laquelle les concurrents, partant à intervalles réguliers, sont chronométrés individuellement ; fig., action ou entreprise qui doit être réalisée en un temps très bref. ▪ **Montre à quartz,** montre électronique dont le résonateur est un cristal de quartz entretenu électroniquement. ▪ **Montre en main,** en mesurant le temps avec précision. ▪ **Montre marine,** chronomètre utilisé à bord des bateaux pour les calculs de navigation astronomique. ▪ **Montre mécanique,** montre dont l'énergie est fournie par un ressort.

2. MONTRE n.f. Litt. ▪ **Faire montre de,** faire preuve de ; montrer : *Faire montre de courage.* ▪ **Salle de montre** [Québec], lieu où sont exposés et mis en valeur les modèles des produits, des marchandises qu'un commerçant propose à la vente.

MONTRÉALAIS, E [mɔ̃re-] **adj.** et **n.** De Montréal.

MONTRE-BRACELET n.f. (pl. *montres-bracelets*). Montre qui se porte au bras.

MONTRER v.t. [3] (lat. *monstrare*). **1.** Faire voir ; exposer aux regards ; présenter : *Montrer son passeport.* **2.** Indiquer par un geste, un signe ; désigner : *Montrer un pays sur une carte.* **3.** Faire paraître ; manifester : *Montrer de la patience.* **4.** Mettre en évidence ; prouver : *L'avenir montrera qu'elle a eu raison.* ◆ **SE MONTRER v.pr. 1.** Apparaître à la vue : *Se montrer en public.* **2.** Se manifester sous tel aspect ; se révéler : *Se montrer compréhensif.*

MONTREUR, EUSE n. Personne qui montre un spectacle, une attraction : *Montreur de chiens savants.*

MONTUEUX, EUSE adj. (lat. *montuosus*). Litt. Accidenté de collines.

MONTURE n.f. (de *monter*). **1.** Bête sur laquelle on monte pour se faire porter. **2.** Partie d'un objet qui sert d'armature, de cadre : *Monture de lunettes, d'un miroir, d'un médaillon.* **3.** PÊCHE. Armature avec hameçons utilisée pour installer un petit poisson qui sert d'appât.

MONUMENT n.m. (lat. *monumentum*). **1.** Ouvrage d'architecture ou de sculpture destiné à perpétuer le souvenir d'un personnage ou d'un événement : *Le monument aux bourgeois de Calais.* **2.** Édifice remarquable par sa beauté ou son ancienneté : *Les monuments de Rome.*

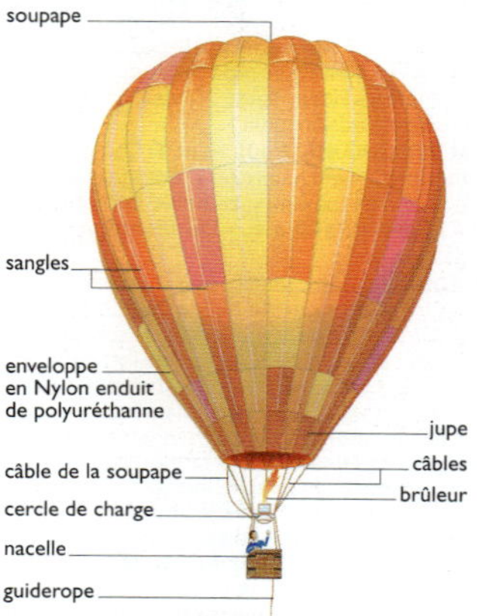

▲ **montgolfière**

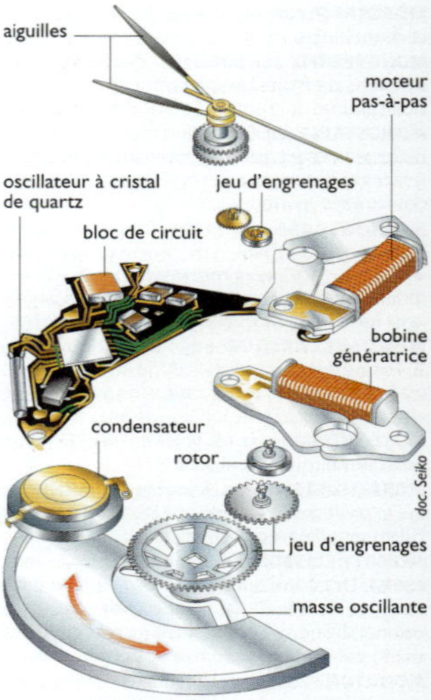

Le mouvement du poignet fait tourner la masse oscillante sur elle-même. Un jeu d'engrenages amplifie la rotation, transformée par le rotor en charge magnétique.
La bobine génératrice produit un courant dont l'énergie est emmagasinée dans le condensateur.
L'oscillateur à cristal de quartz oscille et le bloc de circuit produit un signal électrique précis que le moteur pas-à-pas convertit en mouvement rotatif, transmis aux aiguilles par un autre jeu d'engrenages.

▲ **montre.** Fonctionnement d'une montre à quartz à aiguilles.

3. Toute œuvre considérable, digne de durer : *Un monument du cinéma français.* ▪ **Être un monument de,** présenter une caractéristique à un degré extrême : *Un monument de vanité.* ▪ **Monument funéraire,** élevé sur une sépulture. ▪ **Monument historique,** édifice, objet mobilier ou autre vestige du passé qu'il importe de conserver dans le patrimoine national pour les souvenirs qui s'y rattachent ou pour sa valeur artistique. ▪ **Monument public,** ouvrage d'architecture ou de sculpture appartenant à l'État ou à une collectivité territoriale.

MONUMENTAL, E, AUX adj. 1. Qui a les qualités de proportions, de style, de force propres à un monument ; colossal : *Une sculpture monumentale.* **2.** Relatif aux monuments : *Carte monumentale de la Dordogne.* **3.** Qui est hors des normes habituelles : *Sottise monumentale.*

MONUMENTALITÉ n.f. Caractère grandiose d'une œuvre d'art, parfois sans égard à ses dimensions.

MOOC [muk] **n.m.** (acronyme de l'angl. *massive open online course*, cours en ligne ouvert et massif). Formation dispensée sur Internet et accessible à tous. Recomm. off. **cours en ligne ouvert à tous.** ➲ Ce type de cours offre à chacun la possibilité d'évaluer ses connaissances et peut déboucher sur une certification (parfois payante).

MOOK [muk] **n.m.** (nom déposé ; de *magazine* et de l'angl. *book*, livre). Revue souvent luxueuse, intermédiaire entre le magazine et le livre, diffusée en librairie et privilégiant les articles de fond.

1. MOQUE n.f. (du bas all. *mokke*, cruche). Région. (Ouest). Tasse pour boire le cidre.

2. MOQUE n.f. (néerl. *mok*). MAR. Bloc de bois lenticulaire, cannelé sur son pourtour pour recevoir une estrope, et percé intérieurement d'un trou par où passe un cordage.

3. MOQUE n.f. (lat. *mucus*). Suisse. Morve.

MOQUER v.t. [3] (p.-ê. onomat.). Litt. Tourner en ridicule ; railler. ◆ **SE MOQUER v.pr.** (DE). **1.** Faire un objet de plaisanterie de ; ridiculiser : *Il s'est moqué de ma maladresse.* **2.** Ne faire nul cas de ; mépriser : *Se moquer de l'opinion des gens.* **3.** Essayer de tromper qqn : *Elle s'est bien moquée de toi.*

MOQUERIE n.f. 1. Action de se moquer : *Être en butte à la moquerie des autres.* **2.** Action, parole par laquelle on se moque ; raillerie : *Les moqueries de ses voisins le laissent froid.*

MOQUETTE **n.f.** (orig. inconnue). Tapis vendu au mètre, cloué ou collé, souvent d'une seule couleur, recouvrant génér. tout le sol d'une pièce. ■ **Fumer, avoir fumé la moquette** [fam.], parler ou agir comme sous l'emprise d'une drogue ; délirer : *Il a fumé la moquette ou quoi ?*

MOQUETTER **v.t.** **[3].** Recouvrir de moquette.

1. MOQUEUR, EUSE **adj.** et **n.** Qui se moque ; narquois : *Rire moqueur.*

2. MOQUEUR **n.m.** **1.** Passereau des bois et des jardins des États-Unis et du Sud canadien, agressif et bruyant, qui imite le chant des autres oiseaux. ➲ Famille des mimidés. **2.** Oiseau des savanes africaines, au plumage irisé, doté d'un long bec recourbé et d'une queue allongée. ➲ Famille des phœniculidés.

MORACÉE **n.f.** (du lat. *morus*, mûrier). **BOT.** Dicotylédone apétale des régions chaudes, telle que le mûrier, le figuier, l'arbre à pain. ➲ Les moracées forment une famille.

MORAILLES **n.f. pl.** Tenailles permettant de pincer la cloison nasale d'un animal d'élevage (cheval, bovin) que l'on veut maîtriser, soit pour le ferrer, soit pour le soigner.

MORAILLON **n.m.** (de *morailles*). **TECHN.** Système de fermeture fait d'une languette articulée sur le dormant d'une porte, sur l'abattant d'un coffre, d'une valise, etc.

MORAINE **n.f.** (savoyard *morêna*). **GÉOMORPH.** Ensemble de roches transportées ou déposées par un glacier. (V. dessin *glacier*.)

MORAINIQUE **adj.** Relatif à une moraine.

1. MORAL, E, AUX **adj.** (du lat. *mores*, mœurs). **1.** Qui relève de la morale ; éthique : *Préceptes moraux.* **2.** Conforme aux règles de conduite en usage dans une société : *Un auteur, un film moral.* **3.** Relatif à l'esprit, à la pensée (par oppos. à *matériel*, à *physique*) ; mental : *Faire preuve d'une grande force morale.*

2. MORAL **n.m. sing.** **1.** Ensemble des facultés mentales, de la vie psychique : *Le moral joue un grand rôle dans la guérison.* **2.** État d'esprit qui permet de supporter qqch : *Il faut lui remonter le moral.*

MORALE **n.f.** **1.** Ensemble de normes, de règles de conduite propres à une société donnée. **2.** Ensemble des règles de conduite tenues pour universellement valables ; éthique. **3. PHILOS.** Théorie du bien et du mal, fixant par des énoncés normatifs les fins de l'action humaine. **4.** Conclusion pratique que l'on veut tirer d'une histoire, d'un fait ; leçon : *La morale de cet incident est qu'il faut réfléchir avant de parler.* ■ **Faire la morale à qqn**, lui adresser des recommandations morales ; le réprimander.

MORALEMENT **adv.** **1.** Conformément à la morale. **2.** Du point de vue de la morale : *Être moralement responsable.* **3.** Quant au moral : *Moralement, la malade va mieux.*

MORALISANT, E **adj.** Qui moralise.

MORALISATEUR, TRICE **adj.** et **n.** Qui donne des leçons de morale ; édifiant : *Discours moralisateur.*

MORALISATION **n.f.** Action de moraliser, de rendre moral.

MORALISER **v.t.** **[3].** **1.** Rendre conforme à la morale : *Moraliser la pratique d'Internet.* **2.** Litt. Faire la morale à qqn ; sermonner. ◆ **v.i.** Faire des réflexions morales.

MORALISME **n.m.** Attachement formaliste et étroit à une morale.

MORALISTE **n.** Auteur qui écrit sur les mœurs, la nature humaine. ◆ **adj.** Empreint de moralisme.

MORALITÉ **n.f.** **1.** Adéquation d'une action, d'un fait, etc., à une morale : *Comportement d'une moralité douteuse.* **2.** Attitude, conduite morale ; principes : *Un député d'une moralité irréprochable.* **3.** Conclusion morale que suggère une histoire : *La moralité d'un conte.* **4.** Au Moyen Âge, œuvre théâtrale en vers qui mettait en scène des personnages allégoriques et avait pour but l'édification morale.

MORASSE **n.f.** (de l'ital. *moraccio*, noiraud). **IMPRIM.** Dernière épreuve d'une page de journal, tirée avant la réalisation des formes, pour une révision générale.

MORATOIRE **adj.** (du lat. *moratorius*, qui retarde). **DR.** Qui accorde un délai. ■ **Intérêts moratoires** → **INTÉRÊT.** ◆ **n.m.** **1. DR.** Acte par lequel un créancier accorde à son débiteur des délais de paiement pour s'acquitter de ses dettes, en raison des circonstances (guerre ou crise économique, notamm.). **2.** Délai que l'on s'accorde avant de poursuivre une action : *Un moratoire sur les OGM.*

MORAVE **adj.** et **n.** De la Moravie ; de ses habitants. ◆ **adj.** ■ **Frères moraves**, mouvement religieux chrétien né au XVe s., en Bohême, parmi les hussites (SYN. **frères bohêmes**).

MORBIDE **adj.** (lat. *morbidus*, de *morbus*, maladie). **1.** Propre à la maladie ; pathologique : *Symptômes morbides.* **2.** Qui a un caractère malsain, pervers : *Imagination morbide.*

MORBIDESSE **n.f.** (ital. *morbidezza*). **1.** Litt. Grâce maladive ; langueur. **2. PEINT.** Caractère suave et délicat du modelé des chairs.

MORBIDITÉ **n.f.** **MÉD.** **1.** Caractère de ce qui est morbide. **2.** Nombre de personnes atteintes d'une maladie donnée à un moment donné, dans une population.

MORBIER **n.m.** (de *Morbier*, comm. du Jura). **1.** Fromage AOC franc-comtois, au lait de vache, à pâte pressée non cuite et comportant une raie centrale de cendre de bois. **2.** Suisse. Horloge comtoise d'appartement.

MORBILLEUX, EUSE **adj.** (du lat. *morbilli*, rougeole). **MÉD.** Propre à la rougeole.

MORBLEU **interj.** (de *mort de Dieu*). Vx. Juron marquant la colère, l'impatience, etc.

MORCE **n.f.** Suisse. Morceau ; bouchée.

MORCEAU **n.m.** (anc. fr. *mors*). **1.** Partie d'un tout, d'une matière, d'un aliment, d'un corps ; bout : *Un morceau de papier, de pomme. Les bas morceaux du bœuf.* **2.** Fragment d'une œuvre écrite : *Recueil de morceaux choisis.* **3.** Œuvre musicale prise isolément ; fragment d'œuvre musicale : *Chanter un morceau de Debussy.* **4.** Partie d'une œuvre d'art (peinture, sculpture, etc.) considérée sous le rapport de sa qualité, de son achèvement. ■ **Enlever** ou **emporter le morceau** [fam.], avoir gain de cause ; réussir. ■ **Manger le morceau** [fam.], faire des aveux complets.

MORCELABLE **adj.** Que l'on peut morceler.

MORCELER **v.t.** **[16]**, ▲ *[12]*. Diviser en morceaux, en parties ; démembrer : *Morceler une propriété.*

MORCELLEMENT, ▲ *MORCÈLEMENT* **n.m.** Action de morceler ; fait d'être morcelé.

MORDACHE **n.f.** (du lat. *mordax*, *-acis*, tranchant). Suisse. Fam. Bagou ; faconde.

MORDACITÉ **n.f.** (lat. *mordacitas*). Litt. Caractère de ce qui est mordant ; causticité.

MORDANÇAGE **n.m.** **1. MÉTALL.** Décapage aux acides d'une surface métallique. **2. TEXT.** Application d'un mordant sur une étoffe, sur les poils d'une fourrure. **3. PHOTOGR.** Opération fixant un colorant sur une surface réceptrice.

MORDANCER **v.t.** **[9]** (de *mordant*). Effectuer un mordançage.

1. MORDANT, E **adj.** **1.** Qui entame en rongeant : *Acide mordant.* **2.** Fig. Qui dénote de l'hostilité ; incisif : *Raillerie mordante.* ■ **Froid mordant**, qui saisit vivement ; cuisant.

2. MORDANT **n.m.** **1.** Vivacité, énergie, entrain dans l'attaque : *Notre équipe a du mordant.* **2.** Caractère vif, agressif d'une réplique, d'une manière de s'exprimer ; causticité. **3.** Agent corrosif employé pour attaquer un métal en surface, dans la gravure à l'eau-forte, en partic. **4. TEXT.** Substance qu'on applique sur une étoffe, sur les poils d'une fourrure, en teinture, pour fixer les colorants sur la fibre. **5. MUS.** Ornement, surtout en usage dans la musique ancienne, formé de la note écrite, de sa seconde inférieure ou supérieure et du retour à la note écrite.

MORDEUR, EUSE **adj.** **1.** Se dit d'un animal qui a mordu ou est susceptible de mordre. **2.** Se dit d'un poisson en train de mordre dans le courant ou sur le fond.

MORDICUS [-kys] **adv.** (mot lat. « en mordant »). Fam. Avec une fermeté opiniâtre ; obstinément : *Elle soutient mordicus que c'est vrai.*

MORDILLAGE ou **MORDILLEMENT** **n.m.** Action de mordiller.

MORDILLER **v.t.** **[3].** Mordre légèrement et sans cesse.

MORDORÉ, E **adj.** (de *maure* et *1. doré*). D'un brun chaud avec des reflets dorés.

MORDORURE **n.f.** Litt. Couleur mordorée.

MORDRE **v.t.** ou **v.t. ind.** **[59]** (lat. *mordere*). **1.** Saisir avec les dents en serrant fortement, en blessant : *Le singe a mordu l'enfant. Mordre une pomme.* **2.** Absol. Attaquer avec les dents : *Cet animal risque de mordre.* **3.** Entamer une matière ; pénétrer : *La lime mord (dans) le métal.* **4.** Trouver prise ; s'accrocher : *Des crampons qui mordent la glace.* **5.** Attaquer la planche à graver, en parlant de l'eau-forte, d'un mordant. **6.** Aller au-delà de la limite fixée ; empiéter sur : *La voiture a mordu la ligne blanche.* **7.** Absol. Réaliser un saut mordu. ■ **Ça mord**, le poisson mord à l'appât. ■ **Mordre à l'appât** ou **à l'hameçon**, s'en saisir, en parlant du poisson ; fig., se laisser prendre à des apparences trompeuses. ■ **Mordre à qqch**, y prendre goût ; s'y mettre. ■ **Mordre sur**, empiéter légèrement sur un espace, une période : *Leur haie mord sur notre jardin.* ◆ **SE MORDRE** **v.pr.** ■ **Se mordre les doigts de qqch** [fam.], s'en repentir amèrement.

MORDU, E **adj.** **1.** Fam. Passionnément amoureux. **2.** Se dit d'un saut (longueur, triple saut) amorcé au-delà de la limite permise. ◆ **adj.** et **n.** Fam. Passionné ; féru de : *Elle est mordue de romans policiers. Un mordu du jeu en ligne.*

MORE **adj.** et **n.** → **MAURE.**

MOREAU **n.m.** (du lat. *maurellus*, maure). Cheval à la robe noir luisant ou brun profond.

MORELLE **n.f.** (du lat. *maurus*, brun foncé). Plante à petites fleurs, représentée par des espèces comestibles (pomme de terre, tomate, aubergine) et des formes sauvages toxiques (douce-amère, tue-chien). ➲ Famille des solanacées.

MORÈNE **n.f.** Plante des eaux stagnantes, à feuilles flottantes cordiformes et à fleurs blanches. ➲ Famille des hydrocharitacées.

MORESQUE **adj.** et **n.f.** → **1. MAURESQUE.**

MORFAL, E, ALS **n.** (du germ.). Fam. Personne qui a un appétit vorace ; glouton.

MORFIL **n.m.** (de *2. mort* et *fil*). Excédent de métal qui reste attaché au tranchant d'un outil que l'on vient d'affûter.

MORFLER **v.i.** **[3].** Fam. Encaisser un coup dur, une punition.

SE MORFONDRE **v.pr.** **[59]** (d'un rad. **murr-*, museau, et de l'anc. fr. *fondre*, prendre froid). S'ennuyer à attendre trop longtemps ; être déçu, triste.

MORGANATIQUE **adj.** (du lat. médiév. *morganaticus*, don du matin). Se dit du mariage d'un prince avec une personne de rang inférieur, qui reste exclue des dignités nobiliaires ; se dit de la femme ainsi épousée et des enfants nés de ce mariage.

MORGANITE **n.f.** **MINÉRALOG.** Pierre fine, béryl de couleur rose.

MORGON **n.m.** Vin d'un cru renommé du Beaujolais.

1. MORGUE **n.f.** (du lat. pop. **murricare*, faire la moue). Litt. Attitude hautaine ; arrogance.

2. MORGUE **n.f.** (de *1. morgue*). **1.** Établissement où sont provisoirement conservés les cadavres non identifiés ou justiciables d'une recherche des causes du décès (SYN. **institut médico-légal**). **2.** Salle où, dans un hôpital, une clinique, on garde momentanément les morts.

MORIBOND, E **adj.** et **n.** (lat. *moribundus*). Qui est près de mourir ; agonisant.

MORICAUD, E **adj.** et **n.** (de *maure*). Fam. (Souvent péjor. et raciste). Qui a la peau très brune.

MORIGÉNER **v.t.** **[11]**, ▲ *[11*]* (du lat. *morigerari*, être complaisant). Litt. Réprimander ; sermonner.

MORILLE **n.f.** (du lat. *maurus*, brun foncé). Champignon ascomycète des bois et des montagnes, à chapeau alvéolé, toxique cru mais comestible après cuisson. ➲ Ordre des pézizales. (V. planche *champignons*.)

MORILLON **n.m.** (de l'anc. fr. *morel*, brun). Fuligule d'Europe et d'Asie, à plumage noir et blanc chez le mâle, qui hiverne en Afrique orientale. ➲ Famille des anatidés.

MORINGA **n.m.** Arbre des régions tropicales de l'Asie et de l'Afrique, dont les graines fournissent une huile appelée *macassar*, employée en parfumerie et en horlogerie. ➲ Famille des moringacées.

MORIO **n.m.** Papillon de l'hémisphère Nord tempéré, voisin des vanesses, à ailes brunes bordées de jaune et de taches bleues. ➲ Famille des nymphalidés.

MORION n.m. (esp. *morrión*). Casque léger de fantassin, d'origine espagnole, caractérisé par ses bords relevés en nacelle et par une crête en croissant (XVIe-XVIIe s.).

MORISQUE adj. et n. (esp. *morisco*). Se dit d'un musulman d'Espagne converti, souvent par la contrainte, au catholicisme.

MORMON, E n. et adj. (mot anglo-amér.). Membre d'un mouvement religieux fondé aux États-Unis en 1830 par Joseph Smith, et qui est également appelé *Église de Jésus-Christ des saints des derniers jours.* ➲ Fondateurs de Salt Lake City, les mormons abandonnèrent leur gouvernement (de type théocratique*) et la polygamie sous la pression des autorités fédérales.

MORMONISME n.m. Théologie de la croyance propre aux mormons.

MORNA n.f. (du port. *morno*, tiède). Musique du Cap-Vert au rythme lent, chantée et dansée, exprimant la tristesse de l'amour ou la nostalgie de l'exilé.

1. MORNE adj. (francique *mornôn*). **1.** Empreint de tristesse ; morose : *Rester morne et silencieux.* **2.** Qui inspire la tristesse ; lugubre : *Un ciel morne.* **3.** Sans éclat ; terne : *Couleur morne.*

2. MORNE n.m. (mot créole, de l'esp.). Antilles. Colline.

MORNIFLE n.f. (d'un rad. **murr-*, museau, et de l'anc. fr. *nifler*, renifler). Fam., vieilli. Gifle.

1. MOROSE adj. (lat. *morosus*). Empreint de tristesse ; sombre : *Il est d'humeur morose.*

2. MOROSE adj. (du bas lat. *morosus*, lent). **THÉOL. CHRÉT.** ▪ **Délectation morose,** complaisance avec laquelle l'esprit s'attarde à une pensée qu'il devrait repousser.

MOROSITÉ n.f. Caractère, humeur moroses ; tristesse.

MORPHÈME n.m. (du gr. *morphê*, forme). **LING.** Unité minimale de signification. ➲ On distingue les *morphèmes grammaticaux* (par ex., *-ent*, marque de la 3e pers. du pl. des verbes) et les *morphèmes lexicaux*, ou *lexèmes* (par ex., *prudent* dans *imprudemment, voi-* dans *voient*).

MORPHINE n.f. (de *Morphée*, n. myth.). Principal alcaloïde de l'opium, utilisé pour son puissant effet antalgique.

MORPHING [-fiŋ] n.m. (mot anglo-amér.). Morphose.

MORPHINIQUE adj. Relatif à la morphine ; se dit d'un médicament apparenté à la morphine (SYN. **opiacé**). ◆ n.m. Médicament morphinique.

MORPHINOMANE n. Toxicomane à la morphine.

MORPHINOMANIE n.f. Toxicomanie à la morphine.

MORPHISME n.m. Homomorphisme.

MORPHO n.m. Grand papillon d'Amérique tropicale aux ailes génér. d'un bleu métallique éclatant. ➲ Famille des nymphalidés.

MORPHOGÈNE adj. **EMBRYOL.** Se dit des actions et des agents qui influencent la forme et la structure des organismes.

MORPHOGENÈSE n.f. **1. GÉOMORPH.** Création et évolution des formes du relief terrestre. **2. EMBRYOL.** Développement progressif des organes au cours de la vie embryonnaire.

MORPHOGÉNÉTIQUE adj. **GÉOMORPH.** Relatif à la morphogenèse.

MORPHOLOGIE n.f. (du gr. *morphê*, forme, et *logos*, science). **1.** Étude de la forme et de la structure externe des êtres vivants. **2.** Aspect général du corps humain : *La morphologie d'une danseuse étoile.* **3. LING.** Partie de la grammaire qui étudie la forme des mots et les variations de leurs désinences.

MORPHOLOGIQUE adj. **LING.** Relatif à la morphologie.

MORPHOPSYCHOLOGIE n.f. Étude des corrélations qui existeraient chez l'homme entre type morphologique et caractéristiques psychiques fondamentales. ➲ L'objet de cette étude est parfois contesté.

MORPHOSE n.f. (anglo-amér. *morphing*). **CINÉMA, INFORM., PHOTOGR.** Transformation progressive d'une image en une autre par traitement informatique : *La morphose permet de simuler le vieillissement du visage d'un enfant disparu* (SYN. **morphing**).

MORPHOSYNTAXE n.f. **LING.** Discipline qui regroupe l'étude des formes (morphologie) et celle des règles de combinaison des morphèmes (syntaxe), les considérant comme un tout indissociable.

MORPION n.m. (de *mordre* et *1. pion*). **1.** Fam. Pou du pubis. **2.** Fam., péjor. Petit garçon. **3.** Jeu de stratégie dans lequel chacun des deux adversaires s'efforce d'être le premier à aligner cinq fois son propre repère (pion, croix, rond, etc.) sur les intersections d'un quadrillage.

MORS [mɔr] n.m. (du lat. *morsus*, morsure). **1.** Pièce métallique fixée à la bride et passée dans la bouche du cheval sur les barres, qui permet de le conduire. ➲ Le *mors de filet* agit sur les commissures des lèvres ; le *mors de bride*, plus puissant, agit sur les barres. **2. OUTILL.** Chacune des mâchoires d'un étau, d'une pince, de tenailles, etc. **3. OUTILL.** Élément du mandrin en contact avec l'élément à serrer. ▪ **Prendre le mors aux dents,** en parlant d'un cheval, s'emporter ; fam., se mettre subitement en colère ; fam., montrer subitement une grande ardeur, une grande énergie. ◆ n.m. pl. **REL.** Partie de la couverture faisant charnière entre le dos et le plat de la reliure.

1. MORSE n.m. (russe *morj*, du lapon). Mammifère marin des régions arctiques, au corps épais, aux canines supérieures transformées en défenses et qui se nourrit de mollusques. ➲ Long. 5 m env. ; ordre des pinnipèdes.

▲ **morse**

2. MORSE n.m. (p.-ê. de *mors*). **MÉCAN. INDUSTR.** ▪ **Cône morse,** emmanchement conique, permettant le centrage et l'entraînement d'un arbre, d'un mandrin, d'un outil de coupe, etc.

alphabet

a	·—	n	—·
b	—···	o	———
c	—·—·	p	·——·
d	—··	q	——·—
e	·	r	·—·
f	··—·	s	···
g	——·	t	—
h	····	u	··—
i	··	v	···—
j	·———	w	·——
k	—·—	x	—··—
l	·—··	y	—·——
m	——	z	——··

chiffres

1	·————	6	—····
2	··———	7	——···
3	···——	8	———··
4	····—	9	————·
5	·····	0	—————

signaux divers

point	·—·—·—	erreur	········
début de transmission	—·—·—		
fin de transmission	·—·—·		

▲ **morse.** Le code Morse.

3. MORSE n.m. (du n. de S. *Morse*). ▪ **Code Morse,** ou **morse,** code télégraphique utilisant un alphabet conventionnel fait de traits et de points, transmis sous la forme de sonorités brèves ou longues. ➲ Depuis 1999, le code Morse a été abandonné pour les communications maritimes au profit d'un système satellitaire.

MORSURE n.f. (de *mors*). **1.** Action de mordre ; plaie faite en mordant. **2.** Action d'entamer une matière : *La morsure de la lime.* **3. GRAV.** Attaque du métal par l'acide. **4.** Fig. Effet nuisible d'un élément naturel : *Les morsures du froid.*

1. MORT n.f. (lat. *mors, mortis*). **1.** Cessation complète et définitive de la vie ; décès : *Mort naturelle, accidentelle.* **2.** Fig. Cessation complète d'activité ; disparition : *La mort de l'industrie textile.* ▪ **À mort,** de manière mortelle : *Battu à mort* ; fam., de toutes ses forces : *Serrer un boulon à mort* ; à un degré intense : *Détester qqn à mort.* ▪ **À mort !** ou **mort à… !,** cris pour réclamer la mort de qqn ou le conspuer : *Mort au tyran !* ▪ **Être à deux doigts de la mort, à l'article de la mort** ou **sur son lit de mort,** sur le point de mourir. ▪ **Être entre la vie et la mort,** en grand danger de mourir. ▪ **La mort dans l'âme,** avec un regret très vif, mêlé de chagrin. ▪ **Mort apparente** ou **clinique,** arrêt ou ralentissement extrême des fonctions vitales donnant l'apparence de la mort, mais encore réversible sous traitement. ▪ **Mort cérébrale,** arrêt irréversible de toute activité cérébrale, correspondant génér. à la définition légale de la mort. ▪ **Mort civile** [dr.], peine entraînant la privation de tous les droits civils, abolie en 1854. ▪ **Mort subite,** décès brutal d'une personne en bonne santé apparente, dont la cause (affection cardiaque, par ex.) reste inconnue ou n'est diagnostiquée qu'à l'autopsie. ▪ **Mort subite** ou **inexpliquée du nourrisson,** décès brutal d'un nourrisson en bonne santé apparente, sans cause connue, même à l'autopsie. ▪ **Peine de mort,** peine criminelle suprême ; peine capitale (supprimée en France par la loi du 9 oct. 1981). ▪ **Pulsion de mort** [psychan.], selon Freud, type de pulsion, autodestructrice ou destructrice, qui s'oppose aux pulsions de vie. ▪ **Souffrir mille morts** [litt.], subir de terribles souffrances.

2. MORT, E adj. (lat. *mortuus*). **1.** Qui a cessé de vivre : *Il est mort d'une crise cardiaque. Des feuilles mortes.* **2.** Qui manque d'animation, d'activité ; endormi : *Un quartier mort.* **3.** Fam. Qui ne peut plus être utilisé ; hors d'usage : *La batterie est morte.* **4.** Au rugby, se dit d'un ballon qui n'est plus jouable (arrêt de jeu, sortie hors des limites). ▪ **Angle mort,** partie du champ visuel occupée par un obstacle masquant ce qui se trouve derrière lui ; mil., zone de terrain dérobée à la vue par un obstacle, ou non battue par le feu. ▪ **Bras mort,** bras d'un cours d'eau où le courant est très faible, où l'eau stagne. ▪ **Eau morte,** stagnante. ▪ **Être mort** [fam.], être épuisé. ▪ **Être mort de qqch,** éprouver une sensation à un haut degré : *Être mort de faim, de rire.* ▪ **Falaise morte** → **FALAISE.** ▪ **Ligne de ballon mort** → **LIGNE.** ▪ **Plus mort que vif,** paralysé par la frayeur. ▪ **Temps mort,** au basket-ball et au volley-ball, temps de repos accordé à la demande d'une équipe ; fig., moment où il n'y a pas d'activité, d'action. ▪ **Vallée morte** → **VALLÉE.**

3. MORT, E n. **1.** Personne décédée ; défunt : *Monument aux morts* ; victime : *Cet accident a fait trois morts.* **2.** Dépouille mortelle ; corps : *Porter un mort en terre.* ▪ **Aux morts !** [mil.], sonnerie et batterie pour honorer le souvenir de ceux qui sont morts pour la patrie. ◆ n.m. Au bridge, celui des quatre joueurs qui étale son jeu sur la table ; la série des cartes de ce joueur. ▪ **Faire le mort,** faire semblant d'être mort ; ne pas manifester sa présence. ▪ **La place du mort** [fam.], celle qui est à côté du conducteur, dans une automobile, et qui est réputée la plus dangereuse en cas de collision.

MORTADELLE n.f. (ital. *mortadella*). Gros saucisson à base de viande de porc, qui se présente à la coupe sous la forme d'une pâte fine rose où se détachent des dés de graisse. ➲ Spécialité italienne.

MORTAISAGE n.m. Action de mortaiser.

MORTAISE n.f. **1.** Évidement de section génér. rectangulaire, pratiqué dans une pièce de bois ou de métal, pour recevoir le tenon d'une autre pièce assemblée. **2. MÉCAN. INDUSTR.** Rainure pratiquée dans un alésage et destinée à recevoir le tenon.

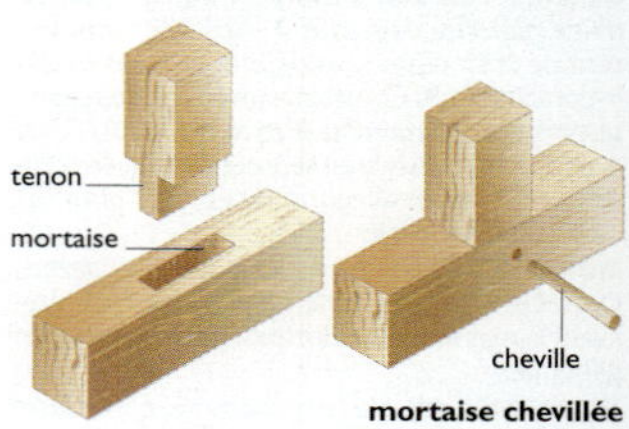

▲ **mortaise.** Assemblages à tenon et mortaise.

MORTAISER v.t. [3]. Pratiquer une mortaise dans.

MORTAISEUSE n.f. Machine-outil pour creuser les mortaises.

MORTALITÉ n.f. (lat. *mortalitas*). Phénomène de la mort, considéré du point de vue du nombre : *Dans ce genre de maladie, la mortalité est rare.* ▪ **Taux de mortalité,** rapport du nombre des décès à l'effectif moyen de la population, durant une période donnée. ▪ **Taux de mortalité infantile,** rapport du nombre de décès d'enfants (nés vivants) de moins de un an au nombre de naissances durant la même année.

MORT-AUX-RATS [mɔrora] n.f. inv. Préparation empoisonnée, génér. à base d'arsenic, destinée à détruire les rongeurs.

MORT-BOIS n.m. (pl. *morts-bois*). Bois de peu de valeur formé par les arbustes, les arbrisseaux et qui ne peut être travaillé.

MORTE-EAU n.f. (pl. *mortes-eaux*). ▪ **Marée de morte-eau,** ou **morte-eau,** marée de faible amplitude, qui se produit lorsque la Lune est en quadrature (par oppos. à *vive-eau*).

MORTEL, ELLE adj. (lat. *mortalis*). **1.** Sujet à la mort : *L'être humain est mortel.* **2.** Qui cause la mort ; létal : *Accident mortel.* **3.** Fam. Très pénible ou très ennuyeux ; sinistre : *Des vacances mortelles.* **4.** Fam. Génial ; magnifique : *Une BO mortelle.* ▪ **Ennemi mortel,** que l'on hait profondément. ▪ **Péché mortel** [christ.], transgression grave de la loi divine, entraînant la damnation éternelle (par oppos. à *péché véniel*). ◆ **n.** Litt. ou par plais. Être humain.

MORTELLEMENT adv. **1.** D'un coup mortel : *Il a été mortellement blessé.* **2.** Fam. À un très haut degré ; extrêmement : *Film mortellement ennuyeux.*

MORTE-SAISON n.f. (pl. *mortes-saisons*). Période où l'activité, commerciale ou industrielle, est faible, voire nulle.

MORTIER n.m. (du lat. *mortarium*, auge). **1.** Récipient à fond hémisphérique, où l'on broie, avec un pilon, des aliments, certaines substances pharmaceutiques, etc. **2.** Mélange constitué de sable, d'un liant (chaux ou ciment), éventuellement d'adjuvants, et d'eau, utilisé pour liaisonner les éléments d'une construction, exécuter des chapes et des enduits. **3. ARM.** Bouche à feu à âme lisse pour le tir courbe, notamm. sur des objectifs masqués ou enterrés. **4.** Bonnet des magistrats de la Cour de cassation et de la Cour des comptes.

MORTIFÈRE adj. **1.** Qui cause la mort. **2.** Fam. Qui est d'un ennui mortel.

MORTIFIANT, E adj. Qui mortifie, humilie.

MORTIFICATION n.f. **1.** Pratique ascétique par laquelle, en s'infligeant des souffrances corporelles, on cherche à se préserver du péché ou à s'en purifier. **2.** Blessure d'amour-propre ; humiliation : *Subir une terrible mortification.* **3. MÉD.** Nécrose. **4. CUIS.** Faisandage.

MORTIFIER v.t. [5] (du lat. *mortificare*, faire mourir). **1.** Soumettre le corps à la mortification. **2.** Blesser dans son amour-propre ; humilier : *Votre absence l'a mortifié.* **3. MÉD.** Nécroser. **4. CUIS.** Faisander.

MORTINATALITÉ n.f. **DÉMOGR.** Nombre des enfants mort-nés dans un lieu et pendant une durée donnés. ▪ **Taux de mortinatalité,** rapport du nombre des enfants mort-nés à celui des naissances au cours d'une même période.

MORT-NÉ, E adj. et n. (pl. *mort-nés, mort-nées*). **1.** Se dit d'un enfant mort soit in utero après 180 jours de grossesse, soit pendant l'accouchement, avant d'avoir respiré. **2. VÉTÉR.** Se dit d'un animal (veau, poulain) mort dans des circonstances comparables. ◆ **adj.** Qui échoue dès le commencement : *Roman mort-né.*

MORTUAIRE adj. (lat. *mortuarius*). Relatif aux morts, aux cérémonies qui concernent un décès ; funéraire : *Couronne, veillée mortuaire.* ▪ **Extrait mortuaire** [dr. admin.], copie d'un acte extrait du registre mortuaire. ▪ **Maison mortuaire,** où une personne est décédée. (En Belgique, on dit *la mortuaire.*) ▪ **Registre mortuaire,** registre des décès d'une localité.

MORT-VIVANT n.m. (pl. *morts-vivants*). **1.** Personne marquée par les épreuves physiques ou morales au point d'avoir l'apparence d'un mort. **2.** Dans le fantastique, cadavre qui revient à la vie.

MORUE n.f. (p.-ê. du celtique *mor*, mer, et de l'anc. fr. *luz*, brochet). **1.** Gros poisson des mers froides, consommé frais sous le nom de *cabillaud*, salé sous le nom de *morue verte*, séché sous le nom de *merluche*, et du foie duquel on tire une huile riche en vitamines A et D. ➲ Long. jusqu'à 1,50 m ; famille des gadidés. **2.** Injur., vieilli. Prostituée. ▪ **Habit à queue de morue** [fam.], habit de cérémonie à pans longs et effilés ; frac. ▪ **Morue noire,** églefin.

▲ **morue**

MORULA n.f. (mot lat. « petite mûre »). **EMBRYOL.** Premier stade du développement de l'embryon, qui se présente sous la forme d'une sphère dont la surface a l'aspect d'une mûre.

1. MORUTIER, ÈRE adj. Relatif à la morue, à sa pêche. ◆ **n.m.** Bateau équipé pour la pêche à la morue.

2. MORUTIER n.m. Pêcheur de morues.

MORVANDIAU adj.m. et n.m. ou **MORVANDEAU, ELLE** adj. et n. Du Morvan.

MORVE n.f. (de *vorme*, var. anc. de *gourme*). **1. VÉTÉR.** Maladie contagieuse des équidés (cheval, âne), souvent mortelle, transmissible à l'homme et due à un bacille causant des ulcérations des fosses nasales. ➲ On doit abattre les animaux atteints. **2.** Sécrétion des muqueuses du nez.

MORVEUX, EUSE adj. **1.** Qui a la morve au nez : *Enfant morveux.* **2. VÉTÉR.** Qui est atteint de la morve. ▪ **Se sentir morveux,** prendre conscience de ses torts. ◆ **n.** Fam., péjor. **1.** Petit garçon, petite fille ; gamin. **2.** Personne jeune et prétentieuse.

MOS [mɔs] n.m. (acronyme de l'angl. *metal oxide semiconductor*). **ÉLECTRON.** Transistor à effet de champ, à grille isolée par une couche d'oxyde de silicium, utilisé dans les circuits intégrés.

1. MOSAÏQUE n.f. (ital. *mosaico*). **1.** Assemblage de pièces multicolores de matériaux durs, dites *tesselles*, juxtaposées pour former un dessin et liées par un ciment ; art d'exécuter ce type d'ouvrage : *Les mosaïques de Pompéi.* **2.** Fig. Ensemble d'éléments juxtaposés et disparates : *Son article n'est qu'une mosaïque de citations.* **3.** (En appos.). Se dit de ce qui est composé d'éléments divers, souvent hétéroclites : *Pays, documentaire mosaïques.* **4. REL.** Décor de reliure obtenu par l'application de morceaux de peau de couleurs variées. **5. AGRIC.** Symptôme de nombreuses maladies à virus des plantes, déterminant sur leurs feuilles des taches de diverses couleurs ; nom donné à ces maladies : *Mosaïque du tabac.* **6. GÉNÉT.** Mode d'hérédité où les caractères parentaux sont répartis par plaques sur le corps de l'hybride. **7. GÉNÉT.** État d'un individu présentant plusieurs populations de cellules, ayant des gènes ou des chromosomes différents, à la suite d'une anomalie survenue pendant la vie embryonnaire. ◆ **adj.** ▪ **Pavage mosaïque,** revêtement de chaussée constitué par des pavés de petites dimensions posés en quart de cercle sur une fondation de béton.

▲ **mosaïque.** *Le Triomphe de Neptune* (IIIe s.), détail d'une mosaïque d'Hadrumète. (Musée archéologique de Sousse.)

2. MOSAÏQUE adj. (lat. *mosaïcus*). Relatif à Moïse, au mosaïsme. ▪ **La Loi mosaïque,** v. partie n.pr. **TORAH.**

MOSAÏQUÉ, E adj. Qui a l'aspect d'une mosaïque.

MOSAÏSME n.m. Ensemble des doctrines et des institutions que le peuple d'Israël reçut de Dieu par l'intermédiaire de Moïse.

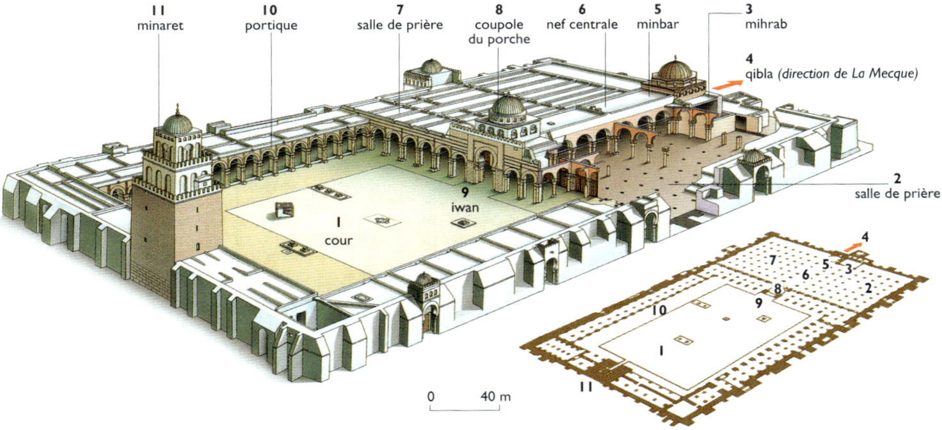

▲ **mosquée.** Ensemble et plan de la Grande Mosquée de Kairouan, en Tunisie (VIIIe-IXe s.).

a b c d e f g h i j k l m n o p q r s t u v w x y z

MOSAÏSTE n. Personne qui exécute des mosaïques.

MOSAN, E adj. ▪ **Art mosan,** art qui s'est développé à l'époque romane dans la région de la Meuse moyenne et inférieure, illustré notamm. par la dinanderie, l'orfèvrerie et l'émaillerie.

MOSCOVITE adj. et n. De Moscou.

MOSCOVIUM [-vjɔm] n.m. (de *Moscou,* n.pr.). Élément chimique artificiel (Mc), de numéro atomique 115.

MOSQUÉE n.f. (ar. *masdjid*). Édifice dans lequel les musulmans célèbrent leur culte. *(V. ill. page précédente.)*

➲ La **MOSQUÉE** est un édifice hypostyle, qui se compose d'une salle de prière, précédée d'une cour centrale à portiques et surmontée de un ou plusieurs minarets, d'où les muezzins lancent les appels à la prière. Dans la salle de prière, le mur indiquant la direction de La Mecque *(qibla)* est creusé d'une niche vide *(mihrab)*, à côté de laquelle se situe la chaire à prêcher *(minbar)*. La mosquée à iwan est de tradition persane, la mosquée à coupole, de tradition ottomane.

MOT n.m. (du bas lat. *muttum,* grognement). **1.** LING. Élément de la langue constitué de un ou plusieurs phonèmes et susceptible d'une transcription graphique autonome : *Mot de trois syllabes.* **2.** Petit nombre de paroles : *Le directeur veut vous dire un mot* ; courte lettre : *Je vous écrirai un mot en arrivant.* **3.** Parole historique ou mémorable : *Mot attribué à Clovis.* **4.** INFORM. Élément d'information stocké ou traité d'un seul tenant dans un ordinateur. ▪ **Au bas mot,** en évaluant au plus bas. ▪ **Avoir des mots avec qqn,** se quereller avec lui. ▪ **Avoir le dernier mot, ne pas avoir dit son dernier mot** → **DERNIER.** ▪ **Avoir son mot à dire,** être en droit de donner son avis. ▪ **En un mot,** brièvement. ▪ **Grand mot** [péjor.], terme emphatique. ▪ **Gros mot,** terme grossier. ▪ **Jouer sur les mots,** tirer parti des équivoques qu'ils peuvent présenter. ▪ **Le fin mot de l'histoire,** son sens caché. ▪ **Mot à mot** ou **mot pour mot,** littéralement ; sans rien changer. ▪ **Mot (d'esprit)** ou **bon mot,** parole spirituelle ; boutade. ▪ **Mot d'ordre,** consigne donnée en vue d'une action déterminée. ▪ **Mots croisés,** v. à son ordre alphabétique. ▪ **Prendre qqn au mot,** accepter sur-le-champ une proposition qu'il a faite. ▪ **Se donner le mot,** se mettre d'accord pour dire ou faire qqch. ▪ **Se payer de mots,** parler au lieu d'agir. ▪ **Toucher un mot à qqn de qqch,** lui en parler brièvement.

MOTARD, E n. **1.** Motocycliste. **2.** Motocycliste de la police, de la gendarmerie, de la douane ou de l'armée.

MOT-CLÉ ou **MOT-CLEF** n.m. (pl. *mots-clés, mots-clefs*). **1.** Mot qui, une fois indexé, permet d'identifier, de sélectionner un article dans un fichier. **2.** INFORM. Descripteur associé à une rubrique de base de données, pour faciliter les tris ou les recherches.

MOT-CLIC n.m. Québec. Hashtag.

MOTEL n.m. (mot anglo-amér.). Hôtel situé à proximité des grands itinéraires routiers, spécialement aménagé pour accueillir les automobilistes.

MOTELLE n.f. Loche de mer.

MOTET [mɔtɛ] n.m. (de *mot*). MUS. Composition à une ou à plusieurs voix, avec ou sans accompagnement, le plus souvent religieuse, apparue au XIIIe s.

1. MOTEUR, TRICE adj. (du lat. *motor, -trix,* celui qui remue). **1.** Qui produit un mouvement ; qui le transmet. **2.** Fig. Qui dynamise : *L'élément moteur de l'équipe.* **3.** ANAT. Se dit d'un nerf ou d'un neurone qui commande la motricité d'un organe.

2. MOTEUR n.m. **1.** Appareil qui transforme en énergie mécanique d'autres formes d'énergie. **2.** Fig. Personne qui dirige, donne l'élan ; âme : *Elle est le moteur du projet.* **3.** Fig. Cause d'action ; motif déterminant : *L'investissement est le moteur de la croissance.* ▪ **Moteur à combustion externe,** dans lequel l'énergie calorifique fournie par le combustible n'agit pas directement sur les parties mécaniques (cas de la turbine ou de la machine à vapeur). ▪ **Moteur à combustion interne,** dans lequel les gaz de combustion fournissent, par leur expansion, la force agissant sur le mécanisme (cas du moteur à explosion, du moteur Diesel, de la turbine à gaz). ▪ **Moteur à réaction,** dans lequel l'action mécanique est réalisée par l'éjection d'un flux gazeux à grande vitesse, qui crée une certaine quantité de mouvement. ➲ Cette quantité de mouvement s'obtient soit en aspirant de l'air à l'avant du mobile et en le rejetant vers l'arrière à une vitesse plus élevée (turboréacteurs, statoréacteurs), soit en empruntant au mobile une partie de sa masse (moteurs-fusées). ▪ **Moteur de recherche** [inform.], logiciel qui facilite la localisation sur le réseau Internet de fichiers ou d'adresses de serveurs sur un thème donné. ▪ **Moteur électrique,** transformant l'énergie électrique en énergie mécanique. ▪ **Moteur linéaire,** moteur électrique servant à mouvoir un véhicule et dont le stator et le rotor sont en translation rectiligne l'un par rapport à l'autre. ▪ **Moteur thermique,** transformant l'énergie thermique en énergie mécanique. ▪ **Premier moteur,** chez Aristote, Dieu, cause de tout changement.

➲ Les **MOTEURS** ont évolué au début du XXe s., quand le pétrole a supplanté les autres sources d'énergie (électricité, vapeur). La distribution par arbres à cames*, la multiplication des soupapes, l'alimentation par injection, la suralimentation par compresseur ou turbocompresseur constituent autant d'innovations technologiques. Les moteurs ont évolué, au cours du dernier quart du XXe s., par l'intervention de l'électronique dans la gestion de l'allumage et de l'alimentation, par l'usage de matériaux plus légers et la diminution des frottements, autant de facteurs permettant d'optimiser le rendement. Parallèlement au moteur thermique classique (fonctionnant à l'essence), le diesel (fonctionnant au gazole) est apprécié notamm. en raison de son faible coût d'utilisation. En revanche, les autres sources d'énergie, comme le gaz de pétrole liquéfié (GPL), le gaz naturel pour véhicules (GNV) ou l'électricité, ne sont pas encore répandues sur les voitures de grande diffusion. Les motorisations hybrides, associant moteurs thermique et électrique, sont apparues à la fin des années 1990, tandis que la pile à combustible, utilisant l'hydrogène, reste encore expérimentale.

MOTEUR-FUSÉE n.m. (pl. *moteurs-fusées*). Propulseur à réaction utilisé en aviation et en astronautique, qui emporte le comburant et le carburant nécessaires à son fonctionnement.

MOTIF n.m. (du lat. *movere,* mouvoir). **1.** Raison d'ordre intellectuel qui pousse à faire qqch, à agir ; cause : *Je ne connais pas le motif de son retard.* **2.** DR. Partie du jugement où le juge indique les raisons de sa décision ; au pl., ces raisons elles-mêmes. **3.** ARTS APPL. Thème, structure ornementale qui, le plus souvent, se répète. **4.** MUS. Dessin mélodique ou rythmique, plus ou moins long et pouvant, dans le développement de l'œuvre, subir des modifications ou des transpositions. **5.** PEINT. Modèle, thème plastique d'une œuvre (en partic. d'une peinture de paysage) ; partie de ce thème. ▪ **Aller sur le motif** [peint.], aller peindre en plein air, d'après nature. ▪ **Motif cristallin** [cristallogr.], arrangement des atomes d'une maille cristalline, dont la répétition engendre le réseau cristallin.

MOTILITÉ n.f. PHYSIOL. Aptitude à effectuer des mouvements spontanés ou réactionnels, chez l'être vivant ; ensemble des mouvements d'un organe.

MOTION n.f. (du lat. *motio,* action de mouvoir). Texte soumis à l'approbation d'une assemblée par un de ses membres ou par une partie de ses membres ; un tel texte, soumis au vote d'une assemblée parlementaire.

MOTION CAPTURE [mɔʃœncaptyr] n.f. (mot anglo-amér. « capture de mouvement »). Technique vidéographique qui permet d'enregistrer les déplacements d'un être vivant ou d'un objet dans l'espace, et de les restituer sur un ordinateur afin de réaliser des images de synthèse ou des effets spéciaux. ➲ Elle est notamm. employée dans l'industrie du cinéma et des jeux vidéo.

MOTIVANT, E adj. Qui motive ; stimulant.

MOTIVATION n.f. **1.** Ensemble des motifs qui expliquent un acte ; justification. **2.** LING. Relation entre la forme et le contenu d'un signe. **3.** PSYCHOL. Processus physiologique et psychologique responsable du déclenchement, de la poursuite et de la cessation d'un comportement. ▪ **Étude de motivation** [écon.], visant à déterminer

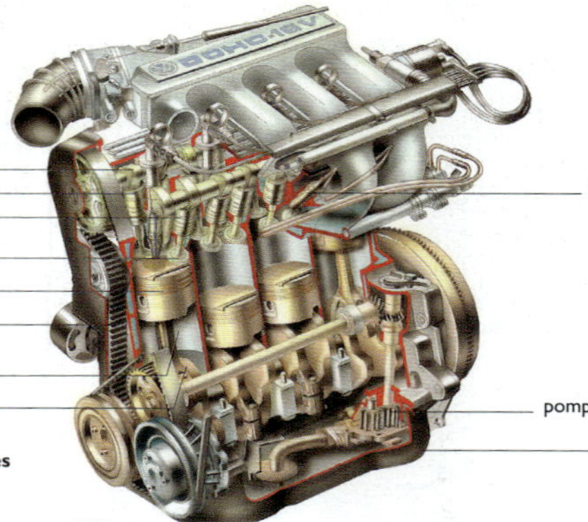

moteur à explosion à injection 16 soupapes

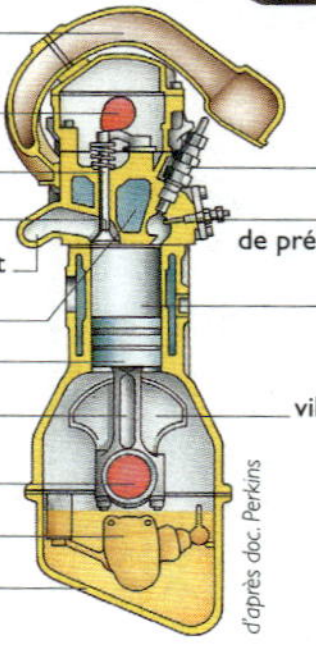

moteur Diesel

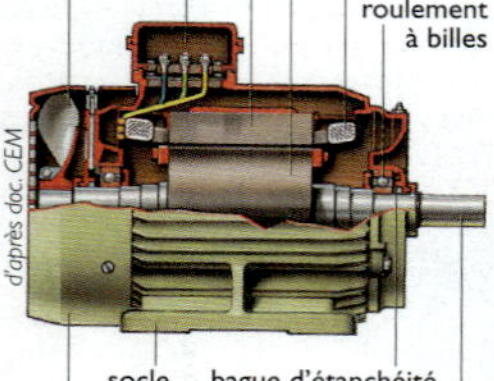

moteur électrique asynchrone à usage industriel

▲ **moteurs**

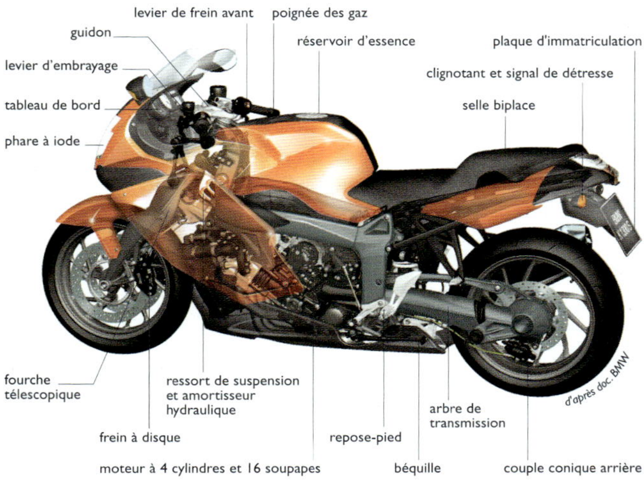

▲ **moto** BMW 1300S.

les facteurs psychologiques et sociologiques qui expliquent l'achat d'un produit, sa prescription ou son rejet.

MOTIVÉ, E adj. 1. Dont on donne les motifs ; fondé : *Réclamation motivée.* **2.** Qui a une, des motivations : *Une étudiante très motivée.*

MOTIVER v.t. [3]. 1. Fournir des motifs pour justifier un acte : *Il ne savait comment motiver sa présence en ce lieu.* **2.** Être la cause de ; entraîner : *Ces bagarres ont motivé l'intervention de la police.* **3.** Créer chez qqn les conditions qui poussent à agir ; encourager : *Cette promotion le motive à persévérer.*

MOTO n.f. (abrév.). Motocycle à deux roues, d'une puissance de plus de 50 cm³ (moteur thermique) ou de plus de 4 kW (moteur électrique) [SYN. (vieilli) **motocyclette**].

MOTOBALL [-bol] **n.m.** Sport motocycliste opposant, sur un terrain de football, deux équipes de cinq joueurs s'efforçant d'envoyer un ballon dans le but adverse.

MOTOCISTE n. Vendeur et réparateur de motocycles.

MOTOCROSS n.m. Épreuve motocycliste sur un circuit fermé et très accidenté.

▲ **motocross**

MOTOCULTEUR n.m. AGRIC. Machine automotrice à un seul essieu, conduite à l'aide de mancherons, utilisée pour la culture maraîchère, en arboriculture et en jardinage.

MOTOCULTURE n.f. Utilisation de machines motorisées dans l'agriculture.

MOTOCYCLE n.m. Véhicule constitué d'un cadre sur roues et mû par un moteur. ➲ Il existe plusieurs sortes de motocycles : le *cyclomoteur* (ou *vélomoteur*), la *motocyclette*, le *tricycle* et le *quadricycle*.

MOTOCYCLETTE n.f. Terme administratif ou vieilli. Moto.

MOTOCYCLISME n.m. Ensemble des activités sportives disputées sur motos et side-cars.

MOTOCYCLISTE n. Personne qui conduit une moto ; motard. ◆ **adj.** Relatif à la moto.

MOTOFAUCHEUSE n.f. Faucheuse automotrice utilisée surtout en montagne et se conduisant comme un motoculteur.

MOTOMARINE n.f. Québec. Petite embarcation à une ou deux places, propulsée par le jet d'eau d'un moteur à turbine ; scooter des mers.

MOTONAUTIQUE adj. Relatif au motonautisme.

MOTONAUTISME n.m. Navigation sportive sur des embarcations rapides à moteur.

MOTONEIGE n.f. Québec. Petit véhicule ouvert à une ou deux places, muni de skis à l'avant et d'une chenille à l'arrière, pour circuler sur la neige ; sport pratiqué avec ce véhicule (SYN. **scooter des neiges**).

MOTONEIGISTE n. Personne qui pratique la motoneige.

MOTONEURONE n.m. PHYSIOL. Neurone de grande taille, situé dans la corne antérieure de la moelle épinière et dont l'axone suit un trajet dans un nerf moteur et innerve une fibre musculaire striée. ➲ L'ensemble des mouvements actifs passe par l'intermédiaire des motoneurones.

MOTOPAVER [-vœr] **n.m.** (mot angl.). **TRAV. PUBL.** Engin automoteur malaxant des granulats avec un liant, avant de les déposer en couche régulière.

MOTOPOMPE n.f. Pompe actionnée par un moteur.

MOTOPROPULSEUR adj.m. et **n.m.** Se dit, pour un véhicule, de l'ensemble des organes assurant son déplacement.

MOTOR-HOME n.m. (pl. *motor-homes*) [mot angl.]. Véhicule automobile aménagé pour servir d'habitation. Recomm. off. **autocaravane.**

MOTORISATION n.f. 1. Action de motoriser ; fait d'être motorisé ; mécanisation. **2.** Équipement d'un véhicule automobile en un type déterminé de moteur (moteur à essence ou Diesel, partic.).

MOTORISÉ, E adj. Doté de moyens de transport automobiles : *Troupes motorisées.* ▪ **Être motorisé** [fam.], disposer d'un véhicule à moteur.

MOTORISER v.t. [3]. 1. Munir d'un moteur : *Motoriser une barque.* **2.** Doter de véhicules, de machines à moteur : *Motoriser l'agriculture.*

MOTORISTE n. 1. Spécialiste de la réparation et de l'entretien des moteurs des véhicules. **2.** Industriel qui fabrique des moteurs, partic. dans le domaine aérospatial.

MOTO-TAXI n.f. (pl. *motos-taxis*). Moto avec chauffeur, qui assure un service payant de transport de personnes.

MOTRICE n.f. CH. DE F. Automotrice tractant plusieurs voitures.

MOTRICITÉ n.f. PHYSIOL. Ensemble des fonctions biologiques qui assurent le mouvement, chez l'homme et les animaux.

MOTS CROISÉS ou **MOTS-CROISÉS n.m. pl.** Jeu consistant à trouver des mots qui s'entrecroisent dans une grille, en interprétant des définitions plus ou moins énigmatiques. (On dit aussi *un mots[-]croisés.*)

MOTS-CROISISTE n. (pl. *mots-croisistes*). Verbicruciste.

MOTTE n.f. (d'un mot prélatin). **1.** Morceau de terre plus ou moins compact résultant du labour. **2.** Petit cube de terre et de tourbe mélangées et pressées, dans lequel on sème une ou deux graines pour obtenir un plant de fleur ou de plante potagère. **3.** Masse de beurre pour la vente au détail. **4. MÉTALL.** Moule en sable séparé de son châssis avant la coulée du métal. **5. FORTIF.** À l'époque du haut Moyen Âge, tertre artificiel entouré d'un fossé servant d'assise aux premiers châteaux forts en bois.

SE MOTTER v.pr. [3]. CHASSE. Se cacher derrière les mottes, en parlant d'un animal.

MOTTEUX n.m. Passereau du genre traquet, répandu dans les milieux ouverts de l'Eurasie et de l'Afrique, qui se nourrit de vers et d'insectes, et est appelé aussi *cul-blanc.* ➲ Famille des turdidés.

MOTTON n.m. (de *motte*). Québec. **1.** Petite masse de matière compacte et durcie ; morceau : *Des mottons de glace.* **2.** Spécial. Grumeau dans une sauce, une pâte. ▪ **Avoir le motton, faire le motton,** posséder, gagner beaucoup d'argent. ▪ **Avoir un motton dans la gorge** ou **avoir le motton,** avoir la gorge serrée.

1. MOTU PROPRIO [mɔtyprɔprijo] **loc. adv.** (mots lat. « de son propre mouvement »). Sans y être incité ; spontanément.

2. MOTU PROPRIO n.m. inv. CATH. Acte législatif promulgué par le pape de sa propre initiative.

MOTUS [mɔtys] **interj.** (de *mot*). Fam. Invitation à garder le silence : *Motus et bouche cousue !*

MOT-VALISE n.m. (pl. *mots-valises*). **LING.** Mot constitué par l'amalgame de la partie initiale d'un mot et de la partie finale d'un autre (ex. : *alicament*, formé de *ali[ment]* et *[médi]cament*).

1. MOU ou **MOL, MOLLE adj.** (lat. *mollis*). **1.** Qui manque de dureté ; malléable : *Pâte molle.* **2.** Qui manque de fermeté, de vigueur : *Un ventre mou. De molles protestations.* **3. MAR.** Se dit d'un voilier qui, sous l'action du vent, a tendance à abattre (par oppos. à *ardent*). **4. PHYS.** Se dit des rayons X les moins pénétrants. ◆ **n.** Personne sans énergie ; apathique : *Il ne prend aucune initiative, c'est un mou.* ◆ **n.m.** Ce qui est mou, peu résistant. ▪ **Coup de mou** [fam.], fatigue soudaine ; baisse de tonus : *Elle va mieux, c'était juste un petit coup de mou.*

✎ ***Mol***, adj. m., est employé devant un mot masc. sing. commençant par une voyelle ou un ***h*** muet.

2. MOU n.m. Poumon des animaux de boucherie.

MOUCHAGE n.m. Action de moucher, de se moucher.

MOUCHARABIEH [muʃarabje], ▲ ***MOUCHARABIÉ*** **n.m.** (ar. *machrabiyya*). Grillage fait de petits bois tournés, permettant de voir sans être vu, dans l'architecture arabe traditionnelle ; balcon, logette garnis d'un tel grillage.

1. MOUCHARD, E n. (de *mouche*). Fam., péjor. Dénonciateur ; délateur.

2. MOUCHARD n.m. 1. Appareil de contrôle enregistreur, en partic. chronotachygraphe. **2.** Fam. Judas d'une porte.

MOUCHARDAGE n.m. Fam. Dénonciation.

MOUCHARDER v.t. et **v.i. [3].** Fam. Dénoncer ; rapporter.

MOUCHE n.f. (lat. *musca*). **1.** Insecte diptère aux formes trapues, aux antennes courtes, doté de pièces buccales suceuses ou piqueuses. ➲ Sous-ordre des brachycères. (V. planche *insectes.*) **2.** Québec. Tout insecte diptère piqueur des forêts et des régions sauvages, qui se nourrit de sang : *Se faire manger par les mouches.* **3. PÊCHE.** Leurre imitant un insecte. **4.** Petite touffe de poils au-dessous de la lèvre inférieure. **5.** Petite rondelle de taffetas noir que les femmes, aux XVIIe et XVIIIe s., se collaient sur le visage ou sur la gorge pour mettre en valeur la blancheur de leur peau. **6.** Point noir au centre d'une cible. **7.** En escrime, bouton qui garnit la pointe d'un fleuret pour la rendre inoffensive. **8.** En boxe, catégorie de poids ; boxeur appartenant à cette catégorie. ▪ **Faire mouche,** placer un projectile au centre de la cible ; fig., toucher le point sensible ou névralgique. ▪ **Fine mouche,** personne très rusée. ▪ **Mouche à feu** [Québec], luciole. ▪ **Mouche armée,** stratiome. ▪ **Mouche du coche** → **1. COCHE.** ▪ **Mouche noire** [Québec], simulie. ▪ **Pattes de mouche,** écriture fine et peu lisible. ▪ **Prendre la mouche,** s'emporter. (En Suisse, on dit *piquer la mouche.*) ▪ **Quelle mouche le pique ?** [fam.], pourquoi se fâche-t-il ? ▪ **Tomber comme des mouches** [fam.], mourir en grand nombre.

➲ Parmi les différentes espèces de **MOUCHES**, la *mouche domestique* est nuisible par les micro-organismes qu'elle transporte sur ses pattes et sa trompe ; les *mouches verte* (lucilie) et *bleue* pondent sur la viande ; la *mouche tsé-tsé*, ou *glossine*, transmet la maladie du sommeil ; la *mouche charbonneuse*, ou *stomoxe*, pique les bestiaux ; la *mouche du vinaigre* (drosophile) est très utilisée dans la recherche en génétique.

MOUCHER v.t. [3] (du lat. *muccus*, morve). **1.** Débarrasser les narines des sécrétions nasales. **2.** Fam. Remettre qqn à sa place vivement. ▪ **Moucher une chandelle,** en éteindre la flamme en prenant la mèche entre ses doigts. ◆ **SE MOUCHER** v.pr. Moucher son nez.

MOUCHERON n.m. Petit diptère voisin de la mouche, comme la simulie ou le chironome.

MOUCHERONNER v.i. [3]. Saisir des insectes à la surface de l'eau, en parlant des poissons.

MOUCHETÉ, E adj. **1.** Tacheté, en parlant du pelage de certains animaux, d'une étoffe, d'un bois, etc. **2.** Se dit des céréales atteintes de certaines maladies causées par des champignons qui forment sur les grains une poussière noire. ▪ **À fleurets mouchetés** → **FLEURET.**

MOUCHETER v.t. [16], ▲*[12].* **1.** Marquer de petits points disposés plus ou moins régulièrement : *Moucheter du satin.* **2.** Garnir d'une mouche la pointe d'un fleuret.

MOUCHETIS n.m. CONSTR. Crépi à aspect granuleux exécuté par projection de mortier sur un mur.

MOUCHETTE n.f. **1.** MENUIS. Rabot dont le fer et la semelle sont concaves pour réaliser des moulures à profil convexe. **2.** ARCHIT. Soufflet aux contours en courbe et contre-courbe, l'un des éléments des remplages de fenêtres dans le style gothique flamboyant.

MOUCHETURE n.f. **1.** ZOOL. Tache naturelle sur le pelage de certains animaux (panthère, léopard, par ex.). **2.** Ornement donné à une étoffe en la mouchetant.

MOUCHOIR n.m. **1.** Petit carré de tissu fin ou d'ouate de cellulose servant à se moucher. **2.** Vx ou Afrique. Étoffe utilisée par les femmes pour se couvrir la tête ; fichu ; foulard. ▪ **Arriver dans un mouchoir,** dans un peloton très serré ou à très peu de distance l'un de l'autre ; obtenir des résultats très voisins, dans un examen, un concours. ▪ **Grand comme un mouchoir de poche,** très petit.

MOUCLADE n.f. (de *moucle*, var. dial. de *2. moule*). Plat de moules au vin blanc et à la crème, aromatisé au curry ou au safran. ➲ Cuisine charentaise.

MOUDJAHID (pl. *moudjahidin[e]*), ▲ *MOUDJAHIDINE* n.m. (de l'ar. *mudjāhid*, combattant de la foi). Combattant de divers mouvements de libération nationale du monde musulman.

MOUDRE v.t. [65] (lat. *molere*). Réduire en poudre avec un moulin, une meule ; broyer ; concasser : *Moudre du seigle, du poivre. Quand tu auras moulu le café.*

MOUE n.f. (francique **mauwa*). Grimace de mécontentement, faite en avançant les lèvres : *Faire la moue.*

MOUETTE n.f. (du francique). Oiseau marin, voisin du goéland, se nourrissant de mollusques et de petits poissons, vivant sur les côtes et remontant parfois les grands fleuves. ➲ Famille des laridés. ▪ **Mouette ravisseuse,** stercoraire.

MOUFETTE ou **MOUFFETTE** n.f. (ital. *mofetta*). Mammifère carnivore d'Amérique, au pelage blanc et noir, qui éloigne les prédateurs en projetant à plusieurs mètres un liquide irritant et nauséabond sécrété par ses glandes anales (SYN. **sconse**). ➲ Famille des mustélidés.

1. MOUFLE n.f. (bas lat. *muffula*). **1.** Gant, génér. fourré, où il n'y a de séparation que pour le pouce. **2.** MANUT. Assemblage de poulies dans une même chape, qui permet de soulever de très lourdes charges.

2. MOUFLE n.m. Partie réfractaire d'un four dans laquelle sont disposés les produits à traiter pour les protéger soit de l'action directe du chauffage, soit de l'action oxydante de l'air.

MOUFLET, ETTE n. Fam. Petit enfant.

MOUFLON n.m. (ital. *muflone*). Ruminant sauvage des montagnes de l'Europe et de l'Amérique du Nord, voisin du mouton, aux puissantes cornes enroulées. ➲ Famille des bovidés.

MOUFTER v.i. [3] (du moyen fr. *mouveter*, agiter). Fam. (Surtout en tournure négative). Émettre des objections ; protester : *Je te conseille de ne pas moufter.*

MOUILLABILITÉ n.f. Propriété d'un solide mouillable.

MOUILLABLE adj. PHYS. Qui peut se laisser mouiller par un liquide.

MOUILLAGE n.m. **1.** Action de mouiller, d'imbiber d'eau ; humidification. **2.** Action d'ajouter de l'eau au lait, au vin, etc., dans une intention frauduleuse ; coupage. **3.** Mise à l'eau de mines sous-marines. **4.** Emplacement favorable à l'ancrage d'un bâtiment de navigation. **5.** Manœuvre pour jeter l'ancre.

MOUILLANCE n.f. PHYS. Propriété qu'a un agent mouillant d'augmenter l'aptitude du liquide dans lequel il est dissous à mouiller une surface.

MOUILLANT, E adj. Se dit d'un liquide qui a la propriété de s'étendre sur une surface entrant en contact avec lui. ▪ **Agent mouillant,** ou **mouillant,** n.m., corps qui, mélangé à un liquide, lui permet de mouiller un solide plus facilement que s'il était pur.

MOUILLASSER v. impers. [3]. Région. (Ouest) ; Québec. Fam. Bruiner ; crachiner.

MOUILLE n.f. **1.** HYDROL. Creux entre les bancs d'alluvions du lit d'une rivière. **2.** MAR. Avarie causée à une cargaison par l'humidité ou par une rentrée d'eau.

MOUILLÉ, E adj. PHON. Se dit d'une consonne articulée avec le son [j] (ex. : *n* dans *manière*). ▪ **Voix mouillée (de larmes),** où l'on sent percer l'émotion.

MOUILLEMENT n.m. CUIS. Arrosage d'un mets pendant sa cuisson.

MOUILLER v.t. [3] (du lat. pop. **molliare*, amollir). **1.** Rendre humide ; humecter : *Mouiller un gant de toilette* ; imbiber d'eau ; tremper : *La pluie a mouillé ma veste.* **2.** Ajouter de l'eau à ; couper : *Mouiller du lait.* **3.** Ajouter du liquide à un mets en cours de cuisson pour composer une sauce : *Mouiller un civet.* **4.** Fam. Impliquer dans une affaire ; compromettre. **5.** MAR. Mettre à l'eau ; immerger : *Mouiller l'ancre, des mines, des casiers.* ▪ **Mouiller sa chemise** [fam.], ne pas ménager ses efforts. ◆ v.i. **1.** MAR. Jeter l'ancre. **2.** Très fam. Avoir peur. ◆ v. impers. Région. Pleuvoir. ◆ **SE MOUILLER** v.pr. **1.** Être en contact avec l'eau, la pluie. **2.** Fam. Prendre des risques dans une affaire ; s'exposer.

MOUILLÈRE n.f. AGRIC. Partie de champ ou de pré ordinairement humide.

MOUILLETTE n.f. Petit morceau de pain long et mince que l'on trempe dans les œufs à la coque.

MOUILLEUR n.m. **1.** Appareil pour mouiller, humecter (SYN. **mouilloir**). **2.** MAR. Appareil fixé sur le flanc avant d'un navire pour maintenir les ancres et les mouiller à la demande. ▪ **Mouilleur de mines** [mar.], aéronef, petit bâtiment ou sous-marin spécialement aménagé pour immerger des mines.

MOUILLOIR n.m. Mouilleur.

MOUILLON n.m. Suisse. **1.** Humidité. **2.** Flaque.

MOUILLURE n.f. **1.** Action de mouiller ; état de ce qui est mouillé. **2.** PHON. Palatalisation.

MOUISE n.f. (de l'all. dial. *mues*, bouillie). Fam. Misère : *Être dans la mouise.*

▲ **mouflon**

MOUJIK n.m. (mot russe). Paysan, dans la Russie tsariste.

MOUJINGUE n. (esp. *muchacho*). Fam., vieilli. Enfant ; mouflet.

MOUKÈRE ou **MOUQUÈRE** n.f. (mot algérien, de l'esp. *mujer*). Fam. Femme.

MOULAGE n.m. (de *mouler*). **1.** Action de verser des métaux, des plastiques, des pâtes céramiques, etc., dans des moules. **2.** Action de prendre une empreinte d'un objet, destinée à servir de moule. **3.** Reproduction d'un objet faite au moyen d'un moule. **4.** Article en chocolat moulé.

MOULANT, E adj. Se dit d'un vêtement qui moule le corps ; collant.

1. MOULE n.m. (du lat. *modulus*, mesure). **1.** Objet présentant une empreinte creuse dans laquelle on introduit une matière pulvérulente, pâteuse ou liquide qui prend, en se solidifiant, la forme de l'empreinte. **2.** CUIS. Récipient de forme variée, servant au moulage et éventuellement à la cuisson de certains mets : *Moule à brioche, à cake, à manqué.* **3.** Fig. Modèle imposé sur lequel on construit qqch, on façonne qqn : *Cette émission sort du moule habituel. Tous ces chanteurs doivent entrer dans le moule du clip.*

2. MOULE n.f. (du lat. *musculus*, coquillage). **1.** Lamellibranche comestible, à coquille bivalve sombre, vivant fixé par un byssus sur les rochers ou dans les estuaires. ➲ L'élevage des moules, ou *mytiliculture*, se pratique sur les côtes françaises ; famille des mytilidés. **2.** Fam. Personne sans énergie ou maladroite ; nouille. ▪ **Moule de rivière,** mulette. ▪ **Moule d'étang,** anodonte.

▲ **moule.** Vue anatomique et vue externe.

MOULÉ, E adj. ▪ **Écriture moulée,** dont les lettres sont bien formées.

MOULÉE n.f. (de *moudre*). Québec. Aliment à base de farines végétales ou animales, de minéraux, de vitamines, etc., destiné aux animaux d'élevage ou domestiques (chiens, notamm.).

MOULER v.t. [3]. **1.** Exécuter un moulage ; couler ; fondre : *Mouler des lingots.* **2.** Prendre l'empreinte de : *Mouler une main.* **3.** Accuser les contours en épousant la forme de : *Pull qui moule le buste.*

MOULEUR, EUSE n. Personne qui exécute des moulages.

MOULIÈRE n.f. Lieu au bord de la mer où l'on élève les moules ; parc à moules.

MOULIN n.m. (du lat. *mola*, meule). **1.** Machine à moudre les grains de céréales ; bâtiment où elle est installée. **2.** Appareil servant à moudre du grain, des aliments : *Moulin à poivre, à fromage, à légumes.* **3.** **TEXT.** Appareil utilisé pour mouliner des fils textiles. **4.** Fam. Moteur d'avion, de voiture, de moto. ▪ **Apporter de l'eau au moulin de qqn,** lui donner des arguments qui confirment ses dires. ▪ **Entrer quelque part comme dans un moulin,** comme on veut, sans contrôle. ▪ **Moulin à eau, à vent,** mû par l'énergie hydraulique, éolienne. ▪ **Moulin à huile** [anc.], pressoir à huile. ▪ **Moulin à paroles** [fam.], personne très bavarde. ▪ **Moulin à prières,** cylindre que les bouddhistes font tourner au moyen d'une poignée pour accumuler les mérites de la récitation des formules sacrées qu'il contient. ▪ **Se battre contre des moulins à vent,** contre des ennemis qui n'existent qu'en imagination, contre des chimères (par allusion à Don Quichotte).

MOULINAGE n.m. Action de mouliner.

MOULIN-À-VENT n.m. inv. Vin d'un cru réputé du Beaujolais.

MOULINER v.t. [3]. 1. TEXT. Réunir et tordre ensemble plusieurs fils de façon à les consolider. **2.** Écraser avec un moulin à légumes ; broyer : *Mouliner des carottes pour faire une purée.* **3. INFORM.** Fam. Traiter des données en grande quantité, en parlant d'un ordinateur.

MOULINET n.m. 1. Appareil fixé au manche d'une canne à pêche et dont l'élément essentiel est une bobine sur laquelle est enroulée la ligne. **2.** Petit appareil qui fonctionne selon un mouvement de rotation : *Le moulinet d'une crécelle.* **3.** Mouvement tournant rapide que l'on fait avec un bâton, avec ses bras, etc., souvent pour empêcher un adversaire d'approcher. **4. MÉTROL.** Appareil à hélice pour mesurer la vitesse d'un courant d'eau.

MOULINETTE n.f. (nom déposé). Petit moulin manuel ou électrique pour broyer les aliments.

MOULINETTE n.f. (de *Moulinette*). Fam. ▪ **Passer qqch à la moulinette,** le modifier profondément : *Leurs goûts sont passés à la moulinette de la publicité* ; l'analyser minutieusement : *Dans son roman, elle passe la famille à la moulinette.*

MOULOUD [mulud] **n.m.** (ar. *Mūlūd al-Nabī*, anniversaire du Prophète). Fête religieuse musulmane qui célèbre l'anniversaire de la naissance du Prophète.

MOULT [mult] **adj. inv.** (lat. *multum*). Vx ou par plais. De nombreux : *Poser moult questions.*

✎ ***Moult*** est parfois variable : ***moultes occasions.***

MOULU, E adj. (de *moudre*). **1.** Réduit en poudre : *Poivre moulu.* **2.** Fam. Brisé de fatigue ; fourbu.

MOULURATION n.f. Ensemble des moulures d'un ouvrage d'architecture ou d'un meuble.

MOULURE n.f. (de *mouler*). Ornement linéaire, en relief ou en creux, présentant un profil constant et servant à souligner une forme architecturale, à mettre en valeur un objet. ▪ **Moulure électrique,** latte creuse destinée à recevoir des fils électriques.

MOULURER v.t. [3]. 1. Orner de moulures. **2.** Exécuter une moulure sur une pièce de bois, une maçonnerie, etc.

MOULURIÈRE n.f. Machine destinée à la fabrication des moulures.

MOUMOUTE n.f. (de l'anc. fr. *moute*, chatte). Fam. **1.** Cheveux postiches ; perruque. **2.** Veste en peau de mouton retournée.

MOUQUÈRE n.f. → **MOUKÈRE.**

MOURANT, E adj. et **n.** Qui est proche de la mort ; moribond. ◆ **adj.** Qui s'affaiblit : *Voix mourante.*

MOURIR v.i. [30] (auxil. *être*) [lat. *mori*]. **1.** Cesser de vivre, en parlant d'un être animé : *Mourir dans un accident.* **2.** Cesser de vivre, en parlant d'une plante, d'un organe, etc. ; dépérir : *Fleur, dent qui meurt.* **3.** S'affaiblir progressivement : *Le bruit de la tempête meurt au loin.* **4.** Cesser d'exister ; disparaître : *Le petit commerce meurt lentement.* ▪ **C'est à mourir de rire,** c'est extrêmement drôle. ▪ **Mourir de,** être affecté à un très haut degré par : *Mourir de soif, d'impatience, de rire.* ▪ **Mourir de sa belle mort,** de mort naturelle, de vieillesse. ◆ **SE MOURIR v.pr.** Litt. Être en passe de disparaître : *Coutume, langue qui se meurt.*

MOUROIR n.m. Fam., péjor. Établissement où les personnes âgées ou gravement malades terminent misérablement leur vie.

MOURON n.m. (moyen néerl. *muer*). Petite plante commune dans les cultures et les chemins, à fleurs rouges, roses, bleues ou blanches, toxique pour les animaux. ➲ Famille des primulacées. ▪ **Mouron des oiseaux** ou **mouron blanc,** stellaire à petites fleurs. ➲ Famille des caryophyllacées. ▪ **Se faire du mouron** [fam.], se faire du souci.

MOURRE n.f. (ital. dial. *morra*). Vx. Jeu dans lequel deux personnes se montrent simultanément un certain nombre de doigts en annonçant la somme présumée des doigts dressés.

MOUSMÉ, ▲ ***MOUSMÉE*** **n.f.** (jap. *musume*). **1.** Fam. Femme, fille en général. **2.** Vx. Jeune fille, jeune femme, au Japon.

MOUSQUET n.m. (ital. *moschetto*). Arme à feu portative employée aux XVIe et XVIIe s.

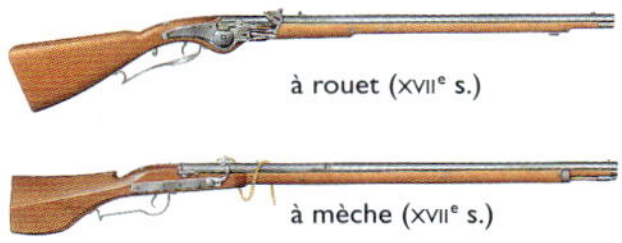

▲ **mousquets**

MOUSQUETAIRE n.m. (de *mousquet*). **HIST.** Gentilhomme d'une des deux compagnies à cheval de la maison du roi (XVIIe-XVIIIe s.). ▪ **Bottes à la mousquetaire,** à revers. ▪ **Gants à la mousquetaire,** à large crispin. ▪ **Poignet mousquetaire,** manchette.

MOUSQUETERIE [muskɛtri], ▲ ***MOUSQUÈTERIE*** **n.f.** Vx. Décharge de mousquets ou de fusils qui tirent en même temps.

1. MOUSQUETON n.m. Arme à feu plus légère et plus courte que le fusil, en usage jusqu'à la Seconde Guerre mondiale.

2. MOUSQUETON n.m. ALP., SPÉLÉOL. Boucle métallique qu'une lame élastique ou un ergot articulé maintient fermée, constituant un système d'accrochage susceptible d'être engagé ou dégagé rapidement.

MOUSSAGE n.m. CHIM. Introduction dans un latex naturel ou synthétique d'un courant d'air finement divisé, permettant d'obtenir une texture cellulaire ou spongieuse.

MOUSSAILLON n.m. Fam. Jeune marin ; petit mousse.

MOUSSAKA n.f. (turc *musakka*). **CUIS.** Plat commun aux Balkans, à la Grèce et à la Turquie, composé de couches alternées d'aubergines, de mouton haché et de sauce béchamel épaisse, cuit au four.

MOUSSANT, E adj. Qui produit de la mousse : *Gel moussant.*

1. MOUSSE n.m. (ital. *mozzo*). Marin de moins de dix-sept ans.

2. MOUSSE n.f. (francique **mosa*). Plante cryptogame formée d'un tapis de courtes tiges feuillues serrées les unes contre les autres, vivant sur le sol, les arbres, les murs, les toits. ➲ Classe des muscinées. ▪ **Mousse de chêne,** lichen dont on extrait une substance utilisée en parfumerie. ◆ **adj. inv.** ▪ **Vert mousse,** vert très clair.

3. MOUSSE n.f. (de *2. mousse*). **1.** Ensemble des bulles d'air ou de gaz qui se forment à la surface d'un liquide agité, fermenté ou gazeux : *La mousse du champagne, de la bière. Mousse savonneuse.* **2.** Fam. Verre de bière. **3.** Préparation culinaire dont les ingrédients ont été battus et présentant une consistance onctueuse : *Mousse de foie.* **4.** Matière plastique cellulaire : *Matelas en mousse.* ▪ **Mousse au chocolat,** crème à base de chocolat et de blancs d'œufs battus. ▪ **Point mousse,** point de tricot qui ne comporte que des mailles à l'endroit.

4. MOUSSE adj. (du lat. *mutilus*, tronqué). Vieilli. Qui est émoussé : *Pointe, lame mousse.*

MOUSSELINE n.f. (de l'ital. *mussolina*, tissu de Mossoul). Tissu de coton, de soie ou de laine, léger, souple et transparent. ◆ **adj. inv.** ▪ **Pommes mousseline,** purée de pommes de terre très légère. ▪ **Sauce mousseline,** sauce hollandaise additionnée de crème fouettée. ▪ **Verre mousseline,** verre dépoli orné de motifs translucides imitant la mousseline, employé pour vitrer des châssis de porte, de fenêtre.

MOUSSER v.i. [3]. Produire de la mousse. ▪ **Faire mousser qqn, qqch** [fam.], les faire valoir de manière exagérée. ◆ **v.t.** Québec. Faire valoir ; promouvoir : *Mousser la candidature de qqn.*

MOUSSERON n.m. (lat. pop. **mussirionem*). Nom usuel de plusieurs petits champignons comestibles, des genres *Marasme (faux mousseron)* ou *Tricholoma (mousseron de la Saint-Georges).*

MOUSSEUX, EUSE adj. 1. Qui mousse. **2.** Se dit d'un vin ou d'un cidre contenant du gaz carbonique sous pression et qui produit une légère mousse. ◆ **n.m.** Tout vin mousseux autre que le champagne.

MOUSSON n.f. (port. *monçâo*, de l'ar. *mausim*, saison). Courant atmosphérique de la zone intertropicale, résultant du franchissement de l'équateur par les alizés, et génér. associé à des pluies abondantes. ➲ Les pluies de mousson apportent plus de 80 % des précipitations sur des régions habitées par la moitié de la population mondiale.

MOUSSU, E adj. Couvert de mousse : *Des arbres moussus.*

MOUSTACHE n.f. (ital. *mostaccio*, du gr.). **1.** Ensemble des poils qui garnissent le dessus de la lèvre supérieure, chez l'homme. **2. ZOOL.** Ensemble des poils latéraux, longs et raides, à rôle sensoriel, du museau de certains animaux (SYN. **vibrisses**). ◆ **n.f. pl. AÉRON.** Fam. Plan canard*.

MOUSTACHU, E adj. et **n.m.** Qui a de la moustache ; qui porte une moustache.

MOUSTÉRIEN, ENNE adj. et **n.m.** (de *Le Moustier*, village de Dordogne). **PRÉHIST.** Se dit du complexe de plusieurs faciès culturels du paléolithique moyen dont les industries lithiques contiennent de nombreux racloirs, obtenus ou non suivant la technique Levallois par les hommes de Neandertal (de – 70 000 à – 35 000).

MOUSTIQUAIRE n.f. 1. Rideau de tulle, de mousseline dont on entoure les lits pour se préserver des moustiques. **2.** Châssis en toile métallique placé aux fenêtres et ayant le même usage.

MOUSTIQUE n.m. (esp. *mosquito*). **1.** Diptère des lieux humides, aux formes grêles, dont la femelle pique la peau de l'homme et des animaux pour se nourrir de sang (le mâle se nourrissant du nectar des fleurs). ➲ Le moustique peut propager à grande échelle des maladies graves, comme le paludisme, la fièvre jaune, la dengue et la filariose. **2.** Québec. Petit insecte diptère piqueur des forêts et des régions sauvages, qui se nourrit de sang (maringouin, partic.). **3.** Fam. Enfant ; personne petite et malingre.

▲ **moustique**

MOUSTIQUE-TIGRE n.m. (pl. *moustiques-tigres*). Moustique à rayures blanches originaire d'Asie du Sud-Est, vecteur en partic. du chikungunya. (On écrit aussi *moustique tigre.*)

MOÛT, ▲ ***MOUT*** **n.m.** (du lat. *mustum*, vin doux). **1.** Jus de raisin non fermenté à partir duquel se fait la vinification. **2.** Jus de fruits, de végétaux, que l'on fait fermenter pour préparer des boissons alcooliques.

MOUTARD n.m. Fam. Petit garçon.

MOUTARDE n.f. (de *moût*). **1.** Plante annuelle à fleurs jaunes, voisine du chou, très commune en Europe et en Asie ; graine de cette plante. ➲ On distingue la *moutarde blanche*, la *moutarde des champs*, ou *sénevé*, et la *moutarde noire* ; famille des crucifères. **2.** Condiment préparé avec des graines de moutarde broyées et du vinaigre. ▪ **La moutarde lui monte au nez** [fam.], il commence à se fâcher. ◆ **adj. inv.** D'une couleur jaune verdâtre.

MOUTARDIER n.m. **1.** Fabricant de moutarde. **2.** Petit pot dans lequel on sert la moutarde sur la table.

MOUTIER n.m. (lat. *monasterium*). Vx. Monastère. (Subsiste dans des noms de villes.)

MOUTON n.m. (du lat. pop. *multo, bélier, du gaul.). **1.** Mammifère ruminant porteur d'une épaisse toison bouclée (laine), dont seul le mâle adulte (bélier), chez certaines races, porte des cornes annelées et spiralées, et que l'on élève pour sa chair, sa laine et, dans certains cas, pour son lait. ➲ Poids 40 à 150 kg ; le mouton femelle est la brebis, le jeune l'agneau. Cri : le mouton bêle. Famille des bovidés. **2.** Viande, cuir ou fourrure de cet animal. **3.** Homme crédule, influençable. **4.** Arg. Compagnon de cellule d'un prisonnier, chargé d'obtenir de lui des aveux. **5.** CONSTR. Dispositif utilisé pour enfoncer dans le sol, par percussion, des pieux servant d'appui aux fondations d'une construction. **6.** MÉTALL. Machine à forger ou à estamper agissant par le choc d'une masse frappant la pièce à former. **7.** MÉTALL. Appareil d'essai de choc pour matériaux métalliques. ▪ **Mouton de Panurge**, personne qui suit aveuglément l'exemple des autres. ➲ Allusion à un épisode du *Pantagruel* de Rabelais. ▪ **Mouton noir** [fam.], personne qui, dans un groupe, est tenue plus ou moins à l'écart. ▪ **Revenons à nos moutons,** revenons à notre sujet. ➲ Allusion à une scène de *la Farce de Maître Pathelin* (1464). ▪ **Un mouton à cinq pattes** [fam.], une chose, une personne extrêmement rare. ◆ **n.m. pl. 1.** Petites lames couvertes d'écume apparaissant sur la mer par brise de force moyenne. **2.** Petits nuages floconneux. **3.** Amas de poussière d'aspect laineux ; chaton.

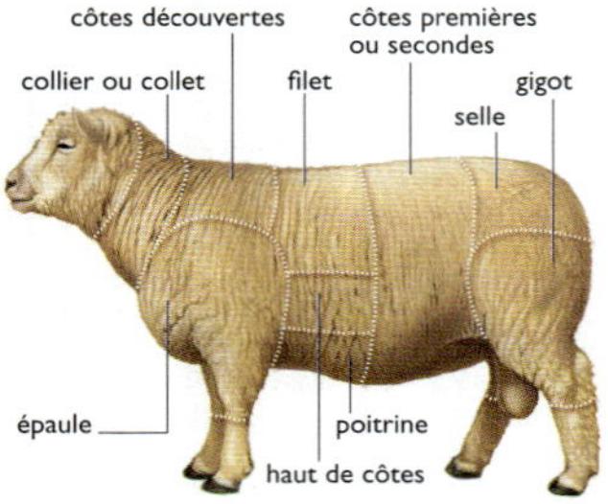

▲ **mouton.** Les morceaux de boucherie.

MOUTONNÉ, E adj. ▪ **Ciel moutonné,** couvert de petits nuages blancs.

MOUTONNEMENT n.m. Fait de moutonner ; aspect de la mer, du ciel qui moutonnent.

MOUTONNER v.i. [3]. **1.** Se briser en produisant une écume blanche, en parlant de la mer. **2.** Se couvrir de petits nuages blancs et pommelés, en parlant du ciel.

MOUTONNERIE n.f. Caractère moutonnier ; panurgisme.

MOUTONNEUX, EUSE adj. Qui moutonne.

MOUTONNIER, ÈRE adj. **1.** Relatif à l'élevage du mouton. **2.** Qui suit sans réfléchir l'exemple des autres ; grégaire : *La multitude est moutonnière.*

MOUTURE n.f. (du lat. *molere*, moudre). **1.** Action ou manière de moudre les céréales, le café ; produit résultant de cette opération. **2.** Présentation différente d'un thème, d'un sujet traité auparavant ; version : *Nouvelle mouture d'un poème de jeunesse.* ▪ **Première mouture,** premier état d'une œuvre littéraire, d'un projet, etc.

MOUVANCE n.f. (de *mouvoir*). **1.** Domaine dans lequel qqn ou qqch exerce son influence : *Groupes dans la mouvance écologiste.* **2.** Litt. Caractère de ce qui est mouvant, fluctuant. **3.** HIST. Dans le système féodal, ensemble des biens, terres ou droits qui dépendaient d'une seigneurie.

MOUVANT, E adj. **1.** Qui bouge sans cesse ; remuant : *Foule mouvante* ; changeant : *Une situation mouvante.* **2.** Qui a peu de consistance ; qui s'affaisse : *Sables mouvants.* ◆ **n.m.** BOUCH. Partie de la tranche grasse du bœuf, que l'on découpe en biftecks.

MOUVEMENT n.m. **1.** Changement de position d'un corps dans l'espace ; déplacement : *Mouvement d'un pendule.* **2.** Ensemble de mécanismes engendrant le déplacement régulier d'une machine, d'un de ses organes : *Un mouvement d'horlogerie.* **3.** Action ou manière de se mouvoir ; geste : *Répondre par un mouvement de tête. Ce manteau la gêne dans ses mouvements. Les mouvements de la nage.* **4.** Ensemble des déplacements d'un groupe : *La police observe les mouvements des supporteurs.* **5.** Animation dans un lieu ; agitation : *Bourgade pleine de mouvement.* **6.** Variation évolutive ; fluctuation : *Le mouvement de baisse de la Bourse se poursuit. Le mouvement de l'histoire à la fin du XXe s.* **7.** Action collective visant à un changement : *Mouvement de grève* ; organisation politique, syndicale, culturelle, etc. : *Mouvement pictural.* **8.** Impulsion qui porte à manifester un sentiment ; élan : *Mouvement de compassion.* **9.** Rythme d'une œuvre littéraire, artistique ; partie d'une œuvre considérée dans sa dynamique : *Le mouvement d'une phrase.* **10.** MIL. Déplacement d'une formation militaire dans un but tactique. **11.** MUS. Degré de vitesse de la mesure, indiqué par des termes génér. italiens ou par un nombre correspondant à une graduation du métronome. **12.** MUS. Partie d'une œuvre musicale, notamm. d'une symphonie. ▪ **Avoir un bon mouvement,** se montrer obligeant, généreux. ▪ **En deux temps trois mouvements** [fam.], très rapidement. ▪ **Être dans le mouvement** [fam.], être au courant de l'actualité, des nouveautés. ▪ **Faux mouvement,** mouvement inhabituel du corps provoquant génér. une douleur. ▪ **Mouvement anormal** [neurol.], geste involontaire, répétitif et d'aspect inhabituel, d'origine psychologique ou neurologique (tic, tremblement, etc.). ▪ **Mouvement des terres** [trav. publ.], transport en remblai des déblais utilisables. ▪ **Mouvement de terrain** [topogr.], portion de terrain présentant une forme particulière qui la distingue du terrain avoisinant. ▪ **Mouvement perpétuel,** mouvement qui serait capable de fonctionner indéfiniment sans apport et sans dépense d'énergie. ➲ L'impossibilité de son existence découle des lois de la thermodynamique. ▪ **Parti du Mouvement***, v. partie n.pr. ▪ **Quantité de mouvement d'un point matériel** [phys.], vecteur égal au produit de la masse de ce point par son vecteur vitesse.

MOUVEMENTÉ, E adj. Troublé par des incidents ; agité : *Voyage mouvementé.*

MOUVOIR v.t. [41] (lat. *movere*). **1.** Mettre en mouvement ; faire changer de place ; bouger : *Mouvoir son bras.* **2.** Inciter à agir ; motiver, pousser : *Être mû par la curiosité.* ◆ **SE MOUVOIR** v.pr. Être en mouvement ; se déplacer : *Avoir des difficultés à se mouvoir.*

MOVIOLA n.f. (mot anglo-amér.). CINÉMA. Visionneuse sonore professionnelle utilisée pour le montage.

MOX n.m. (acronyme de l'angl. *mixed oxide*). Combustible nucléaire composé d'un mélange d'oxydes de plutonium et d'uranium.

MOXA n.m. (jap. *mogusa*). Instrument utilisé pour la moxibustion (bâton d'armoise incandescent que l'on approche de la peau, par ex.).

MOXIBUSTION n.f. Traitement, apparenté à l'acupuncture, consistant à chauffer un point cutané à l'aide d'un moxa.

MOYE ou **MOIE** [mwa] n.f. (de l'anc. fr. *moier*, partager, du lat. *medius*, milieu). TECHN. Couche tendre discontinue dans une carrière de pierre dure.

MOYÉ, E [mwaje] adj. Qui contient des moyes.

1. MOYEN, ENNE [mwajɛ̃, ɛn] adj. (lat. *medianus*). **1.** Qui se situe entre deux extrêmes : *Personne de taille moyenne, d'âge moyen.* **2.** Qui n'est ni bon ni mauvais ; ordinaire : *Étudiant, résultat moyen.* **3.** Qui est obtenu en calculant une moyenne : *La température moyenne du mois.* ▪ **Cours moyen (CM),** à l'école primaire, cours réparti sur deux ans (CM1, CM2) et succédant au cours élémentaire (CE). ▪ **Français moyen,** personne représentative de la masse des Français. ▪ **Moyen français** [ling.] → **FRANÇAIS.** ▪ **Moyen terme** [log.], élément d'un syllogisme commun à la majeure et à la mineure. ◆ **adj. et n.m.** En boxe et dans certains sports, qualifie une catégorie de poids ; se dit d'un sportif appartenant à cette catégorie.

2. MOYEN n.m. **1.** Procédé qui permet de parvenir à un but ; façon : *Je ne connais pas d'autre moyen d'y arriver.* **2.** Ce qui permet de faire une action, d'assurer un service : *Moyen de pression, de paiement, de communication.* **3.** GRAMM. Voix moyenne. **4.** DR. Présentation des arguments par une partie à un procès. ▪ **Au moyen** ou **par le moyen de,** en faisant usage de ; par l'entremise de. ▪ **Employer les grands moyens,** prendre des mesures énergiques. ▪ **Moyen de transport,** véhicule permettant de se déplacer. ▪ **Moyens du bord,** ceux dont on peut disposer immédiatement. ◆ **n.m. pl. 1.** Ressources financières ; revenus : *Nous n'avons pas les moyens de nous l'offrir.* **2.** Aptitudes physiques ou intellectuelles ; capacités : *Athlète en pleine possession de ses moyens.* ▪ **Les moyens** [math.], les termes B et C de la proportion $\frac{A}{B}=\frac{C}{D}$. ▪ **Par ses propres moyens,** avec ses seules ressources.

MOYEN ÂGE n.m. inv. ▪ **Le Moyen Âge,** v. partie n.pr.

MOYENÂGEUX, EUSE adj. **1.** Qui rappelle le Moyen Âge : *Ruelle moyenâgeuse.* **2.** Fig., péjor. Qui est complètement dépassé ; suranné : *Une mentalité moyenâgeuse.* **3.** Vieilli. Médiéval.

MOYEN-COURRIER n.m. et adj. (pl. *moyen-courriers*). Avion de transport destiné à voler sur des distances moyennes (génér. inférieures à 2 000 km).

MOYEN-MÉTRAGE ou **MOYEN MÉTRAGE** n.m. (pl. *moyens*[-]*métrages*). Film dont la durée (de 30 à 60 min) se situe entre celle du court-métrage et celle du long-métrage.

MOYENNANT prép. (de *moyenner*). Au moyen de ; en échange de : *Moyennant finance.*

MOYENNE n.f. **1.** Quantité, chose, état qui tient le milieu entre plusieurs autres et correspond au type le plus répandu ; normale : *Des performances au-dessous de la moyenne.* **2.** Valeur unique servant à représenter un ensemble de nombres. **3.** Note égale à la moitié de la note maximale qui peut être attribuée à un devoir scolaire ou à une copie d'examen. **4.** Vitesse moyenne : *Rouler à 90 km/h de moyenne.* ▪ **En moyenne,** en évaluant la moyenne ; en compensant les différences en sens opposés. ▪ **Moyenne arithmétique (de plusieurs nombres),** somme de plusieurs nombres divisée par le nombre de termes ou par la somme des coefficients qui leur sont affectés *(moyenne pondérée).* ▪ **Moyenne de liste** ou **plus forte moyenne** [dr.], mode de calcul d'attribution des sièges dans un scrutin à la proportionnelle. ▪ **Moyenne géométrique de *n* nombres,** racine $n^{ième}$ de leur produit. ▪ **Moyenne harmonique (de plusieurs nombres),** nombre ayant pour inverse la moyenne des inverses de ces nombres. ▪ **Moyenne quadratique (de plusieurs nombres),** racine carrée de la moyenne arithmétique de leurs carrés.

MOYENNEMENT adv. De façon moyenne ; passablement : *C'était moyennement intéressant.*

MOYENNER v.t. [3]. Fam., vieilli. ▪ **Il n'y a pas moyen de moyenner,** il n'est pas possible de parvenir à un résultat satisfaisant.

MOYEN-ORIENTAL, E, AUX adj. Qui se rapporte au Moyen-Orient.

MOYETTE [mwajɛt] n.f. (dimin. de l'anc. fr. *moie*, meule). AGRIC. Anc. Petit tas de gerbes dressées dans un champ pour permettre au grain de sécher.

MOYEU [mwajø] n.m. (du lat. *modiolus*, petit vase). TECHN. **1.** Pièce centrale sur laquelle sont assemblées les pièces qui doivent tourner autour d'un axe. **2.** Pièce centrale traversée par l'essieu, dans la roue d'un véhicule.

MOZABITE ou **MZABITE** adj. et n. Du Mzab.

MOZAMBICAIN, E adj. et n. Du Mozambique ; de ses habitants.

MOZARABE adj. et n. (mot esp., de l'ar.). Se dit des chrétiens d'Espagne qui conservèrent leur religion sous la domination musulmane, mais adoptèrent la langue et les coutumes arabes. ◆ **adj.** Se dit de l'art qui s'est développé au Xe s. dans l'Espagne demeurée chrétienne.

MOZZARELLA ou **MOZZARELLE** [mɔdza-] **n.f.** (ital. *mozzarella*). Fromage à pâte filée, fabriqué en Italie, autref. avec du lait de bufflonne, auj. surtout avec du lait de vache.

MP3 **n.m.** (abrév. de l'angl. *MPEG audio layer 3*). **INFORM.** Format de compression numérique dédié à la transmission rapide et au téléchargement de fichiers musicaux sur Internet.

MPEG [ɛmpɛg] **n.m.** (acronyme de l'angl. *moving picture experts group*). Norme informatique internationale de compression des images animées et du signal sonore qui leur est associé.

MRBM **n.m.** (sigle de l'angl. *medium range ballistic missile*). Missile balistique de portée moyenne, comprise entre 800 et 2 800 km.

MSBS ou **M.S.B.S.** **n.m.** (sigle de *mer-sol balistique stratégique*). Missile stratégique français lancé par les sous-marins nucléaires lanceurs d'engins.

1. MST ou **M.S.T.** **n.f.** (sigle). Maladie sexuellement* transmissible.

2. MST ou **M.S.T.** **n.f.** (sigle). Maîtrise de sciences et techniques.

M.T.S. **n.m.** (sigle). Anc. Système d'unités utilisant le mètre, la tonne et la seconde.

1. MU **n.m. inv.**, ▲ *n.m.* Douzième lettre de l'alphabet grec (Μ, μ), correspondant au *m* français.

2. MU **n.m. PHYS.** Muon.

MUCILAGE **n.m.** (bas lat. *mucilago*, de *mucus*, morve). **1. BOT.** Substance liquide, riche en glucides, produite par de nombreux végétaux, et qui se gonfle au contact de l'eau en donnant des solutions visqueuses. ➲ Les algues en sont particulièrement riches, ainsi que certains fruits, comme le coing. **2. PHARM.** Liquide visqueux formé par la solution d'une gomme dans l'eau, utilisé comme laxatif.

MUCILAGINEUX, EUSE **adj.** Qui contient un mucilage ; qui en a l'aspect.

MUCINE **n.f. BIOCHIM.** Glycoprotéine, constituant organique principal du mucus.

MUCOLYTIQUE **adj.** et **n.m.** Se dit d'un médicament facilitant l'expectoration des sécrétions bronchiques.

MUCOR **n.m.** (mot lat. « moisissure »). **MYCOL.** Moisissure blanche à sporanges foncés, se développant sur le pain humide, le crottin, etc. ➲ Ordre des mucorales.

MUCOSITÉ **n.f.** (du lat. *mucosus*, muqueux). **PHYSIOL.** Produit visqueux contenant du mucus, parfois accumulé sur une muqueuse.

MUCOVISCIDOSE [-visi-] **n.f.** Maladie héréditaire, sévère et fréquente, de la sécrétion glandulaire exocrine, atteignant surtout le pancréas et les bronches, et entraînant des troubles digestifs et respiratoires chroniques.

MUCRON **n.m.** (lat. *mucro*). **BOT.** Prolongement en pointe courte et raide d'un organe (feuille, par ex.).

MUCUS [mykys] **n.m.** (mot lat. « morve »). **PHYSIOL.** Sécrétion visqueuse contenant des protéines et des glucides sous forme de mucines, produite par les cellules des muqueuses et jouant un rôle de protection.

MUDÉJAR, E [mydeʒar] ou [mudexar] **adj.** et **n.** (esp. *mudejar*, de l'ar.). Se dit des musulmans restés en Castille après la reconquête chrétienne (XIᵉ-XVᵉ s.). ◆ **adj.** Se dit d'un art de type islamique pratiqué dans l'Espagne chrétienne du XIIIᵉ au XVIᵉ s. (après la Reconquête).

MUDRA [mu-] **n.f.** (du sanskr. *mudrā*, sceau). Geste rituel des mains et position particulière des doigts, ayant une signification religieuse ou symbolique, et utilisés entre autres par les danseurs traditionnels de l'Inde.

MUE **n.f.** (de *muer*). **1.** Changement dans le plumage, le poil, la peau, auquel les animaux vertébrés sont sujets à certaines époques de l'année ; époque de ce changement. **2.** Rejet total et reconstitution du tégument chitineux, permettant la croissance des arthropodes ; ce tégument abandonné (SYN. **exuvie**). **3.** Changement qui s'opère dans le timbre de la voix des jeunes gens au moment de la puberté ; temps où arrive ce changement.

MUER **v.i.** [3] (du lat. *mutare*, changer). **1.** Subir la mue, en parlant de certains animaux. ➲ Les serpents, les oiseaux, les arthropodes muent. **2.** Subir les modifications de la mue lors de la puberté. ◆ **v.t.** Litt. Transformer en ; métamorphoser : *Le prince fut mué en grenouille.* ◆ **SE MUER** **v.pr. (EN).** Litt. Se transformer ; se changer.

MUESLI [mɥɛsli] ou **MUSLI** [mysli] **n.m.** (alémanique *müesli*). Mélange de flocons de céréales et de fruits secs sur lequel on verse du lait froid, et que l'on consomme notamm. au petit déjeuner.

MUET, ETTE **adj.** et **n.** (lat. *mutus*). Qui n'a pas l'usage de la parole : *Être sourd et muet.* ◆ **adj.** **1.** Qui est momentanément empêché de parler par un sentiment violent : *Nous étions muets d'admiration.* **2.** Qui refuse de parler ; silencieux. **3.** Se dit d'un sentiment qui ne se manifeste pas par des paroles : *Des reproches muets.* **4. THÉÂTRE.** Se dit d'un acteur qui n'a pas de texte à dire, d'une scène ou d'une action sans paroles. **5. PHON.** Se dit d'une unité graphique non prononcée (ex. : le *t* dans *lit*, le *h* dans *théâtre*). **6.** Qui ne parle pas de qqch, n'en fait pas mention : *Le règlement est muet sur ce point.* **7.** Qui ne comporte pas les indications habituellement présentes : *Carte de géographie muette.* ▪ **Carte muette**, carte qui, au restaurant, ne mentionne pas les prix des plats, et qui est destinée aux personnes invitées. ▪ **Cinéma muet**, ou **muet**, **n.m.**, qui ne comportait pas l'enregistrement de la parole ou des sons (par oppos. à *cinéma parlant*). ▪ **H muet** [phon.], qui n'empêche pas la liaison.

MUETTE **n.f.** (de *meute*). **VÉNER.** Vx. Cabane, local destinés à abriter la mue des cerfs, des faucons, etc.

MUEZZIN, ▲ *MUEZZINE* [mɥedzin] **n.m.** (turc *müezzin*, de l'ar.). Dans l'islam, fonctionnaire religieux ou simple fidèle chargé d'appeler, du haut du minaret de la mosquée, aux cinq prières quotidiennes.

MUFFIN [mœfin] **n.m.** (mot angl.). **1.** Petit pain au lait à pâte levée que l'on sert avec le thé. **2.** Québec. Petit gâteau rond contenant souvent des fruits.

✎ Au Québec, on prononce [mɔfœn].

MUFLE **n.m.** (du moyen fr. *moufle*, visage rebondi). Extrémité du museau de certains mammifères. ◆ **adj.** et **n.m.** Péjor. Qui est grossier et brutal ; goujat.

MUFLERIE **n.f.** Péjor. Comportement du mufle ; grossièreté.

MUFLIER **n.m.** (de *mufle*). Plante d'origine méditerranéenne, souvent cultivée pour ses fleurs décoratives rappelant un mufle d'animal (SYN. **gueule-de-loup**). ➲ Famille des scrofulariacées.

▲ **muflier**

MUFTI ou **MUPHTI** **n.m.** (ar. *muftī*). Interprète officiel de la Loi musulmane.

MUG [mœg] **n.m.** (mot angl.). Grande tasse de forme cylindrique.

MUGE **n.m.** (lat. *mugil*). Poisson à tête massive et à chair estimée, vivant près des côtes, et dont les œufs servent à préparer la poutargue (SYN. **2. mulet**). ➲ Famille des mugilidés.

MUGIR **v.i.** [21] (lat. *mugire*). **1.** Crier, en parlant de certains bovidés. **2.** Produire un son comparable à un mugissement : *Le vent mugit.*

MUGISSANT, E **adj.** Qui mugit.

MUGISSEMENT **n.m.** **1.** Cri sourd et prolongé des animaux de l'espèce bovine. **2.** Bruit qui ressemble à ce cri : *Le mugissement des flots.*

MUGUET **n.m.** (de l'anc. fr. *mugue*, musc, à cause de l'odeur). **1.** Plante des sous-bois de l'hémisphère Nord tempéré, à petites fleurs blanches d'une odeur douce et agréable, qui fleurit en mai. ➲ Famille des liliacées. **2. MÉD.** Candidose de la muqueuse buccale, formant des plaques blanches.

MUID [mɥi] **n.m.** (lat. *modius*). **1.** Futaille de la capacité d'un muid (1 200 l). **2.** Anc. Mesure de capacité dont la valeur variait selon les lieux et les marchandises (liquides, grains, sel).

MUJTAHID **n.m.** Savant musulman qualifié pour pratiquer l'ijtihad.

MULARD, E **n.** et **adj.** (de *1. mulet*). Hybride du canard commun et du canard musqué.

MULASSIER, ÈRE **adj.** Relatif à la production des mulets : *Jument mulassière.*

MULÂTRE **adj.** et **n.** (esp. *mulato*, de *mulo*, mulet). Né d'un Noir et d'une Blanche, ou d'une Noire et d'un Blanc.

MULÂTRESSE **n.f.** Vieilli. Femme mulâtre.

MULCH [mylʃ] **n.m.** (mot angl.). Produit végétal que l'on étale sur le sol au pied des végétaux dans un massif, pour empêcher la pousse des mauvaises herbes, préserver l'humidité du sol et enrichir la terre en se décomposant. ➲ Les déchets de tonte, la paille, certaines écorces sont utilisés comme *mulch*.

1. MULE **n.f.** (du lat. *mulleus*, de couleur rouge). **1.** Pantoufle laissant le talon découvert. **2.** Type de chaussure sans contrefort arrière.

2. MULE **n.f.** (lat. *mula*). **1.** Hybride femelle d'un âne et d'une jument, presque toujours stérile. **2.** Fam. Passeur de drogue qui transporte la marchandise d'un pays à un autre pour le compte d'un narcotrafiquant (capsules de cocaïne ingérées, par ex.). ▪ **Tête de mule** [fam.], personne entêtée.

MULE-JENNY [mylʒeni] **n.f.** (pl. *mule-jennys*) [mot angl.]. Métier à filer employé au XIXᵉ s., qui constituait un perfectionnement de la jenny.

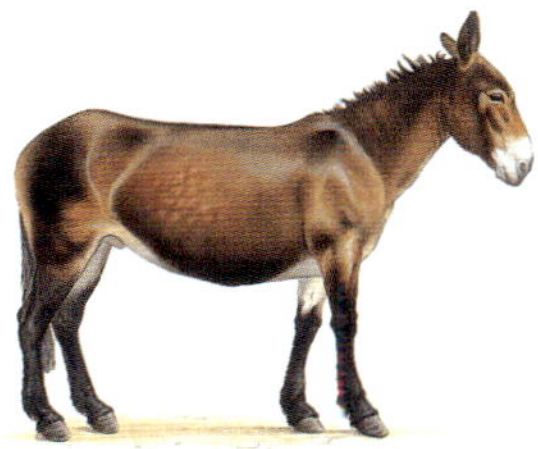
▲ **mulet**

1. MULET **n.m.** (lat. *mulus*). **1.** Hybride mâle d'un âne et d'une jument, toujours stérile. ➲ L'hybride d'un cheval et d'une ânesse est appelé *bardot*. **2.** Fam. Voiture de remplacement, dans une course automobile.

2. MULET **n.m.** (du lat. *mullus*, rouget). Muge.

MULETA, ▲ *MULÉTA* [mulɛta] **n.f.** (mot esp.). Morceau d'étoffe écarlate dont se sert le matador pour travailler et fatiguer le taureau avant de lui porter l'estocade.

1. MULETIER, ÈRE **adj.** ▪ **Chemin muletier**, étroit et escarpé, destiné aux mulets.

2. MULETIER, ÈRE **n.** Personne qui conduit des mulets.

MULETTE **n.f.** (dimin. de *2. moule*). Mollusque bivalve des rivières du nord et de l'est de la France, produisant parfois des perles de petite taille (SYN. **moule de rivière**). ➲ Famille des unionidés.

MULLA ou **MULLAH** **n.m.** → **MOLLAH.**

MÜLLER (CANAUX DE) **n.m. pl. ANAT.** Organes embryonnaires dont dérivent, dans le sexe féminin, les trompes de Fallope, l'utérus et le vagin.

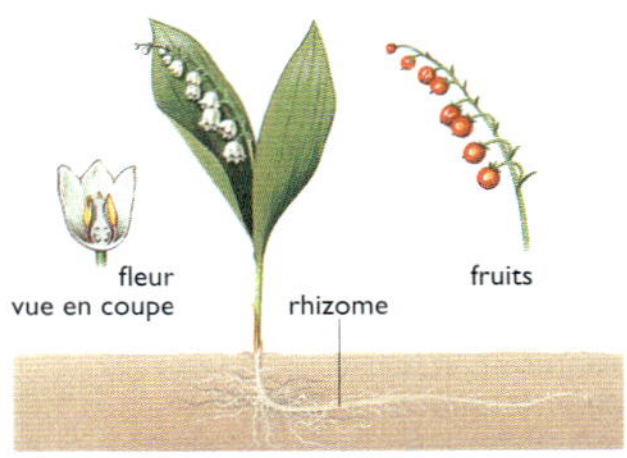

▲ **muguet**

MULON n.m. (de l'anc. fr. *mule*, tas de foin). Tas de sel recouvert d'argile pour assurer sa conservation, dans les marais salants.

MULOT n.m. (bas lat. *mullus*). Petit rongeur gris fauve des bois et des plaines d'Europe et d'Asie. ➲ Famille des muridés.

▲ **mulot**

MULTIBANDE adj.m. et n.m. Se dit d'un téléphone portable apte à fonctionner sur plusieurs bandes de fréquences. (→ **bibande**).

MULTIBRAS adj. AUTOM. Qui comporte plusieurs bras : *Suspension multibras.*

MULTIBRIN adj.m. ÉLECTROTECHN. Se dit d'un conducteur électrique à multiples brins torsadés, non isolés entre eux.

MULTIBROCHE adj. Se dit d'une machine-outil (perceuse ou tour, notamm.) pourvue de plusieurs broches.

MULTICANAL, E, AUX adj. Qui utilise plusieurs canaux de diffusion, en parlant du son, des programmes télévisés, de la publicité, etc.

MULTICARTE adj. COMM. Se dit d'un représentant travaillant pour le compte de plusieurs sociétés.

MULTICELLULAIRE adj. BIOL. Formé de plusieurs cellules (SYN. **pluricellulaire**).

MULTICŒUR adj. Se dit d'un microprocesseur possédant plusieurs unités de calcul.

MULTICOLORE adj. Qui présente un grand nombre de couleurs ; bariolé.

MULTICONDUCTEUR, TRICE adj. ÉLECTROTECHN. Se dit d'un câble comprenant plusieurs conducteurs isolés individuellement.

MULTICONFESSIONNEL, ELLE adj. Où coexistent plusieurs religions.

MULTICOQUE adj. et n.m. Se dit d'un bateau et, en partic., d'un voilier comportant plusieurs coques (catamaran, trimaran, prao, etc.) [par oppos. à *monocoque*].

MULTICOUCHE adj. Qui comprend plusieurs couches.

MULTICRITÈRE adj. INFORM. ▪ **Recherche multicritère,** examen du contenu d'un document pour y repérer les éléments qui répondent à plusieurs critères définis par l'utilisateur.

MULTICULTURALISME n.m. **1.** Coexistence de plusieurs cultures dans une société, un pays. **2.** Courant de pensée américain qui remet en cause l'hégémonie culturelle des couches blanches dirigeantes à l'égard des minorités (ethniques, sexuelles, etc.) et plaide en faveur d'une pleine reconnaissance de ces dernières.

MULTICULTURALISTE adj. et n. Relatif au multiculturalisme ; qui en est partisan.

MULTICULTUREL, ELLE adj. Qui relève de plusieurs cultures.

MULTIDIFFUSION n.f. Diffusion d'un même programme de radio ou de télévision par plusieurs réseaux, ou à différents horaires sur un réseau donné.

MULTIDIMENSIONNEL, ELLE adj. Qui a des dimensions multiples ; qui concerne des niveaux, des domaines variés. ▪ **Analyse multidimensionnelle** [math.], analyse des données relatives à un grand nombre d'éléments, représentés comme points d'un espace vectoriel à plusieurs dimensions.

MULTIDIRECTIONNEL, ELLE adj. Qui a des directions multiples : *Antenne multidirectionnelle.*

MULTIDISCIPLINAIRE adj. Pluridisciplinaire.

MULTIETHNIQUE adj. Pluriethnique.

MULTIFACTORIEL, ELLE adj. Qui relève de facteurs multiples : *Équation multifactorielle.*

MULTIFENÊTRE adj. INFORM. Se dit d'un logiciel permettant l'utilisation simultanée de plusieurs fenêtres sur un écran.

MULTIFILAIRE adj. TEXT. Qui comprend plusieurs fils ou brins.

MULTIFONCTION ou **MULTIFONCTIONS** adj. Se dit d'un appareil remplissant à lui seul plusieurs fonctions.

MULTIFONCTIONNEL, ELLE adj. Qui remplit plusieurs fonctions : *Appareil, local multifonctionnel.*

MULTIFORME adj. Qui a ou peut prendre des formes variées ; polymorphe.

MULTIGRADE adj. Se dit d'un produit dont les propriétés s'étendent simultanément à plusieurs spécifications. ▪ **Huile multigrade,** huile de graissage à haut indice de viscosité, qui peut servir en toutes saisons.

MULTIJOUEUR adj. inv., ▲ *adj.* Se dit d'un jeu vidéo interactif auquel participent plusieurs joueurs, notamm. en réseau : *Un quiz multijoueur.*

MULTILATÉRAL, E, AUX adj. **1.** Se dit d'un accord économique ou politique, de relations intervenant entre plusieurs pays. **2.** Qui engage plusieurs parties.

MULTILATÉRALISME n.m. ÉCON. Situation dans laquelle un avantage (commercial, douanier, financier) accordé par un pays à un autre est automatiquement étendu à tous les pays signataires de l'accord qui stipule cet avantage.

MULTILINGUE adj. Qui est en plusieurs langues différentes : *Des panneaux multilingues.* ◆ adj. et n. Qui peut utiliser couramment plusieurs langues (SYN. **plurilingue**).

MULTILINGUISME [-lɛ̃gɥism] n.m. Situation d'une région, d'un État, etc., où sont parlées plusieurs langues (SYN. **plurilinguisme**).

MULTIMÉDIA adj. Qui utilise ou concerne plusieurs médias. ▪ **Message multimédia** [télécomm.], message émis dans un réseau de radiocommunication avec les mobiles, pouvant contenir du texte, des images ou des sons (SYN. **MMS**). ◆ n.m. Ensemble des techniques et des produits qui permettent l'utilisation simultanée et interactive de plusieurs modes de représentation de l'information (textes, sons, images).

MULTIMÈTRE n.m. ÉLECTR. Appareil regroupant un ampèremètre, un voltmètre, un ohmmètre et, parfois, un capacimètre.

MULTIMILLIARDAIRE adj. et n. Se dit d'une personne plusieurs fois milliardaire.

MULTIMILLIONNAIRE adj. et n. Se dit d'une personne plusieurs fois millionnaire.

MULTIMODAL, E, AUX adj. Qui concerne l'utilisation combinée de plusieurs modes de transport au cours d'un même trajet. ▪ **Plateforme multimodale,** espace aménagé pour transférer des marchandises d'un mode de transport à un autre (rail, route, etc.).

MULTINATIONAL, E, AUX adj. Qui concerne plusieurs nations ; transnational. ▪ **Société multinationale,** ou **multinationale,** n.f., groupe industriel, commercial ou financier réalisant des investissements directs à l'étranger en y implantant des filiales.

MULTINÉVRITE n.f. MÉD. Affection caractérisée par des névrites atteignant successivement et de façon asymétrique plusieurs troncs nerveux.

MULTINORME adj. Se dit d'un récepteur qui peut capter des images provenant d'émetteurs de normes différentes (SYN. **multistandard**).

MULTIPARE adj. et n.f. (du lat. *parere*, enfanter). **1.** MÉD. Se dit d'une femme qui a accouché plusieurs fois (par oppos. à *primipare*, *nullipare*). **2.** Se dit d'une femelle de mammifère qui a effectué plusieurs mises bas. **3.** Se dit d'une femelle de mammifère qui met bas plusieurs petits en une seule portée (par oppos. à *unipare*).

MULTIPARITÉ n.f. BIOL. Caractère d'une femelle, d'une espèce multipare.

MULTIPARTISME n.m. Système politique caractérisé par l'existence de plus de deux partis.

MULTIPARTITE adj. Qui regroupe plusieurs partis politiques : *Assemblée multipartite.*

MULTIPLE adj. (lat. *multiplex*). **1.** Qui se produit de nombreuses fois : *De multiples récidives l'ont conduit en prison* ; qui existe en plusieurs exemplaires : *De multiples contusions* ; qui se présente sous des aspects variés : *Nous vous proposons de multiples solutions.* **2.** Qui est composé de plusieurs parties assurant la même fonction : *Une prise multiple.* ▪ **Grossesse multiple,** donnant naissance à deux enfants ou plus. ◆ n.m. **1.** MATH. Nombre entier qui contient un autre nombre entier plusieurs fois exactement. ➲ 8 est un multiple de 2. **2.** ART MOD. Œuvre, objet conçus par un artiste pour être édités en plusieurs exemplaires. ▪ **Multiple commun à plusieurs nombres,** nombre entier multiple de chacun de ces nombres. ▪ **Multiple d'une unité,** unité constituée de plusieurs fois une même unité. ▪ **Plus petit commun multiple (de plusieurs nombres) [PPCM],** le plus petit des multiples communs à ces nombres.

MULTIPLET n.m. **1.** INFORM. Ensemble de bits dont la combinaison permet de représenter un chiffre, une lettre ou un signe sous la forme binaire que traite un ordinateur. **2.** PHYS. Ensemble d'états différents d'une même particule élémentaire, d'énergies très voisines.

MULTIPLEX adj. et n.m. (mot lat. « multiple »). TÉLÉCOMM. **1.** Se dit d'une liaison par voie hertzienne ou téléphonique faisant intervenir des participants qui se trouvent en des lieux différents. **2.** Se dit d'un matériel, d'une installation ou d'un signal dans lesquels un multiplexage est réalisé ou mis en œuvre (SYN. **multivoie**). **3.** Se dit d'une émission de télévision réalisée à partir de plusieurs sites. (→ **duplex**).

MULTIPLEXAGE n.m. **1.** TÉLÉCOMM. Division d'une voie de transmission commune en plusieurs voies distinctes pouvant transmettre simultanément des signaux indépendants dans le même sens. **2.** TÉLÉCOMM. Combinaison de signaux indépendants en un seul signal composite destiné à être transmis sur une voie commune. **3.** AUTOM. Technique consistant à relier par un câble unique, selon une architecture en réseau, différents équipements électriques ou électroniques d'un véhicule. ➲ On réduit ainsi la longueur du câblage et le nombre de connexions.

MULTIPLEXE n.m. Cinéma comportant un grand nombre de salles de projection (SYN. **complexe multisalle**).

MULTIPLEXER v.t. [3]. Effectuer un multiplexage.

MULTIPLEXEUR n.m. TÉLÉCOMM. Dispositif permettant le multiplexage.

MULTIPLIABLE adj. Qui peut être multiplié.

MULTIPLICANDE n.m. MATH. Nombre à multiplier par un autre appelé *multiplicateur.* ➲ Dans 3 fois 4, égal à 4 + 4 + 4, 4 est le multiplicande.

MULTIPLICATEUR, TRICE adj. Qui multiplie. ◆ n.m. MATH. Nombre par lequel on multiplie un autre appelé *multiplicande.* ➲ Dans 3 fois 4, égal à 4 + 4 + 4, 3 est le multiplicateur. ▪ **Théorie du multiplicateur,** théorie économique, développée par J. M. Keynes, selon laquelle tout accroissement d'investissement productif entraîne une augmentation du revenu global plus importante que cet accroissement d'investissement.

MULTIPLICATIF, IVE adj. MATH. **1.** Relatif à la multiplication. **2.** Qui multiplie. ▪ **Groupe multiplicatif,** groupe dont la loi est appelée multiplication.

MULTIPLICATION n.f. **1.** Augmentation en nombre ; accroissement : *Multiplication des maisons basse consommation, des maladies de la thyroïde.* **2.** MATH. Opération (notée ×) associant à deux nombres, l'un appelé *multiplicande*, l'autre *multiplicateur*, un troisième nombre appelé *produit.* ➲ Multiplier a et b revient à faire $a + \ldots + a$ (b termes). **3.** MATH. Opération, symbolisée (facultativement) par un point, portant sur des nombres, des fonctions, des vecteurs (aux *facteurs*, elle fait correspondre leur *produit*). ➲ La multiplication des réels est une extension de celle des entiers ; le produit de la fonction numérique f par le réel a est la fonction $a \cdot f$ qui à tout x associe $a \cdot f(x)$; le produit des fonctions numériques f et g est la fonction $f \cdot g$ qui à tout x associe $f(x) \cdot g(x)$; le produit du vecteur $\vec{a}$ par le réel k est le vecteur de norme $|k| \cdot \|\vec{a}\|$, dont la direction est celle de $\vec{a}$ et dont le sens est celui de $\vec{a}$ si et seulement si k est positif. **4.** MÉCAN. INDUSTR. Rapport dans lequel la vitesse de rotation de l'arbre entraîné est supérieure à celle de l'arbre entraînant. **5. BIOL.** Augmentation du nombre d'individus d'une espèce vivante, soit par reproduction sexuée, soit par fragmentation d'un seul sujet *(multiplication végétative).* ▪ **Table de multiplication** [math.], tableau donnant les premiers produits.

MULTIPLICATIVEMENT adv. **MATH.** De façon multiplicative.

MULTIPLICITÉ n.f. Caractère de ce qui est abondant et divers ; multitude : *La multiplicité des étoiles dans le ciel.*

MULTIPLIER v.t. [5] (lat. *multiplicare*). **1.** Augmenter le nombre, la quantité de ; accroître : *Cela va multiplier les risques d'erreur.* **2.** Procéder à la multiplication d'un nombre par un autre. ◆ **v.i.** Effectuer une multiplication. ◆ **SE MULTIPLIER v.pr. 1.** Se répéter un grand nombre de fois : *Les accidents se multiplient à ce carrefour.* **2.** Se reproduire, augmenter en nombre par voie de génération. **3.** Faire preuve d'une activité débordante.

MULTIPLIEUR n.m. **INFORM.** Organe d'un calculateur analogique ou numérique permettant d'effectuer le produit de deux nombres.

MULTIPOINT ou **MULTIPOINTS** adj. Se dit d'une serrure comportant plusieurs pênes dormants actionnés simultanément par le même organe de manœuvre.

MULTIPOLAIRE adj. Qui a plus de deux pôles (par oppos. à *bipolaire*) : *Un monde multipolaire.*

MULTIPOSTE adj. et n.m. Se dit d'un ordinateur qui autorise la connexion simultanée de plusieurs postes de travail.

MULTIPRISE n.f. Prise de courant électrique permettant de relier plusieurs appareils au réseau (SYN. **prise multiple**).

MULTIPROCESSEUR adj.m. et n.m. Se dit d'un système informatique possédant plusieurs unités de traitement qui fonctionnent en se partageant un même ensemble de mémoires et d'unités périphériques.

MULTIPROGRAMMATION n.f. Mode d'exploitation d'un ordinateur permettant d'exécuter simultanément plusieurs programmes.

MULTIPROGRAMMÉ, E adj. **INFORM.** Multitâche.

MULTIPROPRIÉTÉ n.f. Technique juridique permettant aux associés membres d'une société civile immobilière d'avoir la jouissance exclusive d'un bien immeuble chacun à leur tour pendant un temps donné (SYN. **propriété saisonnière**). [On parle en France de *jouissance à temps partagé.*]

MULTIRACIAL, E, AUX adj. Où coexistent plusieurs races.

MULTIRÉCIDIVISTE n. et adj. **DR.** Auteur de plusieurs récidives.

MULTIRÉSISTANCE n.f. Caractère des organismes multirésistants.

MULTIRÉSISTANT, E adj. **MÉD.** Se dit d'un virus, d'une bactérie qui ont une très grande résistance pharmacologique.

MULTIRISQUE adj. ▪ **Assurance multirisque,** ou **multirisque, n.f.,** assurance couvrant simultanément plusieurs risques, comme le vol et l'incendie.

MULTISALLE ou **MULTISALLES** adj. Se dit d'un cinéma qui comporte plusieurs salles de projection. ▪ **Complexe multisalle,** multiplexe.

MULTISÉCULAIRE adj. Qui a duré plusieurs siècles.

MULTISERVICE adj. Qui permet l'accès à plusieurs services de télécommunication : *Carte à mémoire multiservice.*

MULTISOUPAPES adj. Se dit d'un moteur qui comporte plus de deux soupapes par cylindre.

MULTISTADES adj. ▪ **Synthèse multistades** → **SYNTHÈSE.**

MULTISTANDARD adj. Multinorme.

MULTISUPPORT adj. inv. et n.m. Se dit d'un contrat d'assurance-vie composé de plusieurs unités de compte (actions et obligations du monde entier), qui permet divers types de placements.

MULTITÂCHE adj. Se dit d'un ordinateur conçu pour la multiprogrammation (SYN. **multiprogrammé**).

MULTITRAITEMENT n.m. **INFORM.** Exécution simultanée de plusieurs programmes dans plusieurs processeurs d'un même ordinateur.

MULTITUBE adj. **ARM.** Se dit d'un canon composé de plusieurs tubes accolés.

MULTITUBULAIRE adj. **1.** Qui comprend plusieurs tubes : *Drain multitubulaire.* **2.** Se dit d'un échangeur thermique composé de tubes au contact avec le fluide caloporteur.

MULTITUDE n.f. (lat. *multitudo*). **1.** Très grand nombre : *Il a tourné une multitude de films.* **2.** Rassemblement en grand nombre d'êtres vivants, de personnes : *Une multitude d'oiseaux migrateurs, de visiteurs.* ▪ **La multitude** [litt., vieilli], le commun des hommes ; la masse.

MULTIVARIÉ, E adj. **MATH.** ▪ **Analyse multivariée,** technique permettant de tester l'effet de l'introduction d'une variable supplémentaire sur la relation primitivement observée entre deux variables.

MULTIVERS n.m. **ASTRON.** Ensemble fini ou infini d'univers, parmi lesquels figure l'Univers jusque-là observé. ➲ Le multivers est une hypothèse scientifique issue de la physique quantique. En science-fiction, on parle plutôt d'*univers parallèles.*

MULTIVIBRATEUR n.m. **ÉLECTRON.** Bascule.

MULTIVOIE adj. et n.m. **TÉLÉCOMM.** Multiplex.

MÜNCHHAUSEN [mynʃozɛn] **(SYNDROME DE)** n.m. **PSYCHIATR.** Forme grave de pathomimie, dans laquelle le patient simule une maladie réclamant une intervention chirurgicale. ➲ Dans le syndrome de Münchhausen par procuration, les symptômes sont créés par une mère chez son enfant.

MUNGO [mungo] n.m. Haricot à petit grain, originaire d'Extrême-Orient. ➲ Les grains de mungo germés sont appelés *germes de soja.* Sous-famille des papilionacées.

MUNICHOIS, E [-kwa, az] adj. et n. De Munich. ◆ **n. HIST.** Partisan des accords de Munich*.

MUNICIPAL, E, AUX adj. (lat. *municipalis*). Relatif à l'administration d'une commune. ▪ **Élections municipales,** ou **municipales, n.f. pl.,** élections du conseil municipal au suffrage universel, en France. ▪ **Officier municipal,** élu ou fonctionnaire qui participe à l'administration d'une commune.

MUNICIPALISATION n.f. Action de municipaliser.

MUNICIPALISER v.t. [3]. Faire passer sous le contrôle de la municipalité.

MUNICIPALITÉ n.f. **1.** Territoire soumis à une organisation municipale. **2.** Ensemble formé par le maire et ses adjoints. ▪ **Municipalité régionale de comté (MRC),** au Québec, collectivité territoriale regroupant des municipalités (villes ou villages) et, parfois, des territoires non organisés.

MUNICIPE n.m. (lat. *municipium*). **ANTIQ.** Cité italienne soumise à Rome, participant à ses charges financières et militaires, mais se gouvernant par ses propres lois.

MUNIFICENCE n.f. (lat. *munificentia*, de *munus*, don, présent). Litt. Disposition qui porte à donner avec générosité ; largesse.

✎ À distinguer de ***magnificence,*** malgré la proximité de sens.

MUNIFICENT, E adj. Litt. Très généreux.

MUNIR v.t. [21] (du lat. *munire*, fortifier). Pourvoir de ce qui est nécessaire, utile : *Munir les touristes de paniers-repas, une porte d'un verrou.* ◆ **SE MUNIR v.pr. (DE).** Prendre avec soi : *Se munir d'un parapluie.*

MUNITION n.f. (du lat. *munitio*, fortification). [Surtout pl.]. Ce qui est nécessaire à l'approvisionnement des armes à feu (cartouches, charges de poudre, fusées, etc.).

MUNSTER [mœstɛr] n.m. (de *Munster*, v. d'Alsace). Fromage AOC au lait de vache, à pâte molle et à croûte lavée, à l'odeur forte, fabriqué dans les Vosges.

MUNTJAC [mœntʒak] n.m. (d'une langue de Java). Petit cervidé du Sud-Est asiatique, aux bois courts plantés sur des apophyses osseuses permanentes.

MUON n.m. (de 2. *mu* et *électron*). Particule élémentaire (μ) de la famille des leptons, de charge électrique positive ou négative égale à celle de l'électron, et 207 fois plus massive que celui-ci (SYN. **2. mu**).

MUPHTI n.m. → **MUFTI.**

MUQARNAS [mukarnas] n.m. pl. (mot ar.). Niches formant support et qui permettent, dans l'architecture islamique, de passer du plan carré de la salle à celui, circulaire, de la coupole.

MUQUEUSE n.f. **HISTOL.** Membrane qui tapisse la plupart des organes creux et des cavités du corps.

MUQUEUX, EUSE adj. (lat. *mucosus*, de *mucus*, morve). Relatif aux mucosités ou au mucus ; qui sécrète du mucus.

MUR n.m. (lat. *murus*). **1.** Ouvrage vertical de maçonnerie qui sert à enclore un espace, à constituer les parois d'une maison : *Des murs de pierres délimitent les champs. Repeindre les murs du salon.* **2.** Paroi naturelle ; pente abrupte : *Skieur qui descend un mur.* **3.** Fig. Ce qui constitue un obstacle : *Les gardes du corps formaient un mur entre la star et le public* ; ce qui isole, sépare : *Un mur d'indifférence.* **4. SPORTS.** Au football, écran formé, entre le but et le tireur d'un coup franc, par un groupe de joueurs adverses serrés les uns contre les autres. **5. SPORTS.** En équitation, obstacle constitué de caissons légers superposés, dont le faîte est arrondi. **6. MIN.** Éponte située au-dessous du minerai (par oppos. à *toit*). **7. INFORM.** Page personnelle d'un membre d'un réseau social : *Poster une photo sur son mur Facebook.* ▪ **Aller (droit) dans le mur** [fam.], courir à l'échec. ▪ **Coller qqn au mur,** le fusiller. ▪ **Entre quatre murs,** à l'intérieur d'un bâtiment, d'une pièce ; en prison. ▪ **Être au pied du mur,** face à ses responsabilités. ▪ **Être le dos au mur,** ne plus pouvoir reculer ; être obligé de faire face. ▪ **Faire le mur** [fam.], sortir sans permission (d'une caserne, d'un internat), en escaladant un mur. ▪ **Le Mur,** v. partie n.pr. **MUR DE BERLIN*.** ▪ **Mur de la chaleur** [techn.], ensemble des phénomènes thermiques qui se produisent sur un aéronef ou un véhicule spatial se déplaçant à très grande vitesse dans l'atmosphère et qui affectent ses structures. ▪ **Mur d'escalade** ou **mur artificiel,** paroi de béton, de bois, aménagée spécialement pour la pratique de la varappe. ▪ **Mur du son** [techn.], ensemble des phénomènes aérodynamiques qui se produisent lorsqu'un mobile se déplace dans l'atmosphère à une vitesse voisine de celle du son. ▪ **Mur peint** [urban.], mur d'immeuble, souvent aveugle, animé d'une composition picturale fondée ou non sur le trompe-l'œil. ▪ **Se cogner** ou **se taper la tête contre les murs,** désespérer de parvenir à une solution. ◆ **n.m. pl. 1.** Limites d'une ville, d'un immeuble. **2. DR. COMM.** Local

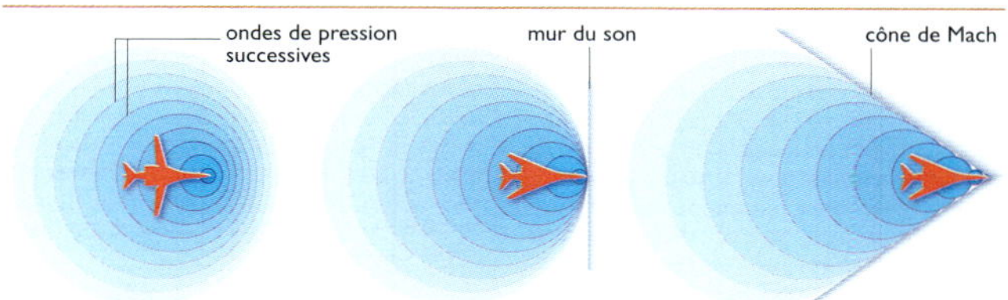

vitesse inférieure à celle du son (vol subsonique) — **vitesse égale à celle du son** — **vitesse supérieure à celle du son (vol supersonique)**

Lorsqu'un mobile atteint la vitesse du son, il se déplace à la même vitesse que les ondes de pression qu'il engendre. Il crée alors une onde de choc sonore à l'origine du « bang » perçu au sol. À une vitesse supersonique, les ondes de pression s'inscrivent à l'intérieur d'un cône, le « cône de Mach ».

▲ **mur du son**

à usage commercial indépendant du fonds de commerce. ▪ **Être dans ses murs,** être propriétaire de son logement.

MÛR, E adj. (lat. *maturus*). **1.** Se dit d'un fruit, d'une graine complètement développés, prêts à être récoltés. **2. MÉD.** Se dit d'un bouton, d'un abcès près de percer. **3.** Se dit de qqn qui a atteint son plein développement physique ou intellectuel : *Les gens d'âge mûr.* **4.** Qui, après une longue évolution, est amené au stade de la réalisation : *Son projet est enfin mûr.* ▪ **Après mûre réflexion,** après avoir bien réfléchi.

✎ Dans le cadre de l'orthographe rectifiée, on peut écrire : ***mûr, mure, murs, mures.***

MURAGE n.m. Action de murer.

MURAILLE n.f. 1. Mur épais, d'une certaine hauteur, protégeant une enceinte fortifiée. **2.** Surface verticale abrupte : *Une muraille de rocher.* **3.** Paroi externe d'un navire au-dessus de la ligne de flottaison. **4.** Partie extérieure du sabot du cheval (SYN. **paroi**).

MURAL, E, AUX adj. Appliqué, fait sur un mur : *Étagère, peinture murale.*

MURALE n.f. Québec. Œuvre plastique (peinture, mosaïque, etc.) de grandes dimensions exécutée directement sur un mur.

MURALISME n.m. Courant artistique du XXe s., essentiellement mexicain, caractérisé par l'exécution de grandes peintures murales dont l'inspiration puise aux sources populaires ou nationales.

MURALISTE adj. et **n.** Relatif au muralisme ; qui s'y rattache.

MÛRE, ▲ *MURE* **n.f.** (anc. fr. *meure*, du lat. *morum*). **1.** Fruit du mûrier. **2.** Fruit comestible de la ronce.

MÛREMENT, ▲ *MUREMENT* **adv.** Après de longues réflexions.

MURÈNE n.f. (lat. *muraena*). Poisson des mers tropicales et tempérées chaudes, à corps allongé, à la morsure dangereuse et vivant dans les anfractuosités des fonds rocheux. ➲ Long. max. 1,50 m ; ordre des anguilliformes.

▲ **murène**

MURÉNIDÉ n.m. Poisson téléostéen à corps allongé dépourvu d'écailles et de nageoires pectorales, tel que la murène. ➲ Les murénidés forment une famille.

MURER v.t. [3]. 1. Boucher avec de la maçonnerie : *Murer une fenêtre* ; entourer de murs, de murailles : *Murer un vieux quartier.* **2.** Enfermer dans un lieu en supprimant les issues : *L'éboulement a muré les spéléologues dans la grotte.* ◆ **SE MURER v.pr. 1.** Rester enfermé chez soi ; rester à l'écart des autres. **2. (DANS).** Fig. S'enfermer dans un état : *Se murer dans son chagrin.*

MURET n.m. ou **MURETTE n.f.** Petit mur.

MUREX n.m. (mot lat.). Gastéropode à coquille couverte de pointes, qui attaque les autres mollusques en perçant leur coquille, et dont une espèce méditerranéenne fournissait jadis la pourpre. ➲ Famille des muricidés.

MURGER n.m. Région. (Centre, Est). Tas de pierres extraites des champs ; mur de pierres sèches que l'on monte en les utilisant.

MURIDÉ n.m. (du lat. *mus, muris,* rat). Petit rongeur à longue queue, dont plusieurs espèces, telles que le rat, la souris, le mulot, sont commensales de l'homme. ➲ Les muridés forment une famille.

MÛRIER, ▲ *MURIER* **n.m. 1.** Arbre ou arbuste ornemental des régions tempérées de l'Asie et de l'Amérique, à suc laiteux et à feuilles caduques, à fruits noirs, blancs ou rouges selon l'espèce. ➲ Famille des moracées. **2.** (Abusif en botanique). Ronce. ➲ Famille des rosacées. ▪ **Mûrier blanc,** dont les feuilles nourrissent le ver à soie. ▪ **Mûrier noir,** cultivé pour ses fruits.

MURIN n.m. Chauve-souris très répandue en Europe et en Asie Mineure. ➲ Famille des vespertilionidés.

▲ **mûrier blanc**

MÛRIR, ▲ *MURIR* **v.i. [21]. 1.** Devenir mûr ; arriver à maturité : *Les poires mûrissent au soleil.* **2.** Fig. Atteindre un certain degré d'élaboration : *L'idée a mûri lentement.* **3.** Acquérir de la sagesse, de l'expérience : *Il a beaucoup mûri depuis cet événement.* ◆ **v.t. 1.** Rendre mûr un fruit, une graine : *Juillet a mûri les pêches.* **2.** Fig. Mettre soigneusement au point ; approfondir : *Mûrir un scénario.* **3.** Rendre sage, expérimenté : *Cette affaire l'a mûrie.*

MÛRISSAGE ou **MÛRISSEMENT,** ▲ *MURISSAGE,* ▲ *MURISSEMENT* **n.m.** Maturation de certains produits.

MÛRISSANT, E, ▲ *MURISSANT, E* **adj. 1.** Qui est en train de mûrir. **2.** Qui prend de l'âge.

MÛRISSERIE, ▲ *MURISSERIE* **n.f.** Entrepôt dans lequel on fait mûrir les fruits, en partic. les bananes.

MURMEL n.m. (de l'all. *Murmel,* marmotte). Fourrure de marmotte, rappelant celle du vison.

MURMURANT, E adj. Qui fait entendre un murmure.

MURMURE n.m. (lat. *murmur*). **1.** Bruit de voix léger, sourd et prolongé ; chuchotement. **2.** Paroles, plaintes sourdes marquant le mécontentement : *Cette annonce déclencha des murmures dans la salle.* **3.** Litt. Bruissement léger, prolongé : *Le murmure du feuillage.*

MURMURER v.i. [3]. 1. Faire entendre un bruit de voix sourd et prolongé ; chuchoter. **2.** Faire entendre une sourde protestation ; marmonner : *Ils acceptèrent sans murmurer.* **3.** Litt. Faire entendre un bruissement léger. ◆ **v.t.** Dire à voix basse ; susurrer : *Murmurer des mots doux à l'oreille de qqn.*

MUR-RIDEAU n.m. (pl. *murs-rideaux*). **CONSTR.** Enveloppe non porteuse d'un bâtiment à structure en acier ou en béton, construite avec des éléments modulaires souvent largement vitrés.

MUSACÉE n.f. (de l'ar. *mauz,* banane). **BOT.** Monocotylédone tropicale aux fleurs à cinq étamines, telle que le bananier ou le strélitzia. ➲ Les musacées forment une famille.

MUSAGÈTE adj.m. (gr. *mousagetês*). **MYTH. GR.** ▪ **Apollon musagète,** Apollon conducteur des Muses.

MUSARAIGNE n.f. (du lat. pop. *musaranea,* souris-araignée). Petit mammifère à museau pointu, très vorace, dont certaines espèces peuvent paralyser leurs proies (vers, insectes, petits vertébrés), grâce à leur salive venimeuse. ➲ Le *pachyure étrusque,* qui pèse 2 g, est le plus petit de tous les mammifères. Famille des soricidés.

▲ **musaraigne**

MUSARDER v.i. [3] (de *muser*). Perdre son temps ; flâner.

MUSARDISE n.f. Litt. Action de musarder.

MUSC [mysk] **n.m.** (bas lat. *muscus*). Substance odorante utilisée en parfumerie et produite par certains mammifères, en partic. par un cervidé, le *porte-musc* mâle. ▪ **Musc végétal,** huile tirée de la mauve musquée.

MUSCADE n.f. (de l'anc. provenç. *muscada*). **1.** Fruit du muscadier, dont la graine (noix [de] muscade) est utilisée comme condiment et fournit le beurre de muscade. **2.** Accessoire de prestidigitateur en forme de muscade, utilisé pour certains escamotages. ▪ **Passez muscade,** le tour est joué (se dit lorsque qqch passe presque inaperçu).

MUSCADET n.m. (de *muscat*). Vin blanc sec récolté dans le pays nantais.

MUSCADIER n.m. Arbre ou arbrisseau originaire des Moluques, qui fournit la muscade. ➲ Famille des myristicacées.

MUSCADIN n.m. (de l'ital. *moscardino,* pastille au musc). **HIST.** Après le 9 Thermidor, jeune royaliste élégant et excentrique.

MUSCADINE n.f. Vigne d'une variété canadienne ; vin que produit cette vigne.

MUSCARDIN n.m. (ital *moscardino*). Petit rongeur hibernant et frugivore de l'Europe et de l'Asie Mineure, voisin du loir, au pelage brun-orangé. ➲ Famille des gliridés.

MUSCARDINE n.f. (provenç. *muscardino*). Maladie contagieuse des vers à soie, produite par un champignon dont le mycélium envahit les tissus.

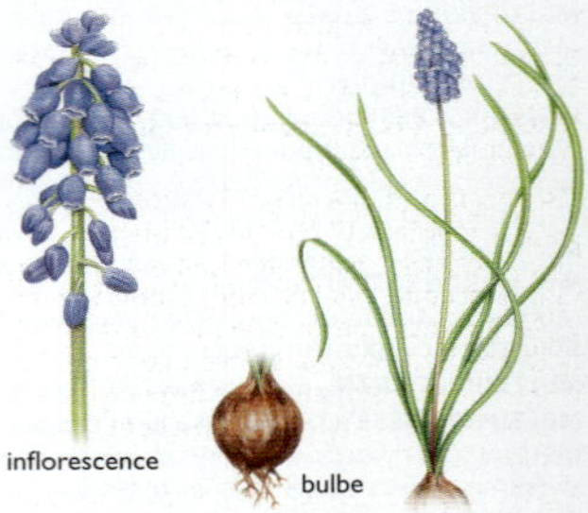

▲ **muscari**

MUSCARI n.m. (du lat. *muscus,* musc). Plante voisine de la jacinthe, à grappes de petites fleurs bleues. ➲ Famille des liliacées.

MUSCARINE n.f. (du lat. *musca,* mouche, en référence à l'amanite tue-mouches). Alcaloïde toxique extrait de certains champignons (clitocybe de l'olivier, par ex.).

MUSCAT n.m. (mot provenç., de *musc*). Cépage rouge ou blanc dont les baies ont une saveur musquée caractéristique ; vin doux et sucré issu de ce cépage. ◆ **adj.m.** Se dit de certains fruits à saveur musquée, notamm. du raisin.

✎ Le fém. ***muscate,*** rare, est attesté.

MUSCATÉ , E adj. Qui évoque l'odeur, le goût du raisin muscat.

MUSCINAL, E, AUX [-sin-] **adj. BOT.** Relatif aux mousses.

MUSCINÉE [-si-] **n.f.** (du lat. *muscus,* mousse). **BOT.** Plante cryptogame à spores contenues dans une urne fermée par un opercule et portée par un pédicelle, telle que les mousses. ➲ Les muscinées forment une classe.

MUSCLE n.m. (du lat. *musculus,* petite souris). **1.** Organe capable de se contracter et d'assurer le mouvement ou la résistance aux forces extérieures. **2.** Fig. Force physique ou morale ; vitalité : *Cette entreprise manque de muscle.*

➲ Le tissu d'un **MUSCLE** est constitué de fibres musculaires ; celles-ci sont composées de cellules qui renferment dans leur cytoplasme de nombreux filaments allongés parallèlement au grand axe de la cellule. Ces filaments sont de deux types : les uns, fins, sont faits d'actine ; les autres, épais, sont composés de myosine. C'est grâce à leur interaction que la contraction musculaire s'effectue. (V. planche *anatomie humaine, muscles squelettiques.*)

MUSCLÉ, E adj. 1. Qui a les muscles bien développés. **2.** Fig. Qui use volontiers de la force : *Campagne électorale musclée.*

MUSCLER v.t. [3]. 1. Développer les muscles de : *Le vélo muscle les jambes.* **2.** Fig. Donner plus de vigueur, d'énergie à : *Muscler les forces de vente.* ◆ **SE MUSCLER v.pr.** Développer ses muscles.

MUSCOVITE n.f. (de l'angl. *Muscovy,* Moscovie). **MINÉRALOG.** Mica blanc, souvent présent dans les granites.

MUSCULAIRE adj. Relatif aux muscles.

MUSCULATION n.f. Ensemble d'exercices visant à développer la musculature, souvent dans un but sportif.

MUSCULATURE n.f. Ensemble des muscles du corps humain, d'un animal.

MUSCULEUX, EUSE adj. 1. De la nature des muscles ; formé de muscles. **2.** Qui est très musclé : *Jambes musculeuses.*

MUSCULO-MEMBRANEUX, EUSE (pl. *musculo-membraneux, euses*) ou **MUSCULOMEMBRANEUX, EUSE adj. ANAT.** Se dit d'une structure qui comporte des éléments membraneux et musculaires.

MUSCULO-SQUELETTIQUE (pl. *musculo-squelettiques*) ou **MUSCULOSQUELETTIQUE adj.** ▪ **Trouble musculo-squelettique (TMS),** affection périarticulaire, touchant surtout le membre supérieur et génér. provoquée par une sollicitation excessive de l'articulation concernée. ➲ Ce trouble est souvent d'origine professionnelle.

MUSE n.f. (lat. *musa,* du gr.). [Avec une minuscule]. Inspiratrice d'un poète, d'un écrivain ; égérie. ▪ **Les Muses** ou **la Muse** [litt.], symbole de la poésie : *Taquiner la Muse.* ▪ **Les Muses,** v. partie n.pr.

MUSÉAL, E, AUX adj. Relatif aux musées : *Richesse muséale d'une ville.*

MUSEAU n.m. (bas lat. *musus*). **1.** Partie antérieure, génér. allongée et plus ou moins pointue, de la face de certains mammifères, située au-dessus de la bouche et dont l'extrémité forme le mufle. **2.** Région analogue de divers autres vertébrés, notamm. des poissons. **3.** Préparation de charcuterie à base notamm. de mufle et de menton de porc ou de bœuf, cuite, pressée et moulée. **4.** Fam. Visage.

MUSÉE n.m. (du gr. *mouseîon,* temple des Muses). **1.** Établissement où est conservée, exposée, mise en valeur une collection d'œuvres d'art, d'objets d'intérêt culturel, scientifique ou technique : *Musée de l'Ermitage. Musée campanaire. Musée de la Poupée.* **2. ANTIQ. GR.** (Avec une majuscule). Sanctuaire consacré aux Muses. **3. ANTIQ. GR.** (Avec une majuscule). Grand édifice élevé par Ptolémée Ier à Alexandrie, qui abritait une bibliothèque célèbre dans le monde antique. ▪ **Direction des musées de France,** direction du ministère chargé de la Culture, qui a la responsabilité des collections publiques et qui assure la tutelle de l'État sur divers établissements, parmi lesquels la Réunion des musées nationaux.

➲ Les **MUSÉES** des beaux-arts contribuent au renom culturel de nombreuses villes dans le monde. La galerie de peintures qui occupe le palais des Offices, à Florence, a été ouverte au public dès la seconde moitié du XVIIIe s. Le musée de l'Ermitage, à Saint-Pétersbourg, a pour origine les collections d'art occidental de l'impératrice Catherine II. Le British Museum de Londres est musée national depuis 1753 et le musée du Louvre, à Paris, l'est depuis 1793. Du XIXe s. datent le Rijksmuseum d'Amsterdam (1808), le musée national du Prado de Madrid (1819), l'Ancienne Pinacothèque de Munich (1826-1836) ou encore, aux États-Unis, le musée des Beaux-Arts de Boston (1870) et le Metropolitan Museum of Art de New York (1880). À New York également, en 1929, sera fondé le musée d'Art moderne, qui est sans doute auj. le plus riche du monde en œuvres du XXe s., tandis que Washington sera dotée de la National Gallery of Art en 1937.

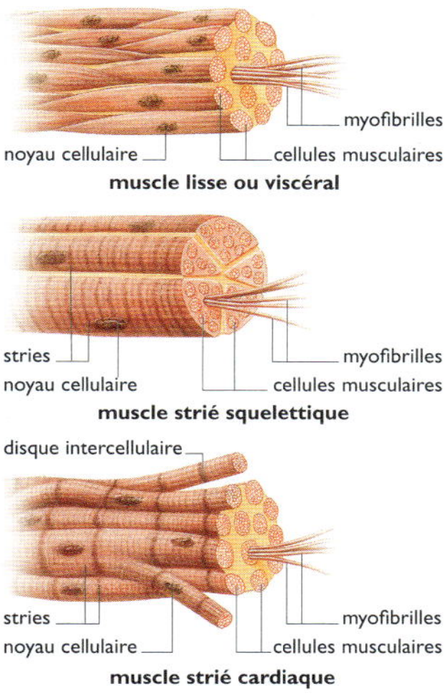

▲ **muscle.** Les trois sortes de muscles de l'organisme.

MUSÉIFICATION n.f. Parfois péjor. Action de muséifier.

MUSÉIFIER v.t. [5]. Parfois péjor. Transformer en musée : *Muséifier un village.*

MUSELER v.t. [16], ▲ *[12]* (de l'anc. fr. *musel,* museau). **1.** Mettre une muselière à : *Museler un chien.* **2.** Fig. Empêcher de s'exprimer ; bâillonner : *Museler l'opposition.*

MUSELET n.m. (de l'anc. fr. *musel,* museau). Armature de fil de fer qui maintient le bouchon des bouteilles de champagne, de cidre, etc.

MUSELIÈRE n.f. (de l'anc. fr. *musel,* museau). Appareil formé d'un réseau de lanières, que l'on place au museau de certains animaux, pour les empêcher de mordre, de paître ou de téter.

MUSELLEMENT, ▲ *MUSÈLEMENT* **n.m.** Action de museler.

MUSÉOGRAPHE n. Spécialiste de muséographie.

MUSÉOGRAPHIE n.f. Ensemble des notions techniques nécessaires à la présentation et à la bonne conservation des œuvres, des objets que détiennent les musées.

MUSÉOGRAPHIQUE adj. Relatif à la muséographie.

MUSÉOLOGIE n.f. Science de l'organisation des musées, de la conservation et de la mise en valeur de leurs collections.

MUSÉOLOGUE n. Spécialiste de muséologie.

MUSER v.i. [3] (de l'anc. fr. *mus,* museau). Litt. S'amuser à des riens ; musarder.

MUSEROLLE, ▲ *MUSEROLE* **n.f.** (ital. *museruola*). Élément du harnais qui entoure la partie inférieure de la tête du cheval et qui l'empêche d'ouvrir la bouche.

1. MUSETTE n.f. (anc. fr. *muse,* de *muser,* jouer de la musette). **1.** Instrument de musique à air, composé d'un réservoir en forme de sac alimenté par un soufflet et muni de un ou deux tuyaux à anches (chalumeaux) et de quelques grands tuyaux (bourdons). **2. MUS.** Pièce instrumentale de tempo modéré, de mesure à 2/4, 3/4 ou 6/8. **3.** Danse théâtrale, interprétée dans les opéras français du XVIIIe s. ▪ **Bal musette,** bal populaire où l'on danse au son de l'accordéon (à l'origine, de la musette). ◆ **n.m.** Genre musical, style propre aux orchestres des bals musettes.

2. MUSETTE n.f. Sac de toile porté en bandoulière.

3. MUSETTE n.f. (fém. de l'anc. fr. *muset,* musaraigne). Musaraigne commune d'Europe, qui se dirige par écholocation. ➲ Famille des soricidés.

MUSÉUM [-ɔm] **n.m.** (lat. *museum*). Musée consacré aux sciences naturelles.

MUSHER [mœʃœr] **n.** (mot anglo-amér.). Conducteur de traîneaux tirés par des attelages de chiens.

MUSICAL, E, AUX adj. 1. Relatif à la musique : *Notation musicale.* **2.** Qui comporte de la musique : *Spectacle musical.* **3.** Qui a les caractères de la musique : *Voix musicale.* ◆ **n.m.** Anglic. (Emploi critiqué). Spectacle de comédie musicale.

MUSICALEMENT adv. 1. Du point de vue musical. **2.** D'une manière harmonieuse.

MUSICALITÉ n.f. Qualité de ce qui est musical.

MUSIC-HALL [myzikol] **n.m.** (pl. *music-halls*) [mot angl.]. **1.** Genre de spectacle de variétés, avec tours de chant, numéros de comiques, danses et, parfois, attractions. **2.** Établissement spécialisé dans ce genre de spectacle.

MUSICIEN, ENNE n. Personne qui compose ou exécute des morceaux de musique. ◆ **adj.** Qui a des aptitudes pour la musique : *Avoir l'oreille musicienne.*

MUSICOGRAPHE n. Auteur qui écrit sur la musique, sur les musiciens.

MUSICOGRAPHIE n.f. Activité du musicographe.

MUSICOGRAPHIQUE adj. Relatif à la musicographie.

MUSICOLOGIE n.f. Science de l'histoire de la musique et de la théorie musicale.

MUSICOLOGIQUE adj. Relatif à la musicologie.

MUSICOLOGUE n. Spécialiste de musicologie.

MUSICOTHÉRAPIE n.f. Psychothérapie basée sur l'écoute ou sur la pratique de la musique.

MUSIQUE n.f. (lat. *musica,* de *musa,* muse). **1.** Art de combiner les sons : *Enseigner la musique ;* ensemble des productions de cet art : *Il écrit la musique de ses chansons.* **2.** Notation écrite d'airs musicaux ; partition : *Lire la musique.* **3.** Groupe de gens pratiquant la musique ; orchestre ; fanfare : *Les majorettes défilent devant la musique.* **4.** Suite de sons produisant une impression harmonieuse : *La musique d'un sonnet.* ▪ **C'est toujours la même musique** [fam.], c'est toujours la même chose. ▪ **Connaître la musique** [fam.], savoir d'expérience de quoi il s'agit. ▪ **Mettre qqch en musique,** composer une musique sur une poésie, un texte : *Mettre en musique un poème de Rimbaud ;* fig., mettre en œuvre ; exécuter : *Mettre en musique une réforme.* ▪ **Musique à bouche** [Belgique, Québec, Suisse], harmonica. ▪ **Musique d'ascenseur** [fam., péjor.], musique sans réelle valeur artistique, semblable à celle, discrète et aseptisée, qui est diffusée dans les lieux accueillant le public (commerces, halls d'aéroport, etc.) ; par ext., ensemble de propos insignifiants visant à meubler les temps morts ou à endormir, enjôler ceux qui les écoutent : *Ce discours politique, quelle musique d'ascenseur !* ▪ **Musique d'avenir** [Suisse], projet que l'on aimerait voir se réaliser, mais qui appartient encore au domaine de l'imagination : *Ça n'est pour l'instant que de la musique d'avenir.* ▪ **Musique de chambre** → **CHAMBRE.** ▪ **Musique militaire,** formation musicale appartenant aux forces armées. ▪ **Réglé comme du papier à musique,** ordonné de manière précise, rigoureuse.

➲ En Occident, l'histoire de la **MUSIQUE** se confond, à partir du XIIIe s., avec celle de la polyphonie, qui s'épanouit du XIVe au XVIe s. (messe*, motet*, madrigal*). Au début du XVIIe s., Monteverdi assure le passage à l'âge baroque, au cours duquel naît l'opéra*. Si Bach, au XVIIIe s., est le dernier grand héritier de la polyphonie vocale, Mozart, Haydn et Beethoven, les principaux représentants du classicisme, font triompher la musique instrumentale, notamm. dans le concerto*, la sonate* et la symphonie*. Le romantisme est la grande époque du lied (Schubert, Schumann) et de la mélodie (Berlioz), mais aussi de la musique pour piano (Chopin, Liszt). Wagner, en Allemagne, et Verdi, en Italie, sont, au XIXe s., les maîtres de l'opéra européen, dont R. Strauss poursuit la tradition. Le XXe s. est celui des révolutions menées par Schoenberg, Debussy, Stravinsky et Messiaen. Les compositeurs qui illustrent les courants de la musique sérielle*, de la musique concrète*, de la musique aléatoire*, de la musique électroacoustique* et de la musique répétitive* parachèvent les recherches liées à la modernité musicale.

MUSIQUETTE n.f. Fam. Petite musique facile, sans valeur artistique.

MUSLI n.m. → **MUESLI.**

MUSOIR n.m. (de *museau*). **TRAV. PUBL.** Extrême pointe d'une digue ou d'une jetée.

Les grandes mythologies

Les récits mythologiques sont à l'origine des rites et des cultes de chaque civilisation. Cosmogonies, épopées légendaires, hymnes ou recueils de sagesse, ils racontent l'histoire des divinités, guerriers ou héros fondateurs, et répondent à nos grandes interrogations sur l'origine du monde, les causes des phénomènes naturels, la présence des êtres humains sur la terre, le sens de la vie et les mystères de l'au-delà.

◄ ***Eshu.*** Représenté avec sa coiffe caractéristique, Eshu est élevé au rang de dieu par les Yoruba d'Afrique occidentale. Naguère connu sous d'autres noms à Cuba (Eleggua) et au Brésil (Exu), aimé ou craint pour son comportement ambivalent, il est capable de protéger les humains de tous les démons. (Statuette en bois, coll. part.)

▲ ***Anubis.*** Dieu funéraire de l'Égypte ancienne, reconnaissable à sa tête de chacal, Anubis tient dans ses mains la momie du défunt. Conducteur des âmes, il introduit le mort dans l'autre monde au cours d'une cérémonie riche en offrandes. (*Livre des morts*, papyrus égyptien, XIXᵉ dynastie [v. 1290-1190 av. J.-C.], British Museum, Londres.)

La Mésopotamie

Trois divinités ont traversé l'Antiquité mésopotamienne : Anou, dieu du Ciel, Enlil, maître de la terre ferme, et Ea, chimère à corps de chèvre et queue de poisson, qui régit les eaux. Comme les autres dieux ou déesses qui leur étaient adjoints, elles avaient à la fois les traits et les passions des hommes.

Les mythes mésopotamiens, tels ceux du déluge et du paradis terrestre, sont à l'origine de la plupart des mythologies du monde méditerranéen et remontent, comme la geste de Gilgamesh – ce roi à la recherche de l'immortalité – à 2100 av. J.-C.

◄ ***Gilgamesh.*** Ce génie dompteur de lion, souvent identifié à Gilgamesh, incarne la toute-puissance du principe royal : il maîtrise en effet sans effort le fauve rugissant qui se débat. Par sa force tranquille, il symbolise la pérennité du pouvoir. (*Héros maîtrisant un lion*, époque néoassyrienne, règne de Sargon II [721-705 av. J.-C.], musée du Louvre, Paris.)

L'Égypte

Les Égyptiens avaient un panthéon foisonnant très hiérarchisé. Rê, soleil divinisé, devint dieu souverain et fut ensuite fusionné avec Amon, dieu de l'Air. Semblables aux hommes par leurs passions et leur aspect, les divinités égyptiennes pouvaient aussi avoir le corps d'un animal.

À partir de 1550 av. J.-C. ont été constitués le *Livre des morts* et le *Livre des portes*, sur la base de textes funéraires et de formules rituelles déposés dans les sarcophages. Ils évoquent le voyage du défunt dans l'au-delà, assimilé au trajet de Rê sous la terre.

La Grèce

Comme les autres peuples antiques, les Grecs adoraient de nombreux dieux : ils étaient polythéistes. Ils attribuaient à leurs dieux l'apparence et les passions des hommes : leur religion était donc anthropomorphique. De l'union des dieux et des hommes naissaient les héros, ou « demi-dieux » (Héraclès, Achille).

Au VIIIᵉ s. av. J.-C., la *Théogonie* d'Hésiode est le premier récit unifié de la mythologie grecque, à la fois généalogie des premiers dieux (Ouranos, Chronos, Zeus) et récit de la création du monde à partir du chaos initial. Attribuées à Homère, mais issues d'une tradition orale et chantée plus ancienne, les deux épopées *l'Iliade* et *l'Odyssée* racontent comment les dieux de l'Olympe interviennent dans les affaires humaines.

Rome

Les Romains se sont approprié les panthéons étrusque et grec. Composée au Iᵉʳ s. av. J.-C. par Virgile à la gloire de l'empereur Auguste, *l'Énéide* raconte l'exil du héros Énée après la chute de Troie et son installation en Italie, où il fonde la nation romaine.

Les Métamorphoses d'Ovide (Iᵉʳ s. apr. J.-C.), contenant près de 250 légendes décrivant les métamorphoses de héros en animaux, végétaux ou minéraux, sont une épopée de l'histoire du monde évoquée depuis le chaos originel jusqu'à l'avènement de Jules César.

▲ ***Zeus.*** Zeus est le premier des dieux et le souverain des mortels dans la mythologie grecque, l'équivalent du Jupiter romain. On voit ici les attributs du dieu qui trône en majesté : le foudre à ses pieds (Zeus « tonnant » est le maître du ciel et des phénomènes atmosphériques), ainsi que l'aigle, son fidèle émissaire. (Monnaie de Pella, Macédoine [v. 320 av. J.-C.].)

L'Inde et la Perse

Fondement de l'hindouisme, la mythologie indienne repose d'une part sur la littérature des Veda (hymnes sacrés composés en l'honneur des dieux représentant les éléments naturels), d'autre part sur deux épopées, le *Ramayana* et le *Mahabharata*. La première raconte la vie du roi Rama, incarnation du dieu Vishnou ; la seconde est la plus vaste œuvre littéraire mondiale, consacrée au dieu Krishna, avatar de Vishnou, aux bras multiples, qui, avec Siva et Brahma, est au sommet du panthéon hindou.

De même origine que les Veda indiens, la mythologie de la Perse antique fut réformée en un monothéisme (entre le VIIe et le VIe s. av. J.-C.) par le prophète semi-légendaire Zarathushtra, fondateur du zoroastrisme, doctrine caractérisée par les thèmes de la vie après la mort et de la résurrection finale.

▲ ***Krishna.*** Cette scène illustre un épisode de la *Bhagavad-Gita*, qui constitue la partie centrale de l'épopée du *Mahabharata*. Le dieu Krishna, incarné dans la personne d'un cocher, conduit son ami le guerrier Arjuna à la bataille contre Bhisma. Arjuna tuera son adversaire d'une flèche. (Miniature du XVIIe s., British Museum, Londres.)

Les Nordiques et les Germains

Les récits des mythes du nord de l'Europe se sont transmis oralement jusqu'à leur fixation par écrit à l'époque médiévale sous la forme des Edda.

En provenance d'Islande, l'*Edda poétique* (XIIe-XIIIe s.) et l'*Edda prosaïque* (XIIIe s.) content les exploits d'Odin et de Thor, et le Crépuscule des dieux, la guerre finale d'où surgira une création nouvelle. Cette mythologie repose sur un dualisme de l'ordre et du chaos, représenté d'un côté par les dieux, de l'autre par les monstres, les géants, les nains et les elfes.

Les Celtes

La tradition des peuples britanniques, plus riche que celle des Celtes continentaux (les Gaulois), fut transmise par les druides jusqu'au VIe s. apr. J.-C. Les légendes les plus connues sont les sagas gaéliques des fenians, le cycle de l'Ulster, le récit gallois du *Mabinogion*, ou encore le cycle d'Arthur et l'histoire de Tristan et Iseut, qui intégreront la culture chrétienne. Les Gaulois continueront de donner à leurs dieux des attitudes empruntées au monde gréco-romain : Taranis, dieu de la Foudre, a ainsi le visage de Jupiter.

Le Japon et la Chine

Les mythes fondateurs du shintoïsme sont recueillis dans le *Kojiki* (712 apr. J.-C.). O no Yasumaro y relate l'origine des kami, énergies susceptibles de transformer une réalité : les grands dieux (comme Amaretou, la divinité du Soleil, par exemple), mais aussi des héros, des sages, des forces élémentaires de la nature. Au cœur du shintō se trouve la nature divine de l'empereur, descendant de la grande déesse Amaterasu.

Transmise oralement de 2000 à 500 av. J.-C. et enrichie par Laozi (VIe-Ve s. av. J.-C.), fondateur du taoïsme, la mythologie chinoise fut transcrite vers le IVe s. av. J.-C. Dieux anthropomorphes, animaux réels divinisés et créatures mythiques, comme le dragon ou le phénix, font toujours l'objet de croyances religieuses.

L'Afrique et l'Océanie

Les nombreuses mythologies africaines et océaniennes reposent sur des dieux suprêmes (Amma chez les Dogon, Eshu chez les Yoruba, Tane et Tangaroa dans les îles polynésiennes). Elles se caractérisent non pas par l'élaboration de récits fondateurs, mais par des légendes et des croyances associées à tous les aspects de la nature et de la vie, ainsi qu'aux esprits.

▲ **Izanagi et Izanami.** À la fois frère et sœur et couple originel, Izanagi et Izanami brassent l'océan primitif avec la lance des dieux. Une goutte d'eau, tombée de la lance, formera en se coagulant la première île de l'archipel du Japon, Onogoro. (Peinture sur soie du XIXe s., musée des Beaux-Arts, Boston.)

◄ ***Tiki.*** Considéré, dans la mythologie océanienne, comme l'ancêtre d'un grand nombre de mortels, de héros et de demi-dieux, Tiki est un personnage protecteur. Les tikis sont traditionnellement représentés avec des yeux globuleux, en position assise et avec les mains ramenées sur le ventre. Ils apparaissent ainsi particulièrement solides. (Tiki de Puamau, Hiva Oa, archipel des Marquises.)

L'Amérique du Sud

Largement détruite par les conquistadors espagnols, la religion aztèque, ainsi que ses légendes, est surtout connue par les récits que ceux-ci en firent par la suite. Le panthéon aztèque est hétérogène : Quetzalcóatl, le « Serpent à plumes », est un roi-prêtre divin toltèque ; Huitzilopochtli, dieu de la Guerre, est un dieu tribal des Aztèques primitifs.

Chez les Mayas, les dieux sont considérés en fonction de leurs effets bienfaisants ou malfaisants. Chez les Incas, Viracocha est l'Être suprême, dieu qui domine tous les autres.

Quetzalcóatl. Incarné dans un serpent à plumes, ► Quetzalcóatl est une des principales divinités aztèques. Il représente les forces du bien, en lutte incessante avec les divinités du mal. Il utilisa son propre sang pour donner naissance à une nouvelle humanité lors du cinquième Soleil, la dernière étape de la création du monde. (Pyramide de Quetzalcóatl, Teotihuacán, Mexique.)

MUSQUÉ, E adj. 1. Qui est parfumé de musc ; qui rappelle l'odeur du musc. **2.** Qui évoque l'odeur du raisin muscat ; muscaté. ▪ **Bœuf musqué,** ovibos. ▪ **Canard musqué,** ancêtre sauvage du canard de Barbarie. ▪ **Rat musqué,** ondatra.

MUSSIPONTAIN, E adj. et **n.** De Pont-à-Mousson.

MUST [mœst] **n.m.** (mot angl.). Fam. Ce qu'il faut absolument faire ou avoir pour être à la mode ; incontournable : *Les musts de l'hiver.*

MUSTANG [mystɑ̃g] **n.m.** (mot anglo-amér., de l'anc. esp. *mestengo*, vagabond). Cheval d'Amérique du Nord, descendant de chevaux espagnols, vivant à l'état sauvage.

MUSTÉLIDÉ n.m. (du lat. *mustela*, belette). Mammifère carnivore de taille petite à moyenne, aux pattes courtes, au corps allongé, tel que la belette, l'hermine, le putois, le blaireau, les martres. ➲ Les mustélidés forment une famille.

MUSULMAN, E adj. (de l'ar. *muslim*, qui pratique l'abandon confiant en Dieu). Qui concerne l'islam. ◆ **adj.** et **n.** Qui professe la religion islamique.

MUTABILITÉ n.f. GÉNÉT. Aptitude à muter.

MUTABLE adj. 1. Qui est sujet à la mutation : *Gène mutable.* **2.** Qui est susceptible d'être muté, en parlant d'un fonctionnaire.

MUTAGE n.m. TECHN. Action de muter un moût.

MUTAGÈNE adj. GÉNÉT. Susceptible de provoquer des mutations chez les êtres vivants.

MUTAGENÈSE n.f. GÉNÉT. Production d'une mutation.

MUTANT, E adj. et **n. 1. GÉNÉT.** Se dit d'un animal ou d'un végétal qui présente des caractères nouveaux par rapport à l'ensemble de ses ascendants. **2.** Se dit d'un être extraordinaire qui, dans les récits de science-fiction, procède d'une mutation, partic. d'une mutation de l'espèce humaine.

MUTATION n.f. (lat. *mutatio*, de *mutare*, changer). **1.** Variation, modification dans un groupe, un processus : *Secteur en pleine mutation.* **2.** Apparition brusque d'une modification dans le matériel génétique d'un organisme pluricellulaire (animal, par ex.) ou unicellulaire (bactérie, par ex.), ou encore d'un virus. **3.** Changement d'affectation d'un employé, d'un fonctionnaire. **4. DR.** Transmission de la propriété d'un bien, d'un droit. ▪ **Droits de mutation** [dr.], droits d'enregistrement à acquitter à l'administration fiscale par le bénéficiaire de la mutation, lors de certains transferts. ▪ **Jeu de mutation,** jeu d'orgue utilisant pour une touche un ou plusieurs tuyaux, compléments du son fondamental.

MUTATIONNISME n.m. BIOL. Théorie de l'évolution, émise par De Vries en 1901, qui attribue aux mutations un rôle essentiel et à la sélection naturelle un rôle mineur dans l'apparition d'espèces nouvelles. ➲ L'évolution est alors perçue comme un processus discontinu.

MUTATIONNISTE adj. et **n.** Relatif au mutationnisme ; qui en est partisan.

MUTATIS MUTANDIS [mytatismytɑ̃dis] **loc. adv.** (loc. lat. « en changeant ce qui doit être changé »). En faisant les changements nécessaires ; toutes choses égales par ailleurs : *Le principe s'applique, mutatis mutandis, à votre question.*

MUTAZILISME n.m. École théologique musulmane fondée à Bassora au VIIIe s., soutenant un monothéisme strict et affirmant notamm. que Dieu respecte la liberté humaine. ➲ Il disparut au XIIIe s.

MUTAZILITE n.m. (de l'ar. *i'tazala*, ceux qui se séparent). Adepte du mutazilisme.

1. MUTER v.t. [3] (de *vin muet*, vin fait avec du moût). **TECHN.** Arrêter la fermentation alcoolique dans les moûts de raisin en les additionnant d'alcool ou en les soumettant à l'action de l'anhydride sulfureux.

2. MUTER v.t. [3] (du lat. *mutare*, changer). Changer d'affectation, de poste : *Muter un fonctionnaire dans le Nord.* ◆ **v.i. GÉNÉT.** Être affecté par une mutation.

MUTILANT, E adj. Qui entraîne une mutilation.

MUTILATEUR, TRICE adj. et **n.** Qui mutile.

MUTILATION n.f. 1. Perte partielle ou complète d'un membre ou d'un organe externe. **2.** Dégradation d'une œuvre d'art (statue, tableau, etc.) ; altération d'une œuvre littéraire, génér. par des suppressions.

MUTILÉ, E n. Personne dont le corps a subi une mutilation.

MUTILER v.t. [3] (lat. *mutilare*). **1.** Priver de son intégrité physique en retranchant un membre ou un organe. **2.** Détériorer une œuvre d'art : *Mutiler une statue* ; altérer une œuvre littéraire : *Mutiler un roman.*

1. MUTIN, E adj. (de l'anc. fr. *meute*, émeute). Litt. Espiègle ; malicieux.

2. MUTIN, E n. Personne qui se mutine.

MUTINÉ, E adj. et **n.** Engagé dans une mutinerie.

SE MUTINER v.pr. [3]. Refuser collectivement et ouvertement de se soumettre aux ordres de l'autorité (militaire, policière) à laquelle on est assujetti : *Deux régiments se sont mutinés.*

MUTINERIE n.f. Action de se mutiner : *Une mutinerie de prisonniers.*

MUTIQUE adj. MÉD. Qui présente un mutisme.

MUTISME n.m. (du lat. *mutus*, muet). **1.** Attitude de celui qui ne veut pas exprimer sa pensée, qui garde le silence. **2. MÉD.** Absence d'expression verbale, en partic. d'origine psychiatrique.

MUTITÉ n.f. (bas lat. *mutitas*). **MÉD.** Impossibilité de parler, à la suite de lésions des centres nerveux ou des organes de la phonation, de troubles psychiatriques ou d'une surdité dans l'enfance.

MUTUALISATION n.f. Fait de mutualiser, d'être mutualisé.

MUTUALISER v.t. [3]. 1. Faire passer un risque, une dépense à la charge d'une mutualité, d'une collectivité. **2.** Mettre qqch en commun : *Entreprises qui mutualisent leurs ressources informatiques* ; le répartir : *Mutualiser des frais.*

MUTUALISME n.m. 1. ÉCOL. Relation durable entre deux espèces ou deux populations, avantageuse pour les deux. ➲ La symbiose est un cas de mutualisme très poussé. **2.** Mutualité.

MUTUALISTE adj. et **n.** Relatif à la mutualité, à une mutuelle. ◆ **adj.** ▪ **Société mutualiste,** organisme de droit privé sans but lucratif, offrant à ses adhérents un système d'assurance et de protection sociales (SYN. **mutuelle**).

MUTUALITÉ n.f. 1. Système de solidarité entre les membres d'un groupe professionnel, à base d'entraide mutuelle (SYN. **mutualisme**). **2.** Ensemble des sociétés mutualistes.

MUTUEL, ELLE adj. (du lat. *mutuus*, réciproque). Qui s'échange entre deux ou plusieurs personnes ; réciproque : *Se porter un respect mutuel.*

MUTUELLE n.f. Société mutualiste*.

MUTUELLEMENT adv. Réciproquement.

MUTUELLISME n.m. Principe d'entraide réciproque, qui est à la base des mutuelles.

MUTUELLISTE n. Partisan du mutuellisme.

MUTULE n.f. (lat. *mutulus*, du gr.). **ARCHIT.** Modillon plat, génér. orné de gouttes, placé sous le larmier, juste au-dessus du triglyphe, dans l'entablement dorique.

MYALGIE n.f. (du gr. *mus*, muscle, et *algos*, douleur). **MÉD.** Douleur musculaire.

MYASTHÉNIE n.f. Maladie neurologique auto-immune, caractérisée par un blocage de la plaque motrice provoquant une grande fatigabilité musculaire.

MYASTHÉNIQUE adj. Relatif à la myasthénie. ◆ **adj.** et **n.** Atteint de myasthénie.

MYCÉLIEN, ENNE adj. Relatif au mycélium.

MYCÉLIUM [-ljɔm] **n.m.** (lat. *mycelium*). **MYCOL.** Appareil végétatif des champignons, formé de filaments (hyphes) souterrains et ramifiés, et cour. appelé *blanc de champignon.*

MYCÉNIEN, ENNE adj. et **n.** De Mycènes. ◆ **adj.** ▪ **Art mycénien,** art développé dans le monde achéen au IIe millénaire av. J.-C. ◆ **n.m.** La plus ancienne forme connue du grec, que transcrivait une écriture syllabique (le linéaire B).

MYCOBACTÉRIE n.f. Genre de bactéries telles que l'agent de la tuberculose (bacille de Koch) ou celui de la lèpre (bacille de Hansen).

MYCODERME n.m. (du gr. *mukês*, champignon, et *derma*, peau). Levure se développant à la surface des boissons fermentées ou sucrées. ➲ Une espèce produit l'acescence du vin et sert à la préparation du vinaigre.

MYCOLOGIE n.f. Étude scientifique des champignons.

MYCOLOGIQUE adj. Relatif à la mycologie.

MYCOLOGUE n. Spécialiste de mycologie.

MYCOPLASME n.m. Bactérie responsable de pneumopathies infectieuses ou d'IST.

MYCORHIZE n.f. (du gr. *mukês*, champignon, et *rhiza*, racine). **BOT.** Association symbiotique d'un champignon inférieur avec les racines d'une plante (chêne, hêtre, orchidacées).

MYCOSE n.f. (du gr. *mukês*, champignon). **MÉD.** Infection (candidose, par ex.) due à un champignon inférieur parasite.

MYCOSIQUE adj. Relatif à une mycose ; dû à une mycose.

MYCOTOXINE n.f. Toxine produite par certaines espèces de moisissures qui se développent en partic. sur les céréales.

MYDRIASE n.f. (gr. *mudriasis*). **MÉD.** Dilatation physiologique ou pathologique de la pupille (CONTR. **myosis**).

MYDRIATIQUE adj. et **n.m.** Se dit d'un médicament qui provoque la mydriase.

MYE [mi] **n.f.** (du gr. *muax*, 2. moule). Mollusque bivalve comestible à coquille oblongue, vivant enfoncé dans le sable ou l'argile des côtes atlantiques et méditerranéennes. ➲ Famille des myidés.

MYÉLENCÉPHALE n.m. ANAT. Partie du cerveau de l'embryon à partir de laquelle se forme le bulbe rachidien.

MYÉLINE n.f. HISTOL. Substance lipidique et protéique formant une gaine autour de certaines fibres nerveuses et servant à accélérer la conduction des messages nerveux.

MYÉLINISÉ, E adj. Entouré de myéline.

MYÉLITE n.f. (du gr. *muelos*, moelle). **MÉD.** Inflammation de la moelle épinière.

MYÉLOCYTE n.m. HISTOL. Cellule de la moelle osseuse, intermédiaire entre la cellule souche (ou *myéloblaste*) et les granulocytes du sang.

MYÉLOGRAMME n.m. Examen de la moelle osseuse, prélevée par ponction, qui permet d'étudier la quantité et la répartition des différentes cellules sanguines qui y sont fabriquées.

MYÉLOGRAPHIE n.f. (du gr. *muelos*, moelle). Radiographie de la moelle épinière après injection, à sa périphérie, d'un liquide opaque aux rayons X.

MYÉLOÏDE adj. MÉD. 1. Qui concerne la moelle osseuse. **2.** Qui concerne les granulocytes et les monocytes sanguins, ainsi que leurs précurseurs dans la moelle osseuse : *Leucémie myéloïde.*

MYÉLOME n.m. Tumeur de la moelle osseuse. ▪ **Myélome (multiple),** maladie de Kahler*.

MYÉLOPATHIE n.f. Affection de la moelle épinière.

MYÉLOPROLIFÉRATIF, IVE adj. ▪ **Syndrome myéloprolifératif,** prolifération tumorale de la moelle osseuse à évolution lente, caractérisée par une production excessive d'une lignée de cellules myéloïdes matures ou incomplètement matures, et pouvant évoluer vers une leucémie aiguë.

MYGALE n.f. (du gr. *mugalê*, musaraigne). Araignée qui creuse un terrier fermé par un opercule, et qui se nourrit de petits vertébrés et d'insectes. ➲ Jusqu'à 18 cm de long (Amérique tropicale). La morsure de la mygale est très douloureuse mais rarement dangereuse ; famille des théraphosidés.

▲ **mygale**

MYIASE ou **MYASE n.f.** (du gr. *muia*, mouche, et *iasis*, maladie). Maladie parasitaire due à des larves d'insectes (mouches, comme la *lucilie*, par ex.), génér. non piqueurs.

MYLONITE n.f. PÉTROL. Roche au grain très fin, en raison d'un broyage tectonique intense.

MYOCARDE n.m. (du gr. *mus*, muscle, et *kardia*, cœur). **ANAT.** Partie principale de la paroi du cœur, constituée surtout de tissu musculaire et comprise entre le péricarde et l'endocarde.

MYOCARDIOPATHIE n.f. Nom donné à certaines maladies du muscle cardiaque, comportant une dilatation du cœur ou un épaississement de ses parois (SYN. **cardiomyopathie**).

MYOCARDITE n.f. MÉD. Inflammation du myocarde.

MYOCASTOR n.m. Ragondin.

MYOCLONIE n.f. Contraction brève involontaire de un ou plusieurs muscles.

MYOFIBRILLE n.f. Fibrille contractile constitutive de la cellule musculaire.

MYOGLOBINE n.f. BIOCHIM. Protéine du muscle dont la structure ressemble à celle de l'hémoglobine, et qui joue un rôle analogue.

MYOLOGIE n.f. Partie de l'anatomie qui étudie les muscles.

MYOME n.m. Tumeur bénigne formée à partir de tissu musculaire strié ou lisse.

MYOMECTOMIE n.f. Ablation chirurgicale d'un myome.

MYOPATHE adj. et **n.** Atteint de myopathie.

MYOPATHIE n.f. (du gr. *mus*, muscle). **1.** Affection des muscles. **2.** Affection héréditaire des muscles, primitive et dégénérative, qui évolue progressivement vers l'atrophie et la faiblesse musculaire (SYN. **dystrophie musculaire**).

MYOPE adj. et **n.** (gr. *muôps*). **1.** Atteint de myopie. **2.** Fig. Qui manque de discernement, de perspicacité.

MYOPIE n.f. 1. Trouble de la réfraction de l'œil dans lequel l'image se forme en avant de la rétine, quand on regarde au loin. **2.** Fig. Manque de perspicacité.

MYORELAXANT, E adj. et **n.m.** Se dit d'un médicament qui favorise la détente des muscles striés squelettiques.

MYOSINE n.f. BIOCHIM. Protéine des myofibrilles, qui joue un rôle important dans la contraction musculaire.

MYOSIS [mjozis] **n.m.** (mot lat., du gr. *muein*, cligner des yeux). **MÉD.** Rétrécissement physiologique ou pathologique de la pupille (CONTR. **mydriase**).

MYOSITE n.f. MÉD. Inflammation du tissu musculaire.

MYOSOTIS [-tis] **n.m.** (du gr. *muosôtis*, oreille de souris). Plante à petites fleurs bleues, appelée cour. *oreille-de-souris*. ➲ Famille des borraginacées.

MYOTIQUE adj. et **n.m.** Se dit d'une substance, d'un médicament qui provoque le myosis.

MYRIADE n.f. (du gr. *murias*, dix mille). Quantité innombrable, indéfinie : *Des myriades de fourmis, de lumières.*

MYRIAPODE n.m. (du gr. *murias*, dix mille). Arthropode terrestre doté de nombreux segments portant chacun une ou deux paires de pattes, d'une paire d'antennes et de mandibules broyeuses tel que la scolopendre, l'iule, etc. (SYN. [cour.] **mille-pattes**). ➲ Les myriapodes forment une classe.

MYRIOPHYLLE n.f. Plante aquatique à feuilles allongées en fines lanières, dont quelques espèces sont souvent utilisées en aquariophilie. ➲ Famille des haloragacées.

MYRMÉCOPHILE adj. et **n.** (du gr. *murmêx*, fourmi). **ZOOL.** Se dit des espèces animales qui vivent en permanence dans les fourmilières ou au contact des fourmis.

MYRMIDON ou **MIRMIDON n.m.** (de *Myrmidons*, n. pr.). Litt. Homme de petite taille ou insignifiant.

MYROBALAN ou **MYROBOLAN n.m.** (du gr. *murobalanos*, gland parfumé). Fruit séché de divers badamiers de l'Inde, riche en tanin, utilisé en tannerie et, autref., en pharmacie.

MYROSINE n.f. (du gr. *muron*, parfum). **BIOCHIM.** Enzyme des graines de moutarde, qui libère l'essence de moutarde.

MYROXYLE ou **MYROXYLON n.m.** (du gr. *muron*, parfum, et *xulon*, bois). Arbre de l'Amérique tropicale fournissant des résines odorantes (baume du Pérou, baume de Tolú). ➲ Sous-famille des papilionacées.

MYRRHE n.f. (lat. *myrrha*, du gr.). Gomme-résine odorante fournie par un arbre d'Arabie du genre *Commiphora*. ➲ Famille des burséracées.

MYRTACÉE n.f. Dicotylédone des régions chaudes, souvent odorante, telle que le myrte et l'eucalyptus. ➲ Les myrtacées forment une famille.

MYRTE n.m. (lat. *myrtus*, gr. *murtos*). Arbuste aromatique originaire d'Amérique tropicale, toujours vert, caractéristique du maquis méditerranéen. ➲ Famille des myrtacées.

MYRTILLE [mirtij] ou [mirtil] **n.f.** (de *myrte*). Baie bleu noir comestible voisine de l'airelle, produite par un sous-arbrisseau des montagnes d'Europe et d'Amérique du Nord ; cet arbrisseau. ➲ Famille des éricacées.

▲ **myrtille**

1. MYSTÈRE n.m. (lat. *mysterium*, du gr. *mustês*, initié). **1.** Ce qui est inexplicable, caché, inconnu : *Les mystères de la création.* **2.** Personne ou chose incompréhensible ; énigme : *Cette fille, sa démission est un mystère.* **3.** Chose obscure ou accessible aux seuls initiés ; arcanes : *Les mystères du contre-espionnage.* **4. RELIG.** Vérité de foi inaccessible à la seule raison humaine et qui ne peut être connue que par une révélation divine. **5.** Au Moyen Âge, drame religieux qui mettait en scène la Passion du Christ ou des épisodes de la vie des saints. **6. ANTIQ.** Dans certaines religions originaires de Grèce ou d'Orient, ensemble de rites initiatiques et secrets, liés au culte d'une divinité, dont la révélation devait apporter le salut : *Religions à mystères.* ■ **Ne pas faire mystère de qqch**, le reconnaître ouvertement.

2. MYSTÈRE n.m. (nom déposé). Crème glacée fourrée de meringue et enrobée de praliné.

MYSTÉRIEUSEMENT adv. De façon mystérieuse.

MYSTÉRIEUX, EUSE adj. 1. Qui a un sens caché : *Un message mystérieux.* **2.** Difficile à comprendre : *Le mystérieux fonctionnement du cerveau humain.* **3.** Qui n'est pas divulgué : *Ils se sont vus en un lieu resté mystérieux.* **4.** Se dit de qqn dont on ignore l'identité ou qui s'entoure de mystère : *Un mystérieux personnage se tenait près de la porte.*

MYSTICÈTE n.m. (lat. sc. *mysticetus*). Cétacé mangeur de plancton, portant des fanons et dépourvu de dents, comme la baleine. ➲ Les mysticètes forment un sous-ordre.

MYSTICISME n.m. (de *1. mystique*). **1.** Attitude religieuse ou philosophique qui affirme la possibilité d'une union parfaite avec Dieu ou l'Absolu dans la contemplation ou l'extase ; doctrine qui admet la réalité de cette union. **2.** Doctrine ou croyance accordant une très grande place au sentiment religieux.

MYSTIFIABLE adj. Qui peut être mystifié.

MYSTIFIANT, E adj. Qui mystifie.

MYSTIFICATEUR, TRICE adj. et **n.** Qui mystifie ; auteur d'une mystification.

MYSTIFICATION n.f. 1. Action de mystifier, de tromper qqn ; imposture. **2.** Ce qui constitue une duperie, un mythe intellectuel ou moral ; supercherie : *La parité politique semble une mystification.*

MYSTIFIER v.t. [5] (du gr. *mustês*, initié). **1.** Abuser de la crédulité de qqn ; duper. **2.** Donner de la réalité une idée séduisante mais fausse ; leurrer : *Il n'a pas réussi à mystifier les électeurs.*

✎ À distinguer de ***mythifier.***

1. MYSTIQUE adj. (lat. *mysticus*). **1.** Qui concerne les mystères de la religion : *Le baptême, naissance mystique.* **2.** Qui appartient au mysticisme : *Une expérience mystique.* ◆ **adj.** et **n. 1.** Qui pratique le mysticisme. **2.** Qui recherche l'absolu en toutes choses ; exalté.

2. MYSTIQUE n.f. 1. Partie de la théologie qui traite de l'approche non rationnelle de la réalité spirituelle supérieure. **2.** Ensemble de pratiques, d'œuvres relevant du mysticisme : *Mystique juive, chrétienne, musulmane.* **3.** Croyance absolue qui se forme autour d'une idée, d'une personne : *La mystique de Mai 1968.*

MYTHE n.m. (du gr. *mûthos*, récit). **1.** Récit populaire ou littéraire mettant en scène des êtres surhumains et des actions remarquables. ➲ S'y expriment, sous le couvert de la légende, les principes et les valeurs de telle ou telle société, et, plus génér., y transparaît la structure de l'esprit humain. **2.** Construction de l'esprit qui ne repose pas sur un fond de réalité ; utopie : *L'amour éternel est un mythe.* **3.** Représentation symbolique qui influence la vie sociale : *Le mythe du progrès.*

MYTHIFIER v.t. [5]. Donner un caractère de mythe à : *Mythifier une actrice.*

✎ À distinguer de ***mystifier.***

MYTHIQUE adj. Qui concerne les mythes : *Animal mythique.*

MYTHOLOGIE n.f. 1. Ensemble des mythes et des légendes propres à un peuple, à une civilisation, à une région : *La mythologie celtique.* (V. planche *grandes mythologies**.) **2.** Mythes et légendes de la civilisation gréco-romaine. **3.** Étude systématique des mythes. **4.** Ensemble de croyances se rapportant à un même thème et s'imposant au sein d'une collectivité : *La mythologie du sport.*

MYTHOLOGIQUE adj. Relatif à la mythologie.

MYTHOLOGUE n. Spécialiste de mythologie.

MYTHOMANE n. Personne atteinte de mythomanie ; fabulateur.

MYTHOMANIAQUE adj. Relatif à la mythomanie.

MYTHOMANIE n.f. Tendance pathologique à la fabulation et au mensonge.

MYTILICULTEUR, TRICE n. Personne qui élève des moules.

MYTILICULTURE n.f. (du lat. *mytilus*, moule, coquillage, et de *culture*). Élevage des moules.

MYXINE n.f. (du gr. *muxinos*, sorte de poisson). Vertébré marin des fonds vaseux, très primitif, sans mâchoires, au corps anguiforme, à peau nue très visqueuse, parasite des poissons. ➲ Long. 60 cm ; classe des agnathes.

MYXŒDÈME [miksødɛm] ou [miksedɛm] **n.m.** (du gr. *muxa*, morve). **MÉD.** Infiltration avec épaississement de la peau typique de l'hypothyroïdie ; par ext., hypothyroïdie.

MYXOMATOSE n.f. (de *myxome*). Maladie infectieuse du lapin, due à un virus.

MYXOME n.m. Tumeur bénigne de consistance molle, constituée de fibroblastes (cellules du tissu conjonctif) baignant dans du mucus.

MYXOMYCÈTE n.m. (du gr. *muxa*, morve, et *mukês*, champignon). Champignon inférieur gélatineux, dépourvu de mycélium, à nombreux noyaux (ou *plasmodes*) capables de ramper sur le sol. ➲ Les myxomycètes forment une classe.

MYXOVIRUS n.m. Groupe de virus incluant celui de la grippe.

MZABITE adj. et **n.** → **MOZABITE.**

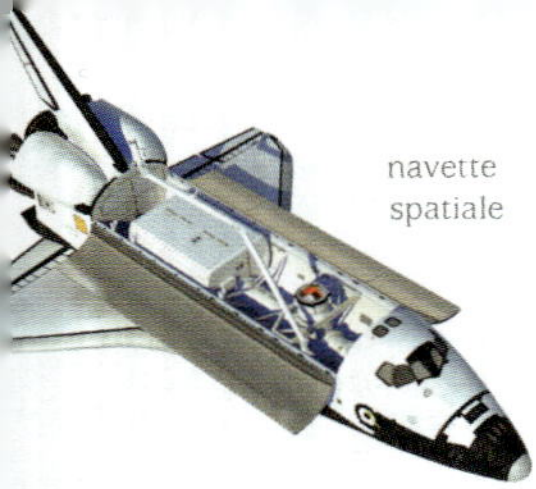

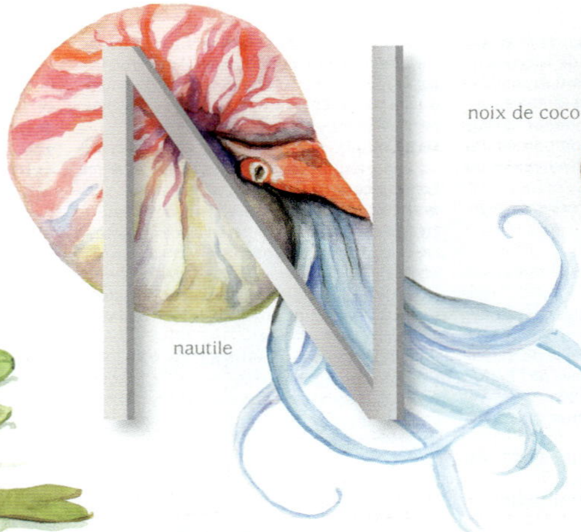

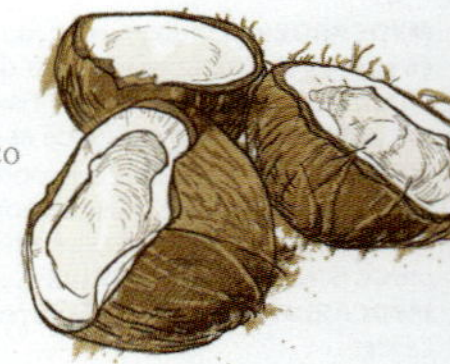

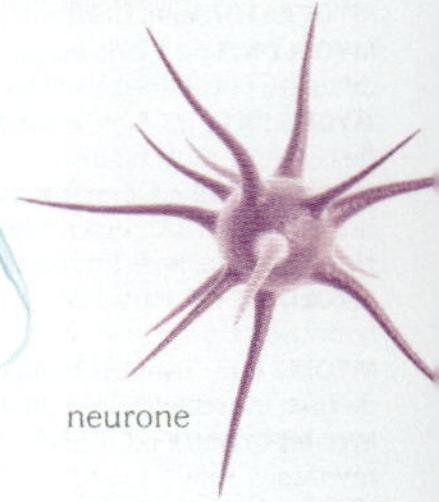

N **n.m. inv.** Quatorzième lettre de l'alphabet et la onzième des consonnes. ➲ *N* note l'occlusive nasale dentale ; placé après une voyelle, *n* la nasalise : *an* [ɑ̃], *on* [ɔ̃], etc. ▪ **ℕ,** ensemble des nombres entiers naturels (zéro compris). ▪ **ℕ*,** ensemble des entiers naturels (zéro exclu). ▪ **N.,** abrév. de *nord.*

n^{ième} ou **n-ième** [ɛnjɛm] **adj.** et **n. 1.** Énième : *L'n-ième* ou *la n-ième itération d'un algorithme.* **2.** Se dit de ce qui occupe le rang *n*, d'une racine d'un nombre : *Racine n^{ième}.*

NA **interj.** Exclamation d'un enfant qui fait un caprice : *Je dirai pas bonjour, na !*

NAAN **n.m.** Galette levée, génér. cuite dans un four en terre *(tandoor)*, et parfois agrémentée de divers ingrédients (fromage, par ex.). ➲ Cuisine indienne.

NABAB **n.m.** (mot hindi « grand dignitaire »). **1. HIST.** Dans l'Inde où régnait la dynastie musulmane des Grands Moghols, gouverneur ou grand officier de la cour. **2.** Vieilli. Homme riche qui fait étalage de son opulence.

NABATÉEN, ENNE **adj.** Relatif aux Nabatéens.

NABI **n.m.** (mot hébr. « prophète »). **1.** Prophète hébreu. **2.** Artiste membre d'un groupe postimpressionniste de la fin du XIXe s. ◆ **adj. inv.** Relatif aux nabis, à leur art.

➲ Prophètes d'une nouvelle vision de l'art, sous l'influence de Gauguin et des peintres de l'école de Pont-Aven, les **NABIS** s'inspirèrent aussi des estampes japonaises. Constitué en 1888, à Paris, leur groupe compta P. Sérusier, M. Denis, P. Bonnard et É. Vuillard. Les nabis s'intéressèrent à toutes les expériences plastiques (lithographie, affiche, vitrail, décor de théâtre) et, ainsi, prirent part à l'essor de l'Art* nouveau.

▲ **nabis.** *Le Talisman* ou *l'Aven au bois d'amour* (1888), par Paul Sérusier. (Musée d'Orsay, Paris.)

NABLE **n.m.** (du néerl. *nagel*, cheville). **MAR.** Ouverture pratiquée au voisinage de la quille d'une embarcation et permettant d'évacuer l'eau séjournant dans les fonds.

NABOT, E **n.** (de *nain*, et de l'anc. fr. *bot*, nabot). Péjor. Personne de très petite taille.

✎ Le fém. est rare.

NABUCHODONOSOR [-kɔ-] **n.m.** (de *Nabuchodonosor*, n.pr.). Bouteille de champagne d'une contenance de 20 bouteilles champenoises ordinaires.

NAC [nak] **n.m.** (acronyme de *nouvel animal de compagnie*). Espèce animale exotique ou sauvage (rongeur, reptile, oiseau, etc.), commercialisée pour vivre dans un entourage domestique.

NACELLE **n.f.** (bas lat. *navicella*, du class. *navicula*, petit bateau). **1.** Panier suspendu à un ballon, où prennent place les aéronautes. **2.** Partie d'un landau, d'une poussette, d'un porte-bébé, etc., en toile, sur laquelle on couche ou on assied le bébé. **3.** Coque carénée suspendue ou portée par un bras, dans laquelle prend place la personne effectuant certains travaux en hauteur. **4.** Litt. Petite barque sans mât ni voile. **5.** Carénage contenant le groupe motopropulseur d'un avion.

NACRE **n.f.** (anc. ital. *naccaro*). Substance dure, irisée, riche en calcaire, produite par le manteau de certains mollusques à l'intérieur de leur coquille et utilisée en bijouterie et en tabletterie. ➲ La nacre des coquilles, tel le burgau, est faite de couches planes, tandis que les perles fines sont constituées par des couches sphériques et concentriques formées autour d'un nucléus.

NACRÉ, E **adj.** Qui a le miroitement irisé de la nacre.

NACRER **v.t. [3].** Litt. Donner l'aspect de la nacre à.

NADIR **n.m.** (ar. *nadîr*). **ASTRON.** Point de la sphère céleste représentatif de la direction verticale descendante, en un lieu donné (par oppos. à *zénith*).

NÆVO-CARCINOME [ne-] **n.m.** (pl. *nævo-carcinomes*). Mélanome malin.

NÆVUS [nevys] **n.m.** (mot lat. « tache sur le corps »). **MÉD.** Malformation circonscrite de la peau formant une grosseur ou une tache, telle qu'un angiome. ▪ **Nævus pigmentaire** ou **mélanique,** contenant des cellules sécrétant de la mélanine. ▪ **Nævus pigmentaire commun,** grain de beauté.

✎ Pluriel savant : ***nævi.***

NAGAÏKA **n.f.** (mot russe). Fouet de cuir des Cosaques.

NAGARI **n.f.** Devanagari.

NAGE **n.f. 1.** Action, manière de nager : *Le crawl est la nage la plus rapide.* **2. MAR.** Action de ramer. ▪ **À la nage,** en nageant ; mode de préparation de certains crustacés servis dans un court-bouillon. ▪ **Être en nage,** couvert de sueur. ▪ **Nage libre,** style de nage dont le choix est laissé aux concurrents, dans une épreuve de natation (en pratique, le crawl, qui est la plus rapide).

NAGEOIRE **n.f.** Membre ou appendice large et plat permettant à de nombreux animaux aquatiques (poissons, cétacés, tortues, etc.) de se soutenir et d'avancer dans l'eau.

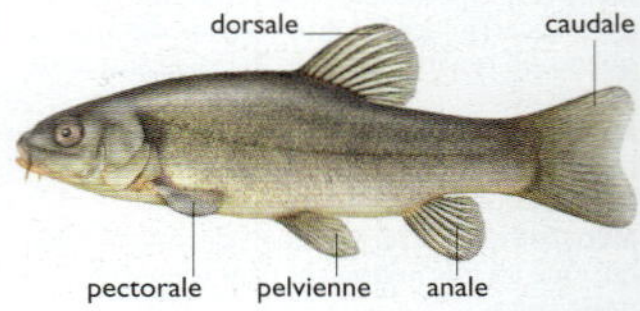

▲ **nageoires**

NAGER **v.i. [10]** (du lat. *navigare*, naviguer). **1.** Se déplacer à la surface de l'eau ou dans l'eau par des mouvements appropriés, en parlant de l'homme ou des animaux aquatiques. **2.** Flotter sur un liquide ; surnager : *Le bois nage sur l'eau.* **3.** Fam. Être dans l'embarras ; ne pas comprendre : *Je nage en informatique.* **4.** Litt. Être plongé dans un sentiment, un état : *Nager dans la joie, la confusion.* **5. MAR.** Ramer. ▪ **Nager dans un vêtement** [fam.], y être trop au large. ▪ **Nager entre deux eaux,** ménager adroitement deux partis opposés. ▪ **Savoir nager** [fam.], savoir se débrouiller. ◆ **v.t. 1.** Pratiquer tel ou tel type de nage : *Nager la brasse.* **2.** Disputer une épreuve de natation : *Nager le cent mètres.*

NAGEUR, EUSE **n.** Personne qui nage, qui sait nager. ▪ **Nageur de combat,** militaire spécialement entraîné pour des opérations sous-marines. ◆ **adj.** Se dit d'un animal dont le mode de locomotion principal est la nage : *Crustacé nageur.*

NAGUÈRE **adv.** (de *il n'y a guère*). Litt. Il n'y a pas longtemps.

NAHUATL [nawatl] **n.m.** Langue parlée par les Nahua, et jadis adoptée par les Aztèques comme langue littéraire.

NAÏADE **n.f.** (lat. *naias, -adis*, du gr.). **1. MYTH. GR.** (Souvent avec une majuscule). Nymphe des rivières, des fontaines, des ruisseaux. **2.** Monocotylédone des eaux douces ou saumâtres à feuilles longues et fines. ➲ Famille des naïadacées.

NAÏF, ÏVE **adj.** et **n.** (du lat. *nativus*, naturel). **1.** Confiant et simple, par inexpérience ou par nature ; ingénu : *Il joue le naïf.* **2.** D'une crédulité, d'une candeur excessive ; simplet : *Question naïve.* ◆ **adj. 1.** Vieilli. Simple et sans artifice : *Gaieté naïve.* **2.** Se dit d'un art (peinture, princip.) pratiqué par des autodidactes doués d'un sens plastique naturel et ne prétendant pas à l'art « savant » (académique ou d'avant-garde). ▪ **Théorie naïve** [log.], théorie mathématique qui n'est pas axiomatisée. ◆ **n.m.** Peintre pratiquant l'art naïf.

NAIN, NAINE **n.** et **adj.** (lat. *nanus*). Personne de très petite taille. ◆ **adj.** Qui est de très petite taille : *Un lapin nain. Un arbre nain en pot. Étoile naine.* ◆ **n.f.** Étoile naine. ▪ **Naine blanche,** petite étoile très dense et de très faible luminosité, dont la matière, extrêmement comprimée, est formée d'électrons. ➲ C'est l'ultime stade d'évolution des étoiles dont la masse ne dépasse pas 1,4 fois celle du Soleil. ◆ **n.m.** ▪ **Nain de jardin,** figurine représentant un personnage de conte, utilisée pour orner un jardin. ▪ **Nain jaune,** jeu de cartes pour 3 à 8 personnes, qui utilisent 52 cartes, un tableau comportant des cases et des jetons pour miser.

NAIRA **n.m.** Unité monétaire principale du Nigeria.

NAISSAIN **n.m.** (de *naître*). Ensemble des larves nageuses d'huîtres, de moules, avant leur fixation.

NAISSANCE **n.f.** (de *nascentia,* nativité). **1.** Commencement de la vie indépendante pour un être vivant, au sortir de l'organisme maternel ; venue au monde. **2.** Mise au monde : *Naissance avant terme.* **3.** Enfant qui naît : *Il y a eu une naissance chez les voisins.* **4.** Endroit, point où commence qqch, partic. une partie du corps : *La naissance des cheveux.* **5.** Moment où commence qqch : *La naissance d'une amitié.* **6.** Fait pour qqch d'apparaître, de commencer : *Naissance d'un mot.* ▪ **Acte de naissance,** acte de l'état civil faisant preuve de la naissance, établi par l'officier de l'état civil dès la déclaration de naissance. ▪ **De naissance,** de façon congénitale, non acquise. ▪ **Donner naissance à,** mettre un enfant au monde ; fig., produire qqch : *On ignore ce qui a donné naissance à la rumeur.* ▪ **Naissance double, triple, etc.,** de jumeaux, de triplés, etc. ▪ **Prendre naissance,** avoir son origine ; naître : *La Loire prend naissance au mont Gerbier-de-Jonc.*

NAISSANT, E **adj.** Qui naît ; qui commence à exister.

NAÎTRE, ▲ *NAITRE* **v.i.** **[72]** (auxil. *être*) [lat. *nasci*]. **1.** Venir au monde. **2.** Se manifester à la suite de : *L'amour naît-il du hasard ?* **3.** Litt. Commencer à paraître : *Le jour naissait.* ▪ **Être né pour,** avoir des aptitudes spéciales pour. ▪ **Faire naître,** provoquer l'apparition de ; produire. ▪ **Ne pas être né d'hier** ou **de la dernière pluie** [fam.], avoir assez d'expérience pour ne pas se laisser abuser.

NAÏVEMENT **adv.** Avec naïveté.

NAÏVETÉ **n.f.** **1.** Caractère d'une personne naïve ; candeur : *La naïveté d'un enfant.* **2.** Crédulité excessive ; innocence : *Tu as fait preuve d'une grande naïveté en le croyant.* **3.** (Surtout pl.). Remarque, propos naïfs.

NAJA **n.m.** (cinghalais *noya*). Cobra d'Inde, aussi appelé *serpent à lunettes.*

NAMIBIEN, ENNE **adj.** et **n.** De la Namibie ; de ses habitants.

NAMING [nemiŋ] **n.m.** (mot angl.). **1.** Forme de parrainage qui consiste, pour une marque ou une entreprise sponsor, à donner son nom à une infrastructure sportive (stade, partic.), à une compétition ou, plus rarement, à une équipe, en contrepartie d'un soutien financier important sur une longue durée (entre une et plusieurs décennies). **2.** Processus de création et de choix d'un nom de marque, pour une entreprise, un produit ou un service. Recomm. off. **nommage.**

NANA **n.f.** Fam. **1.** Jeune fille ; jeune femme. **2.** Femme, quel que soit son âge.

NANAN [nanɑ̃] **n.m.** Fam., vx. ▪ **C'est du nanan,** c'est délicieux ; c'est très facile.

NANAR **n.m.** Fam. Film médiocre ; navet.

NANDOU **n.m.** (guarani *nandu*). Gros oiseau ratite des pampas d'Amérique du Sud, au plumage brun, aux pattes à trois doigts. ➲ Haut. 1,70 m ; famille des rhéidés.

NANDROLONE **n.f.** Médicament anabolisant dérivé de la testostérone, qui stimule l'activité musculaire.

NANISANT, E **adj.** **ARBOR.** Se dit d'un élément (porte-greffe, hormone) qui provoque le nanisme d'une plante.

NANISER **[3]** ou **NANIFIER** **[5]** **v.t.** Traiter une plante de manière à l'empêcher de grandir.

NANISME **n.m.** (du lat. *nanus,* nain). **1.** État d'un individu caractérisé par une taille très petite due à des causes diverses (maladie osseuse héréditaire, insuffisance hormonale, etc.). **2.** État d'une plante naine.

NANKIN **n.m.** Taffetas de coton, jaune chamois, fabriqué d'abord à Nankin.

NANO- **préf.** (du lat. *nanus,* nain). Préfixe (symb. n) qui, placé devant une unité, la divise par 10^9.

NANOBIOLOGIE **n.f.** Partie des nanosciences portant sur l'étude des processus biologiques.

NANOCAPTEUR **n.m.** Capteur auquel les dimensions nanométriques confèrent des propriétés physiques, chimiques et biologiques spécifiques (grande sensibilité dans la détection de molécules, d'un signal électrique ou optique, etc.).

NANOÉLECTRONIQUE **n.f.** Partie de l'électronique qui a pour objet la construction et l'utilisation de systèmes électroniques miniaturisés à l'extrême, dont les composants ont des dimensions de l'ordre du nanomètre.

NANOMATÉRIAU **n.m.** Matériau constitué d'un assemblage de particules dont la dimension est de l'ordre de quelques nanomètres, qui possède des propriétés mécaniques particulières.

NANOMÉDECINE **n.f.** Technologie médicale permettant de concentrer des particules thérapeutiques, d'une taille génér. inférieure à 200 nanomètres, sur leur cible (des cellules cancéreuses, par ex.) pour en augmenter l'efficacité et en réduire les effets secondaires.

NANOMÈTRE **n.m.** Unité de mesure de longueur (symb. nm), équivalant à un milliardième de mètre.

NANOMÉTRIQUE **adj.** **1.** Relatif au nanomètre. **2.** Qui concerne des objets ayant des dimensions de l'ordre du nanomètre.

NANOPARTICULE **n.f.** **PHYS.** Particules dont les dimensions varient de 1 à 100 nanomètres.

NANOPHYSIQUE **n.f.** Domaine de la physique concernant la fabrication et la mesure d'objets à l'échelle du nanomètre.

NANOSCIENCE **n.f.** Domaine de la science portant sur l'étude des phénomènes observés dans des structures et des systèmes extrêmement petits, mesurables en nanomètres, et possédant des propriétés qui découlent spécifiquement de leur taille.

NANOTECHNOLOGIE **n.f.** **TECHN.** (Génér. au pl.). Fabrication ou utilisation de matériaux, de dispositifs ou de systèmes ayant des dimensions comprises entre 1 et 100 nanomètres env.

NANOTUBE **n.m.** ▪ **Nanotube (de carbone),** longue structure cylindrique de graphite, extrêmement fine, alliant la légèreté à une grande résistance mécanique et à une bonne conductivité électrique.

NANSOUK [nɑ̃suk] ou **NANZOUK** **n.m.** (hindi *nansuk*). Tissu de coton léger d'aspect soyeux, utilisé en lingerie et en broderie.

NANTI, E **adj.** et **n.** (Souvent péjor.). Qui ne manque de rien ; riche : *L'égoïsme des nantis.*

NANTIR **v.t.** **[21]** (de l'anc. fr. *nant,* gage). **1.** **DR. CIV.** Remettre une chose à un créancier en garantie d'une dette. **2.** **(DE).** Mettre en possession de ; munir de. ◆ **SE NANTIR** **v.pr.** **(DE).** Prendre avec soi.

NANTISSEMENT **n.m.** **DR.** **1.** Contrat par lequel un débiteur remet un bien à son créancier pour garantir sa dette. **2.** Bien remis en nantissement. ➲ On parle d'*antichrèse* lorsque le bien nanti est immeuble et de *gage* lorsqu'il est meuble.

NANZOUK **n.m.** → **NANSOUK.**

NAOS [naɔs] **n.m.** (mot gr. « temple »). **1.** **ANTIQ. GR.** Salle centrale du temple grec, abritant la statue du dieu (SYN. **cella**). **2.** Dans l'Égypte pharaonique, édicule en bois ou en pierre abritant, au cœur du temple, la statue du dieu.

NAPALM **n.m.** (mot anglo-amér.). Essence gélifiée utilisée pour le chargement de projectiles incendiaires : *Bombe au napalm.*

NAPEL **n.m.** (du lat. *napus,* navet). **BOT.** Aconit d'une espèce à fleurs d'un bleu violacé, commune en montagne.

NAPHTA **n.m.** (mot lat. « naphte »). Distillat du pétrole, intermédiaire entre l'essence et le kérosène.

NAPHTALÈNE **n.m.** Hydrocarbure aromatique $C_{10}H_8$, formé de deux noyaux benzéniques accolés, constituant principal de la naphtaline.

NAPHTALINE **n.f.** Naphtalène impur du commerce, utilisé comme antimite.

NAPHTE **n.m.** (lat. *naphta,* du gr.). **1.** Mélange de liquides inflammables résultant de la décomposition par pyrogénation des matières organiques. **2.** Vx. Pétrole.

NAPHTOL **n.m.** **CHIM. ORG.** Phénol $C_{10}H_7OH$, dérivé du naphtalène, utilisé comme antiseptique et dans la fabrication des colorants et des parfums synthétiques (nom générique).

NAPOLÉON **n.m.** **NUMISM.** Pièce d'or française de 20 F, frappée à partir du Consulat et restée en usage jusqu'à la Première Guerre mondiale (SYN. **louis**).

NAPOLÉONIEN, ENNE **adj.** Relatif à Napoléon Ier, à sa dynastie.

NAPOLITAIN, E **adj.** et **n.** De Naples. ◆ **adj.** ▪ **Tranche napolitaine,** glace disposée en couches de divers parfums et servie en tranches.

NAPPA **n.m.** (nom déposé). Peausserie souple, tannée au chrome et teinte en profondeur.

NAPPAGE **n.m.** Action de napper ; son résultat.

NAPPE **n.f.** (du lat. *mappa*). **1.** Linge dont on couvre la table pour les repas. **2.** **(DE).** Vaste étendue plane de qqch, en surface ou sous terre : *Nappe de pétrole, de brouillard. Les nappes phréatiques.* **3.** **TEXT.** Ensemble de fibres textiles, à la sortie d'une machine, disposées en couche régulière. **4.** **MATH.** Partie d'un seul tenant d'une surface. ▪ **Écoulement** ou **ruissellement en nappe** [hydrol.], écoulement rapide des eaux en une mince pellicule qui couvre toute la surface d'un versant, dans les régions où la couverture végétale est discontinue. ▪ **Nappe de charriage** → **CHARRIAGE.**

NAPPER **v.t.** **[3].** **CUIS.** Recouvrir un mets d'une sauce, d'une crème, d'un fondant.

NAPPERON **n.m.** Petite pièce de toile brodée destinée à décorer un meuble ou à le protéger.

NARCISSE **n.m.** (de *Narcisse,* n. myth.). **1.** Herbe vivace et bulbeuse, aux feuilles allongées, aux fleurs printanières blanches *(narcisse des poètes)* ou jaunes *(jonquille).* ➲ Famille des amaryllidacées. **2.** Litt. Homme amoureux de sa propre image. ▪ **Narcisse des bois,** coucou.

NARCISSIQUE **adj.** Relatif au narcissisme. ◆ **adj.** et **n.** Atteint de narcissisme.

NARCISSISME **n.m.** **1.** Admiration de soi ; attention exclusive portée à soi-même. **2.** **PSYCHAN.** Investissement du sujet sur lui-même. ➲ Pour Freud, il survient aux premiers stades de la conscience et peut avoir un sens positif d'estime de soi.

NARCOANALYSE **n.f.** **PSYCHIATR.** Technique d'investigation psychologique visant à la résurgence de souvenirs oubliés, par l'injection intraveineuse d'un hypnotique provoquant la baisse du niveau de vigilance. ➲ Cette technique est quasi abandonnée en France.

NARCOBANDITISME **n.m.** Banditisme dont les activités reposent sur le trafic de drogue.

NARCODOLLARS **n.m. pl.** (de l'anglo-amér. *narcotics,* stupéfiants). Profits réalisés en dollars par les trafiquants de stupéfiants.

NARCOLEPSIE **n.f.** (du gr. *narkê,* sommeil, et *lêpsis,* action de saisir). **MÉD.** Affection caractérisée par des accès brusques de sommeil.

NARCOSE **n.f.** (gr. *narkôsis,* de *narkê,* torpeur). Sommeil artificiel obtenu par administration de médicaments, partic. au cours d'une anesthésie générale.

NARCOTIQUE **adj.** et **n.m.** (du gr. *narkôtikos,* qui engourdit). Se dit d'une substance qui provoque un assoupissement, un relâchement musculaire et une diminution (ou abolition) de la sensibilité.

NARCOTRAFIC **n.m.** Trafic de drogue à l'échelle internationale, organisé par des cartels ou des groupes mafieux.

NARCOTRAFIQUANT, E **n.** Personne qui se livre au narcotrafic.

NARD **n.m.** (gr. *nardos*). **BOT.** **1.** Graminée à feuilles dures et raides, commune dans les prés humides. ➲ Genre *Nardus.* **2.** Nom commun à plusieurs espèces odoriférantes (lavande, ail, valériane).

NARGUER **v.t.** **[3]** (du lat. pop. *naricare,* nasiller). **1.** Regarder avec insolence et supériorité, en se moquant. **2.** Braver avec un peu de mépris ; défier : *Narguer le danger, les autorités.*

NARGUILÉ ou **NARGHILÉ** [nargile] **n.m.** (mot persan). Pipe orientale, à long tuyau flexible, dans laquelle la fumée passe par un flacon rempli d'eau parfumée avant d'arriver à la bouche (SYN. **chicha**).

NARINE **n.f.** (lat. *naris*). **ANAT.** Chacune des deux ouvertures du nez, chez l'homme et chez les animaux (spécial. les mammifères).

NARQUOIS, E **adj.** (de l'anc. fr. *narquin*, soldat vagabond). Malicieux et moqueur ; railleur : *Les élus de l'opposition étaient narquois.*

NARRATEUR, TRICE **n.** Personne qui narre, qui fait un récit.

NARRATIF, IVE **adj.** Relatif à la narration.

NARRATION **n.f.** (lat. *narratio*). **1.** Exposé détaillé d'une suite de faits ; récit : *La narration de son arrivée à Londres nous a fait rire.* **2.** Vieilli. Exercice scolaire consistant à faire un récit écrit sur un sujet donné.

NARRATOLOGIE **n.f.** Étude des structures narratives, notamm. dans les textes écrits.

NARRER **v.t. [3]** (lat. *narrare*). Litt. Faire connaître par un récit ; raconter.

NARSE **n.f.** Région. (Massif central). Fondrière tourbeuse ; marécage.

NARTHEX [-tɛks] **n.m.** (gr. *narthêx*). **ARCHIT.** Portique ou vestibule transversal, à l'entrée de certaines églises paléochrétiennes et médiévales, où se tenaient les catéchumènes et les pénitents.

NARVAL **n.m.** (pl. *narvals*) [danois *nahrval*]. Cétacé odontocète des mers arctiques, appelé autref. *licorne de mer* en raison de la longue dent torsadée (2 à 3 m) que porte le mâle. ➲ Long. jusqu'à 4 m ; famille des monodontinés.

▲ **narval**

NASAL, E, AUX **adj.** (du lat. *nasus*, nez). **1.** **ANAT.** Relatif au nez : *Cloison nasale.* **2.** **PHON.** Se dit d'un phonème pendant l'articulation duquel le voile du palais est abaissé, ce qui permet à l'air expiré de s'écouler, en partie (voyelles) ou totalement (consonnes), à travers les fosses nasales (par oppos. à *oral*). ▪ **Fosse nasale** [anat.], chacune des deux cavités situées en arrière du nez, et constituant le siège de l'odorat et la première partie des voies respiratoires.

NASALISATION **n.f.** **PHON.** Action de nasaliser un son ; état d'un son nasalisé.

NASALISER **v.t. [3].** **PHON.** Donner un timbre nasal à une voyelle, à une consonne.

NASALITÉ **n.f.** **PHON.** Caractère nasal d'un son.

NASARDE **n.f.** Vieilli. Chiquenaude donnée sur le nez.

NASDAQ **n.m.** (nom déposé ; acronyme de l'anglo-amér. *National Association of Securities Dealers Automated Quotations*). Marché boursier américain créé en 1971 et destiné à de jeunes sociétés à fort potentiel de croissance, notamm. dans le secteur des technologies de pointe ; indice boursier de ce marché.

1. NASE ou **NAZE** **n.m.** (de l'ital. *naso*, nez). Arg. Nez.

2. NASE ou **NAZE** **adj.** (de l'arg. *nase*, syphilitique). Fam. **1.** Hors d'usage ; cassé : *L'ordi est nase.* **2.** Idiot, stupide ou un peu fou. **3.** Malade ou très fatigué.

NASEAU **n.m.** (du lat. *nasus*, nez). Narine de certains grands mammifères herbivores, spécial. du cheval et du bœuf. ▪ **Les naseaux** [fam.], le nez.

NASILLARD, E **adj.** Qui nasille ; qui vient du nez : *Voix nasillarde.*

NASILLEMENT **n.m.** Action de nasiller ; bruit d'une voix, d'un son nasillards.

NASILLER **v.i. [3]** (du lat. *nasus*, nez). **1.** Parler du nez ; émettre un son nasillard. **2.** Pousser son cri, en parlant du canard.

NASILLEUR, EUSE **n.** Personne qui nasille.

NASIQUE **n.m.** (du lat. *nasica*, celui qui a un nez mince et pointu). Singe de Bornéo, au nez proéminent, mou et plat chez le mâle, qui se nourrit de bourgeons et de feuilles. ➲ Famille des cercopithécidés. (V. planche *primates*.)

NASOGÉNIEN, ENNE **adj.** (du lat. *nasus*, nez, et du gr. *geneion*, menton). **ANAT.** Qui relie le nez au menton. ▪ **Sillons** ou **plis nasogéniens**, rides qui partent des ailes du nez et descendent obliquement vers les commissures des lèvres.

NASONNEMENT **n.m.** **MÉD.** Modification de la voix, due à une résonance nasale excessive.

NASSE **n.f.** (lat. *nassa*). **1.** Instrument de pêche constitué d'un panier conique doté d'une entrée en goulot et se terminant en pointe, duquel le poisson, une fois entré, ne peut ressortir. **2.** Mollusque gastéropode carnassier à coquille striée, vivant sur les côtes de l'Europe, où il commet des dégâts dans les parcs à huîtres. ➲ Famille des nassariidés. ▪ **Tomber dans la nasse** [vieilli], être pris au piège.

NATAL, E, ALS **adj.** (lat. *natalis*, de *natus*, né). Se dit du lieu où l'on est né : *Terre natale.*

NATALISTE **adj.** Qui vise à favoriser la natalité.

NATALITÉ **n.f.** Phénomène de la naissance, considéré du point de vue du nombre. ▪ **Taux de natalité,** rapport du nombre des naissances à l'effectif moyen de la population, durant une période donnée.

NATATION **n.f.** (lat. *natatio*, de *natare*, nager). Action de nager ; sport ainsi pratiqué. ▪ **Natation synchronisée** ou **artistique,** ballet nautique comportant un certain nombre de figures notées.

➲ En compétition, les styles de nage peuvent être ramenés à quatre : brasse, crawl (utilisé en nage libre), dos (crawlé) et papillon (devenu « dauphin » dans sa dernière évolution stylistique). En nage libre, les principales épreuves se pratiquent, en bassin, sur des distances de 50 à 1 500 m. Il existe aussi des épreuves en eau libre (lac, rivière, etc.). La **NATATION** est l'un des sports olympiques principaux, au programme des Jeux depuis 1896 pour les hommes, et depuis 1912 pour les femmes.

NATATOIRE **adj.** **ZOOL.** Se dit d'un organe qui sert à la nage, ou qui la facilite, chez certains animaux : *Palette, vessie natatoire.*

NATEL **n.m. inv.** (nom déposé ; abrév. de l'all. *national Telefon*). Suisse. Téléphonie mobile ; téléphone portable.

NATICE **n.f.** (lat. sc. mod. *natex*). Mollusque gastéropode des plages de l'Europe occidentale, dont la coquille rappelle celle d'un escargot. ➲ Famille des naticidés.

NATIF, IVE **adj.** et **n.** (lat. *nativus*). ▪ **Natif de,** qui est né à ; originaire de : *Il est natif de Bergerac. Les natifs du Sud.* ◆ **adj.** **1.** Litt. Que l'on a de naissance ; inné : *Avoir des dispositions natives pour le chant.* **2.** **MINÉRALOG.** Se dit d'un métal que l'on trouve à l'état élémentaire dans une roche.

NATION **n.f.** (lat. *natio*). **1.** Grande communauté humaine, le plus souvent installée sur un même territoire et qui possède une unité historique, linguistique, culturelle, économique plus ou moins forte. **2.** **DR.** Communauté politique distincte des individus qui la composent et titulaire de la souveraineté. ▪ **Les Premières Nations,** au Canada, les Amérindiens.

NATIONAL, E, AUX **adj.** **1.** Relatif à une nation ; qui lui appartient : *Fête nationale.* **2.** Qui intéresse l'ensemble d'un pays (par oppos. à *régional, local*) : *Presse nationale.* **3.** Se dit d'un parti politique qui prétend s'identifier aux intérêts de la nation ; nationaliste. ▪ **Route nationale,** ou **nationale, n.f.,** route construite et entretenue par l'État. Abrév. **RN.**

NATIONALISATION **n.f.** Transfert à la collectivité publique de la propriété de certains moyens de production appartenant à des intérêts privés, en vue soit de mieux servir l'intérêt général, soit d'assurer l'indépendance de l'État ou d'interdire la réalisation de bénéfices privés dans certaines activités.

NATIONALISER **v.t. [3].** Procéder à la nationalisation de.

NATIONALISME **n.m.** **1.** Doctrine qui affirme la prééminence de l'intérêt de la nation par rapport aux intérêts des groupes, des classes, des individus qui la constituent. **2.** Mouvement politique d'individus qui veulent imposer dans tous les domaines la prédominance de la nation à laquelle ils appartiennent.

NATIONALISTE **adj.** et **n.** Relatif au nationalisme ; qui en est partisan.

NATIONALITÉ **n.f.** **1.** Appartenance juridique d'une personne à la population d'un État. **2.** État, condition d'un peuple constitué en corps de nation ; cette nation elle-même. **3.** Communauté d'individus unis par la langue, l'histoire, les traditions, l'aspiration à se constituer en État ou à se voir reconnaître des droits spécifiques. ▪ **Principe des nationalités** [hist.], droit à l'indépendance de tout groupe social ayant une origine, une histoire et un mode de vie et de pensée communs, dès lors qu'il occupe un territoire déterminé. ➲ Proclamé par la Révolution française, il joua un rôle essentiel dans l'Europe du XIXe s.

NATIONAL-POPULISME **n.m. sing.** Populisme aux tendances xénophobes, voire racistes, particulièrement prononcées.

▲ **natation**

NATIONAL-SOCIALISME n.m. sing. Mouvement nationaliste et raciste (plus partic., antisémite), dont la doctrine, exposée par Adolf Hitler dans *Mein Kampf* (1925 - 1926), a servi d'idéologie politique à l'Allemagne de 1933 à 1945 (SYN. **nazisme**).

➲ En germe depuis 1920, le **NATIONAL-SOCIALISME** domina l'Allemagne de 1933 (arrivée de Hitler au pouvoir) à 1945. Il lui imposa un régime reposant sur la dictature du Führer, l'embrigadement des masses, le terrorisme d'État (dont les SS et la Gestapo furent les agents), l'expansion du Grand Reich et l'extermination des populations juive et tsigane d'Europe.

NATIONAL-SOCIALISTE adj. et n. (pl. *nationaux-socialistes*). Relatif au national-socialisme ; qui en est partisan (SYN. **nazi**).

✎ On rencontre parfois le fém. ***nationale-socialiste.***

NATIONAUX n.m. pl. Citoyens d'une nation (par oppos. à *étrangers*) : *Un consul défend les intérêts de ses nationaux.*

NATIVISME n.m. **1.** PSYCHOL. Théorie selon laquelle la perception de l'espace est donnée par la sensation elle-même et non acquise par l'expérience (CONTR. **généfisme**). **2.** Dans les pays forgés par des vagues d'immigration successives (Australie, Canada, États-Unis, etc.), mouvement politique qui s'oppose à toute nouvelle immigration.

NATIVISTE adj. et n. Relatif au nativisme (mouvement) ; qui en est partisan.

NATIVITÉ n.f. (bas lat. *nativitas*). CHRIST. Fête anniversaire de la naissance de Jésus-Christ (25 décembre), de la Vierge (8 septembre) ou de Jean-Baptiste (24 juin). ▪ **La Nativité** [christ.], naissance de Jésus ; fête de Noël ; représentation artistique de la naissance de Jésus.

NATOUFIEN n.m. (du site de *Nattuf*, près de Jérusalem). Faciès culturel du mésolithique, antérieur au néolithique précéramique de Palestine et d'Israël, où apparaissent de véritables villages, où la chasse et la récolte de graminées sauvages coexistent. ◆ **NATOUFIEN, ENNE** adj. Relatif au natoufien.

NATRÉMIE n.f. Concentration du sodium dans le sang.

NATRON ou **NATRUM** [-ɔm] n.m. (ar. *natrūn*). Carbonate de sodium hydraté. ➲ Il servait en Égypte à conserver les momies.

NATTAGE n.m. Action de natter ; état de ce qui est natté.

NATTE n.f. (lat. *matta*). **1.** Tissu de paille ou de joncs entrelacés ; tissu fait de brins de matières diverses. **2.** Pièce de ce tissu servant de tapis, de couche : *À la plage, elle s'allonge sur une natte.* **3.** Tresse de cheveux.

NATTER v.t. [3]. Tresser des cheveux en natte.

NATTIER, ÈRE n. Personne qui fabrique des nattes, des tapis tissés en fibres de jonc ou de roseau.

NATURALISATION n.f. **1.** DR. Octroi, en vertu de leur pouvoir discrétionnaire, par les autorités d'un État de la nationalité de cet État à un étranger ou à un apatride qui la demande. **2.** ÉCOL. Acclimatation naturelle et durable de plantes, d'animaux dans un lieu éloigné de leur région d'origine. **3.** Action de donner à un animal mort l'apparence du vivant (par taxidermie, par ex.).

NATURALISÉ, E n. et adj. Personne qui a obtenu sa naturalisation. ◆ adj. **1.** ÉCOL. Se dit d'une espèce végétale, animale acclimatée dans une région différente de sa région d'origine. **2.** Se dit d'un animal mort qui a subi une naturalisation ; empaillé.

NATURALISER v.t. [3]. **1.** Donner à un étranger, à un apatride la nationalité d'un État. **2.** Introduire un mot, une coutume dans un pays. **3.** Conserver un animal par naturalisation ; empailler.

NATURALISME n.m. **1.** École littéraire et artistique du XIXe s. qui, par l'application à l'art des méthodes de la science positive, visait à reproduire la réalité avec une objectivité parfaite et dans tous ses aspects, même les plus vulgaires. **2.** BX-ARTS. Imitation fidèle de la nature, s'opposant tant à la stylisation qu'à l'idéalisme, au symbolisme. **3.** PHILOS. Doctrine qui affirme que la nature n'a pas d'autre cause qu'elle-même et que rien n'existe en dehors d'elle.

➲ **LITTÉR.** L'école naturaliste se constitua entre 1860 et 1880 sous la double influence du réalisme de Flaubert et du positivisme de Taine. Par leur souci du document vrai, les Goncourt appartiennent déjà au **NATURALISME**. Mais c'est Zola qui incarne la nouvelle esthétique, dont il se fait le théoricien (*le Roman expérimental*, 1880) : il fonde la vérité du roman sur l'observation scrupuleuse de la réalité et soumet l'individu au déterminisme de l'hérédité et du milieu.

➲ **THÉÂTRE.** Mouvement européen, le naturalisme est illustré par des théoriciens (Zola), des dramaturges (Ibsen, Strindberg, Hauptmann, Tchekhov) et des metteurs en scène (Antoine, Stanislavski). Il vise à la reproduction exacte du milieu social contemporain.

NATURALISTE n. **1.** BIOL. Personne qui se livre à l'étude des plantes, des minéraux, des animaux. **2.** Taxidermiste. ◆ adj. et n. Relatif au naturalisme ; qui en est un adepte.

NATURE n.f. (du lat. *natura*). **1.** Ensemble des êtres et des choses qui constituent l'univers, le monde physique : *La place de l'homme dans la nature.* **2.** Ensemble du monde physique, considéré en dehors de l'homme : *L'amour de la nature.* **3.** Ensemble de ce qui, dans le monde physique, n'apparaît pas comme transformé par l'homme : *Vivre en pleine nature.* **4.** Ensemble des lois qui paraissent maintenir l'ordre des choses et des êtres : *La nature fait bien les choses.* **5.** Ensemble des caractères fondamentaux qui définissent les êtres vivants : *Étudier la nature humaine, animale.* **6.** Ensemble des traits qui constituent la personnalité physique ou morale d'un être humain ; tempérament : *Ce n'est pas dans sa nature de mentir.* **7.** Ensemble des caractères, des propriétés qui définissent les choses ; sorte : *Rencontrer des difficultés de toute nature.* **8.** Chez Aristote, principe de mouvement autonome finalisé (par oppos. à l'*artifice*). **9.** GRAMM. Classe à laquelle appartient un mot. **10.** Modèle réel qu'un artiste a sous les yeux : *Dessiner d'après nature* ; ensemble des êtres et des choses de l'environnement réel : *Un nez plus petit que nature.* ▪ **Contre nature** [vieilli], en opposition avec les principes moraux. ▪ **Dans la nature,** dans un lieu indéterminé : *Il a claqué la porte et disparu dans la nature.* ▪ **De nature à** (+ inf.), propre à : *Cette déclaration n'est pas de nature à apaiser les esprits.* ▪ **En nature,** en objets réels et non en argent : *Paiement en nature.* ▪ **Forcer la nature,** vouloir faire plus que ce que l'on peut. ▪ **Nature humaine,** ensemble des caractères estimés communs à tous les hommes. ▪ **Nature morte** [bx-arts], représentation d'objets divers (fruits, fleurs, aliments, gibier, etc.). ▪ **Payer en nature** [fam.], accorder ses faveurs en échange d'un service rendu. ▪ **Petite nature,** personne de santé fragile ou de faible résistance psychologique. ◆ adj. inv. **1.** Au naturel ; sans addition ni mélange : *Yaourts nature.* **2.** Fam. Naturel ; spontané : *Ils sont très nature.*

NATUREL, ELLE adj. **1.** Qui appartient à la nature ; qui est propre au monde physique (par oppos. à *surnaturel*) : *Phénomènes naturels.* *(V. planche page suivante.)* **2.** Qui est issu directement de la nature, du monde physique : *Gaz naturel* ; qui n'est pas dû au travail de l'homme (par oppos. à *artificiel, synthétique*) : *Soie naturelle.* **3.** Qui n'est pas modifié, falsifié : *Vente de produits naturels. Couleur naturelle des cheveux de qqn.* **4.** Qui tient à la nature particulière de l'espèce ou de l'individu : *Avoir des dispositions naturelles pour la musique.* **5.** Conforme à l'ordre normal des choses, au bon sens, à la raison : *Il est naturel de vouloir vérifier.* **6.** Qui s'exprime ou agit selon sa nature profonde, sans affectation : *Soyez naturelle quand vous lui parlez.* ▪ **C'est (tout) naturel,** c'est bien normal ; cela va de soi. ▪ **Enfant naturel** [vieilli], enfant né hors mariage (par oppos. à *enfant légitime*). ▪ **Entier naturel** [math.], chacun des nombres de la suite 0, 1, 2, 3, 4, ... qui constituent l'ensemble $\mathbb{N}$. ▪ **Mort naturelle,** qui ne résulte ni d'un accident ni d'un meurtre. ▪ **Religion naturelle** [philos.], ensemble de croyances et de préceptes relatifs à Dieu et à la morale, fondés sur les seules données de la raison et de la conscience morale. ◆ n. Vieilli. Personne originaire d'un lieu ; indigène. ◆ n.m. **1.** Ensemble des caractères fondamentaux d'un individu ; tempérament : *Être d'un naturel inquiet.* **2.** Absence d'affectation dans les manières ; spontanéité : *Elle a parlé avec beaucoup de naturel.* ▪ **Au naturel,** dans la réalité : *Il est mieux en photo qu'au naturel* ; préparé ou conservé sans assaisonnement : *Fruits au naturel.*

NATURELLEMENT adv. **1.** Par l'effet de la nature : *Elle est naturellement timide.* **2.** Par une impulsion naturelle : *Cette idée t'est venue naturellement ?* **3.** D'une manière inévitable : *Naturellement, il est encore en retard.*

NATURISME n.m. **1.** Tendance à prendre la nature pour seul guide ; doctrine hygiénique et sportive appliquant cette tendance. **2.** Pratique du nudisme.

NATURISTE adj. et n. Relatif au naturisme ; qui le pratique.

NATUROPATHE n. Personne qui exerce la naturopathie.

NATUROPATHIE n.f. Ensemble de méthodes de soins faisant partie des médecines alternatives et visant à renforcer les défenses de l'organisme par des moyens considérés comme naturels (hygiène de vie, diététique, massages, phytothérapie, etc.).

NAUCORE n.f. (du gr. *naûs*, navire, et *koris*, punaise). Insecte carnivore des eaux stagnantes de l'Europe et du Proche-Orient. ➲ Ordre des hétéroptères.

NAUFRAGE n.m. (lat. *naufragium*). **1.** Perte d'un bâtiment en mer. **2.** Fig. Ruine complète : *Le naufrage d'un pays.* ▪ **Faire naufrage,** couler, en parlant d'un bateau.

NAUFRAGÉ, E adj. et n. Qui a fait naufrage.

NAUFRAGER v.i. et v.t. [10]. Litt. Faire naufrage ; provoquer le naufrage de.

NAUFRAGEUR, EUSE n. **1.** HIST. Personne qui, par de faux signaux, provoquait des naufrages pour piller les épaves. **2.** Litt. Personne qui cause la ruine de qqch : *Les naufrageurs de la démocratie.*

NAUMACHIE [-ʃi] n.f. (gr. *naumakhia*). ANTIQ. ROM. Spectacle d'un combat naval ; grand bassin aménagé pour un tel spectacle.

NAUPATHIE n.f. (du gr. *naûs*, navire). MÉD. Mal de mer*.

NAUPLIUS [-ys] n.m. (mot lat.). Première forme larvaire des crustacés.

NAUSÉABOND, E adj. (lat. *nauseabundus*). **1.** Qui cause des nausées : *Égouts nauséabonds.* **2.** Fig. Qui provoque le dégoût, le rejet ; immonde : *Film nauséabond.*

NAUSÉE n.f. (du lat. *nausea*, mal de mer). **1.** Envie de vomir ; haut-le-cœur : *La vue de l'animal blessé lui a donné la nausée.* **2.** Fig. Profond dégoût ; répulsion : *J'ai la nausée de les voir se repaître de tels crimes.*

NAUSÉEUX, EUSE adj. **1.** Relatif à la nausée : *État nauséeux.* **2.** Qui souffre de nausées : *Patient nauséeux.* **3.** Litt. Qui provoque le dégoût moral.

▲ nautile

NAUTILE n.m. (du gr. *nautilos*, matelot). Céphalopode des mers chaudes, à coquille spiralée et cloisonnée à l'intérieur, qui existe depuis l'ère primaire. ➲ Diamètre 20 cm ; famille des nautilidés.

NAUTIQUE adj. (lat. *nauticus*, du gr. *nautikos*). **1.** Relatif à la navigation : *Salon nautique.* **2.** Se dit des sports pratiqués sur l'eau : *Ski nautique.* ▪ **Mille nautique** → **2. MILLE.**

NAUTISME n.m. Ensemble des sports nautiques, et notamm. la navigation de plaisance.

NAUTONIER n.m. (du lat. *nauta*, matelot). Litt. Personne qui conduit un navire, une barque ; nocher.

NAVAJA [navaxa] ou [-ʒa] n.f. (mot esp.). Long couteau espagnol, à lame effilée, légèrement recourbée.

NAVAL, E, ALS adj. (lat. *navalis*, de *navis*, navire). **1.** Relatif à la navigation : *Des chantiers navals.* **2.** Relatif aux marines de guerre : *Combat naval.* ▪ **École navale,** v. partie n.pr. ◆ n.f. Fam. École navale : *Il a fait navale.*

Les phénomènes naturels

Sur la Terre, la nature peut engendrer des phénomènes merveilleux ou catastrophiques d'origine très variée : optique, électrique ou magnétique, astronomique, géologique, chimique, climatologique... Qu'ils soient fascinants ou effrayants, ces événements mettent souvent en jeu une incroyable énergie.

▲ **Aurore polaire.** Ce spectacle lumineux, photographié en Laponie, est dû aux particules électrisées issues du Soleil qui réagissent avec la haute atmosphère.

▲ **Arc-en-ciel.** Ce phénomène optique résulte de la réfraction et de la réflexion de la lumière dans les gouttelettes d'eau de pluie. Par convention, on distingue sept couleurs.

▲ **Foudre.** Une décharge électrique monumentale en provenance d'un nuage d'orage s'abat sur San Francisco.

▲ **Éclipse totale de Soleil.** Des phénomènes astronomiques peuvent changer le jour en nuit : lors d'une éclipse totale, la Lune occulte entièrement le Soleil en se plaçant entre la Terre et lui.

▲ **Érosion.** Le paysage fantastique de *Monument Valley*, entre l'Utah et l'Arizona, a été sculpté par l'érosion massive d'un ancien plateau. Seuls des monolithes de roches plus dures subsistent.

▲ **Cratère météoritique.** Les météorites suffisamment grosses forment des cratères en atteignant la surface terrestre. L'un des plus célèbres, *Meteor Crater*, en Arizona (ici, sous la neige), mesure près de 1 200 mètres de diamètre.

▲ **Geyser.** Situé à l'aplomb d'une chambre volcanique dans le parc de Yellowstone, aux États-Unis, le geyser *Old Faithful* (« vieux fidèle » en anglais) crache son jet d'eau bouillante à plus de 40 mètres en moyenne, toutes les 90 minutes.

▲ **Tempêtes et cyclones.** Les phénomènes météorologiques développent des forces titanesques. Les zones de basses pressions (appelées cyclones tropicaux, tempêtes, ouragans ou typhons, selon le lieu) peuvent engendrer des vents dépassant les 400 km/h et provoquer des dégâts considérables.

▲ **Tornade.** Prenant naissance à la base d'un nuage d'orage (cumulonimbus), les tornades sont des phénomènes localisés, mais extrêmement violents. Les vents tourbillonnant jusqu'à plus de 500 km/h peuvent projeter des véhicules ou arracher des maisons.

▲ **Séisme.** En janvier 1995, au Japon, un séisme de magnitude 7,2 a dévasté la ville de Kobe, située le long d'une faille géologique, faisant plus de 6 000 morts (*voir aussi planche* volcans).

Températures extrêmes. ▶ Cette cascade s'est retrouvée figée par un froid intense. Sur la Terre, la température la plus basse enregistrée est de – 89 °C (Antarctique, 1983), la plus haute est de 58 °C (Libye, 1922).

▲ **Tempêtes de sable et de poussière.** Dans les zones arides (ici, au Rajasthan), les vents peuvent déplacer des masses de sable ou de poussière considérables (plusieurs millions de tonnes).

NAVALISATION n.f. Opération permettant l'installation et l'emploi, sur un navire de guerre, d'une arme ou d'un matériel conçus initialement pour être employés à terre ou sur un aéronef.

NAVARIN n.m. (de *navet*). Ragoût de mouton préparé avec des pommes de terre et d'autres légumes.

NAVARRAIS, E adj. et n. De la Navarre.

NAVEL n.f. (mot angl. « nombril »). Orange d'une variété caractérisée par la formation d'un fruit secondaire interne.

NAVET n.m. (de l'anc. fr. *nef*, navet). **1.** Plante potagère très proche du colza, mais à racine comestible ; cette racine. ➲ Famille des crucifères. **2.** Québec. Rutabaga. **3.** Fam. Œuvre artistique sans valeur ; mauvais film.

1. NAVETTE n.f. (de *nef*, navire). **1.** Instrument de métier à tisser renfermant la bobine de trame et qui, par un mouvement de va-et-vient, introduit la duite entre les fils de chaîne. **2.** Pièce de la machine à coudre qui renferme la canette. **3.** Véhicule effectuant des liaisons courtes et régulières entre deux lieux. **4.** Petit pain au lait, princip. servi lors de lunchs. **5.** Petit biscuit en forme de barque, traditionnellement parfumé à la fleur d'oranger et préparé pour la Chandeleur. ➲ Spécialité provençale. **6.** DR. CONSTIT. Va-et-vient d'une proposition ou d'un projet de loi d'une assemblée à l'autre, en régime bicaméral, qui permet l'adoption d'un texte identique. **7.** CHRIST. Petit récipient qui contient l'encens destiné à être brûlé pendant les offices liturgiques. ▪ **Faire la navette,** aller d'un lieu à un autre régulièrement. ▪ **Navette spatiale** [astronaut.], véhicule aérospatial réutilisable, conçu pour assurer différentes missions en orbite basse autour de la Terre. (→ **2. lanceur**). ➲ Ce terme désigne plus spécialement la navette spatiale américaine (1981-2011).

▲ **navette spatiale.** Décollage de la navette spatiale américaine *Discovery*.

2. NAVETTE n.f. (de *navet*). Plante cultivée voisine du colza, dont les graines fournissent une huile. ➲ Famille des crucifères.

NAVETTEUR, EUSE n. Personne qui se déplace quotidiennement par un moyen de transport en commun entre son domicile et son lieu de travail.

NAVICULAIRE adj. ▪ **Fossette naviculaire,** dépression médiane que présente la face externe de l'occipital ; dilatation que présente l'urètre masculin à l'intérieur du gland ; dépression située à la partie postérieure de la vulve ; dépression située dans la partie supérieure du pavillon de l'oreille. ▪ **Os naviculaire,** os du tarse (SYN. **scaphoïde tarsien**) ; petit os du pied du cheval, qui complète la troisième phalange.

NAVICULE n.f. (du lat. *navicula*, petit bateau). Diatomée microscopique vert bleuâtre, qui confère sa coloration à l'huître verte. ➲ Classe des bacillariophycées.

NAVIGABILITÉ n.f. **1.** État d'un cours d'eau, d'un canal navigable. **2.** État d'un navire pouvant tenir la mer, d'un avion pouvant voler : *Certificat de navigabilité.*

NAVIGABLE adj. Où l'on peut naviguer : *Fleuve navigable.*

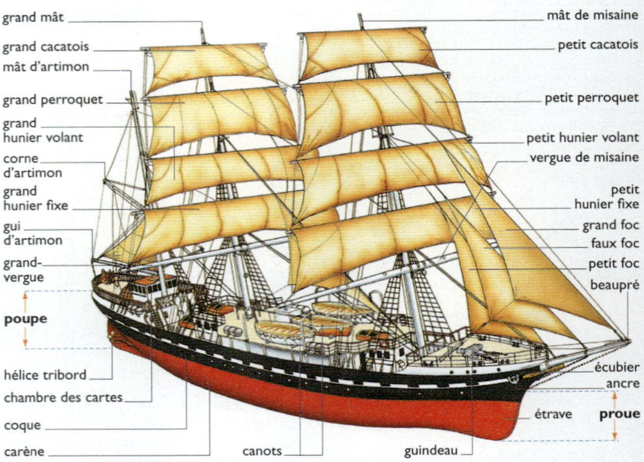

▲ **navire.** Gréement, coque et superstructures d'un navire à voiles.

NAVIGANT, E adj. et n. Se dit du personnel appartenant aux équipages des avions, par oppos. au personnel au sol.

1. NAVIGATEUR, TRICE n. **1.** Membre de l'équipage d'un navire ou d'un avion, chargé de relever le chemin parcouru et de déterminer la route à suivre. **2.** Personne qui navigue, qui fait de longs voyages sur mer : *Navigatrice solitaire.* **3.** Assistant du pilote, dans un rallye automobile. (On dit aussi *copilote*.)

2. NAVIGATEUR n.m. INFORM. Logiciel client pour l'affichage de pages Web au format HTML, qui permet l'activation de liens hypertextes pour aller de site en site (SYN. **fureteur, logiciel de navigation**).

NAVIGATION n.f. **1.** Action de naviguer, de conduire d'un point à un autre un véhicule maritime, fluvial, aérien, terrestre ou spatial. **2.** Technique du déplacement des véhicules, de la détermination de leur position et de leur route ou de leur trajectoire. **3.** INFORM. Action de naviguer. ▪ **Logiciel de navigation** [inform.], navigateur. ▪ **Système de navigation,** dispositif d'aide à la conduite affiché sur écran à bord des véhicules.

NAVIGUER v.i. [3] (lat. *navigare*, de *navis*, navire). **1.** Voyager sur l'eau ou dans l'atmosphère. **2.** Faire suivre à un navire ou à un avion une route déterminée : *Naviguer en direction de Marseille.* **3.** Se comporter en mer : *Bateau qui navigue bien.* **4.** INFORM. Passer d'une information à une autre dans un document hypertexte ou hypermédia, d'un site à un autre sur Internet ou un réseau Intranet (SYN. **surfer**). **5.** Diriger habilement ses affaires en évitant les dangers : *Elle navigue dans la sphère politique.*

NAVIPLANE n.m. (nom déposé). Aéroglisseur conçu selon la technique du coussin d'air à jupes souples ou rigides.

NAVIRE n.m. (lat. *navigium*). **1.** Bâtiment ponté, d'assez fort tonnage, destiné à la navigation en pleine mer (par oppos. au *bateau*, destiné à la navigation intérieure). **2.** Cour. Bateau.

NAVIRE-ATELIER n.m. (pl. *navires-ateliers*). MIL. Anc. Navire destiné au soutien des bâtiments de surface amenés à opérer à grandes distances d'arsenaux ou d'installations portuaires. ➲ Il est appelé auj. *bâtiment de sorties.*

NAVIRE-CITERNE n.m. (pl. *navires-citernes*). Navire de charge dont les cales constituent ou contiennent des citernes pour le transport des cargaisons liquides en vrac (SYN. **tanker**).

NAVIRE-ÉCOLE n.m. (pl. *navires-écoles*). Navire conçu pour l'apprentissage du métier de marin, notamm. celui des élèves officiers.

NAVIRE-HÔPITAL n.m. (pl. *navires-hôpitaux*). Navire aménagé pour le transport des malades et des blessés, notamm. en temps de guerre.

NAVIRE-JUMEAU n.m. (pl. *navires-jumeaux*). Sister-ship.

NAVIRE-USINE n.m. (pl. *navires-usines*). Navire spécialement aménagé pour le traitement en mer du poisson (filetage, congélation, conserves) ou des cétacés.

NAVISPHÈRE n.f. MAR. Instrument représentant la sphère céleste, et qui, une fois réglé pour le lieu d'observation, permet au navigateur d'identifier un astre observé au sextant.

NAVRANT, E adj. **1.** Qui cause une vive affliction ; poignant. **2.** Lamentable ; consternant : *Un roman d'une banalité navrante.*

NAVRÉ, E adj. Qui manifeste de la tristesse, de la compassion ou de la confusion : *Je suis navrée de ne pouvoir vous aider.*

NAVREMENT n.m. Litt. Très grande affliction.

NAVRER v.t. [3] (de l'anc. fr. *nafrer*, blesser). Causer une grande peine à ; affliger : *Son échec me navre.*

NAY n.m. → **NEY.**

NAZARÉEN, ENNE adj. De Nazareth. ▪ **École nazaréenne,** groupe de peintres allemands du XIXe s. ◆ n.m. Peintre de l'école nazaréenne. ▪ **Le Nazaréen,** nom donné par les Juifs à Jésus. ◆ n.m. pl. ▪ **Les nazaréens,** nom donné aux premiers chrétiens dans les Actes des Apôtres.

▲ **nazaréen.** École nazaréenne : *Italie et Germanie* (1828) par Friedrich Overbeck. (Nouvelle Pinacothèque, Munich.)

NAZE n.m. et adj. → **1. NASE.**

NAZI, E adj. et n. National-socialiste.

NAZILLON, ONNE n. Fam., péjor. Nazi subalterne ; néonazi.

NAZISME n.m. National-socialisme.

N.B. [nɔtabene] n.m. (abrév. écrite). Nota bene.

NBC ou **N.B.C.** adj. (sigle). Sert à désigner les armes de type nucléaire, biologique ou chimique (appelées aussi *armes spéciales*) et les mesures et moyens pour s'en protéger : *Défense NBC.*

NDÉ ou **N.D.É.** n.f. (abrév. écrite). Note de l'éditeur.

NDLR ou **N.D.L.R.** n.f. (abrév. écrite). Note de la rédaction.

NDT ou **N.D.T.** n.f. (abrév. écrite). Note du traducteur.

NE **adv.** (du lat. *non*, ne... pas). Indique une négation dans le groupe verbal, en corrélation avec *pas, point, rien, aucun*, etc. (Le *ne* explétif s'emploie seul sans idée de négation dans les propositions subordonnées comparatives ou dans celles qui dépendent d'un verbe exprimant la crainte, le doute, etc. *Il est plus riche que vous ne pensez ; je crains qu'il ne parte.*)

NÉ, E **adj.** (de *naître*). **1.** S'emploie pour introduire le nom de jeune fille d'une femme mariée : *Mme Paudud, née Laviel.* **2.** (En appos., avec un trait d'union). De naissance : *Aveugle-né. Une actrice-née.* ▪ **Bien né** [vieilli], d'une famille honorable (ou, anc., noble).

NÉANDERTALIEN, ENNE **adj.** et **n.m.** (de *Neandertal*, en Allemagne). Se dit d'un homme fossile, apparu en Europe il y a plus de 200 000 ans et disparu il y a 30 000 ans, après avoir coexisté avec l'homme moderne. ➲ Nom sc. *Homo neanderthalensis.* Il se différencie de l'homme moderne par des caractères morphologiques et anatomiques qui permettent de le considérer comme une espèce distincte.

NÉANMOINS **adv.** (de *néant* et *1. moins*). Marque une opposition ; cependant : *Il vit à l'étranger, néanmoins il revient souvent.*

NÉANT **n.m.** (du lat. pop. *ne gentem*, personne, rien). **1.** **PHILOS.** Le non-être ; ce qui n'existe pas. **2.** Ce qui n'a pas encore d'existence ou qui a cessé d'être. ▪ **Réduire qqch à néant,** l'annihiler. ▪ **Tirer qqch du néant,** le créer.

NÉANTISER **v.t. [3]. 1. PHILOS.** Chez Sartre, en parlant de la conscience, rejeter dans le néant tout ce qui ne correspond pas à sa visée. **2.** Litt. Faire disparaître ; anéantir.

NEBKA **n.f.** (mot ar.). **GÉOMORPH.** Petite dune formée à l'abri d'une touffe de végétation.

NÉBULEUSE **n.f. 1. ASTRON.** Vaste nuage de gaz et de poussières interstellaires. **2.** Fig. Rassemblement d'éléments hétéroclites, aux relations imprécises et confuses : *La nébuleuse terroriste.* ▪ **Nébuleuse spirale** ou **extragalactique** [astron., anc.], galaxie.

➲ Parmi les **NÉBULEUSES,** les *nébuleuses diffuses* sont formées surtout d'hydrogène neutre. Au voisinage des étoiles chaudes, l'excitation du gaz interstellaire engendre les *nébuleuses brillantes,* constituées majoritairement d'hydrogène ionisé. La formation de nouvelles étoiles s'effectue au sein de nébuleuses complexes et denses, appelées *nuages moléculaires.*
Certaines nébuleuses sont, au contraire, associées au stade final de l'évolution stellaire : c'est le cas des *nébuleuses planétaires* (ainsi nommées en raison de leur aspect lorsqu'on les observe avec de petits instruments, qui rappelle celui des planètes), et des *restes de supernovae,* enveloppes éjectées lors de l'explosion cataclysmique d'étoiles massives. Enfin, les *nébuleuses obscures* sont constituées majoritairement de poussières, qui absorbent la lumière des astres situés derrière et se détachent en ombres chinoises sur le fond étoilé du ciel.

▲ **nébuleuse** planétaire NGC 2440, avec, au centre, une étoile semblable au Soleil, en fin de vie.

NÉBULEUX, EUSE **adj.** (du lat. *nebulosus*, obscur, de *nebula*, nuage). **1.** Obscurci par les nuages : *Ciel nébuleux.* **2.** Fig. Qui manque de précision, de clarté : *Explication nébuleuse.*

NÉBULISATION **n.f. MÉD.** Pulvérisation très fine d'un médicament liquide dans les voies aériennes supérieures.

NÉBULISER **v.t. [3].** Faire une nébulisation.

NÉBULISEUR **n.m.** Appareil médical utilisé pour une nébulisation.

NÉBULOSITÉ **n.f. 1. MÉTÉOROL.** Nuage ayant l'apparence d'une légère vapeur ; fraction de ciel couverte par des nuages à un moment donné. ➲ La nébulosité s'exprime en octas. **2.** Litt. Manque de clarté ; flou.

1. NÉCESSAIRE **adj.** (lat. *necessarius*). **1.** Dont on a absolument besoin ; essentiel : *L'oxygène est nécessaire à la vie.* **2.** Dont on ne peut se passer ; indispensable : *Le repos lui est nécessaire pour guérir.* **3.** Exigé pour que qqch se produise ; obligatoire : *L'accord des parents est nécessaire pour s'inscrire.* **4.** Qu'il est impossible d'empêcher ; inéluctable : *L'échec est la conséquence nécessaire de sa négligence.* **5. LOG.** Qui ne peut pas ne pas se produire dans des conditions données, au sein d'un processus donné (par oppos. à *contingent*). **6. LOG.** Qui dépend de la logique et correspond à une loi de la pensée. **7. PHILOS.** Dont l'existence ne dépend d'aucune cause, d'aucune condition : *Dieu, Être nécessaire.*

2. NÉCESSAIRE **n.m. 1.** Ce qui est indispensable à la vie quotidienne : *Ces pauvres gens manquent du nécessaire.* **2.** Ce qu'il est indispensable de faire : *Pour vos bagages, ils feront le nécessaire.* **3.** Sac, mallette qui renferment divers objets destinés à un usage précis ; trousse : *Nécessaire de toilette.*

NÉCESSAIREMENT **adv. 1.** À tout prix ; absolument. **2.** Inévitablement : *Investir comporte nécessairement des risques.*

NÉCESSITÉ **n.f.** (lat. *necessitas*). Caractère de ce qui est nécessaire : *La nécessité de savoir lire ;* chose nécessaire : *La liberté de la presse est une nécessité.* ▪ **De première nécessité,** indispensable à la vie humaine : *Produits de première nécessité.* ▪ **État de nécessité** [dr.], situation dans laquelle un particulier ou un gouvernement accomplit une action constituant une infraction aux lois mais qui, du fait des circonstances, bénéficie légalement de l'impunité.

NÉCESSITER **v.t. [3].** Rendre nécessaire : *Cette compétition nécessite un bon entraînement.*

NÉCESSITEUX, EUSE **adj.** et **n.** Qui manque du nécessaire ; indigent.

NECK [nɛk] **n.m.** (mot angl. « cou »). **GÉOL.** Piton de lave, correspondant à l'emplacement d'une ancienne cheminée volcanique, mis en relief par l'érosion.

NEC PLUS ULTRA [nɛkplyzyltra] **n.m. inv.** (mots lat. « pas au-delà »). Ce qu'il y a de mieux : *C'est le nec plus ultra en matière de livre électronique.*

NÉCROBIE **n.f.** (du gr. *nekros*, mort, et *bios*, vie). Coléoptère dont une espèce vit sur les cadavres desséchés et les matières en décomposition, et dont une autre s'attaque au lard et au jambon. ➲ Famille des clérides.

NÉCROLOGE **n.m.** Registre paroissial contenant les noms des morts avec la date de leur décès.

NÉCROLOGIE **n.f. 1.** Liste de personnes notables décédées au cours d'un certain espace de temps. **2.** Notice biographique consacrée à une personne décédée récemment. **3.** Avis de décès dans un journal ; rubrique contenant de tels avis.

NÉCROLOGIQUE **adj.** Relatif à la nécrologie : *La rubrique nécrologique d'un journal.*

NÉCROLOGUE **n.** Auteur de nécrologies.

NÉCROMANCIE **n.f.** (du gr. *nekromantis*, devin qui évoque les morts). **OCCULT.** Évocation des morts pour connaître l'avenir ou obtenir d'autres révélations.

NÉCROMANCIEN, ENNE **n.** Personne qui pratique la nécromancie.

NÉCROPHAGE **adj.** Qui se nourrit de cadavres.

NÉCROPHILE **adj.** et **n.** Atteint de nécrophilie.

NÉCROPHILIE **n.f.** Trouble psychiatrique caractérisé par des actes commis sur des cadavres (actes sexuels, mutilations, etc.).

NÉCROPHORE **n.m.** (gr. *nekrophoros*). Coléoptère qui enterre les cadavres d'animaux avant d'y déposer ses œufs. ➲ Famille des silphidés.

NÉCROPOLE **n.f.** (du gr. *nekropolis*, ville des morts). **1.** Litt. Grand cimetière urbain. **2. ANTIQ.** Vaste lieu de sépultures.

NÉCROPSIE **n.f.** Vx. Autopsie.

NÉCROSE **n.f.** (du gr. *nekrôsis*, mortification). **MÉD.** Mort d'une cellule ou d'un tissu à l'intérieur d'un organisme vivant (SYN. **mortification**).

NÉCROSER **v.t. [3].** Produire la nécrose de (SYN. **mortifier**). ◆ **SE NÉCROSER** **v.pr.** Être atteint de nécrose.

NÉCROTIQUE **adj. 1.** Relatif à la nécrose ; de la nature de la nécrose. **2.** Qui est le siège d'une nécrose.

NECTAIRE **n.m.** (de *nectar*). **BOT.** Organe végétal sécrétant le nectar. ➲ Il peut s'agir d'une glande spécialisée située dans la fleur, ou d'une différenciation de certains pétales ou de certaines feuilles.

NECTAR **n.m.** (mot lat., du gr. *nektar*). **1. BOT.** Liquide sucré sécrété par les nectaires des plantes entomophiles. **2.** Boisson à base de jus ou de purée de fruits additionnés d'eau et de sucre : *Nectar de pêche.* **3.** Litt. Boisson délicieuse. **4. MYTH. GR.** Breuvage divin à base de miel, qui procurait l'immortalité à ceux qui en buvaient.

NECTARIFÈRE **adj. BOT.** Qui sécrète le nectar.

NECTARINE **n.f.** Pêche à peau lisse dont le noyau n'adhère pas à la chair. ➲ C'est un hybride de pêche et de prune, à distinguer du brugnon.

NECTARIVORE **adj. ZOOL.** Qui se nourrit de nectar.

NECTON **n.m.** (du gr. *nêktos*, qui nage). **ZOOL.** Ensemble des animaux marins qui nagent (par oppos. à *plancton*).

NÉERLANDAIS, E **adj.** et **n.** Des Pays-Bas ; de leurs habitants. ◆ **n.m.** Langue germanique parlée princip. aux Pays-Bas et en Belgique.

NÉERLANDOPHONE **adj.** et **n.** De langue néerlandaise.

NEF **n.f.** (du lat. *navis*, navire). **1.** Grand navire à voiles, au Moyen Âge ; litt., navire. **2. ARCHIT.** Partie d'une église de plan allongé qui s'étend depuis le chœur ou le transept jusqu'à la façade principale ou au narthex ; chacun des vaisseaux parallèles pouvant composer cette partie : *Nef principale. Nefs latérales.*

NÉFASTE **adj.** (du lat. *nefastus*, interdit par la loi divine). **1.** Litt. Marqué par des événements funestes, tragiques : *Année néfaste.* **2.** Qui peut avoir des conséquences fâcheuses : *Politique néfaste.* **3. ANTIQ. ROM.** Se dit d'un jour où il était interdit par la religion de vaquer aux affaires publiques.

NÈFLE **n.f.** (bas lat. *mespila*, du gr.). Fruit du néflier, qui se consomme blet. ▪ **Des nèfles !** [fam.], pas question !

NÉFLIER **n.m.** Arbuste originaire de l'Europe méridionale et de l'Asie occidentale, épineux à l'état sauvage, cultivé pour son fruit, la nèfle. ➲ Famille des rosacées.

NÉGATEUR, TRICE **adj.** et **n.** Litt. Qui est porté à tout nier, à tout critiquer.

1. NÉGATIF, IVE **adj.** (du lat. *negare*, nier). **1.** Qui marque le refus : *Signe de tête négatif.* **2.** Qui n'apporte rien de concret, de constructif ; stérile : *Remarque négative.* **3.** Qui ne donne pas de résultat : *Expérience négative. Examen médical négatif.* ▪ **Charge électrique négative,** l'une des deux formes d'électricité statique, de même nature que celle que l'on développe sur un morceau de résine frotté avec de la laine. ▪ **Nombre négatif** [math.], nombre inférieur à zéro. ◆ **adv.** Non, dans les transmissions.

2. NÉGATIF **n.m.** Phototype dont l'image représente, en noir et blanc, l'inverse des luminosités du sujet, ou, en couleurs, les couleurs complémentaires à celles du sujet. ➲ Le négatif sert au tirage des épreuves positives.

NÉGATION **n.f.** (lat. *negatio*, de *negare*, nier). **1.** Action de nier qqch : *La négation d'un événement historique.* **2.** Action de rejeter, de ne faire aucun cas de qqch : *La négation de tout sentiment paternel.* **3. GRAMM.** Mot ou groupe de mots servant à nier, comme *ne, non, pas*, etc. ▪ **Être la négation de qqch,** être en complète contradiction avec qqch. ▪ **Négation d'une proposition ou d'un prédicat** P [log.], proposition qui résulte de la proposition P par l'ajout du connecteur ⅂ (« ⅂ P » se lit « non-P »). ➲ ⅂ P n'est vrai que si P est faux. ▪ **Principe de la double négation** [log.], principe selon lequel s'il est faux que A soit faux, alors A est vrai.

NÉGATIONNISME **n.m.** Doctrine niant la réalité du génocide des Juifs par les nazis, et l'existence des chambres à gaz. (→ **révisionnisme**). ➲ Le terme de négationnisme s'emploie, par ext., à propos d'autres génocides ou de certains massacres à grande échelle.

a b c d e f g h i j k l m n o p q r s t u v w x y z

NÉGATIONNISTE adj. et **n.** Relatif au négationnisme ; qui en est partisan.

NÉGATIVE n.f. ▪ **Répondre par la négative,** répondre par un refus, une négation.

NÉGATIVEMENT adv. De façon négative.

NÉGATIVISME n.m. 1. Attitude de refus systématique. **2. PSYCHOL.** Trouble de l'activité se traduisant par un comportement de refus et d'opposition aux suggestions et sollicitations d'autrui.

NÉGATIVITÉ n.f. 1. Caractère de ce qui est négatif, non constructif. **2.** État d'un corps électrisé négativement.

NÉGATOSCOPE n.m. Écran lumineux pour l'examen par transparence des films radiographiques.

NÉGLIGÉ n.m. 1. État de qqn dont la tenue est négligée. **2.** Vx. Léger vêtement féminin d'intérieur.

NÉGLIGEABLE adj. Dont on peut ne pas tenir compte : *Une variation négligeable.* ▪ **Traiter qqn, qqch comme (une) quantité négligeable,** les estimer sans importance.

NÉGLIGEMMENT [-ʒa-] **adv.** Avec négligence.

NÉGLIGENCE n.f. (lat. *negligentia*). **1.** Manque de soin, d'application ; laisser-aller. **2.** Faute résultant d'un manque de vigilance : *Coupables négligences d'un chauffard.* **3. DR.** Faute non intentionnelle résultant d'un manque d'attention, de précaution ou de vigilance.

NÉGLIGENT, E adj. et **n.** (lat. *negligens*). **1.** Qui montre de la négligence. **2. DR.** Qui n'accomplit pas un acte ou une action juridiques qu'il aurait dû faire.

NÉGLIGER v.t. [10] (lat. *negligere*). **1.** Ne pas prendre soin de : *Négliger ses affaires, sa tenue, une maladie.* **2.** Ne pas tenir compte de : *Négliger les avertissements.* **3.** Ne pas accorder l'attention que l'on devrait à : *Négliger ses enfants.* **4. (DE).** Omettre de faire : *Négliger de répondre à une lettre.* ◆ **SE NÉGLIGER v.pr.** Ne plus prendre soin de sa personne.

NÉGOCE n.m. (lat. *negotium*, occupation, de *nec*, ne... pas, et *otium*, loisir). Ensemble des activités d'un commerçant.

NÉGOCIABILITÉ n.f. COMM. Qualité d'un titre représentatif d'un droit ou d'une créance qui permet leur transmission à un tiers.

NÉGOCIABLE adj. Qui peut être négocié.

NÉGOCIANT, E n. Personne qui fait du commerce en gros.

NÉGOCIATEUR, TRICE n. 1. Personne chargée de négocier pour le compte de son gouvernement : *Les négociateurs du cessez-le-feu.* **2.** Personne qui sert d'intermédiaire dans une affaire pour favoriser un accord. ▪ **Négociateur de crise,** policier ou gendarme spécialisé dans le dialogue avec un forcené ou un preneur d'otage en vue d'obtenir sa reddition.

NÉGOCIATION n.f. 1. Action de négocier les affaires communes entre des parties en vue d'un accord : *Régler un différend par voie de négociation.* **2.** Ensemble de discussions, de pourparlers entre des personnes, des partenaires sociaux, des représentants qualifiés d'États, menés en vue d'aboutir à un accord sur les problèmes posés : *La négociation sur les retraites.* **3.** Transmission des effets de commerce. ▪ **Négociation collective,** négociation entre les représentants des salariés et des employeurs, en vue de l'élaboration d'une convention collective définissant les conditions d'emploi et de travail d'une catégorie de salariés.

NÉGOCIÉ, E adj. Obtenu par la négociation : *Solution négociée.*

NÉGOCIER v.t. [5] (du lat. *negotiari*, faire du commerce). **1.** Discuter en vue d'un accord : *Négocier l'aménagement du temps de travail avec la direction.* **2. COMM.** Monnayer un titre, une valeur. ▪ **Négocier un virage** (calque de l'angl. *to negociate*), manœuvrer pour le prendre dans les meilleures conditions. ◆ **v.i.** Engager des pourparlers en vue de régler un différend ; parlementer.

NÉGONDO n.m. → **NEGUNDO.**

1. NÈGRE, NÉGRESSE n. (esp. *negro*, du lat. *niger, nigri*, noir). **1.** Vieilli, souvent raciste. Personne dont la peau est foncée. (La connotation fréquemment raciste de ce mot fait qu'il a été supplanté par le terme *Noir.*) **2.** Anc. Esclave noir. ▪ **Nègre blanc,** albinos appartenant à une population de couleur noire. ▪ **Nègre en chemise** [vieilli], noir et blanc (entremets). ◆ **n.m.** Fam. Personne qui prépare ou rédige anonymement des textes pour qqn qui les signe. (Il est recommandé d'employer plutôt les termes *prête-plume* ou *écrivain fantôme.*)

2. NÈGRE adj. Qui appartient aux Noirs, à la culture des Noirs. ▪ **L'art nègre,** l'art négro-africain considéré en tant que source d'inspiration, au XXe s., de certains courants de l'art occidental (fauvisme, cubisme, expressionnisme). ▪ **Nègre blanc, loc. adj. inv.** [vieilli], qui vise à concilier des avis contraires : *Des conclusions nègre blanc.*

NÉGRIER, ÈRE adj. Relatif à la traite des Noirs : *Navire négrier.* ◆ **n.m. 1.** Personne qui faisait la traite des Noirs. **2.** Bâtiment qui servait à ce commerce. **3.** Employeur qui traite ses employés comme des esclaves.

NÉGRITUDE n.f. Ensemble des valeurs culturelles et spirituelles propres aux Noirs, et revendiquées par eux. ➲ Cette notion, qui retourne en positif ce que le terme « nègre » a de péjoratif, est due à L. S. Senghor et à A. Césaire.

NÉGRO-AFRICAIN, E adj. (pl. *négro-africains, es*). Relatif aux Noirs d'Afrique : *Langues négro-africaines.*

NÉGROÏDE adj. et **n.** Souvent péjor. ou raciste. Qui rappelle les caractéristiques morphologiques des Noirs, notamm. celles du visage.

NEGRO SPIRITUAL (pl. *negro spirituals*), ▲ *NÉGROSPIRITUAL* [negrospiritɥɔl] **n.m.** (anglo-amér. *negro spiritual*). Chant religieux d'inspiration chrétienne, né au XVIIIe s. parmi les esclaves noirs des États-Unis (SYN. **spiritual**).

NÉGUENTROPIE n.f. Entropie négative, caractérisant la quantité d'informations dont on dispose au sujet d'un système informatique ou cybernétique.

NEGUNDO [negɔ̃do] ou **NÉGONDO n.m.** (port. *negundo*, du malais *ningud*). Érable ornemental originaire d'Amérique du Nord, à feuilles composées parfois panachées de blanc. ➲ Famille des acéracées.

NÉGUS [negys] **n.m.** (de l'éthiopien *negûs*, roi). **HIST.** Titre des souverains d'Éthiopie.

▲ **neige.** Quelques formes caractéristiques des cristaux de neige.

NEIGE n.f. (de *neiger*). **1.** Précipitation de cristaux de glace agglomérés en flocons, dont la plupart sont ramifiés, parfois en étoile. ➲ Quand la température des basses couches de l'atmosphère est inférieure à 0 °C, la neige se forme par la présence, dans un nuage, de noyaux de condensation faisant cesser le phénomène de surfusion. **2.** La montagne, en hiver ; les sports d'hiver : *Aller à la neige.* **3.** Arg. Drogue (cocaïne ou héroïne) sous forme de poudre blanche. ▪ **Blanc comme neige,** très blanc ; fig., innocent. ▪ **En neige** [cuis.], se dit de blancs d'œufs battus jusqu'à former une mousse blanche et consistante : *Monter des blancs en neige.* ▪ **Neige carbonique,** dioxyde de carbone* solidifié. ▪ **Neige industrielle,** chute de neige provoquée par des flocons se formant autour des particules de pollution en suspension dans l'air, qui constituent des noyaux de condensation et de congélation. (On dit aussi *neige urbaine* ou *neige de pollution.*) ➲ Ce phénomène dû à la pollution est peu prévisible, car il se produit dans des conditions météorologiques qui ne suffiraient pas à elles seules à provoquer une chute de neige. ▪ **Neiges permanentes,** neiges amoncelées dans les parties les plus élevées des massifs montagneux, qui peuvent donner naissance aux glaciers. ➲ L'expression *neiges éternelles* est impropre. ▪ **Œufs à la neige,** blancs montés en neige, cuits dans du lait bouillant et servis sur une crème anglaise.

NEIGEOTER v. impers. [3]. Fam. Neiger faiblement.

NEIGER v. impers. [10] (lat. pop. *nivicare*, du class. *nix, nivis*, neige). Tomber, en parlant de la neige.

NEIGEUX, EUSE adj. Couvert de neige ; enneigé. ▪ **Temps neigeux,** état de l'atmosphère caractérisé par des chutes de neige.

NELUMBO [nelɔ̃bo] ou **NÉLOMBO n.m.** (cinghalais *nelumbo*). Plante aquatique voisine du nénuphar, dont une espèce est le lotus sacré des hindous. ➲ Famille des nymphéacées.

NEM [nɛm] **n.m.** (mot vietnamien). Petite crêpe de farine de riz fourrée (soja, viande, vermicelles, etc.), roulée et frite. ➲ Cuisine vietnamienne.

NÉMATHELMINTHE n.m. ZOOL. Ver cylindrique, sans anneaux ni véritable cœlome, mais doté d'un tube digestif, tel que les nématodes. ➲ Les némathelminthes forment un embranchement.

NÉMATIQUE adj. (du gr. *nêma, -atos*, fil). **PHYS.** Se dit de l'état mésomorphe, plus voisin de l'état liquide que de l'état cristallin, dans lequel les molécules, très allongées, peuvent se déplacer parallèlement les unes par rapport aux autres.

NÉMATOBLASTE n.m. ZOOL. Cnidoblaste.

NÉMATOCÈRE n.m. (du gr. *nêma*, fil, et *keras*, antenne). Insecte diptère au corps et aux pattes grêles, doté d'antennes longues, tel que le moustique. ➲ Les nématocères forment un sous-ordre.

NÉMATOCYSTE n.m. (du gr. *nêma*, fil, et *kustis*, vessie). **ZOOL.** Organe urticant des cnidaires (SYN. **cnidocyste**).

NÉMATODE n.m. (du gr. *nêma*, fil). **ZOOL.** Ver cylindrique et effilé, génér. très petit, pullulant dans le sol, et dont quelques espèces (ascaris, oxyures) vivent en parasites de l'homme et des mammifères. ➲ Les nématodes forment une classe.

NÉMÉENS adj.m. pl. ANTIQ. GR. ▪ **Jeux Néméens,** célébrés à Némée, en l'honneur de Zeus.

NÉMERTE n.m. ou **n.f.** ou **NÉMERTIEN** [-sjɛ̃] **n.m.** (du gr. *Nêmertês*, la Véridique, n. d'une des Néréides). **ZOOL.** Ver en forme de long et fin ruban, à la courte trompe protractile, vivant enfoui dans la vase du littoral. ➲ Jusqu'à 10 m de long ; les némertes forment un embranchement.

NEMI ou **N.E.M.I.** [nemi] **n.m.** (acronyme de *nouvelle échelle métrique de l'intelligence*). **PSYCHOL.** Test destiné à évaluer l'âge mental des enfants âgés de 3 à 12 ans.

NÉNÉ n.m. Fam. Sein de femme.

NÉNETTE n.f. Fam. Jeune fille ; jeune femme. ▪ **Se casser la nénette** [vieilli], réfléchir longuement à.

NÉNIES n.f. pl. (du lat. *nenia*, lamentation). **ANTIQ. GR. ET ROM.** Chant funèbre.

NENNI adv. Vx. Non.

NÉNUPHAR, ▲ *NÉNUFAR* **n.m.** (ar. *nînûfar*). Plante aquatique aux larges feuilles flottantes et aux grosses fleurs solitaires à pétales blancs, jaunes ou rouges. ➲ Famille des nymphéacées.

▲ **nénuphar**

NÉO-CALÉDONIEN, ENNE (pl. *néo-calédoniens, ennes*), ▲ *NÉOCALÉDONIEN, ENNE* **adj.** et **n.** De la Nouvelle-Calédonie ; de ses habitants.

NÉOCLASSICISME n.m. 1. Tendance artistique et littéraire de la fin du XVIIIe s. et du début du XIXe s., qui s'est inspirée de l'Antiquité classique ou du classicisme du XVIIe s. **2.** Courant chorégraphique né au XXe s., initié par les chorégraphes des Ballets russes de Diaghilev et enrichissant la danse académique d'éléments caractéristiques (positions avec pieds parallèles et mouvements décalés, notamm.) [SYN. **danse néoclassique**]. **3.** Tendance à revenir à un certain classicisme, par réaction contre les audaces d'une période antérieure.

➲ Les découvertes archéologiques du XVIIIe s. (Pompéi, notamm.) sont à l'origine du **NÉOCLASSICISME**, antithèse du baroque* et du rococo*. Ce courant s'est répandu en France, en architecture, avec Soufflot, Ledoux et Boullée, et, en peinture, avec David et Girodet-Trioson, liés aux idéologies révolutionnaire puis impériale. Les architectes Adam, en Grande-Bretagne, et Schinkel, en Allemagne, en font partie, de même que le sculpteur italien Canova.

NÉOCLASSIQUE adj. Relatif au néoclassicisme. ▪ **Danse néoclassique** → **NÉOCLASSICISME.** ▪ **École néoclassique** [écon.], courant de pensée qui, à la fin du XIXe s., renouvela l'analyse économique, en partic. celle de la valeur. ➲ Elle fut représentée, notamm., par L. Walras et A. Marshall.

NÉOCOLONIALISME n.m. Politique visant à rétablir, sous des formes nouvelles, une domination sur les anciens pays colonisés devenus indépendants.

NÉOCOLONIALISTE adj. et n. Relatif au néocolonialisme ; qui en est partisan.

NÉOCOMMUNISME n.m. Régime politique ayant succédé aux régimes communistes disparus, en en conservant ou en en rétablissant de nombreux traits et méthodes ; ensemble des conceptions correspondantes.

NÉOCONSERVATEUR adj. et n. Aux États-Unis, partisan de l'ultralibéralisme et de la force militaire.

NÉOCONSERVATISME n.m. Doctrine des néoconservateurs.

NÉOCORTEX n.m. ANAT. Partie la plus complexe du cortex cérébral, occupant chez l'homme la quasi-totalité de la surface des hémisphères.

NÉODARWINISME n.m. (de C. *Darwin*, n.pr.). BIOL. Théorie de l'évolution selon laquelle les mutations génétiques, aléatoires et porteuses d'une valeur sélective favorable ou défavorable, sont ensuite soumises à la sélection naturelle et déterminent ainsi l'apparition de nouvelles formes animales ou végétales.

NÉODYME n.m. (du gr. *didumos*, double). **1.** Métal du groupe des terres rares. **2.** Élément chimique (Nd), de numéro atomique 60, de masse atomique 144,24.

NÉOFASCISME n.m. Tendance politique italienne s'inscrivant dans la postérité du fascisme.

NÉOFASCISTE adj. et n. Relatif au néofascisme ; qui en est partisan.

NÉOFORMATION n.f. Néoplasie.

NÉOFORMÉ, E adj. Qui résulte d'une néoplasie.

NÉOGÈNE n.m. (du gr. *neogenês*, né depuis peu). GÉOL. Système du cénozoïque, succédant au paléogène. ➲ Le néogène se situe de – 23 millions d'années à aujourd'hui ; il est subdivisé en miocène, pliocène, pléistocène et holocène. ◆ adj. Relatif au néogène.

Le néoclassicisme

À l'origine de ce mouvement européen se trouvent l'influence de la philosophie des Lumières, la redécouverte de l'Antiquité par l'archéologie (études menées à Rome, Pompéi, Paestum, Athènes ; gravures de Piranèse), l'enseignement de théoriciens comme Winckelmann, un approfondissement général de la réflexion sur l'art. Les prises de position contre le baroque et le rococo reflètent également une réaction morale contre la société aristocratique.

Antonio Canova. ▶ *Psyché ranimée par le baiser de l'Amour* (1793), détail du groupe en marbre. Recherchant la forme idéale, sous l'influence, notamment, de Winckelmann, le sculpteur italien puise tantôt à des sources antiques sévères, tantôt – comme ici – à la grâce alexandrine. (Musée du Louvre, Paris.)

▲ **Louis David.** *Les licteurs rapportent à Brutus les corps de ses fils*, grande toile exposée à Paris, au Salon, en août 1789. Selon la légende, Brutus (Lucius Junius) a fondé la République romaine en chassant les Tarquins de Rome ; ses deux fils ayant conspiré avec les rois déchus, il les a fait exécuter. Chez David, l'étude sur modèle vivant a autant d'importance que l'inspiration antique (architecture, statuaire, composition en frise des bas-reliefs), d'où la qualité plastique de ses figures, unie à la leçon morale (ici fort extrême) escomptée du sujet historique. (Musée du Louvre, Paris.)

NÉOGOTHIQUE adj. et n.m. Se dit d'un style qui, au XIXe s. surtout, s'est inspiré du gothique.

NÉOGREC, NÉOGRECQUE adj. BX-ARTS. Qui s'inspire de la Grèce classique.

NÉO-IMPRESSIONNISME n.m. (pl. *néo-impressionnismes*). Mouvement pictural de la fin du XIXe s., fondé sur le divisionnisme, dont Seurat fut l'initiateur et Signac l'un des principaux propagateurs.

NÉO-IMPRESSIONNISTE adj. et n. (pl. *néo-impressionnistes*). Relatif au néo-impressionnisme ; qui en est un adepte.

NÉOKANTISME n.m. Mouvement philosophique issu du kantisme, dominé par la recherche d'une morale, d'une théorie de la connaissance et d'une méthode (école de Marburg).

NÉOKEYNÉSIANISME [-kɛnezja-] n.m. Doctrine économique inspirée des travaux de J. M. Keynes, qu'elle cherche à renouveler, notamm. en les intégrant dans le cadre méthodologique de l'école néoclassique*. ➲ Elle est représentée par J. R. Hicks, P. A. Samuelson et R. M. Solow.

NÉOKEYNÉSIEN, ENNE [-kɛnezjɛ̃, ɛn] adj. et n. Relatif au néokeynésianisme ; qui en est partisan.

NÉOLIBÉRAL, E, AUX adj. et n. Relatif au néolibéralisme.

NÉOLIBÉRALISME n.m. ÉCON. Courant théorique, apparu à la fin des années 1970, qui s'oppose à l'intervention systématique de l'État et prône le recours aux mécanismes spontanés du marché.

NÉOLITHIQUE n.m. (de *neos*, nouveau, et *lithos*, pierre). Période de mutations majeures dans l'évolution des sociétés humaines, correspondant à la sédentarisation, à la domestication des animaux, à la mise en culture, à la fabrication de la céramique, au tissage et au polissage des outils en pierre dure. ◆ adj. Relatif au néolithique : *La révolution néolithique.*

NÉOLITHISATION n.f. PRÉHIST. Passage du stade de prédateurs, pour les chasseurs-cueilleurs-pêcheurs, à celui de producteurs de nourriture (agriculteurs, bergers). ➲ Cette mutation, survenue dès le IXe millénaire au Proche-Orient, s'est diffusée en Europe le long du Danube (danubien) et en Méditerranée (cardial).

NÉOLOCAL, E, AUX adj. ANTHROP. Se dit d'un mode de résidence où les époux demeurent dans une localité autre que celles de leurs parents (pères et mères).

NÉOLOGIE n.f. LING. Ensemble des processus de formation des néologismes (dérivation, composition, siglaison, emprunt, etc.).

NÉOLOGIQUE adj. Relatif à la néologie, aux néologismes.

NÉOLOGISME n.m. Mot ou expression de création ou d'emprunt récents ; sens nouveau d'un mot ou d'une expression existant déjà dans la langue.

NÉOMERCANTILISME n.m. ÉCON. Doctrine modernisée du mercantilisme, prônant un certain protectionnisme et des interventions de l'État pour soutenir l'économie nationale.

NÉOMORTALITÉ n.f. Mortalité des nouveau-nés.

NÉOMYCINE n.f. Antibiotique de la famille des aminosides, élaboré par certaines souches de *Streptomyces fradiæ*, utilisé à l'état de sulfate pour son action bactéricide sur les germes cutanés et intestinaux.

1. NÉON n.m. (du gr. *neon*, nouveau). **1.** Gaz rare de l'atmosphère. **2.** Élément chimique (Ne), de numéro atomique 10, de masse atomique 20,1797. **3.** Éclairage par tube fluorescent au néon, et, abusif., par tube fluorescent quel qu'il soit ; le tube lui-même : *Changer un néon.*

2. NÉON n.m. Petit poisson d'ornement originaire d'Amazonie, apprécié des aquariophiles pour sa livrée génér. bleu électrique et rouge. ➲ Famille des characidés.

NÉONATAL, E, ALS adj. Relatif au nouveau-né : *Maladie néonatale.*

NÉONATALOGIE n.f. Discipline médicale qui a pour objet l'étude du nouveau-né et le traitement de ses maladies.

NÉONAZI, E adj. et n. Relatif au néonazisme ; qui en est partisan.

a b c d e f g h i j k l m n o p q r s t u v w x y z

NÉONAZISME n.m. Mouvement d'extrême droite puisant son inspiration dans le national-socialisme.

NÉONICOTINOÏDE n.m. Insecticide dérivé de la nicotine, dont le mode d'action cible le système nerveux des insectes. ➲ Utilisé en agriculture, il pollue durablement l'environnement et est toxique pour de nombreux invertébrés non visés par ce traitement (insectes pollinisateurs, par ex.).

NÉOPHYTE n. (du gr. *neophutos*, nouvellement planté). **1.** Adepte récent d'une doctrine ; personne récemment entrée dans un parti, une association ; prosélyte. **2.** Dans l'Église primitive, nouveau converti.

NÉOPILINA n.m. Mollusque très primitif des profondeurs du Pacifique sud, seul représentant actuel de la classe des monoplacophores, disparue au carbonifère.

NÉOPLASIE n.f. 1. MÉD. Formation d'un tissu nouveau, en partic. d'un tissu tumoral. **2.** (Abusif). Le tissu ainsi formé, ou *néoplasme*.

NÉOPLASIQUE adj. Relatif à la néoplasie.

NÉOPLASME n.m. MÉD. Tissu qui résulte du processus de néoplasie ; tumeur.

NÉOPLASTICISME n.m. Doctrine de l'art abstrait propre à Mondrian.

NÉOPLATONICIEN, ENNE adj. et **n.** Relatif au néoplatonisme ; qui s'y rattache.

NÉOPLATONISME n.m. 1. Doctrine philosophique développée à Alexandrie (IIIe s.) et qui opère la synthèse du système platonicien et d'éléments mystiques. ➲ Plotin en est le principal représentant. **2.** Tout système inspiré du platonisme.

NÉOPOSITIVISME n.m. Positivisme logique.

NÉOPOSITIVISTE adj. et **n.** Relatif au néopositivisme ; qui en est partisan.

NÉOPRÈNE n.m. (nom déposé). Élastomère synthétique thermoplastique.

NÉORÉALISME n.m. Mouvement cinématographique né en Italie au lendemain de la Seconde Guerre mondiale.

➲ Inauguré par *Ossessione* (1943) de L. Visconti, le **NÉORÉALISME** a marqué la volonté de revenir à la réalité humaine et sociale de l'Italie, que le cinéma fasciste avait travestie ou occultée. Ce mouvement novateur, qui privilégiait les décors naturels et les acteurs non professionnels, se développa très vite après 1945, regroupant des cinéastes comme R. Rossellini ou V. De Sica. L'expérience néoréaliste prit fin dès le début des années 1950, mais son importance aura été fondamentale dans l'évolution ultérieure du cinéma italien.

▲ **néoréalisme.** *Le Voleur de bicyclette* (1948), de V. De Sica.

NÉORÉALISTE adj. et **n.** Relatif au néoréalisme ; qui s'y rattache.

NÉORURAL, E, AUX n. Personne d'origine urbaine installée dans une zone rurale pour y exercer une activité professionnelle.

NÉOTECTONIQUE n.f. GÉOL. Tectonique, génér. récente, affectant un relief déjà formé.

NÉOTÉNIE n.f. (du gr. *teinein*, étendre). **BIOL.** Persistance, chez un animal apte à se reproduire, de caractères larvaires ou juvéniles. ➲ Un exemple extrême en est fourni par l'axolotl.

NÉOTHOMISME n.m. Système théologique dont le pape Léon XIII voulut faire le point de départ d'un renouveau intellectuel dans l'Église et qui insère la théologie thomiste classique dans une problématique moderne.

NÉOTTIE n.f. (gr. *neotteia*). Orchidée saprophyte des forêts de hêtres, sans chlorophylle, cour. appelée *nid-d'oiseau*.

NÉO-ZÉLANDAIS, E (pl. *néo-zélandais, es*) ou **NÉOZÉLANDAIS, E adj.** et **n.** De la Nouvelle-Zélande ; de ses habitants.

1. NÉPALAIS, E adj. et **n.** Du Népal ; de ses habitants.

2. NÉPALAIS ou **NÉPALI n.m.** Langue indo-aryenne parlée au Népal.

NÈPE n.f. (du lat. *nepa*, scorpion). Insecte carnassier des eaux stagnantes de l'Eurasie, respirant grâce à un tube abdominal et dont la piqûre est douloureuse (SYN. **scorpion d'eau**). ➲ Ordre des hétéroptères.

NÉPENTHÈS [nepɛ̃tɛs] **n.m.** (gr. *nêpenthês*). **1.** Plante carnivore de l'Asie tropicale, de l'Océanie et de Madagascar, dont les feuilles en vrille se terminent par une petite urne membraneuse surmontée d'un couvercle, où peuvent tomber les proies. ➲ Famille des népenthacées. (V. planche *plantes carnivores**.) **2. ANTIQ. GR.** Remède magique contre la tristesse.

NÉPÉRIEN, ENNE adj. (de J. *Neper*, n.pr.). ■ **Fonction logarithme népérien** → **LOGARITHME.**

NÉPHÉLÉMÉTRIE n.f. (du gr. *nephelê*, nuage). Procédé de mesure de la concentration d'une émulsion, par comparaison de sa transparence avec celle d'une préparation étalon.

NÉPHÉLINE n.f. MINÉRALOG. Un des principaux feldspathoïdes, contenant du sodium.

NÉPHRECTOMIE n.f. Ablation chirurgicale d'un rein.

NÉPHRÉTIQUE adj. (du gr. *nephros*, rein). Qui concerne les reins : *Colique néphrétique.*

NÉPHRIDIE n.f. Organe excréteur des invertébrés, jouant le rôle des reins.

NÉPHRITE n.f. (du gr. *nephros*, rein). **1. MÉD.** Inflammation du rein. **2.** (Abusif). Néphropathie. **3. MINÉRALOG.** Silicate de magnésium, de fer et de calcium, variété fibreuse d'amphibole. ➲ Elle est, avec la jadéite, un des constituants du jade.

NÉPHROLOGIE n.f. Discipline médicale qui étudie le rein et ses maladies.

NÉPHROLOGUE n. Spécialiste de néphrologie.

NÉPHRON n.m. Élément microscopique fondamental du rein, constitué d'un glomérule qui forme l'urine par filtration du sang, suivi d'un tubule, qui débouche dans les calices.

NÉPHROPATHIE n.f. MÉD. Affection du rein.

NÉPHROSE n.f. MÉD. Altération dégénérative des tubules rénaux.

NÉPOTISME n.m. (ital. *nepotismo*, du lat. *nepos*, *-otis*, neveu). **1.** Abus qu'une personne qui détient une autorité fait de celle-ci pour procurer des avantages à sa famille, ses proches. **2. HIST.** Attitude de certains papes qui accordaient des faveurs particulières à leurs parents (notamm. leurs neveux, créés cardinaux).

NEPTUNISME n.m. (de *Neptune*, n. myth.). **GÉOL.** Anc. Théorie qui donnait une origine marine à toute roche (par oppos. à *plutonisme*).

NEPTUNIUM [-njɔm] **n.m. 1.** Métal radioactif. **2.** Élément chimique (Np) transuranien, de la famille des actinidés, de numéro atomique 93, de masse atomique 237,0482.

NERD [nɛrd] **n.m.** (mot anglo-amér.). Péjor. Personne qu'une passion obsessionnelle, génér. pour les mathématiques et l'informatique, conduit souvent à vivre en marge de la société.

NÉRÉ n.m. (du mandé). Afrique. Arbre dont les racines et les graines sont utilisées en médecine traditionnelle. ➲ Sous-famille des mimosacées.

NÉRÉIDE n.f. ou **NÉRÉIS** [-is] **n.m.** ou **n.f.** (du gr. *nereis*, nymphe de la mer). Ver marin carnassier vivant dans la vase ou sur les rochers des côtes de l'Europe occidentale. ➲ Classe des polychètes.

NERF [nɛr] **n.m.** (du lat. *nervus*, ligament). **1.** Cordon blanchâtre composé de fibres nerveuses, conduisant les messages moteurs du système nerveux central vers les organes, et les messages sensitifs et sensoriels en sens inverse. **2.** (Abusif). Dans la viande, ligament ou aponévrose. **3.** Ce qui fait la force de qqch, l'énergie physique ou morale de qqn ; vigueur : *Mise en scène qui manque de nerf. Cette fille a du nerf.* **4.** Ce qui est la condition d'une action efficace ; moteur : *Le nerf de la victoire, c'est le travail.* **5. REL.** Nervure transversale au dos d'un livre relié. ■ **Le nerf de la guerre,** l'argent. ■ **Nerf de bœuf,** matraque faite d'une verge de bœuf ou de taureau étirée et desséchée. ◆ **n.m. pl.** Système nerveux considéré comme le siège de l'équilibre mental et de la capacité à garder son calme : *Avoir les nerfs solides.* ■ **Avoir ses nerfs** [vieilli], **avoir les nerfs en boule** ou **en pelote** [fam.], être très énervé. ■ **Être** ou **vivre sur les nerfs,** dans un état de tension nerveuse permanente. ■ **Guerre des nerfs,** ensemble de procédés (intoxication, désinformation, etc.) visant à déstabiliser l'adversaire. ■ **Paquet** ou **boule de nerfs** [fam.], personne très nerveuse, irritable. ■ **Passer ses nerfs sur qqn, qqch,** manifester contre eux une irritation dont la cause est ailleurs. ■ **Taper sur les nerfs** [fam.], causer un vif agacement.

NÉRITIQUE adj. (du gr. *nêritês*, coquillage de mer). **GÉOL.** Se dit des zones marines situées au-dessus du plateau continental, des organismes qui y vivent ou des formations qui s'y déposent.

NÉROLI n.m. (du n. d'une princesse ital.). Huile essentielle obtenue par distillation des fleurs du bigaradier.

NÉRONIEN, ENNE adj. Litt. Qui est digne de Néron, de sa cruauté.

NERPRUN [nɛrprœ̃] **n.m.** (du lat. *niger prunus*, prunier noir). Arbuste parfois épineux, à fruits noirs. ➲ Famille des rhamnacées.

NERVATION n.f. BIOL. Disposition des nervures d'une feuille, d'une aile d'insecte.

NERVEUSEMENT adv. 1. Avec nervosité. **2.** En ce qui concerne le système nerveux.

NERVEUX, EUSE adj. (lat. *nervosus*). **1. ANAT.** Qui relève du système nerveux. **2.** Relatif à l'équilibre mental : *Résistance nerveuse.* **3.** Qui est dû à la nervosité ou qui l'exprime : *Un tic nerveux.* **4.** Qui manifeste une certaine agitation ; fébrile : *L'attente la rend nerveuse.* **5.** Qui manifeste de la vivacité, de la vigueur ; dynamique : *Une serveuse peu nerveuse.* **6.** Se dit d'un moteur, d'une voiture qui ont de bonnes reprises. ■ **Centre nerveux,** groupe de neurones qui fait partie de la substance grise du système nerveux central, et qui est le siège d'une fonction nerveuse déterminée. ■ **Système nerveux,** ensemble d'organes et de structures constitués de tissus nerveux, assurant la réception sensitive et sensorielle, la commande motrice, la coordination des organes et des fonctions du corps, et la vie psychique. (V. planche *anatomie humaine, système nerveux*.) ■ **Système nerveux végétatif** ou **autonome,** ensemble des systèmes nerveux sympathique et parasympathique qui règlent le fonctionnement des viscères (SYN. **système neurovégétatif**). ■ **Tissu nerveux,** ensemble des neurones, des cellules et des structures (névroglie, tissu conjonctif, etc.) qui leur sont associées. ◆ **adj.** et **n.** Qui est dominé par des nerfs irritables : *Un grand nerveux.*

NERVI n.m. (mot provenç.). Homme de main ; sbire.

NERVOSITÉ n.f. 1. État d'excitation nerveuse passagère. **2.** État d'irritabilité ou d'inquiétude : *La nervosité des marchés.*

NERVURE n.f. (de *nerf*). **1. BOT.** Filet saillant, souvent ramifié, formé par les tubes conducteurs de la sève et parcourant le limbe d'une feuille. **2. ENTOMOL.** Filet de l'aile des insectes. **3. ARCHIT.** Grosse moulure d'une voûte, en partic. d'une voûte gothique. **4. COUT.** Petit pli debout, formant garniture en relief sur un vêtement.

NERVURER v.t. [3]. Orner de nervures.

NESCAFÉ n.m. (nom déposé). Café soluble de la marque de ce nom.

N'EST-CE PAS adv. 1. S'emploie pour appeler l'acquiescement de l'interlocuteur à ce qui vient d'être dit : *Tu m'écriras, n'est-ce pas ?* **2.** S'emploie à l'intérieur d'une phrase comme un renforcement : *La vérité, n'est-ce pas, c'est que l'effort le rebute.*

NESTORIANISME n.m. Hérésie chrétienne du Ve s., professée par Nestorius.

NESTORIEN, ENNE adj. et **n.** Relatif au nestorianisme.

1. NET, NETTE adj. (du lat. *nitidus*, brillant). **1.** Qui est propre et soigné : *Une maison, une vitre nette.* **2.** Bien marqué : *Une empreinte digitale très nette* ; bien distinct : *Une nette améliora-*

tion. **3.** Qui est clair et précis : *Des souvenirs nets.* **4.** Qui ne prête à aucun doute : *Une réponse nette.* **5.** Dont on a déduit tout élément étranger (par oppos. à *brut*) : *Poids, salaire net.* ▪ **Avoir les mains nettes,** être moralement irréprochable. ▪ **C'est clair et net,** cela ne présente aucune ambiguïté. ▪ **Faire place nette,** débarrasser un endroit de tout ce qui gêne. ▪ **Ne pas être net** [fam.], être un peu fou ; être louche, suspect. ▪ **Net de,** exempt de : *Placement net d'impôt.* ▪ **Vue nette,** vue qui distingue bien les objets. ◆ **adv. 1.** Subitement : *S'arrêter net.* **2.** Sans ambiguïté ni ménagement : *Je le dis tout net.* **3.** Tous frais déduits : *2 millions net.* ◆ **n.m.** Salaire net. ▪ **Au net,** sous une forme propre et définitive : *Mettre un manuscrit au net.*

2. NET adj. inv. (mot angl.). **SPORTS.** Au tennis, au tennis de table, au volley-ball, se dit d'une balle de service qui touche le filet et retombe dans les limites du court ou de la table, dans le camp adverse. Recomm. off. **filet.**

3. NET n.m. (abrév.). ▪ **Le Net,** Internet.

NETCAM [nɛtkam] **n.f.** (de 3. *Net* et *caméra*). Webcam.

NETÉCONOMIE [nɛt-] **n.f.** Économie née du développement des jeunes entreprises sur Internet.

NETIQUETTE [nɛt-] **n.f.** Ensemble des règles de bonne conduite à observer sur Internet.

✎ On rencontre aussi la graphie ***nétiquette.***

NETSUKE [nɛtsyke] **n.m. inv.** (mot jap.). Dans le costume traditionnel japonais, figurine servant de contrepoids aux objets attachés à la ceinture.

NETTEMENT adv. D'une manière nette, claire.

NETTETÉ n.f. Caractère de ce qui est net.

NETTOIEMENT n.m. Ensemble des opérations ayant pour but de nettoyer : *Le nettoiement des plages.*

NETTOYAGE n.m. Action de nettoyer ; son résultat. ▪ **Nettoyage par le vide** [fam.], élimination énergique de tout ce qui encombre.

NETTOYANT, E adj. et **n.m.** Se dit d'un produit de nettoyage.

NETTOYER v.t. [7] (de *1. net*). **1.** Rendre net, propre : *Nettoyer sa maison.* **2.** Fig. Débarrasser un lieu d'éléments indésirables, dangereux : *L'armée doit nettoyer cette région.* **3.** Fam. Faire disparaître en consommant, en volant : *Les cambrioleurs ont nettoyé la bijouterie.* **4.** Fam. Faire perdre tout son argent, ses biens à qqn : *Le krach l'a nettoyé.* **5.** Fam. Assassiner.

1. NETTOYEUR, EUSE n. Personne qui nettoie.

2. NETTOYEUR n.m. 1. Appareil de nettoyage domestique utilisant un jet d'eau sous pression. **2.** Québec. Pressing ; teinturerie.

NEUCHÂTELOISE n.f. (de *Neuchâtel*, n.pr.). Pendule murale dont la forme, inspirée du style Louis XV, a été élaborée par les horlogers du Jura suisse.

1. NEUF adj. num. inv. et **n.m. inv.** (lat. *novem*). **1.** Nombre qui suit huit dans la suite des entiers naturels. **2.** Neuvième : *Charles IX.* ▪ **Preuve par neuf,** méthode de contrôle des opérations arithmétiques fondée sur le fait que tout nombre et la somme des chiffres qui le constituent ont même reste dans la division euclidienne par neuf.

2. NEUF, NEUVE adj. (du lat. *novus*, nouveau). **1.** Qui n'a pas ou presque pas servi : *Voiture neuve. Livres neufs.* **2.** Qui n'a pas encore été dit, écrit, traité ; original : *Un thème cinématographique neuf.* **3.** Qui n'est pas influencé par l'expérience antérieure : *Porter un regard neuf sur un sujet.* ◆ **n.m.** Ce qui est neuf. ▪ **À neuf,** de façon à paraître comme neuf. ▪ **De neuf,** avec des choses neuves : *Salon meublé de neuf.*

NEUFCHÂTEL [nø-] **n.m.** Fromage AOC au lait de vache, à pâte molle et à croûte fleurie, fabriqué à Neufchâtel-en-Bray (Seine-Maritime).

NEUME [nøm] **n.m.** (du gr. *pneûma*, souffle). **MUS.** Ancien signe de notation musicale, représentant un élément mélodique bref.

NEUNEU adj. et **n.** (pl. *neuneus*). Fam. Niais ; sot.

NEURAL, E, AUX adj. ANAT. Relatif au système nerveux*.

NEURAMINIDASE n.f. BIOL. Glycoprotéine antigénique présente à la surface de certains virus, tels ceux de la grippe, et qui leur permet de se fixer sur les récepteurs des cellules qu'ils infectent.

NEURASTHÉNIE n.f. (du gr. *neuron*, nerf, et *astheneia*, manque de force). **1.** Cour. État d'abattement et de tristesse. **2. PSYCHIATR.** Vx. Trouble dominé par la fatigue, la tristesse, l'indécision et diverses manifestations somatiques.

NEURASTHÉNIQUE adj. et **n.** Vieilli. Relatif à la neurasthénie ; qui en est atteint.

NEURINOME n.m. MÉD. Tumeur bénigne d'un nerf, développée à partir de la gaine des fibres nerveuses.

NEUROBIOCHIMIE n.f. → **NEUROCHIMIE.**

NEUROBIOLOGIE n.f. Discipline qui étudie le fonctionnement des neurones.

NEUROBLASTE n.m. Cellule nerveuse embryonnaire, à noyau arrondi entouré d'une mince couche de protoplasme.

NEUROBLASTOME n.m. Tumeur maligne de la glande médullosurrénale.

NEUROCHIMIE ou **NEUROBIOCHIMIE n.f.** Branche de la biochimie dont le domaine est la chimie des éléments nerveux.

NEUROCHIRURGICAL, E, AUX adj. Relatif à la neurochirurgie.

NEUROCHIRURGIE n.f. Chirurgie du système nerveux.

NEUROCHIRURGIEN, ENNE n. Médecin spécialisé en neurochirurgie.

NEURODÉGÉNÉRATIF, IVE adj. MÉD. Relatif à la dégénérescence du système nerveux.

NEURODÉPRESSEUR adj.m. et **n.m. PHARM.** Se dit d'une substance qui diminue l'activité du système nerveux, comme un neuroleptique ou un hypnotique.

NEUROENDOCRINIEN, ENNE adj. Relatif à la neuroendocrinologie.

NEUROENDOCRINOLOGIE n.f. Discipline médicale qui étudie les interactions entre le système nerveux et les hormones.

NEUROFIBROMATOSE n.f. Maladie héréditaire caractérisée par des tumeurs bénignes, atteignant surtout la peau et le système nerveux (SYN. **maladie de Recklinghausen**).

NEUROGENÈSE n.f. Formation des neurones à partir de cellules souches.

NEUROLEPTIQUE adj. et **n.m.** Se dit d'un médicament psychotrope utilisé dans le traitement des psychoses et des états d'agitation aiguë.

NEUROLINGUISTIQUE [-gɥi-] **n.f.** Étude des rapports entre le langage et les structures cérébrales.

NEUROLOGIE n.f. Spécialité médicale qui étudie le système nerveux et soigne ses maladies.

NEUROLOGIQUE adj. Relatif à la neurologie ; relatif au système nerveux ou à ses maladies.

NEUROLOGUE n. Spécialiste de neurologie.

NEUROMÉDIATEUR n.m. PHYSIOL. Médiateur chimique synthétisé et libéré par un neurone, permettant à celui-ci de transmettre des messages en se fixant sur d'autres cellules (SYN. **neurotransmetteur**).

NEUROMUSCULAIRE adj. Qui concerne à la fois les muscles et le système nerveux.

NEURONAL, E, AUX ou **NEURONIQUE adj.** Relatif au neurone.

NEURONE n.m. (du gr. *neuron*, nerf). Cellule de base du tissu nerveux, capable de recevoir, d'analyser et de produire des informations. ➲ La partie principale, ou *corps cellulaire*, du neurone est munie de prolongements, les dendrites et l'axone. ▪ **Neurone miroir,** neurone qui s'active aussi bien lorsqu'on exécute une action que lorsqu'on observe qqn la réaliser, ou même que l'on s'imagine en train de l'effectuer. ➲ Ce type de neurones joue un rôle majeur dans les apprentissages par imitation, l'interprétation des actions d'autrui et l'empathie. ▪ **Réseau de neurones** [inform.], système d'intelligence* artificielle composé de milliers de processeurs élémentaires appelés *neurones*, s'inspirant du fonctionnement du cerveau humain et permettant à la machine d'effectuer des calculs complexes grâce à une certaine forme d'apprentissage. (→ **deep learning**).

NEUROPATHIE n.f. MÉD. Toute affection du système nerveux. ▪ **Neuropathie (périphérique),** affection du système nerveux périphérique, c.-à-d. des nerfs et des ganglions.

NEUROPATHOLOGIE n.f. Discipline médicale qui étudie les maladies du système nerveux.

NEUROPEPTIDE n.m. BIOCHIM. Substance peptidique servant de neuromédiateur dans le système nerveux central (enképhaline, endorphine, etc.).

NEUROPHYSIOLOGIE n.f. Physiologie du système nerveux.

NEUROPHYSIOLOGIQUE adj. Relatif à la neurophysiologie.

NEUROPLASTICITÉ n.f. MÉD. Aptitude des neurones à se transformer pour s'adapter à des modifications de leur environnement ou à des changements internes à l'organisme.

NEUROPLÉGIQUE adj. et **n.m.** Se dit d'une substance qui paralyse la transmission des messages nerveux.

NEUROPSYCHIATRE n. Anc. Spécialiste de neuropsychiatrie.

NEUROPSYCHIATRIE n.f. Anc. Nom donné à la psychiatrie, avant qu'elle ne se sépare de la neurologie.

NEUROPSYCHOLOGIE n.f. Étude des relations entre les phénomènes psychologiques, cognitifs, émotionnels et la physiologie du cerveau.

NEUROPSYCHOLOGIQUE adj. Relatif à la neuropsychologie.

NEUROPSYCHOLOGUE n. Spécialiste de neuropsychologie.

NEUROSCIENCES n.f. pl. Ensemble des disciplines scientifiques qui étudient le système nerveux.

NEUROTOMIE n.f. Incision chirurgicale d'un nerf, pour le réparer ou le sectionner.

NEUROTONIE n.f. MÉD. Anomalie bénigne du fonctionnement du système nerveux végétatif, comportant de la nervosité, des réflexes vifs et divers symptômes (palpitations, diarrhée, etc.).

NEUROTONIQUE adj. et **n.** Relatif à la neurotonie ; qui en est atteint.

NEUROTOXICITÉ n.f. Caractère de ce qui est neurotoxique.

NEUROTOXINE n.f. Toxine affectant le système nerveux.

NEUROTOXIQUE adj. et **n.m.** Se dit de substances ayant une action toxique élective pour le système nerveux. ➲ Certains neurotoxiques sont utilisés comme armes chimiques (le sarin, par ex.).

NEUROTRANSMETTEUR n.m. PHYSIOL. Neuromédiateur.

NEUROTRANSMISSION n.f. PHYSIOL. Transmission des messages nerveux par l'intermédiaire d'un neuromédiateur.

NEUROTROPE adj. Se dit des substances chimiques et des micro-organismes qui ont une forte affinité pour le système nerveux.

NEUROVÉGÉTATIF, IVE adj. ANAT. ▪ **Système neurovégétatif,** système nerveux* végétatif.

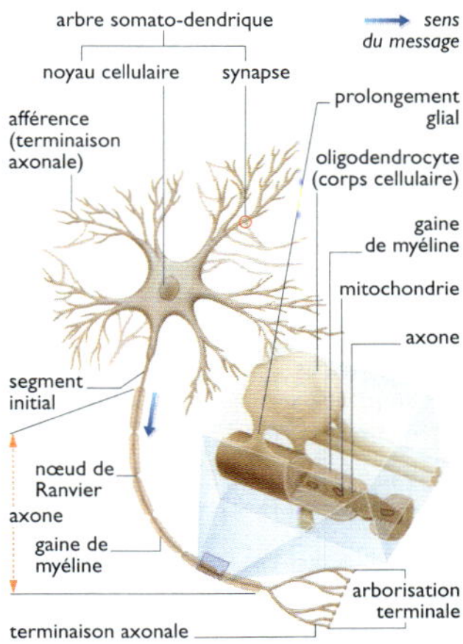

▲ **neurone.** Structure générale et détail de l'axone.

a b c d e f g h i j k l m n o p q r s t u v w x y z

NEURULA n.f. EMBRYOL. Stade embryonnaire des vertébrés succédant à la gastrula, et pendant lequel se forme la première ébauche du système nerveux.

NEUTRALISANT, E adj. Qui neutralise ; propre à neutraliser.

NEUTRALISATION n.f. **1.** Action de neutraliser ; fait d'être neutralisé. **2.** CHIM. Pour une solution, passage à la neutralité.

NEUTRALISER v.t. [3]. **1.** Annuler l'effet de l'action de qqn, qqch ; annihiler : *Neutraliser les efforts de ses adversaires.* **2.** Maîtriser une personne dangereuse ; par euphém., l'abattre : *Le policier a neutralisé le forcené qui est décédé sur place.* **3.** Atténuer la force de : *Neutraliser une sauce en y ajoutant de la crème.* **4.** Déclarer neutres un État, une ville, un territoire, des personnels, etc. **5.** CHIM. Effectuer une neutralisation. **6.** Arrêter momentanément le trafic, la circulation sur une portion de route ou de voie ferrée. ◆ **SE NEUTRALISER** v.pr. S'annuler réciproquement ; se contrebalancer.

NEUTRALISME n.m. **1.** POLIT. Doctrine impliquant le refus d'adhérer à une alliance militaire, de s'intégrer à un groupe de puissances. **2.** BIOL. Théorie qui tient l'évolution des espèces pour un processus aléatoire, dans lequel les mutations, ni bénéfiques ni défavorables (« neutres »), ne sont pas soumises à la sélection naturelle. ➲ Développée par Kimura Motoo, en 1970.

NEUTRALISTE adj. et n. POLIT. Relatif au neutralisme ; qui en est partisan.

NEUTRALITÉ n.f. **1.** État de celui qui reste neutre, de ce qui est neutre ; objectivité : *La neutralité d'un journaliste, d'un magazine.* **2.** Situation d'un État qui demeure à l'écart d'un conflit entre deux ou plusieurs autres États. **3.** PSYCHAN. Attitude de l'analyste durant la cure, qui doit s'efforcer de ne pas privilégier ses valeurs et s'abstenir de tout conseil. **4.** CHIM. État, qualité d'un corps ou d'un milieu neutres.

NEUTRE adj. (du lat. *neuter,* ni l'un ni l'autre). **1.** Qui ne prend parti ni pour l'un ni pour l'autre, dans un conflit, une discussion, etc. ; impartial : *Leurs collègues sont restés neutres dans cette querelle.* **2.** Se dit d'un pays qui ne participe pas aux hostilités engagées entre d'autres pays. **3.** Qui n'est marqué par aucun accent, aucun sentiment ; froid : *Le ministre a répondu sur un ton neutre.* **4.** Se dit d'une couleur qui n'est ni franche ni vive. **5.** Se dit du genre grammatical qui, dans une classification à trois genres, s'oppose au masculin et au féminin. **6.** CHIM. Qui n'est ni acide ni basique ; dont le pH est égal à 7. **7.** ÉLECTR. Se dit des corps qui ne présentent aucune électrisation, des conducteurs qui ne sont le siège d'aucun courant. ▪ **Élément neutre** [math.], élément *e* d'un ensemble E muni d'une loi de composition interne $*$, telle que, quel que soit l'élément *x* de E, $e * x = x * e = x$. ◆ n.m. GRAMM. Le genre neutre. ▪ **Les neutres,** les nations neutres.

NEUTRINO n.m. PHYS. Particule élémentaire de la famille des leptons, de charge électrique nulle, de masse très faible, dont il existe trois variétés (ou « saveurs ») associées aux trois autres leptons (électron, muon, tauon).

NEUTRON n.m. PHYS. NUCL. Particule électriquement neutre, de la famille des hadrons, constituant, avec les protons, les noyaux des atomes. ▪ **Bombe à neutrons,** charge thermonucléaire dont le rayonnement neutronique a été augmenté, et les effets de souffle, de chaleur et de radioactivité réduits. ➲ Permettant d'anéantir les êtres vivants, elle laisserait intacts les matériels et les installations. ▪ **Étoile à neutrons** → **ÉTOILE.**

NEUTRONIQUE adj. Relatif au neutron. ◆ n.f. Étude des faisceaux de neutrons et de leurs interactions.

NEUTRONOGRAPHIE n.f. Radiographie non destructive effectuée au moyen d'un faisceau de neutrons.

NEUTROPÉNIE n.f. MÉD. Diminution du nombre de certains globules blancs dans le sang, les granulocytes neutrophiles.

NEUTROPHILE adj. HISTOL. Se dit d'une cellule, d'un élément d'un tissu ayant une affinité pour les colorants neutres. ◆ n.m. Cellule (en partic. granulocyte) neutrophile.

NEUVAIN n.m. Strophe ou poème de neuf vers.

NEUVAINE n.f. CATH. Suite de prières, d'actes de dévotion poursuivis pendant neuf jours, en vue d'obtenir une grâce particulière.

NEUVIÈME adj. num. ord. et n. Qui occupe un rang marqué par le nombre neuf. ▪ **Le neuvième art** → **ART.** ◆ n.m. et adj. Quantité désignant le résultat d'une division par neuf. ◆ n.f. MUS. Intervalle de neuf degrés.

NEUVIÈMEMENT adv. En neuvième lieu.

NE VARIETUR [nevarjetyr] loc. adj. inv. et loc. adv. (mots lat. « afin qu'il n'y soit rien changé »). Se dit d'une édition, d'un acte juridique dans leur forme définitive.

NÉVÉ n.m. (mot valaisan, du lat. *nix, nivis,* neige). **1.** Partie amont d'un glacier où la neige, évoluant par tassement et fusion partielle, se transforme en glace. **2.** Plaque de neige isolée, de dimension relativement grande (de 10 à 100 m de long), persistant en été.

NEVEU n.m. (lat. *nepos, -otis*). Fils du frère ou de la sœur.

NÉVRALGIE n.f. (du gr. *neuron,* nerf, et *algos,* douleur). Douleur vive ressentie sur le trajet d'un nerf ou dans son territoire.

NÉVRALGIQUE adj. Relatif à la névralgie. ▪ **Point névralgique,** point au sujet duquel les atteintes à l'intérêt d'un pays, à l'amour-propre d'une personne sont le plus vivement ressenties ; point sensible.

NÉVRAXE n.m. ANAT. Ensemble formé par l'encéphale et la moelle épinière ; système nerveux* central.

NÉVRITE n.f. (du gr. *neuron,* nerf). Inflammation d'un nerf.

NÉVRITIQUE adj. Relatif à la névrite.

NÉVROGLIE n.f. (du gr. *neuron,* nerf, et *gloios,* glue). HISTOL. Ensemble de cellules associées aux neurones du système nerveux central, assurant leur nutrition, leur soutien, leur défense et la synthèse de myéline (SYN. **glie**).

NÉVROPATHE adj. et n. Vieilli. Atteint de névropathie ; atteint de névrose.

NÉVROPATHIE n.f. Vieilli. Nom donné à des troubles mineurs de la personnalité.

NÉVROPTÈRE n.m. (du gr. *neuron,* nervure, et *pteron,* aile). Ancien ordre d'insectes, auj. partagé en planipennes et mégaloptères.

NÉVROSE n.f. (du gr. *neuron,* nerf). Affection psychique perturbant peu la personnalité et la vie sociale, et dont le sujet est conscient.

➲ La cause des **NÉVROSES** est psychologique ou, parfois, biochimique. La limite avec l'état normal n'est pas nette, le sujet n'ayant pas, génér., un caractère (ou une personnalité) pathologique et restant conscient de son trouble. Les symptômes mentaux (anxiété, par ex.) peuvent s'associer à des signes somatiques (spasmes, par ex.) et à des troubles du comportement (agitation, par ex.). On distingue les névroses d'angoisse, obsessionnelle, phobique et hystérique.

NÉVROSÉ, E adj. et n. Atteint de névrose.

NÉVROTIQUE adj. Relatif à la névrose.

NEW AGE [njuɛdʒ] n.m. inv. et adj. inv. (mot anglo-amér.). Courant de religiosité issu de la contre-culture américaine des années 1960, qui prédisait l'entrée prochaine de l'humanité dans l'ère du Verseau ; croyance qui s'en réclamait.

NEW-LOOK adj. inv. et n.m. inv., ▲ *NEWLOOK* [njuluk] *adj. et n.m.* (mot anglo-amér.). **1.** Se dit de la mode ample et longue lancée en 1947 par le couturier C. Dior. **2.** Vieilli. Se dit de ce qui se présente sous un nouvel aspect, sur le plan politique, économique, social, etc.

NEWS [njuz] n.m. (abrév. de l'angl. *newsmagazine*). Magazine hebdomadaire d'actualité politique, économique, sociale, culturelle, etc.

NEWSLETTER [njuzlɛtœr] n.f. (mot angl., de *news,* nouvelles, et *letter,* lettre). Bulletin d'information périodique envoyé, par l'organisation ou le site Web qui l'édite, sur la messagerie électronique des personnes qui y sont inscrites : *Être informé de l'actualité d'un théâtre par sa newsletter.* Recomm. off. **lettre d'information.** (On dit aussi *infolettre.*)

NEWTON [njutɔn] n.m. (de I. *Newton,* n.pr.). PHYS. Unité de mesure de force (symb. N), équivalant à la force qui communique à un corps ayant une masse de 1 kg une accélération de 1 m/s^2.

NEWTONIEN, ENNE adj. Relatif au système de Newton.

NEW WAVE [njuwɛv] n.f. inv. (mots angl.). Courant de la musique pop, apparu en Grande-Bretagne à la fin des années 1970, en réaction contre le mouvement punk, et caractérisé par l'utilisation d'instruments électroniques destinés à créer un climat « planant » ou dansant.

NEW-YORKAIS, E [nujɔrkɛ, ɛz] adj. et n. (pl. *new-yorkais, es*). De New York.

NEY ou **NAY** [nɛ] n.m. (mot persan « roseau »). Flûte de roseau du Proche-Orient, à 6 ou 7 trous, sans embouchure, ni encoche, ni anche.

NEZ [ne] n.m. (lat. *nasus*). **1.** Partie saillante du visage, entre la bouche et le front, première partie des voies respiratoires et siège de l'odorat : *Respirer par le nez. Le nez de Cléopâtre.* **2.** Finesse de l'odorat ; flair : *Ce chien a du nez.* **3.** Créateur de parfums. **4.** Caractère d'un vin dû à son arôme ou à son bouquet. **5.** Visage ; tête : *Elle ne lève pas le nez de son travail.* **6.** Avant du fuselage d'un avion ou d'une fusée : *Piquer du nez.* **7.** MAR. Proue d'un navire. **8.** GÉOGR. Cap ; promontoire : *Le nez de Jobourg.* **9.** TECHN. Partie saillante de certains objets, de certaines pièces : *Nez de marche.* ▪ **Au nez de qqn,** de manière insolente ou violente : *Rire au nez de qqn. Il lui a claqué la porte au nez.* ▪ **Au nez et à la barbe de qqn,** devant lui et avec effronterie. ▪ **Avoir du nez** ou **avoir le nez fin** ou **creux,** être perspicace. ▪ **Avoir qqn dans le nez** [fam.], le détester. ▪ **Avoir un verre** ou **un coup dans le nez** [fam.], être un peu ivre. ▪ **Ça se voit comme le nez au milieu de la figure** [fam.], c'est très visible ; c'est évident. ▪ **Faire de son nez** [Belgique, fam.], faire le malin ; faire l'important. ▪ **Faux nez,** ce qui sert à masquer la vraie nature de qqn, qqch ; façade : *Cette fondation est le faux nez des groupes de pression.* ▪ **Mener qqn par le bout du nez** [fam.], lui faire faire tout ce que l'on veut. ▪ **Mettre le nez dehors** [fam.], sortir de chez soi. ▪ **Mettre** ou **fourrer le nez dans qqch** [fam.], s'en mêler, le plus souvent indiscrètement. ▪ **Montrer le bout du nez** [fam.], pour qqch, commencer à apparaître ; pour qqn, laisser transparaître ce qui était jusqu'ici caché. ▪ **Ne pas voir plus loin que le bout de son nez** [fam.], manquer de clairvoyance, de prévoyance. ▪ **Parler du nez,** d'une voix nasillarde. ▪ **Passer sous le nez de qqn,** lui échapper : *Ce poste lui est passé sous le nez.* ▪ **Pied de nez,** geste de moquerie que l'on fait en appuyant sur l'extrémité de son nez le bout du pouce de sa main tenue ouverte et les doigts écartés. ▪ **Regarder qqn sous le nez,** l'examiner avec indiscrétion ; le toiser avec insolence. ▪ **Se casser le nez** [fam.], trouver porte close ; échouer. ▪ **Sentir à plein nez** [fam.], très fort : *Ça sent l'alcool à plein nez.* ▪ **Se trouver nez à nez avec qqn,** face à face.

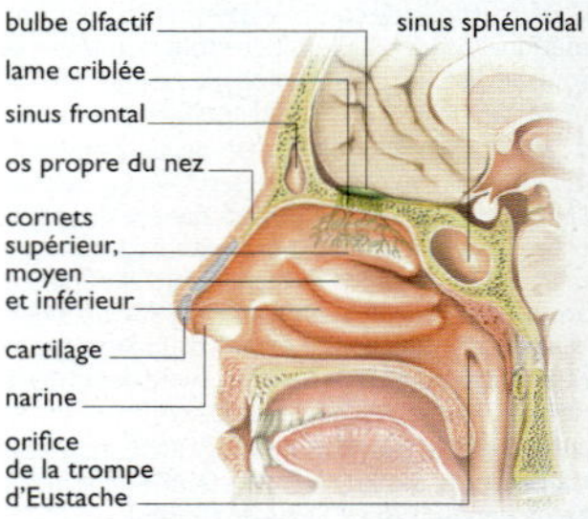

▲ **nez.** L'intérieur d'une fosse nasale.

NGV ou **N.G.V.** n.m. (sigle de *navire à grande vitesse*). Appellation générique des navires rapides (hydroptères, catamarans, monocoques) utilisés pour le transport de passagers ou de fret.

NI conj. (lat. *nec*). Indique une coordination (addition ou alternative) dans les phrases négatives : *Je ne peux ni ne veux lui téléphoner. Ni vu ni connu.* (*Ni,* le plus souvent répété, s'emploie avec la négation simple *ne.*)

NIABLE adj. (Surtout en tournure négative). Qui peut être nié : *Ce fait n'est pas niable.*

NIACINE n.f. Vitamine hydrosoluble, amide de l'acide nicotinique, dont la carence provoque la pellagre (SYN. **nicotinamide, vitamine B3, vitamine PP**).

NIAIS, E adj. et **n.** (du lat. *nidus*, nid). Naïf et un peu sot ; nigaud.

NIAISEMENT adv. De façon niaise ; bêtement.

NIAISER v.i. [3]. Québec. Fam. **1.** Perdre son temps à des riens. **2.** Faire ou dire des niaiseries. ◆ **v.t.** ▪ **Niaiser qqn,** le faire marcher.

NIAISERIE n.f. 1. Caractère niais ; naïveté : *La niaiserie d'une question.* **2.** Acte, parole niais ; sottise.

NIAISEUX, EUSE adj. et **n.** Québec. Fam. Niais ; sot.

NIAOULI n.m. (mot de Nouvelle-Calédonie). Arbre d'Australie, de Nouvelle-Calédonie et de Nouvelle-Guinée, qui fournit une essence utilisée en parfumerie et en pharmacie. ➲ Famille des myrtacées.

NIAQUE ou **GNAQUE n.f.** (du gascon *gnaca*, mordre). Fam. Combativité ; mordant. ▪ **Avoir la niaque** [fam.], la volonté de vaincre.

NIB adv. Arg. Rien.

NICAM [nikam] **n.m. inv.** (acronyme de l'angl. *near instantaneously companded audio multiplex*). Procédé de diffusion sonore haute définition de radiodiffusion, employé en télévision.

NICARAGUAYEN, ENNE [-gwajɛ̃, ɛn] **adj.** et **n.** Du Nicaragua ; de ses habitants.

1. NICHE n.f. (de *nicher*). **1.** Renfoncement ménagé dans un mur et pouvant recevoir une statue, un meuble, etc. **2.** Petite cabane servant d'abri à un chien. ▪ **Niche commerciale, technologique** [écon.], petit segment de marché, ciblé en termes de clientèle, de produit, génér. nouveau et peu exploité. ▪ **Niche écologique,** ensemble des conditions d'habitat, de régime alimentaire et de mœurs propres à une espèce vivante déterminée. ▪ **Niche fiscale** [dr.], placement encouragé par les pouvoirs publics et donnant droit à une réduction d'impôts (SYN. **abri fiscal**).

2. NICHE n.f. Fam., vieilli. Farce faite à qqn.

NICHÉE n.f. 1. Ensemble des oiseaux d'une même couvée encore au nid. **2.** Portée de petits animaux élevés dans un nid : *Nichée de musaraignes.*

NICHER v.i. [3] (du lat. *nidus*, nid). Construire son nid (SYN. **nidifier**). ◆ **SE NICHER v.pr. 1.** Faire son nid. **2.** S'installer dans un endroit caché. **3.** Trouver refuge : *Où l'amour-propre va-t-il se nicher ?*

NICHET n.m. Œuf en plâtre, en marbre, etc., qu'on met dans un nid où l'on veut que les poules aillent pondre.

NICHOIR n.m. Cage pour faire couver les oiseaux ; panier pour faire couver les oiseaux de basse-cour.

NICHON n.m. Très fam. Sein de femme.

NICKEL [nikɛl] **n.m.** (all. *Kupfernickel*). **1.** Métal d'un blanc grisâtre, brillant, de densité 8,9, et fondant à 1 453 °C. **2.** Élément chimique (Ni), de numéro atomique 28, de masse atomique 58,71. ◆ **adj. inv.** Fam. Parfaitement propre et rangé.

NICKELAGE n.m. Action de nickeler.

NICKELER v.t. [16], ▲*[12].* Recouvrir d'une couche de nickel.

NICNAC n.m. ou **NIC-NAC n.m. inv.** Belgique. Biscuit sec de petite dimension, souvent en forme de lettre de l'alphabet.

NIÇOIS, E adj. et **n.** De Nice. ◆ **adj.** ▪ **Salade niçoise,** entrée froide composée d'un mélange de tomates, d'oignons, d'œufs durs, d'olives, d'anchois, etc., assaisonnés à l'huile d'olive et au vinaigre.

NICOL n.m. (de W. *Nicol*, n.pr.). **OPT.** Dispositif cristallin permettant d'obtenir de la lumière polarisée.

NICOLAIER [-lajɛr] **(BACILLE DE) n.m.** Bactérie responsable du tétanos.

NICOLAÏSME n.m. 1. Doctrine gnostique d'une secte chrétienne du Ier s. **2.** Pratique de ceux qui, aux Xe et XIe s., n'admettaient pas le célibat ecclésiastique.

NICOLAÏTE n.m. Adepte du nicolaïsme.

NICOLAS-FAVRE (MALADIE DE) n.f. Maladie sexuellement transmissible due à un germe du genre *Chlamydia* (SYN. **lymphogranulomatose inguinale subaiguë** ou **vénérienne**).

NICOTINAMIDE n.m. BIOCHIM. Vitamine hydrosoluble, une des formes de la niacine (SYN. **vitamine B3**).

NICOTINE n.f. (de J. *Nicot*, n.pr.). Principal alcaloïde du tabac, excitant du système nerveux végétatif.

NICOTINIQUE adj. Relatif à la nicotine. ▪ **Acide nicotinique,** une des formes de la niacine (SYN. **vitamine B3**).

NICTITANT, E adj. (du lat. *nictare*, clignoter). **ZOOL.** ▪ **Membrane nictitante,** troisième paupière qui, chez les oiseaux et les reptiles, se déplace horizontalement devant l'œil.

NID n.m. (lat. *nidus*). **1.** Abri que se construisent divers animaux (oiseaux, poissons, insectes, etc.) pour y déposer leurs œufs : *Nid de mésange, d'épinoche, de frelons.* ➲ Les oiseaux, en outre, y couvent leurs œufs et y élèvent leurs jeunes. **2.** Habitation que se ménagent certains mammifères : *Un nid de rats.* **3.** Fig. Habitation constituant le cadre intime d'une famille. **4.** Lieu où se regroupent des individus dangereux ; repaire : *Un nid de trafiquants.* ▪ **Nid à poussière,** endroit propice à son accumulation. ▪ **Nid d'aigle,** construction difficilement accessible, dans la montagne.

▲ **nids**

NIDA n.m. (abrév.). **MATÉR.** Nid-d'abeilles.

NIDATION n.f. BIOL. Implantation de l'œuf ou du jeune embryon dans la muqueuse utérine des mammifères et de la femme.

NID-D'ABEILLES n.m. (pl. *nids-d'abeilles*). **1. BROD.** Point d'ornement exécuté sur un plissé de tissu, suivant un dessin géométrique. **2.** Tissu qui présente des alvéoles légèrement en relief. **3.** Matériau dont la structure alvéolaire rappelle celle des rayons d'une ruche. Abrév. **nida.**

NID-DE-PIE n.m. (pl. *nids-de-pie*). Poste d'observation situé sur le mât avant de certains navires et où se tient l'homme de vigie.

NID-DE-POULE n.m. (pl. *nids-de-poule*). Trou dans une chaussée.

NID-D'OISEAU n.m. (pl. *nids-d'oiseau*). Néottie.

NIDICOLE adj. ZOOL. Qui reste au nid après l'éclosion, en parlant d'un oisillon (par oppos. à *nidifuge*).

NIDIFICATION n.f. Construction d'un nid.

NIDIFIER v.i. [5]. Nicher.

NIDIFUGE adj. ZOOL. Qui quitte le nid dès l'éclosion, en parlant d'un oisillon (par oppos. à *nidicole*).

NIÉBÉ n.m. (mot wolof). Plante voisine du haricot, cultivée en Afrique de l'Ouest. ➲ Famille des légumineuses.

NIÈCE n.f. (lat. *neptis*). Fille du frère ou de la sœur.

NIELLAGE n.m. ou **NIELLURE n.f.** Art et action de nieller ; produit de cet art.

1. NIELLE n.m. (du lat. *nigellus*, noirâtre). **ARTS APPL.** Incrustation décorative d'une substance de couleur noire (à base de sulfures métalliques) dans les parties préalablement incisées d'une surface de métal.

2. NIELLE n.f. 1. Plante à fleurs pourpres, adventice des champs de céréales et dont les graines sont toxiques. ➲ Famille des caryophyllacées. **2.** Maladie produite par une anguillule sur les céréales, dont elle bloque la floraison.

NIELLER v.t. [3]. ARTS APPL. Orner de nielles.

NIELLURE n.f. → **NIELLAGE.**

n-ième adj. et **n.** → **Nième.**

NIER v.t. [5] (lat. *negare*). Dire qu'une chose n'existe pas, n'est pas vraie ; contester : *Nier toute participation à un délit. Elle nie être partie à cette heure-là.*

NIETZSCHÉEN, ENNE [nitʃeɛ̃, ɛn] **adj.** et **n.** Relatif à la philosophie de Nietzsche ; qui s'y rattache.

NIFE [nife] **n.m.** (de *nickel* et *fer*). **GÉOPHYS.** Vieilli. Partie centrale de la Terre (noyau), constituée de nickel et de fer.

NIGAUD, E adj. et **n.** (dimin. de *Nicodème*, n.pr.). Qui agit d'une manière sotte, maladroite ; niais.

NIGAUDERIE n.f. Vieilli. Caractère, acte de nigaud.

NIGELLE n.f. (du lat. *nigellus*, noirâtre). Plante à fleurs bleues et à feuilles divisées en lanières. ➲ Famille des renonculacées.

NIGÉRIAN, E adj. et **n.** Du Nigeria ; de ses habitants.

NIGÉRIEN, ENNE adj. et **n.** Du Niger ; de ses habitants.

NIGÉRO-CONGOLAIS, E adj. et **n.m.** (pl. *nigéro-congolais, es*). Se dit d'une importante famille de langues d'Afrique subsaharienne, comptant plus de 300 langues et plusieurs milliers de dialectes.

NIGHT-CLUB [najtklœb] **n.m.** (pl. *night-clubs*) [mot angl.]. Vieilli. Boîte de nuit.

NIHILISME n.m. (du lat. *nihil*, rien). **1. PHILOS.** Doctrine niant qu'il existe un quelconque absolu, et pouvant amener à dénier tout fondement aux valeurs morales, tout sens à l'existence. **2.** Tendance révolutionnaire de l'intelligentsia russe des années 1860, caractérisée par le rejet des valeurs de la génération précédente.

NIHILISTE adj. et **n. PHILOS.** Relatif au nihilisme ; qui en est partisan.

NIHONIUM [-njɔm] **n.m.** (du jap. *Nihon*, Japon). Élément chimique artificiel (Nh), de numéro atomique 113.

NIKKEI [nikɛj] **n.m.** (nom déposé). ▪ **(Indice) Nikkei,** indice boursier créé en 1949, construit sur la base des 225 valeurs les plus importantes de la Bourse de Tokyo.

NIL (VIRUS DU) n.m. Virus originaire d'Égypte, transmis par la piqûre d'un moustique, qui provoque des symptômes proches de ceux de la grippe, souvent associés à une éruption cutanée et, parfois, à des troubles neurologiques.

NILGAUT ou **NILGAU** [nilgo] **n.m.** (persan *nilgâw*). Antilope des régions boisées de l'Inde, dont seul le mâle porte des cornes, très courtes. ➲ Famille des bovidés.

NILLES [nij] **n.f. pl.** (du lat. *anaticula*, petit canard). Suisse. Articulations des doigts.

NILO-SAHARIEN, ENNE adj. (pl. *nilo-sahariens, ennes*). Se dit d'une famille de langues d'Afrique noire occupant une zone discontinue entre le chamito-sémitique et le nigéro-congolais.

NILOTIQUE adj. Se dit d'un groupe de langues nilo-sahariennes parlées dans la région du haut Nil.

NIMBE n.m. (lat. *nimbus*). **1. BX-ARTS.** Cercle lumineux placé autour de la tête des empereurs romains déifiés et des dieux, puis, dans l'iconographie chrétienne, autour de celle du Christ et des saints (SYN. **auréole**). **2.** Litt. Halo lumineux entourant qqn, qqch.

▲ **nimbe.** Peinture sur bois (VIIe-VIIIe s.) représentant le Christ et saint Ménas auréolés d'un nimbe ; art copte. (Musée du Louvre, Paris.)

NIMBER v.t. [3]. 1. Orner d'un nimbe. **2.** Litt. Entourer d'un halo ; auréoler : *Le brouillard nimbait les hauteurs.*

NIMBOSTRATUS [-tys] **n.m.** (du lat. *nimbus*, nuage, et *stratus*, étendu). Nuage situé entre 2 000 et 7 000 m, en couches épaisses de couleur grise, caractéristique du mauvais temps (pluie ou neige).

N'IMPORTE adv. (de 2. *importer*). ▪ **N'importe où, quand, comment,** dans un lieu, dans un temps, d'une manière quelconques. ▪ **N'importe qui, quoi, lequel,** une personne, une chose quelconque. ◆ **interj.** C'est sans importance.

NINAS [-as] **n.m.** (esp. *niñas*). Cigarillo de type courant.

NINJA [ninʒa] **n.m.** (mot jap.). Dans le Japon médiéval jusqu'à la période d'Edo (XVIIe s.), espion qui maîtrise la pratique du *ninjutsu*, discipline mêlant différentes techniques de combat (armé ou à mains nues) et de camouflage, et formant à la survie.

NIOBIUM [-ɔm] **n.m.** (mot all.). **1.** Métal gris, associé au tantale dans ses minerais, et utilisé en métallurgie (superalliages, supraconducteurs). **2.** Élément chimique (Nb), de numéro atomique 41, de masse atomique 92,9064.

NIOLO n.m. (de *Niolo*, n.pr.). Fromage au lait de brebis ou de chèvre, fabriqué en Corse.

NIPPE n.f. (de l'anc. fr. *guenipe*, guenille). Fam. Vêtement. ◆ **n.f. pl.** Fam. Vêtements usagés.

NIPPER v.t. [3]. Fam. Habiller.

NIPPON, ONNE ou **ONE adj.** et **n.** (mot jap. « soleil levant »). Du Japon ; japonais.

NIQAB n.m. (mot ar.). Long voile dissimulant le visage, à l'exception des yeux, porté par certaines femmes musulmanes.

NIQUE n.f. (de l'anc. fr. *niquer*, faire un signe de tête). Vieilli. ▪ **Faire la nique à qqn,** lui faire un signe de mépris ou de moquerie.

NIQUER v.t. [3] (de l'ar.). **1.** Vulg. Avoir des relations sexuelles avec. **2.** Très fam. Duper. **3.** Très fam. Abîmer : *La pluie a niqué ses sandales.*

NIRVANA n.m. (sanskr. *nirvāṇa*). Extinction de la douleur, qui correspond à la libération du cycle des réincarnations *(samsara)*, dans la pensée orientale (bouddhisme, notamm.).

NISSART n.m. Dialecte de langue d'oc parlé dans la région de Nice.

NITESCENCE n.f. Litt. Clarté ; lueur.

NITRANT, E adj. Qui provoque la nitration d'une molécule, d'un produit.

NITRATATION n.f. Transformation d'un nitrite en nitrate. ➲ Dans le sol, cette transformation se fait spontanément en présence d'une bactérie, le nitrobacter.

NITRATE n.m. Sel de l'acide nitrique.

NITRATE-FIOUL (pl. *nitrates-fiouls*) ou **NITRATE-FUEL** [-fjul] **n.m.** (pl. *nitrates-fuels*). Mélange explosif composé de nitrate d'ammonium et de fioul.

NITRATER v.t. [3]. 1. CHIM. Ajouter du nitrate à. **2. PÉDOL.** Transformer en nitrates.

NITRATION n.f. 1. Traitement chimique par l'acide nitrique ou par d'autres agents nitrants. **2.** Réaction de substitution qui introduit dans une molécule organique le groupement NO_2.

NITRE n.m. (lat. *nitrum*, du gr.). Vx. Salpêtre.

NITRÉ, E adj. ▪ **Dérivé nitré,** composé de formule générale $R—NO_2$, dans lequel le groupe NO_2 est directement lié à un atome de carbone par son atome d'azote.

NITRER v.t. [3]. Soumettre à la nitration.

NITREUX, EUSE adj. 1. Relatif à l'acide HNO_2 et à son anhydride N_2O_3. **2.** Se dit des bactéries, comme le nitrosomonas, qui réalisent la nitrosation.

NITRIFIANT, E adj. Qui produit la nitrification.

NITRIFICATION n.f. BIOCHIM. Transformation de l'azote ammoniacal en nitrates, génér. sous l'action de bactéries, notamm. le nitrobacter.

NITRIFIER v.t. [5]. Transformer en nitrate.

NITRILE n.m. Composé organique dont la formule contient le groupement —C≡N. ▪ **Nitrile acrylique,** acrylonitrile.

NITRIQUE adj. Se dit des bactéries, comme le nitrobacter, qui interviennent dans la nitrification. ▪ **Acide nitrique,** composé oxygéné dérivé de l'azote (HNO_3), acide fort et oxydant.

NITRITE n.m. Sel de l'acide nitreux.

NITROBACTER [-tɛr] **n.m.** Bactérie aérobie du sol, qui oxyde les nitrites en nitrates.

NITROBENZÈNE [-bɛ̃-] **n.m.** Dérivé nitré du benzène, connu en parfumerie sous le nom d'*essence de mirbane*. ➲ Il entre dans la composition de certains explosifs et sert à préparer l'aniline.

NITROCELLULOSE n.f. Ester nitrique de la cellulose. ➲ Elle sert à la fabrication du collodion et des poudres sans fumée.

NITROGLYCÉRINE n.f. Ester nitrique de la glycérine, liquide huileux et jaunâtre, explosif puissant et instable, qui entre dans la composition de la dynamite.

NITROSATION n.f. 1. Transformation de l'ammoniaque en acide nitreux ou en nitrites. ➲ Dans le sol, cette transformation se fait en présence d'une bactérie, le nitrosomonas. **2.** Réaction chimique qui introduit le groupement —NO dans une molécule organique.

NITROSÉ, E adj. Se dit de composés organiques renfermant le groupement —NO.

NITROSOMONAS [-nas] **n.m.** Bactérie provoquant la nitrosation.

NITROSYLE [-zil] **n.m.** Groupement —NO.

NITRURATION n.f. MÉTALL. Traitement thermochimique de durcissement superficiel d'alliages ferreux par l'azote.

NITRURE n.m. Combinaison de l'azote avec un métal.

NITRURER v.t. [3]. Traiter un alliage ferreux par nitruration.

NIVAL, E, AUX adj. (du lat. *nix, nivis*, neige). Relatif à la neige. ▪ **Régime nival** [hydrol.], régime des cours d'eau alimentés par la fonte des neiges (hautes eaux au printemps et basses eaux en hiver).

NIVÉAL, E, AUX adj. BOT. Se dit des plantes qui fleurissent en plein hiver, ou qui peuvent vivre dans la neige.

NIVEAU n.m. (anc. fr. *livel*, du lat. *libella*). **1.** Hauteur de qqch par rapport à un plan horizontal de référence : *Au-dessus du niveau de la mer.* **2.** Ensemble des locaux situés sur un même plan horizontal, dans un bâtiment ; étage. **3.** Degré atteint dans un domaine : *Niveau d'études* ; valeur : *Une écrivaine de son niveau.* **4.** Valeur atteinte par une grandeur ; degré : *Mesurer le niveau de pollution.* **5.** Échelon d'un ensemble organisé ; position dans une hiérarchie. **6.** Instrument qui permet de vérifier l'horizontalité d'une surface. ▪ **Angle de niveau** [arm.], angle formé par la ligne de tir avec le plan horizontal (SYN. **angle de tir**). ▪ **Courbe de niveau** [cartogr.], ligne joignant les points de même altitude (SYN. **isohypse**). ▪ **De niveau,** sur le même plan horizontal. ▪ **Niveau à bulle (d'air),** niveau doté d'un tube de verre dans lequel se trouvent un liquide très mobile (alcool ou éther) et une bulle gazeuse. ▪ **Niveau à lunette** [topogr.], instrument de visée constitué d'une lunette horizontale fixée sur deux colliers horizontaux formant alidade. ▪ **Niveau de base** [hydrol.], niveau en fonction duquel s'élabore le profil d'équilibre des cours d'eau. ▪ **Niveau de langue** [ling.], chacun des registres (familier, littéraire, etc.) d'une même langue qu'un locuteur peut employer en fonction de son niveau social, culturel, de ses interlocuteurs et de la situation de communication. ▪ **Niveau d'énergie** [phys.], chacune des valeurs possibles de l'énergie d'une particule, d'un noyau d'atome, d'une molécule, etc. ▪ **Niveau de vie** [écon.], mesure des conditions réelles d'existence d'un individu, d'une famille ou d'une population prise dans son ensemble. ▪ **Niveau mental** ou **intellectuel** [psychol.], degré d'efficacité intellectuelle d'un sujet, apprécié par divers tests psychotechniques. ▪ **Niveau scolaire,** importance des acquisitions scolaires d'un élève, appréciée notamm. par rapport à des programmes officiels. ▪ **Surface de niveau,** lieu des points d'un liquide en équilibre où s'exerce la même pression ; surface normale aux lignes de champ, dans un champ de vecteurs.

NIVELAGE n.m. Action de niveler.

NIVELER v.t. [16], ▲ *[12]*. **1.** Égaliser le niveau d'une surface ; aplanir. **2.** Fig. Égaliser : *Niveler les salaires.* **3. TOPOGR.** Mesurer ou vérifier avec un niveau.

NIVELEUR, EUSE n. Personne qui nivelle, égalise.

NIVELEUSE n.f. Engin de terrassement tracté, équipé d'une lame orientable, servant à niveler un sol.

NIVELLE n.f. TOPOGR. Niveau à bulle que l'on dispose sur un niveau à lunette pour en contrôler l'horizontalité.

NIVELLEMENT, ▲ *NIVÈLEMENT* **n.m. 1.** Action de mesurer les différences de hauteur, ou de déterminer un ensemble d'altitudes. **2.** Aplanissement des accidents du relief par l'érosion. **3.** Action d'égaliser un terrain, de le rendre plan. **4.** Fig. Action de niveler les fortunes, les revenus, etc. ; égalisation.

NIVÉOLE n.f. (du lat. *niveus*, neigeux). Plante voisine du perce-neige, mais plus tardive. ➲ Famille des amaryllidacées.

NIVERNAIS, E adj. et **n.** De Nevers ; de la Nièvre ; du Nivernais.

NIVICOLE adj. (du lat. *nix, nivis*, neige). **ÉCOL.** Se dit d'un animal ou d'une plante qui vit dans les zones enneigées.

NIVO-GLACIAIRE (pl. *nivo-glaciaires*), ▲ *NIVOGLACIAIRE* **adj. HYDROL.** ▪ **Régime nivo-glaciaire,** régime des cours d'eau alimentés par la fonte des neiges et des glaciers (hautes eaux de printemps et d'été, basses eaux d'hiver).

NIVO-PLUVIAL, E, AUX, ▲ *NIVOPLUVIAL, E, AUX* **adj. HYDROL.** ▪ **Régime nivo-pluvial,** régime des cours d'eau alimentés par la fonte des neiges et par les pluies (hautes eaux de printemps et d'automne, basses eaux d'été).

NIVÔSE n.m. (du lat. *nivosus*, neigeux). **HIST.** Quatrième mois du calendrier républicain, commençant le 21, le 22 ou le 23 décembre et finissant le 19, le 20 ou le 21 janvier.

NIXE n.f. (all. *Nix*). Nymphe des eaux, dans la mythologie germanique.

NÔ n.m. inv. (mot jap.). Drame lyrique japonais, combinant la musique, la danse et la poésie.

▲ **nô.** Estampe (XIXe s.) de Tsukioka Kôgyo, de la série *Nôgaku zu-e* (« représentations du théâtre de nô ») : les personnages du revenant et du vendeur de saké. (Musée Guimet, Paris.)

NOBEL n. Personne qui a reçu le prix Nobel.

NOBÉLISABLE adj. et **n.** Susceptible de recevoir le prix Nobel.

NOBÉLIUM [-ɔm] **n.m.** (de A. *Nobel*, n.pr.). Élément chimique transuranien (No), de numéro atomique 102.

NOBILIAIRE adj. Relatif à la noblesse : *Titre nobiliaire.* ◆ **n.m.** Registre des familles nobles d'une province ou d'un État.

NOBLAILLON, ONNE n. Péjor. Personne de petite noblesse ; nobliau.

NOBLE adj. et **n.** (du lat. *nobilis*, illustre). Qui appartient à la catégorie sociale qui, de par la naissance ou la décision des souverains, jouit de certains privilèges. ◆ **adj. 1.** Relatif à un noble, à la noblesse ; aristocratique : *Un nom noble.* **2.** Qui a de la dignité, de la grandeur ; élevé : *Un geste noble.* **3.** Qui suscite l'admiration par sa distinction : *Une noble allure.* **4.** Qui se distingue par sa qualité ; supérieur : *Un minerai noble.*

NOBLEMENT adv. Avec noblesse, grandeur.

NOBLESSE n.f. 1. Condition de noble : *Petite noblesse.* **2.** Classe sociale constituée par les nobles ; aristocratie. **3.** Caractère de qqn, de qqch qui est grand, généreux : *Il a manqué de noblesse. La noblesse du pardon.* ▪ **Noblesse d'épée,** acquise au Moyen Âge par des services militaires ; par ext., ensemble des familles de noblesse ancienne. ▪ **Noblesse de robe,** formée de bourgeois anoblis grâce aux fonctions ou aux charges qu'ils avaient exercées. ▪ **Recevoir** ou **conquérir ses lettres de noblesse,** être élevé à une certaine dignité ; avoir acquis officiellement une grande notoriété.

NOBLIAU n.m. Péjor. Noblaillon.

NOCE n.f. (lat. *nuptiae*). Cérémonie du mariage ; ensemble des personnes qui y participent. ▪ **Faire la noce** [fam.], mener une vie dissolue ; faire la fête. ▪ **Ne pas être à la noce** [fam.], être dans une situation gênante, critique. ◆ **n.f. pl. 1.** Célébration du mariage ; réjouissances nuptiales : *Le repas de noces.* **2.** Chacun des mariages contractés par qqn : *En secondes noces.* ▪ **Noces d'argent, d'or, de diamant,** célébrées au bout de 25, 50, 60 ans de mariage.

NOCEBO [nosebo] **(EFFET)** n.m. Apparition d'effets indésirables bénins, d'origine surtout psychologique, après administration d'un médicament inactif ou qui ne peut lui-même produire ces effets. (Par anal. avec *effet placebo.*)

NOCEUR, EUSE n. Fam. Personne qui fait la noce.

NOCHER n.m. (du lat. *nauclerus*, pilote). Litt. Homme chargé de conduire un navire, une barque ; nautonier. ▪ **Le nocher des Enfers,** Charon.

NOCICEPTIF, IVE adj. Relatif à la nociception.

NOCICEPTION n.f. **PHYSIOL.** Sensibilité à la douleur.

NOCIF, IVE adj. (lat. *nocivus*). **1.** Qui est de nature à nuire à l'organisme : *Des gaz nocifs.* **2.** Moralement dangereux ; pernicieux : *Idées nocives.*

NOCIVITÉ n.f. Caractère de ce qui est nocif.

NOCTAMBULE n. (du lat. *nox, noctis*, nuit, et *ambulare*, marcher). Personne qui aime se divertir la nuit.

NOCTAMBULISME n.m. Comportement des noctambules.

NOCTILUQUE n.f. (du lat. *noctilucus*, qui brille la nuit). Protozoaire luminescent, parfois si abondant dans le plancton qu'il rend la mer phosphorescente la nuit.

NOCTUELLE n.f. (du lat. *noctua*, chouette). Papillon de nuit dont les chenilles sont souvent nuisibles. ➲ Famille des noctuidés.

▲ **noctuelle**

NOCTUIDÉ n.m. Papillon nocturne aux très nombreuses espèces, dont les chenilles causent souvent d'importants dégâts aux cultures (céréales, légumes, arbres fruitiers, coton, etc.). ➲ Les noctuidés forment une famille.

NOCTULE n.f. Chauve-souris commune en Europe, en Asie et au Maroc. ➲ Famille des vespertilionidés.

1. NOCTURNE adj. (lat. *nocturnus*, de *nox, noctis*, nuit). **1.** Qui a lieu pendant la nuit : *Travail nocturne.* **2.** Se dit d'un animal actif pendant la nuit (par oppos. à *diurne*).

2. NOCTURNE n.m. **1.** Oiseau nocturne. **2. MUS.** Pièce instrumentale d'un caractère rêveur et mélancolique. **3. BX-ARTS.** Tableau représentant un effet de nuit. **4. CATH.** Anc. Partie de l'office des matines.

3. NOCTURNE n.f. **1.** Ouverture en soirée de magasins, d'institutions culturelles. **2.** Réunion sportive en soirée.

NOCUITÉ n.f. (du lat. *nocuus*, nuisible). **MÉD.** Caractère de qqch qui est nocif, dangereux.

NODAL, E, AUX adj. (du lat. *nodus*, nœud). **1. HISTOL.** Se dit d'un tissu du cœur qui produit automatiquement des influx électriques et les conduit dans l'ensemble du myocarde, afin qu'ils provoquent les contractions. **2. PHYS.** Relatif aux nœuds d'une surface ou d'une corde vibrantes. ▪ **Points nodaux** [opt.], points de l'axe d'un système optique centré, par lesquels passent un rayon incident et le rayon émergent correspondant lorsque ces rayons sont parallèles.

NODOSITÉ n.f. (du lat. *nodosus*, noueux). **1. BOT.** Caractère d'un végétal, d'un arbre qui présente de nombreux nœuds. **2. BOT.** Région d'une racine ou d'une tige hypertrophiée par la présence d'un rhizobium, notamm. chez les légumineuses. **3. MÉD.** Structure anormale circonscrite, arrondie et dure.

NODULAIRE adj. **MÉD.** Relatif aux nœuds, aux nodules.

NODULE n.m. (du lat. *nodulus*, petit nœud). **1. MÉD.** Structure formant une saillie arrondie de consistance ferme, palpable. **2. GÉOL.** Petite concrétion minérale ou rocheuse, de forme grossièrement arrondie, contenue dans une roche dont elle se différencie par sa composition. ▪ **Nodule polymétallique,** concrétion minérale disposée sur le fond des océans et résultant d'encroûtements d'oxydes métalliques (fer, manganèse, magnésium, etc.) autour d'un noyau.

NODULEUX, EUSE adj. **GÉOL.** Qui contient des nodules.

1. NOËL n.m. (du lat. *natalis dies*, jour de naissance). **1. CHRIST.** Fête de la naissance du Christ, célébrée le 25 décembre. **2.** Période autour de cette fête ; festivités organisées à cette occasion : *Aller skier à Noël.* ▪ **Arbre de Noël,** sapin, épicéa que l'on orne et illumine à l'occasion de la fête de Noël. ▪ **Arbre-de-Noël,** v. à son ordre alphabétique. ▪ **Le père Noël,** personnage légendaire chargé de distribuer des cadeaux aux enfants pendant la nuit de Noël. ◆ **n.f.** ▪ **La Noël,** la fête de Noël ; la période de Noël.

2. NOËL n.m. **MUS. 1.** Cantique célébrant la Nativité. **2.** Chanson populaire inspirée par la fête de Noël. **3.** Transcription instrumentale d'un noël.

NOÈME n.m. (du gr. *noêma*, pensée). **PHILOS.** Pour la phénoménologie, objet visé par la conscience dans son intention cognitive.

NOÈSE n.f. (du gr. *noêsis*, intelligence). **PHILOS.** Acte de la pensée, pour la phénoménologie.

NOÉTIQUE adj. Relatif à la noèse.

NŒUD [nø] n.m. (lat. *nodus*). **1.** Enlacement serré réalisé à l'aide d'un fil, d'une corde, etc., afin de réunir deux choses ou de bloquer qqch : *Faire un double nœud à la ficelle d'un colis.* **2.** Ornement constitué d'une étoffe nouée : *Un nœud de cravate.* **3.** Endroit où se croisent plusieurs voies de communication : *Nœud ferroviaire.* **4.** Fig. Point essentiel où réside la difficulté d'une affaire : *Le nœud du problème.* **5. LITTÉR.** Moment d'une pièce de théâtre, d'un roman où l'intrigue est arrivée à son point essentiel, mais où le dénouement reste incertain. **6. MÉD.** Amas cellulaire globuleux. **7. PHYS.** Point fixe d'une corde vibrante, d'un système d'ondes stationnaires (par oppos. à *ventre*). **8. ÉLECTROTECHN.** Point de jonction de deux ou de plusieurs branches d'un réseau électrique. **9. ASTRON., ASTRONAUT.** Chacun des deux points d'intersection de l'orbite d'un corps céleste ou d'un engin spatial avec un plan de référence. **10.** Unité de vitesse, utilisée en navigation maritime ou aérienne, équivalant à 1 mille marin par heure, soit 0,5144 m par seconde. **11. BOT.** Point de la tige où s'insère une feuille ; région du tronc d'un arbre d'où part une branche et où les fibres ligneuses prennent une orientation nouvelle. **12. BOT.** Partie plus dure et plus sombre dans le bois. ▪ **Nœud coulant,** qui se serre ou se desserre sans se dénouer. ▪ **Nœud de vipères,** groupe dont les membres se haïssent.

1. NOIR, E adj. (lat. *niger*). **1.** Se dit de la sensation produite par l'absence ou par l'absorption totale des rayons lumineux (par oppos. à blanc, à couleurs) ; se dit des objets produisant cette sensation : *Du satin noir.* **2.** Relatif aux personnes dont la peau, pigmentée, est riche en mélanine : *Population noire.* **3.** Très sale ; crasseux : *Son col de chemise est noir.* **4.** De couleur relativement foncée : *Chocolat noir.* **5.** Qui est sans luminosité ; sombre : *Ruelle noire.* **6.** Qui marque ou manifeste le pessimisme, la tristesse : *Des idées noires.* **7.** Litt. Animé par la méchanceté : *Une âme noire.* **8.** Qui est marqué par le malheur ; funeste : *Une année noire.* **9.** Fam. Ivre. **10.** Qui est lié aux forces des ténèbres, aux forces du mal : *Magie noire.* ▪ **Caisse noire,** fonds qui n'apparaissent pas en comptabilité et que l'on peut utiliser sans contrôle. ▪ **Corps noir** [phys.], corps idéal qui absorbe intégralement tout le rayonnement qu'il reçoit. ▪ **Film, roman noir,** film, roman policier*. ▪ **Marché noir,** marché parallèle fondé sur un trafic clandestin

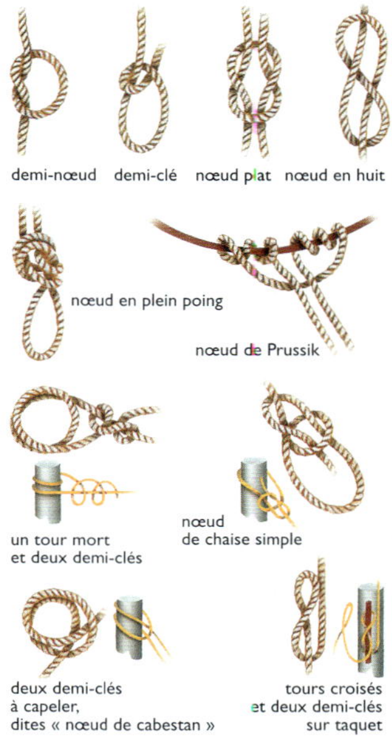

▲ **nœud.** Les nœuds marins les plus utilisés.

de marchandises, notamm. de denrées. ▪ **Messe noire,** parodie de la messe célébrée en l'honneur du démon, dans le culte satanique. ▪ **Regard noir** [litt.], qui exprime la colère. ◆ **adv.** ▪ **Il fait noir,** la nuit est sombre ; l'obscurité est complète dans un local. ▪ **Il fait noir comme dans un four** ou **dans la gueule d'un loup** ou **dans un tunnel,** l'obscurité est totale.

2. NOIR, E n. (Avec une majuscule). Personne dont la peau, pigmentée, est riche en mélanine (SYN. **mélanoderme**).

3. NOIR n.m. **1.** Caractère d'absence complète de lumière, de couleurs ; degré extrême de l'assombrissement. **2.** Obscurité complète ; ténèbres : *Il ne peut dormir dans le noir.* **3.** Matière colorante noire : *Elle a mis du noir autour de ses yeux.* **4.** Étoffe noire : *Le noir lui va bien* ; vêtement ou couleur de deuil : *Vêtus en noir.* **5. MIL.** Centre d'une cible de tir. ▪ **Au noir,** en pratiquant le travail au noir ; au marché noir : *Acheter de l'uranium au noir.* (En Belgique, on dit *en noir.*) ▪ **Broyer du noir,** être triste. ▪ **En noir au blanc** [imprim.], se dit d'une reproduction avec inversion des valeurs, un texte, un trait noir devenant blanc, et inversement (SYN. **en réserve**). ▪ **En noir et blanc,** qui ne comporte que des valeurs de noir, de blanc et de gris ; qui n'est pas en couleurs : *Film en noir et blanc.* ▪ **Noir d'aniline,** colorant noir violacé, très solide, obtenu par oxydation de l'aniline et utilisé pour la teinture des textiles. ▪ **Noir de fumée,** pigments industriels noirs, constitués par de fines particules de carbone, obtenus par combustion de composés hydrocarbonés. ➲ Parmi ceux-ci, le *noir de carbone* sert notamm. au renforcement mécanique des pneumatiques. ▪ **Noir d'ivoire** [bx-arts], pigment noir obtenu par calcination d'os très durs, utilisé en peinture. ▪ **Noir et blanc,** entremets au chocolat nappé d'une crème anglaise (SYN. **nègre en chemise**). ▪ **Noir sur blanc,** par écrit. ▪ **Petit noir,** ou **noir, n.m.** [fam.], tasse de café sans lait, dans un débit de boissons. ▪ **Poche du noir** [zool.], organe des céphalopodes contenant l'encre. ▪ **Travail au noir,** activité professionnelle non déclarée, dont les revenus échappent à la fiscalité, et qui n'offre ni protection ni garantie à la personne qui l'exerce. (En droit, on dit *travail illégal.*) ▪ **Voir tout en noir,** être très pessimiste.

NOIRÂTRE adj. Qui tire sur le noir.

NOIRAUD, E adj. et n. Fam. Qui a les cheveux noirs et le teint brun.

NOIRCEUR n.f. **1.** État de ce qui est noir : *La noirceur du charbon.* **2.** Québec. Obscurité. **3.** Litt. Méchanceté extrême ; acte de méchanceté : *Capable des pires noirceurs.* ■ **À la noirceur** [Québec], à la nuit tombée.

NOIRCIR v.t. [21] (lat. *nigrescere*). **1.** Rendre noir ; couvrir d'une matière noire. **2.** Peindre sous des couleurs noires, inquiétantes ; dramatiser : *Noircir l'avenir.* ■ **Noircir du papier** [fam.], écrire abondamment. ◆ **v.i.** Devenir noir. ◆ **SE NOIRCIR v.pr. 1.** Devenir noir : *La façade s'est noircie au fil des ans.* **2.** Fam., vieilli. S'enivrer.

NOIRCISSEMENT n.m. Action, fait de noircir.

NOIRCISSURE n.f. Tache noire.

NOIRE n.f. **MUS.** Note égale au quart de la ronde, représentée par le chiffre 4.

NOISE n.f. (du lat. *nausea*, mal de mer). ■ **Chercher noise** ou **des noises à qqn**, lui chercher querelle.

NOISERAIE n.f. Endroit planté de noisetiers.

NOISETIER n.m. Arbuste de l'hémisphère Nord tempéré, dont le fruit est la noisette (SYN. **coudrier**). ➲ Famille des bétulacées.

▲ **noisetier**

NOISETTE n.f. (dimin. de *noix*). **1.** Fruit du noisetier, dont l'amande, contenue dans une coque ligneuse, est comestible. **2.** Quantité d'une matière de la grosseur d'une noisette : *Une noisette de beurre, de crème.* ■ **Café noisette,** additionné d'un peu de lait. ■ **Pommes noisettes,** pommes de terre tournées en forme de noisettes et rissolées. ◆ **adj. inv.** D'un brun clair tirant sur le roux. ■ **Beurre noisette,** beurre qui en cuisant commence à blondir.

NOISETTINE n.f. **1.** Gâteau fourré d'une crème à la noisette. **2.** Confiserie faite d'une noisette enrobée de caramel. ➲ Spécialité du Médoc.

NOIX n.f. (lat. *nux, nucis*). **1.** Fruit à coque ligneuse, entourée d'une écorce verte appelée *brou*, produit par le noyer. **2.** Fruit de divers arbres ou arbustes à enveloppe ligneuse : *Noix de muscade. Noix vomique.* **3.** Quantité d'une matière de la grosseur d'une noix : *Une noix de beurre, de fromage blanc.* **4.** Fam., vieilli. Imbécile. **5.** Roue cannelée d'un moulin broyeur pour les graines, les tourteaux, etc. ■ **À la noix** [fam.], sans valeur ; nul. ■ **Des noix !** [fam., vieilli], pas question ! ■ **Noix de coco** → **1. COCO.** ■ **Noix de pécan,** pacane. ■ **Noix de saint-jacques** [cuis.], muscle comestible de la coquille Saint-Jacques. ■ **Noix de veau** [bouch.], morceau du veau formé par les muscles de la partie interne de la cuisse, qui est débité en rôtis ou en escalopes.

NOLISÉ, E adj. Vx ou Québec. Affrété ; loué.

NOLISER v.t. [3] (ital. *noleggiare*). Vx ou Québec. Prendre en location un véhicule de transport collectif ; affréter.

NOM n.m. (lat. *nomen*). **1.** Mot servant à désigner une personne, un animal ou une chose et à les distinguer des êtres de même espèce ; appellation : *Ce type d'arachnide porte le nom de « faucheur ».* **2.** Prénom ou ensemble formé par le nom de famille et le prénom. **3.** Mot par lequel on appelle un animal : *Le nom de mon chat.* **4.** Personnage célèbre dans un domaine : *Un grand nom du cinéma.* **5.** Mot considéré comme titre d'une qualité, comme qualificatif : *Son attitude mérite le nom de lâcheté.* **6. GRAMM.** Catégorie grammaticale regroupant les mots qui désignent soit une espèce ou un représentant de l'espèce *(noms communs)*, soit un individu particulier *(noms propres)* [SYN. **2. substantif**]. V. *Mémento de grammaire*, § 8, 9, 10, 11, 12. ■ **Au nom de,** de la part ou à la place de : *Parler au nom des riverains* ; en considération de : *Au nom de la loi.* ■ **Connaître qqn de nom,** de réputation. ■ **Ne pas avoir de nom** ou **être sans nom,** être inqualifiable en raison de son caractère terrible ou indigne. ■ **Nom commercial,** dénomination sous laquelle une personne physique ou morale exploite un fonds de commerce ; établissement commercial. ■ **Nom (de famille),** nom donné aux enfants d'une même fratrie, qui est celui du père *(patronyme)* ou celui de la mère *(matronyme)*, ou les deux accolés avec un tiret. ■ **Nom scientifique** [biol.], désignation officielle et internationale d'une espèce animale ou végétale, utilisant la nomenclature binominale de Linné, exprimée le plus souvent en latin ou en grec. ➲ Le nom scientifique de la carotte est *Daucus carotta.* ■ **Petit nom** [fam.], prénom usuel. ■ **Se faire un nom,** devenir célèbre.

NOMADE adj. et n. (du gr. *nemein*, faire paître). **1.** Dont le mode de vie comporte des déplacements continuels (par oppos. à *sédentaire*) : *Peuples nomades.* **2.** Qui se déplace fréquemment : *Mener une existence nomade.* ◆ **adj. 1. AUDIOVIS., INFORM., TÉLÉCOMM.** Se dit d'un matériel ne nécessitant pas de branchement, utilisable lors de déplacements : *L'informatique nomade* (SYN. **1. mobile**). **2.** Se dit d'une activité qui peut être pratiquée avec un matériel de ce type : *Journalisme nomade.*

NOMADISER v.i. [3]. Vivre en nomade.

NOMADISME n.m. Mode de vie des nomades. ■ **Nomadisme pastoral,** genre de vie nomade dans lequel l'élevage est la ressource exclusive ou principale.

NO MAN'S LAND [nomanslɑ̃d] n.m. inv. (mots angl. « terre d'aucun homme »). **1. MIL.** Territoire inoccupé entre les premières lignes de deux belligérants. **2.** Zone complètement dévastée, abandonnée.

NOMBRABLE adj. Que l'on peut compter.

NOMBRE n.m. (lat. *numerus*). **1.** Notion mathématique répondant au besoin de dénombrer, d'ordonner les objets ou de mesurer les grandeurs. ➲ Partant des entiers naturels ($\mathbb{N}$), on a construit, par prolongements successifs, les ensembles des entiers relatifs ($\mathbb{Z}$), des décimaux ($\mathbb{D}$), des rationnels ($\mathbb{Q}$), des réels ($\mathbb{R}$) et des complexes ($\mathbb{C}$). **2. LING.** Catégorie grammaticale exprimant l'opposition entre le singulier et le pluriel. ■ **Au** ou **du nombre de,** faisant partie de ; parmi : *Nous la comptons au nombre de nos amis. Il est du nombre des candidats possibles.* ■ **(Bon) nombre de,** beaucoup de. ■ **En nombre,** en grande quantité. ■ **Faire nombre,** figurer uniquement pour faire un ensemble nombreux : *Les voisins sont venus pour faire nombre.* ■ **Le plus grand nombre,** la majorité des gens. ■ **Loi des grands nombres,** loi concernant la fréquence de réalisation d'un événement ayant une probabilité d'arrivée déterminée, et selon laquelle la possibilité d'un écart de quelque importance entre la fréquence et la probabilité diminue avec le nombre des épreuves. ■ **Nombre caractéristique** [phys.], rapport sans dimensions de certaines grandeurs physiques relatives à un phénomène, et qui en facilite l'analyse théorique (nombre de Mach, par ex.). ■ **Nombre d'or** [bx-arts], nombre égal à $\frac{1+\sqrt{5}}{2}$, soit env. 1,618, et correspondant à une proportion considérée comme partic. esthétique. ➲ Déjà prisé par les artistes de l'Antiquité, il suscita aussi l'intérêt de grandes figures de la Renaissance italienne, telles que Piero della Francesca et Léonard de Vinci ; astron., rang d'une année quelconque dans un cycle de dix-neuf ans au terme duquel les phases de la Lune se reproduisent aux mêmes dates. ■ **Sans nombre,** innombrable.

▲ **noix.** Différents types de noix.

NOMBRER v.t. [3]. Litt. Dénombrer.

NOMBREUX, EUSE adj. **1.** Qui est en grand nombre : *De nombreux touristes.* **2.** Qui comprend un grand nombre d'éléments : *Famille nombreuse.*

NOMBRIL [nɔ̃bri(l)] n.m. (lat. *umbilicus*). **ANAT.** Ombilic. ■ **Se prendre pour le nombril du monde** [fam.], se donner une importance exagérée.

NOMBRILISME n.m. Fam. Égocentrisme narcissique.

NOMBRILISTE adj. et n. Fam. Qui fait preuve de nombrilisme.

NOME n.m. (gr. *nomos*). Division administrative de l'Égypte ancienne et de la Grèce moderne.

NOMENCLATURE n.f. (du lat. *nomenclatura*, désignation par le nom). **1.** Ensemble des termes techniques d'une discipline, présentés selon un classement méthodique. **2. LING.** Ensemble des entrées d'un dictionnaire.

NOMENKLATURA [nɔmɛnklatura] n.f. (mot russe « liste de noms »). **1. HIST.** En URSS, liste des postes de direction politique et économique, et des personnes susceptibles de les occuper. **2.** Par ext. Ensemble de personnes en vue, de privilégiés.

NOMINAL, E, AUX adj. (lat. *nominalis*). **1.** Relatif au nom d'une personne ; nominatif : *Liste nominale des résidents.* **2.** Qui n'a que le nom, sans avoir les avantages ou les pouvoirs réels de la fonction : *Titulaire nominal d'un poste.* **3. GRAMM.** Relatif au nom : *L'infinitif est une forme nominale du verbe.* **4.** Se dit d'une caractéristique, d'une performance d'un appareil, d'une machine, etc., annoncée par le constructeur ou prévue par le cahier des charges. ■ **Appel nominal,** appel de chaque personne par son nom. ■ **Valeur nominale,** valeur inscrite sur une monnaie, un effet de commerce ou une valeur mobilière, qui correspond à la valeur théorique d'émission et de remboursement.

NOMINALEMENT adv. De façon nominale.

NOMINALISATION n.f. Action de nominaliser.

NOMINALISER v.t. [3]. **LING.** Transformer une phrase en un groupe nominal (ex. : *le travail est difficile* → *la difficulté du travail*).

NOMINALISME n.m. Philosophie selon laquelle les mots ne désignent que nos représentations et non pas la réalité objective des essences (par oppos. à *essentialisme*).

NOMINALISTE adj. et n. Relatif au nominalisme ; qui en est partisan.

1. NOMINATIF, IVE adj. (lat. *nominativus*). Qui contient, énumère des noms ; nominal : *État nominatif des salariés.* ■ **Titre nominatif** [Bourse], titre dont la preuve de propriété résulte de l'inscription du nom de son possesseur sur un registre de la société émettrice (par oppos. à *titre au porteur*).

2. NOMINATIF n.m. **LING.** Cas exprimant la fonction grammaticale de sujet ou d'attribut, dans les langues à déclinaison.

NOMINATION n.f. (lat. *nominatio*). Désignation d'une personne à un emploi, à une fonction ou à une dignité.

NOMINATIVEMENT adv. En spécifiant le nom ; par le nom.

NOMINER v.t. [3] (de l'angl. *to nominate*, proposer). [Anglic. déconseillé]. Sélectionner des personnes, des œuvres pour un prix, une distinction.

NOMINETTE n.f. (nom déposé). Belgique. Bandelette de tissu collée ou cousue dans un vêtement et portant le nom de son propriétaire.

NOMMAGE n.m. **1.** INFORM. Dénomination de l'adresse d'un site Internet. **2.** Recomm. off. pour **naming.**

NOMMÉ, E adj. et n. Qui porte tel ou tel nom ; appelé : *Un lieu-dit nommé « le Prieuré ». La nommée Rosine.* ◆ adj. ▪ **À point nommé** → **1. POINT.**

NOMMÉMENT adv. En désignant par le nom : *Ministre nommément cité dans une affaire.*

NOMMER v.t. [3] (lat. *nominare*). **1.** Désigner par son nom : *Nommer les capitales européennes.* **2.** Pourvoir d'un nom, d'un prénom : *Nommer son fils Titouan.* **3.** Qualifier d'un nom : *Le lopin qu'il nomme son jardin.* **4.** Choisir pour remplir certaines fonctions : *On l'a nommée présidente.* **5.** Instituer en qualité de ; désigner : *Ils ont nommé son oncle tuteur légal.* ◆ **SE NOMMER** v.pr. **1.** Avoir pour nom ; s'appeler. **2.** Donner son nom pour se faire connaître ; se présenter.

NOMOGRAMME n.m. MATH. Tableau ou représentation graphique constitués par un système de points ou de lignes cotés et reliés entre eux.

NOMOPHOBE adj. et n. (de l'angl. *no mobile*, sans téléphone mobile, et du gr. *phobos*, peur). Se dit de qqn qui ne peut se passer de son téléphone portable et éprouve une peur excessive à l'idée d'en être séparé ou de ne pouvoir s'en servir.

NOMOTHÈTE n.m. (gr. *nomothetês*). ANTIQ. GR. À Athènes, au IVe s., membre d'une commission chargée de réviser les lois.

1. NON adv. (lat. *non*). **1.** Indique la négation en réponse à une question : *En voulez-vous ? — Non, merci.* **2.** Équivaut à une proposition négative : *J'ai répondu que non. Elle dort, moi non.* **3.** Indique une demande de confirmation ; n'est-ce pas ? : *On lui a déjà écrit, non ?* **4.** Marque l'étonnement, le refus de croire à ce qui vient d'être dit : *Il est réélu. — Non ?* **5.** Marque l'indignation : *Ah non, tu n'as pas le droit de dire ça !* **6.** Devant un participe, un adjectif ou un nom, en constitue la négation, le contraire. (*Non* s'écrit sans trait d'union quand il précède un adj. *[non figuratif]*, mais est suivi d'un trait d'union quand il précède un nom *[non-événement]*.) ▪ **Non plus,** équivaut à *aussi* dans une phrase négative : *Je n'en ai pas besoin non plus.* ▪ **Non seulement... mais...,** indique une opposition sur laquelle on renchérit : *Non seulement il est en retard, mais il proteste.* ◆ loc. conj. ▪ **Non (pas) que,** indique que l'on écarte la cause que l'on pourrait supposer pour y substituer la cause véritable : *Il démissionne, non qu'il en ait assez, mais parce qu'il suit sa femme à Tokyo.*

2. NON n.m. inv. Expression du refus, du désaccord : *Les non l'emportent largement.*

NON ACCOMPLI, E adj. et **NON-ACCOMPLI** n.m. LING. Se dit d'une forme verbale exprimant qu'une action est considérée dans son déroulement (SYN. **imperfectif**).

NON-ACTIVITÉ n.f. État d'un fonctionnaire, d'un militaire de carrière temporairement sans emploi.

NONAGÉNAIRE adj. et n. (lat. *nonagenarius*). Âgé de quatre-vingt-dix à quatre-vingt-dix-neuf ans.

NON-AGRESSION n.f. Absence d'agression ; fait de ne pas attaquer. ▪ **Pacte de non-agression,** convention conclue entre des États qui s'engagent à ne pas régler leurs différends par la force.

NON ALIGNÉ, E adj. et **NON-ALIGNÉ, E** n. Qui pratique le non-alignement.

NON-ALIGNEMENT n.m. HIST. Politique de neutralité vis-à-vis des deux blocs antagonistes, occidental et communiste, observée pendant la guerre froide par certains États du tiers-monde.

NON ANIMÉ, E adj. et **NON-ANIMÉ** n.m. LING. Se dit d'un nom désignant une chose (objet ou entité abstraite).

NONANTAINE n.f. Belgique, Suisse. Nombre de quatre-vingt-dix ou environ ; âge d'environ quatre-vingt-dix ans.

NONANTE adj. num. inv. (lat. *nonaginta*). Belgique, Suisse. Quatre-vingt-dix.

NONANTIÈME adj. num. ord. et n. Belgique, Suisse. Quatre-vingt-dixième.

NON-APPARTENANCE n.f. (pl. *non-appartenances*). Fait de n'appartenir à aucun groupe, notamm. politique.

NON-ASSISTANCE n.f. (pl. *non-assistances*). DR. Fait de s'abstenir volontairement de porter assistance à qqn.

NON-BELLIGÉRANCE n.f. (pl. *non-belligérances*). État d'un pays qui, sans être totalement neutre dans un conflit, ne prend pas part aux opérations militaires.

NON BELLIGÉRANT, E adj. et **NON-BELLIGÉRANT, E** n. (pl. *non-belligérants, es*). Qui ne participe pas à un conflit.

NONCE n.m. (de l'ital. *nunzio*, envoyé). CATH. ▪ **Nonce (apostolique),** prélat chargé de représenter le pape auprès d'un gouvernement étranger.

NONCHALAMMENT adv. Avec nonchalance.

NONCHALANCE n.f. (de l'anc. fr. *chaloir*, avoir de l'importance). **1.** Absence d'ardeur, d'énergie, de zèle. **2.** Lenteur naturelle ou affectée des gestes ; indolence.

NONCHALANT, E adj. et n. Qui manifeste de la nonchalance : *La canicule nous rend nonchalants.*

NONCHALOIR n.m. Litt. Nonchalance.

NONCIATURE n.f. CATH. **1.** Fonction d'un nonce ; exercice de cette charge. **2.** Résidence du nonce.

NON COMBATTANT, E adj. et **NON-COMBATTANT, E** n. Se dit du personnel militaire qui ne prend pas une part effective au combat.

NON COMPARANT, E adj. et **NON-COMPARANT, E** n. DR. Qui ne comparaît pas en justice.

NON-COMPARUTION n.f. DR. Fait de s'abstenir de comparaître en justice.

NON COMPTABLE adj. et **NON-COMPTABLE** n.m. LING. Se dit d'un nom représentant une matière, une abstraction ou un objet unique et ne pouvant être employé avec des numéraux.

NON-CONCILIATION n.f. DR. Défaut de conciliation.

NON-CONCURRENCE n.f. DR. ▪ **Clause de non-concurrence,** clause intégrée dans un contrat de travail, interdisant dans certaines conditions à un salarié l'exercice d'activités professionnelles pouvant nuire à son employeur.

NON-CONFORMISME n.m. Attitude d'indépendance à l'égard des usages établis, des idées reçues.

NON CONFORMISTE adj. et **NON-CONFORMISTE** n. Qui manifeste du non-conformisme.

NON-CONFORMITÉ n.f. Défaut de conformité.

NON-CONTRADICTION n.f. LOG. Propriété de toute théorie déductive, dans laquelle une même proposition ne peut être à la fois démontrée et réfutée (SYN. **consistance**). ▪ **Principe de non-contradiction** → **CONTRADICTION.**

NON CONVENTIONNEL, ELLE adj. Se dit d'un type d'hydrocarbures (pétrole, gaz) d'extraction difficile (gaz de schiste, par ex.).

NON CROYANT, E adj. et **NON-CROYANT, E** n. Qui n'appartient à aucune religion ; athée.

NON-CUMUL n.m. DR. ▪ **Non-cumul des peines,** principe légal français selon lequel une personne jugée pour plusieurs crimes ou délits ne se voit infliger qu'une peine de chaque nature (prison, amende, etc.), dans la limite du maximum le plus élevé.

NON-DÉNONCIATION n.f. DR. Fait de ne pas révéler une infraction dont on a eu connaissance.

NON DESTRUCTIF, IVE adj. ▪ **Contrôle non destructif** → **CONTRÔLE.**

NON DIRECTIF, IVE adj. Qui n'est pas directif : *Pédagogie non directive.* ▪ **Entretien non directif,** technique d'entretien par laquelle l'intervieweur, par une attitude neutre, cherche à laisser paraître les désirs et les résistances de l'interviewé.

NON-DIRECTIVITÉ n.f. Attitude, méthode non directive.

NON-DISCRIMINATION n.f. Attitude des personnes qui ne traitent pas différemment les gens selon leur appartenance ethnique, sociale, politique, etc.

NON-DISSÉMINATION n.f. Non-prolifération.

NON-DIT n.m. Ce que l'on tait, génér. de manière délibérée : *Enfant angoissé par les non-dits familiaux.*

NON-DROIT n.m. Ensemble des situations qui ne sont pas concernées par la règle de droit, qu'elles soient ou non réglementées. ▪ **Zone de non-droit,** quartier au sein duquel des groupes plus ou moins organisés s'opposent par des actes délictueux à l'application de la loi, notamm. pour développer une économie souterraine.

NONE n.f. (du lat. *nona*, neuvième). **1.** ANTIQ. ROM. Quatrième partie du jour, commençant après la neuvième heure, c.-à-d. vers 3 heures de l'après-midi. **2.** CHRIST. Partie de l'office monastique ou du bréviaire qui se récite à 15 heures. ◆ n.f. pl. ANTIQ. ROM. Neuvième jour du mois avant les ides (septième jour de mars, mai, juillet et octobre) ; cinquième jour des autres mois.

NON-ÊTRE n.m. inv. PHILOS. **1.** Ce qui n'a pas d'existence, de réalité ; néant. **2.** Absence d'être.

NON EUCLIDIEN, ENNE adj. Se dit d'une géométrie qui n'utilise pas l'axiome d'Euclide.

NON-ÉVÉNEMENT ou **NON-ÉVÈNEMENT** n.m. Événement annoncé à grand tapage et qui n'a pas la portée escomptée.

NON-EXÉCUTION n.f. DR. Défaut d'exécution.

NON-EXISTENCE n.f. Fait de ne pas exister.

NON-FERREUX n.m. MÉTALL., MIN. Métal entrant dans la composition des alliages qui ne contiennent pas de fer (cuivre, aluminium, zinc, etc.).

NON FIGURATIF, IVE adj. et **NON-FIGURATIF, IVE** n. ART MOD. Se dit de ce qui n'est pas figuratif.

NON-FIGURATION n.f. ART MOD. Une des expressions de l'art abstrait*.

▲ **non-figuration.** *La Betouille* (1963), par Maurice Estève. (Coll. part.)

NON-FUMEUR, EUSE n. Personne qui ne fume pas.

✎ Peut s'employer en appos. : ***Lieu non-fumeurs.***

NON-INGÉRENCE n.f. Attitude qui consiste à ne pas s'ingérer dans les affaires d'autrui.

NON-INITIÉ, E n. et **NON INITIÉ, E** adj. Personne profane dans un certain domaine.

NON-INSCRIT, E n. et **NON INSCRIT, E** adj. Parlementaire qui n'est affilié ni apparenté à aucun groupe politique.

NON-INTERVENTION n.f. Attitude d'un État qui n'intervient pas dans les affaires des autres États lorsqu'il n'est pas directement concerné.

NONISTE adj. et n. Qui vote « non » lors d'un référendum. ➲ Le terme est apparu à l'occasion du projet de Constitution européenne de 2004, soumis au vote en 2005.

NON-JOUISSANCE n.f. DR. Privation de la jouissance d'un droit, d'un titre.

NON-LIEU n.m. (pl. *non-lieux*). DR. ▪ **Arrêt, ordonnance de non-lieu,** ou **non-lieu,** décision du juge d'instruction ou de la chambre d'instruction, selon laquelle il n'y a pas lieu de poursuivre en justice.

NON-LOCALITÉ n.f. (pl. *non-localités*). PHYS. Propriété pour une entité de pouvoir agir là où elle ne se trouve pas. ➲ La non-localité est une propriété extraordinaire de la théorie quantique : l'effet d'une mesure sur un quanton se fait sentir instantanément sur un autre quanton éloigné, ayant interagi auparavant avec le premier.

NON MARCHAND, E adj. Se dit du secteur de l'économie qui, visant à satisfaire des besoins d'intérêt général, met à la disposition des consommateurs à titre gratuit ou semi-gratuit des biens ou des services, en principe collectifs.

NON-MÉTAL n.m. (pl. *non-métaux*). CHIM. Corps simple non métallique, n'ayant génér. pas d'éclat métallique, mauvais conducteur de la chaleur et de l'électricité, et dont les composés oxygénés sont des oxydes, neutres ou acides.

NON-MOI n.m. inv. PHILOS. Ensemble de tout ce qui est distinct du moi.

NONNE n.f. (bas lat. *nonna*). Vx. Religieuse.

NONNETTE n.f. **1.** Fam. Jeune religieuse. **2.** Petit pain d'épice rond. **3.** Mésange européenne à tête noire et à ailes gris-brun. ➲ Famille des paridés.

NONOBSTANT prép. et adv. (de *1. non*, et de l'anc. fr. *obstant*, faisant obstacle). Litt. En dépit de ; malgré.

NON-PAIEMENT n.m. Défaut de paiement.

NONPAREIL, EILLE adj. Litt. Qui n'a pas son pareil.

NON-PROLIFÉRATION n.f. Politique visant à interdire la possession d'armes nucléaires aux pays n'en disposant pas (SYN. **non-dissémination**).

NON-RECEVOIR n.m. inv. ▪ **Fin de non-recevoir** [dr.], moyen de défense qui tend à faire écarter une demande en justice, sans examen du fond de celle-ci ; cour., refus catégorique.

NON-RÉPONSE n.f. Réponse à une question, à un problème, qui ne constitue qu'un faux-fuyant ; absence de réponse.

NON-REPRÉSENTATION n.f. DR. ▪ **Non-représentation d'enfant,** refus de restituer un enfant mineur aux personnes qui ont le droit de le réclamer.

NON-RÉSIDENT n.m. Personne ayant sa résidence habituelle à l'étranger.

NON-RESPECT n.m. Fait de ne pas respecter une obligation légale, réglementaire, etc.

NON-RETOUR n.m. inv. ▪ **Point de non-retour,** moment à partir duquel on ne peut plus annuler une action en cours, revenir en arrière.

NON-SALARIÉ, E n. Personne dont l'activité professionnelle n'est pas rémunérée par un salaire (commerçant, membre d'une profession libérale, etc.).

NON-SENS n.m. inv. Phrase ou parole dépourvue de sens ; chose absurde.

NONSENSE [nɔnsɛns] n.m. (mot angl.). Genre littéraire anglais dans lequel l'absurde, le paradoxe et la dérision naissent de jeux inventifs, voire extravagants, sur la langue.

NON SPÉCIALISTE adj. et **NON-SPÉCIALISTE** n. Qui n'est pas spécialiste dans un domaine.

NON STANDARD adj. ▪ **Analyse** ou **mathématique non standard,** domaine des mathématiques, développé en 1966 par A. Robinson, visant à étendre les règles de l'arithmétique à des nombres « infiniment grands » ou « infiniment petits ».

NON-STOP [nɔn-] adj. inv. (mot angl.). Qui se déroule sans interruption : *Spectacles non-stop.* ▪ **Descente non-stop,** ou **non-stop, n.f. inv.,** à skis, descente d'entraînement effectuée avant la compétition, génér. d'une seule traite, afin de reconnaître la piste. ◆ **n.m. inv.** Activité ininterrompue.

NON-TISSÉ n.m. Étoffe obtenue par assemblage mécanique, chimique ou thermique de fibres ou de filaments textiles.

NONUPLER v.t. [3]. Multiplier par neuf.

NON-USAGE n.m. Cessation ou défaut d'usage ou de jouissance d'un droit.

NON-VALEUR n.f. **1.** État d'une propriété qui ne produit aucun revenu. **2.** Chose ou personne sans valeur ; nullité. **3.** Recette prévue et qui ne s'est pas réalisée ; créance irrécupérable.

NON-VIOLENCE n.f. Principe de conduite en vertu duquel on renonce à la violence comme moyen d'action, en politique ou dans d'autres domaines.

NON VIOLENT, E adj. et **NON-VIOLENT, E** n. Qui est partisan de la non-violence. ▪ **Communication non violente (CNV)** [nom déposé], mode de communication théorisé par le psychologue américain Marshall B. Rosenberg (1934-2015), visant à établir un climat de bienveillance mutuelle et à favoriser la résolution des conflits. ➲ Elle est fondée sur l'observation sans jugement, l'identification de ses ressentis et la formulation claire de ses besoins et de ses demandes à son interlocuteur.

NON VOYANT, E adj. et **NON-VOYANT, E** n. Se dit d'une personne qui ne voit pas ; aveugle.

NOPAL n.m. (pl. *nopals*) [de l'aztèque]. Variété d'opuntia cultivée autref. pour l'élevage de la cochenille, dont les rameaux sont consommés en salade et dont les fruits (*figues de Barbarie*) sont comestibles. ➲ Famille des cactacées.

NORADRÉNALINE n.f. BIOCHIM. Neuromédiateur sécrété par le système nerveux central, les nerfs sympathiques et les glandes médullosurrénales.

NORADRÉNERGIQUE adj. PHYSIOL. **1.** Relatif à la noradrénaline. **2.** Se dit de structures nerveuses dont le médiateur chimique est la noradrénaline.

NORD n.m. inv. (angl. *north*). **1.** L'un des quatre points cardinaux, situé dans la direction de l'étoile Polaire. Abrév. **N. 2.** (Avec une majuscule). Partie d'un territoire située dans cette direction par rapport à son centre : *Le Nord canadien.* **3.** (Avec une majuscule). Ensemble des pays industrialisés, situés dans l'hémisphère Nord (par oppos. à *pays en développement*). ▪ **Perdre le nord** [fam.], perdre la tête. ◆ **adj. inv.** Situé du côté du nord : *Le mur nord de la maison.*

NORD-AFRICAIN, E [nɔra-] adj. et n. (pl. *nord-africains, es*). De l'Afrique du Nord.

NORD-AMÉRICAIN, E [nɔra-] adj. et n. (pl. *nord-américains, es*). De l'Amérique du Nord.

NORD-CORÉEN, ENNE adj. et n. (pl. *nord-coréens, ennes*). De la Corée du Nord.

NORDÉ ou **NORDET** n.m. (de *nord-est*). MAR. Vent soufflant de la direction du nord-est.

NORD-EST [nɔr(d)ɛst] n.m. inv. **1.** Direction située entre le nord et l'est. **2.** (Avec des majuscules). Partie d'un pays située dans cette direction par rapport à son centre. ◆ **adj. inv.** Situé du côté du nord-est.

NORDICITÉ n.f. Québec. Caractère nordique d'un lieu, d'une région.

NORDIQUE adj. et n. Du nord de l'Europe. ◆ **adj.** Québec. Relatif aux régions, aux pays situés le plus au nord.

NORDIR v.i. [21]. MAR. Tourner au nord, en parlant du vent.

NORDISTE adj. et n. **1.** Du département du Nord ou de la Région Nord-Pas-de-Calais, en France. **2.** HIST. Se dit des partisans des États du Nord pendant la guerre de Sécession (1861-1865), aux États-Unis.

NORD-OUEST [nɔr(d)wɛst] n.m. inv. **1.** Direction située entre le nord et l'ouest. **2.** (Avec des majuscules). Partie d'un pays située dans cette direction par rapport à son centre. ◆ **adj. inv.** Situé du côté du nord-ouest.

NORD-VIETNAMIEN, ENNE adj. et n. (pl. *nord-vietnamiens, ennes*). Du Viêt Nam du Nord, avant la réunification de ce pays, en 1975.

NORI n.f. (mot jap.). Algue marine comestible, utilisée en partic. pour la confection des makis. ➲ Cuisine japonaise.

NORIA n.f. (mot esp., de l'ar.). **1.** Machine hydraulique formée de godets attachés à une chaîne sans fin, plongeant renversés et remontant pleins. **2.** Fig. Série d'allers et retours ininterrompus de véhicules : *Une noria de cars de touristes.*

NORMAL, E, AUX adj. **1.** Qui est conforme à une moyenne considérée comme une norme ; habituel : *Une température normale* ; qui n'a rien d'exceptionnel ; ordinaire : *Conditions normales d'utilisation.* **2.** Qui ne présente aucun trouble pathologique ; sain : *Il n'est pas dans son état normal.* **3.** CHIM. Se dit d'une solution titrée, servant aux dosages chimiques et contenant une mole d'éléments actifs par litre. **4.** MATH. Perpendiculaire. ▪ **École normale primaire** [anc.], établissement de l'enseignement public où l'on formait les instituteurs. ▪ **École normale* supérieure,** v. partie n.pr. ▪ **Vecteur normal à une droite, à un plan** [math.], vecteur directeur d'une perpendiculaire à cette droite, à ce plan.

NORMALE n.f. **1.** Ce qui est normal, habituel : *Revenir à la normale.* **2.** MATH. Droite perpendiculaire. ▪ **Normale à une courbe plane (en un point),** perpendiculaire à la tangente de la courbe en ce point.

NORMALEMENT adv. **1.** De façon normale. **2.** En principe : *Normalement, il sort à 5 h.*

NORMALIEN, ENNE n. Élève ou ancien élève d'une école normale (primaire ou supérieure).

NORMALISATEUR, TRICE adj. et n. Qui normalise.

NORMALISATION n.f. **1.** Action de normaliser : *La normalisation des relations entre deux pays.* **2.** TECHN. Action de soumettre à une norme ; standardisation : *La normalisation de la production de réfrigérateurs.*

NORMALISÉ, E adj. ▪ **Taille normalisée,** taille d'un vêtement de confection établie selon les mesures moyennes d'un échantillonnage d'individus.

NORMALISER v.t. [3]. **1.** Faire revenir à une situation normale : *Normaliser des relations entre deux pays.* **2.** Soumettre à la normalisation ; rendre conforme à la norme ; standardiser. ◆ **SE NORMALISER** v.pr. Devenir normal.

NORMALITÉ n.f. **1.** Caractère de ce qui est conforme à une norme : *Ces performances sont dans la normalité.* **2.** CHIM. Rapport de la concentration d'une solution titrée à celle de la solution normale.

NORMAND, E adj. et n. **1.** De la Normandie. **2.** Se dit d'un bovin d'une race bonne productrice de lait et de viande, à robe tachetée, comprenant toujours les trois couleurs blanc, rouge, noir. ▪ **Réponse de Normand,** réponse ambiguë. ◆ **n.m.** Dialecte de langue d'oïl parlé en Normandie.

NORMATIF, IVE adj. Qui institue des règles, une norme : *Grammaire normative.*

NORMATIVITÉ n.f. État de ce qui est conforme à la norme, à l'état régulier.

NORME n.f. (du lat. *norma*, équerre, loi). **1.** État conforme à la règle établie : *Sa performance correspond à la norme.* **2.** Représentation régulatrice des réalités sociales, esthétiques, techniques ou éthiques. **3.** TECHN. Règle fixant les conditions de réalisation d'une opération, de l'exécution d'un objet ou de l'élaboration d'un produit dont on veut unifier l'emploi ou assurer l'interchangeabilité : *Une norme ISO.* ▪ **Norme de productivité,** productivité moyenne d'une branche économique. ▪ **Norme d'un vecteur** [math.], longueur de ce vecteur. ▪ **Normes sociales,** ensemble des règles de conduite intériorisées par les membres d'une société donnée et sous-tendu par un système de valeurs.

NORMÉ, E adj. MATH. ▪ **Repère normé,** repère cartésien constitué de vecteurs normés. ▪ **Vecteur normé,** vecteur de norme 1.

NORMOGRAPHE n.m. Plaquette percée de fentes ayant la forme de lettres, de chiffres, etc., dans lesquelles on passe un crayon, une plume, etc., pour les tracer sur un support.

NOROÎT ou **NOROIS,** ▲ *NOROIT* n.m. (de *nord-ouest*). MAR. Vent soufflant du nord-ouest.

NORROIS ou **NOROIS** n.m. (de l'angl. *north*, nord). Langue germanique parlée par les anciens peuples de la Scandinavie, et qui est l'ancêtre des langues scandinaves actuelles.

NORVÉGIEN, ENNE adj. et n. De la Norvège ; de ses habitants. ◆ **n.m. 1.** Langue scandinave parlée en Norvège. **2.** Voilier à arrière pointu et à gouvernail extérieur, sans tableau.

NOS adj. poss. pl. → **NOTRE.**

NOSÉMOSE n.f. (du gr. *nosos*, maladie). Maladie contagieuse de l'appareil digestif des abeilles, causée par un protozoaire.

NOSOCOMIAL, E, AUX adj. (du gr. *nosos*, maladie, et *komeîn*, soigner). Se dit d'une infection contractée lors d'un séjour en milieu hospitalier.

NOSOGRAPHIE n.f. Classification des maladies.

NOSOLOGIE n.f. Discipline qui définit les maladies et établit la nosographie.

NOSOPHOBIE n.f. PSYCHIATR. Crainte exagérée des maladies (cancérophobie, par ex.).

NOSTALGIE n.f. (du gr. *nostos*, retour, et *algos*, douleur). **1.** Tristesse causée par l'éloignement du pays natal ; mal du pays. **2.** Regret attendri ou désir vague accompagné de mélancolie ; spleen : *Elle se souvient avec nostalgie de ces années-là.*

NOSTALGIQUE adj. et n. Qui éprouve de la nostalgie : *Les nostalgiques du mange-disque.* ◆ **adj.** Qui provoque la nostalgie ; inspiré par la nostalgie : *Une chronique nostalgique.*

NOSTOC n.m. MICROBIOL. Cyanobactérie bleu verdâtre dont certaines espèces forment des plaques gélatineuses sur les sols humides, alors que d'autres sont des constituants de lichens.

NOTA BENE ou **NOTA** [nɔta(bene)] **n.m. inv.** (mots lat. « notez bien »). Note mise dans la marge ou au bas d'un texte écrit. Abrév. **N.B.**

NOTABILITÉ n.f. Personne en vue en raison de sa situation ou de son autorité morale ; notable.

1. NOTABLE adj. (lat. *notabilis*). Digne d'être noté ; remarquable : *Des événements notables.*

2. NOTABLE n.m. Personne qui a une situation sociale de premier rang dans une ville, une région ; notabilité. ▪ **Assemblée des notables,** dans la France d'Ancien Régime, assemblée de membres des trois ordres, auxquels les rois demandaient avis dans certains cas.

NOTABLEMENT adv. D'une manière notable ; beaucoup.

NOTAIRE n. (du lat. *notarius*, secrétaire). Officier public et ministériel qui reçoit et rédige les actes, les contrats, etc., pour leur conférer un caractère authentique, obligatoire dans certains cas.

NOTAMMENT adv. Spécialement ; surtout.

NOTARIAL, E, AUX adj. Relatif aux notaires, à leurs fonctions.

NOTARIAT n.m. 1. Ensemble de la profession notariale. **2.** Fonction, charge de notaire.

NOTARIÉ, E adj. Se dit d'un acte passé devant notaire.

NOTATEUR, TRICE n. Spécialiste de la notation chorégraphique.

NOTATION n.f. 1. Action d'indiquer, de représenter par un système de signes conventionnels ; ce système : *Notation chimique, phonétique.* **2.** Courte remarque ; annotation. **3.** Action d'attribuer une note : *Barème de notation des copies.* **4. BANQUE.** Ensemble d'études et d'instruments d'analyse permettant d'évaluer la surface financière d'un emprunteur et les risques qu'il représente. ▪ **Agence de notation (financière),** organisme chargé d'évaluer le risque de non-remboursement de la dette d'un État, d'une entreprise ou d'une collectivité locale. ▪ **Notation souveraine,** évaluation par une agence de notation des risques (insolvabilité, partic.) liés à la dette émise par un État, appelée *dette souveraine.* (→ **triple A***).

NOTE n.f. (lat. *nota*). **1.** Courte indication que l'on écrit pour se rappeler qqch : *Prendre des notes pendant une réunion.* **2.** Brève communication écrite destinée à informer, notamm. dans un contexte administratif ; circulaire : *Une note de la direction.* **3.** Courte remarque apportant un commentaire, un éclaircissement sur un texte ; notule. **4.** Afrique. Lettre (missive). **5.** Marque distinctive ; touche : *Cette photo donne une note personnelle à son bureau.* **6.** Composant essentiel ou assemblage de composants d'un parfum : *Une note boisée, ambrée.* **7.** Appréciation, souvent chiffrée, de la valeur de qqn, de sa conduite, de son travail, etc. **8.** Détail d'un compte à acquitter ; facture : *La note d'électricité.* **9. MUS.** Signe conventionnel qui indique par sa position sur la portée la hauteur d'un son musical et par sa forme, dite *figure de note*, la durée relative de ce son ; son musical donné ; syllabe ou lettre le désignant. ▪ **Donner la note,** indiquer le ton ; indiquer ce qu'il convient de faire. ▪ **Être dans la note,** faire ce qui convient. ▪ **Fausse note,** détail qui choque. ▪ **Forcer la note,** exagérer. ▪ **La note juste,** le détail exact, en accord avec la situation. ▪ **Note de service,** communication officielle prescrivant une action. ▪ **Note détachée, étrangère, liée, naturelle, piquée, réelle** [mus.], non liée aux autres ; n'appartenant pas à l'harmonie classique ; incluse dans une liaison ; non altérée par un dièse ou un bémol ; surmontée d'un point, attaquée de manière incisive et détachée avec vivacité ; appartenant à l'harmonie classique. ▪ **Note diplomatique,** correspondance entre un ministère des Affaires étrangères et les agents d'une mission diplomatique.

➲ Les syllabes servant à désigner les sept **NOTES** de la gamme ont été empruntées par un moine du Xe s., Gui d'Arezzo, à l'hymne à saint Jean-Baptiste. Ce sont les premières syllabes des vers de la première strophe : *Ut* queant laxis / *Re*sonare fibris / *Mi*ra gestorum / *Fa*muli tuorum / *Sol*ve polluti / *La*bii reatum / Sancte *I*ohannes. Au XVIIe s., *ut*, difficile à solfier, fut remplacé par *do*, plus euphonique.

NOTER v.t. [3] (lat. *notare*). **1.** Mettre par écrit : *Noter ses nom et adresse sur le registre.* **2.** Apprécier le travail, la valeur de qqn. **3.** Faire une marque sur ce que l'on veut retenir ; cocher : *Noter certains vers d'un poème.* **4.** Prendre garde à : *Notez bien le revirement que cette décision annonce.* **5.** Constater après observation ; remarquer : *J'ai noté qu'elle aimait ce genre de films.* **6.** Écrire de la musique avec des signes convenus.

NOTICE n.f. (du lat. *notitia*, connaissance). **1.** Exposé succinct sur un sujet particulier : *Une notice biographique.* **2.** Livret regroupant les conseils de mise en marche et d'utilisation d'un appareil, d'une machine, etc. ; mode d'emploi.

NOTIFICATIF, IVE adj. Qui sert à notifier qqch.

NOTIFICATION n.f. 1. Action de faire connaître ; avis. **2. DR.** Action de notifier.

NOTIFIER v.t. [5]. DR. Faire connaître à qqn dans les formes légales ou en usage ; signifier.

NOTION n.f. (lat. *notio*). **1.** Idée que l'on a de qqch ; concept : *La notion de liberté.* **2.** Représentation intuitive de qqch d'abstrait : *Il n'a aucune notion du temps.* ◆ **n.f. pl.** Connaissances élémentaires ; rudiments : *Quelques notions d'électronique.*

NOTIONNEL, ELLE adj. Relatif à une notion. ▪ **Emprunt notionnel** [Bourse], emprunt fictif servant de base aux contrats traités sur le MATIF.

NOTOIRE adj. (lat. *notorius*). **1.** Su d'un grand nombre de personnes et indiscuté ; avéré : *Son implication dans cette affaire est notoire.* **2.** Connu comme possédant telle qualité, tel défaut : *Un opposant notoire.*

NOTOIREMENT adv. Incontestablement.

NOTONECTE n.f. (du gr. *nôtos*, dos, et *nêktos*, nageur). Insecte des eaux stagnantes, qui nage sur le dos et se nourrit de débris animaux et végétaux. ➲ Ordre des hétéroptères.

NOTORIÉTÉ n.f. 1. Caractère de ce qui est notoire : *La notoriété d'un dictionnaire.* **2.** Fait d'être avantageusement connu ; renommée : *Ce film a fait sa notoriété.* ▪ **Acte de notoriété** [dr.], acte destiné à attester un fait notoire et constant, délivré par un officier public ou un magistrat. ▪ **Être de notoriété publique,** être connu de tous, en parlant d'un fait. ▪ **Indice de notoriété** [comm.], pourcentage d'individus capables de citer spontanément une marque *(notoriété spontanée)* ou de déclarer connaître une marque d'après une liste *(notoriété assistée).*

NOTRE adj. poss. (pl. *nos*). **1.** Représente un possesseur de la 1re pers. du pl., pour indiquer un rapport de possession, un rapport d'ordre affectif ou social : *Notre ordinateur. Nos parents. Notre P-DG.* **2.** Remplace *mon* ou *ma* dans le style officiel ou dans les ouvrages : *Notre théorie repose sur l'observation.*

NÔTRE pron. poss. (lat. *noster*). Précédé de *le, la, les*, désigne ce qui est à nous : *Leurs résultats sont meilleurs que les nôtres.* ▪ **Les nôtres,** nos proches. ◆ **adj.** ▪ **Faire nôtre(s) qqch,** l'approuver ; l'adopter : *Nous avons fait nôtres ces propositions.*

NOTRE-DAME n.f. sing. Titre que les catholiques donnent à la Vierge Marie ; nom donné aux églises qui lui sont consacrées.

NOTULE n.f. (bas lat. *notula*). Courte annotation à un texte ; bref exposé sur une question.

NOUAGE n.m. 1. Action de nouer. **2.** Opération de tissage qui consiste à nouer les fils d'une chaîne terminée à ceux de la chaîne nouvelle qui lui succède.

NOUAISON n.f. ARBOR. Période correspondant au développement du jeune ovaire en fruit, chez les arbres fruitiers et la vigne.

NOUBA n.f. (ar. *nūba*). **1.** Suite de pièces instrumentales et vocales à la base de la musique arabo-andalouse. **2.** Anc. Musique de régiment des tirailleurs nord-africains. **3.** Fam. Fête : *Faire la nouba.*

NOUC ou **NOUCLE n.m.** Acadie. Nœud.

1. NOUE n.f. (gaul. *nauda*). Vx. Terre grasse et humide fournissant des herbages pour le bétail.

2. NOUE n.f. (du lat. *navis*, navire). **CONSTR. 1.** Arête rentrante formée par la rencontre des versants de deux toits ; pièce de charpente formant cette arête. **2.** Lame de plomb, de zinc ou rangée de tuiles creuses placées dans cet angle.

NOUÉ, E adj. ▪ **Avoir la gorge nouée,** serrée par l'émotion.

NOUER v.t. [3] (lat. *nodare*). **1.** Faire un nœud à ; réunir par un nœud : *Nouer son écharpe.* **2.** Tenir qqch attaché, fermé par un lien auquel on a fait un nœud : *Nouer un rouleau de parchemin avec un ruban.* **3.** Former des liens avec qqn, un groupe ; établir : *Nouer des relations commerciales.* ▪ **Nouer la conversation,** l'engager. ◆ **SE NOUER v.pr.** Se constituer, en parlant d'une intrigue dans un roman, un film, une pièce.

NOUETTE n.f. Petit lien de tissu qui, noué à un autre, permet de maintenir ensemble deux côtés d'une housse de couette, de coussin, etc.

NOUEUX, EUSE adj. 1. Se dit du bois qui a beaucoup de nœuds. **2.** Qui présente des nodosités : *Des doigts noueux.*

NOUGAT n.m. (mot provenç.). Confiserie faite d'un mélange de sucre, de miel et de blancs d'œufs, additionné d'amandes, de noisettes ou de pistaches. ➲ Spécialité de Montélimar. ▪ **Nougat glacé,** dessert glacé composé princip. de nougatine, de blancs d'œufs battus et de chantilly.

NOUGATINE n.f. 1. Nougat dur, fait d'amandes broyées et de caramel. **2.** Génoise pralinée et garnie d'amandes ou de noisettes grillées et hachées.

NOUILLE n.f. (all. *Nudel*). Pâte alimentaire en forme de lanière mince et plate. ▪ **Style nouille,** nom parfois donné à l'Art nouveau. ◆ **adj.** et **n.f.** Fam. Se dit d'une personne peu dégourdie.

NOULET n.m. (de 2. *noue*). **CONSTR. 1.** Pénétration de deux combles de hauteur différente, déterminant deux noues. **2.** Ensemble des pièces de charpente constituant les arêtes de ces deux noues.

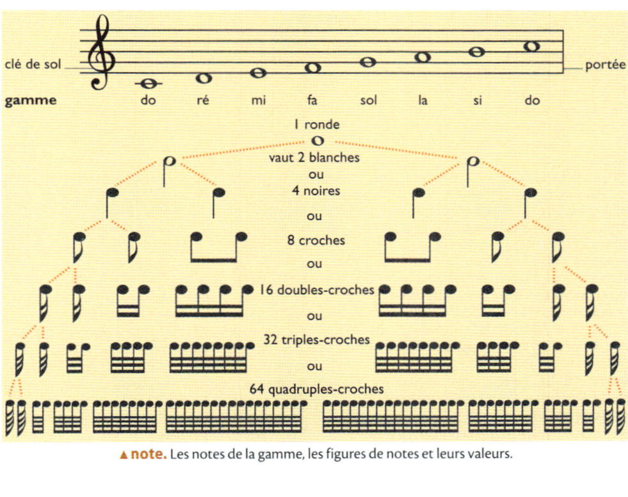

▲ **note.** Les notes de la gamme, les figures de notes et leurs valeurs.

NOUMÉNAL, E, AUX adj. Relatif au noumène (par oppos. à *phénoménal*).

NOUMÈNE n.m. (all. *Noumenon*). **PHILOS.** Pour Kant, la réalité en soi, au-delà de toute expérience possible (par oppos. à *phénomène*).

NOUNOU n.f. Nourrice, dans le langage enfantin.

NOUNOUNE adj. et **n.f.** Québec. Fam. Un peu niais ; nunuche : *Poser des questions nounounes. Quelle nounoune, cette actrice !*

NOUNOURS [-urs] **n.m.** Ours en peluche, dans le langage enfantin.

NOURRAIN n.m. (du lat. *nutrimen*, nourriture). **1.** Jeune poisson utilisé pour repeupler un étang. **2.** Jeune porc après le sevrage et au début de la période d'engraissement.

NOURRI, E adj. ▪ **Tir nourri,** intense.

NOURRICE n.f. (bas lat. *nutricia*). **1.** Femme qui allaite l'enfant d'une autre. **2.** Femme qui garde des enfants à son domicile contre rémunération. (On dit aussi auj., en France, *assistante maternelle*, ou *gardienne*. On disait autref. *nourrice sèche*.) **3.** Fam. Personne apparemment insoupçonnable (mère de famille, par ex.), qui cache dans son logement, contre rétribution, la drogue, l'argent ou les armes d'un trafiquant. **4.** Réservoir de carburant de secours. **5. CONSTR.** Réserve d'eau d'où partent plusieurs tuyauteries d'alimentation d'un immeuble (colonnes montantes, par ex.).

NOURRICIER, ÈRE adj. Litt. Qui nourrit, procure la nourriture : *Terre nourricière.* ▪ **Père nourricier** [litt., vx], père adoptif.

NOURRIR v.t. [21] (lat. *nutrire*). **1.** Fournir des aliments à : *Nourrir les vingt sinistrés* ; faire vivre en donnant des aliments : *Nourrir le bétail.* **2.** Allaiter : *Elle nourrit son bébé.* **3.** Donner les moyens de vivre et de subsister ; entretenir : *Il a une famille à nourrir.* **4.** Litt. Éduquer qqn, son esprit : *Ces débats nourrissent l'esprit civique.* **5.** Faire durer en soi ; cultiver : *Nourrir un désir de revanche.* **6.** Entretenir en accroissant l'importance : *Les pluies diluviennes nourrissent la crue.* **7.** Renforcer la matière d'un discours, d'un texte ; étoffer : *Nourrir un récit d'anecdotes.* ◆ **SE NOURRIR v.pr. 1.** Absorber des aliments ; s'alimenter. **2.** Tirer sa force, sa substance de : *La révolte se nourrit de l'injustice.*

NOURRISSAGE n.m. Action de nourrir un animal d'élevage.

NOURRISSANT, E adj. Nutritif.

NOURRISSEUR n.m. Personne qui engraisse du bétail pour la boucherie. ▪ **Nourrisseur automatique,** appareil permettant la distribution automatique d'aliments aux animaux.

NOURRISSON n.m. Enfant en bas âge, depuis l'âge de 29 jours jusqu'à 2 ans.

NOURRITURE n.f. 1. Action de nourrir un être vivant : *Assurer la nourriture du bétail.* **2.** Toute substance qui sert à l'alimentation des êtres vivants : *Nourriture bio.* **3.** Litt. Ce qui enrichit l'esprit : *Les nourritures intellectuelles.*

NOUS pron. pers. (lat. *nos*). **1.** Désigne la 1re pers. du pl. représentant un groupe dont fait partie la personne qui parle. **2.** Remplace *je* dans le style officiel (*nous* de majesté) ou dans un ouvrage (*nous* de modestie).

NOUVEAU ou **NOUVEL, ELLE adj.** (lat. *novellus*). **1.** Qui existe, qui est connu depuis peu ; récent : *Un nouveau médicament.* **2.** Qui vient après qqn ou qqch de même espèce : *Son nouveau mari. Un nouvel essai.* **3.** Qui possède des qualités originales ; moderne : *Une nouvelle approche du problème.* **4.** (Avec une valeur d'adv., mais variable devant les adj. ou des p. passés pris comme n.). Qui est tel depuis peu : *Des nouveaux pauvres.* (*Nouvel*, adj.m., est employé devant un n.m. sing. commençant par une voyelle ou un *h* muet.) ◆ **adj.** et **n.** Qui est depuis peu quelque part ; arrivant ; qui exerce depuis peu une activité ; débutant. ◆ **n.m.** Ce qui est original, inattendu ; ce qui change la situation : *Il y a du nouveau.* ▪ **À nouveau,** encore une fois : *Examiner à nouveau une affaire.* ▪ **De nouveau,** une fois de plus : *Il pleut de nouveau.*

NOUVEAU-NÉ, E adj. et **n.** (pl. *nouveau-nés, es*). Se dit d'un enfant qui a moins de 29 jours.

NOUVEAUTÉ n.f. 1. Qualité de ce qui est nouveau ; originalité : *Ce film n'a rien perdu de sa nouveauté.* **2.** Chose nouvelle ; innovation : *Toute nouveauté l'effraie.* **3.** Vieilli. Livre récemment publié. **4.** Vx. Produit nouveau de l'industrie, de la mode.

1. NOUVELLE n.f. Première annonce d'un événement arrivé depuis peu ; cet événement : *La nouvelle s'est répandue très vite.* ◆ **n.f. pl. 1.** Renseignements sur la santé, la situation, etc., de qqn que l'on connaît : *Être sans nouvelles de qqn.* **2.** Informations sur les événements du monde diffusées par les médias ; actualités.

2. NOUVELLE n.f. (ital. *novella*). **LITTÉR.** Récit bref qui présente une intrigue simple où n'interviennent que peu de personnages.

NOUVELLEMENT adv. Depuis peu.

NOUVELLISTE n. LITTÉR. Auteur de nouvelles.

NOVA n.f. (pl. *novae* [nɔve]), ▲ *(pl. novas)* [du lat. *nova stella*, nouvelle étoile]. Étoile qui devient brusquement beaucoup plus lumineuse (semblant constituer une étoile nouvelle), puis reprend lentement son éclat primitif. ➲ Il s'agit le plus souvent d'une naine blanche dont les couches superficielles explosent.

NOVATEUR, TRICE adj. et **n.** (lat. *novator*). Qui innove.

NOVATION n.f. (bas lat. *novatio*). **1. DR.** Convention éteignant une obligation en lui en substituant une nouvelle par changement de créancier, de débiteur ou d'objet. **2.** Litt. Innovation.

NOVATOIRE adj. DR. Relatif à la novation.

NOVÉLISATION n.f. (de l'angl. *novel*, roman). Réécriture, sous forme de roman, du scénario d'un film, d'une série télévisée.

NOVEMBRE n.m. (du lat. *novem*, neuf, le premier mois de l'année romaine étant mars). Onzième mois de l'année.

NOVER v.t. [3]. DR. Effectuer une novation.

NOVICE n. et **adj.** (du lat. *novicius*, nouveau). Personne peu expérimentée ; débutant. ◆ **n. CATH.** Personne qui accomplit son noviciat.

NOVICIAT n.m. CATH. 1. Temps de discernement et de formation (de 12 mois à 3 ans) imposé aux candidats à la vie religieuse et au terme duquel ceux-ci prononcent leurs vœux. **2.** Ensemble des locaux qui sont réservés aux novices, dans un monastère.

NOVLANGUE n.f. (mot angl. créé par G. Orwell dans son roman *1984*). Langage convenu et rigide visant à dénaturer la réalité.

NOYADE [nwajad] **n.f.** Asphyxie par afflux d'un liquide dans les voies respiratoires, en partic. à la suite d'une immersion dans l'eau.

NOYAU [nwajo] **n.m.** (du lat. *nodus*, nœud). **1.** Partie centrale de certains fruits charnus (drupes), formée d'un endocarpe lignifié qui entoure la graine, ou amande : *Des noyaux de cerise, de mirabelle.* **2.** Petit groupe de personnes à l'origine d'un groupe plus vaste : *Le noyau d'une association.* **3.** Petit groupe cohérent agissant dans un milieu hostile ou dominant : *Noyau d'opposition à la junte.* **4. PHYS.** Partie centrale de l'atome, formée de protons et de neutrons, autour de laquelle gravitent les électrons et où est rassemblée la quasi-totalité de la masse de l'atome. **5. BIOL. CELL.** Organite central et vital de toute cellule vivante, limité par une double membrane perforée de nombreux pores, contenant les chromosomes et un ou plusieurs nucléoles. ➲ La présence d'un noyau caractérise les cellules dites *eucaryotes*. **6. GÉOPHYS.** Partie centrale du globe terrestre, comprenant un noyau externe, fluide, constitué essentiellement de fer, et un noyau interne, solide (la graine), constitué de fer et de nickel. **7. ASTRON.** Partie solide, permanente d'une comète ; partie centrale et la plus dense d'une étoile, où se déroulent les réactions thermonucléaires ; partie centrale et la plus dense d'une planète ; région centrale d'une galaxie, où la densité et la luminosité sont maximales ; région centrale d'une tache solaire. **8. CONSTR.** Support vertical central d'un escalier tournant, portant les marches du côté opposé au mur de cage. **9. ÉLECTROTECHN.** Pièce magnétique autour de laquelle sont disposés des enroulements. **10. MÉTALL.** Pièce résistant à l'alliage en fusion, que l'on introduit dans un moule de fonderie pour obtenir des parties creuses sur la pièce moulée. **11. ANAT.** Centre nerveux de l'encéphale formant une petite masse isolée. **12. MATH.** Dans l'application linéaire *f* d'un espace vectoriel E dans un espace vectoriel F, sous-espace de E (noté Ker *f*) formé des vecteurs dont l'image dans F est le vecteur nul. ▪ **Noyau de condensation** [météorol.], particule très fine en suspension dans l'atmosphère (aérosol), sur laquelle s'opère la condensation et, éventuellement, la solidification de la vapeur d'eau. ▪ **Noyau dur,** élément essentiel, central de qqch ; partie la plus intransigeante, la plus déterminée d'un groupe ; petit groupe d'actionnaires qui détiennent le pouvoir dans une société industrielle ou commerciale.

NOYAUTAGE n.m. 1. Tactique qui consiste à infiltrer dans un syndicat, un parti, etc., des personnes qui ont pour rôle de le désorganiser ou d'en prendre le contrôle. **2. MÉTALL.** Ensemble des noyaux utilisés dans la fabrication d'une pièce ; fabrication de ceux-ci.

NOYAUTER v.t. [3]. 1. Procéder au noyautage d'une organisation ; infiltrer. **2. MÉTALL.** Fabriquer un noyau de fonderie.

NOYÉ, E n. et **adj.** Personne victime d'une noyade.

1. NOYER [nwaje] **v.t. [7]** (du lat. *necare*, faire périr). **1.** Faire mourir par noyade. **2.** Recouvrir de liquide ; submerger : *La crue a noyé les berges.* **3.** Étendre d'une trop grande quantité d'eau : *Noyer une sauce.* **4.** Fig. Faire disparaître dans un ensemble confus ; occulter : *Noyer une nouvelle dans un flot de paroles.* ▪ **Noyer dans le sang,** réprimer très violemment. ▪ **Noyer le poisson,** fatiguer un poisson pris à la ligne, de manière à l'amener à la surface ; fig., fam., entretenir la confusion pour tromper ou lasser. ▪ **Noyer son chagrin dans l'alcool,** boire pour l'oublier. ▪ **Noyer un moteur,** provoquer un afflux excessif d'essence au carburateur, qui rend impossible la combustion. ◆ **SE NOYER v.pr. 1.** Périr par immersion. **2.** Fig. Se laisser submerger : *Se noyer dans les détails.* **3.** Disparaître dans un tout ; se fondre : *Se noyer dans la foule.* ▪ **Se noyer dans un verre d'eau** [fam.], échouer devant le moindre obstacle.

2. NOYER n.m. (du lat. *nux, nucis*, noix). **1.** Grand arbre des régions tempérées, produisant les noix. ➲ Haut. 10 à 25 m ; longévité 300 à 400 ans ; famille des juglandacées. **2.** Bois de cet arbre, utilisé en ébénisterie massive et plaquée.

▲ noyer

NTIC n.f. pl. (sigle de *nouvelles technologies de l'information et de la communication*). Ensemble des techniques utilisées pour le traitement et la transmission des informations (câble, téléphone, Internet, etc.).

NTSC (SYSTÈME) n.m. (sigle de l'anglo-amér. *national television system committee*). Système américain de télévision en couleurs, normalisé en 1953.

1. NU n.m. inv., ▲ *n.m.* Treizième lettre de l'alphabet grec (Ν, ν), correspondant au *n* français.

2. NU, E adj. (lat. *nudus*). **1.** Qui n'est pas vêtu : *Dormir nu.* **2.** Qui n'est pas couvert par un vêtement : *Jambes nues.* **3.** Sans végétation ; pelé : *Une plaine nue.* **4.** Sans ornement ; austère : *Les murs nus d'une chambre d'hôpital.* **5.** Qui n'est pas enveloppé, protégé : *Épée nue.* ▪ **À l'œil nu,** sans l'aide d'un instrument d'optique. ▪ **La vérité toute nue,** pure et simple. ▪ **Se battre à mains nues,** sans arme. ▪ **Style nu,** sobre. ◆ **n.m. BX-ARTS.** Représentation du corps humain totalement

Cirrus au soleil couchant. La diffusion de la lumière par les gouttelettes d'eau habille les nuages d'un rose éblouissant.

Altocumulus lenticulus. Ces nuages aux allures fantastiques se forment au sommet des montagnes.

Les nuages

Les nuages proviennent de la condensation de la vapeur d'eau atmosphérique. Les gouttelettes en suspension qui les composent peuvent, avec l'altitude, se transformer en glace. Quand les gouttelettes ou les particules de glace sont assez grosses, elles retombent et forment les précipitations : pluie, neige, grêle, etc. On distingue dix grands types de nuages classés selon leur forme et leur altitude.

ou largement dévêtu. ▪ **Mettre à nu,** dénuder : *Mettre à nu un fil électrique* ; dévoiler : *Mettre à nu l'hypocrisie de qqn.* ▪ **Nu de mur** [constr.], partie de mur sans aucune saillie.

✎ **Nu** reste inv. devant les noms ***jambes, pieds*** et ***tête*** employés sans article ; il s'y joint par un trait d'union et constitue avec eux des expressions toutes faites : ***nu-jambes, nu-pieds, nu-tête.***

NUAGE n.m. (lat. *nubes*). **1.** Ensemble visible de particules d'eau très fines, liquides ou solides, maintenues en suspension dans l'atmosphère par les mouvements verticaux de l'air. ➲ Il existe dix genres de nuages, distingués selon leur développement et leur altitude : altocumulus, altostratus, cirrocumulus, cirrostratus, cirrus, cumulonimbus, cumulus, nimbostratus, stratocumulus et stratus. (*V. planche page précédente.*) **2.** Tout ce qui forme une masse légère et en suspension : *Un nuage de poussière, de mouches.* **3.** Fig. Ce qui trouble la sérénité : *Nuages à l'horizon politique.* ▪ **Être dans les nuages,** être distrait, rêveur. ▪ **Informatique en nuage** (calque de l'angl. *cloud computing*), modèle d'organisation informatique permettant l'accès à des ressources numériques dont le stockage est externalisé sur plusieurs serveurs. (Au Québec, on dit *infonuagique*.) ▪ **Nuage de lait,** petite quantité de lait que l'on verse dans le thé, le café. ▪ **Nuage de points,** représentation graphique de données statistiques combinant plusieurs variables liées (taille et poids, par ex.), ces données étant figurées par un ensemble de points dont l'emplacement permet de déterminer des tendances et des relations possibles entre ces variables. ➲ Les points sont placés sur le graphique sans être reliés. ▪ **Nuage moléculaire** [astron.], vaste étendue de matière interstellaire dont le gaz se trouve princip. sous forme de molécules. (→ **nébuleuse**).

NUAGEUX, EUSE adj. **1.** Couvert de nuages. **2.** Fig. Qui manque de clarté, de rigueur ; confus. ▪ **Système nuageux,** ensemble ordonné des formations de nuages lors d'une perturbation atmosphérique dépressionnaire.

NUANCE n.f. (de *nuer*). **1.** Chacun des degrés, des tons différents d'une même couleur, ou chacun des degrés, des teintes intermédiaires entre deux couleurs. **2.** Différence légère entre des choses, des idées, etc., de même nature : *Elle a dit la même chose, à quelques nuances près.* **3.** MUS. Chacun des différents degrés d'intensité et d'expressivité que l'on peut donner aux sons dans l'exécution. ▪ **Être sans nuances,** intransigeant.

NUANCER v.t. [9]. **1.** Ménager des gradations dans les couleurs, dans leur pureté, leur intensité, leur valeur lumineuse. **2.** Exprimer sa pensée en y faisant ressortir les différences les plus subtiles : *Nuancer ses jugements.*

NUANCIER n.m. Carton, petit album présentant les différentes nuances d'un produit coloré (peinture, maquillage, etc.).

NUBIEN, ENNE adj. et n. De la Nubie.

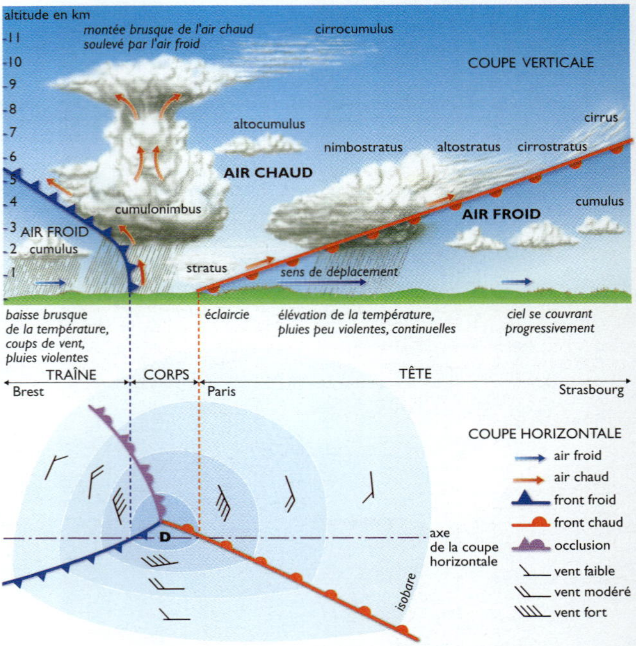

▲ **nuageux.** Système nuageux. Ensemble des formations nuageuses accompagnant une perturbation des zones tempérées se déplaçant d'ouest en est.

NUBILE adj. (lat. *nubilis*, de *nubere*, se marier). **1.** Se dit d'une fille en âge de se marier. **2.** Se dit d'une fille qui est formée, apte à la reproduction ; pubère.

NUBILITÉ n.f. État d'une jeune fille nubile ; âge nubile.

NUBUCK [nybyk] n.m. (probablement de l'angl. *new buck*, nouveau daim). Cuir de bovin poncé, tanné au minéral, sur fleur, présentant un aspect velouté semblable à celui du daim.

NUCAL, E, AUX ou **NUCHAL, E, AUX** adj. ANAT. Relatif à la nuque.

NUCELLE n.m. (du lat. *nucella*, petite noix). BOT. Partie principale de l'ovule d'une angiosperme, qui disparaît lorsque l'ovule se transforme en graine.

NUCLÉAIRE adj. (du lat. *nucleus*, noyau). **1.** Relatif au noyau de l'atome, à l'énergie qui en est issue, à la physique qui l'étudie. **2.** BIOL. CELL. Qui appartient au noyau de la cellule. ▪ **Arme nucléaire,** qui utilise l'énergie nucléaire. ➲ Les armes nucléaires comprennent les armes *atomiques*, ou *de fission*, et les armes *thermonucléaires*, ou *de fusion*. Elles emploient divers vecteurs : bombe d'avion, obus, missile, roquette, etc. ▪ **Combustible nucléaire,** matière contenant des nucléides fissiles qui, placée dans un réacteur, permet d'y développer une réaction nucléaire en chaîne ; matière susceptible de fournir de l'énergie par fission ou fusion nucléaire. ▪ **Famille nucléaire** → **FAMILLE.** ▪ **Puissance nucléaire,** pays doté de l'arme nucléaire. ◆ n.m. (Précédé de l'art. déf.). Ensemble des techniques, des industries qui concourent à la mise en œuvre de l'énergie nucléaire.

➲ L'**ÉNERGIE NUCLÉAIRE** correspond à l'énergie qui assure la cohésion des protons et des neutrons au sein des noyaux des atomes. Pour qu'un système libère de l'énergie, il faut qu'il perde de

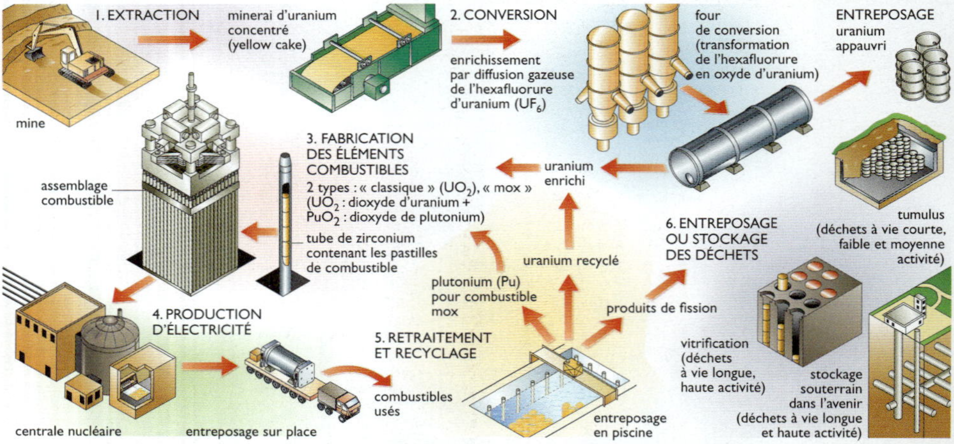

▲ **nucléaire.** Production, utilisation et devenir des combustibles nucléaires, en France (réacteurs à eau sous pression).

la masse par *fusion* de deux noyaux atomiques légers ou par *fission* d'un noyau lourd. L'énergie libérée est énorme : 1 g d'uranium 235 produit autant d'énergie que 2,5 t de charbon.
Une bombe à fission (*bombe « atomique »*, ou *bombe A*) comporte un matériau fissile en quantité suffisante (*masse critique*) pour que s'y produise une réaction en chaîne explosive. Dans une bombe thermonucléaire (*bombe H*), la fusion de noyaux d'hydrogène est amorcée par l'explosion d'une bombe A. On caractérise la puissance d'une bombe nucléaire en équivalent de masse de TNT : par ex., une bombe d'une mégatonne (1 Mt) équivaut à 1 million de tonnes de TNT.
Dans une centrale nucléaire, on contrôle la réaction en chaîne obtenue par l'impact de neutrons sur des noyaux fissiles (uranium 235 ou plutonium 239) pour produire de l'électricité. (→ **réacteur**).

NUCLÉARISATION n.f. Action de nucléariser.

NUCLÉARISER v.t. [3]. **1.** Remplacer des sources d'énergie traditionnelles par l'énergie nucléaire. **2.** Doter un pays d'armes nucléaires.

NUCLÉASE n.f. **BIOCHIM.** Enzyme qui catalyse la scission des acides nucléiques. ➲ Il en existe deux catégories : les ribonucléases, actives sur l'ARN, et les désoxyribonucléases, actives sur l'ADN.

NUCLÉÉ, E adj. **BIOL. CELL.** Se dit d'une cellule qui possède un ou plusieurs noyaux.

NUCLÉIDE ou **NUCLIDE** n.m. Noyau atomique caractérisé par son nombre de protons et de neutrons.

NUCLÉIQUE adj. **BIOCHIM.** ▪ **Acide nucléique,** substance de la cellule constituée de nucléotides. ➲ On distingue l'acide désoxyribonucléique, ou ADN, et les acides ribonucléiques, ou ARN.

NUCLÉOCRATE n. Péjor. Technocrate favorable au développement du nucléaire.

NUCLÉOLE n.m. **BIOL. CELL.** Corps sphérique très riche en ARN, situé à l'intérieur du noyau des cellules.

NUCLÉOLYSE n.f. **MÉD.** Traitement des hernies discales consistant à détruire le nucléus pulposus par injection d'une enzyme protéolytique.

NUCLÉON n.m. **PHYS. NUCL.** Particule (proton ou neutron) constituant le noyau d'un atome.

NUCLÉONIQUE adj. Relatif aux nucléons.

NUCLÉOPHILE adj. et n.m. **CHIM. ORG.** Se dit d'une molécule ou d'un ion ayant une configuration électronique qui les rend susceptibles de donner une paire d'électrons. ◆ **adj.** Se dit des réactions où ils interviennent.

NUCLÉOPROTÉINE n.f. ou **NUCLÉOPROTÉIDE** n.m. **BIOCHIM.** Substance qui résulte de la combinaison d'une protéine avec un acide nucléique, en partic. l'ADN des chromosomes.

NUCLÉOSIDE n.m. **BIOCHIM.** Substance de la cellule formée d'une base azotée purique ou pyrimidique et d'un glucide, le ribose ou le désoxyribose, et entrant dans la composition des nucléotides.

NUCLÉOSYNTHÈSE n.f. **ASTRON.** Formation des éléments chimiques par réactions nucléaires au sein des étoiles (*nucléosynthèse stellaire*) ou dans les premiers instants après le big bang (*nucléosynthèse primordiale*).

NUCLÉOTIDE n.m. **BIOCHIM.** Molécule biologique résultant de l'union d'un nucléoside avec l'acide phosphorique, intervenant dans le métabolisme de la cellule (ATP) et entrant dans la composition des acides nucléiques.

NUCLÉUS ou **NUCLEUS** [-ys] n.m. (du lat. *nucleus*, noyau). **1. PRÉHIST.** Bloc de roche dont on extrayait des éclats ou des lames destinés à la fabrication d'outils fins. **2. GÉOL.** Petit fragment de coquille ou grain de sable autour duquel cristallisent des minéraux, en couches concentriques. ➲ Ce processus peut aboutir à la constitution de perles. ▪ **Nucléus pulposus** [anat.], partie centrale des disques intervertébraux, gélatineuse mais ferme. ➲ L'expulsion en arrière du nucléus pulposus constitue la hernie discale.

NUCLIDE n.m. → **NUCLÉIDE.**

NUDIBRANCHE n.m. Mollusque gastéropode marin, dépourvu de coquille, aux branchies nues tournées vers l'arrière, tel que la doris.

NUDISME n.m. Fait de vivre au grand air dans un état de nudité complète (SYN. **naturisme**).

NUDISTE adj. et n. Relatif au nudisme ; qui le pratique.

NUDITÉ n.f. (bas lat. *nuditas*). **1.** État d'une personne, d'une partie du corps nue. **2.** État de ce qui est dépouillé de tout ornement ; sobriété : *La nudité d'une façade.* **3. BX-ARTS.** Corps représenté nu.

NUE n.f. (lat. *nubes*). Litt., vieilli. Le ciel. ◆ **n.f. pl.** ▪ **Porter aux nues,** exalter, louer sans mesure. ▪ **Tomber des nues,** être extrêmement surpris.

NUÉE n.f. (de *nue*). **1.** Litt. Gros nuage épais : *Nuée d'orage.* **2.** Grand nombre de petits animaux, de personnes : *Une nuée d'étourneaux, de paparazzis.* ▪ **Nuée ardente** [géol.], nuage de gaz à très haute température, chargé de blocs et de débris de lave, et qui s'écoule à grande vitesse sur les flancs d'un volcan lors de certaines éruptions.

NUEMENT adv. → **NÛMENT.**

NUE-PROPRIÉTÉ n.f. (pl. *nues-propriétés*). **DR.** Droit de propriété ne conférant à son titulaire que le droit de disposer d'un bien, mais non d'en user et d'en percevoir les fruits.

NUER v.t. [3]. Litt. Disposer des couleurs selon une gradation ; nuancer.

NUGGET [nœgɛt] n.m. (mot angl.). Variété de croquette, génér. au poulet. ➲ Cuisine nord-américaine.

NUIRE v.t. ind. [77] (À) [lat. *nocere*]. **1.** Faire du tort, du mal à : *La rumeur a nui au député.* **2.** Constituer un danger, un obstacle pour : *L'alcool nuit à la santé.*

NUISANCE n.f. (Souvent pl.). Tout facteur de la vie urbaine ou industrielle qui constitue une gêne, un préjudice, un danger pour la santé, l'environnement.

NUISETTE n.f. Chemise de nuit très courte.

NUISIBLE adj. Qui nuit, fait du tort à ; néfaste. ◆ **n.m.** Animal (rongeur, insecte, etc.) parasite ou destructeur.

NUIT n.f. (lat. *nox, noctis*). **1.** Durée comprise entre le coucher et le lever du soleil en un lieu donné. **2.** Intervalle de temps consacré au sommeil : *Passer une bonne nuit.* **3.** Obscurité qui règne pendant la durée de la nuit : *Il fait nuit noire.* **4.** Nuitée. ▪ **De nuit,** qui s'effectue pendant la nuit : *Travail de nuit* ; qui est actif pendant la nuit : *Oiseau de nuit* ; qui est utilisé pendant la nuit : *Asile de nuit* ; nuitamment : *Partir de nuit.* ▪ **La nuit des temps,** les temps les plus reculés. ▪ **Nuit bleue,** nuit marquée par une série d'actions terroristes coordonnées. ▪ **Nuit et jour** ou **jour et nuit,** continuellement. ▪ **Passer la nuit sur la corde à linge** [Québec], passer une mauvaise nuit ; dormir mal ou peu ; passer une nuit blanche.

NUITAMMENT adv. Litt. De nuit.

NUITÉE n.f. Durée de séjour dans un hôtel, comptée génér. de midi au jour suivant à midi ; prix de ce séjour.

NUL, NULLE adj. (lat. *nullus*). [Devant le n., suivi de *ne* ou précédé de *sans*]. Pas un ; aucun : *Je n'en ai trouvé nulle trace. Sans nul doute.* ◆ **adj.** (Après le n.). **1.** Qui se réduit à rien : *Le risque est nul* ; qui reste sans résultat : *Match nul.* **2.** Sans qualité ni valeur : *Cette chanson est nulle.* **3. MATH.** Qui a zéro pour valeur, pour mesure : *Angle nul.* ▪ **Fonction nulle** [math.], fonction numérique qui à toute valeur de la variable associe zéro. ▪ **Vecteur nul** [math.], vecteur de norme zéro (symb. $\vec{0}$). ◆ **adj.** et **n.** Se dit de qqn qui n'a aucune intelligence, aucune compétence. ▪ **Être nul en qqch,** totalement ignorant dans ce domaine. ◆ **pron. indéf.** Litt. Personne : *À l'impossible nul n'est tenu.*

NULLARD, E n. et adj. Fam. Personne nulle.

NULLEMENT adv. Pas du tout ; aucunement.

NULLIPARE adj. et n.f. (du lat. *parere*, enfanter). **1. MÉD.** Se dit d'une femme qui n'a jamais accouché (par oppos. à *primipare, multipare*). **2.** Se dit d'une femelle de mammifère avant sa première mise-bas.

NULLITÉ n.f. **1.** Manque total de valeur, de talent : *La nullité d'un film.* **2.** Personne sans compétence ; incapable : *Cet animateur est une nullité.* **3. DR.** Inefficacité d'un acte juridique, résultant de l'absence d'une des conditions de fond ou de forme requises pour sa validité.

NÛMENT ou **NUEMENT,** ▲ *NUMENT* [nymɑ̃] adv. Litt. En toute franchise : *Dire nûment la vérité.*

NUMÉRAIRE n.m. (du lat. *numerus*, nombre). Toute monnaie en espèces (pièces ou billets) ayant cours légal. ◆ **adj.** Se dit de la valeur légale des espèces monnayées.

NUMÉRAL, E, AUX adj. et n.m. **LING.** Se dit d'un terme qui exprime une idée de nombre (*adjectif numéral cardinal*) ou de rang (*adjectif numéral ordinal*). ◆ **adj.** Se dit des symboles (lettres, chiffres, etc.) servant à représenter les nombres dans un système de numération.

NUMÉRATEUR n.m. (bas lat. *numerator*). **MATH.** Terme d'une fraction placé au-dessus de la barre horizontale.

NUMÉRATION n.f. **1.** Méthode qui permet l'écriture et la lecture des entiers naturels, puis, par prolongement, celles des décimaux et, par ext., des réels. **2.** Action de compter, de dénombrer. ▪ **Numération-formule sanguine** [méd.], examen associant une numération globulaire et une formule leucocytaire. ▪ **Numération globulaire** [méd.], dénombrement des globules rouges et des globules blancs dans une unité de volume du sang.

NUMÉRIQUE adj. (du lat. *numerus*, nombre). **1.** Relatif aux nombres ; qui se fait avec les nombres : *Calcul numérique.* **2.** Qui est évalué ou se traduit en nombre, en quantité : *Supériorité numérique.* ▪ **Art numérique,** qui fait appel à des technologies numériques. ▪ **Espace numérique de travail (ENT),** portail Internet donnant à tous les acteurs de la communauté éducative (élèves ou étudiants, professeurs, parents, etc.) l'accès aux contenus pédagogiques ou administratifs en rapport avec leurs activités et/ou leurs fonctions. ▪ **Fonction numérique** [math.], fonction prenant ses valeurs dans l'ensemble des nombres réels. ◆ **adj.** et **n.m. TECHN.** Se dit de la représentation d'informations ou de grandeurs physiques au moyen de caractères tels que des chiffres, ou au moyen de signaux à valeurs discrètes ; se dit des systèmes, dispositifs ou procédés dont le fonctionnement fait appel à ce mode de représentation (par oppos. à *analogique*).

NUMÉRIQUEMENT adv. **1.** Du point de vue du nombre. **2.** Sous forme numérique.

NUMÉRISATION n.f. Action de numériser.

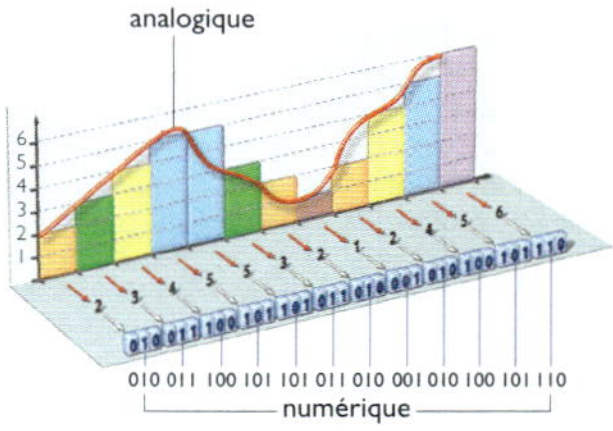

▲ **numérisation**

NUMÉRISÉ, E adj. Se dit d'un examen radiologique dans lequel l'image est formée par un ordinateur.

NUMÉRISER v.t. [3]. **TECHN.** Exprimer sous forme numérique une information analogique.

NUMÉRISEUR n.m. **TECHN.** Dispositif de numérisation.

NUMÉRO n.m. (ital. *numero*, du lat. *numerus*). **1.** Chiffre, nombre qui indique la place d'une chose dans une série. **2.** Nombre identifiant chacun des fascicules d'une publication en série appartenant à une même parution ; par ext., chaque exemplaire. **3.** Billet portant un chiffre et permettant de participer au tirage d'une loterie. **4.** Chacune des parties d'un spectacle de cirque, de music-hall, etc. **5.** Fam. Personne extravagante : *Un drôle de numéro.* ▪ **Faire son numéro** [fam.], se livrer à ses excentricités habituelles. ▪ **La suite au prochain numéro** [fam.], ce qui reste viendra plus tard. ▪ **Le numéro un (deux, etc.) de,** personne ou chose qui occupe la première place (la deuxième, etc.) dans un groupe, une organisation. ▪ **Numéro postal** [Belgique, Suisse], code postal. ▪ **Tirer le bon numéro,** avoir de la chance.

Pièce de monnaie d'Asie Mineure en électrum (VIe s. av. J.-C.). (BnF, Paris.)

Statère en or d'époque gauloise figurant Apollon (v. 58-52 av. J.-C.). (BnF, Paris.)

Pièce de monnaie romaine en or (« l'Apothéose de Constantin Ier le Grand » ; IVe s.). [BnF, Paris.]

Pièce de monnaie byzantine à l'effigie de l'empereur Constantin VII Porphyrogénète (Xe s.). [BnF, Paris.]

Ducat en or de la république de Venise, frappé par le doge Giovanni Dandolo (1284). (BnF, Paris.)

Shilling anglais en argent à l'effigie du roi Henri VIII (1545). (British Museum, Londres.)

▲ **numismatique**

NUMÉROLOGIE **n.f. OCCULT.** Art supposé de tirer de l'analyse numérique de caractéristiques individuelles (nom, prénom, date de naissance, etc.), des conclusions sur le caractère des personnes et des pronostics sur leur avenir.

NUMÉROLOGUE **n.** Personne qui pratique la numérologie.

NUMÉROTAGE **n.m.** Action de porter un numéro d'ordre ou de classement sur qqch.

NUMÉROTATION **n.f.** Attribution d'un numéro d'ordre ou de classement à qqch ; ordre de classement.

NUMÉROTER **v.t. [3].** Effectuer une numérotation ; marquer d'un numéro.

NUMÉROTEUR **n.m.** Appareil pour numéroter.

NUMERUS CLAUSUS, ▲ *NUMÉRUS CLAUSUS* [nymerys-klozys] **n.m.** (loc. lat. « nombre fermé »). Nombre auquel on limite la quantité de personnes admises à une fonction, à un grade, etc., conformément à une réglementation préalablement établie.

NUMIDE **adj.** et **n.** De la Numidie ; des Numides.

NUMISMATE **n.** Spécialiste des monnaies et médailles ; négociant en monnaies et médailles.

NUMISMATIQUE **n.f.** (du lat. *numisma*, monnaie). Science auxiliaire de l'histoire qui a pour objet l'étude scientifique des monnaies, médailles, jetons, etc. ◆ **adj.** Relatif aux monnaies et aux médailles.

NUMMULAIRE **n.f.** (du lat. *nummulus*, petit écu). **BOT.** Lysimaque.

NUMMULITE **n.f.** (du lat. *nummus*, pièce de monnaie). Protozoaire fossile du début du tertiaire (paléogène), dont le test calcaire de forme lenticulaire, pouvant atteindre 8 cm de diamètre, servait probablement de flotteur. ➲ Ordre des foraminifères.

NUMMULITIQUE **n.m.** et **adj. GÉOL.** Paléogène. ◆ **adj.** Qui contient des nummulites.

NUNATAK **n.m.** (mot inuit). **GÉOMORPH.** Pointe rocheuse isolée perçant la glace d'un inlandsis ou d'un glacier.

NUNCHAKU [nunʃaku] **n.m.** (mot jap. « même longueur »). Fléau d'armes d'origine japonaise.

NUNUCHE **adj.** et **n.f.** Fam. Un peu niais.

NUOC-MÂM ou **NUOC-MAM** [nɥɔkmam] **n.m. inv.** (mot vietnamien « eau de poisson »). Condiment du Viêt Nam, obtenu par macération de poisson dans une saumure.

NU-PIEDS **n.m. inv.** Sandale constituée d'une semelle mince retenue au pied par des lanières.

NU-PROPRIÉTAIRE, NUE-PROPRIÉTAIRE **n.** (pl. *nus-propriétaires, nues-propriétaires*). **DR.** Propriétaire d'un bien sur lequel une autre personne exerce un droit d'usufruit, d'usage ou d'habitation.

NUPTIAL, E, AUX **adj.** (lat. *nuptialis*). **1.** Relatif à la cérémonie du mariage. **2.** Relatif à l'union entre les époux : *Anneau nuptial.*

NUPTIALITÉ **n.f. DÉMOGR.** Phénomène du mariage, considéré du point de vue du nombre. ▪ **Taux de nuptialité,** rapport du nombre de mariages à l'effectif moyen de la population durant une période donnée.

NUQUE **n.f.** (lat. *nucha*). **ANAT.** Partie postérieure du cou, au-dessous de l'occiput.

NURAGHE (pl. *nuraghes* ou *nuraghi*), ▲ *NURAGHÉ* [nurage] **n.m.** (mot sarde). Construction cyclopéenne sarde, datant de l'âge du bronze (à partir du IIe millénaire av. J.-C.) et qui servait probablement de refuge ou de forteresse.

NURAGIQUE **adj.** Relatif à la civilisation qui édifia les nuraghes.

NURSAGE [nœr-] ou **NURSING** [nœrsiŋ] **n.m.** (angl. *nursing*). **MÉD.** Ensemble des soins prodigués par le personnel infirmier et les aides-soignants ; ensemble des soins d'hygiène et de confort prodigués aux personnes dépendantes.

NURSE [nœrs] **n.f.** (mot angl.). Vx. Gouvernante chargée des enfants d'une famille.

NURSERY (pl. *nurserys* ou *nurseries*) ou **NURSERIE** [nœrsəri] **n.f.** (angl. *nursery*). **1.** Local où l'on peut changer les bébés, faire chauffer les biberons, dans certains lieux publics (aéroports, stations-service, etc.). **2.** Lieu d'élevage des juvéniles de poissons, de crustacés, de mollusques. **3.** Vx. Pièce réservée aux enfants, dans une maison.

NUTATION **n.f.** (du lat. *nutatio*, balancement). **1. MÉCAN.** Petit mouvement périodique qu'effectue l'axe de rotation d'un corps animé d'un mouvement de type gyroscopique, autour de la position moyenne de cet axe. **2. ASTRON.** Petit mouvement périodique que subit l'axe de rotation de la Terre autour de sa position moyenne et qui s'ajoute à la précession*. **3. BOT.** Mouvement souvent hélicoïdal, exécuté par l'extrémité d'une tige, d'une racine, d'une feuille, au cours de la croissance.

NUTRIMENT **n.m. PHYSIOL.** Substance chimique contenue dans les aliments ou provenant de leur digestion, et dotée d'une valeur nutritive.

NUTRITHÉRAPIE **n.f.** Médecine alternative fondée sur l'administration de fortes doses de certains nutriments (vitamines et oligoéléments, par ex.).

NUTRITIF, IVE **adj.** (lat. *nutritivus*). **1.** Qui nourrit. **2.** Qui contient en abondance des éléments ayant la propriété de nourrir ; nourrissant. **3.** Relatif à la nutrition : *Valeur nutritive d'un aliment.*

NUTRITION **n.f.** (lat. *nutritio*). Ensemble des processus d'absorption et d'utilisation des aliments, indispensables à l'organisme pour assurer son entretien et ses besoins en énergie ; discipline qui étudie ces processus.

NUTRITIONNEL, ELLE **adj.** Relatif à la nutrition.

NUTRITIONNISTE **n.** Spécialiste de la nutrition.

NYCTAGINACÉE **n.f.** (du gr. *nux, nuktos*, nuit). Dicotylédone apétale des régions chaudes, telle que la bougainvillée, le mirabilis. ➲ Les nyctaginacées forment une famille.

NYCTALOPE **adj.** et **n.** (gr. *nuktalôps*). Doué de nyctalopie.

NYCTALOPIE **n.f.** Faculté de voir la nuit que l'on observe chez certains animaux et chez certains individus.

NYCTHÉMÉRAL, E, AUX **adj.** Relatif au nycthémère.

NYCTHÉMÈRE **n.m.** (du gr. *nux, nuktos*, nuit, et *hêmera*, jour). **PHYSIOL.** Durée de vingt-quatre heures, comportant un jour et une nuit. ➲ Unité physiologique de temps pour l'homme et pour la plupart des animaux, incluant veille et sommeil.

NYLON **n.m.** (nom déposé). **1.** Polyamide mis au point en 1937 et utilisé pour la production d'objets moulés, de fibres textiles, etc. ➲ Bien que désignant souvent les polyamides en général, le Nylon est, à l'origine, le polyamide-6,6. **2.** Fibre, tissu obtenus à partir de ce produit.

NYMPHAL, E, ALS ou **AUX** **adj. ENTOMOL.** Relatif à une nymphe d'insecte.

NYMPHALIDÉ **n.m.** Papillon diurne aux couleurs vives, aux chenilles épineuses, tel que les vanesses, le paon de jour, le mars, le morio. ➲ Les nymphalidés forment une famille.

NYMPHE **n.f.** (du gr. *numphê*, jeune fille). **1. MYTH. GR. ET ROM.** Divinité féminine représentée sous les traits d'une jeune fille et personnifiant divers aspects de la nature. **2.** Litt. Jeune fille gracieuse et bien faite. **3. ANAT.** Chacune des petites lèvres de la vulve. **4. ENTOMOL.** Forme que prennent certains insectes, à l'issue de leur développement larvaire. **5. PÊCHE.** Mouche artificielle imitant une larve d'insecte.

▲ **nymphe.** *Nymphe surprise* (1861), d'Édouard Manet. (Musée national des Beaux-Arts, Buenos Aires.)

NYMPHÉA **n.m.** Nénuphar dont une espèce est le lotus sacré des Égyptiens. ➲ Famille des nymphéacées.

NYMPHÉE **n.m.** (gr. *numphaion*). **1. ANTIQ.** Sanctuaire dédié aux nymphes. **2. ARCHIT.** Construction élevée au-dessus ou autour d'une source, d'une fontaine.

NYMPHETTE **n.f.** Très jeune fille au physique attrayant et aux manières aguichantes.

NYMPHOMANE **n.f.** Femme atteinte de nymphomanie.

NYMPHOMANIE **n.f. PSYCHIATR.** Exagération des besoins sexuels chez la femme.

NYMPHOSE **n.f. ENTOMOL.** Transformation d'une larve d'insecte en nymphe.

NYSTAGMUS [-mys] **n.m.** (du gr. *nustagma*, assoupissement). **NEUROL.** Succession normale ou pathologique de petits mouvements involontaires et saccadés des yeux, souvent dans le sens horizontal.

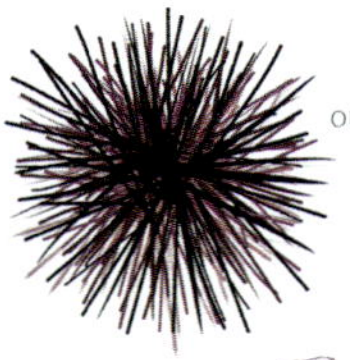
oursin

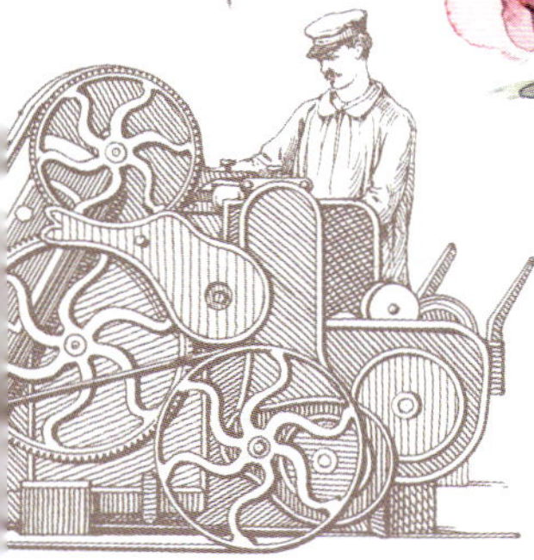
ouvreuse

orchidée

orque

otarie

O **n.m. inv.** Quinzième lettre de l'alphabet et la quatrième des voyelles. ➲ *O* sert à noter la voyelle postérieure fermée arrondie [o] ou *o fermé* et la voyelle postérieure ouverte arrondie [ɔ] ou *o ouvert*. ▪ **O.,** abrév. de *ouest*.

Ô **interj.** Litt. **1.** Sert à invoquer : *Ô mon Dieu !* **2.** Marque l'intensité d'une émotion : *Ô joie !*

OARISTYS [-tis] **n.f.** (du gr. *oar*, épouse). Litt. Conversation tendre.

OASIEN, ENNE **adj.** et **n.** Relatif à une oasis ; qui habite une oasis.

OASIS [-is] **n.f.** (mot gr., de l'égyptien). **1.** Petite région d'un désert, fertile grâce à la présence d'eau. **2.** Fig. Lieu, situation qui procurent du calme : *Une oasis de prospérité.*

OBÉDIENCE **n.f.** (lat. *oboedientia*). **1.** CATH. Obéissance à un supérieur ecclésiastique. **2.** Dépendance d'une maison religieuse par rapport à une maison principale. **3.** Soumission à une autorité spirituelle, politique ou philosophique. **4.** Groupement de loges maçonniques à l'échelon national. ▪ **Lettre d'obédience,** en France, lettre délivrée par un supérieur à un religieux ou à une religieuse, lui permettant d'enseigner (1850-1881).

OBÉIR **v.t. ind. [21] (À)** [lat. *oboedire*]. **1.** Se soumettre à la volonté de qqn, à un règlement : *Obéir aux consignes.* **2.** Absol. Exécuter les ordres : *Enfants qui n'obéissent pas.* **3.** Céder à une incitation, à un sentiment : *Obéir à son intuition.* **4.** Répondre au mouvement commandé : *L'avion n'obéit plus aux commandes.* **5.** Être soumis à une force, à une nécessité naturelle ; subir : *Économie qui obéit aux marchés.*

✎ ***Obéir*** *peut s'employer au passif :* ***Les parents veulent être obéis.***

OBÉISSANCE **n.f.** Fait d'obéir.

OBÉISSANT, E **adj.** Qui fait preuve d'obéissance ; discipliné.

OBEL ou **OBÈLE** **n.m.** (du lat. *obelus*, broche). Marque utilisée par les paléographes pour noter un passage douteux ou interpolé dans les anciens manuscrits.

OBÉLISQUE **n.m.** (du gr. *obeliskos*, broche à rôtir). Pierre levée, génér. monolithe, de section quadrangulaire, terminée par un pyramidion.

OBÉRER **v.t. [11],** ▲ *[11*]* (du lat. *obaeratus*, endetté). Litt. **1.** Faire peser une lourde charge financière sur ; grever. **2.** Compromettre : *Obérer l'avenir.*

OBÈSE **adj.** et **n.** (du lat. *obesus*, gras). Atteint d'obésité.

OBÉSITÉ **n.f.** Excès de poids par augmentation de la masse adipeuse de l'organisme. ➲ L'obésité se définit par un indice de masse* corporelle supérieur à 30. Elle prédispose aux maladies cardio-vasculaires, au diabète et à l'arthrose du genou.

OBI **n.f.** (mot jap.). Large et longue ceinture de soie portée au Japon sur le kimono.

OBIER **n.m.** (ital. *obbio*). Arbrisseau du genre viorne, dont une forme cultivée doit son nom de *boule-de-neige* à ses fleurs blanches ou verdâtres groupées en inflorescences sphériques.

OBIT [ɔbit] **n.m.** (du lat. *obitus*, mort). CATH. Service religieux célébré pour un défunt à la date anniversaire de sa mort.

OBITUAIRE **adj.** CATH. ▪ **Registre obituaire,** ou **obituaire, n.m.,** registre renfermant la liste des défunts pour l'anniversaire desquels on doit prier ou célébrer un obit.

OBJECTAL, E, AUX **adj.** PSYCHAN. Relatif à l'objet.

OBJECTER **v.t. [3]** (du lat. *objectare*, placer devant). Formuler un argument en opposition à ce qui a été dit ; rétorquer : *Elle a objecté que rien ne laissait prévoir ce dénouement.*

OBJECTEUR **n.m.** ▪ **Objecteur de conscience,** jeune homme qui, avant son incorporation, se déclare, en raison de ses convictions religieuses ou philosophiques, opposé en toute circonstance à l'usage personnel des armes.

1. OBJECTIF, IVE **adj.** (du lat. *objectus*, placé devant). **1.** Qui existe indépendamment de la pensée (par oppos. à *subjectif*) : *La réalité objective.* **2.** Qui ne fait pas intervenir d'éléments affectifs ou personnels dans ses jugements ; neutre. ▪ **Allié objectif,** personne, groupe dont le comportement sert les intérêts de qqn avec qui ils n'ont pas nécessairement d'affinités.

2. OBJECTIF **n.m.** **1.** But à atteindre : *Les objectifs d'une réforme.* **2.** MIL. Point, ligne ou zone de terrain à battre par le feu (bombardement) ou à conquérir par le mouvement et le choc (attaque). **3.** OPT. Élément d'un instrument d'optique qui est tourné vers l'objet que l'on veut observer, et qui fournit une image à l'oculaire. **4.** PHOTOGR. Système optique d'un appareil de prise de vue ou de projection, qui permet de former l'image sur une surface sensible ou sur un écran.

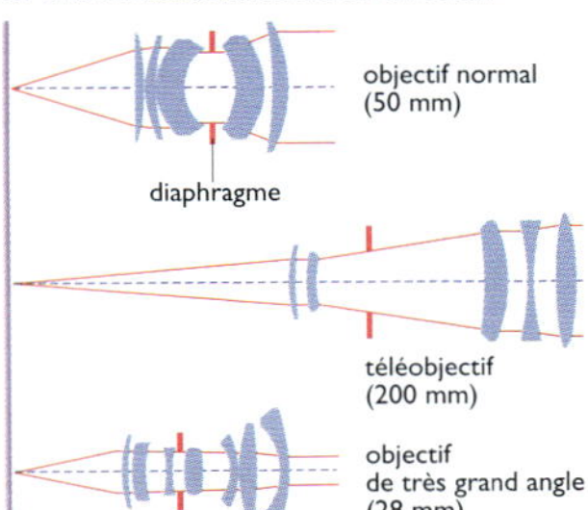

▲ **objectifs** photographiques. Disposition des lentilles et trajet du faisceau lumineux.

OBJECTION **n.f.** **1.** Argument opposé à une affirmation ; critique : *Formuler des objections.* **2.** Difficulté empêchant la réalisation de qqch ; inconvénient : *Je n'y vois pas d'objection.* ▪ **Objection de conscience,** refus de porter les armes pour des raisons de conscience (philosophiques, religieuses, etc.).

OBJECTIVATION **n.f.** Action d'objectiver.

OBJECTIVEMENT **adv.** **1.** De façon objective. **2.** PHILOS. En faisant abstraction du point de vue du sujet.

OBJECTIVER **v.t. [3].** **1.** PSYCHOL. Rapporter à une réalité extérieure : *Objectiver des sensations.* **2.** Traduire par des mots un sentiment, une pensée : *Objectiver un malaise*

OBJECTIVISME **n.m.** **1.** Absence systématique de parti pris, par mise à l'écart des données subjectives. **2.** PHILOS. Illusion consistant à croire que la réalité se réduit à la connaissance qu'en donne la science ; chez Husserl, illusion consistant à oublier que l'objet scientifique est visé et construit par un sujet connaissant.

OBJECTIVITÉ **n.f.** **1.** Qualité d'une personne qui porte un jugement objectif ; impartialité. **2.** Qualité de ce qui est conforme à la réalité (par oppos. à *subjectivité*).

OBJET **n.m.** (du lat. *objectum*, ce qui est placé devant). **1.** Toute chose concrète, perceptible par la vue, le toucher. **2.** Chose solide considérée comme un tout, fabriquée par l'homme et destinée à un certain usage : *Vos objets de toilette.* **3.** Ce sur quoi porte une activité, un sentiment, etc. ; sujet : *L'objet de leurs recherches.* **4.** But d'une action, d'un comportement ; objectif : *Cette mesure a pour objet la prévention des accidents.* **5.** DR. Bien, prestation sur lesquels portent un droit, une obligation. **6.** DR. Résultat auquel tend une action en justice. **7.** PSYCHAN. Ce sur quoi se fixe la pulsion pour obtenir une satisfaction. ▪ **Complément d'objet** [gramm.], nom, groupe nominal ou pronom complément du verbe, qui désigne l'être ou la chose qui subit l'action exprimée par le verbe. ➲ On distingue le *complément d'objet direct (COD)*, qui dépend d'un verbe transitif direct, du *complément d'objet indirect (COI)*, qui dépend d'un verbe transitif indirect ; on appelle *complément d'objet second (COS)* le complément d'objet indirect d'un verbe qui a aussi un complément d'objet direct. ▪ **Langage à objets** ou **orienté objets** [inform.], langage adapté à la programmation par objets. ▪ **Objet d'art,** qui résulte d'une création artistique (princip. dans le domaine des arts appliqués et génér. de dimensions limitées). ▪ **Programmation par objets** [inform.], mode de programmation dans lequel les données et les procédures qui les manipulent sont regroupées en entités appelées *objets.* ▪ **Sans objet,** sans fondement ; injustifié : *Vos réclamations sont sans objet.*

OBJURGATION **n.f.** (du lat. *objurgatio*, blâme). Litt. (Surtout pl.). **1.** Vive remontrance ; admonestation. **2.** Prière pressante ; adjuration.

OBLAT, E n. (du lat. *oblatus*, offert). **1.** Laïque qui s'agrège à une famille monastique sans prononcer de vœux. **2.** Religieux de certaines congrégations.

OBLATIF, IVE adj. PSYCHOL. Qui fait passer les besoins d'autrui avant les siens propres.

OBLATION n.f. (bas lat. *oblatio*). **CATH.** Action par laquelle on offre qqch à Dieu ; offrande à Dieu du pain et du vin précédant la consécration, pendant l'office eucharistique.

OBLIGATAIRE n. BOURSE. Porteur d'obligations. ◆ **adj.** Fait d'obligations : *Emprunt obligataire.*

OBLIGATION n.f. 1. Contrainte qu'imposent la loi, la morale, les circonstances : *Obligations professionnelles. Sans obligation d'achat.* **2. DR.** Lien de droit par lequel une personne est tenue de faire ou de ne pas faire qqch : *Obligation alimentaire.* **3. BOURSE.** Titre négociable, représentant une des fractions égales d'un prêt consenti à une société privée ou à une collectivité publique lors de l'émission d'un emprunt (dit *emprunt obligataire*). ▪ **Être dans l'obligation de,** être obligé de : *Être dans l'obligation de démissionner.* ▪ **Obligation cautionnée** [banque], crédit accordé par l'État à un contribuable (souvent une entreprise) pour différer le paiement de certains impôts. ▪ **Obligation scolaire** [dr.], disposition légale qui impose d'assurer ou de faire assurer l'instruction de l'enfant dont on est responsable, entre 6 et 16 ans.

OBLIGATOIRE adj. 1. Imposé par la loi ou des circonstances particulières ; indispensable : *Le port du casque est obligatoire. Tenue de soirée obligatoire.* **2.** Inéluctable : *Dans ces conditions, la chute était obligatoire.*

OBLIGATOIREMENT adv. 1. Impérativement. **2.** Inévitablement.

OBLIGÉ, E adj. et **n.** Litt. Qui est redevable d'un bienfait ; reconnaissant. ◆ **adj.** Commandé par une nécessité : *C'est une conséquence obligée de la mondialisation.* ▪ **C'est obligé** [fam.], il ne peut en être autrement.

OBLIGEAMMENT [-ʒa-] **adv.** Litt. Avec le désir de rendre service ; aimablement.

OBLIGEANCE n.f. Litt. Disposition à rendre service, à faire plaisir ; prévenance.

OBLIGEANT, E adj. Litt. Qui aime obliger, faire plaisir ; serviable.

OBLIGER v.t. [10] (lat. *obligare*, de *ligare*, lier). **1.** Imposer comme devoir ; lier par une loi, une convention ; engager : *Le bail oblige le locataire et le propriétaire.* **2. (À).** Mettre dans la nécessité, dans l'obligation morale de ; contraindre : *Les circonstances m'obligent à la prudence* ou *à être prudent.* **3.** Litt. Rendre service à : *Elle ne demande qu'à nous obliger.*

OBLIQUE adj. (lat. *obliquus*). Qui est de biais, dévié par rapport à une ligne, à un plan horizontal, vertical. ▪ **Action oblique** [dr.], action intentée par un créancier au nom et pour le compte de son débiteur négligent et insolvable. ▪ **Cas oblique** [ling.], cas, tels le datif, le génitif, etc., exprimant des fonctions considérées comme secondaires (par oppos. aux fonctions de *sujet* et de *complément d'objet direct*). ▪ **Muscle oblique,** ou **oblique, n.m.** [anat.], nom de plusieurs muscles de l'organisme : *Muscle grand oblique de l'abdomen.* ▪ **Regard oblique,** fuyant ; torve. ◆ **n.f. MATH.** Droite qui coupe une autre droite ou un autre plan sans lui être perpendiculaire.

OBLIQUEMENT adv. Selon une direction oblique ; de biais.

OBLIQUER v.i. [3]. Prendre une direction un peu différente de la direction primitive ; dévier.

OBLIQUITÉ [-kɥite] **n.f. MATH.** Inclinaison d'une ligne, d'une surface sur une autre. ▪ **Obliquité de l'écliptique** [astron.], angle de 23° 26′ que forme l'écliptique avec l'équateur céleste.

OBLITÉRATEUR, TRICE adj. Qui oblitère. ◆ **n.m.** Appareil pour oblitérer des timbres, des reçus, des quittances, etc.

OBLITÉRATION n.f. Action d'oblitérer.

OBLITÉRER v.t. [11], ▲ *[11*]* (du lat. *oblitterare*, effacer). **1.** Apposer une marque sur un timbre pour le rendre impropre à un nouvel usage. **2.** Litt. Effacer progressivement ; estomper : *Les années oblitèrent le passé.* **3. MÉD.** Obstruer un organe creux (par ex. une artère), un orifice naturel.

OBLONG, OBLONGUE adj. (lat. *oblongus*). De forme allongée.

OBNUBILATION n.f. PSYCHIATR. Obscurcissement de la conscience, accompagné d'un ralentissement des processus intellectuels.

OBNUBILÉ, E adj. PSYCHIATR. Qui souffre d'obnubilation.

OBNUBILER v.t. [3] (du lat. *obnubilare*, couvrir d'un nuage). Dominer l'esprit de ; obséder : *Ses problèmes financiers l'obnubilent.* ◆ **S'OBNUBILER v.pr. PSYCHIATR.** Souffrir d'obnubilation.

OBOLE n.f. (gr. *obolos*). **1.** Petit don en argent : *Verser son obole à une association.* **2. NUMISM.** Unité de monnaie et de poids de la Grèce antique, qui valait le sixième de la drachme.

OBOMBRER v.t. [3]. Litt. Couvrir d'ombre.

OBSCÈNE adj. (du lat. *obscenus*, de mauvais augure). **1.** Qui blesse la pudeur par des représentations d'ordre sexuel ; ordurier : *Graffitis obscènes.* **2.** Qui choque par son caractère scandaleux, immoral : *Ce reportage sur l'agonie des victimes est obscène.*

OBSCÉNITÉ n.f. 1. Caractère de ce qui est obscène. **2.** Parole, acte obscènes.

OBSCUR, E adj. (lat. *obscurus*). **1.** Qui n'est pas ou qui est mal éclairé : *Couloir obscur.* **2.** Difficile à comprendre : *Affaire obscure.* **3.** Difficile à analyser : *Un obscur pressentiment.* **4.** Sans gloire ni renom : *D'obscurs exécutants.* ▪ **Salles obscures,** salles de cinéma.

OBSCURANTISME n.m. Attitude d'opposition à l'instruction, à la raison et au progrès.

OBSCURANTISTE adj. et **n.** Relatif à l'obscurantisme ; qui le défend.

OBSCURCIR v.t. [21]. Rendre obscur ; assombrir. ◆ **S'OBSCURCIR v.pr.** Devenir obscur.

OBSCURCISSEMENT n.m. Action d'obscurcir ; fait de s'obscurcir.

OBSCURÉMENT adv. 1. De façon vague : *Elle sentait obscurément un mécontentement dans l'auditoire.* **2.** Sans être connu : *Il œuvre obscurément à leurs côtés.*

OBSCURITÉ n.f. 1. Absence de lumière : *Tâtonner dans l'obscurité.* **2.** Manque d'intelligibilité : *L'obscurité d'un poème.* **3.** Situation sans notoriété : *Philosophe sorti de l'obscurité.*

OBSÉDANT, E adj. Qui obsède ; lancinant : *Des souvenirs obsédants.*

OBSÉDÉ, E adj. et **n. 1.** Qui est la proie d'une obsession. **2.** Qui est la proie d'obsessions de nature sexuelle.

OBSÉDER v.t. [11], ▲ *[11*]* (du lat. *obsidere*, assiéger). **1.** Occuper de façon exclusive l'esprit de : *Sa revanche l'obsède.* **2.** Vx. Importuner par des demandes incessantes.

OBSÈQUES n.f. pl. (bas lat. *obsequiae*, du class. *obsequi*, suivre). Cérémonie des funérailles ; enterrement.

OBSÉQUIEUSEMENT adv. De façon obséquieuse.

OBSÉQUIEUX, EUSE adj. (lat. *obsequiosus*). Poli et empressé à l'excès ; servile.

OBSÉQUIOSITÉ n.f. Caractère, comportement d'une personne obséquieuse.

OBSERVABLE adj. Qui peut être observé.

OBSERVANCE n.f. 1. Action d'observer fidèlement une règle religieuse ; cette règle. **2.** Action d'observer une prescription, une coutume. **3.** Respect des instructions et des prescriptions du médecin. **4.** Communauté religieuse considérée par rapport à la règle qu'elle observe. ▪ **Stricte observance,** branche d'un ordre religieux qui, après des réformes, suit de nouveau la règle primitive.

OBSERVATEUR, TRICE n. 1. Personne qui assiste à qqch en spectateur ; témoin. **2.** Personne présente dans un débat, une commission, mais qui ne peut ni intervenir ni voter. **3.** Personne dont la mission est d'assister au déroulement de certains événements afin d'en rendre compte : *Des observateurs de l'ONU suivent les élections.* **4. MIL.** Personne qui surveille les positions ennemies, observe le combat. **5.** Individu considéré sous le rapport de la position qu'il occupe dans l'espace et des circonstances particulières suivant lesquelles les phénomènes se présentent à lui : *Un observateur placé face au nord.* ◆ **adj.** Qui sait observer et regarder avec un esprit critique.

OBSERVATION n.f. 1. Action de regarder attentivement les êtres, les choses, les événements pour les étudier, en tirer des conclusions : *L'observation des insectes.* **2.** Compte rendu de qqn qui a observé qqch : *Un recueil des observations sur ce sujet.* **3.** Remarque faite sur les propos de qqn : *Je ferai une observation sur le fond.* **4.** Légère réprimande : *Elle a été blessée par votre observation.* **5.** Action de se conformer à ce qui est prescrit : *L'observation des consignes de sécurité.* **6. MÉD.** Surveillance d'un malade pendant un temps donné, pour préciser le diagnostic ou vérifier l'évolution de son état : *Mettre un blessé en observation* ; dossier rapportant les résultats des examens et les réflexions du médecin. **7. MIL.** Surveillance systématique de l'ennemi en vue d'obtenir des renseignements. ▪ **Esprit d'observation,** disposition ou habileté à observer.

OBSERVATIONNEL, ELLE adj. Qui est fondé sur une ou plusieurs observations.

OBSERVATOIRE n.m. 1. Établissement spécialement affecté aux observations astronomiques, météorologiques ou volcanologiques. **2.** Lieu aménagé pour l'observation : *Un observatoire à oiseaux.* **3.** Organisme chargé de rassembler et de diffuser des informations relatives aux faits politiques, économiques, sociaux : *Observatoire de la parité.*

OBSERVER v.t. [3] (lat. *observare*). **1.** Examiner avec attention pour étudier : *Observer des bactéries au microscope.* **2.** Regarder attentivement pour surveiller, contrôler : *Les policiers observent les allées et venues des suspects.* **3.** Prêter attention à ; constater : *Observer une détente dans les relations diplomatiques.* **4.** Se conformer à ce qui est prescrit par la loi, les usages ; respecter : *Observer le règlement.* **5.** Adopter de façon durable et volontaire un comportement : *Observer une parfaite neutralité.* ◆ **S'OBSERVER v.pr. 1.** Contrôler ses propres réactions. **2.** Se surveiller réciproquement.

OBSESSIF, IVE adj. Caractéristique de l'obsession : *La peur obsessive d'un attentat.*

OBSESSION n.f. (du lat. *obsessio*, siège, blocus). **1.** Pensée qui assiège l'esprit ; idée fixe : *L'idée de la rencontrer est devenue une obsession.* **2. PSYCHIATR.** Idée, sentiment, image souvent absurdes ou incongrus qui surgissent dans la conscience et l'assiègent, bien que le sujet soit conscient de leur caractère anormal.

OBSESSIONNEL, ELLE adj. 1. PSYCHIATR. Relatif à l'obsession : *Trouble obsessionnel.* **2.** Qui fait l'objet d'une pensée obsédante, d'une idée fixe : *Le désir de réussite sociale peut vite devenir obsessionnel.* ▪ **Névrose obsessionnelle,** névrose dont les symptômes sont des obsessions et des rituels. ◆ **adj.** et **n.** Atteint d'une névrose obsessionnelle.

OBSIDIENNE n.f. Roche volcanique vitreuse de couleur sombre à noire.

OBSIDIONAL, E, AUX adj. (lat. *obsidionalis*, de *obsidio*, siège). **FORTIF.** Qui concerne le siège d'une ville. ▪ **Fièvre obsidionale,** psychose collective frappant une population assiégée.

OBSOLESCENCE n.f. (du lat. *obsolescere*, sortir de l'usage). **1.** Sout. Fait de devenir obsolète. **2. ÉCON.** Dépréciation d'une machine, d'un équipement par le seul fait de l'évolution technique, et non de l'usure résultant de leur fonctionnement. ▪ **Obsolescence programmée,** ensemble de techniques destinées à réduire, lors de la conception d'un produit, sa durée de vie ou d'utilisation, afin d'amener le consommateur à le remplacer plus fréquemment.

OBSOLESCENT, E adj. Sout. Frappé d'obsolescence.

OBSOLÈTE adj. (du lat. *obsoletus*, usé). **1.** Se dit d'un mot, d'une expression sortis de l'usage ; désuet. **2. ÉCON.** Périmé par obsolescence.

OBSTACLE n.m. (lat. *obstaculum*, de *obstare*, se tenir devant). **1.** Ce qui empêche d'avancer, s'oppose à la marche : *Le cheval contourna l'obstacle.* **2.** Fig. Ce qui empêche ou retarde une action, une progression : *Tous les obstacles à sa candidature sont à présent levés.* **3. SPORTS.** Chacune des difficultés placées sur une piste, et que l'on doit franchir (hippisme, course à pied, en partic.) : *Course, saut d'obstacles.* ▪ **Faire obstacle à qqch, qqn** [fig.], s'opposer à eux : *Son inexpérience fait obstacle à sa promotion.*

OBSTÉTRICAL, E, AUX **adj.** Relatif à la grossesse, à l'accouchement ou à l'obstétrique.

OBSTÉTRICIEN, ENNE **n.** Spécialiste d'obstétrique.

OBSTÉTRIQUE **n.f.** (du lat. *obstetrix, -icis*, accoucheuse). Discipline médicale qui traite de la grossesse et de l'accouchement.

OBSTINATION **n.f.** Action de persévérer ; caractère d'une personne obstinée ; opiniâtreté.

OBSTINÉ, E **adj.** et **n.** Qui persévère dans ses opinions, ses actions ; entêté : *Journaliste obstiné.* ◆ **adj. 1.** Qui marque de l'obstination : *Enquête obstinée.* **2.** Difficile à réprimer ; tenace : *Toux obstinée.*

OBSTINÉMENT **adv.** Avec obstination.

S'OBSTINER **v.pr. [3]** (lat. *obstinare*). **1.** S'attacher avec ténacité à qqch, à faire qqch : *S'obstiner dans son refus* ou *à refuser.* **2.** Absol. Demeurer sur ses positions : *Tant que vous direz non, il s'obstinera.*

OBSTRUCTIF, IVE **adj.** **MÉD.** Se dit d'une affection qui cause une obstruction.

OBSTRUCTION **n.f.** (lat. *obstructio*). **1.** Engorgement d'un conduit, d'une canalisation, etc. : *L'obstruction d'un tuyau.* **2. MÉD.** Blocage de l'écoulement dans un conduit naturel (l'intestin, l'uretère, une artère, par ex.). **3.** Ensemble de manœuvres employées pour entraver le bon déroulement d'une action, d'un processus, etc. **4. SPORTS.** Action de s'opposer de façon irrégulière au jeu de l'adversaire. ▪ **Faire obstruction à qqch,** en empêcher la réalisation.

OBSTRUCTIONNISME **n.m.** Obstruction systématique dans une assemblée politique.

OBSTRUCTIONNISTE **adj.** et **n.** Relatif à l'obstructionnisme ; qui le pratique.

OBSTRUER **v.t. [3]** (du lat. *obstruere*, construire devant). Boucher par un obstacle ; bloquer : *Des déchets obstruent le siphon.*

OBTEMPÉRER **v.t. ind. [11],** ▲ *[11*]* (lat. *obtemperare*). Litt. **1. (À).** Se soumettre à une injonction : *La ministre a obtempéré à l'ordre du président.* **2.** Absol. Exécuter un ordre ; obéir : *En garde à vue pour refus d'obtempérer.*

OBTENIR **v.t. [28]** (auxil. *avoir*) [du lat. *obtinere*, maintenir]. **1.** Parvenir à se faire accorder ce que l'on désire : *Obtenir un prêt.* **2.** Atteindre un résultat : *Obtenir un poste* ; parvenir à ce que qqch se produise : *J'ai obtenu qu'il ne dise rien à ce sujet.*

OBTENTION **n.f.** Fait d'obtenir qqch : *L'obtention d'un délai, d'un diplôme* ; fait de produire, de réaliser : *L'obtention d'une nouvelle variété de rose.*

OBTURATEUR, TRICE **adj.** Qui sert à obturer. ▪ **Trou obturateur** [anat.], trou de l'os iliaque, situé sous le pubis et l'articulation de la hanche. ◆ **n.m. 1. PHOTOGR.** Dispositif permettant de régler la durée d'exposition d'une surface sensible. **2.** Organe de robinetterie qui sert à interrompre ou à établir le passage dans une conduite d'eau, de gaz, de vapeur.

OBTURATION **n.f.** Action d'obturer.

OBTURER **v.t. [3]** (du lat. *obturare*, boucher). **1.** Boucher hermétiquement ; colmater : *Obturer une fuite.* **2.** Combler la cavité d'une dent cariée avec un amalgame.

OBTUS, E [ɔpty, yz] **adj.** (du lat. *obtusus*, émoussé). **1.** Qui manque de finesse, de sagacité : *Des badauds obtus.* **2. MATH.** Se dit d'un angle dont la mesure est comprise strictement entre 90° et 180°.

OBTUSANGLE [ɔptyzɑ̃gl] **adj. MATH.** Se dit d'un triangle qui a un angle obtus.

OBUS **n.m.** (de l'all. *Haubitze*, obusier, du tch.). Projectile de forme cylindro-ogivale, de calibre égal ou supérieur à 20 mm, lancé par une bouche à feu.

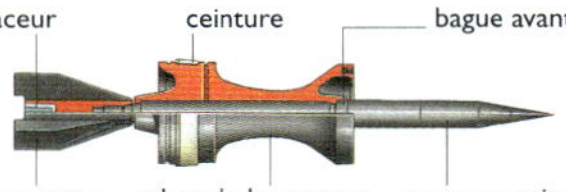

▲ **obus** antichar (obus-flèche).

OBUSIER **n.m.** Canon relativement court qui peut effectuer du tir direct, plongeant et vertical.

OBVIE **adj.** (lat. *obvius*). **PHILOS.** Qui vient spontanément à l'esprit : *Sens obvie d'un mot.*

OBVIER **v.t. ind. [5] (À)** [du lat. *obviare*, aller à la rencontre de]. Litt. Éviter que qqch de fâcheux se produise ; parer à : *Obvier à la rupture des négociations.*

OC **adv.** (mot d'anc. provenç. « oui », du lat. *hoc*, celui-ci). ▪ **Langue d'oc,** ensemble des dialectes romans parlés dans la moitié sud de la France (par oppos. à *langue d'oïl*) [SYN. **occitan**].

OCARINA **n.m.** (mot ital., de *oca*, oie). Petit instrument de musique à vent, de forme ovoïde et percé de trous.

OCCASE **n.f.** (abrév.). Fam. Occasion.

OCCASION **n.f.** (du lat. *occasio*, moment favorable). **1.** Circonstance qui vient à propos : *Laisser échapper l'occasion.* **2.** Contexte qui détermine un événement : *Ce sera une occasion de la rencontrer.* **3.** Objet vendu ou acheté de seconde main ; achat, vente de tels objets : *Marché de l'occasion.* ▪ **À l'occasion,** le cas échéant. ▪ **À l'occasion de,** lors de : *Je l'ai revu à l'occasion d'un colloque.* ▪ **D'occasion,** qui n'est pas vendu ou acheté neuf : *Meubles d'occasion.*

OCCASIONNALISME **n.m. PHILOS.** Doctrine des causes occasionnelles, développée par Malebranche.

OCCASIONNEL, ELLE **adj. 1.** Qui se produit par hasard ; fortuit : *Surcroît de travail occasionnel.* **2.** Qui est tel par hasard (par oppos. à *habituel*) : *Visiteur occasionnel.* ▪ **Cause occasionnelle** [philos.], chez Malebranche, cause naturelle apparente d'un phénomène quelconque, qui ne fait que donner occasion à la causalité divine d'agir. ◆ **adj.** et **n.** Québec. Se dit d'une personne employée pour une durée déterminée.

OCCASIONNELLEMENT **adv.** De temps en temps.

OCCASIONNER **v.t. [3].** Être la cause de qqch de fâcheux : *Cette erreur de calcul a occasionné un préjudice.*

OCCIDENT **n.m.** (du lat. *occidens*, qui se couche). Ouest ; couchant. ▪ **L'Église d'Occident,** les Églises de rite latin, par oppos. aux Églises de rite oriental. ▪ **L'Occident,** l'ensemble des pays d'Europe occidentale et d'Amérique du Nord, en tant qu'ils se rattachent aux mêmes valeurs culturelles ; l'ensemble des pays membres du pacte de l'Atlantique Nord.

OCCIDENTAL, E, AUX **adj. 1.** Situé à l'ouest, à l'occident. **2.** Qui a trait aux pays membres du pacte de l'Atlantique Nord. **3.** Qui relève de la civilisation qui s'est développée dans l'ouest de l'Europe et diffusée en Amérique du Nord et du mode de vie des pays correspondants. ◆ **n.** (Avec une majuscule). Personne qui appartient à la civilisation occidentale, à l'un des pays qui s'y rattachent.

OCCIDENTALISATION **n.f.** Action d'occidentaliser.

OCCIDENTALISER **v.t. [3].** Modifier par le contact avec la civilisation occidentale.

OCCIDENTALISTE **adj.** et **n. HIST.** Se disait des membres de l'intelligentsia russe du XIXe s. partisans du développement de la Russie sur le modèle européen (par oppos. à *slavophile*).

OCCIPITAL, E, AUX **adj. ANAT.** Qui appartient à l'occiput. ▪ **Lobe occipital,** partie postérieure de chaque hémisphère cérébral, centre de la vision. ▪ **Os occipital,** ou **occipital, n.m.,** os qui forme la paroi postérieure et inférieure du crâne. ▪ **Trou occipital,** trou dans l'os occipital par où passe l'axe cérébro-spinal.

OCCIPUT [-pyt] **n.m.** (mot lat., de *caput*, tête). **ANAT.** Partie inférieure et postérieure de la tête.

OCCIRE **v.t.** (lat. *occidere*). Litt. ou par plais. (Seulem. à l'inf. et au p. passé *occis, e*). Tuer.

OCCITAN, E **adj.** et **n.** De l'Occitanie. ◆ **n.m.** Langue d'oc*.

➲ **L'OCCITAN** (ainsi appelé aujourd'hui de préférence à langue d'oc) fut au Moyen Âge, avec les troubadours, une grande langue de culture, alors relativement unifiée. La langue se divise toutefois en trois grandes aires dialectales : le nord-occitan (limousin, périgourdin, auvergnat, vivaro-alpin), l'occitan moyen, qui est le plus proche de la langue médiévale (languedocien et provençal au sens restreint), et le gascon (dont fait partie le béarnais).

OCCITANISME **n.m.** Mouvement de défense de la langue et de la culture occitanes.

OCCLUSIF, IVE **adj. MÉD.** Qui cause une occlusion. ▪ **Consonne occlusive,** ou **occlusive, n.f.** [phon.], consonne dont l'articulation comporte une occlusion (ex. : [p], [t], [k], [g], [b], [d]).

OCCLUSION **n.f.** (lat. *occlusio*). **1. MÉD.** Fermeture pathologique, partielle ou complète, d'un conduit, d'un orifice de l'organisme ; obstruction : *Occlusion intestinale.* **2. MÉD.** Fermeture des bords d'une ouverture naturelle (lèvres, par ex.), normale, pathologique ou thérapeutique. **3.** Position des mâchoires lorsqu'on serre les dents. **4. PHON.** Fermeture complète et momentanée en un point du canal vocal. **5. CHIM.** Emprisonnement de substances par d'autres, par des mécanismes divers (absorption, adsorption, combinaison, etc.). **6. MÉTÉOROL.** Dans une perturbation des zones tempérées, mécanisme d'expulsion progressive en altitude, puis de disparition de l'air chaud, qui marque la phase finale de l'évolution d'un système de front.

OCCULTATION **n.f.** (lat. *occultatio*). **1.** Action d'occulter qqch ; dissimulation. **2. ASTRON.** Disparition momentanée d'un astre derrière un autre de diamètre apparent supérieur.

OCCULTE **adj.** (lat. *occultus*). **1.** Qui est fait dans le secret ; clandestin : *Financement occulte.* **2.** Qui n'est pas visible ; caché : *Saignement occulte.*

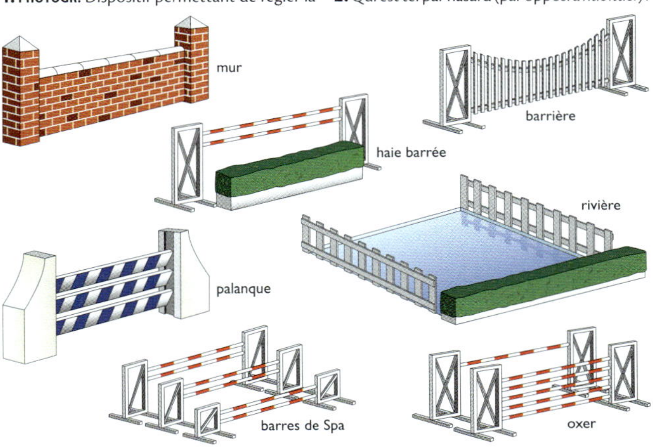

▲ **obstacles** utilisés dans un concours hippique.

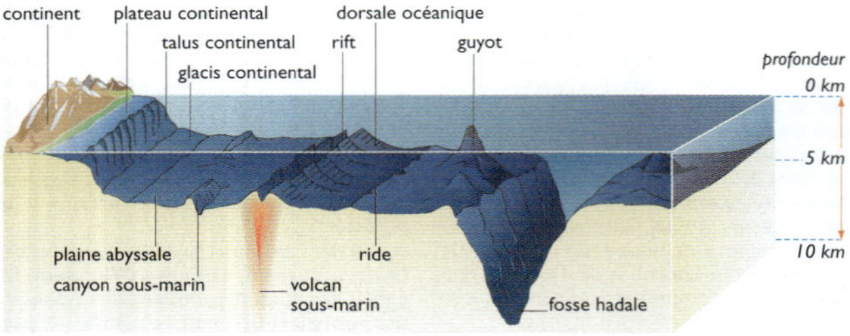

▲ **océanique.** Géomorphologie des fonds océaniques.

▪ **Sciences occultes,** doctrines et pratiques concernant des faits échappant à l'explication rationnelle, génér. fondées sur la croyance en des correspondances entre les choses et les êtres, et présentant le plus souvent un caractère ésotérique (alchimie, magie, mantique, etc.).

OCCULTER v.t. [3] (lat. *occultare*). **1.** Passer sous silence : *Occulter les faits compromettants. Occulter un souvenir.* **2. ASTRON.** En parlant d'un astre, cacher un autre astre par occultation. **3.** Rendre invisible un signal lumineux dans un périmètre donné.

OCCULTISME n.m. Étude et pratique des sciences occultes ; ensemble de celles-ci.

OCCULTISTE adj. et **n.** Relatif à l'occultisme ; qui en est un adepte.

OCCUPANT, E adj. et **n.** Qui occupe un lieu, un pays.

OCCUPATION n.f. 1. Action de se rendre maître militairement d'une ville, d'un pays. **2.** Fait d'occuper un lieu : *Occupation d'un immeuble par des squatteurs.* **3. DR.** Mode d'acquisition de la propriété par la prise de possession d'un bien vacant. **4.** Ce à quoi l'on occupe son temps : *Occupations professionnelles.* ▪ **L'Occupation,** v. partie n.pr.

OCCUPÉ, E adj. 1. Qui est sous occupation ennemie : *Territoires occupés.* **2.** Qui est pris, utilisé par qqn : *Cette chambre est occupée. Sa ligne est occupée, je rappellerai.* **3.** Qui est pris par une tâche, une activité ; indisponible : *Une personne très occupée.*

OCCUPER v.t. [3] (lat. *occupare*). **1.** Remplir un espace : *Le camion occupe toute la rue.* **2.** Exercer une fonction, une charge : *Occuper un poste de direction.* **3.** Avoir la possession, l'usage d'un lieu : *La boutique occupe le rez-de-chaussée.* **4.** Rester en masse en un lieu pour manifester son mécontentement : *Occuper le hall de l'entreprise.* **5.** Prendre possession militairement d'un territoire et y établir son autorité : *Un bataillon occupe l'aéroport.* **6.** Donner du travail à ; employer : *Les services occupent de nombreuses femmes.* **7.** Trouver une occupation à qqn : *Occuper les détenus à des travaux gratifiants.* **8.** Remplir le temps, la pensée de qqn : *Son travail occupe tout son temps.* ◆ **S'OCCUPER v.pr. 1. (DE).** Consacrer son temps à : *Elle s'occupe d'alphabétisation.* **2.** Absol. Ne pas être oisif : *Elle trouve toujours à s'occuper.*

1. OCCURRENCE n.f. (du lat. *occurrere*, se présenter). **CHRIST.** Rencontre de deux fêtes liturgiques occurrentes. ▪ **En l'occurrence** ou **en pareille occurrence,** dans cette circonstance ; en ce cas.

2. OCCURRENCE n.f. (mot angl. signif. « incident »). **1. LING.** Apparition d'une unité linguistique (phonologique, grammaticale ou lexicale) dans un corpus ; cette unité. **2. LOG.** Place occupée par un symbole dans une formule.

OCCURRENT, E adj. CHRIST. ▪ **Fête occurrente,** qui survient le même jour qu'une autre.

OCÉAN n.m. (lat. *oceanus*, du gr.). **1.** Vaste étendue du globe terrestre couverte par l'eau de mer. **2.** Division majeure de l'océan mondial, constituant une entité géographique régionale : *L'océan Arctique.* **3.** Fig. Grande quantité ; vaste étendue : *Un océan de réclamations, de sable.* ▪ **L'Océan,** l'océan Atlantique, en France.

OCÉANE adj.f. Litt. Relative à l'océan Atlantique : *La houle océane.*

OCÉANIEN, ENNE adj. et **n.** De l'Océanie.

OCÉANIQUE adj. Relatif à l'océan. ▪ **Climat tempéré océanique** → **TEMPÉRÉ.**

OCÉANOGRAPHE n. Spécialiste d'océanographie.

OCÉANOGRAPHIE n.f. Étude physique, chimique et biologique des eaux marines (SYN. **hydrologie marine**).

OCÉANOGRAPHIQUE adj. Relatif à l'océanographie.

OCÉANOLOGIE n.f. Ensemble des disciplines scientifiques (physique, chimie, géologie et biologie) et des techniques (prospection, exploitation) relatives à l'étude et à l'utilisation du domaine océanique.

➲ L'**OCÉANOLOGIE** repose sur trois objectifs : l'*étude des fonds et des littoraux,* analysés dans leurs formes (échosondage, bathymétrie, etc.), dans leurs structures (étude du magnétisme, des séismes, forages, etc.) et leur couverture sédimentaire (carottage, dragage) ; l'*étude des eaux* dans leur nature physico-chimique (salinité, température, densité, oxygène, etc.), leurs mouvements (courants, marées) et leurs relations avec l'atmosphère ; l'*étude des espèces animales et végétales* vivant sur le fond (benthos), flottant (plancton) ou nageant dans l'eau (necton) afin de définir la productivité en matière vivante (biomasse) en fonction des conditions écologiques. Aux données des navires en station s'ajoutent celles acquises à partir d'un réseau de bouées ou de satellites (télédétection).

OCÉANOLOGIQUE adj. Relatif à l'océanologie.

OCÉANOLOGUE n. Spécialiste d'océanologie.

OCELLE n.m. (du lat. *ocellus*, petit œil). **ZOOL. 1.** Œil simple de nombreux arthropodes (insectes, arachnides, etc.). **2.** Tache ronde, évoquant un œil, sur l'aile d'un insecte, le plumage d'un oiseau, le pelage d'un mammifère, etc.

OCELLÉ, E [ɔsɛle] **adj.** Parsemé d'ocelles, de taches rondes.

OCELOT n.m. (esp. *ocelote*, de l'aztèque *ocelotl*). Félin sauvage d'Amérique tropicale, à fourrure grise tachetée très recherchée ; cette fourrure. ➲ Famille des félidés.

OCHLOCRATIE [ɔklɔkrasi] **n.f.** (du gr. *okhlos*, foule). Vx, péjor. Forme de gouvernement où le pouvoir est détenu par la foule.

OCRE n.f. (lat. *ochra*, du gr. *ôkhros*, jaune). Argile souvent pulvérulente, colorée en jaune ou en rouge par des oxydes de fer et utilisée comme colorant. ◆ **adj. inv.** et **n.m.** Couleur jaune ou rouge mêlée de brun.

OCRER v.t. [3]. Teindre, colorer en ocre.

OCTA n.m. MÉTÉOROL. Unité utilisée pour évaluer la nébulosité, en un lieu et un instant donnés, équivalant à une fraction de 1/8 de la voûte céleste occupée par des nuages. ➲ Une nébulosité de 8 octas correspond à un ciel entièrement couvert.

OCTAÈDRE n.m. et **adj.** (bas lat. *octaedros*). **MATH.** Polyèdre à huit faces.

OCTAÉDRIQUE adj. Qui a la forme d'un octaèdre.

OCTAL, E, AUX adj. (du lat. *octo*, huit). Qui a pour base le nombre huit.

OCTANE n.m. Hydrocarbure saturé (C_8H_{18}) existant dans l'essence de pétrole. ▪ **Indice d'octane,** indice mesurant la valeur antidétonante d'un carburant par comparaison avec un carburant étalon.

OCTANT n.m. (lat. *octans*). **1. MATH.** Huitième de cercle, arc de 45°. **2.** Anc. Instrument servant à prendre en mer des hauteurs d'astres et des distances, analogue au sextant mais dont le limbe était d'un octant.

OCTANTE adj. num. (lat. *octoginta*). Vx. Quatre-vingts.

OCTAVE n.f. (du lat. *octavus*, huitième). **1. MUS.** Intervalle de huit degrés de l'échelle diatonique ; ensemble des huit notes contenues dans cet intervalle ; huitième degré de l'échelle diatonique, portant le même nom que le premier. **2. CATH.** Huitaine durant laquelle se continue la célébration d'une fête (Pâques, Noël) ; dernier jour de cette huitaine.

OCTAVIER v.i. [5]. MUS. Faire entendre l'octave supérieure ou inférieure d'un son, au lieu du son lui-même.

OCTET [ɔktɛ] **n.m. INFORM.** Multiplet comprenant huit éléments binaires ; unité de mesure (kilooctet, mégaoctet, etc.) relative à la quantité de données d'un fichier. ▪ **Règle de l'octet** [chim.], règle selon laquelle, pour un atome de numéro atomique supérieur à 4, la couche externe tend à comporter huit électrons.

OCTOBRE n.m. (lat. *october*, huitième, l'année romaine commençant en mars). Dixième mois de l'année.

OCTOCORALLIAIRE n.m. ZOOL. Cnidaire à huit tentacules, tel que le corail rouge, l'alcyon et la gorgone. ➲ Les octocoralliaires forment une sous-classe.

OCTOGÉNAIRE adj. et **n.** (lat. *octogenarius*). Qui a entre quatre-vingts et quatre-vingt-neuf ans.

OCTOGONAL, E, AUX adj. Qui a la forme d'un octogone.

OCTOGONE n.m. et **adj.** (du gr. *oktagônes*, à huit angles). **MATH.** Polygone à huit angles, et donc huit côtés.

OCTOPODE adj. Qui a huit pieds ou tentacules. ◆ **n.m.** Mollusque céphalopode possédant huit tentacules (poulpe, argonaute). ➲ Les octopodes forment un ordre.

OCTOSTYLE adj. ARCHIT. Se dit d'un édifice qui présente huit colonnes de front : *Temple octostyle.*

OCTOSYLLABE adj. et **n.m.** ou **OCTOSYLLABIQUE adj.** Se dit d'un vers qui a huit syllabes.

OCTROI n.m. 1. Action, fait d'octroyer. **2. HIST.** Droit perçu sur certaines denrées à leur entrée en ville ; administration chargée de percevoir ce droit ; bureau où il était perçu. ➲ L'octroi fut aboli en 1948. ▪ **Octroi de mer,** taxe indirecte que perçoivent les collectivités territoriales d'outre-mer sur les produits qu'elles importent et sur les productions locales.

OCTROYER [ɔktrwaje] **v.t. [7]** (lat. pop. *auctoridiare*). Accorder à titre de faveur. ◆ **S'OCTROYER v.pr.** Prendre sans permission : *S'octroyer une petite pause.*

OCTUOR n.m. (du lat. *octo*, huit). **MUS. 1.** Composition à huit parties. **2.** Groupe de huit instrumentistes ou chanteurs.

OCTUPLE adj. et **n.m.** Qui vaut huit fois autant.

OCTUPLER v.t. [3]. Multiplier par huit.

OCULAIRE adj. (du lat. *oculus*, œil). De l'œil : *Globe oculaire.* ▪ **Témoin oculaire,** qui a vu la chose dont il témoigne. ◆ **n.m.** Système optique d'une lunette, d'un microscope, etc., placé du côté de l'œil de l'observateur et qui sert à examiner l'image fournie par l'objectif.

OCULARISTE n. Personne qui prépare des pièces de prothèse oculaire.

OCULISTE n. Vieilli. Ophtalmologiste.

OCULOGYRE adj. NEUROL. Se dit d'un nerf, d'un muscle qui commande les mouvements des yeux, en partic. leur rotation.

OCULOMOTEUR, TRICE adj. Relatif à la motricité des yeux.

OCULUS [-lys] **n.m.** (mot lat. « œil »). **ARCHIT.** Petite baie de forme circulaire ou proche du cercle, munie ou non d'un panneau vitré (SYN. **œil-de-bœuf**).

✎ Pluriel savant : ***oculi.***

OCYTOCINE **n.f.** (du gr. *ôkus*, rapide, et *tokos*, accouchement). **BIOCHIM.** Hormone sécrétée par l'hypothalamus à l'occasion d'une relation amoureuse, et, surtout, chez la femme pendant l'accouchement, au cours duquel elle favorise les contractions, et l'allaitement.

ODALISQUE **n.f.** (turc *odaliq*). **1.** Esclave attachée au service des femmes du sultan, dans l'Empire ottoman. **2.** Litt., vieilli. Courtisane.

ODE **n.f.** (du gr. *ôdê*, chant). **1. LITTÉR.** Poème lyrique divisé en strophes et destiné soit à célébrer de grands événements ou de hauts personnages *(ode héroïque)*, soit à exprimer des sentiments plus familiers *(ode anacréontique)*. **2. MUS.** Poème mis en musique. **3.** Chez les Anciens, poème destiné à être chanté.

ODELETTE **n.f. LITTÉR.** Petite ode.

ODÉON **n.m.** (du lat. *odeum*, petit théâtre). Édifice à gradins, couvert, génér. de plan semi-circulaire, et destiné, dans l'Antiquité, aux auditions musicales.

ODEUR **n.f.** (lat. *odor*). Émanation produite par certaines substances, transmise par l'air et perçue par l'appareil olfactif ; effluve. ▪ **Mourir en odeur de sainteté,** mourir en état de perfection chrétienne. ▪ **Ne pas être en odeur de sainteté auprès de qqn** [fam.], ne pas être apprécié de lui.

ODIEUSEMENT **adv.** De façon odieuse.

ODIEUX, EUSE **adj.** (lat. *odiosus*, de *odium*, haine). **1.** Qui provoque l'indignation ; abject : *Un odieux attentat.* **2.** Extrêmement désagréable ; détestable : *Il est odieux avec ses collègues.*

ODOMÈTRE **n.m.** (du gr. *hodos*, route, et *metron*, mesure). Instrument servant à mesurer un trajet parcouru par une voiture ou par un piéton. (Dans ce dernier cas, on l'appelle *podomètre*.)

ODONATE **n.m.** (du gr. *odous, odontos*, dent). Insecte chasseur, doté de gros yeux et de quatre longues ailes transversales, tel que la libellule, l'æschne, la demoiselle. ➲ Les odonates forment un ordre.

ODONTALGIE **n.f.** (du gr. *odous, odontos*, dent, et *algos*, douleur). **MÉD.** Mal de dents.

ODONTOCÈTE **n.m.** (du gr. *kêtos*, baleine). Cétacé pourvu de nombreuses dents coniques, tel que le cachalot, le dauphin, l'orque. ➲ Les odontocètes forment un sous-ordre.

ODONTOÏDE **adj. ANAT.** ▪ **Apophyse odontoïde,** saillie de la deuxième vertèbre cervicale.

ODONTOLOGIE **n.f. MÉD.** Spécialité qui étudie les dents et soigne leurs anomalies (SYN. **dentisterie**).

ODONTOLOGISTE **n.** Praticien qui exerce l'odontologie (SYN. **dentiste, chirurgien-dentiste**).

ODONTOMÈTRE **n.m.** Règle graduée servant à déterminer le nombre et l'écartement des dentelures d'un timbre-poste.

ODONTOSTOMATOLOGIE **n.f. MÉD.** Discipline constituée par l'odontologie et la stomatologie combinées (SYN. **chirurgie dentaire**).

ODORANT, E **adj.** (de l'anc. fr. *odorer*, sentir). Qui exhale une odeur (génér. agréable) : *Un thé odorant.*

ODORAT **n.m.** (lat. *odoratus*). Sens permettant la perception des odeurs, dont les récepteurs sont localisés dans les fosses nasales chez les vertébrés, sur les antennes chez les insectes, et qui joue un rôle de premier plan chez la plupart des espèces, tant aquatiques que terrestres.

ODORIFÉRANT, E **adj.** Qui répand une odeur agréable.

ODYSSÉE **n.f.** (de *Odyssée*, n.pr.). Voyage mouvementé, riche en péripéties.

ŒCUMÉNIQUE [e-] ou [ø-] **adj.** (du gr. *oikoumenê gê*, [terre] habitée). **1.** Qui a un caractère universel. **2.** Relatif à l'œcuménisme. **3.** (Parfois iron.). Qui rassemble des personnes aux idées, aux sensibilités différentes : *Ils vont organiser un grand débat œcuménique sur les violences urbaines.* ▪ **Concile œcuménique** [christ.], dont la convocation a été notifiée à l'ensemble des évêques.

ŒCUMÉNISME [e-] ou [ø-] **n.m. CHRIST.** Mouvement qui préconise la réunification de toutes les Églises chrétiennes en une seule.

ŒCUMÉNISTE [e-] ou [ø-] **adj.** et **n.** Qui relève de l'œcuménisme ; qui en est partisan.

ŒDÉMATEUX, EUSE [e-] ou [ø-] **adj.** Relatif à l'œdème ; de la nature de l'œdème.

ŒDÉMATIÉ, E [ødemasje] ou [ede-] **adj.** Se dit d'un organe, d'une région du corps sièges d'un œdème.

ŒDÈME [ødɛm] ou [edɛm] **n.m.** (du gr. *oidêma*, gonflement). **MÉD.** Accumulation anormale de liquide provenant du sang dans les espaces intercellulaires d'un tissu.

ŒDICNÈME [e-] ou [ø-] **n.m.** (lat. sc. *œdicnemus*). Échassier au plumage terne, au bec court, qui niche en Europe occidentale et en Asie centrale. ➲ Famille des burhinidés.

ŒDIPE [edip] ou [ødip] **n.m.** (de *Œdipe*, n. pr.). **PSYCHAN.** ▪ **Complexe d'Œdipe,** ou **œdipe,** ensemble des investissements amoureux et hostiles que l'enfant fait sur ses parents durant le stade phallique (attachement érotique au parent de sexe opposé, haine envers celui de même sexe tenu pour un rival) et dont l'issue ultérieure normale est l'identification avec le parent de même sexe.

ŒDIPIEN, ENNE [e-] ou [ø-] **adj. PSYCHAN.** Relatif au complexe d'Œdipe.

ŒIL [œj] **n.m.** (pl. *yeux* [jø]) [lat. *oculus*]. **1.** Organe pair de la vue, formé, chez les mammifères, du globe oculaire et de ses annexes (paupières, cils, glandes lacrymales, etc.). **2.** Cet organe en tant que partie du visage et élément de la physionomie : *Avoir de grands yeux noisette.* **3.** Cet organe considéré comme l'expression des pensées, des émotions ; regard : *Regarder qqn d'un œil narquois.* **4.** Cet organe considéré dans sa fonction, la vision, ou comme symbole de la vigilance : *Avoir de bons yeux. Rien n'échappe à cet œil exercé.* **5.** Cet organe considéré dans les mouvements qui lui sont propres : *Cligner des yeux.* **6.** Manière de voir ; sentiment : *Observer la situation d'un œil lucide.* **7.** Petite cavité dans la pâte d'un pain ou d'un fromage ; petit cercle de graisse à la surface d'un bouillon. **8. BOT.** Point végétatif situé à l'aisselle d'une feuille ou à l'extrémité d'un rameau, évoluant soit en rameau, soit en fleur. **9.** (pl. *œils*). Trou pratiqué dans un outil ou une pièce mécanique pour le passage ou l'articulation d'une autre pièce : *L'œil d'un marteau.* **10.** (pl. *œils*). Judas optique : *Les œils des portes de notre étage.* **11.** (pl. *œils*). **IMPRIM.** Partie supérieure du caractère typographique, formant relief et représentant le dessin de la lettre qu'on imprime sur le papier. **12.** (pl. *œils*). **MAR.** Boucle formée à l'extrémité d'un filin. ▪ **À l'œil** [fam.], gratuitement. ▪ **Avoir l'œil,** être attentif. ▪ **Avoir l'œil sur qqn** ou **avoir qqn à l'œil,** le surveiller. ▪ **Entre quatre yeux** ou **entre quat'z-yeux** [ɑ̃trəkatzjø] [fam.], en tête à tête. ▪ **Être dans l'œil du cyclone,** être au cœur d'un grave conflit ou en proie à de sérieuses difficultés. ▪ **Faire de l'œil à qqn** [fam.], lui faire signe en clignant de l'œil, pour marquer la connivence ou pour l'aguicher. ▪ **Fermer les yeux à qqn,** l'assister au moment de sa mort. ▪ **Fermer les yeux sur qqch,** faire semblant de ne pas le voir. ▪ **L'œil du maître,** la vigilance du principal intéressé, la seule efficace (par allusion à une fable de La Fontaine). ▪ **Mauvais œil,** influence maléfique. ▪ **Mon œil !** [fam.], exprime l'incrédulité. ▪ **N'avoir pas froid aux yeux,** être intrépide. ▪ **Ne pas avoir les yeux dans sa poche** [fam.], être très observateur. ▪ **Ne pas pouvoir fermer l'œil de la nuit,** ne pas pouvoir dormir. ▪ **Œil composé** ou **à facettes** [zool.], formé par la réunion de nombreux yeux simples, ou *ommatidies*, chez les insectes et les crustacés. ▪ **Œil de verre** ou **œil artificiel,** prothèse en divers matériaux, qu'on met à la place d'un œil énucléé. ▪ **Œil (du cyclone),** partie centrale d'un cyclone tropical, caractérisée par des vents faibles et un temps peu nuageux, et autour de laquelle tournent des vents violents. ▪ **Ouvrir de grands yeux,** paraître très étonné. ▪ **Ouvrir les yeux,** voir la réalité telle qu'elle est. ▪ **Ouvrir l'œil,** être vigilant. ▪ **Pour les beaux yeux de qqn** [fam.], simplement pour lui plaire. ▪ **Sauter aux yeux** ou **crever les yeux** [fam.], être évident. ▪ **Se battre l'œil de qqch** [fam.], s'en moquer complètement. ▪ **Sortir par les yeux** [fam.], provoquer le dégoût à force d'être rebattu.

➲ **L'ŒIL** humain est un globe limité par trois membranes : la *sclère*, coque protectrice formant en avant la *cornée* ; la *choroïde*, nourricière, formant en avant l'*iris*, percé de la *pupille* ; la *rétine*, sensible à la lumière, et qui reçoit les images ayant traversé les milieux antérieurs transparents de l'œil (cornée, humeur aqueuse, cristallin, vitré). Les *muscles ciliaires* font varier la convergence du cristallin, ou *accommodation*, pour maintenir une image nette. Les *muscles oculomoteurs* assurent les mouvements de l'œil dans l'orbite.

ŒIL-DE-BŒUF **n.m.** (pl. *œils-de-bœuf*). **ARCHIT.** **1.** Lucarne à fenêtre ronde ou ovale. **2.** Oculus.

ŒIL-DE-CHAT **n.m.** (pl. *œils-de-chat*). **MINÉRALOG.** Pierre fine, variété de quartz avec des inclusions fibreuses, aux reflets chatoyants.

ŒIL-DE-PERDRIX **n.m.** (pl. *œils-de-perdrix*). **1.** Cor entre deux doigts de pied, ramolli par macération. **2.** Suisse. Vin rosé à base de pinot noir.

ŒIL-DE-PIE **n.m.** (pl. *œils-de-pie*). **MAR.** Ouverture pratiquée dans les bandes de ris et dans les bords d'une voile pour y passer les garcettes de ris, un filin ou une manille.

ŒIL-DE-TIGRE **n.m.** (pl. *œils-de-tigre*). **MINÉRALOG.** Pierre fine, variété de quartz, aux reflets chatoyants, moins rare que l'œil-de-chat.

ŒILLADE **n.f.** Coup d'œil furtif, indiquant la tendresse ou la connivence : *Lancer* ou *jeter des œillades à qqn.*

ŒILLÈRE **n.f.** **1.** Petite coupe pour baigner l'œil. **2.** Partie de la bride qui protège l'œil du cheval et l'empêche de voir de côté. ▪ **Avoir des œillères,** ne pas comprendre certaines choses par étroitesse d'esprit.

1. ŒILLET [œjɛ] **n.m.** (dimin. de *œil*). **1.** Petite pièce métallique évidée, qui sert de renfort à une perforation faite sur une ceinture, une bâche, etc. ; cette perforation elle-même. **2.** Anneau de papier autocollant renforçant les perforations des feuilles mobiles d'un classeur. **3.** Endroit où l'on fait cristalliser le sel, dans les marais salants.

2. ŒILLET [œjɛ] **n.m.** Plante herbacée aux fleurs parfumées, aux feuilles très découpées, fréquemment cultivée en jardin. ➲ Famille des caryophyllacées. (V. planche *plantes et fleurs sauvages*.) ▪ **Œillet d'Inde,** tagetes.

ŒILLETON **n.m.** **1. OPT.** Extrémité du tube d'une lunette ou d'un microscope, qui détermine la position de l'œil. **2. AGRIC.** Rejeton que produisent certaines plantes (artichaut, bananier) et que l'on utilise pour leur multiplication.

ŒILLETONNAGE **n.m. AGRIC.** Multiplication des plantes par séparation et plantation d'œilletons.

ŒILLETONNER **v.t. [3].** Pratiquer l'œilletonnage de.

ŒILLETTE **n.f.** (de l'anc. fr. *olie*, huile). Pavot cultivé pour ses graines, dont on tire une huile comestible et utilisée en peinture ; cette huile.

ŒKOUMÈNE **n.m.** → **ÉCOUMÈNE.**

ŒNANTHE [e-] ou [ø-] **n.f.** (du gr. *oinanthê*, fleur de vigne). Plante herbacée des zones humides, à petites fleurs blanches ou roses, très toxique. ➲ Famille des ombellifères.

ŒNANTHIQUE [e-] ou [ø-] **adj.** Didact. Relatif à l'arôme des vins.

ŒNOLISME [e-] ou [ø-] **n.m.** (du gr. *oinos*, vin). **MÉD.** Alcoolisme dû à l'abus du vin.

ŒNOLOGIE [e-] ou [ø-] **n.f.** Science et technique de la fabrication et de la conservation des vins ; science de la dégustation des vins.

ŒNOLOGIQUE [e-] ou [ø-] **adj.** Relatif à l'œnologie.

ŒNOLOGUE [e-] ou [ø-] **n.** Spécialiste d'œnologie.

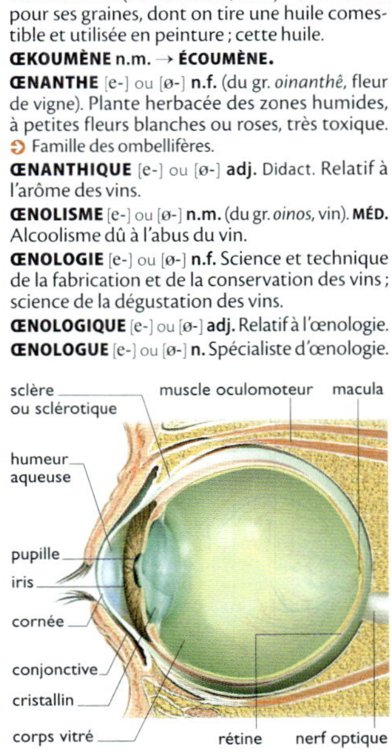

▲ **œil.** Coupe de profil.

ŒNOMÉTRIE [e-] ou [ø-] **n.f.** Détermination de la richesse des vins en alcool.

ŒNOMÉTRIQUE [e-] ou [ø-] **adj.** Relatif à l'œnométrie.

ŒNOTHÈQUE [e-] ou [ø-] **n.f.** Magasin spécialisé dans la vente des vins de cru.

ŒNOTHÉRACÉE [e-] ou [ø-] **n.f.** Dicotylédone à longs fruits infères, telle que le fuchsia, l'épilobe, l'onagre (SYN. **onagracée**). ➲ Les œnothéracées forment une famille.

ŒNOTHÈRE [e-] ou [ø-] **n.m.** (gr. *oinothêras*). Plante herbacée d'origine américaine, aux grandes fleurs jaunes ou rougeâtres réunies en grappes, aux graines riches en huile (SYN. **1. onagre**). ➲ Famille des œnothéracées.

ŒRSTED [œrstɛd] **n.m.** (de H. C. *Œrsted*, n.pr.). **PHYS.** Anc. Unité cgs de champ magnétique.

ŒSOPHAGE [ø-] ou [e-] **n.m.** (du gr. *oisophagos*, qui porte ce que l'on mange). **ANAT.** Partie du tube digestif qui s'étend du pharynx jusqu'au cardia de l'estomac, et dont les parois, par leurs mouvements, assurent la descente du bol alimentaire. ➲ L'œsophage des oiseaux est muni d'une poche, le jabot.

ŒSOPHAGIEN, ENNE ou **ŒSOPHAGIQUE** [ø-] ou [e-] **adj.** Relatif à l'œsophage.

ŒSOPHAGITE [ø-] ou [e-] **n.f. MÉD.** Inflammation de l'œsophage.

ŒSTRADIOL [ɛs-] ou **ESTRADIOL n.m. PHYSIOL.** Principale hormone œstrogène de l'ovaire.

ŒSTRAL, E, AUX [ɛs-] **adj. BIOL.** Relatif à l'œstrus. ■ **Cycle œstral,** modifications périodiques des organes génitaux femelles, en rapport avec la libération des ovules.

ŒSTRE [ɛstr] **n.m.** (du gr. *oistros*, taon). Mouche qui pond près des narines des moutons et des chèvres, et dont la larve se développe dans les os du crâne, provoquant des vertiges chez l'animal. ➲ Famille des œstridés.

ŒSTROGÈNE [ɛs-] ou **ESTROGÈNE n.m.** et **adj. PHYSIOL.** Ensemble d'hormones sécrétées surtout par l'ovaire, assurant la formation, le maintien et le fonctionnement des organes génitaux et des seins, chez la femme.

ŒSTROPROGESTATIF, IVE [ɛs-] ou **ESTROPROGESTATIF, IVE adj.** Qui contient à la fois des œstrogènes et des progestatifs.

ŒSTRUS [ɛstrys] **n.m.** (mot lat., du gr. *oistros*, fureur). **BIOL.** Ensemble des phénomènes physiologiques et comportementaux qui précèdent et accompagnent l'ovulation chez la femelle des mammifères.

ŒUF [œf] ([ø] au pl.) **n.m.** (lat. *ovum*). **1. EMBRYOL.** Corps organique, sphérique ou oblong, produit et pondu par la plupart des animaux pluricellulaires, constitué par un ovule fécondé (zygote) ou non (œuf vierge), plus ou moins riche en vitellus, et protégé par une ou plusieurs membranes. ➲ Chez les reptiles et les oiseaux, l'œuf proprement dit, ou *jaune*, est entouré par l'albumen *(blanc)* et protégé par une coquille calcaire poreuse. **2.** Cellule résultant de la fécondation, et qui, par division, donne un nouvel être, animal ou végétal (SYN. **zygote**). **3.** Produit comestible de la ponte de certains oiseaux, poissons, etc. : *Œufs de lump* ; spécial., œuf de poule : *Des œufs à la coque.* **4.** Fam. Imbécile. **5.** Objet en bois en forme d'œuf utilisé pour repriser les chaussettes. ■ **Avoir un œuf à peler avec qqn** [Belgique, fam.], un compte à régler avec lui. ■ **Dans l'œuf,** dans la phase préliminaire : *Étouffer un scandale dans l'œuf.* ■ **L'œuf de Christophe Colomb,** une solution qui révèle une grande ingéniosité. ■ **Marcher sur des œufs,** parler, agir avec la plus grande prudence. ■ **Mettre tous ses œufs dans le même panier,** placer tous ses fonds dans une même affaire. ■ **Œuf (vierge),** gamète femelle mûr, pondu mais non encore fécondé. ■ **Œuf de Pâques,** œuf en chocolat, en sucre, etc., que l'on offre à Pâques. ■ **Œuf sur le plat** ou **au plat,** œuf cuit légèrement, sans le brouiller, dans un corps gras. ■ **Position en œuf,** à skis, position aérodynamique de recherche de vitesse, skis parallèles, écartés, genoux fléchis et buste incliné en avant. ■ **Va te faire cuire un œuf !** [fam.], va au diable !

ŒUFRIER n.m. Ustensile de cuisine utilisé pour faire cuire en même temps plusieurs œufs à la coque (SYN. **coquetière**).

ŒUVÉ, E adj. PÊCHE. Qui porte des œufs, en parlant d'un poisson ou d'un crustacé femelle.

1. ŒUVRE n.f. (du lat. *opera*, travail). **1.** Litt. Travail ; tâche : *Une œuvre de longue haleine.* **2.** Ce qui résulte d'un travail ; production : *Cette réforme est l'œuvre de la ministre de la Santé.* **3.** Production artistique ou littéraire : *Une œuvre d'art* ; ensemble des réalisations d'un écrivain, d'un artiste : *L'œuvre de Modiano, de Fellini.* **4.** Organisation à but religieux ou humanitaire : *Les fonds recueillis ont été versés à une œuvre.* ■ **Juger qqn à l'œuvre,** selon ses actes. ■ **Mettre en œuvre qqch,** l'utiliser ; y recourir. ■ **Mise en œuvre,** action de mettre en œuvre ; début de réalisation. ■ **Se mettre à l'œuvre,** commencer à travailler. ◆ **n.f. pl.** Vieilli. Actions humaines jugées du point de vue moral ou religieux. ■ **Basses œuvres,** actions brutales, parfois illégales. ■ **Bonnes œuvres,** ensemble d'actions charitables accomplies dans le cadre d'une organisation religieuse. ■ **Œuvres mortes** [mar.], partie émergée d'un navire. ■ **Œuvres vives** [mar.], carène ; fig., litt., partie vitale de qqch : *Le krach a touché l'entreprise dans ses œuvres vives.*

2. ŒUVRE n.m. (du lat. *opera*, travaux). Ensemble des productions d'un artiste, notamm. de celles réalisées au moyen d'une technique particulière : *L'œuvre sculptural de Camille Claudel.* ■ **Être à pied d'œuvre,** à proximité immédiate du travail à faire ; fig., prêt à commencer un travail. ■ **Gros œuvre** [constr.], ensemble des ouvrages (fondations, murs, planchers, etc.) constituant la structure d'une construction. ■ **Hors(-)œuvre** ou **hors d'œuvre,** se dit d'un bâtiment qui en touche un autre, plus important, sans s'y intégrer. ■ **Le grand œuvre,** en alchimie, la transmutation des métaux en or ; la fabrication de la pierre philosophale. ■ **Second œuvre** [constr.], ensemble des ouvrages d'achèvement d'une construction (fermetures, revêtements, équipements, etc.).

ŒUVRER v.t. ind. [3] (À, POUR). Litt. Travailler à réaliser qqch d'important : *Œuvrer à la reconstruction d'un pays* ; travailler à obtenir qqch : *Nos techniciens œuvrent pour rétablir l'électricité dans le quartier.*

OFF adj. inv., ▲ *adj.* (mot angl.). **1. CINÉMA, TÉLÉV.** Se dit d'une voix, d'un son dont la source n'est pas visible sur l'écran. Recomm. off. **hors champ. 2.** Se dit de propos tenus hors micro devant un journaliste, et qui ne sont, en principe, pas destinés à être rapportés ; par ext., tout propos n'ayant

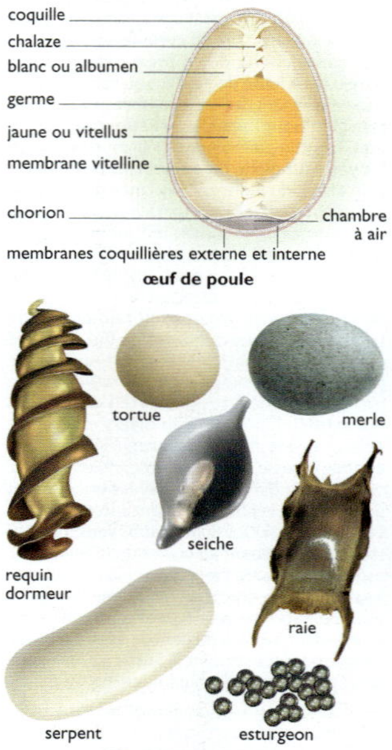

▲ **œuf.** Coupe d'un œuf de poule et œufs de différents animaux.

pas de caractère officiel. **3.** Se dit d'un spectacle organisé en marge d'une manifestation culturelle officielle : *Festival off* (SYN. **hors les murs**). ◆ **n.m. inv.,** ▲ *n.m.* **1.** Propos off. **2.** Spectacle off.

✎ On dit, on écrit *le off, du off,* sans élision.

OFFENSANT, E adj. Qui offense ; blessant.

OFFENSE n.f. (du lat. *offendere*, heurter). **1.** Parole, action qui offense qqn. **2.** Outrage commis publiquement envers le président de la République, un chef d'État ou de gouvernement étranger, un ministre des Affaires étrangères ou un agent diplomatique d'un État étranger, et qui constitue un délit. **3. RELIG.** Faute qui offense Dieu ; péché.

OFFENSÉ, E adj. et **n.** Qui a subi une offense.

OFFENSER v.t. [3]. 1. Blesser qqn dans sa dignité, son honneur : *Ce refus les a offensés.* **2.** Enfreindre un principe, une règle : *Offenser la justice, la pudeur.* ■ **Offenser Dieu,** pécher. ■ **Soit dit sans vous offenser,** sans vouloir vous faire de la peine. ◆ **S'OFFENSER v.pr. (DE).** Se vexer de.

OFFENSEUR n.m. Litt. Personne qui offense.

OFFENSIF, IVE adj. (du lat. *offendere*, heurter). **1.** Qui attaque, sert à attaquer : *Guerre, arme offensive.* **2.** Qui a un esprit combatif ; agressif : *La candidate s'est montrée très offensive.*

OFFENSIVE n.f. 1. Action d'envergure menée par une force armée et destinée à imposer à l'ennemi sa volonté, à le chasser de ses positions et à le détruire. **2.** Initiative visant à faire reculer un adversaire : *Une vaste offensive médiatique.* **3.** Action brusque et marquée d'un phénomène naturel : *Offensive de l'hiver.* ■ **Passer à l'offensive** ou **prendre l'offensive,** attaquer.

OFFENSIVEMENT adv. De façon offensive.

OFFERTOIRE n.m. (du bas lat. *offertorium*, lieu où l'on sacrifie). **CHRIST. 1.** Partie de l'office eucharistique pendant laquelle le célébrant offre le pain et le vin qu'il va consacrer. **2.** Pièce instrumentale exécutée au moment de l'offertoire.

1. OFFICE n.m. (du lat. *officium*, service). **1.** Charge exercée par qqn : *L'office de gérant est vacant* ; rôle joué par qqch : *Ces gants ont rempli leur office.* **2.** Établissement public ou privé se consacrant à une activité déterminée ; agence : *Office du tourisme.* **3. DR.** (Avec une majuscule). Service public doté de la personnalité morale et de l'autonomie financière, intervenant dans le domaine économique. **4.** Envoi périodique d'un nombre limité de livres, venant de paraître ou réimprimés, par un éditeur aux libraires. **5. HIST.** Dans la France d'Ancien Régime, fonction publique confiée par le roi à un particulier rétribué sous forme de gages. ➲ Devenus héréditaires en 1604, moyennant le versement d'un droit annuel, les offices furent abolis le 4 août 1789. ■ **D'office,** par voie d'autorité : *Un avocat commis d'office.* ■ **Faire office de,** jouer le rôle de. ■ **Office (divin)** [christ.], ensemble des prières et des cérémonies réparties à des heures déterminées de la journée. ■ **Office ministériel** [dr.], fonction conférée à vie par nomination de l'autorité publique ; charge. ◆ **n.m. pl.** ■ **Bons offices,** intervention bienveillante d'une personne, d'un État en vue d'amener deux groupes, deux États à négocier : *Requérir les bons offices de l'ONU.*

2. OFFICE n.m. (lat. *officium*). Pièce attenante à la cuisine où l'on dispose tout ce qui concerne le service de la table.

✎ Ce mot était autrefois féminin.

OFFICIAL n.m. (pl. *officiaux*). **DR. CANON.** Juge ecclésiastique délégué par l'évêque pour exercer la juridiction contentieuse.

OFFICIALISATION n.f. Action d'officialiser.

OFFICIALISER v.t. [3]. Rendre officiel.

OFFICIANT adj.m. et **n.m. RELIG.** Qui célèbre l'office ; célébrant.

1. OFFICIEL, ELLE adj. (de l'angl. *official*, public). **1.** Qui émane du gouvernement, de l'Administration : *Les chiffres officiels du chômage* ; qui a un caractère légal : *Publication au* Journal officiel. **2.** Organisé par les autorités : *Visite officielle.* **3.** Qui a une fonction dans un gouvernement : *Personnage officiel.* **4.** Qui est donné pour vrai, mais qui laisse supposer une autre réalité : *La raison officielle de sa démission.*

▪ **Recommandation officielle,** néologisme préconisé pour nommer une réalité nouvelle ou remplacer un anglicisme (par ex. *publipostage* à la place de *mailing*).

2. OFFICIEL n.m. **1.** Personne qui a une fonction publique. **2.** Personne qui a une fonction dans l'organisation d'épreuves sportives, de concours, etc.

OFFICIELLEMENT adv. De façon officielle ; de source officielle.

1. OFFICIER v.i. [5] (lat. *officiare*). **1.** CHRIST. Célébrer l'office divin. **2.** Iron. Travailler de façon solennelle : *Ce soir, son mari officie à la cuisine.*

2. OFFICIER n.m. (du lat. *officiarius*, celui qui exerce une fonction). Militaire qui a un grade au moins égal à celui de sous-lieutenant ou d'enseigne de vaisseau. ▪ **Grand officier de la Légion d'honneur,** personne ayant un grade supérieur à celui de commandeur et inférieur à celui de grand-croix. ▪ **Officier de la Légion d'honneur,** personne titulaire d'un grade supérieur (dignité) à celui de chevalier. ▪ **Officier de l'état civil,** personne responsable, en France, de la tenue et de la conservation des registres de l'état civil. ▪ **Officier de paix** [anc.], chargé de l'encadrement des gardiens de la paix. ▪ **Officier de police,** fonctionnaire de la police (lieutenant, capitaine, commandant) chargé de missions d'investigation ou d'encadrement. ➲ Le corps des officiers de police est né de la fusion, en 1995, entre le corps des inspecteurs de police et celui des officiers de paix. ▪ **Officier de police judiciaire,** agent public (maire, policier, gendarme, etc.) chargé de constater une infraction, d'en rassembler les preuves et de livrer son auteur à la justice. ▪ **Officier général,** général ou amiral. ▪ **Officier ministériel,** personne (huissier, notaire, etc.) titulaire d'un office ministériel. ▪ **Officier public,** titulaire d'une fonction, dont les affirmations et les constatations ont un caractère authentique (officier de l'état civil, huissier, notaire). ▪ **Officier subalterne,** sous-lieutenant, lieutenant, enseigne ou lieutenant de vaisseau, capitaine. ▪ **Officier supérieur,** commandant, lieutenant-colonel, colonel ou capitaine de corvette, capitaine de frégate, capitaine de vaisseau.

OFFICIEUSEMENT adv. De façon officieuse.

OFFICIEUX, EUSE adj. (du lat. *officiosus*, obligeant). Qui émane d'une source autorisée, sans être totalement garanti : *Le nombre de victimes est officieux.*

OFFICINAL, E, AUX adj. Se dit d'un médicament inscrit dans une pharmacopée, préparé par avance et conservé dans l'officine du pharmacien. ▪ **Plante officinale,** dont on se sert en pharmacie.

OFFICINE n.f. (du lat. *officina*, atelier). **1.** Ensemble des locaux où le pharmacien entrepose, prépare et vend les médicaments au public ; pharmacie. **2.** Péjor. Endroit où se trame en secret qqch de nuisible : *Une officine terroriste.*

OFFRANDE n.f. (lat. médiév. *offerenda*). **1.** Don fait à une divinité ou déposé dans un temple, avec une intention religieuse. **2.** Don fait à qqn, à un groupe ; obole : *Verser une offrande à une association.*

OFFRANT n.m. ▪ **Le plus offrant,** celui qui fait l'offre la plus avantageuse : *Adjuger au plus offrant.*

OFFRE n.f. **1.** Action d'offrir ; ce qui est offert : *Le fournisseur fait une offre de remboursement.* **2.** Action de proposer un contrat à qqn : *Offre d'emploi.* **3.** ÉCON. Quantité d'un bien ou d'un service qui peut être vendue sur le marché à un prix donné. ▪ **Appel d'offres,** mode de passation des marchés publics par lequel l'Administration choisit librement son cocontractant après une mise en concurrence préalable des candidats. ▪ **Loi de l'offre et de la demande** [écon.], loi économique déterminant le prix où s'équilibrent le volume de l'offre d'un produit ou d'un service et celui de la demande. ▪ **Offre publique d'achat** → **OPA.** ▪ **Offre publique d'échange** → **OPE.** ▪ **Offre publique de retrait** → **OPR.** ▪ **Offre publique de vente** → **OPV.**

OFFREUR, EUSE n. ÉCON. Personne qui offre qqch à qqn (par oppos. à demandeur).

OFFRIR v.t. [23] (lat. *offerre*). **1.** Remettre en cadeau ; donner : *Offrir des bonbons.* **2.** Faire une proposition d'achat ou de rémunération : *Le garagiste lui offre 2 000 euros de reprise pour sa voiture.* **3.** Mettre à la disposition de qqn : *Offrir un logement à qqn* ou *de loger qqn* ; proposer spontanément : *Offrir sa place à une personne âgée.* **4.** Donner lieu à : *Cette formation offre des débouchés variés.* ◆ **S'OFFRIR** v.pr. **1.** (À). Se proposer pour faire qqch : *S'offrir à accompagner qqn.* **2.** S'accorder le plaisir de : *S'offrir un week-end prolongé.* **3.** (À). En parlant de qqch, se présenter : *Plusieurs solutions s'offrent à moi.* **4.** (À). S'exposer à qqch : *S'offrir aux critiques.*

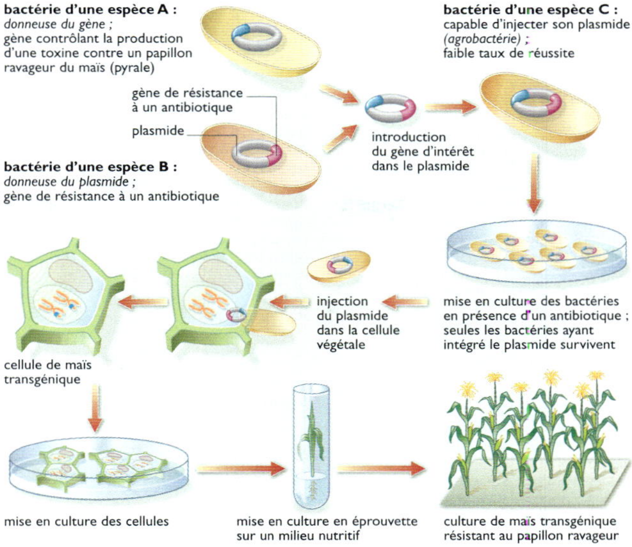

▲ **OGM.** Fabrication de maïs transgénique.

OFFSET n.m. inv., ▲ *n.m.* [ɔfsɛt] (mot angl.). IMPRIM. Procédé d'impression à plat par double décalque de la forme d'impression, d'abord sur le blanchet de caoutchouc, puis de celui-ci sur le papier. ◆ **adj. inv.** et **n.f. inv.**, ▲ *adj. et n.f.* Se dit de la machine utilisée dans l'impression par le procédé offset. ◆ **adj. inv.**, ▲ *adj.* Se dit du papier utilisé dans l'impression par offset. ▪ **Plaque offset,** feuille mince de métal portant l'image imprimante, dans le procédé offset.

OFFSETTISTE n. Spécialiste de l'offset.

OFFSHORE ou **OFF SHORE** [ɔfʃɔr] **adj. inv.** et **n.m.**, ▲ *adj. et n.m.* (pl. *offshores, off shores*) [mot angl.]. **1.** Se dit de la prospection, du forage et de l'exploitation des gisements de pétrole situés au large des rivages. **2.** BANQUE. (Anglic. déconseillé). Extraterritorial. **3.** Se dit d'un sport motonautique de grande vitesse sur un bateau très puissant ; le bateau lui-même. ▪ **L'éolien offshore** → **ÉOLIEN.** ▪ **Société offshore** [écon.], société implantée hors de son pays d'origine, pour lui permettre de bénéficier des avantages fiscaux du pays d'accueil.

OFFUSQUER v.t. [3] (du lat. *offuscare*, obscurcir). Heurter qqn dans sa dignité, ses opinions : *Cette réponse brutale les a offusqués.* ◆ **S'OFFUSQUER** v.pr. (DE). Être blessé, choqué par : *S'offusquer de ne pas avoir été invité.*

OFLAG [ɔflag] **n.m.** (abrév. de l'all. *Offizierlager*, camp d'officiers). En Allemagne, pendant la Seconde Guerre mondiale, camp de prisonniers de guerre réservé aux officiers.

OGANESSON n.m. (du n. de I. *Oganessian*, physicien nucléaire russe). Élément chimique artificiel (Og), de numéro atomique 118.

OGHAMIQUE adj. (de *Ogham*, inventeur mythique de cette écriture). Se dit de l'écriture alphabétique utilisée au début de l'ère chrétienne pour noter l'irlandais.

OGIVAL, E, AUX adj. ARCHIT. **1.** Relatif à l'ogive. **2.** Relatif à l'arc brisé ; qui en a la forme.

OGIVE n.f. **1.** ARCHIT. Arc diagonal de renfort bandé sous la voûte gothique, dont il facilite la construction et dont il reporte la poussée vers les angles. **2.** ARM. Partie antérieure d'un projectile, de forme conique ou ogivale. ▪ **Ogive nucléaire** [arm.], renfermant une ou plusieurs charges nucléaires et dont sont dotés certains missiles ou projectiles (SYN. **tête nucléaire**). ▪ **Voûte (sur croisée) d'ogives** [archit.], construite sur le plan d'une voûte d'arêtes, mais qui s'appuie ou semble s'appuyer, dans le cas le plus simple, sur l'entrecroisement de deux arcs diagonaux.

OGM ou **O.G.M.** n.m. (sigle). Organisme génétiquement modifié.

➲ Les **OGM** sont des êtres vivants dont l'ADN a été modifié par génie génétique : insertion dans le génome de un ou plusieurs gènes provenant d'un autre organisme (transgenèse) ou induction artificielle de mutations (mutagenèse). Ils possèdent à ce titre un ou plusieurs caractères issus des organismes donneurs (bactéries, plantes, animaux), qui n'existaient pas dans l'espèce originelle. Les OGM sont princip. utilisés pour faire produire à des bactéries des composés biochimiques (substances thérapeutiques, matières premières) et, en agriculture, pour créer des plantes résistant aux parasites, au gel, aux herbicides, etc.
Dans l'Union européenne, la loi impose un étiquetage clair des denrées alimentaires renfermant plus de 0,9 % d'OGM (ou de dérivés d'OGM) produits par transgenèse. Les OGM issus de la mutagenèse ne sont pas concernés par cette loi, aussi sont-ils souvent qualifiés d'*OGM cachés* par les opposants à ces produits.

OGRE n.m. (du lat. *Orcus*, dieu de la Mort). **1.** Dans les contes de fées, géant vorace qui mange les petits enfants. **2.** Fam. Gros mangeur.

OGRESSE n.f. **1.** Femme d'un ogre. **2.** Femme cruelle.

OH interj. Marque la surprise, l'indignation : *Oh ! Il en reste ! Oh, c'est dégoûtant !*

OHÉ interj. S'emploie pour appeler : *Ohé ! Il y a quelqu'un ?*

OHM [om] **n.m.** (de G. S. *Ohm*, n.pr.). Unité de mesure de résistance électrique (symb. Ω), équivalant à la résistance électrique entre deux points d'un conducteur lorsqu'une différence de potentiel constante de 1 volt, appliquée entre ces deux points, produit dans ce conducteur un courant de 1 ampère, ledit conducteur n'étant le siège d'aucune force électromotrice.

OHMIQUE adj. Relatif à l'ohm.

OHMMÈTRE [ɔmmɛtr] **n.m.** Appareil servant à mesurer la résistance électrique d'un conducteur.

OÏDIÉ, E adj. Attaqué par l'oïdium.

OÏDIUM [ɔidjɔm] **n.m.** (du gr. *ôon*, œuf). Maladie produite sur certaines plantes par des champignons, caractérisée par l'apparition d'un feutrage blanc.

OIE n.f. (lat. *avica*, de *avis*, oiseau). **1.** Palmipède massif, au long cou et au bec large, dont on connaît plusieurs espèces sauvages (celles qui passent en France viennent des régions arctiques et hivernent dans le Midi) et une espèce domestique, que l'on élève pour sa chair et son foie surchargé de graisse par gavage. ➲ Le mâle est le *jars*, les jeunes les *oisons* ; cri : l'oie criaille, siffle, cacarde ; famille des anatidés. **2.** Fam. Personne niaise. ▪ **Jeu de l'oie,** jeu de hasard pratiqué par deux personnes à l'aide de dés qui règlent le déplacement de leurs pions respectifs sur un circuit en spirale où des figures d'oies sont disposées toutes les neuf cases. ▪ **Oie blanche** [fam.], jeune fille candide et un peu sotte. ▪ **Oies du Capitole,** oies sacrées qui sauvèrent Rome (390 av. J.-C.) en prévenant par leurs cris Manlius et les Romains de l'attaque nocturne des Gaulois. ▪ **Pas de l'oie,** pas de parade militaire en usage dans certaines armées.

OIGNON [ɔɲɔ̃], ▲ ***OGNON*** **n.m.** (lat. *unio*, *-onis*). **1.** Plante potagère dont le bulbe, d'une saveur et d'une odeur fortes et piquantes, est très employé en cuisine ; ce bulbe. ➲ Famille des liliacées. **2.** Bulbe souterrain de certaines plantes (lis, tulipe, etc.). **3.** Durillon avec inflammation se formant à la base du gros orteil. **4.** Grosse montre de gousset ancienne de forme bombée. ▪ **Aux petits oignons** [fam.], préparé avec un soin particulier. ▪ **Ce ne sont pas tes oignons** ou **occupe-toi de tes oignons** [fam.], ça ne te regarde pas. ▪ **En rang d'oignons** [fam.], sur une seule ligne. ▪ **Pelure d'oignon** → **PELURE.**

blanc jaune rouge

▲ **oignons**

OIGNONADE [ɔɲɔnad], ▲ ***OGNONADE*** **n.f.** Préparation culinaire à base d'oignons.

OÏL [ɔjl] **adv.** (anc. forme de *oui*). ▪ **Langue d'oïl,** ensemble des dialectes romans parlés dans la moitié nord de la France (picard, wallon, champenois, francien, normand, gallo, etc.), par oppos. à *langue d'oc*.

OINDRE v.t. [62] (lat. *ungere*). **1.** Frotter d'huile ou d'une substance grasse : *Oindre un bébé pour le masser.* **2.** CHRIST. Procéder à l'onction de.

OING ou **OINT** [wɛ̃] **n.m.** (du lat. *unctum*, onguent). Graisse servant à oindre.

OINT, E adj. et **n.** RELIG. Qui a été consacré par une onction liturgique.

OISEAU n.m. (lat. pop. *aucellus*, de *avis*, oiseau). **1.** Vertébré ovipare, couvert de plumes, à respiration pulmonaire, à sang chaud, dont les membres postérieurs servent à la marche, dont les membres antérieurs, ou ailes, sont adaptés au vol, et dont les mâchoires, dépourvues de dents, forment un bec corné. ➲ Les oiseaux forment une classe regroupant près de 10 000 espèces, dont la moitié de passereaux. **2.** Fam., péjor. Individu quelconque : *Un drôle d'oiseau.* ▪ **Avoir un appétit d'oiseau,** un très petit appétit. ▪ **Avoir une cervelle d'oiseau,** être très étourdi. ▪ **À vol d'oiseau,** en ligne droite. ▪ **Être comme l'oiseau sur la branche,** être pour très peu de temps dans un endroit. ▪ **Noms d'oiseaux** [fam.], injures, insultes : *Les noms d'oiseaux ont fusé dans l'hémicycle. Donner à qqn des noms d'oiseaux.* ▪ **Oiseau rare** [parfois iron.], personne qui possède des qualités peu communes. ▪ **Oiseau sans tête** [Belgique], paupiette.

OISEAU-LYRE n.m. (pl. *oiseaux-lyres*). Ménure.

OISEAU-MOUCHE n.m. (pl. *oiseaux-mouches*). Colibri.

OISEAU-TROMPETTE n.m. (pl. *oiseaux-trompettes*). Agami.

OISELET n.m. Litt. Petit oiseau.

OISELEUR n.m. Personne qui capture de petits oiseaux.

OISELIER, ÈRE n. Personne qui élève et vend des oiseaux.

OISELLE n.f. Fam. Jeune fille niaise.

OISELLERIE n.f. Commerce de l'oiselier.

OISEUX, EUSE adj. (lat. *otiosus*). Inutile parce que superficiel et vain : *Question oiseuse.*

OISIF, IVE adj. et **n.** (de *oiseux*). Qui n'a pas d'occupation et a beaucoup de loisirs ; désœuvré. ◆ **adj.** Qui se passe dans l'oisiveté : *Jeunesse oisive.*

OISILLON n.m. Jeune oiseau.

OISIVETÉ n.f. État d'une personne oisive ; inaction.

OISON n.m. Petit de l'oie.

O.K. [ɔke] **interj.** (abrév. de l'anglo-amér. *oll korrect*, orthographe fautive pour *all correct*, tout [est] correct). Fam. D'accord. ◆ **adj. inv.** Fam. Qui convient : *Tout est O.K.*

OKA n.m. (de *Oka*, monastère du Québec). Fromage québécois à pâte ferme, proche du Port-Salut français.

OKAPI n.m. (mot bantou). Mammifère ruminant des forêts d'Afrique centrale, voisin de la girafe, mais à cou plus court et à pelage rayé sur les membres. ➲ Famille des girafidés.

▲ **okapi**

OKOUMÉ n.m. (mot du Gabon). Arbre de l'Afrique équatoriale, au bois rose, utilisé notamm. dans la fabrication du contreplaqué. ➲ Famille des burséracées.

OLA n.f. (mot esp. « vague »). Ovation du public d'une enceinte sportive, consistant à se lever à tour de rôle afin de produire un mouvement d'ensemble comparable à une ondulation.

OLÉ ou **OLLÉ interj.** (esp. *olé*). S'emploie pour encourager, en partic. dans les corridas.

OLÉACÉE n.f. (du lat. *olea*, olive). Arbre ou arbuste à fleurs gamopétales, tel que l'olivier, le jasmin, le lilas, le frêne et le troène. ➲ Les oléacées forment une famille.

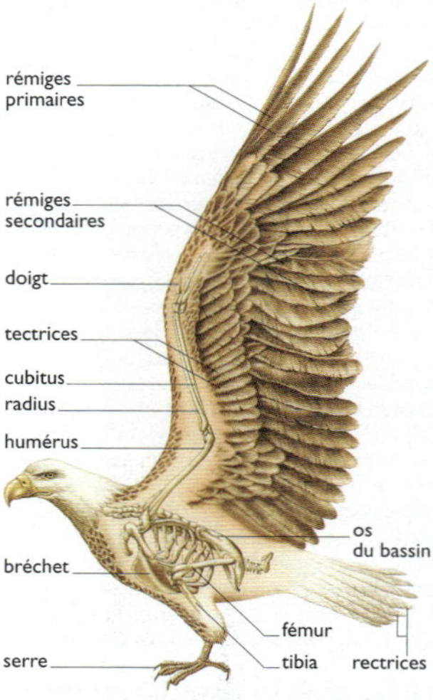

▲ **oiseau.** Anatomie d'un aigle.

OLÉAGINEUX, EUSE adj. (du lat. *oleagineus*, d'olivier). De la nature de l'huile. ▪ **Plante oléagineuse,** ou **oléagineux, n.m.,** plante cultivée pour ses graines ou ses fruits riches en lipides, dont on tire des huiles alimentaires ou industrielles (soja, tournesol, arachide, lin, olivier, etc.).

OLÉASTRE n.m. Olivier sauvage.

OLÉATE n.m. Sel ou ester de l'acide oléique.

OLÉCRANE n.m. (du gr. *ôlenê*, bras, et *kranion*, tête). ANAT. Apophyse du cubitus, formant la saillie postérieure du coude.

OLÉFINE n.f. Alcène.

OLÉICOLE adj. Relatif à l'oléiculture.

OLÉICULTEUR, TRICE n. Personne qui cultive l'olivier.

OLÉICULTURE n.f. (du lat. *olea*, olivier). Culture de l'olivier.

OLÉIFÈRE adj. BOT. Qui contient une huile ou une graisse.

OLÉINE n.f. CHIM. ORG. Triester oléique de la glycérine, liquide qui entre dans la composition des huiles végétales.

OLÉIQUE adj. CHIM. ORG. Se dit d'un acide organique non saturé, produit par l'hydrolyse de l'oléine.

OLÉODUC n.m. Pipeline servant au transport du pétrole brut.

OLÉ OLÉ adj. inv. Fam. Qui est assez osé ; grivois.

OLÉOMÈTRE n.m. Appareil servant à mesurer la teneur en huile des graines oléagineuses.

OLÉOPNEUMATIQUE adj. (du lat. *oleum*, huile). Se dit d'un type de suspension sans ressort pour véhicules automobiles, qui combine l'emploi d'éléments contenant de l'huile sous pression et celui d'enceintes remplies d'air ou de gaz (SYN. **hydropneumatique**).

OLÉOPROTÉAGINEUX, EUSE n.m. et **adj.** Plante cultivée pour ses graines riches en lipides et en protéines, dont on tire à la fois des huiles alimentaires et des tourteaux pour l'alimentation du bétail (soja, tournesol, colza).

OLÉORÉSINE n.f. BOT. Produit visqueux et insoluble dans l'eau, exsudé par diverses plantes. ➲ La térébenthine est une oléorésine.

OLÉUM [-ɔm] **n.m.** Acide sulfurique partiellement déshydraté.

OLFACTIF, IVE adj. (du lat. *olfacere*, flairer). Relatif à l'olfaction.

OLFACTION n.f. PHYSIOL. Fonction qui permet à l'odorat de s'exercer.

OLIBRIUS [-brijys] **n.m.** (de *Olybrius*, n.pr.). Fam. Individu qui se fait remarquer par ses extravagances.

OLIFANT n.m. (altér. de *éléphant*). Petit cor d'ivoire des chevaliers du Moyen Âge.

OLIGARCHIE n.f. (du gr. *oligos*, peu nombreux, et *arkhê*, commandement). Régime politique où l'autorité est entre les mains de quelques personnes ou familles puissantes ; ensemble de ces personnes.

OLIGARCHIQUE adj. Relatif à une oligarchie.

OLIGARQUE n.m. Membre d'une oligarchie.

OLIGISTE n.m. et **adj.** (du gr. *oligistos*, très peu). MINÉRALOG. Hématite cristallisée, colorant souvent des roches sédimentaires (grès, argile).

OLIGOCÈNE n.m. (du gr. *oligos*, peu, et *kainos*, récent). GÉOL. Série du cénozoïque, entre l'éocène et le miocène (de – 34 à – 23 millions d'années).

OLIGOCHÈTE [-kɛt] **n.m.** (du gr. *oligos*, peu, et *khaitê*, longs cheveux). Ver annélide aux soies peu nombreuses, tel que le lombric. ➲ Les oligochètes forment une classe.

OLIGODENDROCYTE [-dɑ̃-] **n.m.** HISTOL. Cellule de la névroglie, responsable de la formation des gaines de myéline des neurones.

OLIGOÉLÉMENT n.m. BIOCHIM. Élément chimique nécessaire, à l'état de traces, à la croissance ou à la vie des êtres vivants et des végétaux (fer, zinc, iode, magnésium, par ex.) (SYN. **micronutriment**).

OLIGOHOLOSIDE n.m. Oligosaccharide.

OLIGOMÈRE adj. et **n.m.** CHIM. Se dit d'un composé ne comportant qu'un petit nombre d'unités monomères.

OLIGOPHRÈNE adj. et **n.** Vieilli. Qui est atteint d'oligophrénie.

OLIGOPHRÉNIE n.f. (du gr. *oligos*, peu, et *phrên*, pensée). PSYCHIATR. Vieilli. Déficience mentale.

Les oiseaux de cage ou de volière

OLIGOPOLE **n.m.** **ÉCON.** Marché caractérisé par la présence de quelques vendeurs de grande taille face à une multitude d'acheteurs (par oppos. à *oligopsone*).

OLIGOPSONE **n.m.** (du gr. *oligos*, peu, et *opsônein*, acheter). **ÉCON.** Marché caractérisé par la présence d'un très petit nombre d'acheteurs face à de très nombreux vendeurs (par oppos. à *oligopole*).

OLIGOSACCHARIDE, ▲ *OLIGOSACCARIDE* [-sa-] **n.m.** **PHARM.** Antibiotique bactéricide exclusivement composé de sucres aminés (SYN. **oligoholoside**).

OLIGOTHÉRAPIE **n.f.** Traitement des maladies par des oligoéléments, pratiqué dans diverses médecines alternatives (acupuncture, naturopathie, etc.).

OLIGURIE **n.f.** **MÉD.** Diminution de la quantité d'urine émise.

OLIVADE **n.f.** Région. (Prov.). Olivaison.

OLIVAIE **n.f.** Oliveraie.

OLIVAISON **n.f.** Récolte des olives ; saison où l'on fait cette récolte.

OLIVÂTRE **adj.** Qui tire sur le vert olive ; verdâtre.

OLIVE **n.f.** (lat. *oliva*). **1.** Fruit à noyau, ellipsoïdal, de l'olivier, dont on tire une huile alimentaire. **2.** Objet ou ornement répété en chapelet ayant la forme d'une olive. **3.** Petit interrupteur de forme ellipsoïdale placé sur un fil électrique. **4.** **ZOOL.** Donax. **5.** **ZOOL.** Gastéropode marin des mers chaudes, à coquille brillante et allongée. ➲ Famille des olividés. ▪ **Olive (bulbaire)** [anat.], chacune des deux éminences ovoïdes de la face antérieure du bulbe rachidien. ▪ **Olive noire,** cueillie mûre et directement mise en saumure. ▪ **Olive verte,** cueillie avant maturité, adoucie par un traitement à l'aide d'une solution de soude puis lavée et conservée dans la saumure. ◆ **adj. inv.** Qui a une couleur vert clair, un peu jaunâtre.

OLIVERAIE **n.f.** Terrain planté d'oliviers (SYN. **olivaie**).

OLIVET **n.m.** (de *Olivet*, comm. du Loiret). Fromage au lait de vache, à pâte molle et à croûte lavée, fabriqué dans l'Orléanais.

OLIVÉTAIN, E **n.** Membre de la congrégation bénédictine du Mont-Olivet, fondée au XIVe s. en Italie.

OLIVETTE **n.f.** **1.** Tomate d'une variété à fruit oblong. **2.** Variété tardive de raisin de table, à grains en forme d'olive. **3.** Région. (Provence). Oliveraie. **4.** Plomb de pêche en forme d'olive.

OLIVIER **n.m.** Arbre au feuillage persistant, cultivé surtout dans le bassin méditerranéen, et qui fournit l'olive. ➲ L'olivier était dans l'Antiquité un emblème de fécondité et un symbole de paix et de gloire. Famille des oléacées.

▲ **olivier**

OLIVINE **n.f.** **MINÉRALOG.** Péridot de couleur vert olive, commun dans les basaltes, les gabbros et les péridotites. ➲ Son altération peut donner la serpentine.

OLLÉ **interj.** → **OLÉ.**

OLOGRAPHE ou **HOLOGRAPHE** **adj.** (du gr. *holos*, entier, et *graphein*, écrire). **DR.** ▪ **Testament olographe,** écrit en entier, daté et signé de la main du testateur.

OLYMPE **n.m.** (du gr. *Olumpos*, mont Olympe). Séjour des dieux, dans la mythologie gréco-romaine ; ensemble des dieux qui y habitaient.

OLYMPIADE **n.f.** Dans l'Antiquité, espace de quatre ans entre deux célébrations successives des jeux Olympiques. ◆ **n.f. pl.** (Emploi critiqué). Jeux Olympiques.

OLYMPIEN, ENNE **adj.** **1.** Relatif à l'Olympe. **2.** Majestueux et serein : *Une indifférence olympienne.* ▪ **Les dieux olympiens,** les douze principales divinités grecques (Zeus, Poséidon, Arès, Héphaïstos, Apollon, Hermès, Aphrodite, Héra, Athéna, Artémis, Déméter, Hestia).

OLYMPIQUE **adj.** **1.** Relatif aux jeux Olympiques. **2.** Conforme aux règles des jeux Olympiques : *Stade olympique.* ▪ **Jeux Olympiques** [Antiq. gr.], jeux panhelléniques qui se célébraient tous les quatre ans, depuis 776 av. J.-C., à Olympie, en l'honneur de Zeus Olympien et qui comprenaient non seulement des épreuves sportives, mais aussi des concours musicaux et littéraires. ➲ Ils furent supprimés en 394 par Théodose Ier ; mod., compétition sportive internationale, rénovée en 1893 par Pierre de Coubertin et qui a lieu tous les quatre ans depuis 1896. Abrév. **JO.** ➲ On distingue les *jeux Olympiques d'hiver* (consacrés aux sports de neige et de glace) et les *jeux Olympiques d'été* (consacrés aux autres sports). Les JO d'hiver et d'été, qui avaient traditionnellement lieu la même année, se déroulent en alternance tous les deux ans depuis 1994. Des jeux Olympiques de la jeunesse (réservés aux sportifs de 14 à 18 ans), quadriennaux, sont aussi organisés depuis 2010 (été) et 2012 (hiver).

LES JEUX OLYMPIQUES D'ÉTÉ

date	lieu	pays
1896	Athènes	Grèce
1900	Paris	France
1904	Saint-Louis	États-Unis
1908	Londres	Grande-Bretagne
1912	Stockholm	Suède
1920	Anvers	Belgique
1924	Paris	France
1928	Amsterdam	Pays-Bas
1932	Los Angeles	États-Unis
1936	Berlin	Allemagne
1948	Londres	Grande-Bretagne
1952	Helsinki	Finlande
1956	Melbourne	Australie
1960	Rome	Italie
1964	Tokyo	Japon
1968	Mexico	Mexique
1972	Munich	RFA
1976	Montréal	Canada
1980	Moscou	URSS
1984	Los Angeles	États-Unis
1988	Séoul	Corée du Sud
1992	Barcelone	Espagne
1996	Atlanta	États-Unis
2000	Sydney	Australie
2004	Athènes	Grèce
2008	Pékin	Chine
2012	Londres	Grande-Bretagne
2016	Rio de Janeiro	Brésil
2020*	Tokyo	Japon
2024*	Paris	France
2028*	Los Angeles	États-Unis

*À venir

LES JEUX OLYMPIQUES D'HIVER

date	lieu	pays
1924	Chamonix	France
1928	Saint-Moritz	Suisse
1932	Lake Placid	États-Unis
1936	Garmisch-Partenkirchen	Allemagne
1948	Saint-Moritz	Suisse
1952	Oslo	Norvège
1956	Cortina d'Ampezzo	Italie
1960	Squaw Valley	États-Unis
1964	Innsbruck	Autriche
1968	Grenoble	France
1972	Sapporo	Japon
1976	Innsbruck	Autriche
1980	Lake Placid	États-Unis
1984	Sarajevo	Yougoslavie
1988	Calgary	Canada
1992	Albertville	France
1994	Lillehammer	Norvège
1998	Nagano	Japon
2002	Salt Lake City	États-Unis
2006	Turin	Italie
2010	Vancouver	Canada
2014	Sotchi	Russie
2018	Pyeongchang	Corée du Sud
2022*	Pékin	Chine

* À venir

OLYMPISME **n.m.** Ensemble des phénomènes sociaux, culturels et économiques liés aux jeux Olympiques ; idéal olympique.

OM **n.m. inv.** Mantra monosyllabique comprenant les lettres *a, u, m,* et constituant le symbole sonore de l'absolu.

OMANAIS, E **adj.** et **n.** Du sultanat d'Oman ; de ses habitants.

OMBELLE **n.f.** (du lat. *umbella*, ombrelle). **BOT.** Inflorescence dans laquelle les pédoncules partent tous d'un même point pour s'élever au même niveau, comme les baleines d'un parasol.

OMBELLÉ, E **adj.** Disposé en ombelle.

OMBELLIFÈRE **n.f.** (de *ombelle* et du lat. *ferre*, porter). Dicotylédone herbacée, aux fleurs en ombelles, comestible (carotte, par ex.) ou vénéneuse (ciguë). ➲ Les ombellifères forment une famille.

OMBELLULE **n.f.** Chacune des ombelles partielles qui forment l'ombelle de certaines ombellifères.

OMBILIC **n.m.** (lat. *umbilicus*). **1.** **EMBRYOL.** Orifice de l'abdomen, chez le fœtus, où s'attache le cordon ombilical. **2.** **ANAT.** Cicatrice du cordon ombilical, au milieu du ventre (SYN. [cour.] **nombril**). **3.** **ARTS APPL.** Point central et saillant d'un bouclier, d'un plat en métal ou en céramique. **4.** Plante des rochers et des murs, à feuilles charnues circulaires et à fleurs jaunâtres en grappes. ➲ Famille des crassulacées. **5.** **GÉOMORPH.** Cuvette correspondant à l'élargissement et à l'approfondissement d'une vallée glaciaire. (V. dessin *glacier*.)

OMBILICAL, E, AUX **adj.** **ANAT., EMBRYOL.** Relatif à l'ombilic. ▪ **Cordon ombilical** [anat.], contenant des vaisseaux et unissant le fœtus au placenta. ▪ **Cordon ombilical** [astronaut., océanol.], connecteur reliant un engin ou une personne à des dispositifs d'alimentation, de contrôle, etc., par un faisceau de câbles et de canalisations.

OMBILIQUÉ, E **adj.** **MÉD.** Muni en son centre d'une dépression ressemblant à un ombilic.

OMBLE **n.m.** (altér. de *amble*). Poisson d'eau douce voisin du saumon, à chair délicate. ➲ *L'omble chevalier* vit dans les lacs de montagne de l'Europe occidentale ; *l'omble*, ou *saumon de fontaine*, importé des États-Unis, préfère les eaux courantes. Famille des salmonidés.

OMBRAGE **n.m.** Feuillage qui donne de l'ombre ; cette ombre. ▪ **Porter ombrage à qqn,** lui inspirer de l'inquiétude ou de la défiance. ▪ **Prendre ombrage de qqch,** s'en offenser.

OMBRAGÉ, E **adj.** Couvert d'ombrages.

OMBRAGER **v.t.** **[10].** Couvrir de son ombre : *Des arbres ombragent le jardin.*

OMBRAGEUX, EUSE **adj.** **1.** Se dit d'un cheval qui a peur de son ombre ou d'un objet inaccoutumé. **2.** Qui est soupçonneux ou susceptible ; farouche.

1. OMBRE **n.m.** (du lat. *umbra*, poisson de couleur sombre). Poisson des rivières fraîches de l'Europe, voisin du saumon et de l'omble, qui se nourrit de larves d'insectes. ➲ Famille des corégonidés.

2. OMBRE **n.f.** (lat. *umbra*). **1.** Zone sombre due à l'absence de lumière ou à l'interception de la lumière par un corps opaque. **2.** **BX-ARTS.** (Surtout pl.). Partie assombrie d'un dessin, d'une peinture. **3.** Dans certaines croyances, esprit d'un mort conservant dans l'au-delà une apparence humaine immatérielle. ▪ **À l'ombre de,** sous la protection de. ▪ **Courir après une ombre,** nourrir des espérances chimériques. ▪ **Dans l'ombre,** peu en vue ; dans le secret. ▪ **Faire de l'ombre à qqn,** prendre trop d'importance par rapport à lui. ▪ **La part d'ombre de qqn,** ses désirs, ses penchants, ignorés ou tenus secrets. ▪ **Mettre, être à l'ombre** [fam.], mettre, être en prison. ▪ **Ombres chinoises** ou **théâtre d'ombres,** spectacle constitué par la projection sur un écran de l'ombre de silhouettes ou d'objets découpés. ▪ **Une ombre au tableau,** un inconvénient dans une situation plutôt favorable. ▪ **Une ombre de,** une très petite quantité, une trace de : *Une ombre de tristesse, d'ironie passa dans son regard.* ▪ **Zone d'ombre,** ce qui est incertain ou inconnu.

3. OMBRE n.f. (de *Ombrie*, n.pr.). ▪ **Terre d'ombre** ou **ombre,** ocre brune qui sert de pigment en peinture.

OMBRELLE n.f. (ital. *ombrello*, du lat. *umbrella*). **1.** Petit parasol portatif. **2.** ZOOL. Masse convexe, transparente, gélatineuse mais ferme, formant l'essentiel du corps des méduses.

OMBRER v.t. [3] (ital. *ombrare*). Mettre des ombres à un dessin, un tableau.

OMBRETTE n.f. Échassier de l'Afrique tropicale et de Madagascar, se nourrissant de petits animaux aquatiques. ➲ Famille des scopidés.

OMBREUX, EUSE adj. Litt. Où il y a de l'ombre.

OMBRIEN n.m. Dialecte italique proche de l'osque.

OMBRINE n.f. Poisson marin de l'Atlantique tropical et de la Méditerranée, voisin de la sciène. ➲ Famille des sciénidés.

OMBROPHILE adj. Se dit des forêts denses des milieux tropicaux et équatoriaux.

OMBUDSMAN [ɔmbydsman] n.m. (mot suédois). Personnalité indépendante chargée d'examiner les plaintes des citoyens contre l'Administration, dans les pays scandinaves, au Canada, etc.

OMÉGA n.m. Dernière lettre de l'alphabet grec (Ω, ω), notant un *o* long ouvert. ◆ **n.m. pl.** Famille d'acides gras insaturés contenus dans certains aliments ou dans des suppléments nutritionnels, et présentés comme bénéfiques pour le système cardio-vasculaire.

OMELETTE n.f. (de l'anc. fr. *alumelle*, petite lame). Plat composé d'œufs battus et cuits dans une poêle. ▪ **Omelette norvégienne,** entremets composé d'une glace enrobée d'un soufflé chaud.

OMERTA n.f. (ital. *omertà*). **1.** Loi du silence, que prétendent faire régner la Mafia, la Camorra, etc., et dont l'injonction première est de ne jamais révéler le nom de l'auteur d'un délit. **2.** Silence qui s'impose dans toute communauté d'intérêts : *Rompre l'omerta mandarinale.*

OMETTRE v.t. [64] (lat. *omittere*). **1.** Sout. Oublier de faire ou de dire qqch. **2.** Ne pas mentionner dans une énumération, un ensemble : *Le témoin a omis certains détails.*

OMICRON [-krɔn] n.m. inv., ▲ *n.m.* Quinzième lettre de l'alphabet grec (Ο, ο), notant un *o* bref fermé.

OMISSION n.f. (bas lat. *omissio*). **1.** Action d'omettre ; oubli : *L'omission d'une virgule peut changer le sens d'un texte.* **2.** Ce qui est omis ; lacune : *Des omissions dans un récit.*

OMMATIDIE n.f. (du gr. *ommatidis*, petit œil). ZOOL. Chacun des yeux élémentaires dont l'ensemble constitue l'œil composé de certains arthropodes.

1. OMNIBUS [-bys] n.m. (mot lat. « pour tous »). **1.** Train omnibus. **2.** Anc. Voiture fermée de transport en commun, à quatre roues, d'abord hippomobile, puis automobile.

2. OMNIBUS [-bys] adj. ▪ **Train omnibus** [ch. de f.], desservant toutes les stations de son parcours.

OMNICOLORE adj. Vieilli. Qui présente toutes sortes de couleurs.

OMNIDIRECTIF, IVE ou **OMNIDIRECTIONNEL, ELLE** adj. Se dit d'un émetteur qui produit les ondes avec la même intensité dans toutes les directions ou d'un capteur (antenne, microphone) qui les reçoit avec la même efficacité, quelle que soit la direction d'où elles proviennent.

OMNIPOTENCE n.f. (lat. *omnipotentia*). Pouvoir absolu ; toute-puissance.

OMNIPOTENT, E adj. (lat. *omnipotens*). Dont l'autorité est absolue ; tout-puissant.

OMNIPRATICIEN, ENNE n. Médecin généraliste*.

OMNIPRÉSENCE n.f. Présence constante en tous lieux.

OMNIPRÉSENT, E adj. Présent continuellement en tous lieux.

OMNISCIENCE n.f. Connaissance de toutes choses : *L'omniscience des encyclopédistes.*

OMNISCIENT, E adj. (du lat. *sciens*, sachant). Qui sait tout ou paraît tout savoir.

OMNISPORTS adj. Qui concerne plusieurs sports.

OMNIUM [ɔmnjɔm] n.m. (mot lat.). Course cycliste sur piste, comportant six épreuves. ◆ **n.f. inv.** Belgique. Assurance tous risques.

OMNIVORE adj. et n. (de *omnis*, tout, et *vorare*, dévorer). Se dit d'un animal qui se nourrit indifféremment d'aliments divers. ➲ Les mammifères omnivores ont souvent des molaires aux tubercules arrondis.

OMOPLATE n.f. (du gr. *ômos*, épaule, et *platê*, surface plate). ANAT. Os plat, large, mince et triangulaire, situé à la partie postérieure de l'épaule et constituant avec la clavicule la ceinture scapulaire.

ON pron. indéf. (du lat. *homo*, homme). [Toujours sujet]. **1.** Désigne une personne, un groupe de personnes indéterminées ; des gens : *On vous demande à l'accueil* ; quelqu'un : *On frappe à la porte.* **2.** Désigne des personnes éloignées dans le temps ou l'espace : *On mourait jeune autrefois. Dans ces pays, on travaille plus.* ◆ **pron. pers.** Fam. **1.** Désigne le locuteur *(je)* : *Désolé, on ne fait pas ce qu'on veut.* **2.** Désigne le locuteur et le groupe auquel il appartient *(nous)* : *On est toutes arrivées ensemble.* **3.** Désigne l'interlocuteur *(tu, vous)* : *Alors, on se repose ?*

> ✎ L'accord se fait au féminin et au pluriel : ***On est élégante aujourd'hui ! On est tous égaux devant la loi. On*** peut être précédé d'un ***l*** euphonique : ***Il faut que l'on se voie.***

ONAGRACÉE n.f. BOT. Œnothéracée.

1. ONAGRE n.f. (gr. *onagra*). BOT. Œnothère.

2. ONAGRE n.m. (du gr. *onagros*, âne sauvage). **1.** Mammifère ongulé sauvage d'Iran et d'Inde, intermédiaire entre le cheval et l'âne, très proche de l'hémione. ➲ Famille des équidés. **2.** ARM. Sorte de catapulte utilisée par les Romains.

ONANISME n.m. (de *Onan*, n.pr.). Masturbation.

ONC, ONCQUES ou **ONQUES** [ɔ̃k] adv. (lat. *umquam*). Vx ou par plais. Jamais.

1. ONCE n.f. (du lat. *uncia*, douzième partie). **1.** Douzième de la livre romaine, valant 27,288 g. **2.** Seizième de l'ancienne livre de Paris, valant 30,594 g. **3.** Ancienne unité anglo-saxonne de masse (symb. oz), égale à 1/16 de livre et valant 28,35 g (31,103 g pour les métaux précieux). ▪ **Pas une once de,** pas la plus petite trace de : *Il n'a pas une once d'humour.*

2. ONCE n.f. (anc. fr. *lonce*, du lat. *lynceus*, de lynx). Grand félin des forêts montagneuses de l'Himalaya et de l'Altaï, à la longue fourrure claire (SYN. **panthère des neiges**). ➲ Famille des félidés.

ONCHOCERCOSE [ɔ̃kɔsɛrkoz] n.f. (du gr. *ogkos*, courbure, et *kerkos*, queue). MÉD. Filariose atteignant la peau et l'œil.

ONCIAL, E, AUX adj. (de *1. once*). LING. ▪ **Écriture onciale,** ou **onciale, n.f.,** composée de capitales aux contours arrondis, utilisée du IVe au VIIIe s.

ONCLE n.m. (lat. *avunculus*). **1.** Frère du père ou de la mère. **2.** Mari de la tante.

ONCOGÈNE adj. (du gr. *ogkos*, grosseur). Cancérogène. ◆ **n.m.** MÉD. Gène naturel ou d'origine virale capable de stimuler la multiplication d'une cellule, mais dont l'excès d'activité provoque le cancer.

ONCOLOGIE n.f. Cancérologie.

ONCOLOGUE n. Spécialiste d'oncologie.

ONCOTIQUE adj. PHYSIOL. ▪ **Pression oncotique,** pression osmotique due à des particules, en partic. des protéines, en suspension dans un liquide.

ONCQUES adv. → **ONC.**

ONCTION n.f. (lat. *unctio*, de *ungere*, oindre). **1.** CHRIST. Application d'huile sainte sur une personne pour la consacrer à Dieu, lui conférer la grâce de lutter contre le mal ou contre la maladie. **2.** MÉD. Friction douce de la peau avec une substance grasse. **3.** Litt. Douceur particulière dans les gestes et la manière de parler.

ONCTUEUX, EUSE adj. (lat. médiév. *unctuosus*, de *ungere*, oindre). **1.** Dont la consistance est à la fois légère et douce ; velouté : *Crème onctueuse.* **2.** D'une douceur hypocrite ; mielleux.

ONCTUOSITÉ n.f. Qualité de ce qui est onctueux.

ONDATRA n.m. (huron *ondathra*). Rongeur originaire de l'Amérique du Nord, actuellement répandu en Europe et en Asie, de mœurs très proches de celles du castor (SYN. **rat musqué**). ➲ Famille des arvicolidés.

ONDE n.f. (du lat. *unda*, eau agitée). **1.** Mouvement de la surface de l'eau, formant des rides concentriques qui se soulèvent et s'abaissent à la suite d'un choc. **2.** (Au sing.). Litt. Eau de la mer, d'un lac, d'une rivière. **3.** Ligne sinueuse ou présentant des reflets concentriques : *Les ondes d'une moire.* **4.** PHYS. Modification de l'état physique d'un milieu matériel ou immatériel, qui se propage à la suite d'une action locale avec une vitesse finie, déterminée par les caractéristiques des milieux traversés. ➲ On distingue les *ondes mécaniques* (ondes sonores, vagues dans un liquide, etc.), qui se propagent par vibration de la matière, et les *ondes électromagnétiques* (ondes radio, lumière, etc.), qui se propagent en dehors de tout support matériel, dans le vide. ▪ **Être sur la même longueur d'onde** [fam.], se comprendre. ▪ **Fonction d'onde,** fonction caractérisant l'état d'un quanton et dont le carré du module représente la densité de probabilité de présence du quanton. ▪ **Longueur d'onde,** distance minimale entre deux points vibrant sensiblement. ▪ **Onde amortie** [phys.], dont l'amplitude décroît régulièrement (par oppos. à l'*onde entretenue*, dont l'amplitude reste constante). ▪ **Onde de choc** [aéron.], surface de discontinuité des vitesses due à la compression de l'air aux grandes vitesses, qui se crée dans les régions où la vitesse d'écoulement dépasse

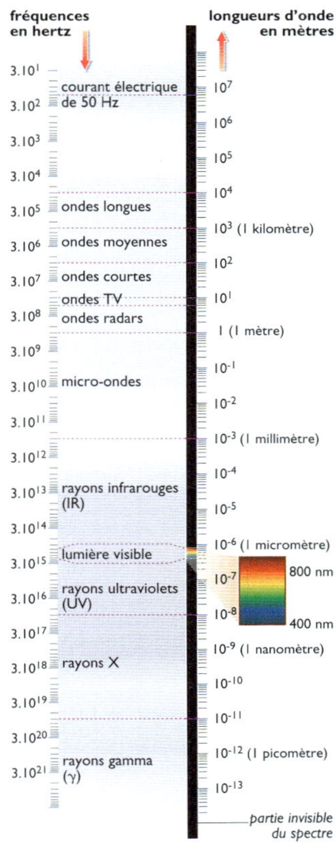

▲ **ondes** électromagnétiques. Pour représenter les fréquences et les longueurs d'onde, on a utilisé une échelle logarithmique.

celle du son. ➲ Tout mobile se déplaçant à une vitesse supersonique crée une onde de choc ; fig., répercussion, le plus souvent fâcheuse, de qqch. ■ **Ondes décamétriques** ou **courtes,** dont la longueur dans le vide est comprise entre 1 et 10 décamètres (fréquences de 30 à 3 MHz, dites *hautes fréquences*). ■ **Ondes gravitationnelles,** perturbations de la géométrie de l'espace-temps* qui se propagent à la vitesse de la lumière. ➲ Leur détection en 2015 a apporté une confirmation supplémentaire à la théorie de la relativité générale d'Einstein. ■ **Ondes hectométriques** ou **moyennes** ou **petites ondes,** dont la longueur dans le vide est comprise entre 1 et 10 hectomètres (fréquences de 3 000 à 300 kHz, dites *moyennes fréquences*). ■ **Ondes kilométriques** ou **longues** ou **grandes ondes,** dont la longueur dans le vide est comprise entre 1 et 10 kilomètres (fréquences de 300 à 30 kHz, dites *basses fréquences*). ■ **Ondes Martenot,** instrument de musique électronique à clavier, qui transforme des oscillations électriques en oscillations mécaniques dans un haut-parleur. ■ **Ondes métriques,** dont la longueur est comprise entre 1 et 10 mètres. ◆ **n.f. pl.** ■ **Les ondes,** les émissions radiodiffusées ; la radio.

ONDÉ, E adj. Litt. Qui forme des ondes, des sinuosités.

ONDÉE n.f. Averse.

ONDEMÈTRE n.m. Appareil servant à mesurer la longueur des ondes électromagnétiques.

ONDIN, E n. (de *onde*). Génie des eaux, dans les mythologies germanique et scandinave.

✎ Rare au masc.

ONDINISME n.m. PSYCHIATR. Érotisation des fonctions urinaires.

ON-DIT n.m. inv. (Surtout pl.). Nouvelle répétée de bouche en bouche ; rumeur.

ONDOIEMENT [ɔ̃dwamɑ̃] **n.m. 1.** Litt. Mouvement d'ondulation. **2. CATH.** Baptême administré en cas d'urgence, réduit à l'ablution d'eau accompagnée des paroles sacramentelles. ➲ La pratique de l'ondoiement est abandonnée depuis 1969.

ONDOYANT, E adj. Litt. **1.** Qui ondoie ; ondulant. **2.** Vieilli. Qui change selon les circonstances ; versatile.

ONDOYER [ɔ̃dwaje] **v.i. [7]. 1.** S'élever et s'abaisser alternativement comme une onde ; onduler. **2.** Litt. Former une ligne sinueuse. ◆ **v.t. CATH.** Baptiser par ondoiement.

ONDULANT, E adj. Qui ondule.

ONDULATION n.f. (du bas lat. *undula*, petite onde). **1.** Mouvement léger d'un fluide qui s'abaisse et s'élève alternativement : *L'ondulation de la mer.* **2.** (Surtout pl.). Mouvement se propageant par vagues successives : *Les ondulations d'une ola au stade.* **3.** Succession de petites hauteurs et de faibles dépressions : *Ondulation du terrain.* **4.** Forme sinueuse des cheveux qui frisent. **5. ÉLECTR.** Composante alternative du courant fourni par les redresseurs.

ONDULATOIRE adj. PHYS. Qui a les caractères, la forme d'une onde : *Mouvement ondulatoire.* ■ **Mécanique ondulatoire,** forme initiale de la théorie quantique*, créée en 1924 par L. de Broglie, selon laquelle à toute particule en mouvement est associée une onde périodique (par oppos. à *corpusculaire*).

ONDULÉ, E adj. 1. Qui présente des ondulations. **2.** Se dit de tôles, de plaques de matière plastique présentant une alternance régulière de reliefs et de creux. ■ **Carton ondulé,** carton présentant des ondulations régulièrement espacées, et dont une face (ou les deux) est collée à un papier de couverture.

ONDULER v.i. [3]. Avoir un léger mouvement sinueux : *La surface de l'eau ondule.* ◆ **v.t.** Donner une forme ondulante à : *Onduler ses cheveux.*

ONDULEUR n.m. ÉLECTROTECHN. Dispositif servant à convertir une source de courant continu en courant alternatif.

ONDULEUX, EUSE adj. Litt. Qui présente des ondulations plus ou moins régulières.

ONE-MAN-SHOW [wanmanʃo] **n.m. inv.** (mot angl.). Spectacle de variétés où un artiste se produit seul sur scène (SYN. **seul en scène**). Recomm. off. **spectacle solo** ou **solo.**

ONÉREUX, EUSE adj. (du lat. *onerosus*, pesant). Qui occasionne des frais importants : *Loisirs onéreux.* ■ **À titre onéreux,** en payant.

ONE SHOT [wanʃɔt] **n.m.** (mots angl.). Album de bande dessinée non intégré à une série et qui constitue une histoire complète.

ONE-STEP [wanstɛp] **n.m.** (pl. *one-steps*) [mot anglo-amér.]. Anc. Danse américaine, en vogue après la Première Guerre mondiale.

ONE-WOMAN-SHOW [wanwumanʃo] **n.m. inv.** (mot angl.). Spectacle de variétés où une artiste se produit seule sur scène (SYN. **seule en scène**). Recomm. off. **spectacle solo** ou **solo.**

ONG ou **O.N.G. n.f.** (sigle de *organisation non gouvernementale*). Organisme d'intérêt public ou humanitaire, qui ne relève pas de l'État et dont l'action s'étend le plus souvent à l'échelle internationale.

ONGLE n.m. (lat. *ungula*). Lame cornée d'origine épidermique qui couvre le dessus du bout des doigts et des orteils, chez l'homme et un grand nombre d'animaux vertébrés. ■ **Jusqu'au bout des ongles,** à un degré extrême ; à la perfection.

ONGLÉ, E adj. Pourvu d'ongles.

ONGLÉE n.f. Engourdissement douloureux du bout des doigts causé par un grand froid.

ONGLET n.m. 1. Petite entaille où l'on peut placer l'ongle : *L'onglet d'une lame de canif.* **2.** Échancrure pratiquée dans les bords des feuillets d'un livre, d'un cahier pour signaler un chapitre ou une section. **3. MENUIS.** Extrémité d'une pièce de bois qui forme un angle de 45° : *Assemblage à onglet.* **4. MUS.** Bague, prolongée par une lame de métal, glissée à l'extrémité du doigt pour pincer les cordes d'un instrument. **5. BOT.** Partie inférieure et rétrécie d'un pétale. **6. MATH.** Partie d'un volume de révolution limitée par deux méridiens. **7.** Morceau du bœuf tiré des muscles du diaphragme, qui fournit des biftecks appréciés. **8. INFORM.** Élément d'une interface graphique qui permet de choisir une page à afficher sur l'écran d'un ordinateur. ■ **Boîte à onglets** [menuis.], boîte ouverte, en forme de canal, dans les parois de laquelle sont pratiquées des entailles qui guident la scie selon un angle déterminé.

ONGLIER n.m. 1. Petit nécessaire contenant divers objets utilisés à la toilette des ongles. **2.** Sorte de pince coupante à lames cintrées ou petits ciseaux courbés pour couper les ongles.

ONGLON n.m. ZOOL. Étui corné constituant l'extrémité du sabot des ruminants, des suidés et des éléphants.

ONGUENT [ɔ̃gɑ̃] **n.m.** (du lat. *unguentum*, huile parfumée). Pommade contenant surtout des résines et des corps gras, destinée à l'application cutanée ; baume.

ONGUICULÉ, E [ɔ̃gɥi-] **adj.** et **n.m. ZOOL.** Se dit des mammifères pourvus d'ongles plats ou de griffes.

ONGULÉ, E adj. (du lat. *ungula*, ongle). **ZOOL.** Dont les doigts sont terminés par des sabots. ◆ **n.m.** Mammifère herbivore doté de sabots, tel que les proboscidiens (éléphants), les périssodactyles (cheval, rhinocéros) et les artiodactyles (ruminants, suidés, camélidés).

ONGULIGRADE adj. et **n.m. ZOOL.** Qui marche sur des sabots.

ONIRIQUE adj. 1. Relatif au rêve, à l'onirisme. **2.** Qui évoque le rêve : *Scènes oniriques d'un film.*

ONIRISME n.m. (du gr. *oneiros*, songe). **1. PSYCHOL.** Ensemble des images, des phénomènes du rêve. **2. PSYCHIATR.** Délire constitué de représentations concrètes, enchaînées comme celles du rêve et vécues intensément, le plus souvent d'origine infectieuse ou toxique ; état mental ressemblant à un mauvais rêve, caractérisé par une anxiété et des hallucinations sensorielles.

ONIROMANCIE n.f. (gr. *oneiromantis*). **OCCULT.** Divination par les rêves.

ONIROMANCIEN, ENNE n. Personne qui pratique l'oniromancie.

ONLAY n.m. ■ **Onlay dentaire,** type de prothèse partielle qui recouvre une dent génér. cariée afin de lui donner un volume et un aspect normaux.

ONOMASIOLOGIE n.f. LING. Étude sémantique qui part du concept et recherche les signes linguistiques qui lui correspondent (par oppos. à *sémasiologie*).

ONOMASTIQUE n.f. (du gr. *onoma*, nom). **LING.** Branche de la lexicologie qui étudie l'origine des noms propres. ◆ **adj.** Qui concerne l'onomastique.

ONOMATOPÉE n.f. (du gr. *onomatopoiia*, création de mots). **LING.** Création de mot par imitation phonétique de l'être ou de la chose désignés ; ce mot lui-même (ex. : *coucou, tic-tac*).

ONOMATOPÉIQUE adj. Relatif à l'onomatopée.

ONQUES adv. → **ONC.**

ONTIQUE adj. PHILOS. Chez Heidegger, qui relève de l'étant (par oppos. à *ontologique*).

ONTOGENÈSE ou **ONTOGÉNIE n.f.** (du gr. *ôn, ontos*, être, et *logos*, science). **EMBRYOL.** Développement de l'individu depuis l'œuf fécondé jusqu'à l'état adulte.

ONTOGÉNÉTIQUE adj. Relatif à l'ontogenèse.

ONTOLOGIE n.f. (de *onto-* et *-logie*). **PHILOS. 1.** Étude de l'être en tant qu'être, de l'être en soi. **2.** Étude de l'existence en général, dans l'existentialisme.

ONTOLOGIQUE adj. PHILOS. 1. Relatif à l'ontologie. **2.** Chez Heidegger, qui relève de l'être (par oppos. à *ontique*). ■ **Preuve ontologique de l'existence de Dieu,** argument consistant à déduire l'existence de Dieu de sa définition (« Dieu est l'être parfait, l'existence est une perfection, donc Dieu existe »). ➲ Elle a été formulée par saint Anselme, reprise par Descartes et critiquée par Kant.

ONUSIEN, ENNE adj. Relatif à l'ONU.

ONYCHOPHAGIE [-kɔ-] **n.f.** (du gr. *onux, -ukhos*, ongle, et de *phagein*, manger). **MÉD.** Habitude de se ronger les ongles.

ONYCHOPHORE [-kɔ-] **n.m. ZOOL.** Arthropode tel que le péripate. ➲ Les onychophores forment une classe.

ONYX n.m. (du gr. *onux*, ongle, à cause de la transparence de la pierre). Variété d'agate caractérisée par des raies concentriques de diverses couleurs.

ONYXIS [-ksis] **n.m.** (du gr. *onux, -ukhos*, ongle). **MÉD.** Inflammation de l'ongle.

ONZAIN n.m. Strophe ou poème de onze vers.

ONZE adj. num. inv. et **n.m. inv.** (lat. *undecim*). **1.** Nombre qui suit dix dans la suite des entiers naturels. **2.** Onzième : *Louis XI.* ◆ **n.m. inv.** Équipe de football : *Le onze tricolore.*

ONZIÈME adj. num. ord. et **n.** Qui occupe un rang marqué par le nombre onze. ◆ **n.m.** et **adj.** Quantité désignant le résultat d'une division par onze.

ONZIÈMEMENT adv. En onzième lieu.

OOCYTE n.m. → **OVOCYTE.**

OOGAMIE [ɔɔ-] **n.f. BIOL.** Reproduction sexuée dans laquelle les gamètes mâle et femelle ont une taille, un aspect et un comportement différents. ➲ L'oogamie est une forme extrême de l'hétérogamie.

OOGONE [ɔɔ-] **n.f.** (du gr. *ôon*, œuf, et *gonê*, génération). **BOT.** Organe femelle de certaines thallophytes, dans lequel se forment les oosphères.

OOLITHE ou **OOLITE** [ɔɔ-] **n.f.** ou **n.m.** (du gr. *ôon*, œuf, et *lithos*, pierre). **GÉOL.** Petite concrétion sphérique (0,5 à 2 mm), formée de couches concentriques précipitant autour d'un noyau (débris, grain de sable, etc.). ◆ **n.f.** Calcaire à oolithes.

OOLITHIQUE, ▲ *OOLITIQUE* [ɔɔ-] **adj.** Se dit d'une roche qui contient des oolithes.

OORT (NUAGE DE) n.m. (de J. H. *Oort*, n.pr.). Vaste concentration de noyaux cométaires, approximativement sphérique, qui existerait à des distances comprises entre 0,6 et 1,6 année-lumière du Soleil.

OOSPHÈRE [ɔɔ-] **n.f.** (du gr. *ôon*, œuf). **BOT.** Gamète femelle des végétaux, homologue de l'ovule des animaux.

OOTHÈQUE [ɔɔ-] **n.f.** (du gr. *ôon*, œuf, et *thêkê*, boîte). **ZOOL.** Coque dans laquelle sont enfermés les œufs des insectes dictyoptères et orthoptères.

OPA ou **O.P.A.** [ɔpea] **n.f.** (sigle de *offre publique d'achat*). Offre par laquelle une société fait connaître au public son intention d'acquérir un certain nombre de titres d'une autre société pour en prendre le contrôle. ➲ L'OPA est dite *amicale* quand elle est faite en accord avec la société achetée, et *inamicale* ou *hostile* dans le cas contraire.

OPACIFICATION **n.f.** Action d'opacifier.

OPACIFIER **v.t.** [5]. Rendre opaque.

OPACIMÉTRIE **n.f.** Mesure de l'opacité de certains liquides ou gaz.

OPACITÉ **n.f.** (lat. *opacitas*). **1.** État de ce qui est opaque : *L'opacité des vitres couvertes de buée. L'opacité de la nuit.* **2.** Litt. Caractère de ce qui ne peut être compris : *L'opacité d'un vieux grimoire.*

OPALE **n.f.** (lat. *opalus*). Variété de silice hydratée, à reflets irisés, qui est une pierre fine très estimée en joaillerie.

▲ **opale**

OPALESCENCE **n.f.** Litt. Teinte, reflet d'opale.

OPALESCENT, E **adj.** Litt. Qui prend une teinte, un reflet d'opale ; opalin.

OPALIN, E **adj.** Qui a la teinte, les reflets de l'opale ; opalescent.

OPALINE **n.f.** **1.** Verre opalin blanc ou coloré. **2.** Objet fait avec cette matière.

OPALISATION **n.f.** Action d'opaliser.

OPALISER **v.t.** [3]. **VERR.** Donner un aspect opalin à une matière, à un verre.

OPAQUE **adj.** (du lat. *opacus*, épais). **1.** Qui ne se laisse pas traverser par la lumière : *Brouillard opaque.* **2.** Où règne une obscurité totale ; impénétrable : *Nuit opaque.* **3.** Fig. Dont on ne peut pénétrer le sens ; incompréhensible : *Théorie opaque.*

OP ART [ɔpart] **n.m.** (pl. *op arts*) [de l'angl. *optical art*, art optique]. **ART MOD.** Tendance qui, au sein de l'art cinétique, privilégie les effets optiques générateurs d'illusion de mouvement.

OPCVM ou **O.P.C.V.M.** **n.m.** (sigle de *organisme de placements collectifs en valeurs mobilières*). Organisme qui regroupe les sicav et les fonds communs de placement.

OPE ou **O.P.E.** [ɔpeø] **n.f.** (sigle de *offre publique d'échange*). Offre par laquelle une société fait connaître au public son intention d'échanger ses propres titres contre ceux d'une société qu'elle désire contrôler.

OPÉABLE **adj.** et **n.f.** Se dit d'une société qui peut faire l'objet d'une OPA ou d'une OPE.

OPEN [ɔpœn] ou [ɔpɛn] **adj. inv.**, ▲ *adj.* (mot angl. « ouvert »). **SPORTS.** Se dit d'une compétition réunissant amateurs et professionnels : *Des tournois open.* ▪ **Billet open,** billet d'avion, de chemin de fer non daté et utilisable à la date choisie par l'acheteur. ◆ **n.m.** Compétition open : *Des opens de golf.* Recomm. off. **tournoi ouvert.**

OPEN ACCESS [ɔpœnaksɛs] **n.m. inv.** (mot angl., de *open*, ouvert, et *access*, accès). Mise à disposition libre et gratuite de données numériques sur Internet, très utilisée pour la diffusion de publications scientifiques. Recomm. off. **libre accès.**

OPEN DATA [ɔpœndata] **n.m. inv.** (mot angl., de *open*, ouvert, et *data*, données). Mise à disposition de données numériques, d'origine publique ou privée, libres d'accès et réutilisables par tous. Recomm. off. **données ouvertes.**

OPENFIELD [ɔpœnfild] **n.m.** (mot angl.). **GÉOGR.** Campagne.

OPEN SOURCE [ɔpœn-] **adj. inv.** et **n.m. inv.** (mot angl. « source ouverte »). Se dit d'un logiciel dont le code source est libre d'accès, réutilisable et modifiable (Linux, par ex.). Recomm. off. **logiciel libre.**

OPÉRA **n.m.** (ital. *opera*). **1.** Œuvre dramatique mise en musique, composée d'une partie orchestrale (ouverture, interludes, etc.) et d'une partie chantée répartie entre le récitatif, les airs, les ensembles (duos, trios, etc.) et les chœurs. **2.** Genre musical constitué par les opéras. **3.** (Avec une majuscule). Théâtre où se jouent des œuvres musicales. ▪ **Opéra de Pékin,** jingxi. ▪ **Opera seria** ou **grand opéra,** dont l'action est tragique.

➲ Apparu en Italie avec Monteverdi, l'**OPÉRA** se répand en Europe aux XVIIe-XVIIIe s. (Lully, Rameau), atteignant son apogée avec Mozart. Au XIXe s., Beethoven et Weber donnent ses lettres de noblesse à l'opéra allemand, qui culmine avec l'œuvre de Wagner. Au cours de ce même siècle, l'opéra italien doit à Rossini, Verdi, puis Puccini, qui fait la transition avec le XXe s., de compter certaines des œuvres les plus importantes de l'histoire de l'art lyrique. Toujours au XIXe s., Gounod, Berlioz, Bizet et Lalo, en France, ou encore Moussorgski et Tchaïkovski, en Russie, enrichissent le répertoire. Jusqu'au milieu du XXe s., le renouveau passe par Debussy, R. Strauss, Rimski-Korsakov, Schoenberg, Berg, Gershwin et Stravinsky. Puis, l'opéra s'engage dans la voie de recherche qui est celle de la musique contemporaine en général.

OPÉRA-BALLET **n.m.** (pl. *opéras-ballets*). **1.** Œuvre dramatique composée de chants et de danses, non soumise à la règle de l'unité d'action. **2.** Genre lyrique et chorégraphique spécifiquement français constitué par les opéras-ballets.

OPÉRABLE **adj.** Se dit d'un malade qui peut être opéré.

OPÉRA-BOUFFE ou **OPÉRA BOUFFE** **n.m.** (pl. *opéras[-]bouffes*) [ital. *opera buffa*, de *buffa*, ridicule]. **1.** Œuvre lyrique en français sur un sujet parodique. **2.** Opéra dont le sujet est léger ou comique. (On dit aussi *opera buffa*.)

OPÉRA-COMIQUE **n.m.** (pl. *opéras-comiques*). **1.** Opéra dans lequel alternent des épisodes parlés et chantés. **2.** Genre musical constitué par les opéras-comiques.

OPÉRANDE **n.m.** **INFORM., MATH.** Donnée intervenant dans une opération, une instruction.

OPÉRANT, E **adj.** Qui opère, produit un effet.

1. OPÉRATEUR, TRICE **n.** **1.** Personne qui fait fonctionner un appareil : *Un opérateur de saisie.* **2.** Personne qui exécute des opérations de Bourse. ▪ **Chef opérateur** [cinéma, télév.], directeur de la photographie*. ▪ **Opérateur de prises de vues** [cinéma, télév.], cadreur. ◆ **n.m.** **1. TÉLÉCOMM.** Société de services spécialisée dans la diffusion et/ou la production de programmes de radio et de télévision. **2. TÉLÉCOMM.** Société spécialisée dans la vente et/ou la production de services (téléphonie mobile, accès à Internet, etc.). **3.** Entreprise ou personne qui met en place une opération financière.

2. OPÉRATEUR **n.m.** **1. INFORM., MATH.** Symbole représentant une opération logique ou mathématique : *L'opérateur de division.* **2. MATH.** Opération s'effectuant sur un seul nombre, une seule fonction : *L'opérateur de multiplication par trois. L'opérateur de dérivation.*

OPÉRATION **n.f.** (lat. *operatio*). **1.** Ensemble organisé des processus qui concourent à l'action d'une fonction, d'un organe, etc. : *Les opérations de mémorisation.* **2.** Action concrète et méthodique, individuelle ou collective, qui vise à un résultat : *Les opérations nécessaires à l'accostage d'un navire. Une opération de sauvetage.* **3.** Affaire dont on évalue le résultat financier : *Cette opération a rapporté plusieurs millions d'euros.* **4.** Intervention chirurgicale. **5. MIL.** Ensemble des combats et manœuvres exécutés dans une région en vue d'atteindre un objectif précis. **6. MATH.** Calcul, à l'aide des tables d'addition et de multiplication, d'une somme, d'une différence, d'un produit ou d'un quotient : *Une opération à trois chiffres.* **7. MATH.** Calcul portant sur des nombres, des vecteurs, des fonctions. **8. MATH.** Loi de composition*. ▪ **Opération de Bourse,** action d'acheter ou de vendre des valeurs boursières. ▪ **Opération du Saint-Esprit** [théol. chrét.], action du Saint-Esprit sur la Vierge Marie au moment de l'incarnation. ▪ **Par l'opération du Saint-Esprit** [fam., par plais.], par un moyen mystérieux.

OPÉRATIONNEL, ELLE **adj.** **1.** Qui est prêt à fonctionner : *Le réseau informatique reste opérationnel pendant les travaux.* **2.** Relatif aux opérations militaires ; se dit d'une formation, d'un engin capables d'être engagés en opération. ▪ **Recherche opérationnelle,** ensemble des techniques rationnelles d'analyse et de résolution de problèmes concernant, notamm., l'activité économique, et visant à élaborer les décisions les plus efficaces pour aboutir au meilleur résultat.

OPÉRATIQUE **adj.** Qui concerne l'opéra ; lyrique.

OPÉRATOIRE **adj.** **1.** Relatif à une intervention chirurgicale : *Risque opératoire.* **2.** Qui permet de progresser dans un raisonnement, une expérience, et n'a de valeur que pour cette application. **3.** Qui sert à effectuer des opérations logiques, à former des concepts : *Théorie opératoire.* ▪ **Bloc opératoire** → **1. BLOC.** ▪ **Mode opératoire** → **2. MODE.**

OPERCULAIRE **adj.** Relatif à un opercule, un couvercle.

OPERCULE **n.m.** (du lat. *operculum*, couvercle). **1. ZOOL.** Pièce paire qui recouvre les branchies chez les poissons osseux et ne laisse qu'une fente postérieure, l'ouïe. **2. ZOOL.** Pièce cornée qui ferme la coquille des gastéropodes prosobranches. **3. ZOOL.** Mince couvercle de cire qui obture les cellules des abeilles. **4.** Pièce servant de couvercle pour le conditionnement des aliments.

OPERCULÉ, E **adj.** **ZOOL.** Qui est muni d'un opercule.

OPÉRÉ, E **adj.** et **n.** Qui a subi une intervention chirurgicale.

OPÉRER **v.t.** [11], ▲ *[11*]* (du lat. *operari*, travailler). **1.** Accomplir une action : *Opérer une division, un mélange chimique* ; effectuer une série d'actes permettant d'obtenir qqch : *Opérer une reconversion.* **2.** Avoir pour résultat ; produire : *Cette expérience a opéré un grand changement chez les enfants.* **3.** Pratiquer un acte chirurgical sur qqn, sur une partie du corps : *Le chirurgien l'a opéré de l'appendice. On a opéré l'œil droit.* **4.** Absol. Pratiquer une intervention chirurgicale : *Il faut opérer.* ◆ **v.i.** **1.** Agir d'une certaine manière : *Les cambrioleurs ont opéré la nuit.* **2.** Produire un effet ; agir : *La magie de son sourire a opéré.* ◆ **S'OPÉRER** **v.pr.** Avoir lieu : *Un changement d'attitude s'est opéré récemment.*

OPÉRETTE **n.f.** **1.** Opéra-comique de caractère léger. **2.** Genre musical constitué par les opérettes. ▪ **D'opérette,** qui paraît léger ou factice : *Un enquêteur d'opérette.*

OPÉRON **n.m.** **GÉNÉT.** Groupe de gènes voisins sur le chromosome et qui concourent à l'accomplissement d'une même fonction cellulaire.

OPEX **n.f. inv.** (acronyme de *opération extérieure*). Engagement militaire hors des frontières.

OPHIDIEN **n.m.** (du gr. *ophis*, serpent). Reptile dépourvu de membres, qui se déplace par reptation et tue ses proies par strangulation ou par injection de venin. ➲ Le sous-ordre des ophidiens comprend tous les serpents.

OPHIOGLOSSE **n.m.** Petite fougère des prairies humides, appelée aussi *langue-de-serpent*, formée de frondes indivises et surmontée d'un organe fertile en épi portant les sporanges.

OPHIOLITE **n.f.** (du gr. *ophis*, serpent, et *lithos*, pierre). **GÉOL.** Ensemble stratifié de roches magmatiques, génér. considéré comme un fragment de croûte océanique disloquée et remontée sur la croûte continentale, dans le cadre de la tectonique des plaques. ➲ Une ophiolite comprend de bas en haut des roches ultrabasiques, des gabbros, des basaltes sous forme de pillow-lavas, surmontés de radiolarites.

OPHIOLITIQUE **adj.** Relatif aux ophiolites.

OPHITE **n.m.** (lat. *ophites*, du gr.). Marbre d'un vert foncé rayé de filets jaunes entrecroisés ou marqué de taches blanchâtres.

▲ **ophiure**

OPHIURE **n.f.** (du gr. *ophis*, serpent, et *oura*, queue). Invertébré échinoderme marin au corps discoïde, d'où partent cinq longs bras, grêles et souples. ➲ Les ophiures forment la classe des ophiurides.

OPHRYS [ɔfris] **n.m.** (du gr. *ophrus*, sourcil). Orchidée terrestre de l'Ancien Monde, dont les fleurs ressemblent, selon l'espèce, à différents insectes ou araignées. ➲ Famille des orchidacées.

OPHTALMIE n.f. (du gr. *ophthalmos*, œil). Affection inflammatoire de l'œil.

OPHTALMIQUE adj. Relatif à l'œil.

OPHTALMO n. (abrév.). Fam. Ophtalmologiste.

OPHTALMOLOGIE n.f. Spécialité médicale dont l'objet est l'étude de l'œil et le traitement des affections correspondantes.

OPHTALMOLOGIQUE adj. Relatif à l'ophtalmologie.

OPHTALMOLOGISTE ou **OPHTALMOLOGUE n.** Spécialiste d'ophtalmologie (SYN. [vieilli] **oculiste**).

OPHTALMOMÈTRE n.m. Instrument utilisé pour l'ophtalmométrie.

OPHTALMOMÉTRIE n.f. MÉD. Mesure de la courbure de la cornée, et donc de l'astigmatisme.

OPHTALMOSCOPE n.m. Instrument utilisé pour l'ophtalmoscopie.

OPHTALMOSCOPIE n.f. MÉD. Examen de la partie postérieure de la rétine (fond d'œil) à travers la pupille.

OPIACÉ, E adj. et **n.m.** Se dit d'une substance contenant de l'opium. ◆ **adj.** Morphinique.

OPILION n.m. (du lat. *opilio*, berger). Arthropode aux pattes longues et grêles, sans venin ni soie, possédant un corps segmenté dont les deux parties sont réunies en une seule masse, tel que les faucheurs. ➲ Les opilions forment une sous-classe.

OPIMES adj.f. pl. (du lat. *opimus*, riche). **ANTIQ. ROM.** ▪ **Dépouilles opimes,** armes du général ennemi tué et dépouillé de la propre main du général romain, qui les consacrait à Jupiter.

OPINEL n.m. (nom déposé). Couteau fermant à manche en bois et doté d'une virole.

OPINER v.t. ind. [3] (À) [lat. *opinari*]. Approuver : *Il opine à tout ce qu'on lui propose.* ▪ **Opiner du bonnet** ou **du chef** ou **de la tête,** faire un signe d'assentiment.

OPINIÂTRE adj. (de *opinion*). **1.** Qui manifeste de la ténacité, de la persévérance ; acharné : *Travailleur, combat opiniâtre.* **2.** Qui est durable ; persistant : *Fièvre opiniâtre.*

OPINIÂTREMENT adv. Avec opiniâtreté.

OPINIÂTRETÉ n.f. Litt. Volonté tenace ; détermination : *L'opiniâtreté d'un juge.*

OPINION n.f. (lat. *opinio*). Ce que l'on pense sur un sujet ; avis : *Émettre une opinion favorable sur un projet.* ▪ **Avoir (une) bonne opinion de,** estimer ; apprécier. ▪ **L'opinion (publique),** la manière de penser la plus répandue dans une société, celle de la majorité de la population ; cette majorité. ▪ **Partage d'opinions** [dr.], situation d'un tribunal au sein duquel aucune majorité ne se dégage au cours du délibéré. ◆ **n.f. pl.** Ensemble des convictions philosophiques, religieuses, politiques d'une personne, d'un groupe : *Nul ne doit être inquiété pour ses opinions.*

OPIOÏDE adj. et **n.m.** Se dit d'une substance synthétique ayant des effets semblables à ceux de l'opium ou des opiacés naturels.

OPIOMANE n. Toxicomane à l'opium.

OPIOMANIE n.f. Toxicomanie à l'opium.

OPISTHOBRANCHE n.m. (du gr. *opisthen*, en arrière). Gastéropode marin, à aspect de limace, à branchies orientées vers l'arrière ou sur le côté. ➲ Les opisthobranches forment une sous-classe.

OPISTHODOME n.m. (du gr. *opisthodomos*, le derrière d'un temple). **ANTIQ. GR.** Partie postérieure d'un temple grec, à l'opposé du pronaos.

OPISTHOTONOS [-nɔs] **n.m.** (mot gr. « tendu en arrière »). **MÉD.** Contracture généralisée incurvant le corps en arrière, observée dans le tétanos et la méningite.

OPIUM [ɔpjɔm] **n.m.** (du gr. *opion*, suc de pavot). **1.** Suc épaissi qui s'écoule d'incisions faites aux capsules de diverses espèces de pavot et qui, fumé, provoque un état d'euphorie suivi d'une phase stuporeuse. ➲ L'opium est un stupéfiant dont sont extraites la morphine, la codéine et l'héroïne. **2.** Fig. Ce qui cause un engourdissement de l'esprit critique : *Le jeu en ligne est leur opium.*

OPONCE n.m. → **OPUNTIA.**

OPOPANAX n.m. (du gr. *opos*, suc, et *panax*, plante médicinale). Ombellifère à fleurs jaunes de l'Ancien Monde, qui fournit une gomme-résine aromatique ; parfum fabriqué avec cette gomme-résine.

OPOSSUM [-sɔm] **n.m.** (algonquien *oposson*). Petit marsupial carnivore d'Amérique, au museau pointu, à longue queue écailleuse et préhensile. ➲ Famille des didelphidés. ▪ **Opossum d'Australie,** phalanger. ▪ **Opossum de Virginie,** sarigue.

▲ **opossum** laineux.

OPPIDUM [-dɔm] **n.m.** (mot lat.). **ARCHÉOL.** Lieu fortifié établi sur une hauteur.

✎ Pluriel savant : ***oppida.***

OPPORTUN, E adj. (du lat. *opportunus*, qui conduit au port). Qui convient aux circonstances ; qui survient à propos.

OPPORTUNÉMENT adv. De façon opportune.

OPPORTUNISME n.m. Attitude consistant à agir selon les circonstances, et en fonction de ses intérêts.

OPPORTUNISTE adj. et **n.** Qui pratique l'opportunisme. ◆ **adj. MÉD.** Se dit d'un germe qui ne devient pathogène que dans un organisme dont les défenses immunitaires sont affaiblies ; se dit de l'infection due à ce type de germe.

OPPORTUNITÉ n.f. 1. Caractère de ce qui est opportun, vient à propos : *L'opportunité d'une démarche.* **2.** (Emploi critiqué). (Calque de l'angl.). Occasion favorable.

OPPOSABILITÉ n.f. 1. DR. Qualité d'un moyen de défense qu'il est possible de faire valoir en justice contre un adversaire, ou d'un contrat dont on peut se prévaloir vis-à-vis d'un tiers. **2.** Caractère opposable d'un doigt.

OPPOSABLE adj. 1. Se dit d'un doigt qui peut être mis en face des autres doigts, et serré contre eux. ➲ Chez les êtres humains, le pouce est opposable. **2.** Qui peut être opposé à qqch, utilisé contre qqch : *Des motifs opposables à une décision.* **3. DR.** Se dit d'un acte juridique ou d'un jugement dont les tiers doivent tenir compte. **4. DR.** Se dit d'un droit qui doit être respecté par les pouvoirs publics, sous peine d'une action en justice intentée par la personne lésée par le non-respect de ce droit : *Droit au logement opposable.*

OPPOSANT, E adj. et **n. 1. DR.** Qui forme une opposition : *Partie opposante dans un procès.* **2.** Se dit d'une personne qui s'oppose à une décision, à un gouvernement, etc. : *Les opposants à la violence.*

OPPOSÉ, E adj. 1. Qui est situé vis-à-vis : *L'hôtel est sur la rive opposée* ; qui va dans la direction inverse : *Les voitures arrivent en sens opposé.* **2.** Qui est contradictoire, incompatible : *Ils ont des avis opposés.* **3.** Qui n'accepte pas qqch ; hostile : *Être opposé à la réduction des crédits.* **4. BOT.** Se dit de feuilles insérées par deux au même nœud, comme chez l'ortie. ▪ **Angles opposés par le sommet** [math.], angles de même sommet dont les côtés sont des demi-droites opposées deux à deux. ▪ **Côté opposé à un angle dans un triangle rectangle** [math.], côté opposé au sommet de cet angle. ▪ **Demi-droites opposées** [math.], qui sont portées par une même droite et n'ont qu'un seul point commun. ▪ **Nombres opposés** [math.], qui ont pour somme zéro. ➲ Ils ont même valeur absolue et des signes contraires. ◆ **n.m.** ▪ **À l'opposé de,** du côté opposé à ; au contraire de. ▪ **L'opposé,** le contraire : *Il fait toujours l'opposé de ce qu'on lui demande.* ▪ **Opposé d'un nombre** x [math.], nombre (noté $-x$) qui, ajouté à x, donne zéro. ▪ **Opposé d'un vecteur** $\vec{v}$ [math.], vecteur (noté $-\vec{v}$) de même norme et de même direction que $\vec{v}$ mais de sens contraire.

OPPOSÉE n.f. MATH. ▪ **Opposée d'une fonction numérique** f, fonction (notée $-f$) qui à tout x associe $-f(x)$.

OPPOSER v.t. [3] (lat. *opponere*). **1.** Mettre face à face dans une compétition, un affrontement : *La finale opposera deux Belges.* **2.** Placer une chose de manière qu'elle fasse obstacle à une autre : *Les sacs de sable opposent une résistance aux eaux en crue.* **3.** Présenter comme argument contraire ; objecter : *Je n'ai rien à opposer à cet argument.* **4.** Comparer en soulignant les différences : *Opposer les avantages de deux solutions.* ◆ **S'OPPOSER v.pr. 1. (À).** Faire obstacle à : *Les parents s'opposent à leur mariage ou à ce qu'ils se marient.* **2.** Être incompatible : *Leurs intérêts s'opposent.*

À L'OPPOSITE loc. adv. (du lat. *oppositus*, placé devant). Litt. À l'opposé ; vis-à-vis.

OPPOSITION n.f. (bas lat. *oppositio*). **1.** Action de s'opposer, de résister, de faire obstacle à qqn, à qqch ; obstruction : *Tenir compte de l'opposition formulée par un adversaire.* **2.** Différence extrême : *Opposition d'intérêts* ; situation de choses ou de personnes qui s'affrontent : *L'opposition d'un adolescent à ses parents.* **3.** Disposition de choses différentes placées vis-à-vis ou en juxtaposition : *L'opposition des masses dans un tableau.* **4.** Ensemble des partis et des forces politiques opposés à la majorité parlementaire, au gouvernement qui en est issu. **5. DR.** Acte par lequel une personne empêche légalement l'accomplissement d'un acte (opposition à mariage, par ex.) ou rend un titre indisponible entre les mains de son dépositaire. **6. DR.** Voie de recours civile ou pénale qui permet aux personnes ayant été déjà jugées par défaut de faire à nouveau juger leur affaire, en leur présence, par la même juridiction. **7. ASTRON.** Situation de deux astres du Système solaire qui se trouvent, par rapport à la Terre, en des points diamétralement opposés de la sphère céleste. ▪ **Crise d'opposition** [psychol.], dans laquelle l'enfant, vers 3 ans, affirme son autonomie par une attitude de refus systématique. ➲ Notion développée par H. Wallon.

OPPOSITIONNEL, ELLE adj. et **n.** Qui est dans l'opposition politique.

OPPRESSANT, E adj. Qui oppresse, accable.

OPPRESSÉ, E adj. Qui éprouve une gêne respiratoire.

OPPRESSER v.t. [3] (du lat. *oppressum*, de *opprimere*, opprimer). **1.** Gêner la respiration de. **2.** Accabler moralement ; étreindre : *Les soucis l'oppressent.*

OPPRESSEUR n.m. Personne qui opprime ; tyran.

OPPRESSIF, IVE adj. Qui opprime ; coercitif.

OPPRESSION n.f. 1. Fait d'oppresser ; sensation de gêne respiratoire. **2.** Malaise psychique sourd, un peu angoissant, qui étreint. **3.** Action d'opprimer : *Lutter contre l'oppression.*

OPPRIMANT, E adj. Qui opprime.

OPPRIMÉ, E adj. et **n.** Que l'on opprime.

OPPRIMER v.t. [3] (du lat. *opprimere*, presser). Soumettre à une autorité répressive, à la tyrannie : *Opprimer un peuple.*

OPPROBRE n.m. (lat. *opprobrium*). Litt. **1.** Réprobation publique qui s'attache aux auteurs d'actions condamnables. **2.** Cause de honte ; déshonneur : *Ce charlatan est l'opprobre de la profession.* **3.** Vieilli. État d'avilissement ; déchéance.

OPR ou **O.P.R. n.f.** (sigle de *offre publique de retrait*). Offre visant à sortir certains titres du marché boursier.

OPSONINE n.f. (du gr. *opson*, aliment). **IMMUNOL.** Anticorps qui, en se fixant sur les micro-organismes, favorise leur phagocytose par des globules blancs.

OPTATIF, IVE adj. et **n.m.** (du lat. *optare*, souhaiter). **LING.** Se dit d'une forme, d'un mode qui exprime le souhait. (Ex. : le subjonctif, en français : *puisse-t-elle réussir !*).

OPTER v.i. [3] (lat. *optare*). Choisir entre plusieurs possibilités.

OPTICIEN, ENNE n. Personne qui vend ou fabrique des instruments d'optique et, notamm., des verres correcteurs pour la vue.

OPTIMAL, E, AUX adj. Se dit de ce qui est le meilleur, le plus favorable (SYN. **optimum**).

OPTIMISATION ou **OPTIMALISATION** **n.f.** Action d'optimiser ; fait d'être optimisé.

OPTIMISER ou **OPTIMALISER** **v.t.** [3]. Placer dans les meilleures conditions d'utilisation, de fonctionnement : *Optimiser la production, la maintenance technique.*

OPTIMISME **n.m.** (du lat. *optimus*, le meilleur). **1.** Tendance à prendre les choses du bon côté, à être confiant dans l'avenir. **2.** PHILOS. Doctrine qui affirme que la somme des biens l'emporte sur celle des maux, ou, chez Leibniz, que le monde est le meilleur des mondes possibles.

OPTIMISTE **adj.** et **n.** Qui fait preuve d'optimisme.

OPTIMUM [-mɔm] **n.m.** (pl. *optimums* ou *optima*) [mot lat. « le mieux »]. Degré de développement de qqch jugé le plus favorable au regard de circonstances données. ▪ **Optimum économique,** concept qui caractérise la situation de l'économie quand elle est fondée sur le meilleur emploi possible des ressources disponibles pour une satisfaction maximale. ◆ **adj.** Optimal : *Conditions optimums.*

OPTION [ɔpsjɔ̃] **n.f.** (lat. *optio*). **1.** Fait d'opter ; choix à faire ; chose choisie : *Cliquez sur les options qui vous intéressent.* **2.** Accessoire ou équipement facultatif non prévu sur le modèle d'origine, que l'on peut acheter moyennant un supplément. **3.** Promesse d'achat ou de location qui, pour être effective, doit être confirmée avant une date limite. **4.** DR. Faculté de choisir entre plusieurs situations juridiques. ▪ **À option,** qui fait l'objet d'un choix : *Matière à option au baccalauréat.* ▪ **Levée d'option** → **LEVÉE.** ▪ **Option sur titres,** recomm. off. pour **stock-option.**

OPTIONNEL, ELLE **adj.** Qui donne lieu à un choix, à une option : *Des équipements optionnels.*

1. OPTIQUE **adj.** (gr. *optikos*, de *optos*, visible). **1.** Relatif à la vision. **2.** Relatif à l'optique ; qui est fondé sur les lois de l'optique : *Système de guidage optique. Lecture optique.* ▪ **Angle optique,** angle dont le sommet correspond à l'œil de l'observateur et dont les côtés passent par les extrémités de l'objet considéré. (On dit aussi *angle de vision*.) ▪ **Centre optique,** point de l'axe d'une lentille tel qu'à tout rayon lumineux intérieur à la lentille, et passant par ce point, correspondent un rayon incident et un rayon émergent parallèles l'un à l'autre. ▪ **Nerf optique,** nerf reliant l'œil à l'encéphale et formant la deuxième paire de nerfs crâniens. ➲ Chez l'homme, les deux nerfs optiques s'entrecroisent partiellement avec le chiasma optique.

2. OPTIQUE **n.f.** **1.** Partie de la physique qui traite des propriétés de la lumière et des phénomènes de la vision. **2.** Fabrication, commerce des instruments et des appareils utilisant, notamm., les propriétés des lentilles et des miroirs (dits *instruments d'optique*). **3.** Partie d'un appareil photographique ou d'un instrument d'optique, formée de lentilles, de miroirs ou de leurs combinaisons (par oppos. à *boîtier, monture*). **4.** AUTOM. Bloc regroupant les projecteurs, sur un véhicule. **5.** Fig. Manière de juger particulière ; point de vue : *La ministre a une optique différente.*

OPTOÉLECTRONIQUE **n.f.** Étude, conception et réalisation de dispositifs associant l'électronique et l'optique ou mettant en œuvre l'interaction de phénomènes optiques et électroniques. ◆ **adj.** Relatif à l'optoélectronique.

OPTOMÈTRE **n.m.** Appareil utilisé pour l'optométrie (SYN. **réfractomètre**).

OPTOMÉTRIE **n.f.** MÉD. Mesure de la réfraction des rayons lumineux dans l'œil et de ses anomalies (amétropies).

OPTOMÉTRISTE **n.** Spécialiste d'optométrie.

OPTRONIQUE **n.f.** (de *optique* et *électronique*). Utilisation de l'optoélectronique à des fins militaires. ◆ **adj.** Relatif à l'optronique.

OPULENCE **n.f.** **1.** Extrême abondance de biens matériels ; richesse : *Vivre dans l'opulence.* **2.** Litt. Caractère opulent de qqch : *L'opulence d'une poitrine.*

OPULENT, E **adj.** (lat. *opulentus*, de *opes*, ressources). **1.** Très riche. **2.** Qui a des formes plantureuses : *Les femmes opulentes de Rubens.*

OPUNTIA [ɔpɔ̃sja] ou **OPONCE** **n.m.** (lat. *opuntius*, de la v. gr. d'Oponte). Plante grasse originaire d'Amérique, à rameaux épineux en forme de raquette, tel le figuier de Barbarie. ➲ Famille des cactacées.

▲ **opuntia**

OPUS [ɔpys] **n.m.** (mot lat. « œuvre »). **1.** Terme qui, suivi d'un numéro, sert à situer un morceau de musique dans la production d'un compositeur. (Souvent abrégé : *op.*) **2.** Production artistique ou littéraire, spécial. disque, film, roman : *Le dernier opus d'une cinéaste.* **3.** ARCHIT. Appareil. ▪ **Opus incertum,** appareil fait de moellons irréguliers, mais qui s'ajustent entre eux. ▪ **Opus reticulatum** → **RÉTICULÉ.**

OPUSCULE **n.m.** (lat. *opusculum*). Petit livre ; brochure.

OPV ou **O.P.V.** **n.f.** (sigle de *offre publique de vente*). Offre de un ou plusieurs actionnaires d'une société de céder une partie de leurs actions au public à un prix génér. plus bas que celui du marché.

1. OR **n.m.** (lat. *aurum*). **1.** Métal précieux d'un jaune brillant, de densité 19,3, et qui fond à 1 064 °C. **2.** Élément chimique (Au), de numéro atomique 79, de masse atomique 196,9665. **3.** Alliage de ce métal avec d'autres métaux (argent, cuivre, nickel, zinc, etc.), utilisé en bijouterie, en dentisterie, etc. **4.** Monnaie d'or. **5.** Couleur jaune de l'or : *Les ors de l'automne.* **6.** HÉRALD. Un des deux métaux employés comme émail, représenté jaune et uni. ▪ **Affaire en or,** très avantageuse. ▪ **Âge d'or,** temps heureux d'une civilisation ; époque de prospérité. ▪ **À prix d'or,** très cher. ▪ **C'est de l'or en barre,** une valeur très sûre. ▪ **Cœur d'or,** personne généreuse. ▪ **En or,** parfait. ▪ **Livre d'or,** registre où les visiteurs inscrivent leur nom, notent leurs éloges et leurs réflexions : *Le livre d'or d'une exposition.* ▪ **L'or** (+ adj.), toute ressource naturelle génératrice de richesse. ▪ **L'or blanc,** la neige, en tant que ressource touristique. ▪ **L'or bleu,** l'eau, en tant qu'élément indispensable à la vie et réserve halieutique. ▪ **L'or noir,** le pétrole. ▪ **L'or vert,** l'ensemble des ressources végétales. ▪ **Nombre d'or** → **NOMBRE.** ▪ **Or moulu,** parcelles ténues d'or en feuille qu'on emploie, en amalgame avec du mercure, pour dorer au feu le bronze et d'autres métaux. ▪ **Règle d'or,** précepte que l'on a tout intérêt à suivre. ▪ **Siècle d'or,** dans l'histoire espagnole, période de rayonnement culturel et politique comprise entre la seconde moitié du XVIe s. et la première moitié du XVIIe s. ◆ **adj. inv.** De la couleur de l'or. ▪ **Clause or** [dr.], clause d'un contrat par laquelle l'obligation du débiteur est exprimée en fonction du cours de l'or. ▪ **Valeur or,** valeur exprimée en une unité monétaire convertible en or.

➲ L'**OR** est le plus malléable et le plus ductile – ou « étirable » – de tous les métaux. Il est mou, d'où la nécessité pour certains usages de l'allier à d'autres éléments métalliques (cuivre, nickel, etc.). Il est inaltérable dans l'air et dans l'eau à toute température.
L'or est présent dans des roches aurifères (souvent des filons) exploitées dans des mines, ou dans des alluvions aurifères (placers) exploitées en rivière ou en carrière. Il est extrait par amalgamation et la récupération métallurgique finale se fait par cyanuration.
La plus grande partie de l'or mondial est thésaurisée par les banques d'émission et sert aux transactions financières internationales. Le reste est utilisé en bijouterie, en orfèvrerie, en dentisterie et dans l'industrie, électronique notamm. L'or est employé pour sa conductibilité électrique et thermique, son caractère inoxydable à chaud, sa résistance à la corrosion.

2. OR **conj.** (du lat. *hac hora*, à cette heure). Introduit une transition d'une idée à une autre ou une circonstance particulière dans un récit : *Or, il ne plut pas.*

ORACLE **n.m.** (lat. *oraculum*). **1.** ANTIQ. Réponse d'une divinité au fidèle qui la consultait ; divinité qui rendait cette réponse ; sanctuaire où cette réponse était rendue. **2.** Dans la Bible, volonté de Dieu annoncée par les prophètes. **3.** Litt. Décision jugée infaillible car émanant d'une autorité : *Les oracles énoncés par les gourous médiatiques* ; cette autorité : *Elle est devenue l'oracle de la Bourse.* **4.** Litt. Personne considérée comme infaillible.

ORAGE **n.m.** (de l'anc. fr. *ore*, vent). **1.** Perturbation atmosphérique violente, associée à un cumulonimbus, et accompagnée d'éclairs, de tonnerre, de rafales, d'averses de pluie ou de grêle. **2.** Fig., litt. (Surtout pl.). Ce qui vient troubler violemment un état de calme ou de sécurité : *Les orages de la passion.* **3.** Trouble dans les relations entre individus ; dispute : *Laissons passer l'orage.* ▪ **Il y a de l'orage dans l'air,** la tension laisse présager une querelle. ▪ **Orage magnétique,** intense perturbation transitoire du champ magnétique terrestre due aux éruptions solaires.

ORAGEUX, EUSE **adj.** **1.** Relatif à l'orage : *Pluie orageuse.* **2.** Fig. Qui est agité, troublé ; houleux : *Un débat parlementaire orageux.*

ORAISON **n.f.** (du lat. *oratio*, discours). **1.** Prière mentale sous forme de méditation. **2.** Courte prière liturgique récitée par l'officiant. ▪ **Oraison funèbre,** discours prononcé en l'honneur d'un mort illustre.

ORAL, E, AUX **adj.** (du lat. *os, oris*, bouche). **1.** Relatif à la bouche ; buccal : *Médicament à prendre par voie orale.* **2.** Fait de vive voix, transmis par la voix (par oppos. à *écrit*) ; verbal : *Donner son accord oral.* **3.** LING. Qui appartient à la langue parlée (par oppos. à *scriptural*). **4.** PHON. Se dit d'un phonème dans l'émission duquel l'air expiré s'écoule par la seule cavité buccale (par oppos. à *nasal*). ▪ **Stade oral** [psychan.], premier stade de l'évolution libidinale, caractérisé par le plaisir que le nourrisson trouve dans l'alimentation, l'activité de la bouche et des lèvres. ◆ **n.m.** Épreuve d'examen ou de concours qui consiste en interrogations et réponses verbales (par oppos. à *écrit*).

ORALEMENT **adv.** Par la parole ; verbalement.

ORALISER **v.t.** [3]. Didact. Dire à haute voix.

ORALITÉ **n.f.** **1.** Caractère oral de la parole, d'un discours. **2.** Caractère d'une civilisation dans laquelle la culture est essentiellement ou exclusivement orale. **3.** PSYCHAN. Ensemble des caractéristiques du stade oral*.

ORANGE **n.f.** (de l'ar. *nārandj*). Fruit comestible de l'oranger, de forme sphérique à ovale, d'un jaune mêlé de rouge, et dont la pulpe est juteuse et sucrée. ▪ **Orange amère,** bigarade. ◆ **adj. inv.** et **n.m.** De la couleur de l'orange.

ORANGÉ, E **adj.** Qui tire sur la couleur de l'orange. ◆ **n.m.** **1.** Couleur orange ou orangée. **2.** Rayonnement lumineux situé dans le spectre solaire entre le jaune et le rouge, d'une longueur d'onde moyenne de 610 nm. **3.** HÉRALD. Couleur particulière à l'armorial anglais.

ORANGEADE **n.f.** Boisson faite de jus d'orange, de sucre et d'eau.

ORANGEAT **n.m.** Écorce d'orange hachée finement et confite.

ORANGER **n.m.** Arbre de petite taille du groupe des agrumes, à feuilles persistantes, cultivé dans les pays méditerranéens et les régions chaudes, et qui produit les oranges. ➲ Famille des rutacées. ▪ **Eau de fleur d'oranger,** essence extraite par distillation des fleurs du bigaradier et utilisée comme arôme en pâtisserie.

ORANGERAIE **n.f.** Terrain planté d'orangers.

ORANGERIE **n.f.** Local où l'on abrite pendant l'hiver les agrumes cultivés en caisses.

ORANGETTE **n.f.** Petite orange amère utilisée en confiserie.

ORANGISTE **n.** et **adj.** HIST. **1.** En Angleterre, partisan de Guillaume III d'Orange, opposé au parti catholique, qui soutenait Jacques II (1688). **2.** Protestant de l'Irlande du Nord.

ORANG-OUTAN ou **ORANG-OUTANG** [ɔrɑ̃utɑ̃] **n.m.** (pl. *orangs-outan*[*g*]*s*) [mot malais « homme des bois »]. Grand singe anthropoïde herbivore de Sumatra et Bornéo, aux bras très longs, à la fourrure peu fournie et d'un brun roux. ➲ Haut. 1,60 m ; famille des pongidés. (V. planche *primates*.)

ORANT, E n. (du lat. *orare*, prier). ANTIQ. Statue d'homme ou de femme représentés les bras levés dans l'attitude de la prière. ◆ **n.m.** SCULPT. Dans l'art occidental, statue du défunt représenté à genoux et les mains jointes (SYN. **priant**).

ORATEUR, TRICE n. (lat. *orator*). **1.** Personne qui prononce un discours devant un auditoire. **2.** Personne éloquente, qui sait parler en public : *Une oratrice hors pair.*

1. ORATOIRE adj. (lat. *oratorius*). Relatif à l'art de l'orateur : *Style oratoire.*

2. ORATOIRE n.m. (du lat. *orare*, prier). **1.** Chapelle de dimensions restreintes, génér. située dans une maison particulière. **2.** (Avec une majuscule). Nom donné à deux congrégations : l'Oratoire d'Italie et l'Oratoire de France (v. partie n.pr.).

ORATORIEN n.m. Membre d'une des deux congrégations de l'Oratoire.

ORATORIO n.m. (mot ital.). Composition musicale dramatique, génér. sacrée, avec récitatifs, airs, chœurs et orchestre.

ORBE n.m. (lat. *orbis*). Litt. Ligne ou surface circulaire : *Les orbes d'un serpent.*

ORBICULAIRE adj. (du lat. *orbiculus*, petit cercle). Litt. Qui décrit une circonférence ; rond. ■ **Muscle orbiculaire** [anat.], muscle circulaire entourant la bouche et les paupières.

ORBITAIRE adj. ANAT. Relatif à l'orbite de l'œil.

ORBITAL, E, AUX adj. ASTRON. Relatif à l'orbite d'une planète, d'un satellite. ■ **Station orbitale** → **STATION.**

ORBITALE n.f. PHYS. ■ **Orbitale atomique, moléculaire,** distribution spatiale d'un électron dans un atome, des électrons de liaison dans une molécule.

ORBITE n.f. (du lat. *orbita*, ligne circulaire). **1.** ASTRON. Courbe décrite par un corps céleste (planète, satellite, etc.) en mouvement périodique autour d'un autre de plus grande masse sous l'effet de la gravitation. **2.** Fig. Zone d'action ; sphère d'influence : *Parasites qui gravitent dans l'orbite d'un chanteur.* **3.** ANAT. Cavité osseuse de la face, dans laquelle l'œil est placé. ■ **Mise sur** ou **en orbite** → **MISE.**

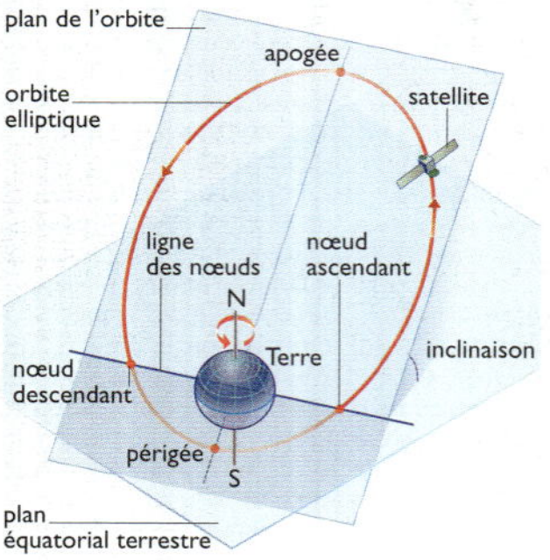

▲ **orbite** d'un satellite de la Terre.

ORBITER v.i. [3]. Décrire une orbite, en parlant d'un corps céleste ou d'un satellite artificiel.

ORBITEUR n.m. **1.** Partie d'un engin spatial qui reste en orbite autour d'un astre pour accomplir sa mission. **2.** Élément habité, satellisable et récupérable, de la navette spatiale américaine.

ORCANETTE n.f. (de l'anc. fr. *alcanne*, henné). Plante cultivée dans les régions méditerranéennes pour sa racine, qui fournit un colorant rouge utilisé en micrographie comme marqueur des corps gras. ➲ Famille des borraginacées.

ORCHESTRAL, E, AUX [-kɛs-] adj. Relatif à l'orchestre.

ORCHESTRATEUR, TRICE [-kɛs-] n. Musicien qui compose des orchestrations.

ORCHESTRATION [-kɛs-] n.f. **1.** Répartition des différentes parties d'une composition musicale entre les instruments de l'orchestre. **2.** Fig. Action d'orchestrer un événement : *L'orchestration de la libération d'un otage.*

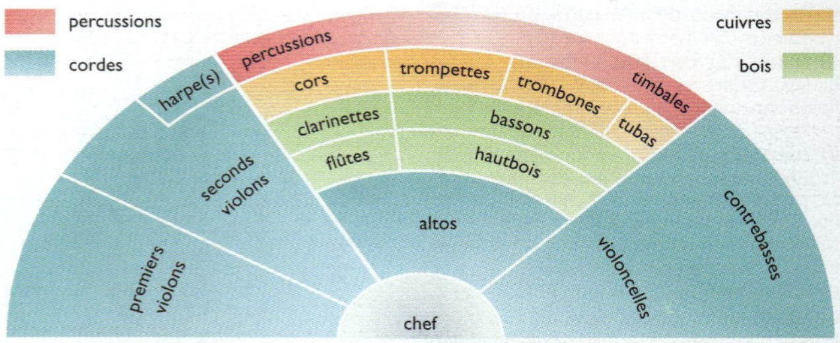

▲ **orchestre.** Disposition habituelle d'un orchestre symphonique classique.

ORCHESTRE [ɔrkɛstr] n.m. (lat. *orchestra*, du gr. *orkhêisthai*, danser). **1.** Ensemble d'instrumentistes constitué pour exécuter de la musique ; ensemble des instruments dont ils jouent. **2.** Lieu d'un théâtre, d'un cinéma où se situent les sièges du rez-de-chaussée, face à la scène. **3.** ANTIQ. Zone circulaire du théâtre, comprise entre la scène et les sièges des spectateurs, et où évoluait le chœur.

➲ Encore réduit au début du XVIIIe s. – où les cordes prédominent –, l'**ORCHESTRE** gagne en ampleur dès l'époque de Haydn et de Mozart. Au XIXe s., l'orchestre symphonique, grossi de nombreux cuivres, connaît son apothéose avec Beethoven et Berlioz. Au XXe s. apparaissent de nouvelles percussions et des instruments électroniques. La recherche de répartitions différentes des masses sonores et des timbres conduit fréquemment à faire varier la disposition traditionnelle de l'orchestre, parfois en séparant totalement les différentes sections d'instruments à l'intérieur du lieu d'exécution. *L'orchestre de chambre* désigne une formation à effectifs réduits.

ORCHESTRER v.t. [3]. **1.** Procéder à l'orchestration d'une composition musicale. **2.** Fig. Organiser de manière à donner le maximum d'ampleur et de retentissement : *Orchestrer une passation de pouvoir.*

ORCHIDACÉE [-ki-] n.f. (du gr. *orkhis*, testicule). Monocotylédone, souvent épiphyte, remarquable par ses fleurs à trois pétales, aux couleurs et aux formes spectaculaires (et dont on cultive surtout les espèces tropicales), telle que l'orchis, l'ophrys, le cattleya, le sabot-de-Vénus, le vanillier. ➲ Les orchidacées forment une vaste famille.

ORCHIDÉE [-ki-] n.f. Plante de la famille des orchidacées ; fleur de cette plante.

ORCHIS [-kis] n.m. (du gr. *orkhis*, testicule). Orchidée de l'hémisphère Nord tempéré, à racines tuberculeuses, à fleurs pourpres ou roses en épis, dont le labelle est muni d'un éperon nectarifère.

ORCHITE [-kit] n.f. (du gr. *orkhis*, testicule). MÉD. Inflammation du testicule.

ORDALIE n.f. (du francique). HIST. Épreuve judiciaire dont l'issue, censée dépendre de Dieu, établissait la culpabilité ou l'innocence d'un accusé.

ORDALIQUE adj. PSYCHOL. Se dit d'une conduite comportant une prise de risque mortel, par laquelle le sujet, génér. adolescent, tente de se poser en maître de son destin.

ORDI n.m. (abrév.). Fam. Ordinateur.

1. ORDINAIRE adj. (du lat. *ordinarius*, en ordre). **1.** Qui est conforme à l'ordre des choses, à l'usage habituel ; normal : *Une journée ordinaire.* **2.** Qui ne dépasse pas le niveau commun ; quelconque : *Tissu de qualité ordinaire. Une personne très ordinaire.*

2. ORDINAIRE n.m. **1.** Ce qui est courant, banal : *Des vêtements qui sortent de l'ordinaire.* **2.** Ce que l'on sert habituellement à un repas : *L'ordinaire de la cantine.* **3.** MIL. Organisme chargé de l'alimentation des hommes du rang. ■ **Comme à l'ordinaire,** comme d'habitude. ■ **D'ordinaire,** habituellement. ■ **L'ordinaire du lieu** [dr. canon], ecclésiastique qui exerce une juridiction sur un diocèse, une abbaye, etc.

ORDINAIREMENT adv. Habituellement ; généralement.

ORDINAL, E, AUX adj. (bas lat. *ordinalis*, de *ordo, -inis*, ordre). ■ **Adjectif numéral ordinal,** ou **ordinal, n.m.,** qui exprime le rang, l'ordre d'un élément au sein d'un ensemble (ex. : *premier, deuxième, troisième*, etc.) [par oppos. à *cardinal*]. ■ **Nombre ordinal,** nombre entier indiquant la place occupée par les objets d'un ensemble quand ils sont rangés dans un certain ordre.

ORDINAND n.m. CHRIST. Clerc appelé à recevoir un ordre sacré.

ORDINATEUR n.m. Machine automatique de traitement de l'information, obéissant à des programmes formés par des suites d'opérations arithmétiques et logiques. Abrév. (fam.) **ordi.** ■ **Ordinateur individuel** ou **personnel,** micro-ordinateur construit autour d'un microprocesseur, à l'usage des particuliers (SYN. **1. PC**).

➲ Un **ORDINATEUR** comprend une partie matérielle, constituée de circuits électroniques hautement intégrés, et des logiciels. La partie matérielle regroupe un ou des processeurs, une mémoire, des unités d'entrée-sortie et des unités de communication. Le processeur exécute le ou les programmes, instruction après instruction. Les unités d'entrée-sortie sont constituées de claviers, d'écrans d'affichage, d'unités de stockage, d'imprimantes, etc. Les unités de communication autorisent la mise en relation de l'ordinateur avec des terminaux ou avec d'autres ordinateurs et la connexion à des services en ligne. La fonction d'un ordinateur consiste à ordonner, classer, calculer, trier, rechercher, éditer, représenter des informations qui ont au préalable été codifiées selon une représentation binaire.

ORDINATION n.f. (du lat. *ordinatio*, mise en ordre). CHRIST. **1.** Rite sacramentel par lequel un nouveau prêtre reçoit le sacrement de l'ordre par imposition des mains de l'évêque. **2.** Dans les confessions protestante et anglicane, acte par lequel l'Église confère à un homme ou une femme la charge d'un ministère presbytéral ou épiscopal (SYN. **consécration**).

ORDINOGRAMME n.m. INFORM. Représentation graphique de l'enchaînement des opérations d'un programme (SYN. **organigramme**).

ORDIPHONE n.m. Téléphone intelligent. Recomm. off. pour **smartphone.**

ORDO n.m. inv., ▲ *n.m.* (mot lat. « ordre »). CATH. Calendrier liturgique indiquant pour chaque jour l'ordonnance de la messe et des offices.

1. ORDONNANCE n.f. **1.** Action d'organiser, d'agencer selon un ordre : *L'ordonnance d'une cérémonie* ; disposition des éléments d'un ensemble : *L'ordonnance logique d'une phrase.* **2.** Prescription d'un médecin ; document sur lequel elle est portée. **3.** DR. Acte pris par le gouvernement, avec l'autorisation du Parlement, dans des domaines qui relèvent normalement de la loi. **4.** DR. Acte juridictionnel ou d'administration judiciaire émanant d'un magistrat du siège. **5.** HIST. En France, texte de loi émanant du roi, qui concernait plusieurs matières et s'appliquait à l'ensemble du royaume. ■ **Officier d'ordonnance** [mil.], officier qui remplit les fonctions d'aide de camp.

2. ORDONNANCE n.f. ou n.m. Anc. Militaire mis à la disposition d'un officier pour son service personnel.

ORDONNANCEMENT n.m. **1.** Organisation, agencement méthodiques. **2.** DR. Acte par lequel, après avoir liquidé les droits d'un créancier, un administrateur donne l'ordre à un comptable public de payer sur sa caisse (SYN. **mandatement**).

Les orchidées

▪ **Service d'ordonnancement** [écon.], chargé de contrôler l'avancement d'une commande depuis sa mise en œuvre jusqu'à l'expédition au client.

ORDONNANCER v.t. [9]. **1.** Disposer dans un certain ordre ; agencer. **2.** DR. Délivrer un ordre de payer une somme sur la caisse d'un comptable public.

ORDONNANCIER n.m. **1.** Registre officiel sur lequel le pharmacien doit, dans certains cas, inscrire le nom du médicament délivré, celui du malade et celui du médecin. **2.** Bloc de papier utilisé par un praticien pour rédiger les ordonnances.

ORDONNATEUR, TRICE n. **1.** Personne qui dispose ou règle selon un certain ordre ; organisateur : *L'ordonnatrice de la soirée.* **2.** Administrateur qui a qualité pour ordonnancer une dépense publique. ▪ **Ordonnateur des pompes funèbres,** personne qui accompagne et dirige des convois mortuaires.

ORDONNÉ, E adj. **1.** Qui a de l'ordre et de la méthode : *Personne ordonnée.* **2.** Où il y a de l'ordre ; bien rangé : *Bibliothèque ordonnée.* ▪ **Ensemble ordonné** [math.], ensemble muni d'une relation d'ordre*.

ORDONNÉE n.f. MATH. Deuxième coordonnée d'un point, dans un repère cartésien.

ORDONNER v.t. [3] (anc. fr. *ordener,* lat. *ordinare*). **1.** Mettre en ordre ; classer : *Ordonner ses tâches.* **2.** Donner l'ordre de ; commander : *On nous a ordonné la discrétion ou d'être discrets.* **3.** En parlant d'un médecin, prescrire qqch dans une ordonnance. **4.** CHRIST. Consacrer par l'ordination. ▪ **Ordonner un polynôme** [math.], écrire les termes dans l'ordre, croissant ou décroissant, des exposants de la variable.

ORDOVICIEN n.m. (de *Ordovices,* n. d'un anc. peuple du pays de Galles). GÉOL. Système du paléozoïque, entre le cambrien et le silurien. ➲ L'ordovicien est la deuxième période de l'ère primaire, de – 488 à – 444 millions d'années. ◆ **ORDOVICIEN, ENNE** adj. Relatif à l'ordovicien.

ORDRE n.m. (du lat. *ordo, -inis,* rang). **1.** Manière dont les éléments d'un ensemble organisé sont placés les uns par rapport aux autres ; disposition : *L'ordre des mots dans une phrase.* **2.** Disposition d'éléments organisée selon certains principes ; classement : *Ordre alphabétique. Nombres classés dans l'ordre croissant. Ordre d'arrivée des coureurs.* **3.** Disposition des objets lorsqu'ils sont rangés, mis à la place qui est la leur : *Bureau en ordre.* **4.** Tendance spontanée à disposer les choses à leur place, à les ranger : *Avoir de l'ordre.* **5.** Manière d'agir ou de raisonner dans laquelle les étapes de l'action, de la pensée se suivent selon une succession logique, cohérente : *Cet enfant manque d'ordre.* **6.** Ensemble de règles qui garantissent le fonctionnement social : *La guerre a bouleversé l'ordre.* **7.** Respect des règles qui régissent un groupe : *Maintien de l'ordre* ; absence de troubles, spécial. sur la voie publique : *Rétablir l'ordre public.* **8.** Ensemble des lois qui régissent l'organisation du monde : *L'ordre immuable de la nature.* **9.** Catégorie dans un ensemble organisé ; rang : *Des problèmes du même ordre. Une ministre d'ordre supérieur.* **10.** DR. Ensemble des tribunaux de même nature : *L'ordre administratif.* **11.** BIOL. Division de la classification des êtres vivants, intermédiaire entre la classe et la famille. ➲ L'homme appartient à l'ordre des primates. **12.** RELIG. Sacrement constitutif de la hiérarchie de l'Église catholique. **13.** Société de personnes liées par des vœux solennels : *L'ordre des Dominicains.* **14.** Organisme auquel les membres de certaines professions libérales sont légalement tenus d'appartenir : *Ordre des infirmiers, des architectes.* **15.** Compagnie honorifique instituée pour récompenser le mérite personnel : *Ordre de la Légion d'honneur.* **16.** HIST. Chacune des trois classes (clergé, noblesse et tiers état) qui composaient la société française d'Ancien Régime. **17.** ARCHIT. Chacun des systèmes de proportions modulaires et d'ornementation appliqués à la construction, dans l'Antiquité gréco-romaine puis dans les Temps modernes ; chaque niveau d'une élévation comportant soubassement (stylobate, piédestal), supports (colonnes ou pilastres) et entablement. **18.** Acte par lequel une personne, une autorité commande à qqn de faire qqch ; directive : *Voici mes ordres. Ils refusent d'obéir à cet ordre.* **19.** MIL. Texte émanant d'un échelon du commandement militaire et communiqué officiellement aux échelons subordonnés. **20.** INFORM. Directive pour l'unité de commande d'un organe périphérique d'ordinateur. ▪ **C'est à l'ordre du jour,** c'est d'actualité. ▪ **C'est dans l'ordre des choses,** c'est naturel, inévitable. ▪ **De premier ordre,** supérieur en son genre. ▪ **En ordre de bataille** ou **de marche,** prêt à affronter les difficultés ; opérationnel : *Mettre un parti en ordre de bataille.* ▪ **Entrer dans les ordres,** se faire prêtre, religieux ou religieuse. ▪ **Forces de l'ordre,** chargées du maintien de l'ordre et de la sécurité publique. ▪ **Mettre bon ordre à,** faire cesser une situation fâcheuse. ▪ **Mot d'ordre** → **MOT.** ▪ **Ordre de Bourse,** mandat donné à un intermédiaire d'acheter ou de vendre des valeurs mobilières ou des marchandises. ▪ **Ordre de l'armée, de la division, du régiment** [mil.], émanant du commandement de l'une de ces formations : *Citation d'une unité à l'ordre de l'armée.* ▪ **Ordre de mission** [mil.], enjoignant à un militaire d'exécuter une mission et l'accréditant à cet effet. ▪ **Ordre du jour,** liste des questions qu'une assemblée délibérante doit examiner tour à tour ; mil., texte émanant du commandement militaire, notifiant l'ensemble des ordres pour la journée, ou marquant un événement important. ▪ **Ordre d'un axe (Δ) d'un polygone P** (ou **d'un solide S**) [math.], entier *n* tel qu'une rotation d'axe (Δ), d'angle $\frac{2\pi}{n}$, laisse P (ou S) invariant. ▪ **Ordre d'une surface** ou **d'une courbe algébrique,** degré de l'équation la définissant. ▪ **Ordre moral,** v. partie n.pr. ▪ **Ordres majeurs** ou **sacrés** [relig.], ordres comprenant le diaconat, la prêtrise et l'épiscopat. ▪ **Ordres mineurs** [relig.], dénommés auj. *ministères* et correspondant à des fonctions de lecteur et de servant d'autel. ▪ **Relation d'ordre** ou **ordre sur un ensemble** [math.], relation binaire, réflexive, antisymétrique et transitive dans cet ensemble. ▪ **Service d'ordre d'une manifestation,** ensemble des personnes qui l'encadrent et qui veillent à ce qu'elle se déroule sans incident.

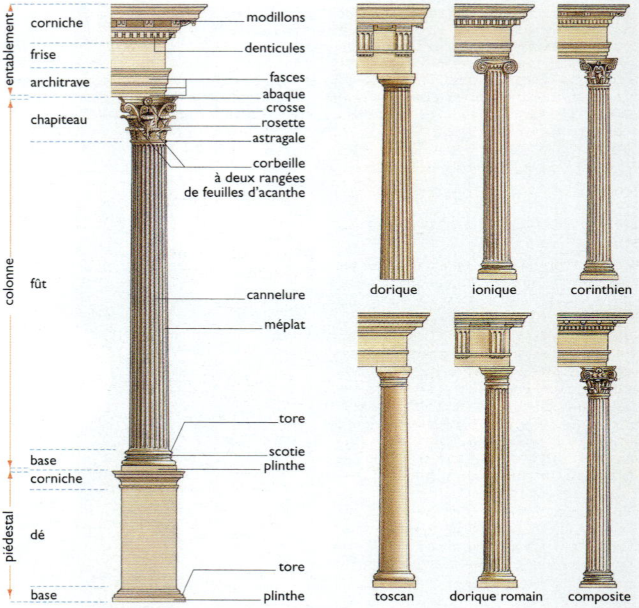

▲ **ordre.** Détail d'une colonne corinthienne et les différents ordres grecs et romains.

➲ ARCHIT. Dans la Grèce antique, on distinguait les **ORDRES** dorique, ionique et corinthien, chacun ayant leur style propre. Les Romains créèrent le toscan, le dorique romain et le composite. La redécouverte des monuments antiques et l'interprétation du traité romain de Vitruve donnèrent naissance, dès le XVe s., avec la Renaissance italienne, à une architecture utilisant avec plus ou moins de liberté ces ordres, leurs modules et leurs ornements spécifiques.

ORDRÉ, E adj. Suisse. Ordonné.

ORDURE n.f. (anc. fr. *ord,* du lat. *horridus,* qui fait horreur). **1.** Parole, écrit grossiers, vils : *Je ne lirai pas cette ordure.* **2.** Injur. Personne vile, abjecte. ◆ **n.f. pl.** Déchets de la vie quotidienne ; détritus. ▪ **Boîte à ordures,** poubelle. ▪ **Mettre aux ordures,** mettre au rebut ; jeter.

ORDURIER, ÈRE adj. Qui contient ou exprime des grossièretés, des obscénités.

ÖRE ou **ØRE** [ørə] n.m. Monnaie divisionnaire de la Suède *(öre),* du Danemark et de la Norvège *(øre),* valant 1/100 de couronne.

ORÉADE n.f. (du gr. *oreos,* montagne). MYTH. GR. Nymphe des montagnes.

ORÉE n.f. (lat. *ora*). Bord, bordure d'un bois ; lisière.

OREILLARD, E adj. Se dit d'un animal qui a les oreilles longues et pendantes. ◆ **n.m.** Chauve-souris insectivore aux grandes oreilles, commune en Europe et en Asie. ➲ Famille des vespertilionidés.

OREILLE n.f. (lat. *auricula*). **1.** Organe de l'ouïe ; partic., partie externe de cet organe, placée de chaque côté de la tête. (v. ill. page suivante.) **2.** Sens par lequel on perçoit les sons ; ouïe : *Avoir l'oreille fine.* **3.** Aptitude à reconnaître les sons musicaux, les mélodies, et à s'en souvenir : *Elle n'a pas d'oreille. Chanter d'oreille.* **4.** Petite saillie placée de chaque côté d'un objet et qui sert à le prendre, à le tenir : *Un bol à oreilles.* **5.** MAR. Partie saillante des pattes d'une ancre. ▪ **Avoir l'oreille absolue,** être capable d'identifier, à l'écoute d'un son, une note de musique en l'absence de toute référence auditive (diapason, note de piano, etc.). ▪ **Avoir l'oreille basse,** être humilié, penaud. ▪ **Avoir l'oreille de qqn,** avoir sa confiance. ▪ **Dire qqch à l'oreille de qqn,** tout bas et en approchant sa bouche de son oreille. ▪ **Frotter** ou **tirer les oreilles de qqn,** le réprimander pour un méfait. ▪ **Montrer le bout de l'oreille,** laisser deviner son vrai caractère ou ses intentions. ▪ **Se faire tirer l'oreille,** se faire prier longtemps. ▪ **Tendre l'oreille,** écouter attentivement. ▪ **Venir aux oreilles de qqn,** être porté à sa connaissance.

➲ L'**OREILLE** de l'homme et des mammifères, située princip. dans l'os temporal, se compose de trois parties, externe, moyenne et interne. *L'oreille externe* comprend le pavillon et le conduit auditif externe fermé par le tympan. L'*oreille moyenne* contient la caisse du tympan – communiquant avec le pharynx par la trompe d'Eustache –, dans laquelle une chaîne de trois osselets (marteau, enclume, étrier) sert à transmettre à l'oreille interne les vibrations du tympan. L'*oreille interne*, ou *labyrinthe*, a une partie postérieure – servant à l'équilibration –, formée du vestibule et des canaux semi-circulaires, et une partie antérieure – servant à l'audition –, appelée aussi *cochlée*.

OREILLE-DE-MER n.f. (pl. *oreilles-de-mer*). Haliotide.

OREILLE-DE-SOURIS n.f. (pl. *oreilles-de-souris*). Myosotis.

OREILLER [ɔreje] **n.m.** Coussin carré ou rectangulaire qui soutient la tête quand on est couché. ▪ **Sur l'oreiller,** dans l'intimité du couple : *Confidences sur l'oreiller.*

OREILLETTE n.f. **1.** Chacune des deux cavités du cœur situées au-dessus et en arrière des ventricules, avec lesquels elles communiquent, et qui reçoivent le sang des veines. **2.** Chacune des parties rabattables d'une coiffure, servant à protéger les oreilles. **3.** TECHN. Écouteur miniaturisé, adapté à l'oreille et souvent complété d'un microphone, destiné à la communication téléphonique ou radiophonique, à l'écoute musicale, etc. **4.** Merveille (pâtisserie).

OREILLON n.m. Moitié d'abricot dénoyauté. ◆ **n.m. pl.** Infection contagieuse due à un virus, qui atteint surtout les enfants et se manifeste par un gonflement et une inflammation des glandes parotides.

ORÉMUS [-mys] **n.m.** (du lat. *oremus*, prions). Fam., vx. Prière.

ORÉOPITHÈQUE n.m. (du gr. *oros, oreos*, montagne, et *pithêkos*, singe). Grand primate fossile de la fin de l'ère tertiaire, découvert en Toscane, doté de longs bras comme les gibbons, mais qui n'a de parenté avec aucun grand singe actuel.

ORES [ɔr] **adv.** (du lat. *hac hora*, à cette heure). ▪ **D'ores et déjà** [dɔrzedeʒa], dès maintenant.

ORFÈVRE n. (de *1. or* et de l'anc. fr. *fevre*, ouvrier). Personne qui fait ou qui vend les gros ouvrages de métaux précieux (vermeil, or et argent princip.) tels que vaisselle de table, objets de toilette, luminaires, etc. ▪ **Être orfèvre en la matière,** y être expert.

ORFÉVRÉ, E adj. Ouvragé finement comme une pièce d'orfèvrerie.

ORFÈVRERIE n.f. **1.** Art, métier, commerce de l'orfèvre. **2.** Ensemble des objets que fabrique l'orfèvre.

ORFRAIE [ɔrfrɛ] **n.f.** (du lat. *ossifraga*, qui brise les os). Vx. Pygargue. ▪ **Pousser des cris d'orfraie,** pousser des cris épouvantables, très aigus (par confusion avec *effraie*).

ORGANDI n.m. (de *Ourgandj*, v. du Turkestan). Mousseline de coton légère, très apprêtée, utilisée pour la confection de robes, de corsages et de linge de table.

ORGANE n.m. (lat. *organum*). **1.** Partie d'un organisme vivant bien circonscrite dans l'espace, et qui remplit une fonction qui lui est propre : *Un don d'organes.* **2.** Voix humaine : *L'organe puissant d'un orateur.* **3.** Partie d'une machine assurant une fonction déterminée : *Organe de commande.* **4.** Publication, média qui est le porte-parole d'un groupe, d'un parti. **5.** Ce qui sert d'intermédiaire, d'instrument : *Cette association fut l'organe de la révolte.*

ORGANEAU n.m. **1.** Fort anneau métallique scellé dans la maçonnerie d'un quai pour amarrer les bateaux. **2.** Anneau d'une ancre sur lequel s'amarre la chaîne ou le câble.

ORGANELLE n.f. → **ORGANITE.**

ORGANICIEN, ENNE n. Spécialiste de chimie organique.

ORGANICISME n.m. **1.** MÉD. Anc. Doctrine qui professait que toute maladie se rattache à la lésion d'un organe. **2.** SOCIOL. Doctrine du XIXe s. qui comparait les sociétés à des êtres vivants.

ORGANICISTE adj. et n. MÉD. Anc. Relatif à l'organicisme ; qui en était partisan.

ORGANIGRAMME n.m. **1.** Graphique représentant la structure d'une organisation (entreprise, groupe, etc.), avec ses divers éléments et leurs relations. **2.** INFORM. Ordinogramme.

ORGANIQUE adj. **1.** BIOL. Relatif aux organes, aux tissus vivants, aux êtres organisés. **2.** MÉD. Se dit d'une maladie, d'un trouble dus à une lésion de un ou plusieurs organes (par oppos. à *fonctionnel*) [SYN. **lésionnel**]. **3.** Qui est inhérent à la structure, à la constitution de qqch : *La croissance organique d'une entreprise.* **4.** MIL. Se dit d'un commandement chargé notamm. de la préparation des forces à leurs missions. ▪ **Architecture organique,** courant de l'architecture du XXe s. qui emprunte aux formes de la nature l'idée de certaines de ses structures et articulations, et tend le plus souvent à une liaison étroite avec les sites naturels. ▪ **Chimie organique,** partie de la chimie qui étudie les composés du carbone (par oppos. à *chimie minérale*). ▪ **Composé organique,** qui relève de la chimie organique. ▪ **Roche organique,** roche sédimentaire (charbon, pétrole, etc.), issue de la transformation de débris d'organismes vivants.

ORGANIQUEMENT adv. De façon organique ; du point de vue de la structure profonde.

ORGANISABLE adj. Qui peut être organisé.

1. ORGANISATEUR, TRICE adj. et n. Qui organise, sait organiser.

2. ORGANISATEUR n.m. Partie de l'embryon précoce (stade blastula) qui provoque la différenciation des territoires embryonnaires.

ORGANISATEUR-CONSEIL n.m. (pl. *organisateurs-conseils*). Professionnel capable de déterminer les structures propres à assurer la marche d'une entreprise au mieux des objectifs qui lui sont assignés.

ORGANISATION n.f. **1.** Action d'organiser, de structurer, d'arranger : *Améliorer l'organisation des secours.* **2.** Manière dont les différents organes ou parties d'un ensemble complexe, d'une société, d'un être vivant sont structurés, agencés ; la structure, l'agencement eux-mêmes ; spécial., manière dont un État, une administration, un service sont constitués. **3.** Groupement de personnes qui poursuivent des buts communs ; association : *Organisation de jeunesse. Une organisation mafieuse.* ▪ **Organisation internationale,** groupement composé d'États, à vocation soit universelle, soit régionale ou continentale. ➲ Les organisations internationales ont notamm. pour objet la sécurité collective des États et la promotion de la condition humaine dans la communauté mondiale. ▪ **Organisation non gouvernementale** → **ONG.**

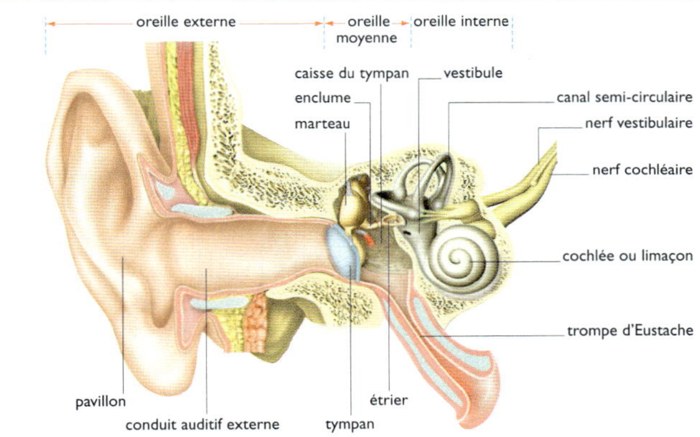

▲ **oreille.** Anatomie de l'oreille.

ORGANISATIONNEL, ELLE adj. Relatif à l'organisation de qqch.

ORGANISÉ, E adj. **1.** Qui a reçu une organisation ; qui est aménagé d'une certaine façon : *Des réseaux sociaux très organisés.* **2.** BIOL. Pourvu d'organes dont le fonctionnement constitue la vie. **3.** Qui sait organiser sa vie, ses affaires : *Une manageuse organisée.*

ORGANISER v.t. [3] (de *organe*). **1.** Disposer les éléments d'un ensemble afin d'en assurer le bon fonctionnement : *Organiser un réseau d'aide aux mal-logés.* **2.** Préparer une action dans le détail et avec précision : *Organiser une excursion, son emploi du temps.* ◆ **S'ORGANISER** v.pr. **1.** Prendre des dispositions précises dans tel but : *S'organiser pour assister à une réunion.* **2.** Prendre forme ; naître : *La résistance s'organise.*

ORGANISEUR n.m. (anglo-amér. *organizer*). **1.** Agenda électronique. **2.** Agenda à feuillets mobiles, divisé en plusieurs sections, destiné à structurer un emploi du temps professionnel.

ORGANISME n.m. **1.** Être vivant, animal ou végétal, organisé. **2.** Corps humain. **3.** Ensemble des services, des bureaux affectés à diverses tâches ou activités : *Organisme de gestion.* ▪ **Organisme génétiquement modifié** → **OGM.** ▪ **Organisme vivant modifié** → **OVM.**

ORGANISTE n. (du lat. *organum*, orgue). Instrumentiste qui joue de l'orgue.

ORGANITE n.m. ou **ORGANELLE** n.f. BIOL. CELL. Chacun des éléments distincts, entourés d'une membrane, présents dans le cytoplasme de la cellule eucaryote (noyau, centrosome, plastes, mitochondries, etc.).

ORGANOCHLORÉ, E adj. et n.m. Se dit d'un produit organique de synthèse dérivé du chlore et utilisé notamm. comme insecticide, fongicide ou réfrigérant.

ORGANOGENÈSE n.f. EMBRYOL. Formation et croissance des organes au sein d'un être vivant au cours de son développement.

ORGANOLEPTIQUE adj. Se dit de ce qui est capable d'affecter un récepteur sensoriel, partic. le goût.

ORGANOLOGIE n.f. Étude des instruments de musique. ➲ Les principales catégories d'instruments sont les aérophones, les cordophones, les idiophones et les membranophones.

ORGANOMAGNÉSIEN adj.m. et n.m. CHIM. ORG. Se dit d'un composé organique contenant au moins une liaison carbone-magnésium (SYN. [cour.] **magnésien**). ➲ Les organomagnésiens sont d'importants réactifs de synthèse.

ORGANOMÉTALLIQUE adj. et n.m. Se dit d'un composé organique renfermant au moins une liaison carbone-métal.

ORGANOPHOSPHORÉ, E adj. et n.m. Se dit d'un produit chimique de synthèse (insecticide, fongicide, etc.) dérivé du phosphore.

ORGANSIN n.m. (de *Organzi*, altér. de *Ourgandj*, v. du Turkestan). **1.** Fil formé de deux fils de soie grège tordus séparément dans un sens puis ensemble en sens inverse. **2.** Fil de chaîne, dans le tissage utilisant l'organsin.

ORGANSINER v.t. [3]. TEXT. Tordre ensemble des fils de soie pour en faire de l'organsin.

ORGANZA n.m. (de *Organzi*, altér. de *Ourgandj*, v. du Turkestan). Mousseline de coton, proche de l'organdi mais plus résistante.

ORGASME n.m. (du gr. *orgân*, bouillonner d'ardeur). Point culminant du plaisir sexuel.

ORGASMIQUE ou **ORGASTIQUE adj.** Relatif à l'orgasme.

1. ORGE n.f. (lat. *hordeum*). Céréale dont les épis portent de longues barbes, cultivée pour son grain utilisé dans l'alimentation animale et pour la fabrication de la bière, et récoltée aussi sous forme de fourrage vert ; sa graine. ➲ Famille des graminées. ▪ **Sucre d'orge,** bâtonnet de sucre cuit (autref. avec une décoction d'orge), coloré et aromatisé.

2. ORGE n.m. ▪ **Orge mondé,** grains d'orge débarrassés de leur première enveloppe. ▪ **Orge perlé,** grains d'orge dont on a enlevé toutes les enveloppes et qu'on a réduits en petites boules farineuses.

ORGEAT [ɔrʒa] **n.m.** ▪ **Sirop d'orgeat,** sirop préparé autref. à partir d'une décoction d'orge, auj. avec du lait d'amande et de l'eau de fleur d'oranger.

ORGELET n.m. (bas lat. *hordeolus*). Petit furoncle qui se développe sur le bord de la paupière (SYN. [cour.] **compère-loriot**).

ORGIAQUE adj. 1. Litt. Qui tient de l'orgie. **2.** ANTIQ. Relatif aux orgies rituelles, aux mystères.

ORGIE n.f. (du lat. *orgia*, mystères de Bacchus). **1.** Partie de débauche où l'on se livre à toutes sortes d'excès. **2.** Abondance excessive de qqch ; profusion : *Une orgie de fleurs, de couleurs.* ◆ **n.f. pl.** ANTIQ. Rites secrets des mystères de certains dieux (notamm. Dionysos chez les Grecs et Bacchus chez les Romains), pendant lesquels les participants étaient pris de délire sacré.

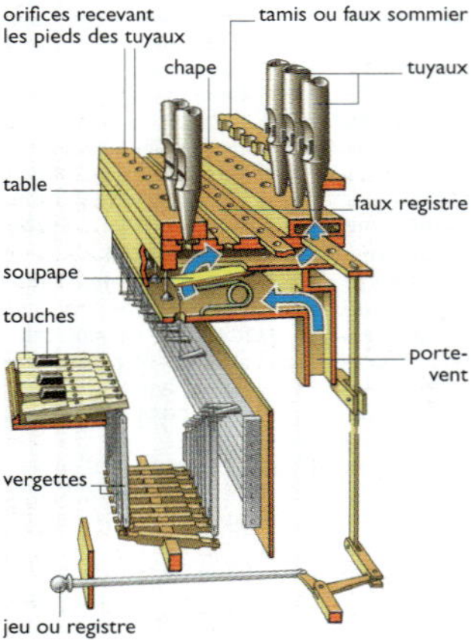

▲ **orgue.** Mécanisme d'un orgue classique.

ORGUE n.m. (lat. *organum*). [Fém. au pl.]. Instrument de musique à un ou plusieurs claviers, à vent et à tuyaux, en usage princip. dans les églises. ▪ **Jeu d'orgue,** série de tuyaux d'un orgue correspondant à un même timbre. ▪ **Orgue à parfums** ou **du parfumeur,** meuble à étagères sur lesquelles sont rangées les essences nécessaires à la composition des parfums. ▪ **Orgue de Barbarie,** instrument de musique mécanique des musiciens ambulants, dans lequel l'entrée de l'air qui met en vibration les tuyaux sonores est réglée par le défilement de bandes de carton perforées entraînées au moyen d'une manivelle. ▪ **Orgue de mer** [zool.], tubipore. ▪ **Orgue électrique,** dans lequel un dispositif électrique déclenche la traction des claviers au sommier. ▪ **Orgue électronique,** qui produit des sons grâce à des signaux électriques transformés en signaux mécaniques amplifiés. ◆ **n.m. pl.** GÉOL. Prismes d'une grande régularité, formés lors du refroidissement d'une coulée de lave, basaltique le plus souvent, perpendiculairement à sa surface. ➲ Ils peuvent atteindre près de 50 m de haut. ▪ **Orgues de Staline** [arm.], nom donné par les Allemands aux lance-roquettes multitubes d'artillerie utilisés par l'URSS pendant la Seconde Guerre mondiale.

ORGUEIL [ɔrgœj] **n.m.** (du francique). **1.** Estime excessive de sa propre valeur ; fatuité : *Être bouffi d'orgueil.* **2.** Sentiment de fierté légitime : *Tirer orgueil d'une promotion.* **3.** Sujet de fierté : *Cet écrivain célèbre, ce tramway ultramoderne est l'orgueil de la ville.*

ORGUEILLEUSEMENT adv. Avec orgueil.

ORGUEILLEUX, EUSE adj. et **n.** Qui manifeste de l'orgueil.

ORICHALQUE [-kalk] **n.m.** (du lat. *orichalcum*, cuivre jaune). ANTIQ. Alliage de cuivre.

ORIEL n.m. (mot angl., de l'anc. fr. *orel*, galerie). ARCHIT. Ouvrage vitré en surplomb, formant une sorte de balcon clos sur un ou plusieurs étages (SYN. **bow-window**).

ORIENT n.m. (du lat. *oriens*, qui se lève). **1.** Est ; levant. **2.** BIJOUT. Ensemble des reflets irisés d'une perle. **3.** Dans la franc-maçonnerie, ville où se trouve une loge. ▪ **L'Orient,** ensemble, imaginé en Europe occidentale, regroupant les pays allant de l'Afrique du Nord à l'est de l'Asie (incluant, anc., une partie de l'Europe balkanique), objet de l'orientalisme. ▪ **L'Orient ancien,** ensemble des pays du Moyen-Orient (Anatolie, Mésopotamie, Iran et golfe Persique notamm.) qui ont pratiqué l'écriture et connu la vie urbaine.

ORIENTABLE adj. Que l'on peut orienter.

ORIENTAL, E, AUX adj. 1. Situé à l'est, à l'orient ; relatif à l'Orient. **2.** Relatif à la civilisation qui s'est développée à l'est de l'Europe, au mode de vie des pays qui y sont situés. **3.** Se dit d'un parfum assez lourd, vanillé, fleuri et épicé. ▪ **Chat oriental,** ou **oriental, n.m.,** chat proche du siamois, à robe marbrée ou unie. ◆ **n.** (Avec une majuscule). Personne qui appartient à la civilisation orientale, à l'un des pays qui s'y rattachent.

ORIENTALISME n.m. 1. Ensemble des disciplines qui ont pour objet l'étude des civilisations orientales. **2.** Goût pour les choses de l'Orient et leur représentation artistique. **3.** Genre pictural et littéraire des XVIIIe et surtout XIXe s., qui s'attache à la description de paysages, de scènes et de personnages de l'Afrique du Nord et du Moyen-Orient.

ORIENTALISTE adj. Relatif à l'orientalisme. ◆ **n. 1.** Spécialiste des civilisations orientales. **2.** Artiste qui se rattache à l'orientalisme.

ORIENTATION n.f. 1. Action de déterminer, du lieu où l'on se trouve, la direction des points cardinaux. **2.** Manière dont qqch est disposé par rapport aux points cardinaux ; exposition : *L'orientation au nord d'un atelier de peintre.* **3.** Action d'orienter qqn dans ses études, le choix de son métier : *Consulter une conseillère d'orientation.* **4.** Direction prise par une action, une activité : *L'orientation de la recherche sur le sida.* **5.** Tendance politique, idéologique, etc. : *Orientation libérale de la politique économique.* ▪ **Course d'orientation,** compétition sportive consistant à accomplir à pied, le plus rapidement possible, un parcours balisé, en s'aidant d'une carte et d'une boussole. ▪ **Orientation d'une droite, d'un plan, de l'espace** [math.], sens positif de déplacement sur cette droite, dans ce plan, dans l'espace. ▪ **Orientation scolaire et professionnelle,** détermination de la meilleure voie, dans l'enseignement secondaire, professionnel et supérieur, en fonction des aptitudes et des motivations du sujet, ainsi que du marché de l'emploi. ▪ **Orientation sexuelle,** préférence sexuelle de qqn, réelle ou supposée. ▪ **Réaction d'orientation** [éthol.], réaction d'un animal provoquée par un stimulus externe (physique ou chimique) dont la source est un objet, un congénère, un individu d'une autre espèce ou un facteur de l'environnement (lumière, chaleur, humidité, pesanteur), et qui se traduit par un déplacement, ou une stabilisation de la posture, selon une orientation précise. ▪ **Sens de l'orientation,** aptitude à savoir où l'on se situe, à retrouver facilement son chemin.

▲ **orgues** basaltiques de la Chaussée des Géants, en Irlande du Nord.

ORIENTÉ, E adj. 1. Qui a une position, une direction déterminée. **2.** MATH. Se dit d'une droite, d'un plan, de l'espace, lorsqu'une orientation y a été choisie. **3.** Marqué par une idéologie : *Un film très orienté.* ▪ **Angle orienté de demi-droite,** couple de demi-droites de même origine. ▪ **Polygone, cercle orienté,** polygone, cercle sur lequel est choisi un sens de parcours de son périmètre.

ORIENTEMENT n.m. TOPOGR. Angle d'une direction visée avec le nord, compté dans le sens inverse des aiguilles d'une montre.

ORIENTER v.t. [3] (de *orient*). **1.** Disposer par rapport aux points cardinaux : *Orienter une chambre vers l'ouest.* **2.** Tourner dans une certaine direction ; diriger : *Orienter un télescope vers le ciel.* **3.** Indiquer la direction à prendre à ; guider : *Orienter les spectateurs vers leur place.* **4.** Engager dans une certaine voie : *Ce témoignage a orienté la décision des jurés.* **5.** Diriger vers un service, une personne : *Orienter un malade vers un spécialiste.* ▪ **Orienter une droite, un plan, l'espace** [math.], leur choisir une orientation. ▪ **Orienter un élève,** lui conseiller telle voie professionnelle, telles études. ◆ **S'ORIENTER v.pr. 1.** Reconnaître la direction des points cardinaux. **2.** Trouver, retrouver son chemin. **3.** Choisir tel type d'activité : *S'orienter vers la littérature.*

ORIENTEUR, EUSE n. Personne chargée de l'orientation scolaire et professionnelle. ◆ **adj.** MIL. ▪ **Officier orienteur,** chargé d'orienter les futures recrues vers l'armée et la fonction qui correspondent le mieux à leur profil.

ORIFICE n.m. (lat. *orificium*, de *os, oris*, bouche). **1.** Ouverture qui permet l'accès à une cavité : *L'orifice d'une grotte.* **2.** Ouverture de certains organes du corps : *Les orifices du nez.*

ORIFLAMME n.f. (du lat. *aurea flamma*, flamme d'or). **1.** Bannière d'apparat, longue et effilée. **2.** Affichette publicitaire suspendue, notamm. dans les bus ou les rames de métro. **3.** HIST. Enseigne féodale de l'abbaye de Saint-Denis, adoptée par les rois de France du XIIe au XVe s.

ORIGAMI n.m. (mot jap.). Art traditionnel japonais du papier plié.

ORIGAN n.m. (gr. *origanon*). Marjolaine.

ORIGINAIRE adj. 1. Qui vient de tel lieu ; natif de : *Elle est originaire de Suisse.* **2.** Que l'on tient de son origine ; originel : *Malformation originaire.*

ORIGINAIREMENT adv. À l'origine ; initialement.

ORIGINAL, E, AUX adj. 1. Qui émane directement de l'auteur, de la source : *La musique originale d'un film.* **2.** Qui ne s'inspire de rien d'autre ; inédit : *Une initiative originale.* **3.** Qui écrit, compose d'une manière neuve, personnelle ; créatif : *Un performeur original.* **4.** Qui a des manières bizarres, singulières ; excentrique. ▪ **Édition originale,** première édition d'un ouvrage imprimé ; princeps. ▪ **Gravure originale,** gravure, estampe conçue et exécutée par un même artiste. ◆ **n.** Personne dont le comportement sort de l'ordinaire ; extravagant : *Sa mère est une originale.* ◆ **n.m.** Modèle, ouvrage, texte primitif, document authentique (par oppos. à copie, reproduction, etc.).

ORIGINALEMENT adv. De façon originale.

ORIGINALITÉ n.f. 1. Caractère de ce qui est original, nouveau ; singularité. **2.** Marque de fantaisie, d'excentricité ; extravagance. **3.** Capacité d'une personne à innover ; inventivité : *La nouvelle collection de cette désigneuse est pleine d'originalité.*

ORIGINE **n.f.** (lat. *origo, -inis*). **1.** Commencement de l'existence de qqch ; naissance : *L'origine de la vie, d'une coutume.* **2.** Ce qui provoque l'apparition de qqch ; cause : *Déterminer l'origine d'une explosion.* **3.** Milieu d'où qqn est issu ; extraction : *Elle est d'origine modeste.* **4.** Temps, lieu, milieu d'où est issu qqch ; provenance : *Mot d'origine grecque.* ▪ **À l'origine** ou **dès l'origine,** au début. ▪ **Origine d'un axe** [math.], point d'abscisse nulle. ▪ **Origine d'un repère** [math.], point commun aux axes de coordonnées. ➲ Ses coordonnées sont toutes égales à zéro.

ORIGINEL, ELLE **adj.** **1.** Qui remonte à l'origine ; premier : *L'idée originelle d'un film.* **2.** Se dit d'un élément naturel vierge du contact avec les êtres humains : *Forêt originelle.* ▪ **Péché originel** [christ.], péché qui entache tous les hommes, en tant que descendants d'Adam et Ève.

ORIGINELLEMENT **adv.** À l'origine ; initialement.

ORIGNAL **n.m.** (pl. *orignaux*) [basque *oregnac*]. Élan de l'Amérique du Nord.

ORIN **n.m.** (moyen néerl. *ooring*). **MAR.** **1.** Filin assujetti à un objet immergé (ancre, grappin, etc.), d'une longueur suffisante pour que la bouée qui lui est fixée reste visible à marée haute. **2.** Filin de retenue d'une mine sous-marine.

ORIOLE **n.m.** Troupiale.

ORIPEAUX **n.m. pl.** (de l'anc. fr. *orie*, doré, et *pel*, peau). **1.** Vêtements usés dont un reste de magnificence masque mal la pauvreté. **2.** Fig. Apparence illusoire de qqch ; vernis : *Le manque de talent camouflé sous les oripeaux du scandale.*

ORIYA **n.m.** Langue indo-aryenne parlée dans l'État d'Odisha, en Inde.

ORL ou **O.R.L.** [ɔɛʀɛl] **n.f.** (sigle). Oto-rhino-laryngologie. ◆ **n.** Oto-rhino-laryngologiste.

ORLE **n.m.** (de l'anc. fr. *orler*, ourler). **HÉRALD.** Bordure réduite ne touchant pas les bords de l'écu.

ORLÉANISME **n.m.** **1.** **HIST.** Courant politique formé par les partisans de la maison d'Orléans qui accéda au trône de France en 1830 avec Louis-Philippe. **2.** **POLIT.** Régime parlementaire dans lequel le chef de l'État a un rôle prépondérant, le gouvernement étant responsable à la fois devant lui et devant le Parlement.

ORLÉANISTE **adj.** et **n.** **HIST.** Relatif à l'orléanisme ; qui en est partisan.

ORLON **n.m.** (nom déposé). Fibre textile synthétique (acrylique).

ORMAIE ou **ORMOIE** **n.f.** Lieu planté d'ormes.

ORME **n.m.** (lat. *ulmus*). Arbre atteignant de 20 à 30 m de haut, à feuilles dentelées, dont le bois solide et souple est utilisé en charpenterie et en ébénisterie. ➲ L'espèce est actuellement menacée par une maladie, la graphiose. Famille des ulmacées.

1. ORMEAU **n.m.** Jeune orme.

2. ORMEAU, ORMET ou **ORMIER** **n.m.** (du lat. *auris maris*, oreille de mer). Haliotide.

ORMOIE **n.f.** → **ORMAIE.**

ORNE **n.m.** (lat. *ornus*). Frêne du sud de l'Europe, à fleurs blanches odorantes et dont on extrait la manne.

ORNEMANISTE **n.** Dessinateur et/ou graveur en meubles, objets d'art et motifs ornementaux.

ORNEMENT **n.m.** (lat. *ornamentum*). **1.** Élément qui orne, agrémente un ensemble. **2.** Chacun des vêtements liturgiques particuliers que revêtent les ministres du culte. **3.** **MUS.** Notes, écrites ou improvisées, destinées à embellir ou varier une mélodie vocale ou instrumentale. ▪ **D'ornement,** purement décoratif ; ornemental : *Plantes d'ornement.* ▪ **Ornement courant** [bx-arts], motif décoratif qui se répète en suite linéaire.

ORNEMENTAL, E, AUX **adj.** Qui sert d'ornement ; décoratif.

ORNEMENTATION **n.f.** Art, manière de disposer des ornements ; décoration : *L'ornementation d'une façade.*

ORNEMENTER **v.t.** **[3].** Enrichir d'ornements ; décorer.

ORNER **v.t.** **[3]** (lat. *ornare*). **1.** Embellir en ajoutant des éléments décoratifs : *Ils ont orné la table avec*

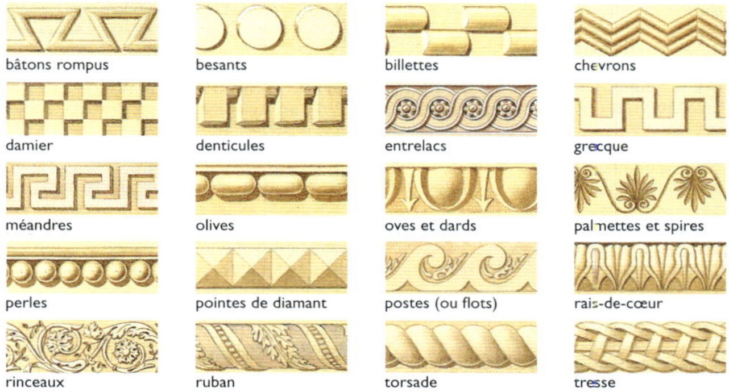

▲ **ornements courants**

des fleurs. **2.** Fig. Rendre plus attrayant ; enjoliver : *Elle orne son article de détails savoureux.* **3.** Servir d'ornement à ; parer : *Un œillet ornait sa boutonnière.*

ORNIÉRAGE **n.m.** Déformation permanente de la surface d'une chaussée, due à la circulation et qui crée une ornière.

ORNIÈRE **n.f.** (anc. fr. *ordiere*). Sillon plus ou moins profond creusé dans le sol des chemins par les roues des véhicules. ▪ **Sortir de l'ornière,** se dégager de la routine ou d'une situation difficile.

ORNITHISCHIEN [-tiskjɛ̃] **n.m.** Reptile dinosaurien tel que l'iguanodon et le stégosaure, dont la structure du bassin évoque celle d'un oiseau.

ORNITHOGALE **n.m.** (du gr. *ornis, -ithos*, oiseau, et *gala*, lait). Plante bulbeuse, à fleurs blanches ou verdâtres, dont une espèce est la *dame-d'onze-heures.* ➲ Famille des liliacées.

ORNITHOLOGIE **n.f.** (du gr. *ornis, -ithos*, oiseau). Partie de la zoologie qui étudie les oiseaux.

ORNITHOLOGIQUE **adj.** Relatif à l'ornithologie.

ORNITHOLOGUE ou **ORNITHOLOGISTE** **n.** Spécialiste d'ornithologie.

ORNITHOMANCIE **n.f.** (gr. *ornithomanteia*). **ANTIQ.** Divination par le vol ou le chant des oiseaux.

ORNITHOPHILIE **n.f.** Intérêt pour les oiseaux, leur observation.

ORNITHORYNQUE [-rɛ̃k] **n.m.** (du gr. *ornis, -ithos*, oiseau, et *rhugkos*, bec). Mammifère d'Australie et de Tasmanie, à bec de canard, à pattes palmées et à queue plate, lui permettant de creuser des galeries près de l'eau. ➲ Ordre des monotrèmes.

▲ **ornithorynque**

ORNITHOSE **n.f.** Infection due à une bactérie du genre *Chlamydia*, transmise par les oiseaux à l'homme, chez qui elle prend la forme d'une pneumopathie.

OROBANCHE **n.f.** (gr. *orobagkhê*). Plante sans chlorophylle, à fleurs gamopétales, qui vit en parasite sur les racines d'autres plantes (labiées, légumineuses, etc.). ➲ Famille des orobanchacées.

OROGÈNE **n.m.** **GÉOL.** Système montagneux résultant du plissement d'une portion instable de l'écorce terrestre.

OROGENÈSE **n.f.** (du gr. *oros*, montagne, et *genesis*, génération). **GÉOL.** Ensemble des processus de formation des chaînes de montagnes.

OROGÉNIQUE **adj.** Relatif à l'orogenèse. ▪ **Mouvements orogéniques,** mouvements lents de l'écorce terrestre à l'origine des chaînes de montagnes.

OROGRAPHIE **n.f.** Agencement des reliefs terrestres.

OROGRAPHIQUE **adj.** Relatif à l'orographie.

ORONGE **n.f.** (du provenç. *ouronjo*, orange). Nom usuel de plusieurs amanites, telles que l'amanite des Césars *(oronge vraie)*, comestible très recherché, l'amanite rougeâtre *(oronge vineuse* ou *golmote)*, comestible, et l'amanite tue-mouches *(fausse oronge)* à chapeau rouge tacheté de blanc, toxique.

OROPHARYNX **n.m.** (du lat. *os, oris*, bouche). **ANAT.** Arrière-gorge.

ORPAILLAGE **n.m.** Exploitation artisanale d'alluvions aurifères.

ORPAILLEUR, EUSE **n.** (de *1. or* et du moyen fr. *harpailler*, saisir). Personne qui lave les alluvions aurifères pour en retirer les paillettes d'or.

ORPHELIN, E **n.** (bas lat. *orphanus*). Enfant qui a perdu son père et sa mère, ou l'un des deux : *Orpheline de père.* ◆ **adj.** ▪ **Maladie orpheline,** maladie héréditaire rare pour laquelle il n'existe pas de traitement spécifique, faute d'investissements de recherche.

ORPHELINAT **n.m.** Établissement où l'on élève des orphelins.

ORPHÉON **n.m.** (de *Orphée*, n.pr.). Anc. Chorale de voix d'hommes ou de voix mixtes d'enfants.

ORPHÉONISTE **n.** Membre d'un orphéon.

ORPHIE **n.f.** (du néerl.). Poisson au corps très élancé, à bec fin et pointu, à squelette vert pâle, aussi appelé *aiguille, aiguillette, bécassine de mer.* ➲ Famille des bélonidés.

ORPHIQUE **adj.** et **n.** Relatif à Orphée, à l'orphisme.

ORPHISME **n.m.** (de *Orphée*, n.pr.). **1.** Courant religieux de la Grèce antique, qui se rattache à Orphée. **2.** **PEINT.** Tendance du cubisme visant à une construction abstraite des formes par la couleur, surtout représentée par R. Delaunay. ➲ Son nom lui fut donné par Apollinaire en 1913.

ORPIMENT **n.m.** (du lat. *aurum*, or, et *pigmentum*, couleur). **MINÉRALOG.** Sulfure d'arsenic, de couleur jaune vif.

ORPIN **n.m.** (de *orpiment*). Plante grasse herbacée des rocailles et lieux arides, aux feuilles charnues, aux fleurs ornementales (SYN. **sedum**). ➲ Famille des crassulacées.

ORQUE **n.f.** (lat. *orca*). Épaulard.

ORSEC (PLAN) **n.m.** (acronyme de *organisation des secours*). Plan français d'organisation des secours qui permet au préfet de mobiliser, en cas de catastrophe, tous les moyens, publics et privés, de son département.

ORSEILLE **n.f.** (catalan *orcella*). Colorant tiré d'une espèce de lichen répandue sur les côtes rocheuses de la Méditerranée, utilisé en teinture.

ORTEIL **n.m.** (du lat. *articulus*, jointure). **1.** Chacun des cinq prolongements de l'extrémité antérieure du pied, cour. appelé *doigt de pied.* **2.** Spécial. Le plus gros doigt du pied, appelé aussi *gros orteil.*

ORTHÈSE **n.f.** Appareil orthopédique destiné à soutenir une fonction locomotrice déficiente et fixé contre la partie atteinte (attelle, plâtre, etc.).

ORTHOCENTRE n.m. (du gr. *orthos*, droit). **MATH.** Point d'intersection des hauteurs d'un triangle.

ORTHOCHROMATIQUE adj. Se dit d'une surface photographique sensible à toutes les couleurs sauf au rouge.

ORTHODONTIE [-si] **n.f.** Partie de l'odontologie qui a pour objet la correction des anomalies de position des dents.

ORTHODONTIQUE adj. Relatif à l'orthodontie.

ORTHODONTISTE n. Spécialiste d'orthodontie.

ORTHODOXE adj. et **n.** (du gr. *orthos*, droit, et *doxa*, opinion). **1. RELIG.** Se dit d'un fidèle d'une Église orthodoxe. **2.** Qui est conforme à la doctrine d'une religion (par oppos. à *hérétique*) ; qui en respecte strictement les prescriptions. **3.** Conforme aux principes d'une doctrine quelconque ; conventionnel : *Des méthodes peu orthodoxes. Les orthodoxes de la social-démocratie.* ◆ **adj.** ▪ **Églises orthodoxes,** Églises chrétiennes orientales qui se sont séparées de Rome en 1054 (certaines étant restées fidèles à la doctrine définie par le concile de Chalcédoine en 451).

➲ Rassemblées sous la primauté d'honneur du patriarche œcuménique de Constantinople, les **ÉGLISES ORTHODOXES** comprennent notamm. les trois anciens patriarcats d'Alexandrie, d'Antioche et de Jérusalem, les patriarcats plus récents de Géorgie, de Bulgarie, de Serbie, de Russie et de Roumanie, ainsi que les Églises autocéphales de Chypre, de Grèce, de Pologne, d'Albanie, de la République tchèque, de Slovaquie et d'Ukraine.

ORTHODOXIE n.f. 1. Caractère de ce qui est orthodoxe. **2. RELIG.** Ensemble des doctrines des Églises orthodoxes.

ORTHODROMIE n.f. (du gr. *orthodromeîn*, courir en ligne droite). Ligne de plus courte distance entre deux points de la surface de la Terre. ➲ C'est l'arc de grand cercle qui les joint, en supposant la Terre sphérique.

ORTHODROMIQUE adj. Relatif à l'orthodromie.

ORTHOGENÈSE n.f. BIOL. Mode d'évolution d'une lignée au long de laquelle un caractère déterminé change par degrés dans la même direction évolutive.

ORTHOGÉNIE n.f. MÉD. Ensemble de techniques appliquées à un couple ou à une population, pour diminuer le risque de maladies héréditaires.

ORTHOGÉNISME n.m. Étude scientifique de l'orthogénie.

ORTHOGONAL, E, AUX adj. (du lat. *orthogonus*, à angle droit). **MATH.** Se dit de deux plans ou d'un plan et d'une droite perpendiculaires ; en parlant de deux droites, perpendiculaires ou respectivement parallèles à deux droites perpendiculaires. ▪ **Projection orthogonale,** projection dont la direction est perpendiculaire à l'axe ou au plan de projection. ▪ **Repère orthogonal,** repère cartésien dont les axes sont perpendiculaires. ▪ **Symétrie orthogonale,** symétrie axiale*.

ORTHOGONALEMENT adv. Selon une direction orthogonale.

ORTHOGONALITÉ n.f. Propriété pour deux droites, deux plans, deux vecteurs, un plan et une droite, etc., d'être orthogonaux.

ORTHOGRAPHE n.f. (du gr. *orthos*, droit, et *graphein*, écrire). **1.** Ensemble des règles et des usages qui régissent la manière d'écrire les mots d'une langue ; maîtrise que l'on en a. **2.** Manière correcte d'écrire un mot. ▪ **Orthographe réformée** ou **rectifiée,** ensemble de propositions de modification de l'orthographe française visant à en bannir les incohérences et les complications vaines. ➲ Ces aménagements sont répertoriés en plusieurs catégories : les traits d'union, les marques de pluriel, les accents et le tréma, les consonnes doubles, l'accord du participe passé, les anomalies orthographiques à l'intérieur de certaines familles de mots. Ces rectifications, proposées par le Conseil supérieur de la langue française, ont été adoptées par l'Académie française et publiées au *Journal officiel*.

ORTHOGRAPHIER v.t. [5]. Écrire un mot en suivant les règles de l'orthographe.

ORTHOGRAPHIQUE adj. Relatif à l'orthographe. ▪ **Signes orthographiques,** cédille, trait d'union, accents, etc.

ORTHONORMÉ, E ou **ORTHONORMAL, E, AUX adj. MATH.** ▪ **Base orthonormée,** base constituée de vecteurs orthogonaux normés. ▪ **Repère orthonormé,** repère cartésien dont la base est orthonormée.

ORTHOPÉDAGOGIE n.f. Québec. Ensemble des principes et des méthodes pédagogiques visant à remédier aux troubles d'apprentissage chez les élèves en difficulté ou handicapés.

ORTHOPÉDIE n.f. (du gr. *orthos*, droit, et *paideia*, éducation). Partie de la médecine et de la chirurgie qui a pour objet le traitement des affections du squelette, des articulations et de l'appareil locomoteur.

ORTHOPÉDIQUE adj. Relatif à l'orthopédie.

ORTHOPÉDISTE n. Spécialiste d'orthopédie.

ORTHOPHONIE n.f. Rééducation du langage oral (partic. prononciation) et écrit.

ORTHOPHONIQUE adj. Relatif à l'orthophonie.

ORTHOPHONISTE n. Auxiliaire médical spécialisé en orthophonie.

ORTHOPHOSPHORIQUE adj. ▪ **Acide orthophosphorique,** forme hydratée la plus stable de l'acide phosphorique.

ORTHOPNÉE n.f. MÉD. Gêne respiratoire qui oblige le malade à rester debout ou assis.

ORTHOPTÈRE n.m. Insecte broyeur, génér. adapté au saut, à métamorphoses incomplètes et dont les ailes membraneuses ont des plis droits, comme le criquet, la sauterelle, le grillon. ➲ Les orthoptères forment un ordre.

ORTHOPTIE [-psi] ou **ORTHOPTIQUE n.f.** (du gr. *orthos*, droit, et *opsis*, vue). Discipline paramédicale qui étudie les défauts de la motilité de l'œil et de la vision binoculaire (strabisme, hétérophorie, etc.), et les traite par la rééducation.

ORTHOPTIQUE adj. Relatif à l'orthoptie.

ORTHOPTISTE n. Auxiliaire médical spécialisé en orthoptie.

ORTHOREXIE n.f. Trouble qui pousse une personne à s'attacher de manière obsessionnelle à la qualité des aliments qu'elle absorbe.

ORTHOREXIQUE adj. Relatif à l'orthorexie. ◆ **adj.** et **n.** Atteint d'orthorexie.

ORTHORHOMBIQUE adj. CRISTALLOGR. ▪ **Système orthorhombique,** système cristallin dont la maille élémentaire est un parallélépipède rectangle.

ORTHOSCOPIQUE adj. OPT. Se dit d'un objectif photographique ou d'un oculaire bien corrigé de la distorsion.

ORTHOSE n.f. MINÉRALOG. Feldspath potassique $[K(Si_3AlO_8)]$, souvent maclé, abondant dans les granites et les gneiss.

ORTHOSTATE n.m. (du gr. *orthostatês*, dressé). **ARCHÉOL.** Bloc de pierre dressé constituant le support d'autres blocs ; bloc ou dalle, ornés ou non, formant l'assise inférieure d'un mur.

ORTHOSTATIQUE adj. Relatif à l'orthostatisme.

ORTHOSTATISME n.m. MÉD. Station debout.

ORTHOSYMPATHIQUE adj. NEUROL. ▪ **Système nerveux orthosympathique,** système nerveux sympathique*.

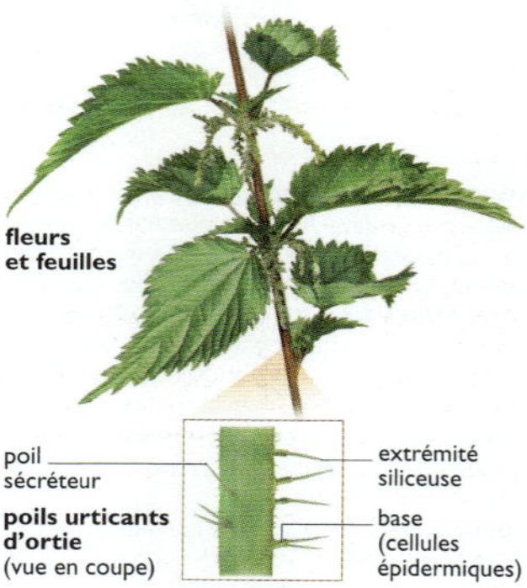

▲**ortie**

ORTIE n.f. (lat. *urtica*). Plante herbacée à petites fleurs verdâtres, aux larges feuilles dentées couvertes de poils qui renferment un liquide irritant (acide formique). ➲ Famille des urticacées. ▪ **Ortie blanche,** lamier blanc. ▪ **Ortie de mer,** actinie.

ORTOLAN n.m. (ital. *ortolano*). Bruant d'Europe et d'Asie occidentale, recherché pour sa chair délicate. ➲ Famille des embérizidés.

ORVET n.m. (de l'anc. fr. *orb*, aveugle). Lézard apode insectivore gris ou doré, répandu dans toute l'Europe, dont la queue se brise facilement par autotomie, d'où son nom de *serpent de verre*. ➲ Famille des anguidés.

ORWELLIEN, ENNE adj. Relatif à G. Orwell ; qui évoque la surveillance généralisée des individus et l'univers totalitaire de son roman *1984*.

ORYCTÉROPE n.m. (du gr. *oruktêr*, fouisseur, et *ôps*, vue). Mammifère des savanes africaines, aux longues oreilles, au museau terminé en groin, qui vit le jour dans un terrier et sort la nuit pour manger termites et fourmis qu'il capture à l'aide de sa longue langue visqueuse. ➲ C'est le seul représentant de l'ordre des tubulidentés.

ORYX n.m. (mot lat., du gr.). Antilope d'Afrique et d'Arabie, aux cornes longues et effilées, annelées et légèrement incurvées, dont une espèce est l'algazelle.

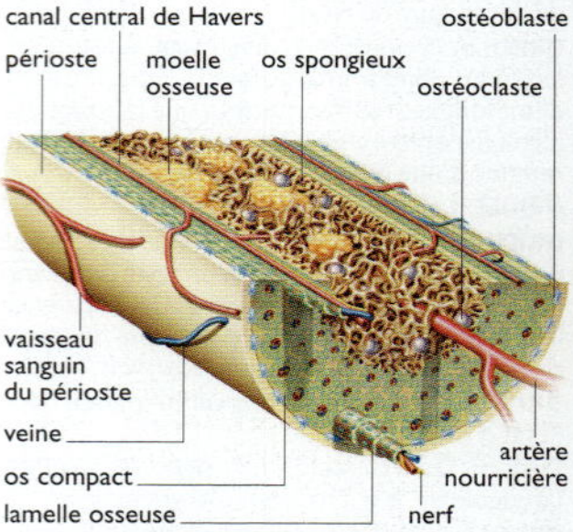

▲**OS.** Coupe d'un os.

OS [ɔs] (au pl. [o]) **n.m.** (mot lat.). **1.** Organe dur et solide qui constitue la charpente de l'homme et des vertébrés. ➲ Outre son rôle de soutien, l'os représente l'essentiel des réserves de l'organisme en calcium. **2.** Matière constituée d'os, avec laquelle on fabrique certains objets : *De vieux boutons en os.* **3.** Fig., fam. Difficulté ; problème : *S'il s'en mêle, il va y avoir un os.* ▪ **Donner un os à ronger à qqn,** lui laisser quelques miettes d'une grosse affaire. ▪ **Grand os, os crochu** [anat.], noms de deux os du carpe. ▪ **Jusqu'à l'os** [très fam.], complètement. ▪ **L'avoir dans l'os** [très fam.], subir un échec. ▪ **N'avoir que la peau et les os,** être très maigre. ▪ **Ne pas faire de vieux os** [fam.], ne pas vivre très longtemps ; ne pas rester longtemps quelque part. ▪ **Os à moelle,** os d'un animal de boucherie qui contient de la moelle et que l'on met notamm. dans le pot-au-feu. ▪ **Os de seiche,** coquille interne dorsale de la seiche, formée d'une plaque allongée, poreuse et calcaire, faisant fonction de stabilisateur. ▪ **Sac** ou **paquet d'os** [fam.], personne très maigre.

➲ Parmi les **OS**, on distingue les *os courts* (vertèbres, os du carpe, du tarse), les *os plats* (omoplate, os iliaque, os de la voûte du crâne) et les *os longs* (fémur, humérus, tibia, radius...). Un os long comprend une partie moyenne, ou diaphyse – formée de tissu osseux compact et creusée d'une cavité axiale, contenant de la moelle jaune constituée surtout de graisse –, et deux extrémités, ou épiphyses – formées de tissu osseux spongieux, dont les multiples petites cavités contiennent de la moelle rouge hématopoïétique, qui fournit les cellules du sang. Un os est entouré d'une solide membrane conjonctive, le périoste, sauf au niveau des surfaces articulaires, où il est recouvert de cartilage. (V. planche *anatomie humaine, le squelette*.)

OSCABRION n.m. Chiton (mollusque).

OSCAR n.m. (du prénom *Oscar*). **1.** (Nom déposé). Distinction honorifique décernée annuellement, à Hollywood, dans le domaine du cinéma. (*V. liste des lauréats des Oscars page 2026.*) **2.** (Avec une minuscule). Récompense décernée par un jury dans divers domaines : *L'oscar de l'innovation.*

OSCARISÉ, E adj. **CINÉMA.** Qui a reçu un Oscar : *Film, réalisateur oscarisé.*

OSCARISER v.t. **[3]. CINÉMA.** Décerner un Oscar à.

OSCIÈTRE n.m. Type de caviar à grains dorés, de grosseur moyenne.

OSCILLAIRE [ɔsilɛr] n.f. Cyanobactérie formant des filaments animés d'un mouvement pendulaire régulier, dans l'eau ou les lieux humides.

OSCILLANT, E [ɔsilɑ̃, ɑ̃t] adj. Qui oscille.

OSCILLATEUR [ɔsila-] n.m. **1.** Circuit électronique générant un signal alternatif périodique servant d'horloge aux systèmes ou de pilote pour la fréquence des émetteurs radio. **2. PHYS.** Système, mécanique ou électrique, qui est le siège d'un phénomène périodique. ▪ **Oscillateur harmonique** [phys.], dont l'élongation est une fonction sinusoïdale du temps.

OSCILLATION [ɔsila-] n.f. **1.** Mouvement de va-et-vient ; balancement : *Les oscillations d'un pendule.* **2.** Fig. Changement alternatif et irrégulier ; fluctuation : *Les oscillations de l'électorat.* **3. PHYS.** Phénomène caractérisé par une ou plusieurs grandeurs oscillantes. **4.** Cycle complet d'un oscillateur durant une période. ▪ **Oscillation électrique** [phys.], succession des courants de décharge et de charge qui circulent dans un circuit électrique (SYN. **décharge oscillante**).

OSCILLATOIRE [ɔsila-] adj. De la nature de l'oscillation.

OSCILLER [ɔsile] v.i. **[3]** (du lat. *oscillare*, se balancer). **1.** Être animé d'un mouvement alternatif et régulier : *Le balancier du pendule oscille.* **2.** Être animé d'un mouvement de va-et-vient quelconque qui menace l'équilibre, la régularité, etc. ; vaciller : *Une pile de livres qui oscille sur une étagère.* **3.** Fig. Hésiter entre des attitudes contraires : *Osciller entre le laxisme et la sévérité.* **4.** Varier entre deux niveaux : *Le temps de trajet oscille entre une et deux heures.*

OSCILLOGRAMME [ɔsilɔ-] n.m. Image qui apparaît sur l'écran d'un oscillographe.

OSCILLOGRAPHE [ɔsilɔ-] n.m. Appareil permettant d'observer et d'enregistrer les variations d'une grandeur physique variable en fonction du temps.

OSCILLOSCOPE [ɔsilɔ-] n.m. **ÉLECTRON.** Appareil servant à visualiser les variations temporelles d'une grandeur physique. ➲ Il est constitué d'un canon à électrons produisant un faisceau, qui peut être dévié horizontalement et verticalement grâce à l'application d'un signal électrique sur des plaques, réalisant ainsi une représentation visuelle de courbes sur un écran luminescent.

OSCULATEUR, TRICE adj. (du lat. *osculari*, embrasser). **MATH.** ▪ **Cercle osculateur en un point d'une courbe plane,** cercle tangent en ce point à la courbe et ayant pour rayon le rayon de courbure de la courbe en ce point. (On dit aussi *cercle de courbure.*)

OSCULE n.m. (du lat. *osculum*, petite bouche). **ZOOL.** Grand pore excréteur à la surface des éponges.

OSE n.m. (de *glucose*). **BIOCHIM.** Glucide simple ne comportant qu'une seule chaîne carbonée et n'ayant pas de ramifications (par oppos. à oside) [SYN. **monosaccharide**].

OSÉ, E adj. **1.** Fait avec audace ; risqué : *Investissement osé.* **2.** Qui choque la bienséance ; scabreux : *Illustrations osées.*

OSEILLE n.f. (du lat. *acidulus*, aigrelet). **1.** Plante potagère vivace à feuilles comestibles disposées en rosette, qui doivent leur goût acide à la présence d'oxalate de potassium. ➲ Famille des polygonacées. **2.** Arg. Argent. ▪ **Sel d'oseille,** oxalate de potassium, qui a la propriété d'enlever les taches de rouille.

OSER v.t. **[3]** (bas lat. *ausare*). **1.** Avoir le courage de : *Elle a osé prendre la parole.* **2.** Avoir l'impudence de ; se permettre de : *Vous osez prétendre que je mens ?* **3.** Litt. Entreprendre avec audace ; risquer : *Osez la nouveauté.* **4.** Suisse. Avoir la permission de : *Est-ce que j'ose entrer ?*

OSERAIE n.f. Lieu planté d'osiers.

OSIDE n.m. **BIOCHIM.** Glucide constitué par l'assemblage de plusieurs oses, et pouvant faire partie des holosides ou des hétérosides.

OSIDIQUE adj. ▪ **Liaison osidique,** liaison covalente entre deux oses.

OSIER n.m. (bas lat. *auseria*). Saule à rameaux jaunes, longs et flexibles, servant à tresser des paniers, des corbeilles, à faire des liens, etc. ; ces rameaux.

OSIÉRICULTURE n.f. Culture de l'osier.

OSMANLI [ɔsmɑ̃li] n.m. Langue turque telle qu'elle était parlée dans l'Empire ottoman.

OSMIQUE adj. Se dit de l'anhydride OsO_4, employé en histologie.

OSMIUM [ɔsmjɔm] n.m. (du gr. *osmê*, odeur). **1.** Métal de la mine du platine*, fondant vers 3 040 °C. **2.** Élément chimique (Os), de numéro atomique 76, de masse atomique 190,23.

OSMIURE n.m. **CHIM. MINÉR.** Combinaison de l'osmium avec un autre corps simple.

OSMOMÈTRE n.m. Appareil servant à mesurer la pression osmotique.

OSMONDE n.f. Grande fougère des bois humides et des marais, dont les sporanges sont portés par des feuilles spéciales, parfois cultivée pour l'ornement. ➲ Famille des osmondacées.

OSMOSE n.f. (du gr. *ôsmos*, impulsion). **1. CHIM.** Transfert du solvant d'une solution diluée vers une solution concentrée, au travers d'une membrane dite *permsélective.* ➲ Dans les organismes vivants, des transferts d'eau par osmose s'effectuent en permanence à travers la membrane des cellules. **2.** Fig. Influence réciproque : *L'osmose entre un chef d'orchestre et un metteur en scène.* ▪ **Osmose électrique,** électro-osmose. ▪ **Osmose inverse** [chim.], transfert inverse de l'osmose normale, obtenu en exerçant sur la solution concentrée une pression supérieure à la pression osmotique, et utilisé pour dessaler l'eau, concentrer des jus de fruits, etc.

OSMOTIQUE adj. **CHIM.** Relatif à l'osmose. ▪ **Pression osmotique,** pression devant s'exercer dans une solution pour l'empêcher d'attirer de l'eau par osmose.

OSQUE adj. Relatif aux Osques. ◆ **n.m.** Dialecte italique parlé par les Osques.

OSSATURE n.f. **1.** Ensemble des os chez un mammifère ; squelette : *Une ossature légère, puissante.* **2.** Structure qui soutient un ensemble ; armature : *L'ossature en fer de la statue de la Liberté.* **3.** Fig. Organisation d'un ensemble ; structure : *L'ossature d'un roman.*

OSSÉINE n.f. **BIOCHIM.** Substance contenue dans la matrice du tissu osseux.

OSSELET n.m. **1.** Petit os. **2.** Petit os du pied du mouton. **3.** Pièce de forme identique utilisée dans le jeu des osselets. ▪ **Osselet de l'oreille,** petit os de l'oreille moyenne des vertébrés tétrapodes, transmettant les vibrations sonores du tympan à l'oreille interne. ➲ Chez les mammifères, il existe trois osselets : le *marteau*, l'*enclume* et l'*étrier.* ◆ **n.m. pl.** Jeu d'adresse consistant à lancer des osselets et à les rattraper sur le dos de la main.

OSSEMENTS n.m. pl. Os décharnés d'hommes ou d'animaux morts.

OSSEUX, EUSE adj. **1. ANAT.** Relatif aux os ; de la nature de l'os : *Protubérance osseuse.* **2.** Dont les os sont saillants : *Un visage osseux.* ▪ **Poisson osseux,** ostéichtyen (par oppos. à *poisson cartilagineux*). ▪ **Tissu osseux** [anat.], tissu constituant la partie dure des os.

OSSIFICATION n.f. **PHYSIOL.** Formation de tissu osseux à partir d'un tissu conjonctif *(ossification dermique)* ou cartilagineux. ▪ **Point d'ossification,** zone où débute un phénomène d'ossification.

S'OSSIFIER v.pr. **[5].** Se transformer en tissu osseux.

OSSO-BUCO n.m. inv., ▲ *OSSOBUCO n.m.* [ɔsobuko] (mot ital. « os à trou »). Jarret de veau coupé en tranches, poêlé et cuit dans une préparation à base d'oignons, de tomates et de vin blanc. ➲ Cuisine italienne.

OSSU, E adj. Qui a de gros os.

OSSUAIRE n.m. (bas lat. *ossuarium*). Bâtiment ou excavation où l'on entasse des ossements humains, près d'un champ de bataille, d'un cimetière, etc.

OST ou **HOST** [ɔst] n.m. (du lat. *hostis*, ennemi). **HIST.** Armée, à l'époque féodale. ▪ **Service d'ost,** ou **ost,** au Moyen Âge, service militaire que les vassaux devaient à leur suzerain.

OSTÉALGIE n.f. (du gr. *osteon*, os, et *algos*, douleur). **MÉD.** Douleur osseuse.

OSTÉICHTYEN [-iktjɛ̃] n.m. Poisson à squelette interne ossifié (SYN. **poisson osseux**). ➲ Les ostéichtyens forment une classe comprenant l'immense majorité des poissons.

OSTÉITE n.f. **MÉD. 1.** Inflammation des os. **2.** Spécial. Ostéomyélite.

OSTENSIBLE adj. (du lat. *ostendere*, exhiber). Litt. Que l'on ne cache pas ; manifeste : *Une satisfaction ostensible.*

OSTENSIBLEMENT adv. De façon ostensible.

OSTENSOIR n.m. (lat. *ostensum*). **CATH.** Pièce d'orfèvrerie dans laquelle on expose à l'autel l'hostie consacrée.

OSTENTATION n.f. (lat. *ostentatio*). Étalage excessif d'un avantage ou d'une qualité ; attitude de qqn qui cherche à se faire remarquer ; affectation : *Un chagrin de pure ostentation.*

OSTENTATOIRE adj. Fait avec ostentation : *Un soutien ostentatoire.*

OSTÉOBLASTE n.m. **HISTOL.** Cellule osseuse peu différenciée, capable d'élaborer la matrice minéralisée avant de se transformer en ostéocyte.

OSTÉOCHONDROSE ou **OSTÉOCHONDRITE** [-kɔ̃-] n.f. **MÉD.** Affection de l'os en phase de croissance, correspondant à une nécrose localisée sur une épiphyse, une vertèbre, etc.

OSTÉOCLASTE n.m. **HISTOL.** Cellule de l'os qui détruit le tissu osseux vieilli, avant sa reconstruction par les ostéoblastes.

OSTÉOCYTE n.m. **HISTOL.** Cellule de base du tissu osseux.

OSTÉODENSITOMÉTRIE n.f. **MÉD.** Mesure de la densité osseuse par évaluation du contenu minéral des os (essentiellement du calcium), qui s'effectue génér. par un type particulier de radiographie des vertèbres lombaires et/ou du col du fémur. ➲ Elle permet le dépistage de l'ostéoporose.

OSTÉOGÈNE adj. **HISTOL.** Qui sert à former le tissu osseux.

OSTÉOGENÈSE ou **OSTÉOGÉNIE** n.f. **HISTOL.** Formation du tissu osseux.

OSTÉOLOGIE n.f. Partie de l'anatomie qui étudie les os.

OSTÉOLYSE n.f. **HISTOL.** Destruction de tissu osseux, physiologique (et compensée par l'ostéogenèse) ou pathologique (myélome, métastases osseuses, etc.).

OSTÉOMALACIE n.f. (du gr. *osteon*, os, et *malakia*, mollesse). **MÉD.** Déminéralisation des os due notamm. à une carence en vitamine D, et équivalente chez l'adulte du rachitisme.

OSTÉOME n.m. **MÉD.** Tumeur bénigne constituée de tissu osseux.

OSTÉOMYÉLITE n.f. **MÉD.** Infection d'un os.

OSTÉONÉCROSE n.f. **MÉD.** Nécrose d'un fragment de tissu osseux.

OSTÉOPATHE n. Personne qui exerce l'ostéopathie.

OSTÉOPATHIE n.f. **1.** Toute maladie des os. **2.** Médecine douce visant à soigner les maladies par des manipulations des membres, des vertèbres ou du crâne.

OSTÉOPÉNIE n.f. **MÉD.** Diminution de la densité osseuse. ➲ Elle annonce souvent l'ostéoporose.

OSTÉOPHYTE n.m. **MÉD.** Petite excroissance d'un os, souvent près d'une articulation atteinte par l'arthrose.

OSTÉOPLASTIE n.f. Restauration chirurgicale d'un os à l'aide de fragments osseux.

OSTÉOPOROSE n.f. **MÉD.** Fragilité diffuse des os due à une déminéralisation par raréfaction de la matrice protéique. ➲ Très fréquente chez les femmes après la ménopause, elle expose à des fractures des vertèbres et du col du fémur.

OSTÉOPOROTIQUE adj. Relatif à l'ostéoporose. ◆ **adj. et n.** Atteint d'ostéoporose.

OSTÉOSARCOME n.m. **MÉD.** Tumeur maligne des os.

OSTÉOSYNTHÈSE n.f. Immobilisation chirurgicale d'une fracture à l'aide d'un matériel métallique (clou, vis, plaque, etc.).

OSTÉOTOMIE n.f. Section chirurgicale d'un os, par ex. pour redresser l'un des deux fragments.

OSTINATO n.m. (mot ital.). **MUS.** Motif mélodique ou rythmique répété obstinément, génér. à la basse d'une œuvre.

OSTIOLE n.m. (du lat. *ostiolum*, petite porte). **BOT.** Orifice respiratoire microscopique du stomate, présent en grand nombre à la face inférieure des feuilles chez les dicotylédones et sur les deux faces des feuilles des monocotylédones.

OSTRACISER v.t. [3]. Frapper d'ostracisme ; isoler : *Ostraciser un parti politique.*

OSTRACISME n.m. (gr. *ostrakismos*, de *ostrakon*, coquille). **1.** Action d'exclure qqn d'un groupe, de le tenir à l'écart : *L'ostracisme de certains villageois à l'égard des néoruraux.* **2. ANTIQ. GR.** Procédure en usage à Athènes, permettant aux membres de l'ecclésia de bannir pour dix ans un homme politique dont ils redoutaient la puissance ou l'ambition.

OSTRACODE n.m. (du gr. *ostrakon*, coquille). Petit crustacé dont le corps est protégé par une carapace bivalve, nageant grâce à ses antennes, tel que le cypris. ➲ Groupe des entomostracés.

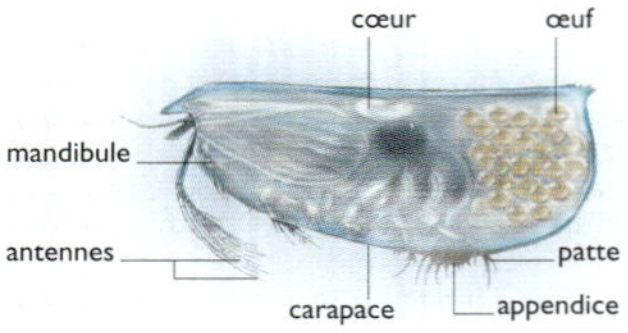

▲ ostracode

OSTRACON [-kɔn] n.m. (pl. *ostraca*) [du gr. *ostrakon*, coquille]. **ARCHÉOL.** Coquille ou tesson de poterie qui servait de support pour l'écriture ou le dessin (vote, esquisse, plan, etc.).

OSTRÉICOLE adj. (du lat. *ostrea*, huître, et *colere*, cultiver). Relatif à l'ostréiculture.

OSTRÉICULTEUR, TRICE n. Personne qui pratique l'ostréiculture.

OSTRÉICULTURE n.f. Élevage des huîtres.

1. OSTROGOTH, E, OSTROGOT, E [ɔstrɔgo, ɔt] ou **OSTROGOTHIQUE** adj. Relatif aux Ostrogoths.

2. OSTROGOTH ou **OSTROGOT** [ɔstrɔgo] n.m. Fam., vieilli. Homme qui ignore la politesse. ▪ **Un drôle d'ostrogoth** [fam.], un individu bizarre.

OTAGE n. (de l'anc. fr. *hostage*, logement, les otages logeant génér. chez celui à qui ils étaient livrés). **1.** Personne dont on s'empare et que l'on utilise comme moyen de pression contre qqn, pour l'amener à céder à des exigences : *Journalistes pris en otage.* **2.** Personne prise ou livrée comme garantie de l'exécution de certaines conventions militaires ou politiques.

OTALGIE n.f. (du gr. *oûs, ôtos*, oreille, et *algos*, douleur). **MÉD.** Douleur d'oreille.

OTARIE n.f. (du gr. *ôtarion*, petite oreille). Mammifère marin piscivore, voisin du phoque (dont certaines espèces, alors appelées *lions de mer*, portent une crinière chez le mâle), qui forme parfois des rassemblements de plusieurs milliers d'individus. ➲ Ordre des pinnipèdes.

ÔTÉ prép. Litt. En ôtant ; excepté : *Ôté les erreurs dues à l'inexpérience, sa technique est parfaite.*

ÔTER v.t. [3] (du lat. *obstare*, se tenir devant). **1.** Enlever une chose de l'endroit où elle est ; retirer : *Ôter les mains de ses poches.* **2.** Enlever ce que l'on porte sur soi : *Ôter ses bottes.* **3.** Retrancher d'une autre chose : *Ôter trois de cinq.* **4.** Déposséder ou débarrasser qqn de : *Ôtez-lui cette idée de l'esprit.* ◆ **S'ÔTER** v.pr. Fam. Se retirer de quelque part : *Ôte-toi de là !*

OTIQUE adj. **ANAT.** Relatif à l'oreille.

OTITE n.f. (du gr. *oûs, ôtos*, oreille). **MÉD.** Inflammation de l'oreille.

OTOCYON n.m. (du gr. *oûs, ôtos*, oreille, et *kuôn*, chien). Renard de l'est et du sud de l'Afrique, aux oreilles très développées, qui se nourrit presque exclusivement d'insectes. ➲ Famille des canidés.

OTOLITHE, ▲ *OTOLITE* n.f. (du gr. *oûs, ôtos*, oreille, et *lithos*, pierre). **ANAT.** Concrétion minérale contenue à l'état normal dans l'organe de l'équilibration (oreille interne).

OTOLOGIE n.f. Étude de l'oreille et de ses maladies.

OTO-RHINO-LARYNGOLOGIE, ▲ *OTORHINOLARYNGOLOGIE* n.f. Spécialité médicale traitant des maladies des oreilles, du nez, du larynx et de la gorge. Abrév. **ORL.**

OTO-RHINO-LARYNGOLOGISTE (pl. *oto-rhino-laryngologistes*), ▲ *OTORHINOLARYNGOLOGISTE* n. Médecin spécialisé en oto-rhino-laryngologie. Abrév. **ORL.**

OTORRAGIE n.f. **MÉD.** Écoulement de sang par l'oreille.

OTORRHÉE n.f. **MÉD.** Écoulement par l'oreille.

OTOSCOPE n.m. Petit instrument médical pour l'otoscopie.

OTOSCOPIE n.f. Examen clinique du tympan et du conduit auditif externe.

OTOSPONGIOSE n.f. **MÉD.** Affection de l'oreille qui provoque une surdité par ankylose de l'étrier.

1. OTTOMAN, E adj. Relatif aux Ottomans, à la période de l'Empire turc ottoman (début du XIVᵉ s.-1922).

2. OTTOMAN n.m. Étoffe de soie à grosses côtes, tramée coton.

OTTOMANE n.f. Canapé de plan ovale, dont le dossier se prolonge par des joues enveloppantes (XVIIIᵉ s.).

OTTONIEN, ENNE adj. (de *Otton Iᵉʳ le Grand*, n.pr.). Se dit de l'époque préromane de l'architecture et de l'art allemands, qui va approximativement de 950 à 1030.

OU conj. (lat. *aut*). **1.** Indique une alternative ou une équivalence : *En Belgique ou en Suisse ? Vous pouvez venir à deux ou plus.* (*Ou* peut être renforcé par *bien* ou, fam., par *alors*.) **2.** Introduit une équivalence, une formulation en d'autres termes : *« Candide ou l'Optimisme », de Voltaire.*

OÙ adv. et **pron. relat.** (lat. *ubi*). **1.** Avec valeur relative, marque le lieu et le temps : *Le village où il s'est installé. Le jour où tu seras libre.* **2.** Avec valeur interrogative, marque le lieu, le but : *Où vas-tu ? Où veux-tu en venir ?* ▪ **D'où,** de quel endroit ; de quelle origine : *D'où vient-il ?* ▪ **Là où,** alors que : *Il s'énerve là où il faudrait être calme.* ▪ **Où que** (+ subj.), en quelque lieu que : *Où que j'aille.* ▪ **Par où,** par quel endroit : *Par où est-il sorti ?*

OUAH [wa] **interj.** Fam. Exprime la surprise, l'admiration (SYN. **waouh**).

OUAILLE [waj] n.f. (anc. fr. *oeille*, du lat. *ovis*, brebis). Litt. ou par plais. (Souvent pl.). Fidèle, par rapport au prêtre : *Un curé et ses ouailles.*

OUAIS [wɛ] adv. (de *1. oui*). Fam. **1.** Oui. **2.** Exprime le doute, la raillerie.

OUAKARI n.m. Singe d'Amérique du Sud à longue fourrure, dont la face glabre est rose ou rouge. ➲ Famille des pithéciidés.

OUANANICHE n.f. (mot algonquien). Saumon d'eau douce du nord-est de l'Amérique du Nord. (On dit, on écrit *la ouananiche*, sans élision.)

OUAOUARON n.m. (mot iroquois). Grande grenouille de l'Amérique du Nord, qui émet des cris graves et sonores, appelée en France *grenouille taureau.* (On dit, on écrit *le ouaouaron*, sans élision.)

OUATE [wat] n.f. (ital. *ovatta*, de l'ar.). Laine, soie, filasse, coton préparés soit pour être placés sous la doublure des objets de literie ou des vêtements, soit pour servir à des pansements. ▪ **Ouate de cellulose,** matière absorbante constituée par la superposition de minces couches de cellulose. ▪ **Ouate hydrophile,** ouate purifiée par lavages dans de l'eau alcaline.

✎ On dit ***de la ouate*** ou ***de l'ouate.***

OUATÉ, E adj. Qui donne une impression de douceur ou de confort douillet.

OUATER v.t. [3]. Garnir, doubler d'ouate.

OUATINE n.f. Nappe de fibre textile cousue entre deux tissus légers, et utilisée comme doublure de vêtement.

OUATINER v.t. [3]. Doubler de ouatine ou d'ouate.

OUBLI n.m. **1.** Fait d'oublier qqn, qqch : *L'oubli des dates, des visages.* **2.** Défaillance de la mémoire, de l'attention ; étourderie : *Un oubli bien compréhensible.* **3.** Manquement aux règles, à des habitudes : *L'oubli des bonnes manières.* ▪ **Droit à l'oubli** [dr.], dispositif qui facilite l'accès au crédit bancaire des anciens malades du cancer en interdisant aux assureurs d'exiger des informations médicales passé un certain délai (de un à dix ans) après la fin du protocole thérapeutique. ▪ **Droit à l'oubli (numérique),** possibilité offerte à qqn d'obtenir l'effacement sur Internet de données le concernant, collectées, indexées et mises à la disposition de tiers. ➲ Il peut être invoqué en cas d'atteinte à la protection des données à caractère personnel et au respect de la vie privée ; fig., droit de ne plus faire parler de soi, dans les médias, notamm. : *La femme de l'acteur a plaidé le droit à l'oubli pour son mari.*

OUBLIABLE adj. Par plais. Qui peut ou qui doit être oublié : *Un film oubliable.*

OUBLIE n.f. Anc. Gaufre mince et légère, roulée en cylindre.

OUBLIÉ, E n. Personne délaissée, abandonnée : *Les oubliés du mieux-être.*

OUBLIER v.t. [5] (lat. pop. *oblitare*). **1.** Ne plus savoir qqch : *J'ai oublié son nom.* **2.** Ne pas se souvenir de qqch par un défaut d'attention ; omettre : *J'avais oublié de la prévenir.* **3.** Abandonner derrière soi par étourderie ; laisser : *Oublier sa bague sur le lavabo.* **4.** Ne plus être préoccupé par qqch : *Cette soirée lui fera oublier son chagrin.* **5.** Absol. Cesser de se rappeler qqch de pénible : *Boire pour oublier.* **6.** Ne plus s'occuper de qqn ; délaisser : *Oublier ses parents.* **7.** Ne pas tenir compte de qqch : *Oublier le règlement* ; manquer à une obligation : *Oublier un bienfait.* **8.** Litt. Écarter de sa pensée : *Oublier les querelles passées.* ▪ **Oublier l'heure,** ne pas prêter attention à l'heure et se mettre ainsi en retard. ◆ **S'OUBLIER** v.pr. **1.** Disparaître de la mémoire : *Tout s'oublie.* **2.** Manquer aux convenances. **3.** (À). Se relâcher au point de : *S'oublier à dire une grossièreté.* **4.** Fam. Faire ses besoins à un endroit inapproprié : *Le chat s'est oublié sur le tapis.* ▪ **Ne pas s'oublier** [par plais.], être très attentif à ses intérêts : *Il ne s'est pas oublié dans le partage.*

OUBLIETTE n.f. (de *oublier*). [Surtout pl.]. **1.** Cachot où l'on enfermait ceux qui étaient condamnés à la prison perpétuelle. **2.** Fosse couverte d'une trappe, où l'on faisait tomber ceux dont on voulait se débarrasser. **3.** Fig. Endroit où l'on relègue qqch, qqn que l'on veut oublier : *La réforme est tombée aux oubliettes.*

OUBLIEUX, EUSE adj. **1.** (DE). Qui ne garde pas le souvenir de : *Un élu oublieux de ses promesses.* **2.** Sout. Qui est sujet à oublier, en partic. les bienfaits reçus.

OUCHE n.f. (lat. *olca*). Vx ou région. Parcelle enclose proche des bâtiments de ferme, consacrée aux cultures vivrières ou fourragères.

OUD n.m. inv. (de l'ar. *ūd*, morceau de bois). Luth composé d'une caisse en forme de demi-poire, d'un manche court sans frettes et de cordes doubles, utilisé en Afrique du Nord, au Proche-Orient et dans la péninsule arabique.

OUDLER [udlœr] n.m. (orig. inconnue). Au tarot, chacune des trois cartes (le un, le vingt et un d'atout et l'excuse) qui jouent un rôle important dans les enchères.

OUED [wɛd] n.m. (mot ar.). **1.** Rivière, en Afrique du Nord. **2.** Cours d'eau, le plus souvent intermittent, des régions sèches.

OUEST n.m. inv. (angl. *west*). **1.** L'un des quatre points cardinaux, situé du côté de l'horizon où le soleil se couche (SYN. **occident**). Abrév. **O.** **2.** (Avec une majuscule). Partie du globe terrestre ou d'un territoire située vers ce point : *La France de l'Ouest.* **3.** (Avec une majuscule). Ensemble des États membres du pacte de l'Atlantique Nord. ▪ **Être à l'ouest** [fam.], être complètement dépassé, désorienté. ◆ **adj. inv.** Situé du côté de l'ouest : *La côte ouest.*

OUEST-ALLEMAND, E adj. (pl. *ouest-allemands, es*). **HIST.** De la République fédérale d'Allemagne, dite *Allemagne de l'Ouest*, au temps de la partition du pays en RFA et RDA (1949-1990).

OUF interj. Exprime le soulagement : *Ouf ! c'est fini.* ▪ **Ne pas laisser à qqn le temps de dire ouf** [fam.], ne pas lui laisser le temps de la réflexion ou le moindre répit.

OUGANDAIS, E adj. et n. De l'Ouganda ; de ses habitants.

OUGARITIQUE adj. (de *Ougarit*, n.pr.). ▪ **Alphabet ougaritique,** alphabet en caractères cunéiformes attesté dans la ville d'Ougarit du XVe au début du XIIIe s. av. J.-C. ➲ C'est le premier alphabet complet connu à ce jour.

OUGRIEN, ENNE adj. et n.m. Se dit d'un groupe de langues de la famille ouralienne, de leurs locuteurs (Hongrois, Khantys, Mansis).

OUGUIYA [ugija] n.m. Unité monétaire principale de la Mauritanie.

1. OUI adv. (de l'anc. fr. *o*, cela, et de *il*). **1.** Indique l'approbation, l'affirmation en réponse à une question : « *Est-ce juste ? — Oui.* » **2.** Équivaut à une proposition affirmative : *Je crois que oui.* **3.** Marque l'impatience : *Tu permets que je mette mes lunettes, oui ?*

2. OUI n.m. inv. Expression de l'approbation, de l'accord : *Les oui sont minoritaires.* ▪ **Pour un oui ou pour un non,** à tout bout de champ ; sans motif sérieux.

OUÏ-DIRE n.m. inv. (de *ouïr*). Ce que l'on sait par la rumeur publique : *Ce ne sont que des ouï-dire.* ▪ **Par ouï-dire,** pour l'avoir entendu dire.

OUÏE [wi] n.f. (de *ouïr*). **1.** Sens par lequel sont perçus les sons : *Avoir l'ouïe fine.* **2.** Chez les poissons, chacune des deux fentes de rejet de l'eau respiratoire, situées sous le rebord postérieur des opercules ; chacun de ces opercules eux-mêmes. **3.** Chacune des ouvertures pratiquées sur le capot d'un appareil ou d'une machine. **4.** MUS. Chacune des ouvertures en forme d'S pratiquées dans la table d'harmonie de certains instruments à cordes (violon, violoncelle, etc.), mettant la caisse de résonance en relation avec l'air ambiant (SYN. **esse**). ▪ **Je suis tout ouïe** [fam.], prêt à vous écouter attentivement.

OUÏGOUR, E adj. Relatif aux Ouïgours. ◆ **n.m.** Langue du groupe turc, parlée par les Ouïgours.

OUILLAGE n.m. Action d'ouiller.

OUILLE interj. (onomat.). Exprime la douleur, l'inquiétude : *Ouille, ça pique ! Ouille, le train va partir !*

OUILLER v.t. [3] (de l'anc. fr. *aeuller*, remplir jusqu'à l'œil). VITIC. Remplir avec le même vin un fût qui a perdu une partie de son contenu pour une cause quelconque, notamm. l'évaporation.

OUÏR v.t. [38] (lat. *audire*). Litt. ou par plais. Percevoir les sons par l'oreille ; entendre.

✎ Auj., n'est usité qu'à l'inf. présent, au p. passé *ouï, e* et aux temps composés.

OUISTITI n.m. (onomat.). Petit singe arboricole d'Amérique tropicale, à queue touffue et aux fortes griffes (SYN. **marmouset**). ➲ Haut. env. 20 cm ; famille des callithricidés. (V. planche *primates*.) ▪ **Un drôle de ouistiti** [fam.], une personne bizarre.

OUKASE ou **UKASE** [ukaz] n.m. (russe *ukaz*). **1.** Litt. Décision autoritaire et arbitraire : *Les oukases d'un ministre.* **2.** HIST. Édit du tsar, en Russie. **3.** Décret rendu par l'État, dans l'ancienne Union soviétique, et auj. en Russie.

OULÉMA n.m. → **ULÉMA.**

OULIPIEN, ENNE adj. et n. (de *Oulipo*, n.pr.). LITTÉR. Relatif à l'Oulipo ; qui en fait partie.

OUMIAK n.m. (mot inuit). Embarcation de grandes dimensions des Inuits, faite de peaux de phoque cousues.

OUMMA n.f. → **UMMA.**

OUOLOF adj. et n.m. → **WOLOF.**

OURAGAN n.m. (esp. *huracan*, d'une langue caraïbe). **1.** Cyclone tropical de l'Atlantique nord et de la mer des Caraïbes. **2.** Fig. Déchaînement impétueux, explosion de sentiments, de passions : *L'ouragan de clameurs des supporteurs.*

OURALIEN, ENNE adj. **1.** De l'Oural. **2.** LING. Se dit d'une famille de langues réunissant le finno-ougrien et le samoyède.

OURALO-ALTAÏQUE adj. (pl. *ouralo-altaïques*). LING. Se dit d'un vaste ensemble qui réunirait les langues ouraliennes et altaïques.

OURAQUE n.m. (gr. *ourakhos*). EMBRYOL. Cordon fibreux, reliquat embryonnaire du canal de l'allantoïde, tendu de l'ombilic au sommet de la vessie.

OURDIR v.t. [21] (du lat. *ordiri*, entamer). **1.** TEXT. Préparer la chaîne sur l'ourdissoir, avant de la monter sur le métier à tisser ou à tricoter. **2.** Fig., litt. Agencer les éléments d'une action ; tramer : *Ourdir une tentative de putsch.*

OURDISSAGE n.m. TEXT. Action d'ourdir.

OURDISSOIR n.m. TEXT. Machine servant à étaler en nappe et à tendre les fils de la chaîne.

OURDOU ou **URDU** [urdu] n.m. Langue indo-aryenne parlée en Inde du Nord et au Pakistan.

OURÉBI n.m. Petite antilope de la savane africaine, à la robe gris fauve. ➲ Haut. au garrot 60 cm ; famille des bovidés.

OURLÉ, E adj. **1.** Bordé d'un ourlet. **2.** Dont le bord est bien dessiné : *Lèvres ourlées.*

OURLER v.t. [3] (du lat. pop. *orulare*, border). Faire un ourlet à.

OURLET n.m. (dimin. de *orle*). Repli cousu au bord d'une étoffe. ▪ **Faux ourlet,** ourlet formé avec un morceau de tissu rajouté.

OURLIEN, ENNE adj. (de l'anc. fr. *ourles*, oreillons). MÉD. Relatif aux oreillons.

▲ **ours.** Ours brun.

▲ **ours.** Ours blanc.

OURS [urs] n.m. (lat. *ursus*). **1.** Grand mammifère carnivore à la longue fourrure, à la queue courte, à la marche plantigrade. ➲ Cri : l'ours grogne, gronde ; la femelle est l'ourse ; le petit est l'ourson. Famille des ursidés. **2.** Fam. Personne qui fuit le monde ; misanthrope. **3.** Jouet en peluche ayant l'apparence d'un ourson. **4.** Encadré où doivent figurer, sur chaque exemplaire d'un journal ou d'un ouvrage, les noms des personnes ayant participé à leur réalisation. ◆ **adj. inv.** Fam. Qui est peu sociable ou un peu rustre ; revêche.

➲ L'**OURS** est le plus grand représentant terrestre de l'ordre des carnivores : il peut atteindre 3 m de long pour un poids variant de 450 kg à 800 kg, selon les espèces. Parmi les 8 espèces d'ours, on trouve l'*ours brun* d'Europe, d'Amérique (où il est appelé *grizzli*) et du nord de l'Asie ; l'*ours noir*, ou *baribal*, plus petit et qui ne vit qu'en Amérique du Nord ; l'*ours blanc*, ou *ours polaire*, qui vit dans les régions arctiques ; l'*ours des cocotiers*, des forêts tropicales du Sud-Est asiatique, qui est le plus petit des ours ; le *grand panda* qui vit en Chine. Une espèce européenne auj. éteinte, l'*ours des cavernes*, fut chassée et vénérée par les néandertaliens.

OURSE n.f. (lat. *ursa*). Ours femelle.

OURSIN n.m. (de *ours*). Échinoderme des fonds marins, à test globuleux formé de plaques calcaires, couvert de piquants mobiles, et dont les glandes reproductrices sont comestibles (SYN. **châtaigne de mer, hérisson de mer**). ➲ Classe des échinides.

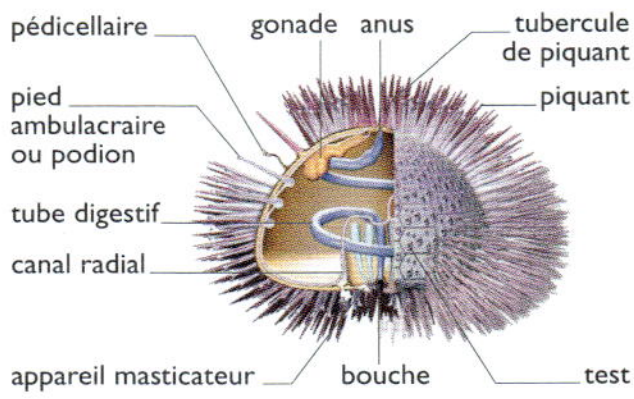

▲ **oursin**

OURSON, ONNE n. Petit de l'ours.

OUST ou **OUSTE** interj. (onomat.). Fam. S'emploie pour chasser qqn : *Ouste ! Sors de mon bureau !*

OUT [awt] adv. (mot angl.). **1.** Au tennis, se dit pour informer les joueurs que la balle a franchi les limites du jeu. **2.** En boxe, se dit pour signifier la mise définitive hors de combat. ◆ **adj. inv.** Fam. **1.** Qui est hors de combat. **2.** Qui n'est plus dans le coup ; dépassé : *Un commentaire complètement out.* (Dans le cadre de l'orthographe réformée, au pl., on peut écrire *outs*.)

OUTARDE n.f. (du lat. *avis tarda*, oiseau lent). **1.** Échassier d'Afrique, d'Asie occidentale et de certaines régions d'Europe, au corps lourd, comme la *petite outarde*, ou *canepetière*. ➲ Famille des otididés. **2.** Québec. Bernache du Canada.

OUTIL [uti] n.m. (du lat. *uti*, se servir de). **1.** Objet fabriqué, utilisé pour réaliser une opération déterminée ; instrument : *Des outils de menuisier. Une boîte à outils.* **2.** Fig. Élément d'une activité utilisé comme moyen : *L'alphabétisation est un outil d'intégration.* **3.** Partie active d'une machine-outil.

OUTILLAGE n.m. Ensemble des outils nécessaires à une profession ou à un travail ; équipement.

OUTILLÉ, E adj. Qui a les outils nécessaires à un travail.

OUTILLER v.t. [3]. Munir des outils nécessaires pour faire qqch ; équiper en machines un atelier, une usine.

OUTILLEUR n.m. TECHN. Personne qui met au point ou qui fabrique des outils.

OUTING [awtiŋ] n.m. inv. (mot angl.). Révélation par un tiers de l'homosexualité d'une personne, sans l'accord préalable de celle-ci.

OUTPUT [awtput] n.m. (mot angl.). ÉCON. Biens et services issus de la production (par oppos. à *input, intrant*).

OUTRAGE n.m. (de 2. *outre*). **1.** Atteinte à l'honneur, à la dignité de qqn ; grave offense ; affront : *Il a ressenti son éviction comme un outrage.* **2.** DR. Parole, geste, menace, etc., par lesquels un individu exprime sciemment son mépris à un dépositaire de l'autorité ou de la force publique, et qui constituent une infraction. ▪ **Faire subir les derniers outrages à une femme** [vieilli], la violer. ▪ **Outrage aux bonnes mœurs,** délit qui consistait en France à porter atteinte à la moralité publique par écrits, dessins, photographies, paroles ou images à caractère pornographique.

OUTRAGEANT, E adj. Qui outrage ; insultant.

OUTRAGER v.t. [10]. Offenser vivement ; insulter.

OUTRAGEUSEMENT adv. De façon excessive : *Elle est outrageusement maquillée.*

OUTRAGEUX, EUSE adj. Litt. Qui outrage ; qui est excessif.

a b c d e f g h i j k l m n o p q r s t u v w x y z

OUTRANCE n.f. **1.** Caractère de ce qui est outré ; démesure. **2.** Action ou parole qui passe les bornes ; excès : *Des outrances verbales.* ■ **À outrance,** jusqu'à l'excès : *Consciencieux à outrance* ; jusqu'à la victoire totale : *Guerre à outrance.*

OUTRANCIER, ÈRE adj. Poussé jusqu'à l'excès : *Des éloges outranciers.*

1. OUTRE n.f. (lat. *uter*). Peau d'animal cousue en forme de sac, pour conserver et transporter des liquides. ■ **Être gonflé** ou **plein comme une outre** [fam.], avoir trop mangé ou trop bu.

2. OUTRE prép. (du lat. *ultra*, au-delà de). En plus de : *Outre un roman, elle a écrit des scénarios.* ■ **Outre mesure,** au-delà de la normale : *Il n'est pas étonné outre mesure.* ◆ **adv.** ■ **Passer outre,** poursuivre son action, son chemin sans se laisser arrêter : *Elle a passé outre à nos conseils.* ◆ **EN OUTRE loc. adv.** De plus. ◆ **OUTRE QUE loc. conj.** (Suivi de l'indic.). En plus du fait que.

OUTRÉ, E adj. 1. Litt. Exagéré ; excessif : *Une imitation outrée d'un politicien.* **2.** Profondément choqué ; indigné : *Outré de cette hypocrisie, il sortit.*

OUTRE-ATLANTIQUE adv. De l'autre côté de l'Atlantique, par rapport à l'Europe ; en Amérique du Nord et en partic. aux États-Unis.

OUTRECUIDANCE n.f. Litt. **1.** Confiance excessive en soi-même ; fatuité. **2.** Attitude effrontée ou arrogante ; impertinence : *Il a eu l'outrecuidance d'interpeller le président.*

OUTRECUIDANT, E adj. (de 2. *outre* et de l'anc. fr. *cuider*, penser). Litt. Qui fait preuve d'outrecuidance ; prétentieux ; insolent.

OUTRE-MANCHE adv. Au-delà de la Manche, par rapport à la France ; en Grande-Bretagne.

OUTREMER n.m. Lapis-lazuli. ◆ **adj. inv.** et **n.m.** D'un bleu intense.

OUTRE-MER n.m. (pl. *outre-mers* ou inv.). **1.** Territoire situé au-delà des mers, par rapport à la France ou, plus génér., à une métropole. **2.** (Avec une majuscule). La France d'outre-mer : *Le ministre de l'Outre-mer.* ◆ **adv.** Au-delà des mers, par rapport à la France : *Aller s'établir outre-mer.* ■ **La France d'outre-mer*,** v. partie n.pr.

OUTREPASSÉ, E adj. ARCHIT. ■ **Arc outrepassé,** qui se prolonge par deux petits segments rentrants au-dessous de sa ligne de plus grande ouverture.

OUTREPASSER v.t. [3]. Aller au-delà de ce qui est permis ou légal : *Vous avez outrepassé vos droits.*

OUTRE-QUIÉVRAIN adv. (de *Quiévrain*, n.pr.). Belgique. En France : *Il travaille outre-Quiévrain.*

OUTRER v.t. [3] (de 2. *outre*). **1.** Donner à qqch une importance exagérée ; amplifier : *Il a cru bon d'outrer son chagrin.* **2.** Provoquer l'indignation de ; scandaliser : *Votre mauvaise foi l'a outré.*

OUTRE-RHIN adv. Au-delà du Rhin, par rapport à la France ; en Allemagne.

D'OUTRE-TOMBE loc. adj. inv. D'au-delà de la mort.

OUTRIGGER [awtrigœr] **n.m.** (mot angl.). **MAR.** Espar établi obliquement depuis le pont, perpendiculaire à l'axe du voilier, et jouant le rôle d'une barre de flèche.

OUTSIDER [awtsajdœr] **n.m.** (mot angl.). Concurrent dont les chances de remporter une compétition sont réduites, mais non négligeables (par oppos. à *favori*).

OUVALA n.f. (mot serbe). **GÉOMORPH.** Dans les régions de relief karstique, vaste dépression résultant de la coalescence de plusieurs dolines. (V. dessin *relief karstique**.)

OUVERT, E adj. 1. Qui laisse un passage : *Porte ouverte* ; où l'on peut entrer : *Magasin ouvert.* **2.** Qui est en communication avec l'extérieur : *Bouteille ouverte* ; qui est accessible à qqn : *Exposition ouverte au public.* **3.** Qui se confie facilement ; expansif : *Un enfant ouvert.* **4.** Qui témoigne, exprime la franchise : *Visage ouvert.* **5.** Qui est accueillant, accessible : *Une association ouverte à tous.* **6.** Qui est capable de s'intéresser à ; réceptif : *Je suis ouvert à toutes les suggestions.* **7.** Qui se manifeste publiquement ; déclaré : *Complicité ouverte entre les deux champions.* **8. ÉCOL.** Se dit d'un milieu terrestre sans arbres (désert, prairie, champ, clairière, etc.) et de l'habitat qu'il représente pour une espèce animale ou végétale. **9. PHON.** Se dit d'une voyelle prononcée avec une ouverture plus ou moins grande du canal vocal (*è ouvert*, noté [ɛ]). **10. SPORTS.** Dont le résultat est incertain, en raison de la valeur égale des concurrents : *Compétition très ouverte.* ■ **Ensemble ouvert,** ou **ouvert, n.m.** [math.], élément de la topologie $\mathcal{T}$ définie sur un espace topologique (E, $\mathcal{T}$). ➲ La notion d'ouvert est une notion de base de la topologie ; une topologie est définie sur un ensemble E par la donnée d'une famille de sous-ensembles, les ouverts, vérifiant trois axiomes : une réunion quelconque d'ouverts est un ouvert, l'intersection de deux ouverts est un ouvert, l'ensemble vide et l'ensemble tout entier sont des ouverts. ■ **Intervalle ouvert (d'un ensemble ordonné)** [math.], intervalle ne contenant pas ses extrémités. ■ **Milieu ouvert** [dr.], régime pénitentiaire caractérisé par des structures ou des formules d'accueil plus libres, permettant de favoriser la réinsertion du condamné. ■ **Rade ouverte** [mar.], mouillage exposé au vent, à l'ennemi, etc. ■ **Syllabe ouverte** [phon.], terminée par une voyelle. ■ **Tenir table ouverte,** recevoir à sa table des convives non invités. ■ **Ville ouverte,** ville qui n'est pas fortifiée ou que l'on renonce à défendre en temps de guerre. ■ **Vin ouvert** [Suisse], vin vendu en carafe, dans un café, un restaurant.

OUVERTEMENT adv. De façon ouverte, directe ; franchement : *Se déclarer ouvertement opposé à un programme.*

OUVERTURE n.f. **1.** Action d'ouvrir : *L'ouverture des bagages* ; fait d'être ouvert : *Jour d'ouverture.* **2.** Action de pratiquer un passage, un orifice ; brèche : *Il a fallu pratiquer une ouverture dans la roche.* **3.** Action d'inaugurer, de commencer : *La cérémonie d'ouverture des JO.* **4. MUS.** Composition instrumentale au début d'un opéra, d'un oratorio, etc., que l'on trouve, notamm. au XVIIIᵉ s., sous la forme sonate. **5.** Espacement des deux parties d'un objet : *L'ouverture d'un compas.* **6.** Fait d'être ouvert, réceptif : *Ouverture d'esprit.* **7.** Capacité de connaître qqch de nouveau : *Une ouverture sur le monde.* **8.** Attitude politique visant à des rapprochements avec d'autres ; élargissement. **9.** Dans certains jeux, début d'une partie. **10.** En danse classique, orientation vers l'extérieur des pieds et des jambes, obtenue par rotation de la hanche. **11. OPT.** Surface d'un système optique exposée aux rayons lumineux. **12. MIN.** Dimension d'un chantier mesurée perpendiculairement aux parois. **13.** En rugby, à la sortie d'une mêlée, action d'adresser le ballon aux trois-quarts, génér. par l'intermédiaire du demi d'ouverture, pour qu'ils déploient une attaque. ■ **Ouverture des roues avant** [autom.], divergence donnée aux roues avant motrices. ■ **Ouverture du feu** [mil.], déclenchement du tir. ■ **Ouverture d'une succession** [dr.], moment où il devient possible de la recueillir. ■ **Ouverture relative d'un objectif** [photogr.], rapport du diamètre utile de l'objectif à la distance focale. ◆ **n.f. pl.** En politique, premières propositions en vue d'une négociation : *Les ouvertures faites par les syndicats.*

OUVRABILITÉ n.f. **CONSTR.** Aptitude à la mise en œuvre d'un béton fraîchement gâché.

OUVRABLE adj. (de *ouvrer*). Qui peut être travaillé, ouvré : *Métal ouvrable.* ■ **Jour ouvrable,** consacré normalement au travail. ➲ Tous les jours de la semaine sont des jours ouvrables, sauf le jour de repos hebdomadaire (en principe le dimanche) et les jours fériés et chômés.

OUVRAGE n.m. (de *œuvre*). **1.** Action de travailler ; tâche : *Un ouvrage de longue haleine.* **2.** Objet produit par le travail d'un ouvrier, d'un artiste ; œuvre : *Un ouvrage d'orfèvrerie.* **3.** Travail d'aiguille ou de tricot. **4.** Volume relié ou broché contenant un texte scientifique ou littéraire ; livre : *Un ouvrage historique.* **5. MÉTALL.** Partie d'un haut-fourneau au-dessus du creuset, dans laquelle débouchent les tuyères à vent. **6. FORTIF.** Élément autonome d'une fortification capable de résister même après encerclement. ■ **Boîte à ouvrage,** boîte à casiers permettant de ranger ce qui est nécessaire à la couture. ■ **Ouvrage d'art,** construction de grande importance (pont, tunnel, etc.) entraînée par l'établissement d'une voie de communication. ■ **Ouvrage public** [dr.], bien immeuble relevant du domaine public, sur lequel sont souvent réalisés des travaux publics, et utilisé à des besoins d'intérêt général. ◆ **n.f.** ■ **De la belle ouvrage** [fam., parfois iron.], du beau travail.

OUVRAGÉ, E adj. Finement travaillé ; ouvré : *Un balcon ouvragé.*

OUVRAGER v.t. [10]. Travailler qqch avec une grande minutie.

OUVRAISON n.f. **TEXT.** Opération de filature consistant à démêler les flocons de fibres de matières premières textiles.

OUVRANT, E adj. 1. Conçu de manière à pouvoir être ouvert : *Toit ouvrant.* **2.** Se dit du premier élément d'un double signe de ponctuation (par oppos. à *fermant*) : *Guillemets ouvrants.* ◆ **n.m. CONSTR.** (Surtout pl.). Partie mobile d'un châssis (porte, croisée, etc.) [SYN. **3. battant, vantail**].

OUVRÉ, E adj. (de *ouvrer*). **1.** Façonné : *Fer ouvré.* **2.** Finement travaillé ; ouvragé. ■ **Jour ouvré,** où l'on travaille.

OUVREAU n.m. **VERR.** Ouverture pratiquée dans les fours pour en contrôler la marche ou pour y cueillir le verre en fusion.

OUVRE-BOÎTE n.m. (pl. *ouvre-boîtes*) ou **OUVRE-BOÎTES n.m. inv.,** ▲ *OUVRE-BOITE n.m. (pl. ouvre-boites).* Instrument coupant, manuel ou électrique, pour ouvrir les boîtes de conserve.

OUVRE-BOUTEILLE n.m. (pl. *ouvre-bouteilles*) ou **OUVRE-BOUTEILLES n.m. inv.** Décapsuleur.

OUVRE-HUÎTRE n.m. (pl. *ouvre-huîtres*) ou **OUVRE-HUÎTRES n.m. inv.,** ▲ *OUVRE-HUITRE n.m. (pl. ouvre-huitres).* Couteau à lame courte et forte permettant d'ouvrir les huîtres.

OUVRER v.t. [3] (du lat. *operari*, travailler). **TECHN. 1.** Travailler des matériaux ; façonner. **2.** Procéder à l'ouvraison de matières textiles.

OUVREUR, EUSE n. 1. Personne qui ouvre qqch : *Ouvreur d'huîtres.* **2.** Au bridge, joueur qui commence les enchères. **3.** Skieur qui ouvre la piste lors d'une compétition de ski. **4.** Personne chargée de placer les spectateurs dans un théâtre, un cinéma. **5.** Demi d'ouverture, au rugby.

OUVREUSE n.f. **TEXT.** Machine servant à désagréger et à nettoyer les fibres agglomérées de la laine, du coton ou de la soie.

OUVRIER, ÈRE n. (lat. *operarius*). **1.** Travailleur manuel salarié employé dans une entreprise agricole, industrielle ou commerciale. **2.** Litt. Agent de qqch ; artisan : *Être l'ouvrier de sa réussite.* ■ **Ouvrier à façon,** à qui l'on fournit la matière à mettre en œuvre pour un prix forfaitaire. ◆ **adj.** Relatif aux ouvriers : *Une cité ouvrière.*

OUVRIÈRE n.f. **ENTOMOL.** Chez les insectes sociaux (abeilles, fourmis, etc.), individu stérile assurant la nutrition, la construction du nid, les soins aux larves, la défense de la colonie.

OUVRIÉRISME n.m. Vieilli. Tendance à donner la priorité à la classe ouvrière (quant aux revendications, à l'exercice des responsabilités), en raison de la supériorité morale et du rôle moteur qu'on lui attribue.

OUVRIÉRISTE adj. et **n.** Relatif à l'ouvriérisme.

OUVRIR v.t. [23] (lat. *aperire*). **1.** Dégager ce qui est fermé : *Ouvrir les volets* ; déplacer ce qui empêche une communication entre l'intérieur et l'extérieur : *Ouvrir une bouteille.* **2.** Absol. Ouvrir la porte : *Police ! Ouvrez.* **3.** Faire une ouverture dans qqch ; inciser : *Le choc lui a ouvert le front.* **4.** Écarter les parties repliées ou fermées de qqch ; déplier : *Ouvrir le journal. Ouvrir les yeux.* **5.** Mettre en marche ; allumer : *Ouvrir l'ordinateur.* **6.** Rendre possible l'accès à : *Grande école qui ouvre ses portes aux étudiants défavorisés.* **7.** Rendre réceptif au monde extérieur : *Ce stage leur ouvre le cœur sur le sort des démunis.* **8.** Être l'initiateur de qqch ; commencer : *Ouvrir une enquête.* **9.** Faire fonctionner pour la première fois ; créer : *Ouvrir un site Internet.* ■ **L'ouvrir** [fam.], ouvrir la bouche ; parler. ■ **Ouvrir la marque** ou **le score** [sports], inscrire le premier point au score. ■ **Ouvrir l'appétit,** le stimuler. ■ **Ouvrir un compte,** faire établir un compte bancaire à son nom et y verser des fonds. ■ **Ouvrir un emprunt,** émettre un emprunt dans le public, en parlant de l'État, d'une collectivité publique. ▪ **Ouvrir une piste de ski,** y faire la première trace pour s'assurer de son état ou pour établir un temps de référence avant une compétition. ◆ **v.i. 1.** Donner accès à un lieu : *Les fenêtres ouvrent sur la rivière.* **2.** Devenir accessible au public : *Cette banque ouvre le samedi.* **3. JEUX.** Commencer la partie, la mise, les enchères. **4.** Au rugby, pratiquer une ouverture. ◆ **S'OUVRIR v.pr. 1.** Présenter une ouverture, un passage : *L'armoire s'ouvre mal* ; devenir accessible : *Région qui s'ouvre au tourisme.* **2.** S'épanouir : *Rose qui s'ouvre.* **3. (À).** Devenir réceptif à : *Jeune esprit qui s'ouvre à l'art.* **4.** Se couper une partie du corps : *S'ouvrir le doigt.* **5.** Commencer par : *Le procès s'est ouvert par un incident.* ▪ **S'ouvrir à qqn,** se confier à lui.

OUVROIR n.m. (de *ouvrer*). Vieilli. Dans les communautés de femmes, lieu où les religieuses s'assemblaient pour travailler.

OUZBEK, E ou **UZBEK, E** [uzbɛk] **adj.** et **n.** De l'Ouzbékistan ; de ses habitants. ◆ **n.m.** Langue turque parlée par les Ouzbeks.

OUZO n.m. (mot gr.). Liqueur parfumée à l'anis. ➲ Spécialité grecque.

OVAIRE n.m. (du lat. *ovum*, œuf). **1. ANAT.** Gonade femelle paire, où se forment les ovules et qui produit des hormones (œstrogènes, progestérone). **2. BOT.** Partie renflée et creuse du pistil, qui contient les ovules et formera le fruit après la fécondation.

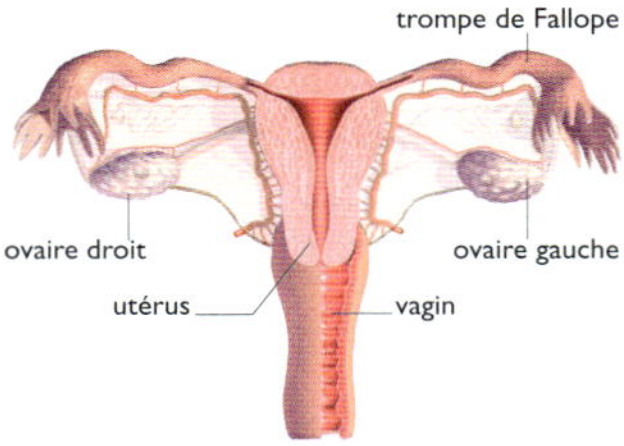

localisation des ovaires

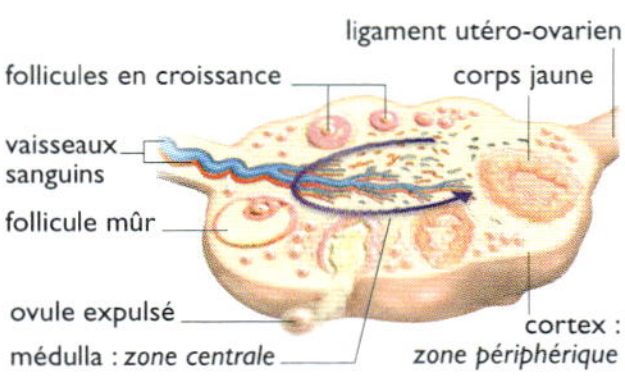

structure d'un ovaire et cycle ovarien

▲ **ovaire**

OVALBUMINE n.f. BIOCHIM. Albumine du blanc d'œuf.

OVALE adj. (du lat. *ovum*, œuf). **1.** Qui a la forme d'un œuf. **2. MATH.** Se dit de toute courbe plane, fermée, convexe et allongée, ayant deux axes de symétrie orthogonaux, comme l'ellipse ; se dit d'une surface plane limitée par une courbe ovale. ▪ **Le ballon ovale,** le rugby (par oppos. au *ballon rond*). ◆ **n.m. 1.** Figure, forme ovale : *L'ovale d'un visage.* **2. MATH.** Courbe ovale.

OVALIE n.f. (de *ballon ovale*). Fam. ▪ **L'ovalie,** l'ensemble des régions et des pays où l'on joue au rugby ; le monde du rugby.

OVALISATION n.f. MÉCAN. INDUSTR. Défaut de circularité d'une surface cylindrique de révolution.

OVALISER v.t. [3]. Rendre ovale.

OVARIECTOMIE n.f. Ablation chirurgicale d'un ou des deux ovaires.

OVARIEN, ENNE adj. Relatif à l'ovaire.

OVARITE n.f. MÉD. Affection inflammatoire ou dystrophique de l'ovaire.

OVATION n.f. (lat. *ovatio*). **1.** Série d'acclamations adressées à qqn par la foule ; vivats. **2. ANTIQ. ROM.** Récompense accordée au général victorieux, inférieure au triomphe.

OVATIONNER v.t. [3]. Saluer par une ovation.

OVE n.m. (du lat. *ovum*, œuf). Ornement architectural en relief, en forme d'œuf, répété en suite linéaire.

OVÉ, E adj. Ovoïde.

OVERDOSE [ɔvœr-] ou [ɔvɛr-] **n.f.** (mot angl.). **1.** Surdose. **2.** Fig., fam. Quantité excessive ; saturation : *Une overdose d'images violentes.*

OVERDRIVE [ɔvœrdrajv] **n.m.** (mot angl.). **AUTOM.** Dispositif à train d'engrenages dont le rapport de multiplication se combine à un ou plusieurs rapports de la boîte de vitesses principale.

OVIBOS [-bɔs] **n.m.** (du lat. *ovis*, brebis, et *bos*, bœuf). Mammifère ruminant du Groenland et du Nord canadien, au corps massif recouvert d'une épaisse toison de longs poils (SYN. **bœuf musqué**). ➲ Famille des bovidés.

OVIDUCTE n.m. (du lat. *ovum*, œuf, et *ductus*, conduit). **ZOOL.** Conduit qui achemine les ovules issus de l'ovaire dans l'utérus (animaux vivipares) ou hors du corps (animaux ovipares).

OVIN, E adj. (du lat. *ovis*, brebis). Relatif aux brebis, aux moutons. ◆ **n.m.** Animal de l'espèce ovine.

OVINÉ n.m. Caprin.

OVIPARE adj. et **n.** (du lat. *ovum*, œuf, et *parere*, enfanter). **ZOOL.** Se dit d'un animal qui se reproduit par des œufs pondus avant ou après fécondation, mais avant éclosion (par oppos. à *vivipare*).

OVIPARITÉ n.f. Mode de reproduction des animaux ovipares.

OVIPOSITEUR ou **OVISCAPTE n.m. ENTOMOL.** Tarière.

OVM ou **O.V.M. n.m.** (sigle). Organisme vivant modifié.

➲ Les **OVM** sont des êtres vivants (plantes, animaux, micro-organismes) dont le patrimoine génétique a été modifié de la main de l'homme (manipulation génétique, modification du nombre de chromosomes, choc thermique, sélection artificielle, etc.). Les OVM obtenus par une technique de génie génétique sont des organismes génétiquement modifiés. (→ **OGM**).

OVNI n.m. (acronyme de *objet volant non identifié*). **1.** Objet ou phénomène fugitif observé dans l'atmosphère et dont la nature n'est pas identifiée par les témoins (SYN. [vieilli] **soucoupe volante**). **2.** Fam. Personne inclassable : *Cette cinéaste est un ovni* ; création atypique : *Un ovni télévisuel.*

OVOCYTE ou **OOCYTE** [ɔɔsit] **n.m. BIOL.** Cellule de la lignée germinale femelle des animaux, formée à partir d'une ovogonie et n'ayant pas encore achevé l'ovogenèse.

OVOFLAVINE n.f. Riboflavine.

OVOGENÈSE n.f. BIOL. Formation des gamètes femelles chez les animaux.

OVOGONIE n.f. BIOL. Cellule souche de la lignée germinale femelle des animaux, dont l'accroissement et la multiplication donnent les ovocytes.

OVOÏDE ou **OVOÏDAL, E, AUX adj.** (du lat. *ovum*, œuf). Dont la forme ressemble à celle d'un œuf ; ové.

OVOTIDE n.m. BIOL. Cellule de la lignée germinale femelle des animaux, qui achève l'ovogenèse.

OVOVIVIPARE adj. et **n. ZOOL.** Se dit d'un animal qui se reproduit par œufs, mais qui les conserve dans ses voies génitales jusqu'à l'éclosion des jeunes.

OVOVIVIPARITÉ n.f. Mode de reproduction des animaux ovovivipares.

OVULAIRE adj. Relatif à l'ovule.

OVULATION n.f. PHYSIOL. Expulsion d'un ovule par l'ovaire, chez la femme et les animaux femelles (SYN. **ponte ovulaire**).

OVULATOIRE adj. Relatif à l'ovulation ; qui comporte une ovulation.

OVULE n.m. (du lat. *ovum*, œuf). **1. HISTOL.** Gamète femelle arrivé à maturité, apte à être fécondé. **2. BOT.** Petit organe contenu dans l'ovaire, qui renferme le gamète femelle, ou oosphère, et qui fournira la graine après la fécondation par le pollen. ▪ **Ovule (gynécologique),** forme pharmaceutique ovoïde contenant un médicament et destinée à être placée dans le vagin.

OVULER v.i. [3]. PHYSIOL. Avoir une ovulation ; être le siège d'une ovulation.

OXACIDE n.m. CHIM. MINÉR. Acide contenant de l'oxygène.

OXALATE n.m. Sel ou ester de l'acide oxalique.

OXALIDACÉE n.f. Plante à feuilles trilobées, telle que l'oxalide, génér. herbacée, parfois ligneuse (carambolier). ➲ Les oxalidacées forment une famille.

OXALIDE n.f. ou **OXALIS** [-lis] **n.m.** (du lat. *oxalis, -idis*, oseille). Plante herbacée à fleurs jaunes ou pourpres, riche en oxalate de potassium, dont certaines espèces, tel l'alléluia, ou pain de coucou, sont cultivées pour l'ornement. ➲ Famille des oxalidacées.

OXALIQUE adj. CHIM. ORG. ▪ **Acide oxalique,** acide organique (COOH—COOH) qui donne à l'oseille son goût particulier.

OXER [ɔksɛr] **n.m.** (mot angl.). **ÉQUIT.** Obstacle de concours composé de deux plans verticaux de barres parallèles, séparés par une distance variable.

OXFORD [ɔksfɔrd] **n.m.** (de *Oxford*, v. angl.). **1.** Toile de coton rayée ou quadrillée, très solide, utilisée en partic. dans la chemiserie. **2.** Richelieu.

OXHYDRIQUE adj. Se dit d'un mélange d'hydrogène et d'oxygène ; se dit du chalumeau produisant la combustion de ce mélange.

OXHYDRYLE n.m. Hydroxyle.

OXIME n.f. CHIM. ORG. Composé contenant le groupement =N—OH et formé par élimination d'eau entre l'hydroxylamine et un aldéhyde ou une cétone (nom générique).

OXO adj. inv. CHIM. Se dit d'une réaction, d'un procédé de synthèse qui, à partir d'oléfines et d'un mélange d'oxyde de carbone et d'hydrogène, permet d'obtenir des composés aliphatiques oxygénés.

OXONIUM [-njɔm] **n.m. CHIM.** Ion univalent H_3O^+.

OXYACÉTYLÉNIQUE adj. TECHN. Relatif à un mélange d'oxygène et d'acétylène, au chalumeau produisant la combustion de ce mélange, au soudage utilisant ce chalumeau.

OXYCARBONÉ, E adj. CHIM. ORG. Combiné à l'oxyde de carbone.

OXYCHLORURE n.m. CHIM. MINÉR. Combinaison d'un corps avec l'oxygène et le chlore.

OXYCOUPAGE n.m. TECHN. Procédé de coupage thermique par oxydation, génér. à l'aide d'un chalumeau.

OXYDABILITÉ n.f. CHIM. Aptitude d'un corps à se combiner à l'oxygène ou, plus génér., à se combiner en augmentant son degré d'oxydation.

OXYDABLE adj. Qui peut être oxydé.

OXYDANT, E adj. et **n.m. CHIM.** Se dit d'un corps qui a la propriété d'oxyder.

OXYDASE n.f. BIOCHIM. Enzyme qui active l'oxygène et le fixe sur une substance chimique.

OXYDATIF, IVE adj. ▪ **Stress oxydatif** → **STRESS.**

OXYDATION n.f. CHIM. Combinaison avec l'oxygène et, plus génér., réaction dans laquelle un atome ou un ion perd des électrons ; état de ce qui est oxydé : *L'oxydation du fer produit la rouille.* ▪ **Oxydation anodique,** procédé de revêtement électrolytique de pièces métalliques par formation de couches protectrices du métal de base.

OXYDE n.m. (du gr. *oxus*, acide). **CHIM.** Corps résultant de la combinaison de l'oxygène avec un autre élément : *Oxyde de carbone.*

OXYDER v.t. [3]. CHIM. 1. Faire passer à l'état d'oxyde. **2.** Combiner avec l'oxygène. **3.** Faire perdre des électrons à un atome, à un ion. ◆ **S'OXYDER v.pr. CHIM. 1.** Passer à l'état d'oxyde. **2.** Pour un corps ferreux, rouiller.

OXYDORÉDUCTASE n.f. BIOCHIM. Toute enzyme qui effectue une réaction d'oxydoréduction.

OXYDORÉDUCTION n.f. CHIM. Action d'un corps oxydant sur un corps réducteur, avec à la fois oxydation du réducteur et réduction de l'oxydant. ➲ Les phénomènes d'oxydoréduction, qui permettent la respiration cellulaire des organismes vivants, sont assurés par des enzymes.

OXYGÉNASE n.f. BIOL. Enzyme qui catalyse la formation d'un peroxyde.

OXYGÉNATION n.f. Action d'oxygéner.

OXYGÈNE n.m. (du gr. *oxus*, acide, et *gennan*, engendrer). **1.** Gaz incolore, inodore et sans saveur, de densité 1,105, et qui se liquéfie à – 182,96 °C.

a b c d e f g h i j k l m n o p q r s t u v w x y z

2. Élément chimique (O), de numéro atomique 8, de masse atomique 15,9994. **3.** Air pur : *Une cure d'oxygène en forêt.* **4.** Fig. Ce qui redonne du dynamisme ; stimulant : *Cette commande est une bouffée d'oxygène pour l'entreprise.*

OXYGÉNÉ, E adj. Qui contient de l'oxygène. ▪ **Cheveux oxygénés,** décolorés avec de l'eau oxygénée. ▪ **Eau oxygénée,** solution aqueuse de peroxyde d'hydrogène, utilisée comme antiseptique et hémostatique.

OXYGÉNER v.t. [11], ▲ *[11*].* Opérer la combinaison d'un corps avec l'oxygène. ◆ **S'OXYGÉNER v.pr.** Fam. Respirer l'air pur : *S'oxygéner en jardinant.*

OXYGÉNOTHÉRAPIE n.f. MÉD. Traitement par administration d'oxygène gazeux, par ex. en cas d'insuffisance respiratoire.

OXYHÉMOGLOBINE n.f. PHYSIOL. Combinaison instable d'hémoglobine et d'oxygène, qui donne sa couleur rouge vif au sang sortant des poumons.

OXYLITHE n.f. CHIM. MINÉR. Mélange de peroxydes de sodium et de potassium qui, en présence d'eau, dégage de l'oxygène.

OXYMÈTRE n.m. Instrument servant à l'oxymétrie.

OXYMÉTRIE n.f. MÉD. Mesure du taux de saturation de l'hémoglobine en oxygène.

OXYMORE ou **OXYMORON n.m.** (gr. *oxumôron,* de *oxus,* aigu, et *môros,* émoussé). **STYL.** Rapprochement de deux mots qui semblent contradictoires (ex. : *se faire une douce violence*) [SYN. **alliance de mots**].

OXYSULFURE n.m. CHIM. MINÉR. Composé d'oxygène et de soufre.

OXYTON adj.m. et **n.m.** (du gr. *oxutonos,* au son aigu). **PHON.** Se dit d'un mot ayant l'accent tonique sur la syllabe finale.

OXYURE [ɔksjyr] **n.m.** (du gr. *oxus,* pointu, et *ouron,* queue). Ver nématode, parasite de l'intestin de l'homme, du cheval et des ruminants, et responsable de l'oxyurose.

OXYUROSE n.f. MÉD. Parasitose due aux oxyures ; spécial., parasitose fréquente surtout chez l'enfant, caractérisée par des démangeaisons anales.

OYAT [ɔja] **n.m.** (mot picard). Graminée des littoraux sablonneux, utilisée pour la fixation des dunes (SYN. **2. ammophile, gourbet**).

OZALID n.m. (nom déposé). **IMPRIM.** Épreuve en positif tirée sur papier sensibilisé à l'aide de composés diazoïques, soumise pour bon à graver.

OZÈNE n.m. (du gr. *ozein,* exhaler une odeur). **MÉD.** Rhinite chronique accompagnée de croûtes à l'odeur fétide.

OZONATION n.f. Action d'ozoner, notamm. lors du traitement de l'eau.

OZONE n.m. (du gr. *ozein,* exhaler une odeur). Corps simple gazeux, à l'odeur forte, au pouvoir très oxydant, dont la molécule (O_3) est formée de trois atomes d'oxygène. ▪ **Trou (dans la couche) d'ozone,** zone de la stratosphère où l'on observe chaque année une diminution temporaire de la concentration en ozone. ➲ Ce trou est causé par la réaction d'atomes de chlore, issus des chlorofluorocarbures, qui détruisent les molécules d'ozone.

➲ L'**OZONE** est un polluant dans la basse atmosphère *(ozone troposphérique)* et un constituant naturel de la haute atmosphère *(ozone stratosphérique),* où il joue le rôle d'écran vis-à-vis du rayonnement ultraviolet.

OZONÉ, E adj. Qui renferme de l'ozone ; qui a été traité par l'ozone.

OZONER v.t. [3]. TECHN. Faire agir de l'ozone sur un corps (notamm. de l'eau) pour le stériliser ou le transformer.

OZONEUR n.m. Appareil servant à préparer l'oxygène ou l'air ozonés.

OZONIDE n.m. CHIM. Adduit entre l'ozone et une liaison éthylénique.

OZONOSPHÈRE n.f. GÉOPHYS. Région de la stratosphère située entre 20 et 50 km d'altitude, qui contient la quasi-totalité de l'ozone atmosphérique.

P **n.m. inv.** Seizième lettre de l'alphabet et la douzième des consonnes. ➲ La lettre *p* note l'occlusive bilabiale sourde. Suivie de *h*, elle note un [f] *(éléphant)*. Elle est parfois muette à la finale *(coup)* et à l'intérieur des mots (*compte* et ses composés, par ex.). Elle se fait entendre en liaison à la finale des adv. *trop* et *beaucoup* : *trop humble* [tropœbl], *beaucoup aimé* [bokupeme]. ▪ **p.**, abrév. de *pour* (dans *p. cent*) et de *page*. ▪ **p.** [mus.], abrév. de *piano*. ▪ **P.** [relig.], abrév. de *père*.

PACAGE **n.m.** (lat. pop. *pascuaticum*). **AGRIC.** **1.** Lieu où l'on mène paître le bétail ; pâturage. **2.** Parcours. **3.** Action de faire paître le bétail : *Droit de pacage.*

PACAGER **v.t. [10].** Faire paître le bétail. ◆ **v.i.** Paître.

PACANE **n.f.** (mot algonquien). Noix ovale, à coque mince, fruit du pacanier (SYN. **noix de pécan**).

PACANIER **n.m.** Grand arbre des lieux frais et humides du sud-est des États-Unis, voisin du hickory, dont le fruit est la noix de pécan, ou pacane. ➲ Famille des juglandacées.

PACEMAKER [pɛsmɛkœr] **n.m.** (mot angl.). [Anglic. déconseillé]. Stimulateur cardiaque.

PACHA **n.m.** (mot turc). **1.** Dans l'Empire ottoman, titre honorifique attaché à de hautes fonctions, notamm. à celles de gouverneur de province. **2.** **MAR.** Arg. Commandant. **3.** Fam. Homme qui aime avoir ses aises et se faire servir : *Jouer au pacha. Mener une vie de pacha.*

PACHALIK **n.m.** (turc *pachalik*). **HIST.** Territoire soumis au gouvernement d'un pacha.

PACHTO ou **PACHTOU** **n.m.** Langue indo-européenne du groupe iranien parlée en Afghanistan (SYN. **afghan**). ➲ Elle s'écrit avec l'alphabet arabe.

PACHTOUN, E ou **PACHTOUNE** **adj.** et **n.** Relatif aux Pachtouns ; qui fait partie de ce peuple.

PACHYDERME [-ʃi-] **n.m.** (du gr. *pakhudermos*, qui a la peau épaisse). Nom donné autref. à des mammifères ongulés de grande taille, à peau épaisse, tels que l'éléphant, l'hippopotame, le rhinocéros. ➲ Les pachydermes constituaient un ordre.

PACHYDERMIE [-ʃi-] **n.f.** **MÉD.** Épaississement pathologique de la peau.

PACHYURE [pakjyr] **n.m.** (du gr. *pakhus*, épais, et *oura*, queue). Musaraigne d'Europe méridionale, d'Asie Mineure et d'Afrique. ➲ Le *pachyure étrusque* est le plus petit de tous les mammifères (poids : 2 g) ; famille des soricidés.

PACIFICATEUR, TRICE **adj.** et **n.** Qui apaise les troubles, rétablit la paix ; conciliateur.

PACIFICATION **n.f.** Action de pacifier.

PACIFIER **v.t. [5]** (du lat. *pax, pacis*, paix, et *facere*, faire). **1.** Rétablir la paix dans une région, un pays en état de guerre. **2.** Litt. Calmer la colère de ; apaiser : *Cette mesure a pacifié les esprits.*

1. PACIFIQUE **adj.** **1.** Qui manifeste un désir de paix : *Une nation pacifique.* **2.** Qui a la paix pour objectif : *Marche pacifique.* ◆ **adj.** et **n.** Qui désire vivre en paix ; qui aspire au calme, à la tranquillité.

2. PACIFIQUE **adj.** De l'océan Pacifique ou des pays qui le bordent. ▪ **Franc Pacifique** → **1. FRANC.**

PACIFIQUEMENT **adv.** De façon pacifique.

PACIFISME **n.m.** Courant de pensée préconisant la recherche de la paix internationale par la négociation, le désarmement, la non-violence.

PACIFISTE **adj.** et **n.** Relatif au pacifisme ; qui en est partisan.

PACK **n.m.** (mot angl.). **1.** Emballage qui réunit plusieurs bouteilles, flacons ou pots pour en faciliter le stockage et le transport. **2.** **SPORTS.** Ensemble des avants d'une équipe de rugby. **3.** **OCÉANOL.** Dans les régions polaires, ensemble des glaces flottantes arrachées à la banquise par les courants marins et les vents.

PACKAGE [pakɛdʒ] ou [paka(d)ʒ] **n.m.** (mot angl., de *to pack*, emballer). **1.** Ensemble de marchandises ou de services proposés groupés à la clientèle. **2.** **AUDIOVIS.** Achat d'un bouquet de programmes à un même vendeur.

PACKAGEUR [-(d)ʒœr] ou **PACKAGER** [-dʒœr] **n.m.** Sous-traitant qui se charge de la réalisation partielle ou totale d'un objet culturel, d'une publicité pour le compte d'un éditeur.

PACKAGING [-dʒiŋ] **n.m.** (mot angl.). **1.** Technique de l'emballage et du conditionnement des produits ; l'emballage lui-même. Recomm. off. **conditionnement.** **2.** Activité du packageur.

PACOTILLE **n.f.** (esp. *pacotilla*). Marchandise de peu de valeur. ▪ **De pacotille,** de qualité médiocre.

PACQUAGE, ▲ *PAQUAGE* **n.m.** Action de pacquer.

PACQUER, ▲ *PAQUER* **v.t. [3]** (du moyen fr. *pakke*, ballot). **PÊCHE.** Mettre en baril le poisson salé.

PACS [paks] **n.m.** (acronyme de *pacte civil de solidarité*). Contrat, institué en France par la loi en 1999, conclu entre deux personnes célibataires de même sexe ou de sexe différent, séparées par plus de trois degrés de parenté, pour organiser leur vie commune. ➲ Déclaré conjointement au tribunal d'instance ou par-devant notaire, le pacs a des conséquences juridiques immédiates (aide mutuelle et matérielle) ou différées (fiscalité, dons, legs, succession, etc.).

PACSÉ, E **adj.** et **n.** Fam. Se dit d'une personne ayant contracté un pacs avec une autre.

PACSER **v.i.** ou **SE PACSER** **v.pr. [3].** Fam. Conclure un pacs avec qqn.

PACSON **n.m.** Arg. **1.** Paquet. **2.** Importante somme d'argent : *Toucher le pacson.*

PACTE **n.m.** (lat. *pactum*). Convention solennelle entre États ou entre particuliers ; traité.

PACTISER **v.i. [3].** **1.** Conclure un pacte ; traiter. **2.** Faire taire ses scrupules : *Pactiser avec sa conscience.* **3.** Avoir une indulgence coupable pour qqch ; composer : *Pactiser avec le crime.*

PACTOLE **n.m.** (de *Pactole*, n.pr.). Source de richesse qui semble intarissable.

PADAN, E **adj.** (bas lat. *padanus*). Relatif au Pô, à la plaine du Pô.

PADDLE **n.m.** → **STAND-UP PADDLE.**

PADDOCK [padɔk] **n.m.** (mot angl.). **1.** Enclos dans une prairie, pour les chevaux. **2.** Piste circulaire située dans l'enceinte du pesage, où les chevaux tournent au pas, promenés en main par leurs lads, avant une course. **3.** Arg. Lit.

PADDY **n.m.** (mot angl., du malais). Riz non décortiqué. (On dit aussi *riz paddy.*)

PADICHAH **n.m.** (mot persan). **HIST.** Titre du sultan ottoman.

PADINE **n.f.** Petite algue brune dont les frondes, en éventail, s'enroulent en cornet. ➲ Classe des phéophycées.

PADOU ou **PADOUE** **n.m.** (de *Padoue*, n.pr.). Ruban de fil et de soie.

PAELLA [paɛla] ou [paelja], ▲ *PAÉLIA* **n.f.** (mot esp.). Plat à base de riz au safran, doré à l'huile et cuit au bouillon, garni de viande, de poissons, de crustacés, etc. ➲ Cuisine espagnole.

1. PAF **interj.** Exprime le bruit d'un coup, d'une rupture brusque, d'une chute, etc.

2. PAF **adj.** (de l'arg. *s'empaffer*, se gaver). [Inv. en genre]. Fam. **1.** Ivre : *Elles sont pafs.* **2.** Belgique. Extrêmement surpris ; décontenancé ; stupéfait : *Il en est resté tout paf.*

1. PAF [paf] **n.m. inv.** (acronyme de *paysage audiovisuel français*). Ensemble des chaînes de télévision et de radiodiffusion sonore autorisées à émettre sur le territoire national.

2. PAF ou **P.A.F.** [paf] **n.f.** (acronyme). Police aux frontières.

PAGAIE [pagɛ] **n.f.** (malais *pengajoeh*). Rame courte, à pelle large, qui se manie sans être fixée à l'embarcation.

PAGAILLE **n.f.** (du provenç. *en pagaio*, en désordre). Fam. Désordre ; confusion. ▪ **En pagaille** [fam.], en désordre : *Vêtements en pagaille par terre* ; en abondance : *On y trouve des logiciels en pagaille.*

PAGAILLEUX, EUSE **adj.** Fam. **1.** Où règne la pagaille. **2.** Enclin au désordre.

PAGANISER **v.t. [3].** Rendre païen ; donner un caractère païen à.

PAGANISME **n.m.** (du lat. *paganus*, paysan). **HIST.** Nom donné par les chrétiens des premiers siècles au polythéisme auquel les populations paysannes de l'Empire romain restèrent longtemps fidèles.

PAGANO-CHRISTIANISME **n.m.** (pl. *pagano-christianismes*). Ensemble des croyances des chrétiens d'origine païenne, dans l'Église primitive.

PAGAYER [pagɛje] **v.i. [6].** Propulser une embarcation à l'aide d'une pagaie.

PAGAYEUR, EUSE **n.** Personne qui pagaie.

1. PAGE **n.f.** (lat. *pagina*). **1.** Chacun des deux côtés d'une feuille ou d'un feuillet de papier : *La première page du manuscrit.* **2.** Feuille ou feuillet : *Une lettre de deux pages.* **3.** Ce qui est écrit, imprimé sur la page : *Une page de petites* *annonces.* **4.** Passage d'une œuvre littéraire ou musicale ; extrait. **5.** Période de la vie d'une personne ; épisode de l'histoire d'un groupe humain ; moment : *Une page sombre de l'histoire.* ■ **Belle, fausse page** [imprim.], page de droite, de gauche d'un livre. ■ **Être à la page** [fam.], au fait de l'actualité ; au goût du jour. ■ **Page d'accueil** [inform.], première page d'un site Web qui s'affiche lors d'une connexion, fournissant une présentation générale du site et donnant accès à l'ensemble des rubriques qu'il contient. ■ **Page Web** [inform.], document multimédia au format HTML, contenant des liens vers d'autres documents. ➲ Il est accessible sur un serveur Web, grâce à une adresse unique *(URL)*, et peut être affiché depuis un navigateur.

2. PAGE n.m. (du gr. *paidion*, petit garçon). HIST. Jeune noble placé au service d'un seigneur.

3. PAGE n.m. → **PAGEOT.**

PAGE-ÉCRAN n.f. (pl. *pages-écrans*). INFORM. Quantité, ensemble d'informations affichées ou susceptibles d'être affichées simultanément sur un écran de visualisation.

1. PAGEOT ou **PAGEL** n.m. (lat. pop. *pagellus*). Poisson marin de couleur gris-rose argenté, dont une espèce est pêchée sur les côtes d'Espagne et commercialisée sous le nom de *daurade rose* (SYN. **rousseau**). ➲ Famille des sparidés.

2. PAGEOT, PAJOT ou **PAGE** n.m. Arg. Lit.

PAGET (MALADIE CUTANÉO-MUQUEUSE DE) n.f. Plaque cancéreuse ou précancéreuse siégeant habituellement autour du mamelon d'un sein, parfois au niveau de la vulve.

PAGET (MALADIE OSSEUSE DE) n.f. Affection des os caractérisée par une structure osseuse grossière, des déformations et des douleurs.

PAGINATION n.f. Action de paginer.

PAGINER v.t. [3]. Numéroter les pages d'un livre ; folioter.

PAGNE n.m. (esp. *paño*). **1.** Morceau d'étoffe ou de matière végétale tressée, drapé autour de la taille et couvrant des hanches aux cuisses. **2.** Wax. (On parle aussi de *tissu pagne.*) **3.** Vêtement africain d'inspiration traditionnelle, réalisé dans ce tissu.

PAGODE n.f. (mot port., du sanskr. *bhagavat*, saint, divin). **1.** Édifice dans lequel les bouddhistes célèbrent leur culte. **2.** Pavillon à toitures étagées de la Chine et du Japon. ■ **Manche pagode,** qui va s'évasant vers le poignet.

PAGODON n.m. Petite pagode.

PAGRE n.m. (mot provenç.). Poisson commun en Méditerranée, à chair estimée, voisin de la daurade royale. ➲ Famille des sparidés.

PAGURE n.m. (du gr. *pagouros*, dont la queue est fichée dans la coquille). Crustacé décapode, très commun sur les côtes de l'Europe occidentale, et qui protège son abdomen mou dans la coquille vide d'un gastéropode (SYN. **bernard-l'ermite**).

▲ **pagure** ou bernard-l'ermite.

PAGUS [pagys] n.m. (mot lat.). Circonscription territoriale rurale, à l'époque gallo-romaine, puis au haut Moyen Âge.

✎ Pluriel savant : ***pagi.***

PAHLAVI ou **PEHLVI** n.m. Langue iranienne qui fut celle de la civilisation sassanide et de la littérature mazdéenne.

PAHOEHOE [paoeoe] n.m. (mot hawaïen). GÉOL. Coulée de lave présentant une surface lisse.

PAIE [pɛ] ou **PAYE** [pɛj] n.f. **1.** Paiement des salaires ou des soldes : *Jour de paie.* **2.** Salaire ou solde : *Toucher sa paie.* ■ **Bulletin** ou **feuille** ou **fiche de paie,** pièce justificative récapitulant notamm. les éléments de calcul (nombre d'heures, retenues sociales, etc.) d'un salaire, d'un traitement. ■ **Ça fait une paie** [fam.], ça fait longtemps.

PAIEMENT ou **PAYEMENT** [pɛmɑ̃] n.m. Action de verser une somme d'argent à un créancier en exécution d'une obligation ; règlement. ■ **Paiement électronique,** transaction financière qui s'opère via Internet (SYN. **télépaiement**). ■ **Paiement sans contact,** moyen de paiement par carte bancaire ne nécessitant pas l'insertion de la carte dans le terminal de paiement électronique. ➲ Visant à faciliter le règlement des petits achats, le montant du paiement sans contact est plafonné.

PAÏEN, ENNE n. et adj. (du lat. *paganus*, paysan). **1.** Adepte des cultes polythéistes de l'Antiquité, et partic. du polythéisme gréco-latin (par oppos. à chrétien). **2.** Adepte d'une religion polythéiste ou fétichiste. **3.** Litt. Impie ; mécréant.

PAIERIE [pɛri] n.f. Trésorerie.

PAILLAGE n.m. AGRIC. **1.** Opération consistant à recouvrir le sol d'une couche de paille. **2.** Cette couche (SYN. **paillis**).

PAILLARD, E adj. et n. (de *paille*). Qui aime les plaisirs charnels ; libertin. ◆ **adj.** Se dit de paroles, de textes grivois : *Des chansons paillardes.*

PAILLARDISE n.f. **1.** Comportement d'une personne paillarde. **2.** Action, parole paillarde.

1. PAILLASSE n.f. (de *paille*). **1.** Plan de travail d'un évier, à côté de la cuve. **2.** Plan de travail carrelé, à hauteur d'appui, dans un laboratoire de chimie, de pharmacie, etc. **3.** Grand sac bourré de paille (ou de balle d'avoine, de feuilles, etc.) et servant de matelas.

2. PAILLASSE n.m. (de *Paillasse*, n.pr.). Anc. Type de clown du théâtre forain.

PAILLASSON n.m. **1.** Petite natte épaisse, en fibres dures, que l'on place au seuil d'une habitation pour essuyer les semelles des chaussures ; essuie-pieds. **2.** Paille tressée dont on fait des chapeaux. **3.** Fig., fam. Personne servile.

PAILLE n.f. (lat. *palea*). **1.** Tige de graminée, et partic. de céréale, coupée et dépouillée de son grain : *Une meule de paille.* **2.** Matière que forment ensemble ces tiges : *Une natte de paille.* **3.** Petit tuyau en matière plastique utilisé pour boire un liquide en l'aspirant (SYN. **chalumeau**). **4.** MÉTALL. Défaut de surface des produits forgés ou laminés, constitué par une cavité allongée et de faible épaisseur. ■ **Être sur la paille** [fam.], sans ressources. ■ **Homme de paille,** prête-nom dans une affaire malhonnête. ■ **Paille de fer,** tampon formé de longs copeaux métalliques, utilisé notamm. pour décaper les parquets. ■ **Papier paille,** papier d'emballage à base de paille. ■ **Pommes paille,** pommes frites très fines. ■ **Tirer à la courte paille,** tirer au sort en faisant choisir au hasard des brins de paille de longueur inégale. ■ **Une paille** [fam., souvent iron.], presque rien. ■ **Vin de paille,** vin blanc liquoreux, obtenu avec des raisins que l'on a laissés se déshydrater sur la paille. ◆ **adj. inv.** D'une couleur jaune pâle.

PAILLÉ, E adj. **1.** Qui a la couleur de la paille. **2.** MÉTALL. Qui présente une, des pailles.

PAILLE-EN-QUEUE n.m. (pl. *pailles-en-queue*). Phaéton (oiseau).

1. PAILLER n.m. (lat. *palearium*). **1.** Lieu (hangar, grange) où l'on entrepose la paille. **2.** Meule de paille.

2. PAILLER v.t. [3]. AGRIC. Disposer un paillage (SYN. **enchausser**).

PAILLETAGE n.m. Action de pailleter.

PAILLETÉ, E adj. Couvert de paillettes : *Satin pailleté.*

PAILLETER v.t. [16], ▲ *[12].* Orner de paillettes.

PAILLETTE n.f. **1.** Particule d'or aplatie que l'on trouve dans les alluvions aurifères. **2.** Petite lamelle d'une matière plus ou moins rigide : *Paillettes de quartz. Savon en paillettes.* **3.** Petite lamelle d'une matière brillante utilisée pour orner certaines étoffes, ou ajoutée à certains produits de maquillage. ◆ **n.f. pl.** Péjor. Le monde des apparences, de l'inauthenticité : *Les paillettes de la télévision.*

PAILLIS n.m. AGRIC. Couche constituée par divers matériaux (paille, mulch), dont on recouvre le sol pour en maintenir la fraîcheur et éviter la pousse de mauvaises herbes, ou bien pour préserver certains fruits (fraises, melons) du contact de la terre (SYN. **paillage**).

PAILLON n.m. **1.** Mince feuille de métal brillante que l'on place sous un émail translucide ou une pierre de bijouterie pour leur fournir un fond miroitant. **2.** Manchon de paille destiné à protéger une bouteille.

PAILLOTE n.f. Hutte à toit de paille, dans les pays chauds.

PAIN n.m. (lat. *panis*). **1.** Aliment fait d'une pâte composée essentiellement de farine, d'eau, de sel et de levure (ou de levain), pétrie et fermentée puis cuite au four : *Manger du pain. Si le pain augmentait.* **2.** Masse façonnée de cet aliment : *Achète deux pains pour ce soir.* **3.** Symbole de la nourriture : *Gagner son pain.* **4.** CUIS. Préparation moulée en forme de pain : *Pain de poisson, de légumes.* **5.** Masse d'une matière moulée : *Pain de savon.* **6.** Fam. Coup de poing ; gifle. ■ **Arbre à pain** [bot.], artocarpus. ■ **Avoir du pain sur la planche,** avoir beaucoup de travail. ■ **Je ne mange pas de ce pain-là,** je n'utilise pas ces procédés malhonnêtes. ■ **Manger son pain blanc (le premier),** jouir de circonstances favorables qui ne dureront pas. ■ **Ôter à qqn le pain de la bouche,** le priver de ses moyens de subsistance. ■ **Pain au chocolat,** petite viennoiserie fourrée avec une barre de chocolat. ■ **Pain au lait,** viennoiserie en forme de petit pain allongé à croûte lisse, faite de pâte briochée au lait. ■ **Pain aux raisins,** petite viennoiserie garnie de raisins secs. ■ **Pain brié** → **BRIÉ.** ■ **Pain brûlé,** qui est d'une couleur brune soutenue et chaude. ■ **Pain complet,** où entrent de la farine brute et du petit son. ■ **Pain de campagne,** pain à croûte épaisse, fait à partir de levain et de farine de blé moulue à la meule, dont la pâte était pétrie à la main ; auj., pain de farine bise, à croûte farinée, imitant le pain de campagne à l'ancienne. ■ **Pain de coucou** [bot.], alléluia. ■ **Pain (de) fantaisie,** vendu à la pièce, par oppos. au *gros pain*, vendu au poids. ■ **Pain de Gênes,** fait d'une pâte à biscuit à laquelle sont incorporées des amandes pilées. ■ **Pain de mie,** cuit au moule, pour qu'il ne se forme que très peu de croûte, et contenant éventuellement certains additifs (matières grasses, sucre, etc.). ■ **Pain d'épice(s),** gâteau de farine de seigle au sucre, au miel et aux aromates (anis, cannelle, etc.). ■ **Pain de singe** [bot.], fruit comestible du baobab. ■ **Pain de sucre,** masse de sucre blanc en forme de cône ; géomorph., piton au sommet arrondi et aux flancs très raides, caractéristique des régions de climat tropical humide. ■ **Pain doré** [Québec], tranche de pain trempée dans du lait et des œufs battus, puis frite à la poêle. ■ **Pain français** [Belgique, Québec], baguette (de pain). ■ **Pain long,** en forme de long cylindre aplati. ➲ Le *pain de fantaisie* (700 g), le *pain parisien* (400 ou 500 g), le *bâtard* et la *baguette* (300 g), le *petit pain* (50 g) sont des pains longs. ■ **Pain moulé,** cuit en plaçant les pâtons dans un moule ou sur une plaque creusés d'emplacements pour les recevoir. ■ **Pain noir,** à la farine de blé, de sarrasin et de seigle. ■ **Pain paillasse,** au levain, de forme allongée, mis à lever dans un panier nommé *paillasse.* ■ **Pain perdu,** entremets fait de pain ou de brioche rassis trempés dans du lait et des œufs, sucrés et frits. ■ **Pain rond,** en forme de demi-boule. ■ **Pain surprise,** pain rond évidé en ne gardant que la croûte, puis garni de petits sandwichs réalisés avec sa mie. ■ **Pain viennois,** pain dont la pâte peut contenir du sucre, du lait, des matières grasses, des œufs. ■ **Se vendre comme des petits pains,** facilement et rapidement.

PAINTBALL [pɛntbol] n.m. (mot angl.). Jeu d'extérieur où des adversaires s'affrontent à l'aide de pistolets *(lanceurs)* projetant des billes de peinture.

1. PAIR, E adj. (du lat. *par, paris*, égal). **1.** MATH. Se dit d'un nombre divisible par 2 : *2, 4, 6, 8 sont des nombres pairs.* **2.** Qui est affecté d'un nombre pair, de numéros pairs : *Le côté pair d'une rue.* ■ **Fonction paire** [math.], fonction numérique de la variable réelle, qui est définie et prend la même valeur pour deux valeurs opposées quelconques de la variable. ■ **Organes pairs** [anat.], qui sont au nombre de deux. ➲ Les poumons, les reins sont des organes pairs.

2. PAIR n.m. **1.** Égalité de change de deux monnaies, entre deux pays. **2.** Égalité entre le cours nominal d'une valeur mobilière et son cours boursier : *Titre au pair.* ■ **Aller de pair avec qqch,** être sur le même rang, le même plan : *La préservation de la planète va de pair avec la limitation* *de la pollution.* ■ **Au pair,** logé, nourri et percevant une petite rémunération en échange de certains services : *Travailler au pair. Étudiante au pair.* ■ **Hors (de) pair,** sans égal : *Un pianiste hors pair.*

3. PAIR n.m. 1. Personne semblable quant à la dignité, au rang ; égal. **2.** Dans la France du Moyen Âge et de l'Ancien Régime, ecclésiastique ou noble de haut rang doté par le roi de privilèges honorifiques ou juridictionnels ; seigneur d'une terre érigée en pairie. **3.** Membre de la Chambre des pairs ou Chambre haute, en France, de 1814 à 1848. **4.** (D'apr. l'angl. *peer*). Membre de la Chambre des lords, en Grande-Bretagne.

PAIRAGE n.m. TÉLÉV. Défaut d'entrelacement des lignes d'une image de télévision, entraînant une réduction de la finesse de l'image dans le sens vertical.

PAIRE n.f. (du lat. pop. *paria*, choses égales). **1.** Réunion de deux choses identiques ou symétriques, utilisées ensemble ou formant un objet unique : *Une paire de gants. Une paire de ciseaux.* **2.** Réunion de deux cartes de même valeur : *Une paire de rois.* **3.** Couple d'animaux formé par le mâle et la femelle d'une même espèce ; couple d'animaux travaillant ensemble : *Une paire de bœufs.* **4.** Ensemble de deux personnes unies par un sentiment ou une caractéristique : *Une paire d'amis. C'est une belle paire d'escrocs.* **5. MATH.** Ensemble comportant deux éléments. ■ **Se faire la paire** [très fam.], prendre la fuite.

PAIRESSE n.f. HIST. 1. Épouse d'un pair. **2.** Femme titulaire d'une pairie, en Grande-Bretagne.

PAIRIE n.f. HIST. 1. Titre, dignité de pair. **2.** Fief, domaine auquel la dignité de pair était attachée.

PAIRLE n.m. HÉRALD. Pièce honorable en forme d'Y partant de la pointe de l'écu pour aboutir aux deux angles du chef.

PAISIBLE adj. (de l'anc. fr. *pais*, paix). **1.** D'humeur douce et tranquille ; pacifique : *Un homme paisible* ; qui ne trouble pas la paix : *De paisibles distractions.* **2.** Qui est exempt de bruit, d'agitation ; calme : *Village paisible.* **3. DR.** Qui n'est pas troublé dans la jouissance ou la possession d'un bien.

PAISIBLEMENT adv. De manière paisible.

PAISSANCE n.f. (de *paître*). **DR.** Pacage du bétail sur un terrain communal.

PAÎTRE, ▲ *PAITRE* **v.t. [71]** (lat. *pascere*). Manger la végétation la plus basse : *Paître l'herbe.* ◆ **v.i.** Manger de l'herbe : *Faire paître un troupeau* (SYN. **pacager, pâturer**). ■ **Envoyer paître qqn** [fam.], l'éconduire avec brusquerie.

✎ Le passé simple et les temps composés sont peu employés.

PAIX [pɛ] **n.f.** (lat. *pax, pacis*). **1.** Situation d'un pays qui n'est pas en guerre. **2.** Cessation de l'état de guerre : *Négociations, traité de paix.* **3.** État de concorde entre les membres d'un groupe, d'une nation ; entente : *Rétablir la paix dans le voisinage.* **4.** Absence de bruit, d'agitation ; calme : *Elle aime retrouver la paix de son bureau.* **5.** État de calme intérieur ; tranquillité d'esprit ; quiétude : *Avoir la conscience en paix.* ■ **Acheter la paix sociale,** préserver la concorde entre les citoyens en évitant les conflits sociaux (manifestations, violences urbaines, etc.), par l'octroi de subventions, l'attribution d'avantages divers, voire une certaine complaisance visant à se concilier un groupe d'individus susceptible d'y porter atteinte. ■ **Faire la paix,** se réconcilier. ■ **Paix armée,** dans laquelle chacun se tient sur le pied de guerre. ■ **Paix de Dieu,** au Moyen Âge, interdiction par l'Église de tout acte hostile envers les non-combattants (agriculteurs, clercs, femmes). ■ **Paix des braves,** accord conclu sur la base de concessions mutuelles, après un long conflit. ◆ **interj.** ■ **(La) paix !,** silence !

PAJOT n.m. → **PAGEOT.**

PAKISTANAIS, E adj. et **n.** Du Pakistan ; de ses habitants.

PAL n.m. (pl. *pals*) [lat. *palus*]. **1.** Pieu aiguisé à une extrémité et destiné à être fiché en terre. **2.** Supplice qui consistait à enfoncer un pieu dans le corps du condamné, et à le laisser mourir ainsi. **3. HÉRALD.** Pièce honorable constituée par une large bande verticale occupant le milieu de l'écu (par oppos. à *fasce*). ■ **Pal injecteur,** instrument destiné à injecter dans le sol des liquides insecticides.

PAL (SYSTÈME) n.m. (acronyme de l'angl. *phase alternating line*). Système de télévision en couleurs, d'origine allemande.

PALABRE n.f. ou **n.m.** (de l'esp. *palabra*, parole). **1.** Afrique. Débat coutumier entre les hommes d'une communauté villageoise ; procès devant un tribunal coutumier. **2.** Péjor. (Surtout pl.). Discussion longue et oiseuse : *De longues et inutiles palabres.*

PALABRER v.i. [3]. 1. Afrique. Demander justice ; se plaindre ; se quereller ; marchander. **2.** Péjor. Discuter longuement et de manière oiseuse.

PALACE n.m. (mot angl.). Hôtel luxueux.

PALADIN n.m. (du lat. *palatinus*, du palais). **1.** Litt. Celui qui est toujours prêt à soutenir une juste cause, à défendre les faibles. **2.** Seigneur de la suite de Charlemagne, dans la tradition des chansons de geste.

PALAFITTE n.m. (ital. *palafitta*). **ARCHÉOL.** Vieilli. Village lacustre*.

1. PALAIS n.m. (lat. *palatium*). **1.** Vaste et somptueuse résidence d'un chef d'État, d'un riche particulier. **2.** Vaste édifice public : *Le palais des Expositions.* **3. HIST.** La maison (résidence et gens) des rois francs. ■ **Le Palais (de justice),** bâtiment départemental où siègent les tribunaux.

2. PALAIS n.m. (lat. *palatum*). **1.** Paroi supérieure de la bouche, séparant celle-ci des fosses nasales. **2.** Sens, organe gustatif : *Un vin qui flatte le palais.* ■ **Avoir le palais fin,** être gourmet. ■ **Voile du palais** ou **palais mou,** partie postérieure, musculo-membraneuse et mobile, du palais. ■ **Voûte du palais** ou **palais dur,** partie antérieure, osseuse, du palais.

PALAN n.m. (ital. *palanco*). Appareil de levage comportant un mécanisme démultiplicateur (poulies, train d'engrenages, etc.) qui permet de soulever des charges avec un effort moteur relativement faible.

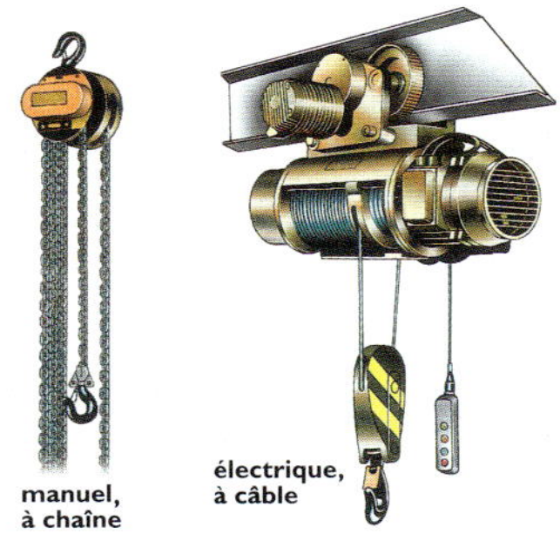

▲ **palans**

PALANCHE n.f. (du lat. pop. *palanca*, levier). Tige de bois servant à porter sur l'épaule deux charges accrochées à chacune des extrémités.

PALANÇON n.m. (de l'anc. fr. *palanc*, pieu). **CONSTR.** Pièce de bois utilisée pour armer un torchis.

PALANGRE n.f. (mot provenç.). Ligne pour la pêche en mer constituée d'une corde le long de laquelle sont attachées des empiles munies d'hameçons.

PALANGRIER n.m. Navire de pêche utilisant des palangres.

PALANGROTTE n.f. (provenç. *palangrotto*). Ligne plombée pour la pêche en mer, autref. enroulée autour d'une plaque de liège et manœuvrée à la main, auj. utilisée avec une canne et un moulinet.

PALANQUE n.f. (ital. *palanca*). Chacune des planches superposées qui constituent l'un des obstacles du concours hippique.

PALANQUÉE n.f. 1. MAR. Charge manipulée à l'aide d'un palan, en une seule fois. **2.** Fig. Grand nombre ; multitude : *Elle a reçu une palanquée de lettres.*

PALANQUER v.i. [3]. Utiliser un palan. ◆ **v.t.** Soulever avec un palan.

PALANQUIN n.m. (port. *palanquim*, du sanskr.). Dans les pays orientaux, chaise portée à bras d'hommes ou litière installée sur le dos d'un animal (chameau, éléphant).

PALASTRE n.m. → **PALÂTRE.**

PALATAL, E, AUX adj. et **n.f.** (du lat. *palatum*, palais). **PHON.** Se dit d'une voyelle ou d'une consonne qui a son point d'articulation situé dans la région du palais dur (par ex., le [i] de *ici*, le [j] de *fille*, le [ɲ] de *montagne*).

PALATALISATION n.f. PHON. Modification subie par un phonème dont l'articulation se trouve reportée dans la région du palais dur (SYN. **mouillure**).

PALATALISER v.t. [3]. PHON. Transformer un phonème par palatalisation.

PALATIAL, E, AUX [-sjal, sjo] **adj.** Relatif à un palais (édifice).

1. PALATIN, E adj. (du lat. *palatinus*, du mont Palatin). **1. HIST.** Se disait d'un homme lié au palais d'un souverain : *Seigneur palatin.* **2.** Du Palatinat, région de l'Allemagne. **3.** Qui dépend d'un palais. ◆ **n.m. HIST.** Premier des grands officiers de la couronne de Hongrie.

2. PALATIN, E adj. ANAT. Du palais.

PALATINAT n.m. Dignité d'Électeur palatin ; pays gouverné par l'Électeur palatin.

PALÂTRE ou **PALASTRE n.m.** (de *1. pale*). Boîtier métallique renfermant le mécanisme d'une serrure ; plaque de tôle sur laquelle il est fixé.

1. PALE n.f. (du lat. *pala*, pelle). **1.** Élément en forme d'aile vrillée fixé au moyeu d'une hélice. **2.** Partie plate d'un aviron, qui entre dans l'eau. **3. TECHN.** Petite vanne d'une retenue d'eau.

2. PALE ou **PALLE n.f.** (du lat. *palla*, tenture). **CATH.** Linge carré et rigide qui sert à couvrir le calice pendant la messe.

PALÉ, E adj. HÉRALD. Se dit de l'écu divisé verticalement en un nombre pair de parties égales d'émaux alternés.

PÂLE adj. (lat. *pallidus*). **1.** Se dit d'un teint peu coloré : *Un visage très pâle.* **2.** Se dit de qqn, d'un visage qui a perdu ses couleurs ; blême : *Elle est devenue très pâle.* **3.** Se dit d'une couleur dont la tonalité est atténuée : *Jaune pâle.* **4.** Se dit d'une lumière faible, sans éclat : *Un pâle soleil d'hiver.* **5.** Fig. Qui manque de relief, d'originalité : *Une pâle copie d'un grand film.* ■ **Se faire porter pâle** [fam.], se faire porter malade.

PALE-ALE [pɛlɛl] **n.f.** (pl. *pale-ales*) [mot angl.]. Bière blonde anglaise.

PALÉE n.f. CONSTR. Rang de pieux, de palplanches enfoncés au mouton pour soutenir un ouvrage en terre, en maçonnerie ou en charpente.

PALEFRENIER, ÈRE n. (de l'anc. provenç. *palafren*, palefroi). Personne qui panse, soigne les chevaux.

PALEFROI n.m. (du bas lat. *paraveredus*, cheval de renfort). **HIST.** Cheval de parade ou de marche (par oppos. au *destrier*, le cheval de bataille).

PALÉMON n.m. (de *Palaimon*, personnage de la myth. gr.). Bouquet (crevette).

PALÉOANTHROPOLOGIE n.f. (du gr. *palaios*, ancien). Paléontologie humaine.

PALÉOANTHROPOLOGUE n. Spécialiste de paléoanthropologie.

PALÉOBIOGÉOGRAPHIE n.f. Étude de la répartition géographique des êtres vivants au cours des époques géologiques.

PALÉOBOTANIQUE n.f. Paléontologie végétale.

PALÉOCÈNE n.m. GÉOL. Série du cénozoïque précédant l'éocène (de – 65,5 à – 56 millions d'années).

PALÉOCHRÉTIEN, ENNE adj. Relatif aux premiers chrétiens, à leur art.

PALÉOCLIMAT n.m. Nature du climat d'une époque géologique.

PALÉOCLIMATOLOGIE n.f. Étude et reconstitution des climats passés.

PALÉOÉCOLOGIE n.f. Branche de l'écologie qui étudie les milieux naturels du passé, à partir de données de la paléontologie, de la géologie et de l'archéologie.

PALÉOENVIRONNEMENT n.m. Ensemble des caractéristiques biologiques et physicochimiques des milieux d'une région à un moment de son histoire.

PALÉOGÈNE n.m. GÉOL. Système du cénozoïque précédant le néogène (SYN. **nummulitique**). ➲ Le paléogène se situe au tertiaire, de – 65,5 à – 23 millions d'années ; il est subdivisé en paléocène, éocène et oligocène. ◆ adj. Relatif au paléogène.

PALÉOGÉOGRAPHIE n.f. Étude de la géographie des continents aux époques géologiques.

PALÉOGRAPHE n. Spécialiste de paléographie.

PALÉOGRAPHIE n.f. Science auxiliaire de l'histoire qui a pour objet l'étude des écritures anciennes.

PALÉOGRAPHIQUE adj. Relatif à la paléographie.

PALÉOHISTOLOGIE n.f. Étude des tissus animaux et végétaux conservés dans les fossiles.

PALÉOLITHIQUE n.m. (du gr. *palaios*, ancien, et *lithos*, pierre). Première période de la préhistoire, caractérisée par l'apparition puis le développement de l'industrie de la pierre, et par une économie de prédation. ◆ adj. Relatif au paléolithique.

➲ S'étendant sur plusieurs millions d'années, le **PALÉOLITHIQUE** se termine vers le Xe millénaire avec le réchauffement postglaciaire. Le paléolithique est divisé en trois sous-périodes : inférieure ou ancienne, moyenne et supérieure. En Europe, le paléolithique inférieur se poursuit jusqu'aux environs de – 150 000, le moyen jusque vers – 40 000 et le supérieur jusqu'à – 9 000. Le paléolithique supérieur européen est marqué par l'apparition de l'ancêtre direct de l'homme moderne, *Homo sapiens sapiens*, et par la production d'objets à caractère artistique.

▲ **paléolithique.** La *Dame à la capuche*, dite aussi *Dame de Brassempouy*, sculpture en ivoire de mammouth, v. 21 000 av. J.-C., paléolithique supérieur. (Musée d'Archéologie nationale, Saint-Germain-en-Laye.)

PALÉOMAGNÉTISME n.m. Magnétisme terrestre au cours des temps géologiques ; étude de celui-ci, notamm. dans les laves. ➲ Le paléomagnétisme est l'un des arguments principaux de la tectonique des plaques.

PALÉONTOLOGIE n.f. Science des êtres vivants ayant peuplé la Terre aux époques géologiques, fondée sur l'étude des fossiles. ■ **Paléontologie animale,** paléontologie du règne animal (SYN. **paléozoologie**). ■ **Paléontologie humaine,** paléontologie de la lignée humaine (SYN. **paléoanthropologie**). ■ **Paléontologie végétale,** paléontologie du règne végétal (SYN. **paléobotanique**).

PALÉONTOLOGIQUE adj. Relatif à la paléontologie.

PALÉONTOLOGUE ou **PALÉONTOLOGISTE** n. Spécialiste de paléontologie.

PALÉO-OCÉANOGRAPHIE n.f. Étude et reconstitution des océans et des fonds marins au cours des temps géologiques.

PALÉORELIEF n.m. GÉOL. Ancien relief recouvert de sédiments.

PALÉOSIBÉRIEN, ENNE adj. Se dit d'une famille de langues parlées en Sibérie orientale.

PALÉOSITE n.m. Parc de loisirs à vocation pédagogique, consacré à la préhistoire.

PALÉOSOL n.m. Sol ancien formé dans des conditions de climat et de végétation différentes, recouvert par des dépôts ou des sols plus récents.

PALÉOTEMPÉRATURE n.f. Température d'une période géologique, obtenue par analyse géochimique.

PALÉOTHÉRIUM [-terjɔm] n.m. (du gr. *palaios*, ancien, et *thêrion*, bête sauvage). Mammifère ongulé fossile du début de l'ère tertiaire (éocène), proche de l'actuel tapir, dont on a trouvé des restes dans la butte Montmartre, à Paris.

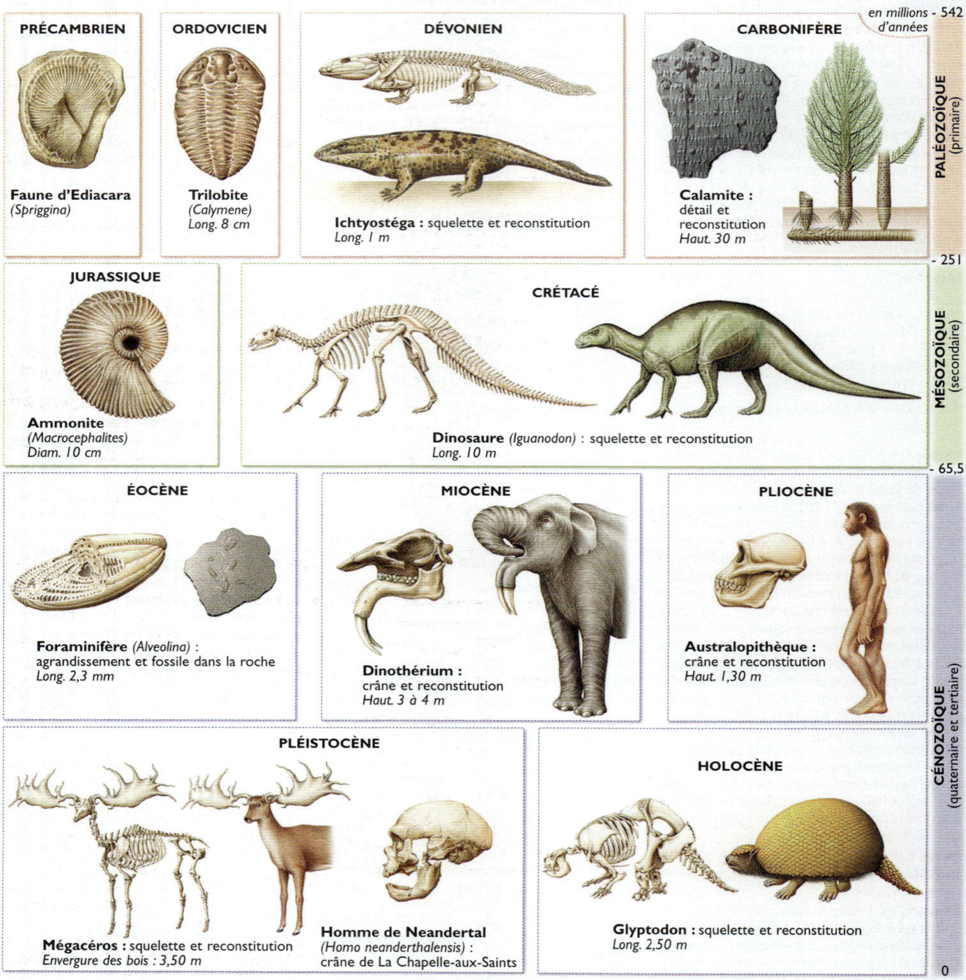

▲ **paléontologie.** Squelettes ou fossiles d'êtres vivants ayant peuplé la Terre à différentes époques géologiques.

PALÉOZOÏQUE **n.m.** Ère géologique correspondant aux systèmes allant du cambrien au permien (SYN. **primaire**). ➲ Le paléozoïque s'étend de – 542 à – 251 millions d'années ; il est caractérisé par l'apparition des premiers organismes terrestres et par les orogenèses calédonienne et hercynienne. ◆ **adj.** Relatif au paléozoïque.

PALÉOZOOLOGIE **n.f.** Paléontologie animale.

PALERON **n.m.** (de *1. pale*). **BOUCH.** Morceau composé des muscles extérieurs de l'omoplate du bœuf.

PALESTINIEN, ENNE **adj.** et **n.** De la Palestine ; de ses habitants.

PALESTRE **n.f.** (gr. *palaistra*). **ANTIQ.** Partie du gymnase grec et des thermes romains où se pratiquaient les exercices physiques, en partic. la lutte.

PALET **n.m.** (de *1. pale*). **1.** Pierre plate et ronde ou disque épais que l'on lance le plus près possible du but, dans certains jeux. **2.** Rondelle que les hockeyeurs sur glace propulsent avec une crosse. ▪ **Palet breton,** biscuit rond et épais, confectionné avec une pâte riche en beurre.

PALETOT **n.m.** (du moy. angl. *paltok*, jaquette). **1.** Veste ample et confortable, qui arrive à mi-cuisse et que l'on porte sur d'autres vêtements. **2.** Belgique, Québec. Pardessus. ▪ **Tomber sur le paletot à qqn** [fam.], l'attaquer brusquement.

PALETTE **n.f.** (de *1. pale*). **1.** Instrument large et aplati servant à divers usages : *Palette de potier.* **2.** Québec. Tablette : *Palette de chocolat.* **3.** Québec. Visière d'une casquette. **4.** Plaque percée d'un trou pour le pouce, sur laquelle les peintres disposent et mêlent leurs couleurs ; ensemble des couleurs habituellement utilisées par un peintre. **5.** Fig. Ensemble de choses différentes mais de même nature ; gamme : *Une large palette de téléphones.* **6.** **MANUT.** Plateau de chargement destiné à la manutention des marchandises par chariots élévateurs à fourche ; charge de ce plateau. **7.** **BOUCH.** Morceau du mouton et du porc, comprenant l'omoplate et la chair qui la recouvre. ▪ **Palette électronique** ou **graphique,** système de création d'images utilisant l'écran d'une station de travail ou d'un micro-ordinateur. ▪ **Palette natatoire,** organe caudal des crustacés nageurs, formé par le telson et les derniers appendices abdominaux aplatis ; membre large et plat, utilisé comme une pagaie, chez certains tétrapodes marins (tortue, otarie).

PALETTISABLE **adj.** **MANUT.** Se dit d'une marchandise qui peut être chargée sur palette.

PALETTISATION **n.f.** Action de palettiser.

PALETTISER **v.t.** [3]. **MANUT.** **1.** Organiser le transport de marchandises à l'aide de palettes. **2.** Charger sur des palettes : *Palettiser des livres.*

PALETTISEUR **n.m.** Appareil servant à palettiser des marchandises.

PALÉTUVIER **n.m.** (du tupi-guarani *aparahiwa*, arbre courbé). Arbre caractéristique des mangroves, aux racines aériennes très développées et dont le fruit (mangle), en forme de fléchette, se fiche fortement dans la vase lors de sa chute. ➲ Famille des rhizophoracées.

PÂLEUR **n.f.** (de *pâle*). Aspect de ce qui est pâle ; état d'une personne pâle.

PALI **n.m.** (mot hindi). Langue des anciens textes religieux du bouddhisme méridional, apparentée au sanskrit.

PÂLICHON, ONNE **adj.** Fam. Un peu pâle.

PALICINÉSIE **n.f.** (du gr. *palin*, à nouveau, et *kinêsis*, mouvement). **PSYCHOPATHOL.** Répétition incoercible d'un même geste par le sujet.

PALIER **n.m.** (de l'anc. fr. *paele*, poêle). **1.** Plateforme séparant deux volées d'escalier. **2.** Partie horizontale entre deux déclivités d'une voie ferrée, d'une route. **3.** Fig. Phase de stabilité dans le cours d'une évolution. **4.** **MÉCAN. INDUSTR.** Organe mécanique supportant et guidant un arbre tournant. ▪ **Par paliers,** par étapes. ▪ **Vol en palier** [aéron.], qui s'effectue à altitude constante.

PALIÈRE **adj.f.** ▪ **Marche palière,** qui est de plain-pied avec un palier. ▪ **Porte palière,** qui s'ouvre sur un palier.

PALILALIE **n.f.** (du gr. *palin*, de nouveau, et *lalein*, parler). **PSYCHIATR.** Répétition, parfois rapide, de un ou plusieurs mots, d'onomatopées, observée dans certaines affections neurologiques.

PALIMPSESTE [palɛ̃psɛst] **n.m.** (du gr. *palimpsêstos*, gratté de nouveau). Manuscrit sur parchemin dont la première écriture a été lavée ou grattée et sur lequel un nouveau texte a été écrit.

PALINDROME **n.m.** (du gr. *palindromos*, qui revient sur ses pas). **STYL.** Mot ou groupe de mots qui peut être lu indifféremment de gauche à droite ou de droite à gauche. (Ex. : *elle, la mariée ira mal.*)

PALINGÉNÉSIE **n.f.** (du gr. *paliggenesia*, renaissance). **1.** Retour cyclique des mêmes événements, dans certaines conceptions philosophiques (stoïcisme, notamm.) ou religieuses. **2.** Litt., vx. Retour à la vie.

PALINODIE **n.f.** (du gr. *palin*, de nouveau, et *ôdê*, chant). **1.** Litt. (Surtout pl.). Changement complet d'opinion ; volte-face : *Les palinodies d'un politicien.* **2.** **ANTIQ.** Pièce de vers dans laquelle l'auteur rétracte ce qu'il a exprimé précédemment.

PÂLIR **v.i.** [21]. **1.** Devenir subitement pâle : *Pâlir de rage.* **2.** Perdre de sa luminosité, de son éclat : *Le store a pâli au soleil.* ▪ **Faire pâlir qqn (de dépit, de jalousie, etc.),** le rendre jaloux : *Son score les fait pâlir d'envie.* ▪ **Son étoile pâlit,** son influence, son crédit diminuent. ◆ **v.t.** Litt. Rendre pâle : *La lune pâlit la campagne.*

PALIS **n.m.** (de *pal*). Pieu enfoncé avec d'autres pour former une palissade.

PALISSADE **n.f.** (de *palis*). **1.** Clôture formée de pieux ou de planches plus ou moins jointifs. **2.** Mur de verdure fait d'arbres ou d'arbustes taillés verticalement.

PALISSADER **v.t.** [3]. **1.** Entourer de palissades. **2.** Tailler (une haie, par ex.) en palissade.

PALISSADIQUE **adj.** **BOT.** Se dit du parenchyme chlorophyllien, à cellules serrées, de la face supérieure des feuilles.

PALISSAGE **n.m.** Opération qui consiste à attacher une branche, une tige à un support (mur, fils de fer, etc.) pour la maintenir dans une direction déterminée : *Palissage de la vigne.*

PALISSANDRE **n.m.** (d'un dial. de Guyane). Bois lourd et dur, gris à rouge vif, à l'aspect veiné caractéristique, utilisé en ébénisterie et provenant de diverses espèces d'arbres d'Amérique tropicale et de Madagascar.

PÂLISSANT, E **adj.** Qui pâlit.

PALISSER **v.t.** [3]. Procéder au palissage de.

PALISSON **n.m.** (de *palis*). Matériel utilisé en chamoiserie pour assouplir les peaux.

PALISSONNER **v.t.** [3]. Assouplir au palisson.

PALIURE **n.m.** (gr. *paliouros*). Arbrisseau fortement épineux de l'Europe méditerranéenne et de l'Asie occidentale, utilisé pour former des haies, parfois appelé *épine du Christ.* ➲ Famille des rhamnacées.

PALLADIANISME **n.m.** **ARCHIT.** Style, théorie s'inspirant de Palladio.

PALLADIEN, ENNE **adj.** **ARCHIT.** Relatif à Palladio, à son style.

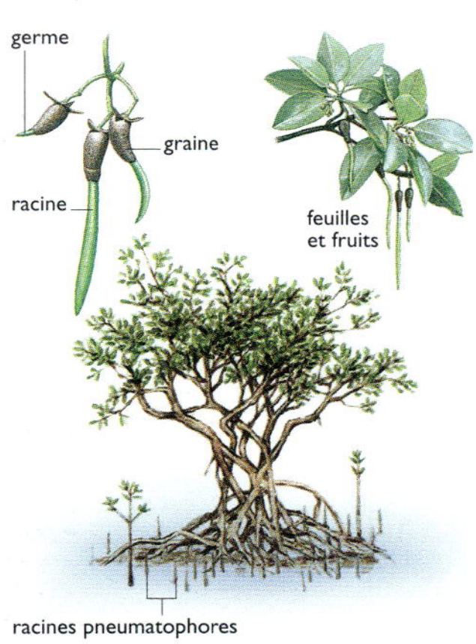

▲ **palétuvier**

1. PALLADIUM [-djɔm] **n.m.** (du gr *palladion*, statue de Pallas). **ANTIQ.** Objet sacré dont la possession était considérée comme un gage de sauvegarde de la cité.

2. PALLADIUM [-djɔm] **n.m.** (mot angl., de *Pallas*, n. d'une petite planète). **1.** Métal précieux, blanc, ductile et dur, de densité 11,4 et qui fond à 1 549 °C. **2.** Élément chimique (Pd), de numéro atomique 46, de masse atomique 106,42. ➲ Catalyseur d'hydrogénation en surface, il peut emmagasiner de grandes quantités d'hydrogène dans sa masse.

PALLE **n.f.** → **2. PALE.**

PALLÉAL, E, AUX **adj.** (du lat. *palla*, manteau). **ZOOL.** Relatif au manteau des mollusques. ▪ **Cavité** ou **chambre palléale,** contenant les organes respiratoires des mollusques.

PALLIATIF, IVE **adj.** et **n.m.** **MÉD.** Se dit d'un traitement qui atténue les effets d'une maladie sans la traiter elle-même. ◆ **adj.** ▪ **Soins palliatifs** → **SOINS.** ◆ **n.m.** Moyen provisoire de détourner un danger, d'éviter un obstacle : *Trouver un palliatif à* ou *de la crise.*

PALLIDUM [-dɔm] **n.m.** Partie la plus petite et la plus interne du noyau lenticulaire du cerveau.

PALLIER **v.t.** [5] (du lat. *palliare*, couvrir d'un manteau). Remédier d'une manière incomplète ou provisoire à : *Pallier les dysfonctionnements d'une administration.*

✎ La construction *pallier à,* courante, est incorrecte.

PALLIUM [-ljɔm] **n.m.** (mot lat. « manteau »). **1.** Manteau romain d'origine grecque. **2.** **CATH.** Petite étole de laine blanche à croix noires, porté par le pape et par certains dignitaires de l'Église.

PALMACÉE **n.f.** **BOT.** Arécacée.

PALMAIRE **adj.** (du lat. *palma*, paume de la main). **ANAT.** Relatif à la paume de la main.

PALMARÈS [-rɛs] **n.m.** (du lat. *palmaris*, digne de la palme). **1.** Liste de lauréats : *Le palmarès d'un festival.* **2.** Liste de succès, de victoires : *Une athlète au palmarès impressionnant.* **3.** Recomm. off. pour **hit-parade.**

PALMARIUM [-rjɔm] **n.m.** (du lat. *palma*, palmier). Serre où sont cultivés des palmiers.

PALMAS [-mas] **n.f. pl.** (de l'esp. *palma*, paume de la main). Battements rythmés des mains, dans la danse et le chant flamencos.

PALMATIFIDE ou **PALMIFIDE** **adj.** **BOT.** Se dit d'une feuille palmée dont les divisions atteignent le milieu du limbe.

PALMATILOBÉ, E **adj.** **BOT.** Se dit d'une feuille palmée formée de lobes peu découpés.

PALMATISÉQUÉ, E **adj.** **BOT.** Se dit d'une feuille palmée dont les divisions atteignent la base du limbe.

PALMATURE **n.f.** **MÉD.** Malformation d'une main dont les doigts sont réunis par une membrane ; cette membrane.

PALME **n.f.** (lat. *palma*). **1.** Feuille de palmier. **2.** Symbole de la victoire, matérialisé par une décoration, un insigne, un prix : *Recevoir la palme d'or.* **3.** Distinction dont l'insigne représente des palmes : *Palmes académiques.* **4.** Insigne de bronze en forme de laurier porté sur le ruban de certaines décorations et indiquant une citation à l'ordre de l'armée. **5.** Nageoire en caoutchouc qui s'ajuste au pied et augmente la vitesse de la nage. **6.** Souvent iron. Supériorité absolue dans un domaine : *Nous lui décernons, il remporte la palme de la médisance.* ▪ **Huile de palme,** graisse végétale obtenue à partir de la pulpe du fruit du palmier à huile. ➲ Présente dans de nombreux produits alimentaires, elle est riche en acides gras saturés, qui, consommés en abondance, favorisent les maladies cardio-vasculaires. ▪ **Vin de palme,** boisson fermentée obtenue à partir de certains palmiers.

PALMÉ, E **adj.** **1.** Dont la structure, la forme sont celles d'une palme. **2.** **ZOOL.** Dont les doigts sont réunis par une palmure : *Pattes palmées de l'oie, de la grenouille.* **3.** **MÉD.** Atteint de palmature : *Orteils palmés.* **4.** **BOT.** Se dit d'une feuille composée (ou d'une feuille simple) dont les folioles (ou les segments) sont disposés comme les doigts de la main.

PALMER [palmɛr] **n.m.** (de J.-L. *Palmer*, n. de l'inventeur). Instrument de précision pour la mesure des épaisseurs et des diamètres.

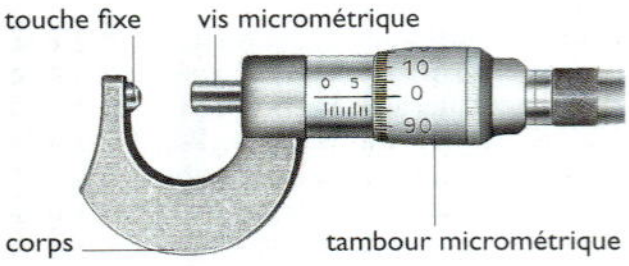

▲**palmer**

PALMERAIE n.f. Lieu planté de palmiers.
PALMETTE n.f. 1. BX-ARTS, ARTS APPL. Ornement en forme de palme stylisée. **2. ARBOR.** Forme d'un arbre fruitier palissé sur des fils de fer, dont les branches latérales sont étalées symétriquement par rapport à un axe vertical.
PALMIER n.m. 1. Arbre des régions chaudes, dont la tige, ou stipe, se termine par un bouquet de feuilles (palmes), et dont de nombreuses espèces fournissent des produits alimentaires (dattes, noix de coco, etc.) ou industriels (raphia, rotin, etc.). ➲ Les palmiers constituent la famille des palmacées, ou arécacées. **2.** Gâteau sec plat, en pâte feuilletée, dont la forme évoque vaguement une palmette. ▪ **Cœur de palmier,** palmite.

▲**palmier** à huile.

PALMIFIDE adj. → **PALMATIFIDE.**
PALMIPÈDE n.m. et **adj.** (du lat. *palma*, paume, et *pes, pedis*, pied). Oiseau aquatique présentant une palmure aux doigts (cygne, pingouin, par ex.). ➲ Les palmipèdes constituent un groupe de convergence adaptative, formé de six ordres distincts.
PALMISTE n.m. Palmier représenté par plusieurs espèces (arec, cocotier des Maldives, notamm.) et dont le bourgeon terminal est consommé sous le nom de *chou palmiste*. ◆ **adj.** Relatif aux palmiers ; qui vit sur les palmiers : *Rat palmiste.*
PALMITE n.m. Moelle comestible du palmier, cour. appelée *cœur de palmier.*
PALMITINE n.f. Ester de la glycérine et de l'acide palmitique, l'un des constituants des corps gras.
PALMITIQUE adj.m. CHIM. ORG. ▪ **Acide palmitique,** acide gras saturé, constituant fréquent des graisses naturelles du groupe des glycérides.
PALMURE n.f. (de *palme*). **ZOOL.** Membrane reliant les doigts de certains vertébrés aquatiques (palmipèdes, loutre, grenouille).
PALOIS, E adj. et **n.** De Pau.
PALOMBE n.f. (du lat. *palumbus*). Pigeon ramier*.
PALOMBIÈRE n.f. 1. Ensemble de deux nappes de filets se refermant l'une sur l'autre, employé pour la chasse aux ramiers et aux bisets. **2.** Hutte de rondins perchée dans les arbres et destinée à la chasse aux palombes.
PALOMINO adj. inv. et **n.m.** Se dit d'un cheval à la robe alezan, cuivrée ou dorée et aux crins blanc argenté.
PALONNIER n.m. (de *1. pal*). **1. AÉRON.** Barre et, par ext., tout dispositif de transmission se manœuvrant au pied et agissant sur la gouverne de direction d'un avion. **2. SPORTS.** Barre, poignée aux deux bouts de laquelle est attachée la corde de traction d'un skieur nautique. **3. AGRIC.** Barre aux extrémités de laquelle sont fixés les traits d'un véhicule à traction animale, d'une charrue.
PALOT n.m. (de *1. pale*). Bêche étroite pour retirer les vers, les coquillages, etc., du sable, de la vase.
PÂLOT, OTTE adj. Fam. Un peu pâle.
PALOURDE n.f. (lat. pop. *pelorida*). Mollusque comestible bivalve, aussi appelé *clovisse.* ➲ Famille des vénéridés.
PALOX n.m. (nom déposé). Grande caisse destinée à contenir des fruits ou certains légumes, mesurant génér. 100 × 120 × 75 cm.
PALPABLE adj. 1. Que l'on peut sentir au toucher : *Une humidité palpable.* **2.** Fig. Qui est évident ; patent : *Des tensions palpables.*
PALPATION n.f. Partie de l'examen clinique dans laquelle le médecin cherche une anomalie perceptible au toucher ou à la pression des doigts.
PALPE n.m. (de *palper*). **ZOOL.** Petit appendice antérieur mobile des arthropodes, disposé par paires.
PALPÉBRAL, E, AUX adj. (du lat. *palpebra*, paupière). **ANAT.** Relatif aux paupières : *Réflexe palpébral.*
PALPER v.t. [3] (lat. *palpare*). **1.** Examiner en touchant avec la main, les doigts : *Le médecin palpe l'abdomen de l'enfant.* **2.** Fam. Recevoir de l'argent.
PALPER-ROULER n.m. inv. Technique de massage et de pétrissage de la peau utilisée dans le traitement de certaines douleurs et de la cellulite.
PALPEUR n.m. Capteur servant à contrôler la position d'un objet ou à réguler une grandeur, un état physique (chaleur, en partic.) : *Plaque électrique à palpeur.*
PALPITANT, E adj. 1. Qui palpite : *Cœur palpitant.* **2.** Fig. Qui suscite un intérêt très vif, mêlé d'émotion : *Une histoire palpitante.* ◆ **n.m.** Fam. Cœur.
PALPITATION n.f. 1. Mouvement de ce qui palpite. **2.** (Surtout pl.). Battements de cœur accélérés, notamm. à la suite d'une émotion.
PALPITER v.i. [3] (lat. *palpitare*). **1.** Battre plus fort et plus vite, en parlant du cœur. **2.** Être agité de mouvements convulsifs, en parlant de la chair d'un animal que l'on vient de tuer. **3.** Litt. Manifester une sorte de frémissement, en parlant de qqch : *Flamme de bougie qui palpite.*
PALPLANCHE n.f. (de *pal* et *planche*). **TRAV. PUBL.** Profilé métallique de section spéciale, planté avec d'autres dans un sol meuble ou immergé pour former une paroi étanche.
PALSAMBLEU interj. (altér. euphémique du juron *par le sang de Dieu*). Juron en usage au XVIIe s.
PALTOQUET n.m. (du moy. fr. *paltoke*, casaque de paysan). **1.** Personnage insignifiant et prétentieux. **2.** Fam., vieilli. Rustre.
PALU n.m. Fam. Paludisme.
PALUCHE n.f. Fam. Main.
PALUD [paly] ou **PALUDE n.m.** (lat. *palus, -udis*). Vx. Marais.
PALUDÉEN, ENNE adj. (du lat. *palus, -udis*, marais). **1.** Relatif au paludisme (SYN. **paludique, palustre**). **2.** Relatif aux marais.
PALUDIER, ÈRE n. Personne qui travaille dans les marais salants.
PALUDINE n.f. Gastéropode vivipare des cours d'eau et des étangs.
PALUDIQUE adj. Paludéen.
PALUDISME n.m. (du lat. *palus, -udis*, marais). Maladie parasitaire des régions chaudes et marécageuses, due au plasmodium et transmise par un moustique, l'anophèle.

➲ Le **PALUDISME** est la maladie la plus répandue dans le monde, en partic. dans les pays tropicaux. Il se manifeste surtout par des accès de fièvre intermittente suivant un rythme caractéristique de trois ou quatre jours, avec anémie, splénomégalie, altération de l'état général. Une seule espèce, *Plasmodium falciparum*, est responsable des formes mortelles. Le traitement fait appel aux médicaments antipaludéens. Dans l'attente d'un vaccin, la prévention repose sur les médicaments et la protection contre les moustiques.

PALUSTRE adj. (lat. *paluster*). **1.** Qui vit ou qui croît dans les marais : *Coquillages palustres.* **2.** Paludéen.
PALYNOLOGIE n.f. (du gr. *palunein*, répandre de la farine). Étude des pollens actuels et fossiles.
SE PÂMER v.pr. [3] (du lat. *spasmare*, avoir un spasme). **1. (DE).** Être transporté d'un sentiment vif et agréable : *Se pâmer de bonheur, d'admiration.* **2.** Litt. S'évanouir.
PÂMOISON n.f. Vieilli ou litt. Évanouissement : *Tomber en pâmoison.*
PAMPA n.f. (mot hispano-amér.). Vaste plaine d'Amérique du Sud.
PAMPERO [-pe-], ▲ *PAMPÉRO* **n.m.** (mot hispano-amér.). Vent froid et violent de la pampa.
PAMPHLET n.m. (mot angl., d'un n.pr.). Petit écrit satirique agressif dirigé contre qqn, une institution ; libelle.
PAMPHLÉTAIRE n. Auteur de pamphlets. ◆ **adj.** Qui a les caractères du pamphlet : *Blog pamphlétaire.*
PAMPILLE n.f. Chacune des petites pendeloques constituant une sorte de frange ornementale, dans un ouvrage de passementerie, de bijouterie.
PAMPLEMOUSSE n.m. (du néerl. *pompel*, gros, et *limoes*, citron). Fruit comestible du pamplemoussier, jaune, au goût acidulé et légèrement amer.
PAMPLEMOUSSIER n.m. Arbre du groupe des agrumes, qui produit les pamplemousses.
PAMPRE n.m. (lat. *pampinus*). **1.** Jeune pousse de vigne de l'année avant sa lignification. **2. BX-ARTS, ARTS APPL.** Ornement figurant un rameau de vigne sinueux, avec feuilles et grappes.
1. PAN n.m. (du lat. *pannus*, morceau d'étoffe). **1.** Partie tombante et flottante d'un vêtement : *Pan de chemise* ; partie d'une étoffe : *Les pans d'une nappe.* **2.** Partie d'un mur, face d'un ouvrage de maçonnerie ou de charpente. **3.** Ossature d'un mur dont les intervalles sont comblés par des matériaux de remplissage : *Pan de bois, de fer.* **4.** Partie importante de qqch : *Évoquer un pan de son enfance.* **5.** Face d'un corps polyédrique : *Écrou à six pans.* ▪ **Pan coupé,** surface de construction oblique qui remplace l'angle que formerait la rencontre de deux murs.
2. PAN interj. (onomat.). Exprime un bruit sec, un éclatement.
PANACÉE n.f. (gr. *panakeia*). **1.** Remède universel à toutes les maladies. **2.** Fig. Solution présentée comme la clé de tous les problèmes : *Les réseaux sociaux seraient la panacée.*
PANACHAGE n.m. 1. Action de panacher. **2.** Inscription par l'électeur, sur un même bulletin de vote, de candidats appartenant à des listes différentes, autorisée dans certains scrutins.

▲**pampa.** La pampa humide d'Argentine.

PANACHE n.m. (ital. *pennacchio*, du lat. *penna*, plume). **1.** Assemblage de plumes flottantes servant d'ornement : *Un chapeau à panache.* **2.** Ce qui évoque un panache : *Panache de fumée.* **3.** Fig. Bravoure pleine d'élégance ; brio : *Discours plein de panache.* **4.** Québec. Bois caducs des cervidés : *Un panache d'orignal.* **5. ARCHIT.** Surface concave, appareillée en éventail, d'un pendentif ou d'une trompe.

PANACHÉ, E adj. 1. Qui présente des couleurs diverses : *Œillet panaché.* **2.** Composé d'éléments différents : *Garniture de légumes panachés.* ▪ **Demi panaché,** ou **panaché, n.m.,** demi composé de bière et de limonade. ▪ **Glace panachée,** composée de différents parfums. ▪ **Liste panachée,** liste électorale résultant d'un panachage.

PANACHER v.t. [3]. 1. Orner de couleurs variées. **2.** Composer d'éléments divers. ▪ **Panacher une liste électorale,** la composer par panachage.

PANACHURE n.f. Ensemble de motifs ou de taches de couleur tranchant sur un fond de couleur différente.

PANADE n.f. (provenç. *panado*, du lat. *panis*, pain). **1.** Fam. Misère : *Être dans la panade.* **2.** Vx. Soupe faite de pain bouilli dans de l'eau ou du lait.

PANAFRICAIN, E adj. 1. De l'ensemble du continent africain ; des nations qui le composent. **2.** Relatif au panafricanisme.

PANAFRICANISME n.m. Doctrine, mouvement visant à établir une solidarité entre les nations du continent africain.

PANAIRE adj. Relatif au pain : *Fermentation panaire.*

PANAIS n.m. (lat. *pastinaca*). Plante bisannuelle à fleurs jaunes, dont la variété potagère *(Pastinaca sativa)* possède une racine utilisée naguère comme légume et comme aliment pour le bétail. ➲ Famille des ombellifères.

PANAMA n.m. (de *Panama*, n. de v.). Chapeau souple, tressé avec la feuille d'un arbuste d'Amérique centrale.

PANAMÉEN, ENNE adj. et **n.** De la république de Panama ; de ses habitants.

PANAMÉRICAIN, E adj. 1. Relatif au continent américain tout entier. **2.** Relatif au panaméricanisme.

PANAMÉRICANISME n.m. Doctrine, mouvement visant à établir une solidarité entre les nations du continent américain.

PANARABISME n.m. Doctrine, mouvement visant à regrouper les nations de langue et de civilisation arabes.

1. PANARD, E adj. (mot provenç. « boiteux »). Se dit d'un cheval dont les pieds sont tournés en dehors.

2. PANARD n.m. Fam. Pied humain.

PANARIS [-ri] **n.m.** (lat. *panaricium*). **MÉD.** Infection aiguë du doigt (SYN. **mal blanc**).

PANATHÉNÉES n.f. pl. (du gr. *pân*, tout, et *Athenê*, Athéna). **ANTIQ. GR.** Fêtes célébrées chaque année en juillet, à Athènes, en l'honneur d'Athéna.

PANAX n.m. (mot lat.). Arbrisseau d'Amérique du Nord et d'Asie orientale dont une espèce cultivée fournit le ginseng. ➲ Famille des araliacées.

PAN-BAGNAT [pɑ̃baɲa] **n.m.** (pl. *pans-bagnats*) [mot provenç. « pain baigné »]. Petit pain rond coupé en deux, garni de divers ingrédients (crudités, anchois, etc.), et arrosé d'huile d'olive. ➲ Spécialité niçoise.

PANCARTAGE n.m. Affichage, dans un lieu public, d'indications destinées aux usagers.

PANCARTE n.f. (lat. médiév. *pancharta*, proprem. « charte complète »). Panneau, plaque portant une inscription ou un avis destinés au public.

PANCETTA [pɑ̃tʃeta] **n.f.** (mot ital.). Charcuterie italienne faite de poitrine de porc salée, roulée et séchée.

PANCHEN-LAMA [panʃɛnlama] **n.m.** (pl. *panchen-lamas*) [mot tibétain « maître qui est un grand érudit »]. Second personnage de la hiérarchie du bouddhisme tibétain, après le dalaï-lama.

PANCHROMATIQUE adj. PHOTOGR. Se dit d'une surface sensible à toutes les couleurs.

PANCLASTITE n.f. (du gr. *pân*, tout, et *klastos*, brisé). Explosif constitué d'un mélange de dioxyde d'azote et d'un combustible liquide.

PANCRACE n.m. (du gr. *pân*, tout, et *kratos*, force). **ANTIQ. GR.** Combat gymnique combinant la lutte et le pugilat.

PANCRÉAS [-as] **n.m.** (du gr. *pân*, tout, et *kreas*, chair). **ANAT.** Glande située au-dessous et en arrière de l'estomac, qui sécrète le suc pancréatique utilisé dans la digestion, ainsi que l'insuline et le glucagon, hormones indispensables au métabolisme du glucose.

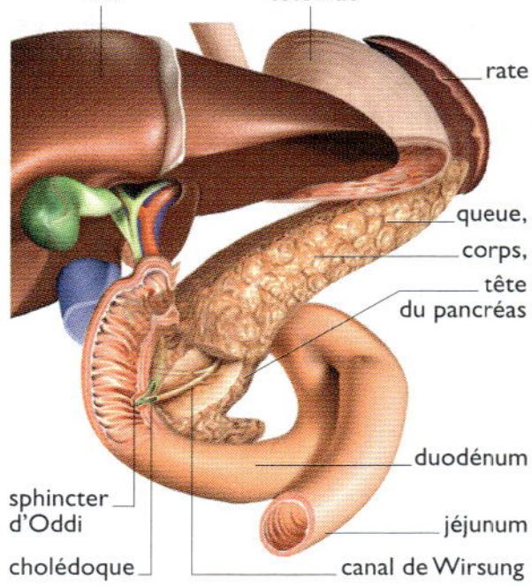

▲ **pancréas**

PANCRÉATECTOMIE n.f. Ablation chirurgicale du pancréas.

PANCRÉATIQUE adj. Relatif au pancréas.

PANCRÉATITE n.f. MÉD. Inflammation du pancréas.

PANDA n.m. (mot népalais). Mammifère d'Asie dont il existe deux espèces : le *grand panda*, de Chine centrale, très rare, qui se nourrit de tiges et de feuilles de bambou (famille des ursidés), et le *petit panda*, des forêts de l'Himalaya, qui se nourrit princip. de végétaux (famille des ailuridés). ➲ Ordre des carnivores.

▲ **panda.** Petit et grand pandas.

PANDANUS [-nys] **n.m.** (du malais *pandang*). Plante ornementale à port de palmier, originaire des régions tropicales de l'Océanie et de l'Ancien Monde. ➲ Famille des pandanacées.

PANDÉMIE n.f. MÉD. Épidémie qui s'étend sur un ou plusieurs continents.

PANDÉMIQUE adj. Relatif à une pandémie.

PANDÉMONIUM [-njɔm] **n.m.** (angl. *pandemonium*, du gr. *pân*, tout, et *daimôn*, démon). **1.** Litt. Lieu où règnent l'agitation et le désordre propres aux damnés. **2.** (Avec une majuscule). Capitale imaginaire de l'enfer.

PANDICULATION n.f. Action d'étendre les bras vers le haut et d'allonger les jambes en bâillant.

PANDIT [pɑ̃dit] **n.m.** (du sanskr. *pandita*, savant). Titre honorifique donné en Inde, notamm. aux érudits.

PANDORE n.m. (de *Pandore*, n. d'un gendarme dans une chanson de G. Nadaud). Fam., vieilli. Gendarme.

PANÉ, E adj. Enrobé d'œuf battu et de chapelure puis frit : *Poisson pané.*

PANÉGYRIQUE n.m. (gr. *panêgurikos*). **1.** Parole ou écrit à la louange de qqn, qqch. **2.** Éloge, souvent excessif ; dithyrambe.

PANÉGYRISTE n. Auteur d'un panégyrique.

PANEL [panɛl] **n.m.** (mot angl. « panneau »). **1. SOCIOL.** Échantillon permanent de population destiné à être interrogé à intervalles réguliers pour des enquêtes, des sondages, des études de marché. **2.** Groupe de spécialistes réuni pour débattre d'une question donnée et en dégager une présentation d'ensemble.

PANER v.t. [3] (de *pain*). Enrober un aliment d'œuf battu et de chapelure avant de le faire frire.

PANERÉE n.f. Vieilli. Contenu d'un panier.

PANETERIE [panɛtri] ou [pantri] ▲ *PANÈTERIE* **n.f.** Lieu où l'on conserve et distribue le pain, dans les communautés, les grands établissements.

PANETIER n.m. HIST. Officier chargé du pain à la cour d'un souverain.

PANETIÈRE n.f. (de *pain*). Anc. **1.** Sac pour le pain, les provisions de route. **2.** Petit meuble à claire-voie où l'on conservait le pain (Provence, XVIIIe s.).

PANETON n.m. (de *panier*). Petit panier doublé de toile, où les boulangers mettent le pâton.

PANETTONE [panetɔn] **n.m.** (mot ital.). Brioche en forme de dôme, fourrée de fruits secs et confits, traditionnellement consommée à Noël en Italie.

PANEUROPÉEN, ENNE adj. Relatif au continent européen tout entier, à l'union politique des États européens.

PANGA n.m. Poisson des eaux douces et saumâtres d'Asie du Sud-Est, voisin du poisson-chat, faisant l'objet d'un élevage intensif. ➲ Ordre des siluriformes.

PANGERMANISME n.m. Doctrine, mouvement visant à regrouper en un État unique toutes les populations d'origine germanique.

PANGERMANISTE adj. et **n.** Relatif au pangermanisme ; qui en est partisan.

PANGOLIN n.m. (malais *panggoling*). Mammifère d'Afrique et d'Asie, couvert d'écailles, se nourrissant de termites et de fourmis. ➲ Ordre des pholidotes.

▲ **pangolin**

PANHELLÉNIQUE [panelenik] **adj. ANTIQ.** Relatif à tous les Grecs.

PANIC n.m. (lat. *panicum*). Graminée dont une espèce, parfois cultivée comme plante fourragère, est aussi appelée *millet des oiseaux.*

PANICAUT n.m. (mot provenç., du lat. *panis*, pain, et *cardus*, chardon). Plante appelée aussi *chardon bleu*, aux feuilles épineuses bleuâtres, et dont plusieurs espèces sont cultivées comme ornementales. ➲ Famille des ombellifères.

PANICULE n.f. (lat. *panicula*, de *panus*, épi). **BOT.** Inflorescence en grappe (maïs, roseau, etc.) ressemblant à un épi mais dont les fleurs sont pédonculées.

PANICULÉ, E adj. Qui porte des fleurs en panicule.

PANIER n.m. (du lat. *panarium*, corbeille à pain). **1.** Ustensile avec anse ou poignées, en osier ou en autres matières, et servant à contenir ou à transporter des provisions, des marchandises, des objets : *Un panier à bouteilles. Un panier à chat.* **2.** Contenu d'un panier : *Un panier de pommes.* **3.** Au basket-ball, but formé d'un filet sans fond monté sur une armature circulaire ; tir réussi. **4.** Anc. Jupon garni de cercles de baleine ou de jonc (porté de 1718 à la Révolution), qui soutenait l'ampleur de la jupe. ▪ **Le dessus du panier,** ce qu'il y a de meilleur. ▪ **Le fond du panier,** le rebut. ▪ **Le panier de la ménagère** [vieilli], la part du budget d'un ménage destinée aux dépenses alimentaires et d'entretien de la maison, et qui servait au calcul du coût de la vie.

▪ **Mettre au panier,** jeter aux ordures. ▪ **Mettre dans le même panier,** englober dans un même jugement défavorable. ▪ **Panier à salade,** panier à jour permettant de secouer la salade pour l'égoutter ; fam., vieilli, voiture cellulaire. ▪ **Panier de crabes** [fam.], collectivité dont les membres se détestent et cherchent à se nuire. ▪ **Panier percé** [fam.], personne très dépensière.

PANIÈRE n.f. Grande corbeille d'osier à deux anses.

PANIER-REPAS n.m. (pl. *paniers-repas*). Panier ou paquet contenant un repas froid.

PANIFIABLE adj. Que l'on peut utiliser pour faire du pain : *Farine panifiable.*

PANIFICATION n.f. Ensemble des opérations qui permettent la fabrication du pain.

PANIFIER v.t. [5]. Transformer en pain.

PANINI n.m. (mot ital.). Sandwich d'origine italienne, fait avec un petit pain mi-cuit que l'on garnit et passe ensuite au grille-pain.

PANIQUANT, E adj. Qui suscite la panique.

PANIQUARD, E n. Fam., péjor. Personne qui cède facilement à la panique.

PANIQUE n.f. (de *Pan,* n.pr.). Terreur subite et incontrôlable, de caractère souvent collectif : *Les supporteurs violents ont semé la panique dans le public.* ▪ **Attaque de panique** [psychiatr.], crise aiguë d'angoisse, sans raison apparente mais intense. ◆ **adj.** ▪ **Peur panique,** peur soudaine, irraisonnée. ▪ **Trouble panique** [psychiatr.], répétition d'attaques de panique, en partic. au cours d'une dépression.

PANIQUER v.i. [3] ou **SE PANIQUER v.pr.** Fam. Céder à la panique ; s'affoler. ◆ **v.t.** Fam. Angoisser : *Parler en public la panique.*

PANISLAMIQUE adj. Relatif au panislamisme.

PANISLAMISME n.m. Mouvement politique et religieux, partic. actif au XIXe s., visant à unir sous une même autorité tous les peuples de religion musulmane.

PANKA n.m. (hindi *pankha*). Écran suspendu au plafond, manœuvré au moyen de cordes et employé dans les pays chauds comme ventilateur.

PANNACOTTA n.f. (mot ital.). Dessert composé princip. de crème, de sucre et de gélatine. ➲ Cuisine italienne.

1. PANNE n.f. (var. de *1. penne,* plume). Étoffe comparable au velours, mais à poils plus longs et moins serrés.

2. PANNE n.f. BOUCH. Graisse qui entoure les rognons du porc.

3. PANNE n.f. (de *1. penne,* plume). Arrêt de fonctionnement accidentel et momentané : *Panne de courant. Nous avons eu deux pannes en venant.* ▪ **Être en panne,** avoir dû interrompre son activité pour une raison fortuite : *Nous sommes en panne depuis que le budget a été réduit.* ▪ **Être en panne de qqch** [fam.], en manquer. ▪ **Être, tomber en panne,** en parlant d'un appareil, d'un véhicule, ne plus fonctionner. ▪ **Mettre en panne** [mar.], orienter les voiles de manière à arrêter le navire dans sa marche. ▪ **Panne sèche,** due à un manque de carburant.

4. PANNE n.f. (var. de *1. penne,* plume). **1.** Partie étroite de la tête d'un marteau, opposée au côté plat. **2.** Partie plate et tranchante d'un piolet.

5. PANNE n.f. (du gr. *pathnê,* crèche). CONSTR. Pièce horizontale de la charpente d'un toit, posée sur les arbalétriers et portant les chevrons. ▪ **Panne faîtière,** faîtage.

PANNEAU n.m. (du lat. pop. *pannellus,* petit pan). **1.** Partie plane d'un ouvrage de menuiserie, de maçonnerie, etc., génér. quadrangulaire. **2.** Matériau plat préfabriqué destiné à être utilisé comme élément de construction, de remplissage, de revêtement, dans le bâtiment, en menuiserie, etc. : *Panneau de plâtre.* **3.** Plaque de bois, de métal, etc., portant des indications, des inscriptions : *Panneau électoral, indicateur.* **4.** BX-ARTS. Planche ou assemblage de planches servant de support à une peinture ; compartiment peint ou sculpté d'un polyptyque, d'un retable. **5.** MAR. Élément plan et rigide fermant une écoutille : *Panneaux de cale.* **6.** COUT. Pièce de tissu rapportée de façon apparente dans un vêtement pour l'orner ou pour lui donner de l'ampleur. **7.** CHASSE. Filet que l'on tend pour prendre le gibier. **8.** Élément émettant de la chaleur : *Panneau radiant, rayonnant.* ▪ **Panneau solaire,** dispositif équipé de cellules photovoltaïques recueillant l'énergie solaire pour la transformer en énergie électrique. ▪ **Tomber dans le panneau** [fam.], se laisser duper.

PANNEAUTER v.t. et **v.i. [3].** CHASSE. Placer des panneaux.

PANNERESSE n.f. (de *panneau*). CONSTR. Pierre de taille ou brique d'un mur ayant une de ses faces longues en parement (par oppos. à *boutisse*) [SYN. **carreau**].

PANNETON n.m. (de l'anc. fr. *penon,* étendard). Partie d'une clé, à l'extrémité de la tige, qui fait mouvoir le pêne en tournant dans la serrure.

PANNICULE n.m. (du lat. *panniculus,* lambeau d'étoffe). ANAT. ▪ **Pannicule adipeux,** couche de tissu cellulaire située sous la peau et où s'accumule la graisse.

PANONCEAU n.m. (de l'anc. fr. *penon,* étendard). **1.** Petit panneau ; écriteau : *Le panonceau à la porte de l'hôtel indiquait : « Complet ».* **2.** Écusson placé à la porte des officiers ministériels.

PANOPHTALMIE n.f. MÉD. Inflammation généralisée du globe oculaire.

PANOPLIE n.f. (du gr. *panoplia,* armure d'un hoplite). **1.** Collection d'armes disposées sur un panneau de manière à constituer une décoration. **2.** Jouet constitué par un déguisement complet et des accessoires spécifiques d'un personnage ou d'une profession : *Panoplie de Zorro, d'hôtesse de l'air.* **3.** Ensemble d'instruments nécessaires à une activité : *La panoplie du parfait jardinier.* **4.** Fig. Ensemble des moyens d'action dont on dispose dans une situation donnée : *La panoplie des aides au sevrage tabagique.*

PANOPTIQUE adj. et **n.m.** ARCHIT. Se dit d'un édifice dont on peut, d'un poste d'observation prévu à cet effet, surveiller tout l'intérieur.

PANORAMA n.m. (mot angl., du gr. *pân,* tout, et *horama,* ce que l'on voit). **1.** Vaste paysage que l'on découvre d'une hauteur. **2.** Fig. Vue d'ensemble : *Panorama du cinéma indien.* **3.** BX-ARTS. Long tableau peint en trompe-l'œil, développé sur les murs d'une rotonde dont le spectateur occupe le centre (fin XVIIIe-XIXe s.).

PANORAMIQUE adj. Qui permet de découvrir un vaste paysage : *Restaurant panoramique.* ◆ **n.m.** CINÉMA, TÉLÉV. Mouvement de caméra consistant en une rotation de celle-ci autour d'un axe ; effet visuel résultant de ce mouvement.

PANORAMIQUER v.i. CINÉMA, TÉLÉV. Panoter.

PANORPE n.f. (du gr. *pân,* tout, et *horpêx,* aiguillon). Insecte carnivore à ailes membraneuses tachetées de brun, dont le mâle possède un abdomen terminé par un organe copulateur en forme de pince recourbée. ➲ Ordre des mécoptères.

PANOSSE n.f. (du lat. *pannus,* lambeau d'étoffe). Région. (Savoie) ; Suisse. Serpillière.

PANOSSER v.t. [3]. Région. (Savoie) ; Suisse. Nettoyer à l'aide d'une panosse.

PANOTER v.i. [3]. CINÉMA, TÉLÉV. Effectuer un panoramique, éventuellement combiné à un travelling (SYN. **panoramiquer**).

PANSAGE n.m. Action de panser un cheval.

PANSE n.f. (du lat. *pantex, -icis,* intestins). **1.** ZOOL. Première poche de l'estomac des ruminants, où les végétaux absorbés s'entassent avant la mastication (SYN. **rumen**). **2.** Fam. Gros ventre ; bedaine. **3.** Partie arrondie et renflée de certains objets : *Panse d'une amphore.* **4.** Partie d'une cloche où frappe le battant. **5.** Partie arrondie de certaines lettres (*a, b, p, q,* etc.).

PANSEMENT n.m. 1. Action de panser une plaie. **2.** Compresse, maintenue par une bande ou du sparadrap, que l'on applique sur une plaie pour la soigner et pour la protéger. ▪ **Pansement digestif, gastrique,** médicament formant une couche protectrice sur une muqueuse du tube digestif, de l'estomac.

PANSER v.t. [3] (var. de *penser,* au sens de « s'occuper de »). **1.** Appliquer un pansement : *Panser une coupure, un doigt.* **2.** Fig. Adoucir une douleur morale : *Les vacances n'ont pu panser sa peine.* **3.** Nettoyer, brosser, étriller un cheval.

PANSLAVE adj. Relatif à l'ensemble des Slaves.

PANSLAVISME n.m. Doctrine du XIXe s. qui valorise l'identité commune que partageraient les différents peuples slaves et qui préconise leur union politique, génér. sous l'égide de la Russie.

PANSPERMIE n.f. (du gr. *panspermia,* mélange de semences). BIOL. Théorie selon laquelle des substances venues de l'espace, apportées par des météorites ou des comètes, auraient favorisé l'apparition de la vie sur la Terre.

PANSU, E adj. 1. Fam. Qui a un gros ventre ; ventru. **2.** De forme arrondie, renflée : *Un flacon pansu.*

PANTAGRUÉLIQUE adj. Qui évoque l'appétit énorme de Pantagruel : *Repas pantagruélique.*

PANTALON n.m. (de *Pantalon,* n.pr.). **1.** Culotte à longues jambes descendant jusqu'aux pieds. **2.** THÉÂTRE. Partie d'un décor destinée à donner une perspective dans l'ouverture d'une fenêtre ou d'une porte.

PANTALONNADE n.f. 1. Bouffonnerie grossière ; bouffonnerie : *Débat électoral qui vire à la pantalonnade.* **2.** Subterfuge hypocrite et méprisable ; dérobade : *Ce malaise n'est qu'une pantalonnade.*

PANTELANT, E adj. (de *panteler*). **1.** Qui respire avec peine ; haletant. **2.** En proie à une vive émotion : *Pantelant de frayeur.* ▪ **Chair pantelante,** chair encore palpitante d'un animal que l'on vient de tuer.

PANTELER v.i. [16], ▲ *[12]* (de l'anc. fr. *pantoisier,* haleter). Litt. **1.** Respirer avec peine ; haleter. **2.** Être sur le point de défaillir d'émotion.

PANTENNE n.f. (anc. provenç. *pantena*). MAR. ▪ **Gréement en pantenne,** en désordre. ▪ **Vergues en pantenne,** hissées obliquement, en signe de deuil.

PANTHÉISME n.m. (du gr. *pantheios,* commun à tous les dieux). **1.** Système religieux et philosophique selon lequel Dieu est tout et tout est Dieu. **2.** Divinisation de la nature.

PANTHÉISTE adj. et **n.** Relatif au panthéisme ; qui en est partisan.

PANTHÉON n.m. (du gr. *Pantheion,* temple de tous les dieux). **1.** Temple que les Grecs et les Romains consacraient à tous leurs dieux. **2.** Ensemble des dieux d'une religion. **3.** Monument où sont déposés les corps des personnes illustres d'une nation. **4.** Fig. Ensemble de personnes qui se sont illustrées dans un domaine : *Elle a désormais sa place au panthéon des mères courage.* ▪ **Le Panthéon,** v. partie n.pr.

PANTHÉONISABLE adj. et **n.** Se dit d'une personnalité susceptible d'être panthéonisée, d'entrer au Panthéon.

PANTHÉONISER v.t. [3]. Honorer une personnalité en transférant ses restes au Panthéon.

PANTHÈRE n.f. (lat. *panthera*). Mammifère carnivore des régions tropicales d'Afrique et d'Asie méridionale, au pelage jaune tacheté de noir ; fourrure de cet animal. ➲ Famille des félidés. (V. planche *félins.*) ▪ **Panthère d'Afrique,** léopard. ▪ **Panthère des neiges,** once.

PANTIÈRE n.f. (du gr. *panthêra,* large filet). CHASSE. Grand filet tendu verticalement pour prendre des oiseaux, partic. les pigeons sauvages.

PANTIN n.m. (de l'anc. fr. *pantine,* écheveau de soie). **1.** Figurine burlesque articulée, en carton, en bois découpé, etc., dont on fait bouger les membres en tirant sur un fil. **2.** Fam. Personne influençable et versatile.

PANTOGRAPHE n.m. (du gr. *pân,* tout, et *graphein,* écrire). **1.** Instrument qui permet de reproduire un dessin donné à une échelle différente. **2.** CH. DE F. Dispositif articulé de captage du courant sur les locomotives et automotrices électriques, frottant sur la caténaire.

PANTOIRE n.f. (de *pente*). MAR. Filin dont une extrémité est assujettie à un point fixe et dont l'autre porte une poulie, un œil ou une cosse.

PANTOIS, E adj. (du lat. pop. *pantasiare,* avoir des visions). Qui est suffoqué par la surprise ; médusé : *Ta réaction l'a laissé pantois.*

PANTOMÈTRE n.m. Anc. Instrument servant, en arpentage, à mesurer des angles et à mener des perpendiculaires.

PANTOMIME n.f. (du gr. *pantomimos,* qui imite tout). **1.** Art du mime. **2.** Pièce mimée. **3.** Péjor. Comportement outré, ridicule.

PANTOTHÉNIQUE adj. (du gr. *pantothen*, de toutes parts). ▪ **Acide pantothénique,** vitamine hydrosoluble présente dans la plupart des aliments et faisant partie de l'acétylcoenzyme A (SYN. **vitamine B5**).

PANTOUFLARD, E adj. et **n.** Fam. Se dit d'une personne qui aime rester chez elle ; casanier.

PANTOUFLE n.f. 1. Chaussure d'intérieur légère, sans talon ni tige. **2.** Fig., fam. Situation d'un fonctionnaire qui pantoufle ; dédit qu'il doit à l'État.

PANTOUFLER v.i. [3]. Fam. Quitter la fonction publique pour entrer dans une entreprise privée, en parlant d'un fonctionnaire.

PANTOUM n.m. (mot malais). Poème à forme fixe emprunté à la poésie malaise et composé d'une suite de quatrains à rimes croisées.

PANTOUTE adv. (de *pas en tout*). Québec. Fam. **1.** Indique la négation, le rejet d'une proposition : « *Es-tu fatigué ? – Pantoute !* » **2.** Renforce une négation déjà exprimée : *Ça marche pas pantoute.*

PANTY n.m. Gaine-culotte recouvrant les cuisses.

PANURE n.f. Chapelure.

PANURGISME n.m. (de *Panurge*, personnage de Rabelais). Péjor. Comportement passif et grégaire ; suivisme : *Le panurgisme des téléspectateurs.*

PANZER [pɑ̃dzɛr] **n.m.** (all. *Panzer*). Engin blindé allemand, pendant la Seconde Guerre mondiale.

PANZOOTIE [-zɔɔti] **n.f.** Épizootie se propageant sur plusieurs continents.

PANZOOTIQUE [-zɔɔtik] **adj.** Qui a le caractère d'une panzootie.

PAO ou **P.A.O.** [peao] **n.f.** (sigle). Publication assistée par ordinateur.

PAON [pɑ̃] **n.m.** (lat. *pavo, -onis*). **1.** Gallinacé originaire d'Asie, dont le mâle porte une livrée bleutée à reflets métalliques et une longue traîne de plumes ocellées qu'il déploie (*roue*) dans la parade. ➲ Long. totale plus de 2,50 m ; cri : le paon criaille, braille ; famille des phasianidés. **2.** Papillon aux ailes ocellées, tel que le *paon de jour* et le *paon de nuit.* ➲ Familles des nymphalidés et des saturniidés. ▪ **Être vaniteux comme un paon,** très vaniteux. ▪ **Se parer des plumes du paon,** se prévaloir de mérites usurpés.

PAONNE [pan] **n.f.** Femelle du paon.

PAPA n.m. (du gr. *pappas*, père). Père, dans le langage affectif, surtout celui des enfants. ▪ **À la papa** [fam.], sans hâte ; sans risque. ▪ **De papa** [fam.], qui appartient au passé ; démodé.

PAPAÏNE n.f. (de *papaye*). Enzyme extraite du latex du papayer.

PAPAL, E, AUX adj. Relatif au pape : *Déclaration papale.*

PAPARAZZI [-radzi] **n.m.** (pl. de l'ital. *paparazzo*, reporteur-photographe). Péjor. Photographe de presse à scandale.

▲**paon**

PAPAS [-pas] **n.m.** (du gr. *pappas*, père). Prêtre d'une Église chrétienne d'Orient.

PAPAUTÉ n.f. 1. Dignité, fonction de pape. **2.** Administration, gouvernement d'un pape ; durée de son pontificat.

PAPAVÉRACÉE n.f. (du lat. *papaver*, pavot). Dicotylédone à pétales séparés et caducs, telle que le pavot, le coquelicot, la chélidoine. ➲ Les papavéracées forment une famille.

PAPAVÉRINE n.f. Un des alcaloïdes de l'opium, utilisé en médecine comme antispasmodique.

PAPAYE [-paj] **n.f.** (mot caraïbe). Fruit comestible du papayer, semblable à un gros melon et dont on extrait la papaïne.

PAPAYER [-paje] **n.m.** Arbre cultivé dans les régions chaudes pour son fruit (papaye) et qui fournit également la papaïne. ➲ Famille des caricacées.

1. PAPE n.m. (du gr. *pappas*, père). **1.** Chef élu de l'Église catholique romaine. *(V. tableau page suivante.)* **2.** Fam. Personne jouissant d'une autorité indiscutée : *Le pape de la mode.*

2. PAPE n.m. Passerine.

1. PAPELARD, E adj. (de l'anc. fr. *papeler*, marmonner). Litt. Hypocrite ; doucereux : *Voix papelarde.*

2. PAPELARD n.m. Fam. Papier.

PAPELARDISE n.f. Litt. Hypocrisie.

PAPERASSE [papras] **n.f.** Papier, partic. administratif, sans utilité ou encombrant.

PAPERASSERIE n.f. Excès de paperasses ; abus d'écritures administratives.

PAPERASSIER, ÈRE adj. et **n.** Qui se complaît dans la paperasserie.

PAPESSE n.f. 1. Femme pape, selon une légende : *La papesse Jeanne.* **2.** Fam. Femme qui jouit d'une grande autorité dans son domaine : *La papesse du relookage.*

PAPET n.m. (du lat. *pappare*, manger). Plat traditionnel du canton de Vaud, constitué d'une bouillie de pommes de terre et de poireaux accompagnée de saucisses. ➲ Cuisine suisse.

PAPETERIE [papɛtri] ou [paptri], ▲ *PAPÈTERIE* **n.f. 1.** Magasin où l'on vend du papier, des fournitures scolaires ou de bureau ; ces fournitures. **2.** Fabrication du papier ; fabrique de papier.

PAPETIER, ÈRE n. 1. Personne qui fabrique du papier. **2.** Personne qui tient une papeterie. ◆ **adj.** Relatif au papier : *Industrie papetière.*

PAPETIÈRE n.f. Québec. Usine où l'on fabrique du papier et du carton à partir de pâte à papier.

PAPETON n.m. (de *pape*). Région. (Sud-Est). Flan à base d'aubergines cuites réduites en purée et d'œufs, servi avec un coulis de tomates. ➲ Spécialité d'Avignon.

PAPI n.m. → **PAPY.**

PAPIER n.m. (lat. *papyrus*). **1.** Matière faite de fibres végétales réduites en une pâte étalée et séchée en couche mince, et qui sert à écrire, à imprimer, à envelopper, etc. **2.** Feuille, morceau de cette matière : *J'ai écrit son adresse sur un papier.* **3.** Feuille écrite ou imprimée : *Classer des papiers.* **4.** Article, dans la presse écrite ; court exposé sur un sujet, à la radio, à la télévision ou sur Internet. **5.** (En appos.). Qui utilise le papier comme support : *La version papier d'un roman en ligne.* **6.** Feuille très mince d'un métal : *Papier d'aluminium.* **7.** Effet de commerce ; valeur mobilière. ▪ **Avoir une figure de papier mâché** [fam.], être d'une pâleur maladive. ▪ **Papier à dessin,** apprêté, blanc et solide. ▪ **Papier à lettres,** d'une pâte fine, utilisé pour la correspondance. ▪ **Papier à musique,** sur lequel sont imprimées des portées, pour écrire la musique. ▪ **Papier cristal,** papier translucide, glacé et lustré sur les deux faces. ▪ **Papier d'emballage,** résistant, destiné à envelopper des objets volumineux ou pesants. ▪ **Papier de verre,** enduit d'une préparation abrasive et servant à poncer, à polir. ▪ **Papier écolier,** papier réglé destiné aux devoirs des écoliers, aux écritures courantes. ▪ **Papier journal,** de qualité très ordinaire, sur lequel on imprime les journaux. ▪ **Papier mâché,** réduit en menus morceaux et mélangé à de l'eau additionnée de colle, de manière à former une pâte que l'on peut modeler, façonner. ▪ **Papier peint,** papier décoratif dont on tapisse les murs intérieurs. ▪ **Papier sablé** [Québec], papier de verre. ▪ **Papier sensible** [photogr.], utilisé pour le tirage. ▪ **Papiers collés, découpés,** utilisés par certains artistes (Braque, Matisse, etc.) dans des compositions graphiques ou picturales ; nom donné à ces techniques, à ces œuvres. ▪ **Sur le papier,** en principe ; théoriquement. ◆ **n.m. pl.** ▪ **Être dans les petits papiers de qqn** [fam.], jouir de sa faveur. ▪ **Papiers (d'identité),** pièces d'identité.

PAPIER-CALQUE n.m. (pl. *papiers-calque*). Papier translucide permettant de recopier un dessin sur lequel il est appliqué (SYN. **calque**).

PAPIER-FILTRE n.m. (pl. *papiers-filtres*). Papier poreux destiné à la filtration des liquides.

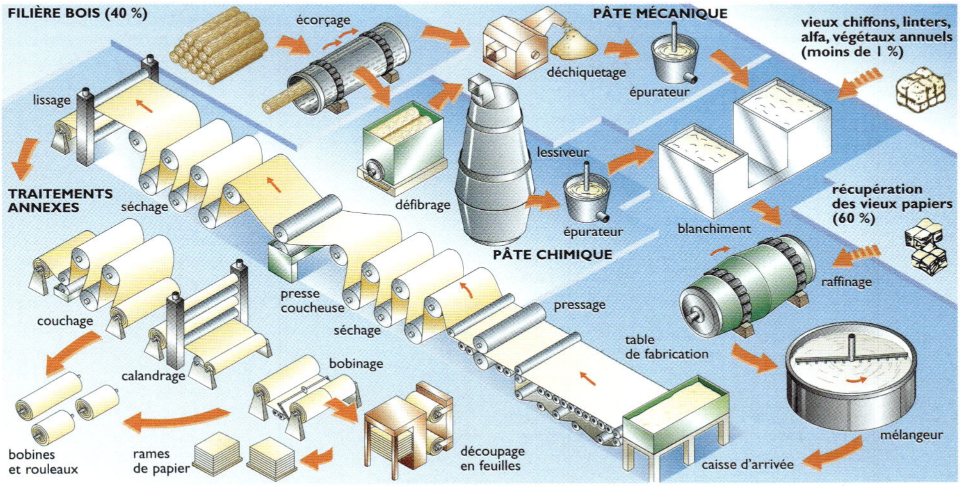

▲**papier.** Fabrication du papier et du carton.

LES PAPES

Saint Pierre	† 64 ou 67
Saint Lin	67-76
Saint Clet	76-88
Saint Clément Ier	88-97
Saint Évariste	97-105
Saint Alexandre Ier	105-115
Saint Sixte Ier	115-125
Saint Télesphore	125-136
Saint Hygin	136-140
Saint Pie Ier	140-155
Saint Anicet	155-166
Saint Soter	166-175
Saint Éleuthère	175-189
Saint Victor Ier	189-199
Saint Zéphyrin	199-217
Saint Calixte	217-222
Saint Urbain Ier	222-230
Saint Pontien	230-235
Saint Antère	235-236
Saint Fabien	236-250
Saint Corneille	251-253
Saint Lucius Ier	253-254
Saint Étienne Ier	254-257
Saint Sixte II	257-258
Saint Denys	259-268
Saint Félix Ier	269-274
Saint Eutychien	275-283
Saint Caïus	283-296
Saint Marcellin	296-304
Saint Marcel Ier	308-309
Saint Eusèbe	309
Saint Miltiade	311-314
Saint Sylvestre Ier	314-335
Saint Marc	336
Saint Jules Ier	337-352
Saint Libère	352-366
Saint Damase Ier	366-384
Saint Sirice	384-399
Saint Anastase Ier	399-401
Saint Innocent Ier	401-417
Saint Zosime	417-418
Saint Boniface Ier	418-422
Saint Célestin Ier	422-432
Saint Sixte III	432-440
Saint Léon Ier le Grand	440-461
Saint Hilaire	461-468
Saint Simplice	468-483
Saint Félix III (II)	483-492
Saint Gélase Ier	492-496
Anastase II	496-498
Saint Symmaque	498-514
Saint Hormisdas	514-523
Saint Jean Ier	523-526
Saint Félix IV (III)	526-530
Boniface II	530-532
Jean II	533-535
Saint Agapet	535-536
Saint Silvère	536-537
Vigile	537-555
Pélage Ier	556-561
Jean III	561-574
Benoît Ier	575-579
Pélage II	579-590
Saint Grégoire Ier le Grand	590-604
Sabinien	604-606
Boniface III	607
Saint Boniface IV	608-615
Dieudonné Ier ou Saint Adéodat	615-618
Boniface V	619-625
Honorius Ier	625-638
Séverin	640
Jean IV	640-642
Théodore Ier	642-649
Saint Martin Ier	649-655
Saint Eugène Ier	654-657
Saint Vitalien	657-672
Dieudonné II ou Adéodat	672-676
Domnus ou Donus	676-678
Saint Agathon	678-681
Saint Léon II	682-683
Saint Benoît II	684-685
Jean V	685-686
Conon	686-687
Saint Serge ou Sergius Ier	687-701
Jean VI	701-705
Jean VII	705-707
Sisinnius	708
Constantin	708-715
Saint Grégoire II	715-731
Saint Grégoire III	731-741
Saint Zacharie	741-752
Étienne II (III)	752-757
Saint Paul Ier	757-767
Étienne III (IV)	768-772
Adrien Ier	772-795
Saint Léon III	795-816
Étienne IV (V)	816-817
Saint Pascal Ier	817-824
Eugène II	824-827
Valentin	827
Grégoire IV	827-844
Serge ou Sergius II	844-847
Saint Léon IV	847-855
Benoît III	855-858
Saint Nicolas Ier le Grand	858-867
Adrien II	867-872
Jean VIII	872-882
Marin Ier	882-884
Saint Adrien III	884-885
Étienne V (VI)	885-891
Formose	891-896
Boniface VI	896
Étienne VI (VII)	896-897
Romain	897
Théodore II	897
Jean IX	898-900
Benoît IV	900-903
Léon V	903
Serge ou Sergius III	904-911
Anastase III	911-913
Landon	913-914
Jean X	914-928
Léon VI	928
Étienne VII (VIII)	928-931
Jean XI	931-935
Léon VII	936-939
Étienne VIII (IX)	939-942
Marin II	942-946
Agapet II	946-955
Jean XII	955-964
Léon VIII	963-965
[Benoît V, antipape]	964-966
Jean XIII	965-972
Benoît VI	973-974
Benoît VII	974-983
Jean XIV	983-984
Jean XV	985-996
Grégoire V	996-999
[Jean XVI, antipape]	997-998
Sylvestre II	999-1003
Jean XVII	1003
Jean XVIII	1004-1009
Serge ou Sergius IV	1009-1012
Benoît VIII	1012-1024
Jean XIX	1024-1032
Benoît IX	1032-1044
Sylvestre III	1045
Grégoire VI	1045-1046
Clément II	1046-1047
Benoît IX, de nouveau	1047-1048
Damase II	1048
Saint Léon IX	1049-1054
Victor II	1055-1057
Étienne IX (X)	1057-1058
[Benoît X, antipape]	1058-1060
Nicolas II	1059-1061
Alexandre II	1061-1073
Saint Grégoire VII	1073-1085
Bienheureux Victor III	1086-1087
Bienheureux Urbain II	1088-1099
Pascal II	1099-1118
Gélase II	1118-1119
Calixte II	1119-1124
Honorius II	1124-1130
Innocent II	1130-1143
Célestin II	1143-1144
Lucius II	1144-1145
Bienheureux Eugène III	1145-1153
Anastase IV	1153-1154
Adrien IV	1154-1159
Alexandre III	1159-1181
Lucius III	1181-1185
Urbain III	1185-1187
Grégoire VIII	1187
Clément III	1187-1191
Célestin III	1191-1198
Innocent III	1198-1216
Honorius III	1216-1227
Grégoire IX	1227-1241
Célestin IV	1241
Innocent IV	1243-1254
Alexandre IV	1254-1261
Urbain IV	1261-1264
Clément IV	1265-1268
Bienheureux Grégoire X	1271-1276
Bienheureux Innocent V	1276
Adrien V	1276
Jean XXI	1276-1277
Nicolas III	1277-1280
Martin IV	1281-1285
Honorius IV	1285-1287
Nicolas IV	1288-1292
Saint Célestin V	1294
Boniface VIII	1294-1303
Bienheureux Benoît XI	1303-1304

■ PAPES D'AVIGNON

Clément V	1305-1314
Jean XXII	1316-1334
Benoît XII	1334-1342
Clément VI	1342-1352
Innocent VI	1352-1362
Bienheureux Urbain V	1362-1370
Grégoire XI	1370-1378

■ GRAND SCHISME D'OCCIDENT

Papes romains

Urbain VI	1378-1389
Boniface IX	1389-1404
Innocent VII	1404-1406
Grégoire XII	1406-1415

Papes d'Avignon

Clément VII	1378-1394
Benoît XIII	1394-1423

Papes de Pise

Alexandre V	1409-1410
Jean XXIII	1410-1415

■ LES PAPES APRÈS LE GRAND SCHISME

Martin V	1417-1431
Eugène IV	1431-1447
Nicolas V	1447-1455
Calixte III	1455-1458
Pie II	1458-1464
Paul II	1464-1471
Sixte IV	1471-1484
Innocent VIII	1484-1492
Alexandre VI	1492-1503
Pie III	1503
Jules II	1503-1513
Léon X	1513-1521
Adrien VI	1522-1523
Clément VII	1523-1534
Paul III	1534-1549
Jules III	1550-1555
Marcel II	1555
Paul IV	1555-1559
Pie IV	1559-1565
Saint Pie V	1566-1572
Grégoire XIII	1572-1585
Sixte Quint	1585-1590
Urbain VII	1590
Grégoire XIV	1590-1591
Innocent IX	1591
Clément VIII	1592-1605
Léon XI	1605
Paul V	1605-1621
Grégoire XV	1621-1623
Urbain VIII	1623-1644
Innocent X	1644-1655
Alexandre VII	1655-1667
Clément IX	1667-1669
Clément X	1670-1676
Bienheureux Innocent XI	1676-1689
Alexandre VIII	1689-1691
Innocent XII	1691-1700
Clément XI	1700-1721
Innocent XIII	1721-1724
Benoît XIII	1724-1730
Clément XII	1730-1740
Benoît XIV	1740-1758
Clément XIII	1758-1769
Clément XIV	1769-1774
Pie VI	1775-1799
Pie VII	1800-1823
Léon XII	1823-1829
Pie VIII	1829-1830
Grégoire XVI	1831-1846
Bienheureux Pie IX	1846-1878
Léon XIII	1878-1903
Saint Pie X	1903-1914
Benoît XV	1914-1922
Pie XI	1922-1939
Pie XII	1939-1958
Saint Jean XXIII	1958-1963
Bienheureux Paul VI	1963-1978
Jean-Paul Ier	1978
Saint Jean-Paul II	1978-2005
Benoît XVI	2005-2013
François	2013-

PAPIER-MONNAIE n.m. (pl. *papiers-monnaies*). Monnaie fiduciaire constituée par l'ensemble des billets de banque.

PAPILIONACÉ, E adj. (du lat. *papilio, -onis*, papillon). **BOT.** ▪ **Corolle papilionacée**, dont l'aspect rappelle celui d'un papillon et qui se compose de cinq pétales (l'étendard, deux ailes, les deux derniers formant la carène). ◆ **n.f.** Légumineuse à corolle papilionacée, ornementale (genêt, glycine), fourragère (luzerne, trèfle), légumière (haricot, pois) ou oléagineuse (soja, arachide). ➲ Les papilionacées forment une sous-famille.

PAPILLAIRE [-lɛr] **adj.** Relatif aux papilles.

PAPILLE [-pij] **n.f.** (lat. *papilla*). **ANAT.** Petite éminence plus ou moins arrondie à la surface d'un tissu, d'un organe, par ex. à la surface de la langue *(papilles gustatives)*.

PAPILLOMAVIRUS [-jɔ-] **n.m.** Genre de virus responsable de lésions de la peau et des muqueuses, plus ou moins contagieuses (verrues, condylomes, cancer du col de l'utérus, etc.).

PAPILLOME [-jom] **n.m. MÉD.** Tumeur bénigne développée sur la peau ou sur certaines muqueuses à partir d'un épithélium de revêtement.

PAPILLON n.m. (lat. *papilio, -onis*). **1.** Forme adulte des lépidoptères, dont il existe des espèces diurnes, aux couleurs vives, et des espèces nocturnes ou crépusculaires, aux couleurs ternes et à antennes en forme de plume. ➲ La larve est appelée *chenille* et la nymphe, *chrysalide*. *(V. planche page suivante.)* **2.** Style de nage, dérivé de la brasse, dans lequel les bras sont ramenés latéralement au-dessus de l'eau. (On dit aussi *brasse papillon*.) **3.** Fam. Avis de contravention. **4. OUTILL.** Écrou à ailettes, que l'on serre et desserre à la main. **5. HYDROL.** Pièce plate pivotant autour de son axe de symétrie et permettant de régler un débit par le masquage plus ou moins complet d'une ouverture. ▪ **Effet papillon** [phys.], image proposée par E. N. Lorenz pour appréhender les phénomènes physiques liés au chaos, selon laquelle une petite perturbation dans un système peut avoir des conséquences considérables et imprévisibles. ▪ **Nœud papillon,** nœud de tissu en forme de papillon qui se porte en cravate. ▪ **Papillon de mer,** gonelle. ▪ **Porte papillon** [autom.], porte articulée sur le toit et ouvrant vers le haut.

PAPILLONNAGE ou **PAPILLONNEMENT n.m.** Action de papillonner.

PAPILLONNANT, E adj. Qui papillonne.

PAPILLONNER v.i. [3]. 1. Être agité comme les ailes d'un papillon : *Oriflammes qui papillonnent.* **2.** Passer constamment d'une personne, d'une chose à une autre.

PAPILLOTAGE n.m. 1. Mouvement incessant et involontaire des yeux, des paupières. **2.** Effet produit par le miroitement de lumières vives, par le mouvement d'objets brillants ou colorés.

PAPILLOTANT, E adj. Qui papillote.

PAPILLOTE n.f. (du moy. fr. *papillot*, petit papillon). **1.** Papier enveloppant un bonbon ; bonbon ainsi présenté. **2.** Ornement de papier enroulé et découpé dont on entoure le manche d'un gigot ou d'une côtelette. **3.** Papier sulfurisé ou feuille d'aluminium, dont on enveloppe un aliment pour le cuire au four ou à la vapeur. **4.** Anc. Morceau de papier sur lequel on enroule en boucle une mèche de cheveux pour la friser ; la mèche de cheveux elle-même.

PAPILLOTEMENT n.m. Scintillement qui trouble ou fatigue la vue.

PAPILLOTER v.i. [3]. 1. Être animé de reflets mouvants ; scintiller. **2.** En parlant de l'œil, de la paupière, être animé d'un mouvement continuel, qui empêche de fixer un objet.

PAPION n.m. (altér. de *babouin*). Singe cynocéphale.

PAPISME n.m. Péjor. Terme employé surtout par les protestants, du XVIe au XIXe s., pour désigner le catholicisme romain.

PAPISTE n. Péjor. Nom que les protestants donnaient aux catholiques romains.

PAPIVORE n. Fam. Grand lecteur.

PAPOTAGE n.m. Fam. Bavardage frivole.

PAPOTER v.i. [3] (anc. fr. *papeter*). Fam. Parler de choses insignifiantes ; bavarder.

PAPOU, E adj. et **n.** De Papouasie ; relatif aux Papous.

PAPOUILLE n.f. Fam. (Souvent pl.). Chatouillement.

PAPRIKA n.m. (mot hongrois). Condiment en poudre provenant d'un piment doux (*Capsicum annuum*) cultivé en Hongrie.

PAPULE n.f. (lat. *papula*). **MÉD.** Lésion cutanée élémentaire ayant l'aspect d'une petite saillie ferme de couleur variable (par oppos. à *macule*), par ex. au cours de l'urticaire.

PAPULEUX, EUSE adj. MÉD. Relatif aux papules.

PAPY ou **PAPI n.m.** Grand-père, dans le langage enfantin.

PAPY-BOOM (pl. *papy-booms*), ▲ PAPYBOUM [papibum] **n.m. 1.** Augmentation de la proportion de personnes âgées dans une population. **2.** Spécial. Génération des enfants du baby-boom qui arrive à la retraite.

PAPY-BOOMEUR [papibumœr] **n.m.** Membre de la génération des baby-boomeurs qui atteint l'âge de la retraite.

PAPYROLOGIE n.f. Science relative à l'étude des papyrus égyptiens, grecs et latins.

PAPYROLOGUE n. Spécialiste de papyrologie.

PAPYRUS [-rys] **n.m.** (mot lat., du gr.). **1.** Plante voisine du souchet européen, poussant sur les rives du Nil et des fleuves d'Afrique centrale. ➲ Famille des cypéracées. **2.** Feuille pour l'écriture, fabriquée par les anciens Égyptiens à partir de la tige de cette plante. **3.** Manuscrit sur papyrus.

PÂQUE n.f. (du gr. *Paskha*, de l'hébr. *pessah*, passage). **1.** (Avec une majuscule). Fête annuelle juive qui commémore la sortie d'Égypte du peuple hébreu, sa libération et l'annonce de sa rédemption messianique. **2.** Agneau pascal : *Manger la pâque.*

PAQUEBOT n.m. (angl. *packet-boat*). Grand navire conçu et aménagé pour le transport des passagers.

PÂQUERETTE n.f. (de Pâques). Petite marguerite blanche, très commune en Europe, où elle fleurit dans les prés presque toute l'année. ▪ **Au ras des pâquerettes** [fam.], terre à terre ; très élémentaire : *De la politique au ras des pâquerettes.*

PÂQUES n.m. (de *pâque*). Fête annuelle de l'Église chrétienne, qui commémore la résurrection de Jésus-Christ. ▪ **À Pâques ou à la Trinité** [fam.], sans doute jamais. ◆ **PÂQUES n.f. pl.** La fête de Pâques : *Joyeuses pâques.* ▪ **Faire ses pâques,** communier au cours du temps pascal, selon la prescription de l'Église.

➲ Suivant une règle traditionnellement attribuée au concile de Nicée (325), la fête de **PÂQUES** est fixée au premier dimanche après la pleine lune qui a lieu soit le jour de l'équinoxe de printemps (21 mars), soit aussitôt après cette date. Pâques est donc au plus tôt le 22 mars. Si la pleine lune est le 20 mars, la suivante sera le 18 avril (29 jours après). Si ce jour est un dimanche, Pâques sera le 25 avril. Ainsi, la fête de Pâques oscille entre le 22 mars et le 25 avril. De sa date dépend celle des autres fêtes mobiles.

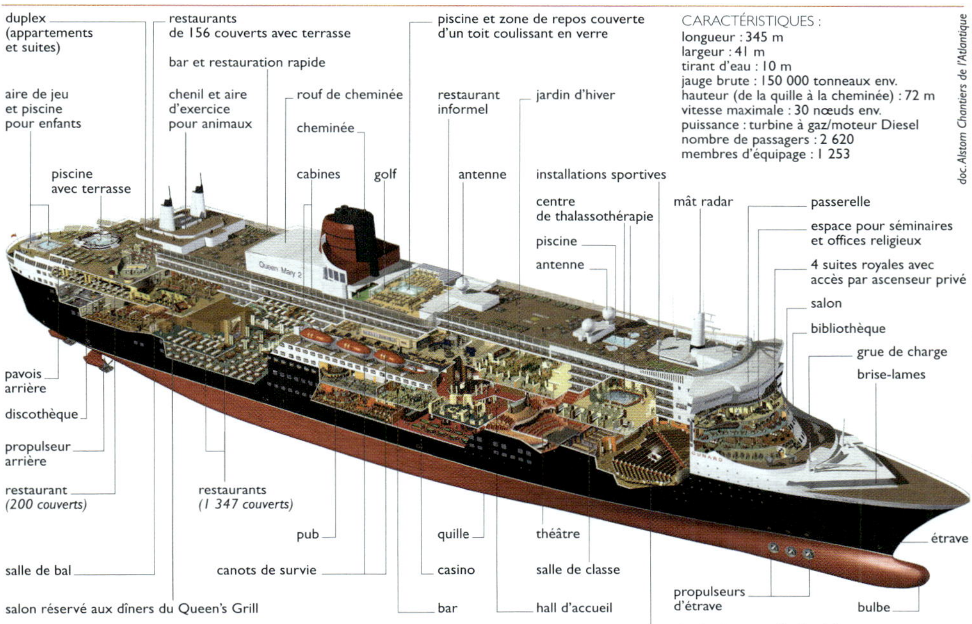

▲ **paquebot.** Écorché du *Queen Mary 2.*

a b c d e f g h i j k l m n o p q r s t u v w x y z

Les papillons

morpho bleu, *Morpho cypris,* Amérique du Sud tropicale
dimorphisme sexuel

carte géographique, *Araschnia levana*
Europe, Asie
dimorphisme saisonnier

papillon-feuille, *Kallima inachus*
Asie du Sud-Est, **dissimulation**

grand monarque,
Danaus plexippus
Amérique du Nord

vice-roi,
Basilarchia archippus
Amérique du Nord

mimétisme

likénée rouge,
Catocala nupta
Europe
homochromie

papillon-chouette,
Caligo prometheus, Colombie
livrée dissuasive

grand paon de nuit, *Saturnia pyri*
Europe, Afrique du Nord,
Proche-Orient

bombyx de l'ailante,
Samia cynthia, Inde

sphinx du laurier-rose,
Daphnis nerii
Europe méridionale

sphinx tête-de-mort,
Acherontia atropos
Eurasie, Afrique, Indonésie

grand mars changeant,
Apatura iris
Europe, Asie tempérée

grande tortue,
Nymphalis polychloros
Eurasie, Afrique du Nord

tabac d'Espagne,
Argynnis paphia
Eurasie, Afrique du Nord

citron de Provence,
Gonepteryx cleopatra
Europe méridionale,
Asie tempérée,
Afrique du Nord

armandie,
Armandia lidderdalei
Inde du Nord à
Chine occidentale

morio, *Nymphalis antiopa*
Europe occidentale,
Asie, Amérique du Nord

paon de jour, *Vanessa io*
Europe, Asie

zygène de la filipendule,
Zygaena filipendulae
Europe

ornithoptère,
Ornithoptera priamus
Australie du Nord,
Nouvelle-Guinée, îles Salomon

Eustera troglophylla
Gabon

machaon ou **grand porte-queue,** *Papilio machaon,* Europe,
Afrique du Nord, Asie tempérée

apollon, *Parnassius apollo*
Europe tempérée,
au-dessus de 1 000 m

flambé,
Iphiclides podalirius
Europe méridionale

diane, *Zerynthia rumina*
Europe du Sud-Est,
Proche-Orient

uranie malgache,
Chrysiridia riphearia
Madagascar

PAQUET **n.m.** (du néerl. *pak*, ballot). **1.** Réunion de plusieurs choses attachées ou enveloppées ensemble : *Un paquet de lettres.* **2.** Objet enveloppé, attaché pour être transporté plus facilement : *Le facteur livre les paquets en fin de tournée.* **3.** Marchandise conditionnée dans un emballage : *Un paquet de pâtes* ; cet emballage : *Des paquets-cadeaux.* **4.** Fam. Grande quantité de qqch : *Il a reçu un paquet d'options sur titres.* **5.** Ensemble de dispositions, de mesures portant sur une question. **6.** **INFORM.** Ensemble de données organisées dans un certain format et acheminées en bloc au sein d'un réseau d'ordinateurs. ▪ **Mettre le paquet** [fam.], employer tous les moyens dont on dispose. ▪ **Paquet de mer,** grosse vague qui s'abat sur un bateau, le quai d'un port, etc., en déferlant. ▪ **Recevoir son paquet** [fam.], subir une critique sévère mais justifiée. ▪ **Risquer le paquet** [fam.], risquer gros dans une entreprise hasardeuse.

PAQUETAGE **n.m.** Ensemble des effets et des objets d'équipement d'un soldat, disposés réglementairement.

PAQUETER **v.t.** **[16],** ▲ *[12].* Mettre en paquet ; empaqueter.

1. PAR **prép.** (du lat. *per*, à travers). **1.** Indique l'espace traversé, la direction, la position : *Passer par Lyon.* **2.** Indique les circonstances, le moment : *Le voilier ne sort pas par grand vent. Par le passé, nous y allions.* **3.** Indique le moyen, la manière : *Envoyer des fichiers par Internet. Classer les cartes par couleur.* **4.** Indique la cause, le motif : *Elle l'a fait par amour.* **5.** Indique l'agent : *Faire estimer un tableau par un expert.* **6.** Indique la distribution : *Un livre par personne.* ▪ **De par,** à travers : *Voyager de par le monde* ; du fait de : *De par ses fonctions* ; par l'autorité de : *De par la loi.*

2. PAR **n.m.** (mot angl. « égalité »). Au golf, nombre de coups nécessaires pour réussir un trou ou effectuer l'ensemble du parcours, égal à celui qui est établi par un excellent joueur et servant de repère.

PARA **n.** (abrév.). **MIL.** Fam. Parachutiste.

PARABELLUM [-bɛllɔm] **n.m.** (all. *Parabellum*, du lat. *Si vis pacem, para bellum*, si tu veux la paix, prépare la guerre). Pistolet automatique de gros calibre en usage jusqu'à la Seconde Guerre mondiale dans l'armée allemande.

PARABEN [-bɛn] ou **PARABÈNE** **n.m.** **CHIM.** Ester de l'acide parahydroxybenzoïque ($HO—C_6H_4—COOH$) utilisé comme conservateur dans des produits alimentaires, cosmétiques ou pharmaceutiques. ➲ Les parabens sont allergisants et seraient cancérogènes.

PARABIOSE **n.f.** **BIOL.** Procédé expérimental de greffe qui met en association deux organismes animaux et qui permet certaines observations physiologiques, notamm. sur la régulation hormonale (SYN. **greffe siamoise**).

1. PARABOLE **n.f.** (du gr. *parabolê*, comparaison). Court récit allégorique chargé d'un enseignement moral ou religieux : *Les paraboles de l'Évangile.*

2. PARABOLE **n.f.** **1.** **MATH.** Courbe plane dont chaque point est équidistant d'un point fixe appelé *foyer* et d'une droite fixe appelée *directrice.* ➲ La parabole est une courbe de la famille des coniques. **2.** **TÉLÉV.** Antenne parabolique destinée à la réception de programmes de télévision diffusés par satellite.

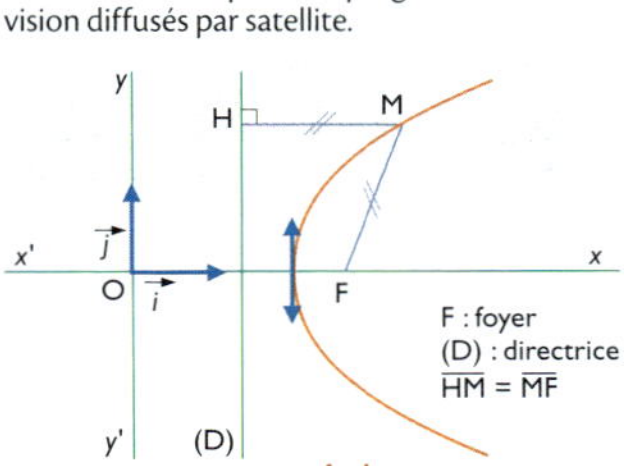

▲ **parabole**

PARABOLIQUE **adj.** En forme de parabole ou de paraboloïde de révolution : *Trajectoire, antenne parabolique.*

PARABOLIQUEMENT **adv.** **MATH.** En décrivant une parabole.

PARABOLOÏDE **n.m.** **MATH.** Surface de second degré dont les sections planes sont soit des paraboles ou des ellipses (*paraboloïde elliptique*), soit des hyperboles ou des paraboles (*paraboloïde hyperbolique*). ▪ **Paraboloïde de révolution,** engendré par une parabole tournant autour de son axe.

PARACENTÈSE [-sɛ̃tɛz] **n.f.** (du gr. *parakentêsis*, ponction). **MÉD.** Création d'un orifice dans une partie du corps pour évacuer un épanchement liquidien ; spécial., paracentèse du tympan.

PARACÉTAMOL **n.m.** Médicament analgésique et antipyrétique courant.

PARACHÈVEMENT **n.m.** Litt. Action de parachever ; fait d'être parachevé.

PARACHEVER **v.t.** **[12].** Mener à son complet achèvement avec un soin particulier ; parfaire.

PARACHIMIE **n.f.** Secteur d'activité regroupant la production et la commercialisation des spécialités de l'industrie chimique (médicaments, peintures, etc.).

PARACHRONISME [-krɔ-] **n.m.** (du gr. *para*, à côté de, et *khronos*, temps). Faute de chronologie qui consiste à situer un événement à une époque plus tardive que celle où il s'est réellement produit.

PARACHUTAGE **n.m.** Action de parachuter.

PARACHUTAL, E, AUX **adj.** ▪ **Vol parachutal** → **1. VOL.**

PARACHUTE **n.m.** (de *2. parer* et *chute*). **1.** Appareil destiné à ralentir la chute d'une personne ou d'un objet tombant d'une grande hauteur et constitué essentiellement d'une voilure en tissu léger reliée par des cordelettes (suspentes) à un système d'attache, à un harnais. **2.** Appareil semblable utilisé pour freiner certains avions à l'atterrissage. **3.** Dispositif de sécurité d'un ascenseur, qui bloque la cabine en cas de rupture du câble. ▪ **Parachute doré** ou **en or,** prime considérable perçue par un dirigeant d'entreprise lors de son licenciement ou de son départ.

PARACHUTER **v.t.** **[3].** **1.** Larguer d'un aéronef avec un parachute : *Parachuter des vivres.* **2.** Fam. Désigner brusquement qqn pour un emploi, une fonction où sa nomination n'était pas prévue.

PARACHUTISME **n.m.** Technique, sport du saut en parachute. ▪ **Parachutisme ascensionnel,** sport consistant à se faire tirer en parachute par un véhicule à moteur.

PARACHUTISTE **n.** **1.** Personne qui pratique le parachutisme. **2.** Militaire appartenant à une unité aéroportée, entraîné à combattre après avoir été parachuté. Abrév. (fam.) **para.** ◆ **adj.** **MIL.** ▪ **Troupes, unités parachutistes,** unités composées de parachutistes entraînés à combattre en commandos ou dans le cadre d'une grande unité aéroportée.

PARACLET [-klɛ] **n.m.** (du gr. *paraklêtos*, intercesseur). **CHRIST.** ▪ **Le Paraclet,** le Saint-Esprit.

1. PARADE **n.f.** (de *1. parer*). **1.** Cérémonie militaire où les troupes sont rassemblées pour une revue, un défilé. **2.** Étalage que l'on fait de qqch : *Faire parade de ses exploits.* **3.** **ÉTHOL.** Ensemble de comportements instinctuels de séduction précédant l'accouplement, observé chez de nombreuses espèces animales. **4.** Scène burlesque jouée à la porte d'un théâtre forain pour engager le public à entrer. ▪ **De parade,** destiné à servir d'ornement : *Arme de parade* ; fig., de façade : *Indignation de parade.*

2. PARADE **n.f.** (de *2. parer*). **1.** Action de parer un coup, en escrime, en boxe, etc. **2.** Riposte immédiate et efficace à une attaque : *Trouver la parade à un nouveau virus informatique.*

3. PARADE **n.f.** (esp. *parada*). **ÉQUIT.** Arrêt brusque d'un cheval au manège.

PARADER **v.i.** **[3].** **1.** Défiler, en parlant de troupes. **2.** Prendre un air avantageux pour attirer l'attention ; se pavaner.

PARADEUR, EUSE **n.** Personne qui aime parader.

PARADIGMATIQUE **adj.** **1.** **LING.** Relatif à un paradigme (par oppos. à *syntagmatique*). **2.** **PSYCHOL.** Se dit d'un objet, d'un comportement, d'un cas clinique qui a un caractère exemplaire.

PARADIGME **n.m.** (gr. *paradeigma*). **1.** **LING.** Ensemble des formes fléchies d'un mot pris comme modèle (déclinaison ou conjugaison) ; ce mot lui-même. **2.** **LING.** Ensemble des unités qui peuvent être substituées les unes aux autres dans un contexte donné. **3.** **LOG.** Modèle théorique de pensée qui oriente la recherche et la réflexion scientifiques. **4.** **PHILOS.** Chez Platon, procédé qui consiste à examiner un exemple concret dont il est possible de tirer des conséquences plus larges. **5.** **PSYCHOL.** Procédure méthodologique qui constitue un modèle de référence.

PARADIS **n.m.** (du gr. *paradeisos*). **1.** **RELIG.** Séjour des âmes des justes après la mort. **2.** Lieu ou état procurant un grand bonheur : *Le paradis des gastronomes.* **3.** **THÉÂTRE.** Poulailler. **4.** Pommier d'une espèce utilisée comme porte-greffe, qui donne peu de vigueur aux arbres mais facilite la fructification. ▪ **Graine de paradis,** maniguette. ▪ **Il ne l'emportera pas au paradis,** il ne restera pas impuni. ▪ **Les paradis artificiels** (allusion au titre d'une œuvre de Baudelaire, 1860), les plaisirs que procurent les stupéfiants. ▪ **Oiseau de paradis,** paradisier. ▪ **Paradis fiscal,** place financière ou pays où les personnes qui vont y faire des opérations, des dépôts, etc., bénéficient d'avantages fiscaux. ▪ **Paradis (terrestre),** jardin de délices où Dieu plaça Adam et Ève, dans la Genèse.

PARADISIAQUE **adj.** Qui évoque le paradis.

PARADISIER **n.m.** Passereau de Nouvelle-Guinée, dont le mâle porte un plumage aux couleurs variées et deux plumes caudales longues et fines (SYN. **oiseau de paradis**). ➲ Famille des paradiséidés.

PARADOR **n.m.** (mot esp. « auberge »). Hôtel espagnol géré par l'État et génér. installé dans un château ou un bâtiment à caractère historique.

PARADOS [-do] **n.m.** **FORTIF.** Terrassement protégeant les défenseurs d'un rempart ou d'une tranchée contre les coups de revers.

PARADOXAL, E, AUX **adj.** Qui tient du paradoxe. ▪ **Sommeil paradoxal,** phase du sommeil pendant laquelle le relâchement musculaire est maximal alors que l'activité cérébrale rappelle celle de l'état de veille. ➲ La majorité des rêves y prend place.

PARADOXALEMENT **adv.** De façon paradoxale.

PARADOXE **n.m.** (gr. *paradoxos*, de *para*, contre, et *doxa*, opinion). **1.** Pensée, opinion contraire à l'opinion commune. **2.** **LOG.** Antinomie.

PARAFE **n.m.,** **PARAFER** **v.t.,** **PARAFEUR** **n.m.** → **PARAPHE, PARAPHER** et **PARAPHEUR.**

PARAFFINAGE **n.m.** Action de paraffiner.

PARAFFINE **n.f.** (du lat. *parum affinis*, qui a peu d'affinité). **1.** **CHIM. ORG.** Alcane. **2.** **CHIM. INDUSTR.** Substance blanche faite d'un mélange d'hydrocarbures saturés solides caractérisés par leur inertie chimique, utilisée notamm. dans la fabrication des bougies.

PARAFFINÉ, E **adj.** Enduit, imprégné de paraffine : *Papier paraffiné.*

PARAFFINER **v.t.** **[3].** Enduire, imprégner de paraffine.

PARAFISCAL, E, AUX **adj.** Relatif à la parafiscalité.

PARAFISCALITÉ **n.f.** Ensemble des taxes et des cotisations perçues, sous l'autorité de l'État, au profit d'administrations, d'organismes autonomes.

PARAFOUDRE **n.m.** (de *2. parer* et *1. foudre*). **ÉLECTROTECHN.** Dispositif destiné à diriger les courants de foudre à la terre.

PARAGE **n.m.** **BOUCH.** Action de parer la viande.

PARAGES **n.m. pl.** (de l'anc. provenç. *parage*, étendue de mer). **1.** **MAR.** Étendue de mer proche d'un lieu : *Les parages de Bonifacio.* **2.** Zone environnant un lieu ; environs. ▪ **Dans les parages,** dans le voisinage immédiat.

PARAGRAPHE **n.m.** (du gr. *paragraphos*, écrit à côté). **1.** Subdivision d'un texte en prose, marquée par un alinéa initial. **2.** Signe typographique (§) indiquant une telle subdivision : *Page 3, § 4.*

PARAGRÊLE **adj. inv.** et **n.m.** (de *2. parer* et *2. grêle*). Se dit d'un dispositif servant à empêcher la grêle de tomber et à la transformer en pluie.

PARAGUAYEN, ENNE [-gwɛ-] **adj.** et **n.** Du Paraguay ; de ses habitants.

PARAISON n.f. (de *1. parer*). VERR. Masse de verre pâteux préparée avant son façonnage.

1. PARAÎTRE, ▲ *PARAITRE* **v.i. [71]** (du lat. *parere*). **1.** Se présenter à la vue ; apparaître : *Soudain, le soleil parut.* **2.** Manifester sa présence quelque part : *Le maire parut à une fenêtre.* **3.** Être visible ; transparaître : *Son trac n'a jamais paru.* **4.** Être publié : *Sa biographie a paru ou est parue cet été.* **5.** (Suivi d'un attribut). Avoir l'apparence de ; sembler : *Il paraît déçu.* **6.** Absol. Se faire remarquer ; vouloir briller : *Le désir de paraître.* ▪ **À ce qu'il paraît** [fam.], selon les apparences. ▪ **Il paraît** ou **il paraîtrait que** ou **paraît-il,** selon ce que l'on dit. ▪ **Sans qu'il y paraisse,** sans que cela se voie.

2. PARAÎTRE n.m. Litt. ▪ **Le paraître,** l'apparence.

PARALANGAGE n.m. Ensemble des moyens de communication naturels qui, sans faire partie du système linguistique, accompagnent et renforcent la parole (gestes, mimiques, etc.).

PARALITTÉRAIRE adj. Relatif à la paralittérature.

PARALITTÉRATURE n.f. Ensemble des productions textuelles que le discours critique et le jugement social excluent du champ littéraire au nom des normes esthétiques et culturelles (le roman-photo, le roman-feuilleton, la bande dessinée, etc.).

PARALLACTIQUE adj. ASTRON. De la parallaxe.

PARALLAXE n.f. (du gr. *parallaxis*, changement). ASTRON. Déplacement de la position apparente d'un corps, dû à un changement de position de l'observateur. ▪ **Erreur de parallaxe** [opt.], erreur commise en lisant obliquement la graduation d'un appareil. ▪ **Parallaxe de visée** [opt.], angle formé par l'axe optique et l'axe de visée d'un appareil (viseur et objectif d'un appareil photo, par ex.). ▪ **Parallaxe d'un astre** [astron.], angle sous lequel on verrait, de cet astre, une longueur conventionnellement choisie (rayon équatorial de la Terre, pour les astres du Système solaire ; demi-grand axe de l'orbite terrestre, pour les étoiles).

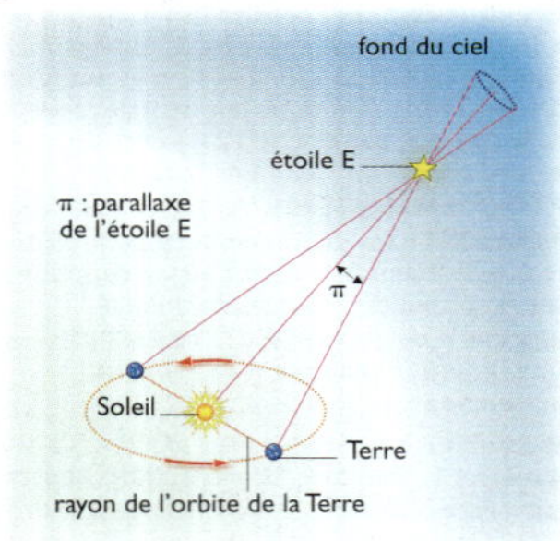

▲ **parallaxe** annuelle d'une étoile.

PARALLÈLE adj. (gr. *parallêlos*). **1.** MATH. Se dit de droites coplanaires ou de plans sans point commun ou confondus. **2.** Qui se développe dans la même direction ou en même temps ; semblable : *Ils ont eu des carrières parallèles.* **3.** ANTHROP. Se dit de certains parents (oncles et tantes, cousins, neveux) liés à Ego par un chaînon de germains de même sexe (par oppos. à *croisé*). **4.** Qui s'exerce en même temps qu'autre chose, mais en dehors d'un cadre légal ou officiel ; clandestin : *Économie, marché parallèles.* ▪ **Droite parallèle à un plan** [math.], droite parallèle à une droite de ce plan. ▪ **Médecine parallèle,** médecine alternative*. ◆ **n.f. 1.** MATH. Droite parallèle à une autre droite ou à un plan. **2.** FORTIF. Tranchée ou communication enterrée parallèlement au front. ▪ **En parallèle** [électrotechn.], en dérivation. ◆ **n.m. 1.** Chacun des cercles imaginaires parallèles à l'équateur et servant à mesurer la latitude : *Parallèles et méridiens.* **2.** MATH. Section d'une surface de révolution par un plan perpendiculaire à l'axe. **3.** Comparaison suivie entre deux ou plusieurs sujets : *Établir un parallèle entre deux meurtres.* ▪ **Parallèle de hauteur** [astron.], almicantarat.

PARALLÈLEMENT adv. De façon parallèle.

PARALLÉLÉPIPÈDE n.m. (gr. *parallêpipedos*, de *epipedon*, surface plane). MATH. Polyèdre à six faces, parallèles deux à deux. ➲ Ses faces sont des parallélogrammes. ▪ **Parallélépipède droit,** dont les arêtes sont perpendiculaires au plan de base. ▪ **Parallélépipède rectangle,** parallélépipède droit dont toutes les faces sont des rectangles (SYN. **pavé**).

PARALLÉLÉPIPÉDIQUE adj. Qui a la forme d'un parallélépipède.

PARALLÉLISME n.m. **1.** État de ce qui est parallèle. **2.** Évolution similaire ou ressemblance de faits, de choses que l'on compare. **3.** INFORM. Technique d'accroissement des performances d'un système informatique, fondée sur l'utilisation simultanée de plusieurs processeurs. ➲ Quand le nombre de processeurs est très important, on parle de *parallélisme massif.*

PARALLÉLOGRAMME n.m. MATH. Quadrilatère plan dont les côtés opposés sont parallèles deux à deux.

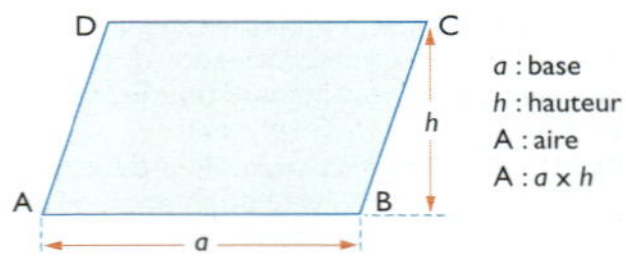

▲ **parallélogramme**

PARALOGISME n.m. LOG. Raisonnement faux fait de bonne foi (par oppos. au *sophisme*).

PARALUME n.m. Écran atténuant l'intensité d'une source lumineuse.

PARALYMPIQUE adj. Relatif aux jeux Paralympiques. ▪ **Jeux Paralympiques,** compétitions handisport qui se déroulent quelques jours après les jeux Olympiques.

PARALYSANT, E adj. De nature à paralyser.

PARALYSÉ, E adj. et n. Frappé de paralysie.

PARALYSER v.t. [3]. **1.** Frapper de paralysie. **2.** Fig. Empêcher de bouger : *Un barrage paralyse la circulation* ; frapper d'impuissance : *La timidité le paralyse.*

PARALYSIE n.f. (du gr. *paralusis*, relâchement). **1.** MÉD. Déficience complète de la force musculaire, à la suite d'une lésion du système nerveux. **2.** Fig. Impossibilité d'agir ; arrêt complet : *Paralysie de la distribution.*

PARALYTIQUE adj. et n. MÉD. Atteint de paralysie.

PARAMAGNÉTIQUE adj. Doué de paramagnétisme.

PARAMAGNÉTISME n.m. PHYS. Propriété des corps qui s'aimantent, génér. faiblement à température ambiante, lorsqu'ils sont placés dans un champ magnétique extérieur. ➲ Ces corps sont attirés par les aimants.

PARAMÉCIE n.f. (du gr. *paramêkês*, allongé). Protozoaire cilié de grande taille (150 μm), commun dans les eaux douces stagnantes.

PARAMÉDICAL, E, AUX adj. Se dit des professions non médicales se consacrant à la santé mais intervenant, en dehors des soins courants, à la demande et sous le contrôle de médecins.

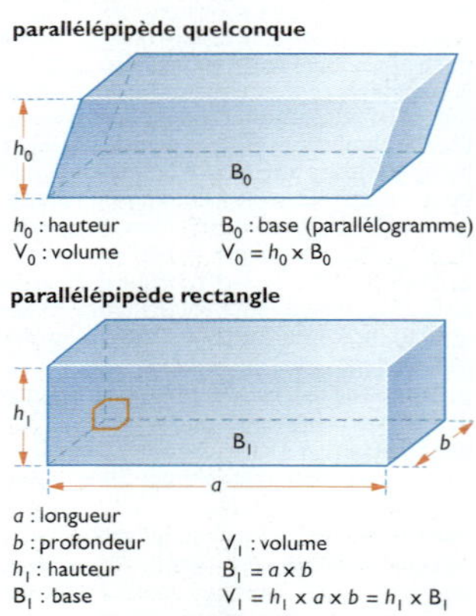

▲ **parallélépipèdes**

PARAMÉTRAGE n.m. Mise en paramètres de données statistiques.

PARAMÈTRE n.m. **1.** MATH. Indéterminée autre que les variables ou les inconnues, désignée par une lettre. **2.** MATH. Grandeur mesurable permettant de présenter, de façon plus simple, les caractéristiques principales d'un ensemble statistique. **3.** MATH. Variable, dans les équations paramétriques d'une ligne ou d'une surface. **4.** INFORM. Variable dont la valeur, l'adresse ou le nom ne sont précisés qu'à l'exécution du programme. **5.** Fig. Élément à prendre en compte pour évaluer une situation, comprendre un phénomène. ▪ **Paramètre d'une parabole** [math.], distance de son foyer à sa directrice.

PARAMÉTRER v.t. [11]. **1.** MATH. Définir les paramètres de. **2.** INFORM. Dans la conception d'un programme, remplacer certaines informations par des paramètres.

PARAMÉTRIQUE adj. Se dit d'une équation algébrique dans laquelle l'un au moins des coefficients dépend d'un paramètre. ▪ **Équations paramétriques (d'une ligne, d'une surface),** équations par lesquelles les coordonnées d'un point de la ligne ou de la surface sont exprimées en fonction de paramètres.

PARAMILITAIRE adj. Dont la structure et l'organisation imitent celles de l'armée : *Groupe paramilitaire.* ◆ **n.** Membre d'une organisation paramilitaire.

PARAMNÉSIE n.f. Trouble neurologique caractérisé par des fausses reconnaissances ou des faux souvenirs perçus comme réels.

PARANÉOPLASIQUE adj. MÉD. Se dit d'un trouble évoluant parallèlement à un cancer, et de manifestations pathologiques ayant un rapport de causalité avec un cancer.

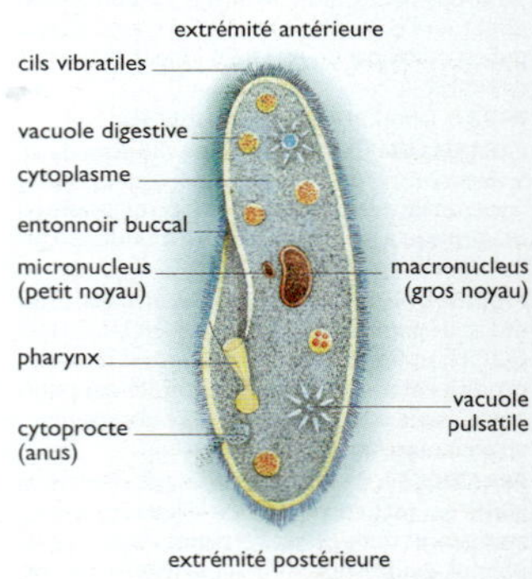

▲ **paramécie**

PARANGON n.m. (de l'esp. *parangón*, comparaison). Litt. Modèle auquel on se réfère ; exemple : *Un parangon de courage.*

PARANGONNAGE n.m. Action de parangonner.

PARANGONNER v.t. [3]. IMPRIM. Aligner des caractères de corps différents.

PARANOÏA n.f. (du gr. *paranoia*, folie). **1.** Maladie psychiatrique correspondant à la personnalité paranoïaque ou au délire paranoïaque. **2.** Comportement de qqn qui a tendance à se croire persécuté. Abrév. (fam.) **parano.**

PARANOÏAQUE adj. Relatif à la paranoïa. ▪ **Délire paranoïaque,** psychose chronique caractérisée par un délire bien construit dont les thèmes prépondérants sont la persécution et la revendication. ▪ **Personnalité paranoïaque,** personnalité pathologique caractérisée par la rigidité, la méfiance, la surestimation de soi, l'orgueil, l'autoritarisme tyrannique et la fausseté du jugement. ◆ **adj.** et **n.** Atteint de paranoïa. Abrév. (fam.) **parano.**

PARANOÏDE adj. PSYCHIATR. ▪ **Délire paranoïde,** forme de schizophrénie caractérisée par un délire incohérent à thèmes multiples (persécution, hypocondrie, etc.).

PARANORMAL, E, AUX adj. et **n.m.** Se dit de certains phénomènes dont le mécanisme et les causes seraient imputables à des forces de nature inconnue, d'origine notamm. psychique (perception extrasensorielle, par ex.).

PARANTHROPE n.m. (lat. sc. mod. *paranthropus*). Hominidé fossile d'Afrique apparu il y a 2,5 millions d'années et parfois nommé *australopithèque robuste* en raison de ses fortes mâchoires et d'une meilleure aptitude à la bipédie que les australopithèques. ➲ Les paranthropes se sont éteints il y a 1,4 million d'années.

PARAPENTE n.m. Planeur ultraléger et souple, permettant de pratiquer le vol libre en s'élançant d'un versant montagneux, du sommet d'une falaise, etc. ; sport pratiqué avec ce type de planeur.

▲ **parapente**

PARAPENTISTE n. Personne qui pratique le parapente.

PARAPET n.m. (de l'ital. *parapetto*, ce qui protège la poitrine). **1.** Muret formant garde-corps. **2.** FORTIF. Mur, talus permettant aux défenseurs d'un ouvrage fortifié de tirer en étant à couvert du feu ennemi.

PARAPÉTROLIER, ÈRE adj. Se dit d'une activité liée à l'industrie du pétrole.

PARAPHARMACIE n.f. Commerce des produits destinés à l'hygiène ou aux soins, dont la distribution n'est pas réservée aux pharmacies ; ensemble de ces produits ; boutique où on les vend.

PARAPHASIE n.f. PSYCHIATR. Trouble du langage, présent au cours des aphasies, caractérisé par la substitution de syllabes et de mots à d'autres.

PARAPHE ou **PARAFE n.m.** (lat. médiév. *paraphus*, du gr. *paragraphein*, écrire à côté de). **1.** DR. Signature abrégée, souvent formée des initiales, utilisée notamm. pour l'approbation des renvois et des ratures dans un acte officiel. **2.** Trait de plume accompagnant la signature.

PARAPHER ou **PARAFER v.t. [3].** Marquer d'un paraphe.

PARAPHEUR ou **PARAFEUR n.m.** Classeur dans lequel le courrier est présenté à la signature.

PARAPHILIE n.f. PSYCHIATR. Déviation sexuelle, par le choix de l'objet du désir ou la déformation de l'acte sexuel.

PARAPHIMOSIS [-zis] **n.m.** MÉD. Étranglement de la base du gland de la verge par le prépuce, au cours d'un phimosis.

PARAPHLÉBITE n.f. MÉD. Phlébite d'une veine sous-cutanée (SYN. **périphlébite**).

PARAPHRASE n.f. (gr. *paraphrasis*). **1.** Développement explicatif d'un texte. **2.** Péjor. Commentaire verbeux et diffus d'un texte.

PARAPHRASER v.t. [3]. Faire la paraphrase d'un texte.

PARAPHRASTIQUE adj. Qui a le caractère d'une paraphrase.

PARAPHRÉNIE n.f. (du gr. *phrên*, pensée). Psychose chronique caractérisée par un délire d'une grande richesse imaginative, mais n'altérant pas l'adaptation du sujet à la vie quotidienne.

PARAPHYSE n.f. (du gr. *phusa*, vessie). MYCOL. Poil stérile accompagnant les éléments producteurs de spores, chez les champignons.

PARAPLÉGIE n.f. (du gr. *para*, contre, et *plêgê*, coup). MÉD. Paralysie des deux membres inférieurs.

PARAPLÉGIQUE adj. et **n.** Atteint de paraplégie.

PARAPLUIE n.m. (de 2. *parer* et *pluie*). **1.** Accessoire portatif formé d'une étoffe tendue sur une armature pliante fixée à un manche, destiné à se protéger de la pluie. **2.** Arg. Passe pour ouvrir les serrures à pompe. **3.** PHOTOGR. Accessoire en forme de parapluie qui reflète la lumière du flash en créant un éclairage doux et diffus. ▪ **Espèce parapluie,** espèce animale dont la protection contribue à préserver un grand nombre d'autres espèces, voire des écosystèmes entiers, en raison de la vaste étendue de son habitat. ▪ **Ouvrir le parapluie** [fam.], faire le nécessaire afin de ne pas subir les conséquences fâcheuses d'une décision, personnelle ou prise par un autre. ▪ **Parapluie nucléaire,** protection nucléaire assurée par une grande puissance à ses alliés.

PARAPODE n.m. ZOOL. Organe natatoire, couvert de nombreuses soies, des néréides.

PARAPSYCHIQUE adj. Parapsychologique.

PARAPSYCHOLOGIE n.f. Étude des phénomènes paranormaux ayant une origine psychique, ou jugés tels (SYN. **métapsychique**).

PARAPSYCHOLOGIQUE adj. Relatif à la parapsychologie (SYN. **métapsychique, parapsychique**).

PARAPSYCHOLOGUE n. Spécialiste de parapsychologie.

PARAPUBLIC, IQUE adj. Qui s'apparente au secteur public. ◆ **n.m.** Secteur parapublic.

PARASCÈVE n.f. (du gr. *paraskeuê*, préparation). Veille du sabbat, dans la religion juive.

PARASCOLAIRE adj. Qui complète l'enseignement donné à l'école, sans être explicitement mentionné dans les programmes.

PARASEXUALITÉ n.f. MICROBIOL. Ensemble des phénomènes de sexualité primitive, sans fécondation proprement dite ni méiose, observés chez les bactéries (transfert d'un matériel génétique d'une bactérie à l'autre par leurs cytoplasmes).

PARASISMIQUE [-si-] **adj.** Antisismique.

PARASITAIRE adj. 1. BIOL. Relatif aux parasites ; provoqué par eux. **2.** Litt. Qui vit au détriment des autres : *Institution parasitaire.*

PARASITE n.m. (du gr. *parasitos*, pique-assiette, de *sitos*, nourriture). **1.** BIOL. Être vivant qui puise les substances qui lui sont nécessaires dans l'organisme d'un autre, appelé *hôte*. **2.** MÉD. Être vivant, microscopique ou non, pouvant pénétrer dans l'organisme ou vivre à sa surface, à l'exclusion des bactéries et des virus. **3.** Personne qui vit dans l'oisiveté, aux dépens des autres. ◆ **n.m. pl.** Perturbations dans la réception de signaux radioélectriques. ◆ **adj. 1.** BIOL. Qui vit en parasite : *Plante parasite.* **2.** Inutile et gênant : *Bruits parasites.*

PARASITER v.t. [3]. 1. Vivre en parasite au détriment d'un être vivant. **2.** Perturber un signal radioélectrique par des parasites ; brouiller.

PARASITISME n.m. 1. BIOL. Condition d'un organisme qui parasite un être vivant (hôte). **2.** Mode de vie d'une personne qui vit aux crochets d'autrui. **3.** DR. COMM. Acte de concurrence déloyale qui consiste, pour une entreprise, à tirer profit des investissements humains et financiers d'une autre entreprise ou de son savoir-faire.

PARASITOLOGIE n.f. Étude des organismes parasites : *Parasitologie médicale.*

PARASITOSE n.f. Maladie due à un parasite.

PARASOL n.m. (ital. *parasole*). Objet pliant en forme de grand parapluie, destiné à protéger du soleil. ▪ **Pin parasol,** dont le port (houppier étalé et haut fût) évoque un parasol.

PARASOMNIE n.f. Manifestation anormale pendant le sommeil (somnambulisme, cauchemar, terreur nocturne, bruxisme).

PARASTATAL, E, AUX adj. et **n.m.** (du lat. *status*, État). Belgique. Se dit d'un organisme semi-public.

PARASYMPATHIQUE adj. et **n.m.** NEUROL. Se dit de la partie du système nerveux végétatif qui agit par l'intermédiaire de l'acétylcholine, et met l'organisme au repos (ralentissement du cœur, stimulation de la digestion, etc.).

PARASYMPATHOLYTIQUE adj. et **n.m.** Anticholinergique.

PARASYMPATHOMIMÉTIQUE adj. et **n.m.** Cholinergique.

PARASYNTHÉTIQUE adj. et **n.m.** LING. Se dit d'un mot formé par l'addition à une base d'un préfixe et d'un suffixe (ex. : *déracinement*).

PARATAXE n.f. LING. Juxtaposition de phrases, sans mot de liaison explicitant le rapport qui les unit (ex. : *Tu m'énerves, je sors*).

PARATEXTE n.m. Ensemble des éléments textuels d'accompagnement d'une œuvre écrite (titre, préface, notes, etc.).

PARATHORMONE n.f. Hormone sécrétée par les glandes parathyroïdes, augmentant la concentration du calcium sanguin et la résorption osseuse du calcium.

PARATHYROÏDE adj. et **n.f.** Se dit de chacune des quatre glandes endocrines situées derrière la thyroïde, qui sécrètent la parathormone.

PARATHYROÏDIEN, ENNE adj. Relatif aux parathyroïdes.

PARATONNERRE n.m. (de 2. *parer* et *tonnerre*). Dispositif destiné à protéger les bâtiments des effets directs de la foudre, en canalisant les charges électriques vers le sol ; spécial., partie saillante de ce dispositif (pointe de choc).

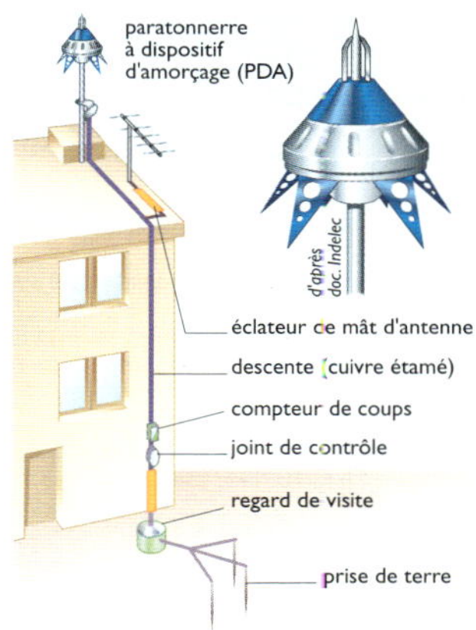

▲ **paratonnerre.** La zone de protection d'un PDA est plus étendue que celle d'un paratonnerre à pointe simple.

PARÂTRE n.m. Vx. Beau-père.

PARATYPHIQUE adj. Relatif à la fièvre paratyphoïde.

PARATYPHOÏDE adj. et **n.f.** Se dit d'une maladie voisine de la fièvre typhoïde.

PARAVALANCHE n.m. Construction destinée à protéger des avalanches.

PARAVENT n.m. Écran composé de panneaux verticaux articulés entre eux, servant à isoler qqn, à masquer qqch ou à protéger des courants d'air.

PARAVOLCANIQUE adj. Se dit des phénomènes géologiques indirectement liés au volcanisme (les geysers, par ex.).

PARBLEU interj. (altér. euphémique du juron *par Dieu*). Vieilli. Souligne une évidence, exprime l'approbation.

PARC n.m. (du bas lat. *parricus*, enclos). **1.** Terrain boisé enclos, assez vaste et entourant parfois un château, ménagé pour l'agrément, la promenade, ou servant de réserve de gibier. **2.** Grand jardin public. **3.** Ensemble de matériels, d'installations de même nature dont disposent un pays, une entreprise, etc. : *Le parc informatique de la mairie. Le parc immobilier d'un ministère.* **4.** Emplacement industriel de stockage à l'air libre : *Parc à ferrailles.* **5.** Petit enclos où l'on place les enfants en bas âge pour qu'ils y jouent sans danger. **6.** Installation littorale ou de pleine mer pour l'élevage des animaux marins (huîtres, notamm.). **7.** Clôture mobile faite de claies, à l'intérieur de laquelle on enferme les moutons. **8.** Enclos où l'on met du bétail. ▪ **Parc à conteneurs** [Belgique], site surveillé équipé de conteneurs, ouvert aux particuliers pour le dépôt sélectif des déchets encombrants ou susceptibles d'être recyclés. ▪ **Parc de loisirs,** vaste terrain aménagé spécialement pour les loisirs et comportant diverses installations destinées à la détente et à l'amusement (attractions, manèges, etc.). ▪ **Parc (de stationnement),** emplacement aménagé pour le stationnement des véhicules automobiles (SYN. **parking**). ▪ **Parc éolien,** ferme éolienne. ▪ **Parc industriel** [Québec], zone aménagée pour recevoir des entreprises industrielles et commerciales. ▪ **Parc national** [dr. admin.], en France, territoire auquel est reconnu un intérêt spécial et dont il importe de protéger toutes les composantes (faune, flore, sol, sous-sol, atmosphère, eaux) : *Le parc national des Pyrénées.* ▪ **Parc naturel régional,** en France, territoire à dominante rurale, protégé et mis en valeur dans le cadre d'un projet de développement durable de son patrimoine naturel et culturel.

PARCAGE **n.m. 1.** Action de parquer, de garer un véhicule. **2.** AGRIC. Action de faire séjourner un troupeau de moutons dans un parc que l'on déplace à intervalles réguliers pour fertiliser le sol par les déjections.

PARCELLAIRE **adj. 1.** Constitué de parcelles : *Plan parcellaire d'une commune.* **2.** Qui est fragmenté, fractionné : *Tâche parcellaire.* ◆ **n.m.** Ensemble des parcelles d'une exploitation, d'une commune.

PARCELLE **n.f.** (lat. *particula*). **1.** Petite partie de matière ; fragment : *Prélever une parcelle de peinture pour analyser ses composants.* **2.** Partie d'un terrain d'un seul tenant constituant une unité cadastrale ; partie d'un terrain cultivée de façon homogène. **3.** Afrique. Lot de terrain bâti ou à bâtir.

PARCELLISATION ou **PARCELLARISATION** **n.f.** Action de parcelliser.

PARCELLISER ou **PARCELLARISER** **v.t. [3]. 1.** Diviser en parcelles : *Parcelliser un terrain municipal.* **2.** Fractionner une tâche complexe en opérations élémentaires.

PARCE QUE **loc. conj. 1.** Introduit la cause, le motif : *Je sors parce que j'étouffe.* **2.** Employé seul, marque le refus de répondre : « *Pourquoi n'as-tu rien dit ? – Parce que.* » **3.** Fam. Marque une coordination : *Vous partez ? Parce que je peux vous raccompagner.*

✎ La voyelle *e* de *que* ne s'élide que devant *il, elle, on, en, un, une.*

PARCHEMIN **n.m.** (du gr. *pergamenê*, peau de Pergame). **1.** Peau d'animal (notamm. de mouton, de chèvre) traitée sans tannage pour servir à l'écriture ou à la reliure. **2.** Document écrit sur parchemin : *Consulter un parchemin.* **3.** Fam., vieilli. Diplôme universitaire.

PARCHEMINÉ, E **adj.** Qui a la consistance ou l'aspect du parchemin. ▪ **Peau parcheminée,** sèche et ridée.

PARCHET **n.m.** (du lat. *parricus*, enclos). Suisse. Parcelle de vigne.

PARCIMONIE **n.f.** (du lat. *parcus*, épargné). Épargne rigoureuse jusque dans les plus petites choses. ▪ **Avec parcimonie,** en s'en tenant au strict minimum : *Elle décerne des félicitations avec parcimonie.*

PARCIMONIEUSEMENT **adv.** Avec parcimonie.

PARCIMONIEUX, EUSE **adj. 1.** Qui fait preuve de parcimonie. **2.** Qui révèle la parcimonie : *Un buffet parcimonieux.*

PARCMÈTRE **n.m.** Appareil indiquant le temps de stationnement payant pour les automobiles et percevant le droit correspondant grâce à un dispositif automatique d'encaissement de la monnaie ou par une carte prépayée. (→ **horodateur**).

PARCOMÈTRE **n.m.** Québec. Parcmètre.

PARCOTRAIN **n.m.** Parking payant mis par la SNCF à la disposition des usagers du chemin de fer.

PARCOURIR **v.t. [33]. 1.** Traverser, visiter dans toute son étendue ; sillonner : *Parcourir une région.* **2.** Accomplir un trajet déterminé : *Le bus parcourt cette distance en vingt minutes.* **3.** Examiner, lire rapidement : *Parcourir les journaux.*

PARCOURS **n.m. 1.** Chemin suivi pour aller d'un point à un autre ; itinéraire : *Le parcours d'une manifestation.* **2.** Ensemble des étapes, des stades par lesquels passe qqn, en partic. dans sa carrière. **3.** Trajet semé d'obstacles qu'un cavalier doit faire parcourir à sa monture, dans une épreuve hippique. **4.** Trajet effectué par un joueur de golf qui place successivement la balle dans chacun des trous du terrain ; le terrain lui-même. **5.** AGRIC. Terrain non cultivé fournissant une faible production de plantes fourragères, que l'on fait pâturer par les herbivores domestiques (SYN. **pacage**). ▪ **Incident de parcours,** difficulté imprévue retardant la réalisation d'un projet. ▪ **Parcours (de soins) coordonné,** en France, parcours médical imposé aux assurés sociaux de plus de 16 ans pour pouvoir bénéficier du taux de remboursement maximal de la Caisse d'assurance-maladie. ➲ En règle générale, un patient doit d'abord consulter son médecin traitant* qui l'orientera, si nécessaire, vers un spécialiste. ▪ **Parcours du combattant,** parcours effectué par les militaires à titre d'entraînement au combat, sur un terrain spécialement aménagé comportant des obstacles variés ; ce terrain lui-même ; fig., série d'épreuves rencontrées dans la réalisation de qqch.

PAR-DELÀ **loc. prép.** De l'autre côté de.

PAR-DERRIÈRE **loc. adv.** et **loc. prép.** → **1. DERRIÈRE.**

PAR-DESSOUS **loc. adv.** et **loc. prép.** → **1. DESSOUS.**

PARDESSUS **n.m.** Vêtement long masculin qui se porte par-dessus les autres vêtements ; manteau.

PAR-DESSUS **loc. adv.** et **loc. prép.** → **1. DESSUS.**

PAR-DEVANT **loc. adv.** et **loc. prép.** → **1. DEVANT.**

PAR-DEVERS **loc. prép. 1.** DR. En présence de ; devant : *Par-devers le juge.* **2.** Litt. En la possession de : *Gardez ce document par-devers vous.*

PARDI **interj.** (de *par Dieu*). Souligne une évidence ; bien sûr : *S'il l'a fait, c'est qu'il le voulait, pardi !*

PARDIEU **interj.** (du juron *par Dieu*). Vx. Renforce une affirmation.

PARDON **n.m. 1.** Action de pardonner ; rémission d'une faute : *Demander pardon à qqn.* **2.** Formule de politesse, pour présenter ses excuses ou pour faire répéter ce que l'on n'a pas entendu : « *Pardon, je croyais que tu avais fini.* » « *Pardon ? Qu'as-tu dit ?* » **3.** Fam. Formule pour souligner la pensée, renforcer l'expression : *Sa voiture est belle, mais le prix, pardon !* **4.** CATH. Pèlerinage religieux annuel et fête populaire, en Bretagne. ▪ **Grand Pardon,** Yom Kippour.

PARDONNABLE **adj.** Qui peut être pardonné.

PARDONNER **v.t. [3]. 1.** Renoncer à punir une faute, à se venger d'une offense. **2.** Avoir de l'indulgence pour ; excuser : *Pardonnez mon insistance.* **3.** Accepter sans dépit, sans jalousie : *On ne lui pardonne pas sa réussite.* ◆ **v.t. ind. (À).** Cesser d'entretenir à l'égard de qqn de la rancune ou de l'hostilité. ◆ **v.i.** Accorder son pardon. ▪ **Ça ne pardonne pas,** c'est irréparable : *Une telle erreur, ça ne pardonne pas.*

PARÉAGE **n.m.** → **PARIAGE.**

PARE-BALLES **adj. inv.** Qui protège des balles. ▪ **Gilet pare-balles,** gilet de protection résistant à la pénétration de munitions de petit calibre ou d'éclats. ◆ **n.m. inv.** Dispositif qui protège des balles : *Pare-balles d'un stand de tir.* (Dans le cadre de l'orthographe réformée, au sing., on peut écrire : *un pare-balle.*)

PARE-BOUE **n.m. inv.,** ▲ *n.m. (pl. pare-boues).* Dispositif fixé aux ailes arrière des véhicules automobiles pour éviter les projections lors de la circulation sur les routes boueuses.

PARE-BRISE **n.m. inv.,** ▲ *n.m. (pl. pare-brises).* Plaque de verre spécial ou de matière transparente à l'avant de l'habitacle d'un véhicule.

PARE-CHOCS **n.m. inv.,** ▲ *PARE-CHOC n.m. (pl. pare-chocs).* Dispositif débordant l'aplomb d'un véhicule automobile à l'avant et à l'arrière, et destiné à protéger la carrosserie des petits chocs dans la circulation ou lors des parcages.

PARÈDRE **n.** et **adj.** (du gr. *paredros*, qui siège à côté). MYTH. GR. Divinité associée, à un rang subalterne, aux culte et fonctions d'une autre divinité.

PARE-ÉCLATS **n.m. inv.,** ▲ *PARE-ÉCLAT n.m. (pl. pare-éclats).* Dispositif (terrassement, blindage, etc.) de protection contre les éclats de projectiles.

PARE-ÉTINCELLES **n.m. inv.,** ▲ *PARE-ÉTINCELLE n.m. (pl. pare-étincelles).* Garde-feu (SYN. **pare-feu**).

PARE-FEU **adj. inv.** Qui protège du feu : *Grille pare-feu.* ◆ **n.m. inv. 1.** Coupe-feu. **2.** Garde-feu (SYN. **pare-étincelles**). **3.** INFORM. Équipement situé entre le réseau Internet et le réseau privé d'une entreprise pour accroître la sécurité de ce dernier en filtrant le trafic en provenance ou à destination d'Internet. (Dans le cadre de l'orthographe réformée, au pl., on peut écrire : *des pare-feux.*)

PARE-FLAMME **adj. inv.** et **n.m. inv.** Se dit d'un dispositif qui bloque la propagation des flammes et des gaz de combustion.

PARE-FUMÉE **n.m. inv.,** ▲ *n.m. (pl. pare-fumées).* Dispositif destiné à canaliser la fumée qui s'échappe d'une cheminée.

PARÉGORIQUE **adj.** (du gr. *parêgorikos*, qui calme). ▪ **Élixir parégorique,** teinture anisée d'opium camphré, employée autref. contre la diarrhée.

PAREIL, EILLE **adj.** (du lat. *par, paris*, égal). **1.** Qui présente une ressemblance ou une similitude avec ; identique : *Ces deux bâtiments sont pareils.* **2.** De cette nature ; de cette sorte : *En pareille circonstance.* ◆ **n.** Personne de même condition : *Lui et ses pareils.* ▪ **Ne pas avoir son pareil pour,** être supérieur à n'importe qui dans un domaine : *Elle n'a pas son pareil ou sa pareille pour nous motiver.* ▪ **Sans pareil,** sans égal. ◆ **n.m.** ▪ **C'est du pareil au même** [fam.], c'est exactement la même chose. ◆ **n.f.** ▪ **Rendre la pareille à qqn,** lui faire subir le traitement que l'on a reçu de lui. ◆ **adv.** Fam. De la même façon : *Elles sont souvent coiffées pareil.*

PAREILLEMENT **adv.** De la même manière : *Tous les pays ne sont pas pareillement touchés.*

PAREMENT **n.m.** (de *1. parer*). **1.** Revers des manches ou de l'encolure de certains vêtements. **2.** CONSTR. Face extérieure et apparente d'un ouvrage (en maçonnerie, menuiserie, etc.).

PAREMENTER **v.t. [3].** CONSTR. Revêtir d'un parement.

PAREMENTURE **n.f. 1.** Tissu formant les revers d'un manteau et qui se prolonge jusqu'au bas du vêtement. **2.** Toile utilisée pour doubler les parements d'un vêtement.

PARENCHYMATEUX, EUSE [-rɑ̃ʃi-] **adj.** Relatif au parenchyme.

PARENCHYME [parɑ̃ʃim] **n.m.** (gr. *paregkhuma*, de *paregkhein*, répandre). **1.** HISTOL. Tissu assurant la fonction propre d'un organe (par oppos. à *stroma*) ; spécial., tissu sécréteur d'une glande. **2.** BIOL. Tissu fondamental des végétaux supérieurs, formé de cellules vivantes peu différenciées, aux parois minces, et assurant différentes fonctions.

PARENT, E **n.** (lat. *parens, -entis*). Personne avec qui l'on a un lien de parenté : *Un parent proche. Parent par alliance.* ▪ **Traiter qqn, qqch en parent pauvre,** le considérer comme secondaire : *La culture est traitée en parent pauvre.* ◆ **n.m.** Le père ou la mère : *Allocation de parent isolé.* ◆ **n.m. pl. 1.** Le père et la mère. **2.** Litt. Aïeux. ◆ **adj. (DE).** Litt. Qui a des traits communs avec : *Une saveur parente de l'anis.*

PARENTAL, E, AUX **adj.** Relatif au père et à la mère : *Autorité parentale.* ▪ **Congé parental d'éducation,** congé sans solde que peut prendre l'un des deux parents lors de la naissance ou de l'adoption d'un enfant.

PARENTALES ou **PARENTALIES** **n.f. pl.** ANTIQ. ROM. Fêtes annuelles en l'honneur des morts.

PARENTALITÉ **n.f. 1.** Fait d'être parent d'un enfant. **2.** Fonction de parent d'un enfant, notamm. sur les plans juridique, moral et socioculturel.

PARENTÉ **n.f. 1.** Relation de consanguinité ou d'alliance qui unit des personnes entre elles. **2.** DR. État des personnes liées par filiation (*parenté directe* ou *en ligne directe*) ou par alliance (*affins*), ou qui descendent d'un ancêtre commun (*parenté collatérale* ou *en ligne collatérale*). **3.** Ensemble des parents par le sang et par alliance ; parentèle : *Réunir sa parenté.* **4.** Fig. Point commun entre des choses ; ressemblance : *Une parenté entre deux dialectes.* ▪ **Parenté civile, naturelle,** agnation ; cognation. ▪ **Système de parenté** [anthrop.], ensemble cohérent de relations existant entre les parents d'une même famille, d'un même groupe, selon l'un des modes possibles de prise en compte et de valorisation de la place qu'ils occupent les uns par rapport aux autres.

PARENTÈLE n.f. **ANTHROP.** Ensemble de parents reliés entre eux aussi bien par les hommes que par les femmes (par parenté cognatique).

PARENTÉRAL, E, AUX adj. (du gr. *enteron*, intestin). **MÉD.** Se dit de l'administration d'un médicament qui se fait par injection (intramusculaire, intraveineuse, etc.) et non par le tube digestif (voie dite *entérale*).

PARENTHÈSE n.f. (gr. *parenthesis*, de *parentithenai*, insérer). **1.** Élément (phrase, mot) inséré dans le corps d'une phrase principale pour en préciser le sens mais sans en être dépendant sur le plan syntaxique. **2.** Chacun des deux signes typographiques ( ) qui indiquent l'intercalation d'un tel élément. **3.** Ensemble de ces deux signes et leur contenu. **4.** Remarque incidente ; digression : *J'ouvre une petite parenthèse.* **5.** Moment considéré comme à part dans le cours des événements : *Ce séjour au soleil a été une délicieuse parenthèse.* **6. MATH.** Signes ( ) utilisés comme symbole d'association ou pour indiquer des calculs prioritaires. ▪ **Mettre qqch entre parenthèses,** le laisser momentanément de côté. ▪ **Par parenthèse** ou **entre parenthèses,** ceci est sans rapport avec ce qui précède ou ce qui suit.

PARÉO n.m. (mot tahitien). **1.** Vêtement traditionnel tahitien constitué d'une pièce d'étoffe nouée au-dessus de la poitrine ou à la taille et qui couvre les jambes jusqu'au-dessous du genou. **2.** Longue jupe drapée inspirée du paréo tahitien.

1. PARER v.t. [3] (du lat. *parare*, disposer). **1.** Garnir d'objets qui embellissent ; décorer : *Parer les rues de guirlandes.* **2.** Vêtir avec soin et élégance : *Parer une mariée.* **3. MAR.** Tenir prêt à servir ; préparer : *Parer un canot.* **4.** Enlever l'excès de corne du sabot d'un équidé ou d'un bovin. ▪ **Parer de la viande** [cuis.], lui enlever la peau, les nerfs, la graisse, afin de la rendre propre à la consommation ou d'en améliorer la présentation. ◆ **SE PARER** v.pr. (**DE**). **1.** Se vêtir avec soin, élégance. **2.** Litt. S'attribuer plus ou moins indûment : *Se parer d'un doctorat.*

2. PARER v.t. [3] (de l'ital. *parare*, arrêter le mouvement). Détourner de soi une attaque, un coup ; esquiver : *Parer la botte d'un escrimeur.* ◆ **v.t. ind.** (**À**). Se prémunir contre qqch ; obvier à : *Cette assurance nous permettra de parer à tout incident.* ▪ **Parer au plus pressé,** s'occuper de ce qui est le plus urgent.

PARÈRE n.m. (du lat. *parere*, paraître). **DR.** Certificat attestant l'existence d'un usage déterminé.

PARÉSIE n.f. (du gr. *paresis*, relâchement). **MÉD.** Paralysie partielle entraînant une diminution de la force musculaire.

PARE-SOLEIL n.m. inv., ▲*n.m.* (*pl. pare-soleils*). **1. AUTOM.** Écran articulé et orientable protégeant les yeux des rayons directs du soleil. **2. PHOTOGR.** Accessoire en tronc de cône qui s'adapte à l'objectif.

PARESSE n.f. (lat. *pigritia*). **1.** Répugnance au travail, à l'effort ; goût pour l'oisiveté ; fainéantise. **2.** Manque d'énergie dans une action ; apathie : *Il a eu la paresse de sortir faire les courses.* **3.** Lenteur anormale dans le fonctionnement d'un organe : *Paresse intestinale.*

PARESSER v.i. [3]. Se laisser aller à la paresse.

PARESSEUSEMENT adv. Avec paresse ; mollement.

1. PARESSEUX, EUSE adj. et n. Qui manifeste de la paresse. ◆ **adj.** Lent dans son fonctionnement : *Estomac paresseux.*

2. PARESSEUX n.m. Xénarthre d'Amérique du Sud, arboricole et herbivore, aux mouvements très lents.

PARESTHÉSIE n.f. (du gr. *aisthêsis*, sensation). **NEUROL.** Trouble de la sensibilité qui se traduit par une sensation spontanée anormale mais non douloureuse (fourmillement, picotement, etc.).

PARFAIRE v.t. [89] (lat. *perficere*). Mener à son complet développement ; parachever : *Parfaire la rédaction de ses Mémoires.*

1. PARFAIT, E adj. (lat. *perfectus*). **1.** Qui est sans défaut : *Son dîner était parfait.* **2.** Qui est tel au plus haut degré : *Une parfaite harmonie. Un parfait imbécile.* **3.** Qui a toutes les qualités que l'on en attend : *Un hôte parfait.* ▪ **Bois parfait** [bot.], dont les vaisseaux, constitués de cellules lignifiées ayant résorbé leurs membranes transversales, forment des tubes continus (par oppos. à *aubier*). ▪ **(C'est) parfait !,** tout est pour le mieux.

2. PARFAIT n.m. **1.** Crème glacée au café moulée en forme de cône. **2. GRAMM.** Accompli. **3. HIST.** Chez les cathares, croyant qui avait reçu le baptême de l'esprit et était soumis à une recherche constante de la perfection.

PARFAITEMENT adv. **1.** De façon parfaite ; impeccablement : *Un bureau parfaitement rangé.* **2.** D'une manière absolue, complète ; totalement : *C'est parfaitement clair.* **3.** Renforce une affirmation ; absolument : « *Tu oserais démissionner ? – Parfaitement !* »

PARFILAGE n.m. Action de parfiler.

PARFILER v.t. [3]. **TEXT.** Défaire fil à fil une étoffe, un galon, afin de récupérer l'or ou l'argent qui recouvrait les fils de soie.

PARFOIS adv. Selon les circonstances : *On écrit parfois « labelliser », parfois « labéliser »* ; de temps à autre : *Ils vont parfois au théâtre.*

PARFUM n.m. (de *parfumer*). **1.** Odeur agréable : *Le parfum d'un vin.* **2.** Substance aromatique d'origine naturelle ou synthétique utilisée pour donner à une personne, à un lieu une odeur agréable ; mélange de telles substances : *Un flacon de parfum.* **3.** Arôme donné à certains aliments (notamm. glaces, sorbets, yaourts). ▪ **Au parfum** [arg.], informé de qqch ; au courant : *Il faut la mettre au parfum.*

PARFUMÉ, E adj. **1.** Imprégné ou additionné de parfum : *Savon parfumé.* **2.** Qui dégage du parfum : *Des pêches très parfumées.*

PARFUMER v.t. [3] (anc. provenç. *perfumar*). **1.** Remplir d'une bonne odeur ; embaumer. **2.** Imprégner de parfum : *Parfumer sa main.* **3.** Aromatiser : *Parfumer une glace à la mangue.* ◆ **SE PARFUMER** v.pr. Répandre du parfum sur soi.

PARFUMERIE n.f. **1.** Fabrication ou commerce des parfums. **2.** Magasin, rayon d'un magasin où l'on vend des parfums et des produits de beauté. **3.** Ensemble des parfums et des produits de toilette à base de parfum.

PARFUMEUR, EUSE n. **1.** Personne qui crée ou fabrique des parfums. **2.** Personne qui vend des parfums et des produits de beauté.

PARHÉLIE n.m. (du gr. *para*, à côté, et *hêlios*, soleil). **MÉTÉOROL.** Phénomène optique (tache colorée) dû à la réflexion de la lumière solaire sur un nuage de petits cristaux de glace en suspension.

PARI n.m. (de *parier*). **1.** Convention par laquelle des personnes soutenant des opinions contradictoires s'engagent à verser une somme d'argent à celle qui aura raison ou à la faire bénéficier d'un avantage quelconque : *Faire, gagner un pari.* **2.** Affirmation qu'un événement hypothétique se produira, sans enjeu défini : *Je vous fais le pari qu'ils ne protesteront pas.* **3.** Jeu d'argent où le gain dépend de l'issue d'une compétition (épreuve hippique, notamm.) ; somme pariée. ▪ **Pari de Pascal** ou **pari pascalien** [philos.], argument des *Pensées* destiné à montrer aux incroyants qu'en pariant sur l'existence de Dieu ils ont tout à gagner et rien à perdre. ▪ **Pari Couplé, Jumelé, Quarté, Quinté, Simple, Tiercé** (noms déposés) → **COUPLÉ, JUMELÉ, QUARTÉ, QUINTÉ, SIMPLE, TIERCÉ.** ▪ **Pari mutuel,** pari sur des courses de chevaux, fondé sur un principe de mutualisation des sommes engagées. ➲ Seul légal en France, le pari mutuel est princip. exploité par le PMU, GIE groupant différentes sociétés de courses.

PARIA n. **1.** En Inde, intouchable. **2.** Personne tenue à l'écart, méprisée : *Elle est traitée en paria, comme une paria.*

PARIADE n.f. **ORNITH. 1.** Saison où les oiseaux se rassemblent par paires avant de s'accoupler ; cet accouplement. **2.** Couple d'oiseaux.

PARIAGE ou **PARÉAGE** n.m. (du bas lat. *pariare*, être égal). Au Moyen Âge, contrat pour la possession ou l'exploitation d'une terre, génér. conclu entre un ecclésiastique et un seigneur laïque.

PARIDIGITÉ, E adj. et n.m. Se dit d'un mammifère ongulé qui a un nombre pair de doigts à chaque patte. ➲ Les paridigités actuels sont les artiodactyles.

PARIER v.t. ind. [5] (du bas lat. *pariare*, être égal). **1.** (**SUR**). Mettre un enjeu sur : *Parier sur un cheval.* **2.** Mettre ses espoirs dans : *Je ne parierais pas pour sa victoire, sur son aide.* ◆ **v.t. 1.** Mettre en jeu dans un pari : *J'ai parié cent euros au poker.* **2.** Affirmer comme très probable ; gager : *Je parie qu'il acceptera.*

PARIÉTAIRE n.f. (du lat. *paries, -etis*, mur). Plante herbacée, des rochers ou des murs, à petites fleurs verdâtres réunies à la base des feuilles, et aussi appelée *casse-pierre, perce-muraille.* ➲ Famille des urticacées.

PARIÉTAL, E, AUX adj. (du lat. *paries, -etis*, mur). **1. ANAT.** Se dit d'un élément (partie d'organe, membrane, etc.) en rapport avec la paroi d'une cavité (thoracique, abdominale, etc.) : *Péritoine pariétal.* **2. PRÉHIST.** Peint, dessiné ou gravé sur les parois d'une grotte : *Peinture pariétale* (SYN. **rupestre**). ▪ **Lobe pariétal** [anat.], lobe cérébral situé à l'arrière du lobe frontal, sous l'os pariétal, et qui joue un rôle dans la sensibilité de la peau, la connaissance du corps et de l'espace, et le langage. ▪ **Os pariétal,** ou **pariétal, n.m.** [anat.], os situé sur la voûte du crâne, au-dessus de l'os temporal. ▪ **Placentation pariétale** [bot.], dans laquelle les ovules sont disposés contre la paroi de l'ovaire, au niveau des soudures entre les carpelles, comme chez les orchidées.

▲ **pariétal.** Art pariétal : le disque solaire, peinture néolithique du tassili des Ajjer (Algérie).

PARIEUR, EUSE n. Personne qui parie.

PARIGOT, E adj. et n. Fam. Parisien.

PARIPENNÉ, E adj. **BOT.** Se dit de feuilles composées pennées se terminant au sommet par deux folioles opposées (pois, vesce, etc.).

PARIS-BREST n.m. inv. Pâtisserie en pâte à choux, en forme de couronne, saupoudrée d'amandes et fourrée de crème pralinée.

PARISETTE n.f. (de *Pâris*, n. myth.). Plante des bois humides, à baies toxiques bleuâtres, et qui est aussi appelée *raisin de renard.* ➲ Famille des liliacées.

PARISIANISME n.m. **1.** Mot, tournure propres au français parlé à Paris. **2.** Usage, habitude, manière d'être propres aux Parisiens. **3.** Travers consistant à n'accorder d'importance qu'à Paris et à ce qui s'y fait.

PARISIEN, ENNE adj. et n. Relatif à Paris. ◆ **n.m.** Pain de fantaisie incisé lors de l'enfournement.

PARISIS [-zi] adj. inv. **NUMISM.** Se dit de la monnaie frappée à Paris, par oppos. à la monnaie frappée à Tours : *Livre parisis et livre tournois.*

PARISYLLABIQUE adj. et n.m. (du lat. *par, paris*, égal, et de *syllabique*). **LING.** Se dit des mots latins qui ont le même nombre de syllabes au nominatif et au génitif singulier (par oppos. à *imparisyllabique*).

PARITAIRE adj. **DR.** Qui est formé d'un nombre égal de représentants de chaque partie en présence : *Liste électorale paritaire.*

PARITARISME n.m. Doctrine visant à recourir aux organismes paritaires pour rechercher des accords entre employeurs et employés, par ex.

PARITÉ **n.f.** (du lat. *par, paris,* égal). **1.** Égalité parfaite ; concordance : *Réclamer la parité des salaires hommes-femmes.* **2.** POLIT. Égalité de représentation des hommes et des femmes dans les assemblées élues. **3.** ÉCON. Définition de la valeur d'une monnaie par rapport à un étalon (or, dollar), dans un système de changes fixes ; taux de change d'une monnaie par rapport à une autre. **4.** MATH. Caractère pair d'un nombre. **5.** PHYS. Grandeur physique conservée lors des processus dont les lois sont invariantes par réflexion spatiale. ▪ **Parité du pouvoir d'achat (PPA)** [écon.], taux de conversion monétaire servant à comparer, dans une unité commune (le dollar, génér.), le pouvoir d'achat des différentes monnaies, en fixant leur valeur en fonction du montant des biens et des services qu'elles permettent de se procurer dans chacun des pays considérés. ➲ Les taux de change PPA sont utilisés avant tout dans les comparaisons internationales de niveau de vie.

1. PARJURE **n.m.** Faux serment ; violation de serment.

2. PARJURE **adj.** et **n.** Qui se parjure : *Témoin parjure.*

SE PARJURER **v.pr.** [3] (lat. *perjurare*). Faire un faux serment ; violer son serment.

PARKA **n.f.** ou **n.m.** (mot anglo-amér., de l'inuit). Manteau court à capuchon, en tissu imperméable.

PARKÉRISATION **n.f.** (nom déposé). MÉTALL. Procédé de protection contre la corrosion des pièces métalliques par phosphatation ferrique (dite profonde).

PARKING [-kiŋ] **n.m.** (mot angl.). Parc de stationnement automobile ; chacun des emplacements de ce parc.

PARKINSON [parkinsɔn] **(MALADIE DE)** **n.f.** Affection dégénérative du système nerveux central, de cause inconnue, caractérisée par un tremblement, une raréfaction et une lenteur des mouvements, et une rigidité musculaire.

On trouve aussi ***un Parkinson*** ou ***un parkinson***.

PARKINSONIEN, ENNE **adj.** Relatif à la maladie de Parkinson. ◆ **adj.** et **n.** Atteint de la maladie de Parkinson.

PARKOUR **n.m.** (nom déposé). Course visant à inclure les obstacles qui se présentent, en les franchissant de façon acrobatique. ➲ Initialement pratiqué en ville, le Parkour s'effectue auj. également dans la nature.

PARLANT, E **adj.** **1.** Se dit de ce qui est expressif, éloquent : *Un regard très parlant.* **2.** Qui n'a pas besoin de commentaires ; probant : *Les résultats du sondage sont parlants.* **3.** TECHN. Qui reproduit ou enregistre la parole : *L'horloge parlante.* ▪ **Armes parlantes** [hérald.], armes dont certains éléments sont en relation avec le nom des possesseurs. ▪ **Le cinéma parlant,** ou **le parlant, n.m.** [techn.], qui comporte l'enregistrement de la parole et des sons (par oppos. à *cinéma muet*). ◆ **adv.** (Précédé d'un adv.). De tel point de vue : *Économiquement parlant.*

PARLÉ, E **adj.** **1.** Exprimé, réalisé par la parole : *Les passages parlés d'une comédie musicale.* **2.** Qui relève de la forme ou de l'emploi oraux d'une langue, par oppos. à sa forme ou à son emploi écrits : *Le français, l'arabe parlé.* ◆ **n.m.** Partie d'une œuvre exprimée en parlant : *Le parlé dans un opéra-comique.*

PARLEMENT **n.m.** (de *1. parler*). **1.** (Avec une majuscule). Assemblée ou ensemble des assemblées exerçant le pouvoir législatif ; spécial., ensemble des deux chambres, dans les pays où existe le bicamérisme. **2.** HIST. Dans la France du Moyen Âge et de l'Ancien Régime, institution judiciaire, administrative et politique.

1. PARLEMENTAIRE **adj.** et **n.** Relatif au Parlement ; membre du Parlement. ▪ **Régime parlementaire,** dans lequel le gouvernement est responsable devant le Parlement (SYN. **parlementarisme**).

2. PARLEMENTAIRE **n.** Personne qui, en temps de guerre, est chargée de parlementer avec l'ennemi.

PARLEMENTARISME **n.m.** Régime parlementaire.

PARLEMENTER **v.i.** [3]. **1.** Discuter en vue d'un arrangement. **2.** Tenir des pourparlers avec l'ennemi en vue d'un accord.

1. PARLER **v.i.** [3] (du lat. *parabolare*). **1.** Articuler des paroles : *Depuis son AVC, il a du mal à parler.* **2.** Exprimer sa pensée par la parole : *Parler au téléphone avec un ami.* **3.** Exprimer sa pensée autrement que par la parole : *Les sourds-muets parlent par signes.* **4.** Révéler ce qui devait être tenu caché ; avouer : *Son codétenu a parlé.* **5.** Être éloquent, révélateur : *Les images parlent d'elles-mêmes.* **6.** Fig. Fournir l'explication de : *Les boîtes noires ont parlé.* ▪ **Parler d'or,** avec pertinence, sagesse. ▪ **Parler en l'air,** sans réfléchir. ▪ **Tu parles !, vous parlez !** [fam.], se dit pour approuver ou, iron., pour marquer l'incrédulité : *Lui, fidèle ? Tu parles !* ◆ **v.t. ind.** **1.** (À, AVEC). Communiquer par la parole avec : *Je voudrais parler au maire.* **2.** (DE). Faire part de ses pensées, de son avis sur : *Parlons de vos projets.* **3.** (DE). Avoir tel sujet, traiter tel thème, en parlant d'une œuvre ; raconter : *Le roman, le film parle de la guerre d'Algérie.* **4.** (DE). Évoquer qqn, qqch, en parlant de qqch : *Cette maison lui parle de son enfance.* **5.** Absol. Rappeler qqch à qqn : *Ce nom me parle* ; être tentant : *Une semaine au soleil, ça lui parle !* **6.** (DE). Annoncer son intention, son envie de : *Ils parlent de déménager.* ▪ **Faire parler de soi,** se faire remarquer (en bien ou en mal). ▪ **Ne plus parler à qqn,** être fâché avec lui. ▪ **Parler au cœur,** émouvoir. ▪ **Trouver à qui parler,** avoir affaire à un adversaire extrêmement combatif ou à la hauteur. ◆ **v.t.** Faire usage de telle langue ; pouvoir s'exprimer dans telle langue : *Elle parle le japonais.* ◆ **SE PARLER** **v.pr.** Communiquer par le langage articulé ; s'adresser la parole : *Ils ne se parlent plus.*

2. PARLER **n.m.** **1.** Manière de s'exprimer ; élocution : *Un parler saccadé.* **2.** LING. Moyen de communication linguistique (langue, dialecte, patois particuliers à une région).

PARLER-VRAI **n.m.** (pl. *parlers-vrai*). Manière sincère et simple de s'exprimer ; franchise : *Député apprécié pour son parler-vrai.*

PARLEUR, EUSE **n.** ▪ **Un beau parleur** [péjor.], celui qui s'écoute parler. ◆ **adj.** ▪ **Oiseau parleur,** oiseau capable d'imiter la voix humaine, comme certains perroquets et mainates.

PARLOIR **n.m.** Salle où l'on reçoit les visiteurs dans certains établissements (scolaires, religieux, pénitentiaires, etc.).

PARLOPHONE **n.m.** Fam. Interphone.

PARLOTE ou **PARLOTTE** **n.f.** Fam. Conversation oiseuse.

PARLURE **n.f.** Vx ou litt. ; Québec. Manière de s'exprimer particulière à qqn, à un groupe (accent, vocabulaire, tournures).

1. PARME **adj. inv.** et **n.m.** (de *Parme,* n.pr.). De la couleur mauve de la violette de Parme.

2. PARME **n.m.** Jambon d'appellation d'origine protégée fabriqué dans la région de Parme.

PARMÉLIE **n.f.** (lat. *parmelia*). Lichen formant des plaques foliacées jaune verdâtre sur les pierres, les troncs d'arbres.

PARMENTIER **adj. inv.** et **n.m.** (de A. A. *Parmentier,* n.pr.). ▪ **Hachis parmentier,** ou **parmentier,** purée de pommes de terre garnie d'un hachis de viande et gratinée au four.

PARMESAN, E **adj.** et **n.** De Parme ; du duché de Parme. ◆ **n.m.** Fromage italien au lait de vache, à pâte très dure, que l'on utilise comme fromage à râper.

PARMI **prép.** (de *1. par* et *-mi*). [Devant un nom au pl. ou un nom collectif]. **1.** Au milieu de : *Se perdre parmi la foule.* **2.** Au nombre de : *Il compte parmi les favoris.*

1. PARNASSIEN, ENNE **adj.** et **n.** LITTÉR. Qui appartient au groupe du Parnasse (v. partie n.pr. **PARNASSE CONTEMPORAIN**).

2. PARNASSIEN **n.m.** Nom usuel de l'*apollon.* ➲ Famille des papilionidés.

PARODIE **n.f.** (gr. *parôdia*). **1.** LITTÉR. Imitation des procédés caractéristiques d'un style dans une intention burlesque ou satirique. **2.** Imitation grossière ; simulacre : *Une parodie de justice.*

PARODIER **v.t.** [5]. Faire la parodie de.

PARODIQUE **adj.** Relatif à la parodie.

PARODISTE **n.** Auteur d'une parodie.

PARODONTAL, E, AUX **adj.** Relatif au parodonte.

PARODONTE **n.m.** ANAT. Ensemble des tissus de soutien de la dent (os alvéolaire, ligaments, gencives).

PARODONTIE [-si] **n.f.** Parodontologie.

PARODONTISTE **n.** Chirurgien-dentiste spécialisé dans les soins du parodonte.

PARODONTITE **n.f.** MÉD. Inflammation du parodonte (SYN. **périodontite**).

PARODONTOLOGIE **n.f.** Partie de l'odontologie qui étudie le parodonte (SYN. **parodontie**).

PARODONTOLYSE **n.f.** MÉD. Destruction du parodonte.

PARODONTOPATHIE **n.f.** MÉD. Affection du parodonte, génér. dégénérative.

PARODOS [-dɔs] **n.m.** (mot gr. « entrée »). ANTIQ. GR. Dans une tragédie, premier chant du chœur après son entrée dans l'orchestre.

PAROI **n.f.** (lat. *paries*). **1.** Mur, cloison qui séparent une pièce d'une autre dans un local. **2.** Surface matérielle qui délimite intérieurement un objet creux. **3.** ANAT. Partie qui circonscrit une cavité du corps ou un organe creux. **4.** Surface latérale d'une cavité naturelle : *Les parois d'une grotte.* **5.** Versant rocheux uni, proche de la verticale, en montagne. **6.** ÉQUIT. Muraille.

PAROISSE **n.f.** (du gr. *paroikia,* groupement d'habitations). Territoire sur lequel s'exerce le ministère d'un curé, d'un pasteur.

PAROISSIAL, E, AUX **adj.** Relatif à une paroisse.

1. PAROISSIEN, ENNE **n.** Fidèle d'une paroisse. ▪ **Un drôle de paroissien** [fam.], un individu louche.

2. PAROISSIEN **n.m.** CATH. Missel à l'usage des fidèles.

PAROLE **n.f.** (lat. *parabola*). **1.** Faculté de parler, propre à l'être humain ; langage : *L'acquisition de la parole chez l'enfant.* **2.** Fait de parler : *Couper la parole à qqn.* **3.** Droit de parler dans un groupe, une assemblée : *Demander la parole.* **4.** Capacité personnelle à parler, à s'exprimer oralement ; verbe : *Ministre qui ne maîtrise pas toujours sa parole.* **5.** LING. Usage concret qu'un individu fait de la langue. **6.** Mot ou suite de mots ; phrase : *Des paroles d'encouragement.* **7.** Assurance donnée à qqn ; promesse : *Il n'a aucune parole. Tenir parole.* ▪ **C'était une parole en l'air,** prononcée sans réfléchir. ▪ **De belles paroles,** des discours prometteurs qui restent sans suite. ▪ **Être de parole** ou **n'avoir qu'une parole,** respecter ses engagements. ▪ **La parole de Dieu** ou **la bonne parole,** l'Évangile. ▪ **Ma parole !,** formule par laquelle on atteste la vérité de ce que l'on dit. ▪ **Parole !,** à certains jeux de cartes, interjection signifiant que l'on ne fait pas d'enchère ou que l'on ne déclare pas d'atout. ▪ **Passer la parole à qqn,** l'inviter à parler à son tour. ▪ **Prendre la parole,** commencer à parler. ▪ **Reprendre sa parole,** se dédire ; se rétracter. ▪ **Sur parole,** sur une simple affirmation : *Je vous crois sur parole* ; sur la garantie de la bonne foi : *Prisonnier libéré sur parole.* ◆ **n.f. pl.** Texte d'une chanson, par oppos. à la musique.

PAROLIER, ÈRE **n.** Personne qui écrit les paroles d'une chanson.

PARONOMASE **n.f.** (gr. *paronomasia*). STYL. Figure qui consiste à rapprocher des paronymes dans une phrase. (Ex. : *Qui se ressemble s'assemble.*)

PARONYME **adj.** et **n.m.** (du gr. *para,* à côté, et *onoma,* mot). LING. Se dit de mots de sens différents mais de formes relativement voisines. (Ex. : *conjecture* et *conjoncture, collision* et *collusion.*)

PARONYMIE **n.f.** Caractère des mots paronymes.

PARONYQUE **n.f.** (gr. *parônukhis,* de *onux, onukhos,* ongle). Plante rampante de rocaille, des régions tempérées chaudes de l'hémisphère Nord, à petites fleurs vertes ou blanches. ➲ Famille des caryophyllacées.

PAROS [-ɔs] **n.m.** Marbre blanc de Páros.

PAROTIDE **adj.** et **n.f.** (du gr. *para,* à côté, et *oûs, ôtos,* oreille). ANAT. Se dit de la plus importante des glandes salivaires, située derrière la mandibule et sous l'oreille.

PAROTIDIEN, ENNE **adj.** Relatif à la parotide.

PAROTIDITE **n.f.** MÉD. Inflammation de la parotide.

PAROUSIE **n.f.** (du gr. *parousia,* présence). THÉOL. CHRÉT. Retour glorieux du Christ, à la fin des temps, en vue du Jugement dernier.

PAROXYSME **n.m.** (du gr. *paroxusmos,* excitation). **1.** Plus haut degré d'un sentiment, d'une douleur, d'un phénomène ; summum. **2.** MÉD. Phase d'une maladie pendant laquelle tous les symptômes se manifestent avec leur maximum d'intensité.

PAROXYSTIQUE, PAROXYSMIQUE ou **PAROXYSMAL, E, AUX adj.** Qui présente les caractères d'un paroxysme : *Douleur paroxystique.*

PAROXYTON adj.m. et **n.m.** (gr. *paroxutonos*). **PHON.** Se dit d'un mot ayant l'accent tonique sur l'avant-dernière syllabe.

PARPAILLOT, E n. (de l'occitan *parpailhol*, papillon). Vx, péjor. ou, auj., par plais. Calviniste français ; protestant.

PARPAING [-pɛ̃] **n.m.** (du bas lat. *perpetaneus*, ininterrompu). **1.** Pierre de taille qui occupe toute l'épaisseur d'un mur. **2.** Aggloméré parallélépipédique moulé et comprimé, employé en maçonnerie.

PARQUER v.t. [3]. 1. Enfermer des personnes dans un espace étroit : *Parquer les rescapés dans un gymnase.* **2.** Mettre dans un lieu entouré d'une clôture : *Parquer des moutons dans un pré.* **3.** Mettre en stationnement ; garer : *Parquer sa voiture dans la rue.* ◆ **v.i.** Être dans un parc : *Les moutons parquent.*

PARQUET n.m. (de *parc*). **1. CONSTR.** Assemblage de planches (dites *lames de parquet*) formant un revêtement de sol intérieur. **2. MAR.** Assemblage de tôles formant plateforme ou constituant le sol d'un compartiment du navire. **3. PEINT.** Système de lattes de maintien ajouté au revers d'un tableau peint sur bois, pour l'empêcher de jouer exagérément. **4. DR.** Magistrature debout*. ▪ **Parquet d'élevage,** enclos pour l'élevage des poules, des faisans.

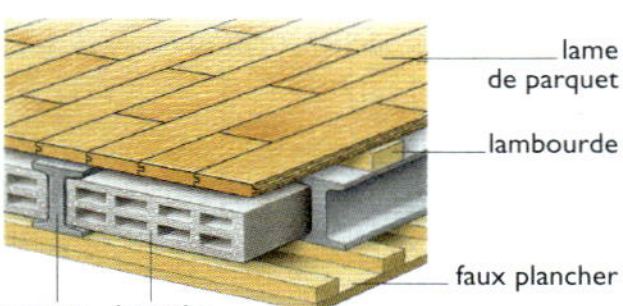

montage d'un parquet à l'anglaise

parquet à points de Hongrie — **parquet à bâtons rompus**

▲ **parquets**

PARQUETAGE n.m. CONSTR. Action de parqueter ; ouvrage de parquet.

PARQUETER v.t. [16], ▲ *[12].* Garnir d'un parquet.

PARQUETEUR n.m. Menuisier qui fabrique, pose ou répare les parquets.

PARQUETIER, ÈRE n. Magistrat du parquet.

PARRAIN n.m. (du lat. *pater*, père). **1. CHRIST.** Homme qui présente un enfant au baptême ou à la confirmation et se porte garant de sa fidélité à l'Église. **2.** Homme qui préside au baptême d'une cloche, au lancement d'un navire, etc. **3.** Homme qui donne un nom à qqn, à qqch : *Le parrain de la nouvelle promotion.* **4.** Homme qui présente qqn dans un club, une société, pour l'y faire entrer. **5.** Chef mafieux.

PARRAINAGE n.m. 1. CHRIST. Qualité, fonction de parrain ou de marraine. **2.** Soutien moral accordé à qqn, à qqch : *Le parrainage d'un festival.* **3. POLIT.** En France, soutien écrit apporté par un élu au candidat de son choix, en vue de l'élection présidentielle. **4.** Méthode publicitaire fondée sur le financement d'une activité (sportive, culturelle, etc.) et destinée à rapprocher dans l'esprit du public une marque de cette activité. Recomm. off. pour **sponsoring.**

PARRAINER v.t. [3]. 1. Se porter garant de qqn ; patronner une œuvre, un projet. **2.** Recomm. off. pour **sponsoriser.**

PARRAINEUR, EUSE n. Recomm. off. pour **sponsor.**

1. PARRICIDE n.m. (lat. *parricidium*). Meurtre du père, de la mère ou de tout autre ascendant légitime.

2. PARRICIDE adj. et **n.** (lat. *parricida*). Qui a commis un parricide.

PARSEC n.m. (de *parallaxe* et *seconde*). **ASTRON.** Unité (symb. pc) correspondant à la distance à la Terre d'une étoile dont la parallaxe annuelle est égale à une seconde de degré. ➲ Le parsec vaut 3,26 années-lumière, soit env. 30 000 milliards de kilomètres.

PARSEMER v.t. [12]. 1. Couvrir une surface de choses répandues çà et là ; saupoudrer : *Parsemer une table de pétales.* **2.** Être répandu çà et là sur une surface : *Des confettis parsèment le plancher.* **3.** Sout. Placer qqch à de multiples endroits ; émailler : *Parsemer un discours de citations.*

PARSI, E adj. et **n.** (du persan). Se dit des zoroastriens de l'Inde. (Les zoroastriens restés en Iran sont appelés *guèbres*.)

PART n.f. (lat. *pars, partis*). **1.** Partie d'un tout ; portion résultant d'une division, d'un partage : *Il reste deux parts de cake.* **2.** Ce qui revient, échoit à qqn ; lot : *À chacun sa part de contrariétés.* **3.** (Avec un possessif). Concours que l'on apporte à une entreprise commune ; contribution : *Fournir sa part de travail. Payer sa part.* **4. DR.** Fraction d'un patrimoine attribuée à un copartageant. **5. DR. FISC.** Unité de base servant au calcul de l'impôt sur le revenu. ➲ Le nombre de parts augmente avec le nombre de personnes qui composent la famille. ▪ **À part,** différent des autres ; particulier : *C'est un cas à part* ; séparément : *J'ai mis vos dossiers à part* ; excepté ; hormis : *À part nous, personne ne l'a vu.* ▪ **À part entière,** qui jouit de tous les droits attachés à telle qualité, telle catégorie : *Citoyen à part entière.* ▪ **À part moi, soi** [vieilli], en mon, son for intérieur. ▪ **Autre part** → **AUTRE.** ▪ **D'autre part,** de plus ; en outre. ▪ **De la part de qqn,** en son nom : *Dites-le-lui de ma part* ; venant de lui : *C'est un gros effort de sa part.* ▪ **De part en part,** en traversant l'épaisseur de. ▪ **De toute(s) part(s),** de tous côtés. ▪ **D'une part..., d'autre part...,** introduit un double point de vue, un parallèle. ▪ **Faire la part de,** tenir compte de : *Faire la part de la situation économique.* ▪ **Faire la part du feu,** abandonner, pour ne pas tout perdre, ce qui ne peut plus être sauvé. ▪ **Faire part de qqch à qqn,** l'en informer. ▪ **Nulle part,** en aucun lieu. ▪ **Part (sociale)** [dr.], quantité déterminée du capital social appartenant à l'associé d'une société civile ou commerciale. (Pour certaines sociétés, on parle d'*action*.) ▪ **Part virile** [dr.], résultat de la division de la valeur d'un bien indivis par le nombre des propriétaires. ▪ **Pour ma, sa part,** en ce qui me, le concerne. ▪ **Prendre en bonne, en mauvaise part,** donner un sens favorable, défavorable à : *Ne prenez pas mes paroles en mauvaise part.* ▪ **Prendre part à qqch,** y participer ; s'y associer. ▪ **Quelque part,** v. à son ordre alphabétique.

PARTAGE n.m. 1. Action de partager, de diviser ; répartition : *Le partage des bénéfices.* **2.** Fait de partager, d'avoir qqch en commun avec qqn : *Le partage des tâches ménagères.* **3.** Litt. Ce qui échoit à qqn ; destin : *Le malheur est leur partage.* **4. MATH.** Action de diviser une grandeur ou un nombre en parties. **5. DR.** Acte qui règle les parts d'une succession ou qui met fin à une indivision. ▪ **En partage** [litt.], comme don naturel ; comme part d'une succession. ▪ **Ligne de partage des eaux** [hydrol.], crête ou plateau séparant deux bassins hydrographiques. ▪ **Partage d'ascendant** [dr.], acte par lequel une personne répartit de son vivant ses biens entre ses descendants, par donation ou par testament. ▪ **Partage proportionnel** [math.], dans lequel les parties sont proportionnelles à des coefficients donnés. ▪ **Sans partage,** entier ; total : *Un dévouement sans partage.*

PARTAGEABLE adj. Qui peut être partagé.

PARTAGER v.t. [10]. 1. Diviser en parts ; fractionner : *Partage le gâteau en six.* **2.** Diviser en parts destinées à être attribuées à des personnes différentes ; répartir : *Partager les bénéfices entre les actionnaires.* **3.** Séparer en parties distinctes ; diviser : *Raie qui partage en deux une chevelure.* **4.** Donner une part de ce que l'on possède : *Partager son sandwich avec un ami.* **5.** Avoir en commun avec qqn : *Ils ont partagé un gîte avec des amis* ; s'associer à qqn dans un sentiment : *Nous partageons votre douleur.* **6.** Séparer en groupes d'avis divergents ; diviser : *Loi qui partage la majorité.* ▪ **Être partagé,** être animé de sentiments contraires : *Les avis sont partagés.* ▪ **Sentiment partagé,** éprouvé réciproquement par deux personnes. ◆ **SE PARTAGER v.pr. 1.** Diviser en parts pour répartir : *Ils se sont partagé les livres de sa bibliothèque.* **2.** Se séparer en petits groupes : *Les participants se sont partagés en ateliers de discussion.*

PARTAGEUR, EUSE adj. Qui partage volontiers.

PARTAGEUX, EUSE n. et **adj.** Vx. Partisan du partage des biens.

PARTANCE n.f. ▪ **En partance,** se dit d'un bateau, d'un train, de voyageurs sur le point de partir.

1. PARTANT, E n. 1. Personne qui part. **2.** Concurrent (personne, cheval, véhicule, etc.) qui prend le départ d'une course. ◆ **adj.** Fam. ▪ **Être partant (pour),** être disposé, prêt (à) : *Elle est partante pour cette randonnée.*

2. PARTANT conj. Litt. Par conséquent ; de ce fait.

PARTENAIRE n. (angl. *partner*). **1.** Personne avec qui on est associé contre d'autres, dans un jeu. **2.** Personne avec qui l'on pratique certaines activités (danse, sport, etc.). **3.** Personne avec qui l'on a une relation sexuelle. **4.** Personne à laquelle on se joint pour réaliser un projet ; associé : *Chercher des partenaires financiers.* **5.** Pays qui entretient avec un ou plusieurs autres des relations politiques, économiques, etc. : *Les partenaires européens.* ▪ **Partenaires sociaux,** représentants du patronat et des syndicats d'une branche professionnelle, de la direction et du personnel d'une entreprise, considérés en tant que parties dans des négociations, des accords.

PARTENARIAL, E, AUX adj. Relatif au partenariat, notamm. dans le domaine social.

PARTENARIAT n.m. Système associant des partenaires sociaux ou économiques.

PARTERRE n.m. 1. Partie d'un jardin où fleurs, bordures, gazon, etc., forment une composition décorative (parfois des broderies*). **2.** Rez-de-chaussée d'une salle de théâtre à l'italienne ; les spectateurs placés au parterre. **3.** Groupe de personnes réunies pour écouter qqn, voir qqch ; assistance : *Le président a parlé devant un parterre d'industriels.*

PARTHÉNOGENÈSE n.f. (du gr. *parthenos*, vierge). **BIOL.** Reproduction à partir d'un ovule ou d'une oosphère non fécondés. ➲ La parthénogenèse s'observe souvent chez les pucerons et les hyménoptères, parfois chez les amphibiens et les oiseaux ; on a pu l'obtenir expérimentalement chez la lapine.

PARTHÉNOGÉNÉTIQUE adj. Relatif à la parthénogenèse ; issu d'une parthénogenèse.

1. PARTI n.m. (de *1. partir*). **1.** Association de personnes constituée en vue d'une action politique. **2.** Ensemble de personnes ayant des opinions, des aspirations communes : *Le parti des défenseurs de la parité.* **3.** Résolution à prendre pour agir ; choix : *Hésiter entre deux partis.* **4.** Vieilli ou par plais. Personne à marier considérée du point de vue de sa situation sociale : *Un beau parti.* **5. BX-ARTS.** Ensemble des choix faits par l'architecte, par l'artiste quant aux caractères essentiels de l'œuvre à réaliser. ▪ **Esprit de parti,** partialité en faveur de son propre parti ; sectarisme. ▪ **Faire un mauvais parti à qqn,** le maltraiter ou le tuer. ▪ **Parti pirate** → **PIRATE.** ▪ **Parti pris,** opinion préconçue ; préjugé. ▪ **Prendre parti,** prendre position ; s'engager. ▪ **Système des partis,** organisation de la vie politique accordant un rôle prépondérant aux partis. ▪ **Système du parti unique,** où un seul parti est autorisé, exerce le pouvoir. ▪ **Tirer parti de qqch,** l'utiliser au mieux.

2. PARTI, E adj. Fam. Ivre : *Il est un peu parti.*

3. PARTI, E adj. (de *1. partir*). **HÉRALD.** ▪ **Écu parti,** divisé verticalement en deux parties égales.

PARTIAIRE [-sjɛr] **adj. DR.** Anc. ▪ **Colonage** ou **colonat partiaire,** métayage. ▪ **Colon partiaire,** agriculteur qui partageait les récoltes avec le propriétaire foncier.

PARTIAL, E, AUX [-sjal, o] **adj.** (lat. *partialis*, de *pars, partis*, part). Qui fait preuve de parti pris ; partisan.

PARTIALEMENT [-sja-] **adv.** Avec partialité.

PARTIALITÉ [-sja-] **n.f.** Attitude partiale ; caractère partial d'un jugement.

PARTICIPANT, E adj. et n. Qui participe.

PARTICIPATIF, IVE adj. **1.** Qui fait appel à la participation de chacun ; collaboratif ; contributif : *Blog participatif.* **2.** ÉCON. Qui correspond à une participation financière. ▪ **Démocratie participative** → **DÉMOCRATIE.** ▪ **Prêts participatifs** [écon.], prêts à taux d'intérêt variable assortis d'une clause de participation du prêteur aux résultats de l'entreprise, mais ne donnant pas droit à intervention dans sa gestion. ▪ **Titres participatifs** [écon.], titres qui ne donnent pas de droit de vote mais sont assortis d'une rémunération fixe garantie et d'un supplément en fonction des résultats de la société.

PARTICIPATION n.f. **1.** Action, fait de participer ; collaboration. **2.** Action de payer sa part ; contribution : *Participation des adhérents aux frais de gestion.* **3.** ÉCON. Fait de recevoir une part d'un profit. **4.** ÉCON. Système dans lequel les salariés sont associés aux profits et, le cas échéant, à la gestion de leur entreprise. **5.** ÉCON. Fait de détenir de 10 à 50 % du capital d'une société. **6.** PHILOS. Chez Platon, relation de dépendance essentielle des choses sensibles aux Idées ou archétypes. ▪ **Participation aux acquêts** [dr.], régime matrimonial conventionnel selon lequel, à la dissolution du mariage, chacun des époux a droit à une somme égale à la moitié des acquêts réalisés par l'autre. ▪ **Société en participation** [écon.], société non immatriculée, dépourvue de la personnalité morale, constituée par deux ou plusieurs personnes qui ne veulent génér. pas en révéler l'existence aux tiers.

PARTICIPE n.m. (lat. *participium*). GRAMM. Forme verbale impersonnelle, qui joue tantôt le rôle d'adjectif (variable), tantôt celui de verbe. ▪ **Participe passé,** forme qui sert à établir les temps composés de l'actif et tous les temps du passif. V. *Mémento de grammaire,* § 3, 4. ▪ **Participe présent,** forme toujours terminée par *-ant* qui marque un état ou une action simultanés à ceux de la principale. V. *Mémento de grammaire,* § 12.

PARTICIPER v.t. ind. [3] (À) [lat. *participare*]. **1.** Prendre part à qqch ; s'associer à : *Participer à un débat sur le clonage.* **2.** Payer sa part de ; contribuer à : *Participer à l'achat d'un cadeau.* **3.** Recevoir sa part de : *Participer aux bénéfices.* ▪ **Participer de qqch** [litt.], en présenter certains caractères ; tenir de : *Cette histoire participe du conte de fées.*

PARTICIPIAL, E, AUX adj. Relatif au participe. ▪ **Proposition participiale,** ou **participiale,** n.f., dont le verbe est un participe.

PARTICULAIRE adj. **1.** Formé de particules ; relatif à la physique des particules. **2.** Se dit de la structure d'un sol dont les particules élémentaires (sables, limons) ne sont pas agrégées.

PARTICULARISATION n.f. Action de particulariser.

PARTICULARISER v.t. [3]. Différencier par des caractères particuliers.

PARTICULARISME n.m. Tendance d'une minorité à affirmer ses particularités culturelles, linguistiques, etc., et à lutter pour les préserver ; ensemble de ces particularités.

PARTICULARITÉ n.f. Caractère particulier de qqn, de qqch ; spécificité.

PARTICULE n.f. (du lat. *particula,* petite part). **1.** Très petite partie d'un élément matériel, d'un corps : *Des particules de poussière.* **2.** GRAMM. Petit mot invariable servant à préciser le sens d'autres mots ou à indiquer des rapports grammaticaux (ex. : *-ci* dans *celui-ci*). **3.** Préposition *de* ou élément qui précède certains noms de famille (nobles, partic.). ▪ **Particule (élémentaire)** [phys.], constituant fondamental de l'Univers apparaissant, dans l'état actuel des connaissances, comme non décomposable en d'autres éléments. ▪ **Particule fine,** particule polluante en suspension dans l'air, de diamètre inférieur à 2,5 micromètres.

➲ Le concept de **PARTICULE** élémentaire permet de rendre compte aussi bien des propriétés de la matière* que des forces qui s'exercent entre ses différents constituants (modèle standard).
L'atome* est formé d'un noyau entouré d'un nuage d'*électrons.* Ce noyau est lui-même constitué de protons et de neutrons qui, eux, se composent de *quarks,* dont on connaît six variétés (dites « saveurs »), formant des édifices, les *hadrons,* répartis en *baryons* (composés de trois quarks) et en *mésons* (assemblages quark-antiquark). Il existe aussi deux particules analogues à l'électron, mais plus lourdes et instables : le *muon* et le *tauon.* À chacune de ces trois particules est associé un *neutrino,* électriquement neutre, qui apparaît dans la radioactivité ß. Ces six particules (électron, muon, tauon et leurs neutrinos respectifs) forment le groupe des *leptons.*
Une autre classification des particules est fondée sur la valeur de leur *spin.* La matière est formée de particules de spin demi-entier : les *fermions.* Les *bosons,* particules de spin entier, jouent le rôle de médiateur entre les particules de matière. À chaque interaction fondamentale est associé un boson spécifique. Si le *graviton,* censé véhiculer l'interaction gravitationnelle, n'a toujours pas été découvert, on connaît déjà le *photon,* responsable de la force électromagnétique, les trois bosons, dits « intermédiaires » (W+, W–, Z0), de l'interaction faible et les huit *gluons* porteurs de l'interaction forte.

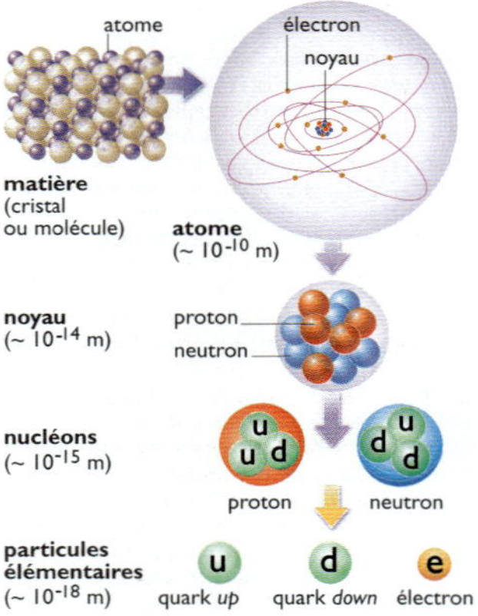

Les quarks, qui n'apparaissent jamais à l'état libre, sont maintenus, au sein des nucléons, par l'interaction forte.

▲ **particule élémentaire.** Trois particules suffisent à constituer toute la matière stable : les deux quarks *up* et *down,* et l'électron.

1. PARTICULIER, ÈRE adj. (lat. *particularis*). **1.** Propre à qqch, à qqn : *Un parfum particulier à une famille de fleurs.* **2.** Affecté en propre à qqn, à qqch ; privé : *Voiture particulière.* **3.** Qui concerne spécialement qqn ; personnel : *Elle a des raisons particulières de refuser.* **4.** Se dit de ce qui distingue qqn ou qqch (par oppos. à *général*) ; distinctif : *Ce comédien a une élocution particulière.* **5.** Qui se distingue par qqch d'anormal, souvent jugé péjorativement ; spécial : *Roman d'un genre particulier.* **6.** Qui est défini, limité ; précis : *Revenons sur ce cas particulier.* ◆ n.m. (Seulem. au sing.). Ce qui constitue seulement un élément d'un ensemble : *Passer du particulier au général.* ▪ **En particulier,** seul à seul : *Je l'ai rencontré en particulier* ; notamment : *Elle aime la lecture et en particulier les policiers.*

2. PARTICULIER n.m. Personne privée, par oppos. aux collectivités professionnelles, administratives, etc.

PARTICULIÈREMENT adv. De façon particulière ; spécialement.

PARTIDAIRE adj. Relatif à un parti politique, au système des partis.

PARTIE n.f. (de *1. partir*). **1.** Portion d'un tout ; fragment : *Il faut recoller les deux parties du vase* ; fraction : *Une partie du conseil municipal s'est abstenue.* **2.** Durée pendant laquelle des adversaires s'opposent, dans un jeu, un sport ; totalité des coups à jouer, des points à gagner pour déterminer un gagnant et un perdant : *Partie de cartes, de tennis.* **3.** Action complexe, menée dans un but déterminé et dont l'enjeu est assez important : *La ministre joue une partie serrée.* **4.** Divertissement collectif : *Partie de chasse.* **5.** Domaine de compétence ; spécialité : *Avocat réputé dans sa partie.* **6.** MUS. Chacune des voix, instrumentales ou vocales, d'une composition musicale. **7.** DR. Chacune des personnes qui plaident l'une contre l'autre. **8.** DR. Chacune des personnes qui prennent part à une négociation ou qui s'engagent mutuellement par une convention, un contrat. ▪ **Avoir affaire à forte partie,** à un adversaire redoutable. ▪ **Ce n'est que partie remise,** ce projet est seulement différé. ▪ **En partie,** partiellement : *Le bâtiment a été en partie détruit.* ▪ **Être de la partie,** être du métier. ▪ **Faire partie de,** être un élément d'un ensemble : *La France fait partie de l'Europe.* ▪ **Partie d'un ensemble** [math.], sous-ensemble de cet ensemble. ▪ **Prendre qqn à partie,** s'en prendre à lui. ▪ **Quitter la partie,** abandonner la lutte ; renoncer. ◆ n.f. pl. Fam. Organes génitaux masculins.

1. PARTIEL, ELLE adj. **1.** Qui ne constitue ou qui ne concerne qu'une partie d'un tout ; fragmentaire : *Des résultats partiels.* **2.** Qui n'a lieu, n'existe que pour une partie ; incomplet : *Éclipse partielle.* ▪ **Dérivée partielle** [math.], dérivée d'une fonction *f* de plusieurs variables par rapport à l'une des variables *x,* les autres étant supposées constantes, notée $f'(x)$ ou $\frac{\delta f}{\delta x}$ et dite dérivée par rapport à *x.* ▪ **Élection partielle,** ou **partielle,** n.f., élection faite en dehors des élections générales, à la suite d'un décès, d'une démission, etc.

2. PARTIEL n.m. **1.** Dans l'enseignement supérieur, épreuve portant sur une partie du programme d'un examen, dans le contrôle continu des connaissances, et constituant un élément de la note finale. **2.** ACOUST. Chacun des sons émis par un corps vibrant à chacune de ses fréquences de résonance.

PARTIELLEMENT adv. En partie ; pour une part.

1. PARTIR v.t. [31] (du lat. *pars, partis,* part). Vx. Partager. ▪ **Avoir maille à partir avec** → **2. MAILLE.**

2. PARTIR v.i. [31] (auxil. *être*) [du lat. *partiri,* partager]. **1.** Quitter un lieu : *Elle part de chez elle à huit heures du matin* ; s'en aller : *Ils partent pour l'Italie.* **2.** (DE). Avoir pour origine, pour point de départ : *La Dordogne part du Massif central. La dispute est partie d'un malentendu.* **3.** Se mettre en marche : *Le moteur part au quart de tour* ; être déclenché : *Le pétard n'est pas parti.* **4.** S'enlever, en parlant de qqch ; disparaître : *Le tartre partira avec du vinaigre.* ▪ **À partir de,** à dater de ; depuis. ▪ **C'est parti** [fam.], l'action est commencée. ▪ **Être bien, mal parti** [fam.], être sur une bonne, mauvaise voie pour atteindre son but.

1. PARTISAN, E n. (ital. *partigiano*). **1.** Personne dévouée à une organisation, à un idéal, à qqn ; adepte : *Les partisans de la privatisation.* **2.** Combattant volontaire n'appartenant pas à une armée régulière : *Les partisanes qui combattirent dans le maquis.* ◆ adj. (DE). Favorable à : *Elle est partisane de cette réforme.*

✎ Le féminin *partisante* est familier.

2. PARTISAN, E adj. Péjor. Inspiré par l'esprit de parti : *Des choix partisans.*

PARTISANERIE n.f. Québec. Attitude d'une personne qui témoigne d'un attachement exclusif à un parti politique et d'un point de vue partial en sa faveur ; esprit de parti : *Un débat teinté de partisanerie.*

PARTITA n.f. (mot ital.). MUS. **1.** Variation ou série de variations sur un thème. **2.** Sonate de chambre pour le violon ou le clavier.

✎ Pluriel savant : *partite.*

PARTITEUR n.m. AGRIC. Appareil destiné à répartir l'eau d'un canal d'irrigation.

PARTITIF, IVE adj. et n.m. (lat. *partitivus*). GRAMM. Qui exprime l'idée de partie par rapport au tout : *« Du, de la, des » sont des articles partitifs.*

PARTITION n.f. (lat. *partitio*). **1.** Partage politique d'une unité territoriale : *La partition de l'Inde.* **2.** MUS. Ensemble des parties d'une composition musicale réunies pour être lues simultanément ; feuillet, cahier où ces parties sont transcrites. **3. HÉRALD.** Division d'un écu en parties égales d'émaux alternés. ■ **Partition d'un ensemble** [math.], famille de parties non vides de cet ensemble, deux à deux disjointes et dont la réunion est égale à l'ensemble.

PARTOUT adv. **1.** En tout lieu : *On en trouve partout.* **2. SPORTS.** Indique une parité de score entre deux adversaires ou deux équipes : *5 partout.*

PARTOUZE ou **PARTOUSE** n.f. Fam. Ébats sexuels à plus de deux personnes.

PARTURIENTE [-rjɑ̃t] n.f. (du lat. *parturire*, être en couches). **MÉD.** Femme qui accouche.

PARTURITION n.f. (bas lat. *parturitio*). **1. MÉD.** Accouchement naturel. **2.** Mise bas des animaux.

PARULINE n.f. Passereau insectivore d'Amérique, aux couleurs génér. vives. ➲ Les parulines forment une famille.

PARURE n.f. **1.** Ensemble de bijoux assortis (collier, bracelet, etc.). **2.** Ensemble assorti de pièces de linge : *Une parure de lit.* **3.** Litt. Ce qui pare, orne, embellit. **4.** Ce qui est enlevé à la viande (graisse, os, etc.) ou au poisson (arêtes, tête, etc.) lorsqu'on les pare. ■ **Parure de noces** [zool.], livrée plus colorée de divers animaux vertébrés, à la saison des amours.

PARURERIE n.f. Fabrication et commerce des articles destinés à embellir l'habillement féminin (boutons, broderies, etc.).

PARURIER, ÈRE n. Personne qui fabrique ou vend des articles de parurerie.

PARUTION n.f. Fait de paraître, d'être publié (pour un livre, un article, etc.) ; date, moment de la publication.

PARVENIR v.i. **[28]** (auxil. *être*) [lat. *pervenire*]. **1.** Arriver jusqu'à un point donné, dans une progression ; atteindre : *Parvenir au sommet.* **2.** Arriver à destination : *Mon courriel ne lui est pas parvenu.* **3.** Absol., vx. S'élever socialement ; faire fortune. ■ **Parvenir à,** réussir à : *Parvenir à déchiffrer un manuscrit ancien.*

PARVENU, E n. Péjor. Personne qui s'est élevée au-dessus de sa condition première sans avoir acquis les manières, la culture qui conviendraient à son nouveau milieu.

PARVIS n.m. (de l'anc. fr. *pareïs*, paradis). Place qui s'étend devant l'entrée principale d'une église (parfois, auj., d'un grand bâtiment public).

1. PAS n.m. (lat. *passus*). **1.** Mouvement que fait l'homme ou l'animal en portant un pied devant l'autre pour se déplacer ; enjambée. **2.** Manière de marcher ; allure : *Presser le pas* ; démarche : *Un pas pesant.* **3.** Longueur d'une enjambée : *Reculez d'un pas.* **4.** Mouvement exécuté par un danseur avec ses pieds ; fragment d'une œuvre chorégraphique exécuté par un ou plusieurs danseurs : *Pas de deux.* **5.** Fig. Cheminement ; progrès : *La génétique a fait un pas important.* **6.** Allure naturelle marchée du cheval, caractérisée par la pose successive des quatre membres. **7.** Empreinte des pieds de qqn qui marche : *Des pas dans la neige* ; bruit que fait qqn en marchant : *Je reconnais son pas.* **8.** (Dans quelques noms géographiques). Passage resserré ; détroit : *Le pas de Calais.* **9. MÉCAN. INDUSTR.** Distance constante qui sépare deux points d'intersection consécutifs du filet d'une vis, d'un écrou avec une génératrice, ou les plans médians de deux dents consécutives d'un pignon, mesurée parallèlement à l'axe de rotation. **10. MATH.** Distance dont on progresse, parallèlement à l'axe, à chaque tour effectué sur une hélice circulaire. ■ **À grands pas,** à longues enjambées ; fig., rapidement. ■ **À pas de loup,** sans bruit. ■ **Céder, prendre le pas,** accorder la prééminence à qqn, la priorité à qqch ; prendre la prééminence sur qqn, la priorité sur qqch. ■ **Faire le(s) premier(s) pas,** prendre l'initiative d'une réconciliation, d'une rencontre. ■ **Faire les cent pas,** aller et venir pour tromper son attente. ■ **Faire un faux pas,** trébucher ; fig., commettre une erreur, un impair. ■ **Franchir** ou **sauter le pas,** se décider à faire qqch que l'on appréhende. ■ **Grand pas de deux** ou **pas de deux (classique),** fragment traditionnel d'un ballet classique, exécuté par un danseur et une danseuse, et comprenant trois parties : adage, variations du danseur puis de la danseuse, coda. ■ **Le pas d'une porte,** le seuil. ■ **Mauvais pas,** situation difficile ou dangereuse. ■ **Pas accéléré, pas de charge** [mil.], pas cadencé plus rapide que le pas normal ; pas très rapide. ■ **Pas à pas** ou **à pas comptés,** sans se hâter ; fig., progressivement. ■ **Pas de course,** pas de qqn qui court. ■ **Pas de gymnastique,** pas de course régulier et cadencé. ■ **Pas de route, pas redoublé** [mil.], pas normal, non cadencé, utilisé pour des marches ; pas de vitesse double du pas cadencé normal. ■ **Pas de tir,** emplacement aménagé pour les tireurs, sur un champ ou un stand de tir ; zone d'où décolle un véhicule aérospatial et où sont situés les équipements nécessaires à son lancement (SYN. **aire de lancement**).

▲ **partition** d'une chanson de Guillaume Dufay (début du XVe s.) : exemples de notation noire et carrée.

2. PAS adv. (de *1. pas*). **1.** (Employé avec *ne* ou, fam., sans *ne*). Indique une négation dans un groupe verbal : *Je ne veux pas. Il lui a dit de ne pas venir. Faut pas s'en faire.* **2.** (Employé sans *ne*). Indique une négation dans une réponse, une exclamation, devant un adjectif, un participe : *« Es-tu d'accord ? — Pas du tout. » Pas si vite ! Des fraises pas mûres* ; indique une absence devant un nom : *Pas un nuage !*

PAS-À-PAS adj. inv. et n.m. inv. Se dit d'un mécanisme ou d'un moteur permettant de faire progresser d'une quantité fixe, appelée *pas*, une valeur, souvent de nature électrique.

1. PASCAL, E, ALS ou **AUX** adj. (bas lat. *paschalis*). Relatif à la fête de Pâques ou la Pâque juive.

2. PASCAL n.m. (pl. *pascals*) [de B. *Pascal*, n.pr.]. Unité mécanique SI de contrainte et de pression (symb. Pa), équivalant à la contrainte ou à la pression uniforme qui, agissant sur une surface plane de 1 m^2, exerce perpendiculairement à cette surface une force totale de 1 newton.

3. PASCAL n.m. inv. **INFORM.** Langage de programmation adapté au traitement d'applications scientifiques.

PASCALIEN, ENNE adj. Relatif à la pensée de Blaise Pascal : *Le pari pascalien.*

PASCAL-SECONDE n.m. (pl. *pascals-secondes*). Unité de mesure de viscosité dynamique (symb. Pa·s).

PAS-D'ÂNE n.m. inv. **1. BOT.** Tussilage. **2.** Escalier dont les marches, parfois inclinées, ont une faible hauteur et un très large giron. **3. VÉTÉR.** Instrument destiné à maintenir ouverte la bouche d'un animal.

PAS-DE-PORTE n.m. inv. Somme que paie un commerçant afin d'obtenir la jouissance d'un local, soit directement du bailleur, soit par l'acquisition du droit d'un locataire en place.

PAS-GRAND-CHOSE n. inv. Péjor. Personne qui ne mérite guère de considération, d'estime.

PASHMINA n.m. (mot persan). Laine très fine et chaude provenant du duvet d'une chèvre de l'Himalaya, et tissée pour en faire des châles ; le châle lui-même.

PASIONARIA [-sjɔ-] n.f. (mot esp.). Femme qui défend activement une cause.

PASO-DOBLE n.m. inv., ▲ *PASODOBLE n.m.* [pasodɔbl] (mot esp. « pas double »). **1.** Danse d'origine espagnole, exécutée en couple et caractérisée par des postures inspirées de la corrida, à la mode dans les années 1930 en Europe. **2.** Pièce instrumentale de tempo vif à 2/4.

PASSABLE adj. **1.** Qui est d'une qualité moyenne ; acceptable : *Un résultat passable.* **2.** Assez important pour être remarqué ; notable : *Cela fait une passable différence.*

PASSABLEMENT adv. **1.** De façon passable ; moyennement. **2.** De façon notable ; beaucoup.

PASSACAILLE n.f. (esp. *pasacalle*). Danse de cour à trois temps, proche de la chaconne, mais de mouvement plus grave.

PASSADE n.f. (ital. *passata*). **1.** Courte liaison amoureuse ; amourette. **2.** Attachement passager pour qqch ; engouement.

PASSAGE n.m. **1.** Action, fait de passer : *Le malade attend le passage de l'infirmière. Le passage de l'adolescence à l'âge adulte.* **2.** Lieu où l'on passe : *Ce passage est interdit aux deux-roues.* **3.** Petite rue passant sous le premier étage des maisons sur une partie au moins de son parcours. **4.** Voie piétonne couverte ; galerie marchande. **5.** Tapis étroit et long. **6.** Somme payée pour emprunter une voie, un moyen de transport, notamm. maritime ou fluvial, etc. : *Le prix du passage d'une voiture.* **7.** Fragment d'une œuvre littéraire, musicale ; extrait : *Jouer un passage d'une sonate.* **8. ASTRON.** Phénomène au cours duquel un observateur terrestre voit un corps céleste traverser le disque d'un autre corps céleste, plus gros. ■ **Avoir un passage à vide,** un moment où l'on se sent fatigué, déprimé. ■ **De passage,** qui reste peu de temps dans un endroit : *Un provincial de passage.* ■ **Droit de passage,** droit de passer sur la propriété d'autrui. ➲ La servitude de passage est légale en cas d'enclave. ■ **Passage à niveau,** croisement au même niveau d'une voie ferrée et d'une route, d'un chemin. ■ **Passage d'un astre au méridien** [astron.], instant où un astre traverse le plan méridien, en un lieu donné. ■ **Passage obligé,** condition, action nécessaire pour la réalisation d'un projet. ■ **Passage pour piétons** ou **passage protégé,** surface balisée que les piétons doivent emprunter pour traverser une rue. ■ **Passage souterrain,** aménagé sous une route, une voie ferrée pour les piétons, les automobiles. ■ **Passage supérieur, inférieur,** où la voie ferrée est franchie par une route qui passe au-dessus, au-dessous. ■ **Rites de passage** [anthrop.], qui sanctionnent les différentes étapes du cycle de vie des membres d'une société (accession au statut d'adulte, au mariage, au statut d'ancêtre, etc.).

1. PASSAGER, ÈRE adj. **1.** De brève durée ; éphémère : *Une mésentente passagère.* **2.** Vieilli. Qui ne fait que passer en un lieu : *Visiteur passager.* **3.** (Emploi critiqué). Très fréquenté ; passant : *Une rue passagère.*

2. PASSAGER, ÈRE n. Personne qui emprunte un moyen de transport ; usager.

PASSAGÈREMENT adv. Pour peu de temps.

1. PASSANT n.m. **1.** Anneau à l'extrémité libre d'une courroie ou d'une sangle, servant à recevoir et à maintenir l'autre extrémité. **2.** Chacune des bandes étroites de tissu cousues sur un vêtement pour y glisser une ceinture.

2. PASSANT, E adj. Où il passe beaucoup de gens, de véhicules ; fréquenté : *Une route passante.*

3. PASSANT, E n. Personne qui circule à pied sur une voie publique ; piéton.

4. PASSANT, E adj. **HÉRALD.** Se dit d'un animal représenté sur ses pieds, dans l'attitude de la marche (par oppos. à *rampant*).

PASSATION n.f. Action de rédiger dans la forme juridiquement prescrite : *La passation d'un contrat.* ■ **Passation d'écriture** [comptab.], inscription d'une opération sur un livre de comptes. ■ **Passation des pouvoirs,** cérémonie officialisant la transmission des pouvoirs.

PASSAVANT n.m. **1. MAR.** Passage, intérieur ou extérieur, entre l'avant et l'arrière d'un navire. **2. DR.** Document qui, en matière de douanes ou de contributions indirectes, autorise la circulation de marchandises ou de boissons.

1. PASSE n.m. (abrév.). Fam. Passe-partout.

2. PASSE n.m. Abonnement, forfait, billet, génér. sous forme de carte à puce ou à code-barres, donnant un droit d'accès aux transports, aux musées, au cinéma, etc.

3. PASSE n.f. **1.** Action de passer le ballon ou le palet à un partenaire, dans les jeux d'équipe (football, rugby, hockey, etc.). **2.** Mouvement par lequel le torero fait passer, à l'aide de la muleta, le taureau près de lui. **3.** Mouvement de la main du magnétiseur, de l'hypnotiseur, près du sujet, pour l'endormir ou le mettre en état de suggestion, notamm. à des fins thérapeutiques. **4.** À la roulette, pari sur l'un des numéros qui vont du 19 inclus au 36 inclus ; cette série de numéros (par oppos. à *manque*). **5.** Mise que doit faire chaque joueur, à certains jeux. **6.** Fam. Rencontre tarifée d'une personne qui se prostitue avec un client. **7. MAR.** Passage étroit praticable à la navigation ; chenal. **8. TECHN.** Passage de l'outil, dans une opération répétitive, cyclique. **9. IMPRIM.** Quantité de papier prévue en sus du chiffre officiel du tirage pour compenser les pertes (SYN. **2. gâche**). ▪ **Être dans une bonne, une mauvaise passe,** dans une situation favorable, défavorable. ▪ **Être en passe de,** être près de : *Ils sont en passe de trouver un vaccin.* ▪ **Maison** ou **hôtel de passe** [fam.], de prostitution. ▪ **Mot de passe,** mot ou phrase convenus par lesquels on se fait reconnaître ; inform., code confidentiel requis pour identifier un utilisateur et l'autoriser à accéder à un service. ▪ **Passe à poissons,** ouvrage (écluse, échelle, ascenseur, etc.) permettant la remontée des poissons en amont d'un barrage de rivière. ➲ Au Québec, on dit *passe migratoire* ou *échelle à poissons.* ▪ **Passe d'armes,** enchaînement d'attaques, de parades, de ripostes, en escrime ; fig., vif échange verbal.

1. PASSÉ prép. **1.** Marque la postériorité dans l'espace ; au-delà de : *Passé ce bosquet, il y a des champs de blé.* **2.** Marque la postériorité dans le temps ; après : *Passé une heure, il n'y a plus de train.*

2. PASSÉ, E adj. **1.** Se dit du temps écoulé, révolu : *Le mois passé.* **2.** Se dit d'une couleur qui a perdu de son éclat ; défraîchi.

3. PASSÉ n.m. **1.** Temps écoulé ; vie écoulée antérieurement à un présent donné : *Les leçons du passé.* **2. GRAMM.** Ensemble des formes du verbe situant l'énoncé dans un moment antérieur à l'instant présent. ▪ **Par le passé,** autrefois. ▪ **Passé antérieur,** marquant qu'un fait s'est produit avant un autre dans le passé. (Ex. : *dès qu'il* EUT FINI *d'écrire, il fut soulagé.*) ▪ **Passé composé,** formé avec un auxiliaire, et donnant un fait pour accompli. (Ex. : *cette semaine, j'*AI *beaucoup* LU.) ▪ **Passé simple,** marquant un fait achevé dans un passé révolu ou historique. (Ex. : *Napoléon* MOURUT *à Sainte-Hélène.*)

PASSE-BANDE adj. inv., ▲ *adj.* (*pl. passe-bandes*). **ÉLECTRON.** Se dit d'un filtre ne laissant passer qu'une certaine bande de fréquences.

PASSE-BAS adj. inv. **ÉLECTRON.** Se dit d'un filtre qui ne laisse passer que les fréquences inférieures à une fréquence donnée.

PASSE-CRASSANE n.f. inv., ▲ *n.f.* (*pl. passe-crassanes*). Poire d'hiver d'une variété à chair fondante et juteuse (SYN. **crassane**).

PASSE-DROIT n.m. (pl. *passe-droits*). Faveur accordée contre le droit, le règlement, l'usage.

PASSÉE n.f. **CHASSE. 1.** Chasse à l'affût du gibier d'eau (canards, bécasses) que l'on tire au vol à un point de son passage ; moment où ce gibier passe. **2.** Coulée du lièvre et du renard.

PASSE-HAUT adj. inv. **ÉLECTRON.** Se dit d'un filtre qui ne laisse passer que les fréquences supérieures à une fréquence donnée.

PASSÉISME n.m. Attachement excessif aux valeurs du passé.

PASSÉISTE adj. et n. Relatif au passéisme ; qui a une tendance au passéisme.

PASSE-LACET n.m. (pl. *passe-lacets*). Grosse aiguille à long chas et à pointe mousse utilisée pour glisser un lacet dans des œillets, un élastique dans un ourlet, etc.

PASSE-LIVRES n.m. inv., ▲ *PASSE-LIVRE n.m.* (*pl. passe-livres*). Pratique consistant à déposer un livre dans un lieu public afin que qqn le découvre et le fasse circuler à son tour.

PASSEMENT n.m. (de *passer*). Galon dont on orne des habits, des tissus d'ameublement.

PASSEMENTERIE n.f. **1.** Ensemble des articles tissés ou tressés utilisés comme garniture dans l'ameublement ou l'habillement. **2.** Fabrication, commerce de ces articles.

PASSEMENTIER, ÈRE n. Personne qui fabrique ou vend de la passementerie. ◆ **adj.** Relatif à la passementerie.

PASSE-MONTAGNE n.m. (pl. *passe-montagnes*). Coiffure tricotée qui couvre la tête et le cou, ne laissant que le visage à découvert.

PASSE-MURAILLE n. (pl. *passe-murailles*). **1.** Personne qui semble capable de s'introduire en tout lieu ou de s'en évader. **2.** Personne effacée, n'attirant pas l'attention.

PASSE-PARTOUT n.m. inv., ▲ *PASSEPARTOUT n.m.* **1.** Clé ouvrant plusieurs serrures. Abrév. (fam.) **passe. 2.** Large bordure de carton ou de papier fort dont on peut entourer un dessin, une gravure, une photo ; cadre à fond ouvrant. **3.** Scie à lame large, avec une poignée à chaque extrémité, pour débiter de grosses pièces (troncs d'arbres, quartiers de pierre, etc.). ◆ **adj. inv.** Dont on peut faire usage en toutes circonstances ; banal : *Des formules passe-partout.*

PASSE-PASSE n.m. inv., ▲ *PASSEPASSE n.m.* ▪ **Tour de passe-passe,** tour d'adresse des prestidigitateurs ; fig., tromperie adroite.

PASSE-PIED n.m. (pl. *passe-pieds*). Danse d'origine bretonne exécutée en couple, pratiquée comme danse de cour au XVIIe s.

PASSE-PLAT n.m. (pl. *passe-plats*). Ouverture pratiquée dans une cloison pour passer directement plats et assiettes de la cuisine à la salle à manger.

PASSEPOIL n.m. **1.** Bande de tissu, de cuir, etc., prise en double dans une couture et formant une garniture en relief. **2.** Liseré qui borde la couture de l'uniforme de certaines armes, dont il constitue un signe distinctif.

PASSEPOILÉ, E adj. Garni d'un passepoil.

PASSEPORT n.m. Document délivré à ses ressortissants par une autorité administrative nationale en vue de certifier leur identité au regard des autorités étrangères et de leur permettre de circuler librement hors des frontières. ▪ **Demander, recevoir ses passeports,** solliciter, se voir imposer son départ en cas de difficultés diplomatiques, en parlant d'un ambassadeur.

PASSER v.i. **[3]** (auxil. *être*) [lat. pop. *passare*, de *passus*, pas]. **1.** Se déplacer en un mouvement continu ; circuler : *Un avion passe dans le ciel.* **2.** Aller à travers ; traverser : *Le Tage passe à Lisbonne.* **3.** Se manifester de manière fugitive, en parlant de qqch : *Cet espoir m'est passé par la tête. Un sourire passa sur ses lèvres.* **4.** Aller dans un lieu pour un court moment : *Elle a dit qu'elle passerait ce soir.* **5.** Accéder quelque part par telle voie ; pénétrer : *L'air froid passe par les fissures.* **6.** Couler au travers d'un filtre : *Le café passe.* **7.** Être digéré : *La crème glacée ne passe pas.* **8.** Être admis, accepté : *Passer dans la classe supérieure* ; être adopté : *Cette loi ne passera jamais.* **9.** Venir dans une certaine position, à un certain rang : *Sa famille passe avant tout.* **10.** Vieilli. Dépasser : *Sa robe passe sous son manteau.* **11.** Aller d'un lieu dans un autre : *Veuillez passer dans la salle d'attente.* **12.** Changer d'état, de niveau : *Passer du rire aux larmes.* **13.** (Avec un attribut). Être promu à telle fonction : *Elle est passée cadre.* **14.** En venir à : *Passer à l'action, aux choses sérieuses.* **15.** Rejoindre le camp adverse ; rallier : *Passer à l'opposition.* **16.** Se transmettre à un autre possesseur : *La collection passera à sa fille.* **17.** (Auxil. *avoir*) Se soumettre à ; subir : *Passer une IRM.* **18.** Se produire en public : *Il passera à l'Olympia* ; être représenté, projeté : *Cette pastille passe aux heures de grande écoute.* **19.** S'écouler, en parlant du temps : *Des années passèrent avant le rappel des exilés.* **20.** Avoir une durée limitée ; disparaître : *Sa colère passera.* **21.** Perdre son éclat, en parlant d'une couleur ; se faner. ▪ **Ça passe ou ça casse,** l'action engagée va réussir ou tout sera perdu. ▪ **En passant,** sans s'attarder : *Une petite visite en passant.* ▪ **Il faudra bien en passer par là,** se résoudre à faire cela. ▪ **Laisser passer,** ne pas s'opposer à : *Ses parents laissent passer beaucoup de ses bêtises* ; ne pas remarquer ni corriger : *Laisser passer une erreur.* ▪ **Ne pas passer,** ne pas être toléré : *Son insolence ne passe pas.* ▪ **Passer par,** avoir à supporter : *Passer par de graves difficultés.* ▪ **Passer pour,** être considéré comme : *Il passe pour un original.* ▪ **Passer sur,** éviter de parler de : *Passons sur les détails.* ▪ **Passons !,** il vaut mieux ne pas insister. ▪ **Y passer,** subir une fâcheuse nécessité, un désagrément ; fam., mourir. ◆ **v.t.** (auxil. *avoir*). **1.** Aller au-delà d'une limite ; franchir : *Ils ne passent jamais le seuil.* **2.** Subir un examen ; réussir à un examen : *Passer le bac.* **3.** Faire aller d'un lieu dans un autre : *Ce ferry passe aussi les camions.* **4.** Soumettre à l'action de ; exposer : *Passer un local au désinfectant.* **5.** Filtrer une substance à travers un tamis : *Passer une sauce au chinois.* **6.** Donner qqch à qqn : *Passe le plat à ton voisin.* **7.** Laisser derrière soi ; distancer : *Le cheval a passé tous ses concurrents.* **8.** Laisser de côté, volontairement ou non ; omettre : *Passer un paragraphe en recopiant.* **9. JEUX.** Absol. S'abstenir de jouer ou d'annoncer, quand vient son tour : *Deux joueurs ont passé.* **10.** Employer du temps de telle manière : *Passer ses vacances à la montagne.* **11.** Donner libre cours à ; assouvir : *Elle a passé sa colère sur nous.* **12.** Faire perdre son éclat à ; décolorer. **13.** Étendre sur une surface : *Passer une couche de vernis.* **14.** Manœuvrer qqch pour exécuter une action ; enclencher : *Passer la première.* **15.** Mettre sur soi ; enfiler : *Passer un pull.* **16.** Inscrire une écriture comptable : *Passer un article en compte.* **17.** Établir dans les formes légales : *Passer un acte notarial.* ▪ **Passer qqch à qqn,** le lui pardonner : *Passer un caprice à un enfant. On ne me passe pas la moindre erreur.* ▪ **Passer qqn au fil de l'épée,** le tuer avec une épée. ◆ **SE PASSER** v.pr. **1.** Avoir lieu : *Que s'est-il passé ?* **2.** S'écouler, en parlant du temps : *Un mois s'est passé depuis.* **3. (DE).** Se priver de : *Se passer de chauffage.* **4. (DE).** Ne pas avoir besoin de : *Nous nous passerons de leur aide.*

PASSERAGE n.f. Plante à petites fleurs blanchâtres, parfois utilisée comme condiment. ➲ Famille des crucifères.

PASSEREAU ou **PASSÉRIFORME** n.m. (du lat. *passer, -eris*, moineau). Oiseau génér. petit et de mœurs arboricoles, pourvu de pattes à quatre doigts (dont un, en arrière, est doté d'une forte griffe), tel que le moineau, le rossignol, le corbeau. ➲ Les passereaux forment un ordre regroupant plus de la moitié des espèces d'oiseaux.

PASSERELLE n.f. (de *passer*). **1.** Pont souvent étroit réservé aux piétons. **2.** Escalier ou plan incliné mobile permettant l'accès à un avion, un navire : *Passerelle d'embarquement.* **3.** Fig. Possibilité de passer d'un domaine, d'un groupe à un autre : *Ménager une passerelle entre deux filières d'études.* **4. MAR.** Partie la plus élevée de la structure d'un navire à propulsion mécanique, s'étendant d'un bord à l'autre du bâtiment et permettant une vue circulaire de l'horizon. ➲ Elle contient la barre, les instruments de navigation, les commandes directes de la machine, les contrôles de sécurité et les liaisons radio. **5. THÉÂTRE.** Passage situé au-dessus d'une scène, à l'usage des techniciens.

PASSERINE n.f. Petit passereau des États-Unis, d'Amérique centrale et des Antilles, aux couleurs éclatantes, et parfois élevé en captivité (SYN. **2. pape**). ➲ Famille des embérizidés.

PASSEROSE n.f. Rose trémière.

PASSE-TEMPS, ▲ *PASSETEMPS* n.m. inv. Occupation divertissante ; distraction : *Les mots croisés sont leur passe-temps favori.*

PASSE-TOUT-GRAIN n.m. inv. Vin de Bourgogne provenant pour un tiers de pinot et pour deux tiers de gamay.

PASSEUR, EUSE n. **1.** Personne qui conduit un bac, un bateau pour traverser un cours d'eau. **2.** Personne qui fait clandestinement passer une frontière à des personnes ou à des marchandises. **3. SPORTS.** Personne qui effectue une passe. **4.** Fig., litt. Personne qui fait connaître et propage une œuvre, une doctrine, un savoir : *Cet éditeur fut un grand passeur.*

PASSE-VELOURS n.m. inv. Amarante.

PASSE-VITE n.m. inv. Belgique, Suisse. Presse-purée.

PASSIBLE adj. (DE) [lat. *passibilis*, de *pati*, souffrir]. Qui encourt une sanction : *Automobiliste passible d'une amende* ; qui entraîne une sanction : *Délit passible d'un an de prison.*

1. PASSIF, IVE adj. (lat. *passivus*, de *pati*, souffrir). **1.** Qui subit sans réagir ; inactif : *Comment peut-il rester passif devant de tels événements ?* **2.** Qui manque de dynamisme ; apathique : *Un enfant passif.* **3. CHIM.** Se dit d'un métal devenu non réactif par passivation. **4. ÉLECTR.** Se dit d'un élément de circuit, d'un circuit qui ne comporte pas de source d'énergie. ▪ **Bâtiment passif, maison passive,** construction dont la consommation énergétique est très réduite grâce à des aménagements spécifiques (exposition au soleil, isolation, par ex.). ▪ **Citoyen passif** [hist.], citoyen qui n'a pas le droit de vote, partic. dans le cadre du suffrage censitaire (par oppos. à *citoyen actif*). ▪ **Défense passive,** ensemble des moyens mis en œuvre en temps de guerre pour protéger les populations civiles contre les attaques aériennes. ▪ **Forme, voix passive** [gramm.], forme, ensemble des formes verbales (constituées, en français, de l'auxiliaire *être* et du participe passé du verbe actif) indiquant que le sujet subit l'action, laquelle est accomplie par l'agent (CONTR. **actif**). ▪ **Sécurité passive** [autom.], sur un véhicule, sécurité assurée par des éléments n'intervenant qu'en cas de collision (structure, airbags, ceintures).

2. PASSIF n.m. 1. Ensemble des dettes d'une personne physique ou morale. **2. COMPTAB.** Ce qui, dans le bilan d'une entreprise, d'une société, d'une association, figure l'ensemble des dettes à l'égard des associés et des tiers (fonds propres, réserves, provisions, dettes à long, moyen et court terme et, le cas échéant, bénéfice net) [par oppos. à *actif*]. **3. GRAMM.** Forme, voix passive.

PASSIFLORE n.f. (du lat. *passio*, passion, et *flos*, *floris*, fleur). Liane des régions tropicales, parfois acclimatée en Europe, dont les fleurs possèdent des organes qui ont valu à cette plante le nom de *fleur de la Passion*, car ils évoquent les instruments de la Passion (couronne d'épines, clous, marteaux). ➲ Famille des passifloracées.

PASSIM [pasim] **adv.** (mot lat. « partout »). En de nombreux autres passages d'un livre : *Page douze et passim.*

PASSING-SHOT [pasiŋʃɔt] **n.m.** (pl. *passing-shots*) [mot angl.]. Au tennis, balle rapide et liftée passant l'adversaire monté à la volée.

PASSION n.f. (lat. *passio*, de *pati*, souffrir). **1.** Émotion puissante et continue qui domine la raison : *Dominer ses passions.* **2.** Mouvement violent, impétueux de l'être vers ce qu'il désire : *La passion amoureuse* ; objet de ce désir, de cet attachement : *Elle a été la grande passion de sa vie.* **3.** Penchant vif et persistant : *La passion du jeu.* **4. MUS.** (Avec une majuscule). Oratorio sur le sujet de la Passion du Christ. ▪ **Fruit de la Passion,** fruit comestible de certaines espèces de passiflores. ▪ **La Passion** [christ.], les derniers jours de la vie de Jésus, de son arrestation à sa mort.

PASSIONISTE n.m. Membre d'une congrégation catholique fondée en 1720 par saint Paul de la Croix, et dont le but est d'encourager la dévotion à la Passion de Jésus-Christ.

PASSIONNANT, E adj. Qui passionne ; captivant : *Un reportage passionnant.*

PASSIONNÉ, E adj. et **n.** Animé par la passion : *Discussion passionnée. Une passionnée d'art contemporain.*

PASSIONNEL, ELLE adj. 1. Inspiré par la passion amoureuse : *Crime passionnel.* **2.** Relatif à la passion, aux passions : *Réaction passionnelle.*

PASSIONNELLEMENT adv. De manière passionnelle.

PASSIONNÉMENT adv. Avec passion.

PASSIONNER v.t. [3]. 1. Intéresser vivement ; captiver : *Cette question le passionne.* **2.** Donner un caractère agressif à ; enflammer : *Passionner un débat.* ◆ **SE PASSIONNER v.pr. (POUR).** Prendre un intérêt très vif à : *Elle s'est passionnée pour ce projet.*

PASSIVATION n.f. CHIM., MÉTALL. 1. Modification de la surface des métaux, qui les rend moins sensibles aux agents chimiques. **2.** Traitement de la surface des métaux et des alliages ferreux (par la phosphatation, notamm.) qui produit cette modification.

PASSIVEMENT adv. De façon passive.

PASSIVER v.t. [3]. CHIM. Rendre passif.

PASSIVITÉ n.f. Attitude passive de qqn ; apathie.

PASSOIRE n.f. 1. Ustensile de cuisine percé de petits trous, dans lequel on égoutte les aliments, ou au moyen duquel on filtre sommairement certains liquides. **2.** Fam. Ce qui ne retient, ne contrôle rien : *Cette frontière est une passoire.*

1. PASTEL n.m. (ital. *pastello*). **BX-ARTS. 1.** Bâtonnet fait d'un matériau colorant aggloméré. **2.** Dessin, génér. polychrome, exécuté au pastel. ◆ **adj. inv.** Se dit de couleurs, de tons clairs et doux.

▲ **pastel.** Étude d'enfant au sein (1894), d'Henri Gervex. (Coll. part.)

2. PASTEL n.m. (mot provenç.). **BOT.** Plante à petites fleurs jaunes en grappes, cultivée autref. pour ses feuilles, qui fournissent une teinture bleue (SYN. **guède, isatis**). ➲ Famille des crucifères.

PASTELLISTE n. Artiste qui travaille au pastel.

PASTENAGUE n.f. (provenç. *pastenago*). Grande raie des côtes européennes, possédant sur la queue un aiguillon venimeux. ➲ Long. jusqu'à 1,50 m ; famille des dasyatidés.

PASTÈQUE n.f. (port. *pateca*, de l'ar.). Plante cultivée dans les régions chaudes et le bassin méditerranéen pour son gros fruit à pulpe rouge très juteuse et rafraîchissante ; ce fruit (SYN. **melon d'eau**). ➲ Famille des cucurbitacées.

▲ **pastèque**

PASTEUR n. (lat. *pastor*). Ministre du culte, princip. dans les Églises protestantes. (Au fém., on rencontre aussi *une pasteure*.) ◆ **n.m. 1.** Litt. Prêtre ou évêque, en tant qu'il a charge d'âmes (ses « brebis »). **2.** Litt. Homme qui garde les troupeaux ; berger. ▪ **Le Bon Pasteur** [litt.], Jésus-Christ.

PASTEURELLA n.f. (de L. *Pasteur*, n.pr.). Genre de bactérie responsable de la pasteurellose.

PASTEURELLOSE n.f. VÉTÉR., MÉD. Infection à *Pasteurella* touchant de nombreuses espèces animales, parfois transmissible à l'homme.

PASTEURIEN, ENNE ou **PASTORIEN, ENNE adj.** Relatif à Pasteur, à ses travaux. ◆ **n.** Chercheur de l'Institut Pasteur* (v. partie n.pr.).

PASTEURISATION n.f. (de L. *Pasteur*, n.pr.). Traitement de certains produits alimentaires (lait, bière, jus de fruits, etc.), consistant à détruire les micro-organismes, notamm. pathogènes, par chauffage (entre 60 et 90 °C) sans ébullition, suivi d'un refroidissement brusque ; conservation des aliments par ce procédé.

PASTEURISÉ, E adj. ▪ **Lait frais pasteurisé,** lait frais ayant subi l'opération de pasteurisation par chauffage à une température de 72 à 85 °C pendant 15 à 20 secondes. ➲ Il doit être conservé au réfrigérateur et consommé dans les 7 jours qui suivent son conditionnement.

PASTEURISER v.t. [3]. Opérer la pasteurisation de.

PASTICHE n.m. (de l'ital. *pasticcio*, pâté). Œuvre qui procède par imitation d'un écrivain, d'un artiste, d'un genre, d'une école, à des fins didactiques ou parodiques ; genre propre à ce type d'œuvre.

PASTICHER v.t. [3]. Faire le pastiche d'un artiste, d'un écrivain.

PASTICHEUR, EUSE n. Auteur de pastiches.

PASTILLA n.f. (mot esp.). Tourte feuilletée, fourrée d'une farce à base de pigeon, d'amandes et d'œufs durs, saupoudrée de sucre glace et de cannelle. ➲ Cuisine marocaine.

PASTILLAGE n.m. 1. TECHN. Fabrication de pastilles. **2.** En confiserie, imitation en pâte de sucre d'un objet. **3.** Procédé décoratif consistant à rapporter sur une poterie des motifs modelés à part.

PASTILLE n.f. (esp. *pastilla*). **1.** Petit bonbon génér. rond et plat : *Pastille de menthe.* **2.** Forme pharmaceutique sucrée que l'on laisse fondre dans la bouche en vue d'un traitement local. **3. TECHN.** Matériau génér. conditionné sous forme d'un petit cylindre. **4.** Motif décoratif de forme ronde : *Étoffe à pastilles bleues.* **5.** Émission télévisée de très courte durée à sujet unique.

PASTILLEUSE n.f. TECHN. Machine servant au pastillage.

PASTIS [-tis] **n.m.** (mot provenç.). **1.** Boisson apéritive alcoolisée parfumée à l'anis, qui se boit étendue d'eau. **2.** Fam. Situation confuse et embarrassante ; imbroglio.

PASTORAL, E, AUX adj. (lat. *pastoralis*). **1.** Relatif aux bergers : *Vie pastorale.* **2. AGRIC.** Relatif à l'élevage itinérant. **3. LITTÉR.** Qui évoque la vie champêtre, les amours de bergers et de bergères sur un mode idéalisé ; bucolique : *Poésie pastorale.* **4. CATH.** Qui concerne le ministre du culte, partic. l'évêque, en tant que pasteur d'âmes.

PASTORALE n.f. 1. Œuvre littéraire, peinture dont les personnages sont des bergers, des bergères. **2.** Pièce de musique de caractère champêtre. **3. CHRIST.** Partie de la théologie qui concerne le ministère sacerdotal.

PASTORALISME n.m. Élevage de ruminants sur des terres faiblement productives dont la végétation naturelle est utilisée comme unique ou principale source de nourriture.

PASTORAT n.m. Dignité, fonction de pasteur protestant ; durée de cette fonction.

PASTORIEN, ENNE adj. et **n.** → **PASTEURIEN.**

PASTOUREAU, ELLE n. Litt. Petit berger. ◆ **n.m. HIST.** Membre de la Croisade des pastoureaux (v. partie n.pr.).

PASTOURELLE n.f. LITTÉR. Au Moyen Âge, poème racontant la tentative de séduction d'une bergère par un chevalier.

PASTRAMI n.m. (mot anglo-amér., du yiddish *pastrome*). Morceau de poitrine de bœuf saumurée et fumée, servie en tranches fines.

PAT [pat] **adj. inv.** et **n.m.** (ital. *patta*, du lat. *pactum*, accord). Aux échecs, se dit du roi quand aucune pièce ni aucun pion ne peut être déplacé sans que le roi soit mis en échec. ➲ Le pat rend la partie nulle.

PATACHE n.f. (mot esp., de l'ar.). Anc. Sorte de diligence peu confortable.

PATACHON n.m. (de *patache*). Fam. ▪ **Mener une vie de patachon,** une vie de débauche.

PATAGIUM [-ʒjɔm] **n.m.** (mot lat. « frange »). **ZOOL.** Membrane tendue le long de leurs flancs et de leurs pattes, qui permet à divers mammifères (tels l'écureuil volant et les chauves-souris) et reptiles (tels les ptérosauriens, au mésozoïque) de planer d'arbre en arbre.

PATAOUÈTE n.m. (altér. de *Bab el-Oued*, n. d'un quartier d'Alger). Fam. Parler populaire des Français d'Algérie.

PATAPHYSIQUE n.f. « Science des solutions imaginaires », inventée et définie par A. Jarry. ◆ **adj.** Relatif à la pataphysique.

PATAPOUF n.m. Fam. Enfant, homme lourd et maladroit. ◆ **interj.** Exprime le bruit d'une chute lourde.

PATAQUÈS **n.m.** (d'apr. la liaison fautive *je ne sais pas-t-à-qui est-ce*). Fam. **1.** Faute de liaison qui consiste à prononcer un *t* pour un *s*, ou vice versa, ou à confondre deux lettres quelconques (comme dans *ce n'est point-z-à moi*). **2.** Faute de langage grossière. **3.** Situation embrouillée : *Qui démêlera ce pataquès ?*

PATARAS [-rɑ] **n.m.** MAR. Étai arrière partant du sommet du mât.

PATAS [-as] **n.m.** Singe africain au pelage roux, appelé aussi *singe pleureur*. ➲ Famille des cercopithécidés.

PATATE **n.f.** (esp. *batata*, de l'arawak). Fam. **1.** Pomme de terre. **2.** Personne stupide. ▪ **Avoir la patate** [fam.], être en forme, avoir de l'énergie. ▪ **En avoir gros sur la patate** [fam.], en avoir gros sur le cœur. ▪ **Patate chaude** [fam.], problème embarrassant que chacun essaie de faire résoudre par un autre : *Ce dossier, c'est une patate chaude.* ▪ **Patate (douce),** plante voisine du volubilis, cultivée dans les régions chaudes pour son tubercule comestible ; ce tubercule (SYN. **ipomée**). ➲ Famille des convolvulacées.

▲ **patate douce**

PATATI PATATA **loc. adv.** Fam. ▪ **Et patati et patata,** évoque des propos insignifiants.

PATATOÏDE **n.m.** MATH. Surface au contour irrégulier dont la forme évoque la section longitudinale d'une pomme de terre. ▪ **Patatoïde de révolution,** volume engendré par un patatoïde tournant autour d'un de ses grands axes.

PATATRAS [-tra] **interj.** Exprime le bruit d'une chose qui tombe avec fracas.

PATAUD, E **n.** et **adj.** (de *1. patte*). Fam. **1.** Personne lourde et maladroite ; lourdaud. **2.** Personne dépourvue de finesse ; balourd. ◆ **n.m.** Jeune chien à grosses pattes.

PATAUGAS [-gas] **n.m.** (nom déposé). Chaussure montante de forte toile, utilisée notamm. pour la randonnée.

PATAUGEAGE **n.m.** Action de patauger.

PATAUGEOIRE **n.f.** Bassin peu profond réservé à la baignade des jeunes enfants, notamm. dans une piscine.

PATAUGER **v.i.** **[10]** (de *1. patte*). **1.** Marcher péniblement sur un sol détrempé. **2.** Fig., fam. S'empêtrer dans une action ; s'engluer : *Patauger dans ses explications.*

PATAUGEUR, EUSE **n.** Personne qui patauge.

PATCH **n.m.** (mot angl.). **1.** MÉD. Timbre. **2.** CHIRURG. Petit élément plat et souple, naturel ou synthétique, servant de prothèse, par ex. pour fermer une brèche. Recomm. off. **pièce.**

PATCHOULI **n.m.** (angl. *patchleaf*). **1.** Plante originaire de l'Inde et de Chine occidentale dont on extrait un parfum. ➲ Famille des labiées. **2.** Ce parfum.

PATCHWORK [-wœrk] **n.m.** (mot angl.). **1.** Ouvrage fait de morceaux de tissu de couleurs différentes, cousus les uns aux autres : *Des patchworks recouvrent tous les lits de la maison.* **2.** Fig. Ensemble formé d'éléments hétérogènes ; mosaïque : *Un patchwork de sonorités du monde entier.*

PÂTE **n.f.** (bas lat. *pasta*). **1.** Préparation à base de farine délayée (à l'eau, au lait), pétrie le plus souvent avec d'autres ingrédients (levure, sel, sucre, etc.) et destinée à être consommée cuite, princip. sous forme de pain ou de gâteau. **2.** Préparation de composition variable, de consistance intermédiaire entre le liquide et le solide, et destinée à des usages divers : *De la pâte d'amandes. Pâte à tartiner.* **3.** Litt. Constitution d'une personne : *Il est de la pâte dont on fait les centenaires.* **4.** PEINT. Matière picturale épaisse. **5.** PÉTROL. Substance constituée de très petits cristaux et de verre entourant les phénocristaux, dans une roche volcanique. ▪ **Pâte à bois,** mastic de colle forte et de sciure de bois, qui sert à boucher les fentes d'une pièce de bois (SYN. **futée**). ▪ **Pâte à papier,** matière fibreuse d'origine végétale servant à la fabrication du papier ; au cours de la fabrication, cette même matière, en suspension dans l'eau, additionnée ou non de substances (colorants, adhésifs, etc.). ▪ **Une bonne pâte** [fam.], une personne de caractère facile. ◆ **n.f. pl.** ▪ **Pâtes (alimentaires),** produits prêts à être cuisinés, fabriqués génér. à partir de pâte de semoule de blé dur, et se présentant sous des formes variées (vermicelles, nouilles, macaronis, etc.).

PÂTÉ **n.m.** **1.** Préparation princip. à base de hachis de viande, cuite enrobée d'une pâte feuilletée (*pâté en croûte*) ou dans une terrine ; cette préparation conservée en boîte. **2.** Fam. Tache d'encre sur du papier. **3.** Petit tas de sable humide moulé que les enfants font pour jouer. ▪ **Pâté à la viande,** tourte à base de viande de porc hachée. ▪ **Pâté chinois** [Québec], préparation faite de couches superposées de bœuf, de maïs et de purée de pommes de terre. ▪ **Pâté de maisons,** groupe de maisons délimité par des rues ; îlot. ▪ **Pâté impérial,** petite crêpe roulée, farcie de divers ingrédients et frite. ➲ Cuisine chinoise.

PÂTÉE **n.f.** **1.** Mélange d'aliments réduits en pâte, avec lequel on nourrit les animaux domestiques. **2.** Fam. Défaite écrasante : *Prendre la pâtée aux élections.* **3.** Fam., vieilli. Volée de coups ; raclée.

1. PATELIN **n.m.** (dimin. dial. de *pâtis*). Fam. Village.

2. PATELIN, E **adj.** (de *pateliner*). Litt. D'une douceur hypocrite ; mielleux : *Un ton patelin.*

PATELINER **v.i.** **[3]** (de *patiner*). Vx. Agir hypocritement.

PATELLE **n.f.** (lat. *patella*). Mollusque gastéropode comestible à coquille conique, abondant sur les rochers découvrant à marée basse, cour. appelé *bernicle, bernique* ou *chapeau chinois*. ➲ Sous-classe des prosobranches.

▲ **patelle**

PATÈNE **n.f.** (lat. *patena*). CHRIST. Petit plat rond destiné à recevoir l'hostie.

PATENÔTRE **n.f.** (du lat. *Pater Noster,* Notre Père). **1.** Fam. Prière dite à voix basse et sans articuler. **2.** Vieilli. Prière.

PATENT, E **adj.** (du lat. *patens, -entis,* ouvert). Qui apparaît avec évidence ; indéniable : *Son mensonge est patent.* ▪ **Lettres patentes,** dans la France d'Ancien Régime, lettres notifiant une décision royale, qui étaient expédiées ouvertes et scellées du grand sceau.

PATENTAGE **n.m.** (de *patenter*). MÉTALL. Trempe en bain de plomb ou de sel que l'on fait subir aux fils d'acier devant présenter des caractéristiques particulières (résistance à la torsion, au pliage, etc.).

1. PATENTE **n.f.** (de *patent*). Anc. Taxe annuelle acquittée par les commerçants, les industriels, les membres de certaines professions libérales, remplacée auj. par la taxe professionnelle. ▪ **Patente de santé** [mar.], certificat sanitaire délivré à un navire en partance.

2. PATENTE **n.f.** (angl. *patent*). Québec. Fam. **1.** Invention, procédé ingénieux. **2.** Objet quelconque ; bidule ; machin. **3.** Affaire, histoire quelconque.

PATENTÉ, E **adj.** **1.** Fam. Qui a l'apanage de telle qualité ou activité ; attitré : *Le défenseur patenté des sans-papiers.* **2.** Anc. Qui payait patente.

PATENTER **v.t.** **[3].** Québec. Fam. Réparer sommairement ; bricoler.

PATENTEUX, EUSE **adj.** et **n.** Québec. Fam. Se dit d'un bricoleur ingénieux.

PATER [patɛr] **n.m. inv.** (mot lat.). CHRIST. Prière en latin qui commence par les mots *Pater noster,* « Notre Père ».

PATÈRE **n.f.** (du lat. *patera,* coupe). **1.** Support fixé à un mur pour accrocher des vêtements ou pour soutenir des rideaux, des tentures. **2.** ARCHÉOL. Coupe à boire évasée et peu profonde. **3.** Ornement en forme de rosace.

PATERFAMILIAS [patɛrfamiljas] **n.m.** (mot lat.). **1.** Iron. Père de famille jaloux de son autorité. **2.** ANTIQ. ROM. Chef de famille.

PATERNALISME **n.m.** Attitude de qqn qui se conduit envers ceux sur qui il exerce une autorité comme un père vis-à-vis de ses enfants ; manière de diriger, de commander avec une bienveillance autoritaire et condescendante.

PATERNALISTE **adj.** et **n.** Relatif au paternalisme ; qui en est partisan.

PATERNE **adj.** (du lat. *paternus,* paternel). Litt. D'une bienveillance doucereuse.

PATERNEL, ELLE **adj.** **1.** Propre au père : *Héritage paternel.* **2.** Se dit de la parenté du côté du père : *Grand-mère paternelle.* **3.** Qui manifeste l'affectueuse sollicitude d'un père ; bienveillant : *Un conseil paternel.* ◆ **n.m.** Fam. Père.

PATERNELLEMENT **adv.** En père ; comme un père.

PATERNITÉ **n.f.** **1.** État, qualité de père. **2.** DR. Lien juridique entre un père et ses enfants : *Un congé de paternité.* **3.** Qualité d'auteur, de créateur : *Revendiquer la paternité d'une invention.* ▪ **Paternité adoptive, légitime, naturelle,** résultant d'une adoption ; dans le cadre du mariage ; hors du mariage.

PATER-NOSTER [patɛrnɔstɛr] **n.m. inv.** (mot lat.). **1.** Sorte d'ascenseur continu, fait d'un ensemble de plateformes reliées entre elles par des chaînes, afin d'assurer un transport régulier de choses ou de personnes. **2.** PÊCHE. Type d'émerillon.

PÂTEUX, EUSE **adj.** **1.** Qui a la consistance molle d'une pâte : *Sauce, encre pâteuse.* **2.** Fig. Lourd et embarrassé : *Un style pâteux.* ▪ **Avoir la bouche, la langue pâteuse,** encombrée d'une salive épaisse (après l'ivresse, notamm.). ▪ **Fusion pâteuse** [thermodyn.], passage progressif de l'état solide à l'état liquide, caractéristique des verres et, plus génér., des solides amorphes. ▪ **Voix pâteuse,** indistincte.

PATHÉTIQUE **adj.** (du gr. *pathêtikos,* sensible). **1.** Qui émeut profondément ; poignant : *Le récit pathétique d'une otage.* **2.** Mauvais au point de susciter le mépris et la consternation ; lamentable ; pitoyable : *On a trouvé son intervention pathétique.* ▪ **Nerf pathétique,** ou **pathétique, n.m.** [anat.], nerf qui innerve un des muscles obliques de l'œil. ◆ **n.m.** Caractère pathétique : *Le pathétique d'une interprétation lyrique.*

PATHÉTIQUEMENT **adv.** De façon pathétique.

PATHÉTISME **n.m.** Litt. Caractère de ce qui est pathétique.

PATHOGÈNE **adj.** (du gr. *pathos,* souffrance, et *gennân,* engendrer). Qui peut provoquer une maladie : *Bactérie pathogène.*

PATHOGENÈSE ou **PATHOGÉNIE** **n.f.** Étude du processus par lequel apparaît et se développe une maladie.

PATHOGÉNIQUE **adj.** Relatif à la pathogenèse.

PATHOGNOMONIQUE [-gnɔ-] **adj.** MÉD. Spécifique d'une maladie. ➲ Un symptôme pathognomonique suffit, à lui seul, à établir un diagnostic.

PATHOLOGIE **n.f.** **1.** Étude des maladies, de leurs causes et de leurs symptômes. **2.** Ensemble des manifestations d'une maladie, des effets morbides qu'elle entraîne.

PATHOLOGIQUE **adj.** **1.** Qui tient de la pathologie ; maladif : *Une peur pathologique de la foule.* **2.** Relatif à la pathologie en tant que science : *Anatomie pathologique.*

PATHOLOGIQUEMENT **adv.** **1.** De façon pathologique. **2.** Du point de vue de la pathologie.

PATHOLOGISTE **n.** Spécialiste d'anatomie pathologique.

PATHOMIMIE **n.f.** PSYCHIATR. Simulation des symptômes d'une maladie, pour attirer l'attention.

PATHOS [-tos] **n.m.** (mot gr. « passion »). Péjor. Recherche outrée d'effets de style dramatiques : *Un éditorial plein de pathos.*

PATIBULAIRE **adj.** (du lat. *patibulum,* gibet). Qui inspire de la méfiance par son aspect sinistre ; inquiétant.

PATIEMMENT [-sja-] **adv.** Avec patience.

1. PATIENCE [-sjɑ̃s] **n.f.** (lat. *patientia*). **1.** Aptitude à supporter les désagréments de l'existence ; stoïcisme. **2.** Qualité de qqn qui peut attendre longtemps sans irritation ni lassitude ; flegme : *La patience d'un pêcheur à la ligne.* **3.** Constance et persévérance dans l'effort ; ténacité. **4.** JEUX. Réussite. ■ **Patience !,** exhorte au calme ou exprime une menace : *Patience ! il ne perd rien pour attendre.* ■ **Perdre patience,** ne plus supporter d'attendre. ■ **Prendre son mal en patience,** s'efforcer de supporter un désagrément sans se plaindre.

2. PATIENCE [-sjɑ̃s] **n.f.** (lat. *lapathium*). Plante voisine de l'oseille, dont une espèce était naguère consommée comme les épinards. ➲ Famille des polygonacées.

1. PATIENT, E [-sjɑ̃, ɑ̃t] **adj. 1.** Qui a de la patience ; flegmatique : *Un conducteur patient.* **2.** Qui est fait avec patience : *Une patiente observation des oiseaux.* **3.** PHILOS. Qui subit l'action (notamm., d'un agent physique) ; passif. ➲ L'être est agent ou patient.

2. PATIENT, E [-sjɑ̃, ɑ̃t] **n.** Personne qui consulte un médecin.

PATIENTÈLE [-sjɑ̃-] **n.f.** Ensemble des patients d'un médecin, d'un établissement hospitalier.

PATIENTER [-sjɑ̃-] **v.i. [3].** Attendre patiemment : *La ligne est occupée, veuillez patienter.*

PATIN n.m. (de *1. patte*). **1.** Pièce adaptée à un objet pour en permettre le glissement sur un support. **2.** Pièce de tissu (génér. du feutre) qui sert à se déplacer sur un parquet en évitant de le rayer ou de le salir. **3.** TECHN. Pièce d'usure d'un organe de machine ou d'un mécanisme venant frotter sur une surface, pour le guidage ou le freinage. **4.** Chacun des éléments rigides articulés qui constituent une chenille d'un véhicule. **5.** CH. DE F. Partie plane inférieure d'un rail qui repose sur les traverses. ■ **Patin à glace,** dispositif constitué d'une lame fixée sous une chaussure et destiné à glisser sur la glace ; ensemble constitué par ce dispositif et la chaussure ; sport ainsi pratiqué. ■ **Patin à roulettes,** roller.

1. PATINAGE n.m. 1. Pratique du patin à glace, du patin à roulettes. **2.** Rotation sans entraînement des roues motrices d'un véhicule, par suite d'une adhérence insuffisante des roues ou de l'embrayage. ■ **Patinage artistique,** exhibition sur glace composée de figures imposées ou libres, de sauts acrobatiques et de danse, présentée en compétition ou en spectacle. ■ **Patinage de vitesse,** course sur glace avec patins.

2. PATINAGE n.m. Action de donner une patine artificielle à ; fait de se patiner.

PATINE n.f. (ital. *patina*). **1.** Coloration que le temps donne à certains objets : *L'horloge a pris une belle patine.* **2.** Altération chimique, naturelle et stable, de la surface du bronze. **3.** Coloration artificielle de divers objets, dont les bronzes, pour les protéger ou les embellir.

1. PATINER v.i. [3] (de *patin*). **1.** Avancer avec des patins à glace, des rollers. **2.** Glisser par manque d'adhérence : *Patiner sur le verglas.* **3.** Québec. Tergiverser ; louvoyer : *Un politicien qui sait patiner.*

2. PATINER v.t. [3] (de *patine*). Revêtir d'une patine. ◆ **SE PATINER v.pr.** Prendre naturellement une patine : *Bibelots qui se patinent.*

PATINETTE n.f. Trottinette.

PATINEUR, EUSE n. Personne qui patine.

PATINOIRE n.f. 1. Lieu aménagé pour le patinage sur glace. **2.** Surface très glissante : *Le trottoir verglacé est une patinoire.*

PATIO [-tjo] ou [-sjo] **n.m.** (mot esp.). Cour intérieure, souvent à portique, sur laquelle s'ouvrent différentes pièces d'une habitation.

PÂTIR v.i. [21] (du lat. *pati*, souffrir). **1.** (DE). Subir un dommage à cause de ; souffrir : *Les salariés pâtissent des restrictions budgétaires.* **2.** Éprouver les conséquences néfastes de : *Les hortensias ont pâti de la sécheresse.*

PÂTIS [pɑti] **n.m.** (lat. *pastus*). Région. Friche où l'on fait paître le bétail.

PÂTISSER v.t. [3]. En pâtisserie, travailler une pâte.

PÂTISSERIE n.f. 1. Préparation sucrée (parfois salée), de pâte travaillée, garnie de façons diverses et cuite au four ; gâteau. **2.** Profession, commerce, boutique du pâtissier. **3.** Péjor. Motif en staff, en stuc servant à décorer les plafonds.

▲ **patinage.** Figure de patinage artistique.

▲ **patinage.** Épreuve de patinage de vitesse.

PÂTISSIER, ÈRE n. Personne qui confectionne ou vend de la pâtisserie. ◆ **adj.** ■ **Crème pâtissière,** crème cuite, assez épaisse, souvent parfumée, qui garnit certaines pâtisseries (choux, éclairs, etc.).

PÂTISSON n.m. (mot provenç.). Courge dont le fruit, de couleur crème, est presque semi-sphérique avec un rebord en festons. (On l'appelle aussi *artichaut d'Espagne*.)

PATOIS n.m. Parler local employé par une communauté génér. rurale et restreinte. ◆ **PATOIS, E adj.** Qui appartient à un patois.

PATOISANT, E adj. et **n.** Qui s'exprime en patois.

PÂTON n.m. 1. Morceau de pâte à pain mis en forme avant cuisson. **2.** ÉLEV. Pâtée pour la volaille.

PATOUILLER v.i. [3] (de *1. patte*). Fam. Patauger. ◆ **v.t.** Fam. Tripatouiller.

PATRAQUE adj. (mot provenç.). Fam. Fatigué ou souffrant : *Je suis patraque aujourd'hui.*

PÂTRE n.m. (lat. *pastor*). Litt. Berger.

PATRIARCAL, E, AUX adj. (bas lat. *patriarchalis*). **1.** Relatif aux patriarches de la Bible. **2.** CHRIST. Relatif à un patriarche. **3.** ANTHROP. Relatif au patriarcat ; conforme aux principes du patriarcat : *Société patriarcale.*

PATRIARCAT n.m. 1. CHRIST. Dignité, fonction de patriarche ; territoire sur lequel s'exerce sa juridiction. **2.** ANTHROP. Système social, politique et juridique fondé sur la filiation patrilinéaire et dans lequel les pères exercent une autorité exclusive ou prépondérante. ➲ Cas notamm. de la Rome antique.

PATRIARCHE n.m. (gr. *patriarkhês*). **1.** Grand ancêtre du peuple d'Israël, dans la Bible. **2.** Litt. Vieillard respectable, qui vit entouré d'une nombreuse famille. **3.** Titre honorifique donné dans l'Église latine à quelques évêques de sièges importants et anciens. **4.** Évêque d'un siège épiscopal ayant autorité sur des sièges secondaires, dans les Églises chrétiennes d'Orient. ■ **Patriarche œcuménique,** titre porté par le patriarche de Constantinople.

PATRICE n.m. (lat. *patricius*, de *pater*, père). ANTIQ. ROM. Haut dignitaire de l'Empire romain, à partir de Constantin Ier.

PATRICIAT n.m. 1. ANTIQ. ROM. Dignité de patricien ; rang des familles patriciennes ; ensemble des patriciens (par oppos. à *plèbe*). **2.** Du Moyen Âge jusqu'au XVIIIe s., groupe social supérieur, au sein d'une cité.

PATRICIEN, ENNE n. (lat. *patricius*). ANTIQ. ROM. Citoyen appartenant à la classe aristocratique (par oppos. à *plébéien*). ◆ **adj.** Litt. Relatif aux nobles ; aristocratique : *Famille patricienne.*

PATRICLAN n.m. ANTHROP. Clan structuré par la filiation patrilinéaire.

PATRIE n.f. (lat. *patria*). **1.** Communauté politique d'individus vivant sur le même sol et liés par un sentiment d'appartenance à une même collectivité, notamm. culturelle, linguistique ; pays habité par une telle communauté. **2.** Pays, province, ville d'origine d'une personne. ■ **La patrie de,** le pays où l'on ne peut manquer de rencontrer certaines personnes ou choses : *Le Brésil, la patrie de la samba.*

PATRIGOT n.m. (de *2. patte*). Suisse. Boue.

PATRIGOTER v.i. [3]. Suisse. Patauger dans la boue.

PATRILIGNAGE n.m. ANTHROP. Groupe de filiation patrilinéaire.

PATRILINÉAIRE adj. ANTHROP. Se dit d'un mode de filiation dans lequel seule l'ascendance par les hommes est prise en compte pour la transmission du nom, des statuts, de l'appartenance à une unité sociale et pour le choix du groupe dans lequel on doit se marier (par oppos. à *matrilinéaire*).

PATRILOCAL, E, AUX adj. ANTHROP. **1.** Se dit d'un mode de résidence où les enfants, mariés ou non, résident chez leur père. **2.** Virilocal.

PATRIMOINE n.m. (lat. *patrimonium*). **1.** Ensemble des biens hérités du père et de la mère. **2.** Héritage commun d'une collectivité, d'un groupe humain : *Un patrimoine archéologique.* ■ **Patrimoine génétique** ou **héréditaire,** génome.

PATRIMONIAL, E, AUX adj. Relatif à un patrimoine.

PATRIOTE n. et **adj.** (gr. *patriôtês*). **1.** Personne qui aime sa patrie, qui s'efforce de la servir. **2.** HIST. Partisan de la Révolution française, en 1789.

PATRIOTIQUE adj. Relatif au patriotisme : *Un chant patriotique.*

PATRIOTIQUEMENT adv. En patriote.

PATRIOTISME n.m. Amour de la patrie.

PATRISTIQUE n.f. Didact. Étude de la vie et de la doctrine des Pères* de l'Église (SYN. **patrologie**). ◆ **adj.** Relatif aux Pères de l'Église.

PATROLOGIE n.f. Didact. **1.** Collection des écrits des Pères* de l'Église. **2.** Patristique.

1. PATRON, ONNE n. (du lat. *patronus*, avocat). **1.** Chef d'une entreprise industrielle ou commerciale ; employeur par rapport à ses employés. **2.** Professeur, maître qui dirige un travail de recherche : *Patron de thèse.* **3.** Dirigeant d'une organisation, d'un parti : *La nouvelle patronne du syndicat.* **4.** RELIG. Saint dont on porte le nom ; saint à qui une église est dédiée ; saint protecteur. ◆ **n.m. 1.** Commandant d'un bateau de pêche. **2.** ANTIQ. ROM. Citoyen puissant accordant sa protection à d'autres citoyens (ses *clients*).

2. PATRON n.m. (de *1. patron*). **1.** COUT. Modèle en toile, en papier fort, etc., d'après lequel on taille un vêtement. **2.** Modèle servant à exécuter certains travaux d'artisanat, d'arts décoratifs. **3.** Pochoir pour le coloriage. ■ **Tailles demi-patron, patron, grand patron,** chacune des trois tailles masculines, en bonneterie.

PATRONAGE n.m. 1. Soutien accordé par un personnage influent, un organisme ; parrainage. **2.** RELIG. Protection d'un saint. **3.** Organisation qui veille sur les enfants, partic. en leur proposant des loisirs pendant les congés ; siège d'un tel organisme : *Patronage laïque, paroissial.*

PATRONAL, E, AUX adj. 1. Relatif au patronat : *Syndicat patronal.* **2.** RELIG. Relatif au saint patron : *Fête patronale.*

PATRONAT n.m. Ensemble des patrons d'entreprise (par oppos. à *salariat*).

PATRONNER v.t. [3]. Donner son soutien, son patronage à ; parrainer.

PATRONNESSE adj.f. Vieilli. ▪ **Dame patronnesse,** femme qui patronne une œuvre de bienfaisance.

PATRONYME n.m. (du gr. *pâter*, père, et *onoma*, nom). Nom de famille transmis par le père (par oppos. à *matronyme*).

PATRONYMIQUE adj. ▪ **Nom patronymique,** patronyme ; nom commun à tous les descendants d'un même ancêtre illustre (les Mérovingiens, descendants de Mérovée, par ex.).

PATROUILLE n.f. (de l'anc. fr. *patrouiller*, patauger). Mission de surveillance, de renseignements ou de liaison confiée à une petite formation militaire ou policière ; cette formation elle-même.

PATROUILLER v.i. [3]. Effectuer une patrouille.

PATROUILLEUR n.m. MIL. **1.** Membre, élément d'une patrouille (soldat, aéronef, etc.). **2.** Petit bâtiment de guerre spécialement conçu pour les patrouilles.

1. PATTE n.f. **1.** Membre ou appendice pair des animaux, supportant le corps et assurant génér. la fonction de locomotion. **2.** Fam. Pied ; jambe : *Se casser une patte.* **3.** Fam. Main : *Bas les pattes !* **4.** Habileté de la main particulière à un artiste, à un artisan : *La patte d'un céramiste.* **5.** Accessoire métallique servant à fixer, à maintenir, à assembler. **6.** Languette de cuir, d'étoffe, de tissu servant à fermer, à décorer un vêtement. **7.** MAR. Pièce triangulaire de chacun des bras d'une ancre. ▪ **Coup de patte** [fam.], critique vive et malveillante. ▪ **Marcher à quatre pattes,** sur les mains et les genoux (ou les pieds), en parlant d'une personne. ▪ **Montrer patte blanche,** présenter toutes les garanties nécessaires pour être admis quelque part. ▪ **Pantalon (à) pattes d'éléphant,** dont les jambes s'évasent du genou aux chevilles. ▪ **Patte d'ours** [bot.], berce. ▪ **Pattes (de lapin),** favoris très courts. ▪ **Retomber sur ses pattes** [fam.], sortir sans dommage d'un mauvais pas. ▪ **Tirer dans les pattes à qqn** [fam.], tenter sournoisement de lui nuire. ▪ **Tomber sous la patte de qqn** [fam.], se trouver à sa merci.

▲ **patte.** Différents types de pattes.

2. PATTE n.f. (germ. *paita*). Région. (Est) ; Suisse. Chiffon ; torchon.

PATTÉ, E adj. (de *1. patte*). HÉRALD. Dont les extrémités vont en s'élargissant : *Croix pattée.*

PATTE-DE-LOUP n.f. (pl. *pattes-de-loup*). BOT. Lycope.

PATTE-D'OIE n.f. (pl. *pattes-d'oie*). **1.** Carrefour où une route principale se divise en plusieurs voies divergentes. **2.** Petites rides en éventail à l'angle externe de l'œil. **3.** ANAT. Ensemble de trois tendons de muscles de la cuisse, insérés sur la partie supérieure de la face interne du tibia.

PATTE-MÂCHOIRE n.f. (pl. *pattes-mâchoires*). ZOOL. Maxillipède.

PATTEMOUILLE n.f. (de *2. patte* et *mouiller*). Linge mouillé que l'on utilise pour repasser certains tissus fragiles.

PATTERN [-tɛrn] n.m. (mot angl.). Modèle simplifié d'une structure, en sciences humaines. ➲ Concept fondamental du culturalisme.

PATTINSONAGE [patin-] n.m. (du n. de *Pattinson*). MÉTALL. Ancien procédé de séparation de l'argent et du plomb par liquation.

PATTU, E adj. **1.** Fam. Qui a de grosses pattes : *Chiot pattu.* **2.** ORNITH. Dont le haut des pattes porte des plumes : *Pigeon, buse pattus.*

PÂTURABLE adj. Qui peut être utilisé comme pâturage.

PÂTURAGE n.m. **1.** Lieu où le bétail pâture ; pâture. **2.** Action, droit de faire pâturer le bétail.

PÂTURE n.f. (bas lat. *pastura*). **1.** Action de pâturer. **2.** Pâturage. **3.** Fig., litt. Ce qui alimente un besoin, une passion : *Rechercher sa pâture quotidienne de faits divers.* **4.** Vx. Nourriture des animaux. ▪ **Donner en pâture** [litt.], abandonner qqn, qqch à l'action d'autrui : *Donner les déboires d'une star en pâture aux journalistes.*

PÂTURER v.t. et v.i. [3]. Paître.

PÂTURIN n.m. Graminée très commune dans les prairies, au bord des chemins, etc., utilisée comme fourrage.

PATURON n.m. (du bas lat. *pastoria*, entrave). Partie de la jambe du cheval, entre le boulet et le sabot, correspondant à la première phalange.

PAUCHOUSE n.f. → **POCHOUSE.**

PAULETTE n.f. (du n. de C. *Paulet*). Dans la France d'Ancien Régime, droit annuel payé par le titulaire d'un office pour en jouir comme d'un bien privé.

PAULIEN, ENNE adj. (de *Paulus*, jurisconsulte romain). DR. ▪ **Action paulienne,** par laquelle un créancier demande en justice la révocation d'un acte accompli, en violation de ses droits, par son débiteur (SYN. **action révocatoire**).

PAULINIEN, ENNE adj. Relatif à saint Paul.

1. PAULISTE n.m. Membre d'une congrégation catholique missionnaire, fondée en 1858 à New York, et dédiée à saint Paul.

2. PAULISTE adj. et n. Relatif à Sao Paulo.

PAULOWNIA [polɔnja] n.m. (du n. de A. *Paulowna*). Arbre ornemental originaire de l'Extrême-Orient, à fleurs mauves odorantes, à grandes feuilles. ➲ Famille des scrofulariacées.

PAUME n.f. (lat. *palma*). **1.** ANAT. Intérieur de la main, entre le poignet et les doigts ; creux. **2.** Jeu de balle qui se joue avec une raquette en terrain ouvert (*longue paume*) ou clos (*courte paume*).

PAUMÉ, E adj. Fam. Qui est loin de tout ; isolé : *Un bled paumé.* ◆ **adj.** et **n.** Fam. Qui est dépassé par les événements.

PAUMÉE n.f. HIST. Colée.

PAUMELLE n.f. (de *paume*). **1.** MENUIS. Ferrure double qui permet le pivotement d'une porte, d'une fenêtre, d'un volet, etc. ➲ À la différence de la charnière, les deux parties peuvent être séparées. **2.** TECHN. Bande de cuir renforcée au creux de la main par une plaque métallique, utilisée par les selliers, les voiliers, etc., pour pousser l'aiguille.

PAUMER v.t. [3] (de *paume*). Fam. Perdre ; égarer : *Paumer ses clés.* ◆ **SE PAUMER** v.pr. Fam. Perdre son chemin ; s'égarer.

PAUMOYER [pomwaje] v.t. [7]. MAR. Haler avec la main un cordage, une chaîne d'ancre, etc.

PAUPÉRISATION n.f. Appauvrissement progressif et continu d'une population. ➲ La paupérisation peut être absolue (baisse objective du pouvoir d'achat) ou relative (par comparaison avec la situation d'autres groupes sociaux).

PAUPÉRISER v.t. [3]. Frapper de paupérisation.

PAUPÉRISME n.m. (angl. *pauperism*, du lat. *pauper*, pauvre). État de très grande pauvreté d'une population, d'un groupe humain.

PAUPIÈRE n.f. (lat. *palpebra*). Chacun des deux voiles musculo-membraneux qui, en se rapprochant, recouvrent et protègent la partie antérieure de l'œil : *Elle ferma les paupières et s'endormit.*

PAUPIETTE n.f. (de l'anc. fr. *polpe*, partie charnue). CUIS. Mince tranche de viande garnie d'une farce puis enroulée sur elle-même et braisée.

PAUSE n.f. (lat. *pausa*). **1.** Arrêt momentané d'une activité, d'un travail, génér. consacré au repos ; interruption : *Je vous en parlerai pendant la pause.* **2.** Temps d'arrêt dans le déroulement d'un processus ; suspension : *Il y aura une pause dans la négociation.* **3.** Interruption de la chaîne parlée : *L'orateur marqua une pause.* **4.** MUS. Silence de la durée d'une ou de plusieurs mesures ; signe (barre horizontale sous la quatrième ligne de la portée) qui note ce silence. ▪ **Faire les pauses** [Belgique], travailler en équipes par roulement. ▪ **Pause méridienne** → **1. MÉRIDIEN.**

PAUSE-CAFÉ n.f. (pl. *pauses-café*). Pause pendant le travail, pour prendre un café.

PAUSE-CARRIÈRE n.f. (pl. *pauses-carrière*). Belgique. Année sabbatique durant laquelle le salarié perçoit une rémunération réduite.

PAUSER v.i. [3]. MUS. Faire une pause.

PAUVRE adj. et n. (lat. *pauper*). Qui a peu de biens, d'argent ; démuni. ◆ **adj. 1.** Qui a peu de ressources ; indigent. **2.** Qui dénote le manque d'argent : *Un pauvre canapé.* **3.** (Avant le n.). Qui inspire la pitié ; malheureux : *Le sort s'acharne sur cette pauvre famille* ; qui inspire le mépris ; lamentable : *Ce n'est qu'un pauvre envieux.* **4.** Qui produit peu ; qui est peu fécond : *Un sol pauvre.* **5.** Qui n'a pas l'abondance voulue ; médiocre : *L'imagination de ce chanteur est assez pauvre.* ▪ **Art pauvre,** tendance, princip. italienne, de l'art contemporain. ▪ **Pauvre en,** qui contient peu de ; qui manque de : *Légume pauvre en fer.* ▪ **Rimes pauvres** [versif.], rimes ne portant que sur une voyelle (ex. : *mot, flot*).

➲ Apparu en Italie v. 1965-1967, l'**ART PAUVRE** *(arte povera)* produit des assemblages et des installations à base de matériaux non artistiques et souvent frustes, tels que terre, graisse, métaux bruts, briques, ciment, feutre, liquides, auxquels peuvent s'ajouter des tubes au néon, une sonorisation électronique, etc.

▲ **pauvre.** Art pauvre : *Senso titolo* (*Struttura che mangia* [structure qui mange]), 1968, par Giovanni Anselmo. Granit, laitue fraîche, fils de cuivre. (MNAM, Paris.)

PAUVREMENT adv. **1.** Dans la pauvreté : *Vivre pauvrement.* **2.** De manière insuffisante, malhabile : *Un livre pauvrement illustré.*

PAUVRESSE n.f. Vieilli. Miséreuse.

PAUVRET, ETTE n. Fam. Enfant qui inspire la pitié.

PAUVRETÉ n.f. **1.** État d'une personne pauvre ; indigence. **2.** État de qqch qui est pauvre ; dénuement : *La pauvreté d'un intérieur* ; aridité : *La pauvreté d'un sol.*

PAVAGE n.m. **1.** Action de paver. **2.** Revêtement d'un sol, constitué de pavés ou d'éléments de petite taille et de forme plus ou moins régulière : *Pavage en mosaïque.*

PAVANE n.f. (de l'ital. *pavana*, de Padoue). Danse de cour, noble et solennelle, probablement d'origine italienne, exécutée en cortège de couples fermés, en Europe (XVIe-XVIIe s.).

SE PAVANER v.pr. [3] (de *pavane*). Marcher ou se tenir en prenant des poses vaniteuses ; parader.

PAVÉ n.m. **1.** Bloc épais d'un matériau dur (pierre, bois autref., etc.), génér. de forme cubique, utilisé pour le revêtement des chaussées ; revêtement formé de tels blocs. **2.** Fam. Livre très épais ; texte trop long et mal rédigé : *Je n'ai pas pu lire son pavé en entier.* **3.** Article publicitaire d'un journal, mis en valeur par un encadré, une typographie particulière, etc. **4.** CUIS. Tranche épaisse de viande, de poisson : *Un pavé de saumon.* **5.** CUIS. Mode d'apprêt d'une substance alimentaire présentant la forme d'un pavé : *Un pavé au chocolat.* **6.** MATH. Parallélépipède rectangle. ▪ **Être sur le pavé,** sans domicile, sans emploi. ▪ **Pavé numérique** [inform.], sur un clavier d'ordinateur, ensemble distinct de touches numériques et de touches d'opérations. ▪ **Tenir le haut du pavé,** occuper une position en vue. ▪ **Un pavé dans la mare,** une révélation brutale qui jette la perturbation.

PAVEMENT n.m. Sol de dalles, de carreaux, de mosaïque.

PAVER v.t. [3] (du lat. *pavire*, aplanir). Revêtir un sol de pavés.

PAVEUR, EUSE n. Ouvrier qui effectue un pavage.

PAVIE n.f. (de *Pavie*, n.pr.). Pêche d'une variété dont la chair, jaune ou blanche, adhère à l'épiderme et au noyau.

PAVILLON n.m. (du lat. *papilio*, papillon). **1.** Maison particulière de petite ou de moyenne dimension. **2.** Bâtiment ou corps de bâtiment de plan sensiblement carré. **3.** Une des trois enceintes d'un champ de courses (par oppos. à *pesage*, à *pelouse*). **4.** ANAT. Partie extérieure visible de l'oreille, lame cartilagineuse recouverte de peau (plissée et fixe chez l'homme, mobile chez de nombreux mammifères) où s'ouvre le conduit auditif externe. **5.** Extrémité évasée d'un instrument de musique à vent. **6.** Dispositif de forme variable (tube évasé, cornet, tronc de cône, etc.) servant à orienter des ondes acoustiques : *Haut-parleur à pavillon.* **7.** MAR. Drapeau : *Pavillon national.* **8.** CATH. Étoffe dont on recouvre le ciboire. **9.** HÉRALD. Drapé en dôme qui surmonte le manteau encadrant les armoiries des souverains. ▪ **Baisser pavillon,** s'avouer vaincu ; céder.

PAVILLONNAIRE adj. Relatif aux pavillons d'habitation : *Résidence pavillonnaire.*

PAVILLONNERIE n.f. **1.** Lieu où sont gardés les pavillons (à bord d'un navire, en partic.). **2.** Atelier où l'on fabrique les pavillons et les drapeaux.

PAVIMENTEUX, EUSE adj. (du lat. *pavimentum*, dalles). HISTOL. Se dit d'un tissu aux cellules plates et serrées.

PAVLOVIEN, ENNE adj. Relatif à Pavlov ; relatif à ses expériences, à ses théories : *Un réflexe pavlovien.*

PAVOIS n.m. (de l'ital. *pavese*, de Pavie). **1.** MAR. Partie de la muraille d'un navire s'élevant au-dessus d'un pont découvert et servant de protection, de garde-corps. **2.** MAR. Ornementation de fête des navires. **3.** HIST. Grand bouclier des Germains et des Francs. ➲ Lors de leur accession au pouvoir, les rois étaient promenés sur un pavois devant leurs troupes. ▪ **Élever sur le pavois** [litt.], mettre à l'honneur ; exalter. ▪ **Grand pavois** [mar.], constitué par le petit pavois et par une guirlande de pavillons de signaux tendue de l'avant à l'arrière et passant par le haut des mâts. ▪ **Petit pavois** [mar.], constitué de pavillons nationaux hissés en tête de chaque mât.

PAVOISEMENT n.m. Litt. Action de pavoiser un navire, un lieu, etc.

PAVOISER v.t. [3]. Orner un navire, un édifice, etc., de pavillons, de drapeaux. ◆ v.i. Fam. Manifester une grande fierté à l'occasion d'un succès. ▪ **Il n'y a pas de quoi pavoiser** [fam.], il n'y a pas de quoi être fier.

PAVOT n.m. (lat. *papaver*). Plante voisine du coquelicot, cultivée pour ses fleurs ornementales, ou, dans le cas du pavot somnifère, pour ses capsules, qui fournissent l'opium, et pour ses graines, qui donnent une huile. ➲ Famille des papavéracées.

▲ **pavots**

PAYABLE adj. Qui peut ou qui doit être payé à telle personne, à telle date, de telle manière, etc.

PAYANT, E adj. **1.** Qui paie : *Visiteurs payants.* **2.** Que l'on paie : *Soirée payante.* **3.** Fam. Qui rapporte de l'argent ou produit l'effet recherché ; productif : *Ses efforts ont été payants.*

PAYE n.f. → **PAIE.**

PAYEMENT n.m. → **PAIEMENT.**

PAYER [pɛje] v.t. [6] (du lat. *pacare*, pacifier). **1.** Verser à qqn une somme due ; acquitter une dette, un droit, un impôt, etc. ; régler : *Payer sa facture d'électricité.* **2.** Verser la somme due pour ; acquitter : *Veuillez payer vos achats à la caisse centrale.* **3.** Donner à qqn ce qui lui est dû (une somme d'argent, le plus souvent) : *Payer une aide ménagère en chèques-service.* **4.** Récompenser : *Cette promotion la paie de ses efforts.* **5.** Subir les conséquences de ses actes ; expier : *Payer un crime de dix ans de prison.* ▪ **Il me le paiera,** je me vengerai de lui. ▪ **Je suis payé pour le savoir,** je l'ai appris à mes dépens. ▪ **Payer cher qqch,** l'obtenir au prix de grands sacrifices. ▪ **Payer qqn de retour,** lui rendre la pareille. ◆ v.i. **1.** Acquitter ce que l'on doit par tel ou tel moyen : *Payer par chèque.* **2.** Fam. Être rentable : *C'est une activité qui paie.* ▪ **Payer de sa personne,** s'engager personnellement en affrontant les difficultés, les dangers. ◆ **SE PAYER** v.pr. **1.** Retenir une somme d'argent en paiement : *Voilà cent euros, payez-vous.* **2.** Fam. S'offrir le plaisir de : *Se payer une croisière.* **3.** Fam. Devoir supporter qqn, qqch. **4.** Fam. Agresser qqn. **5.** Très fam. Avoir des rapports sexuels avec qqn. ▪ **Se payer la tête de qqn** [fam.], se moquer de lui.

PAYEUR, EUSE n. **1.** Personne qui paie : *Mauvais payeur.* **2.** Agent ou fonctionnaire qui paie des dépenses, des traitements, des rentes, etc.

1. PAYS [pei] n.m. (lat. *pagensis*, de *pagus*, canton). **1.** Territoire d'une nation ; État : *Les pays européens.* **2.** Ensemble des habitants d'une nation ; population : *Cette catastrophe a ému tout le pays.* **3.** Petit territoire à l'unité historique ancienne : *Le pays de Gex.* **4.** Contrée dont l'unité est fondée sur un ou plusieurs caractères particuliers : *Un pays pluvieux.* **5.** Ville, région d'origine : *Des nouvelles du pays.* **6.** ADMIN. En France, entité territoriale créée pour servir de cadre à des projets développés grâce à l'action concertée des collectivités territoriales et des acteurs économiques. **7.** Vieilli ou région. Village ; localité. ▪ **En pays de connaissance,** parmi des gens connus ; dans une situation familière. ▪ **Le pays,** celui où l'on se trouve ou dont on parle : *Les gens du pays.* ▪ **Mal du pays,** nostalgie de la terre natale. ▪ **Voir du pays,** voyager.

2. PAYS, E [pei, iz] n. Fam., vieilli. Personne du même village, de la même région.

PAYSAGE [peizaʒ] n.m. **1.** Étendue de terre qui s'offre à la vue ; panorama. **2.** Une telle étendue, caractérisée par son aspect : *Paysage désertique.* **3.** Représentation d'un site naturel ou urbain par la peinture, le dessin, la photographie, etc. **4.** Fig. Aspect d'ensemble de tel domaine, telle sphère d'activité : *Paysage politique, audiovisuel.* ▪ **Paysage historique, animé** ou **composé** [bx-arts], paysage idéalisé dans lequel figurent des scènes ou des personnages mythologiques, religieux, etc. ▪ **Paysage ouvert,** territoire agricole composé de parcelles ouvertes.

PAYSAGER, ÈRE adj. Qui rappelle un paysage naturel : *Parc paysager.* ▪ **Bureau paysager,** grande pièce regroupant plusieurs postes de travail dans un même espace non cloisonné. (On dit aussi *open space* [ɔpœnspes].)

PAYSAGISTE n. et adj. **1.** Artiste qui s'est spécialisé dans la représentation de paysages. **2.** Architecte ou jardinier qui conçoit des jardins, des espaces verts et des parcs.

PAYSAN, ANNE [peizɑ̃, an] n. **1.** Personne qui vit à la campagne de ses activités agricoles (SYN. **agriculteur, 1. cultivateur, exploitant agricole**). **2.** Péjor. Rustre ; lourdaud. ◆ adj. Relatif aux paysans : *Le malaise paysan.*

PAYSANNAT n.m. ÉCON. Ensemble des paysans ; condition des paysans.

PAYSANNERIE n.f. Ensemble des paysans.

1. PC [pese] n.m. (sigle de l'angl. *personal computer*). Ordinateur individuel.

2. PC ou **P.C.** n.m. (sigle). Poste de commandement.

PCB ou **P.C.B.** n.m. (abrév. de *polychlorobiphényle*). CHIM. ORG. Composé aromatique dont la décomposition à chaud peut produire des furannes et des dioxines.

PCR [peseɛr] n.f. (sigle de l'angl. *polymerase chain reaction*). BIOL. Technique permettant d'obtenir, par une succession de réplications in vitro, d'importantes quantités d'un fragment d'ADN spécifique et de longueur définie. ➲ Cette technique est employée dans un but de diagnostic rapide (pour la tuberculose, par ex.) ou d'identification (police scientifique, archéologie).

PCS ou **P.C.S.** n.f. pl. (sigle). Professions et catégories socioprofessionnelles*.

PCV ou **P.C.V.** n.m. (abrév. de *à percevoir*). Communication téléphonique payée par le destinataire.

PDF [pedeɛf] n.m. (nom déposé ; sigle de l'angl. *portable document format*). Format de fichier informatique qui préserve la mise en forme du document original quels que soient l'application utilisée pour le créer et l'ordinateur employé pour le lire.

P-DG ou **P.-D.G.** n. (sigle). Président-directeur général.

PÉAGE n.m. (du lat. *pes*, *pedis*, pied). Droit que l'on paie pour emprunter une autoroute, un pont, etc. ; lieu où est perçu ce droit. ▪ **Chaîne à péage** [télév.], dont certains programmes ne sont accessibles qu'aux usagers abonnés. (On dit aussi *chaîne cryptée.*)

PÉAGISTE n. Personne qui perçoit un péage.

PÉAN n.m. (gr. *paian*). ANTIQ. GR. Hymne guerrier en l'honneur d'Apollon.

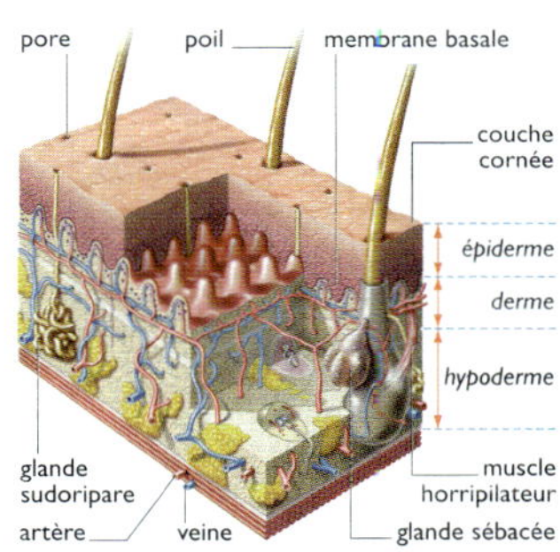

▲ **peau.** Structure de la peau.

PEAU n.f. (lat. *pellis*). **1.** Organe constituant le revêtement extérieur du corps de l'homme et des animaux. **2.** Dépouille d'animal destinée au tannage : *Une peau de mouton.* **3.** BOT. Enveloppe détachable de certains légumes ou fruits ; pelure : *Peau de pêche.* **4.** Pellicule se formant à la surface du lait chauffé ; croûte recouvrant certains fromages. **5.** ARCHIT. Enveloppe non porteuse dont on recouvre l'extérieur d'un bâtiment moderne ou contemporain, et qui permet un grand nombre de possibilités esthétiques et fonctionnelles. ■ **Avoir la peau dure,** être très résistant. ■ **Avoir qqn dans la peau** [fam.], en être passionnément amoureux. ■ **Bien, mal dans sa peau,** à l'aise ; mal à l'aise ; plein d'allant ; déprimé. ■ **Effet de peau** [électromagn.], phénomène physique dans lequel la valeur efficace de la densité du courant est plus grande près de la surface qu'à l'intérieur d'un conducteur. ■ **Faire la peau à qqn** [fam.], le tuer. ■ **Faire peau neuve,** changer complètement de comportement ; se moderniser radicalement : *L'institut a fait peau neuve.* ■ **Peau de vache** [fam.], personne extrêmement sévère. ■ **Risquer sa peau** [fam.], sa vie. ■ **Se mettre dans la peau de qqn,** se mettre mentalement à sa place pour tenter de le comprendre. ■ **Vendre chèrement sa peau,** se défendre vigoureusement avant de succomber. ■ **Vieille peau** [injur.], femme âgée.

➲ La **PEAU** est constituée de trois tissus superposés, l'épiderme – comprenant une couche riche en kératine –, le derme et l'hypoderme. Ses annexes sont les phanères (poils, ongles), et les glandes sébacées et sudoripares. Par ailleurs, le derme contient les récepteurs sensoriels sensibles à la pression ou à la température, ainsi que les fibres nerveuses dont l'activation produit la douleur.

PEAUCIER adj.m. et n.m. ANAT. Se dit d'un muscle qui s'attache à la peau et qui, au niveau du visage, participe à la mimique.

PEAUFINER v.t. [3]. **1.** Polir à la peau de chamois. **2.** Fig. Parachever avec un soin minutieux.

PEAU-ROUGE adj. (pl. *peaux-rouges*). Vieilli. Relatif aux Peaux-Rouges, nom donné aux Indiens d'Amérique du Nord.

PEAUSSERIE n.f. **1.** Peau d'animal, de petite ou moyenne taille, traitée par tannage. ➲ Ce terme, équivalent à celui de *cuir*, est réservé à un produit souple. **2.** Industrie, commerce, travail des peaux.

PEAUSSIER n.m. **1.** Personne qui prépare les peaux. **2.** Commerçant en peaux.

PEbd [peɔbede] n.m. inv. (abrév. de *polyéthylène basse densité*). CHIM. Polyéthylène obtenu par polymérisation de l'éthylène sous très haute pression (supérieure à 10^8 Pa), solide translucide utilisé notamm. en extrusion-soufflage (production de films d'emballage, de sacs, etc.).

PÉBRINE n.f. (provenç. *pebrino*, de *pebre*, poivre). Maladie des vers à soie causée par un protozoaire et caractérisée par des taches noires.

PÉBROC ou **PÉBROQUE** n.m. (de 2. *pépin*). Fam. Parapluie.

PÉCAÏRE [-kajr] interj. (mot provenç.). Région. (Midi). Exprime une commisération affectueuse.

PÉCAN n.m. (angl. *pecan*). ■ **Noix de pécan,** pacane.

PÉCARI n.m. (mot caraïbe). **1.** Petit porc sauvage d'Amérique du Sud, du Mexique et du sud des États-Unis, qui se nourrit de végétaux épineux. ➲ Famille des suidés. **2.** Cuir de cet animal.

▲ **pécari** à collier.

PECCADILLE n.f. (de l'esp. *pecadillo*, petit péché). Faute sans gravité.

PECCAMINEUX, EUSE adj. Litt. Relatif au péché ; enclin au péché.

PECCANT, E adj. MÉD. Vx. ■ **Humeurs peccantes,** mauvaises.

PECHBLENDE [pɛʃblɛ̃d] n.f. (de l'all. *Pech*, poix, et *Blende*, sulfure). MINÉRALOG. Principal minerai d'uranium, constitué essentiellement d'oxyde de ce métal (UO_2), auquel peut être associé du radium.

PÉCHÉ n.m. (du lat. *peccatum*, faute). RELIG. Transgression consciente et volontaire de la loi divine : *Péché mortel, véniel.* ■ **Péché mignon** → **1. MIGNON.**

1. PÊCHE n.f. (du lat. *persicus*, de Perse). **1.** Fruit comestible du pêcher, à chair juteuse et à noyau dur. **2.** Fam. Coup de poing. ■ **Avoir la pêche** [fam.], être de bonne humeur, plein de dynamisme. ■ **Peau, teint de pêche,** roses et veloutés. ■ **Pêche abricot,** à chair jaune. ◆ adj. inv. D'un rose pâle légèrement doré.

2. PÊCHE n.f. **1.** Action, manière de pêcher. **2.** Ensemble des poissons, des produits pêchés : *Vendre sa pêche.* **3.** Lieu où l'on pêche : *Pêche gardée.*

PÉCHER v.i. [11], ▲ *[11*]* (lat. *peccare*). **1.** RELIG. Commettre un péché. **2.** (CONTRE). Faillir à une règle : *Pécher contre la grammaire, la courtoisie.* **3.** Présenter un défaut : *Cet appareil pèche par sa fragilité.*

1. PÊCHER n.m. Arbre originaire d'Asie orientale, cultivé dans les régions tempérées, dont le fruit est la pêche. ➲ Famille des rosacées.

2. PÊCHER v.t. [3] (lat. *piscari*). **1.** Prendre du poisson, des animaux aquatiques : *Pêcher le gardon, le homard.* **2.** Fam. Trouver qqch d'inhabituel, d'étonnant : *J'ignore où il a pêché cette information.* ◆ v.i. S'adonner à la pêche : *Pêcher en haute mer.* ■ **Pêcher en eau trouble,** chercher à tirer profit d'une situation confuse.

PECHÈRE interj. → **PEUCHÈRE.**

PÊCHERIE n.f. **1.** Lieu où l'on pêche. **2.** Lieu où le poisson pêché est traité (fumé, en partic.).

PÉCHEUR, ERESSE, ▲ *PÉCHERESSE* n. (lat. *peccator*). Personne qui a commis des péchés. ■ **Ne pas vouloir la mort du pécheur,** ne pas demander de sanctions excessives.

PÊCHEUR, EUSE n. (lat. *piscator*). Personne qui pratique la pêche par métier ou par plaisir. (Peut s'employer en appos. : *marins pêcheurs.*)

PÊCHU, E adj. Fam. Qui a la pêche ; dynamique : *Des lycéens pêchus.*

PÉCLOTER v.i. [3] (de *péclot*, mauvaise montre). Suisse. Fam. **1.** Mal fonctionner, en parlant d'un moteur, d'un appareil. **2.** Avoir une santé fragile, chancelante.

PÉCOPTÉRIS [-ris] n.m. (du gr. *pekos*, toison, et *pteris*, fougère). Fougère arborescente fossile des terrains houillers.

PÉCORE n.f. (de l'ital. *pecora*, brebis). Fam., vieilli. Femme sotte et prétentieuse.

PECTEN [-tɛn] n.m. (mot lat. « peigne »). ZOOL. Genre principal des peignes (mollusques).

PECTINE n.f. (du gr. *pêktos*, coagulé). BIOCHIM. Gélifiant contenu dans de nombreux végétaux et utilisé comme épaississant dans les industries alimentaire (confitures) et pharmaceutique.

PECTINÉ, E adj. (lat. *pectinatus*). Didact. En forme de peigne.

PECTINICULTEUR, TRICE n. Personne qui pratique la pectiniculture.

PECTINICULTURE n.f. (de *pecten*). Élevage des coquilles Saint-Jacques.

PECTIQUE adj. De la nature de la pectine ; qui en contient.

1. PECTORAL, E, AUX adj. (lat. *pectoralis*). **1.** ANAT. Relatif à la poitrine. **2.** Vieilli. Se dit de médicaments destinés au traitement des affections des bronches et des poumons. ■ **Croix pectorale** [christ.], que les évêques et les chanoines portent sur la poitrine. ■ **Nageoires pectorales,** nageoires paires antérieures des poissons.

2. PECTORAL n.m. **1.** Ornement ou protection couvrant le haut de la poitrine. **2.** Lourd pendentif trapézoïdal, attribut des pharaons. **3.** Pièce d'étoffe précieuse portée par le grand prêtre, chez les Hébreux (SYN. **rational**). **4.** Partie de l'armure romaine protégeant la poitrine.

PECTORAUX n.m. pl. ANAT. Muscles situés sur chaque partie antérieure et latérale du thorax.

PÉCULE n.m. (lat. *peculium*, de *pecunia*, argent). **1.** Petit capital économisé peu à peu. **2.** Somme remise à un détenu à sa sortie de prison, pour rémunérer le travail qu'il a effectué pendant son incarcération. **3.** Somme versée à un militaire qui quitte l'armée sans avoir servi assez longtemps pour avoir droit à une retraite. ■ **Pécule de vacances** [Belgique], prime de vacances.

PÉCUNE n.f. Vx ou par plais. Ressources en argent.

PÉCUNIAIRE adj. **1.** Relatif à l'argent : *Ils ont de graves soucis pécuniaires.* **2.** Qui consiste en argent ; financier : *ONG qui a besoin d'une aide pécuniaire.*

PÉCUNIAIREMENT adv. Du point de vue pécuniaire ; financièrement.

PED ou **P.E.D.** [peɔde] n.m. (sigle). Pays en développement*.

PÉDAGOGIE n.f. (gr. *paidagôgia*). **1.** Théorie, science de l'éducation des enfants. **2.** Qualité d'un bon pédagogue : *Ce jeune professeur manque de pédagogie.* **3.** Méthode d'enseignement : *Une pédagogie qui recourt à l'informatique.*

PÉDAGOGIQUE adj. **1.** Relatif à la pédagogie. **2.** Conforme aux exigences de la pédagogie.

PÉDAGOGIQUEMENT adv. Avec pédagogie.

PÉDAGOGUE n. **1.** Enseignant ; éducateur. **2.** Théoricien de la pédagogie. ◆ n. et adj. Personne qui a le sens, le don de l'enseignement.

PÉDALAGE n.m. Action de pédaler.

PÉDALE n.f. (ital. *pedale*, du lat. *pes, pedis*, pied). **1.** Organe d'une machine, d'un véhicule, que l'on actionne avec le pied. **2.** Levier d'un instrument de musique qui s'actionne avec le pied : *Pédales d'un orgue.* **3.** MUS. Son tenu ou répété, souvent employé à la basse, et appartenant ou non aux accords qui se succèdent pendant sa durée. **4.** Très fam., injur. Homosexuel. ■ **Mettre la pédale douce** [fam.], baisser le ton ; éviter de dramatiser. ■ **Perdre les pédales** [fam.], ne plus savoir ce que l'on dit ou ce que l'on fait.

PÉDALER v.i. [3]. **1.** Actionner les pédales d'une bicyclette. **2.** Rouler à bicyclette. ■ **Pédaler dans la choucroute** ou **dans la semoule** ou **dans le yaourt** [fam.], agir de manière confuse et inefficace.

PÉDALEUR, EUSE n. Fam. Cycliste.

PÉDALIER n.m. **1.** Ensemble mécanique comprenant les pédales, les manivelles et le ou les plateaux d'une bicyclette. **2.** MUS. Clavier actionné par les pieds de l'organiste. **3.** MUS. Système de pédales du piano.

PÉDALO n.m. (nom déposé). Embarcation reposant sur des flotteurs, mue par de petites roues à aubes actionnées par des pédales.

PÉDANT, E adj. et n. (ital. *pedante*). Qui fait étalage de son savoir ; cuistre.

PÉDANTERIE n.f. ou **PÉDANTISME** n.m. Affectation d'érudition du pédant ; caractère de ce qui est pédant ; prétention.

PÉDANTESQUE adj. Litt. Fait de façon pédante.

PÉDÉ n.m. Très fam., injur. Homosexuel.

PÉDÉGÈRE n.f. (de *P-DG*). Fam. Présidente-directrice générale.

PÉDÉRASTE n.m. (gr. *paiderastês*). Homme qui pratique la pédérastie.

PÉDÉRASTIE n.f. **1.** Attirance sexuelle d'un homme adulte pour les adolescents ; relation physique fondée sur cette attirance. **2.** Par ext. (Abusif). Homosexualité masculine.

PÉDÉRASTIQUE adj. Relatif à la pédérastie.

PÉDESTRE adj. (lat. *pedester, -tris*). Qui se fait à pied : *Randonnée pédestre.*

PÉDESTREMENT adv. Litt. À pied.

PÉDIATRE n. (du gr. *pais, paidos*, enfant, et *iatros*, médecin). Spécialiste de pédiatrie.

▲ **pectoral** égyptien en forme de pylône (Tanis, XIXe dynastie). [Musée égyptien, Le Caire.]

PÉDIATRIE n.f. Spécialité médicale consacrée aux maladies infantiles.

PÉDIATRIQUE adj. Relatif à la pédiatrie : *Consultation pédiatrique.*

PEDIBUS, ▲ *PÉDIBUS* [pedibys] **adv.** (lat. *pedibus*). Fam. À pied.

PÉDICELLAIRE n.m. ZOOL. Minuscule organe de défense situé sur le tégument des échinodermes (oursins, étoiles de mer), en forme de pince à trois mors.

PÉDICELLE n.m. (lat. *pedicellus*). **BOT.** Petit pédoncule.

PÉDICELLÉ, E adj. Porté par un pédicelle.

1. PÉDICULAIRE adj. (du lat. *pediculus*, pou). **MÉD.** Relatif aux poux.

2. PÉDICULAIRE n.f. Plante herbacée des montagnes, aux feuilles découpées et à l'inflorescence en grappe. ➲ Famille des scrofulariacées.

PÉDICULE n.m. (du lat. *pediculus*, petit pied). **BIOL., ANAT.** Structure allongée et étroite, servant de support ou d'attache, ou reliant deux organes ou deux parties de l'organisme : *Pédicule d'un champignon, du foie.*

PÉDICULÉ, E adj. Qui a un pédicule.

PÉDICULOSE n.f. MÉD. Ensemble des lésions cutanées liées à la présence de poux.

PÉDICURE n. (du lat. *pes, pedis*, pied, et *curare*, soigner). Professionnel paramédical qui effectue les soins des pieds.

PÉDIEUX, EUSE adj. ANAT. Relatif au pied.

PEDIGREE [pedigre], ▲ *PÉDIGRÉE* **n.m.** (angl. *pedigree*). **1.** Généalogie d'un animal de race ; document qui l'atteste. **2.** Par plais. Généalogie d'une personne (issue d'une famille célèbre, notamm.) : *Fille d'un couple de stars, la jeune mannequin ne compte pourtant pas spéculer sur son pedigree.*

PÉDILUVE n.m. (du lat. *pediluvium*, bain de pieds). Bassin peu profond que doivent traverser les baigneurs dans une piscine publique.

PÉDIMENT n.m. (de l'angl. *pediment*, fronton). **GÉOMORPH.** Glacis d'érosion développé dans une roche dure au pied d'un relief, dans les régions arides ou semi-arides.

PÉDIPALPE n.m. ZOOL. Appendice pair propre aux arachnides, situé en arrière des chélicères et développé en pince chez les scorpions.

PÉDIPLAINE n.f. GÉOMORPH. Étendue presque plane des régions arides, due à l'extension des pédiments et au recul des inselbergs.

PÉDOGENÈSE n.f. (du gr. *pedon*, sol). **PÉDOL.** Processus de formation et d'évolution des sols.

PÉDOLOGIE n.f. (du gr. *pedon*, sol, et *logos*, science). Étude des sols, de leurs caractéristiques chimiques, physiques et biologiques, de leur évolution.

PÉDOLOGUE n. Spécialiste de pédologie.

PÉDONCULAIRE adj. Relatif à un pédoncule.

PÉDONCULE n.m. (du lat. *pedunculus*, petit pied). **1. ANAT.** Faisceau de substance blanche reliant deux régions du cerveau. **2. BOT.** Queue d'une fleur ou d'un fruit.

PÉDONCULÉ, E adj. BOT. Porté par un pédoncule (par oppos. à *sessile*).

PÉDOPHILE adj. et **n.** (du gr. *pais, paidos*, enfant, et *philos*, ami). Atteint de pédophilie.

PÉDOPHILIE n.f. Attirance sexuelle d'un adulte pour les enfants, réprimée en cas de passage à l'acte.

PÉDOPORNOGRAPHIE n.f. Représentation (image, photo, film, vidéo, etc.) à caractère pornographique d'un mineur. ➲ Acquérir, détenir, fixer, enregistrer, transmettre ou consulter régulièrement une image ou toute représentation à caractère pornographique d'un mineur constitue un délit puni par la loi.

PÉDOPSYCHIATRE n. Spécialiste de pédopsychiatrie.

PÉDOPSYCHIATRIE n.f. Psychiatrie de l'enfant et de l'adolescent.

PEELING [piliŋ] **n.m.** (mot angl.). Exfoliation de la peau par un procédé chimique ou physique dans un but esthétique (cicatrices d'acné, par ex.).

PEER-TO-PEER [pirtupir] **n.m. inv.** (mot anglo-amér.). Technologie permettant aux utilisateurs d'Internet d'échanger directement des fichiers sans passer par un serveur central. Recomm. off. **pair à pair.** ➲ On dit aussi *poste à poste.*

PÉGASE n.m. (de *Pégase*, n. myth.). Poisson de l'océan Indien, aux nageoires pectorales très développées et en forme d'ailes. ➲ Ordre des pégasiformes.

PEGC ou **P.E.G.C.** [peəʒese] **n.m.** (sigle). Professeur d'enseignement général de collège.

PEGMATITE n.f. (du gr. *pêgma*, concrétion). **GÉOL.** Roche magmatique grenue à très grands cristaux, souvent associée aux granites et contenant en abondance des éléments ordinairement rares tels que le lithium, le bore, l'uranium.

PÉGOSITÉ n.f. (de *pégueux*). Faculté d'un adhésif de maintenir ensemble instantanément deux supports.

PÈGRE n.f. (orig. incert.). Milieu des voleurs, des truands.

PÉGUER v.i. [11] (du provenç. *pega*, poix). Région. (Midi). Être poisseux, collant.

PÉGUEUX, EUSE adj. 1. Région. (Midi). Poisseux ; collant. **2.** Se dit d'un adhésif permettant l'adhérence instantanée de deux supports.

PEhd [peəaʃde] **n.m. inv.** (abrév. de *polyéthylène haute densité*). **CHIM.** Polyéthylène obtenu par polymérisation de l'éthylène à de hautes pressions (env. 10^8 Pa), présentant une bonne résistance mécanique, thermique et chimique, et utilisé par extrusion-soufflage pour la production de bouteilles, flacons, etc.

PEHLVI n.m. → **PAHLAVI.**

PEIGNAGE n.m. TEXT. Opération consistant à peigner les fibres textiles avant la filature.

PEIGNE n.m. (lat. *pecten, -inis*). **1.** Instrument à dents fines et serrées qui sert à démêler et à coiffer les cheveux ; instrument analogue, de forme incurvée, pour retenir les cheveux. **2. TEXT.** Instrument pour peigner et carder les fibres textiles ; cadre monté sur le battant d'un métier à tisser, comportant un grand nombre de dents entre lesquelles passent les fils de chaîne. **3.** Mollusque bivalve à coquille côtelée, dont le genre type *(Pecten)* comporte plusieurs espèces comestibles, parmi lesquelles la coquille Saint-Jacques. ➲ Famille des pectinidés. **4. ZOOL.** Rangée de poils à l'extrémité de certains articles des pattes d'arthropodes (araignée, abeille). ▪ **Passer au peigne fin,** examiner, fouiller minutieusement.

PEIGNÉ n.m. TEXT. 1. Fil, tissu fabriqué avec des fibres peignées. **2.** Ruban composé de longues fibres textiles parallèles. ◆ **PEIGNÉ, E adj.** Se dit d'une fibre textile qui a subi le peignage : *Laine peignée.*

PEIGNE-CUL n.m. (pl. *peigne-culs*). Très fam., péjor. Individu méprisable ou ennuyeux.

PEIGNÉE n.f. Fam., vieilli. Volée de coups ; raclée.

PEIGNER v.t. [3]. 1. Démêler, coiffer les cheveux, la barbe avec un peigne. **2. TEXT.** Apprêter et démêler des fibres textiles avec des peignes ou à la peigneuse, afin d'en éliminer les fibres courtes et les impuretés. ◆ **SE PEIGNER v.pr.** Se coiffer avec un peigne.

PEIGNEUSE n.f. Machine à peigner les matières textiles.

PEIGNOIR n.m. 1. Vêtement féminin d'intérieur, en tissu léger. **2.** Blouse légère destinée à protéger les vêtements, dans un salon de coiffure, un institut de beauté. ▪ **Peignoir (de bain),** vêtement ample, en tissu-éponge, pour la sortie du bain.

PEIGNURES n.f. pl. Cheveux qui restent sur le peigne quand on se coiffe.

PEILLASSOU n.m. ou **PEILLE n.f.** Région. (Sud-Ouest). Morceau de tissu usé que l'on utilise pour le ménage, le bricolage, etc.

PEINARD, E adj. (de *peine*). Fam. À l'abri des risques et des tracas ; tranquille : *Un travail peinard.*

PEINARDEMENT adv. Fam. Tranquillement.

PEINDRE v.t. [62] (lat. *pingere*). **1.** Enduire, couvrir de peinture : *Peindre les portes en vert mousse.* **2.** Représenter par l'art de la peinture : *Elle peint beaucoup de portraits.* **3.** Absol. Pratiquer l'art de la peinture : *Il s'est remis à peindre.* **4.** Représenter avec de la peinture : *Peindre des inscriptions sur un mur.* **5.** Litt. Représenter par la parole, l'écriture ; dépeindre : *Elle peint la situation des migrants avec beaucoup de réalisme.* ◆ **SE PEINDRE v.pr.** Être apparent ; se manifester : *La déception se peint dans ses yeux.*

PEINE n.f. (du lat. *poena*, châtiment). **1.** Douleur morale ; affliction : *Son décès plonge toute la famille dans la peine.* **2.** Sentiment de tristesse, de contrariété ; chagrin : *Cette lettre lui a fait de la peine.* **3.** Obstacle d'ordre matériel ou intellectuel qui rend une action pénible ; difficulté : *Il a eu de la peine à sortir du wagon bondé. J'ai de la peine à comprendre ce qu'ils disent.* **4. DR.** Punition, sanction appliquée à qqn en répression d'une infraction. **5.** Châtiment infligé par Dieu au pécheur. ▪ **Ça vaut la peine,** c'est assez important pour justifier l'effort que l'on fait. ▪ **Ce n'est pas la peine** ou **c'est peine perdue,** cela ne sert à rien. ▪ **Donnez-vous la peine de,** veuillez : *Donnez-vous la peine d'entrer.* ▪ **Double peine** [cour.], condamnation d'un étranger résidant en France à une interdiction de territoire après avoir purgé une peine au pénal (prison, génér.) ; par ext., situation d'une personne qui, ayant subi une atteinte grave (agression physique, par ex.), est également victime d'un préjudice dû à des causes sociales, culturelles, religieuses, etc. : *La double peine des femmes battues obligées de quitter le domicile conjugal* ; fig., souvent par plais., double punition : *C'est vraiment la double peine : non seulement je dois faire son boulot, mais en plus, il m'engueule !* ▪ **En être pour sa peine,** voir ses efforts rester sans résultat. ▪ **Être à la peine** [fam.], éprouver des difficultés ; être dans une situation délicate : *Le ministre est à la peine avec la réforme.* ▪ **Être bien en peine de,** être fort embarrassé pour : *Je suis bien en peine de vous dire si elle acceptera.* ▪ **Être comme une âme en peine,** se sentir triste et désemparé. ▪ **Homme, femme de peine** [vieilli], qui fait les travaux pénibles. ▪ **Mourir à la peine,** en travaillant. ▪ **Peine afflictive et infamante** [dr., anc.], peine criminelle qui ôte au condamné à la fois la liberté (ou la vie, naguère) et l'honneur. ▪ **Peines éternelles** [relig.], souffrances de l'enfer. ▪ **Perdre sa peine** [vieilli], faire des efforts inutiles. ▪ **Prescription de la peine** [dr.], délai au-delà duquel la peine ne peut plus être mise en exécution. ▪ **Se mettre en peine,** s'inquiéter : *Ne vous mettez pas en peine pour nous, nous finirons par trouver une solution.* ▪ **Sous peine de** [dr.], sous la menace de telle peine ; fig., pour éviter tel événement fâcheux. ◆ **À PEINE loc. adv. 1.** Depuis très peu de temps : *Je viens à peine d'arriver.* **2.** Presque pas ; tout juste : *Il est à peine poli.*

➲ On distingue, en France, plusieurs **PEINES** : les *peines criminelles,* qui sanctionnent les crimes (réclusion ou détention criminelle à temps ou à perpétuité) ; les *peines correctionnelles,* qui sanctionnent les délits (emprisonnement, amende, jour-amende, outre les peines alternatives ou de substitution [telles qu'un travail d'intérêt général]) ; les *peines de police,* qui sanctionnent les contraventions. Aux peines principales peuvent s'ajouter des peines complémentaires (interdiction de séjour, par ex.). On distingue en outre les peines de droit commun des peines politiques (détention criminelle).

PEINER v.t. [3]. Faire de la peine à ; attrister : *Votre refus les a peinés.* ◆ **v.i.** Éprouver de la difficulté : *Peiner pour installer une galerie sur une voiture. Peiner à respecter le planning.*

PEINT, E adj. 1. Revêtu d'une couche de peinture : *Façade peinte.* **2.** Décoré de dessins, de couleurs : *Soie peinte.* **3.** Exécuté en peinture : *L'œuvre peint de Titien.*

PEINTRE n. (lat. *pictor*). Personne qui exerce l'art de la peinture, à titre professionnel ou en amateur. ▪ **Peintre (en bâtiment),** personne dont le métier consiste à effectuer les travaux de peinture ou la pose du papier peint.

PEINTRE-GRAVEUR n.m. (pl. *peintres-graveurs*). Artiste qui fait de la gravure originale, par oppos. à la reproduction.

PEINTURE n.f. 1. Matière colorante liquide propre à recouvrir une surface, constituée de pigments de couleur dispersés dans un liant fluide ou pâteux destiné à sécher. **2.** Action de recouvrir une surface, un support avec cette matière. **3.** Ouvrage de représentation ou d'invention (tableau, fresque, etc.) fait de couleurs délayées que l'on étale, génér. au pinceau, sur une surface préparée à cet effet. **4.** Art et technique de l'expression, figurative ou non, par les formes et les couleurs, dans les deux dimensions de la toile, du panneau, de la feuille de papier, du mur, etc. **5.** Ensemble des œuvres d'un peintre, d'un pays, d'une époque : *La peinture anglaise du XVIIIe s.* **6.** Représentation par l'écrit ; tableau : *Une peinture de la vie des femmes au siècle dernier.* ▪ **Ne pas pouvoir voir qqn en peinture** [fam.], le détester.

PEINTURE-ÉMULSION n.f. (pl. *peintures-émulsions*). Peinture dont le liant est constitué par une émulsion aqueuse.

PEINTURER v.t. [3]. 1. Fam. Barbouiller de peinture ; peinturlurer. **2.** Antilles, Québec. Couvrir de peinture.

PEINTURLURER v.t. [3]. Fam. Peindre grossièrement ou avec des couleurs criardes.

PÉJORATIF, IVE adj. et **n.m.** (du lat. *pejorare*, rendre pire). **LING.** Qui comporte une nuance dépréciative (ex. : les suffixes *-ard*, *-âtre*, les mots *vantard*, *bellâtre*, etc.) [par oppos. à *mélioratif*].

PÉJORATIVEMENT adv. D'une manière péjorative.

PÉKAN n.m. (mot algonquien). **1.** Grande martre des forêts de l'Amérique du Nord, à la fourrure foncée très estimée. ➲ Famille des mustélidés. **2.** Fourrure de cet animal.

PÉKET n.m. → **PÉQUET.**

PÉKIN ou **PÉQUIN n.m. 1.** Arg. mil. Civil. **2.** Fam. Individu quelconque.

PÉKINÉ, E adj. et **n.m.** (de *Pékin*, n.pr.). **TEXT.** Se dit d'un tissu présentant des rayures alternativement brillantes et mates.

1. PÉKINOIS, E adj. et **n.** Relatif à Pékin. ◆ **n.m. LING.** Mandarin tel qu'il se parle dans le nord de la Chine.

2. PÉKINOIS n.m. Petit chien de compagnie à poil long et à tête massive, au museau aplati.

PELADE n.f. (de *peler*). **MÉD.** Maladie qui fait tomber par plaques les cheveux et les poils.

1. PELAGE n.m. (du lat. *pilus*, poil). Ensemble des poils d'un animal ; fourrure ; robe ; toison.

2. PELAGE n.m. AGROALIM. Opération industrielle consistant à ôter la peau des fruits et des légumes.

PÉLAGIANISME n.m. Hérésie chrétienne du moine Pélage, condamnée notamm. par le concile d'Éphèse, en 431.

PÉLAGIEN, ENNE adj. et **n.** Relatif au pélagianisme ; qui en est partisan.

PÉLAGIQUE adj. (lat. *pelagicus*). **OCÉANOL.** Relatif à la haute mer : *La faune pélagique.* ▪ **Dépôts pélagiques,** dépôts sur les fonds marins de matériaux provenant d'organismes vivant en haute mer.

PELAGOS, ▲ *PÉLAGOS* [pelagɔs] **n.m.** (mot gr. « mer »). **ZOOL.** Ensemble des organismes pélagiques.

PÉLAMIDE n.f. (lat. *pelamis*). **1.** Bonite. **2.** Serpent venimeux des océans Indien et Pacifique, adapté à la vie marine. ➲ Famille des hydrophiidés.

PELANT, E adj. (de *peler*). Fam. Qui ennuie ; qui lasse ; fastidieux : *Une conférence pelante.*

PELARD adj.m. ▪ **Bois pelard,** ou **pelard, n.m.,** bois de chêne dont on a ôté l'écorce pour faire du tan.

PÉLARGONIUM [-njɔm] **n.m.** (du gr. *pelargos*, cigogne). Plante à fleurs ornementales et parfumées originaire des régions chaudes, voisine du géranium et souvent commercialisée sous ce nom. ➲ Famille des géraniacées.

PELÉ, E adj. 1. Dont les poils, les cheveux sont tombés. **2.** Dont la végétation est rare : *Versants pelés.* ◆ **n.m.** Fam. ▪ **Quatre pelés et un tondu,** un très petit nombre de personnes.

PÉLÉCANIFORME n.m. Palmipède à palmure unissant les quatre doigts, tel que le pélican, le cormoran, le fou, la frégate. ➲ Les pélécaniformes constituent un ordre.

PÉLÉEN, ENNE ou **PELÉEN, ENNE adj.** (de la montagne *Pelée*, en Martinique). **GÉOL.** ▪ **Éruption péléenne,** caractérisée par l'émission de laves très visqueuses, sous forme de dômes ou d'aiguilles, et par des explosions très violentes provoquant la formation de nuées ardentes. (On dit aussi *dynamisme péléen.*)

1. PÊLE-MÊLE, ▲ *PÊLEMÊLE* **adv.** (anc. fr. *mesle-mesle*). En désordre ; en vrac.

2. PÊLE-MÊLE n.m. inv., ▲ *PÊLEMÊLE n.m.* Cadre, sous-verre destiné à recevoir plusieurs photographies, plusieurs images, etc.

PELER v.t. [12] (du bas lat. *pilare*, épiler). **1.** Ôter la peau d'un fruit, d'un légume ; éplucher ; ôter l'écorce d'un arbre ; écorcer. **2.** Enlever de la surface d'un cuir une couche mince. ◆ **v.i.** Perdre sa peau par lamelles, par plaques. ▪ **Peler de froid** [fam.], avoir très froid.

1. PÈLERIN n.m. (lat. *peregrinus*). Personne qui accomplit un pèlerinage. ▪ **Prendre son bâton de pèlerin,** faire un long périple pour promouvoir une idée, une doctrine.

2. PÈLERIN n.m. 1. Criquet migrateur. **2.** Requin-pèlerin. **3.** Faucon des zones rocheuses et boisées du monde entier, au vol très rapide, le plus employé des oiseaux de fauconnerie.

PÈLERINAGE n.m. 1. Voyage vers un lieu de dévotion ; ce lieu. **2.** Visite faite en hommage à qqn en un lieu où il a vécu ; visite aux lieux où l'on a vécu soi-même.

PÈLERINE n.f. 1. Courte cape couvrant les épaules et la poitrine. **2.** Longue cape, couvrant génér. le corps jusqu'aux genoux. **3.** Suisse. Biscuit très léger et absorbant.

PÉLIADE n.f. (du gr. *pelios*, noirâtre). Vipère à museau arrondi, vivant dans la moitié nord de la France et dans les montagnes. ➲ Famille des vipéridés.

PÉLICAN n.m. (lat. *pelicanus*). Gros palmipède au long bec pourvu d'une poche extensible, où sont emmagasinés les poissons destinés à la nourriture des jeunes. ➲ Envergure jusqu'à 3 m ; famille des pélécanidés.

▲ **pélican**

PELISSE n.f. (du lat. *pellis*, peau). Manteau garni intérieurement de fourrure.

PELLAGRE [pelagr] **n.f.** (du lat. *pellis*, peau). **MÉD.** Maladie due à une carence en vitamine B3 et se manifestant par des lésions cutanées, des troubles digestifs, psychiques et neurologiques.

PELLAGREUX, EUSE adj. Relatif à la pellagre. ◆ **adj.** et **n.** Atteint de la pellagre.

PELLE n.f. (lat. *pala*). **1.** Outil formé d'une plaque, souvent incurvée et arrondie, ajustée à un manche et servant notamm. à creuser la terre, à déplacer des matériaux en grains, en morceaux, etc. **2.** Extrémité plate et large d'un aviron. ▪ **À la pelle** [fam.], en grande quantité. ▪ **Pelle mécanique,** engin automoteur pour l'exécution de terrassements, muni d'un godet situé à l'extrémité d'un bras articulé pour la préhension et le déplacement des matériaux (SYN. **pelleteuse**). ▪ **Ramasser une pelle** [fam.], faire une chute ; fig., échouer. ▪ **Rouler une pelle à qqn** [fam.], l'embrasser sur la bouche.

PELLE-BÊCHE n.f. (pl. *pelles-bêches*). Petite pelle carrée à manche court.

PELLE-PIOCHE n.f. (pl. *pelles-pioches*). Petite pelle dont la lame est articulée sur le manche, et qui peut être utilisée soit comme une pelle, soit comme une pioche.

PELLER [pɛle] **v.t. [17].** Région. (Franche-Comté) ; Suisse. Pelleter : *Peller la neige.*

PELLET [pelɛ] **n.m.** (mot angl.). **MÉTALL.** Boulette de minerai, notamm. de minerai de fer, réduit en poudre et humidifié pour faciliter sa réduction en haut-fourneau.

PELLETAGE n.m. Action de pelleter.

PELLETÉE n.f. 1. Volume de matériaux enlevé en une fois avec une pelle. **2.** Fig., fam. Grande quantité : *Pelletée de réclamations.*

PELLETER v.t. [16], ▲ *[12].* Remuer ou déplacer avec une pelle.

PELLETERIE [pɛltri] **n.f.** (du lat. *pellis*, peau). **1.** Industrie, commerce et travail des peaux et fourrures destinées aux fourreurs. **2.** Ensemble des peaux, des fourrures préparées par le pelletier.

PELLETEUR, EUSE n. Personne qui travaille avec une pelle.

PELLETEUSE n.f. Pelle mécanique.

PELLETIER, ÈRE n. Personne qui travaille dans la pelleterie.

PELLICULAGE n.m. IMPRIM. Application d'une pellicule transparente sur un support génér. imprimé, destinée à le protéger et à en améliorer l'aspect.

PELLICULAIRE adj. Qui forme une pellicule, une fine membrane.

PELLICULE n.f. (du lat. *pellicula*, petite peau). **1.** Bande souple de matière plastique recouverte d'une couche (ou surface) sensible, destinée à la photographie et au cinéma (SYN. **film**). **2. MÉD.** Petite squame blanche qui se détache du cuir chevelu à la suite d'une infection par un champignon. **3.** Fine couche à la surface de qqch : *Une pellicule de givre.* **4.** Mince feuille d'un matériau souple. **5.** Enveloppe du grain de raisin.

PELLICULER v.t. [3]. Procéder au pelliculage de.

PELLICULEUX, EUSE adj. MÉD. Qui a des pellicules.

PELLUCIDE adj. (du lat. *pellucidus*, transparent). **BIOL.** ▪ **Membrane** ou **zone pellucide,** membrane d'enveloppe de l'ovule.

PÉLOBATE n.m. (du gr. *pêlobatês*, qui va dans la boue). Crapaud nocturne, vivant enfoui dans les sols meubles, dont il existe trois espèces en Europe. ➲ Famille des pélobatidés.

PÉLODYTE n.m. (du gr. *pêlos*, boue, et *dutês*, plongeur). Petit crapaud fouisseur vivant en France, en Belgique et dans la péninsule Ibérique. ➲ Long. 5 cm ; famille des pélobatidés.

PÉLOPONNÉSIEN, ENNE adj. et **n.** Relatif au Péloponnèse.

PELOTAGE n.m. Fam. Action de peloter.

PELOTARI n.m. (mot basque). Joueur de pelote basque.

PELOTE n.f. (du lat. *pila*, balle). **1.** Boule formée de fils, de cordes, de rubans, etc., roulés sur eux-mêmes. **2.** Balle du jeu de pelote basque, du jeu de paume. **3. COUT.** Coussinet pour piquer des aiguilles, des épingles. **4. ZOOL.** Coussinet plantaire. ▪ **Avoir les nerfs en pelote** [fam.], être énervé. ▪ **Faire sa pelote** [fam., vieilli], arrondir petit à petit ses économies. ▪ **Pelote (basque),** sport traditionnel du Pays basque, dans lequel les pelotaris lancent la pelote contre un fronton ou contre les murs d'un trinquet, à main nue ou à l'aide d'une raquette de bois ou d'un chistera. ▪ **Pelote de réjection** ou **de régurgitation,** amas de débris alimentaires non digérés que rejettent certains oiseaux.

▲ **pelote basque** au grand chistera.

PELOTER v.t. [3]. Fam. Caresser de façon sensuelle.

PELOTEUR, EUSE adj. et **n.** Fam. Qui pelote.

PELOTON n.m. 1. Petite pelote de laine, de coton, etc. **2. SPORTS.** Groupe compact de concurrents, dans une course. **3. MIL.** Petite unité élémentaire constitutive de l'escadron, dans la cavalerie, l'arme blindée, la gendarmerie ou le train. ▪ **Peloton d'exécution,** groupe de soldats chargés de fusiller un condamné. ▪ **Peloton d'instruction,** groupe de militaires qui reçoivent une formation particulière pour devenir gradés, spécialistes.

PELOTONNEMENT n.m. Action de pelotonner, de se pelotonner.

PELOTONNER v.t. [3]. Mettre en pelote. ◆ **SE PELOTONNER** v.pr. Se blottir en repliant bras et jambes près du tronc.

PELOUSE n.f. (anc. fr. *peleus*, du lat. *pilosus*, poilu). **1.** Terrain planté d'une herbe dense, d'un gazon régulièrement tondus. **2.** Végétation dense et rase, rappelant le gazon, qui pousse en montagne au printemps. **3.** Partie gazonnée d'un stade, d'un champ de courses. **4.** L'une des trois enceintes d'un champ de courses, délimitée par la ou les pistes (par oppos. à *pavillon*, à *pesage*).

PELTÉ, E adj. (lat. *pelta*). BOT. Se dit d'une feuille (de capucine, par ex.) dont le pétiole est fixé au milieu du limbe.

PELUCHE n.f. (de l'anc. fr. *peluchier*, éplucher). **1.** Étoffe analogue au velours, ayant d'un côté des poils très longs, soyeux et brillants. **2.** Jouet en peluche, représentant le plus souvent un animal.

PELUCHÉ, E adj. Se dit d'une étoffe qui a de longs poils.

PELUCHER v.i. [3]. Prendre un aspect qui rappelle la peluche, en parlant d'un tissu.

PELUCHEUX, EUSE adj. Qui peluche.

PELURE n.f. (de *peler*). **1.** Peau ôtée d'un fruit, d'un légume ; épluchure. **2.** Fam. Vêtement de dessus (manteau, imperméable). ▪ **Papier pelure,** papier à écrire très fin et légèrement translucide. ▪ **Pelure d'oignon,** chacune des tuniques qui enveloppent un bulbe d'oignon et des écailles superposées qui composent ce bulbe ; vin, et en partic. vin rosé, dont la robe, d'une teinte orangée à fauve, évoque la pelure des oignons.

PELVIEN, ENNE adj. (du lat. *pelvis*, bassin). ANAT. Relatif au pelvis. ▪ **Ceinture pelvienne,** formée, chez les mammifères, des deux os iliaques et du sacrum, et reliant les membres inférieurs ou postérieurs au tronc. ▪ **Nageoire pelvienne,** nageoire abdominale paire des poissons, qui s'insère, selon l'espèce, à l'arrière (juste en avant de l'anus) ou à l'avant, près des pectorales.

PELVIMÉTRIE n.f. MÉD. Mensuration du pelvis avant l'accouchement, en partic. sur des radiographies.

PELVIS [pɛlvis] n.m. (mot lat.). ANAT. Partie inférieure du bassin (SYN. **petit bassin**).

PEMMICAN [pɛmikɑ̃] n.m. (mot angl., de l'algonquien). Préparation de viande séchée et mélangée avec de la graisse et des baies, utilisée en Amérique du Nord par les Indiens des plaines, puis par les trappeurs, les explorateurs, etc.

PEMPHIGUS [pɑ̃figys] n.m. (du gr. *pemphix*, *-igos*, bulle). MÉD. Nom de diverses affections caractérisées par la formation, sur la peau et les muqueuses, de bulles remplies de liquide.

PÉNAL, E, AUX adj. (du lat. *poena*, châtiment). DR. Relatif aux infractions et aux peines qui peuvent frapper leurs auteurs. ▪ **Code pénal,** recueil de lois et de règlements concernant les infractions (contraventions, délits, crimes) et déterminant les peines qui leur sont applicables. ◆ n.m. **1.** La voie pénale (par oppos. à *civil*). **2.** La juridiction pénale. ▪ **Au pénal,** devant une juridiction pénale.

PÉNALEMENT adv. Du point de vue pénal.

PÉNALISANT, E adj. Qui pénalise ; désavantageux : *Une taxe pénalisante pour certains pays.*

PÉNALISATION n.f. **1.** Fait d'être pénalisé, désavantagé. **2.** SPORTS. Désavantage infligé à un concurrent, à une équipe qui a commis une faute au cours d'une épreuve, d'un match.

PÉNALISER v.t. [3]. **1.** Créer un handicap pour ; désavantager : *La vétusté de leur matériel les pénalise.* **2.** SPORTS. Frapper d'une pénalité ; infliger une pénalisation à.

PÉNALISTE n. DR. Spécialiste de droit pénal.

PÉNALITÉ n.f. **1.** Sanction qui frappe un délit d'ordre fiscal. **2.** Au rugby, sanction pour un manquement aux règles ; exécution de cette sanction par l'équipe non fautive ; points marqués par celle-ci à cette occasion.

PENALTY [pe-] (pl. *penaltys* ou *penalties*), ▲ **PÉNALTY** (pl. *pénaltys*) [penalti] n.m. (angl. *penalty*). Au football, sanction prise contre une équipe pour une faute grave commise par un de ses joueurs dans sa surface de réparation. Recomm. off. **coup de pied de réparation.** ▪ **Point de penalty,** situé à 11 m du but, où le ballon est placé pour l'exécution d'un penalty.

PÉNATES n.m. pl. (lat. *penates*). **1.** Par plais. Maison ; foyer : *Fixer ses pénates à la campagne.* **2.** MYTH. ROM. Divinités du foyer ; statues de ces divinités.

PENAUD, E adj. (de *peine*). Confus à la suite d'une maladresse, d'une déconvenue.

PENCE n.m. pl. → **PENNY.**

PENCHANT n.m. **1.** Tendance qui pousse à un certain comportement ; inclination : *Un penchant à la paresse.* **2.** Attirance que l'on éprouve pour qqn : *Elle a un penchant pour son voisin.*

PENCHÉ, E adj. ▪ **Avoir un air penché,** un air pensif.

PENCHER v.t. [3] (lat. pop. *pendicare*, de *pendere*, pendre). Incliner vers le bas ou de côté : *Pencher un verre pour verser du champagne.* ◆ v.i. **1.** Ne pas être d'aplomb ; être incliné : *Le tableau penche vers la gauche.* **2.** (POUR, VERS). Être en faveur de ; préférer : *Il penche pour le vinaigre balsamique.* ◆ **SE PENCHER** v.pr. **1.** Incliner son corps : *Se pencher pour cueillir du muguet.* **2.** (SUR). Prêter une attention particulière à ; examiner : *Se pencher sur les comptes d'une entreprise.*

PENDABLE adj. ▪ **Un tour pendable,** une mauvaise farce.

PENDAGE n.m. GÉOL. Pente d'un niveau stratigraphique, d'un filon.

PENDAISON n.f. **1.** Action de pendre qqn, de se pendre. **2.** Action de pendre qqch : *Une pendaison de crémaillère.*

1. PENDANT, E adj. **1.** Qui pend : *Chien aux oreilles pendantes.* **2.** DR. En instance ; non résolu. ▪ **Clé pendante** [archit.], clé de voûte sur croisée d'ogives qui présente un élément décoratif en forte saillie sous les nervures.

2. PENDANT n.m. Chacune des deux pièces de mobilier ou de décoration, des deux œuvres d'art, etc., qui constituent une paire destinée à former symétrie. ▪ **Faire pendant à qqch,** faire symétrie avec lui : *Le discours de la commissaire fait pendant à celui du ministre.* ▪ **Pendant d'oreille,** bijou qui pend au lobe de l'oreille.

3. PENDANT prép. Durant une certaine période de temps : *Pendant les vacances. Elle a dormi pendant le film.* ▪ **Pendant ce temps,** au même moment. ◆ adv. Au cours de tel événement : *Il n'a rien dit, ni avant, ni pendant, ni après.* ◆ **PENDANT QUE** loc. conj. **1.** Dans le temps que ; tandis que : *Pendant que je prépare la salade, mets le couvert.* **2.** Puisque : *Pendant que j'y suis, je vais relire aussi le premier chapitre.*

PENDARD, E n. Fam., vieilli. Vaurien.

PENDELOQUE n.f. (de l'anc. fr. *pendeler*, pendiller). **1.** Ornement suspendu à une boucle d'oreille, à un bracelet. **2.** Ornement (morceau de cristal taillé à facettes, en partic.) suspendu à un lustre ou à un candélabre. **3.** Double formation cutanée située sous la gorge d'une chèvre.

PENDENTIF n.m. (du lat. *pendere*, être suspendu). **1.** Bijou suspendu à une chaînette de cou, à un collier. **2.** ARCHIT. Chacun des triangles sphériques concaves ménagés entre les grands arcs supportant une coupole et qui permettent de passer du plan carré au plan circulaire. ➲ La *trompe* est une autre solution au même problème.

PENDERIE n.f. Placard, petite pièce ou partie d'une armoire où l'on suspend des vêtements.

PENDILLER v.i. [3]. Être suspendu et osciller légèrement.

PENDILLON n.m. Pièce de tissu ou petite toile peinte que l'on monte de chaque côté de la scène d'un théâtre pour en réduire la largeur.

PENDJABI [pɛndʒabi] n.m. Langue indo-aryenne parlée au Pendjab.

PENDOIR n.m. Corde ou crochet pour suspendre les viandes de boucherie.

PENDOUILLER v.i. [3]. Fam. Pendre de manière disgracieuse.

PENDRE v.t. [59] (lat. *pendere*). **1.** Attacher qqch par le haut de façon que la partie inférieure tombe librement vers le sol : *Pendre du linge, des rideaux.* **2.** Mettre à mort en suspendant par le cou. ▪ **Dire pis que pendre de qqn,** en dire le plus grand mal. ◆ v.i. **1.** Être suspendu : *Des tresses d'ail pendent au plafond.* **2.** Tomber trop bas : *Cette robe pend d'un côté.* ▪ **Pendre au nez de qqn** [fam.], risquer fort de lui arriver, en parlant d'une chose fâcheuse. ◆ **SE PENDRE** v.pr. **1.** Se suicider par pendaison. **2.** S'accrocher ; se suspendre : *Cesse de te pendre à cette branche !*

PENDU, E adj. Attaché par le haut ; suspendu : *Balançoire pendue à un portique.* ▪ **Être pendu au téléphone** [fam.], l'utiliser longtemps, souvent. ▪ **Être pendu aux lèvres de qqn,** l'écouter avec une attention passionnée. ◆ adj. et n. Mort par pendaison.

PENDULAIRE adj. Relatif au pendule : *Mouvement pendulaire.* ▪ **Migration pendulaire,** déplacement quotidien du domicile au lieu de travail et du lieu de travail au domicile. ▪ **Train pendulaire,** train dont les voitures s'inclinent dans les courbes en fonction de la vitesse, du rayon de la courbe et du dévers de la voie, de manière à garantir le confort des passagers, à grande vitesse. ◆ n. Suisse. Personne qui effectue une migration pendulaire.

1. PENDULE n.m. (du lat. *pendulus*, qui pend). **1.** Corps solide suspendu à un point fixe et oscillant sous l'action de la pesanteur. **2.** PHYS. Tout système matériel animé, sous l'action d'une force tendant à le ramener à sa position d'équilibre, d'un mouvement oscillatoire autour d'un point ou d'un axe. **3.** OCCULT. Instrument de radiesthésie consistant en une petite masse, souvent sphérique, d'un corps pesant, oscillant au bout d'un fil ou d'une chaînette dont l'opérateur tient l'extrémité entre les doigts.

2. PENDULE n.f. **1.** Appareil horaire, mécanique ou électronique, posé sur un meuble ou fixé à un mur. **2.** Organe régulateur des horloges, pendules, etc. ▪ **En faire une pendule** [fam.], exagérer l'importance de qqch. ▪ **Remettre les pendules à l'heure** [sports, fam.], revenir à son niveau de performance habituel après une période de méforme, de mauvais résultats ; fig., mettre les choses au point avec fermeté.

PENDULER v.i. [3]. ALP., SPÉLÉOL. Effectuer au bout d'une corde un mouvement pendulaire.

PENDULETTE n.f. Petite pendule, souvent portative.

PENDULIER, ÈRE n. Personne spécialisée dans la fabrication et la réparation des mouvements d'horlogerie de grande taille.

PÊNE n.m. (du lat. *pessulus*, verrou). Pièce mobile d'une serrure qui, actionnée par une clé, ferme la porte en s'engageant dans la gâche. ▪ **Pêne demi-tour,** pêne en biseau maintenu en place par un ressort, et qui fonctionne avec une poignée, une clé, etc.

PÉNÉPLAINE n.f. (du lat. *paene*, presque, et de *plaine*). GÉOMORPH. Surface caractérisée par des pentes faibles, des vallées évasées et des dépôts superficiels, stade final du cycle d'érosion d'un relief, en l'absence d'un rajeunissement de celui-ci.

PÉNÉTRABILITÉ n.f. Sout. Qualité de ce qui est pénétrable.

PÉNÉTRABLE adj. **1.** Que l'on peut pénétrer ; où l'on peut pénétrer. **2.** Compréhensible ; intelligible.

PÉNÉTRANCE n.f. GÉNÉT. Taux d'expression phénotypique d'un gène présent dans une population.

PÉNÉTRANT, E adj. **1.** Qui pénètre : *Un froid pénétrant.* **2.** Fig. D'une perspicacité vive et profonde : *Un philosophe pénétrant.*

PÉNÉTRANTE n.f. Voie de communication allant de la périphérie vers le centre d'une ville, des confins au cœur d'une région (par oppos. à *radiale*).

PÉNÉTRATEUR n.m. ASTRONAUT. Dispositif destiné à s'ancrer à la surface d'un astre pour effectuer, en un point fixe, la saisie de divers paramètres physico-chimiques.

PÉNÉTRATION n.f. **1.** Action de pénétrer. **2.** Faculté de comprendre des choses subtiles ; perspicacité. ▪ **Taux de pénétration,** pourcentage d'une population donnée touché par un média ou un support publicitaire.

PÉNÉTRÉ, E adj. Intimement persuadé de : *Candidat pénétré de la supériorité de son programme.* ▪ **Un ton pénétré,** convaincu ou, iron., d'une gravité affectée.

PÉNÉTRER **v.t. [11],** ▲ *[11*]* (lat. *penetrare*). **1.** Passer à travers ; entrer dans : *L'eau a pénétré la toile de tente.* **2.** Parvenir à découvrir les sentiments, les idées de qqn ; deviner : *Il a fini par pénétrer son secret.* **3.** Imprégner profondément ; envahir : *L'aspiration au mieux-être a pénétré toutes les couches de la société.* ◆ **v.i.** S'introduire dans un lieu ; entrer profondément dans : *La balle a pénétré dans le poumon.* ◆ **SE PÉNÉTRER v.pr. (DE).** Se convaincre profondément d'une idée.

PÉNÉTROMÈTRE **n.m. MÉTROL.** Instrument permettant de mesurer, par pénétration, la résistance, la dureté d'un corps, d'une surface (sol, revêtement de chaussée, etc.).

PÉNIBILITÉ **n.f.** Caractère de ce qui est pénible : *La pénibilité d'un travail.*

PÉNIBLE **adj.** (de *peine*). **1.** Qui se fait avec peine, fatigue : *L'ascension jusqu'au refuge est pénible.* **2.** Qui cause une peine morale : *Une séparation pénible.* **3.** Fam. Se dit d'une personne difficile à supporter.

PÉNIBLEMENT **adv.** Avec peine.

PÉNICHE **n.f.** (de l'angl. *pinnace*, grand canot). Bateau à fond plat, génér. long, pour le transport fluvial des marchandises.

PÉNICHETTE **n.f.** (nom déposé). Petite péniche destinée au tourisme fluvial.

PÉNICILLINASE **n.f.** Enzyme présente chez certaines bactéries, qui détruit la pénicilline.

PÉNICILLINE [-lin] **n.f.** (angl. *penicillin*). Médicament antibiotique bactéricide. ➲ La première pénicilline, produite par un champignon du genre *Penicillium*, fut découverte en 1928 par A. Fleming.

PÉNICILLIUM [-ljɔm] **n.m.** (lat. *penicillium*). Champignon ascomycète qui se développe sous la forme d'une moisissure verte dans certains fromages (roquefort, bleu…), blanche sur d'autres (camembert), ainsi que sur les fruits (agrumes) et les confitures, et dont une espèce, *Penicillium notatum*, fournit la pénicilline.

PÉNIEN, ENNE **adj.** Relatif au pénis.

PÉNIL [-nil] **n.m.** (lat. pop. *pectiniculum*). **ANAT.** Mont de Vénus.

PÉNINSULAIRE **adj.** Relatif à une péninsule, à ses habitants.

PÉNINSULE **n.f.** (lat. *paeninsula*, de *paene*, presque, et *insula*, île). Grande presqu'île.

PÉNIS [-nis] **n.m.** (lat. *penis*). **ANAT.** Organe mâle de la copulation et de la miction (SYN. **verge**).

PÉNITENCE **n.f.** (lat. *paenitentia*). **1. CHRIST.** Regret d'avoir offensé Dieu, accompagné de l'intention de ne plus recommencer ; contrition. **2. CATH.** Un des sept sacrements par lequel le prêtre absout les péchés. ➲ Auj., il est appelé *réconciliation*. **3. CHRIST.** Peine imposée au pénitent par le confesseur ; mortification que l'on s'impose pour expier ses péchés. **4.** Vieilli. Peine infligée à qqn pour le punir : *Mettre un élève en pénitence.*

PÉNITENCERIE **n.f. CATH.** ■ **Sacrée Pénitencerie apostolique,** tribunal du Saint-Siège chargé des cas réservés et de la concession des indulgences.

1. PÉNITENCIER **n.m.** Anc. Établissement où étaient subies les longues peines privatives de liberté.

2. PÉNITENCIER **n.m. CATH.** Prêtre désigné par l'évêque avec pouvoir d'absoudre certains cas réservés.

PÉNITENT, E **n. CHRIST.** Personne qui confesse ses péchés au prêtre. ◆ **n.m.** Membre de certaines confréries qui s'imposent des pratiques de piété et de charité et portent un costume à cagoule lors des processions religieuses.

PÉNITENTIAIRE **adj.** Relatif aux prisons, à l'incarcération, aux détenus : *Régime pénitentiaire.*

PÉNITENTIAUX **adj.m. pl. RELIG.** ■ **Psaumes pénitentiaux,** groupe de sept psaumes qui ont pour thème la pénitence.

PÉNITENTIEL, ELLE **adj. CHRIST.** Relatif à la pénitence.

PENNAGE **n.m.** (de *1. penne*). **FAUCONN.** Ensemble des plumes d'âge identique, notamm. chez les oiseaux de proie.

1. PENNE **n.f.** (lat. *penna*). **1.** Longue plume de l'aile (rémige) ou de la queue (rectrice) des oiseaux. **2.** Chacun des éléments en plume de l'empennage d'une flèche. **3. MAR.** Extrémité supérieure de l'antenne d'une voile latine.

2. PENNE [pene] **n.f. pl.** (mot ital.). Pâtes alimentaires creuses, striées et coupées en biseau.

PENNÉ, E **adj.** (lat. *pennatus*). **BOT.** Dont les nervures sont disposées de part et d'autre d'un pétiole commun, comme les barbes d'une plume.

PENNIFORME **adj. BOT.** Qui a la forme d'une plume.

PENNON **n.m.** (de *1. penne*). **1. FÉOD.** Flamme que portait tout gentilhomme partant en guerre avec ses vassaux pour servir un banneret. **2. MAR.** Penon.

PENNY [pɛni] **n.m.** (pl. *pence* ou *pennies*) [mot angl.]. **1.** (pl. *pence*). Monnaie divisionnaire de la Grande-Bretagne, valant 1/100 de livre. ➲ Avant le passage de la Grande-Bretagne au système décimal (1971), le penny valait 1/12 de shilling et 1/240 de livre. **2.** (pl. *pennies*). Pièce de cette valeur.

PÉNOLOGIE **n.f.** Étude des peines qui sanctionnent les infractions pénales, et de leurs modalités d'application.

PÉNOMBRE **n.f.** (du lat. *paene*, presque, et *umbra*, ombre). **1.** Lumière faible ; demi-jour. **2. PHYS.** État d'une surface incomplètement éclairée par un corps lumineux dont un corps opaque intercepte en partie les rayons. ■ **Rester dans la pénombre,** ne pas connaître la gloire.

PENON ou **PENNON** **n.m.** (de *1. penne*). **MAR.** Petite girouette ou banderole en étamine indiquant la direction du vent.

PENSABLE **adj.** (Surtout en emploi négatif). Envisageable ; concevable : *Un accès de sincérité de sa part, ce n'est pas pensable !*

PENSANT, E **adj.** Qui a la faculté de penser. ■ **Tête pensante,** organisateur d'un groupe ; cerveau.

PENSE-BÊTE **n.m.** (pl. *pense-bêtes*). Fam. Indication quelconque destinée à rappeler une tâche à accomplir.

1. PENSÉE **n.f. 1.** Faculté de penser ; activité de l'esprit. **2.** Activité psychique rationnelle permettant d'élaborer des concepts et d'acquérir des connaissances. **3.** Idée qui se présente à l'esprit ; l'esprit lui-même : *Dans ma pensée, c'était un compliment.* **4.** Façon de penser ; opinion : *Dévoiler le fond de sa pensée.* **5.** Ensemble des idées d'un individu, d'un groupe ; doctrine : *La pensée d'un écrivain.* **6.** Manière dont l'activité de l'esprit s'exprime : *Avoir une pensée vive, utopique.* **7.** Acte particulier de l'esprit qui se porte sur un objet : *Être perdu dans ses pensées.* **8.** Brève réflexion écrite : *Une pensée de Rousseau.* ■ **En pensée** ou **par la pensée,** dans l'esprit ; par l'imagination. ■ **La pensée unique** [péjor.], l'ensemble des opinions dominantes, dans les domaines politique, économique et social, que veulent imposer à autrui ceux qui les partagent.

2. PENSÉE **n.f.** Petite plante ornementale voisine de la violette, aux fleurs veloutées roses, jaunes ou violettes, non parfumées. ➲ Famille des violacées.

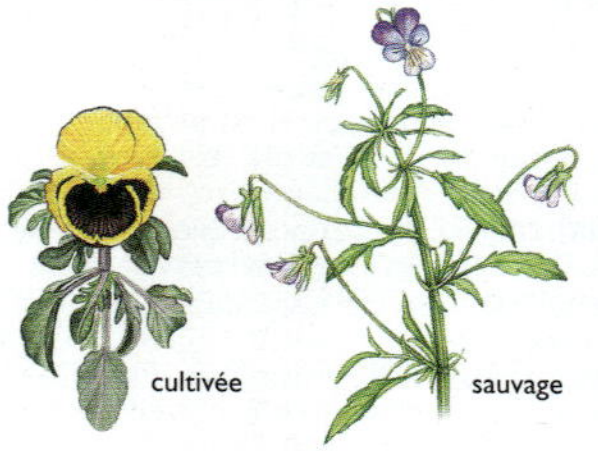

▲ **pensées**

PENSER **v.i. [3]** (du lat. *pensare*, peser). **1.** Former des idées dans son esprit et les enchaîner logiquement ; concevoir des notions, des raisonnements par la réflexion : *Je vais y penser.* **2.** Avoir une certaine opinion : *Sur ce point, je pense comme lui.* ◆ **v.t. 1.** Avoir pour opinion : *Elle n'ose pas dire ce qu'elle pense.* **2.** Avoir la conviction de, que ; croire : *Je pense que nous pouvons gagner.* **3.** Avoir l'intention de ; envisager : *Il pense présenter sa démission.* **4.** Concevoir en fonction d'une fin déterminée : *Penser une émission pour les adolescents.* ◆ **v.t. ind. (À). 1.** Diriger sa pensée vers ; avoir en tête : *Je pense souvent à ce drame.* **2.** Se souvenir à temps de : *As-tu pensé à payer le loyer ?* **3.** Prendre en considération : *Ne prends pas tout, pense aux autres !* ■ **Faire penser à,** évoquer par une ressemblance. ■ **Sans penser à mal,** sans mauvaise intention.

PENSEUR, EUSE **n. 1.** Personne qui s'applique à penser, à réfléchir. **2.** Personne dont la pensée personnelle exerce une influence notable par sa qualité, sa profondeur.

PENSIF, IVE **adj.** Absorbé dans ses pensées ; songeur.

PENSION **n.f.** (du lat. *pensio, -onis* paiement). **1.** Somme d'argent versée périodiquement par un organisme social, par l'État à qqn, génér. à titre viager : *Pension de retraite, d'invalidité.* **2.** Belgique. Retraite : *Prendre sa pension.* **3.** Somme que l'on verse pour être logé, nourri. **4.** Fait d'être logé, nourri moyennant rétribution : *Prendre un étudiant en pension.* **5.** Établissement d'enseignement privé où les élèves peuvent être internes (SYN. **pensionnat**). ■ **Pension de famille,** hôtel modeste où les clients sont logés dans des conditions rappelant la vie familiale. ■ **Pension d'effets** [banque], opération consistant en une cession d'effets au comptant, associée à un engagement de rachat à terme à une date convenue.

PENSIONNAIRE **n. 1.** Personne qui est logée et nourrie moyennant pension dans un hôtel, chez un particulier, etc. **2.** Élève interne, dans un établissement scolaire. **3.** Acteur qui reçoit un traitement fixe (en partic., à la Comédie-Française, par oppos. au *sociétaire*). **4.** Étudiant, jeune artiste dont le séjour d'études est payé par une fondation, par l'État : *Pensionnaire à la villa Médicis.*

PENSIONNAT **n.m.** Pension ; ensemble des élèves d'un tel établissement.

PENSIONNÉ, E **adj.** et **n. 1.** Qui reçoit une pension : *Pensionné de guerre.* **2.** Belgique. Retraité.

PENSIONNER **v.t. [3].** Allouer une pension à.

PENSIVEMENT **adv.** De manière pensive.

PENSUM [pɛ̃sɔm] **n.m.** (mot lat. « tâche »). **1.** Tâche ennuyeuse ; corvée : *Ce compte rendu de réunion, quel pensum !* **2.** Vieilli. Devoir supplémentaire imposé à un élève pour le punir.

PENTACLE [pɛ̃-] **n.m.** (lat. médiév. *pentaculum*). **OCCULT.** Figure géométrique en forme d'étoile à cinq branches, qui aurait une valeur de talisman.

PENTADACTYLE [pɛ̃-] **adj. ZOOL.** Qui a cinq doigts.

PENTADÉCAGONE ou **PENTÉDÉCAGONE** [pɛ̃-] **n.m. MATH.** Polygone qui a quinze angles, et donc quinze côtés.

PENTAÈDRE [pɛ̃-] **n.m.** et **adj.** (de *pente*, cinq, et *hédra*, base). **MATH.** Polyèdre à cinq faces.

PENTAGONAL, E, AUX **adj.** Qui a la forme d'un pentagone.

PENTAGONE [pɛ̃-] **n.m.** (gr. *pentagônon*). **MATH.** Polygone qui a cinq angles, et donc cinq côtés. ■ **Le Pentagone,** v. partie n.pr.

PENTAMÈRE [pɛ̃-] **adj.** et **n.m.** (du gr. *pente*, cinq, et *meros*, partie). **BIOL. 1.** Qui présente une symétrie rayonnée de base cinq (SYN. **pentaradié**). ➲ L'étoile de mer est pentamère. **2.** Se dit d'un insecte dont le tarse est divisé en cinq parties.

PENTAMÈTRE [pɛ̃-] **adj.** et **n.m.** Se dit d'un vers grec ou latin qui a cinq pieds.

PENTANE [pɛ̃-] **n.m. CHIM. ORG.** Hydrocarbure saturé (C_5H_{12}).

PENTAPOLE [pɛ̃-] **n.f.** (du gr. *pentapolis*, État formé de cinq villes). **ANTIQ.** Alliance de cinq cités.

PENTARADIÉ, E [pɛ̃-] **adj.** Pentamère.

PENTARCHIE [pɛ̃-] **n.f.** (du gr. *pente*, cinq, et *arkhê*, commandement). **HIST.** Groupement de cinq dirigeants ou États exerçant une suprématie de fait.

PENTASYLLABE **adj.** et **n.m.** ou **PENTASYLLABIQUE** [pɛ̃-] **adj.** Se dit d'un vers qui a cinq syllabes.

PENTATHLON [pɛ̃-] **n.m.** (mot gr.). **ANTIQ. GR.** Concours d'athlétisme masculin comportant cinq exercices (lutte, course, saut, disque et javelot). ■ **Pentathlon (moderne),** discipline olympique comportant cinq spécialités (escrime, natation, équitation, tir et course), les deux dernières étant réunies en une épreuve combinée.

PENTATHLONIEN, ENNE [pɛ̃-] **n.** Athlète qui dispute un pentathlon.

PENTATOME [pɛ̃-] **n.m.** Punaise marquée de bandes longitudinales rouges et noires, commune en Europe sur les feuilles des arbres et des arbustes. ➲ Famille des pentatomidés.

PENTATONIQUE [pɛ̃-] **adj. MUS.** Constitué de cinq sons : *Échelle pentatonique.*

PENTE n.f. (lat. pop. *pendita*, du class. *pendere*, pendre). **1.** Inclinaison d'un terrain, d'une surface ; déclivité : *Une pente abrupte.* **2.** Mesure d'une inclinaison. ➲ Une pente de 10 % sur une route correspond à une différence de niveau de 10 m pour un déplacement de 100 m. **3.** Terrain incliné par rapport à l'horizontale : *Dévaler la pente avec un VTT.* **4.** Tendance dominante de qqn ; penchant : *Sa pente naturelle la porte à l'indulgence.* ▪ **Être sur la mauvaise pente,** sur une voie contraire aux exigences morales, sociales. ▪ **Être sur une pente glissante** ou **savonneuse,** sur une voie qui conduit à l'échec ou à la déchéance. ▪ **Pente d'une droite** [math.], coefficient directeur, en repère orthonormé. ➲ C'est la tangente de l'angle que fait la droite avec l'axe des abscisses. ▪ **Pente limite** [géomorph.], pente à partir de laquelle cesse d'agir un processus de transport de débris d'érosion sur les versants. ▪ **Remonter la pente,** rétablir par ses efforts une situation compromise. ▪ **Rupture de pente,** changement brusque de l'inclinaison d'une pente.

PENTECÔTE n.f. (du gr. *pentekostê*, cinquantième jour). **1.** Fête juive célébrée sept semaines après le second jour de la Pâque, en souvenir de la remise des Tables de la Loi à Moïse. **2.** Fête chrétienne célébrée le septième dimanche après Pâques, en mémoire de la descente du Saint-Esprit sur les apôtres.

PENTECÔTISME n.m. Mouvement des pentecôtistes.

PENTECÔTISTE n. Membre de l'un des mouvements religieux protestants nés au début du XXe s., qui affirment que les dons visibles du Saint-Esprit opèrent toujours, comme dans l'Église primitive. ➲ Les pentecôtistes ont inspiré le Renouveau charismatique au sein du catholicisme. ◆ **adj.** Relatif au pentecôtisme.

PENTÉDÉCAGONE n.m. → **PENTADÉCAGONE.**

PENTOSE [pɛ̃-] **n.m. BIOCHIM.** Ose à cinq atomes de carbone (nom générique).

PENTRITE [pɛ̃-] **n.f.** Explosif constitué par un ester nitrique cristallisé, très puissant et très sensible.

PENTU, E adj. Incliné, en parlant d'un terrain ; en pente.

PENTURE n.f. (lat. pop. *penditura*). Bande métallique ou ferrure qui soutient sur ses gonds une porte, un volet.

PÉNULTIÈME adj. et **n.f.** (du lat. *paene*, presque, et *ultimus*, dernier). **LING.** Se dit de l'avant-dernière syllabe d'un mot, d'un vers.

PÉNURIE n.f. (lat. *penuria*). Manque de ce qui est nécessaire : *Pénurie d'investissements, de médecins.*

PÉON n.m. (esp. *peón*, du bas lat. *pedo, -onis*, qui a de grands pieds). Paysan, ouvrier agricole, en Amérique du Sud.

PEOPLE [pipœl] **n. inv.** (mot angl.). Célébrité, partic. du monde du spectacle : *Suivre la vie des people.* ◆ **adj. inv.** ▪ **Magazine, presse people,** ou **people, n.m. inv.,** magazine, presse populaires à sensation.

✎ On écrit aussi ***pipole*** et ***pipeule.***

PEOPOLISATION n.f. → **PIPOLISATION.**

PEP n.m. → **PEPS.**

PÉPÉ n.m. 1. Grand-père, dans le langage enfantin. **2.** Fam. Homme d'un certain âge.

PÉPÉE n.f. Fam., vieilli. Jeune fille jolie et bien faite.

PÉPÈRE n.m. Fam. **1.** Grand-père, dans le langage enfantin. **2.** Homme ou garçon gros et calme. ◆ **adj.** Fam. Tranquille ; confortable : *Des vacances pépères.*

PÉPETTES ou **PÉPÈTES n.f. pl.** Fam., vieilli. Argent, partic., pièces de monnaie.

PÉPIE n.f. (du lat. *pituita*, mucus). Pellicule qui se forme sur la langue des oiseaux atteints d'affections respiratoires, et qui les empêche de manger mais non de boire. ▪ **Avoir la pépie** [fam.], avoir très soif.

PÉPIEMENT n.m. Cri des jeunes oiseaux.

PÉPIER v.i. [5] (onomat.). Crier, en parlant des petits oiseaux, des poussins.

1. PÉPIN n.m. 1. Chacune des graines d'une baie, d'un agrume, d'un pépon : *Pépins de raisin, de pastèque.* **2.** Fam. Incident ; complication : *L'avion a eu un pépin à l'atterrissage.*

2. PÉPIN n.m. (du n. d'un personnage de vaudeville). Fam. Parapluie.

PÉPINIÈRE n.f. 1. Lieu où l'on cultive des jeunes végétaux destinés à être transplantés ; ensemble de ces jeunes plants. **2.** Fig. Établissement où sont formées des personnes destinées à une profession : *Une pépinière de graphistes.*

PÉPINIÉRISTE n. Personne qui cultive une pépinière.

PÉPITE n.f. (de l'esp. *pepita*, pépin). **1.** Petite masse de métal natif, notamm. d'or. **2.** Fig. Chose dont l'exceptionnelle qualité attire l'attention ; trésor : *Les pépites de l'INA. Une pépite de l'édition française.* ▪ **Pépite de chocolat,** petit morceau de chocolat dont on garnit les biscuits, les gâteaux.

PÉPLUM [-plɔm] **n.m.** (lat. *peplum*, du gr. *peplos*, tunique). **1.** Péjor. Film à grand spectacle s'inspirant de l'histoire ou de la mythologie antiques. **2. ANTIQ. GR.** Tunique sans manches, s'agrafant sur l'épaule, portée par les femmes.

PÉPON ou **PÉPONIDE n.m.** (du lat. *pepo, -onis*, melon, courge). **AGRIC.** Fruit des cucurbitacées.

PEPPERMINT [pepərmint] **n.m.** (mot angl., de *pepper*, poivre, et *mint*, menthe). Liqueur de menthe.

PEPPERONI [pepe-] **n.m.** Québec. Saucisson épicé fait de viande de bœuf et de porc.

PEPS [pɛps] ou, vieilli, **PEP** [pɛp] **n.m.** (de l'angl. *pepper*, poivre). Fam. Dynamisme ; vitalité : *Ce succès lui a donné du peps.*

PEPSINE n.f. (du gr. *pepsis*, digestion). **PHYSIOL.** Enzyme du suc gastrique, qui commence la digestion des protéines.

PEPTIDE n.m. BIOCHIM. Molécule constituée par la condensation d'un petit nombre de molécules d'acides aminés.

PEPTIDIQUE adj. BIOCHIM. Relatif aux peptides. ▪ **Liaison peptidique,** groupement O=C—NH, formé par élimination d'eau entre un acide carboxylique et une amine. ➲ Ce module structural unit les acides aminés consécutifs dans les chaînes polypeptidiques présentes dans les protéines.

PÉQUENOT n.m. ou **PÉQUENAUD, E n.,** ▲ ***PÉQUENOT n.m.,*** ▲ ***PÉQUENAUD, E n.*** (de *pékin*). Fam., péjor. Paysan.

PÉQUET ou **PÉKET** [pekɛ] **n.m.** Belgique. Eau-de-vie parfumée au genièvre.

PÉQUIN n.m. → **PÉKIN.**

PÉQUISTE adj. et **n.** Relatif au PQ (Parti québécois, au Québec) ; qui en est partisan.

PERBORATE n.m. Sel de l'acide borique, oxydant, utilisé comme détergent.

PERÇAGE n.m. Action de percer.

PERCALE n.f. (du persan *pārgālā*, toile très fine). Tissu de coton ras et très serré, utilisé en lingerie ou pour le linge de maison.

PERCALINE n.f. Toile de coton légère et lustrée utilisée pour les doublures.

PERÇANT, E adj. 1. Très vif ; pénétrant : *Froid perçant.* **2.** Se dit d'un son aigu et puissant : *Cris perçants.* **3.** D'une grande acuité : *Regard perçant.*

PERCE n.f. 1. Outil servant à percer. **2. MUS.** Canal axial d'un instrument à vent. ▪ **Mettre un tonneau en perce,** y faire un trou pour en tirer le contenu.

PERCÉE n.f. 1. Ouverture ménageant un chemin ou dégageant une perspective ; trouée. **2. MIL.** Action de rompre et de traverser une ligne défensive adverse. **3.** Franchissement de la défense adverse, dans les sports collectifs (football, rugby, etc.). **4.** Progrès rapide et spectaculaire : *Une percée médicale.*

PERCEMENT n.m. Action de percer, de pratiquer une ouverture.

PERCE-MURAILLE n.f. (pl. *perce-murailles*). **BOT.** Pariétaire.

PERCE-NEIGE n.m. inv. ou **n.f. inv.,** ▲ ***n.m.*** ou ***n.f.*** (pl. *perce-neiges*). Plante des prés et des bois, dont les fleurs blanches s'épanouissent à la fin de l'hiver, quand le sol est encore recouvert de neige. ➲ Famille des amaryllidacées.

PERCE-OREILLE n.m. (pl. *perce-oreilles*). Forficule.

PERCE-PIERRE n.f. (pl. *perce-pierres*). Nom usuel de la saxifrage et de la criste-marine.

PERCEPTEUR, TRICE n. (du lat. *perceptus*, recueilli). Fonctionnaire de l'administration fiscale, princip. chargé de recouvrer les impôts directs.

PERCEPTIBILITÉ n.f. Caractère de ce qui est perceptible.

PERCEPTIBLE adj. 1. Qui peut être perçu par les sens : *Micro-organismes non perceptibles à l'œil nu.* **2.** Qui peut être saisi par l'esprit ; compréhensible : *Slogans immédiatement perceptibles.*

PERCEPTIF, IVE adj. PSYCHOL. Relatif à la perception.

PERCEPTION n.f. (lat. *perceptio, -onis*). **1.** Recouvrement des impôts par le percepteur ; fonction, emploi de percepteur ; bureau du percepteur. **2.** Fait de percevoir par les sens, par l'esprit : *La perception des sons, des odeurs. Avoir une perception inexacte d'un problème.* **3. PSYCHOL.** Représentation consciente à partir des sensations ; conscience d'une, des sensations.

PERCER v.t. [9] (lat. pop. *pertusiare*, du class. *pertundere*, transpercer). **1.** Faire un trou de part en part dans : *Percer un mur. Le bijoutier lui a percé les oreilles.* **2.** Pratiquer une ouverture : *Percer une porte dans un mur ;* ouvrir un passage : *Percer un tunnel.* **3.** Passer au travers de : *L'averse a percé sa veste.* **4.** Comprendre ce qui était caché, secret : *Percer un mystère. Percer les intentions de qqn.* ▪ **Percer le cœur à qqn** [litt.], l'affliger. ▪ **Percer les oreilles** ou **les tympans,** être intense et très aigu, en parlant d'un son. ◆ **v.i. 1.** Se frayer un passage à travers qqch : *Un rayon de lune perça l'obscurité.* **2.** S'ouvrir en se vidant, en parlant d'un abcès ; crever. **3.** Pousser au-dehors de la gencive, en parlant d'une dent. **4.** Se manifester au grand jour ; filtrer : *Rien n'a percé de leur entrevue.* **5.** Accéder à la notoriété : *Cet acteur a eu du mal à percer.*

PERCET n.m. Suisse. Perçoir.

PERCEUR, EUSE n. Ouvrier qui fore des trous.

PERCEUSE n.f. Machine, outil servant à percer.

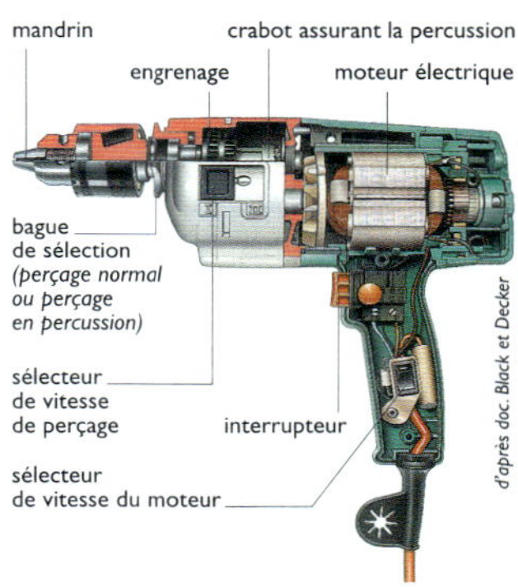

▲ **perceuse** électrique portative.

PERCEVABLE adj. Se dit d'une somme qui peut être perçue.

PERCEVOIR v.t. [39] (lat. *percipere*). **1.** Saisir par les sens ou par l'esprit : *Percevoir une odeur. Percevoir une réticence chez qqn.* **2.** Recevoir de l'argent : *Percevoir des indemnités.*

PERCHAGE n.m. 1. Fait de percher, de se percher, en parlant des oiseaux. **2. MÉTALL.** Opération de brassage d'un bain de métal en fusion par des perches en bois vert lors d'un affinage de métal.

PERCHAUDE n.f. Québec. Perche de l'Amérique du Nord. ➲ Nom sc. *Perca flavescens.*

1. PERCHE n.f. (lat. *perca*). Poisson des lacs et des cours d'eau lents de l'hémisphère Nord, à deux nageoires dorsales épineuses, vorace, à chair estimée. ➲ Ordre des perciformes. ▪ **Perche de mer,** serran. ▪ **Perche goujonnière,** grémille. ▪ **Perche soleil** ou **arc-en-ciel,** aux belles couleurs, originaire des États-Unis. (Au Québec, on dit *crapet soleil.*)

2. PERCHE n.f. (lat. *pertica*). **1.** Pièce longue, mince et de section ronde d'une matière dure : *Perche d'échafaudage.* **2. SPORTS.** En athlétisme, longue tige de fibre de verre utilisée pour le saut à la perche. **3. CINÉMA, TÉLÉV.** Long support mobile au bout duquel est suspendu le micro et qui permet de placer celui-ci au-dessus des comédiens, en dehors du champ de la caméra. **4.** Tige métallique permettant aux tramways, aux trolleybus de capter le courant des fils aériens. **5.** Pièce longue et rigide du téléski que le skieur saisit pour être tiré. **6. VÉNER.** Merrain. **7.** Ancienne mesure de surface, qui variait suivant les régions. **8. AÉRON.** Conduit rigide rétractable utilisé par un avion ravitailleur pour se relier à un avion à ravitailler. ▪ **Saut à la perche,** ou **perche,** épreuve d'athlétisme consistant à franchir, au moyen d'une perche, une barre posée sur des taquets. ▪ **Tendre la perche à qqn,** l'aider à se tirer d'embarras. ▪ **Une grande perche** [fam.], une personne grande et maigre.

PERCHÉ, E adj. 1. Situé sur un endroit relativement élevé : *Cabane perchée dans un arbre.* **2.** Fig., fam. Se dit d'une personne qui plane, qui n'a pas le sens des réalités, ou d'une personne excentrique et lunaire, cultivant une attitude de folie douce : *Cette fille est complètement perchée.* ▪ **Voix perchée,** aiguë.

PERCHER v.i. [3]. 1. Se poser sur une branche, un perchoir, etc., en parlant d'un oiseau. **2.** Fam. Habiter : *Il perche à l'autre bout du village.* ◆ **v.t.** Placer en un endroit élevé : *Percher un vase en haut d'une armoire.* ◆ **SE PERCHER v.pr. 1.** Percher, en parlant d'un oiseau. **2.** Se tenir en un endroit, une position élevés, en parlant de qqn : *Les paparazzis se sont perchés sur le mur du parc.*

PERCHERON, ONNE adj. et **n.** Relatif au Perche. ◆ **n.m.** Cheval de trait originaire du Perche, grand et puissant. (V. ill. *cheval.*)

PERCHEUR, EUSE adj. Se dit d'un oiseau qui a l'habitude de percher.

PERCHIS [-ʃi] **n.m.** Très jeune futaie dont les arbres ont entre 10 et 20 cm de diamètre.

PERCHISTE n. 1. SPORTS. Sauteur à la perche. **2. CINÉMA, TÉLÉV.** Technicien chargé du maniement de la perche. **3.** Employé d'un téléski qui veille au bon défilement des perches et les tend aux skieurs.

PERCHLORATE [pɛrklɔ-] **n.m.** Sel de l'acide perchlorique.

PERCHLORIQUE [pɛrklɔ-] **adj.m. CHIM. MINÉR.** ▪ **Acide perchlorique,** le plus oxygéné des acides du chlore, $HClO_4$.

PERCHMAN [pɛrʃman] **n.m.** (faux anglic.). **CINÉMA, TÉLÉV.** Perchiste.

PERCHOIR n.m. Barres de bois où perchent les oiseaux de basse-cour ; juchoir ; lieu où sont installées ces barres. ▪ **Le perchoir,** le siège du président, à l'Assemblée nationale, en France ; la fonction elle-même : *Briguer le perchoir.*

PERCIFORME n.m. Poisson téléostéen à nageoires dotées de rayons épineux, tel que la perche, le maquereau, le mérou ou le gobie. ➲ Les perciformes forment un ordre très vaste.

PERCLUS, E adj. (du lat. *perclusus,* obstrué). Se dit de qqn qui a beaucoup de difficultés à se mouvoir ; impotent : *Elle est percluse d'arthrose.*

PERCNOPTÈRE n.m. (du gr. *perknos,* noirâtre, et *pteron,* aile). Petit vautour à plumage blanchâtre et bord des ailes noir, des régions méditerranéennes du Moyen-Orient et d'Afrique, qui se nourrit de charognes et pille les nids d'oiseaux. ➲ Famille des accipitridés.

PERÇOIR n.m. Outil pour percer.

PERCOLATEUR n.m. (du lat. *percolare,* filtrer). Appareil servant à faire du café à la vapeur par percolation.

PERCOLATION n.f. 1. Circulation d'un fluide à travers une substance poreuse. **2. HYDROL.** Pénétration lente des eaux de pluie dans le sol.

PERCUSSION n.f. (lat. *percussio, -onis*). **1.** Action de percuter ; choc d'un corps contre un autre. **2.** Choc du percuteur d'une arme à feu contre l'amorce, provoquant la détonation. **3. MÉD.** Méthode d'examen clinique d'organes ou de cavités internes reposant sur l'appréciation de la sonorité ou de la résonance produite par le tapotement de l'extrémité des doigts sur la peau de la région étudiée (princip. le thorax ou l'abdomen). ▪ **Instrument à percussion** [mus.], dont on tire le son en le frappant avec les mains, des baguettes, des mailloches, etc. ▪ **Percussion directe, indirecte** [préhist.], attaque directe au percuteur du bloc de matière première ; taille de la pierre à l'aide d'une pièce intermédiaire entre le percuteur et le nucléus.

PERCUSSIONNISTE n. Instrumentiste qui joue d'un instrument à percussion.

PERCUTANÉ, E adj. Transdermique.

PERCUTANT, E adj. 1. Qui percute qqch : *Le véhicule percutant a été détruit.* **2.** Qui atteint son but avec force, sûreté : *Une publicité percutante.* ▪ **Obus percutant,** qui éclate à l'impact (par oppos. à *obus fusant*). ▪ **Tir percutant,** qui utilise des obus percutants.

PERCUTER v.t. [3] (du lat. *percutere,* frapper). Heurter dans un mouvement : *Les marteaux du piano percutent les cordes. Le camion a percuté un bus.* ◆ **v.i. 1.** Exploser au choc, en parlant d'un projectile percutant : *Obus qui tombe sans percuter.* **2.** Fam. Comprendre : *Il a tout de suite percuté.* ◆ **v.t. ind. (CONTRE).** Télescoper : *La moto a percuté (contre) un arbre.*

PERCUTEUR n.m. 1. Pièce métallique dont la pointe frappe l'amorce d'un projectile (cartouche, obus, etc.) et la fait détoner, dans une arme à feu. **2. PRÉHIST.** Instrument utilisé pour tailler la pierre afin d'obtenir des outils, des éclats ou des lames. ▪ **Percuteur dur, organique** [préhist.], bloc de pierre utilisé pour la percussion, lors de la taille d'un outil ; fragment d'os génér. utilisé pour la finition de la taille d'un outil.

PERDABLE adj. Qui peut être perdu.

PERDANT, E adj. et **n.** Qui perd : *Le candidat perdant.* ▪ **Partir perdant,** être désavantagé dès le départ ; entreprendre qqch sans espoir de réussir.

PERDITANCE n.f. ÉLECTR. Conductance équivalente, représentant les pertes dans l'isolation, dans une installation électrique.

PERDITION n.f. (bas lat. *perditio, -onis*). **1.** Ruine morale : *Lieu de perdition.* **2. THÉOL. CHRÉT.** État de péché menant à la ruine de l'âme. ▪ **En perdition,** se dit d'un navire en danger de faire naufrage ; se dit d'une entreprise, d'un groupe menacés d'être ruinés, anéantis.

PERDRE v.t. [59] (lat. *perdere*). **1.** Cesser de posséder, d'avoir à sa disposition un bien, un avantage : *Perdre son poste, des acquis.* **2.** Cesser d'avoir une partie de soi, une caractéristique : *Perdre du poids. Tenture qui perd sa couleur* ; être privé d'une faculté : *Perdre l'odorat.* **3.** Abandonner un comportement : *Perds l'habitude de mentir !* ; ne plus éprouver un sentiment : *Ils ont perdu tout espoir.* **4.** Ne plus pouvoir trouver : *J'ai perdu mon portable.* **5.** Cesser de percevoir par les sens : *Elle n'a pas perdu un mot de notre conversation* ; cesser de maintenir un lien avec, un contrôle sur : *La police a perdu la trace du fugitif.* **6.** Être séparé de qqn par la mort : *Il a perdu sa femme.* **7.** Être quitté par qqn : *Ce restaurant a perdu en un an la moitié de sa clientèle.* **8.** Avoir le dessous dans une lutte, une compétition : *Perdre une élection, un match.* **9.** Faire un mauvais emploi de ; gaspiller : *Si nous mettons le lit dans ce sens, nous allons perdre de la place.* **10.** Ne pas profiter de ; laisser échapper : *Perdre une occasion.* **11.** Faire subir un grave préjudice matériel ou moral à : *Sa crédulité l'a perdu.* ▪ **N'avoir rien à perdre,** ne prendre aucun risque en agissant de telle façon ; être dans une situation telle que l'on ne peut rien craindre de pire. ▪ **Perdre de vue,** cesser d'être en relation avec qqn, de s'occuper de qqch. ▪ **Perdre du terrain,** se laisser distancer par ses concurrents. ▪ **Perdre la raison** ou **la tête,** ne plus avoir tout son bon sens ; devenir fou. ▪ **Vous ne perdez rien pour attendre,** vous recevrez, tôt ou tard, le châtiment que vous méritez. ◆ **v.i. 1.** Avoir le dessous ; être vaincu, battu : *Ce champion n'a jamais perdu.* **2.** Faire une perte d'argent : *Spéculateur qui a beaucoup perdu.* ◆ **SE PERDRE v.pr. 1.** Ne plus trouver son chemin : *Se perdre dans un souk.* **2.** Ne plus être vu, entendu : *L'avion s'est perdu dans les nuages.* **3.** Devenir inutilisable ; s'avarier : *Mets la viande au réfrigérateur, sinon elle va se perdre.* **4.** Cesser d'être en usage : *Cette tradition s'est perdue.* ▪ **Se perdre dans les détails,** s'y attarder trop longuement. ▪ **S'y perdre,** ne plus rien comprendre.

PERDREAU n.m. Perdrix de l'année, qui constitue un gibier estimé. ▪ **Perdreau de l'année** [fam., par plais.], personne d'une naïveté confondante ; débutant : *Avec vingt ans de Sénat, ce n'est pourtant pas un perdreau de l'année.*

PERDRIX n.f. (anc. fr. *perdix,* mot lat.). Gallinacé au corps trapu, commun en Europe et en Asie, qui niche dans un creux du sol. ➲ Cri : la perdrix cacabe ; famille des phasianidés.

▲ **perdrix**

PERDU, E adj. 1. Se dit d'un avantage, d'un bien dont on est définitivement privé : *Illusions perdues.* **2.** Que l'on ne retrouve plus ; égaré : *Clés perdues.* **3.** Qui a été mal employé : *Jeunesse perdue* ; devenu inutile ou inutilisable : *La récolte est perdue.* **4.** Privé de sa fortune, de sa réputation : *Sans notre aide, il est perdu.* **5.** Qui est menacé dans sa vie : *La blessée est perdue.* **6.** Situé à l'écart : *Un hameau perdu.* ▪ **À mes moments perdus,** quand je n'ai rien d'autre à faire : *Elle joue du piano à ses moments perdus.* ▪ **Balle perdue,** ayant manqué l'objectif mais toujours dangereuse : *Journaliste tué par une balle perdue.* ▪ **Être perdu dans ses pensées,** y être entièrement plongé. ▪ **Perdu de dettes** [litt.], dans une situation proche de la ruine. ◆ **n.** Fam. ▪ **Comme un(e) perdu(e),** de toutes ses forces : *Crier, courir comme un perdu.*

PERDURER v.i. [3]. Litt. ou Belgique. **1.** Durer éternellement. **2.** Continuer d'être ; se perpétuer.

PÈRE n.m. (lat. *pater*). **1.** Homme qui a engendré ou qui a adopté un ou plusieurs enfants : *Père qui donne le biberon à son bébé.* **2.** Homme qui agit en père : *Il a été un père pour son filleul.* **3. DR.** Homme ayant autorité reconnue pour élever un, des enfants au sein de la cellule familiale, qu'il les ait ou non engendrés. **4.** Parent mâle d'un animal. **5.** Titre donné aux prêtres réguliers et séculiers. Abrév. **P. 6.** Afrique. Tout homme âgé que l'on respecte ; oncle paternel (on dit aussi *père cadet* ou *petit père,* par oppos. à *vrai père*) ; prêtre d'origine occidentale (par oppos. à *abbé*). ▪ **De père en fils,** par transmission successive du père aux enfants : *Ils ont cultivé ce vignoble de père en fils.* ▪ **Le Père** [christ.], la première personne de la Trinité : *Dieu le Père. Le Père éternel.* ▪ **Le père de,** le créateur, le fondateur de : *Freud est le père de la psychanalyse.* ▪ **Le père X** [fam.], monsieur X. ▪ **Les Pères de l'Église,** les écrivains de l'Antiquité chrétienne (IIe-VIIe s.), dont les œuvres font autorité en matière de foi. ▪ **Père spirituel,** celui qui dirige la conscience de qqn ; par ext., maître à penser ou guide spirituel. ▪ **Placement de père de famille,** sûr mais rapportant peu. ▪ **Rôle de père noble** [théâtre], rôle grave et digne de père âgé. ◆ **n.m. pl.** (Avec un possessif). Ancêtres : *Du temps de nos pères.* ▪ **Pères blancs,** religieux appartenant à la congrégation des Missionnaires d'Afrique, fondée en 1868 par le cardinal Lavigerie.

PÉRÉGRIN n.m. (du lat. *peregrinus,* étranger). **ANTIQ. ROM.** Homme libre qui n'était ni citoyen romain ni latin.

PÉRÉGRINATION n.f. (du lat. *peregrinatio,* voyage). [Surtout pl.]. Allées et venues incessantes ; déplacements en de nombreux endroits.

PÉREMPTION n.f. (du bas lat. *peremptio, -onis,* destruction). **DR.** Prescription qui anéantit les actes de procédure lorsqu'un certain délai s'est écoulé sans qu'un nouvel acte intervienne. ▪ **Date de péremption,** au-delà de laquelle un produit, en partic. un médicament, ne doit plus être utilisé.

PÉREMPTOIRE adj. (du lat. *peremptus,* détruit). **1.** À quoi l'on ne peut rien répliquer ; décisif : *Argument péremptoire* ; à quoi l'on ne doit rien objecter ; catégorique : *Parler sur un ton péremptoire.* **2. DR.** Qui a force obligatoire.

PÉREMPTOIREMENT adv. Litt. De façon péremptoire.

PÉRENNANT, E adj. (de *pérenne*). **BOT.** Qui peut vivre plusieurs années. ➲ Les rhizomes, les bulbes, etc., sont des organes pérennants.

PÉRENNE adj. (du lat. *perennis*, durable). **1.** Litt. Se dit de ce qui dure longtemps ou depuis longtemps : *Règlement pérenne.* **2.** (Abusif en botanique). Pérennant. ▪ **Rivière, source pérenne** [hydrol.], dont l'écoulement est permanent.

PÉRENNISATION n.f. Action de pérenniser.

PÉRENNISER v.t. [3]. Rendre durable ; perpétuer : *Pérenniser une tradition.*

PÉRENNITÉ n.f. (lat. *perennitas*). Caractère de ce qui dure toujours ou très longtemps : *La pérennité de la démocratie.*

PÉRÉQUATION n.f. (du lat. *peraequare*, égaliser). **1.** Répartition des charges, des impôts, etc., tendant à une égalité. **2.** Rajustement du montant des traitements, des pensions. ▪ **Système de péréquation** [écon.], tendant à placer dans une situation d'égalité les diverses entreprises d'une même branche, ou à financer une aide à l'importation ou à l'exportation.

PERESTROÏKA, ▲ *PÉRESTROÏKA* [perɛstrɔjka] **n.f.** (mot russe « reconstruction »). En URSS, politique de restructuration économique mise en œuvre par M. Gorbatchev à partir de 1985 et s'appuyant notamm. sur la glasnost.

PERFECTIBILITÉ n.f. Litt. Caractère de ce qui est perfectible.

PERFECTIBLE adj. Susceptible d'être perfectionné ou de se perfectionner.

PERFECTIF n.m. GRAMM. Accompli.

PERFECTION n.f. (du lat. *perfectio, -onis*, achèvement). **1.** Caractère de ce qui est parfait : *La perfection d'un enregistrement.* **2.** État de qqn, qqch ayant toutes les qualités : *Ma voisine, ma montre est une perfection.* ▪ **À la perfection,** d'une manière parfaite : *Jouer son rôle à la perfection.*

PERFECTIONNÉ, E adj. Qui a atteint un haut niveau de rendement, de qualité : *Appareil très perfectionné.*

PERFECTIONNEMENT n.m. Action de perfectionner, de se perfectionner : *Cours de perfectionnement.*

PERFECTIONNER v.t. [3]. Rendre plus proche de la perfection ; parfaire : *Perfectionner un logiciel.* ◆ **SE PERFECTIONNER v.pr. 1.** Devenir meilleur. **2.** Améliorer ses connaissances ; progresser.

PERFECTIONNISME n.m. Recherche excessive de la perfection en toute chose.

PERFECTIONNISTE adj. et **n.** Qui fait preuve de perfectionnisme ; qui le dénote.

PERFECTO [pɛrfɛkto] **n.m.** (nom déposé). Blouson de motard en cuir épais, à la fermeture Éclair décentrée, adopté en partic. par les rockeurs.

PERFIDE adj. et **n.** (du lat. *perfidus*, trompeur). Sout. Qui manque de loyauté ; fourbe. ◆ **adj.** Qui, sous des apparences aimables, cherche à nuire : *Une insinuation perfide.*

PERFIDEMENT adv. Sout. Avec perfidie.

PERFIDIE n.f. Litt. **1.** Caractère d'une personne perfide, de sa conduite ; déloyauté. **2.** Action, parole perfide.

PERFOLIÉ, E adj. BOT. Se dit d'une feuille dont la base enserre complètement la tige qui la porte.

PERFORAGE n.m. Action de perforer.

PERFORANT, E adj. 1. Qui perfore. **2. ANAT.** Se dit de certains nerfs et de certaines artères qui traversent de part en part une structure anatomique. ▪ **Projectile perforant,** doté d'un noyau de métal dur qui le rend capable de percer les blindages.

PERFORATEUR, TRICE adj. et **n.m.** Qui perfore, sert à perforer.

PERFORATION n.f. 1. Action de perforer ; trou qui en résulte. **2. MÉD.** Ouverture dans la paroi d'un organe, par blessure ou lors d'une maladie.

PERFORATRICE n.f. 1. Machine servant à perforer. **2.** Outil rotatif pour creuser des trous de mine.

PERFORÉ, E adj. Qui comporte au moins deux trous pour pouvoir être mise dans un classeur, en parlant d'une feuille.

PERFORER v.t. [3] (lat. *perforare*). Pratiquer un trou dans ; percer.

PERFORMANCE n.f. (mot angl., du moy. fr. *parformance*, accomplissement). **1.** Résultat obtenu par un athlète, par un cheval de course, etc., dans une épreuve ; chiffre qui mesure ce résultat. **2.** Réussite remarquable : *Tourner un film de cette qualité en six semaines, c'est une vraie performance.* **3.** Résultat obtenu dans l'exécution d'une tâche : *Améliorer ses performances.* **4. LING.** En grammaire générative, mise en œuvre par les locuteurs de la compétence linguistique dans la production et la réception d'énoncés concrets. **5. ART MOD.** Mode d'expression artistique contemporain qui consiste à produire des gestes, des actes, un événement dont le déroulement temporel constitue l'œuvre (SYN. **1. action**). ▪ **Diagnostic de performance énergétique,** évaluation technique obligatoire pour la vente ou la location d'un bien immobilier, comportant une estimation de la consommation énergétique et de l'émission de gaz à effet de serre et accompagnée de recommandations pour leur amélioration. ▪ **Test de performance** [psychol.], épreuve non verbale destinée à mesurer certaines aptitudes intellectuelles. ◆ **n.f. pl. TECHN.** Indications chiffrées caractérisant les possibilités optimales d'un matériel, d'une machine, etc. ; ces possibilités.

PERFORMANT, E adj. Capable de bonnes performances : *Un ordinateur très performant. Entreprise performante.* ▪ **Ski performant,** ou **performant, n.m.,** ski de vitesse, de grande longueur (1,75 à 2 m).

PERFORMATIF, IVE adj. LING. Se dit d'un verbe, d'un énoncé qui constitue simultanément l'action qu'il exprime. (Ex. : *je promets, je jure.*) ◆ **n.m.** Verbe performatif.

PERFORMEUR, EUSE n. ART MOD. Artiste qui réalise une performance. ▪ **Meilleur performeur,** sportif qui a obtenu un résultat exceptionnel, notamm. en athlétisme.

PERFUSER v.t. [3]. Pratiquer une perfusion.

PERFUSION n.f. (lat. *perfusio, -onis*, de *perfundere*, verser sur). **MÉD.** Introduction lente et continue dans l'organisme (génér. par une veine) d'une solution contenant éventuellement un médicament ou d'un produit sanguin (SYN. **goutte-à-goutte**). ▪ **Sous perfusion** [fig.], se dit d'un secteur économique, d'une région, etc., dont la survie dépend entièrement de subventions ou de toute autre aide financière extérieure : *L'agriculture de ce pays est sous perfusion.*

PERGÉLISOL [-sɔl] **n.m. PÉDOL.** Partie profonde d'un gélisol, minérale et gelée en permanence (SYN. **permafrost, permagel**). ➲ Actuellement, sous l'effet du réchauffement climatique, le pergélisol fond en surface. La fermentation de la matière organique qu'il renferme produit des gaz à effet de serre* (CO_2, méthane) qui contribuent à amplifier ce réchauffement.

PERGOLA n.f. (mot ital.). Petite construction faite de poutrelles reposant sur des piliers légers et pouvant supporter des plantes grimpantes.

PÉRI n.f. (du persan *perî*, ailé). Sorcière ou fée, dans la tradition arabo-persane.

PÉRIANTHE n.m. (du gr. *peri*, autour, et *anthos*, fleur). **BOT.** Ensemble des enveloppes florales (calice et corolle) qui entourent les étamines et le pistil.

PÉRIARTHRITE n.f. MÉD. Inflammation des éléments (des tendons, par ex.) qui entourent une articulation.

PÉRIARTICULAIRE adj. MÉD. Qui siège autour d'une articulation : *Douleur périarticulaire.*

PÉRIASTRE n.m. ASTRON. Point de l'orbite d'un astre gravitant autour d'un autre où la distance des deux corps est minimale (CONTR. **apoastre**).

PÉRIBOLE n.m. (gr. *peribolos*). **ANTIQ. GR.** Enceinte monumentale autour d'un temple grec ; espace planté d'arbres délimité par cette enceinte.

PÉRICARDE n.m. (du gr. *peri*, autour, et *kardia*, cœur). **ANAT.** Membrane séreuse, formée de deux feuillets, qui enveloppe le cœur.

PÉRICARDIQUE adj. Relatif au péricarde.

PÉRICARDITE n.f. MÉD. Inflammation du péricarde.

PÉRICARPE n.m. (du gr. *peri*, autour, et *karpos*, fruit). **BOT.** Partie du fruit issue du développement de la paroi de l'ovaire, qui entoure et protège la graine. ➲ L'épicarpe, le mésocarpe et l'endocarpe constituent le péricarpe.

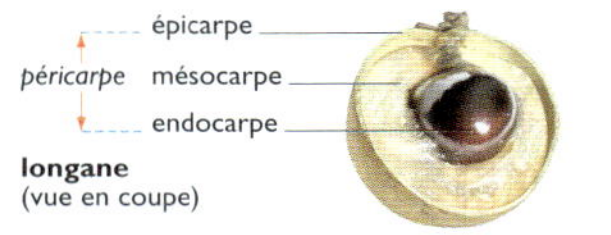

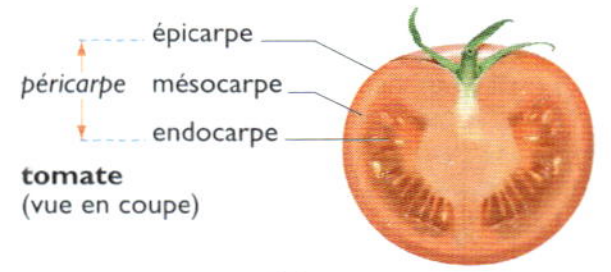

▲ **péricarpes**

PÉRICHONDRE [-kɔ̃-] **n.m.** (de *peri*, autour, et *khondrion*, cartilage). **HISTOL.** Membrane de tissu conjonctif qui revêt les cartilages non articulaires.

PÉRICLITER v.i. [3] (lat. *periclitari*, de *periculum*, danger). Aller à la ruine ; décliner : *Son entreprise, sa santé périclite.*

PÉRICYCLE n.m. BOT. Zone la plus externe du cylindre central de la tige et de la racine.

PÉRIDINIEN n.m. (du gr. *peridineîn*, tournoyer). **MICROBIOL.** Protiste marin et d'eau douce, contenant des pigments jaunes ou bruns et, souvent, de la chlorophylle (SYN. **dinoflagellé**). ➲ Certaines espèces rendent les moules et les huîtres très toxiques en s'accumulant dans leur organisme ; les péridiniens forment une classe.

PÉRIDOT n.m. MINÉRALOG. Silicate de magnésium et de fer présent dans les roches basiques (basalte, gabbro) et ultrabasiques (péridotite), dont la variété la plus courante est l'olivine.

PÉRIDOTITE n.f. PÉTROL. Roche magmatique grenue ultrabasique du manteau, constituée princip. d'olivine et pouvant contenir des pyroxènes, du grenat, etc.

PÉRIDURAL, E, AUX adj. MÉD. Relatif à la dure-mère (SYN. **épidural**). ▪ **Anesthésie péridurale,** ou **péridurale, n.f.** [méd.], anesthésie régionale du bassin par une injection dans l'espace péridural, en passant entre deux vertèbres, pratiquée surtout au cours de l'accouchement.

PÉRIF ou **PÉRIPH n.m.** (abrév.). Fam. Boulevard périphérique*.

PÉRIGÉE n.m. (du gr. *péri*, autour, et *gê*, Terre). **ASTRON.** Point de l'orbite d'un corps gravitant autour de la Terre le plus rapproché de celle-ci (CONTR. **apogée**).

PÉRIGLACIAIRE adj. GÉOMORPH. Se dit des régions proches des glaciers, où l'alternance du gel et du dégel joue un rôle prépondérant dans les processus d'érosion et de transport de débris qui en résultent ; se dit de ces processus eux-mêmes : *Érosion périglaciaire.*

PÉRIGORDIEN n.m. (de *Périgord*, n.pr.). Faciès industriel du début du paléolithique supérieur, subdivisé en châtelperronien et gravettien. ◆ **PÉRIGORDIEN, ENNE adj.** Relatif au périgordien.

PÉRIGOURDIN, E adj. et **n.** Du Périgord ; de Périgueux. (Pour le Périgord, on dit aussi *périgordin.*)

PÉRIHÉLIE n.m. (du gr. *péri*, autour, et *hêlios*, Soleil). **ASTRON.** Point de l'orbite d'une planète ou d'une comète le plus proche du Soleil (CONTR. **aphélie**).

PÉRI-INFORMATIQUE adj. et **n.f.** (pl. *péri-informatiques*). Se dit de l'ensemble des activités concernant les composants périphériques d'un système informatique (terminaux, liaisons, imprimantes, etc.) ; se dit de l'ensemble de ces composants eux-mêmes.

PÉRIL n.m. (lat. *periculum*). Sout. **1.** Situation où la sécurité, voire l'existence de qqn ou de qqch est menacée : *Mettre sa santé, sa carrière en péril.* **2.** Risque que représente qqn, qqch ; danger : *Les périls de l'exploration spatiale.* ▪ **Au péril de qqch,** au risque de le perdre : *Secourir qqn au péril de sa vie.*

PÉRILLEUSEMENT adv. Sout. De façon périlleuse ; dangereusement.

PÉRILLEUX, EUSE [-rijø, øz] **adj.** (lat. *periculosus*). Où il y a du péril ; dangereux : *Escalade périlleuse.*

PÉRIMÉ, E adj. 1. Qui n'est plus valable, plus valide : *Passeport périmé.* **2.** Qui n'est plus d'actualité ; désuet : *Méthode périmée.*

PÉRIMER v.t. [3] (du lat. *perimere*, détruire). Rendre désuet : *Cette découverte a périmé sa théorie.* ◆ **SE PÉRIMER v.pr.** Perdre sa valeur, sa validité après un certain délai.

PÉRIMÈTRE n.m. (gr. *perimetros*). **1. MATH.** Mesure de la longueur d'une courbe fermée ; somme des mesures des côtés d'un polygone. **2.** Contour d'un espace quelconque : *Périmètre d'un lac.* **3.** Étendue quelconque : *Explosion entendue dans un vaste périmètre.*

PÉRINATAL, E, ALS ou **AUX adj. MÉD.** Se dit de la période entre la fin de la grossesse et les premiers jours de vie.

PÉRINATALITÉ n.f. Période périnatale.

PÉRINATALOGIE n.f. Discipline médicale qui étudie la physiologie et la pathologie périnatales.

PÉRINÉAL, E, AUX adj. Relatif au périnée.

PÉRINÉE n.m. (gr. *perineos*). **ANAT.** Région du corps fermant en bas le petit bassin, traversée par la terminaison des voies urinaires, génitales et digestives.

PÉRIODE n.f. (lat. *periodus*, du gr.). **1.** Espace de temps : *Il est parti à l'étranger pour une période de deux ans.* **2.** Espace de temps caractérisé par certains événements : *C'est difficile pendant la période des fêtes.* **3. MÉD.** Phase d'une maladie : *Période d'incubation.* **4. MIL.** Temps limité consacré par un réserviste à l'instruction ou à une mission opérationnelle. **5. GÉOL.** Subdivision géochronologique des ères géologiques. ➲ L'équivalent stratigraphique de la période est le système. **6. PHYS.** Intervalle de temps constant séparant deux passages successifs de certaines grandeurs variables (dites *périodiques*) par la même valeur, avec même sens de la variation ; inverse de la fréquence d'un phénomène périodique. **7. MATH.** Plus petit nombre T, strictement positif, tel que la fonction f vérifie $f(x + T) = f(x)$ pour tout x. **8. SPORTS.** Mi-temps. ➲ Désigne uniquement les parties d'un match et non pas le temps de repos entre celles-ci. **9. CHIM.** Ensemble des éléments figurant sur une même ligne dans la classification périodique des éléments. **10. STYL.** Phrase de prose assez longue et de structure complexe, dont les constituants sont organisés de manière à donner une impression d'équilibre et d'unité. ▪ **Période de révolution** [astron., astronaut.], intervalle de temps entre deux passages consécutifs d'un corps en mouvement orbital en un même point de son orbite. ▪ **Période d'un développement décimal illimité** [math.], partie formée des décimales qui se répètent indéfiniment. ▪ **Période d'un radioélément** [phys.], temps au bout duquel la moitié de la masse de ce radioélément s'est désintégrée (SYN. **demi-vie**). ◆ **n.f. pl.** Vx. Règles (menstruelles).

PÉRIODICITÉ n.f. Caractère de ce qui est périodique ; fréquence.

PERIODIQUE [pɛr-] **adj.** (de *iode*). **CHIM. MINÉR.** Se dit de l'acide HIO_4.

PÉRIODIQUE adj. (lat. *periodicus*, du gr.). **1.** Qui revient à intervalles fixes ; cyclique : *Retour périodique des crises économiques.* **2. MATH.** Se dit d'une fonction de la variable réelle qui est définie et reprend la même valeur lorsque la variable subit un accroissement égal à une valeur fixe (dite *période*). **3. MATH.** Se dit d'un développement décimal illimité qui admet une période. ▪ **Classification périodique des éléments** [chim.], tableau des éléments* d'après l'ordre croissant de leurs numéros atomiques, qui groupe par colonnes les éléments dont les atomes ont la même structure électronique. (V. ill. *élément*.) ▪ **Maladie périodique** [méd.], affection héréditaire méditerranéenne, caractérisée par des accès de fièvre et de douleurs abdominales et articulaires. ▪ **Serviette** ou **garniture, tampon périodiques**, bande absorbante ou petit rouleau comprimé d'ouate de cellulose qui constituent une protection externe ou interne pour les femmes pendant leurs règles. ◆ **n.m.** Publication qui paraît à intervalles réguliers : *Elle est abonnée à un périodique bimensuel.*

PÉRIODIQUEMENT adv. De façon périodique.

PÉRIODONTITE n.f. MÉD. Parodontite.

PÉRIOSTE n.m. (du gr. *peri*, autour, et *osteon*, os). **HISTOL.** Membrane de tissu conjonctif qui entoure les os.

PÉRIOSTITE n.f. MÉD. Inflammation du périoste et du tissu osseux sous-jacent.

PÉRIPATE n.m. (du gr. *peripateîn*, se promener). Arthropode insectivore des régions chaudes et humides, évoquant la limace mais doté de nombreuses pattes très courtes. ➲ Classe des onychophores.

▲ **péripate**

PÉRIPATÉTICIEN, ENNE adj. et **n.** (gr. *peripatêtikos*, de *peripateîn*, se promener, parce qu'Aristote enseignait en marchant). **PHILOS.** Relatif à la doctrine d'Aristote ; qui en est partisan.

PÉRIPATÉTICIENNE n.f. Litt. ou par plais. Prostituée qui fait le trottoir.

PÉRIPÉTIE [-si] **n.f.** (du gr. *peripeteia*, événement imprévu). **1.** Événement imprévu dans le déroulement d'une action ; incident : *Les péripéties de la création d'un opéra.* **2. LITTÉR.** Revirement subit dans une situation, une intrigue, menant au dénouement (théâtre, roman).

PÉRIPH n.m. → **PÉRIF.**

PÉRIPHÉRIE n.f. (du gr. *periphereia*, circonférence). **1.** Ce qui s'étend sur le pourtour de qqch : *La périphérie du lac est sablonneuse.* **2.** Ensemble des quartiers les plus éloignés du centre d'une ville ; banlieue. **3. ÉCON.** Ensemble des pays en développement, de leurs économies, par oppos. au centre que constituent les pays développés.

PÉRIPHÉRIQUE adj. 1. Relatif à la périphérie ; situé à la périphérie : *Quartiers périphériques mal desservis.* **2. ANAT.** Situé à la périphérie du corps, d'un organe ; qui est sous la dépendance d'un autre organe : *Système nerveux périphérique.* **3. INFORM.** Qui n'appartient ni à l'unité de traitement ni à la mémoire centrale d'un système informatique. ▪ **Boulevard périphérique,** ou **périphérique, n.m.,** voie de circulation rapide pour automobiles, entourant une ville. Abrév. (fam.) **périf** ou **périph.** ◆ **n.m. INFORM.** Élément périphérique d'un système informatique (mémoire auxiliaire, imprimante, etc.).

PÉRIPHLÉBITE n.f. MÉD. Paraphlébite.

PÉRIPHRASE n.f. (gr. *periphrasis*). **1. STYL.** Expression substituée à un mot unique, et qui le définit ou l'évoque. (Ex. : *la messagère du printemps* pour *l'hirondelle*.) **2. LING.** Groupe de mots dont on se sert pour exprimer un seul signifié. (Ex. : *j'ai fait* pour rendre le latin *feci*.)

PÉRIPHRASTIQUE adj. Qui forme une périphrase.

PÉRIPLE n.m. (du gr. *periploos*, navigation autour). **1.** Voyage de découverte, d'exploration par voie maritime, autour du globe, d'un continent, d'une mer. **2.** Long voyage comportant beaucoup d'étapes : *Ils ont fait un périple en Amérique du Sud.*

PÉRIPTÈRE adj. et **n.m.** (du gr. *peri*, autour, et *pteron*, aile). **ARCHIT.** Se dit d'un édifice entouré de tous côtés d'un péristyle à une seule rangée de colonnes.

PÉRIR v.i. [21] (auxil. *avoir*) [lat. *perire*]. Litt. **1.** Mourir : *Périr asphyxié.* **2.** Disparaître ; s'éteindre : *Son secret a péri avec lui.* **3.** Être accablé par : *Périr d'ennui.*

PÉRISCOLAIRE adj. Qui complète l'enseignement scolaire : *Activités périscolaires.*

PÉRISCOPE n.m. (du gr. *periskopeîn*, regarder autour). Instrument d'optique formé de lentilles et de prismes à réflexion totale, permettant de voir par-dessus un obstacle. ▪ **Périscope d'un sous-marin,** permettant l'observation en surface lors des plongées à faible profondeur.

PÉRISCOPIQUE adj. 1. Se dit d'un dispositif optique à grand champ : *Objectif, verres périscopiques.* **2. MIL.** Qui permet l'observation au périscope : *Immersion périscopique d'un sous-marin.*

PÉRISÉLÈNE [-se-] **n.m.** (du gr. *peri*, autour, et *selênê*, Lune). **ASTRON.** Point de l'orbite d'un corps gravitant autour de la Lune le plus proche de celle-ci.

PÉRISPERME n.m. BOT. Tissu de réserve de certaines graines telles que celles du poivrier.

PÉRISSABLE adj. 1. Susceptible de s'altérer : *Denrées périssables.* **2.** Litt. Qui est destiné à périr, à disparaître : *La gloire est périssable.*

PÉRISSODACTYLE n.m. et **adj.** (du gr. *perissos*, superflu, et *daktulos*, doigt). Ongulé tel que le rhinocéros, le tapir, le cheval, etc., autref. qualifié d'*imparidigité* car le pied présente un doigt médian prédominant et repose sur le sol par un nombre impair de doigts (SYN. **mésaxonien**). ➲ Les périssodactyles forment un ordre.

PÉRISSOIRE n.f. (de *périr*). Embarcation longue et étroite, mue le plus souvent au moyen d'une pagaie double.

PÉRISTALTIQUE adj. (du gr. *peristellein*, envelopper). Relatif au péristaltisme.

PÉRISTALTISME n.m. PHYSIOL. Mouvement de certains organes tubulaires (tube digestif, par ex.), dû à des contractions musculaires de leur paroi et permettant la progression de leur contenu.

PÉRISTOME n.m. (du gr. *peri*, autour, et *stoma*, orifice). **1. ZOOL.** Bord de l'ouverture de la coquille des gastéropodes. **2. MICROBIOL.** Sillon à la surface de certains protozoaires ciliés (paramécie), au fond duquel se trouve l'ouverture buccale.

PÉRISTYLE n.m. (lat. *peristylum*, du gr. *peristulon*). **ARCHIT. 1.** Colonnade formant portique soit autour d'un édifice, soit autour d'une cour, d'une place. **2.** Colonnade formant porche devant un édifice.

PÉRITEL (PRISE) n.f. (nom déposé). Prise servant à connecter un téléviseur à des équipements audiovisuels (lecteur de DVD, console de jeux, etc.).

PÉRITÉLÉPHONIE n.f. Ensemble des services et des appareils associés à un poste téléphonique (répondeur, par ex.).

PÉRITÉLÉVISION n.f. Ensemble des appareils pouvant être raccordés à un téléviseur (magnétoscope, jeu vidéo, etc.).

PÉRITHÈCE n.m. (du gr. *peri*, autour, et *thêkê*, étui). **BOT.** Organe reproducteur des champignons pyrénomycètes, en forme de bouteille microscopique s'ouvrant par un orifice étroit, et dans lequel se développent les asques.

PÉRITOINE n.m. (du gr. *peritonaios*, tendu tout autour). **ANAT.** Membrane séreuse de l'abdomen comprenant un feuillet pariétal qui tapisse la

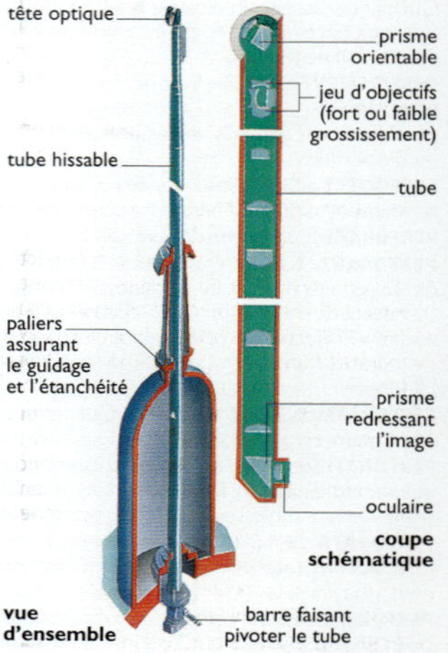

▲ **périscope** de sous-marin.

paroi et un feuillet viscéral qui enveloppe les organes.

PÉRITONÉAL, E, AUX adj. Relatif au péritoine.

PÉRITONITE n.f. MÉD. Inflammation du péritoine.

PÉRIURBAIN, E adj. Situé au pourtour d'une agglomération. ▪ **Espace périurbain,** espace gagné par l'urbanisation au-delà des banlieues ou de la périphérie d'une ville.

PÉRIURBANISATION n.f. Urbanisation qui s'étend au-delà des banlieues ou de la périphérie d'une ville.

PERLAN n.m. Vin blanc de Genève.

PERLANT, E adj. et **n.m.** Se dit d'un vin dans lequel se forment quelques bulles de gaz carbonique quand on le verse dans un verre.

PERLE n.f. (ital. *perla*). **1.** Concrétion globuleuse, brillante et dure, formée de nacre qui s'est agglomérée en couches concentriques autour d'un corps étranger, entre le manteau et la coquille de certains mollusques, en partic. des huîtres, et qui est utilisée en joaillerie. **2.** Petite boule percée d'un trou pour l'enfilage : *Perles d'ambre.* **3.** Goutte de liquide ronde et brillante : *Perle de sueur, de rosée.* **4. ARCHIT., ARTS APPL.** Petite boule figurée en demi-relief, dont la répétition en chapelet, le long d'une moulure, constitue un ornement courant. **5.** Personne irréprochable : *La perle des hommes.* **6.** Chose remarquable ou de grande valeur ; fleuron : *Cette œuvre est la perle de notre petit musée.* **7.** Fam. Erreur grossière, ridicule, notamm. dans une copie d'élève. **8.** Insecte ressemblant à l'éphémère, vivant près de l'eau, où se développe sa larve carnivore. ➲ Ordre des plécoptères. ▪ **Enfiler des perles** [fam.], perdre son temps à des futilités. ▪ **Gris perle,** qui est d'une nuance de gris proche du blanc mat.

PERLÉ, E adj. 1. Orné de perles : *Bustier perlé.* **2.** Qui rappelle la forme, l'éclat des perles. ▪ **Coton perlé,** fil retors mercerisé. ▪ **Grève perlée** → **2. GRÈVE.** ▪ **Sucre perlé,** qui se présente en gros grains.

PERLÈCHE n.f. MÉD. Inflammation de la commissure des lèvres.

PERLER v.t. [3]. Vieilli. Peaufiner. ◆ **v.i.** Se former en gouttelettes : *Du sang perlait à son doigt.*

PERLICULTURE n.f. Élevage des huîtres perlières.

PERLIER, ÈRE adj. 1. Relatif aux perles : *Industrie perlière.* **2.** Qui produit des perles : *Huître perlière.*

PERLIMPINPIN n.m. Fam. ▪ **Poudre de perlimpinpin,** autref., poudre vendue comme remède universel par les charlatans ; remède inefficace ou boniment.

PERLINGUAL, E, AUX [-gwal, gwo] **adj. MÉD.** ▪ **Voie perlinguale,** voie sublinguale*.

PERLITE n.f. (de *perle*). **MÉTALL.** Constituant microscopique des alliages ferreux, formé de lamelles alternées de ferrite et de cémentite résultant de la transformation de l'austénite.

PERLON n.m. (de *perle*). **1.** Grondin de l'Atlantique et de la Méditerranée, aux nageoires pectorales de grande taille et bordées de bleu. ➲ Famille des triglidés. **2.** Requin primitif de la Méditerranée et du golfe de Gascogne à sept paires de fentes branchiales. ➲ Famille des hexanchidés.

PERLOT n.m. Région. Petite huître des côtes de la Manche.

PERLOUSE ou **PERLOUZE n.f.** Arg. Perle.

PERMACULTURE n.f. (de l'angl. *permanent culture*). Mode d'agriculture fondé sur les principes du développement durable*, se voulant respectueux de la biodiversité et de l'humain et consistant à imiter le fonctionnement des écosystèmes naturels. ➲ Elle est économe en énergie et en travail.

PERMAFROST [-frɔst] **n.m.** (mot angl.). **PÉDOL.** Pergélisol (SYN. **permagel**).

PERMANENCE n.f. 1. Caractère de ce qui est permanent ; persistance : *La permanence d'une tradition.* **2.** Service chargé d'assurer le fonctionnement d'une administration, d'un organisme, etc., de manière continue ; lieu où se tient ce service. **3.** Salle d'un collège, d'un lycée, où les élèves travaillent sous surveillance en dehors des heures de cours. ▪ **En permanence,** sans interruption ; continuellement.

PERMANENCIER, ÈRE n. Personne qui assure une permanence.

1. PERMANENT, E adj. (lat. *permanens, -entis*). **1.** Qui dure sans intermittence ni changement : *Une douleur permanente.* **2.** Qui ne cesse pas : *Surveillance permanente* ; qui exerce une activité continue : *Envoyé permanent d'un journal.*

2. PERMANENT, E n. Membre rémunéré par une organisation politique, syndicale, etc., pour assurer notamm. des tâches administratives.

PERMANENTE n.f. Traitement des cheveux pour les onduler ou les friser de façon durable.

PERMANENTÉ adj. Qui a subi une permanente, en parlant d'une chevelure.

PERMANGANATE n.m. Sel de l'acide permanganique.

PERMANGANIQUE adj. CHIM. MINÉR. Se dit de l'anhydride Mn_2O_7 et de l'acide correspondant $HMnO_4$.

PERMÉABILITÉ n.f. Propriété des corps perméables. ▪ **Perméabilité magnétique (absolue),** capacité d'une substance à se laisser traverser par un flux magnétique, exprimée par le rapport de l'induction magnétique créée dans cette substance au champ magnétique inducteur. ▪ **Perméabilité sélective** [biol. cell.], propriété des membranes biologiques de ne laisser passer que certaines substances.

PERMÉABLE adj. (du lat. *permeare,* passer au travers). **1.** Qui se laisse traverser par des liquides, par des gaz : *Une roche perméable* ; par ext., qui se laisse facilement pénétrer, traverser : *Une frontière perméable.* **2.** Qui est ouvert aux influences extérieures : *Adolescents perméables à la nouveauté.*

PERMETTRE v.t. [64] (lat. *permittere*). **1.** Donner la liberté, le pouvoir de faire qqch ; autoriser : *Son chef lui a permis de partir plus tôt.* **2.** Accepter qu'une chose soit ; tolérer : *La loi permet au consommateur de se rétracter.* **3.** Donner la possibilité, le moyen de : *La rocade permet d'éviter le centre.* ◆ **SE PERMETTRE v.pr. 1.** Prendre la liberté de ; oser : *Elle s'est permis de consulter mon agenda.* **2.** Avoir les moyens financiers de.

PERMIEN n.m. (de *Perm,* n.pr.). **GÉOL.** Système du paléozoïque qui a succédé au carbonifère. ➲ Le permien est la dernière période de l'ère primaire, de – 299 à – 251 millions d'années. ◆ **PERMIEN, ENNE adj.** Relatif au permien.

PERMIS n.m. Autorisation officielle écrite requise pour exercer certaines activités, effectuer certains actes : *Permis de pêche, d'inhumer.* ▪ **Permis de bâtir** [Belgique], permis de construire. ▪ **Permis (de conduire),** autorisation délivrée par l'Administration, soumise au passage d'un examen et exigée pour la conduite de certains véhicules à moteur (automobiles, camions, motos) ; cet examen.

PERMISSIF, IVE adj. Qui manifeste une grande tolérance à l'égard du non-conformisme et s'abstient génér. de sanctionner : *Éducation, famille permissive.*

PERMISSION n.f. (lat. *permissio, -onis*). **1.** Action de permettre ; autorisation : *Demander, obtenir la permission de.* **2.** Congé de courte durée accordé à un militaire.

PERMISSIONNAIRE n.m. Militaire titulaire d'une permission.

PERMISSIVITÉ n.f. Fait d'être permissif.

PERMITTIVITÉ n.f. (angl. *permittivity*). **ÉLECTROMAGN.** Rapport de l'induction électrique au champ électrique, qui constitue la grandeur caractéristique d'un diélectrique (SYN. **constante diélectrique**).

PERMSÉLECTIF, IVE adj. CHIM. Se dit de membranes dont la perméabilité s'exerce de façon sélective vis-à-vis des molécules ou des ions dissous.

PERMUTABILITÉ n.f. Caractère de ce qui est permutable.

PERMUTABLE adj. Qui peut être permuté.

PERMUTATION n.f. 1. Action, fait de permuter ; son résultat. **2.** Échange d'un poste, d'un emploi contre un autre. **3. MATH.** Modification de l'ordre dans lequel sont rangés des objets ; liste ainsi obtenue. ➲ Le nombre de permutations d'un ensemble de *m* objets est *m* ! (factorielle *m*).

PERMUTER v.t. [3] (lat. *permutare*). Mettre une chose à la place d'une autre : *Permuter des chiffres, des mots.* ◆ **v.i.** Échanger un poste, un horaire avec qqn : *Elle a permuté avec un collègue.*

PERNICIEUSEMENT adv. De façon pernicieuse.

PERNICIEUX, EUSE adj. (du lat. *pernicies,* fléau). **1.** Dangereux pour la santé ; nocif : *Émanations pernicieuses.* **2.** Nuisible d'un point de vue moral, social ; malsain : *Théorie pernicieuse.* **3. MÉD.** Se dit d'une maladie particulièrement grave.

PÉRONÉ n.m. (du gr. *peronê,* agrafe). **ANAT.** Os long et grêle de la partie externe de la jambe, en arrière du tibia (SYN. **fibula**).

PÉRONIER, ÈRE adj. Relatif au péroné.

PÉRONISME n.m. Pratique politique appliquée en Argentine par le président Perón.

PÉRONISTE adj. et **n.** Relatif au péronisme ; qui en est partisan.

PÉRONNELLE n.f. (de *Perronnelle,* n. de l'héroïne d'une chanson). Fam., vieilli. Fille, femme sotte et bavarde.

PÉRORAISON n.f. (lat. *peroratio, -onis,* d'apr. *oraison*). **1. STYL.** Dernière partie ou conclusion d'un discours. **2.** Péjor. Discours ennuyeux de qqn qui pérore.

PÉRORER v.i. [3] (du lat. *perorare,* exposer jusqu'au bout). Péjor. Discourir longuement et avec emphase.

PÉROREUR, EUSE n. Péjor. Personne qui pérore.

PER OS [pɛrɔs] **loc. adv.** (loc. lat.). **PHARM.** Par la bouche.

PEROXYDASE n.f. BIOCHIM. Enzyme qui utilise l'oxygène des peroxydes pour oxyder d'autres substances.

PEROXYDE n.m. CHIM. Composé organique ou minéral contenant deux atomes d'oxygène adjacents RO—OR′.

PEROXYDÉ, E adj. Péjor. Dont les cheveux, décolorés à l'eau oxygénée, sont d'un blond très artificiel : *Une bimbo peroxydée.*

PEROXYDER v.t. [3]. Transformer en peroxyde.

PERPENDICULAIRE adj. (du lat. *perpendiculum,* fil à plomb). ▪ **Droites, plans perpendiculaires** [math.], qui se coupent à angle droit. ▪ **Style perpendiculaire** [archit.], style de la dernière phase du gothique anglais, apparu dans la seconde moitié du XIVe s., caractérisé par de grands fenestrages à subdivisions rectilignes et par des voûtes en éventail. ◆ **n.f.** Droite perpendiculaire à une autre ou à un plan.

PERPENDICULAIREMENT adv. De façon perpendiculaire.

PERPENDICULARITÉ n.f. MATH. Propriété, pour deux droites, deux plans, un plan et une droite, d'être perpendiculaires.

À PERPÈTE ou **À PERPETTE loc. adv.** Fam. **1.** À perpétuité. **2.** À une grande distance.

PERPÉTRATION n.f. DR. PÉN. Action de perpétrer.

PERPÉTRER v.t. [11], ▲ *[11*]* (du lat. *perpetrare,* accomplir). Commettre un acte répréhensible : *Perpétrer un crime.*

À PERPETTE loc. adv. → **À PERPÈTE.**

PERPÉTUATION n.f. Litt. Fait de perpétuer, de se perpétuer : *La perpétuation d'une espèce.*

PERPÉTUEL, ELLE adj. (lat. *perpetualis*). **1.** Qui dure indéfiniment ; éternel : *La flamme perpétuelle qui symbolise l'olympisme.* **2.** Très fréquent ; habituel : *De perpétuelles récriminations.* **3.** Qui dure toute la vie : *Une perpétuelle jeunesse.* **4.** Qui est tel pour la vie : *Secrétaire perpétuel.*

PERPÉTUELLEMENT adv. De façon constante ou habituelle.

PERPÉTUER v.t. [3] (lat. *perpetuare*). Rendre perpétuel ; faire durer ; pérenniser : *Leur action a permis de perpétuer cette espèce.* ◆ **SE PERPÉTUER v.pr.** Se maintenir longtemps : *La coutume s'est perpétuée.*

PERPÉTUITÉ n.f. Litt. Durée perpétuelle ou très longue ; permanence : *La perpétuité d'un souvenir.* ▪ **À perpétuité,** pour toujours ; pour toute la vie. ▪ **Réclusion** ou **détention à perpétuité** [dr. pén.], peine d'emprisonnement en principe illimitée (par oppos. à *à temps*). ➲ Elle peut être réduite, sans descendre en dessous d'un seuil minimal (*période de sûreté*) fixé par la cour d'assises.

PERPLEXE adj. (du lat. *perplexus,* embrouillé). Qui ne sait quelle décision prendre ; indécis : *Après ce témoignage, les jurés étaient perplexes.*

PERPLEXITÉ n.f. État d'une personne perplexe ; incertitude : *Sa réponse nous laisse dans la plus grande perplexité.*

PERQUISITION n.f. (bas lat. *perquisitio, -onis*). **DR. PÉN.** Acte d'enquête ou d'instruction consistant en une inspection minutieuse effectuée par un juge ou un officier de police judiciaire sur les lieux où peuvent se trouver des éléments de preuve d'une infraction (souvent, le domicile d'un suspect, d'où l'expression « visite domiciliaire »). ▪ **Perquisition administrative,** perquisition ordonnée par un préfet dans tous les lieux pour lesquels il existe de sérieuses raisons de penser qu'ils sont fréquentés par une personne menaçant la sécurité et l'ordre publics. (La langue juridique lui préfère le terme de *visite*.)

PERQUISITIONNER v.i. [3]. Faire une perquisition. ◆ **v.t.** Fouiller au cours d'une perquisition.

PERRÉ n.m. (de *pierre*). Mur, revêtement en pierres sèches ou en maçonnerie qui renforce une berge et la protège des affouillements.

PERRIÈRE n.f. (de *pierre*). Au Moyen Âge, machine de guerre à contrepoids pour lancer des projectiles.

PERRON n.m. (de *pierre*). Escalier extérieur de quelques marches se terminant par une plateforme sur laquelle donne une porte d'entrée.

PERROQUET n.m. (de *Perrot*, dimin. de *Pierre*). **1.** Oiseau grimpeur des régions tropicales, au plumage coloré, au bec crochu et puissant, qui se nourrit de fruits ou de graines. ➲ Cri : le perroquet jase. Le perroquet gris, ou jacquot (genre *Psittacus*), originaire d'Afrique occidentale, est un habile parleur ; famille des psittacidés. **2.** Boisson composée de pastis et de sirop de menthe. **3. MAR.** Voile haute, carrée, s'établissant au-dessus des huniers. ▪ **Répéter qqch comme un perroquet** [fam.], sans comprendre ce que l'on dit.

PERRUCHE n.f. (anc. fr. *perrique*, de l'esp. *perico*). **1.** Oiseau du Sud-Est asiatique et de l'Australie, voisin du perroquet mais plus petit et muni d'une longue queue, apprécié en oisellerie pour son plumage coloré. ➲ Famille des psittacidés. **2. MAR.** Voile haute du mât d'artimon, s'établissant au-dessus du perroquet.

PERRUQUE n.f. (orig. obsc.). **1.** Coiffure postiche de cheveux naturels ou artificiels. **2.** Fam. Travail effectué par qqn pour son propre profit, pendant les heures payées par l'employeur ou en utilisant les installations, les matériaux, etc., appartenant à celui-ci.

PERRUQUIER n.m. Personne qui fabrique, qui vend des perruques, des postiches.

PERS, E [pɛr, pɛrs] **adj.** (du bas lat. *persus*, persan). Litt. D'une couleur intermédiaire entre le bleu et le vert.

1. PERSAN, E adj. et **n.** Relatif à la Perse (depuis la conquête par les Arabes Omeyyades, au VIIe s., jusque dans les années 1930) : *La littérature persane.* ◆ **n.m.** Langue du groupe iranien parlée en Iran, en Afghanistan et au Tadjikistan (SYN. **iranien**).

2. PERSAN n.m. et **adj.m.** Chat à poil long et soyeux, à face aplatie.

PERSE adj. et **n.** Relatif à la Perse (avant la conquête arabe) : *L'Empire perse.* ◆ **n.m.** ▪ **Vieux perse,** ou **perse,** langue indo-européenne parlée dans l'Empire achéménide et qui est l'ancêtre du pahlavi (moyen perse) et du persan (iranien moderne). ◆ **n.f.** Toile peinte à décor floral importée autrefois de l'Inde et fabriquée dès le XVIIIe s. en Europe.

PERSÉCUTÉ, E adj. et **n.** Qui est victime ou se croit victime d'une persécution.

PERSÉCUTER v.t. [3] (de *persécuteur*). **1.** Opprimer par des mesures tyranniques et cruelles : *Persécuter les opposants.* **2.** Importuner sans cesse ; harceler : *Élèves qui persécutent un petit.*

PERSÉCUTEUR, TRICE adj. et **n.** (du lat. *persequor*, poursuivre). Qui persécute.

PERSÉCUTION n.f. 1. Action de persécuter ; brimade. **2.** Ensemble de mesures violentes, cruelles et arbitraires prises à l'égard d'une communauté religieuse, ethnique, etc. ▪ **Délire de persécution** [psychopathol.], croyance pathologique d'un sujet convaincu d'être l'objet d'attaques et d'hostilité de la part de personnes réelles ou imaginaires.

PERSÉIDES n.f. pl. (de *Persée*, constellation boréale). **ASTRON.** (Génér. avec une majuscule). Météores qui paraissent provenir de la constellation de Persée, observables partic. vers le 12 août.

PERSEL n.m. CHIM. MINÉR. Sel dérivant d'un peroxyde qui, au contact de l'eau, donne de l'eau oxygénée.

PERSÉVÉRANCE n.f. Qualité de qqn qui persévère ; ténacité : *Sa persévérance l'a menée au succès.*

PERSÉVÉRANT, E adj. et **n.** Qui persévère.

PERSÉVÉRATION n.f. PSYCHOPATHOL. Stéréotypie.

PERSÉVÉRER v.i. [11], ▲ *[11*]* (lat. *perseverare*). Demeurer ferme et résolu dans une décision, une action ; persister : *Persévérer dans ses efforts, dans une erreur.*

PERSICAIRE n.f. (du lat. *persicus*, pêcher). **BOT.** Renouée, d'une espèce parfois cultivée pour ses fleurs roses ou blanches. ➲ Famille des polygonacées.

PERSIENNE n.f. (de l'anc. adj. *persien*, de Perse). Contrevent ou volet fermant une baie, comportant un assemblage à claire-voie de lamelles inclinées.

PERSIFLAGE, ▲ *PERSIFFLAGE* **n.m.** Sout. Action de persifler ; raillerie.

PERSIFLER, ▲ *PERSIFFLER* **v.t. [3]** (de *siffler*). Sout. Ridiculiser par des propos ironiques ; brocarder : *Persifler le monde politique.*

PERSIFLEUR, EUSE, ▲ *PERSIFFLEUR, EUSE* **adj.** et **n.** Sout. Qui persifle.

PERSIL [-si] **n.m.** (lat. *petroselinum*, du gr.). Petite plante herbacée potagère, annuelle ou bisannuelle, utilisée en garniture et comme condiment dans des préparations culinaires. ➲ Famille des ombellifères.

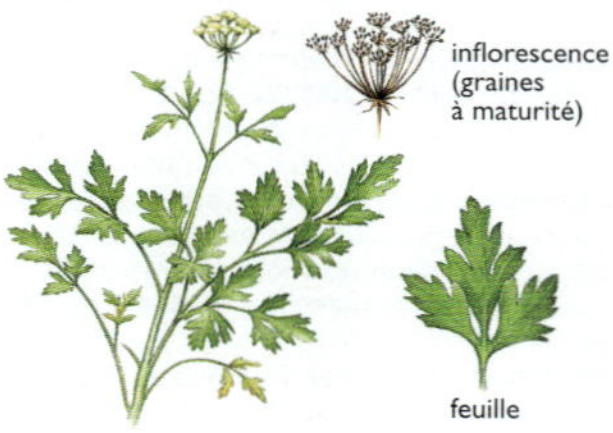

▲ **persil** plat (ou commun).

PERSILLADE n.f. Persil haché, souvent additionné d'ail, que l'on ajoute, en fin de cuisson, à certains plats.

PERSILLÉ, E adj. Accompagné de persil haché : *Des champignons persillés.* ▪ **Fromage à pâte persillée,** qui développe dans sa pâte des moisissures vert-bleu (roquefort, bleus). ▪ **Viande persillée,** parsemée de petits filaments de graisse.

PERSILLÈRE n.f. Pot rempli de terre et percé de trous, dans lequel on fait pousser du persil en toute saison.

PERSIQUE adj. Relatif à l'ancienne Perse.

PERSISTANCE n.f. 1. Action de persister ; obstination : *Sa persistance à nier l'évidence m'exaspère.* **2.** Fait de persister : *En cas de persistance de la fièvre, appelez le médecin.*

PERSISTANT, E adj. 1. Qui persiste ; qui ne disparaît pas ; tenace : *Un mal de dents, un préjugé persistant.* **2. BOT.** Se dit du feuillage de certains arbres, qui reste vert et ne tombe pas en hiver : *Feuillage persistant d'un laurier* (CONTR. **caduc**).

PERSISTER v.i. [3] (lat. *persistere*). **1.** Demeurer ferme, constant dans ses décisions, ses actions : *Persister dans ses déclarations. Il persiste à penser qu'il a raison.* **2.** Continuer d'exister ; durer : *La fièvre, la pluie persiste.* ▪ **Persiste et signe** [dr.], formule conclusive des déclarations faites aux forces de police ou de gendarmerie, à l'autorité judiciaire, dans un procès-verbal.

PERSO adj. (abrév.). Fam. **1.** Qui est personnel ; privé : *Des courriels persos.* **2.** Qui manque d'esprit d'équipe ; individualiste : *Il a un jeu trop perso.*

PERSONA GRATA loc. adj. inv. (mots lat. « personne bienvenue »). **1.** Se dit d'un membre du personnel diplomatique agréé dans ses fonctions de représentant d'un État par la puissance étrangère auprès de laquelle il est accrédité (par oppos. à *persona non grata*, indésirable). **2.** Se dit d'une personne en faveur auprès de qqn.

PERSONÉ, E adj. (du lat. *persona*, masque). **BOT.** Se dit d'une fleur à pétales soudés, close par une saillie interne à la base des pétales, lui donnant l'aspect d'un masque de théâtre (muflier, par ex.).

PERSONNAGE n.m. 1. Personne imaginaire d'une œuvre de fiction ; rôle joué par un acteur. **2.** Manière de se comporter dans la vie, comparée à un rôle : *Son air blasé fait partie de son personnage.* **3.** Personne en vue, influente ; personnalité : *Un grand personnage du monde artistique.* **4.** Personne considérée du point de vue de son comportement : *Quel curieux personnage !*

PERSONNALISATION n.f. Fait de personnaliser.

PERSONNALISER v.t. [3]. 1. Donner à qqch un caractère personnel, une note originale : *Personnaliser son scooter, son blog.* **2.** Adapter à chaque cas particulier ; moduler : *Personnaliser l'accession à la propriété.*

PERSONNALISME n.m. Philosophie qui fait de la personne humaine, du sujet individuel, la valeur essentielle, la fin principale.

PERSONNALISTE adj. et **n.** Relatif au personnalisme ; qui en est partisan.

PERSONNALITÉ n.f. (lat. *personalitas*). **1.** Ensemble des comportements, des aptitudes, etc., dont l'unité et la permanence constituent l'individualité, la singularité de chacun. **2.** Force, énergie avec laquelle s'expriment le caractère, l'originalité de qqn ; tempérament : *Il manque un peu de personnalité.* **3.** Personne connue, influente ; personnage : *Une personnalité respectée.* ▪ **Personnalité de base** [anthrop.], ensemble des comportements liés à l'éducation spécifique d'une société, d'un groupe social. ▪ **Personnalité de l'impôt,** caractère de l'impôt adapté à chaque contribuable. ▪ **Personnalité juridique,** qualité d'une personne juridique, physique ou morale. ▪ **Personnalité pathologique,** ensemble des altérations de la personnalité caractérisant une affection psychiatrique (personnalité hystérique, paranoïaque, etc.). ▪ **Test de personnalité** [psychol.], test projectif*.

1. PERSONNE n.f. (lat. *persona*). **1.** Être humain ; individu : *Plusieurs centaines de personnes ont signé la pétition.* **2.** Individu considéré en lui-même : *Je ne suis pas sensible à son œuvre, mais je respecte sa personne.* **3.** Aspect physique de l'individu : *Prendre soin de sa personne.* **4.** Jeune fille ; femme : *Une charmante personne.* **5. DR.** Individu titulaire de droits et d'obligations ; homme : *Toute personne a le droit de vivre dans la dignité.* **6. GRAMM.** Forme que prennent le verbe et le pronom permettant de distinguer le ou les locuteurs *(première personne)*, le ou les auditeurs *(deuxième personne)*, celui, ceux, celle(s) ou ce dont on parle *(troisième personne)*. ▪ **En personne,** soi-même. ▪ **Grande personne,** adulte, dans le langage enfantin : *Ne dérange pas les grandes personnes !* ▪ **La personne humaine,** l'être humain en tant qu'être moral. ▪ **Les trois personnes divines** [théol. chrét.], la Trinité. ▪ **Par personne interposée,** par l'intermédiaire de qqn. ▪ **Personne morale** [dr.], groupement d'individus auquel la loi reconnaît une personnalité juridique distincte de celle de ses membres (par oppos. à *personne physique*, l'individu).

2. PERSONNE pron. indéf. masc. sing. 1. (Avec la négation *ne*). Aucun être ; nul : *Personne n'a bronché.* **2.** (Sans la négation). Quelqu'un ; quiconque : *Il a agi sans que personne intervienne.*

1. PERSONNEL, ELLE adj. 1. Propre à qqn, à une personne ; privé : *Des documents personnels.* **2.** Qui porte la marque d'une individualité singulière ; original : *Un engagement très personnel.* **3.** Qui n'a pas d'esprit d'équipe ; individualiste : *Jouer trop personnel.* Abrév. (fam.) **perso.** ▪ **Mode personnel** [gramm.], mode de la conjugaison dont les terminaisons marquent le changement de personne (indicatif, conditionnel, impératif et subjonctif) [par oppos. à *mode impersonnel*]. ▪ **Pronom personnel** [gramm.], pronom qui désigne un être ou une chose et qui sert à marquer la personne grammaticale (ex. : *je, tu, il*).

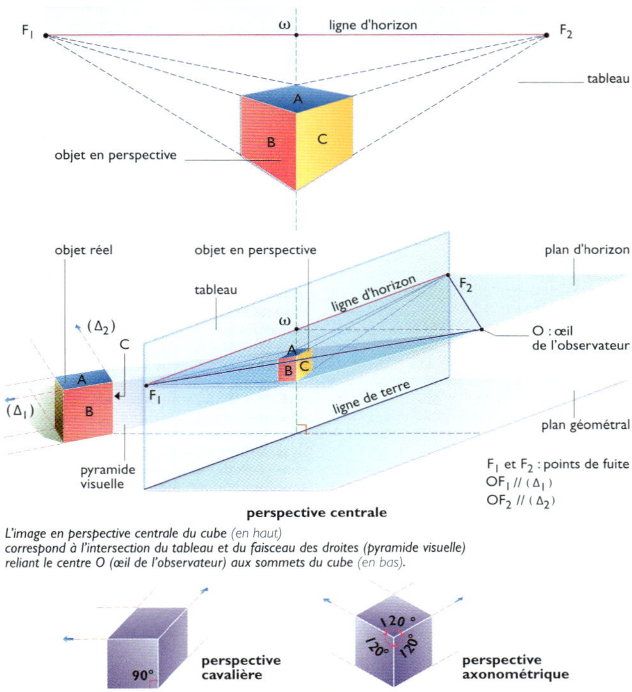

L'image en perspective centrale du cube (en haut) correspond à l'intersection du tableau et du faisceau des droites (pyramide visuelle) reliant le centre O (œil de l'observateur) aux sommets du cube (en bas).

▲perspectives

2. PERSONNEL **n.m.** Ensemble des personnes employées par une entreprise, un particulier, etc., ou exerçant le même métier.

PERSONNELLEMENT **adv.** **1.** En personne : *Je le connais personnellement.* **2.** En ce qui me, te, le concerne : *Personnellement, ça m'est égal.*

PERSONNE-RESSOURCE **n.f.** (pl. *personnes-ressources*). Afrique, Québec. Expert choisi pour ses connaissances dans un domaine particulier.

PERSONNIFICATION **n.f.** Action de personnifier ; incarnation.

PERSONNIFIÉ, E **adj.** Qui rassemble en lui toutes les caractéristiques de ; incarné : *Il est la mauvaise foi personnifiée.*

PERSONNIFIER **v.t.** [5]. **1.** Représenter qqch, une idée sous l'apparence d'une personne : *Personnifier la mort par un squelette armé d'une faux.* **2.** Rassembler en soi tous les traits caractéristiques de : *Elle personnifie le courage.*

PERSPECTIF, IVE **adj.** Qui donne une représentation en perspective : *Vue perspective.*

PERSPECTIVE **n.f.** (lat. médiév. *perspectiva*). **1.** Art, technique de la représentation en deux dimensions, sur une surface plane, des objets en trois dimensions tels qu'ils apparaissent vus à une certaine distance et dans une position donnée. **2.** Aspect que présentent, du lieu où on les regarde, divers objets vus de loin ou considérés comme un tout : *Du haut du beffroi, on a une belle perspective sur la ville.* **3.** URBAN. Grande avenue ou promenade rectiligne. **4.** Attente d'événements considérés comme probables ; horizon : *Ces jeunes n'ont aucune perspective d'avenir.* **5.** Aspect sous lequel on envisage qqch ; point de vue : *Analyser un phénomène dans une perspective sociologique.* ▪ **En perspective** [bx-arts], dans les conditions exigées par les règles de la perspective ; en projet : *Elle a plusieurs films en perspective.* ▪ **Ouvrage en perspective (accélérée)** [archit.], conçu de manière à produire l'effet d'un espace en profondeur plus vaste qu'il ne l'est en réalité. ▪ **Perspective aérienne,** qui est exprimée, en peinture, par la dégradation des valeurs et des teintes. ▪ **Perspective cavalière,** établie d'un point de vue rejeté à l'infini, selon un système qui conserve le parallélisme des lignes.

PERSPICACE **adj.** (lat. *perspicax, -acis*). Qui est lucide et sagace ; clairvoyant.

PERSPICACITÉ **n.f.** Qualité d'une personne perspicace ; discernement.

PERSPIRATION **n.f.** (lat. *perspiratio, -onis*). PHYSIOL. **1.** Ensemble des échanges respiratoires qui se font à travers la peau, les téguments. **2.** Évaporation de l'eau à la surface de la peau, soit d'une manière insensible, soit après transpiration.

PERSUADER **v.t.** [3] (lat. *persuadere*). Amener qqn à croire, à faire qqch : *Il nous a persuadés de sa bonne foi. Elle l'a persuadé d'acheter ce modèle.* ▪ **Être persuadé de qqch, que** (+ indic.), en être sûr : *Je suis persuadé de sa sincérité, qu'il est sincère.* ◆ **SE PERSUADER** **v.pr.** **1.** Parvenir à se convaincre de qqch : *Elle s'est persuadée de son bon droit.* **2.** S'imaginer ; se figurer : *Ils se sont persuadés* ou *persuadé qu'on leur mentait.* (L'accord du participe est facultatif.)

PERSUASIF, IVE **adj.** Capable de persuader ; convaincant : *Un candidat, un discours persuasif.*

PERSUASION **n.f.** (lat. *persuasio, -onis*). **1.** Action de persuader : *Recourir à la persuasion plutôt qu'à la force.* **2.** Fait d'être persuadé ; conviction.

PERSULFATE **n.m.** CHIM. MINÉR. Persel obtenu par électrolyse d'un sulfate.

PERTE **n.f.** (lat. pop. *perdita*, du class. *perditus*, perdu). **1.** Fait d'avoir perdu qqch : *La perte de ses clés l'a contrarié.* **2.** Fait d'être privé de ce que l'on possédait (faculté physique ou intellectuelle, avantage moral, etc.) : *Une perte de mémoire. La perte des droits civiques.* **3.** Fait de perdre une somme d'argent ; somme perdue : *D'énormes pertes boursières.* **4.** Fait d'être privé de la présence d'un proche par la mort ou la séparation : *Ne pouvoir surmonter la perte d'un enfant* ; cette privation elle-même : *Son départ est une grande perte.* **5.** Issue malheureuse ; échec : *La perte d'une élection, d'un procès.* **6.** Mauvais emploi ; gaspillage : *Une perte de temps.* **7.** Destruction d'un bien matériel ; disparition : *La compagnie déclare la perte d'un avion.* **8.** Ruine matérielle ou morale : *Courir à sa perte.* **9.** HYDROL. Disparition totale ou partielle d'un cours d'eau par infiltration dans des roches poreuses, le plus souvent calcaires. (V. dessin *relief karstique**.) ▪ **À perte,** en perdant de l'argent : *Vendre à perte.* ▪ **À perte de vue,** aussi loin que s'étend la vue. ▪ **Avec perte(s) et fracas,** sans ménagement et avec éclat. ▪ **En perte de vitesse,** se dit d'un véhicule dont la vitesse est devenue insuffisante ; fig., se dit d'une personne qui perd de sa popularité, de son influence. ▪ **Perte de charge,** diminution de la pression d'un fluide circulant dans une tuyauterie. ◆ **n.f. pl.** Militaires tués dans un conflit, une guerre. ▪ **Pertes (de puissance)** [électrotechn.], différence entre la puissance absorbée et la puissance utile d'un dispositif. ▪ **Pertes blanches, rouges** [méd.], leucorrhée ; métrorragie.

PERTINEMMENT [-namɑ̃] **adv.** Litt. De façon pertinente : *Répondre pertinemment.* ▪ **Savoir pertinemment qqch,** le savoir parfaitement.

PERTINENCE **n.f.** **1.** Caractère de ce qui est pertinent ; justesse : *La pertinence d'une remarque.* **2.** DR. Qualité des moyens de droit, des preuves, des articles invoqués, qui sont parfaitement adaptés au fond de la cause.

PERTINENT, E **adj.** (lat. *pertinens, -entis*, de *pertinere*, concerner). **1.** Qui se rapporte exactement à ce dont il est question ; approprié : *Une question, une critique pertinente.* **2.** LING. Qui joue un rôle distinctif dans la structure d'une langue : *Un trait phonique pertinent.*

PERTUIS **n.m.** (de l'anc. fr. *pertucer*, percer). **1.** GÉOGR. Sur les côtes de l'ouest de la France, détroit entre une île et le continent, entre deux îles ; dans le Jura, passage d'un versant à l'autre. **2.** Vx. Ouverture, passage étroits.

PERTUISANE **n.f.** (ital. *partigiana*). Hallebarde légère à long fer triangulaire (XVᵉ-XVIIᵉ s.).

PERTURBANT **adj.** Qui perturbe, trouble ; dérangeant : *Un bruit perturbant.*

PERTURBATEUR, TRICE **adj.** et **n.** Qui cause du trouble, du désordre. ◆ **n.m.** ▪ **Perturbateur endocrinien,** substance qui risque d'altérer le fonctionnement du système hormonal (bisphénol A, phtalates, etc.).

PERTURBATION **n.f.** (lat. *perturbatio, -onis*). **1.** Dérèglement dans un système, un organisme : *Les grèves ont entraîné des perturbations dans les transports* ; trouble au sein d'un groupe : *Jeter la perturbation dans une classe.* **2.** MÉTÉOROL. Modification de l'état de l'atmosphère, caractérisée par des vents violents et des précipitations. **3.** ASTRON. Effet, sur le mouvement orbital d'un corps céleste autour d'un autre, de toute force s'ajoutant à l'attraction du corps principal.

PERTURBÉ, E **adj.** Se dit de qqn qui est troublé, désorienté : *Enfant perturbé* ; se dit de qqch qui est désorganisé : *Trafic perturbé.*

PERTURBER **v.t.** [3] (lat. *perturbare*). Empêcher le déroulement, le fonctionnement normal de ; déranger.

PÉRUVIEN, ENNE **adj.** et **n.** Du Pérou ; de ses habitants.

PERVENCHE **n.f.** (lat. *pervinca*). **1.** Plante herbacée des lieux ombragés, aux fleurs bleu clair ou mauves, aux pétales incurvés. ➲ Famille des apocynacées. **2.** Fam. Contractuelle de la police parisienne, naguère vêtue d'un uniforme bleu pervenche. ◆ **adj. inv.** De la couleur de la pervenche.

PERVERS, E [-vɛr, ɛrs] **adj.** et **n.** (lat. *perversus*, renversé). **1.** Plein de perversité : *Un individu, un conseil pervers.* **2.** PSYCHIATR. Atteint de perversion ; spécial., atteint de perversion sexuelle. ◆ **adj.** Qui dénote la perversité ; diabolique. ▪ **Effet pervers,** conséquence indirecte d'une action, contraire au résultat recherché : *Les effets pervers d'une loi.*

PERVERSION **n.f.** (du lat. *perversio, -onis*, renversement). **1.** Action de pervertir ; fait d'être perverti. **2.** Déviation majeure d'une tendance normale ; corruption : *Perversion intellectuelle.* **3.** Altération profonde d'une fonction : *Perversion du goût par l'abus de boisson.* **4.** PSYCHIATR. Trouble mental poussant le sujet à des actes considérés comme immoraux ou antisociaux. **5.** PSYCHAN. Terme (sans connotation morale) désignant le remplacement de l'objet « normal » de la pulsion sexuelle par un autre objet (dans les cas de zoophilie ou de pédophilie, par ex.).

PERVERSITÉ **n.f.** Disposition active à faire le mal intentionnellement.

PERVERTIR **v.t. [21]** (du lat. *pervertere*, renverser). **1.** Transformer en mal ; corrompre : *L'argent pervertit l'idéal sportif.* **2.** Altérer la fonction normale de : *Pervertir l'odorat.* ◆ **SE PERVERTIR v.pr.** Devenir mauvais ; se corrompre.

PERVERTISSEMENT **n.m.** Action de pervertir ; état de ce qui est perverti.

PERVIBRAGE **n.m.** ou **PERVIBRATION** **n.f.** **CONSTR.** Traitement du béton au pervibrateur.

PERVIBRATEUR **n.m.** **CONSTR.** Appareil vibrant qui, introduit dans la masse d'un béton frais, améliore son ouvrabilité.

PERVIBRER **v.t. [3].** **CONSTR.** Soumettre le béton à la pervibration.

PESADE **n.f.** (ital. *posata*, du bas lat. *pausare*, s'arrêter). **ÉQUIT.** Exercice de haute école où le cheval se dresse sur ses membres postérieurs.

PESAGE **n.m.** **1.** Action de peser ; détermination des masses et des poids (SYN. **pesée**). **2.** Dans certains sports (boxe, haltérophilie, hippisme, etc.), action de peser les concurrents avant une épreuve ; lieu réservé à cette opération ; enceinte du champ de courses autour de cet endroit (par oppos. à *pavillon, pelouse*). [Pour les sports autres que l'hippisme, on dit aussi *pesée*.]

PESAMMENT **adv.** **1.** Lourdement : *Un fantassin pesamment armé.* **2.** Sans grâce : *Patiner pesamment.*

PESANT, E **adj.** **1.** Qui pèse ; lourd : *Un cartable pesant.* **2.** Fig. Pénible à supporter ; oppressant : *Un silence pesant.* **3.** Sans vivacité ni finesse : *Écrivain, récit pesant.* ◆ **n.m.** ▪ **Valoir son pesant d'or,** avoir une très grande valeur.

PESANTEUR **n.f.** **1.** Tendance des corps situés sur un astre, en partic. la Terre, à tomber vers le centre de cet astre. ➲ La pesanteur se traduit par l'existence d'une force verticale, le poids du corps, appliquée au centre de gravité, et proportionnelle à la masse de celui-ci. **2.** Sensation de gêne, de lourdeur : *Avoir une pesanteur dans les jambes.* **3.** Fig. Manque de finesse, de vivacité : *Pesanteur d'esprit.* **4.** (Surtout pl.) Inertie inhérente à des groupes humains importants, à des institutions : *Les pesanteurs sociologiques.* ▪ **Intensité, accélération de la pesanteur,** quotient (symb. *g*) du poids d'un corps par sa masse. ➲ L'intensité de la pesanteur dépend de la latitude et de l'altitude ; sa valeur à Paris est d'environ 9,81 m/s^2.

PÈSE-ACIDE **n.m.** (pl. *pèse-acide*[*s*]). Densimètre pour mesurer la concentration des solutions acides.

PÈSE-ALCOOL **n.m. inv.,** ▲ *n.m. (pl. pèse-alcools).* Alcoomètre.

PÈSE-BÉBÉ **n.m.** (pl. *pèse-bébé*[*s*]). Balance spécialement conçue pour peser les nourrissons.

PESÉE **n.f.** **1.** Action de peser ; pesage : *La pesée d'un colis.* **2.** Quantité pesée en une fois. **3.** Pression exercée sur un objet : *Exercer une pesée sur un levier.* **4.** **SPORTS.** Pesage.

PÈSE-ESPRIT **n.m. inv.,** ▲ *n.m. (pl. pèse-esprits).* Vx. Alcoomètre.

PÈSE-LAIT **n.m. inv.,** ▲ *n.m. (pl. pèse-laits).* Instrument pour mesurer la densité du lait (SYN. **lactodensimètre**).

PÈSE-LETTRE **n.m.** (pl. *pèse-lettre*[*s*]). Petite balance ou peson pour peser les lettres.

PÈSE-LIQUEUR **n.m.** (pl. *pèse-liqueur*[*s*]). Alcoomètre pour liqueurs.

PÈSE-MOÛT (pl. *pèse-moût*[*s*]), ▲ **PÈSE-MOUT** *(pl. pèse-mouts).* **n.m.** Glucomètre.

PÈSE-PERSONNE **n.m.** (pl. *pèse-personne*[*s*]). Petite balance plate à cadran gradué, sur laquelle on monte pour se peser.

PESER **v.t. [12]** (lat. *pensare*). **1.** Déterminer, par comparaison avec l'unité de masse, la masse d'un corps. **2.** Déterminer telle quantité d'une substance ayant une masse donnée : *Peser 1 kg de pommes. Peser 200 g de farine.* **3.** Examiner attentivement ; évaluer avec soin : *Peser le pour et le contre.* ▪ **Peser ses mots,** les choisir soigneusement, en mesurant toute leur portée. ◆ **v.i.** **1.** Avoir un certain poids : *Elle pesait trois kilos à la naissance. Ce sac pèse trop lourd pour moi.* **2.** Fig. Avoir telle importance : *Leur appui a pesé lourd dans sa promotion* ; représenter telle valeur : *Société qui pèse un milliard en Bourse.* ▪ **Peser un âne mort** [fam.], être extrêmement lourd. ◆ **v.t. ind.** **1.** (SUR, CONTRE). Exercer une force, une pression sur : *Peser sur une manette. Peser contre une porte.* **2.** (SUR). Québec, Suisse. Appuyer sur (un bouton, un interrupteur, etc.) : *Peser sur les touches d'un clavier.* **3.** (SUR). Fig. Exercer une influence sur : *Il a essayé de peser sur ma décision.* ▪ **Peser à qqn,** lui être pénible : *Son attitude pèse à tous ses collègues.* ▪ **Peser sur l'estomac,** être indigeste. ◆ **SE PESER v.pr.** Déterminer son poids sur un pèse-personne.

PÈSE-SEL **n.m.** (pl. *pèse-sel*[*s*]). Densimètre pour mesurer la concentration des solutions salines.

PÈSE-SIROP **n.m.** (pl. *pèse-sirop*[*s*]). Densimètre pour mesurer la teneur en sucre des sirops.

PESETA, ▲ *PÉSÉTA* [pezeta] ou [peseta] **n.f.** Ancienne unité monétaire principale de l'Espagne. ➲ Devenue le 1er janvier 1999 une subdivision de l'euro, la peseta a cessé d'exister, au profit de la monnaie unique européenne, en 2002.

PESETTE **n.f.** Petite balance de précision pour les monnaies, les bijoux, etc.

PESEUR, EUSE **n.** Personne qui pèse ou qui vérifie des pesées.

PESEUSE **n.f.** Appareil automatique de pesage, utilisé notamm. pour le conditionnement de produits alimentaires.

PESEUSE-ENSACHEUSE **n.f.** (pl. *peseuses-ensacheuses*). Appareil automatique servant à mettre en sac, selon un poids unitaire déterminé, des produits en vrac.

PÈSE-VIN **n.m. inv.,** ▲ *n.m. (pl. pèse-vins).* Alcoomètre pour le vin.

PESO [pezo] ou [peso], ▲ *PÉSO* **n.m.** Unité monétaire principale de plusieurs pays d'Amérique latine et des Philippines.

PESON **n.m.** Instrument de pesage constitué soit d'un ressort muni d'un index se déplaçant le long d'une échelle graduée (*peson à ressort* ou *à lame flexible*), soit d'un fléau coudé portant un contrepoids fixe (*peson à contrepoids*).

PESSAH **n.f. inv.** Nom de la Pâque juive, célébrée en mars ou avril, qui commémore la sortie d'Égypte et la fin de l'esclavage des Hébreux.

PESSAIRE **n.m.** (du gr. *pessos*, tampon). **MÉD.** Anneau placé dans le vagin et qui maintient l'utérus en cas de prolapsus.

PESSE **n.f.** (du lat. *picea*, faux sapin). Herbe aquatique des eaux peu profondes, à rhizome rampant, à tiges creuses, à feuilles groupées en verticilles. ➲ Famille des hippuridacées.

PESSIMISME **n.m.** (du lat. *pessimus*, très mauvais). Tournure d'esprit qui porte à penser que tout va mal ; défaitisme.

PESSIMISTE **adj.** et **n.** Enclin au pessimisme.

PESTE **n.f.** (lat. *pestis*). **1.** Maladie infectieuse contagieuse, endémique et épidémique, due au bacille de Yersin et transmise du rat à l'homme par les piqûres de puces. ➲ On distingue la *peste bubonique*, directement transmise par les puces, et la *peste pulmonaire*, transmise d'homme à homme par inhalation. **2.** **VÉTÉR.** Maladie provoquée par différents virus et atteignant les animaux de basse-cour, les bovins, les porcins, les équidés (nom commun à plusieurs affections) : *Peste aviaire, porcine.* **3.** Personne désagréable ; enfant turbulent. ▪ **Choisir entre la peste et le choléra,** entre deux solutions tout aussi dommageables. ▪ **La peste brune,** le nazisme. ▪ **(La) peste soit de** [litt.], maudit soit.

PESTER **v.i. [3].** Manifester sa mauvaise humeur contre qqn, qqch ; fulminer.

PESTEUX, EUSE **adj.** **1.** Relatif à la peste. **2.** Se dit d'un animal qui a la peste.

PESTICIDE **adj.** et **n.m.** (mot angl.). Se dit d'un produit chimique destiné à lutter contre les parasites animaux et végétaux nuisibles aux cultures et aux produits récoltés.

PESTIFÉRÉ, E **adj.** et **n.** (du lat. *pestifer*, qui porte la peste). **1.** Se dit d'un malade atteint de la peste. **2.** Fig. Se dit d'une personne que les autres fuient ou évitent.

PESTILENCE **n.f.** Odeur infecte, putride.

PESTILENTIEL, ELLE **adj.** Qui dégage une odeur infecte ; nauséabond : *Émanations pestilentielles.*

PESTO **n.m.** (mot ital., de *pestare*, piler). Préparation culinaire à base de feuilles de basilic, d'ail, de parmesan et de pignons pilés au mortier et liés à l'huile d'olive. ➲ Cuisine italienne.

1. PET [pɛ] **n.m.** (lat. *peditum*). Fam. Gaz intestinal qui sort de l'anus avec bruit.

2. PET [pɛt] **n.m.** (de *péter*). Fam. Coup violent ; trace laissée par ce coup : *Il y a un pet sur mon ordi.*

PET [pɛt] **n.m. inv.** (acronyme de *polyéthylène téréphtalate*). Matière plastique recyclable utilisée pour la fabrication de bouteilles pour boissons.

PETA- [peta], ▲ *PÉTA-* **préf.** (du gr. *penta*, cinq). Préfixe (symb. P) qui, placé devant une unité, la multiplie par 10^{15}.

PÉTAGE **n.m.** (de *péter*). Fam. Action de casser, de briser : *Le pétage des boîtes aux lettres.* ▪ **Pétage de plombs** ou **de boulons** ou **de câble, etc.,** fait de perdre la tête ; coup de folie : *La réunion s'est terminée par un pétage de plombs collectif.*

PÉTAINISTE **adj.** et **n.** Se dit des partisans du maréchal Pétain, entre 1940 et 1944.

PÉTALE **n.m.** (du gr. *petalon*, feuille de plante). Chacun des éléments qui composent la corolle d'une fleur, formés d'un limbe coloré et d'un onglet qui les rattache au calice.

PÉTANQUE **n.f.** (du provenç. *pé*, pied, et *tanco*, pieu pour fixer qqch). Jeu de boules originaire du midi de la France, dans lequel le but est une boule plus petite en bois, dite *cochonnet*, et qui se joue sur un terrain non préparé.

PÉTANQUEUR, EUSE **n.** Joueur de pétanque.

PÉTANT, E **adj.** Fam. Se dit d'une heure précise : *À dix heures pétantes.*

PÉTARADANT, E **adj.** Qui pétarade.

PÉTARADE **n.f.** (provenç. *petarrada*). **1.** Suite de détonations, d'explosions. **2.** Suite de pets que font certains animaux en ruant.

PÉTARADER **v.i. [3].** Faire entendre une pétarade.

PÉTARD **n.m.** (de *1. pet*). **1.** Petite pièce d'artifice produisant un bruit sec et fort, utilisée comme signal acoustique (chemin de fer) ou, traditionnellement, lors de réjouissances. **2.** Charge d'explosif, destinée à produire un effet de destruction. **3.** Fam. Tapage ; scandale : *Cette histoire risque de faire du pétard.* **4.** Fam. Cigarette de marijuana ou de haschisch. **5.** Fam. Pistolet. **6.** Fam. Derrière. ▪ **Être en pétard** [fam.], en colère.

PÉTASE **n.m.** (lat. *petasus*, du gr.). **ANTIQ. GR.** Chapeau à larges bords.

PÉTAUDIÈRE **n.f.** (de la cour du roi *Pétaud*, personnage légendaire). Fam. Lieu où règnent la confusion et le désordre, où chacun agit à sa guise.

PÉTAURE **n.m.** Mammifère marsupial volant d'Australie, dont une espèce est le phalanger volant. ➲ Famille des pétauridés.

PÉTAURISTE **n.m.** (gr. *petauristêr*). Écureuil volant de grande taille, des forêts d'Asie centrale et méridionale, capable d'effectuer des sauts planés de plus de 100 m. ➲ Famille des sciuridés.

PETCHI [petʃi] **n.m.** Suisse. Grand désordre ; confusion inextricable : *Semer le petchi. Quel petchi !*

PET-DE-NONNE **n.m.** (pl. *pets-de-nonne*). Petit beignet de pâte à choux, gonflé et très léger.

PET-DE-SŒUR **n.m.** (pl. *pet*[*s*]*-de-sœur*). Québec. Pâtisserie dont la pâte, recouverte de cassonade, est roulée en cylindre, tranchée, puis cuite au four.

PÉTÉCHIE **n.f.** (ital. *petecchia*, d'orig. obsc.). **MÉD.** Petite tache rouge sur la peau, caractéristique du purpura.

PÉTER **v.i. [11],** ▲ *[11*].* **1.** Vulg. Faire un pet. **2.** Fam. Faire entendre un bruit sec et bref, une ou des détonations : *Les grenades pétaient de tous côtés.* **3.** Fam. Se rompre ; se casser : *Le câble a pété net.* ◆ **v.t.** Fam. **1.** Casser : *Péter un verre.* **2.** Belgique. Arg. scol. Recaler à un examen. ▪ **Péter le feu** [fam.], déborder d'énergie. ▪ **Péter les plombs** ou **les boulons** ou **un câble, etc.** [fam.], perdre le contrôle de soi-même.

PÈTE-SEC **adj. inv.** et **n. inv.** Fam. Qui est très autoritaire.

PÉTEUX, EUSE **n.** et **adj.** Fam. **1.** Personne peureuse ; poltron. **2.** Personne prétentieuse. ◆ **adj.** Honteux d'avoir commis une bévue ; penaud.

PÉTILLANT, E **adj.** **1.** Qui pétille : *Eau pétillante.* **2.** Vif et brillant : *Adolescent, dialogue pétillant.* ◆ **adj.** et **n.m.** Se dit d'un vin dont la mousse est moins abondante que celle d'un mousseux.

PÉTILLEMENT n.m. **1.** Bruit léger produit par ce qui pétille. **2.** Vif éclat ; scintillement.

PÉTILLER v.i. [3]. **1.** Éclater en produisant de petits bruits secs et rapprochés ; crépiter : *Bois qui pétille dans la cheminée.* **2.** Dégager des bulles de gaz : *Le soda pétille.* **3.** Briller d'un vif éclat : *Regard qui pétille.* **4.** (DE). Faire brillamment preuve de : *Pétiller d'intelligence.*

PÉTIOLE [-sjɔl] **n.m.** (du lat. *petiolus*, petit pied). **BOT.** Partie rétrécie reliant le limbe d'une feuille à la tige.

PÉTIOLÉ, E [-sjɔ-] **adj.** Porté par un pétiole.

PETIOT, E n. et **adj.** Fam. Petit enfant.

1. PETIT, E adj. (lat. pop. *pittittus*). **1.** De taille peu élevée : *Une femme assez petite. Un petit sapin.* **2.** Dont les dimensions sont inférieures à la mesure normale ou ordinaire : *Un petit studio.* **3.** Qui n'a pas encore atteint le terme de sa croissance : *Quand j'étais petit.* **4.** Dont la valeur est faible : *Un petit salaire* ; qui n'est pas élevé en quantité : *Une petite récolte.* **5.** Qui est peu considérable par son intensité ou sa durée : *Une petite averse.* **6.** Qui n'a pas beaucoup d'importance, d'intérêt : *Un petit détail. Un petit rôle.* **7.** Qui manifeste de la mesquinerie ; étriqué : *C'est petit, comme réaction.* **8.** Qui occupe un rang modeste dans une hiérarchie : *Un petit fonctionnaire. Les petites gens.* **9.** Fam. Exprime l'amitié, l'affection ou le mépris : *Ma petite mamie. Préparer de bons petits plats. Ce petit prétentieux les snobe.* ▪ **Se faire tout petit,** s'efforcer de passer inaperçu. ◆ **adv.** ▪ **Chausser, tailler petit,** en parlant de chaussures, d'un vêtement, être plus petit que la taille de référence. ▪ **En petit,** sur une petite échelle. ▪ **Petit à petit,** progressivement. ▪ **Voir petit,** envisager les choses de façon étriquée : *Ils ont vu petit pour la cérémonie.* ◆ **n. 1.** Le plus jeune dans une fratrie : *La petite entre à l'école.* **2.** Personne de petite taille : *Les petits se mettront devant pour la photo.* **3.** Enfant moins âgé comparativement à d'autres : *La cour des petits.* **4.** Enfant de qqn : *Le petit Barvat a été reçu à son examen.*

2. PETIT n.m. 1. Jeune animal : *L'ourse et ses petits.* **2.** Personne, entreprise peu importante. **3.** Au tarot, atout le plus faible. **4.** Ce qui est petit : *L'infiniment petit.* ▪ **Faire des petits** [fam.], s'agrandir, en parlant de qqch, d'un bien : *Ses placements ont fait des petits.*

PETIT-BEURRE n.m. (pl. *petits-beurre*). Petit gâteau sec rectangulaire au beurre.

PETIT-BOIS n.m. (pl. *petits-bois*). **CONSTR.** Chacun des éléments de faible section qui divisent un vantail (de fenêtre, par ex.) et maintiennent les vitres.

PETIT-BOURGEOIS, PETITE-BOURGEOISE adj. et **n.** (pl. *petits-bourgeois, petites-bourgeoises*). Qui appartient à la petite bourgeoisie. ◆ **adj.** Qui manifeste le conformisme jugé caractéristique de la petite bourgeoisie : *Préjugés petits-bourgeois.*

PETIT DÉJEUNER n.m. (pl. *petits déjeuners*). Premier repas pris le matin.

PETIT-DÉJEUNER v.i. [3]. Fam. Prendre le petit déjeuner : *Il petit-déjeune tôt.*

PETITE-FILLE n.f. (pl. *petites-filles*). Fille du fils ou de la fille, par rapport à une grand-mère, à un grand-père.

PETITEMENT adv. 1. À l'étroit : *Être petitement logé.* **2.** Chichement : *Vivre petitement.* **3.** Avec mesquinerie.

PETITE-NIÈCE n.f. → **PETIT-NEVEU.**

PETITESSE n.f. **1.** Caractère de ce qui est de faible dimension : *Petitesse d'un logement.* **2.** Caractère mesquin ; étroitesse : *Petitesse de vues.* **3.** (Souvent pl.). Acte mesquin ; bassesse : *Commettre des petitesses.*

PETIT-FILS n.m. (pl. *petits-fils*). Fils du fils ou de la fille, par rapport à une grand-mère, à un grand-père.

PETIT-FOUR n.m. (pl. *petits-fours*). Menue pâtisserie de la taille d'une bouchée, faite d'une pâte sèche ou fourrée, ou constituée d'un fruit déguisé, de légumes miniatures, etc.

PETIT-GRIS n.m. (pl. *petits-gris*). **1.** Écureuil commun d'une race sibérienne ou russe au pelage d'hiver gris argenté, apprécié en pelleterie. ➲ Famille des sciuridés. **2.** Fourrure de cet animal. **3.** Petit escargot comestible à coquille grisâtre finement rayée de brun. ➲ Famille des hélicidés.

PÉTITION n.f. (angl. *petition*, du lat. *petitio*, demande). Écrit adressé génér. par plusieurs personnes à une autorité pour exprimer une opinion, une plainte, présenter une requête. ▪ **Pétition de principe** [log.], raisonnement vicieux consistant à tenir pour vrai ce qui fait l'objet même de la démonstration. ▪ **Pétition d'hérédité** [dr.], action en justice permettant à un héritier de faire reconnaître son titre.

PÉTITIONNAIRE n. Personne qui présente ou signe une pétition.

PÉTITIONNER v.i. [3]. Présenter une pétition ; protester par pétition.

PETIT-LAIT n.m. (pl. *petits-laits*). Liquide résiduel de l'écrémage du lait (lait écrémé), de la fabrication du beurre (babeurre) ou du fromage (lactosérum). ▪ **Boire du petit-lait** [fam.], éprouver une vive satisfaction d'amour-propre. ▪ **Ça se boit comme du petit-lait** [fam.], c'est si agréable que l'on en boit beaucoup sans s'en rendre compte.

PETIT-MAÎTRE, PETITE-MAÎTRESSE (pl. *petits-maîtres, petites-maîtresses*), ▲ *PETIT-MAITRE, PETITE-MAITRESSE (pl. petits-maitres, petites-maitresses)* **n. 1.** Jeune auteur, critique, journaliste, etc., péremptoire et suffisant. **2.** Litt. Jeune élégant ridiculement prétentieux. (S'écrit aussi *petit maître*.)

PETIT-NÈGRE n.m. sing. Fam., vieilli. Français rudimentaire et incorrect, dans lequel les éléments grammaticaux sont omis, mal employés.

PETIT-NEVEU, PETITE-NIÈCE n. (pl. *petits-neveux, petites-nièces*). Fils, fille du neveu ou de la nièce (SYN. **arrière-neveu, arrière-nièce**).

PÉTITOIRE adj. (bas lat. *petitorius*). **DR.** ▪ **Action pétitoire,** ou **pétitoire, n.m.,** action judiciaire relative à l'exercice d'un droit immobilier.

PETIT POIS n.m. (pl. *petits pois*). **1.** Variété de pois dont on consomme la graine, fraîche ou sèche. **2.** Graine fraîche, ronde et verte, de cette variété de pois.

PETITS-ENFANTS n.m. pl. Enfants du fils ou de la fille.

PETIT-SUISSE n.m. (pl. *petits-suisses*). Fromage frais moulé en forme de petit cylindre.

PÉTOCHE n.f. Fam. Peur : *J'ai eu la pétoche.*

PÉTOIRE n.f. Fam. Mauvais fusil ; vieux fusil.

PÉTOLE n.f. (origine obsc.). Région. En mer, absence totale de vent.

PETON n.m. Fam., vieilli. Petit pied.

PÉTONCLE n.m. (du lat. *pectunculus*, petit peigne). Mollusque bivalve comestible, vivant sur les fonds sableux des côtes d'Europe occidentale, appelé cour. *amande de mer.* ➲ Famille des pectinidés.

PÉTOUILLER v.i. [3]. Suisse. Fam. Ne pas se décider ; traîner ; tarder.

PÉTRARQUISME n.m. **LITTÉR.** Imitation du lyrisme de Pétrarque, amoureux et raffiné.

PÉTREL n.m. (angl. *petrel*). Oiseau marin des régions froides ou tempérées, qui se nourrit de plancton à la surface de l'eau et qui ne vient à terre que pour nicher. ➲ Famille des procellariidés.

PÉTREUX, EUSE adj. (lat. *petrosus*, de *petra*, roche). **ANAT.** Se rapporte au rocher de l'os temporal.

PÉTRIFIANT, E adj. 1. Se dit d'une eau qui pétrifie. **2.** Litt. Qui stupéfie, paralyse : *Regard pétrifiant.*

PÉTRIFICATION n.f. 1. Transformation de la substance d'un corps organique en une matière minérale. ➲ Un fossile est souvent le résultat d'une pétrification. **2.** Incrustation d'un corps qui, plongé dans certaines eaux calcaires, se couvre d'une couche de calcite.

PÉTRIFIER v.t. [5] (du lat. *petra*, roche). **1.** Transformer la substance d'un corps organique en une matière minérale. **2.** En parlant d'une eau, couvrir, incruster d'une couche minérale. **3.** Fig. Frapper de stupeur : *La nouvelle l'a pétrifié.* ◆ **SE PÉTRIFIER** v.pr. Devenir minéral : *Bois qui se pétrifie.*

PÉTRIN n.m. (du lat. *pistrinum*, moulin). **1.** Coffre, appareil dans lequel on pétrit la pâte à pain. **2.** Fam. Situation difficile et inextricable : *Il est dans le pétrin.*

PÉTRIR v.t. [21] (bas lat. *pistrire*). **1.** Malaxer, travailler une pâte, notamm. la pâte à pain. **2.** Malaxer dans sa main : *Le potier pétrit la glaise.* **3.** Litt. Former, façonner qqn, un esprit, etc. ▪ **Être pétri de** [fig., litt.], être imprégné, rempli de : *Être pétri de jalousie, de générosité.*

PÉTRISSAGE n.m. 1. Action de pétrir. **2.** Technique de massage consistant à comprimer les tissus entre les doigts.

PÉTRISSEUR, EUSE adj. et **n.** Qui pétrit la pâte, notamm. la pâte à pain.

PÉTROCHIMIE n.f. Chimie des dérivés du pétrole ; ensemble de ses développements scientifiques, techniques et industriels.

PÉTROCHIMIQUE adj. Relatif à la pétrochimie.

PÉTROCHIMISTE n. Spécialiste de pétrochimie.

PÉTRODOLLAR n.m. Avoir en dollars provenant des ventes de pétrole par les pays exportateurs et placé par l'entremise du système bancaire international.

PÉTROGALE n.m. (du gr. *petros*, pierre, et *galê*, belette). Petit kangourou des régions rocheuses d'Australie, aussi appelé *wallaby des rochers.* ➲ Famille des macropodidés.

PÉTROGENÈSE n.f. (du gr. *petros*, pierre). **GÉOL.** Processus de formation des roches.

PÉTROGLYPHE n.m. ARCHÉOL. Signe, motif gravé ou incisé sur la roche.

PÉTROGRAPHE n. Spécialiste de pétrographie.

PÉTROGRAPHIE n.f. Branche de la pétrologie qui a pour objet la description et la systématique des roches.

PÉTROGRAPHIQUE adj. Relatif à la pétrographie.

PÉTROLE n.m. (du lat. médiév. *petroleum*, huile de pierre). Roche se présentant sous la forme d'une huile minérale plus ou moins fluide, visqueuse, combustible, formée princip. d'hydrocarbures, de couleur claire à très foncée et d'une densité variant de 0,8 à 0,95. *(V. ill. page suivante.)* ▪ **Équivalent pétrole,** masse de pétrole qui fournirait la même quantité d'énergie que celle produite par une autre source (charbon, nucléaire, etc.) ou que celle consommée par un utilisateur ou un ensemble d'utilisateurs (chauffage, transports, etc.). ◆ **adj. inv.** D'un bleu ou d'un vert mêlé de gris.

➲ Le **PÉTROLE** fossile, à la différence du biopétrole*, résulte de la lente dégradation bactériologique d'organismes aquatiques végétaux et animaux qui, il y a plusieurs millions d'années, ont proliféré dans les mers et se sont accumulés en couches sédimentaires. L'ensemble des produits issus de cette dégradation, hydrocarbures et composés volatils, est contenu dans la *roche-mère.* Les gisements se localisent toujours en un point singulier que l'on appelle *roches-réservoirs* ou *roches-magasins.* Le pétrole se présente le plus souvent surmonté d'une couche d'hydrocarbures gazeux et se situe génér. au-dessus d'une couche d'eau salée plus dense que lui. L'*exploration* ou *prospection* pétrolière a pour but la recherche de nouveaux gisements. Pour acheminer le pétrole, des moyens de transports spécifiques sont mis en place : oléoducs, navires pétroliers. Le *raffinage* est l'ensemble des opérations industrielles mises en œuvre pour traiter le pétrole brut et le transformer en carburants, essences spéciales, combustibles et produits divers. Le pétrole demeure la principale source mondiale d'énergie.

PÉTROLETTE n.f. Fam., vieilli. Vélomoteur.

PÉTROLEUSE n.f. 1. Fam. Adhérente d'un parti, d'un syndicat, au militantisme véhément. **2.** Fam. Femme impétueuse. **3. HIST.** Femme du peuple qui, pendant la Commune (1871), aurait utilisé du pétrole pour allumer des incendies.

1. PÉTROLIER, ÈRE adj. Relatif au pétrole : *Compagnie pétrolière. Produits pétroliers.*

2. PÉTROLIER n.m. 1. Navire-citerne pour le transport en vrac des hydrocarbures. **2.** Personne qui travaille dans l'industrie du pétrole.

PÉTROLIER-MINÉRALIER n.m. (pl. *pétroliers-minéraliers*). Navire conçu pour transporter indifféremment du pétrole et des minerais (SYN. **minéralier-pétrolier**).

PÉTROLIFÈRE adj. Qui contient du pétrole : *Un sol pétrolifère.*

PÉTROLOGIE n.f. (du gr. *petros*, roche). Domaine de la géologie qui concerne l'étude des mécanismes de formation des roches à travers leur distribution, leur structure, leurs propriétés.

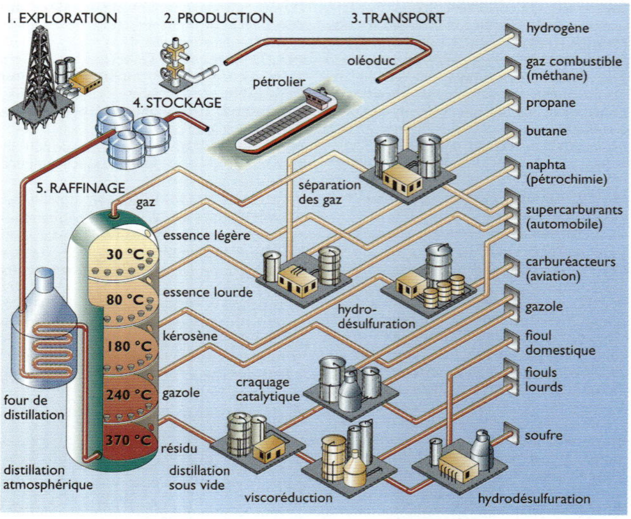

▲ **pétrole.** La chaîne pétrolière, de l'extraction au raffinage.

PÉTROLOGUE n. Spécialiste de pétrologie.

PÉTROMONARCHIE n.f. Monarchie tirant sa puissance de ses ressources pétrolières, qu'elle exporte largement : *L'Arabie saoudite est une pétromonarchie.*

PÉTULANCE n.f. Vivacité impétueuse ; fougue : *Un récit plein de pétulance.*

PÉTULANT, E adj. (du lat. *petulans, -antis,* querelleur). Qui manifeste de la pétulance ; bouillant.

PÉTUN n.m. (guarani *petyma*). Vx. Tabac.

PÉTUNER v.i. [3]. Vx. Priser ou fumer du tabac.

PÉTUNIA n.m. (de *pétun*). Plante ornementale d'origine sud-américaine, aux fleurs violettes, roses ou blanches, en forme de cornet. ➲ Famille des solanacées.

▲ **pétunias**

PEU adv. (lat. pop. *paucum*). **1.** Exprime une petite quantité, une faible intensité, une courte durée : *Elle mange peu. Je l'ai peu connu.* **2.** (Emploi nominal). Un petit nombre de personnes : *Peu sont au courant.* ▪ **À peu (de chose) près,** approximativement. ▪ **Avant peu** ou **sous peu,** bientôt. ▪ **De peu,** tout juste : *Le coureur l'a emporté de peu.* ▪ **Depuis peu,** récemment. ▪ **Peu à peu,** progressivement. ▪ **Pour peu que** (+ subj.), dans la mesure où : *Il réussira, pour peu qu'il le veuille.* ▪ **Pour un peu** (+ conditionnel ou imparfait), il aurait suffi de peu de chose pour que : *Pour un peu, elle était élue au premier tour.* ▪ **Quelque peu** [iron.], légèrement : *Un revirement quelque peu surprenant.* ▪ **Si peu que** (+ subj.), si faiblement que ce soit : *Si peu qu'il y en ait, cela nous aidera.* ▪ **Très peu pour moi** [fam.], il ne saurait en être question. ▪ **Un peu de,** une petite quantité de : *Un peu de lait ?* ▪ **(Un) tant soit peu,** à un degré infime : *La situation s'améliore un tant soit peu.*

PEUCÉDAN n.m. (lat. *peucedanum,* du gr.). Plante herbacée vivace, à fleurs blanches ou jaunes. ➲ Famille des ombellifères.

PEUCHÈRE ou **PECHÈRE** interj. Région. (Midi). Exprime l'attendrissement, la pitié : *Peuchère, ça me fait de la peine !*

PEUH [pø] **interj.** Exprime le dédain, l'indifférence : *Peuh ! J'en ai beaucoup plus !*

PEUL, PEULE adj. et n. (mot wolof). Relatif aux Peuls. ◆ **n.m.** Langue nigéro-congolaise parlée sur une aire s'étendant du Sénégal et de la Gambie jusqu'au Cameroun et à l'est du lac Tchad.

PEUPLADE n.f. Groupement humain peuplant un territoire non clairement délimité et ne formant pas une société fortement structurée.

PEUPLE n.m. (lat. *populus*). **1.** Ensemble d'hommes habitant ou non sur un même territoire et constituant une communauté sociale ou culturelle : *Les peuples amérindiens.* **2.** Ensemble d'hommes habitant sur un même territoire, régis par les mêmes lois et formant une nation : *Le peuple italien, russe.* **3.** Ensemble des citoyens en tant qu'ils exercent des droits politiques : *Un élu du peuple. La souveraineté du peuple.* ▪ **Du peuple** [fam.], un grand nombre de personnes : *Il y a du peuple sur la digue.* ▪ **Le peuple,** la masse, les gens de condition modeste, par oppos. aux possédants, aux élites.

PEUPLÉ, E adj. Où réside une population humaine : *Une île très peuplée.*

PEUPLEMENT n.m. **1.** Action de peupler. **2.** État d'un territoire, d'une région peuplés : *Peuplement fort, faible.* **3.** ÉCOL. Ensemble des populations ou des différentes espèces qui présentent une écologie semblable et occupent le même habitat : *Le peuplement d'un marais en passereaux. Peuplement d'un littoral en algues brunes.*

PEUPLER v.t. [3]. **1.** Établir un groupement humain, une espèce animale ou végétale dans une région, sur un territoire : *Peupler une montagne d'ours.* **2.** Vivre dans un endroit en assez grand nombre ; occuper : *Les hommes qui peuplent ces montagnes.* ◆ **SE PEUPLER** v.pr. Se remplir d'habitants.

PEUPLERAIE n.f. Lieu planté de peupliers.

PEUPLIER n.m. (lat. *populus*). Arbre des régions tempérées et humides de l'hémisphère Nord, dont le tronc étroit peut s'élever à une grande hauteur et dont le bois est recherché en menuiserie et en papeterie. ➲ Famille des salicacées. ▪ **Peuplier blanc,** à l'écorce blanche ou grise, souvent cultivé. ▪ **Peuplier pyramidal** ou **d'Italie,** au port fastigié, planté le long des routes. ▪ **Peuplier tremble** → **TREMBLE.**

PEUR n.f. (lat. *pavor*). **1.** Sentiment de forte inquiétude en présence ou à la pensée d'un danger, d'une menace ; effroi : *Les enfants ont peur dans le noir. Tu lui as fait peur en criant.* **2.** État de crainte dans une situation précise ; angoisse : *La peur de l'échec.* ▪ **Avoir plus de peur que de mal,** n'avoir que des atteintes physiques sans gravité. ▪ **De peur de** (+ n. ou inf.) ou **que** (+ n. ou subj.), par crainte de : *De peur d'une méprise* ou *de se tromper* ; dans la crainte que : *De peur qu'on ne se méprenne.* ▪ **La Grande Peur*,** v. partie n.pr. ▪ **La peur du gendarme,** la crainte des sanctions, qui incite à ne pas commettre de délit. ▪ **Une peur bleue,** une peur très vive.

PEUREUSEMENT adv. De façon peureuse.

PEUREUX, EUSE adj. et n. Qui a peur ; craintif.

PEUT-ÊTRE adv. Indique le doute, la possibilité : *J'irai peut-être à pied. Peut-être est-elle enceinte.*

PEYOTL [pejɔtl] **n.m.** (du nahuatl). Plante cactacée non épineuse du Mexique, dont on extrait un alcaloïde hallucinogène très puissant, la mescaline.

PÈZE n.m. Arg. Argent (monnaie).

PÉZIZALE n.f. Champignon ascomycète tel que la pézize, l'helvelle, la morille. ➲ Les pézizales forment un ordre.

PÉZIZE n.f. (gr. *pezis*). Champignon ascomycète comestible des bois, formant des coupes brunes, rouges ou orangées. ➲ Ordre des pézizales.

PFENNIG [pfɛnig] **n.m.** Ancienne monnaie divisionnaire de l'Allemagne, qui valait 1/100 de Deutsche Mark.

PFF, PFFT ou **PFUT** interj. Exprime le dédain, l'indifférence : *Pff ! Aucune importance !*

PGCD ou **P.G.C.D.** n.m. (sigle). MATH. Plus grand commun diviseur*.

pH [peaʃ] **n.m.** (sigle de *potentiel hydrogène*). CHIM. Nombre sans dimension caractérisant l'acidité ou la basicité d'un milieu ; mesure de celui-ci. ➲ Une solution est acide si son pH est inférieur à 7, basique s'il est supérieur à 7.

PHABLETTE n.f. (de l'angl. *phone,* téléphone, et *tablet,* tablette). Téléphone intelligent dont l'écran, par sa taille (supérieure à 5,5 pouces), se rapproche de celui d'une tablette tactile.

PHACOCHÈRE n.m. (du gr. *phakos,* lentille, et *khoîros,* cochon). Mammifère ongulé voisin du sanglier, aux défenses incurvées, haut sur pattes, abondant dans les savanes d'Afrique. ➲ Famille des suidés.

PHACOÉMULSIFICATION n.f. CHIRURG. Technique d'extraction du cristallin dans l'opération de la cataracte.

PHAÉTON n.m. (de *Phaéton,* n. myth.). **1.** Anc. Voiture hippomobile haute, à quatre roues, légère et découverte, à deux sièges parallèles tournés vers l'avant. **2.** Anc. Voiture décapotable à quatre places, avec deux portes latérales pour accéder aux places arrière. ➲ Elle a été progressivement remplacée par la torpédo. **3.** Oiseau marin des mers tropicales, appelé aussi *paille-en-queue* à cause de ses longues et très fines rectrices. ➲ Famille des phaétonidés.

PHAGE n.m. Bactériophage.

PHAGOCYTAIRE adj. Relatif à la phagocytose, aux phagocytes.

PHAGOCYTE n.m. (du gr. *phagein,* manger, et *kutos,* cavité). HISTOL. Cellule de l'organisme capable d'effectuer la phagocytose (macrophage, par ex.). ▪ **Système des phagocytes mononucléés,** ensemble de cellules comprenant les monocytes du sang et les différents macrophages des tissus, et jouant un rôle de base dans l'immunité.

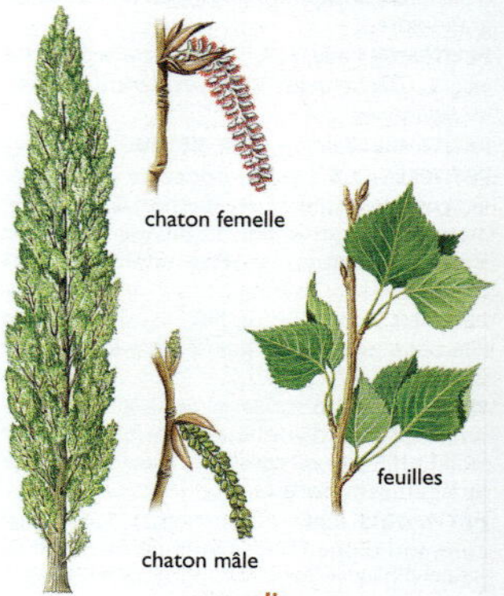

▲ **peuplier**

▲ phacochère

PHAGOCYTER v.t. [3]. **1.** BIOL. CELL. Détruire par phagocytose. **2.** Fig. Absorber et neutraliser à la façon des phagocytes : *Multinationale qui phagocyte des entreprises.*

PHAGOCYTOSE n.f. BIOL. CELL. Processus par lequel certaines cellules (amibes, globules blancs) englobent des particules ou d'autres cellules par leurs pseudopodes, les absorbent puis les digèrent.

PHAGOSOME n.m. HISTOL. Vésicule se formant dans une cellule phagocytaire après que celle-ci a pratiqué la phagocytose*, et renfermant les éléments étrangers absorbés selon ce processus.

PHAGOTHÉRAPIE n.f. Utilisation thérapeutique de virus (dits *bactériophages*) pour leur capacité à détruire des bactéries pathogènes infectieuses. ➲ Pratiquée autrefois, la phagothérapie voit son intérêt renouvelé avec le développement des résistances bactériennes aux antibiotiques.

PHALAÉNOPSIS ou **PHALAENOPSIS** [falenɔpsis] n.m. (du gr. *phalaina*, papillon). Orchidée d'Asie du Sud aux feuilles larges et aux grandes fleurs en grappes, souvent blanches, roses ou mauves.

PHALANGE n.f. (gr. *phalagx*). **1.** ANAT. Chacun des segments articulés qui composent les doigts et les orteils ; le premier de ces segments à partir de la base du doigt (par oppos. à *phalangine*, à *phalangette*) ; chacun des petits os qui constituent le squelette de ces segments. **2.** HIST. Groupement politique et paramilitaire, d'inspiration fasciste. **3.** ANTIQ. Formation de combat des hoplites grecs ; chez les Macédoniens, formation de combat organisée en vue de résister aux plus violents assauts de l'adversaire.

PHALANGER n.m. Mammifère marsupial d'Australie et de Nouvelle-Guinée, ressemblant au renard ou à la sarigue (SYN. **opossum d'Australie**). ➲ Famille des phalangéridés. ▪ **Phalanger volant,** pétaure d'Australie orientale, de grande taille, capable de planer sur plus de 100 m grâce à son patagium très développé. ➲ Famille des pétauridés.

PHALANGÈRE n.f. Plante des régions tropicales de l'Ancien Monde, dont une espèce sud-africaine, à feuilles rubanées vertes ou panachées de blanc, est cultivée pour l'ornement (SYN. **chlorophytum**). ➲ Famille des liliacées.

PHALANGETTE n.f. ANAT. Dernière phalange des doigts et des orteils, qui porte l'ongle.

PHALANGINE n.f. ANAT. Deuxième phalange des quatre derniers doigts ou orteils.

PHALANGISTE n. et adj. HIST. Membre d'une phalange politique et paramilitaire.

PHALANSTÈRE n.m. (de *phalange*). Vaste association de production au sein de laquelle les travailleurs vivent en communauté, dans le système de C. Fourier.

PHALAROPE n.m. (du gr. *phalaros*, tacheté de blanc). Oiseau migrateur et limicole des régions marécageuses littorales ou circulaires de l'hémisphère Nord, qui hiverne en mer. ➲ Famille des scolopacidés.

PHALÈNE n.f. (gr. *phalaina*). Grand papillon géomètre dont plusieurs espèces sont nuisibles aux cultures ou aux arbres forestiers. ➲ Famille des géométridés.

PHALLIQUE adj. **1.** Relatif au phallus, à sa forme, au culte du phallus. **2.** PSYCHAN. Relatif au phallus, à sa fonction symbolique. ▪ **Stade phallique,** phase de la sexualité infantile, entre 3 et 6 ans, pendant laquelle, pour les deux sexes, les pulsions s'organisent autour du phallus.

PHALLOCENTRISME n.m. **1.** Tendance à tout ramener, d'un point de vue explicatif, à la symbolique du phallus, à la place primordiale qu'elle occuperait dans la culture. **2.** Par ext. Tendance à privilégier l'homme et le point de vue masculin.

PHALLOCRATE adj. et n.m. (du gr. *phallos*, phallus, et *kratos*, pouvoir). Qui fait preuve de phallocratie ; machiste.

PHALLOCRATIE [-si] n.f. Attitude tendant à assurer et à justifier la domination des hommes sur les femmes ; machisme.

PHALLOCRATIQUE adj. Relatif à la phallocratie.

PHALLOÏDE adj. En forme de phallus. ▪ **Amanite phalloïde,** amanite d'une espèce mortellement toxique, à chapeau olivâtre ou jaunâtre et à lamelles blanches.

PHALLOTOXINE n.f. BIOCHIM. Principe toxique produit par l'amanite phalloïde et quelques autres champignons mortels.

PHALLUS [falys] n.m. (gr. *phallos*). **1.** Verge en érection. **2.** PSYCHAN. Organe mâle en érection, symbole de la puissance virile souveraine. **3.** Champignon basidiomycète de forme phallique et à l'odeur nauséabonde à maturité (SYN. **satyre puant**). ➲ Ordre des phallales. **4.** ANTIQ. Représentation du membre viril en érection, symbole de la fécondité de la nature.

PHANÈRE n.m. (du gr. *phaneros*, apparent). ZOOL. Production protectrice apparente de l'épiderme des vertébrés (poils, plumes, ongles, griffes, sabots, etc.).

PHANÉROGAME n.m. ou n.f. et adj. (du gr. *phaneros*, apparent, et *gamos*, mariage). BOT. Plante vasculaire se reproduisant par des organes bien visibles, regroupés en cônes ou en fleurs (par oppos. à *cryptogame*) [SYN. **spermatophyte**]. ➲ Les phanérogames forment un embranchement.

PHANIE n.f. OPT. Caractéristique de l'intensité lumineuse apparente d'une source par rapport à l'intensité lumineuse objective.

PHANTASME n.m. → **FANTASME.**

PHARAON, ONNE n. (lat. *pharao*, *-onis*, de l'égyptien). Souverain de l'Égypte ancienne.

PHARAONIQUE adj. **1.** Relatif aux pharaons, à leur époque : *L'Égypte pharaonique.* **2.** Fig. Qui évoque les pharaons par son gigantisme : *Des travaux pharaoniques.*

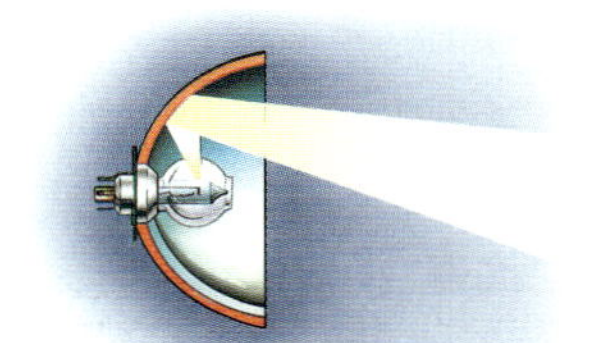

feu de croisement :
dans le feu de croisement, les rayons lumineux sont renvoyés par la seule partie supérieure du réflecteur, constituant un faisceau non éblouissant dirigé vers le sol

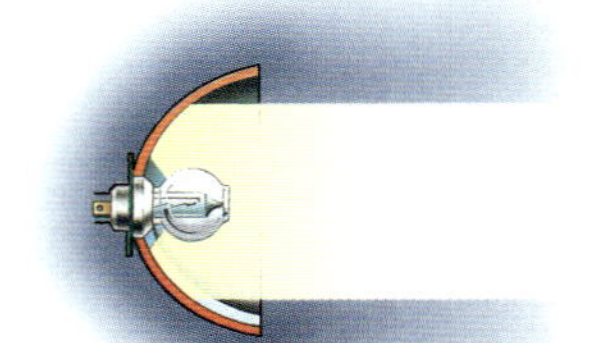

feu de route :
dans le feu de route, les rayons lumineux sont renvoyés par toute la surface du réflecteur, donnant un faisceau portant à plus de 100 m

▲ **phare.** Les deux modes d'éclairage d'une lampe de phare d'automobile.

1. PHARE n.m. (lat. *pharus*, du gr. *Pharos*, île de la baie d'Alexandrie). **1.** Tour élevée portant au sommet une puissante source lumineuse destinée à guider les navires durant la nuit. **2.** Dispositif analogue pour la navigation aérienne : *Phare d'un aéroport.* **3.** (Surtout pl.). Projecteur de lumière placé à l'avant d'un véhicule ; feu de route, position où ce dispositif éclaire le plus (par oppos. à *code*, à *feu de croisement*) : *Un appel de phares.* **4.** Litt. Personne ou chose qui sert de guide ou d'exemple. **5.** (En appos., avec ou sans trait d'union). Se dit de ce qui sert de modèle, est à l'avant-garde : *Une journaliste phare. Des molécules-phares.*

2. PHARE n.m. (de *1. phare*). MAR. Vx. Mât d'un navire, gréé de ses vergues et de ses voiles. ▪ **Gréement à phares carrés,** dans lequel tous les mâts sont pourvus de voiles carrées.

PHARILLON n.m. Anc. Réchaud suspendu à l'avant d'un bateau de pêche, servant à allumer un feu de bois destiné à attirer les poissons.

PHARISAÏSME n.m. **1.** Attachement exagéré aux détails de la pratique religieuse ; ritualisme ; formalisme. **2.** Manifestation ostentatoire et hypocrite de vertu ou de piété.

PHARISIEN, ENNE n. et adj. (du gr. *pharisaios*, de l'araméen). **1.** Litt. Personne qui affecte un respect minutieux d'une morale toute formelle ; hypocrite. **2.** Vieilli. Personne dont la piété et le respect de la morale sont purement formels ; hypocrite. **3.** Membre d'une école juive apparue au IIe s. av. J.-C., qui prétendait observer rigoureusement et strictement la Loi mosaïque, mais qui, dans l'Évangile, est accusée de formalisme et d'hypocrisie.

PHARMACEUTIQUE adj. Relatif à la pharmacie : *Industrie pharmaceutique.* ▪ **Forme pharmaceutique,** forme galénique*.

PHARMACIE n.f. (gr. *pharmakeia*, de *pharmakon*, remède). **1.** Science de la conception, de la composition, de la préparation et de la distribution des médicaments. **2.** Magasin où l'on prépare des médicaments et où on les met à la disposition du public ou des professionnels de la santé : *Pharmacie d'un hôpital.* **3.** Petite armoire ou trousse portative où l'on range les médicaments.

PHARMACIEN, ENNE n. Titulaire d'un diplôme de docteur en pharmacie, qui exerce partic. dans un laboratoire ou dans une pharmacie.

PHARMACOCINÉTIQUE n.f. Étude de ce que deviennent les médicaments dans l'organisme (absorption, transformation, élimination, etc.). ◆ adj. Relatif à la pharmacocinétique.

PHARMACODÉPENDANCE n.f. MÉD. **1.** Toxicomanie due à un médicament. **2.** Toxicomanie.

PHARMACODÉPENDANT, E adj. Qui est en état de pharmacodépendance.

PHARMACODYNAMIE n.f. Étude des effets des médicaments sur l'organisme.

PHARMACODYNAMIQUE adj. Relatif à la pharmacodynamie.

PHARMACOGÉNÉTIQUE n.f. Branche de la pharmacologie qui étudie les mécanismes d'origine génétique intervenant dans la réponse de l'organisme aux médicaments. ➲ Elle cherche à favoriser l'optimisation des traitements médicamenteux.

PHARMACOGNOSIE n.f. Étude et enseignement des substances ayant un intérêt pharmacologique.

PHARMACOLOGIE n.f. Science médicale et pharmaceutique qui s'occupe des médicaments et des autres substances actives sur l'organisme.

PHARMACOLOGIQUE adj. Relatif à la pharmacologie ; relatif au médicament dans l'organisme.

PHARMACOLOGUE n. Spécialiste de pharmacologie.

PHARMACOPÉE n.f. (gr. *pharmakopoiia*). **1.** (Avec une majuscule). Recueil officiel contenant la nomenclature des médicaments et leur description (composition, effets, etc.), naguère appelé *codex*, en France. **2.** Ensemble des médicaments disponibles : *La pharmacopée chinoise.*

PHARMACOVIGILANCE n.f. Centralisation, contrôle et diffusion des informations sur les effets indésirables des médicaments.

PHARYNGAL, E, AUX adj. et n.f. PHON. Se dit d'une consonne articulée en rapprochant la racine de la langue et la paroi arrière du pharynx.

PHARYNGÉ, E ou **PHARYNGIEN, ENNE** adj. Relatif au pharynx.

PHARYNGITE n.f. MÉD. Inflammation du pharynx.

PHARYNX [farɛ̃ks] n.m. (gr. *pharugx*). ANAT. Conduit musculaire et membraneux s'ouvrant en haut sur les fosses nasales et la bouche, en bas sur le larynx et l'œsophage, et où se croisent la voie digestive et la voie respiratoire.

PHASE **n.f.** (gr. *phasis*). **1.** Chacun des changements, des aspects successifs d'un phénomène en évolution ; chacun des intervalles de temps marqués par ces changements ; stade : *La dernière phase d'un processus.* **2.** Chacun des aspects différents que présentent la Lune et certaines planètes, selon leur position par rapport à la Terre et au Soleil. **3.** **CHIM., PHYS.** Partie homogène d'un système : *L'eau et la glace sont deux phases d'un même corps pur.* **4.** **PHYS.** Quantité dépendante du temps, dont le cosinus ou le sinus exprime la variation d'une grandeur sinusoïdale. ▪ **En phase** [phys.], se dit de phénomènes périodiques de même fréquence qui varient de la même façon et qui présentent des maximums et des minimums simultanés. ▪ **Être en phase avec qqn, qqch,** être en accord, en harmonie avec eux.

PHASEMÈTRE **n.m.** **ÉLECTROTECHN.** Appareil qui sert à mesurer le déphasage entre deux courants alternatifs de même fréquence.

PHASIANIDÉ **n.m.** (du gr. *phasianos*, faisan). Oiseau gallinacé tel que la poule, la caille, le faisan, le paon. ➲ Les phasianidés forment une famille de l'ordre des galliformes, incluant parfois la pintade et le dindon.

PHASME **n.m.** (du gr. *phasma*, fantôme). Insecte sans ailes des régions chaudes, dont le corps allongé ressemble aux brindilles sur lesquelles il vit. ➲ Ordre des phasmidés. (V. planche *mimétisme*.)

PHASMIDÉ ou **PHASMOPTÈRE** **n.m.** Insecte des régions chaudes au corps très allongé, imitant une tige ou une feuille par sa forme et sa couleur, tel que le phasme et la phyllie. ➲ Les phasmidés forment un ordre.

PHELLODERME **n.m.** (du gr. *phellos*, liège). **BOT.** Tissu engendré vers l'intérieur par l'assise génératrice de l'écorce, qui produit également le liège, à l'extérieur.

PHELLOGÈNE **adj.** **BOT.** Se dit d'un tissu végétal qui produit le liège.

PHÉNAKISTISCOPE **n.m.** (du gr. *phenakizein*, tromper). Appareil mis au point par J. Plateau en 1832 et qui procurait l'illusion du mouvement par la persistance des images rétiniennes.

PHÉNANTHRÈNE **n.m.** **CHIM. ORG.** Hydrocarbure cyclique ($C_{14}H_{10}$), isomère de l'anthracène, utilisé dans la fabrication des colorants.

PHÉNATE **n.m.** Sel du phénol (SYN. **phénolate**).

PHENCYCLIDINE [fɛ̃-] **n.f.** Anesthésique et stupéfiant doté de propriétés hallucinogènes, d'une grande toxicité.

PHÉNÉTIQUE **adj.** **BIOL.** Se dit d'une méthode de classification fondée sur l'évaluation mathématique de la ressemblance globale entre les organismes et prenant en compte, de manière équivalente, le maximum de caractères.

PHÉNICIEN, ENNE **adj.** et **n.** De la Phénicie. ◆ **n.m.** Langue sémitique ancienne appartenant au groupe cananéen, et dont l'alphabet est considéré comme l'ancêtre de toutes les écritures alphabétiques.

PHÉNIQUE **adj.** Vieilli. ▪ **Acide phénique,** phénol.

PHÉNIQUÉ, E **adj.** **CHIM.** Additionné de phénol : *Eau phéniquée.*

PHÉNIX **n.m.** (lat. *phoenix*, du gr.). **1.** Litt. Personne supérieure, unique en son genre ; prodige. **2.** **BOT.** Phœnix. ▪ **Le Phénix,** v. partie n.pr.

PHÉNOBARBITAL **n.m.** (pl. *phénobarbitals*). Médicament barbiturique utilisé contre l'épilepsie et les convulsions.

PHÉNOCRISTAL **n.m.** (pl. *phénocristaux*). Cristal de grande dimension, dans une roche magmatique.

PHÉNOL **n.m.** (du gr. *phainein*, briller). **CHIM. ORG.** **1.** Dérivé oxygéné du benzène (C_6H_5OH), présent dans le goudron de houille, utilisé comme désinfectant et dans l'industrie des colorants, des matières plastiques, des médicaments, des explosifs, etc. **2.** Tout composé analogue au phénol, dérivant des hydrocarbures benzéniques.

PHÉNOLATE **n.m.** Phénate.

PHÉNOLIQUE **adj.** Qui dérive du phénol, d'un phénol.

PHÉNOLOGIE **n.f.** **ÉCOL.** Étude de l'influence des climats sur les phénomènes biologiques saisonniers végétaux (feuillaison, floraison, etc.) et animaux (migration, hibernation, etc.).

PHÉNOMÉNAL, E, AUX **adj.** **1.** Qui tient du phénomène ; prodigieux : *Un succès phénoménal.* **2.** **PHILOS.** Relatif au phénomène (par oppos. à *nouménal*).

PHÉNOMÉNALEMENT **adv.** Prodigieusement.

PHÉNOMÈNE **n.m.** (du gr. *phainomena*, ce qui apparaît). **1.** Fait que l'on peut observer, étudier : *L'éclipse de Soleil est un phénomène rare.* **2.** **PHILOS.** Pour Kant, ce qui est perçu par les sens, ce qui apparaît et se manifeste à la conscience (par oppos. à *noumène*). **3.** Fait, événement qui frappe par sa nouveauté ou son caractère exceptionnel. **4.** Individu anormal ; monstre : *Phénomène de foire.* **5.** Fam. Individu bizarre, excentrique ; original.

PHÉNOMÉNISME **n.m.** **PHILOS.** Conception selon laquelle il n'y a pas d'autre réalité que les phénomènes (CONTR. **substantialisme**).

PHÉNOMÉNOLOGIE **n.f.** **PHILOS.** **1.** Étude descriptive des phénomènes, d'un ensemble de phénomènes. **2.** Méthode philosophique développée par Husserl et visant à fonder la philosophie comme science rigoureuse. **3.** Mouvement philosophique s'inspirant de cette méthode. ➲ S'y rattachent Merleau-Ponty, Sartre, Husserl, Levinas. ▪ **Phénoménologie de l'esprit,** chez Hegel, étude du devenir de la conscience, de son élévation de la sensation individuelle au savoir absolu.

PHÉNOMÉNOLOGIQUE **adj.** Relatif à la phénoménologie.

PHÉNOMÉNOLOGUE **n.** Spécialiste de phénoménologie.

PHÉNOPLASTE **n.m.** Résine artificielle obtenue par condensation du phénol ou de ses dérivés avec des aldéhydes.

PHÉNOTHIAZINE **n.f.** Médicament prescrit comme antihistaminique, hypnotique ou neuroleptique (nom générique).

PHÉNOTYPE **n.m.** (du gr. *phainein*, montrer, et *tupos*, marque). **GÉNÉT.** Ensemble des caractères apparents (morphologiques, chimiques, etc.) d'un organisme, d'une cellule, résultant de l'expression du génotype et de l'influence du milieu (par oppos. à *génotype*).

PHÉNOTYPIQUE **adj.** Relatif au phénotype.

PHÉNYLALANINE **n.f.** **BIOCHIM.** Acide aminé présent dans les protéines et précurseur de la tyrosine et des catécholamines.

PHÉNYLCÉTONURIE **n.f.** Maladie héréditaire due au déficit d'une enzyme provoquant une accumulation de phénylalanine et qui, non traitée, entraîne une déficience intellectuelle sévère.

PHÉNYLE **n.m.** **CHIM. ORG.** Groupement $—C_6H_5$, dérivé du benzène.

PHÉNYLIQUE **adj.** Se dit des composés contenant le groupement phényle.

PHÉOCHROMOCYTOME **n.m.** **MÉD.** Tumeur bénigne ou maligne de la médullosurrénale, provoquant des accès d'hypertension artérielle.

PHÉOPHYCÉE **n.f.** (du gr. *phaios*, sombre, et *phûkos*, algue). Algue marine pluricellulaire renfermant un pigment brun masquant la chlorophylle, telle que la laminaire, le fucus et la sargasse (SYN. **algue brune**). ➲ Les phéophycées forment une classe.

PHÉROMONE ou **PHÉRORMONE** **n.f.** **ÉTHOL.** Substance chimique qui, émise à dose infime par un animal dans le milieu extérieur, provoque chez ses congénères des comportements spécifiques. ▪ **Phéromone végétale,** substance végétale pouvant entraîner des modifications de croissance ou de physiologie chez d'autres plantes.

PHI **n.m. inv.,** ▲ *n.m.* Vingt et unième lettre de l'alphabet grec (Φ, ϕ), correspondant au *ph* français.

PHILANTHE, ▲ *PHILANTE* **n.m.** (du gr. *philos*, ami, et *anthos*, fleur). Grosse guêpe fouisseuse qui paralyse les abeilles d'un coup d'aiguillon, pour s'en nourrir et en nourrir ses larves. ➲ Ordre des hyménoptères.

PHILANTHROPE **n.** (gr. *philanthrôpos*). **1.** Personne qui cherche à améliorer le sort de l'humanité ; bienfaiteur. **2.** Personne qui agit de manière désintéressée, sans rechercher le profit : *Je suis plombier, pas philanthrope.*

PHILANTHROPIE **n.f.** Fait d'être philanthrope ; altruisme.

PHILANTHROPIQUE **adj.** Relatif à la philanthropie.

PHILATÉLIE **n.f.** (du gr. *philos*, ami, et *ateleia*, affranchissement de l'impôt). **1.** Étude, collection des timbres-poste et des objets connexes tels que les marques d'affranchissement. **2.** Commerce des timbres de collection et des objets connexes.

PHILATÉLIQUE **adj.** Relatif à la philatélie.

PHILATÉLISTE **n.** Collectionneur ou marchand de timbres-poste et d'objets connexes.

PHILHARMONIE **n.f.** **1.** Association musicale formée d'amateurs ou de professionnels, qui donne des concerts publics. **2.** (Avec une majuscule). Nom donné à certaines salles de concert de musique classique : *La Philharmonie de Berlin, de Paris.*

PHILHARMONIQUE **adj.** Se dit de certaines associations musicales d'amateurs, de grands orchestres symphoniques.

PHILIPPIN, E **adj.** et **n.** Des Philippines ; de leurs habitants.

PHILIPPINE **n.f.** (de l'all. *Vielliebchen*, bien-aimé). Jeu qui consiste à se partager deux amandes jumelles, le gagnant étant celui qui, le lendemain, dit le premier à l'autre « Bonjour Philippine ».

PHILIPPIQUE **n.f.** (des *Philippiques*, discours de Démosthène). Litt. Discours violent dirigé contre qqn ; diatribe.

PHILISTIN **n.m.** (arg. des étudiants all., de l'hébr.). Litt. Personne à l'esprit étroit, fermée aux lettres, aux arts, aux nouveautés ; béotien.

PHILISTINISME **n.m.** Litt. Attitude du philistin.

PHILO **n.f.** (abrév.). Philosophie.

PHILODENDRON [-dɛ̃-] **n.m.** (du gr. *philodendros*, qui aime le bois). **1.** Plante d'ornement originaire d'Amérique tropicale, aux larges feuilles entières ou profondément découpées. ➲ Famille des aracées. **2.** **HORTIC.** Forme jeune de monstera.

▲ **philodendron**

PHILOLOGIE **n.f.** (du lat. *philologia*, amour des lettres). **1.** Étude d'une langue ou d'une famille de langues, fondée sur l'analyse critique des textes. **2.** Établissement ou étude critique de textes par la comparaison des manuscrits ou des éditions, par l'histoire.

PHILOLOGIQUE **adj.** Relatif à la philologie.

PHILOLOGUE **n.** Spécialiste de philologie.

PHILOSOPHALE **adj.f.** ▪ **Pierre philosophale,** pierre qui, selon les alchimistes, pouvait opérer la transmutation des métaux en or ; fig., chose impossible à trouver.

PHILOSOPHE **n.** (du gr. *philosophos*, ami de la sagesse). **1.** Spécialiste de philosophie. **2.** Penseur qui élabore une doctrine, un système philosophique. **3.** **HIST.** Partisan des « Lumières », au XVIIIe s. ◆ **adj.** et **n.** Se dit de qqn qui supporte les épreuves avec constance et sérénité : *Même dans les pires situations, elle reste philosophe.*

PHILOSOPHER **v.i.** [3]. **1.** Tenir une réflexion sur des problèmes philosophiques. **2.** Argumenter sur un sujet quel qu'il soit : *Philosopher sur la situation internationale.*

PHILOSOPHIE **n.f.** **1.** Domaine de la culture constitué par un ensemble d'interrogations, de réflexions et de recherches à caractère rationnel menées depuis l'Antiquité grecque sur l'être, les causes, les valeurs, etc., et mettant en jeu, dans la diversité des voies empruntées et des réponses retenues, le rapport de l'homme au monde et à son propre savoir. (V. planche *les grands courants philosophiques* occidentaux*.) **2.** Matière d'enseignement des établissements secondaires et supérieurs ; étude de la philosophie. Abrév. **philo.** **3.** Étude des principes fondamentaux d'une discipline : *Philosophie des sciences.* **4.** Doctrine, système philosophique d'un auteur, d'une école, d'une époque, etc. **5.** Force d'âme acquise avec l'expérience des difficultés ; sagesse.

6. Conception de qqch fondée sur un ensemble de principes ; l'ensemble de ces principes : *Une nouvelle philosophie de l'entreprise.*

PHILOSOPHIQUE adj. 1. Relatif à la philosophie. **2.** Empreint de philosophie, de sagesse.

PHILOSOPHIQUEMENT adv. 1. Du point de vue philosophique. **2.** Avec sagesse, sérénité ; en philosophe.

PHILTRE n.m. (lat. *philtrum*). Breuvage magique propre à inspirer l'amour.

PHIMOSIS [-zis] **n.m.** (gr. *phimôsis*). **MÉD.** Étroitesse du prépuce, qui empêche de découvrir le gland.

PHLÉBITE n.f. (du gr. *phlebs, phlebos,* veine). Phlébothrombose.

PHLÉBOGRAPHIE n.f. MÉD. Radiographie des veines.

PHLÉBOLOGIE n.f. Discipline médicale qui étudie et traite les troubles des veines.

PHLÉBOLOGUE n. Spécialiste de phlébologie.

PHLÉBOTHROMBOSE n.f. MÉD. Thrombose d'une veine, exposant au risque d'embolie pulmonaire (SYN. **phlébite**).

PHLÉBOTOME n.m. Insecte diptère hématophage des régions méditerranéennes et tropicales, qui peut transmettre la leishmaniose. ➲ Superfamille des psychodoïdes.

PHLÉBOTOMIE n.f. Incision d'une veine ; saignée veineuse.

PHLEGMON n.m. (du gr. *phlegmonê,* tumeur enflammée). **MÉD.** Inflammation suppurée infiltrant les tissus, et pouvant se condenser en abcès.

PHLÉOLE n.f. → **FLÉOLE.**

PHLOÈME n.m. (du gr. *phloios,* écorce). **BOT.** Liber.

PHLOGISTIQUE n.m. (du gr. *phlogistos,* inflammable). Anc. Fluide imaginé au XVIIᵉ s., notamm. par G. Stahl, pour expliquer la combustion.

PHLOX [flɔks] **n.m.** (mot gr. « flamme »). Plante originaire d'Amérique du Nord, cultivée pour ses fleurs aux couleurs vives. ➲ Famille des polémoniacées.

PHLYCTÈNE n.f. (du gr. *phluktaina,* pustule). **MÉD.** Lésion cutanée formant une saillie remplie de liquide, grande (bulle) ou petite (vésicule) [SYN. **cloque**].

pH-mètre [peaʃ-] **n.m.** (pl. *pH-mètres*). Appareil de mesure du pH.

PHÔ [fø] **n.m.** (mot vietnamien). Bouillon de bœuf agrémenté de nouilles de riz, de fines tranches de viande et de diverses herbes aromatiques. ➲ Cuisine vietnamienne.

PHOBIE n.f. (du gr. *phobos,* crainte). **1.** Aversion instinctive très vive : *La phobie de la poussière.* **2. PSYCHIATR.** Peur irraisonnée et angoissante déclenchée par un objet, une personne, une situation, et dont le sujet reconnaît génér. le caractère inadapté.

PHOBIQUE adj. Qui a les caractères de la phobie : *Névrose phobique.* ◆ **adj.** et **n.** Atteint de phobie.

PHOCÉEN, ENNE adj. et n. **1.** Relatif à Phocée. **2.** Relatif à Marseille : *La vie culturelle phocéenne.*

PHOCOMÉLIE n.f. (du gr. *phôkê,* phoque, et *melos,* membre). **MÉD.** Malformation caractérisée par l'atrophie des membres, mains et pieds semblant s'attacher directement sur le tronc.

PHŒNIX [feniks] ou **PHÉNIX n.m.** (lat. *phoenix*). Palmier d'un genre représenté par 17 espèces, dont le dattier, et plusieurs espèces ornementales.

PHOLADE n.f. (gr. *phôlas, -ados*). Mollusque bivalve à coquille blanche sans charnière, qui creuse des trous dans les rochers. ➲ Famille des pholadidés.

PHOLIDOTE n.m. (du gr. *pholidôtos,* écailleux). Mammifère édenté, doté d'une longue langue gluante, au corps recouvert d'écailles cornées, tel que le pangolin. ➲ Les pholidotes forment un ordre.

PHOLIOTE n.f. (lat. sc. *pholiota*). Champignon basidiomycète à lamelles écartées jaunes ou brunes, croissant en touffes à la base des vieux arbres, dont quelques espèces sont comestibles. ➲ Famille des agaricacées.

PHONATEUR, TRICE ou **PHONATOIRE adj.** Relatif à la production des sons vocaux.

PHONATION n.f. (du gr. *phônê,* voix). Ensemble des facteurs qui concourent à la production de la voix.

PHONE n.m. ACOUST. Unité sans dimension servant à comparer l'intensité des sons et des bruits du point de vue de l'impression physiologique causée.

PHONÉMATIQUE ou **PHONÉMIQUE adj. LING.** Relatif aux phonèmes. ◆ **n.f.** Partie de la phonologie qui étudie les phonèmes et leurs traits distinctifs.

PHONÈME n.m. (gr. *phônêma*). **LING.** Son d'une langue, défini par les propriétés distinctives (traits pertinents) qui l'opposent aux autres sons de cette langue.

PHONÉTICIEN, ENNE n. Spécialiste de phonétique.

PHONÉTIQUE adj. Relatif aux sons du langage. ▪ **Alphabet phonétique international (API),** répertoire de caractères graphiques conventionnels destinés à transcrire les sons des différentes langues. ▪ **Écriture phonétique,** écriture où chaque signe graphique correspond à un son du langage et réciproquement. ◆ **n.f. 1.** Étude scientifique des sons du langage et des processus de la communication parlée. **2.** Représentation par des signes conventionnels de la prononciation des mots d'une langue.

PHONÉTIQUEMENT adv. 1. Du point de vue de la phonétique. **2.** En écriture phonétique.

PHONIATRE n. Spécialiste de phoniatrie.

PHONIATRIE n.f. Spécialité médicale qui étudie les troubles de la phonation.

PHONIQUE adj. Relatif aux sons ou à la voix : *L'isolation phonique d'un bâtiment.*

PHONO n.m. (abrév.). Anc. Phonographe.

PHONOCAPTEUR, TRICE adj. Anc. Appareil de lecture d'un phonographe.

PHONOGÉNIE n.f. Qualité phonogénique.

PHONOGÉNIQUE adj. Dont la voix, le son se prêtent bien à l'enregistrement et à la diffusion.

PHONOGRAMME n.m. 1. LING. Signe graphique représentant un son ou une suite de sons (par oppos. à *idéogramme*). **2.** Produit résultant de la fixation, sur tout support, de sons créés et composés par un auteur.

PHONOGRAPHE n.m. (du gr. *phônê,* voix, et *graphein,* écrire). Anc. Appareil de reproduction du son par des procédés mécaniques. Abrév. **phono.**

PHONOGRAPHIQUE adj. Relatif à l'enregistrement des sons par gravure. ▪ **Enregistrement phonographique,** sur tous disques, par oppos. aux enregistrements sur bande magnétique.

PHONOLITE n.f. (du gr. *phônê,* voix, et *lithos,* pierre). Roche volcanique pauvre en silice, contenant des feldspaths et des feldspathoïdes, souvent mise en place à l'état visqueux sous la forme d'un dôme, et qui se débite en dalles sonores à la percussion.

PHONOLITIQUE adj. Formé de phonolite.

PHONOLOGIE n.f. Étude des phonèmes, du point de vue de leur fonction dans une langue donnée et des relations d'opposition et de contraste qu'ils ont dans le système des sons de cette langue (*système phonologique*).

PHONOLOGIQUE adj. Relatif à la phonologie.

PHONOLOGUE n. Spécialiste de phonologie.

PHONON n.m. PHYS. Quantum d'oscillation associé aux vibrations des atomes dans un réseau cristallin.

PHONOTHÈQUE n.f. Lieu où sont rassemblés et mis à la disposition des usagers des documents sonores constituant des archives de la parole.

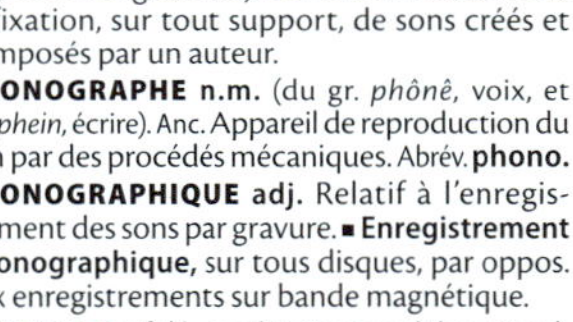

▲ **phoque.** Veau marin.

PHOQUE n.m. (lat. *phoca,* du gr.). **1.** Mammifère marin voisin de l'otarie, mais à cou court et à oreilles sans pavillon, vivant surtout dans les régions arctiques et antarctiques. ➲ Ordre des pinnipèdes. **2.** Fourrure de cet animal.

PHORMIUM [-mjɔm] ou **PHORMION n.m.** (lat. *phormium*). Plante d'ornement appelée aussi *lin de Nouvelle-Zélande.* ➲ Famille des agavacées.

PHOSGÈNE n.m. (du gr. *phôs,* lumière, et *gennân,* engendrer). Gaz ($COCl_2$) extrêmement toxique, intermédiaire dans la fabrication de colorants et utilisé comme arme chimique.

PHOSPHATAGE n.m. Enrichissement du sol en phosphates par apport d'engrais.

PHOSPHATASE n.f. BIOCHIM. Enzyme qui hydrolyse les esters de l'acide phosphorique pour en détacher ce dernier.

PHOSPHATATION n.f. MÉTALL. Procédé thermochimique de protection des alliages ferreux par formation superficielle d'une couche de phosphates métalliques complexes.

PHOSPHATE n.m. (de *phosphore*). **1.** Sel de l'acide phosphorique. **2.** Minéral caractérisé par le radical $(PO_4)^{3-}$, comme l'apatite ou la turquoise. **3.** Roche sédimentaire contenant des minéraux phosphatés. ➲ Les phosphates sont exploités comme matière première de l'industrie chimique, en partic. pour la production d'engrais. **4. AGRIC.** Engrais phosphaté.

PHOSPHATÉ, E adj. Qui contient du phosphate.

PHOSPHATER v.t. [3]. Procéder au phosphatage de.

PHOSPHÈNE n.m. (du gr. *phôs,* lumière, et *phainein,* briller). **MÉD.** Phénomène lumineux bref apparaissant dans le champ visuel, de cause variée (déchirure de la rétine, par ex.).

PHOSPHINE n.f. Composé organique dérivant de l'hydrogène phosphoré PH_3 (nom générique).

PHOSPHITE n.m. Sel de l'acide phosphoreux.

PHOSPHOCALCIQUE adj. Relatif au phosphore et au calcium ; qui en contient.

PHOSPHOLIPIDE n.m. BIOCHIM. Tout lipide contenant du phosphore.

PHOSPHOPROTÉINE n.f. BIOCHIM. Toute substance constituée d'une protéine et d'acide phosphorique.

PHOSPHORE n.m. (du gr. *phôsphoros,* qui apporte la lumière). **1.** Non-métal dont la forme allotropique blanche a une densité de 1,82, fond à 44,1 °C et bout à 280 °C. **2.** Élément chimique (P), de numéro atomique 15, de masse atomique 30,9737.

PHOSPHORÉ, E adj. Qui contient du phosphore.

PHOSPHORER v.i. [3]. Fam. Déployer une activité intellectuelle intense.

PHOSPHORESCENCE n.f. 1. OPT. Luminescence dans laquelle l'émission de lumière persiste un temps appréciable (de 10^{-8} seconde à plusieurs jours) après qu'a cessé l'excitation (par oppos. à *fluorescence*). **2.** Émission de lumière par certains êtres vivants : *La phosphorescence du lampyre.* **3.** (Impropre en physique). Luminescence du phosphore.

PHOSPHORESCENT, E adj. Doué de phosphorescence.

PHOSPHOREUX, EUSE adj. 1. Qui contient du phosphore : *Alliage phosphoreux.* **2. CHIM. MINÉR.** Se dit de l'anhydride (P_2O_3) formé par la combustion lente du phosphore, et de l'acide (H_3PO_3) correspondant.

PHOSPHORIQUE adj. CHIM. MINÉR. Se dit de l'anhydride (P_2O_5) formé par la combustion vive du phosphore, et de l'acide (H_3PO_4) correspondant.

PHOSPHORITE n.f. Roche sédimentaire des cavités karstiques, riche en phosphates.

PHOSPHORYLATION n.f. CHIM. ORG. Réaction par laquelle un radical phosphoryle se fixe sur un composé organique (le plus souvent un ose).

PHOSPHORYLE n.m. CHIM. MINÉR. Groupement formé d'un atome de phosphore et d'un atome d'oxygène.

PHOSPHURE n.m. CHIM. MINÉR. Corps composé de phosphore et d'un autre élément.

PHOT [fɔt] **n.m.** Anc. Unité c.g.s. d'éclairement (1 phot = 10^4 lux).

PHOTO n.f. (abrév.). **1.** Photographie : *Faire de la photo.* **2.** Image photographique : *Classer ses photos.* ▪ **(Il n') y a pas photo** [fam.], la différence est évidente. ◆ **adj. inv.** Photographique : *Des appareils photo.*

PHOTOBIOLOGIE n.f. Étude scientifique de l'action de la lumière sur les êtres vivants.

PHOTOCATALYSE n.f. CHIM. Technique d'oxydation fondée sur l'absorption de lumière, solaire ou ultraviolette, par un catalyseur semi-conducteur. ➲ Ses applications concernent notamm. la dépollution de l'air et de l'eau.

Les grands courants philosophiques occidentaux

La philosophie occidentale est née en Grèce au ve s. av. J.-C. Le mot vient du latin *philosophia*, emprunté au grec, qui signifie l'« amour (philo-, de *philein*, aimer) de la sagesse (sophia) ». Son but est non seulement de comprendre le monde et les êtres en exerçant un jugement critique, mais aussi de bien vivre.

▲ **Athéna pensive.** Bas-relief représentant la déesse grecque de la Sagesse. (Musée de l'Acropole, Athènes.)

▲ ***La Mort de Socrate.*** Socrate accepte sa condamnation à mort quoiqu'il la juge injuste. Sa mort est philosophique : elle illustre le principe selon lequel « mieux vaut subir l'injustice que la commettre » ; elle manifeste le sens de la liberté. (Peinture de C. A. Dufresnoy, XVIIe s., palais Pitti, Florence.)

Le questionnement sans limites

La philosophie est précédée par un questionnement portant sur la physique (la nature). Ainsi, les penseurs **présocratiques** – tel Empédocle qui ramène toute réalité concrète aux quatre éléments (l'air, l'eau, la terre, le feu) – s'intéressent aux causes premières de toute chose.

Socrate inaugure vraiment la philosophie en se démarquant de cette interrogation trop spécialisée. Un déplacement s'opère : la question ne porte pas sur la nature mais sur tout objet ; elle s'accompagne d'une réflexion sur celui qui connaît. La conscience de l'ignorance (« Je sais que je ne sais rien ») et le souci de l'âme (« Connais-toi toi-même ») deviennent les agents de la pensée.

Platon, à sa suite, fonde le principe d'une interrogation sans limites. La question « Qu'est-ce que ? » peut être posée à propos de toute réalité : la philosophie cherche à connaître les essences, la nature propre des choses, en s'élevant jusqu'aux réalités supérieures que sont les Idées.

Aristote prolonge cette quête, mais renonce à envisager les essences comme des réalités supérieures : il préfère les considérer comme des structures inhérentes au monde sensible.

▲ ***Philosophe en méditation.*** Le philosophe accueille la lumière du dehors, symbole de la pensée éclairée par l'intelligible. La forme spiralée de l'escalier obscur évoque l'infini : la méditation est elle-même sans fin. (Peinture de Rembrandt, 1632, musée du Louvre, Paris.)

La physique, fondement de l'éthique

Au IIIe s. av. J.-C. se développent des pensées qui fondent l'éthique, c'est-à-dire l'étude de la morale, sur la physique. Le **stoïcisme** repose sur l'affirmation d'un cosmos unique parfaitement ordonné : la sagesse consiste alors à accepter l'ordre du monde et à vivre selon la nature.

L'**épicurisme** considère que notre vie est limitée au composé d'atomes que nous sommes : vivre au présent s'impose donc comme l'exigence majeure.

Le **scepticisme**, pour sa part, met en cause la possibilité même d'accéder à la vérité et formule ainsi une morale de la quiétude.

Le retour à la métaphysique

La fin de la période antique marque le retour au questionnement métaphysique, visant à la connaissance totale de l'être. Le **néoplatonisme** s'inquiète du fondement ultime de la réalité.

Plotin, par exemple, conçoit ce fondement comme l'Un, radicalement absolu et supérieur à toute réalité.

Dans le sillage du néoplatonisme, saint Augustin articule une pensée de l'intériorité et une philosophie de la transcendance. Son influence s'exerce sur la théologie médiévale jusqu'à l'avènement du **thomisme**, initié par saint Thomas d'Aquin, qui entreprend de concilier foi et raison.

L'homme de Vitruve. ▶ L'insertion de l'homme dans le carré inscrit dans le cercle exprime la correspondance entre microcosme et macrocosme. Léonard de Vinci reprend, dans ce dessin, une thématique platonicienne : l'homme est un petit monde, image du grand monde. (Galerie de l'Académie, Venise.)

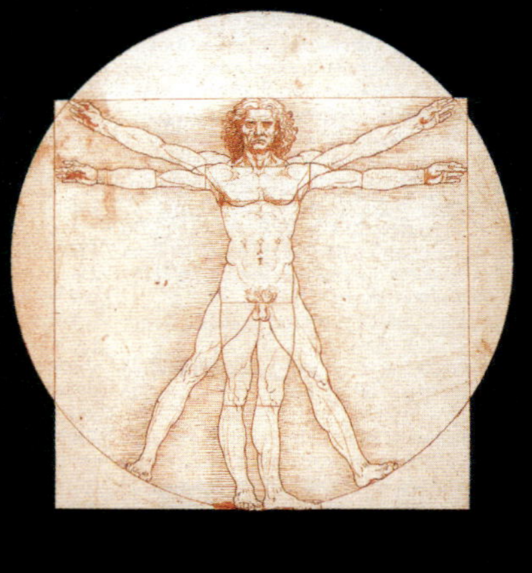

Le cartésianisme

Le **cartésianisme** se distingue des courants précédents par une nouvelle conception de la raison. Descartes, en rupture avec la pensée aristotélicienne et la scolastique médiévale, sépare la philosophie des problèmes physiques. Convaincu de l'unité fondamentale de la science, il s'attache à définir une méthode déductive, ayant l'évidence pour critère, et permettant de reconstruire tout l'édifice du savoir.

Par le rôle central qu'elle accorde au sujet, la pensée cartésienne constitue par ailleurs le point de départ de la philosophie occidentale moderne.

Le criticisme kantien

Le souci critique qui frappe la philosophie se retourne en partie contre le cartésianisme. L'**empirisme** de Hume limite la connaissance à l'expérience présente. Le **criticisme** de Kant intègre l'empirisme en le dépassant : certes, nous ne pouvons connaître que ce qui nous est donné dans l'expérience, mais la connaissance que nous en avons est dite « transcendantale », car elle porte moins sur les objets que sur les concepts *a priori* de ces objets.

L'analyse des conditions de la connaissance permet ainsi de mettre au jour les illusions de connaissance. La raison peut, en effet, s'imaginer connaître si elle ne prend pas garde au fait que ses idées ne correspondent à aucune expérience possible. Elle tombe inévitablement en contradiction avec elle-même, car il est également facile et arbitraire de soutenir alternativement que le monde a un commencement ou non, que l'âme est immortelle ou non, etc. Ainsi, l'essai de Kant *Critique de la raison pure* (1781) limite la raison à un usage scientifique en dénonçant l'illusion de la métaphysique théorique et en établissant l'objectivité des principes de la science.

▲ **Kant à sa table de travail.** La sphère sur laquelle le philosophe a posé la main représente à la fois la systématicité de sa recherche critique, la rigueur mathématique de sa pensée ainsi que sa portée universelle. (Gravure de F. Birck, XVIIIe s.)

L'hégélianisme

L'**hégélianisme** tire les conséquences du criticisme kantien : avec lui, il ne faut plus opposer esprit et nature, sujet et objet, mais il convient de s'élever à une pensée de l'unité, de l'articulation des contraires par la dialectique.

Celle-ci est conçue comme la conscience que l'esprit prend de lui-même dans les contradictions auxquelles il est confronté. La logique, la philosophie de la nature et la philosophie de l'esprit sont ainsi les trois moments du développement d'un seul principe, l'Idée, qui, au terme du parcours, atteint l'Absolu. La dialectique englobe donc à la fois les lois du développement de l'esprit et celles qui déterminent le développement de la nature.

Du marxisme au vitalisme

Le **marxisme** hérite de Hegel ce sens de la contradiction surmontée. Contre ce dernier cependant, il considère que les contradictions ne sont pas d'abord des notions dans l'esprit de l'homme, mais des forces productives objectives. Ce ne sont donc pas les idées qui mènent le monde : les idées ne font que refléter des contradictions concrètes.

Contre la réduction de la réalité à l'observable et à la matière, le **vitalisme**, qui est à l'origine de la pensée de Nietzsche et de celle de Bergson, perçoit la vie comme une puissance créatrice.

◄ ***D'où venons-nous ? Que sommes-nous ? Où allons-nous ?*** À l'image du titre de cette peinture de P. Gauguin (1897), les questions les plus radicales sont les plus simples et les plus audacieuses : la philosophie ose avec candeur questionner le fondement de la vie même. (Museum of Fine Arts, Boston.)

Du soupçon à la phénoménologie

Les évolutions ultérieures sont marquées par des orientations nettement contradictoires : défiance envers la philosophie et tentative pour la réhabiliter.

La **psychanalyse** (Freud, Lacan) met en cause la souveraineté du sujet et remplace la philosophie par l'interprétation. Le **structuralisme** (Lévi-Strauss) examine la cohérence interne des groupes humains. La relecture du marxisme par Louis Althusser et Ernst Bloch, la critique de la métaphysique (Heidegger, Derrida), le post-nietzschéisme (Deleuze, Foucault) contestent la possibilité même du discours vrai.

La **phénoménologie** (Husserl) réhabilite la philosophie comme science rigoureuse par une analyse de l'apparaître. Chef de file de l'**existentialisme**, Sartre développe la phénoménologie comme philosophie de la liberté. Merleau-Ponty prolongera cette pensée dans une philosophie du corps, et Levinas dans le sens de l'éthique.

▲ **Sartre et Beauvoir distribuant *la Cause du peuple* en 1968.** Contre une conception purement spéculative de la philosophie, l'existentialisme promeut une pensée ancrée dans l'existence : nous sommes condamnés à être libres ; la liberté nous contraint à prendre position.

PHOTOCATHODE n.f. Cathode d'une cellule photoélectrique.

PHOTOCHIMIE n.f. Branche de la chimie qui étudie les réactions chimiques sous l'action de la lumière.

PHOTOCHIMIQUE adj. Relatif à la photochimie.

PHOTOCOMPOSER v.t. [3]. Composer un texte par photocomposition.

PHOTOCOMPOSEUSE n.f. Machine pour la photocomposition.

PHOTOCOMPOSITEUR ou **PHOTOCOMPOSEUR** n.m. Personne, entreprise spécialisée dans la photocomposition.

PHOTOCOMPOSITION n.f. IMPRIM. Procédé de composition fournissant directement des textes sur films photographiques.

PHOTOCONDUCTEUR, TRICE adj. Qui présente ou utilise le phénomène de photoconduction (SYN. **photorésistant**).

PHOTOCONDUCTION n.f. ÉLECTRON. Propriété de certaines substances dont la conduction électrique varie sous l'effet d'un rayonnement lumineux.

PHOTOCOPIE n.f. Procédé de reproduction rapide des documents, génér. par xérographie (copies sur papier) ; reproduction ainsi obtenue.

PHOTOCOPIER v.t. [5]. Reproduire par photocopie.

PHOTOCOPIEUSE n.f. ou **PHOTOCOPIEUR** n.m. Appareil de photocopie.

PHOTOCOPILLAGE n.m. (de *photocopie* et *pillage*). DR. Action délictueuse consistant à photocopier un ouvrage, partiellement ou en totalité, pour en économiser l'achat.

PHOTODIODE n.f. Diode à semi-conducteur dans laquelle un rayonnement lumineux incident détermine une variation du courant électrique.

PHOTODISSOCIATION n.f. Dissociation d'une molécule sous l'action de la lumière.

PHOTOÉLASTICIMÉTRIE n.f. Méthode d'analyse optique des contraintes ou des déformations subies par les solides, fondée sur la photoélasticité.

PHOTOÉLASTICITÉ n.f. Propriété que présentent certaines substances transparentes isotropes de devenir biréfringentes sous l'influence de déformations élastiques.

PHOTOÉLECTRICITÉ n.f. PHYS. Production d'électricité par l'action de la lumière ; électricité ainsi produite.

PHOTOÉLECTRIQUE adj. Qui a trait à la photoélectricité. ▪ **Cellule photoélectrique,** dispositif utilisant l'effet photoélectrique ; spécial., instrument de mesure de l'intensité du rayonnement lumineux, utilisé notamm. en photographie. ▪ **Effet photoélectrique,** propriété qu'ont certains métaux d'émettre des électrons sous l'effet de radiations lumineuses dont la fréquence est supérieure à un seuil caractéristique du métal *(seuil photoélectrique).*

PHOTOÉMETTEUR, TRICE adj. Susceptible d'effet photoélectrique.

PHOTO-FINISH (pl. *photos-finish*), ▲ **PHOTOFINISH** [fɔtofiniʃ] n.f. (de l'angl. *finish*, arrivée). Appareil photographique enregistrant automatiquement l'ordre des concurrents à l'arrivée d'une course ; photographie ainsi obtenue.

PHOTOGENÈSE n.f. Vx. Bioluminescence.

PHOTOGÉNIE n.f. Qualité d'une personne photogénique.

PHOTOGÉNIQUE adj. **1.** Dont l'image photographique ou cinématographique produit un bel effet. **2.** CHIM. Relatif aux effets chimiques de la lumière sur certains corps.

PHOTOGÉOLOGIE n.f. Ensemble des techniques de télédétection qui, à partir de photographies aériennes ou d'images satellitaires, permettent d'établir la géologie d'une région.

PHOTOGRAMME n.m. CINÉMA, PHOTOGR. L'un des vingt-quatre instantanés inscrits sur la pellicule en une seconde ; agrandissement photographique obtenu à partir de l'un d'entre eux.

PHOTOGRAMMÉTRIE n.f. Application de la stéréophotographie aux levés topographiques et aux relevés des formes et dimensions des objets.

PHOTOGRAPHE n. **1.** Personne qui pratique la photographie (amateur ou professionnel). **2.** Commerçant qui vend du matériel photographique et développe et tire des clichés.

PHOTOGRAPHIE n.f. (du gr. *phôs, phôtos*, lumière, et *graphein*, tracer). **1.** Technique permettant d'enregistrer l'image des objets par action de la lumière sur un support rendu photosensible par des procédés chimiques ou sur un capteur photosensible à semi-conducteur. **2.** Cette technique, employée comme moyen d'expression artistique ; art du photographe. Abrév. **photo.** **3.** Image obtenue par cette technique. Abrév. **photo.** **4.** Description précise et objective de qqch : *Ce récit donne une bonne photographie de ce célèbre procès.* ▪ **Directeur de la photographie** [cinéma, télév.], technicien responsable de la prise de vues (SYN. **chef opérateur**).

➲ Inventée à partir de 1816 par N. Niépce puis perfectionnée notamm. par Daguerre et W. H. F. Talbot, la **PHOTOGRAPHIE** est fondée sur la transformation de composés sous l'action de la lumière ou de radiations. Dans un appareil photographique traditionnel, dit *argentique*, essentiellement constitué d'une chambre noire sur laquelle est monté un objectif, l'image se forme par réactions photochimiques sur un support (pellicule) revêtu d'une mince couche de l'un de ces composés. L'émulsion impressionnée doit être traitée (développement) dans des bains qui stabilisent ces substances. On obtient alors soit l'image négative servant au tirage des épreuves, soit l'image positive (diapositive) pouvant être projetée.
Dans les appareils de photographie numérique, les images sont mémorisées par un microprocesseur intégré au boîtier. Un dispositif permet la visualisation de celles-ci sur écran vidéo, leur traitement à l'aide d'un ordinateur, mais aussi leur transmission par différents réseaux numériques. Des images sur papier peuvent être obtenues à l'aide d'une imprimante couleur.

PHOTOGRAPHIER v.t. [5]. **1.** Obtenir par la photographie l'image de. **2.** Imprimer fortement dans sa mémoire l'image de ; mémoriser. **3.** Donner une description détaillée et fidèle de : *Ces statistiques photographient l'état actuel du pays.*

PHOTOGRAPHIQUE adj. **1.** Relatif à la photographie ; qui sert à faire de la photographie. **2.** Qui a la fidélité, la précision de la photographie.

PHOTOGRAPHIQUEMENT adv. Par la photographie.

PHOTOGRAVEUR n.m. Personne, entreprise spécialisée dans la photogravure.

PHOTOGRAVURE n.f. Technique de reproduction imprimée des illustrations par des procédés photographiques, chimiques ou électroniques.

PHOTO-INTERPRÉTATION n.f. (pl. *photos-interprétations*). Interprétation (repérage, identification et analyse des éléments figurés) des photographies aériennes ou des images spatiales.

PHOTOJOURNALISME n.m. Technique journalistique qui repose sur l'utilisation de l'image photographique comme moyen d'information.

PHOTOJOURNALISTE n. Reporter-photographe.

PHOTOLITHOGRAPHIE n.f. ÉLECTRON. Technique associant la photographie et la gravure chimique ou ionique, qui permet de répéter des millions de fois sur un substrat de silicium les motifs utilisés pour la réalisation de circuits intégrés.

PHOTOLUMINESCENCE n.f. PHYS. Luminescence provoquée par un rayonnement visible, ultraviolet ou infrarouge.

PHOTOLYSE n.f. Décomposition chimique par la lumière.

PHOTOMATON n.m. (nom déposé). Appareil qui prend et développe automatiquement des photographies d'identité.

PHOTOMÉCANIQUE adj. IMPRIM. Se dit de tout procédé de reproduction et d'impression utilisant des clichés photographiques.

PHOTOMÈTRE n.m. OPT. Instrument de mesure de l'intensité d'une source lumineuse.

PHOTOMÉTRIE n.f. Partie de la physique qui traite de la mesure des grandeurs relatives aux rayonnements lumineux ; cette mesure.

PHOTOMÉTRIQUE adj. Relatif à la photométrie.

PHOTOMONTAGE n.m. Montage ou collage réalisé à partir de plusieurs images photographiques.

PHOTOMULTIPLICATEUR, TRICE adj. ÉLECTRON. ▪ **Cellule photomultiplicatrice,** ou **photomultiplicateur, n.m.,** cellule photoélectrique à multiplication d'électrons.

PHOTON n.m. PHYS. Particule spécifique de la lumière (du groupe des bosons), porteuse des interactions électromagnétiques.

PHOTONIQUE adj. Relatif aux photons.

PHOTOPÉRIODE n.f. Durée du jour, considérée du point de vue de ses effets biologiques.

PHOTOPÉRIODISME n.m. BIOL. Réaction des êtres vivants, notamm. des plantes et des animaux hibernants, aux variations de la durée des

▲ **photographie.** Appareil de photographie reflex numérique.

périodes de lumière et d'obscurité, au cours de nycthémères successifs.

PHOTOPHOBIE **n.f.** **MÉD.** Tendance à éviter la lumière et la gêne qu'elle provoque, lors de certaines maladies (kératite, migraine, méningite, par ex.).

PHOTOPHORE **n.m.** (gr. *phôtophoros*, de *phôs*, *phôtos*, lumière, et *pherein*, porter). **1.** Appareil d'éclairage extérieur composé d'une tulipe de verre abritant une bougie. **2.** Petit vase ou globe de verre abritant une bougie ou une veilleuse.

PHOTOPILE **n.f.** Dispositif transformant un rayonnement électromagnétique en courant électrique (SYN. **cellule photovoltaïque, cellule** ou **pile solaire**).

PHOTOPOLYMÈRE **adj.** Se dit d'un plastique sensibilisé dans la masse et utilisé pour la confection de clichés et de formes d'impression typographiques.

PHOTORAJEUNISSEMENT **n.m.** Procédé de médecine esthétique, souvent réalisé au laser ou à la lumière pulsée, et ayant pour but d'effacer les signes de vieillissement cutané.

PHOTORÉCEPTEUR **n.m.** **HISTOL.** Cellule réceptrice visuelle (cône ou bâtonnet de la rétine).

PHOTOREPORTAGE **n.m.** Reportage constitué essentiellement de documents photographiques.

PHOTOREPORTEUR, TRICE **n.** Reporter-photographe.

PHOTORÉSISTANCE **n.f.** **ÉLECTRON.** Composant présentant une résistance électrique très élevée dans l'obscurité et faible à la lumière (SYN. **LDR**).

PHOTORÉSISTANT, E **adj.** Photoconducteur.

PHOTO-ROBOT (pl. *photos-robots*), ▲ **PHOTOROBOT** **n.f.** Portrait-robot.

PHOTOSENSIBILISATION **n.f.** **MÉD.** Excès de sensibilité de la peau au rayonnement solaire, dû à un cosmétique ou à un médicament.

PHOTOSENSIBILITÉ **n.f.** **PHYS., PHYSIOL.** Sensibilité aux radiations lumineuses.

PHOTOSENSIBLE **adj.** Sensible aux rayonnements lumineux : *Émulsion photosensible.*

PHOTOSPHÈRE **n.f.** **ASTRON.** Couche superficielle lumineuse d'une étoile, spécial. du Soleil, d'où provient la quasi-totalité du rayonnement visible de l'astre.

PHOTOSTOPPEUR, EUSE **n.** Personne qui photographie les passants et leur propose la vente de leur portrait.

PHOTOSTYLE **n.m.** **INFORM.** Crayon optique ou électronique.

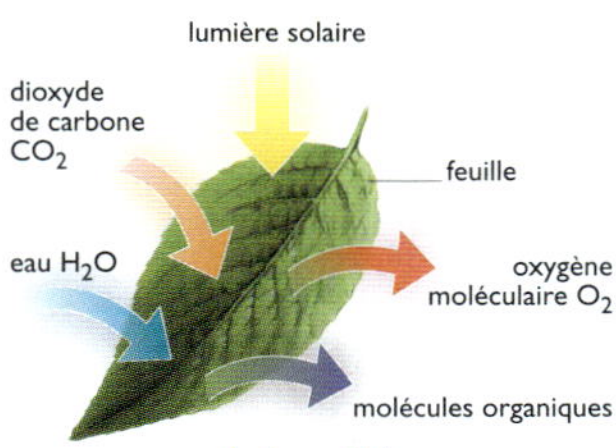

▲ **photosynthèse**

PHOTOSYNTHÈSE **n.f.** **BIOCHIM.** Chez les plantes vertes et certaines bactéries, processus de fabrication de matière organique à partir de l'eau et du dioxyde de carbone de l'atmosphère, utilisant la lumière solaire comme source d'énergie et qui produit un dégagement d'oxygène (par oppos. à *chimiosynthèse*).

PHOTOSYNTHÉTIQUE **adj.** Relatif à la photosynthèse.

PHOTOTACTISME **n.m.** **BIOL.** **1.** Réaction des êtres unicellulaires à une variation d'intensité lumineuse. **2.** Réponse locomotrice d'attraction ou de répulsion d'un organisme ou d'une cellule mobiles face à une source lumineuse.

PHOTOTAXIE **n.f.** **BIOL.** Réaction spontanée, génétiquement programmée, d'un organisme vivant face à une source lumineuse, qui se traduit par un déplacement (phototactisme) ou une simple orientation (phototropisme) par rapport à cette source.

PHOTOTHÈQUE **n.f.** Collection d'archives photographiques ; lieu où elle est conservée.

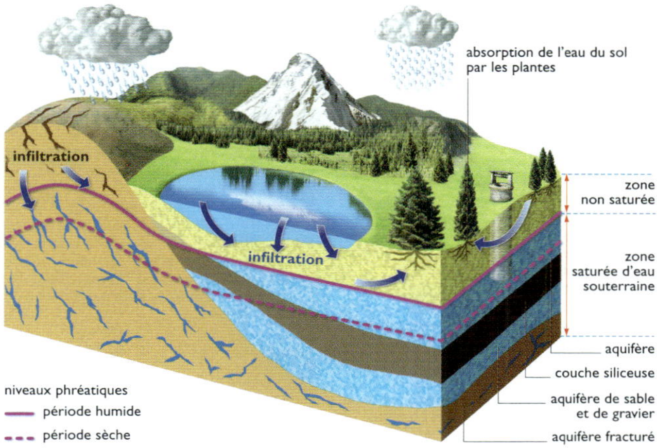

▲ **phréatique.** Nappe phréatique et niveaux saisonniers.

PHOTOTHÉRAPIE **n.f.** **MÉD.** Traitement, partic. des affections cutanées, par la lumière ou les ultraviolets.

PHOTOTRANSISTOR **n.m.** **ÉLECTRON.** Transistor dont la conduction est déclenchée par un signal lumineux.

PHOTOTROPISME **n.m.** **BIOL.** Tropisme déclenché par une source lumineuse ; spécial., orientation de la croissance des organismes fixés (notamm. les végétaux) par rapport à la lumière.

PHOTOTYPE **n.m.** Image photographique visible et stable, négative ou positive, obtenue après exposition et traitement d'une surface sensible.

PHOTOTYPIE **n.f.** **IMPRIM.** Procédé d'impression au moyen de plaques de verre garnies de gélatine encrée.

PHOTOVOLTAÏQUE **adj.** **ÉLECTRON.** Qui a trait à la conversion de l'énergie lumineuse en énergie électrique : *Énergie photovoltaïque.* ▪ **Cellule photovoltaïque,** photopile.

PHRAGMITE **n.m.** (du gr. *phragma*, clôture). **1.** Roseau commun à grandes tiges très raides, à feuilles aiguës, utilisé en vannerie. ➲ Famille des graminées. **2.** Fauvette des joncs, répandue dans les marécages, de l'Europe à l'Asie centrale et à l'Afrique. ➲ Famille des sylviidés.

PHRASE **n.f.** (gr. *phrasis*, de *phrazein*, expliquer). **1.** **LING.** Unité élémentaire d'un énoncé, formée de plusieurs mots ou groupes de mots *(propositions)* dont la construction présente un sens complet. **2.** **MUS.** Suite de notes formant une unité mélodique expressive. ▪ **Des phrases,** des paroles emphatiques et creuses. ▪ **Petite phrase,** élément d'un discours, notamm. politique, repris par les médias pour son impact potentiel sur l'opinion. ▪ **Phrase toute faite,** formule banale et conventionnelle ; cliché. ▪ **Sans phrases,** directement et franchement.

PHRASÉ **n.m.** **MUS.** Art d'interpréter une pièce musicale en respectant la dynamique expressive de ses phrases (accents mélodiques, pauses, rythme…) ; l'interprétation elle-même.

PHRASÉOLOGIE **n.f.** **1.** **LING.** Ensemble des constructions et des expressions propres à une langue, un milieu, une spécialité, une époque. **2.** Péjor. Assemblage de formules prétentieuses et creuses ; verbiage.

PHRASER **v.t.** **[3].** **MUS.** Jouer une phrase musicale, un air en mettant en évidence le développement de la ligne mélodique.

PHRASEUR, EUSE **n.** Péjor. Personne qui s'exprime avec affectation et grandiloquence.

PHRASTIQUE **adj.** **LING.** Relatif à la phrase.

PHRATRIE **n.f.** (gr. *phratria*). **1.** **ANTHROP.** Ensemble de plusieurs clans ou tribus. **2.** **ANTIQ. GR.** Groupement de familles, subdivision de la tribu remplissant des fonctions religieuses et civiles.

PHRÉATIQUE **adj.** (du gr. *phrear, -atos*, puits). **GÉOL.** Se dit d'une nappe aquifère, imprégnant les roches, formée par l'infiltration des eaux de pluie et alimentant des puits ou des sources.

PHRÉNIQUE **adj.** (du gr. *phrên*, diaphragme). **ANAT.** Diaphragmatique. ▪ **Nerf phrénique,** qui commande les contractions du diaphragme.

PHRÉNOLOGIE **n.f.** (du gr. *phrên, phrenos*, intelligence, et *logos*, science). Anc. Étude du caractère et des fonctions intellectuelles de l'homme d'après la forme externe de son crâne. ➲ Fondée par F. J. Gall, elle est auj. complètement abandonnée.

PHRYGANE **n.f.** (du gr. *phruganion*, bois sec). Insecte à quatre fines ailes velues, dont la larve (dite *porte-bois*) construit autour d'elle, avec des débris de végétaux ou des grains de sable, un fourreau protecteur. ➲ Ordre des trichoptères.

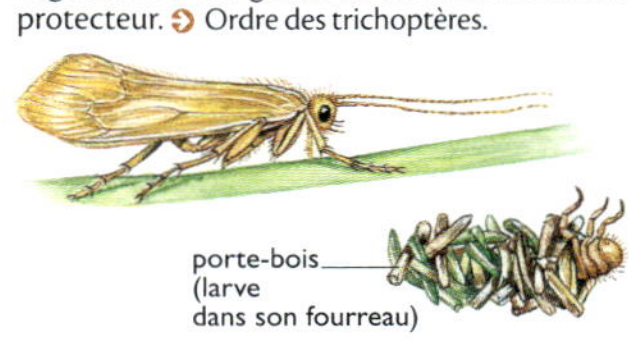

▲ **phrygane**

PHRYGIEN, ENNE **adj.** et **n.** De la Phrygie. ◆ **adj.m.** **HIST.** ▪ **Bonnet phrygien,** coiffure semblable au bonnet d'affranchi de la Rome antique, qui fut pendant la Révolution l'emblème de la liberté et de la république.

▲ **phrygien.** « Des patriotes exaltés arrachent la couronne du buste de Voltaire pour lui substituer le bonnet phrygien. » Détail d'une gouache des frères Lesueur. (Musée Carnavalet, Paris.)

PHTALATE **n.m.** (de *naphtalène*). **CHIM. ORG.** Sel de l'acide phtalique. ➲ Les phtalates sont utilisés comme plastifiants du PVC et en cosmétologie ; certains seraient toxiques.

PHTALÉINE **n.f.** **CHIM. ORG.** Indicateur de pH, incolore en milieu acide ou neutre, rouge pourpre en milieu basique.

PHTALIQUE **adj.** **CHIM. ORG.** ▪ **Acide phtalique,** dérivé du naphtalène utilisé dans la fabrication de colorants, de résines synthétiques.

PHTIRIASE **n.f.** (gr. *phtheiriasis*). **MÉD.** Infestation par les poux.

PHTISIE n.f. (du gr. *phtisis*, dépérissement). Vx. Tuberculose pulmonaire.

PHTISIOLOGIE n.f. Vx. Partie de la pneumologie qui s'occupe de la tuberculose.

PHTISIQUE adj. et n. Vx. Tuberculeux.

PHYCOCYANINE n.f. (du gr. *phûkos*, algue, et *kuanos*, bleu). **BIOCHIM.** Pigment bleu qui masque souvent la chlorophylle chez les cyanobactéries et certaines algues rouges, leur conférant une couleur bleue, glauque ou violacée.

PHYCOÉRYTHRINE n.f. (du gr. *phûkos*, algue, et *eruthros*, rouge). **BIOCHIM.** Pigment rouge propre aux algues rouges et à certaines cyanobactéries, qui leur permet de capter les radiations lumineuses en eau profonde.

PHYCOMYCÈTE n.m. (du gr. *phûkos*, algue, et *mukês*, champignon). Champignon inférieur, à mycélium non cloisonné, produisant des spores ou des cellules reproductrices sexuées mobiles, tel que les agents du mildiou. ➲ Les phycomycètes forment une classe.

PHYLACTÈRE n.m. (du gr. *phullatein*, protéger). **1.** Chacun des deux petits étuis renfermant un morceau de parchemin où sont inscrits des versets de la Torah et que les juifs pieux portent attachés au front et au bras gauche, lors de certaines prières (SYN. **tefillin**). **2. ICON.** Banderole. **3.** Bulle, dans une bande dessinée.

▲ **phylactère.** Des phylactères (banderoles avec inscriptions) accompagnent les personnages (Luther entre Volupté et Liberté) de cette miniature du XVIe s. (Musée Condé, Chantilly.)

PHYLÉTIQUE adj. Relatif à un phylum.

PHYLLADE n.m. (du gr. *phullas, -ados*, feuillage). **PÉTROL.** Roche schisteuse à laquelle de très fines paillettes de mica donnent un aspect soyeux.

PHYLLIE n.f. (du gr. *phullon*, feuille). Insecte des régions tropicales au corps aplati imitant les feuilles des arbres. ➲ Ordre des phasmidés. (V. planche *mimétisme*.)

PHYLLOQUINONE n.f. Vitamine liposoluble dont la carence provoque notamm. une anémie (SYN. **vitamine K_1**). ➲ La vitamine K comprend également la ménaquinone (vitamine K_2).

PHYLLOTAXIE n.f. **BOT.** Foliation.

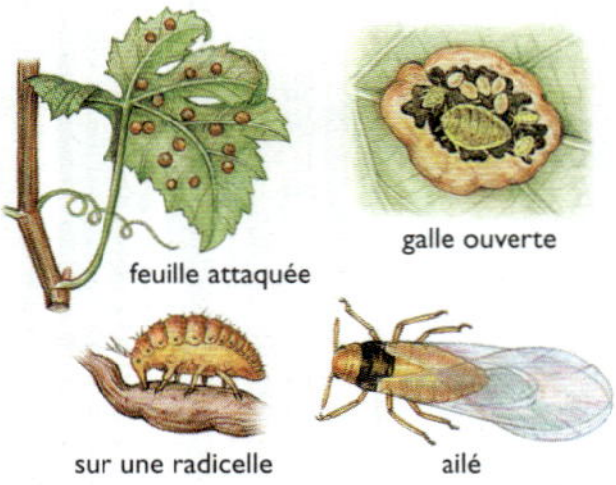

▲ **phylloxéra** et feuille de vigne parasitée.

PHYLLOXÉRA n.m. (du gr. *phullon*, feuille, et *xêros*, sec). **1.** Puceron parasite dont une espèce (*Phylloxera vastatrix*) s'attaque aux racines de la vigne. **2.** Maladie de la vigne causée par cet insecte. ➲ Le phylloxéra fut introduit accidentellement en France avec des plants américains vers 1865 et détruisit plus de la moitié du vignoble ; celui-ci fut reconstitué par des greffes sur plants américains résistant au parasite.

PHYLLOXÉRIEN, ENNE ou **PHYLLOXÉRIQUE** adj. Relatif au phylloxéra.

PHYLOGENÈSE ou **PHYLOGÉNIE** n.f. (du gr. *phûlon*, espèce, et *genesis*, origine). **BIOL.** Histoire de la formation et de l'évolution d'une espèce, d'un phylum, etc.

PHYLOGÉNÉTIQUE ou **PHYLOGÉNIQUE** adj. Relatif à la phylogenèse.

PHYLUM [filɔm] n.m. (du gr. *phûlon*, espèce). **BIOL.** Série évolutive de formes animales ou végétales dérivant d'un même ancêtre et caractérisées par un même plan global d'organisation (SYN. **lignée**). ➲ Dans la classification, le phylum correspond le plus souvent à l'embranchement.

PHYSALIE n.f. (du gr. *phusalis*, bulle d'eau). Siphonophore ressemblant à une méduse, des mers tempérées et chaudes, formé d'une vésicule flottante soutenant des polypes reproducteurs, nourriciers, et de longs filaments urticants (SYN. **galère portugaise**).

▲ **physalis**

PHYSALIS [-lis] n.m. (mot gr.). Plante ornementale ou sauvage, telle que l'alkékenge, ou amour-en-cage. ➲ Famille des solanacées.

PHYSE n.f. Mollusque gastéropode pulmoné d'eau douce, à coquille senestre. ➲ Famille des physidés.

PHYSIATRE n. Québec. Spécialiste de physiatrie.

PHYSIATRIE n.f. Québec. Branche de la médecine qui prévient et traite les troubles de l'appareil locomoteur.

PHYSICALISME n.m. **PHILOS.** Théorie qui affirme que le langage de la physique peut constituer un langage universel convenant à toutes les sciences.

PHYSICIEN, ENNE n. Spécialiste de physique.

PHYSICO-CHIMIE (pl. *physico-chimies*) ou **PHYSICOCHIMIE** n.f. Branche de la chimie qui applique les lois de la physique à l'étude des systèmes chimiques.

PHYSICO-CHIMIQUE (pl. *physico-chimiques*) ou **PHYSICOCHIMIQUE** adj. **1.** Relatif à la fois à la physique et à la chimie. **2.** Relatif à la physico-chimie.

PHYSICO-MATHÉMATIQUE (pl. *physico-mathématiques*) ou **PHYSICOMATHÉMATIQUE** adj. Qui concerne à la fois la physique et les mathématiques.

PHYSIOCRATE n. Partisan de la physiocratie.

PHYSIOCRATIE [-si] n.f. (du gr. *phusis*, nature, et *kratos*, pouvoir). École libérale française du XVIIIe s., qui prônait la liberté du commerce et la réduction de l'intervention de l'État.

PHYSIOGNOMONIE [-gnɔ-] n.f. (gr. *phusiognômonia*). Anc. Science qui se proposait de connaître les hommes par l'étude de la conformation de leur corps, de leur visage.

PHYSIOGRAPHIE n.f. Partie de la géographie physique qui a pour objet la description et l'étude des formes du relief de la Terre.

PHYSIOLOGIE n.f. (du lat. *physiologia*, sciences naturelles). Science qui étudie le fonctionnement et les propriétés d'un organisme vivant ou de ses parties. ▪ **Physiologie pathologique,** physiopathologie.

PHYSIOLOGIQUE adj. **1.** Relatif à la physiologie. **2.** Se dit du fonctionnement normal de l'organisme humain.

PHYSIOLOGIQUEMENT adv. Du point de vue physiologique.

PHYSIOLOGISTE n. Spécialiste de physiologie.

PHYSIONOMIE n.f. (du gr. *phusis*, nature, et *gnômôn*, qui connaît). **1.** Ensemble des traits du visage ayant un caractère particulier et exprimant l'humeur, le caractère ; expression : *Une physionomie fermée, rieuse, antipathique.* **2.** Aspect qui distingue une chose d'une autre : *La physionomie du centre-ville a beaucoup changé. La physionomie d'une élection.*

PHYSIONOMISTE adj. et n. Qui est capable de reconnaître immédiatement une personne déjà rencontrée. ◆ n. Personne chargée de reconnaître les indésirables à l'entrée d'un casino, d'une boîte de nuit.

PHYSIOPATHOLOGIE n.f. Étude des troubles du fonctionnement de l'organisme ou de ses parties, au cours des maladies (SYN. **physiologie pathologique**).

PHYSIOTHÉRAPEUTE n. Québec, Suisse. Kinésithérapeute.

PHYSIOTHÉRAPIE n.f. **MÉD. 1.** Traitement des affections de l'appareil locomoteur au moyen d'agents physiques (chaleur, froid, électricité, etc.). **2.** Québec, Suisse. Kinésithérapie.

1. PHYSIQUE n.f. (gr. *phusikê*, de *phusis*, nature). Science qui étudie les propriétés générales de la matière, de l'espace, du temps, et établit les lois qui rendent compte des phénomènes naturels. ▪ **Physique du globe,** géophysique.

➲ Ce que l'on entend auj. par **PHYSIQUE** a longtemps été appelé – d'Aristote à Newton – *philosophie naturelle*. Après la *statique* (Archimède), la *dynamique* se développe au XVIIe s. (Galilée). Newton les intègre dans sa *mécanique*, première science expérimentale à recevoir une forme théorique (1687). Au XVIIIe s., de nombreux savants (Euler, d'Alembert, Lagrange) en développeront les applications, notamm. en créant la *mécanique des fluides*. Avec les démonstrations de Galilée sur la nature des corps célestes, et la théorie de la gravitation universelle formulée par Newton, la physique est désormais de portée universelle. Au XIXe s., l'*électricité* connaît un essor remarquable, et Maxwell donne les équations de l'électromagnétisme. Une autre théorie générale voit le jour : la *thermodynamique*, amorcée par Lavoisier et Laplace au XVIIIe s. à travers l'étude de la chaleur, puis réellement fondée par Carnot (1824), qui élucide les liens entre chaleur et énergie. La *mécanique statistique* (Maxwell, Boltzmann) tente alors d'en rendre compte au niveau microscopique.
À la fin du XIXe s., les théories de la relativité établissent un lien entre masse et énergie, et conduisent à une conception nouvelle de la gravitation et des relations entre masse, espace et temps. Après la découverte des quanta par Planck en 1900, Einstein démontre l'existence du photon. L'opposition entre deux conceptions, ondulatoire et corpusculaire, de la lumière n'est surmontée que par la création de la *mécanique quantique*, en 1924-1926, avec L. de Broglie, Heisenberg, Schrödinger.
Un premier modèle quantique de l'atome est élaboré par Bohr en 1913. La structure du noyau commence à être précisée à partir de 1930. Après la Seconde Guerre mondiale prend naissance une physique encore plus fine, celle des particules élémentaires, ou *physique subatomique*.

2. PHYSIQUE adj. **1.** Qui appartient à la nature, s'y rapporte : *Le monde physique.* **2.** Qui concerne le corps humain : *Douleur physique.* **3.** Relatif à la physique : *Les propriétés physiques d'une substance.* ▪ **Médecine physique,** utilisation thérapeutique de moyens physiques (physiothérapie et kinésithérapie). ▪ **Sciences physiques,** la physique et la chimie.

3. PHYSIQUE n.m. **1.** Apparence extérieure d'une personne : *Avoir un physique de rêve.* **2.** Constitution corporelle de l'être humain ; organisme : *Le physique influe sur le moral.* ▪ **Avoir le physique de l'emploi,** un physique conforme au rôle interprété, ou, par ext., au métier exercé.

PHYSIQUEMENT adv. **1.** Du point de vue de la physique : *C'est physiquement irréalisable.* **2.** En ce qui concerne l'aspect physique : *Il lui plaît physiquement.* **3.** Sur le plan sexuel.

PHYSISORPTION [-sorpsjɔ̃] n.f. **CHIM., PHYS.** Phénomène d'adsorption dont le mécanisme est dû à des actions physiques.

PHYSOSTIGMA n.m. (du gr. *phûsa*, vésicule, et *stigma*, stigmate). Plante volubile de Guinée dont les graines, très toxiques, fournissaient l'ésérine. ➲ Sous-famille des papilionacées.

PHYTÉLÉPHAS [-fas] **n.m.** (du gr. *phuton*, plante, et *elephas*, ivoire). Palmier de l'Amérique tropicale, dont une espèce produit des graines qui fournissent l'ivoire végétal. ➲ Famille des arécacées.
PHYTOBIOLOGIE n.f. Biologie végétale.
PHYTOCIDE adj. et **n.m.** Se dit d'un produit susceptible de tuer les végétaux, princip. ligneux.
PHYTOFLAGELLÉ n.m. BOT. Protiste flagellé contenant de la chlorophylle (euglène, chlamydomonas, par ex.).
PHYTOGÉOGRAPHIE n.f. Étude de la distribution des plantes sur la Terre.
PHYTOHORMONE n.f. Hormone végétale.
PHYTOPATHOLOGIE n.f. Étude des maladies des plantes.
PHYTOPHAGE adj. et **n.m. ÉCOL.** Se dit d'un animal, partic. d'un insecte, qui se nourrit de matières végétales.
PHYTOPHARMACIE n.f. Élaboration des produits destinés au traitement des ennemis des plantes et des cultures (champignons et animaux nuisibles, mauvaises herbes).
PHYTOPLANCTON n.m. Plancton végétal.
PHYTOREMÉDIATION n.f. Méthode de dépollution des sols ou d'épuration des eaux utilisant l'activité métabolique des plantes (absorption et transformation des composés polluants).
PHYTOSANITAIRE adj. Relatif à la protection des cultures et des produits récoltés contre leurs bioagresseurs.
PHYTOSOCIOLOGIE n.f. BOT. Étude des associations végétales.
PHYTOTHÉRAPEUTE n. Spécialiste de phytothérapie.
PHYTOTHÉRAPIE n.f. Traitement des maladies par les plantes.
PHYTOTRON n.m. ÉCOL. Laboratoire équipé pour l'étude des conditions physiques et chimiques nécessaires au développement des plantes.
PHYTOZOAIRE n.m. Invertébré aquatique pouvant présenter une ressemblance superficielle avec un végétal. ➲ L'ancien embranchement des phytozoaires regroupait les échinodermes, les cnidaires, les spongiaires, les ectoproctes, les kamptozoaires et les ciliés.
PI n.m. inv., ▲ *n.m.* **1.** Seizième lettre de l'alphabet grec (Π, π), correspondant au *p* français. **2. MATH.** Réel transcendant, noté π, qui est le rapport de la circonférence d'un cercle à son diamètre, soit approximativement 3,1416. ◆ **n.m. PHYS.** Pion.
PIACULAIRE adj. (du lat. *pius*, pieux). **ANTIQ. ROM.** Expiatoire.
PIAF n.m. Fam. Moineau.
PIAFFANT, E adj. Qui piaffe d'impatience.
PIAFFEMENT n.m. Action de piaffer.
1. PIAFFER v.i. [3] (onomat.). En parlant du cheval, frapper la terre d'un membre antérieur. ▪ **Piaffer d'impatience,** s'agiter, trépigner sous l'effet de l'impatience.
2. PIAFFER n.m. ÉQUIT. Figure de haute école dans laquelle le cheval trotte sur place en levant alternativement deux de ses membres opposés en diagonale.
PIAILLARD, E ou **PIAILLEUR, EUSE adj.** et **n.** Fam. Qui piaille.
PIAILLEMENT n.m. 1. Cri des oiseaux qui piaillent ; piaulement. **2.** Fam. Bruit de personnes qui piaillent.
PIAILLER v.i. [3] (onomat.). **1.** En parlant des oiseaux, pousser des cris aigus et répétés ; piauler. **2.** Fam. Crier sans cesse ; criailler.
PIAILLERIE n.f. Fam. Criaillerie.
PIAN n.m. (mot tupi-guarani). Maladie tropicale infectieuse et contagieuse, due à un tréponème et provoquant des lésions cutanées.
PIANISSIMO adv. (mot ital.). **MUS.** Avec un très faible degré d'intensité sonore. Abrév. **pp.** ◆ **n.m.** Passage joué dans la nuance pianissimo.
PIANISTE n. Instrumentiste qui joue du piano.
PIANISTIQUE adj. Relatif au piano.
1. PIANO n.m. (abrév. de *pianoforte*). **1.** Instrument de musique à clavier et à cordes frappées par de petits marteaux. **2. TECHN.** Grand fourneau occupant le milieu de la cuisine, dans un restaurant, un hôtel. ▪ **Piano à bretelles** [fam.], accordéon. ▪ **Piano à queue,** dont les cordes et la table d'harmonie sont horizontales, et dont la longueur est de 2,50 m à 2,75 m. ▪ **Piano crapaud,** petit piano à queue. (On dit aussi *un crapaud*.) ▪ **Piano demi-queue,** piano à queue d'une longueur de 2,10 m. (On dit aussi *un demi-queue*.) ▪ **Piano droit,** dont les cordes et la table d'harmonie sont verticales. ▪ **Piano quart-de-queue,** piano à queue d'une longueur de 1,50 m. (On dit aussi *un quart-de-queue*.)
2. PIANO adv. (mot ital. « doucement »). **1. MUS.** Avec une faible intensité sonore. Abrév. **p. 2.** Fam. Sans bruit ou sans hâte ; doucement. ◆ **n.m.** Passage joué piano.
PIANO-BAR n.m. (pl. *pianos-bars*). Bar dans lequel un pianiste entretient une ambiance musicale.
PIANOFORTE [-fɔrte] **n.m. inv.** (mot ital. « doucement et fort »). Instrument à cordes frappées et à clavier, inventé au XVIIIe s., dont l'évolution a donné naissance au piano moderne.
PIANOTAGE n.m. Action de pianoter.
PIANOTER v.i. [3]. 1. Jouer du piano maladroitement. **2.** Tapoter sur qqch avec les doigts ; taper sur les touches d'un appareil à clavier. ◆ **v.t.** Exécuter maladroitement au piano : *Pianoter une mélodie.*
PIAPIATER v.i. [3] (onomat.). Fam. Bavarder.
PIASSAVA n.m. (port. *piaçaba*, du tupi). Fibre extraite d'un palmier d'Amérique du Sud et utilisée en brosserie.
PIASTRE n.f. (de l'ital. *piastra*, lame de métal). **1.** Monnaie divisionnaire de l'Égypte, du Liban et de la Syrie, valant 1/100 de livre. **2.** Québec. Fam. Dollar canadien. **3. ARCHIT.** Piécette.
PIAULE n.f. Fam. Chambre.
PIAULEMENT n.m. Cri aigu ; piaillement.
PIAULER v.i. [3] (onomat.). Pousser des cris aigus, en parlant des poulets, de certains oiseaux ; piailler.
PIAZZA [pjadza] **n.f.** (mot ital. « place »). **URBAN.** Espace réservé aux piétons et lié à un ensemble architectural.
PIB ou **P.I.B.** [pib] ou [peibe] **n.m.** (sigle). Produit intérieur brut.
PIBALE n.f. Région. (Ouest). Civelle.

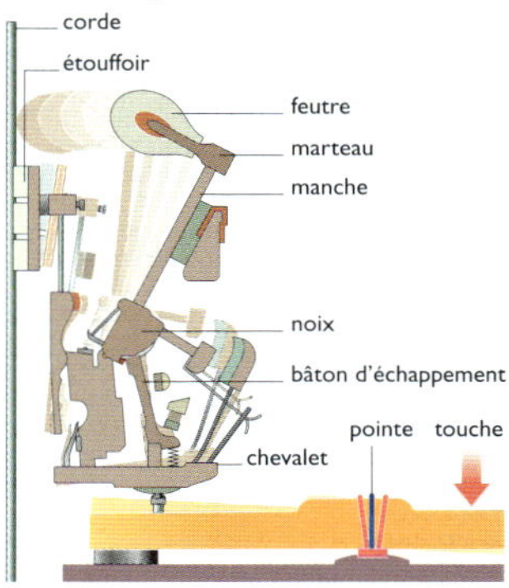

▲ **piano.** Mécanisme de percussion d'un piano droit.

▲ **piano demi-queue**

À PIBLE loc. adj. (de l'anc. fr. *pible*, peuplier). **MAR.** ▪ **Mât à pible,** d'une seule pièce.
1. PIC n.m. (lat. *picus*). Oiseau grimpeur tel que le pivert et le pic épeiche, qui frappe l'écorce des arbres à coups de bec, pour en faire sortir les larves d'insectes. ➲ Famille des picidés.
2. PIC n.m. (de *1. pic*). **1.** Sorte de pioche légère, à une ou deux extrémités terminées en pointe, utilisée par les mineurs et les terrassiers. **2.** Outil de coupe des machines d'abattage mécanique pour les roches tendres.
3. PIC n.m. (mot de l'anc. provenç.). **1.** Montagne isolée, dont le sommet a une forme de pointe : *Le pic du Midi d'Ossau.* **2.** Fig. Maximum d'intensité atteint par un phénomène : *Pic d'audience, de pollution.* **3. MAR.** Extrémité de la corne d'un gréement aurique.
À PIC loc. adv. (de *piquer*). **1.** De manière verticale : *Sentier qui descend à pic.* **2.** Fam. Au bon moment ; à point nommé : *Cet argent tombe à pic.* ▪ **Couler à pic,** aller directement au fond de l'eau ; fig., faire faillite ; tomber dans la déchéance.
1. PICA n.m. (mot lat. « pie »). **MÉD.** Tendance à ingérer des substances non comestibles, partic. chez les enfants ou les malades mentaux.
2. PICA n.m. Unité anglo-saxonne de mesure typographique, divisée en 12 points *(point pica)* et correspondant à 4,217 mm.
PICADOR n.m. (mot esp.). Cavalier qui, dans une corrida, fatigue le taureau avec une pique.
PICAGE n.m. VÉTÉR. Comportement anormal qui conduit certains jeunes oiseaux d'élevage, notamm. les poulets, à se becqueter et à s'arracher les plumes entre eux.
PICAILLONS n.m. pl. (mot savoyard, de l'anc. provenç. *piquar*, sonner). Arg. Argent (monnaie).
PICARD, E adj. et **n.** De la Picardie. ◆ **n.m.** Dialecte de langue d'oïl de la Picardie et de l'Artois.
PICAREL n.m. (mot languedocien). Poisson osseux, voisin de la mendole, abondant en Méditerranée et dans les eaux marocaines et portugaises de l'Atlantique. ➲ Famille des centracanthidés.
PICARESQUE adj. (de l'esp. *picaro*, vaurien). Se dit des romans, des pièces de théâtre dont le héros est un aventurier issu du peuple et volontiers vagabond, voleur ou mendiant (XVIe-XVIIIe s.).
PIC-BOIS [pik-] **n.m.** (pl. *pics-bois*) ou **PIQUE-BOIS n.m. inv.** Québec. Nom usuel du pic (oiseau).
PICCOLO, ▲ *PICOLO* **n.m.** (de l'ital. *piccolo*, petit). Petite flûte traversière.
PICHENETTE n.f. (du provenç. *pichounetta*, petite). Chiquenaude.
PICHET n.m. (anc. fr. *pichier*). Petite cruche à anse et à bec ; son contenu : *Un pichet d'eau.*
PICHOLINE [-kɔ-] **n.f.** (provenç. *pichoulino*). Petite olive à bout pointu, que l'on consomme génér. verte et marinée, en hors-d'œuvre.
PICKLES [pikœls] **n.m. pl.** (mot angl.). Petits légumes ou fruits confits dans du vinaigre aromatisé et utilisés comme condiment.
PICKPOCKET [pikpɔkɛt] **n.m.** (mot angl., de *to pick*, enlever, et *pocket*, poche). Voleur à la tire*.
PICK-UP n.m. inv. ou **PICKUP n.m.** [pikœp] (de l'angl. *to pick up*, recueillir). **1. AUTOM.** Véhicule utilitaire léger comportant un plateau découvert muni de ridelles. **2. AGRIC.** Organe de ramassage placé à l'avant des moissonneuses-batteuses ou des ramasseuses-presses. **3.** Vieilli. Dispositif qui transforme en impulsions électriques les vibrations mécaniques enregistrées sur un disque noir ; électrophone.
PICO- préf. (de l'ital. *piccolo*, petit). Préfixe (symb. p) qui, placé devant une unité, la divise par 10^{12}.
PICOLER v.i. et **v.t. [3]** (de l'ital. *piccolo*, petit). Fam. Boire de l'alcool avec excès.
PICORER v.t. et **v.i. [3]** (de *piquer*, voler). **1.** Saisir de la nourriture avec le bec, en parlant des oiseaux ; becqueter. **2.** Fam. Prendre çà et là des aliments ; grignoter : *Les enfants picorent des mûres le long du chemin.*
PICOT n.m. (de *2. pic*). **1. CONSTR.** Outil pour dégrader les joints de maçonnerie. **2. COUT.** Petite dentelure au bord d'un passement, d'une dentelle, etc.
PICOTAGE n.m. Action de picoter.

PICOTEMENT n.m. Sensation de piqûre légère et répétée ; fourmillement.

PICOTER v.t. [3] (de *picot*). **1.** Causer des picotements : *Un gaz qui picote la gorge.* **2.** Piquer avec le bec ; picorer : *Les moineaux picotent les cerises.*

PICOTIN n.m. (de *picoter*). Anc. Mesure d'avoine pour un cheval (à Paris, 2,50 l).

PICPOUL n.m. Cépage blanc cultivé dans le Midi et le Sud-Ouest.

PICRATE n.m. (du gr. *pikros*, piquant). **1. CHIM. ORG.** Sel de l'acide picrique. **2.** Fam. Vin de mauvaise qualité.

PICRIQUE adj. **CHIM. ORG.** ■ **Acide picrique,** acide obtenu par l'action de l'acide nitrique sur le phénol, utilisé dans la fabrication de la mélinite.

PICRIS [-kris] n.m. ou **PICRIDE** n.f. (gr. *pikris*). Plante herbacée à fleurs jaunes voisine du pissenlit, commune dans les prés et les chemins. ➲ Famille des composées.

PICROCHOLINE [-kɔ-] **adj.f.** (du gr. *pikros*, amer, et *kholê*, bile). ■ **Guerre picrocholine** [littér.], guerre opposant Picrochole à Grandgousier et à Gargantua dans *Gargantua*, roman de F. Rabelais ; conflit entre des institutions ou des individus, aux péripéties souvent burlesques et aux raisons obscures ou insignifiantes.

PICTO-CHARENTAIS, E adj. et n. Du Poitou-Charentes.

PICTOGRAMME n.m. (du lat. *pictus*, peint). **1.** Dessin, signe d'une écriture pictographique. **2.** Dessin schématique normalisé destiné à donner, notamm. dans les lieux publics, certaines indications simples (sortie, interdiction de fumer, toilettes, etc.).

PICTOGRAPHIE n.f. **1.** Écriture formée de pictogrammes. **2.** Utilisation de pictogrammes pour la communication de messages.

PICTOGRAPHIQUE adj. Se dit d'une écriture dans laquelle les concepts sont représentés par des scènes figurées ou par des symboles complexes.

▲ **pictorialisme.** *Nu vu de dos avec reflet*, par Constant Puyo (1857-1933). [BnF, Paris.]

PICTORIALISME n.m. Courant qui s'épanouit dans la pratique de la photographie, de la fin du XIXe s. aux années 1920, et qui s'efforçait de rendre l'image photographique unique, à l'égal de l'œuvre peinte.

PICTURAL, E, AUX adj. (du lat. *pictura*, peinture). Relatif à la peinture en tant qu'art.

PIC-VERT n.m. → **PIVERT.**

PIDGIN [pidʒin] n.m. (prononciation chinoise de l'angl. *business*, commerce). **LING. 1.** Nom donné aux langues de relation nées du contact de l'anglais avec diverses langues d'Asie ou d'Océanie. **2.** Par ext. Langue seconde née du contact de langues européennes avec des langues d'Asie ou d'Afrique et permettant l'intercompréhension des communautés.

1. PIE n.f. (lat. *pica*). **1.** Passereau de l'hémisphère Nord tempéré, à plumage noir bleuté et blanc et à longue queue. ➲ Cri : la pie jacasse, jase. Famille des corvidés. **2.** Fam. Personne bavarde. ■ **Bavard comme une pie** [fam.], très bavard. ■ **Fromage à la pie,** fromage frais, au lait de vache, souvent aromatisé aux fines herbes.

2. PIE adj. inv. **ZOOL.** Se dit de la robe d'un animal lorsqu'elle est composée de larges taches blanches et d'une autre couleur ; se dit de l'animal lui-même. ■ **Voiture pie** [anc.], voiture de police à carrosserie noir et blanc.

3. PIE adj.f. (du lat. *pia*, pieuse). Vieilli. ■ **Œuvre pie,** action charitable ; acte pieux.

PIE ou **P.I.E.** [peiə] n.m. (sigle). Pistolet à impulsion électrique.

PIÉBALDISME n.m. (angl. *piebaldism*). Particularité génétique fréquente se traduisant par une dépigmentation de la peau et des cheveux dans la zone du front.

PIÈCE n.f. (bas lat. *petia*, du gaul.). **1.** Espace habitable d'un logement délimité par des murs ou des cloisons : *Une pièce exposée plein sud* ; chacun de ces espaces, à l'exception de la cuisine, des sanitaires et des dégagements, dans un descriptif d'appartement : *Un appartement de cinq pièces ou un cinq-pièces.* **2.** Morceau de métal plat, génér. façonné en disque, et servant de valeur d'échange, de monnaie : *Une pièce de dix euros.* **3.** Ouvrage dramatique : *Une pièce de Pirandello.* **4.** Composition musicale : *Une pièce pour hautbois.* **5.** Œuvre, spécial. en matière d'arts appliqués, de sculpture ou d'art contemporain. **6.** Document écrit servant à apporter une information, à établir un fait : *Il manque des pièces à ce dossier. Une pièce d'identité.* **7. HÉRALD.** Meuble. **8.** Objet considéré comme une unité : *Fruits vendus à la pièce. Ils valent un euro pièce* ou *la pièce.* **9.** Partie constitutive d'un tout : *Les pièces d'une charpente.* **10.** Élément d'un ensemble, d'une collection : *Un service de table de 30 pièces.* **11.** Partie constitutive d'un ensemble mécanique : *Les pièces d'un moteur.* **12.** Figure ou pion du jeu d'échecs. **13.** Morceau de tissu pour le raccommodage d'un vêtement. **14. CHIRURG.** Recomm. off. pour **patch. 15.** Région. (Sud-Est). Toile servant à laver les sols ; serpillière. **16.** Suisse. Gâteau : *Pièce sèche.* ■ **À la pièce** ou **aux pièces,** en proportion du travail réalisé : *Être payé aux pièces.* ■ **De toutes pièces,** par un travail d'assemblage, de montage ; en inventant tout : *Il a inventé cette rencontre de toutes pièces.* ■ **Donner la pièce à qqn,** un pourboire. ■ **Faire pièce à qqn, qqch** [litt.], s'opposer à eux. ■ **Fait de pièces et de morceaux** [vieilli], composé de parties disparates. ■ **Juger pièces à l'appui** ou **sur pièces,** juger directement la chose considérée, au lieu de s'en rapporter à autrui. ■ **Mettre** ou **tailler en pièces,** mettre en déroute : *Tailler en pièces un adversaire.* ■ **On n'est pas aux pièces** [fam.], on a tout le temps ; on n'est pas pressé. ■ **Pièce à conviction,** destinée à servir d'élément de preuve dans un procès. ■ **Pièce anatomique** [méd.], partie d'un cadavre disséquée et préparée pour l'étude, l'observation. ■ **Pièce à pièce,** un objet après l'autre : *Acquérir du mobilier pièce à pièce.* ■ **Pièce à vivre,** espace auquel sont rattachées, au sein d'un logement, des fonctions de convivialité. ■ **Pièce d'artillerie,** bouche à feu ; ensemble de ses servants. ■ **Pièce d'eau,** bassin, petit étang dans un jardin, un parc. ■ **Pièce de bétail,** tête de bétail. ■ **Pièce de drap, de coton, etc.,** rouleau de drap, de coton, etc. ■ **Pièce détachée** ou **de rechange,** que l'on peut acquérir isolément pour remplacer un élément usagé, détérioré. ■ **Pièce de terre,** champ. ■ **Pièce de vin,** tonneau de vin. ■ **Pièce honorable** [hérald.], pièce occupant une surface égale au tiers de celle de l'écu. ➲ Il y a neuf pièces honorables : la bande, la barre, le chef, le chevron, la croix, la fasce, le pairle, le pal et le sautoir. ■ **Pièce montée,** grande pâtisserie faite de petits choux et de nougatine génér. disposés en pyramide. ■ **Tout d'une pièce,** d'un seul morceau, d'un seul bloc ; fig., se dit d'une personne entière, sans souplesse. ■ **Une belle pièce,** une grosse prise faite par un chasseur, un pêcheur. ■ **Une pièce de collection** ou **de musée,** une œuvre, un objet de grande qualité, digne de figurer dans un musée. ■ **Un vêtement une pièce, deux pièces, trois pièces,** composé de un ou plusieurs éléments.

PIÉCETTE n.f. **1.** Petite pièce de monnaie. **2. ARCHIT.** Petit disque vu de trois quarts dont la répétition en chapelet constitue un ornement courant (SYN. **piastre, pirouette**).

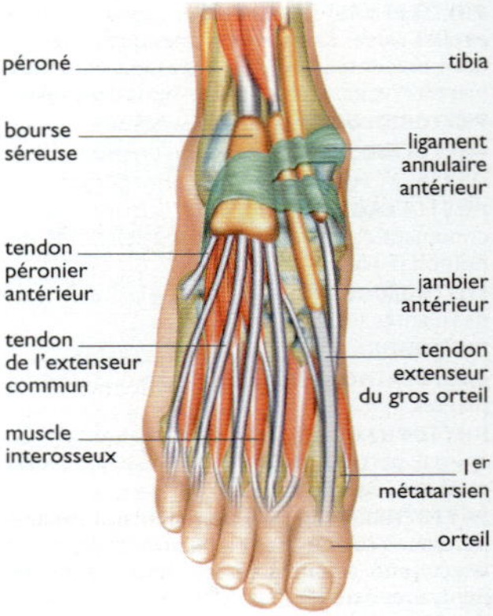

▲ **pied**

PIED n.m. (lat. *pes, pedis*). **1.** Partie terminale du membre inférieur, articulée avec la jambe, permettant l'appui au sol dans la station debout et la marche. **2.** Partie terminale de la patte des mammifères et des oiseaux. **3.** Organe musculeux des mollusques lamellibranches et gastéropodes, qui leur sert au déplacement (SYN. **sole pédieuse**). **4.** Partie inférieure d'une chose élevée : *Le pied d'une montagne.* **5.** Partie d'un objet (meuble, ustensile, etc.) servant de support : *Un verre à pied.* **6. BOT.** Partie du tronc ou de la tige d'un végétal qui est le plus près du sol. **7.** Arbre, plante, en tant qu'unité : *Un pied de vigne, de salade.* **8.** Anc. Mesure de longueur qui valait 0,3248 m. **9.** (Calque de l'angl. *foot*). Unité de longueur valant 12 pouces, soit 30,48 cm, encore en usage dans certains pays anglo-saxons : *Une altitude de 20 000 pieds.* **10. VERSIF.** Dans la métrique grecque et latine, groupe de syllabes constituant la mesure élémentaire du vers (SYN. **2. mètre**). **11.** Cour. (Abusif en versification). Syllabe, dans un vers français : *Le décasyllabe est un vers de dix pieds.* ■ **À pied,** en marchant. ■ **Au petit pied,** sans grandeur ni envergure : *Un politicien au petit pied.* ■ **Au pied levé** → **1. LEVÉ.** ■ **Avoir pied,** trouver dans l'eau le sol ferme sous ses pieds, de telle sorte que la tête reste au-dessus de la surface. ■ **Ça lui fera les pieds** [fam.], cela lui servira de leçon. ■ **C'est le pied !** [fam.], c'est extrêmement agréable ! ■ **De pied ferme,** sans reculer ; fig., avec la ferme résolution de ne pas céder : *Je l'attends de pied ferme, avec ses critiques.* ■ **Donner du pied à une échelle,** l'éloigner de son appui par en bas pour qu'elle soit plus stable. ■ **Être sur pied,** être rétabli après une maladie. ■ **Faire des pieds et des mains,** se démener pour obtenir qqch. ■ **Faire du pied à qqn,** frôler le pied d'une personne avec le sien pour attirer son attention ou dans une intention galante. ■ **Jouer avec les pieds de qqn** [Belgique], se moquer de lui ; l'abuser. ■ **Le pied d'un lit,** l'extrémité du côté des pieds (par oppos. à *chevet*). ■ **Lever le pied,** en parlant d'un automobiliste, atténuer la pression sur la pédale d'accélérateur ; fig., ralentir ses activités. ■ **Mettre à pied un salarié,** suspendre son activité pendant un certain temps, sans salaire (par mesure disciplinaire, notamm.). ■ **Mettre les pieds quelque part** [fam.], y aller : *Je ne mettrai plus jamais les pieds chez lui.* ■ **Mettre qqch sur pied,** l'organiser ; le mettre en état de fonctionner. ■ **Mettre qqn au pied du mur,** le mettre en demeure de prendre parti, de répondre. ■ **Perdre pied,** perdre son

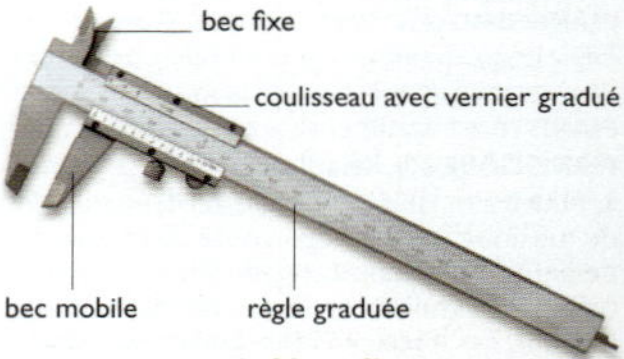

▲ **pied à coulisse**

appui sur le fond de l'eau ; fig., perdre contenance ou ne plus pouvoir suivre ce qui se dit, se fait. ▪ **Pied à coulisse,** instrument composé de deux pièces glissantes pour la mesure des épaisseurs et des diamètres. ▪ **Pied à pied,** pas à pas ; fig., graduellement. ▪ **Pied dans la main** [danse], mouvement acrobatique exécuté en équilibre sur une jambe tendue, consistant à déplier, à tendre et à lever l'autre jambe, dont on tient le pied dans la main. ▪ **Pied d'une perpendiculaire** [math.], point d'intersection d'une perpendiculaire à une droite ou à un plan avec cette droite ou ce plan. ▪ **Pied milieu** [autom.], montant central d'une carrosserie (SYN. **pilier central**). ▪ **Pied plat** [méd.], déformation du pied par affaiblissement de la voûte plantaire, donnant un appui au sol trop large. ▪ **Portrait en pied,** représentant la totalité du corps d'une personne debout. ▪ **Prendre pied,** s'établir solidement, fermement. ▪ **Prendre son pied** [fam.], éprouver un vif plaisir (sexuel, notamm.). ▪ **Sur le pied de guerre,** se dit d'une armée prête à combattre ; fig., prêt à agir. ▪ **Sur pied,** avant que la récolte ne soit effectuée : *Vendre son blé sur pied.* ▪ **Sur un grand pied,** avec un grand train de vie. ▪ **Sur le même pied** ou **sur un pied d'égalité,** sur le même plan : *Mettre deux théories sur le même pied. Discuter avec qqn sur un pied d'égalité.*

PIED-À-TERRE [pjetatɛr] **n.m. inv.** Logement que l'on n'occupe que pour de courts séjours.

PIED-D'ALOUETTE n.m. (pl. *pieds-d'alouette*). **BOT.** Delphinium.

PIED-DE-BICHE n.m. (pl. *pieds-de-biche*). **1.** Levier métallique à tête aplatie et fendue, servant à l'arrachage des clous. **2.** Pièce d'une machine à coudre qui maintient et guide l'étoffe, et entre les branches de laquelle passe l'aiguille. **3.** Pied galbé d'un meuble de style Louis XV, se terminant par un sabot fourchu.

PIED-DE-CHEVAL n.m. (pl. *pieds-de-cheval*). Variété d'huître très large.

PIED-DE-LION n.m. (pl. *pieds-de-lion*). **BOT.** Edelweiss.

PIED-DE-LOUP n.m. (pl. *pieds-de-loup*). Lycopode.

PIED-DE-MOUTON n.m. (pl. *pieds-de-mouton*). Hydne.

PIED-DE-POULE adj. inv. et **n.m.** (pl. *pieds-de-poule*). Se dit d'un tissu dont les fils de chaîne et de trame, de couleurs différentes, sont croisés de manière à former un dessin évoquant l'empreinte d'une patte de poule.

PIED-DE-ROI n.m. (pl. *pieds-de-roi*). Québec. Anc. Règle pliante de menuisier.

PIED-DE-VEAU n.m. (pl. *pieds-de-veau*). **BOT.** Arum.

PIED-D'OISEAU n.m. (pl. *pieds-d'oiseau*). Petite plante herbacée des terrains sablonneux, à fleurs roses ou blanches. ➲ Sous-famille des papilionacées.

PIED-DROIT n.m. → **PIÉDROIT.**

PIÉDESTAL n.m. (pl. *piédestaux*) [ital. *piedestallo*]. **ARCHIT.** Socle d'une colonne, d'une statue, d'un vase décoratif, composé d'une base, d'un dé et d'une corniche. ▪ **Descendre** ou **tomber de son piédestal,** perdre tout son prestige. ▪ **Mettre qqn sur un piédestal,** lui témoigner une vive admiration ; l'idéaliser.

PIED-MAIN-BOUCHE (SYNDROME) n.m. Maladie contagieuse d'origine virale, génér. bénigne, atteignant surtout les enfants et caractérisée par l'apparition de petites vésicules douloureuses, essentiellement sur la paume des mains, la plante des pieds et dans la bouche.

PIEDMONT n.m. → **PIÉMONT.**

PIED-NOIR n. (pl. *pieds-noirs*). Fam. Français d'origine européenne installé en Afrique du Nord, et plus partic. en Algérie, jusqu'à l'indépendance de ce pays. ◆ **adj.** Relatif aux pieds-noirs.

✎ L'accord de l'adj. au fém., bien que rare, est attesté (***la foule pied-noire***).

PIÉDOUCHE n.m. (ital. *pieduccio*). Petit piédestal portant un buste ou une statuette, le plus souvent de section circulaire.

PIED-PLAT n.m. (pl. *pieds-plats*). Vieilli. Personne inculte et grossière.

PIÉDROIT ou **PIED-DROIT n.m.** (pl. *pieds-droits*). **ARCHIT. 1.** Chacune des parties latérales verticales qui supportent la naissance d'un arc. **2.** Chacun des montants latéraux d'une baie, d'un manteau de cheminée (SYN. **jambage**).

PIÈGE n.m. (du lat. *pedica*, lien pour les pieds). **1.** Engin, dispositif pour attirer et prendre des animaux. **2.** Moyen détourné dont on se sert pour tromper une personne ou la mettre dans une situation difficile ; traquenard : *Ce rendez-vous était un piège.* **3.** Difficulté cachée ; chausse-trape : *Traduction pleine de pièges.*

PIÉGEAGE n.m. Action de piéger.

PIÉGER v.t. [15], ▲ *[15*].* **1.** Chasser au moyen de pièges. **2.** Faire tomber dans un piège. **3.** Parvenir à retenir, à fixer un phénomène physique : *Piéger des particules, du CO_2.* ▪ **Piéger un lieu, un véhicule,** y disposer un engin, une charge qui explosent par contact.

PIÉGEUR, EUSE n. Personne qui chasse au moyen de pièges.

PIÉGEUX, EUSE adj. Qui contient une ou plusieurs difficultés cachées ; difficile : *Une dictée, une partition piégeuse.*

PIE-GRIÈCHE [pigrijɛʃ] **n.f.** (pl. *pies-grièches*) [de *1. pie* et de l'anc. fr. *grièche*, grecque]. Passereau d'Eurasie et d'Afrique, à bec crochu, dont une espèce empale ses proies sur les épines des arbustes. ➲ Famille des laniidés.

PIE-MÈRE n.f. (pl. *pies-mères*) [du lat. *pia mater*, pieuse mère]. **ANAT.** La plus profonde des méninges, en contact avec le système nerveux.

PIÉMONT ou **PIEDMONT n.m.** (de *pied* et *mont*). **GÉOMORPH.** Plaine, de pente faible, au pied d'un massif montagneux, formée souvent de dépôts glaciaires.

PIÉMONTAIS, E adj. et **n.** Du Piémont. ◆ **n.m.** Dialecte italien du Nord, parlé dans le Piémont.

PIERCING [pirsiŋ] **n.m.** (mot angl.). Opération qui consiste à percer la peau du corps ou certains organes, pour y fixer un bijou ; ce bijou.

PIÉRIDE n.f. (du gr. *pieris, -idos*, muse). Papillon à ailes blanches ou jaunâtres tachetées, dont la chenille parasite les végétaux de la famille du chou. ➲ Famille des piéridés.

PIERRAILLE n.f. Amas de petites pierres ; étendue parsemée de pierres.

PIERRE n.f. (lat. *petra*). **1.** Matière minérale dure et solide, élément essentiel de l'écorce terrestre, que l'on trouve à l'état naturel agglomérée en blocs ou en masses de taille inégale. (Désigne abusivement ce qu'en géologie l'on dénomme *roche*.) **2.** Fragment de cette matière, façonné ou non ; caillou : *Les enfants s'amusent à jeter des pierres contre un mur.* **3.** Morceau de cette matière utilisé pour bâtir, paver, etc. ; moellon : *Un mur de pierres.* **4.** Fragment d'un minéral recherché pour sa couleur, son éclat, sa pureté et employé en joaillerie, en bijouterie, en ornementation. ➲ Les variétés transparentes sont les gemmes. **5. MÉD.** Vx. Calcul de la vessie, de la vésicule biliaire, etc. **6.** Chacune des petites concrétions dures qui se forment dans la pulpe de certains fruits (la poire, notamm.). ▪ **Âge de la pierre taillée, de la pierre polie** [vieilli], paléolithique ; néolithique. ▪ **En pierres sèches,** en moellons posés les uns sur les autres, sans mortier ni liant. ▪ **Jeter la pierre à qqn,** l'accuser ; le blâmer. ▪ **La pierre,** l'immobilier : *Investir dans la pierre.* ▪ **Ne pas laisser pierre sur pierre d'une construction** [litt.], la démolir complètement. ▪ **Pierre à briquet,** morceau de ferrocérium dont le frottement sur une molette produit des étincelles. ▪ **Pierre à chaux,** carbonate de calcium naturel. ▪ **Pierre à fusil** [anc.], silex blond très dur qui, frotté sur l'acier, donne des étincelles. ▪ **Pierre à plâtre,** gypse. ▪ **Pierre de lune,** adulaire. ▪ **Pierre de taille,** bloc de roche taillé laissé apparent dans une construction. ▪ **Pierre dure,** nom donné à divers minéraux (allant des *pierres fines* à certains marbres) susceptibles d'un beau poli, avec lesquels on sculpte des objets d'art et on réalise des ouvrages d'incrustation ou de mosaïque. ▪ **Pierre fine,** gemme ou pierre utilisée en bijouterie (aigue-marine, améthyste, topaze, tourmaline, turquoise, etc.) ou pour

Les pierres précieuses

Les quatre minéraux considérés comme des pierres précieuses sont le diamant, l'émeraude, le saphir et le rubis. Le premier est une des formes du carbone ; le second, de la famille des silicates, est un type de béryl ; les deux derniers sont des variétés de corindon.

▲ **Diamant.** Le Victoria Transvaal, diamant taillé en poire, de couleur champagne.

▲ **Saphir.** Saphirs roulés et arrondis provenant d'un gisement alluvionnaire.

▲ **Émeraude.** Cristal d'émeraude brute dans sa gangue de calcite (Colombie).

▲ **Rubis.** Rubis aux formes émoussées extraits de sables alluviaux.

la sculpture de petits objets d'art (améthyste, calcédoines, cristal de roche, lapis-lazuli et autres *pierres dures*). ▪ **Pierre levée,** menhir. ▪ **Pierre noire,** pierre sacrée enchâssée dans l'enceinte de la Kaaba, à La Mecque. ▪ **Pierre précieuse,** gemme utilisée en joaillerie (diamant, émeraude, rubis, saphir). *[V. planche page précédente.]* ▪ **Un cœur de pierre,** une personne dure, insensible.

PIERRÉ n.m. ou **PIERRÉE n.f. CONSTR.** Conduit en pierres sèches, pour l'écoulement des eaux.

PIERRERIES n.f. pl. Pierres précieuses et pierres fines utilisées en bijouterie et en joaillerie.

PIERREUX, EUSE adj. 1. Couvert de pierres ; caillouteux. **2.** De la nature de la pierre ; qui rappelle la pierre : *Une concrétion pierreuse.*

PIERRIER n.m. 1. Lieu où le sol est couvert de pierres. **2. AGRIC.** Puits plein de pierres, destiné à recevoir les eaux d'infiltration.

PIERROT n.m. (dimin. du prénom *Pierre*). **1.** Homme déguisé en Pierrot, personnage de la comédie italienne. **2.** Fam. Moineau.

PIETÀ [pjeta] **n.f. inv.,** ▲ *PIÉTA n.f.* (ital. *pietà*). Tableau, sculpture représentant une Vierge de pitié*.

PIÉTAILLE n.f. (du lat. pop. *peditalia*, soldats à pied). ▪ **La piétaille** [vx], l'infanterie ; péjor., les subalternes.

PIÉTÉ n.f. (lat. *pietas*). **1.** Attachement respectueux et fervent à Dieu et à la religion. **2.** Affection déférente, respectueuse : *Piété filiale.*

PIÉTEMENT [pjɛ-], ▲ *PIÈTEMENT* **n.m. TECHN.** Ensemble des pieds d'un meuble, d'un siège et des traverses qui les relient.

PIÉTER v.i. [11], ▲ *[11*]* (de *pied*). **CHASSE.** Avancer en courant, en parlant d'un oiseau.

PIÉTIN n.m. 1. Maladie du pied du mouton. **2.** Maladie cryptogamique des céréales, qui, selon l'espèce de champignon qui en est la cause, provoque une cassure de la tige *(piétin verse)* ou la stérilité de l'épi *(piétin échaudage).*

PIÉTINANT, E adj. Qui piétine.

PIÉTINEMENT n.m. Action de piétiner.

PIÉTINER v.i. [3]. 1. S'agiter en remuant vivement les pieds ; trépigner : *Les gens piétinaient devant les grilles fermées.* **2.** Effectuer les mouvements de la marche en avançant très peu ou pas du tout : *Piétiner dans les magasins.* **3.** Fig. Ne faire aucun progrès ; ne pas avancer ; stagner : *La négociation piétine.* ◆ **v.t. 1.** Écraser avec les pieds : *Les enfants ont piétiné les fleurs du jardin.* **2.** Violer des principes, des règles : *Piétiner les droits de l'homme.*

PIÉTISME n.m. Mouvement religieux né au XVIIe s. dans l'Église luthérienne allemande, mettant l'accent sur l'expérience religieuse individuelle.

PIÉTISTE adj. et **n.** (all. *Pietist*, du lat. *pietas*, piété). Qui concerne le piétisme ; qui le pratique.

PIÉTON, ONNE n. Personne qui circule à pied.

1. PIÉTONNIER, ÈRE ou **PIÉTON, ONNE adj.** Relatif aux piétons : *Circulation piétonnière* ; réservé aux piétons : *Centre-ville piétonnier.*

2. PIÉTONNIER n.m. Belgique. Zone urbaine réservée aux piétons.

PIÉTONNISATION n.f. Transformation de la circulation dans une rue, un quartier, pour la réserver majoritairement aux piétons.

PIÉTRAIN n.m. et **adj.m.** (du n. d'une commune de Belgique). Porc d'une race à robe blanche tachée de noir, d'origine belge, réputée pour son aptitude à fournir des carcasses maigres très bien conformées.

PIÈTRE adj. (du lat. *pedester, -tris*, qui est à pied). Sout. Qui est de peu de valeur ; médiocre : *Un piètre acteur, résultat.*

PIÈTREMENT adv. Sout. Médiocrement.

1. PIEU n.m. (pl. *pieux*) [du lat. *palus*, poteau]. Pièce longue, cylindrique ou prismatique, en bois, en métal ou en béton armé, que l'on enfonce ou que l'on confectionne dans le sol.

2. PIEU n.m. (pl. *pieux*) [orig. obsc.]. Fam. Lit.

PIEUSEMENT adv. 1. De façon pieuse. **2.** Avec vénération : *Conserver pieusement une lettre.*

SE PIEUTER v.pr. [3]. Fam. Se mettre au lit.

PIEUVRE n.f. (du gr. *polus*, nombreux, et *pous, podos*, patte). **1.** Céphalopode à huit tentacules munis de ventouses, vivant dans les creux de rochers près des côtes et se nourrissant de crustacés, de mollusques (SYN. **poulpe**). ➲ Ordre des octopodes. **2.** Litt. Personne insatiable qui accapare tout ; groupement, entreprise tentaculaires : *Cette secte est une pieuvre.* **3.** (Avec l'art. déf.). La Mafia sicilienne : *Ce juge combattait la pieuvre.*

▲ **pieuvre**

PIEUX, EUSE adj. (lat. *pius*). Qui a de la piété ; qui manifeste de la piété. ▪ **Un pieux mensonge,** inspiré par la pitié, la générosité.

PIÈZE n.f. (du gr. *piezein*, presser). Anc. Unité m.t.s. de pression (1 pièze = 10^3 pascals).

PIÉZO-ÉLECTRICITÉ (pl. *piézo-électricités*), ▲ *PIÉZOÉLECTRICITÉ* **n.f.** (du gr. *piezein*, presser). **PHYS.** Apparition de charges électriques à la surface de certains cristaux soumis à une contrainte (effet direct) ; variation des dimensions de ces cristaux quand on leur applique une tension électrique (effet inverse).

PIÉZO-ÉLECTRIQUE (pl. *piézo-électriques*), ▲ *PIÉZOÉLECTRIQUE* **adj.** Relatif à la piézo-électricité.

PIÉZOGRAPHE n.m. PHYS. Appareil de mesure piézo-électrique des pressions ou des forces vibratoires.

PIÉZOMÈTRE n.m. MÉTROL. Instrument pour mesurer la compressibilité des liquides.

PIÉZOMÉTRIQUE adj. HYDROL. ▪ **Surface, niveau piézométriques,** surface, niveau supérieurs de l'eau d'une nappe aquifère.

1. PIF interj. (onomat.). Exprime un bruit sec, un claquement, une détonation : *Pif ! paf ! Une baffe !*

2. PIF n.m. Fam. Nez. ▪ **Au pif,** au hasard : *Choisir au pif.*

PIFER ou **PIFFER v.t. [3].** Fam. (Surtout en tournure négative). Supporter : *Je ne peux plus pifer ses idées.*

PIFOMÈTRE n.m. Fam. Intuition ; flair. ▪ **Au pifomètre,** en suivant son intuition.

1. PIGE n.f. (de *2. piger*). **1.** Longueur arbitraire prise comme référence ; objet matériel (baguette, règle, etc.) de longueur arbitraire servant d'instrument de mesure par comparaison. **2.** Article ou reportage réalisé par un journaliste n'appartenant pas à une rédaction unique ; mode de rémunération d'un journaliste payé à l'unité pour chacune de ses productions. **3.** Fam. Année d'âge.

2. PIGE n.f. (de *1. piger*). Fam. ▪ **Faire la pige à qqn,** faire mieux que lui ; le surpasser.

PIGEON n.m. (lat. *pipio*). **1.** Oiseau granivore, au bec court et droit, aux ailes courtes et au vol rapide, de mœurs sociales et parfois migratrices, représenté en Europe par le *pigeon biset*, le *pigeon ramier* (ou palombe) et le *pigeon colombin.* ➲ Cri : le pigeon roucoule. Famille des columbidés. **2.** Fam. Homme naïf, facile à duper : *Cet escroc trouve toujours des pigeons.* **3. CONSTR.** Poignée de plâtre gâché. ▪ **Pigeon couronné,** goura. ▪ **Pigeon d'argile,** disque d'argile servant de cible au ball-trap et au skeet (SYN. **plateau d'argile**). ▪ **Pigeon migrateur,** espèce nord-américaine qui se déplaçait par dizaines de millions d'individus et qui fut exterminée à la fin du XIXe s. ▪ **Pigeon vole,** jeu d'enfant qui consiste à répondre rapidement à la question : tel être, tel objet vole-t-il ? ▪ **Pigeon voyageur,** qui revient à son nid quel que soit le lieu où on le lâche, très utilisé autref. pour la transmission des messages.

PIGEONNANT, E adj. Se dit d'un soutien-gorge qui maintient la poitrine haute et ronde ; se dit de la poitrine ainsi maintenue.

PIGEONNE n.f. Femelle du pigeon.

PIGEONNEAU n.m. Jeune pigeon.

PIGEONNER v.t. [3]. Fam. Tromper ; duper.

PIGEONNIER n.m. Petit bâtiment aménagé pour l'élevage des pigeons domestiques.

1. PIGER v.t. [10] (du lat. pop. *pedicus*, qui prend au piège). **1.** Fam. Comprendre ; saisir : *Ne rien piger.* **2.** Québec. Prendre au hasard ; tirer au sort : *Piger un numéro.*

2. PIGER v.t. [10] (du lat. pop. *pinsiare*, écraser). Mesurer avec une pige. ◆ **PIGER v.i.** Faire des piges pour un média (journal, radio, etc.).

PIGISTE n. Journaliste, rédacteur payé à la pige.

PIGMENT n.m. (lat. *pigmentum*). **1.** Substance naturelle colorée produite par les organismes animaux ou végétaux. **2.** Substance insoluble dans l'eau et dans la plupart des milieux de suspension usuels, douée d'un pouvoir colorant et opacifiant élevé, destinée à donner une coloration superficielle au support sur lequel on l'applique.

PIGMENTAIRE adj. Relatif à un pigment.

PIGMENTATION n.f. 1. PHYSIOL. Formation, accumulation de pigments dans les tissus vivants, en partic. dans la peau. **2.** Coloration par un pigment.

PIGMENTER v.t. [3]. Colorer avec un pigment.

PIGNADA n.m. ou **n.f.** (occitan *pinada*). Région. (Sud-Ouest). Lieu planté de pins maritimes ; pinède.

PIGNE n.f. Région. (Midi). Pomme de pin.

PIGNOCHER v.i. [3] (du moyen fr. *espinocher*, s'occuper à des bagatelles). Fam., vx. Manger sans appétit, par petits morceaux.

1. PIGNON n.m. (du lat. *pinna*, créneau). **CONSTR.** Partie supérieure, génér. triangulaire, d'un mur de bâtiment, parallèle aux fermes et portant les versants du toit. ▪ **Avoir pignon sur rue,** avoir une situation bien établie. ▪ **Mur pignon,** portant un pignon (par oppos. à *mur gouttereau*).

2. PIGNON n.m. (de *peigne*). **1.** La plus petite des roues dentées d'un engrenage cylindrique ou conique. ➲ La plus grande se nomme *roue.* **2.** Roue dentée située sur l'axe de la roue arrière d'une bicyclette (par oppos. au *plateau*). ▪ **Pignon de renvoi,** servant à communiquer le mouvement entre deux parties d'un mécanisme éloignées l'une de l'autre.

3. PIGNON n.m. (anc. provenç. *pinhon*). **1.** Pin d'une espèce méditerranéenne, appelé aussi *pin parasol* ; graine comestible de ce pin. **2.** Donax.

PIGNORATIF, IVE adj. (du lat. *pignorare*, donner en gage). **DR.** Relatif au gage.

PIGNOUF n.m. (mot dial.). Fam. **1.** Individu mal élevé et sans finesse ; goujat. **2.** Belgique, Suisse. Sot ; lourdaud.

PIGOUILLER v.t. [3]. Acadie. **1.** Tisonner. **2.** Fig. Taquiner ; harceler.

PILAF ou **PILAW** [pilav] **n.m.** (persan *pilaw*). **CUIS.** Riz d'abord revenu dans une matière grasse et cuit ensuite à l'eau bouillante. (On dit aussi *riz pilaf.*)

PILAGE n.m. Action de piler.

PILAIRE adj. (du lat. *pilus*, poil). **ANAT.** Relatif aux poils.

PILASTRE n.m. (ital. *pilastro*). **1. ARCHIT.** Pilier formé par une faible saillie rectangulaire d'un mur, génér. muni d'une base et d'un chapiteau similaires à ceux de la colonne. (→ **dosseret**). **2. MÉTALL.** Montant à jour placé entre les travées d'une grille pour la renforcer.

PILATES [pilat] **n.m.** (du n. de son inventeur, J. *Pilates*). Gymnastique douce alliant respiration profonde et mouvements lents, qui vise à renforcer les muscles posturaux pour développer le corps de façon harmonieuse.

PILAW n.m. → **PILAF.**

PILCHARD [-ʃar] **n.m.** (mot angl.). Sardine, notamm. sardine de grande taille (20 cm et plus).

1. PILE n.f. (du lat. *pila*, pilier). Côté d'une pièce de monnaie opposé à la face et portant génér. l'indication de sa valeur. ▪ **Pile ou face,** jeu de hasard qui consiste à parier sur le côté que présentera, en retombant au sol, une pièce de monnaie jetée en l'air.

2. PILE n.f. (de *1. pile*). **1.** Amas d'objets placés les uns sur les autres ; tas : *Une pile d'assiettes. Une pile de linge à repasser.* **2. CONSTR.** Massif de maçonnerie soutenant les arches d'un pont, les retombées de deux voûtes successives ; pilier massif. ▪ **Pile à combustible** [électrotechn.], appareil qui transforme directement en énergie électrique l'énergie chimique d'un couple combustible-comburant, stocké à l'extérieur de l'appareil. ■ **Pile atomique** [vieilli], réacteur nucléaire. ■ **Pile (électrique)** [électrotechn.], appareil qui transforme directement l'énergie développée dans une réaction chimique en énergie électrique : *Changer la pile de sa montre.* ■ **Pile solaire,** photopile.

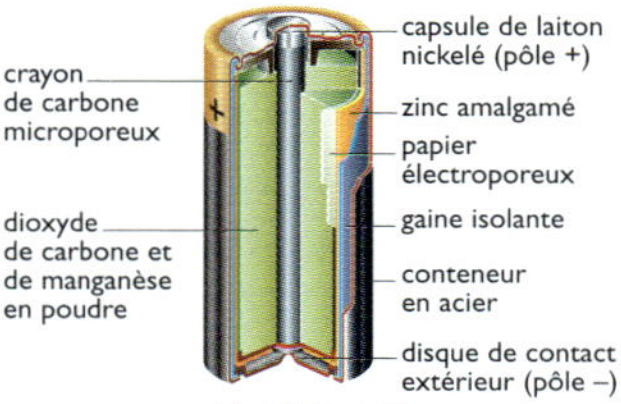

pile saline ronde

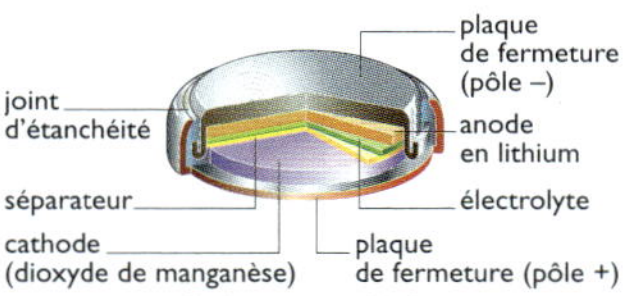

pile bouton au lithium

▲ **piles électriques**

3. PILE n.f. (du lat. *pila*, mortier). **1.** PAPET. Bac utilisé pour le raffinage de la pâte à papier. **2.** Région. (Sud-Est). Évier.

4. PILE n.f. (de *1. piler*). Fam. Volée de coups ; défaite écrasante : *Flanquer la pile à qqn.*

5. PILE adv. (de *1. pile*). Fam. Exactement : *Elle est arrivée à 8 heures pile.* ■ **S'arrêter pile** [fam.], brusquement. ■ **Tomber pile** [fam.], arriver au bon moment. ■ **Tomber pile sur qqch** [fam.], trouver exactement ce que l'on cherchait.

PILE-POIL adv. (de *5. pile* et *poil*). Fam. Précisément ; exactement : *Elle a dit pile-poil ce que je pense.*

1. PILER v.t. [3] (du lat. *pilare*, enfoncer). **1.** Réduire en poudre ou en très petits morceaux ; broyer : *Piler de la glace.* **2.** Fam. Infliger une défaite écrasante à : *Son fils l'a pilé aux échecs.*

2. PILER v.i. [3] (de *5. pile*). Fam. Freiner brutalement.

3. PILER v.t. Suisse. ■ **La piler,** souffrir, physiquement ou moralement : *Il la pile, avec ses dents.*

PILET n.m. Canard sauvage des marécages et des estuaires de l'Eurasie et de l'Amérique du Nord, à longue queue pointue, et qui hiverne en Afrique. ➲ Famille des anatidés.

PILEUX, EUSE adj. (lat. *pilosus*). ANAT. Relatif aux poils ; qui est couvert de poils ou de cheveux.

PILIER n.m. (de *2. pile*). **1.** ARCHIT. Tout support vertical autre que la colonne. **2.** Fig. Personne, chose qui est essentielle à l'existence de qqch, qui en assure la stabilité ; soutien : *Cette ministre est l'un des piliers du parti.* **3.** Dans la religion musulmane, pratique cultuelle que tout croyant doit respecter : *L'islam repose sur cinq piliers* (→ **islam**). **4.** Au rugby, chacun des deux avants de première ligne, qui encadrent le talonneur dans la mêlée. **5.** MIN. Volume de minerai abandonné, temporairement ou définitivement, pour soutenir le toit d'une exploitation souterraine. ■ **Pilier central** [autom.], pied milieu. ■ **Pilier de bar** [fam.], personne qui passe beaucoup de temps dans un bar. ■ **Pilier public** [Suisse], emplacement réservé, dans chaque commune, à l'affichage des informations officielles.

PILIFÈRE adj. BOT. Qui porte des poils.

PILI-PILI n.m. inv. Afrique. Piment rouge à goût très fort produit par un arbuste des régions chaudes ; condiment fabriqué avec ce piment.

PILLAGE n.m. Action de piller ; ensemble des dégâts qui en résultent.

PILLARD, E adj. et n. Qui pille : *Une bande de pillards.*

PILLER v.t. [3] (du lat. *pilleum*, chiffon). **1.** Dépouiller un lieu des biens, des richesses qui s'y trouvent, en usant de violence : *Des casseurs ont pillé plusieurs magasins.* **2.** Voler par des détournements frauduleux : *Piller la trésorerie d'une association.* **3.** Plagier une œuvre, un auteur.

PILLEUR, EUSE n. Personne qui vole, pille.

PILLOW-LAVA [pilolava] n.f. (pl. *pillow-lavas*) [de l'angl. *pillow*, coussin, et *lava*, lave]. GÉOL. Lave basaltique de forme ellipsoïdale (grand axe d'env. 1 m), à surface vitreuse, résultant de l'émission de lave en fusion dans la mer. (On dit aussi *lave en coussins*.)

PILOCARPE n.m. (du gr. *pilos*, feutre, et *karpos*, fruit). BOT. Jaborandi.

PILOCARPINE n.f. PHARM. Alcaloïde extrait du jaborandi, utilisé en collyre dans le traitement du glaucome.

PILON n.m. (de *1. piler*). **1.** Instrument pour broyer, malaxer et fouler à la main une substance dans un mortier. **2.** Lourde masse mue mécaniquement, destinée à un usage analogue : *Pilon à papier.* **3.** La Réunion. Mortier en pierre. **4.** CUIS. Partie inférieure d'une cuisse de volaille. **5.** Fam. Jambe de bois. ■ **Mettre un livre au pilon,** en détruire l'édition ou les invendus ; le pilonner.

PILONNAGE n.m. Action de pilonner.

PILONNER v.t. [3]. **1.** Écraser, broyer au pilon. **2.** Mettre un livre au pilon. **3.** MIL. Soumettre à un bombardement intensif.

PILORI n.m. (lat. médiév. *pilorium*). Poteau ou pilier où étaient exposés des criminels, notamm. dans la France d'Ancien Régime. ■ **Mettre** ou **clouer qqn au pilori,** le vouer à l'indignation méprisante du public.

PILO-SÉBACÉ, E (pl. *pilo-sébacés, es*), ▲ PILOSÉBACÉ, E adj. HISTOL. Relatif au poil et à la glande sébacée qui lui est annexée.

PILOSITÉ n.f. (de *pileux*). **1.** ANAT. Revêtement que forment les poils sur la peau ; ensemble des poils. **2.** TEXT. Quantité de poils dépassant du corps d'un fil.

PILOT n.m. Gros pieu de bois à pointe ferrée utilisé pour construire un pilotis.

PILOTAGE n.m. Action, art de piloter. ■ **Pilotage sans visibilité,** pilotage d'un avion sans vue directe du sol, avec les seuls instruments de navigation.

1. PILOTE n. (ital. *piloto*, du gr. *pêdon*, gouvernail). **1.** Professionnel qui conduit un avion, une voiture de course, un engin blindé, etc. **2.** MAR. Professionnel qui guide les navires dans les passages difficiles, à l'entrée des ports. **3.** Personne qui sert de guide ; cicérone. **4.** (En appos., avec ou sans trait d'union). Qui sert de modèle ; qui ouvre la voie : *Une école-pilote. Des laboratoires pilotes.* ■ **Pilote de chasse,** pilote militaire chargé d'exécuter une mission de combat à bord d'un avion armé. ■ **Pilote de ligne,** professionnel chargé de la conduite d'un avion sur une ligne commerciale. ■ **Pilote d'essai,** professionnel chargé d'évaluer en vol les performances et la résistance d'un nouvel avion.

2. PILOTE n.m. Prototype d'un journal, d'un magazine, d'une émission télévisée. (Pour une publication, on dit aussi *numéro zéro*.) ■ **Pilote automatique,** dispositif, génér. gyroscopique, qui permet la conduite d'un avion sans intervention de l'équipage ; dispositif mécanique ou électronique qui assure à un bateau la conservation d'un cap fixé, sans intervention humaine. ■ **Pilote (de périphérique)** [inform.], recomm. off. pour **2. driver.**

1. PILOTER v.t. [3] (de *pilot*). Enfoncer des pilots.

2. PILOTER v.t. [3] (de *1. pilote*). **1.** Conduire un avion, une voiture, un navire, etc., en tant que pilote. **2.** Guider une ou plusieurs personnes dans une ville, un musée, etc. **3.** Être aux commandes de ; diriger : *Piloter une équipe, un projet.*

PILOTIN n.m. MAR. Élève officier qui prépare ses diplômes de la marine marchande sur un navire de commerce.

PILOTIS n.m. Ensemble de pilots que l'on enfonce dans un sol peu consistant ou qui sont immergés pour soutenir une construction.

PILOU n.m. Tissu de coton pelucheux.

PILS [pils] n.f. (de *Pilsen*, n. all. de la v. tchèque de *Plzeň*). Belgique. Bière blonde.

1. PILULAIRE adj. PHARM. Relatif aux pilules. ◆ n.m. VÉTÉR. Instrument utilisé pour faire ingérer des pilules aux animaux.

2. PILULAIRE n.f. Fougère aquatique aux feuilles filiformes, dont les sporanges sont enfermés dans des enveloppes en forme de petites pilules. ➲ Famille des marsiléacées.

PILULE n.f. (lat. *pilula*). Forme pharmaceutique petite et sphérique, destinée à être avalée sans être mâchée. ■ **Avaler la pilule** [fam.], supporter une chose pénible sans protester. ■ **Dorer la pilule à qqn** [fam.], lui faire accepter une chose désagréable en la présentant sous des aspects flatteurs. ■ **Pilule (contraceptive)** [pharm.], comprimé de synthèse contenant un œstrogène et un progestatif, destiné à bloquer chez la femme une ou plusieurs conditions essentielles à l'ovulation. ■ **Pilule du lendemain, pilule du surlendemain,** pilules contraceptives d'urgence utilisables après un rapport sexuel non protégé et destinées à bloquer l'ovulation et la nidation de l'œuf fécondé.

PILULIER n.m. Petite boîte pour ranger des médicaments (pilules, gélules, etc.).

PILUM [pilɔm] n.m. (mot lat.). ANTIQ. Javelot de l'infanterie romaine.

PIMBÊCHE n.f. Fam. Fille ou femme prétentieuse et maniérée ; mijaurée.

PIMBINA n.m. (de l'algonquien). Québec. Nom donné à deux espèces nord-américaines de la viorne, à baies rouges comestibles ; la baie elle-même.

PIMENT n.m. (lat. *pigmentum*). **1.** Plante annuelle dont il existe plusieurs espèces et variétés, cultivées pour leurs fruits : le *piment rouge* ou *brûlant*, qui est utilisé comme condiment ; le *piment doux* ou *poivron*, comme légume. ➲ Famille des solanacées. (V. planche *épices*.) **2.** Fig. Ce qui ajoute un élément piquant ou licencieux à qqch ; sel : *Cet événement a mis un peu de piment dans sa vie.* ■ **Piment d'Espelette,** variété de piment rouge produite dans la région d'Espelette (Pyrénées-Atlantiques).

PIMENTER v.t. [3]. **1.** Assaisonner de piment. **2.** Fig. Rendre excitant, plus intéressant : *Pimenter une histoire de détails croustillants.*

PIMPANT, E adj. (du provenç. *pimpar*, parer). Qui a un air de fraîcheur et d'élégance ; coquet.

PIMPRENELLE n.f. (du lat. *piper, -eris*, poivre). Plante herbacée à petites fleurs pourpres formant des têtes globuleuses, appelée aussi *sanguisorbe.* ➲ Famille des rosacées.

PIN n.m. (lat. *pinus*). Conifère à aiguilles longues et souples, dont le fruit est un cône d'écailles ligneuses (*pomme de pin*), et qui peut atteindre 50 m de hauteur. ➲ De nombreuses espèces sont exploitées pour leur bois de menuiserie et de charpente (*pin sylvestre, pin cembro*), pour le reboisement (*pin d'Autriche*), pour la fixation des dunes (*pin maritime*), etc. Famille des pinacées.

▲ **pin** sylvestre.

PINACÉE n.f. Arbre résineux à aiguilles génér. persistantes, aux fruits en cône s'ouvrant à maturité, tel que le sapin, le pin, l'épicéa et le mélèze (SYN. **abiétacée**). ➲ Les pinacées forment une famille.

PINACLE n.m. (du lat. *pinna*, créneau). ARCHIT. Amortissement élancé se terminant en forme de cône ou de pyramide effilés et qui se place notamm. au sommet d'une culée, dans l'architecture gothique. ■ **Porter qqn au pinacle** [litt.], en faire le plus grand éloge.

PINACOTHÈQUE n.f. (lat. *pinacotheca*, du gr.). Musée de peinture.

PINAILLAGE n.m. Fam. Action de pinailler.

PINAILLE n.f. Suisse. Fam. Mauvais vin ; piquette.

PINAILLER v.i. [3] (orig. obsc.). Fam. Ergoter ; chicaner.

PINAILLEUR, EUSE n. Fam. Personne qui pinaille.

PINARD n.m. (de *pineau*). Fam. Vin.

PINARDIER n.m. Fam. **1.** Navire-citerne aménagé pour le transport du vin en vrac. **2.** Marchand de vin en gros.

PINASSE n.f. (de *pin*). Région. (Sud-Ouest). Bateau de pêche à fond plat.

PINÇAGE n.m. **AGRIC.** Pincement.

PINÇARD, E adj. et n.m. Se dit d'un cheval qui s'appuie sur la pince du sabot en marchant.

PINCE n.f. **1.** Outil à branches articulées dont les extrémités, plates ou rondes, servent à saisir, à tenir qqch : *Pince de chirurgien.* **2.** Dispositif à deux branches pour pincer : *Une pince à cheveux.* **3.** Barre de fer aplatie à un bout et servant de levier. **4.** Appendice préhensile de certains crustacés, muni de deux mors articulés : *Pince de homard.* **5.** Fam. Main : *Se serrer la pince.* **6.** Partie antérieure de la paroi du sabot du cheval. **7.** Incisive médiane des mammifères herbivores domestiques. **8. COUT.** Pli cousu sur l'envers d'un vêtement pour l'ajuster plus près du corps. ▪ **À pinces** [fam.], à pied : *Rentrer à pinces.* ▪ **Pince universelle,** pince réunissant plusieurs fonctions *(pince plate, pince coupante, pince à tubes).*

PINCÉ, E adj. Qui exprime du dédain, de la froideur ; hautain : *Prendre un air pincé.* ▪ **Avoir les lèvres pincées,** minces et serrées et donnant un air dur.

PINCEAU n.m. (du lat. *peniculus*, petite queue). **1.** Instrument formé d'un assemblage serré de poils ou de fibres fixé à l'extrémité d'un manche, utilisé pour peindre, coller, etc. **2.** Faisceau lumineux de faible ouverture : *Le pinceau d'un projecteur.* **3.** Fam. Pied ; jambe. ▪ **S'emmêler les pinceaux** [fam.], s'embrouiller dans une explication.

PINCÉE n.f. Petite quantité d'une matière poudreuse ou granulée, que l'on peut prendre entre deux ou trois doigts : *Une pincée de sel.*

PINCE-FESSES n.m. inv., ▲ *PINCE-FESSE n.m. (pl. pince-fesses).* Fam. Bal ; réception.

PINCELIER n.m. **PEINT.** Petit récipient pour le nettoyage des pinceaux.

PINCEMENT n.m. **1.** Action, fait de pincer. **2. AGRIC.** Suppression des bourgeons ou de l'extrémité des rameaux pour faire refluer la sève sur d'autres parties du végétal (SYN. **pinçage**). **3. AUTOM.** Très faible différence d'écartement existant à l'arrêt entre l'arrière et l'avant des roues directrices d'une automobile, et qui s'annule à la vitesse d'utilisation du véhicule, sous l'effet du couple dû à la chasse. ▪ **Pincement au cœur,** sensation fugace d'angoisse ou de tristesse.

PINCE-MONSEIGNEUR n.f. (pl. *pinces-monseigneur*). Levier court à bout plat, utilisé notamm. pour forcer les portes.

PINCE-NEZ n.m. inv. Anc. Lorgnon qui tient sur le nez grâce à un ressort.

PINCE-OREILLE n.m. (pl. *pince-oreilles*). Forficule.

PINCER v.t. [9] (de l'anc. fr. *pincier*, saisir). **1.** Presser plus ou moins fort qqch entre ses doigts : *Elle lui a pincé le bras pour qu'il se taise.* **2.** Serrer en faisant mal : *Le crabe lui a pincé un doigt.* **3.** Donner une sensation de pincement : *Le vent glacial leur pinçait le visage.* **4. AGRIC.** Opérer le pincement de : *Pincer la vigne.* **5.** Fam. Prendre sur le fait ; arrêter : *Pincer un cambrioleur.* ▪ **Ça pince** [fam.], il fait très froid. ▪ **En pincer pour qqn** [fam.], en être amoureux. ▪ **Pincer les cordes d'un instrument de musique,** les faire vibrer en les tirant avec les doigts. ▪ **Pincer les lèvres,** les rapprocher en les serrant. ◆ **SE PINCER** v.pr. Se faire prendre entre des choses qui serrent, blessent. ▪ **Se pincer le nez,** se serrer les narines avec les doigts pour ne pas sentir une mauvaise odeur.

PINCE-SANS-RIRE adj. inv. et n. inv. Se dit d'une personne qui fait ou dit qqch de drôle en restant impassible.

PINCETTE n.f. **1.** (Surtout pl.). Ustensile à deux branches pour attiser le feu. **2.** Petite pince à deux branches pour les travaux minutieux : *Pincette de bijoutier.* **3.** Suisse. Pince à linge. ▪ **Ne pas être à prendre avec des pincettes** [fam.], être très sale ; être de très mauvaise humeur.

PINCHARD, E adj. et n. (de *1. pêcher*). Se dit de la robe d'un cheval gris de fer ; se dit de ce cheval lui-même.

PINÇON n.m. Marque que l'on garde sur la peau lorsqu'elle a été pincée.

PINÇURE n.f. Sensation douloureuse d'être pincé.

PINÉAL, E, AUX adj. (du lat. *pinea*, pomme de pin). **ANAT.** Relatif à l'épiphyse du cerveau. ▪ **Glande pinéale,** épiphyse. ▪ **Œil** ou **organe pinéal** [zool.], organe visuel des reptiles, génér. rudimentaire, dérivé de l'épiphyse affleurant sous la peau, au sommet du crâne.

PINEAU n.m. (de *pin*). Vin de liqueur originaire des Charentes, obtenu par mutage du jus de raisin frais au moyen de cognac.

PINÈDE, PINERAIE ou **PINIÈRE** n.f. Bois de pins.

PINÈNE n.m. **CHIM. ORG.** Famille de quatre hydrocarbures terpéniques. ➲ L'α-*pinène*, qui a 10 atomes de carbone, est le constituant principal des huiles essentielles de pin, d'eucalyptus, de genévrier, etc.

PINGOUIN n.m. (néerl. *pinguin*). Oiseau palmipède des mers arctiques, piscivore, qui niche sur les côtes de l'Europe occidentale. ➲ Famille des alcidés.

PING-PONG (pl. *ping-pongs*), ▲ *PINGPONG* [piŋpɔ̃g] n.m. (onomat.). Tennis de table.

PINGRE adj. et n. (orig. obsc.). Péjor. Qui est d'une avarice sordide ; ladre.

PINGRERIE n.f. Avarice sordide ; lésine.

PINNE n.f. (lat. *pinna*). Grand mollusque bivalve des mers chaudes et tempérées, à coquille triangulaire, appelé cour. *jambonneau de mer.* ➲ Famille des pinnidés.

PINNIPÈDE n.m. (du lat. *pinna*, nageoire, et *pes, pedis*, pied). Mammifère carnivore adapté à la vie marine, aux pattes transformées en nageoires et au corps fusiforme, tel que le phoque, le morse, l'otarie. ➲ Les pinnipèdes forment un ordre.

PINNOTHÈRE, ▲ *PINNOTÈRE* n.m. (lat. *pinoteres*). Petit crabe à carapace blanchâtre vivant dans les moules, les coques, etc. ➲ Famille des pinnothéridés.

PINNULE n.f. (du lat. *pinnula*, petite aile). **1. TOPOGR.** Plaque de métal percée d'un œilleton, placée à angle droit aux extrémités d'une alidade et servant à prendre des alignements sur le terrain. **2. BOT.** Foliole de fougère.

PINOCYTOSE n.f. (du gr. *pinein*, boire). **BIOL. CELL.** Inclusion dans une cellule de petites molécules en solution, issues du milieu extérieur à la cellule.

PINOT n.m. (de *pin*). Cépage français rouge ou blanc, renommé, cultivé notamm. en Bourgogne ; vin issu de ce cépage.

PINOTTE n.f. (angl. *peanut*). Québec. Fam. Graine d'arachide ; cacahouète. ▪ **Pour des pinottes** [Québec, fam.], pour presque rien : *Travailler pour des pinottes.*

PIN-PON interj. Imite le bruit de la sirène des pompiers.

PIN'S [pins] n.m. inv. (de l'angl. *pin*, punaise). Petit badge métallique muni d'une pointe de punaise, qui se fixe à un embout à travers un vêtement. Recomm. off. **épinglette.**

PINSCHER [pinʃɛr] n.m. (mot all.). Chien d'agrément d'origine allemande, à la robe de couleur noir et feu ou acajou.

PINSON n.m. (bas lat. *pincio*). Passereau chanteur et granivore de l'Europe et de l'Asie, à plumage multicolore. ➲ Cri : le pinson ramage. Famille des fringillidés. ▪ **Gai comme un pinson,** très gai.

PINTADE n.f. (port. *pintada*). Gallinacé originaire d'Afrique, acclimaté dans le monde entier et dont la forme domestique, au plumage noirâtre pointillé de blanc, est élevée pour sa chair. ➲ Cri : la pintade criaille. Famille des phasianidés.

PINTADEAU n.m. Jeune pintade.

PINTADINE n.f. Huître perlière (SYN. **méléagrine**).

PINTE n.f. (du lat. *pinctus*, pourvu d'une marque). **1.** Unité de mesure de capacité, valant 0,568 l en Grande-Bretagne et 0,47 l aux États-Unis. **2.** Anc. Mesure française de capacité pour les liquides, qui valait 0,93 l à Paris ; récipient de cette capacité. **3.** Au Canada, ancienne mesure de capacité pour les liquides valant 1,136 l. **4.** Québec. Fam. Récipient d'un litre : *Une pinte de lait.* **5.** Suisse. Débit de boissons. ▪ **Se payer une pinte de bon sang** [fam., vieilli], passer un très bon moment ; avoir une bonne crise de rire.

PINTER v.i. [3]. Fam. Boire beaucoup d'alcool. ◆ **SE PINTER** v.pr. Fam. S'enivrer.

PINTOCHER v.i. [3]. Suisse. Boire avec excès des boissons alcoolisées.

PIN-UP n.f. inv., ▲ *PINUP n.f.* [pinœp] (de l'angl. *to pin up*, épingler). **1.** Jolie fille peu vêtue dont on épingle la photo au mur. **2.** Jolie fille au charme sensuel.

PINYIN [pinjin] n.m. (mot chinois). **LING.** Système de transcription phonétique des idéogrammes chinois, adopté en République populaire de Chine depuis 1958.

PIOCHAGE n.m. Action de piocher.

PIOCHE n.f. (de *2. pic*). **1.** Outil formé d'un fer allongé et pointu, muni d'un manche, servant à creuser la terre et à défoncer. **2. JEUX.** Tas de cartes, de dominos qui restent après la distribution, et dans lequel on peut puiser ; talon ; action de piocher dans ce tas. ▪ **Bonne, mauvaise pioche,** où l'on tire, ou non, la carte qui convient ; fig., choix heureux, malheureux. ▪ **Tête de pioche** [fam.], personne têtue.

PIOCHER v.t. [3]. **1.** Creuser la terre avec une pioche. **2.** Puiser dans un tas : *Piocher un bonbon dans un paquet. Pioche une carte !* **3.** Fam., vieilli. Travailler avec ardeur ; bûcher. ◆ **v.i.** Fouiller dans un tas pour prendre qqch ; dans certains jeux, prendre dans la pioche.

PIOCHEUR, EUSE n. **1.** Personne qui manie une pioche. **2.** Fam., vieilli. Personne qui travaille beaucoup.

PIOLET n.m. (de l'anc. provenç. *piola*, hache). Canne d'alpiniste, ferrée à un bout et munie d'un petit fer de pioche à l'autre, utilisée surtout pour les courses de neige et de glace.

1. PION n.m. (du bas lat. *pedo, -onis*, fantassin). **1.** Chacune des huit plus petites pièces du jeu d'échecs. **2.** Chacune des pièces du jeu de dames et d'autres jeux de société. ▪ **N'être qu'un pion sur l'échiquier,** jouer un rôle mineur ou pouvoir être manipulé. ▪ **Pousser ses pions,** entreprendre d'habiles manœuvres pour s'assurer le pouvoir.

2. PION, PIONNE n. Arg. scol. Surveillant.

3. PION ou **PI** n.m. (de *pi* et *électron*). **PHYS.** Particule fondamentale (π) dont la masse est environ 273 fois celle de l'électron et qui est le vecteur essentiel des interactions fortes.

PIONCER v.i. [9]. Fam. Dormir.

PIONNIER, ÈRE n. (de *1. pion*). **1.** Personne qui fait les premières recherches dans un domaine, qui prépare la route à d'autres : *Les pionniers de la biologie.* **2.** Personne qui part défricher des contrées inhabitées, incultes : *Les pionniers de l'Ouest américain.* **3. HIST.** En URSS, enfant ou adolescent qui appartenait à une organisation éducative contrôlée par l'État. ◆ **n.m.** Anc. Soldat employé aux terrassements. ◆ **adj.** Se dit d'un projet, d'une réalisation qui sont les premiers dans leur genre ; d'avant-garde : *Une expérience pionnière.*

PIORNE n.f. Suisse. Fam. Personne qui piorne, pleurniche.

PIORNER v.i. [3] (mot dial.). Suisse. Fam. Pleurnicher ; geindre.

PIOUPIOU n.m. (onomat.). Fam., vieilli. Jeune soldat.

1. PIPA n.m. (d'une langue d'Amazonie). Gros crapaud d'Amérique tropicale, au corps très aplati, dont la femelle incube ses œufs dans des vésicules logées dans son dos. ➲ Famille des pipidés.

▲ **pintade**

2. PIPA n.m. Luth chinois à quatre cordes en forme de demi-poire, joué tantôt avec un plectre, tantôt avec les ongles.

PIPE n.f. (de *piper*). **1.** Objet formé d'un fourneau et d'un tuyau, servant à fumer ; son contenu. **2.** (Par l'angl. *pipe*). Tuyau ; conduit : *Pipe d'aération.* **3.** Fam., vieilli. Cigarette. **4.** Région. Grande futaille. ▪ **Casser sa pipe** [fam.], mourir. ▪ **Nom d'une pipe !** [fam.], indique la surprise ou l'indignation. ▪ **Par tête de pipe** [fam.], par personne.

PIPEAU n.m. Petite flûte à bec, à six trous. ▪ **C'est du pipeau** [fam.], ce n'est pas sérieux ; c'est du bluff.

PIPÉE n.f. Chasse consistant à prendre les oiseaux aux gluaux après les avoir attirés au moyen d'un appeau.

PIPELET, ETTE n. (du n. d'un personnage des *Mystères de Paris,* de E. Sue). Fam. **1.** Personne qui aime les commérages. **2.** Vieilli. Concierge.

PIPELINE ou **PIPE-LINE** [piplin] ou [pajplajn] **n.m.** (pl. *pipe-lines*) [mot angl.]. **1.** Canalisation pour le transport à distance de fluides, notamm. du pétrole (oléoduc) ou du gaz (gazoduc). **2. INFORM.** Mode d'organisation d'un processeur, qui permet d'accroître la vitesse de traitement grâce à l'exécution simultanée, par étapes successives, de plusieurs instructions.

PIPER v.t. [3] (du lat. *pipare,* glousser). **CHASSE.** Pratiquer la pipée. ▪ **Ne pas piper (mot)** [fam.], garder le silence. ▪ **Piper les dés, les cartes,** les truquer.

PIPÉRACÉE n.f. (du lat. *piper,* poivre). Dicotylédone apétale des régions chaudes, telle que le poivrier. ➲ Les pipéracées forment une famille.

PIPERADE [-pe-] **n.f.** (mot béarnais, de *piper,* poivron). Mets composé d'œufs brouillés, de tomates et de poivrons cuits. ➲ Cuisine basque.

PIPÉRONAL n.m. (pl. *pipéronals*). **CHIM. ORG.** Héliotropine.

PIPETTE n.f. Petit tube pour prélever un liquide : *Une pipette de chimiste.*

PIPEULE n. → **PEOPLE.**

PIPI n.m. Fam. Urine. ▪ **Faire pipi** [fam.], uriner.

PIPIER, ÈRE adj. Relatif aux pipes, à leur fabrication. ◆ **n.** Personne qui fabrique des pipes.

PIPISTRELLE n.f. (ital. *pipistrello*). Petite chauve-souris commune de l'Europe à l'Asie centrale. ➲ Famille des vespertilionidés.

PIPIT [pipit] ou **PITPIT** [pitpit] **n.m.** (onomat.). Passereau insectivore des prairies et des landes de l'hémisphère Nord, dont plusieurs espèces, telles la farlouse et la spioncelle, sont communes en Europe. ➲ Famille des motacillidés.

PIPO n. Arg. scol. Polytechnicien.

PIPOLE n. → **PEOPLE.**

PIPOLISATION ou **PEOPOLISATION** [pi-] **n.f.** Médiatisation, souvent perçue comme pernicieuse, de personnes, d'institutions étrangères au monde du spectacle : *La pipolisation de la vie politique.*

PIQUAGE n.m. Action de piquer un tissu, un papier, etc.

PIQUANT, E adj. 1. Qui pique : *Feuilles piquantes des orties.* **2.** Qui suscite l'intérêt : *Des détails piquants ;* qui attire l'attention par sa vivacité spirituelle : *Une brune piquante.* ▪ **Sauce piquante,** faite avec des échalotes, des câpres, des cornichons, du vin blanc et du vinaigre. ◆ **n.m. 1.** Épine d'une plante ou d'un animal : *Les piquants d'une rose, d'un hérisson.* **2.** Litt. Ce qu'il y a d'intéressant ou de cocasse dans qqch : *Le piquant de la chose, c'est qu'il ne se doutait de rien.*

1. PIQUE n.f. (néerl. *pike*). Arme ancienne composée d'un fer plat et pointu placé au bout d'une hampe de bois. ▪ **Lancer des piques à qqn,** lui faire des réflexions blessantes.

2. PIQUE n.m. Une des quatre couleurs du jeu de cartes, dont la marque est un fer de pique noir ; carte de cette couleur.

1. PIQUÉ, E adj. 1. Cousu par un point de couture. **2.** Marqué de petits trous, de petites taches de moisi : *Ce linge mal séché est tout piqué.* **3.** Se dit d'une boisson (vin, bière, cidre) devenue aigre au goût. **4.** Fam., vieilli. Qui a l'esprit dérangé. ▪ **Ce n'est pas piqué des vers** ou **des hannetons** [fam.], c'est parfaitement réussi et adapté à la situation : *Une réponse qui n'est pas piquée des hannetons.*

2. PIQUÉ n.m. 1. BROD. Étoffe de coton formée de deux tissus appliqués l'un sur l'autre et unis par des points formant des dessins. **2. TEXT.** Étoffe tricotée présentant un aspect de relief sur sa surface. **3.** Mouvement d'un avion qui se laisse tomber suivant une trajectoire proche de la verticale. **4. DANSE.** Mouvement qui consiste à prendre solidement appui sur le sol d'une jambe, genou bien tendu, sur pointe ou demi-pointe. **5. PHOTOGR.** Qualité d'une image bien contrastée et qui restitue le maximum de détails.

PIQUE-ASSIETTE n. (pl. *pique-assiettes*). Fam. Personne qui a l'habitude de se faire nourrir par les autres.

PIQUE-BŒUF n.m. (pl. *pique-bœufs* [-bø]). **1.** Garde-bœuf. **2.** Passereau des savanes africaines, qui se perche sur les grands mammifères herbivores et se nourrit de leurs parasites. ➲ Famille des sturnidés.

▲ **pique-bœuf**

PIQUE-BOIS n.m. inv. → **PIC-BOIS.**

PIQUE-FEU n.m. inv., ▲ *n.m. (pl. pique-feux).* Tisonnier.

PIQUE-FLEUR n.m. (pl. *pique-fleurs*) ou **PIQUE-FLEURS n.m.inv.** Objet servant à maintenir en place les fleurs dans un vase, ou qui constitue lui-même un vase.

PIQUE-NIQUE (pl. *pique-niques*), ▲ *PIQUENIQUE* **n.m.** (de *piquer,* picorer, et de l'anc. fr. *nique,* rien du tout). Repas pris en plein air, au cours d'une promenade.

PIQUE-NIQUER, ▲ *PIQUENIQUER* **v.i. [3].** Faire un pique-nique.

PIQUE-NIQUEUR, EUSE (pl. *pique-niqueurs, euses*), ▲ *PIQUENIQUEUR, EUSE* **n.** Personne qui pique-nique.

PIQUE-NOTE n.m. (pl. *pique-notes*) ou **PIQUE-NOTES n.m. inv.** Tige sur laquelle on enfile des feuillets de notes, des factures, etc.

PIQUER v.t. [3] (lat. pop. **piccare*). **1.** Percer la peau avec qqch de pointu : *Les épines de la rose ont piqué ses doigts.* **2.** Enfoncer par la pointe : *Piquer une broche dans une volaille.* **3.** Faire une piqûre (injection, prise de sang) à : *L'acupuncteur m'a piqué dans l'oreille.* **4.** Faire à un animal une piqûre entraînant la mort : *Faire piquer un chat.* **5.** Enfoncer son dard, son aiguillon dans la peau, en parlant d'un insecte ou (abusif) d'un serpent : *Un moustique l'a piqué.* **6.** Parsemer de petits trous, de petites taches : *L'humidité a piqué les miroirs.* **7.** Fixer avec une pointe : *Piquer une carte postale sur un mur.* **8.** Enfoncer qqch de pointu dans : *Piquer la viande avec une brochette pour voir si elle est cuite.* **9. CUIS.** Percer de trous une pièce de viande pour y introduire de l'ail ou du lard. **10.** Coudre à la machine une étoffe ou des étoffes ensemble. **11.** Produire une sensation âpre au goût ou à l'odorat, ou aiguë sur la peau : *Cette sauce pique la langue. Le vent pique nos joues.* **12.** Litt. Exciter un sentiment ; aiguillonner : *Piquer la curiosité.* **13.** Fam. Prendre ; voler. ▪ **Piquer qqn au vif,** blesser son amour-propre. ▪ **Piquer une crise, une colère** [fam.], se mettre subitement dans cet état. ▪ **Piquer une note** [mus.], l'exécuter d'un coup sec et détaché. ▪ **Piquer un fard** → **FARD.** ◆ **v.i. 1.** En parlant d'une boisson, commencer à aigrir sous l'effet de bactéries acétiques : *Ce vin pique.* **2. AÉRON.** Effectuer une descente suivant une trajectoire de très forte pente. ▪ **Piquer des deux** [équit.], donner vivement des éperons à un cheval. ▪ **Piquer du nez,** pencher vers l'avant ; en parlant de qqn, laisser tomber sa tête en avant en s'assoupissant. ◆ **SE PIQUER v.pr. 1.** Se blesser légèrement : *Se piquer en cousant.* **2.** Fam. S'injecter de la drogue. **3.** Se couvrir de petits trous, de petites taches : *Ce linge se pique.* **4. (DE).** Litt. Avoir des prétentions dans tel domaine : *Se piquer d'économie, de philosophie.* ▪ **Se piquer au jeu,** prendre intérêt à qqch que l'on avait entrepris sans ardeur.

PIQUERIE n.f. (de *piquer*). Québec. Local où se rendent les toxicomanes pour s'injecter de la drogue.

1. PIQUET n.m. (de *piquer*). Petit pieu destiné à être enfoncé dans la terre. ▪ **Mettre un enfant au piquet** [vieilli], le punir en l'envoyant au coin dans une classe, debout et immobile. ▪ **Piquet de grève,** groupe de grévistes génér. placés à l'entrée du lieu de travail pour en interdire l'accès. ▪ **Piquet d'incendie,** détachement de soldats formé pour la lutte contre le feu.

2. PIQUET n.m. Très ancien jeu de cartes par levées et combinaisons, pratiqué par deux personnes avec un jeu de 32 cartes.

PIQUETAGE n.m. Action de piqueter. ▪ **Faire du piquetage** [Québec], manifester aux abords du lieu de travail, pour en bloquer l'accès.

PIQUETER v.t. [16], ▲ *[12].* **1.** Tacheter de petits points isolés. **2.** Marquer un alignement au moyen de piquets. ◆ **v.i.** Québec. Faire du piquetage.

PIQUETEUR, EUSE n. Québec. Gréviste qui participe à un piquetage.

1. PIQUETTE n.f. (de *piquer*). **1.** Fam. Mauvais vin. **2.** Boisson que l'on fabriquait en faisant passer de l'eau sur du marc de raisin ou en laissant macérer certains fruits écrasés dans de l'eau.

2. PIQUETTE n.f. (de *1. pique*). Fam. Défaite, échec cuisants : *Prendre une piquette aux élections.*

1. PIQUEUR, EUSE adj. ENTOMOL. Se dit de certains insectes (taon, moustique, punaise, cigale, etc.) qui ont des organes propres à piquer, notamm. des pièces buccales.

2. PIQUEUR, EUSE n. Ouvrier qui pique à la machine.

3. PIQUEUR n.m. Dans les houillères, mineur qui travaillait au pic ou au marteau piqueur.

4. PIQUEUR ou **PIQUEUX n.m. VÉNER.** Personne qui s'occupe de la meute au chenil et pendant la chasse.

PIQUIER n.m. HIST. Soldat armé d'une pique.

PIQUILLO n.m. (mot esp.). Variété de petit poivron rouge de forme triangulaire, cultivé en Espagne et que l'on consomme surtout farci.

PIQÛRE, ▲ *PIQURE* **n.f. 1.** Perforation de la peau ou d'une muqueuse faite par un instrument, un insecte, une plante, etc. ; la plaie ainsi produite. **2.** Perforation de la peau par un instrument pointu, au cours d'une injection, d'une ponction, etc. ; cette injection. **3.** Trou laissé dans un matériau par un insecte. **4.** Tache d'humidité, notamm. sur du papier. **5. REL.** Opération consistant à maintenir assemblés les cahiers d'un ouvrage à l'aide d'agrafes métalliques. **6.** Sensation vive et qui provoque une forte démangeaison : *Une piqûre d'abeille.* **7. COUT.** Série de points serrés réunissant deux tissus. ▪ **Piqûre d'amour-propre,** vexation légère.

PIRANHA [-ɲa] **n.m.** (mot port., du tupi). Poisson carnassier très vorace qui vit en bande dans les eaux douces d'Amazonie. ➲ Famille des serrasalmidés.

▲ **piranha**

PIRATAGE n.m. Action de pirater.

PIRATE n.m. (lat. *pirata*). **1.** Anc. Bandit qui parcourait les mers pour piller des navires de commerce (à distinguer de *corsaire*). **2.** Mod. Personne qui se livre à la piraterie* maritime. **3. INFORM.** Personne qui contourne à des fins malveillantes les protections d'un logiciel, d'un ordinateur ou d'un réseau informatique ; recomm. off. pour **cracker.** ▪ **Pirate de l'air,** personne qui, par la menace, détourne un avion en vol. ◆ **adj.** Qui a un caractère illicite ; clandestin : *Un enregistrement pirate.* ▪ **Parti Pirate** (nom déposé), parti politique qui prône la défense des droits et libertés fondamentaux, la transparence de la vie publique et le partage des savoirs, en s'appuyant notamm. sur les outils de la démocratie participative. ➲ Le premier Parti Pirate est né en Suède en 2006 (*Piratpartiet*).

PIRATER v.t. [3]. 1. Reproduire une œuvre sans payer les droits de reproduction ; imiter frauduleusement. **2. INFORM.** Accéder par effraction à un système informatique en vue d'en copier, d'en modifier ou d'en détériorer les informations. **3.** Fam. Escroquer. ◆ **v.i.** Se livrer à la piraterie.

PIRATERIE n.f. 1. DR. MAR. Acte de déprédation commis en mer contre un navire, son équipage ou sa cargaison. **2. INFORM.** Action de pirater. **3.** Appropriation abusive ; escroquerie. ▪ **Piraterie aérienne,** détournement illicite d'un avion par une ou plusieurs personnes se trouvant à bord.

PIRE adj. (lat. *pejor*). **1.** (Comparatif de *mauvais*). Plus mauvais ; plus nuisible : *La situation économique est pire qu'avant.* **2.** (Superlatif de *mauvais*). Le plus mauvais ; le plus nuisible : *Cette femme est sa pire ennemie.* ◆ **n.m.** ▪ **Le pire,** ce qu'il y a de plus mauvais : *S'attendre au pire.* ▪ **Pratiquer la politique du pire,** provoquer une aggravation de la situation pour en tirer parti.

PIRIFORME adj. (du lat. *pirum*, poire). En forme de poire.

PIROGUE n.f. (esp. *piragua*). Embarcation légère d'Amérique, d'Afrique et d'Océanie, de forme allongée, propulsée à la voile ou à la pagaie.

PIROGUIER n.m. Conducteur de pirogue.

PIROJKI [pirɔʃki] **n.m. inv.,** ▲ *n.m.* (mot russe). Petit pâté farci de viande, de poisson, etc. ➲ Cuisine russe.

PIROLE ou **PYROLE n.f.** (du lat. *pirus*, poirier). Petite plante vivace des forêts de conifères de l'hémisphère Nord, à fleurs blanches ou verdâtres. ➲ Famille des pyrolacées.

PIROPLASMOSE n.f. VÉTÉR. Affection parasitaire causée par des protozoaires et transmise à certains animaux (chiens, chevaux, ovins, bovins) par les tiques.

PIROUETTE n.f. (de l'anc. fr. *pirouelle*, toupie). **1.** Tour complet que l'on fait sur la pointe ou sur le talon d'un seul pied, sans changer de place ; virevolte. **2.** Changement brusque d'opinion ; revirement : *Les pirouettes d'un homme politique.* **3.** Façon désinvolte d'éluder une question embarrassante : *Répondre par une pirouette.* **4. DANSE.** Tour sur soi-même, exécuté en appui sur une seule jambe tendue. **5.** En patinage artistique, exercice consistant à tourner sur place, le plus rapidement possible, dans des attitudes diverses. **6. ÉQUIT.** Volte sur place que fait le cheval, en pivotant autour de l'un de ses pieds postérieurs. **7. ARCHIT.** Piécette.

PIROUETTER v.i. [3]. Tourner sur ses talons.

1. PIS [pi] **n.m.** (du lat. *pectus*, poitrine). Mamelle de certaines femelles laitières (vache, brebis, etc.).

2. PIS [pi] **adv.** et **adj.** (lat. *pejus*). Litt. Plus mauvais ; plus mal ; pire : *Maintenant, c'est encore pis. Il a fait pis que cela.* ▪ **Au pis aller** [litt.], dans l'hypothèse la plus défavorable. ▪ **De mal en pis,** de plus en plus mal. ▪ **Tant pis,** c'est dommage.

PIS-ALLER [pizale] **n.m. inv.** Ce à quoi l'on se résout, faute de mieux.

PISAN, E adj. et **n.** De Pise.

PISCICOLE adj. Relatif à la pisciculture.

PISCICULTEUR, TRICE n. Personne qui élève des poissons.

PISCICULTURE n.f. (du lat. *piscis*, poisson). Production de poissons par l'élevage.

PISCIFORME adj. En forme de poisson.

PISCINE n.f. (du lat. *piscina*, vivier). Bassin artificiel pour la natation. ▪ **Piscine à débordement** → **DÉBORDEMENT.** ▪ **Piscine (de désactivation),** bassin rempli d'eau dans lequel sont entreposés les combustibles nucléaires usés jusqu'à ce que leur activité ait décru au-dessous d'un niveau déterminé.

PISCIVORE adj. et **n. ÉCOL.** Qui se nourrit de poissons (SYN. **ichtyophage**).

PISCO n.m. Eau-de-vie de vin du Chili et du Pérou.

PISÉ n.m. (de l'anc. fr. *piser*, broyer). Matériau de construction constitué de terre argileuse et de cailloux, moulé sur place à l'aide de banches.

PISIFORME adj. et **n.m.** (du lat. *pisum*, pois). **ANAT.** Se dit d'un des os du carpe.

PISOLITE ou **PISOLITHE n.f.** (du gr. *pisos*, pois, et *lithos*, pierre). **PÉTROL.** Concrétion calcaire de la grosseur d'un pois.

PISOLITIQUE ou **PISOLITHIQUE adj.** Qui contient des pisolites.

PISSALADIÈRE n.f. (du provenç.). Tarte en pâte à pain, garnie d'oignons, de filets d'anchois et d'olives noires. ➲ Cuisine niçoise.

PISSAT n.m. Urine de certains animaux domestiques (vache, âne).

PISSE n.f. Très fam. Urine.

PISSE-FROID n.m. inv., ▲ *PISSEFROID n.m.* Fam. Homme ennuyeux et morose ; pisse-vinaigre.

PISSEMENT n.m. Action de pisser, partic. du sang.

▲ **pissenlit**

PISSENLIT n.m. (de *pisser en lit*, à cause de ses vertus diurétiques). Plante à fleurs jaunes en capitules, appelée aussi *dent-de-lion*, à feuilles dentelées comestibles, et dont les petits fruits secs sont surmontés d'une aigrette qui facilite leur dissémination par le vent. ➲ Famille des composées. ▪ **Manger les pissenlits par la racine** [fam.], être mort et enterré.

PISSER v.t. et **v.i. [3]** (lat. pop. *pissiare*). Très fam. **1.** Uriner. **2.** Laisser s'échapper un liquide : *Le réservoir pisse de partout.* ▪ **Pisser de la copie,** rédiger de nombreux textes médiocres. ▪ **Pisser du sang,** évacuer du sang avec l'urine. ▪ **Pisser le sang,** laisser échapper un flot de sang, en parlant d'un blessé, d'une plaie.

PISSETTE n.f. Récipient de laboratoire souple qui, par légère pression, produit un jet de liquide.

PISSEUR, EUSE n. Très fam. Personne qui pisse. ▪ **Pisseur de copie,** journaliste, écrivain médiocre.

PISSEUX, EUSE adj. Fam. **1.** Qui est imprégné d'urine : *Linge pisseux.* **2.** Se dit d'une couleur terne et délavée : *Un jaune pisseux.*

PISSE-VINAIGRE n.m. inv., ▲ *n.m.* (pl. *pisse-vinaigres*). Fam. Personne maussade ; pisse-froid.

PISSOIR n.m. Fam. Urinoir.

PISSOTIÈRE n.f. Fam. Urinoir public.

PISTACHE n.f. (lat. *pistacium*). Graine du pistachier, utilisée en confiserie et en cuisine. ◆ **adj. inv.** ▪ **Vert pistache,** ou **pistache,** vert clair.

PISTACHIER n.m. Arbre des régions chaudes, dont plusieurs espèces fournissent des essences utilisées dans la fabrication de vernis et une autre produit des pistaches. ➲ Famille des anacardiacées. ▪ **Faux pistachier,** staphylier.

PISTAGE n.m. Action de pister.

PISTARD, E n. Coureur cycliste spécialisé dans les épreuves sur piste.

PISTE n.f. (ital. *pista*, de *pestare*, broyer). **1.** Trace laissée par un animal. **2.** Ensemble d'indications, d'indices, de présomptions qui orientent les recherches de qqn lancé à la poursuite de qqn d'autre ; chemin, voie ainsi tracés : *Privilégier la piste de l'enlèvement. Être sur une fausse piste.* **3.** Chemin rudimentaire ; sentier. **4.** Chemin réservé aux cyclistes, aux cavaliers, etc. **5.** Pente balisée pour les descentes à skis. **6.** Terrain spécialement aménagé pour les épreuves d'athlétisme, les courses de chevaux, le sport automobile, etc. ; en athlétisme et en cyclisme, ensemble des courses sur piste, par oppos. aux courses sur route. **7.** Espace circulaire, traditionnellement de 13 m de diamètre, au centre du chapiteau d'un cirque, où se déroulent, notamm., les exercices équestres et acrobatiques. **8.** Surface plane, génér. circulaire, aménagée pour danser, patiner, etc. **9.** Bande de terrain aménagée pour le décollage et l'atterrissage des avions. **10. TECHN.** Élément linéaire d'un support mobile d'informations enregistrées (bande magnétique, disque). ▪ **Brouiller les pistes,** faire perdre la trace de. ▪ **Entrer en piste** [fam.], commencer à participer à qqch. ▪ **Jeu de piste** [fam.], jeu de plein air dans lequel on doit découvrir qqch en suivant un parcours fléché. ▪ **Piste sonore** [techn.], partie de la bande d'un film ou d'une bande magnétique servant à enregistrer et à reproduire les sons.

PISTER v.t. [3]. Suivre à la piste.

PISTEUR, EUSE n. Personne qui entretient et surveille les pistes de ski.

PISTIL [-til] **n.m.** (du lat. *pistillus*, pilon). **BOT.** Ensemble des pièces femelles d'une fleur, résultant de la soudure de plusieurs carpelles, et comprenant l'ovaire, le style et le stigmate (SYN. **gynécée**).

PISTOLE n.f. (du tchèque *pichtal*, arme à feu). **1.** Ancienne monnaie d'or, notamm. espagnole. **2.** Ancienne monnaie de compte française, valant 10 livres.

PISTOLET n.m. (de *pistole*). **1.** Arme à feu individuelle, courte et légère, approvisionnée par un chargeur : *Pistolet automatique.* **2.** Dispositif manuel associé à une pompe et projetant ou diffusant un liquide : *Pistolet à essence, à peinture.* **3.** Planchette qui servait à tracer des courbes au tire-ligne. **4.** Fam. Urinal. **5.** Belgique. Petit pain rond ou allongé. ▪ **Pistolet à impulsion électrique (PIE),** arme destinée à neutraliser, par l'envoi d'une décharge électrique, une personne sans la tuer, mais qui, dans certains cas, présenterait un risque mortel. ▪ **Un drôle de pistolet** [fam.], une personne bizarre.

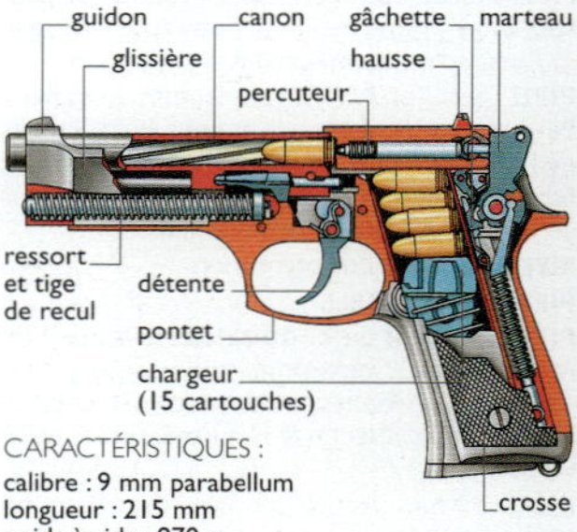

CARACTÉRISTIQUES :
calibre : 9 mm parabellum
longueur : 215 mm
poids à vide : 970 g

▲ **pistolet** semi-automatique.

PISTOLET-MITRAILLEUR n.m. (pl. *pistolets-mitrailleurs*). Arme automatique individuelle, tirant par rafales (SYN. **mitraillette**). Abrév. **P.-M.**

PISTOLEUR, EUSE n. Peintre au pistolet.

PISTON n.m. (ital. *pistone*). **1.** Disque se déplaçant dans le corps d'une pompe ou dans le cylindre d'un moteur à explosion ou d'une machine à vapeur. **2.** Mécanisme de certains instruments de musique à vent, grâce auquel on peut avoir tous les degrés de l'échelle chromatique : *Cornet à pistons.* **3.** Fam. Appui donné à qqn pour lui faire obtenir une faveur, une place : *Il a eu ce poste par piston.* **4.** Arg. scol. Élève préparant ou ayant intégré l'École centrale ; cette école.

PISTONNER v.t. [3]. Fam. Appuyer qqn pour qu'il obtienne un avantage.

PISTOU n.m. (de l'anc. provenç. *pistar*, broyer). **1.** Préparation culinaire faite de basilic et d'ail pilés au mortier et liés à l'huile d'olive. ➲ Spécialité provençale. **2.** Soupe provençale de légumes, liée au pistou.

PITA n.m. (mot gr.). Pain non levé que l'on fourre de viande, de fromage ou de légumes. ➲ Spécialité grecque et libanaise.

PITANCE n.f. (de *pitié*). Litt. Nourriture journalière : *Une maigre pitance.*

PITBULL ou **PIT-BULL** (pl. *pit-bulls*) [pitbul] ou [pitbyl] **n.m.** (de l'angl. *pit*, arène, et *bull*, taureau). Chien issu de terriers anglais ou américains, utilisé à l'origine dans des combats de chiens.

▲ pitbull

1. PITCH n.m. (mot angl.). Au golf, balle restant à l'endroit où elle est tombée.

2. PITCH n.m. (mot anglo-amér.). Bref résumé accrocheur destiné à promouvoir un film, un livre, etc.

PITCHOUN, E ou **PITCHOUNET, ETTE** n. (provenç. *pitchoun*). Région. (Midi). Terme d'affection pour désigner un petit enfant. ◆ **adj.** Petit : *Il est un peu pitchoun pour son âge.*

PITCHPIN [-pɛ̃] **n.m.** (de l'angl. *pitchpine*, pin à résine). Conifère d'Amérique du Nord, dont on utilise le bois en ébénisterie. ➲ Famille des pinacées.

PITE [pit] **n.f.** (esp. *pita*). Matière textile extraite des fibres de l'agave du Mexique.

PITEUSEMENT adv. De manière piteuse.

PITEUX, EUSE adj. (de *pitié*). **1.** Qui inspire de la pitié mêlée d'un peu de mépris ; minable : *Un résultat piteux.* **2.** Qui a l'air triste et confus : *L'air piteux, il a démenti.* ▪ **En piteux état,** en mauvais état ; en mauvaise santé : *Maison en piteux état.*

PITHÉCANTHROPE n.m. (du gr. *pithêkos*, singe, et *anthrôpos*, homme). **PALÉONT.** Hominidé fossile découvert à Java, de l'espèce *Homo erectus.*

PITHIATISME n.m. (du gr. *peithein*, persuader, et *iatos*, guérissable). Vieilli. Hystérie.

PITHIVIERS n.m. (de *Pithiviers*, n.pr.). Gâteau fourré à la pâte d'amandes.

PITIÉ n.f. (lat. *pietas, -atis*). Sentiment qui rend sensible aux malheurs d'autrui ; compassion : *Ils nous ont fait pitié. Avoir pitié.* ▪ **À faire pitié** [fam.], très mal : *Elle joue du violon à faire pitié.* ▪ **Par pitié !,** de grâce ! ▪ **Vierge de pitié,** représentée éplorée, le corps du Christ reposant sur ses genoux, après la descente de Croix (SYN. **pietà**).

PITON n.m. **1.** Clou ou vis dont la tête est en forme d'anneau ou de crochet. **2. ALP., SPÉLÉOL.** Pièce métallique constituée d'une lame et d'une tête trouée pour le passage d'un mousqueton. **3.** Pointe d'une montagne élevée : *Le piton des Neiges, à La Réunion.* **4.** Québec. Fam. Jeton utilisé dans des jeux de société. **5.** Québec. Fam. Bouton, touche d'un appareil : *Les pitons d'une télécommande.* ▪ **Sur le piton** [Québec, fam.], en forme ; plein de vigueur.

PITONNAGE n.m. Action de pitonner.

PITONNER v.t. [3]. **1. ALP., SPÉLÉOL.** Planter des pitons dans une paroi rocheuse. **2.** Québec. Fam. Composer un numéro, un code, etc., sur un clavier. ◆ **v.i.** Québec. Fam. **1.** Appuyer sur les touches d'un clavier : *Pitonner sur l'ordinateur.* **2.** Travailler sur un appareil à clavier. **3.** Pratiquer le zapping.

PITONNEUX, EUSE n. Québec. Fam. Personne qui pitonne ; adepte de l'informatique, du zapping.

PITOYABLE adj. **1.** Qui éveille un sentiment de pitié : *Ils sont dans un état pitoyable.* **2.** Sans valeur ; lamentable : *Un acteur pitoyable.*

PITOYABLEMENT adv. De façon pitoyable.

PITPIT n.m. → **PIPIT.**

PITRE n.m. (var. dial. de *piètre*). Personne qui fait des farces ; bouffon.

PITRERIE n.f. Plaisanterie de pitre.

PITTORESQUE adj. (ital. *pittoresco*, de *pittore*, peintre). **1.** Qui frappe par sa beauté, son originalité : *Village pittoresque.* **2.** Qui a de l'originalité, de la fantaisie ; coloré : *Un personnage, un récit pittoresque.* ◆ **n.m.** Ce qui est pittoresque : *La recherche du pittoresque.*

PITTOSPORUM [-rɔm] **n.m.** (du gr. *pitta*, poix, et *spora*, semence). Arbuste originaire d'Asie orientale et d'Océanie, à feuilles vivaces et à fleurs odorantes. ➲ Famille des pittosporacées.

PITUITAIRE adj. **1.** Hypophysaire. **2.** Relatif à la muqueuse des fosses nasales.

PITUITE n.f. (du lat. *pituita*, mucus). **MÉD. 1.** Liquide glaireux régurgité le matin, en partic. en cas de gastrite chez les alcooliques. **2.** Anc. L'une des humeurs de l'organisme, selon la médecine ancienne.

PITYRIASIS [-zis] **n.m.** (gr. *pituriasis*, de *pituron*, son du blé). **MÉD.** Dermatose dont les lésions sont couvertes de fines squames (nom générique).

PIVE n.f. (du lat. *pipa*, flûte). Région. (Savoie) ; Suisse. Pomme de pin.

PIVERT ou **PIC-VERT** (pl. *pics-verts*) [pivɛr] **n.m.** (de *1. pic*). Pic de grande taille, d'Europe et d'Asie Mineure, à plumage vert et jaune sur le corps et à tête rouge. ➲ Famille des picidés.

PIVOINE n.f. (lat. *paevonia*). Plante à bulbe de l'Eurasie tempérée que l'on cultive pour ses grosses fleurs rouges, roses ou blanches. ➲ Famille des renonculacées.

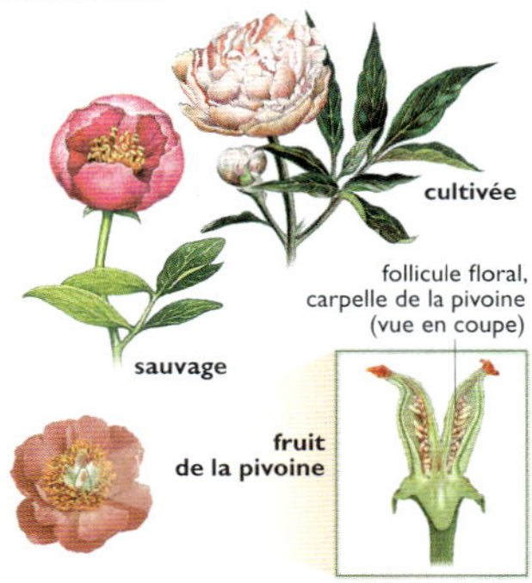

▲ pivoines

PIVOT n.m. **1.** Pièce cylindrique qui sert de support à une autre pièce et lui permet de tourner sur elle-même. **2.** Tige d'une pièce prothétique dentaire, enfoncée dans la racine. **3. BOT.** Racine principale, qui s'enfonce verticalement dans la terre. **4.** Agent, élément principal de qqch ; clé de voûte : *Elle est le pivot de ce projet.* **5.** Au basket-ball, joueur chargé, en raison de sa très grande taille, de jouer sous le panneau pour tirer des paniers ou prendre la balle au rebond ; pivotement que peut effectuer un joueur recevant le ballon à l'arrêt en tournant autour d'un de ses pieds resté fixe (dit *pied de pivot*). **6. AGRIC.** Rampe d'arrosage pivotante.

PIVOTANT, E adj. Qui pivote : *Siège pivotant.* ▪ **Racine pivotante** [bot.], très grosse par rapport aux radicelles et s'enfonçant verticalement dans la terre. ➲ La carotte est une racine pivotante.

PIVOTEMENT n.m. Mouvement que peuvent prendre, l'un par rapport à l'autre, deux corps reliés par un seul point.

PIVOTER v.i. [3]. **1.** Tourner sur un pivot, autour d'un axe ; tourner sur soi-même : *Pivoter sur ses talons.* **2. BOT.** S'enfoncer verticalement dans la terre.

PIXEL n.m. (abrév. de l'angl. *picture element*, élément d'une image). **TECHN.** La plus petite partie d'une image produite ou traitée électroniquement, définie par sa couleur et sa luminosité.

PIXELLISATION ou **PIXÉLISATION** n.f. **INFORM.** Effet produit lorsque les points (pixels) qui composent une image deviennent apparents.

PIXELLISER ou **PIXÉLISER** v.t. et v.i. [3]. Affecter une image numérique de pixellisation.

PIZZA [pidza] **n.f.** (mot ital.). Galette de pâte à pain garnie de tomates, d'anchois, d'olives, de fromage, etc., cuite dans un four de boulanger. ➲ Spécialité italienne.

PIZZAIOLO, LA [pidzajo-] **n.** (mot ital.). Personne qui confectionne les pizzas dans une pizzeria.

PIZZERIA, ▲ *PIZZÉRIA* [pidzerja] **n.f.** (ital. *pizzeria*). Restaurant où l'on sert surtout des pizzas ; magasin dans lequel on vend des pizzas à emporter.

PIZZICATO [pidzi-] **n.m.** (pl. *pizzicatos* ou *pizzicati*) [mot ital., de *pizzicare*, pincer]. Pincement des cordes d'un instrument à archet.

PJ ou **P.J.** n.f. (sigle). Police judiciaire.

pK [peka] **n.m. CHIM.** Nombre sans dimension caractérisant le degré de dissociation ionique d'un électrolyte à une température donnée ; mesure de ce degré.

PLACAGE n.m. (de *plaquer*). **1.** Feuille de bois de faible épaisseur obtenue par tranchage ou par déroulage. **2.** Revêtement d'une matière commune par une matière précieuse ou plus dure. **3.** Revêtement de certains meubles par des feuilles collées de bois de belle qualité. **4. SPORTS.** Plaquage.

PLACARD n.m. (de *plaquer*). **1.** Assemblage de menuiserie fermé par une porte et occupant génér. une encoignure ou un renfoncement. **2.** Fam. Poste dépourvu de responsabilité où l'on relègue qqn, dans une entreprise : *Il a été mis au placard.* **3.** Avis affiché pour informer le public. **4. IMPRIM.** Épreuve d'un texte en colonnes, pour les corrections avant mise en page. ▪ **Placard publicitaire,** annonce publicitaire occupant une surface importante, dans un journal.

PLACARDER v.t. [3]. Afficher un texte imprimé, une affiche sur les murs.

PLACARDISER v.t. [3]. Fam. Mettre qqn au placard ; reléguer.

PLACE n.f. (du lat. *platea*, large rue). **1.** Espace qu'occupe ou que peut occuper qqn, qqch : *Cette armoire prend trop de place.* **2.** Rang obtenu dans un classement : *Être à la troisième place* ; rang qu'une personne ou une chose doit occuper : *Elle n'est pas à sa place dans ce service.* **3.** Rang dans une file d'attente : *Je garde ta place.* **4.** Emplacement réservé à un voyageur dans un moyen de transport, à un spectateur dans une salle : *Il ne reste aucune place libre.* **5.** Emplacement pour garer une voiture. **6.** Emploi rémunéré ; poste : *Avoir une bonne place.* **7.** Lieu public découvert, dans un espace urbain : *La place du village.* **8.** Région. (Ouest) ; Acadie. Plancher, sol d'une maison : *Laver la place.* ▪ **À la place de qqch,** au lieu de : *Diffuser un film à la place du match.* ▪ **À la place de qqn,** dans sa situation : *Mets-toi un peu à ma place !* ▪ **Chèque hors place** [écon.], dont le tireur et le bénéficiaire sont titulaires de comptes dans des banques ne relevant pas de la même chambre de compensation (par oppos. à *chèque sur place*). ▪ **Être en place,** dans un état et à l'endroit convenable : *Remettre tout en place. La police est déjà en place.* ▪ **Faire place à,** être remplacé par. ▪ **Homme en place,** qui occupe une fonction importante. ▪ **Mise en place,** installation préliminaire à une action, à une activité donnée. ▪ **Ne pas tenir en place,** s'agiter sans cesse. ▪ **Place d'armes** [anc.], lieu de rassemblement des troupes dans une ville de garnison. ▪ **Place financière, commerciale** [écon.], lieu de cotation, de négociation, ville où fonctionne une Bourse ; ensemble des négociants, des banquiers d'un tel lieu. ▪ **Place (forte),** ville défendue par des fortifications ; ville de garnison.

La taille d'un pixel est variable selon la définition de l'écran. Sur un écran 4/3 classique (VGA) de 17 pouces, elle est de 0,54 x 0,54 mm.

▲ pixel

a b c d e f g h i j k l m n o p q r s t u v w x y z

▪ **Prendre la place de,** être substitué à. ▪ **Prendre place,** s'installer : *Les convives ont pris place autour de la table.* ▪ **Remettre qqn à sa place,** le rappeler aux convenances ; le réprimander. ▪ **Sur place,** à l'endroit même dont il est question. ▪ **Tenir sa place,** remplir convenablement sa fonction, son rôle. ▪ **Voiture de place** [vieilli], voiture de louage avec chauffeur payée au forfait pour une course.

PLACÉ, E adj. ▪ **Cheval placé,** cheval qui arrive dans les 3 premiers d'une course de plus de 7 concurrents ou dans les 2 premiers d'une course de 4 à 7 concurrents. ▪ **Être bien, mal placé,** être dans une situation favorable, défavorable. ▪ **Personne haut placée,** qui a une position sociale ou hiérarchique élevée.

PLACEBO [plasebo], ▲ **PLACÉBO n.m.** (du lat. *placebo*, je plairai). **MÉD.** Substance pouvant améliorer des symptômes chez certains malades, mais sans activité thérapeutique reconnue scientifiquement autre que psychologique. ▪ **Effet placebo,** action bénéfique d'un placebo.

PLACEMENT n.m. 1. Action de placer de l'argent ; capital ainsi placé ; investissement. **2.** Action de procurer un emploi à qqn : *Le placement des jeunes diplômés.* **3.** Action de mettre selon un certain ordre : *Le placement des invités.* **4. DR.** Décision d'un juge confiant un mineur en danger à une famille d'accueil ou à un organisme spécialisé.

PLACENTA [-sɛ̃-] **n.m.** (mot lat. « gâteau »). **1.** Organe reliant l'embryon à l'utérus maternel pendant la gestation ou la grossesse. **2. BOT.** Région de l'axe ou de la paroi de l'ovaire où sont fixés les ovules.

PLACENTAIRE adj. Relatif au placenta. ◆ **n.m. ZOOL.** Euthérien.

PLACENTATION n.f. 1. Formation du placenta chez les animaux. **2. BOT.** Disposition des ovules dans l'ovaire des plantes à fleurs.

1. PLACER v.t. [9]. 1. Mettre à un endroit déterminé : *Placer les spectateurs.* **2.** Assigner une place, un rang à : *Placer sa réussite professionnelle au-dessus de tout.* **3.** Procurer un emploi à : *Faire des efforts pour placer les seniors.* **4.** Confier une personne aux soins d'une institution, d'un établissement spécialisé (maison de retraite, foyer, hôpital psychiatrique, etc.) : *Placer un malade d'Alzheimer, un mineur délinquant.* **5.** Introduire dans un récit, une conversation : *Il réussit toujours à placer un calembour.* **6.** Mettre des fonds dans une entreprise ; investir dans l'intention de faire fructifier. **7.** Vendre qqch à qqn : *Il voulait me placer une nouvelle assurance.* ▪ **En placer une** (souvent en tournure négative) [fam.], intervenir dans une conversation : *Avec lui, on ne peut pas en placer une.* ▪ **Placer sa voix** [mus.], lui donner le registre et le timbre qui conviennent le mieux à sa propre tessiture. ◆ **SE PLACER v.pr. 1.** Prendre une certaine place ou un certain rang : *Placez-vous autour du guide.* **2.** Fam. Se mettre en bonne position pour réussir : *Elle sait se placer.*

2. PLACER [plasɛr] **n.m.** (mot esp.). Gisement sédimentaire détritique de minéraux lourds ou précieux (or, platine, diamant, gemmes, par ex.), le plus souvent alluvionnaire.

1. PLACET [plasɛ] **n.m.** (mot lat. « il plaît »). **1. DR.** Copie de l'assignation contenant les prétentions du demandeur adressée au tribunal pour sa mise au rôle (SYN. **réquisition d'audience**). **2.** Vx. Demande par écrit pour obtenir justice ou solliciter une grâce.

2. PLACET [plasɛ] **n.m.** (de *place*). Suisse. Partie d'un siège sur laquelle on s'assied.

PLACETTE n.f. Région. Petite place d'une ville, d'un village.

PLACEUR, EUSE n. Personne qui place les spectateurs dans une salle de spectacle, les invités lors d'une cérémonie.

PLACIDE adj. (lat. *placidus*). Qui garde son calme en toute circonstance ; imperturbable.

PLACIDEMENT adv. Avec placidité.

PLACIDITÉ n.f. Caractère placide ; sérénité.

PLACIER n.m. 1. Représentant qui prospecte la clientèle et vend les articles à domicile. **2.** Personne qui loue les places d'un marché public aux commerçants et aux forains.

PLACODERME n.m. PALÉONT. Poisson cartilagineux de l'ère primaire au corps recouvert d'une cuirasse articulée. ➲ Les placodermes forment une sous-classe.

PLACOTAGE n.m. Québec. Fam. Action de placoter ; bavardage ; médisance.

PLACOTER v.i. [3] (p.-ê. de *clapoter*). Québec. Fam. **1.** Bavarder : *Placoter avec des amis.* **2.** Parler de façon indiscrète ; médire : *Placoter contre qqn.*

PLAÇURE n.f. REL. Ensemble des opérations qui, après la pliure, complètent les cahiers en y ajoutant des hors-texte et des gardes.

PLAFOND n.m. (de *1. plat* et *fond*). **1.** Surface horizontale formant la partie supérieure d'une pièce, d'un lieu couvert, d'un véhicule, etc. **2.** Peinture décorant un plafond. **3.** (En appos.). Qui constitue la limite supérieure de qqch : *La vitesse plafond. Les indemnités plafonds.* **4.** Limite supérieure de l'assiette des cotisations de la Sécurité sociale ou d'un régime complémentaire. **5.** Altitude maximale que peut atteindre un aéronef. ▪ **Crever le plafond** [fam.], dépasser les performances escomptées. ▪ **Faux(-)plafond,** plafond secondaire formant un vide technique (*plénum*) abritant différents réseaux. ▪ **Plafond de verre,** barrière sociale ou professionnelle implicite, empêchant l'ascension d'une personne, d'un groupe. ▪ **Plafond flottant,** indépendant de l'ossature du plancher et servant notamm. à diminuer la transmission des bruits. ▪ **Plafond nuageux,** hauteur moyenne de la base des nuages au-dessus du sol.

PLAFONNAGE n.m. Action de plafonner.

PLAFONNÉ, E adj. ▪ **Salaire plafonné,** fraction maximale d'un salaire soumise aux cotisations de la Sécurité sociale.

PLAFONNEMENT n.m. Fixation d'une limite supérieure ; fait de plafonner.

PLAFONNER v.i. [3]. Atteindre sa valeur maximale : *Les salaires plafonnent.* ◆ **v.t. 1.** Réaliser un plafond. **2.** Attribuer une limite supérieure à : *Plafonner les indemnités.*

PLAFONNEUR n.m. Plâtrier spécialisé dans la réalisation des plafonds.

PLAFONNIER n.m. Système d'éclairage fixé au plafond d'une pièce, d'un véhicule, etc.

PLAGE n.f. (ital. *piaggia*). **1.** Étendue de sable ou de galets au bord de la mer, sur la rive d'un cours d'eau, d'un lac. **2.** Station balnéaire : *Les plages basques.* **3.** Surface délimitée d'une chose, d'un lieu : *Une plage d'ombre.* **4.** Laps de temps : *Cette émission réserve des plages aux appels des auditeurs.* **5.** Écart entre deux mesures, deux possibilités : *Une plage de choix très étroite.* ▪ **Plage arrière d'une voiture,** tablette située sous la lunette arrière. ▪ **Plage d'un disque,** partie de l'enregistrement figurant sur l'une des faces d'un disque, qui correspond à une œuvre ou à un extrait d'œuvre.

PLAGIAIRE n. (lat. *plagiarus*, du gr.). Personne qui plagie les œuvres des autres ; démarqueur.

PLAGIAT n.m. Action de plagier ; copie.

PLAGIER v.t. [5]. Piller les œuvres d'autrui en donnant pour siennes les parties copiées ; démarquer.

PLAGIOCLASE n.m. (du gr. *plagios*, oblique, et *klasis*, brisure). **MINÉRALOG.** Famille de feldspaths, contenant du calcium et du sodium, qui sont les minéraux essentiels des roches magmatiques.

PLAGISTE n. Personne qui gère une plage payante.

1. PLAID [plɛ] **n.m.** (du lat. *placitum*, ce qui plaît). **HIST.** Assemblée des grands (comtes et évêques), à l'époque franque ; sa décision.

2. PLAID [plɛd] **n.m.** (mot angl.). **1.** Couverture de voyage à carreaux. **2.** Grande pièce de tissu de laine à carreaux, qui tient lieu de manteau dans le costume national écossais.

PLAIDABLE adj. Qui peut être plaidé.

PLAIDANT, E adj. Qui plaide : *Les parties plaidantes.*

PLAIDER v.t. [3] (de *1. plaid*). **1.** Défendre oralement en justice la cause d'une partie. **2.** Exposer dans sa plaidoirie : *Plaider un moment de folie.* ▪ **Plaider coupable,** se défendre en admettant sa culpabilité. ▪ **Plaider le faux pour savoir le vrai,** dire qqch que l'on sait faux pour amener qqn à dire la vérité. ◆ **v.i.** Défendre un accusé devant une juridiction. ▪ **Plaider contre qqn,** soutenir contre lui une action en justice. ▪ **Plaider en faveur de** ou **pour qqn, qqch,** être à son avantage : *Son attitude ne plaide pas en sa faveur.*

PLAIDER-COUPABLE n.m. inv. Reconnaissance préalable de culpabilité ; procédure par laquelle le procureur de la République propose à un prévenu un allégement de la peine encourue en échange d'une reconnaissance des faits qui lui sont reprochés. ➲ Cette procédure concerne les délits passibles d'une amende ou d'une peine de prison inférieure ou égale à 5 ans.

PLAIDEUR, EUSE n. Partie à un procès, comme demandeur, défendeur ou intervenant.

PLAIDOIRIE n.f. Exposé oral d'un avocat visant à défendre un prévenu ou un accusé, à soutenir une cause devant un tribunal ; plaidoyer.

PLAIDOYER n.m. 1. Discours prononcé devant un tribunal pour défendre une cause ; plaidoirie. **2.** Argumentation en faveur d'une opinion, d'une personne : *Un plaidoyer en faveur de l'école publique.*

PLAIE n.f. (du lat. *plaga*, coup). **1.** Rupture du revêtement cutané, provoquée en partic. par un agent extérieur mécanique ; lésion d'un viscère sous-jacent à cette rupture : *Une plaie au genou.* **2.** Fig., litt. Cause de douleur, de chagrin ; déchirement. **3.** Fam. Personne, événement désagréables : *Ces voisins sont une plaie. Quelle plaie, ce brouillard !* ▪ **Remuer** ou **retourner le couteau dans la plaie,** insister lourdement sur un sujet douloureux.

PLAIGNANT, E n. et **adj.** Personne qui dépose une plainte contre une autre, ou qui fait un procès à une autre.

PLAIGNARD, E adj. et **n.** Québec. Qui est enclin à se plaindre ; geignard.

PLAIN, E adj. (lat. *planus*). **HÉRALD.** Se dit d'un écu d'un seul émail, sans meubles. ▪ **Tapis plain** → **TAPIS.**

PLAIN-CHANT n.m. (pl. *plains-chants*). Chant d'église médiéval à une voix, de rythme libre, récité, mélodique ou orné.

PLAINDRE v.t. [62] (lat. *plangere*). Éprouver de la compassion pour qqn. ▪ **Être, ne pas être à plaindre,** mériter, ne pas mériter la compassion des autres. ▪ **Ne pas plaindre sa peine, son temps** [vieilli], consacrer beaucoup d'efforts, de temps à qqch. ◆ **SE PLAINDRE v.pr. 1.** Exprimer sa souffrance ; gémir : *On entendait les blessés se plaindre.* **2.** Manifester son mécontentement : *Se plaindre de l'augmentation des prix.*

PLAINE n.f. (de *plain*). **1.** Étendue plate, aux vallées peu encaissées : *La plaine de Beauce.* **2. HÉRALD.** Pièce du bas de l'écu, plus petite que la champagne. ▪ **La Plaine** [hist.], v. partie n.pr. **LE MARAIS.** ▪ **Plaine de jeux** [Belgique], terrain de jeux.

DE PLAIN-PIED loc. adv. 1. Au niveau du sol extérieur, d'une autre pièce : *Les toilettes publiques sont de plain-pied.* **2.** Sur un pied d'égalité : *Se sentir de plain-pied avec ses collègues.*

PLAINTE n.f. 1. Parole, cri, provoqués par une douleur physique ou morale. **2.** Mécontentement que l'on exprime ; récrimination. **3.** Dénonciation en justice d'une infraction par la personne qui en a été la victime : *Porter plainte.*

PLAINTIF, IVE adj. Qui a l'accent d'une plainte : *Voix plaintive.*

PLAINTIVEMENT adv. D'une voix plaintive.

PLAIRE v.i. ou **v.t. ind. [90] (A)** [lat. *placere*]. Exercer de l'attrait sur qqn : *Cette actrice plaît beaucoup ;* convenir aux goûts de qqn : *Ton cadeau lui a beaucoup plu.* ▪ **À bien plaire** [Suisse], à l'amiable ; à titre précaire. ▪ **Comme il vous plaira,** selon vos désirs. ◆ **v. impers.** ▪ **Plaît-il ?** [litt.], formule de politesse pour faire répéter ce que l'on a mal entendu. ▪ **Plût, plaise au ciel que** [litt.], formules de souhait ou de regret. ▪ **S'il vous plaît (S.V.P.),** formule de politesse exprimant une demande, un ordre. ◆ **SE PLAIRE v.pr. 1.** Se convenir ; s'aimer l'un l'autre : *Ils se sont tout de suite plu.* **2.** Prendre plaisir à : *Elle se plaît à faire des farces, à vivre en ville.* **3.** Prospérer, en parlant des végétaux, des animaux : *Plante qui se plaît au soleil.*

PLAISAMMENT adv. De façon plaisante.

▲ **plan.** Échelle des plans : les cadrages possibles d'une scène de film (*le Guépard*, L. Visconti, 1963).

PLAISANCE n.f. ▪ **De plaisance,** que l'on utilise ou que l'on pratique pour l'agrément : *Bateau, navigation de plaisance.* ▪ **La plaisance,** la navigation de plaisance.

PLAISANCIER, ÈRE n. Personne qui pratique la navigation de plaisance.

PLAISANT, E adj. **1.** Qui procure de l'agrément ; charmant. **2.** Qui fait rire ; amusant. ◆ **n.m.** Ce qui est amusant, cocasse. ▪ **Mauvais plaisant,** personne qui aime jouer de mauvais tours.

PLAISANTER v.i. [3]. **1.** Dire des choses drôles : *Il adore plaisanter* ; ne pas parler sérieusement : *J'espère que tu plaisantes ?* **2.** Faire des choses avec l'intention de faire rire ou par jeu. ▪ **Ne pas plaisanter avec, sur qqch,** être très strict sur ce chapitre. ◆ **v.t.** Se moquer gentiment de qqn ; railler.

PLAISANTERIE n.f. **1.** Chose que l'on dit ou fait pour amuser. **2.** Chose dérisoire ou très facile à faire : *Animer un colloque, pour elle, c'est une plaisanterie !* ▪ **Comprendre la plaisanterie,** accepter que l'on plaisante sur soi.

PLAISANTIN n.m. **1.** Personne qui aime plaisanter, faire rire ; pitre. **2.** Péjor. Personne en qui on ne peut avoir confiance ; dilettante.

PLAISIR n.m. (mot d'anc. fr. « plaire »). **1.** État de contentement que crée chez qqn la satisfaction d'un besoin, d'un désir ; délectation : *Éprouver du plaisir à voir un film.* **2.** Ce qui procure à qqn un sentiment de contentement : *L'écouter est un plaisir.* **3.** Satisfaction sexuelle ; jouissance. ▪ **À plaisir,** par caprice ; sans raison : *Chercher querelle à plaisir.* ▪ **Au plaisir (de vous revoir),** formule pour prendre congé de qqn. ▪ **Avec plaisir,** volontiers. ▪ **Car tel est notre bon plaisir** [hist.], dans la France d'Ancien Régime, formule terminale des actes royaux pour affirmer le pouvoir du roi. ▪ **Faire plaisir à qqn,** lui être agréable. ▪ **Fais-moi le plaisir de,** formule pour demander ou ordonner qqch. ▪ **Je vous souhaite bien du plaisir** [iron.], se dit à qqn qui va faire qqch de difficile, de désagréable. ▪ **Prendre un malin plaisir à,** faire qqch en se réjouissant de l'inconvénient qui en résultera pour autrui. ▪ **Principe de plaisir** [psychan.], principe régissant le fonctionnement psychique, selon lequel l'activité psychique a pour but d'éviter le déplaisir et de procurer le plaisir (par oppos. à *principe de réalité*).

1. PLAN n.m. (de 2. *plan*). **1.** Représentation graphique, vue de dessus, d'un ensemble de constructions, d'un bâtiment, d'une machine : *Dessiner les plans d'un hôtel.* **2.** Représentation à différentes échelles d'une ville, d'un quartier : *Le plan de Lyon.* **3.** Projet élaboré pour réaliser qqch : *Plan de carrière.* **4.** Fam. Projet d'activité, de loisir, génér. concerté : *Avoir un plan pour la soirée.* **5.** Disposition générale d'un texte, d'une œuvre : *Plan d'un scénario.* **6.** Aspect sous lequel on considère qqn, qqch : *Considérer tous les plans.* **7.** Ensemble des mesures gouvernementales prises en vue de planifier l'activité économique : *Plan quinquennal.* **8.** MATH. Surface illimitée qui contient toute droite joignant deux de ses points. **9.** CINÉMA. Suite continue d'images enregistrées par la caméra au cours d'une même prise ; façon de cadrer la scène filmée. ▪ **Gros plan** [cinéma], qui montre un visage ou un objet. ▪ **Laisser en plan,** laisser inachevé ; abandonner. ▪ **Plan blanc** → **1. BLANC.** ▪ **Plan comptable,** document qui fixe les règles et les principes en matière de comptes des entreprises ; liste et classification des comptes. ▪ **Plan d'alignement,** document qui fixe ou modifie les limites des voies publiques. ▪ **Plan d'eau,** étendue d'eau sur laquelle on peut pratiquer des sports nautiques. ▪ **Plan de cuisson,** plaque encastrable supportant des brûleurs à gaz ou des plaques électriques. ▪ **Plan de travail,** surface horizontale formant table. ▪ **Plan de vol** [aéron.], document établi par l'équipage d'un avion, définissant la route, le chronométrage, les fréquences radio, le carburant, etc. ▪ **Plan fixe** [cinéma], plan enregistré par une caméra immobile. ▪ **Plan local d'urbanisme (PLU),** en France, plan communal ou intercommunal définissant la nature des zones (naturelles, agricoles, urbaines, à urbaniser) formant le territoire, les règles de construction et les espaces relevant d'une réglementation particulière (sites classés, secteurs à risque, etc.). ➲ Il remplace le plan d'occupation des sols (POS) depuis 2001. ▪ **Plan séquence** [cinéma], scène d'un film constituée d'un seul plan. ▪ **Plan social,** ensemble des mesures qu'un employeur doit prendre, dans le cadre d'un projet de licenciements pour motif économique, afin d'en limiter le nombre ou de favoriser le reclassement des salariés. ▪ **Premier plan,** ce qui se trouve le plus près de l'observateur, dans un paysage, un tableau, une photographie (par oppos. à *arrière-plan*). ▪ **Second plan,** ce qui se trouve derrière les éléments du premier plan. ▪ **Sur le même plan,** au même niveau. ▪ **Sur le plan de** (+ n.) ou **sur le plan** (+ adj.), du point de vue de : *Sur le plan de l'efficacité. Sur le plan pratique.* ▪ **Tirer son plan** [Belgique], se débrouiller.

2. PLAN, E adj. (lat. *planus*). **1.** Sans inégalités de niveau ; plat : *Une terrasse plane.* **2.** MATH. Se dit d'une surface ou d'une figure dont tous les points sont dans un même plan. ▪ **Géométrie plane,** étude des figures planes.

PLANAGE n.m. TECHN. Action de planer qqch.

PLANAIRE n.f. (lat. sc. mod. *planarius*, plat). Ver plat aquatique, libre et non annelé, à bouche ventrale, à pouvoir de régénération très développé. ➲ Classe des turbellariés.

PLANANT, E adj. **1.** Fam. Qui fait planer ; qui met dans un état de bien-être. **2.** Se dit d'un genre de musique pop en vogue dans les années 1970, privilégiant les pièces longues aux atmosphères oniriques.

PLANARISATION n.f. (de *Planar*, nom déposé). ÉLECTRON. Ensemble des techniques permettant de réaliser les dispositifs semi-conducteurs sur des épaisseurs de matériau ne dépassant pas quelques millièmes de millimètre.

PLANCHA n.f. (mot esp. « plaque »). Plaque métallique chauffante, utilisée pour saisir les aliments (viandes, poissons, légumes, etc.) : *Thon à la plancha.*

PLANCHE n.f. (bas lat. *planca*). **1.** Pièce de bois sciée, nettement plus large qu'épaisse : *Couper une planche.* **2.** MAR. Passerelle jetée entre un navire et le quai près duquel il est accosté. **3.** Illustration ou ensemble d'illustrations occupant dans un livre la plus grande partie ou la totalité d'une page ; page de bande dessinée. **4.** Plaque de métal, de bois, etc., sur laquelle on effectue un travail de gravure pour en tirer des estampes ; chacune de ces estampes. **5.** Portion de jardin affectée à une culture : *Une planche de carottes.* ▪ **Faire la planche,** rester étendu à la surface de l'eau sur le dos et sans faire de mouvements. ▪ **Faire marcher la planche à billets** [fam.], imprimer des billets de banque en quantité, en provoquant l'inflation. ▪ **Jours de planche** [mar.], délai accordé au capitaine d'un navire pour charger ou décharger une cargaison (SYN. **starie**). ▪ **Labour en planches,** technique de labour, génér. des sols humides, visant à créer des pentes artificielles pour faciliter l'écoulement des eaux superficielles. ▪ **Planche à billets,** plaque gravée sur laquelle on tire les billets de banque. ▪ **Planche à découper, à pain, etc.,** tablette de bois pour couper la viande, le pain, etc. ▪ **Planche à dessin,** plateau de bois plan, sur lequel les dessinateurs fixent leur papier ; table de dessinateur dont l'élément essentiel est constitué par un tel plateau, le plus souvent inclinable. ▪ **Planche à neige** [Québec], surf des neiges. ▪ **Planche à repasser,** planche recouverte de tissu, souvent montée sur pieds et dont une extrémité est arrondie, utilisée pour repasser. ▪ **Planche à roulettes,** planche montée sur quatre roues, sur laquelle on se déplace, on exécute des sauts, des figures, etc. ; sport ainsi pratiqué (SYN. **skateboard**). ▪ **Planche à voile,** flotteur plat muni d'une voile fixée à un mât articulé, utilisé pour la voile de loisir ou de compétition ; sport ainsi pratiqué. ▪ **Planche d'appel,** planche de niveau avec la piste d'élan, à partir de laquelle les sauteurs (saut en longueur, triple saut) prennent leur appel et au-delà de laquelle le saut est dit « mordu ». ▪ **Planche de bord,** élément placé au-dessous du pare-brise d'une automobile, et qui présente les organes de contrôle du fonctionnement et du déplacement du véhicule, ainsi que les appareils d'aide à la conduite. ▪ **Planche de salut,** dernier espoir dans une situation désespérée. ◆ **n.f. pl.** ▪ **Les planches,** la scène d'un théâtre ; le métier de comédien de théâtre.

PLANCHE-CONTACT n.f. (pl. *planches-contacts*). PHOTOGR. Tirage par contact de toutes les vues d'un film sur une même feuille de papier sensible.

PLANCHÉIAGE n.m. CONSTR. Revêtement de sol en planches ; garniture de planches.

PLANCHÉIER v.t. [5]. Garnir d'un plancher, de planches.

1. PLANCHER n.m. **1.** Élément de construction horizontal entre deux étages d'une maison, d'un bâtiment, etc. **2.** Sol d'une pièce d'habitation. **3.** Paroi inférieure d'un véhicule. **4.** (Aussi employé en appos.). Niveau, seuil minimal : *Le plancher des salaires. Des prix planchers.* ▪ **Avoir le pied au plancher** [fam.], appuyer à fond sur l'accélérateur. ▪ **Débarrasser le plancher** [fam.], partir. ▪ **Le plancher des vaches** [fam.], la terre ferme. ▪ **Peine plancher,** peine minimale que le juge prononce, sauf dérogation, en cas de récidive. ▪ **Plancher technique,** faux plancher formant une surface utilisée pour le passage de gaines et de canalisations diverses.

2. PLANCHER v.i. [3]. **1.** Arg. scol. Être interrogé à un examen ; faire un exposé. **2.** Fam. Travailler sur un texte : *Plancher sur un dossier.*

PLANCHETTE n.f. **1.** Petite planche. **2.** Petite table pour lever les plans.

PLANCHISTE n. Personne qui pratique la planche à voile (SYN. **véliplanchiste**).

PLANÇON ou **PLANTARD** n.m. (de *planter*). SYLVIC. Branche ou tige d'osier, de saule ou de peuplier, de grande taille, utilisée comme bouture.

PLAN-CONCAVE adj. (pl. *plan-concaves*). OPT. Dont une face est plane et l'autre concave.

PLAN-CONVEXE adj. (pl. *plan-convexes*). OPT. Dont une face est plane et l'autre convexe.

Les plantes et les fleurs sauvages

PLANCTON n.m. (du gr. *plagkton*, errant). Ensemble des êtres de très petite taille en suspension dans la mer ou dans l'eau douce (par oppos. à *necton*). ▪ **Plancton animal,** zooplancton. ▪ **Plancton végétal,** phytoplancton.

PLANCTONIQUE adj. Relatif au plancton.

PLANE n.f. Outil à lame concave muni de deux poignées à ses extrémités, servant à dégrossir les pièces de bois.

PLANÉ adj.m. ▪ **Faire un vol plané** [fam.], une chute par-dessus qqch. ▪ **Vol plané,** dans lequel les ailes de l'oiseau glissent passivement sur l'air.

PLANÉITÉ n.f. Caractère d'une surface plane.

PLANELLE n.f. (du lat. *planus*, plan). Suisse. Carreau, brique de carrelage.

1. PLANER v.t. [3] (du bas lat. *planare*, aplanir). TECHN. Rendre plan, uni.

2. PLANER v.i. [3] (de *plain*). **1.** Se soutenir en l'air, les ailes étendues, sans mouvement apparent, en parlant d'un oiseau. **2.** Évoluer sous la seule sollicitation de son poids et des forces aérodynamiques, en parlant d'un planeur, d'un avion dont le moteur n'est pas en marche, ou de certains animaux (écureuils volants, par ex.). **3.** Flotter dans l'air : *Une épaisse fumée planait au-dessus de l'usine.* **4.** Fig. Peser d'une manière plus ou moins menaçante : *Désormais, la suspicion plane sur lui.* **5.** Fam. Ne pas avoir le sens des réalités. **6.** Fam. Être dans un état second, en partic. du fait de l'absorption d'une drogue.

PLANÉTAIRE adj. **1.** Relatif aux planètes : *Mouvement planétaire.* **2.** Qui a l'aspect d'une planète : *Nébuleuse planétaire.* **3.** Qui se comporte comme une planète : *Électron planétaire.* **4.** Relatif à la Terre entière ; mondial : *Succès planétaire.* ▪ **Système planétaire,** ensemble des planètes gravitant autour d'une étoile, en partic. du Soleil. ◆ n.m. **1.** MÉCAN. INDUSTR. Dans un mécanisme différentiel, partie tournante sur laquelle sont montés les satellites qui engrènent avec d'autres roues dentées. **2.** Modèle réduit du Système solaire, qui reproduit le mouvement des planètes.

PLANÉTAIREMENT adv. Mondialement.

PLANÉTARISATION n.f. Propagation d'un phénomène dans le monde entier.

PLANÉTARIUM [-rjɔm] n.m. Installation qui représente les mouvements des astres sur une voûte hémisphérique, grâce à des projections lumineuses.

PLANÈTE n.f. (du gr. *planêtês*, errant). Corps céleste en orbite autour d'une étoile, spécial. du Soleil, de masse suffisante pour avoir une forme quasi sphérique et pour avoir éliminé tout corps susceptible de se déplacer autour de l'étoile sur une orbite proche. ▪ **La planète,** la Terre ; fig., le petit monde, le domaine de : *La planète de la mode.* ▪ **La planète bleue,** la Terre. ▪ **La planète rouge,** Mars. ▪ **Petite planète** [vieilli], astéroïde. ▪ **Planète inférieure, supérieure,** planète plus proche, plus éloignée du Soleil que la Terre. ▪ **Planète naine,** astre analogue à une planète, mais de masse insuffisante pour avoir éliminé tout corps susceptible de se déplacer autour de son étoile sur une orbite proche.

➲ On distingue depuis 2006 huit **PLANÈTES** autour du Soleil qui sont, de la plus proche du Soleil à la plus éloignée : Mercure, Vénus, la Terre, Mars, Jupiter, Saturne, Uranus et Neptune. Elles se répartissent en deux familles : près du Soleil, les planètes telluriques (Mercure, Vénus, la Terre, Mars), petites et denses, dotées d'une croûte solide ; plus loin du Soleil, les planètes géantes (Jupiter, Saturne, Uranus et Neptune), nettement plus massives et volumineuses, mais peu denses. Pluton, considérée auparavant comme la neuvième planète, est désormais qualifiée de planète naine et fait partie des nombreux petits corps glacés situés au-delà de Neptune. Le Système solaire renferme aussi, notamm. entre Mars et Jupiter, une multitude d'astéroïdes. (V. planche *les planètes du Système solaire**.)

➲ Outre le Soleil, un très grand nombre d'étoiles possèdent des planètes. Ces **EXOPLANÈTES,** ou *planètes extrasolaires*, sont principalement détectées par des méthodes indirectes (variations de la lumière ou de la vitesse de l'étoile liées à l'effet gravitationnel de la planète). La première exoplanète, 51 Pegasi, a ainsi été découverte en 1995 par Michel Mayor et Didier Queloz dans la constellation de Pégase, à env. 50 années-lumière de la Terre. Plus de 3 000 exoplanètes sont officiellement recensées. La plupart sont des géantes gazeuses, plus faciles à détecter, mais des planètes rocheuses (baptisées *super-Terre*) ont également été identifiées, certaines dans la *zone d'habitabilité* de leur étoile (où la vie est possible car l'eau peut s'y trouver à l'état liquide).

PLANÉTÉSIMAL n.m. (pl. *planétésimaux*). Petit corps solide qui, en grossissant par accrétion, engendrerait une planète.

PLANÉTOLOGIE n.f. Science qui a pour objet l'étude des planètes.

PLANEUR n.m. Aéronef sans moteur qui vole en utilisant les courants atmosphériques.

PLANEUSE n.f. TECHN. Machine à dresser mécaniquement les tôles.

PLANÈZE n.f. (mot auvergnat). GÉOMORPH. Plateau basaltique à faible pente, qui résulte de l'érosion de laves et de cendres sur les flancs d'un volcan.

PLANIFIABLE adj. Qui peut être planifié.

PLANIFICATEUR, TRICE adj. Relatif à la planification. ◆ n. Technicien de la planification.

PLANIFICATION n.f. **1.** Action de planifier. **2.** Encadrement du développement économique d'un pays par les pouvoirs publics. ▪ **Planification familiale,** recomm. off. pour **planning familial.**

PLANIFIER v.t. [5]. Organiser, régler le développement de qqch selon un plan : *Planifier un voyage.*

PLANIMÉTRAGE n.m. Mesure d'une aire à l'aide d'un planimètre.

PLANIMÈTRE n.m. Instrument qui sert à mesurer les aires des surfaces planes sur une carte ou sur un plan.

PLANIMÉTRIE n.f. TOPOGR. Détermination de la projection, sur un plan horizontal, de chaque point d'un terrain dont on veut lever le plan.

PLANIMÉTRIQUE adj. Relatif à la planimétrie.

PLANIPENNE n.m. Insecte aux ailes finement nervurées et ramenées par-dessus le corps au repos, tel que le fourmilion. ➲ Les planipennes forment un ordre.

PLANISPHÈRE n.m. Représentation en projection plane de la sphère terrestre ou de la sphère céleste.

PLAN-MASSE n.m. (pl. *plans-masses*). ARCHIT. Plan de masse*.

PLANNEUR, EUSE n. Professionnel chargé de mettre au point une stratégie publicitaire dans une agence de communication. (On dit aussi *planneur stratégique*.)

PLANNING [planiŋ] n.m. (mot angl.). Plan de travail détaillé et défini dans le temps. ▪ **Planning familial** [anglic. déconseillé], ensemble des méthodes permettant aux parents de décider du nombre et de l'espacement des naissances, et en partic. des méthodes permettant d'éviter la grossesse ; utilisation ou organisation de ces méthodes. Recomm. off. **planification familiale.**

PLANOIR n.m. Ciselet à bout aplati.

PLANORBE n.f. (lat. sc. *planorbis*). Mollusque gastéropode pulmoné des eaux douces calmes, dont la coquille est enroulée dans un plan. ➲ Famille des planorbidés.

PLAN-PLAN adj. inv. Fam., péjor. **1.** Se dit d'une personne très attachée à son confort, à sa tranquillité. **2.** Se dit d'une chose sans intérêt ni originalité : *Des vacances plan-plan.*

PLANQUE n.f. Fam. **1.** Cachette. **2.** Situation où l'on est à l'abri, où l'on ne court pas de risque (en partic. en temps de guerre). **3.** Emploi bien rémunéré et où le travail est facile.

PLANQUÉ, E n. Fam. Personne qui a trouvé une planque.

PLANQUER v.t. [3]. Fam. Mettre à l'abri ; cacher : *Planquer ses bijoux.* ◆ v.i. Arg. Surveiller en se cachant ; épier. ◆ **SE PLANQUER** v.pr. Fam. Se mettre à l'abri ; se cacher.

PLAN-RELIEF n.m. (pl. *plans-reliefs*). Maquette représentant en élévation et à échelle réduite une ville, une place forte.

PLAN-SÉQUENCE n.m. (pl. *plans-séquences*). CINÉMA. Suite continue d'images correspondant à une séquence ou à une scène entière, génér. longue, filmée sans arrêter la caméra.

PLANSICHTER [plɑ̃siʃtɛr] n.m. (mot all., de *Plan*, plan, et *Sichter*, blutoir). Appareil servant à trier par tamisage, selon leur grosseur, les produits de la mouture des grains de blé.

PLANT n.m. (de *planter*). Jeune plante destinée à être plantée ou repiquée. ▪ **Gros plant,** cépage blanc cultivé dans la région de Nantes.

PLANTAGE n.m. **1.** Fam. Erreur ; échec : *Un plantage dans les prévisions.* **2.** Fam. Panne : *Le plantage d'un ordi.* **3.** Suisse. Jardin potager.

1. PLANTAIN n.m. (lat. *plantago, -inis*). Plante à feuilles ovales en rosette, aux fleurs minuscules en épis cylindriques, et dont les graines servent à nourrir les oiseaux en cage. ➲ Famille des plantaginacées. ▪ **Plantain d'eau,** plante des étangs de l'hémisphère Nord tempéré, à fleurs blanches (SYN. **alisma, flûteau**). ➲ Famille des alismatacées.

▲ plantain

2. PLANTAIN n.m. (de l'esp. *plátano*, banane). Bananier dont le fruit *(banane plantain)* est consommé cuit comme légume.

PLANTAIRE adj. ANAT. Relatif à la plante du pied.

PLANTARD n.m. → **PLANÇON.**

PLANTATION n.f. **1.** Action de planter ; manière de planter ou d'être planté. **2.** Ensemble de végétaux plantés en un endroit ; terrain planté. **3.** Grande exploitation agricole des pays tropicaux : *Une plantation de bananiers.*

1. PLANTE n.f. (du lat. class. *planta*, plant, bouture). **1.** Végétal pluricellulaire vivant fixé en terre et dont la partie supérieure s'épanouit dans l'air ou dans l'eau douce. **2.** Végétal de petite taille ou dont la partie principale ne se transforme pas en matière ligneuse (par oppos. à *arbre*) : *Une plante verte.* ▪ **Plante à fleurs,** angiosperme. ▪ **Une belle plante** [fam.], une belle femme.

2. PLANTE n.f. ANAT. ▪ **Plante (du pied),** face inférieure du pied.

PLANTER v.t. [3]. **1.** Mettre en terre une plante, une bouture, etc., pour qu'ils s'y développent. **2.** Garnir un lieu d'arbres, de végétaux : *Planter des tilleuls dans un parc.* **3.** Enfoncer dans une matière plus ou moins dure : *Planter un piquet.* **4.** Poser, placer debout ; installer : *Planter une tente.* **5.** Fam. Quitter brusquement : *Il m'a planté là, sans un mot.* ▪ **Planter ses yeux ou son regard sur qqn,** le regarder fixement. ◆ **SE PLANTER** v.pr. **1.** Se camper : *Il s'est planté devant sa porte.* **2.** Fam. Avoir un accident, en conduisant un véhicule : *Se planter dans un virage, à moto.* **3.** Fam. Se tromper : *Il s'est planté au milieu de sa tirade.* **4.** Fam. Échouer : *Il s'est planté à son concours.* ◆ **SE PLANTER** v.pr. ou v.i. Fam. Cesser de fonctionner, en parlant d'un ordinateur, d'un logiciel.

PLANTEUR n.m. Propriétaire d'une plantation, dans les pays tropicaux. ▪ **Punch planteur,** ou **planteur,** cocktail à base de rhum, de sirop de canne et de jus de fruits.

PLANTEUSE n.f. Machine agricole utilisée pour mettre en terre les plants.

PLANTIGRADE adj. et n.m. Se dit d'un mammifère qui marche sur toute la plante des pieds, et non sur les seuls doigts. ➲ L'ours est un plantigrade.

PLANTOIR n.m. Outil formé d'un cylindre terminé par un cône métallique, servant à faire des trous dans la terre pour y mettre des plants.

PLANTON n.m. (de *planter*). **1.** Personne (notamm. soldat) qui assure des liaisons entre différents services. **2.** Afrique. Garçon de bureau. **3.** Suisse. Plant destiné à être repiqué. ▪ **Faire le planton** [fam.], attendre debout assez longtemps.

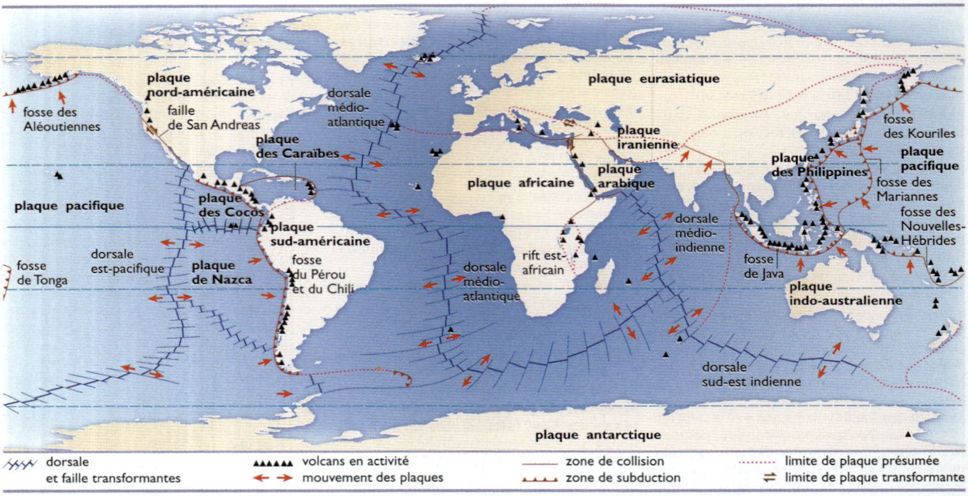

▲ **plaque.** Les plaques lithosphériques et les grandes structures de la lithosphère.

PLANTULE n.f. **1.** Germe de plante. **2.** Jeune plante portant quelques feuilles.

PLANTUREUSEMENT adv. Litt. En abondance.

PLANTUREUX, EUSE adj. (anc. fr. *plentiveux*, du lat. *plenus*, plein). **1.** Bien en chair : *Une femme plantureuse.* **2.** Copieux : *Un repas plantureux.* **3.** Litt. Fertile : *Un sol plantureux.*

PLAQUAGE n.m. **1.** Action de recouvrir une surface d'un placage. **2.** SPORTS. Au rugby, action de plaquer (SYN. **placage**).

PLAQUE n.f. **1.** Élément d'une matière quelconque, plein, relativement peu épais par rapport à sa surface, et rigide : *Plaque de plâtre. Plaque de chocolat.* **2.** Pièce de métal portant une indication : *Plaque d'immatriculation d'un véhicule ;* insigne de certaines professions, de certains grades : *Plaque de médecin.* **3.** Couche peu épaisse, plus ou moins étendue, de certaines matières : *Une plaque de verglas.* **4.** Foyer d'un appareil de cuisson électrique ; plan ou table de cuisson. **5.** PHOTOGR. Lame de verre recouverte d'une émulsion sensible à la lumière. **6.** MÉD. Surface où siègent des lésions d'une maladie dermatologique : *Une plaque d'urticaire.* ▪ **Être** ou **mettre à côté de la plaque** [fam.], se tromper ; manquer le but. ▪ **Plaque (lithosphérique)** [géol.], unité structurale rigide, mais mobile, d'environ 100 km d'épaisseur, qui constitue avec d'autres unités semblables l'enveloppe rocheuse de la Terre. ▪ **Plaque à gâteau** [Suisse], moule à tarte. ▪ **Plaque à vent,** croûte de neige agglomérée par le vent, surmontant la neige poudreuse et dont l'instabilité peut provoquer une avalanche. ▪ **Plaque d'accumulateur,** électrode d'un accumulateur, constituée par un cadre inerte supportant une pâte de matière active. ▪ **Plaque dentaire,** enduit constitué de salive, de débris alimentaires et de bactéries, qui se forme à la surface des dents et des gencives, et qui favorise la carie. ▪ **Plaque de propreté,** plaque de matière plastique, de métal, etc., fixée sur une porte autour de la serrure pour protéger la peinture, le bois. ▪ **Plaque motrice** [physiol.], jonction entre la cellule nerveuse et la cellule du muscle strié squelettique, grâce à laquelle le message nerveux déclenche la contraction. ▪ **Plaque tournante** [ch. de f., anc.], plateau circulaire horizontal pivotant sur un axe, utilisé pour diriger les véhicules ferroviaires vers une autre voie ; fig., centre de multiples opérations ; chose ou personne à partir de laquelle tout rayonne. ▪ **Sclérose en plaques** → **SCLÉROSE.**

PLAQUÉ n.m. **1.** Métal commun recouvert d'or ou d'argent : *Bijou en plaqué (or)* [SYN. **2. doublé**]. **2.** Bois recouvert d'une feuille de placage.

PLAQUEMINE n.f. BOT. Kaki.

PLAQUEMINIER n.m. (de *plaquemine*). Arbre au bois dur, noir et lourd, dont une espèce, originaire d'Asie, fournit le kaki. ➲ Famille des ébénacées.

PLAQUE-MODÈLE n.f. (pl. *plaques-modèles*). MÉTALL. Plaque utilisée en fonderie pour constituer le modèle dans les machines mécaniques à mouler.

PLAQUER v.t. [3] (du moy. néerl. *placken*, coller). **1.** Recouvrir un métal commun d'une feuille mince de métal précieux. **2.** Appliquer des feuilles de bois précieux ou de belle qualité sur du bois ordinaire. **3.** Appliquer fortement contre qqch : *Plaquer qqn au sol.* **4.** Aplatir de manière à rendre lisse : *Plaquer ses cheveux en arrière.* **5.** Au rugby, faire tomber un adversaire qui porte le ballon en le saisissant aux jambes ou par une partie du corps située sous les épaules (faute de quoi, cette action, pouvant être dangereuse, donnerait lieu à une pénalité). **6.** Fam. Abandonner : *Elle a plaqué son mari.* ▪ **Plaquer un accord,** au piano, en jouer simultanément toutes les notes (par oppos. à *arpéger*).

PLAQUETTAIRE adj. HISTOL. Relatif aux plaquettes du sang : *Antiagrégant plaquettaire.*

PLAQUETTE n.f. **1.** Petite plaque, de forme le plus souvent rectangulaire, de certaines substances, notamm. alimentaires : *Plaquette de chocolat.* **2.** Petit livre peu épais : *Une plaquette de nouvelles.* **3.** Brochure qui donne des informations sur un produit, un service, une société, etc. : *Plaquette de mise en route d'un téléviseur.* **4.** PHARM. Conditionnement de médicament, fait d'une plaque munie d'alvéoles contenant chacune une unité de prise (comprimé, gélule, etc.) : *Plaquette de pilules.* **5.** AUTOM. Pièce qui supporte la garniture de frein dans un frein à disque : *Changer les plaquettes.* **6.** Petite plaque métallique frappée en l'honneur d'un personnage, en souvenir d'un événement, etc. **7.** HISTOL. Petit élément du sang, fragment d'une cellule de la moelle osseuse, qui joue un rôle fondamental dans l'hémostase (SYN. **thrombocyte**).

PLAQUEUR, EUSE n. Ouvrier qui réalise des travaux de placage.

PLASMA n.m. (mot gr. « chose façonnée »). **1.** BIOCHIM. Partie liquide du sang, dans laquelle les éléments cellulaires (globules rouges et blancs, plaquettes) sont en suspension. **2.** PHYS. Fluide composé de molécules gazeuses, d'ions et d'électrons. ➲ Il est considéré comme le quatrième état de la matière. On estime que 99 % de la matière de l'Univers est formée de plasma. ▪ **Écran à plasma** [inform., télév.], dispositif d'affichage d'images ou de données fondé sur la luminescence d'un gaz soumis à des décharges électriques. ➲ Cette technologie permet la réalisation d'écrans plats de grande dimension.

PLASMAPHÉRÈSE n.f. MÉD. Technique de prélèvement sanguin consistant à prélever à qqn une certaine quantité de son plasma et à lui restituer les éléments cellulaires de son sang.

PLASMATIQUE adj. BIOCHIM. Relatif au plasma.

PLASMIDE n.m. GÉNÉT. Fragment d'ADN de certains micro-organismes (notamm. de bactéries), séparé et indépendant du fragment principal (chromosome).

PLASMIQUE adj. PHYS. Formé de plasma. ▪ **Membrane plasmique** [biol.], membrane entourant la cellule vivante.

PLASMOCYTAIRE adj. Relatif au plasmocyte.

PLASMOCYTE n.m. HISTOL. Cellule du tissu lymphoïde provenant de la transformation d'un lymphocyte B, et spécialisée dans la sécrétion d'anticorps.

PLASMODE n.m. BIOL. CELL. Cellule à plusieurs noyaux, formée par une série de divisions du noyau initial sans division du cytoplasme, que l'on rencontre surtout chez les champignons myxomycètes.

PLASMODIUM [-djɔm] n.m. MÉD. Hématozoaire responsable du paludisme.

PLASMOLYSE n.f. BIOL. CELL. Diminution de volume d'une cellule vivante plongée dans une solution hypertonique, due à une perte de l'eau qu'elle contenait.

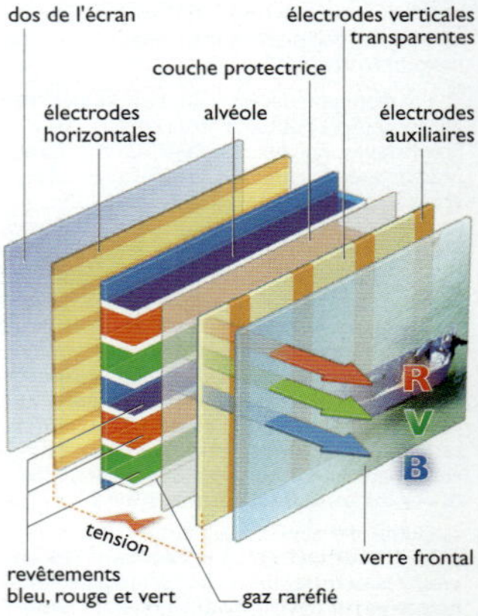

▲ **plasma.** Fonctionnement d'un écran à plasma.

PLASMOPARA n.m. Champignon parasite de la vigne ou du céleri, agent du mildiou. ➲ Ordre des péronosporales.

PLASTE n.m. (du gr. *plastos*, façonné). **BIOL. CELL.** Organite des cellules végétales chargé, notamm., d'amidon ou de chlorophylle *(chloroplaste)*.

PLASTIC n.m. (mot angl.). Explosif plastique*.

PLASTICAGE n.m. → **PLASTIQUAGE.**

PLASTICIEN, ENNE n. **1.** Artiste qui se consacre aux arts plastiques. **2.** Personne travaillant dans l'industrie de la matière plastique.

PLASTICINE n.f. **SPORTS.** Substance que l'on dispose en couche derrière la planche d'appel pour garder l'empreinte du pied du sauteur lorsque le saut est mordu.

PLASTICITÉ n.f. **1.** Caractéristique d'une matière très malléable : *La plasticité de l'argile.* **2. BX-ARTS.** Qualité sculpturale. **3.** Capacité d'adaptation ; élasticité : *La plasticité d'un caractère.* **4. PHYSIOL.** Aptitude d'un tissu lésé à se reconstituer.

PLASTICULTURE n.f. **AGRIC.** Utilisation des matériaux en matière plastique pour constituer des abris (tunnels, serres, etc.) ou pour le paillage artificiel (culture des fraises, des melons, etc.).

PLASTIE n.f. Opération de chirurgie plastique.

PLASTIFIANT n.m. **MATÉR.** Produit ajouté à une matière pour en accroître la plasticité.

PLASTIFICATION n.f. Action de plastifier.

PLASTIFIER v.t. [5]. **1.** Recouvrir d'une pellicule de matière plastique transparente : *Plastifier un document.* **2.** Ajouter un plastifiant à.

PLASTIQUAGE ou **PLASTICAGE** n.m. Action de plastiquer.

1. PLASTIQUE adj. (du lat. *plasticus*, relatif au modelage). **1.** Qui peut être façonné par modelage ; malléable : *Le mastic est plastique.* **2.** Qui vise à donner des corps, des objets une représentation esthétique : *La qualité plastique d'une sculpture.* ▪ **Arts plastiques,** ceux qui sont producteurs ou reproducteurs de volumes, de formes (princip. la sculpture et la peinture). ▪ **Chirurgie plastique,** partie de la chirurgie qui vise à restaurer la forme, l'aspect ou la fonction d'un organe ou d'une partie du corps. ▪ **Explosif plastique,** ou **plastique, n.m.,** à base de pentrite et d'un plastifiant, d'une consistance proche de celle du mastic de vitrier, et qui ne détone que par l'action d'un dispositif d'amorçage. (On écrit aussi *plastic*.) ▪ **Matière plastique,** ou **plastique, n.m.,** matière synthétique constituée essentiellement de macromolécules et susceptible d'être modelée ou moulée, génér. à chaud et sous pression.

➲ Il existe deux types de **MATIÈRES PLASTIQUES** : les *thermoplastiques*, qui fondent par simple chauffage ; les *thermodurcissables*, qui ne peuvent plus fondre après leur mise en forme et qui résistent donc mieux à la chaleur.
Les thermodurcissables les plus courants sont : les silicones (SI), employés comme bases de crèmes et de pommades, mais aussi dans les peintures et les joints ; les polyuréthannes (PU), utilisés dans la fabrication de mousses de sièges et de literie ; et les aminoplastes (UF et MF), utilisés comme liants dans l'industrie du bois.
Quant aux thermoplastiques les plus répandus, on peut citer le polychlorure de vinyle (PVC), utilisé notamm. dans la fabrication de tuyaux ; le polyméthacrylate de méthyle (PMMA ou Plexiglas), utilisé, par ex., pour les verres de lunettes et les règles d'écoliers ; le polystyrène (PS), utilisé dans les équipements de réfrigération, les pots de yaourt, etc. ; les polyamides (PA), utilisés pour fabriquer des fibres textiles (Nylon) ; les polytéréphtalates d'éthylène (PET), utilisés principalement dans la fabrication des bouteilles de boissons gazeuses ; enfin, le polyéthylène (PE), le plus répandu, que l'on trouve dans les sacs, les jouets ou les seaux.

2. PLASTIQUE n.f. **1.** Beauté des formes du corps : *La belle plastique d'un nageur.* **2.** Effet esthétique des formes considérées en elles-mêmes.

3. PLASTIQUE n.m. **1.** Matière plastique. **2.** Explosif plastique (SYN. **plastic**).

PLASTIQUEMENT adv. Du point de vue de la beauté plastique.

PLASTIQUER v.t. [3]. Détruire ou endommager avec un explosif.

PLASTIQUEUR, EUSE n. Auteur d'un attentat au plastique.

PLASTISOL n.m. Pâte obtenue par dispersion d'une poudre de PVC dans un plastifiant, utilisée pour l'enduction de tissus et de papier.

PLASTRON n.m. (de l'ital. *piastrone*, haubert). **1.** Empiècement cousu sur le devant d'une chemise d'homme ou d'un corsage. **2.** En escrime, veste rembourrée que porte le maître d'armes pour le travail individuel. **3.** Anc. Pièce de devant de la cuirasse. **4.** Détachement militaire figurant l'ennemi, dans un exercice. **5.** Partie ventrale de la carapace des tortues.

PLASTRONNER v.i. [3]. Fam. Prendre une attitude avantageuse ; se pavaner.

PLASTURGIE n.f. Ensemble des procédés et des techniques de transformation des matières plastiques ; industrie qui y recourt.

PLASTURGISTE n. Personne travaillant dans la plasturgie.

1. PLAT, E adj. (lat. pop. **plattus*, du gr. *platus*). **1.** Qui présente un relief peu marqué ou inexistant : *Terrain plat.* **2.** Qui a peu de saillie, de modelé : *Ventre plat.* **3.** Qui a peu de profondeur : *Assiette plate.* **4.** Dont la surface est plane et proche de l'horizontale : *Toit plat.* **5.** Qui a peu d'épaisseur : *Talons plats.* **6.** Dépourvu de force, de saveur : *Style plat.* **7.** Qui montre de la servilité : *Il est plat devant ses supérieurs.* **8. SPORTS.** Se dit d'une course de plat : *Le 400 m plat.* **9. MATH.** Se dit d'un angle constitué de deux demi-droites opposées. ➲ Sa mesure vaut 180°. ▪ **Calme plat,** absence de vent sur la mer ; fig., situation où rien de notable ne se produit. ▪ **Eau plate,** eau de boisson non gazeuse. ▪ **Faire de plates excuses,** s'excuser servilement. ▪ **Mer plate,** mer sans vagues. ▪ **Nœud plat,** nœud marin faisant peu de saillie. ▪ **Rimes plates,** rimes qui se suivent deux à deux (deux masculines, deux féminines). ▪ **Teinte plate** [peint.], peinte en aplat, sans dégradé ni effets de matière. ▪ **Wagon plat,** ou **plat, n.m.,** wagon constitué seulement par un plancher génér. entouré d'un bord bas rabattable ou de ranchers.

2. PLAT n.m. **1.** Partie plate de qqch : *Le plat d'une épée.* **2.** Produit sidérurgique étroit et de faible épaisseur, utilisé en construction métallique. **3. REL.** Chacun des deux côtés de la couverture d'un livre. **4. CH. DE F.** Wagon plat. ▪ **À plat,** sur la surface la plus large : *Poser un livre à plat.* ▪ **Course de plat,** ou **plat,** course pratiquée sur une piste sans obstacles (par oppos. à *course de haies*). ▪ **Être à plat,** être dégonflé, en parlant d'un pneu, ou déchargé, en parlant d'un accumulateur ; fam., être fourbu. ▪ **Faire du plat à qqn** [fam.], le flatter ou le courtiser. ▪ **Labour à plat,** labour caractérisé par le renversement des bandes de terre du même côté. ▪ **Mettre** ou **remettre qqch à plat,** en reconsidérer un à un tous les éléments. ▪ **Plat de côtes,** partie du bœuf comprenant les côtes prises dans le milieu de leur longueur et les muscles correspondants. (On dit aussi *plates côtes*.) ▪ **Tomber à plat,** être un échec.

3. PLAT n.m. **1.** Pièce de vaisselle de table plus grande que l'assiette, sur laquelle on sert les mets ; son contenu. **2.** Chacun des éléments d'un repas : *Au choix : plat de viande ou de poisson.* ▪ **Faire tout un plat de qqch** [fam.], lui donner une importance exagérée. ▪ **Mettre les petits plats dans les grands** [fam.], préparer un repas très soigné. ▪ **Mettre les pieds dans le plat** [fam.], intervenir de façon maladroite ou brutale. ▪ **Plat du jour,** plat principal, différent chaque jour, inscrit au menu d'un restaurant.

PLATANE n.m. (lat. *platanus*, gr. *platanos*). Arbre de l'hémisphère Nord tempéré, aux larges feuilles palmées, à l'écorce se détachant par plaques, planté le long des avenues et des routes. ➲ Famille des platanacées. ▪ **Faux platane,** érable sycomore*.

PLATANISTE n.m. Dauphin très primitif vivant dans certains grands fleuves de l'Inde (Gange, Indus). ➲ Famille des platanistidés.

PLAT-BORD n.m. (pl. *plats-bords*). **MAR.** Latte de bois entourant le pont d'un navire.

PLATE n.f. **1.** Canot de service à fond plat, utilisé dans les ports et les rades. **2.** Huître plate à chair blanche.

PLATEAU n.m. (de *2. plat*). **1.** Support plat et rigide qui sert à transporter, à présenter des objets divers, notamm. de la vaisselle, des aliments. **2.** Partie d'une balance recevant les poids *(masses marquées)* ou les matières à peser. **3.** Étendue de terrain relativement plane, pouvant être située à des altitudes variées, mais toujours entaillée de vallées encaissées (à la différence de la plaine). **4.** Partie haute d'une courbe, d'un graphique, à peu près horizontale ; niveau stationnaire d'un phénomène susceptible de variations. **5.** Scène d'un théâtre ; lieu où sont plantés les décors et où évoluent les acteurs, dans un studio de cinéma ou de télévision. **6.** Pièce circulaire où l'on place les disques, sur un tourne-disque. **7.** Roue dentée constitutive du pédalier, servant à mouvoir, par l'intermédiaire d'une chaîne, la roue arrière d'une bicyclette (par oppos. à *pignon*). **8.** Plancher de charge d'un véhicule utilitaire : *Le plateau d'un pick-up.* **9.** Bois brut de sciage ne présentant que deux faces sciées parallèles et d'une épaisseur supérieure à 22 mm. ▪ **Le plateau** [fam.], le siège du président du Sénat, en France. ▪ **Plateau continental** [géol.], prolongement du continent sous la mer, limité par le talus continental et s'étendant à des profondeurs génér. inférieures à 200 m (SYN. **plateforme continentale** ou **littorale**). ▪ **Plateau d'argile,** pigeon d'argile. ▪ **Plateau de chargement,** dispositif mobile dont le plancher supporte une certaine quantité de marchandises constituant une « unité de charge ». ▪ **Plateau d'embrayage,** pièce circulaire sur laquelle s'appuie le disque d'embrayage. ▪ **Plateau technique,** ensemble du matériel, des installations dont dispose un établissement, un cabinet médical.

PLATEAU-REPAS n.m. (pl. *plateaux-repas*). Plateau compartimenté où l'on dispose les éléments d'un repas servi dans un self-service, en avion, etc. ; repas ainsi servi.

PLATE-BANDE (pl. *plates-bandes*) ou **PLATEBANDE** n.f. **1.** Espace de terre plus ou moins large qui entoure un carré de jardin, où l'on plante des fleurs, des arbustes, etc. **2. ARCHIT.** Linteau appareillé à claveaux. ▪ **Marcher sur les plates-bandes de qqn** [fam.], empiéter sur ses prérogatives.

1. PLATÉE n.f. Contenu d'un plat.

2. PLATÉE n.f. (de *1. plat*). **CONSTR.** Massif de fondation s'étendant sous l'ensemble d'un bâtiment.

PLATEFORME ou **PLATE-FORME** (pl. *plates-formes*) n.f. **1.** Étendue de terrain relativement plane, naturelle ou artificielle, située en hauteur par rapport au terrain environnant. **2.** Partie arrière de certains véhicules urbains de transport en commun où les voyageurs se tiennent debout. **3. INFORM.** Ensemble d'outils (logiciels, matériels, systèmes d'exploitation, etc.) destinés au stockage et au partage de contenus virtuels (audio, vidéo ou autres). **4.** Ensemble d'idées constituant la base d'un programme politique ou revendicatif : *Plateforme syndicale.* **5.** Support plat, souvent surélevé, destiné à recevoir certains matériels, voire une construction. **6. CH. DE F.** Surface supérieure d'un remblai, supportant le

▲ platane

ballast. **7. AUTOM.** Base mécanique d'un véhicule. **8.** Structure utilisée pour le forage ou l'exploitation des puits de pétrole sous-marins. **9. FORTIF.** Emplacement aménagé pour la mise en batterie d'une arme lourde. ▪ **Plateforme continentale** ou **littorale** [géol.], plateau continental. ▪ **Plateforme élévatrice,** appareil de manutention formé d'un élément horizontal dont on peut faire varier la hauteur. ▪ **Plateforme logistique,** ensemble d'installations permettant de réaliser toutes les activités qui ont trait à la logistique des entreprises (stockage des marchandises, préparation de commandes, livraison, etc.) ou au réapprovisionnement de certains organismes (ONG, hôpitaux, armée, etc.). ▪ **Plateforme multimodale** → **MULTIMODAL.** ▪ **Plateforme structurale** [géol.], surface correspondant au dégagement, par l'érosion, d'une couche géologique dure.

PLATELAGE n.m. (de l'anc. fr. *platel*, plateau). Plancher de charpente.

PLATEMENT adv. 1. De façon plate, banale. **2.** De façon basse, servile.

PLATERESQUE adj. (esp. *plateresco*, de *plata*, argent). **ARCHIT.** Se dit d'un style d'architecture espagnol au décor très chargé (début du XVIe s.).

PLATEURE n.f. MIN. Couche de faible pente (de 0° à env. 25°).

PLATHELMINTHE n.m. (du gr. *platus*, large, et *helmins*, ver). Ver au corps aplati, dépourvu de cavité viscérale, vivant en milieu aquatique (planaire) ou en parasite interne des animaux (douve, ténia) [SYN. **platode, ver plat**]. ➲ Les plathelminthes forment un embranchement.

PLATIER n.m. GÉOMORPH. Plateforme rocheuse littorale, émergée ou immergée à faible profondeur.

PLATINAGE n.m. Application d'une mince couche de platine sur un métal.

1. PLATINE n.f. (de *1. plat*). **1.** Dans un appareil de lecture de disque microsillon, ensemble comprenant le châssis, le plateau avec son système d'entraînement et la tête de lecture, pouvant auj. être combiné à un lecteur CD ou MP3, à un tuner, à une clé USB, etc. **2.** Plaque soutenant les pièces du mouvement d'une montre. **3.** Plaque de métal percée pour faire passer l'aiguille d'une machine à coudre ou la clé d'une serrure. **4.** Plateforme qui sert de support dans un microscope et où l'on place l'objet à étudier. **5.** Vieilli. Dans un magnétophone, ensemble comprenant le dispositif d'entraînement de la bande magnétique et les têtes magnétiques. **6.** Plaque des anciennes armes à feu, reliant toutes les pièces utiles au départ du coup. ▪ **Platine numérique,** platine permettant l'encodage d'un vinyle. ◆ **n.f. pl.** Batterie de plateaux de lecture de vinyles, de lecteurs CD ou MP3, utilisée par un DJ pour animer une soirée : *Ce soir, il sera aux platines.*

2. PLATINE n.m. (anc. esp. *platina*). **1.** Métal précieux blanc-gris, de densité 21,4, et qui fond à 1 772 °C. **2.** Élément chimique (Pt), de numéro atomique 78, de masse atomique 195,08. ▪ **Métaux de la mine de platine,** métaux rares (palladium, iridium, rhodium et ruthénium) qui accompagnent le platine dans ses minerais (SYN. **platinoïde**). ▪ **Mousse de platine,** platine spongieux, à propriétés catalytiques, obtenu par la calcination de certains de ses sels. ◆ **adj. inv.** ▪ **Blond platine,** ou **platine,** blond presque blanc.

➲ Le **PLATINE** est un métal assez dur, ductile et malléable. Il ne s'oxyde à aucune température et résiste à l'action de nombreux acides. Ainsi, on l'emploie pour la fabrication de récipients très résistants, en chimie comme catalyseur et en joaillerie.

PLATINÉ, E adj. D'un blond très pâle : *Cheveux platinés.* ▪ **Vis platinée** → **VIS.**

PLATINER v.t. [3]. Recouvrir de platine.

PLATINIFÈRE adj. Qui contient du platine.

PLATINITE n.f. Alliage de fer et de nickel, ayant même coefficient de dilatation que le platine.

PLATINOÏDE n.m. Métal de la mine de platine*.

PLATITUDE n.f. 1. Manque d'originalité : *Un scénario d'une grande platitude.* **2.** Parole insipide ; lieu commun : *Débiter des platitudes.*

PLATODE n.m. (du gr. *platus*, large). Plathelminthe.

PLATONICIEN, ENNE adj. et **n.** Relatif à la philosophie de Platon ; adepte du platonisme.

PLATONIQUE adj. (de *Platon*, n.pr.). **1.** Se dit d'un amour sans relations charnelles. **2.** Sans effet réel ; formel : *Protestation platonique.*

PLATONIQUEMENT adv. De façon platonique.

PLATONISME n.m. Philosophie de Platon et de ses disciples.

PLÂTRAGE n.m. Action de plâtrer.

PLÂTRAS n.m. CONSTR. Débris de matériaux.

PLÂTRE n.m. (de *emplâtre*). **1.** Matériau résultant de la cuisson modérée du gypse, employé sous forme de poudre blanche qui, mélangée à l'eau, fait prise en formant une masse à la fois solide et tendre : *Enduire un mur de plâtre.* **2.** Ouvrage moulé en plâtre ; sculpture (modèle ou reproduction) en plâtre. **3. MÉD.** Appareil de contention moulé directement sur le patient, à partir de tarlatane imprégnée de plâtre ou d'un autre matériau (résine, par ex.). ◆ **n.m. pl.** Légers ouvrages de bâtiments (enduits, lambris, etc.).

▲ **plâtre.** *Femme assise*, sculpture en plâtre d'Henri Gaudier-Brzeska (1891-1915), réalisée en 1914. (Musée des Beaux-Arts, Orléans.)

PLÂTRER v.t. [3]. 1. Couvrir de plâtre : *Plâtrer des cloisons.* **2.** Amender une terre génér. salée avec du gypse ou du plâtre. **3.** Immobiliser un segment de membre par un plâtre.

PLÂTRERIE n.f. 1. Usine dans laquelle est produit le plâtre (SYN. **plâtrière**). **2.** Partie des travaux de construction faite par le plâtrier.

PLÂTREUX, EUSE adj. Qui a l'aspect ou la consistance du plâtre : *Un camembert plâtreux.*

PLÂTRIER n.m. 1. Personne qui fabrique ou vend du plâtre. **2.** Personne qui construit des cloisons en plâtre, qui enduit les murs et les plafonds de plâtre.

PLÂTRIÈRE n.f. 1. Carrière de pierre à plâtre. **2.** Plâtrerie.

PLATYRHINIEN n.m. (du gr. *platus*, large, et *rhis, rhinos*, nez). Singe du Nouveau Monde, à queue préhensile et à narines écartées, tel que le ouistiti, l'atèle. ➲ Les platyrhiniens forment un sous-ordre.

PLAUSIBILITÉ n.f. Sout. Caractère de ce qui est plausible.

PLAUSIBLE adj. (du lat. *plaudere*, applaudir). **1.** Qui peut être accepté comme vrai : *Une excuse plausible.* **2.** Que l'on peut admettre comme valable : *Une objection plausible.*

PLAYBACK n.m. ou **PLAY-BACK** [plɛbak] **n.m. inv.** (mot angl.). Interprétation mimée d'un enregistrement sonore effectué préalablement : *Chanter en play-back.* Recomm. off. **présonorisation.**

PLAYBOY ou **PLAY-BOY** (pl. *play-boys*) [plɛbɔj] **n.m.** (mot angl.). Jeune homme élégant et à la mode, qui recherche les succès féminins et la vie facile.

PLAYLIST ou **PLAY-LIST** (pl. *play-lists*) **n.f. 1.** Liste des morceaux de musique diffusés, à un moment donné, par une station de radio. **2.** Liste de ses morceaux de musique préférés que qqn sélectionne et enregistre sur un baladeur MP3, un site musical, etc.

PLÈBE n.f. (lat. *plebs, plebis*). **1.** Vieilli, péjor. Bas peuple ; populace. **2. ANTIQ. ROM.** Classe populaire de la société (par oppos. à *patriciat*).

PLÉBÉIEN, ENNE adj. 1. Péjor. Peu raffiné : *Des manières plébéiennes.* **2. ANTIQ. ROM.** De la plèbe (par oppos. à *patricien*).

PLÉBISCITAIRE adj. Relatif à un plébiscite.

PLÉBISCITE n.m. (lat. *plebiscitum*). **1.** Scrutin par lequel un homme ayant accédé au pouvoir demande à l'ensemble des citoyens de lui manifester leur confiance en se prononçant par « oui » ou par « non » sur un texte donné. **2.** Consultation au cours de laquelle la population d'un territoire est appelée à choisir l'État dont elle veut relever. **3. ANTIQ. ROM.** Loi votée par l'assemblée de la plèbe.

PLÉBISCITER v.t. [3]. Approuver, choisir à une très forte majorité.

PLÉCOPTÈRE n.m. (du gr. *plektos*, tressé). Insecte au corps allongé prolongé par deux cerques, tel que la perle. ➲ Les plécoptères forment un ordre.

PLECTRE n.m. (gr. *plektron*). Médiator.

PLÉIADE n.f. (du gr. *Pleias, -ados*, constellation des Pléiades). Litt. Groupe important de personnes remarquables : *Une pléiade d'artistes contemporains.*

1. PLEIN, E adj. (lat. *plenus*). **1.** Qui est tout à fait rempli de : *Ma valise est pleine. Le train était plein.* **2.** Qui contient qqch en grande quantité ; bourré : *Un texte plein de ratures.* **3.** Qui est à son plus haut degré ; absolu : *J'ai pleine confiance en lui.* **4.** Qui atteint son plein développement : *La pleine saison. Le moteur tourne à plein régime.* **5.** Dont toute la masse est occupée par une matière : *Porte pleine.* **6.** Rond et bien en chair : *Des joues pleines.* **7.** Fam. Se dit d'une femelle qui porte des petits : *Jument pleine* (SYN. **gravide**). **8.** Entièrement accaparé par : *Être plein de son sujet.* ▪ **À pleines voiles** [mar.], avec toutes les voiles. ▪ **En plein,** dans le milieu : *L'avion a explosé en plein vol* ; complètement : *Donner en plein dans un piège.* ▪ **En plein air,** à l'air libre. ▪ **En pleine rue,** dans la rue. ▪ **En pleine terre,** dans le sol même (par oppos. à *en pot*). ▪ **En plein jour, pleine nuit,** au milieu de la journée, de la nuit. ▪ **En plein vent,** exposé au vent. ▪ **Être plein** [fam.], être ivre. ▪ **Plein comme un œuf** [fam.], qui ne peut contenir plus. ▪ **Pleins pouvoirs,** délégation du pouvoir législatif accordée temporairement par un Parlement à un gouvernement ; autorisation de traiter au nom de la puissance ou de la personne que l'on représente. ▪ **Voix pleine,** voix forte, sonore.

2. PLEIN n.m. 1. Espace complètement occupé par la matière : *Les pleins et les vides d'une dentelle.* **2.** Contenu total d'un réservoir : *Faire le plein (d'essence).* **3.** Partie forte et large d'une lettre calligraphiée (par oppos. à *délié*). **4.** Marée haute. ▪ **Battre son plein,** être haute, en parlant de la mer ; fig., atteindre son point culminant, en parlant d'une réunion, d'une fête. ▪ **Faire le plein d'une salle, des voix,** remplir la salle au maximum ; obtenir le maximum de voix.

3. PLEIN prép. Fam. En grande quantité dans : *Avoir des idées plein la tête.* ▪ **En avoir plein le dos** ou **plein les bottes (de)** [fam.], être fatigué ou dégoûté (de, par). ◆ **adv.** Fam. En grande quantité ; beaucoup : *Tu veux un bonbon ? J'en ai plein.* ▪ **Plein de,** une grande quantité de : *Il y a plein de monde sur la plage.* ▪ **Tout plein** [fam.], tout à fait : *Un bébé mignon tout plein.*

PLEINEMENT adv. Tout à fait : *Il est pleinement satisfait.*

PLEIN-EMPLOI ou **PLEIN EMPLOI n.m. sing.** État du marché du travail caractérisé par un taux de chômage inférieur à 3 % de la population active.

PLEIN-TEMPS n.m. (pl. *pleins-temps*). Activité professionnelle absorbant la totalité du temps de travail.

PLEIN-VENT n.m. (pl. *pleins-vents*). ▪ **Verger de plein-vent,** dans lequel les arbres sont plantés loin des murs et des clôtures. (On dit aussi *verger de plein vent.*)

PLÉIOTROPE adj. Se dit d'un gène qui présente une pléiotropie.

PLÉIOTROPIE n.f. État où un même gène gouverne plusieurs caractères et/ou détermine des effets différents.

PLÉISTOCÈNE n.m. (du gr. *pleistos*, nombreux, et *kainos*, nouveau). **GÉOL.** Série du système néogène, débutant il y a 1,8 million d'années et se terminant il y a 11 800 ans. ◆ **adj.** Relatif au pléistocène.

PLÉNIER, ÈRE adj. (du bas lat. *plenarius*, complet). Se dit d'une assemblée où tous les membres sont convoqués.

▲ plésiosaure

PLÉNIPOTENTIAIRE n. (du lat. *plenus*, plein, et *potentia*, puissance). Agent diplomatique muni des pleins pouvoirs. ◆ **adj.** ▪ **Ministre plénipotentiaire,** représentant de l'État à la place d'un ambassadeur.

PLÉNITUDE n.f. (lat. *plenitudo*). **1.** Litt. État de ce qui est complet, entier ; intégralité : *Retrouver la plénitude de ses moyens.* **2.** Sentiment de contentement absolu.

PLÉNUM [-nɔm] **n.m.** (du lat. *plenum*, le plein). **1.** Réunion plénière d'une assemblée, d'un organisme. **2.** CONSTR. Vide technique compris entre un plafond et un faux plafond.

PLÉONASME n.m. (du gr. *pleonasmos*, excès, exagération). Répétition de mots dont le sens est identique. (Ex. : *Descendre en bas.*)

PLÉONASTIQUE adj. Qui constitue un pléonasme.

PLÉSIOMORPHE adj. (du gr. *plêsios*, proche, voisin). BIOL. Dans l'analyse cladistique, se dit d'un caractère biologique non spécifique, et considéré comme primitif et ancestral (CONTR. **apomorphe**).

PLÉSIOMORPHIE n.f. État plésiomorphe d'un caractère biologique.

PLÉSIOSAURE n.m. (du gr. *plêsios*, voisin, et de *saura*, lézard). PALÉONT. Reptile marin fossile du jurassique et du crétacé, au corps massif muni de quatre palettes natatoires, au long cou souple et à petite tête. ➲ Long. jusqu'à 12 m.

PLÉTHORE n.f. (du gr. *plêthôrê*, plénitude). **1.** Abondance excessive : *Il y a pléthore de nouveaux romans à la rentrée.* **2.** MÉD. Obésité. **3.** MÉD. Vx. Abondance excessive du sang, des humeurs.

PLÉTHORIQUE adj. **1.** En nombre excessif ; surchargé : *Classes de collège pléthoriques.* **2.** MÉD. Obèse.

PLEUR n.m. Litt., vieilli. Action de pleurer. ◆ **n.m. pl.** Larmes : *Être en pleurs.* ▪ **Pleurs de la vigne,** sève qui s'écoule après la taille.

PLEURAGE n.m. ÉLECTROACOUST. Variation parasite de la hauteur des sons, résultant de fluctuations lentes de la vitesse de rotation d'un disque ou de la vitesse de défilement d'une bande magnétique.

PLEURAL, E, AUX adj. (du gr. *pleura*, côté). Relatif à la plèvre.

PLEURANT n.m. SCULPT. Dans certains tombeaux du Moyen Âge, sculpture représentant une personne en pleurs.

PLEURARD, E adj. et n. Fam. Qui pleure souvent. ◆ **adj.** Geignard.

PLEURER v.i. [3] (du lat. *plorare*, crier). **1.** Verser des larmes : *Pleurer de douleur, de bonheur.* **2.** Être affecté de pleurage. **3.** Laisser échapper la sève, en parlant de la vigne fraîchement taillée. ▪ **Pleurer sur,** s'apitoyer sur. ◆ **v.t.** Déplorer la mort de qqn ou la perte de qqch : *Pleurer un ami, sa jeunesse.* ▪ **Ne pas pleurer sa peine, son argent** [fam.], ne pas les épargner.

PLEURÉSIE n.f. (du gr. *pleura*, côté). MÉD. Épanchement de liquide entre les feuillets de la plèvre.

PLEURÉTIQUE adj. Relatif à la pleurésie.

PLEUREUR, EUSE adj. Se dit de certains arbres dont les branches retombent vers le sol : *Saule pleureur.*

PLEUREUSE n.f. Femme dont on loue les services pour pleurer les morts, dans certaines régions de l'Europe du Sud.

PLEURITE n.f. Inflammation de la plèvre.

PLEURNICHER v.i. [3]. **1.** Pleurer souvent et sans raison. **2.** Se plaindre sur un ton larmoyant.

PLEURNICHERIE n.f. ou **PLEURNICHEMENT** n.m. **1.** Habitude, fait de pleurnicher. **2.** Lamentation peu sincère.

PLEURNICHEUR, EUSE ou, fam., **PLEURNICHARD, E** adj. et n. Qui pleurniche.

PLEURODYNIE n.f. (du gr. *pleura*, côté, et *odunê*, douleur). MÉD. Vive douleur thoracique, observée dans les affections de la plèvre.

PLEURONECTIFORME n.m. (du gr. *pleura*, côté, et *nêktos*, qui nage). Poisson osseux à corps aplati latéralement, vivant couché sur un côté et dont l'autre côté porte les deux yeux (sole, par ex.). ➲ Les pleuronectiformes constituent un ordre.

PLEUROTE n.m. (du gr. *pleura*, côté, et *oûs, ôtos*, oreille). Champignon basidiomycète comestible, à chapeau en entonnoir, à pied court et excentré, qui se prête bien à la culture. ➲ Ordre des agaricales.

PLEUTRE n.m. et **adj.** (p.-ê. du flamand *pleute*, chiffon). Litt. Homme veule ; lâche.

PLEUTRERIE n.f. Litt. Veulerie.

PLEUVASSER, PLEUVINER ou **PLEUVOTER** v. impers. [3]. Fam. Pleuvoir légèrement ; bruiner.

PLEUVOIR v. impers. [54] (lat. *pluere*). Tomber, en parlant de la pluie : *Il pleut à verse.* ◆ **v.i.** Arriver en quantité : *Les coups, les injures pleuvent.* ▪ **Comme s'il en pleuvait,** en abondance.

PLÈVRE n.f. (du gr. *pleura*, côté). ANAT. Membrane séreuse qui tapisse le thorax et enveloppe les poumons.

PLEXIGLAS [plɛksiglas] **n.m.** (nom déposé). Matière plastique (*polyméthacrylate de méthyle*) dure, transparente, déformable à chaud, employée partic. comme verre de sécurité.

PLEXUS [plɛksys] **n.m.** (mot lat. « entrelacement »). ANAT. Amas de filets nerveux ou vasculaires enchevêtrés et réunis entre eux par des anastomoses. ▪ **Plexus solaire** ou **cœliaque,** amas de ganglions et de filets nerveux végétatifs, situé devant l'aorte à la hauteur de l'estomac.

PLEYON [plɛjɔ̃] **n.m.** (de l'anc. fr. *ploion*, branche flexible). AGRIC. Brin d'osier servant à faire des liens.

1. PLI n.m. **1.** Partie repliée en double, ou pincée, d'une matière souple (étoffe, papier, cuir, etc.) : *Les plis d'un prospectus, d'un éventail.* **2.** Marque qui reste à l'endroit où qqch a été plié. **3.** Ride, sillon ou bourrelet de la peau : *Petits plis sur le cou.* **4.** Enveloppe de lettre ; lettre elle-même : *Envoyer un pli urgent.* **5.** Ondulation d'une étoffe, d'un tissu flottant. **6.** GÉOL. Ondulation des couches de terrain sédimentaires, qui peut être soit convexe (*anticlinal*), soit concave (*synclinal*). **7.** Aux cartes, levée. ▪ **Axe d'un pli** [géol.], direction du pli. ▪ **Ça ne fait pas un pli** [fam.], cela se produit infailliblement. ▪ **Faux pli,** ou **pli,** pliure faite à une étoffe là où il ne devrait pas y en avoir. ▪ **Pli (cutané)** [anat.], sillon cutané situé sous une région protubérante (bourrelet adipeux, sein, fesse) ou dans la zone de flexion d'une articulation (pli de l'aine) : *Une dermatose des plis.* ▪ **Prendre le pli de,** l'habitude de. ▪ **Un mauvais pli,** une mauvaise habitude.

2. PLI n.m. (de l'angl. *ply*, pli, couche). Chacune des couches de bois constituant un panneau de contreplaqué.

PLIABLE adj. Facile à plier ; flexible.

PLIAGE n.m. Action de plier.

PLIANT, E adj. Articulé de manière à pouvoir être replié sur soi : *Chaise pliante. Mètre pliant.* ◆ **n.m.** Siège repliable, génér. sans bras ni dossier.

PLIE n.f. (bas lat. *platessa*). Poisson plat commun dans la Manche et l'Atlantique, remontant parfois les estuaires (SYN. **carrelet**). ➲ Famille des pleuronectidés.

PLIÉ n.m. DANSE. Flexion plus ou moins profonde des genoux, exercice de base à la barre.

PLIEMENT n.m. Action de plier ; fait de se plier ou de plier.

PLIER v.t. [5] (var. de *ployer*). **1.** Mettre en double une ou plusieurs fois en rabattant sur elle-même une chose souple : *Plier un drap.* **2.** Rabattre les unes sur les autres les parties articulées d'un objet : *Plier un canapé-lit, un mètre.* **3.** Courber qqch de flexible : *Plier les jambes.* **4.** Fig. Faire céder : *Plier qqn à sa volonté.* **5.** Région. (Midi). Envelopper ; empaqueter. ▪ **C'est plié** [fam.], les jeux sont faits. ◆ **v.i. 1.** Prendre une forme courbe : *L'étagère plie sous le poids des livres.* **2.** Céder : *Plier devant les ordres.* ◆ **SE PLIER** v.pr. (À). Se soumettre à.

PLIEUR, EUSE n. Personne qui plie.

PLIEUSE n.f. Machine à plier (le papier, la tôle notamm.).

PLINIEN, ENNE adj. (de *Pline le Jeune*, n.pr.). ▪ **Éruption plinienne,** caractérisée par l'émission d'une importante colonne de cendres atteignant parfois 50 km de hauteur. (On dit aussi *dynamisme plinien.*)

PLINTH [plɛ̃t] **n.m.** Agrès d'entraînement au saut, oblique ou droit, constitué de caissons superposables permettant d'ajuster la hauteur en fonction de l'exercice et du niveau du sportif.

PLINTHE n.f. (du gr. *plinthos*, brique). CONSTR. Bande, saillie au bas d'un mur, à la base d'une colonne, etc.

PLIOCÈNE n.m. (du gr. *pleiôn*, plus, et *kainos*, nouveau). GÉOL. Série du cénozoïque, succédant au miocène, de – 5,3 à – 1,8 million d'années. ◆ **adj.** Relatif au pliocène.

PLIOIR [plijwar] **n.m. 1.** Lame de bois ou d'os utilisée par le relieur pour plier les feuilles. **2.** Petite planchette sur laquelle on enroule une ligne de pêche.

PLIOSAURE n.m. (du gr. *pleiôn*, plus, et *saura*, lézard). PALÉONT. Reptile marin fossile du jurassique et du crétacé, apparenté aux plésiosaures, mais à cou court, tête massive et longues mâchoires. ➲ Long. jusqu'à 25 m.

PLISSAGE n.m. Action de plisser.

PLISSÉ, E adj. Qui présente des plis. ◆ **n.m.** Tissu plissé ; ensemble de plis : *Un plastron en plissé.*

PLISSEMENT n.m. **1.** Action de plisser : *Plissement du front.* **2.** GÉOL. Déformation de couches sédimentaires liée à une ou plusieurs orogenèses : *Plissement alpin, calédonien, hercynien.*

PLISSER v.t. [3] (de *1. pli*). **1.** Marquer de plis : *Plisser une étoffe.* **2.** Contracter en faisant apparaître de petites rides : *Plisser le nez.* ◆ **v.i.** Présenter des faux plis : *Ta chemise plisse.*

PLISSEUSE n.f. Machine à plisser les étoffes.

PLIURE n.f. **1.** Marque formée par un pli. **2.** IMPRIM. Action de plier les feuilles d'un livre ; atelier où s'exécute ce travail.

PLOC interj. (onomat.). Évoque le bruit de la chute d'un objet dans l'eau ou à plat sur le sol.

PLOCÉIDÉ n.m. (du gr. *plokê*, action de tresser). Passereau granivore de l'Ancien Monde, tel que le moineau et le tisserin. ➲ Les plocéidés forment une famille.

PLOIEMENT n.m. Litt. Action, fait de ployer.

PLOMB [plɔ̃] **n.m.** (lat. *plumbum*). **1.** Métal d'un gris bleuâtre, de densité 11,35, qui fond à 327,5 °C et bout à 1 740 °C. **2.** Élément chimique (Pb), de numéro atomique 82, de masse atomique 207,2. **3.** Anc. Coupe-circuit à fil de plomb, auj. interdit en Europe. **4.** Masse métallique servant à lester un fil à plomb. **5.** Balle, grain de plomb dont on charge une arme à feu. **6.** Caractère typographique en alliage à base de plomb ; composition d'imprimerie utilisant ces caractères. **7.** TECHN. Morceau de métal (plomb, fonte, etc.) fixé à une ligne de sonde, à une ligne de pêche, à un filet pour les lester. **8.** Sceau des douanes certifiant qu'un colis a acquitté certains droits. **9.** Baguette de plomb présentant une section en H et servant à maintenir les verres découpés d'un vitrail. ▪ **À plomb,** verticalement. ▪ **Avoir du plomb dans l'aile,** être atteint dans sa santé, sa fortune, sa réputation. ▪ **De plomb,** qui a la couleur du plomb ; qui écrase, accable : *Un* *soleil de plomb* ; lourd et profond : *Un sommeil de plomb* ; marqué par la violence, le terrorisme : *Les années de plomb.* ▪ **Mettre du plomb dans la tête** ou **dans la cervelle à qqn,** le rendre plus responsable, moins insouciant.

➲ Dans la nature, le **PLOMB** est présent surtout à l'état de sulfure (galène) et souvent allié à l'argent (plomb argentifère). Le plomb entre dans la composition de nombreux alliages et trouve aussi des applications en cristallerie, en verrerie technique, dans la fabrication de pigments, d'accumulateurs, de stabilisants pour les plastiques, dans la protection contre la corrosion ou les rayonnements ionisants, etc. Mais le plomb est l'un des métaux les plus nocifs pour la santé (saturnisme). Aussi son emploi est-il désormais proscrit pour les canalisations ainsi que comme additif dans les peintures.

PLOMBAGE **n.m. 1.** Action de plomber. **2. MÉD.** Action d'obturer une dent avec un amalgame ; l'amalgame lui-même.

PLOMBAGINE **n.f.** (lat. *plumbago, -inis*). Graphite naturel.

PLOMBE **n.f.** Fam. Heure : *Ça fait trois plombes que je suis là.*

PLOMBÉ, E **adj. 1.** Garni de plomb. **2.** Scellé par un plomb, des plombs : *Cercueil plombé.* **3.** Couleur de plomb : *Teint plombé.* ▪ **Dent plombée,** obturée avec un amalgame.

PLOMBÉE **n.f.** Charge de plomb d'une ligne de pêche.

PLOMBER **v.t. [3]. 1.** Garnir de plomb : *Plomber un filet.* **2.** Fam. Nuire à : *Mauvaise note qui plombe la moyenne. Cet incident a plombé la soirée.* **3.** Sceller un colis, un wagon, etc., d'un sceau de plomb. **4. CONSTR.** Vérifier, à l'aide d'un fil à plomb, la verticalité d'un ouvrage. **5. MÉTALL.** Appliquer du plomb sur une pièce ou une surface, pour la protéger. **6. MÉD.** Obturer une dent avec un amalgame. ◆ **v.i.** Au jeu de boules, jeter sa boule en l'air de manière qu'elle retombe sans rouler.

PLOMBERIE **n.f. 1.** Métier, ouvrage, atelier du plombier. **2.** Ensemble des installations et canalisations domestiques ou industrielles d'eau et de gaz, d'évacuation des eaux usées ; ensemble des appareils sanitaires alimentés par ces canalisations.

PLOMBEUR **n.m. AGRIC.** Gros rouleau servant à tasser la terre.

PLOMBEUX, EUSE **adj.** (lat. *plumbosus*). Qui contient du plomb, et partic. du plomb bivalent.

PLOMBIER **n.m.** Personne qui effectue les travaux de plomberie.

PLOMBIÈRES **n.f.** (de *Plombières,* n.pr.). Glace aux fruits confits.

PLOMBIFÈRE **adj. MINÉRALOG.** Qui contient du plomb.

PLOMBURE **n.f.** Ensemble des plombs d'un vitrail.

PLONGE **n.f.** Fam. ▪ **Faire la plonge,** laver la vaisselle dans un restaurant.

PLONGEANT, E **adj. 1.** Dirigé vers le bas. **2.** Se dit d'un décolleté profond. ▪ **Tir plongeant,** exécuté selon un angle de niveau inférieur à 45°.

PLONGÉE **n.f. 1.** Action de plonger, de s'enfoncer dans l'eau ; séjour plus ou moins prolongé en immersion complète. **2.** Mouvement de descente plus ou moins rapide : *L'avion fit une plongée.* **3.** Point de vue de haut en bas ; vue plongeante. **4. CINÉMA, PHOTOGR.** Prise de vue(s) dirigée de haut en bas. ▪ **Plongée sous-marine,** activité consistant à descendre sous la surface de l'eau, muni d'appareils divers (tuba, scaphandre, palmes, etc.), soit à titre sportif, soit à des fins scientifiques, industrielles ou militaires. ▪ **Sous-marin en plongée,** naviguant au-dessous de la surface de la mer.

PLONGEMENT **n.m.** Action de plonger qqch dans un liquide.

PLONGEOIR **n.m.** Plateforme, tremplin d'où l'on plonge dans l'eau.

1. PLONGEON **n.m.** Palmipède de l'hémisphère Nord, à long bec droit et au corps fuselé, qui capture les poissons en nageant sous l'eau et qui hiverne sur les côtes. ➲ Ordre des gaviiformes.

2. PLONGEON **n.m. 1.** Action de se lancer dans l'eau d'une hauteur plus ou moins grande. **2.** Chute de qqn, de qqch qui tombe en avant ou de très haut : *Le car a fait un plongeon dans le ravin.* **3.** Dans différents sports de ballon, détente horizontale, bras en avant, pour tirer, intercepter, détourner ou aplatir le ballon. ▪ **Faire le plongeon** [fam.], faire faillite.

PLONGER **v.t. [10]** (lat. pop. *plumbicare,* de *plumbum,* plomb). **1.** Faire entrer qqch dans un liquide : *Plonger les pâtes dans l'eau bouillante.* **2.** Enfoncer vivement ; enfouir : *Plonger les mains dans ses poches.* **3.** Fig. Mettre brusquement dans tel état : *Cet échec l'a plongé dans la dépression.* ▪ **Plonger son regard** ou **ses yeux dans qqch,** le regarder de façon insistante : *Il plongeait ses yeux dans le sac à main de sa voisine.* ◆ **v.i. 1.** S'enfoncer entièrement dans l'eau : *Sous-marin qui plonge.* **2.** Sauter dans l'eau, la tête et les bras en avant ; effectuer un plongeon. **3.** Aller du haut vers le bas ; descendre brusquement vers qqch : *L'aigle plonge sur sa proie.* **4.** Être enfoncé profondément dans qqch : *Racines qui plongent dans le sol.* ◆ **SE PLONGER** **v.pr.** S'adonner à : *Se plonger dans son travail.*

1. PLONGEUR, EUSE **n. 1.** Personne qui plonge dans l'eau. **2.** Personne qui pratique la plongée sous-marine : *Plongeur en apnée* ; spécialiste chargé d'intervenir sous l'eau : *Plongeur démineur.* **3.** Personne chargée de laver la vaisselle dans un restaurant.

2. PLONGEUR **n.m.** Oiseau aquatique plongeant sous l'eau pour se nourrir, tel que le plongeon.

PLOT **n.m.** (var. de l'anc. fr. *blot,* bloc). **1. ÉLECTROTECHN.** Pièce métallique faisant contact. **2. BOIS.** Ensemble des plateaux ou des feuillets obtenus en sciant une grume, et empilés dans leur ordre d'origine. **3.** Dans une piscine, cube numéroté sur lequel se place le nageur au départ de la course. **4.** Région. (Est) ; Suisse. Billot. **5.** Suisse. Petit élément de construction d'un jeu d'enfant.

PLOUC **n.** et **adj.** Fam., péjor. Rustre.

PLOUF **interj.** (onomat.). Imite le bruit que fait un objet en tombant dans un liquide.

PLOUTOCRATE **n.** Péjor. Personnage qui tire sa puissance de sa richesse.

PLOUTOCRATIE [-si] **n.f.** (du gr. *ploûtos,* richesse, et *kratos,* puissance). Système politique où le pouvoir appartient aux riches.

PLOYABLE [plwajabl] **adj.** Litt. Qui peut être ployé.

PLOYER [plwaje] **v.t. [7]** (lat. *plicare*). Litt. Tordre en fléchissant ou en courbant ; plier : *Ployer une branche.* ◆ **v.i. 1.** Se courber en se déformant ; fléchir : *La poutre ploie.* **2.** Fig. Céder sous la contrainte ; s'incliner.

PLU ou **P.L.U.** [ply] **n.m.** (acronyme). Plan local d'urbanisme.

PLUCHES **n.f. pl.** Fam. Épluchures de pommes de terre. ▪ **Corvée de pluches,** d'épluchage.

PLUIE **n.f.** (lat. *pluvia*). **1.** Précipitation d'eau atmosphérique sous forme de gouttes. ➲ La pluie résulte de l'ascendance de l'air, qui, se refroidissant, provoque la condensation en gouttelettes de la vapeur d'eau qu'il contient ; le nuage qui se forme ne donne des pluies qu'avec l'accroissement de la taille des gouttelettes, qui ne peuvent plus demeurer en suspension. **2.** Chute d'objets en grand nombre : *Une pluie de confettis.* **3.** Fig. Ce qui est distribué en abondance : *Une pluie de critiques.* ▪ **Ennuyeux, triste comme la pluie,** très ennuyeux ; très triste. ▪ **Faire la pluie et le beau temps,** être très influent. ▪ **Parler de la pluie et du beau temps,** de choses banales. ▪ **Pluie des mangues** [Afrique], pluie de courte durée survenant pendant la saison sèche.

PLUMAGE **n.m.** Ensemble des plumes recouvrant un oiseau.

PLUMAISON **n.f.** Action de plumer un oiseau.

PLUMARD ou **PLUME** **n.m.** Fam. Lit.

PLUMASSERIE **n.f.** Métier, travail et commerce du plumassier.

PLUMASSIER, ÈRE **n.** Personne qui prépare et vend des plumes en vue de leur emploi dans la mode et l'ornementation.

1. PLUME **n.f.** (du lat. *pluma,* duvet). **1.** Organe produit par l'épiderme des oiseaux, formé d'une tige souple et creuse (calamus) portant des barbes, et servant au vol, à la protection du corps et au maintien d'une température constante. **2.** Tuyau des grosses plumes, de l'oie par ex., taillé en pointe, dont on se servait pour écrire. **3.** Morceau de métal en forme de bec et qui, fixé à un porte-plume, à un stylo, sert à écrire : *Plume en or.* **4.** Personne qui vit de sa plume : *Les grandes plumes de notre époque* ; journaliste : *Les plumes d'un grand quotidien* ; personne qui écrit pour une autre : *La plume du président.* **5. ZOOL.** Coquille interne des calmars, ressemblant à une longue feuille cornée, rigide et translucide. **6.** (En appos., sans trait d'union). Catégorie de poids, dans certains sports de combat. ▪ **Laisser** ou **perdre des plumes,** subir des pertes dans une circonstance donnée. ▪ **Prendre la plume,** écrire. ▪ **Vivre de sa plume,** de son métier d'écrivain, de journaliste, etc. ▪ **Voler dans les plumes à qqn** [fam.], se jeter sur lui ou le critiquer vivement. ◆ **n.m.** Boxeur, sportif de la catégorie poids plume.

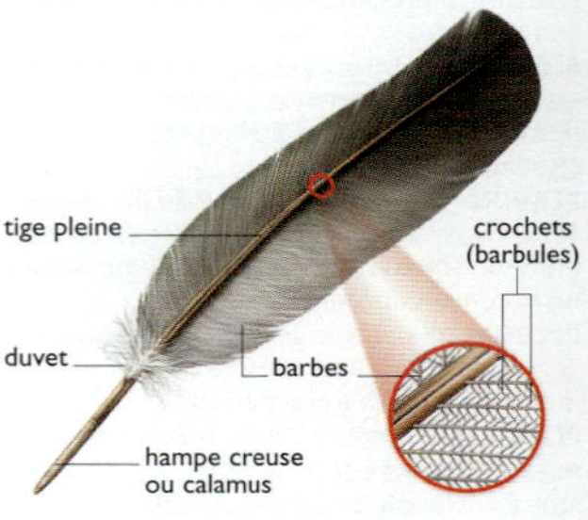

▲ **plume.** Penne d'oie.

2. PLUME **n.m.** → **PLUMARD.**

PLUMEAU **n.m.** Ustensile fait génér. de plumes assemblées autour d'un manche et servant à épousseter.

PLUMER **v.t. [3]. 1.** Arracher les plumes d'une volaille. **2.** Fam. Dépouiller qqn de son argent : *Se faire plumer au poker.*

PLUMET **n.m.** Bouquet de plumes ornant une coiffure.

PLUMETIS [-ti] **n.m.** (de *plumet*). **1.** Point de broderie exécuté sur un fort bourrage. **2.** Étoffe de coton légère imitant cette broderie.

PLUMEUX, EUSE **adj.** Qui a l'aspect des plumes.

PLUMIER **n.m.** Boîte oblongue servant à ranger des stylos, des crayons, etc.

PLUMITIF **n.m. 1.** Fam. Écrivain, journaliste médiocre. **2. DR.** Registre sur lequel le greffier résume les principaux faits d'une audience (SYN. **registre d'audience**).

PLUM-PUDDING (pl. *plum-puddings*), ▲ **PLUMPOUDING** [plumpudiŋ] **n.m.** (mot angl.). Pudding d'une variété caractérisée par l'emploi de graisse de bœuf. ➲ Spécialité britannique préparée pour Noël.

PLUMULE **n.f.** (lat. *plumula*). **ORNITH.** Chacune des petites plumes dont la réunion forme le duvet.

LA PLUPART **n.f.** (de *1. plus* et *part*). Le plus grand nombre : *La plupart l'ignorent* ; la majorité de : *La plupart des clients sont satisfaits.* ▪ **La plupart du temps,** le plus souvent. ▪ **Pour la plupart,** en grande majorité.

PLURAL, E, AUX **adj.** (lat. *pluralis*). Qui contient plusieurs unités. ▪ **Vote plural,** système de vote qui attribue plusieurs voix à certains électeurs.

PLURALISME **n.m. 1.** Conception qui admet la pluralité des opinions et des tendances en matière politique, religieuse, etc. **2. PHILOS.** Doctrine selon laquelle il n'existe que des êtres individuels, sans liens entre eux, irréductibles à l'unité d'une quelconque substance (par oppos. à *monisme,* à *dualisme*).

PLURALISTE **adj.** et **n.** Relatif au pluralisme ; qui en est partisan.

PLURALITÉ **n.f.** Fait d'être plusieurs ; diversité ; multiplicité : *La pluralité des partis.*

PLURIACTIVITÉ **n.f.** Fait d'exercer plusieurs activités professionnelles dans une année, successivement ou simultanément.

PLURIANNUEL, ELLE **adj.** Qui dure plusieurs années.

PLURICAUSAL, E, ALS ou **AUX** **adj.** Didact. Qui a plusieurs causes : *Infection pluricausale.*

PLURICELLULAIRE adj. Multicellulaire.

PLURIDIMENSIONNEL, ELLE adj. Qui a plusieurs dimensions.

PLURIDISCIPLINAIRE adj. Qui concerne plusieurs disciplines (SYN. **multidisciplinaire**).

PLURIDISCIPLINARITÉ n.f. Caractère de ce qui est pluridisciplinaire.

PLURIEL, ELLE adj. (lat. *pluralis*). Qui marque la pluralité, le pluriel. ◆ **n.m. GRAMM.** Forme particulière d'un mot indiquant un nombre supérieur à l'unité. V. *Mémento de grammaire*, § 9, 10, 11.

PLURIETHNIQUE adj. Constitué de plusieurs ethnies : *Société pluriethnique* (SYN. **multiethnique**).

PLURILATÉRAL, E, AUX adj. Qui concerne plus de deux parties : *Accord plurilatéral.*

PLURILINGUE adj. Multilingue.

PLURILINGUISME n.m. Multilinguisme.

PLURIPARTISME n.m. Système politique admettant l'existence de plusieurs partis.

PLURIPOTENCE n.f. Aptitude d'une cellule à générer plusieurs types de tissus cellulaires.

PLURIPOTENT, E adj. Se dit d'une cellule dotée de pluripotence.

PLURISÉCULAIRE adj. Qui s'étend sur plusieurs siècles.

PLURITHÉRAPIE n.f. Traitement d'une maladie, notamm. infectieuse (tuberculose, sida, par ex.), en associant plusieurs médicaments.

PLURIVALENT, E adj. CHIM. Qui peut avoir plusieurs valences. ▪ **Logique plurivalente,** logique qui admet plus de deux valeurs de vérité (par oppos. à *logique bivalente*).

PLURIVOQUE adj. Qui a plusieurs valeurs, plusieurs sens.

1. PLUS [ply] ou [plys] ([plyz] devant une voyelle ou un *h* muet) **adv.** (mot lat.). **1.** Indique un degré supérieur, une quantité dépassée : *Il est plus drôle que tu ne crois. Ils sont plus de dix mille à manifester.* **2.** Sert à la formation du comparatif et du superlatif de supériorité : *Il est plus jeune qu'elle. Elle est la plus talentueuse.* **3.** Marque la cessation d'une action, d'un état, la disparition de qqch, qqn : *Je ne joue plus. Il n'est plus malade. Plus un arbre à l'horizon.* ▪ **Bien plus** ou **de plus** ou **qui plus est,** en outre. ▪ **D'autant plus** ou **raison de plus,** à plus forte raison. ▪ **De plus en plus,** en augmentation constante : *C'est de plus en plus difficile.* ▪ **Des plus** (+ adj.), extrêmement : *Un élève des plus brillant(s).* ▪ **Ni plus ni moins,** exactement comme il est dit. ▪ **Plus d'un,** un certain nombre : *Plus d'un l'a cru.* ▪ **Plus ou moins,** à peu près. ▪ **Sans plus,** sans rien d'autre : *Il a été poli sans plus.* ▪ **Tant et plus,** beaucoup. ▪ **(Tout) au plus,** au maximum : *Ça prend deux heures au plus.* ◆ **prép. 1.** Indique une addition : *4 plus 1 égale 5.* **2.** Indique un nombre positif : *Il fait plus 3 dehors.*

2. PLUS [plys] **n.m.** Signe de l'addition, figuré génér. par une croix (+) et qui se place entre les deux quantités que l'on veut additionner. ▪ **Un plus,** qqch de mieux ; une amélioration ; un avantage supplémentaire.

PLUSIEURS adj. et **pron. indéf. pl.** (du lat. *plures*, plus nombreux). Plus d'un : *Faire plusieurs erreurs ;* un certain nombre : *Plusieurs l'affirment.*

PLUS-QUE-PARFAIT [plyskə-] **n.m.** (pl. *plus-que-parfaits*). **GRAMM.** Temps du verbe qui exprime une action passée antérieure à une autre action passée. (Ex. : *J'avais fini* quand il est passé.)

PLUS-VALUE n.f. (pl. *plus-values*). **1.** Augmentation de la valeur d'une ressource, d'un avoir (action, bien mobilier). **2.** Différence positive entre le prix de cession et le prix d'acquisition d'un bien ou d'un titre (CONTR. **moins-value**). **3.** Augmentation du prix de travaux par suite de difficultés imprévues. **4.** Dans la théorie marxiste, différence entre la valeur des biens et des services créés par les travailleurs et le niveau des salaires qui leur sont versés pour maintenir leurs conditions d'existence.

PLUTON n.m. (de *Pluton*, n. myth.). **GÉOL.** Masse de magma qui s'est solidifié lentement, en profondeur, dans la croûte terrestre.

PLUTONIQUE adj. (de *pluton*). **GÉOL.** Se dit des roches magmatiques qui se sont mises en place en profondeur et qui présentent une structure grenue (granite, gabbro, syénite, etc.).

PLUTONISME n.m. GÉOL. 1. Théorie attribuant la genèse des roches à la chaleur interne du globe et à des processus de fusion (par oppos. à *neptunisme*). **2.** Mise en place en profondeur du magma.

PLUTONIUM [-njɔm] **n.m. 1.** Métal transuranien de la famille des actinides. **2.** Élément chimique (Pu), de numéro atomique 94. ➲ Le plutonium est utilisé comme combustible nucléaire et dans l'armement nucléaire. Sa toxicité est extrême, puisque sa dose létale est de l'ordre du *microgramme.*

PLUTÔT adv. (de *1. plus* et *tôt*). **1.** De préférence à : *Va plutôt voir ce film.* **2.** À un degré assez élevé ; passablement : *Il est plutôt bête.* ▪ **Plutôt que de,** au lieu de : *Travaille, plutôt que de rêvasser.*

PLUVIAL, E, AUX adj. (lat. *pluvialis*). Qui provient de la pluie : *Eaux pluviales.* ▪ **Régime pluvial** [hydrol.], régime des cours d'eau qui se caractérise par une alimentation à prédominance de pluie.

PLUVIAN n.m. (de *pluvier*). Petit échassier insectivore des fleuves d'Afrique tropicale (Nil, notamm.), qui picore les restes de nourriture dans la gueule ouverte des crocodiles. ➲ Famille des glaréolidés.

PLUVIER n.m. (du lat. *plovere*, pleuvoir). Échassier nichant au nord de l'Eurasie et de l'Amérique du Nord, et migrant plus au sud en hiver, notamm. en Europe occidentale. ➲ Famille des charadriidés.

PLUVIEUX, EUSE adj. Caractérisé par la pluie.

PLUVIOMÈTRE n.m. Appareil servant à mesurer la pluviosité d'un lieu.

PLUVIOMÉTRIE n.f. Étude de la répartition des pluies dans l'espace et dans le temps ; cette répartition.

PLUVIOMÉTRIQUE adj. Relatif à la pluviométrie.

PLUVIÔSE n.m. (du lat. *pluviosus*, pluvieux). **HIST.** Cinquième mois du calendrier républicain, commençant le 20, le 21 ou le 22 janvier et finissant le 18, le 19 ou le 20 février.

PLUVIOSITÉ n.f. Quantité moyenne de pluie tombée en un lieu pendant un temps donné.

PLV ou **P.L.V. n.f.** (sigle de *publicité sur le lieu de vente*). Promotion publicitaire au moyen d'affichettes, de présentoirs, de factices, etc., installés chez le détaillant ; ce matériel.

PM ou **P.M. n.f.** (sigle). Préparation militaire.

P.-M. n.m. (sigle). Pistolet-mitrailleur.

1. PMA ou **P.M.A.** [peɛma] **n.f.** (sigle). Procréation médicalement assistée.

2. PMA ou **P.M.A.** [peɛma] **n.m. pl.** (sigle de *pays les moins avancés*). Ensemble des pays considérés comme les plus pauvres du monde.

PME ou **P.M.E.** [peɛmø] **n.f.** (nom déposé ; sigle de *petites et moyennes entreprises*). Entreprise employant, selon les classifications, moins de 250 ou moins de 500 salariés.

1. PMI ou **P.M.I.** [peɛmi] **n.f.** (nom déposé ; sigle de *petites et moyennes industries*). PME relevant du secteur de l'industrie.

2. PMI ou **P.M.I.** [peɛmi] **n.f.** (sigle). Protection maternelle et infantile.

PMU ou **P.M.U.** [peɛmy] **n.m.** (nom déposé). Sigle de Pari Mutuel Urbain.

PNB ou **P.N.B. n.m.** (sigle). Produit national brut.

PNEU n.m. (pl. *pneus*) [abrév. de *2. pneumatique*]. Bandage déformable et élastique en caoutchouc, que l'on fixe à la jante des roues de certains véhicules (automobiles, cycles, motos, etc.) et qui, gonflé d'air, absorbe les irrégularités du sol et favorise le déplacement sans glissement du véhicule (SYN. **2. pneumatique**).

PNEUMALLERGÈNE n.m. Allergène pénétrant l'organisme par voie respiratoire.

1. PNEUMATIQUE adj. (lat. *pneumaticus*). **1.** Rare. Relatif à l'air ou aux gaz. **2.** Qui fonctionne à l'aide d'air comprimé : *Marteau pneumatique.* **3.** Qui prend sa forme utilisable quand on le gonfle d'air : *Matelas pneumatique.* ▪ **Os pneumatique,** os léger des oiseaux, contenant de l'air.

2. PNEUMATIQUE n.m. 1. Pneu. **2.** Anc. Correspondance sur imprimé spécial, expédiée dans certaines villes, d'un bureau postal à un autre, par des tubes à air comprimé.

PNEUMATOPHORE n.m. BOT. Racine de divers arbres croissant dans l'eau (cyprès chauve, palétuvier, etc.), qui pousse verticalement hors de l'eau et participe à la fixation de l'oxygène.

PNEUMOCONIOSE n.f. Maladie pulmonaire due à l'inhalation prolongée de poussières, notamm. minérales (anthracose, silicose, etc.).

PNEUMOCOQUE n.m. Bactérie du genre des streptocoques, pouvant provoquer des infections (pneumonies, otites, méningites, etc.).

PNEUMOCYSTOSE n.f. Pneumopathie due à un parasite, survenant chez les immunodéprimés.

PNEUMOGASTRIQUE adj. et **n.m. ANAT.** Se dit d'un nerf crânien sensitif et moteur, essentiellement parasympathique, qui descend jusqu'à l'abdomen et innerve de nombreux organes (SYN. **1. vague**).

PNEUMOLOGIE n.f. Spécialité médicale qui traite des affections du poumon et des bronches.

PNEUMOLOGUE n. Spécialiste de pneumologie.

PNEUMONECTOMIE n.f. Ablation chirurgicale d'un poumon.

PNEUMONIE n.f. (gr. *pneumonia*). Pneumopathie infectieuse, spécial. celle due à des pneumocoques. ▪ **Pneumonie atypique,** pneumonie due à différents germes (mycoplasmes, chlamydiae, virus) autres que les pneumocoques. ➲ Le sras est la dernière décrite.

PNEUMOPATHIE n.f. Toute affection du poumon. ▪ **Pneumopathie infectieuse,** infection des poumons, partic. bactérienne ou virale (SYN. [cour.] **pneumonie**).

PNEUMOPÉRITOINE n.m. Épanchement de gaz dans le péritoine, pathologique ou provoqué dans un dessein diagnostique.

PNEUMOTHORAX n.m. Épanchement de gaz dans la cavité pleurale, pathologique ou provoqué à des fins thérapeutiques.

POCHADE n.f. (de *pocher*). **1.** Peinture exécutée rapidement, en quelques coups de pinceau. **2.** Œuvre littéraire écrite rapidement.

POCHARD, E n. (de *1. poche*). Fam. Ivrogne.

SE **POCHARDER v.pr. [3].** Fam., vieilli. Se soûler.

1. POCHE n.f. (du francique *pokka*, bourse, sac). **1.** Partie d'un vêtement en forme de petit sac où l'on peut mettre de menus objets. **2.** Région. (Ouest). Contenant de diverses tailles et fait de diverses matières ; pochon : *Mets les pêches dans une poche en plastique.* **3.** Partie, compartiment d'un sac, d'un cartable, etc. **4.** Cavité de l'organisme, normale ou pathologique. **5.** Distension de la peau due à la fatigue, à l'âge : *Avoir des poches sous les yeux.* **6.** Fluide contenu dans une cavité souterraine : *Poche de gaz.* **7.** Déformation, faux pli d'un tissu, d'un vêtement. **8.** Secteur où se manifeste un phénomène politique, social : *Des poches de résistance.* **9.** Filet pour chasser le petit gibier. **10.** Récipient qui reçoit un métal en fusion et le transporte du four jusqu'au moule de coulage. ▪ **Argent de poche,** somme destinée aux petites dépenses personnelles. ▪ **C'est dans la poche** [fam.], la réussite est assurée. ▪ **De poche,** de petites dimensions afin d'être porté sur soi : *Lampe de poche ;* se dit de livres édités dans un format réduit, tirés à un relativement grand nombre d'exemplaires. ▪ **De sa poche,** avec son argent. ▪ **En être de sa poche,** essuyer une perte d'argent. ▪ **Ne pas avoir sa langue, ses yeux dans sa poche,** être bavard ; être observateur. ▪ **Poche à douille,** petit sac, souvent en forme d'entonnoir, utilisé, par ex., pour remplir ou décorer de crème la pâtisserie. ▪ **Poche des eaux,** cavité amniotique ; partie inférieure de cette cavité, dont la paroi se rompt à l'accouchement. ▪ **Poche marsupiale,** marsupium. ▪ **Se remplir les poches** ou **s'en mettre plein les poches** [fam.], s'enrichir, souvent malhonnêtement.

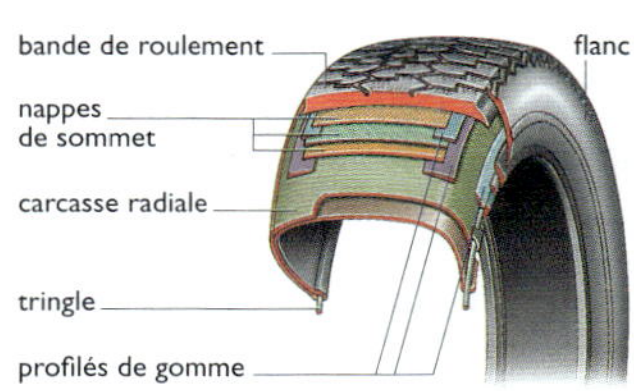

▲ **pneumatique** à carcasse radiale sans chambre à air (tubeless) pour voiture de tourisme.

2. POCHE n.f. (bas lat. *popia*, cuillère à pot). Région. (Est) ; Suisse. Cuillère à pot ; louche.

3. POCHE n.m. Livre de poche.

POCHÉ, E adj. ▪ **Œuf poché,** œuf que l'on a poché, sans sa coquille.

POCHER v.t. [3]. **1.** Faire cuire ou chauffer des aliments dans un liquide frémissant. **2.** Exécuter une pochade. ▪ **Pocher un œil à qqn,** le frapper en provoquant une tuméfaction.

POCHETÉE n.f. Fam., vieilli. Personne laide ou stupide.

POCHETRON, ONNE ou **POCHTRON, ONNE** n. (de *pochard*). Fam. Ivrogne.

POCHETTE n.f. **1.** Enveloppe, sachet en papier, en tissu, servant à contenir des objets : *Ranger des photos dans leur pochette.* **2.** Étui plat qui protège certains objets (disques, notamm.). **3.** Sac à main plat et sans poignée. **4.** Mouchoir de fantaisie plié et introduit dans la poche supérieure d'une veste. **5.** Anc. Violon de très petite taille.

POCHETTE-SURPRISE n.f. (pl. *pochettes-surprises*). Cornet de papier contenant de petits objets dont la nature n'est pas connue au moment de l'achat.

POCHOIR n.m. Plaque rigide évidée selon un dessin, ce qui permet de reproduire celui-ci sur un support quelconque à l'aide d'une brosse ou d'un pinceau.

POCHON n.m. **1.** Petit sac ; sachet. **2.** Région. (Est) ; Suisse. Petite louche.

POCHOTHÈQUE n.f. Librairie ou rayon de librairie où l'on vend des livres de poche.

POCHOUSE ou **PAUCHOUSE** n.f. (mot dial., de *pocher*). Matelote de poissons de rivière au vin blanc. ➲ Spécialité bourguignonne.

POCHTRON, ONNE n. → **POCHETRON.**

PODAGRE adj. et n. (lat. *podager, -gri*). Vx. Qui souffre de la goutte.

PODAIRE n.f. (du gr. *pous, podos*, pied). **MATH.** Ensemble des pieds des perpendiculaires menées d'un point fixe du plan d'une courbe aux tangentes à cette courbe.

PODCAST n.m. Émission de radio ou de télévision qu'un internaute peut télécharger et transférer sur un baladeur numérique ; fichier correspondant.

✎ Au Québec, on dit *balado.*

PODCASTER v.t. [3]. Effectuer un podcasting.

PODCASTING [-tiŋ] n.m. Mode de diffusion sur Internet de fichiers audio ou vidéo, qui permet de les télécharger et de les transférer sur un baladeur numérique. Recomm. off. **diffusion par baladeur.** (Au Québec, on dit *baladodiffusion.*)

PODESTAT [-ta] n.m. (ital. *podestà*, du lat. *potestas, -atis*, puissance). **HIST.** Premier magistrat de certaines villes d'Italie (XIIIe et XIVe s.).

PODIATRE n. Québec. Spécialiste de podiatrie.

PODIATRIE n.f. Québec. Branche de la médecine qui étudie et traite les anomalies et les affections du pied.

PODIATRIQUE adj. Québec. Relatif à la podiatrie.

PODIE n.m. (du gr. *podion*, petit pied). **ZOOL.** Ventouse ambulacraire des échinodermes, appelée aussi *podion* ou *pied ambulacraire.*

PODION n.m. Podie.

✎ Pluriel savant : ***podia.***

PODIUM [pɔdjɔm] n.m. (du gr. *podion*, petit pied). **1.** Plateforme installée pour accueillir les vainqueurs d'une épreuve sportive, les participants à un jeu, à un récital, etc. ; estrade. **2. ARCHIT.** Soubassement avec un ou plusieurs degrés d'accès. **3. ANTIQ. ROM.** Dans un amphithéâtre, mur isolant les gradins de l'arène, et qui portait les places d'honneur.

PODOLOGIE n.f. (du gr. *pous, podos*, pied). Discipline paramédicale qui étudie le pied et ses maladies.

PODOLOGUE n. Auxiliaire médical qui exerce la podologie.

PODOMÈTRE n.m. Odomètre qui compte le nombre de pas faits par un piéton et indique ainsi, approximativement, la distance parcourue.

PODOTACTILE adj. (du gr. *pous, podos*, pied, et de *tactile*). Se dit d'un revêtement de sol en saillie, près du bord d'un trottoir, d'un quai, etc., qui éveille l'attention des déficients visuels lorsqu'ils marchent dessus.

PODZOL [pɔdzɔl] n.m. (mot russe « cendreux »). Sol acide (siliceux), à horizon intermédiaire noir cendreux, des régions froides et humides.

PODZOLIQUE adj. Relatif aux podzols.

PODZOLISATION n.f. Transformation d'un sol en podzol.

PŒCILE [pesil] n.m. (gr. *poikilê*). **ANTIQ. GR.** Portique grec orné de peintures.

PŒCILOTHERME adj. et n.m. → **POÏKILOTHERME.**

1. POÊLE [pwal] n.m. (du lat. *pallium*, manteau). Drap mortuaire dont le cercueil est couvert pendant les funérailles : *Tenir les cordons du poêle.*

2. POÊLE [pwal] n.m. (du lat. *pensilis*, suspendu). **1.** Appareil de chauffage à combustible : *Poêle à bois, à charbon, à pétrole.* **2.** Québec. Fam. Cuisinière : *Poêle électrique.*

3. POÊLE [pwal] n.f. (lat. *patella*). Ustensile de cuisine à long manche, en métal, peu profond, pour frire, fricasser.

POÊLÉE [pwa-] n.f. Contenu d'une poêle.

POÊLER [pwa-] v.t. [3]. Cuire à la poêle.

POÊLON [pwa-] n.m. Casserole en terre ou en métal épais, à manche creux.

POÈME n.m. (du gr. *poiêma*, de *poieîn*, faire). Texte en vers ou en prose, ayant les caractères de la poésie. ▪ **C'est (tout) un poème** [fam.], c'est une chose incroyable ou indescriptible, une personne extravagante ou stupide. ▪ **Poème à forme fixe,** dont la structure (nombre des vers et des strophes, nature des rimes) est fixée par des règles. ▪ **Poème en prose,** texte visant à un effet poétique mais renonçant aux conventions du vers. ▪ **Poème symphonique** [mus.], œuvre orchestrale construite sur un argument littéraire, philosophique, etc. (H. Berlioz, F. Liszt, R. Strauss).

POÉSIE n.f. (gr. *poiêsis*). **1.** Art de combiner les sonorités, les rythmes, les mots d'une langue pour évoquer des images, suggérer des sensations, des émotions. **2.** Genre poétique. **3.** Œuvre en vers ; poème. **4.** Caractère de ce qui touche la sensibilité, émeut : *La poésie des ruines d'une petite chapelle.*

➲ La **POÉSIE** antique trouve ses origines dans la transmission orale, la musique et la danse. Épique (Homère, Virgile), lyrique (Pindare, Horace) ou dramatique (Sophocle), elle est d'abord considérée comme inspirée par les dieux. Elle sera plus tard définie par l'utilisation du vers et des formes fixes élaborées au Moyen Âge par les troubadours, réinventées à la Renaissance (Pétrarque, Ronsard) et codifiées en France au XVIIe s. (Malherbe).
Si la poésie narrative et didactique domine au XVIIIe s., le romantisme réinvente un lyrisme où le *je* transcende l'humaine condition (Goethe, Novalis). Le poète devient visionnaire engagé (Hugo), s'ouvre à tous les aspects de la modernité (Baudelaire), se fait « voyant » (Rimbaud), atteint une « surréalité » (Breton). Portée depuis Mallarmé par un projet radical de refondation de la langue et du monde, s'affranchissant de la métrique (poème en prose), revendiquant la rupture avant-gardiste, la poésie hésite au XXe s. entre engagement (Neruda, Aragon, Celan) et défi formel (poésie visuelle, poésie sonore), exploration des gouffres (Michaux) et retour à l'objet (Ponge).

POÈTE n. (gr. *poiêtês*). **1.** Écrivain qui pratique la poésie. **2.** Personne sensible à ce qui est beau, émouvant. **3.** Personne qui manque de réalisme ; rêveur.

POÉTESSE n.f. Écrivaine qui pratique la poésie.

POÉTIQUE adj. **1.** Relatif à la poésie ; propre à la poésie : *La langue poétique.* **2.** Plein de poésie ; qui touche, émeut. ◆ n.f. **1.** Ensemble de règles élaborées par une école littéraire : *La poétique classique.* **2.** Système poétique d'un écrivain, d'une époque, d'un pays : *La poétique de René Char.*

POÉTIQUEMENT adv. De façon poétique.

POÉTISATION n.f. Action de poétiser.

POÉTISER v.t. [3]. Rendre poétique en idéalisant ; embellir : *Poétiser l'enfance.*

1. POGNE n.f. (de *poigne*). Fam. Main.

2. POGNE n.f. (du lat. *spongia*, éponge). Brioche dorée en forme de couronne, parfumée à la fleur d'oranger. ➲ Spécialité de Romans.

POGNON n.m. (de l'anc. fr. *poigner*, saisir avec la main). Fam. Argent (monnaie).

POGO n.m. (de l'anglo-amér. *Pogo stick*, bâton sauteur). Style de danse issu du mouvement punk qui consiste à sauter dans tous les sens en essayant de bousculer les autres participants.

POGONOPHORE n.m. (du gr. *pôgôn*, barbe). Ver, dépourvu de système respiratoire et digestif, qui vit, fixé sur les grands fonds marins, dans un tube chitineux. ➲ Les pogonophores forment un petit embranchement.

POGROM [pɔgrɔm] ou **POGROME** n.m. (russe *pogrom*). **1.** Agression meurtrière dirigée contre une communauté ethnique ou religieuse. **2. HIST.** Attaque accompagnée de pillage et de meurtres, perpétrée contre une communauté juive (d'abord dans l'Empire russe, partic. en Pologne, en Ukraine et en Bessarabie entre 1881 et 1921).

POIDS n.m. (du lat. *pensum*, ce qui est pesé). **1.** Résultante des forces exercées sur un corps en repos à la surface de la Terre : *Le poids de l'air.* ➲ Le poids est égal au produit de la masse du corps par l'intensité de la pesanteur. **2.** Cour. Masse d'un corps : *Le poids de ses bagages dépassait les vingt kilos réglementaires. Surveiller son poids.* **3.** Morceau de métal de masse déterminée et indiquée en unités légales, servant à peser d'autres corps. (En physique, on parle de *masse marquée.*) **4.** Corps pesant dont le mouvement descendant fournit son énergie à une horloge, un tourne-broche. **5.** Ce qui est pénible à supporter, qui accable : *Le poids des ans.* **6.** Sensation physique de lourdeur, d'oppression : *Avoir un poids sur le cœur.* **7.** Fig. Ce qui obsède, tourmente : *Ça m'enlève un poids de la conscience.* **8.** Influence acquise par qqn : *Un homme de poids* ; importance de qqch : *Cela donne du poids à vos paroles.* **9. SPORTS.** Sphère métallique pesant 7,257 kg pour les hommes, 4 kg pour les femmes, qu'on lance d'un seul bras le plus loin possible, dans les concours d'athlétisme ; lancer du poids. ▪ **Au poids de l'or,** très cher. ▪ **Avoir deux poids, deux mesures,** juger différemment selon la situation, la diversité des intérêts des personnes en cause. ▪ **De poids,** important : *Un argument de poids.* ▪ **Faire, ne pas faire le poids,** avoir, ne pas avoir l'autorité, les qualités requises. ▪ **Poids lourd,** véhicule automobile destiné au transport des charges lourdes ou volumineuses ; personne, groupe ou réalisation qui occupent une place prépondérante dans leur domaine : *Un poids lourd de l'industrie.* ▪ **Poids moléculaire** [vieilli], masse moléculaire. ▪ **Poids mort,** fardeau inutile.

POIGNANT, E adj. (de l'anc. fr. *poindre*, piquer). Qui cause une vive douleur morale ; déchirant.

POIGNARD n.m. (du lat. *pugnus*, poing). Arme formée d'un manche et d'une lame courte et pointue.

POIGNARDER v.t. [3]. Frapper avec un poignard. ▪ **Poignarder qqn dans le dos,** lui nuire traîtreusement.

POIGNE [pwaɲ] n.f. (de *poing*). **1.** Force de la main, du poignet : *Une poigne de fer.* **2.** Fam. Énergie dans l'exercice de l'autorité : *Une femme à poigne.*

POIGNÉE n.f. **1.** Quantité d'une matière que la main fermée contient : *Poignée de sable.* **2.** Fig. Petit nombre de personnes : *Une poignée de badauds.* **3.** Partie d'un objet par où on le saisit : *La poignée d'une porte.* ▪ **À** ou **par poignée(s),** à pleine(s) main(s) ; en abondance. ▪ **Poignée d'amour** [fam.], amas adipeux à la taille, notamm. d'un homme. ▪ **Poignée de main,** geste par lequel on serre la main de qqn pour le saluer.

POIGNET n.m. (de *poing*). **1.** Région du membre supérieur située entre la main et l'avant-bras, et contenant le carpe. **2.** Extrémité de la manche d'un vêtement : *Poignet de chemise.* ▪ **À la force du poignet,** en se servant seulement de ses bras ; fig., sans aucune aide extérieure : *Réussir à la force du poignet.*

POÏKILOTHERME ou **PŒCILOTHERME** [pesilɔtɛrm] adj. et n.m. (du gr. *poikilos*, varié, et *thermos*, chaud). **PHYSIOL.** Se dit d'un animal (reptile, poisson) dont la température varie avec celle du milieu (SYN. **hétérotherme ;** CONTR. **homéotherme**).

POIL n.m. (lat. *pilus*). **1.** Production filiforme, riche en kératine, du tégument de certains animaux ; spécial., production filiforme de la peau des mammifères et de l'homme. **2.** Pelage : *Le poil d'un cheval.* **3.** Partie velue d'une étoffe : *Tapis à long poil.* **4.** BOT. Filament épidermique très fin, souple ou rigide, qui se développe à la surface d'un organe végétal. ■ **À poil** [fam.], tout nu. ■ **À un poil près** [fam.], à très peu de chose près. ■ **Au poil** [fam.], parfait ; à la perfection. ■ **Avoir un poil dans la main** [fam.], être paresseux. ■ **Caresser qqn dans le sens du poil** [fam.], le flatter. ■ **De tout poil** [fam.], de toute sorte : *Des opposants de tout poil.* ■ **Être de bon, de mauvais poil** [fam.], de bonne, de mauvaise humeur. ■ **Monter un cheval à poil** [vx], à cru. ■ **Poil à gratter,** bourre du fruit du rosier utilisée pour faire des farces parce qu'elle cause des démangeaisons ; fig., fam. (parfois en appos.), personne ou chose qui dérange : *Cette ministre est le poil à gratter du parti. Une émission poil à gratter.* ■ **Reprendre du poil de la bête** [fam.], reprendre des forces ou du courage. ■ **Un poil de** [fam.], une très petite quantité de.

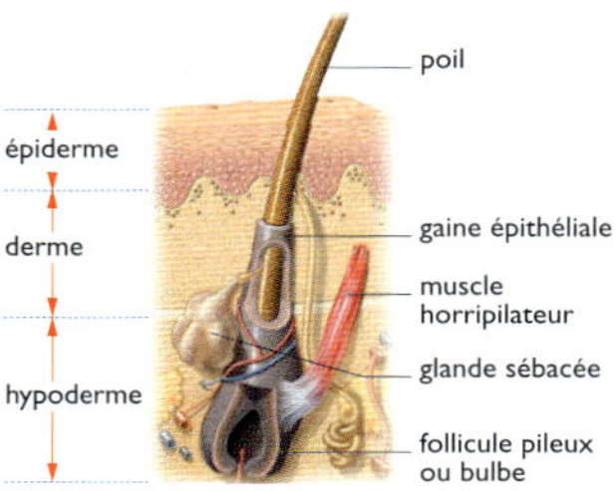

▲ **poil**

POILADE n.f. (de *se poiler*). Fam. **1.** Action de rire beaucoup ; rigolade : *On s'est tapé une grosse poilade.* **2.** Chose peu sérieuse, qui fait rire ; blague : *Quelle poilade, cette réforme !*

POILANT, E adj. Fam. Très drôle.

POIL-DE-CAROTTE adj. inv. Fam. Se dit des cheveux d'un roux éclatant.

SE POILER v.pr. [3]. Fam. Rire de bon cœur.

POILU, E adj. Couvert de poils ; velu. ◆ **n.m.** Fam., vieilli. Soldat français, pendant la Première Guerre mondiale.

▲ **poilu** de la Première Guerre mondiale.

POINÇON n.m. (lat. *punctum*, de *pungere*, piquer). **1.** Tige de métal pointue servant à percer ou à graver. **2.** NUMISM. Bloc d'acier trempé gravé en relief, servant à frapper, à former les matrices *(coins)* des monnaies et des médailles. **3.** ORFÈVR. Instrument en acier trempé servant à insculper une pièce d'orfèvrerie ; la marque elle-même (notamm. celle qui garantit le titre du métal). **4.** MÉCAN. INDUSTR. Emporte-pièce à compression servant à découper, à former, etc. **5.** CONSTR. Pièce de charpente joignant verticalement le milieu de l'entrait d'une ferme au point de rencontre des arbalétriers.

POINÇONNAGE ou **POINÇONNEMENT** n.m. Action de poinçonner.

POINÇONNER v.t. [3]. **1.** Marquer au poinçon. **2.** Percer, découper à la poinçonneuse. **3.** Perforer un billet de transport en commun pour attester un contrôle.

POINÇONNEUR, EUSE n. Anc. Employé qui perforait les tickets dans une gare, une station de métro.

POINÇONNEUSE n.f. Machine pour poinçonner.

POINDRE v.i. [62] (du lat. *pungere*, piquer). Litt. **1.** Commencer à paraître, en parlant du jour ; se lever. **2.** Commencer à sortir de terre, en parlant des plantes ; lever.

POING [pwɛ̃] n.m. (lat. *pugnus*). Main fermée : *Serrer le poing.* ■ **Coup de poing,** coup porté avec la main fermée ; fig. (en appos.) se dit d'une action inopinée et vigoureuse : *Des opérations coup(s) de poing de la police.* ■ **Dormir à poings fermés,** profondément. ■ **Faire le coup de poing** [vieilli], se battre au cours d'une rixe. ■ **Pieds et poings liés,** dans l'incapacité complète d'agir. ■ **Taper du poing sur la table,** imposer sa volonté brutalement ou avec éclat, au cours d'une discussion.

POINSETTIA [-tja] n.m. (du n. de J. R. *Poinsett*). Plante d'intérieur originaire du Mexique, aux fleurs entourées de larges bractées très colorées. ➲ Famille des euphorbiacées.

1. POINT n.m. (du lat. *punctum*, piqûre). **1.** Signe de ponctuation marquant la fin d'une phrase ; petit signe supérieur du *i* et du *j*. **2.** Unité d'une échelle de notation d'un travail scolaire, d'une épreuve : *Il a gagné des points en math.* **3.** Unité de compte dans un jeu, un match : *Marquer des points au tennis.* **4.** Unité de compte dans un système de calcul (pourcentage, indice, cote) : *Ce parti a perdu trois points aux élections.* **5.** Unité de calcul des avantages d'assurance vieillesse, dans certains régimes de retraite. **6.** Suite de deux piqûres faites dans une étoffe au moyen d'une aiguille enfilée de fil, de coton, etc. **7.** Manière particulière d'entrelacer le ou les fils dans le travail aux aiguilles, au crochet, etc. : *Un coussin au point de croix.* **8.** Zone qui sert de repère, qui permet de situer qqch ; endroit : *Point de départ, de rencontre.* **9.** Question particulière ; problème précis : *Sur ce point, je t'approuve !* **10.** Degré atteint, moment dans le cours de qqch ; stade : *Ils en sont toujours au même point.* **11.** Dans les pays anglo-saxons et, souvent, dans les machines électroniques, signe utilisé à la place de la virgule pour la numération décimale. **12.** Signe utilisé pour symboliser une multiplication. **13.** MATH. Configuration élémentaire, idéalisant un corps extrêmement petit. ➲ On peut le concevoir comme l'intersection de deux lignes, ou d'une ligne et d'une surface. **14.** MUS. Signe (.) accompagnant une note ou un silence pour augmenter sa durée de moitié. **15.** IMPRIM. Unité de mesure typographique déterminant la force du corps des caractères. ➲ Le point pica, le plus utilisé, vaut 0,352 mm, le point Didot 0,376 mm. **16.** PEINT. Unité conventionnelle de surface des toiles, variable selon le type de format (figure, paysage et marine). ■ **À point** [cuis.], au degré de cuisson souhaité (entre « bien cuit » et « saignant », pour la viande rouge) ; au bon moment. ■ **À point nommé,** opportunément. ■ **À point noué,** se dit d'un tapis obtenu par une succession plus ou moins dense de nœuds des fils de trame sur les fils de chaîne. ■ **Au plus haut point,** au plus haut degré. ■ **Au point,** parfaitement prêt. ■ **Au point de** (+ inf.), **au point que** ou **à tel point que** (+ indic. ou subj.), indique la conséquence : *Il a mangé au point de vomir* ou *à tel point qu'il a vomi.* ■ **De point en point,** du début à la fin. ■ **En tout point,** entièrement. ■ **Être mal en point,** être dans un piteux état ou malade. ■ **Faire le point,** déterminer la position d'un navire, d'un aéronef ; fig., déterminer où l'on en est dans une affaire, un processus quelconque. ■ **Marquer un point,** prendre un avantage ; fig., montrer sa supériorité. ■ **Mise au point** → **MISE.** ■ **Point barre !** [fam.], la discussion est close ; ça suffit. ■ **Point blanc,** nom donné à certains comédons de la peau, de nature kystique. ■ **Point chaud** → **1. CHAUD.** ■ **Point d'Alençon,** à motif floral assemblé sur réseau de tulle. ■ **Point d'appui** [mil.], zone, terrain organisés pour assurer la défense d'une place ; fig., ce qui sert de support, de base à qqn, à qqch. ■ **Point d'attache,** où l'on retourne habituellement. ■ **Point de,** question précise dans un domaine particulier : *Soulever un point de droit.* ■ **Point d'eau,** où se trouve une source, un puits, dans une région aride. ■ **Point de côté,** douleur localisée, située sur le côté du thorax ou de l'abdomen ; partic., douleur aiguë survenant à l'effort (course à pied, par ex.). ■ **Point de fusion, d'ébullition, de liquéfaction** [thermodyn.], température à laquelle un corps entre en fusion, en ébullition ou se liquéfie. ■ **Point de Hongrie,** disposition, motif en arêtes de poisson (s'agissant de tissage, mais aussi de parquets). ■ **Point de suture,** fil passant d'un bord à l'autre d'une plaie pour la fermer, et noué sur le côté (par oppos. à *surjet*). ■ **Point de tige,** point bouclé qui, une fois terminé, fait l'effet d'une torsade. ■ **Point devant, arrière,** point fait en plantant toujours l'aiguille en avant, en arrière du dernier point effectué. ■ **Point d'orgue,** signe (𝄐) placé au-dessus d'une note ou d'un silence pour en augmenter la durée à volonté ; fig., interruption dans le déroulement d'une action menée sur un rythme rapide ; fig., point culminant d'un événement. ■ **Point du jour,** moment où le soleil commence à paraître. ■ **Point mort** [mécan. industr.], endroit de la course d'un organe mécanique où il ne reçoit plus d'impulsion de la part du moteur ; spécial., position de commande du dispositif de changement de vitesse d'un véhicule, telle qu'aucune vitesse n'est en prise ; chiffre d'affaires minimal qu'une entreprise doit réaliser pour couvrir la somme de ses coûts fixes et variables ; fig., état de qqch qui cesse d'évoluer sans avoir atteint son terme : *La négociation est au point mort.* ■ **Point mort bas, haut,** position d'un piston la plus rapprochée, la plus éloignée de l'axe du vilebrequin. ■ **Point noir,** nom donné à certains comédons de la peau ; endroit où la circulation automobile est difficile ou dangereuse ; fig., difficulté grave ; élément négatif. ■ **Point sensible** ou **névralgique** [mil.], lieu dont le sabotage ou la destruction par l'adversaire diminuerait gravement le potentiel de guerre ; sujet sur lequel une personne se montre susceptible. ■ **Rendre des points,** donner des points d'avance à un adversaire ; fig., accorder un avantage à qqn considéré comme plus faible que soi. ■ **Sur le point de,** très près de : *Je suis sur le point de partir.* ■ **Un point, c'est tout,** il n'y a rien à ajouter.

2. POINT adv. (de *1. point*). Litt. ou région. (Avec la négation *ne*). Pas : *Il n'est point venu.* ■ **Point n'est besoin de** (+ inf.), il est inutile de.

POINTAGE n.m. **1.** Action de pointer, de marquer d'un point, de contrôler. **2.** Action de pointer, de diriger une arme, une lunette, etc., sur un objectif. **3.** Québec. SPORTS. Marque ; score. **4.** Période de repos de la pâte à pain, à brioche, à l'issue du pétrissage, durant laquelle elle fermente.

POINT DE VUE n.m. (pl. *points de vue*). **1.** Endroit d'où l'on voit le mieux un paysage, un édifice ; spectacle qui s'offre à l'observateur. **2.** Manière de considérer les choses ; opinion.

POINTE n.f. (du bas lat. *puncta*, estocade). **1.** Bout très aigu d'un objet servant à piquer, à percer : *Pointe d'un couteau.* **2.** Extrémité la plus fine d'une chose : *La pointe d'une pyramide.* **3.** Langue de terre qui s'avance dans la mer : *La pointe du Raz.* **4.** Clou avec ou sans tête, de même grosseur sur toute sa longueur. **5.** Trait d'ironie blessante ; quolibet. **6.** Moment où une activité, un phénomène (consommation d'électricité, circulation routière, etc.) connaissent leur intensité maximale : *Prendre le métro aux heures de pointe.* **7.** Très petite quantité de ; soupçon : *Une pointe d'ail. Une pointe de jalousie.* **8.** Élément le plus avancé d'un ensemble offensif : *La pointe d'une armée.* **9.** Morceau d'étoffe triangulaire ; fichu. **10.** Outil servant à piquer, à percer, à amorcer un trou (*pointe carrée, pointe à ferrer*), à tracer (*pointe à tracer*), etc. **11.** Aiguille emmanchée, de types divers, qu'emploie notamm. le graveur à l'eau-forte pour entailler le vernis. **12.** PRÉHIST. Extrémité d'une arme de jet. **13.** HÉRALD. Partie inférieure de l'écu. ■ **À la pointe de,** à l'avant-garde de : *À la pointe de la biotechnologie.* ■ **À la pointe du jour** [litt.], à la première lueur du jour. ■ **De pointe,** d'avant-garde. ■ **En pointe,** dont l'extrémité va en s'amincissant : *Barbe en pointe.* ■ **En pointe, de pointe** [sports], avec un seul aviron par rameur (CONTR. **en couple, de couple**). ■ **Marcher**

sur la pointe des pieds, sur le bout des pieds ; fig., sans bruit. ▪ **Pointe d'asperge,** bourgeon terminal comestible d'une asperge. ▪ **Pointe de feu** [méd., vieilli], petite cautérisation. ▪ **Pointe sèche,** estampe obtenue à l'aide d'une planche métallique non vernie, attaquée directement à la pointe. ▪ **Pointe tubulaire,** instrument de dessin permettant de tracer des traits d'un diamètre calibré. ▪ **Pousser** ou **faire une pointe jusqu'à…,** poursuivre sa route jusqu'à un certain endroit. ◆ **n.f. pl. 1.** En danse classique, manière de se tenir sur l'extrémité des orteils tendus verticalement dans des chaussons à bout rigide. **2.** Chaussons de danse à bout rigide pour faire des pointes. ▪ **Chaussures à pointes,** ou **pointes,** chaussures utilisées pour la pratique de l'athlétisme.

POINTÉ, E adj. ▪ **Note pointée,** note de musique suivie ou surmontée d'un point qui affecte sa durée ou son mode d'exécution. ▪ **Zéro pointé,** zéro accompagné d'un point, indiquant que cette note est éliminatoire.

POINTEAU n.m. (de *pointe*). TECHN. **1.** Poinçon en acier servant à marquer, à l'aide d'un marteau, la place d'un trou à percer. **2.** Tige métallique conique pour régler le débit d'un fluide à travers un orifice.

1. POINTER v.t. [3] (de *1. point*). **1.** Marquer d'un signe indiquant un contrôle, spécial. des noms sur une liste. **2.** Contrôler les heures d'entrée et de sortie des salariés : *Machine à pointer.* **3.** TECHN. Amorcer des trous avec le pointeau. **4.** Diriger sur un point, dans une direction : *Pointer son stylo vers une carte.* **5.** Fig. Mettre en lumière ; signaler : *Pointer une anomalie.* **6.** INFORM. Déplacer le pointeur sur l'écran d'un ordinateur pour l'amener sur l'élément à sélectionner ; orienter vers un élément (texte, image, etc.) grâce à un lien hypertexte : *Pointer vers une page Web.* ▪ **Pointer une arme,** la diriger sur un objectif. ◆ **v.i. 1.** Enregistrer son heure d'arrivée, de départ sur une pointeuse. **2.** Au jeu de boules, à la pétanque, lancer sa boule aussi près que possible du but en la faisant rouler (par oppos. à *tirer*). ◆ **SE POINTER v.pr.** Fam. Se présenter en un lieu ; arriver : *Il s'est pointé en retard.*

2. POINTER v.t. [3] (de *pointe*). Dresser en pointe : *Cheval qui pointe les oreilles.* ◆ **v.i. 1.** S'élever verticalement : *Les flèches de la cathédrale pointent au-dessus des blés.* **2.** Commencer à paraître ; poindre : *L'aube pointe.* **3.** Sout. Se manifester fugitivement : *Une lueur d'effroi pointa dans son regard.*

3. POINTER [pwɛ̃tɛr], ▲ **POINTEUR n.m.** (mot angl.). Chien d'arrêt d'origine anglaise.

1. POINTEUR, EUSE n. 1. Personne qui fait un pointage pour vérification. **2.** Soldat chargé de diriger une arme sur un objectif. **3.** Joueur de boules ou de pétanque qui pointe.

2. POINTEUR n.m. INFORM. Curseur, génér. en forme de flèche, qui suit sur l'écran d'un ordinateur les mouvements de la souris et qui indique la zone de l'écran qui sera affectée lorsque l'utilisateur cliquera.

POINTEUSE n.f. 1. Machine servant à enregistrer l'heure d'arrivée et de départ d'un salarié. **2.** Machine-outil servant à usiner avec une très haute précision des trous cylindriques.

POINTIL n.m. → **PONTIL.**

POINTILLAGE n.m. Action de pointiller ; son résultat.

POINTILLÉ n.m. Trait discontinu fait de points. ▪ **En pointillé,** d'une manière peu explicite ou pas très nette.

POINTILLER v.i. et **v.t. [3].** Faire des points avec le burin, le crayon, le pinceau, etc.

POINTILLEUX, EUSE adj. (ital. *puntiglioso*). Exigeant jusque dans les détails ; formaliste : *Un professeur pointilleux.*

POINTILLISME n.m. 1. PEINT. Divisionnisme. **2.** PSYCHOL. Appréhension de la réalité par détails successifs.

POINTILLISTE adj. et **n.** PEINT. Relatif au pointillisme ; adepte du pointillisme.

POINT-PRESSE n.m. (pl. *points-presse*). Brève réunion au cours de laquelle une personnalité fait une annonce à la presse.

1. POINTU, E adj. 1. Terminé en pointe ; effilé. **2.** Qui présente un degré élevé de spécialisation : *Sa thèse porte sur un sujet pointu.* ▪ **Voix pointue,** de timbre aigu, aigre. ◆ **adv.** ▪ **Parler pointu,** de la manière sèche et affectée que les Méridionaux attribuent aux Parisiens.

2. POINTU n.m. Embarcation de pêche et de promenade utilisée en Méditerranée.

POINTURE n.f. (du bas lat. *punctura*, piqûre). Nombre qui indique la dimension des chaussures, des gants, des coiffures. ▪ **Une (grosse) pointure** [fam.], une personne d'une grande envergure.

POINT-VIRGULE n.m. (pl. *points-virgules*). Signe de ponctuation (;) qui indique une pause intermédiaire entre la virgule et le point.

POIRE n.f. (lat. *pirum*). **1.** Fruit du poirier, de forme oblongue, charnu et sucré. **2.** Objet en forme de poire : *Poire à lavement.* **3.** Fam. Face ; figure. ▪ **Couper la poire en deux** [fam.], partager par moitié les avantages et les inconvénients ; transiger. ▪ **Garder une poire pour la soif** [fam.], réserver qqch pour l'avenir. ▪ **Poire Belle-Hélène,** poire pochée au sirop, dressée sur une glace à la vanille et arrosée de sauce au chocolat chaude. ▪ **Poire d'angoisse** [hist.], instrument de torture qui servait de bâillon. ◆ **n.f.** et **adj.** Fam. Personne très naïve.

POIRÉ n.m. Boisson provenant de la fermentation du jus de poires fraîches.

POIREAU n.m. (anc. fr. *porel*). Plante potagère comestible, bisannuelle, aux longues feuilles vertes engainantes, formant à leur base un cylindre dont la partie enterrée, blanche, est la plus appréciée. ➲ Famille des liliacées. ▪ **Faire le poireau** [fam.], attendre longtemps.

POIREAUTER v.i. [3]. Fam. Rester longtemps à attendre.

POIRÉE n.f. (de l'anc. fr. *por*, poireau). Bette d'une variété dite *bette à carde*, voisine de la betterave, dont on consomme les feuilles, les côtes et les pétioles.

▲ **poirier** et variétés de poires.

POIRIER n.m. 1. Arbre fruitier des régions tempérées qui produit la poire. ➲ Famille des rosacées. **2.** Bois de cet arbre, rouge et dur, utilisé en ébénisterie. ▪ **Faire le poirier,** se tenir en équilibre à la verticale, la tête et les mains appuyées sur le sol.

POIS n.m. (lat. *pisum*). **1.** Plante annuelle cultivée dans les régions tempérées pour son fruit (gousse) ou ses graines, consommés comme légume ou servant à l'alimentation animale. ➲ Famille des fabacées. **2.** Graine de cette plante. **3.** Petit disque de couleur différente de celle du fond, disposé, avec d'autres, de manière à former un motif ornemental sur une étoffe, un papier, un objet : *Satin à pois.* ▪ **Petit pois,** v. à son ordre alphabétique. ▪ **Pois cassé,** graine sèche du petit pois, divisée en deux, consommée surtout en purée ou en

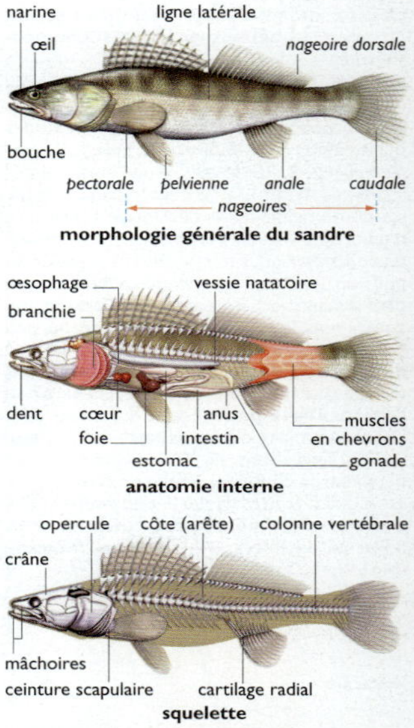

▲ **poisson.** Anatomie du sandre.

soupe. ▪ **Pois chiche** → **2. CHICHE.** ▪ **Pois de senteur,** légumineuse grimpante, cultivée pour ses grappes de fleurs très parfumées (SYN. **gesse odorante**). ▪ **Pois gourmand** ou **(pois) mange-tout,** variété de pois dont on consomme la gousse renfermant des graines à peine formées.

POISE n.m. (de J.-L. M. *Poiseuille*, n.pr.). Anc. Unité cgs de viscosité dynamique (symb. P), qui valait 0,1 pascal-seconde.

POISON n.m. (du lat. *potio*, *-onis*, breuvage). **1.** Substance qui détruit ou altère les fonctions vitales. **2.** Fig. Ce qui exerce une influence dangereuse : *La haine est un poison.* ◆ **n.** Fam. **1.** Personne acariâtre. **2.** Enfant insupportable.

POISSARD, E adj. (de *poissarde*). Vieilli. Qui imite le langage, les mœurs du peuple.

POISSARDE n.f. Vieilli. **1.** Marchande de la halle, au langage grossier. **2.** Femme grossière.

POISSE n.f. Fam. Malchance.

POISSER v.t. [3] (de *poix*). **1.** Salir avec qqch de gluant : *Le miel poisse les doigts.* **2.** Fam., vieilli. Arrêter qqn en train de commettre un délit. ◆ **v.i.** Être gluant.

POISSEUX, EUSE adj. Qui poisse ; gluant.

POISSON n.m. (lat. *piscis*). Vertébré aquatique génér. ovipare, à respiration branchiale, muni de nageoires paires (pectorales et pelviennes) et impaires (dorsales, caudale et anales), à la peau le plus souvent recouverte d'écailles. ▪ **Être comme un poisson dans l'eau,** être parfaitement à l'aise dans la situation où l'on se trouve. ▪ **(Petit) poisson d'argent,** lépisme. ▪ **Petit poisson des chenaux** [Québec], poulamon. ▪ **Poisson porc-épic,** diodon. ▪ **Poisson rouge,** carassin doré. ▪ **Poisson volant,** exocet. ◆ **n.m. pl.** ▪ **Les Poissons,** constellation et signe du zodiaque (v. partie n.pr.). ▪ **Un Poissons, n.m. inv.,** personne née sous ce signe.

➲ La classe des **POISSONS** (28 000 espèces), très hétérogène, regroupe les chondrichtyens (poissons à squelette cartilagineux, tels que les raies et les requins) et les ostéichtyens (poissons osseux) ; ces derniers comportent un groupe dominant, les téléostéens (carpe, anguille, saumon, perche, etc.), et divers petits groupes de poissons primitifs ou spécialisés : chondrostéens (esturgeon), holostéens (lépisostée), crossoptérygiens (cœlacanthe) et dipneustes.

POISSON-CHAT n.m. (pl. *poissons-chats*). **1.** Poisson d'eau douce originaire d'Amérique du Nord, à longs barbillons, répandu dans les cours d'eau d'Europe. ➲ Ordre des siluriformes. **2.** Par ext., abusif. Silure.

Les poissons d'aquarium ou d'ornement

POISSON-CLOWN n.m. (pl. *poissons-clowns*). Poisson des récifs coralliens, souvent orange à larges bandes blanches, qui vit en symbiose avec des actinies (SYN. **amphiprion**). ➲ Ordre des perciformes.

POISSON-ÉPÉE n.m. (pl. *poissons-épées*). Espadon.

POISSON-GLOBE n.m. (pl. *poissons-globes*). Tétrodon.

POISSON-LION n.m. (pl. *poissons-lions*). Poisson originaire des eaux chaudes des océans Indien et Pacifique, aux nageoires armées de longues épines venimeuses (SYN. **rascasse volante**). ➲ Introduit dans les Caraïbes, il a proliféré aux dépens des écosystèmes locaux. Famille des scorpénidés.

POISSON-LUNE n.m. (pl. *poissons-lunes*). Môle.

POISSONNERIE n.f. Magasin où l'on vend du poisson, des fruits de mer, des crustacés.

POISSONNEUX, EUSE adj. Qui abonde en poissons : *Étang poissonneux*.

POISSONNIER, ÈRE n. Personne qui vend du poisson, des fruits de mer, des crustacés.

POISSONNIÈRE n.f. Récipient de cuisine de forme oblongue pour cuire du poisson au court-bouillon.

POISSON-PARADIS n.m. (pl. *poissons-paradis*). Macropode.

POISSON-PERROQUET n.m. (pl. *poissons-perroquets*). Scare.

POISSON-PILOTE n.m. (pl. *poissons-pilotes*). Poisson à larges rayures sombres, qui accompagne requins ou tortues dont il consomme les restes alimentaires. ➲ Famille des carangidés.

POISSON-SCIE n.m. (pl. *poissons-scies*). Poisson sélacien des mers chaudes et tempérées, au long rostre bordé de dents. ➲ Famille des pristidés.

POITEVIN, E adj. et n. De Poitiers ; du Poitou. ◆ n.m. Dialecte de langue d'oïl parlé dans le Poitou.

POITRAIL n.m. (lat. *pectorale*, de *pectus*, poitrine). **1.** Devant du corps du cheval et des quadrupèdes domestiques, situé en dessous de l'encolure, entre les épaules. **2.** Fam. Buste, torse de qqn. **3.** Partie du harnais placée sur le poitrail du cheval. **4.** CONSTR. Grosse poutre formant linteau au-dessus d'une grande baie.

POITRINAIRE adj. et n. Vx ou Antilles. Atteint de la tuberculose.

POITRINE n.f. (lat. pop. *pectorina*, de *pectus*, *-oris*). **1.** ANAT. Thorax ; face antérieure du thorax. **2.** Seins de la femme ; gorge. **3.** Vx. Ensemble des organes contenus dans la cavité thoracique, spécial. les poumons. **4.** Région antérieure du corps de certains animaux, entre le cou et le ventre. **5.** BOUCH. Partie inférieure de la cage thoracique des animaux de boucherie. ▪ **Voix de poitrine,** partie la plus grave de la tessiture d'une voix, faisant intervenir la résonance de la poitrine.

POIVRADE n.f. **1.** Sauce chaude accompagnant des viandes et faite à partir d'une marinade réduite et liée avec un roux. **2.** Sauce vinaigrette au poivre. ▪ **Artichaut poivrade,** petit artichaut violet pouvant se consommer cru avec du sel et du poivre.

POIVRE n.m. (lat. *piper*, *-eris*). Épice à saveur forte et piquante, formée par les baies (appelées *grains*) du poivrier, habituellement moulues ou concassées. ▪ **Cheveux, barbe poivre et sel,** grisonnants. ▪ **Poivre blanc,** dont les baies sont débarrassées de leur peau, puis séchées. ▪ **Poivre de Cayenne,** condiment tiré d'une espèce de piment. ▪ **Poivre noir,** dont les baies sont séchées. ▪ **Poivre sauvage** ou **petit poivre,** gattilier. ▪ **Poivre vert,** dont les baies cueillies vertes sont conservées par surgélation ou dans du vinaigre.

POIVRÉ, E adj. Assaisonné de poivre.

POIVRER v.t. [3]. Assaisonner de poivre. ◆ **SE POIVRER** v.pr. Fam., vx. S'enivrer.

POIVRIER n.m. **1.** Arbuste grimpant des régions tropicales produisant le poivre. ➲ Famille des pipéracées. **2.** Poivrière.

POIVRIÈRE n.f. **1.** Plantation de poivriers. **2.** Petit ustensile de table contenant du poivre (SYN. **poivrier**). **3.** FORTIF. Échauguette cylindrique à toit conique.

POIVRON n.m. (de *poivre*). **1.** Piment doux à gros fruits verts, jaunes ou rouges. ➲ Famille des solanacées. **2.** Fruit de cette plante, utilisé en cuisine comme légume.

POIVROT, E n. Fam. Ivrogne.

POIX n.f. (lat. *pix*, *picis*). Mélange mou et collant, à base de résines et de goudrons végétaux. ➲ La poix était utilisée autref. comme matériau d'étanchéité, auj. en cordonnerie pour amalgamer les brins des fils de couture.

POKER [pɔkɛr] n.m. (mot anglo-amér.). **1.** Jeu de cartes par combinaisons, d'origine américaine, opposant le plus souvent 4 ou 5 personnes, qui utilisent un jeu de 52 cartes et misent à chaque coup en recourant éventuellement au bluff. **2.** Au jeu de poker, réunion de quatre cartes de même valeur. ▪ **Coup de poker,** tentative hasardeuse. ▪ **Partie de poker,** opération (politique, commerciale) dans laquelle on recourt au bluff pour l'emporter. ▪ **Poker d'as,** jeu de hasard qui se pratique avec 5 dés dont les faces représentent des cartes, et dont les combinaisons sont identiques à celles du poker.

1. POLAIRE adj. **1.** Relatif à l'un des pôles ; relatif aux pôles ; du voisinage d'un pôle terrestre : *Région polaire*. **2.** Qui évoque les régions du pôle : *Paysage polaire*. **3.** ASTRONAUT. Se dit de l'orbite d'un satellite passant au-dessus des pôles de l'astre dont ce satellite subit l'attraction ; se dit du satellite lui-même. **4.** Glacial : *Froid polaire*. **5.** PHYS. Relatif aux pôles d'un aimant ou d'un électroaimant. **6.** CHIM. Se dit d'une molécule assimilable à un pôle électrique. **7.** TEXT. Se dit d'une étoffe émerisée, à base de polyester, utilisée pour la confection de vêtements chauds, isolants. ▪ **Cercle polaire,** cercle parallèle à l'équateur et situé à 66° 34′ de latitude nord ou sud, qui marque la limite des zones polaires, où, lors des solstices, il fait jour ou nuit pendant vingt-quatre heures. ▪ **Climat polaire,** climat froid et sec en hiver, frais et peu pluvieux en été. ▪ **Coordonnées polaires d'un point M du plan rapporté à un axe de repère (O, $\vec{i}$)** [math.], couple (ρ, θ) où ρ est la distance OM et θ l'angle ($\vec{i}$, $\overrightarrow{OM}$). ➲ O est le *pôle* et θ l'*angle polaire*. ▪ **Étoile Polaire*** ou **la Polaire,** v. partie n.pr.

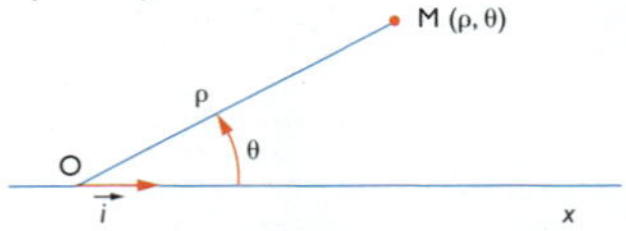

▲ **polaire.** Les coordonnées polaires.

2. POLAIRE n.m. Textile polaire.

3. POLAIRE n.f. AÉRON. Courbe représentant les variations du coefficient de portance en fonction du coefficient de traînée d'une aile ou d'un avion, lorsque l'angle d'attaque varie.

POLAQUE n.m. Cavalier polonais au service de la France (XVIIe et XVIIIe s.).

POLAR n.m. Fam. Roman, film policier.

POLARD, E adj. et n. (de *polarisé*). Arg. scol. Préoccupé uniquement par ses études.

POLARIMÈTRE n.m. OPT. Instrument servant à mesurer la rotation du plan de polarisation de la lumière.

POLARIMÉTRIE n.f. OPT. Mesure de la rotation du plan de polarisation de la lumière, utilisée partic. en analyse chimique pour déterminer la concentration d'une solution en substance ayant une activité optique.

POLARISATION n.f. **1.** OPT. Propriété des ondes électromagnétiques (et plus spécial. de la lumière) de présenter une répartition privilégiée de l'orientation des vibrations qui les composent. **2.** Propriété des particules élémentaires, des noyaux de présenter une orientation privilégiée de leur spin. **3.** Dans un électrolyseur, une pile, un accumulateur parcourus par un courant, production d'une force électromotrice de sens opposé à celle qui engendre le courant. **4.** BIOL. Apparition ou création de pôles : *La polarisation d'une cellule* (SYN. **polarité**). **5.** Fig. Concentration de l'attention sur un même sujet : *La polarisation des médias sur l'insécurité*.

POLARISÉ, E adj. OPT. Qui a subi une polarisation : *Lumière polarisée*.

POLARISER v.t. [3] (de *1. polaire*). **1.** Faire subir une polarisation optique, électrochimique, etc. **2.** Fig. Attirer l'attention ; focaliser. ◆ **SE POLARISER** v.pr. (SUR). Concentrer toute son attention sur.

POLARISEUR n.m. et adj.m. OPT. Appareil servant à polariser la lumière.

POLARITÉ n.f. **1.** ÉLECTROTECHN. Qualité qui permet de distinguer les pôles d'un générateur. **2.** PHYS. Qualité liée aux pôles d'un aimant et à la direction de l'induction magnétique extérieure. **3.** BIOL. Polarisation.

POLAROGRAPHIE n.f. Méthode d'analyse des métaux dans des solutions salines qui repose sur la mesure de la tension de polarisation dans l'électrolyse.

POLAROID [-rɔid] n.m. (nom déposé). **1.** Appareil photographique à développement instantané ; la photographie obtenue avec ce type d'appareil. **2.** Feuille transparente polarisant la lumière qui la traverse.

POLATOUCHE n.m. (polon. *polatucha*). Écureuil volant d'une espèce de l'Eurasie septentrionale. ➲ Famille des sciuridés.

POLDER [-dɛr] n.m. (mot néerl.). Terre gagnée sur la mer, endiguée, drainée et mise en valeur.

POLDÉRISATION n.f. Transformation d'une région en polder.

PÔLE n.m. (lat. *polus*, du gr. *polos*, axe du monde). **1.** ASTRON. Chacun des deux points d'intersection de l'axe de rotation d'un astre avec sa surface. **2.** MATH. Centre d'une inversion ; chacune des extrémités du diamètre d'une sphère, perpendiculaire au plan d'un cercle tracé sur cette sphère ; point d'un plan à partir duquel on repère les points, en coordonnées polaires. **3.** ANAT. Chacune des extrémités de certains organes, de certaines cellules. **4.** ÉLECTROTECHN. Borne. **5.** Élément en complète opposition avec un autre : *Le pôle de la joie et celui de la tristesse*. **6.** Fig. Entité jouant un rôle central, attractif : *Un nouveau pôle économique*. ▪ **Pôle (céleste)** [astron.], chacun des deux points d'intersection de la sphère céleste et du prolongement de l'axe de rotation de la Terre : *Le pôle Sud*. ▪ **Pôle d'attraction,** ce qui attire l'attention, l'intérêt. ▪ **Pôle de compétitivité,** partenariat soutenu par les pouvoirs publics, regroupant des entreprises, des centres de recherche et des établissements d'enseignement supérieur, en vue de développer des projets portant sur les technologies à haut potentiel de croissance susceptibles de créer des emplois, par ex. ▪ **Pôle de conversion,** zone qui, après une phase de déclin industriel, bénéficie de dispositifs spécifiques d'aide au développement (subventions, accompagnement des salariés, création d'équipements publics, etc.). ▪ **Pôle de développement,** région industrielle ou secteur d'activité exerçant un rôle d'entraînement économique. ▪ **Pôle d'instruction,** collège de juges d'instruction établi dans certains tribunaux pour instruire les crimes et les délits graves ou complexes. ▪ **Pôle magnétique** [astron.], chacun des deux points d'intersection de l'axe magnétique d'un astre avec sa surface. ▪ **Pôles d'un aimant,** extrémités de l'aimant, où la force d'attraction est à son maximum.

POLE DANCE n.f. (pl. *pole dances*) [mots angl., de *pole*, mât, perche, et *dance*, danse]. Activité sportive qui consiste à danser et à réaliser des figures acrobatiques en prenant appui sur une barre verticale. Recomm. off. **danse à la barre verticale.**

POLÉMARQUE n.m. (gr. *polemarkhos*). ANTIQ. GR. Chef militaire, dans de nombreuses cités.

POLÉMIQUE n.f. (du gr. *polemikos*, relatif à la guerre). Vive controverse publique, menée le plus souvent par écrit. ◆ adj. Qui vise à la polémique : *Éditorial, écrivain polémique*.

POLÉMIQUER v.i. [3]. Faire de la polémique.

POLÉMISTE n. Personne qui polémique.

POLÉMOLOGIE n.f. (du gr. *polemos*, guerre). Étude de la guerre considérée comme phénomène d'ordre social et psychologique.

POLENTA [pɔlɛnta] n.f. (mot ital.). Bouillie de farine de maïs (en Italie) ou de châtaignes (en Corse).

POLE POSITION n.f. (pl. *pole positions*) [mots angl.]. **1.** Position en première ligne et à la corde, au départ d'une course automobile, octroyée au pilote qui a réussi le meilleur temps aux essais qualificatifs. **2.** Fig. Place de tête détenue par qqn.

1. POLI, E adj. Dont la surface est assez lisse pour refléter la lumière : *Du marbre poli.* ◆ **n.m.** Qualité, aspect d'une surface polie. ▪ **Poli désertique, glaciaire** [géomorph.], surface très lisse des roches attaquées par le vent ou les glaciers.

2. POLI, E adj. Qui observe les règles de la politesse ; courtois.

1. POLICE n.f. (du gr. *politeia*, art de gouverner la cité). **1.** Ensemble des mesures ayant pour but de garantir l'ordre public : *Pouvoir de police.* **2.** Administration, force publique qui veille au maintien de la sécurité publique ; ensemble des agents de cette administration. ▪ **Faire la police,** faire respecter la discipline. ▪ **Police administrative,** qui a pour but d'assurer la tranquillité, la salubrité et la sécurité publiques par des mesures préventives. ▪ **Police aux frontières (PAF),** direction de la Police nationale chargée de contrôler l'immigration. ▪ **Police des polices** [fam.], v. partie n.pr. **IGPN.** ▪ **Police judiciaire (PJ),** qui a pour but de constater les infractions à la loi pénale, d'en rassembler les preuves et d'en rechercher les auteurs. ▪ **Police secours,** service de police affecté aux secours d'urgence. ▪ **Police technique et scientifique,** ensemble des moyens et des opérations de criminalistique visant à recueillir puis à interpréter les indices matériels laissés sur la scène d'un crime ; service de police ou de gendarmerie chargé de ces opérations. ▪ **Salle de police** [mil., anc.], local disciplinaire où les soldats punis étaient consignés. ▪ **Tribunal de police,** tribunal compétent pour juger des contraventions.

2. POLICE n.f. (de l'anc. provenç. *polissia*, quittance, du gr. *apodeixis*, preuve). ▪ **Police (d'assurance),** document écrit qui consigne les clauses d'un contrat d'assurance. ▪ **Police (de caractères)** [imprim.], fonte.

POLICÉ, E adj. Litt. Qui a atteint un certain degré de raffinement.

POLICEMAN [-man] **n.m.** (pl. *policemans* ou *policemen*) [mot angl.]. Vieilli. Agent de police, dans les pays de langue anglaise.

POLICER v.t. [9]. Litt. Adoucir les mœurs de.

POLICHINELLE n.m. (napolitain *Pulecenella*, de *pullus*, poulet). **1.** (Avec une majuscule). Personnage grotesque, bossu et pansu, du théâtre de marionnettes, issu de la comédie italienne. **2.** Jouet (marionnette) en forme de Polichinelle. **3.** Fam. Personne ridicule, en qui l'on ne peut placer sa confiance ; pantin. ▪ **Secret de Polichinelle,** chose que l'on veut dissimuler mais qui est connue de tous.

1. POLICIER, ÈRE adj. 1. Relatif à la police : *Une enquête policière.* **2.** Qui s'appuie sur la police : *État policier.* ▪ **Film, roman policier,** dont l'intrigue, reposant sur une enquête criminelle, unit les scènes de violence à la peinture réaliste de la société (SYN. **film, roman noir**). ◆ **n.m.** Roman, film policier.

2. POLICIER, ÈRE n. Membre de la police.

POLICLINIQUE n.f. (du gr. *polis*, ville, et de 2. *clinique*). Établissement ou partie d'établissement dépendant d'une commune, où l'on donne des consultations sans hospitaliser ; dispensaire.

✎ À distinguer de ***polyclinique.***

POLICOLOGIE n.f. Étude de l'organisation de la police, de son fonctionnement.

POLIMENT adv. Avec politesse.

POLIO n. (abrév.). Fam. Sujet atteint de poliomyélite. ◆ **n.f.** Fam. Poliomyélite.

POLIOMYÉLITE n.f. (du gr. *polios*, gris, et *muelos*, moelle). Inflammation de la substance grise de la moelle épinière. ▪ **Poliomyélite (antérieure aiguë),** infection virale de la moelle épinière, endémique et épidémique, provoquant parfois des paralysies, éventuellement suivies de séquelles. Abrév. (fam.) **polio.**

POLIOMYÉLITIQUE adj. Relatif à la poliomyélite. ◆ **adj.** et **n.** Atteint de la poliomyélite. Abrév. (fam.) **polio.**

POLIORCÉTIQUE adj. et **n.f.** (du gr. *poliorkeîn*, assiéger). **MIL.** Se dit de l'art d'assiéger les villes.

POLIR v.t. [21] (lat. *polire*). **1.** Donner à une surface un aspect uni et luisant : *Polir du marbre.* **2.** Litt. Rendre aussi parfait que possible ; parachever : *Polir son discours.*

POLISSABLE adj. Qui peut être poli.

POLISSAGE n.m. Action de polir.

POLISSEUSE n.f. Machine de marbrerie servant à polir des roches.

POLISSOIR n.m. 1. Instrument pour polir. **2. PRÉHIST.** Bloc de pierre dure utilisé au néolithique pour le polissage des haches taillées, et qui se reconnaît aux traces de rainures.

POLISSON, ONNE adj. et **n.** (de l'anc. arg. *polir*, vendre). Se dit d'un enfant espiègle et désobéissant. ◆ **adj.** Licencieux ; grivois : *Plaisanterie polissonne.*

POLISSONNER v.i. [3]. Vieilli. Se comporter en polisson.

POLISSONNERIE n.f. Vieilli. Action, propos de polisson.

POLISTE n.m. (du gr. *polistês*, bâtisseur de villes). Guêpe sociale européenne fabriquant des nids découverts et composés seulement de quelques alvéoles. ➲ Famille des vespidés.

POLITESSE n.f. (ital. *pulitezza*). **1.** Ensemble des règles de savoir-vivre, de courtoisie en usage dans une société ; respect de ces règles. **2.** Action, parole conforme à ces règles ; civilité.

POLITICAILLERIE n.f. Péjor. Politique basse, mesquine.

POLITICARD, E n. et **adj.** Péjor. Politicien sans scrupule.

POLITICIEN, ENNE n. (angl. *politician*). Homme, femme politiques. ◆ **adj.** Péjor. Qui relève d'une politique intrigante et intéressée : *Manœuvres politiciennes.*

1. POLITIQUE adj. (du gr. *politikos*, qui concerne l'État). **1.** Relatif à l'organisation du pouvoir dans l'État, à son exercice : *Institutions politiques.* *(V. planche page suivante.)* **2.** Litt. Se dit d'une manière d'agir habile et intéressée : *Approbation toute politique.* ▪ **Carte politique** [cartogr.], carte représentant les pays et les régions en tant qu'entités administratives. ▪ **Droits politiques,** droits en vertu desquels un citoyen peut participer à l'exercice du pouvoir, directement ou par son vote. ▪ **Homme, femme politique,** qui s'occupe des affaires publiques ; politicien. ▪ **Philosophie politique,** étude comparative des formes de pouvoir pratiquées dans les États et des autres formes possibles. ▪ **Prisonnier politique,** ou **politique, n.,** personne emprisonnée pour des motifs politiques (par oppos. à *prisonnier de droit commun*). ▪ **Science politique,** analyse des formes de pouvoir exercées dans les États et des institutions. ◆ **n.m.** Ce qui est politique : *Le politique et l'économique.*

2. POLITIQUE n.f. 1. Ensemble des options prises par le gouvernement d'un État dans les domaines relevant de son autorité : *Politique économique.* **2.** Manière d'exercer l'autorité dans un État ou une société : *Politique conservatrice.* **3.** Manière concertée d'agir ; stratégie : *La politique commerciale d'une entreprise.*

3. POLITIQUE n. 1. Personne qui fait de la politique. **2.** Prisonnier politique.

POLITIQUE-FICTION n.f. (pl. *politiques-fictions*). Fiction fondée sur l'évolution imaginée d'une situation politique présente.

POLITIQUEMENT adv. 1. D'un point de vue politique. **2.** Litt. Avec habileté.

POLITISATION n.f. Action de politiser ; fait d'être politisé.

POLITISER v.t. [3]. 1. Donner un caractère politique à qqch : *Politiser un fait divers.* **2.** Donner une conscience politique à qqn.

POLITOLOGIE n.f. Étude des faits politiques ; science politique.

POLITOLOGUE n. Spécialiste de politologie.

POLJÉ [pɔlje] **n.m.** (mot slave). **GÉOMORPH.** Vaste dépression fermée, dans les régions karstiques. (V. dessin *relief karstique**.)

1. POLKA n.f. (mot polon.). **1.** Danse populaire originaire de Bohême, exécutée en couple, à la mode comme danse de salon au milieu du XIXe s. dans toute l'Europe. **2.** Pièce instrumentale, de tempo assez rapide, en vogue au XIXe s.

2. POLKA adj. inv. ▪ **Pain polka,** pain légèrement aplati, marqué de dessins en quadrillé.

POLLAKIURIE n.f. (du gr. *pollakis*, souvent, et *ouron*, urine). **MÉD.** Trouble caractérisé par des mictions fréquentes et peu abondantes.

POLLEN [pɔlɛn] **n.m.** (mot lat. « farine »). Poudre que forment les grains microscopiques produits par les étamines des plantes à fleurs, et dont chacun constitue un élément reproducteur mâle.

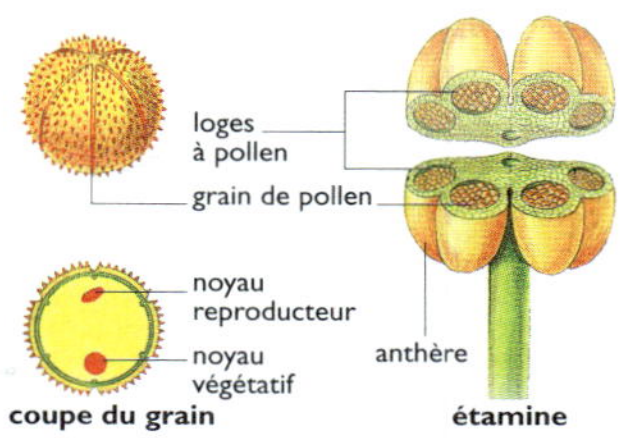

▲ **pollen.** Étamine et pollen de la menthe.

POLLICITATION n.f. (lat. *pollicitatio*, de *polliceri*, promettre). **DR.** Offre de conclure une convention.

POLLINIE n.f. BOT. Masse de grains de pollen agglomérés, chez les orchidacées, les asclépiadacées.

POLLINIQUE adj. Relatif au pollen.

POLLINISATEUR, TRICE adj. Relatif à la pollinisation. ▪ **Insecte pollinisateur,** qui assure le transport du pollen chez les plantes entomophiles.

POLLINISATION n.f. Transport du pollen des étamines jusqu'au stigmate d'une fleur de la même espèce, permettant la fécondation.

POLLINOSE n.f. MÉD. Ensemble des troubles allergiques provoqués par les pollens.

POLLUANT, E adj. et **n.m.** Qui produit une pollution. ▪ **Polluant organique persistant (POP),** molécule toxique qui résiste aux dégradations naturelles, s'accumule dans les organismes et peut se déplacer sur de longues distances (DDT, PCB, par ex.).

POLLUER v.t. [3] (lat. *polluere*). **1.** Rendre malsain ou dangereux par pollution ; dégrader. **2.** Vieilli. Salir ; souiller. ▪ **Droit à polluer,** mesure légale destinée à limiter les émissions de gaz à effet de serre, en attribuant aux entreprises des quotas qu'elles peuvent négocier entre elles au niveau mondial.

POLLUEUR, EUSE adj. et **n.** Qui pollue.

POLLUEUR-PAYEUR adj.m. et **n.m.** (pl. *pollueurs-payeurs*). ▪ **Principe pollueur-payeur** [dr.], principe qui prévoit la prise en charge par un pollueur de frais liés à la prévention, la réduction et la lutte contre une pollution existante ou à venir.

POLLUTION n.f. 1. Dégradation d'un milieu naturel par des substances chimiques, des déchets industriels ou ménagers. **2.** Dégradation de l'environnement humain par des nuisances : *Pollution sonore.* **3. MÉD.** Émission involontaire de sperme, survenant en partic. pendant le sommeil.

➲ L'évolution de la **POLLUTION** mondiale est liée, directement ou non, aux activités humaines et à leur extension.
La pollution atmosphérique est due à l'émission de polluants (dioxyde de carbone, poussières, etc.), notamm. par les activités industrielles, le chauffage, le transport routier. La pollution des sols est en grande partie imputable aux substances chimiques utilisées dans l'agriculture (engrais et pesticides). La pollution des eaux est due aux substances chimiques agricoles, aux produits industriels et aux déchets domestiques. (V. planche *les grandes questions environnementales**.)

POLO n.m. (mot angl., du tibétain). **1.** Sport qui oppose deux équipes de quatre cavaliers munis chacun d'un long maillet au moyen duquel ils doivent envoyer une balle dans les buts adverses. **2.** Chemise de sport en jersey, à col rabattu.

POLOCHON n.m. Fam. Traversin.

POLONAIS, E adj. et **n.** De Pologne ; de ses habitants. ◆ **adj. MATH.** ▪ **Notation polonaise,** notation des opérations logico-mathématiques dans laquelle les signes des opérations précèdent *(notation préfixée)* ou suivent *(notation postfixée)* ce sur quoi elles portent. ◆ **n.m.** Langue slave occidentale parlée en Pologne.

a b c d e f g h i j k l m n o p q r s t u v w x y z

◀ **La Ire République française.** Allégorie figurant sur un sceau de 1792.

Les grands systèmes politiques

À toutes les époques les sociétés ont, de façons diverses, mis en place des organisations politiques. Les classifications théoriques sont le plus souvent fondées sur des réalités historiques. Elles reflètent des conceptions contrastées de l'homme et du monde.

▲ **La démocratie grecque.** Le port de Milet est une image emblématique de la cité grecque, structurée par les centres d'échange économique et par les lieux d'exercice du pouvoir démocratique. (D'après une maquette du Staatliches Museum de Berlin.)

Théocratie

Les temps anciens offrent un éventail assez large de formes d'organisation politique. Le **patriarcat biblique** présente des chefs de clan comme Abraham, Isaac, Jacob, à la fois chefs politiques et guides spirituels. À cela s'ajoute une **théocratie** : Dieu guide lui-même son peuple, faisant connaître ses volontés par les prophètes. Une rupture s'opère lorsque le peuple élu réclame un roi : David puis Salomon sont les figures emblématiques de la **royauté** fondée sur un aval de Dieu.

Démocratie et oligarchie athéniennes

La **démocratie athénienne**, fondée par Solon et fortifiée par Périclès, repose sur la participation directe des hommes libres au gouvernement de la cité. À l'issue de la guerre du Péloponnèse, Athènes, vaincue par Sparte, se voit imposer le conseil des Trente, tyrans qui instaurent l'**oligarchie**, pouvoir exercé par un petit nombre de puissants.

Monarchie, république et empire à Rome

L'histoire de Rome débute par une **monarchie**. Le roi peut consulter le sénat, composé par l'aristocratie, ainsi qu'une assemblée de citoyens regroupés en curies. La **république**, qui fait suite à la monarchie, repose sur le principe *senatus populusque Romanus (SPQR)* [« le sénat et le peuple romain »] : les patriciens (la classe aristocratique) et les plébéiens (le peuple) sont indissociablement unis pour gouverner la « chose publique ». La république romaine prévoyait en cas de danger de conférer les pouvoirs absolus à un magistrat pendant six mois tout au plus : ce système fut appelé **dictature**. Sous le nom d'Auguste, Octave met fin à la république et crée l'**empire**, dans lequel l'autorité souveraine n'est pas déléguée.

▲ **La féodalité.** L'adoubement de Henry de Monmouth : le système féodal repose sur une structure hiérarchique fondée sur le sens de l'honneur et la dette envers le supérieur. (Miniature du XVe s., British Library, Londres.)

Féodalisme médiéval

La période médiévale repose principalement sur le **féodalisme**, qui accorde la prédominance à la classe des guerriers et repose sur des liens de dépendance d'homme à homme. Dans l'Italie de la Renaissance émergent ainsi de véritables cités-États dirigées par un podestat, investi, pour une durée déterminée, du pouvoir de trancher les litiges et de commander la milice.

Monarchie de droit divin

La **monarchie de droit divin**, inspirée de la figure de David, conçoit le roi comme l'intendant de Dieu sur terre, le ministre de la Providence. S'appuyant sur la légitimité de droit divin, l'**absolutisme** est un pouvoir absolu en ceci que le roi est responsable de son pouvoir devant Dieu, mais il n'est pas une autocratie : dans la France de Louis XIV, par exemple, le roi ne tire pas son pouvoir de lui-même.

◀ **La commune médiévale.** La seconde partie du Moyen Âge voit naître des structures associatives regroupant les bourgeois d'une même ville, jouissant de privilèges qui confèrent une certaine autonomie à celle-ci. On peut voir dans cette organisation les prémices du capitalisme. (*Effets du bon et du mauvais gouvernement à la ville et à la campagne*, fresque réalisée par A. Lorenzetti en 1338, Palais public, Sienne.)

▲ **La monarchie absolue.** Louis XIV est représenté avec tous les attributs du pouvoir du monarque absolu : sa présence charnelle est transcendée par la fonction politique. (Peinture de H. Rigaud, 1701, musée du Louvre, Paris.)

Monarchie constitutionnelle et despotisme éclairé

La **monarchie constitutionnelle** oppose à l'absolutisme la nécessité de subordonner le pouvoir du roi à un texte normatif. La pensée des Lumières promeut le modèle du **despotisme éclairé**, gouvernement conciliant absolutisme et raison, représenté surtout par Frédéric II de Prusse. Toutefois, des penseurs comme Diderot contestent la faiblesse des limites institutionnelles de ce modèle. Fortement inspirés par la Constitution de l'Angleterre, les penseurs libéraux comme Montesquieu vont expliciter la base du **libéralisme politique** : les lois sont les limites qui s'imposent à tous pour permettre à chacun l'exercice de ses libertés individuelles, principe que l'on retrouvera dans la Déclaration des droits de l'homme et du citoyen de 1789.

▲ **Le despotisme éclairé.** Frédéric II de Prusse avec Voltaire : le despote éclairé se règle sur la raison universelle dont le philosophe est un héraut. (Peinture de A. Menzel, 1850.)

République moderne

Après la Révolution française, la pensée démocratique se précise, non sans faire apparaître des débats de principes. L'accent mis sur la **république**, pour laquelle nul ne peut être au-dessus des lois, donne lieu à une logique laïque : le citoyen est considéré uniquement comme sujet libre, sans détermination communautariste. La référence à la démocratie est conçue comme revendication des droits différenciés de chacun : la logique démocratique fait ainsi droit aux particularités et accorde une place primordiale à la citoyenneté.

▲ **La République.** Une figure allégorique qui écrase la couronne royale et les chaînes de la servitude : le renversement de la souveraineté du roi en souveraineté du peuple est libérateur. (Peinture de J. A. Roehn, 1848, musée Salies, Bagnères-de-Bigorre.)

Anarchisme, socialisme et marxisme

Si le libéralisme politique accorde un rôle effectif à l'État, l'**anarchisme** s'oppose à cette conception : il remet en cause l'idée même d'un pouvoir politique organisé, préconisant la suppression de l'État et de toute contrainte sociale. Cette logique fondée sur les droits de l'individu a été contrée par le **socialisme**, qui condamne la propriété privée des moyens de production et d'échange. Le **marxisme** entend fonder un socialisme scientifique sur la connaissance objective des rapports de force ; il qualifie de « socialismes utopiques » les doctrines pour lesquelles les idées mènent le monde.

Totalitarisme : nazisme et stalinisme

La pensée politique du XXe s. est marquée par le choc du **totalitarisme**. Le **nazisme** et le **stalinisme** ont mis au jour la possibilité d'un système indépendant de toute définition institutionnelle : pouvoir hégémonique qui impose une idéologie par la terreur, le totalitarisme va à l'encontre de l'essence même du politique, la médiation par le droit.

Équivoques contemporaines

Enfin, au-delà des débats internes à la logique libérale contemporaine, les termes « république » et « démocratie » peuvent connaître des emplois équivoques : le collectivisme communiste, quoique niant les droits de l'individu, se fait appeler **démocratie populaire**, et certains pays musulmans s'intitulent **république islamique**, bien que faisant reposer le politique sur la charia, la seule loi islamique.

▼ **Le totalitarisme.** Défilé de l'armée nazie au congrès de Nuremberg en 1933 : le totalitarisme est indissociable de la société de masse et de l'idéologie devenue propagande.

POLONAISE **n.f.** **1.** Danse d'origine polonaise exécutée en couple, partic. populaire au milieu du XIXe s. **2.** Pièce instrumentale et/ou vocale, de caractère solennel, en vogue aux XVIIIe et XIXe s.

POLONIUM [-njɔm] **n.m.** (de *Pologne*, pays d'origine de Marie Curie). **1.** Métal radioactif souvent associé au radium dans ses minerais. **2.** Élément chimique (Po), de numéro atomique 84. ➲ Le polonium est la première substance radioactive découverte par P. et M. Curie.

POLTRON, ONNE **adj.** et **n.** (ital. *poltrone*). Qui a peur et manque de courage ; lâche.

POLTRONNERIE **n.f.** Caractère, action d'un poltron ; couardise.

POLYACIDE **n.m.** **CHIM.** Acide dont les constituants peuvent fournir plusieurs protons.

POLYACRYLIQUE **adj.** et **n.m.** Se dit des polymères et copolymères des acides acryliques.

POLYADDITION **n.f.** **CHIM.** Réaction de formation de polymère sans élimination.

POLYAKÈNE **n.m.** **BOT.** Fruit composé de plusieurs akènes, comme celui de la clématite.

POLYALCOOL **n.m.** **CHIM. ORG.** Alcool dont la molécule comporte plusieurs groupements OH (SYN. **polyol**).

POLYAMIDE **n.m.** **CHIM. ORG.** Copolymère résultant de la polycondensation soit d'un diacide et d'une diamine, soit d'un aminoacide sur lui-même, utilisé dans la fabrication des fibres textiles. ➲ Le Nylon est un polyamide.

POLYAMINE **n.f.** **CHIM. ORG.** Composé ayant plusieurs fonctions amine.

POLYANDRE **adj.** **1.** **ANTHROP.** Qui pratique la polyandrie. **2.** **BOT.** Qui a plusieurs étamines.

POLYANDRIE **n.f.** **1.** **ANTHROP.** Fait, pour une femme, d'avoir plusieurs maris. (Cas particulier de la polygamie.) **2.** **BOT.** Caractère d'une plante polyandre.

POLYARCHIE **n.f.** (du gr. *arkhia*, commandement). Système de fonctionnement des sociétés industrielles occidentales, caractérisé par la forme multiple et diffuse des types de pouvoirs.

POLYARTHRITE **n.f.** **MÉD.** Arthrite atteignant simultanément plusieurs articulations. ▪ **Polyarthrite rhumatoïde,** rhumatisme inflammatoire et auto-immun de cause inconnue, chronique, prédominant aux mains et aux pieds, et pouvant aboutir, sans traitement, à des déformations et à une impotence.

POLYBUTADIÈNE **n.m.** **CHIM. ORG.** Polymère du butadiène, utilisé dans la fabrication des caoutchoucs synthétiques.

POLYCARBONATE **n.m.** Matière plastique transparente et très résistante aux chocs, formée par la répétition de fonctions carbonate organique, et utilisée comme emballage alimentaire, pour les casques de moto, etc.

POLYCARPIQUE **adj.** **BOT.** **1.** Dont la fleur possède plusieurs carpelles non soudés. **2.** Se dit d'une plante vivace qui fleurit plusieurs fois au cours de sa vie.

POLYCENTRIQUE **adj.** Relatif au polycentrisme.

POLYCENTRISME **n.m.** Existence de plusieurs centres de direction, de décision, dans une organisation, un système.

POLYCHÈTE [-kɛt] **n.m.** (du gr. *polus*, beaucoup, et *khaitê*, crinière). Ver annélide marin à nombreuses soies latérales, tel que la néréide, l'arénicole et l'aphrodite. ➲ Les polychètes forment une classe.

POLYCHLOROBIPHÉNYLE **n.m.** → **PCB.**

POLYCHLORURE **n.m.** ▪ **Polychlorure de vinyle,** PVC.

POLYCHROÏSME [-krɔism] **n.m.** **OPT.** Propriété d'un corps transparent de présenter des couleurs différentes selon l'incidence de la lumière.

POLYCHROME [-krom] **adj.** (du gr. *polus*, nombreux, et *khrôma*, couleur). De plusieurs couleurs.

POLYCHROMIE [-kro-] **n.f.** Caractère de ce qui est polychrome.

POLYCLINIQUE **n.f.** Établissement hospitalier où l'on soigne des maladies diverses.

✎ À distinguer de ***policlinique.***

POLYCONDENSAT **n.m.** Résultat d'une polycondensation.

POLYCONDENSATION **n.f.** **CHIM.** Réaction de formation de macromolécules mettant en jeu des espèces chimiques renfermant plusieurs monomères différents.

POLYCOPIE **n.f.** Procédé de duplication d'une écriture par divers procédés ; document ainsi obtenu.

POLYCOPIÉ **n.m.** Texte polycopié.

POLYCOPIER **v.t.** [5]. Reproduire un document par polycopie.

POLYCOURANT **adj. inv.** **CH. DE F.** Se dit d'une automotrice ou d'une locomotive électrique qui fonctionne à partir de courants alternatif ou continu.

POLYCULTURE **n.f.** Culture d'espèces végétales différentes dans une même exploitation agricole, dans une même région, etc.

POLYCYCLIQUE **adj.** **CHIM. ORG.** Se dit d'un composé organique ayant plusieurs cycles.

POLYDACTYLIE **n.f.** **MÉD.** Malformation caractérisée par la présence de doigts ou d'orteils supplémentaires.

POLYDIPSIE **n.f.** (du gr. *dipsân*, avoir soif). **MÉD.** Besoin exagéré de boire, surtout au cours d'un diabète.

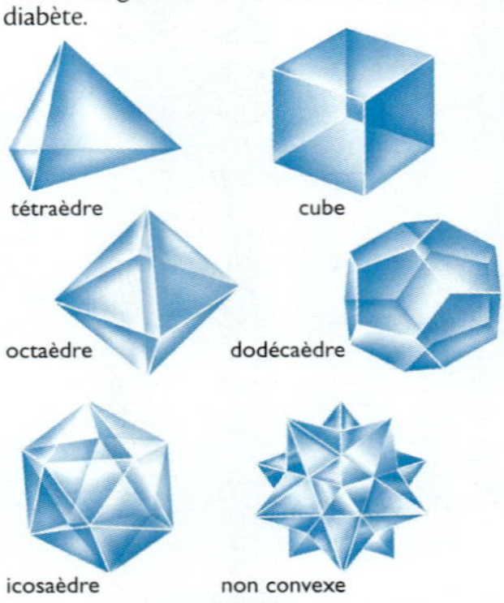

▲ **polyèdre.** Les cinq polyèdres réguliers convexes et un polyèdre régulier non convexe.

POLYÈDRE **adj.** (du gr. *polus*, nombreux, et *hedra*, base). **MATH.** ▪ **Angle polyèdre,** réunion de portions de plans (les *faces*) limitées par des demi-droites (les *arêtes*) de même origine (le *sommet*). ▪ **Secteur polyèdre,** portion illimitée d'espace définie par un angle polyèdre. ◆ **n.m.** Figure constituée de portions de plans (les *faces*) ayant des frontières communes (les *arêtes*) ; volume délimité par une telle surface.

POLYÉDRIQUE **adj.** Qui a la forme d'un polyèdre.

POLYÉLECTROLYTE **n.m.** et **adj.** **CHIM.** Polymère porteur de nombreux groupements ionisés, souvent un par unité monomère.

POLYEMBRYONIE **n.f.** **BIOL.** Formation de plusieurs embryons à partir de cellules résultant des premières divisions d'un œuf unique.

POLYESTER [-ɛstɛr] **n.m.** **CHIM.** Copolymère résultant de la condensation de polyacides avec des alcools non saturés ou avec des glycols, utilisé notamm. dans la fabrication de fibres textiles.

POLYÉTHER **n.m.** **CHIM. ORG.** Polymère de formule $—(R—O)_n—$, où R peut être aliphatique ou aromatique (nom générique).

POLYÉTHYLÈNE **n.m.** Matière plastique résultant de la polymérisation de l'éthylène.

POLYGALE ou **POLYGALA** **n.m.** (du gr. *polugalos*, au lait abondant). Plante herbacée vivace à fleurs bleues, roses ou blanches, appelée autref. *herbe au lait*, car elle était censée augmenter la production laitière des vaches. ➲ Famille des polygalacées.

POLYGAME **adj.** et **n.** (du gr. *polus*, nombreux, et *gamos*, mariage). Se dit d'une personne qui pratique la polygamie. ◆ **adj.** **1.** **ANTHROP.** Se dit d'une société où règne la polygamie. **2.** **BOT.** Se dit d'une plante qui présente à la fois des fleurs hermaphrodites et des fleurs unisexuées, mâles et femelles, sur le même pied.

POLYGAMIE **n.f.** **1.** **ANTHROP.** Fait d'être marié à plusieurs conjoints, soit pour un homme (*polygynie*), soit pour une femme (*polyandrie*) ; organisation sociale légitimant de telles unions. **2.** Cour. Fait, pour un homme, d'être marié simultanément à plusieurs femmes. **3.** **BOT.** Caractère d'une plante polygame.

POLYGÉNIQUE **adj.** **1.** Relatif au polygénisme. **2.** **GÉOMORPH.** Se dit d'une forme de relief qui a été façonnée par des processus de morphogenèse différents. **3.** **MÉD.** Se dit d'une maladie génétique due à une anomalie de plusieurs gènes.

POLYGÉNISME **n.m.** **ANTHROP.** Théorie selon laquelle l'espèce humaine tirerait son origine de plusieurs souches différentes (par oppos. à *monogénisme*).

POLYGLOBULIE **n.f.** **MÉD.** Augmentation pathologique de la masse totale des globules rouges.

POLYGLOTTE **adj.** et **n.** (du gr. *polus*, nombreux, et *glôtta*, langue). Qui parle plusieurs langues.

POLYGONACÉE **n.f.** Dicotylédone apétale, dont les stipules sont soudées autour de la tige en une petite gaine (sarrasin, oseille, par ex.). ➲ Les polygonacées forment une famille.

POLYGONAL, E, AUX **adj.** **MATH.** Qui a plusieurs angles, et donc plusieurs côtés ; qui a la forme d'un polygone.

POLYGONATION **n.f.** **TOPOGR.** Opération préliminaire au lever d'un terrain, consistant à établir un réseau de lignes brisées dont les points d'intersection forment un canevas.

POLYGONE **n.m.** (du gr. *gônia*, angle). **1.** **MATH.** Ligne brisée fermée, le plus souvent plane, suite de segments (*côtés*) dont chacun a une extrémité commune (*sommet*) avec le précédent et le suivant. **2.** **MIL.** Champ de tir et de manœuvre où sont notamm. effectués les essais de projectiles et d'explosifs.

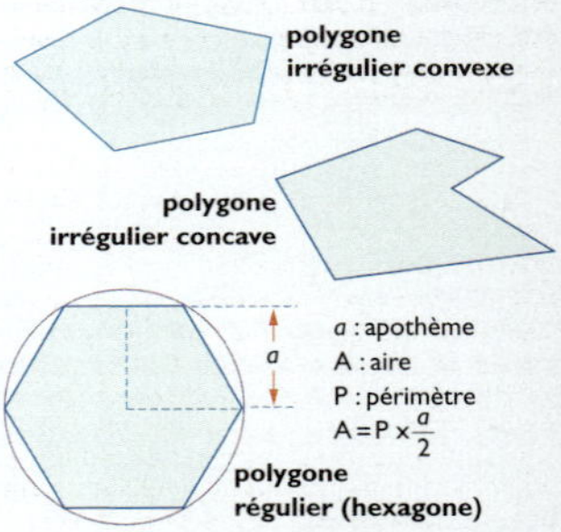

▲ **polygones**

POLYGRAPHE **n.** Vieilli. Auteur qui écrit sur des sujets variés.

POLYGYNIE **n.f.** (du gr. *gunê*, épouse). **ANTHROP.** Fait, pour un homme, d'être marié à plusieurs femmes. ➲ Cas particulier de la polygamie.

POLYHANDICAPÉ, E **adj.** et **n.** Se dit d'une personne atteinte d'un handicap lourd associant des troubles moteurs, cérébraux, sensoriels, et nécessitant une assistance permanente.

POLYHOLOSIDE **n.m.** **BIOCHIM.** Glucide formé d'un très grand nombre d'oses, comme l'amidon, la cellulose, le glycogène (SYN. **polyoside, polysaccharide**).

POLYIODURE **n.m.** Anion de formule I^-_{2n+1} résultant de la condensation de l'anion iodure I^- et de molécules d'iodes I_2.

POLYKYSTIQUE **adj.** Qui comporte plusieurs kystes.

POLYLOBÉ, E **adj.** **ARCHIT.** À plusieurs lobes ; découpé en lobes.

POLYMÉRASE **n.f.** Enzyme qui catalyse l'enchaînement des nucléotides lors de la synthèse de l'ADN ou de l'ARN. ➲ Elle est utilisée en laboratoire dans la technique de la PCR* (*polymerase chain reaction*).

POLYMÈRE **adj.** et **n.m.** (du gr. *polumerês*, en plusieurs parties). Se dit d'un corps formé par polymérisation.

POLYMÉRIE **n.f.** **CHIM.** Isomérie entre deux polymères dont l'un a une masse moléculaire égale ou 2, 3, *n* fois supérieure à celle de l'autre.

POLYMÉRIQUE **adj.** Relatif à un polymère.

POLYMÉRISABLE **adj.** Qui peut être polymérisé.

POLYMÉRISATION **n.f.** **CHIM.** Réaction qui enchaîne des molécules de faible masse moléculaire (monomères) pour en faire des composés de masse moléculaire élevée (macromolécules).

POLYMÉRISER **v.t.** **[3].** Produire la polymérisation de.

POLYMÉTALLIQUE **adj.** ▪ **Nodule polymétallique** → **NODULE.**

POLYMORPHE **adj.** **1.** Qui se présente sous diverses formes. **2.** **BIOL.** Qui présente un polymorphisme.

POLYMORPHISME **n.m.** **1.** Propriété de ce qui est polymorphe. **2.** **CRISTALLOGR.** Propriété que possèdent certaines substances de cristalliser sous plusieurs formes. ➲ La calcite et l'aragonite sont deux formes du carbonate de calcium $CaCO_3$. **3.** **BIOL.** Caractère des espèces dont les individus de même sexe présentent des formes diverses d'un individu à l'autre. **4.** **GÉNÉT.** Ensemble de variations morphologiques des chromosomes d'une population, sans conséquences pathologiques.

POLYNÉSIEN, ENNE **adj.** et **n.** De la Polynésie ; de ses habitants. ◆ **n.m.** Groupe de langues parlées en Polynésie, branche de la famille austronésienne.

POLYNÉVRITE **n.f.** **MÉD.** Atteinte simultanée, bilatérale et symétrique de plusieurs nerfs, de nature inflammatoire ou non.

POLYNIE **n.f.** (russe *polynia*). Étendue d'eau libre au sein de la banquise, pouvant atteindre plusieurs dizaines de kilomètres.

POLYNÔME **n.m.** (du gr. *polus*, nombreux, et *nomos*, division). Somme algébrique de monômes.

POLYNOMIAL, E, AUX **adj.** Relatif au polynôme.

POLYNUCLÉAIRE **adj.** **BIOL.** Se dit d'une cellule dont le noyau, formé de plusieurs lobes, paraît multiple. ◆ **n.m.** (Abusif). Granulocyte.

POLYOL **n.m.** Polyalcool.

POLYOLÉFINE **n.f.** **CHIM. ORG.** Polymère obtenu à partir de monomères hydrocarbonés tels que l'éthylène et le propylène (nom générique).

POLYOSIDE **n.m.** Polyholoside.

POLYPE **n.m.** (du gr. *polus*, nombreux, et *pous*, pied). **1.** **ZOOL.** Forme fixée des cnidaires (par oppos. à la forme libre, ou *méduse*), comportant un corps cylindrique à paroi double souvent couronné de tentacules et une cavité digestive en cul-de-sac ; individu affectant cette forme. **2.** **MÉD.** Tumeur molle, sessile ou péduculée, le plus souvent bénigne, qui se développe sur une muqueuse.

POLYPEPTIDE **n.m.** **BIOCHIM.** Structure moléculaire résultant de la condensation d'un nombre important (de 10 à 100) de molécules d'acides aminés.

POLYPEPTIDIQUE **adj.** Relatif aux polypeptides.

POLYPHASÉ, E **adj.** **ÉLECTROTECHN.** Se dit des tensions ou des courants alternatifs qui comportent plusieurs grandeurs sinusoïdales de même fréquence et déphasées l'une par rapport à l'autre d'un angle constant, ainsi que des installations correspondantes (par oppos. à *monophasé*).

POLYPHÉNOL **n.m.** **CHIM. ORG.** Composé dont la molécule comporte plusieurs fonctions phénol. ➲ Présents dans un grand nombre de végétaux, les polyphénols sont utilisés dans la préparation de suppléments alimentaires et de cosmétiques en raison de leurs propriétés antioxydantes.

POLYPHONIE **n.f.** (du gr. *phônê*, voix). **MUS.** **1.** Art, technique de l'écriture musicale à plusieurs parties (en partic., à plusieurs parties vocales superposées en contrepoint). **2.** Pièce chantée à plusieurs voix.

➲ La **POLYPHONIE** occidentale est apparue aux XIIe et XIIIe s. dans les chants latins à plusieurs voix de l'école de Notre-Dame de Paris, puis dans les motets* de l'Ars antiqua. Mais ce n'est pas avant le XIVe s. que s'est affirmée la sensibilité à l'harmonie s'appuyant sur une basse, dont le rôle devint déterminant au XVe s. Guillaume Dufay, Johannes Ockeghem et Josquin des Prés furent les maîtres de cet art, qui utilise le procédé de l'imitation*, repris par Palestrina, Roland de Lassus et Tomás Luis de Victoria. Ce type d'écriture fut aussi transposé dans le domaine instrumental (fugue), mais c'est surtout la polyphonie vocale, dont Bach est le plus illustre représentant, qui a continué à s'épanouir.

POLYPHONIQUE **adj.** Relatif à la polyphonie. ▪ **Chanson polyphonique,** pièce musicale à plusieurs parties vocales (XVIe s.).

POLYPHONISTE **n.** Musicien qui pratique la polyphonie.

POLYPIER **n.m.** **ZOOL.** Squelette calcaire sécrété par les polypes, solitaires ou coloniaux, chez nombre de cnidaires (en partic. chez ceux qui participent à la constitution des récifs coralliens).

POLYPLACOPHORE **n.m.** Mollusque marin à coquille aplatie formée de huit plaques calcaires articulées, vivant fixé sur les rochers littoraux, tel que le chiton. ➲ Les polyplacophores forment une classe.

POLYPLOÏDE **adj.** **GÉNÉT.** Se dit d'une cellule, d'un organisme qui ont plus de deux lots de chromosomes.

POLYPLOÏDIE **n.f.** **GÉNÉT.** État de cellules somatiques, de tissus ou d'individus possédant, dans les espèces où la diploïdie est la condition normale, un multiple supérieur à deux de lots haploïdes de chromosomes. ➲ Les cellules cancéreuses tendent à devenir polyploïdes.

POLYPNÉE **n.f.** (du gr. *pnein*, respirer). **MÉD.** Accélération du rythme respiratoire.

POLYPODE **n.m.** Fougère des rochers et des murs humides, à feuilles profondément lobées. ➲ Famille des polypodiacées.

▲ **polypode**

POLYPORE **n.m.** Champignon basidiomycète à chapeau étalé, sans pied, dont de nombreuses espèces poussent sur les troncs des arbres. ➲ Ordre des polyporiales.

POLYPROPYLÈNE **n.m.** Matière plastique obtenue par polymérisation du propylène, très utilisée notamm. en corderie. Abrév. **PP.**

POLYPTÈRE **n.m.** Poisson osseux d'un type primitif des eaux douces d'Afrique, aux écailles très épaisses, à la nageoire dorsale décomposée en une série de pointes. ➲ Superordre des brachioptérygiens.

POLYPTYQUE **n.m.** (du gr. *poluptukhos*, aux nombreux replis). **BX-ARTS.** Ensemble de panneaux peints ou sculptés liés entre eux, comprenant souvent des volets pouvant se replier sur une partie centrale.

▲ **polyptyque** de la Résurrection, école siennoise, XIVe s. (Cathédrale de Sansepolcro, Italie.)

POLYRADICULONÉVRITE **n.f.** **NEUROL.** Atteinte des racines de plusieurs nerfs.

POLYSACCHARIDE, ▲ *POLYSACCARIDE* [-saka-] **n.m.** Polyholoside.

POLYSÉMIE **n.f.** (du gr. *polus*, nombreux, et *sêma*, sens). **LING.** Propriété d'un mot qui présente plusieurs sens.

POLYSÉMIQUE **adj.** **LING.** Qui est caractérisé par la polysémie (CONTR. **monosémique**).

POLYSOC **adj.** **AGRIC.** Se dit d'une charrue qui a plusieurs socs.

POLYSOME [-zom] **n.m.** **GÉNÉT.** Ensemble des ribosomes fixés en même temps à un même ARN messager.

POLYSOMNOGRAPHIE **n.f.** Enregistrement de divers paramètres nerveux et musculaires pendant le sommeil.

POLYSTYRÈNE **n.m.** Matière thermoplastique obtenue par polymérisation du styrène.

POLYSULFURE **n.m.** **CHIM. MINÉR.** Composé sulfuré possédant une chaîne d'atomes de soufre. ➲ On utilise les polysulfures de calcium, de baryum ou de sodium contre les champignons parasites.

POLYSYLLABE ou **POLYSYLLABIQUE** **adj.** et **n.m.** **LING.** Qui a plusieurs syllabes.

POLYSYNTHÉTIQUE **adj.** **LING.** Se dit d'une langue dans laquelle les diverses parties de la phrase se soudent en une sorte de long mot composé.

POLYTECHNICIEN, ENNE **n.** Élève ou ancien élève de l'École polytechnique.

POLYTECHNIQUE **adj.** Vx. Qui concerne plusieurs techniques, plusieurs sciences. ▪ **École polytechnique*,** v. partie n.pr.

POLYTÉTRAFLUOROÉTHYLÈNE **n.m.** **CHIM.** Polymère de formule $(CF_2{-}CF_2)_n$, ayant une grande stabilité thermique et d'excellentes propriétés antiadhésives. Abrév. **PTFE.**

POLYTHÉISME **n.m.** Religion qui admet l'existence de plusieurs dieux.

POLYTHÉISTE **adj.** et **n.** Relatif au polythéisme ; qui en est adepte.

POLYTHERME **adj.** et **n.m.** **MAR.** Se dit d'un navire conçu pour transporter des marchandises réfrigérées à différentes températures.

POLYTONAL, E, AUX **adj.** Relatif à la polytonalité.

POLYTONALITÉ **n.f.** Technique d'écriture musicale qui utilise simultanément plusieurs tonalités.

POLYTOXICOMANE **adj.** et **n.** Se dit d'un toxicomane qui fait un usage simultané ou alterné de plusieurs drogues.

POLYTOXICOMANIE **n.f.** Usage simultané ou alterné de plusieurs drogues.

POLYTRANSFUSÉ, E **adj.** et **n.** **MÉD.** Qui a reçu des transfusions sanguines répétées.

POLYTRAUMATISÉ, E **adj.** et **n.** **MÉD.** Qui présente plusieurs lésions dues au même accident.

POLYTRAUMATISME **n.m.** **MÉD.** Présence de plusieurs lésions traumatiques sur un blessé, mettant sa vie en danger.

POLYTRIC **n.m.** (du gr. *trix*, cheveu). Mousse des bois, aux feuilles raides et piquantes, dont les sporogones peuvent dépasser 10 cm de haut. ➲ Ordre des eubryales.

POLYURÉTHANNE ou **POLYURÉTHANE** **n.m.** Matière plastique employée dans l'industrie des peintures, des vernis ou pour faire des mousses et des élastomères. Abrév. **PU.**

POLYURIE **n.f.** **MÉD.** Émission d'une quantité d'urine supérieure à la normale.

POLYVALENCE **n.f.** Caractère de ce qui est polyvalent ; qualité de qqn qui a plusieurs spécialités.

POLYVALENT, E **adj.** **1.** Qui est efficace dans plusieurs cas différents : *Sérum polyvalent.* **2.** Qui offre plusieurs usages possibles : *Salle polyvalente.* **3.** Qui possède des capacités variées : *Enseignant polyvalent.* **4.** **CHIM.** Dont la valence est supérieure à 1. ▪ **Inspecteur polyvalent,** ou **polyvalent, n.,** agent des impôts pouvant vérifier l'exactitude des déclarations fiscales dans les entreprises, chez les commerçants, etc. ▪ **Lycée polyvalent,** à la fois d'enseignement général et d'enseignement technologique.

POLYVALENTE **n.f.** Au Québec, école secondaire publique où sont dispensés à la fois un enseignement général et un enseignement professionnel.

POLYVINYLE n.m. Nom commercial des polymères polyvinyliques.

POLYVINYLIQUE adj. CHIM. ORG. Se dit de résines obtenues par polymérisation de monomères dérivés du vinyle.

POLYVITAMINE n.f. Médicament réunissant plusieurs vitamines.

POMÉLO ou **POMELO** [-me-] **n.m.** (anglo-amér. *pomelo*, du lat. *pomum*, fruit). **1.** Arbre du groupe des agrumes, probablement issu du croisement de l'oranger et du pamplemoussier. **2.** Fruit de cet arbre, à peau et à pulpe jaunes ou rouge rosé, de saveur légèrement amère, souvent appelé abusivement *pamplemousse*.

POMÉRANIEN, ENNE adj. et **n.** De Poméranie.

POMERIUM n.m. → **POMŒRIUM.**

POMEROL n.m. (de *Pomerol*, n.pr.). Vin rouge, grand cru du Bordelais.

POMICULTEUR, TRICE n. Personne qui pratique la pomiculture.

POMICULTURE n.f. Culture du pommier.

POMMADE n.f. (ital. *pomata*). **1.** Préparation pharmaceutique molle et grasse, que l'on applique sur la peau ou les muqueuses. **2.** Vieilli. Préparation cosmétique parfumée. ▪ **Passer de la pommade à qqn** [fam.], le flatter pour en obtenir qqch.

POMMADER v.t. [3]. Enduire de pommade.

POMMAISON n.f. Processus de formation de la pomme de légumes (choux et salades) ; période correspondante.

POMMARD n.m. (de *Pommard*, n.pr.). Vin rouge, grand cru de Bourgogne.

1. POMME n.f. (lat. *pomum*). **1.** Fruit comestible du pommier, à pépins, rond et charnu, que l'on consomme frais ou cuit (compote, gelée, pâtisserie) et dont le jus fermenté fournit le cidre. **2. BOT.** Cœur du chou, de la laitue formé de feuilles serrées. **3.** Objet dont la forme évoque une pomme : *Pomme de douche.* **4.** Fam. Individu crédule, naïf. ▪ **Aux pommes** [fam., vieilli], très réussi. ▪ **Ma, ta pomme** [fam.], moi ; toi : *Ça, c'est pour ma pomme.* ▪ **Pomme d'Adam** [anat.], saillie à la partie antérieure du cou masculin, formée par le cartilage thyroïde. ▪ **Pomme d'amour** [région.], tomate ; pomme enrobée de sucre et plantée au bout d'un bâtonnet, souvent vendue dans les foires. ▪ **Pomme d'arrosoir,** pièce tronconique, percée de petits trous, qui s'adapte au tuyau d'un arrosoir (SYN. **aspersoir**). ▪ **Pomme de discorde** → **DISCORDE.** ▪ **Pomme de mât** [mar.], petite pièce de bois en forme de boule, ou d'une forme voisine, au bout d'un mât. ▪ **Pomme de pin,** fruit du pin. ▪ **Tomber dans les pommes** [fam.], s'évanouir.

2. POMME n.f. Pomme de terre : *Des pommes frites.*

POMMÉ, E adj. Se dit d'une plante dont le cœur a pommé : *Laitue pommée.*

POMMEAU n.m. (de l'anc. fr. *pom*). **1.** Extrémité renflée de la poignée d'une canne, d'un parapluie, etc. **2.** Boule en caoutchouc terminant la canne à pêche à lancer. **3.** Partie antérieure de l'arçon d'une selle de cheval. **4.** Suisse. Simple exécutant ; apprenti.

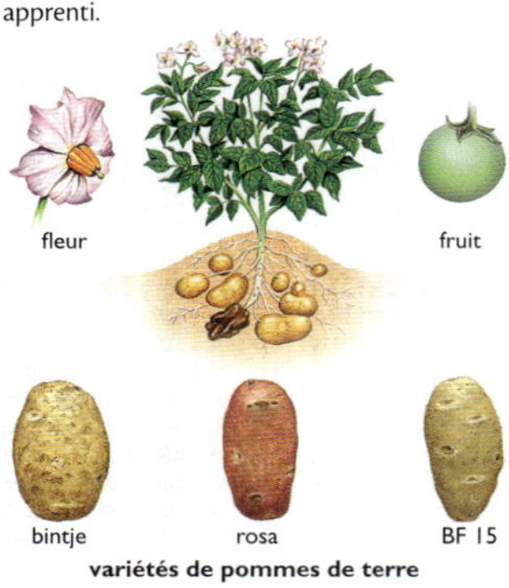

▲ **pomme de terre**

POMME DE TERRE n.f. (pl. *pommes de terre*). **1.** Plante originaire d'Amérique du Sud, cultivée pour ses tubercules riches en amidon. ➲ Famille des solanacées. Bien qu'introduite en Europe dès 1534, la pomme de terre ne se répandit en France qu'au XVIIIe s., sous l'influence de Parmentier. **2.** Tubercule comestible de cette plante, très utilisé dans l'alimentation humaine et pour la fabrication de fécule.

POMMELÉ, E adj. 1. Se dit de la robe d'un cheval, grise et marquée de taches rondes plus claires ou blanches ; se dit de l'animal lui-même. **2.** Couvert de petits nuages de forme arrondie : *Ciel pommelé.*

SE POMMELER v.pr. [16], ▲ *[12].* Se couvrir de petits nuages, en parlant du ciel.

POMMELLE n.f. (var. de *paumelle*). Plaque métallique perforée et placée à l'entrée d'une conduite pour arrêter les déchets solides.

POMMER v.i. [3]. AGRIC. Se former en pomme, en parlant de légumes comme les choux, les laitues, etc.

POMMERAIE n.f. Lieu planté de pommiers.

POMMETTE n.f. ANAT. Partie supérieure, la plus saillante, de la joue.

POMMIER n.m. Arbre fruitier des régions tempérées, à feuilles ovales et dentées, à fleurs blanches ou roses, qui produit la pomme. ➲ Famille des rosacées.

▲ **pommier** et variétés de pommes.

POMŒRIUM ou **POMERIUM,** ▲ *POMÉRIUM* [pɔmerjɔm] **n.m.** (du lat. *post*, derrière, et *murus*, rempart). **ANTIQ. ROM.** Limite sacrée autour de la ville de Rome, où il était interdit d'enterrer les morts, de bâtir, de labourer et de porter les armes.

POMOLOGIE n.f. Partie de l'arboriculture qui traite des fruits comestibles.

POMOLOGUE n. Spécialiste de pomologie.

POMPAGE n.m. Action de pomper. ▪ **Pompage hertzien, optique** [phys.], technique consistant à soumettre un corps à une irradiation hertzienne lumineuse pour modifier la répartition des atomes, utilisée notamm. dans les lasers. ▪ **Station de pompage,** installation, sur le trajet d'un pipeline, pour pomper le fluide transporté (pétrole, par ex.).

1. POMPE n.f. (du lat. *pompa*, procession). Litt. Déploiement de faste ; apparat. ▪ **En grande pompe** [litt.], avec beaucoup d'éclat. ◆ **n.f. pl. RELIG.** Vieilli. Vanités et faux plaisirs du monde. ▪ **Service des pompes funèbres,** service public ou privé chargé de l'organisation des obsèques.

2. POMPE n.f. (mot néerl.). **1.** Appareil pour aspirer, refouler ou comprimer les fluides. **2.** Appareil utilisé pour la distribution et la vente au détail des carburants : *Le prix de l'essence à la pompe n'a pas baissé.* **3.** Fam. Chaussure. **4.** Fam. Mouvement de gymnastique qui consiste à soulever le corps, à plat ventre sur le sol, en poussant sur les bras. ▪ **À toute(s) pompe(s)** [fam.], très vite. ▪ **Marcher** ou **être à côté de ses pompes** [fam.], être indécis, désorienté ou très distrait. ▪ **Pompe à chaleur** [therm.], appareil prélevant de la chaleur à un milieu à basse température pour en fournir à un milieu à température plus élevée (SYN. **thermopompe**). ▪ **Pompe à incendie,** pompe pour éteindre le feu au moyen d'un jet d'eau continu très puissant. ▪ **Pompe aspirante,** dans le corps de laquelle le liquide monte par l'effet de la pression atmosphérique, lorsque le piston s'élève. ▪ **Pompe aspirante et foulante,** dans le corps de laquelle le liquide est aspiré par l'ascension du piston, qui ensuite le refoule dans un tuyau latéral. ▪ **Pompe à vélo,** petite pompe à air pour gonfler les chambres à air des pneus de bicyclette. ▪ **Pompe d'injection,** pompe qui introduit directement le combustible sous pression dans les cylindres, dans un moteur à combustion interne. ▪ **Pompe ionique** [biol.], complexe de protéines enzymatiques de la membrane cellulaire, qui assure le transport actif de certains ions contre le gradient de leur concentration. ▪ **Serrure à pompe,** serrure de sûreté dans laquelle la clé doit pousser un ou plusieurs ressorts pour pouvoir agir sur le pêne.

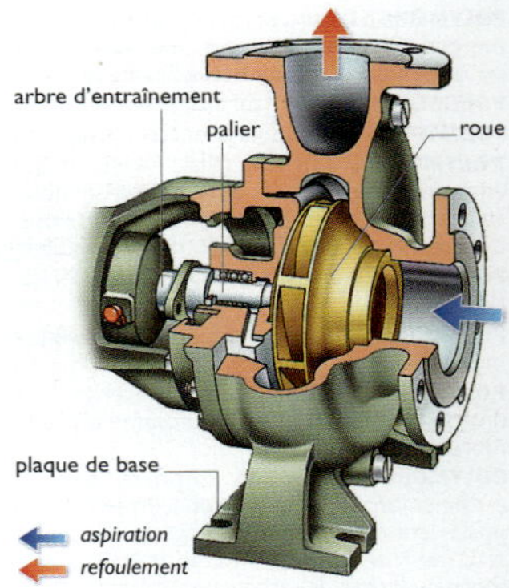

▲ **pompe** centrifuge à roue.

1. POMPÉIEN, ENNE adj. Relatif à Pompéi, au style des peintures qui y ont été découvertes.

2. POMPÉIEN, ENNE adj. HIST. Relatif à Pompée, à ses partisans.

POMPER v.t. [3]. 1. Puiser, aspirer un fluide au moyen d'une pompe. **2.** Absorber un liquide : *La serpillière n'a pas pompé toute l'eau.* **3.** En parlant d'un être vivant, aspirer un liquide : *Le moustique pompe le sang.* **4.** Fam., vieilli. Boire beaucoup de vin. **5.** Fam. Fatiguer ; épuiser : *Cette course l'a pompé.* **6.** Arg. scol. Tricher en copiant. ▪ **Pomper l'air à qqn** [fam.], l'ennuyer.

POMPETTE adj. Fam. Un peu ivre.

POMPEUSEMENT adv. Avec emphase.

POMPEUX, EUSE adj. Qui est empreint d'une solennité excessive ; ampoulé : *Un langage pompeux.*

1. POMPIER n.m. Personne faisant partie d'un corps organisé pour combattre les incendies, intervenir en cas de sinistre et effectuer des opérations de sauvetage (SYN. **sapeur-pompier**). ▪ **Fumer comme un pompier** [fam.], beaucoup. ▪ **Pompier pyromane,** personne ou organisme qui se posent en sauveurs d'une situation catastrophique qu'ils ont eux-mêmes provoquée ou largement contribué à créer : *Banque qui endosse les habits du pompier pyromane.*

2. POMPIER, ÈRE adj. (de *1. pompe*). D'un académisme emphatique, en parlant d'un style, d'un art ou de qqn qui le pratique. ◆ **n.m. 1.** Art, style, genre pompier. **2.** Artiste pompier.

POMPIÉRISME n.m. Art pompier.

POMPILE n.m. (lat. *pompilus*). Insecte à l'abdomen finement pédiculé, orange et noir, qui pond ses œufs sur les araignées après les avoir paralysées d'un coup d'aiguillon. ➲ Ordre des hyménoptères.

POMPISTE n. Personne préposée au fonctionnement d'un appareil de distribution de carburant.

POM-POM GIRL [pɔmpɔmgœrl] **n.f.** (pl. *pom-pom girls*) [mot anglo-amér.]. Jeune fille qui défile en agitant des pompons aux couleurs d'une équipe sportive, avant un match, une compétition.

POMPON n.m. 1. Touffe serrée de fibres textiles formant une houppe arrondie, qui sert d'ornement dans l'habillement et l'ameublement. **2.** (En appos., inv.). Qui a de petites fleurs en forme de boule : *Des roses pompon.* ▪ **Avoir le pompon** [fam., souvent iron.], l'emporter sur les autres. ▪ **C'est le pompon !** [fam.], c'est le comble !

POMPONNER v.t. [3]. Arranger avec beaucoup de soin la toilette de. ◆ **SE POMPONNER v.pr.** Apprêter sa toilette avec beaucoup de soin.

PONANT n.m. (du lat. pop. *sol ponens*, soleil couchant). **1.** Région. ou litt. Ouest ; occident. **2.** Vent d'ouest, dans le Midi. **3.** Anc., région. (Midi). Océan.

PONANTAIS n.m. Vx. Marin des côtes françaises de l'Atlantique.

PONÇAGE n.m. TECHN. Action de poncer.

PONCE adj. (lat. *pumex*). ▪ **Pierre ponce,** ou **ponce, n.f.,** roche pyroclastique claire et poreuse, légère (flottant parfois sur l'eau) et friable, qui sert à polir.

1. PONCEAU n.m. Petit pont à arche unique.

2. PONCEAU adj. inv. (de *paon*). De la couleur rouge vif du coquelicot.

PONCER v.t. [9]. 1. TECHN. Polir, décaper avec un abrasif (ponce, émeri, etc.), à la main ou à la machine. **2. BX-ARTS.** Reproduire un dessin par le procédé du poncif.

PONCEUSE n.f. TECHN. Machine à poncer.

PONCEUX, EUSE adj. De la nature de la ponce.

PONCHO [pɔ̃(t)ʃo] **n.m.** (mot esp.). Manteau fait d'une pièce rectangulaire de laine tissée, avec une ouverture pour passer la tête, en usage en Amérique latine.

PONCIF n.m. (de *poncer*). **1.** Dessin sur papier-calque percé de petits trous, que l'on reproduit sur un tissu à broder en le frottant avec un tampon imprégné de poudre colorée. **2.** Fig. Idée sans originalité ; lieu commun ; cliché.

PONCTION n.f. (du lat. *punctio*, piqûre). **1. MÉD.** Introduction d'un instrument pointu (par ex. une aiguille creuse) dans un organe ou une cavité pour en retirer un gaz ou un liquide. **2.** Action de prélever une partie importante de qqch, en partic. une somme d'argent. ▪ **Ponction lombaire** [méd.], pratiquée entre deux vertèbres lombaires pour prélever du liquide céphalo-rachidien. ▪ **Ponction veineuse,** faite dans une veine superficielle du bras pour prélever du sang ; prise de sang.

PONCTIONNER v.t. [3]. 1. MÉD. Prélever ou vider par une ponction. **2.** Prélever de l'argent sur le compte de.

PONCTUALITÉ n.f. Qualité d'une personne ponctuelle ; exactitude.

PONCTUATION n.f. Action, manière de ponctuer. ▪ **Signes de ponctuation,** signes graphiques tels que le point, la virgule, les tirets, etc., marquant les pauses entre phrases ou éléments de phrases, ainsi que les rapports syntaxiques.

PONCTUEL, ELLE adj. (du lat. *punctum*, point). **1.** Qui arrive à l'heure ; exact : *Des invités ponctuels.* **2.** Qui porte sur un détail : *Remarque ponctuelle* ; qui n'a qu'un objectif isolé ou limité : *Une aide ponctuelle aux démunis.* **3. OPT.** Constitué par un point. **4. MATH.** Relatif aux points ; dont les éléments sont des points. ▪ **Source ponctuelle** [astron., opt.], source lumineuse qui peut être assimilée à un point.

PONCTUELLEMENT adv. 1. Avec ponctualité. **2.** De manière ponctuelle, limitée.

PONCTUER v.t. [3]. 1. Marquer un texte de signes de ponctuation. **2.** Renforcer certains mots par des gestes ou des exclamations ; souligner. **3. MUS.** Marquer les repos en composant ou en exécutant une partition.

PONDAISON n.f. Époque de la ponte, chez les oiseaux.

PONDÉRABLE adj. (bas lat. *ponderabilis*). Qui peut être pesé ; qui a une masse mesurable.

PONDÉRAL, E, AUX adj. Relatif au poids : *Surcharge pondérale.*

PONDÉRATEUR, TRICE adj. Qui pondère ; modérateur.

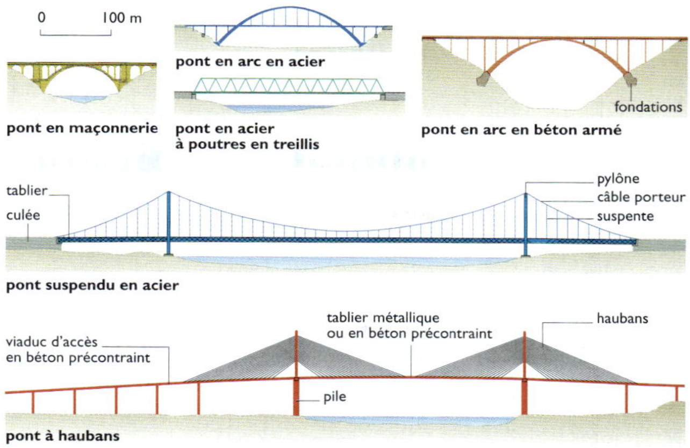

▲ **ponts**

PONDÉRATION n.f. 1. Caractère d'une personne pondérée ; modération. **2.** Juste équilibre de tendances contraires, dans le domaine politique ou social. **3. MATH.** Attribution à chacun des éléments servant à élaborer une moyenne, un indice, etc., d'un coefficient qui exprime son importance relative.

PONDÉRÉ, E adj. 1. Qui fait preuve de réserve, de mesure ; modéré : *Une personne, une conclusion pondérée.* **2. MATH.** Dont la valeur a été calculée par une méthode de pondération.

PONDÉRER v.t. [11], ▲ *[11*]* (du lat. *ponderare*, peser). **1.** Équilibrer qqch par qqch d'autre qui l'atténue : *Pondérer les pouvoirs de l'exécutif par l'indépendance du législatif.* **2. MATH.** Procéder à la pondération des variables entrant dans le calcul d'un indice, d'une note, etc.

PONDÉREUX, EUSE adj. et **n.m.** Se dit d'un matériau de densité élevée utilisé dans l'industrie.

PONDEUR, EUSE adj. Qui pond. ▪ **Poule pondeuse,** ou **pondeuse, n.f.,** poule élevée pour la production d'œufs destinés à la consommation.

PONDOIR n.m. Dispositif ou endroit aménagé pour la ponte des poules.

PONDRE v.t. [59] (du lat. *ponere*, poser). **1.** Produire des œufs, en parlant de la femelle d'un ovipare. **2.** Fam. Rédiger : *Je dois pondre mon article pour demain.*

PONETTE n.f. Jument poney.

PONEY [pɔnɛ] **n.m.** (angl. *pony*). Cheval de petite taille, surtout utilisé pour l'équitation enfantine.

PONGÉ ou **PONGÉE n.m.** (angl. *pongee*). Taffetas de soie léger et souple.

PONGIDÉ n.m. (de *pongo*, n. africain d'un singe). **ZOOL.** Primate anthropoïde tel que le chimpanzé, l'orang-outan et le gorille. ➲ Les pongidés forment une famille que l'on tend à réduire au seul orang-outan.

PONGISTE n. (de *ping-pong*). Joueur de tennis de table.

PONOR n.m. Gouffre par où s'échappent les eaux fluviales ou lacustres au fond d'un poljé. (V. dessin *relief karstique**.)

PONT n.m. (lat. *pons, pontis*). **1.** Ouvrage, construction permettant de franchir une dépression, un obstacle, notamm. un cours d'eau, un bras de mer, une voie ferrée, une route. *(V. planche page suivante.)* **2.** Fig. Ce qui forme une jonction ou une transition : *Jeter un pont entre les générations.* **3.** Jour ouvrable mais qui, situé entre deux jours fériés ou chômés, est aussi chômé. **4. SPORTS.** Figure d'acrobatie au sol dans laquelle le corps, arqué en arrière, repose sur les pieds et sur les mains. **5. ÉLECTR.** Dispositif formé de quatre branches placées en quadrilatère comportant des éléments tels que résistances, condensateurs, etc., et de deux branches diagonales, l'une portant la source de courant, l'autre un appareil de mesure, et qui sert à mesurer des impédances, des fréquences, etc. **6. CHIM.** Atome ou groupe d'atomes reliant deux chaînes adjacentes de macromolécules. **7. MAR.** Ensemble des planches ou des tôles, disposées de manière à former une surface d'un seul tenant, qui couvrent le creux d'une coque de navire ou le divisent horizontalement en compartiments (dits *entreponts*). **8. MUS.** Transition entre le premier et le deuxième thème, dans un allégro de sonate ; en jazz, deuxième partie du thème (symbolisée par B dans une suite de mesures de forme AABA). ▪ **Couper les ponts,** mettre fin à des relations. ▪ **Être sur le pont,** à son poste et prêt à se mettre au travail. ▪ **Faire un pont d'or à qqn,** lui offrir beaucoup d'argent pour le décider à accepter un poste, une proposition. ▪ **Les Ponts et Chaussées,** administration qui, en France, est chargée des travaux de génie civil (v. partie n.pr.). ▪ **Pantalon à pont,** comportant par-devant un pan d'étoffe qui se rabat. ▪ **Pont aérien,** liaison aérienne entre deux points séparés par une zone où les autres communications sont impossibles ou trop lentes. ▪ **Pont à haubans,** pont (de 250 à 1 000 m de long) dont le tablier est maintenu par des câbles obliques rectilignes accrochés à des pylônes. ▪ **Pont arrière** [autom.], ensemble formé par l'essieu arrière et certains organes de transmission, en partic. le différentiel, sur un véhicule à roues arrière motrices. ▪ **Pont aux ânes** [math.], démonstration graphique du théorème sur le carré de l'hypoténuse ; fig., difficulté qui n'arrête que les ignorants. ▪ **Pont basculant,** pont dont le tablier est mobile autour d'un axe de rotation horizontal. ▪ **Pont de bateaux,** pont fait de bateaux reliés entre eux. ▪ **Pont de cloisonnement,** pont jusqu'où s'élèvent les cloisons étanches transversales d'un navire. ▪ **Pont d'envol,** partie supérieure d'un porte-avions ou d'un porte-aéronefs, constituant la piste de décollage et d'atterrissage. ▪ **Pont de singe,** passerelle constituée de câbles, l'un sur lequel on déplace les pieds et l'autre (ou les deux autres) auquel on s'agrippe. ▪ **Pont de Varole** [anat.], protubérance (annulaire). ▪ **Pont élévateur,** appareil de levage pour entretenir et réparer la partie inférieure d'un véhicule automobile à hauteur d'homme. ▪ **Pont levant,** pont dont le tablier se relève par une translation verticale, tout en restant horizontal. ▪ **Pont mobile,** pont dont le tablier est mobile en partie ou en totalité. ▪ **Pont roulant** [manut.], appareil de levage permettant de déplacer des charges dans le parallélépipède que constitue son ossature. ▪ **Pont suspendu,** pont (d'une longueur pouvant dépasser 1 km) dont le tablier est supporté par des câbles métalliques. ▪ **Pont tournant,** pont dont le tablier pivote autour d'un axe vertical ; ch. de f., pont à déplacement circulaire supportant une voie et desservant un ensemble de voies rayonnant autour de son centre, également utilisé pour tourner les locomotives.

PONTAGE n.m. 1. CHIRURG. Opération qui consiste à réunir deux canaux, en partic. deux segments artériels, par un greffon ou par un

Les grands ponts du monde

Viaduc de Millau, Aveyron (France), pont à haubans au-dessus de la vallée du Tarn.

Firth of Forth Bridge, près d'Édimbourg (Écosse), pont cantilever qui enjambe le Forth.

Pont du Gard, près de Nîmes (France), aqueduc romain traversant le Gard.

Golden Gate Bridge, San Francisco (États-Unis), pont suspendu au-dessus du détroit du Golden Gate.

Pont de Sutong, près de Suzhou (Chine), pont à haubans franchissant le Yangzi Jiang.

Pont Vasco da Gama, Lisbonne (Portugal), pont à haubans qui traverse l'estuaire du Tage.

Tower Bridge, Londres (Grande-Bretagne), pont basculant franchissant la Tamise.

Pont du Bosphore, Istanbul (Turquie), pont suspendu reliant l'Occident et l'Orient.

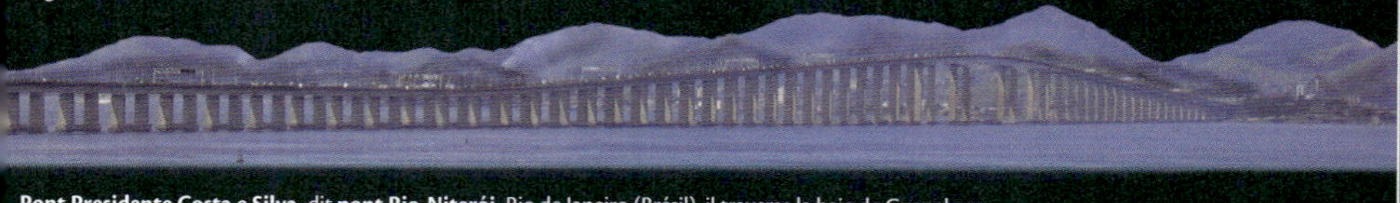

Pont Presidente Costa e Silva, dit **pont Rio-Niterói,** Rio de Janeiro (Brésil), il traverse la baie de Guanabara.

tube prothétique mis parallèlement à une zone obstruée ou rétrécie. **2.** CHIM. Établissement de liaisons transversales entre les chaînes adjacentes de macromolécules ; formation de ponts, par un atome ou un ligand, dans les composés organométalliques.

PONT-BASCULE **n.m.** (pl. *ponts-bascules*). Dispositif de pesage, du type bascule, pour les charges très lourdes (camions, wagons, etc.).

PONT-CANAL **n.m.** (pl. *ponts-canaux*). Pont portant un canal.

1. PONTE **n.m.** (de *1. ponter*). **1.** Aux jeux de hasard, celui des joueurs qui joue contre le banquier. **2.** Fam. Personne qui fait autorité dans un domaine : *Un ponte de la médecine.*

2. PONTE **n.f.** **1.** Action de pondre ; saison pendant laquelle les animaux pondent. **2.** Quantité d'œufs pondus. ▪ **Ponte ovulaire,** ovulation.

PONTÉ, E **adj.** MAR. Se dit d'une embarcation munie d'un pont : *Canot ponté.*

PONTÉE **n.f.** Ensemble des marchandises embarquées sur le pont d'un navire.

1. PONTER **v.i.** [3] (de *pondre*, poser). Aux jeux de hasard, miser contre le banquier.

2. PONTER **v.t.** [3]. **1.** Munir un navire d'un pont. **2.** CHIRURG. Réunir par pontage.

PONTET **n.m.** Pièce métallique protégeant la détente d'une arme à feu portative.

PONTIER **n.m.** **1.** Conducteur d'un pont roulant. **2.** Personne chargée de la manœuvre d'un pont mobile.

PONTIFE **n.m.** (lat. *pontifex*). **1.** Titre donné aux évêques et, en partic., au pape, évêque de Rome, appelé *souverain pontife*. **2.** Fam. Homme gonflé de son importance, prétentieux. **3.** ANTIQ. ROM. Membre du plus important collège sacerdotal. ▪ **Grand pontife** [Antiq. rom.], chef du collège des pontifes.

PONTIFIANT, E **adj.** Fam. Qui pontifie.

PONTIFICAL, E, AUX **adj.** **1.** Relatif au pape et aux évêques. **2.** ANTIQ. ROM. Qui se rapporte aux pontifes. ◆ **n.m.** Rituel des cérémonies propres au pape.

PONTIFICAT **n.m.** (lat. *pontificatus*). **1.** Dignité, fonction de pape ; durée de cette fonction. **2.** ANTIQ. ROM. Dignité de pontife ou de grand pontife.

PONTIFIER **v.i.** [5]. **1.** Fam. Parler avec emphase, solennité ; pérorer. **2.** Vx. Célébrer un office pontifical.

PONTIL [pɔ̃til] ou **POINTIL** [pwɛ̃til] **n.m.** (de *pointe*). VERR. Masse de verre à l'état de demi-fusion, qui permet de fixer un objet de verre en fabrication au bout d'une barre de fer ; cette barre.

PONT-L'ÉVÊQUE **n.m. inv.** (de *Pont-l'Évêque*, n.pr.). Fromage AOC au lait de vache, à pâte molle et à croûte lavée, carré, fabriqué en Normandie.

PONT-LEVIS [-vi] **n.m.** (pl. *ponts-levis*). FORTIF. Élément de pont mobile autour d'un axe, qui s'abaisse sur un élément fixe du pont ou sur le bord d'un fossé pour donner accès à un ouvrage fortifié et se relève pour en interdire l'entrée.

PONT-NEUF **n.m.** (pl. *ponts-neufs*). CUIS. Tartelette feuilletée, garnie de frangipane et de macarons écrasés. ▪ **Pommes pont-neuf,** frites taillées en gros bâtonnets.

PONTON **n.m.** (du lat. *ponto*, bac). **1.** Appontement servant de débarcadère ; plateforme flottante : *Un ponton de ski nautique.* **2.** Vieux navire ou barge désarmés servant de dépôt de matériel, de navire-école, de prison, etc. **3.** Construction flottante et plate pour le transport de matériel dans les ports.

PONTON-GRUE **n.m.** (pl. *pontons-grues*). Ponton, souvent autopropulsé, supportant une grue.

PONTONNIER **n.m.** Militaire du génie spécialisé dans la construction des ponts.

PONT-PROMENADE **n.m.** (pl. *ponts-promenade[s]*). Pont réservé à la promenade des passagers, sur un paquebot.

PONT-RAIL **n.m.** (pl. *ponts-rails*). Pont portant une voie ferrée.

PONT-ROUTE **n.m.** (pl. *ponts-routes*). Pont portant une route.

PONTUSEAU **n.m.** (de l'anc. fr. *pontereau*, petit pont). PAPET. **1.** Tige de métal qui traverse les vergeures de la forme, dans la fabrication du papier vergé ; trace laissée par cette tige. **2.** Sur les machines à papier modernes, rouleau supportant la toile de la machine.

Le pop art et l'hyperréalisme

En réaction à l'expressionnisme abstrait, les « pop artistes » britanniques, puis américains, se sont intéressés à une culture populaire formée par l'image de la vie moderne et des médias : publicités, photos de presse, stars, bandes dessinées, objets usuels (par contrecoup, le courant a inspiré un style nouveau des images publicitaires et du design). L'hyperréalisme américain se montre très proche du pop art par la nature du sujet choisi : les objets du quotidien. Persuadés que tout a été tenté en art, les hyperréalistes cherchent à reproduire la réalité des années 1970 le plus fidèlement possible. La subjectivité surgit toutefois de leurs cadrages insolites.

Don Eddy (né en 1944) ▶
Sans titre (1971) : une grande virtuosité technique se met au service d'un rendu froid et inquiétant de la réalité.

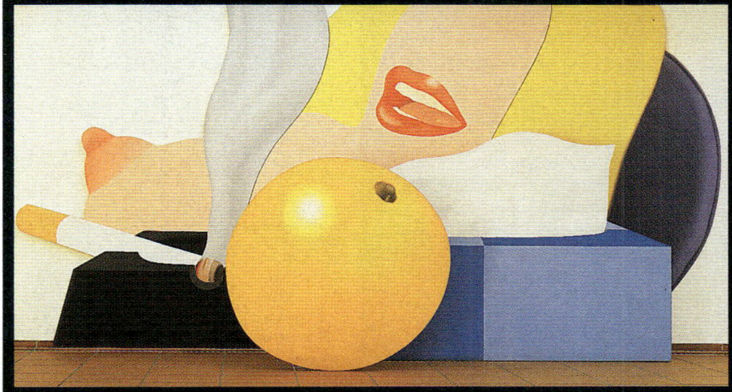

▲ **Tom Wesselmann.** *Grand Nu américain n° 98* (1967), peinture acrylique sur métal. Par le principe du collage, un dialogue s'instaure entre le corps féminin et les éléments familiers de la vie quotidienne : les lèvres éclatantes, le sein et le fruit gonflés, le cendrier avec son panache de fumée, le Kleenex aussi composent une sorte de vivant blason du « glamour ». (Musée Wallraf-Richartz-Ludwig, Cologne.)

POOL [pul] **n.m.** (mot angl.). Ensemble de personnes effectuant le même travail dans une entreprise. ▪ **Pool bancaire,** ensemble de banques qui s'associent temporairement pour une opération de crédit.

1. POP [pɔp] **n.f.** ou **n.m.** ou **POP MUSIC** [pɔpmyzik] ou [-mjuzik] **n.f.** (pl. *pop musics*) [mot anglo-amér.]. Musique populaire d'origine anglo-saxonne, issue princip. du rock and roll et enrichie d'influences diverses (jazz, musique classique, électronique, etc.).

2. POP **adj. inv.**, ▲ ***adj.*** Relatif à la pop.

POP ou **P.O.P.** [peope] **n.m.** (sigle). Polluant organique persistant.

POPAH **n.m.** Polynésie. Européen ; Blanc.

POP ART [pɔpart] **n.m.** (pl. *pop arts*) [mot angl., abrév. de *popular art*]. Courant contemporain des arts plastiques, qui utilise pour ses compositions des objets de la vie quotidienne et des images empruntées à la publicité, aux magazines, etc.

POP-CORN [pɔpkɔrn] **n.m. inv.**, ▲ ***POPCORN n.m.*** (mot anglo-amér., de *to pop*, éclater, et *corn*, maïs). Aliment composé de grains de maïs éclatés à la chaleur, sucrés ou salés.

POPE **n.m.** (russe *pop*). Prêtre de l'Église orthodoxe slave.

POPELINE **n.f.** (angl. *poplin*). **1.** Tissu très serré de coton ou de soie, utilisé princip. pour la confection de chemises. **2.** Anc. Étoffe légère à chaîne de soie et trame de laine.

POPINÉE **n.f.** Nouvelle-Calédonie. Femme kanak.

POPLITÉ, E **adj.** (du lat. *poples*, *-itis*, genou). ANAT. Relatif à la partie postérieure du genou. ▪ **Creux poplité,** région située à l'arrière de l'articulation du genou.

POP MUSIC **n.f.** → **1. POP.**

1. POPOTE **n.f.** **1.** Fam. Préparation des repas ; cuisine : *Faire la popote.* **2.** Arg. mil. Lieu où plusieurs personnes prennent leurs repas en commun ; association qu'elles forment pour leurs dépenses communes.

2. POPOTE **adj. inv.** Fam. Très préoccupé par les détails matériels ; terre à terre.

POPOTIN **n.m.** (de *pot*). Fam. Derrière ; fesses. ▪ **Se manier le popotin** [fam.], se dépêcher.

POPULACE **n.f.** (ital. *popolaccio*, de *popolo*, peuple). Péjor. Classe défavorisée de la population ; bas peuple.

POPULACIER, ÈRE **adj.** Péjor. Relatif à la populace ; vulgaire.

POPULAGE **n.m.** (du lat. *populus*, peuplier). Plante vivace toxique à fleurs jaunes et à larges feuilles, qui croît dans les lieux humides (SYN. **souci d'eau, souci des marais**). ➲ Famille des renonculacées.

POPULAIRE **adj.** (lat. *popularis*). **1.** Relatif au peuple : *Quartier populaire* ; issu du peuple : *Gouvernement populaire.* **2.** Qui s'adresse au public le plus nombreux : *Théâtre populaire.* **3.** Connu et aimé du plus grand nombre ; célèbre : *Acteur très populaire.* **4.** LING. Qui relève, sans être grossier ni vulgaire, du parler utilisé par des personnes d'un milieu social peu cultivé et, au-delà, de la reprise d'éléments de ce parler par volonté de paraître spontané et sans façon dans la communication courante. **5.** LING. Se dit d'une forme qui résulte d'une évolution phonétique et non d'un emprunt. ➲ Ex. : *livrer*, qui vient du latin *liberare*, est une forme populaire, alors que *libérer* est une forme dite *savante*.

La population mondiale

La population mondiale a atteint en 2018 env. 7,6 milliards d'habitants. Elle se concentre au bord des cours d'eau et le long des littoraux, dans l'est de l'Asie, en Europe et aux États-Unis. La majorité de la population vit désormais dans des villes. L'accroissement exponentiel de la population mondiale est relativement récent et inégal selon les continents : alors que l'Europe vieillit, l'Afrique, en pleine transition démographique, est encore très jeune. Par le jeu des migrations internationales, 3 % de la population mondiale vit hors de son pays d'origine.

▲ Écolières et écoliers en Chine.

Les grands foyers de peuplement

Répartie sur toute la surface de la Terre, la population mondiale se caractérise par son extraordinaire diversité : diversité ethnique, linguistique (plus de 6 000 langues sont parlées dans le monde), religieuse, culturelle.

Asie des moussons, surtout Chine (environ 20 % de la population du monde est chinoise) et Inde, et régions tempérées de l'hémisphère Nord, Europe et États-Unis, totalisent à elles seules près de la moitié de la population mondiale, avec des densités très élevées. Mais dans ces régions comme dans la majeure partie du monde, la tendance est au vieillissement de la population. Pour sa part, l'Afrique est encore peu peuplée, malgré sa forte croissance démographique actuelle. Enfin, de vastes espaces demeurent inoccupés, au Canada, en Sibérie, en Amazonie, au Sahara.

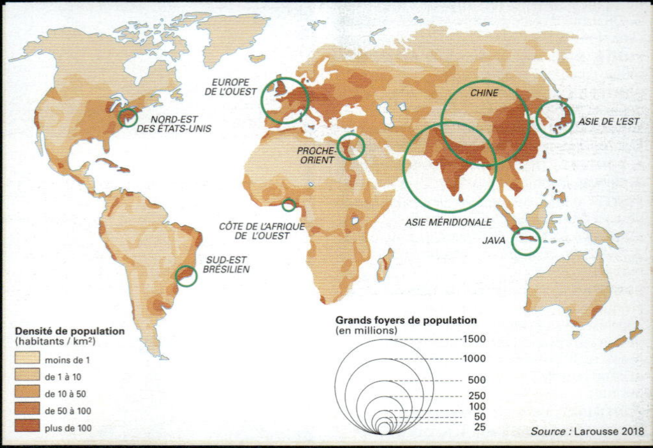

▲ La densité de population.

La forte augmentation de la population mondiale

Marquée jusqu'alors par une forte natalité et une forte mortalité, l'humanité entre à partir de 1700 dans une période de transition démographique. Tandis que la natalité reste élevée, la mortalité diminue grâce aux progrès économiques et sanitaires, contribuant ainsi à une croissance rapide de la population mondiale : le premier milliard d'habitants est atteint vers 1820 et, au début du XXe s., la population mondiale dépasse 1,6 milliard d'habitants. La mortalité recule en Extrême-Orient, au Proche-Orient et en Afrique, où la plupart des grandes épidémies sont enrayées, ainsi qu'en Europe, en dépit des deux conflits mondiaux. L'Amérique du Nord profite encore d'une confortable immigration, tout comme l'Australie.

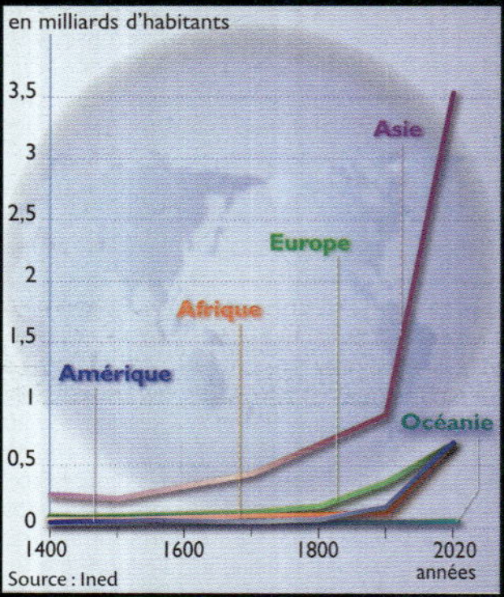

▲ L'évolution de la population des continents. À partir de 1900, la population mondiale augmente brutalement. L'Asie connaît la croissance la plus rapide : en à peine un siècle, sa population passe de 900 millions à plus de 3,6 milliards d'habitants.

Durant la seconde moitié du XXe s., la population continue à augmenter fortement, notamment en Asie (Chine et Inde). Ensuite, la natalité baisse à son tour, le rapport entre la natalité et la mortalité s'équilibre. Achevée dans les pays développés, la transition démographique débute seulement dans certains pays africains.

À l'aube du XXIe s., la croissance de la population mondiale ralentit en raison de la limitation des naissances qui se généralise dans presque tous les pays.

▲ Gratte-ciel et bidonvilles à Sao Paulo.

L'urbanisation galopante

L'urbanisation est devenue un fait majeur de la population mondiale : désormais, un homme sur deux vit dans une ville. L'exode rural et l'accroissement démographique viennent gonfler les mégalopoles des pays en développement : parmi la trentaine d'agglomérations de plus de 10 millions d'habitants, les dix plus peuplées sont Tokyo, Delhi, Shanghai, Sao Paulo, Mexico, Le Caire, Bombay, Pékin, Dacca et Osaka. Pôles d'échanges et de richesse politique, économique et culturelle, les grandes agglomérations du monde sont confrontées à des questions majeures d'urbanisme et d'aménagement, qui concernent la circulation, la pollution, le logement : aujourd'hui, près d'un milliard d'hommes s'entassent dans des bidonvilles.

Pays jeunes et pays vieillissants

Caractérisée par une forte natalité et une fécondité élevée, la population de l'Afrique subsaharienne est très jeune : environ 41 % des habitants sont âgés de moins de 15 ans. Dans certains pays, comme en Ouganda ou au Burkina, les moins de 15 ans représentent presque la moitié de la population totale, et la moitié exactement au Niger, où le taux de fécondité est de 7,2 enfants par femme. Les facteurs favorisant une forte natalité sont liés à un environnement socio-économique fragile. Les femmes jeunes, souvent non scolarisées, sont mal informées et n'ont pas encore accès aux méthodes classiques de contraception.

La situation est très différente en Europe (notamment en Italie et en Allemagne) et au Japon, où la part de la population âgée de plus de 65 ans est supérieure à celle de la population âgée de moins de 15 ans. Le taux de fécondité, inférieur à 2 enfants par femme (1,6 en Europe et 1,4 au Japon), le recul du nombre des naissances et l'allongement de la durée de la vie ont accentué le vieillissement de la population. Les populations de l'Allemagne et de la Russie ont d'ores et déjà commencé à baisser.

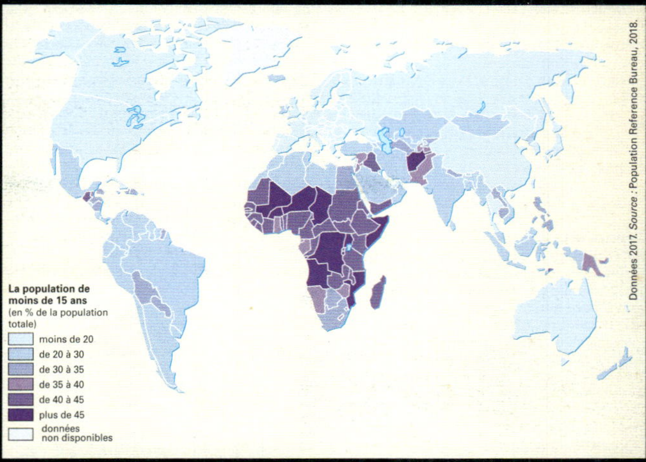

▲ La population de moins de 15 ans.

▲ Enfants au Rwanda.

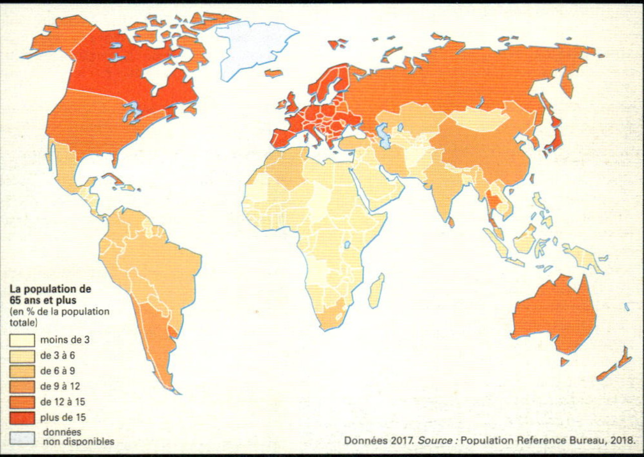

▲ La population de 65 ans et plus.

▲ Seniors dans un cours de gymnastique, en Allemagne.

Le déséquilibre démographique

La forme d'une pyramide des âges, même si elle est tributaire des interactions passées de la mortalité et des migrations, dépend avant tout des variations passées de la fécondité. Rép. dém. du Congo, Turquie, Allemagne : trois pays au nombre d'habitants comparable (84,3 millions pour la RDC, 81,3 millions pour la Turquie et 82,8 millions pour l'Allemagne) qui offrent trois pyramides des âges très différentes.

En RDC, la fécondité demeure très élevée – d'où la forte proportion de jeunes – et l'espérance de vie est faible. En Turquie, la mortalité a nettement diminué alors que la natalité se maintient, tandis que la part des personnes âgées est encore réduite. En Allemagne, la fécondité est en baisse constante depuis la fin du baby-boom des années 1945 à 1965, ce qui explique le rétrécissement de la base de la pyramide (nombre de jeunes en diminution) et le vieillissement de la population, particulièrement marqué.

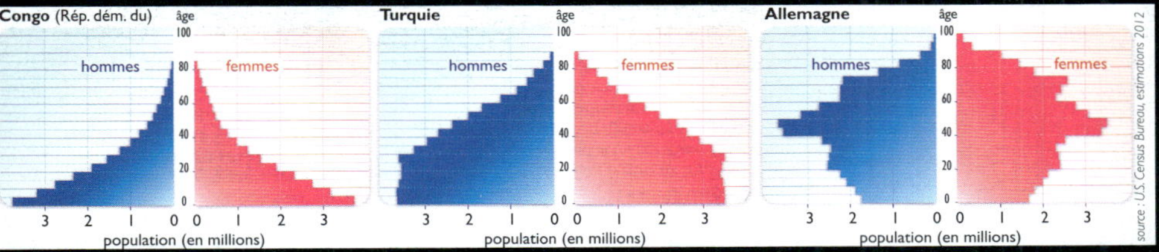

▲ **Trois pyramides des âges.** Le nombre d'habitants est donné par tranche d'âge de 5 ans (estimations pour 2012).

POPULAIREMENT adv. D'une manière populaire ; dans le langage populaire.

POPULARISATION n.f. Action de populariser ; fait d'être popularisé.

POPULARISER v.t. [3]. **1.** Faire connaître par le plus grand nombre ; vulgariser : *Journaliste qui s'attache à populariser l'art.* **2.** Rendre populaire, célèbre. ◆ **SE POPULARISER** v.pr. Devenir accessible au plus grand nombre ; se démocratiser : *Le tennis s'est popularisé.*

POPULARITÉ n.f. Fait d'être connu, aimé du plus grand nombre ; célébrité : *Sa popularité est en baisse.*

POPULATION n.f. (mot angl., du lat. *populatio*). **1.** Ensemble des habitants d'un espace déterminé (continent, pays, etc.). *[V. planche page précédente.]* **2.** Ensemble des personnes constituant, dans un espace donné, une catégorie particulière : *La population urbaine.* **3. BIOL.** Ensemble des animaux ou végétaux de même espèce vivant sur un territoire déterminé. **4. MATH.** Ensemble d'éléments (individus, valeurs, etc.) soumis à une étude statistique. ▪ **Population stellaire** [astron.], ensemble des étoiles d'une galaxie qui possèdent certaines propriétés intrinsèques communes (âge, composition chimique, etc.).

➲ La **POPULATION** mondiale a atteint en 2018 env. 7,6 milliards d'habitants. Elle augmente chaque année de plus de 80 millions d'individus. L'Asie concentre près de 60% de la population mondiale (du fait surtout de la Chine et de l'Inde, qui, ensemble, regroupent plus de 2,7 milliards de personnes). L'Europe (avec la Russie) compte 10 % de la population du monde (la France seulement 0,9 %) et sa part ne cesse de décroître.

POPULATIONNISTE adj. Didact. Qui favorise un accroissement de la population.

POPULEUX, EUSE adj. Très peuplé ; surpeuplé : *Un quartier populeux.*

POPULICULTURE n.f. (du lat. *populus*, peuplier). Culture intensive du peuplier.

POPULISME n.m. **1.** Souvent péjor. Attitude politique consistant à se réclamer du peuple, de ses aspirations profondes, de sa défense contre les divers torts qui lui sont faits. **2.** Idéologie de certains mouvements de libération nationale, notamm. en Amérique latine. **3.** Mouvement littéraire qui s'attache à la description de la vie des milieux populaires. **4. HIST.** Idéologie et mouvement politiques des années 1870, en Russie, préconisant une voie spécifique vers le socialisme.

POPULISTE adj. et n. Relatif au populisme ; qui en est partisan.

POPULO n.m. Fam. **1.** Le bas peuple. **2.** Grand nombre de personnes : *Il y avait du populo à la brocante.*

POP-UP [pɔpœp] n.m. (pl. inv. ou *pop-ups*) [de l'angl. *to pop up*, surgir]. **1.** Fenêtre publicitaire qui s'ouvre automatiquement sur certains sites Internet. Recomm. off. **fenêtre intruse.** (S'emploie aussi au fém.) **2.** Livre animé ; chacun des éléments mobiles le constituant.

POQUER v.i. [3] (du flamand *pokken*, frapper). Vieilli. Au jeu de boules, plomber.

POQUET n.m. (de *poquer*). **AGRIC.** Trou dans lequel on sème plusieurs graines.

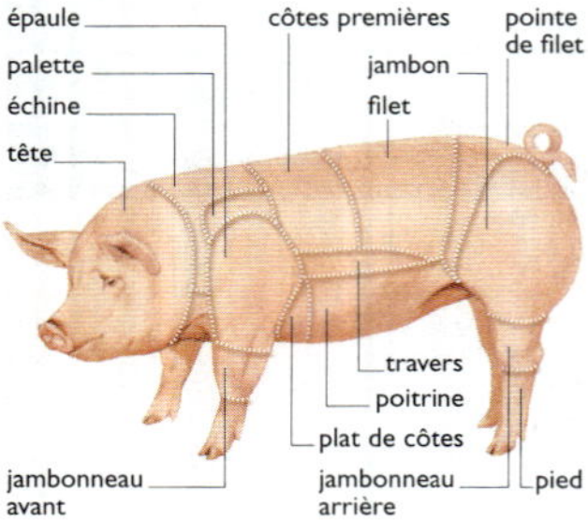

▲ **porc.** Les morceaux de boucherie.

PORC [pɔr] n.m. (lat. *porcus*). **1.** Mammifère ongulé omnivore domestique très répandu dans le monde, au museau terminé par un groin. ➲ Le *porc domestique* ou *cochon* est élevé pour sa chair et son cuir. Le *porc sauvage* est le *sanglier*. Le porc mâle s'appelle *verrat*, la femelle *truie*, les petits *porcelets*, *cochonnets* ou *gorets*. Cri : le porc grogne. Famille des suidés. **2.** Viande de cet animal. **3.** Peau tannée de cet animal. **4.** Fam. Homme sale, débauché ou glouton ; cochon. ▪ **Porc charcutier,** destiné à la consommation après abattage au poids d'env. 100 kg.

PORCELAINE n.f. (ital. *porcellana*). **1.** Produit céramique à pâte dure, translucide, vitrifiée, recouvert d'une glaçure incolore. **2.** Objet de porcelaine : *Des porcelaines chinoises.* **3.** Mollusque gastéropode, assez commun dans les mers chaudes, apprécié des collectionneurs pour sa coquille vernissée et émaillée de couleurs vives.

▲ **porcelaine** chinoise bleu et blanc, dynastie Yuan (XIIIᵉ-XIVᵉ s.).

PORCELAINIER, ÈRE n. Fabricant, marchand de porcelaine ; ouvrier d'une fabrique de porcelaine. ◆ **adj.** Relatif à la porcelaine.

PORCELET n.m. Jeune porc.

PORC-ÉPIC [pɔrkepik] n.m. (pl. *porcs-épics*) [ital. *porcospino*]. **1.** Gros mammifère rongeur au dos recouvert de longs piquants qui se détachent aisément en cas d'agression. ➲ Groupe des hystricomorphes. **2.** Fam. Personne revêche, irritable. ▪ **Poisson porc-épic,** diodon.

PORCHAISON n.f. **VÉNER.** Saison (automne) où le sanglier, très gras, est bon à chasser.

PORCHE n.m. (lat. *porticus*). **1.** Vestibule, entrée d'un immeuble ; hall. **2.** Espace couvert en avant de la porte d'entrée d'un édifice : *Elle m'attendait sous le porche de l'église.*

PORCHER, ÈRE n. (bas lat. *porcarius*). Personne qui garde et soigne les porcs.

PORCHERIE n.f. **1.** Bâtiment où l'on élève des porcs. **2.** Fam. Lieu extrêmement sale.

PORCIN, E adj. **1.** Relatif au porc. **2.** Qui évoque un porc : *Des yeux porcins.* ◆ **n.m. 1.** Mammifère ongulé non ruminant, à canines développées en défenses, tel que le porc, le sanglier, le pécari et l'hippopotame (SYN. **suiforme**). ➲ Les porcins forment un ordre. **2.** Animal de l'espèce porcine (verrat, truie, porc charcutier, etc.).

PORE n.m. (lat. *porus*, du gr. *poros*, trou). **1.** Très petit orifice à la surface de la peau par où s'écoulent la sueur ou le sébum. **2. BOT.** Très petit orifice des tubes des champignons, des parties aériennes des plantes (feuilles, par ex.). **3.** Trou, interstice dans la texture d'une matière solide compacte : *Les pores de la terre cuite.* ▪ **Par tous ses pores,** dans toute sa personne : *Il sue l'hypocrisie par tous ses pores.*

POREUX, EUSE adj. **1.** Qui présente des pores ; par ext., perméable : *Une roche poreuse.* **2.** Fig. Perméable aux influences extérieures : *Sa vulnérabilité l'a rendu poreux à l'agressivité d'autrui.* **3.** Se dit d'une frontière mal protégée, pouvant par conséquent être traversée illégalement. **4.** Fig., parfois péjor. Se dit d'une délimitation peu claire, mal définie, entre deux domaines, deux milieux, etc. : *La limite entre vie privée et vie professionnelle est de plus en plus poreuse.*

PORION n.m. (mot picard). **MIN.** Anc. Contremaître, dans une exploitation minière.

PORNO adj. (abrév.). Fam. Pornographique : *Un film porno.* ◆ **n.m.** Fam. **1.** Genre pornographique. **2.** Film pornographique.

PORNOCRATE n. Personne faisant commerce de la pornographie.

PORNOGRAPHE n. (gr. *pornographos*, de *pornê*, prostituée). Auteur spécialisé dans la pornographie.

PORNOGRAPHIE n.f. Représentation complaisante de sujets obscènes, dans une œuvre littéraire, artistique ou cinématographique.

PORNOGRAPHIQUE adj. Relatif à la pornographie.

POROPHORE n.m. **CHIM.** Substance incorporée à une matière plastique lors de la fabrication de matériaux alvéolaires et spongieux.

POROSITÉ n.f. **1.** État de ce qui est poreux. **2.** Fig. Fait d'être perméable aux influences extérieures. **3.** Rapport du volume des vides d'un matériau, d'un produit, d'une roche (notamm. dans un gisement d'hydrocarbures) au volume total. **4.** État d'une frontière mal protégée, que l'on peut traverser illégalement en divers points de passage : *La porosité des frontières entre les deux pays favorise ce trafic d'armes.* **5.** Fig., parfois péjor. Absence de délimitation claire entre deux domaines, deux milieux, etc., pouvant donner lieu à un jeu d'influences réciproques, voire à une connivence répréhensible : *Certains dénoncent la porosité entre le pouvoir et la finance.*

PORPHYRA n.f. (du gr. *porphura*, pourpre). Algue rouge des côtes de l'Atlantique et de la Méditerranée, à thalle foliacé et translucide. ➲ Sous-classe des bangiées.

PORPHYRE n.m. Roche magmatique à grands cristaux de feldspath et à pâte colorée (rouge, verte, bleue, noire), utilisée en décoration.

PORPHYRIE n.f. **MÉD.** Maladie héréditaire dans laquelle un déficit de diverses enzymes provoque une accumulation de porphyrines, donnant notamm. des symptômes cutanés (nom générique).

PORPHYRINE n.f. **BIOCHIM.** Substance formée de quatre cycles de pyrrole et entrant dans la composition de l'hémoglobine et de la chlorophylle.

PORPHYRIQUE adj. **PÉTROL.** Relatif au porphyre ; qui en contient.

PORPHYROGÉNÈTE adj. et n. (gr. *porphurogenêtos*). **HIST.** Se dit d'un enfant d'empereur byzantin né pendant le règne de son père.

PORPHYROÏDE adj. **PÉTROL.** Se dit d'une variété de granite qui contient de gros cristaux de feldspath.

PORQUE n.f. (anc. provenç. *porca*). **MAR.** Large membrure transversale renforçant la coque d'un navire.

PORREAU n.m. Suisse. Poireau.

PORRIDGE [pɔridʒ] n.m. (mot angl.). Bouillie de flocons d'avoine.

1. PORT n.m. (lat. *portus*). **1.** Abri naturel ou artificiel pour les navires, aménagé pour l'embarquement et le débarquement du fret et des passagers : *Un port maritime, fluvial, de plaisance.* **2.** Ville possédant un port. **3.** Litt. Lieu où l'on est à l'abri ; havre ; refuge : *Auprès d'eux, il a trouvé un port.* **4. INFORM.** Interface physique qui gère et synchronise les échanges de données entre l'unité centrale d'un ordinateur et ses périphériques externes : *Port USB.* ▪ **Arriver à bon port,** arriver à destination sans accident. ▪ **Faire naufrage en arrivant au port,** échouer au moment même de réussir. ▪ **Port autonome,** grand port maritime de commerce administré par un établissement public national.

2. PORT n.m. (mot occitan). Col de montagne, dans les Pyrénées.

3. PORT n.m. **1.** Action de porter sur soi ; fait d'avoir sur soi : *Le port de lunettes, de la moustache.* **2.** Prix du transport d'une lettre, d'un paquet postal : *Frais de port.* **3.** Manière naturelle de se tenir, de marcher ; allure ; maintien : *Sa grand-mère a un port de déesse.* **4. BOT.** Disposition des branches et des feuilles d'un végétal, caractérisant sa silhouette. ▪ **Port d'armes,** document délivré par l'Administration autorisant une personne à porter une arme dans un lieu public. ▪ **Port dû,** paiement du transport qui doit être effectué par le destinataire d'un paquet, d'un chargement. ▪ **Port en lourd** [mar.], poids total que peut charger un navire de commerce (cargaison, soutes, etc.), exprimé en tonnes métriques. ➲ Par convention, c'est la mesure citée quand on parle d'un navire de charge.

PORTABILITÉ n.f. Caractère d'un appareil ou d'un matériel portable. ▪ **Portabilité des données,** droit dont dispose chacun d'obtenir, dans un format ouvert et lisible informatiquement, les données à caractère personnel le concernant auprès de l'opérateur chargé de leur traitement automatisé, et de les transmettre librement à un autre. ▪ **Portabilité des droits,** dispositif permettant le maintien des garanties (santé, prévoyance) et du droit à la formation, pour les salariés ayant perdu leur emploi. ▪ **Portabilité du numéro,** service permettant aux clients d'un opérateur de téléphonie de changer d'opérateur tout en conservant le même numéro de téléphone. ▪ **Portabilité (informatique),** capacité d'une application à fonctionner dans des environnements (matériels et logiciels) différents.

PORTABLE adj. **1.** Que l'on peut transporter manuellement ; portatif. **2.** Se dit d'un vêtement que l'on peut mettre, porter ; mettable. **3.** INFORM. Se dit d'un programme capable de fonctionner, sans grande modification, sur des ordinateurs de types différents. **4.** DR. Se dit des sommes qui doivent être payées, remises chez le créancier, le destinataire (par oppos. à *quérable*). ◆ **n.m.** Appareil (notamm. poste de télévision, micro-ordinateur, téléphone) portable.

PORTAGE n.m. **1.** Transport d'une charge à dos d'homme. **2.** Fait de porter un bébé dans ses bras ; spécial., manière de porter un bébé contre soi, sur le ventre ou dans le dos, princip., à l'aide d'un dispositif adapté (porte-bébé, *écharpe de portage*, etc.). **3.** ÉCON. Possibilité, pour une PME, d'utiliser le réseau de distribution d'un grand groupe implanté à l'étranger. **4.** BOURSE. Acquisition de valeurs mobilières pour le compte d'un tiers à qui elles seront rétrocédées selon des modalités fixées à l'avance. **5.** Distribution d'un journal à domicile. **6.** Québec. Transport par voie de terre d'une embarcation et de son contenu, lorsque la navigation est impossible ; sentier utilisé pour cette opération.

PORTAIL n.m. **1.** Porte principale, adaptée aux véhicules, d'un édifice, d'un parc, etc. **2.** ARCHIT. Composition monumentale comportant une ou plusieurs portes, sur une façade d'édifice (d'église, en partic.). **3.** INFORM. Site conçu pour être le point de départ de la navigation sur Internet et proposant aux utilisateurs des services thématiques et personnalisés.

PORTAL, E, AUX adj. ANAT. Relatif à la veine porte.

PORTANCE n.f. **1.** PHYS. Force perpendiculaire à la direction de la vitesse et dirigée vers le haut, résultant du mouvement d'un corps dans un fluide. ➲ La sustentation d'un avion est assurée par la portance qu'engendre le mouvement de l'air autour des ailes. **2.** TRAV. PUBL. Aptitude d'un terrain à supporter des charges.

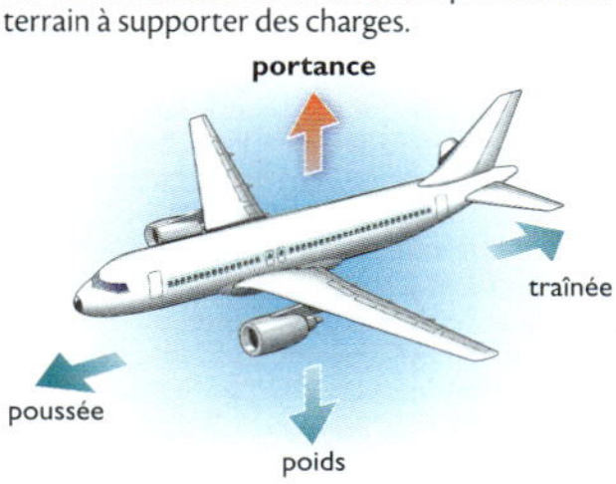

▲ **portance**

1. PORTANT n.m. **1.** Montant qui soutient les décors d'un théâtre. **2.** Tringle à vêtements soutenue par des montants, à laquelle on accroche des cintres. **3.** SPORTS. Armature métallique portant le point d'appui des avirons à l'extérieur du bordé, sur certaines embarcations.

2. PORTANT, E adj. ▪ **Être bien, mal portant,** en bonne, mauvaise santé.

3. PORTANT, E adj. AÉRON. Se dit de ce qui assure la sustentation. ▪ **Allures portantes** [mar.], allures d'un voilier comprises entre le vent arrière et le vent de travers.

PORTATIF, IVE adj. Se dit d'un objet conçu pour être facilement porté avec soi ; portable.

1. PORTE n.f. (lat. *porta*). **1.** Ouverture, baie permettant d'accéder à un lieu fermé ou enclos et d'en sortir. **2.** Panneau mobile, vantail qui permet de fermer une baie de porte : *Porte vitrée.* **3.** Battant, vantail fermant autre chose qu'une baie : *Porte d'armoire.* **4.** Anc. Ouverture, accès ménagés dans l'enceinte fortifiée d'une ville. **5.** Nom donné au lieu avoisinant une ancienne porte de ville : *Habiter (à la) porte d'Italie.* **6.** Fig., sout. Ce qui est considéré comme un moyen d'accès, d'introduction : *La lecture est la porte de l'expression écrite.* **7.** En ski, espace compris entre deux piquets surmontés de fanions, et dont le franchissement est obligatoire dans les épreuves de slalom. **8.** ÉLECTRON. Circuit logique élémentaire possédant une sortie et plusieurs entrées, et qui fournit un signal de sortie sous certaines conditions. **9.** MÉD. Service d'un établissement où l'on reçoit les malades de l'extérieur, notamm. en cas d'urgence et en vue d'une hospitalisation : *Consultation de (la) porte.* ▪ **À la porte** [Belgique], à l'extérieur. ▪ **Aux portes de,** tout près de. ▪ **C'est la porte ouverte à,** c'est la possibilité que qqch de négatif se produise. ▪ **De porte à porte,** du lieu exact de départ au lieu exact d'arrivée. ▪ **De porte en porte,** de maison en maison. ▪ **Entrer par la grande, la petite porte,** accéder d'emblée à un poste important ; commencer par un emploi modeste. ▪ **Frapper à la bonne, la mauvaise porte,** s'adresser à la personne qui convient, qui ne convient pas. ▪ **Mettre à la porte,** chasser ; renvoyer. ▪ **Opération, journée porte(s) ouverte(s),** pendant laquelle la possibilité de visiter librement une entreprise, un service public est offerte au public. ▪ **Ouvrir, fermer la porte à qqch,** permettre, interdire à qqch d'avoir lieu. ▪ **Porte à galandage** → **GALANDAGE.** ▪ **Prendre** ou **gagner la porte,** sortir. ▪ **Refuser sa porte à qqn,** lui interdire l'entrée de sa maison. ▪ **Trouver porte de bois** [Belgique], ne pas trouver qqn à son domicile.

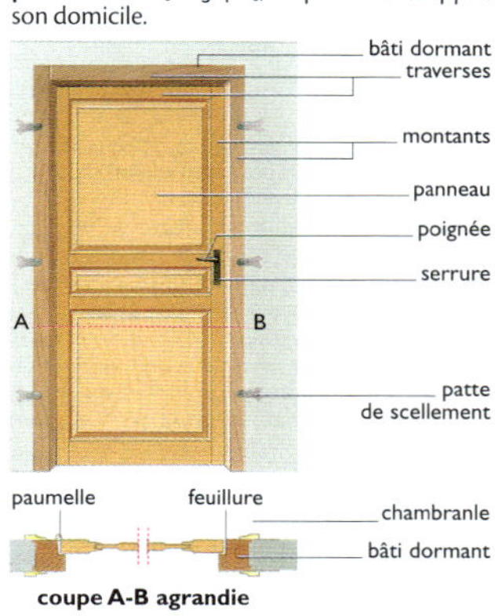

▲ **porte.** Éléments d'une porte.

2. PORTE adj. (de *1. porte*). ANAT. ▪ **Veine porte,** qui conduit le sang depuis l'intestin, le pancréas, la rate et l'estomac jusqu'au foie.

1. PORTÉ, E adj. ▪ **Être porté à,** être enclin, prédisposé à. ▪ **Être porté sur,** éprouver un goût très vif pour. ▪ **Ombre portée,** projetée par un objet sur un autre (par oppos. à *ombre propre*).

2. PORTÉ ou **PORTER** n.m. DANSE. Pose ou mouvement au cours desquels le danseur soulève sa partenaire.

PORTE-AÉRONEFS n.m. inv., ▲ *PORTE-AÉRONEF n.m. (pl. porte-aéronefs).* Bâtiment de guerre aménagé pour le transport, le décollage et l'apportage d'aéronefs (hélicoptères, avions à décollage court) à décollage vertical.

PORTE-À-FAUX n.m. inv. Partie d'une construction qui n'est pas à l'aplomb de son point d'appui. ▪ **En porte(-)à(-)faux,** qui porte à faux ; fig., dont la situation est mal assurée.

PORTE-AIGUILLE n.m. (pl. *porte-aiguilles*). **1.** CHIRURG. Pince servant à tenir l'aiguille lors des sutures. **2.** COUT. Pièce, dans une machine, où se fixe l'aiguille ; étui pour les aiguilles à coudre.

PORTE-AMARRE n.m. (pl. *porte-amarres*). Lance-amarre.

PORTE-À-PORTE n.m. inv. Démarchage à domicile.

PORTE-AUTOS n.m. inv., ▲ *PORTE-AUTO n.m. (pl. porte-autos).* Véhicule routier ou ferroviaire pour le transport des automobiles, génér. à deux plateformes superposées.

PORTE-AVIONS n.m. inv., ▲ *PORTE-AVION n.m. (pl. porte-avions).* Bâtiment de guerre aménagé pour le transport, le décollage par catapultage et l'apportage d'avions.

PORTE-BAGAGES n.m. inv., ▲ *PORTE-BAGAGE n.m. (pl. porte-bagages).* **1.** Dispositif accessoire d'un véhicule (bicyclette, moto, voiture de sport) pour arrimer les bagages. **2.** Filet, casier, etc., destiné à recevoir les bagages à main, dans un véhicule de transports en commun.

PORTE-BALAIS n.m. inv., ▲ *PORTE-BALAI n.m. (pl. porte-balais).* ÉLECTROTECHN. Gaine qui maintient les balais d'une machine électrique tournante (moteur, générateur).

PORTE-BANNIÈRE n. (pl. *porte-bannières*). Personne qui porte une bannière.

PORTE-BARGES n.m. inv., ▲ *PORTE-BARGE n.m. (pl. porte-barges).* Navire de charge transportant sa cargaison dans des barges embarquées.

PORTE-BÉBÉ n.m. (pl. *porte-bébés*). **1.** Nacelle ou petit siège munis de poignées servant à transporter un bébé. **2.** Sac ou harnais en tissu fort permettant de transporter un bébé contre soi, sur le ventre ou dans le dos.

PORTE-BILLETS n.m. inv., ▲ *PORTE-BILLET n.m. (pl. porte-billets).* Petit portefeuille destiné à contenir des billets de banque.

PORTE-BOIS n.m. inv. Larve aquatique de la phrygane.

PORTE-BONHEUR n.m. inv., ▲ *n.m. (pl. porte-bonheurs).* [Aussi en appos.]. Objet, bijou, etc., qui est censé porter chance ; talisman : *Un bracelet porte-bonheur.*

PORTE-BOUQUET n.m. (pl. *porte-bouquets*). Petit vase à fleurs destiné à être accroché.

PORTE-BOUTEILLES n.m. inv., ▲ *PORTE-BOUTEILLE n.m. (pl. porte-bouteilles).* **1.** Casier pour ranger les bouteilles couchées. **2.** Panier, génér. divisé en cases, pour transporter les bouteilles debout.

PORTE-BRANCARD n.m. (pl. *porte-brancards*). Pièce du harnais (sangle ou boucle métallique) qui maintient un brancard de voiture hippomobile.

PORTE-CARTES n.m. inv., ▲ *PORTE-CARTE n.m. (pl. porte-cartes).* **1.** Petit portefeuille à loges transparentes pour les pièces d'identité, les cartes de crédit, etc. **2.** Étui pliant pour les cartes routières.

PORTE-CHAPEAU n.m. (pl. *porte-chapeaux*). Patère qui sert à accrocher les chapeaux.

PORTE-CHÉQUIER n.m. (pl. *porte-chéquiers*). Étui souple destiné à contenir un carnet de chèques.

PORTE-CIGARES n.m. inv., ▲ *PORTE-CIGARE n.m. (pl. porte-cigares).* Étui à cigares.

PORTE-CIGARETTES n.m. inv., ▲ *PORTE-CIGARETTE n.m. (pl. porte-cigarettes).* Étui à cigarettes.

PORTE-CLÉS ou **PORTE-CLEFS** n.m. inv., ▲ *PORTECLÉ n.m.* Anneau ou étui pour porter les clés.

PORTE-CONTENEURS n.m. inv., ▲ *PORTE-CONTENEUR n.m. (pl. porte-conteneurs).* Navire aménagé pour le transport des conteneurs.

PORTE-COPIE n.m. (pl. *porte-copies*). Support, pupitre destiné à maintenir les documents que l'on saisit ou dactylographie.

PORTE-COUTEAU n.m. (pl. *porte-couteaux*). Ustensile de table sur lequel on pose l'extrémité du couteau.

PORTE-CRAYON n.m. (pl. *porte-crayons*), ▲ *PORTECRAYON.* Tube de métal dans lequel on met un crayon ou un reste de crayon.

PORTE-CROIX n.m. inv. Celui qui porte la croix devant le pape ou un autre célébrant de haut rang, dans une cérémonie religieuse.

PORTE-DOCUMENTS n.m. inv., ▲ *PORTE-DOCUMENT n.m. (pl. porte-documents).* Pochette rectangulaire plate, génér. en cuir, ne comportant qu'une seule poche.

PORTE-DRAPEAU n.m. (pl. *porte-drapeaux*). **1.** Personne qui porte le drapeau d'un régiment ou le fanion, la bannière d'une association. **2.** SPORTS. Athlète qui porte le drapeau de sa délégation aux jeux Olympiques. **3.** Personne qui incarne une idée, un idéal ; chef de file.

PORTÉE n.f. **1.** Distance la plus grande à laquelle une arme peut lancer un projectile. **2.** Capacité intellectuelle ; envergure : *Des esprits de haute portée.* **3.** Capacité que présente une chose à produire un effet ; valeur : *Personne n'a alors saisi la portée de son discours.* **4.** CONSTR., TRAV. PUBL. Distance séparant deux points d'appui consécutifs d'une construction, d'un élément long : *Portée d'un pont.* **5.** MUS. Série de cinq lignes horizontales, équidistantes et parallèles, utilisée pour noter la musique. **6.** BIOL. Ensemble des petits qu'une femelle porte et met bas en une fois. ▪ **À la portée de qqn,** qui peut être saisi par lui : *Ne pas laisser à la portée des enfants* ; lui être accessible intellectuellement, financièrement : *Ce livre, ce voyage est à la portée de tous.* ▪ **À portée de,** qui peut être atteint par : *Être à portée de vue, de voix, de main.*

PORTE-ÉPÉE n.m. (pl. *porte-épées*). **1.** Pièce de cuir ou d'étoffe fixée à la ceinture pour soutenir le fourreau de l'épée. **2.** Xiphophore.

PORTE-ÉTENDARD n.m. (pl. *porte-étendards*). MIL. Officier qui porte l'étendard d'un corps de cavalerie.

PORTE-ÉTRIVIÈRE n.m. (pl. *porte-étrivières*). Chacun des supports métalliques fixés de chaque côté d'une selle et dans lesquels passent les étrivières.

PORTEFAIX [-fɛ] n.m. Anc. Homme dont le métier était de porter des fardeaux.

▲ **portefaix.** Gravure (1799) d'après A. Chataignier (1772-1817).

PORTE-FANION n.m. (pl. *porte-fanions*). MIL. Gradé qui porte le fanion d'un général.

PORTE-FENÊTRE n.f. (pl. *portes-fenêtres*). Porte vitrée, souvent à deux battants, qui ouvre sur une terrasse, un balcon.

PORTEFEUILLE n.m. **1.** Petit étui muni de poches, qui se plie et dans lequel on met des billets de banque, des papiers d'identité, etc. **2.** Vieilli. Enveloppe de carton, de cuir, etc., dans laquelle on met des papiers, des dessins, etc. **3.** Titre, fonction de ministre ; département ministériel. **4.** BOURSE. Ensemble des effets de commerce, des valeurs mobilières appartenant à une personne ou à une entreprise.

PORTE-FLINGUE n. (pl. *porte-flingues*). Fam. **1.** Garde du corps. **2.** Partisan agressif d'une personnalité ; porte-parole.

PORTE-FORT n.m. inv., ▲ *PORTEFORT n.m.* DR. Engagement garantissant l'acceptation d'un tiers ; personne qui prend cet engagement.

PORTE-GRAINE n.m. (pl. *porte-graines*). Plante destinée à produire des semences.

PORTE-GREFFE n.m. (pl. *porte-greffes*). ARBOR. Sujet sur lequel on fixe le ou les greffons.

PORTE-HAUBAN n.m. (pl. *porte-haubans*). MAR. Plateforme horizontale en saillie sur la muraille des grands navires à voiles, permettant d'écarter les haubans.

PORTE-HÉLICOPTÈRES n.m. inv., ▲ *PORTE-HÉLICOPTÈRE n.m. (pl. porte-hélicoptères).* Navire de guerre équipé pour le transport, le décollage et l'appontage des hélicoptères.

PORTE-JARRETELLES n.m. inv., ▲ *PORTE-JARRETELLE n.m. (pl. porte-jarretelles).* Pièce de lingerie féminine composée d'une ceinture à laquelle sont fixées les jarretelles.

PORTE-JUPE n.m. (pl. *porte-jupes*). Pince plate et longue à crochet, permettant de suspendre les jupes.

PORTE-LAME n.m. (pl. *porte-lames*). Support de la lame d'une faucheuse, d'une moissonneuse ou d'une machine-outil.

PORTELONE n.m. (ital. *portellone*). MAR. Porte de chargement de grande dimension pratiquée dans la muraille d'un navire.

PORTE-MALHEUR n.m. inv., ▲ *n.m. (pl. porte-malheurs).* Être, objet censé porter malheur.

PORTEMANTEAU n.m. **1.** Support mural ou sur pied pour suspendre les manteaux, les vêtements. **2.** MAR. Potence qui permet de hisser une embarcation le long de la muraille d'un navire.

PORTEMENT n.m. ICON. ▪ **Portement de Croix,** représentation de Jésus portant sa croix.

PORTE-MENU n.m. (pl. *porte-menus*). **1.** Support permettant de présenter le menu sur la table devant chaque convive. **2.** Cadre qui présente le menu, à la porte d'un restaurant.

PORTEMINE n.m. Instrument pour écrire, constitué d'un tube qui renferme une mine de graphite dont la sortie est déclenchée par un poussoir (SYN. **stylomine**).

PORTE-MONNAIE n.m. inv., ▲ *PORTEMONNAIE n.m.* Petit étui en matière souple (cuir, tissu, etc.) pour mettre les pièces de monnaie. ▪ **Porte-monnaie électronique,** dispositif servant à régler des achats en ligne grâce à un code secret et que l'on réapprovisionne auprès d'une société spécialisée.

PORTE-MONTRE n.m. (pl. *porte-montres*). Support, de table ou mural, où l'on peut placer, accrocher une montre (parfois plusieurs).

PORTE-OBJET n.m. (pl. *porte-objets*). OPT. **1.** Lame sur laquelle on place l'objet à examiner au microscope. **2.** Platine sur laquelle on place cette lame.

PORTE-OUTIL n.m. (pl. *porte-outils*). **1.** AGRIC. Engin dont le châssis permet que plusieurs outils y soient adaptés. **2.** Organe d'une machine-outil qui reçoit l'outil.

PORTE-PAPIER n.m. inv., ▲ *n.m. (pl. porte-papiers).* Dispositif (boîte, support de rouleau) destiné à recevoir du papier hygiénique.

PORTE-PAQUET n.m. (pl. *porte-paquets*). Belgique. Porte-bagages d'une bicyclette.

PORTE-PARAPLUIE n.m. (pl. *porte-parapluies*). Ustensile dans lequel on dépose les parapluies.

PORTE-PAROLE n. inv., ▲ *n. (pl. porte-paroles).* Personne qui parle au nom d'une autre, d'un groupe : *La porte-parole du président.* ◆ **n.m. inv.** Journal qui se fait l'interprète de qqn, d'un groupe ; organe.

PORTE-PLAT n.m. (pl. *porte-plats*). Corbeille à poignées, en fil de métal, en osier, etc., utilisée pour porter les plats chauds.

PORTE-PLUME (pl. *porte-plumes*), ▲ *PORTEPLUME* **n.m.** Instrument servant de manche pour les plumes à écrire ou à dessiner.

PORTE-QUEUE n.m. (pl. *porte-queues*). Nom donné à plusieurs espèces de papillons diurnes, princip. de la famille des papilionidés, tel le machaon.

1. PORTER v.t. [3] (lat. *portare*). **1.** Soutenir un poids, une charge ; être chargé de : *Porter son cartable sur le dos.* **2.** Avoir dans son corps pendant la grossesse ou la gestation : *Chatte qui porte des petits.* **3.** Produire, en parlant d'un végétal : *Porter de beaux fruits.* **4.** Avoir sur soi comme vêtement, comme ornement ou marque distinctive : *Il portait une chemise bleue. Elle porte toujours ses cheveux en chignon.* **5.** Tenir une partie du corps de telle ou telle manière : *Porter son dos bien droit.* **6.** Laisser paraître sur soi ; présenter : *Son visage porte un air de lassitude.* **7.** Présenter telle marque, tel signe : *Sa lettre porte la date d'hier.* **8.** Être désigné par tel nom, tel surnom, tel titre : *Il porte le nom de sa mère.* **9.** Faire aller d'un endroit à un autre : *Le facteur porte les lettres.* **10.** Diriger, mouvoir vers : *Porter un verre à ses lèvres, la main à son cœur.* **11.** Faire figurer quelque part ; inscrire : *Porter les corrections dans la marge.* **12.** Pousser qqn à qqch, à faire qqch ; inciter : *Elle est portée à l'indulgence. Son attitude me porte à le croire.* ▪ **Porter bien son âge,** paraître vigoureux, alerte, en dépit de l'âge. ▪ **Porter la main sur qqn,** le frapper. ▪ **Porter ses fruits,** donner un bon résultat. ▪ **Porter ses pas en un lieu** [litt.], s'y rendre. ▪ **Porter tort à qqn,** lui causer un préjudice. ▪ **Porter une œuvre à la scène, à l'écran,** l'adapter pour le théâtre, le cinéma. ▪ **Porter un sentiment à qqn,** l'éprouver à son égard. ◆ **v.i. 1.** Avoir de l'effet : *Sa remarque a porté.* **2.** Avoir telle portée : *Canon qui porte loin. Elle a une voix qui porte.* ▪ **Laisser porter** [mar.], prendre une allure moins près du vent. ▪ **Porter à** [mar.], avoir telle direction, en parlant du vent ou du courant. ▪ **Porter à faux,** être en saillie (balcon, par ex.) ou hors de son aplomb (pilier incliné, par ex.). ▪ **Porter à la tête,** étourdir ; enivrer. ▪ **Porter contre, sur,** heurter : *Sa tête a porté sur le coin de la table.* ▪ **Porter sur,** s'appuyer, reposer sur : *Le poids de son corps porte sur la jambe d'appui* ; avoir pour objet : *La réunion portera sur ce problème.* ◆ **SE PORTER** v.pr. **1.** Avoir tel état de santé : *Il se porte mieux.* **2.** Se présenter en tant que : *Se porter candidat à la présidence.* **3.** En parlant d'un vêtement, être à la mode ou avoir telle caractéristique : *Le pantalon large se porte moins cet hiver.* **4.** Aller, se diriger vers : *Se porter au-devant des invités.*

2. PORTER n.m. → **2. PORTÉ.**

3. PORTER [pɔrtɛr] n.m. (mot angl.). Bière anglaise, brune et amère.

PORTE-REVUES n.m. inv., ▲ *PORTE-REVUE n.m. (pl. porte-revues).* Petit meuble dans lequel on range des revues, des magazines.

PORTERIE n.f. Loge du portier, dans une communauté religieuse.

PORTE-SAVON n.m. (pl. *porte-savons*). Support ou récipient destiné à recevoir un savon.

PORTE-SERVIETTE n.m. (pl. *porte-serviettes*). **1.** Support pour suspendre les serviettes de toilette. **2.** Pochette pour ranger une serviette de table.

1. PORTEUR, EUSE adj. **1.** Qui porte ou supporte qqch : *Mur porteur.* **2.** Qui est riche de possibilités (surtout commerciales, techniques) : *Marché porteur. Technologie porteuse.* ▪ **Mère porteuse,** femme qui porte un enfant provenant d'un ovule prélevé sur une autre femme à qui l'enfant est rendu à la naissance. ➲ Cette pratique est illégale dans certains pays. ▪ **Onde porteuse,** ou **porteuse,** n.f. [télécomm.], onde électromagnétique dont l'amplitude ou la fréquence est astreinte par une modulation à suivre les variations d'un signal, lors d'une transmission.

2. PORTEUR, EUSE n. **1.** Personne dont le métier est de porter des bagages, des colis, notamm. dans une gare. **2.** Personne qui porte, détient qqch : *Le porteur du maillot jaune.* **3.** DR. COMM. Personne au profit de laquelle un effet de commerce a été souscrit ou endossé. **4.** BOURSE. Détenteur d'un titre dit *titre au porteur,* c.-à-d. d'une valeur mobilière transmissible de la main à la main et dont le possesseur est considéré comme le propriétaire (par oppos. à *titre nominatif*). ▪ **Au porteur,** mention inscrite sur un effet de commerce ou sur un chèque dont le bénéficiaire n'est pas désigné nominativement. ▪ **Porteur de germes** [méd.], sujet convalescent ou parfaitement sain qui héberge un micro-organisme et risque de le transmettre à des personnes qui y sont sensibles.

PORTE-VOIX, ▲ *PORTEVOIX* **n.m. inv.** Instrument destiné à diriger et à amplifier le son de la voix, formé d'un pavillon évasé (souvent associé auj. à un haut-parleur) [SYN. **mégaphone**].

PORTFOLIO [pɔrt-] n.m. (mot angl.). **1.** Ensemble d'estampes ou de photographies, à tirage limité, réunies sous emboîtage. **2.** Dossier constitué d'une sélection de clichés d'un photographe. **3.** Partie d'un magazine essentiellement composée de photographies. **4.** Recomm. off. pour **press-book. 5.** Dossier comportant les éléments relatifs à l'apprentissage, à l'expérience et aux compétences d'une personne, que celle-ci constitue afin de postuler à un emploi ou à une formation, notamm. (S'agissant d'un portfolio sous forme virtuelle, on parle de *portfolio numérique* ou d'*ePortfolio.*)

1. PORTIER, ÈRE n. **1.** Employé qui se tient à l'entrée de certains établissements publics (hôtels, cabarets, etc.) pour accueillir et guider les clients.

2. Personne qui garde la porte d'un couvent, d'un monastère. **3.** Vx. Concierge.

2. PORTIER n.m. ▪ **Portier électronique,** dispositif composé d'un clavier, d'un bouton et, parfois, d'une clé, placé à l'entrée d'un bâtiment pour en permettre l'accès grâce à un code.

PORTIÈRE n.f. **1.** Porte d'une voiture automobile ou d'une voiture de chemin de fer. **2.** Tenture, tapisserie destinée à masquer une porte.

PORTILLON n.m. Porte à battant génér. assez bas.

PORTION n.f. (lat. *portio*). **1.** Partie d'un tout divisé : *Une portion d'autoroute gratuite.* **2.** Quantité de nourriture servie à une personne ; ration.

PORTIONNABLE adj. Se dit d'un produit alimentaire présenté en portions.

PORTIQUE n.m. (lat. *porticus*). **1.** ARCHIT. Galerie de rez-de-chaussée ouverte sur un ou sur chacun de ses longs côtés par des arcades ou une colonnade. **2.** Poutre horizontale soutenue par des poteaux et à laquelle on accroche les agrès de gymnastique. **3.** Appareil de levage comportant une ossature horizontale portée par des pieds, se déplaçant le plus souvent sur des rails, et sur laquelle se meut l'engin de manutention. ▪ **Portique à signaux,** enjambant plusieurs voies ferrées et sur lequel sont groupés des dispositifs de signalisation. ▪ **Portique électronique** ou **de sécurité,** dispositif de détection des métaux permettant, dans les aéroports notamm., de déceler si les passagers sont porteurs d'armes.

PORTLAND [pɔrtlɑ̃d] **n.m. inv.** (nom déposé). Désignation générale de deux catégories de ciments, le *ciment Portland artificiel* et le *ciment Portland composé*, contenant respectivement au moins 97 % et 65 % de clinker.

PORTO n.m. (de *Porto*, v. du Portugal). Vin de liqueur produit sur les rives du Douro.

PORTORICAIN, E adj. et n. De Porto Rico ; de ses habitants.

PORTRAIT n.m. (de l'anc. fr. *portraire*, dessiner). **1.** Image donnée d'une personne par la peinture, le dessin, la sculpture, la photographie ; spécial., image de son visage. **2.** Description de qqn, d'une réalité complexe par la parole, l'écriture, le cinéma ; fresque : *Ce film est un portrait réaliste de notre société.* ▪ **Abîmer le portrait à qqn** [fam.], lui casser la figure. ▪ **Être le portrait de qqn,** lui ressembler de manière frappante.

PORTRAITISTE n. Artiste (peintre surtout) qui fait des portraits.

PORTRAIT-ROBOT n.m. (pl. *portraits-robots*). Dessin ou photomontage du visage d'un individu (génér. recherché par la police), exécuté d'après la description de divers témoins (SYN. **photo-robot**).

PORTRAITURER v.t. [3]. Faire le portrait de.

PORT-SALUT n.m. inv. (nom déposé). Fromage au lait de vache, à caillé pressé et croûte lavée, fabriqué en Mayenne.

PORTUAIRE adj. Relatif à un port : *Installations portuaires.*

PORTUGAIS, E adj. et n. Du Portugal ; de ses habitants. ◆ **n.m.** Langue romane parlée princip. au Portugal et au Brésil.

PORTUGAISE n.f. Huître d'une variété à valves inégales, naguère abondante sur les côtes portugaises, espagnoles et françaises. ▪ **Avoir les portugaises ensablées** [fam.], être dur d'oreille.

PORTULAN n.m. (de l'ital. *portolano*, pilote). Carte marine de la fin du Moyen Âge et de la Renaissance, indiquant la position des ports et le contour des côtes.

POS ou **P.O.S.** [pɔs] **n.m.** (acronyme). Plan d'occupation des sols. ➲ Depuis 2001, il est remplacé par le plan local d'urbanisme (PLU).

POSADA [pɔsada] **n.f.** (mot esp.). Auberge, en Espagne et en Amérique latine.

POSAGE n.m. Action de poser, de monter : *Le posage des conduites d'eau.*

POSE n.f. **1.** Action de poser, d'installer qqch : *La pose d'un miroir, d'un vernis à ongles.* **2.** Manière de se tenir ; position du corps ; attitude : *Une pose étudiée.* **3.** Attitude dans laquelle un modèle se tient, pour un artiste, un photographe : *Garder la pose.* **4.** Fig. Manque de naturel ; affectation. **5.** Afrique. Toute photographie. ▪ **Temps de pose** [photogr.], durée nécessaire pour l'exposition correcte d'une surface sensible.

POSÉ, E adj. Qui agit, parle avec calme et mesure ; pondéré.

POSÉMENT adv. Sans précipitation ; calmement.

POSEMÈTRE n.m. PHOTOGR. Cellule photoélectrique servant à déterminer les temps de pose.

POSER v.t. [3] (du lat. *pausare*, cesser). **1.** Cesser de porter, de tenir ; déposer : *Poser un dossier sur un bureau* ; mettre sur ou contre qqch servant de support ; appuyer : *Poser son vélo contre la haie.* **2.** Mettre en place ; installer : *Poser des rideaux.* **3.** Écrire conformément aux règles de l'arithmétique, de l'algèbre : *Poser une opération.* **4.** Formuler ce qui appelle une réponse ; énoncer : *Poser une question, une charade.* **5.** Prendre comme principe, comme hypothèse ; affirmer : *Je pose comme acquis qu'elle a l'envergure nécessaire.* **6.** Vieilli. Contribuer à asseoir la renommée de : *Cela vous pose un homme.* ▪ **Poser les yeux sur,** regarder. ▪ **Poser sa candidature,** la présenter sous les formes requises. ▪ **Poser un acte** [Belgique], l'accomplir. ▪ **Poser un congé** [fam.], demander à prendre un jour, une semaine, etc., de vacances : *J'ai posé ma journée.* ◆ **v.i. 1.** Prendre et garder une attitude (la pose) pour être peint, photographié, etc. **2.** Se comporter de façon artificielle, affectée ; parader. **3.** Observer un temps de pose en photographiant. ▪ **Poser à** [fam.], chercher à se faire passer pour : *Poser au héros.* ▪ **Poser sur,** être soutenu par : *La voûte pose sur ces colonnes.* ◆ **SE POSER v.pr. 1.** Cesser de voler : *Une hirondelle s'est posée sur mon balcon* ; atterrir : *L'hélicoptère s'est posé en catastrophe.* **2.** En parlant du regard, se diriger vers : *Ses yeux se posèrent sur nous.* **3.** Être ou pouvoir être mis en place, installé : *Cette moquette se pose facilement.* **4.** En parlant d'une question, d'un sujet, être d'actualité : *Le même problème se pose régulièrement.* ▪ **Se poser en** ou **comme,** se donner le rôle de : *Se poser en sauveur.* ▪ **Se poser là** [fam.], être remarquable dans son genre : *Comme menteur, tu te poses là !*

POSEUR, EUSE n. et adj. **1.** Personne qui procède à la pose de certains objets : *Poseur de carrelage.* **2.** Fig. Personne qui met de l'affectation dans ses attitudes ; prétentieux.

POSIDONIE n.f. (de *Poséidon*, n. myth.). Monocotylédone herbacée marine des régions côtières méditerranéennes et australiennes, où elle constitue de vastes herbiers. ➲ Famille des posidoniacées.

▲ **posidonie**

1. POSITIF, IVE adj. (bas lat. *positivus*). **1.** Qui repose sur qqch de concret ; réel : *Un fait positif.* **2.** Qui tient compte des réalités et a le sens pratique : *Un esprit positif.* **3.** Qui montre la présence de l'élément ou de l'effet recherché : *Test positif.* **4.** Qui a un effet favorable ; constructif : *Une intervention positive.* ▪ **Bâtiment à énergie positive,** qui produit plus d'énergie qu'il n'en consomme. ▪ **Charge électrique positive,** l'une des deux formes d'électricité statique, de même nature que celle que l'on développe sur un morceau de verre frotté avec de la soie. ▪ **Éducation positive,** mode éducatif fondé sur le respect des besoins, des rythmes et des sentiments de l'enfant, l'écoute bienveillante et l'abandon du recours aux punitions au profit de solutions alternatives visant à le responsabiliser. ▪ **Épreuve positive,** ou **positif, n.m.** [photogr., cinéma], épreuve tirée d'après un négatif, par contact ou agrandissement, et constituant l'image définitive du sujet reproduit. ▪ **Nombre positif** [math.], nombre supérieur ou égal à 0. ▪ **Psychologie positive,** discipline qui s'intéresse aux processus du bien-être, de l'optimisme et de la résilience, dans le but d'aider l'individu à s'épanouir et à éprouver de la joie de vivre.

2. POSITIF n.m. **1.** Ce qui repose sur des faits, sur l'expérience ; réel : *Une philosophie reposant sur le positif.* **2.** Ce qui a un côté utilitaire, est profitable : *Il nous faut du positif.* **3.** Anc. Petit orgue qui peut être posé à terre ou sur un meuble. **4.** PHOTOGR., CINÉMA. Épreuve positive. **5.** GRAMM. Degré de l'adjectif qualificatif et de l'adverbe employés sans idée de comparaison (par oppos. à *comparatif*, à *superlatif*).

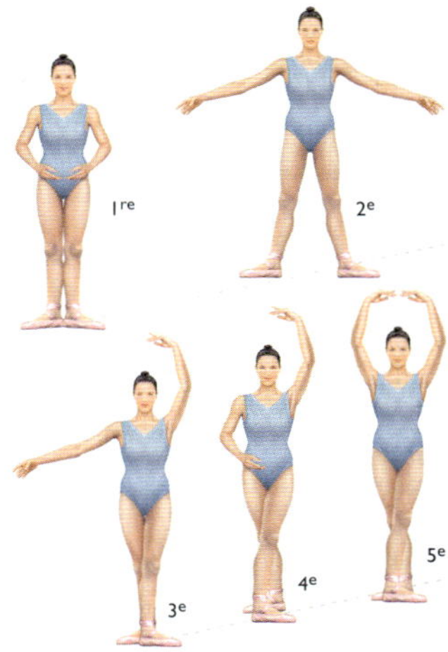

▲ **positions** fondamentales de la danse classique.

POSITION n.f. (lat. *positio*). **1.** Situation dans l'espace ; localisation : *La position d'une ville sur la carte* ; place occupée par rapport à ce qui est autour ; disposition : *Déterminer la position des acteurs sur la scène.* **2.** Manière dont qqch est placé, posé : *Bouteilles en position verticale.* **3.** Attitude du corps ou d'une partie du corps ; posture : *Être assis dans une position inconfortable.* **4.** Situation de qqn dans la société, dans un groupe ; rang : *Sa nouvelle position dans l'entreprise* ; place : *Arriver en troisième position.* **5.** Circonstances particulières dans lesquelles qqn se trouve placé ; situation : *Il est dans une position délicate.* **6.** Opinion, parti que l'on adopte sur un sujet donné, dans une discussion ; point de vue : *Elle refuse de prendre position.* **7.** Situation administrative d'un fonctionnaire, d'un militaire. **8.** BANQUE. Situation, positive ou négative, d'un compte telle qu'elle est indiquée à une date donnée par le solde de celui-ci. **9.** MIL. Emplacement occupé par une formation militaire en opération. **10.** MUS. Place relative des sons qui constituent un accord. **11.** DANSE. Chacune des manières de combiner la place et l'orientation des pieds au sol avec le placement des bras. ➲ Aux cinq positions fondamentales des pieds (en-dehors) se sont ajoutées des positions de bras correspondantes. Serge Lifar a introduit une sixième et une septième position (pieds parallèles). ▪ **Position latérale de sécurité,** position couchée sur le côté, dans laquelle on met les personnes blessées ou inconscientes. ▪ **Rester sur ses positions,** ne pas changer d'avis.

POSITIONNEMENT n.m. Action de positionner, de se positionner.

POSITIONNER v.t. [3]. **1.** Mettre en position avec une précision imposée : *Positionner le curseur sur un mot.* **2.** COMM. Déterminer la situation d'un produit sur un marché, compte tenu, notamm., de la concurrence des autres produits. ◆ **SE POSITIONNER v.pr. 1.** Se placer en un lieu, à un rang précis, déterminé. **2.** Fig. Se situer, se définir par rapport à : *Ce parti se positionne comme une force d'appoint.*

POSITIONNEUR n.m. TECHN. Appareil permettant de placer, de maintenir en position des pièces, des organes, etc.

POSITIVEMENT adv. **1.** De façon positive : *Répondre positivement.* **2.** D'une façon satisfaisante : *La situation évolue positivement.* **3.** Avec certitude : *J'en suis positivement sûr.* **4.** De façon indéniable ; absolument : *C'est positivement immangeable.*

POSITIVER v.t. et v.i. [3]. (Emploi critiqué). Présenter, envisager qqch sous un angle positif ou optimiste.

POSITIVISME n.m. **1.** Système philosophique d'Auguste Comte, qui rejette tout énoncé excédant ce que l'observation des faits peut enseigner et qui voit dans l'achèvement du système des sciences, par la création d'une « physique sociale », la condition de l'accès de l'humanité au bonheur. **2.** Tout système philosophique qui, récusant les a priori métaphysiques, voit dans l'observation des faits positifs, dans l'expérience l'unique fondement de la connaissance. ▪ **Positivisme juridique,** doctrine selon laquelle les normes du droit positif (opposé au *droit naturel*) sont les seules à avoir une force juridique. ▪ **Positivisme logique,** mouvement philosophique princip. représenté par le cercle de Vienne (1929) et qui, déniant toute signification aux énoncés métaphysiques, s'est efforcé de donner une forme logique et axiomatisée aux propositions empiriques sur lesquelles se fondent les sciences de la matière (SYN. **empirisme logique, néopositivisme**).

POSITIVISTE adj. et n. Qui relève du positivisme ; qui en est partisan.

POSITIVITÉ n.f. Caractère de ce qui est positif.

POSITRON ou **POSITON** n.m. PHYS. Antiparticule de l'électron, de charge positive.

POSITRONIUM ou **POSITONIUM** [-njɔm] n.m. PHYS. Édifice instable et d'une durée de vie très courte, formé d'un électron et d'un positron, présentant une certaine analogie avec l'atome d'hydrogène.

POSOLOGIE n.f. (du gr. *posos,* combien grand). **1.** Étude des modalités d'administration (doses, rythme, etc.) des médicaments. **2.** Ensemble des indications sur les modalités de prise d'un médicament, données par le médecin ou le laboratoire pharmaceutique.

POSSÉDANT, E adj. et n. Qui possède des biens, de la fortune : *Les classes possédantes.*

POSSÉDÉ, E adj. et n. En proie à une possession démoniaque.

POSSÉDER v.t. [11], ▲ *[11*]* (lat. *possidere*). **1.** Avoir à soi ; disposer de : *Posséder une maison.* **2.** Avoir en soi ; renfermer : *Ce pays possède des gisements de pétrole.* **3.** Avoir en soi une caractéristique, une qualité ; jouir de : *Posséder de bons réflexes.* **4.** Connaître à fond ; maîtriser : *Posséder son sujet.* **5.** Fam. Duper ; tromper : *Tu l'as bien possédé.* ▪ **Posséder une femme,** avoir des rapports sexuels avec elle. ◆ **SE POSSÉDER** v.pr. Litt. Se maîtriser ; se contrôler.

POSSESSEUR n.m. Personne qui a qqch en sa possession ; propriétaire ; détenteur.

1. POSSESSIF, IVE adj. et n.m. GRAMM. Se dit des adjectifs déterminatifs et des pronoms qui expriment la possession, l'appartenance, la référence personnelle. (Ex. : *C'est* mon *crayon et non* le tien.)

2. POSSESSIF, IVE adj. PSYCHOL. Qui éprouve un besoin de possession, de domination à l'égard de qqn : *Un père possessif.*

POSSESSION n.f. (lat. *possessio*). **1.** Fait de posséder ; détention : *La possession de substances illégales.* **2.** Ce qui est possédé ; propriété ; bien : *Ses possessions ont été saisies.* **3.** Vieilli. Territoire possédé par un État ; colonie. **4.** DR. Utilisation ou jouissance d'une chose par une personne qui se croit propriétaire ou se conduit comme tel. **5.** État d'une personne possédée par une force démoniaque. ▪ **Être en possession de** ou **avoir en sa possession,** avoir à soi ; posséder. ▪ **Possession d'état** [dr.], exercice des prérogatives et des charges attachées à un état (nom, renommée, manière dont on est traité, etc.). ▪ **Prendre possession de qqch,** en devenir le possesseur. ▪ **Rentrer en possession de qqch,** le recouvrer.

POSSESSIONNEL, ELLE adj. DR. Qui marque la possession.

POSSESSIVITÉ n.f. PSYCHOL. Fait de se montrer possessif, dominateur.

POSSESSOIRE adj. DR. Relatif à la possession.

POSSIBILITÉ n.f. **1.** Caractère de ce qui est possible : *La possibilité d'une guerre.* **2.** Moyen de faire qqch ; faculté ; occasion : *Je n'ai pas eu la possibilité de téléphoner.* **3.** Ce qui est possible, envisageable ; éventualité : *Envisager toutes les possibilités.* ◆ n.f. pl. Ensemble de ce dont est capable qqn ou qqch : *Ce n'est pas dans mes possibilités.*

POSSIBLE adj. (lat. *possibilis*). **1.** Qui peut être fait, obtenu ; réalisable : *Ces modifications sont-elles possibles ?* **2.** Qui peut se produire ; envisageable : *Un accident est toujours possible.* **3.** Qui peut devenir tel ; éventuel : *C'est une candidate possible.* **4.** Sert à renforcer un superlatif relatif : *Prenez les plus petits possible.* (Inv. dans ce sens.) **5.** Fam. (Surtout en tournure négative). Acceptable ; supportable : *Il n'est pas possible, celui-ci !* ▪ **C'est possible,** peut-être. ◆ n.m. Ce qui est réalisable : *Le souhaitable et le possible.* ▪ **Au possible,** extrêmement : *Gentil au possible.* ▪ **Faire (tout) son possible,** faire tout ce que l'on peut.

POSSIBLEMENT adv. Litt. Peut-être ; éventuellement.

POST n.m. (mot angl.). Message (texte, liens, images) publié sur un blog ou un forum.

POST-ADO adj. et n. (pl. *post-ados*). Fam. Relatif à un jeune sorti de l'adolescence avant qu'il n'acquière son autonomie d'adulte ; relatif à son mode de vie, sa culture.

POSTAGE n.m. Action de poster, de mettre à la poste.

POSTAL, E, AUX adj. Relatif à la poste : *Un train postal.*

POSTCLASSIQUE adj. Postérieur à une période classique.

POSTCOMBUSTION n.f. THERM. Combustion supplémentaire réalisée par l'injection de carburant dans un canal dédié, disposé à la sortie d'un turboréacteur, et qui permet d'augmenter la poussée de celui-ci.

POSTCOMMUNISME n.m. Situation consécutive à l'abandon du communisme, dans certains pays.

POSTCOMMUNISTE adj. et n. Relatif au postcommunisme.

POSTCURE n.f. MÉD. Période de repos et de réadaptation après certaines affections, certains traitements (cure de désintoxication, par ex.).

POSTDATE n.f. Date inscrite postérieure à la date réelle.

POSTDATER v.t. [3]. Apposer une postdate sur.

POSTDOC n.m. (abrév.). Fam. Postdoctorat. ◆ n. Postdoctorant.

POSTDOCTORAL, E, AUX adj. Relatif au postdoctorat : *Stage postdoctoral.*

POSTDOCTORANT, E n. Jeune chercheur titulaire d'un doctorat, engagé en contrat à durée déterminée par un organisme de recherche. Abrév. (fam.) **postdoc.**

POSTDOCTORAT n.m. Période qui suit l'obtention d'un doctorat universitaire. Abrév. (fam.) **postdoc.**

1. POSTE n.f. (ital. *posta,* du lat.). **1.** Entreprise, génér. publique, chargée de la collecte, de l'acheminement et de la distribution du courrier et de certains colis, et assurant des services financiers. **2.** Bureau, local où s'effectuent les opérations postales. **3.** Anc. Relais de chevaux établi le long d'un trajet afin de remplacer les attelages ; distance entre deux relais.

2. POSTE n.m. (ital. *posto*). **1.** Local affecté à une destination particulière, où qqn remplit une fonction déterminée : *Poste de garde.* **2.** Emploi professionnel : *Il veut changer de poste ;* lieu où s'exerce cette activité : *Quitter son poste un instant.* **3.** Installation distributrice ; emplacement aménagé pour recevoir certaines installations techniques : *Poste d'essence.* **4.** Appareil récepteur de radio ou de télévision : *Allumer le poste.* **5.** Équipement terminal d'un réseau téléphonique. **6.** MIL. Endroit où sont placés un militaire ou une petite unité pour assurer une mission de surveillance ou de combat ; ensemble des militaires chargés de cette mission. **7.** ÉCON. Article de budget ; chapitre d'un compte. ▪ **Être fidèle au poste** [mil.], rester où l'on a été placé ; fig., ne pas manquer à ses obligations. ▪ **Poste d'aiguillage** [ch. de f.], cabine de commande et de contrôle des signaux et des aiguilles d'une gare. ▪ **Poste de commandement (PC)** [mil.], emplacement où s'établit un chef pour exercer son commandement. ▪ **Poste (de police),** ensemble des locaux d'un commissariat de police ; antenne d'un commissariat. ▪ **Poste d'équipage** [mar.], partie d'un navire où loge l'équipage. ▪ **Poste de secours,** où se tiennent des médecins, des infirmiers, des secouristes, pour porter secours à des blessés. ▪ **Poste de travail,** emplacement où s'effectue une phase dans l'exécution d'un travail ; centre d'activité comprenant tout ce qui est nécessaire (machine, outillage, etc.) à l'exécution d'un travail défini. ▪ **Poste d'incendie,** installation hydraulique pour lutter contre l'incendie.

POSTÉ, E adj. Se dit d'un travail organisé suivant un système d'équipes successives. ◆ adj. et n. Se dit d'un salarié qui assure ce type de travail.

POSTE-FRONTIÈRE n.m. (pl. *postes-frontières*). Point de passage obligatoire des voyageurs sortant d'un pays donné ou y entrant et où s'exerce l'activité des services douaniers.

1. POSTER v.t. [3] (de *1. poste*). **1.** Mettre à la poste : *Poster son courrier.* **2.** INFORM. Publier un article, un commentaire, une photo ou une vidéo sur un média Internet.

2. POSTER v.t. [3] (de *2. poste*). Placer à un poste, dans un endroit avec une mission déterminée : *Poster des sentinelles.* ◆ **SE POSTER** v.pr. Se placer quelque part pour une action déterminée ; s'embusquer.

3. POSTER [-tɛr] n.m. (mot angl. « affiche »). Affiche illustrée ou photo tirée au format d'une affiche, destinée à la décoration.

POSTÉRIEUR, E adj. (lat. *posterior*). **1.** Qui vient après dans le temps : *Son arrivée est postérieure à la mienne.* **2.** Qui est placé derrière : *Partie postérieure de la tête* (CONTR. **antérieur**). **3.** PHON. Dont l'articulation se situe dans la partie arrière de la bouche. ◆ n.m. Fam. Fesses.

POSTÉRIEUREMENT adv. À une date postérieure ; après.

A POSTERIORI loc. adv. → **A POSTERIORI.**

POSTÉRIORITÉ n.f. État d'une chose postérieure à une autre.

POSTÉRITÉ n.f. (lat. *posteritas*). **1.** Suite des personnes qui descendent d'une même souche ; descendance. **2.** Ensemble des générations futures : *La postérité jugera.*

POSTES n.f. pl. ARTS APPL. Ornement fait d'une suite d'enroulements qui rappellent des vagues déferlantes (SYN. **flots**).

POST-ETHNIQUE adj. (pl. *post-ethniques*). Qui cherche à dépasser une vision de la société organisée autour de la notion de communauté ethnique, afin de répondre à un idéal d'intégration nationale. ➲ S'emploie surtout à propos des États-Unis, nation multiculturelle où coexistent plusieurs groupes ethniques officiellement reconnus par le recensement national.

POSTFACE n.f. Commentaire, explication placés à la fin d'un livre.

POST-GÉNÉRIQUE (pl. *post-génériques*) ou **POSTGÉNÉRIQUE** n.m. Brève séquence qui suit le générique de fin d'un film.

POSTGLACIAIRE adj. GÉOL. Qui suit une période, un âge glaciaires (en partic. lors des dernières glaciations quaternaires).

POSTHITE n.f. (du gr. *posthê,* prépuce). MÉD. Inflammation du prépuce.

POSTHUME adj. (du lat. *postumus,* dernier). **1.** Qui se produit après la mort : *La célébrité posthume d'un peintre.* **2.** Publié après le décès de l'auteur : *Roman posthume.* **3.** Né après la mort de son père : *Enfant posthume.*

POSTHYPOPHYSE n.f. ANAT. Partie postérieure de l'hypophyse.

POSTICHE adj. (ital. *posticcio*). **1.** Fait et ajouté après coup ; rapporté : *Ornement postiche.* **2.** Qui sert à modifier l'apparence ; factice : *Une* *barbe postiche.* ◆ **n.m. 1.** Mèche ou touffe de faux cheveux. **2.** Fausse barbe ou moustache.

POSTIER, ÈRE n. Employé de la poste.

POSTILLON n.m. 1. Fam. Goutte de salive projetée en parlant. **2.** Anc. Conducteur des chevaux de la voiture de poste.

POSTILLONNER v.i. [3]. Fam. Projeter des postillons en parlant.

POSTIMPRESSIONNISME n.m. Ensemble des courants artistiques qui, entre 1885 et 1905, divergent de l'impressionnisme ou s'opposent à lui (néo-impressionnisme, symbolisme, synthétisme, nabis...).

POSTIMPRESSIONNISTE adj. et **n.** Relatif au postimpressionnisme ; qui s'y rattache.

POSTINDUSTRIEL, ELLE adj. Qui succède à l'ère industrielle.

POST-IT n.m. inv. (nom déposé). Becquet partiellement enduit d'une colle qui permet de le décoller et de le repositionner.

POST-MARCHÉ (pl. *post-marchés*), ▲ *POSTMARCHÉ* **n.m.** Recomm. off. pour **back-office.**

POSTMODERNE adj. et **n.** Relatif au postmodernisme ; qui s'y rattache. ◆ **adj.** ▪ **Danse postmoderne,** courant chorégraphique contestataire caractérisé par une démarche conceptuelle et minimaliste qui refuse toute trame dramatique (New York de la fin des années 1960 aux années 1970).

POSTMODERNISME n.m. ARCHIT. Dans le dernier quart du XXe s., tendance à laisser jouer l'invention dans le sens de la liberté formelle et de l'éclectisme, en réaction contre la rigueur du mouvement moderne.

POSTMODERNITÉ n.f. 1. SOCIOL. Période ouverte par la perte de confiance dans les valeurs de la modernité (progrès, émancipation, etc.). **2. PHILOS.** Contestation des idées maîtresses de la modernité (progrès, maîtrise technique, sujet libre), inspirée notamm. par K. Marx, F. Nietzsche et S. Freud.

POST MORTEM [-mɔrtɛm] **loc. adj. inv.** et **loc. adv.** (mots lat.). Après la mort ; posthume.

POSTNATAL, E, ALS ou **AUX adj. MÉD.** Qui suit immédiatement la naissance.

POSTOPÉRATOIRE adj. CHIRURG. Qui se produit à la suite d'une opération : *Complications postopératoires.*

POST-PARTUM n.m. inv., ▲ *POSTPARTUM n.m.* [-tɔm] (mots lat.). **MÉD.** Période qui suit un accouchement.

POSTPOSER v.t. [3]. 1. GRAMM. Placer après un autre mot. **2.** Belgique. Remettre à plus tard ; différer.

POSTPOSITION n.f. GRAMM. 1. Place d'un mot à la suite d'un autre avec lequel il forme un groupe. **2.** Mot ainsi placé qui joue, dans de nombreuses langues (turc, japonais, etc.), un rôle comparable à celui des prépositions en français.

POSTPRANDIAL, E, AUX adj. (du lat. *prandium,* déjeuner). **MÉD.** Qui se produit après le repas : *Douleur postprandiale.*

POSTPRODUCTION n.f. Ensemble des opérations techniques intervenant après le tournage d'un film.

POSTROMANTIQUE adj. Qui succède à la période romantique.

POSTSCOLAIRE adj. Qui relève d'une formation postérieure à la scolarité et la complète.

POST-SCRIPTUM n.m. inv., ▲ *POSTSCRIPTUM n.m.* [-tɔm] (mots lat. « écrit après »). Ajout fait à une lettre après la signature. Abrév. **P-S** ou **P.-S.**

POSTSÉRIEL, ELLE adj. ▪ **Musique postsérielle,** tendance musicale propre aux compositeurs qui ont adapté certains principes de la musique sérielle.

POSTSYNCHRONISATION n.f. CINÉMA. Enregistrement des dialogues d'un film en synchronisme avec les images, postérieurement au tournage.

POSTSYNCHRONISER v.t. [3]. Effectuer la postsynchronisation de.

POST-TRAUMATIQUE adj. (pl. *post-traumatiques*). **MÉD.** Relatif aux conséquences, physiques ou psychiques, d'un traumatisme. ▪ **Amnésie post-traumatique** → **AMNÉSIE.** ▪ **Syndrome de stress post-traumatique,** trouble anxieux majeur consécutif à un traumatisme psychique intense lié à un événement d'une extrême gravité (catastrophe naturelle, attentat, viol, etc.), ancien ou récent, avec ou sans blessure physique.

POSTULANT, E n. 1. Personne qui postule une place, un emploi ; candidat. **2.** Personne qui se prépare à entrer dans un noviciat religieux.

POSTULAT n.m. 1. LOG. Principe premier, indémontrable ou non démontré. **2. CATH.** Temps qui précède l'entrée au noviciat ou au séminaire. **3.** Suisse. Vœu qu'un parlementaire transmet au pouvoir exécutif, l'invitant à faire une étude sur une question déterminée et à déposer un rapport.

POSTULER v.t. [3] (lat. *postulare*). **1.** Être candidat à un poste : *Postuler un emploi à la mairie.* **2. LOG.** Poser comme postulat au départ d'une démonstration. ◆ **v.t. ind.** Être candidat à un emploi, à une fonction : *Postuler au* ou *pour le poste de directeur.* ◆ **v.i. DR.** Accomplir les actes de procédure qu'implique un procès, en parlant d'un avocat ou d'un avoué.

POSTURAL, E, AUX adj. Relatif à la posture du corps.

POSTURE n.f. (ital. *postura*). **1.** Attitude particulière du corps ; pose : *Une posture peu gracieuse.* **2.** Fig. Attitude adoptée pour donner une certaine image de soi : *Une posture de génie incompris.* ▪ **Être en bonne, mauvaise posture,** être dans une situation favorable, défavorable.

POST-VÉRITÉ n.f. (angl. *post-truth*). Concept selon lequel nous serions entrés dans une période (appelée *ère de la post-vérité* ou *ère post-factuelle*) où l'opinion personnelle, l'idéologie, l'émotion, la croyance l'emportent sur la réalité des faits.

POT n.m. (bas lat. *potus*). **1.** Récipient de toute matière, de formes et d'usages divers : *Un pot de moutarde. Un pot à lait.* **2.** Vase en terre, en plastique, dans lequel on fait pousser des plantes. **3.** Fam. Verre d'une boisson quelconque ; consommation : *Prendre un pot au café.* **4.** Fam. Réunion où l'on boit : *Pot de départ.* **5.** Fam. Chance : *Pas de pot.* **6.** À un jeu, montant des enjeux. ▪ **Le pot aux roses,** le fin mot d'une affaire. ▪ **Payer les pots cassés** [fam.], le dommage causé. ▪ **Plein pot** [fam.], à toute vitesse : *Rouler plein pot* ; plein tarif : *Payer plein pot.* ▪ **Pot au noir** [mar.], zone des calmes équatoriaux (en partic. celle de l'Atlantique), où d'épais nuages s'accompagnent de fortes pluies et de grains. ▪ **Pot catalytique** [autom.], pot d'échappement antipollution utilisant la catalyse. ▪ **Pot de chambre,** récipient à anse, destiné aux besoins naturels. ▪ **Pot d'échappement** [autom.], appareil cylindrique où se détendent les gaz brûlés, à la sortie d'un moteur à explosion. ▪ **Poule au pot** [cuis.], poule bouillie. ▪ **Tourner autour du pot,** ne pas aller droit au but.

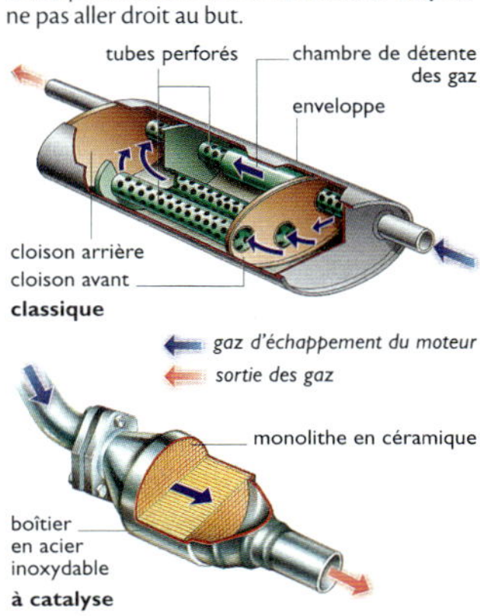

▲ **pots d'échappement**

POTABLE adj. (du lat. *potare,* boire). **1.** Qui peut être bu sans danger. **2.** Fam. Qui convient à peu près ; passable : *Film potable.*

POTACHE n.m. Fam. Collégien ; lycéen.

POTAGE n.m. (de *pot*). Bouillon préparé à partir de viandes, de légumes, etc.

POTAGER, ÈRE adj. Se dit des plantes dont on fait une utilisation culinaire. ▪ **Jardin potager,** ou **potager, n.m.,** où l'on cultive des plantes potagères.

POTAMOCHÈRE n.m. (du gr. *potamos,* fleuve, et *khoîros,* petit cochon). Porc sauvage d'Afrique et de Madagascar, à pelage brun-roux.

POTAMOLOGIE n.f. (du gr. *potamos,* fleuve). Hydrologie fluviale.

POTAMOT n.m. (du gr. *potamos,* fleuve). Monocotylédone des eaux douces calmes, dont les feuilles flottantes sont larges et elliptiques, et dont les feuilles submergées sont rubanées. ➲ Famille des potamogétonacées.

POTARD n.m. (de *pot*). Fam., vx. Pharmacien.

POTASSE n.f. (néerl. *potasch*). Dérivé potassique utilisé comme engrais, tel que la *potasse d'Alsace* (chlorure de potassium). ▪ **Potasse (caustique),** hydroxyde de potassium (KOH), solide blanc, très soluble dans l'eau, base forte.

POTASSER v.t. [3]. Fam. Étudier avec application.

POTASSIQUE adj. Qui dérive du potassium, de la potasse.

POTASSIUM [-sjɔm] **n.m. 1.** Métal alcalin extrait de la potasse, léger, mou et très oxydable, de densité 0,86, et qui fond à 63,65 °C. **2.** Élément chimique (K), de numéro atomique 19, de masse atomique 39,0983.

POT-AU-FEU [pɔtofø] **n.m. inv. 1.** Plat composé de viande de bœuf bouillie avec carottes, poireaux, navets, etc. **2.** Ensemble des morceaux du bœuf servant à confectionner ce plat (gîte, macreuse, plat de côtes). **3.** Marmite où on le fait cuire. ◆ **adj. inv.** Fam., vieilli. Dont les préoccupations se bornent aux soins du ménage.

POT-DE-VIN n.m. (pl. *pots-de-vin*). Somme payée illégalement, en dehors du prix convenu, pour obtenir un marché.

POTE n. (de *poteau,* camarade). Fam. Copain : *Sa voisine est sa meilleure pote.*

POTEAU n.m. (du lat. *postis,* jambage de porte). **1.** Pièce de charpente dressée verticalement et servant notamm. à supporter ou à maintenir des câbles, une structure, etc. **2. SPORTS.** Chacun des éléments verticaux d'un but ; tir qui rebondit sur l'un de ces éléments. **3.** Fam., vieilli. Camarade ; copain. ▪ **Poteau de départ, d'arrivée** [sports], marquant le départ, l'arrivée d'une course. ▪ **Poteau d'exécution,** où l'on attache les personnes que l'on va fusiller. ▪ **Poteau indicateur,** portant un panneau indiquant une destination, une direction, etc.

POTÉE n.f. 1. Plat composé de viande de porc et de légumes bouillis, princip. du chou. **2.** Poudre d'abrasifs en grains fins (la potée d'émeri, par ex.), utilisée dans différents corps de métier pour le rodage, le polissage, le ponçage, etc.

POTELÉ, E adj. (de l'anc. fr. *main pote,* main enflée). Qui a des formes rondes et pleines ; replet : *Enfant potelé.*

POTELET n.m. TECHN. 1. Petit poteau. **2.** Petit poteau fixé sur un trottoir ou une chaussée, pour empêcher le stationnement ou canaliser la circulation des véhicules. **3.** Petit support métallique pour câbles électriques aériens, fixé en console sur un mur.

POTENCE n.f. (du lat. *potentia,* puissance). **1.** Assemblage de pièces de bois ou de métal formant équerre, pour soutenir ou pour suspendre qqch. **2.** Instrument servant au supplice de la pendaison ; le supplice lui-même.

POTENCÉ, E adj. HÉRALD. Se dit d'une pièce terminée en forme de T (double potence) : *Croix potencée.*

POTENTAT n.m. (du lat. *potens, -entis,* puissant). **1.** Souverain absolu d'un État puissant. **2.** Homme qui use de son pouvoir de façon despotique ; tyran.

POTENTIALISATION n.f. Action de potentialiser ; son résultat.

POTENTIALISER v.t. [3] (angl. *to potentialize*). Augmenter les effets sur l'organisme d'une substance active, notamm. d'un médicament, en parlant d'une autre substance.

POTENTIALITÉ n.f. État de ce qui existe en puissance.

1. POTENTIEL, ELLE adj. (du lat. *potens, -entis,* puissant). **1.** Qui existe en puissance ; éventuel ; virtuel : *Un client potentiel.* **2. GRAMM.** Qui exprime la possibilité. (Ex. : la phrase *J'irais si on me le demandait* est une tournure potentielle.) ▪ **Énergie potentielle** [phys.], énergie d'un système physique due à la position d'une partie du système par rapport à l'autre.

2. POTENTIEL n.m. 1. Ensemble des ressources de tous ordres que possède en puissance un pays, un groupe humain, une personne : *Le potentiel économique d'une région.* **2. ÉLECTR.** Grandeur définie à une constante près, caractérisant les corps électrisés et les régions de l'espace où règne un champ électrique. ➲ On mesure des *différences de potentiel*, ou *tensions.* **3. GRAMM.** Forme verbale qui exprime l'action qui se réaliserait dans l'avenir si telle condition était réalisée. (Ex. : *Si tu me remplaçais, je pourrais partir.*) [Le potentiel s'oppose à l'*irréel*.] ▪ **Potentiel d'action** [neurol.], bref phénomène électrique se propageant sur la membrane d'une cellule nerveuse ou musculaire, correspondant respectivement à un message nerveux (l'*influx nerveux*) ou au déclenchement d'une contraction.

POTENTIELLEMENT adv. De façon potentielle ; virtuellement.

POTENTILLE [-tij] **n.f.** (du lat. *potentia,* puissance). Plante vivace des régions arctiques et tempérées, à fleurs jaunes ou blanches, et dont une espèce est l'ansérine. ➲ Famille des rosacées.

POTENTIOMÈTRE [-sjɔ-] **n.m. ÉLECTR. 1.** Appareil pour la mesure des différences de potentiel ou des forces électromotrices. **2.** Rhéostat à trois bornes permettant d'obtenir une tension variable à partir d'une source de courant à tension constante.

POTERIE n.f. 1. Fabrication de récipients en terre cuite, en grès, façonnés par modelage, moulage ou tournage dans une pâte argileuse. **2.** Objet obtenu selon les procédés de cette fabrication. **3.** Tuyau de terre cuite pour canalisation. **4.** Anc. Vaisselle métallique : *Poterie d'étain.*

POTERNE n.f. (bas lat. *posterula*). Porte dérobée percée dans la muraille d'une fortification et donnant souvent sur le fossé.

POTESTATIF, IVE adj. (du lat. *potestas,* puissance). **DR.** Qui dépend de la volonté d'une des parties contractantes.

POTET n.m. Trou de forme carrée creusé dans la terre pour y planter un végétal.

POTICHE n.f. 1. Grand vase décoratif en porcelaine, souvent à couvercle. **2.** Fam. Personne qui n'a qu'un rôle de représentation, sans pouvoir réel.

POTIER, ÈRE n. Personne qui fabrique ou vend de la poterie.

POTIMARRON n.m. (de *potiron* et *1. marron*). Courge originaire de Chine, dont le goût rappelle celui de la châtaigne. ➲ Famille des cucurbitacées.

POTIN n.m. (mot normand). Fam. **1.** (Surtout pl.). Petit commérage ; cancan. **2.** Grand bruit ; vacarme : *Un potin de tous les diables.*

POTINER v.i. [3]. Fam., vieilli. Faire des potins.

POTINIER, ÈRE adj. et **n.** Fam., vieilli. Qui potine.

POTION [posjɔ̃] **n.f.** (du lat. *potio,* breuvage). Anc. Préparation médicamenteuse liquide et sucrée destinée à être bue. ▪ **Potion magique,** remède miracle.

POTIRON n.m. (de l'ar.). Plante potagère voisine de la courge, dont on consomme les énormes fruits à chair orangée. ➲ Famille des cucurbitacées.

▲ **potiron**

POTLATCH [pɔtlatʃ] **n.m.** (mot amérindien). **ANTHROP.** Ensemble de cérémonies marquées par des dons que se font entre eux des groupes sociaux distincts et rivaux.

POTOMANIE n.f. (du gr. *potos,* boisson). **MÉD.** Besoin permanent de boire de grandes quantités de liquides, surtout de l'eau.

POTOMÈTRE n.m. Appareil servant à mesurer la quantité d'eau absorbée par une plante.

POTO-POTO n.m. inv. (mot wolof). Afrique. **1.** Sol boueux ; boue, vase. **2.** Boue séchée servant à construire des murs.

POT-POURRI (pl. *pots-pourris*), ▲ *POTPOURRI* **n.m. 1.** Mélange de plusieurs airs, de plusieurs couplets ou refrains de chansons diverses. **2.** Mélange hétéroclite de choses diverses, en partic. production littéraire formée de divers morceaux. **3.** Mélange de fleurs et de plantes odorantes destiné à parfumer une pièce, le linge, etc. ; vase de céramique au couvercle ajouré, destiné à contenir ce mélange. **4.** Vx. Ragoût composé de plusieurs sortes de viandes.

POTRON-MINET n.m. inv. (de l'anc. fr. *poistron,* derrière, et *minet,* chat). Vx. ▪ **Dès potron-minet,** dès la pointe du jour.

POTT [pɔt] **(MAL DE) n.m. MÉD.** Tuberculose de la colonne vertébrale.

POTTO n.m. (mot angl., d'une langue africaine). Lémurien d'Afrique, nocturne et arboricole, aux gros yeux globuleux. ➲ Famille des lorisidés.

POTTOK ou **POTTOCK** [pɔtjɔk] **n.m.** (basque *pottok*). Poney originaire du Pays basque, très résistant.

POU n.m. (pl. *poux*) [lat. *pediculus*]. Insecte sans ailes, parasite externe des mammifères, dont il suce le sang, et qui fixe ses œufs (lentes) à la base des poils. ➲ Deux espèces sont des parasites de l'homme : le *pou de tête* et le *pou du pubis* ; ordre des anoploures. ▪ **Chercher des poux à qqn** [fam.], lui chercher querelle à tout propos. ▪ **Laid comme un pou** [fam.], très laid. ▪ **Pou de San José,** cochenille très nuisible aux vergers. ▪ **Pou des livres,** psoque. ▪ **Pou d'oiseaux,** mallophage.

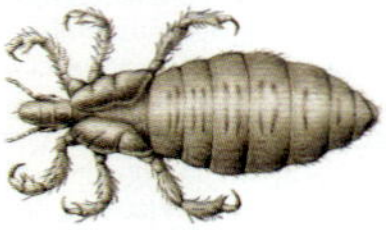

▲ **pou** de tête.

POUAH interj. Exprime le dégoût : *Pouah ! ce vin est piqué !*

POUBELLE n.f. (du n. de E. R. *Poubelle*). **1.** Récipient destiné à recevoir les ordures ménagères ; boîte à ordures. **2.** Lieu où s'entassent des choses jetées ; dépotoir : *Les océans deviennent des poubelles.* **3.** Fam. Véhicule en mauvais état. **4.** (En appos., avec ou sans trait d'union). Dans un état de délabrement dangereux : *Avions poubelles* ; qui exploite les sujets les plus racoleurs : *Presse, télé poubelle.*

POUCE n.m. (lat. *pollex, -icis*). **1.** Le plus gros et le plus court des doigts de la main, opposable aux autres doigts chez l'homme et les primates. **2. MÉTROL.** Anc. Mesure de longueur qui valait 27,07 mm. **3.** (Calque de l'angl. *inch*). **MÉTROL.** Unité de longueur valant 25,4 mm, encore en usage dans certains pays anglo-saxons. ▪ **Faire du pouce** [Québec, fam.], de l'auto-stop. ▪ **Le pouce du pied,** le gros orteil. ▪ **Manger sur le pouce** [fam.], à la hâte et sans s'asseoir. ▪ **Mettre les pouces,** céder après une résistance plus ou moins longue. ▪ **Ne pas avancer, reculer d'un pouce,** rester strictement sur ses positions. ▪ **Se tourner les pouces** [fam.], être oisif. ◆ **interj.** S'emploie pour arrêter momentanément un jeu, dans le langage enfantin.

POUCE-PIED (pl. *pouces-pieds*), ▲ *POUCEPIED* **n.m.** Crustacé voisin de l'anatife, dont le pédoncule est comestible. ➲ Sous-classe des cirripèdes.

POUCIER n.m. Doigtier pour protéger le pouce.

POUDING n.m. → **PUDDING.**

POUDINGUE n.m. (angl. *pudding*). Roche sédimentaire détritique, conglomérat formé de galets.

POUDRAGE n.m. 1. Action de poudrer. **2. PEINT. INDUSTR.** Réalisation d'un revêtement dense et continu par application de résine sous forme de poudre, puis par cuisson du dépôt.

POUDRE n.f. (du lat. *pulvis, -eris,* poussière). **1.** Substance solide broyée, divisée en grains très fins et homogènes : *De la lessive, du lait en poudre.* **2.** Préparation destinée à unifier le teint et à parfaire le maquillage. **3.** Substance pulvérulente explosive non détonante, utilisée notamm. pour le lancement des projectiles d'armes à feu et pour la propulsion d'engins. **4.** Arg. Drogue (héroïne, cocaïne). ▪ **Jeter de la poudre aux yeux,** chercher à faire illusion. ▪ **Mettre le feu aux poudres,** faire éclater un conflit jusqu'alors larvé. ▪ **Poudre d'ange** [fam.], phencyclidine. ▪ **Poudre noire** ou **poudre à canon,** mélange de salpêtre, de soufre et de charbon de bois. ▪ **Poudre sans fumée,** à base de nitrocellulose. ▪ **Se répandre comme une traînée de poudre,** très rapidement.

POUDRER v.t. [3]. Couvrir de poudre. ◆ **SE POUDRER v.pr.** Se mettre de la poudre.

POUDRERIE n.f. 1. Fabrique de poudre, d'explosifs. **2.** Québec. Neige fine et sèche que le vent fait tourbillonner.

POUDRETTE n.f. AGRIC. Engrais organique composé de matières fécales desséchées et réduites en poudre.

POUDREUSE n.f. 1. Machine agricole utilisée pour répandre sur les cultures des poudres insecticides, fongicides, etc. **2.** Neige récemment tombée ayant la consistance de la poudre.

POUDREUX, EUSE adj. Qui a la consistance d'une poudre : *Terre poudreuse* ; qui est couvert d'une fine poussière : *Chemin poudreux.*

POUDRIER n.m. 1. Petit coffret plat, muni d'une glace et d'une houppette, qui renferme la poudre pour maquillage. **2.** Fabricant de poudre, d'explosifs.

POUDRIÈRE n.f. 1. Endroit où règnent des tensions pouvant dégénérer à tout instant en un conflit généralisé : *La poudrière du Proche-Orient.* **2.** Anc. Dépôt de poudre, de munitions.

POUDRIN n.m. Neige ou pluie très fine, à Terre-Neuve.

POUDROIEMENT n.m. Litt. Aspect de ce qui poudroie.

POUDROYER [pudrwaje] **v.i. [7].** Litt. **1.** Être couvert de poussière que le soleil fait briller : *La route poudroie.* **2.** Faire scintiller les grains de poussière en suspension dans l'air, en parlant du soleil.

POUET POUET [pwɛtpwɛt] **interj. 1.** Imite le bruit d'une trompe, le son aigu d'un jouet d'enfant. **2.** (En appos.). Fam. Se dit de qqch de médiocre ou de graveleux : *Un humour pouet pouet.*

1. POUF n.m. Coussin très épais, servant de siège.

2. POUF interj. Imite le bruit sourd de qqn, qqch qui tombe.

POUFFER v.i. [3]. ▪ **Pouffer (de rire),** éclater d'un rire que l'on ne peut réprimer.

POUILLERIE n.f. Fam., vieilli. État d'extrême pauvreté ou d'extrême saleté.

POUILLES n.f. pl. (de l'anc. fr. *pouiller,* injurier). Litt., vx. ▪ **Chanter pouilles à qqn,** l'accabler de reproches, d'injures.

POUILLEUX, EUSE adj. et **n.** (de l'anc. fr. *pouil,* pou). **1.** Couvert de poux. **2.** Qui est dans la misère. ◆ **adj.** Qui dénote une pauvreté extrême ; sordide : *Quartier pouilleux.*

POUILLOT n.m. (de l'anc. fr. *poil,* coq). Passereau migrateur d'Eurasie et d'Afrique, voisin de la fauvette. ➲ Famille des sylviidés.

POUILLY n.m. Vin blanc sec de Pouilly-sur-Loire. ▪ **Le pouilly(-fuissé),** le vin blanc de certaines communes de Saône-et-Loire, dans le Mâconnais.

POUJADISME n.m. 1. Mouvement politique constitué en France dans les années 1950 autour de l'Union de défense des commerçants et artisans, animée par Pierre Poujade (1920-2003). **2.** Péjor. Attitude politique revendicative et étroitement corporatiste.

POUJADISTE adj. et **n.** Relatif au poujadisme ; qui en est partisan.

POULAILLER n.m. 1. Abri, enclos pour les volailles ; bâtiment fermé pour l'élevage industriel des volailles (poulets, poules pondeuses, etc.). **2.** Fam. Galerie supérieure d'une salle de théâtre (SYN. **paradis**).

POULAIN **n.m.** (lat. *pullus*). **1.** Jeune cheval âgé de moins de trois ans. **2.** Peau de cet animal apprêtée en fourrure. **3.** Débutant à la carrière prometteuse, appuyé par une personnalité : *Le poulain d'un entraîneur de tennis.* **4.** MANUT. Assemblage en forme d'échelle formé de deux madriers réunis par des entretoises, utilisé pour charger les tonneaux, les fûts.

POULAINE **n.f.** (de l'anc. fr. *poulain*, polonais). MAR. Plateforme d'étrave des anciens navires en bois, servant de latrines à l'équipage. ▪ **Soulier à la poulaine,** ou **poulaine,** chaussure à longue pointe relevée, à la mode aux XIVe et XVe s.

POULAMON **n.m.** (de l'algonquien). Petit poisson des eaux côtières de l'est de l'Amérique du Nord, proche de la morue, qui fraie en hiver dans les cours d'eau recouverts de glace, aussi appelé *petit poisson des chenaux.* ➲ Famille des gadidés.

POULARDE **n.f.** Jeune poule engraissée.

POULBOT **n.m.** (du n. de F. *Poulbot*). Enfant des rues de Montmartre.

1. POULE **n.f.** (lat. *pulla*). **1.** Femelle du coq, élevée pour sa chair et pour ses œufs. ➲ Cri : la poule glousse, caquette. Petits de la poule : poussins, poulets. Ordre des galliformes. **2.** Femelle de divers gallinacés : *Poule faisane.* **3.** Fam. Terme d'affection adressé à une femme, à une petite fille. **4.** Fam. Épouse ; maîtresse. **5.** Fam., vieilli. Femme de mœurs légères. ▪ **Avoir la chair de poule,** des frissons de froid ou de peur. ▪ **Mère poule,** qui entoure ses enfants d'attentions excessives. ▪ **Poule d'eau,** échassier des roseaux à bec rouge et blanc, et à plumage sombre. ➲ Famille des rallidés. ▪ **Poule des bois,** gélinotte. ▪ **Poule mouillée** [fam.], personne lâche ou irrésolue. ▪ **Poule sultane,** échassier des marécages d'Europe méridionale, aux pattes puissantes et aux doigts très longs. ➲ Famille des rallidés. ▪ **Quand les poules auront des dents** [fam.], jamais. ▪ **Se coucher, se lever avec les poules,** de très bonne heure. ▪ **Tuer la poule aux œufs d'or,** détruire une source durable de revenus en cédant à l'appât d'un gain immédiat.

▲**poule** de la race New Hampshire.

▲**poule d'eau**

2. POULE **n.f.** (angl. *pool*). SPORTS. Épreuve dans laquelle chaque concurrent, chaque équipe rencontre successivement chacun de ses adversaires ; ensemble de ces concurrents ou de ces équipes.

POULET **n.m.** **1.** Petit de la poule, âgé de trois à dix mois. **2.** Poule ou coq non encore adultes, élevés pour leur chair : *Poulet de grain.* **3.** Viande de poulet : *Du poulet rôti.* **4.** Fam. Terme d'affection adressé à un enfant, à un petit garçon. **5.** Fam. Policier. **6.** Vx. Billet doux.

POULETTE **n.f.** **1.** Jeune poule. **2.** Fam., vieilli. Terme d'affection adressé à une jeune femme, à une petite fille. ▪ **Sauce poulette,** sauce blanche additionnée de jaunes d'œufs et de jus de citron.

POULICHE **n.f.** (mot picard). Jument non adulte.

POULIE **n.f.** (du gr. *polos*, pivot). Roue portée par un axe et dont la jante est conçue pour recevoir un lien flexible (câble, chaîne, courroie, etc.) destiné à transmettre un effort de levage, de traction.

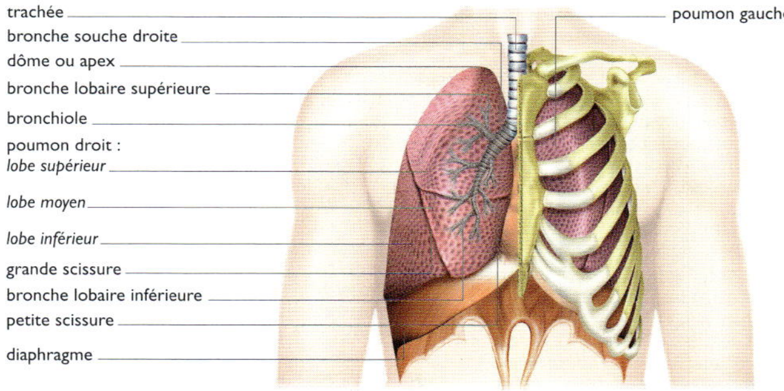

▲**poumon.** Anatomie du poumon.

POULINER **v.i.** [3]. Mettre bas, en parlant d'une jument.

POULINIÈRE **adj.f.** et **n.f.** Se dit d'une jument destinée à la reproduction.

POULIOT **n.m.** (anc. fr. *poliol*). Menthe d'une espèce rampante, velue, à saveur très piquante.

POULPE **n.m.** (lat. *polypus*). Pieuvre.

POULS [pu] **n.m.** (lat. *pulsus*). Battement d'une artère superficielle dû aux contractions cardiaques et perçu à la palpation. ▪ **Prendre le pouls de qqn,** palper le pouls du poignet et compter les battements ; fig., sonder ses dispositions, ses intentions. ▪ **Prendre** ou **tâter le pouls de qqch,** chercher à connaître la façon dont qqch se présente.

POUMON **n.m.** (lat. *pulmo, -onis*). **1.** Organe pair de la respiration, situé dans le thorax et entouré de la plèvre. **2.** Fig. Ce qui fournit de l'oxygène : *Les espaces verts sont le poumon de notre ville* ; ce qui fait vivre, anime : *Les dons sont le poumon financier des associations.* ▪ **Avoir du poumon,** une voix forte. ▪ **Poumon d'acier** [méd., anc.], appareil mettant en mouvement la cage thoracique, constitué d'une coque étanche, d'où sortait la tête du malade, et remplacé auj. par les respirateurs. ▪ **Poumon de mer,** rhizostome bleu. ▪ **Respirer à pleins poumons,** profondément.

➲ Les **POUMONS** humains sont divisés en lobes, puis en lobules. L'air arrive par une bronche souche, et le sang chargé de gaz carbonique par une branche de l'artère pulmonaire. Ce sang perd son gaz carbonique et s'enrichit en oxygène au niveau des alvéoles, où aboutissent les bronchioles, ramifications finales des bronches. Le sang ainsi oxygéné ressort de chaque poumon par deux veines pulmonaires.

POUPARD, E **n.** Vx. Petit enfant joufflu.

POUPE **n.f.** (lat. *puppis*). Arrière d'un navire (par oppos. à *proue*). ▪ **Avoir le vent en poupe,** être favorisé par les circonstances.

POUPÉE **n.f.** (lat. *pupa*). **1.** Figurine représentant une personne et servant de jouet : *Jouer à la poupée* ; figurine costumée servant à la décoration : *Des poupées alsaciennes.* **2.** Jolie jeune femme fraîche et coquette, mais parfois futile et un peu sotte. **3.** Fam. Pansement entourant un doigt. **4.** MAR. Tambour de treuil. **5.** Chacun des tampons de mousseline servant à l'encrage, dans le procédé de gravure en couleurs utilisant une seule planche. ▪ **De poupée,** très petit : *Maisons de poupée.* ▪ **Poupée mannequin,** poupée représentant un adulte. ▪ **Poupée russe,** matriochka.

POUPIN, E **adj.** (de *poupée*). Se dit d'un visage frais et rebondi.

POUPON **n.m.** **1.** Bébé encore au berceau. **2.** Poupée qui représente un bébé.

POUPONNER **v.i.** [3]. Fam. S'occuper avec tendresse d'un bébé.

POUPONNIÈRE **n.f.** Établissement public accueillant de jour et de nuit des enfants de moins de trois ans qui ne peuvent rester au sein de leur famille.

1. POUR **prép.** (lat. *pro*). **1.** Indique l'équivalence, la substitution : *J'ai signé pour lui.* **2.** Indique une relation, un rapport : *En avance pour son âge.* **3.** Introduit la cause : *Célèbre pour son engagement politique.* **4.** Indique le bénéficiaire d'une action : *Émission pour tous.* **5.** Introduit le point de vue, l'objet ou la personne concernés : *Pour la ministre, c'est inespéré.* **6.** Introduit la destination, le but : *Ce train part pour Bruxelles. Un tribunal pour enfants.* **7.** Introduit la conséquence : *Les jurés en ont assez entendu pour prendre une décision.* **8.** Introduit le moment où qqch doit se faire, le terme d'un délai, la durée : *Fais-le pour lundi. Elle est sous contrat pour deux mois.* **9.** Introduit la circonstance, le moment : *Ils viendront pour Noël.* ▪ **En être pour ses frais, sa peine,** ne rien obtenir en compensation de son argent, de ses efforts. ▪ **Être pour qqn, qqch,** en être partisan. ▪ **Ne pas être pour** (+ inf.), ne pas être de nature à : *Ce n'est pas pour me déplaire.* ▪ **Pour lors,** dans ce cas : *La situation est confuse, pour lors, attendons.* ▪ **Pour… que** [litt.], indique la concession : *Pour insensible qu'elle soit.* ◆ **adv.** ▪ **Être, voter pour,** être favorable à ; émettre un vote favorable. ◆ **POUR QUE** **loc. conj.** (Suivi du subj.). **1.** Introduit le but : *Il a agrandi l'image pour que chacun se reconnaisse.* **2.** Introduit la conséquence : *Il y a trop d'indices pour que son nom ne soit pas cité.*

2. POUR **n.m. inv.** ▪ **Le pour et le contre,** les avantages et les inconvénients d'une solution.

POURBOIRE **n.m.** Somme d'argent donnée par un client à titre de gratification, en plus du prix d'un service.

POURCEAU **n.m.** (lat. *porcellus*). Litt. Porc ; porcelet.

POURCENTAGE **n.m.** (de *pour cent*). **1.** Proportion pour cent unités (symb. %). **2.** COMM. Commission calculée au pourcentage.

POURCHASSER **v.t.** [3]. Poursuivre, rechercher qqn, qqch sans répit ; traquer : *Pourchasser des évadés, les fautes de grammaire.*

POURFENDEUR, EUSE **n.** (DE). Litt. (Souvent par plais.). Personne qui pourfend.

POURFENDRE **v.t.** [59]. **1.** Critiquer vigoureusement ; s'attaquer à : *Pourfendre les préjugés.* **2.** Litt., vx. Fendre de haut en bas avec une arme tranchante.

POURIM [purim] **n.m. inv.** Fête juive, célébrée en février ou en mars, commémorant la libération des Juifs de leur captivité dans l'Empire perse, grâce à Esther.

SE POURLÉCHER **v.pr.** [11], ▲*[11*]*. Passer sa langue sur ses lèvres avec gourmandise.

POURPARLERS **n.m. pl.** Conversations, entretiens préalables à la conclusion d'une entente ; négociation : *Engager, rompre des pourparlers.*

POURPIER **n.m.** (du lat. *pulli pes*, pied de poulet). Plante à petites feuilles charnues, dont une espèce est cultivée comme salade et une autre, originaire d'Amérique du Sud, pour ses fleurs de couleurs variées. ➲ Famille des portulacacées.

POURPOINT **n.m.** (de l'anc. fr. *porpoint*, piqué). Vêtement d'homme très ajusté, en usage du XIIe au XVIIe s., qui couvrait le buste.

1. POURPRE **n.f.** (lat. *purpura*). **1.** Dérivé bromé de l'indigo, d'un rouge foncé, tiré autref. du murex. **2.** Étoffe teinte en pourpre. **3.** Litt. Dignité impériale, dont la pourpre était autref. la marque.

4. HÉRALD. La couleur rouge foncé du blason. ▪ **La pourpre romaine,** la dignité de cardinal, reconnaissable à son habit.

2. POURPRE n.m. 1. Couleur d'un rouge violacé. **2.** Mollusque gastéropode des côtes de l'Europe occidentale, à coquille lisse, qui s'attaque aux bancs de moules et d'huîtres, dont il perce la coquille. ▪ **Pourpre rétinien** [biochim.], substance photosensible des cellules en bâtonnet de la rétine des vertébrés, intervenant dans la vision crépusculaire (SYN. **rhodopsine**). ◆ **adj.** D'un rouge violacé.

POURPRÉ, E adj. Litt. Qui tire sur le pourpre.

POURQUOI adv. interr. Pour quelle raison : *Pourquoi tenez-vous à y aller ? Je me demande pourquoi elle n'a rien dit.* ▪ **C'est pourquoi,** c'est la raison pour laquelle. ▪ **Pourquoi pas ?,** indique que l'on envisage favorablement une hypothèse. ◆ **n.m. inv. 1.** Cause ; raison : *Le pourquoi et le comment.* **2.** Interrogation sur la raison des choses : *Les pourquoi des enfants.*

POURRI, E adj. 1. Se dit d'une matière organique, d'une denrée qui se putréfie ; avarié ; gâté : *Des légumes pourris.* **2.** Qui est moralement corrompu : *Un milieu pourri.* ▪ **Enfant pourri,** trop gâté. ▪ **Être pourri de qqch** [fam.], en avoir beaucoup. ▪ **Temps pourri** [fam.], pluvieux. ◆ **n.m.** Partie pourrie de qqch.

POURRIDIÉ n.m. (mot provenç.). Maladie de la vigne et des arbres fruitiers, due à un champignon parasite (l'armillaire) qui attaque leurs racines et entraîne leur mort.

POURRIEL n.m. (de *poubelle* et *courriel*). Québec. Courrier électronique non sollicité, essentiellement constitué de publicité, envoyé massivement aux internautes.

POURRIR v.i. [21] (lat. pop. *putrire*). **1.** Subir une putréfaction sous l'action des bactéries. **2.** Fig. Se dégrader progressivement ; dégénérer : *Laisser pourrir un conflit.* **3.** Rester longtemps dans une situation pénible ou dégradante ; croupir : *Pourrir dans un emploi subalterne.* ◆ **v.t. 1.** Corrompre par décomposition ; gâter : *La chaleur pourrit la viande.* **2.** Fig. Pervertir : *Ne laissons pas l'argent pourrir le sport.*

POURRISSAGE n.m. Conservation des pâtes céramiques dans une humidité favorable à leur plasticité et à leur homogénéité.

POURRISSANT, E adj. Qui pourrit.

POURRISSEMENT n.m. 1. Dégradation d'une chose qui pourrit ; putréfaction. **2.** Fig. Détérioration progressive d'une situation ; enlisement : *Le pourrissement d'une grève.*

POURRISSOIR n.m. Lieu où qqch pourrit.

POURRITURE n.f. 1. État d'un corps en décomposition. **2.** Fig. Corruption morale de qqn, d'un milieu ; dépravation. **3. AGRIC.** Maladie cryptogamique des végétaux causée par des bactéries ou des champignons. ▪ **Pourriture grise** [agric.], causée par un champignon, appelée *pourriture noble* lorsqu'elle est peu développée, et qu'elle permet l'élaboration de certains vins liquoreux (sauternes, par ex.).

POURSUITE n.f. 1. Action de poursuivre : *La poursuite d'un voleur.* **2.** Recherche assidue de qqch ; quête : *La poursuite d'un idéal de justice.* **3. SPORTS.** Course cycliste sur piste qui oppose deux coureurs ou deux équipes, placés, au départ, à des points diamétralement opposés de la piste. **4. DR.** Exercice d'une action en justice en vue de faire rendre une décision ou de la faire exécuter ; tout acte qui tend, au pénal, à la répression d'une infraction ; action du fisc pour assurer le recouvrement forcé des créances du Trésor. **5. ASTRONAUT.** Détermination continue, depuis le sol, du mouvement d'un engin spatial. **6.** Projecteur de forte puissance qui suit les évolutions d'un artiste sur la scène en l'isolant dans un étroit faisceau de lumière.

POURSUITEUR, EUSE n. Cycliste spécialiste des courses de poursuite.

POURSUIVANT, E n. Personne qui poursuit qqn.

POURSUIVRE v.t. [69]. 1. Courir derrière un être animé pour le rattraper ; pourchasser : *Des paparazzis ont poursuivi l'actrice jusque chez elle.* **2.** Chercher avec ténacité à obtenir, à réaliser qqch : *Poursuivre un but, un idéal.* **3.** Continuer une action sans relâche ; persévérer : *Le chanteur poursuit sa tournée malgré cet accident.* **4.** Ne pas cesser d'accabler qqn ; obséder : *Cette pensée la poursuit* ; harceler : *La malchance le poursuit.* **5. DR.** Exercer une poursuite judiciaire ; actionner, chercher à provoquer la condamnation de l'auteur d'une infraction. ◆ **SE POURSUIVRE v.pr.** Continuer sans interruption : *Les violences se sont poursuivies toute la nuit.*

POURTANT adv. Marque une opposition, une restriction ; cependant : *Il ne comprend pas, et pourtant il est intelligent. Elle avait pourtant l'air honnête.*

POURTOUR n.m. (de l'anc. fr. *portorner*, se tourner). Ligne qui fait le tour d'un lieu, d'un objet ; surface qui borde cette ligne : *Le pourtour méditerranéen.* ▪ **Pourtour du chœur** [archit.], déambulatoire.

POURVOI n.m. (de *pourvoir*). **DR.** Recours porté devant la plus haute juridiction compétente (en France, la Cour de cassation ou le Conseil d'État), en vue de faire annuler une décision rendue en dernier ressort.

POURVOIR v.t. ind. [50] (À) [du lat. *providere*, prévoir]. Fournir à qqn ce qui lui est nécessaire ; subvenir à : *Elle pourvoit aux besoins de ses enfants.* ◆ **v.t.** Mettre en possession de ce qui est nécessaire ; doter : *Pourvoir une commune d'un réseau de transport.* ◆ **SE POURVOIR v.pr. 1. (DE).** Se munir de : *Se pourvoir d'un parapluie.* **2. DR.** Former un pourvoi ; interjeter appel.

POURVOIRIE n.f. Québec. Entreprise qui loue des installations et propose des services pour des activités de chasse et de pêche sur le territoire qu'elle gère ; le territoire lui-même.

POURVOYEUR, EUSE n. 1. Personne ou chose qui fournit qqch : *L'Internet pourrait être un pourvoyeur d'emplois.* **2.** Québec. Exploitant d'une pourvoirie. ◆ **n.m. MIL.** Vx. Servant d'une arme à feu collective, chargé de la ravitailler en munitions.

POURVU QUE loc. conj. (Suivi du subj.). **1.** À condition que ; du moment que : *Nous arriverons à l'heure pourvu qu'il n'y ait pas d'embouteillages.* **2.** Introduit un souhait, une inquiétude : *Pourvu qu'elle soit élue !*

POUSADA [-sa-] **n.f.** Au Portugal et au Brésil, hôtel établi dans un cadre naturel typique ou un bâtiment à caractère historique.

POUSSAGE n.m. Transport fluvial par convoi de barges métalliques amarrées rigidement entre elles et à un pousseur.

POUSSAH n.m. (du chin. *p'u sa*, image de Bouddha). Litt. Homme corpulent et de petite taille.

POUSSE n.f. 1. Croissance, développement d'un végétal ou d'une de ses parties. **2.** Plante à son premier état de développement ; bourgeon. **3.** Croissance de certaines parties d'un corps vivant : *La pousse des ongles.* **4. VÉTÉR.** Affection des chevaux, caractérisée par l'essoufflement et le battement des flancs. **5.** Altération du vin, qui le rend trouble. **6.** En boulangerie, levée de la pâte. ▪ **Jeune pousse,** recomm. off. pour **start-up ;** fig., débutant prometteur : *Les jeunes pousses du cinéma français.*

POUSSÉ, E adj. 1. Qui atteint un degré élevé de spécialisation : *Une formation très poussée.* **2.** Se dit d'un moteur dont on a amélioré les performances après sa construction.

POUSSE-AU-CRIME n.m. inv. et adj. inv. (n. anc. donné à l'eau-de-vie). Ce qui incite à transgresser la morale, les usages, la loi : *Des déclarations pousse-au-crime.*

POUSSE-CAFÉ n.m. inv., ▲ *n.m.* (pl. *pousse-cafés*). Fam. Petit verre d'alcool que l'on boit après le café.

POUSSÉE n.f. 1. Action de pousser ; fait d'être poussé : *Une petite poussée a suffi pour déplacer le fauteuil.* **2.** Pression exercée par le poids d'un corps contre un obstacle ou un autre corps : *La poussée des eaux d'un barrage.* **3.** Manifestation soudaine et violente d'un trouble, d'un mal ; accès : *Une poussée d'urticaire.* **4.** Développement net et soudain d'un mouvement, d'un phénomène : *La poussée des altermondialistes.* **5.** Force horizontale qui s'exerce latéralement sur une structure. **6. AÉRON., ASTRONAUT.** Force de propulsion développée par un moteur à réaction. ▪ **Centre de poussée** [phys.], point d'application de la résultante des forces de pression exercées par un fluide sur un corps solide. ▪ **Poussée d'Archimède** [phys.], force verticale dirigée de bas en haut, à laquelle est soumis tout corps plongé dans un fluide.

POUSSE-POUSSE n.m. inv., ▲ *POUSSEPOUSSE n.m.* **1.** Voiture légère tirée par un homme, pour le transport des personnes, en Extrême-Orient. **2.** Suisse. Voiture d'enfant ; poussette.

POUSSER v.t. [3] (lat. *pulsare*). **1.** Exercer une pression sur qqch pour le déplacer sans le soulever : *Pousser une porte, un lit.* **2.** Faire avancer qqn en imprimant une pression sur lui : *Il l'a poussé pour passer.* **3.** Faire aller devant soi ; diriger : *Pousser un intrus vers la sortie.* **4.** Faire fonctionner plus vite, plus fort : *Pousser le chauffage.* **5.** Engager vivement ; inciter à : *Ils l'ont poussé à accepter.* **6.** Porter un comportement jusqu'à l'excès : *Pousser la plaisanterie trop loin.* **7.** Faire entendre ; émettre : *Pousser un cri.* ◆ **v.i. 1.** En parlant de parties du corps ou de végétaux, augmenter en taille ; croître : *L'herbe a poussé.* **2.** Poursuivre sa marche, son voyage : *On a poussé jusqu'à Lille.* ▪ **Il ne faut pas pousser** [fam.], il ne faut pas exagérer. ◆ **SE POUSSER v.pr. 1.** Se déplacer pour faire place. **2.** Chercher mutuellement à s'écarter ; se bousculer. **3.** Vieilli. Se hisser à une place sociale plus élevée.

POUSSETTE n.f. 1. Petite voiture d'enfant, génér. pliable, formée d'un siège inclinable suspendu à un châssis sur roulettes, et que l'on pousse devant soi. **2.** Suisse. Landau. **3.** Armature d'acier légère montée sur roues et munie d'une poignée, destinée à soutenir un sac à provisions. **4. JEUX.** Tricherie commise en poussant une mise sur le tableau gagnant quand le résultat est déjà connu. **5.** Pression exercée sur un coureur cycliste pour le lancer ou accélérer son allure.

POUSSETTE-CANNE n.f. (pl. *poussettes-cannes*). Poussette d'enfant repliable constituée essentiellement d'une toile tendue entre deux montants parallèles en forme de canne.

POUSSEUR n.m. 1. Bateau conçu et équipé pour pousser des navires et des barges en navigation intérieure. **2. ASTRONAUT.** Recomm. off. pour **booster.**

POUSSIER n.m. Charbon pulvérulent (de dimensions inférieures à 1 mm).

POUSSIÈRE n.f. (lat. *pulvis, -eris*). **1.** Poudre très fine et très légère en suspension dans l'air et provenant de matières diverses (terre sèche, notamm.) par choc ou frottement : *Il y a de la poussière sur les meubles.* **2.** Très petite particule de matière : *Avoir une poussière dans l'œil.* ▪ **Coup de poussière,** explosion provoquée dans une mine par l'inflammation violente de fines particules de charbon en suspension dans l'air. ▪ **Et des poussières** [fam.], et un peu plus : *Cent euros et des poussières.* ▪ **Mordre la poussière,** être terrassé dans un combat ; subir un échec. ▪ **Tomber en poussière,** se désagréger. ▪ **Une poussière de,** un grand nombre de choses dispersées : *Une poussière d'étoiles.*

POUSSIÉREUX, EUSE adj. Couvert de poussière.

POUSSIF, IVE adj. (de *pousser*). **1.** Fam. Qui respire avec peine. **2.** Se dit d'un cheval atteint de la pousse. **3.** Qui fonctionne avec peine : *Un moteur poussif.* **4.** Fig. Qui manque d'élan et d'inspiration : *Un discours poussif.*

POUSSIN n.m. (bas lat. *pullicenus*). **1.** Petit de la poule, nouvellement éclos, au plumage duveteux. ➲ Cri : le poussin piaule. **2.** Très jeune oiseau. **3.** Sportif appartenant à une tranche d'âge dont les limites se situent selon les sports autour de 9 ans. (On rencontre le fém. *poussine.*)

POUSSINE n.f. Suisse. Poulette.

POUSSINIÈRE n.f. Cage dans laquelle on élève des poussins.

POUSSIVEMENT adv. De façon poussive.

POUSSOIR n.m. Bouton que l'on pousse pour déclencher le fonctionnement d'un mécanisme.

POUTARGUE ou **BOUTARGUE n.f.** (provenç. *boutargo*, de l'ar. *baṭārikh*). Aliment composé d'œufs de poisson salés et pressés en forme de saucisse plate. ➲ Spécialité de Martigues.

POUTINE n.f. Québec. Mélange de pommes de terre frites et de fromage en grains arrosé de sauce brune chaude. ▪ **Poutine râpée** [Acadie], préparation faite de boulettes de pommes de terre râpées farcies de viande de porc et bouillies.

POUTOU n.m. (onomat.). Région. (Midi). Baiser ; bisou : *De gros poutous.*

POUTOUNER v.t. [3] (de *poutou*). Région. (Midi). Donner une, des bises à ; embrasser.

POUTRAISON n.f. CONSTR. Assemblage de poutres.

POUTRE n.f. (du lat. pop. *pullitra*, jument). **1.** CONSTR. Pièce structurelle horizontale en bois, en métal, en béton armé, etc., servant de support de plancher, d'élément de charpente. **2.** Agrès de gymnastique artistique féminine, constitué d'une poutre de bois longue de 5 m et située à 1,20 m du sol.

POUTRELLE n.f. Petite poutre.

POUTZER ou **POUTSER** [putse] v.t. [3] (all. *putzen*). Suisse. Nettoyer ; astiquer.

1. POUVOIR v.t. [44] (du lat. *posse*). **1.** Être capable de : *Ils n'ont pu le sauver* ; avoir la faculté de : *Depuis son AVC, il ne peut plus parler.* **2.** Avoir le droit, l'autorisation de : *Vous pouvez jouer dans la cour.* **3.** Indique l'éventualité, la probabilité : *Tout peut arriver.* **4.** (Au subj., avec inversion du sujet). Sert à exprimer un souhait : *Puissé-je le revoir !* ▪ **Je n'en peux rien** [Belgique], je n'en suis pas responsable. ▪ **N'en plus pouvoir,** être épuisé de fatigue ; être rassasié ; être très usé. ▪ **Ne pouvoir mal** [Belgique], ne courir ou ne faire courir aucun risque. ▪ **Ne rien pouvoir à qqch,** ne pas être capable de l'empêcher ni de le modifier : *Je n'y peux rien.* ◆ **SE POUVOIR** v.pr. impers. ▪ **Il se peut que** (+ subj.), il est possible que : *Il se peut qu'il vienne.*

✎ Voir la remarque sous ***inversion.***

2. POUVOIR n.m. **1.** Possibilité de faire qqch, de produire un effet : *Il n'était pas en mon pouvoir de l'influencer. Vous avez le pouvoir de refuser.* **2.** Autorité détenue sur qqn, qqch ; influence : *Le pouvoir des médias. Ses parents n'ont aucun pouvoir sur lui.* **3.** Propriété particulière de qqch, de qqn : *Le pouvoir hydratant d'une crème. Le pouvoir de séduction d'un acteur.* **4.** DR. Aptitude à agir pour le compte de qqn ; document constatant cette délégation ; procuration : *Donner un pouvoir à qqn.* **5.** Autorité constituée ; gouvernement d'un pays : *Parvenir au pouvoir.* **6.** Fonction juridique consistant à édicter les règles d'organisation politique et administrative d'un État, ainsi qu'à en assurer le respect. **7.** Fonction de l'État, correspondant à un domaine distinct et exercée par un organe particulier. ▪ **Le quatrième pouvoir,** la presse. ▪ **Pouvoir calorifique,** quantité de chaleur dégagée lors de la combustion, dans des conditions normalisées, d'un corps, d'une substance. ▪ **Pouvoir constituant,** chargé d'élaborer, de réviser la Constitution. ▪ **Pouvoir d'achat,** quantité de biens et de services que permet d'obtenir, pour une unité de base donnée (individu, famille, etc.), une somme d'argent déterminée. ▪ **Pouvoir disciplinaire,** celui qui s'exerce au moyen de sanctions, notamm. dans l'Administration, les entreprises, etc. ▪ **Pouvoir exécutif** ou **gouvernemental,** chargé de l'administration de l'État et de veiller à l'exécution des lois. ▪ **Pouvoir judiciaire,** chargé de rendre la justice. ▪ **Pouvoir législatif,** chargé d'élaborer les lois. ▪ **Pouvoir réglementaire,** pouvoir reconnu à certaines autorités gouvernementales ou administratives (préfet, maire, etc.) d'édicter des règlements (décrets ou arrêtés). ▪ **Pouvoir spirituel,** autorité de l'Église en matière doctrinale. ◆ n.m. pl. ▪ **Pouvoirs publics,** ensemble des autorités qui assurent la conduite de l'État. ▪ **Séparation des pouvoirs,** principe de droit public selon lequel les domaines exécutif, législatif et judiciaire sont indépendants les uns des autres. ➲ Il est hérité de la pensée de Locke et de Montesquieu.

POUZZOLANE [pu(d)zɔlan] n.f. (de *Pouzzoles*, n.pr.). Roche volcanique sombre à structure alvéolaire, recherchée pour ses qualités d'isolation thermique et phonique.

POYA [pɔja] n.f. Suisse. **1.** Montée à l'alpage. **2.** Œuvre (peinture ou papier découpé) la représentant.

PPB abrév. (sigle de l'angl. *part per billion*). Rapport qui permet d'exprimer de façon pratique des concentrations extrêmement faibles (1 ppb = 1 mg/t).

PPCM ou **P.P.C.M.** n.m. (sigle). MATH. Plus petit commun multiple*.

PPM abrév. (sigle de l'angl. *part per million*). Rapport qui permet d'exprimer de façon pratique de très petites concentrations (1 ppm = 1 g/t).

P.Q. n.m. Fam. Papier hygiénique.

PRACTICE [praktis] n.m. (mot angl.). Au golf, terrain ou salle destinés à l'entraînement.

PRAESIDIUM ou **PRÉSIDIUM** [prezidjɔm] n.m. (lat. *praesidium*). HIST. Organe du Soviet suprême de l'URSS, qui a exercé jusqu'en 1990 la présidence collégiale de l'État.

1. PRAGMATIQUE adj. **1.** Fondé sur l'action, la pratique : *Une attitude pragmatique.* **2.** LING. Relatif à la pragmatique. ▪ **Pragmatique sanction,** v. partie n.pr.

2. PRAGMATIQUE n.f. Partie de la linguistique qui étudie les rapports entre la langue et l'usage qu'en font des locuteurs en situation de communication (étude des présuppositions, des sous-entendus, etc.).

PRAGMATISME n.m. (du gr. *pragmatikos*, qui concerne l'action). **1.** PHILOS. Doctrine qui prend pour critère de la vérité la valeur pratique, considérant qu'il n'y a pas de vérité absolue et que n'est vrai que ce qui réussit. **2.** Attitude de qqn qui s'adapte à toutes les situations, qui est orienté vers l'action pratique.

PRAGOIS, E ou **PRAGUOIS, E** adj. et n. De Prague.

PRAIRE n.f. (mot provenç.). Mollusque bivalve marin comestible, à coquille ornée de côtes concentriques, qui vit enfoui dans le sable. ➲ Famille des vénéridés.

PRAIRIAL n.m. (pl. *prairials*) [de *prairie*]. HIST. Neuvième mois du calendrier républicain, commençant le 20 ou le 21 mai et finissant le 18 ou le 19 juin.

PRAIRIE n.f. (de *pré*). **1.** Terrain couvert d'herbe ou de plantes fourragères destinées à l'alimentation du bétail, par pâture, ou après fenaison ou ensilage. **2.** Formation végétale des régions tempérées continentales composée d'herbes serrées plus ou moins hautes. ▪ **Prairie artificielle,** prairie temporaire semée en légumineuses ou en mélange, introduite comme culture améliorante, d'une durée de production de un à trois ans. ▪ **Prairie naturelle** ou **permanente,** terrain couvert d'herbe qui n'a été ni labouré ni ensemencé (SYN. **pré**). ▪ **Prairie temporaire,** terre semée de graminées et de légumineuses, d'une durée de production variable selon les espèces.

PRAKRIT [prakri] n.m. (du sanskr. *prākrita*, usuel). Chacune des langues communes issues du sanskrit, en usage dans l'Inde ancienne et ancêtres des langues indo-aryennes modernes.

PRALIN n.m. **1.** Préparation à base d'amandes, de noisettes grillées, caramélisées et broyées, utilisée pour recouvrir les gâteaux, fourrer les bonbons, etc. **2.** AGRIC. Mélange de terre boueuse et de bouse de vache, dans lequel on trempe les graines ou les racines des arbres avant de les planter.

PRALINAGE n.m. Action de praliner.

PRALINE n.f. (du n. du maréchal du *Plessis-Praslin*). **1.** Amande ou noisette grillée enrobée de sucre cuit et glacé. **2.** Belgique. Bouchée au chocolat fourrée (au praliné, à la crème au café, etc.).

PRALINÉ n.m. Mélange de chocolat et de pralines écrasées.

PRALINER v.t. [3]. **1.** Fourrer, parfumer au pralin ; préparer à la manière des pralines. **2.** AGRIC. Enrober de pralin des racines d'arbres ou des graines.

PRAME n.f. (néerl. *praam*). Petite embarcation servant d'annexe à un bateau.

PRANDIAL, E, AUX adj. (du lat. *prandium*, déjeuner). MÉD. Qui survient pendant un repas : *Douleur prandiale.*

PRAO n.m. (du malais). **1.** Bateau de Malaisie à balancier unique, à avant et à arrière symétriques, gréé de façon à pouvoir naviguer dans les deux sens. **2.** Voilier multicoque dont la construction est inspirée du prao malais.

PRASAT n.m. Tour sanctuaire propre à l'architecture khmère.

PRASÉODYME n.m. (du gr. *prasinos*, vert, et *didumos*, double). **1.** Métal du groupe des terres rares. **2.** Élément chimique (Pr), de numéro atomique 59, de masse atomique 140,9076.

PRATICABILITÉ n.f. État, caractère de ce qui est praticable.

1. PRATICABLE adj. **1.** Où l'on peut circuler, passer : *Chemin praticable.* **2.** Qui peut être mis en pratique, en application ; réalisable : *Idée praticable.* **3.** THÉÂTRE. Se dit d'un élément de décor génér. peint, qui permet des changements de jeu et de mise en scène sans difficulté : *Porte, fenêtre praticable.*

2. PRATICABLE n.m. **1.** CINÉMA. Plateforme mobile servant à déplacer la caméra, les projecteurs, etc. **2.** THÉÂTRE. Élément de décor, d'une taille relativement importante, sur lequel les acteurs peuvent évoluer. **3.** SPORTS. En gymnastique, carré de 12 m de côté pour les exercices au sol ; installation permettant de pratiquer une discipline : *Praticable de saut à ski.*

PRATICIEN, ENNE n. **1.** Personne qui pratique une activité, un métier (par oppos. à *théoricien*, à *chercheur*). **2.** Médecin, ou tout autre professionnel de la santé, qui exerce son métier et donne des soins. **3.** SCULPT. Personne qui, d'après le modèle, dégrossit dans un bloc de pierre, de marbre, etc., l'ouvrage qu'achèvera le sculpteur.

PRATICITÉ n.f. Caractère de ce qui est pratique, fonctionnel : *La praticité d'un conditionnement.*

PRATIQUANT, E adj. et n. **1.** Qui observe les pratiques de sa religion. **2.** Qui pratique habituellement un sport, une activité.

1. PRATIQUE adj. **1.** Qui s'attache aux faits, à l'action (par oppos. à *théorique*) : *Connaissances pratiques.* **2.** D'application ou d'utilisation facile ; commode : *Ce sac est très pratique.* **3.** PHILOS. Chez Kant, qui concerne la morale. ▪ **Travaux pratiques,** exercices d'application de cours théoriques, magistraux.

2. PRATIQUE n.f. (gr. *praktikê*). **1.** Application des principes d'une science, d'une technique : *La pratique du jardinage.* **2.** Fait de pratiquer une activité, un sport : *La pratique du golf.* **3.** Habileté qui résulte de l'exercice suivi d'une activité ; expérience : *Il manque encore de pratique.* **4.** (Souvent pl.). Comportement habituel ; façon d'agir : *Des pratiques condamnables.* **5.** Observation des prescriptions d'une religion. **6.** PHILOS. Activité concrète, historiquement déterminée, des hommes. ▪ **En pratique** ou **dans la pratique,** en réalité ; en fait. ▪ **Libre pratique** [mar.], permission de débarquer et de circuler librement dans un port, donnée par les autorités sanitaires à l'équipage d'un navire après une quarantaine. ▪ **Mettre en pratique,** traduire en actes des règles, des principes. ▪ **Pratique abusive** [dr.] → **ABUSIF.** ◆ n.f. pl. Actes, exercices extérieurs de piété.

PRATIQUEMENT adv. **1.** Dans la pratique : *Pratiquement, c'est irréalisable.* **2.** (Emploi critiqué mais très cour.). Quasiment : *Il ne téléphone pratiquement jamais.*

PRATIQUER v.t. [3]. **1.** Mettre un principe en pratique : *Pratiquer la tolérance.* **2.** Se livrer à une activité, à un sport : *Pratiquer l'équitation.* **3.** Exécuter suivant une technique : *Pratiquer une ouverture dans un toit.* **4.** Litt. Fréquenter qqn, un milieu. ▪ **Pratiquer une langue,** la parler. ▪ **Pratiquer une religion,** en observer les prescriptions et les rites. ◆ **SE PRATIQUER** v.pr. Être couramment employé, utilisé : *La colocation se pratique de plus en plus.*

PRAXIS [praksis] n.f. (mot gr. « action »). PHILOS. Action ordonnée vers une certaine fin (par oppos. à *théorie*).

PRÉ n.m. (lat. *pratum*). Prairie naturelle. ▪ **Pré carré** [hist.], désignation du royaume de France par Vauban, qui voulait simplifier le tracé de ses frontières ; fig., domaine réservé de qqn, d'un groupe. ▪ **Pré salé,** pré de bord de mer, enrichi en sels marins qui donnent un goût apprécié à la viande de mouton.

PRÉACCORD n.m. Document juridique liant deux ou plusieurs parties préalablement à un accord définitif.

a b c d e f g h i j k l m n o p q r s t u v w x y z

PRÉACHAT **n.m.** Action de placer une option d'achat sur qqch.
PRÉADOLESCENCE **n.f.** Période entre l'enfance et l'adolescence.
PRÉADOLESCENT, E **n.** Jeune garçon, jeune fille qui vont entrer dans l'adolescence.
PRÉAFFRANCHI, E **adj.** Se dit d'un objet postal vendu avec son affranchissement : *Enveloppe préaffranchie.*
PRÉALABLE **adj.** Qui doit être fait, dit, examiné d'abord ; préliminaire : *Inscription préalable requise.* ▪ **Question préalable,** question soumise à un tribunal, et dont la solution est nécessaire pour l'examen de la question principale ; question posée par un parlementaire pour faire décider par l'assemblée qu'il n'y a pas lieu de délibérer sur le texte, le sujet à l'ordre du jour. ◆ **n.m.** **1.** Condition fixée par une des parties en présence avant le début d'une négociation : *Les préalables d'un accord de paix.* **2.** Québec. Cours qui doit en précéder un autre dans le programme d'études d'un élève, d'un étudiant. ▪ **Au préalable,** auparavant.
PRÉALABLEMENT **adv.** Au préalable.
PRÉALPIN, E **adj.** Des Préalpes.
PRÉAMBULE **n.m.** (du bas lat. *praeambulus,* qui marche devant). **1.** Introduction à un discours, un exposé ; avant-propos. **2.** Partie préliminaire d'une Constitution, d'un traité, énonçant des principes fondamentaux. **3.** Ce qui précède, annonce qqch ; prélude : *Le préambule d'une crise.*
PRÉAMPLIFICATEUR **n.m.** Amplificateur de tension du signal de sortie d'un détecteur ou d'une tête de lecture, avant l'entrée dans un amplificateur de puissance. Abrév. (fam.) **préampli.**
PRÉAPPRENTISSAGE **n.m.** Formation assurée dans des classes préparatoires à l'apprentissage, annexées aux CFA*, durant laquelle l'élève effectue des stages en entreprise.
PRÉAU **n.m.** (dimin. de *pré*). **1.** Partie couverte de la cour ou grande salle au rez-de-chaussée, dans une école, un collège. **2.** Cour intérieure d'un cloître, d'une prison.
PRÉAVIS **n.m.** Avertissement préalable avant la résiliation d'un contrat ; délai qui s'écoule entre cet avertissement et le moment où il prend effet. ▪ **Préavis de grève,** délai à observer, en vertu de la loi ou de conventions collectives, avant d'entreprendre une grève.
PRÉAVISER **v.t.** [3]. Donner un préavis à.
PRÉBENDE **n.f.** (du lat. *praebendus,* qui doit être fourni). **1.** Litt. Situation lucrative obtenue par faveur. **2.** CATH. Revenu attaché à un titre ecclésiastique ; ce titre lui-même.
PRÉBENDÉ **adj.m.** et **n.m.** CATH. Qui jouit d'une prébende.
PRÉBENDIER, ÈRE **n.** et **adj.** Litt. Personne qui profite d'une prébende.
PRÉBIOTIQUE **adj.** Se dit des molécules (acides aminés, notamm.) et des réactions chimiques qui rendent possible la vie sur un astre comme la Terre.
PRÉCAIRE **adj.** (du lat. *precarius,* obtenu par prière). **1.** Qui n'a rien de stable, d'assuré : *Santé précaire.* **2.** Qui existe par autorisation révocable : *Poste précaire.* ◆ **n.** Travailleur précaire.
PRÉCAIREMENT **adv.** De façon précaire.
PRÉCAMBRIEN **n.m.** GÉOL. Première période de l'histoire de la Terre, avant le cambrien, dont on évalue la durée à env. 4 milliards d'années. ➲ Les roches du précambrien, plissées et métamorphisées, n'ont livré que des vestiges rares et fragmentaires d'êtres vivants. ◆ **PRÉCAMBRIEN, ENNE** **adj.** Du précambrien.
PRÉCAMPAGNE **n.f.** Période précédant l'ouverture d'une campagne électorale, publicitaire, etc.
PRÉCANCÉREUX, EUSE **adj.** Se dit d'une lésion bénigne qui peut se transformer en cancer.
PRÉCARIAT **n.m.** SOCIOL. État de précarité économique et social durable ; ensemble des individus qui subissent cet état.
PRÉCARISATION **n.f.** Action de précariser.
PRÉCARISER **v.t.** [3]. Rendre précaire. ◆ **SE PRÉCARISER** **v.pr.** Devenir précaire.
PRÉCARITÉ **n.f.** **1.** Caractère, état de ce qui est précaire. **2.** Situation d'une personne qui ne bénéficie d'aucune stabilité d'emploi, de logement, de revenus.

PRÉCAUTION **n.f.** (bas lat. *praecautio*). **1.** Disposition prise pour éviter un mal ou en limiter les conséquences : *Elle a pris la précaution de donner des consignes à chacun.* **2.** Fait d'agir avec circonspection : *Manipuler un vase avec précaution.* ▪ **Précautions oratoires,** moyens adroits pour se ménager la bienveillance de l'auditeur, éviter de le choquer. ▪ **Principe de précaution,** mesures de protection de la santé et de l'environnement prises par les pouvoirs publics pour éviter les risques liés à l'utilisation d'un produit, en cas de doute sur son innocuité, à l'éventualité d'une épidémie, etc.
SE PRÉCAUTIONNER **v.pr.** [3] (CONTRE). Vieilli. Prendre des précautions.
PRÉCAUTIONNEUSEMENT **adv.** Avec précaution.
PRÉCAUTIONNEUX, EUSE **adj.** Qui prend des précautions ; qui est fait avec précaution.
PRÉCÉDEMMENT [-da-] **adv.** Auparavant ; antérieurement.
PRÉCÉDENT, E **adj.** Qui est immédiatement avant ; qui précède : *Le mois précédent. Le chapitre précédent.* ◆ **n.m.** Fait antérieur invoqué comme exemple : *Ce jugement crée un précédent.* ▪ **Sans précédent,** unique en son genre ; inouï : *Des averses sans précédent.*
PRÉCÉDER **v.t.** [11], ▲ *[11*]* (lat. *praecedere*). **1.** Marcher devant : *Précéder qqn pour lui montrer le chemin.* **2.** Être situé avant, dans l'espace ou dans le temps : *L'article précède le nom. L'année qui précéda sa mort.* **3.** Se trouver en un lieu avant qqn : *Il m'a précédé au rendez-vous.*
PRÉCEINTE **n.f.** (lat. *praecinctus*). Virure supérieure du bordé d'un navire en bois ayant une épaisseur renforcée.
PRÉCELLENCE **n.f.** (bas lat. *praecellentia*). Litt. Supériorité totale ; préexcellence.
PRÉCEPTE **n.m.** (lat. *praeceptum*). Règle, enseignement dans un domaine particulier ; principe : *Les préceptes de la morale.*
PRÉCEPTEUR, TRICE **n.** (lat. *praeceptor*). Personne chargée de l'éducation d'un enfant à domicile.
PRÉCEPTORAT **n.m.** Fonction de précepteur.
PRÉCÉRAMIQUE **adj.** PRÉHIST. Se dit de la phase du néolithique antérieure à l'invention de la céramique.
PRÉCESSION **n.f.** (du lat. *praecedere,* précéder). **1.** PHYS. Mouvement conique décrit autour d'un axe fixe par l'axe d'un corps animé d'un mouvement gyroscopique. **2.** ASTRON. Mouvement conique très lent qu'effectue l'axe de rotation de la Terre autour d'une position moyenne, et qui est dû à l'attraction gravitationnelle du Soleil et de la Lune. ➲ Sa période est voisine de 26 000 ans. Il provoque une petite avance annuelle des équinoxes (*précession des équinoxes*).

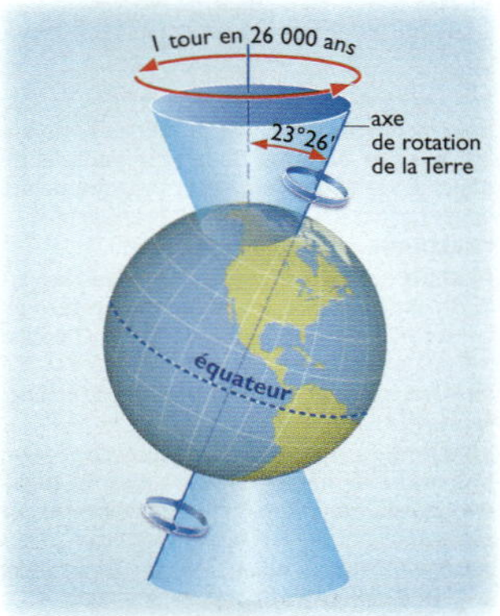

▲ **précession**

PRÉCHAMBRE **n.f.** Chambre auxiliaire d'un moteur à explosion, entre l'injecteur et le cylindre, dans laquelle la turbulence du gaz améliore la pulvérisation du combustible.
PRÉCHAUFFAGE **n.m.** Chauffage préliminaire : *Préchauffage d'un four.*

PRÉCHAUFFER **v.t.** [3]. Procéder au préchauffage de.
PRÊCHE **n.m.** **1.** Sermon, notamm. d'un pasteur protestant. **2.** Fam. Discours moralisateur et ennuyeux.
PRÊCHER **v.t.** [3] (lat. *praedicare*). **1.** Enseigner la parole de Dieu, les vérités de la foi. **2.** Recommander avec insistance ; prôner : *Prêcher la patience.* ◆ **v.i.** Prononcer un sermon.
PRÊCHEUR, EUSE **adj.** et **n.** Fam. Qui aime sermonner, faire la morale. ▪ **Frères prêcheurs,** religieux dominicains voués à la prédication.
PRÊCHI-PRÊCHA **n.m. inv.** et **adj. inv.,** ▲ **PRÊCHIPRÊCHA** *n.m.* Fam. Discours moralisateur et ennuyeux : *Elle est très prêchi-prêcha.*
PRÉCIEUSE **n.f.** LITTÉR. Femme de l'aristocratie française du début du XVIIe s., qui entreprit de raffiner les manières et le langage.
PRÉCIEUSEMENT **adv.** Avec grand soin : *Ranger précieusement ses bijoux.*
PRÉCIEUX, EUSE **adj.** (lat. *pretiosus*). **1.** Qui a une grande valeur marchande : *Bijou précieux.* **2.** Dont on fait grand cas : *Ami précieux* ; très utile : *Une précieuse source d'informations.* **3.** LITTÉR. Relatif à la préciosité. ◆ **adj.** et **n.** Se dit d'une personne affectée dans son langage, ses manières.

▲ **préciosité.** *Julie d'Angennes en costume d'Astrée* (XVIIe s.), par Claude Deruet : inspiratrice de *la Guirlande de Julie,* un recueil de madrigaux précieux, la fille de la marquise de Rambouillet fut une figure majeure du salon tenu par sa mère. (Musée des Beaux-Arts, Strasbourg.)

PRÉCIOSITÉ **n.f.** **1.** LITTÉR. Tendance au raffinement des sentiments, des manières et de l'expression littéraire qui se manifesta en France, au début du XVIIe s., dans certains salons. **2.** Affectation dans les manières, le langage.
PRÉCIPICE **n.m.** (lat. *praecipitium*). **1.** Lieu très profond et escarpé ; abîme. **2.** Fig. Situation catastrophique ; désastre : *Ses fréquentations le mènent droit au précipice.*
PRÉCIPITAMMENT **adv.** Avec précipitation.
PRÉCIPITATION **n.f.** **1.** Grande hâte excluant la réflexion : *Agir avec précipitation.* **2.** CHIM. Formation dans un liquide d'un corps insoluble qui se dépose au fond du récipient. ◆ **n.f. pl.** Formes variées sous lesquelles l'eau atmosphérique tombe ou se dépose à la surface du globe (pluie, brouillard, neige, grêle, rosée).
PRÉCIPITÉ, E **adj.** Accompli à la hâte : *Une décision précipitée.* ◆ **n.m.** CHIM. Dépôt résultant d'une précipitation.
PRÉCIPITER **v.t.** [3] (lat. *praecipitare,* de *praeceps,* qui tombe la tête en avant). **1.** Faire tomber d'un lieu élevé : *Précipiter une voiture dans un ravin.* **2.** Entraîner dans une situation funeste : *Précipiter un pays dans le chaos.* **3.** Accélérer le rythme de : *Cette déclaration a précipité l'effondrement*

de la Bourse. **4.** Accomplir qqch plus tôt que prévu : *Ne précipitons pas notre choix.* **5. CHIM.** Provoquer la précipitation de. ◆ **v.i. CHIM.** Former un précipité. ◆ **SE PRÉCIPITER v.pr. 1.** Se jeter du haut de qqch. **2.** S'élancer vivement : *Ils se sont précipités à l'hôpital.* **3.** Agir avec trop de hâte : *Ne te précipite pas !* **4.** Prendre un rythme accéléré : *Les événements se sont précipités.*

PRÉCIPUT [-pyt] **n.m.** (lat. *praecipuum*). **DR.** Droit reconnu à certaines personnes appelées à un partage de prélever, avant celui-ci, une somme d'argent ou certains biens de la masse à partager.

PRÉCIPUTAIRE adj. Relatif au préciput.

1. PRÉCIS, E adj. (du lat. *praecisus*, coupé de). **1.** Se dit d'un instrument qui donne une mesure exacte : *Horloge, balance précise.* **2.** Qui ne laisse place à aucune incertitude : *Instructions précises. Les gestes précis d'un joaillier.* **3.** Qui se situe à un moment, à un endroit déterminé : *Une date précise. Le point précis de l'impact.* **4.** Qui montre de la ponctualité : *Soyez précis au rendez-vous.* ▪ **Tir précis** [mil.], dont les impacts sont groupés, même loin du point visé.

2. PRÉCIS n.m. Ouvrage qui expose brièvement l'essentiel d'une matière.

PRÉCISÉMENT adv. 1. Avec exactitude. **2.** Marque la coïncidence : *J'allais précisément t'appeler.*

PRÉCISER v.t. [3]. 1. Fixer avec précision : *Préciser l'heure d'une réunion.* **2.** Apporter des précisions : *Préciser ses intentions.* ◆ **SE PRÉCISER v.pr.** Devenir plus distinct ; se dessiner : *La menace d'un krach se précise.*

PRÉCISION n.f. 1. Qualité d'une mesure ou d'un instrument capables de donner à très peu près le même résultat lorsque l'on répète la mesure. **2.** Exactitude dans l'action : *La précision des gestes d'un chirurgien.* **3.** Rigueur dans la pensée, l'expression : *La précision d'un témoignage.* **4.** Détail précis qui apporte une plus grande information : *Demander des précisions.*

PRÉCISIONNISME n.m. Tendance de la peinture figurative américaine des années 1920 et 1930, caractérisée par un style schématique et précis.

PRÉCITÉ, E adj. Cité précédemment.

PRÉCLASSIQUE adj. Antérieur à une période classique.

PRÉCOCE adj. (lat. *praecox, -ocis*). **1.** Se dit d'une variété végétale dont les fruits arrivent à maturité dans un délai plus court qu'une autre : *Cerises précoces.* **2.** Dont le développement physique ou intellectuel correspond à celui d'un âge supérieur : *Enfant précoce.* **3.** Qui survient plus tôt que d'ordinaire : *Été précoce.*

PRÉCOCEMENT adv. De façon précoce.

PRÉCOCITÉ n.f. Caractère d'une personne, d'une chose précoce.

PRÉCOLOMBIEN, ENNE adj. Se dit, pour l'Amérique, de la période antérieure à la venue de Christophe Colomb (SYN. **préhispanique**).

▲ **précolombien.** Masque funéraire en or, émeraude et résine (IXe -XIe s.), culture des Chimú. (Musée de l'Or, Lima.)

PRÉCOMBUSTION n.f. Phase du fonctionnement d'un moteur Diesel précédant l'inflammation du mélange.

PRÉCOMPTE n.m. ÉCON. Retenue. ▪ **Précompte mobilier,** prélèvement fiscal opéré en France lors de la distribution de certains dividendes.

PRÉCOMPTER v.t. [3]. Opérer le précompte de.

PRÉCONCEPTION n.f. PHILOS. Idée préconçue ; préjugé.

PRÉCONÇU, E adj. Admis par l'esprit sans examen critique : *Idée préconçue.*

PRÉCONISATION n.f. Action de préconiser.

PRÉCONISER v.t. [3] (du lat. *praeco, -onis*, crieur public). Recommander vivement : *Le médecin a préconisé du repos.*

PRÉCONSCIENT n.m. PSYCHAN. Lieu de l'appareil psychique intermédiaire entre le conscient et l'inconscient, assurant le fonctionnement dynamique de cet appareil, dans la première topique proposée par Freud.

PRÉCONTRAINT, E adj. Se dit d'un béton ou d'un élément préfabriqué en béton soumis à la précontrainte : *Poutre précontrainte.*

PRÉCONTRAINTE n.f. Technique de mise en œuvre du béton par des compressions permanentes qui augmentent sa résistance.

PRÉCORDIAL, E, AUX adj. (du lat. *praecordia*, diaphragme). **ANAT.** Se dit de la région du thorax située en avant du cœur et de ce qui s'y rapporte.

PRÉCORDIALGIE n.f. MÉD. Douleur dans la région précordiale.

PRÉCUIRE v.t. [78]. Soumettre un aliment à la précuisson.

PRÉCUISSON n.f. Cuisson à laquelle on soumet un aliment avant de le conditionner.

PRÉCUIT, E adj. Se dit d'un aliment soumis à la précuisson : *Riz précuit.*

PRÉCURSEUR n.m. (lat. *praecursor*). **1.** Personne qui, par son action, ouvre la voie à une doctrine, un mouvement : *Cette danseuse fut un précurseur du ballet contemporain.* **2. BIOCHIM.** Substance dont dérivent une ou plusieurs autres substances par transformations biochimiques. ◆ **adj.m.** Qui annonce qqch : *Signes précurseurs d'une crise.*

PRÉDATÉ, E adj. Sur lequel les dates sont déjà inscrites, imprimées.

PRÉDATEUR, TRICE adj. et **n.m.** (lat. *praedator*). **1. ZOOL.** Qui vit de proies animales capturées vivantes : *Espèces prédatrices.* **2. PRÉHIST.** Se dit de l'homme qui vit de la chasse et de la cueillette. ◆ **n.** Personne, groupe qui établissent leur puissance en profitant de la faiblesse de leurs concurrents. ▪ **Prédateur sexuel,** agresseur sexuel récidiviste, qui choisit ses victimes selon des critères particuliers (âge et sexe, par ex.).

PRÉDATION n.f. 1. Mode de nutrition des animaux prédateurs. **2. PRÉHIST.** Mode de subsistance des populations prédatrices.

PRÉDÉCÉDÉ, E adj. DR. Qui est décédé avant qqn d'autre : *Les biens de l'époux prédécédé.*

PRÉDÉCESSEUR n.m. (du lat. *prae*, en avant, et *decessor*, qui précède). Personne qui a précédé qqn dans une fonction, un emploi.

PRÉDÉCOUPÉ, E adj. Découpé à l'avance : *Un pain prédécoupé.*

PRÉDÉLINQUANT, E n. Mineur en danger moral et susceptible de devenir délinquant.

PRÉDELLE n.f. (ital. *predella*). **BX-ARTS.** Partie inférieure d'un retable, d'un polyptyque, génér. subdivisée en petits panneaux.

PRÉDESTINATION n.f. 1. THÉOL. CHRÉT. Décret éternel de Dieu concernant la fin dernière (salut éternel ou damnation) de la créature humaine. **2.** Litt. Détermination immuable des événements futurs.

PRÉDESTINÉ, E adj. et **n.** Dont le destin est fixé à l'avance.

PRÉDESTINER v.t. [3] (lat. *praedestinare*). **1. THÉOL. CHRÉT.** Destiner de toute éternité au salut ou à la damnation. **2.** Vouer d'avance à un rôle particulier : *Rien ne la prédestinait à cette carrière.*

PRÉDÉTERMINATION n.f. Action de prédéterminer.

PRÉDÉTERMINER v.t. [3]. Déterminer à l'avance.

PRÉDICABLE adj. (lat. *praedicabilis*). **LOG.** Qui peut être appliqué à un sujet. (Ex. : le terme *animal* est prédicable à l'homme et à la bête.)

PRÉDICANT n.m. (du lat. *praedicans*, prêchant). Vx. Prédicateur protestant.

PRÉDICAT n.m. (du lat. *praedicatum*, chose énoncée). **1. LOG.** Attribut affirmé ou nié d'un sujet ; énoncé susceptible de devenir vrai ou faux selon les valeurs attribuées aux variables qu'il contient. **2. LING.** Ce que l'on affirme ou nie à propos de ce dont on parle (sujet ou thème). ▪ **Calcul des prédicats** [log.], partie de la logique qui traite des propriétés générales des propositions analysées en prédicats (SYN. **calcul fonctionnel**).

PRÉDICATEUR, TRICE n. Personne qui prêche.

PRÉDICATIF, IVE adj. LING. Relatif au prédicat. ▪ **Phrase prédicative** [ling.], réduite au seul prédicat. (Ex. : *Excellent !*)

PRÉDICATION n.f. (lat. *praedicatio, -onis*). Action de prêcher ; sermon.

PRÉDICTIBILITÉ n.f. Didact. Caractère d'un phénomène prédictible.

PRÉDICTIBLE adj. Se dit d'un phénomène obéissant à des lois qui permettent d'en prévoir l'évolution.

PRÉDICTIF, IVE adj. ▪ **Médecine prédictive,** qui détermine, par l'étude des gènes, la probabilité de développer une maladie donnée.

PRÉDICTION n.f. (lat. *praedictio, -onis*). **1.** Action de prédire ; divination. **2.** Ce qui est prédit ; prophétie : *Voir s'accomplir une prédiction.*

PRÉDIGÉRÉ, E adj. ▪ **Aliment prédigéré,** qui a subi une digestion chimique préalable et qui permet de diminuer le travail digestif chez certains malades.

PRÉDILECTION n.f. (de *dilection*). Préférence marquée pour : *Avoir une prédilection pour un acteur, une émission.* ▪ **De prédilection,** favori : *La bibliothèque est son refuge de prédilection.*

PRÉDIQUER v.t. [3]. LING. Donner un prédicat à un syntagme nominal.

PRÉDIRE v.t. [83] (lat. *praedicere*). Annoncer ce qui doit se produire, par intuition ou par déduction : *Prédire une rentrée agitée.*

PRÉDISPOSER v.t. [3]. Mettre par avance dans certaines dispositions : *Rien ne la prédisposait à devenir actrice. Gènes qui prédisposent à certaines maladies.*

PRÉDISPOSITION n.f. Disposition, aptitude naturelle à qqch.

PRÉDOMINANCE n.f. Caractère prédominant ; prépondérance.

PRÉDOMINANT, E adj. Qui prédomine.

PRÉDOMINER v.i. [3]. Être en plus grande quantité : *Les sols calcaires prédominent dans ce pays* ; être le plus important : *Son avis prédomine toujours.*

PRÉÉLECTORAL, E, AUX adj. Qui précède des élections.

PRÉÉLÉMENTAIRE adj. Se dit de l'enseignement donné dans les écoles maternelles ou les classes enfantines.

PRÉEMBALLÉ, E adj. Se dit d'un produit, notamm. alimentaire, conditionné sous une forme qui permet son achat par le consommateur sans intervention du vendeur.

PRÉÉMINENCE n.f. Supériorité absolue sur les autres ; primauté : *Réaffirmer la prééminence de la science dans le progrès.*

PRÉÉMINENT, E adj. (bas lat. *praeeminens*). Qui a la prééminence : *Les valeurs prééminentes des humanitaires.*

PRÉEMPTER v.t. [3]. Faire jouer un droit de préemption pour acquérir qqch.

PRÉEMPTION n.f. (du lat. *prae*, avant, et *emptio, -onis*, achat). ▪ **Droit de préemption,** faculté que détient une personne ou une administration, de préférence à toute autre, d'acquérir un bien qui a été mis en vente aux prix et conditions de la cession envisagée.

PRÉENCOLLÉ, E adj. Se dit d'un matériau enduit sur son envers d'un produit permettant de le coller.

PRÉENREGISTRÉ, E adj. 1. Enregistré à l'avance ; en différé (par oppos. à *en direct*) : *Émission préenregistrée.* **2.** Qui contient déjà un enregistrement (par oppos. à *vierge*) : *DVD préenregistré.*

PRÉÉTABLI, E adj. Établi d'avance : *Liste préétablie.* ▪ **Harmonie préétablie,** qui, dans la philosophie de Leibniz, explique l'accord entre l'âme et le corps.

PRÉÉTABLIR v.t. [21]. Établir d'avance : *Préétablir des liens entre des sites Web.*

PRÉEXCELLENCE n.f. Litt. Précellence.

PRÉEXISTANT, E adj. Qui préexiste.

PRÉEXISTENCE n.f. Existence antérieure de qqch par rapport à autre chose.

PRÉEXISTER v.i. [3]. Exister antérieurement à qqch.

PRÉFABRICATION n.f. Système de construction par assemblage d'éléments préfabriqués.

PRÉFABRIQUÉ, E adj. **1.** Se dit d'un élément ou d'un ensemble d'éléments standardisés, fabriqués à l'avance et destinés à être assemblés sur place. **2.** Composé exclusivement par un assemblage d'éléments préfabriqués : *Chalet préfabriqué.* **3.** Fabriqué de toutes pièces : *Excuses préfabriquées.* ◆ **n.m.** Bâtiment construit avec des composants réalisés en usine.

PRÉFABRIQUER v.t. [3]. Construire avec des éléments préfabriqués.

PRÉFACE n.f. (du lat. *praefatio*, préambule). Texte de présentation placé en tête d'un livre.

PRÉFACER v.t. [9]. Écrire la préface de.

PRÉFACIER, ÈRE n. Auteur d'une préface.

PRÉFECTORAL, E, AUX adj. Relatif au préfet, à son administration : *Arrêté préfectoral.*

PRÉFECTURE n.f. **1.** En France, circonscription administrative d'un préfet ; ville, chef-lieu de département, de Région ou de zone de défense et de sécurité où siège cette administration. **2.** Ensemble des services de l'administration préfectorale ; édifice où ils sont installés. **3.** Fonction de préfet ; sa durée. **4.** ANTIQ. ROM. Charge de préfet ; territoire sur lequel s'étendait son autorité. ▪ **Préfecture de police,** administration chargée de la police à Paris et dans les Bouches-du-Rhône ; siège de cette administration. ▪ **Préfecture maritime,** port militaire, chef-lieu d'une région maritime, en France.

PRÉFÉRABLE adj. Qui mérite d'être préféré : *Le train est préférable à la voiture* ; qui convient mieux : *Il est préférable d'attendre.*

PRÉFÉRABLEMENT adv. (A). De préférence.

PRÉFÉRÉ, E adj. et n. Que l'on préfère : *Roman préféré. L'aîné est son préféré.*

PRÉFÉRENCE n.f. **1.** Fait de préférer ; prédilection : *J'ai une préférence pour ce parfum.* **2.** Ce que l'on préfère : *Ses préférences en musique.* **3.** Réglementation douanière particulièrement favorable accordée par un État à un autre État. ▪ **De préférence,** plutôt.

PRÉFÉRENTIEL, ELLE adj. Qui établit une préférence à l'avantage de qqn : *Tarif préférentiel.* ▪ **Vote préférentiel,** système électoral dans lequel l'électeur peut modifier l'ordre des candidats d'une liste.

PRÉFÉRENTIELLEMENT adv. De façon préférentielle ; de préférence : *Cette moisissure se forme préférentiellement sur le bois.*

PRÉFÉRER v.t. [11], ▲ *[11*]* (du lat. *praeferre*, porter en avant). **1.** Considérer une personne, une chose avec plus de faveur qu'une autre ; aimer mieux : *Il préfère le thé au café. Elle préfère se taire plutôt que (de) mentir.* **2.** Se développer mieux dans certains lieux, certaines conditions : *L'olivier préfère les terrains secs.*

PRÉFET n.m. (du lat. *praefectus*). **1.** En France, haut fonctionnaire, nommé par le président de la République, qui représente l'État dans le département, la Région ou la zone de défense et de sécurité. **2.** En Suisse, magistrat qui représente le gouvernement cantonal dans un district. **3.** Au Québec, premier magistrat d'une municipalité régionale de comté, désigné ou élu au suffrage universel. **4.** Au Cameroun, fonctionnaire nommé par le président de la République pour diriger chaque département, sous l'autorité hiérarchique du gouverneur de région. **5.** ANTIQ. ROM. Haut fonctionnaire exerçant une charge dans l'armée ou dans l'administration. ▪ **Préfet apostolique** [cath.], prélat à la tête d'une circonscription territoriale qui n'a pas encore le statut de diocèse (en pays de mission, par ex.). ▪ **Préfet de police,** préfet dirigeant la Préfecture de police de Paris ou celle des Bouches-du-Rhône. ▪ **Préfet des études,** maître chargé de la surveillance des études, dans un collège religieux ; Belgique, directeur d'un athénée ou d'un lycée. ▪ **Préfet maritime,** amiral chargé du commandement d'une zone maritime, en France. ➲ Il a des pouvoirs civils et militaires et coordonne l'action des services de l'État en mer.

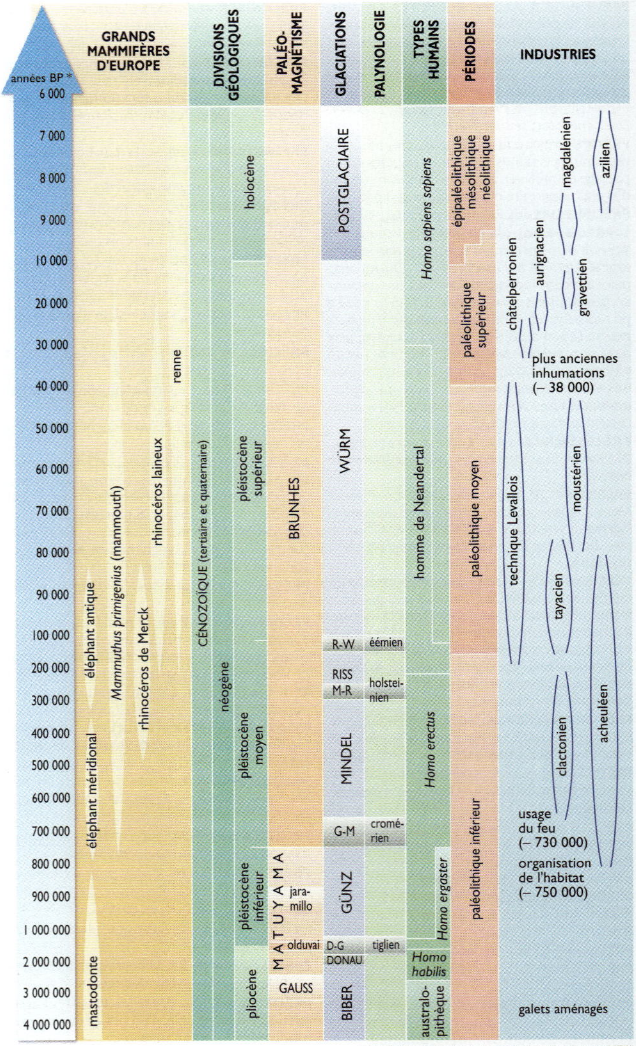

* BP : *before present* (années décomptées depuis 1950)

▲ **préhistoire.** Tableau synoptique.

PRÉFÈTE n.f. **1.** Femme préfet. **2.** Vieilli. Femme d'un préfet. **3.** Belgique. Directrice d'un lycée ou d'un athénée.

PRÉFIGURATION n.f. Fait de préfigurer qqch ; ce qui préfigure, annonce.

PRÉFIGURER v.t. [3]. Présenter sous la forme d'un modèle ou d'une image imparfaits ce qui va arriver ou devenir courant ; annoncer : *La thérapie cellulaire préfigure la médecine de demain.*

PRÉFINANCEMENT n.m. BANQUE. Crédit à court terme accordé à une entreprise pour lui permettre de réaliser une production (notamm. destinée à l'exportation), sans attendre la mise en place du mode de financement normal.

PRÉFINANCER v.t. [9]. Opérer un préfinancement.

PRÉFIX, E adj. (du lat. *praefixus*, fixé avant). DR. ▪ **Délai préfix,** déterminé d'avance.

PRÉFIXAL, E, AUX adj. Relatif aux préfixes, à la préfixation.

PRÉFIXATION n.f. LING. Formation d'une unité lexicale nouvelle par adjonction d'un préfixe à une unité préexistante.

PRÉFIXE n.m. (du lat. *praefixus*, fixé devant). **1.** LING. Élément qui se place à l'initiale d'un mot et qui en modifie le sens (ex. : *re-* dans *redire*). **2.** TÉLÉCOMM. Chiffre(s) placé(s) en tête d'un numéro de téléphone et servant à identifier l'opérateur choisi, le pays ou la zone de destination (indicatif) de la communication.

1. PRÉFIXER v.t. [3]. LING. Pourvoir d'un préfixe.

2. PRÉFIXER v.t. [3]. DR. Fixer d'avance.

PRÉFLORAISON n.f. BOT. Disposition des différentes parties de la fleur dans le bouton (SYN. **vernation**).

PRÉFOLIATION ou **PRÉFOLIAISON** n.f. BOT. Disposition des feuilles dans le bourgeon (SYN. **vernation**).

PRÉFORMAGE n.m. **1.** TEXT. Procédé de mise en forme des tissus synthétiques par moulage à chaud. **2.** TEXT. Traitement de fixage à chaud de certaines matières synthétiques avant teinture. **3.** TECHN. Action de constituer une préforme à partir d'une matière plastique.

PRÉFORME n.f. Forme temporaire d'un matériau destinée à être modifiée.

PRÉFORMER v.t. [3]. Pratiquer le préformage.

PRÉFOURRIÈRE n.f. Endroit où l'on entrepose les véhicules automobiles saisis sur la voie publique avant de les conduire à la fourrière.

PRÉ-GÉNÉRIQUE (pl. *pré-génériques*) ou **PRÉGÉNÉRIQUE** n.m. Brève séquence qui précède le générique de début d'un film.

PRÉGÉNITAL, E, AUX adj. PSYCHAN. Qui précède le stade génital.

PRÉGLACIAIRE adj. GÉOL. Qui précède une période, un âge glaciaires (en partic. les glaciations du quaternaire).

PRÉGNANCE [-ɲɑ̃s] n.f. (de *prégnant*). **1.** Litt. Caractère de ce qui est prégnant. **2.** PSYCHOL. Forme et stabilité d'une perception, dans la théorie de la forme (gestaltisme).

PRÉGNANT, E [-ɲɑ̃, ɑ̃t] adj. (du lat. *premere*, presser). **1.** Litt. Qui s'impose à l'esprit : *Un souvenir prégnant.* **2.** PSYCHOL. Se dit d'une forme qui a plus de prégnance qu'une autre.

PRÉHELLÉNIQUE adj. ARCHÉOL. Antérieur à l'invasion dorienne en Méditerranée orientale (XIIe s. av. J.-C.).

PRÉHENSEUR adj.m. Qui sert à la préhension.

PRÉHENSILE adj. Qui peut servir à la préhension : *Singe à queue préhensile.*

PRÉHENSION n.f. (lat. *prehensio, -onis*). Action de prendre, de saisir. ➲ La trompe est l'organe de préhension de l'éléphant.

PRÉHISPANIQUE adj. Précolombien.

PRÉHISTOIRE n.f. **1.** Période chronologique de la vie de l'humanité depuis l'apparition de l'homme jusqu'à celle de l'écriture (par oppos. à *histoire*). **2.** Ensemble des disciplines scientifiques s'attachant à retracer l'évolution du comportement humain au cours de cette période.

PRÉHISTORIEN, ENNE n. Spécialiste de la préhistoire.

PRÉHISTORIQUE adj. **1.** Relatif à la préhistoire : *Homme préhistorique.* **2.** Fam., par plais. Qui est très vieux ou démodé ; antédiluvien : *Un ordinateur préhistorique.*

PRÉHOMINIEN n.m. PALÉONT. Vieilli. Primate fossile de la lignée humaine, se situant, dans l'évolution, avant l'apparition des australopithèques.

PRÉHUMAIN n.m. PALÉONT. Tout hominidé fossile se situant, dans l'évolution de la lignée humaine, après sa séparation d'avec les grands singes et avant l'apparition du genre *Homo*. ➲ Toumaï et les australopithèques sont des préhumains. Ces derniers ne constituent pas un groupe dans la classification biologique des êtres vivants (la systématique).

PRÉIMPLANTATOIRE adj. MÉD. Qui se fait sur un embryon obtenu par fécondation in vitro, avant de l'implanter dans l'utérus : *Diagnostic préimplantatoire.*

PRÉINDUSTRIEL, ELLE adj. Antérieur à la révolution industrielle de la fin du XVIIIe s.

PRÉINSCRIPTION n.f. Inscription provisoire dans un établissement d'enseignement supérieur, avant que ne soient remplies les conditions requises pour une inscription définitive.

PRÉISLAMIQUE adj. Antéislamique.

PRÉJUDICE n.m. (du lat. *praejudicium*, jugement préalable). DR. Atteinte aux droits, aux intérêts de qqn ; dommage, tort : *Causer un préjudice, porter préjudice à. Préjudice matériel, corporel, moral.* ▪ **Au préjudice de,** au détriment de. ▪ **Préjudice écologique** → **ÉCOLOGIQUE.** ▪ **Sans préjudice de,** sans parler de ; sans compter : *Sans préjudice des pénalités de retard.*

PRÉJUDICIABLE adj. Qui porte préjudice ; dommageable : *Fumer est préjudiciable à la santé.*

PRÉJUDICIÉ, E n. Belgique. Victime d'un préjudice.

PRÉJUDICIEL, ELLE adj. DR. ▪ **Question préjudicielle,** question qu'un tribunal n'a pas compétence pour trancher et sur laquelle il doit donc surseoir à statuer jusqu'à ce qu'elle ait été jugée par une autre juridiction.

PRÉJUGÉ n.m. **1.** Jugement provisoire formé par avance à partir d'indices que l'on interprète ; a priori : *Elle a un préjugé en sa faveur.* **2.** (Surtout pl.). Opinion adoptée sans examen ; parti pris : *Combattre les préjugés raciaux.*

PRÉJUGER v.t. **[10]** (lat. *praejudicare*). Litt. Juger, décider avant d'avoir tous les éléments d'information nécessaires : *Je ne peux préjuger la tournure que prendra la situation.* ◆ v.t. ind. (DE). Litt. Porter un jugement prématuré sur : *Sans préjuger de sa décision.*

PRÉLART n.m. (orig. inconnue). **1.** Grosse bâche imperméabilisée destinée à recouvrir les marchandises chargées sur un navire, sur un véhicule découvert, etc. **2.** Québec. Linoléum : *Prélart de vinyle.*

SE **PRÉLASSER** v.pr. **[3]** (de *prélat*). S'abandonner avec nonchalance : *Se prélasser sur un transat.*

PRÉLAT n.m. (du lat. *praelatus*, porté en avant). Dignitaire ecclésiastique ayant reçu la prélature.

PRÉLATIN, E adj. Antérieur à la civilisation et à la langue latines.

PRÉLATURE n.f. CATH. Dignité ecclésiastique, le plus souvent honorifique, conférée par le pape.

PRÉLAVAGE n.m. Lavage préliminaire dans le cycle d'un lave-linge ou d'un lave-vaisselle.

PRÊLE ou **PRÈLE** n.f. (du lat. *asper*, rugueux). Ptéridophyte des lieux humides, à tige creuse et rugueuse, dont les spores sont produites par des épis terminaux de sporanges disposés en écailles. ➲ Ordre des équisétales.

▲**prêle**

PRÉLÈVEMENT n.m. Action de prélever : *Dernier prélèvement d'impôts en décembre* ; matière, somme prélevée : *Prélèvement sanguin.* ▪ **Prélèvement automatique,** virement d'une somme effectué, à des périodes et pour des montants fixes, par un établissement financier après autorisation du titulaire du compte. ▪ **Prélèvement libératoire,** imposition forfaitaire à la source qui exonère un contribuable de l'impôt sur le revenu. ▪ **Prélèvements obligatoires,** ensemble des impôts et des cotisations sociales pesant sur les contribuables.

PRÉLEVER v.t. **[12]** (bas lat. *praelevare*). **1.** Prendre une certaine portion sur un total, sur une masse ; retenir : *Prélever sa commission sur les bénéfices.* **2.** MÉD. Extraire un fragment de tissu, d'organe, ou du liquide de l'organisme en vue de l'analyser.

PRÉLIMINAIRE adj. (de *liminaire*). Qui précède et prépare qqch ; préalable : *Rencontre préliminaire.* ▪ **Enquête préliminaire,** enquête judiciaire menée hors flagrant délit. ◆ n.m. pl. **1.** Ensemble des négociations qui préparent un traité : *Préliminaires de paix.* **2.** Ensemble des actes, attouchements qui précèdent l'acte sexuel.

PRÉLOGIQUE adj. ANTHROP., PSYCHOL. Vieilli. Qui n'utilise pas ou n'a pas encore acquis les instruments de la pensée logique.

PRÉLUDE n.m. **1.** MUS. Suite de notes chantées ou jouées pour essayer la voix ou l'instrument ; pièce de forme libre servant d'introduction à une œuvre vocale ou instrumentale, ou formant un tout. **2.** Ce qui précède et fait présager qqch ; signe avant-coureur : *La mutation de ce virus fut le prélude d'une pandémie.*

PRÉLUDER v.i. **[3]** (lat. *praeludere*). MUS. **1.** Essayer sa voix, son instrument avant d'interpréter une œuvre. **2.** Improviser un prélude. ◆ v.t. ind. (À). Annoncer l'imminence d'un événement très important ; présager : *Ces incidents préludèrent à la guerre.*

PRÉMATURÉ, E adj. et n. (lat. *praematurus*). Né trop tôt tout en étant viable. ➲ Un prématuré naît entre le 180e jour et le 270e jour d'aménorrhée. ◆ adj. **1.** Fait avant le moment qui convient : *Requête prématurée.* **2.** Qui se produit avant le moment normal : *Mort prématurée.*

PRÉMATURÉMENT adv. Avant le moment normal.

PRÉMATURITÉ n.f. État d'un enfant prématuré.

PRÉMÉDICATION n.f. Administration de médicaments destinés à préparer l'organisme à un acte médical, en partic. à une anesthésie.

PRÉMÉDITATION n.f. Dessein réfléchi qui a précédé l'exécution d'un acte, en partic. d'un délit ou d'une mauvaise action.

PRÉMÉDITER v.t. **[3]** (lat. *praemeditari*). Préparer avec soin et calcul un projet, spécialement une action délictueuse.

PRÉMENSTRUEL, ELLE adj. MÉD. Qui a lieu avant les règles : *Syndrome prémenstruel.*

PRÉMICES n.f. pl. (lat. *primitiae*, de *primus*, premier). **1.** Litt. Premières manifestations de qqch ; commencement : *Les prémices d'un conflit.* **2.** ANTIQ. Premiers fruits de la terre, premiers-nés du bétail, offerts à la divinité.

✎ Ne pas confondre avec ***prémisse.***

PREMIER, ÈRE adj. (lat. *primarius*). **1.** Qui précède les autres dans le temps ou dans l'espace : *Le premier mois de l'année. La première porte à droite.* **2.** Qui est dans l'état de son origine ; originel : *La toile restaurée a retrouvé son éclat premier.* **3.** Qui constitue un élément fondamental ; essentiel : *La raison première de leur divorce.* **4.** Qui marque le début d'une série : *Le premier nom de la liste.* **5.** Qui est classé avant les autres pour son importance, sa valeur. ▪ **Art premier,** art traditionnel des sociétés non occidentales. *(V. planche page suivante.)* ▪ **Cause première** [philos.], cause ne dépendant d'aucune autre et dans laquelle toutes les autres causes (dites *causes secondes*) et leurs effets trouvent leur origine. ➲ Dieu est cause première, dans la tradition scolastique. ▪ **Côtelette première** [bouch.], chez le mouton et l'agneau, chacune des quatre côtelettes qui se trouvent le plus près de la selle. ▪ **En premier,** d'abord ; avant tout. ▪ **Matière première** → **MATIÈRE.** ▪ **Nombre premier** [math.], entier naturel qui n'admet pas d'autre diviseur que 1 et lui-même. ▪ **Nombres premiers entre eux** [math.], entiers naturels ayant pour seul diviseur commun l'unité. ▪ **Proposition première** [log.], axiome. ◆ n. Personne, chose qui occupe le premier rang : *Le premier de la classe.* ▪ **Jeune premier, première,** comédien, comédienne qui jouent les rôles d'amoureux. ◆ n.m. **1.** Étage situé au-dessus du rez-de-chaussée : *Habiter au premier.* **2.** Élément qui vient en tête dans une charade : *Mon premier est un bruit...*

PREMIÈRE n.f. **1.** Classe la plus chère et la plus confortable dans certains transports : *Voyager en première.* **2.** Première représentation d'une pièce ; première projection d'un film. **3.** En alpinisme, première ascension, premier parcours d'un itinéraire nouveau. **4.** Deuxième et avant-dernière année du lycée, qui précède la terminale. **5.** Vitesse la plus démultipliée d'une automobile, d'une moto. **6.** Employée principale d'un atelier de couture. ▪ **De première** [fam.], de première qualité ; excellent. ▪ **Première de propreté,** dans une chaussure, mince semelle de cuir en contact avec le pied. ▪ **Une (grande) première,** un événement, un exploit dont on signale la réalisation pour la première fois.

PREMIÈREMENT adv. En premier lieu ; primo.

PREMIER-NÉ, PREMIÈRE-NÉE n. et adj. (pl. *premiers-nés, premières-nées*). Enfant né le premier dans une famille ; animal né le premier dans un troupeau.

PRÉMILITAIRE adj. Vieilli. Qui précède le service militaire : *Formation prémilitaire.*

PRÉMISSE n.f. (du lat. *praemissa*, de *praemitere*, envoyer devant). **1.** Fait, proposition d'où découle une conséquence, une conclusion. **2.** LOG. Chacune des deux premières propositions (la majeure et la mineure) d'un syllogisme.

✎ Ne pas confondre avec ***prémices.***

PRÉMOLAIRE n.f. Dent située entre la canine et les molaires.

PRÉMONITION n.f. (du lat. *prae*, avant, et *monitio*, avertissement). Intuition qu'un événement va se produire ; pressentiment.

Les arts premiers

Les arts des sociétés traditionnelles d'Afrique, d'Amérique, d'Asie et d'Océanie sont l'expression des premières cultures de l'humanité. Qu'on les dise « primitifs », comme autrefois en Occident, ou bien « premiers », la fonction magique qui leur est commune en fait les symboles mêmes de croyances ancestrales.

AFRIQUE

◄ **Art baoulé (Côte d'Ivoire).** Masque en bois peint servant à la cérémonie du Goli, qui célèbre les nouvelles récoltes.

▲ **Art dogon (Mali).** Le « roi mère », la plus ancienne sculpture monoxyle de l'Afrique subsaharienne. XIe s.

▲ **Art baga (Guinée).** Tambour zoomorphe à usage cérémoniel chez les Baga des lagunes côtières. 1re moitié du XXe s.

▲ **Art sénoufo (Côte d'Ivoire).** Un calao, l'oiseau fétiche des Sénoufo, en bois polychrome.

▲ **Art bantou (Congo).** Statuette en bois planté de clous originaire du Loango où elle était utilisée par les guérisseurs. Fin du XIXe s.

▲ **Art d'Ife (Nigeria).** Statuette d'Oni, ancien roi d'Ife. Bronze du XIVe s.

▲ **Art de l'ancien royaume du Bénin (Nigeria).** Léopard en ivoire, constellé de clous en cuivre, pièce d'apparat portée au bras par l'oba (roi). XVIIe s.

Art akan ► (Côte d'Ivoire). Pendentif en or destiné aux dignitaires tribaux.

AMÉRIQUE DU NORD

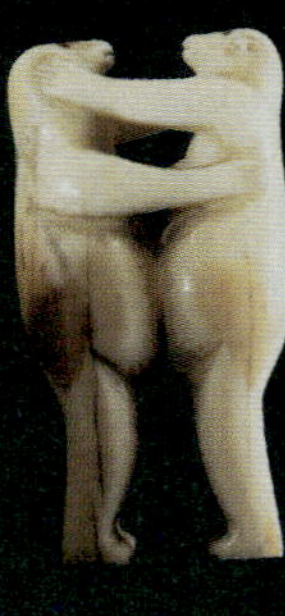

◄ **Art inuit (Alaska).** Ours blancs en ivoire de morse. XIXe s.

◄ **Art des Amérindiens.** Mât totémique à sculptures animalières, propre à la culture des Haïda (Colombie-Britannique).

Art du Grand Nord. ► Masque de chaman porté au cours de la transe. XXe s.

AMÉRIQUE DU SUD

▲ **Art mixtèque (Mexique).** Pectoral orné d'une mosaïque de turquoise.

◀ **Art jivaro (Équateur-Pérou).** Parure en plumes (perroquet, aigle) portée par les hommes de haut rang.

Art chimú (Pérou). ▶ Couteau à lame en demi-cercle, incrusté d'or et de turquoise. IXe-XIe s.

◀ **Art mochica (Pérou).** Poterie représentant un guerrier muni de son bouclier et d'une masse.

◀ **Art olmèque (Mexique).** Tranchant de hache en porphyre à l'effigie d'un dieu anthropomorphe.

◀ **Art de la Sibérie.** Costume en peau de renne chamoisée, porté par les chamans chez les Evenks. XIXe s.

ASIE

▲ **Art de Java.** Un *kala*, monstre léonin qui est une des images de la mort dans la tradition hindoue. Début du IXe s.

Art de Sumatra. ▶ Un *singa*, créature imaginaire au rôle protecteur, qui est au centre de la culture des Batak.

OCÉANIE

▲ **Art polynésien.** Un tapa des îles Cook, étoffe faite d'un morceau d'écorce peinte.

▲ **Art papou (Papouasie-Nouvelle-Guinée).** Un *malanggan*, sculpture en bois ouvragé, destinée aux rites funéraires dans l'île de Nouvelle-Irlande.

▲ **Art maori (Nouvelle-Zélande).** Un *heitiki*, pectoral féminin en jade, symbole de fertilité. XVIIIe s.

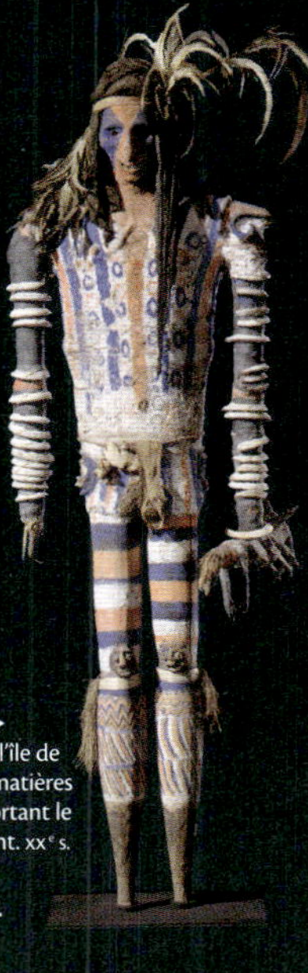

Art de Vanuatu. ▶ Effigie funéraire de l'île de Malekula, faite en matières végétales et comportant le crâne du chef défunt. XXe s.

PRÉMONITOIRE adj. Relatif à la prémonition : *Rêve prémonitoire.* ▪ **Signe prémonitoire** [méd.], qui précède la phase aiguë d'une maladie infectieuse, ou qui annonce une épidémie ; qui laisse présager tel événement : *Un signe prémonitoire du remaniement ministériel.*

PRÉMUNIR v.t. [21] (du lat. *praemunire*, protéger). Litt. Préserver d'un danger : *Vaccin qui prémunit contre la grippe* ; mettre en garde contre qqch : *Prémunir les jeunes contre l'intolérance.* ◆ **SE PRÉMUNIR v.pr. (CONTRE).** Prendre des précautions contre qqch.

PRÉMUNITION n.f. ▪ **État de prémunition,** état transitoire de protection d'un organisme contre une maladie infectieuse, qui succède à une infection aiguë qui s'est terminée par la guérison.

PRENABLE adj. Qui peut être pris, en parlant d'une ville, d'une place forte.

PRENANT, E adj. 1. Qui intéresse, captive : *Film prenant.* **2.** Qui occupe beaucoup ; absorbant : *Un métier très prenant.* **3.** Préhensile. ▪ **Partie prenante,** personne, organisation directement concernée par une affaire, un processus quelconque ou qui y est impliquée.

PRÉNATAL, E, ALS ou **AUX adj.** Qui précède la naissance. ▪ **Diagnostic prénatal,** ensemble des examens mis en œuvre pour le dépistage précoce des maladies ou des malformations du fœtus.

PRENDRE v.t. [61] (lat. *prendere*). **1.** Saisir avec les mains ; attraper : *Prendre un stylo. Prendre qqn par la main.* **2.** Se munir de qqch de nécessaire, d'utile ; emporter : *Prendre un parapluie.* **3.** Se rendre acquéreur de ; : *Prends du pain.* **4.** Fixer son choix sur : *Finalement, j'ai pris la bleue.* **5.** Emmener qqn avec soi : *Je passerai te prendre au bureau.* **6.** Utiliser un moyen de transport : *Prendre l'avion.* **7.** Emprunter une voie de communication, une direction : *Prendre le périphérique. Nous prendrons la route de Limoges.* **8.** Absorber par la bouche ; ingérer : *Prendre son dîner, un café, un comprimé.* **9.** Se procurer des informations ; s'enquérir de : *Prenez des nouvelles de son père* ; recueillir : *Prendre des renseignements sur qqn.* **10.** Opter pour un comportement, une action : *Prendre une initiative.* **11.** S'installer dans : *Il a pris ses fonctions hier.* **12.** S'assurer les services de qqn : *Prendre un avocat.* **13.** Enlever qqch à qqn : *On lui a pris sa place.* **14.** Se rendre maître de : *Prendre une ville. La police a pris les trafiquants.* **15.** Demander telle somme en contrepartie de qqch : *Il prend 20 euros de l'heure.* **16.** Nécessiter tant de temps, tant de place : *Ce rapport m'a pris le week-end. Tes affaires prennent tout le placard.* **17.** Accepter de transporter qqn, qqch, de transmettre qqch, de recevoir qqn : *Prendre un voisin en covoiturage. Prendre un message pour qqn. Le médecin m'a pris entre deux rendez-vous.* **18.** Recevoir en cadeau ; accepter : *Prenez ce bouquet !* **19.** Recevoir de qqn : *Prendre ses ordres de qqn* ; se faire donner : *Prendre des leçons.* **20.** Acquérir tel aspect, telle caractéristique : *Le voyage prend forme. Il prend du poids.* **21.** En parlant d'un mot, comporter telle lettre, tel signe : *« Ville » prend deux « l ».* **22.** Fam. Être exposé à qqch de fâcheux ; subir : *Prendre l'orage, une gifle. Qu'est-ce qu'il a pris en rentrant !* **23.** Aborder qqn, qqch de telle manière : *Prendre l'ennemi de flanc. Elle prend les enfants par la douceur. Prenons le problème autrement.* **24.** Se mettre à éprouver tel sentiment à l'égard de qqn : *Prendre qqn en pitié.* **25.** Avec un nom, le verbe *prendre* forme de nombreuses locutions équivalant à un verbe : *Prendre une photo* (= photographier), *une douche* (= se doucher), *etc.* ▪ **À tout prendre,** en fin de compte. ▪ **Ça me prend la tête** [fam.], cela m'énerve ou m'obsède. ▪ **C'est à prendre ou à laisser,** il n'y a pas d'autre choix qu'accepter ou refuser. ▪ **Il y a à prendre et à laisser,** il y a du bon et du mauvais. ▪ **Prendre le Pirée pour un homme,** se tromper lourdement. ▪ **Prendre les armes,** s'armer pour se défendre ou pour attaquer. ▪ **Prendre qqch sur soi,** prendre une décision et en assumer la responsabilité. ▪ **Prendre qqn, qqch pour,** les regarder à tort comme étant tels ; confondre avec : *Je l'ai pris pour toi.* ▪ **Prendre son temps,** ne pas se presser. ▪ **Prendre sur soi,** réprimer un mouvement d'humeur ; s'imposer un choix désagréable et contraignant. ◆ **v.i. 1.** Passer de l'état liquide à l'état pâteux ou solide ; épaissir : *Le plâtre a pris.* **2.** Continuer à croître après transplantation : *Bouture qui prend.* **3.** Commencer la combustion, en parlant d'un feu ; s'allumer. **4.** Suivre telle direction : *Prendre à droite.* **5.** Produire l'effet escompté : *Le vaccin a pris. La mystification n'a pas pris.* ▪ **Ça ne prend pas** [fam.], je ne vous crois pas. ◆ **SE PRENDRE v.pr. 1.** S'accrocher ; se coincer : *Sa manche s'est prise au loquet.* **2. (À)** [Suivi de l'inf.]. Litt. Se mettre à : *Elle se prit à rougir.* **3. (DE).** Litt. Commencer à éprouver : *Il s'est pris de sympathie pour eux.* **4. (POUR).** Se considérer comme. ▪ **S'en prendre à qqn, qqch,** s'attaquer à eux ; les incriminer. ▪ **S'y prendre,** agir d'une certaine manière en vue d'un résultat : *Elle s'y est mal prise.*

PRENEUR, EUSE n. 1. DR. Personne qui prend à bail (par oppos. à *bailleur*). **2.** Personne qui offre d'acheter à un certain prix : *Il a trouvé preneur pour son studio.* ▪ **Preneur de son,** opérateur chargé de la prise de son. ◆ **adj.** Qui sert à prendre : *Benne preneuse.*

PRÉNOM n.m. (lat. *praenomen*). Nom particulier joint au patronyme et qui distingue chacun des membres d'une même famille.

PRÉNOMMÉ, E adj. et **n.** Qui a pour prénom.

PRÉNOMMER v.t. [3]. Donner tel prénom à qqn. ◆ **SE PRÉNOMMER v.pr.** Avoir tel prénom.

PRÉNOTION n.f. 1. PHILOS. Connaissance de nature générale et spontanée, antérieure à toute réflexion et permettant d'aller vers la vérité, chez les épicuriens et les stoïciens. **2. SOCIOL.** Notion empirique antérieure à l'étude scientifique et qu'il faut écarter pour parvenir à la connaissance objective, chez Durkheim.

PRÉNUPTIAL, E, AUX adj. Qui précède le mariage : *Examen prénuptial.*

PRÉOCCUPANT, E adj. Qui préoccupe ; inquiétant : *Son état est préoccupant.*

PRÉOCCUPATION n.f. Souci vif et constant, qui accapare l'esprit ; inquiétude.

PRÉOCCUPÉ, E adj. Qui est en proie à une préoccupation ; soucieux : *Préoccupée par l'avenir des siens.*

PRÉOCCUPER v.t. [3] (lat. *praeoccupare*). Causer du souci à ; inquiéter : *Cette situation la préoccupe.* ◆ **SE PRÉOCCUPER v.pr. (DE).** Avoir l'esprit absorbé par un souci ; s'inquiéter : *Il se préoccupe de l'avenir de ses enfants.*

PRÉŒDIPIEN, ENNE [pree-] ou [preœ-] **adj. PSYCHAN.** Qui précède l'apparition du complexe d'Œdipe.

PRÉOLYMPIQUE adj. Qui a lieu avant les jeux Olympiques ou en vue de ceux-ci : *Tournoi préolympique.*

PRÉOPÉRATOIRE adj. Qui précède une opération chirurgicale : *Bilan préopératoire.* ▪ **Pensée préopératoire** [psychol.], selon J. Piaget, type de pensée des enfants entre 3 et 7 ans, génér. centré sur une approche de la réalité qui en traite isolément les états successifs, sans prise en compte de ce qui les relie.

PRÉPA n.f. (abrév.). Fam. Classe préparatoire.

PRÉPAIEMENT n.m. Action de prépayer un service, un achat.

PRÉPARATEUR, TRICE n. Collaborateur d'un chercheur, d'un professeur de sciences, qui aide celui-ci à préparer ses expériences. ▪ **Préparateur en pharmacie,** personne qui aide le pharmacien à préparer et à délivrer au public les médicaments.

PRÉPARATIF n.m. (Surtout pl.). Arrangement pris en vue de qqch : *Les préparatifs d'une fête.*

PRÉPARATION n.f. 1. Action de préparer, de se préparer : *Préparation d'un putsch. Prendre la parole sans préparation.* **2.** Chose préparée : *Préparation chimique.* **3.** Substance (colle, oxyde de zinc, céruse, etc.) qu'on applique, éventuellement en couches successives, sur un subjectile avant d'y exécuter une peinture ; impression ; enduit. ▪ **Préparation d'artillerie** [mil.], tirs visant à la dislocation du dispositif de défense ennemi avant l'attaque. ▪ **Préparation du travail,** élaboration des instructions relatives à un travail donné (méthode, outillage, matériaux, etc.). ▪ **Préparation militaire (PM),** instruction militaire donnée aux jeunes gens et jeunes filles qui souhaitent découvrir la vie militaire dans une unité de l'armée de terre. ▪ **Préparation (pharmaceutique),** médicament composé, partic. quand il est préparé dans la pharmacie (par oppos. à *spécialité pharmaceutique*).

PRÉPARATOIRE adj. Qui prépare : *Réunion préparatoire.* ▪ **Classe préparatoire aux grandes écoles (CPGE),** formation postérieure au baccalauréat, dispensée dans certains lycées ou établissements privés du second degré, et assurant en une ou en deux années la préparation aux concours d'entrée aux grandes écoles. Abrév. (fam.) **prépa.** ▪ **Cours préparatoire (CP),** première année de l'enseignement primaire.

PRÉPARER v.t. [3] (lat. *praeparare*). **1.** Mettre en état d'être utilisé : *Préparer une chambre pour les invités.* **2.** Apprêter des produits alimentaires ; cuisiner : *Préparer le petit déjeuner, un civet.* **3.** Organiser ce qui n'existait pas : *Préparer sa retraite, une fête.* **4.** Réserver pour l'avenir ; annoncer : *Cette crise ne nous prépare rien de bon.* **5. (À).** Rendre capable de faire qqch ; entraîner : *Formation qui prépare à la recherche.* **6. (À).** Rendre psychologiquement prêt à accepter qqch : *Il faut le préparer à un rejet de sa demande.* ◆ **v.i.** Afrique. Faire la cuisine. ◆ **SE PRÉPARER v.pr. 1.** Être imminent : *Une catastrophe se prépare.* **2. (À).** Se mettre en état de : *Se préparer à sortir. Nous nous sommes préparés au pire.*

PRÉPAYER v.t. [6]. Payer par avance.

PRÉPENSION n.f. Belgique. Préretraite.

PRÉPENSIONNÉ, E n. Belgique. Préretraité.

PRÉPONDÉRANCE n.f. Caractère de ce qui est prépondérant.

PRÉPONDÉRANT, E adj. (lat. *praeponderans, -antis,* de *pondus,* poids). Qui a plus d'importance, d'autorité ; primordial : *Rôle prépondérant.* ▪ **Voix prépondérante,** qui l'emporte en cas de partage des voix.

PRÉPOSÉ, E n. 1. Personne chargée d'une fonction spéciale, génér. subalterne : *Le préposé au vestiaire.* **2.** Terme administratif. Facteur de La Poste. **3. DR.** Personne accomplissant une tâche pour un commettant.

PRÉPOSER v.t. [3] (du lat. *prae,* avant, et de *poser*). Charger qqn de la garde, de la direction de qqch : *Préposer qqn au contrôle des sacs.*

PRÉPOSITIF, IVE ou **PRÉPOSITIONNEL, ELLE adj.** Relatif à la préposition. ▪ **Locution prépositive,** qui équivaut à une préposition (par ex. *à côté de*).

PRÉPOSITION n.f. (du lat. *praepositio,* action de mettre devant). **GRAMM.** Mot invariable qui, placé devant un complément, explicite le rapport entre celui-ci et l'élément complété. ➲ *De, à, chez* sont des prépositions.

PRÉPRESSE n.m. IMPRIM. Ensemble des opérations nécessaires pour la préparation et la fabrication des formes imprimantes, comportant notamm. la saisie, le traitement du texte et des illustrations, la mise en page et l'imposition.

PRÉPRODUCTION n.f. Étape précédant la mise en production d'un film, d'un produit multimédia.

PRÉPROGRAMMÉ, E adj. ÉLECTRON. Se dit d'une fonction qui est programmée dans un composant électronique lors de la fabrication de celui-ci.

PRÉPSYCHOSE [-koz] **n.f. PSYCHIATR.** Organisation pathologique de la personnalité pouvant évoluer vers une psychose avérée.

PRÉPUBÈRE adj. Se dit d'un enfant qui a l'âge qui précède immédiatement la puberté.

PRÉPUBLICATION n.f. Action de prépublier un texte, une bande dessinée.

PRÉPUBLIER v.t. [5]. Publier un texte, une bande dessinée dans un périodique avant sa parution en volume.

PRÉPUCE n.m. (lat. *praeputium*). **ANAT.** Repli mobile de la peau qui recouvre plus ou moins le gland de la verge à l'état de flaccidité.

PRÉQUELLE n.f. ou **PRÉQUEL n.m.** (angl. *prequel,* de *sequel,* suite, et du lat. *prae,* avant). Film, roman, etc., dont la réalisation est postérieure à une œuvre de référence mais qui, à l'inverse de la suite, évoque des faits antérieurs à cette œuvre.

✎ Au Québec, on dit un *antépisode.*

PRÉRAPHAÉLISME n.m. Doctrine et manière des préraphaélites.

PRÉRAPHAÉLITE adj. et **n.** Se dit d'un groupe de peintres anglais de l'ère victorienne qui, notamm. sous l'influence de Ruskin, se donnèrent comme modèle idéal les œuvres des prédécesseurs de

Raphaël. ➲ Une inspiration littéraire et symbolique, biblique ou historique, caractérise les principaux membres de la confrérie préraphaélite : D.G. Rossetti, W.H. Hunt, J.E. Millais, E. Burne-Jones.

PRÉRÉGLAGE n.m. ÉLECTRON., TÉLÉCOMM. Présélection d'un appareil ou d'un circuit sur plusieurs fréquences ou canaux distincts.

PRÉRÉGLER v.t. [11]. Effectuer un préréglage.

PRÉRENTRÉE n.f. Dans les établissements scolaires, rentrée des personnels précédant, afin de la préparer, la rentrée des élèves.

PRÉREQUIS n.m. Condition à remplir pour entreprendre une action, exercer une fonction ; préalable : *La maîtrise de l'informatique est un prérequis pour ce stage.*

PRÉRETRAITE n.f. Retraite anticipée ; prestation sociale versée, sous certaines conditions, à un travailleur qui cesse son emploi avant l'âge légal de la retraite.

PRÉRETRAITÉ, E n. Personne qui est en préretraite.

PRÉROGATIVE n.f. (du lat. *praerogativus*, qui vote le premier). Avantage particulier attaché à certaines fonctions, à certains titres.

PRÉROMAN, E adj. Qui précède, prépare la période romane : *Art préroman.*

PRÉROMANTIQUE adj. Relatif au préromantisme. ◆ **n.** Écrivain, artiste de la période du préromantisme.

PRÉROMANTISME n.m. Courant artistique et littéraire annonciateur de la sensibilité romantique.

PRÈS adv. (lat. *presse*, de *premere*, serrer). À une petite distance dans l'espace ou dans le temps : *J'habite tout près. Noël est près.* ▪ **À cela près,** cela mis à part. ▪ **À peu près,** environ ; presque. ▪ **À... près,** avec une différence de : *Échouer au bac à quelques points près* ; à l'exception de : *C'est juste, à quelques détails près.* ▪ **Au plus près** [mar.], dans la direction la plus rapprochée de celle du vent. ▪ **De près,** à une faible distance : *Suivi de près par qqn* ; à peu de temps d'intervalle : *Une explosion a suivi de près la collision* ; avec attention, vigilance : *Surveiller qqn de près* ; à ras : *Être rasé de près.* ◆ **PRÈS DE loc. prép. 1.** Dans le voisinage de : *Près du centre.* **2.** À peu de distance dans le temps : *Il est près de minuit.* **3.** Sur le point de : *Être près de craquer.* **4.** Indique une quantité légèrement inférieure : *Il gagne près de 3 000 euros.* ▪ **N'être pas près de,** n'avoir aucune envie de : *Elle n'est pas près d'y retourner.* ◆ **prép. DR.** Auprès de : *Expert près les tribunaux.*

PRÉSAGE n.m. (lat. *praesagium*). **1.** Signe par lequel on pense pouvoir juger de l'avenir : *Un bon, un mauvais présage.* **2.** Prévision tirée d'un tel signe : *Quel présage en tirez-vous ?*

PRÉSAGER v.t. [10]. Litt. **1.** Annoncer par quelque signe : *Ce ciel noir présage un orage.* **2.** Prévoir ce qui va arriver ; conjecturer : *Il se refuse à présager une reprise.* ▪ **Ne rien présager de bon,** n'annoncer rien de bon.

PRÉ-SALÉ n.m. (pl. *prés-salés*). Mouton engraissé dans les pâturages proches de la mer, dont la chair acquiert de ce fait une saveur particulière ; viande de ce mouton.

PRESBYACOUSIE n.f. Diminution progressive de l'acuité auditive due au vieillissement du système auditif.

PRESBYOPHRÉNIE n.f. (du gr. *presbus*, vieux). **PSYCHIATR.** Démence sénile au début de laquelle dominent les troubles de la mémoire.

PRESBYTE adj. et **n.** (du gr. *presbutês*, vieillard). Atteint de presbytie.

PRESBYTÉRAL, E, AUX adj. Relatif aux prêtres, à la prêtrise.

PRESBYTÈRE n.m. (du gr. *presbuterion*, conseil des anciens). Habitation du curé, dans une paroisse.

PRESBYTÉRIANISME n.m. 1. Système préconisé par Calvin, dans lequel le gouvernement de l'Église (le *synode*) est confié à un corps mixte, le *presbyterium*, formé de laïcs et de pasteurs. **2.** Ensemble des Églises réformées ayant adopté ce système ; spécial., ensemble des Églises calvinistes de langue anglaise.

PRESBYTÉRIEN, ENNE adj. et **n.** Relatif au presbytérianisme.

PRESBYTIE [-si] **n.f. MÉD.** Diminution du pouvoir d'accommodation du cristallin, empêchant de voir nettement les objets proches.

PRESCIENCE n.f. (lat. ecclés. *praescientia*). Litt. Faculté de connaître l'avenir ; pressentiment ; intuition.

PRÉSCOLAIRE adj. Relatif à la période qui précède la scolarité obligatoire.

PRESCRIPTEUR, TRICE n. Personne qui exerce une influence sur l'achat d'un produit.

PRESCRIPTIBLE adj. DR. Sujet à la prescription.

PRESCRIPTION n.f. 1. Ordre formel et détaillé qui énumère ce qu'il convient de faire : *Prescriptions religieuses* ; ce qui est prescrit : *Les prescriptions du testateur.* **2.** Recommandation thérapeutique, éventuellement consignée sur ordonnance, faite par le médecin. **3. DR.** Délai au terme duquel une situation de fait prolongée devient source de droit ; délai au terme duquel l'action publique ne peut plus être exercée, rendant de ce fait toute poursuite pénale impossible. **4. COMM.** Action d'un prescripteur. ▪ **Prescription acquisitive** [dr.], créant un droit de propriété par une possession continue (SYN. **usucapion**). ▪ **Prescription extinctive** [dr.], perte d'un droit non exercé.

PRESCRIRE v.t. [79] (lat. *praescribere*). **1.** Donner un ordre formel et précis ; ordonner. **2. MÉD.** Préconiser un traitement. **3. DR.** Acquérir ou libérer par prescription. ◆ **SE PRESCRIRE v.pr. DR.** S'acquérir ou s'éteindre par prescription.

PRESCRIT, E adj. Qui est imposé, fixé : *Respecter la dose prescrite.*

PRÉSÉANCE n.f. (du lat. *prae*, avant, et *sedere*, s'asseoir). Droit consacré par l'usage ou fixé par l'étiquette d'être placé avant les autres, de les précéder dans l'ordre honorifique.

PRÉSÉLECTEUR n.m. Dispositif électronique ou électromagnétique de présélection.

PRÉSÉLECTION n.f. 1. Choix préliminaire avant une sélection définitive : *Présélection des joueurs de l'équipe de France.* **2.** Réglage préliminaire permettant la sélection automatique du mode de fonctionnement choisi pour un appareil, une machine (vitesse, rapport de démultiplication, longueur d'onde, etc.). **3. AUTOM.** Manœuvre qui consiste à placer le véhicule automobile que l'on conduit dans la file de circulation située du côté de la chaussée vers lequel on souhaite prochainement tourner.

PRÉSÉLECTIONNER v.t. [3]. Choisir par présélection.

PRÉSENCE n.f. (lat. *praesentia*). **1.** Fait d'être présent. **2.** Qualité d'une personne qui s'impose au public par son talent, sa personnalité : *Comédienne qui a de la présence.* ▪ **En présence,** face à face. ▪ **En présence de qqn,** cette personne étant présente. ▪ **Faire acte de présence,** être présent juste le temps de respecter les convenances. ▪ **Présence réelle,** existence réelle du corps et du sang du Christ dans l'eucharistie, sous les apparences du pain et du vin.

PRÉSÉNILE adj. ▪ **Démence présénile,** état démentiel survenant avant l'âge de 70 ans.

1. PRÉSENT, E adj. et **n.** (lat. *praesens, -entis*). Qui est dans le lieu dont on parle : *Les employés présents. Recenser les présents.* ◆ **n.f.** ▪ **La présente,** la lettre que l'on a sous les yeux.

2. PRÉSENT, E adj. Qui est, qui existe dans le temps où l'on parle ; actuel : *Ne penser qu'au moment présent.* ▪ **La présente (lettre),** la lettre que l'on a sous les yeux. ◆ **n.m. 1.** Partie du temps qui correspond au moment où l'on parle ; la réalité, les événements présents : *Vivre dans le présent.* **2. GRAMM.** Temps qui indique que l'action marquée par le verbe se passe actuellement, ou qu'elle est valable tout le temps. ▪ **À présent,** maintenant. ▪ **Pour le présent,** pour le moment.

3. PRÉSENT n.m. (de *présenter*). Litt. Cadeau ; don.

PRÉSENTABLE adj. 1. Que l'on peut montrer sans réticence ; convenable. **2.** Qui peut paraître dans une société, en public ; décent.

PRÉSENTATEUR, TRICE n. 1. Personne qui présente, anime un spectacle, une émission de radio ou de télévision. **2.** Journaliste chargé d'effectuer le compte rendu de l'actualité au journal télévisé ou radiodiffusé.

PRÉSENTATIF n.m. LING. Mot ou expression permettant la mise en relief d'un élément d'une phrase (*voici, voilà, c'est, il y a*, etc.).

PRÉSENTATION n.f. 1. Action de présenter qqch au public : *La présentation du JT.* **2.** Réunion au cours de laquelle on présente un produit, une œuvre : *La présentation d'une nouvelle collection.* **3.** Action de présenter une personne à une autre, à d'autres : *On m'a chargé de faire les présentations.* **4. MÉD.** Partie du corps de l'enfant qui descend la première lors de l'accouchement ; par ext., position de l'enfant : *Présentation par la tête, le siège.* ▪ **Droit de présentation,** droit pour un officier ministériel de présenter son successeur à l'agrément des pouvoirs publics. ▪ **Présentation de la Vierge (au Temple)** [cath.], fête célébrée le 21 novembre en rappel de la présentation de la Vierge au Temple par ses parents, rapportée par un Évangile apocryphe. ▪ **Présentation de l'Enfant Jésus au Temple** [cath.], fête célébrée le 2 février (Chandeleur), en même temps que la Purification de la Vierge.

PRÉSENTÉISME n.m. Fait d'être assidûment présent, notamm. sur le lieu de travail.

PRÉSENTEMENT adv. Vieilli ou Afrique, Québec. Maintenant ; à présent.

PRÉSENTER v.t. [3] (du lat. *praesentare*, rendre présent). **1.** Offrir qqch à l'attention : *Présenter son passeport.* **2.** Faire connaître ; montrer : *Présenter les nouveaux modèles.* **3.** Soumettre au jugement de : *Présenter un projet de loi.* **4.** Laisser apparaître : *Ce site Internet présente de nombreux liens avec les artisans de la région* ; avoir telle particularité : *Ce choix ne présente que des avantages.* **5.** Mettre à la disposition de ; offrir : *Présenter son bras à une personne âgée. Présenter le plateau de fromages.* **6.** Mettre une personne en présence d'une autre ; introduire une personne dans un groupe, une société. ▪ **Présenter les armes** [mil.], rendre les honneurs militaires par un maniement d'armes. ▪ **Présenter ses vœux, ses excuses,** les exprimer. ▪ **Présenter une émission,** en être l'animateur. ◆ **v.i.** ▪ **Présenter bien, mal** [fam.], faire bonne, mauvaise impression par sa tenue, ses manières. ◆ **SE PRÉSENTER v.pr. 1.** En parlant

▲ **préraphaélite.** *Ophélie se noyant* (1851 - 1852), peinture de J.E. Millais. (The Tate Britain, Londres.)

Les présidents de la Ve République

Le président de la Ve République est élu au suffrage universel depuis 1962. Chef de l'État et du pouvoir exécutif, il est aussi le chef des armées et le garant de la Constitution. Il nomme le Premier ministre et met fin à ses fonctions. Il peut organiser un référendum, dissoudre l'Assemblée et, en cas d'atteinte grave au fonctionnement de l'État, assumer des pouvoirs exceptionnels pendant six mois. La durée de son mandat est de cinq ans (quinquennat, entré en vigueur en 2002) et il ne peut pas exercer plus de deux mandats consécutifs.

Charles de Gaulle
1959-1969

Georges Pompidou
1969-1974

Valéry Giscard d'Estaing
1974-1981

François Mitterrand
1981-1995

Jacques Chirac
1995-2007

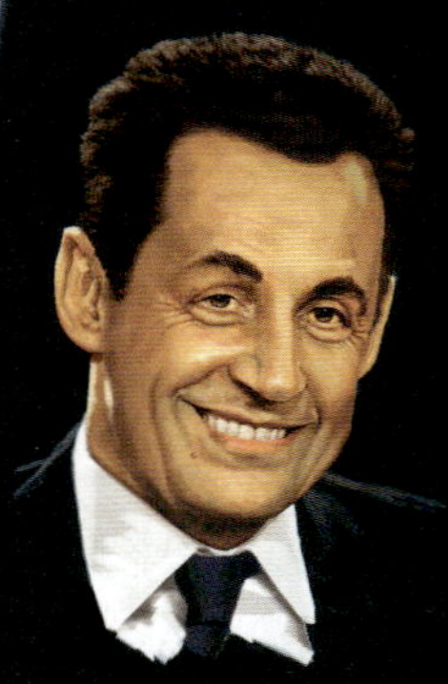

Nicolas Sarkozy
2007-2012

François Hollande
2012-2017

Emmanuel Macron
2017-

d'une circonstance, d'une idée, survenir : *Une occasion s'est présentée.* **2.** Avoir ou prendre telle tournure : *L'affaire se présente bien.* **3.** Paraître en un lieu : *Se présenter à un rendez-vous.* **4.** Paraître devant qqn et se faire connaître : *Se présenter à son nouveau chef.* **5.** Être candidat : *Se présenter à un concours.*

PRÉSENTIEL, ELLE adj. et **n.m.** Se dit d'un enseignement à suivre sur place et non à distance : *S'inscrire en présentiel.*

PRÉSENTOIR n.m. Petit meuble ou élément de vitrine servant à présenter des objets à vendre.

PRÉSÉRIE [-se-] **n.f.** Fabrication industrielle d'une petite quantité d'un objet, précédant la production en série.

PRÉSERVATEUR, TRICE adj. Vx. Qui permet de préserver.

1. PRÉSERVATIF, IVE adj. Vieilli. Propre à préserver : *Des mesures préservatives.*

2. PRÉSERVATIF n.m. Dispositif en matière souple, génér. en caoutchouc, utilisé dans un but contraceptif et recommandé également pour la protection contre les IST. ■ **Préservatif féminin,** dispositif en forme de doigt de gant, placé dans le vagin. ■ **Préservatif (masculin),** étui souple en forme de doigt de gant, placé sur le pénis (SYN. [vieilli] **condom**).

➲ Les **PRÉSERVATIFS** peuvent servir de moyen de contraception, mais ils constituent surtout la seule protection contre le sida et les autres IST. Ils doivent être utilisés pour tout rapport, sauf pour les couples stables séronégatifs. Ils ne peuvent servir qu'une fois.

PRÉSERVATION n.f. Action de préserver ; protection.

PRÉSERVER v.t. [3] (lat. *praeservare*). Garantir d'un mal ; protéger : *Préserver un site de la pollution ;* sauvegarder : *Préserver une espèce menacée.*

PRÉSIDE n.m. (esp. *presidio*, du lat. *praesidium*, garnison). **HIST.** Poste fortifié établi par les Espagnols sur une côte étrangère.

PRÉSIDENCE n.f. 1. Fonction de président ; temps pendant lequel elle est exercée. **2.** Résidence, ensemble des bureaux d'un président.

PRÉSIDENT, E n. (lat. *praesidens, -entis*). **1.** Personne qui dirige les délibérations d'une assemblée, d'une réunion, d'un tribunal. **2.** Personne qui représente, dirige une collectivité, une société. ■ **Président de commune** [Suisse], maire, dans les cantons de Neuchâtel et du Valais. ■ **Président de la République,** chef de l'État, dans une république, notamm. en France, élu le plus souvent pour une durée limitée.

PRÉSIDENT-DIRECTEUR, PRÉSIDENTE-DIRECTRICE n. (pl. *présidents-directeurs, présidentes-directrices*). ■ **Président-directeur général (P-DG),** personne qui exerce les fonctions de président du conseil d'administration et de directeur général d'une société.

PRÉSIDENTIABLE adj. et **n.** Susceptible de devenir président de la République.

PRÉSIDENTIALISATION n.f. Dans une république, tendance à renforcer le rôle du président au détriment de celui du Parlement.

PRÉSIDENTIALISME n.m. Système, régime présidentiel.

PRÉSIDENTIALISTE adj. Relatif au présidentialisme.

PRÉSIDENTIEL, ELLE adj. Relatif au président, à la présidence ; spécial., relatif au président de la République. ■ **Élection présidentielle,** ou **présidentielle, n.f.,** élection à la présidence de la République. (On entend parfois, à tort, le pl. *présidentielles.*) ■ **Régime présidentiel,** fondé sur la séparation des pouvoirs exécutif et législatif, et dans lequel le président, chef de l'État et chef du gouvernement, élu au suffrage direct ou indirect, jouit de prérogatives importantes.

PRÉSIDER v.t. [3] (lat. *praesidere*). Diriger une assemblée, ses débats ; être le président de. ◆ **v.t. ind.** (À). Veiller à l'exécution de ; diriger : *Présider au déroulement d'une cérémonie.*

PRÉSIDIAL n.m. (pl. *présidiaux*). **HIST.** Tribunal civil et criminel, intermédiaire entre les bailliages et les parlements, qui fonctionna de 1552 à 1791.

PRÉSIDIALITÉ n.f. HIST. Juridiction d'un présidial.

PRÉSIDIUM n.m. → **PRAESIDIUM.**

PRÉSIGNALISATION n.f. AUTOM. Dispositif permettant au conducteur d'un véhicule en arrêt d'urgence de signaler aux autres véhicules sa présence sur la chaussée. ➲ Le triangle de présignalisation, dispositif triangulaire réfléchissant, et le signal de détresse font partie de ce dispositif.

PRÉSOCRATIQUE adj. et **n.m.** Se dit des philosophes grecs, à l'exclusion des sophistes, qui ont précédé Socrate (Thalès, Héraclite, Parménide, Zénon d'Élée, Pythagore, Empédocle, etc.).

PRÉSOMPTIF, IVE adj. (du bas lat. *praesumptivus*, qui prend d'avance). ■ **Héritier présomptif,** désigné d'avance par la parenté ou par l'ordre de la naissance.

PRÉSOMPTION n.f. (lat. *praesumptio*, conjecture). **1.** Action de présumer qqch, de tenir pour vraisemblable ce qui n'est que probable. **2. DR.** Jugement non fondé sur des preuves mais sur des indices. **3.** Litt. Opinion trop avantageuse de soi-même ; prétention. ■ **Présomption d'innocence,** principe selon lequel tout justiciable doit être tenu pour innocent tant que sa culpabilité n'est pas prouvée. ■ **Présomption judiciaire,** raisonnement par lequel le juge déduit, à partir d'un fait connu, la vraisemblance d'un fait difficile ou impossible à prouver, lorsque les indices sont graves, précis et concordants et dans les seuls cas où la loi autorise la preuve par tous moyens.

PRÉSOMPTUEUX, EUSE adj. et **n.** Qui manifeste une trop haute opinion de soi ; prétentieux.

PRÉSONORISATION n.f. Recomm. off. pour **play-back.**

PRESQUE adv. À peu près : *Il a presque 30 ans ;* pas tout à fait : *C'est presque fini.* ■ **Ou presque,** sert à nuancer une affirmation : *Dans tous les cas ou presque.*

✎ ***Presque*** ne s'élide que dans le mot ***presqu'île.***

PRESQU'ÎLE, ▲ *PRESQU'ILE* **n.f.** Portion de terre reliée au continent par un isthme étroit.

PRESSAGE n.m. TECHN. Action de presser.

PRESSANT, E adj. 1. Qui ne permet pas de délai : *Pressant besoin d'argent.* **2.** Qui exerce une vive pression pour arriver à ses fins : *Amoureux pressant.*

PRESS-BOOK [presbuk] **n.m.** (pl. *press-books*) [mot angl.]. Ensemble des documents (photos, coupures de presse, etc.) qu'un professionnel constitue pour promouvoir ses activités ou celles d'autrui, ou pour diffuser un produit ; album ainsi constitué. Abrév. **book.** Recomm. off. **portfolio.**

PRESSE n.f. (de *presser*). **1.** Machine équipée d'un dispositif permettant de comprimer, d'emboutir ou de fermer ce qu'on y introduit : *Presse à béton.* **2.** Machine à imprimer : *Presse typographique, offset.* **3.** Ensemble des journaux : *La presse quotidienne ;* activité, monde du journalisme : *La presse s'interroge.* **4.** Nécessité de se hâter imposée par l'urgence : *Moment de presse pendant les fêtes.* ■ **Avoir bonne, mauvaise presse,** avoir bonne, mauvaise réputation. ■ **Imprimerie de presse,** imprimerie spécialisée dans les journaux (par oppos. à *imprimerie de labeur*). ■ **Liberté de la presse,** liberté de créer un journal, de publier ses opinions dans un journal ou dans un livre. ■ **Presse à fourrage,** ramasseuse-presse. ■ **Presse du cœur,** ensemble des périodiques spécialisés dans les histoires sentimentales. ■ **Sous presse,** en cours d'impression.

PRESSÉ, E adj. 1. Qui a été pressé : *Fromage à pâte pressée.* **2.** Qui a hâte de : *Il est pressé de rentrer ;* qui se hâte : *Je suis pressée.* **3.** Qui doit être exécuté sans délai ; urgent : *Dossier pressé.* ■ **Citron, orange pressés,** jus extrait de ces fruits. ■ **N'avoir rien de plus pressé que de,** se dépêcher de. ◆ **PRESSÉ n.m.** Terrine composée de couches alternées de différents ingrédients mis à refroidir sous un poids pour donner une préparation homogène.

PRESSE-AGRUME n.m. (pl. *presse-agrume*[s]). Appareil électrique servant à extraire le jus des agrumes.

PRESSE-BOUTON adj. inv., ▲ *adj.* (pl. *presse-boutons*). Qui est entièrement automatisé : *Vote presse-bouton.*

PRESSE-CITRON n.m. (pl. *presse-citron*[s]). Ustensile servant à extraire le jus des agrumes.

PRESSÉE n.f. Quantité de fruits (raisins, pommes, etc.) soumise en une fois à l'action du pressoir.

PRESSE-ÉTOUPE n.m. (pl. *presse-étoupe*[s]). Appareil adapté à une tige ou à un axe, opérant dans un circuit d'eau ou de vapeur et s'opposant aux fuites du fluide : *Presse-étoupe d'un robinet.*

PRESSE-FRUIT n.m. (pl. *presse-fruit*[s]). Ustensile servant à extraire le jus des fruits.

PRESSENTIMENT n.m. Sentiment confus de savoir ce qui va arriver ; prémonition.

PRESSENTIR v.t. [26] (lat. *praesentire*). **1.** Prévoir confusément ; deviner : *Pressentir un danger.* **2.** Sonder les dispositions de qqn avant de l'appeler à certaines fonctions : *On l'a pressenti comme ministre.*

PRESSE-PANTALON n.m. (pl. *presse-pantalons*). Appareil ménager permettant de défroisser des pantalons grâce à un mécanisme automatique de chauffage et de pressage.

PRESSE-PAPIERS n.m. inv., ▲ *PRESSE-PAPIER n.m.* (pl. *presse-papiers*). **1.** Objet lourd pour maintenir des papiers sur une table, un bureau. **2. INFORM.** Zone de mémoire qui, dans un système d'exploitation, sert à stocker temporairement des informations afin de les réutiliser par la suite.

PRESSE-PURÉE n.m. inv., ▲ *n.m.* (pl. *presse-purées*). Ustensile de cuisine pour réduire les légumes en purée.

PRESSER v.t. [3] (lat. *pressare*). **1.** Comprimer de manière à extraire un liquide : *Presser un citron.* **2.** Soumettre à l'action d'une presse ou d'un pressoir : *Presser des olives.* **3.** Fabriquer à la presse : *Presser des disques.* **4.** Exercer une pression ; appuyer sur : *Presser une sonnette.* **5.** Faire survenir plus tôt que prévu ; précipiter : *Presser son départ.* **6.** Obliger à se hâter : *Presser les retardataires ;* pousser instamment à : *La juge le presse de répondre.* ■ **Presser le pas,** marcher plus vite. ◆ **v.i.** Être urgent : *Ce travail presse.* ■ **Le temps presse,** il faut faire vite. ◆ **SE PRESSER v.pr. 1.** Se dépêcher de faire qqch ; se hâter : *Presse-toi un peu !* **2.** Venir en grand nombre ; affluer : *La foule se pressait devant le musée.*

PRESSEUR, EUSE adj. TECHN. Destiné à exercer une pression : *Cylindre presseur.*

PRESSING [presiŋ] **n.m.** (mot angl.). **1.** Magasin où l'on nettoie et repasse les vêtements, le linge. **2. SPORTS.** Attaque massive et continue.

PRESSION n.f. (lat. *pressio, -onis*). **1.** Action de presser ou de pousser avec effort : *Exercer une pression sur un levier.* **2. PHYS.** Force exercée sur une surface ; mesure de cette force, appliquée perpendiculairement à la surface, exprimée par le quotient de son intensité par l'aire de la surface. **3.** Contrainte exercée sur qqn : *Subir des pressions de sa hiérarchie.* **4.** Bouton-pression. ■ **Être sous pression,** être agité, énervé, tendu. ■ **Groupe de pression,** structure dont se dote une communauté aux intérêts identiques pour influencer les pouvoirs publics à son avantage, notamm. par des campagnes d'opinion (SYN. **lobby**). ■ **Mettre la pression sur qqn,** tenter d'obtenir de lui, par une contrainte permanente, des résultats immédiats. ■ **Pression artérielle,** à laquelle est soumis le sang dans les artères (SYN. [cour.] **tension [artérielle]**). ■ **Pression atmosphérique,** pression exercée par le poids de la colonne d'air au-dessus d'une surface. ➲ La pression atmosphérique, qui diminue avec l'altitude, est en moyenne de 1 013 hectopascals au niveau de la mer ; on la mesure à l'aide d'un baromètre. ■ **Pression fiscale,** charge d'impôts supportée par les contribuables.

PRESSIONNÉ, E adj. Se dit d'un vêtement fermé par des pressions.

PRESSOIR n.m. 1. Machine servant à presser certains fruits (notamm. le raisin) pour en extraire le jus. **2.** Lieu, local où se trouve cette machine.

PRESSOSTAT n.m. Dispositif automatique qui permet de maintenir une pression constante dans une enceinte fermée contenant un fluide.

PRESSURAGE n.m. 1. Action de pressurer. **2.** Action de séparer, par pressage, le vin retenu dans les marcs.

PRESSURER **v.t.** **[3]. 1.** Soumettre à l'action du pressoir. **2.** Fig. Accabler de taxes, de charges ; écraser. ◆ **SE PRESSURER v.pr.** ▪ **Se pressurer le cerveau** [fam.], faire un effort intellectuel intense.

PRESSURISATION n.f. Action de pressuriser.

PRESSURISER v.t. [3]. Maintenir sous une pression atmosphérique normale un avion volant à haute altitude, un vaisseau spatial, etc.

PRESTANCE n.f. (du lat. *praestantia*, supériorité). Maintien fier et élégant ; belle allure.

PRESTATAIRE n. 1. Bénéficiaire d'une prestation. **2.** Personne qui fournit une prestation. ▪ **Prestataire de services,** personne, collectivité qui fournit des services à une clientèle.

PRESTATION n.f. (du lat. *praestatio, -onis*, paiement). **1.** Action de fournir qqch, notamm. d'exécuter un travail pour s'acquitter d'une obligation légale ou contractuelle : *Prestations de services ;* objet, travail, service fourni : *Voyagiste qui offre de bonnes prestations.* **2.** (Surtout pl.). Sommes versées au titre d'une législation sociale : *Prestations familiales.* **3.** (Emploi critiqué). Fait, pour un artiste, un orateur, un sportif, de se produire en public. ▪ **Prestation compensatoire** [dr.], capital qu'un des époux peut devoir verser à son ex-conjoint lors du divorce, en argent ou par l'attribution de biens ou de droits, en raison des disparités de conditions de vie consécutives à la rupture du mariage. ▪ **Prestation de serment,** action de prêter serment.

PRESTE adj. (ital. *presto*). Sout. Vif et précis dans ses mouvements ; alerte.

PRESTEMENT adv. Sout. De façon preste ; vivement.

PRESTER v.t. [3]. Belgique. Fournir un service ; accomplir un travail.

PRESTESSE n.f. Sout. Rapidité et habileté des gestes ; vivacité.

PRESTIDIGITATEUR, TRICE n. Personne qui fait de la prestidigitation ; illusionniste.

PRESTIDIGITATION n.f. (de *preste* et du lat. *digitus*, doigt). Art de produire l'illusion d'opérations de magie par des manipulations, des artifices, des trucages ; illusionnisme.

PRESTIGE n.m. (du lat. *praestigium*, illusion). Attrait, éclat pouvant séduire et impressionner : *Son prestige a décliné après ce scandale ;* influence qu'exerce qqn, qqch : *Le prestige d'un grand acteur, de l'argent.*

PRESTIGIEUSEMENT adv. De façon prestigieuse.

PRESTIGIEUX, EUSE adj. Qui a du prestige, de l'éclat : *Un artiste, un métier prestigieux.*

PRESTISSIMO adv. (mot ital.). **MUS.** Selon un tempo extrêmement rapide.

PRESTO adv. (mot ital.). **MUS.** Selon un tempo très rapide. ◆ **n.m.** Morceau de musique exécuté dans le tempo presto.

PRÉSUMABLE adj. Que l'on peut présumer.

PRÉSUMÉ, E adj. Estimé tel par supposition, en présumant : *Le présumé voleur.*

PRÉSUMER v.t. [3] (du lat. *praesumere*, prendre d'avance). Croire d'après certains indices ; conjecturer : *Je présume qu'elle aura gain de cause.* ◆ **v.t. ind. (DE).** Avoir une trop bonne opinion de : *Présumer de ses forces.*

PRÉSUPPOSÉ n.m. Ce qui est supposé vrai, préalablement à une action, à une énonciation, à une démonstration.

PRÉSUPPOSER v.t. [3]. 1. Admettre en préalable l'existence, la vérité de qqch. **2.** Nécessiter l'hypothèse de.

PRÉSUPPOSITION n.f. Supposition préalable ; présupposé.

PRÉSURE n.f. (lat. pop. *prensura*, ce qui est pris). Enzyme de l'estomac du veau, de l'agneau ou du chevreau non sevré, utilisée pour faire cailler le lait.

PRÉSURER v.t. [3]. Cailler du lait avec de la présure.

1. PRÊT n.m. (de *prêter*). **1.** Action de prêter. **2.** Chose ou somme prêtée : *Demander un prêt à sa banque.* **3.** Contrat par lequel une chose, une somme sont prêtées sous certaines conditions : *Prêt à court terme.* **4. MIL.** Prestation en argent à laquelle ont droit les soldats et les sous-officiers accomplissant leur service militaire légal.

2. PRÊT, E adj. (du lat. *praesto*, à portée de main). **1.** Dont la préparation est terminée ; disponible : *Le planning est prêt.* **2.** Disposé, décidé à : *Il est prêt à tous les sacrifices pour réussir ;* en état de : *Pays prêt pour l'alternance démocratique.*

PRÊT-À-COUDRE [prɛta-] **n.m.** (pl. *prêts-à-coudre*). Vêtement vendu coupé, prêt à l'assemblage.

PRÊT-À-MONTER [prɛta-] **n.m.** (pl. *prêts-à-monter*). Recomm. off. pour **kit.**

PRÉTANTAINE ou **PRÉTENTAINE n.f.** ▪ **Courir la prétantaine** [vieilli], chercher des aventures galantes.

PRÊT-À-PENSER [prɛta-] **n.m.** Fam. Ensemble d'idées toutes faites, exprimées sans examen critique.

PRÊT-À-PORTER [prɛta-] **n.m.** (pl. *prêts-à-porter*). Industrie des vêtements exécutés selon des mesures normalisées, par oppos. au *sur-mesure* (SYN. **confection**).

PRÊTÉ n.m. ▪ **C'est un prêté pour un rendu,** c'est une juste revanche.

PRÉTENDANT, E n. Personne qui revendique un trône auquel elle prétend avoir droit. ◆ **n.m.** Vieilli ou par plais. Celui qui veut épouser une femme.

PRÉTENDRE v.t. [59] (du lat. *praetendere*, présenter). **1.** Soutenir une opinion ; affirmer : *Elle prétend le connaître* ou *qu'elle le connaît.* **2.** Affirmer être capable de ; se targuer de : *Il prétend amener le jury à croire l'accusé innocent.* ◆ **v.t. ind. (À).** Litt. Aspirer à ; ambitionner : *Prétendre à un poste de directeur.*

PRÉTENDU, E adj. Qui n'est pas ce qu'il paraît être ; supposé : *Une prétendue malversation.*

PRÉTENDUMENT adv. À ce que l'on prétend.

PRÊTE-NOM n.m. (pl. *prête-noms*). Personne, société qui, sous son nom propre, agit en fait pour le compte d'une autre qu'elle protège de certains risques.

PRÉTENSIONNEUR n.m. AUTOM. Dispositif à très faible inertie qui, en cas de choc, tend immédiatement la ceinture de sécurité, augmentant ainsi son efficacité.

PRÉTENTAINE n.f. → **PRÉTANTAINE.**

PRÉTENTIEUSEMENT adv. De façon prétentieuse.

PRÉTENTIEUX, EUSE adj. et **n.** Qui affirme être supérieur et se met en valeur pour des qualités qu'il n'a pas ; vaniteux. ◆ **adj.** Empreint de prétention, de vanité : *Un éditorial prétentieux.*

PRÉTENTION n.f. (du lat. *praetentum*, de *praetendere*, mettre en avant). **1.** Complaisance vaniteuse envers soi-même ; fatuité. **2.** Exigence s'appuyant sur un droit supposé ou réel ; revendication : *Des prétentions injustifiées.* ▪ **Sans prétention(s),** très simple : *Une soirée sans prétention.* ◆ **n.f. pl.** Salaire, rétribution demandés pour un travail déterminé.

PRÊTER v.t. [3] (du lat. *praestare*, fournir). **1.** Céder pour un temps, à charge de restitution : *Elle m'a prêté 10 euros, son portable.* **2.** Offrir spontanément ; accorder : *Cet écrivain a prêté sa plume à une association humanitaire.* **3.** Supposer que qqn a telle qualité, telle pensée, etc. : *Tu lui prêtes des talents qu'il n'a pas.* ▪ **Prêter attention,** être attentif. ▪ **Prêter le flanc à,** donner prise à : *Prêter le flanc aux rumeurs.* ▪ **Prêter l'oreille à,** écouter favorablement : *Prêter l'oreille aux on-dit.* ▪ **Prêter serment,** prononcer un serment ; jurer. ◆ **v.t. ind. (À).** Sout. Fournir matière à : *Prêter à discussion.* ▪ **Prêter à confusion,** être ambigu, équivoque. ◆ **SE PRÊTER v.pr. (À). 1.** Consentir à qqch : *Se prêter à une expérience.* **2.** Être propre à qqch : *Ce temps se prête à la promenade.*

PRÉTÉRIT [-rit] **n.m.** (du lat. *praeteritum tempus*, temps passé). **GRAMM.** Forme verbale exprimant le passé, dans les langues qui ne font pas de distinction entre l'imparfait, l'aoriste et le parfait.

PRÉTÉRITER v.t. [3] (du lat. *praeterire*, omettre). Suisse. Léser ; désavantager.

PRÉTÉRITION n.f. (bas lat. *praeteritio, -onis*). **STYL.** Figure par laquelle on déclare ne pas vouloir parler d'une chose dont on parle néanmoins par ce moyen (ex. : *Je ne vous rappellerai pas que*...).

PRÉTEUR n.m. (lat. *praetor*). **ANTIQ. ROM.** Magistrat qui rendait la justice à Rome ou qui gouvernait une province.

PRÊTEUR, EUSE adj. et **n.** Qui prête.

1. PRÉTEXTE n.m. Raison mise en avant pour cacher le véritable motif d'une manière d'agir : *Cet incident a servi de prétexte à la rupture des négociations.* ▪ **Sous aucun prétexte,** en aucun cas : *Ne sors sous aucun prétexte.* ▪ **Sous prétexte de, que,** en prenant pour prétexte.

2. PRÉTEXTE adj.f. (du lat. *praetexta*, vêtement brodé). **ANTIQ. ROM.** ▪ **Toge prétexte,** ou **prétexte, n.f.,** toge bordée de pourpre que portaient à Rome les magistrats et les adolescents patriciens (de la puberté à l'âge de seize ans).

PRÉTEXTER v.t. [3] (de *1. prétexte*). Alléguer comme prétexte ; invoquer : *Il a prétexté un rendez-vous* ou *qu'il avait un rendez-vous pour partir.*

PRETIUM DOLORIS [presjɔmdɔlɔris] **n.m. inv.** (mots lat. « prix de la douleur »). **DR.** Ensemble des dommages et intérêts alloués par les tribunaux à la victime, à titre de réparation morale d'un événement dommageable et des souffrances qui en découlent.

PRÉTOIRE n.m. (lat. *praetorium*). **1.** Salle d'audience d'un tribunal. **2. ANTIQ. ROM.** Tente du général, dans un camp ; palais du préteur, dans les provinces.

PRÉTORIAL, E, AUX adj. ANTIQ. ROM. Relatif au prétoire, au préteur.

PRÉTORIEN, ENNE adj. ANTIQ. ROM. Du préteur. ▪ **Garde prétorienne** [Antiq. rom.], troupe destinée à la garde du préteur et, plus tard, à celle de l'empereur (on dit aussi *cohortes prétoriennes*) ; auj., garde personnelle d'un dictateur, du chef d'un État totalitaire. ◆ **n.m. ANTIQ. ROM.** Soldat de la garde personnelle de l'empereur.

PRÊTRAILLE n.f. Péjor., vx. Les prêtres ; le clergé.

PRÉTRAITÉ, E adj. Qui a subi un traitement préalable : *Bois prétraité.*

PRÊTRE n.m. (bas lat. *presbyter*, du gr. *presbuteros*, ancien). **1.** Celui qui a reçu le sacrement de l'ordre, dans l'Église catholique et les Églises orientales. **2.** Ministre d'un culte religieux : *Les prêtres de Cybèle.* ▪ **Grand prêtre,** chef de la caste sacerdotale, chez les Hébreux.

PRÊT-RELAIS, ▲ *PRÊT-RELAI* **n.m.** (pl. *prêts-relais*). Procédure bancaire, souvent risquée, consistant à prêter à qqn la somme dont il a besoin pour acquérir un bien immobilier en attendant qu'il puisse financer ce dernier par la vente d'un autre bien immobilier lui appartenant.

PRÊTRE-OUVRIER n.m. (pl. *prêtres-ouvriers*). Prêtre qui partage complètement la vie des ouvriers.

PRÊTRESSE n.f. Femme, jeune fille consacrée au culte d'une divinité : *Les prêtresses de Diane.* ▪ **(Grande) prêtresse de** [fam.], femme qui possède une grande connaissance, une grande expérience dans un domaine : *La grande prêtresse de la télé-réalité.*

PRÊTRISE n.f. CATH. 1. Degré du sacrement de l'ordre qui donne le pouvoir de célébrer les sacrements et de bénir les mariages. **2.** Ministère et dignité de prêtre.

PRÉTURE n.f. (lat. *praetura*). **ANTIQ. ROM.** Charge, fonction de préteur ; durée de son exercice.

PREUVE n.f. (de *prouver*). **1.** Ce qui démontre, établit la vérité de qqch : *Accuser sans preuves.* **2.** Personne ou chose dont l'existence constitue un témoignage : *Elle est la preuve vivante que ce traitement peut être efficace. Une preuve d'amour.* **3. MATH.** Opération par laquelle on contrôle l'exactitude d'un calcul ou la justesse de la solution d'un problème. ➲ Pour les opérations arithmétiques, on utilise la preuve par neuf*. ▪ **À preuve que** [fam.], la preuve en est que. ▪ **Faire preuve de,** manifester ; révéler : *Il a fait preuve de négligence.* ▪ **Faire ses preuves,** montrer sa valeur, ses capacités.

PREUX adj.m. et **n.m.** (bas lat. *prodis*, de *prodesse*, être utile). Litt. Brave ; vaillant : *Un preux chevalier.*

PRÉVALENCE n.f. (angl. *prevalence*). **MÉD.** Rapport du nombre de cas d'un trouble morbide à l'effectif total d'une population, sans distinction entre les cas nouveaux et les cas anciens, à un moment ou pendant une période donnés.

PRÉVALOIR v.i. [47] (lat. *praevalere*). Litt. Avoir plus d'importance : *La règle prévaut contre sa volonté ;* l'emporter sur : *Son avis a prévalu.* ◆ **SE PRÉVALOIR v.pr. (DE).** Mettre qqch en avant pour en tirer avantage : *Elle s'est prévalue de ses relations.*

PRÉVARICATEUR, TRICE adj. et **n. DR.** Qui trahit les devoirs de sa charge, souvent dans un but pécuniaire.

PRÉVARICATION n.f. Action du prévaricateur.

PRÉVENANCE n.f. Manière obligeante d'aller au-devant des désirs de qqn.

PRÉVENANT, E adj. Plein de sollicitude à l'égard de qqn ; attentionné.

PRÉVENIR v.t. [28] (du lat. *praevenire*, devancer). **1.** Informer par avance ; avertir : *Prévenir sa hiérarchie de son départ.* **2.** Empêcher qqch de se produire en prenant les mesures nécessaires ; éviter : *Prévenir les accidents médicamenteux.* **3.** Satisfaire par avance ; devancer : *Prévenir les souhaits de qqn.* ▪ **Prévenir qqn en faveur de, contre,** l'influencer dans un sens favorable, défavorable à l'égard de.

PRÉVENTIF, IVE adj. Qui a pour effet d'empêcher un mal prévisible : *Médecine préventive.* ▪ **Archéologie préventive,** intervention d'archéologues avant le démarrage d'un chantier de construction pour diagnostic du sous-sol, fouille et sauvegarde éventuelle de vestiges. ▪ **À titre préventif,** par mesure de prévention. ▪ **Détention préventive,** ou **préventive, n.f.** [anc.], détention provisoire*.

PRÉVENTION n.f. (du bas lat. *praeventio, -onis*, action de devancer). **1.** Ensemble des mesures prises pour empêcher un danger, un mal de survenir. **2.** Ensemble des moyens médicaux et médico-sociaux mis en œuvre pour empêcher l'apparition, l'aggravation ou l'extension des maladies, ou leurs conséquences à long terme. **3.** Opinion défavorable formée sans examen ; parti pris. **4. DR.** État d'un individu contre lequel il existe une présomption de délit ou de crime ; détention d'un prévenu. ▪ **Prévention de la délinquance,** visant à éviter la commission d'infractions, notamm. par les mineurs. ▪ **Prévention routière,** visant à réduire le nombre et la gravité des accidents de la route.

PRÉVENTIVEMENT adv. De façon préventive.

PRÉVENTORIUM [prevɑ̃tɔrjɔm] **n.m.** (de *préventif*, d'apr. *sanatorium*). Anc. Établissement où l'on soignait les malades atteints de primo-infection tuberculeuse.

PRÉVENU, E n. DR. Personne physique ou morale poursuivie pour une infraction et qui n'a pas encore été jugée.

PRÉVERBE n.m. LING. Préfixe qui se place avant le verbe (ex. : *dé-* dans *défaire*).

PRÉVISIBILITÉ n.f. Caractère de ce qui est prévisible.

PRÉVISIBLE adj. Qui peut être prévu.

PRÉVISION n.f. Action de prévoir ; pronostic.

PRÉVISIONNEL, ELLE adj. Fondé sur des prévisions : *Budget prévisionnel.*

PRÉVISIONNISTE n. Spécialiste de la prévision économique ou météorologique.

PRÉVOIR v.t. [49] (lat. *praevidere*). **1.** Se représenter à l'avance ce qui doit arriver ; présager : *Les économistes ont prévu une reprise.* **2.** Organiser à l'avance ; préparer : *Prévoir un repas froid* ; envisager : *La loi ne prévoit pas ce cas.*

PRÉVÔT n.m. (du lat. *praepositus*, préposé). **1. HIST.** Dans la France du Moyen Âge et de l'Ancien Régime, agent d'administration domaniale. **2. MIL.** Militaire de la gendarmerie affecté au sein d'une prévôté. ▪ **Prévôt des marchands** [hist.], chef de la municipalité de Paris (à partir du XIVe s.) et de Lyon (à partir de 1575).

PRÉVÔTAL, E, AUX adj. HIST. Relatif au prévôt ou à la prévôté.

PRÉVÔTÉ n.f. 1. HIST. Titre, fonction de prévôt ; juridiction, résidence d'un prévôt. **2. MIL.** Détachement de gendarmerie affecté, en opérations extérieures, à une unité militaire ou à une base, et chargé des missions de police générale et judiciaire.

PRÉVOYANCE n.f. Qualité de qqn qui sait prévoir.

PRÉVOYANT, E adj. Qui manifeste de la prévoyance.

PRIANT, E n. et **adj.** Personne qui prie. ◆ **n.m. SCULPT.** Orant.

PRIAPÉE n.f. 1. ANTIQ. GR. ET ROM. Chant, fête en l'honneur de Priape, à caractère génér. licencieux. **2. LITTÉR.** Genre de poésie latine licencieuse.

PRIAPISME n.m. (de *Priape*, n. myth.). **MÉD.** Érection pathologique du pénis, prolongée et douloureuse.

PRIE-DIEU n.m. inv. Meuble en forme de chaise basse, au dossier muni d'un accoudoir, sur lequel on s'agenouille pour prier.

PRIER v.t. [5] (du lat. *precari*). **1.** S'adresser par la prière à Dieu, à une divinité. **2.** Demander avec déférence ou humilité à qqn de faire qqch ; supplier : *Je vous prie de me dire la vérité, de me pardonner.* ▪ **Je vous en prie,** s'emploie pour répondre à un remerciement, à des excuses. ▪ **Je vous (en) prie,** accompagne une invite polie ou souligne une injonction : *Asseyez-vous, je vous prie ! Je vous en prie, n'insistez pas.* ▪ **Se faire prier,** n'accepter de faire qqch qu'après avoir été longuement sollicité. ◆ **v.i.** Intercéder auprès de Dieu, des saints : *Prier pour les morts.*

PRIÈRE n.f. (du bas lat. *precaria*, supplique). **1.** Acte par lequel on s'adresse à Dieu, à une divinité pour exprimer l'adoration ou la vénération, une demande, une action de grâce. **2.** Ensemble de phrases, de formules souvent rituelles par lesquelles on s'adresse à Dieu, à une divinité. **3.** Demande instante ; supplication : *Céder aux prières de qqn.* ▪ **Prière de,** il est demandé de.

PRIEUR, E n. (du lat. *prior*, premier). Supérieur, supérieure de certaines communautés religieuses.

PRIEURÉ n.m. 1. Communauté religieuse placée sous l'autorité d'un prieur ; église, maison d'une telle communauté. **2.** Vx. Dignité de prieur.

PRIMA DONNA n.f. inv., ▲ *PRIMADONNA n.f.* (mots italiens « première dame »). Cantatrice qui tient le premier rôle dans un opéra.

✎ Pluriel savant : ***prime donne*** [primedɔne].

PRIMAIRE adj. (du lat. *primarius*, du premier rang). **1.** Qui est premier dans le temps : *Formation géologique primaire.* **2.** Qui appartient à l'enseignement du premier degré ; élémentaire. **3.** Simpliste et borné : *Réaction primaire.* **4. PSYCHOL.** Se dit, en caractérologie, de qqn chez qui prédominent les réactions immédiates (par oppos. à *secondaire*). **5. MÉD.** Se dit d'un symptôme d'une maladie qui apparaît précocement ou de la première phase d'une maladie ; idiopathique. ▪ **Couleurs primaires,** le bleu, le jaune et le rouge (SYN. **couleurs fondamentales**). ▪ **Délinquant primaire,** qui n'a pas d'antécédents judiciaires. ▪ **École primaire,** établissement d'enseignement du premier degré succédant à la maternelle. ▪ **Élection primaire,** ou **primaire, n.f.,** désignation par les électeurs de chacun des deux grands partis des candidats aux élections locales ou nationales, en partic. aux États-Unis ; en France, premier tour du scrutin majoritaire à deux tours. ▪ **Enseignement primaire,** ou **primaire, n.m.,** enseignement dispensé à l'école primaire (du CP au CM2), qui précède l'enseignement dispensé au collège. ▪ **Ère primaire,** ou **primaire, n.m.** [géol.], paléozoïque. ▪ **Forêt primaire** → **FORÊT.** ▪ **Secteur primaire,** ou **primaire, n.m.** [écon.], ensemble des activités économiques productrices de matières premières, notamm. l'agriculture et les industries extractrices. ◆ **n.m. 1.** Enseignement primaire. **2. ÉCON.** Secteur primaire. **3. GÉOL.** Ère primaire. **4. ÉLECTROTECHN.** Enroulement, alimenté par le réseau, d'un transformateur ou d'une machine asynchrone. ◆ **n.f.** Élection primaire.

▲ **prévôt.** Le prévôt de Paris Hugues Aubriot sur le parvis de Notre-Dame, miniature publiée dans les *Grandes Chroniques de France* (1493), ouvrage imprimé par A. Vérard.

PRIMAL, E, AUX adj. PSYCHOL. ▪ **Cri primal, thérapie primale,** technique thérapeutique reposant sur la reviviscence par le malade, notamm. au moyen de cris, du traumatisme qui est à l'origine de sa névrose.

PRIMALITÉ n.f. MATH. Propriété d'un nombre premier. ➲ Elle est déterminée par un test dit *de primalité*, qui repose sur des algorithmes.

PRIMARITÉ n.f. PSYCHOL. Caractère d'une personne primaire.

1. PRIMAT n.m. (du lat. *primas, -atis*, qui est au premier rang). **CATH.** Titre génér. honorifique attaché à un siège épiscopal en vertu d'une tradition fondée sur l'importance historique de ce siège, ou à la charge du supérieur d'une fédération monastique (le primat des bénédictins, par ex.). ▪ **Le primat des Gaules,** l'évêque de Lyon.

2. PRIMAT n.m. (all. *Primat*). Litt. Caractère prééminent de qqch ; primauté.

PRIMATE n.m. (du lat. *primas, -atis*, qui est au premier rang). **1.** Mammifère aux mains génér. préhensiles, aux ongles souvent plats, possédant une denture complète et un cerveau très développé, tel que les lémuriens, les singes et l'homme. ➲ Les primates forment un ordre. *(V. planche page suivante.)* **2.** Fam. Homme grossier, inculte.

PRIMATIAL, E, AUX [-sjal, o] **adj. CATH.** Relatif au primat. ▪ **Église primatiale,** ou **primatiale, n.f.,** cathédrale, siège d'un primat.

PRIMATOLOGIE n.f. Étude scientifique des primates.

PRIMATOLOGUE n. Spécialiste de primatologie.

PRIMATURE n.f. Afrique. **1.** Fonction de Premier ministre. **2.** Siège des services administratifs relevant du Premier ministre.

PRIMAUTÉ n.f. (du lat. *primus*, premier). Supériorité de rang ; prééminence. ▪ **Primauté du pape,** autorité suprême et universelle du pape, niée par les Églises protestantes, reconnue par les Églises orientales à titre honorifique.

1. PRIME n.f. (du lat. *praemium*, avantage). **1.** Somme que l'assuré doit à l'assureur. **2.** Somme versée à un salarié en plus de son salaire, à titre de gratification ou pour l'indemniser de certains frais (par oppos. à *fixe*) : *Prime d'ancienneté.* **3.** Somme d'argent ou don accordés à titre de récompense ou d'encouragement. **4.** Ce qu'on donne en plus ; cadeau offert à un client pour l'attirer ou le retenir. **5. BOURSE.** Dédit payé par l'acheteur en cas de résiliation d'une transaction, dans les opérations dites *à prime* : *Marché à prime.* ▪ **En prime** [iron.], en plus ; en supplément : *Il arrive en retard et, en prime, il rouspète.* ▪ **Prime d'émission** [Bourse], somme qu'un souscripteur d'action doit verser en sus de la valeur nominale de celle-ci.

2. PRIME adj. (du lat. *primus*, premier). **1.** Litt. (Seulem. dans quelques expressions). Premier : *Prime jeunesse. De prime abord.* **2. MATH.** Se dit d'une lettre portant en haut et à droite un petit accent (') ou « une simple apostrophe ». ➲ Cette notation est utilisée pour distinguer plusieurs entités ou la dérivée d'une fonction.

3. PRIME n.f. CHRIST. Partie de l'office divin qui se récitait au lever du jour.

PRIMÉ, E adj. Qui a reçu un prix : *Film primé.*

1. PRIMER v.t. ou **v.t. ind. [3] (SUR).** L'emporter sur : *Chez lui, la raison prime les sentiments. Milieu où le pouvoir de l'argent prime sur tout.*

2. PRIMER v.t. [3]. Accorder une récompense, un prix à : *Le jury a primé ce jeune chanteur.*

PRIMEROSE n.f. Rose trémière.

PRIMESAUTIER, ÈRE adj. (de l'anc. fr. *prime*, premier, et de *saut*). Litt. Qui est vif et plein de spontanéité.

PRIME TIME [prajmtajm] **n.m.** (pl. *prime times*) [mots angl. « meilleure heure »]. **AUDIOVIS.** (Anglic. déconseillé). Heure de grande écoute*.

Les primates

PRIMEUR n.f. Recomm. off. pour **scoop.** ▪ **Avoir la primeur de qqch,** être le premier à le connaître, à en profiter : *Avoir la primeur d'une information.* ▪ **Vin (de) primeur,** vin qui peut être commercialisé et consommé dès la fin de la vinification. ◆ **n.f. pl.** Fruits ou légumes commercialisés avant la saison normale, provenant d'une culture forcée ou d'une région plus chaude. ▪ **Marchand de primeurs,** ou **primeur, n.m.,** marchand de fruits et légumes en général.

PRIMEURISTE n. Horticulteur qui produit des primeurs.

PRIMEVÈRE n.f. (du lat. *primo vere,* au début du printemps). Plante des prés et des bois, à fleurs jaunes, blanches ou mauves, qui fleurit au printemps. ➲ La primevère officinale est aussi appelée *coucou.* Famille des primulacées.

▲ primevères

PRIM'HOLSTEIN [primɔlʃtajn] **n. inv.** et **adj. inv.** (de *Holstein,* n.pr.). Bovin d'une race issue de la race frisonne, à robe pie noir, très utilisée pour la production laitière. (V. ill. *vache.*)

PRIMIPARE adj. et n.f. (du lat. *parere,* enfanter). **1. MÉD.** Se dit d'une femme qui accouche pour la première fois (par oppos. à *multipare, nullipare*). **2.** Se dit d'une femelle de mammifère qui met bas pour la première fois.

PRIMIPILE n.m. (du lat. *primus,* premier, et *pilum,* javelot). **ANTIQ.** Centurion le plus élevé en grade, dans l'armée romaine.

PRIMITIF, IVE adj. (du lat. *primitivus,* qui naît le premier). **1.** Qui appartient au premier état d'une chose : *Le texte primitif d'un manuscrit.* **2.** Qui constitue l'élément premier, fondamental : *Rechercher les traces de la vie primitive.* **3.** Se dit d'une personne simple, fruste, ou d'une chose rudimentaire : *Réaction primitive.* **4.** Vieilli. Se disait des sociétés humaines restées à l'écart de la civilisation occidentale, industrielle. (L'idée d'une « avancée » du « civilisé » par rapport au « primitif » étant sans fondement scientifique, on parle auj. de sociétés *traditionnelles.*) **5. MÉD.** Idiopathique. ▪ **Église primitive,** des premiers siècles du christianisme. ◆ **n.** Vieilli. Personne appartenant à une société primitive. ◆ **n.m. BX-ARTS.** Artiste, peintre surtout, de la période antérieure à la Renaissance. ◆ **n.f.** ▪ **Primitive d'une fonction** [math.], pour une fonction *f* définie dans un intervalle de ℝ et à valeurs réelles, fonction F qui est dérivable et telle que F′ = *f.*

PRIMITIVEMENT adv. À l'origine.

PRIMITIVISME n.m. **BX-ARTS.** Affinité avec un art ou des arts primitifs.

PRIMO adv. (mot lat. « d'abord »). En premier lieu ; premièrement.

PRIMO-ACCÉDANT, E n. et adj. (pl. *primo-accédants, es*). Personne qui accède pour la première fois à la propriété de sa résidence principale.

PRIMO-ARRIVANT, E n. (pl. *primo-arrivants, es*). Personne étrangère, arrivée, en situation régulière, pour la première fois en France afin d'y séjourner durablement.

PRIMOGÉNITURE n.f. (du lat. *primogenitus,* né le premier). **DR.** Antériorité de naissance entre frères et sœurs entraînant autref. certains droits au profit de l'aîné.

PRIMO-INFECTION n.f. (pl. *primo-infections*). **MÉD.** Première atteinte de l'organisme par un micro-organisme, en partic. par le bacille de la tuberculose et par le VIH.

PRIMORDIAL, E, AUX adj. (du lat. *primordium,* origine). **1.** Qui est de première importance ; essentiel : *Rôle primordial.* **2.** Vx. Qui existe depuis l'origine : *Instincts primordiaux.*

PRIMULACÉE n.f. (du lat. *primula,* primevère). Dicotylédone gamopétale à corolle régulière comprenant la primevère, le cyclamen, etc. ➲ Les primulacées forment une famille.

PRINCE n.m. (du lat. *princeps,* premier). **1.** Celui qui possède une souveraineté ou qui appartient à une famille souveraine. **2.** Titre de noblesse le plus élevé. **3.** Litt. Le premier par son talent, son mérite : *Le prince de la mode.* ▪ **Être bon prince** [fam.], se montrer accommodant. ▪ **Prince charmant** [littér.], personnage de contes de fées idéalement beau qui délivre et épouse la princesse ; homme idéal que toute jeune fille espère rencontrer.

PRINCE-DE-GALLES n.m. inv. et adj. inv. Tissu présentant des motifs à lignes croisées en plusieurs tons d'une même couleur.

PRINCEPS [prɛ̃sɛps] **adj.** (mot lat. « premier »). ▪ **Édition princeps,** ou **princeps, n.f.,** édition originale d'un ouvrage. ▪ **Médicament princeps,** ou **princeps, n.m.,** médicament de référence d'un groupe de médicaments génériques. ▪ **Observation princeps,** première description scientifique d'un phénomène.

PRINCESSE n.f. **1.** Fille ou femme d'un prince ; fille d'un souverain. **2.** Souveraine d'un pays. ▪ **Aux frais de la princesse** [fam.], aux frais de l'État ou d'une collectivité. ▪ **Faire la princesse** [fam.], prendre de grands airs.

PRINCIER, ÈRE adj. **1.** Relatif au prince : *Famille princière.* **2.** Digne d'un prince ; somptueux : *Réception princière.*

PRINCIÈREMENT adv. D'une façon princière.

1. PRINCIPAL, E, AUX adj. (du lat. *principalis,* originaire). Qui est le plus important : *L'acteur principal d'un film. Entrée principale.* ▪ **Proposition principale,** ou **principale, n.f.** [gramm.], proposition dont les autres dépendent et qui ne dépend d'aucune autre (par oppos. à *subordonnée*). ◆ **n.m. 1.** Ce qu'il y a de plus important ; essentiel : *Le principal, c'est qu'il aille bien.* **2. DR.** Capital d'une dette : *Le principal et les intérêts.* **3. DR.** Montant d'une demande en justice (capital, fruits et intérêts, par oppos. aux accessoires [dépens, par ex.]). **4.** Montant primitif d'un impôt, avant le calcul des centimes ou décimes supplémentaires.

2. PRINCIPAL, E n. (pl. *principaux*). Directeur d'un collège. ◆ **n.m. DR.** Premier clerc d'une étude.

PRINCIPALEMENT adv. Essentiellement.

PRINCIPAT n.m. **HIST. 1.** Dignité de prince. **2.** Régime politique des deux premiers siècles de l'Empire romain, consistant en une monarchie ayant conservé le cadre républicain.

PRINCIPAUTAIRE adj. et n. Relatif à une principauté.

PRINCIPAUTÉ n.f. **1.** État indépendant dont le souverain a le titre de prince : *La principauté de Monaco.* **2.** Terre à laquelle est attaché le titre de prince. ◆ **n.f. pl. RELIG.** ▪ **Les principautés,** dans la tradition juive et chrétienne, premier chœur de la troisième hiérarchie des anges.

PRINCIPE n.m. (du lat. *principium,* commencement). **1.** Cause première ; origine : *Le principe de la pensée humaine.* **2.** Proposition admise comme base d'un raisonnement ; postulat : *Je pars du principe que...* **3.** Loi générale régissant un ensemble de phénomènes et vérifiée par l'exactitude de ses conséquences : *Le principe d'Archimède.* **4.** Règle élémentaire d'une science, d'un art, d'une technique ; rudiments : *Les principes de la programmation.* **5.** Élément constitutif d'une chose ; élément actif : *Fruit riche en principes nutritifs.* ▪ **De principe,** qui porte sur l'essentiel mais demande à être complété et confirmé : *Accord de principe.* ▪ **En principe,** théoriquement. ▪ **Principe actif,** substance ayant un pouvoir thérapeutique, contenue dans un médicament (par oppos. à *excipient*). ▪ **Principe de participation du public,** principe qui reconnaît à chacun le droit d'être informé sur certaines décisions publiques et associé à leur élaboration (en matière d'environnement et d'aménagement du territoire, notamm.). ◆ **n.m. pl.** Ensemble des règles morales régissant la conduite de qqn : *Un homme à principes.*

PRINTANIER, ÈRE adj. Relatif au printemps. ▪ **Amanite printanière,** l'une des trois amanites mortelles d'Europe.

PRINTANISATION n.f. **AGRIC.** Vernalisation.

PRINTEMPS n.m. (du lat. *primum tempus,* premier temps [première saison]). **1.** Saison qui succède à l'hiver et précède l'été et qui, dans l'hémisphère Nord, commence le 20 ou le 21 mars et finit le 21 ou le 22 juin. **2.** Fig. Année d'âge (d'une personne jeune ou, par plais., d'une personne âgée) : *Sénateur de quatre-vingts printemps.* **3.** Litt. Jeune âge ; jeunesse : *Le printemps de la vie.* **4. HIST.** Période pendant laquelle se manifestent, de manière plus ou moins pacifique, des aspirations d'un peuple ou d'une nation à plus de liberté, de démocratie et de justice sociale : *Printemps de Prague. Les printemps arabes.*

PRION n.m. (mot angl.). **BIOL., MÉD.** Particule infectieuse protéique, de nature et de mécanisme d'action mal connus, qui serait l'agent des encéphalopathies spongiformes.

PRIORAT n.m. **CHRIST.** Fonction de prieur ; durée de cette fonction.

A PRIORI loc. adv., loc. adj. inv. et n.m. inv. → **A PRIORI.**

PRIORISER v.t. [3] (angl. *prioritize*). Accorder une importance préférentielle à qqch ou à qqn ; donner la priorité à : *Le gouvernement veut prioriser la lutte contre le chômage.*

PRIORITAIRE adj. et n. Qui a la priorité.

PRIORITAIREMENT adv. En priorité.

PRIORITÉ n.f. (du lat. *prior,* premier). **1.** Fait de venir le premier, de passer avant les autres en raison de son importance : *La baisse du chômage est une priorité.* **2.** Droit, établi par un règlement, de passer avant les autres : *Refuser la priorité à une voiture.* **3.** Fait de précéder dans le temps ; antériorité : *La priorité de la mort du conducteur par rapport à l'accident.* ▪ **En priorité** ou **par priorité,** avant toute chose. ▪ **Priorité de droite** [Belgique], priorité à droite.

PRIS, E adj. **1.** Accaparé par une occupation. **2.** Atteint par une maladie : *Avoir le nez pris.*

PRISE n.f. (de *pris,* p. passé de *prendre*). **1.** Action de prendre, de tenir serré : *Maintenir la prise.* **2.** Action, manière de saisir l'adversaire, dans une lutte, un corps-à-corps : *Prise de catch.* **3.** Ce qui permet de saisir ; aspérité ; saillie : *Le grimpeur ne trouve pas de prise.* **4.** Action de s'emparer de qqch, de qqn : *Prise de pouvoir. Prise d'otages.* **5.** Ce qui est pris : *Prise illégale d'intérêts.* **6.** Action de prélever qqch : *Prise de sang.* **7.** Dispositif servant à capter : *Prise d'eau.* **8.** Action d'absorber qqch : *La prise d'alcool est déconseillée. Dose à répartir en trois prises.* **9.** Pincée de tabac en poudre aspirée par le nez. **10.** Action de prendre une attitude, d'adopter un comportement : *Prise de position.* **11.** Fait de se figer, de se durcir : *Plâtre à prise rapide.* **12.** Bifurcation au moyen de laquelle on détourne une partie de la masse d'un fluide : *Prise d'air.* ▪ **Avoir prise sur,** avoir des moyens d'action sur. ▪ **Donner prise à,** fournir la matière ou l'occasion de s'exercer à : *Donner prise à la critique.* ▪ **Être aux prises avec,** lutter contre ; être tourmenté par. ▪ **Lâcher prise,** cesser de tenir ce que l'on avait en main ; fig., abandonner une tâche, une entreprise. ▪ **Prise à partie,** action d'attaquer qqn. ▪ **Prise de contact** → **CONTACT.** ▪ **Prise (de courant),** dispositif de branchement électrique relié à une ligne d'alimentation. (On dit aussi une *prise électrique.*) ▪ **Prise de possession,** acte par lequel on entre en possession d'un bien, d'une fonction, etc. ▪ **Prise de son,** ensemble des opérations de captation d'un événement sonore. ▪ **Prise de terre** → **TERRE.** ▪ **Prise de vues,** enregistrement des images d'un film. (En photographie, on écrit *prise de vue.*) ▪ **Prise directe** [mécan. industr.], combinaison d'un changement de vitesse dans laquelle l'arbre d'entrée transmet directement le mouvement à l'arbre de sortie ; fig., contact immédiat, étroit : *Être en prise directe avec les quartiers.* ▪ **Prise multiple,** multiprise.

PRISÉ, E adj. Litt. Qui est apprécié et recherché : *Une île très prisée par les vacanciers.*

PRISÉE n.f. **DR.** Estimation du prix d'un objet compris dans un inventaire ou vendu aux enchères.

1. PRISER v.t. [3] (du lat. *pretium*, prix). Litt. Faire cas de ; apprécier.

2. PRISER v.t. [3] (de *prise*). Aspirer par le nez une substance, notamm. du tabac.

PRISEUR, EUSE n. Personne qui prise du tabac.

PRISMATIQUE adj. **1.** Qui a la forme d'un prisme. **2.** Qui contient un ou plusieurs prismes : *Jumelle prismatique.* ▪ **Couleurs prismatiques** [opt.], couleurs du spectre obtenues par dispersion de la lumière blanche à travers un prisme. ▪ **Surface prismatique** [math.], prisme.

PRISME n.m. (gr. *prisma*, de *prizein*, scier). **1.** MATH. Surface constituée de portions de plan (les *faces*) limitées par des droites parallèles (les *arêtes*) et rencontrant un polygone (la *directrice*) ; solide délimité par une telle surface et par deux plans parallèles qui la coupent. ➲ La *base* est la partie de chacun de ces plans délimitée par l'intersection de celui-ci avec la surface. **2.** OPT. Élément optique en matériau transparent qui dévie et décompose les rayons lumineux. ➲ C'est génér. un prisme à base triangulaire. **3.** Fig. Ce qui déforme la réalité : *Le prisme de la jalousie.* ▪ **Prisme droit** [math.], prisme délimité par deux plans perpendiculaires aux arêtes.

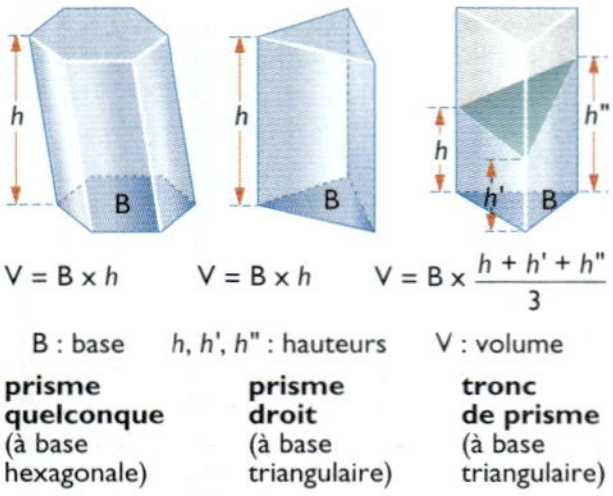

▲**prismes**

PRISON n.f. (du lat. *prehensio*, action de prendre). **1.** Établissement pénitentiaire où sont détenues les personnes condamnées à une peine privative de liberté ou en instance de jugement. **2.** Peine d'emprisonnement : *Dix mois de prison.* **3.** Fig. État de contrainte ou d'isolement : *La drogue est une prison.* ▪ **Prison dorée,** endroit luxueux où l'on se sent privé de liberté.

1. PRISONNIER, ÈRE n. et adj. **1.** Personne maintenue en prison ; détenu. **2.** Personne privée de liberté : *Prisonnier de guerre.* ◆ adj. (DE) Dont la liberté est entravée par (habitude, idée, etc.) ; esclave : *Un peuple prisonnier de son passé.*

2. PRISONNIER n.m. MÉCAN. INDUSTR. Élément fixé dans une pièce de manière à en permettre la liaison avec une autre à travers une partie filetée.

PRIVAT-DOCENT [privadɔsɛ̃t] n.m. (pl. *privat-docents*) [all. *Privatdozent*]. **1.** Professeur libre, dans les universités allemandes ou suisses. **2.** Suisse. Dans une université, enseignant qui, à sa demande et sans rémunération, est autorisé à donner un cours facultatif sur un sujet particulier.

PRIVATIF, IVE adj. **1.** Qui prive : *Peine privative de liberté.* **2.** Dont l'usage est réservé à une personne déterminée ; privé : *Un jardin privatif.* **3.** LING. Qui marque la privation, l'absence, le manque (ex. : le préfixe *a-* dans *amoral*).

PRIVATION n.f. Action de priver, de se priver de qqch ; état de qqn qui est privé de qqch. ◆ n.f. pl. Fait d'être privé des choses nécessaires, notamm. de nourriture : *Réfugiés affaiblis par les privations.*

PRIVATISABLE adj. et n.f. Se dit d'une entreprise du secteur public qui peut être privatisée.

PRIVATISATION n.f. Transfert d'une partie ou de la totalité du capital d'une entreprise publique au secteur privé.

PRIVATISÉE n.f. Société privatisée.

PRIVATISER v.t. [3]. Procéder à la privatisation de.

PRIVATISTE n. Juriste spécialiste de droit privé.

PRIVAUTÉ n.f. (Surtout pl.). Familiarités déplacées qu'un homme se permet avec une femme.

PRIVÉ, E adj. (lat. *privatus*). **1.** Qui est strictement personnel ; intime : *Vie privée.* **2.** Qui n'est pas ouvert à tout public : *Projection privée.* **3.** Qui appartient en propre à un ou à plusieurs individus : *Ces œuvres proviennent de collections privées.* **4.** Qui ne dépend pas directement de l'État (par oppos. à *public*, à *étatique*) : *Enseignement, secteur privé.* ◆ n.m. Fam. Détective. ▪ **Dans le privé,** dans le cadre de la vie personnelle. ▪ **En privé,** à l'écart des autres ; seul à seul. ▪ **Le privé,** le secteur privé : *Le public et le privé.*

PRIVER v.t. [3]. Ôter ou refuser à qqn la possession, la jouissance de qqch : *Ce verdict l'a privé de ses droits civiques. Tu seras privé de ta console.* ◆ **SE PRIVER** v.pr. **1.** S'abstenir de : *Se priver de viande.* **2.** S'imposer des privations : *Se priver pour acheter un logement.*

PRIVILÈGE n.m. (lat. *privilegium*). **1.** Droit, avantage particulier possédé par qqn, et que les autres n'ont pas ; prérogative. **2.** DR. Droit qu'ont certaines créances d'être payées avant les autres.

PRIVILÉGIÉ, E adj. et n. Qui jouit de privilèges : *Les classes privilégiées.*

PRIVILÉGIER v.t. [5]. **1.** Accorder un avantage à qqn ; favoriser. **2.** Attribuer une valeur particulière à qqch : *Les enquêteurs privilégient la thèse de l'accident.*

PRIX n.m. (lat. *pretium*). **1.** Valeur d'un bien, d'un service, exprimée en monnaie ; coût : *Le prix d'un costume.* **2.** Importance attachée à qqch ; ce qu'il en coûte pour obtenir qqch ; valeur : *C'est le prix à payer pour réussir.* **3.** Récompense décernée à qqn : *Elle a obtenu le prix Goncourt ;* œuvre ou personne ainsi récompensée : *Lire le dernier prix Femina. En présence du prix Nobel de la paix.* **4.** Récompense accordée aux élèves les plus méritants dans les diverses disciplines. ▪ **À aucun prix,** en aucun cas. ▪ **À tout prix,** coûte que coûte. ▪ **Grand Prix,** dans certains sports et en hippisme, nom donné à des compétitions que l'on veut distinguer des autres pour leur caractère international, leur renommée ou pour l'importance du titre qu'elles décernent aux vainqueurs : *Le Grand Prix de Monaco de formule 1.* ▪ **Hors de prix,** très cher. ▪ **Mettre la tête de qqn à prix,** promettre une récompense à qui permettra de l'arrêter. ▪ **Mettre qqch à prix,** dans une vente aux enchères, fixer la valeur à partir de laquelle se feront les offres. ▪ **Objet de prix,** de grande valeur. ▪ **Prix garanti,** au-dessous duquel un bien ne peut être payé au producteur, en vertu d'une décision des pouvoirs publics.

PRJEVALSKI [prɛʒvalski] **(CHEVAL DE)** n.m. Petit cheval sauvage d'Asie centrale, à la robe isabelle ou bai clair, avec une raie de mulet.

PRO n. et adj. (abrév.). Fam. Professionnel : *C'est une vraie pro.*

PROACTIF, IVE adj. Se dit d'une personne qui anticipe et prend des initiatives ; se dit de son attitude.

PROBABILISME n.m. **1.** PHILOS. Doctrine selon laquelle l'homme ne peut atteindre à la vérité et doit se contenter d'opinions fondées sur des probabilités. **2.** Système de théologie morale catholique qui autorise à faire reposer sa conduite sur des opinions qui ne sont que probablement vraies ou permises ; laxisme ; casuistique.

PROBABILISTE adj. et n. Relatif au probabilisme ; qui en est partisan. ◆ adj. Se dit d'une théorie qui fait intervenir les probabilités.

PROBABILITÉ n.f. **1.** Caractère de ce qui est probable ; événement probable ; éventualité : *Cela fait partie des probabilités à envisager.* **2.** MATH. Mesure des chances de réalisation d'un événement aléatoire ; spécial., rapport du nombre des résultats favorables à l'événement au nombre des résultats possibles ; application qui à chaque événement associe sa probabilité. ▪ **Calcul des probabilités,** branche des mathématiques née de l'étude des jeux de hasard (Fermat, Pascal), axiomatisée par Kolmogorov, et qui trouve des applications notamm. en statistiques. ▪ **Loi de probabilité d'une variable aléatoire** ***X*****,** couple formé de l'ensemble Ω des valeurs que peut prendre *X* et de l'ensemble des probabilités de chacune de ces valeurs.

PROBABLE adj. (lat. *probabilis*, de *probare*, approuver). Qui a beaucoup de chances de se produire ; vraisemblable : *Victoire probable.*

PROBABLEMENT adv. Vraisemblablement.

PROBANT, E adj. (lat. *probans*). Qui entraîne la conviction ; concluant : *Démonstration probante.*

PROBATION n.f. (du lat. *probatio*, épreuve). **1.** CHRIST. Temps d'épreuve qui précède le noviciat. **2.** DR. Suspension provisoire et conditionnelle de la peine d'un condamné, assortie d'une mise à l'épreuve et de mesures d'assistance et de contrôle.

PROBATIONNAIRE n. DR. Condamné soumis à la probation.

PROBATOIRE adj. Qui permet de vérifier que qqn a bien les capacités requises : *Stage probatoire.*

PROBE adj. (lat. *probus*). Litt. D'une honnêteté scrupuleuse ; intègre.

PROBIOTIQUE n.m. et adj. Bactérie inoffensive pour l'organisme, qui, ingérée sous forme d'aliment ou de médicament, peut améliorer l'équilibre de la flore intestinale.

PROBITÉ n.f. Caractère d'une personne probe ; intégrité.

PROBLÉMATIQUE adj. **1.** Dont l'issue, la réalisation est douteuse ; incertain : *Un succès problématique.* **2.** Qui est difficile à résoudre, à accomplir : *Une mission problématique.* ◆ n.f. Ensemble organisé de questions qu'une science ou une philosophie se pose dans un domaine particulier.

PROBLÉMATIQUEMENT adv. De façon problématique.

PROBLÈME n.m. (gr. *problêma*). **1.** Question à résoudre par des méthodes logiques, rationnelles, dans le domaine scientifique. **2.** Exercice scolaire consistant à trouver les réponses à une question posée à partir de données connues. **3.** Difficulté d'ordre intellectuel : *Le problème du bien et du mal.* **4.** Situation pénible à laquelle on est confronté : *Problèmes de santé.*

PROBOSCIDIEN n.m. (du lat. *proboscis, -idis*, trompe). Mammifère ongulé de grande taille, muni d'une trompe préhensile et d'incisives développées en défenses, tel que les éléphants actuels et les mastodontes, mammouths et dinothériums fossiles. ➲ Les proboscidiens forment un ordre.

PROCARYOTE n.m. et adj. BIOL. Micro-organisme génér. unicellulaire dont la cellule, très petite, est dépourvue d'organites et de noyau (par oppos. à *eucaryote*). ➲ Les bactéries et les archées sont des procaryotes.

PROCÉDÉ n.m. **1.** Méthode pratique pour faire qqch ; technique : *Procédé de fabrication.* **2.** Manière d'agir, de se comporter ; conduite : *Des procédés déloyaux.* **3.** Péjor. Technique artistique utilisée de manière trop systématique. **4.** Rondelle de cuir garnissant le bout des queues de billard.

PROCÉDER v.i. [11], ▲*[11*]* (du lat. *procedere*, sortir). Agir d'une certaine façon : *Procéder par tâtonnement.* ◆ v.t. ind. **1.** (À). Accomplir une tâche dans ses différentes phases : *Procéder à des essais.* **2.** (DE). Litt. Découler, résulter de : *Ce malentendu procède de leur différence d'âge.*

PROCÉDURAL, E, AUX adj. DR. Qui concerne la procédure.

PROCÉDURE n.f. (de *procéder*). **1.** Manière de procéder ; marche à suivre pour obtenir un résultat. **2.** DR. Ensemble des règles et des formes qu'il convient d'observer pour introduire une action en justice, rendre une décision et la faire exécuter ; ensemble des règles à suivre pour l'établissement de certains droits ou pour certaines situations juridiques.

PROCÉDURIER, ÈRE adj. et n. Péjor. Qui aime intenter des procès.

PROCELLARIIFORME n.m. (du lat. *procella*, orage). Oiseau voilier de haute mer, aux ailes très longues, au bec surmonté par deux narines tubulaires, tel que l'albatros, le pétrel, le puffin. ➲ Les procellariiformes constituent un ordre.

PROCÈS n.m. (du lat. *processus*, progrès). **1.** Instance en justice. **2.** LING. Ce que le verbe exprime du sujet (action, état, etc.). **3.** ANAT. Prolongement de certains organes. ▪ **Faire le procès de qqn, qqch,** les critiquer et les condamner. ▪ **Procès d'intention,** accusation fondée non pas sur ce que qqn a fait ou dit, mais sur les intentions qu'on lui prête. ▪ **Sans autre forme de procès,** sans respecter les formes.

PROCESSEUR n.m. Organe d'un ordinateur qui assure l'interprétation et l'exécution des instructions ; ensemble de programmes permettant d'exécuter sur un ordinateur des programmes écrits dans un langage donné.

PROCESSIF, IVE adj. Vx. Procédurier.

PROCESSION n.f. (du lat. *processio*, action de s'avancer). **1.** Cérémonie de caractère religieux consistant en un cortège solennel, accompagné de chants et de prières. **2.** Fig. Longue suite de personnes, de véhicules ; cortège ; défilé.

PROCESSIONNAIRE n.f. et adj. Papillon nocturne au corps velu, dont les chenilles dites *processionnaires*, très nuisibles, se déplacent en longues files indiennes. ➲ Famille des notodontidés.

PROCESSUS [-sesys] **n.m.** (mot lat. « progression »). **1.** Enchaînement de phénomènes aboutissant à un résultat déterminé ; développement : *Le processus de fermentation.* **2.** Suite continue d'opérations constituant la manière de fabriquer qqch ; procédé : *Un processus de fabrication.*

PROCÈS-VERBAL n.m. (pl. *procès-verbaux*). **1.** Acte établi par un magistrat, un officier ou un agent de police administrative ou judiciaire, ou par un officier public, qui rend compte de ce qu'il a fait, entendu ou constaté dans l'exercice de ses fonctions. Abrév. (fam.) **P-V. 2.** Compte rendu écrit des débats et des travaux d'une réunion, d'une assemblée, etc.

PROCHAIN, E adj. (lat. pop. *propeanus*, de *prope*, près de). **1.** Qui suit immédiatement ; suivant : *Lundi prochain. Le prochain carrefour.* **2.** Qui va survenir, arriver : *La prochaine réunion.* ◆ **n.f.** Fam. ▪ **À la prochaine,** à bientôt. ▪ **La prochaine,** la station (de métro, bus) suivante : *Je descends à la prochaine.* ◆ **n.m.** Tout être humain considéré dans les relations morales que l'on a avec lui ; semblable.

PROCHAINEMENT adv. Dans peu de temps ; bientôt.

1. PROCHE adj. (de *prochain*). **1.** Qui n'est pas éloigné, dans l'espace ou dans le temps : *Un revendeur proche de chez vous. Noël est proche.* **2.** Avec qui l'on a d'étroites relations ; intime : *Des amis très proches. Ses proches parents.* **3.** Peu différent ; approchant : *Températures proches de la normale.*

2. PROCHE n. 1. Proche parent ; ami intime. **2.** Personne qui a d'étroites relations avec d'autres : *Un proche du pouvoir.* ◆ **n.m.** ▪ **De proche en proche,** progressivement ; par degrés.

PROCHE-ORIENTAL, E, AUX adj. Relatif au Proche-Orient.

PROCIDENCE n.f. (du lat. *procidentia*, chute). **MÉD.** Descente pathologique du cordon ombilical ou d'un membre du fœtus avant la tête, lors de l'accouchement.

PROCLAMATION n.f. 1. Action de proclamer ; annonce. **2.** Ce qui est proclamé ; manifeste.

PROCLAMER v.t. [3] (lat. *proclamare*). **1.** Révéler publiquement et solennellement ; clamer : *Proclamer son innocence.* **2.** Faire connaître officiellement ; annoncer : *Proclamer l'état d'urgence.*

PROCLITIQUE n.m. et adj. LING. Mot privé d'accent tonique, qui fait corps avec le mot suivant. ➲ En français, l'article est proclitique.

PROCLIVE adj. (du lat. *proclivis*, qui penche). **ANAT.** Qui est incliné vers l'avant : *Incisives proclives.*

1. PROCONSUL n.m. (mot lat.). **ANTIQ. ROM.** Ancien consul reconduit dans ses pouvoirs pour gouverner une province ou mener à son terme une campagne militaire.

2. PROCONSUL n.m. PALÉONT. Grand primate africain fossile de la fin du miocène, proche du chimpanzé. ➲ Groupe des dryopithèques.

PROCONSULAIRE adj. ANTIQ. ROM. Relatif à un proconsul.

PROCONSULAT n.m. ANTIQ. ROM. Dignité, fonction de proconsul ; durée de cette fonction.

PROCORDÉ n.m. ZOOL. Vx. Animal marin proche des vertébrés primitifs.

PROCRASTINATEUR, TRICE n. Personne atteinte de procrastination.

PROCRASTINATION n.f. (lat. *procrastinatio*). Tendance à ajourner, à remettre systématiquement au lendemain.

PROCRASTINER v.i. [3]. Remettre systématiquement au lendemain : *Demain, promis, j'arrête de procrastiner !*

PROCRÉATEUR, TRICE adj. et n. Litt. Qui procrée.

PROCRÉATION n.f. Action de procréer ; reproduction. ▪ **Procréation médicalement assistée** (PMA), ensemble de procédés qui permettent la fusion d'un ovule et d'un spermatozoïde humains sans relations sexuelles, par une intervention médicale (insémination artificielle ou fécondation in vitro avec transfert de l'embryon dans l'utérus maternel).

PROCRÉATIQUE n.f. BIOL. Domaine d'étude relatif aux techniques de procréation artificielle.

PROCRÉER v.t. [8] (lat. *procreare*). Litt. Donner la vie, en parlant de la femme et de l'homme ; engendrer.

PROCTALGIE n.f. (du gr. *prôktos*, anus, et *algos*, douleur). **MÉD.** Douleur anale.

PROCTITE n.f. MÉD. Rectite.

PROCTOLOGIE n.f. (du gr. *prôktos*, anus). Discipline médicale qui traite des maladies de l'anus et du rectum.

PROCTOLOGUE n. Spécialiste de proctologie.

PROCURATEUR n.m. (du lat. *procurator*, mandataire). **1. ANTIQ. ROM.** Fonctionnaire de l'ordre équestre placé par l'empereur à la tête d'un service important ou d'une province impériale. **2. HIST.** Haut magistrat des républiques de Venise et de Gênes.

PROCURATION n.f. (lat. *procuratio*). Pouvoir qu'une personne donne à une autre d'agir en son nom ; acte authentique conférant ce pouvoir. ▪ **Par procuration,** en vertu d'une procuration ; fig., à travers l'existence, les actions d'une autre personne : *Vivre par procuration.*

PROCURE n.f. Office de procureur dans une communauté religieuse ; ensemble de ses bureaux.

PROCURER v.t. [3] (lat. *procurare*). **1.** Faire obtenir ; mettre à la disposition de ; fournir : *Elle nous a procuré des vêtements de rechange.* **2.** Être la cause, l'occasion de ; apporter : *Ce comprimé m'a procuré du soulagement.* ◆ **SE PROCURER v.pr.** Faire en sorte d'obtenir, d'acquérir qqch.

1. PROCUREUR, E n. Au Canada, avocat ou toute autre personne chargée de représenter qqn en justice par procuration et d'agir en son nom. ▪ **Délégué du procureur de la République,** en France, auxiliaire du procureur chargé de mettre en œuvre des solutions de remplacement aux poursuites pénales (médiation, composition). ▪ **Procureur (de la Couronne),** au Canada, avocat au service du gouvernement chargé d'agir comme substitut du procureur général. ▪ **Procureur de la République,** magistrat qui exerce en France les fonctions du ministère public auprès du tribunal de grande instance. ▪ **Procureur général,** magistrat qui exerce en France les fonctions du ministère public auprès de la Cour de cassation, de la Cour des comptes et des cours d'appel ; au Canada, ministre chargé de représenter le gouvernement devant les tribunaux.

✎ En France, au fém., on rencontre aussi ***une procureur.***

2. PROCUREUR n.m. Religieux chargé des intérêts temporels d'une communauté.

PROCYONIDÉ n.m. Mammifère carnivore d'Amérique, de petite taille, tel que le raton laveur et le coati. ➲ Les procyonidés forment une famille.

PRODIGALITÉ n.f. 1. Qualité d'une personne prodigue ; générosité. **2.** (Surtout pl.). Dépense excessive ; libéralité : *Chacun a profité de ses prodigalités.*

PRODIGE n.m. (lat. *prodigium*). **1.** Fait, événement qui semble magique ou surnaturel. **2.** Ce qui surprend, émerveille : *Les prodiges de la science.* **3.** Personne d'un talent ou d'une intelligence remarquables : *Les petits prodiges de l'informatique.* ▪ **Tenir du prodige,** être prodigieux. ◆ **adj.** ▪ **Enfant prodige,** enfant exceptionnellement précoce et doué.

PRODIGIEUSEMENT adv. De façon prodigieuse ; au plus haut point.

PRODIGIEUX, EUSE adj. Qui surprend par ses qualités et semble tenir du miracle.

PRODIGUE adj. et n. (lat. *prodigus*). Litt. Qui dépense sans mesure. ▪ **Enfant, fils prodigue** [litt.], qui revient au domicile paternel après avoir dissipé son bien (par allusion à la parabole de l'Enfant* prodigue, dans la Bible). ◆ **adj. (DE).** Litt. Qui donne sans compter ; généreux : *Être prodigue de son temps.*

PRODIGUER v.t. [3]. Litt. **1.** Dépenser sans compter ; gaspiller. **2.** Donner généreusement ; distribuer : *Prodiguer des soins aux sans-abri.*

PRO DOMO loc. adj. inv. (mots lat. « pour sa maison »). Se dit du plaidoyer d'une personne qui se fait l'avocat de sa propre cause.

PRODROME n.m. (du lat. *prodromus*, précurseur). **1. MÉD.** Symptôme de début d'une maladie. **2.** Litt. Fait qui présage un événement ; signe avant-coureur : *Les prodromes d'un krach.*

PRODROMIQUE adj. MÉD. Relatif aux prodromes.

PRODUCTEUR, TRICE n. et adj. 1. Personne, pays, activité qui produisent des biens, des services (par oppos. à consommateur). **2.** Personne ou entreprise qui rassemble les moyens financiers, le personnel et tous les éléments nécessaires à la réalisation d'un film, d'un spectacle, d'un disque. **3. AUDIOVIS.** Personne qui conçoit une émission et éventuellement la réalise. ▪ **Producteur primaire** [écol.], organisme autotrophe constituant le premier maillon d'une chaîne alimentaire.

PRODUCTIBILITÉ n.f. Quantité maximale d'énergie électrique que pourrait fournir un aménagement hydraulique dans les conditions les plus favorables.

PRODUCTIBLE adj. Qui peut être produit.

PRODUCTIF, IVE adj. 1. Qui produit, fournit qqch ; fécond : *Une terre très productive.* **2.** Qui rapporte de l'argent ; rentable : *Des placements productifs.*

PRODUCTION n.f. 1. Action de produire, de faire exister : *La production d'une image numérique* ; fait de se produire, de se former : *La production de gaz à effet de serre.* **2.** Action de produire ou d'assurer les conditions de création des richesses économiques (biens, services, etc.) : *La production de chaussures* ; stade de l'économie où l'on produit. **3.** Bien ainsi produit : *Valoriser la production locale* ; quantité produite : *Baisse de la production.* **4.** Activité de producteur ; branche de l'industrie cinématographique, du spectacle relative à cette activité. **5.** Film, spectacle envisagé en tant que résultat de l'activité du producteur : *Une production franco-italienne.* **6.** Action de montrer à l'appui de ses dires : *La production d'une quittance de loyer.* **7.** Ensemble des techniques relatives à l'exploitation d'un gisement de pétrole. ▪ **Bien de production** [écon.], bien utilisé dans le processus de production (notamm. les biens d'équipement). ▪ **Mode de production,** selon les marxistes, ensemble constitué par les forces productives et les rapports sociaux de production. ▪ **Rapports de production,** relations que les hommes entretiennent entre eux dans un mode de production donné.

PRODUCTIQUE n.f. (de *production* et *informatique*). Ensemble des techniques informatiques et automatiques visant à accroître la productivité ; automatisation intégrée des industries manufacturières.

PRODUCTIVISME n.m. ÉCON. Tendance à rechercher systématiquement l'amélioration ou l'accroissement de la productivité.

PRODUCTIVISTE adj. Relatif au productivisme ; qui en est partisan.

PRODUCTIVITÉ n.f. 1. Fait d'être productif. **2. ÉCON.** Rapport mesurable entre une quantité produite (de biens, par ex.) et les moyens humains et matériels mis en œuvre pour y parvenir. **3. ÉCOL.** Quantité de biomasse que peuvent fournir une surface ou un volume donnés d'un milieu naturel par unité de temps.

PRODUIRE v.t. [78] (lat. *producere*). **1.** Assurer la production de richesses économiques, de biens, de services : *Produire des téléviseurs.* **2.** Procurer comme profit ; rapporter : *Produire des intérêts.* **3.** Donner naissance à ; concevoir : *Ce peintre a produit des chefs-d'œuvre.* **4.** Former naturellement ; donner : *Ce pommier produit d'excellents fruits.* **5.** Financer un film, un spectacle, une émission, etc., et assurer les moyens de sa réalisation. **6.** Faire naître ; provoquer : *Cette révélation a produit une onde de choc.* **7.** Présenter à l'appui de ses dires : *Produire des témoins.* ◆ **SE PRODUIRE v.pr. 1.** Avoir lieu ; survenir : *Une explosion s'est produite.* **2.** Jouer devant un public : *Il se produira à Paris l'hiver prochain.*

PRODUIT n.m. **1.** Ce qui naît d'une activité quelconque de la nature ; fruit : *Les produits de la mer.* **2.** Ce qui résulte d'une activité : *Produit industriel.* **3.** Chacun des articles, objets, biens, services proposés sur le marché par une entreprise : *Catalogue de nos produits.* **4.** Ensemble de sommes obtenues ; recette : *Le produit de l'épargne, d'une levée de fonds.* **5.** Personne, chose considérée comme fabriquée par un milieu, une situation : *Cette chanteuse, cette émission est un pur produit du matraquage médiatique.* **6.** Substance que l'on utilise pour l'entretien, les soins ou un usage particulier. **7.** MATH. Nom donné à certaines opérations, en géométrie vectorielle, et à leur résultat : *Produit scalaire, vectoriel.* **8.** Espèce produite lors d'une réaction chimique. ▪ **Produit de deux ensembles** [math.], produit cartésien* de ces ensembles. ▪ **Produit de deux nombres, de deux fonctions, d'un vecteur par un nombre** [math.], résultat de la multiplication de l'un par l'autre. ➲ Le produit de *a* et de *b* se note $a \cdot b$ ou *ab*. ▪ **Produit financier,** recette dégagée par des activités financières (intérêts, agios, etc.). ▪ **Produit intérieur brut (PIB),** somme des valeurs ajoutées (biens et services) réalisées annuellement sur le territoire national par les entreprises d'un pays, quelle que soit leur nationalité. ▪ **Produit logique,** conjonction. ▪ **Produit logique de deux relations,** intersection. ▪ **Produit national brut (PNB),** somme totale du PIB et du solde des revenus des facteurs de production transférés par l'étranger ou à l'étranger, souvent retenue pour caractériser la puissance économique d'un pays. ▪ **Produits blancs,** appareils électroménagers (réfrigérateur, machine à laver, etc.). ▪ **Produits bruns,** matériel audiovisuel (chaîne HI-FI, téléviseur, etc.).

PROÉMINENCE n.f. Caractère de ce qui est proéminent ; partie proéminente ; saillie.

PROÉMINENT, E adj. (lat. *proeminens*). En relief par rapport à ce qui est autour ; saillant : *Un nez proéminent.*

PROENZYME n.f. BIOCHIM. Substance protéinique inactive, donnant naissance, sous l'influence d'un agent activateur (ion hydrogène ou métallique), à une enzyme active.

PROF n. (abrév.). Fam. Professeur.

PROFANATEUR, TRICE adj. et n. Qui profane.

PROFANATION n.f. Action de profaner : *La profanation d'une cimetière.*

1. PROFANE adj. (du lat. *profanus*, hors du temple). Qui ne fait pas partie des choses sacrées, de la religion. ◆ n.m. Ensemble des choses profanes : *Le profane et le sacré.*

2. PROFANE n. et adj. **1.** Personne étrangère à une religion. **2.** Personne qui ignore les usages, les règles d'une activité ; incompétent : *Je suis profane en matière de bande dessinée.*

PROFANER v.t. [3]. **1.** Violer le caractère sacré de : *Profaner une chapelle.* **2.** Dégrader par un mauvais usage ; déshonorer : *Profaner son talent au service d'une mauvaise cause.*

PROFÉRER v.t. [11], ▲*[11*]* (du lat. *proferre*, porter en avant). Prononcer à haute voix ; lancer : *Proférer des menaces.*

PROFÈS, ESSE [prɔfɛ, ɛs] n. (du lat. *professus*, qui déclare). Religieux qui a prononcé ses vœux.

PROFESSER v.t. [3] (du lat. *profiteri*, déclarer). **1.** Déclarer ouvertement ; afficher : *Professer son mépris de l'argent.* **2.** Vieilli. Enseigner.

PROFESSEUR, E n. (lat. *professor*). **1.** Personne qui enseigne une matière, une discipline : *Professeur de chinois, de ski, de saxo.* **2.** Membre de l'enseignement : *Professeur de collège, de lycée, d'université.* Abrév. (fam.) **prof.** (En abrégé, P^{r}.) ▪ **Professeur des écoles,** enseignant du premier degré (de la maternelle au primaire).

✎ Au fém., on rencontre aussi ***une professeur.***

PROFESSION n.f. (du lat. *professio*, déclaration). **1.** Activité régulière exercée pour gagner sa vie ; métier. **2.** Ensemble des personnes qui exercent le même métier ; réunion de leurs intérêts communs : *La profession est unanime.* **3.** CHRIST. Acte par lequel un religieux prononce ses vœux, après le noviciat. ▪ **De profession,** de métier ; fig., qui est habituellement tel : *Un menteur de profession.* ▪ **Profession de foi** [cath.], engagement dans la foi d'un enfant baptisé puis catéchisé, marqué par une cérémonie appelée autref. *communion solennelle* ; affirmation faite publiquement par qqn concernant ses opinions, ses intentions : *La profession de foi d'un candidat.*

PROFESSIONNALISANT, E adj. Se dit d'un enseignement qui permet d'acquérir des compétences et un savoir-faire professionnels.

PROFESSIONNALISATION n.f. **1.** Caractère d'une activité dont l'exercice tend à ne plus être confié qu'à des professionnels : *La professionnalisation du sport.* **2.** Caractère d'une activité que l'on pourvoit d'une finalité professionnelle. **3.** Fait pour une personne de se professionnaliser.

PROFESSIONNALISER v.t. [3]. **1.** Donner à une activité le caractère, le statut d'une profession : *Professionnaliser l'aide à domicile.* **2.** Rendre qqn professionnel. ◆ **SE PROFESSIONNALISER** v.pr. Prendre un caractère professionnel ; devenir professionnel.

PROFESSIONNALISME n.m. **1.** Fait, pour une personne, d'exercer une activité à titre professionnel. **2.** Qualité de qqn qui exerce une profession avec une grande compétence.

1. PROFESSIONNEL, ELLE adj. **1.** Relatif, propre à une profession : *Maladie professionnelle.* **2.** Se dit d'un sport pratiqué comme une profession ou d'une épreuve opposant des sportifs professionnels : *Le tennis professionnel.* ▪ **Enseignement professionnel,** enseignement du second degré, dispensé en lycée professionnel et préparant à l'exercice de métiers de l'industrie et des services.

2. PROFESSIONNEL, ELLE n. et adj. **1.** Personne qui exerce régulièrement une profession, un métier (par oppos. à *amateur*) : *Une professionnelle de la santé.* Abrév. (fam.) **pro. 2.** Sportif de profession, rétribué pour la pratique d'un sport (par oppos. à *amateur*). Abrév. (fam.) **pro. 3.** Personne qui a une expérience particulière dans un métier, une activité ; spécialiste : *Du travail de professionnel.*

PROFESSIONNELLEMENT adv. À titre professionnel ; en professionnel.

PROFESSORAL, E, AUX adj. **1.** Relatif aux professeurs : *Le corps professoral.* **2.** Qui affecte une gravité pédante.

PROFESSORAT n.m. Fonction de professeur.

PROFIL n.m. (ital. *profilo*). **1.** Contour d'un visage vu de côté. **2.** Aspect, contour général extérieur de qqch vu de côté ; ligne : *Profil d'un voilier.* **3.** Fig. Ensemble des caractéristiques professionnelles, psychologiques de qqn : *Elle a le profil idéal pour ce poste.* **4.** INFORM. Page Web, contenant des renseignements personnels (CV, goûts, photos, etc.), qu'un internaute crée pour devenir membre d'un réseau social. **5.** Fig. Configuration générale d'une situation à un moment donné : *Le profil de la production en mai.* **6.** Section d'un objet par un plan perpendiculaire à une direction donnée. ▪ **De profil,** vu de côté (par oppos. à *de face*). ▪ **Faire profil bas,** adopter une attitude de modération dans ses paroles, ses actes. ▪ **Profil d'équilibre, longitudinal, transversal** [hydrol.], profil longitudinal idéal d'une rivière dont le débit ne s'appauvrit pas vers l'aval ; courbe représentant sur un plan vertical le tracé d'un cours d'eau entre la source et l'embouchure ; coupe du lit d'un cours d'eau perpendiculaire à l'écoulement. ▪ **Profil perdu** ou **fuyant** [bx-arts], vu de trois quarts arrière. ▪ **Profil psychologique,** représentation obtenue en notant les résultats des divers tests passés par un même sujet.

1. PROFILAGE n.m. MÉCAN. INDUSTR. Opération par laquelle on donne un profil déterminé à une pièce, à une carrosserie, etc. ; ce profil.

2. PROFILAGE n.m. **1.** En criminologie, établissement du profil psychologique d'un tueur en série, en fonction des indices recueillis par les services d'enquête. **2.** Méthode de marketing consistant à collecter, à l'aide de logiciels dédiés, des informations personnelles sur les visiteurs des sites Web, éventuellement à leur insu.

PROFILÉ, E adj. Auquel on a donné un profil précis : *Acier profilé.* ◆ n.m. Produit métallurgique de grande longueur, de section constante et de forme déterminée.

1. PROFILER v.t. [3]. **1.** Représenter en profil : *Profiler un édifice.* **2.** Donner un profil déterminé, spécial. à des moulures de menuiserie. ◆ **SE PROFILER** v.pr. **1.** Se détacher de profil, en silhouette : *La tour se profile à l'horizon.* **2.** Fig. Apparaître à l'état d'ébauche ; s'esquisser : *Un compromis se profile.*

2. PROFILER v.t. [3]. En criminologie, établir le profil psychologique d'un individu recherché.

PROFILEUR, EUSE n. Criminologue spécialisé dans le profilage.

PROFILOGRAPHE n.m. TRAV. PUBL. Appareil permettant d'obtenir le dessin, à échelle réduite, des irrégularités du profil d'une chaussée.

PROFIT n.m. (du lat. *profectus*, progrès). **1.** Avantage matériel ou moral que l'on retire de qqch : *Tirer profit d'une expérience.* **2.** ÉCON. Gain réalisé sur une opération ou dans l'exercice d'une activité ; bénéfice. ▪ **Au profit de,** au bénéfice de. ▪ **Faire du profit** [fam., vieilli], être économique, avantageux : *Ces chaussures m'ont fait du profit.* ▪ **Faire son profit** ou **tirer profit de qqch,** en retirer un bénéfice, un avantage. ▪ **Mettre à profit,** employer utilement. ▪ **Profit net** [écon.], différence entre le total des gains réalisés *(profit brut)* et le total des sommes décaissées pour la réalisation de l'opération ou de l'exercice de l'activité.

PROFITABILITÉ n.f. Comparaison entre la rentabilité d'un capital investi dans une entreprise et la rentabilité d'un placement financier.

PROFITABLE adj. Qui procure un avantage ; bénéfique.

PROFITER v.t. ind. [3]. **1.** (DE). Tirer un avantage matériel ou moral de : *Profiter des circonstances.* **2.** (A). Procurer un avantage à ; servir : *Sa connaissance du japonais lui a profité.* ◆ v.i. Fam. ou région. Grandir : *Cet enfant profite bien.*

PROFITEROLE n.f. (de *profiter*). Petit chou fourré de glace ou de crème pâtissière, arrosé d'une sauce au chocolat chaude.

PROFITEUR, EUSE n. Personne qui tire profit de toute chose, souvent aux dépens d'autrui.

PROFOND, E adj. (lat. *profundus*). **1.** Dont le fond est éloigné de la surface, du bord : *Puits, placard profond.* **2.** Qui est situé loin de la surface, du bord : *Les couches profondes de la Terre.* **3.** Qui pénètre loin, à une grande distance : *Une blessure profonde.* **4.** Qui évoque l'idée d'épaisseur ; sombre : *Un bleu profond.* **5.** Qui semble venir du fond du corps : *La respiration profonde d'un dormeur.* **6.** Se dit de ce qui est fondamental et joue un rôle essentiel ; intime : *Les raisons profondes de son choix.* **7.** Qui relève de la mentalité d'un pays, des tendances d'un peuple telles qu'elles s'expriment et résistent à l'écart des grands centres urbains : *La France profonde.* **8.** Qui est d'une grande pénétration ; pénétrant : *Un esprit profond.* **9.** Qui est, qui existe à un degré élevé ; intense : *Un profond mépris.* ◆ adv. À une grande profondeur : *Labourer profond.* ◆ n.m. ▪ **Le plus profond de qqch,** la partie la plus profonde, la plus intime : *Chercher au plus profond de soi.*

PROFONDÉMENT adv. **1.** À une grande profondeur. **2.** À un très haut degré : *Être profondément choqué.*

PROFONDEUR n.f. **1.** Caractère de ce qui est profond : *La profondeur d'une crevasse.* **2.** Dimension de certaines choses, mesurée de l'entrée, de l'orifice à l'extrémité opposée : *La profondeur d'un placard.* **3.** Distance du fond à la surface, à l'ouverture : *Un cratère de dix mètres de profondeur.* **4.** Caractère d'un esprit pénétrant, d'une pensée riche : *Une philosophe, une œuvre d'une rare profondeur.* **5.** Caractère de ce qui se manifeste avec intensité : *La profondeur d'un chagrin.* ◆ n.f. pl. **1.** Endroits situés loin de la surface, du bord : *Profondeurs sous-marines, d'une forêt.* **2.** Parties secrètes, intimes ; tréfonds.

PRO FORMA loc. adj. inv. (mots lat. « pour la forme »). ▪ **Facture pro forma** → **2. FACTURE.**

PROFUS, E adj. Litt. Abondant.

PROFUSION n.f. (lat. *profusio*). Grande abondance : *Une profusion de détails.* ▪ **À profusion,** abondamment.

PROGÉNITURE n.f. (du lat. *genitura*, génération). Litt. ou par plais. L'ensemble des enfants, par rapport aux parents ; descendance.

PROGÉNOTE n.m. **BIOL.** Cellule primitive hypothétique, apparue il y a plus de 3,5 milliards d'années, d'où seraient issues les cellules procaryotes et eucaryotes.

PROGERIA [-ʒerja] ou **PROGÉRIA** n.f. (du gr. *gerôn*, vieillard). Maladie génétique rare caractérisée par un vieillissement accéléré qui débute dès la naissance, avec nanisme, absence de cheveux, peau ridée et lésions cardio-vasculaires responsables d'un décès précoce.

PROGESTATIF, IVE adj. et n.m. (du lat. *progestare*, porter en avant). **MÉD.** Se dit de la progestérone et des substances naturelles ou médicamenteuses apparentées.

PROGESTÉRONE n.f. **BIOCHIM.** Hormone stéroïde sécrétée surtout par le corps jaune de l'ovaire pendant la deuxième partie du cycle menstruel, et préparant l'utérus à une éventuelle grossesse.

PROGICIEL n.m. (de *produit* et *logiciel*). **INFORM.** Ensemble de programmes accompagné d'une documentation, conçu pour permettre aux utilisateurs de réaliser des traitements informatiques standards.

PROGLOTTIS [-tis] n.m. (du gr. *pro*, devant, et *glôttis*, languette). **ZOOL.** Chacun des anneaux d'un ver cestode (ténia, par ex.).

PROGNATHE [-gnat] adj. et n. (du gr. *gnathos*, mâchoire). Caractérisé par le prognathisme.

PROGNATHISME [-gna-] n.m. **ANTHROP.** Saillie en avant des os maxillaires.

PROGRAMMABLE adj. Que l'on peut programmer.

1. PROGRAMMATEUR, TRICE n. Personne qui établit un programme de cinéma, de radio, etc.

2. PROGRAMMATEUR n.m. **1.** Dispositif dont les signaux de sortie commandent l'exécution d'une suite d'opérations correspondant à un programme. **2.** Dispositif intégré à certains appareils ménagers, qui commande automatiquement l'exécution des opérations à effectuer.

PROGRAMMATION n.f. **1.** Action de programmer. **2.** Établissement d'un programme. ▪ **Programmation sociale** [Belgique], prime de fin d'année, dans le secteur public.

PROGRAMMATIQUE adj. Relatif à un programme ; qui constitue un programme : *Discours programmatique.*

PROGRAMME n.m. (du gr. *programma*, affiche). **1. ENSEIGN.** Énoncé des thèmes d'une discipline dont l'étude est prévue dans une classe ou sur lesquels doit porter un examen. **2.** Livret détaillant un spectacle, le sujet de l'œuvre, le nom des interprètes, etc. **3.** Liste, génér. commentée, des émissions de radio et de télévision diffusées pendant une période donnée. **4.** Exposé des intentions, des projets d'une personne, d'un groupe, notamm. en politique. **5. ARCHIT.** Énoncé des fonctions et des caractéristiques auxquelles devra répondre un édifice projeté. **6. INFORM.** Séquence d'instructions et de données enregistrée sur un support et susceptible d'être traitée par un ordinateur. ▪ **(C'est) tout un programme,** cela laisse présager une suite intéressante. ▪ **Industries de programmes,** ensemble des activités relatives à la production de programmes audiovisuels.

PROGRAMMÉ, E adj. **INFORM.** Inscrit dans un programme ; commandé par un programme. ▪ **Enseignement programmé,** dans lequel la matière enseignée est divisée en éléments courts, facilement assimilables, dont l'apprenant détermine lui-même le rythme et l'ordre d'acquisition.

PROGRAMMER v.t. [3]. **1.** Établir à l'avance les phases d'un projet ; planifier : *Programmer ses vacances.* **2.** Inscrire une œuvre, une émission au programme d'un cinéma, d'une chaîne de radio, etc. **3. INFORM.** Fournir à un ordinateur les données et les instructions concernant un problème à résoudre, une tâche à exécuter, etc.

PROGRAMMEUR, EUSE n. Spécialiste chargé de la mise au point de programmes d'ordinateur.

PROGRÈS n.m. (du lat. *progressus*, marche en avant). **1.** Développement des connaissances, des capacités de qqn ; amélioration : *Elle a fait des progrès en math.* **2.** Changement graduel par amélioration ou aggravation ; extension : *Les progrès d'une épidémie* ; avancée : *La négociation fait des progrès notables.* **3.** Développement de la civilisation : *Ne pas se laisser déborder par le progrès.*

PROGRESSER v.i. [3]. **1.** Être animé d'un mouvement de progression ; avancer : *Les secouristes progressent.* **2.** Faire des progrès ; s'améliorer : *Ces enfants progressent.*

PROGRESSIF, IVE adj. Qui évolue par degrés ; graduel. ▪ **Forme progressive,** ou **progressif,** n.m., en grammaire anglaise traditionnelle, forme verbale indiquant qu'une action est en train de s'accomplir. (Ex. : *I am swimming*, je suis en train de nager, je nage.) ▪ **Impôt progressif,** dont le taux s'élève en même temps que le montant de la matière imposable. ▪ **Onde progressive,** onde qui se propage (par oppos. à *onde stationnaire*). ▪ **Verres progressifs,** verres de lunettes permettant, dans le cas d'une amétropie associée à une presbytie, de modifier graduellement la vision de haut en bas.

PROGRESSION n.f. (du lat. *progressio*, progrès). **1.** Action de progresser, d'aller de l'avant : *La progression d'un groupe de randonneurs.* **2.** Développement régulier ; progrès : *La progression d'une enquête.* ▪ **Nombres en progression arithmétique, géométrique** [math., vieilli], termes consécutifs d'une suite arithmétique, géométrique. ▪ **Progression arithmétique, géométrique** [vieilli], suite arithmétique, géométrique.

PROGRESSISME n.m. Doctrine progressiste.

PROGRESSISTE adj. et n. Qui a des idées politiques, sociales avancées.

PROGRESSIVEMENT adv. De façon progressive ; graduellement.

PROGRESSIVITÉ n.f. Caractère de ce qui est progressif : *La progressivité d'un impôt.*

PROHIBÉ, E adj. **DR.** Interdit par la loi. ▪ **Temps prohibé,** pendant lequel certains actes sont interdits par la loi : *Chasse en temps prohibé.*

PROHIBER v.t. [3] (du lat. *prohibere*, empêcher). Interdire légalement : *Prohiber la contrefaçon.*

PROHIBITIF, IVE adj. **1.** Relatif à une interdiction légale. **2.** D'un prix si élevé qu'il interdit l'achat ; inabordable : *Tarifs prohibitifs.*

PROHIBITION n.f. (lat. *prohibitio*). **1.** Interdiction légale. **2.** Interdiction de fabriquer et de vendre des boissons alcooliques aux États-Unis, entre 1919 et 1933.

PROHIBITIONNISTE adj. et n. Favorable à la prohibition de certains produits, notamm. de l'alcool.

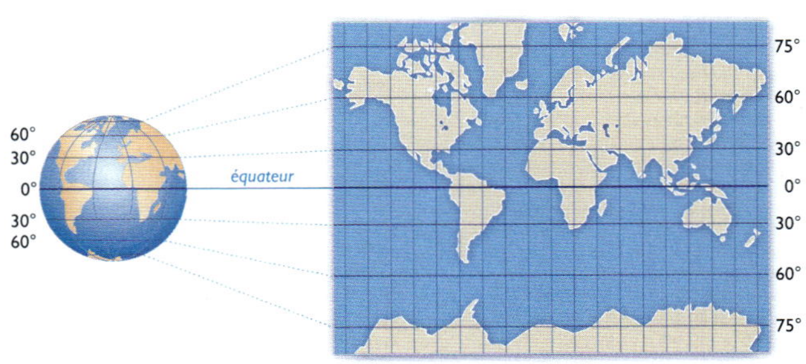

▲ **projection** cartographique : principe du système de projection de Mercator.

PROIE n.f. (lat. *praeda*). **1.** Être vivant capturé et dévoré par un animal (le *prédateur*). **2.** Fig. Personne que l'on peut duper facilement ; victime : *Voilà une proie toute désignée pour les escrocs* ; ce dont on s'empare avec rapacité ou par la violence : *Cette petite entreprise est une proie facile pour les raiders.* ▪ **Être en proie à,** être tourmenté par. ▪ **Être la proie de,** être ravagé par : *Être la proie des flammes.* ▪ **Oiseau de proie,** rapace.

PROJECTEUR n.m. (de *projection*). **1.** Appareil qui renvoie au loin la lumière d'un foyer en un ou plusieurs faisceaux d'une grande intensité : *Façade éclairée par des projecteurs.* **2.** Appareil muni d'un dispositif lumineux qui sert à visualiser sur un écran des vues fixes ou animées. **3.** Fig. Ce qui alerte l'opinion publique, attire l'attention du public : *Les projecteurs sont braqués sur les OGM.*

PROJECTIF, IVE adj. **PSYCHOL.** ▪ **Test projectif,** qui fait appel aux mécanismes de la projection et dans lequel le sujet est amené, à partir d'un matériel dépourvu de signification (taches d'encre, par ex.), à exprimer les éléments fantasmatiques et affectifs constitutifs de sa personnalité (SYN. **test de personnalité**).

PROJECTILE n.m. **1.** Corps lancé avec force vers un but, une cible. **2.** Corps lancé par une arme de jet ou par une arme à feu (flèche, balle, etc.).

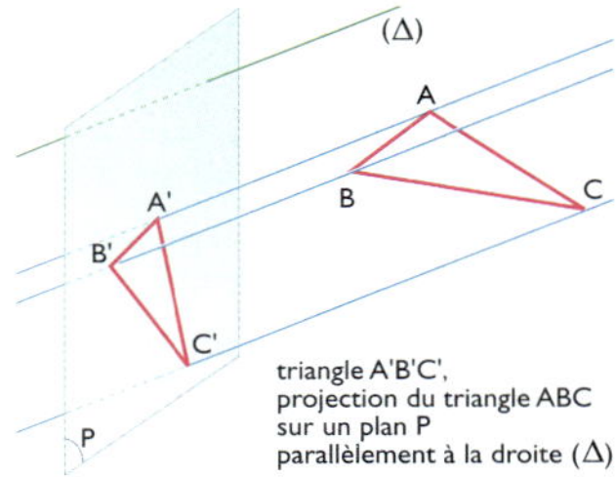

triangle A'B'C', projection du triangle ABC sur un plan P parallèlement à la droite (Δ)

▲ **projection** d'un triangle.

PROJECTION n.f. (du lat. *projectio*, jet en avant). **1.** Action de projeter, de lancer qqch, qqn dans l'espace : *Projection de vapeur, de gravillons.* **2.** Ce qui est projeté ; matière projetée : *Projections volcaniques.* **3. CINÉMA.** Action de projeter un film ; image projetée : *La projection est floue.* **4. PSYCHAN.** Fait pour un sujet de situer dans le monde extérieur, en leur attribuant une existence objective, certains de ses affects, de ses pensées, de ses désirs, etc. ; localisation dans une autre personne de pulsions, de sentiments impossibles à accepter comme les siens. (La projection peut être opposée à l'*introjection*.) **5. MATH.** Application qui dans un plan (ou dans l'espace) fait correspondre à un point l'intersection d'une droite donnée (ou d'un plan donné) avec la droite de direction donnée passant par ce point ; abusif., projeté. ▪ **Plans de projection** [math.], plan horizontal et plan frontal sur lesquels on projette orthogonalement les figures de l'espace ; cartogr., tout système organisant une représentation plane de tout ou partie du globe terrestre. ▪ **Projection de forces** [mil.], engagement d'unités militaires loin de leur lieu de stationnement pour exécuter une mission opérationnelle.

PROJECTIONNISTE n. Professionnel chargé de la projection des films.

PROJET n.m. **1.** Ce que l'on a l'intention de faire ; plan : *Ils ont fait des projets.* **2. ARCHIT.** Étude d'une construction avec dessins et devis. ▪ **Projet de loi,** texte de loi élaboré par le gouvernement et soumis au vote du Parlement. ▪ **Projet d'établissement** [enseign.], ensemble d'actions relatives à l'organisation pédagogique et aux modes d'enseignement décidées au niveau d'un établissement, en fonction de la situation particulière de celui-ci et afin de mieux atteindre les objectifs fixés par les programmes nationaux.

PROJETÉ n.m. **MATH.** Image d'un point par une projection.

PROJETER v.t. [16] (de l'anc. fr. *porjeter*, jeter dehors). **1.** Jeter, lancer avec force en l'air, au loin ; propulser : *Le choc l'a projeté dans le pare-brise.* **2.** Faire passer un film, des diapositives dans un projecteur. **3.** Avoir comme projet ; envisager :

Elle projette de créer un site Internet. **4. MATH.** Déterminer l'image d'un point, d'une figure par une projection. ◆ **SE PROJETER v.pr. MATH.** En parlant d'une figure, avoir une autre figure pour projection.

PROJETEUR, EUSE n. Dessinateur industriel responsable d'un projet.

PROLACTINE n.f. PHYSIOL. Hormone de l'antéhypophyse qui a notamm. pour rôle de favoriser la lactation après l'accouchement.

PROLAPSUS [-sys] **n.m.** (lat. *prolapsum*). **MÉD.** Descente anormale d'un organe ou d'une portion d'organe : *Prolapsus de l'utérus.*

PROLÉGOMÈNES n.m. pl. (du gr. *prolegomena*, choses dites avant). **1.** Longue introduction en tête d'un ouvrage. **2.** Notions préliminaires à une science.

PROLEPSE n.f. (du gr. *prolêpsis*, anticipation). **STYL.** Procédé de style par lequel on prévient une objection que l'on réfute d'avance.

PROLÉTAIRE n. (lat. *proletarius*, de *proles*, descendance). **1.** Personne ne disposant pour vivre que de sa force de travail et exerçant le plus souvent un métier manuel, faiblement rémunéré. **2.** Salarié aux revenus modestes. Abrév. (fam.) **prolo. 3. ANTIQ. ROM.** Citoyen de la dernière classe, exempt d'impôts et qui n'était considéré comme utile que par les enfants qu'il engendrait. ◆ **adj.** Relatif au prolétaire, au prolétariat.

PROLÉTARIAT n.m. Classe des prolétaires (par oppos. à *bourgeoisie*).

PROLÉTARIEN, ENNE adj. Relatif au prolétariat.

PROLÉTARISATION n.f. Fait d'être prolétarisé, de se prolétariser.

PROLÉTARISER v.t. [3]. Réduire à la condition de prolétaire. ◆ **SE PROLÉTARISER v.pr.** Être réduit à la condition de prolétaire.

PROLIFÉRATION n.f. 1. Multiplication rapide ; pullulement : *Une prolifération de candidats fantaisistes.* **2. BIOL.** Accroissement du nombre de cellules par division, sans différenciation. ▪ **Prolifération nucléaire,** augmentation du nombre des nations accédant à une capacité nucléaire militaire indépendante.

PROLIFÉRER v.i. [11], ▲ *[11*]* (du lat. *proles*, descendance, et *ferre*, porter). **1. BIOL.** Se reproduire en grand nombre et rapidement, en parlant d'organismes vivants. **2.** Fig. Être de plus en plus nombreux ; se multiplier : *Les blogs prolifèrent.*

PROLIFIQUE adj. 1. Qui se multiplie rapidement ; fécond : *Les souris sont prolifiques.* **2.** Se dit d'un artiste, d'un écrivain qui produit beaucoup.

PROLIXE adj. (du lat. *prolixus*, étendu). **1.** Chargé de détails inutiles ; verbeux. **2.** Qui se perd en développements superflus ; bavard.

PROLIXITÉ n.f. Défaut d'une personne, d'un discours prolixes.

PROLO n. (abrév.). Fam. Prolétaire.

PROLOG n.m. (de *programmation* et *1. logique*). **INFORM.** Langage de programmation symbolique spécialisé pour l'intelligence artificielle.

PROLOGUE n.m. (gr. *prologos*). **1.** Première partie d'une œuvre théâtrale ou littéraire relatant des événements antérieurs à ceux qui se déroulent dans l'œuvre elle-même. **2.** Ce qui annonce, prépare qqch ; prélude : *Un corso fleuri a été le prologue de la fête.* **3. ANTIQ.** Partie d'une pièce de théâtre précédant l'entrée du chœur et exposant le sujet. **4. MUS.** Dans un opéra, tableau qui suit l'ouverture, avant le premier acte ; morceau qui ouvre une partition. **5. SPORTS.** Brève épreuve précédant la première étape d'une compétition importante (cyclisme, rallye automobile).

PROLONGATEUR n.m. Rallonge électrique.

PROLONGATION n.f. (bas lat. *prolongatio*). **1.** Action de prolonger ; temps ajouté à la durée normale de qqch. **2. SPORTS.** Chacune des deux périodes accordées à deux équipes à la fin du temps réglementaire, pour leur permettre de se départager.

PROLONGÉ, E adj. 1. Qui dure plus que la normale : *Week-end prolongé.* **2.** Qui est tel plus longtemps qu'il n'est normal : *Un adolescent prolongé.*

PROLONGEMENT n.m. 1. Action d'accroître qqch en longueur ; allongement : *Le prolongement d'une ligne de tram.* **2.** Ce qui prolonge : *Le prolongement de la rue est plus étroit.* ◆ **n.m. pl.** Conséquences d'un événement ; répercussions : *Cette affaire aura des prolongements.*

PROLONGER v.t. [10] (du lat. *longus*, long). **1.** Augmenter la durée de ; proroger : *Prolonger un contrat.* **2.** Accroître la longueur de ; allonger : *Prolonger un canal.* ◆ **SE PROLONGER v.pr. 1.** S'allonger dans le temps ; s'éterniser : *La délibération se prolonge.* **2.** Continuer d'exister à travers qqn, une œuvre, etc. : *Se prolonger dans ses enfants.*

PROMENADE n.f. 1. Action de se promener. **2.** Lieu, voie aménagés pour se promener : *Il y a foule sous les tamaris de la promenade.* **3. DANSE.** Dans un pas de deux, parcours effectué par le danseur en marchant autour de la danseuse, qu'il maintient pour la faire tourner.

PROMENER v.t. [12] (de *mener*). **1.** Conduire à l'extérieur pour donner de l'exercice, pour divertir : *Promener ses enfants.* **2.** Laisser aller, laisser traîner çà et là : *Promener son regard sur le public.* ◆ **v.i.** ▪ **Envoyer promener qqch** [fam.], le jeter dans un mouvement de colère. ▪ **Envoyer promener qqn** [fam.], l'éconduire vivement. ◆ **SE PROMENER v.pr.** Aller d'un endroit à un autre pour se distraire ou se détendre.

PROMENEUR, EUSE n. Personne qui se promène.

PROMENOIR n.m. 1. Lieu couvert destiné à la promenade. **2.** Anc. Partie d'une salle de spectacle où le public a la possibilité de déambuler.

PROMESSE n.f. (lat. *promissa*). Action de promettre ; engagement formel : *Vous avez sa promesse de ne rien dire.* ▪ **Promesse d'action** [dr.], certificat remis au souscripteur d'une action au moment de la constitution d'une société ou d'une augmentation de son capital.

PROMÉTHÉEN, ENNE adj. 1. Relatif au mythe de Prométhée. **2.** Litt. Caractérisé par un idéal d'action et de foi en l'homme.

PROMÉTHÉUM [-ɔm] **n.m. 1.** Métal du groupe des terres rares. **2.** Élément chimique instable (Pm), de numéro atomique 61, de masse atomique 145.

PROMETTEUR, EUSE adj. Plein de promesses ; encourageant : *Des débuts prometteurs.*

PROMETTRE v.t. [64] (lat. *promittere*). S'engager à faire, à dire, à donner qqch : *Il a promis une augmentation à tous, qu'il arriverait à l'heure.* ◆ **v.i.** Faire naître des espérances : *Ces recherches médicales promettent beaucoup.* ▪ **Ça promet !** [fam., iron.], l'affaire s'engage mal. ◆ **SE PROMETTRE v.pr. 1.** Prendre la résolution de faire qqch. **2.** Être fermement décidé à obtenir qqch : *Se promettre d'être le prochain président.*

1. PROMIS, E adj. (lat. *promissus*). Dont on a fait la promesse : *Chose promise, chose due.* ▪ **La Terre promise,** dans la Bible, la terre de Canaan, promise par Dieu aux Hébreux ; fig., lieu ou situation de rêve.

2. PROMIS, E n. Vx ou région. Fiancé.

PROMISCUITÉ n.f. (du lat. *promiscuus*, mêlé). Situation de voisinage, de proximité désagréable ou bruyante.

PROMO n.f. (abrév.). Fam. Promotion : *Elles sont de la même promo. Des valises en promo.*

PROMONTOIRE n.m. (lat. *promuntorium*). Cap élevé s'avançant dans la mer.

1. PROMOTEUR, TRICE n. 1. Personne qui s'engage envers une autre (dite *maître d'ouvrage*) à faire procéder à la construction d'un immeuble, et qui en organise le financement ; personne qui exerce habituellement cette activité. **2.** Litt. Personne qui donne la première impulsion à qqch ; initiateur : *Le promoteur d'une loi.*

2. PROMOTEUR n.m. 1. CHIM. Substance qui rend un catalyseur plus actif. **2. GÉNÉT.** Zone d'ADN située en amont d'un gène sur le chromosome.

PROMOTION n.f. (bas lat. *promotio*). **1.** Nomination de une ou plusieurs personnes à un grade plus élevé, à une position hiérarchique supérieure ; avancement : *Promotion au mérite.* **2.** Ensemble des personnes bénéficiant simultanément d'une telle nomination. **3.** Élévation à une dignité plus grande : *Promotion des études techniques.* **4.** Ensemble des personnes entrées la même année comme élèves dans une école (partic. dans une grande école). Abrév. (fam.) **promo. 5. COMM.** Opération temporaire visant à faire connaître un produit et à en accélérer la vente à des conditions intéressantes pour la clientèle, ou à stimuler les réseaux de vente. ▪ **Article en promotion** [comm.], faisant l'objet d'une campagne de promotion. Abrév. (fam.) **promo.** ▪ **Promotion des ventes** [comm.], ensemble de mesures destinées à développer les ventes par des actions appropriées du réseau de distribution (publicité, rabais, etc.). ▪ **Promotion sociale,** élévation au sein des catégories sociales. ◆ **n.f. pl.** Suisse. Cérémonie scolaire marquant la remise des diplômes et les passages en classe supérieure.

PROMOTIONNAIRE n. Afrique. Camarade de promotion ; condisciple.

PROMOTIONNEL, ELLE adj. COMM. Relatif à la promotion d'un produit.

PROMOUVOIR v.t. [42] (lat. *promovere*). **1.** Élever à une dignité ou à un grade supérieurs. **2.** Favoriser l'essor de ; encourager : *Promouvoir le tri des déchets.* **3. COMM.** Mettre en œuvre la promotion d'un article, d'un produit.

✎ ***Promouvoir*** est surtout utilisé à l'inf., aux temps composés et au passif.

PROMPT, E [prɔ̃, prɔ̃t] **adj.** (lat. *promptus*). Litt. **1.** Qui agit rapidement ; vif : *Il est prompt à la colère.* **2.** Qui ne tarde pas ; rapide : *Un prompt rétablissement.*

PROMPTEMENT [prɔ̃(p)təmɑ̃] **adv.** Litt. Vivement ; rapidement.

PROMPTEUR [prɔ̃ptœr] **n.m.** (angl. *prompter*). **TÉLÉV.** Appareil sur lequel défilent des textes qui sont lus par un présentateur face à une caméra (SYN. **téléprompteur**).

PROMPTITUDE [prɔ̃(p)tityd] **n.f.** Litt. **1.** Qualité d'une personne prompte ; rapidité. **2.** Caractère de ce qui est rapide ; vitesse : *La promptitude de la transmission de fichiers.*

PROMU, E adj. et **n.** Qui a reçu une promotion.

PROMULGATION n.f. Acte par lequel le chef de l'État constate qu'une loi a été régulièrement adoptée par le Parlement et la rend applicable.

PROMULGUER v.t. [3] (lat. *promulgare*). Procéder à la promulgation d'une loi.

PRONAOS [-naɔs] **n.m.** (mot gr.). **ANTIQ. GR.** Vestibule d'un temple antique, donnant accès au naos.

PRONATEUR, TRICE adj. et **n.m. ANAT.** Se dit d'un muscle qui sert aux mouvements de pronation.

PRONATION n.f. (du lat. *pronare*, incliner en avant). **PHYSIOL.** Mouvement de rotation de l'avant-bras qui amène la paume de la main de l'avant vers l'arrière, ou du haut vers le bas (par oppos. à *supination*).

PRÔNE n.m. (du lat. pop. *protinum*, vestibule). **CATH.** Ensemble des annonces et des instructions dont le prêtre donne communication à la fin de la messe paroissiale.

PRÔNER v.t. [3]. Litt. Recommander vivement ; préconiser : *Prôner l'union.*

PRONOM n.m. (lat. *pronomen*). **GRAMM.** Mot représentant un nom, un adjectif, une phrase et dont les fonctions syntaxiques sont identiques à celles du nom. ➲ Les pronoms peuvent être personnels, possessifs, démonstratifs, interrogatifs, relatifs ou indéfinis.

PRONOMINAL, E, AUX adj. Relatif au pronom ; qui a une fonction de pronom. ▪ **Verbe pronominal,** ou **pronominal, n.m.,** verbe se conjuguant avec deux pronoms de la même personne (ex. : *elle se flatte, nous nous avançons*). V. *Mémento de grammaire*, § 5.

PRONOMINALEMENT adv. En fonction de pronom ou de pronominal.

PRONONÇABLE adj. (Surtout en tournure négative). Qui peut être prononcé : *Un mot difficilement prononçable.*

1. PRONONCÉ, E adj. Fortement marqué ; accentué : *Un arrière-goût de noisette très prononcé.*

2. PRONONCÉ n.m. DR. Lecture d'une décision juridictionnelle à l'audience (SYN. **prononciation**).

PRONONCER v.t. [9] (du lat. *pronuntiare*, proclamer). **1.** Articuler d'une certaine manière : *Comment prononce-t-on ce mot ?* **2.** Dire à voix haute ; énoncer : *Elle prononcera un discours au*

Sénat. **3. DR.** Rendre un arrêt, un jugement. ◆ **SE PRONONCER v.pr. 1.** Exprimer nettement une opinion sur qqch : *Le médecin ne se prononce pas.* **2.** Décider en faveur de ; opter : *Les salariés se sont prononcés pour la négociation.*

PRONONCIATION n.f. 1. Manière de prononcer les sons du langage, les mots. **2. DR.** Prononcé.

PRONOSTIC n.m. (du gr. *progignôskein*, connaître à l'avance). **1.** Supposition sur ce qui doit arriver ; prévision. **2. MÉD.** Prévision de l'évolution d'une maladie, partic. de son degré de gravité.

PRONOSTIQUE adj. MÉD. Relatif au pronostic.

PRONOSTIQUER v.t. [3]. Faire un pronostic ; prédire : *Elle avait pronostiqué l'élection du maire.*

PRONOSTIQUEUR, EUSE n. Personne qui fait des pronostics, surtout hippiques et footballistiques.

PRONUNCIAMIENTO [prɔnunsjamjɛnto] **n.m.** (mot esp. « déclaration »). Coup d'État militaire, dans les pays hispaniques ; putsch.

PRO-OCCIDENTAL, E, AUX adj. et **n. 1.** Favorable à l'Occident, à ses valeurs. **2.** Favorable au système d'alliances politiques et militaires qui unit les États-Unis, les États d'Europe de l'Ouest et certains autres États du monde (Japon, notamm.).

PROPADIÈNE n.m. Allène.

PROPAGANDE n.f. (du lat. *propaganda fide*, propagation de la foi). Action systématique exercée sur l'opinion pour faire accepter certaines idées, notamm. dans le domaine politique ou social.

PROPAGANDISTE adj. et **n.** Qui fait de la propagande.

PROPAGATEUR, TRICE adj. et **n.** Qui propage.

PROPAGATION n.f. 1. Fait de se propager, de s'étendre ; extension : *La propagation d'un incendie.* **2. PHYS.** Déplacement progressif d'énergie dans un milieu déterminé : *La propagation des ondes sonores.* **3.** Action de propager une idée, une nouvelle, etc. ; diffusion. **4.** Litt. Multiplication des êtres vivants par voie de reproduction. **5. ÉCOL.** Extension de l'aire occupée par une espèce.

PROPAGER v.t. [10] (lat. *propagare*). **1.** Répandre dans le public ; diffuser : *Propager une rumeur.* **2.** Vx. Multiplier par voie de reproduction. ◆ **SE PROPAGER v.pr.** S'étendre de proche en proche : *L'onde sismique s'est propagée jusqu'à la côte.*

PROPAGULE n.f. (du lat. *propago*, bouture). **BOT.** Petit organe pluricellulaire assurant la multiplication végétative des mousses.

PROPANE n.m. Hydrocarbure saturé gazeux (C_3H_8), employé comme combustible.

PROPAROXYTON adj.m. et **n.m. PHON.** Se dit d'un mot accentué sur l'antépénultième.

PROPÉDEUTIQUE n.f. (du gr. *pro*, avant, et *paideuein*, enseigner). Première année d'études dans les facultés des lettres et des sciences, de 1948 à 1966.

PROPÈNE n.m. Propylène.

PROPENSION n.f. (lat. *propensio*). Inclination à faire qqch ; disposition : *Avoir une propension à la paresse.*

PROPERGOL n.m. ASTRONAUT. Produit composé de un ou plusieurs ergols et capable, par réaction chimique, de fournir l'énergie de propulsion d'un moteur-fusée.

PROPHARMACIEN, ENNE n. Médecin autorisé à posséder un dépôt de médicaments et à les délivrer à ses malades, lorsque la localité où il exerce est dépourvue de pharmacie.

PROPHASE n.f. BIOL. CELL. Première phase de la division cellulaire, pendant laquelle les molécules d'ADN se condensent en chromosomes distincts et fissurés longitudinalement.

PROPHÈTE n.m. (gr. *prophêtês*). **1.** Dans la Bible, homme qui, inspiré par Dieu, parle en son nom pour faire connaître son message. **2.** Personne qui annonce un événement futur ; héraut. ▪ **Le Prophète,** Mahomet, pour les musulmans.

PROPHÉTESSE n.f. Femme inspirée interprète de la divinité.

PROPHÉTIE [-si] **n.f. 1.** Oracle d'un prophète. **2.** Prédiction d'un événement : *Les prophéties des économistes.*

PROPHÉTIQUE adj. 1. Relatif à un prophète, aux prophètes. **2.** Qui tient de la prophétie : *Un discours prophétique.*

PROPHÉTIQUEMENT adv. De façon prophétique.

PROPHÉTISER v.t. [3]. 1. Annoncer l'avenir par inspiration surnaturelle. **2.** Prévoir par pressentiment ou conjecture ; prédire.

PROPHÉTISME n.m. RELIG. Ensemble des faits relatifs aux prophètes.

PROPHYLACTIQUE adj. (du gr. *prophulattein*, veiller sur). Relatif à la prophylaxie : *Mesures prophylactiques.*

PROPHYLAXIE n.f. Ensemble de moyens médicaux mis en œuvre pour empêcher l'apparition ou l'extension des maladies.

PROPICE adj. (lat. *propitius*). **1.** Qui convient bien ; adéquat : *Un lieu propice à la méditation.* **2.** Bien disposé à l'égard de qqn ; favorable : *La situation nous est propice.*

PROPITHÈQUE n.m. Lémurien des forêts claires de Madagascar, arboricole et frugivore. ➲ Famille des indridés.

PROPITIATION [-sjasjɔ̃] **n.f. RELIG.** Action qui rend la divinité propice aux humains.

PROPITIATOIRE [-sjatwar] **adj. RELIG.** Qui a pour but de rendre propice : *Sacrifice propitiatoire.*

PROPOLIS [-pɔlis] **n.f.** (mot gr. « entrée d'une ville »). **APIC.** Substance résineuse que les abeilles récoltent sur les bourgeons et les écorces pour obturer les fissures de leur ruche.

PROPORTION n.f. (lat. *proportio*). **1.** Rapport de grandeur entre deux quantités. **2.** Rapport harmonieux de parties entre elles et avec l'ensemble : *Un édifice de belles proportions.* **3.** (Souvent pl.). Importance matérielle ou morale de qqch : *L'incident a pris des proportions démesurées.* **4. MATH.** Égalité de deux fractions. ➲ $\frac{a}{b} = \frac{c}{d}$ ($b \neq 0$, $d \neq 0$) est appelé *proportion*, *a* et *d* étant les *extrêmes*, *b* et *c* les *moyens*. ▪ **À proportion,** proportionnellement. ▪ **À proportion de,** dans la mesure de. ▪ **En proportion de,** par rapport à. ▪ **Hors de proportion,** beaucoup trop grand ; excessif. ◆ **n.f. pl.** Dimensions considérées par référence à une mesure, à une échelle. ▪ **Toutes proportions gardées,** en tenant compte de la différence d'importance ou de grandeur entre les éléments comparés.

PROPORTIONNALITÉ n.f. Relation dans laquelle se trouvent des quantités proportionnelles entre elles. ▪ **Proportionnalité de l'impôt,** dans laquelle le taux de prélèvement est constant quel que soit le montant de la matière imposable (par oppos. à progressivité, dégressivité).

PROPORTIONNÉ, E adj. ▪ **Bien, mal proportionné,** dont les proportions sont harmonieuses, inharmonieuses.

PROPORTIONNEL, ELLE adj. Se dit d'une quantité qui est dans un rapport de proportion avec une autre du même genre, de quantités qui sont dans un rapport de proportion. ▪ **Impôt proportionnel,** impôt dont le taux est constant quelle que soit l'importance de la matière imposable. ▪ **Nombres proportionnels, inversement proportionnels** [math.], successions de nombres tels que le rapport de deux nombres de même rang est constant ; successions de nombres tels que les nombres de l'une sont proportionnels aux inverses des nombres de l'autre. ▪ **Représentation proportionnelle,** ou **proportionnelle, n.f.,** système électoral accordant aux diverses listes un nombre de représentants proportionnel au nombre des suffrages obtenus, associé en France à un mode de scrutin à un tour.

PROPORTIONNELLEMENT adv. De façon proportionnelle.

PROPORTIONNER v.t. [3]. Établir une juste proportion entre deux choses : *Proportionner les dépenses aux recettes.*

PROPOS n.m. (de *proposer*). **1.** (Souvent pl.). Ensemble de paroles échangées dans une conversation : *Nous avons échangé quelques propos.* **2.** Litt. Ce que l'on se propose de dire ou de faire ; intention : *Tel n'est pas mon propos.* ▪ **À propos,** au bon moment ; au fait : *À propos, qu'a-t-elle dit ?* ▪ **À propos de,** au sujet de. ▪ **À tout propos,** en n'importe quelle occasion. ▪ **Hors de propos,** à contretemps. ▪ **Mal à propos,** au mauvais moment.

PROPOSABLE adj. Qui peut être proposé.

PROPOSER v.t. [3] (lat. *proponere*). **1.** Soumettre au choix, à l'appréciation de qqn ; offrir : *Le vendeur nous propose plusieurs coloris. Je propose cent euros de cette table.* **2.** Présenter comme candidat. ◆ **SE PROPOSER v.pr. 1.** Avoir l'intention de ; envisager : *Elle se propose de rédiger le rapport.* **2.** Offrir ses services : *Il se propose comme remplaçant.*

PROPOSITION n.f. (lat. *propositio*). **1.** Action de proposer ; ce qui est proposé ; offre : *Faire des propositions de paix.* **2. GRAMM.** Unité syntaxique élémentaire de la phrase, génér. construite autour d'un verbe : *Proposition indépendante, principale, subordonnée.* **3. LOG.** Énoncé susceptible d'être vrai ou faux. **4. MATH.** Théorème. ▪ **Calcul des propositions,** partie de la logique qui étudie les propriétés générales des propositions et des opérateurs propositionnels, sans référence au sens de ces propositions, dont on ne considère que la vérité ou la fausseté logique. ▪ **Faire des propositions à qqn,** lui faire des avances amoureuses. ▪ **Proposition de loi,** texte de loi soumis par un parlementaire au vote du Parlement. ▪ **Sur la proposition de,** à l'initiative de.

PROPOSITIONNEL, ELLE adj. LOG. Relatif aux propositions.

1. PROPRE adj. (lat. *proprius*). **1.** Qui n'est pas taché ni souillé : *Cette nappe n'est pas propre* ; qui a été nettoyé ; net : *Une chemise propre.* **2.** Qui est régulièrement nettoyé : *Une ville propre.* **3.** Qui est fait avec soin, application : *Une réparation très propre.* **4.** Soucieux de son hygiène corporelle et des choses qui l'entourent ; soigné ; soigneux. **5.** Se dit d'un enfant, d'un animal domestique qui contrôle ses sphincters. **6.** Qui ne pollue pas : *L'énergie solaire est une énergie propre.* **7.** Fig. Qui est moralement irréprochable ; honnête : *C'est un homme propre, de l'argent propre.* ▪ **Nous voilà propres !** [fam., iron.], nous sommes dans une situation très difficile. ◆ **n.m.** Ce qui est propre, nettoyé : *Une odeur de propre.* ▪ **C'est du propre !** [fam., iron.], c'est honteux ! ▪ **Mettre au propre,** mettre un brouillon sous sa forme définitive.

2. PROPRE adj. (lat. *proprius*). **1.** Qui appartient spécifiquement à qqn, à qqch ; caractéristique : *C'est une coutume propre à cette région* ; particulier : *Ce logiciel a des fonctionnalités propres.* **2.** Qui appartient à la personne même dont il est question ou qui émane d'elle : *Dans votre propre intérêt, ne dites rien. Ce sont ses propres mots.* **3. (À).** Qui convient pour ; susceptible de : *Des mesures propres à endiguer la violence.* ▪ **Bien propre** [dr.], bien qui fait partie du patrimoine personnel de l'un des époux (par oppos. à *acquêt*). ▪ **Capitaux propres** [comptab.], ceux qui, figurant au passif d'un bilan, ne proviennent pas de l'endettement (le capital social et les réserves, essentiellement). ▪ **Mot, terme propre,** qui convient exactement ; approprié. ▪ **Mouvement propre d'une étoile** [astron.], son déplacement angulaire annuel dans le ciel, résultant de son mouvement dans l'espace. ▪ **Nom propre** [gramm.], qui désigne un être ou un objet considéré comme unique (par oppos. à *nom commun*). ▪ **Ombre propre,** qui s'étend sur la face non éclairée d'un objet, d'une figure (par oppos. à *ombre portée*). ▪ **Sens propre** [ling.], sens premier d'un mot, d'une expression, le plus proche du sens étymologique (par oppos. à *sens figuré*). ◆ **n.m. CATH.** Tout élément de célébration lié à un temps liturgique, à un lieu, à un saint. ▪ **En propre,** en propriété particulière. ▪ **Le propre de,** la qualité spécifique de qqn, de qqch : *Le propre de la loi est d'être applicable à tous.* ◆ **n.m. pl. DR.** Biens propres.

PROPRE-À-RIEN n. (pl. *propres-à-rien*). Fam. Personne qui ne sait rien faire ; incapable.

PROPREMENT adv. 1. Avec propreté : *Manger proprement.* **2.** D'une manière soignée ; convenablement : *Travailler proprement.* **3.** Au sens strict du mot : *C'est proprement du harcèlement.* ▪ **À proprement parler,** pour parler en termes exacts. ▪ **Proprement dit,** au sens exact : *La conférence proprement dite commencera demain.*

PROPRET, ETTE adj. Propre et joli ; pimpant.

PROPRETÉ n.f. **1.** Qualité de ce qui est propre, nettoyé. **2.** Qualité de qqn qui est propre. **3.** Fait, pour un enfant, un animal domestique, d'être propre.

PROPRÉTEUR n.m. (lat. *propraetor*). **ANTIQ. ROM.** Préteur sorti de charge, délégué au gouvernement d'une province.

PROPRIÉTAIRE n. **1.** Personne qui possède qqch en propriété. **2.** Bailleur d'un immeuble, d'une maison (par oppos. à locataire). Abrév. (fam.) **proprio.** ◆ **adj. INFORM.** Se dit d'un matériel (logiciel, interface) créé et développé par une société privée (par oppos. à *libre*).

PROPRIÉTÉ n.f. **1.** Droit d'user, de jouir et de disposer de qqch de façon exclusive et absolue sous les seules restrictions établies par la loi. **2.** Grande maison, entourée de terres, de dépendances, etc., génér. à la campagne. **3.** Ce qui est le propre, la qualité particulière de qqch : *Les propriétés de la pénicilline.* ▪ **Propriété artistique et littéraire,** droit moral et pécuniaire exclusif d'un artiste, d'un auteur (et de ses ayants droit) sur son œuvre. ▪ **Propriété commerciale,** droit de jouissance d'un locataire commerçant au renouvellement du bail. ▪ **Propriété industrielle,** monopole concédé au titulaire d'un brevet d'invention, d'un dessin, d'un modèle ; droit exclusif de l'usage d'un nom commercial, d'une marque. ▪ **Propriété intellectuelle,** la propriété artistique et littéraire, ainsi que la propriété industrielle.

PROPRIO n. (abrév.). Fam. Propriétaire.

PROPRIOCEPTIF, IVE adj. (de 2. *propre* et *réceptif*). **NEUROL.** Se dit de la sensibilité du système nerveux aux informations sur les postures et les mouvements, venant des muscles et des articulations.

PROPULSER v.t. [3]. **1.** Faire avancer au moyen d'un propulseur : *Propulser une fusée.* **2.** Envoyer au loin avec violence ; projeter : *Le choc a propulsé la voiture contre le camion.* **3.** Fam. Installer qqn à un poste de responsabilité ; bombarder : *On l'a propulsé à la direction commerciale.*

▲ **propulseur**

PROPULSEUR n.m. **1.** Organe, machine ou moteur destinés à imprimer un mouvement de propulsion à un navire, à une fusée, etc. **2. ASTRONAUT.** Moteur-fusée. **3. PRÉHIST.** Baguette en bois terminée par un crochet, utilisée par les chasseurs pour augmenter la force de propulsion de la sagaie. ▪ **Propulseur auxiliaire,** recomm. off. pour **booster.**

PROPULSIF, IVE adj. **1.** Relatif à la propulsion. **2.** Se dit d'une poudre apte à lancer un projectile à partir d'une arme à feu.

PROPULSION n.f. (du lat. *propellere*, pousser en avant). Action de propulser ; fait d'être propulsé : *Fusée à propulsion nucléaire.*

PROPYLÉE n.m. (du gr. *propulaion*, ce qui est devant la porte). **ANTIQ. GR.** Entrée monumentale d'un palais, d'un sanctuaire grec, constituée essentiellement d'une façade à colonnade doublée d'un vestibule. ▪ **Les Propylées,** ceux de l'Acropole d'Athènes.

PROPYLÈNE n.m. Hydrocarbure éthylénique (C_3H_6) produit lors du raffinage du pétrole (SYN. **propène**).

PRORATA n.m. inv., ▲ *n.m.* (du lat. *pro rata parte*, suivant une part déterminée). ▪ **Au prorata de,** en proportion de : *Des indemnités calculées au prorata du préjudice subi.*

PROROGATIF, IVE adj. **DR.** Qui proroge.

PROROGATION n.f. Action de proroger ; prolongation.

PROROGER v.t. [10] (lat. *prorogare*). **1.** Reporter à une date ultérieure : *Proroger une échéance* ; prolonger la durée de : *Proroger un contrat.* **2. DR.** Prolonger la validité d'une convention, les fonctions d'une assemblée délibérante au-delà de la date légale ; suspendre et fixer à une date ultérieure les séances d'une assemblée. **3. DR.** Étendre la compétence d'une juridiction.

PROSAÏQUE adj. (du bas lat. *prosaicus*, écrit en prose). Qui manque de noblesse, d'idéal ; terre à terre.

PROSAÏQUEMENT adv. De façon prosaïque.

PROSAÏSME n.m. Caractère de ce qui est prosaïque ; banalité.

PROSATEUR n.m. Auteur qui écrit en prose.

PROSCENIUM, ▲ *PROSCÉNIUM* [prɔsenjɔm] n.m. (lat. *proscenium*). **1.** Partie d'un plateau de théâtre située devant l'avant-scène. **2. ANTIQ.** Devant de la scène d'un théâtre antique.

PROSCRIPTEUR n.m. Litt. Personne qui proscrit.

PROSCRIPTION n.f. (lat. *proscriptio*). **1.** Fait de proscrire, d'exclure : *La proscription des traîtres.* **2.** Action de proscrire qqch ; interdiction : *La proscription de certains colorants alimentaires.* **3. ANTIQ. ROM.** À la fin de la République, condamnation arbitraire annoncée par voie d'affiches, et qui donnait droit à quiconque de tuer les personnes dont les noms étaient affichés.

PROSCRIRE v.t. [79] (lat. *proscribere*). **1.** Exclure qqn d'un groupe ; bannir. **2.** Prononcer contre qqch une condamnation absolue ; interdire : *Proscrire l'usage des portables au volant.* **3.** Anc. Condamner au bannissement. **4. ANTIQ. ROM.** Mettre hors la loi par proscription.

PROSCRIT, E adj. et n. Frappé de proscription.

PROSE n.f. (lat. *prosa*). **1.** Forme ordinaire du discours parlé ou écrit, qui n'est pas assujettie aux règles de rythme et de musicalité propres à la poésie. **2.** Manière d'écrire propre à qqn, à un milieu ; style : *Je reconnais sa prose dans ce rapport.* **3.** Fam. Paroles ou écrits quelconques.

PROSÉLYTE n. (du gr. *prosêlutos*, étranger domicilié). **1. RELIG.** Païen converti au judaïsme. **2. RELIG.** Nouveau converti à une foi religieuse. **3.** Personne gagnée à une cause, à une doctrine et qui concourt à sa propagation ; néophyte.

PROSÉLYTISME n.m. Zèle ardent pour recruter des adeptes, pour tenter d'imposer ses idées.

PROSENCÉPHALE n.m. **ANAT.** Partie antérieure et supérieure de l'encéphale, comprenant les hémisphères et le diencéphale.

PROSIMIEN [-si-] n.m. Lémurien.

PROSOBRANCHE n.m. Mollusque gastéropode aquatique, à branchies situées en avant du cœur, tel que le murex, le bigorneau, la patelle. ➲ Les prosobranches forment une sous-classe.

PROSODIE n.f. (du lat. *prosodia*, accent tonique). **1. VERSIF.** Ensemble des règles relatives à la longueur des voyelles qui régissent la composition des vers, notamm. dans les poésies grecque et latine ; ensemble des règles et usages du compte syllabique, dans la poésie française. **2. LING.** Partie de la phonétique qui étudie l'intonation, l'accentuation, les tons, le rythme, les pauses, la durée des phonèmes. **3. MUS.** Étude des règles de concordance des accents d'un texte et de ceux, forts ou faibles, de la musique qui l'accompagne.

PROSODIQUE adj. Relatif à la prosodie.

PROSOPAGNOSIE [-gnɔzi] n.f. (du gr. *prosôpon*, visage, et *agnôsia*, ignorance). **PSYCHOPATHOL.** Trouble affectant la reconnaissance de l'identité des visages.

PROSOPOPÉE n.f. (du gr. *prosôpopoiia*, personnification). **STYL.** Procédé par lequel l'orateur ou l'écrivain prête la parole à des êtres inanimés, à des absents.

1. PROSPECT [prɔspɛ] n.m. (du lat. *prospectus*, perspective). **URBAN.** Distance minimale autorisée par les règlements de voirie entre les bâtiments, calculée pour un éclairement naturel satisfaisant.

2. PROSPECT [prɔspɛ(kt)] n.m. (mot angl.). Client potentiel d'une entreprise.

PROSPECTER v.t. [3] (angl. *to prospect*). **1. GÉOL.** Explorer un terrain afin d'en découvrir les gîtes minéraux. **2.** Parcourir méthodiquement un lieu, une région pour y découvrir qqch. **3. COMM.** Rechercher une clientèle par divers moyens de prospection.

PROSPECTEUR, TRICE n. Personne qui prospecte.

PROSPECTEUR-PLACIER n.m. (pl. *prospecteurs-placiers*). Personne chargée de recenser les emplois disponibles et de les proposer aux demandeurs d'emploi.

PROSPECTIF, IVE adj. Orienté vers l'avenir ; prévisionnel : *Étude prospective du marché.*

PROSPECTION n.f. **1. GÉOL.** Action de prospecter un terrain. **2.** Exploration méthodique d'un lieu pour y trouver qqn ou qqch. **3. COMM.** Étude et recherche des débouchés qu'offre un marché.

PROSPECTIVE n.f. Science portant sur l'évolution future de la société, et visant, par l'étude des diverses causalités en jeu, à favoriser la prise en compte de l'avenir dans les décisions du présent.

PROSPECTIVISTE adj. et n. Relatif à la prospective ; qui en est spécialiste.

PROSPECTUS [-tys] n.m. (mot lat. « aspect »). Imprimé diffusé gratuitement à des fins d'information ou de publicité.

PROSPÈRE adj. (lat. *prosperus*). Qui est dans un état heureux de succès, de réussite ; florissant : *Entreprise prospère. Des commerçants prospères.*

PROSPÉRER v.i. [11], ▲ *[11*]* (lat. *prosperare*). Progresser dans la voie du succès ; se développer.

PROSPÉRITÉ n.f. État de ce qui est prospère.

PROSTAGLANDINE n.f. **BIOCHIM.** Substance dérivée d'un acide gras, qui intervient dans de nombreux processus biologiques (contraction de l'utérus, coagulation du sang, etc.).

PROSTATE n.f. (du gr. *prostatês*, qui se tient devant). **ANAT.** Glande de l'appareil génital masculin, qui entoure la partie initiale de l'urètre, sous la vessie, et sécrète certains composants du sperme. ▪ **Antigène spécifique de la prostate** [biochim.], glycoprotéine du sérum sanguin, synthétisée exclusivement par la prostate et dont la concentration augmente en cas de prostatite, d'adénome ou de cancer de la prostate (SYN. **PSA**).

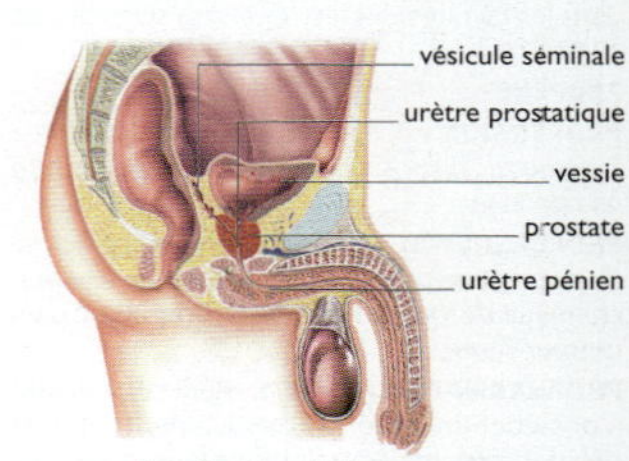

localisation de la prostate

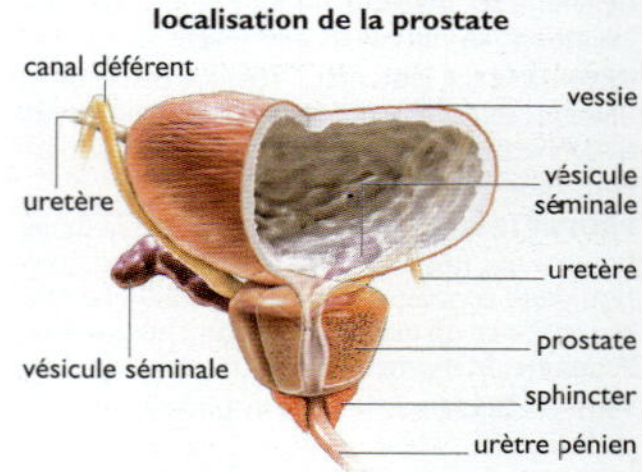

prostate (vue en coupe)

▲ **prostate**

PROSTATECTOMIE n.f. CHIRURG. Ablation de la prostate.

PROSTATIQUE adj. Relatif à la prostate. ◆ **adj.** et **n.m.** Se dit d'un homme atteint d'une affection de la prostate.

PROSTATITE n.f. Inflammation de la prostate.

PROSTERNATION n.f. ou **PROSTERNEMENT n.m.** Action de se prosterner ; attitude d'une personne prosternée.

SE PROSTERNER v.pr. [3] (lat. *prosternere*). Se courber jusqu'à terre en signe d'adoration, de respect : *Les pèlerins se prosternent devant la statue.*

PROSTHÈSE n.f. (bas lat. *prosthesis*). **LING.** Addition d'un élément non étymologique à l'initiale d'un mot (ex. : le *é* de *étoile*, du lat. *stella*).

PROSTHÉTIQUE adj. LING. Qui résulte d'une prosthèse. ▪ **Groupement prosthétique** [biochim.], substance non protéique contenue dans une hétéroprotéine.

PROSTITUÉ, E n. Personne qui se prostitue.

PROSTITUER v.t. [3] (du lat. *prostituere*, déshonorer). **1.** Livrer à la prostitution. **2.** Litt. Dégrader en utilisant pour des tâches indignes ou à des fins vénales : *Prostituer son nom.* ◆ **SE PROSTITUER v.pr.** Se livrer à la prostitution.

PROSTITUTION n.f. 1. Acte par lequel une personne consent à des rapports sexuels contre de l'argent ; état d'une personne qui en fait son métier. **2.** Litt. Avilissement.

PROSTRATION n.f. État d'abattement physique et psychique provoqué par certaines maladies.

PROSTRÉ, E adj. (du lat. *prosternere*, abattre). En état de prostration ; abattu.

PROSTYLE adj. et **n.m.** (lat. *prostylos*). **ARCHIT.** Se dit d'un édifice présentant un portique à colonnes sur sa seule façade antérieure.

PROTACTINIUM [-njɔm] **n.m.** Élément radioactif (Pa), de numéro atomique 91.

PROTAGONISTE n. (du gr. *prôtagônistês*, qui combat au premier rang). **1.** Personne qui joue l'un des rôles principaux dans une affaire. **2.** Personnage important d'une pièce de théâtre, d'un film, d'un roman.

PROTAMINE n.f. BIOCHIM. Polypeptide utilisé notamm. comme antidote de l'héparine.

PROTANDRIE n.f. → **PROTÉRANDRIE.**

PROTASE n.f. (gr. *protasis*). **1. LING.** Subordonnée conditionnelle placée en tête de phrase, qui prépare la conséquence ou la conclusion exprimée dans la principale, ou apodose. **2. STYL.** Phase ascendante d'une période oratoire.

PROTE n.m. (du gr. *prôtos*, premier). Vieilli. Chef d'un atelier de composition typographique.

PROTÉAGINEUX, EUSE adj. et **n.m. BOT.** Se dit de plantes (soja, pois, etc.) cultivées pour leur richesse en protéines et en amidon.

PROTÉASE n.f. BIOCHIM. Enzyme qui effectue une protéolyse.

PROTECTEUR, TRICE adj. et **n.** Qui protège. ▪ **Protecteur du citoyen** [Québec], ombudsman. ◆ **adj.** Qui marque une attitude de protection condescendante.

PROTECTION n.f. (bas lat. *protectio*). **1.** Action de protéger, de défendre qqn, qqch : *Témoin sous la protection de la police. La protection de la nature.* **2.** Personne qui protège ; soutien : *Avoir de hautes protections.* **3.** Ce qui protège ; garantie : *Une protection contre la rouille.* ▪ **Protection civile** [vieilli], sécurité civile. ▪ **Protection de l'environnement, des espèces** [écol.], ensemble des actions visant à préserver les milieux naturels, le climat, etc., notamm. en limitant les atteintes d'origine humaine ; ensemble des actions dont le but est de favoriser le maintien de la biodiversité, notamm. la survie et l'épanouissement des espèces menacées (SYN. **conservation des espèces**). ▪ **Protection intégrée** → **INTÉGRÉ.** ▪ **Protection judiciaire,** ensemble des mesures éducatives prises par les juridictions des mineurs, pouvant s'appliquer jusqu'à l'âge de 21 ans. ▪ **Protection maternelle et infantile (PMI),** organisme départemental chargé de la protection sanitaire et sociale des femmes enceintes ainsi que des enfants de la naissance à 6 ans. ▪ **Protection rapprochée,** ensemble de moyens mis en œuvre pour empêcher toute action menée à courte distance contre une personnalité. ▪ **Protection sociale,** ensemble des régimes qui assurent ou complètent une couverture sociale, ainsi que diverses prestations à caractère familial ou social.

PROTECTIONNISME n.m. Politique visant à protéger le marché d'un pays de la concurrence des produits étrangers par des mesures tarifaires (droits de douane) ou non tarifaires (quotas, normes, etc.) [par oppos. à *libre-échange*].

PROTECTIONNISTE adj. et **n.** Relatif au protectionnisme ; qui en est partisan.

PROTECTORAT n.m. 1. Régime juridique caractérisé par la protection qu'un État fort assure à un État faible, en vertu d'une convention ou d'un acte unilatéral. **2.** En Angleterre et en Écosse, régime dirigé par O. Cromwell puis par son fils Richard.

▲ **protée**

PROTÉE n.m. (de *Protée*, n. myth.). **1.** Urodèle des eaux souterraines de la Dalmatie et de la Slovénie, à peau dépourvue de pigment et à branchies externes persistant chez l'adulte. ➲ Famille des protéidés. **2.** Litt. Personne qui change continuellement de rôle, d'opinions ; chose qui se présente sous des formes diverses.

PROTÉGÉ, E n. Personne qui bénéficie de la protection de qqn.

PROTÈGE-BAS n.m. inv. Petit chausson en maille emboîtant la base du pied.

PROTÈGE-CAHIER n.m. (pl. *protège-cahiers*). Couverture souple servant à protéger un cahier.

PROTÈGE-DENTS n.m. inv., ▲ ***PROTÈGE-DENT n.m.*** *(pl. protège-dents).* Appareil de protection des dents que l'on place à l'intérieur de la bouche, dans certains sports de combat (boxe, karaté, etc.).

PROTÉGER v.t. [15], ▲ *[15*]* (lat. *protegere*). **1.** Mettre à l'abri de dangers, d'incidents ; préserver : *La digue les protège des inondations.* **2. INFORM.** Préserver l'intégrité du contenu d'une mémoire, d'un fichier, d'une banque de données, etc., par des dispositifs matériels ou logiciels. **3.** Assurer son soutien, son patronage à qqn ; appuyer : *Une personnalité protège ce postulant.* **4.** Favoriser par une aide le développement de qqch : *Protéger l'industrie textile, les arts.* ◆ **SE PROTÉGER v.pr. 1.** Se mettre à l'abri d'un danger, d'un mal : *Se protéger du froid, contre le soleil.* **2.** Absol. **MÉD.** Utiliser un préservatif pour éviter une infection sexuellement* transmissible : *Pensez à vous protéger.*

PROTÈGE-SLIP n.m. (pl. *protège-slips*). Bande absorbante adhésive qui se fixe à l'intérieur d'un slip de femme.

PROTÈGE-TIBIA n.m. (pl. *protège-tibias*). Pièce de protection des tibias, notamm. au football.

PROTÉIFORME adj. (de *Protée*, n. myth.). Litt. Susceptible de prendre diverses formes.

PROTÉINE n.f. (du gr. *prôtos*, premier). **BIOCHIM.** Macromolécule constituée par une très longue chaîne d'acides aminés. ▪ **Protéine C-réactive** [méd.], glycoprotéine du sang, synthétisée par le foie et dont la concentration augmente en cas d'inflammation ou d'affection.

PROTÉINÉ, E adj. Enrichi en protéines, en parlant d'un produit alimentaire ; par ext., protéinique.

PROTÉINIQUE adj. BIOCHIM. Qui contient des protéines ; par ext., protéique.

PROTÉINURIE n.f. MÉD. Présence d'albumine dans l'urine.

PROTÉIQUE adj. BIOCHIM. Qui a la structure ou la nature d'une protéine ; par ext., protéinique.

PROTÈLE n.m. (gr. *protelês*). Mammifère de l'Afrique orientale et australe, voisin de l'hyène mais qui se nourrit essentiellement de termites. ➲ Ordre des carnivores.

PROTÉOLYSE n.f. BIOCHIM. Fragmentation des protéines en peptides et en acides aminés par des enzymes.

PROTÉOLYTIQUE adj. Relatif à la protéolyse ; qui effectue une protéolyse.

PROTÉOME n.m. Ensemble des protéines codées par un génome.

PROTÉOMIQUE n.f. BIOCHIM. Étude des protéines présentes dans une cellule ou un tissu, en vue d'identifier celles qui sont spécifiques à une pathologie.

PROTÉRANDRIE ou **PROTANDRIE n.f. 1. BOT.** État d'une fleur dont les étamines sont mûres avant le pistil. **2. ZOOL.** Caractère d'un animal hermaphrodite (vers plats, certains mollusques) qui passe du sexe mâle au sexe femelle au cours de sa vie.

PROTÉROGYNIE n.f. → **PROTOGYNIE.**

PROTÉROZOÏQUE n.m. GÉOL. Subdivision la plus récente du précambrien, d'une durée voisine de 2 milliards d'années. ◆ **adj.** Relatif au protérozoïque.

PROTESTABLE adj. DR. Se dit d'un effet de commerce qui peut être protesté.

PROTESTANT, E adj. et **n.** Relatif au protestantisme ; qui le pratique.

PROTESTANTISME n.m. Ensemble des Églises et des communautés chrétiennes issues de la Réforme à partir du XVIe s. ; leur doctrine (SYN. **religion réformée**).

➲ Le **PROTESTANTISME** comprend princip. – outre l'*anglicanisme*, resté plus proche du catholicisme – les courants représentés par le *luthéranisme* et par le *calvinisme*, d'où sont issues notamm. les Églises baptistes, congrégationalistes, évangéliques, méthodistes ou piétistes. Les protestants se rassemblent autour de trois principes fondamentaux : l'Écriture seule, à savoir la parole de Dieu contenue dans la Bible ; la foi seule, qui assure le salut de l'âme ; le sacerdoce universel des baptisés, qui se distingue ainsi de celui qu'exerce le clergé dans la religion catholique.
Comme sacrements, les protestants ne reconnaissent que le baptême et la communion, mais ils admettent aussi quelques rites (confirmation, mariage, funérailles). Leur clergé, ouvert aux femmes, se compose de prêtres, ou pasteurs, qui peuvent être mariés.

PROTESTATAIRE adj. et **n.** Qui proteste contre qqn, qqch ; contestataire.

PROTESTATION n.f. Action de protester.

PROTESTER v.i. [3] (du lat. *protestari*, déclarer publiquement). Déclarer avec force son opposition ; s'élever contre qqch : *Protester contre les expulsions. Le public sifflait pour protester.* ◆ **v.t. DR.** Faire dresser un protêt. ◆ **v.t. ind. (DE).** Litt. Donner l'assurance formelle de : *Protester de sa bonne foi.*

PROTÊT n.m. (de *protester*). **DR.** Acte dressé par un huissier de justice ou un notaire, constatant le non-paiement ou le refus d'acceptation d'un effet de commerce et permettant des poursuites immédiates contre le débiteur.

PROTHALLE n.m. (du gr. *thallos*, branche). **BOT.** Petite lame verte riche en chlorophylle, en forme de cœur, résultant de la germination des spores chez les végétaux ptéridophytes, et qui porte les organes reproducteurs.

PROTHÈSE n.f. (du bas lat. *prosthesis*, ajout). **1.** Pièce ou appareil destinés à remplacer partiellement ou totalement un organe ou un membre. **2.** Technique chirurgicale permettant de réaliser ce remplacement. ▪ **Prothèse acoustique** ou **auditive,** audioprothèse.

PROTHÉSISTE n. Technicien qui fabrique des prothèses : *Prothésiste dentaire.*

PROTHÉTIQUE adj. Relatif à la prothèse.

PROTHORAX n.m. ENTOMOL. Premier anneau du thorax des insectes, aussi appelé *corselet*, et ne portant jamais d'ailes.

PROTHROMBINE n.f. BIOCHIM. Protéine du plasma sanguin, précurseur de la thrombine.

PROTIDE n.m. BIOCHIM. Substance constituée de un ou plusieurs acides aminés, telle que les peptides et les protéines.

PROTIDIQUE adj. Relatif aux protides.

PROTIQUE adj. ▪ **Acide protique,** hydracide.

PROTISTE **n.m.** (du gr. *prôtistos*, le premier de tous). **BIOL.** Organisme unicellulaire eucaryote, d'affinités végétales (protophytes), telles les diatomées, ou d'affinités animales (protozoaires), telles l'amibe et la paramécie.

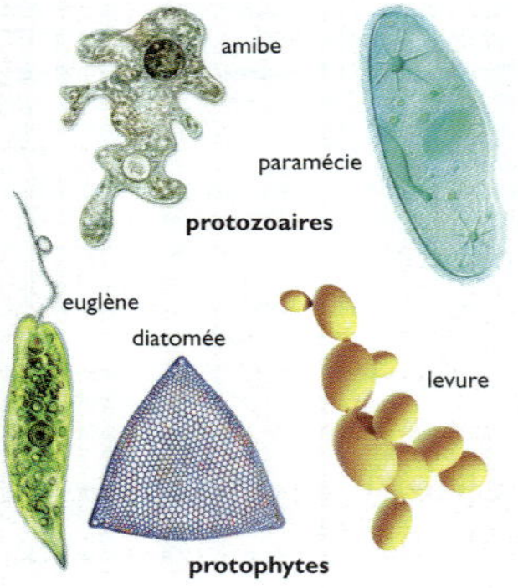

▲ **protiste.** Quelques espèces de protistes.

PROTOCOCCUS [-kɔkys] **n.m.** Algue verte unicellulaire abondante sur le tronc des arbres.

PROTOCOLAIRE **adj.** Conforme au protocole.

PROTOCOLE **n.m.** (du gr. *prôtokollon*, ce qui est collé en premier). **1.** Ensemble des règles établies en matière d'étiquette et de préséance, dans les cérémonies officielles ; cérémonial. **2.** Procès-verbal consignant les résolutions d'une assemblée, d'une conférence ; ensemble de ces résolutions. **3.** Énoncé des conditions, des règles, etc., de déroulement d'une expérience scientifique. **4.** **MÉD.** Ensemble des règles à respecter et des gestes à effectuer, au cours de certains traitements (anticancéreux, par ex.) et lors des essais thérapeutiques. **5.** Formulaire pour la rédaction des actes publics, des lettres officielles, etc. **6.** **INFORM.** Ensemble de règles et de codes conçu pour l'échange de données entre deux équipements reliés par un réseau.

PROTOÉTOILE **n.f.** **ASTRON.** Étoile en formation, au sein d'un nuage de matière interstellaire.

PROTOGALAXIE **n.f.** **ASTRON.** Galaxie en formation.

PROTOGYNIE ou **PROTÉROGYNIE** **n.f.** **1.** **BOT.** État d'une fleur dont le pistil est mûr avant les étamines. **2.** **ZOOL.** Caractère d'un animal hermaphrodite (limaces, certains échinodermes, salpes), successivement femelle puis mâle au cours de sa vie.

PROTOHISTOIRE **n.f.** Période intermédiaire entre la préhistoire et l'histoire, et correspondant à l'épanouissement de cultures connues indirectement par des textes qui leur sont extérieurs.

PROTOHISTORIEN, ENNE **n.** Spécialiste de protohistoire.

PROTOHISTORIQUE **adj.** Relatif à la protohistoire.

PROTOMÉ **n.m.** (du gr. *protomê*, buste). **ARCHÉOL.** Buste humain ou partie antérieure d'un animal employés comme élément décoratif.

PROTON **n.m.** (mot angl.). Particule de la famille des hadrons, chargée d'électricité positive et constituant, avec les neutrons, les noyaux atomiques. ➲ Dans un atome, le nombre de protons est égal au nombre d'électrons. Le proton est constitué de trois quarks.

PROTONÉMA **n.m.** (du gr. *nêma*, filament). **BOT.** Organe filamenteux rampant, ramifié, issu de la germination d'une spore de mousse, et sur lequel naissent les tiges.

PROTONIQUE **adj.** Relatif au proton.

PROTOPHYTE **n.m.** **BOT.** Végétal (algue, champignon) unicellulaire.

PROTOPLANÉTAIRE **adj.** Relatif à une protoplanète : *Disque protoplanétaire.*

PROTOPLANÈTE **n.f.** **ASTRON.** Planète en formation.

PROTOPLASME ou **PROTOPLASMA** **n.m.** **BIOL.** **1.** Hyaloplasme. **2.** Vx. Cytoplasme.

PROTOPLASMIQUE **adj.** Relatif au protoplasme.

PROTOPTÈRE **n.m.** Poisson dipneuste des marais de l'Afrique tropicale, passant la saison sèche dans la vase, protégé par un cocon de mucus séché. ➲ Sous-classe des dipneustes.

PROTOSTOMIEN **n.m.** **ZOOL.** Hyponeurien.

PROTOTHÉRIEN **n.m.** **ZOOL.** Monotrème.

PROTOTYPAGE **n.m.** **TECHN.** Réalisation de prototypes, notamm. en résine. ▪ **Prototypage rapide**, réalisé à l'aide de systèmes de CFAO, permettant notamm. de vérifier très rapidement certaines caractéristiques des modèles.

PROTOTYPE **n.m.** (du gr. *prôtotupos*, de création primitive). **1.** Premier exemplaire, modèle original d'un produit industriel. **2.** Fig. Exemple parfait ; type : *Don Juan est le prototype du séducteur.* **3.** **TECHN.** Premier exemplaire construit d'un appareil, d'une machine, destiné à en expérimenter les qualités pour le certifier en vue de sa construction en série.

PROTOTYPISTE **n.** Dans une entreprise, personne chargée de la mise au point des prototypes.

PROTOURE **n.m.** Très petit insecte primitif, dépourvu d'ailes, d'yeux et d'antennes, qui se nourrit de matières en décomposition dans les sols humides. ➲ Les protoures forment un ordre.

PROTOXYDE **n.m.** Oxyde le moins oxygéné d'un élément (par ex. : le protoxyde d'azote, N_2O).

PROTOZOAIRE **n.m.** (du gr. *prôtos*, premier, et *zôon*, animal). Être vivant unicellulaire, dépourvu de chlorophylle et se multipliant par mitose ou par reproduction sexuée (par oppos. à *métazoaire*). ➲ Les protozoaires forment un embranchement.

PROTRACTILE **adj.** (du bas lat. *protractio*, prolongement). **ZOOL.** Qui peut être étiré vers l'avant.

PROTRUSION **n.f.** **MÉD.** Action qui pousse un organe en avant dans des conditions anormales.

PROTUBÉRANCE **n.f.** (du lat. *pro*, en avant, et *tuber*, tumeur). **1.** Saillie en forme de bosse à la surface d'un corps ; excroissance ; proéminence. **2.** **ASTRON.** Jet de gaz observé dans la chromosphère ou la couronne solaire. ▪ **Protubérance (annulaire)** [anat.], partie moyenne du tronc cérébral entre le bulbe et le mésencéphale, et devant le cervelet (SYN. **pont de Varole**).

PROTUBÉRANT, E **adj.** Qui forme une protubérance ; proéminent.

PROU **adv.** (de l'anc. fr. *proud*, profit). Litt. ▪ **Peu ou prou**, plus ou moins.

PROUDHONIEN, ENNE **adj.** et **n.** Relatif à Proudhon, à son système ; qui en est partisan.

PROUE **n.f.** (lat. *prora*). Avant d'un navire (par oppos. à *poupe*).

PROUESSE **n.f.** (de *preux*). Litt. **1.** Action d'éclat ; exploit : *Prouesses techniques.* **2.** Litt. Acte d'héroïsme.

PROUSTIEN, ENNE **adj.** **1.** Relatif à Marcel Proust, à son œuvre. **2.** Qui évoque l'atmosphère des romans de Proust.

PROUVABLE **adj.** Qui peut être prouvé ; démontrable.

PROUVER **v.t.** [3] (du lat. *probare*, mettre à l'épreuve). **1.** Établir par des témoignages incontestables la vérité de ; démontrer. **2.** Faire apparaître la réalité de qqch ; manifester : *Prouver son courage.*

PROVENANCE **n.f.** Lieu d'où provient qqch ; origine.

PROVENÇAL, E, AUX **adj.** et **n.** De Provence. ▪ **À la provençale**, cuisiné avec de l'ail et du persil haché. ◆ **n.m.** **LING.** Groupe de dialectes occitans parlés princip. dans la basse vallée du Rhône et à l'est de celle-ci ; par ext., la langue d'oc dans son ensemble, ou occitan.

PROVENDE **n.f.** (bas lat. *praebenda*). **1.** Vx ou litt. Provision de vivres. **2.** **AGRIC.** Anc. Mélange de farines et de graines de légumineuses donné au bétail à l'engrais.

PROVENIR **v.i.** [28] (auxil. *être*) [DE] (lat. *provenire*). **1.** Avoir pour cause ; résulter de : *Cette catastrophe provient d'une méconnaissance de la montagne.* **2.** Avoir pour origine ; venir de : *Ce bois provient d'Asie.*

PROVERBE **n.m.** (lat. *proverbium*). **1.** Court énoncé exprimant un conseil de sagesse, une vérité d'expérience et qui est devenu d'usage commun. **2.** **THÉÂTRE.** Petite comédie dont l'action illustre un proverbe. ▪ **Passer en proverbe**, devenir un exemple, un modèle.

PROVERBIAL, E, AUX **adj.** **1.** Qui tient du proverbe : *Locution proverbiale.* **2.** Qui est cité comme exemple ; légendaire : *Sa générosité est proverbiale.*

PROVERBIALEMENT **adv.** De façon proverbiale.

PROVIDENCE **n.f.** (du lat. *providentia*, prévision). **1.** **THÉOL. CHRÉT.** Suprême sagesse que l'on attribue à Dieu et par laquelle il gouvernerait toutes choses. **2.** (Avec une majuscule). Dieu en tant qu'il gouverne le monde. **3.** Personne, chose qui permet de se tirer d'une situation difficile.

PROVIDENTIEL, ELLE **adj.** **1.** Relatif à la Providence ; dû à son action. **2.** À la fois opportun et inattendu : *Hasard providentiel.*

PROVIDENTIELLEMENT **adv.** De façon providentielle.

PROVIGNAGE ou **PROVIGNEMENT** **n.m.** **VITIC.** Marcottage de la vigne.

PROVIGNER **v.t.** [3] (de *provin*). **VITIC.** Multiplier la vigne par provins ; marcotter. ◆ **v.i.** Se multiplier par provins.

PROVIN **n.m.** (lat. *propago*). **VITIC.** Sarment ou cep de vigne que l'on couche en terre pour en obtenir une nouvelle souche.

PROVINCE **n.f.** (lat. *provincia*). **1.** Ensemble de la France à l'exception de Paris et sa banlieue. **2.** Division administrative de nombreux pays (Belgique, Canada, Chine, etc.). **3.** Dans la France d'Ancien Régime, division territoriale placée sous l'autorité d'un délégué du pouvoir central. **4.** **ANTIQ. ROM.** Pays, territoire conquis hors de l'Italie, assujetti à Rome et administré par un magistrat romain. ▪ **La Belle Province**, le Québec. ▪ **Province ecclésiastique, religieuse** [cath.], ensemble de diocèses dépendant d'un même archevêché ou d'une même métropole ; ensemble de maisons religieuses placées sous l'autorité d'un même supérieur.

PROVINCIAL, E, AUX **adj.** **1.** D'une province : *Administration provinciale.* **2.** De la province, par oppos. à la capitale : *Meetings provinciaux d'un candidat.* **3.** Péjor. Qui n'a pas l'aisance que l'on prête aux habitants de la capitale : *Habitudes provinciales.* ◆ **n.** Personne qui habite la province. ◆ **n.m.** **CATH.** Supérieur placé à la tête d'une province religieuse.

PROVINCIALISME **n.m.** **1.** **LING.** Mot, tournure, prononciation propres à une province ; régionalisme. **2.** Péjor. Gaucherie que l'on prête aux gens de la province.

PROVIRUS **n.m.** **MÉD.** **1.** État particulier d'un virus lorsqu'il est intégré dans un chromosome de l'hôte et se transmet avec celui-ci de cellule mère à cellule fille. **2.** Copie en ADN de l'ARN d'un virus oncogène, obtenue grâce à l'enzyme appelée *transcriptase inverse.*

PROVISEUR, E **n.** (du lat. *provisor*, qui pourvoit). **1.** Fonctionnaire chargé de la direction d'un lycée. **2.** Belgique. Fonctionnaire chargé de seconder le préfet dans les athénées et les lycées importants.

✎ Au fém., on rencontre aussi ***une proviseur.***

PROVISION **n.f.** (du lat. *provisio*, prévoyance). **1.** Accumulation de choses nécessaires en vue d'un usage ultérieur ; réserve ; stock : *L'imprimeur a une provision de papier.* **2.** Fig. Réserve de ressources morales : *Il vous faudra une provision de patience.* **3.** **BANQUE.** Somme déposée en banque et destinée à couvrir des paiements ultérieurs. **4.** **COMPTAB.** Somme inscrite au passif d'un bilan pour faire face à une perte probable. **5.** Somme versée à titre d'acompte à un avocat, un notaire, etc. **6.** Somme qu'un tribunal attribue provisoirement avant un jugement définitif. ◆ **n.f. pl.** Produits alimentaires ou d'entretien nécessaires à l'usage quotidien : *Faire ses provisions* ou *aller aux provisions.*

PROVISIONNEL, ELLE **adj.** Qui se fait en attendant le règlement définitif : *Acompte provisionnel.*

PROVISIONNER **v.t.** [3]. **COMPTAB.** Créditer un compte d'un montant suffisant pour assurer son fonctionnement.

Les provinces et les régions de l'ancienne France

Les blasons sont les emblèmes des divisions territoriales de la France antérieures au découpage du pays en départements sous la Révolution. Même après la reconnaissance des actuelles Régions comme collectivités territoriales à part entière (1982), ils conservent toute leur symbolique, attestant l'appartenance historique des Français contemporains à un terroir.

PROVISOIRE adj. (du lat. *provisus,* prévu). **1.** Qui se fait, qui existe en attendant un état définitif; temporaire : *Bilan provisoire d'une catastrophe.* **2. DR.** Se dit d'une décision judiciaire qui statue sur un chef de demande urgent, sans trancher sur le fond du procès, et qui peut être modifiée ou rétractée. ▪ **Détention provisoire,** subie avant un jugement. ◆ **n.m.** Ce qui est provisoire, transitoire.

PROVISOIREMENT adv. De façon provisoire.

PROVITAMINE n.f. BIOCHIM. Toute substance présente dans les aliments que l'organisme transforme en vitamine.

PROVOC n.f. (abrév.). Fam. Provocation.

PROVOCANT, E adj. 1. Qui cherche à produire des réactions violentes ; agressif : *Déclarations provocantes.* **2.** Qui incite au désir sexuel ; aguichant : *Tenue provocante.*

PROVOCATEUR, TRICE n. et **adj.** Personne qui incite à des actes séditieux ou délictueux dans le but de justifier des représailles. ◆ **adj. 1.** Qui incite à la violence, au désordre. **2.** Qui cherche à exciter le désir sexuel.

PROVOCATION n.f. 1. Action de provoquer : *Provocation à la haine.* **2.** Incitation à commettre des actes répréhensibles, une infraction. **3.** Fait ou geste destiné à provoquer. Abrév. (fam.) **provoc.**

PROVOLONE n.m. Fromage italien à pâte filée, salé, séché et fumé, en forme de poire ou de cylindre.

PROVOQUER v.t. [3] (du lat. *provocare,* appeler). **1.** Inciter qqn à des réactions violentes ; défier. **2.** Pousser qqn à faire qqch ; entraîner : *Ces films provoquent les jeunes à la violence.* **3.** Exciter le désir sexuel de. **4.** Être la cause de ; occasionner : *Provoquer un accident.*

PROXÉMIQUE n.f. (anglo-amér. *proxemics*). Partie de la linguistique qui étudie l'utilisation de l'espace par les êtres animés et les significations qui s'en dégagent.

PROXÈNE n.m. (gr. *proxenos*). **ANTIQ. GR.** Personnage officiel d'une cité chargé de s'occuper des intérêts des étrangers.

PROXÉNÈTE n. (du lat. *proxeneta,* intermédiaire). Personne qui se livre au proxénétisme.

PROXÉNÉTISME n.m. Activité illicite consistant à tirer profit de la prostitution d'autrui ou à la favoriser.

PROXIMAL, E, AUX adj. ANAT. Se dit de la partie d'un membre, d'un organe qui est la plus proche du tronc ou d'un organe donné (CONTR. **distal**).

PROXIMITÉ n.f. (lat. *proximitas*). **1.** Situation de ce qui est à peu de distance ; voisinage. **2.** Situation de ce qui est proche dans le temps ; imminence. ▪ **À proximité de,** près de. ▪ **De proximité,** situé dans le proche voisinage : *Commerce de proximité* ; fig., proche des préoccupations quotidiennes des gens : *Média de proximité.* ▪ **Emploi, service de proximité,** emploi, service d'aide aux personnes dans leur lieu de vie (aide aux personnes âgées, aux malades, etc.). ▪ **Juge de proximité** → **JUGE.**

PROXY n.m. (mot angl.). Dispositif informatique servant d'intermédiaire entre les ordinateurs d'un réseau privé et Internet. Recomm. off. **serveur mandataire.** ➲ Il fait notamm. office de *pare-feu* et de *cache.*

PROYER [prwaje] **n.m.** (anc. fr. *praiere*). Bruant des prairies d'Europe et d'Asie occidentale.

PRUCHE n.f. (var. de *prusse*). Conifère des régions tempérées d'Amérique du Nord, voisin du sapin. ➲ Famille des pinacées.

PRUDE adj. et **n.** (de *preux*). Litt. D'une pudeur excessive ; pudibond.

PRUDEMMENT [-da-] **adv.** Avec prudence.

PRUDENCE n.f. (lat. *prudentia*). Attitude d'une personne qui agit de manière à éviter les erreurs, les risques ; circonspection.

PRUDENT, E adj. et **n.** (lat. *prudens, -entis*). Qui manifeste de la prudence.

PRUDENTIEL, ELLE adj. Se dit d'une règle ou d'un ratio imposant aux banques d'avoir un minimum de fonds propres par rapport aux crédits qu'elles accordent. ➲ La *réglementation prudentielle* a pour but d'empêcher les banques de prendre des risques inconsidérés, qui pourraient les mener à la faillite.

PRUDERIE n.f. Litt. Caractère d'une personne prude ; pudibonderie.

PRUD'HOMAL, E, AUX, ▲ *PRUDHOMMAL, E, AUX* **adj.** Relatif aux conseils de prud'hommes. ▪ **Conseiller prud'homal,** prud'homme.

PRUD'HOMIE, ▲ *PRUDHOMMIE* **n.f.** Ensemble de l'organisation prud'homale.

PRUD'HOMME, ▲ *PRUDHOMME* **n.m.** (de *preux* et *homme*). Membre d'un tribunal électif *(conseil de prud'hommes)* composé en nombre égal de représentants des salariés et des employeurs, et dont le rôle est de trancher les conflits individuels du travail (SYN. **conseiller prud'homal**).

PRUINE n.f. (du lat. *pruina,* givre). Couche poudreuse qui recouvre certains fruits, les champignons, etc.

PRUNE n.f. (lat. *prunum*). **1.** Fruit du prunier, drupe comestible à la pulpe molle, juteuse et sucrée dont on fait des confitures, de l'eau-de-vie et dont certaines variétés sont séchées pour donner les pruneaux. **2.** Fam. Contravention. ▪ **Pour des prunes** [fam.], inutilement. ▪ **Prune de coton,** icaque. ◆ **adj. inv.** D'une couleur violet-rouge foncé.

PRUNEAU n.m. 1. Prune séchée au four ou au soleil : *Pruneau fourré.* **2.** Suisse. Quetsche. **3.** Fam. Balle d'une arme à feu.

1. PRUNELLE n.f. 1. Fruit du prunellier. **2.** Liqueur, eau-de-vie faite avec ce fruit.

2. PRUNELLE n.f. 1. ANAT. Pupille de l'œil. **2.** L'œil considéré quant à son aspect, à la couleur de l'iris. ▪ **Tenir à qqch comme à la prunelle de ses yeux,** y tenir par-dessus tout.

PRUNELLIER, ▲ *PRUNELIER* **n.m.** Petit prunier sauvage, aux rameaux épineux, aux fruits très acides, qui croît dans les haies.

PRUNIER n.m. Arbre aux fleurs blanches paraissant avant les feuilles, cultivé pour son fruit comestible, la prune. ➲ Famille des rosacées.

▲ **prunier**

PRUNUS [-nys] **n.m.** (mot lat.). Prunier ou prunellier cultivé comme arbre d'ornement (nom générique).

PRURIGINEUX, EUSE adj. Qui provoque un prurit.

PRURIGO n.m. (mot lat. « démangeaison »). **MÉD.** Dermatose caractérisée par des papules et des démangeaisons (nom générique).

PRURIT [-rit] **n.m.** (lat. *pruritus*). **1. MÉD.** Sensation au niveau des muqueuses et de la peau entraînant le besoin de se gratter ; démangeaison. ➲ Le *prurit* peut être localisé ou affecter l'ensemble du corps. Souvent causé par une maladie de la peau (eczéma, psoriasis, etc.), il peut aussi être lié à d'autres facteurs (prise de médicaments, trouble psychologique, etc.). **2.** Fig. Vif désir, irraisonné et obsédant : *Le prurit de célébrité des jeunes.*

PRUSSE n.m. (de *sapin de Prusse*). Acadie. Épicéa.

PRUSSIATE n.m. Anc. Cyanure.

PRUSSIEN, ENNE adj. et **n.** De Prusse.

PRUSSIK n.m. ALP., SPÉLÉOL. Nœud amovible servant à fixer une cordelette à une corde fixe. (On dit aussi *nœud de Prussik.*)

PRUSSIQUE adj.m. Vx. ▪ **Acide prussique,** acide cyanhydrique.

PRYTANE n.m. (gr. *prutanis*). **ANTIQ. GR. 1.** Premier magistrat, dans de nombreuses cités. **2.** Membre du bureau exécutif de la boulê, à Athènes.

PRYTANÉE n.m. (gr. *prutaneîon*). **1.** Établissement militaire d'enseignement du second degré. **2. ANTIQ. GR.** Édifice public où les prytanes et quelques hôtes prenaient leurs repas.

P-S ou **P.-S.** [peɛs] **n.m.** (abrév. écrite). Post-scriptum.

PSA [peɛsa] **n.m.** (sigle de l'angl. *prostate specific antigen*). Antigène spécifique de la prostate*.

PSALLIOTE n.f. (du gr. *psalis,* voûte). Champignon basidiomycète comestible à lames rosées ou violacées et à anneau. ➲ La psalliote des champs est cultivée sous le nom de *champignon de couche* ou *champignon de Paris* ; famille des agaricacées.

PSALMISTE n.m. (bas lat. *psalmista*). Auteur de psaumes.

PSALMODIE n.f. (du gr. *psalmos,* psaume, et *ôdê,* chant). **1.** En musique grégorienne, manière particulière de chanter les psaumes. **2.** Litt. Manière monotone de parler, de réciter.

PSALMODIER v.t. et **v.i.** [5]. **1.** Réciter, chanter un psaume sans inflexion de voix, avec des repos marqués. **2.** Litt. Dire, réciter d'une manière monotone.

PSALMODIQUE adj. Relatif à la psalmodie.

PSALTÉRION n.m. (gr. *psaltêrion*). Anc. Instrument de musique à cordes pincées, de forme trapézoïdale.

PSAUME n.m. (du gr. *psalmos,* action de faire vibrer). Chant liturgique de la religion d'Israël (attribué au roi David), passé dans le culte chrétien et constitué d'une suite variable de versets.

PSAUTIER n.m. 1. Recueil des 150 psaumes de la Bible hébraïque. ➲ Ils sont 151 dans la version des Septante. **2.** Le livre des Psaumes lui-même, dans la tradition chrétienne.

PSCHENT [pskɛnt] **n.m.** (mot égyptien). Coiffure des pharaons en forme de double couronne, symbole de leur souveraineté sur la Haute-Égypte et la Basse-Égypte.

PSCHITT onomat. Imite le bruit d'un liquide projeté par un aérosol, l'ouverture d'une bouteille de soda. ▪ **Faire pschitt** [fam.], faire long feu ; échouer : *Un slogan qui fait pschitt.* ◆ **n.m.** Fam. **1.** Vaporisateur. **2.** Vaporisation.

PSEUDARTHROSE n.f. (du gr. *pseudês,* faux, et *arthron,* articulation). **MÉD.** Absence définitive de consolidation d'une fracture, les deux fragments osseux restant plus ou moins mobiles.

PSEUDO n.m. (abrév.). Fam. Pseudonyme.

PSEUDOBULBAIRE adj. MÉD. ▪ **Paralysie** ou **syndrome pseudobulbaire,** paralysie de la musculature de la bouche, de la langue, du voile du palais et du pharynx, le plus souvent consécutive à un ramollissement cérébral.

PSEUDOHERMAPHRODISME n.m. État congénital caractérisé par des organes génitaux du sexe opposé à celui des gonades, ou d'aspect ambivalent.

PSEUDOMEMBRANE n.f. MÉD. Enduit qui se forme à la surface des muqueuses ou des séreuses, en cas d'inflammation.

PSEUDOMEMBRANEUX, EUSE adj. Relatif à une pseudomembrane.

PSEUDONYME n.m. (du gr. *pseudês,* faux, et *onoma,* nom). Nom choisi par une personne pour dissimuler son identité ; partic., nom d'emprunt d'un écrivain, d'un artiste. Abrév. (fam.) **pseudo.**

PSEUDOPODE n.m. MICROBIOL. Expansion cytoplasmique de la cellule servant à la locomotion et à la phagocytose chez certains protistes et chez les globules blancs macrophages.

PSEUDOSCIENCE n.f. PHILOS. Savoir cohérent et organisé comme une science, mais qui n'en a pas la rigueur.

PSEUDOTUMEUR n.f. MÉD. Formation pathologique qui ressemble à une tumeur sans en être une.

PSI n.m. inv., ▲ *n.m.* Vingt-troisième lettre de l'alphabet grec (Ψ, ψ), correspondant au son [ps].

PSILOCYBE n.m. (du gr. *psulos,* dénudé, et *kubos,* cube). Champignon basidiomycète d'Amérique centrale, à pied grêle, puissamment hallucinogène. ➲ Ordre des agaricales.

PSILOCYBINE n.f. Alcaloïde hallucinogène extrait du psilocybe.

PSILOPHYTE n.m. Plante vasculaire dont le sporophyte ne porte pas de racines et dont les tiges peuvent être dépourvues de feuilles, telle que le psilotum. ➲ Les psilophytes forment un embranchement du groupe des ptéridophytes.

PSILOTUM [-tɔm] **n.m.** (du gr. *psulos*, dénudé). Petite plante épiphyte des régions tropicales, aux tiges dépourvues de racines et aux feuilles réduites à des écailles. ➲ Embranchement des psilophytes.

PSITT ou **PST** [pst] **interj.** S'emploie pour appeler, attirer l'attention.

PSITTACIDÉ n.m. (du lat. *psittacus*, perroquet). Oiseau arboricole des régions tropicales, au bec crochu et puissant, au plumage souvent très coloré, tel que l'ara, le perroquet, le cacatoès, la perruche. ➲ Les psittacidés forment la seule famille de l'ordre des psittaciformes.

PSITTACISME n.m. PSYCHOL. Répétition mécanique de phrases, de formules par un sujet qui ne les comprend pas.

PSITTACOSE n.f. Maladie infectieuse des psittacidés, transmissible à l'homme.

PSOAS [psɔas] **adj.** et **n.m.** (du gr. *psoa*, reins). **ANAT.** Se dit d'un muscle qui s'étend des vertèbres lombaires au fémur et qui peut fléchir la cuisse sur le tronc.

PSOQUE n.m. (du gr. *psôkhein*, émietter). Petit insecte se nourrissant de moisissures à la surface des feuilles et de vieux papiers pour certaines espèces, d'où leur surnom de *poux des livres*. ➲ Ordre des psocoptères.

PSORALÈNE n.m. MÉD. Substance utilisée pour provoquer une photosensibilisation dans le traitement de certaines dermatoses (vitiligo, psoriasis).

PSORIASIQUE adj. Relatif au psoriasis. ◆ **adj.** et **n.** Atteint de psoriasis.

PSORIASIS [-zis] **n.m.** (mot gr.). **MÉD.** Dermatose chronique caractérisée par des plaques rouges recouvertes d'épaisses squames blanches. ➲ Il peut s'accompagner d'un rhumatisme inflammatoire.

PSY n. (abrév.). Fam. Psychanalyste ; psychiatre ; psychologue.

PSYCHANALYSE [-ka-] **n.f.** (du gr. *psukhê*, âme, et de *analyse*). **1.** Méthode de psychothérapie inventée par S. Freud vers 1895 et reposant sur la découverte de l'inconscient psychique. **2.** Technique psychothérapique utilisant cette méthode (SYN. **analyse**).

➲ La **PSYCHANALYSE**, tout en se situant dans le prolongement de la découverte progressive des phénomènes inconscients au fil du XIXe s., marque une rupture tant elle renouvelle la conception du sujet humain. Pour Freud, la personnalité se forme à partir du refoulement dans l'inconscient de situations vécues dans l'enfance comme sources d'angoisse et de culpabilité. La sexualité, de manière générale, joue un rôle majeur. La réapparition des éléments refoulés et, par-delà, toute la pathologie psychique relèvent du jeu complexe des instances qui composent l'appareil psychique, dont Freud a proposé deux modèles, ou topiques, successifs (d'abord inconscient, conscient, préconscient puis ça, surmoi, moi). Comme thérapeutique, la psychanalyse vise à la prise de conscience du refoulé à la faveur de la cure, qui est marquée par les deux phénomènes de la résistance et du transfert.

PSYCHANALYSER [-ka-] **v.t. [3].** Soumettre à un traitement psychanalytique.

PSYCHANALYSTE [-ka-] **n.** Praticien de la psychanalyse (SYN. **analyste**). Abrév. (fam.) **psy.**

PSYCHANALYTIQUE [-ka-] **adj.** Relatif à la psychanalyse (SYN. **1. analytique**).

PSYCHASTHÉNIE [-ka-] **n.f.** Vieilli. Névrose caractérisée par un état de doute permanent.

PSYCHASTHÉNIQUE [-ka-] **adj.** et **n.** Vieilli. Atteint de psychasthénie.

1. PSYCHÉ [psiʃe] **n.f.** (de *Psyché*, n. myth.). Grand miroir inclinable, pivotant sur un bâti reposant au sol et permettant de se voir en pied.

2. PSYCHÉ [psiʃe] **n.f.** (du gr. *psukhê*, âme, esprit). **PSYCHAN., PSYCHOL.** Ensemble des processus conscients et inconscients propres à chaque individu.

PSYCHÉDÉLIQUE [-ke-] **adj.** (angl. *psychedelic*). Se dit de l'état psychique provoqué par l'absorption d'hallucinogènes (LSD, par ex.) ; se dit de ce qui évoque cet état. ▪ **Musique psychédélique,** style de musique pop, issu du mouvement hippie, né en Grande-Bretagne dans la seconde moitié des années 1960, et conçu comme la traduction musicale de l'état psychédélique. ▪ **Rock psychédélique,** acid rock.

PSYCHÉDÉLISME [-ke-] **n.m.** État de rêve éveillé provoqué par l'usage d'hallucinogènes comme le LSD.

PSYCHIATRE [-kja-] **n.** Spécialiste de psychiatrie. Abrév. (fam.) **psy.**

PSYCHIATRIE [-kja-] **n.f.** Spécialité médicale dont l'objet est l'étude et le traitement des maladies et des troubles mentaux.

➲ Les troubles observés en **PSYCHIATRIE** sont d'une grande diversité : troubles anxieux ou de l'humeur, psychoses, démences, personnalités pathologiques, toxicomanies, troubles compulsifs, retard mental et troubles du développement chez l'enfant. De plus en plus souvent, les causes de ces maladies semblent être d'ordre génétique ou neurochimique. Les traitements reposent sur les médicaments psychotropes, les psychothérapies et l'encadrement social.

PSYCHIATRIQUE [-kja-] **adj.** Relatif à la psychiatrie.

PSYCHIATRISATION [-kja-] **n.f.** Action de psychiatriser.

PSYCHIATRISER [-kja-] **v.t. [3].** Interpréter qqch en termes de psychiatrie.

PSYCHIQUE [-ʃik] **adj.** et **n.m.** (du gr. *psukhê*, âme). Qui concerne la vie de l'esprit dans ses aspects conscients et inconscients.

PSYCHISME [-ʃism] **n.m.** Ensemble des caractères psychiques d'un individu ; structure mentale.

PSYCHOACTIF, IVE [-kɔ-] **adj.** ▪ **Agent psychoactif,** substance chimique (morphine, cocaïne, par ex.) qui influe sur l'activité mentale.

PSYCHOAFFECTIF, IVE [-kɔ-] **adj.** Se dit d'un processus mental faisant intervenir l'affectivité, par oppos. aux processus cognitifs.

PSYCHOANALEPTIQUE [-kɔ-] **adj.** et **n.m. PHARM.** Se dit d'une substance psychotrope telle qu'un psychostimulant ou un thymoanaleptique, qui a une action stimulante sur le psychisme.

PSYCHOBIOLOGIE [-kɔ-] **n.f.** Théorie psychiatrique qui s'intéresse aux relations entre l'activité psychique et le corps physique ou le milieu.

PSYCHOCHIRURGIE [-kɔ-] **n.f.** Ensemble des opérations chirurgicales pratiquées sur l'encéphale pour traiter les troubles mentaux.

PSYCHOCRITIQUE [-kɔ-] **n.f.** Méthode d'étude des œuvres littéraires consistant à dégager dans les textes des phénomènes et des relations issus de l'inconscient de l'écrivain. ◆ **adj.** Relatif à la psychocritique.

PSYCHODRAME [-kɔ-] **n.m. 1.** Méthode de psychothérapie dans laquelle le sujet joue un rôle dans une scène, ou regarde d'autres personnes jouer différents rôles. **2.** Fig. Situation conflictuelle au sein d'un groupe, évoquant un psychodrame.

PSYCHODYSLEPTIQUE [-kɔ-] **adj.** et **n.m. PHARM.** Se dit d'une substance psychotrope (LSD, mescaline, etc.) qui provoque des anomalies du fonctionnement psychique (hallucinations, délire, etc.).

PSYCHOGÈNE [-kɔ-] **adj.** Se dit d'un trouble mental d'origine purement psychique.

PSYCHOGÉNÉALOGIE [-kɔ-] **n.f.** Psychothérapie qui prend en compte les événements traumatisants du passé d'une personne ou la vie de ses ascendants (secrets de famille, scènes violentes) [SYN. **analyse transgénérationnelle**].

PSYCHOGÉNÉALOGISTE [-kɔ-] **n.** Spécialiste de psychogénéalogie.

PSYCHOGENÈSE [-kɔ-] **n.f.** Processus psychique à l'origine d'un trouble mental ou organique.

PSYCHOGÉNÉTIQUE [-kɔ-] **n.f.** Étude de l'acquisition par l'enfant des formes de la pensée.

PSYCHOKINÉSIE [-kɔ-] **n.f. PARAPSYCHOL.** Action directe supposée de l'esprit sur la matière, qui donnerait lieu à des phénomènes tels que la lévitation ou la déformation d'objets à distance.

PSYCHOLEPTIQUE [-kɔ-] **adj.** et **n.m. PHARM.** Se dit de tout médicament ayant une action sédative sur le psychisme (anxiolytique, par ex.).

PSYCHOLINGUISTE [-kɔ-] **n.** Spécialiste de psycholinguistique.

PSYCHOLINGUISTIQUE [-kɔ-] **n.f.** Étude scientifique des facteurs psychiques qui permettent la production et la compréhension du langage. ◆ **adj.** Relatif à la psycholinguistique.

PSYCHOLOGIE [-kɔ-] **n.f.** (du gr. *psukhê*, âme, et *logos*, science). **1.** Étude scientifique des faits psychiques. **2.** Connaissance empirique ou intuitive des sentiments, des idées, des comportements d'autrui : *Manquer de psychologie.* **3.** Ensemble des manières de penser, de sentir, d'agir qui caractérisent une personne, un groupe ; mentalité : *La psychologie des sportifs.*

➲ La **PSYCHOLOGIE** est devenue une discipline distincte de la philosophie à la fin du XIXe s. Avec le béhaviorisme*, elle se détourne de l'étude de la conscience et devient science du comportement. Le gestaltisme* étudie la perception et notamm. l'organisation des formes. P. Janet et S. Freud, le fondateur de la psychanalyse*, sont à l'origine de la psychologie clinique. H. Wallon puis J. Piaget, créateur de l'épistémologie génétique, se consacrent à la psychologie de l'enfant. Avec le courant cognitiviste, la psychologie est, plus génér., la science de l'esprit et de la vie mentale. On peut appréhender la psychologie du point de vue des méthodes (psychologie expérimentale, différentielle, clinique, comparée…) ou des objets d'étude (psychologie générale, psychologie de l'enfant, psychologie animale, psychocritique, psycholinguistique, psychopathologie, psychophysiologie, psychosociologie, neuropsychologie) ou des champs d'application (psychologie scolaire, psychologie du travail, de la santé, du sport…).

PSYCHOLOGIQUE [-kɔ-] **adj. 1.** Relatif à la psychologie, aux faits psychiques. **2.** Qui agit sur le psychisme : *Guerre psychologique.* ▪ **Moment** ou **instant psychologique,** moment le plus favorable pour une action efficace. ◆ **n.m.** Ensemble des faits psychiques.

PSYCHOLOGIQUEMENT [-kɔ-] **adv.** Du point de vue psychologique.

PSYCHOLOGISATION n.f. Tendance à donner une importance croissante, voire excessive, à la psychologie dans un domaine donné : *La psychologisation de la presse féminine.*

PSYCHOLOGISME [-kɔ-] **n.m.** Tendance à expliquer l'ensemble des comportements humains par des facteurs de nature psychologique.

PSYCHOLOGUE [-kɔ-] **n.** Spécialiste de psychologie. Abrév. (fam.) **psy.** ▪ **Psychologue scolaire,** attaché à un ou plusieurs établissements d'enseignement. ◆ **adj.** et **n.** Se dit d'une personne qui discerne, comprend intuitivement les sentiments, les mobiles d'autrui.

PSYCHOMÉTRICIEN, ENNE [-kɔ-] **n.** Spécialiste de psychométrie.

PSYCHOMÉTRIE [-kɔ-] **n.f.** Ensemble des méthodes de mesure des phénomènes psychologiques (tests, notamm.).

PSYCHOMOTEUR, TRICE [-kɔ-] **adj.** Relatif à la psychomotricité : *Troubles psychomoteurs.* ▪ **Rééducation psychomotrice,** thérapeutique non verbale visant à améliorer les rapports entre un sujet et son corps (mauvaise latéralisation, par ex.).

PSYCHOMOTRICIEN, ENNE [-kɔ-] **n.** Spécialiste de psychomotricité.

PSYCHOMOTRICITÉ [-kɔ-] **n.f.** Ensemble des fonctions motrices considérées sous l'angle de leurs relations avec le psychisme.

PSYCHOPATHE [-kɔ-] **n. 1. PSYCHIATR.** Personne atteinte de psychopathie. **2.** Cour. Malade mental.

PSYCHOPATHIE [-kɔ-] **n.f. PSYCHIATR.** Personnalité pathologique se manifestant essentiellement par des comportements antisociaux.

PSYCHOPATHOLOGIE [-kɔ-] **n.f.** Branche de la psychologie qui a pour objet l'étude comparée des processus normaux et pathologiques de la vie psychique.

PSYCHOPATHOLOGIQUE [-kɔ-] **adj.** Relatif à la psychopathologie.

a b c d e f g h i j k l m n o p q r s t u v w x y z

PSYCHOPÉDAGOGIE [-kɔ-] **n.f.** Gestion des situations pédagogiques prenant en compte les composantes psychologiques.
PSYCHOPÉDAGOGUE [-kɔ-] **n.** Spécialiste de psychopédagogie.
PSYCHOPHARMACOLOGIE [-kɔ-] **n.f.** Partie de la pharmacologie qui étudie l'effet des psychotropes.
PSYCHOPHYSIOLOGIE [-kɔ-] **n.f.** Étude scientifique des rapports entre les faits psychiques et les faits physiologiques.
PSYCHOPHYSIQUE [-kɔ-] **n.f.** Branche de la psychologie consacrée à l'étude des relations entre les événements du monde physique et les sensations.
PSYCHOPLASTICITÉ [-kɔ-] **n.f.** Vulnérabilité aux suggestions psychiques se traduisant par des symptômes somatiques.
PSYCHOPOMPE [-kɔ-] **n.m.** et **adj.** (du gr. *psukhê*, âme, et *pompaios*, qui conduit). **RELIG.** Conducteur des âmes des morts (Charon, Hermès, Orphée, dans la mythologie gréco-latine ; saint Michel, dans l'iconographie chrétienne).
PSYCHOPROPHYLACTIQUE [-kɔ-] **adj.** Relatif à l'accouchement dit « sans douleur ».
PSYCHORIGIDE [-kɔ-] **adj.** et **n.** Qui manifeste de la psychorigidité.
PSYCHORIGIDITÉ [-kɔ-] **n.f.** Trait de caractère se manifestant par une absence de souplesse des processus intellectuels et une incapacité à s'adapter aux situations nouvelles.
PSYCHOSE [-koz] **n.f. 1.** Affection mentale bouleversant profondément la personnalité du sujet et ses rapports à la réalité. **2.** Angoisse collective provoquée par un événement ou un fléau vécu comme une menace permanente et qui peut conduire à la panique : *La psychose des attentats.*

➲ Les **PSYCHOSES**, dont la cause psychique ou biochimique est mal connue, sont génér. chroniques. Elles sont souvent caractérisées par un délire et des hallucinations, ainsi que par une personnalité pathologique. De plus, elles peuvent avoir un retentissement social et professionnel important. Les principales psychoses sont le trouble bipolaire, la paranoïa et la schizophrénie.

PSYCHOSENSORIEL, ELLE [-kɔ-] **adj.** Qui concerne à la fois les fonctions psychiques et les fonctions sensorielles.
PSYCHOSOCIAL, E, AUX [-kɔ-] **adj.** Qui concerne à la fois la psychologie individuelle et la vie sociale.
PSYCHOSOCIOLOGIE [-kɔ-] **n.f.** Étude psychologique des faits sociaux. (SYN. **psychologie sociale.**)
PSYCHOSOCIOLOGIQUE [-kɔ-] **adj.** Relatif à la psychosociologie.
PSYCHOSOCIOLOGUE [-kɔ-] **n.** Spécialiste de psychosociologie.
PSYCHOSOMATIQUE [-kɔ-] **adj.** (du gr. *psukhê*, âme, et *sôma*, corps). Se dit d'un trouble organique ou fonctionnel exprimant un conflit d'origine psychique. ▪ **Médecine psychosomatique,** discipline qui s'intéresse aux troubles physiques d'origine psychique et au retentissement psychique des maladies.
PSYCHOSTIMULANT, E [-kɔ-] **adj.** et **n.m. PHARM.** Se dit d'une substance psychoanaleptique (amphétamine, caféine, etc.) qui stimule la vigilance (SYN. **psychotonique**).
PSYCHOTECHNICIEN, ENNE [-kɔ-] **n.** Spécialiste de psychotechnique.
PSYCHOTECHNIQUE [-kɔ-] **adj.** Se dit des tests qui permettent de mesurer les aptitudes d'un individu et sont utilisés pour l'orientation et la sélection professionnelles. ◆ **n.f.** Mise en œuvre de tests psychotechniques.
PSYCHOTER v.i. [3] (de *psychose*). Fam. S'angoisser exagérément et, le plus souvent, sans raison : *Arrête un peu de psychoter !*
PSYCHOTHÉRAPEUTE [-kɔ-] **n.** Spécialiste de psychothérapie (SYN. **thérapeute**).
PSYCHOTHÉRAPIE [-kɔ-] **n.f.** Toute utilisation de moyens psychologiques pour traiter une maladie mentale, une inadaptation ou un trouble psychosomatique (SYN. **thérapie**).
PSYCHOTHÉRAPIQUE ou **PSYCHOTHÉRAPEUTIQUE** [-kɔ-] **adj.** Relatif à la psychothérapie.
PSYCHOTIQUE [-kɔ-] **adj.** Relatif à la psychose. ◆ **adj.** et **n.** Atteint de psychose.
PSYCHOTONIQUE [-kɔ-] **adj.** et **n.m.** Psychostimulant.
PSYCHOTRAUMATOLOGIE [-kɔ-] **n.f.** Branche de la psychiatrie qui a pour objet l'analyse et le traitement des symptômes variés induits par un traumatisme psychique intense. (→ **syndrome de stress post-traumatique***).
PSYCHOTROPE [-kɔ-] **adj.** et **n.m. PHARM.** Se dit d'une substance (médicament, alcool, drogue, etc.) qui agit chimiquement sur le psychisme.
PSYCHROMÈTRE [-krɔ-] **n.m.** (du gr. *psukhros*, froid). **MÉTÉOROL.** Appareil servant à déterminer l'état hygrométrique de l'air, formé de deux thermomètres exposés à l'air ambiant, l'un mouillé et l'autre sec.
PSYCHROMÉTRIE [-krɔ-] **n.f.** Détermination de l'état hygrométrique de l'air avec un psychromètre.
PSYLLE n.m. ou **n.f.** (du gr. *psulla*, puce). Petit insecte voisin de la cigale, très abondant sur les feuilles de certains arbres (bouleau, pommier), où il provoque parfois l'apparition de galles. ➲ Famille des psyllidés.
PSYLLIUM [-ljɔm] **n.m.** (mot lat.). Graine de deux espèces de plantain, utilisée en médecine comme laxatif.
PTÉRANODON n.m. (du gr. *pteron*, aile, et *anodous*, sans dents). **PALÉONT.** Grand reptile volant fossile du crétacé d'Amérique du Nord, dépourvu de dents. ➲ Ordre des ptérosauriens.
PTÉRIDOPHYTE n.m. (du gr. *pteris, -idos*, fougère, et *phuton*, plante). Végétal cryptogame vasculaire, sans fleurs et aux tissus comportant des vaisseaux conducteurs, tel que les fougères, la prêle, le lycopode. ➲ Les ptéridophytes forment un embranchement, divisé en quatre classes que certains auteurs considèrent comme autant d'embranchements distincts.
PTÉRIDOSPERMÉE n.f. PALÉONT. Plante gymnosperme fossile du carbonifère ressemblant à une fougère, mais qui se reproduisait par des ovules (« graines ») sans embryons, comme les cycas actuels. ➲ Les ptéridospermées forment un ordre.
PTÉROBRANCHE n.m. Animal marin vivant en colonies fixées sur le fond, voisin à la fois des échinodermes et des cordés. ➲ Les ptérobranches forment une classe.
PTÉRODACTYLE n.m. PALÉONT. Reptile volant fossile du jurassique d'Europe, à queue courte, à mâchoires armées de fortes dents. ➲ Ordre des ptérosauriens.

▲ **ptérodactyle.** Reconstitution.

PTÉROPODE n.m. Mollusque gastéropode marin à coquille très légère, qui nage en surface à la recherche du plancton. ➲ Les ptéropodes forment un ordre.
PTÉROSAURE [-zɔr] ou **PTÉROSAURIEN** [-sorjɛ̃] **n.m. PALÉONT.** Reptile fossile du mésozoïque, adapté au vol grâce à une large membrane soutenue par le cinquième doigt de la main, très allongé, et dont l'envergure allait de celle d'un merle à plus de 10 m. ➲ Les ptérosauriens forment un ordre.
PTÉRYGOÏDE adj. et **n.f. ANAT.** Se dit de deux apophyses osseuses implantées à la face inférieure de l'os sphénoïde, l'une à droite et l'autre à gauche.
PTÉRYGOTE n.m. Insecte dont la forme adulte porte des ailes ou des vestiges d'ailes. ➲ La sous-classe des ptérygotes comprend presque tous les insectes.
PTFE ou **P.T.F.E. n.m.** (sigle). Polytétrafluoroéthylène, utilisé notamm. sous les noms commerciaux de Teflon et Gore-Tex.
PTOLÉMAÏQUE adj. Relatif aux Ptolémées, à leur dynastie.
PTOMAÏNE n.f. (du gr. *ptôma*, cadavre). **BIOCHIM.** Substance aminée qui provient de la décomposition de certaines molécules organiques.
PTÔSE, ▲ *PTOSE* **n.f.** (du gr. *ptôsis*, chute). **MÉD.** Descente ou position anormalement basse d'un organe, due au relâchement des muscles ou des ligaments qui le maintiennent.
PTÔSIS, ▲ *PTOSIS* [-zis] **n.m.** (mot gr.). **MÉD.** Affaissement de la paupière supérieure, dû à un trouble musculaire ou neurologique.
PTYALISME n.m. (du gr. *ptualon*, salive). **MÉD.** Sialorrhée.
PUANT, E adj. 1. Qui sent mauvais ; malodorant : *Une poubelle puante.* **2.** Fam. Odieux par sa prétention, sa vanité. ▪ **Bêtes puantes** [véner.], carnassiers de la famille des mustélidés, qui dégagent une odeur forte et nauséabonde.
PUANTEUR n.f. Odeur forte et nauséabonde ; fétidité.
1. PUB [pœb] **n.m.** (mot angl.). **1.** En Grande-Bretagne et en Irlande, établissement où l'on sert des boissons alcoolisées, notamm. de la bière. **2.** Café décoré à la manière des pubs anglais.
2. PUB [pyb] **n.f.** (abrév.). Fam. Publicité : *Travailler dans la pub.*
PUBALGIE n.f. MÉD. Douleur de la région pubienne, d'origine musculaire ou osseuse.
PUBÈRE adj. (lat. *puber*). Qui a atteint l'âge de la puberté.
PUBERTAIRE adj. Qui se rapporte à la puberté.
PUBERTÉ n.f. (lat. *pubertas*). Ensemble des transformations de l'adolescence aboutissant à l'acquisition des caractères sexuels et de la fonction de reproduction ; période de la vie correspondante.
PUBESCENCE n.f. État des tiges, des feuilles pubescentes.
PUBESCENT, E adj. (lat. *pubescens*). **BOT.** Se dit d'une feuille, d'une tige qui est couverte de poils fins et courts.
PUBIEN, ENNE adj. Relatif au pubis.
PUBIS [pybis] **n.m.** (mot lat. « poil »). **1. ANAT.** Un des trois éléments de chacun des deux os iliaques, fermant le bassin en bas du ventre à droite et à gauche. **2.** Cour. Région correspondant à ces deux pièces osseuses, qui se couvre de poils au moment de la puberté.
PUBLIABLE adj. Qui peut être publié.
PUBLIC, PUBLIQUE adj. (lat. *publicus*). **1.** Qui concerne la collectivité dans son ensemble ou qui en émane : *Une association reconnue d'utilité publique.* **2.** Relatif au gouvernement, à l'administration d'un pays : *Les affaires publiques.* **3.** Qui relève de l'Administration ou des finances de l'État (par oppos. à *privé*). **4.** Qui est connu de tout le monde : *Un personnage public.* **5.** Qui est à l'usage de tous ; accessible à tous : *Un jardin public.* ◆ **n.m. 1.** Ensemble de la population : *Avis au public.* **2.** Ensemble de la clientèle ciblée ou atteinte par un média, à qui s'adressent un écrit, un film, une émission de radio ou de télévision, un site Web : *Un public de professionnels.* **3.** Ensemble des personnes qui sont réunies dans une salle, qui voient un spectacle, etc. ▪ **En public,** en présence de beaucoup de personnes : *Parler en public.* ▪ **Être bon public** [fam.], apprécier sans façon une histoire drôle, un spectacle, etc. ▪ **Grand public, adj. inv.,** qui s'adresse à tous indifféremment : *Des films grand public.* ▪ **Le grand public,** l'ensemble du public, par oppos. aux connaisseurs, aux spécialistes. ▪ **Le public,** le secteur public.
PUBLICAIN n.m. (lat. *publicanus*). **ANTIQ. ROM.** Adjudicataire d'un service public (travaux, douanes, etc.).
PUBLICATION n.f. 1. Action de faire paraître un écrit : *La publication d'un roman.* **2.** Ouvrage imprimé, écrit publié : *Reportez-vous aux publications sur ce sujet.* **3.** Action de rendre public : *La publication des chiffres du chômage.* ▪ **Directeur de (la) publication,** personne responsable pénalement du contenu rédactionnel d'un journal. ▪ **Publication assistée par ordinateur (PAO),** ensemble des techniques utilisant la micro-informatique pour la saisie des textes, leur

enrichissement typographique, l'intégration des illustrations et la mise en pages (SYN. **édition électronique, microédition**).

PUBLICISTE n. **1.** Juriste spécialiste du droit public. **2.** (Emploi critiqué). Publicitaire.

PUBLICITAIRE n. et adj. Personne qui travaille dans la publicité : *Des publicitaires inventifs.* ◆ **adj.** Qui concerne la publicité : *Panneau publicitaire.*

PUBLICITÉ n.f. **1.** Activité ayant pour objet de faire connaître une marque, d'inciter le public à acheter un produit, à utiliser un service, etc. ; ensemble des moyens et des techniques employés à cet effet : *Cette entreprise fait beaucoup de publicité.* Abrév. (fam.) **pub. 2.** Annonce, encart, film, etc., conçus pour faire connaître et vanter un produit, un service, etc. : *Film entrecoupé de publicités.* Abrév. (fam.) **pub. 3.** Caractère de ce qui est public : *La publicité des débats parlementaires.* ▪ **Publicité collective,** faite par plusieurs annonceurs d'un même métier et destinée à mettre en valeur un produit ou une catégorie de produits, sans référence à une marque. ▪ **Publicité comparative,** qui vise à promouvoir un produit en le comparant à son ou ses concurrents. ▪ **Publicité foncière,** opération consistant à inscrire un droit immobilier à la conservation des hypothèques, en vue de le rendre opposable aux tiers ou de porter l'existence de ce droit à leur connaissance. ▪ **Publicité institutionnelle,** destinée à développer la notoriété d'une organisation ou d'une entreprise.

PUBLIER v.t. [5] (lat. *publicare*). **1.** Faire paraître un ouvrage : *Publier le récit de ses voyages.* **2.** Faire connaître légalement : *Publier une loi.* **3.** Rendre public : *L'entreprise publie ses comptes.*

PUBLI-INFORMATION n.f. (pl. *publi-informations*) ou **PUBLIREPORTAGE** n.m. Publicité rédactionnelle insérée dans un média et prenant la forme d'un article, d'un reportage.

PUBLIPHILE adj. et n. Qui aime la publicité.

PUBLIPHOBE adj. et n. Qui est hostile à la publicité.

PUBLIPHONE n.m. (nom déposé). Appareil téléphonique public utilisable avec des cartes de paiement ; cabine téléphonique publique.

PUBLIPOSTAGE n.m. Message publicitaire concernant un produit ou un service adressé par voie postale et sous pli fermé ; recomm. off. pour **mailing.**

PUBLIQUEMENT adv. En public.

PUBLIREPORTAGE n.m. → **PUBLI-INFORMATION.**

PUCCINIE n.f. ou **PUCCINIA** n.m. [pyksi-] (de *Puccini*, n.pr.). Champignon basidiomycète microscopique, parasite des végétaux, responsable notamm. de la rouille du blé. ➲ Ordre des urédinales.

PUCE n.f. (lat. *pulex, -icis*). **1.** Insecte aptère, au corps aplati latéralement, à pattes postérieures sauteuses, parasite de l'homme et des mammifères dont il puise le sang par piqûre. ➲ Long. 1 à 4 mm ; ordre des siphonaptères. **2. ÉLECTRON.** Petite surface de matériau semi-conducteur (silicium) qui sert de substrat à un ou plusieurs circuits intégrés comme, par ex., un microprocesseur. ▪ **Avoir, mettre la puce à l'oreille** [fam.], être, mettre sur le qui-vive. ▪ **Marché aux puces,** endroit où l'on vend des objets d'occasion. (On dit aussi *les puces*.) ▪ **Puce à ADN,** biopuce. ▪ **Puce d'eau,** daphnie. ▪ **Puce de mer,** talitre. ▪ **Secouer les puces à qqn** [fam.], le réprimander. ◆ **adj. inv.** D'un rouge brun.

▲**puces**

PUCEAU n.m. et adj.m. Fam. Garçon vierge.

PUCELAGE n.m. Fam. Virginité.

PUCELLE n.f. et adj.f. (lat. *pullicella*). Fam. Jeune fille vierge. ▪ **La Pucelle (d'Orléans),** Jeanne d'Arc.

PUCER v.t. [9]. Équiper un animal d'une puce électronique : *Le vétérinaire a pucé son chien.*

PUCERON n.m. Petit insecte vivant en colonies sur des végétaux, dont il puise la sève, provoquant parfois de sérieux dommages (SYN. **aphidien**). ➲ Long. 1 à 3 mm ; ordre des homoptères.

▲**pucerons**

PUCHE n.f. (de *pucher*, forme dial. de *puiser*). Région. (Normandie). Filet à manche pour pêcher sur le sable les crevettes et les petits poissons.

PUCHEUX n.m. Région. (Normandie). Vase ou grande cuillère pour puiser les liquides.

PUCIER n.m. Arg. Lit.

PUDDING ou **POUDING** [pudiŋ] n.m. (angl. *pudding*). Entremets sucré à base de mie de pain, de biscuits, de semoule ou de riz, lié avec des œufs ou une crème, et agrémenté de fruits secs ou confits. ➲ Le pudding à l'anglaise, ou *plum-pudding*, se caractérise par l'emploi de graisse de bœuf.

PUDDLAGE [pœdlaʒ] n.m. **MÉTALL.** Anc. Procédé que l'on utilisait pour obtenir du fer ou un acier à basse teneur en carbone.

PUDDLER [pœdle] v.t. [3] (de l'angl. *to puddle*, brasser). Anc. Soumettre à l'opération du puddlage.

PUDEUR n.f. (lat. *pudor*). **1.** Sentiment de réserve, de gêne devant ce qui touche à la sexualité. **2.** Réserve de qqn qui évite de choquer les autres, de les gêner ; délicatesse : *Il a eu la pudeur de ne pas intervenir.*

PUDIBOND, E adj. et n. (lat. *pudibundus*). Qui manifeste une pudeur excessive ; prude.

PUDIBONDERIE n.f. Caractère pudibond ; pruderie.

PUDICITÉ n.f. Litt. Pudeur.

PUDIQUE adj. (lat. *pudicus*). **1.** Qui manifeste de la pudeur ; chaste. **2.** Qui ne manifeste pas facilement ses sentiments ; réservé.

PUDIQUEMENT adv. D'une manière pudique.

PUER v.i. [3] (lat. *putere*). **1.** Sentir très mauvais ; empester : *Les égouts puent.* **2.** Exhaler l'odeur désagréable de : *Ce chiffon pue l'essence.* **3.** Porter l'empreinte évidente et désagréable de : *Cette affaire pue l'escroquerie.*

PUÉRICULTEUR, TRICE n. Auxiliaire médical spécialiste de puériculture.

PUÉRICULTURE n.f. (du lat. *puer, pueri*, enfant). Ensemble des connaissances et des techniques mises en œuvre pour assurer aux tout-petits une croissance et un développement normaux.

PUÉRIL, E adj. (lat. *puerilis*). **1.** Qui manque de maturité et paraît déplacé chez un adulte ; infantile. **2.** Vx. Relatif à l'enfance : *Des voix puériles.*

PUÉRILEMENT adv. De façon puérile.

PUÉRILISME n.m. **PSYCHOL.** Trouble de la personnalité consistant en une régression de la mentalité adulte vers celle de l'enfance.

PUÉRILITÉ n.f. **1.** Caractère de ce qui est puéril ; infantilisme. **2.** Action ou chose peu sérieuse ; enfantillage.

PUERPÉRAL, E, AUX adj. (du lat. *puerpera*, accouchée). **MÉD.** Relatif à la période qui suit l'accouchement : *Fièvre puerpérale.*

PUFFIN [pyfɛ̃] n.m. (mot angl.). Palmipède de haute mer aux ailes longues et étroites, qui hiverne en plein océan. ➲ Ordre des procellariiformes.

PUGILAT n.m. (lat. *pugilatus*). **1.** Bagarre à coups de poing ; rixe. **2. ANTIQ.** Combat à coups de poing.

PUGILISTE n.m. **1.** Litt. Boxeur. **2. ANTIQ.** Athlète qui pratiquait le pugilat.

PUGILISTIQUE adj. **1.** Relatif à la boxe. **2.** Relatif au pugilat antique.

PUGNACE [-gnas] adj. Litt. Qui fait preuve de pugnacité ; combatif : *Une jeune députée pugnace.*

PUGNACITÉ [-gnasite] n.f. (lat. *pugnacitas*, de *pugnax, -acis*, combatif). Litt. Caractère pugnace ; combativité.

PUÎNÉ, E, ▲*PUINÉ, E* **adj.** et **n.** (de *puis* et *né*). Vieilli. Né après un de ses frères ou une de ses sœurs.

PUIS adv. (du lat. *post*, après). Indique une succession dans le temps, dans l'espace ; ensuite : *Il devint grave, puis inquiet* ; après : *Prenez à droite puis à gauche.* ▪ **Et puis,** d'ailleurs ; de plus : *Et puis je n'en ai pas envie.*

PUISAGE n.m. Action de puiser.

PUISARD n.m. **1.** Égout vertical fermé, destiné à absorber les eaux-vannes. **2.** Trou pratiqué dans la voûte d'un aqueduc pour le réparer ou le nettoyer.

PUISATIER n.m. Terrassier spécialisé dans le forage des puits de faible diamètre.

PUISER v.t. [3] (de *puits*). **1.** Prendre, prélever un liquide avec un récipient : *Puiser de l'eau à la fontaine.* **2.** Se procurer dans une réserve ; emprunter : *Puiser dans les archives.* ▪ **Puiser aux sources,** consulter et utiliser les textes originaux.

PUISETTE n.f. Vx ou Afrique. Récipient en bois, en cuir ou en métal pour puiser de l'eau.

PUISQUE conj. Indique le motif, la cause connus ou évidents ; attendu que ; étant donné que : *Puisqu'il y a des travaux sur l'autoroute, nous prendrons la nationale.*

✎ ***Puisque*** **ne s'élide que devant les mots *il(s), elle(s), on, en, un, une.***

PUISSAMMENT adv. **1.** Avec de puissants moyens : *Place puissamment défendue.* **2.** À un haut degré : *C'est puissamment raisonné.*

PUISSANCE n.f. **1.** Pouvoir de dominer, d'imposer son autorité ; influence : *User de sa puissance pour imposer un accord.* **2.** Caractère de ce qui exerce une grande influence sur qqn : *La puissance de l'argent.* **3.** État souverain : *Les grandes puissances.* **4.** Force pouvant produire un effet ; énergie : *La puissance d'un moteur, du vent.* **5.** Pouvoir de transport et d'érosion d'un cours d'eau. **6. PHYS.** Énergie reçue ou perdue, par unité de temps, par un système (unité SI : le watt). **7. MIN.** Épaisseur d'une couche de minerai ou d'un filon. ▪ **En puissance** [philos.], possible, virtuel (par oppos. à *en acte*, chez Aristote et les scolastiques, notamm.) ; virtuellement. ▪ **Fonction puissance** [math.], fonction qui à x associe x^n. ▪ **Puissance administrative** ou **fiscale** [autom.], puissance d'un moteur d'automobile ou de motocyclette, calculée pour servir de base à l'imposition fiscale. ▪ **Puissance au frein** [autom.], puissance mesurée à l'aide d'un frein. ▪ **Puissance d'une loupe, d'un microscope** [opt.], quotient de l'angle sous lequel on voit un objet à travers l'instrument par la longueur de cet objet. ▪ **Puissance d'un ensemble** [math.], cardinal de cet ensemble. ▪ **Puissance d'un point P par rapport à un cercle, à une sphère** [math.], produit $\overline{PM}.\overline{PM'}$ où M et M′ sont les points d'intersection d'une droite avec le cercle ou la sphère. ▪ **Puissance effective** [autom.], puissance d'un moteur mesurée au banc d'essai. ▪ **Puissance modulée** [acoust.], puissance électrique délivrée par un amplificateur pour alimenter les haut-parleurs et en obtenir une reproduction sonore sans distorsions. ▪ **Puissance n^ième^ de *a*** [math.], le nombre a^n. ➲ Par convention, $a^0 = 1$ et $a^1 = a$. Pour n entier > 1 : $a^n = a \times \ldots \times a$ (n facteurs) et $a^{\frac{1}{n}} = \sqrt[n]{a}$. Pour n entier < 0 : $a^n = \frac{1}{a^{-n}}$. Pour n réel quelconque : $a^n = e^{n \ln a}$. ▪ **Puissance publique,** ensemble des pouvoirs de l'État et des personnes publiques ; l'État lui-même. ◆ **n.f. pl. RELIG.** Dans la tradition juive et chrétienne, troisième chœur de la deuxième hiérarchie des anges.

PUISSANT, E adj. (anc. p. présent de *1. pouvoir*). **1.** Qui a beaucoup de pouvoir, d'autorité : *Un chef religieux puissant.* **2.** Qui a un grand potentiel économique, militaire : *De puissants groupes financiers.* **3.** Qui agit avec force : *Un antidote puissant.* **4.** Qui a de la force physique : *Un puissant athlète.* **5.** Qui a une grande influence : *L'amour est puissant.*

PUISSANTS n.m. pl. ▪ **Les puissants,** ceux qui détiennent le pouvoir, la richesse.

PUITS n.m. (lat. *puteus*). **1.** Trou vertical creusé dans le sol et souvent maçonné, pour atteindre la nappe aquifère souterraine. **2.** Trou creusé dans le sol en vue d'extraire un minerai, ou à toute autre fin industrielle : *Puits de pétrole.* ▪ **Puits aux**

a b c d e f g h i j k l m n o p q r s t u v w x y z

chaînes [mar.], compartiment d'un navire destiné à loger les chaînes des ancres. ▪ **Puits canadien,** dispositif de géothermie de surface, prélevant de l'air à l'extérieur d'une maison pour le restituer à l'intérieur, réchauffé en hiver et rafraîchi en été. ➲ Appelé aussi *puits provençal,* ce dispositif est enterré à 2 m env., profondeur où règne une température constante de 15 °C. ▪ **Puits de carbone** [écol.], écosystème (forêt, par ex.) caractérisé par sa richesse végétale et dont l'activité naturelle d'absorption du dioxyde de carbone (CO_2) favoriserait la lutte contre l'effet de serre. ▪ **Puits de lumière** [archit.], espace vertical libre faisant entrer la lumière du jour au sein d'un corps de bâtiment massif. ▪ **Puits de science,** personne très érudite.

PUJA [pudʒa] **n.f.** (du sanskr. *pūjā,* hommage). Dans l'hindouisme, adoration d'une image sacrée, accompagnée d'offrandes de fleurs, de nourriture, de l'aspersion et de l'ornementation de la divinité vénérée.

PULICAIRE n.f. (du lat. *pulex, -icis,* puce). Plante des lieux humides, à capitules de fleurs jaunes, appelée aussi *herbe aux poux.* ➲ Famille des composées.

PULL n.m. → **PULL-OVER.**

PULLMAN [pulman] **n.m.** (de *Pullman,* n.pr.). **1.** Autocar très confortable. **2.** Anc. Voiture de luxe, dans certains trains (*voiture pullman*).

PULLOROSE n.f. (du lat. *pullus,* poulet). Maladie infectieuse des volailles, souvent mortelle, atteignant les jeunes poussins, appelée aussi *diarrhée blanche des poussins.*

PULL-OVER [pylɔvɛr] (pl. *pull-overs*) ou **PULL** [pyl] (pl. *pulls*), ▲ *PULLOVEUR* **n.m.** (de l'angl. *to pull over,* tirer au-dessus). Tricot avec ou sans manches, que l'on enfile par la tête.

PULLULATION n.f. 1. Fait de pulluler. **2. BIOL.** Augmentation très rapide du nombre des individus d'une même espèce, lorsque les conditions sont exceptionnellement favorables (notamm. absence ou disparition de leur prédateur) [SYN. **pullulement**].

PULLULEMENT n.m. 1. BIOL. Pullulation. **2.** Grande affluence ; fourmillement. **3.** Grande quantité ; profusion : *Un pullulement de mots nouveaux.*

PULLULER v.i. [3] (lat. *pullulare,* de *pullus,* jeune animal). **1.** Se reproduire vite et en très grand nombre ; proliférer : *Les moustiques pullulent.* **2.** Être en très grand nombre ; abonder : *Les expressions empruntées au sport pullulent dans la langue parlée.* ◆ **v.t. ind. (DE).** Être plein de ; fourmiller de.

PULMONAIRE adj. (du lat. *pulmo, -onis,* poumon). Du poumon. ▪ **Congestion pulmonaire** [cour., vx en méd.], pneumopathie infectieuse. ◆ **n.f.** Plante herbacée des bois, velue, utilisée autref. contre les maladies du poumon. ➲ Famille des borraginacées.

▲ **pulmonaire**

PULMONÉ n.m. Mollusque gastéropode terrestre ou d'eau douce respirant par un poumon, tel que l'escargot, la limace, la limnée. ➲ Les pulmonés forment une sous-classe.

PULPAIRE adj. Relatif à la pulpe des dents.

PULPE n.f. (lat. *pulpa*). **1.** Partie tendre et charnue des fruits, de certains légumes ; chair. **2.** Extrémité charnue des doigts. **3.** Tissu conjonctif de la cavité dentaire.

PULPECTOMIE n.f. 1. Dévitalisation. **2.** Ablation chirurgicale du contenu du testicule, laissant en place son enveloppe.

PULPEUX, EUSE adj. 1. Qui contient de la pulpe ; qui en a la consistance ; charnu : *Un fruit pulpeux.* **2.** Se dit d'une femme aux formes pleines et sensuelles ou d'une partie de son corps : *Lèvres pulpeuses.*

PULPITE n.f. Inflammation de la pulpe dentaire.

PULQUE [pulke] **n.m.** (mot esp.). Boisson alcoolique mexicaine obtenue par la fermentation du fruit et de la sève de l'agave.

PULSAR n.m. (de l'angl. *pulsating star,* étoile vibrante). **ASTRON.** Source de rayonnement radioélectrique, lumineux, X ou gamma, se manifestant par des émissions très brèves et qui se reproduisent à intervalles extrêmement réguliers (de quelques millièmes de seconde à quelques secondes), et qui correspond à une étoile à neutrons en rotation rapide.

PULSATION n.f. (lat. *pulsatio*). **1.** Battement du cœur, d'un organe (artère, par ex.), perçu à l'examen clinique. **2. MUS.** Division rythmique du temps : *Le métronome sert à marquer la pulsation d'un morceau de musique.* ➲ Le nombre de pulsations par minute indique le tempo d'un morceau. **3. ASTRON.** Variation périodique du volume de certaines étoiles, qui provoque des fluctuations régulières de leur éclat. ▪ **Pulsation d'un phénomène sinusoïdal** [phys.], quantité caractérisant la variation temporelle de phase d'une grandeur sinusoïdale. ➲ La pulsation s'exprime en radians par seconde (rad/s).

PULSÉ, E adj. ▪ **Chauffage à air pulsé,** chauffage à air chaud dans lequel la circulation de l'air est assurée par des ventilateurs. ▪ **Lumière pulsée,** faisceau lumineux utilisé en médecine esthétique pour le traitement de lésions cutanées ou pour l'épilation.

PULSER v.t. [3] (angl. *to pulse*). **TECHN.** Faire circuler un fluide par pression (air, eau).

PULSION n.f. (du lat. *pulsus,* poussé). **PSYCHAN.** Force biologique inconsciente qui s'impose à l'appareil psychique et pousse le sujet à accomplir une action visant à réduire une tension.

PULSIONNEL, ELLE adj. Relatif aux pulsions.

PULSORÉACTEUR n.m. AÉRON. Statoréacteur au sein duquel la combustion s'opère de façon discontinue.

PULTACÉ, E adj. (du lat. *puls, pultis,* bouillie). **MÉD.** Se dit d'un dépôt inflammatoire mou et se dissociant facilement dans l'eau.

PULTRUSION n.f. (de l'angl. *to pull,* tirer, et *extrusion*). **TECHN.** Formage dans lequel la matière est à la fois extrudée et tirée à la sortie de la filière.

PULVÉRIN n.m. (du lat. *pulvis, -eris,* poussière). Poudre à canon très fine, employée autref. pour l'amorçage des armes portatives et auj. dans les mélanges pyrotechniques.

PULVÉRISABLE adj. Qui peut être pulvérisé.

PULVÉRISATEUR n.m. Instrument ou machine servant à épandre des produits liquides, génér. des pesticides, projetés en gouttelettes très fines.

PULVÉRISATION n.f. Action de pulvériser. ▪ **Pulvérisation cathodique,** ionoplastie.

PULVÉRISER v.t. [3] (du lat. *pulvis, -eris,* poussière). **1.** Réduire en poudre, en fines parcelles : *Pulvériser des grains de poivre.* **2.** Détruire complètement : *L'explosion a pulvérisé le magasin.* **3.** Projeter un liquide en fines gouttelettes ; vaporiser : *Pulvériser un désodorisant.* ▪ **Pulvériser un record,** le dépasser très largement.

PULVÉRISEUR n.m. Appareil agricole utilisé pour ameublir le sol après labour, détruire les plantes adventices, déchaumer, ou encore pour défricher.

PULVÉRULENCE n.f. État d'un corps pulvérulent.

PULVÉRULENT, E adj. Qui est réduit à l'état de poudre : *De la chaux pulvérulente.*

PUMA n.m. (mot quechua). Mammifère carnivore des forêts, des prairies et des déserts de l'Amérique, au pelage fauve (SYN. **cougouar**). ➲ Famille des félidés. (V. planche *félins.*)

PUNA n.f. (mot quechua « dépeuplé »). **GÉOGR.** Alpage pierreux et semi-aride des Andes, situé entre 3 000 et 5 000 m selon la latitude.

PUNAISE n.f. (du lat. pop. *putinasius,* qui sent mauvais du nez). **1.** Insecte à pièces buccales en forme de stylet, à corps aplati, dégageant souvent une odeur nauséabonde. ➲ Ordre des hétéroptères. **2.** Petit clou à tête large, à pointe courte, qui s'enfonce par pression du pouce. ▪ **Punaise d'architecte,** petit clou dont la tête est constituée d'un anneau portant trois pointes très courtes. ▪ **Punaise d'eau,** ranatre. ▪ **Punaise de feu,** pyrrhocoris. ▪ **Punaise de sacristie** [fam.], bigote aux propos pleins d'aigreur. ▪ **Punaise des bois,** pentatome des baies. ▪ **Punaise des lits,** à ailes réduites, qui se nourrit de sang. ◆ **interj.** Exprime la surprise ou le dépit.

PUNAISER v.t. [3]. Fixer à l'aide de punaises.

1. PUNCH [pɔ̃ʃ], ▲ *PONCH* **n.m.** (mot angl., de l'hindi). Boisson aromatisée, à base de rhum, de sirop de canne et de jus de fruits : *Punch coco.*

2. PUNCH [pœnʃ] **n.m.** (mot angl. « coup de poing »). **1.** Qualité d'un boxeur dont les coups sont décisifs. **2.** Fam., fig. Efficacité ; dynamisme : *Elle a du punch.*

PUNCHEUR [pœnʃœr] **n.m.** Boxeur dont le punch est la principale qualité.

PUNCHING-BALL [pœnʃiŋbol] **n.m.** (pl. *punching-balls*) [mot angl., de *to punch,* donner un coup de poing, et *ball,* balle]. Ballon maintenu à hauteur d'homme par des liens élastiques et servant à s'entraîner à la boxe.

PUNCTUM [pɔ̃ktɔm] **n.m.** (mot lat. « point »). **PHYSIOL.** ▪ **Punctum proximum, remotum,** point le plus proche pour lequel la vision est encore nette ; point le plus éloigné, situé normalement à l'infini, pour lequel la vision est encore nette.

PUNCTURE [pɔ̃k-], ▲ *PONCTURE* **n.f.** Piqûre de la peau à l'aide d'un instrument, pratiquée dans l'acupuncture, la mésothérapie, etc.

PUNI, E adj. et **n.** Qui subit une punition.

PUNIQUE adj. (lat. *punicus,* de *Poenus,* Carthaginois). Relatif à Carthage, aux Carthaginois. ▪ **Les guerres puniques*,** v. partie n.pr.

PUNIR v.t. [21] (lat. *punire*). **1.** Frapper d'une peine ; condamner : *Punir un crime, un coupable.* **2. (DE).** Infliger telle sanction : *La loi punit ce crime d'emprisonnement.* **3.** Constituer un châtiment pour : *Un échec a puni sa vantardise.*

PUNISSABLE adj. Qui mérite une punition.

PUNITIF, IVE adj. Qui a pour objet de punir : *Expédition punitive.*

PUNITION n.f. (lat. *punitio, -onis*). **1.** Action de punir. **2.** Peine infligée pour une faute, un manquement au règlement ; condamnation ; sanction.

PUNK [pœnk] ou [pœk] **adj. inv.** (mot anglo-amér. « voyou »). **1.** Se dit d'un mouvement musical et culturel apparu en Grande-Bretagne vers 1975 et dont les adeptes affichent divers signes extérieurs de provocation afin de caricaturer la médiocrité de la société telle qu'ils la ressentent. **2.** Qui relève de ce mouvement : *Mode punk.* ◆ **n.** Adepte du mouvement punk.

PUPE n.f. (du lat. *pupa,* poupée). **ENTOMOL.** Nymphe des insectes diptères (mouches, par ex.) enfermée dans la dernière enveloppe larvaire.

1. PUPILLAIRE [-lɛr] **adj. DR.** Qui concerne un pupille.

2. PUPILLAIRE [-lɛr] **adj. ANAT.** Relatif à la pupille de l'œil.

PUPILLARITÉ [-larite] **n.f. DR.** État du pupille ; durée de cet état.

1. PUPILLE [-pij] **n.** (du lat. *pupillus,* mineur). **DR.** Orphelin, mineur ou incapable majeur placé en tutelle. ▪ **Pupille de la nation,** enfant orphelin bénéficiant d'une aide de l'État à la suite du décès d'un parent en opération de guerre ou dans l'accomplissement de son devoir. ▪ **Pupille de l'État,** enfant, orphelin ou abandonné, élevé par l'Assistance publique ; incapable majeur dont la tutelle est déférée à l'État. (On disait autref. *pupille de l'Assistance publique.*)

2. PUPILLE [-pij] **n.f.** (lat. *pupilla*). **ANAT.** Orifice central de l'iris de l'œil (SYN. **2. prunelle**).

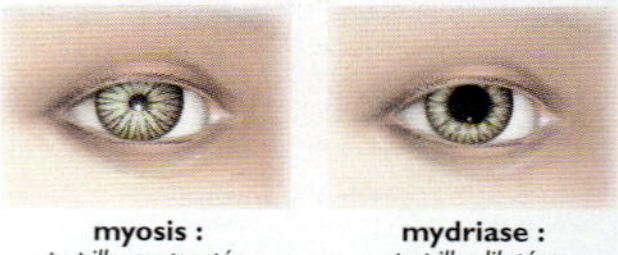

myosis : *pupille contractée* lumière vive

mydriase : *pupille dilatée* obscurité

▲ **pupille**

PUPINISATION n.f. (du n. de M. I. *Pupin*). **TÉLÉCOMM.** Introduction, dans les lignes téléphoniques, de bobines d'auto-induction pour améliorer la transmission.

PUPIPARE adj. Se dit de certains insectes diptères dont les larves se développent dans les voies génitales des femelles et éclosent prêtes à se transformer en pupes.

PUPITRE n.m. (du lat. *pulpitum*, estrade). **1.** Petit meuble à plan incliné, sur lequel on peut écrire, poser des livres, des partitions de musique. **2.** TECHN. Tableau de commande et de contrôle d'une machine ou d'un ensemble automatique.

PUPITREUR, EUSE n. Spécialiste chargé de la mise en route, de la conduite et de la surveillance d'une installation de traitement informatique.

1. PUR, E adj. (lat. *purus*). **1.** Qui est sans mélange ; naturel : *Pur jus de fruits. Foulard en pure soie.* **2.** Qui n'est ni altéré, ni vicié, ni pollué : *Air pur. Eau pure.* **3.** Qui est sans défaut moral ; innocent : *Ses intentions sont pures.* **4.** Qui est absolument, exclusivement tel : *Un pur hasard.* **5.** Se dit d'une activité intellectuelle, artistique qui se développe hors de toute préoccupation pratique : *La recherche pure.* **6.** Qui présente une harmonie dépouillée et sans défaut : *Ligne pure.* ▪ **Corps pur** [chim.], espèce constituée d'atomes ou de molécules identiques. ▪ **Pur et dur,** qui défend un dogme, dans toute sa spécificité. ▪ **Pur et simple,** qui n'est rien d'autre que cela : *C'est un mensonge pur et simple* ; sans aucune condition ni restriction : *Réclamer la libération pure et simple d'un otage.*

2. PUR, E n. 1. Personne qui conforme rigoureusement son action à ses principes. **2.** Personne fidèle à l'orthodoxie d'un parti.

PUREAU n.m. (de l'anc. fr. *purer*, nettoyer). Partie d'une tuile ou d'une ardoise qui n'est pas recouverte par la tuile ou l'ardoise supérieure.

PURÉE n.f. (de l'anc. fr. *purer*, nettoyer). **1.** CUIS. Préparation faite avec des légumes cuits à l'eau et écrasés. **2.** Fam., vieilli. Misère. ▪ **Purée de pois** [fam.], épais brouillard. ◆ **interj.** Fam. Exprime le dépit ou l'inquiétude.

PUREMENT adv. Exclusivement et totalement : *Un cas purement théorique.* ▪ **Purement et simplement,** sans réserve ni condition ; entièrement : *Elle a purement et simplement refusé.*

PURETÉ n.f. 1. Qualité de ce qui est pur ; limpidité : *La pureté d'un diamant.* **2.** Qualité d'une personne, d'un sentiment qui n'ont rien de vil, de mesquin ; innocence.

PURGATIF, IVE adj. et **n.m.** Se dit d'une substance à l'action laxative puissante et rapide.

PURGATION n.f. Vieilli. Évacuation de l'intestin par un purgatif.

PURGATOIRE n.m. 1. CATH. État symbolique de purification temporaire, pour les défunts morts en état de grâce mais qui n'ont pas encore atteint la perfection qu'exige la vision béatifique. **2.** Fig. Période de discrédit : *Cette erreur lui a valu six mois de purgatoire.*

PURGE n.f. 1. Action de purger. **2.** Élimination de personnes jugées indésirables dans un groupe ; épuration : *Ce parti a connu bien des purges.* **3.** Fam. Purgatif. **4.** DR. Opération par laquelle un bien immeuble est libéré des hypothèques qui le grèvent.

PURGEOIR n.m. Bassin de filtrage des eaux de source.

PURGER v.t. [10] (lat. *purgare*, de *purus*, pur). **1.** Éliminer d'un récipient ou d'une enceinte fermée les gaz, les liquides ou les résidus indésirables : *Purger un radiateur.* **2.** Éliminer d'un groupe les éléments jugés indésirables ou dangereux ; épurer. **3.** Vieilli. Faire une purgation du contenu intestinal. ▪ **Purger les hypothèques** [dr.], effectuer les formalités nécessaires pour qu'un bien ne soit plus hypothéqué. ▪ **Purger une peine de prison,** demeurer détenu pendant le temps de la peine. ◆ **SE PURGER v.pr.** Fam., vieilli. Prendre un purgatif.

PURGEUR n.m. Appareil, dispositif pour purger une tuyauterie, une installation, etc.

PURIFIANT, E adj. Qui purifie : *Soin purifiant pour peaux grasses.*

PURIFICATEUR, TRICE adj. et **n.m.** Qui sert à purifier : *Un purificateur d'air.*

PURIFICATION n.f. Action de purifier. ▪ **Purification de la Vierge** [cath.], fête en l'honneur de la purification de la Sainte Vierge après la naissance de Jésus, célébrée avec la Présentation de Jésus au Temple.

PURIFICATOIRE adj. Qui purifie : *Acte purificatoire.* ◆ **n.m.** CATH. Linge avec lequel le prêtre essuie le calice, après la communion.

PURIFIER v.t. [5]. 1. Débarrasser des impuretés ; assainir : *Purifier l'eau, l'air.* **2.** Débarrasser de ce qui angoisse ou culpabilise : *Purifier sa conscience.* **3.** Débarrasser de souillures morales par des rites religieux.

PURIN n.m. (de l'anc. fr. *purer*, nettoyer). Fraction liquide, princip. constituée d'urines, qui s'écoule du fumier, utilisée comme engrais.

PURINE n.f. BIOCHIM. **1.** Composé hétérocyclique ($C_5H_4N_4$), dont le noyau se retrouve dans l'adénine, la guanine, la caféine, etc. **2.** (Abusif). Base purique.

PURIQUE adj. ▪ **Base purique,** base azotée dérivant de la purine, qui entre dans la composition des nucléotides, des acides nucléiques, etc. (SYN. [abusif] **purine**).

PURISME n.m. 1. Attitude consistant à proscrire, dans l'usage de la langue, les écarts (évolutions, emprunts) par rapport à un état passé de cette langue érigé en norme intangible. **2.** Souci poussé à l'extrême de respecter les principes d'un art, d'un métier. **3.** PEINT. Mouvement né au XIXe s. en Italie, inspiré par l'art des primitifs italiens ; tendance (v. 1918 - 1926) issue du cubisme et promue notamm. par Le Corbusier, où dominent la simplicité géométrique des contours, la recherche de formes épurées.

PURISTE adj. Relatif au purisme. ◆ **adj.** et **n.** Partisan du purisme dans la langue.

PURITAIN, E n. et **adj.** (angl. *puritan*). **1.** Membre d'une communauté de presbytériens hostiles à l'Église anglicane et rigoureusement attachés à la lettre des Écritures. ➲ Persécutés à partir de 1570 par les souverains anglais, les puritains émigrèrent en grand nombre en Hollande, puis en Amérique (comme les *Pilgrim Fathers* sur le *Mayflower* en 1620). **2.** Personne qui affecte une grande rigidité de principes ; rigoriste. ◆ **adj. 1.** Relatif au puritanisme. **2.** Marqué par une grande rigueur morale ; austère : *Éducation puritaine.*

PURITANISME n.m. 1. Doctrine, attitude des puritains. **2.** Grande austérité de principes ; rigorisme.

PUROT n.m. Fosse à purin.

PUROTIN n.m. Fam., vieilli. Personne qui est dans la misère.

PURPURA n.m. (mot lat. « pourpre »). MÉD. Éruption de taches rouges dues à de petites hémorragies cutanées (par oppos. à *érythème*).

PURPURIN, E adj. (du lat. *purpura*, pourpre). Litt. Qui rappelle la couleur de la pourpre.

PURPURINE n.f. Matière colorante contenue dans la garance avec l'alizarine, à partir de laquelle elle se forme par oxydation.

PUR-SANG n.m. inv. Race française élevée pour la course de galop, dite autref. *pur-sang anglais* ; cheval de cette race.

PURULENCE n.f. État de ce qui est purulent.

PURULENT, E adj. (du lat. *pus, puris*, pus). Qui contient du pus.

PUS n.m. (lat. *pus*). Liquide plus ou moins épais, jaune, vert, etc., contenant des granulocytes altérés, des débris cellulaires et souvent des micro-organismes, et qui se forme à la suite d'une inflammation.

PUSH-PULL [puʃpul] **n.m. inv.** et **adj. inv.** (mot angl., de *to push*, pousser, et *to pull*, tirer). **1.** ÉLECTRON. Montage symétrique. **2.** Avion muni de deux moteurs, l'un à l'avant, l'autre à l'arrière.

PUSILLANIME [pyzilanim] **adj.** et **n.** (du lat. *pusillus animus*, esprit étroit). Litt. Qui manque d'audace, de courage ; timoré.

PUSILLANIMITÉ [-la-] **n.f.** Litt. Caractère pusillanime ; frilosité.

PUSTULE n.f. (lat. *pustula*, de *pus, puris*, pus). **1.** MÉD. Lésion cutanée élémentaire constituée d'une petite cloque contenant un liquide purulent. **2.** BOT. Petite vésicule sur la feuille, la tige de certaines plantes. ▪ **Pustule maligne** [méd.], forme habituelle du charbon humain.

PUSTULEUX, EUSE adj. MÉD. Relatif aux pustules ; caractérisé par des pustules.

PUTAIN n.f. (de *pute*). Vulg., injur. **1.** Prostituée. **2.** Femme débauchée. ◆ **interj.** Très fam. Exprime le dépit, l'étonnement, l'admiration. ▪ **Putain de...** [très fam.], qui provoque l'exaspération ; maudit : *Putain de bagnole !*

PUTASSIER, ÈRE adj. Vulg. Relatif aux prostituées ; qui les évoque.

PUTATIF, IVE adj. (du lat. *putare*, croire). DR. Que l'on suppose légal, légitime, malgré l'absence d'un fondement juridique réel. ▪ **Mariage putatif,** mariage nul, mais dont les effets juridiques subsistent pour les enfants (*enfants putatifs*), par suite de la bonne foi de l'un au moins des époux contractants. ▪ **Titre putatif,** titre juridique invoqué par une personne qui croit à son existence alors qu'en réalité il n'existe pas.

PUTE n.f. Vulg., injur. Putain.

PUTOIS n.m. (de l'anc. adj. *put*, puant). **1.** Petit mammifère carnivore à la fourrure brune marquée de zones claires, qui se nourrit princip. d'amphibiens, de rongeurs et d'oiseaux. ➲ Famille des mustélidés. **2.** Fourrure de cet animal. ▪ **Crier comme un putois** [fam.], protester en poussant des cris perçants.

▲ **putois**

PUTONGHUA [putɔ̃gwa] **n.m.** (mot chin.). Langue commune chinoise officielle, fondée sur le mandarin prononcé à la manière de Pékin.

PUTRÉFACTION n.f. Décomposition bactérienne d'un cadavre, d'un organisme mort.

PUTRÉFIABLE adj. Putrescible.

PUTRÉFIER v.t. [5] (du lat. *putris*, pourri). Provoquer la putréfaction de. ◆ **SE PUTRÉFIER v.pr.** Être en putréfaction.

PUTRESCENCE n.f. Début de la putréfaction.

PUTRESCENT, E adj. Qui est en voie de putréfaction.

PUTRESCIBLE adj. (bas lat. *putrescibilis*). Qui peut se putréfier (SYN. **putréfiable**).

PUTRIDE adj. (lat. *putridus*). **1.** Litt. En état de putréfaction. **2.** Qui présente les phénomènes de la putréfaction : *Fermentation putride.* **3.** Qui est produit ou semble être produit par la putréfaction : *Miasmes putrides.*

PUTRIDITÉ n.f. Litt. État de ce qui est putride.

PUTSCH [putʃ] **n.m.** (all. *Putsch*). Coup d'État ou soulèvement organisé par un groupe armé en vue de s'emparer du pouvoir.

PUTSCHISTE adj. et **n.** Relatif à un putsch ; qui y participe.

PUTT [pœt] ou **PUTTING** [pœtiŋ] **n.m.** (mot angl., de *to put*, placer). Au golf, coup joué sur le green, pour faire rouler doucement la balle vers le trou.

1. PUTTER [pœtœr] **n.m.** (mot angl.). Club utilisé pour jouer un putt.

2. PUTTER [pœte] **v.i. [3].** Jouer un putt.

PUTTO [puto] **n.m.** (pl. *puttos* ou *putti*) (mot ital.). BX-ARTS. Figure peinte ou sculptée d'enfant joufflu ; angelot.

▲ **putto.** Détail de *la Messe de saint Basile* (XVIIIe s.) de P. Subleyras. (Musée du Louvre, Paris.)

PUVATHÉRAPIE n.f. (de *psoralène-ultraviolet A* et *thérapie*). **MÉD.** Traitement de certaines dermatoses par absorption d'un psoralène suivie d'une exposition aux ultraviolets A.

PUY n.m. (du lat. *podium*, tertre). Cratère ou éminence volcanique, en Auvergne.

PUZZLE [pœzl] n.m. (mot angl.). **1.** Jeu de patience fait de fragments découpés qu'il faut assembler pour reconstituer une image. **2.** Fig. Vérité d'ensemble que l'on ne peut reconstituer qu'en en rassemblant les nombreux éléments épars : *Ce témoignage permet de reconstituer le puzzle du crime.*

P-V ou **P.-V.** n.m. (sigle de *procès-verbal*). Fam. Contravention.

PVC n.m. inv. (de l'angl. *polyvinylchloride*). Polychlorure de vinyle, matière plastique très utilisée (nom générique).

PYCNOGONIDE n.m. Petit arthropode des fonds marins et des rochers littoraux, au tronc très étroit muni de longues pattes grêles, qui se nourrit d'éponges. ➲ Les pycnogonides forment une classe.

PYCNOMÈTRE n.m. (du gr. *puknos*, dru, serré, et *metron*, mesure). Flacon servant à déterminer la masse volumique d'un solide ou d'un liquide.

PYCNOSE n.f. (du gr. *puknôsis*, condensation). **BIOL. CELL.** Dégénérescence du noyau cellulaire, caractérisée par une condensation de la chromatine.

PYÉLITE n.f. (du gr. *puelos*, cavité). **MÉD.** Inflammation du bassinet du rein, souvent d'origine infectieuse.

PYÉLONÉPHRITE n.f. **MÉD.** Infection du rein et du bassinet.

PYGARGUE n.m. (du gr. *pugargos*, qui a les fesses blanches). Aigle de grande taille, au plumage noir et blanc, pêcheur de poissons sur les côtes, dans les lacs et les rivières. ➲ Envergure 2,50 m ; famille des accipitridés.

PYGMALION n.m. (de *Pygmalion*, n. myth.). Personne amoureuse d'une autre et qui la conseille et la façonne pour la conduire au succès : *Jouer les pygmalions. Sa femme a été son pygmalion.*

PYGMÉE adj. Relatif aux Pygmées. ◆ **n.** Personne appartenant à une population humaine de très petite taille.

PYJAMA n.m. (angl. *pyjamas*, du persan). Vêtement de nuit composé d'une veste et d'un pantalon long ou court. ▪ **Soirée pyjama**, soirée où plusieurs enfants sont invités à dormir chez l'un d'eux.

PYLÔNE n.m. (du gr. *pulôn*, portail). **1.** Support en charpente métallique, en béton, etc., d'un pont suspendu, d'une ligne électrique aérienne, etc. **2. AÉRON.** Poutre servant de support à la nacelle ou au réacteur sous une aile d'avion. **3. ARCHÉOL.** Massif quadrangulaire en pierre, construit de part et d'autre des portails successifs d'un temple égyptien.

PYLORE n.m. (du gr. *pulôros*, portier). **ANAT.** Orifice inférieur de l'estomac, où s'abouche le duodénum.

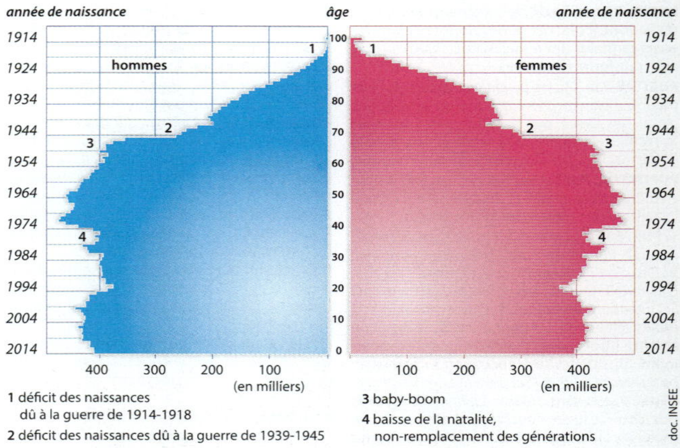

▲ **pyramide des âges** en France.

PYLORIQUE adj. Relatif au pylore.

PYOCYANIQUE adj. **MÉD.** ▪ **Bacille pyocyanique,** ou **pyocyanique, n.m.,** bactérie présente dans l'environnement, provoquant parfois des infections.

PYODERMITE n.f. (du gr. *puon*, pus). **MÉD.** Infection cutanée suppurée.

PYOGÈNE adj. et n.m. **MÉD.** Qui provoque la formation de pus.

PYORRHÉE n.f. **MÉD.** Écoulement de pus.

PYRACANTHA n.m. **BOT.** Buisson-ardent.

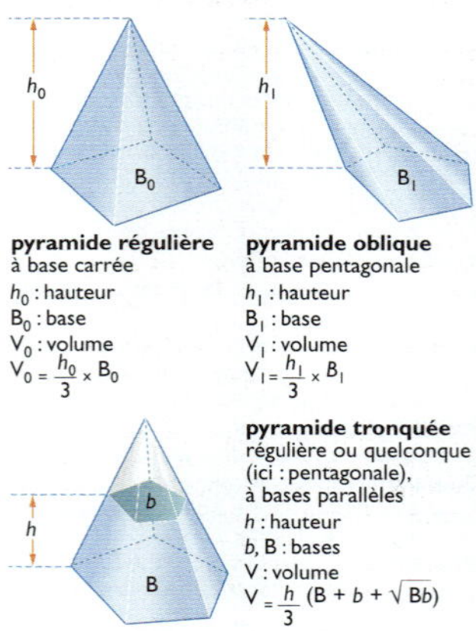

▲ **pyramides** (en géométrie).

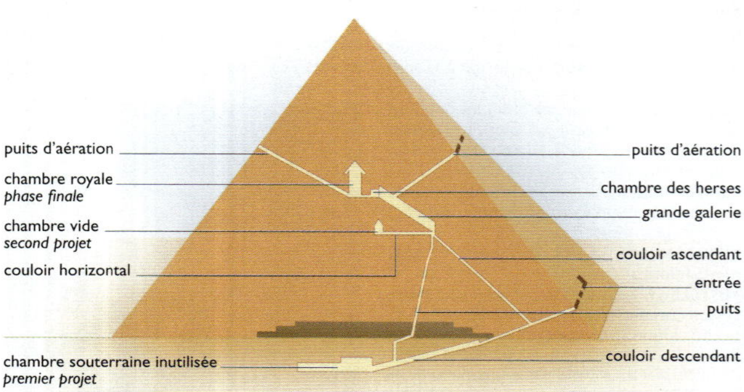

▲ **pyramide.** Coupe de la pyramide de Kheops à Gizeh (Égypte).

PYRALE n.f. (du gr. *purallis*, insecte qui vit dans le feu). Papillon crépusculaire dont les chenilles sont souvent nuisibles aux cultures (vigne, maïs, etc.). ➲ Famille des pyralidés. ▪ **Pyrale des pommes,** carpocapse.

PYRALÈNE n.m. Huile synthétique utilisée pour l'isolation et le refroidissement de certains transformateurs électriques et dont la décomposition, sous l'effet de la chaleur, provoque des dégagements toxiques de dioxine.

PYRAMIDAL, E, AUX adj. **1.** Qui a la forme d'une pyramide : *Édifice pyramidal.* **2. BOT.** Dont le port évoque une pyramide : *Peuplier pyramidal.* **3. ANAT.** Se dit d'un faisceau de fibres nerveuses qui transmettent du cortex à la moelle les ordres de la motricité volontaire, et des éléments qui lui sont liés ; relatif à ces structures anatomiques. ▪ **Os pyramidal,** ou **pyramidal, n.m.** [anat.], nom de l'un des os du carpe. ▪ **Système pyramidal** ou **vente pyramidale** [comm.], technique de vente fondée sur le recrutement, parrainé en cascade, de vendeurs dont la rémunération est liée aux commandes réalisées par les nouveaux vendeurs qu'ils ont eux-mêmes recrutés. ➲ Cette pratique est interdite en France.

PYRAMIDE n.f. (lat. *pyramis, -idis*). **1.** Grand monument à base quadrangulaire et à quatre faces triangulaires, sépulture royale de l'Égypte ancienne. **2.** Monument d'une forme comparable, mais comportant des degrés et dont le sommet tronqué porte une plateforme servant de base à un temple, dans le Mexique précolombien. **3. MATH.** Polyèdre formé d'un polygone convexe plan (délimitant la *base*) et de tous les triangles ayant pour base les différents côtés du polygone et ayant un sommet commun (*sommet* de la pyramide). **4.** Représentation graphique évoquant la forme d'une pyramide : *La pyramide des salaires.* **5.** Entassement d'objets s'élevant en forme de pyramide : *Une pyramide de coupes de champagne.* ▪ **Pyramide alimentaire** [écol.], représentation graphique du rapport en nombre, en masse ou en énergie existant entre une proie, son prédateur, le prédateur de celui-ci, etc. ➲ D'un étage à l'autre, le rapport dépasse rarement 10 %. ▪ **Pyramide des âges,** représentation graphique donnant, à une date déterminée, la répartition par âge et par sexe d'une population. ▪ **Pyramide régulière** [math.], celle qui a pour pourtour de base un polygone régulier et dont le sommet se projette orthogonalement au centre de cette base.

➲ Évocation des rayons solaires pétrifiés, la **PYRAMIDE** égyptienne symbolisait l'escalier facilitant l'ascension du pharaon défunt vers le dieu Rê. Elle était l'élément principal du complexe funéraire pharaonique. Les plus anciennes pyramides sont celles de l'Ancien Empire, à Saqqarah et à Gizeh.

PYRAMIDÉ, E adj. Qui présente une forme de pyramide.

PYRAMIDION n.m. Couronnement pyramidal d'un obélisque.

PYRANNE n.m. CHIM. ORG. Composé hétérocyclique (C_5H_6O).

PYRÈNE n.m. CHIM. ORG. Hydrocarbure polycyclique aromatique ($C_{16}H_{10}$) qui se rencontre dans les goudrons de houille.

PYRÉNÉEN, ENNE adj. et **n.** Des Pyrénées.

PYRÉNOMYCÈTE n.m. (du gr. *purên, -ênos,* noyau). Champignon ascomycète dont les organes reproducteurs sont des périthèces, tel que l'ergot du seigle et certains champignons des lichens. ➲ Les pyrénomycètes forment un ordre.

PYRÈTHRE n.m. (gr. *purethron,* de *pûr, puros,* feu). Chrysanthème sauvage d'Asie occidentale, fournissant un insecticide puissant et non toxique pour l'homme, la *poudre de pyrèthre.*

PYRÉTHRINE n.f. Substance vermicide et insecticide entrant dans la composition de la poudre de pyrèthre.

PYRÉTIQUE adj. (du gr. *puretos,* fièvre). Relatif à la fièvre.

PYREX n.m. (nom déposé). Verre borosilicaté alcalin très résistant à la chaleur.

PYREXIE n.f. (du gr. *puressein,* avoir la fièvre). **MÉD.** État fébrile ; fièvre.

PYRIDINE n.f. CHIM. ORG. Hétérocycle aromatique (C_5H_5N), présent dans le goudron de houille et utilisé comme solvant, en dépit de son odeur forte et peu agréable, et de sa toxicité.

PYRIDOXINE n.f. BIOCHIM. Vitamine hydrosoluble, dont la carence se traduit par un amaigrissement, des troubles cutanés et neurologiques, etc. ➲ C'est la principale des substances regroupées sous le nom de *vitamine B6.*

PYRIMIDINE n.f. BIOCHIM. Composé hétérocyclique ($C_4H_4N_2$), qui entre dans la constitution des bases pyrimidiques.

PYRIMIDIQUE adj. BIOCHIM. ▪ **Base pyrimidique,** base azotée dérivant de la pyrimidine, qui entre dans la composition des nucléotides, des acides nucléiques, etc.

PYRITE n.f. (du gr. *puritês lithos,* pierre de feu). **MINÉRALOG.** Sulfure de fer (FeS_2), aux cristaux à reflets dorés.

PYROCLASTIQUE adj. Se dit d'une roche formée de projections volcaniques lors d'une éruption.

PYROCORISE n.m. → **PYRRHOCORIS.**

PYROÉLECTRICITÉ n.f. Polarisation électrique de certains cristaux sous l'action d'une variation de température.

PYROGALLIQUE adj.m. ▪ **Acide pyrogallique,** pyrogallol.

PYROGALLOL n.m. Phénol dérivé du benzène, employé comme révélateur photographique (SYN. **acide pyrogallique**).

PYROGÉNATION n.f. Réaction chimique produite par l'action d'une forte chaleur.

PYROGÈNE adj. MÉD. Se dit d'une substance qui provoque la fièvre.

PYROGRAPHE n.m. Appareil électrique utilisé en pyrogravure.

PYROGRAVURE n.f. Procédé de décoration du bois, du cuir, etc., au moyen d'une pointe métallique portée au rouge vif.

PYROLE n.f. → **PIROLE.**

PYROLIGNEUX, EUSE adj. et **n.m. CHIM. ORG.** Se dit de la partie aqueuse des produits de la distillation du bois, qui contient surtout de l'acétone, du méthanol et de l'acide acétique.

PYROLUSITE n.f. MINÉRALOG. Dioxyde de manganèse (MnO_2), de couleur noire.

PYROLYSE n.f. Décomposition chimique obtenue par chauffage, sans catalyseur.

PYROMANE n. Personne atteinte de pyromanie ; incendiaire.

PYROMANIE n.f. Impulsion pathologique qui pousse certaines personnes à allumer des incendies.

PYROMÉCANISME n.m. Dispositif mécanique utilisant l'énergie de combustion d'une substance pyrotechnique, et employé notamm. dans les airbags ou dans les éléments séparateurs de fusées.

PYROMÈTRE n.m. Instrument qui sert à mesurer les hautes températures.

PYROMÉTRIE n.f. Mesure des hautes températures.

PYROMÉTRIQUE adj. Relatif à la pyrométrie.

PYROPHORE n.m. Substance qui s'enflamme spontanément à l'air.

PYROPHOSPHORIQUE adj.m. CHIM. MINÉR. ▪ **Acide pyrophosphorique,** acide ($H_4P_2O_7$) résultant de la perte d'une molécule d'eau par l'acide orthophosphorique.

PYROPHYTE adj. et **n.f. ÉCOL., BOT.** Se dit d'une plante qui résiste bien aux incendies ou dont la germination nécessite la chaleur d'un feu de brousse.

PYROSIS [-zis] **n.m.** (du gr. *purôsis,* inflammation). Sensation de brûlure remontant le long de l'œsophage, par reflux du contenu de l'estomac.

PYROSULFURIQUE adj.m. CHIM. MINÉR. ▪ **Acide pyrosulfurique,** acide ($H_2S_2O_7$) obtenu en chauffant l'acide sulfurique.

PYROTECHNICIEN, ENNE n. Spécialiste de pyrotechnie.

PYROTECHNIE n.f. 1. Science et technique des explosifs et de leur mise en œuvre, ainsi que des compositions pyrotechniques. **2.** Établissement où l'on fabrique de telles compositions.

PYROTECHNIQUE adj. Qui concerne les explosifs, la pyrotechnie. ▪ **Compositions pyrotechniques,** mélanges, autres que les explosifs proprement dits, servant à produire des feux d'artifice.

PYROXÈNE n.m. Silicate de fer, de magnésium, de calcium, parfois d'aluminium, présent dans les roches magmatiques et métamorphiques.

PYRRHIQUE n.f. (lat. *pyrrhicha,* du gr. *purrhikhê*). **ANTIQ. GR.** Danse guerrière exécutée par un ou plusieurs danseurs en armes.

PYRRHOCORIS [-ris] ou **PYROCORISE n.m.** (du gr. *purrhos,* roux, et *koris,* punaise). Punaise rouge, tachetée de noir, commune près des murs, cour. appelée *gendarme, soldat, punaise de feu, cherche-midi,* etc. ➲ Ordre des hétéroptères.

PYRRHONIEN, ENNE adj. et **n.** Relatif au pyrrhonisme ; sceptique.

PYRRHONISME n.m. Doctrine du philosophe Pyrrhon ; scepticisme.

PYRRHOTITE n.f. MINÉRALOG. Sulfure de fer (FeS), ferromagnétique.

PYRROLE ou **PYRROL n.m. CHIM. ORG.** Hétérocycle aromatique (C_4H_5N) à cinq chaînons, dont un azote d'amine secondaire, et qui est extrait du goudron de houille. ➲ De nombreuses molécules colorées, telles que la chlorophylle et l'hémoglobine, contiennent des noyaux pyrrole.

PYRROLIQUE adj. Relatif au pyrrole.

PYRUVIQUE adj. BIOCHIM. ▪ **Acide pyruvique,** acide provenant de la dégradation du glucose.

PYTHAGORE (THÉORÈME DE) n.m. MATH. Théorème selon lequel, dans un triangle rectangle, le carré de l'hypoténuse est égal à la somme des carrés des côtés de l'angle droit.

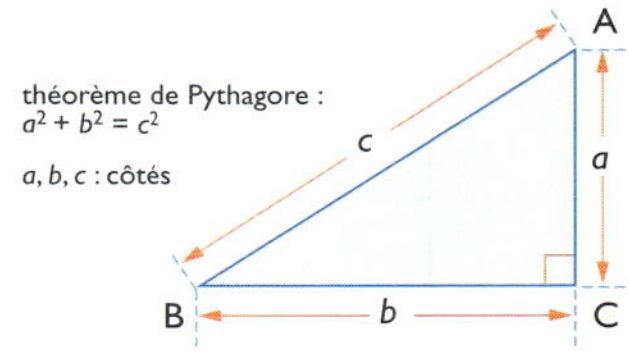

▲ **Pythagore.** Le théorème de Pythagore.

PYTHAGORICIEN, ENNE adj. et **n.** Relatif au pythagorisme ; qui en est partisan.

➲ École philosophique, l'**ÉCOLE PYTHAGORICIENNE** eut aussi le caractère d'une secte, qui croyait en la transmigration des âmes *(métempsycose),* prônait une réglementation stricte des comportements et des tâches, et défendait des visées théocratiques, aristocratiques et conservatrices.

En arithmétique, Pythagore et les pythagoriciens voyaient dans les entiers le principe des choses. Ainsi, tout triangle de côtés proportionnels à 3, 4 et 5 est rectangle ; ce *théorème de Pythagore* était cependant connu des Babyloniens un millénaire avant lui. On attribue aussi à Pythagore et à son école le théorème de la somme des angles du triangle, la construction de certains polyèdres réguliers, le début du calcul des proportions, lié à la découverte de l'incommensurabilité de la diagonale et du côté du carré.

PYTHAGORIQUE adj. Vx. Pythagoricien.

PYTHAGORISME n.m. Doctrine de Pythagore et de ses disciples, centrée sur la valeur accordée aux nombres et sur la recherche initiatique de la purification de l'âme.

PYTHIE n.f. (lat. *pythia*). **1. ANTIQ. GR.** Prophétesse de l'oracle d'Apollon, à Delphes. **2.** Litt. Femme qui prétend prédire l'avenir ; devineresse.

1. PYTHIEN, ENNE adj. Relatif à la pythie.

2. PYTHIEN adj.m. ▪ **Apollon pythien,** Apollon vainqueur du serpent Python.

PYTHIQUES adj.m. pl. ANTIQ. GR. ▪ **Jeux Pythiques,** jeux panhelléniques célébrés tous les quatre ans à Delphes, en l'honneur d'Apollon.

PYTHON n.m. (du gr. *Puthôn,* n. du serpent tué par Apollon). Serpent d'Asie et d'Afrique, non venimeux, qui étouffe ses proies dans ses anneaux. ➲ Le python réticulé, ou *molure,* atteint 9 m de long ; ordre des ophidiens. (V. planche *serpents.*)

PYTHONISSE n.f. 1. ANTIQ. GR. Femme possédant le don de prophétie. **2.** Litt. Voyante ; devineresse.

PYURIE n.f. (du gr. *puon,* pus, et *oûron,* urine). **MÉD.** Présence de pus dans l'urine.

PYXIDE n.f. (du gr. *puxis, -idos,* boîte en buis). **1. CATH.** Custode. **2. BOT.** Fruit sec du mouron, de la jusquiame, du plantain, qui s'ouvre par sa partie supérieure en forme de couvercle. **3. ANTIQ. GR.** Boîte à couvercle de formes diverses.

quilles

quetzal

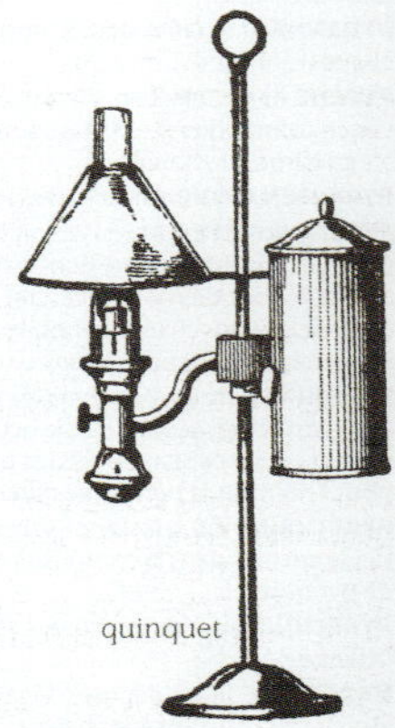
quinquet

Q n.m. inv. Dix-septième lettre de l'alphabet et la treizième des consonnes. ➲ La lettre *q*, en français toujours suivie de *u*, sauf en position finale, note l'occlusive vélaire sourde [k] ainsi que les sons [kw], comme dans *quartz*, ou [kɥ], comme dans *équilatéral*. ▪ ℚ, ensemble des nombres rationnels. ▪ **q,** symbole du quintal.

QADDICH n.m. → **KADDISH.**

QANUN [kanun] **n.m.** (ar. *qānūn*, du gr. *kanon*). Cithare sur table montée de 72 à 78 cordes, pincées par des onglets glissés au bout des doigts, utilisée dans la musique traditionnelle du Proche-Orient.

QARAÏTE adj. et n. → **KARAÏTE.**

QASIDA [-si-] **n.f.** (mot ar.). Poème arabe classique, d'au moins sept vers, à rime unique.

QAT ou **KHAT** [kɑt] **n.m.** (ar. *qāt*). **1.** Substance hallucinogène extraite des feuilles d'un arbuste d'Éthiopie et du Yémen. **2.** L'arbuste lui-même. ➲ Famille des célastracées. **3.** Ses feuilles, que l'on mâche pour s'enivrer.

QCM ou **Q.C.M.** **n.m.** (sigle de *questionnaire à choix multiple*). Questionnaire d'examen proposant, pour chaque question posée, plusieurs réponses entre lesquelles il s'agit de choisir la bonne.

QG ou **Q.G.** **n.m.** (sigle). Quartier général.

QI ou **Q.I.** [kyi] **n.m.** (sigle). Quotient intellectuel.

QIBLA n.f. inv. (mot ar.). Direction de La Mecque, dans la religion islamique.

QI GONG [tʃikɔ̃g] **n.m. inv.** (mots chin. « travail du souffle »). Gymnastique traditionnelle chinoise, fondée sur la connaissance et la maîtrise de l'énergie vitale, et associant mouvements lents, exercices respiratoires et concentration.

QPC ou **Q.P.C.** **n.f.** (sigle de *question prioritaire de constitutionnalité*). En France, procédure au terme de laquelle le Conseil* constitutionnel, saisi par le justiciable sous certaines conditions, se prononce sur la constitutionnalité d'une loi qui pourrait porter atteinte à l'un des droits et libertés garantis par la Constitution. ➲ Cette procédure a permis de renforcer la primauté de la Constitution et de ses valeurs fondamentales.

QR CODE [kyɛrkɔd] **n.m.** (pl. *QR Codes*) [nom déposé ; abrév. de l'angl. *Quick Response Code*]. Code-barres 2D de la marque de ce nom. (On dit aussi *Code QR*.)

qsp ou **q.s.p.** **abrév.** (sigle de *quantité suffisante pour*). Dans une formule magistrale ou pharmaceutique, désigne la quantité d'excipient nécessaire pour obtenir le poids ou le volume total indiqué : *Qsp 100 grammes.* (On dit aussi *qs* ou *q.s., quantité suffisante.*)

1. QUAD [kwad] **n.m.** (mot angl., abrév. de *quadrangle*). Roller dont les roues ne sont pas en ligne.

2. QUAD [kwad] **n.m.** (mot angl., abrév. de *quadricycle*). Motocycle à quatre roues, tout-terrain, à usage sportif ou utilitaire.

QUADRA [k(w)a-] **n. et adj. inv.** (abrév.). Fam. Quadragénaire : *Les quadras du gouvernement. La mode quadra.*

QUADRAGÉNAIRE [k(w)a-] **adj.** et **n.** Âgé de quarante à quarante-neuf ans. Abrév. (fam.) **quadra.**

QUADRAGÉSIMAL, E, AUX [k(w)a-] **adj. CATH.** Qui appartient au carême.

QUADRAGÉSIME [k(w)a-] **n.f.** (du lat. *quadragesima*, la quarantième partie). **CATH.** Anc. Premier dimanche du carême.

QUADRANGLE [k(w)a-] **n.m. MATH.** Figure formée de quatre points (ou *sommets*) et des six droites les joignant deux à deux, ces droites devant être sécantes (deux à deux) en trois points autres que les sommets.

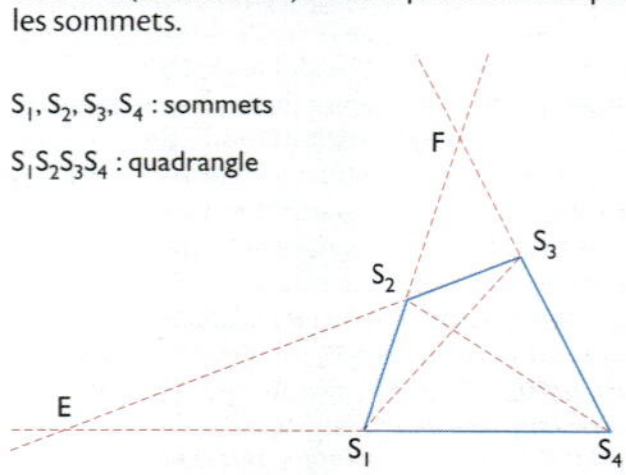

▲ **quadrangle.**
Construction du quadrangle $S_1S_2S_3S_4$.

QUADRANGULAIRE [k(w)a-] **adj.** (bas lat. *quadrangularis*). Qui a quatre angles.

QUADRANT **n.m.** (du lat. *quadrare*, faire le carré). **MATH.** Secteur angulaire dont la mesure en degrés est 90.

QUADRATIQUE [k(w)a-] **adj.** (du lat. *quadratus*, carré). ▪ **Équation quadratique** [math., vx], du second degré. ▪ **Système quadratique** [cristallogr.], système cristallin dont la maille élémentaire est un prisme droit à base carrée.

QUADRATURE [k(w)a-] **n.f.** (du lat. *quadratus*, carré). **1. ASTRON.** Situation de la Lune ou d'une planète, lorsque sa distance angulaire au Soleil, vue de la Terre, est de 90° ; phase du premier ou du dernier quartier de la Lune. **2. MATH.** Calcul d'une intégrale définie. **3. MATH.** Détermination d'une aire. **4.** Construction d'un carré ayant même aire que celle de l'intérieur d'un cercle de rayon donné. ➲ Cette construction est impossible si on utilise seulement la règle et le compas. ▪ **C'est la quadrature du cercle,** c'est un problème impossible à résoudre. ▪ **Grandeurs en quadrature** [phys.], grandeurs sinusoïdales de même période, entre lesquelles existe une différence de phase d'un quart de période.

QUADRETTE **n.f.** Au jeu de boules, équipe de quatre joueurs.

QUADRI [k(w)a-] **n.f.** (abrév.). **1.** Quadriphonie. **2.** Quadrichromie.

QUADRICEPS [kwadrisɛps] **adj.** et **n.m.** (mot du bas lat. « qui a quatre têtes »). **ANAT.** Se dit du muscle antérieur de la cuisse permettant l'extension de la jambe.

QUADRICHROMIE [k(w)a-] **n.f. IMPRIM.** Impression en quatre couleurs (jaune, magenta, cyan et noir). Abrév. **quadri.**

QUADRICYCLE **n.m.** Cycle ou motocycle à quatre roues.

QUADRIENNAL, E, AUX [k(w)a-] **adj.** (du lat. médiév. *quadriennalis*). Qui dure quatre ans ; qui revient tous les quatre ans.

QUADRIFIDE [k(w)a-] **adj. BOT.** Qui a quatre divisions.

QUADRIGE [k(w)a-] **n.m.** (lat. *quadrigae*, de *jugum*, joug). **ANTIQ.** Char à deux roues, attelé de quatre chevaux de front.

QUADRIJUMEAU [k(w)a-] **adj.m. ANAT.** ▪ **Tubercule quadrijumeau,** chez l'homme et les mammifères, chacun des quatre mamelons symétriques situés sur la face dorsale du mésencéphale et constituant un relais sur les voies optiques et auditives.

QUADRILATÈRE [k(w)a-] **n.m. 1. MATH.** Polygone à quatre côtés. **2. MIL.** Position stratégique appuyée sur quatre zones ou points fortifiés.

QUADRILLAGE **n.m. 1.** Disposition en carrés contigus ; ensemble des lignes qui divisent une surface en carrés : *Créer le quadrillage d'un tableau sur écran.* **2.** Division d'une zone en carrés, en secteurs : *Modifier le quadrillage hospitalier.* **3.** Opération destinée à assurer le contrôle d'une zone de territoire habitée en la divisant en compartiments confiés à des unités militaires ou policières : *Procéder au quadrillage d'un quartier.*

QUADRILLE [kadrij] **n.m.** (esp. *cuadrilla*). **1.** Troupe de cavaliers, dans un carrousel. **2.** Premier des cinq échelons dans la hiérarchie du corps de ballet de l'Opéra de Paris. **3.** Danse issue de la contredanse, exécutée par quatre couples, à la mode au XIXe s. en Europe ; groupe formé par quatre couples, dans une contredanse.

QUADRILLÉ, E **adj.** ▪ **Papier quadrillé,** comportant des lignes horizontales et verticales formant des carreaux.

QUADRILLER **v.t.** [3]. **1.** Diviser au moyen d'un quadrillage : *Quadriller un plan pour le reproduire.* **2.** Procéder à un quadrillage militaire ou policier : *Quadriller une ville.*

QUADRILLION [k(w)a-] **n.m.** Un million de trillions, soit 10^{24}. ➲ Anc. appelé *quatrillion.*

QUADRILOBE [k(w)a-] **n.m. ARCHIT.** Quatre-feuilles.

QUADRIMESTRE **n.m.** Période de quatre mois.

QUADRIMESTRIEL, ELLE adj. Relatif à un quadrimestre.

QUADRIMOTEUR [k(w)a-] **n.m.** et **adj.m.** Avion qui possède quatre moteurs.

QUADRIPARTITE [k(w)a-] **adj.** Composé de quatre parties ou éléments : *Une commission quadripartite.*

QUADRIPHONIE [k(w)a-] **n.f.** Procédé d'enregistrement et de reproduction des sons qui fait appel à quatre canaux. Abrév. **quadri.**

QUADRIPLÉGIE [k(w)a-] **n.f.** Tétraplégie.

QUADRIPOLAIRE [k(w)a-] **adj. 1.** Qui possède quatre pôles. **2.** Relatif au quadripôle.

QUADRIPÔLE [k(w)a-] **n.m.** Réseau électrique à deux paires de bornes.

QUADRIQUE [k(w)a-] **n.f. MATH.** Surface associée à une équation du second degré.

QUADRIRÉACTEUR [k(w)a-] **n.m.** et **adj.m.** Avion muni de quatre réacteurs.

QUADRISYLLABE adj. et **n.m.** ou **QUADRISYLLABIQUE** [k(w)a-] **adj.** Tétrasyllabe ; tétrasyllabique.

QUADRIVALENT, E [k(w)a-] **adj.** Qui a pour valence chimique 4.

QUADRUMANE [k(w)a-] **adj.** et **n.m.** Vx. Dont les quatre membres sont des organes de préhension : *Les singes sont quadrumanes.*

QUADRUPÈDE [k(w)a-] **adj.** et **n.m.** Se dit d'un vertébré terrestre, spécial. d'un mammifère, qui marche sur quatre pattes.

QUADRUPLE [k(w)a-] **adj.** et **n.m.** (lat. *quadruplex*). Qui vaut quatre fois autant.

QUADRUPLER [k(w)a-] **v.t. [3].** Multiplier par quatre : *Quadrupler un capital.* ◆ **v.i.** Être multiplié par quatre : *Le nombre d'internautes se connectant à ce site a quadruplé en un an.*

QUADRUPLÉS, ÉES [k(w)a-] **n. pl.** Groupe de quatre enfants nés d'une même grossesse.

QUADRUPLET [k(w)a-] **n.m. MATH.** Groupement ordonné de quatre objets, distincts ou non.

QUADRUPLEX [k(w)adryplɛks] **n.m.** Anc. **TÉLÉCOMM.** Système télégraphique permettant d'acheminer simultanément quatre messages.

QUADRUPÔLE n.m. Assemblage de quatre pôles magnétiques de signes alternés, dont on utilise l'action sur un faisceau de particules chargées. ➲ Deux quadrupôles successifs constituent l'équivalent magnétique d'une lentille convergente.

QUAI n.m. (gaul. *caio*). **1.** Terre-plein ou plateforme aménagés au bord de l'eau pour l'accostage des bâtiments de navigation. **2.** Voie de circulation aménagée le long d'un cours d'eau : *Se promener sur les quais.* **3.** Dans les gares, plateforme ou trottoir qui s'étendent le long des voies. **4. MANUT.** Surélévation fixe ou mobile servant au transbordement à niveau.

QUAKER, ERESSE [kwɛkœr, kwɛkrɛs] **n.** (mot angl., de *to quake*, trembler). Membre d'un mouvement religieux protestant (*Société des Amis*).

QUALIFIABLE adj. 1. Qui peut être qualifié : *Sa conduite est difficilement qualifiable.* **2.** Se dit d'un sportif qui peut se qualifier : *Une équipe qualifiable pour la finale.*

QUALIFIANT, E adj. Qui donne une qualification, une compétence : *Stage qualifiant.*

QUALIFICATIF, IVE adj. 1. GRAMM. Qui exprime la qualité, la manière d'être : *Adjectif qualificatif.* **2.** Qui permet de se qualifier pour une compétition : *Des essais qualificatifs.* ◆ **n.m. 1.** Terme indiquant la manière d'être ; épithète : *Un qualificatif flatteur.* **2. GRAMM.** Adjectif qualificatif.

QUALIFICATION n.f. 1. Attribution d'une valeur, d'un titre ; dénomination : *Il mérite la qualification d'imposteur.* **2.** Appréciation, sur une grille hiérarchique, de la valeur professionnelle d'un travailleur, suivant sa formation, son expérience et ses responsabilités. **3.** Pour une équipe, un athlète, un cheval, fait de satisfaire à un ensemble de conditions pour pouvoir participer à une épreuve, à la phase ultérieure d'une compétition. **4.** Certificat de fonctionnement d'un appareil ou d'un matériel, assurant son aptitude à remplir la fonction pour laquelle il a été conçu.

QUALIFIÉ, E adj. DR. Se dit d'un délit transformé en crime en raison de circonstances aggravantes : *Vol qualifié.* ▪ **Ouvrier qualifié,** ouvrier professionnel.

QUALIFIER v.t. [5] (lat. scolast. *qualificare*, du class. *qualis*, quel, et *facere*, faire). **1.** Exprimer la qualité, la qualification de ; appeler : *Comment qualifieriez-vous une attitude pareille ?* **2.** Donner à un concurrent, à une équipe le droit de participer à une autre épreuve. **3.** Donner à qqn la qualité, la compétence pour : *Son expérience la qualifie pour exercer cette fonction.* **4. GRAMM.** Exprimer la qualité, la manière d'être : *L'adjectif qualifie le nom auquel il se rapporte.* **5. DR.** Rattacher à une catégorie juridique : *La loi qualifie d'assassinat le meurtre avec préméditation.* ◆ **SE QUALIFIER v.pr.** Obtenir sa qualification : *L'équipe s'est qualifiée pour la finale.*

QUALITATIF, IVE adj. Relatif à la qualité, à la nature des objets (par oppos. à *quantitatif*) : *Contrôle qualitatif d'un produit.* ◆ **n.m.** Ce qui relève de la qualité : *Privilégier le qualitatif.*

QUALITATIVEMENT adv. Du point de vue de la qualité.

QUALITÉ n.f. (lat. *qualitas, -atis*). **1.** Manière d'être, bonne ou mauvaise, de qqch ; caractère : *Comparer la qualité de plusieurs articles. La qualité de leurs relations a changé.* **2.** Ce qui rend quelque chose supérieur ; excellence : *Préférer la qualité à la quantité. Le label est un gage de qualité.* **3.** Chacun des aspects positifs d'un produit ; mérite : *Ce modèle n'a pas les qualités du précédent.* **4.** Ce qui fait la valeur de qqn sur le plan moral, intellectuel ; aptitude : *Elle a les qualités requises pour ce poste.* **5.** Condition sociale, civile, juridique, etc. : *Qualité de citoyen.* ▪ **En qualité de,** à titre de : *Agir en qualité de parent.* ▪ **Ès qualités** [dr.], en tant qu'exerçant telle fonction : *La ministre a parlé ès qualités.* ▪ **Haute Qualité Environnementale (HQE)** [nom déposé], démarche qui vise à maîtriser l'impact d'une construction neuve sur l'environnement et sur le confort et la santé de ses occupants. ➲ Elle se fonde sur différents critères concernant la conception et l'entretien du bâtiment ainsi que l'organisation du chantier. ▪ **Homme de qualité** [vx], homme de naissance noble. ▪ **Qualité de la vie,** tout ce qui contribue à créer des conditions de vie plus harmonieuses ; l'ensemble de ces conditions.

QUALITICIEN, ENNE n. Dans une entreprise, personne chargée de mettre en œuvre et de coordonner les actions nécessaires pour que la qualité des produits fabriqués ou des services fournis soit conforme aux objectifs fixés.

QUAND adv. interr. (lat. *quando*). Sert à interroger sur le moment d'une action ; à quel moment : *Quand arriverez-vous ? À quand remontent les premiers signes ? Elle ne sait pas quand ce sera réparé.* ◆ **conj. 1.** Marque la simultanéité ; au moment où : *Quand il sera vieux ;* chaque fois que : *Quand un courriel arrive, un message s'affiche.* **2.** Marque l'opposition ; alors que : *Elle regarde la télévision quand elle devrait travailler.* ▪ **Quand même,** malgré tout ; tout de même : *On le lui a déconseillé, mais il est quand même venu ;* marque l'impatience, la réprobation : *Ah ! quand même ! le bruit a cessé.*

QUANTA n.m. pl. → **QUANTUM.**

QUANT À [kɑ̃ta] **loc. prép.** (du lat. *quantum*, combien, et *ad*, vers). Sert à isoler qqn, qqch qui se distingue des autres, du reste ; en ce qui concerne : *Quant à elle, elle part ce soir.* ▪ **Quant à moi,** pour ma part : *Quant à moi, je ne répondrai pas.*

QUANT-À-SOI [kɑ̃taswa] **n.m. inv.** Attitude distante de qqn qui ne révèle pas ses sentiments ; réserve : *Elle est restée sur son quant-à-soi.*

✎ Renvoie à un sujet à la troisième personne.

QUANTIÈME [kɑ̃tjɛm] **n.m.** ▪ **Quantième du mois,** numéro d'ordre du jour considéré dans un mois donné.

QUANTIFIABLE adj. Qui peut être quantifié : *Des dégâts difficilement quantifiables.*

QUANTIFICATEUR n.m. LOG., MATH. Symbole indiquant qu'une propriété s'applique à tous les éléments d'un ensemble (*quantificateur universel* $\forall$), ou seulement à certains d'entre eux (*quantificateur existentiel* $\exists$).

QUANTIFICATION n.f. Action de quantifier.

QUANTIFIÉ, E adj. PHYS. ▪ **Grandeur quantifiée,** qui ne peut varier que d'une façon discontinue par quantités distinctes et multiples d'une même valeur élémentaire.

QUANTIFIER v.t. [5]. 1. Déterminer et exprimer en chiffres ; évaluer : *La juge a quantifié le préjudice sur la base d'une expertise médicale.* **2. PHYS.** Imposer à une grandeur une variation discontinue par quantités distinctes et multiples d'une même variation élémentaire. **3. LOG.** Attribuer une quantité à un symbole, à une proposition.

QUANTILE n.m. MATH. ▪ **Quantile d'ordre** ***n***, chacune des $n-1$ valeurs d'un caractère quantitatif qui partagent l'étendue des valeurs en *n* sous-ensembles d'effectifs égaux.

QUANTIQUE [k(w)ɑ̃-] **adj. PHYS.** Relatif aux quanta, à la théorie des quanta. ▪ **Informatique quantique,** branche de l'informatique qui traite des ordinateurs quantiques. ▪ **Logique quantique,** logique trivalente conçue pour résoudre certains problèmes rencontrés par la mécanique quantique. ▪ **Ordinateur quantique,** ordinateur qui utilise des qubits*, ce qui lui permet d'effectuer extrêmement vite des calculs parallèles, et augmente ainsi considérablement sa puissance de calcul. ▪ **Physique quantique,** fondée sur la théorie quantique ou des quanta.

➲ La **THÉORIE QUANTIQUE** (ou *théorie des quanta*) est née au début du XXe s. grâce aux travaux de M. Planck, A. Einstein et N. Bohr. Contrairement à la physique classique, elle décrit la matière et le rayonnement de manière discontinue, utilisant pour cela le concept d'unités discrètes appelées *quanta*. Un système passe ainsi d'un état à un autre selon certaines valeurs définies : c'est la *quantification*. L'effet photoélectrique illustre cette propriété. Par ailleurs, cette théorie décrit l'état d'un système non plus par sa position et sa vitesse, mais par sa fonction d'onde, qui permet de calculer sa probabilité de présence. Ainsi, un objet quantique (ou *quanton*, par ex. boson ou fermion) peut se trouver à deux endroits à la fois.

QUANTITATIF, IVE adj. Relatif à la quantité (par oppos. à *qualitatif*) : *Données quantitatives.* ◆ **n.m.** Ce qui relève de la quantité.

QUANTITATIVEMENT adv. Du point de vue de la quantité.

QUANTITÉ n.f. (lat. *quantitas*, de *quantus*, combien grand). **1.** Propriété de ce qui peut être mesuré, compté. **2.** Poids, volume, nombre déterminant une portion d'un tout, une collection de choses : *Calculer la quantité de peinture nécessaire pour une pièce.* **3.** Un grand nombre ; beaucoup : *Quantité de gens ne lisent jamais. Il reste une quantité de détails à régler.* **4. PHON.** Durée relative d'un phonème ou d'une syllabe. ▪ **En quantité,** en grand nombre : *Il y a des fruits en quantité.*

QUANTON n.m. Objet dont traite la physique quantique*.

QUANTUM [k(w)ɑ̃tɔm] (pl. *quantums* ou *quanta* [k(w)ɑ̃ta]), ▲ **QUANTA** [k(w)ɑ̃ta] (*pl. quantas*) **n.m.** (mot lat.). **PHYS. 1.** Quantité déterminée ; proportion d'une grandeur dans une répartition, un ensemble. **2.** Discontinuité élémentaire d'une grandeur quantifiée (en partic. de l'énergie). ▪ **Théorie des quanta** → **QUANTIQUE.**

QUARANTAINE n.f. 1. Nombre de quarante ou environ : *Une quarantaine de kilomètres.* **2.** Âge d'à peu près quarante ans : *Approcher de la quarantaine.* **3. MAR.** Isolement imposé à un navire transportant des personnes, des animaux ou des marchandises en provenance d'un pays où règne une maladie contagieuse. **4.** Plante herbacée ornementale aux fleurs odorantes, voisine de la giroflée. ➲ Famille des crucifères. ▪ **Mettre qqn en quarantaine,** l'exclure temporairement d'un groupe.

QUARANTE adj. num. et **n.m. inv.** (lat. pop. *quaranta*, du class. *quadraginta*). **1.** Quatre fois dix : *Il a reçu quarante et une ou quarante-deux réponses.* **2.** Quarantième : *Page quarante.* ▪ **Les Quarante,** les membres de l'Académie française. ◆ **n.m. inv.** Au tennis, troisième point marqué dans le jeu.

QUARANTE-HUITARD, E adj. (pl. *quarante-huitards, es*). **HIST.** Relatif aux révolutions de 1848. ◆ **n.** Révolutionnaire de 1848.

QUARANTENAIRE adj. 1. Qui dure quarante ans. **2.** Relatif à une quarantaine sanitaire.

QUARANTIÈME adj. num. ord. et **n.** Qui occupe un rang marqué par le nombre quarante. ◆ **n.m.** et **adj.** Quantité désignant le résultat d'une division par quarante. ▪ **Les quarantièmes rugissants,** zone des mers australes située entre le quarantième et le cinquantième degré de latitude sud, où les marins sont confrontés à des vents très violents.

QUARK [kwark] **n.m.** (mot angl., tiré d'une œuvre de J. Joyce). **PHYS.** Constituant élémentaire des hadrons, caractérisé notamm. par sa « couleur » et sa « saveur ». ➲ La matière est constituée de six types de quarks, nommés d'après leur saveur : *up* (u), *down* (d), *strange* (s), *charm* (c), *bottom* (b) et *top* (t).

1. QUART n.m. (du lat. *quartus*, quatrième). **1.** La quatrième partie d'une unité : *Deux est le quart de huit. Les trois quarts des demandes d'asile sont rejetées.* **2.** Bouteille d'un quart de litre. **3.** Petit gobelet métallique muni d'une anse d'une contenance de un quart de litre. **4. MAR.** Service de veille durant génér. quatre heures, sur un bateau ; fraction de l'équipage qui est chargée de ce service. ▪ **Au quart de tour,** immédiatement : *Le moteur démarre au quart de tour* ; fig., très rapidement : *Elle réagit au quart de tour.* ▪ **Aux trois quarts,** en grande partie. ▪ **De trois quarts,** se dit de qqn qui se tient de telle manière qu'on lui voit les trois quarts du visage. ▪ **Le quart (de telle heure),** cette heure passée d'un quart d'heure. ▪ **Les trois quarts du temps,** la plupart du temps. ▪ **Officier (chef) de quart** [mar.], officier responsable de la conduite d'un navire conformément aux ordres de son commandant. ▪ **Quart de finale,** épreuve éliminatoire opposant deux à deux huit équipes ou concurrents. ▪ **Quart d'heure,** v. à son ordre alphabétique. ▪ **Une heure quart, une heure moins quart** [Belgique], une heure et quart ; une heure moins le quart. ◆ **adj.** Vx. Quatrième. ▪ **Quart-monde,** v. à son ordre alphabétique.

2. QUART [kwart] **n.m.** Unité de mesure de capacité anglo-saxonne.

QUARTAGE n.m. MIN. Réduction de volume d'un lot de minerai par partage en quarts pour extraire un échantillon qui permet de déterminer sa teneur moyenne.

QUARTANNIER ou **QUARTANIER n.m. VÉNER.** Sanglier de quatre ans.

QUARTAUT n.m. (mot dial.). Région. Petit fût de contenance variable (57 à 137 l).

QUART-DE-ROND n.m. (pl. *quarts-de-rond*). **ARCHIT.** Moulure pleine dont le profil est proche du quart de cercle.

QUART D'HEURE n.m. (pl. *quarts d'heure*). Quatrième partie d'une heure. ▪ **Le quart d'heure de célébrité,** très bref moment de gloire qui, selon A. Warhol, sort, un jour ou l'autre, tout un chacun de l'anonymat. (On dit aussi *quart d'heure warholien.*) ▪ **Le quart d'heure de Rabelais,** le moment où il faut payer la note. ▪ **Passer un mauvais quart d'heure** [fam.], vivre un moment pénible. ▪ **Quart d'heure académique** → **ACADÉMIQUE.**

1. QUARTE adj.f. ▪ **Fièvre quarte** → **FIÈVRE.**

2. QUARTE n.f. (ital. *quarta*). **1. JEUX.** Série de quatre cartes qui se suivent dans une même couleur. **2. MUS.** Intervalle de quatre degrés. ▪ **Quarte augmentée** [mus.], triton.

QUARTÉ adj.m. (nom déposé). ▪ **Pari Quarté +,** ou **Quarté +, n.m.,** offre de pari mutuel permettant de désigner les quatre premiers chevaux d'une course dans l'ordre d'arrivée ou dans un ordre différent, sinon les trois premiers quel que soit l'ordre, et additionnée d'un bonus.

QUARTER v.t. [3]. MIN. Réduire par quartages successifs.

1. QUARTERON n.m. (de *quartier*). **1.** Vx. Quart d'un cent ; vingt-cinq. **2.** Péjor. Un petit nombre : *Un quarteron d'insatisfaits.*

2. QUARTERON, ONNE n. (esp. *cuarterón*, de *cuarto*, quart). Métis ayant un quart d'ascendance de couleur et trois quarts d'ascendance blanche.

QUARTETTE ou **QUARTET** [kwartɛt] **n.m.** (angl. *quartet*). Formation de jazz composée de quatre musiciens.

QUARTIER n.m. (de *1. quart*). **1.** Portion de qqch divisé en quatre parties : *Découper une pomme en quartiers.* **2.** Portion de qqch divisé en parties inégales : *Un quartier de fromage.* **3.** Division naturelle de certains fruits : *Un quartier de pamplemousse.* **4.** Masse importante détachée d'un ensemble : *Un quartier de bœuf.* **5.** Phase de la Lune dans laquelle la moitié du disque lunaire est visible. ➲ Le premier quartier est visible le soir, le dernier quartier, le matin. **6.** Chacune des deux pièces de la tige de la chaussure qui entourent le pied, du cou-de-pied au talon. **7.** Division administrative d'une ville, d'un arrondissement dans certaines grandes villes : *Mairie, commissariat de quartier.* **8.** Partie d'une ville ayant certaines caractéristiques : *Quartier résidentiel* ; spécial., quartier difficile : *Les jeunes des quartiers.* **9.** Espace qui environne immédiatement, dans une ville, le lieu où l'on se trouve, et en partic. le lieu d'habitation : *Y a-t-il une pharmacie dans le quartier ?* ; ensemble des gens qui y résident : *Le quartier s'est mobilisé.* **10. ÉQUIT.** Chacun des côtés d'une selle sur lesquels portent les cuisses du cavalier. **11. HÉRALD.** L'une des quatre parties de l'écartelé. **12. MIL.** Casernement occupé par une formation militaire, dans une garnison. **13. DR.** Partie d'une prison affectée à une catégorie particulière de détenus. **14. MAR.** Circonscription territoriale des Affaires maritimes. ▪ **Avoir quartier libre** [mil.], être autorisé à sortir de la caserne ; être autorisé à sortir ou à faire ce que l'on veut : *Les élèves de terminale auront quartier libre.* ▪ **Ne pas faire de quartier,** massacrer tout le monde. ▪ **Quartier de haute sécurité** ou **de sécurité renforcée** [dr., anc.], quartiers, dans l'enceinte d'une prison, où étaient affectés les prisonniers jugés dangereux. ▪ **Quartier général (QG)** [mil.], poste de commandement d'un officier général et de son état-major. ▪ **Quartiers de noblesse** [hérald.], ensemble des ascendants nobles d'un individu, pris à la même génération. ▪ **Quartiers d'hiver** [mil., anc.], lieux qu'occupaient les troupes pendant la mauvaise saison, entre deux campagnes ; durée de leur séjour.

QUARTIER-MAÎTRE (pl. *quartiers-maîtres*), ▲ **QUARTIER-MAITRE** (pl. *quartiers-maitres*) **n.m.** (de l'all. *Quartiermeister*). Grade le moins élevé de la hiérarchie de la marine militaire, correspondant à celui de caporal ou de brigadier (*quartier-maître de 2e classe*), ou à celui de caporal-chef ou de brigadier-chef (*quartier-maître de 1re classe*).

QUARTILE n.m. MATH. Chacune des trois valeurs d'un caractère quantitatif qui divisent l'étendue des valeurs en quatre parties d'effectifs égaux.

QUART-MONDE n.m. (pl. *quarts-mondes*). **1.** Ensemble formé par les pays les moins avancés économiquement. **2.** Dans un pays développé, partie la plus défavorisée de la population, qui vit dans la misère.

QUARTO [kwar-] **adv.** (mot lat.). Quatrièmement, dans une énumération commençant par *primo.*

QUART-TEMPS n.m. Chacune des quatre périodes d'égale durée que comprennent les matchs dans certains sports d'équipe, comme le basket-ball, le football américain ; temps d'arrêt qui sépare deux de ces périodes.

QUARTZ [kwarts] **n.m.** (all. *Quarz*). **1. MINÉRALOG.** Silice cristallisée que l'on trouve dans de nombreuses roches (granite, gneiss, grès). ➲ Le quartz, habituellement incolore, peut être laiteux, teinté en rose-violet (améthyste), en noir (quartz fumé), etc. **2. ÉLECTROTECHN.** Composant électronique capable d'osciller à une fréquence très précise et stable en utilisant les propriétés piézo-électriques du quartz. ▪ **Montre à quartz** → **1. MONTRE.** ▪ **Quartz choqué,** quartz présentant des figures microscopiques particulières (plans de déformation) résultant d'un impact de météorite.

QUARTZEUX, EUSE [kwartsø, øz] **adj.** Riche en grains de quartz.

QUARTZIFÈRE [kwartsi-] **adj.** Qui contient du quartz.

QUARTZITE [kwartsit] **n.m.** Roche siliceuse compacte, très dure, d'origine sédimentaire ou métamorphique, princip. formée de grains de quartz.

QUASAR [k(w)a-] **n.m.** (mot anglo-amér., acronyme de *quasi stellar astronomical radiosource*). Astre d'apparence stellaire et de très grande luminosité, dont le spectre présente un fort décalage vers le rouge.

➲ Du fait de leur grand éloignement, les **QUASARS** représentent une source d'informations précieuse sur le passé reculé de l'Univers. L'origine de leur fantastique énergie est attribuée au rayonnement émis par du gaz tombant sur un trou noir de très grande masse (de l'ordre de 100 millions de fois celle du Soleil) situé en leur centre. Certains quasars présentent des jets de matière animés de vitesses en apparence supérieures à celle de la lumière.

1. QUASI [kazi] **adv.** (mot lat. « comme si »). Presque ; à peu près : *La place est quasi déserte. Dans la quasi-totalité des cas.* (*Quasi* peut précéder un adj. ou un n. ; dans ce dernier cas, il se lie au nom par un trait d'union.)

2. QUASI [kazi] **n.m. BOUCH.** Morceau du cuisseau de veau correspondant à la région du bassin.

QUASI-CONTRAT n.m. (pl. *quasi-contrats*). **DR.** Fait indépendant d'une convention préalable d'où il résulte, de par la loi, des effets équivalents à ceux d'un contrat (la gestion d'affaires, par ex.).

QUASI-CRISTAL n.m. (pl. *quasi-cristaux*). **PHYS.** Corps possédant, tout comme les cristaux liquides, une structure intermédiaire entre l'ordre caractéristique des cristaux et le désordre propre aux verres et aux liquides.

QUASI-DÉLIT n.m. (pl. *quasi-délits*). **DR.** Faute qui, commise sans intention de nuire, cause néanmoins à autrui un dommage et ouvre droit à la réparation.

QUASIMENT [ka-] **adv.** Fam. Presque : *C'est quasiment pareil* ; à peu près : *Il était quasiment mort.*

QUASIMODO [kazi-] **n.f.** (des mots lat. *quasi* et *modo*, commençant autref. l'introït de la messe de ce jour). Le premier dimanche après Pâques.

QUASI-MONNAIE n.f. (pl. *quasi-monnaies*). Ensemble des ressources déposées sur des comptes d'épargne, rapidement transformables en monnaie.

QUASI-RÉGIE n.f. (pl. *quasi-régies*). Contrat administratif non soumis au Code des marchés publics dans la mesure où il est conclu par une entité publique avec un prestataire réalisant pour elle l'essentiel de ses activités et sur lequel elle assure un contrôle de même nature que sur ses propres services.

QUASSIA ou **QUASSIER** [k(w)a-] **n.m.** (lat. sc. *quassia*, de *Coissi*, n. d'un sorcier du Suriname). Petit arbre des régions tropicales dont une espèce guyanaise fournit un bois dont on extrait une substance très amère, employée comme tonique et apéritif. ➲ Famille des simaroubacées.

QUATER [kwatɛr] **adv.** (mot lat. « quatre fois »). Quatrièmement, dans une énumération après *bis* et *ter.*

▲ **quartz.** Cristal de quartz hyalin avec inclusions de rutile, dit « en cheveux ».

QUATERNAIRE [kwa-] **adj.** (lat. *quaternarius*). **1. CHIM.** Se dit d'un composé ayant un atome porteur de quatre groupements alkyle ou aryle (par ex. : hydrocarbure, $RR'R''R'''C$; sel d'ammonium, $RR'R''R'''N^+X^-$). **2. CHIM.** Se dit d'un atome de carbone ou d'azote lié à quatre atomes de carbone. ◆ **n.m. PALÉONT.** Partie supérieure du néogène. ➲ Le quaternaire, dont le début remonte à 2,6 millions d'années, est caractérisé par des successions de périodes glaciaires et par le développement de l'espèce humaine.

QUATERNE [kwa-] **n.m.** (du lat. *quaterni*, quatre chaque fois). Au loto, série de quatre numéros placés sur la même rangée horizontale d'un carton.

QUATERNION [kwa-] **n.m. MATH.** Nombre à quatre composantes réelles. ➲ Les quaternions forment un corps non commutatif incluant les complexes.

QUATORZE adj. num. inv. et **n.m. inv. 1.** Nombre qui suit treize dans la suite des entiers naturels. **2.** Quatorzième : *Louis XIV.* ◆ **n.m. inv.** À la belote, le neuf d'atout.

QUATORZIÈME adj. num. ord. et **n.** Qui occupe un rang marqué par le nombre quatorze.

QUATORZIÈMEMENT adv. En quatorzième lieu.

QUATRAIN n.m. Strophe ou poème de quatre vers.

QUATRE adj. num. inv. (lat. pop. *quattor*). **1.** Nombre qui suit trois dans la suite des entiers naturels. **2.** Quatrième : *Henri IV.* ▪ **Comme quatre,** beaucoup : *Manger comme quatre.* ▪ **Monter, descendre l'escalier quatre à quatre,** en franchissant plusieurs marches à la fois ; précipitamment. ▪ **Ne pas y aller par quatre chemins,** aller droit au but. ▪ **Se mettre** ou **se couper en quatre** [fam.], faire tout son possible pour rendre service. ▪ **Un de ces quatre (matins)** [fam.], un de ces jours. ◆ **n.m. inv. 1.** Chiffre ou nombre quatre. **2.** Embarcation comprenant quatre rameurs, de couple sans barreur, ou de pointe avec ou sans barreur ; discipline de l'aviron utilisant cette embarcation.

QUATRE-CENT-VINGT-ET-UN n.m. inv. Jeu de dés dérivé du zanzibar, où la combinaison la plus forte est le 4, le 2 et l'as (ou 1).

QUATRE-DE-CHIFFRE n.m. inv. CHASSE. Piège consistant en une pierre plate destinée à tomber au moindre choc imprimé aux trois petits morceaux de bois, assemblés en forme de 4, qui la soutiennent.

QUATRE-ÉPICES n.m. inv. Plante des Antilles dont les fruits rappellent à la fois le poivre, la cannelle, la muscade et le girofle. ➲ Famille des solanacées.

QUATRE-FEUILLES n.m. inv. ARCHIT. Jour ou ornement médiéval formé de quatre arcs de cercle égaux disposés autour d'un centre de symétrie (SYN. **quadrilobe**).

QUATRE-HEURES n.m. inv. Fam. Goûter.

QUATRE-MÂTS n.m. inv. Voilier à quatre mâts.

QUATRE-QUARTS n.m. inv. Gâteau dans lequel la farine, le beurre, le sucre et les œufs sont à poids égal.

1. QUATRE-QUATRE n.m. inv. MUS. Mesure à quatre temps ayant la noire pour unité de temps.

2. QUATRE-QUATRE n.m. inv. ou **n.f. inv.** Automobile à quatre roues motrices. (On écrit aussi 4 × 4.)

QUATRE-SAISONS n.f. inv. Variété d'une plante que l'on peut cultiver à différentes saisons (laitue, fraisier) ou dont la floraison est étalée dans l'année (mimosa). ▪ **Marchand de(s) quatre-saisons,** marchand de fruits et de légumes sur un marché ou sur la voie publique.

QUATRE-TEMPS n.m. pl. CATH. Période de trois jours de jeûne et d'abstinence (mercredi, vendredi, samedi), prescrits autref. par l'Église la première semaine de chaque saison.

QUATRE-VINGT-DIX adj. num. inv. et **n.m. inv.** Neuf fois dix.

QUATRE-VINGT-DIXIÈME adj. num. ord. et **n.** Qui occupe un rang marqué par le nombre quatre-vingt-dix.

QUATRE-VINGTIÈME adj. num. ord. et **n.** Qui occupe un rang marqué par le nombre quatre-vingts.

QUATRE-VINGTS ou **QUATRE-VINGT adj. num.** et **n.m. inv. 1.** Huit fois dix : *Quatre-vingts visiteurs. Quatre-vingt-quatre euros.* **2.** Quatre-vingtième : *Page quatre-vingt* (toujours inv. en ce cas).

✎ On écrit ***quatre-vingt*** quand ce mot est suivi d'un autre adj. num. : ***quatre-vingt-trois.***

QUATRIÈME adj. num. ord. et **n.** Qui occupe un rang marqué par le nombre quatre. ◆ **adj.** Se dit de la quantité désignant le résultat d'une division par quatre. ◆ **n.f.** Troisième année du collège.

QUATRIÈMEMENT adv. En quatrième lieu.

QUATTROCENTO [kwatrɔtʃɛnto] **n.m.** (mot ital. « quatre cents »). Le XVe siècle italien.

QUATUOR [kwatɥɔr] **n.m.** (mot lat. « quatre »). **1.** Groupe de quatre personnes. **2. MUS.** Composition vocale ou instrumentale à quatre parties. **3. MUS.** Ensemble des interprètes d'un quatuor. ▪ **Quatuor à cordes** [mus.], composition pour deux violons, alto et violoncelle. ▪ **Quatuor vocal,** ensemble vocal formé par des voix de soprano, alto, ténor et basse.

QUAT'ZARTS [katzar] **n.m. pl.** Arg. scol. ▪ **Bal des quat'zarts,** bal autref. organisé, à la fin de chaque année scolaire, par les élèves des quatre sections de l'École nationale supérieure des beaux-arts (peinture, sculpture, gravure, architecture).

QUBIT [qybit] **n.m.** (abrév. de l'angl. *quantum bit*, bit quantique). Unité élémentaire de l'informatique quantique, qui, contrairement au bit*, peut prendre à la fois les valeurs binaires 0 et 1 (superposition d'états quantiques).

1. QUE pron. relat. (lat. *quem*). Représente qqn ou qqch complément d'objet direct de la subordonnée, dont on vient de parler ou dont on va parler : *Le vendeur que j'ai interrogé. Le roman que je lis.*

2. QUE pron. interr. (du lat. *quid*, quoi). **1.** Sert à interroger sur qqch : *Que regardes-tu ? Que va-t-il se passer ?* **2.** Introduit une interrogative indirecte à l'infinitif (en concurrence avec *quoi*) : *Je ne sais que dire.*

3. QUE conj. (du lat. *quia*, parce que). **1.** Sert à unir une proposition principale et une proposition subordonnée complétive sujet, attribut ou objet : *Elle veut que nous l'aidions.* **2.** Marque, dans une proposition principale ou indépendante, le souhait, l'imprécation, le commandement : *Qu'il aille au diable ! Que tout le monde se taise !* **3.** Reprend, dans une proposition subordonnée coordonnée, la conjonction (*si ce n'est, comme, quand, puisque, si*) qui introduit la première subordonnée : *Comme tout le monde est là et qu'il est l'heure, nous pouvons commencer.* **4.** Sert de corrélatif aux mots *tel, quel, même* : *Ce pays est tel que je l'imaginais.* **5.** Sert à former des loc. conj. comme *avant que, afin que, encore que, bien que.* ▪ **Ne… que,** marque l'exception, la restriction ; seulement : *Cette affaire ne fait que commencer.* ◆ **adv. exclam. (DE).** Indique une grande quantité, une forte intensité ; combien : *Que d'histoires pour rien ! Que ce film est long !* ◆ **adv. interr.** Litt. Interroge sur la cause ; pourquoi : *Que ne m'a-t-il écouté ?*

QUÉBÉCISME n.m. Mot, sens d'un mot ou tournure propres au français parlé au Québec.

QUÉBÉCOIS, E adj. et **n.** De la province de Québec ; de la ville de Québec.

QUÉBRACHO ou **QUEBRACHO** [kebratʃo] **n.m.** (esp. *quebracho*). Arbre d'Amérique tropicale au bois dur et lourd, clair (famille des apocynacées) ou rouge (famille des anacardiacées), dont le cœur fournit un extrait tannant d'usage industriel.

QUECHUA [ketʃwa] ou **QUICHUA** [kitʃwa] **n.m.** Langue que parlent les Quechua, et qui fut la langue de l'Empire inca.

QUEL, QUELLE adj. interr. (lat. *qualis*). Interroge sur la nature ou l'identité de qqn ou de qqch : *De quelle personne s'agit-il ? Quel temps fait-il ?* ◆ **adj. exclam.** Exprime l'admiration, l'indignation, la compassion, etc. : *Quel gâchis !*

QUELCONQUE adj. indéf. (lat. *qualiscumque*). Indique l'indétermination de qqch ; n'importe quel : *Invoquer une raison quelconque. Un nombre quelconque.* ◆ **adj.** Sans valeur ; médiocre : *Ce roman est quelconque.*

QUÉLÉA n.m. Petit passereau africain à gros bec rouge, vivant en colonies très denses, nuisible aux rizières, aussi appelé *travailleur à bec rouge.* ➲ Famille des plocéidés.

QUEL QUE, QUELLE QUE adj. relat. (En deux mots). Placé immédiatement devant le verbe *être*, marque la concession ; de quelque nature que : *Quels que soient les risques, il continue.*

1. QUELQUE adj. indéf. 1. (Au sing.). Exprime une quantité, une durée, une valeur, un degré indéterminés, génér. faibles : *Il vous faudra quelque temps pour y arriver. J'ai eu quelque peine à le reconnaître.* **2.** (Au pl.). Indique un petit nombre, une petite quantité : *Quelques habitués. Quelques minutes.* ▪ **Et quelques** (après un nom de nombre), et un peu plus (de) : *Il a vingt ans et quelques.*

✎ ***Quelque*** est adjectif et variable quand il est suivi d'un nom ou d'un adjectif accompagné d'un nom : ***invitons quelques amis, quelques bons amis.*** L'***e*** de ***quelque*** ne s'élide que devant ***un*** et ***une.***

2. QUELQUE adv. À peu près ; environ : *Elle reçoit quelque cent courriels par jour.* ▪ **Quelque** (+ adj.) **que** (+ subj.), indique une concession ou une opposition : *Quelque fondée que soit sa demande, elle sera refusée.*

✎ ***Quelque,*** adverbe, ne s'élide pas.

QUELQUE CHOSE pron. indéf. masc. 1. Désigne une chose indéterminée : *Je boirais bien quelque chose. Avez-vous quelque chose à objecter ?* **2.** Désigne un événement, une relation, etc., dont on n'ose pas dire ou dont on ignore la nature : *Il est arrivé quelque chose de grave.*

QUELQUEFOIS adv. En certaines occasions ; de temps à autre ; parfois.

QUELQUE PART loc. adv. 1. Indique un lieu quelconque : *Si on allait quelque part, ce week-end ?* **2.** Indique un lieu, un point abstrait, difficile à définir : *Il existe quelque part dans ce logiciel une solution à notre problème.* **3.** Fam. Par euphémisme, désigne les fesses ou les toilettes : *Il va recevoir mon pied quelque part. Aller quelque part.*

QUELQUES-UNS, QUELQUES-UNES pron. indéf. pl. 1. Indique un petit nombre indéterminé de personnes ou de choses dans un groupe : *Il a revu quelques-uns de ses anciens collègues.* **2.** Indique un nombre indéterminé de personnes ; certains : *De nouveaux sites se sont créés sur Internet ; quelques-uns rendent de grands services.*

QUELQU'UN, E pron. indéf. Litt. Indique une personne indéterminée entre plusieurs ; l'un(e) : *Quelqu'une de ses relations l'aura averti.* ◆ **pron. indéf. masc. 1.** Désigne une personne indéterminée : *Quelqu'un a téléphoné. J'irai voir quelqu'un d'autre.* **2.** Désigne la personne dont il est question ou une personne que l'on ne nomme pas : *C'est quelqu'un de fiable.* ▪ **Être, devenir, se croire quelqu'un,** une personne d'importance, de valeur.

QUÉMANDER v.t. et **v.i.** [3] (de l'anc. fr. *caymant*, mendiant). Litt. Solliciter humblement et avec insistance : *Quémander une aide financière.*

QUÉMANDEUR, EUSE n. Litt. Personne qui quémande.

QU'EN-DIRA-T-ON n.m. inv. Fam. Ce que peuvent dire les gens ; l'opinion des autres : *Se moquer du qu'en-dira-t-on.*

QUENELLE n.f. (de l'all. *Knödel*, boule de pâte). Préparation composée d'une farce de poisson ou de viande blanche, liée à l'œuf et parfois à la mie de pain, et façonnée en forme de petit boudin.

QUENOTTE n.f. (de l'anc. fr. *cane*, dent). Fam. Dent de petit enfant.

QUENOUILLE n.f. (bas lat. *conucula*, du class. *colus*). **1.** Tige, en bois ou en osier, munie d'une tête renflée ou fourchue, utilisée autref. pour maintenir le textile à filer ; chanvre, lin, soie, etc., dont une quenouille est chargée. **2. MÉTALL.** Obturateur situé au fond d'une poche ou d'un bassin, utilisé pour boucher l'ouverture par laquelle le métal fondu coule dans les moules. **3.** Arbre fruitier taillé en forme de quenouille. **4.** Région. (Ouest) ; Québec. Massette (plante). ▪ **Tomber en**

quenouille [dr., vx], passer par succession entre les mains d'une femme, en parlant d'un domaine, d'une maison ; mod., être abandonné ; échouer.

▲ **quenouille.** « Femme à sa quenouille », miniature extraite d'un manuscrit (XVe s.) de Boccace, destiné à Louise de Savoie.

QUÉRABLE adj. DR. Se dit des sommes qui doivent être réclamées ou payées au domicile du débiteur (par oppos. à *portable*).

QUERCINOIS, E ou **QUERCYNOIS, E adj.** et **n.** Du Quercy.

QUERCITRON n.m. (du lat. *quercus*, chêne, et de *citron*). Chêne de l'Amérique du Nord, à feuilles ovales présentant des parties sinueuses, dont l'écorce fournit une teinture jaune.

QUERELLE n.f. (du lat. *querella*, plainte). Contestation amenant des échanges de mots violents ; altercation. ▪ **Chercher querelle à qqn**, le provoquer. ▪ **Querelle d'Allemand** [litt.], querelle sans motif.

QUERELLER v.t. [3]. Litt. Faire des reproches à qqn ; gronder : *Quereller un enfant indiscipliné.* ◆ **SE QUERELLER v.pr.** Se disputer.

QUERELLEUR, EUSE adj. et **n.** Qui aime les querelles ; batailleur.

QUÉRIR v.t. (lat. *quaerere*). Litt. Chercher avec l'intention d'amener, d'apporter : *Je vais quérir du secours.* (S'emploie seulem. à l'inf., après les verbes *aller, venir, envoyer, faire.*)

QUÉRULENCE n.f. (du lat. *querulus*, qui se plaint). **PSYCHIATR.** Tendance exagérée à la recherche d'une réparation de dommages imaginaires.

QUÉRULENT, E adj. et **n.** Atteint de quérulence.

QUÈSACO adv. interr. (provenç. *qu'es acò*). Fam. Qu'est-ce que c'est ? : *Tiens, goûte ça ! — Quèsaco ?*

QUESTEUR n.m. (lat. *quaestor*). **1.** Membre élu du bureau d'une assemblée parlementaire, chargé de la gestion financière et de l'administration intérieure. **2. ANTIQ. ROM.** Magistrat surtout chargé de fonctions financières.

QUESTION n.f. (du lat. *quaestio*, recherche). **1.** Demande faite pour obtenir une information, vérifier des connaissances : *Le juge lui a posé beaucoup de questions. À l'oral, les étudiants tirent leur question au sort.* **2.** Sujet à examiner ; point à discuter : *La question des retraites est au centre des débats.* **3.** Difficulté portant sur un sujet particulier ; problème : *Ils font grève pour des questions de salaire.* **4.** Technique de contrôle parlementaire qui permet aux membres des assemblées d'obtenir du gouvernement des renseignements ou des explications. **5. HIST.** Torture légale appliquée aux accusés et aux condamnés pour leur arracher des aveux. ➲ La question fut abolie à la veille de la Révolution française. ▪ **En question,** dont on parle : *Voici la candidate, le film en question.* ▪ **Être en question,** être en cause : *La sécurité du bâtiment serait en question.* ▪ **Faire question** [sout.], offrir matière à discussion. ▪ **Il est question de,** il s'agit de. ▪ **Il n'en est pas question** ou **c'est hors de question,** exprime un refus catégorique : *Renoncer ? C'est hors de question.* ▪ **Mettre en question,** faire naître des doutes sur : *Sa gestion a été mise en question.* ▪ **Question (de)** [fam.], en ce qui concerne : *Question hygiène, il n'y a rien à dire.* ▪ **Question de confiance,** procédure déclenchée, dans un régime parlementaire, sur l'initiative d'un chef de gouvernement en vue de faire adopter par une assemblée législative un ordre du jour favorable à la politique gouvernementale ou à un projet de loi. ▪ **Question de principe,** question essentielle dont dérive le reste ; règle à observer en toutes circonstances. ▪ **Question prioritaire de constitutionnalité → QPC.**

QUESTIONNAIRE n.m. 1. Série de questions auxquelles on doit répondre : *Pour vous inscrire, vous devez remplir un questionnaire.* **2. PSYCHOL., SOCIOL.** Série de questions posées à un ensemble de personnes concernant leurs opinions, leurs croyances ou divers renseignements factuels sur elles-mêmes et leur environnement. ▪ **Questionnaire à choix multiple → QCM.**

QUESTIONNEMENT n.m. Fait de s'interroger sur qqch.

QUESTIONNER v.t. [3]. Poser des questions à ; interroger : *Le juge a questionné les témoins. Les enfants ont pu questionner les experts sur l'Europe.*

QUESTIONNEUR, EUSE n. Litt. Personne qui pose beaucoup de questions.

QUESTURE n.f. (lat. *quaestura*). **1.** Bureau des questeurs d'une assemblée délibérante. **2. ANTIQ. ROM.** Charge de questeur.

QUÉTAINE adj. (orig. obsc.). Québec. Fam. Sans originalité ; de mauvais goût : *Un cadeau, une chanson quétaines.*

QUÉTAINERIE n.f. Québec. Fam. Objet de peu de valeur, de qualité médiocre.

1. QUÊTE n.f. (du lat. *quaesitus*, cherché). **1.** Litt. Action de chercher ; recherche : *La quête du bonheur.* **2.** Action de recueillir de l'argent pour des œuvres charitables ; somme recueillie : *Organiser une quête pour les sinistrés.* ▪ **En quête de,** à la recherche de : *Être en quête d'un logement.*

2. QUÊTE n.f. (de l'anc. fr. *cheoite*, chute). **MAR.** Inclinaison sur l'arrière d'un mât de navire.

QUÊTER v.t. [3]. Rechercher comme une faveur ; solliciter : *Quêter un peu de réconfort.* ◆ **v.i.** Recueillir des aumônes : *Il est interdit de quêter dans le métro.*

QUÊTEUR, EUSE n. Personne qui quête.

QUETSCHE [kwɛtʃ] **n.f.** (mot alsacien, de l'all.). **1.** Grosse prune oblongue, de couleur violette. **2.** Eau-de-vie faite avec cette prune.

1. QUETZAL [kɛtzal] **n.m.** (pl. *quetzals*) [mot nahuatl]. Oiseau des forêts du Mexique et d'Amérique centrale, au plumage vert mordoré, caractérisé chez le mâle par de longues plumes caudales et une huppe. ➲ Le quetzal était vénéré par les Aztèques ; ordre des trogoniformes.

▲ **quetzal** mâle.

2. QUETZAL [kɛtzal] **n.m.** (pl. *quetzales* [-lɛs]). Unité monétaire principale du Guatemala.

QUEUE n.f. (lat. pop. *coda*, du class. *cauda*). **1.** Partie du corps de nombreux vertébrés, postérieure à l'anus, souvent allongée et flexible, dont l'axe squelettique est un prolongement de la colonne vertébrale : *La queue d'un chat.* **2.** Extrémité postérieure du corps, plus ou moins longue et distincte, opposée à la tête, chez diverses espèces animales : *La queue d'une langouste* ; chez les oiseaux, ensemble des plumes portées par cette partie du corps : *La queue d'un paon.* **3.** Pétiole d'une feuille ; pédoncule des fleurs et des fruits : *La queue d'une rose, d'une pomme.* **4.** Partie d'un objet, de forme allongée, servant à le saisir : *La queue d'une casserole.* **5.** Appendice en forme de queue : *La queue d'une note, de la lettre « q ».* **6.** Derniers rangs d'un groupe qui avance : *La queue d'un cortège.* **7.** File de personnes qui attendent leur tour : *Faire la queue.* **8.** Ensemble des dernières voitures d'un train, d'une rame de métro : *Le compartiment de queue.* **9.** Position commune aux derniers rangs d'un classement : *Équipes en queue de championnat.* **10.** Ce qui est à la fin, au bout de qqch : *La queue d'un orage.* **11.** Bandelette de parchemin fixée au bas d'un acte et supportant le sceau. **12. ASTRON.** Traînée lumineuse, constituée de gaz ou de poussières, issue de la chevelure d'une comète et toujours dirigée à l'opposé du Soleil sous l'effet du vent solaire ou de la pression du rayonnement solaire. **13. JEUX.** Au billard, tige de bois tronconique, garnie à son extrémité la plus petite d'une rondelle de cuir (le *procédé*), avec laquelle on pousse les boules. ▪ **À la queue leu leu → 1. LEU.** ▪ **En queue,** à l'arrière : *Monter en queue.* ▪ **Faire une queue de poisson,** se rabattre brusquement après avoir dépassé un véhicule. ▪ **Finir en queue de poisson,** se terminer brusquement, sans conclusion satisfaisante. ▪ **Habit à queue** [vieilli], dont les basques tombent bas. ▪ **Sans queue ni tête** [fam.], incohérent : *Une histoire sans queue ni tête.* ▪ **Se mordre la queue** [fam.], ne mener à rien : *Un débat qui se mord la queue.*

QUEUE-D'ARONDE n.f. (pl. *queues-d'aronde*). Tenon en forme de queue d'hirondelle, pénétrant dans une entaille de même forme pour constituer un assemblage.

▲ **queues-d'aronde**

QUEUE-DE-CHEVAL n.f. (pl. *queues-de-cheval*). **1.** Coiffure où les cheveux sont attachés derrière la tête par un nœud ou une barrette. **2. ANAT.** Groupe de racines de nerfs rachidiens situées sous la moelle épinière, avant leur sortie du canal rachidien.

QUEUE-DE-COCHON n.f. (pl. *queues-de-cochon*). **1.** Mèche de perçage hélicoïdale. **2.** En ferronnerie, tige tordue en vrille.

QUEUE-DE-MORUE n.f. (pl. *queues-de-morue*). **1.** Large pinceau plat. **2.** Fam. Queue-de-pie.

QUEUE-DE-PIE n.f. (pl. *queues-de-pie*). Fam. Habit de cérémonie masculin à longues basques en pointe.

QUEUE-DE-RAT n.f. (pl. *queues-de-rat*). Lime ronde et pointue pour limer dans les creux.

QUEUE-DE-RENARD n.f. (pl. *queues-de-renard*). Plante ornementale telle que l'amarante ou le mélampyre.

QUEUSOT n.m. (dimin. de *1. queue*). Tube de verre communiquant avec l'intérieur d'une ampoule électrique, par lequel celle-ci est vidée et, éventuellement, remplie de gaz.

QUEUTER v.i. [3] (de *1. queue*). Au billard, garder la queue en contact avec la boule au moment où celle-ci rencontre la seconde boule ou une bande, ce qui constitue une faute.

QUEUX n.m. (lat. *coquus*, de *coquere*, faire cuire). Litt. ▪ **Maître queux,** cuisinier.

QUI pron. relat. 1. Représente qqn ou qqch sujet, ou qqn complément de la subordonnée, dont on vient de parler ou dont on va parler : *L'ami à qui j'ai posé la question. Elle fait ce qui lui plaît.* **2.** Sans antécédent, représente toute personne ; celui qui ; quiconque : *Qui s'y frotte s'y pique. Votez pour qui vous voulez.* ▪ **Qui que...** (+ subj.), quelle que soit la personne que : *Qui que vous invitiez, il sera le bienvenu.* ◆ **pron. interr.** Interroge sur l'identité d'une personne ou représente qqn d'indéterminé : *Qui est là ? Je me demande qui les a prévenus.*

À QUIA [kɥija] **loc. adv.** (du lat. *quia*, parce que). Litt. ▪ **Être, mettre à quia,** dans l'impossibilité de répondre.

QUICHE n.f. (mot lorrain). Tarte salée en pâte brisée, garnie de lardons et recouverte d'un mélange d'œufs battus et de crème. ➲ Spécialité lorraine.

QUICHENOTTE n.f. (mot dial.). Anc. Coiffe traditionnelle des paysannes de Saintonge et de Vendée.

QUICHUA n.m. → **QUECHUA.**

QUICK [kwik] **n.m.** (mot angl. « rapide »). Matière synthétique dure, poreuse et légèrement granuleuse, utilisée comme revêtement de certains courts de tennis en plein air.

QUICONQUE pron. relat. indéf. (lat. *quicumque*). Introduit une relative sans antécédent à sujet indéterminé ; toute personne qui : *Quiconque le demande recevra une brochure.* ◆ **pron. indéf.** Représente une personne indéterminée ; n'importe qui : *Il sait mieux que quiconque combien c'est difficile.*

QUID [kwid] **adv. interr.** (mot lat. « quoi »). Fam. ▪ **Quid de…,** qu'en est-il de… ? : *Quid de ton projet de voyage ?*

QUIDAM [kidam] **n.m.** (mot lat. « un certain »). Fam. Homme dont on ignore ou dont on tait le nom : *Un quidam a demandé qui tu étais.*

QUIDDITÉ [kɥi-] **n.f.** (du lat. *quid*, quelle chose). **PHILOS.** Essence d'une chose telle que l'exprime sa définition (terminologie scolastique).

QUIESCENCE [kɥi-] **n.f. 1. EMBRYOL.** Arrêt du développement des insectes en cas de conditions extérieures défavorables (température insuffisante ou sécheresse). **2. BIOL. CELL.** Caractère d'une cellule en isotonie avec son milieu.

QUIESCENT, E [kɥi-] **adj.** (lat. *quiescens*, de *quiescere*, se reposer). **EMBRYOL., BIOL. CELL.** En état de quiescence.

QUIET, ÈTE [kjɛ, ɛt] **adj.** (lat. *quietus*). Litt. Qui est tranquille, calme : *Une atmosphère quiète.*

QUIÉTISME [kje-] **n.m.** (du lat. *quietus*, calme). Doctrine mystique qui, s'appuyant sur les œuvres de M. de Molinos, faisait consister la perfection chrétienne dans l'amour de Dieu et la quiétude confiante de l'âme.

QUIÉTISTE [kje-] **adj.** et **n.** Relatif au quiétisme ; qui en est partisan.

QUIÉTUDE [kje-] **n.f.** (du lat. *quies, quietis*, repos). Litt. Tranquillité d'esprit ; atmosphère calme ; sérénité : *Vous pourrez ainsi vous absenter en toute quiétude.*

QUIGNON n.m. (de *coin*). Morceau de gros pain ; extrémité d'un pain long ; croûton.

1. QUILLE [kij] **n.f.** (anc. scand. *kilir*). **MAR.** Élément axial de la partie inférieure de la charpente d'un navire, prolongé à l'avant par l'étrave et à l'arrière par l'étambot, et sur lequel s'appuient les couples. ▪ **Quille de roulis,** quille latérale destinée à amortir les mouvements de roulis.

2. QUILLE [kij] **n.f.** (anc. haut all. *kegil*). **1.** Chacune des pièces de bois tournées, posées verticalement sur le sol, qu'un joueur doit renverser en lançant une boule, dans le jeu dit *jeu de quilles.* **2.** Fam. Jambe. ▪ **La quille** [arg., vieilli], la fin du service militaire ; arg., la sortie de prison ; fam., la fin d'une longue tâche.

QUILLEUR, EUSE n. Région. (Ouest) ; Québec. Joueur de quilles.

QUIMBOISEUR n.m. Antilles. Jeteur de sorts ; sorcier.

QUINAIRE adj. (du lat. *quini*, cinq par cinq). **MATH.** Qui a pour base le nombre cinq.

QUINAUD, E adj. (du moy. fr. *quin*, singe). Litt., vx. Penaud.

QUINCAILLERIE n.f. (de *kink-*, onomat.). **1.** Ensemble d'objets, d'ustensiles en métal composant, notamm., le petit outillage. **2.** Industrie et commerce de ces objets. **3.** Magasin où l'on vend ces objets. **4.** Fam. Bijoux faux et de mauvais goût.

QUINCAILLIER, ÈRE, ▲ *QUINCAILLER, ÈRE* **n.** Fabricant ou marchand de quincaillerie.

QUINCKE [kwink] **(ŒDÈME DE) n.m.** Forme d'urticaire caractérisée par un œdème aigu prédominant à la face et pouvant atteindre le larynx.

QUINCONCE n.m. (du lat. *quincunx, -uncis*, pièce de monnaie valant cinq onces). Plantation disposée en quinconce. ▪ **En quinconce,** selon une disposition par cinq (quatre objets aux quatre angles d'un carré, d'un losange ou d'un rectangle et le cinquième au milieu).

QUINDÉCEMVIR [kɥɛ̃desɛmvir] **n.m.** (du lat. *quindecim*, quinze, et *vir*, homme). **ANTIQ. ROM.** Chacun des quinze prêtres chargés de garder ou d'interpréter les livres sibyllins ainsi que de contrôler les cultes étrangers.

QUINE n.f. ou **n.m.** (du lat. *quini*, cinq par cinq). Région. (Midi) ; Suisse. Au loto, série de cinq numéros placés sur la même rangée horizontale d'un carton.

QUINÉ, E adj. BOT. Se dit de feuilles disposées cinq par cinq.

QUININE n.f. (esp. *quina*, du quechua). **1.** Alcaloïde amer contenu dans l'écorce de quinquina, employé contre le paludisme. **2.** Centrafrique, Tchad. Comprimé ou pilule de n'importe quel médicament.

QUINOA [ki-] **n.m.** (mot quechua). Plante surtout cultivée en Amérique du Sud pour ses graines riches en protéines et sans gluten, consommées comme des céréales. ➲ Récolté depuis des millénaires sur les hauts plateaux des Andes, il est parfois appelé *riz des Incas.* Famille des chénopodiacées.

QUINOLÉINE n.f. CHIM. ORG. Composé hétérocyclique (C_9H_7N), comprenant un cycle benzénique accolé à un cycle de la pyridine, produit par synthèse, et qui a des dérivés en pharmacie et dans les colorants.

QUINOLONE n.f. Médicament d'usage courant assimilé aux antibiotiques, utilisé notamm. dans les infections urinaires (nom générique).

QUINONE n.f. Composé benzénique possédant deux fonctions cétone (nom générique).

QUINQUA [kɛ̃ka] **n.** et **adj. inv.** (abrév.). Fam. Quinquagénaire.

QUINQUAGÉNAIRE [k(ɥ)ɛ̃k(w)a-] **adj.** et **n.** Âgé de cinquante à cinquante-neuf ans. Abrév. (fam.) **quinqua.**

QUINQUAGÉSIME [kɥɛ̃k(w)a-] **n.f.** (du lat. *quinquagesimus*, cinquantième). **CATH.** Anc. Avant la réforme liturgique de 1969, dimanche précédant le carême.

QUINQUENNAL, E, AUX adj. (lat. *quinquennalis*). **1.** Qui revient tous les cinq ans : *Élection quinquennale.* **2.** Qui s'étend sur cinq ans : *Plan quinquennal.*

QUINQUENNAT n.m. 1. Durée d'un plan quinquennal. **2.** Durée d'un mandat de cinq ans. ➲ En France, la durée du mandat du président de la République a été ramenée à 5 ans, à partir de 2002, par la loi constitutionnelle du 2 octobre 2000.

QUINQUET n.m. (du n. de A. *Quinquet*). **1.** Fam. Œil : *Ouvre tes quinquets !* **2.** Anc. Lampe à huile.

QUINQUINA n.m. (du quechua *kinakina*). **1.** Arbre originaire d'Amérique centrale et des Andes, cultivé pour son écorce, riche en quinine. ➲ Famille des rubiacées. **2.** Écorce de cet arbre. **3.** Vin apéritif au quinquina.

▲ **quinquina**

QUINTAINE n.f. (lat. *quintana*). Anc. Mannequin d'exercice monté sur un pivot, qui, lorsqu'on le frappait maladroitement avec la lance, tournait et assenait un coup sur le dos de celui qui l'avait frappé.

QUINTAL n.m. (pl. *quintaux*) [de l'ar. *qintār*, poids de cent livres]. Unité de mesure de masse (symb. q), valant 100 kg.

QUINTE n.f. (du lat. *quintus*, cinquième). **1.** Série de cinq cartes qui se suivent ; au poker, suite. **2. MÉD.** Accès de toux. **3. MUS.** Intervalle de cinq degrés dans l'échelle diatonique. ▪ **Quinte flush** → **FLUSH.**

QUINTÉ adj.m. (nom déposé). ▪ **Pari Quinté +,** ou **Quinté +, n.m.,** offre de pari mutuel permettant de désigner les cinq premiers chevaux d'une course dans l'ordre d'arrivée ou dans un ordre différent, sinon les trois ou quatre premiers quel que soit l'ordre, et additionnée d'un bonus.

1. QUINTEFEUILLE n.f. BOT. Potentille rampante, à feuilles à cinq ou sept folioles.

2. QUINTEFEUILLE n.m. BX-ARTS. Rosace, motif décoratif médiéval à cinq lobes.

QUINTESSENCE n.f. 1. PHILOS. Cinquième élément (éther) ajouté par certains penseurs de l'Antiquité aux quatre éléments d'Empédocle (terre, eau, air, feu). **2.** Essence la plus subtile et la plus pure, dans la pensée médiévale, notamm. en alchimie. **3.** Litt. Ce qu'il y a de meilleur, d'essentiel dans qqch : *Ce roman représente la quintessence de l'âme russe.*

QUINTET [kɛ̃tɛt] **n.m.** (mot anglo-amér.). Quintette de jazz.

QUINTETTE [k(ɥ)ɛ̃-] **n.m.** (ital. *quintetto*). **1.** Composition vocale ou instrumentale à cinq parties. **2.** Ensemble de cinq instrumentistes ou de cinq chanteurs.

QUINTEUX, EUSE adj. MÉD. Qui se produit par quintes : *Toux quinteuse.*

QUINTIL n.m. Strophe de cinq vers sur deux rimes.

QUINTILLION [k(ɥ)ɛ̃tiljɔ̃] **n.m.** Un million de quadrillions, soit 10^{30}.

QUINTO [k(ɥ)ɛ̃to] **adv.** (mot lat.). Cinquièmement, dans une énumération commençant par *primo.*

QUINTOLET n.m. (de *quinte*, d'apr. *triolet*). **MUS.** Groupe de cinq notes surmonté du chiffre 5, et valant quatre ou six notes de la même figure rythmique.

QUINTUPLE adj. et **n.m.** (bas lat. *quintuplex*). Qui vaut cinq fois autant.

QUINTUPLER v.t. [3]. Multiplier par cinq : *Quintupler ses bénéfices.* ◆ **v.i.** Être multiplié par cinq : *Le nombre d'habitants a quintuplé en dix ans.*

QUINTUPLÉS, ÉES n. pl. Groupe de cinq enfants nés d'une même grossesse.

QUINZAINE n.f. 1. Groupe de quinze unités, d'environ quinze unités : *Une quinzaine de blessés.* **2.** Deux semaines.

QUINZE adj. num. inv. et **n.m. inv.** (lat. *quindecim*). **1.** Nombre qui suit quatorze dans la suite des entiers naturels. **2.** Quinzième : *Louis XV.* ◆ **n.m. inv. 1.** Au tennis, premier point que l'on peut marquer dans un jeu. **2.** Équipe de rugby à quinze (souvent écrit en chiffres romains) : *Le XV de France* ; le rugby à quinze.

QUINZIÈME adj. num. ord. et **n.** Qui occupe un rang marqué par le nombre quinze.

QUINZIÈMEMENT adv. En quinzième lieu.

QUINZISTE n. Joueur de rugby à quinze.

QUINZOMADAIRE n.m. (de *quinze*, d'apr. *hebdomadaire*). Fam. Périodique qui paraît tous les quinze jours.

QUIPROQUO [kiprɔko] **n.m.** (du lat. scolast. *quid pro quod*, une chose pour une autre). Erreur qui fait prendre une chose, une personne pour une autre ; méprise : *La présence des jumeaux a entraîné plusieurs quiproquos.*

QUIPU [kipu] ou **QUIPOU n.m.** (mot quechua « nœud »). Groupe de cordelettes en coton tressées et nouées, de couleurs variées, dont le nombre, le coloris et les nœuds servaient de système de comptabilité aux Incas.

QUIRAT [kira] **n.m.** (de l'ar. *qīrāt*, [petit] poids). **MAR.** Part que l'on a dans la propriété d'un navire indivis.

QUIRATAIRE **n.** Personne qui possède un quirat.

QUIRITE [kɥi-] **n.m.** (lat. *quiris, -itis*). ANTIQ. ROM. **1.** À l'origine, citoyen de vieille souche. **2.** Citoyen résidant à Rome.

QUISCALE [kɥi-] **n.m.** Passereau d'Amérique du Nord, remarquable par sa livrée sombre à reflets mordorés. ➲ Famille des ictéridés.

QUITTANCE **n.f.** (de *quitter*). Attestation écrite par laquelle un créancier déclare un débiteur quitte envers lui.

QUITTE **adj.** (du lat. *quietus*, tranquille). Qui est libéré d'une obligation, d'une dette pécuniaire : *Maintenant que je l'ai aidé à déménager, je suis quitte envers lui* ou *nous sommes quittes.* ▪ **En être quitte pour,** n'avoir à subir que l'inconvénient de : *Ils en ont été quittes pour une belle frayeur.* ▪ **Jouer à quitte ou double,** risquer le tout pour le tout. ▪ **Tenir qqn quitte de qqch,** l'en considérer comme libéré : *Je vous tiens quitte du dernier versement.* ◆ **QUITTE À** **loc. prép.** Au risque de.

QUITTER **v.t.** [3] (de *quitte*). **1.** Se séparer de qqn provisoirement ou définitivement ; laisser : *Je vous quitte, j'ai un rendez-vous. Elle a quitté son mari.* **2.** Abandonner un lieu, une activité : *Quitter son pays, ses fonctions.* ▪ **Ne pas quitter des yeux,** avoir toujours le regard fixé sur. ▪ **Ne quittez pas,** restez en ligne, au téléphone. ▪ **Quitter un vêtement,** l'ôter. ◆ **v.i.** Afrique. Partir ; s'en aller. ◆ **SE QUITTER** **v.pr.** Se séparer momentanément ou définitivement : *Ils se sont quittés bons amis.*

QUITUS [kitys] **n.m.** (mot lat.). DR. Acte par lequel la gestion d'une personne est reconnue exacte et régulière ; décharge de responsabilité : *Donner quitus à un trésorier.*

QUI VIVE **loc. interj.** Cri poussé par les sentinelles pour reconnaître un individu isolé, une troupe.

QUI-VIVE **n.m. inv.** ▪ **Sur le qui-vive,** sur ses gardes pour parer à tout danger.

QUIZ [kwiz] **n.m.** (mot angl.). Jeu dans lequel on répond à une série de questions.

QUÔC-NGU [kɔkngu] **n.m. inv.** (mots vietnamiens « langue nationale »). Système d'écriture du vietnamien, fondé sur l'alphabet latin.

1. QUOI **pron. relat.** (lat. *quid*). Renvoie à une phrase, une proposition (sans antécédent, ou avec *rien, ce, cela* comme antécédents) comme complément d'objet indirect ou comme complément de l'adjectif : *Voici ce à quoi j'ai pensé. Il n'est rien à quoi je ne m'attende.* ▪ **Avoir de quoi** [fam., vx], être riche. ▪ **Avoir de quoi** (+ inf.), avoir ce qui est nécessaire pour : *Avoir de quoi vivre.* ▪ **Il n'y a pas de quoi,** il n'y a pas de raison pour : *Il n'y a pas de quoi se vanter* ; formule de politesse qui répond à un remerciement : *« Merci ! – Il n'y a pas de quoi. »* ▪ **Quoi que,** quelle que soit la chose que : *Quoi que vous proposiez, il refusera.* ▪ **Quoi qu'il en soit,** en tout état de cause ; en tout cas. ▪ **Sans quoi,** sinon. ◆ **pron. interr.** Interroge sur la nature de qqch ou représente qqch d'indéterminé ; quelle chose : *Quoi dire devant tant d'inconscience ? Je me demande de quoi ils parlent.*

2. QUOI **adv. exclam.** Exprime la surprise, l'indignation, l'impatience : *Quoi, tu n'as rien préparé ! Réponds-moi, quoi !* ◆ **adv. interr.** Fam. Sert à demander la répétition de ce qui vient d'être dit ; comment ? ▪ **Ou quoi ?** [fam.], marque l'impatience ; ou non ? : *Tu m'écoutes ou quoi ?* ▪ **Quoi de ?,** qu'y a-t-il de ? : *Quoi de neuf au bureau ?*

QUOIQUE **conj.** **1.** Marque l'opposition, la concession ; bien que : *Quoique nous soyons en septembre, il fait très froid.* **2.** Marque ou introduit une restriction ; cependant : *Je me réjouis de ce succès, quoique rien ne soit encore officiel.*

> ✎ ***Quoique*** ne s'élide que devant ***il(s), elle(s), on, un, une.***

QUOLIBET [kɔlibɛ] **n.m.** (mot lat. « ce qui plaît »). Plaisanterie ironique ou injurieuse lancée à qqn ; raillerie ; sarcasme.

QUORUM [k(w)ɔrɔm] **n.m.** (mot lat. « desquels »). **1.** Nombre de membres qu'une assemblée doit réunir pour pouvoir valablement délibérer. **2.** Nombre de votants nécessaire pour qu'une élection soit valable.

QUOTA [kɔta] **n.m.** (du lat. *quotus*, en quel nombre). **1.** Pourcentage imposé ou autorisé ; contingent : *L'Union européenne fixe les quotas de pêche en mer.* **2.** SOCIOL. Modèle réduit d'une population donnée, permettant la désignation d'un échantillon représentatif.

QUOTE-PART (pl. *quotes-parts*), ▲ *QUOTEPART* [kɔtpar] **n.f.** (lat. *quota pars*). Part que chacun doit payer ou recevoir dans la répartition d'une somme ; contribution.

QUOTIDIEN, ENNE **adj.** (lat. *quotidianus*). Qui se fait ou revient chaque jour : *La pratique quotidienne d'un sport est conseillée.* ◆ **n.m.** **1.** La vie quotidienne : *Ces heures de trajet sont le quotidien des banlieusards.* **2.** Journal qui paraît tous les jours.

QUOTIDIENNEMENT **adv.** Tous les jours ; journellement.

QUOTIDIENNETÉ **n.f.** Caractère quotidien de qqch : *La quotidienneté des attentats dans un pays en guerre.*

QUOTIENT [kɔsjɑ̃] **n.m.** (du lat. *quoties*, combien de fois). MATH. Résultat d'une division. ▪ **Ensemble quotient** → **2. ENSEMBLE.** ▪ **Quotient d'un réel** a **par un réel** b **non nul** [math.], réel x tel que $a = bx$ (on l'écrit $\frac{a}{b}$ ou a/b ou $a \cdot b^{-1}$). ▪ **Quotient électoral,** résultat de la division du nombre des suffrages exprimés par le nombre de sièges à pourvoir entre les diverses listes, lorsque le système électoral est la représentation proportionnelle. ▪ **Quotient euclidien d'un entier naturel** a **par un entier naturel** b **non nul** [math.], entier naturel q, tel que $a = bq + r$, où $0 \leq r < b$. ▪ **Quotient familial,** résultat de la division du revenu net imposable d'un foyer fiscal en un nombre de parts (lui-même fonction du nombre de personnes composant ce foyer), dans le but de le soumettre au barème progressif de l'impôt sur le revenu. ▪ **Quotient intellectuel (QI)** [psychol.], rapport entre l'âge mental, mesuré par des tests, et l'âge réel de l'enfant ou de l'adolescent, multiplié par 100. ➲ La notion de QI, apparue en 1912, est parfois étendue aux adultes, notamm. en pathologie, où elle correspond à une mesure de l'efficience intellectuelle ; l'évaluation se fait alors selon d'autres règles. ▪ **Quotient respiratoire** [physiol.], rapport du volume de gaz carbonique expiré au volume d'oxygène consommé pendant le même temps.

QUOTITÉ **n.f.** (de *quote-part*, d'apr. *quantité*). Montant d'une quote-part. ▪ **Impôt de quotité,** impôt dont le montant est établi en appliquant à la matière imposable un taux préalablement déterminé (par oppos. à *impôt de répartition*). ▪ **Quotité disponible** [dr.], portion de biens dont peut librement disposer par donation ou par testament une personne qui a des ascendants ou des descendants en ligne directe.

QWERTY [kwɛrti] **adj. inv.** et **n.m. inv.** Se dit du clavier dactylographique utilisé dans les pays anglophones (par oppos. à *azerty*).

requin

récif corallien

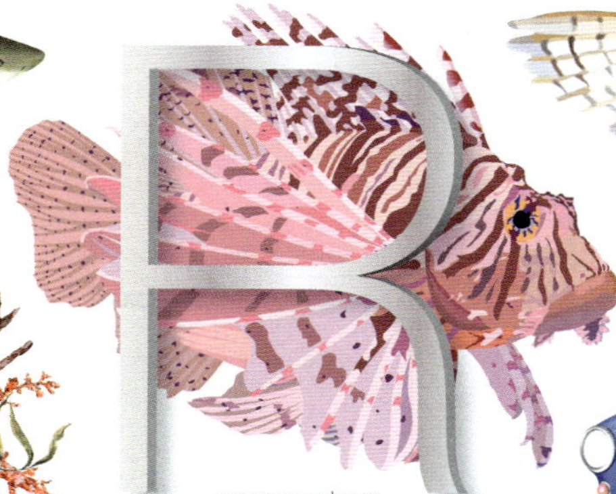
rascasse volante

rapace

roadster

R **n.m. inv.** Dix-huitième lettre de l'alphabet et la quatorzième des consonnes. ▪ **ℝ**, ensemble des nombres réels.

RAB **n.m.** (abrév. de *rabiot*). Fam. Supplément.

RABAB **n.m.** → **REBAB.**

RABÂCHAGE **n.m.** Fam. Action de rabâcher ; propos de qqn qui rabâche.

RABÂCHER **v.t.** et **v.i.** **[3].** Fam. Redire sans cesse et de manière lassante la même chose ; radoter.

RABÂCHEUR, EUSE **adj.** et **n.** Fam. Qui rabâche.

RABAIS **n.m.** Diminution faite sur le prix d'une marchandise, le montant d'une facture ; ristourne. ▪ **Travailler au rabais,** à bon marché.

RABAISSEMENT **n.m.** Action de rabaisser.

RABAISSER **v.t.** **[3].** **1.** Ramener à un degré inférieur : *Rabaisser ses prétentions* ; réduire l'autorité, l'influence de : *Rabaisser le rôle du Parlement.* **2.** Mettre qqn, qqch au-dessous de leur valeur : *Il est toujours en train de la rabaisser.* ◆ **SE RABAISSER** **v.pr.** Déprécier son propre mérite ; s'humilier.

RABAN **n.m.** (moy. néerl. *rabant*). **MAR.** Bout de cordage ; tresse ; cordon.

RABANE **n.f.** (malgache *rebana*). Tissu en fibres de raphia.

RABAT **n.m.** **1.** Partie d'un objet conçue pour pouvoir se rabattre, se replier. **2.** **CHASSE.** Rabattage. **3.** Revers de col faisant office de cravate, porté par les magistrats et les avocats en robe, les professeurs d'université en toge et, autref., les hommes d'Église.

RABAT-JOIE **n. inv.** et **adj. inv.,** ▲ ***n. et adj.*** (*pl. rabat-joies*). Personne qui trouble la joie des autres par son humeur chagrine.

RABATTABLE **adj.** Que l'on peut rabattre, replier : *Sièges rabattables.*

RABATTAGE **n.m.** **1.** **CHASSE.** Action de rabattre le gibier (SYN. **rabat**). **2.** **ARBOR., HORTIC.** Action de rabattre un arbre.

RABATTANT, E **adj.** **MIN.** Se dit d'une exploitation qui se rapproche de la galerie principale.

RABATTEMENT **n.m.** Opération qui consiste à abaisser le niveau d'une nappe d'eau souterraine par pompage. ▪ **Rabattement d'un plan** [dess. industr.], rotation appliquant ce plan sur le plan horizontal.

1. RABATTEUR, EUSE **n.** **1.** **CHASSE.** Personne chargée de rabattre le gibier. **2.** Péjor. Personne qui essaie d'amener la clientèle chez un commerçant, dans un restaurant.

2. RABATTEUR **n.m.** **AGRIC.** Élément d'une moissonneuse-batteuse dont le mouvement rotatif rabat la récolte contre la lame.

RABATTRE **v.t.** **[63].** **1.** Ramener, appliquer une chose sur ou contre une autre, notamm. autour d'une charnière, d'une ligne de pliure : *Rabattre le col de son trench.* **2.** Amener dans une position, une direction plus basse : *Le vent rabat la fumée vers le jardin.* **3.** Consentir un rabais : *Rabattre dix euros sur le prix de départ.* **4.** **DESS. INDUSTR.** Effectuer un rabattement. **5.** **ARBOR., HORTIC.** Tailler les gros rameaux et la tige d'un arbre, d'un arbuste pour provoquer l'apparition de pousses nouvelles. **6.** **CHASSE.** Battre un terrain pour pousser le gibier vers les chasseurs ou vers des panneaux tendus. ▪ **En rabattre,** réduire ses prétentions. ▪ **Rabattre des mailles,** arrêter un tricot en faisant glisser chaque maille sur la suivante. ◆ **RABATTRE** **v.i.** ou **SE RABATTRE** **v.pr.** Quitter soudain une direction pour en prendre une autre : *La moto s'est rabattue.* ◆ **SE RABATTRE** **v.pr.** (**SUR**). Choisir qqch, qqn, faute de mieux : *Faute de café, je me suis rabattue sur du thé.*

RABBI **n.m.** (mot araméen « mon maître »). Titre donné aux docteurs de la Loi juive.

RABBIN **n.m.** (de *rabbi*). Chef religieux, guide spirituel et ministre du culte d'une communauté juive. ➲ Il existe aussi des femmes rabbins. ▪ **Grand rabbin,** chef d'un consistoire israélite.

RABBINAT **n.m.** Fonction de rabbin.

RABBINIQUE **adj.** Relatif aux rabbins ; relatif au rabbinisme. ▪ **École rabbinique,** école, séminaire où se forment les rabbins.

RABBINISME **n.m.** Activité religieuse et littéraire du judaïsme après la destruction du Temple en 70 et la dispersion du peuple juif.

RABELAISIEN, ENNE **adj.** Relatif à Rabelais ; qui évoque la verve truculente de Rabelais.

RABIBOCHER **v.t.** **[3]** (mot dial.). Fam. **1.** Réparer sommairement. **2.** Remettre d'accord ; réconcilier. ◆ **SE RABIBOCHER** **v.pr.** Fam. Se réconcilier.

RABIOLE **n.f.** Québec. Variété de navet à chair blanche, rond et légèrement aplati.

RABIOT **n.m.** (mot gascon « fretin »). Fam. **1.** Ce qui reste de vivres après la distribution ; supplément : *Demander du rabiot.* Abrév. (fam.) **rab.** **2.** Temps de service supplémentaire imposé à des recrues.

RABIOTER **v.t.** **[3].** Fam. Prendre en supplément.

RABIQUE **adj.** (du lat. *rabies*, rage). **MÉD.** Relatif à la rage.

RÂBLE **n.m.** (lat. *rutabulum*). Partie du lièvre et du lapin qui s'étend depuis le bas des épaules jusqu'à la queue.

RÂBLÉ, E **adj.** **1.** Qui a le râble épais : *Un lièvre bien râblé.* **2.** Se dit d'une personne plutôt petite et de forte carrure.

RABOT **n.m.** (du mot dial. *rabotte*, lapin, par analogie de forme). **1.** Outil composé d'un fer, d'un contre-fer et d'un coin maintenus dans un fût, et servant à dresser et à aplanir le bois. **2.** **MIN.** Engin d'abattage par enlèvement de copeaux le long d'un front de taille.

RABOTAGE **n.m.** Action de raboter.

RABOTER **v.t.** **[3].** **1.** Aplanir avec un rabot : *Raboter une planche.* **2.** Fam. Frotter rudement ; racler : *Le canoë a raboté les rochers.*

RABOTEUR **n.m.** Personne qui rabote.

RABOTEUSE **n.f.** Machine-outil servant à usiner des surfaces planes et dans laquelle la coupe du métal est obtenue par le déplacement de la pièce devant un outil fixe. ▪ **Raboteuse à bois,** machine servant à mettre à son épaisseur définitive une pièce de bois dégauchie sur une face.

RABOTEUX, EUSE **adj.** **1.** Couvert d'aspérités ; inégal : *Planche, sentier raboteux.* **2.** Litt. Rude et sans harmonie : *Style raboteux.*

RABOUGRI, E **adj.** Qui n'a pas atteint son développement normal ; chétif : *Arbuste rabougri.*

RABOUGRIR **v.t.** **[21]** (de l'anc. fr. *abougrir*, affaiblir). Retarder la croissance de : *La sécheresse a rabougri la végétation.* ◆ **SE RABOUGRIR** **v.pr.** Se recroqueviller sous l'effet de la sécheresse, de l'âge, etc.

RABOUILLÈRE **n.f.** (du mot dial. *rabotte*, lapin). Région. Terrier peu profond, où les lapins déposent leurs petits.

RABOUILLEUR, EUSE **n.** (de l'anc fr. *rabouiller*, du lat. *bullare*, faire des bulles). Région. Personne qui trouble l'eau avec une branche pour prendre du poisson.

RABOUTAGE **n.m.** Action de rabouter.

RABOUTER **v.t.** **[3].** Assembler bout à bout des pièces de bois, de métal, de tissu, etc.

RABROUER **v.t.** **[3]** (de l'anc. fr. *brouer*, gronder). Traiter avec rudesse une personne envers laquelle on est mal disposé.

RACAGE **n.m.** (moy. fr. *raque*). **MAR.** Collier disposé autour d'un mât pour diminuer le frottement d'une vergue.

RACAHOUT [rakaut] **n.m.** (ar. *rāqaout*). Poudre à base de cacao, de glands doux et de riz, servant chez les Arabes et les Turcs à préparer des bouillies.

RACAILLE **n.f.** (de l'anc. norm. *rasquer*, du lat. *radere*, racler). Péjor. **1.** Ensemble d'individus méprisables : *Il fréquente la racaille.* **2.** Individu louche ou menaçant : *Des racailles se retrouvent dans ce bar.* **3.** Vieilli. Couche la plus basse de la société ; populace.

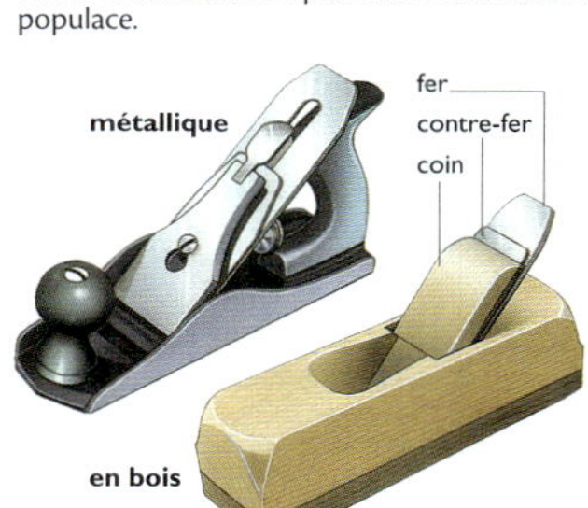

▲ **rabots**

RACCARD n.m. Suisse. Grange traditionnelle du Valais.

RACCOMMODABLE adj. Qui peut être raccommodé.

RACCOMMODAGE n.m. Action de raccommoder.

RACCOMMODEMENT n.m. Fam. Réconciliation.

RACCOMMODER v.t. [3]. **1.** Réparer du linge à l'aide d'une aiguille et de fil ; repriser. **2.** Fam. Réconcilier. **3.** Vieilli. Remettre en état (porcelaine, par ex.) ; réparer. ◆ **SE RACCOMMODER** v.pr. Fam. Se réconcilier.

RACCOMMODEUR, EUSE n. Vieilli. Personne qui raccommode des objets.

RACCOMPAGNATEUR, TRICE n. Québec. Personne qui reconduit qqn (à pied, en voiture, etc.) à son domicile, pour des raisons de sécurité.

RACCOMPAGNEMENT n.m. Québec. Action de reconduire qqn (à pied, en voiture, etc.) à son domicile, pour des raisons de sécurité.

RACCOMPAGNER v.t. [3]. Reconduire qqn qui s'en va.

RACCORD n.m. (de *raccorder*). **1.** Liaison destinée à assurer la continuité entre deux parties séparées ou différentes : *Faire un raccord de papier peint.* **2.** TECHN. Pièce destinée à assurer l'assemblage, sans fuite, de deux éléments de tuyauterie. **3.** CINÉMA. Effet produit par le collage de deux plans successifs ou de deux séquences (image ou son) consécutives dans un film. ▪ **Faux raccord** [cinéma], incohérence visuelle ou sonore produite intentionnellement dans la continuité du récit. ◆ **adj. inv.** Fam. ▪ **Être raccord avec,** être en adéquation parfaite avec : *Ces déclarations ne sont pas raccord avec son programme.*

RACCORDABLE adj. Qui peut être raccordé à qqch.

RACCORDEMENT n.m. **1.** Action de raccorder ; la jonction elle-même : *Le raccordement d'une console de jeux à un téléviseur.* **2.** CH. DE F. Court tronçon de ligne servant à relier deux lignes distinctes.

RACCORDER v.t. [3]. **1.** Réunir deux choses distinctes, séparées ; rabouter : *Raccorder deux tuyaux* ; établir entre elles une liaison ; connecter : *Raccorder le scanner à l'ordinateur.* **2.** Constituer une jonction entre ; relier : *Une passerelle raccorde les deux magasins.* ◆ **SE RACCORDER** v.pr. Pouvoir être relié à : *Les deux pièces du puzzle se raccordent.*

RACCOURCI n.m. **1.** Chemin plus court : *Prendre un raccourci.* **2.** Manière de s'exprimer en termes concis ; ellipse : *Un raccourci saisissant.* **3.** BX-ARTS. Réduction frappante que peuvent subir une figure ou un objet représentés en perspective. ▪ **En raccourci,** en abrégé. ▪ **Raccourci clavier** [inform.], combinaison particulière de touches qui active directement une commande.

RACCOURCIR v.t. [21]. Rendre plus court : *Raccourcir un manteau, un éditorial.* ◆ **v.i.** Devenir plus court ; diminuer : *Les jours raccourcissent déjà.*

RACCOURCISSEMENT n.m. Action, fait de raccourcir.

RACCOURCISSEUR n.m. Produit chimique fréquemment épandu sur les blés pour limiter l'allongement des tiges.

RACCOUTRAGE n.m. (de *accoutrer*). Opération d'entretien et de remise en état des vêtements tricotés.

RACCROC [rakro] n.m. ▪ **Par raccroc,** par un heureux hasard : *J'ai appris la nouvelle par raccroc.*

RACCROCHAGE n.m. Action de raccrocher.

RACCROCHER v.t. [3]. **1.** Accrocher de nouveau ; remettre à sa place ce qui avait été décroché : *Raccrocher un lustre.* **2.** Fam. Reprendre in extremis une action qui semblait très compromise : *Raccrocher des pourparlers.* ▪ **Raccrocher (le téléphone),** reposer le combiné sur son support ; interrompre une communication téléphonique. ◆ **v.i.** Fam. Abandonner définitivement une activité : *Cycliste qui raccroche après un accident.* ◆ **SE RACCROCHER** v.pr. **1.** Se cramponner à qqch pour ne pas tomber : *Se raccrocher à une bouée.* **2.** Trouver dans qqch ou auprès de qqn un réconfort : *Il se raccroche à son travail.*

RACCROCHEUR, EUSE adj. Racoleur.

RACCUSER v.i. [3]. Belgique. Fam. Rapporter ; moucharder ; cafarder.

RACE n.f. (ital. *razza*). **1.** Subdivision d'une espèce animale : *Races canines.* **2.** Catégorie de classement de l'espèce humaine selon des critères morphologiques ou culturels, scientifiquement aberrante, dont l'emploi est au fondement des divers racismes et de leurs pratiques. **3.** Litt. Ensemble des ascendants ou des descendants d'une famille ; lignée. **4.** Fig. Ensemble de personnes présentant des caractères communs : *Elle est de la race des grincheux.* ▪ **De race,** se dit d'un animal de bonne lignée, non métissé.

➲ La notion de **RACE** est à réserver aux seules espèces animales, en tant qu'équivalent de la notion de variété en botanique. Face à la diversité humaine, une classification sur les critères les plus immédiatement apparents (couleur de peau surtout) a été mise en place et a prévalu tout au long du XIXᵉ s. Les progrès de la génétique conduisent auj. à rejeter toute tentative de classification raciale chez les êtres humains.

RACÉ, E adj. **1.** Se dit d'un animal possédant les qualités propres à une race : *Cheval racé.* **2.** Se dit d'une personne qui a de la classe, de l'élégance ; distingué.

RACÉMIQUE adj.m. (du lat. *racemus*, grappe). CHIM. Se dit du mélange équimolaire de deux énantiomères. ➲ Un tel mélange ne dévie pas le plan de polarisation de la lumière.

RACER [resœr] ou [rasɛr] n.m. (mot angl. « coureur »). Canot automobile très rapide.

RACHAT n.m. **1.** Action de racheter, d'acheter de nouveau qqch : *Vente avec faculté de rachat.* **2.** Fig. Action de se racheter ou de racheter une faute ; rédemption. **3.** Litt. Délivrance au moyen d'une rançon. **4.** Extinction d'une obligation au moyen d'une indemnité. ▪ **Rachat d'entreprise par ses salariés (RES),** procédure permettant à des salariés de racheter tout ou partie de leur entreprise, par le biais d'une holding dont ils deviennent actionnaires en recourant à l'emprunt tout en bénéficiant de crédits d'impôts.

RACHETABLE adj. Qui peut être racheté.

RACHETER v.t. [12]. **1.** Acheter ce que l'on a vendu : *J'avais dû me séparer de ce tableau, je l'ai finalement racheté* ; acheter de nouveau : *Il faudrait racheter du pain.* **2.** Acheter d'occasion : *Racheter l'ordinateur d'un ami.* **3.** Compenser un défaut : *Sa gentillesse rachète son étourderie.* **4.** Litt. Délivrer en payant une rançon : *Racheter des otages.* **5.** Se libérer d'une obligation, génér. échelonnée dans le temps, par le versement d'une somme d'argent. **6.** ARCHIT. Ménager la transition entre deux plans différents. ▪ **Racheter ses péchés,** en obtenir le pardon. ◆ **SE RACHETER** v.pr. Réparer ses fautes passées par une conduite méritoire.

RACHIALGIE [-ʃja-] n.f. MÉD. Douleur du rachis.

RACHIANESTHÉSIE ou **RACHIANALGÉSIE** [-ʃja-] n.f. MÉD. Anesthésie de la partie inférieure du corps par injection dans le liquide céphalo-rachidien, à la hauteur du rachis lombaire. Abrév. (fam.) **rachi.**

RACHIDIEN, ENNE adj. ANAT. Relatif au rachis. ▪ **Canal rachidien,** canal formé par les vertèbres et qui contient la moelle épinière. ▪ **Nerf rachidien,** nerf qui naît de la moelle épinière et sort du rachis par un orifice.

RACHIS [raʃis] n.m. (gr. *rhakhis*). **1.** ANAT. Colonne vertébrale. **2.** BOT. Axe central supportant des pièces identiques de part et d'autre. **3.** ZOOL. Axe d'une plume d'oiseau, portant les barbes.

RACHITIQUE adj. et n. Atteint de rachitisme.

RACHITISME n.m. Maladie de l'enfant, génér. due à une carence en vitamine D, caractérisée par une insuffisance de minéralisation des os.

RACIAL, E, AUX adj. Relatif à l'origine ethnique, à la couleur de la peau : *Incitation à la haine raciale.*

RACINAGE n.m. REL. Ornementation en camaïeu ou en couleurs réalisée sur une peau et qui évoque des racines.

RACINAIRE adj. BOT. Relatif à la racine.

RACINAL n.m. (pl. *racinaux*). CONSTR. Corbeau qui supporte la base d'une ferme de charpente.

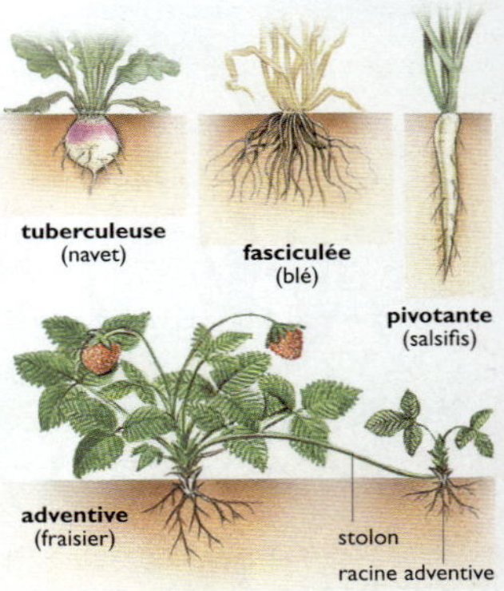

▲ **racine.** Types de racines.

RACINE n.f. (bas lat. *radicina*, du class. *radix, -icis*). **1.** Organe génér. souterrain des plantes vasculaires, qui les fixe au sol et qui assure leur ravitaillement en eau et en sels minéraux. **2.** Partie par laquelle un organe, un membre est implanté dans un autre organe ou une partie du corps : *Racine des poils, des dents.* **3.** Ce qui est à la base, à l'origine de qqch ; source : *Attaquer le mal à la racine.* **4.** Lien solide, attache profonde à un lieu, à un milieu, à un groupe : *Ces profondes racines qui l'attachent à sa région natale.* **5.** LING. Forme abstraite obtenue après élimination des affixes et des désinences, et qui est porteuse de la signification du mot. ➲ Ainsi *chanter, chanteur, cantique, incantation* ont la même racine, qui se réalise en français par deux radicaux : *chant-* et *cant-.* ▪ **Prendre racine,** demeurer longtemps quelque part. ▪ **Racine carrée (d'un nombre réel positif *a*)** [math.], nombre réel positif dont le carré est égal à a, noté $\sqrt{a}$ ou $a^{\frac{1}{2}}$. ▪ **Racine cubique (d'un nombre réel *a*)** [math.], nombre réel dont le cube est égal à a. ▪ **Racine d'une équation** [math.], solution de cette équation. ▪ **Racine d'un polynôme P(*x*)** [math.], racine de l'équation $P(x) = 0$. ▪ **Racine nième d'un réel positif *a*** [math.], réel b (positif pour n pair), noté $\sqrt[n]{a}$ ou $a^{\frac{1}{n}}$, tel que $b^n = a$.

➲ BOT. Parmi les différentes **RACINES**, on distingue les racines verticales, dites *pivotantes* (carotte) ; les racines égales entre elles, dites *fasciculées* (poireau) ; les racines *tuberculeuses*, qui se chargent de réserves (betterave) ; les racines *adventives*, qui naissent sur le côté de la tige (lierre) ou du rhizome (iris).

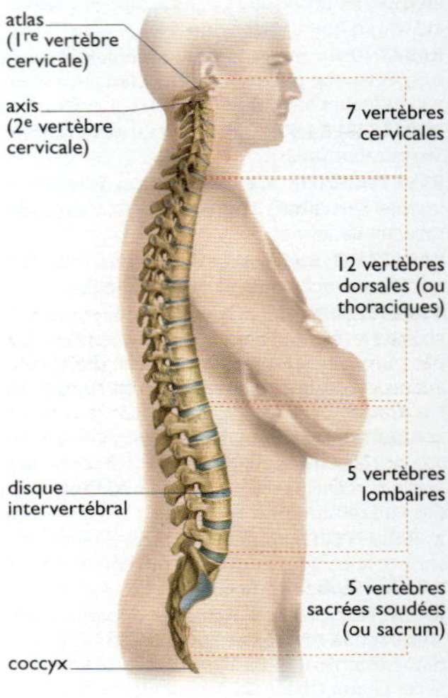

▲ **rachis**

RACINER v.t. [3]. En reliure, procéder au racinage d'une peau.

RACINIEN, ENNE adj. Relatif à Racine, à son œuvre.

RACISME n.m. **1.** Idéologie fondée sur la croyance qu'il existe une hiérarchie entre les groupes humains, autref. appelés « races » ; comportement inspiré par cette idéologie. **2.** Attitude d'hostilité systématique à l'égard d'une catégorie déterminée de personnes : *Le racisme envers les jeunes.*

RACISTE adj. et n. Qui relève du racisme ; qui fait preuve de racisme.

RACK n.m. (mot angl. « râtelier »). Meuble de rangement pour appareils électroacoustiques, à dimensions normalisées.

RACKET [rakɛt] n.m. (mot anglo-amér.). Extorsion d'argent par intimidation et violence.

RACKETTER v.t. [3]. Soumettre à un racket.

RACKETTEUR, EUSE n. Malfaiteur exerçant un racket.

RACLAGE ou **RACLEMENT** n.m. Action de racler ; bruit qui en résulte.

RACLE n.f. IMPRIM. Mince lame d'acier qui essuie les formes d'impression, en héliogravure et en sérigraphie.

RACLÉE n.f. Fam. **1.** Volée de coups. **2.** Défaite écrasante.

RACLER v.t. [3] (du lat. pop. *rasclare*, raser, gratter). **1.** Enlever les aspérités d'une surface en grattant ; frotter : *Racler la semelle de ses chaussures pour enlever la boue.* **2.** Endommager en heurtant, frottant ; raboter : *La quille du bateau a raclé le fond.* ▪ **Racler du violon,** en jouer mal. ▪ **Racler le gosier** [fam.], produire une sensation d'âpreté quand on l'avale, en parlant d'une boisson forte. ▪ **Racler les fonds de tiroirs** [fam.], chercher le peu d'argent encore disponible. ◆ **SE RACLER** v.pr. ▪ **Se racler la gorge,** s'éclaircir la voix.

RACLETTE n.f. **1.** Mets d'origine valaisanne préparé en plaçant devant un feu un fromage coupé en deux, que l'on racle à mesure qu'il fond, ou en disposant dans des poêlons individuels un fromage coupé en tranches. **2.** Fromage au lait de vache qui sert à cette préparation. **3.** Instrument servant à racler les sols ou les surfaces vitrées pour les nettoyer. ▪ **À la raclette** [Suisse, fam.], de justesse.

RACLOIR n.m. **1.** Lame d'acier utilisée dans le travail du bois ou d'autres matières pour gratter et lisser des surfaces planes. **2.** PRÉHIST. Outil taillé dans un éclat de pierre, dont l'un et l'autre bord étaient continuellement retouchés.

RACLURE n.f. Petite partie enlevée d'un corps en le raclant.

RACOLAGE n.m. Action de racoler.

RACOLER v.t. [3] (de *accoler*). **1.** Attirer par des moyens publicitaires ou autres : *Racoler des électeurs.* **2.** Inciter des passants à avoir des relations sexuelles avec elle, en parlant d'une personne qui se livre à la prostitution. **3.** HIST. Recruter par surprise ou par force pour le service militaire.

RACOLEUR, EUSE adj. Fait pour attirer l'attention d'une façon vulgaire et équivoque ; raccrocheur : *Publicité racoleuse.* ◆ n. Personne qui racole.

RACONTABLE adj. (Surtout en tournure négative). Qui peut être raconté.

RACONTAR n.m. Fam. (Souvent pl.). Propos médisant et souvent mensonger ; commérage.

RACONTER v.t. [3] (de l'anc. fr. *aconter*, conter). **1.** Faire le récit de ; relater : *Racontez donc ce qui s'est passé.* **2.** Tenir des propos peu crédibles ou mensongers : *Elle nous a raconté qu'il y avait eu un attentat dans son quartier.* ▪ **Je te raconte pas !** [fam.], indique que l'on veut insister sur l'importance de ce qu'on a dit : *Son père était furieux, je te raconte pas !* ◆ **SE RACONTER** v.pr. Parler de soi, de sa vie. ▪ **Se raconter des histoires** [fam.], se leurrer sur soi-même : *Ne te raconte pas d'histoires, ce n'est pas toi le favori.*

RACONTEUR, EUSE n. Litt. Personne qui raconte, aime raconter.

RACORNIR v.t. [21] (de *corne*). Rendre dur et coriace comme de la corne. ◆ **SE RACORNIR** v.pr. Devenir dur et sec.

RACORNISSEMENT n.m. Fait de se racornir.

RACQUETBALL ou **RACQUET-BALL** [rakɛtbol] n.m. (pl. *racquet-balls*) [mot anglo-amér.]. Sport de balle pratiqué en salle et voisin du squash.

SE RACRAPOTER v.pr. [3]. Belgique. Fam. **1.** Se recroqueviller. **2.** Se replier sur soi-même.

RAD n.m. (abrév. de *1. radiation*). Anc. Unité de dose* absorbée, qui valait 1/100 de gray.

RADAR n.m. (mot angl., sigle de l'angl. *radio detection and ranging*, détection et télémétrie par radio). **1.** Appareil de radiorepérage qui permet de déterminer la position et la distance d'un obstacle, d'un aéronef, etc., par l'émission d'ondes radioélectriques et la détection des ondes réfléchies à sa surface. **2.** Fig. (Souvent pl.). Surveillance policière, qui permet notamm. de localiser qqn, de suivre ses déplacements : *Comment un individu fiché par les services de renseignements a-t-il pu disparaître des radars ?* (On dit aussi *écran radar.*) ▪ **Au radar** [fam.], guidé par l'habitude ou par l'intuition : *Le matin, il marche au radar.*

➲ Le principe du **RADAR** est fondé sur l'émission, par impulsions de courte durée, de faisceaux étroits d'ondes radioélectriques qui, après réflexion contre un obstacle, retournent vers un récepteur. La durée du trajet aller et retour des ondes, qui se propagent à la vitesse de la lumière, soit 300 000 km/s, permet de déterminer la distance de l'obstacle. L'orientation de l'antenne, qui sert d'abord à l'émission, puis à la réception, en indique la direction. Un radar se compose donc d'un générateur d'impulsions, d'une antenne directrice, d'un récepteur, employant la même antenne, et, enfin, d'un indicateur, servant à lire les résultats sur un écran.

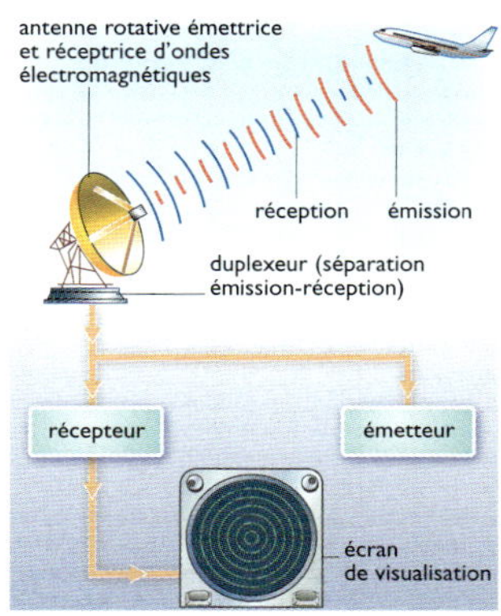

▲ **radar.** Fonctionnement d'un radar.

RADARASTRONOMIE n.f. Technique du radar appliquée à l'étude des astres.

RADARISTE n. Spécialiste de la mise en œuvre et de l'entretien des radars.

1. RADE n.f. (du moy. angl. *rad*). Grand bassin naturel ou artificiel ayant une issue libre vers la mer et où les navires peuvent mouiller. ▪ **En rade** [fam.], à l'écart : *Il l'a laissée en rade toute la soirée* ; à l'abandon : *Le projet est resté en rade depuis* ; en panne : *Le distributeur est (tombé) en rade.*

2. RADE n.m. (abrév. de l'arg. *radeau*, comptoir de bar). Arg. Café ; bar.

RADEAU n.m. (anc. provenç. *radel*). **1.** Petite construction flottante plate, en bois ou en métal, utilisée comme bâtiment de servitude ou de sauvetage. **2.** Train de bois sur une rivière.

RADIAIRE adj. Disposé en rayons autour d'un axe : *Pétales radiaires.*

RADIAL, E, AUX adj. (du lat. *radius*, rayon). **1.** Relatif au rayon d'un cercle. **2.** ANAT. Relatif au radius : *Nerf radial.*

RADIALE n.f. Voie routière reliant un centre urbain à sa périphérie (par oppos. à *pénétrante*).

RADIAN n.m. Unité SI de mesure d'angle (symb. rad) correspondant à l'angle qui, ayant son sommet au centre d'un cercle, intercepte sur la circonférence de ce cercle un arc d'une longueur égale à celle du rayon du cercle. ➲ L'angle plat mesure π radians.

RADIANCE n.f. PHYS. Vieilli. Rayonnement.

RADIANT, E adj. Qui se propage par radiations ; qui émet des radiations. ◆ n.m. ASTRON. Point du ciel d'où paraissent émaner les météores issus d'un essaim de météorites.

RADIATEUR n.m. **1.** Dispositif augmentant la surface de rayonnement d'un système de chauffage ou de refroidissement. **2.** Élément du chauffage central assurant l'émission de la chaleur.

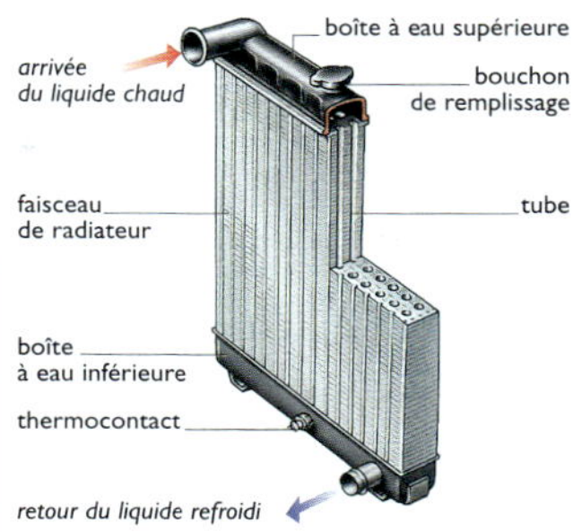

▲ **radiateur** d'automobile.

RADIATIF, IVE adj. PHYS. Qui concerne les radiations.

1. RADIATION n.f. (du lat. *radiatio*, rayonnement). PHYS. Émission de particules ou d'un rayonnement monochromatique ; ces particules ou ce rayonnement. ▪ **Pression de radiation** [phys.], pression de rayonnement*. ▪ **Radiation évolutive** ou **adaptative** [biol.], divergence évolutive subie par une espèce ancestrale, faisant apparaître un grand nombre d'espèces nouvelles occupant et exploitant les diverses niches écologiques disponibles.

2. RADIATION n.f. Action de radier qqn d'une liste, d'un registre où il était inscrit ; annulation des effets qui découlaient de cette inscription : *Radiation du barreau.*

1. RADICAL, E, AUX adj. (lat. *radicalis*, de *radix, -icis*, racine). **1.** Qui appartient à la nature profonde de qqn, de qqch ou qui vise à l'atteindre : *Transformation radicale du monde paysan.* **2.** Se dit d'un mode d'action très énergique ; draconien : *Prendre des mesures radicales.* **3.** BOT. Qui appartient à la racine d'une plante. **4.** LING. Qui appartient au radical ou à la racine d'un mot.

2. RADICAL, E, AUX n. et adj. (mot angl.). Partisan du radicalisme. ◆ adj. Se dit d'une organisation, d'une attitude visant à des réformes profondes de la société.

3. RADICAL n.m. (pl. *radicaux*). **1.** CHIM. Anc. Fragment moléculaire isolable par l'esprit mais sans existence physique *(radical organique)*, ou capable d'existence en dépit de la présence d'électrons non appariés *(radical libre)*. ➲ On lui préfère auj. le terme de *groupement*. **2.** LING. Forme réelle prise par la racine d'un mot. **3.** MATH. Signe désignant une racine ($\sqrt{\ }$ pour la racine carrée, $\sqrt[n]{\ }$ pour la racine énième). ▪ **Radical libre** [biochim.], fragment de molécule présent dans certaines cellules et possédant en périphérie un électron célibataire. ➲ Très toxiques pour les cellules, ils interviendraient dans les phénomènes du vieillissement. On désigne ainsi plus partic. un radical oxygéné très réactif (hydroxyde OH^-, superoxyde O_2^-).

RADICALAIRE adj. CHIM. Relatif à un radical.

RADICALEMENT adv. De façon radicale ; absolument.

RADICALISATION n.f. Action de radicaliser ; fait de se radicaliser.

RADICALISER v.t. [3]. Rendre plus intransigeant, plus dur. ◆ **SE RADICALISER** v.pr. Se durcir : *Conflit social qui se radicalise.*

RADICALISME n.m. **1.** Attitude d'esprit et doctrine de ceux qui veulent une rupture complète avec le passé institutionnel et politique.

a b c d e f g h i j k l m n o p q r s t u v w x y z

2. Ensemble des positions du mouvement radical, et plus partic. du Parti radical et radical-socialiste, en France. **3.** Attitude d'esprit d'une intransigeance absolue.

➲ Apparu sous le règne de Louis-Philippe Ier, et militant alors pour l'instauration du suffrage universel, le **RADICALISME** donna naissance, en 1901, au Parti républicain radical et radical-socialiste. Profondément républicain et anticlérical, il s'opposait au socialisme par sa défense de la propriété privée. Il joua un rôle déterminant sous la IIIe République, évoluant en force de centre gauche durant l'entre-deux-guerres. Objet de mutations sous la Ve République, le radicalisme n'a cessé de perdre de l'influence. (V. partie n.pr. **RADICAL** et **RADICAL-SOCIALISTE [PARTI]**.)

RADICALITÉ n.f. Caractère radical, inflexible : *La radicalité des jeunes militants, d'une politique.*

RADICAL-SOCIALISME n.m. sing. Doctrine politique apparentée au radicalisme, apparue en France dans les années 1880-1890.

RADICAL-SOCIALISTE, RADICALE-SOCIALISTE adj. et n. (pl. *radicaux-socialistes, radicales-socialistes*). Relatif au radical-socialisme ; qui en est partisan ; membre du Parti radical et radical-socialiste.

RADICANT, E adj. BOT. **1.** Se dit des tiges des plantes grimpantes ou rampantes qui émettent des racines sur différents points de leur longueur. **2.** Se dit du pied de certains champignons basidiomycètes, qui se termine en pointe et ressemble à une racine.

RADICELLE n.f. BOT. Racine secondaire, très petite.

RADICOTOMIE n.f. CHIRURG. Section d'une racine d'un nerf, génér. sensitive, afin de supprimer une douleur.

RADICULAIRE adj. **1.** BOT. Relatif aux racines, aux radicules. **2.** MÉD. Relatif à la racine des nerfs crâniens ou rachidiens. **3.** MÉD. Relatif à la racine d'une dent. ▪ **Poussée radiculaire** [bot.], pression exercée par les racines, qui, s'ajoutant à l'aspiration foliaire, entraîne l'ascension de la sève brute.

RADICULALGIE n.f. MÉD. Douleur liée à l'irritation de la racine d'un nerf.

RADICULE n.f. (lat. *radicula*). BOT. Partie de la plantule qui fournit la racine.

RADICULITE n.f. MÉD. Inflammation de la racine d'un nerf.

RADIÉ, E adj. (du lat. *radius*, rayon). Qui présente des lignes rayonnantes.

1. RADIER n.m. Dalle épaisse en maçonnerie ou en béton qui constitue la fondation d'un ouvrage, le plancher d'une fosse, d'un canal.

2. RADIER v.t. [5] (de 2. *radiation*). Rayer officiellement d'une liste, d'un registre : *Radier un candidat, un pharmacien.*

RADIESTHÉSIE n.f. (du lat. *radius*, rayon, et du gr. *aisthêsis*, sensation). OCCULT. **1.** Sensibilité à des rayonnements qui proviendraient des objets. **2.** Méthode de détection d'objets, de maladies, par l'intermédiaire des mouvements d'une baguette ou d'un pendule, qui serait fondée sur cette sensibilité.

RADIESTHÉSISTE n. Personne qui pratique la radiesthésie.

RADIEUX, EUSE adj. (bas lat. *radiosus*). **1.** D'une luminosité éclatante ; éblouissant : *Soleil radieux.* **2.** Très ensoleillé : *Une journée radieuse.* **3.** Qui rayonne de joie, de bonheur : *Visage radieux.*

RADIN, E adj. et n. Fam. Avare. (Au fém., l'adj. peut rester inv. en genre : *elle est très radin.*)

RADINER v.i. [3] ou **SE RADINER** v.pr. (de l'anc. fr. *rade*, rapide). Fam. Arriver ; venir.

RADINERIE n.f. Fam. Avarice.

1. RADIO n.f. (abrév.). **1.** Radiodiffusion. **2.** Radiographie. **3.** Radiotéléphonie. **4.** Poste récepteur de radiodiffusion sonore. ▪ **Radio locale privée,** station de radiodiffusion privée dont les émissions sont captées localement. (La loi du 9 novembre 1981 a légalisé en France les radios locales privées, dites *radios libres.*)

2. RADIO n. (abrév.). **1.** Radiotélégraphiste. **2.** Radiotéléphoniste.

RADIOACTIF, IVE adj. Doué de radioactivité.

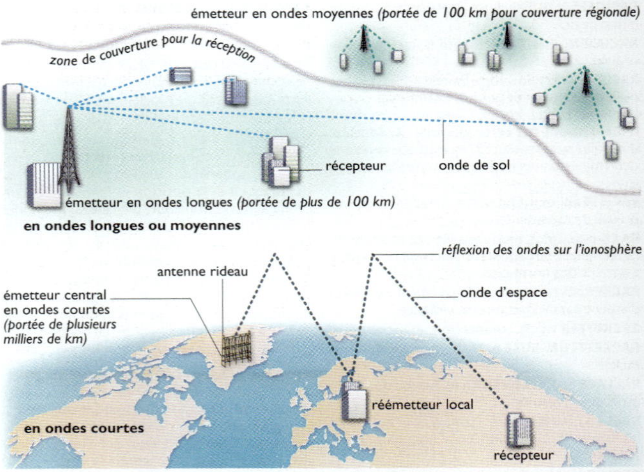

▲ **radiodiffusion.** Émission et propagation des ondes (ondes longues et moyennes en haut, ondes courtes en bas).

RADIOACTIVATION n.f. Formation d'un radioélément par irradiation d'un élément non radioactif.

RADIOACTIVITÉ n.f. Propriété de certains noyaux atomiques de perdre spontanément de leur masse en émettant des particules ou des rayonnements électromagnétiques.

➲ Le phénomène de la **RADIOACTIVITÉ** fut découvert en 1896 par H. Becquerel sur l'uranium et très vite confirmé par Marie Curie pour le thorium.
Les types de radioactivité sont : l'*émission* α, émission par un noyau d'une particule α, ou noyau d'hélium ; les transformations, ou *radioactivités,* β : émission d'électron ou d'électron positif (*positron*) ; la radioactivité, ou émission γ : émission d'un rayonnement électromagnétique. Il existe d'autres types de radioactivité, comme la fission spontanée d'un noyau lourd ou la radioactivité par émission de protons. La *période* d'une transformation radioactive est le temps nécessaire pour que la moitié des noyaux de l'élément considéré se désintègre.
La radioactivité peut représenter un très grave danger pour les êtres vivants, à cause de l'émission de rayonnements ionisants. Cependant, elle est mise à profit à des fins biomédicales (traitement des cancers avec la *radiothérapie,* par ex.). La radioactivité sert aussi à la datation (grâce à la loi de décroissance radioactive) et connaît diverses applications scientifiques ou industrielles.

RADIOALIGNEMENT n.m. TECHN. Dispositif permettant de guider un avion ou un navire le long d'un axe balisé par deux émissions radiophoniques.

RADIOALTIMÈTRE n.m. Altimètre utilisant le principe du radar.

RADIOAMATEUR, TRICE n. Personne titulaire d'une licence l'autorisant à effectuer des radiocommunications à usage privé, sans intérêt financier.

RADIOASTRONOME n. Spécialiste de radioastronomie.

RADIOASTRONOMIE n.f. Branche de l'astronomie qui a pour objet l'étude des sources célestes de rayonnement radioélectrique.

RADIOBALISAGE n.m. Signalisation au moyen de radiobalises.

RADIOBALISE n.f. Émetteur de faible puissance modulé par un signal d'identification, servant aux navires et aux avions à déterminer leur position et à se diriger.

RADIOBALISER v.t. [3]. Munir d'une signalisation par radiobalisage.

RADIOBIOLOGIE n.f. Discipline qui étudie les effets des rayonnements ionisants sur les tissus de l'organisme.

RADIOCARBONE n.m. Carbone 14.

RADIOCASSETTE n.f. Appareil constitué d'un récepteur radio associé à un lecteur-enregistreur de cassettes.

RADIOCHIMIE n.f. Étude des propriétés physico-chimiques des radioéléments et des aspects chimiques des transmutations et des réactions nucléaires.

RADIOCHRONOLOGIE n.f. GÉOL. Technique de datation en âge absolu, par les radioéléments, des minéraux ou des roches.

RADIOCOBALT n.m. Isotope radioactif, de masse 60, du cobalt (SYN. **cobalt 60, cobalt radioactif**).

RADIOCOMMANDE n.f. Commande à distance, grâce à des ondes radioélectriques.

RADIOCOMMUNICATION n.f. Télécommunication réalisée à l'aide d'ondes radioélectriques.

RADIOCOMPAS n.m. Radiogoniomètre qui permet à un avion ou à un navire de conserver sa direction grâce aux indications fournies par une station émettrice au sol.

RADIOCONCENTRIQUE adj. Se dit du plan d'une agglomération dont les voies rayonnent à partir du centre et sont reliées entre elles par des artères concentriques.

RADIOCONDUCTEUR n.m. Nom donné par É. Branly à un conducteur dont l'impédance varie sous l'action des ondes électromagnétiques.

RADIOCRISTALLOGRAPHIE n.f. Étude de la structure des cristaux, fondée sur la diffraction par ceux-ci des rayons X, des électrons, des neutrons, etc.

RADIODERMITE n.f. MÉD. Ensemble des lésions cutanées provoquées par les rayonnements ionisants.

RADIODÉTECTION n.f. Radiorepérage fondé sur la comparaison entre des signaux de référence et des signaux radioélectriques réfléchis ou émis à partir de la position à déterminer.

RADIODIAGNOSTIC n.m. MÉD. Diagnostic établi à l'aide des techniques de radiologie utilisant les rayons X.

RADIODIFFUSER v.t. [3]. Diffuser par la radio.

RADIODIFFUSION n.f. **1.** Radiocommunication à usage public qui comporte des programmes sonores (*radiodiffusion sonore*), des programmes de télévision, etc. **2.** Organisme spécialisé dans cette activité. **3.** Cour. Radiodiffusion sonore (par oppos. à *télévision*). Abrév. **radio.**

RADIOÉLECTRICIEN, ENNE n. Spécialiste de radioélectricité.

RADIOÉLECTRICITÉ n.f. Technique permettant la transmission à distance de messages et de sons à l'aide des ondes électromagnétiques.

RADIOÉLECTRIQUE adj. **1.** Hertzien. **2.** Qui se rapporte au rayonnement électromagnétique de longueur d'onde supérieure au millimètre.

RADIOÉLÉMENT n.m. Élément chimique radioactif (SYN. **isotope radioactif, radio-isotope**).

RADIO-ÉTIQUETTE n.f. (pl. *radio-étiquettes*). Étiquette radio.

RADIOFRÉQUENCE n.f. Fréquence d'une onde hertzienne utilisée en radiocommunication.

RADIOGALAXIE n.f. **ASTRON.** Galaxie émettant un rayonnement radioélectrique intense.

RADIOGONIOMÈTRE n.m. Appareil permettant de déterminer la direction d'un émetteur radioélectrique et qui, à bord des avions et des navires, sert à repérer direction et position.

RADIOGONIOMÉTRIE n.f. Détermination de la direction et de la position d'un poste radioélectrique émetteur (SYN. **goniométrie**).

RADIOGRAPHIE n.f. **1. MÉD.** Technique de formation et d'enregistrement de l'image d'une partie du corps sur un film photographique, au moyen des rayons X ; l'image ainsi obtenue. Abrév. **radio. 2.** Description objective et en profondeur d'un phénomène, d'une personnalité : *Une radiographie de la délinquance.*

RADIOGRAPHIER v.t. **[5]. 1. MÉD.** Enregistrer par radiographie. **2.** Analyser avec précision et objectivité : *Radiographier l'électorat populaire.*

RADIOGRAPHIQUE adj. **MÉD.** Qui concerne la radiographie.

RADIOGUIDAGE n.m. **1.** Guidage d'un engin mobile (avion, bateau, etc.) par ondes radioélectriques. **2.** Diffusion d'informations radiophoniques concernant le trafic routier.

RADIOGUIDER v.t. **[3].** Procéder au radioguidage de.

RADIO-IDENTIFICATION n.f. (pl. *radio-identifications*). Identification par radiofréquence. Abrév. **RFID.**

RADIO-IMMUNOLOGIE n.f. (pl. *radio-immunologies*). Technique de recherche et de dosage de substances chimiques, à l'aide d'un antigène ou d'un anticorps sur lequel on a fixé un marqueur radioactif.

RADIO-ISOTOPE n.m. (pl. *radio-isotopes*). Radioélément.

RADIOLAIRE n.m. (du lat. *radiolus*, petit rayon). Protozoaire marin, abondant dans le plancton, comportant un squelette siliceux percé de pores autour duquel rayonnent de fins pseudopodes. ➲ Embranchement des rhizopodes.

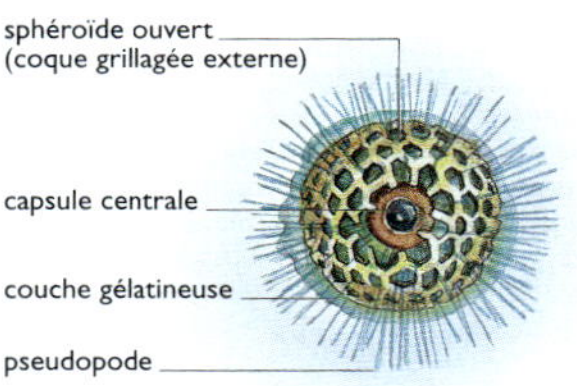

▲ **radiolaire**

RADIOLARITE n.f. Roche sédimentaire siliceuse, le plus souvent rouge, d'origine marine et formée essentiellement de tests de radiolaires.

RADIOLÉSION n.f. **MÉD.** Lésion provoquée par les rayonnements ionisants.

RADIOLOCALISATION n.f. Technique de positionnement maritime, terrestre ou aérien, utilisant les ondes radioélectriques.

RADIOLOGIE n.f. Partie de la médecine qui utilise à des fins diagnostiques ou thérapeutiques les rayonnements ionisants (rayons X, notamm.) ou d'autres rayonnements (ultrasons, par ex.) [SYN. **électroradiologie**].

RADIOLOGIQUE adj. Relatif à la radiologie : *Examen radiologique.*

RADIOLOGIQUEMENT adv. Au moyen de la radiologie.

RADIOLOGUE ou **RADIOLOGISTE** n. Spécialiste de radiologie.

RADIOLYSE n.f. **CHIM., PHYS.** Décomposition opérée sous l'action d'un rayonnement.

RADIOMESSAGERIE n.f. Service de radiocommunication destiné à la transmission de messages vers un terminal ou un groupe de terminaux mobiles.

RADIOMÈTRE n.m. Appareil de mesure de l'intensité d'un rayonnement électromagnétique à des longueurs d'onde spécifiées. ➲ Des radiomètres peuvent équiper des satellites de télédétection qui étudient la Terre ou des sondes spatiales pour observer à distance la surface et l'atmosphère d'autres planètes du Système solaire. ■ **Radiomètre à balayage,** scanner.

RADIONAVIGANT, E n. Opérateur de radio faisant partie de l'équipage d'un navire ou d'un avion (SYN. **radiotélégraphiste**).

RADIONAVIGATION n.f. Technique de navigation faisant appel à des procédés radioélectriques.

RADIONÉCROSE n.f. **MÉD.** Destruction tissulaire due aux rayonnements ionisants.

RADIOPHARE n.m. Station émettrice d'ondes radioélectriques, permettant à un navire ou à un avion de déterminer sa position et de suivre la route prévue.

RADIOPHONIE n.f. Système de transmission des sons utilisant les propriétés des ondes radioélectriques.

RADIOPHONIQUE adj. Relatif à la radiophonie, à la radiodiffusion.

RADIOPROTECTION n.f. Ensemble des moyens utilisés pour se protéger contre les rayonnements ionisants.

RADIORÉCEPTEUR n.m. Récepteur de radiocommunication.

RADIOREPÉRAGE n.m. Détermination de la position, de la vitesse, etc., d'un objet au moyen d'ondes radioélectriques.

RADIOREPORTAGE n.m. Reportage diffusé par radiodiffusion.

RADIORÉSISTANCE n.f. **MÉD.** État de cellules ou de tissus cancéreux insensibles à la radiothérapie ou qui le deviennent.

RADIORÉVEIL ou **RADIO-RÉVEIL** n.m. (pl. *radios-réveils*). Appareil de radio associé à un réveil électronique.

RADIOSCOPIE n.f. **MÉD.** Technique de radiologie dans laquelle l'image d'une partie du corps est portée sur un écran de télévision.

RADIOSCOPIQUE adj. Relatif à la radioscopie.

RADIOSENSIBILITÉ n.f. **BIOL.** Sensibilité des tissus vivants à l'action des rayonnements ionisants.

RADIOSONDAGE n.m. Mesure météorologique effectuée verticalement dans l'atmosphère au moyen d'un ballon-sonde équipé d'appareils radioélectriques émetteurs.

RADIOSONDE n.f. **MÉTÉOROL.** Instrument de mesure et de transmission radioélectrique des états de l'atmosphère, porté par un ballon-sonde.

RADIOSOURCE n.f. **ASTRON.** Astre émetteur de rayonnement radioélectrique.

RADIO-TAXI (pl. *radio-taxis*), ▲ *RADIOTAXI* n.m. Taxi relié à sa compagnie par un équipement radiophonique.

RADIOTECHNIQUE n.f. Ensemble des techniques d'utilisation des rayonnements radioélectriques. ◆ **adj.** Relatif à la radiotechnique.

RADIOTÉLÉGRAPHIE n.f. **1.** Télégraphie par ondes radioélectriques. **2. MAR.** À bord d'un navire, service des radiocommunications et de la radionavigation.

RADIOTÉLÉGRAPHISTE n. **1.** Opérateur de radiotélégraphie. Abrév. **radio. 2.** Radionavigant.

RADIOTÉLÉPHONE n.m. Vieilli. Téléphone mobile.

RADIOTÉLÉPHONIE n.f. Téléphonie par voie radioélectrique avec des mobiles. Abrév. **radio.**

RADIOTÉLÉPHONISTE n. Spécialiste de radiotéléphonie. Abrév. **radio.**

RADIOTÉLESCOPE n.m. **ASTRON.** Instrument destiné à capter le rayonnement radioélectrique des astres.

RADIOTÉLÉVISÉ, E adj. Transmis à la fois par la radiodiffusion sonore et la télévision.

RADIOTÉLÉVISION n.f. Ensemble des installations, des services et des programmes de radiodiffusion sonore et télévisuelle.

RADIOTHÉRAPEUTE n. Spécialiste de radiothérapie.

RADIOTHÉRAPIE n.f. **MÉD.** Traitement par les rayonnements ionisants ; spécial., traitement du cancer par les rayons X.

RADIOTHÉRAPIQUE adj. Relatif à la radiothérapie.

RADIOTOXICITÉ n.f. **MÉD.** Toxicité due aux rayonnements ionisants et plus spécialement aux rayons X.

RADIOTROTTOIR n.m. ou n.f. Afrique. Fam. Rumeur publique ; bouche-à-oreille.

RADIQUE adj. Se dit d'une manifestation pathologique provoquée par une radiothérapie.

RADIS n.m. (du lat. *radix, -icis*, racine). **1.** Plante potagère à racine charnue comestible. ➲ Famille des crucifères. **2.** Cette racine. ■ **Ne pas avoir un radis** [fam.], ne pas avoir d'argent.

RADIUM [radjɔm] n.m. **1.** Métal alcalino-terreux, analogue au baryum. **2.** Élément chimique (Ra), de numéro atomique 88 et de masse atomique 226,0254, extrêmement radioactif. ➲ Découvert en 1898 par P. et M. Curie, après le polonium, le radium métallique n'a été isolé qu'en 1910 par M. Curie et A. Debierne.

RADIUS [radjys] n.m. (mot lat. « rayon »). **ANAT.** Le plus externe des deux os de l'avant-bras, articulé avec le cubitus.

RADJAH n.m. → **RAJA.**

RADÔME n.m. (angl. *radome*, de *radar* et *dome*, dôme). **TÉLÉCOMM.** Dôme transparent à l'énergie électromagnétique et destiné à protéger une antenne de télécommunication contre les intempéries.

RADON n.m. Élément chimique gazeux radioactif (Rn), de numéro atomique 86, provenant de la désintégration des isotopes du radium.

RADOTAGE n.m. Action de radoter ; propos de qqn qui radote.

RADOTER v.i. **[3]** (anc. fr. *redoter*). Tenir des propos peu cohérents ou peu sensés ; divaguer. ◆ **v.i.** et **v.t.** Répéter de façon lassante les mêmes propos ; rabâcher.

RADOTEUR, EUSE n. Personne qui radote.

RADOUB [radu] n.m. **MAR.** Réparation, entretien de la coque d'un navire en bois. ■ **Bassin, cale de radoub,** cale sèche où l'on procède au radoub.

RADOUBER v.t. **[3]** (de *adouber*). **1. MAR.** Réparer un navire. **2. PÊCHE.** Ramender.

RADOUCIR v.t. **[21].** Rendre plus doux ou plus conciliant : *Mon explication l'a radouci.* ◆ **SE RADOUCIR** v.pr. Devenir plus doux ou plus aimable.

RADOUCISSEMENT n.m. Fait de se radoucir : *Le radoucissement des températures.*

RADSOC [radsɔk] n. et adj. (abrév.). Fam., vieilli. Radical-socialiste.

RADULA n.f. (mot lat. « racloir »). **ZOOL.** Langue râpeuse de la plupart des mollusques (sauf les bivalves).

RAFALE n.f. (ital. *raffica*). **1.** Coup de vent violent et momentané ; bourrasque. **2.** Ensemble de coups tirés sans interruption par une arme automatique, une pièce d'artillerie (par oppos. à *tir coup par coup*). **3.** Fig. Manifestation soudaine, bruyante ; salve : *Une rafale d'applaudissements.*

RAFFERMIR v.t. **[21].** Rendre plus ferme ; consolider : *Raffermir les abdominaux. Raffermir sa place de leader.* ◆ **SE RAFFERMIR** v.pr. Devenir plus stable, plus assuré : *La situation de l'entreprise s'est raffermie.*

RAFFERMISSEMENT n.m. Fait de se raffermir.

RAFFINAGE n.m. **1.** Action de purifier le sucre, les métaux, l'alcool, le caoutchouc, etc. **2.** Ensemble des procédés de fabrication des produits pétroliers.

RAFFINAT n.m. Produit pétrolier raffiné.

RAFFINÉ, E adj. **1.** Débarrassé de ses impuretés : *De l'huile raffinée.* **2.** D'une grande délicatesse : *Il a des goûts raffinés.* ◆ **adj.** et **n.** Qui fait preuve de raffinement, de délicatesse.

RAFFINEMENT n.m. **1.** Caractère d'une personne ou d'une chose raffinée, délicate ; élégance. **2.** Degré extrême d'un sentiment : *Un raffinement de cruauté.*

▲ **raffinerie** de pétrole sur le port de Yokohama, au Japon.

RAFFINER v.t. [3]. **1.** Soumettre un produit industriel au raffinage. **2.** Litt. Rendre plus subtil, plus délicat : *Raffiner son langage.* ◆ **v.t. ind.** (**SUR**). **1.** Pousser à l'extrême la recherche du détail subtil. **2.** Absol. Faire preuve d'une exigence excessive : *Ne raffinez pas tant, c'est très bien ainsi.*

RAFFINERIE n.f. Usine où l'on raffine certaines substances (sucre, pétrole, notamm.).

1. RAFFINEUR, EUSE n. Personne qui travaille dans une raffinerie, qui exploite une raffinerie.

2. RAFFINEUR n.m. PAPET. Appareil utilisé pour le raffinage de la pâte à papier.

RAFFLÉSIE n.f. ou **RAFFLESIA** [-fle-] n.m. (du n. de T. S. *Raffles*). Plante parasite d'Asie du Sud-Est, dépourvue de chlorophylle, qui produit les plus grosses fleurs connues (1 m de diamètre). ➲ Famille des rafflésiacées.

RAFFOLER v.t. ind. [3] (**DE**). Fam. Aimer à l'excès.

RAFFUT n.m. (du sens dial. de *raffûter*, faire du tapage). **1.** Fam. Bruit violent ; vacarme. **2.** Fam. Tapage provoqué par un scandale : *La publication de sa lettre a fait du raffut.* **3.** Au rugby, geste que fait un joueur qui raffûte.

RAFFÛTER, ▲ *RAFFUTER* v.t. [3]. Au rugby, pour le possesseur du ballon, écarter énergiquement un adversaire avec la main libre ouverte.

RAFIOT n.m. Fam. Mauvais ou vieux bateau.

RAFISTOLAGE n.m. Fam. Action de rafistoler ; réparation grossière.

RAFISTOLER v.t. [3]. Fam. Réparer grossièrement : *J'ai rafistolé la poignée de la valise.*

1. RAFLE n.f. (de l'all. *raffen*, emporter rapidement). **1.** Action de rafler ; razzia : *Les cambrioleurs ont fait une rafle dans le musée.* **2.** Opération policière exécutée à l'improviste dans un lieu suspect ; arrestation massive de personnes : *Trafiquants pris dans une rafle.*

2. RAFLE n.f. BOT. **1.** Ensemble des pédoncules qui soutiennent les grains dans une grappe de fruits (raisin, groseille). **2.** Partie centrale de l'épi de maïs, supportant les grains (SYN. **râpe**).

RAFLER v.t. [3] (de *1. rafle*). Fam. **1.** Obtenir des choses recherchées ; remporter : *Ce metteur en scène a raflé cinq césars.* **2.** Saisir avec rapidité ; voler : *Rafler un portefeuille.*

RAFRAÎCHI, E, ▲ *RAFRAICHI, E* adj. ■ **Fruits rafraîchis**, dessert constitué par des fruits coupés en dés que l'on sert très frais.

RAFRAÎCHIR, ▲ *RAFRAICHIR* v.t. [21]. **1.** Rendre frais ou plus frais : *Rafraîchir de la limonade.* **2.** Remettre en état ; rénover : *Rafraîchir une fresque.* **3.** CUIS. Refroidir rapidement à l'eau froide un ingrédient que l'on vient de cuire. **4.** INFORM. Renouveler l'affichage des éléments présents sur un écran pour en actualiser le contenu : *Rafraîchir une page Web.* ■ **Rafraîchir la mémoire** [fam.], rappeler à qqn ce qu'il semble oublier. ■ **Rafraîchir les cheveux**, les couper légèrement. ◆ **v.i.** Devenir frais : *Mettre le champagne à rafraîchir.* ◆ **SE RAFRAÎCHIR** v.pr. **1.** Devenir plus frais : *Les températures, leurs relations se sont rafraîchies.* **2.** Se désaltérer. **3.** Faire un brin de toilette, un raccord de maquillage.

RAFRAÎCHISSANT, E, ▲ *RAFRAICHISSANT, E* adj. **1.** Qui donne de la fraîcheur : *Brise rafraîchissante.* **2.** Qui calme la soif ; désaltérant. **3.** Fig. Qui séduit par sa simplicité, sa sincérité : *Un spectacle rafraîchissant.*

RAFRAÎCHISSEMENT, ▲ *RAFRAICHISSEMENT* n.m. **1.** Fait de devenir plus frais : *Rafraîchissement des températures.* **2.** Action de rafraîchir, de rénover. **3.** Boisson fraîche non alcoolisée, que l'on offre en dehors des repas.

RAFT n.m. (mot angl. « radeau »). Radeau pneumatique utilisé pour le rafting.

RAFTING [raftiŋ] n.m. Sport consistant à descendre en raft des cours d'eau coupés de rapides.

RAGA n.m. inv. (sanskr. *rāga*). Trame musicale de la musique savante de l'Inde, liée à un climat émotionnel et à une saison ou à un moment de la journée.

RAGAILLARDIR v.t. [21]. Fam. Redonner de l'entrain, des forces à ; revigorer.

RAGE n.f. (lat. *rabies*). **1.** MÉD. Maladie infectieuse virale transmise à l'homme par la morsure de certains animaux, caractérisée par une méningo-encéphalite, et qui est mortelle sans traitement. **2.** Mouvement violent de dépit, de colère ; fureur : *Entrer dans une rage folle en apprenant un mensonge.* ■ **Faire rage**, atteindre une grande violence ; se déchaîner : *L'ouragan a fait rage toute la nuit.* ■ **Rage au volant** [Québec], comportement agressif d'un conducteur. ■ **Rage de dents**, accès douloureux d'origine dentaire, dû par ex. à une pulpite.

RAGEANT, E adj. Fam. Qui fait rager ; exaspérant.

RAGER v.i. [10]. Fam. Être très irrité.

RAGEUR, EUSE adj. **1.** Sujet à des colères violentes ; coléreux. **2.** Qui dénote la mauvaise humeur : *Un ton rageur.*

RAGEUSEMENT adv. Avec hargne.

RAGGAMUFFIN [ragamœfin] n.m. (de l'anglo-amér. *ragamuffin*, galopin). Style musical chanté rattaché au mouvement hip-hop, associant rap et reggae.

RAGLAN n.m. et adj. inv. (du n. de lord *Raglan*). Vêtement à manches droites dont la partie supérieure remonte jusqu'à l'encolure par des coutures en biais.

RAGONDIN n.m. Rongeur originaire de l'Amérique du Sud mais répandu dans le monde entier, de mœurs aquatiques (SYN. **myocastor**). ➲ Famille des myocastoridés.

1. RAGOT n.m. (du lat. *ragire*, grogner). VÉNER. Sanglier de deux à trois ans.

2. RAGOT n.m. (du moyen fr. *ragoter*, grogner comme un ragot). Fam. Bavardage médisant ; commérage.

RAGOUGNASSE n.f. Fam. Nourriture infecte.

RAGOÛT, ▲ *RAGOUT* n.m. Plat de viande, de poisson ou de légumes, coupés en morceaux et cuits dans une sauce.

RAGOÛTANT, E, ▲ *RAGOUTANT, E* adj. (Seulem. dans des expressions négatives). Appétissant : *Cette viande n'est pas ragoûtante* ; agréable : *Travail peu ragoûtant.*

RAGRÉAGE n.m. Action de ragréer.

RAGRÉER v.t. [8]. CONSTR. Supprimer les irrégularités de surface d'un ouvrage de maçonnerie, de menuiserie, etc.

RAGTIME [-tajm] n.m. (mot anglo-amér.). Style pianistique et orchestral, né dans le Midwest et le sud des États-Unis à la fin du XIXe s., caractérisé par une mélodie fortement syncopée qui mêle des éléments du folklore afro-américain et des airs de danse d'origine européenne. ➲ Le ragtime est l'une des sources du jazz.

RAGUER v.i. [3] (de l'angl. *to rag*, saccager). MAR. S'user par frottement sur un objet dur, en parlant d'un cordage.

RAGUILLER v.t. [3] (de *aguiller*). Suisse. Remettre d'aplomb ; redresser : *Raguiller des bûches.*

RAHAT-LOUKOUM [raatlukum] ou **RAHAT-LOKOUM** [-lɔkum] n.m. (pl. *rahat-lo[u]koums*) (de l'ar. *rāhat al-hulqum*, rafraîchissement de la gorge). Loukoum.

RAI n.m. (lat. *radius*). Litt. Rayon : *Un rai de soleil.*

RAÏ [raj] n.m. inv. (mot ar. « opinion »). Genre musical chanté algérien, apparu vers 1975, caractérisé par la synthèse qu'il opère entre l'improvisation traditionnelle déclamée en arabe dialectal, le rock et le blues, et par des paroles au contenu satirique puis plus nettement contestataire.

RAÏA n.m. → **RAYA.**

RAID [rɛd] n.m. (mot angl.). **1.** MIL. Opération rapide et de durée limitée menée en territoire inconnu ou ennemi par une formation très mobile, en vue de démoraliser l'adversaire, de désorganiser ses arrières, de recueillir des renseignements, etc. ; spécial., attaque aérienne. **2.** SPORTS. Parcours sur une longue distance destiné à montrer l'endurance des concurrents et la résistance du matériel. **3.** Opération boursière entreprise par un raider.

RAIDE adj. (lat. *rigidus*). **1.** Difficile à plier : *Avec ce torticolis, j'ai le cou raide. Elle a des cheveux raides.* **2.** Que la pente, l'inclinaison rend difficile à monter : *Le sentier du chalet est raide.* **3.** Qui manque de souplesse, de grâce : *Elle est trop raide pour danser la salsa.* **4.** Fam. Difficile à croire, à admettre : *Il n'a rien fait et on le félicite, c'est un peu raide !* **5.** Fam. Se dit d'une boisson alcoolisée forte et âpre. **6.** Fam. Qui choque la bienséance ; grivois. **7.** Fam. Totalement dépourvu d'argent. ◆ **adv.** Tout d'un coup : *Tomber raide mort.*

RAIDER [rɛdœr] n.m. (mot angl. « pillard »). BOURSE. Personne ou entreprise qui lance des OPA hostiles sur des sociétés pour en prendre le contrôle.

RAIDEUR n.f. État de ce qui est raide ou raidi ; rigidité.

RAIDILLON n.m. Court chemin en pente raide.

RAIDIR v.t. [21]. Rendre raide ; contracter : *Raidir ses muscles* ; tendre avec force : *Raidir un câble.* ◆ **SE RAIDIR** v.pr. **1.** Devenir raide. **2.** Résister à une menace, à un danger en rassemblant son courage, sa volonté : *Se raidir contre la douleur.*

RAIDISSEMENT n.m. Action de raidir ; fait de se raidir.

RAIDISSEUR n.m. **1.** Élément de construction servant à renforcer un support. **2.** Dispositif servant à tendre les câbles, les fils de fer d'une clôture, etc.

1. RAIE n.f. (du bas lat. *riga*, ligne). **1.** Ligne tracée sur une surface avec une substance colorante ou un instrument : *Tracer des raies à la craie pour faire une marelle.* **2.** Ligne ou bande étroite longue et colorée : *Tissu à raies. Les raies noires du pelage d'un zèbre.* **3.** Ligne de séparation des cheveux. **4.** AGRIC. Petite tranchée ouverte par la charrue entre la partie labourée et la partie non labourée d'un champ. **5.** OPT. Ligne obscure *(raie d'absorption)* interrompant un spectre continu ; ligne brillante *(raie d'émission)* formant avec d'autres un spectre d'émission. ■ **Raie de mulet**, bande de poils plus foncés que le reste de la robe, qui s'étend du garrot à la naissance de la queue, chez les équidés.

2. RAIE n.f. (lat. *raia*). Poisson cartilagineux à corps aplati et nageoires pectorales triangulaires très développées et soudées à la tête, dont certaines espèces ont une chair estimée. ➲ Sous-classe des sélaciens. ■ **Raie électrique**, torpille.

RAIFORT n.m. (du lat. *radix, -icis*, racine, et de *1. fort*). **1.** Plante potagère cultivée pour sa racine charnue, à saveur poivrée, utilisée comme condiment. ➲ Famille des crucifères. **2.** Condiment obtenu en râpant cette racine.

RAIL [raj] n.m. (mot angl., de l'anc. fr. *reille*, barre). **1.** Profilé d'acier laminé, constituant le chemin de roulement et de guidage des roues des véhicules ferroviaires. **2.** Chemin de fer : *Transport par rail.* **3.** TECHN. Profilé servant à guider le déplacement d'une autre pièce. ■ **Rail (de coke)** [fam.], dose de cocaïne prisée en une fois. ■ **Remettre sur les**

rails, donner de nouveau les moyens de fonctionner normalement : *Remettre une entreprise sur les rails.*

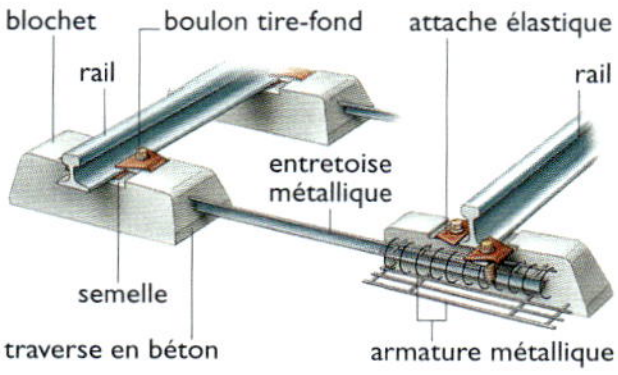

▲ **rail.** Fixation des rails d'une voie ferrée classique.

RAILLER **v.t.** **[3]** (du lat. *ragere,* rugir). Tourner en ridicule ; se moquer de : *Humoriste qui raille les travers des hommes politiques.*

RAILLERIE **n.f.** Action de railler ; quolibet.

RAILLEUR, EUSE **adj.** et **n.** Qui raille ; narquois : *Un sourire railleur.*

RAIL-ROUTE, ▲ *RAILROUTE* **adj. inv.** ▪ **Transport rail-route,** moyen de transport des marchandises utilisant la route et le chemin de fer, et destiné à éviter les transbordements (SYN. **ferroutage**).

RAINER **v.t.** **[3].** **TECHN.** Rainurer une pièce de bois ou de cuir.

1. RAINETTE **n.f.** (lat. *rana*). Petite grenouille arboricole, à doigts adhésifs, répandue en Eurasie et en Afrique du Nord, génér. verte. ➲ Famille des hylidés. (V. planche *mimétisme.*)

2. RAINETTE ou **RÉNETTE** **n.f.** (de l'anc. fr. *roisne,* rouanne). **1.** Outil tranchant pour tailler le sabot du cheval. **2.** Outil formé d'une lame d'acier recourbée à la façon d'une gouge, pour travailler le bois, le cuir.

RAINURAGE **n.m.** **TRAV. PUBL.** Ensemble de rainures creusées sur certaines chaussées en béton pour augmenter l'adhérence des véhicules à quatre roues.

RAINURE **n.f.** (de l'anc. fr. *roisner,* entailler). Entaille longue et étroite dans un matériau.

RAINURER **v.t.** **[3].** Creuser une rainure.

RAIPONCE **n.f.** (ital. *raponzo*). Campanule dont la racine et les feuilles se mangent en salade.

RAIRE **[92]** ou **RÉER** **[8]** **v.i.** (du bas lat. *ragere,* rugir). Bramer, en parlant du cerf, du chevreuil.

RAÏS [rais] **n.m.** (ar. *ra'īs*). Dans les pays arabes (Égypte, notamm.), chef de l'État ; président.

RAIS-DE-CŒUR **n.m. pl.** **ARCHIT.** Ornement courant formé de feuilles en forme de cœur alternant avec des fers de lance.

RAISIN **n.m.** (lat. *racemus*). Fruit de la vigne se présentant sous la forme d'une grappe composée de baies (grains de raisin) supportées par la rafle. ▪ **Raisin de mer,** grappe d'œufs de seiche. ▪ **Raisin de renard,** parisette. ▪ **Raisin d'ours,** busserole. ▪ **Raisins de Corinthe,** raisins secs, à petits grains, qui viennent des îles Ioniennes.

▲ **raisin**

RAISINÉ **n.m.** **1.** Confiture à base de moût de raisin. **2.** Arg. Sang.

RAISINET **n.m.** Suisse. Groseille rouge.

RAISON **n.f.** (lat. *ratio*). **1.** Faculté propre à l'homme par laquelle il peut connaître, juger et agir selon des principes ; intelligence : *On oppose souvent la raison à l'instinct.* **2.** Ensemble des principes permettant de juger et d'agir ; discernement : *Votre décision est contraire à la raison.* **3.** Ensemble des facultés intellectuelles considérées dans leur fonctionnement normal ; lucidité : *Elle n'a plus toute sa raison.* **4.** Ce qui explique, justifie un acte, un fait ; motif : *Pour raison de santé.* **5.** **MATH.** Différence entre deux termes consécutifs d'une suite arithmétique ; quotient de deux termes consécutifs d'une suite géométrique. ▪ **Âge de raison,** âge auquel les enfants sont censés être conscients de leurs actes et des conséquences de ceux-ci (vers 7 ans). ▪ **À plus forte raison,** pour un motif d'autant plus valable. ▪ **À raison de,** sur la base de ; à proportion de. ▪ **Avec raison,** en ayant une justification valable, fondée. ▪ **Avoir raison,** être dans le vrai. ▪ **Avoir raison de** (+ inf.), être fondé à agir : *Vous avez raison de demander des précisions.* ▪ **Avoir raison de** (+ n.) [litt.], vaincre la résistance de qqn ; venir à bout de qqch. ▪ **Comme de raison** [litt.], comme il est juste. ▪ **Culte de la Raison,** sous la Révolution française (1793-1794), culte organisé par les hébertistes à des fins de déchristianisation. ▪ **Demander raison de qqch à qqn** [litt., vieilli], lui demander réparation d'une offense. ▪ **Donner raison à qqn,** l'approuver. ▪ **En raison de,** en considération de ; à cause de. ▪ **Entendre raison** [litt.], finir par admettre ce qui est raisonnable. ▪ **Faire entendre raison à qqn,** l'amener à une attitude plus raisonnable. ▪ **Mariage de raison,** fondé sur des considérations matérielles (par oppos. à mariage d'amour). ▪ **Perdre la raison,** devenir fou. ▪ **Plus que de raison,** plus qu'il n'est convenable. ▪ **Raison d'État** → **2. ÉTAT.** ▪ **Raison d'être** ou **de vivre,** ce qui justifie l'existence de qqn à ses propres yeux. ▪ **Raison directe, inverse,** rapport entre deux quantités qui augmentent ou diminuent dans la même proportion ; rapport entre deux quantités dont l'une diminue dans la proportion où l'autre augmente. ▪ **Raison sociale** [dr.], nom sous lequel une société, une entreprise exerce son activité. (En France, on parle de *dénomination sociale.*) ▪ **Se faire une raison,** se résigner.

RAISONNABLE **adj.** **1.** Doué de raison ; rationnel : *L'homme est un être raisonnable.* **2.** Conforme au bon sens, à la sagesse, à l'équité ; sensé : *Votre proposition n'est pas raisonnable.* **3.** Situé dans une juste moyenne ; convenable : *Un salaire raisonnable.*

RAISONNABLEMENT **adv.** D'une manière raisonnable ; sagement.

RAISONNÉ, E **adj.** Fondé sur le raisonnement : *Un choix raisonné.* ▪ **Agriculture raisonnée,** mode de production d'une exploitation agricole qui vise à concilier le respect de l'environnement, la sécurité sanitaire et la rentabilité économique (SYN. **agriculture intégrée**).

RAISONNEMENT **n.m.** **1.** Faculté, action ou manière de raisonner ; réflexion : *À cet âge, on sait tenir un raisonnement.* **2.** Enchaînement de propositions déduites les unes des autres ; démonstration : *Suivez bien mon raisonnement.*

RAISONNER **v.i.** **[3].** **1.** Se servir de sa raison pour connaître, pour juger ; réfléchir : *Pris de panique, il n'arrivait plus à raisonner.* **2.** Passer d'un jugement à un autre pour aboutir à une conclusion : *Raisonner par l'absurde.* **3.** Vieilli. Ergoter. ◆ **v.t.** **1.** Chercher à amener qqn à une attitude raisonnable : *C'est trop risqué, il faut le raisonner.* **2.** Litt. Analyser, justifier qqch de manière rationnelle : *Raisonner ses choix.* ◆ **v.t. ind.** **(DE).** Vieilli. Discuter de : *Raisonner d'art.* ◆ **SE RAISONNER** **v.pr.** Faire appel à sa raison pour dominer ses impulsions.

RAISONNEUR, EUSE **adj.** et **n.** Qui raisonne ou argumente à tout propos.

RAJA, RAJAH [raʒa] ou **RADJAH** [radʒa] **n.m.** (hindi *rājā*). **1.** Roi, dans les pays hindous. **2.** Grand vassal de la Couronne, dans l'Inde britannique.

RAJEUNIR **v.t.** **[21].** **1.** Donner la vigueur, l'apparence de la jeunesse à ; faire paraître plus jeune : *Cette coupe de cheveux te rajeunit.* **2.** Attribuer un âge moindre qu'elle n'a à une personne : *Vous me rajeunissez !* **3.** Donner une apparence, une fraîcheur nouvelle à qqch ; rénover : *Rajeunir le mobilier urbain.* **4.** Abaisser l'âge moyen d'un groupe en y incluant des éléments jeunes : *Les nouvelles ministres rajeunissent le gouvernement.* ◆ **v.i.** Recouvrer la vigueur de la jeunesse. ◆ **SE RAJEUNIR** **v.pr.** Se dire plus jeune qu'on ne l'est.

RAJEUNISSANT, E **adj.** Qui rend plus jeune.

RAJEUNISSEMENT **n.m.** Fait de rajeunir.

RAJOUT **n.m.** Action de rajouter ; chose rajoutée.

RAJOUTER **v.t.** **[3].** Ajouter de nouveau ; mettre en plus. ▪ **En rajouter** [fam.], forcer la vérité, la réalité ; exagérer.

RAJUSTEMENT ou **RÉAJUSTEMENT** **n.m.** Action de rajuster.

RAJUSTER ou **RÉAJUSTER** **v.t.** **[3].** **1.** Ajuster de nouveau ; remettre en place : *Rajuster ses lunettes.* **2.** Modifier un prix, une quantité pour l'adapter à de nouvelles conditions : *Rajuster les salaires.* ◆ **SE RAJUSTER** **v.pr.** Remettre de l'ordre dans sa tenue vestimentaire.

RAKI **n.m.** (mot turc). Eau-de-vie de raisin ou de prune parfumée à l'anis, en Turquie.

RÂLANT, E **adj.** Fam. Fâcheux ; contrariant.

1. RÂLE **n.m.** (de *râler*). Échassier à longues pattes, au bec fort et pointu, apprécié comme gibier et se nourrissant d'invertébrés. ➲ Famille des rallidés.

2. RÂLE **n.m.** **1.** **MÉD.** Bruit anormal perçu à l'auscultation des poumons et naissant dans les alvéoles ou les bronches. **2.** Respiration des agonisants.

RÂLEMENT **n.m.** Litt. Bruit produit par une personne qui râle.

RALENTI **n.m.** **1.** Faible régime de rotation du moteur d'un véhicule, lorsqu'il ne transmet plus d'énergie à ce dernier. **2.** **CINÉMA, TÉLÉV.** Effet spécial donnant l'illusion de mouvements plus lents que dans la réalité. ▪ **Au ralenti,** à une vitesse inférieure à la normale : *Usine qui tourne au ralenti.*

RALENTIR **v.t.** **[21]** (anc. fr. *alentir*). **1.** Rendre plus lent ; freiner : *La neige ralentit sa marche.* **2.** Rendre moins intense ; modérer : *Ralentir la croissance économique.* ◆ **v.i.** Aller plus lentement.

RALENTISSEMENT **n.m.** Diminution de mouvement, de vitesse, d'activité ; baisse : *Le ralentissement des exportations.*

RALENTISSEUR **n.m.** Dispositif monté sur la transmission d'un véhicule lourd, ayant pour fonction de réduire sa vitesse. ▪ **Ralentisseur (de voirie),** dos-d'âne artificiel destiné à contraindre les véhicules à ralentir (SYN. [cour.] **casse-vitesse, gendarme couché**).

RÂLER **v.i.** **[3].** **1.** **MÉD.** Faire entendre des râles en respirant ; spécial., avoir la respiration propre aux agonisants. **2.** Fam. Manifester son mécontentement par des récriminations.

RÂLEUR, EUSE **adj.** et **n.** Fam. Qui râle, proteste souvent.

RALINGUE **n.f.** (anc. scand. *rarlik*). **MAR.** Cordage auquel sont cousus les bords d'une voile pour les renforcer.

RALINGUER **v.t.** **[3].** **MAR.** Coudre les ralingues aux bords d'une voile. ◆ **v.i.** Battre au vent, en parlant d'une voile.

RALLIDÉ **n.m.** (du lat. *rallus,* 1. râle). Échassier tel que le râle, la poule d'eau, la foulque. ➲ Les rallidés forment une famille.

RALLIÉ, E **adj.** et **n.** Qui a donné son adhésion à un parti, à une cause, après en avoir été l'adversaire.

RALLIEMENT **n.m.** **1.** **(À).** Action de rallier, de se rallier à une cause, un chef : *Un ralliement surprenant.* **2.** **HIST.** En 1892, mouvement qui conduisit des catholiques militants, à l'appel du pape Léon XIII, à accepter la république en France. ▪ **Mot, signe de ralliement,** mot, signe caractéristiques permettant aux membres d'un groupe de se reconnaître.

RALLIER **v.t.** **[5]** (de *allier*). **1.** Rassembler des gens dispersés ; regrouper : *Rallier des randonneurs après une pause.* **2.** Rejoindre un groupe, un poste ; regagner : *Le Premier ministre a dû rallier la capitale.* **3.** Rejoindre un parti ; adhérer à : *Le maire a rallié l'opposition.* **4.** Constituer l'élément qui fait l'unité d'un groupe : *Cette solution rallie tous les suffrages.* ◆ **SE RALLIER** **v.pr.** **(À).** Donner son adhésion à.

RALLIFORME **n.m.** **ORNITH.** Vieilli. Gruiforme.

RALLONGE **n.f.** **1.** Pièce que l'on ajoute à un objet pour en augmenter la longueur : *Table à rallonges.* **2.** Québec. Annexe, aile ajoutée à un bâtiment pour l'agrandir. **3.** Conducteur souple muni de fiches mâle et femelle, et permettant le raccordement d'un appareil électrique à une prise de courant éloignée (SYN. **prolongateur**). **4.** Fam. Accroissement de ce qui était initialement prévu ; supplément : *Une rallonge budgétaire.* ▪ **À rallonge(s)** [fam.], se dit d'un nom de famille comportant plusieurs éléments réunis par des particules.

RALLONGEMENT n.m. Action de rallonger.

RALLONGER v.t. [10]. Rendre plus long en ajoutant qqch. ◆ v.i. Devenir plus long : *Les jours rallongent.*

RALLUMER v.t. [3]. **1.** Allumer de nouveau : *Rallumer le feu.* **2.** Faire renaître : *Rallumer une vieille querelle.* ◆ **SE RALLUMER** v.pr. Être allumé de nouveau ; renaître : *Conflit qui se rallume.*

RALLYE [rali] n.m. (mot angl.). **1.** Compétition où les concurrents (génér. en voiture) doivent rallier un lieu après avoir satisfait à plusieurs épreuves (consistant notamm. à répondre à diverses questions qui les guident). **2.** Course automobile comportant des épreuves chronométrées sur routes fermées. **3.** Suite de réunions dansantes organisées par des familles aisées afin de favoriser les rencontres entre leurs enfants.

RALLYE-RAID n.m. (nom déposé). Compétition automobile de vitesse et de navigation sur longues distances, comportant des épreuves chronométrées sur chemins ou sur routes fermées.

RAM [ram] n.f. inv. (acronyme de l'angl. *random access memory*, mémoire à accès aléatoire). INFORM. Mémoire vive.

RAMADAN n.m. (mot ar.). **1.** Neuvième mois du calendrier islamique, période de jeûne et de privations (abstention de nourriture, de boisson, de tabac et de relations sexuelles du lever au coucher du soleil). **2.** Ensemble des prescriptions concernant ce mois.

RAMAGE n.m. (de l'anc. fr. *ram*, rameau). Chant des oiseaux dans les arbres. ◆ n.m. pl. Dessins représentant des rameaux, des fleurs, etc., sur une étoffe.

RAMAGER v.i. [10]. Faire entendre son ramage, en parlant d'un oiseau.

RAMASSAGE n.m. **1.** Action de ramasser ; collecte : *Le ramassage du verre.* **2.** Organisation du transport par autocar des écoliers, des travailleurs, entre leur domicile et leur école ou leur lieu de travail. **3.** BOURSE. Acquisition systématique des titres d'une société pour en prendre le contrôle.

RAMASSE n.f. Fam. ■ **Être à la ramasse**, épuisé ou en piteux état ; à la traîne ou totalement dépassé.

RAMASSÉ, E adj. **1.** Dense et concis : *Discours ramassé.* **2.** Petit et massif ; trapu.

RAMASSE-MIETTES n.m. inv., ▲ *RAMASSE-MIETTE n.m. (pl. ramasse-miettes).* Ustensile qui sert à ramasser les miettes sur la table.

RAMASSER v.t. [3]. **1.** Rassembler des choses plus ou moins éparses ; collecter : *Ramasser de l'argent pour une ONG.* **2.** Prendre, relever ce qui est à terre : *Ramasser des champignons.* **3.** Présenter sous une forme réduite ; condenser : *Ramasser un récit.* **4.** Fam. Recevoir, attraper qqch de fâcheux : *Ramasser un mauvais coup.* ■ **Ramasser ses forces**, rassembler toute son énergie pour fournir un ultime effort. ■ **Se faire ramasser** [fam.], se faire sévèrement réprimander. ◆ **SE RAMASSER** v.pr. **1.** Se replier sur soi en bandant ses muscles. **2.** Fam. Faire une chute ; subir un échec.

RAMASSETTE n.f. Belgique. Petite pelle pour les balayures.

1. RAMASSEUR, EUSE n. Personne qui ramasse qqch par terre : *Ramasseur de balles, au tennis.*

2. RAMASSEUR n.m. AGRIC. Organe de ramassage de nombreuses récolteuses.

RAMASSEUSE-PRESSE n.f. (pl. *ramasseuses-presses*). AGRIC. Machine servant à mettre en bottes la paille ou le foin (SYN. **presse à fourrage**).

RAMASSIS n.m. Péjor. Réunion de choses de peu de valeur, de personnes jugées peu estimables.

RAMASSOIRE n.f. Suisse. Petite pelle pour les balayures.

RAMBARDE n.f. (anc. ital. *rambata*). Garde-corps, notamm. sur un navire ; bastingage.

RAMBOUTAN n.m. Arbre des régions tropicales, cultivé pour son fruit comestible ; ce fruit. ➲ Famille des sapindacées.

RAMDAM [ramdam] n.m. (de *ramadan*). Fam. Vacarme ; tapage.

1. RAME n.f. (de l'anc. fr. *raim*, branche). HORTIC. Branche ou perche de bois servant de tuteur à certaines plantes grimpantes cultivées (pois, haricots).

2. RAME n.f. (de 2. *ramer*). Longue pièce de bois, élargie à une extrémité, dont on se sert pour faire avancer une embarcation (SYN. **aviron**).

3. RAME n.f. (catalan *raima*, de l'ar.). **1.** Ensemble de 500 feuilles de papier. ➲ La rame est l'unité adoptée pour la vente en gros du papier. **2.** File de véhicules ferroviaires attelés ensemble.

RAMEAU n.m. (lat. *ramus*). **1.** BOT. Petite branche d'arbre ; ramification de la tige d'un végétal. **2.** Subdivision d'un ensemble (linguistique, généalogique, etc.) représenté sous forme d'arbre. **3.** ANAT. Petite branche d'un vaisseau, d'un nerf. ◆ **RAMEAUX** n.m. pl. ■ **Les Rameaux** [christ.], fête commémorant l'entrée triomphale de Jésus à Jérusalem, une semaine avant Pâques, et qui est célébrée le dernier dimanche du carême.

RAMÉE n.f. (du lat. *ramus*, rameau). Litt. Ensemble des branches feuillues d'un arbre ; ramure.

RAMEN [ramɛn] n.m. (mot jap., du chin.). Variété de nouilles que l'on plonge dans un bouillon à base de viande ou de poisson aromatisé à la sauce soja ou miso ; plat ainsi réalisé. ➲ Spécialité japonaise.

RAMENDER v.t. [3]. **1.** PÊCHE. Réparer un filet ou refaire les mailles qui manquent (SYN. **radouber**). **2.** Réparer la dorure d'un objet doré à la feuille.

RAMENDEUR, EUSE n. Personne qui ramende les filets de pêche.

1. RAMENER v.t. [12]. **1.** Amener de nouveau dans un endroit : *Je dois la ramener chez le médecin.* **2.** Faire revenir une personne dans le lieu d'où elle était partie ; reconduire : *Il faut le ramener chez lui.* **3.** Remettre en place : *Ramener la couette sur ses jambes.* **4.** Être la cause de retour de : *L'été ramène les touristes.* **5.** Faire revenir à un état antérieur : *Ramener à la raison.* **6.** Diminuer la complexité, l'importance de ; réduire : *Ramener un incident à de justes proportions.* **7.** Faire renaître ; rétablir : *Le proviseur a ramené l'ordre.* ■ **Ramener sa fraise** ou **la ramener** [fam.], faire l'important. ◆ **SE RAMENER** v.pr. **1.** Se réduire à : *Le problème se ramène à une question de budget.* **2.** Fam. Venir : *Alors, tu te ramènes ?*

2. RAMENER n.m. ÉQUIT. Attitude du cheval dont l'encolure est fléchie près de la nuque et la tête sensiblement verticale.

RAMEQUIN n.m. (néerl. *rammeken*). Petit récipient individuel utilisé pour la cuisson au four.

1. RAMER v.t. [3]. HORTIC. Soutenir des plantes grimpantes avec des rames : *Ramer des haricots.*

2. RAMER v.i. [3] (du lat. *remus*, aviron). **1.** Faire avancer une embarcation à la rame. **2.** Fam. Avoir beaucoup de peine à faire qqch : *Elle rame pour payer son loyer.*

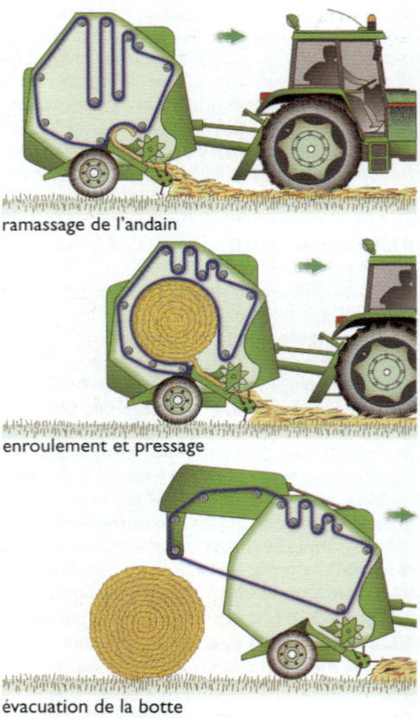

▲ **ramasseuse-presse.** Fonctionnement.

RAMETTE n.f. **1.** IMPRIM. Rame de papier de petit format. **2.** Cour. Paquet de 125 feuilles de papier.

1. RAMEUR, EUSE n. Personne qui rame, qui pratique l'aviron.

2. RAMEUR n.m. Appareil de cardio-training qui permet d'effectuer les mouvements d'une personne qui fait de l'aviron.

RAMEUTER v.t. [3]. **1.** Rassembler pour une nouvelle action ; mobiliser : *Rameuter les militants.* **2.** VÉNER. Remettre les chiens en meute.

RAMEUX, EUSE adj. (lat. *ramosus*). BOT. Qui présente des ramifications, des rameaux nombreux.

RAMI n.m. (angl. *rummy*). Jeu pratiqué avec un jeu de 52 cartes plus un joker par 2 à 6 personnes.

RAMIE n.f. (malais *rami*). Plante d'Asie orientale dont les tiges fournissent une fibre textile et dont les feuilles sont fourragères. ➲ Famille des urticacées.

RAMIER adj.m. (de l'anc. fr. *raim*, branche). ■ **Pigeon ramier**, ou **ramier**, n.m., gros pigeon à tête et dos gris-bleu, aux côtés du cou et aux ailes barrés de blanc, très commun dans les villes d'Europe (SYN. **palombe**).

RAMIFICATION n.f. **1.** BOT. Division d'un végétal arborescent. **2.** ANAT. Division d'un vaisseau, d'un nerf en rameaux ; chacun de ces rameaux. **3.** Subdivision de ce qui va dans des directions différentes ; prolongement : *Les ramifications d'un complot, d'un groupuscule terroriste.*

SE RAMIFIER v.pr. [5]. **1.** Se partager en plusieurs branches, en parlant d'un arbre. **2.** Se diviser et se subdiviser : *Delta, association qui se ramifient.*

RAMILLE n.f. (Surtout pl.). BOT. Dernière division des rameaux (SYN. **ramule**).

RAMOLLI, E adj. et n. Fam. Dont les facultés intellectuelles sont dégradées.

RAMOLLIR v.t. [21]. Rendre mou : *La pluie a ramolli la terre.* ◆ **SE RAMOLLIR** v.pr. **1.** Devenir mou. **2.** Fam. Perdre peu à peu ses facultés intellectuelles.

RAMOLLISSANT, E adj. Qui ramollit, relâche.

RAMOLLISSEMENT n.m. **1.** Fait de se ramollir ; état de ce qui est ramolli : *Le ramollissement du beurre à la chaleur.* **2.** MÉD. Diminution ou suppression de la cohésion des éléments d'un tissu. ■ **Ramollissement cérébral** [méd.], accident vasculaire cérébral caractérisé par un infarctus d'une région du cerveau.

RAMOLLO adj. et n. Fam. **1.** Gâteux. **2.** Mou ; avachi.

RAMONAGE n.m. Action de ramoner.

RAMONER v.t. [3] (de l'anc. fr. *ramon*, balai). Débarrasser un conduit, un appareil de la suie qui s'y est déposée. ◆ v.i. ALP., SPÉLÉOL. Escalader une cheminée en prenant appui sur les deux parois à la fois.

RAMONEUR n.m. Personne qui ramone les cheminées.

1. RAMPANT, E adj. **1.** Se dit d'un animal qui rampe. **2.** Fig. Bassement soumis devant ses supérieurs ; servile. **3.** Qui progresse lentement et secrètement : *Privatisation rampante.* **4.** ARCHIT. Incliné ; pentu. **5.** BOT. Étalé sur le sol ; qui se développe horizontalement : *Fraisier rampant.* **6.** HÉRALD. Se dit d'un animal dressé sur ses pieds de derrière (par oppos. à *passant*). ■ **Arc rampant** [archit.], dont les deux naissances sont à des hauteurs différentes. ◆ n.m. ARCHIT. Chacun des côtés obliques du triangle dessiné par un pignon, un fronton, un gâble.

2. RAMPANT n.m. Fam. Dans l'aviation, membre du personnel non navigant (par oppos. à *volant*).

RAMPE n.f. **1.** Partie inclinée d'une voie ; pente : *Une rampe de garage.* **2.** Route ou voie ferrée en déclivité, considérée dans le sens de la montée. **3.** Garde-corps portant une main courante et bordant un escalier du côté du vide. **4.** Rangée de lumières sur le devant de la scène d'un théâtre, dans la devanture d'un magasin, sur la piste d'un aérodrome, etc. ■ **Passer la rampe** [théâtre], toucher, séduire le public. ■ **Rampe à vide** [chim.], système de robinets et de tubulures en verre permettant la manipulation et le transfert de substances chimiques sensibles, organométalliques en partic., à l'abri de l'humidité et de l'air. ■ **Rampe commune,** système d'injection directe à haute pression utilisé dans les moteurs Diesel modernes. ▪ **Rampe d'accès,** ouvrage en pente permettant à des véhicules de passer d'un niveau à un autre ; aménagement permettant aux handicapés l'accès aux lieux publics. ▪ **Rampe d'arrosage** [agric.], dispositif d'irrigation pour de grandes surfaces. ▪ **Rampe de lancement,** plan incliné pour le lancement des avions catapultés ou des projectiles autopropulsés.

RAMPEMENT n.m. Reptation.

RAMPER v.i. [3] (du germ.). **1.** Progresser par des mouvements divers du corps qui prend appui par sa face ventrale ou inférieure, en parlant de certains animaux (reptiles, vers, mollusques gastéropodes, etc.). **2.** Avancer lentement, le ventre au contact du sol et en s'aidant des quatre membres, en parlant de qqn : *L'enfant rampe sous le lit pour récupérer ses billes.* **3.** Fig. Se montrer soumis, servile devant qqn. **4. BOT.** S'étaler sur un support (tuteur, mur, etc.) en s'y accrochant au moyen de vrilles ou de crampons, ou se développer sur le sol, en parlant de certaines plantes.

RAMPON n.m. (du lat. *rapum*, rave). Suisse. Mâche ; doucette.

RAMPONNEAU n.m. (du n. de J. *Ramponneaux*). Arg., vieilli. Coup violent ; bourrade.

RAMULE n.m. Ramille.

RAMURE n.f. 1. Ensemble des branches et des rameaux d'un arbre ; ramée. **2.** Bois du cerf, du daim, du renne, du chevreuil, de l'élan.

RANATRE n.f. (du lat. *rana*, grenouille). Grande punaise carnassière des marais, appelée aussi *punaise d'eau.* ➲ Elle peut infliger des piqûres douloureuses ; long. 5 cm ; ordre des hétéroptères.

1. RANCARD, RANCART ou **RENCARD n.m.** Arg. Renseignement.

2. RANCARD, RANCART ou **RENCARD n.m.** (de *rencontre*). Fam. Rendez-vous.

1. RANCARDER ou **RENCARDER v.t. [3].** Arg. Renseigner.

2. RANCARDER v.t. [3]. Fam. Donner un rendez-vous à qqn.

RANCART n.m. (du normand *récart*, rebut). Fam. ▪ **Mettre au rancart,** jeter ce dont on ne se sert plus.

RANCE adj. (du lat. *rancidus*, qui sent). Se dit d'un corps gras qui a pris une odeur forte et une saveur âcre : *Huile rance.* ◆ **n.m.** Odeur ou saveur rance.

RANCH [rɑ̃(t)ʃ] **n.m.** (pl. *ranch[e]s*) [mot anglo-amér., de l'esp. *rancho*]. Grande ferme d'élevage extensif de plaine (centre des États-Unis, notamm.).

RANCHE n.f. (du francique). Chacun des échelons d'un échelier.

RANCHER n.m. 1. Région. Échelier. **2. CH. DE F.** Montant amovible ou pivotant qui borde un wagon plat.

RANCI n.m. Odeur, goût de rance.

RANCIO n.m. (mot esp.). **1.** Goût doucereux et persistant que prennent les vins doux naturels en vieillissant. **2.** Le vin vieilli lui-même.

RANCIR v.i. [21]. Devenir rance : *Cette margarine rancit.* ◆ **v.t.** Rendre rance.

RANCISSEMENT n.m. Fait de rancir.

RANCŒUR n.f. (du bas lat. *rancor*, état de ce qui est rance). Amertume profonde que l'on garde à la suite d'une déception, d'une injustice ; ressentiment.

RANÇON n.f. (du lat. *redemptio*, rachat). **1.** Somme d'argent exigée pour la délivrance de qqn retenu prisonnier. **2.** Fig. Inconvénient accompagnant inévitablement un avantage, un plaisir ; contrepartie : *La rançon du succès, de la croissance économique.*

RANÇONGICIEL n.m. (de *rançon* et *logiciel*). Logiciel malveillant qui prend en otage des données personnelles en les chiffrant, puis demande à leur propriétaire d'envoyer de l'argent en échange de la clé permettant de les déchiffrer. (On rencontre aussi le terme anglais *ransomware.*)

RANÇONNEMENT n.m. Action de rançonner qqn.

RANÇONNER v.t. [3]. 1. Exiger de qqn, par la contrainte, la remise d'argent. **2.** Fam., vieilli. Faire payer un prix excessif : *Hôtelier qui rançonne les touristes.*

RANÇONNEUR, EUSE n. Personne qui rançonne.

RANCUNE n.f. (du lat. *rancor*, rancœur, et *cura*, souci). Ressentiment que l'on garde d'une offense, d'une injustice ; rancœur. ▪ **Sans rancune,** formule de réconciliation après une brouille passagère.

RANCUNIER, ÈRE adj. et **n.** Qui garde facilement rancune. ◆ **adj.** Qui manifeste de la rancune : *Un coup d'œil rancunier.*

RAND [rɑ̃d] **n.m.** Unité monétaire principale de l'Afrique du Sud, du Lesotho (avec le loti) et de la Namibie (avec le dollar namibien).

RANDOMISATION n.f. Action de randomiser.

RANDOMISER v.t. [3] (de l'angl. *random*, fortuit). **MATH.** Introduire un élément aléatoire dans un calcul ou dans un raisonnement.

RANDONNÉE n.f. (de l'anc. fr. *de randon*, à toute vitesse). **1.** Promenade de longue durée, à pied, à bicyclette, à cheval, à skis, etc. **2. VÉNER.** Circuit que fait le cerf, le chevreuil après avoir été lancé. ▪ **Sentier de grande randonnée (GR)** [nom déposé], sentier spécialement balisé qui permet des randonnées sur des itinéraires très longs.

RANDONNER v.i. [3]. Pratiquer la randonnée.

RANDONNEUR, EUSE n. Personne qui fait une randonnée ou qui pratique la randonnée de loisir.

RANG n.m. (du francique). **1.** Suite de personnes ou de choses disposées les unes à côté des autres, sur une même ligne ; rangée : *Un rang de spectateurs. Arroser les rangs de salades.* **2.** Série de mailles sur une même ligne, dans un ouvrage au tricot, au crochet. **3.** Position dans un ensemble ordonné ou hiérarchisé ; place : *Ils sont classés par rang d'âge.* **4.** Degré d'importance, de valeur attribué à qqn ou à qqch : *Un cinéaste de premier rang. Leur sort est au premier rang de nos préoccupations.* **5.** Au Canada, portion de territoire rural constituée d'une série de parcelles étroites et parallèles délimitées par une ligne de partage, un cours d'eau ou un chemin ; ce chemin. ▪ **Au rang de,** dans la catégorie de(s) ; parmi. ▪ **Être, se mettre sur les rangs,** au nombre des personnes qui postulent ou sollicitent qqch. ▪ **Militaire du rang,** militaire qui n'est ni officier ni sous-officier. ▪ **Prendre rang parmi, dans,** figurer parmi ; être au nombre de. ▪ **Rang serré** [mil.], formation adoptée par une troupe, autref. pour combattre, auj. pour défiler. (On dit aussi *ordre serré.*) ▪ **Rentrer dans le rang,** renoncer à ses prérogatives ou à ses ambitions. ▪ **Serrer les rangs,** se rapprocher les uns des autres pour tenir moins de place ; fig., s'unir pour mieux affronter les difficultés. ▪ **Sortir du rang** [mil.], avoir conquis ses grades sans passer par une école militaire, en parlant d'un officier.

RANGÉ, E adj. Qui mène une vie régulière : *Une famille rangée.* ▪ **Bataille rangée,** bataille que se livrent deux armées régulièrement disposées l'une en face de l'autre ; rixe générale.

RANGÉE n.f. Suite de personnes ou d'objets disposés sur une même ligne : *Une rangée de framboisiers.*

RANGEMENT n.m. 1. Action ou manière de ranger. **2.** Endroit (placard, par ex.) où l'on peut ranger des objets.

1. RANGER v.t. [10]. 1. Mettre en rang ; aligner : *Ranger les troupes pour la parade.* **2.** Arranger selon un ordre déterminé ; classer : *Ranger ses CD par genre de musique.* **3.** Mettre de l'ordre dans un lieu : *Ranger son bureau.* **4.** Mettre de côté un véhicule pour laisser la voie libre à la circulation : *Je range la voiture et je vous rejoins.* **5.** Litt. Gagner qqn à sa cause : *Ranger tout le monde à son avis.* **6.** Mettre au nombre de : *Ranger un musicien parmi les plus grands.* ◆ **SE RANGER v.pr. 1.** Se placer dans un certain ordre : *Se ranger quatre par quatre.* **2.** S'écarter pour faire de la place. **3.** Revenir à une conduite moins désordonnée ; s'assagir. ▪ **Se ranger à l'avis de,** adopter le point de vue de. ▪ **Se ranger des voitures** → **VOITURE.** ▪ **Se ranger du côté de,** s'engager dans le parti de.

2. RANGER [rɑ̃dʒœr] **n.m.** (mot anglo-amér.). **1.** Soldat d'une unité de choc de l'armée américaine. **2.** Gros brodequin, génér. en cuir et pourvu d'une courte guêtre.

RANI n.f. (mot hindi). Femme d'un raja.

RANIDÉ n.m. (du lat. *rana*, grenouille). Amphibien anoure tel que la grenouille (mais pas la rainette). ➲ Les ranidés forment une famille.

RANIMATION n.f. Ensemble des moyens et des soins mis en œuvre par un secouriste en cas d'urgence grave ; réanimation.

RANIMER v.t. [3]. 1. Faire revenir à soi ; réanimer. **2.** Redonner de la vigueur, de la force à ; réactiver : *Le vent a ranimé l'incendie.* ◆ **SE RANIMER v.pr. 1.** Revenir à soi. **2.** Reprendre une activité ou une intensité nouvelle : *Le volcan s'est ranimé.*

RANTANPLAN ou **RATAPLAN interj.** (onomat.). Imite le roulement du tambour.

RANZ [rɑ̃(z)] **n.m.** (du moyen fr. *rang*, file). Suisse. ▪ **Ranz (des vaches),** chant populaire des cantons de Fribourg et de Vaud.

RAOUT [raut] **n.m.** (de l'angl. *rout*, désordre). Vx ou par plais. Réception mondaine.

RAP n.m. (mot anglo-amér., de *to rap*, bavarder). Style de musique, apparu dans les ghettos afro-américains dans les années 1970, fondé sur la récitation chantée de textes souvent révoltés et radicaux, scandés sur un rythme répétitif et sur une trame musicale composite.

RAPACE adj. (lat. *rapax, -acis*). **1.** Se dit d'un oiseau qui poursuit ses proies avec voracité. **2.** Litt. Avide d'argent ; cupide. ◆ **n.m.** Oiseau carnivore, à bec puissant et crochu et à griffes fortes et recourbées, chasseur diurne (aigle, vautour) ou nocturne (chouette). *[V. ill. page suivante.]*

RAPACITÉ n.f. 1. Caractère d'un animal rapace ; voracité. **2.** Litt. Caractère d'une personne cupide ; avidité.

RÂPAGE n.m. Action de râper.

RAPAILLER v.t. [3]. Québec. Fam. Rassembler des objets éparpillés : *Rapailler ses affaires.*

RAPATRIABLE adj. Qui peut être rapatrié.

RAPATRIÉ, E n. 1. Personne ramenée dans son pays d'origine par les soins des autorités officielles. **2.** Français d'Algérie installé en métropole après l'indépendance de ce pays, en 1962.

RAPATRIEMENT n.m. Action de rapatrier.

RAPATRIER v.t. [5]. Faire revenir des personnes, des biens, des capitaux dans leur pays d'origine.

RÂPE n.f. (de *râper*). **1.** Ustensile de cuisine utilisé pour râper : *Râpe à muscade.* **2. OUTILL.** Grosse lime plate ou demi-ronde, pour user la surface des matières tendres. **3. BOT.** Rafle. **4.** Suisse. Fam. Avare.

RÂPÉ, E adj. 1. Réduit en menus morceaux avec une râpe : *Parmesan râpé.* **2.** Usagé au point que l'étoffe montre la trame ; élimé : *Un pardessus râpé.* ▪ **C'est râpé** [fam.], c'est raté. ◆ **n.m. 1.** Fromage râpé. **2.** Produit de la mouture des feuilles et des fragments de tabac destinés à la fabrication de poudre à priser.

RÂPER v.t. [3] (du germ. *raspôn*, rafler). **1.** Réduire certaines substances alimentaires en poudre ou en menus morceaux : *Râper du céleri-rave.* **2. TECHN.** User la surface d'un objet avec une râpe, pour la dresser ou l'arrondir. **3.** Donner une sensation d'âpreté ; gratter : *Ce vin râpe le gosier.*

RAPERCHER v.t. [3]. Suisse. **1.** Rattraper et ramener qqn. **2.** Récupérer : *Rapercher son argent.*

RAPETASSAGE n.m. Fam. Action de rapetasser.

RAPETASSER v.t. [3] (mot lyonnais). Fam. Raccommoder grossièrement.

RAPETISSEMENT n.m. Action ou fait de rapetisser.

RAPETISSER v.t. [3]. 1. Rendre ou faire paraître plus petit ; réduire : *La distance rapetisse les objets.* **2.** Fig. Réduire l'importance, le mérite de ; rabaisser : *Rapetisser le rôle de qqn.* ◆ **v.i.** Devenir plus petit ; raccourcir : *Les jours rapetissent.*

RÂPEUX, EUSE adj. 1. Rude au toucher ; rugueux : *Étoffe râpeuse.* **2.** Qui a une saveur âpre : *Un alcool râpeux.*

RAPHAÉLIQUE ou **RAPHAÉLESQUE adj.** Qui rappelle la manière de Raphaël.

RAPHÉ n.m. (du gr. *raphê*, couture). **ANAT.** Ligne de jonction ou de suture entre deux organes, ou deux parties d'un organe, formée par l'entrecroisement de fibres (musculaires, tendineuses, nerveuses, etc.).

RAPHIA n.m. (mot malgache). Palmier d'Afrique tropicale, de Madagascar et d'Amérique, fournissant une fibre très solide utilisée en vannerie et pour la confection de liens ; cette fibre.

▲ rapaces

RAPHIDE n.m. (du gr. *raphis, -idos*, aiguille). **BIOL. CELL.** Faisceau de fines aiguilles cristallines d'oxalate de calcium, observé parfois dans certaines cellules animales ou végétales.

RAPIAT, E adj. (du lat. *rapere*, saisir). Fam. Avare.

RAPICOLER v.t. [3]. Suisse. Ravigoter.

RAPIDE adj. (lat. *rapidus*). **1.** Qui parcourt beaucoup d'espace en peu de temps : *Voiture rapide.* **2.** Qui s'accomplit très vite : *Réussite rapide.* **3.** Où l'on circule rapidement : *Piste rapide.* **4.** Très incliné ; raide : *Pente rapide.* **5.** Qui agit vite : *Poison rapide* ; qui comprend vite ; vif : *Un esprit rapide.* **6. PHOTOGR.** Se dit d'un film de sensibilité élevée. ▪ **Acier rapide** → **ACIER.** ◆ n.m. **1.** Section d'un cours d'eau où l'écoulement est accéléré en raison d'une augmentation brutale de la pente de son lit. **2.** Train effectuant un parcours à vitesse élevée, et ne s'arrêtant qu'à des gares importantes.

RAPIDEMENT adv. Avec rapidité ; vite.

RAPIDITÉ n.f. Caractère de ce qui est rapide : *La rapidité du guépard. La rapidité de sa guérison.*

RAPIÈCEMENT ou **RAPIÉÇAGE** n.m. Action de rapiécer.

RAPIÉCER v.t. [13], ▲ *[12].* Réparer un vêtement en y posant une pièce ou plusieurs ; raccommoder : *Rapiécer un jean.*

RAPIÈRE n.f. (de *râpe*). Épée à lame fine et longue, en usage dans les duels (XVe-XVIIIe s.).

RAPIN n.m. (mot arg.). Vieilli. **1.** Jeune élève dans un atelier d'artiste peintre. **2.** Péjor. Peintre bohème, au talent douteux.

RAPINE n.f. (lat. *rapina*). Litt. **1.** Action de s'emparer de qqch par la violence ; vol. **2.** Ce qui est pris, volé par rapine.

RAPINER v.t. et v.i. [3]. Litt., vx. Pratiquer la rapine.

RAPINERIE n.f. Litt., vx. Acte de rapine ; vol.

RAPLAPLA adj. (de *1. plat*). Fam. **1.** Qui est fatigué, sans énergie, déprimé. **2.** Très plat ou aplati : *Des cheveux raplaplas.*

RAPLATIR v.t. [21]. Rendre plat ou plus plat.

RAPPAREILLER v.t. [3]. Assortir de nouveau pour former un ensemble complet.

RAPPARIEMENT n.m. Action de rapparier.

RAPPARIER v.t. [5]. Réassortir deux choses qui vont par paire : *Rapparier des chaussettes.*

RAPPEL n.m. **1.** Action par laquelle on rappelle, on fait revenir qqn : *Le rappel d'un ministre au gouvernement. L'humoriste a eu deux rappels.* **2.** Action de rappeler, de faire se souvenir ; évocation : *Le rappel de cet incident l'a bouleversé.* **3.** Paiement d'une portion d'appointements ou d'arrérages restée en suspens. **4.** Système de retour en arrière d'un mécanisme. **5. ALP., SPÉLÉOL.** Procédé de descente d'une paroi verticale à l'aide d'une corde double, récupérable ensuite. **6. MIL.** Batterie de tambour, sonnerie de clairon pour rassembler une troupe. **7. MAR.** Position prise par un équipier pour limiter la gîte d'un voilier. ▪ **Battre le rappel,** rassembler les personnes, les choses exigées par les circonstances. ▪ **Injection de rappel vaccinal,** ou **rappel** [méd.], nouvelle injection d'un vaccin pratiquée après un certain délai, pour pallier la diminution des effets de l'injection initiale. ▪ **Lettres de rappel,** lettres de récréance*. ▪ **Ligne de rappel** [dess. industr.], droite définie par les projections horizontale et frontale d'un point. ➲ La ligne de rappel est perpendiculaire à la ligne de terre*. ▪ **Piqûre de rappel** [fig.], propos ou événement rappelant à chacun ses droits et ses devoirs : *Cette lourde amende est une piqûre de rappel pour les fraudeurs.* ▪ **Rappel à l'ordre,** réprimande pour rappeler ce qu'il convient de faire, de dire.

RAPPELÉ, E adj. et n. **MIL.** Convoqué de nouveau sous les drapeaux.

RAPPELER v.t. [16]. **1.** Appeler de nouveau, notamm. au téléphone. **2.** Appeler pour faire revenir : *Le malade a dû rappeler l'infirmière. Rappeler les acteurs.* **3.** Faire revenir qqn d'un pays étranger où il exerçait des fonctions. **4.** En parlant d'un fabricant ou d'un distributeur, faire revenir un produit susceptible d'être défectueux : *Rappeler des modèles présentant des défauts.* **5.** Faire revenir à la mémoire ; évoquer : *Cette chanson me rappelle une berceuse de mon enfance.* **6.** Présenter une ressemblance avec : *Elle me rappelle son père.* ▪ **Rappeler qqn à la vie,** lui faire reprendre connaissance. ◆ **SE RAPPELER** v.pr. ▪ **Se rappeler qqn, qqch,** en garder le souvenir ; s'en souvenir. (La construction *se rappeler de* est fam. et fautive.)

RAPPER v.i. [3]. Chanter, composer du rap.

RAPPEUR, EUSE n. Personne qui interprète, compose du rap.

RAPPLIQUER v.i. [3]. Fam. Venir ; arriver : *Toute la famille a rappliqué.*

RAPPOINTIS n.m. (de *pointe*). **CONSTR.** Pointe métallique enfoncée dans un bois pour retenir le plâtre qui recouvre ce dernier.

RAPPORT n.m. **1.** Lien entre deux ou plusieurs personnes ou choses ; corrélation : *Son intervention n'a aucun rapport avec l'ordre du jour.* **2.** Profit, revenu tiré de l'exploitation d'un bien. **3.** Exposé dans lequel on relate ce que l'on a vu ou entendu ; compte rendu. **4. MIL.** Réunion au cours de laquelle un chef militaire expose ses intentions et donne ses ordres. **5. MATH.** Nombre intervenant dans la définition de plusieurs transformations ponctuelles, telles les affinités, les homothéties ou les similitudes. **6. AUTOM., MÉCAN. INDUSTR.** Quotient de la vitesse de rotation de l'arbre de sortie par celle de l'arbre d'entrée, dans un train d'engrenages, une boîte de vitesses, etc. **7.** DR. CONSTIT. Exposé, document sur les travaux précédant une proposition ou un projet de loi. **8.** DR. Action par laquelle la personne qui a reçu une somme, un bien les rapporte à la succession pour faire compte au partage. ▪ **En rapport avec,** proportionné à : *Un poste en rapport avec ses capacités.* ▪ **Mettre en rapport,** en communication, en relation. ▪ **Par rapport à,** relativement à ; en comparaison de : *Les bénéfices sont en baisse par rapport à l'année dernière.* ▪ **Rapport à** [fam.], à cause de ; au sujet de. ▪ **Rapport de *a* à *b*** (ou **de *a* sur *b***) [math.], quotient de *a* par *b*. ▪ **Rapport de projection orthogonale** [math.], quotient $\frac{\overline{A'B'}}{\overline{AB}}$, A et B étant deux points quelconques d'un axe, et A′ et B′ leurs projetés orthogonaux sur l'autre axe. ▪ **Rapport (sexuel),** acte sexuel ; coït. ▪ **Sous le rapport de,** du point de vue de ; eu égard à. ◆ **n.m. pl.** Relations entre des personnes ou des groupes : *Avoir de bons rapports avec ses collègues.* ▪ **Sous tous (les) rapports,** à tous égards.

RAPPORTAGE n.m. Fam. Action de rapporter, de dénoncer.

RAPPORTÉ, E adj. Qui a été ajouté pour compléter. ▪ **Pièce rapportée,** élément constitutif d'un ensemble auquel il est ajouté après avoir été façonné à part ; fam., souvent péjor., personne qui fait partie d'une famille par alliance.

RAPPORTER v.t. [3]. 1. Remettre une chose à l'endroit où elle était ; replacer. **2.** Rendre à qui l'on a emprunté ; restituer : *Je te rapporte les livres que tu m'avais prêtés.* **3.** Apporter avec soi en revenant d'un lieu : *Rapporter une statuette d'Afrique.* **4.** Apporter de nouveau ou en plus : *Pourriez-vous nous rapporter des frites ?* **5.** Procurer un gain, un bénéfice : *Ce placement rapporte 4 %. Cela ne te rapportera que des ennuis.* **6.** Faire le récit de ce que l'on a vu et entendu ; relater : *Rapporter ce que l'on a vu.* **7.** Répéter qqch à qqn de façon indiscrète ou malicieuse : *Il rapporte tout à notre supérieur.* **8.** Rattacher qqch à une cause, à une fin ; attribuer : *Rapporter un phénomène à ses causes.* **9.** Apporter un objet lancé, le gibier tué, en parlant d'un chien. **10.** COUT. Appliquer une pièce de tissu sur qqch ou joindre bout à bout. **11.** DR. Restituer à la masse des biens à partager ceux qu'on détient et qui doivent faire l'objet d'un partage. **12.** DR. Abroger ou retirer une décision administrative. **13.** DR. CONSTIT. Faire un rapport relatif à un projet, à une proposition de loi, etc. **14.** TOPOGR. Tracer sur le papier, après avoir mesuré sur le terrain. ▪ **Rapporter tout à soi,** être égocentrique. ◆ **SE RAPPORTER v.pr. (A).** Avoir un rapport avec qqch : *Tout ce qui se rapporte à l'environnement l'intéresse.* ▪ **S'en rapporter à qqn** [litt.], lui faire confiance.

1. RAPPORTEUR, EUSE adj. et **n.** Qui rapporte, par indiscrétion ou par malice, ce qu'il a vu ou entendu. ◆ **n.** Personne chargée de faire l'exposé d'un procès, de dresser les conclusions d'une commission parlementaire, etc. (On rencontre aussi le fém. *une rapporteure.*) ▪ **Rapporteur public,** en France, lors d'un litige opposant une personne privée à l'Administration, magistrat d'une juridiction administrative (tribunal administratif, cour administrative d'appel, Conseil d'État) chargé, en toute indépendance, de présenter des conclusions pour éclairer le juge.

2. RAPPORTEUR n.m. Instrument en forme de demi-cercle gradué, servant à mesurer ou à rapporter des angles sur un dessin.

RAPPRENDRE v.t. [61] → **RÉAPPRENDRE.**

RAPPROCHÉ, E adj. Proche dans l'espace ou dans le temps. ▪ **Garde rapprochée** → **1. GARDE.** ▪ **Protection rapprochée** → **PROTECTION.**

RAPPROCHEMENT n.m. 1. Action de rapprocher, de se rapprocher. **2.** Rétablissement des relations ; réconciliation : *Le rapprochement de deux pays.* **3.** Action de mettre en parallèle des faits, des idées, pour les comparer ; cette comparaison. ▪ **État de rapprochement** [comptab.], tableau établi périodiquement en vue de comparer deux comptes.

RAPPROCHER v.t. [3]. 1. Mettre plus près : *Rapprocher deux tables.* **2.** Rendre plus proche dans l'espace ou dans le temps : *Ce nouveau logement le rapproche de son travail. Chaque jour nous rapproche de l'été.* **3.** Mettre en rapport ; comparer : *Rapprocher deux pièces d'un auteur.* **4.** Établir ou rétablir de bonnes relations entre ; réconcilier : *Rapprocher deux familles.* ◆ **SE RAPPROCHER v.pr. 1.** Venir plus près. **2.** Avoir des relations plus étroites. **3.** Avoir certaines ressemblances avec ; s'apparenter à.

RAPPROPRIER v.t. [5]. Vx ou région. Nettoyer. ◆ **SE RAPPROPRIER v.pr.** Remettre de l'ordre dans sa toilette.

RAPSODE n.m. → **RHAPSODE.**

RAPSODIE n.f. → **RHAPSODIE.**

RAPT [rapt] **n.m.** (lat. *raptus*). Enlèvement illégal d'une personne.

RAPTUS [raptys] **n.m.** (mot lat. « enlèvement »). PSYCHIATR. Comportement anormal soudain et violent, dû à un trouble psychique : *Raptus suicidaire.*

RÂPURE n.f. 1. Matière obtenue en râpant. **2.** Acadie. Plat traditionnel fait de pommes de terre râpées et de viande.

RAQUER v.t. et **v.i. [3]** (mot picard). Fam. Payer.

RAQUETTE n.f. (de l'ar.). **1.** Instrument formé d'un cadre ovale garni d'un réseau de fils (boyaux ou fibres synthétiques) et terminé par un manche, pour jouer notamm. au tennis. **2.** Lame de bois, génér. recouverte de caoutchouc et munie d'un manche, pour jouer au tennis de table. **3.** HORLOG. Pièce permettant d'ajuster la longueur active du spiral pour régler la marche des montres mécaniques. **4.** BOT. Tige aplatie de l'opuntia, portant des épines. ▪ **Raquette (à neige),** large semelle pour marcher sur la neige molle.

RAQUETTEUR, EUSE n. Personne qui se déplace sur la neige avec des raquettes.

RARE adj. (lat. *rarus*). **1.** Qui n'est pas commun ; que l'on ne voit pas souvent : *Un timbre rare.* **2.** Peu fréquent : *De rares averses. Une maladie rare.* **3.** Qui existe en petit nombre : *Les élues sont rares dans cette assemblée.* **4.** Qui surprend par son caractère inhabituel ; étonnant : *C'est rare qu'il soit à l'heure.* **5.** Peu dense ; clairsemé : *Des cheveux rares.* ▪ **Se faire rare,** espacer ses visites ; se trouver de moins en moins souvent.

RARÉFACTION n.f. Fait de se raréfier.

RARÉFIABLE adj. Qui peut se raréfier.

RARÉFIER v.t. [5]. PHYS. Diminuer la densité, la pression d'un gaz. ◆ **SE RARÉFIER v.pr.** Devenir plus rare, moins dense, moins fréquent : *Le gibier se raréfie.*

RAREMENT adv. Peu souvent.

RARESCENT, E adj. Litt. Qui se raréfie.

RARETÉ n.f. (lat. *raritas*). Caractère de ce qui est rare : *La rareté des logements pour étudiants* ; chose rare : *Cette horloge astronomique est une rareté.*

RARISSIME adj. Très rare.

1. RAS [ra] **n.m.** (du lat. *ratis*, radeau). MAR. Plateforme flottante, servant aux réparations d'un navire, près de la flottaison.

2. RAS [ras] **n.m.** (mot abyssin). Chef éthiopien.

3. RAS, E [ra, raz] **adj.** (du lat. *rasus*, rasé). **1.** Se dit de poils, de cheveux coupés au niveau de la peau ; tondu : *Barbe rase.* **2.** Très court : *Chien à poil ras. Herbe rase.* **3.** Entièrement rempli : *Une mesure rase de lait en poudre.* ▪ **À ras bord,** jusqu'au niveau du bord. ▪ **Capituler en rase campagne,** de façon honteuse, sans se battre : *Le ministre a capitulé en rase campagne.* ▪ **En rase campagne,** en pays plat et découvert. ◆ **adv.** De très près : *Ongles coupés ras.* ◆ **n.m.** ▪ **À ras,** très court. ▪ **À** ou **au ras de,** au niveau de ; au plus près de : *Au ras du sol.*

RAS ou **R.A.S.** [ɛraɛs] **abrév.** Fam. Rien à signaler*.

RASADE n.f. (de 3. *ras*). Quantité de boisson contenue dans un verre rempli à ras bord.

RASAGE n.m. Action de raser, de se raser.

RASANT, E adj. Fam. Ennuyeux ; lassant : *Livre rasant.* ▪ **Incidence rasante** [opt.], incidence d'angle très peu inférieur à 90°. ▪ **Tir rasant** [mil.], dans lequel la trajectoire du projectile ne s'élève pas à une hauteur supérieure à celle de l'objectif.

RASCASSE n.f. (provenç. *rascasso*). Poisson à chair très estimée des eaux tropicales et tempérées chaudes, à la tête épineuse, aussi appelé *scorpène* ou *crapaud de mer.* ➲ Familles des scorpénidés et des trachinidés. ▪ **Rascasse blanche,** uranoscope. ▪ **Rascasse volante,** poisson-lion.

▲ rascasse volante

RAS-DU-COU n.m. inv. Pull ayant une encolure qui épouse la base du cou.

RAS EL-HANOUT [rasɛlanut] **n.m. inv.** Mélange d'épices en poudre, utilisé pour le tajine, le couscous, etc. ➲ Cuisine du Maghreb.

RASE-MOTTES n.m. inv., ▲ *RASE-MOTTE n.m. (pl. rase-mottes).* Vol effectué par un avion au plus près du sol.

RASER v.t. [3] (du lat. *radere*, tondre). **1.** Couper le poil avec un rasoir et au ras de la peau ; tondre : *Raser la barbe, les cheveux.* **2.** Abattre à ras de terre ; démolir : *Raser un immeuble vétuste.* **3.** Passer tout près ; frôler : *La balle a rasé le filet.* **4.** Fam. Importuner ; ennuyer. ◆ **SE RASER v.pr. 1.** Se couper la barbe. **2.** Fam. S'ennuyer.

RASETTE n.f. AGRIC. Petit soc fixé sur la charrue en avant du coutre.

RASEUR, EUSE n. Fam. Personne ennuyeuse.

RASH [raʃ] **n.m.** (pl. *rash*[*e*]*s*) [mot angl.]. MÉD. Éruption cutanée de courte durée.

RASIBUS [-bys] **adv.** Fam. Très près ; au ras.

RASKOL [raskɔl] **n.m.** (mot russe « dissidence »). Schisme de l'Église orthodoxe russe né au XVIIe s. de l'opposition des traditionalistes aux réformes du patriarche Nikon. (→ **vieux-croyant**).

RAS-LE-BOL n.m. inv. Fam. Fait d'être excédé ; exaspération. ▪ **En avoir ras le bol** → **1. BOL.**

1. RASOIR n.m. Instrument à lame très effilée servant à raser, à se raser ou à trancher net certaines matières. ▪ **Rasoir électrique,** muni d'un moteur, permettant le rasage à sec. ▪ **Rasoir jetable,** en plastique, à lame sertie, à jeter après usage. ▪ **Rasoir mécanique** ou **de sûreté,** à lame amovible, dont le type de montage évite les coupures graves.

2. RASOIR adj. inv. Fam. Ennuyeux : *Ses films sont rasoir.*

RASPOUTITSA n.f. (mot russe « chemin rompu »). En Russie, période de dégel qui transforme la surface du sol en boue.

RASSASIEMENT n.m. État d'une personne rassasiée.

RASSASIER v.t. [5] (anc. fr. *assasier*, du lat. *satis*, assez). **1.** Apaiser la faim de. **2.** Satisfaire pleinement les désirs de qqn : *Je ne suis jamais rassasié de ce paysage.* ◆ **SE RASSASIER v.pr.** Assouvir sa faim, ses désirs.

RASSEMBLEMENT n.m. 1. Action de rassembler ; collecte : *Rassemblement de textes sur un sujet.* **2.** Grande réunion de personnes ; attroupement : *Disperser un rassemblement.* **3.** Union de forces politiques ou sociales en vue d'une action commune. **4.** Nom que se donnent certains partis politiques. **5.** MIL. Sonnerie de clairon ou batterie de tambour pour rassembler une troupe.

RASSEMBLER v.t. [3]. 1. Faire venir dans le même lieu ; réunir : *Rassembler toute sa famille.* **2.** Mettre ensemble ; collecter : *Rassembler des preuves.* **3.** Faire appel à tous ses moyens pour entreprendre qqch ; concentrer : *Rassembler ses idées.* ▪ **Rassembler un cheval** [équit.], lui faire prendre une attitude conforme aux mouvements qu'il doit exécuter. ◆ **SE RASSEMBLER v.pr.** Se réunir en un lieu ; se regrouper.

RASSEMBLEUR, EUSE adj. et **n.** Qui rassemble, réunit : *Un projet rassembleur.*

RASSEOIR [51], ▲ *RASSOIR [51 bis]* [raswar] **v.t.** Asseoir de nouveau. ◆ **SE RASSEOIR v.pr.** S'asseoir de nouveau, après s'être levé.

a b c d e f g h i j k l m n o p q r s t u v w x y z

RASSÉRÉNER v.t. [11], ▲ *[11*]* (de *serein*). Rendre la sérénité, le calme à ; rassurer : *Votre lettre l'a rasséréné.* ◆ **SE RASSÉRÉNER** v.pr. Retrouver son calme.

RASSIR v.i. [21] (auxil. *avoir* ou *être*) [de *rassis*]. Devenir rassis, en parlant d'un aliment.

RASSIS, E adj. (de *rasseoir*). ■ **Esprit rassis** [litt.], calme et réfléchi. ■ **Pain rassis**, qui n'est plus frais. ■ **Viande rassise**, viande d'un animal tué depuis plusieurs jours.

RASSISSEMENT n.m. Fait de rassir.

RASSORTIMENT n.m. → **RÉASSORTIMENT.**

RASSORTIR v.t. [21] → **RÉASSORTIR.**

RASSOUL n.m. (ar. *ghāssoul*). Argile minérale qui, réduite en poudre et mélangée à de l'eau, est utilisée pour les soins de la peau et des cheveux. (On écrit aussi *ghassoul* [rasul].)

RASSURANT, E adj. Propre à rassurer : *Résultats rassurants.*

RASSURER v.t. [3]. Rendre sa confiance, son assurance à qqn ; dissiper ses craintes : *Le médecin nous a rassurés sur leur santé.* ◆ **SE RASSURER** v.pr. Se tranquilliser : *Rassurez-vous, tout ira bien.*

RASTA ou **RASTAFARI** adj. et n. Relatif au rastafarisme ; qui en est partisan. ➲ La musique reggae, notamm., en est une manifestation.

RASTAFARISME n.m. (de *ras Tafari*, n. de l'empereur d'Éthiopie Hailé Sélassié). Mouvement mystique, culturel et politique propre aux Noirs de la Jamaïque et des Antilles anglophones, apparu dans les années 1920.

RASTAQUOUÈRE [-kwɛr] n.m. (de l'esp. *rastracueros*, parvenu). Fam., péjor. Étranger étalant une richesse suspecte.

RASTEL n.m. (mot provenç.). Région. (Provence). Réunion de personnes que l'on invite à boire.

RAT n.m. (onomat.). **1.** Rongeur originaire d'Asie, très nuisible. ➲ Le *rat noir* a envahi l'Europe au XIIIe s. en propageant la peste et a été supplanté au XVIIIe s. par le *surmulot*, appelé aussi *rat d'égout* ou *rat gris*. Famille des muridés. **2.** Jeune élève de la classe de danse, à l'Opéra. ■ **Être fait comme un rat** [fam.], être pris au piège. ■ **Rat à trompe**, macroscélide. ■ **Rat de bibliothèque** [fam.], personne qui passe son temps à consulter des livres dans les bibliothèques. ■ **Rat d'hôtel** [fam., vieilli], personne qui dévalise les clients des hôtels. ■ **Rat musqué**, ondatra. ■ **Rat palmiste**, xérus. ◆ **adj.m.** et **n.m.** Fam. Avare : *Elle est très rat.*

▲ **rat** noir.

RATA n.m. (abrév. de *ratatouille*). Fam., vieilli. Mauvais ragoût ; nourriture quelconque.

RATAFIA n.m. (mot créole). Boisson alcoolique aromatique sucrée, obtenue par macération de fruits, de fleurs, de tiges, etc., ou par mélange de marc et de moût de raisin.

RATAGE n.m. Action de rater ; échec.

RATAPLAN interj. → **RANTANPLAN.**

RATATINÉ, E adj. **1.** Rapetissé et déformé : *Une pomme ratatinée.* **2.** Fam. Complètement cassé : *Son vélo est ratatiné.*

RATATINER v.t. [3] (de l'anc. fr. *tatin*, petite quantité). **1.** Rapetisser en déformant. **2.** Fam. Endommager gravement ; démolir. **3.** Fam. Battre à plate couture : *Ratatiner l'équipe adverse.* **4.** Fam. Tuer. ◆ **SE RATATINER** v.pr. Se tasser en se recroquevillant.

RATATOUILLE n.f. (de *touiller*). Fam. Ragoût grossier. ■ **Ratatouille niçoise**, plat composé d'aubergines, de courgettes, de poivrons, d'oignons et de tomates assaisonnés et cuits à l'huile d'olive. ➲ Cuisine provençale.

1. RATE n.f. Rat femelle.

2. RATE n.f. (mot néerl. « rayon de miel »). ANAT. Organe abdominal situé du côté gauche, sous le diaphragme, et jouant surtout un rôle d'organe lymphoïde. ■ **Se dilater la rate** [fam.], rire très fort.

1. RATÉ n.m. **1.** Fonctionnement défectueux de qqch. **2.** Coup d'une arme à feu qui n'est pas parti. **3.** Bruit accidentel léger d'un moteur thermique, correspondant à une interruption momentanée du fonctionnement d'un ou de plusieurs cylindres.

2. RATÉ, E n. et adj. Fam. Personne qui n'a pas réussi.

RÂTEAU n.m. (lat. *rastellus*). **1.** Outil agricole et de jardinage formé d'une traverse portant des dents et munie d'un manche. **2.** Instrument sans dents avec lequel le croupier ramasse les mises et les jetons, sur les tables de jeu. **3.** Fam. Échec ; spécial., échec amoureux : *Se prendre un râteau.* ◆ **n.m.** et **adj.** Région. (Franche-Comté, Savoie) ; Suisse. Fam. Avare ; pingre ; grippe-sou.

RATEL n.m. (de *rat*). Mammifère carnivore de l'Afrique et de l'Inde, voisin du blaireau. ➲ Famille des mustélidés.

RÂTELER v.t. [16], ▲ *[12]*. Amasser avec un râteau : *Elle râtelle les feuilles mortes* ; nettoyer avec un râteau ; ratisser : *Râteler l'allée.*

RÂTELIER n.m. (de *râteau*). **1.** Assemblage à claire-voie de barres de bois ou de tubes où l'on met le foin et la paille destinés aux animaux. **2.** Tringle disposée le long d'un établi pour y placer les outils. **3.** Fam. Dentier. ■ **Manger à tous les râteliers** [fam.], servir plusieurs causes opposées dans le but d'en tirer profit. ■ **Râtelier d'armes**, support muni d'encoches où l'on range les fusils.

RATER v.i. [3] (de *rat*). **1.** Ne pas partir, en parlant du coup d'une arme à feu. **2.** Échouer : *Sa tentative a raté.* ◆ **v.t. 1.** Manquer une cible, un but : *La basketteuse a raté un panier.* **2.** Ne pas mener à bien une action ; ne pas réussir ce que l'on entreprend : *Il a raté son soufflé au fromage.* **3.** Ne pas rencontrer qqn : *Je l'ai ratée de deux minutes* ; ne pas atteindre à temps un véhicule de transport en commun : *Rater son train.* **4.** Ne pas profiter de qqch : *J'ai raté le dernier épisode.* ■ **Ne pas en rater une** [fam.], commettre toutes les sottises possibles. ■ **Ne pas rater qqn** [fam.], lui faire une réponse bien sentie ; le prendre sur le fait pour le punir. ◆ **SE RATER** v.pr. Fam. Échouer en tentant de se suicider.

RATIBOISER v.t. [3] (de *ratisser*). Fam. **1.** S'emparer de : *Un escroc lui a ratiboisé toutes ses économies.* **2.** Ruiner au jeu. **3.** Couper ras les cheveux de qqn.

RATICHE n.f. Arg. Dent.

RATICIDE n.m. et adj. Produit qui tue les rats.

RATIER n.m. Chien qui chasse les rats.

RATIÈRE n.f. **1.** Piège à rats. **2.** Mécanisme servant à commander les lames d'un métier à tisser.

RATIFICATION n.f. **1.** Action de ratifier ; approbation : *La ratification d'un traité.* **2.** DR. CONSTIT. Procédure par laquelle le Parlement confère force de loi aux ordonnances prises par le gouvernement dans le cadre d'une loi d'habilitation. **3.** DR. CIV. Acte juridique par lequel une personne prend à son compte l'engagement pris en son nom par une autre qui n'était pas habilitée. **4.** DR. INTERN. Acte par lequel un État confirme sa volonté d'être engagé par un traité international préalablement signé par un plénipotentiaire.

RATIFIER v.t. [5] (du lat. *ratus*, confirmé). **1.** Approuver ce qui a été fait ou promis : *Le Sénat a ratifié ces amendements.* **2.** DR. Reconnaître la validité d'un engagement pris par un mandataire non habilité ; procéder à une ratification ; entériner.

RATINAGE n.m. TEXT. Frisure que l'on fait subir à certaines étoffes.

RATINE n.f. (de l'anc. fr. *rater*, racler). Étoffe de laine dont le poil est tiré en dehors et frisé.

RATINER v.t. [3]. Soumettre au ratinage.

RATINEUSE n.f. Machine à ratiner les étoffes.

RATING [ratiŋ] n.m. (mot angl., de *to rate*, évaluer). **1.** SPORTS. Nombre exprimé en dimensions linéaires (mètres ou pieds), représentatif des qualités d'un voilier et destiné au calcul de son handicap. **2.** BANQUE. (Anglic. déconseillé). Notation.

RATIO [rasjo] n.m. (mot lat.). ÉCON. Rapport, souvent exprimé en pourcentage, entre deux grandeurs économiques ou financières d'une entreprise ou d'un pays, utilisé à des fins d'évaluation.

RATIOCINATION [rasjɔ-] n.f. Litt. Action de ratiociner ; argutie.

RATIOCINER [rasjɔ-] v.i. [3] (lat. *ratiocinari*). Litt. Raisonner interminablement et d'une façon trop subtile.

RATION n.f. (du lat. *ratio*, compte). **1.** Quantité d'un aliment attribuée à qqn ou à un animal pour une journée : *Une ration d'avoine.* **2.** Ce qui est apporté par le sort à qqn ; part : *Elle a eu sa ration de malheurs.* ■ **Ration de combat** [mil.], ensemble des diverses denrées nécessaires à l'alimentation de un ou plusieurs combattants pendant une journée.

RATIONAL n.m. (pl. *rationaux*) [lat. *rationale*]. RELIG. **1.** Pectoral du grand prêtre des Hébreux. **2.** Titre de divers traités de liturgie.

RATIONALISATION n.f. **1.** Action de rationaliser qqch. **2.** Action visant à rendre plus efficace le fonctionnement d'une activité, d'une organisation, par la réflexion et l'application de techniques spécifiques adéquates. **3.** PSYCHOL. Justification a posteriori par un sujet d'un acte présentant un aspect qui pose problème. ■ **Rationalisation des choix budgétaires**, méthode cherchant à repérer les buts et les objectifs que se fixent les différents centres de décision publics, à définir les moyens permettant d'atteindre les uns et les autres, et à choisir les plus efficaces d'entre eux.

RATIONALISER v.t. [3]. **1.** Organiser suivant des calculs ou des raisonnements : *Rationaliser les échanges internationaux.* **2.** Rendre plus efficace et moins coûteux un processus de production : *Rationaliser la fabrication.* **3.** PSYCHOL. Se livrer à la rationalisation d'un acte, d'une conduite.

RATIONALISME n.m. **1.** PHILOS. Doctrine selon laquelle tout ce qui existe a sa raison d'être et ne saurait être considéré en soi comme inintelligible (par oppos. à *irrationalisme*). **2.** PHILOS. Doctrine selon laquelle la connaissance humaine procède de principes a priori indépendants de l'expérience. **3.** (Souvent péjor.). Conception n'admettant dans les dogmes religieux que ce qui est compatible avec la raison. **4.** Disposition d'esprit qui n'accorde de valeur qu'à la raison, au raisonnement. **5.** Tendance architecturale française du XIXe s. donnant la priorité à la fonction et à la structure sur le traitement formel et décoratif (Labrouste, Viollet-le-Duc, etc.).

RATIONALISTE adj. et n. PHILOS. Relatif au rationalisme ; qui en est partisan.

RATIONALITÉ n.f. Caractère de ce qui est rationnel.

RATIONNEL, ELLE adj. (du lat. *ratio*, raison). **1.** Qui est fondé sur la raison : *Méthode rationnelle.* **2.** Qui est déduit par le raisonnement et n'a rien d'empirique : *Mécanique rationnelle.* **3.** Déterminé par des calculs ou par des raisonnements : *Alimentation rationnelle.* **4.** Qui manifeste de la raison, de la logique, du bon sens : *Ses initiatives ne sont pas toujours rationnelles.* ■ **Fraction rationnelle** [math.], quotient de deux polynômes. ■ **Nombre rationnel**, ou **rationnel, n.m.** [math.], nombre qui est le quotient de deux entiers relatifs.

RATIONNELLEMENT adv. De façon rationnelle.

RATIONNEMENT n.m. Action de rationner ; fait d'être rationné.

RATIONNER v.t. [3]. **1.** Réduire, par une répartition en quantités limitées, la consommation de : *Rationner l'eau.* **2.** Diminuer la ration de : *Rationner le sucre à un malade* ; limiter dans sa consommation d'aliments, d'une denrée, d'un produit donnés : *Rationner la population en électricité.*

RATISSAGE n.m. Action de ratisser.

RATISSER v.t. [3] (du moyen fr. *rater*, racler). **1.** Nettoyer ou égaliser avec un râteau ; râteler. **2.** Fouiller méthodiquement une zone de terrain, un quartier pour rechercher qqn : *Les policiers ratissent la forêt pour retrouver les trafiquants.* **3.** Fam. Ruiner qqn. ◆ **v.i.** Fam. ■ **Ratisser large**, tenter, sans se soucier de principes, de rallier le plus grand nombre de personnes.

RATITE n.m. (du lat. *ratis*, radeau). Oiseau coureur aux ailes réduites et au sternum sans bréchet, tel que l'autruche, le nandou, l'émeu, l'aptéryx. ➲ Les ratites forment une sous-classe.

RATON **n.m.** Jeune rat. ▪ **Raton laveur,** mammifère carnivore d'Amérique, de couleur gris fauve. ➲ Famille des procyonidés.

▲ **raton laveur**

RATONNADE **n.f.** (d'un sens injur. et raciste de *raton*). Fam., péjor. Expédition punitive ou série de brutalités exercées contre des Maghrébins et, par ext., contre d'autres personnes.

RATTACHEMENT **n.m.** Action de rattacher.

RATTACHER **v.t.** **[3]. 1.** Attacher de nouveau : *Rattacher les chiens.* **2.** Faire dépendre qqch d'une chose principale ; relier : *Rattacher un secrétariat d'État à un ministère* ; établir un lien affectif entre : *Plus rien ne le rattache à la vie.* ◆ **SE RATTACHER** **v.pr.** **(À).** Être lié à : *Ce film se rattache au néoréalisme.*

RATTACHISTE **n.** et **adj.** Belgique. Partisan du rattachement à la France de tout ou partie des régions francophones de Belgique.

RAT-TAUPE **n.m.** (pl. *rats-taupes*). Spalax.

RATTE **n.f.** Petite pomme de terre d'une variété de forme allongée, à peau et à chair jaunes.

RATTRAPABLE **adj.** Qui peut être rattrapé.

RATTRAPAGE **n.m.** Action de (se) rattraper, de combler un retard : *Le rattrapage des salaires féminins.* ▪ **Télé, radio de rattrapage,** service proposé par une chaîne de télévision ou de radio, ou par son site Internet, qui permet de voir ou d'écouter une émission dans les jours qui suivent sa première diffusion.

RATTRAPER **v.t.** **[3]. 1.** Attraper, saisir de nouveau ; reprendre : *Rattraper un évadé.* **2.** Saisir vivement qqch, qqn en mouvement ; retenir : *Rattraper une balle au bond.* **3.** Rejoindre qqn, qqch qui a de l'avance : *Allez devant, je vous rattraperai.* **4.** Atténuer un défaut, une erreur : *Rattraper une maladresse* ; combler un retard : *Les salaires doivent rattraper les prix.* ◆ **SE RATTRAPER** **v.pr. 1.** Se retenir de justesse : *Se rattraper à la rambarde.* **2.** Combler une perte, un déficit, un retard : *Il s'est rattrapé en travaillant le week-end.* **3.** Atténuer une faute ou en limiter les conséquences.

RATURAGE **n.m.** Action de raturer.

RATURE **n.f.** (du lat. *radere*, raser). Trait tracé en raturant.

RATURER **v.t.** **[3].** Annuler ce qui est écrit en traçant un trait dessus ; barrer : *Raturer une phrase.*

RAUCHAGE **n.m.** (mot picard). **MIN.** Réfection d'une galerie écrasée ou resserrée par les pressions de terrain.

RAUCHER **v.t.** **[3].** Faire un rauchage.

RAUCITÉ **n.f.** Litt. Caractère d'une voix rauque.

RAUQUE **adj.** (lat. *raucus*). Se dit d'une voix rude et comme enrouée ; éraillé.

RAUQUER **v.i.** **[3].** Feuler, en parlant du tigre.

RAUWOLFIA [rowɔlfja] **n.m.** (du n. de *Rauwolf*). Arbuste de l'Inde dont on tire des médicaments tels que la réserpine. ➲ Famille des apocynacées.

RAVAGE **n.m.** (de *ravir*). **1.** Dommage ou dégât matériel important, causé par l'action des hommes, par des agents naturels ; dévastation : *Les ravages causés par un cyclone.* **2.** Effet désastreux de qqch sur qqn, dans la société : *Les ravages de la drogue.* **3.** Québec. Territoire forestier servant de refuge à un groupe de cervidés pendant l'hiver ; réseau de pistes tracé dans la neige lors de leurs déplacements. ▪ **Faire des ravages (dans les cœurs)** [fam.], susciter des passions amoureuses.

RAVAGÉ, E **adj. 1.** Litt. Gravement marqué par l'âge, les épreuves : *Un visage ravagé.* **2.** Fam. Fou ; désaxé.

RAVAGER **v.t.** **[10]. 1.** Causer des dommages considérables par l'effet d'une action violente ; dévaster : *La tempête a ravagé les forêts.* **2.** Fig. Causer à qqn de graves troubles physiques ou moraux ; anéantir : *La mort de leur enfant les a ravagés.*

RAVAGEUR, EUSE **adj.** et **n.** Qui ravage ; destructeur.

RAVAL **n.m.** (pl. *ravals*). Approfondissement d'un puits de mine.

RAVALEMENT **n.m. 1. CONSTR.** Opération qui consiste à nettoyer une façade par grattage, lavage, sablage et, le cas échéant, par réfection des enduits. **2.** Litt., vieilli. Action de déprécier.

RAVALER **v.t.** **[3]** (de *avaler*). **1. CONSTR.** Procéder au ravalement de : *Ravaler une façade.* **2.** Avaler de nouveau. **3.** Garder pour soi ce que l'on s'apprêtait à manifester ; contenir : *Ravaler sa colère.* **4.** Mettre à un niveau inférieur ; rabaisser ; déprécier : *Sa conduite ravale toute la profession au niveau le plus bas.* **5. MIN.** Effectuer un raval. ▪ **Faire ravaler ses paroles à qqn** [fam.], l'empêcher de tenir certains propos ; l'obliger à les rétracter. ◆ **SE RAVALER** **v.pr.** Litt. S'abaisser ; s'avilir.

RAVALEUR **n.m.** **CONSTR.** Professionnel qui effectue un ravalement.

RAVAUDAGE **n.m.** Vieilli. Action de ravauder.

RAVAUDER **v.t.** **[3]** (de l'anc. fr. *ravaut*, sottise). Vieilli. Raccommoder ; repriser.

RAVAUDEUR, EUSE **n.** Vieilli. Personne qui ravaude.

1. RAVE **n.f.** (provenç. *rava*). **1.** Plante cultivée pour sa racine charnue comestible, dont il existe des variétés potagères et fourragères. ➲ Famille des crucifères. **2.** Désignation des variétés de certaines plantes potagères comme le navet et le radis.

2. RAVE [rɛv] **n.f.** (de l'angl. *to rave*, délirer). Rassemblement festif, dansant et plus ou moins clandestin des amateurs de house ou de techno, dans un bâtiment désaffecté ou en plein air. Recomm. off. **fête techno.**

RAVENALA [-ve-] **n.m.** (malgache *ravinale*). Arbre originaire de Madagascar, appelé aussi *arbre du voyageur*, car la base de ses feuilles recueille l'eau de pluie. ➲ Famille des musacées.

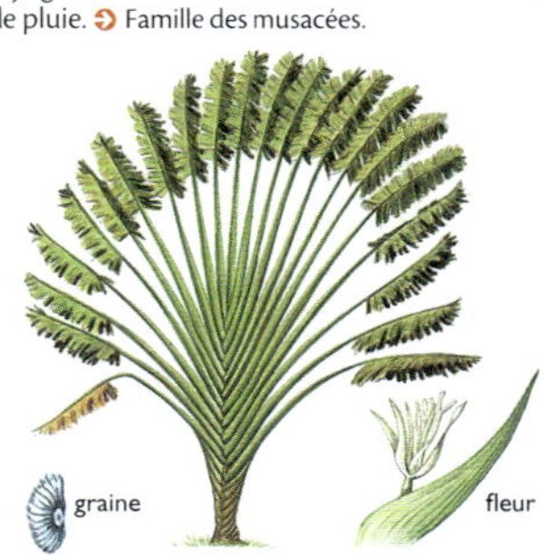

▲ **ravenala** ou « arbre du voyageur ».

RAVENELLE **n.f.** (de l'anc. fr. *rafne*, radis). **1.** Plante adventice des terrains cultivés, à fleurs blanches ou jaunes, voisine du radis. ➲ Famille des crucifères. **2.** Sénevé.

RAVEUR, EUSE [rɛ-] **n.** Personne qui participe à une rave.

RAVI, E **adj.** Enchanté, notamm. dans une formule de politesse : *Ravi de vous revoir.* ◆ **n.** Région. (Provence). Personne naïve, crédule ; simple d'esprit. ▪ **Ravi (de la crèche)** [par allusion au personnage de la crèche provençale], personne d'une candeur et d'un optimisme confinant à la bêtise et dont l'inoxydable angélisme prête à la raillerie ; imbécile heureux : *Il m'énerve, celui-là, avec son éternel sourire de ravi de la crèche !*

RAVIER **n.m.** (de *1. rave*). **1.** Petit plat oblong dans lequel on sert des hors-d'œuvre ; son contenu. **2.** Belgique. Récipient ouvert, en matière jetable, destiné au conditionnement de denrées en petites quantités ; barquette : *Un ravier de fraises.*

RAVIGOTANT, E **adj.** Fam. Qui ravigote ; réconfortant : *Un optimisme ravigotant.*

RAVIGOTE **n.f.** **CUIS.** Vinaigrette additionnée de fines herbes, de câpres et d'échalotes.

RAVIGOTER **v.t.** **[3]** (altér. de *revigorer*). Fam. Redonner de la vigueur à qqn ; revigorer : *Ce succès l'a ravigoté.*

RAVIN **n.m. 1.** Dépression allongée et profonde creusée par un torrent. **2.** Vallée sauvage et encaissée.

RAVINE **n.f.** (de l'anc. fr. *raviner*, couler avec force). **1.** Petit ravin. **2.** Amorce d'un ravinement.

RAVINEMENT **n.m.** Formation de sillons, de ravines par les eaux de pluie, notamm. sur les pentes déboisées des reliefs.

RAVINER **v.t.** **[3].** Creuser le sol de ravines : *L'orage a raviné les coteaux.*

RAVIOLE **n.f.** Petit carré de pâte alimentaire fourré de fromage. ➲ Cuisine dauphinoise.

RAVIOLI **n.m.** (mot ital.). Petit carré de pâte alimentaire farci de viande, d'herbes hachées, etc., et poché.

RAVIR **v.t.** **[21]** (lat. *rapere*). **1.** Plaire énormément à qqn ; enchanter : *Cette musique me ravit.* **2.** Litt. Arracher qqn à son entourage ; enlever : *Ravir un enfant à ses parents. La guerre leur a ravi des êtres chers.* ▪ **À ravir,** admirablement : *Cette couleur lui va à ravir.*

SE RAVISER **v.pr.** **[3].** Revenir sur une résolution ; changer d'avis.

RAVISSANT, E **adj.** Extrêmement joli ; magnifique.

RAVISSEMENT **n.m. 1.** État de l'esprit transporté de joie, d'admiration ; enchantement. **2. RELIG.** Extase mystique.

1. RAVISSEUR, EUSE **n.** Personne qui enlève qqn par la force ou la ruse ; kidnappeur.

2. RAVISSEUR, EUSE **adj.** ▪ **Patte ravisseuse,** patte antérieure de certains insectes, tels que la mante religieuse, qui se replie autour de la proie à la manière d'un couteau pliant.

RAVITAILLEMENT **n.m. 1.** Action de ravitailler ; approvisionnement. **2.** Denrées nécessaires à la consommation ; provisions.

RAVITAILLER **v.t.** **[3]** (anc. fr. *avitailler*, de *vitaille*, nourriture). **1.** Fournir des vivres à ; approvisionner : *Ravitailler les réfugiés.* **2.** Pourvoir un véhicule de carburant, une armée de munitions, etc. ◆ **SE RAVITAILLER** **v.pr.** Se procurer ce qui est nécessaire, partic. de la nourriture.

1. RAVITAILLEUR, EUSE **n. MIL.** Personne préposée au ravitaillement.

2. RAVITAILLEUR **n.m.** Navire ou avion chargé du ravitaillement en vivres, en munitions, en carburant au cours d'opérations.

RAVIVAGE **n.m.** Action de raviver.

RAVIVER **v.t.** **[3]. 1.** Rendre plus vif ; ranimer : *Le vent a ravivé l'incendie.* **2.** Redonner de l'éclat, de la fraîcheur à : *Raviver des couleurs.* **3.** Litt. Faire revivre ; réveiller : *Raviver une vieille querelle.* **4. MÉTALL.** Effectuer un décapage poussé de métaux que l'on veut dorer ou recouvrir d'un dépôt électrolytique.

RAVOIR **v.t. 1.** Reprendre possession de. **2.** Fam. Parvenir à nettoyer : *Ravoir une casserole.* ◆ **SE RAVOIR** **v.pr.** Belgique. Reprendre haleine ; retrouver ses esprits.

✎ Ce verbe ne s'emploie qu'à l'inf.

RAY [rɛ] **n.m.** (mot annamite). Culture sur brûlis, en Asie du Sud-Est.

RAYA ou **RAÏA** [raja] **n.m.** (mot turc). **HIST.** Sujet non musulman de l'Empire ottoman.

RAYAGE [rɛjaʒ] **n.m.** Action de rayer.

RAYÉ, E **adj.** ▪ **Canon rayé,** canon d'une arme à feu dont l'intérieur est conçu avec des rayures. ▪ **Vaisseau rayé** [bot.], vaisseau du bois où les épaississements de lignine ont l'aspect de raies transversales.

RAYER **v.t.** **[6]** (de l'anc. fr. *reie* ou *roie*, raie). **1.** Faire des rayures, des éraflures sur : *Rayer le capot d'une voiture.* **2.** Annuler au moyen d'un trait ; barrer : *Il a rayé la première phrase.* **3.** Annuler l'inscription de qqn ; éliminer : *Elle a annoncé qu'elle ne viendrait pas, vous pouvez la rayer de la liste.* **4.** Pratiquer des rayures dans le canon d'une arme à feu.

RAY-GRASS, ▲ *RAYGRASS* [rɛgra] ou [-gras] **n.m.inv.** (mot angl.). Graminée fourragère vivace, utilisée pour les prairies temporaires et les pelouses.

RAYNAUD (SYNDROME DE) n.m. Trouble vasomoteur touchant princip. les mains et survenant par crises déclenchées surtout par le froid.

1. RAYON n.m. (du francique *hrâta*). **1.** Chaque tablette d'une bibliothèque, d'une armoire, etc. **2.** Ensemble de certains comptoirs d'un magasin affectés à un même genre de marchandises : *Le rayon des jouets.* **3.** Gâteau de cire, comportant une juxtaposition d'alvéoles, que font les abeilles. ▪ **C'est mon rayon** [fam.], cela me concerne. ▪ **En connaître un rayon** [fam.], être très compétent dans un domaine.

2. RAYON n.m. (lat. *radius*). **1.** Trait, ligne qui partent d'un centre lumineux : *Un rayon de soleil perce les nuages.* **2. MATH.** Segment dont une extrémité est le centre d'un cercle, d'une sphère, l'autre étant un point du cercle, de la sphère ; longueur de ce segment. **3.** Pièce de bois ou de métal qui relie le moyeu à la jante d'une roue. **4. ZOOL.** Chacune des pièces squelettiques qui soutiennent les nageoires des poissons. ▪ **Dans un rayon de,** à telle distance à la ronde. ▪ **Rayon d'action,** distance maximale que peut parcourir à une vitesse donnée un navire, un avion, un char, etc., sans ravitaillement en combustible ; fig., zone d'influence, d'activité. ▪ **Rayon de soleil,** brève éclaircie ; fig., personne ou chose qui remplit le cœur de joie. ▪ **Rayon lumineux** [opt.], pinceau de lumière assez fin pour être assimilé à une ligne. ▪ **Rayon vert** [météorol., opt.], bref éclat vert que l'on aperçoit, dans une atmosphère très pure, au point de l'horizon où le soleil commence à se lever ou vient de se coucher. ▪ **Rayon visuel,** ligne droite idéale reliant l'objet à l'œil de l'observateur. ◆ **n.m. pl. PHYS.** Nom donné à certains rayonnements : *Rayons alpha (α), bêta (β), gamma (γ), X.*

3. RAYON n.m. (de *1. raie*). **AGRIC.** Sillon peu profond dans lequel on sème des graines.

1. RAYONNAGE n.m. Assemblage de planches, d'étagères constituant une bibliothèque, une vitrine, etc.

2. RAYONNAGE n.m. **AGRIC.** Action de rayonner.

RAYONNANT, E adj. **1.** Qui produit des rayonnements ou des radiations. **2.** Qui est disposé à la manière de rayons divergeant autour d'un centre : *Les pédicules rayonnants d'une ombelle.* **3.** Plein d'éclat ; radieux : *Un visage rayonnant.* ▪ **Chapelles rayonnantes,** chapelles absidales ouvrant sur le déambulatoire semi-circulaire d'un chœur d'église. ▪ **Style gothique rayonnant,** style de l'architecture gothique en France, à partir de 1240 env.

RAYONNE n.f. Fil textile continu réalisé en viscose ; étoffe tissée avec ce fil.

RAYONNÉ, E adj. Disposé en forme de rayons.

RAYONNEMENT n.m. **1. PHYS.** Mode de propagation de l'énergie sous forme d'ondes ou de particules : *Rayonnement électromagnétique.* **2.** Ensemble des radiations émises par un corps : *Rayonnement solaire.* **3.** Litt. Fait de rayonner : *Le rayonnement de la chaleur.* **4.** Fig. Vive expression de bonheur ; éclat : *Un rayonnement de joie illuminait leur visage.* **5.** Fait de se propager durablement ; influence : *Le rayonnement d'une œuvre.* ▪ **Pression de rayonnement,** pression exercée par un rayonnement électromagnétique sur une surface réfléchissante ou absorbante placée sur son trajet (SYN. **pression de radiation**).

1. RAYONNER v.i. [3]. **1.** Émettre de l'énergie qui se transmet à travers l'espace. **2.** Litt. Émettre des rayons ; briller : *Le couchant rayonne de lumière.* **3.** Faire sentir son action : *La pensée de Bouddha a rayonné sur tout l'Extrême-Orient.* **4.** Manifester avec force un état, un sentiment : *Visage rayonnant de santé, de joie.* **5.** Être disposé comme les rayons d'un cercle. **6.** Se déplacer dans un certain rayon autour d'un lieu : *Représentant qui rayonne autour de Bordeaux.* ◆ **v.t. PHYS.** Émettre (un rayonnement, des radiations).

2. RAYONNER v.t. [3]. Garnir de rayonnages.

3. RAYONNER v.t. [3]. **AGRIC.** Tracer des rayons dans la terre pour y faire des semis.

RAYONNEUR n.m. **AGRIC.** Pièce d'un semoir mécanique traçant des rayons où seront déposées les semences.

RAYURE n.f. **1.** Trace laissée sur un objet par un corps pointu ou coupant ; strie. **2.** Chacune des

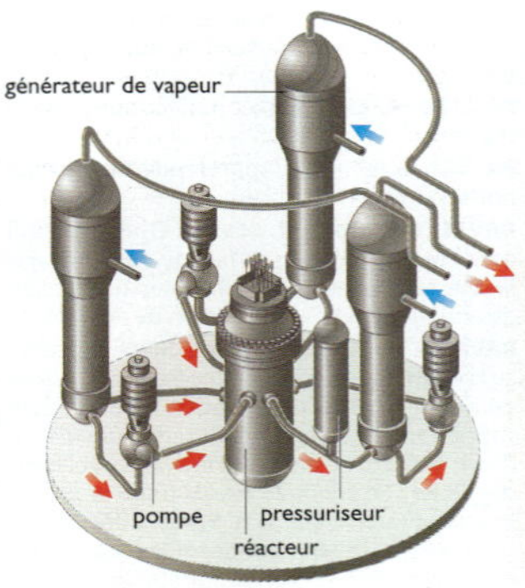

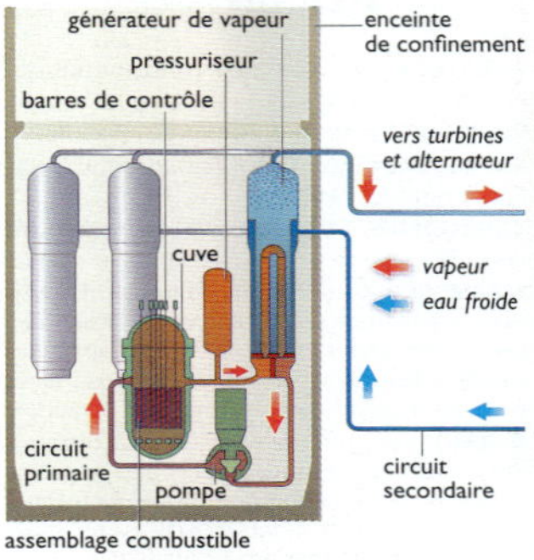

▲ **réacteur nucléaire.** Structure et fonctionnement d'un réacteur nucléaire à uranium enrichi et eau ordinaire sous pression.

bandes, des raies qui se détachent sur un fond : *Tissu à rayures.* **3.** Rainure hélicoïdale du canon d'une arme à feu, pour imprimer au projectile un mouvement de rotation qui en augmente la précision.

RAZ [ʀɑ] n.m. (mot normand). Détroit parcouru par des courants de marée rapides ; le courant lui-même : *Le raz de l'île de Sein.*

RAZ DE MARÉE ou **RAZ-DE-MARÉE** [ʀadmaʀe] **n.m. inv. 1.** Élévation exceptionnelle du niveau de la mer le long d'un rivage, provoquée par une tempête, une éruption volcanique, un séisme ou un glissement de terrain. (Dans les trois derniers cas, on dit aussi *tsunami.*) **2.** Fig. Phénomène brutal et massif qui bouleverse une situation donnée : *Un raz de marée électoral.*

RAZZIA [-(d)zja] n.f. (ar. *ghâzwa*). Anc. Incursion faite en territoire ennemi afin d'enlever les troupeaux, de faire du butin, etc. ▪ **Faire une razzia sur qqch** [fam.], emporter rapidement un grand nombre d'objets : *Faire une razzia sur les portables en promotion.*

RAZZIER v.t. [5]. Fam. Exécuter une razzia sur ; piller.

R&D [ɛʀde] n.f. Recherche et développement.

RDS ou **R.D.S.** n.m. (sigle). Remboursement de la dette sociale. (→ **contribution**).

RÉ n.m. inv. Note de musique, deuxième degré de la gamme de *do.*

RÉA n.m. (de *rouet*). **MANUT.** Roue d'une poulie dont la circonférence présente une gorge.

RÉABONNEMENT n.m. Nouvel abonnement.

RÉABONNER v.t. [3]. Abonner de nouveau. ◆ **SE RÉABONNER** v.pr. S'abonner de nouveau.

RÉABSORBER v.t. [3]. Absorber de nouveau.

RÉABSORPTION n.f. Nouvelle absorption.

RÉAC adj. et n. (abrév.). Fam. Réactionnaire.

RÉACCOUTUMER v.t. [3]. Accoutumer de nouveau. ◆ **SE RÉACCOUTUMER** v.pr. S'accoutumer de nouveau : *Se réaccoutumer à la vie urbaine.*

REACH [ritʃ] n.m. (acronyme de l'angl. *registration, evaluation and authorization of chemicals*). Règlement européen relatif à l'enregistrement, l'évaluation et l'autorisation de substances chimiques utilisées dans l'industrie, l'agroalimentaire, etc.

RÉACTANT n.m. **CHIM.** Molécule mise en situation de réaction.

RÉACTEUR n.m. **1. AÉRON.** Moteur aérobie assurant une propulsion par réaction directe sans entraîner d'hélice. **2.** Installation industrielle où s'effectue une réaction chimique en présence d'un catalyseur. ▪ **Réacteur nucléaire,** appareil dans lequel est produite et dirigée une réaction nucléaire de fission ou de fusion. ➲ *L'EPR* est l'un des réacteurs de la dernière génération.

RÉACTIF, IVE adj. Qui réagit : *Un service après-vente réactif.* ▪ **Courant réactif** [électr.], composante d'un courant sinusoïdal en quadrature avec la tension. ◆ **n.m. CHIM. 1.** Substance qui peut réagir avec une ou plusieurs espèces chimiques. ➲ Un réactif permet de classer les réactions dans lesquelles il intervient et de caractériser une espèce chimique particulière. **2.** Substance utilisée pour révéler, par une réaction, la présence de certaines espèces chimiques.

RÉACTION n.f. **1.** Manière dont qqn, un groupe réagit face à un événement ou à l'action de qqn d'autre : *Cette interdiction a provoqué de vives réactions dans l'opinion.* **2.** Manière dont une machine, un organe mécanique répond à certaines commandes. **3.** Mouvement d'opinion opposé à un mouvement antérieur. **4. POLIT.** Tendance politique qui s'oppose aux évolutions sociales et s'efforce de rétablir un état de choses ancien ; ensemble des personnes, des partis qui s'en réclament. **5.** Ensemble des phénomènes, pathologiques ou de défense, déclenchés dans l'organisme par un agent extérieur : *Réaction inflammatoire, allergique.* **6. PSYCHOL.** Tout comportement directement suscité par un événement extérieur au système nerveux, appelé *stimulus* (SYN. **réponse**). **7. MÉCAN.** Force qu'exerce en retour un corps soumis à l'action d'un autre corps ; spécial., force exercée par un support sur un solide qui y est placé. **8. TECHN.** Rétroaction. **9. CHIM.** Transformation se produisant lorsque plusieurs corps chimiques sont mis en présence ou lorsqu'un corps, perturbé ou non, change de composition. ▪ **Avion à réaction** [mécan.], avion propulsé par un moteur fonctionnant par éjection d'un flux gazeux sous pression et à grande vitesse *(moteur à réaction).* ▪ **Réaction nucléaire** [phys.], phénomène obtenu en bombardant le noyau d'un atome avec une particule élémentaire, un autre noyau, etc., et qui donne naissance au noyau d'un nouvel élément. ▪ **Temps de réaction** [psychol.], latence.

RÉACTIONNAIRE adj. et **n. POLIT.** Relatif à la réaction ; qui en est partisan. Abrév. (fam.) **réac.**

RÉACTIONNEL, ELLE adj. **1.** Relatif à une réaction chimique, physiologique, etc. **2.** Se dit d'un trouble psychique dont la cause est un événement traumatisant : *Une dépression réactionnelle.*

RÉACTIVATION n.f. Action de réactiver.

RÉACTIVER v.t. [3]. **1.** Activer de nouveau qqch ; ranimer : *Les inondations ont réactivé l'épidémie.* **2.** Donner à qqch une nouvelle vigueur ; raviver : *Réactiver une négociation.* **3. CHIM.** Régénérer, en parlant d'un catalyseur.

RÉACTIVITÉ n.f. Aptitude d'un être vivant, d'une espèce chimique à réagir.

RÉACTOGÈNE adj. et **n.m. IMMUNOL.** Allergène.

RÉACTUALISATION n.f. Action de réactualiser ; fait d'être réactualisé.

RÉACTUALISER v.t. [3]. Remettre à jour.

RÉADAPTATION n.f. **1.** Action de réadapter ; fait de se réadapter, notamm. à une activité interrompue pendant un certain temps. **2.** Ensemble de moyens médico-sociaux (rééducation, travail intermittent, etc.) permettant à une personne handicapée ou malade d'avoir une vie sociale et professionnelle le plus proche possible de la normale.

RÉADAPTER v.t. [3]. **1.** Adapter de nouveau. **2.** Faire bénéficier une personne handicapée ou malade d'une réadaptation.

RÉADMETTRE v.t. [64]. Admettre de nouveau.

RÉADMISSION n.f. Nouvelle admission.

READY-MADE [redimed] **n.m.** (pl. *ready-made*[*s*]) [mot angl. « tout fait »]. **ART MOD.** Objet manufacturé, modifié ou non, promu au rang d'objet d'art par le seul choix de l'artiste. ➲ Notion élaborée par M. Duchamp en 1913.

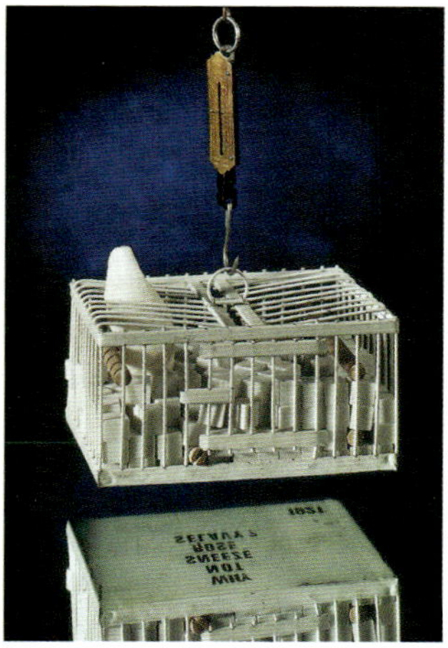

▲ **ready-made.** *Why Not Sneeze, Rrose Sélavy ?*, ready-made de Marcel Duchamp (1921), composé d'une cage à oiseaux avec thermomètre, cubes de marbre, os de seiche, morceaux de bois, miroir.

RÉAFFIRMER v.t. [3]. Affirmer de nouveau et avec force.

RÉAGIR v.i. [21]. 1. (À). Présenter une modification qui est un effet direct de l'action exercée par un agent extérieur : *Malade qui réagit mal à un médicament.* **2.** Répondre d'une certaine manière à une action, à un événement : *Les salariés ont bien réagi pendant l'alerte au feu.* **3. (CONTRE).** S'opposer activement à l'action de qqch ; résister : *Réagir contre les nuisances aériennes.* **4. (SUR).** Avoir des répercussions sur qqch : *L'ambiance conflictuelle réagit sur la qualité du travail.* **5. CHIM.** Entrer en réaction.

RÉAJUSTEMENT n.m. → **RAJUSTEMENT.**

RÉAJUSTER v.t. → **RAJUSTER.**

REAL [real] **n.m.** (pl. *réis*). Unité monétaire principale du Brésil.

1. RÉAL, E, AUX adj. (esp. *real*). **HIST.** ▪ **Galère réale,** ou **réale, n.f.,** à bord de laquelle embarquait le roi ou le général des galères.

2. RÉAL n.m. (pl. *réaux*) [esp. *real*]. **NUMISM.** Ancienne monnaie, espagnole à l'origine, en argent.

RÉALÉSAGE n.m. Action de réaléser.

RÉALÉSER v.t. [11], ▲ *[11*]*. **MÉCAN. INDUSTR.** Augmenter légèrement le diamètre d'un alésage pour faire disparaître l'ovalisation due à l'usure.

RÉALGAR n.m. (de l'ar.). **MINÉRALOG.** Sulfure d'arsenic (AsS), de couleur rouge.

RÉALIGNEMENT n.m. ÉCON. Nouvelle définition du taux de change d'une monnaie par rapport à une autre ou à un ensemble d'autres : *Le réalignement du yen par rapport au dollar.*

RÉALIGNER v.t. [3]. Procéder au réalignement d'une monnaie.

RÉALISABLE adj. 1. Qui peut être réalisé ; faisable : *Son programme n'est pas réalisable.* **2. ÉCON.** Qui peut être vendu ou escompté : *Valeurs réalisables.*

RÉALISATEUR, TRICE n. 1. Personne qui réalise ce qu'elle a conçu. **2.** Personne responsable de la réalisation d'un film ou d'une émission de télévision, de radio. (Au cinéma, on dit aussi *metteur en scène.*)

RÉALISATION n.f. 1. Action de réaliser qqch ; accomplissement : *Le temps de la réflexion est fini, commençons la réalisation.* **2.** Ce qui a été réalisé : *Des réalisations sociales importantes.* **3.** Direction de la préparation et de l'exécution d'un film ou d'une émission de télévision ou de radio ; fait d'assurer leur mise en scène ou en ondes ; le film ou l'émission ainsi réalisés. **4. ÉCON.** Vente de biens en vue de leur transformation en monnaie. **5. MUS.** Notation ou exécution complète des accords d'une basse chiffrée.

RÉALISER v.t. [3] (de *réel*). **1.** Rendre réel et effectif ; concrétiser : *Réaliser son rêve.* **2.** Procéder à la réalisation d'un film, d'une émission de télévision ou de radio. **3.** Prendre conscience de la réalité d'un fait : *Elle a du mal à réaliser qu'elle a battu la championne olympique.* **4. MUS.** Compléter, en les notant ou en les exécutant, les accords imposés par les notes d'une basse chiffrée. **5. ÉCON.** Convertir un bien en argent liquide ; liquider ; vendre. ◆ **SE RÉALISER v.pr. 1.** Devenir réel : *Ses projets se sont réalisés.* **2.** Rendre effectives les virtualités qui sont en soi : *Se réaliser dans son œuvre.*

RÉALISME n.m. 1. Disposition à voir la réalité telle qu'elle est et à agir en conséquence ; lucidité : *Vous avez manqué de réalisme en vous lançant dans ces dépenses.* **2.** Caractère de ce qui est une description objective de la réalité, y compris de ses aspects les plus crus : *Le réalisme d'un documentaire.* **3.** Courant littéraire et artistique de la seconde moitié du XIXe s., qui prétend à la représentation exacte, non idéalisée, de la réalité humaine et sociale. *(V. planche page suivante.)* **4.** Courant cinématographique qui tend à représenter les apparences du monde sensible et la réalité sociale quotidienne : *Le « réalisme poétique ».* **5. PHILOS.** Doctrine selon laquelle l'Être existe indépendamment du sujet qui se le représente et de cette représentation elle-même. ▪ **Réalisme des universaux** [philos.], au Moyen Âge, doctrine attribuant une existence réelle aux universaux. ▪ **Réalisme socialiste,** doctrine esthétique, proclamée en URSS en 1934, sous l'influence déterminante de Jdanov, qui condamne les recherches formelles ainsi que l'attitude critique de l'écrivain à l'égard de la société.

➲ **BX-ARTS.** Le **RÉALISME** caractérise d'abord une tendance de l'art du XVIIe s. opposée au maniérisme* (le Caravage en Italie, Velázquez en Espagne, Vermeer aux Pays-Bas). Plus spécifiquement, le terme s'applique au courant qui apparut en France, dès le deuxième tiers du XIXe s., avec Daumier, Millet et surtout Courbet, auteur du *Manifeste du réalisme* (1855). Prenant parti contre les conventions plastiques du néoclassicisme* et du romantisme*, ces peintres remirent en honneur des sujets empruntés à la vie des gens du peuple et de la campagne. Dans le climat du naturalisme de Zola, Manet apporta sa marque au mouvement avant de rejoindre, tout comme Degas, une voie picturale divergente, celle de l'impressionnisme*. En Europe, le réalisme toucha des pays comme l'Allemagne (A. von Menzel), la Belgique (C. Meunier) ou l'Italie (avec certains macchiaioli*).
Au XXe s., la réaction à l'abstraction est à l'origine du courant dit de la « nouvelle objectivité » en Allemagne dans les années 1920 (M. Beckmann, O. Dix, G. Grosz) et de l'hyperréalisme annoncé dans l'entre-deux-guerres par l'Américain E. Hopper. Quant aux « nouveaux réalistes » européens, ils animent un courant qui vise à capter le monde dans sa réalité sociologique, surtout urbaine (Arman, César, Christo, Y. Klein, M. Raysse, Niki de Saint Phalle, D. Spoerri, J. Tinguely).

RÉALISTE adj. et **n. 1.** Qui a le sens des réalités, l'esprit pratique : *Un négociateur réaliste.* **2.** Relatif au réalisme artistique ; qui en est partisan.

RÉALISTEMENT adv. De manière réaliste ; avec réalisme.

RÉALITÉ n.f. 1. Caractère de ce qui est réel, de ce qui existe effectivement ; existence : *La réalité de la menace terroriste.* **2.** Ce qui est réel, par oppos. à ce qui est imaginé, fictif : *Dans la réalité, cela ne se passe jamais ainsi.* **3.** Chose réelle ; fait réel : *Ses rêves sont devenus réalité.* ▪ **En réalité,** en fait : *Il paraît sympathique, en réalité il est détestable.* ▪ **Principe de réalité** [psychan.], principe qui régit le fonctionnement psychique et qui corrige le principe de plaisir* en adaptant les pulsions aux contraintes extérieures. ▪ **Réalité augmentée** → **AUGMENTÉ.**

REALITY-SHOW [realitiʃo] **n.m.** (pl. *reality-shows*) [de l'anglo-amér. *reality*, réalité, et *show*, spectacle]. Émission télévisée mettant en scène des expériences vécues par certaines personnes.

REALPOLITIK [realpɔlitik] **n.f.** (mot all.). Politique visant à l'efficacité, sans considération de doctrine ni de principes, notamm. dans les relations internationales.

RÉAMÉNAGEMENT n.m. Action de réaménager.

RÉAMÉNAGER v.t. [10]. 1. Aménager de nouveau, sur de nouvelles bases : *Réaménager son emploi du temps.* **2. ÉCON.** Transformer les caractéristiques d'une dette, notamm. en allégeant les taux ou en allongeant les délais de remboursement. **3. DR.** Modifier les termes d'un contrat, d'un accord afin de l'adapter à des circonstances particulières ou nouvelles.

RÉAMORCER v.t. [9]. Amorcer de nouveau.

RÉANIMATEUR, TRICE n. Spécialiste de réanimation.

RÉANIMATION n.f. MÉD. Ensemble des moyens et des soins mis en œuvre par un médecin pour rétablir ou surveiller une fonction vitale (respiration, circulation, etc.) menacée à court ou à moyen terme ; spécialité médicale correspondante.

RÉANIMER v.t. [3]. Soumettre un malade à la réanimation.

RÉAPPARAÎTRE, ▲ *RÉAPPARAITRE* **v.i. [71]** (auxil. *avoir* ou *être*). Apparaître de nouveau.

RÉAPPARITION n.f. Fait de réapparaître.

RÉAPPRENDRE ou **RAPPRENDRE v.t. [61].** Apprendre de nouveau.

RÉAPPROVISIONNEMENT n.m. Action de réapprovisionner.

RÉAPPROVISIONNER v.t. [3]. Approvisionner de nouveau.

RÉARGENTER v.t. [3]. Argenter de nouveau ce qui est désargenté : *Réargenter des couverts.*

RÉARMEMENT n.m. Action de réarmer.

RÉARMER v.t. [3]. 1. Armer de nouveau : *Réarmer un navire, un fusil.* **2.** Doter d'une armée. ◆ **RÉARMER v.i.** ou **SE RÉARMER v.pr.** Reconstituer ses forces armées, sa puissance militaire.

RÉARRANGEMENT n.m. Action d'arranger une nouvelle fois ; fait d'être réarrangé. ▪ **Réarrangement moléculaire** [chim.], migration d'atomes ou de groupements au sein d'une molécule (SYN. **transposition**).

RÉARRANGER v.t. [10]. Arranger de nouveau ; remettre en ordre.

RÉASSIGNATION n.f. Nouvelle assignation devant une juridiction saisie d'un litige entre les mêmes parties.

RÉASSIGNER v.t. [3]. DR. Assigner de nouveau.

RÉASSORT n.m. (abrév.). **COMM.** Réassortiment.

RÉASSORTIMENT ou **RASSORTIMENT n.m. COMM.** Action de réassortir ; ensemble de marchandises fournies pour réassortir. Abrév. **réassort.**

RÉASSORTIR ou **RASSORTIR v.t. [21]. COMM.** Fournir de nouveau des marchandises pour rétablir un assortiment.

RÉASSURANCE n.f. 1. Action de rassurer qqn, de lui redonner confiance en lui ; fait d'être rassuré : *Le besoin de réassurance des chômeurs de longue durée est très grand.* **2.** Opération par laquelle une compagnie d'assurances, après avoir assuré un client, se couvre de tout ou partie du risque, en s'assurant à son tour auprès de une ou plusieurs autres compagnies.

RÉASSURER v.t. [3]. Garantir par une réassurance.

RÉASSUREUR n.m. Organisme qui réassure.

REBAB ou **RABAB n.m.** (mot ar.). Vièle à une ou à deux cordes frottées, utilisée dans la musique arabe et de l'Asie du Sud-Est.

REBAISSER v.i. et **v.t. [3].** Baisser de nouveau.

REBAPTISER v.t. [3]. Donner un autre nom à : *Rebaptiser un paquebot.*

RÉBARBATIF, IVE adj. (de l'anc. fr. *rebarber*, faire face). **1.** Qui a un aspect rebutant ; revêche : *Mine rébarbative.* **2.** Qui manque d'attrait ; fastidieux : *Travail rébarbatif.*

REBÂTIR v.t. [21]. Bâtir de nouveau ce qui a été détruit ; reconstruire.

REBATTEMENT n.m. HÉRALD. Répétition des mêmes pièces ou des mêmes partitions.

a b c d e f g h i j k l m n o p q r s t u v w x y z

Le réalisme

Le réalisme du XIXᵉ s. prône une attitude objective et remet en honneur des sujets (vie dans les campagnes, gens du peuple) écartés de la scène artistique, sinon dans des versions idylliques ou moralisantes. « Tout ce qui ne se dessine pas sur la rétine est en dehors du domaine de la peinture », proclame Courbet, dont le monumental *Atelier du peintre*, exposé en 1855, exprime les théories, largement inspirées de celles de Proudhon.

▲ **Gustave Courbet.** *La Falaise d'Étretat après l'orage* (1870). Le souci de précision naturaliste se porte aussi sur la représentation de paysages : ici, le pinceau de Gustave Courbet transpose avec virtuosité la matière de la lumière du jour après la pluie. (Musée d'Orsay, Paris.)

Honoré Daumier. ▶ *La Rue Transnonain*, lithographie publiée en 1834. En pleine époque romantique, l'actualité politique conduit le jeune artiste au constat sans fard d'une réalité dramatique : ici, la répression sanglante et aveugle de l'insurrection ouvrière de la mi-avril 1834. (BnF, Paris.)

▲ **Jean-François Millet.** *Des Glaneuses* ou *les Glaneuses* (1857). La vie rurale, thème de prédilection de l'artiste, est représentée simplement, dans un souci de réalisme sobre ; du groupe des pauvres femmes autorisées à ramasser les restes de la moisson émerge toutefois l'image symbolique d'une classe sociale. (Musée d'Orsay, Paris.)

REBATTRE **v.t. [63].** Battre de nouveau : *Rebattre les cartes.* ▪ **Rebattre les oreilles à qqn,** lui répéter sans cesse la même chose. (*Rabattre les oreilles* est fam. et fautif.)

REBATTU, E **adj.** Répété à satiété ; éculé : *Plaisanterie rebattue.*

REBEC **n.m.** (de l'ar.). Instrument de musique à 3 ou à 4 cordes frottées et à caisse piriforme, utilisé par les ménestrels au Moyen Âge et dans la musique traditionnelle des Balkans.

REBELLE **adj.** et **n.** (lat. *rebellis*, de *bellum*, guerre). Qui est en révolte ouverte contre une autorité constituée ; insoumis : *Des troupes rebelles.* ◆ **adj. 1. (À).** Fortement opposé, hostile à qqch : *Elle est rebelle à toute ouverture vers l'opposition.* **2. (À).** Qui manque de dispositions pour qqch ; réfractaire : *Il est rebelle à l'informatique.* **3.** Qui se prête difficilement à l'action à laquelle on le soumet : *Mèche rebelle.* **4. MÉD.** Qui est difficile à guérir : *Une toux rebelle.*

SE REBELLER **v.pr. [3]. 1.** Refuser de se soumettre à l'autorité légitime ; se révolter. **2.** Protester contre ce qui irrite ou indigne ; s'insurger : *Les familles se rebellent contre les publicités pour la vitesse.*

RÉBELLION **n.f. 1.** Action de se rebeller ; révolte. **2.** Ensemble des rebelles : *Négocier avec la rébellion.*

REBELOTE **interj. 1.** Dans l'expression *belote et rebelote*, annonce faite par un joueur de belote qui pose successivement les roi et dame d'atout. **2.** Fam. Indique la répétition d'une action, d'un fait : *Et rebelote, il s'est encore trompé de réplique.*

RÉBÉTIKO **n.m.** (mot gr.). Genre musical chanté, né dans les bas quartiers des villes de Grèce et exprimant le désenchantement.

REBIBE **n.f.** Suisse. Raclure de fromage.

SE REBIFFER **v.pr. [3].** Fam. Se refuser à qqch avec brusquerie ; se cabrer.

REBIQUER **v.i. [3].** Fam. Se dresser en faisant un angle : *Cheveux qui rebiquent.*

REBLANCHIR **v.t. [21].** Blanchir de nouveau.

REBLOCHON **n.m.** (mot savoyard, de *reblocher*, traire à nouveau). Fromage au lait de vache, à pâte pressée non cuite et à croûte lavée, fabriqué en Savoie.

REBOIRE **v.t.** et **v.i. [88].** Boire de nouveau.

REBOISEMENT **n.m.** Plantation d'arbres sur un sol anciennement boisé (SYN. **reforestation**).

REBOISER **v.t. [3].** Pratiquer le reboisement de.

REBOND **n.m.** Fait de rebondir ; rebondissement : *Les rebonds de l'eau d'une cascade.*

REBONDI, E **adj.** Se dit d'une partie du corps bien ronde : *Les joues rebondies d'un bébé.*

REBONDIR **v.i. [21]. 1.** Faire un ou plusieurs bonds après avoir touché un obstacle. **2.** Rétablir sa position après une période de difficultés : *Rebondir après des mois de chômage.* **3.** Avoir des conséquences imprévues, des développements nouveaux : *Après son témoignage, l'affaire a rebondi.*

REBONDISSEMENT **n.m. 1.** Mouvement de ce qui rebondit ; rebond. **2.** Développement nouveau et imprévu d'une affaire : *Un procès aux multiples rebondissements.*

REBORD **n.m.** (de *reborder*). **1.** Partie en saillie, qui forme le bord de qqch. **2.** Bord naturel le long d'une excavation, d'une dénivellation : *Le rebord d'un fossé.*

REBORDER **v.t. [3].** Border de nouveau.

REBOT **n.m.** (de l'anc. fr. *reboter*, repousser). Un des jeux de pelote basque.

REBOUCHAGE **n.m.** Action de reboucher.

REBOUCHER **v.t. [3].** Boucher de nouveau.

À REBOURS **loc. adv.** (du lat. *reburrus*, qui a les cheveux rebroussés). Dans le sens inverse : *Compter à rebours* ; à contre-pied ; à contresens : *Comprendre à rebours.* ▪ **Compte à rebours,** partie de la chronologie de lancement d'une fusée qui précède l'ordre de mise à feu des moteurs.

REBOUTER **v.t. [3]. MÉD.** Remettre un membre fracturé, une luxation.

REBOUTEUX, EUSE ou **REBOUTEUR, EUSE** **n.** Personne n'ayant pas fait d'études médicales, qui prétend guérir les fractures, les luxations.

REBOUTONNER **v.t. [3].** Boutonner de nouveau.

REBRAS **n.m.** Pièce de lingerie placée en revers au bas d'une manche.

REBRODER v.t. [3]. Garnir une étoffe, un vêtement d'une broderie après sa fabrication.

REBROUSSEMENT n.m. Action de rebrousser des poils.

À REBROUSSE-POIL loc. adv. Dans le sens opposé à la direction des poils ; à contre-poil : *Caresser un chien à rebrousse-poil.* ▪ **Prendre qqn à rebrousse-poil** [fam.], agir avec lui si maladroitement qu'il se rebiffe.

REBROUSSER v.t. [3] (de *à rebours*). Relever les cheveux, le poil en sens contraire du sens naturel. ▪ **Rebrousser chemin,** revenir sur ses pas.

REBRÛLER, ▲ *REBRULER* v.t. [3]. Ramollir à la flamme les bords d'un objet en verre pour les arrondir.

REBUFFADE n.f. (ital. *rebuffo*). Refus brutal ou désobligeant : *Ils ont essuyé une rebuffade du ministre.*

RÉBUS [rebys] n.m. (du lat. *de rebus quae geruntur,* au sujet des choses qui se passent). Jeu d'esprit qui consiste à faire deviner des mots ou des phrases par des dessins ou des signes que l'on doit décrypter phonétiquement.

REBUSE n.f. Suisse. Retour du froid.

REBUT n.m. **1.** Ce qui est laissé de côté, rejeté : *Le rebut d'une fabrication.* **2.** Litt. Ensemble de personnes viles : *Le rebut de la société.* ▪ **De rebut,** sans valeur : *Marchandises de rebut.* ▪ **Jeter** ou **mettre au rebut,** se débarrasser de choses sans valeur ou inutilisables.

REBUTANT, E adj. Qui rebute ; rébarbatif : *Ce pointage est rebutant.*

REBUTER v.t. [3] (de 1. *buter*). **1.** Susciter le dégoût, le découragement ; lasser : *Tous ces échecs ont de quoi rebuter.* **2.** Inspirer de l'antipathie à ; déplaire : *Sa façon de nous parler me rebute.*

RECACHETER v.t. [16], ▲ *[12].* Cacheter de nouveau.

RECADRAGE n.m. Action de recadrer ; son résultat : *Un recadrage budgétaire.*

RECADRER v.t. [3]. **1.** Procéder à un nouveau cadrage photographique ou cinématographique. **2.** Redéfinir le cadre, le contexte de qqch : *Il a fallu recadrer le projet.*

RECALAGE n.m. **1.** Fam. Fait d'être recalé à un examen. **2.** AÉRON. En parlant du système de navigation d'un avion, réajustement de la position calculée sur la position réelle.

RECALCIFICATION n.f. MÉD. Administration de calcium en vue d'augmenter sa concentration dans l'organisme.

RECALCIFIER v.t. [5]. Enrichir en calcium.

RÉCALCITRANT, E adj. et n. (du lat. *recalcitrare,* regimber). Qui résiste avec opiniâtreté ; rétif : *Expliquer la géométrie à un enfant récalcitrant.*

RECALCULER v.t. [3]. Calculer de nouveau.

RECALÉ, E adj. et n. Fam. Refusé à un examen.

RECALER v.t. [3]. Fam. Refuser à un examen.

RECAPITALISATION n.f. Action de recapitaliser ; son résultat.

RECAPITALISER v.t. [3]. Procéder à l'augmentation ou à la reconstitution du capital d'une entreprise.

RÉCAPITULATIF, IVE adj. et n.m. Qui récapitule ; qui contient une récapitulation : *Un récapitulatif du bilan.*

RÉCAPITULATION n.f. Reprise sommaire de ce que l'on a dit ou écrit : *Récapitulation des arguments.*

RÉCAPITULER v.t. [3] (du lat. *capitulum,* point principal). **1.** Rappeler en résumant : *Récapituler les consignes d'évacuation.* **2.** Énumérer les points essentiels de : *Récapituler les événements de l'année.*

RECARBURATION n.f. MÉTALL. Restitution de carbone à l'acier, génér. par addition de ferromanganèse.

RECARBURÉ, E adj. Qui a subi la recarburation.

RECASER v.t. [3]. Fam. Caser de nouveau qqn qui a perdu sa place. ◆ **SE RECASER** v.pr. Se caser de nouveau.

RECAUSER v.t. ind. [3] (DE). Parler de nouveau de qqch avec qqn.

RECÉDER v.t. [11], ▲ *[11*].* Céder à qqn ce que l'on a acheté ; revendre.

RECEL n.m. Infraction consistant à détenir sciemment des choses volées ou obtenues en commettant un crime ou un délit, ou à soustraire qqn aux recherches de la justice.

RECELER [12] ou **RECÉLER** [11], ▲ *[11*]* v.t. (de *celer*). **1.** Détenir des objets que l'on sait volés ; soustraire qqn aux recherches de la justice : *Receler le butin d'un cambriolage, un meurtrier.* **2.** Contenir en soi ; renfermer : *Ce petit musée recèle de grandes richesses.*

RECELEUR, EUSE, ▲ *RECÉLEUR, EUSE* n. Personne coupable de recel.

RÉCEMMENT [-samɑ̃] adv. Il y a peu de temps ; dernièrement.

RÉCENCE n.f. Caractère de ce qui est récent.

RECENSEMENT n.m. **1.** Opération administrative qui consiste à faire le dénombrement de la population d'un État, d'une ville, etc. **2.** En France, dénombrement des jeunes soumis aux obligations du service national, effectué par les mairies dès leurs 16 ans. ➲ Le recensement des femmes est obligatoire depuis le 1er janvier 1999. **3.** Inventaire des équipements de toute nature susceptibles d'être requis en temps de guerre.

RECENSER v.t. [3] (du lat. *recensere,* passer en revue). **1.** Faire le dénombrement officiel d'une population. **2.** Dénombrer des personnes, des choses ; inventorier : *Recenser les victimes d'agression, les cas de grippe.*

RECENSEUR, EUSE adj. et n. Se dit d'une personne chargée d'un recensement.

RECENSION n.f. **1.** Analyse et compte rendu critique d'un ouvrage dans une revue. **2.** Vérification d'un texte d'après les manuscrits.

RÉCENT, E adj. (du lat. *recens,* nouveau). Qui appartient à un passé proche : *Événement récent* ; qui existe depuis peu : *Un immeuble récent.*

RECENTRAGE n.m. Action de recentrer ; fait d'être recentré.

RECENTRER v.t. [3]. **1.** Revenir à l'essentiel : *Recentrer le débat.* **2.** POLIT. Déterminer une politique par rapport à un nouvel objectif. **3.** ÉCON. Pour un groupe industriel, réorienter son activité sur le métier qu'il maîtrise le mieux. **4.** Au football, envoyer de nouveau le ballon vers le centre, devant le but adverse. ◆ **SE RECENTRER** v.pr. Se réorienter vers son activité essentielle.

RECEPAGE ou **RECÉPAGE** n.m. Action de receper.

RECEPER [12] ou **RECÉPER** [11], ▲ *[11*]* v.t. (de *cep*). **1.** AGRIC. Couper un arbre près du sol pour permettre la pousse de rejets. **2.** CONSTR. En parlant de pieux, de pilots, les couper à hauteur égale.

RÉCÉPISSÉ n.m. (du lat. *recepisse,* avoir reçu). Écrit constatant qu'un colis, une somme, des marchandises, etc., ont été reçus.

RÉCEPTACLE n.m. (du lat. *receptaculum,* magasin, de *receptare,* recevoir). **1.** Emplacement, objet qui reçoit des choses diverses : *Cette rivière ne doit plus être le réceptacle des égouts.* **2.** BOT. Extrémité plus ou moins élargie du pédoncule d'une fleur, sur laquelle s'insèrent les pièces florales, et qui peut être bombée, plate ou creusée en coupe. ➲ Le cœur de l'artichaut est un réceptacle.

RÉCEPTEUR, TRICE adj. (lat. *receptor,* de *recipere,* recevoir). TECHN. Qui reçoit un courant, un signal, une onde, etc. : *Poste récepteur.* ◆ n.m. **1.** TECHN. Dispositif qui reçoit une énergie ou un signal et fournit une énergie ou un signal différents. **2.** Appareil recevant un signal de télécommunication et le transformant en sons, en images : *Récepteur téléphonique.* **3.** PHYSIOL. Molécule, cellule, organe au niveau desquels une substance se fixe et agit spécifiquement. **4.** LING. Personne qui reçoit et décode le message (par oppos. à *émetteur*). ▪ **Récepteur (membranaire)** [physiol.], molécule située le plus souvent sur la membrane d'une cellule, qui produit un effet donné après avoir fixé une substance représentant un signal (hormone, par ex.).

RÉCEPTIF, IVE adj. **1.** Susceptible d'accueillir facilement une impression, un enseignement : *Être réceptif aux idées nouvelles.* **2.** BIOL. Se dit d'un organisme sensible à un agent pathogène donné, en partic. à un micro-organisme.

RÉCEPTION n.f. (lat. *receptio*). **1.** Action de recevoir : *La réception d'une nouvelle chaîne de télévision.* **2.** Action, manière de recevoir qqn ; accueil : *Une réception cordiale* ; spécial., cérémonie qui marque l'entrée officielle de qqn dans un cercle, une société, etc. : *Discours de réception à l'Académie.* **3.** Réunion mondaine. **4.** Service d'une entreprise, d'un hôtel où l'on accueille les clients, les visiteurs ; personnel affecté à ce service. **5.** SPORTS. Manière de retomber au sol après un saut. **6.** SPORTS. Manière et fait de recevoir un ballon, une balle. ▪ **Réception des travaux,** acte par lequel la personne qui a commandé des travaux reconnaît que leur exécution a été correcte et satisfaisante, et à partir duquel court le délai de garantie.

RÉCEPTIONNAIRE n. **1.** COMM. Personne chargée de la réception de marchandises. **2.** Chef de la réception, dans un hôtel.

RÉCEPTIONNER v.t. [3]. **1.** Prendre livraison de marchandises et vérifier leur état. **2.** SPORTS. Recevoir la balle, le ballon.

RÉCEPTIONNISTE n. Personne chargée d'accueillir les visiteurs, les clients d'un hôtel, d'un magasin, etc.

RÉCEPTIVITÉ n.f. **1.** Qualité d'une personne réceptive : *La réceptivité des enfants à l'enseignement musical.* **2.** Aptitude à contracter une maladie, notamm. une maladie infectieuse.

RECERCLER v.t. [3]. Cercler de nouveau.

RECÈS n.m. → **RECEZ.**

RÉCESSIF, IVE adj. (de *récession*). GÉNÉT. Se dit d'un caractère héréditaire, ou de l'allèle correspondant, qui ne se manifeste que si le sujet est homozygote pour ce gène (par oppos. à *dominant*).

RÉCESSION n.f. (du lat. *recessio,* action de s'éloigner). **1.** Ralentissement ou fléchissement de l'activité économique. **2.** Éloignement progressif des galaxies les unes par rapport aux autres, avec une vitesse proportionnelle à leur distance, dû à l'expansion de l'Univers.

RÉCESSIVITÉ n.f. GÉNÉT. État d'un caractère héréditaire d'un caractère ou d'un allèle récessif.

RECETTE n.f. (lat. *recepta,* de *recipere,* recevoir). **1.** Montant total des sommes qui sont entrées en caisse à un moment donné : *Compter la recette de la journée.* **2.** Bureau d'un receveur des impôts. **3.** Description détaillée de la façon de préparer un mets. **4.** Méthode, procédé pour atteindre un but, pour réussir dans telle circonstance ; secret : *Quelle est votre recette pour être toujours en forme ?* **5.** MIN. Ensemble des abords d'un puits qui servent au déchargement des berlines. ▪ **Faire recette,** rapporter beaucoup d'argent ; fig., avoir du succès. ▪ **Recettes publiques,** ensemble des ressources financières de l'État ou des collectivités locales.

RECEVABILITÉ n.f. DR. Qualité de ce qui est recevable : *La recevabilité d'une demande en justice.*

RECEVABLE adj. **1.** Qui peut être reçu, admis : *Excuse recevable.* **2.** DR. Se dit de qqn admis à poursuivre en justice ; se dit d'une demande en justice à laquelle ne s'oppose aucune fin de non-recevoir.

RECEVEUR, EUSE n. **1.** Comptable public chargé du recouvrement des impôts : *Receveur des contributions directes.* **2.** Administrateur d'un bureau de poste. **3.** Anc. Employé qui percevait la recette dans les transports publics. **4.** Malade qui a fait l'objet d'une transfusion sanguine, d'une greffe de tissu ou d'organe (par oppos. à donneur). ▪ **Receveur universel** [méd.], personne du groupe sanguin AB, qui peut théoriquement, en cas d'urgence, recevoir le sang de tous les groupes du système ABO.

RECEVOIR v.t. [39] (lat. *recipere*). **1.** Entrer en possession de ce qui est offert, envoyé, versé : *Recevoir un cadeau, des indemnités.* **2.** Être l'objet d'une action ; subir : *On a reçu une averse en venant.* **3.** Laisser entrer ; recueillir : *Ce conteneur reçoit les vieux papiers.* **4.** Inviter chez soi ; accueillir. **5.** Admettre à un examen, à un concours. **6.** Admettre, accueillir de telle façon : *Recevoir un conseil avec réticence.* ◆ **SE RECEVOIR** v.pr. Reprendre contact avec le sol après un saut.

RECEZ ou **RECÈS** [rəsɛ] n.m. (du lat. *recessus,* action de se retirer). HIST. Procès-verbal des délibérations de la diète du Saint Empire.

RÉCHAMPIR ou **RECHAMPIR** v.t. [21] (de *champ*). ARCHIT., ARTS APPL. Faire ressortir une moulure, un ornement sur un fond, notamm. par un contraste de couleurs.

RÉCHAMPISSAGE ou **RECHAMPISSAGE** n.m. Action de réchampir ; surface réchampie.

RECHANGE n.m. Objet qui peut en remplacer un autre, similaire. ■ **De rechange,** qui sert à remplacer des objets hors d'usage : *Vêtements, pièces de rechange* ; qui peut se substituer à ce qui s'est révélé inadéquat : *Une solution de rechange.*

RECHANGER v.t. [10]. Changer de nouveau.

RECHANTER v.t. [3]. Chanter de nouveau.

RECHAPAGE n.m. Action de rechaper.

RECHAPER v.t. [3] (de *chape*). Remplacer ou rénover la bande de roulement d'un pneu usagé.

RÉCHAPPER v.i. ou v.t. ind. [3] (auxil. *avoir* ou *être*) [À, DE]. **1.** Échapper par chance à un danger : *Il a réchappé de l'accident ; il en est réchappé.* **2.** Sortir vivant d'une grave maladie : *Réchapper d'un cancer.*

RECHARGE n.f. **1.** Action d'approvisionner pour remettre en état de fonctionnement : *Recharge d'une batterie.* **2.** Ce qui permet de recharger : *Une recharge d'encre pour imprimante.*

RECHARGEABLE adj. Que l'on peut recharger.

RECHARGEMENT n.m. Action de recharger.

RECHARGER v.t. [10]. **1.** Placer de nouveau une charge sur un véhicule. **2.** Garnir de nouveau une arme de ce qui est nécessaire au tir. **3.** Approvisionner de nouveau qqch pour le remettre en état de fonctionner : *Recharger son portable.* **4.** TRAV. PUBL. Empierrer une route, une voie ferrée pour en relever le niveau.

RÉCHAUD n.m. Appareil de cuisson portatif.

RÉCHAUFFAGE n.m. Action de réchauffer.

RÉCHAUFFÉ n.m. **1.** Nourriture réchauffée. **2.** Fam. Ce qui est très connu mais que l'on donne comme neuf : *Son émission littéraire, c'est du réchauffé !*

RÉCHAUFFEMENT n.m. Fait de se réchauffer. ■ **Réchauffement climatique** ou **global,** modification du climat de la Terre, caractérisée par un accroissement de la température moyenne à sa surface. (V. planche *les grandes questions environnementales**.)

RÉCHAUFFER v.t. [3]. **1.** Rendre chaud ou plus chaud : *Réchauffer du potage. Réchauffer ses mains.* **2.** Ranimer un sentiment : *Cette campagne a réchauffé leur amitié.* ◆ **SE RÉCHAUFFER** v.pr. **1.** Redonner de la chaleur à son corps. **2.** Devenir plus chaud : *La mer s'est réchauffée.*

RÉCHAUFFEUR n.m. Appareil dans lequel on élève la température d'un fluide (eau, air) avant son utilisation immédiate.

RECHAUSSEMENT ou **RECHAUSSAGE** n.m. Action de rechausser un arbre, une plante.

RECHAUSSER v.t. [3]. Chausser de nouveau. ■ **Rechausser un arbre, une plante,** les butter de nouveau.

RÊCHE adj. (du francique *rubisk*). **1.** Qui est rude au toucher ; rugueux : *Drap rêche.* **2.** Âpre au goût : *Vin rêche.* **3.** D'un abord désagréable ; revêche.

RECHERCHE n.f. **1.** Action de rechercher ; prospection : *La recherche d'un emploi, d'un trésor.* **2.** Ensemble des activités, des travaux scientifiques auxquels se livrent les chercheurs. **3.** Souci de se distinguer du commun ; raffinement : *S'habiller avec recherche.* ■ **Recherche et développement (R&D)** [écon.], ensemble des étapes liées à la recherche de l'innovation (conception, mise au point et fabrication d'un nouveau produit).

RECHERCHÉ, E adj. **1.** Qui a de la valeur car difficile à trouver ; rare : *Album très recherché.* **2.** Que l'on cherche à voir, à rencontrer ; prisé : *Un architecte recherché.* **3.** Qui manque de naturel ; maniéré : *Langage trop recherché.*

RECHERCHE-ACTION n.f. (pl. *recherches-actions*) [calque de l'angl. *action research*]. Travail en psychosociologie dans lequel recherche théorique et intervention sur le milieu sont complémentaires et menées de manière concomitante.

RECHERCHER v.t. [3]. **1.** Reprendre qqn, qqch à l'endroit où on les a laissés. **2.** Tâcher de retrouver avec soin, persévérance : *Rechercher une princeps.* **3.** Chercher à connaître, à définir ce qui est peu ou mal connu : *Rechercher la cause d'une panne.* **4.** Tenter de retrouver par une enquête policière ou judiciaire : *Rechercher l'auteur d'un crime.* **5.** Tâcher d'obtenir : *Rechercher la sécurité de l'emploi* ; essayer d'établir des relations avec qqn : *Rechercher les gens connus.*

RECHERCHISTE n. Québec. Personne qui effectue des recherches à des fins particulières, génér. pour des médias électroniques.

RECHIGNER v.i. ou v.t. ind. [3] (À) [du francique *kînan*, tordre la bouche]. Montrer de la réticence à faire qqch : *Il a tout fait sans rechigner. Elle rechigne à recommencer.*

RECHRISTIANISER [-kris-] v.t. [3]. Ramener à la foi chrétienne une population, un pays déchristianisés.

RECHUTE n.f. **1.** MÉD. Reprise de l'évolution d'une maladie qui semblait en voie de guérison. ➲ Elle se distingue de la récidive et de la récurrence. **2.** Action de retomber dans un mal, dans une mauvaise habitude.

RECHUTER v.i. [3]. Faire une rechute.

RÉCIDIVANT, E adj. MÉD. Qui récidive.

RÉCIDIVE n.f. (du lat. *recidivus*, qui revient). **1.** DR. Action de commettre, dans un délai fixé par la loi, une deuxième infraction après une première condamnation définitive pour des faits de même nature (par oppos. à *réitération*). **2.** MÉD. Réapparition d'une maladie qui était complètement guérie (à la différence de la rechute), par ex. à cause d'une nouvelle contamination par un micro-organisme.

RÉCIDIVER v.i. [3]. **1.** Retomber dans une mauvaise habitude : *Elle avait arrêté de fumer, mais elle a récidivé.* **2.** DR. Commettre de nouveau la même infraction. **3.** MÉD. Réapparaître par récidive, en parlant d'une maladie.

RÉCIDIVISME n.m. Rechute dans la délinquance après condamnation.

RÉCIDIVISTE n. et adj. DR. Personne en état de récidive.

RÉCIF n.m. (esp. *arrecife*, de l'ar.). Rocher ou groupe de rochers à fleur d'eau, génér. au voisinage des côtes. ■ **Récif corallien,** récif formé par la croissance de coraux dans les mers tropicales. ➲ On distingue le *récif-barrière*, bordant le rivage à une certaine distance de la côte, le *récif frangeant*, fixé au littoral, et l'*atoll*.

▲ **récif corallien** dans la mer Rouge.

RÉCIFAL, E, AUX adj. Relatif aux récifs.

RECINGLE [rəsɛ̃gl] n.f. (de 2. *cingler*). Outil d'orfèvre pour repousser la panse des pièces creuses et à goulot.

RÉCIPIENDAIRE n. (du lat. *recipiendus*, qui doit être reçu). **1.** Personne que l'on reçoit dans une compagnie, dans une société savante, avec un certain cérémonial. **2.** Personne qui reçoit un diplôme universitaire, une médaille, etc.

RÉCIPIENT n.m. (du lat. *recipiens*, qui reçoit). Tout ustensile creux capable de contenir des substances fluides ou solides : *Rangez le sucre dans un récipient hermétique.*

RÉCIPROCITÉ n.f. Caractère de ce qui est réciproque : *La réciprocité d'une amitié.*

RÉCIPROQUE adj. (lat. *reciprocus*). **1.** Qui marque un échange équivalent entre deux personnes, deux groupes ; mutuel : *Une estime réciproque.* **2.** GRAMM. Se dit d'un verbe pronominal qui exprime l'action exercée par deux ou plusieurs sujets les uns sur les autres. (Ex. : *ils se battent.*) **3.** LOG. Se dit de deux propositions dont l'une implique nécessairement l'autre. ■ **Bijection réciproque d'une bijection *f* de A dans B** [math.], bijection de B dans A, notée f^{-1}, qui fait correspondre à tout élément de B son antécédent par *f*. ■ **Proposition réciproque de la proposition « A implique B »** [math.], proposition « B implique A ». ■ **Relation réciproque d'une relation R de A vers B,** ou **relation réciproque** [math.], relation de B vers A, notée R^{-1}, qui à un élément de B associe, s'il en existe, ses antécédents dans A selon R. ◆ n.f. **1.** L'action inverse ou pareille : *Je l'ai toujours soutenu, mais la réciproque n'est pas vraie.* **2.** LOG. Proposition réciproque. ■ **Réciproque d'une bijection** [math.], bijection réciproque.

RÉCIPROQUEMENT adv. Mutuellement. ■ **Et réciproquement,** et vice versa : *Le dessinateur fait des suggestions au scénariste et réciproquement.*

RÉCIPROQUER v.t. [3]. Belgique, Burundi. **1.** Adresser en retour des vœux, des félicitations : *Je vous réciproque le compliment* ; donner réciproquement ; échanger : *Réciproquer un service.* **2.** Rendre la pareille : *L'implication de ce pays en faveur de la paix exprime sa volonté de réciproquer les appuis reçus dans les heures sombres de son histoire.*

RÉCIT n.m. **1.** Relation écrite ou orale de faits réels ou imaginaires. **2.** MUS. Troisième clavier de l'orgue. **3.** MUS. Vx. Récitatif.

RÉCITAL n.m. (pl. *récitals*) [angl. *recital*]. **1.** Concert où se fait entendre un seul exécutant. **2.** Séance artistique donnée génér. par un seul interprète, ou consacrée à un seul genre.

RÉCITANT, E n. **1.** Personne qui récite un texte. **2.** MUS. Narrateur qui, dans un oratorio, une cantate ou une scène lyrique, déclame les textes parlés ou chantés.

RÉCITATIF n.m. MUS. Dans l'opéra, l'oratorio ou la cantate, fragment narratif dont la déclamation chantée se rapproche du langage parlé, et qui est soutenu par un accompagnement léger.

RÉCITATION n.f. **1.** Action, manière de réciter. **2.** Texte littéraire que les élèves doivent apprendre par cœur et réciter de mémoire.

RÉCITER v.t. [3] (lat. *recitare*). Dire à haute voix un texte que l'on a appris.

RECKLINGHAUSEN [rɛkliŋozən] **(MALADIE DE)** n.f. Neurofibromatose.

RÉCLAMANT, E n. DR. Personne qui présente une réclamation en justice.

RÉCLAMATION n.f. **1.** Action de réclamer, de revendiquer ou de protester ; récrimination. **2.** Action de réclamer qqch auquel on estime avoir droit : *Réclamation de dommages et intérêts* ; lettre par laquelle on réclame : *Notre service est submergé de réclamations.* **3.** Contestation d'un contribuable auprès de l'Administration fiscale. ■ **Réclamation d'état,** action en justice en vue d'établir la filiation dont une personne s'estime privée à tort.

1. RÉCLAME n.m. (de l'anc. fr. *reclaim*, appel). FAUCONN. Cri et signe pour faire revenir l'oiseau, en partic. l'autour, au leurre ou sur le poing.

2. RÉCLAME n.f. (de *réclamer*). **1.** Vx. Petit article d'un journal faisant l'éloge d'un produit. **2.** Vieilli. Publicité. ■ **En réclame** [vieilli], vendu à prix réduit. ■ **Faire de la réclame à qqn, à qqch** [vieilli], attirer l'attention sur lui ; le faire valoir.

RÉCLAMER v.t. [3] (du lat. *reclamare*, protester). **1.** Demander avec insistance : *Réclamer son dû.* **2.** Avoir besoin de ; nécessiter : *Cette plante réclame beaucoup de lumière.* ◆ v.i. Litt. Faire une réclamation ; protester : *Réclamer contre qqch, auprès de qqn.* ◆ **SE RÉCLAMER** v.pr. (DE). Invoquer la caution de : *Se réclamer d'un oncle député.*

RECLASSEMENT n.m. **1.** Action de reclasser. **2.** Action de placer dans une activité nouvelle des personnes qui ont dû abandonner leur précédente activité : *Reclassement des chômeurs, des handicapés.*

RECLASSER v.t. [3]. **1.** Classer de nouveau : *Reclasser des dossiers.* **2.** Rétablir les traitements, les salaires, par référence à ceux d'autres catégories. **3.** Procéder au reclassement de personnes : *Reclasser des employés licenciés.*

RECLOUER v.t. [3]. Clouer de nouveau.

RECLUS, E adj. et n. (du lat. *reclusus*, enfermé). Qui vit enfermé, isolé du monde.

RÉCLUSION n.f. (bas lat. *reclusio*, de *recludere*, enfermer). État de qqn qui vit retiré du monde. ■ **Réclusion criminelle** [dr.], peine criminelle de droit commun consistant en France en une privation de liberté à temps ou à perpétuité avec assujettissement au travail. ➲ Elle a remplacé la peine des travaux forcés. La réclusion criminelle à perpétuité s'est substituée à la peine de mort.

RÉCLUSIONNAIRE n. DR. Condamné à la réclusion.

RÉCOGNITIF [-gni-] **adj.m.** (du lat. *recognitus*, reconnu). **DR.** ▪ **Acte récognitif**, acte par lequel on reconnaît une obligation en rappelant le titre juridique qui l'a créée.

RÉCOGNITION ou **RECOGNITION** [-gni-] **n.f.** (lat. *recognitio*). **PHILOS.** Reconnaissance de l'état d'une personne, de la qualité d'une chose.

RECOIFFER **v.t.** [3]. Coiffer de nouveau ; remettre un chapeau, une coiffure à.

RECOIN **n.m.** **1.** Endroit caché, moins en vue : *Fouiller les recoins d'une maison.* **2.** Fig. Partie la plus secrète ; tréfonds : *Les recoins de sa mémoire.*

RÉCOLEMENT **n.m.** **1.** **DR.** Vérification des objets ayant été inventoriés lors d'une saisie-vente. **2.** **SYLVIC.** Vérification d'une coupe de bois pour inventorier les arbres abattus. **3.** Vérification de l'intégrité des collections d'une bibliothèque, d'un fonds documentaire.

RÉCOLER **v.t.** [3] (du lat. *recolere*, passer en revue). Procéder au récolement de.

RECOLLAGE ou **RECOLLEMENT** **n.m.** Action de recoller.

RÉCOLLECTION **n.f.** (lat. *recollectio*). **CHRIST.** Retraite spirituelle de courte durée.

RECOLLER **v.t.** [3]. Coller de nouveau ce qui est décollé ; réparer en collant. ◆ **v.t. ind.** (**À**). **SPORTS.** Rejoindre : *Recoller au peloton.*

RÉCOLLET **n.m.** (lat. ecclés. *recollectus*). Religieux réformé, dans les ordres de Saint-Augustin et de Saint-François.

RÉCOLTABLE **adj.** Que l'on peut récolter.

RÉCOLTANT, E **adj.** et **n.** Qui procède lui-même à la récolte : *Viticulteur récoltant.*

RÉCOLTE **n.f.** (ital. *ricolta*). **1.** Action de recueillir les produits agricoles : *La récolte des bananes* ; la totalité des produits recueillis : *La récolte a été assez maigre.* **2.** Ce que l'on recueille par ses recherches : *Récolte de témoignages des anciens.*

RÉCOLTER **v.t.** [3]. **1.** Faire la récolte de : *Récolter les pommes de terre.* **2.** Fam. Obtenir qqch comme conséquence de son action ; gagner : *Tu ne récolteras que des ennuis.*

RÉCOLTEUSE **n.f.** **AGRIC.** Machine à récolter (nom générique).

RECOMBINAISON **n.f.** **CHIM.** Formation d'une entité chimique (molécule, atome, etc.) à partir des fragments résultant d'une dissociation. ▪ **Recombinaison génétique,** processus par lequel se produit un brassage du matériel génétique parental donnant naissance à de nouvelles combinaisons à la génération suivante ; spécial., apparition de nouveaux alignements de gènes sur les chromosomes des gamètes, par enjambement.

RECOMBINANT, E **adj.** **GÉNÉT.** Se dit d'un organisme, d'une cellule ou d'une molécule obtenus par génie génétique, ou résultant d'une recombinaison génétique.

RECOMBINER **v.t.** [3]. **CHIM.** Effectuer une recombinaison.

RECOMMANDABLE **adj.** Qui mérite d'être recommandé ; estimable : *Un type peu recommandable.*

RECOMMANDATION **n.f.** **1.** Action de recommander qqn ; appui : *Lettre de recommandation.* **2.** Exhortation pressante sur la conduite à tenir ; conseil : *Écoute ses recommandations.* **3.** Acte communautaire édicté par la Commission ou le Conseil européens, précisant un comportement à suivre mais ne liant pas les États. **4.** Opération par laquelle La Poste assure la remise en main propre, contre signature, d'une lettre, d'un paquet, moyennant une taxe spéciale pour l'expéditeur.

RECOMMANDÉ, E **adj.** et **n.m.** Se dit d'un envoi ayant fait l'objet d'une recommandation postale.

RECOMMANDER **v.t.** [3]. **1.** Conseiller vivement qqch à qqn : *Recommander un hôtel à un ami* ; demander qqch avec insistance : *Je vous recommande la plus grande discrétion.* **2.** Signaler à l'attention, à la bienveillance de : *Recommander un candidat à un employeur.* **3.** Envoyer une lettre, un paquet en recommandé. ◆ **SE RECOMMANDER** **v.pr.** **1.** (**DE**). Invoquer en sa faveur l'appui de qqn pour obtenir qqch : *N'hésitez pas à vous recommander de moi.* **2.** (**PAR**). Se distinguer par une qualité : *Cette émission se recommande par son ton décalé.* **3.** Suisse. Insister poliment ; se rappeler à l'attention de qqn.

RECOMMENCEMENT **n.m.** Action de recommencer ; fait d'être recommencé.

RECOMMENCER **v.t.** [9]. **1.** Faire de nouveau ; reprendre depuis le début : *Il a dû tout recommencer.* **2.** Reprendre une action interrompue : *Recommencer à peindre.* **3.** Faire la même chose : *Recommencer ses bêtises.* ◆ **v.i.** **1.** Reprendre après une interruption : *Le cours a recommencé.* **2.** Refaire la même chose : *Ne recommence pas !*

RÉCOMPENSE **n.f.** **1.** Don que l'on fait à qqn en reconnaissance d'un service rendu ou d'un mérite particulier. **2.** **DR.** Somme due, lors de la liquidation d'une communauté, par l'un ou l'autre des époux à la communauté, ou par celle-ci à ceux-là, pour compenser un enrichissement ou un appauvrissement injustifié.

RÉCOMPENSER **v.t.** [3] (du bas lat. *recompensare*, compenser). Accorder une récompense à : *Récompenser un chercheur, un acte de bravoure.*

RECOMPOSABLE **adj.** Qui peut être recomposé.

RECOMPOSÉ, E **adj.** ▪ **Famille recomposée** → **FAMILLE.**

RECOMPOSER **v.t.** [3]. Composer de nouveau.

RECOMPOSITION **n.f.** **1.** Action de recomposer. **2.** Restructuration sur des bases nouvelles : *La recomposition d'un parti.*

RECOMPTER **v.t.** [3]. Compter de nouveau.

RÉCONCILIATEUR, TRICE **n.** Personne qui tente une réconciliation.

RÉCONCILIATION **n.f.** **1.** Action de réconcilier des personnes brouillées ; fait de se réconcilier. **2.** **CATH.** Sacrement de pénitence, sous une forme individuelle ou collective ; cérémonie par laquelle un pécheur est pardonné et réadmis à la communion par l'Église.

RÉCONCILIER **v.t.** [5] (lat. *reconciliare*). **1.** Rétablir des relations amicales entre des personnes brouillées. **2.** Inspirer à qqn une opinion plus favorable de : *Ce professeur m'a réconcilié avec les maths.* **3.** **CATH.** Effectuer une réconciliation. ◆ **SE RÉCONCILIER** **v.pr.** Faire cesser le désaccord qui existait avec qqn.

RECONDUCTIBLE **adj.** **DR.** Qui peut être reconduit, renouvelé : *Mandat reconductible.*

RECONDUCTION **n.f.** Action de reconduire ; continuation : *Reconduction d'une politique.* ▪ **Tacite reconduction** [dr.], renouvellement d'un bail, d'un contrat au-delà du terme prévu, sans qu'il soit besoin d'accomplir une formalité.

RECONDUIRE **v.t.** [78]. **1.** Accompagner une personne qui s'en va, ou la ramener chez elle : *Reconduire un visiteur.* **2.** Continuer selon les mêmes modalités : *Reconduire un budget.* **3.** Maintenir qqn dans ses fonctions : *Reconduire le Premier ministre.* ▪ **Reconduire un étranger en situation irrégulière à la frontière,** l'obliger à quitter le territoire français.

RECONDUITE **n.f.** ▪ **Reconduite à la frontière,** procédure obligeant un étranger en situation irrégulière à quitter le territoire français.

RECONFIGURATION **n.f.** Modification de la configuration d'un appareil, d'un système pour l'adapter à de nouvelles conditions de fonctionnement ou d'utilisation : *Reconfiguration d'un avion, d'un ordinateur.*

RÉCONFORT **n.m.** Ce qui réconforte ; soutien ; consolation.

RÉCONFORTANT, E **adj.** Qui réconforte, console : *Message réconfortant.*

RÉCONFORTER **v.t.** [3] (de *conforter*). **1.** Redonner des forces physiques, de la vigueur à ; revigorer. **2.** Aider à supporter une épreuve ; consoler.

RECONNAISSABLE **adj.** Facile à reconnaître.

RECONNAISSANCE **n.f.** **1.** Action de reconnaître comme sien, comme vrai, réel ou légitime ; aveu : *La reconnaissance d'une erreur* ; ratification : *La reconnaissance du nouveau bureau du comité.* **2.** Sentiment qui incite à se considérer comme redevable envers la personne de qui on a reçu un bienfait ; gratitude : *Exprimer sa reconnaissance à qqn.* **3.** **DR.** Acte par lequel on admet l'existence d'une obligation : *Signer une reconnaissance de dette.* **4.** **DR.** Acte par lequel un État reconnaît un gouvernement ou un nouvel État comme légal. **5.** **DR.** Action d'admettre qu'on est l'auteur ou le responsable d'un acte. **6.** Examen détaillé d'un lieu : *Les moniteurs sont partis en reconnaissance.* **7.** **MIL.** Mission de recherche de renseignements sur le terrain ou sur l'ennemi. ▪ **Avoir la reconnaissance du ventre** [fam.], de la gratitude envers la personne qui vous nourrit. ▪ **De reconnaissance** [mil.], se dit d'un avion, d'un satellite chargé de recueillir des informations (SYN. **1. espion**). ▪ **Fausse reconnaissance** [psychol.], illusion qui consiste à assimiler des personnes, des objets ou des lieux inconnus à d'autres déjà connus par suite de ressemblances superficielles. ▪ **Reconnaissance automatique de documents** [inform.], application de tri automatique de documents à partir de l'analyse de leur image numérique par un scanner et un logiciel de reconnaissance optique de caractères. ▪ **Reconnaissance de caractères, des formes** [inform.], reconnaissance des formes appliquée à la lecture automatique de caractères alphanumériques imprimés ou manuscrits ; technique d'analyse par ordinateur d'un ensemble de données (photographies, dessins, etc.) en vue d'y trouver des configurations particulières spécifiées. ▪ **Reconnaissance d'enfant** [dr.], acte par lequel une personne affirme officiellement être la mère ou le père d'un enfant né ou à naître. ▪ **Reconnaissance d'utilité publique** [dr.], acte administratif permettant à une association, à une fondation, etc., d'avoir une capacité juridique élargie. ▪ **Reconnaissance faciale** [inform.], technologie biométrique permettant de contrôler l'identité de qqn par la reconnaissance automatique des caractéristiques physiques de son visage, préalablement enregistrées. ➲ Elle est très employée dans les domaines liés à la sécurité (police, douane, etc.), ainsi que sur des applications commerciales (authentification de l'utilisateur). ▪ **Reconnaissance vocale** [inform.], technique qui vise à faire reconnaître par un ordinateur les mots ou les phrases prononcés par une ou plusieurs personnes.

RECONNAISSANT, E **adj.** Qui témoigne de la reconnaissance, de la gratitude.

RECONNAÎTRE, ▲ RECONNAITRE **v.t.** [71] (lat. *recognoscere*). **1.** Déterminer comme déjà connu ; se souvenir de : *Reconnaître un parfum.* **2.** (**À**). Identifier en fonction d'un caractère donné : *Elle reconnaît les oiseaux à leur chant.* **3.** Admettre comme vrai, réel, légitime : *Je reconnais qu'il a raison.* **4.** Avouer qqch de répréhensible : *Il a reconnu avoir menti.* **5.** Chercher à déterminer la situation d'un lieu ; explorer : *Reconnaître le terrain.* ▪ **Reconnaître un enfant,** se déclarer la mère ou le père d'un enfant né ou à naître. ▪ **Reconnaître un gouvernement,** admettre comme légitime le nouveau gouvernement d'un État établi par des moyens extralégaux (coup d'État, révolution). ◆ **SE RECONNAÎTRE** **v.pr.** **1.** Retrouver ses traits, ses manières dans une autre personne : *Se reconnaître dans sa fille.* **2.** Localiser sa position et être capable de retrouver son chemin : *Se reconnaître dans un nouveau quartier.* **3.** Comprendre clairement une situation complexe : *Je ne m'y reconnais plus.* **4.** S'avouer comme étant tel : *Se reconnaître responsable d'une erreur.*

RECONNU, E **adj.** **1.** Admis pour vrai : *C'est un fait reconnu.* **2.** Admis comme ayant une vraie valeur : *Artiste reconnu.*

RECONQUÉRIR **v.t.** [27]. Conquérir de nouveau ; recouvrer par une lutte.

RECONQUÊTE **n.f.** Action de reconquérir.

RECONSIDÉRER **v.t.** [11], ▲ *[11*]*. Reprendre l'examen d'une question en vue d'une nouvelle décision.

RECONSTITUANT, E **adj.** et **n.m.** Fortifiant ; remontant.

RECONSTITUER **v.t.** [3]. **1.** Constituer, former de nouveau : *Reconstituer un groupe de rock* ; rétablir dans sa forme primitive : *Reconstituer le squelette d'un dinosaure.* **2.** **DR.** Procéder à la reconstitution d'un crime, d'un délit.

RECONSTITUTION **n.f.** **1.** Action de reconstituer. **2.** **SYLVIC.** Renouvellement d'un peuplement forestier après sa destruction par une tempête, un incendie, etc. (SYN. **régénération**). ▪ **Reconstitution d'un crime, d'un délit** [dr.], transport du juge d'instruction sur les lieux de l'infraction afin d'élucider, en présence de la personne mise en examen, les conditions dans lesquelles elle a été commise.

a b c d e f g h i j k l m n o p q r s t u v w x y z

RECONSTRUCTEUR, TRICE adj. ▪ **Chirurgie reconstructrice,** chirurgie réparatrice*.

RECONSTRUCTION n.f. Action de reconstruire.

RECONSTRUIRE v.t. [78]. **1.** Rebâtir : *Reconstruire une école.* **2.** Rétablir dans son état originel ; reconstituer : *Reconstruire son couple.* **3.** Imaginer qqch autrement ; refaire : *Reconstruire l'économie mondiale.* ◆ **SE RECONSTRUIRE** v.pr. Retrouver un état psychologique stable après un traumatisme : *Ses proches l'ont aidé à se reconstruire après le drame.*

RECONTACTER v.t. Contacter de nouveau : *Recontacter un ami d'enfance.*

RECONVENTION n.f. DR. Demande reconventionnelle.

RECONVENTIONNEL, ELLE adj. DR. ▪ **Demande reconventionnelle,** opposée par le défendeur au demandeur pour obtenir un avantage autre que le simple rejet de la prétention de son adversaire (SYN. **reconvention**).

RECONVENTIONNELLEMENT adv. DR. Par une demande reconventionnelle.

RECONVERSION n.f. Action de reconvertir, de se reconvertir.

RECONVERTIR v.t. [21]. **1.** (EN). Adapter une activité économique à une production nouvelle : *Reconvertir une manufacture en laboratoire.* **2.** (À, DANS). Affecter à un nouvel emploi : *On les a reconvertis à l'animation culturelle, dans le multimédia.* ◆ **SE RECONVERTIR** v.pr. Changer d'activité, de profession.

RECOPIER v.t. [5]. **1.** Copier un texte déjà écrit. **2.** Mettre au net, au propre.

RECORD n.m. (mot angl.). **1.** Performance sportive officiellement constatée et surpassant toute autre performance précédente dans la même épreuve ou discipline. **2.** Résultat, niveau supérieur à tous ceux obtenus antérieurement dans un domaine quelconque : *Record d'audience, de chaleur.* ◆ **adj. inv.** Qui constitue un maximum jamais atteint ou très exceptionnel : *Profits record.*

RECORDER v.t. [3]. Remettre des cordes à : *Recorder une raquette.*

RECORDMAN [rəkɔrdman] n.m. (pl. *recordmans* ou *-men* [-mɛn]) [faux anglic., de *record* et de l'angl. *man*, homme]. Détenteur de un ou plusieurs records.

✎ On trouve aussi la forme fém. ***recordwoman*** [-wuman] (pl. ***recordwomans*** ou ***-women***).

RECORRIGER v.t. [10]. Corriger de nouveau.

RECOUCHER v.t. [3]. Coucher de nouveau. ◆ **SE RECOUCHER** v.pr. Se coucher de nouveau.

RECOUDRE v.t. [66]. Coudre ce qui est décousu.

RECOUPAGE n.m. Action de recouper.

RECOUPE n.f. **1.** Remoulage. **2.** Spiritueux provenant d'un mélange d'alcool et d'eau.

RECOUPEMENT n.m. **1.** Vérification d'un fait au moyen de renseignements issus de sources différentes. **2.** CONSTR. Diminution d'épaisseur que l'on fait subir à un mur, lors d'un ravalement ; suppression de parties excédentaires. **3.** TOPOGR. Détermination de la position d'un point A situé sur une direction prise d'un point connu B, en prenant du point A une ou deux directions sur deux autres points connus C et D.

RECOUPER v.t. [3]. **1.** Couper de nouveau. **2.** Donner une coupe différente à un vêtement ; retoucher. **3.** Apporter une confirmation à : *Ce témoignage recoupe la version du suspect.* ◆ **v.i.** Aux cartes, faire une seconde coupe. ◆ **SE RECOUPER** v.pr. Coïncider en quelques points en apportant une confirmation.

RECOURANT n.m. DR. Suisse. Auteur d'un recours.

RECOURBEMENT n.m. Action de recourber ; fait d'être recourbé.

RECOURBER v.t. [3]. Courber l'extrémité de qqch.

RECOURIR v.t. et v.i. [33] (de *courir*). Disputer une course de nouveau : *Ils ont dû recourir le 400 m* ; courir de nouveau : *Il recourra bientôt.* ◆ **v.t. ind.** (À). **1.** S'adresser à qqn pour obtenir de l'aide : *Recourir à un avocat.* **2.** Se servir de qqch dans une circonstance donnée : *Recourir à la ruse.*

RECOURS n.m. (du lat. *recursus*, retour en courant). **1.** Action de recourir à : *Le recours à la persuasion.* **2.** Personne ou chose à laquelle on recourt : *Cette avocate, cette pétition est son seul recours.* **3.** DR. Procédure permettant d'obtenir un nouvel examen d'une décision judiciaire. **4.** DR. Action de déférer à une autorité ou à une juridiction administrative un acte ou une décision administrative en vue d'en obtenir le retrait, l'annulation, l'abrogation, la réformation ou l'interprétation. ▪ **Avoir recours à,** faire appel à ; user de. ▪ **Recours en grâce** [dr.], demande adressée au chef de l'État en vue de la remise ou de la commutation d'une peine.

RECOUVRABLE adj. Qui peut être recouvré.

RECOUVRAGE n.m. Action de recouvrir un siège.

1. RECOUVREMENT n.m. (de *recouvrer*). **1.** Action de recouvrer ce qui était perdu : *Le recouvrement de la santé.* **2.** Perception de sommes dues.

2. RECOUVREMENT n.m. (de *recouvrir*). **1.** Action de recouvrir. **2.** CONSTR. Agencement dans lequel un élément en recouvre un autre. ▪ **Lambeaux de recouvrement** [géol.], restes d'une nappe de charriage, reposant en discordance sur les terrains sous-jacents. ▪ **Recouvrement d'un ensemble** [math.], famille d'ensembles dont la réunion inclut cet ensemble.

RECOUVRER v.t. [3] (lat. *recuperare*). **1.** Rentrer en possession de ce que l'on avait perdu : *Recouvrer la santé.* **2.** Recevoir le paiement de : *Recouvrer l'impôt.*

RECOUVRIR v.t. [23]. **1.** Pourvoir d'une couverture, d'un élément protecteur. **2.** Refaire à neuf les parties en tissu ou en cuir d'un siège. **3.** Couvrir entièrement : *Des affiches recouvraient les murs.* **4.** Correspondre exactement à : *Son étude recouvre l'entre-deux-guerres.*

RECRACHER v.t. et v.i. [3]. Cracher ce que l'on a pris dans la bouche.

RÉCRÉ n.f. (abrév.). Fam. Récréation.

RÉCRÉANCE n.f. (de l'anc. fr. *recroire*, renoncer). DR. ▪ **Lettres de récréance,** lettres envoyées à un ambassadeur rappelé par son gouvernement pour qu'il les présente au chef de l'État qu'il va quitter (SYN. **lettres de rappel**).

RÉCRÉATIF, IVE adj. Qui divertit, récrée. ▪ **Usage récréatif,** consommation occasionnelle et modérée (quoique non dénuée de risques) d'une substance psychoactive, licite ou illicite (alcool, drogue, etc.), à des fins euphorisantes et désinhibantes. (On parle aussi de *consommation récréative*.) ➲ En France, ce terme est employé dans le cadre de la réflexion sur la légalisation du cannabis, où l'on distingue l'usage récréatif de l'usage thérapeutique.

RÉCRÉATION n.f. Action de recréer.

RÉCRÉATION n.f. **1.** Ce qui permet de se récréer ; délassement : *La seule récréation que lui permet son alitement est la lecture.* **2.** Dans un établissement scolaire, temps accordé aux élèves pour se détendre. Abrév. (fam.) **récré**.

RECRÉER v.t. [8]. **1.** Créer de nouveau ; reconstruire ; refaire. **2.** Restituer l'aspect de qqch qui a disparu : *Recréer l'atmosphère des guinguettes.*

RÉCRÉER v.t. [8] (lat. *recreare*). Litt. Divertir par un amusement quelconque. ◆ **SE RÉCRÉER** v.pr. Se délasser ; se divertir.

RECRÉPIR v.t. [21]. Crépir de nouveau.

RECRÉPISSAGE n.m. Action de recrépir.

RECREUSER v.t. [3]. Creuser de nouveau ou plus profond.

SE RÉCRIER v.pr. [5]. **1.** Manifester avec véhémence son désaccord, son indignation : *Les associations se récrient contre cette loi.* **2.** Litt. Laisser échapper une exclamation d'admiration, de surprise.

RÉCRIMINATEUR, TRICE adj. et n. Qui récrimine.

RÉCRIMINATION n.f. (Surtout pl.). Action de récriminer ; reproche.

RÉCRIMINER v.i. [3] (lat. *recriminari*, de *crimen*, accusation). (CONTRE). Trouver à redire ; critiquer vivement.

RÉCRIRE ou **RÉÉCRIRE** v.t. [79]. Écrire ou rédiger de nouveau.

RECRISTALLISATION n.f. **1.** GÉOL. Modification des roches originelles par dissolution plus ou moins complète des minéraux primaires et formation de nouveaux minéraux. **2.** MÉTALL. Cristallisation nouvelle se développant dans un métal ou un alliage à l'état solide, au cours d'un chauffage de recuit.

RECRISTALLISER v.t. et v.i. [3]. Produire une recristallisation.

RECROÎTRE, ▲ *RECROITRE* v.i. [74]. Se remettre à croître, à grandir. (*Recroître* se conjugue comme *accroître*, mais son participe passé est *recrû*.)

RECROQUEVILLÉ, E adj. Ramassé, replié sur soi.

SE RECROQUEVILLER v.pr. [3] (de *croc* et de l'anc. fr. *ville*, vrille). **1.** Se rétracter, se tordre sous l'action de la sécheresse, du froid. **2.** Se pelotonner.

RECRU, E adj. (de l'anc. fr. *recroire*, renoncer). Litt. ▪ **Recru de fatigue,** harassé.

RECRÛ, ▲ *RECRU* n.m. (de *recroître*). SYLVIC. Ensemble des rejets qui se forment spontanément après l'exploitation d'une coupe de bois.

RECRUDESCENCE n.f. (du lat. *recrudescere*, redevenir saignant). **1.** MÉD. Augmentation d'intensité des symptômes d'une maladie après une courte rémission. **2.** Brusque réapparition de qqch avec redoublement d'intensité ; regain : *Recrudescence de la violence.*

RECRUDESCENT, E adj. Qui reprend de l'intensité.

RECRUE n.f. (de *recroître*). **1.** Jeune militaire qui vient d'être incorporé. **2.** Nouveau membre d'une société, d'un groupe.

RECRUTEMENT n.m. **1.** Action de recruter. **2.** PÊCHE. Arrivée de jeunes poissons dans une pêcherie. ▪ **Service de recrutement** [vieilli], direction du Service* national.

RECRUTER v.t. [3]. **1.** Appeler des recrues ; lever des troupes. **2.** Engager du personnel. **3.** Amener à faire partie d'une société, d'un parti. ◆ **SE RECRUTER** v.pr. **1.** Être embauché, engagé. **2.** Provenir d'un groupe : *Leurs militants se recrutent dans les quartiers.*

RECRUTEUR, EUSE n. (Aussi en appos.). Personne qui recrute des adhérents, des clients, du personnel : *Agent recruteur.*

RECTA adv. (mot lat. « en droite ligne »). Fam., vieilli. Ponctuellement : *Payer recta.*

RECTAL, E, AUX adj. Relatif au rectum.

RECTANGLE n.m. (lat. médiév. *rectangulus*). Quadrilatère plan dont les quatre angles sont droits. ◆ **adj.** ▪ **Parallélépipède rectangle** → **PARALLÉLÉPIPÈDE.** ▪ **Trapèze rectangle,** dont les bases sont perpendiculaires à un des autres côtés. ▪ **Triangle rectangle,** dont deux côtés sont perpendiculaires.

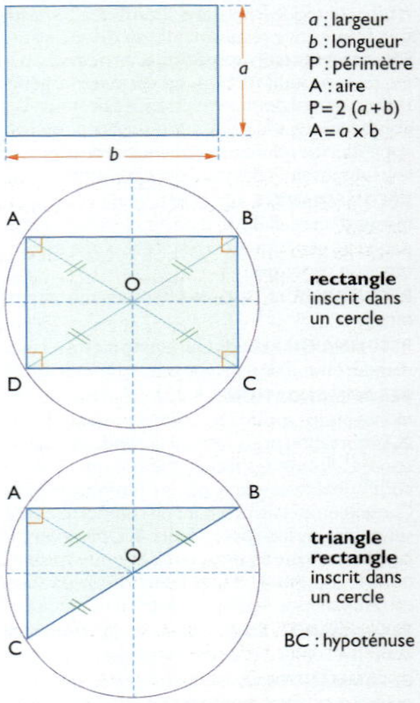

▲ **rectangle**

RECTANGULAIRE adj. Qui a la forme d'un rectangle.

RECTEUR, TRICE n. (du lat. *rector*, celui qui régit). **1.** Haut fonctionnaire de l'Éducation nationale, placé à la tête d'une académie. **2.** Belgique, Québec, Suisse, Afrique. Dirigeant d'une université. ◆ **n.m.** CATH. **1.** Prêtre desservant une basilique, une église non paroissiale. **2.** En Bretagne, curé de petite paroisse. **3.** Supérieur d'un collège de jésuites.

RECTIFIABLE adj. **1.** Qui peut être rectifié. **2. MATH.** Se dit d'un arc de courbe qui peut être rectifié.

RECTIFICATEUR n.m. **CHIM.** Appareil de distillation dans lequel s'effectue la rectification.

RECTIFICATIF, IVE adj. Qui sert à rectifier. ◆ **n.m.** Texte rectifiant une information précédemment donnée.

RECTIFICATION n.f. **1.** Action de rectifier ; texte, paroles qui rectifient. **2. MÉCAN. INDUSTR.** Opération ayant pour objet le parachèvement à la meule d'une surface usinée. **3. CHIM.** Distillation fractionnée d'un liquide volatil pour le purifier ou en séparer les constituants. ▪ **Rectification d'un arc de courbe** [math.], calcul de sa longueur.

RECTIFIER v.t. **[5]** (du bas lat. *rectificare*, redresser). **1.** Modifier pour rendre adéquat. **2.** Rendre exact en corrigeant : *Rectifier un compte.* **3.** Arg. Tuer. **4. MÉCAN. INDUSTR.** Effectuer une rectification. **5. MATH.** Déterminer la longueur d'un arc de courbe. **6. CHIM.** Soumettre à la rectification.

RECTIFIEUR, EUSE n. Ouvrier travaillant sur une rectifieuse.

RECTIFIEUSE n.f. **MÉCAN. INDUSTR.** Machine-outil servant à rectifier.

RECTILIGNE adj. (bas lat. *rectilineus*). **1.** Qui est ou qui se fait en ligne droite. **2. MATH.** Qui a la forme d'une droite ou d'une partie de droite.

RECTILINÉAIRE adj. **PHOTOGR.** ▪ **Objectif rectilinéaire,** qui ne déforme pas l'image.

RECTION n.f. **LING.** Propriété qu'ont un verbe ou une préposition d'entraîner la présence de telle catégorie grammaticale.

RECTITE n.f. **MÉD.** Inflammation du rectum (SYN. **proctite**).

RECTITUDE n.f. (du lat. *rectus*, droit). **1.** Conformité à la raison, au devoir : *Une grande rectitude de pensée.* **2.** Litt. Caractère de ce qui est rectiligne.

RECTO n.m. (du lat. *folio recto*, sur le feuillet qui est à l'endroit). Première page d'un feuillet (par oppos. à *verso*). ▪ **Recto verso,** des deux côtés.

RECTOCOLITE n.f. Inflammation simultanée du rectum et du côlon.

RECTORAL, E, AUX adj. **ENSEIGN.** Relatif au recteur.

RECTORAT n.m. **ENSEIGN. 1.** Charge de recteur. **2.** Bureau de l'administration rectorale d'une académie.

RECTOSCOPE n.m. Endoscope servant à l'examen du rectum et au traitement de certaines de ses affections.

RECTOSCOPIE n.f. Examen endoscopique du rectum.

RECTRICE n.f. Plume de la queue des oiseaux. ➲ Les rectrices dirigent le vol et soutiennent l'arrière du corps.

RECTUM [rɛktɔm] **n.m.** (du lat. *rectum intestinum*, intestin droit). **ANAT.** Dernière partie du tube digestif, entre le côlon et l'anus.

1. REÇU, E n. (de *recevoir*). Personne admise à un examen, à un concours. ◆ **adj.** Qui est reconnu et admis par tous : *Idées reçues.*

2. REÇU n.m. Écrit sous seing privé dans lequel on reconnaît avoir reçu une somme, un objet.

✎ *Reçu* est un p. passé inv. quand il est employé par ellipse devant l'énoncé d'une somme, pour en reconnaître le paiement : ***Reçu cent euros de M. Untel.***

RECUEIL [rəkœj] **n.m.** (de *recueillir*). Ouvrage où sont réunis des écrits, des documents : *Recueil de poèmes.*

RECUEILLEMENT n.m. Fait de se recueillir ; état d'une personne recueillie.

RECUEILLI, E adj. Qui manifeste le recueillement.

RECUEILLIR [rəkœjir] **v.t. [29]** (lat. *recolligere*). **1.** Réunir en collectant, en ramassant : *Recueillir des témoignages.* **2.** Obtenir pour soi ; remporter : *Il a recueilli la moitié des suffrages.* **3.** Retirer un avantage de : *Recueillir le fruit de ses efforts.* **4.** Accueillir chez soi : *Recueillir des sinistrés.* ◆ **SE RECUEILLIR** v.pr. **1.** Se concentrer sur ses pensées ; réfléchir. **2.** Se plonger dans une méditation religieuse.

RECUIRE v.t. **[78]. 1.** Cuire de nouveau. **2.** Améliorer les qualités d'un métal, d'un verre, par le recuit. ◆ **v.i.** Subir une nouvelle cuisson.

RECUIT n.m. **1.** Chauffage d'un produit métallurgique à une température suffisante pour assurer son équilibre physico-chimique et structural, suivi d'un refroidissement lent. **2. VERR.** Chauffage d'un verre à la température permettant le relâchement des contraintes, que l'on fait suivre d'un refroidissement lent.

RECUIT, E adj. Qui dure depuis très longtemps : *Une haine recuite.*

RECUL n.m. **1.** Mouvement en arrière : *Recul des manifestants.* **2.** Mouvement vers l'arrière d'une arme à feu, au départ du coup. **3.** Espace libre pour reculer. **4.** Fig. Éloignement dans l'espace et le temps pour juger d'un événement : *Prendre du recul.* **5.** Évolution dans le sens contraire à celui du progrès : *Le recul des acquis sociaux.*

RECULADE n.f. **1.** Action de reculer. **2.** Fig., péjor. Adoption d'une position en retrait par rapport à une position antérieure trop avancée ; dérobade.

RECULÉ, E adj. **1.** Difficile à atteindre ; isolé : *Hameau reculé.* **2.** Éloigné dans le temps : *Temps reculé.*

RECULÉE n.f. **GÉOMORPH.** Longue vallée profonde, aux parois verticales, échancrant le rebord d'un plateau calcaire et se terminant au pied d'un escarpement en cul-de-sac appelé *bout du monde.* (V. dessin *relief jurassien**.)

RECULEMENT n.m. **1.** Avaloire. **2. DR.** Servitude interdisant d'effectuer des travaux sur un immeuble, imposée en vue d'élargir la voie publique.

▲ **recyclage** des déchets ménagers. Les couleurs correspondent à celles des poubelles pour le tri sélectif.

RECULER v.t. **[3]** (de *cul*). **1.** Déplacer vers l'arrière : *Reculer sa voiture.* **2.** Reporter plus loin ; repousser : *Reculer une cloison.* **3.** Remettre à plus tard ; différer : *Reculer une échéance.* ◆ **v.i. 1.** Aller en arrière. **2.** Perdre du terrain ; régresser : *L'épidémie recule.* **3.** Céder devant une difficulté ; renoncer. ▪ **Reculer pour mieux sauter,** retarder une décision désagréable mais inévitable. ◆ **SE RECULER** v.pr. Se porter en arrière.

À RECULONS loc. adv. **1.** En reculant. **2.** Fig. Sans en avoir envie.

RECULOTTER v.t. **[3].** Remettre sa culotte, son pantalon à. ◆ **SE RECULOTTER** v.pr. Remettre sa culotte, son pantalon.

RÉCUP n.f. (abrév.). Fam. Recyclage d'objets mis au rebut : *Chaises de récup.*

RÉCUPÉRABLE adj. Qui peut être récupéré.

RÉCUPÉRATEUR, TRICE adj. Qui permet de récupérer : *Sieste récupératrice.* ◆ **adj.** et **n.** Qui récupère des matériaux usagés. ◆ **n.m.** Appareil destiné à la récupération de la chaleur ou de l'énergie.

RÉCUPÉRATION n.f. **1.** Action de récupérer ; fait d'être récupéré. **2.** Action de faire revenir un véhicule spatial à la surface de la Terre.

RÉCUPÉRER v.t. **[11],** ▲ *[11*]* (lat. *recuperare*). **1.** Rentrer en possession de qqch qui avait été perdu ou prêté : *Récupérer son argent.* **2.** Recueillir pour réutiliser ou recycler : *Il récupère des morceaux de céramique pour faire une mosaïque.* **3.** Péjor. Détourner les idées d'un mouvement social, politique, pour en tirer parti. **4.** Fournir un temps de travail en remplacement de celui qui n'a pas été effectué ; prendre en congés du temps travaillé en trop. ◆ **v.i.** Reprendre ses forces après un effort, une maladie.

RÉCURAGE n.m. Action de récurer.

RÉCURANT, E adj. et **n.m.** Se dit d'un produit de nettoyage destiné à traiter les surfaces émaillées ou métalliques.

RÉCURER v.t. **[3].** Nettoyer en frottant.

RÉCURRENCE n.f. **1.** Caractère de ce qui est récurrent ; répétition d'un phénomène. **2. MÉD.** Nouvelle poussée d'une maladie infectieuse due à la persistance du même germe dans l'organisme (à la différence de la récidive), et survenant parfois longtemps après la précédente (contrairement à la rechute). ▪ **Principe de démonstration par récurrence sur les entiers naturels** [log., math.], principe selon lequel une propriété est vraie pour tout entier naturel *n* si elle est vraie pour *n* = 0 et si, de l'hypothèse qu'elle est vraie pour un rang quelconque, il résulte qu'elle est vraie pour le rang suivant. ▪ **Raisonnement par récurrence** [log., math.], démonstration par laquelle on étend à une série de termes homogènes la vérité d'une propriété d'au moins deux de ces termes (SYN. **induction**).

RÉCURRENT, E adj. (lat. *recurrens,-entis*, courant en arrière). **1.** Qui revient, réapparaît, se reproduit : *Un rêve récurrent. Un personnage récurrent dans une série télévisée.* **2. ANAT.** Se dit de la branche d'un nerf, d'une artère qui revient en direction de son point d'attache. **3. MÉD.** Se dit d'une maladie infectieuse caractérisée par des récurrences : *Herpès récurrent.* **4. MATH.** Se dit d'une suite dont le terme général s'exprime à partir de termes qui le précèdent. ◆ **adj.** et **n.** Se dit d'un personnage de fiction qui réapparaît d'œuvre en œuvre : *Héros récurrent.*

RÉCURSIF, IVE adj. (angl. *recursive*, du lat.). **LING.** Qui peut être répété de façon indéfinie. ▪ **Fonction récursive** [log., math.], fonction d'entiers à valeurs entières effectivement calculable par un algorithme.

RÉCURSIVITÉ n.f. **1. LING.** Propriété de ce qui est récursif. **2. LOG., MATH.** Étude des fonctions récursives.

RÉCURSOIRE adj. **DR.** ▪ **Action récursoire,** action que le défendeur intente à l'encontre d'un tiers pour obtenir le remboursement des sommes dont il est redevable par suite d'une condamnation.

RÉCUSABLE adj. Qui peut être récusé.

RÉCUSATION n.f. **DR.** Fait de refuser, par soupçon de partialité, un juge, un juré, un arbitre, un expert, dans les cas spécifiés par la loi.

RÉCUSER v.t. [3] (du lat. *recusare*, refuser). **1.** DR. User de la faculté ou du droit de récusation à l'encontre de. **2.** Ne pas admettre l'autorité de qqn, la valeur de qqch dans une décision : *Récuser un auteur, un témoignage.* ◆ **SE RÉCUSER** v.pr. **1.** Se déclarer incompétent pour juger une cause. **2.** Refuser une charge, une mission.

RECYCLABLE adj. Que l'on peut recycler : *Emballage recyclable.*

RECYCLAGE n.m. **1.** Formation complémentaire donnée à un professionnel pour lui permettre de s'adapter aux progrès industriels et scientifiques. **2.** Réemploi de disponibilités monétaires. **3.** Ensemble des opérations visant à valoriser des déchets, à les réutiliser tels quels ou à les réintroduire dans le cycle de production dont ils sont issus. (V. *ill. page précédente* et planche *les grandes questions environnementales**.) **4.** CHIM. INDUSTR. Action de réintroduire un produit dans une partie d'un cycle de traitement, lorsque sa transformation est incomplète après un premier passage.

RECYCLER v.t. [3]. Soumettre à un recyclage : *Recycler du verre.* ◆ **SE RECYCLER** v.pr. Acquérir une formation nouvelle par recyclage.

RECYCLEUR, EUSE n. Personne, entreprise responsable de la collecte, du traitement et de la valorisation des matériaux réutilisables.

RÉDACTEUR, TRICE n. (de *rédaction*). **1.** Personne qui rédige un texte sur papier ou en ligne. **2.** Personne qui participe à la conception ou à la rédaction d'un journal écrit ou parlé.

RÉDACTION n.f. **1.** Action ou manière de rédiger un texte. **2.** Exercice scolaire destiné à apprendre aux élèves à rédiger. **3.** Ensemble des rédacteurs d'un journal écrit ou parlé, d'une maison d'édition ; ensemble des locaux où ils travaillent.

RÉDACTIONNEL, ELLE adj. Relatif à la rédaction. ▪ **Publicité rédactionnelle,** texte publicitaire qui prend l'apparence d'un article du journal où il figure. ◆ **n.m.** Texte d'une publicité (par oppos. à *visuel*).

REDAN ou **REDENT** n.m. **1.** Découpure en forme de dent dont la répétition constitue un ornement, dans l'architecture médiévale. **2.** CONSTR. Ressaut ; décrochement. **3.** Ouvrage de la fortification bastionnée, en forme de V.

REDDITION n.f. (du bas lat. *redditio*). Action de se rendre, de déposer les armes. ▪ **Reddition de comptes** [dr.], acte par lequel un mandataire, un comptable, etc., présente les comptes de sa gestion.

REDÉCOUVERTE n.f. Action de redécouvrir.

REDÉCOUVRIR v.t. [23]. Découvrir de nouveau.

REDÉFAIRE v.t. [89]. Défaire de nouveau.

REDÉFINIR v.t. [21]. Définir de nouveau ou autrement : *Redéfinir les attributions de chacun.*

REDÉFINITION n.f. Action de redéfinir ; nouvelle définition.

REDEMANDER v.t. [3]. **1.** Demander de nouveau. **2.** Demander à qqn ce qu'on lui a prêté.

REDÉMARRAGE n.m. Action de redémarrer.

REDÉMARRER v.i. [3]. Démarrer de nouveau.

RÉDEMPTEUR, TRICE adj. et n. Litt. Qui rachète, réhabilite. ▪ **Le Rédempteur,** Jésus-Christ, qui a racheté le genre humain du péché.

RÉDEMPTION n.f. (du lat. *redemptio*, rachat). Litt. Action de ramener qqn au bien, de se racheter. ▪ **La Rédemption** [théol. chrét.], le salut apporté par Jésus-Christ à l'humanité pécheresse.

RÉDEMPTORISTE n.m. CATH. Religieux de la congrégation missionnaire du Très-Saint-Rédempteur, fondée en 1732 par saint Alphonse-Marie de Liguori. ➲ Les religieuses de cette congrégation s'appellent *rédemptoristines*.

REDENT n.m. → **REDAN.**

REDENTÉ, E adj. ARCHIT. Découpé en redans.

REDÉPLOIEMENT n.m. **1.** Réorganisation d'une activité économique, notamm. par l'accroissement des échanges avec l'extérieur. **2.** MIL. Réorganisation d'un dispositif militaire.

REDÉPLOYER v.t. [7]. Procéder au redéploiement de.

REDESCENDRE v.i. [59] (auxil. *être*). Descendre après être monté : *L'ascenseur est redescendu.* ◆ **v.t.** (auxil. *avoir*). **1.** Parcourir de nouveau de haut en bas. **2.** Transporter de nouveau dans un endroit situé plus bas : *J'ai redescendu la malle à la cave.*

REDEVABLE adj. **1.** Qui doit encore qqch après un paiement ; qui reste débiteur. **2.** Qui a une obligation envers qqn : *Je lui suis redevable de ce que je connais de ce métier.* ◆ **n.** Personne tenue de verser une redevance ou soumise à un impôt.

REDEVANCE n.f. **1.** Charge qui doit être acquittée à termes fixes. **2.** Somme due au titulaire d'un droit de propriété intellectuelle, au propriétaire d'un sol sur lequel sont assurées certaines exploitations, etc.

REDEVENIR v.i. [28] (auxil. *être*). Recommencer à être ce que l'on était auparavant : *Redevenir mince.*

REDEVOIR v.t. [40]. Devoir encore de l'argent après un paiement.

RÉDHIBITION n.f. DR. Annulation d'une vente obtenue par l'acheteur, lorsque la chose achetée est entachée d'un vice dit *vice rédhibitoire*.

RÉDHIBITOIRE adj. (du lat. *redhibere*, restituer). Qui constitue un obstacle radical : *Tarif rédhibitoire.* ▪ **Vice rédhibitoire** [dr.], qui rend un bien impropre à l'usage auquel on le destine.

RÉDIE n.f. (du n. de *Redi*). ZOOL. Forme larvaire des trématodes, vivant en parasite d'un mollusque d'eau douce.

REDIFFUSER v.t. [3]. Diffuser de nouveau une émission de radio, de télévision.

REDIFFUSION n.f. **1.** Action, fait de rediffuser. **2.** Émission rediffusée.

RÉDIGER v.t. [10] (du lat *redigere*, réduire à). Exprimer par écrit, dans l'ordre voulu et selon une forme donnée : *Rédiger une lettre de motivation.*

REDIMENSIONNER v.t. [3]. Suisse. Restructurer une industrie, une entreprise.

RÉDIMER v.t. [3] (lat. *redimere*). RELIG. Racheter ; sauver.

REDINGOTE n.f. (de l'angl. *riding-coat*, habit pour monter à cheval). **1.** Anc. Ample veste d'homme croisée, à longues basques. **2.** Manteau de femme ajusté à la taille.

REDIRE v.t. [82]. **1.** Dire à nouveau ce que l'on a déjà dit ; répéter : *Il a redit qu'il acceptait.* **2.** Rapporter par indiscrétion ; révéler : *Surtout ne le redis pas à son père !* ▪ **Avoir** ou **trouver à redire à,** trouver des motifs de blâme à.

REDISCUTER v.t. [3]. Discuter de nouveau.

REDISTRIBUER v.t. [3]. Distribuer de nouveau.

REDISTRIBUTIF, IVE adj. Qui vise à une meilleure répartition des revenus : *Fiscalité redistributive.*

REDISTRIBUTION n.f. **1.** Action de redistribuer. **2.** Correction dans la répartition des revenus grâce, notamm., à l'impôt et aux transferts sociaux.

REDITE n.f. Répétition inutile ; redondance.

REDONDANCE n.f. **1.** Abondance excessive de termes dans le discours ; verbiage. **2.** Terme redondant ; redite. **3.** LING. Caractère d'un énoncé qui réitère sous plusieurs formes différentes un même trait signifiant. **4.** INFORM., TÉLÉCOMM. Duplication volontaire d'informations afin de garantir une transmission optimale du signal sonore d'origine, en cas de mauvaises conditions de diffusion. **5.** TECHN. Duplication d'équipements chargés d'assurer une fonction donnée, afin que l'un d'eux puisse se substituer à l'autre en cas de défaillance.

REDONDANT, E adj. (lat. *redundans, -antis*). **1.** Qui est superflu dans un texte. **2.** Qui présente des redondances ; verbeux : *Style redondant.*

REDONNER v.t. [3]. **1.** Donner de nouveau la même chose. **2.** Rendre ce qui avait été perdu : *Redonner des forces, de l'espoir.*

REDORER v.t. [3]. Dorer de nouveau. ▪ **Redorer son blason,** épouser une riche roturière, en parlant d'un noble ruiné ; fig., recouvrer son prestige, sa réputation.

REDOUBLANT, E n. Élève qui redouble sa classe.

REDOUBLÉ, E adj. Qui est répété plusieurs fois. ▪ **À coups redoublés,** violents et précipités.

REDOUBLEMENT n.m. **1.** Fait de redoubler, de croître en force, en intensité : *Le redoublement de la tempête, de la haine.* **2.** Fait de redoubler une classe. **3.** LING. Répétition d'un ou de plusieurs éléments d'un mot (dans *fifille*, par ex.).

REDOUBLER v.t. [3]. **1.** Rendre double : *Redoubler une consonne.* **2.** Augmenter sensiblement la force, l'intensité de : *Cette nouvelle a redoublé son angoisse.* **3.** Recommencer une année d'études dans la même classe. ◆ **v.t. ind.** (DE). Faire preuve d'encore plus de : *Redoubler d'attention.* ◆ **v.i.** Augmenter en intensité : *Sa crainte a redoublé.*

REDOUTABLE adj. Qui est à craindre, à redouter ; dangereux.

REDOUTABLEMENT adv. De façon redoutable.

REDOUTE n.f. (de l'ital. *ridotto*, refuge, abri). Anc. Petit ouvrage de fortification isolé, de forme carrée.

REDOUTER v.t. [3]. Craindre vivement.

REDOUX n.m. Hausse temporaire de la température de l'air, au cours de la saison froide.

REDOWA [redɔva] n.f. (mot all., du tchèque). Danse originaire de Bohême, proche de la valse, à la mode en Europe dans la première moitié du XIXe s.

REDOX adj. (de *réducteur* et *oxydant*). CHIM. ▪ **Couple redox,** ensemble formé par un atome et un ion, ou par deux ions, dont l'un est réducteur et l'autre oxydant, et qui se transforment de façon réversible l'un en l'autre avec échange d'électrons.

REDRESSAGE n.m. Action de redresser.

À LA REDRESSE loc. adj. Arg. Se dit de qqn qui sait se faire respecter, au besoin par la force.

REDRESSEMENT n.m. **1.** Action de redresser ; fait de se redresser : *Le redressement des blés après la tempête. Le redressement économique se poursuit.* **2.** ÉLECTR. Transformation d'un courant alternatif en un courant circulant toujours dans le même sens. **3.** DR. Correction conduisant à une majoration des bases imposables déclarées. ▪ **Maison de redressement** [anc.], établissement chargé de la rééducation de jeunes délinquants. ▪ **Redressement judiciaire** [dr.], procédure judiciaire destinée à permettre la sauvegarde de l'entreprise, le maintien de l'activité et de l'emploi, et l'apurement du passif. ➲ Institué en France en 1985 en remplacement du *règlement judiciaire*.

REDRESSER v.t. [3]. **1.** Remettre à la verticale : *Redressez la tête !* **2.** Remettre droit ce qui est courbé, tordu : *Redresser un pare-chocs.* **3.** ÉLECTR. Effectuer le redressement d'un courant alternatif. ▪ **Redresser la situation,** rétablir une situation compromise. ◆ **v.i. 1.** Remettre en ligne droite les roues d'un véhicule automobile après un virage ou lors d'une manœuvre. **2.** Faire reprendre de la hauteur à un avion après une perte d'altitude. ◆ **SE REDRESSER** v.pr. **1.** Se remettre droit ou vertical. **2.** Reprendre sa progression après un fléchissement ; se relever : *Le pays se redresse après cette crise.*

1. REDRESSEUR, EUSE adj. ÉLECTR. Qui sert à redresser : *Montage redresseur en pont de diodes.* ◆ **n.m. 1.** ÉLECTR. Dispositif de commande à distance d'ouverture et de fermeture de un ou plusieurs contacts. **2.** OPT. Dispositif (prisme, par ex.) qui redresse l'image renversée issue de l'objectif de lunettes terrestres (les jumelles, par ex.).

2. REDRESSEUR n.m. ▪ **Redresseur de torts,** au Moyen Âge, chevalier errant qui vengeait les victimes de l'injustice ; auj., personne qui prétend corriger les injustices et les abus.

RÉDUCTEUR, TRICE adj. (du lat. *reductor*, celui qui rétablit). Qui réduit, simplifie à l'excès : *Votre critique de ce roman est réductrice.* ◆ **n.m. 1.** CHIM. Corps qui a la propriété de réduire. **2.** MÉCAN. INDUSTR. Mécanisme qui transmet un mouvement de rotation en en réduisant la vitesse.

RÉDUCTIBILITÉ n.f. Caractère de ce qui est réductible.

RÉDUCTIBLE adj. **1.** Qui peut être réduit, diminué : *Ces frais ne sont pas réductibles. Tumeur réductible.* **2.** MATH. Se dit d'une équation dont le degré peut être abaissé. **3.** MÉD. Qui peut être traité par réduction ; qui peut être remis en place : *Une hernie réductible.* ▪ **Fraction réductible** [math.], dont le numérateur et le dénominateur ne sont pas premiers entre eux.

RÉDUCTION n.f. **1.** Action de réduire, de diminuer : *Réduction de budget.* **2.** Diminution de prix ; rabais : *Grâce à ma carte, j'ai eu une réduction sur le pull.* **3.** Action de reproduire à une échelle plus petite ; copie ainsi exécutée : *Une réduction d'un célèbre train.* **4. MATH.** Opération par laquelle on remplace une figure géométrique par une figure semblable, mais plus petite. **5. CHIM.** Réaction dans laquelle une partie de son oxygène est enlevée à un corps et, plus génér., dans laquelle un atome ou un ion gagne des électrons ; état de ce qui est réduit (SYN. **désoxydation**). **6. MÉTROL.** Opération par laquelle on passe d'une mesure brute à un résultat affranchi de certains effets non essentiels (conditions physiques, facteurs instrumentaux, etc.). **7. MUS.** Arrangement d'une partition en vue de la faire exécuter par une formation instrumentale ou vocale restreinte, ou par un seul instrument. **8. MÉD.** Remise en place des éléments atteints lors d'une fracture, d'une luxation, d'une hernie, etc. **9. HIST.** En Amérique espagnole, village indigène constitué par la Couronne pour faciliter l'évangélisation et la sédentarisation des Amérindiens. ➲ Les plus célèbres réductions furent celles que les jésuites créèrent au Paraguay, aux XVIIe et XVIIIe s. ▪ **Réduction à l'état laïque,** pour un clerc, retour accordé ou imposé au statut qui était le sien dans l'Église avant la cléricature. ▪ **Réduction chromatique** [biol. cell.], diminution de moitié du nombre des chromosomes d'une cellule, qui se réalise au cours de la première division de la méiose. ▪ **Réduction de capital** [comptab.], diminution du capital d'une société, notamm. pour tenir compte des pertes. ▪ **Réduction de fractions au même dénominateur** [math.], recherche d'un dénominateur commun à ces fractions. ▪ **Réduction de grade,** mesure disciplinaire par laquelle un militaire est placé à un grade inférieur à son grade précédent. ▪ **Réduction de libéralité** [dr.], diminution ou même suppression des libéralités faites par le défunt lorsque leur montant global dépasse celui de la quotité disponible. ▪ **Réduction directe** [métall.], méthode de production de fer par réduction chimique de minerais de fer à l'état solide. ▪ **Réduction d'une somme algébrique, d'une fraction** [math.], réduction du nombre de ses termes ; recherche d'une fraction équivalente et qui soit irréductible. ▪ **Réduction du temps de travail** → **1. TRAVAIL.** ▪ **Réduction embryonnaire,** soustraction thérapeutique d'embryons surnuméraires dans une grossesse multiple. ▪ **Réduction en esclavage** [dr.], fait de se conduire en propriétaire en usant ou disposant d'une personne. ➲ En France, c'est un crime lourdement puni par la loi en ce qu'il constitue une atteinte grave aux libertés de la personne. ▪ **Réduction phénoménologique** [philos.], dans la phénoménologie de Husserl, suspension de tout jugement concernant la réalité du monde et des choses.

RÉDUCTIONNISME n.m. **ÉPISTÉMOL.** Tendance qui consiste à réduire les phénomènes complexes à leurs composants plus simples, considérés comme plus fondamentaux.

RÉDUIRE v.t. **[78]** (du lat. *reducere*, ramener à). **1.** Ramener à une dimension, à une quantité moindre : *Réduire le format d'un quotidien* ; diminuer la valeur, l'importance de : *Réduire sa consommation d'eau.* **2.** Reproduire en plus petit, avec les mêmes proportions : *Réduire un dessin.* **3.** Ramener à une forme équivalente plus simple : *On peut réduire son attitude à la seule ambition.* **4. (EN).** Faire passer d'un état à un autre ; transformer : *Réduire de la muscade en poudre.* **5.** Désorganiser complètement ; vaincre : *La police a réduit les casseurs.* **6. (À).** Amener à une situation pénible par force ou nécessité ; contraindre : *Son licenciement l'a réduit à s'endetter.* **7. CHIM.** Effectuer la réduction de : *Réduire un oxyde* ; faire gagner des électrons à un atome, à un ion. **8. MÉD.** Traiter par réduction : *Réduire une fracture.* **9.** Suisse. Ranger qqch, le remettre à sa place. ▪ **Réduire en cendres** ou **en miettes,** mettre en pièces ; détruire. ▪ **Réduire une équation,** en abaisser le degré. ▪ **Réduire une sauce,** la faire épaissir par évaporation sur le feu. ◆ **v.i.** Diminuer en quantité, par évaporation, et devenir plus concentré : *Le bouillon a réduit.* ◆ **SE RÉDUIRE v.pr. (À).** Consister simplement en ; se ramener : *Avec elle, tout se réduit à des questions d'argent.*

1. RÉDUIT, E adj. Qui a subi une réduction : *Tarif réduit.*

2. RÉDUIT n.m. (du lat. pop. *reductum*, lieu retiré). **1.** Petite pièce retirée ; débarras. **2.** Anc. Petit ouvrage fortifié à l'intérieur d'un autre et servant d'emplacement pour l'ultime défense.

RÉDUPLICATION n.f. **LING.** Répétition consécutive d'un mot dans une phrase (dans *c'est très très joli*, par ex.).

RÉDUVE n.m. (du bas lat. *reduvia*, restes, débris). Punaise ailée et carnassière, qui vit dans les vieilles maisons où elle chasse les autres insectes. ➲ Ordre des hétéroptères.

RÉÉCHELONNEMENT n.m. **BANQUE.** Allongement de la durée de remboursement d'une dette, notamm. d'une dette internationale.

RÉÉCHELONNER v.t. **[3].** Procéder à un rééchelonnement.

RÉÉCOUTER v.t. **[3].** Écouter de nouveau.

RÉÉCRIRE v.t. **[79]** → **RÉCRIRE.**

RÉÉCRITURE n.f. Action de récrire un texte.

RÉÉDIFICATION n.f. Litt. Reconstruction.

RÉÉDIFIER v.t. **[5].** Litt. Rebâtir.

RÉÉDITER v.t. **[3]. 1.** Faire une nouvelle édition de. **2.** Accomplir de nouveau ; réitérer : *Il a réédité son fameux lapsus.*

RÉÉDITION n.f. **1.** Nouvelle édition d'un ouvrage. **2.** Répétition du même fait, du même comportement.

RÉÉDUCATION n.f. **1.** Ensemble des moyens et des soins non chirurgicaux mis en œuvre pour rétablir l'usage d'un membre, d'une fonction ; spécialité médicale correspondante. **2.** Ensemble des mesures d'assistance, de surveillance ou d'éducation ordonnées par le juge à l'égard de l'enfance délinquante ou des mineurs en danger, en vue de les réadapter socialement.

RÉÉDUQUER v.t. **[3]. 1.** Faire bénéficier un malade d'une rééducation. **2.** Réadapter socialement un délinquant.

RÉEL, ELLE adj. (du lat. médiév. *realis*, relatif à la chose). **1.** Qui existe ou a existé véritablement ; concret : *Dans la vie réelle.* **2.** Qui est bien tel qu'on le dit ; authentique : *Sa peine est réelle.* **3. DR.** Qui concerne une chose. ➲ L'hypothèque confère un *droit réel* sur l'immeuble hypothéqué ; le prêt d'une somme d'argent ne confère qu'un *droit personnel* sur l'emprunteur. **4. OPT.** Se dit d'une image qui se forme à l'intersection de rayons convergents (CONTR. **virtuel**). ▪ **Nombre réel,** ou **réel, n.m.** [math.], nombre correspondant à un développement décimal, limité ou illimité, périodique ou non. ▪ **Partie réelle d'un nombre complexe** $z = x + iy$ [math.], réel x. ◆ **n.m. 1.** Ce qui existe effectivement ; réalité : *Perdre le contact avec le réel.* **2. MATH.** Nombre réel.

RÉÉLECTION n.f. Action de réélire.

RÉÉLIGIBLE adj. Qui peut être réélu.

RÉÉLIRE v.t. **[86].** Élire de nouveau.

RÉELLEMENT adv. En réalité ; véritablement.

RÉEMBAUCHER ou **REMBAUCHER** v.t. **[3].** Embaucher de nouveau.

RÉÉMETTEUR n.m. **TÉLÉCOMM.** Émetteur servant à retransmettre les signaux provenant d'un émetteur principal (SYN. **relais**).

RÉEMPLOI ou **REMPLOI** n.m. **1.** Mise en œuvre, dans une construction, d'éléments, de matériaux provenant d'une construction antérieure. **2. DR.** Achat d'un bien avec le produit de l'aliénation d'un bien propre ; placement nouveau d'un capital.

RÉEMPLOYER ou **REMPLOYER** [-plwaje] v.t. **[7].** Employer de nouveau.

RÉEMPRUNTER v.t. **[3]** → **REMPRUNTER.**

RÉENCHANTEMENT n.m. Action de réenchanter.

RÉENCHANTER v.t. **[3].** Redonner un attrait enchanteur à : *Réenchanter le débat politique.*

RÉENGAGEMENT n.m. → **RENGAGEMENT.**

RÉENGAGER v.t. et v.i. **[10]** → **RENGAGER.**

RÉENREGISTREMENT n.m. Action de réenregistrer.

RÉENREGISTRER v.t. **[3].** Enregistrer de nouveau.

RÉENSEMENCEMENT n.m. Action de réensemencer.

RÉENSEMENCER v.t. **[9].** Ensemencer de nouveau.

RÉENTENDRE v.t. **[59].** Entendre de nouveau ce que l'on a entendu.

RÉÉQUILIBRAGE n.m. Action de rééquilibrer.

RÉÉQUILIBRER v.t. **[3].** Rétablir l'équilibre de : *Rééquilibrer les temps de parole des candidats.*

RÉER v.i. **[8]** → **RAIRE.**

RÉESCOMPTE n.m. Anc. Opération qui consistait, pour une banque centrale, à acheter un effet avant son échéance à une banque ou à un organisme financier qui l'avait déjà escompté.

RÉESCOMPTER v.t. **[3].** Opérer le réescompte de.

RÉESSAYAGE ou **RESSAYAGE** n.m. Action de réessayer.

RÉESSAYER ou **RESSAYER** v.t. **[6].** Essayer de nouveau.

RÉÉTUDIER v.t. **[5].** Étudier de nouveau ; reconsidérer : *Réétudier un projet.*

RÉÉVALUATION n.f. **1.** Action de faire une nouvelle évaluation. **2.** Action de réévaluer une monnaie (CONTR. **dévaluation**). ▪ **Réévaluation des bilans** [comptab.], correction de divers postes de bilans pour tenir compte de la dépréciation monétaire.

RÉÉVALUER v.t. **[3]. 1.** Évaluer de nouveau. **2. ÉCON.** Relever la parité d'une monnaie.

RÉEXAMEN n.m. Nouvel examen.

RÉEXAMINER v.t. **[3].** Examiner de nouveau ou sur des bases nouvelles.

RÉEXPÉDIER v.t. **[5].** Expédier de nouveau.

RÉEXPÉDITION n.f. Nouvelle expédition.

RÉEXPORTATION n.f. Action de réexporter.

RÉEXPORTER v.t. **[3].** Transporter hors d'un pays des marchandises qui y avaient été importées.

REFAÇONNER v.t. **[3].** Façonner de nouveau.

RÉFACTION n.f. (var. de *réfection*). **1. COMM.** Réduction du prix de la marchandise au moment de la livraison, lorsqu'elle ne correspond pas aux conditions convenues. **2.** Diminution du montant de l'assiette ou de la cotisation d'un impôt.

REFAIRE v.t. **[89]. 1.** Faire de nouveau ce qui a déjà été fait : *Refaire un croquis.* **2.** Remettre en état ce qui a subi un dommage : *Refaire une clôture.* **3.** Rendre qqn différent : *On ne la refera pas* ; modifier qqch : *Vouloir refaire le monde.* **4.** Fam. Abuser de la confiance de qqn ; berner : *Cet escroc m'a refait de 1 000 euros.* ◆ **SE REFAIRE v.pr. 1.** Rétablir un état antérieur : *Se refaire une santé.* **2.** Fam. Rétablir sa situation financière, partic. après des pertes au jeu.

RÉFECTION n.f. (du lat. *refectio*, réparation). Action de refaire, de remettre à neuf : *La réfection d'un local.*

RÉFECTIONNER v.t. **[3].** Belgique, Afrique centrale, Algérie. Remettre à neuf ; refaire ; réparer : *Il faut réfectionner la toiture de la maison.*

RÉFECTOIRE n.m. (du bas lat. *refectorius*, réconfortant). Salle où les membres d'une collectivité prennent leurs repas.

REFEND n.m. ▪ **Bois de refend,** bois scié en long. ▪ **Ligne de refend,** ou **refend** [archit.], chacun des canaux taillés sur le parement d'un mur pour accuser ou simuler le tracé des joints de maçonnerie. ▪ **Mur de refend** [archit.], mur porteur intérieur.

REFENDRE v.t. **[59]. 1.** Fendre de nouveau. **2.** Fendre ou scier du bois en long : *Refendre un madrier.*

RÉFÉRÉ n.m. **DR.** Procédure d'urgence qui permet d'obtenir du juge une mesure, une décision provisoire *(ordonnance de référé).*

RÉFÉRÉ-LIBERTÉ n.m. (pl. *référés-libertés*). Garantie instituée en France au profit des personnes mises en examen et détenues provisoirement par un juge d'instruction, leur permettant de demander au président de la chambre d'instruction de suspendre l'exécution du mandat de dépôt.

RÉFÉRENCE n.f. **1.** Action de se référer à qqch : *Faire référence à un fait précis.* **2.** Ce à quoi on se réfère : *Fournir les références de ses citations.* **3. COMM.** Dans un assortiment, ensemble des caractéristiques d'un article (prix, taille, couleur, etc.) qui le distingue d'un article de la même famille ; cet article. **4.** Indication précise permettant de se reporter au passage d'un texte cité. **5.** Indication placée en tête d'une lettre, à rappeler dans la réponse. **6. LING.** Fonction par laquelle un signe linguistique renvoie à un objet du monde réel. **7. LOG., LING.** Dénotation. ◆ **n.f. pl.** Attestations servant de recommandation : *Ce candidat a de bonnes références.*

RÉFÉRENCEMENT n.m. 1. COMM. Fait, pour une centrale d'achats, de faire figurer sur les listes de ses adhérents les produits achetés à un producteur ; recensement des points de vente dans lesquels un produit est présent. **2. INFORM.** Action de répertorier des mots-clés associés à un texte, une image, un site Internet, pour permettre un repérage dans une base de données.

RÉFÉRENCER v.t. [9]. 1. Pourvoir d'une référence : *Référencer un courrier.* **2. COMM.** Procéder au référencement d'un produit.

1. RÉFÉRENDAIRE [-rɑ̃dɛr] **adj.** (de *référendum*). Relatif à un référendum.

2. RÉFÉRENDAIRE [-rɑ̃dɛr] **adj.** (bas lat. *referendarius*, de *referre*, rapporter). ▪ **Conseiller référendaire à la Cour des comptes,** magistrat chargé de vérifier les comptes des justiciables et d'instruire les affaires contentieuses.

RÉFÉRENDUM [-rɛ̃dɔm] ou [-rɑ̃dɔm] **n.m.** (mot lat. « pour rapporter »). **1.** Procédure qui permet à tous les citoyens d'un pays de manifester par un vote l'approbation ou le rejet d'une mesure proposée par les pouvoirs publics. **2.** Suisse. Institution de droit public en vertu de laquelle les citoyens se prononcent sur une loi ou un arrêté. **3.** Consultation des membres d'un groupement, d'une collectivité.

1. RÉFÉRENT, E adj. Se dit d'une personne ou d'un service compétents pour exercer une mission spécifique auprès d'un groupe : *Médecin, éducateur référent.*

2. RÉFÉRENT n.m. LING. Être ou objet, réel ou imaginaire, auquel renvoie un signe linguistique.

RÉFÉRENTIEL, ELLE adj. LING. Qui concerne la référence. ◆ **n.m. 1.** Ensemble d'éléments formant un système de référence ; ensemble des éléments liés à ce système. **2. PHYS.** Système de repérage permettant de situer un événement dans l'espace et le temps (SYN. **repère**). ▪ **Référentiel de diplôme** [enseign.], document établissant avec précision les exigences à satisfaire pour l'obtention d'un diplôme.

RÉFÉRER v.t. ind. [11], ▲ *[11*]* **(À)** [du lat. *referre*, rapporter]. **1.** Faire référence à ; se rapporter à : *Cet article réfère à un événement déjà ancien.* **2. LING.** Avoir pour référent. ▪ **En référer à,** en appeler à : *En référer à sa hiérarchie.* ◆ **SE RÉFÉRER v.pr. (À).** S'en remettre à qqn, à qqch qui fait autorité ; recourir à : *Je m'en réfère à l'expert. Il s'est référé au discours du Premier ministre pour répondre.*

REFERMER v.t. [3]. Fermer de nouveau. ◆ **SE REFERMER v.pr. 1.** Se fermer après s'être ouvert. **2.** Fig. Devenir lointain et comme inaccessible : *Elle se referme dès que l'on aborde le sujet.*

REFILER v.t. [3]. Fam. **1.** Donner, vendre qqch dont on veut se débarrasser. **2.** Transmettre : *Il m'a refilé son rhume.*

REFINANCEMENT n.m. Ensemble des procédures par lesquelles les banques peuvent se procurer des ressources auprès de la banque centrale ou grâce au marché monétaire.

RÉFLÉCHI, E adj. 1. Qui manifeste de la réflexion : *Adolescent, comportement réfléchi.* **2.** Se dit d'une onde, d'une particule, etc., qui est renvoyée par la surface qu'elle vient de frapper. ▪ **Pronom réfléchi** [gramm.], pronom personnel complément représentant la personne qui est le sujet du verbe. (Ex. : *Je me suis longtemps demandé pourquoi.*) ▪ **Verbe pronominal réfléchi** [gramm.], qui indique que le sujet exerce l'action sur lui-même. (Ex. : *Aline se gratte.*)

RÉFLÉCHIR v.t. [21] (du lat. *reflectere*, faire tourner). En parlant d'une zone (génér. une surface) qui sépare deux milieux, faire repartir une onde, une particule, etc., dans le milieu d'où elles proviennent : *Les miroirs réfléchissent la lumière.* ◆ **v.i.** Penser longuement : *Réfléchir avant de parler.* ◆ **v.t. ind. (À, SUR).** Concentrer son attention sur : *Réfléchis à mon offre. Réfléchir sur un cas difficile.* ◆ **SE RÉFLÉCHIR v.pr.** Être renvoyé par réflexion ; se refléter.

RÉFLÉCHISSANT, E adj. Qui réfléchit les ondes, les particules, etc.

RÉFLECTEUR n.m. 1. Dispositif servant à réfléchir la chaleur, les ondes, etc. **2.** Télescope (par oppos. à *réfracteur*). ◆ **adj.m.** Qui renvoie par réflexion.

RÉFLECTIF, IVE adj. Relatif aux réflexes.

RÉFLECTIVITÉ n.f. 1. Capacité de réponse réflexe de l'ensemble de l'organisme ou d'une partie du corps. **2. OPT.** Rapport de l'énergie lumineuse réfléchie par un matériau sur l'énergie incidente totale (Réf = E_r / E_i) émise par une source de lumière, l'énergie non réfléchie étant absorbée par le matériau réfléchissant.

RÉFLECTORISÉ, E adj. Se dit d'objets, de matériaux conçus pour réfléchir la lumière, et notamm. la lumière des phares d'automobiles.

REFLET n.m. (ital. *riflesso*). **1.** Image provenant de la réflexion de la lumière par la surface d'un corps. **2.** Nuance colorée variant selon l'éclairage : *La mer a des reflets changeants.* **3.** Fig. Ce qui reproduit les traits dominants de qqch : *Cette grève est le reflet du malaise social.*

REFLÉTER v.t. [11], ▲ *[11*]*. **1.** Renvoyer la lumière, la couleur sur un corps voisin ; réverbérer. **2.** Laisser voir ; révéler : *Son visage reflétait sa tristesse.* ◆ **SE REFLÉTER v.pr. 1.** Se réfléchir. **2.** Être perceptible ; transparaître : *Son éducation se reflète dans ce geste.*

REFLEURIR v.i. et **v.t. [21].** Fleurir de nouveau.

REFLEX [reflɛks], ▲ *RÉFLEX* **adj. inv.** (mot angl.). **PHOTOGR.** Se dit d'un système de visée caractérisé par le renvoi de l'image sur un verre dépoli au moyen d'un miroir incliné à 45°. ◆ **n.m. inv.** Appareil photographique muni d'un système reflex.

RÉFLEXE n.m. (du lat. *reflexus*, réfléchi). **1.** Réaction très rapide à un événement, anticipant toute réflexion : *Elle a eu le réflexe de freiner.* **2. PHYSIOL.** Réponse immédiate et involontaire d'un organe (muscle, glande, etc.), d'une partie du corps, déclenchée par le système nerveux à la suite d'une stimulation sensitive ou sensorielle. ▪ **Réflexe conditionnel** ou **conditionné** → **CONDITIONNEL.** ◆ **adj.** Relatif aux réflexes ; de la nature des réflexes.

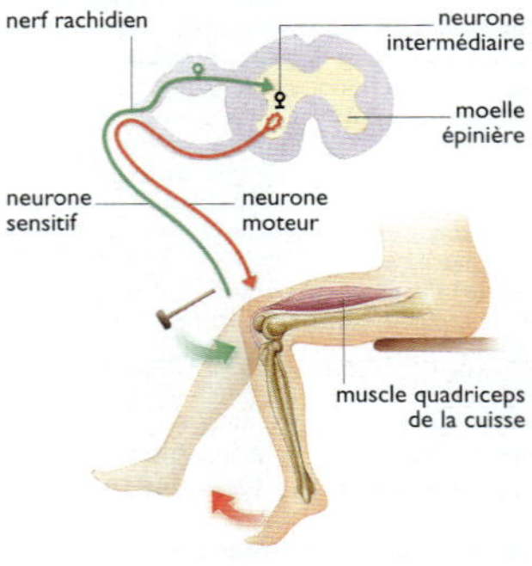

▲ **réflexe** rotulien.

RÉFLEXIBLE adj. PHYS. Qui peut être renvoyé par réflexion.

RÉFLEXIF, IVE adj. PHILOS. Qui relève de la réflexion, du retour sur soi de la pensée, de la conscience. ▪ **Relation réflexive** [math.], relation binaire sur un ensemble, telle que tout élément de cet ensemble soit en relation avec lui-même.

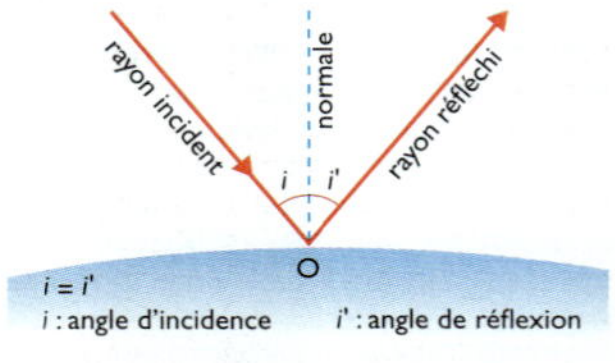

▲ **réflexion** d'un rayon lumineux.

RÉFLEXION n.f. (du bas lat. *reflexio*, action de tourner en arrière). **1.** Action de réfléchir à qqch : *Après un moment de réflexion, il répondit* ; conclusion qui en résulte : *Quelles réflexions ces résultats vous inspirent-ils ?* **2.** Observation critique adressée à qqn ; remarque. **3. PHYS.** Changement de direction d'un corps après un choc avec un autre. **4. PHYS.** Phénomène par lequel des ondes, des particules, etc., se réfléchissent sur une surface. **5. MATH.** Symétrie axiale*. ▪ **Réflexion faite,** après avoir bien réfléchi.

RÉFLEXIVEMENT adv. De façon réflexive.

RÉFLEXIVITÉ n.f. MATH. Propriété caractérisant une relation réflexive.

RÉFLEXOGÈNE adj. PSYCHOL. Qui provoque un réflexe.

RÉFLEXOGRAMME n.m. Vieilli. Enregistrement graphique d'un réflexe.

RÉFLEXOLOGIE n.f. ▪ **Réflexologie plantaire,** thérapie manuelle fondée sur l'existence présumée, au niveau des pieds, de zones réflexes représentant l'ensemble des parties du corps.

RÉFLEXOLOGUE n. Spécialiste de réflexologie.

RÉFLEXOTHÉRAPIE n.f. Méthode thérapeutique consistant à provoquer des réflexes, par excitation, piqûre, cautérisation d'une région située à distance de celle qui est atteinte.

REFLUER v.i. [3] (du lat. *refluere*, couler en sens contraire). **1.** Retourner vers le lieu d'où il a coulé, en parlant d'un liquide. **2.** Revenir vers leur point de départ, en parlant de personnes.

REFLUX [rəfly] **n.m. 1.** Marée descendante (par oppos. à *flux*) [SYN. **jusant**]. **2. MÉD.** Écoulement intermittent d'un liquide d'un conduit naturel dans le sens opposé au sens normal. ➲ Le reflux gastro-œsophagien est le plus fréquent. **3.** Mouvement de personnes qui reviennent en arrière : *Le reflux des manifestants.*

REFONDATEUR, TRICE adj. et **n.** Relatif à une refondation ; qui en est partisan.

REFONDATION n.f. Action de refonder un parti politique, un syndicat.

REFONDER v.t. [3]. Reconstruire sur des bases nouvelles, notamm. dans le domaine politique.

REFONDRE v.t. [59]. 1. Fondre de nouveau. **2.** Refaire entièrement : *Refondre un dictionnaire.*

REFONTE n.f. Action de refondre.

REFORESTATION n.f. Reboisement.

RÉFORMABLE adj. Qui peut être réformé.

REFORMAGE n.m. ▪ **Reformage à la vapeur,** procédé de fabrication de gaz de synthèse ou d'hydrogène par conversion catalytique du méthane ou des hydrocarbures saturés légers. ▪ **Reformage catalytique** [pétrole], procédé de raffinage d'une essence qui en modifie l'indice d'octane sous l'effet de la température et de la pression en présence d'un catalyseur.

RÉFORMATEUR, TRICE n. Promoteur de la Réforme protestante du XVIe s. ◆ **adj.** et **n.** Qui réforme, propose de réformer.

RÉFORMATION n.f. 1. Litt., vieilli. Action de réformer. **2. DR.** Modification d'une décision juridictionnelle par la juridiction supérieure.

RÉFORME n.f. 1. Changement important, radical apporté à qqch, en partic. à une institution, en vue de l'améliorer : *La réforme des retraites.* **2.** Retour à une observance stricte de la règle primitive, dans un ordre religieux ; changement de discipline au sein d'une institution religieuse. **3. MIL.** Classement comme inapte au service dans les armées. ▪ **La Réforme,** v. partie n.pr.

1. RÉFORMÉ, E adj. et **n.** Calviniste. ◆ **adj.** Né de la Réforme : *Église réformée.* ▪ **Religion réformée,** protestantisme.

2. RÉFORMÉ n.m. Militaire, matériel mis à la réforme.

REFORMER v.t. [3]. 1. Former de nouveau ; refaire ce qui était défait ; reconstituer : *Reformer une chorale.* **2. PÉTROLE.** Soumettre une essence au reformage. ◆ **SE REFORMER v.pr.** Se reconstituer après avoir été dispersé ou détruit : *Leur trio s'est reformé.*

RÉFORMER v.t. [3] (lat. *reformare*). **1.** Changer en améliorant : *Réformer le calendrier scolaire.* **2. DR.** Modifier une décision de justice d'une juridiction inférieure. **3.** Litt. Supprimer ce qui est nuisible : *Réformer les injustices.* **4. MIL.** Prononcer la réforme de.

RÉFORMETTE n.f. Fam., péjor. Réforme sans portée.

REFORMEUR n.m. **PÉTROLE.** Installation de raffinage pour le traitement continu des essences par reformage.

RÉFORMISME n.m. **1.** Attitude de ceux qui sont favorables à des réformes politiques, sociales. **2.** Doctrine politique qui préconise la voie des réformes pour transformer la société.

RÉFORMISTE adj. et n. Relatif au réformisme ; qui en est partisan.

REFORMULATION n.f. Action de reformuler.

REFORMULER v.t. [3]. **1.** Formuler de nouveau et de manière plus claire. **2. CHIM. INDUSTR.** Établir une nouvelle formule de composition.

REFOUILLER v.t. [3]. **SCULPT., ARTS APPL.** Creuser ou approfondir des creux pour dégager en relief des formes, des ornements.

REFOULÉ, E adj. et n. Qui empêche ses désirs, spécial. ses pulsions sexuelles, de se manifester. ◆ n.m. Ce qui a subi le refoulement dans l'inconscient : *Retour du refoulé.*

REFOULEMENT n.m. **1.** Action de refouler, de repousser qqn. **2.** Action, fait d'empêcher une réaction d'ordre affectif de s'extérioriser : *Le refoulement de la colère.* **3. PSYCHAN.** Processus de défense par lequel l'inconscient écarte et maintient écartées des satisfactions pulsionnelles incompatibles avec d'autres exigences (morales, sociales, etc.). **4.** Action de refouler une rame, un wagon, un avion, etc.

REFOULER v.t. [3]. **1.** Faire reculer ; repousser : *Refouler un intrus.* **2.** Empêcher une réaction, un sentiment de s'extérioriser ; réprimer : *Refouler un fou rire.* **3. TECHN.** Faire refluer un liquide en s'opposant à son écoulement. **4. PSYCHAN.** Soumettre au refoulement. **5.** Faire reculer à l'aide d'un engin moteur une rame, un wagon, un avion, etc.

REFOULOIR n.m. **MIL.** Anc. Bâton garni d'un cylindre, qui servait à pousser le projectile dans une bouche à feu.

1. RÉFRACTAIRE adj. (du lat. *refractarius*, casseur d'assiettes, querelleur). **1.** Qui refuse de se soumettre : *Une élève réfractaire.* **2.** (À). Qui est insensible à : *Il est réfractaire au design.* **3.** Se dit de matériaux (céramiques, alliages, etc.) qui résistent à certaines influences physiques ou chimiques (forte chaleur, sollicitations mécaniques, corrosion, etc.). **4. PHYSIOL., MÉD.** Se dit d'une cellule, d'un organe devenus plus ou moins insensibles aux stimulations habituelles ; se dit d'un organisme qui peut résister à une infection ; se dit d'une maladie qui résiste au traitement : *Asthme réfractaire.* ▪ **Période réfractaire** [physiol., méd.], intervalle de temps normal, après une période d'activité, pendant lequel une cellule (nerveuse, musculaire, etc.), un organe (pénis, par ex.) ne sont plus excitables. ◆ n.m. Matériau résistant à de très hautes températures.

2. RÉFRACTAIRE adj. et n.m. **HIST. 1.** Se dit des prêtres qui, sous la Révolution française, avaient refusé de prêter serment à la Constitution civile du clergé (par oppos. à *assermenté*) [SYN. **insermenté**]. **2.** Se dit d'un conscrit qui, sous le Consulat et l'Empire, refusait d'accomplir le service militaire. **3.** Se dit des citoyens français qui, en 1943 et 1944, se dérobaient au Service du travail obligatoire (STO) en Allemagne.

RÉFRACTER v.t. [3]. **PHYS., OPT.** Produire la réfraction de : *Le prisme réfracte la lumière.*

RÉFRACTEUR n.m. Lunette astronomique (par oppos. à *réflecteur*).

RÉFRACTION n.f. **PHYS., OPT.** Phénomène par lequel un rayon change de direction en passant d'un milieu dans un autre. ▪ **Indice de réfraction (d'un milieu par rapport à un autre)** [phys., opt.], rapport entre le sinus de l'angle d'incidence *i* d'un rayon (dans le milieu A) et le sinus de l'angle de réfraction *r* (dans le milieu B). ➲ C'est aussi le rapport de la vitesse de la lumière dans le premier milieu (A) à la vitesse de la lumière dans le second (B). ▪ **Trouble de la réfraction oculaire** [méd.], amétropie.

RÉFRACTOMÈTRE n.m. **1. OPT.** Instrument de mesure des indices de réfraction. **2. MÉD.** Optomètre.

REFRAIN n.m. (de l'anc. fr. *refrait*, mélodie). **1.** Suite de mots ou de phrases identiques qui se répètent à la fin de chaque couplet d'une chanson ou de chaque strophe d'un poème. **2.** Fam. Suite de paroles sans cesse répétées ; rengaine : *Avec lui, c'est toujours le même refrain !*

RÉFRANGIBILITÉ n.f. Propriété de ce qui est réfrangible.

RÉFRANGIBLE adj. (angl. *refrangible*, du lat.). **OPT.** Susceptible de réfraction.

RÉFRÈNEMENT ou **REFRÈNEMENT** n.m. Action de réfréner.

RÉFRÉNER ou **REFRÉNER** v.t. [11], ▲*[11*]* (du lat. *frenare*, mettre un mors). Mettre un frein à ; retenir : *Réfréner son enthousiasme.*

RÉFRIGÉRANT, E adj. (lat. *refrigerans, -antis*). **1.** Propre à abaisser la température. **2.** Fig. Qui refroidit, coupe tout élan ; glacial : *Une remarque réfrigérante.* ◆ n.m. **1.** Échangeur de chaleur utilisé pour refroidir un liquide ou un gaz à l'aide d'un fluide plus froid (SYN. **refroidisseur**). **2.** Sorte de colonne à distiller, où la circulation d'eau dans un manchon coaxial fait se condenser un gaz.

RÉFRIGÉRATEUR n.m. Appareil, ménager notamm., servant à réfrigérer et à conserver les aliments.

RÉFRIGÉRATEUR-CONGÉLATEUR n.m. Appareil, ménager notamm., combinant les fonctions de réfrigérateur et de congélateur grâce à des compartiments séparés.

RÉFRIGÉRATEUR-CONSERVATEUR n.m. Appareil, ménager notamm., combinant les fonctions de réfrigérateur et de conservateur grâce à des compartiments séparés.

RÉFRIGÉRATION n.f. Refroidissement d'un produit alimentaire à une température restant supérieure à son point de congélation.

RÉFRIGÉRÉ, E adj. **1.** Qui a subi la réfrigération : *Entremets réfrigéré.* **2.** Fam. Qui a très froid ; transi.

RÉFRIGÉRER v.t. [11], ▲*[11*]* (du lat. *refrigerare*, refroidir). **1.** Soumettre à la réfrigération. **2.** Fig. Mettre mal à l'aise en manifestant de la distance ; refroidir.

RÉFRINGENCE n.f. **OPT.** Propriété de réfracter la lumière.

RÉFRINGENT, E adj. (du lat. *refringens, -entis*, brisant). **OPT.** Qui réfracte la lumière : *Milieu réfringent.*

REFROIDIR v.t. [21]. **1.** Rendre froid ou plus froid ; abaisser la température de : *L'orage a refroidi l'atmosphère.* **2.** Fig. Diminuer l'ardeur de ; décourager : *Son refus m'a refroidi* ; réfrigérer : *Son regard sévère nous a refroidis.* **3.** Arg. Tuer. ◆ v.i. Devenir froid. ◆ **SE REFROIDIR** v.pr. **1.** Devenir plus froid. **2.** Fig. Devenir moins vif : *Son ardeur s'est refroidie.*

REFROIDISSEMENT n.m. **1.** Abaissement de la température. **2.** Indisposition causée par un froid subit. **3.** Fig. Diminution de la chaleur d'un sentiment, d'un état affectif. **4. TECHN.** Évacuation de l'excédent de chaleur produit dans un moteur, dans une machine.

REFROIDISSEUR n.m. Réfrigérant.

REFUGE n.m. (lat. *refugium*). **1.** Lieu où l'on se retire pour échapper à un danger, se mettre à l'abri : *Cette cave leur a servi de refuge.* **2.** Abri de haute montagne. **3.** Élargissement que présente en plusieurs points un pont pour permettre aux piétons de se mettre à l'abri de la circulation, une voie passante pour permettre aux piétons de traverser en deux temps. ▪ **Valeurs refuges** (en appos.) [écon.], valeurs jugées partic. sûres (biens fonciers, métaux précieux, œuvres d'art, etc.), achetées en période de crise par les épargnants qui craignent une dépréciation de la monnaie.

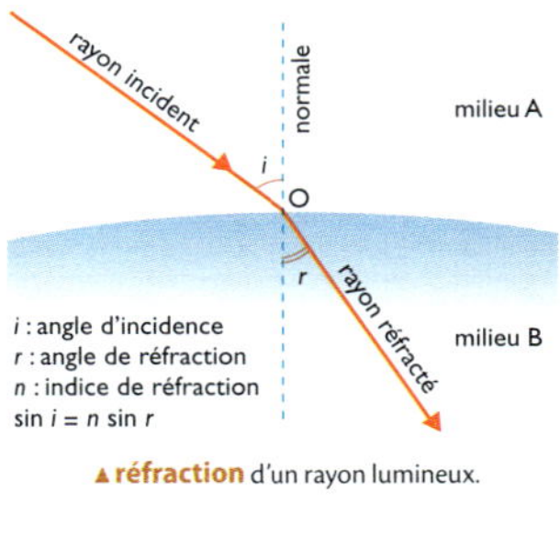

▲ **réfraction** d'un rayon lumineux.

RÉFUGIÉ, E adj. et n. Se dit d'une personne qui a quitté son pays ou a fui une région pour des raisons politiques, religieuses, raciales ou pour échapper à une catastrophe. ▪ **Réfugié climatique,** personne contrainte de quitter son lieu de vie en raison des perturbations environnementales profondes qui l'affectent. ▪ **Réfugié politique,** personne qui a quitté son pays pour des raisons politiques et qui bénéficie d'un statut protecteur dans le pays d'accueil.

SE RÉFUGIER v.pr. [5]. **1.** Se retirer en un lieu pour y trouver la sécurité. **2.** Trouver un moyen d'échapper à qqch d'éprouvant : *Les rescapés se réfugient dans le sommeil.*

REFUS n.m. **1.** Action de refuser. **2. ÉQUIT.** Désobéissance d'un cheval qui s'arrête devant l'obstacle. **3. AGRIC.** Plante ou surface en herbe que, dans un pâturage, le bétail refuse de brouter. ▪ **Ce n'est pas de refus** [fam.], j'accepte volontiers.

REFUSABLE adj. Que l'on peut refuser.

REFUSÉ, E adj. et n. Qui n'a pas été admis à un examen, à un concours, etc.

REFUSER v.t. [3] (lat. pop. *refusare*, croisé avec *recusare*). **1.** Ne pas accepter ce qui est proposé, présenté : *Refuser une livraison.* **2.** Ne pas accorder ce qui est demandé : *Refuser une interview.* **3.** Sout. Ne pas reconnaître qqch ; contester : *On ne peut lui refuser ce talent.* **4.** Ne pas laisser entrer en surnombre : *Ce restaurant refuse souvent des clients.* **5.** Ne pas recevoir à un examen. **6. ÉQUIT.** S'arrêter devant un obstacle, en parlant d'un cheval. ◆ v.i. **MAR.** Tourner vers l'avant du voilier, en parlant du vent, et prendre ainsi une direction moins favorable à la marche. ◆ **SE REFUSER** v.pr. **1.** Se priver volontairement de : *Se refuser toute distraction.* **2.** (À). Ne pas consentir à : *Je me refuse à polémiquer.*

RÉFUTABILITÉ n.f. **ÉPISTÉMOL.** Falsifiabilité.

RÉFUTABLE adj. Qui peut être réfuté.

RÉFUTATION n.f. **1.** Action, fait de réfuter ; démenti. **2. STYL.** Partie du discours où l'orateur répond à des objections.

RÉFUTER v.t. [3] (lat. *refutare*). Démontrer la fausseté d'une affirmation par des preuves contraires : *Réfuter une thèse.*

REFUZNIK [rəfyznik] n. (mot russe). Citoyen soviétique (notamm. juif) auquel les autorités refusaient le droit d'émigrer.

REG [rɛg] n.m. (mot ar.). **PÉDOL.** Plaine caillouteuse des régions désertiques, les éléments les plus fins ayant été emportés par le vent.

REGAGNER v.t. [3]. **1.** Retrouver ce que l'on avait perdu : *Regagner deux points dans les sondages.* **2.** Revenir vers un lieu ; réintégrer : *Regagner son domicile.*

1. REGAIN n.m. (de l'anc. fr. *gaïn*, herbe du pâturage). Herbe qui repousse dans les prairies après une première fauche.

2. REGAIN n.m. (de *regagner*, d'apr. *gain*). Recrudescence ; renouveau : *Regain de croissance, d'espoir.*

RÉGAL n.m. (pl. *régals*) [croisement de *rigoler* et de l'anc. fr. *gale*, réjouissance]. **1.** Mets particulièrement apprécié : *Le caramel est son régal.* **2.** Vif plaisir pris à qqch : *Cette exposition est un régal.*

RÉGALADE n.f. ▪ **Boire à la régalade,** en faisant couler la boisson dans la bouche, la tête en arrière, sans que le récipient touche les lèvres.

RÉGALAGE n.m. **TRAV. PUBL.** Action de régaler (SYN. **régalement**).

1. RÉGALE n.f. (du lat. médiév. *regalia*, droit du roi). **HIST. 1.** Ensemble des droits qu'avaient les rois de France sur les diocèses sans titulaire. **2.** Suisse. Monopole de l'État : *La régale du sel dans le canton de Vaud.*

2. RÉGALE n.f. ou n.m. (p.-ê. du lat. *regalis*, royal). **MUS.** Un des jeux de l'orgue.

3. RÉGALE adj.f. (de l'anc. adj. *régal*, royal). ▪ **Eau régale,** mélange d'acide nitrique et d'acide chlorhydrique, qui dissout l'or et le platine.

RÉGALEC n.m. Grand poisson pélagique au corps argenté, parfois appelé *roi des harengs.* ➲ Ordre des lampridiformes.

a b c d e f g h i j k l m n o p q r s t u v w x y z

RÉGALEMENT n.m. 1. DR. Répartition proportionnelle, entre plusieurs personnes, d'une taxe dont le total est arrêté. **2. TRAV. PUBL.** Régalage.

1. RÉGALER v.t. [3] (de *régal*). **1.** Offrir un bon repas, des boissons à. **2.** Absol., fam. Offrir à boire et à manger : *Profitez-en, c'est moi qui régale !* ◆ **SE RÉGALER v.pr. 1.** Prendre un vif plaisir à boire ou à manger qqch. **2.** Éprouver un grand plaisir.

2. RÉGALER v.t. [3] (de *égal*). **TRAV. PUBL.** Aplanir un terrain, un remblai, etc., de façon à lui donner une surface régulière.

RÉGALIEN, ENNE adj. (du lat. *regalis*, royal). **1. HIST.** Se dit d'un droit attaché à la royauté, ou qui, en république, manifeste une survivance des anciennes prérogatives royales. ➲ Le droit de grâce du président de la République, en France, est un droit régalien. **2.** Se dit des fonctions politiques et administratives (police, défense, etc.) qui dépendent directement de l'État ou de son représentant suprême : *Ministères régaliens.*

REGARD n.m. 1. Action de regarder : *Il les désigna du regard.* **2.** Manière de regarder : *Un regard complice.* **3. TRAV. PUBL.** Ouverture qui sert à faciliter la visite d'un conduit : *Regard d'égout.* **4. GÉOL.** Direction vers laquelle est tourné le compartiment soulevé d'une faille. ▪ **Au regard de,** du point de vue de : *Au regard de la loi, il est innocent.* ▪ **Droit de regard,** droit de surveillance que peut se réserver l'une des parties dans un contrat. ▪ **En regard,** en face : *Un texte russe avec la traduction en regard.*

REGARDABLE adj. Qui peut être regardé.

REGARDANT, E adj. Fam. **1.** Qui regarde de trop près à la dépense ; pingre. **2.** (Souvent en tournure négative). Qui fait preuve de minutie : *Ils ne sont pas très regardants sur la sécurité.*

REGARDER v.t. [3] (de *garder*). **1.** Porter la vue sur : *Regarder un tableau.* **2.** Avoir en vue ; considérer ; envisager : *Ne regarder que son intérêt.* **3.** Être du ressort de ; concerner : *Ma vie privée ne te regarde pas.* ▪ **Regarder de travers, d'un bon œil,** considérer avec hostilité, avec bienveillance. ▪ **Regarder qqn, qqch comme** [sout.], tenir pour. ◆ **v.t. ind. (À).** Être très attentif à : *Regarder à la qualité.* ▪ **Regarder à la dépense,** être très économe. ▪ **Regarder de près à qqch,** y prêter grande attention. ▪ **Y regarder à deux fois,** bien réfléchir avant d'agir. ◆ **v.i. 1.** Diriger son regard vers ; observer : *J'ai regardé partout.* **2.** Être orienté dans telle direction : *Le salon regarde vers le sud.* ◆ **SE REGARDER v.pr.** Être situés l'un en face de l'autre : *Édifices qui se regardent.*

REGARNIR v.t. [21]. Garnir de nouveau.

RÉGATE n.f. (du vénitien *regata*, course de gondoles). **1.** Course de voiliers. **2.** Cravate maintenue par un nœud simple dont les pans superposés flottent librement.

RÉGATER v.i. [3]. 1. Participer à une régate. **2.** Suisse. Fam. Être à la hauteur ; tenir tête.

RÉGATIER, ÈRE n. Personne participant à une régate.

REGEL n.m. Nouvelle gelée, après un dégel.

REGELER v.t., v.i. et v. impers. [12]. Geler de nouveau.

RÉGENCE n.f. Dignité, fonction de la personne qui gouverne un État en tant que régent ; durée de cet exercice. ▪ **La Régence,** v. partie n.pr. ◆ **adj. inv.** Qui rappelle les mœurs, le style de la Régence. ▪ **Style Régence,** style décoratif de transition entre le Louis XIV et le Louis XV.

REGENCY adj. inv. (mot angl. « régence »). ▪ **Style Regency,** style du temps de George IV, régent puis roi de Grande-Bretagne (1er tiers du XIXe s.).

RÉGENDAT n.m. Belgique. Cycle d'études conduisant au diplôme de régent.

RÉGÉNÉRATEUR, TRICE adj. Qui régénère : *Crème régénératrice.* ◆ **n.m. TECHN. 1.** Appareil pour régénérer le constituant (catalyseur, résine échangeuse d'ions, etc.) d'un processus chimique. **2.** Appareil de transfert thermique assurant les échanges de chaleur interne, dans une chaudière, un four, un bâtiment, etc.

RÉGÉNÉRATION n.f. 1. Action de régénérer, de se régénérer. **2. BIOL.** Reconstitution naturelle d'un organe détruit ou supprimé. **3. CHIM.** Retour à l'état initial d'une substance (catalyseur, fonction chimique protégée lors d'une étape dans une synthèse, etc.). **4. SYLVIC.** Reconstitution.

RÉGÉNÉRÉ, E adj. ▪ **Caoutchouc régénéré,** matériau élastique obtenu à partir d'objets en caoutchouc débarrassés de leurs parties non élastiques.

RÉGÉNÉRER v.t. [11], ▲ *[11*]* (lat. *regenerare*). **1. BIOL.** Reconstituer des tissus organiques après destruction. **2. CHIM.** Rendre à une substance ses propriétés initiales, altérées ou modifiées au cours d'un traitement. **3.** Litt. Réformer en ramenant à un état antérieur jugé meilleur : *Régénérer les mœurs.* ▪ **Régénérer un catalyseur** [chim.], le rétablir dans son état initial (SYN. **réactiver**). ◆ **SE RÉGÉNÉRER v.pr. 1.** Reconstituer ses forces physiques, ses capacités intellectuelles. **2. BIOL.** Se reconstituer, en parlant d'un tissu organique.

RÉGENT, E n. (lat. *regens, -entis*, de *regere*, diriger). **1.** Chef du gouvernement pendant la minorité, l'absence ou la maladie du souverain. **2.** Belgique. Professeur diplômé qui exerce dans le premier cycle de l'enseignement secondaire. **3.** Suisse. Instituteur. ▪ **Le Régent,** Philippe, duc d'Orléans* (v. partie n.pr.).

RÉGENTER v.t. [3]. Diriger de manière trop autoritaire : *Elle veut nous régenter.*

REGGAE [rege] **n.m. inv.** (mot angl. de la Jamaïque). Musique populaire jamaïquaine caractérisée par un rythme binaire syncopé ; morceau de cette musique ; danse sur cette musique. ➲ Bob Marley en est un des principaux représentants. ◆ **adj. inv.** Relatif au reggae.

1. RÉGICIDE n.m. (lat. médiév. *regicidium*). Meurtre d'un roi.

▲ **régicide.** L'assassinat de Chilpéric Ier, roi de Neustrie ; détail d'une miniature extraite des *Grandes Chroniques de France* (1471).

2. RÉGICIDE n. (lat. médiév. *regicida*). **1.** Assassin d'un roi. **2. HIST.** Nom donné, en Angleterre, sous la restauration des Stuarts, à ceux qui avaient voté la mort de Charles Ier. **3. HIST.** Nom donné, en France, sous la Restauration, à ceux qui avaient voté la mort de Louis XVI. ◆ **adj.** Litt. Relatif au meurtre d'un roi.

RÉGIE n.f. (de *régir*). **1.** Gestion d'un service public qu'assurent soit des agents nommés par l'autorité (État, Région, etc.) et appointés par elle *(régie directe)*, soit une personne physique ou morale n'en supportant pas les risques mais intéressée au résultat de l'exploitation *(régie intéressée)* ; établissement, service ainsi géré. **2.** Nom de certaines entreprises publiques : *La Régie autonome des transports parisiens.* **3.** Mode d'exploitation directe d'un service public par les collectivités locales. **4.** Organisation matérielle d'un spectacle, d'une émission. **5.** Local attenant à un studio de radio ou de télévision, où sont groupés les organes de commande et de contrôle permettant de réaliser une séquence de programme. ▪ **Régie publicitaire,** organisation (entreprise, département au sein d'une entreprise) chargée de commercialiser l'espace publicitaire d'un support médiatique. ▪ **Travaux en régie,** travaux d'un entrepreneur, d'un artisan, dont la facturation est fondée sur le nombre d'heures de main-d'œuvre passées et le remboursement du prix des matériaux utilisés.

REGIMBER v.i. [3] (anc. fr. *regiber*). **1.** Ruer ou se cabrer, en parlant d'un cheval, d'un âne. **2.** Se montrer récalcitrant ; s'insurger : *Beaucoup regimbent contre cette réforme.*

1. RÉGIME n.m. (du lat. *regimen*, direction). **1.** Mode de fonctionnement d'une organisation politique, sociale, économique, d'un État : *Régime parlementaire.* **2.** Ensemble des dispositions légales qui régissent le fonctionnement d'une institution : *Régime pénitentiaire.* **3. GRAMM.** Mot, groupe de mots régi par un autre, partic. un verbe ou une préposition. **4. PHYS.** Caractère de l'écoulement d'un fluide : *Régime turbulent.* **5.** Ensemble des variations saisonnières des températures, des précipitations. **6.** Variations du débit d'un cours d'eau. **7. TECHN.** Mode de fonctionnement d'une machine à l'état normal ; vitesse de rotation d'un moteur. ▪ **Cas régime** [gramm.], en ancien français, cas exprimant les fonctions grammaticales autres que celle de sujet. ▪ **L'Ancien Régime,** v. partie n.pr. ▪ **Régime (alimentaire),** ensemble de règles ou de prescriptions médicales concernant l'alimentation et destinées à maintenir ou à rétablir la santé : *Régime végétarien.* ▪ **Régime de croisière** → **CROISIÈRE.** ▪ **Suivre un régime** ou **être au régime,** se conformer à un régime alimentaire, notamm. dans le but de maigrir.

2. RÉGIME n.m. (de l'esp. des Antilles *racimo*, raisin, avec l'infl. de *1. régime*). Assemblage en grappe des fruits du bananier, du palmier-dattier.

RÉGIMENT n.m. (du bas lat. *regimentum*, direction). **1.** Unité militaire de l'armée de terre formant corps, commandée par un colonel et groupant plusieurs formations (bataillons, escadrons, par ex.). **2.** Fam., vieilli. Service militaire. **3.** Fam. Grand nombre ; multitude.

RÉGIMENTAIRE adj. MIL. Relatif à un régiment.

RÉGION n.f. (lat. *regio, -onis*). **1.** Étendue géographique cohérente du fait de caractéristiques naturelles (climat, végétation, relief) ou humaines (peuplement, économie, structures politiques ou administratives, etc.). **2.** (Avec une majuscule). En France, collectivité territoriale administrée par le conseil régional et circonscription administrative dirigée par le préfet de Région (13 Régions en métropole et 5 Régions outre-mer). [V. partie n.pr. **FRANCE**.] **3.** (Avec une majuscule). En Belgique, entité fédérée reposant sur un principe territorial. **4.** Partie déterminée du corps : *Région thoracique.* ▪ **Région maritime, de gendarmerie,** homologue pour la marine ou la gendarmerie de la région militaire pour l'armée de terre. ▪ **Région militaire,** circonscription territoriale militaire correspondant à plusieurs départements et commandée par un officier général.

RÉGIONAL, E, AUX adj. Qui concerne une région : *Les parlers régionaux.* ▪ **Élections régionales,** ou **régionales, n.f. pl.,** élections des conseillers régionaux. ◆ **n.** ▪ **Le régional de l'étape,** le cycliste qui gagne une étape du Tour de France dans sa région ; la personne originaire du lieu dont il est question : *Un reportage à Bruxelles avec Maurane, la régionale de l'étape.*

RÉGIONALISATION n.f. En France et en Belgique, transfert aux Régions de compétences qui appartenaient au pouvoir central.

RÉGIONALISER v.t. [3]. 1. Procéder à la régionalisation de. **2.** Belgique. Transférer une compétence politique aux Régions.

RÉGIONALISME n.m. 1. Mouvement ou doctrine affirmant l'existence d'entités régionales et revendiquant leur reconnaissance. **2.** Esthétique littéraire qui privilégie l'évocation d'une région dans sa spécificité ; courant voisin en architecture. **3. LING.** Mot, tournure propres à une région.

RÉGIONALISTE adj. et **n.** Relatif au régionalisme ; qui en est partisan : *Écrivain régionaliste.*

RÉGIR v.t. [21] (du lat. *regere*, diriger). **1.** Déterminer l'organisation, le déroulement de : *Les règles qui régissent le fonctionnement des institutions européennes.* **2.** Commander ; régenter : *Il veut régir tout le monde.* **3. LING.** Déterminer telle catégorie grammaticale par le phénomène de la rection (SYN. **gouverner**).

RÉGISSEUR, EUSE n. 1. Personne chargée, en vertu d'un contrat de travail, d'administrer un domaine agricole pour le compte d'un propriétaire. **2.** Au théâtre, au cinéma, à la télévision, personne responsable de la régie. **3.** Suisse. Directeur ou gérant d'une agence immobilière.

REGISTRAIRE **n.** Québec. **1.** Dans un établissement d'enseignement, personne chargée de l'inscription des élèves et de la tenue des dossiers. **2.** Fonctionnaire chargé de tenir les registres.

REGISTRATION **n.f.** À l'orgue ou au clavecin, art d'utiliser les jeux et de combiner les timbres.

REGISTRE **n.m.** (de l'anc. fr. *regeste*, récit). **1.** Livre, public ou particulier, sur lequel on inscrit les faits, les actes dont on veut garder le souvenir ou la trace. **2.** Ton, caractère particulier d'une œuvre artistique : *Film dans le registre intimiste.* **3.** Tonalité d'un discours, d'un texte découlant du choix du locuteur ou de son origine ; niveau de langue : *Registre familier.* **4.** Étendue des moyens dont dispose qqn dans un domaine. **5.** **INFORM.** Dispositif électronique destiné à stocker temporairement une information élémentaire pour la mettre en relation avec les organes de calcul d'un ordinateur. **6.** **MUS.** Chacune des trois parties (le grave, le médium, l'aigu) qui composent l'échelle sonore ou la tessiture d'une voix ou d'un instrument. **7.** **MUS.** Commande (bâtonnets à la console, réglettes de bois du sommier) de chacun des jeux de l'orgue. **8.** **BX-ARTS.** Chacune des bandes superposées entre lesquelles est parfois divisée la surface d'une composition sculptée ou peinte, la panse d'un vase. **9.** **TECHN.** Organe placé dans un conduit et muni de lames pivotantes permettant de régler le débit d'un fluide. ▪ **Registre d'audience** [dr.], plumitif. ▪ **Registre du commerce et des sociétés** [dr.], livre tenu par le greffe du tribunal de commerce, où sont inscrits les commerçants et les sociétés, et qui centralise les informations les concernant.

REGISTRER **v.t. [3].** **MUS.** Pratiquer la registration.

RÉGLABLE **adj.** Qui peut être réglé.

RÉGLAGE **n.m.** **1.** Action, manière de régler un système. **2.** **IMPRIM.** Action, manière de régler du papier. ▪ **Réglage d'un tir** [mil.], opération consistant à amener au plus près de l'objectif les coups tirés par une bouche à feu.

RÈGLE **n.f.** (lat. *regula*). **1.** Instrument long, à arêtes vives et rectilignes, pour tracer des lignes ou pour mesurer des longueurs. **2.** Prescription qui s'impose à qqn dans un cas donné ; loi : *Les membres de ce club doivent en accepter les règles.* **3.** Principe qui dirige l'enseignement d'une science, d'une discipline, etc. : *Règles de la perspective, du jeu de poker.* **4.** Ensemble des statuts imposés par son fondateur à un ordre religieux : *La règle de saint Benoît.* **5.** Ce qui se produit ordinairement dans une situation donnée : *Fait qui n'échappe pas à la règle.* ▪ **Dans les règles de l'art,** en respectant les usages ou les prescriptions. ▪ **En bonne règle,** selon le bon usage, la bonne méthode. ▪ **En règle** ou **dans les règles,** conforme aux prescriptions légales : *Interrogatoire en règle.* ▪ **En règle générale,** dans la plupart des cas. ▪ **Être de règle,** être requis par l'usage ; s'imposer. ▪ **Règle à calcul,** instrument naguère utilisé pour les calculs rapides, et fondé sur l'application du calcul des logarithmes. ▪ **Règle de trois** [math.], procédé de calcul d'un nombre inconnu formant une proportion avec trois nombres donnés. ▪ **Règle d'or (budgétaire),** ensemble de conditions considérées comme susceptibles de mener à l'équilibre du budget annuel d'un État ou d'une collectivité publique. ➲ La notion de règle d'or ainsi que son caractère impératif (inscription dans la Constitution, notamm.) font toujours l'objet de débats. ▪ **Règle fondamentale** [psychan.], application systématique de la méthode de libre association au cours des séances. ▪ **Règle proportionnelle** [dr.], clause, fréquemment introduite dans les contrats d'assurance, qui permet à l'assureur de n'indemniser que partiellement l'assuré lors d'un sinistre, lorsque la valeur réelle des biens assurés est supérieure à la valeur inscrite au contrat. ▪ **Règles du jeu,** ensemble des conventions propres à un jeu, à un sport ; fig., ensemble de conventions implicites. ▪ **Se mettre en règle,** régulariser sa situation. ◆ **n.f. pl.** **PHYSIOL.** Écoulement sanguin qui se produit chaque mois, lors de la menstruation, chez la femme.

RÉGLÉ, E **adj.** **1.** Soumis à des règles : *Une vie réglée.* **2.** Résolu : *Problème réglé.* ▪ **Papier réglé,** papier d'écriture rayé de lignes parallèles. ▪ **Surface réglée** [math.], surface engendrée par le déplacement d'une droite dans l'espace. ◆ **adj.f.** Se dit d'une jeune fille, d'une femme qui a ses règles.

RÈGLEMENT **n.m.** **1.** Action de régler, de donner une solution à : *Règlement d'un différend.* **2.** Action de régler, d'acquitter une somme due ; paiement : *Règlement en espèces.* **3.** Ensemble des prescriptions auxquelles doivent se conformer les membres d'un groupe : *Toute transgression du règlement est passible d'un renvoi.* **4.** Acte communautaire de portée générale, obligatoire dans tous ses éléments et directement applicable dans tout État membre de l'Union européenne. ▪ **Règlement administratif,** acte de portée générale et impersonnelle édicté par le pouvoir exécutif et les autorités administratives, pour assurer l'exécution d'une loi ou pour réglementer des matières autres que celles réservées à la loi. ▪ **Règlement intérieur,** écrit fixant les conditions du travail et de la discipline dans une entreprise, un établissement scolaire, etc. ; ensemble des règles d'organisation et de fonctionnement d'une assemblée délibérante. ▪ **Règlement judiciaire** [anc.], redressement judiciaire.

RÉGLEMENTAIRE, ▲ *RÈGLEMENTAIRE* **adj.** **1.** Qui concerne le règlement. **2.** Conforme au règlement. ▪ **Pouvoir réglementaire** → **2. POUVOIR.**

RÉGLEMENTAIREMENT, ▲ *RÈGLEMENTAIREMENT* **adv.** En vertu du règlement.

RÉGLEMENTARISME, ▲ *RÈGLEMENTARISME* **n.m.** Tendance à l'excès de réglementation.

RÉGLEMENTATION, ▲ *RÈGLEMENTATION* **n.f.** **1.** Action de réglementer. **2.** Ensemble des mesures légales et réglementaires régissant une question.

RÉGLEMENTER, ▲ *RÈGLEMENTER* **v.t. [3].** Soumettre à un règlement.

RÉGLER **v.t. [11],** ▲ *[11*]*. **1.** Tracer des lignes parallèles sur du papier. **2.** Assujettir à certaines règles ; conformer : *Régler son pas sur celui d'un enfant.* **3.** Soumettre à un certain ordre ; fixer : *Régler le déroulement d'une cérémonie.* **4.** Donner une solution définitive à : *L'arbitre a réglé ce litige.* **5.** Acquitter un paiement : *Régler une facture.* **6.** Mettre un mécanisme en conformité avec : *Il a réglé sa montre sur la mienne.* **7.** Mettre au point un dispositif, une machine : *Régler l'alarme d'une maison.* ▪ **Régler un tir** [mil.], procéder à son réglage.

RÉGLET **n.m.** **1.** **ARCHIT.** Petite moulure pleine de section rectangulaire. **2.** **MÉTROL.** Ruban en acier gradué à ressort, servant pour la mesure des longueurs.

RÉGLETTE **n.f.** Petite règle.

RÉGLEUR, EUSE **n.** Spécialiste chargé du réglage de certains appareils ou instruments, de l'outillage de certaines machines, etc.

RÉGLISSE **n.f.** (du gr. *glukurriza*, racine douce). **1.** Arbrisseau des régions méditerranéennes, cultivé pour sa racine rhizomateuse aromatique, employée en confiserie et en sucrerie. ➲ Sous-famille des papilionacées. **2.** Jus de cette plante, à saveur sucrée, et qui a des propriétés adoucissantes.

RÉGLO **adj. inv.** Fam. Régulier ; correct.

RÉGLURE **n.f.** Manière dont le papier est réglé.

RÉGNANT, E **adj.** **1.** Qui règne : *Prince régnant.* **2.** Qui domine : *L'opinion régnante.*

RÈGNE **n.m.** (lat. *regnum*). **1.** Gouvernement d'un souverain ; durée de ce gouvernement. **2.** Pouvoir absolu exercé par qqn, par qqch ; influence prédominante : *Le règne de l'argent.* **3.** **BIOL.** Chacune des grandes divisions du monde vivant, divisée à son tour en embranchements. ➲ Aux deux règnes traditionnels, *animal* et *végétal*, on substitue auj. une répartition en cinq règnes : bactéries, protistes, champignons, plantes et animaux. L'expression *règne minéral* n'est plus employée.

RÉGNER **v.i. [11],** ▲ *[11*]* (lat. *regnare*). **1.** Gouverner un État comme chef suprême, et spécial. comme roi : *Louis XIV régna de 1643 à 1715.* **2.** **(SUR).** Exercer une hégémonie totale ; dominer : *Elle a longtemps régné sur la mode.* **3.** Se manifester ; s'établir : *Un climat de tension règne dans l'équipe.*

RÉGOLITE **n.m.** (de *reg*). **PÉDOL.** Manteau de débris grossiers résultant de la fragmentation des roches sous-jacentes.

REGONFLEMENT ou **REGONFLAGE** **n.m.** Action de regonfler.

REGONFLER **v.t. [3].** **1.** Gonfler de nouveau : *Regonfler un pneu.* **2.** Fam. Redonner du courage à ; réconforter. ◆ **REGONFLER v.i.** ou **SE REGONFLER v.pr.** Reprendre un certain volume.

REGORGEMENT **n.m.** Fait de regorger, en parlant d'un liquide.

REGORGER **v.i. [10].** **1.** Refluer d'un contenant trop plein, en parlant d'un liquide. **2.** **(DE).** Être plein à l'excès de : *Pays qui regorge de richesses naturelles.*

REGRATTAGE **n.m.** Action de regratter.

REGRATTER **v.t. [3].** Nettoyer un mur par grattage.

REGRATTIER, ÈRE **n.** **HIST.** Dans la France d'Ancien Régime, marchand qui vendait au détail diverses denrées de seconde main, dont le sel.

REGRÉER **v.t. [8].** **MAR.** Remplacer le gréement de.

REGREFFER **v.t. [3].** **ARBOR.** Greffer de nouveau.

RÉGRESSER **v.i. [3].** Subir une régression ; reculer : *L'épidémie a régressé.*

RÉGRESSIF, IVE **adj.** Qui marque une régression : *Cancer régressif.*

RÉGRESSION **n.f.** (du lat. *regressio*, marche en arrière). **1.** Retour à un état antérieur ; recul : *La régression de la mortalité infantile.* **2.** Perte ou atrophie, chez une espèce vivante, d'un organe qui était développé chez ses ancêtres. **3.** **PSYCHAN.** Retour du sujet à un état antérieur de sa vie libidinale par suite de frustrations. ▪ **Droite de régression** [math.], droite remplaçant un nuage de points, permettant d'interpoler et d'extrapoler les résultats observés. ▪ **Régression marine,** baisse du niveau de la mer, génér. à des échelles de temps géologiques.

REGRET **n.m.** **1.** Chagrin causé par la perte de qqch, ou par la mort de qqn ; contrariété causée par la non-réalisation d'un désir. **2.** Remords douloureux ; repentir : *L'accusé n'a exprimé aucun regret.* ▪ **À regret,** malgré soi ; à contrecœur. ▪ **Être au regret de,** éprouver du déplaisir d'avoir à faire qqch : *Nous sommes au regret de ne pouvoir donner suite à votre demande.*

REGRETTABLE **adj.** Qui cause du regret ; que l'on déplore.

REGRETTER **v.t. [3]** (de l'anc. scand. *grâta*, gémir). **1.** Ressentir comme un manque douloureux l'absence, la disparition de : *Regretter un ami défunt, sa jeunesse.* **2.** Se reprocher ce que l'on a fait : *Il regrette de s'être emporté.*

REGRIMPER **v.i.** et **v.t. [3].** Grimper de nouveau.

REGROS **n.m.** Grosse écorce de chêne, dont on fait le tan.

REGROSSIR **v.i. [21].** Grossir de nouveau.

REGROUPEMENT **n.m.** Action de regrouper.

REGROUPER **v.t. [3].** Mettre ensemble pour former un groupe ou un tout ; rassembler.

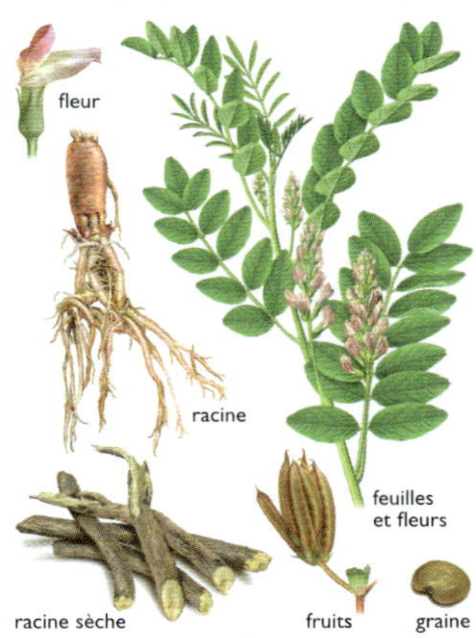

▲ réglisse

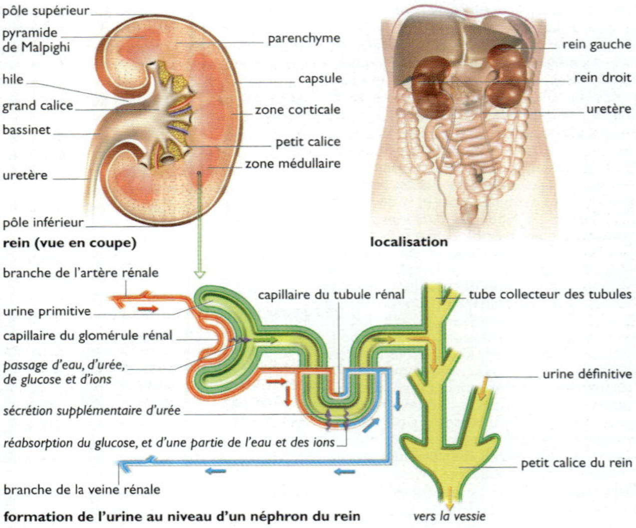

▲ rein

RÉGULARISATION n.f. **1.** Action de régulariser ; fait d'être régularisé. **2.** Action de donner à un cours d'eau un lit unique et bien délimité, ainsi qu'un régime plus régulier. **3.** GÉOMORPH. Diminution des irrégularités d'une forme de relief, d'un rivage.

RÉGULARISER v.t. [3] (du lat. *regula*, règle). **1.** Rendre conforme aux règlements, à la loi : *Régulariser la situation d'un employé.* **2.** Rendre régulier : *Régulariser une rivière.*

RÉGULARITÉ n.f. **1.** Caractère de ce qui est conforme aux règles : *Régularité d'un scrutin.* **2.** Caractère de ce qui est proportionné, équilibré : *La régularité des motifs d'une frise.* **3.** Caractère de ce qui se reproduit à des intervalles constants : *Régularité des tétées d'un bébé.*

1. RÉGULATEUR, TRICE adj. Qui règle, régularise. ◆ n.m. **1.** Horloge ou montre de précision. **2.** Appareil capable de maintenir ou de faire varier suivant une loi déterminée un élément de fonctionnement d'une machine (courant, pression, vitesse, débit, etc.). **3.** Mécanisme servant à maintenir constants les réglages d'un instrument agricole (charrue, par ex.).

2. RÉGULATEUR n.m. Agent chargé de la régulation des trains.

RÉGULATION n.f. **1.** Action de régler, d'assurer un bon fonctionnement, un rythme régulier : *Régulation du trafic aérien.* **2.** TECHN. Opération qui consiste à maintenir une grandeur entre des limites fixées. ▪ **Fonctions de régulation** [physiol.], qui assurent la constance des caractères du milieu intérieur d'un animal en dépit des variations du milieu extérieur.

RÉGULE n.m. (du lat. *regulus*, jeune roi). TECHN. Alliage antifriction à base de plomb ou d'étain, autref. utilisé pour le garnissage des coussinets.

RÉGULER v.t. [3] (du bas lat. *regulare*, régler). Assurer la régulation de.

1. RÉGULIER, ÈRE adj. (du lat. *regularis*, qui a la forme d'une règle). **1.** Qui est conforme aux dispositions légales ; réglementaire : *Être en situation régulière.* **2.** Qui répond aux règles, aux conventions sociales : *Mener une vie régulière.* **3.** Qui respecte les usages ; loyal : *Être régulier en affaires.* **4.** Conforme à un modèle : *Un poème de forme régulière.* **5.** Qui est soumis à un rythme constant ; uniforme : *Avoir des revenus réguliers.* **6.** Qui se produit à moments fixes : *Des inspections régulières.* **7.** Qui a un caractère permanent ; habituel : *Vol régulier.* **8.** Qui fait preuve d'exactitude ; ponctuel : *Stagiaire régulier.* **9.** Dont la forme présente des proportions harmonieuses, équilibrées : *Façades régulières.* **10.** GRAMM. Conforme à un type considéré comme normal : *Verbe, pluriel régulier.* **11.** BOT. Se dit d'une corolle, d'un calice dont les éléments sont égaux et symétriques selon l'axe vertical. ▪ **Clergé régulier,** appartenant à un ordre, et donc soumis à une règle (par oppos. à *clergé séculier*). ▪ **Polyèdre régulier** [math.], dont les faces sont des polygones réguliers égaux. ➲ Il n'existe que 5 polyèdres réguliers convexes : le tétraèdre, le cube, l'octaèdre, le dodécaèdre et l'icosaèdre. ▪ **Polygone régulier** [math.], dont les côtés ont la même longueur, et tous les angles la même mesure. ▪ **Troupes régulières,** recrutées et organisées par les pouvoirs publics pour constituer les forces armées officielles d'un État (par oppos. à *francs-tireurs*).

2. RÉGULIER n.m. **1.** Moine ; religieux. **2.** Soldat des troupes régulières.

RÉGULIÈREMENT adv. De façon régulière ; uniformément.

RÉGUR n.m. PÉDOL. Vertisol.

RÉGURGITATION n.f. **1.** Retour dans la bouche, sans effort de vomissement, d'aliments qui viennent d'être avalés (chez le nourrisson, par ex.). **2.** Chez certains oiseaux, rejet dans le bec des jeunes d'aliments prédigérés dans le jabot des parents (SYN. **réjection**).

RÉGURGITER v.t. [3] (du lat. *gurges, -itis*, gorge). Rejeter par régurgitation.

RÉHABILITABLE adj. Qui peut être réhabilité.

RÉHABILITATION n.f. Action de réhabiliter.

RÉHABILITÉ, E adj. et n. Se dit d'un condamné qui a obtenu sa réhabilitation.

RÉHABILITER v.t. [3]. **1.** Rétablir une personne dans des droits, une capacité, une situation juridique qu'elle avait perdus. **2.** Faire recouvrer l'estime d'autrui à. **3.** Restaurer et moderniser un immeuble, un quartier ancien.

RÉHABITUER v.t. [3]. Faire reprendre une habitude à. ◆ **SE RÉHABITUER** v.pr. Reprendre une habitude.

REHAUSSEMENT n.m. **1.** Action de rehausser. **2.** DR. Correction en hausse d'un bénéfice fiscal ou d'un forfait fiscal en cas d'insuffisance des montants déclarés.

REHAUSSER v.t. [3]. **1.** Placer plus haut : *Rehausser un plancher* ; augmenter la hauteur de : *Rehausser une digue.* **2.** Donner plus de valeur, de force à : *Rehausser l'image d'une entreprise.* **3.** BX-ARTS. Accentuer, relever par des rehauts.

REHAUSSEUR adj.m. et n.m. AUTOM. Se dit d'un siège amovible destiné à rehausser un enfant assis dans un véhicule, afin qu'il soit correctement protégé par une ceinture de sécurité.

REHAUT n.m. BX-ARTS. Dans un dessin, une peinture, etc., retouche d'un ton clair, servant à faire ressortir la partie à laquelle elle s'applique.

RÉHOBOAM [reɔbɔam] n.m. (de l'angl. *Rehoboam*, de *Roboam*, n.pr.). Bouteille de champagne d'une contenance de six champenoises (soit plus de 4,5 litres).

RÉHYDRATER v.t. [3]. Hydrater ce qui a été desséché.

REICHSMARK [rajʃsmark] n.m. Unité monétaire principale de l'Allemagne de 1924 à 1948, remplacée par le Deutsche Mark.

RÉIFICATION n.f. PHILOS. Fait de transformer en chose ce qui est mouvant, dynamique, ou ce qui est de l'ordre de la simple représentation mentale.

RÉIFIER v.t. [5] (du lat. *res, rei*, chose, et *facere*, faire). Opérer une réification.

RÉIMPLANTATION n.f. **1.** Nouvelle implantation d'un établissement, d'une activité, etc. **2.** Remise en place chirurgicale d'un organe, d'une partie du corps (doigt amputé, par ex.).

RÉIMPLANTER v.t. [3]. Procéder à la réimplantation de.

RÉIMPORTATION n.f. Action de réimporter.

RÉIMPORTER v.t. [3]. Importer de nouveau ce qui a été exporté.

RÉIMPOSER v.t. [3]. DR. Établir une nouvelle imposition.

RÉIMPRESSION n.f. Nouvelle impression d'un ouvrage (SYN. **retirage**).

RÉIMPRIMER v.t. [3]. Effectuer une réimpression.

REIN n.m. (lat. *ren, renis*). **1.** ANAT. Organe pair placé dans l'abdomen à côté de la colonne vertébrale, qui forme l'urine à partir de la filtration du sang, élimine des déchets, participe à l'équilibre de l'eau et des minéraux dans l'organisme, et sécrète diverses substances (la rénine, par ex.). **2.** ARCHIT. Partie inférieure ou centrale de la montée d'une voûte, souvent chargée d'une masse de blocage pour éviter sa déformation. ▪ **Rein artificiel,** dialyseur. ◆ n.m. pl. Lombes : *Avoir mal aux reins.* ▪ **Avoir les reins solides** [fam.], être assez riche ou puissant pour faire face à une épreuve. ▪ **Casser les reins à qqn** [fam.], briser sa carrière ; le ruiner.

RÉINCARCÉRATION n.f. Nouvelle incarcération.

RÉINCARCÉRER v.t. [11], ▲ *[11*]*. Incarcérer de nouveau.

RÉINCARNATION n.f. **1.** Fait de se réincarner. **2.** Dans certaines religions, incarnation de l'âme dans un autre corps au moment de la mort.

SE RÉINCARNER v.pr. [3]. Revivre sous une nouvelle forme corporelle.

RÉINCORPORER v.t. [3]. Incorporer de nouveau.

RÉINDUSTRIALISATION n.f. Action de réindustrialiser ; fait d'être réindustrialisé.

RÉINDUSTRIALISER v.t. [3]. Redévelopper les activités industrielles d'une région, d'un pays qui ont subi une désindustrialisation.

REINE n.f. (lat. *regina*). **1.** Souveraine d'un royaume. **2.** Femme d'un roi. **3.** Femme qui l'emporte en qqch : *C'était la reine de la fête.* **4.** Ce qui domine, s'impose : *Dans ce journal, la dérision est la reine.* **5.** (En appos.). Qui occupe la première place : *L'épreuve reine des JO.* **6.** Femelle reproductrice, chez les insectes sociaux. **7.** Pièce du jeu d'échecs ou carte représentant une dame. ▪ **La petite reine** [fam.], la bicyclette.

REINE-CLAUDE n.f. (pl. *reines-claudes*). Prune de couleur dorée ou verte, dont il existe plusieurs variétés.

REINE-DES-PRÉS n.f. (pl. *reines-des-prés*). Plante herbacée des lieux humides, voisine de la spirée, à petites fleurs crème odorantes, en corymbe. ➲ Famille des rosacées.

REINE-MARGUERITE n.f. (pl. *reines-marguerites*). Plante voisine de l'aster, originaire de Chine, cultivée pour ses capitules à languettes blanches, rouges ou bleues. ➲ Famille des composées.

REINETTE n.f. Pomme de l'ouest de la France dont il existe plusieurs variétés. ▪ **Reine des reinettes,** pomme à chair parfumée, de couleur jaune striée de rouge (la plus cultivée des reinettes).

RÉINITIALISATION n.f. Action de réinitialiser.

RÉINITIALISER v.t. [3]. Redémarrer (un ordinateur, par ex.) après un blocage ; rétablir (un système informatique, une application) dans son état initial.

RÉINJECTER v.t. [3]. Injecter de nouveau (un liquide, des capitaux).

Les reines et les souveraines mythiques

Cléopâtre VII, reine d'Égypte (51-30 av. J.-C.). Cléopâtre en Isis-Hathor, d'après un relief du temple de Kom-Ombo (vallée du Nil).

Catherine de Médicis, reine de France (1533-1589). D'après un tableau de François Clouet (XVIe s.).

Élisabeth Ire, reine d'Angleterre et d'Irlande (1558-1603). D'après le tableau *The Ermine Portrait of Queen Elizabeth I,* de Nicholas Hilliard (1585).

Christine, reine de Suède (1632-1654). D'après un tableau de Sébastien Bourdon (XVIIe s.).

Marie-Antoinette, reine de France (1774-1793). D'après le portrait dit « à la rose », de Mme Vigée-Lebrun (1783).

Catherine II la Grande, impératrice de Russie (1762-1796). D'après un tableau de Fedor Rokotov (1770).

Élisabeth de Wittelsbach, dite **Sissi,** impératrice d'Autriche (1854-1898). D'après un tableau de Franz Xaver Winterhalter (1865).

Victoria, reine de Grande-Bretagne et d'Irlande (1837-1901) et impératrice des Indes (1876-1901).

Grace de Monaco, née Grace Kelly, princesse de Monaco (1956-1982).

RÉINSCRIPTIBLE adj. INFORM. Se dit d'un support d'enregistrement dont le contenu peut être modifié par l'utilisateur.

RÉINSCRIPTION n.f. Nouvelle inscription.

RÉINSCRIRE v.t. [79]. Inscrire de nouveau. ◆ **SE RÉINSCRIRE v.pr.** S'inscrire de nouveau.

RÉINSÉRER v.t. [11], ▲ *[11*].* Insérer de nouveau ; réintroduire qqn, en partic. dans un groupe social.

RÉINSERTION n.f. Action de réinsérer.

RÉINSTALLATION n.f. Action de réinstaller, de se réinstaller.

RÉINSTALLER v.t. [3]. Installer de nouveau. ◆ **SE RÉINSTALLER v.pr.** S'installer de nouveau.

RÉINTÉGRABLE adj. Qui peut être réintégré.

RÉINTÉGRANDE n.f. DR. Action ouverte à celui à qui la possession ou la détention d'une chose a été retirée par une voie de fait.

RÉINTÉGRATION n.f. 1. Action de réintégrer. **2.** Restauration des accidents, des lacunes d'une peinture ancienne.

RÉINTÉGRER v.t. [11], ▲ *[11*]* (du lat. *redintegrare*, rétablir). **1.** Revenir dans un lieu que l'on avait quitté : *Les évadés ont réintégré la prison.* **2. DR.** Rendre la possession intégrale de ses droits à : *Réintégrer un fonctionnaire.* **3.** Rendre la nationalité française à.

RÉINTERPRÉTER v.t. [11] ▲ *[11*].* Interpréter de nouveau ou autrement.

RÉINTRODUCTION n.f. Action de réintroduire.

RÉINTRODUIRE v.t. [78]. Introduire de nouveau.

RÉINVENTER v.t. [3]. Inventer de nouveau ; donner une nouvelle dimension à qqch qui existe déjà.

RÉINVENTION n.f. Action de réinventer.

RÉINVESTIR v.t. et **v.i. [21].** Investir de nouveau.

RÉINVITER v.t. [3]. Inviter de nouveau.

REIS [reis] **n.m.** (mot turc « capitaine »). **HIST.** Titre décerné à certains dignitaires de l'Empire ottoman.

RÉITÉRATIF, IVE adj. Qui réitère.

RÉITÉRATION n.f. 1. Répétition. **2. DR.** Action de commettre une infraction, après une première condamnation définitive pour des faits de nature différente (par oppos. à *récidive*).

RÉITÉRER v.t. et **v.i. [11],** ▲ *[11*]* (du bas lat. *reiterare*, recommencer). Faire de nouveau ; renouveler : *Réitérer une annonce au micro.*

REÎTRE, ▲ ***REITRE*** [rɛtr] **n.m.** (all. *Reiter*). **1.** Du XVe au XVIIe s., cavalier allemand mercenaire au service de la France. **2.** Litt. Soldat brutal ; soudard.

REJAILLIR v.i. [21]. 1. Jaillir avec force, en parlant des liquides ; gicler. **2. (SUR).** Fig. Atteindre en retour ; retomber : *Le scandale a rejailli sur son entourage.*

REJAILLISSEMENT n.m. Action de rejaillir ; mouvement de ce qui rejaillit.

RÉJECTION n.f. ZOOL. Régurgitation.

REJET n.m. 1. Action de rejeter, de renvoyer : *Le rejet d'une épave par la mer* ; action de refuser : *Rejet d'une demande de révision d'un procès.* **2. AGRIC.** Pousse qui se développe à partir d'une tige et provient de bourgeons anormaux, ou à partir d'une souche d'arbre coupé (production de taillis). **3. GÉOL.** Dénivellation du compartiment d'une faille par rapport à l'autre compartiment. **4. VERSIF.** Procédé de mise en relief caractérisé par la présence en début de vers d'un ou deux mots liés de manière syntaxique au vers précédent ; le ou les mots ainsi rejetés. ▪ **Rejet (de greffe)** [immunol.], réaction de défense par laquelle le système immunitaire tend à détruire un tissu, un organe greffé. ▪ **Rejet de comptabilité,** fait pour un vérificateur fiscal d'écarter la comptabilité présentée par un contribuable, dans le but de reconstituer les recettes par tous moyens.

REJETABLE adj. Qui peut ou doit être rejeté.

REJETER v.t. [16]. 1. Renvoyer en lançant : *Rejeter le ballon à son partenaire.* **2.** Renvoyer loin de soi ; éjecter : *Cette usine rejette des vapeurs toxiques.* **3.** Ne pas admettre ; refuser : *Rejeter une proposition.* ▪ **Rejeter qqch sur qqn,** l'en rendre responsable. ◆ **v.i. AGRIC.** Donner des rejets. ◆ **SE REJETER v.pr. 1.** Se reculer vivement. **2. (SUR).** Se reporter faute de mieux sur ; se rabattre sur.

REJETON n.m. 1. Pousse qui apparaît au pied de la tige d'une plante. **2.** Fam. Descendant ; enfant : *Ses rejetons lui ressemblent.*

REJOINDRE v.t. [62]. 1. Aller retrouver ; rattraper : *Il nous rejoindra au café.* **2.** Aboutir à un endroit : *Cette route rejoint la départementale.* **3.** Devenir membre d'un groupe ; rallier. **4.** Partager l'opinion de : *Sur ce point, je vous rejoins.* **5.** Vx. Réunir des parties séparées. ◆ **SE REJOINDRE v.pr. 1.** Se réunir en un lieu. **2.** Se rencontrer en un endroit ; confluer. **3.** Tomber d'accord avec : *Nous nous rejoignons dans notre opposition à cette réforme.*

REJOINTOIEMENT n.m. Action de rejointoyer.

REJOINTOYER [-twaje] **v.t. [7].** Refaire des joints de maçonnerie.

REJOINTOYEUR, EUSE n. Belgique. Professionnel qui recouvre ou refait avec un mortier les joints de maçonnerie.

REJOUER v.t. et **v.i. [3].** Jouer de nouveau.

RÉJOUI, E adj. Qui exprime la joie, la gaieté.

RÉJOUIR v.t. [21] (anc. fr. *esjoïr*). Donner de la joie à : *Voyager la réjouit.* ◆ **SE RÉJOUIR v.pr.** Manifester une vive satisfaction : *Je me réjouis de sa venue.*

RÉJOUISSANCE n.f. Manifestation de joie. ◆ **n.f. pl.** Fêtes destinées à célébrer un événement heureux.

RÉJOUISSANT, E adj. Qui réjouit : *Une nouvelle réjouissante.*

REJUGER v.t. [10]. Juger de nouveau.

1. RELÂCHE n.f. 1. Litt. Interruption dans un travail, un exercice ; pause : *Moment de relâche.* **2.** Suspension momentanée des représentations d'un théâtre. ▪ **Sans relâche,** sans interruption. ▪ **Semaine de relâche,** ou **relâche** [Québec], période d'interruption de l'enseignement au cours d'une année scolaire ou universitaire, souvent consacrée à des vacances. ◆ **n.f. pl.** Suisse. Vacances scolaires, spécial. vacances de février consacrées habituellement à la pratique des sports d'hiver.

2. RELÂCHE n.f. MAR. Action de relâcher ; lieu où l'on relâche : *Faire relâche à Anvers.*

RELÂCHÉ, E adj. Qui manque de rigueur : *Style relâché.*

RELÂCHEMENT n.m. 1. Diminution de tension : *Le relâchement d'un câble.* **2.** Ralentissement d'activité, de rigueur : *Un relâchement des efforts.*

RELÂCHER v.t. [3]. 1. Diminuer la tension de ; détendre : *Relâcher les haubans.* **2.** Remettre en liberté : *Relâcher un otage.* **3.** Rendre moins intense : *Relâcher son attention.* ◆ **v.i. MAR.** S'arrêter pour s'approvisionner ou se faire réparer, en parlant d'un navire. ◆ **SE RELÂCHER v.pr. 1.** Devenir moins tendu ; se détendre. **2.** Perdre de son ardeur ; se déconcentrer. **3.** Devenir moins rigoureux ; s'assouplir.

RELAIS, ▲ ***RELAI*** **n.m.** (de *relayer*). **1.** Personne, chose qui sert d'intermédiaire, d'étape. **2. TÉLÉCOMM.** Réémetteur. **3. SPORTS.** Épreuve dans laquelle les membres d'une même équipe accomplissent successivement un parcours déterminé, appelée aussi *course de relais* ; cette équipe. **4. ÉLECTROTECHN.** Appareil destiné à produire des modifications dans un circuit de sortie, lorsque certaines conditions sont remplies dans le circuit d'entrée dont il subit l'action. **5. VÉNER.** Troupe de chiens placée sur un parcours de chasse pour remplacer les chiens fatigués. **6.** Anc. Chevaux de poste placés de loin en loin sur une route pour remplacer les chevaux fatigués ; lieu où ces chevaux étaient placés. ▪ **Prendre le relais de,** poursuivre l'action de ; succéder à.

RELAIS POSTE n.m. (nom déposé). Établissement commercial (magasin de presse, par ex.) où l'on peut effectuer les opérations postales courantes, dans le cas où un bureau de poste voisin a fermé.

SE RELAISSER v.pr. [3]. VÉNER. En parlant d'un animal poursuivi, s'arrêter par lassitude.

RELANCE n.f. 1. Action de donner une nouvelle impulsion à : *Relance du pouvoir d'achat.* **2.** Action de relancer qqn. **3.** À certains jeux de cartes, action de surenchérir sur l'adversaire ; somme ainsi engagée. ▪ **Politique de relance,** politique économique visant à stimuler l'activité économique dans le but principal de réduire le chômage.

RELANCER v.t. [9]. 1. Lancer de nouveau ; renvoyer : *Relancer un ballon.* **2.** Solliciter de nouveau qqn pour tenter d'obtenir qqch : *Relancer un débiteur.* **3.** Donner un nouvel essor à : *Relancer l'économie.* **4. VÉNER.** Lancer de nouveau l'animal de chasse. ◆ **v.i.** Au jeu, faire une relance.

RELAPS, E [rəlaps] **adj.** et **n.** (du lat. *relapsus*, retombé). Se disait d'un chrétien retombé dans l'hérésie et puni par les tribunaux de l'Inquisition.

RÉLARGIR v.t. [21]. Rendre plus large.

RELATER v.t. [3] (du lat. *relatus*, raconté). Litt. Raconter en détaillant les circonstances de ; narrer.

RELATIF, IVE adj. (du lat. *relatum*, de *referre*, rapporter). **1.** Qui se rapporte à : *Articles de presse relatifs à une affaire.* **2.** Qui n'a de valeur que par rapport à qqch d'autre : *La hausse de la Bourse est relative.* **3.** Qui n'est pas complet ; imparfait : *Un bonheur relatif.* **4. GRAMM.** Se dit des mots (les pronoms *qui*, *que*, *quoi*, *lequel*, *dont*, l'adj. *lequel*, l'adv. *où*) qui servent à établir une relation entre un nom ou un pronom qu'ils représentent (l'antécédent) et une proposition, dite *subordonnée relative.* ▪ **Entier relatif** [math.], élément de l'ensemble $\mathbb{Z}$. ▪ **Mouvement relatif** [mécan.], mouvement envisagé par rapport à un référentiel, considéré comme mobile dans un autre référentiel dit *absolu.* ▪ **Nombre relatif,** ou **relatif, n.m.** [math.], élément de l'ensemble $\mathbb{Z}$ ou de l'ensemble $\mathbb{D}$. ◆ **n.m. 1. GRAMM.** Mot relatif. **2. MATH.** Nombre relatif.

RELATION n.f. (lat. *relatio*). **1.** Lien existant entre des choses, des personnes ; rapport : *Relation entre deux faits. Relations professionnelles.* **2.** Personne avec laquelle on est en rapport : *Elle a de nombreuses relations dans la presse.* **3.** Litt. Action de relater ; récit : *Un témoin a fait la relation de l'accident.* **4. LOG.** Prédicat à plusieurs variables. ➲ Par ex., l'égalité (=) est une relation à deux variables, ou *relation binaire.* **5. MATH.** Pour deux ensembles, propriété portant sur l'ensemble des couples formés d'un élément du premier ensemble et d'un élément du second. **6. PHYSIOL.** Fonction qui assure la relation avec le milieu extérieur, comme la motricité, la sensibilité. ▪ **Avoir des relations,** connaître des personnes influentes. ▪ **Relations internationales,** relations entre États, constituant une branche du droit international public. ▪ **Relations publiques,** activités professionnelles visant à informer l'opinion sur les réalisations d'une collectivité et à les promouvoir. ▪ **Théorie des relations** [log.], partie fondamentale de la logique moderne, comprenant le calcul des relations et l'étude des divers types de relations et de leurs propriétés générales. ➲ On étudie notamm. les relations d'équivalence et d'ordre.

RELATIONNEL, ELLE adj. Relatif aux relations entre les individus.

RELATIONNISTE n. Québec. Personne qui s'occupe des relations publiques dans un organisme, une entreprise.

RELATIVE n.f. GRAMM. Subordonnée relative.

RELATIVEMENT adv. 1. Jusqu'à un certain point ; assez : *Le trafic est relativement fluide.* **2. (À).** Par comparaison avec : *C'est calme relativement à ce que nous avons connu.* **3. (À).** Au sujet de : *Relativement à cet incident.*

RELATIVISATION n.f. Action de relativiser.

RELATIVISER v.t. [3]. Rendre relatif ; faire perdre son caractère absolu à.

RELATIVISME n.m. PHILOS. 1. Doctrine selon laquelle toute connaissance est relative, dans la mesure où elle dépend d'une autre connaissance ou est liée au point de vue du sujet. **2.** Doctrine selon laquelle les valeurs morales, esthétiques, etc., dépendent des époques, des sociétés, des individus et ne sauraient être érigées en normes universelles.

RELATIVISTE adj. 1. Qui concerne le relativisme. **2. PHYS.** Qui relève de la théorie de la relativité restreinte. ▪ **Particule, vitesse relativiste** [phys.], particule animée d'une vitesse relativiste ; vitesse dont l'ordre de grandeur est comparable à celle de la lumière. ◆ **n.** Partisan du relativisme.

RELATIVITÉ n.f. Caractère de ce qui est relatif : *La relativité de la notion de beau et de laid.* ▪ **Théories de la relativité** [phys.], ensemble de théories selon lesquelles les mesures d'espace et de temps dépendent de certaines caractéristiques des observateurs et du contenu de l'Univers.

➲ Il faut distinguer principe et théorie de la **RELATIVITÉ**. Un *principe de relativité* stipule que les lois de la physique doivent garder la même forme dans deux référentiels en mouvement l'un par rapport à l'autre *(principe d'invariance)*. Selon que le mouvement du deuxième référentiel par rapport au premier est de translation rectiligne uniforme ou bien quelconque, on parle, depuis Einstein, de *principe de relativité restreinte* ou de *principe de relativité générale*. La *relativité galiléo-newtonienne* est une théorie du mouvement (et seulement de cela) qui satisfait au principe de relativité restreinte.

RELAVER v.t. [3]. **1.** Laver de nouveau. **2.** Suisse. Laver la vaisselle. **3.** Région. (Nord, Est) ; Belgique, Suisse. Fam. Laver à grande eau : *Relaver le trottoir.*

RELAX ou **RELAXE** adj. Fam. **1.** Délassant : *Passer des vacances relax.* **2.** Décontracté : *Elle est relax.*

RELAXANT, E adj. Qui relaxe ; reposant.

RELAXATION n.f. **1.** Fait de se relaxer : *Relaxation musculaire.* **2.** PHYS. Phénomène spontané de relâchement et de retour progressif à l'état d'équilibre d'un système dont l'équilibre a été rompu. **3.** Méthode psychothérapique utilisant le relâchement conscient et la maîtrise du tonus musculaire.

1. RELAXE n.f. DR. Décision d'un tribunal correctionnel ou de police mettant la personne poursuivie hors de cause.

2. RELAXE adj. → **RELAX.**

1. RELAXER v.t. [3] (du lat. *relaxare*, desserrer). Mettre en état de décontraction ; détendre : *Ce massage l'a relaxé.* ◆ **SE RELAXER** v.pr. Se délasser.

2. RELAXER v.t. [3]. DR. Accorder la relaxe à une personne poursuivie.

RELAXOLOGIE n.f. Ensemble de techniques qui favorisent l'équilibre physique et mental (massages, hypnose, sophrologie, etc.).

RELAYER [rəlɛje] v.t. [6] (de l'anc. fr. *laier*, laisser). **1.** Remplacer qqn dans un travail, une action pour éviter toute interruption ; relever. **2.** Substituer qqch à qqch d'autre ; remplacer : *Les pourparlers de paix relaient* ou *relayent les actions militaires.* **3.** TÉLÉCOMM. Retransmettre, notamm. par satellite, une émission de radiocommunication provenant d'un autre émetteur. **4.** SPORTS. Succéder à un équipier dans une course de relais. ◆ **SE RELAYER** v.pr. Alterner pour assurer la continuité d'une tâche ; se remplacer.

RELAYEUR, EUSE n. SPORTS. Participant d'une course de relais.

RELEASING FACTOR [rəliziŋfaktɔr] n.m. (pl. *releasing factors*) [mots angl.]. BIOCHIM. Hormone de l'hypothalamus activant la sécrétion d'une stimuline hypophysaire (SYN. **libérine**).

RELECTURE n.f. **1.** Nouvelle lecture. **2.** Mise en perspective inédite d'une œuvre génér. classique, revendiquant des significations jusqu'alors inexplorées ou des résonances avec le monde contemporain.

RELÉGATION n.f. **1.** DR. Action de reléguer, d'exiler. ➲ Peine qui frappait en France les récidivistes (éloignement du territoire métropolitain), supprimée en 1970. **2.** SPORTS. Descente d'une équipe dans une catégorie inférieure, d'un sportif à un rang inférieur dans un classement.

RELÉGUER v.t. [11], ▲ *[11*]* (du lat. *relegare*, bannir). **1.** DR. Vieilli. Exiler dans un endroit déterminé. **2.** Mettre à l'écart : *Reléguer qqn au second plan.* **3.** SPORTS. Faire subir une relégation.

RELENT n.m. (du lat. *lentus*, lent à couler). **1.** Mauvaise odeur qui persiste ; remugle : *Un relent de moisi.* **2.** Litt. Ce qui reste de qqch ; trace : *Un relent de gauchisme.*

RELEVABLE adj. Que l'on peut relever.

RELEVAGE n.m. TECHN. Action de relever un outil, une partie mobile de machine, etc. ■ **Système de relevage,** appareil plaçant automatiquement en position de repos des outils, des pièces, etc., qui viennent d'agir.

RELEVAILLES n.f. pl. CATH. Anc. Bénédiction donnée à une femme relevant de couches.

1. RELEVÉ, E adj. **1.** Épicé : *Sauce relevée.* **2.** De qualité : *En termes relevés.*

2. RELEVÉ n.m. **1.** Action de relever, de noter par écrit ; son résultat : *Le relevé des compteurs.* **2.** Représentation en plan, coupe et/ou élévation d'un bâtiment existant. **3.** Copie dessinée ou peinte d'une œuvre d'art, et spécial. d'une peinture murale, d'une inscription, etc. **4.** DANSE. Mouvement par lequel le danseur se dresse sur les pointes ou les demi-pointes. ■ **Relevé d'identité bancaire (RIB), postal (RIP),** pièce délivrée par une banque ou par La Poste à ses clients et permettant d'identifier leur compte.

RELÈVE n.f. Action de relever, de remplacer une équipe, une troupe, etc., par une autre ; équipe, troupe qui assure ce remplacement. ■ **Prendre la relève,** relayer.

RELÈVEMENT n.m. **1.** Action de relever : *Le relèvement d'un poteau, des minima sociaux.* **2.** Action de rétablir la situation de ; redressement : *Le relèvement d'une industrie.* **3.** DR. Action de relever un condamné de la sanction qui le frappe. **4.** MAR. Détermination de l'angle que fait avec le nord la direction d'un point à terre, d'un bateau, d'un astre, etc. ; valeur de cet angle. **5.** DESS. INDUSTR. Opération réciproque du rabattement. **6.** TOPOGR. Procédé de détermination de la position d'un point de station par visées sur des points de position connue.

RELEVER v.t. [12] (lat. *relevare*). **1.** Remettre debout ; remettre dans sa position normale : *Relever une personne blessée, une clôture.* **2.** Diriger vers le haut : *Relever la tête* ; remettre plus haut : *Relever le store.* **3.** Ramasser ; collecter : *Relever les copies, les questionnaires remplis.* **4.** Rendre la prospérité à : *Relever une entreprise en difficulté.* **5.** Accroître le niveau de ; majorer : *Relever une taxe.* **6.** Mettre en valeur ; rehausser : *Ce maquillage relève la couleur de ses yeux.* **7.** Mettre en évidence ; repérer : *Relever les anachronismes dans un docu-fiction.* **8.** Noter par écrit : *J'ai relevé le numéro de sa plaque d'immatriculation* ; prendre une image de : *Relever des empreintes digitales.* **9.** Faire comprendre que l'on remarque qqch : *Je ne relèverai pas cette insolence.* **10.** Remplacer dans un travail, une fonction ; relayer : *Le chauffeur est relevé toutes les quatre heures.* **11.** Libérer d'une obligation, d'un engagement ; délier : *Je te relève de ta promesse.* **12.** (DE). Priver de sa charge, de son poste ; révoquer : *Le Parlement peut le relever de ses fonctions.* **13.** DR. Dispenser un condamné de certains des effets résultant de sa condamnation. **14.** CUIS. Donner un goût plus prononcé à un mets en renforçant son assaisonnement. **15.** TOPOGR. Procéder à un relèvement. ■ **Relever une maille** [cout.], reprendre, dans un tricot, une maille mise en attente ou déjà tricotée dans un rang. ◆ v.t. ind. (DE). **1.** Se rétablir : *Relever d'une grippe.* **2.** Dépendre de l'autorité de : *Il ne relève pas de notre service* ; être du ressort de : *Votre affaire relève du pénal.* **3.** S'expliquer par : *Cela relève du miracle.* ◆ **SE RELEVER** v.pr. **1.** Se remettre debout. **2.** Fig. Sortir d'une situation pénible ; se remettre : *Le pays se relève de la crise.*

1. RELEVEUR, EUSE adj. Qui relève, est destiné à relever. ■ **Muscle releveur,** ou **releveur, n.m.,** muscle dont la fonction est de relever l'organe, les tissus auxquels il est attaché.

2. RELEVEUR, EUSE n. Employé d'une compagnie de distribution d'eau, de gaz, d'électricité qui relève les compteurs.

RELIAGE n.m. Action de relier un tonneau.

RELIEF n.m. (de *relever*). **1.** Ce qui fait saillie sur une surface : *Le relief d'une médaille.* **2.** Ensemble des inégalités de la surface terrestre : *Le relief des fonds océaniques.* **3.** Sculpture dont le motif, les formes se détachent en saillie plus ou moins forte sur un fond, par oppos. à la *ronde-bosse.* **4.** Ce qui distingue du commun ; force : *Ses personnages ont du relief.* ■ **Mettre en relief,** faire ressortir ; mettre en évidence. ◆ n.m. pl. Litt. Restes d'un repas.

RELIER v.t. [5]. **1.** Lier ensemble ; joindre : *Relier deux tubes par un manchon.* **2.** Établir un lien entre ; rapprocher : *Relier deux événements.* **3.** Faire communiquer ; raccorder : *Relier deux villages par une route.* **4.** Assembler les feuillets d'un livre et les revêtir d'une couverture. **5.** Mettre des cercles à un tonneau.

RELIEUR, EUSE n. Professionnel de la reliure.

RELIGIEUSE n.f. **1.** Gâteau composé de deux choux superposés fourrés de crème pâtissière et glacés au fondant. **2.** Suisse. Croûte qui se forme au fond d'un caquelon à fondue.

RELIGIEUSEMENT adv. **1.** Conformément à la religion. **2.** Avec une exactitude scrupuleuse : *Suivre religieusement les consignes.*

1. RELIGIEUX, EUSE adj. **1.** Qui appartient à une religion : *Une fête religieuse.* **2.** Qui se fait selon les rites d'une religion : *Mariage religieux.* **3.** Qui a la religion pour fondement : *Partis religieux.* **4.** Qui pratique sa religion avec piété ; pieux. **5.** Qui invite au recueillement : *Un silence religieux.*

2. RELIGIEUX, EUSE n. Membre d'un ordre, d'une congrégation ou d'un institut religieux.

RELIGION n.f. (lat. *religio*). **1.** Ensemble de croyances et de dogmes définissant le rapport de l'homme avec le sacré. **2.** Ensemble de pratiques et de rites propres à chacune de ces croyances ; confession ; culte : *Les grandes religions.* *(V. planche et carte pages suivantes.)* **3.** Adhésion à une doctrine religieuse ; foi. ■ **Entrer en religion,** se consacrer à la religion au sein d'un monastère, d'un institut religieux. ■ **Se faire une religion sur qqch,** se forger une opinion à ce sujet.

RELIGIOSITÉ n.f. Attitude religieuse dans laquelle l'affectivité compte autant que les raisons de croire communément reçues.

RELIQUAIRE n.m. Boîte, coffret, etc., souvent en orfèvrerie, destinés à contenir des reliques.

RELIQUAT n.m. (du lat. *reliqua*, reste). **1.** Ce qui subsiste de qqch ; vestige. **2.** COMPTAB. Ce qui reste dû après un arrêté de comptes.

RELIQUE n.f. (du lat. *reliquiae*, restes). **1.** Ce qui reste du corps d'un saint personnage, ou d'un objet relatif à son histoire, conservé dans un dessein de vénération. **2.** Objet auquel on attache une valeur sentimentale. **3.** BIOL. Espèce vivante constituant le dernier représentant d'un groupe jadis très diversifié, ou dont l'aire de répartition, actuellement très réduite ou morcelée, était beaucoup plus importante à une époque antérieure.

RELIRE v.t. [86]. Lire de nouveau ce que l'on a déjà lu ou ce que l'on vient d'écrire. ◆ **SE RELIRE** v.pr. Lire ce que l'on a écrit pour se corriger.

RELISH [rəliʃ] n.f. (mot angl.). Québec. Condiment aigre-doux nord-américain à base de cornichons finement hachés.

RELIURE n.f. **1.** Couverture cartonnée, recouverte de cuir, de toile, etc., dont on habille un livre pour le protéger ou le décorer. **2.** Activité industrielle ou artisanale consistant à relier les livres.

RELOCALISATION n.f. **1.** Stratégie entrepreneuriale consistant à rapatrier dans le pays d'origine de la société mère une partie ou la totalité d'une activité productive qui avait été auparavant délocalisée. ➲ Les motifs de cette stratégie peuvent être fondés sur le coût de transport, la recherche d'une meilleure qualité, la défense de l'emploi national, etc. **2.** Transfert de personnes ayant besoin d'une protection internationale (demandeurs d'asile) d'un État membre de l'Union européenne vers un autre. ➲ Lancé en 2015 par la Commission européenne, le dispositif de relocalisation a cessé d'être juridiquement contraignant en septembre 2017, mais continue d'être encouragé sur la base du volontariat.

RELOCALISER v.t. [3]. Effectuer une relocalisation.

RELOGEMENT n.m. Action de reloger ; fait d'être relogé.

RELOGER v.t. [10]. Trouver un logement de remplacement à qqn. ◆ **SE RELOGER** v.pr. Trouver un nouveau logement.

RELOOKAGE [-lu-] n.m. Fam. Action de relooker ; nouvelle apparence.

RELOOKER [-lu-] v.t. [3] (de l'angl. *look*, air, allure). Fam. Modifier l'aspect de qqn, de qqch : *Relooker un P-DG* ; restyler : *Relooker un emballage.*

RELOU adj. inv. (verlan de *1. lourd*). Fam. Sans finesse ; stupide : *Des blagues relou.*

RELOUER v.t. [3]. Louer de nouveau : *Relouer une auto.*

RÉLUCTANCE n.f. (de l'angl. *reluctance*, aversion). PHYS. Quotient de la force magnétomotrice d'un circuit magnétique par le flux d'induction qui le traverse.

▲ La flamme ascendante de la bougie symbolise la spiritualité.

Les grandes religions

Le mot « religion » désigne un ensemble déterminé de croyances et de dogmes définissant le rapport de l'homme avec le sacré. Il est possible de distinguer trois types de religions : celles qui reposent sur l'affirmation d'un dieu unique, créateur et personnel (religions monothéistes), celles qui vénèrent une pluralité de divinités (religions polythéistes) et celles qui s'apparentent davantage à une sagesse ou à une philosophie.

▲ **Judaïsme.** Jeune juif portant la Torah lors de sa bar-mitsva, cérémonie de confirmation marquant la majorité religieuse.

▲ **Protestantisme.** La Réforme a mis en valeur l'importance de la prédication de l'Évangile : le pasteur renvoie chacun à sa relation individuelle avec le Christ.

Le judaïsme

Le fondateur du **judaïsme**, Abraham, s'installe en Canaan, terre promise par Dieu, vers 1850 av. J.-C. Les textes fondamentaux du judaïsme sont regroupés dans la Bible (l'Ancien Testament des chrétiens), qui comprend la Loi écrite (Torah). À cela s'ajoutent les commentaires formant le Talmud. La profession de foi juive est la parole de Moïse : « Écoute, Israël, l'Éternel notre Dieu, l'Éternel est Un. »

La religion juive se présente donc comme une alliance de Dieu avec les patriarches (et leur postérité) qu'il a choisis pour répandre son culte parmi les peuples. Cette alliance implique de la part des enfants d'Israël l'engagement d'être fidèles à Dieu et à la Torah.

Le christianisme

Le **christianisme** est apparu au sein du judaïsme. Jésus de Nazareth, descendant du roi David, se présente non comme un prophète supplémentaire, mais comme Dieu lui-même fait homme. Les Évangiles exposent ses actions et ses enseignements. Le christianisme est une doctrine de salut : par l'imitation de Jésus-Christ, l'homme peut retrouver l'intimité avec Dieu que le péché lui avait fait perdre.

Au sein du christianisme, des divisions confessionnelles apparaissent au cours de l'histoire.

La religion **orthodoxe** est apparue par un schisme en 1054 lorsque Mikhail Keroularios, patriarche de Constantinople, refuse la suprématie de l'évêque de Rome.

Le **protestantisme** est issu de la Réforme qui, à partir de la publication des thèses de Martin Luther, en 1517, soustrait à l'obédience de l'Église **catholique** une partie de la chrétienté européenne, cherchant à revenir à un christianisme primitif. L'**anglicanisme** a une origine politique : au début du XVIe s., Henri VIII se déclare chef de l'Église d'Angleterre, refusant la condamnation papale de ses remariages.

▲ **Catholicisme.** Baptême chrétien : le baptisé est comme immergé dans la mort et la résurrection du Christ.

▲ **Église orthodoxe.** Les orthodoxes, de même que les catholiques, vénèrent les saints, intercesseurs auprès de Dieu, et admettent la médiation des images (icônes).

▲ **Islam.** Salle de prière dans une mosquée : tout musulman effectuant sa prière est orienté en direction de La Mecque (qibla).

L'islam

L'**islam** est la religion fondée en Arabie au VIIe s. par Mahomet à qui l'ange Gabriel a donné des révélations fragmentaires successives, formant le Coran, parole de Dieu. La pratique religieuse repose sur cinq obligations appelées « piliers » : la profession de foi (« Il n'y a de divinité que Dieu [Allah], et Mahomet est l'envoyé de Dieu »), les cinq prières quotidiennes, l'aumône, le jeûne intégral du ramadan, le pèlerinage à La Mecque. La Loi de l'islam (charia) régit non seulement le rapport à Dieu, mais aussi toute la vie sociale, individuelle et politique.

Le **sunnisme**, courant majoritaire de l'islam, s'oppose au **chiisme** à propos de la désignation du successeur du Prophète. Le sunnisme, contrairement au chiisme, rejette toute interprétation mystique ou ésotérique du Coran.

▲ **Hindouisme.** Puja, cérémonie d'offrandes et d'adoration à Ganesha, dieu de la Sagesse, de la Prudence, de l'Intelligence.

L'hindouisme

L'**hindouisme** est organisé autour d'un corpus de textes sanskrits considérés comme la « révélation », comprenant notamment les *Veda* et les *Upanishad*. Ces textes décrivent un ordre cosmique (dharma), subtil équilibre entre les dieux et les démons. Les rites et les sacrifices sont destinés à préserver cet équilibre précaire. L'hindouisme se caractérise par un ordre social, le **brahmanisme** : fondé sur le système des castes, il place le brahmane, spécialiste des rites, au sommet de la hiérarchie.

Entre 600 av. J.-C. et 300 apr. J.-C., l'hindouisme est réinterprété : s'y adjoint une métaphysique de la transmigration des âmes qui rend possible la voie de la libération *(moksa)* par un idéal de renoncement.

Le shintoïsme

Le **shintoïsme**, religion polythéiste ancestrale au Japon, repose sur la vénération des dieux (kami), personnification des forces naturelles ou âme des ancêtres.

Le bouddhisme

Le **bouddhisme** apparaît, en Inde, au VIe s. av. J.-C., comme une réforme dirigée contre le brahmanisme hindou. Il repose sur les enseignements du Bouddha synthétisés dans les « quatre nobles vérités » : 1° l'existence humaine est souffrance ; 2° la cause de la souffrance est le désir ; 3° pour se libérer de la souffrance, il faut supprimer la cause ; 4° la voie ouverte par le Bouddha conduira à l'ultime but de l'existence, le nirvana, la fin des renaissances successives.

Bouddhisme. ▶
Moine devant une statue de Bouddha : la prière ne consiste pas à s'adresser à un être personnel, mais à méditer les enseignements et à se concentrer sur le chemin de l'éveil.

Le jaïnisme

Comme le bouddhisme, le **jaïnisme** est dirigé contre le brahmanisme. Il représente le chemin de libération de la souffrance par l'ascèse, la non-violence et le respect scrupuleux de tout être vivant, et son essor est contemporain du bouddhisme.

Taoïsme et confucianisme

C'est également au VIe s. av. J.-C. qu'est apparu en Chine le **taoïsme**, dont le but est de montrer la voie qui mène au tao (ou dao) absolu, le principe d'ordre qui fait l'unité de l'univers. L'un des textes majeurs est le *Tao-tö-king* attribué à Laozi.

▲ **Confucianisme.** Jeune femme portant des offrandes lors d'une cérémonie en l'honneur des ancêtres.

Le **confucianisme** partage avec le taoïsme une même origine géographique et chronologique, un même souci de l'harmonie, mais il est dénué de préoccupations métaphysiques. La doctrine de Confucius comprend principalement des préceptes moraux pour la vie dans le monde : piété filiale, fidélité aux chefs, justice morale, altruisme, bienfaisance.

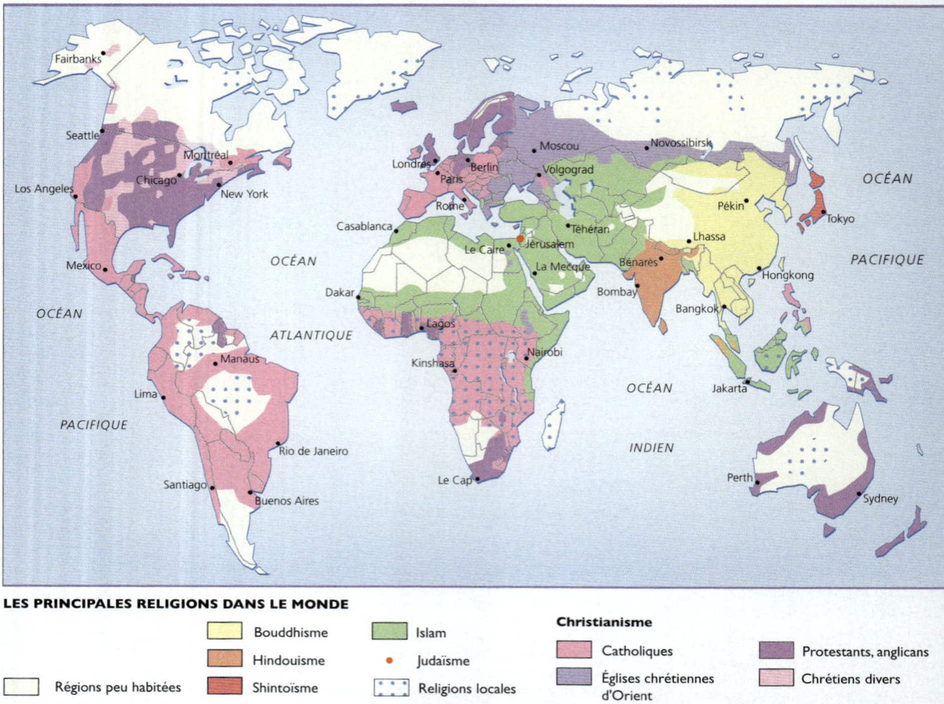

▲**religion.** Implantation géographique de la religion majoritaire dans chaque pays.

RELUIRE v.i. [77]. Briller en réfléchissant la lumière ; miroiter. ▪ **Passer la brosse à reluire à qqn** [fam.], le flatter.

✎ Le passé simple ***il reluisit*** est supplanté par ***il reluit.***

RELUISANT, E adj. Qui reluit. ▪ **Peu reluisant,** médiocre : *Une attitude peu reluisante.*

RELUQUER v.t. [3] (du moyen fr. *luquer,* regarder). Fam. Regarder avec curiosité ou convoitise ; lorgner.

REM [rɛm] n.m. (acronyme de l'angl. *Röntgen equivalent man*). Unité d'équivalent de dose* (symb. rem), qui vaut 10^{-2} sievert.

REMÂCHER v.t. [3]. **1.** Mâcher une seconde fois, en parlant des ruminants. **2.** Fig. Retourner dans son esprit ; ruminer.

REMAILLAGE ou **REMMAILLAGE** [rɑ̃-] n.m. Action de remailler.

REMAILLER ou **REMMAILLER** [rɑ̃-] v.t. [3]. Reconstituer les mailles d'un tricot, d'un filet.

REMAKE [rimɛk] n.m. (mot angl.). Nouvelle version d'une œuvre cinématographique ou littéraire.

RÉMANENCE n.f. (du lat. *remanere,* rester). **1.** PSYCHOL. Propriété d'une sensation, notamm. visuelle, de persister après la disparition du stimulus. **2.** PHYS. Persistance de l'aimantation dans un barreau d'acier qui a été soumis à l'action d'un champ magnétique.

RÉMANENT, E adj. PSYCHOL. Qui manifeste une rémanence.

REMANGER v.t. et v.i. [10]. Manger de nouveau.

REMANIABLE adj. Qui peut être remanié.

REMANIEMENT n.m. Action de remanier ; changement ; modification : *Un remaniement ministériel.*

REMANIER v.t. [5]. Apporter des modifications à ; corriger : *Remanier son CV* ; réorganiser : *Remanier une équipe.*

REMAQUILLER v.t. [3]. Maquiller de nouveau.

REMARCHER v.i. [3]. Fam. Fonctionner de nouveau.

REMARIAGE n.m. Nouveau mariage.

SE **REMARIER** v.pr. [5]. Se marier de nouveau.

REMARQUABLE adj. Digne d'être remarqué ; marquant.

REMARQUABLEMENT adv. De façon remarquable.

REMARQUE n.f. **1.** Observation sur un point particulier ; réflexion : *Elle a fait une remarque sur notre travail.* **2.** Note, observation écrite ; commentaire : *Des remarques dans la marge.* **3.** GRAV. Petit croquis gravé dans la marge d'une estampe.

REMARQUER v.t. [3]. **1.** Faire attention à ; constater : *Il n'a rien remarqué d'inhabituel.* **2.** Distinguer parmi d'autres : *Remarquer qqn dans le public.* **3.** Marquer de nouveau. ▪ **Se faire remarquer** [péjor.], se singulariser.

REMASTÉRISER v.t. [3] (de l'angl. *master,* original). TECHN. Opérer la numérisation d'un document sonore ou vidéo initialement enregistré sous forme analogique.

REMASTICAGE n.m. Action de remastiquer.

REMASTIQUER v.t. [3]. Remettre du mastic sur.

REMBALLAGE n.m. Action de remballer.

REMBALLER v.t. [3]. Emballer de nouveau.

REMBARQUEMENT n.m. Action de rembarquer, de se rembarquer.

REMBARQUER v.t. [3]. Embarquer de nouveau. ◆ **v.i.** ou **SE REMBARQUER v.pr.** S'embarquer de nouveau.

REMBARRER v.t. [3]. Fam. Faire de vifs reproches à.

REMBAUCHER v.t. [3] → **RÉEMBAUCHER.**

REMBLAI n.m. Masse de terre rapportée pour élever un terrain ou combler un creux.

REMBLAIEMENT n.m. HYDROL. Action de l'eau qui dépose tout ou partie des matériaux qu'elle transporte.

REMBLAVER v.t. [3]. AGRIC. Emblaver de nouveau.

REMBLAYAGE [-blɛjaʒ] n.m. Action de remblayer.

REMBLAYER [-blɛje] v.t. [6] (de l'anc. fr. *emblaer,* remplir de blé). Faire un remblai.

REMBLAYEUSE [-blɛjøz] n.f. Machine pour effectuer le remblayage.

REMBOBINER v.t. [3]. Enrouler de nouveau ce qui est débobiné.

REMBOÎTAGE ou **REMBOÎTEMENT,** ▲*REMBOITAGE, REMBOITEMENT* n.m. Action de remboîter.

REMBOÎTER, ▲*REMBOITER* v.t. [3]. Remettre en place ce qui est déboîté.

REMBOURRAGE n.m. **1.** Action de rembourrer. **2.** Matière avec laquelle on rembourre (SYN. **rembourrure**).

REMBOURRER v.t. [3]. Garnir d'une matière plus ou moins compressible (crin, bourre, etc.) ; capitonner.

REMBOURRURE n.f. Rembourrage.

REMBOURSABLE adj. Qui peut ou qui doit être remboursé.

REMBOURSEMENT n.m. Action de rembourser ; paiement d'une somme due. ▪ **Envoi contre remboursement,** envoi d'une marchandise contre paiement de sa valeur et, éventuellement, des frais de port à la livraison.

REMBOURSER v.t. [3] (de *1. bourse*). **1.** Rendre à qqn l'argent emprunté. **2.** Rendre à qqn l'argent qu'il a déboursé.

REMBRANESQUE adj. Qui rappelle la manière de Rembrandt.

SE **REMBRUNIR** v.pr. [21]. Devenir triste, soucieux ; s'assombrir : *À cette évocation, son visage s'est rembruni.*

REMBUCHEMENT n.m. VÉNER. Rentrée d'un animal de chasse dans une forêt.

REMBUCHER v.t. [3] (de l'anc. fr. *embuschier,* mettre en embuscade). VÉNER. Suivre la bête avec le limier jusqu'à la rentrée dans la forêt.

REMÈDE n.m. (lat. *remedium*). **1.** Tout ce qui peut servir à prévenir ou à combattre une maladie. **2.** En homéopathie, nom donné au médicament. **3.** Ce qui sert à diminuer un mal, à faire cesser une difficulté ; antidote : *Un désespoir sans remède* ; solution : *Chercher un remède au chômage.*

REMÉDIABLE adj. À quoi l'on peut remédier.

REMÉDIATION n.f. Dans le cadre de l'école, soutien apporté aux enfants qui ont du mal à acquérir les fondamentaux (lecture, écriture, etc.). ▪ **Remédiation cognitive,** rééducation des fonctions intellectuelles dites *supérieures* (apprentissages, comportements sociaux) par des exercices ludiques. ➲ Elle est utilisée dans le champ thérapeutique (lésions cérébrales, par ex.) ou pédagogique (déficience intellectuelle, notamm.).

REMÉDIER **v.t. ind.** **[5]** **(À)** [lat. *remediare*]. Apporter un remède, une solution à : *Remédier à une migraine, à la pollution.*

REMEMBREMENT **n.m.** Réorganisation de différentes parcelles afin de les agrandir en réduisant leur nombre et pour en effectuer une redistribution rationnelle, pour l'agriculture *(remembrement rural)* ou pour l'aménagement urbain.

REMEMBRER **v.t.** **[3].** Effectuer le remembrement de.

REMÉMORATION **n.f.** Sout. Éveil d'un souvenir.

REMÉMORER **v.t.** **[3]** (lat. *rememorari*). Sout. Remettre en mémoire ; rappeler. ◆ **SE REMÉMORER** **v.pr.** Litt. Se rappeler : *Se remémorer ses débuts au travail.*

REMERCIEMENT **n.m.** Action de remercier ; mots par lesquels on remercie : *Une carte de remerciement.*

REMERCIER **v.t.** **[5].** **1.** Exprimer sa gratitude à qqn pour qqch : *Je vous remercie de votre aide* ou *de m'avoir aidé.* **2.** Renvoyer une personne que l'on emploie ; congédier.

RÉMÉRÉ **n.m.** (du lat. *redimere*, racheter). **DR.** Clause par laquelle on se réserve le droit de racheter dans un certain délai la chose que l'on vend, en remboursant à l'acquéreur le prix de son acquisition et les frais : *Vente à réméré.*

REMETTANT **n.m.** **BANQUE.** Personne qui remet une valeur (lettre de change, chèque) au banquier chez lequel elle a un compte.

REMETTRE **v.t.** **[64]** (lat. *remittere*). **1.** Replacer qqn, qqch à l'endroit où il était, dans l'état ancien : *Remettre un enfant au lit, un DVD à sa place, une pendule à l'heure.* **2.** Reconnaître après avoir cherché dans ses souvenirs : *Je ne vous remets pas.* **3.** Remboîter une articulation, un membre démis : *Remettre une épaule.* **4.** Mettre de nouveau, notamm. un vêtement. **5.** Rétablir la santé de qqn : *Un séjour à la montagne le remettra.* **6.** Mettre entre les mains, dans la possession, le pouvoir de qqn : *Remettre sa démission au directeur, ses clés au voisin, un criminel à la police.* **7.** Faire grâce de : *Remettre une peine.* **8.** Reporter à plus tard ; différer. **9.** Belgique, Suisse. Céder une entreprise, un commerce : *Restaurant à remettre.* ▪ **En remettre** [fam.], exagérer. ▪ **Remettre ça** [fam.], recommencer. ▪ **Remettre qqn au pas,** le contraindre à faire son devoir. ◆ **v.t. ind.** **(SUR).** Belgique. Rendre la monnaie d'une somme. ◆ **SE REMETTRE** **v.pr.** **1.** Se mettre de nouveau dans une position, un endroit : *Se remettre au lit.* **2.** Se rappeler après avoir cherché : *Se remettre le nom de qqn.* **3.** Reprendre une action, une activité : *Se remettre au piano.* **4.** Revenir à un meilleur état de santé ; retrouver le calme : *Il se remet de sa frayeur.* ▪ **S'en remettre à qqn,** s'en rapporter à lui.

REMEUBLER **v.t.** **[3].** Garnir de nouveaux meubles.

RÉMIGE **n.f.** (du lat. *remex, -igis*, rameur). Chacune des grandes plumes rigides de l'aile d'un oiseau.

REMILITARISATION **n.f.** Action de remilitariser.

REMILITARISER **v.t.** **[3].** **1.** Réinstaller un dispositif militaire dans une région. **2.** Redonner un caractère militaire à.

RÉMINISCENCE **n.f.** (bas lat. *reminiscentia*). **1.** **PSYCHOL.** Retour involontaire d'un souvenir. **2.** Emprunt fait inconsciemment à des souvenirs de lecture : *On trouve des réminiscences de Perec dans ce texte* ; souvenir vague et imprécis : *J'ai quelques réminiscences de cette époque.*

REMISAGE **n.m.** Action de remiser.

REMISE **n.f.** (de *remettre*). **1.** Action de remettre dans un lieu : *La remise en place d'un meuble.* **2.** Action de remettre, de livrer : *La remise d'un recommandé.* **3.** Diminution de prix accordée sur un achat ; ristourne. **4.** Local où l'on range du matériel ; resserre. **5.** **CHASSE.** Endroit couvert servant de retraite au gibier. ▪ **Remise de cause, de peine** [dr.], renvoi d'un procès à une audience ultérieure ; mesure dispensant un condamné d'exécuter tout ou partie de sa peine.

REMISER **v.t.** **[3].** **1.** Placer dans une remise. **2.** Mettre à sa place habituelle ; ranger.

RÉMISSIBLE **adj.** Digne de pardon : *Offense rémissible.*

RÉMISSION **n.f.** (lat. *remissio*). **1.** Action de pardonner une faute, une offense : *Rémission des péchés.* **2.** **MÉD.** Atténuation ou disparition temporaire des symptômes d'une maladie ; guérison apparente d'une maladie susceptible de réapparaître : *Un cancer en rémission.* ▪ **Sans rémission,** de façon implacable : *Puni sans rémission.*

RÉMITTENT, E **adj.** (du lat. *remittere*, relâcher). **MÉD.** Qui évolue par accès rapprochés et rémissions : *Fièvre rémittente.*

REMIX **n.m.** (pl. *remix[es]*) [mot angl.]. **MUS.** Technique consistant à retravailler un disque déjà enregistré afin d'en produire une autre version ; cette version.

REMIXER **v.t.** **[3].** Procéder au remix d'un disque.

RÉMIZ [remiz] **n.m.** (polon. *remiz*). Mésange d'Europe centrale et méridionale et d'Asie, qui construit un nid en forme de bourse suspendu à une branche. ➲ Famille des paridés.

REMMAILLAGE [rɑ̃-] **n.m.** **1.** Couture utilisée pour assembler deux éléments de tricot bord à bord. **2.** Remaillage.

REMMAILLER **v.t.** **[3]** → **REMAILLER.**

REMMAILLEUSE [rɑ̃-] **n.f.** **1.** Ouvrière qui effectue le remmaillage des bas, des collants. **2.** Machine à remmailler.

REMMAILLOTER [rɑ̃-] **v.t.** **[3].** Emmailloter de nouveau.

REMMANCHER [rɑ̃-] **v.t.** **[3].** Emmancher de nouveau.

REMMENER [rɑ̃-] **v.t.** **[12].** Emmener après avoir amené.

REMMOULAGE [rɑ̃-] **n.m.** Opération d'assemblage des diverses parties d'un moule, en fonderie.

REMMOULER [rɑ̃-] **v.t.** **[3].** Effectuer un remmoulage.

REMNOGRAPHIE **n.f.** (de *RMN*). Imagerie par résonance* magnétique nucléaire.

REMODELAGE **n.m.** **1.** Action de remodeler. **2.** Remaniement effectué sur de nouvelles bases ; restructuration : *Le remodelage d'une zone rurale.*

REMODELER **v.t.** **[12].** **1.** Modifier qqch pour le rendre conforme à un modèle ou améliorer son esthétique : *Remodeler un nez.* **2.** Donner à qqch une structure nouvelle ; réorganiser : *Remodeler les transports urbains.*

RÉMOIS, E **adj.** et **n.** De Reims.

REMONTAGE **n.m.** **1.** Action d'assembler de nouveau les diverses pièces d'une machine. **2.** Action de tendre le ressort d'un mécanisme : *Le remontage d'une montre.*

1. REMONTANT, E **adj.** **1.** Qui va vers le haut. **2.** **BOT.** Se dit d'une plante (fraisier, framboisier) qui fleurit une seconde fois dans l'année.

2. REMONTANT **n.m.** Boisson, médicament qui redonnent des forces ; fortifiant.

REMONTE **n.f.** **1.** Action de remonter un cours d'eau. **2.** Ensemble des poissons qui remontent un cours d'eau pour frayer.

REMONTÉE **n.f.** Action de remonter. ▪ **Remontée mécanique,** installation utilisée par les skieurs pour remonter les pentes (télésièges, téléskis, télécabines).

REMONTE-PENTE **n.m.** (pl. *remonte-pentes*). Téléski.

REMONTER **v.i.** **[3].** **1.** Monter de nouveau quelque part, dans un véhicule : *Remonter à l'air libre, dans une voiture.* **2.** Atteindre un niveau supérieur après avoir baissé : *Ces actions remontent.* **3.** Suivre une pente, une courbe ascendante : *Après le rocher, le sentier remonte.* **4.** Aller vers la source d'un cours d'eau : *Remonter la Dordogne* ; retourner dans un endroit situé plus au nord : *Les Calaisiens remontent chez eux.* **5.** Se reporter à une époque ou à un fait antérieurs : *Pour comprendre cette affaire, il faut remonter plus loin.* **6.** Avoir pour origine : *Cela remonte à la guerre.* **7.** **THÉÂTRE.** Reculer vers le fond de la scène (par oppos. à *descendre*). ▪ **Remonter au vent** ou **dans le vent** [mar.], naviguer au plus près du vent ; louvoyer. ◆ **v.t.** **1.** Parcourir de bas en haut ce qu'on a descendu : *Remonter un escalier.* **2.** Aller dans le sens inverse du mouvement général : *Remonter la rue en sens interdit.* **3.** Placer qqch à un niveau plus élevé : *Remonter ses manches* ; en augmenter la hauteur : *Remonter une digue.* **4.** Redonner à un ressort l'énergie nécessaire à son fonctionnement : *Remonter une horloge.* **5.** Redonner à qqn de la vigueur, de l'énergie. **6.** Réajuster les parties d'un objet démonté : *Remonter un meuble.* **7.** Pourvoir de nouveau de ce qui est nécessaire : *Remonter sa cave.* **8.** **SPORTS.** Rattraper un concurrent. **9.** **NAVIG.** Parcourir un cours d'eau ou le longer d'aval en amont. ▪ **Être remonté contre qqn** [fam.], être en colère contre lui ; lui en vouloir. ▪ **Remonter le moral,** redonner du courage. ◆ **SE REMONTER** **v.pr.** Se redonner des forces, du dynamisme.

REMONTOIR **n.m.** Dispositif servant à remonter un mécanisme.

REMONTRANCE **n.f.** **1.** (Surtout pl.). Reproche adressé à qqn ; réprimande. **2.** **HIST.** Dans la France de l'Ancien Régime, observation adressée au roi par le parlement et les autres cours souveraines pour lui signaler les inconvénients d'un de ses actes législatifs.

REMONTRER **v.t.** **[3].** Montrer de nouveau à qqn. ▪ **En remontrer à qqn,** lui prouver qu'on lui est supérieur ; lui faire la leçon.

RÉMORA **n.m.** (du lat. *remora*, retard). Poisson marin portant sur la tête un disque formant ventouse, qui lui permet de se faire transporter, par ex. par d'autres poissons qu'il débarrasse de leurs parasites. ➲ Famille des échénéidés.

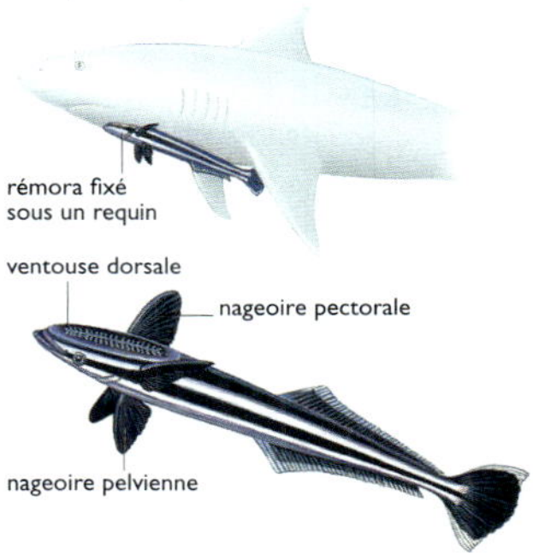

▲ rémora

REMORDRE **v.t.** **[59].** Mordre de nouveau.

REMORDS **n.m.** (de *remordre*). Vif regret d'avoir fait ou de n'avoir pas fait qqch : *Dis-le-lui, comme ça tu n'auras pas de remords.*

REMORQUAGE **n.m.** Action de remorquer ; fait d'être remorqué.

REMORQUE **n.f.** **1.** Traction exercée par un véhicule sur un autre : *Prendre une auto en remorque.* **2.** Câble servant au remorquage. **3.** Véhicule sans moteur remorqué par un autre. **4.** Véhicule ferroviaire destiné à être incorporé dans un train automoteur. ▪ **Être à la remorque de qqn,** se laisser complètement diriger par lui.

REMORQUER **v.t.** **[3]** (ital. *rimorchiare*). **1.** Tirer un véhicule derrière soi : *Remorquer un bateau.* **2.** Fam. Traîner qqn derrière soi. **3.** Afrique centrale. Transporter qqn sur le porte-bagages d'un véhicule à deux roues : *J'ai remorqué un touriste sur mon vélo.* **4.** Afrique centrale. Aider qqn lors d'une évaluation, lui fournir les réponses : *Tu ferais mieux de réviser : il n'y aura personne pour te remorquer le jour de l'examen !*

REMORQUEUR, EUSE **adj.** Qui remorque. ◆ **n.m.** Bâtiment de navigation conçu pour remorquer un navire ou un engin flottant. ▪ **Remorqueur spatial,** véhicule spatial réutilisable permettant de transférer des charges utiles d'une orbite à une autre.

REMOUDRE **v.t.** **[65].** Moudre de nouveau.

REMOUILLER **v.t.** **[3].** Mouiller de nouveau.

RÉMOULADE **n.f.** (p.-ê. du picard *rémola*, radis noir). **CUIS.** Mayonnaise additionnée de moutarde et parfois de câpres, de fines herbes hachées : *Salade strasbourgeoise à la rémoulade.*

REMOULAGE **n.m.** Résidu laissé par la transformation de semoules en farine (SYN. **recoupe**).

RÉMOULEUR n.m. (de l'anc. fr. *remoudre*, aiguiser de nouveau). Personne qui aiguise les couteaux et les instruments tranchants (SYN. **repasseur**).

REMOUS n.m. (du moyen fr. *remoudre*). **1.** Tourbillon d'eau qui se forme derrière un navire en marche. **2.** Tourbillon qui se forme après le passage de l'eau sur un obstacle. **3.** Contre-courant le long des rives d'un cours d'eau. **4.** Ensemble de mouvements en sens divers ; agitation : *Les remous de la foule.* **5.** Fig. Mouvements divers qui agitent ou divisent l'opinion : *L'affaire provoque des remous.*

REMPAILLAGE n.m. Action de rempailler.

REMPAILLER v.t. [3]. Refaire la garniture de paille d'un siège.

REMPAILLEUR, EUSE n. Personne qui rempaille des sièges (SYN. **empailleur**).

REMPAQUETER v.t. [16], ▲*[12]*. Empaqueter de nouveau.

REMPART n.m. (de l'anc. fr. *emparer*, fortifier). **1.** Levée de terre ou forte muraille dont on entourait une place de guerre ou un château fort. **2.** Litt. Ce qui sert de défense : *Faire à qqn un rempart de son corps.* **3.** La Réunion. Falaise ; précipice.

REMPIÉTEMENT, ▲*REMPIÈTEMENT* n.m. CONSTR. Reprise en sous-œuvre des fondations d'un mur, d'un bâtiment.

REMPILER v.t. [3]. Empiler de nouveau. ◆ v.i. Arg. mil. Rengager.

REMPLAÇABLE adj. Qui peut être remplacé.

REMPLAÇANT, E n. Personne qui en remplace une autre.

REMPLACEMENT n.m. Action de remplacer une chose, de suppléer une personne : *Remplacement d'une roue, d'un enseignant.*

REMPLACER v.t. [9]. **1.** Mettre à la place de ; changer : *Remplacer une ampoule.* **2.** Tenir le rôle de qqn, de qqch d'autre : *Remplacer le dentiste du quartier pendant ses vacances. L'énergie nucléaire va-t-elle remplacer le pétrole ?* ◆ **SE REMPLACER** v.pr. Pouvoir être changé, en parlant de qqch.

REMPLAGE n.m. (de *remplir*). ARCHIT. Armature de pierre des vitraux d'une fenêtre, notamm. gothique, formant un réseau ornemental.

REMPLI n.m. Pli réalisé sur une étoffe, une pièce de cordonnerie, une couverture de livre pour la rétrécir sans la couper.

REMPLIER v.t. [5]. Réaliser un rempli.

REMPLIR v.t. [21]. **1.** Mettre qqch en assez grande quantité dans un contenant pour le rendre plein : *Remplir un verre.* **2.** Occuper entièrement un espace libre : *Des manifestants remplissaient les rues.* **3.** Pénétrer qqn d'un sentiment : *Sa victoire le remplit d'orgueil.* **4.** Accomplir ce qui est exigé : *Remplir sa mission.* **5.** Compléter un imprimé en portant les indications demandées dans les espaces prévus à cet effet : *Remplir un chèque.* ▪ **Remplir l'attente, les espérances de qqn,** accomplir ce qu'il attendait. ◆ **SE REMPLIR** v.pr. Recevoir qqch comme contenu.

REMPLISSAGE n.m. **1.** Action de remplir. **2.** MÉD. Perfusion intraveineuse d'une solution pour compenser une diminution du volume sanguin, par ex. après une hémorragie. **3.** CONSTR. Ensemble des éléments intermédiaires, sans fonction structurelle essentielle, dans un pan de bois ou un plancher. **4.** Développement inutile ou étranger au sujet ; délayage.

REMPLOI n.m. → **RÉEMPLOI.**

REMPLOYER v.t. [7] → **RÉEMPLOYER.**

SE **REMPLUMER** v.pr. [3]. **1.** Se couvrir de nouveau de plumes, en parlant des oiseaux. **2.** Fam. Rétablir sa situation financière ; reprendre du poids.

REMPOCHER v.t. [3]. Remettre dans sa poche.

REMPOISSONNEMENT n.m. Action de rempoissonner.

REMPOISSONNER v.t. [3]. Repeupler de poissons.

REMPORTER v.t. [3]. **1.** Reprendre ce que l'on avait apporté. **2.** Obtenir à la suite d'une lutte, d'une compétition ; gagner : *Remporter la coupe.* **3.** Obtenir qqch de gratifiant : *Remporter un vif succès.*

REMPOTAGE n.m. Action de rempoter.

REMPOTER v.t. [3]. Mettre une plante dans un autre pot.

REMPRUNTER ou **RÉEMPRUNTER** v.t. [3]. Emprunter de nouveau.

REMUAGE n.m. **1.** Action de remuer qqch. **2.** Série d'oscillations données aux bouteilles de champagne pendant la période où elles sont placées le goulot en bas, pour faire tomber le dépôt sur le bouchon.

REMUANT, E adj. **1.** Qui est sans cesse en mouvement ; turbulent. **2.** Qui se plaît dans l'activité, le changement ; dynamique.

REMUE n.f. (de *remuer*). **1.** Migration saisonnière des troupeaux et des hommes entre les différents étages d'une exploitation agricole, dans les Alpes. **2.** Lieu de séjour temporaire du bétail dans un haut pâturage.

REMUE-MÉNAGE n.m. inv., ▲*n.m. (pl. remue-ménages)*. **1.** Dérangement de meubles, d'objets qui sont changés de place. **2.** Agitation bruyante de gens qui vont en tous sens.

REMUE-MÉNINGES n.m. inv., ▲*REMUE-MÉNINGE n.m. (pl. remue-méninges)*. Recomm. off. pour **brainstorming.**

REMUEMENT n.m. Action, mouvement de ce qui remue.

REMUER v.t. [3] (de *muer*). **1.** Mouvoir une partie du corps ; bouger : *Remuer les lèvres* ; changer de place ; déplacer : *Remuer une table* ; imprimer un mouvement à ; tourner : *Remuer une sauce.* **2.** Émouvoir profondément ; bouleverser : *Remuer l'auditoire.* ◆ v.i. Changer de place ; s'agiter : *Elle remue en dormant.* ◆ **SE REMUER** v.pr. **1.** Changer de position ; bouger. **2.** Fig. Se donner de la peine pour réussir ; se démener.

REMUEUR, EUSE n. Vx. ▪ **Remueur d'idées,** personne qui émet des idées.

REMUGLE n.m. (de l'anc. scand. *mygla*, moisi). Sout. Odeur désagréable que prennent les objets longtemps enfermés.

RÉMUNÉRATEUR, TRICE adj. Qui procure des bénéfices ; lucratif : *Un placement rémunérateur.*

RÉMUNÉRATION n.f. Prix d'un travail, d'un service rendu ; rétribution : *Il ne reçoit pas de rémunération pour son travail de trésorier.*

RÉMUNÉRATOIRE adj. DR. Qui a un caractère de rémunération.

RÉMUNÉRER v.t. [11], ▲*[11*]* (lat. *remunerare*). Payer pour un travail, un service ; rétribuer.

RENÂCLER v.i. [3] (du moyen fr. *renaquer*, reculer). **1.** Faire du bruit en reniflant, en parlant d'un animal (cheval, notamm.). **2.** Témoigner de la répugnance à ; rechigner : *Elle renâcle à recommencer.*

RENAISSANCE n.f. **1.** Action de renaître. **2.** Nouvel essor ; renouveau : *La renaissance de la poésie.* ▪ **La Renaissance,** v. partie n.pr. ◆ **RENAISSANCE** adj. inv. Se dit du style artistique de la Renaissance : *Des meubles Renaissance.*

RENAISSANT, E adj. **1.** Qui renaît. **2.** Relatif à la Renaissance : *Le style espagnol renaissant.*

RENAÎTRE, ▲*RENAITRE* v.i. [72]. **1.** Naître de nouveau ; revenir à la vie ; ressusciter : *On dit que le Phénix renaissait de ses cendres.* **2.** Croître de nouveau, en parlant des végétaux ; repousser. **3.** Recommencer à exister : *Un amour qui renaît* ; recouvrer sa vigueur ; revivre : *Il se sent enfin renaître.* ◆ v.t. ind. (À). Litt. Retrouver un certain état, tel sentiment : *Renaître au bonheur.*

✎ Ce verbe est inusité aux temps composés et au p. passé.

RÉNAL, E, AUX adj. (bas lat. *renalis*). ANAT. Relatif au rein : *Des calculs rénaux.*

RENARD n.m. (francique *Reginhart*). **1.** Mammifère carnivore à queue touffue et à museau pointu, qui se nourrit d'oiseaux, de petits mammifères, d'insectes et de baies. ➲ Le renard d'Europe a un pelage roux ; la fourrure du renard polaire (isatis), brunâtre en été, devient blanche en hiver. Cri : le renard glapit, jappe. Famille des canidés. **2.** Fourrure de cet animal. **3.** Fig. Homme rusé : *Un vieux renard.* **4.** TRAV. PUBL. Fissure dans un bassin, un barrage, par où se produit une fuite.

RENARDE n.f. Renard femelle.

RENARDEAU n.m. Jeune renard.

RENARDIÈRE n.f. Tanière du renard.

RENATURATION n.f. ÉCOL. Opération permettant à un milieu modifié et dénaturé par l'homme de retrouver un état proche de son état naturel initial.

RENAUDER v.i. [3]. Fam., vieilli. Protester.

RENCAISSAGE ou **RENCAISSEMENT** n.m. Action de rencaisser.

RENCAISSER v.t. [3]. **1.** Mettre à nouveau une plante en caisse. **2.** Encaisser de nouveau une somme d'argent.

RENCARD n.m. → **RANCARD.**

RENCARDER v.t. [3] → **RANCARDER.**

RENCHÉRIR v.i. [21]. **1.** Devenir plus cher ; augmenter : *Le prix du mètre carré renchérit.* **2.** (SUR). Faire une enchère supérieure ; enchérir. **3.** (SUR). Dire ou faire plus qu'un autre ; surenchérir.

RENCHÉRISSEMENT n.m. Augmentation de prix ; hausse du coût de la vie.

RENCHÉRISSEUR, EUSE n. Personne qui renchérit.

SE **RENCOGNER** v.pr. [3]. Fam. Se blottir dans un coin, contre qqch.

1. RENCONTRE n.f. **1.** Fait de rencontrer fortuitement qqn : *Faire une mauvaise rencontre* ; fait pour des choses de se trouver en contact : *La rencontre de deux droites.* **2.** Entrevue organisée entre des personnes ; réunion : *Une rencontre de chefs d'État.* **3.** Compétition sportive ; match. **4.** Vieilli. Duel. **5.** MIL. Combat imprévu de deux troupes adverses en mouvement. **6.** ASTRONAUT. Moment du passage d'une sonde spatiale au plus près d'un corps céleste, lors d'une mission de survol. ▪ **Aller à la rencontre de,** au-devant de. ▪ **De rencontre,** de hasard : *Relation de rencontre.*

2. RENCONTRE n.m. HÉRALD. Tête d'animal représentée seule et de face.

RENCONTRER v.t. [3]. **1.** Se trouver en présence de qqn sans l'avoir voulu ; croiser : *J'y ai rencontré un ancien camarade de classe* ; faire la connaissance de qqn : *Il a rencontré le prix Nobel de la paix.* **2.** Affronter une équipe dans un match, une compétition. **3.** Se trouver en présence de qqch : *Thème que l'on rencontre souvent chez cet auteur.* **4.** Fig. Susciter telle réaction, tel sentiment ; obtenir telle appréciation du public : *Son dernier film n'a pas rencontré le succès escompté.* **5.** Belgique, RDC. Répondre à une objection, une argumentation : *Il a rencontré point par point les critiques de ses détracteurs.* **6.** Belgique, Afrique centrale. Satisfaire une exigence, une attente, y répondre : *Ce restaurant ne rencontre pas les normes sanitaires en vigueur.* **7.** MATH. Avoir une intersection non vide, en parlant de deux figures. ◆ **SE RENCONTRER** v.pr. **1.** Se trouver en même temps au même endroit. **2.** Faire connaissance : *Nous nous sommes rencontrées au lycée.* **3.** Pouvoir être constaté : *Une telle générosité ne se rencontre pas souvent.* **4.** (AVEC). Afrique centrale. Rencontrer qqn : *Je me suis rencontré avec elle ce matin.* ▪ **Les grands esprits se rencontrent,** se dit quand deux personnes, sans s'être concertées, émettent le même avis.

RENDEMENT n.m. **1.** Production évaluée par rapport à une norme, à une unité de mesure : *Le rendement d'une vigne.* **2.** Rentabilité des capitaux employés, d'une somme placée ou investie. **3.** Rapport de l'énergie ou d'une autre grandeur fournie par une machine à l'énergie ou à la grandeur correspondante consommée par cette machine. **4.** CHIM. Rapport du nombre effectif de moles d'un produit de réaction chimique à sa valeur théorique maximale.

▲ renard

RENDEZ-VOUS n.m. **1.** Rencontre prévue entre des personnes : *Ils se sont donné rendez-vous demain soir* ; lieu prévu pour cela : *Il était le dernier au rendez-vous.* **2.** Lieu qui sert de point de rencontre habituel : *Le rendez-vous des cinéphiles, des oiseaux migrateurs.* ▪ **Être au rendez-vous,** se produire, être présent au moment opportun : *La reprise, la bonne humeur était au rendez-vous.* ▪ **Rendez-vous spatial** ou **orbital** [astronaut.], rapprochement volontaire dans l'espace de deux ou de plusieurs engins, génér. en vue de leur amarrage mutuel.

RENDORMIR v.t. [25]. Endormir de nouveau. ◆ **SE RENDORMIR** v.pr. Recommencer à dormir.

RENDOSSER v.t. [3]. Endosser de nouveau.

RENDRE v.t. [59] (lat. *reddere*). **1.** Restituer à qqn ce qu'il a prêté : *Rendre un dossier, dix euros à un collègue.* **2.** Renvoyer, rapporter à qqn ce que l'on a reçu de lui et que l'on ne veut ou ne peut pas garder : *Rendre un article défectueux, un cadeau.* **3.** Faire revenir qqn à un état antérieur : *Cela m'a rendu le sourire* ; ramener qqch à sa destination première : *Rendre un vieux music-hall au spectacle.* **4.** Donner en retour, en échange : *Rendre une invitation, la monnaie.* **5.** Formuler un avis ; prononcer : *Rendre une sentence.* **6.** Produire tel son : *Ce gong rend un son grave.* **7.** Fam. Vomir. **8.** Faire passer qqn, qqch à un nouvel état : *Rendre un enfant heureux, un cours d'eau navigable.* ▪ **Rendre les armes,** s'avouer vaincu. ◆ **v.i.** Avoir un certain rendement : *Cette année, la terre a bien rendu.* ◆ **SE RENDRE** v.pr. **1.** Aller quelque part. **2.** Cesser le combat ; capituler. **3.** Agir de façon à être tel : *Se rendre indispensable.* ▪ **Se rendre à l'évidence,** admettre ce qui est incontestable. ▪ **Se rendre maître de,** s'emparer de.

1. RENDU, E adj. **1.** Vieilli. Fourbu. **2.** Région. Arrivé à destination : *Nous voilà rendus !*

2. RENDU n.m. **1.** Qualité d'expression, de véracité dans l'exécution d'une œuvre d'art : *Le rendu des chairs dans un tableau.* **2.** Objet que l'on vient d'acheter et que l'on rend au commerçant.

RENDZINE [rɛ̃dzin] n.f. (mot polon.). **PÉDOL.** Sol fertile composé de carbonate de calcium, d'argile et d'humus.

RÊNE n.f. (du lat. *retinere*, retenir). Courroie fixée au mors du cheval et que tient le cavalier pour guider sa monture. ▪ **Lâcher les rênes,** tout abandonner. ▪ **Tenir les rênes de qqch,** en avoir la direction.

RENÉGAT, E n. (ital. *rinnegato*). **1.** Personne qui abjure sa religion. **2.** Personne qui renie ses opinions, sa patrie ; traître.

RENÉGOCIATION n.f. Nouvelle négociation des termes d'un accord.

RENÉGOCIER v.t. [5]. Négocier à nouveau.

RENEIGER v. impers. [10]. Neiger à nouveau.

RÉNETTE n.f. → **2. RAINETTE.**

1. RENFERMÉ, E adj. Peu communicatif ; taciturne.

2. RENFERMÉ n.m. Mauvaise odeur d'une pièce longtemps fermée.

RENFERMEMENT n.m. Action de renfermer qqn.

RENFERMER v.t. [3]. **1.** Enfermer de nouveau : *Renfermer un évadé.* **2.** Contenir en soi ; receler : *Le sous-sol renferme des minerais.* ◆ **SE RENFERMER** v.pr. Se replier sur soi : *Se renfermer dans son chagrin.*

RENFILER v.t. [3]. Enfiler de nouveau.

RENFLÉ, E adj. Plus épais en une partie. ▪ **Colonne renflée** [archit.], colonne galbée diminuée vers le bas comme vers le haut.

RENFLEMENT n.m. État de ce qui est renflé ; partie renflée.

RENFLER v.t. [3]. Donner une forme convexe à. ◆ **SE RENFLER** v.pr. Être plus gros en une partie quelconque ; être bombé.

RENFLOUAGE ou **RENFLOUEMENT** n.m. Action de renflouer.

RENFLOUER v.t. [3] (du normand *flouée*, marée). **1.** Remettre un navire à flot. **2.** Fig. Fournir à qqn, à une entreprise les fonds nécessaires pour rétablir sa situation.

RENFONCEMENT n.m. **1.** Ce qui est en creux, renfoncé ; partie de construction en retrait ; recoin. **2. IMPRIM.** Action de faire commencer une ligne composée par un blanc de valeur fixe.

RENFONCER v.t. [9]. Enfoncer de nouveau ou plus avant.

RENFORÇATEUR n.m. **1. PHOTOGR.** Bain de renforcement. **2. PSYCHOL.** Agent de renforcement dans le conditionnement. **3.** Substance qui renforce le goût d'un produit alimentaire.

RENFORCEMENT n.m. **1.** Action de renforcer ; consolidation. **2. PHOTOGR.** Accroissement du contraste trop faible d'un phototype. **3. PSYCHOL.** Événement, suscité ou fortuit, qui rend plus forte la capacité pour un stimulus de susciter une réaction.

RENFORCER v.t. [9]. **1.** Rendre plus fort, plus vif ; étayer : *Renforcer un mur* ; intensifier : *Renforcer une couleur.* **2.** Rendre plus intense ; accroître : *Renforcer les craintes.* **3.** Établir plus fermement ; fortifier : *Cet incident renforce ma conviction.*

RENFORMIR v.t. [21]. Effectuer un renformis.

RENFORMIS n.m. **CONSTR.** Mortier épais posé sur un mur irrégulier pour l'aplanir.

RENFORT n.m. (de *renforcer*). **1.** Accroissement du nombre des personnes ou des moyens matériels permettant une action plus efficace : *Envoyer du renfort.* **2.** (Souvent pl.). Effectif ou matériel supplémentaire : *Les policiers demandent des renforts.* **3. TECHN.** Pièce qui en double une autre pour en augmenter la résistance ou pour remédier à l'usure. ▪ **À grand renfort de qqch,** en employant une grande quantité de : *Se justifier à grand renfort de statistiques.*

SE RENFROGNER v.pr. [3] (de l'anc. fr. *frongne*, mine renfrognée). Manifester son mécontentement en contractant le visage.

RENGAGÉ, E n. Militaire qui, son temps achevé, reprend volontairement du service.

RENGAGEMENT ou **RÉENGAGEMENT** n.m. **1.** Action de rengager ; action de remettre en gage. **2.** Acte par lequel un militaire libérable contracte un nouvel engagement.

RENGAGER ou **RÉENGAGER** v.t. [10]. Engager de nouveau. ◆ **RENGAGER** v.i. ou **SE RENGAGER** v.pr. **MIL.** Contracter un rengagement.

RENGAINE n.f. (de *rengainer*). **1.** Fam. Suite de paroles répétées à tout propos ; refrain. **2.** Chanson à succès.

RENGAINER v.t. [3]. **1.** Remettre dans la gaine, dans le fourreau. **2.** Fam. Garder pour soi ce que l'on allait dire ; ravaler : *La journaliste a rengainé sa question.*

SE RENGORGER v.pr. [10]. **1.** Faire saillir la gorge en ramenant la tête en arrière, en parlant d'un oiseau. **2.** Fig. Faire l'important ; parader.

RENGRAISSER v.i. [3]. Redevenir gras.

RENGRÉNER [11], ▲*[11*]* ou **RENGRENER** [12] v.t. **MÉCAN.** Engager de nouveau entre les dents d'une roue dentée.

RENIEMENT n.m. Action de renier.

RENIER v.t. [5] (de *nier*). **1.** Déclarer mensongèrement que l'on ne connaît pas qqn, qqch. **2.** Refuser de reconnaître comme sien ; désavouer : *Sa famille l'a renié.* **3.** Ne pas rester fidèle à ; abjurer : *Renier ses idées.* ◆ **SE RENIER** v.pr. Revenir sur ses propres déclarations ou engagements.

RENIFLARD n.m. **TECHN.** **1.** Soupape provoquant automatiquement une rentrée d'air dans un milieu où se produit une dépression. **2.** Anc. Dispositif qui servait à évacuer les vapeurs d'huile de graissage d'un moteur.

RENIFLEMENT n.m. Action de renifler.

RENIFLER v.i. [3] (anc. fr. *nifler*). Aspirer fortement par le nez en faisant du bruit. ◆ **v.t. 1.** Aspirer par le nez ; sentir : *Le chien renifle l'odeur du sanglier.* **2.** Fam. Avoir l'intuition de ; flairer : *Renifler un piège.*

RENIFLEUR, EUSE adj. et n. Qui renifle. ◆ **n.m.** Appareil servant à détecter d'éventuelles émissions d'hydrocarbures gazeux, des minerais, etc.

RÉNIFORME adj. **BOT.** En forme de rein.

RÉNINE n.f. **BIOCHIM.** Enzyme sécrétée par le rein, qui contrôle la formation d'angiotensine.

RÉNITENT, E adj. (du lat. *renitens*, résistant). **MÉD.** Qui est ferme et un peu élastique à la palpation.

RENNE n.m. (norv. *ren*). Ruminant voisin du cerf, de l'Eurasie septentrionale et du Nord canadien (caribou), qui se nourrit de lichens. ➲ Famille des cervidés. ➲ Il fait l'objet d'un élevage extensif par les Lapons et divers peuples sibériens.

RENOM n.m. Opinion favorable, largement répandue dans le public ; notoriété ; réputation : *Un chirurgien, un vin de renom.*

RENOMMAGE n.m. **INFORM.** Action de renommer un fichier, un dossier.

RENOMMÉ, E adj. De grande réputation ; illustre : *Peintre renommé.*

RENOMMÉE n.f. Opinion favorable d'un large public sur qqn, qqch ; célébrité : *La renommée de la cuisine italienne.* ▪ **Preuve par commune renommée** [dr.], mode de preuve qui consiste à faire déposer des témoins non sur des faits dont ils ont eu personnellement connaissance, mais sur une opinion répandue dans le voisinage.

RENOMMER v.t. [3]. **1.** Nommer, élire de nouveau. **2.** Donner un nouveau nom à un fichier, un dossier.

RENON n.m. (de l'anc. fr. *renonc*, réponse négative). Belgique. Résiliation d'un bail.

RENONÇANT n.m. Dans l'hindouisme, personne *(sadhu)* qui mène, surtout au terme de son existence, une vie d'ascète entièrement vouée à la recherche du salut.

RENONCE n.f. Aux cartes, fait de ne pas fournir la couleur demandée.

RENONCEMENT n.m. **1.** Action de renoncer. **2.** Sacrifice complet de soi-même ; abnégation.

RENONCER v.t. ind. [9] (À) [lat. *renuntiare*]. **1.** Se désister du droit que l'on a sur qqch ; abandonner : *Renoncer à un héritage, à la couronne.* **2.** Cesser de s'attacher à qqch : *Elle ne peut renoncer à ses idées* ; cesser toute relation avec qqn : *Il finira par renoncer à elle.* **3.** Cesser d'envisager comme possible : *Renoncer à la compétition.* ◆ **v.t.** Belgique. Résilier un bail, un contrat ; donner son congé à qqn. ◆ **v.i.** Aux cartes, ne pas fournir la couleur demandée.

RENONCIATION n.f. **DR.** Acte par lequel une personne (le *renonciateur*) renonce à une chose, à un droit, à une charge, à une fonction au profit d'une autre (le *renonciataire*).

RENONCULACÉE n.f. Dicotylédone à pétales séparés, aux carpelles fixés sur un réceptacle bombé, telle que la renoncule, la clématite, la pivoine. ➲ Les renonculacées forment une famille.

RENONCULE n.f. (du lat. *ranunculus*, petite grenouille). Petite plante à fleurs génér. jaunes, dont il existe de très nombreuses espèces, telles que le bouton-d'or, commun dans les prés au printemps, ou le bouton-d'argent. ➲ Famille des renonculacées. ▪ **Fausse renoncule,** ficaire.

▲ **renoncules**

RENOUÉE n.f. Plante herbacée dont une espèce cultivée est le sarrasin, ou blé noir, et dont une espèce sauvage est utilisée comme astringent. ➲ Famille des polygonacées.

RENOUER v.t. [3]. **1.** Nouer une chose dénouée ; rattacher : *Renouer ses lacets.* **2.** Reprendre après une interruption : *Renouer le fil de son récit.* ◆ **v.t. ind. (AVEC). 1.** Nouer à nouveau une relation avec qqn. **2.** Fig. Retrouver une situation favorable : *Renouer avec la prospérité.*

RENOUVEAU n.m. **1.** Reprise après un déclin ; regain. **2.** Litt. Retour du printemps.

RENOUVELABLE adj. Qui peut être renouvelé. ▪ **Énergie renouvelable** [écol.], dont la consommation n'aboutit pas à une diminution apparente des ressources naturelles, parce qu'elle fait appel à des sources inépuisables (biomasse, énergie solaire, etc.) à l'échelle des temps humains. ◆ **n.m.** (Précédé de l'art. déf.). Ensemble des énergies renouvelables : *Miser sur le renouvelable.*

RENOUVELANT, E n. CATH. Anc. Enfant qui renouvelait solennellement les vœux de son baptême, un an après sa profession de foi.

RENOUVELER v.t. [16], ▲ *[12].* **1.** Remplacer une personne ou une chose par une nouvelle : *Renouveler le personnel, le matériel.* **2.** Remplacer une chose usée ; changer : *Renouveler l'air de son bureau.* **3.** Rendre nouveau en transformant : *Renouveler la pédagogie scolaire.* **4.** Donner de nouveau : *Renouveler sa confiance à qqn* ; répéter : *Renouveler sa performance.* **5.** Conclure un nouveau contrat du même type que celui qui expire ; proroger : *Renouveler un abonnement.* ◆ **SE RENOUVELER v.pr. 1.** Être remplacé : *Les générations se renouvellent.* **2.** Prendre une forme nouvelle ; évoluer : *Secteur qui se renouvelle constamment.* **3.** Se produire à nouveau : *Que cet incident ne se renouvelle pas !*

RENOUVELLEMENT, ▲ *RENOUVÈLEMENT* **n.m.** Action de renouveler ; fait de se renouveler.

RÉNOVATEUR, TRICE adj. et **n. 1.** Qui rénove. **2.** Partisan, au sein d'une organisation, d'une évolution remettant en cause les structures, les orientations.

RÉNOVATION n.f. Changement en mieux ; modernisation. ▪ **Rénovation urbaine,** reconstruction d'un îlot, d'un quartier après démolition des immeubles anciens.

RÉNOVÉ, E adj. Remis à neuf : *Un quartier rénové.* ▪ **Enseignement rénové,** ou **rénové, n.m.** [Belgique], structure de l'enseignement secondaire mise en place à partir des années 1960.

RÉNOVER v.t. [3] (lat. *renovare*). **1.** Remettre à neuf ; restaurer : *Rénover un mas.* **2.** Donner une nouvelle forme à ; réformer : *Rénover les institutions.*

RENSEIGNEMENT n.m. 1. Information donnée sur qqn, qqch ; précision : *Demander, obtenir un renseignement.* **2.** (Souvent pl.). Ensemble des connaissances de tous ordres sur un adversaire potentiel, utiles aux pouvoirs publics et au commandement militaire. ▪ **Aller aux renseignements,** aller s'informer. ◆ **n.m. pl.** Bureau, service chargé d'informer le public, dans une administration, par ex. ▪ **Renseignements généraux (RG),** v. partie n.pr. **DGSI.** ▪ **Service de renseignements** [mil.], organisme chargé de la recherche des renseignements nécessaires à la défense et à la sécurité nationales.

RENSEIGNER v.t. [3]. 1. Donner des indications, des éclaircissements à qqn : *L'hôtesse renseigne les visiteurs.* **2.** Compléter avec l'information appropriée : *Renseigner un formulaire.* **3.** Belgique. Indiquer, signaler qqch : *Renseigner le chemin.* ◆ **SE RENSEIGNER v.pr.** Prendre des renseignements ; s'informer.

RENTABILISABLE adj. Que l'on peut rentabiliser.

RENTABILISATION n.f. Action de rentabiliser.

RENTABILISER v.t. [3]. Rendre rentable.

RENTABILITÉ n.f. Caractère de ce qui est rentable. ▪ **Taux de rentabilité** [écon.], rapport entre les bénéfices d'une entreprise et les capitaux engagés.

RENTABLE adj. Qui procure un bénéfice satisfaisant : *Investissement rentable.*

RENTAMER v.t. [3]. Vx. Entamer de nouveau.

RENTE n.f. (de *rendre*). **1. DR.** Ressource régulière provenant du placement d'un bien mobilier ou immobilier : *Vivre de ses rentes* ; prestation versée par une assurance ; pension. **2.** Emprunt d'État à long ou à moyen terme, négociable en Bourse. **3.** Fam. Personne ou chose dont on tire un profit régulier. ▪ **Rente de situation,** avantage tiré du seul fait que l'on a une situation protégée ou bien placée. ▪ **Rente perpétuelle,** emprunt d'État dont la date de remboursement est indéterminée (par oppos. à rente amortissable).

RENTER v.t. [3]. Vx. Servir une rente à.

RENTIER, ÈRE n. Personne qui perçoit des rentes et en vit.

RENTOILAGE n.m. Action de rentoiler.

RENTOILER v.t. [3]. BX-ARTS. Restaurer un tableau ancien en doublant la toile ancienne d'une toile neuve par collage, ou en la remplaçant par de la toile neuve.

RENTOILEUR, EUSE n. Spécialiste du rentoilage des tableaux.

RENTRAITURE n.f. Action de rentrayer ; son résultat.

RENTRANT, E adj. MATH. ▪ **Angle** ou **secteur angulaire rentrant,** dont la mesure, en degrés, est comprise entre 180 et 360 (CONTR. **saillant**).

RENTRAYER [rɑ̃trɛje] **[6]** ou **RENTRAIRE [92] v.t.** (de l'anc. fr. *entraire*, attirer dans). **ARTS APPL.** Réparer une tapisserie à l'aiguille.

1. RENTRÉ, E adj. Qui ne se manifeste pas ; contenu : *Ironie rentrée.*

2. RENTRÉ n.m. COUT. Repli du tissu sur l'envers d'un vêtement.

RENTRE-DEDANS n.m. inv. Fam. ▪ **Faire du rentre-dedans à qqn,** le flatter pour le séduire ou en obtenir qqch.

RENTRÉE n.f. 1. Action de rentrer qqch : *La rentrée de la vendange.* **2.** Action de revenir dans un lieu que l'on avait quitté. **3.** Retour d'un engin spatial dans l'atmosphère terrestre. **4.** Action de reprendre ses activités après les vacances : *La rentrée judiciaire* ; moment de cette reprise : *Rendez-vous à la rentrée.* **5.** Recouvrement de fonds ; somme recouvrée : *Attendre une rentrée importante.* **6. JEUX.** Ensemble des cartes que l'on prend dans le talon à la place de celles que l'on a écartées.

RENTRER v.i. [3] (auxil. *être*). **1.** Entrer de nouveau quelque part ; retourner. **2.** Revenir dans une situation, un état que l'on avait quittés : *Rentrer dans le droit chemin.* **3.** Revenir chez soi ou à son lieu habituel : *Il rentre de vacances demain.* **4.** Reprendre ses activités après une interruption : *Les écoles rentrent lundi.* **5.** Être encaissé, perçu : *Les créances rentrent mal.* **6.** S'introduire à l'intérieur de ; pénétrer : *L'air rentre par ce trou.* **7.** S'insérer en s'encastrant ; s'emboîter : *Les caisses rentrent les unes dans les autres.* **8.** Être compris, contenu, inclus : *Cela ne rentre pas dans mes attributions.* **9.** Se jeter violemment sur ; percuter : *La moto est rentrée dans un arbre.* ▪ **Rentrer dans qqn** ou **rentrer dans le chou, le lard de qqn** [fam.], se jeter sur lui pour le frapper ; fig., le critiquer violemment. ▪ **Rentrer dans ses frais,** récupérer l'argent que l'on avait dépensé. ▪ **Rentrer en grâce,** obtenir le pardon de qqn. ▪ **Rentrer en soi-même** [litt.], réfléchir sur sa conduite. ◆ **v.t.** (auxil. *avoir*). **1.** Mettre ou remettre à l'abri : *Rentrer la voiture.* **2.** Faire pénétrer ; introduire : *Rentrer la clé dans la serrure.* **3.** Raccourcir au maximum en contractant : *Chat qui rentre ses griffes.* **4.** Retenir en soi ; refouler : *Rentrer sa colère.*

RENVERSANT, E adj. Fam. Qui étonne au plus haut point ; stupéfiant : *Une nouvelle renversante.*

RENVERSE n.f. MAR. Changement cap pour cap de la direction du vent, d'un courant, de la marée, etc. ▪ **Tomber à la renverse,** en arrière.

RENVERSÉ, E adj. 1. Qui est dans une position contraire à la normale ; à l'envers : *Lentille qui donne une image renversée.* **2.** Étonné au plus haut point ; stupéfait. ▪ **C'est le monde renversé,** cela va contre le bon sens. ▪ **Crème renversée** [cuis.], crème à base de lait et d'œufs battus, cuite au bain-marie et que l'on démoule sur un plat avant de la servir.

RENVERSEMENT n.m. 1. Action de renverser ; fait de se renverser ; retournement : *Un renversement de situation.* **2. MUS.** État d'un accord dont la note fondamentale ne se trouve pas à la basse.

RENVERSER v.t. [3] (de l'anc. fr. *enverser*, mettre sur le dos). **1.** Mettre à l'envers ; retourner : *Renverser un sablier.* **2.** Pencher en arrière une partie du corps : *Renverser la tête en riant.* **3.** Faire tomber qqn, qqch : *Renverser un piéton, une carafe, de l'eau.* **4.** Provoquer la chute d'un gouvernement, d'un dirigeant. **5.** Plonger dans l'étonnement : *L'annonce de sa démission nous a renversés.* ▪ **Renverser la vapeur,** mettre une machine à vapeur en marche arrière pour l'arrêter rapidement ; fig., changer totalement sa façon d'agir. ◆ **v.i.** ou **SE RENVERSER v.pr. MAR.** Changer de sens, en parlant du courant, de la marée, etc. ◆ **SE RENVERSER v.pr. 1.** Incliner le corps en arrière. **2.** Se retourner sens dessus dessous : *Le voilier s'est renversé.*

RENVIDAGE n.m. Action de renvider.

RENVIDER v.t. [3]. TEXT. Enrouler sur les bobines le fil produit par le métier à filer.

RENVIDEUR n.m. Métier à filer sur lequel le fil produit est renvidé.

RENVOI n.m. 1. Action de renvoyer ; retour : *Renvoi d'articles défectueux* ; expulsion : *Renvoi d'un salarié.* **2. DR.** Action d'ajourner ou de renvoyer devant une commission, une autre juridiction : *Renvoi d'une audience.* **3.** Indication par laquelle le lecteur d'un livre est invité à se reporter à un autre endroit du texte. **4.** Remontée de gaz provenant de l'estomac ; éructation. **5. TECHN.** Mécanisme permettant, dans une transmission, de faire passer une courroie d'une poulie sur une autre, de changer la direction d'un mouvement, etc. **6. MUS.** Signe qui indique une reprise.

RENVOYER v.t. [19]. 1. Envoyer une nouvelle fois : *Je renverrai un courriel.* **2.** Retourner ce que l'on a reçu ; réexpédier : *Renvoyer un colis.* **3.** Envoyer en retour : *Renvoyer le ballon. Je te renvoie le compliment.* **4.** En parlant d'une surface, réfléchir ce qui la frappe : *Le mur renvoyait nos cris.* **5.** Mettre à la porte ; exclure : *Renvoyer un élève du lycée.* **6.** Faire retourner qqn au lieu d'où il vient : *L'hôpital l'a renvoyé chez lui.* **7.** Conseiller ou ordonner à qqn de retourner à ses occupations : *Renvoyer qqn à ses études.* **8.** Inviter qqn à s'adresser à qqn d'autre, à se rendre à un autre endroit : *On nous a renvoyés à l'hôtesse d'accueil. Renvoyer le lecteur à des notes en fin d'ouvrage.* **9.** Remettre à plus tard ; reporter : *Renvoyer un débat.* **10. DR.** Ajourner une audience ou attribuer une affaire à une autre juridiction. ▪ **Renvoyer qqn dans les cordes** ou **dans ses buts** [fam.], le remettre à sa place.

RÉOCCUPATION n.f. Action de réoccuper.

RÉOCCUPER v.t. [3]. Occuper de nouveau.

RÉOPÉRER v.t. [11], ▲ *[11*].* **CHIRURG.** Opérer de nouveau.

RÉORCHESTRATION n.f. Nouvelle orchestration.

RÉORCHESTRER v.t. [3]. Orchestrer de nouveau.

RÉORGANISATEUR, TRICE adj. et **n.** Qui réorganise.

RÉORGANISATION n.f. Action de réorganiser.

RÉORGANISER v.t. [3]. Organiser de nouveau, sur de nouvelles bases.

RÉORIENTATION n.f. Action de réorienter.

RÉORIENTER v.t. [3]. Orienter dans une nouvelle direction.

RÉOUVERTURE n.f. 1. Action de rouvrir : *Réouverture d'un théâtre.* **2. DR.** Reprise des débats, après clôture, sur décision du tribunal.

RÉOUVRIR v.t. [23] → **ROUVRIR.**

REP ou **R.E.P.** [rɛp] **n.m.** (acronyme). Réseau* d'éducation prioritaire.

REPAIRE n.m. 1. Lieu de refuge d'une bête sauvage. **2.** Endroit qui sert de refuge à des individus dangereux.

REPAIRER v.i. [3] (du bas lat. *repatriare*, rentrer dans sa patrie). **VÉNER.** Être au repaire, en parlant d'un animal sauvage.

REPAÎTRE, ▲ *REPAITRE* **v.t. [71].** Litt. Fournir à qqn ce qui peut satisfaire ses aspirations ; rassasier. ◆ **SE REPAÎTRE v.pr.** Litt. Assouvir ses aspirations, ses désirs : *Se repaître de musique.*

RÉPANDRE v.t. [59]. 1. Laisser tomber en dispersant ; renverser : *Répandre du vin sur la nappe.* **2.** Laisser échapper de soi : *Répandre une odeur, des larmes.* **3.** Faire connaître ; propager : *Répandre une rumeur.* **4.** Distribuer largement ; prodiguer : *Répandre des largesses.* ◆ **SE RÉPANDRE v.pr. 1.** Envahir l'espace, en parlant d'un fluide : *L'eau se répand dans la cave.* **2.** Devenir connu, courant ; se propager : *La nouvelle se répand très vite.* ▪ **Se répandre en invectives, en compliments,** en dire beaucoup.

RÉPANDU, E adj. Communément admis ; courant : *L'opinion la plus répandue.*

RÉPARABILITÉ n.f. Qualité de ce qui peut être réparé : *La réparabilité des appareils s'oppose à leur obsolescence programmée.*

RÉPARABLE adj. Qui peut être réparé.

REPARAÎTRE, ▲ *REPARAITRE* **v.i. [71]** (auxil. *avoir* ou *être*). Paraître, se manifester de nouveau.

RÉPARATEUR, TRICE n. Technicien qui répare qqch. ◆ **adj.** Qui rend les forces, la santé : *Sommeil réparateur.* ▪ **Chirurgie réparatrice,** partie de la chirurgie plastique qui répare les organes malades, opérés, accidentés (SYN. **chirurgie reconstructrice**).

RÉPARATION n.f. 1. Action de réparer une chose endommagée ; résultat de cette action. **2.** Action de réparer une faute commise, un préjudice moral : *Obtenir la réparation d'un outrage.* **3. DR.** Dédommagement d'un préjudice par la personne qui en est responsable ; peine frappant l'auteur d'une infraction. **4. BIOL.** Fait de se régénérer, de rétablir l'intégrité d'une fonction physiologique, pour un organe ou un organisme entier. ▪ **Coup de pied de réparation** [sports], recomm. off. pour **penalty.** ▪ **Réparation pénale,** mesure éducative, alternative aux poursuites judiciaires, proposée à un mineur délinquant pour réparer le tort causé à la collectivité ou à la victime et prévenir la récidive* ou la réitération*. ▪ **Surface de réparation,** au football, zone délimitée devant le but à l'intérieur de laquelle toute faute commise peut donner lieu à un coup de pied de réparation. ◆ **n.f. pl.** Travaux effectués en vue de la conservation ou de l'entretien de locaux. ▪ **Question des réparations** [hist.], relative aux problèmes posés par le paiement des dommages de guerre exigé de l'Allemagne par le traité de Versailles, en 1919.

RÉPARER v.t. [3] (lat. *reparare*). **1.** Remettre en état ce qui a subi un dommage, une détérioration : *Réparer un vélo.* **2.** Faire disparaître un mal ou en atténuer les conséquences ; remédier à : *Réparer une erreur.* **3. CHIRURG.** Rétablir par une intervention les fonctions d'une partie du corps blessée. **4.** Faire disparaître les traces du moule et les défauts sur un objet obtenu par fonte ou par moulage.

REPARLER v.i. ou **v.t. ind. [3] (DE, À).** Parler de nouveau.

REPARTAGER v.t. [10]. Partager de nouveau.

RÉPARTI, E adj. Se dit de la motorisation d'un train à grande vitesse déployée sur l'ensemble des véhicules de la rame.

REPARTIE [rǝ-] ou [re-], ▲ *RÉPARTIE* **n.f.** Réponse vive et spirituelle ; réplique. ▪ **Avoir de la repartie,** le sens de l'à-propos.

1. REPARTIR [rǝ-] ou [re-], ▲ *RÉPARTIR* **v.t. [31]** (auxil. *avoir*) [de *1. partir*]. Litt., vx. Répondre vivement et avec à-propos.

2. REPARTIR [rǝ-] **v.i. [31]** (auxil. *être*). Partir de nouveau.

RÉPARTIR v.t. [21] (de *1. partir*). Partager d'après certaines règles ; ventiler. ◆ **SE RÉPARTIR v.pr.** Se partager qqch entre plusieurs.

RÉPARTITEUR, TRICE n. Celui qui fait une répartition. ◆ **n.m. TÉLÉCOMM.** Local technique où aboutissent les câbles d'un réseau et qui contient les instruments d'interconnexion.

RÉPARTITION n.f. 1. Action de répartir ou de classer des choses ; partage : *Répartition des tâches, des bénéfices.* **2.** Manière dont sont répartis des êtres ou des choses ; distribution : *La répartition des bureaux.* **3.** Recomm. off. pour **dispatching. 4. ÉCON.** Distribution des revenus entre les différents agents économiques ayant participé à la production des biens et des services. **5.** Système de financement des régimes de retraite fondé sur le versement de cotisations par les salariés en cours d'activité (par oppos. au système dit de *capitalisation*). ▪ **Impôt de répartition,** impôt fixé à l'avance puis décomposé en contingents mis à la charge des collectivités locales qui les répartissent entre les contribuables (par oppos. à *impôt de quotité*).

REPARUTION n.f. Fait de reparaître.

REPAS n.m. (de l'anc. fr. *past,* nourriture). Nourriture que l'on prend chaque jour à certaines heures ; ces moments.

REPASSAGE n.m. 1. Action de repasser du linge. **2. TECHN.** Aiguisage.

REPASSER v.i. [3]. Passer de nouveau ; revenir : *Je repasserai ce soir.* ◆ **v.t. 1.** Traverser de nouveau : *Ils ont repassé la frontière.* **2. TECHN.** Aiguiser : *Repasser un couteau.* **3.** Défroisser au moyen d'un fer chaud. **4.** Vieilli. Réviser.

▲ **repasseuse.** Peinture d'Edgar Degas, commencée en 1876, achevée vers 1887 : *Repasseuse à contre-jour.* (National Gallery of Art, Washington.)

REPASSEUR n.m. Rémouleur.

REPASSEUSE n.f. 1. Femme dont le métier est de repasser le linge. **2.** Machine électrique qui repasse le linge entre deux tambours.

REPAVAGE n.m. Action de repaver.

REPAVER v.t. [3]. Paver de nouveau.

REPAYER v.t. [6]. Payer de nouveau.

REPÊCHAGE n.m. 1. Action de repêcher. **2.** Fam. Épreuve supplémentaire donnant une nouvelle chance à un candidat éliminé ; fait de qualifier ou d'admettre selon de telles modalités. **3. SPORTS.** Épreuve permettant de requalifier pour le tour suivant d'une compétition des concurrents qui avaient échoué lors des qualifications ; fait de requalifier selon de telles modalités.

REPÊCHER v.t. [3]. 1. Retirer de l'eau ce qui y était tombé : *On a repêché un corps dans le fleuve.* **2.** Fam. Recevoir un candidat après une épreuve de repêchage. **3. SPORTS.** Requalifier par repêchage un concurrent pour le tour suivant d'une compétition.

REPEINDRE v.t. [62]. Peindre de nouveau.

REPEINT n.m. BX-ARTS. Endroit d'un tableau qui a été repeint, par l'artiste ou par un restaurateur.

REPENDRE v.t. [59]. Pendre de nouveau.

REPENSER v.t. ind. [3] (À). Penser de nouveau. ◆ **v.t.** Examiner d'un point de vue différent ; reconsidérer : *Repenser la finance.*

REPENTANCE n.f. Litt. Regret douloureux de ses erreurs, de ses péchés.

REPENTANT, E adj. Qui se repent.

REPENTI, E adj. et **n.** Qui s'est repenti. ◆ **n.** Ancien membre d'une organisation terroriste ou mafieuse acceptant de collaborer avec les autorités en échange de mesures d'indulgence.

REPENTIR n.m. 1. Douleur morale causée par la conscience d'avoir mal agi ; contrition. **2. BX-ARTS.** Trace d'un changement apporté à une œuvre durant son exécution.

SE REPENTIR v.pr. [26] (lat. *poenitere*). **1.** Regretter sincèrement ses péchés. **2.** Subir avec amertume les conséquences fâcheuses d'une action : *Il se repent d'avoir accepté si vite.*

REPÉRABLE adj. 1. Qui peut être repéré. **2. MÉTROL.** Se dit d'une grandeur telle que l'on peut définir l'égalité ou l'inégalité, mais non la somme ou le rapport de deux grandeurs de cette espèce (ex. : la température Celsius) [par oppos. à mesurable].

REPÉRAGE n.m. 1. Action de repérer ; localisation. **2. CINÉMA.** Recherche des lieux où se déroulera le tournage. **3. IMPRIM.** En quadrichromie, action par laquelle on fait coïncider exactement chaque couleur avec la précédente déjà tirée.

REPERCER v.t. [9]. ORFÈVR. Travailler une pièce à jour.

RÉPERCUSSION n.f. 1. Action de répercuter ; fait de se répercuter : *Répercussion de l'écho.* **2.** Conséquence indirecte ; retombée : *Sa décision a eu de graves répercussions.*

RÉPERCUTER v.t. [3] (du lat. *repercutere,* repousser). **1.** Renvoyer un son ; réverbérer. **2.** Faire en sorte que qqch soit transmis : *Répercuter les consignes.* **3. DR. FISC.** Faire supporter par d'autres personnes la charge d'un impôt, d'une taxe. ◆ **SE RÉPERCUTER v.pr. (SUR).** Avoir des conséquences sur ; influer sur.

REPERDRE v.t. [59]. Perdre de nouveau.

REPÈRE n.m. (var. de *repaire*). **1.** Marque ou objet permettant de s'orienter dans l'espace, de localiser qqch, d'évaluer une distance ; jalon. **2.** Fig. Chacun des éléments stables à partir desquels s'organise un système de valeurs : *Un adolescent qui n'a plus de repères.* **3. TECHN.** Marque faite à différentes pièces d'un assemblage pour les reconnaître et les ajuster. **4. CONSTR.** Marque servant à indiquer ou à retrouver un alignement, un niveau, une hauteur, etc. **5. TOPOGR.** Plaque scellée dans un mur ou un sol, indiquant l'altitude d'un lieu. **6. PHYS.** Référentiel. **7. MATH.** Ensemble d'éléments de l'espace permettant de définir un système de coordonnées : *Repère affine, cartésien.* ▪ **Point de repère,** marque employée pour reconnaître l'ordre dans lequel on doit assembler des pièces séparées ; point déterminé qui permet de s'orienter ; indice qui permet de situer un événement dans le temps.

REPÉRER v.t. [11], ▲ *[11*]*. **1.** Marquer au moyen de repères ; baliser : *Repérer le parcours d'un rallye.* **2.** Déterminer la position exacte de ; localiser : *Repérer un avion ennemi.* **3.** Apercevoir parmi d'autres ; distinguer : *Il a repéré un de ses amis dans la file d'attente.* ◆ **SE REPÉRER v.pr.** Déterminer sa position exacte grâce à des repères ; s'orienter.

RÉPERTOIRE n.m. (du bas lat. *repertorium,* inventaire). **1.** Carnet, recueil où les matières sont rangées dans un ordre qui les rend faciles à trouver : *Un répertoire alphabétique.* **2. INFORM.** Élément de la structure d'organisation des fichiers dans un disque ; ensemble des instructions de commande d'un ordinateur. **3.** Ensemble des œuvres qui constituent le fonds d'un théâtre, d'une compagnie de ballet. **4.** Ensemble des œuvres interprétées habituellement par un artiste dramatique, un chanteur ou un instrumentiste. **5.** Ensemble de connaissances, d'anecdotes, etc. : *Un vaste répertoire d'injures.* **6. BX-ARTS.** Ensemble de motifs décoratifs, formels, iconographiques propres à un artiste, à une époque, à une civilisation.

RÉPERTORIER v.t. [5]. Inscrire dans un répertoire ; dénombrer en classant : *Répertorier les archives d'une entreprise.*

RÉPÉTABILITÉ n.f. MÉTROL. Qualité d'une mesure qui donne le même résultat si on la répète dans des conditions identiques et dans un court intervalle de temps.

RÉPÉTER v.t. [11], ▲ *[11*]* (du lat. *repetere,* aller chercher de nouveau). **1.** Redire ce qui a été dit : *Elle répète dix fois la même chose. Il a répété cette histoire à tout le monde.* **2.** Refaire ce qu'on a déjà fait ; recommencer : *Répéter une expérience.* **3.** Reproduire plusieurs fois : *Répéter un ornement.* **4.** S'exercer à dire, à exécuter ce que l'on devra faire en public : *Répéter une pièce de théâtre.* **5. DR.** Réclamer ce qui a été versé sans être dû. ◆ **SE RÉPÉTER v.pr. 1.** Redire les mêmes choses sans nécessité. **2.** Se produire de nouveau : *L'histoire ne se répète pas.*

RÉPÉTEUR n.m. TÉLÉCOMM. Amplificateur utilisé sur les câbles ou à bord des satellites et des avions (SYN. **transpondeur**).

RÉPÉTITEUR, TRICE n. Vieilli. Personne qui donne des leçons particulières à des élèves.

RÉPÉTITIF, IVE adj. Qui se reproduit de façon monotone ; lassant. ▪ **Musique répétitive,** procédé de composition fondé sur la répétition de courts éléments, pouvant recourir au canon et subissant ou non des modifications tout au long de l'œuvre.

RÉPÉTITION n.f. 1. Retour de la même idée, du même mot ; redite. **2.** Séance de travail au cours de laquelle metteur en scène, acteurs

a b c d e f g h i j k l m n o p q r s t u v w x y z

et techniciens élaborent la mise au point d'un spectacle. **3.** Réitération d'une même action : *La répétition d'une erreur.* ▪ **Arme à répétition,** arme à feu dont la cadence de tir est augmentée par le chargement automatique des munitions dans la chambre après chaque départ de coup (SYN. **arme semi-automatique**). ▪ **Compulsion de répétition** [psychan.], processus inconscient et irrésistible qui replace le sujet dans des situations désagréables, analogues à des expériences anciennes. ▪ **Cours de répétition** [Suisse], chacune des périodes annuelles de service militaire accomplies après l'école de recrues. ▪ **Répétition de l'indu** [dr.], action en restitution d'une somme reçue sans cause.

RÉPÉTITIVITÉ n.f. Caractère de ce qui est répétitif.

REPEUPLEMENT n.m. **1.** Action de repeupler un lieu ; fait de se repeupler, d'être repeuplé. **2.** SYLVIC. Reconstitution d'un massif forestier.

REPEUPLER v.t. [3]. **1.** Peupler une région dépeuplée ; s'installer dans un lieu : *Des citadins ont repeuplé la région.* **2.** Regarnir un lieu d'espèces animales ou végétales : *Repeupler un étang, une forêt.*

REPIPER v.t. [3]. Suisse. Fam. Répliquer : *Ne pas repiper mot.*

REPIQUAGE n.m. **1.** Action de repiquer. **2.** AGRIC. Transplantation d'une jeune plante provenant de semis. **3.** Opération consistant à copier un disque, une bande magnétique par réenregistrement ; enregistrement ainsi obtenu. **4.** IMPRIM. Adjonction d'un texte sur une feuille déjà imprimée.

REPIQUE n.f. PHOTOGR. Élimination au pinceau ou au crayon de points noirs ou blancs apparaissant sur une photographie.

REPIQUER v.t. [3]. **1.** Piquer de nouveau : *Repiquer un ourlet.* **2.** AGRIC. Transplanter une jeune plante qui provient de semis. **3.** Copier un enregistrement. **4.** IMPRIM. Pratiquer le repiquage d'un texte. **5.** PHOTOGR. Effectuer des opérations de repique. **6.** Faire de petits trous sur le parement d'une maçonnerie pour donner une meilleure prise à l'enduit qui doit le recouvrir. ◆ **v.t. ind. (À).** Fam. **1.** Reprendre de : *Il a repiqué trois fois au civet.* **2.** Recommencer la même chose : *Repiquer à la boisson.*

RÉPIT n.m. (du lat. *respectum,* regard en arrière). **1.** Arrêt momentané de qqch de pénible ; trêve : *Ses douleurs ne lui laissent aucun répit.* **2.** Interruption dans une occupation absorbante ou contraignante ; repos : *Quelques instants de répit.* ▪ **Sans répit,** sans arrêt : *La pluie tombe sans répit.*

REPLACEMENT n.m. Action de replacer.

REPLACER v.t. [9]. **1.** Remettre qqch à sa place, dans la bonne position. **2.** Placer, situer dans telles circonstances ; resituer : *Replacer un événement dans son contexte.* ◆ **SE REPLACER** v.pr. **1.** Se remettre en place. **2.** Se remettre par l'esprit dans une situation déterminée.

REPLANTATION n.f. Action de replanter.

REPLANTER v.t. [3]. Planter de nouveau.

REPLAT n.m. Sur un versant, adoucissement très prononcé de la pente.

REPLÂTRAGE n.m. **1.** Réparation en plâtre. **2.** Fig., fam. Remaniement sommaire et imparfait : *Replâtrage ministériel.*

REPLÂTRER v.t. [3]. **1.** Plâtrer de nouveau. **2.** Réparer d'une manière superficielle et précaire. **3.** Fig., fam. Tenter de recréer une certaine cohésion au sein d'un groupe : *Replâtrer la direction d'un parti.*

REPLET, ÈTE adj. (du lat. *repletus,* rempli). Qui a de l'embonpoint ; dodu.

RÉPLÉTION n.f. PHYSIOL. État d'un organe rempli (par oppos. à *vacuité*).

REPLEUVOIR v. impers. [54]. Pleuvoir de nouveau.

REPLI n.m. **1.** Double pli. **2.** Mouvement en arrière ; régression : *Repli des marchés financiers, des exportations.* **3.** MIL. Retraite volontaire d'une troupe. ◆ **n.m. pl. 1.** Ondulations d'une surface ; sinuosités : *Les replis d'une tenture.* **2.** Fig., litt. Ce qu'il y a de plus caché, de plus intime : *Les replis du cœur humain.*

REPLIABLE adj. Qui peut être replié.

RÉPLICATION n.f. GÉNÉT. Processus de copie de la totalité du matériel génétique d'une cellule, avant que celle-ci ne se divise (SYN. **duplication**).

REPLIEMENT n.m. Action de replier, de se replier.

REPLIER v.t. [5]. Plier une chose qui avait été dépliée : *Replier son journal.* ◆ **SE REPLIER** v.pr. **1.** Se refermer en pliant : *Couteau dont la lame se replie.* **2.** MIL. Opérer un repli, en parlant d'une troupe. ▪ **Se replier sur soi-même,** s'isoler dans ses pensées ; se renfermer.

RÉPLIQUE n.f. **1.** Réponse vive à ce qui a été dit ou écrit ; riposte : *Une réplique cinglante.* **2.** Partie d'un dialogue théâtral dite par un acteur. **3.** Personne, action, œuvre qui semble être l'image d'une autre ; double. **4.** Copie ancienne d'une œuvre d'art, avec ou sans variantes. **5.** GÉOPHYS. Secousse secondaire faisant suite à la secousse principale d'un séisme. ▪ **Donner la réplique,** servir de partenaire à l'acteur qui a le rôle principal.

RÉPLIQUER v.t. et v.i. [3] (lat. *replicare*). Répondre avec vivacité ; riposter. ◆ **SE RÉPLIQUER** v.pr. GÉNÉT. Se dupliquer.

REPLISSER v.t. [3]. Plisser de nouveau.

REPLOIEMENT n.m. Litt. Repliement.

REPLONGER v.t. et v.i. [10]. Plonger de nouveau. ◆ **SE REPLONGER** v.pr. Se consacrer de nouveau à : *Se replonger dans l'écriture de son roman.*

REPLOYER [rəplwaje] v.t. [7]. Litt. Replier.

REPOLIR v.t. [21]. Polir de nouveau.

REPOLISSAGE n.m. Action de repolir.

RÉPONDANT, E n. DR. Personne qui se porte caution ; garant : *Être le répondant de qqn.* ◆ **n.m.** Fam. ▪ **Avoir du répondant,** présenter de sérieuses garanties financières ; avoir le sens de la repartie.

1. RÉPONDEUR, EUSE adj. Vieilli. Qui répond aux remontrances.

2. RÉPONDEUR n.m. TÉLÉCOMM. ▪ **Répondeur (-enregistreur),** répondeur permettant d'enregistrer, en cas d'absence, les messages des correspondants. ▪ **Répondeur (téléphonique),** appareil relié à un poste téléphonique, permettant de délivrer un message enregistré en réponse à un appel.

RÉPONDRE v.t. et v.i. [59] (lat. *respondere*). **1.** Dire qqch en retour à qqn qui a parlé, posé une question : *Répondez « oui » ou « non ».* **2.** Envoyer une lettre en retour d'une autre. ◆ **v.t. ind. 1. (À).** Fournir la ou les réponses demandées : *Répondre à un sondage.* **2. (À).** Être conforme à ce qui est attendu : *Cela répond à nos besoins. Elle répond au signalement fourni.* **3. (À).** Envoyer une lettre à qqn faisant suite à celle qu'il a adressée. **4. (À).** Apporter des raisons contre ; objecter : *Que répondez-vous à cela ?* **5. (À).** Avoir tel comportement en retour : *Répondre à la force par la force.* **6.** Absol. Réagir de façon normale à une action : *Les freins ne répondent plus.* **7. (DE).** Se porter garant de qqn, qqch : *Je réponds de lui, de son sérieux.* ◆ **SE RÉPONDRE** v.pr. Se présenter symétriquement.

RÉPONS [repɔ̃] n.m. (lat. *responsum*). Chant exécuté alternativement par le chœur et par un soliste, qui prend place dans les offices de l'Église catholique.

RÉPONSE n.f. (fém. de *répons*). **1.** Parole ou écrit adressés pour répondre : *J'ai reçu une réponse négative.* **2.** Solution apportée à une question ; explication : *Personne n'a encore trouvé la réponse à ce mystère.* **3.** PSYCHOL. Réaction à un stimulus. **4.** Réaction d'un système, d'un appareil, etc., sous l'effet d'un agent extérieur, d'une excitation. ▪ **Avoir réponse à tout,** écarter toutes les objections pour se donner raison. ▪ **Droit de réponse,** droit accordé à toute personne désignée ou mise en cause par un média d'exiger l'insertion gratuite d'une réponse ou de répondre à l'antenne.

REPOPULATION n.f. Augmentation de la population après un dépeuplement.

REPORT n.m. (de 2. *reporter*). **1.** COMPTAB. Action de reporter un total d'une colonne ou d'une page sur une autre ; la somme ainsi reportée. **2.** Action de reporter sur qqn ou qqch d'autre : *Un report de voix sur un autre candidat.* **3.** Action de remettre à un autre moment ; ajournement : *Le report d'une délibération.* **4.** FIN. Opération de Bourse traitée à la liquidation d'un marché à terme, en vue de proroger la spéculation jusqu'à la liquidation suivante ; bénéfice réalisé par le détenteur de capitaux qui prête au spéculateur les fonds nécessaires pour cette prorogation. **5.** Action de reporter sur un autre exercice les effets d'une opération, d'un déficit, d'un impôt, etc. **6.** IMPRIM. En lithographie et en offset, transport par décalque ou par copie d'un dessin, d'une gravure, d'un texte composé. **7.** IMPRIM. Plaque offset prête à être calée. **8.** Au pari mutuel, succession de paris simples dans plusieurs courses d'une même réunion. ▪ **Report à nouveau** [comptab.], reliquat d'un résultat repris dans le bilan suivant. ▪ **Report photographique** [art mod.], transfert d'une image ou d'une partie d'image photographique sur une toile, une estampe.

REPORTAGE n.m. **1.** Ensemble des informations écrites, photographiées, enregistrées ou filmées recueillies par un journaliste sur le lieu même de l'événement. **2.** Enquête radiodiffusée, filmée ou télévisée. **3.** Fonction, service de reporter dans un journal.

1. REPORTER [-tɛr] n. (mot angl.). Reporteur.

2. REPORTER v.t. [3]. **1.** Porter une chose à l'endroit où elle était auparavant ; rapporter. **2.** Placer à un autre endroit ; déplacer : *Reporter un alinéa à la fin d'un texte.* **3.** Orienter son choix autrement : *Reporter sa voix sur un autre candidat.* **4.** Remettre à un autre moment ; différer : *Reporter une réunion.* **5.** FIN. Faire un report en Bourse. ◆ **SE REPORTER** v.pr. **(À). 1.** Se transporter en pensée : *Se reporter à l'époque des faits.* **2.** Se référer à : *Veuillez vous reporter à notre brochure.*

REPORTER-CAMERAMAN [-man] n. (pl. *reporters-cameramans* ou *reporters-cameramen* [-mɛn]). Journaliste chargé de recueillir, avec une caméra, des éléments d'information visuels. Recomm. off. **reporteur d'images.**

REPORTER-PHOTOGRAPHE n. (pl. *reporters-photographes*). Journaliste chargé d'effectuer les photographies d'un reportage (SYN. **photojournaliste, photoreporter**).

1. REPORTEUR, TRICE ou **REPORTER** [-tɛr] n. (angl. *reporter*). Journaliste qui recueille des informations qui sont diffusées par un média. ▪ **Grand reporteur,** journaliste chargé de reportages sur des événements d'importance ou lointains. ▪ **Reporteur d'images,** recomm. off. pour **reporter-cameraman.**

2. REPORTEUR, TRICE n. IMPRIM. Personne qui exécute les reports.

REPOS n.m. **1.** Absence de mouvement ; immobilité. **2.** Fait pour qqn de se reposer, de cesser son activité : *Elle a besoin de repos* ; temps correspondant : *Une semaine de repos.* **3.** Sout. État de qqn qui se repose ou dort : *Aucun bruit ne trouble leur repos.* **4.** Sout. État de qqn qui est serein ; quiétude : *Depuis cette brouille, il n'a plus trouvé le repos.* **5.** Période, jour pendant lesquels qqn cesse son travail : *Le mercredi est son jour de repos.* **6.** Pause que l'on observe dans la lecture ou la diction d'un texte. **7.** MÉCAN. État d'un corps immobile par rapport à un système de référence particulier. **8.** Petit palier qui interrompt la suite des marches d'un escalier. ▪ **De tout repos,** qui ne présente aucun risque : *Placement de tout repos.* ▪ **Repos !** [mil.], commandement indiquant l'abandon de la position du garde-à-vous pour celle du repos, le pied gauche légèrement en avant, la main gauche sur la boucle du ceinturon. ▪ **Repos hebdomadaire,** repos légal minimal de 24 heures consécutives (en principe le dimanche) que tout employeur est tenu d'accorder à tout salarié.

REPOSANT, E adj. Qui repose ; délassant.

REPOSE n.f. Action de remettre en place ce qui avait été enlevé ou déposé.

REPOSÉ, E adj. Qui ne présente plus trace de fatigue : *Un visage reposé.* ▪ **À tête reposée,** en prenant le temps de réfléchir.

REPOSÉE n.f. VÉNER. Lieu où une bête se repose pendant le jour.

REPOSE-PIED n.m. (pl. *repose-pieds*). **1.** Appui pour les pieds, attenant à un fauteuil. **2.** Appui fixé au cadre d'une motocyclette, sur lequel on peut poser les pieds.

1. REPOSER v.t. [3] (de *poser*). **1.** Poser de nouveau un objet que l'on a soulevé. **2.** Remettre en place ce qui a été enlevé, déposé : *Reposer un radiateur.* ◆ **SE REPOSER v.pr.** Exister, se poser de nouveau : *Le problème se repose.*

2. REPOSER v.t. [3] (du bas lat. *pausare*, cesser). Mettre le corps, l'esprit dans des conditions propres à les délasser : *Allonge-toi un instant, cela te reposera.* ◆ **v.i. 1.** Litt. En parlant d'un défunt, être étendu ou enseveli en un lieu. **2.** En parlant d'un liquide, rester au repos, afin que les éléments en suspension tombent au fond du récipient ; décanter. ▪ **Laisser reposer une terre,** la laisser sans culture. ◆ **v.t. ind. (SUR). 1.** Être posé sur qqch qui sert de support : *Cet édifice repose sur des piliers.* **2.** Fig. Être établi, fondé sur : *Cette théorie ne reposait sur rien de solide.* ◆ **SE REPOSER v.pr.** Cesser de travailler pour éliminer la fatigue. ▪ **Se reposer sur qqn,** s'en remettre à lui.

REPOSE-TÊTE n.m. inv., ▲ *n.m. (pl. repose-têtes).* Appui-tête.

REPOSITIONNABLE adj. Se dit d'un adhésif pouvant être décollé et recollé.

REPOSITIONNEMENT n.m. Fait de repositionner.

REPOSITIONNER v.t. [3]. Positionner de nouveau.

REPOSOIR n.m. 1. CATH. Autel provisoire dressé en certaines occasions, pour y déposer le saint sacrement. **2.** Dans un hôpital, salle où le corps du défunt est exposé avant les funérailles.

REPOURVOIR v.t. [50]. Suisse. Confier un poste, une charge vacante à un nouveau titulaire.

REPOUSSAGE n.m. MÉTALL. Formage à froid de pièces métalliques à parois minces.

REPOUSSANT, E adj. Qui inspire du dégoût ; répugnant.

REPOUSSE n.f. Fait de repousser, en parlant des cheveux, des plantes.

REPOUSSÉ adj.m. et **n.m. ORFÈVR.** Se dit d'un travail exécuté au marteau et au ciselet sur une lame mince de métal, afin de lui donner un relief ornemental.

1. REPOUSSER v.t. [3]. 1. Pousser en arrière ; faire reculer ; refouler : *Repousser les manifestants.* **2.** Ne pas se laisser aller à : *Repousser une envie.* **3.** Ne pas accepter ; rejeter : *Repousser une proposition.* **4.** Remettre à plus tard ; reporter : *Repousser un rendez-vous.* **5. MÉTALL.** Réaliser une forme par repoussage.

2. REPOUSSER v.i. [3]. Pousser, croître de nouveau.

REPOUSSOIR n.m. 1. PEINT. Masse colorée des premiers plans d'un tableau, qui, par contraste, fait fuir les arrière-plans, crée un effet de profondeur. **2.** Fig. Chose ou personne qui en fait valoir une autre par contraste. **3.** Fig., fam. Personne très laide.

RÉPRÉHENSIBLE adj. Qui mérite un blâme ; condamnable.

REPRENDRE v.t. [61]. 1. Prendre de nouveau : *Reprendre sa place* ; prendre une autre fois, en plus : *Reprendre du café.* **2.** Rentrer en possession de ce que l'on a donné, déposé ; récupérer : *Reprendre son manteau au vestiaire.* **3.** Devenir le propriétaire ou le responsable de qqch qui était possédé, détenu par autrui : *Reprendre une librairie, la direction d'une entreprise.* **4.** Aller chercher pour repartir : *Je passerai reprendre les enfants.* **5.** Prendre, arrêter de nouveau qqn qui s'est enfui ; rattraper. **6.** Accepter le retour d'une marchandise et en rembourser le prix : *Nous ne reprenons pas les articles soldés.* **7.** Retrouver un état, une faculté : *Reprendre confiance, ses esprits.* **8.** En parlant d'une maladie, affecter de nouveau qqn : *Les nausées l'ont repris.* **9.** Se remettre à une chose interrompue ; redémarrer : *Reprendre son travail.* **10.** Jouer, donner de nouveau un spectacle. **11.** Redire des paroles, des idées : *Reprendre en chœur un slogan.* **12.** (Souvent en incise). Parler de nouveau, après un silence : « *Nous pouvons le faire* », *reprit-elle.* **13.** Apporter des corrections à qqch ; modifier : *Il faut reprendre le dernier paragraphe.* **14.** Rétrécir un vêtement en refaisant les coutures ou les pinces. **15.** Critiquer qqn sur ce qu'il dit ou fait ; blâmer : *Reprendre un élève.* ▪ **On ne m'y reprendra plus,** c'est la dernière fois que je me fais duper ainsi. ◆ **v.i. 1.** Se développer normalement après avoir été transplanté : *Ce rosier reprend bien.* **2.** Se manifester de nouveau : *La pluie reprend.* **3.** En parlant du commerce, des affaires, redevenir actifs après une stagnation. ◆ **SE REPRENDRE v.pr. 1.** Retrouver la maîtrise de soi ; se ressaisir : *Il faut que tu te reprennes !* **2.** Rectifier un propos ; se corriger.

REPRENEUR, EUSE n. ÉCON. Personne qui reprend une entreprise en difficulté.

REPRÉSAILLES n.f. pl. (de *reprendre*). Violences que l'on fait subir à un ennemi pour répondre à un acte hostile.

REPRÉSENTABLE adj. Qui peut être représenté.

1. REPRÉSENTANT, E n. Personne qui représente une autre personne ou un groupe. ▪ **Chambre des représentants,** première chambre ou chambre basse du Parlement dans de nombreux pays, dont la Belgique et les États-Unis. ▪ **Représentant de commerce,** intermédiaire chargé de prospecter une clientèle et de prendre des commandes pour une entreprise. ▪ **Représentant du personnel,** salarié chargé de représenter les intérêts des membres du personnel d'une entreprise ou d'un établissement. ▪ **Représentant du peuple,** parlementaire. ▪ **Représentant syndical,** représentant d'un syndicat au comité d'entreprise.

2. REPRÉSENTANT n.m. MATH. Élément d'une classe d'équivalence.

REPRÉSENTATIF, IVE adj. 1. Qui représente une collectivité et peut parler en son nom : *Syndicat représentatif.* **2.** Considéré comme le modèle d'une catégorie : *Échantillon représentatif de la population.* ▪ **Régime représentatif** [polit.], régime fondé sur le principe de la souveraineté nationale, dans lequel les citoyens donnent mandat à leurs élus de décider en leur nom.

REPRÉSENTATION n.f. 1. Action de représenter qqch au moyen d'une figure, d'un symbole, d'un signe : *Une représentation sur un plan de la surface sphérique du globe.* **2.** Image, figure, symbole, signe qui représentent un phénomène, une idée. **3.** Action de représenter par le moyen de l'art ; figuration. **4.** Action de donner un spectacle devant un public, partic. au théâtre ; ce spectacle lui-même. **5.** Action de représenter qqn, une collectivité ; les personnes qui en sont chargées : *La représentation nationale.* **6.** Activité de qqn qui représente une entreprise commerciale dans un secteur déterminé. **7.** Vieilli. (Souvent pl.). Action de faire à qqn des remontrances polies ; observation. **8. PHILOS.** Ce par quoi un objet est présent à l'esprit (image, concept, etc.). **9. PSYCHOL.** Perception, image mentale, etc., dont le contenu se rapporte à un objet, à une situation, à une scène du monde dans lequel vit le sujet. **10. DR.** Procédé juridique en vertu duquel une personne accomplit un acte au nom et pour le compte de la personne qu'elle représente ; procédé juridique en vertu duquel des héritiers du défunt viennent à sa succession, à la place d'un de leurs ascendants décédé antérieurement.

REPRÉSENTATIVITÉ n.f. 1. Qualité de qqn, d'un parti, d'un groupement ou d'un syndicat dont l'audience dans la population fait qu'il peut s'exprimer valablement en son nom. **2. MATH.** Qualité d'un échantillon constitué de façon à correspondre à la population dont il est extrait.

REPRÉSENTER v.t. [3] (du lat. *repraesentare*, rendre présent). **1.** Rendre perceptible, sensible par une figure, un symbole, un signe : *Ce schéma représente l'évolution du chômage.* **2.** Évoquer par un moyen artistique ou un autre procédé : *Ce pamphlet le représente sous les traits d'un fat.* **3.** Jouer ou faire jouer un spectacle devant un public. **4.** Litt., vieilli. Mettre qqn en garde contre qqch ; avertir. **5.** Avoir reçu mandat pour agir au nom de qqn, d'un groupe : *Elle nous représente au comité directeur.* **6.** Être le représentant d'une entreprise commerciale. **7.** Être l'incarnation, le type de qqch : *Représenter le renouveau.* **8.** Apparaître comme l'équivalent de ; constituer : *Découverte qui représente une révolution.* **9.** Présenter de nouveau qqch à qqn : *Représenter un recommandé.* ◆ **SE REPRÉSENTER v.pr. 1.** Imaginer qqch, qqn qui n'est pas actuellement présent. **2.** Se présenter de nouveau : *Se représenter à une élection.*

RÉPRESSEUR n.m. BIOL. CELL. Protéine qui, dans les cellules vivantes, empêche la production d'une enzyme lorsque celle-ci n'est pas utile.

RÉPRESSIF, IVE adj. Qui réprime ; qui a pour but de réprimer : *Mesures répressives.*

RÉPRESSION n.f. (lat. *repressio*). **1.** Action de réprimer, de punir : *La répression de la délinquance.* **2.** Recours à la contrainte et à la violence à l'encontre d'une dissidence, d'un mouvement social : *Forces de répression.* **3. PSYCHAN.** Rejet hors de la conscience d'un contenu représenté comme déplaisant ou inacceptable.

RÉPRIMANDE n.f. (du lat. *reprimenda*, qui doit être réprimé). Reproche que l'on adresse à qqn pour une faute ; remontrance.

RÉPRIMANDER v.t. [3]. Faire une réprimande à.

RÉPRIMER v.t. [3] (lat. *reprimere*). **1.** Arrêter la manifestation d'un sentiment ; refouler : *Réprimer son hostilité.* **2.** Empêcher le développement d'une action jugée dangereuse : *Réprimer un soulèvement.*

REPRINT [rəprint] **n.m.** (mot angl.). Réimpression en fac-similé d'un ouvrage épuisé.

REPRIS n.m. ▪ **Repris de justice,** personne qui a déjà subi une condamnation pénale.

REPRISAGE n.m. Action de repriser.

REPRISE n.f. (de *reprendre*). **1.** Action de reprendre, de s'emparer de nouveau de ; reconquête. **2.** Nouvel essor après une récession ; redémarrage : *Les économistes annoncent la reprise.* **3.** Continuation d'une chose interrompue : *La reprise des cours.* **4.** Fait de jouer de nouveau une pièce, un film. **5.** Réparation faite à une étoffe déchirée. **6.** Chacune des parties d'un combat de boxe (SYN. **round**). **7.** Début de la seconde mi-temps d'un match : *Marquer un but à la reprise.* **8.** Rachat d'un matériel, d'un objet usagé à celui à qui on vend un matériel neuf ; somme correspondante. **9.** Somme d'argent versée par un nouveau locataire à son prédécesseur pour entrer dans un local. **10.** Passage du bas régime d'un moteur à un régime supérieur sans utilisation du changement de vitesse : *Véhicule qui a de bonnes reprises.* **11. MUS.** Répétition d'une partie d'un morceau, indiquée par des *barres de reprise* ; partie d'un air qui doit être exécutée deux fois. **12. ÉQUIT.** Leçon donnée au cavalier ou au cheval ; ensemble des cavaliers qui travaillent en même temps dans le même manège ; ensemble de figures exécutées par un ou plusieurs cavaliers, selon un ordre et un tracé déterminés. **13. CONSTR.** Réfection des parties inférieures d'une construction. **14. TEXT.** Quantité d'humidité qu'une matière textile retient normalement dans une atmosphère standard de conditionnement. ▪ **À plusieurs reprises,** plusieurs fois successivement. ▪ **Droit de reprise,** droit pour l'administration fiscale française de vérifier les déclarations fiscales fournies par le contribuable ou qui auraient dû l'être. ▪ **Reprise des propres** [dr.], opération consistant pour chaque époux à séparer ses biens personnels de la masse commune, lors de la liquidation de la communauté.

REPRISER v.t. [3]. Raccommoder.

RÉPROBATEUR, TRICE adj. Qui exprime la réprobation ; désapprobateur.

RÉPROBATION n.f. (lat. *reprobatio*). Jugement par lequel qqn blâme la conduite de qqn d'autre ; condamnation.

REPROCHE n.m. Ce que l'on dit à qqn pour lui exprimer son mécontentement ; remontrance : *Je n'ai pas mérité ces reproches.* ▪ **Sans reproche,** à qui l'on ne peut rien reprocher.

REPROCHER v.t. [3] (du lat. pop. *repropiare*, rapprocher). **1.** Blâmer qqn de : *Elle lui reproche son manque de tact, d'être toujours en retard.* **2.** Trouver un défaut à ; critiquer : *Que reproches-tu à cet ordinateur ?* ◆ **SE REPROCHER v.pr.** Se considérer comme responsable de : *Se reprocher son étourderie.*

REPRODUCTEUR, TRICE adj. Relatif à la reproduction ; qui sert à la reproduction des êtres vivants. ◆ **n.** Animal d'élevage destiné à la reproduction. ◆ **n.m. MÉCAN. INDUSTR.** Gabarit en forme de la pièce à obtenir, utilisé sur les machines-outils à reproduire.

REPRODUCTIBILITÉ n.f. Caractère de ce qui est reproductible.

REPRODUCTIBLE adj. Qui peut être reproduit.

REPRODUCTIF, IVE adj. Relatif à la reproduction : *Un germe reproductif.*

REPRODUCTION n.f. **1.** Fonction par laquelle les êtres vivants perpétuent leur espèce. **2.** Image obtenue à partir d'un original. **3.** Action de reproduire un texte, une illustration, des sons. **4.** SOCIOL. Processus par lequel une société se perpétue, notamm. dans sa division en classes sociales et dans ses valeurs, du fait de l'éducation qu'elle donne à ses jeunes. ■ **Droit de reproduction,** droit que possède l'auteur ou le propriétaire d'une œuvre littéraire ou artistique d'en autoriser la diffusion et d'en tirer un bénéfice.

REPRODUIRE v.t. [78]. **1.** Restituer qqch aussi fidèlement que possible : *Reproduire un dessin, une clé.* **2.** Faire paraître un texte, une œuvre qui a déjà fait l'objet d'une publication. ■ **Machine(-outil) à reproduire,** permettant d'exécuter une pièce similaire à un modèle donné. ◆ **SE REPRODUIRE** v.pr. **1.** Donner naissance à des individus de son espèce. **2.** Se produire de nouveau ; se renouveler : *Je veillerai à ce que cela ne se reproduise pas.*

REPROGRAMMER v.t. [3]. **1.** Programmer de nouveau. **2.** En génie génétique, pratiquer une manipulation permettant à une bactérie d'accomplir un programme précis (synthèse d'hormones, par ex.).

REPROGRAPHIE n.f. Ensemble des techniques permettant de reproduire un document (photocopie, par ex.).

REPROGRAPHIER v.t. [5]. Reproduire un document par reprographie.

REPROTOXIQUE adj. Se dit d'une substance nocive pour la reproduction.

RÉPROUVÉ, E adj. et n. **1.** Qui est rejeté par la société. **2.** THÉOL. CHRÉT. Se dit d'un pécheur exclu du salut éternel par le jugement de Dieu.

RÉPROUVER v.t. [3] (bas lat. *reprobare*). **1.** Rejeter un acte en le désapprouvant ; condamner : *Des actes que la conscience réprouve.* **2.** THÉOL. CHRÉT. En parlant de Dieu, exclure un pécheur du salut éternel.

REPS [rɛps] n.m. (mot angl.). Étoffe d'ameublement à côtes perpendiculaires aux lisières.

REPTATION n.f. (lat. *reptatio,* de *reptare,* ramper). **1.** Mode de locomotion animale dans lequel le corps progresse sans l'aide de membres, sur une surface solide (SYN. **rampement**). **2.** Progression d'une personne à plat ventre.

REPTILE n.m. (du bas lat. *reptilis,* rampant). Vertébré à respiration pulmonaire, à tégument recouvert d'écailles kératinisées et à température variable. ➲ Les reptiles forment une classe.

➲ Les **REPTILES** sont des animaux génér. ovipares*. Leur peau est renforcée par des plaques dermiques parfois très résistantes (carapace des tortues, par ex.). La classe des reptiles comprend actuellement cinq groupes : chéloniens (tortues), lacertiliens (lézards), ophidiens (serpents), rhynchocéphales (représentés par le seul hattéria) et crocodiliens. À l'ère secondaire, ils étaient également représentés par des formes terrestres (dinosaures), aériennes (ptérosauriens) et marines (ichtyosaures, plésiosaures) atteignant parfois des dimensions colossales.

REPTILIEN, ENNE adj. Relatif aux reptiles.

REPU, E adj. (de *repaître*). Qui est rassasié.

1. RÉPUBLICAIN, E adj. Qui appartient à une république, à la république. ◆ **n.** et **adj. 1.** Partisan de la république. **2.** Membre du Parti républicain*, aux États-Unis (v. partie n.pr.).

2. RÉPUBLICAIN n.m. Moineau d'Afrique australe, qui édifie un nid collectif (groupe de dizaines d'individus) dans les arbres. ➲ Famille des plocéidés.

RÉPUBLICANISME n.m. Doctrine des républicains.

RÉPUBLIQUE n.f. (du lat. *res publica,* chose publique). **1.** Régime politique dans lequel la loi s'applique à tous sans exception et où la fonction de chef de l'État n'est pas héréditaire. **2.** (Suivi d'un adj., prend une majuscule). Pays, État ayant cette forme d'organisation : *La République française. La république de Roumanie.* **3.** Vx. La chose publique ; l'État. ■ **La république des lettres,** l'ensemble des gens de lettres.

➲ Apparu à Rome, après la chute de la monarchie (VIe s. av. J.-C.), le terme **RÉPUBLIQUE** est appliqué au Moyen Âge à certains régimes aristocratiques (tel celui de Venise). Le véritable régime républicain, dont Montesquieu définit les principes, date de la seconde moitié du XVIIIe s. : il caractérise les institutions des États-Unis (formés en 1776) et celles de la France à partir de 1792. En France, ce n'est toutefois qu'avec la IIIe République, fondée en 1870, que la république devient définitive. Les monarchies dites « constitutionnelles » fonctionnent comme des républiques.

RÉPUDIATION n.f. Action de répudier.

RÉPUDIER v.t. [5] (lat. *repudiare*). **1.** En parlant du mari, renvoyer sa femme par décision unilatérale, en vertu de dispositions légales ou coutumières. **2.** Litt. Rejeter ce que l'on avait admis jusque-là ; renier : *Répudier ses idéaux.*

RÉPUGNANCE n.f. Dégoût pour qqn, qqch ; aversion.

RÉPUGNANT, E adj. Qui inspire de la répugnance.

RÉPUGNER v.t. ind. [3] (À) [du lat. *repugnare,* résister]. **1.** Inspirer de la répugnance à ; écœurer : *Cette odeur, cette littérature lui répugne.* **2.** Éprouver de l'aversion à faire qqch : *Répugner à révéler ce fait.*

RÉPULSIF, IVE adj. (du lat. *repulsum,* repoussé). **1.** Qui provoque la répulsion ; infect. **2.** PHYS. Qui exerce une répulsion. ◆ **adj.** et **n.m.** Se dit d'un produit, d'un procédé destiné à éloigner des animaux indésirables.

RÉPULSION n.f. (bas lat. *repulsio*). **1.** Vive répugnance ; dégoût. **2.** PHYS. Force en vertu de laquelle certains corps se repoussent mutuellement.

RÉPUTATION n.f. (du lat. *reputatio,* examen). **1.** Manière dont qqn, qqch est considéré : *Elle a la réputation d'être franche.* **2.** Opinion favorable ou défavorable ; renommée : *Cuisinier, restaurant de grande réputation.* ■ **Connaître qqn, qqch de réputation,** seulement d'après ce que l'on en dit.

RÉPUTÉ, E adj. **1.** Qui jouit d'un grand renom ; célèbre : *Ville réputée pour son festival.* **2.** Qui est considéré comme : *Idée, chanteuse réputée démodée.*

REQUALIFICATION n.f. Action de requalifier ; nouvelle qualification.

REQUALIFIER v.t. [5]. DR. Donner à un acte ou à un fait sa qualification exacte, en parlant d'un juge.

REQUÉRANT, E adj. et n. DR. Qui requiert, demande en justice.

REQUÉRIR v.t. [27] (du lat. *quaerere,* chercher). **1.** Demander impérativement ; nécessiter : *Ce travail requiert une grande attention.* **2.** DR. Demander en justice : *Requérir l'application d'une peine.* **3.** DR. Effectuer une réquisition, en parlant de l'Administration. **4.** Délivrer à une autorité militaire une réquisition de la force armée.

REQUÊTE n.f. (de *requérir*). **1.** Demande instante, écrite ou verbale ; supplique : *Présenter une requête à un ministre.* **2.** DR. Demande effectuée auprès d'une juridiction ou d'un juge, dans le dessein d'obtenir une décision provisoire ; spécial., saisie de la juridiction administrative par le demandeur. **3.** INFORM. Instruction permettant une recherche sélective d'informations dans une base de données ou sur Internet ; message qu'un logiciel client adresse à un serveur.

REQUETÉ [-ke-] n.m. (mot esp.). HIST. **1.** En Espagne, au XIXe s., combattant carliste volontaire. **2.** Pendant la guerre civile espagnole, soldat recruté par l'armée nationaliste.

REQUÊTER v.t. [3]. VÉNER. Chercher de nouveau un gibier, en parlant des chiens.

REQUIEM [rekɥijɛm] n.m. inv. (du lat. *requies,* repos). **1.** CATH. Prière pour les morts. **2.** Musique composée sur cette prière.

REQUIN n.m. (orig. obsc.). **1.** Poisson sélacien au corps génér. fuselé, doté de cinq à sept fentes branchiales situées sur le côté du corps. ➲ Si certains attaquent parfois l'homme (requin bleu, requin blanc, requin-tigre, requin citron), la plupart des 350 espèces env. sont inoffensives. Les plus grands (requin-baleine, requin-pèlerin) se nourrissent de plancton. Certaines espèces (roussette, par ex.) sont consommées sous le nom de *saumonette.* Sous-classe des chondrichtyens. **2.** Fig. Homme d'affaires impitoyable, sans scrupule. ■ **Requin dormeur** → **2. DORMEUR.**

REQUIN-MARTEAU n.m. (pl. *requins-marteaux*). Requin des mers chaudes, à tête aplatie en deux lobes latéraux portant les yeux, parfois dangereux pour l'homme (SYN. **1. marteau**). ➲ Famille des sphyrnidés.

REQUIN-PÈLERIN n.m. (pl. *requins-pèlerins*). Très grand requin de l'Atlantique nord et de la Méditerranée qui se nourrit de plancton, inoffensif pour l'homme (SYN. **2. pèlerin**). ➲ Long. 14 m ; famille des cétorhinidés.

REQUINQUER v.t. [3] (mot picard). Fam. Revigorer. ◆ **SE REQUINQUER** v.pr. Fam. Se rétablir après une maladie.

REQUIN-TAUPE n.m. (pl. *requins-taupes*). Requin de l'Atlantique nord au corps trapu, appelé aussi *lamie* ou *touille.* ➲ Famille des lamnidés.

REQUIN-TIGRE n.m. (pl. *requins-tigres*). Requin des eaux tropicales, carnassier et vorace. ➲ Famille des carcharhinidés.

1. REQUIS, E adj. (de *requérir*). Qui est exigé ; nécessaire : *Avoir les qualités requises pour un poste.*

2. REQUIS n.m. **1.** Civil désigné par les pouvoirs publics pour exercer un emploi déterminé, qu'il ne peut refuser en temps de guerre. **2.** Personne qui collabore à un service public à la suite d'une réquisition.

RÉQUISIT [-zit] n.m. (lat. *requisitus,* de *requirere,* rechercher). PHILOS. Hypothèse ; présupposé.

RÉQUISITION n.f. Procédure qui autorise l'Administration à contraindre un particulier à lui céder un bien ou à effectuer une prestation. ■ **Réquisition d'audience,** placet. ■ **Réquisition de la force armée,** acte écrit par lequel certaines autorités publiques confèrent à une autorité militaire une mission de maintien de l'ordre ou de police judiciaire. ◆ **n.f. pl.** DR. **1.** Réquisitoire prononcé à l'audience. **2.** Conclusions du ministère public dans les affaires qui lui sont communiquées.

RÉQUISITIONNER v.t. [3]. Se procurer des biens, utiliser les services de qqn par un acte de réquisition : *Réquisitionner des bâtiments publics, des grévistes.*

RÉQUISITOIRE n.m. (du lat. *requirere,* réclamer). **1.** DR. Intervention orale par laquelle le ministère public requiert l'application ou non de la loi pénale envers le prévenu ou l'accusé. **2.** Discours dans lequel on accumule les accusations contre qqn : *Dresser un réquisitoire contre les pollueurs.*

RÉQUISITORIAL, E, AUX adj. DR. Relatif au réquisitoire.

REQUITTER v.t. [3]. Quitter de nouveau.

RER ou **R.E.R.** [ɛrøɛr] n.m. (sigle de *réseau express régional*). Métro régional constitué de lignes de chemins de fer électrifiées, desservant Paris et sa banlieue.

▲ **requins**

RES ou **R.E.S.** [ɛrøɛs] **n.m.** (sigle). Rachat d'entreprise par ses salariés.

RESALER v.t. [3]. Saler de nouveau.

RESALIR v.t. [21]. Salir de nouveau.

RESCAPÉ, E adj. et **n.** (du picard *rescaper*, réchapper). Qui est sorti vivant d'un accident.

RESCINDABLE adj. Qui peut être rescindé.

RESCINDANT, E adj. Qui donne lieu à la rescision (SYN. **rescisoire**).

RESCINDER v.t. [3] (lat. *rescindere*). Annuler par rescision.

RESCISION n.f. (bas lat. *rescissio*). **DR.** Annulation judiciaire d'un acte pour cause de lésion.

RESCISOIRE adj. Rescindant. ▪ **Action rescisoire,** qui a pour objet la rescision.

RESCOUSSE n.f. (de l'anc. fr. *escorre*, secourir). ▪ **À la rescousse,** à l'aide ou en renfort : *Appeler à la rescousse. Venir à la rescousse de qqn.*

RESCRIT n.m. (du lat. *rescribere*, récrire). **1.** Réponse d'un empereur romain portant sur une question de droit. **2.** Anc. Réponse du pape à une supplique, une consultation. **3. HIST.** Lettre d'ordres délivrée par certains souverains. ▪ **Rescrit fiscal,** procédure permettant à un contribuable de consulter l'administration fiscale sur la validité d'un montage juridique qu'il envisage de réaliser.

RÉSEAU n.m. (dimin. de *rets*). **1.** Ensemble formé de lignes ou d'éléments qui communiquent ou s'entrecroisent : *Le réseau des ruelles.* **2.** Ensemble des voies ferrées, lignes téléphoniques, lignes électriques, canalisations d'eau ou de gaz, liaisons hertziennes, etc., à l'intérieur d'un territoire. **3.** Répartition des éléments d'un ensemble en différents points ; ensemble des points ainsi répartis : *Réseau de distribution.* **4.** Groupe de personnes qui sont en liaison : *Un réseau d'amis* ; spécial., organisation clandestine : *Réseau de résistance.* **5. INFORM.** Ensemble d'ordinateurs ou de terminaux interconnectés par des télécommunications génér. permanentes. **6.** Fond de dentelle à mailles géométriques. **7. ANAT.** Ensemble de structures anatomiques ou microscopiques linéaires (artères, fibres, etc.) formé par ramification. **8. BX-ARTS, ARTS APPL.** Dessin que forment des lignes entrecroisées, entrelacées (les nervures d'une voûte, par ex.). **9. OPT.** Surface striée d'un ensemble de traits fins, parallèles et très rapprochés qui diffractent la lumière. ▪ **Réseau cristallin** [phys.], disposition régulière des atomes au sein d'un cristal. ➲ On en définit 14 types, qui déterminent 7 systèmes cristallins* fondamentaux. ▪ **Réseau d'éducation prioritaire (REP),** en France, zone où l'action éducative est renforcée pour lutter contre l'échec scolaire. ➲ Les REP ont remplacé les ZEP en 2015. ▪ **Réseau de neurones** → **NEURONE.** ▪ **Réseau express régional** → **RER.** ▪ **Réseau hydrographique,** ensemble formé par un fleuve et ses affluents drainant tout un bassin hydrographique. ▪ **Réseau numérique à intégration de services (RNIS)** [inform.], réseau de télécommunication permettant d'acheminer sous forme numérique tous les types d'information (sons, images, textes). ▪ **Réseau social** [sociol.], structure définie par des relations entre des individus ; inform., site Web sur lequel des internautes échangent des informations personnelles (textes et images), créant ainsi une communauté virtuelle et interactive. ▪ **Réseau urbain,** ensemble hiérarchisé de villes unies par des liens de nature variée (économique, politique, etc.).

RÉSEAUTAGE n.m. Action de réseauter.

RÉSEAUTER v.i. [3]. Créer un réseau de contacts sociaux et professionnels, notamm. via Internet.

RÉSECTION [resɛksjɔ̃] **n.f.** (de *réséquer*). Retrait chirurgical d'une partie atteinte d'un organe ; ablation.

RÉSÉDA n.m. (lat. *reseda*, de *resedare*, calmer). Plante herbacée dont on cultive une espèce originaire d'Afrique du Nord, pour ses fleurs odorantes. ➲ Famille des résédacées.

RÉSÉQUER [reseke] **v.t. [11],** ▲ *[11*]* (lat. *resecare*). Pratiquer une résection.

RÉSERPINE n.f. Alcaloïde du rauwolfia.

RÉSERVATAIRE adj. et **n. DR.** Se dit de l'héritier qui bénéficie légalement de tout ou partie de la réserve héréditaire.

RÉSERVATION n.f. Action de retenir une place dans un avion, un train, une chambre dans un hôtel, etc.

RÉSERVE n.f. 1. Chose mise de côté pour un usage ultérieur ; stock : *Réserves de bois.* **2.** Local où l'on entrepose les marchandises. **3.** Attitude de qqn qui agit avec prudence, qui évite tout excès ; discrétion. **4.** Dans les musées, les bibliothèques, etc., ensemble des œuvres et des documents qui ne peuvent être ni exposés ni communiqués sans contrôle. **5.** Restriction insérée dans un acte ou apportée à un accord, à titre de précaution, par une partie qui entend conserver la possibilité de faire valoir ultérieurement ses droits. **6. MIL.** Ensemble de citoyens n'appartenant pas à l'armée d'active et pouvant la renforcer (réserve opérationnelle) ou apporter un concours dans les relations armée-nation (réserve citoyenne) ; formation maintenue à la disposition du commandement pour être employée en renfort. **7.** Fraction de territoire ou de cours d'eau où la chasse et la pêche sont interdites, en vue du repeuplement en gibier ou en poisson. **8. COMPTAB.** Ensemble des prélèvements effectués sur les bénéfices d'une société dans un but de prévoyance, et non incorporés au capital social. **9.** Déclaration unilatérale d'un État tendant à exclure, en ce qui le concerne, certaines dispositions d'un traité multilatéral. **10. SYLVIC.** Portion de bois ou arbre qu'on conserve dans une coupe, qu'on laisse croître. **11. BX-ARTS.** Dans une aquarelle, une gravure, partie non peinte, non attaquée par l'outil ou le mordant. **12. TECHN.** Toute surface soustraite momentanément, à l'aide d'une substance protectrice, à l'action d'un colorant, d'une encre, d'un acide, etc. **13. IMPRIM.** Partie qu'on laisse en blanc sur un fond imprimé. ▪ **En réserve,** de côté ; imprim., en noir* au blanc. ▪ **Obligation de réserve,** discrétion à laquelle sont tenus

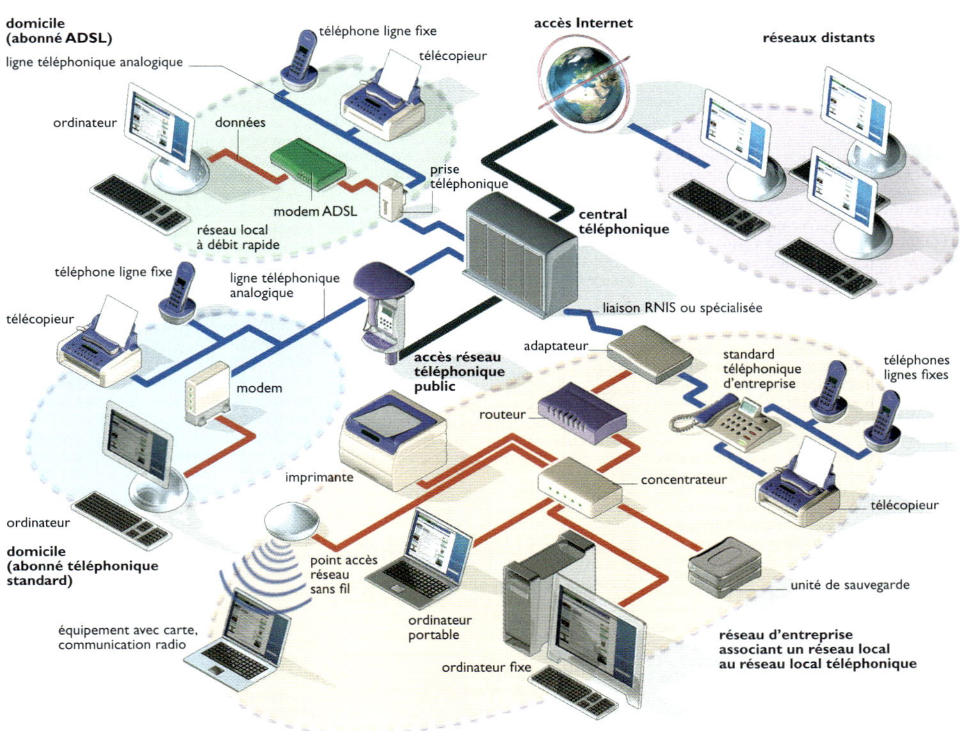

▲ **réseau.** Exemples de réseaux associant des équipements informatiques et téléphoniques.

a b c d e f g h i j k l m n o p q r s t u v w x y z

les agents publics dans l'expression de leurs opinions. ▪ **Réserve amérindienne** ou **indienne,** en Amérique, territoire réservé aux Indiens et soumis à un régime spécial. ▪ **Réserve héréditaire,** portion de patrimoine dont une personne ne peut disposer à titre gratuit, par testament ou donation, au détriment de descendants et ascendants. ▪ **Réserve légale** [comptab.], fonds que toute société de capitaux doit constituer à concurrence d'un certain montant, au moyen de prélèvements sur les bénéfices. ▪ **Réserve naturelle,** territoire délimité et réglementé pour la sauvegarde de l'ensemble des espèces végétales et animales qui y ont élu domicile (*réserve intégrale*), ou de certaines d'entre elles (*réserve botanique, ornithologique*, etc.). ▪ **Sans réserve,** sans restriction. ▪ **Sous réserve,** en se réservant le droit de revenir sur ce qui a été dit. ◆ **n.f. pl. 1.** Quantités identifiées et économiquement exploitables d'une matière première minérale ou énergétique. **2.** PHYSIOL. Substances entreposées dans un organe en vue de leur utilisation ultérieure (l'amidon dans le tubercule de la pomme de terre, les lipides dans la moelle jaune des os, par ex.). ▪ **Réserves foncières,** ensemble de biens immobiliers, génér. non construits, acquis et conservés par l'État ou les collectivités publiques en vue d'assurer la maîtrise des sols dans les régions urbanisées. ▪ **Réserves obligatoires,** somme devant être déposée par les banques auprès de la banque centrale et représentant un certain pourcentage de leurs dépôts et de leurs crédits. ▪ **Sous toute(s) réserve(s),** sans certitude absolue : *Je vous donne cette information sous toutes réserves.*

RÉSERVÉ, E adj. 1. Qui manifeste de la réserve, de la retenue ; circonspect. **2.** Destiné à telle personne, à tel usage : *Table réservée.* ▪ **Cas réservé** [dr. canon], péché que seul le pape ou l'évêque peut absoudre. ▪ **Quartier réservé,** quartier de certaines villes dans lequel la prostitution est tolérée.

RÉSERVER v.t. [3] (lat. *reservare*). **1.** Garder en réserve pour plus tard : *Réserver une révélation pour un moment opportun.* **2.** Préparer pour qqn à son insu : *Je lui réserve une surprise.* **3.** Faire la réservation de : *Réserver des places de théâtre.* **4.** Affecter spécialement à une destination : *On réserve ce bureau aux représentants.* **5.** BX-ARTS. Ménager une réserve dans un dessin, une gravure, etc. ◆ **SE RÉSERVER v.pr. 1.** S'accorder qqch à soi-même : *Se réserver quelques jours de liberté.* **2.** (POUR). Se ménager pour d'autres possibilités : *Il se réserve pour le sprint final.* ▪ **Se réserver de faire qqch,** envisager la possibilité de le faire au moment convenable.

RÉSERVISTE n. Personne qui appartient à la réserve des forces armées ou à la réserve civile.

RÉSERVOIR n.m. 1. Lieu aménagé pour accumuler et conserver certaines choses : *Réservoir d'eau.* **2.** Lieu où sont amassées diverses réserves : *Réservoir de minerais, de main-d'œuvre.* **3.** Récipient contenant des produits liquides ou gazeux. ▪ **Réservoir (de virus),** espèce animale qui, sans être elle-même malade, est susceptible d'abriter un germe infectieux ou un parasite et de contaminer d'autres espèces, notamm. l'homme.

RÉSIDANAT n.m. Période de fin d'études en médecine générale.

RÉSIDANT, E n. → **1. RÉSIDENT.**

RÉSIDENCE n.f. 1. Fait de résider dans un lieu déterminé. **2.** Groupe d'immeubles d'habitation d'un certain confort. **3.** Ensemble d'habitations réservées à une catégorie de personnes : *Résidence universitaire.* ▪ **Artiste, écrivain en résidence,** invité par une institution culturelle, une collectivité locale, etc., à séjourner en un lieu et pour une période donnés, afin de réaliser une œuvre souvent liée à ce lieu. ▪ **Résidence alternée** → **ALTERNÉ.** ▪ **Résidence de la famille** [dr.], domicile choisi d'un commun accord par les époux. (A remplacé l'appellation *domicile conjugal.*) ▪ **Résidence mobile,** recomm. off. pour **mobil-home.** ▪ **Résidence secondaire,** lieu d'habitation dans lequel on séjourne génér. pendant les vacances et les week-ends. ▪ **Résidence surveillée,** résidence imposée à un individu jugé dangereux pour l'ordre public et que les autorités veulent pouvoir surveiller.

1. RÉSIDENT, E ou **RÉSIDANT, E n.** Personne qui habite dans un lieu déterminé.

2. RÉSIDENT, E n. 1. Personne qui réside dans un autre lieu que son pays d'origine. **2.** Étudiant en médecine générale pendant son résidanat.

RÉSIDENTIEL, ELLE adj. 1. Se dit d'une ville, d'un quartier réservés à l'habitation. **2.** Qui offre un haut niveau de confort, en parlant d'un immeuble, d'un ensemble d'habitations.

RÉSIDER v.i. [3] (du lat. *residere*, séjourner). **1.** Avoir sa résidence à tel endroit ; demeurer. **2.** Fig. Avoir son fondement dans : *Sa force réside dans son humour.* **3.** Consister en : *Toute la difficulté réside dans le choix du sujet.*

RÉSIDU n.m. (lat. *residuum*). Matière qui subsiste après une opération physique ou chimique, un traitement industriel, etc. ▪ **Méthode des résidus** [épistémol.], qui consiste à retrancher d'un phénomène la portion dont on connaît déjà les causes, afin de trouver par élimination les causes de la portion restante. ➲ Cette méthode a été formulée par J. Stuart Mill.

RÉSIDUAIRE adj. Qui forme un résidu.

RÉSIDUEL, ELLE adj. Qui est de la nature des résidus. ▪ **Relief résiduel** [géol.], dans une région de pénéplaine, relief qui a été préservé de l'érosion. ▪ **Roches résiduelles,** roches exogènes formées par concentration sélective de certains éléments d'une roche préexistante, les autres étant dissous.

RÉSIGNATION n.f. 1. Fait de se résigner ; fatalisme. **2.** Vx. Renonciation à un droit, une charge.

RÉSIGNÉ, E adj. et **n.** Qui manifeste de la résignation : *Un soupir résigné.*

RÉSIGNER v.t. [3] (du lat. *resignare*, annuler). Litt. Renoncer volontairement à une charge, une fonction ; démissionner de : *Résigner sa charge d'huissier.* ◆ **SE RÉSIGNER v.pr.** Se soumettre sans protestation à qqch ; se résoudre à : *Se résigner à s'expatrier, à l'expatriation.*

RÉSILIABLE adj. Qui peut être résilié.

RÉSILIATION n.f. DR. Annulation d'un contrat par l'accord des parties ou la volonté de l'une d'entre elles.

RÉSILIENCE n.f. 1. MATÉR. Caractéristique mécanique qui définit la résistance aux chocs d'un matériau. **2.** PSYCHOL. Aptitude d'un individu à se construire et à vivre de manière satisfaisante en dépit de circonstances traumatiques. **3.** ÉCOL. Capacité d'un écosystème, d'un biotope ou d'un groupe d'individus (population, espèce) à se rétablir après une perturbation extérieure (incendie, tempête, défrichement, etc.). **4.** INFORM. Capacité d'un système à continuer de fonctionner, même en cas de panne.

RÉSILIENT, E adj. MATÉR. Qui présente une résistance aux chocs. ◆ **adj.** et **n.** PSYCHOL. Qui est capable de résilience.

RÉSILIER v.t. [5] (du lat. *resilire*, se retirer). DR. Mettre fin à une convention, un contrat.

RÉSILLE n.f. (de *réseau*). Filet à larges mailles qui retient la chevelure. ▪ **Bas, collant résille,** formés d'un réseau de larges mailles.

RÉSINE n.f. (lat. *resina*). **1.** Substance solide ou visqueuse, translucide et insoluble dans l'eau, que sécrètent certaines espèces végétales, notamm. les conifères. **2.** Composé macromoléculaire naturel ou synthétique (polymère), utilisé dans la fabrication des matières plastiques, peintures, adhésifs, etc.

RÉSINÉ adj.m. ▪ **Vin résiné,** ou **résiné, n.m.,** vin légèrement additionné de résine. ➲ Spécialité grecque.

RÉSINER v.t. [3]. 1. Extraire la résine de. **2.** Enduire de résine.

RÉSINEUX, EUSE adj. BOT. Qui contient de la résine ; qui en produit. ◆ **n.m.** Arbre forestier gymnosperme, riche en matières résineuses. ➲ Les principaux résineux sont des conifères.

RÉSINIER, ÈRE n. Professionnel effectuant des saignées dans les pins pour récolter la résine qui s'en écoule (SYN. **gemmeur**). ◆ **adj.** Relatif aux produits résineux.

RÉSINIFÈRE adj. BOT. Qui produit de la résine.

RÉSIPISCENCE [resipisɑ̃s] **n.f.** (du lat. *resipiscere*, revenir à la raison). Litt. Reconnaissance d'une faute accompagnée de la volonté de s'amender : *Venir à résipiscence.*

RÉSISTANCE n.f. 1. Action de résister à qqn, à une autorité : *Il a opposé une farouche résistance à la police.* **2.** Capacité à résister à une épreuve physique ou morale : *Résistance au stress.* **3.** État de l'organisme au cours d'un effort physique bref mais intense (par oppos. à *endurance*). **4.** PSYCHAN. Tout ce qui fait obstacle au travail de la cure et entrave l'accès du sujet à sa détermination inconsciente. **5.** Propriété d'un corps de résister, de s'opposer aux effets d'un agent extérieur ; solidité. **6.** PHYS. Force qui s'oppose au mouvement d'un corps dans un fluide. **7.** ÉLECTR. Quotient R de la tension U aux bornes d'une résistance idéale par un circuit I qui le parcourt. ➲ R = U/I, ce qui constitue l'expression de la loi d'Ohm. **8.** ÉLECTR. Dipôle passif dans lequel toute l'énergie électrique mise en jeu est convertie en chaleur par effet Joule. ▪ **La Résistance,** v. partie n.pr. ▪ **Plat de résistance,** plat principal d'un repas. ▪ **Résistance des matériaux,** partie de la mécanique appliquée ayant pour objet l'évaluation des contraintes et des déformations subies par une structure sous l'action de forces extérieures données. ▪ **Résistance (pharmacologique),** aptitude d'un micro-organisme, d'une cellule cancéreuse à survivre dans l'organisme malgré un traitement habituellement efficace.

RÉSISTANT, E adj. 1. Qui supporte bien les épreuves physiques ; robuste : *Athlète résistant.* **2.** Qui résiste à une force extérieure : *Matériau résistant.* **3.** Qui a la propriété de résistance pharmacologique : *Bactérie résistante.* ◆ **n.** Personne qui s'oppose à une occupation ennemie ; spécial., membre de la Résistance pendant la Seconde Guerre mondiale.

RÉSISTER v.t. ind. [3] (À) [du lat. *resistere*, se tenir ferme]. **1.** Ne pas céder sous l'action d'un choc : *La porte ne résistera pas à de tels coups.* **2.** S'opposer à l'action violente de qqn : *Ils résistèrent longtemps à l'ennemi.* **3.** Refuser d'accepter une idée imposée : *Résister à la pression de la rue.* **4.** Ne pas succomber à ce qui attire, séduit : *Résister à une offre alléchante.* **5.** Supporter sans faiblir : *Résister au manque de sommeil.*

RÉSISTIBLE adj. Litt. À qui ou à quoi l'on peut résister.

RÉSISTIF, IVE adj. Se dit d'un dispositif ou d'un circuit électrique dont la grandeur essentielle est la résistance.

RÉSISTIVITÉ n.f. ÉLECTR. Grandeur caractérisant la capacité de résistance électrique d'une substance, numériquement égale à la résistance d'un cylindre de cette substance de 1 m de longueur et de 1 m^2 de section. ➲ Unité : ohmmètre (Ωm).

RESITUER v.t. [3]. Replacer par la pensée des propos, une action dans leur contexte : *Resituer des faits dans leur cadre historique.*

RESOCIALISATION n.f. Action de resocialiser.

RESOCIALISER v.t. [3]. Réinsérer dans la vie sociale.

RÉSOLU, E adj. (de *résoudre*). Ferme dans ses projets ; déterminé.

RÉSOLUBLE adj. DR. Qui peut être annulé.

RÉSOLUMENT adv. De manière résolue, décidée.

RÉSOLUTIF, IVE adj. et **n.m.** MÉD. Vx. Anti-inflammatoire.

RÉSOLUTION n.f. (du lat. *resolutio*, action de dénouer). **1.** Action de résoudre, de trouver la solution de : *La résolution de ce problème doit être politique.* **2.** Décision prise avec la volonté de s'y tenir ; détermination : *Agir avec résolution.* **3.** DR. Texte émis par une assemblée et dans lequel ses membres expriment leur sentiment sur une question déterminée ou qui a trait à son fonctionnement intérieur. **4.** MATH. Action de résoudre une équation, un système d'équations. **5.** Fait de se transformer, de se résoudre : *Résolution d'un nuage en pluie.* **6.** DR. Dissolution d'un contrat, d'un acte pour inexécution des engagements. **7.** MÉD. Retour à l'état normal d'un tissu atteint d'une inflammation. **8.** PHYSIOL. Relâchement complet des muscles, par ex. au cours de l'anesthésie. **9.** INFORM. Nombre de pixels ou de points par unité de longueur, exprimé en pixels par pouce (ppp) pour un fichier image et en points par pouce (PPP) pour une imprimante ou un scanner. ➲ La résolution caractérise, avec la définition, la qualité d'une image numérique. ▪ **Limite de résolution** [métrol.], plus petite variation perceptible de la grandeur à mesurer, dans des conditions de mesure données. ▪ **Mécanismes de résolution** (angl. *resolution mechanisms*), ensemble des dispositifs destinés à protéger les intérêts publics en cas de faillite bancaire. ▪ **Résolution d'un accord** [mus.], action d'enchaîner sur une dissonance un accord ou un intervalle consonant.

RÉSOLUTOIRE adj. DR. Qui entraîne la résolution d'un acte, d'un contrat.

RÉSOLVANTE n.f. MATH. ▪ **Résolvante d'une équation,** seconde équation dont la résolution facilite celle de la première.

RÉSONANCE n.f. **1.** Propriété d'accroître la durée ou l'intensité du son : *La résonance d'une cave.* **2.** Fig., litt. Effet produit dans l'esprit, le cœur ; écho : *Ce discours a eu des résonances dans la population.* **3.** PHYS. Augmentation de l'amplitude d'une oscillation sous l'influence d'impulsions périodiques de fréquence voisine. **4.** PHYS. Particule instable de vie moyenne très courte (10^{-23} s). ➲ Son existence est si brève qu'on hésite à la qualifier de « particule ». **5.** CHIM. Concept théorique selon lequel les molécules sont représentées comme des hybrides entre plusieurs formules de Lewis. ➲ Concept central de la théorie de la mésomérie* de Pauling, la résonance explique la grande acidité des oxacides (nitrique, sulfurique) et le caractère aromatique du benzène. ▪ **Caisse de résonance** [mus.], cavité recouverte d'une table d'harmonie destinée à amplifier les vibrations des cordes ; fig., ce qui amplifie le retentissement médiatique d'un événement. ▪ **Imagerie par résonance magnétique (nucléaire) [IRM],** technique de radiologie utilisant la RMN et appliquée notamm. au système nerveux central et aux articulations. ▪ **Résonance électrique** [phys.], phénomène de résonance qui se produit dans un circuit oscillant quand il est alimenté par une tension alternative de fréquence voisine de sa fréquence propre. ▪ **Résonance magnétique** [phys.], méthode d'analyse spectroscopique fondée sur les transitions induites entre certains niveaux d'énergie d'un atome, d'un ion, d'une molécule, soumis à un champ magnétique. ➲ Le moment magnétique nucléaire créé peut provenir soit des noyaux (RMN, *résonance magnétique nucléaire* ou *remnographie*, utilisée en imagerie* médicale), soit des électrons (*résonance paramagnétique électronique*).

RÉSONANT, E ou **RÉSONNANT, E** adj. PHYS. Susceptible d'entrer en résonance.

RÉSONATEUR n.m. PHYS. Appareil, système qui vibre par résonance.

RESONNER [rəsɔ-] v.t. et v.i. [3]. Belgique. Rappeler au téléphone.

RÉSONNER v.i. [3] (lat. *resonare*). **1.** Renvoyer le son en augmentant sa durée ou son intensité ; retentir. **2.** Produire un son.

RÉSORBABLE adj. Se dit d'un matériel chirurgical qui peut se résorber.

RÉSORBER v.t. [3] (du lat. *resorbere*, absorber). Faire disparaître peu à peu : *Comment résorber le chômage ?* ◆ **SE RÉSORBER** v.pr. Disparaître ou être absorbé peu à peu.

RÉSORCINE n.f. ou **RÉSORCINOL** n.m. (angl. *resorcin*). Diphénol utilisé dans la fabrication d'explosifs, de colorants et de médicaments.

RÉSORPTION n.f. **1.** Élimination progressive d'un inconvénient : *La résorption de la dette.* **2.** Passage progressif d'une substance à travers une membrane (pénétration d'un médicament à travers la paroi des vaisseaux, par ex.).

RÉSOUDRE v.t. [68], ▲ *p. passé résout, résoute* (du lat. *resolvere*, dénouer). **1.** Trouver une solution à ; élucider : *Résoudre une affaire criminelle.* **2.** Prendre la détermination de faire qqch ; décider : *Ils ont résolu de s'installer en province.* **3.** DR. Priver d'effets un contrat. **4.** ASTRON. Mettre en évidence des astres distincts au sein d'un objet céleste : *Résoudre une galaxie en étoiles.* **5.** Litt. Décomposer : *Le temps résout les corps en poussière.* ▪ **Résoudre une équation, un système d'équations** [math.], en déterminer l'ensemble des solutions. ◆ **SE RÉSOUDRE** v.pr. (À). **1.** Consentir à : *Elle s'est résolue à divorcer.* **2.** Se ramener à : *Ce grand débat se résout à un problème d'ego.*

RESPECT [rɛspɛ] n.m. (du lat. *respectus*, égard). Sentiment qui porte à traiter qqn, qqch avec de grands égards, à ne pas porter atteinte à qqch : *Le respect des professeurs, des règles.* ▪ **Respect humain** [rɛspɛkymɛ̃], crainte que l'on a du jugement des autres. ▪ **Sauf votre respect** [vieilli ou par plais.], que cela ne vous offense pas. ▪ **Tenir qqn en respect,** le menacer avec une arme. ◆ n.m. pl. Litt. Civilités ; hommages : *Présenter ses respects.*

RESPECTABILISER v.t. [3]. Rendre respectable.

RESPECTABILITÉ n.f. (angl. *respectability*). Qualité d'une personne respectable.

RESPECTABLE adj. **1.** Digne de respect. **2.** D'une importance dont on doit tenir compte ; assez grand : *Cela permet d'automatiser un nombre respectable de tâches.*

RESPECTER v.t. [3]. **1.** Traiter avec respect : *Respecter qqn, les idées des autres.* **2.** Ne pas porter atteinte à qqch : *Respecter la loi.* ◆ **SE RESPECTER** v.pr. Se comporter avec la décence qui convient. ▪ **Qui se respecte,** qui a une haute idée de sa fonction ; digne de ce nom : *Un journaliste qui se respecte ne se prête pas à ces pratiques.*

RESPECTIF, IVE adj. (lat. *respectivus*). Qui concerne chaque personne, chaque chose, par rapport aux autres.

RESPECTIVEMENT adv. Chacun en ce qui le concerne.

RESPECTUEUSEMENT adv. Avec respect.

RESPECTUEUX, EUSE adj. **1.** Qui marque, témoigne du respect : *Être respectueux envers ses aînés.* **2.** Qui ne porte pas atteinte à : *Respectueux de la liberté d'autrui.*

RESPIRABLE adj. Que l'on peut respirer.

RESPIRATEUR n.m. **1.** Masque qui filtre l'air. **2.** MÉD. Appareil destiné à la ventilation artificielle. ➲ Il a remplacé le poumon d'acier.

RESPIRATION n.f. **1.** Action de respirer : *Retenir sa respiration.* **2.** PHYSIOL. Ensemble des fonctions qui permettent l'absorption de l'oxygène et le rejet du gaz carbonique chez l'homme, l'animal et les espèces végétales. ▪ **Respiration artificielle** [méd.], ventilation artificielle. ▪ **Respiration cellulaire,** ensemble des réactions biochimiques, localisées dans les mitochondries, permettant de produire l'énergie nécessaire à la cellule vivante à partir de l'oxydation du glucose, avec libération de gaz carbonique et d'eau.

➲ La **RESPIRATION** chez les animaux se divise en quatre types suivant la manière dont les gaz sont échangés avec l'extérieur : la *respiration cutanée* (grenouille, par ex.) ; la *respiration pulmonaire* (mammifères) ; la *respiration branchiale* (poissons) ; la *respiration trachéenne* (insectes). Chez l'homme, l'absorption (oxygène) et l'élimination (gaz carbonique) des gaz sont assurées par la *ventilation pulmonaire*, réalisée par l'expansion et la rétraction mécaniques de la cage thoracique. Les *échanges gazeux* se font entre l'air alvéolaire et le sang des capillaires pulmonaires, l'oxygène diffusant vers le sang et le gaz carbonique vers l'alvéole.

RESPIRATOIRE adj. Relatif à la respiration : *Troubles respiratoires.* ▪ **Appareil respiratoire,** ensemble des organes (nez, pharynx, larynx, trachée, bronches et poumons) qui assurent la ventilation et l'hématose. ▪ **Virus respiratoire syncytial,** virus provoquant des pneumopathies infectieuses très fréquentes, contagieuses et épidémiques, parfois graves chez le jeune enfant.

RESPIRER v.i. [3] (lat. *respirare*). **1.** Absorber l'air et le rejeter alternativement, grâce aux mouvements de la cage thoracique. **2.** Absorber de l'oxygène dans l'air et rejeter du gaz carbonique, en parlant des êtres vivants. **3.** Fam. Avoir un moment de répit ; souffler : *Impossible de respirer avec ce planning !* ◆ v.t. **1.** Absorber dans les poumons : *Ils ont respiré des vapeurs toxiques.* **2.** Fig. Donner une impression de ; exprimer : *Elle respire la joie de vivre. Ce village respire l'ennui.*

RESPLENDIR v.i. [21] (lat. *resplendere*). Litt. Briller d'un vif éclat ; scintiller : *La neige resplendit au soleil* ; rayonner : *Son regard resplendit de bonheur.*

RESPLENDISSANT, E adj. Qui resplendit.

RESPLENDISSEMENT n.m. Litt. Éclat de ce qui resplendit.

RESPONSABILISATION n.f. Action de responsabiliser ; fait d'être responsabilisé.

RESPONSABILISER v.t. [3]. Rendre responsable, conscient de ses responsabilités : *Responsabiliser les automobilistes.*

RESPONSABILITÉ n.f. **1.** DR. Obligation de réparer une faute, de remplir une charge, un engagement : *Votre responsabilité est engagée.* **2.** Fait d'être en charge d'une fonction, d'un poste : *Avoir la responsabilité d'un secteur* ; ce poste : *Une responsabilité trop lourde pour lui.* ▪ **Responsabilité civile,** obligation de réparer le préjudice causé à autrui par l'inexécution d'un contrat ou toute action dommageable commise par soi-même, par une personne qui dépend de soi, ou par une chose que l'on a sous sa garde. ▪ **Responsabilité collective,** fait de considérer tous les membres d'un groupe comme solidairement responsables de l'acte commis par un des membres de ce groupe. ▪ **Responsabilité gouvernementale,** mécanisme selon lequel le gouvernement peut être amené à abandonner ses fonctions lorsque le Parlement lui refuse sa confiance. ▪ **Responsabilité pénale,** obligation pour une personne morale ou physique de supporter la peine prévue pour l'infraction qu'elle a commise.

RESPONSABLE adj. (lat. *responsum*, de *respondere*, se porter garant). **1.** Qui doit répondre de ses actes ou de ceux des personnes dont il a la charge : *Les parents sont responsables de leurs enfants mineurs.* **2.** Qui pèse les conséquences de ses actes : *Agir en personne responsable.* **3.** Qui s'emploie à respecter les valeurs du développement durable : *Tourisme responsable.* ◆ adj. et n. Qui est à l'origine d'un mal, d'une erreur ; coupable : *Être responsable d'une erreur. Le vrai responsable, c'est le stress.* ◆ n. Personne qui a la capacité de prendre des décisions : *Une responsable politique.*

RESQUILLE n.f. ou **RESQUILLAGE** n.m. Fam. Action de resquiller.

RESQUILLER v.t. [3] (du provenç. *resquilla*, se glisser). Fam. Se procurer un avantage en fraudant. ◆ v.i. Fam. Entrer dans une salle de spectacle, dans un véhicule de transport en commun sans en avoir le droit ou sans payer sa place.

RESQUILLEUR, EUSE n. Fam. Personne qui resquille.

RESSAC [rəsak] n.m. (esp. *resaca*). Retour violent des vagues sur elles-mêmes, lorsqu'elles se brisent contre un obstacle.

RESSAIGNER v.i. [3]. Saigner de nouveau.

RESSAISIR v.t. [21]. Saisir de nouveau. ◆ **SE RESSAISIR** v.pr. Redevenir maître de soi.

RESSAISISSEMENT n.m. Litt. Action de se ressaisir.

RESSASSER v.t. [3] (de *sas*, tamis). Répéter sans cesse : *Ressasser les mêmes banalités* ; retourner dans son esprit : *Ressasser son chagrin.*

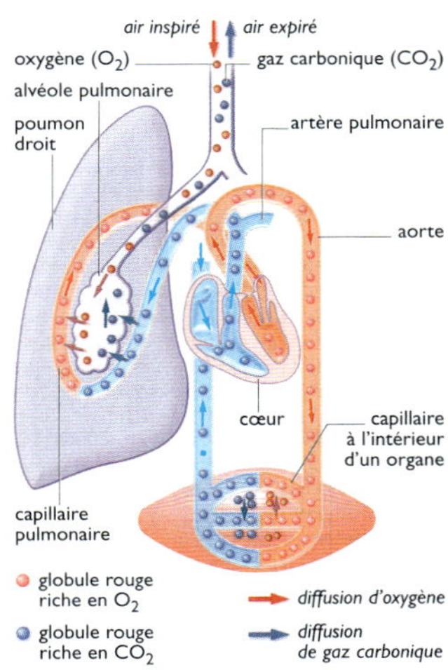

▲ **respiration.** Fonctionnement de l'appareil respiratoire.

RESSAT [rəsa] **n.m.** Suisse. **1.** Banquet organisé par une confrérie de vendangeurs. **2.** Anc. Repas qui marquait la fin des vendanges.

RESSAUT n.m. (ital. *risalto*). **1.** Rupture d'alignement d'un mur, en avancée ou en renfoncement (SYN. **redan**). **2. TOPOGR.** Saillie qui interrompt un plan horizontal.

RESSAUTER v.t. [3]. Sauter de nouveau.

RESSAYAGE n.m. → **RÉESSAYAGE.**

RESSAYER v.t. [6] → **RÉESSAYER.**

RESSEMBLANCE n.f. 1. Ensemble de traits physiques ou psychologiques communs à des personnes : *Ressemblance frappante entre une mère et sa fille.* **2.** Rapport entre des choses ayant certains éléments communs ; similitude : *Aucune ressemblance entre ces deux affaires.*

RESSEMBLANT, E adj. Qui présente une ressemblance avec un modèle : *Portrait-robot ressemblant.*

RESSEMBLER v.t. ind. [3] (À). Présenter une ressemblance avec : *Il ressemble à son père.* ◆ **SE RESSEMBLER v.pr.** Offrir une ressemblance mutuelle.

RESSEMELAGE n.m. Action de ressemeler.

RESSEMELER v.t. [16], ▲ *[12].* Mettre une semelle neuve à une chaussure.

RESSEMER v.t. [12]. Semer de nouveau.

RESSENTI n.m. (de *ressentir*). **PSYCHOL.** Impression liée à la manière dont on perçoit qqch, une situation : *Exprimer son ressenti.*

RESSENTIMENT n.m. Souvenir d'une injustice accompagné du désir de s'en venger ; rancune.

RESSENTIR v.t. [26]. 1. Éprouver une sensation, un sentiment : *Ressentir une vive douleur, une grande joie.* **2.** Subir les effets de : *Ce secteur ressent les contrecoups de la crise.* ◆ **SE RESSENTIR v.pr.** Éprouver les conséquences fâcheuses de : *Elle se ressent de sa chute.* ▪ **S'en ressentir pour** [fam.], avoir envie de.

RESSERRE n.f. Endroit où l'on met certaines choses à l'abri ; remise.

RESSERRÉ, E adj. Contenu étroitement dans ses limites ; encaissé : *Une vallée resserrée.*

RESSERREMENT n.m. Action de resserrer ; fait d'être resserré.

RESSERRER v.t. [3]. 1. Serrer de nouveau ou davantage : *Resserrer des vis.* **2.** Raffermir des relations : *Resserrer les liens familiaux.* ◆ **SE RESSERRER v.pr. 1.** Devenir plus étroit ; se rétrécir : *Le sentier se resserre ici.* **2.** Devenir plus intime, plus proche : *Notre amitié s'est resserrée.*

RESSERVIR v.t. [31]. Servir qqch de nouveau ou en plus. ◆ **v.i.** Être encore utilisable : *Cet emballage peut resservir.*

1. RESSORT n.m. (de *1. ressortir*). **1.** Organe élastique pouvant supporter d'importantes déformations et destiné à exercer une force en tendant à reprendre sa forme initiale après avoir été plié, tendu, comprimé ou tordu. **2.** Litt. Ce qui détermine les actions, le comportement de qqn : *La curiosité est le ressort de nombreuses découvertes.* **3.** Force morale qui permet de faire face ; caractère : *Elle a du ressort.*

2. RESSORT n.m. (de *2. ressortir*). **DR.** Limite de la compétence matérielle et territoriale d'une juridiction : *Le ressort d'un tribunal.* ▪ **En dernier ressort,** en fin de compte : *En dernier ressort, il a cédé.* ▪ **Être du ressort de qqn,** de sa compétence. ▪ **Juger en premier, en dernier ressort** [dr.], juger une affaire susceptible, non susceptible d'appel.

1. RESSORTIR v.i. [31] (auxil. *être*). **1.** Sortir une nouvelle fois ; sortir après être entré. **2.** Se distinguer clairement par contraste. **3.** Être de nouveau publié, représenté : *Ce film ressortira à la rentrée.* ▪ **Faire ressortir qqch,** le mettre en relief. ◆ **v. impers.** (auxil. *être*). Résulter ; découler : *Il n'est rien ressorti de ce débat.* ◆ **v.t.** (auxil. *avoir*). Sortir une nouvelle fois : *Ressors ton vélo et va chercher du pain.*

2. RESSORTIR v.t. ind. [21] (auxil. *avoir*) **[À]. 1. DR.** Être du ressort d'une juridiction, de sa compétence. **2.** Litt. Se rapporter à ; concerner : *Une question qui ressortit à l'écologie.*

RESSORTISSANT, E n. Personne protégée par les représentants diplomatiques ou consulaires d'un pays donné, lorsqu'elle réside dans un autre pays.

RESSOUDER v.t. [3]. Souder de nouveau.

RESSOURCE n.f. (de l'anc. fr. *resurdre*, ressusciter). **1.** Ce que l'on emploie dans une situation difficile pour se tirer d'embarras ; recours : *Aide-moi, tu es ma dernière ressource !* **2. AÉRON.** Manœuvre de redressement d'un avion à la suite d'un piqué. ▪ **Avoir de la ressource,** des réserves d'énergie et d'endurance pour venir à bout des difficultés. ▪ **Personne de ressource(s),** capable de fournir des solutions à qqch. ◆ **n.f. pl. 1.** Moyens d'existence d'une personne ; éléments de la richesse ou de la puissance d'une nation. **2.** Moyens dont on dispose ; possibilités d'action : *Employer toutes les ressources de son imagination.* ▪ **Ressources humaines (RH),** ensemble du personnel d'une entreprise. ▪ **Ressources naturelles** [écol.], ensemble des richesses d'un milieu physique, notamm. dans les domaines énergétique, minier ou forestier.

RESSOURCEMENT n.m. Litt. Fait de se ressourcer.

SE RESSOURCER v.pr. [9]. Litt. Revenir à ses racines profondes : *Venir se ressourcer dans la maison familiale.*

SE RESSOUVENIR v.pr. [28]. Litt. Se souvenir de nouveau.

RESSUAGE [rə-] **n.m. TECHN.** Méthode de contrôle non destructif d'une pièce en métal, céramique, matériau composite, permettant de visualiser des fissures, porosités, etc., par l'application d'un liquide coloré ou fluorescent en surface.

RESSUER [rə-] **v.i. [3]** (de *suer*). Procéder au ressuage de.

RESSUI [rɛ-] **n.m.** (de *ressuyer*). **VÉNER.** Lieu où le grand gibier se retire pour se sécher.

RESSURGIR v.i. [21] → **RESURGIR.**

RESSUSCITER v.i. [3] (auxil. *être* ou *avoir*) [du lat. *resuscitare*, réveiller]. **1.** Revenir de la mort à la vie, d'une grave maladie à la santé ; revivre. **2.** Litt. Manifester une vie nouvelle ; réapparaître : *Cette marque est ressuscitée* ; renaître : *Avec l'arrivée des néoruraux, ce village a ressuscité.* ◆ **v.t.** (auxil. *avoir*). **1.** Ramener de la mort à la vie, d'une grave maladie à la santé. **2.** Litt. Faire réapparaître ; ranimer : *Elle a ressuscité la mode du béret.*

RESSUYER v.t. [7]. Essuyer de nouveau.

RESTANQUE n.f. (du provenç. *restanco*, barrage). Région. (Provence). Muret en pierres sèches soutenant une culture en terrasse.

RESTANT, E adj. Qui reste, existe encore : *Le seul héritier restant.* ▪ **Poste restante,** mention indiquant qu'une lettre doit rester au bureau de poste pendant un certain délai afin de permettre à son destinataire de venir la retirer. ◆ **n.m.** Ce qui reste.

RESTAURANT n.m. Établissement où l'on sert, moyennant paiement, des repas, au menu ou à la carte. Abrév. (fam.) **restau** ou **resto.**

1. RESTAURATEUR, TRICE n. Personne qui restaure une œuvre d'art.

2. RESTAURATEUR, TRICE n. Personne qui tient un restaurant.

RESTAURATIF, IVE adj. ▪ **Justice restaurative** (angl. *restorative justice*), processus judiciaire qui permet à la victime, à l'auteur de l'infraction et, le cas échéant, à leur entourage de participer à la réparation des préjudices subis ou causés, par l'instauration d'un dialogue encadré. (Inspirée des systèmes anglo-américains, elle se dénomme aussi *justice réparatrice.*)

1. RESTAURATION n.f. (lat. *restauratio*). **1.** Remise en état ; rénovation : *La restauration d'une fresque.* **2.** Nouvelle vigueur donnée à qqch ; rétablissement : *Restauration de la confiance.* **3.** Rétablissement d'une dynastie précédemment écartée du pouvoir. **4. MÉTALL.** Amélioration de certaines propriétés mécaniques des métaux et alliages écrouis, soit au cours d'un réchauffage, soit au cours d'une irradiation. **5. ARCHIT.** Opération qui consiste à remettre en état un immeuble vétuste. **6. INFORM.** Opération de rétablissement de la forme originale d'un fichier à partir d'un enregistrement de sauvegarde. ▪ **La Restauration,** v. partie n.pr. ▪ **Style Restauration,** en France, style décoratif des années 1815-1830.

2. RESTAURATION n.f. (de *1. restauration*, d'apr. *restaurant*). Métier de restaurateur ; ensemble des restaurants. ▪ **Restauration rapide,** recomm. off. pour **fast-food.**

1. RESTAURER v.t. [3] (lat. *restaurare*). **1.** Remettre en bon état ; rénover. **2.** Remettre en vigueur, en honneur : *Restaurer le respect de la nature.* **3. INFORM.** Procéder à la restauration d'un fichier. ▪ **Restaurer une dynastie** [litt.], la remettre sur le trône.

2. RESTAURER v.t. [3]. Vieilli. Faire manger qqn. ◆ **SE RESTAURER v.pr.** Reprendre des forces en mangeant ; se nourrir.

RESTE n.m. 1. Ce qui reste d'un ensemble dont on a retranché une ou plusieurs parties : *Le reste du bâtiment est inoccupé. Le reste du temps, elle écrit.* **2.** Ce qui reste ou resterait à dire, à faire ; restant : *Vous paierez le reste à la livraison.* ▪ **Au** ou **du reste,** à part cela ; d'ailleurs. ▪ **De reste,** plus qu'il ne faut : *Avoir du temps de reste.* ▪ **Être en reste avec qqn** [sout.], lui devoir encore qqch. ▪ **Ne pas demander son reste,** partir précipitamment pour éviter d'autres désagréments. ▪ **Reste d'une division** [math.], différence entre le dividende et le produit du diviseur par le quotient. ▪ **Un reste de,** ce qui subsiste : *Un reste de lumière, de tendresse.* ◆ **n.m. pl. 1.** Ce qui n'a pas été consommé au cours d'un repas. **2.** Cadavre, ossements, cendres d'un être humain. ▪ **Avoir de beaux restes** [fam.], conserver des vestiges de sa beauté d'autrefois.

RESTER v.i. [3] (auxil. *être*) [du lat. *restare*, s'arrêter]. **1.** Subsister après disparition de qqch, de qqn ; demeurer : *Il ne reste qu'une maison debout. « Et s'il n'en reste qu'un, je serai celui-là », écrivait Victor Hugo.* **2.** Continuer à séjourner dans un lieu ou auprès de qqn : *Je resterai dans mon bureau ce matin. Veux-tu rester dîner ?* **3.** Région. ; Afrique, Antilles, Québec. Habiter, résider quelque part : *Il reste près du port.* **4.** Continuer à être dans le même état : *Il est resté trois jours dans le coma.* ▪ **En rester là,** ne pas poursuivre une action, des relations. ▪ **Il reste que** ou **il n'en reste pas moins que,** on ne peut cependant nier que. ▪ **Y rester** [fam.], perdre la vie dans une action dangereuse.

RESTITUABLE adj. Qui peut ou qui doit être restitué.

RESTITUER v.t. [3] (lat. *restituere*). **1.** Rendre à son propriétaire légitime : *Il a restitué les tableaux volés.* **2.** Remettre en son premier état : *Restituer une inscription antique.* **3.** Reproduire un son enregistré. **4. TOPOGR.** Opérer une restitution.

RESTITUTION n.f. 1. Action de restituer ; son résultat. **2. TOPOGR.** Reconstitution, en plan ou en élévation, d'un objet ou d'un terrain préalablement photographié en stéréoscopie.

RESTO ou **RESTAU n.m.** (pl. *restos, restaus*) [abrév.]. Fam. Restaurant.

RESTOROUTE n.m. Restaurant aménagé au bord d'une grande route, d'une autoroute.

RESTREINDRE v.t. [62] (lat. *restringere*). Réduire à des limites plus étroites ; limiter : *Restreindre le périmètre des recherches.* ◆ **SE RESTREINDRE v.pr.** Réduire ses dépenses.

RESTREINT, E adj. Limité : *Un vocabulaire très restreint.*

RESTRICTIF, IVE adj. (du lat. *restrictus*, serré). Qui restreint : *Clause restrictive.*

RESTRICTION n.f. 1. Action de limiter, de réduire la quantité, l'importance de qqch : *Restriction des crédits.* **2.** Considération qui restreint qqch : *J'accepte avec deux ou trois restrictions, sans restriction.* ▪ **Restriction d'une application *f* (de A dans B au sous-ensemble D de A)** [math.], application de D dans B qui à tout élément de D associe son image par *f.* ▪ **Restriction mentale** [philos.], acte par lequel on émet une opinion contraire à sa conviction en utilisant des arguments dont la présentation formelle ne constitue pas un mensonge. ◆ **n.f. pl.** Mesures de rationnement en période de pénurie économique.

RESTRUCTURATION n.f. Action de réorganiser, selon de nouveaux principes, un ensemble que l'on juge inadapté.

RESTRUCTURER v.t. [3]. Effectuer la restructuration de : *Restructurer une entreprise.*

RESTYLER v.t. [3]. Pour un désigneur, donner un aspect nouveau, moderne à : *Restyler une voiture.*

RESUCÉE n.f. Fam. Chose déjà faite, vue, entendue plusieurs fois.

RÉSULTANT, E adj. Qui résulte de qqch ; consécutif à.

RÉSULTANTE n.f. Résultat de l'action conjuguée de plusieurs facteurs. ▪ **Résultante de vecteurs** [math.], somme de ces vecteurs.

RÉSULTAT n.m. 1. Ce qui résulte d'une action, d'un fait, d'un calcul : *Le résultat d'une addition, d'une discussion.* **2.** Réussite ou échec à un examen ou à un concours. ▪ **Compte de résultat** → **COMPTE.** ▪ **Résultat des courses,** au bout du compte ; finalement : *Résultat des courses, après trois semaines de palabres, on en est toujours au même point.* ◆ **n.m. pl. 1.** Réalisations concrètes : *Exiger des résultats.* **2. COMPTAB.** Bénéfices ou pertes d'une entreprise au cours d'un exercice.

RÉSULTER v.t. ind. ou **v. impers. [3]** (auxil. *être* ou *avoir*) **[DE]** (du lat. *resultare*, rebondir, de *saltare*, sauter). Être la conséquence, l'effet de ; découler : *Cette crise résulte d'une mauvaise gestion.*

RÉSUMÉ n.m. Forme condensée d'un texte ; abrégé : *Voici un résumé de son discours.* ▪ **En résumé,** en peu de mots et pour récapituler.

RÉSUMER v.t. [3] (du lat. *resumere*, reprendre). Exprimer en moins de mots ce qui a été dit, écrit ; condenser : *Résumer un récit.* ◆ **SE RÉSUMER v.pr. 1.** Reprendre sommairement ce que l'on a dit ; récapituler. **2. (À).** Consister essentiellement en : *Son aide se résume à une vague relecture.*

RESURCHAUFFE n.f. Action de resurchauffer.

RESURCHAUFFER v.t. [3]. ÉNERG. Surchauffer de nouveau une vapeur qui, après avoir été déjà surchauffée, a subi une première détente.

RESURCHAUFFEUR n.m. Appareil servant à resurchauffer.

RÉSURGENCE n.f. (du lat. *resurgere*, renaître). **1.** Réapparition à l'air libre, sous forme de grosse source, d'eaux infiltrées dans un massif calcaire (SYN. **source vauclusienne**). [V. dessin *relief karstique**.] **2.** Fig. Fait de réapparaître, de resurgir ; retour : *La résurgence du racisme, de la gale.*

RÉSURGENT, E adj. Se dit des eaux qui réapparaissent à l'air libre.

RESURGIR ou **RESSURGIR v.i. [21].** Surgir de nouveau.

RÉSURRECTION n.f. (du lat. *resurgere*, se relever). **1.** Retour de la mort à la vie : *La résurrection de Lazare.* **2.** Litt. Nouvel essor d'un phénomène artistique, littéraire : *La résurrection de la poésie.* **3. BX-ARTS.** (Avec une majuscule). Œuvre qui représente la résurrection du Christ. ▪ **La Résurrection,** celle du Christ ; la fête de Pâques qui la célèbre.

▲ **résurrection.** Partie centrale du *Triptyque de la Résurrection* (seconde moitié du XVe s.), de Hans Memling. (Musée du Louvre, Paris.)

RESVÉRATROL n.m. CHIM. ORG. Polyphénol présent notamm. dans le raisin, le cacao ou la canneberge. ➲ Il est réputé pour ses propriétés antioxydantes.

RETABLE n.m. (de *table*). Dans une église, construction verticale portant un décor peint ou sculpté, placée sur un autel ou en retrait de celui-ci.

RÉTABLIR v.t. [21]. 1. Remettre en son premier état, ou en meilleur état : *Rétablir sa situation financière.* **2.** Faire exister de nouveau ; ramener : *Rétablir la paix.* **3.** Redonner des forces à ; guérir : *Cette semaine de vacances l'a rétabli.* ▪ **Rétablir les faits, la vérité,** les présenter sous leur véritable jour. ◆ **SE RÉTABLIR v.pr.** Recouvrer la santé ; guérir.

RÉTABLISSEMENT n.m. 1. Action de rétablir : *Le rétablissement de l'ordre.* **2.** Retour à la santé. **3.** Mouvement de gymnastique qui consiste à hisser le corps à la force des bras au-dessus du point d'appui des mains.

RETAILLE n.f. ORFÈVR. Opération qui consiste à moderniser la taille d'un diamant.

RETAILLER v.t. [3]. Tailler de nouveau.

RÉTAMAGE n.m. Action de rétamer des objets métalliques.

RÉTAMER v.t. [3]. 1. Étamer de nouveau une surface métallique. **2.** Fam. Fatiguer : *Ce jogging m'a rétamé.* ▪ **Se faire rétamer** [fam.], se faire battre au jeu ; échouer à un examen. ◆ **SE RÉTAMER v.pr.** Fam. Tomber.

RÉTAMEUR n.m. Personne qui rétame des objets métalliques.

RETAPAGE n.m. Fam. Action de retaper.

RETAPE n.f. 1. Arg. Racolage. **2.** Fam., vieilli. Publicité tapageuse. ▪ **Faire de la retape** [arg.], racoler.

1. RETAPER v.t. [3]. Fam. **1.** Remettre sommairement en état ; réparer. **2.** Remettre en forme : *Les vacances l'ont retapé.* ▪ **Retaper un lit,** le refaire grossièrement. ◆ **SE RETAPER v.pr.** Fam. Retrouver la forme ; récupérer.

2. RETAPER v.t. [3]. Taper de nouveau un texte à la machine.

RETARD n.m. 1. Action d'arriver, d'agir trop tard : *Elle est venue en retard. Le train aura du retard.* **2.** Différence entre l'heure marquée par une horloge qui retarde et l'heure légale. **3.** État de qqn, de qqch qui n'est pas aussi développé qu'il devrait l'être : *Le retard technologique d'une région.* ▪ **En retard,** hors du délai prévu : *Il est en retard dans ses remboursements.* ▪ **Sans retard,** sans délai. ◆ **adj. inv.** Se dit d'une forme pharmaceutique d'un médicament qui libère le principe actif dans l'organisme d'une manière progressive et prolongée.

RETARDATAIRE adj. et **n.** Qui est en retard.

RETARDATEUR, TRICE adj. Qui ralentit un mouvement, une action chimique. ▪ **Action retardatrice** [mil.], forme du combat défensif menée sur des positions successives pour ralentir la progression de l'adversaire. ◆ **n.m. 1. TECHN.** Substance qui retarde la prise d'un adhésif, d'un ciment, etc. **2. PHOTOGR.** Dispositif qui diffère d'une dizaine de secondes le fonctionnement de l'obturateur.

RETARDÉ, E adj. et **n.** Qui est en retard dans son développement : *Région économiquement retardée.*

RETARDEMENT n.m. Action de retarder ; fait d'être retardé. ▪ **Bombe à retardement,** engin muni d'un dispositif qui en retarde l'explosion jusqu'à un moment déterminé ; fam., fait qui risque d'avoir des répercussions désastreuses. ▪ **Comprendre à retardement** [fig.], après coup.

RETARDER v.t. [3] (lat. *retardare*). **1.** Être une cause de retard ; faire arriver ou se produire plus tard que prévu : *Cet incident l'a retardé.* **2.** Remettre à un moment ultérieur ; repousser : *Retarder ses vacances.* **3.** Régler une horloge sur une heure moins avancée : *Retarder son réveil d'une heure.* ◆ **v.i. 1.** Indiquer une heure antérieure à l'heure légale, en parlant d'une horloge ou de celui qui la possède : *Ta pendule retarde. Je retarde de dix minutes.* **2.** Fam. Ignorer une nouvelle que tout le monde connaît. **3.** Fam. Avoir des idées, des goûts dépassés.

RETASSURE n.f. (de *tasser*). **MÉTALL.** Défaut constitué par une cavité se formant dans une pièce métallique coulée, lors de sa solidification.

RETÂTER v.t. [3]. Fam. Tâter de nouveau. ◆ **v.t. ind. (DE).** Fam. Faire de nouveau l'expérience de : *Il ne veut pas retâter de la prison.*

RETENDRE v.t. [59]. Tendre de nouveau ce qui était détendu.

RETENIR v.t. [28] (lat. *retinere*). **1.** Garder en sa possession ce qui est à un autre : *Retenir des marchandises à la frontière.* **2.** Prélever une partie d'une somme ; retrancher : *Retenir les cotisations sociales sur le cachet d'un artiste.* **3.** Faire une retenue dans un calcul arithmétique. **4.** Se faire réserver qqch : *Retenir une table au restaurant.* **5.** Considérer une idée, une proposition comme digne d'intérêt : *Votre article a retenu toute mon attention.* **6.** Empêcher de se déplacer, de tomber ; rattraper. **7.** Inviter à rester quelque part : *Retenir qqn à dîner.* **8.** Maintenir en place ; contenir : *La digue n'a pu retenir les eaux.* **9.** Empêcher un sentiment, une réaction de se manifester ; ravaler : *Retenir sa colère.* **10.** Fixer dans sa mémoire : *Retenir un nom.* ▪ **Je te, vous, le retiens** [fam.], se dit à qqn ou de qqn qui a mal accompli une tâche, de qqch qui s'est révélé insuffisant : *Je la retiens, ta moto !* ◆ **SE RETENIR v.pr. 1.** Se rattraper à qqch pour éviter une chute. **2.** Résister à une envie : *Se retenir de crier.* **3.** Absol., fam. Différer de satisfaire un besoin naturel.

RETENTER v.t. [3]. Tenter de nouveau, après un échec.

RÉTENTEUR n.m. DR. Personne qui exerce un droit de rétention.

RÉTENTION n.f. (lat. *retentio*). **1.** Action de garder pour soi ce que l'on devrait diffuser : *Rétention d'informations.* **2. HYDROL.** Phénomène par lequel l'eau des précipitations ne rejoint pas immédiatement les cours d'eau. ➲ On observe de nombreuses formes de rétention : rétention glaciaire, nivale, des éboulis, des terrains perméables. **3. MÉD.** Accumulation excessive dans un organe, un tissu de produits qui doivent normalement être éliminés : *Rétention d'urine.* **4. PSYCHOL.** Propriété de la mémoire qui consiste à conserver de l'information. **5. DR.** Droit pour un créancier de garder l'objet de son débiteur jusqu'au paiement de ce que celui-ci lui doit ; fait pour le représentant d'une autorité de retenir qqn un certain temps près de lui (pour vérification d'identité, par ex.). ▪ **Rétention administrative** [dr.], fait de placer dans un centre non pénitentiaire un étranger devant être expulsé ou reconduit à la frontière. ▪ **Rétention de sûreté** [dr.], mesure de placement d'un condamné en centre médico-social judiciaire qui intervient à l'issue de sa peine, lorsqu'il est considéré comme partic. dangereux et qu'il présente de fortes probabilités de récidive.

RETENTIR v.i. [21] (du lat. *tinnire*, résonner). **1.** Produire un son puissant qui résonne : *Une détonation a retenti.* **2.** Avoir des répercussions sur qqch d'autre : *Maladie qui retentit sur la scolarité d'un enfant.*

RETENTISSANT, E adj. 1. Qui rend un son puissant : *Sonnerie retentissante.* **2.** Qui attire l'attention du public : *Un échec retentissant.*

RETENTISSEMENT n.m. 1. Ensemble des réactions ou remous provoqués par qqch ; contrecoup : *Ce choix aura un retentissement politique.* **2.** Litt., vieilli. Fait de retentir : *Le retentissement de l'aboi d'un chien.*

RETENUE n.f. 1. Action de garder : *Retenue de bagages au contrôle.* **2. ÉCON.** Prélèvement des cotisations sociales opéré par l'employeur, que ce dernier est tenu de verser, pour le compte du salarié, aux organismes correspondants (SYN. **précompte**). **3.** Privation de récréation ou de sortie, dans les établissements scolaires ; consigne. **4.** Qualité d'une personne qui garde une réserve discrète ; mesure. **5.** Ralentissement de la circulation routière ; bouchon : *Une retenue de 6 km.* **6.** Dans un calcul arithmétique, nombre que l'on reporte, dans certains cas, d'une colonne à la colonne directement à gauche. **7. CONSTR.** Profondeur de l'encastrement d'une poutre dans un mur. **8. MAR.** Cordage servant à maintenir aux allures portantes un objet que l'on hisse ou un espar. **9. TRAV. PUBL.** Eau emmagasinée derrière un barrage, dans un réservoir ou un bief. ▪ **Retenue de garantie** [comm.], fraction du montant d'un marché qui n'est pas réglée à l'entrepreneur ou au fournisseur à la réception provisoire, mais à la réception définitive.

RÉTIAIRE [retjɛr] ou [resjɛr] **n.m.** (lat. *retiarius*, de *rete*, filet). **ANTIQ. ROM.** Gladiateur armé d'un trident et d'un filet.

RÉTICENCE n.f. (du lat. *reticentia*, obstination à se taire). **1.** Omission volontaire de qqch que l'on devrait dire ; dissimulation. **2.** Attitude de qqn qui hésite à dire sa pensée, à prendre une décision ; réserve : *Cette déclaration suscite des réticences chez les députés.*

RÉTICENT, E adj. Qui manifeste de la réticence.

RÉTICULAIRE adj. **1.** Relatif à un réseau cristallin. **2.** ANAT. Relatif à un réticulum ; qui en a la forme ou en fait partie. **3.** ANAT. Réticulé.

RÉTICULATION n.f. CHIM. Formation de liaisons chimiques entre chaînes de polymères, dans les différentes directions de l'espace, au cours d'une polymérisation, d'une polycondensation ou d'une polyaddition.

RÉTICULE n.m. (du lat. *reticulum*, petit filet). **1.** OPT. Disque percé d'une ouverture circulaire coupée par deux fils très fins se croisant à angle droit, et qui sert à faire des visées dans une lunette. **2.** Vieilli. Petit sac à main.

RÉTICULÉ, E adj. **1.** BIOL. Marqué de nervures, de bandes colorées, formant réseau : *Élytre réticulé. Python réticulé.* **2.** ARCHIT. Se dit d'un type de parement architectonique formé de petits moellons à face carrée disposés selon des lignes obliques. (C'est l'*opus reticulatum* des Romains.) **3.** ANAT. Qui a la forme d'un réticulum (SYN. **réticulaire**). ▪ **Noyau réticulé** [anat.], réseau de neurones du tronc cérébral, qui assure la vigilance et le contrôle musculaire de la posture. ▪ **Porcelaine réticulée,** porcelaine à deux enveloppes, dont l'extérieure est découpée à jour.

RÉTICULER v.t. [3]. CHIM. Relier entre elles des chaînes de polymères pour former un réseau.

RÉTICULOCYTE n.m. Globule rouge jeune.

RÉTICULO-ENDOTHÉLIAL, E, AUX, ▲ *RÉTICULOENDOTHÉLIAL, E, AUX* adj. ▪ **Système réticulo-endothélial** [histol., vieilli], système des phagocytes* mononucléés.

RÉTICULUM [-lɔm] n.m. (lat. *reticulum*). HISTOL. Réseau de petits éléments entrelacés ou anastomosés. ▪ **Réticulum endoplasmique,** organite intracellulaire formé par un réseau complexe de replis membranaires. ▪ **Réticulum endoplasmique lisse, rugueux,** impliqué notamm. dans la synthèse des lipides ; ergastoplasme.

RÉTIF, IVE adj. (lat. pop. *restivus*, du lat.*restare*, s'arrêter). **1.** Qui s'arrête ou recule au lieu d'avancer : *Jument rétive.* **2.** Difficile à diriger, à persuader ; récalcitrant : *Écolier rétif.*

RÉTINE n.f. (du lat. *rete*, réseau). Membrane tapissant le fond de l'œil et contenant les cellules sensorielles de la vision.

RÉTINIEN, ENNE adj. Relatif à la rétine.

RÉTINITE n.f. Inflammation de la rétine.

RÉTINOÏDE n.m. Substance chimique dérivée ou proche de la vitamine A, utilisée en dermatologie (nom générique).

RÉTINOL n.m. Vitamine liposoluble indispensable à la vision, à la croissance, au système immunitaire, etc. (SYN. **vitamine A**).

RÉTINOPATHIE n.f. Affection de la rétine.

RÉTIQUE adj. et n.m. → **RHÉTIQUE.**

RETIRABLE adj. Qui peut être retiré.

RETIRAGE n.m. TECHN. Nouveau tirage d'un livre, d'une photo, etc. (SYN. **réimpression**).

RETIRATION n.f. IMPRIM. Impression du verso d'une feuille ; forme imprimante destinée à cette impression. ▪ **Presse à retiration,** presse imprimant le recto et le verso en un seul passage de la feuille.

RETIRÉ, E adj. **1.** Situé à l'écart et peu fréquenté : *Auberge retirée.* **2.** Qui a cessé toute activité professionnelle ; retraité.

RETIRER v.t. [3]. **1.** Tirer à soi ; ramener en arrière : *Retirer sa main de sa poche.* **2.** Faire sortir qqn, qqch de l'endroit où ils étaient : *Retirer un enfant d'une école. Retirer une écharde du doigt.* **3.** Reprendre ce que l'on a donné, confié : *Retirer son permis de conduire à qqn.* **4.** Revenir sur une déclaration ; renoncer à : *Retirer sa plainte.* **5.** Prendre possession de ce qui est préparé, réservé pour soi : *Retirer ses billets au guichet. Retirer de l'argent à la banque.* **6.** Obtenir tel résultat d'une action, d'une situation ; récolter : *Je n'ai rien retiré de cette rencontre.* ◆ **SE RETIRER** v.pr. **1.** Aller dans un lieu pour y trouver refuge : *Se retirer dans son bureau.* **2.** Vieilli. Prendre congé : *Il est tard, je me retire.* **3.** Prendre sa retraite. **4.** Cesser de participer à qqch : *Il s'est retiré après le premier tour.* **5.** Descendre, en parlant de la mer ; refluer.

RETISSER v.t. [3]. Tisser de nouveau.

RÉTIVITÉ n.f. Litt. Caractère rétif.

RETOMBANT, E adj. Qui retombe.

RETOMBÉE n.f. **1.** Action de retomber après s'être élevé : *La retombée d'une fusée.* **2.** Litt. Action de retomber après une exaltation : *La retombée de l'enthousiasme.* **3.** ARCHIT. Partie inférieure de chacune des deux montées d'un arc, d'une voûte. ◆ n.f. pl. Ensemble des conséquences d'un événement ; répercussions : *Les retombées économiques d'un conflit.*

RETOMBER v.i. [3] (auxil. *être*). **1.** Tomber de nouveau : *La neige retombe ;* tomber après s'être élevé : *La balle est retombée près de cet arbre.* **2.** Revenir soudainement à un état, à un comportement : *Retomber amoureux. Retomber dans l'autoritarisme.* **3.** Disparaître ou faiblir : *Son exaltation est retombée.* **4.** Atteindre par contrecoup ; rejaillir sur : *Le blâme retombera sur lui.*

RETONDRE v.t. [59]. Tondre de nouveau.

RETOQUER v.t. [3]. Fam. Rejeter ; repousser : *Retoquer une loi.*

RETORDAGE ou **RETORDEMENT** n.m. TEXT. Action de retordre.

RETORDRE v.t. [59] (lat. *retorquere*). **1.** Tordre de nouveau : *Retordre une serpillière.* **2.** TEXT. Tordre ensemble deux ou plusieurs fils. ▪ **Métier à retordre** [text.], machine servant à exécuter le retordage.

RÉTORQUER v.t. [3] (du lat. *retorquere*, tourner en arrière). Répondre vivement ; répliquer.

RETORS, E adj. **1.** Qui a été tordu plusieurs fois : *Soie retorse.* **2.** Qui manifeste de la ruse ; roué : *Un financier retors.*

RÉTORSION n.f. (de *rétorquer*). Action de répliquer par des mesures, des procédés analogues à ceux dont qqn s'est servi contre soi. ▪ **Mesure de rétorsion** [dr. intern.], procédé de coercition qui consiste, pour un État, à user à l'égard d'un autre État de mesures analogues à celles, préjudiciables, mais licites, dont cet État s'est servi envers lui.

RETOUCHE n.f. **1.** Action de retoucher ; correction : *Apporter les dernières retouches à un article.* **2.** Rectification d'un vêtement de confection aux mesures d'un client. **3.** Correction sur une photo numérique, un film ou un cliché d'impression.

RETOUCHER v.t. [3]. **1.** Modifier afin de parfaire ou de remettre en état ; reprendre : *Retoucher un dessin, son maquillage.* **2.** Apporter des retouches à un vêtement. ◆ v.t. ind. (À). S'adonner de nouveau à : *Retoucher au tabac.*

RETOUCHEUR, EUSE n. **1.** Personne qui fait la retouche des photographies ou des clichés d'impression. **2.** Personne qui effectue les retouches d'un vêtement.

RETOUR n.m. **1.** Action de repartir vers l'endroit d'où l'on est venu ; déplacement ainsi accompli : *Notre retour s'est fait sous la pluie.* **2.** Titre de transport permettant de faire en sens inverse le voyage fait à l'aller. **3.** Fait d'être de nouveau quelque part après une absence : *Je ne l'ai pas vu depuis son retour.* **4.** Action ou fait de revenir à un état antérieur : *Le retour à une vie naturelle.* **5.** Fait de se répéter, de se reproduire ; reprise : *Le retour du froid.* **6.** Litt. Mouvement de réciprocité : *Aimer sans espoir de retour.* **7.** Mouvement imprévu ou brutal en sens opposé : *Par un juste retour des choses, son talent a été reconnu.* **8.** Table posée perpendiculairement à un bureau. **9.** COMM. Renvoi par un libraire à un éditeur des volumes invendus ; ces volumes eux-mêmes. **10.** ARCHIT. Élément de modénature ; ouvrage en retrait ou en saillie par rapport au plan d'une façade. ▪ **Clause de retour sans frais, sans protêt** [banque], clause aux termes de laquelle le porteur d'une lettre de change est dispensé de protester en cas de non-paiement. ▪ **Droit de retour successoral** [dr.], réversion. ▪ **En retour,** en échange. ▪ **Éternel retour** [philos.], chez les stoïciens et chez Nietzsche, répétition cyclique des mêmes événements et des mêmes êtres, le monde passant éternellement par les mêmes phases. ▪ **Être de retour,** être revenu. ▪ **Être sur le retour,** être sur le point de regagner le lieu d'où l'on est venu ; commencer à vieillir, à décliner. ▪ **Par retour du courrier,** dès la réception d'une correspondance ; sans délai. ▪ **Retour d'âge,** moment de l'existence où l'on commence à vieillir ; spécial., ménopause. ▪ **Retour de couches** → **COUCHE.** ▪ **Retour de flamme,** poussée brusque et inattendue de flammes qui jaillissent hors du foyer ; fig., renouveau de passion. ▪ **Retour de manivelle** ou **de bâton** [fam.], conséquence néfaste ou dangereuse ; choc en retour. ▪ **Retour en arrière,** évocation de faits du passé, dans une narration ; cinéma, recomm. off. pour **flash-back.** ▪ **Retour sur soi-même,** effort de sincérité dans l'examen de ses actes passés. ▪ **Sans retour** [litt.], pour toujours ; à jamais.

RETOURNAGE n.m. Action de retourner un vêtement.

RETOURNE n.f. JEUX. Carte qu'on retourne pour déterminer l'atout.

RETOURNÉ n.m. Au football, coup de pied par lequel un joueur propulse la balle en arrière, en la faisant passer au-dessus de lui.

RETOURNEMENT n.m. **1.** Action de retourner, de se retourner ; chavirement. **2.** Fig. Changement brusque et complet de direction, d'opinion ; renversement : *Le retournement de l'opinion a changé la donne.* ▪ **Retournement dans l'espace** [math.], symétrie orthogonale par rapport à une droite de l'espace.

RETOURNER v.t. [3] (auxil. *avoir*). **1.** Mettre qqch à l'envers : *Retourner une carte, une crêpe.* **2.** Tourner qqch en tous sens ; remuer : *Retourner des braises. Retourner un problème dans sa tête.* **3.** Renvoyer à l'expéditeur son envoi : *Retourner un colis.* **4.** Fam. Faire changer qqn, un groupe, d'opinion, de camp. **5.** Causer une violente émotion : *Ce décès l'a retourné.* **6.** Refaire un vêtement de façon à mettre l'envers du tissu à la place de l'endroit déjà usé. ▪ **Retourner à qqn une critique, une injure** [fam.], lui adresser l'équivalent en retour et du tac au tac. ◆ v.i. (auxil. *être*). **1.** Se rendre de nouveau dans un lieu où l'on est déjà allé : *Il retourne régulièrement à Londres.* **2.** Revenir à l'endroit d'où l'on est parti : *Retourner au bureau.* **3.** Revenir à un état antérieur : *Le jardin est retourné à l'état sauvage ;* se remettre à qqch que l'on avait délaissé : *Elle est retournée à son premier métier.* **4.** Être restitué à qqn, à un groupe ; revenir à : *La maison familiale retournera aux héritiers.* ▪ **Savoir de quoi il retourne,** ce qui se passe ou ce dont il s'agit. ◆ **SE RETOURNER** v.pr. **1.** Se tourner dans un autre sens : *Se retourner dans son lit.* **2.** Tourner la tête pour regarder en arrière ou faire volte-face. **3.** Se renverser en tombant : *Le camion s'est retourné sur l'autre voie.* **4.** Fam. Prendre ses dispositions dans une circonstance donnée : *Laissez-moi le temps de me retourner !* ▪ **Se retourner contre qqn,** lui nuire après lui avoir été utile : *Sa franchise s'est retournée contre lui ;* dr., reporter sur qqn les charges d'une faute ou d'un dommage dont on est considéré comme responsable. ▪ **S'en retourner (quelque part),** partir pour regagner le lieu d'où l'on est venu.

RETRACER v.t. [9]. **1.** Tracer de nouveau ou autrement. **2.** Relater ; raconter : *Retracer la vie d'une écrivaine.*

RÉTRACTABILITÉ n.f. Propriété du bois de varier dans ses dimensions en fonction de son humidité.

RÉTRACTABLE adj. Qui peut se rétracter, rétrécir.

RÉTRACTATION n.f. Action de se rétracter, de se dédire.

1. RÉTRACTER v.t. [3] (du lat. *retractare*, retirer). Litt. Désavouer ce que l'on a dit ou fait. ◆ **SE RÉTRACTER** v.pr. Revenir sur ce que l'on a dit ou fait : *Se rétracter d'un achat.*

2. RÉTRACTER v.t. [3] (lat. *retrahere*). Contracter en arrière ; rentrer : *Le chat rétracte ses griffes.* ◆ **SE RÉTRACTER** v.pr. Subir une rétraction, un raccourcissement.

RÉTRACTIF, IVE adj. Qui produit une rétraction.

RÉTRACTILE adj. (lat. *retractum*, de *retrahere*, tirer en arrière). Qui a la possibilité de se rétracter : *Griffes rétractiles.*

RÉTRACTILITÉ n.f. Qualité de ce qui est rétractile.

RÉTRACTION n.f. **MÉD.** Raccourcissement ou diminution de volume, d'un organe, d'un tissu.

RETRADUIRE v.t. **[78].** Traduire de nouveau ou en partant d'une traduction.

RETRAIT n.m. (de l'anc. fr. *retraire*, retirer). **1.** Action de retirer : *Retrait de devises. Retrait du permis de conduire.* **2.** Action de se retirer : *Elle a annoncé son retrait de la compétition.* **3. DR.** Annulation, disparition d'un acte administratif, sur décision de l'Administration. **4. DR.** Faculté pour une personne (le *retrayant*) de se substituer à l'acquéreur d'un bien (le *retrayé*) en contrepartie d'indemnités. **5.** Diminution de volume d'un matériau due à une perte d'eau (pour les céramiques hydrauliques, les liants ou le bois) ou à une baisse de température (pour les métaux). ▪ **Droit de retrait,** droit qu'un salarié peut invoquer auprès de son employeur pour cesser le travail s'il estime sa vie ou sa santé en danger, à condition de ne pas nuire à celles d'autrui. ▪ **En retrait,** en arrière d'un alignement déterminé ; fig., sur une position moins audacieuse qu'une autre : *Discours en retrait par rapport au précédent.*

RETRAITANT, E n. **RELIG.** Personne qui fait une retraite spirituelle.

RETRAITE n.f. (de l'anc. fr. *retraire*, retirer). **1.** Action de se retirer de la vie active : *Prendre sa retraite* ; état de qqn qui a cessé ses activités professionnelles : *Retraite active* ; pension versée à qqn qui a pris sa retraite : *Calculer le montant de sa retraite.* **2. RELIG.** Rupture temporaire avec les occupations habituelles, pour méditer, prier ; lieu où l'on se retire. **3. MIL.** Signal marquant la fin d'une manœuvre ou d'un tir ; marche en arrière d'une armée qui ne peut se maintenir sur ses positions. **4. CONSTR.** Diminution donnée à l'épaisseur d'un mur, étage par étage, à mesure que l'on s'élève. ▪ **Battre en retraite** → **BATTRE.** ▪ **Caisse de retraite,** organisme qui gère un régime de retraite réglementé par la loi ou les accords collectifs (régime complémentaire). ▪ **Point de retraite,** unité de référence pour le calcul de la retraite. ▪ **Retraite aux flambeaux,** défilé nocturne organisé à l'occasion d'une fête publique, notamm. le 14 Juillet, au son de la fanfare et à la lueur des lampions. ▪ **Retraite chapeau,** retraite d'un montant génér. très élevé accordée aux cadres dirigeants d'une entreprise et versée sous forme de rente en complément de leur retraite légale.

RETRAITÉ, E n. et adj. Personne qui a pris sa retraite, qui perçoit une retraite.

RETRAITEMENT n.m. Traitement ou destruction des déchets chimiques dangereux, afin d'éviter la pollution de l'environnement. ▪ **Retraitement nucléaire,** traitement du combustible nucléaire* usé, qui permet de récupérer les éléments fissiles et fertiles en les séparant des produits de fission fortement radioactifs.

1. RETRAITER v.t. **[3].** Pratiquer le retraitement de.

2. RETRAITER v.t. **[3].** Afrique centrale. Mettre un salarié à la retraite : *L'université a retraité une vingtaine de professeurs.*

RETRANCHEMENT n.m. **1. FORTIF.** Obstacle naturel ou artificiel, organisé pour défendre une position. **2.** Vx. Action de retrancher ; suppression. ▪ **Attaquer qqn dans ses derniers retranchements,** d'une manière telle qu'il se trouve à bout d'arguments.

RETRANCHER v.t. **[3].** Ôter d'un tout : *Retrancher les cotisations sociales du salaire brut. Retrancher une scène d'un film.* ◆ **SE RETRANCHER** v.pr. **1.** Se mettre à l'abri : *Les gangsters se sont retranchés dans la banque.* **2. (DERRIÈRE).** Invoquer comme moyen de défense : *Se retrancher derrière le secret professionnel.*

RETRANSCRIPTION n.f. Nouvelle transcription.

RETRANSCRIRE v.t. **[79].** Transcrire de nouveau.

RETRANSMETTRE v.t. **[64]. 1.** Transmettre de nouveau ou à d'autres : *Retransmettre un message.* **2.** Diffuser une émission radiophonique ou télévisée.

RETRANSMISSION n.f. Action de retransmettre ; émission retransmise.

RETRAVAILLER v.t. et v.i. **[3].** Travailler de nouveau.

RETRAVERSER v.t. **[3].** Traverser de nouveau.

RETRAYANT, E [rətrɛjɑ̃, ɑ̃t] n. et adj. **DR.** Personne qui exerce le retrait.

RETRAYÉ, E [rətrɛje] n. et adj. **DR.** Personne qui subit le retrait.

RÉTRÉCIR v.t. **[21]** (de l'anc. fr. *étrécir*, du lat. *strictus*, étroit). Rendre plus étroit : *Rétrécir une jupe.* ◆ **RÉTRÉCIR** v.i. ou **SE RÉTRÉCIR** v.pr. Devenir plus étroit : *Ce tissu rétrécit au lavage. Le sentier va en se rétrécissant.*

RÉTRÉCISSEMENT n.m. **1.** Action de rétrécir qqch. **2.** Diminution en largeur d'une voie, d'un canal ; endroit où ils sont plus étroits. **3. MÉD.** Sténose.

RÉTREINDRE v.t. **[62]** (de *étreindre*). **MÉTALL.** Diminuer le diamètre d'une pièce métallique par un martelage de la périphérie ou par emboutissage.

RÉTREINT n.m. ou **RÉTREINTE** n.f. Action de rétreindre.

RETREMPE n.f. **MÉTALL.** Nouvelle trempe.

RETREMPER v.t. **[3]. 1.** Tremper de nouveau : *Retremper ses pieds dans l'eau.* **2. MÉTALL.** Donner une nouvelle trempe. ◆ **SE RETREMPER** v.pr. **(DANS).** Reprendre contact avec : *Se retremper dans la politique.*

RÉTRIBUER v.t. **[3]** (lat. *retribuere*). Payer pour un travail ; rémunérer.

RÉTRIBUTION n.f. Somme d'argent donnée en échange d'un travail ; rémunération.

RETRIEVER [retrivœr] n.m. (mot angl.). Chien de chasse dressé à rapporter le gibier.

1. RÉTRO adj. inv. (abrév. de *rétrospectif*). Fam. Se dit d'une mode, d'un style, d'une œuvre littéraire, artistique, cinématographique, etc., inspirés notamm. par les décennies 1920-1960. ◆ **n.m. inv.** Mode, style rétro.

2. RÉTRO n.m. (abrév.). Fam. Rétroviseur.

RÉTROACTES n.m. pl. Belgique. Antécédents d'une affaire.

RÉTROACTIF, IVE adj. Se dit d'une mesure qui a des conséquences qui rejaillissent sur des faits survenus antérieurement : *Une augmentation de salaire avec effet rétroactif. Les lois ne sont pas rétroactives.*

RÉTROACTION n.f. **1.** Effet rétroactif. **2. TECHN.** Processus par lequel les informations fournies en sortie d'un système sont prises en compte en entrée par ce dernier, afin de réguler son fonctionnement (SYN. **contre-réaction, réaction, feed-back**).

RÉTROACTIVEMENT adv. De façon rétroactive.

RÉTROACTIVITÉ n.f. Caractère rétroactif.

RÉTROAGIR v.t. ind. **[21] (SUR).** Agir rétroactivement sur qqch.

RÉTROCÉDER v.t. **[11]**, ▲ *[11*]* (du lat. *retrocedere*, reculer). **1.** Céder ce qui nous a été cédé auparavant. **2.** Céder une chose achetée pour soi-même ; revendre.

RÉTROCESSION n.f. **DR. 1.** Acte par lequel on rétrocède un droit acquis. **2.** Transfert de la propriété d'un bien acquis à la personne qui l'avait antérieurement cédé. ▪ **Rétrocession d'honoraires,** fait de reverser à un tiers tout ou partie des honoraires perçus.

RÉTROCOMMISSION n.f. Partie d'une commission (c'est-à-dire du pourcentage versé à l'intermédiaire d'une transaction commerciale) qui est reversée de façon génér. occulte à un tiers.

RÉTROCONTRÔLE n.m. Processus de régulation physiologique dans lequel un effet influence le signal qui l'a déclenché (SYN. **feed-back**). ➲ La baisse de la glycémie, par exemple, freine la sécrétion d'insuline qui a déclenché cette baisse.

RÉTROÉCLAIRAGE n.m. **ÉLECTRON.** Technique d'éclairage par l'arrière. ➲ Elle est utilisée notamm. sur certains écrans à cristaux liquides (LCD) pour améliorer le contraste de l'image.

RÉTROFLEXE adj. et n.f. **PHON.** Se dit d'un phonème articulé avec la pointe de la langue tournée vers l'arrière de la bouche.

RÉTROFUSÉE n.f. Moteur-fusée utilisé pour freiner un engin spatial.

RÉTROFUTURISME n.m. Genre ou esthétique qui s'inspirent de la science-fiction et de ses codes, combinant des références au passé et des éléments futuristes (dans la littérature, la bande dessinée, l'architecture ou la mode).

RÉTROGAMING ou **RETROGAMING** [retrogemiŋ] n.m. (angl. *retrogaming*). Pratique du jeu vidéo consistant à jouer à des jeux considérés comme anciens, initialement sortis sur des machines auj. obsolètes (consoles, par ex.).

RÉTROGRADATION n.f. **1.** Action de rétrograder. **2.** Mesure disciplinaire qui fait descendre qqn à un échelon inférieur d'une hiérarchie.

RÉTROGRADE adj. **1.** Qui va, qui se fait en arrière : *Marche rétrograde.* **2.** Opposé au progrès : *Idée rétrograde.* ▪ **Amnésie rétrograde,** dans laquelle l'oubli porte sur les souvenirs enregistrés avant le début des troubles (avant l'accident en cause, par ex.). ▪ **Sens rétrograde** → **SENS.**

RÉTROGRADER v.i. **[3]** (bas lat. *retrogradare*). **1.** Revenir en arrière. **2.** Perdre ce que l'on avait acquis ; régresser. **3. AUTOM.** Passer le rapport de boîte de vitesses inférieur à celui qui est utilisé. ◆ v.t. Soumettre à la rétrogradation : *Rétrograder un fonctionnaire.*

RÉTROGRESSION n.f. Mouvement en arrière.

RÉTROPÉDALAGE n.m. **1.** Pédalage en sens contraire du sens normal : *Freinage par rétropédalage.* **2.** Fig. Brusque retour en arrière ; revirement : *Rétropédalage du gouvernement à la suite des manifestations.*

RÉTROPÉDALER v.i. **[3]. 1.** Pédaler en sens contraire du sens normal. **2.** Fig. Effectuer un revirement, faire machine arrière : *Dès le lendemain de sa déclaration choc, le ministre a rétropédalé.*

RÉTROPLANNING n.m. Planning partant de la date prévue d'achèvement des travaux.

RÉTROPROJECTEUR n.m. Système optique permettant de projeter, sans obscurcir la salle, des documents opaques ou transparents.

RÉTROSPECTIF, IVE adj. (du lat. *rétro*, en arrière, et *spectare*, regarder). **1.** Qui concerne le passé : *L'analyse rétrospective d'un fait.* **2.** Qui se manifeste après coup : *Une peur rétrospective.*

RÉTROSPECTIVE n.f. **1.** Exposition présentant de façon récapitulative les œuvres d'un artiste, d'une école, d'une époque. **2.** Émission, film, etc., récapitulant chronologiquement des faits appartenant à un domaine précis : *Rétrospective de l'année musicale.*

RÉTROSPECTIVEMENT adv. De façon rétrospective ; après coup.

RÉTROSYNTHÉTIQUE adj. **CHIM.** ▪ **Analyse rétrosynthétique,** description systématique des diverses voies permettant la synthèse d'une molécule en passant par des intermédiaires de structure plus simple.

RÉTROTRANSPOSON n.m. **GÉNÉT.** Séquence mobile d'ADN (transposon) qui se réplique selon un mécanisme similaire à celui utilisé par les rétrovirus*, c'est-à-dire par l'intermédiaire d'une séquence ARN. ➲ Les rétrotransposons représenteraient 40 % du génome humain.

RETROUSSÉ, E adj. ▪ **Entrait retroussé** → **ENTRAIT.** ▪ **Nez retroussé,** dont le bout est un peu relevé.

RETROUSSEMENT n.m. Action de retrousser ; fait d'être retroussé.

RETROUSSER v.t. **[3].** Relever, ramener vers le haut : *Retrousser le bas de son pantalon.*

RETROUSSIS n.m. Vieilli. Partie du bord d'un chapeau ou d'un vêtement qui est repliée vers le haut ; revers.

RETROUVAILLES n.f. pl. Fait de retrouver des personnes dont on était séparé.

RETROUVER v.t. **[3]. 1.** Trouver qqch qui était égaré ou oublié : *Retrouver son sac.* **2.** Revoir qqn après une séparation : *Les otages ont retrouvé leurs familles* ; reprendre qqn qui était en fuite : *La police a retrouvé les malfaiteurs.* **3.** Revenir à un état antérieur : *Retrouver sa sérénité* ; recouvrer une faculté : *Retrouver l'odorat.* **4.** Rejoindre qqn à un rendez-vous : *Je te retrouve ce soir au cinéma.* ◆ **SE RETROUVER** v.pr. **1.** Être de nouveau réunis : *On se retrouve l'hiver au ski.* **2.** Être soudainement ou finalement dans telle situation : *Se retrouver seule avec deux enfants.* **3.** S'orienter dans un lieu, une situation complexes. ▪ **S'y retrouver** [fam.], équilibrer les recettes et les dépenses ; tirer un avantage de qqch.

RÉTROVERSION n.f. **MÉD.** Position d'un organe (en partic. de l'utérus) basculé en arrière.

RÉTROVIRAL, E, AUX adj. Relatif à un rétrovirus.

RÉTROVIRUS n.m. Virus à ARN dont le mode de réplication passe par la transcription de son ARN en ADN capable de s'intégrer dans le génome de la cellule hôte. ➲ Les rétrovirus comprennent notamm. le VIH, agent du sida.

RÉTROVISEUR n.m. Miroir disposé à l'intérieur et à l'extérieur d'un véhicule pour permettre au conducteur de surveiller les véhicules qui suivent. Abrév. (fam.) **rétro.**

RETS [rɛ] n.m. (lat. *retis*). Litt. Filet pour capturer des animaux.

RETSINA [rɛtsina] n.m. (mot gr.). Vin grec résiné.

RÉUNIFICATION n.f. Action de réunifier.

RÉUNIFIER v.t. [5]. Rétablir l'unité d'un pays, d'un parti, etc.

RÉUNION n.f. **1.** Action de réunir des personnes : *Réunion d'anciens ministres* ; fait de se rassembler ; personnes réunies ; temps pendant lequel on se réunit : *La réunion s'est éternisée.* **2.** Compétition hippique. **3.** Action de réunir des éléments épars ; rassemblement : *La réunion de documents administratifs.* **4.** Action de rattacher un territoire à un autre ou à un État. ▪ **Politique des Réunions***, v. partie n.pr. ▪ **Réunion de deux ensembles A et B** [math.], ensemble, noté $A \cup B$, des éléments appartenant à A ou à B, ou aux deux (SYN. **union**).

RÉUNIONITE ou **RÉUNIONNITE** n.f. Fam. Manie de faire des réunions, souvent inutiles.

RÉUNIONNAIS, E adj. et n. De La Réunion ; de ses habitants.

RÉUNIR v.t. [21]. **1.** Rassembler des personnes : *Réunir sa famille* ; regrouper des éléments épars : *Réunir des preuves.* **2.** Rapprocher ce qui était séparé ; joindre : *Réunir les lèvres d'une plaie.* **3.** Faire communiquer ; relier : *Ce pont réunit l'île au continent.* ◆ **SE RÉUNIR** v.pr. Se retrouver ensemble en un lieu ; se rassembler.

RÉUNISSAGE n.m. **TEXT.** Action de réunir les rubans, mèches ou fils dans les filatures.

RÉUSSI, E adj. **1.** Exécuté avec succès : *Un dessert réussi.* **2.** Parfait en son genre : *Une fête réussie.*

RÉUSSIR v.i. [21] (de l'ital. *riuscire*, ressortir). **1.** Se terminer par un succès ; aboutir : *Les négociations ont réussi.* **2.** Obtenir le résultat souhaité : *Il a réussi dans les affaires.* **3.** Se développer favorablement ; prospérer : *L'olivier réussit dans ces coteaux.* ◆ v.t. ind. (À). **1.** Parvenir à faire qqch : *J'ai réussi à la convaincre.* **2.** Être bénéfique à qqn : *Ces nouvelles responsabilités lui réussissent.* ◆ v.t. Faire avec succès : *Réussir une tarte, une photo.*

RÉUSSITE n.f. **1.** Action de réussir ; succès : *La réussite d'une actrice. Réussite sociale.* **2.** Action, œuvre qui connaît le succès : *Ce film est une réussite.* **3.** Jeu de cartes au cours duquel un joueur solitaire s'efforce de placer ou d'employer toutes les cartes selon certaines règles, avec une distribution déterminée par le hasard (SYN. **1. patience**).

RÉUTILISABLE adj. **1.** Que l'on peut utiliser de nouveau. **2. ASTRONAUT.** Qui peut être réutilisé (par oppos. à *consommable*).

RÉUTILISATION n.f. Fait de réutiliser ; nouvelle utilisation. ▪ **Droit de réutilisation,** possibilité offerte au public d'exploiter, y compris à des fins commerciales, les données détenues ou produites par des administrations dans l'exercice de leur mission de service public. (→ **information* publique**).

RÉUTILISER v.t. [3]. Utiliser de nouveau.

REVACCINATION n.f. Action de revacciner.

REVACCINER v.t. [3]. Vacciner de nouveau.

REVALOIR v.t. [46]. Rendre la pareille à qqn : *Je lui revaudrai ça.*

REVALORISATION n.f. Action de revaloriser.

REVALORISER v.t. [3]. Rendre son ancienne valeur ou une valeur plus grande à ; relever : *Revaloriser une monnaie, les retraites.*

REVANCHARD, E adj. et n. Fam., péjor. Qui cherche sa revanche, partic. après une défaite militaire.

REVANCHE n.f. **1.** Action de rendre la pareille pour un mal que l'on a reçu ; vengeance : *Prendre sa revanche.* **2.** Seconde partie que l'on joue après avoir perdu la première. ▪ **En revanche,** en retour ; inversement.

SE REVANCHER v.pr. [3] (de l'anc. fr. *revengier*, venger). Litt., vx. Prendre sa revanche.

REVANCHISME n.m. Attitude politique inspirée par le désir de revanche, notamm. après une défaite militaire.

REVASCULARISATION n.f. Intervention chirurgicale qui rétablit ou améliore la circulation sanguine dans un organe, des tissus.

REVASCULARISER v.t. [3]. Opérer une revascularisation.

RÊVASSER v.i. [3]. Se laisser aller à la rêverie.

RÊVASSERIE n.f. Litt. Fait de rêvasser ; songerie.

RÊVASSEUR, EUSE adj. et n. Litt. Qui rêvasse.

RÊVE n.m. (de *rêver*). **1.** Production psychique survenant pendant le sommeil et pouvant être partiellement mémorisée ; songe : *L'analyse des rêves.* **2.** Représentation, plus ou moins idéale ou chimérique, de ce que l'on veut réaliser, de ce que l'on désire : *C'est le voyage de ses rêves.* ▪ **De rêve,** qui présente des qualités telles que l'on a peine à le croire réel : *Un corps de rêve.*

RÊVÉ, E adj. Qui convient tout à fait ; idéal.

REVÊCHE adj. (du francique). Peu accommodant ; bourru.

1. RÉVEIL n.m. **1.** Passage de l'état de sommeil à l'état de veille. **2.** Sonnerie de clairon qui annonce aux soldats l'heure du lever. **3.** Fig. Retour à l'activité : *Le réveil d'un volcan.*

2. RÉVEIL n.m. ou, vieilli, **RÉVEILLE-MATIN** n.m. inv., ▲ *n.m. (pl. réveille-matins).* Petite pendule à sonnerie qui se déclenche à l'heure déterminée.

RÉVEILLER v.t. [3]. **1.** Tirer du sommeil : *N'allume pas, tu vas réveiller ton frère.* **2.** Susciter de nouveau : *Réveiller le désir* ; faire renaître : *Réveiller de vieilles rancunes.* ◆ **SE RÉVEILLER** v.pr. **1.** Cesser de dormir. **2.** Se ranimer.

RÉVEILLON n.m. Repas de fête que l'on fait la nuit qui précède Noël et celle de la Saint-Sylvestre ; l'ensemble des réjouissances qui s'ensuivent.

RÉVEILLONNER v.i. [3]. Prendre part à un réveillon.

RÉVÉLATEUR, TRICE adj. Qui indique, révèle : *Un lapsus révélateur.* ◆ n.m. **1.** Ce qui révèle, manifeste : *Cette violence est le révélateur d'un profond malaise.* **2. PHOTOGR.** Bain transformant l'image latente en image visible.

RÉVÉLATION n.f. **1.** Action de révéler ; ce qui est révélé ; aveu : *Ses révélations ont conduit à deux arrestations.* **2.** Personne ou chose dont le public découvre brusquement les qualités exceptionnelles. **3. RELIG.** Manifestation d'un mystère ou dévoilement d'une vérité par Dieu ou par un homme inspiré de Dieu.

RÉVÉLÉ, E adj. Communiqué par révélation divine : *Les religions révélées.*

RÉVÉLER v.t. [11], ▲ *[11*]* (lat. *revelare*). **1.** Faire connaître ce qui était inconnu et secret ; divulguer : *Révéler ses intentions.* **2.** Laisser voir ; être l'indice, la marque de : *Son attitude révèle un manque de maturité.* ◆ **SE RÉVÉLER** v.pr. **1.** Se faire connaître ; se manifester : *Son talent s'est révélé très tôt.* **2.** Apparaître sous tel aspect : *Cette affaire s'est révélée très délicate.*

REVENANT, E n. **1.** Âme d'un mort qui se manifesterait à un vivant sous une forme physique (apparition, esprit, fantôme). **2.** Fam. Personne que l'on n'a pas vue depuis longtemps.

REVENDEUR, EUSE n. Personne qui achète pour revendre.

REVENDICATEUR, TRICE adj. et n. Qui revendique.

REVENDICATIF, IVE adj. Qui exprime une revendication.

REVENDICATION n.f. **1.** Action de revendiquer ; réclamation. **2. DR.** Action en justice dont l'objet est de faire reconnaître un droit de propriété.

REVENDIQUER v.t. [3] (du lat. *vindicare*, réclamer). **1.** Réclamer ce dont on est le possesseur et dont on est privé : *Revendiquer sa part des bénéfices.* **2.** Réclamer qqch comme un dû ; exiger : *Revendiquer la liberté d'expression.* **3.** Assumer la responsabilité d'une action : *Revendiquer un attentat.*

REVENDRE v.t. [59]. **1.** Vendre ce que l'on a acheté : *Ils ont dû revendre leur maison.* **2.** Vendre de nouveau : *Revendre des ordinateurs d'occasion.* ▪ **Avoir de qqch à revendre** [fam.], en avoir en abondance : *Elle a de l'énergie à revendre.*

REVENEZ-Y n.m. inv. Litt. Retour vers le passé ; chose sur laquelle on revient avec plaisir. ▪ **Un goût de revenez-y** [fam.], un goût agréable qui incite à recommencer.

REVENIR v.i. [28] (auxil. *être*) [lat. *revenire*]. **1.** Venir à nouveau, une autre fois quelque part : *Il revient ici chaque été.* **2.** Regagner le lieu où l'on était, où l'on est habituellement ; rentrer. **3.** (À). S'adonner de nouveau à qqch : *Revenir à ses études.* **4.** (À). Retrouver son état physique ou moral antérieur : *Revenir à de meilleures dispositions.* **5.** Reconsidérer ce que l'on a dit ou fait : *Je ne reviendrai pas sur mon choix.* **6.** (DE). Abandonner une manière de penser : *Revenir d'une erreur.* **7.** Se manifester de nouveau ; réapparaître : *Le brouillard est revenu.* **8.** (À). Se présenter de nouveau à l'esprit de qqn : *Son visage ne me revient pas.* **9.** (À). Être recouvré par qqn : *Le sommeil lui revient.* **10.** (À). Être dévolu à qqn ; appartenir à : *La propriété lui revient de droit.* **11.** S'élever au total, à la somme de ; coûter : *Ce séjour me revient cher.* **12.** (À). Être équivalent à qqch d'autre ; équivaloir : *Cette réponse revient à un refus.* **13.** Fam. (Surtout en tournure négative). Inspirer confiance ; plaire : *Il a des manières qui ne me reviennent pas.* **14. SPORTS.** Rattraper un concurrent ou s'en rapprocher : *Il revient dans la dernière ligne droite.* ▪ **Être revenu de tout,** être complètement désabusé. ▪ **Faire revenir un aliment,** le faire colorer dans un corps gras chaud, en début de cuisson. ▪ **Il m'est revenu que** [litt.], je me suis souvenu que. ▪ **Ne pas en revenir** [fam.], être extrêmement surpris. ▪ **Ne pas revenir sur qqch** [Belgique], ne pas s'en souvenir. ▪ **Revenir à soi,** reprendre conscience après un évanouissement. ▪ **Revenir de loin,** avoir échappé à un grand danger (maladie, accident). ▪ **Revenir sur ses pas,** rebrousser chemin. ▪ **Revenir sur une promesse,** s'en dédire. ▪ **Revenir sur une question,** l'examiner de nouveau. ◆ **S'EN REVENIR** v.pr. Litt. Rentrer du lieu où l'on s'était rendu.

REVENTE n.f. **1.** Action de vendre ce que l'on a acheté. **2.** Vente faite par un intermédiaire sans aucune transformation apportée au bien revendu après son achat.

REVENU n.m. **1.** Total des sommes perçues à titre de rente ou de rémunération d'une activité (profit) ou d'un travail (salaire). **2. MÉTALL.** Traitement thermique consistant à chauffer puis à laisser refroidir une pièce métallique ayant subi la trempe afin de la rendre moins fragile et plus ductile. ▪ **Impôt sur le revenu,** impôt direct calculé d'après le revenu annuel déclaré par les contribuables. ▪ **Revenu de solidarité active (RSA),** en France, allocation attribuée par la loi du 1er décembre 2008 aux personnes sans emploi et aux travailleurs pauvres. ➲ Le RSA (RMI avant 2009) correspond à un revenu minimum pour les personnes sans travail et à un complément de ressources pour les personnes qui reprennent un emploi afin qu'elles ne subissent pas une diminution de leurs ressources. ▪ **Revenu minimum d'insertion (RMI),** en France, revenu garanti par la loi du 1er décembre 1988 aux personnes les plus démunies, et destiné à faciliter leur insertion sociale. ➲ En 2009, il a été remplacé par le RSA. ▪ **Revenu national,** valeur nette des biens économiques produits par la nation. ▪ **Revenus primaires,** ressources qui rémunèrent les facteurs de production, le travail sous forme de salaire, le capital sous forme d'intérêt ou de dividende. ▪ **Revenus publics** ou **revenus de l'État,** ce que l'État retire soit des contributions ou des impôts, soit de son domaine. ▪ **Revenus secondaires** ou **sociaux,** ressources qui compensent une perte de revenu d'activité (indemnités de chômage, pensions de retraite) ou qui contribuent à la réduction des inégalités (bourses scolaires, aides au logement, par ex.).

RÊVER v.i. [3] (de l'anc. v. *esver*, vagabonder). **1.** Faire des rêves pendant son sommeil. **2.** Laisser aller son imagination : *Cesse de rêver et mets-toi au travail.* **3.** Concevoir, exprimer des choses déraisonnables, chimériques : *S'il pense que je vais repousser la date de mes vacances, il rêve !* ▪ **Rêver en couleurs** [Québec], faire des projets chimériques. ◆ **v.t. ind.** (**À, DE**). **1.** Voir en rêve pendant la nuit : *J'ai rêvé de lui.* **2.** Désirer vivement : *Sa fille rêve à ce voyage depuis toujours. Rêver d'un avenir meilleur.* ◆ **v.t. 1.** Voir en rêve : *J'ai rêvé que je gagnais le gros lot.* **2.** Imaginer de toutes pièces : *Il a rêvé : je n'ai rien dit de tel.*

RÉVERBÉRANT, E adj. Qui réverbère la lumière, la chaleur, le son.

RÉVERBÉRATION n.f. 1. Action de réverbérer. **2. ACOUST.** Persistance d'un son dans un espace clos ou semi-clos, après interruption de la source sonore.

RÉVERBÈRE n.m. Anc. Dispositif à réflecteurs pour l'éclairage des lieux publics. ▪ **Four à réverbère,** four dans lequel les matières à traiter sont chauffées par l'intermédiaire d'une voûte qui, portée à haute température, rayonne fortement sur la sole.

RÉVERBÉRER v.t. [11], ▲ *[11*]* (lat. *reverberare*, repousser). Renvoyer la lumière, la chaleur, le son ; réfléchir.

REVERCHON n.m. Grosse cerise d'une variété sucrée, pourpre foncé.

REVERDIE n.f. (de *reverdir*). **LITTÉR.** Dans la poésie lyrique du Moyen Âge, chanson célébrant le renouveau printanier et les sentiments de gaieté qui lui sont associés.

REVERDIR v.t. [21]. Rendre de nouveau vert. ◆ **v.i.** Redevenir vert : *La campagne reverdit.*

REVERDOIR n.m. (du lat. *revertere*, retourner). Petit réservoir collecteur, d'où les moûts de brasserie s'écoulent vers la chaudière à bière.

RÉVÉRENCE n.f. (lat. *reverentia*). **1.** Mouvement du corps que l'on fait pour saluer, soit en s'inclinant, soit en pliant les genoux. **2.** Litt. Respect profond ; vénération : *Parler à qqn avec révérence.* ▪ **Révérence parler** [litt., vieilli], se dit pour excuser un propos jugé inconvenant. ▪ **Tirer sa révérence** [par plais.], quitter qqn, s'en aller avec désinvolture.

RÉVÉRENCIEUX, EUSE adj. Litt. Qui manifeste un très grand respect.

RÉVÉREND, E n. et **adj.** (du lat. *reverendus*, vénérable). **1.** Titre d'honneur donné aux religieux et aux religieuses. **2.** Titre donné aux membres du clergé anglican.

RÉVÉRER v.t. [11], ▲ *[11*]* (lat. *revereri*). Traiter qqn avec un profond respect ; vénérer : *Révérer la mémoire d'un héros.*

RÊVERIE n.f. État de l'esprit qui s'abandonne à des images vagues, sans objet précis.

REVERS [rəvɛr] **n.m.** (lat. *reversus*, retourné). **1.** Côté d'une chose opposé au côté principal ; dos : *Le revers d'un tissu.* **2.** Partie, repliée sur l'endroit, d'un col, d'un bas de manche ou de pantalon ; parement. **3.** Événement malheureux qui transforme une situation ; échec : *Essuyer un revers. Des revers de fortune.* **4.** Au tennis et au tennis de table, coup de raquette effectué à gauche par un droitier et à droite par un gaucher (par oppos. à *coup droit*). **5. NUMISM.** Côté d'une monnaie, d'une médaille (par oppos. à *avers*). **6. GÉOMORPH.** Plateau doucement incliné qui forme l'une des deux pentes d'une côte (par oppos. à *talus*). ▪ **À revers,** par-derrière. ▪ **Le revers de la médaille,** le mauvais côté d'une chose ; l'inconvénient d'une situation. ▪ **Revers de la main,** dos de la main.

REVERSEMENT n.m. COMPTAB. Transfert de fonds d'une caisse à une autre.

REVERSER v.t. [3]. 1. Verser de nouveau. **2. COMPTAB.** Reporter sur : *Reverser 200 euros d'un compte sur un autre.*

REVERSI ou **REVERSIS** [rəvɛrsi] **n.m.** (de l'ital. *rovescio*, à rebours). Jeu de cartes par levées où la personne qui fait le moins de levées et de points gagne la partie.

RÉVERSIBILITÉ n.f. Qualité de ce qui est réversible.

RÉVERSIBLE adj. (lat. médiév. *reversibilis*). **1.** Qui peut revenir en arrière : *Le temps n'est pas réversible* ; qui peut se produire en sens inverse : *Une intervention réversible.* **2.** Se dit d'une étoffe, d'un vêtement qui peuvent être mis à l'envers comme à l'endroit. **3.** Se dit d'une réaction chimique qui, dans les mêmes conditions de température et de pression, se produit simultanément dans les deux sens. **4. THERMODYN.** Se dit d'une transformation telle qu'il est possible de réaliser exactement la transformation inverse. **5. DR.** Se dit d'un bien devant faire l'objet d'une réversion, ou d'une rente assurée à d'autres personnes après la mort du titulaire. ▪ **Hélice à pas réversible** [aéron.], hélice dont on peut changer le sens de l'effort par une rotation des pales autour de leur axe. ▪ **Rame, train réversibles** [ch. de f.], ensemble de voitures et d'engins moteurs comportant une cabine de conduite à chaque extrémité.

RÉVERSION n.f. (lat. *reversio*). **DR.** Droit en vertu duquel les biens d'un donateur lui reviennent si le donataire meurt avant lui ou sans enfants (SYN. **droit de retour successoral**). ▪ **Pension de réversion,** retraite versée au conjoint survivant d'une personne décédée qui avait acquis des droits à la retraite.

REVERSOIR n.m. Barrage par-dessus lequel l'eau s'écoule en nappe.

REVÊTEMENT n.m. 1. Tout ce qui sert à recouvrir pour protéger, consolider ou orner : *Revêtement mural.* **2.** Partie supérieure d'une chaussée : *Un revêtement antidérapant.* **3.** Placage ou couche d'un matériau quelconque dont on recouvre le gros œuvre d'une construction. **4.** Dépôt effectué sur une pièce métallique pour lui conférer des propriétés particulières.

REVÊTIR v.t. [32]. 1. Mettre sur soi un vêtement : *Revêtir un anorak.* **2.** Garnir d'un revêtement ; recouvrir : *Revêtir un sol d'un parquet.* **3. DR.** Pourvoir un acte, un document de ce qui est nécessaire pour qu'il soit valide : *Revêtir un contrat de sa signature.* **4.** Fig. Prendre tel ou tel aspect : *Cette démarche revêt un caractère officiel.*

RÊVEUR, EUSE adj. et **n.** Qui se laisse aller à la rêverie, à des pensées vagues ou chimériques : *C'est un rêveur, il n'agit pas.* ◆ **adj.** Qui indique la rêverie ; songeur : *Un air rêveur.* ▪ **Laisser qqn rêveur,** le laisser perplexe.

RÊVEUSEMENT adv. D'un air pensif ou distrait.

REVIENT n.m. ▪ **Prix de revient,** somme représentant le total des dépenses nécessaires pour élaborer et distribuer un produit ou un service.

REVIF n.m. Période comprise entre une morte-eau et la vive-eau suivante.

REVIGORANT, E adj. Qui revigore ; stimulant : *Un thé revigorant.*

REVIGORER v.t. [3] (du lat. *vigor*, vigueur). Redonner des forces à ; vivifier.

REVIREMENT n.m. Changement brusque et complet dans les opinions, les comportements ; volte-face : *Le revirement du président a surpris tout le monde.*

RÉVISABLE adj. Qui peut être révisé, modifié.

RÉVISER v.t. [3] (lat. *revisere*). **1.** Examiner de nouveau, pour modifier s'il y a lieu ; revoir : *Réviser un procès. Réviser un budget à la baisse.* **2.** Examiner en vue de réparer : *Réviser un moteur.* **3.** Revoir ce que l'on a étudié en vue d'un examen, d'un concours.

RÉVISEUR, EUSE n. 1. Personne qui revoit après une autre pour corriger, vérifier. **2. IMPRIM.** Personne chargée de vérifier les épreuves avant le bon à tirer. ▪ **Réviseur d'entreprise** [Belgique], audit (personne).

RÉVISION n.f. 1. Action de réviser : *La révision de la Constitution, d'un moteur. Commencer ses révisions pour le bac.* **2. DR.** Voie de recours extraordinaire destinée à faire retirer ou annuler une décision de justice, en raison de l'erreur qui l'entache : *La révision d'un procès.*

RÉVISIONNEL, ELLE adj. DR. Relatif à une révision.

RÉVISIONNISME n.m. 1. Comportement, doctrine remettant en cause un dogme ou une théorie, notamm. celle d'un parti politique. **2.** Remise en cause d'une loi, d'une Constitution ou d'un jugement (comme la condamnation de A. Dreyfus). **3.** Position idéologique des marxistes partisans de la révision des thèses révolutionnaires. **4.** Remise en question de l'histoire de la Seconde Guerre mondiale, tendant à nier ou à minimiser le génocide des Juifs par les nazis. (→ **négationnisme**).

RÉVISIONNISTE adj. et **n.** Relatif au révisionnisme ; qui en est partisan.

REVISITER v.t. [3]. 1. Visiter de nouveau. **2.** Fig. Donner un éclairage nouveau à une œuvre, à un artiste : *Revisiter une pièce de Marivaux.*

REVISSER v.t. [3]. Visser de nouveau.

REVITALISATION n.f. Action de revitaliser.

REVITALISER v.t. [3]. Donner une vitalité, une vigueur nouvelle à : *Revitaliser le secteur du tourisme.*

REVIVAL [rəvival] ou [rivajvœl] **n.m.** (pl. *revivals*) [mot angl.]. **1.** Résurgence d'un mouvement, d'une mode, d'un état d'esprit anciens : *Le revival des chansons des années 1960.* **2.** Mouvement religieux également appelé le Réveil* (v. partie n.pr.).

REVIVIFICATION n.f. Action de revivifier.

REVIVIFIER v.t. [5]. Vivifier de nouveau.

REVIVISCENCE n.f. (du lat. *reviviscere*, revenir à la vie). **1. BIOL.** Propriété de certains animaux ou végétaux (protozoaires, vers, mousses, etc.), qui peuvent reprendre une vie active après une période de vie ralentie provoquée par une dessiccation. **2.** Litt. Réapparition d'états de conscience déjà éprouvés.

REVIVISCENT, E adj. BIOL. Doué de reviviscence.

REVIVRE v.i. [70]. 1. Revenir à la vie ; ressusciter. **2.** Reprendre des forces, de l'énergie : *Au bord de la mer, je revis.* **3.** Être à nouveau en usage : *Ils ont fait revivre le feu de la Saint-Jean.* **4.** Être évoqué avec force et vérité dans une œuvre artistique : *C'est une grande page de notre histoire qui revit dans ce récit.* ◆ **v.t.** Vivre de nouveau qqch : *Il voudrait ne jamais revivre ces dures épreuves.*

RÉVOCABILITÉ n.f. État de qqch ou de qqn qui est révocable.

RÉVOCABLE adj. Qui peut être révoqué.

RÉVOCATION n.f. DR. 1. Action de révoquer : *Révocation d'un testament.* **2.** Sanction disciplinaire par laquelle un fonctionnaire est définitivement exclu de la fonction publique. **3.** Acte par lequel l'auteur d'un acte juridique décide de l'annuler, ou l'auteur d'une offre de la retirer.

RÉVOCATOIRE adj. DR. Qui révoque. ▪ **Action révocatoire,** action paulienne*.

REVOICI prép. Voici de nouveau.

REVOILÀ prép. Voilà de nouveau.

1. REVOIR v.t. [48]. 1. Voir qqn de nouveau : *Je la revois demain.* **2.** Revenir dans un lieu après une absence assez longue : *Il voudrait revoir son pays.* **3.** Regarder de nouveau ce à quoi on porte de l'intérêt : *Revoir un film* ; assister une nouvelle fois à un événement : *Personne ne souhaite revoir de telles horreurs.* **4.** Examiner qqch pour le corriger ou le vérifier : *Revoir les épreuves d'un livre.* **5.** Étudier de nouveau une matière d'enseignement, un texte, pour se le remettre en mémoire. ◆ **SE REVOIR v.pr.** Être de nouveau en présence l'un de l'autre : *Ils se sont revus et tout a recommencé.*

2. REVOIR n.m. inv. ▪ **Au revoir,** formule de politesse pour prendre congé.

1. REVOLER v.i. [3]. S'envoler de nouveau.

2. REVOLER v.t. [3]. Dérober de nouveau.

RÉVOLTANT, E adj. Qui révolte, indigne ; choquant : *Une injustice révoltante.*

RÉVOLTE n.f. 1. Soulèvement contre l'autorité établie ; insurrection. **2.** Refus de se soumettre à une autorité ; rébellion : *Un adolescent en révolte contre ses parents.* **3.** Sentiment violent d'indignation, de réprobation.

RÉVOLTÉ, E adj. et **n.** En état de révolte.

RÉVOLTER v.t. [3] (ital. *rivoltare*, retourner). Choquer vivement ; indigner : *Sa déclaration a révolté l'assistance.* ◆ **SE RÉVOLTER v.pr. 1.** Se soulever contre une autorité ; se rebeller. **2.** Exprimer sa colère, son refus ; s'insurger.

RÉVOLU, E adj. (lat. *revolutus*). **1.** Qui est passé ; qui n'existe plus : *Des temps révolus.* **2.** Complètement achevé : *Avoir vingt ans révolus.*

RÉVOLUTION n.f. (bas lat. *revolutio*, de *revolvere*, ramener en arrière). **1.** Changement brusque et violent dans la structure politique et sociale d'un État, qui se produit quand un groupe se révolte contre les autorités en place et prend le pouvoir : *La révolution de 1848.* **2.** Changement brusque, d'ordre économique, moral, etc., qui se produit dans une société ; bouleversement : *Une révolution technologique.* **3.** Fam. Agitation soudaine et passagère : *C'est la révolution dans le quartier depuis le hold-up.* **4. ASTRON.** Mouvement orbital périodique d'un corps céleste, notamm. d'une planète ou d'un satellite, autour d'un autre de masse supérieure ; période de ce mouvement, appelée aussi *période de révolution.* **5. PHYS.** Mouvement périodique d'un corps autour d'un axe ou d'un point extérieur à ce corps. **6. SYLVIC.** Durée fixée pour la coupe définitive d'un peuplement forestier. ▪ **La Révolution,** la Révolution française (1789-1799), v. partie n.pr. ▪ **La Révolution culturelle,** v. partie n.pr. ▪ **Révolution de palais,** changement de responsables, à la suite d'intrigues dans les sphères gouvernementales ; renouvellement soudain, mais limité, du personnel dirigeant d'une institution, d'une entreprise. ▪ **Révolution industrielle** → **1. INDUSTRIEL.** ▪ **Surface de révolution** [math.], surface engendrée par la rotation d'une courbe (la *génératrice*) autour d'une droite fixe appelée *axe de révolution.* ▪ **Une révolution culturelle,** un bouleversement profond des valeurs fondamentales d'un groupe, d'une société. ▪ **Volume** ou **solide de révolution** [math.], volume ou solide délimité par une surface de révolution et deux plans perpendiculaires à l'axe.

RÉVOLUTIONNAIRE adj. 1. Relatif à des révolutions politiques ou à une révolution en particulier : *Idées révolutionnaires.* **2.** Qui apporte de grands changements ; qui est radicalement nouveau : *Un procédé révolutionnaire.* ◆ **adj.** et **n.** Qui est partisan d'une transformation radicale des structures d'un pays.

RÉVOLUTIONNARISME n.m. Tendance à considérer la révolution comme une fin en soi.

RÉVOLUTIONNER v.t. [3]. 1. Apporter des innovations importantes dans un domaine ; bouleverser : *L'informatique a révolutionné la communication.* **2.** Fam. Troubler violemment qqn, un groupe.

REVOLVER, ▲ *RÉVOLVER* [revɔlvɛr] **n.m.** (angl. *revolver,* de *to revolve,* tourner). Arme à feu individuelle, à répétition, approvisionnée par un magasin cylindrique (barillet), contenant génér. cinq ou six cartouches. ▪ **Poche revolver,** poche fendue ou plaquée située à l'arrière d'un pantalon.

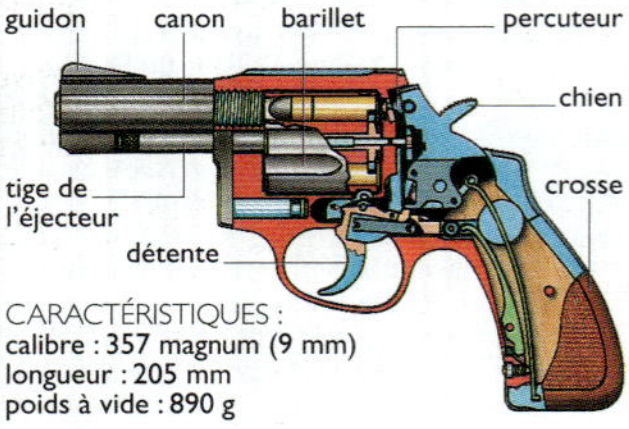

▲ **revolver** MR 73.

REVOLVING [revɔlviŋ] **adj. inv.** (mot angl.). ▪ **Crédit revolving,** crédit à moyen terme renouvelable au fur et à mesure des remboursements.

RÉVOQUER v.t. [3] (du lat. *revocare,* rappeler). **DR. 1.** Ôter à qqn les fonctions, le pouvoir qui lui avaient été conférés ; destituer : *Révoquer un juge.* **2.** Déclarer nul : *Révoquer un testament.*

REVOTER v.t. et **v.i. [3].** Voter une nouvelle fois.

REVOULOIR v.t. [43]. Fam. Vouloir de nouveau.

REVOYURE [rəvwajyr] **n.f.** Fam. ▪ **À la revoyure,** au revoir ; à bientôt.

REVUE n.f. 1. Action d'examiner avec soin un ensemble d'éléments ; inventaire : *Faire la revue de ses vêtements d'été.* **2.** Inspection détaillée des effectifs ou du matériel d'un corps de troupes. **3.** Parade militaire ; défilé : *La revue du 14 Juillet.* **4.** Publication périodique spécialisée dans un domaine particulier : *Revue littéraire, scientifique.* **5.** Spectacle de music-hall comportant une succession de tableaux fastueux, animés par des danseuses : *La revue du Lido.* **6.** Spectacle satirique : *Une revue de chansonniers.* ▪ **Passer en revue,** examiner un à un, successivement, les éléments d'un tout. ▪ **Revue de presse,** compilation d'informations diffusées par les médias sur un sujet donné ; exercice journalistique consistant à commenter une sélection d'articles de presse.

REVUISTE n. Auteur dramatique qui écrit des revues pour le music-hall.

RÉVULSÉ, E adj. Retourné ou contracté par une vive douleur ou l'émotion : *Avoir les yeux, les traits révulsés.*

RÉVULSER v.t. [3]. 1. Provoquer chez qqn une vive réaction de dégoût : *Cette odeur me révulse.* **2.** Litt. Bouleverser le visage de.

RÉVULSIF, IVE n.m. et **adj.** Anc. Procédé provoquant une révulsion.

RÉVULSION n.f. (lat. *revulsio*). **MÉD.** Anc. Congestion cutanée que l'on provoquait par différents procédés (application de ventouses, par ex.), censée attirer du sang accumulé dans un autre endroit.

REWRITER [rərajte] **v.t. [3].** Récrire un texte en l'adaptant pour une publication.

REWRITEUR, TRICE n. ou **REWRITER n.m.** [rərajtœr] (angl. *rewriter*). Personne chargée par un éditeur de récrire dans le style et la présentation voulus des textes destinés à la publication.

REWRITING [rərajtiŋ] **n.m.** (mot angl.). Action de rewriter ; réécriture.

REXISME n.m. (du lat. *Christus rex,* Christ roi). Mouvement antiparlementaire, autoritaire et corporatif belge fondé en 1935 par L. Degrelle et impliqué dans la collaboration avec l'Allemagne nazie.

REXISTE adj. et **n.** Relatif au rexisme ; qui en est partisan.

REZ-DE-CHAUSSÉE n.m. inv. Partie d'un bâtiment située au niveau du sol ; appartement occupant cette partie.

REZ-DE-JARDIN n.m. inv. Partie d'un bâtiment de plain-pied avec un jardin ; appartement occupant cette partie.

RFID [ɛrɛfide] **n.f.** (sigle de l'angl. *radio frequency identification*). Radio-identification.

Rh n.m. (abrév.). Facteur Rhésus*.

RH ou **R.H. n.f. pl.** (sigle). Ressources* humaines.

RHABDOMANCIE n.f. (du gr. *rhabdos,* baguette). **OCCULT.** Radiesthésie pratiquée avec une baguette.

RHABDOMYOLYSE n.f. Destruction des cellules musculaires par une maladie, un écrasement ou une intoxication médicamenteuse.

RHABILLAGE n.m. 1. Action de rhabiller, de se rhabiller. **2.** Action de remettre en état, de réparer : *Le rhabillage d'une montre.*

RHABILLER v.t. [3]. 1. Habiller de nouveau. **2.** Remettre en état. ◆ **SE RHABILLER v.pr.** Remettre ses habits.

RHAMNACÉE n.f. (du lat. *rhamnus,* nerprun). Arbre ou arbuste dont le fruit est une baie charnue, tel que le jujubier, le nerprun et la bourdaine. ➲ Les rhamnacées forment une famille.

RHAPSODE ou **RAPSODE n.m.** (gr. *rhapsôdos,* de *rhaptein,* coudre, et *ôdê,* chant). **ANTIQ. GR.** Chanteur qui allait de ville en ville en récitant des poèmes épiques.

RHAPSODIE ou **RAPSODIE n.f. 1. MUS.** Composition instrumentale de caractère improvisé, de style brillant, écrite sur des thèmes populaires. **2. ANTIQ. GR.** Poème ou partie de poème contenant un épisode épique.

RHAPSODIQUE ou **RAPSODIQUE adj.** Relatif aux rhapsodes ou à la rhapsodie.

RHÉNAN, E adj. Relatif au Rhin, à la Rhénanie.

RHÉNIUM [renjɔm] **n.m.** (du lat. *Rhenus,* Rhin). **1.** Métal blanc présentant des analogies chimiques avec le manganèse. **2.** Élément chimique (Re), de numéro atomique 75, de masse atomique 186,207.

▲ **revue.** Couverture du programme de *Ça, c'est Paris !,* revue de Jacques Charles pour le Moulin-Rouge.

RHÉOLOGIE n.f. (du gr. *rhein,* couler). Science des lois de comportement des matériaux, qui lient les contraintes aux déformations (élasticité, plasticité, viscosité, etc.).

RHÉOLOGIQUE adj. Relatif à la rhéologie.

RHÉOSTAT n.m. ÉLECTR. Résistance variable qui, placée dans un circuit, permet de modifier l'intensité du courant.

RHÉSUS [rezys] **n.m.** (du lat. *Rhesus,* du gr.). Macaque à queue courte de l'Asie du Sud-Est, dont le nom reste attaché à la découverte du facteur sanguin Rhésus. ◆ **RHÉSUS adj.** et **n.m.** Se dit d'un des antigènes, appelé naguère *facteur Rhésus,* porté par les globules rouges et du système de groupes sanguins correspondant.

RHÉTEUR n.m. (lat. *rhetor*). **1. ANTIQ.** Professeur d'art oratoire. **2.** Litt., vieilli. Orateur emphatique.

RHÉTIQUE ou **RÉTIQUE adj.** De Rhétie. ◆ **adj.** et **n.m.** Rhéto-roman.

RHÉTORICIEN, ENNE adj. et **n.** Qui utilise les procédés de la rhétorique. ◆ **n. 1.** Spécialiste de rhétorique. **2.** Belgique. Élève de la classe de rhétorique.

RHÉTORIQUE n.f. (gr. *rhêtorikê*). **1.** Art de l'éloquence ; ensemble des procédés et des techniques réglant l'art de s'exprimer. **2.** Péjor. Style grandiloquent et déclamatoire. **3.** Belgique. Cour. Classe de terminale des humanités. Abrév. (fam.) **rhéto.** ◆ **adj.** Qui relève de la rhétorique : *Procédé rhétorique.*

RHÉTORIQUEUR n.m. ▪ **Grands rhétoriqueurs,** groupe de poètes de cour français de la fin du XVᵉ s., remarquables par leur virtuosité formelle, leur raffinement lexical, leur goût du bizarre (Jean Meschinot, Jean Molinet, O. de La Marche, G. Chastellain).

RHÉTO-ROMAN, E adj. et **n.m.** (pl. *rhéto-romans, es*). Se dit d'un groupe de dialectes romans parlés en Suisse orientale (anc. Rhétie) et dans le nord de l'Italie (SYN. **rhétique**).

RHEXISTASIE n.f. (du gr. *rhêxis,* action de rompre). **GÉOMORPH.** Situation dans laquelle la rareté de la couverture végétale permet l'érosion active des versants et limite la pédogenèse (CONTR. **biostasie**).

RHINANTHE n.m. (du gr. *rhis, rhinos,* nez, et *anthos,* fleur). Plante des prairies à fleurs jaunes, aussi appelée *crête-de-coq,* parasite des autres plantes par ses racines. ➲ Famille des scrofulariacées.

RHINENCÉPHALE n.m. ANAT. Partie la plus primitive du cortex cérébral, formant un anneau à la face interne de chaque hémisphère, intervenant dans l'olfaction chez les reptiles, ainsi que dans le comportement, les émotions et la mémoire chez les mammifères (SYN. **système limbique**).

RHINITE n.f. Rhume.

RHINOCÉROS [-serɔs] **n.m.** (du gr. *rhis, rhinos,* nez, et *keras,* corne). Grand mammifère périssodactyle des régions chaudes de l'Asie et de l'Afrique, caractérisé par la présence d'une ou deux cornes médianes sur le museau. ➲ Il existe cinq espèces de rhinocéros : deux en Afrique et trois en Asie ; toutes sont très menacées car on prête à leurs cornes des vertus aphrodisiaques ; cri : le rhinocéros barrit, renâcle, grogne ; famille des rhinocérotidés.

RHINOLOGIE n.f. Spécialité médicale qui étudie les affections du nez et des fosses nasales.

RHINOLOPHE n.m. (du gr. *rhis, rhinos,* nez, et *lophos,* crête). Chauve-souris insectivore des régions tropicales et tempérées de l'Europe et de l'Asie, dont le nez porte une excroissance en forme de fer à cheval. ➲ Famille des rhinolophidés.

RHINO-PHARYNGIEN, ENNE ou **RHINO-PHARYNGÉ, E adj.** (pl. *rhino-pharyngiens, ennes, rhino-pharyngés, es*). Relatif au rhino-pharynx.

RHINO-PHARYNGITE n.f. (pl. *rhino-pharyngites*). **MÉD.** Inflammation du rhino-pharynx.

RHINO-PHARYNX n.m. inv. ANAT. Partie supérieure du pharynx, située en arrière des fosses nasales.

RHINOPLASTIE n.f. Opération chirurgicale consistant à remodeler le nez en cas de malformation ou d'accident.

RHINOSCOPIE **n.f.** **MÉD.** Examen des fosses nasales avec un spéculum introduit dans une narine, un miroir placé derrière le voile du palais ou un fibroscope.

RHINOVIRUS **n.m.** Virus à ARN, principal agent du rhume.

RHIZOBIUM [-bjɔm] **n.m.** Bactérie du sol fixatrice de l'azote atmosphérique, pouvant vivre en symbiose avec les légumineuses au niveau des nodosités de leurs racines.

RHIZOCTONE **n.m.** (du gr. *rhiza*, racine, et *kteinein*, tuer). Forme asexuée d'un champignon microscopique, dont le mycélium parasite, en partic., la pomme de terre sous la forme de croûtes brunâtres.

RHIZOFLAGELLÉ **n.m.** Protozoaire tel que les flagellés et les rhizopodes. ➲ Les rhizoflagellés forment un immense embranchement.

RHIZOÏDE **n.m.** **BOT.** Poil unicellulaire, formant parfois des cordons ramifiés, à rôle fixateur et absorbant, des végétaux non vasculaires (algues, lichens) et des prothalles de fougères.

RHIZOMATEUX, EUSE **adj.** Se dit d'une plante qui possède des rhizomes.

RHIZOME **n.m.** (du gr. *rhiza*, racine). **BOT.** Tige souterraine vivace, souvent horizontale, émettant chaque année des racines et des tiges aériennes.

RHIZOPODE **n.m.** (du gr. *rhiza*, racine, et *pous, podos*, pied). **ZOOL.** Protozoaire capable d'émettre des pseudopodes servant à la locomotion et à la préhension, comme les amibes, les foraminifères, les radiolaires. ➲ Les rhizopodes forment une classe.

RHIZOPUS [-pys] **n.m.** Champignon microscopique responsable de la pourriture des fraises et de la moisissure blanche du pain humide. ➲ Ordre des mucorales.

RHIZOSTOME **n.m.** Méduse commune dans les mers tempérées et tropicales. ➲ Les rhizostomes forment un ordre. ▪ **Rhizostome bleu,** grande méduse d'un blanc crémeux, à bras orangés et festonnés, aussi appelée *poumon de mer*.

RHIZOTOME **n.m.** Instrument servant à couper les racines.

RHÔ [ro] **n.m. inv.,** ▲ *RHO n.m.* Dix-septième lettre de l'alphabet grec (Ρ, ρ), correspondant au *r* français.

RHODAMINE **n.f.** (du gr. *rhodon*, rose). Matière colorante rouge, de constitution analogue à celle des fluorescéines (nom générique).

RHODANIEN, ENNE **adj.** (du lat. *Rhodanus*, le Rhône). Du Rhône. ◆ **adj.** et **n.** Du département du Rhône.

RHODIAGE **n.m.** **MÉTALL.** Revêtement d'une surface métallique par une couche de rhodium.

RHODIÉ, E **adj.** Qui contient du rhodium.

RHODIUM [rɔdjɔm] **n.m.** (du gr. *rhodon*, rose, à cause de la couleur de certains sels de ce métal). **1.** Métal blanc, dur et cassant, de densité 12,4, fondant vers 1 960 °C. **2.** Élément chimique (Rh), de numéro atomique 45, de masse atomique 102,9055. ➲ Il est utilisé allié au platine, qu'il permet de durcir.

RHODODENDRON [-dɛ̃-] **n.m.** (du gr. *rhodon*, rose, et *dendron*, arbre). Arbuste des régions tempérées de l'hémisphère Nord, dont certaines espèces sont cultivées pour leurs grandes fleurs ornementales. ➲ Famille des éricacées.

▲ **rhinocéros**

RHODOÏD **n.m.** (nom déposé). Matière thermoplastique à base d'acétate de cellulose, analogue au Celluloïd, mais qui brûle difficilement.

RHODOPHYCÉE **n.f.** (du gr. *rhodon*, rose, et *phûkos*, algue). Algue surtout marine, renfermant un pigment rouge masquant la chlorophylle, telle que la porphyra, la coralline (SYN. **algue rouge**). ➲ Les rhodophycées forment une classe.

RHODOPSINE **n.f.** (du gr. *rhodon*, rose, et *opsis*, vue). **BIOCHIM.** Pourpre rétinien.

RHOMBE **n.m.** (du gr. *rhombos*, toupie). Instrument de musique rituel d'Océanie, d'Amérique du Sud et d'Afrique noire, constitué d'une planchette en bois attachée à une cordelette, que le joueur fait tournoyer au-dessus de sa tête.

RHOMBENCÉPHALE **n.m.** **ANAT.** Partie de l'encéphale comprenant le bulbe rachidien, la protubérance annulaire et le cervelet.

RHOMBIQUE **adj.** Qui a la forme d'un losange : *Cristal rhombique.*

RHOMBOÈDRE **n.m.** **MATH.** Polyèdre parallélépipédique dont les six faces sont des losanges égaux.

RHOMBOÉDRIQUE **adj.** ▪ **Système rhomboédrique,** système cristallin dont la maille élémentaire est un rhomboèdre.

RHOMBOÏDAL, E, AUX **adj.** **CRISTALLOGR.** Se dit de certains polyèdres ou solides dont les faces sont des parallélogrammes.

RHÔNALPIN, E **adj.** et **n.** De la Région Rhône-Alpes.

RHOTACISME **n.m.** (de *rhô*). **PHON.** Substitution de la consonne [r] à une autre consonne (génér. [z], [d] et [l]), que l'on observe notamm. en latin ancien et dans des dialectes italiens.

RHOVYL **n.m.** (nom déposé). Fibre synthétique obtenue par filage du PVC.

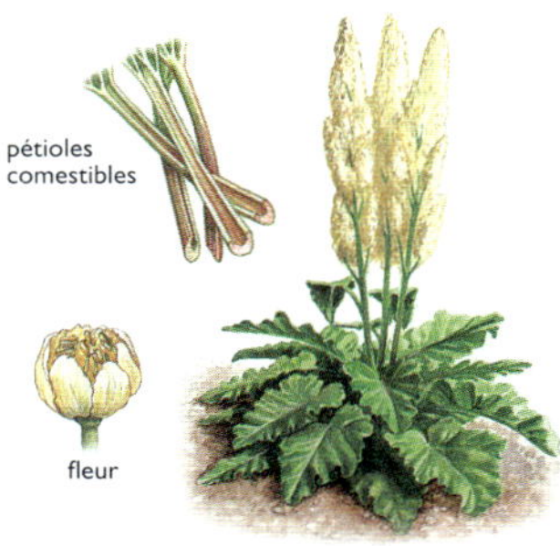

▲ **rhubarbe**

RHUBARBE **n.f.** (du bas lat. *rheubarbarum*, racine barbare). Plante vivace aux larges feuilles, dont les pétioles sont comestibles après cuisson. ➲ Famille des polygonacées.

RHUM [rɔm] **n.m.** (angl. *rum*). Eau-de-vie obtenue par la fermentation et la distillation soit de jus de canne à sucre (on parle alors de *rhum agricole*), soit de mélasses.

RHUMATISANT, E **adj.** et **n.** Atteint d'un rhumatisme chronique.

RHUMATISMAL, E, AUX **adj.** Relatif aux rhumatismes.

RHUMATISME **n.m.** (du lat. *rheumatismus*, catarrhe). **MÉD.** Affection douloureuse touchant les articulations. ▪ **Rhumatisme articulaire aigu,** compliquant une angine à streptocoque non traitée, et pouvant comporter une atteinte cardiaque (SYN. **maladie de Bouillaud**).

➲ Le terme de **RHUMATISME** recouvre des affections diverses, classées en fonction de la nature du phénomène principal que l'on observe : inflammatoire (polyarthrite rhumatoïde, périarthrite, par ex.) ; dégénérative (arthrose) ; métabolique (goutte) ; infectieuse (arthrite septique).

RHUMATOÏDE **adj.** Qui ressemble à un rhumatisme.

RHUMATOLOGIE **n.f.** Spécialité médicale qui traite les affections rhumatismales et certaines maladies des os, des muscles et des nerfs.

RHUMATOLOGIQUE **adj.** Relatif à la rhumatologie.

RHUMATOLOGUE **n.** Spécialiste de rhumatologie.

RHUMB ou **RUMB** [rɔ̃b] **n.m.** (angl. *rhumb*). **MAR.** Aire de vent.

RHUME **n.m.** (du gr. *rheûma*, écoulement). Inflammation de la muqueuse des voies respiratoires, en partic. des fosses nasales (SYN. **rhinite**). ▪ **Rhume de cerveau,** rhinite aiguë virale (SYN. **coryza**). ▪ **Rhume de hanche,** affection de la hanche d'origine inconnue, qui touche surtout les garçons de 3 à 10 ans et se manifeste par une douleur aiguë avec claudication. ▪ **Rhume des foins,** rhinite chronique saisonnière due à une allergie aux pollens (SYN. **coryza spasmodique**).

RHUMERIE [rɔmri] **n.f.** Usine où l'on fabrique le rhum.

RHYNCHITE [rɛ̃kit] **n.m.** (du gr. *rhugkhos*, groin). Charançon dont plusieurs espèces sont nuisibles aux arbres fruitiers (pommiers, pruniers, vigne).

RHYNCHOCÉPHALE [rɛ̃kosefal] **n.m.** (du gr. *rhugkhos*, bec, groin). Reptile primitif représenté actuellement par le seul hattéria de Nouvelle-Zélande. ➲ Les rhynchocéphales forment un ordre.

RHYNCHONELLE [rɛ̃kɔ-] **n.f.** Brachiopode fossile très commun à l'ère secondaire.

RHYOLITE **n.f.** (du gr. *rheîn*, couler, et *lithos*, pierre). Roche volcanique riche en silice, vitreuse et comportant du quartz et du feldspath alcalin, souvent mise en place à l'état visqueux sous la forme d'un dôme.

RHYTHM AND BLUES [ritmɛ̃nbluz] **n.m. inv.** (mots anglo-amér.). Musique populaire afro-américaine, issue du blues, du jazz et du gospel, chantée et accompagnée notamm. au saxophone ou à la guitare électrique, à son apogée dans les années 1950-1960.

RHYTIDOME **n.m.** (du gr. *rhutis*, *-idos*, ride). **BOT.** Tissu mort qui s'exfolie sur les arbres, comme les plaques de l'écorce du platane.

RHYTINE **n.f.** (du gr. *rhutis*, ride). Grand mammifère sirénien des eaux littorales froides du Pacifique nord, exterminé au XVIIIe s., quelques décennies seulement après sa découverte.

RHYTON **n.m.** (gr. *rhuton*, de *rheîn*, couler). **ARCHÉOL.** Vase à boire en forme de corne ou de tête d'animal.

RIA **n.f.** (mot esp.). Vallée fluviale envahie par la mer, formant un estuaire profond et découpé.

RIAD ou **RYAD** [r(i)jad] **n.m.** (de l'ar. *riyad*, jardin). Au Maroc, demeure urbaine traditionnelle, disposant d'un patio ou d'un jardin intérieur.

RIAL **n.m.** (pl. *rials*). Unité monétaire principale de l'Iran, de la république du Yémen et du sultanat d'Oman.

RIANT, E **adj.** **1.** Qui montre de la gaieté : *Mine riante.* **2.** Se dit d'un cadre naturel agréable à la vue : *Campagne riante.*

RIB ou **R.I.B.** [rib] **n.m.** (acronyme). Relevé d'identité bancaire.

RIBAMBELLE **n.f.** (mot dial., de *riban*, ruban). Fam. Grande quantité de personnes, de choses ; kyrielle.

RIBAT [ribat] **n.m. inv.** (ar. *ribât*). Couvent fortifié, notamm. au Maghreb.

RIBAUD, E **adj.** et **n.** (de l'anc. fr. *riber*, se livrer à la débauche). Litt., vieilli. Débauché.

RIBLON **n.m.** (de l'anc. fr. *riber*, frotter). **MÉTALL.** Déchet de fonte ou d'acier.

RIBOFLAVINE **n.f.** Vitamine hydrosoluble, dont la carence provoque des lésions cutanées et des troubles oculaires (SYN. **lactoflavine, ovoflavine, vitamine B2**).

RIBONUCLÉASE **n.f.** Enzyme catalysant l'hydrolyse des acides ribonucléiques.

RIBONUCLÉIQUE **adj.** ▪ **Acide ribonucléique,** ARN.

RIBOSE **n.m.** Glucide à cinq atomes de carbone, constituant de nombreux nucléotides et de l'ARN.

RIBOSOME **n.m.** **BIOL.** Organite cytoplasmique corpusculaire des cellules vivantes, assurant la phase de traduction lors de la synthèse des protéines.

RIBOSOMIQUE ou **RIBOSOMAL, E, AUX adj.** Relatif au ribosome.

RIBOTE n.f. (de l'anc. fr. *ribauder*, faire le ribaud). Litt., vieilli. Excès de table et de boisson.

RIBOULDINGUE n.f. (croisement de *ribouler*, vagabonder, et de *dinguer*). Fam., vieilli. Partie de plaisir. ▪ **Faire la ribouldingue,** faire la fête.

RIBOULER v.i. [3] (de *boule*). Fam., vieilli. ▪ **Ribouler des yeux,** rouler les yeux de stupéfaction.

RIBOZYME n.m. (de *ribosome* et *enzyme*). Fragment d'ARN doué de propriétés enzymatiques.

RICAIN, E n. et **adj.** Fam., péjor., vieilli. Américain des États-Unis.

RICANANT, E adj. Qui ricane.

RICANEMENT n.m. Action de ricaner.

RICANER v.i. [3] (de l'anc. fr. *recaner*, braire). **1.** Rire d'une manière méprisante, sarcastique ou stupide. **2.** Pousser son cri, en parlant de l'hyène.

RICANEUR, EUSE adj. et **n.** Qui ricane.

RICERCARE [ritʃɛrkare] **n.m.** (pl. *ricercari*) [mot ital.]. **MUS.** Pièce instrumentale composée de séquences juxtaposées traitées selon le procédé de l'imitation.

RICHARD, E n. Fam., péjor. Personne très riche.

RICHE adj. et **n.** (du francique *rîki*, puissant). Qui possède de l'argent, de la fortune, des biens importants. ◆ **adj. 1.** Dont la situation financière ou économique est prospère : *Pays riche.* **2.** Qui a des ressources abondantes et variées ; fertile : *Sol riche* ; fécond : *Débat riche.* ▪ **Riche en** ou **de,** qui abonde en : *Viande riche en fer. Œuvre riche d'enseignements.* ▪ **Rimes riches** [versif.], rimes qui comportent trois éléments vocaliques ou consonantiques communs (ex. : *père, prospère*).

RICHELIEU n.m. (pl. *richelieus*) [du n. de *Richelieu*]. Chaussure basse à lacets (SYN. **oxford**).

RICHEMENT adv. 1. De manière coûteuse : *Richement meublé.* **2.** À profusion : *Richement illustré.*

RICHESSE n.f. 1. Abondance de biens ; opulence. **2.** Qualité de ce qui est précieux ; magnificence : *Décors d'une grande richesse.* **3.** Caractère de ce qui renferme ou produit qqch en abondance : *La richesse d'un sol. La richesse d'une œuvre musicale.* ◆ **n.f. pl. 1.** Ressources naturelles d'un pays, d'une région : *Les richesses du sous-sol.* **2.** Produits de l'activité économique d'une collectivité : *La répartition des richesses.* **3.** Objets de grande valeur, de grand prix : *Les richesses d'un musée.*

RICHISSIME adj. Fam. Extrêmement riche.

RICHTER [riʃtɛr] **(ÉCHELLE DE) n.f.** Échelle mesurant la magnitude d'un séisme. ➲ C'est une échelle logarithmique ouverte (sans limite supérieure théorique). Les plus forts séismes enregistrés ont atteint une magnitude de 9,5.

RICIN n.m. (du lat. *ricinus*, tique). Plante oléagineuse aux grandes feuilles palmées, aux graines toxiques d'aspect bigarré. ➲ Famille des euphorbiacées. ▪ **Huile de ricin,** fournie par les graines de ricin et utilisée en pharmacie pour son action laxative et purgative, ainsi que dans l'industrie comme lubrifiant.

▲ ricin

RICINE n.f. Toxine protéique contenue dans les graines de ricin, et qui constitue un poison mortel.

RICKETTSIE [rikɛtsi] **n.f.** (du n. de H. T. *Ricketts*). Bactérie, dont plusieurs espèces, transmises à l'homme par des arthropodes, sont cause de rickettsioses.

RICKETTSIOSE [-sjoz] **n.f.** Maladie infectieuse telle que le typhus, due à une rickettsie.

RICKSHAW [rikʃo] **n.m.** (de l'hindi). En Asie du Sud-Est et en Chine, voiture légère tirée par une bicyclette ou un scooter, destinée au transport des personnes.

RICOCHER v.i. [3]. Faire ricochet.

RICOCHET n.m. (orig. obsc.). Rebond que fait un objet plat lancé obliquement sur la surface de l'eau ou un projectile frappant obliquement un obstacle. ▪ **Par ricochet,** par contrecoup ; indirectement.

RICOTTA n.f. (mot ital. « recuite »). Fromage d'origine italienne préparé à partir du sérum obtenu dans la fabrication d'autres fromages.

RIC-RAC, ▲ *RICRAC* **adv.** (onomat.). Fam. **1.** Avec une exactitude rigoureuse : *Payer ric-rac.* **2.** De justesse : *Réussir ric-rac.*

RICTUS [riktys] **n.m.** (mot lat. « ouverture de la bouche »). Contraction des muscles de la face, donnant au visage l'expression d'un rire crispé : *Un rictus de dépit.*

RIDAGE n.m. MAR. Action de rider un cordage.

RIDE n.f. (de *rider*). **1.** Sillon sur la peau du visage, plus marqué avec l'âge. **2.** Légère ondulation à la surface d'un liquide : *Des rides sur l'eau qui va bouillir* ; léger sillon sur une surface : *Les rides d'une pomme.* **3. MAR.** Cordage servant à tendre les haubans par l'intermédiaire d'un palan. ▪ **Ne pas avoir pris une ride,** être toujours d'actualité, en parlant de l'œuvre, d'un artiste. ▪ **Ride du lion,** située entre les sourcils. ▪ **Ride océanique** [géol.], dorsale.

RIDÉ, E adj. Couvert de rides.

RIDEAU n.m. (de *rider*). **1.** Voile ou pièce d'étoffe mobile que l'on tend devant une ouverture pour tamiser ou intercepter la lumière, isoler du froid ou du bruit, protéger des regards. **2.** Grande toile peinte ou draperie que l'on lève ou abaisse devant la scène d'un théâtre. **3.** Ensemble de choses formant un obstacle ou une protection ; écran : *Rideau d'arbres.* **4.** Talus qui sépare deux champs étagés sur un versant et qui ralentit l'érosion. ▪ **En rideau** [fam.], en panne : *Mon ordi est en rideau.* ▪ **Rideau !** [fam.], cri de spectateurs mécontents du spectacle qui leur est présenté ; fig., cela suffit ! ▪ **Rideau de fer,** fermeture métallique qui sert à protéger la devanture d'un magasin ; dispositif obligatoire qui sépare la scène de la salle d'un théâtre, en cas d'incendie ; hist., nom donné à la ligne frontalière qui séparait les États socialistes de l'Europe de l'Est des États d'Europe occidentale. ➲ Il fut démantelé en 1989.

RIDÉE n.f. Filet pour prendre les alouettes.

RIDELLE n.f. (du moy. haut all. *reidel*, rondin). Châssis léger, plein ou à claire-voie, composant chacun des côtés d'une remorque, d'un camion découvert, etc., pour tenir la charge.

RIDER v.t. [3] (de l'anc. haut all. *rîdan*, tordre). **1.** Marquer de rides : *L'abus de bains de soleil ride la peau.* **2. MAR.** Tendre au moyen de ridoirs : *Rider un cordage.* ◆ **SE RIDER v.pr.** Se couvrir de rides.

RIDICULE adj. (lat. *ridiculus*, de *ridere*, rire). **1.** Propre à exciter le rire, la moquerie ; grotesque : *Un accoutrement ridicule.* **2.** Qui n'est pas raisonnable ; absurde : *Ce serait ridicule de refuser.* **3.** Qui est de peu d'importance ; dérisoire : *Ils ont touché une indemnisation ridicule.* ◆ **n.m.** Ce qui est ridicule ; le côté ridicule de qqch : *Il ne craint pas le ridicule.* ▪ **Tourner qqn, qqch en ridicule,** se moquer d'eux en les présentant sous des aspects qui prêtent à rire.

RIDICULEMENT adv. De façon ridicule.

RIDICULISER v.t. [3]. Tourner en ridicule.

RIDOIR n.m. MAR. Dispositif, le plus souvent à vis, permettant de tendre un cordage, un hauban.

RIDULE n.f. Petite ride.

RIEL [rjɛl] **n.m.** Unité monétaire principale du Cambodge.

RIEMANNIEN, ENNE [ri-] **adj.** (de *Riemann*, n.pr.). ▪ **Géométrie riemannienne,** géométrie pour laquelle deux droites ne sont jamais parallèles.

1. RIEN pron. indéf. (lat. *rem*, de *res*, chose). **1.** En corrélation avec *ne*, ou précédé de *sans*, exprime la négation, l'absence de qqch ; aucune chose : *Je n'entends rien. Rien ne te retient ici. Elle a tout fait sans rien dire.* **2.** Sans *ne*, a une valeur négative dans des réponses ou des phrases sans verbe : *« Que dis-tu ? — Rien. » Rien de cassé.* **3.** Sans *ne*, signifie « quelque chose » : *Je ne crois pas qu'il y ait rien à ajouter.* ▪ **Ça ne fait rien,** cela importe peu. ▪ **Ça** ou **ce n'est rien,** ce n'est pas grave. ▪ **Cela ne me dit rien** [fam.], cela n'évoque rien pour moi ; je n'en ai aucune envie. ▪ **Ce n'est pas rien** [fam.], c'est très important. ▪ **Comme si de rien n'était,** comme s'il ne s'était rien passé. ▪ **De rien** [fam.], se dit par politesse après avoir reçu des remerciements. ▪ **De rien (du tout)** [fam.], sans importance ; insignifiant. ▪ **En moins que rien,** en très peu de temps. ▪ **En rien,** en quoi que ce soit ; nullement : *Ce roman ne ressemble en rien aux précédents.* ▪ **Il n'en est rien,** c'est faux. ▪ **N'avoir rien de,** n'être pas du tout : *Il n'a rien d'un héros.* ▪ **N'être rien à** ou **pour qqn,** n'être nullement lié à lui. ▪ **Pour rien,** sans utilité : *J'ai fait toutes ces démarches pour rien* ; gratuitement ou pour très peu d'argent : *Elle a eu cette ferme pour rien.* ▪ **Rien que** [fam.], seulement : *Ce n'est rien qu'un coup de fatigue.*

2. RIEN n.m. Chose sans importance ; broutille : *Un rien le vexe. S'inquiéter pour des riens.* ▪ **Comme un rien** [fam.], très facilement. ▪ **En un rien de temps,** en très peu de temps. ▪ **Un rien de,** un petit peu de. ◆ **n. ▪ Un(e) rien du tout** ou **un(e) moins que rien,** une personne méprisable.

RIESLING [rislin] **n.m.** (mot all.). Cépage blanc à petits raisins, base des vignobles des bords du Rhin ; vin issu de ce cépage.

RIEUR, EUSE adj. et **n.** Qui aime rire, plaisanter ; enjoué : *Une enfant rieuse.* ▪ **Avoir** ou **mettre les rieurs de son côté,** faire rire aux dépens de son adversaire. ◆ **adj.** Qui exprime la joie, la gaieté : *Des yeux rieurs.* ▪ **Mouette rieuse,** rieuse.

RIEUSE n.f. Mouette d'Europe et d'Asie, à tête marron foncé en été, blanche en hiver, aux pattes rouges, appelée aussi *mouette rieuse.* ➲ Famille des laridés.

RIF n.m. (de l'anc. arg. ital. *rufo*, rouge). Arg. Bagarre ; guerre. ▪ **Aller au rif,** aller au combat.

RIFAIN, E adj. et **n.** Du Rif.

RIFF n.m. (mot angl.). En jazz puis dans la pop, court fragment mélodique utilisé de façon répétitive et rythmique au long d'un morceau.

RIFIFI n.m. (de *rif*). Arg. Bagarre ; échauffourée.

1. RIFLARD n.m. (de l'anc. haut all. *riffilôn*, frotter). **1.** Grand rabot pour dégrossir le bois. **2.** Ciseau à lame large utilisé en maçonnerie.

2. RIFLARD n.m. (de *Riflard*, n. d'un personnage de comédie). Fam., vieilli. Parapluie.

RIFLE [rifl] **n.m.** (mot angl.). Carabine à long canon. ▪ **Carabine (de) 22 long rifle,** d'un calibre de 22/100 de pouce (soit 5,58 mm), employée pour le sport et le tir du moyen gibier.

RIFLOIR n.m. Lime de formes variées servant pour des travaux délicats d'orfèvrerie, de gravure, de sculpture, etc.

RIFT n.m. (mot angl.). **GÉOL.** Système de fossés d'effondrement (continental ou situé au milieu d'une dorsale océanique), siège d'une activité volcanique plus ou moins forte et qui témoigne de la présence d'une zone d'ouverture ou d'expansion de la croûte terrestre.

RIGAUDON ou **RIGODON n.m.** Danse d'origine provençale, exécutée en couple, devenue danse de bal et danse théâtrale.

RIGIDE adj. (lat. *rigidus*). **1.** Qui se déforme peu sous l'effet des sollicitations mécaniques ; raide : *Métal rigide.* **2.** D'une grande sévérité ; inflexible : *Enseignant rigide* ; austère : *Éducation rigide.*

RIGIDEMENT adv. Avec rigidité.

RIGIDIFIER v.t. [5]. Rendre rigide. ◆ **SE RIGIDIFIER v.pr.** Devenir rigide.

RIGIDITÉ n.f. 1. Capacité d'un corps solide à s'opposer à des déformations lorsqu'il est soumis à des sollicitations mécaniques : *La rigidité d'une poutre.* **2.** Caractère d'une personne rigide : *La rigidité d'un juge* ; caractère de ce qui est rigoureusement contraignant : *La rigidité des lois.* **3. ÉCON.** Absence de variation d'une grandeur économique en fonction de la conjoncture (par oppos. à *élasticité*). ▪ **Rigidité diélectrique,** champ électrique capable de provoquer un claquage dans un matériau isolant.

RIGODON n.m. → **RIGAUDON.**

RIGOLADE n.f. Fam. **1.** Action de rire, de se divertir sans contrainte : *Une bonne tranche de rigolade.* **2.** Chose peu sérieuse, burlesque. **3.** Chose faite sans effort, comme par jeu : *Finir pour ce soir ? c'est de la rigolade !*

RIGOLAGE **n.m.** HORTIC. Action de creuser des rigoles.

RIGOLARD, E **adj.** et **n.** Fam. Qui aime rire. ◆ **adj.** Fam. Qui exprime l'amusement.

RIGOLE **n.f.** (du moyen néerl. *regel*, ligne droite). **1.** Canal étroit et en pente pour l'écoulement des eaux. **2.** HORTIC. Sillon pour recevoir des semences ou de jeunes plants. **3.** CONSTR. Petite tranchée creusée pour recevoir les fondations d'un mur.

RIGOLER **v.i.** [3] (de *1. rire*, et de l'anc. fr. *galer*, s'amuser). Fam. **1.** Rire beaucoup. **2.** Ne pas parler sérieusement ; plaisanter : *Ne te vexe pas, je rigole !*

RIGOLEUR, EUSE **adj.** et **n.** Fam., vx. Rigolard.

RIGOLO, OTE **adj.** Fam. **1.** Qui fait rire ; amusant. **2.** Qui est curieux, étrange ; cocasse. ◆ **n.** Fam. **1.** Personne qui fait rire. **2.** Personne que l'on ne peut prendre au sérieux ; fumiste.

RIGORISME **n.m.** Attachement rigoureux aux règles morales ou religieuses.

RIGORISTE **adj.** et **n.** Qui manifeste du rigorisme.

RIGOTTE **n.f.** (ital. *ricotta*). Petit fromage cylindrique, fait d'un mélange de lait de chèvre et de lait de vache.

RIGOUREUSEMENT **adv.** **1.** Avec une grande minutie : *Il a rigoureusement vérifié chacune des charnières.* **2.** D'une manière incontestable ; absolument : *C'est rigoureusement exact.* **3.** Vieilli. Avec rigueur : *Punir rigoureusement.*

RIGOUREUX, EUSE **adj.** **1.** Qui fait preuve de sévérité : *Éducateur rigoureux* ; qui ne laisse place à aucun laxisme : *Discipline rigoureuse.* **2.** Difficile à supporter : *Climat rigoureux.* **3.** Qui est fait avec précision : *L'étude rigoureuse des faits.* **4.** Qui procède avec rigueur et honnêteté : *Expert rigoureux.*

RIGUEUR **n.f.** (lat. *rigor*). **1.** Caractère d'une personne rigide, inflexible : *Cet enseignant est d'une grande rigueur avec ses élèves.* **2.** Dureté extrême d'une règle, d'une obligation : *Appliquer la loi dans toute sa rigueur.* **3.** Caractère de ce qui est dur à supporter, notamm. des conditions atmosphériques rigoureuses : *La rigueur de l'hiver.* **4.** Grande exactitude ; exigence intellectuelle : *La rigueur d'une démonstration.* **5.** Politique économique consistant à réduire le niveau des dépenses publiques (et accompagnée d'une hausse de la fiscalité, par ex.). ■ **À la rigueur,** en cas de nécessité absolue. ■ **De rigueur,** imposé par les usages, la règle : *Tenue de soirée de rigueur.* ■ **Tenir rigueur à qqn de qqch,** lui en garder du ressentiment.

RIKIKI **adj. inv.** → **RIQUIQUI.**

▲ **rift** à Thingvellir (Islande) ; le fossé de la dorsale médio-atlantique sépare deux plaques tectoniques, la plaque américaine, à l'ouest, et la plaque eurasiatique, à l'est.

RILLETTES **n.f. pl.** (du moy. fr. *rille*, bande de lard). CUIS. Préparation réalisée par cuisson dans la graisse de viandes découpées de porc, de lapin, de volaille.

RILLONS **n.m. pl.** CUIS. Dés de poitrine de porc entrelardée, rissolés et confits entiers dans leur graisse de cuisson. ➲ Spécialité tourangelle.

RILSAN **n.m.** (nom déposé). Matière thermoplastique de la famille des polyamides, utilisée dans les revêtements.

RIMAILLER **v.i.** [3]. Fam., vieilli. Faire de mauvais vers.

RIMAILLEUR, EUSE **n.** Fam., vieilli. Personne qui rimaille.

RIMAYE [rimaj] ou [-mɛ] **n.f.** (mot savoyard, du lat. *rima*, fente). Crevasse profonde qui sépare parfois un glacier et ses parois rocheuses.

RIMBALDIEN, ENNE **adj.** Relatif à Rimbaud, à son œuvre.

RIME **n.f.** (du francique). Retour de la même séquence sonore à la fin de deux vers ou plus. ■ **N'avoir ni rime ni raison,** n'avoir aucun sens.

RIMER **v.i.** [3]. **1.** Avoir les mêmes sons, en parlant des finales des mots (ex. : *étude, solitude*). **2.** Litt. Faire des vers. ■ **Ne rimer à rien,** être dépourvu de sens. ◆ **v.t.** Mettre en vers.

RIMEUR, EUSE **n.** Poète sans inspiration.

RIMMEL **n.m.** (nom déposé). Mascara de la marque de ce nom.

RINÇAGE **n.m.** Action de rincer.

RINCEAU **n.m.** (du bas lat. *ramusculus*, petit rameau). BX-ARTS, ARTS APPL. Ornement fait d'éléments végétaux disposés en enroulements successifs.

RINCE-BOUCHE **n.m. inv.,** ▲ ***n.m.*** *(pl. rince-bouches).* **1.** Québec. Solution antiseptique liquide pour l'hygiène buccale. **2.** Anc. Gobelet d'eau tiède parfumée, que l'on utilisait pour se rincer la bouche après les repas.

RINCE-BOUTEILLE **n.m.** (pl. *rince-bouteilles*). Appareil pour rincer les bouteilles (SYN. **rinceuse**).

RINCE-DOIGTS **n.m. inv.,** ▲ ***RINCE-DOIGT n.m.*** *(pl. rince-doigts).* Bol contenant de l'eau tiède, génér. citronnée, pour se rincer les doigts à table.

RINCÉE **n.f.** Fam. Pluie torrentielle ; averse.

RINCER **v.t.** [9] (anc. fr. *recincier*, du lat. *recens*, frais). **1.** Nettoyer qqch à l'eau ; laver : *Rincer des verres, une cuvette.* **2.** Passer à l'eau claire pour retirer toute trace des produits de lavage : *Rincer le linge.* ◆ **SE RINCER** **v.pr.** Rincer son corps. ■ **Se rincer la bouche,** se laver la bouche avec un liquide que l'on recrache. ■ **Se rincer l'œil** [fam.], regarder avec plaisir une personne attrayante, un spectacle érotique.

RINCETTE **n.f.** Fam. Petite quantité d'eau-de-vie que l'on prend dans sa tasse après avoir bu le café.

RINCEUR, EUSE **adj.** Qui sert au rinçage.

RINCEUSE **n.f.** Rince-bouteille.

RINÇURE **n.f.** Eau qui a servi à rincer.

RINFORZANDO [rinfɔrsɑ̃do] **adv.** (mot ital.). MUS. Avec renforcement subit du degré d'intensité sonore (notation : <). Abrév. **rinf.**

1. RING [riŋ] **n.m.** (mot angl. « anneau, cercle »). Estrade entourée de cordes pour des combats de boxe, de catch.

2. RING [riŋ] **n.m.** (mot néerl. « anneau »). Belgique. Rocade ; périphérique.

1. RINGARD **n.m.** (du wallon *ringuèle*, levier). MÉTALL. Grand tisonnier utilisé pour activer la combustion sur une grille ou pour remuer la matière en traitement dans certains fours.

2. RINGARD, E **n.** Fam. **1.** Comédien, chanteur médiocre ou passé de mode. **2.** Bon à rien. ◆ **adj.** Fam. Qui est médiocre, démodé : *Une attitude ringarde.*

RINGARDAGE **n.m.** Action de ringarder.

RINGARDER **v.t.** [3]. Remuer un métal ou un alliage en fusion avec un ringard.

RINGARDISATION **n.f.** Fam. Action de ringardiser.

RINGARDISE **n.f.** Fam. Caractère de ce qui est ringard.

RINGARDISER **v.t.** [3]. Fam. Rendre ringard, démodé : *Ce nouveau graphisme ringardise tout le reste.*

RINGGIT [ringit] **n.m.** Unité monétaire principale de la Malaisie. (On dit aussi *dollar de la Malaisie*.)

RINGUETTE **n.f.** Au Canada, sport apparenté au hockey sur glace, qui se joue avec un bâton droit et un anneau en caoutchouc.

RINK-HOCKEY [rinkɔkɛ] **n.m.** (pl. *rink-hockeys*) [de l'anglo-amér. *roller-skating rink*, patinage à roulettes sur piste, et *hockey*]. Hockey qui se joue avec des rollers.

RIOJA [rjoxa] **n.m.** Vin espagnol, le plus souvent rouge, produit dans la Rioja.

RIOULE **n.f.** Région. (Savoie) ; Suisse. Fam. Fête ; noce. ■ **Faire la rioule,** faire la noce.

RIPAGE ou **RIPEMENT** **n.m.** **1.** Action de déplacer des marchandises sur une surface sans les soulever. **2.** MAR. Déplacement ou désarrimage des marchandises d'un navire du fait d'un roulis violent.

RIPAILLE **n.f.** (de *riper*, action de gratter). Fam., vieilli. Excès de table. ■ **Faire ripaille,** faire bombance.

RIPAILLER **v.i.** [3]. Fam., vieilli. Faire ripaille.

RIPAILLEUR, EUSE **n.** Fam., vieilli. Personne qui fait ripaille.

RIPATON **n.m.** Fam., vieilli. Pied de qqn.

RIPE **n.f.** Outil de maçon et de sculpteur en forme de S allongé, à deux extrémités tranchantes, dont l'une est finement dentée.

RIPEMENT **n.m.** → **RIPAGE.**

RIPER **v.t.** [3] (du moyen néerl. *rippen*, palper). **1.** Travailler avec la ripe. **2.** Effectuer un ripage. ◆ **v.i.** Glisser sur le côté ; déraper.

RIPIENO, ▲ ***RIPIÉNO*** **n.m.** (mot ital.). MUS. Dans un concerto grosso, ensemble des instrumentistes accompagnateurs.

RIPOLIN **n.m.** (nom déposé). Peinture laquée très brillante de la marque de ce nom.

RIPOLINER **v.t.** [3]. **1.** Peindre au Ripolin. **2.** Fig. Donner à qqch l'apparence, souvent trompeuse, du neuf : *Chaîne de télé qui ripoline son image.*

RIPOSTE **n.f.** (ital. *risposta*). **1.** Réponse vive et immédiate à une attaque verbale ; réplique : *Sa riposte m'a interloqué.* **2.** Action qui répond sur-le-champ à une attaque ; contre-attaque : *La riposte des dinosaures du parti.* **3.** En escrime, attaque suivant immédiatement la parade. ■ **Riposte graduée,** adaptation du choix des moyens militaires, notamm. nucléaires, à la nature de la menace exercée par l'adversaire.

RIPOSTER **v.t. ind.** [3] **(À).** Répondre vivement à ; répliquer : *Riposter à une critique, à une raillerie.* ◆ **v.t.** Répondre qqch à qqn avec vivacité : *Elle lui a riposté que cela lui était égal.* ◆ **v.i.** En escrime, attaquer immédiatement après avoir paré.

RIPOU **adj.** et **n.** (pl. *ripoux* ou *ripous*) [verlan de *pourri*]. Fam. Se dit d'un policier, d'un fonctionnaire corrompu.

RIPPER [ripœr] ou **RIPPEUR** **n.m.** (de l'angl. *to rip*, arracher). TRAV. PUBL. Défonceuse.

RIPPLE-MARK (pl. *ripple-marks*), ▲ ***RIPPLEMARK*** [ripœlmark] **n.f.** (mot angl.). GÉOL. Petite ride, actuelle ou fossile, ciselée dans le sable par l'eau (sur la plage) ou par le vent (dans les déserts).

RIQUIQUI ou **RIKIKI** **adj. inv.,** ▲ ***adj.*** Fam. Qui est tout petit ou paraît mesquin ; étriqué : *Bons plans pour budgets riquiqui.*

1. RIRE **v.i.** [75] (lat. *ridere*). **1.** Manifester un sentiment de gaieté par un mouvement des lèvres, de la bouche, accompagné de sons saccadés. **2.** Prendre une expression de gaieté : *Ses yeux riaient.* **3.** Prendre du bon temps ; s'amuser : *Nous avons bien ri chez eux.* **4.** Agir, parler par jeu, sans intention sérieuse : *J'ai dit non pour rire.* ■ **Avoir le mot pour rire,** savoir dire des choses plaisantes. ■ **Prêter à rire,** donner une raison de se moquer. ■ **Rire au nez** ou **à la barbe de qqn,** se moquer de lui en face. ■ **Sans rire,** sérieusement. ■ **Vous me faites rire,** ce que vous dites est absurde. ■ **Vous voulez rire,** vous ne parlez pas sérieusement. ◆ **v.t. ind.** **(DE).** Tourner en ridicule ; se moquer de : *Ils rient de ma naïveté.* ◆ **SE RIRE** **v.pr.** **(DE).** Sout. **1.** Ne pas tenir compte de : *Elle se rit de mes conseils.* **2.** Triompher aisément de : *Se rire des difficultés.*

2. RIRE **n.m.** Action de rire ; hilarité : *Les rires des enfants.*

1. RIS [ri] **n.m. pl.** (lat. *risus*, de *ridere*, rire). Litt., vx. Plaisirs.

2. RIS [ri] **n.m.** (anc. scand. *rif*). **MAR.** Partie d'une voile destinée à être serrée sur une vergue ou une bôme au moyen de garcettes, pour pouvoir être soustraite à l'action du vent. ■ **Prendre des ris,** diminuer la surface d'une voile en nouant les garcettes de ris.

3. RIS [ri] **n.m. CUIS.** Thymus du veau et de l'agneau, considéré comme un mets délicat.

RISBERME n.f. (néerl. *rijsberme*). Dans un barrage en remblai, rupture de pente horizontale sur le parement amont ou aval.

RISC [risk] **n.m. inv.** (acronyme de l'angl. *reduced instruction set computer*). **INFORM.** Architecture d'un processeur élémentaire utilisant un jeu d'instructions réduit et permettant d'accroître les performances du système.

1. RISÉE n.f. Moquerie collective : *Ce désaveu a fait de lui un objet de risée publique.* ■ **Être la risée de,** être un objet de moquerie pour.

2. RISÉE n.f. MAR. Petite brise subite et passagère.

RISER [rizɛr] ou [rajzœr] **n.m.** (mot angl.). **PÉTROLE.** Conduite utilisée pour le transfert de fluides entre le fond marin et l'unité de production pétrolière (SYN. **tube prolongateur**).

RISETTE n.f. (de *1. ris*). Fam. Sourire d'un jeune enfant.

RISIBLE adj. Qui provoque le rire, la moquerie ; burlesque.

RISORIUS [-rjys] **n.m.** Petit muscle peaucier de la face, situé au voisinage des lèvres.

RISOTTO [rizɔto] **n.m.** (mot ital.). Riz au gras, revenu avec des oignons, mouillé avec du bouillon et agrémenté de divers ingrédients. ➲ Cuisine italienne.

RISQUE n.m. (ital. *risco*). **1.** Dommage plus ou moins probable auquel on est exposé ; danger : *Vous courez le risque d'être pris dans l'orage. Investisseur qui prend des risques.* **2.** Préjudice, sinistre éventuel que les compagnies d'assurances garantissent moyennant le paiement d'une prime. ■ **À risque(s),** prédisposé à certaines maladies : *Population à risque* ; exposé à une perte : *Capitaux à risques* ; qui présente un danger : *Grossesse à risque.* ■ **Assurance tous risques,** assurance automobile qui garantit l'assuré contre tous les dommages qu'il peut causer ou subir. ■ **Au risque de,** en s'exposant au danger de. ■ **Aux risques et périls de qqn,** en assumant toute la responsabilité de ce qu'il entreprend. ■ **Risque alimentaire,** effet nocif potentiel lié à la contamination microbienne, chimique ou physique d'un aliment, présent à tous les stades de la chaîne alimentaire (production, transformation, transport, consommation). ➲ Ces risques (intoxication, par ex.) sont fortement diminués par le respect des normes qualitatives et des règles d'hygiène. Leur gestion est largement facilitée par la traçabilité* des aliments. ■ **Risque majeur,** événement d'origine naturelle (éruption, séisme, etc.) ou anthropique (accident nucléaire, par ex.) dont la probabilité de survenue est faible, mais qui peut faire de nombreuses victimes, causer des dommages matériels ou environnementaux importants, et nécessiter la mise en place de moyens exceptionnels. ■ **Risque naturel,** phénomène naturel (séisme, inondation, etc.), qui constitue un danger grave pour l'homme et ses biens. ■ **Risque social,** événement dont les systèmes de sécurité sociale visent à réparer les conséquences (maternité, invalidité, chômage, etc.). ■ **Risque technologique,** événement accidentel lié à une activité (transport de matières dangereuses) ou à une installation industrielle (usine polluante), qui constitue un danger grave pour l'homme et/ou pour l'environnement.

RISQUÉ, E adj. 1. Qui comporte un risque : *Une stratégie risquée.* **2.** Vieilli. Licencieux.

RISQUER v.t. [3]. 1. Exposer à un risque, à un danger : *Risquer sa vie pour sauver qqn.* **2.** S'exposer à subir une chose désagréable : *Tu risques une contravention.* ■ **Risquer le coup** [fam.], tenter une entreprise malgré son issue incertaine. ◆ **v.t. ind. (DE).** S'exposer à : *Tu risques d'être déçu* ; avoir une chance de : *Elle risque de gagner.* ◆ **SE RISQUER v.pr. 1.** Aller dans un lieu où l'on court un risque, un danger. **2.** S'engager dans une entreprise incertaine. **3.** Se hasarder à : *Ne pas se risquer à faire de pronostics.*

RISQUE-TOUT n. inv., ▲ *RISQUETOUT n. (pl. risquetouts).* Fam. Personne audacieuse, imprudente.

RISS n.m. (de *Riss*, n. d'un affl. du Danube). Glaciation quaternaire alpine, de – 250 000 à – 150 000 ans environ.

RISSOLE n.f. (lat. pop. *russeola*, de *russeus*, roux). Chausson de pâte feuilletée contenant un hachis de viande ou de poisson, frit et servi chaud.

RISSOLER v.t. et **v.i. [3].** Rôtir de manière à faire prendre une couleur dorée.

RISTOURNE n.f. (ital. *ristorno*). **1.** Réduction consentie à un client par un commerçant. **2.** Commission versée à un intermédiaire occasionnel. **3.** Part de bénéfices qu'une société coopérative verse annuellement à ses membres. **4.** Nullité ou résiliation d'une assurance maritime.

RISTOURNER v.t. [3]. Faire une ristourne à.

RISTRETTE n.m. (de l'ital. *ristretto*, serré). Suisse. Café serré servi dans une petite tasse.

RITAL, E n. (pl. *ritals, es*). Fam., péjor., vieilli. Italien.

RITARDANDO adv. (mot ital.). **MUS.** Avec ralentissement progressif du tempo. Abrév. **rit.** ou **ritard.**

RITE n.m. (lat. *ritus*). **1.** Ensemble des règles et des cérémonies qui se pratiquent dans une Église, une communauté religieuse : *Le rite romain.* **2.** Ensemble des règles fixant le déroulement d'un cérémonial : *Rites maçonniques* ; action accomplie conformément à ces règles : *Les rites d'un combat de sumo.* **3.** Manière d'agir propre à qqn ou à un groupe social et revêtant un caractère invariable. **4. ANTHROP.** Dans certaines sociétés, acte, cérémonie à caractère répétitif, destinés à réaffirmer les valeurs et à assurer la relance de l'organisation sociale : *Rites d'initiation.*

RITOURNELLE n.f. (ital. *ritornella*). **1.** Courte phrase musicale qui précède et termine un air ou en sépare les strophes. **2.** Fam. Propos que qqn répète continuellement ; rengaine.

RITUALISATION n.f. Action de ritualiser.

RITUALISER v.t. [3]. Régler, codifier qqch à la manière d'un rite.

RITUALISME n.m. 1. Respect des rites, poussé jusqu'au formalisme. **2.** Mouvement né au XIXᵉ s. et tendant à restaurer dans l'Église anglicane les cérémonies et les pratiques de l'Église romaine.

RITUALISTE adj. et **n.** Relatif au ritualisme ; qui en est partisan.

1. RITUEL, ELLE adj. (lat. *ritualis*). **1.** Conforme aux rites ; réglé par un rite : *Ablutions rituelles.* **2.** Qui est comme réglé par une coutume immuable : *La rituelle promenade du dimanche.*

2. RITUEL n.m. 1. Mise en œuvre des rites d'une religion (gestes, symboles, prières). **2.** Dans l'Église latine, recueil liturgique des rites accomplis par le prêtre, notamm. lors de la célébration des sacrements. **3. SOCIOL.** Ensemble de comportements codifiés, fondés sur la croyance en l'efficacité constamment accrue de leurs effets, grâce à leur répétition. **4.** Ensemble des règles et des habitudes fixées par la tradition : *Le rituel de la prestation de serment à la cour d'assises.* **5. PSYCHIATR.** Comportement répété, stéréotypé et compulsif (rituel du coucher chez l'enfant, par ex.).

RITUELLEMENT adv. 1. D'une manière rituelle. **2.** Immuablement.

RIVAGE n.m. (de *rive*). Bande de terre qui borde une étendue d'eau marine.

RIVAL, E, AUX n. (lat. *rivalis*, de *rivus*, ruisseau). Personne en compétition avec d'autres ; adversaire : *Éliminer ses rivaux.* ■ **Sans rival,** sans équivalent ; inégalable. ◆ **adj.** Opposé à d'autres pour l'obtention d'un avantage ne pouvant revenir qu'à un seul ; concurrent : *Entreprises rivales.*

RIVALISER v.i. [3]. 1. (DE). Chercher à égaler ou à surpasser qqn ; faire assaut de : *Rivaliser d'imagination avec qqn.* **2. (AVEC).** Être comparable à qqch : *Son film rivalise avec les plus grands.*

RIVALITÉ n.f. Concurrence entre des personnes qui prétendent à la même chose ; compétition.

RIVE n.f. (lat. *ripa*). **1.** Bande de terre qui borde une étendue d'eau ; berge. **2. BOIS.** Chant d'une pièce de bois avivé. **3. CONSTR.** Limite d'un versant de toit couvrant les rampants d'un pignon. **4. MÉTALL.** Bord longitudinal d'un feuillard, d'une tôle. ■ **Poutre de rive,** chacune des deux poutres soutenant le tablier d'un pont, les plus éloignées de son axe longitudinal. ■ **Rive droite, rive gauche,** bord d'un cours d'eau que l'on a à sa droite, à sa gauche quand on regarde dans le sens du courant ; partie d'une ville, d'une région qui borde un cours d'eau sur sa droite, sur sa gauche : *Habiter (sur) la rive gauche.*

RIVELAINE n.f. (mot picard). Anc. Pic de mineur à deux pointes.

RIVER v.t. [3] (de *rive*). **1.** Assembler deux ou plusieurs éléments par écrasement d'une partie de l'un d'eux dans une partie adéquate de l'autre. **2.** Assembler au moyen de rivets : *River deux tôles ensemble* (SYN. **riveter**). **3.** Rabattre et aplatir l'extrémité d'un clou, d'un rivet, etc., sur l'autre côté de l'objet qu'il traverse. ■ **Être rivé à qqch,** ne pas pouvoir le quitter : *Il est rivé à son écran.* ■ **River ses yeux** ou **son regard sur,** regarder fixement et longtemps. ■ **River son clou à qqn** [fam.], le réduire au silence par une réplique péremptoire.

RIVERAIN, E adj. et **n. 1.** Qui est situé ou qui habite le long d'une rivière. **2.** Qui est situé ou qui habite le long d'une rue, à la lisière d'un bois, le long d'une voie de communication, près d'un aéroport.

RIVERAINETÉ n.f. DR. 1. Ensemble des droits conférés aux riverains. **2.** Situation juridique d'immeubles qui voisinent avec d'autres ou qui sont situés le long de voies.

RIVESALTES n.m. (de *Rivesaltes*, n.pr.). Vin blanc doux naturel du Roussillon.

RIVET n.m. Élément d'assemblage de pièces plates, non démontable, formé d'une tige cylindrique renflée à une extrémité, et dont on écrase l'autre extrémité après l'avoir enfilée dans un trou ménagé dans les pièces à assembler.

RIVETAGE n.m. Action de river.

RIVETER v.t. [16], ▲ *[12].* **TECHN.** River.

RIVETEUSE n.f. Machine à poser les rivets.

RIVIÈRE n.f. (du lat. *riparius*, qui est sur la rive). **1.** Cours d'eau de faible ou de moyenne importance qui se jette dans un autre cours d'eau. **2. SPORTS.** Obstacle de steeple constitué d'une étendue d'eau peu profonde, génér. précédé d'une petite haie. ➲ En athlétisme, au 3 000 m steeple, cet obstacle est précédé d'une barrière. ■ **Rivière de diamants,** collier dans lequel sont sertis des diamants.

RIVOIR n.m. Marteau dont on se sert pour river.

RIVULAIRE adj. (du lat. *rivulus*, petit ruisseau). **ÉCOL.** Relatif aux rivières et à leurs rives.

RIVURE n.f. Résultat d'un rivetage.

RIXE n.f. (lat. *rixa*). Querelle violente accompagnée de coups.

RIYAL n.m. (pl. *riyals*). Unité monétaire principale de l'Arabie saoudite et du Qatar.

RIZ n.m. (ital. *riso*, du lat. *oryza*). **1.** Céréale des régions chaudes, cultivée sur un sol humide ou submergé (rizière) et dont le grain est très utilisé dans l'alimentation humaine. ➲ Famille des graminées. **2.** Grain de cette plante. ■ **Eau de riz,** boisson astringente obtenue en faisant cuire du riz dans de l'eau. ■ **Paille de riz,** paille fournie par la partie ligneuse du riz, utilisée pour la confection de chapeaux. ■ **Poudre de riz** [vx], poudre fine pour le maquillage, composée, à l'origine, de fécule de riz réduite en poudre.

RIZERIE n.f. Usine où l'on traite le paddy afin d'obtenir du riz décortiqué, blanchi ou glacé.

RIZICOLE adj. Relatif à la riziculture.

RIZICULTEUR, TRICE n. Personne qui cultive le riz.

RIZICULTURE n.f. Culture du riz.

RIZIÈRE n.f. Terrain où l'on cultive le riz.

RIZ-PAIN-SEL n.m. inv. Arg. mil. Militaire de l'intendance.

RMI ou **R.M.I.** [ɛrɛmi] **n.m.** (sigle). Revenu minimum d'insertion.

RMiste ou **RMIste** [ɛrɛmist] **n.** Personne qui touchait le RMI. (On écrit aussi *érémiste*.)

RMN ou **R.M.N. n.f.** (sigle). Résonance magnétique nucléaire.

RN ou **R.N. n.f.** (sigle). Route nationale*.

R'N'B [ɛrɛnbi] **n.m.** (abrév. de *rhythm and blues*). Musique dérivée du rhythm and blues et de la soul, caractérisée notamm. par des rythmes hip-hop.

RNIS ou **R.N.I.S.** [ɛrɛniɛs] **n.m.** (sigle). Réseau numérique à intégration de services.

ROAD-MOVIE ou **ROAD MOVIE** [rodmuvi] **n.m.** (pl. *road*[-]*movies*) [mot anglo-amér., de *road*, route, et *movie*, film]. Genre cinématographique dépeignant l'errance de personnes qui, en rupture avec leur environnement, traversent une région, un pays, voire un continent ; film appartenant à ce genre.

ROADSTER [rodstɛr] **n.m.** (mot angl.). **AUTOM.** Carrosserie sportive comprenant à l'arrière une caisse ouverte à deux places aménagée en compartiment pour deux passagers ou en coffre ; véhicule ainsi conçu.

ROBAGE n.m. Action de rober.

ROBE n.f. (du germ.). **1.** Vêtement féminin composé d'un corsage et d'une jupe d'un seul tenant. **2.** Vêtement long et ample, que portent les juges, les avocats, etc. **3.** Enveloppe de fruits ou de légumes : *Robe d'un oignon.* **4.** Feuille de tabac constituant l'enveloppe d'un cigare (SYN. **cape**). **5.** Pelage du cheval, des bovins, considéré du point de vue de sa couleur : *Robe isabelle.* **6.** Couleur d'un vin. ▪ **Homme de robe,** magistrat. ▪ **Pommes de terre en robe des champs** ou **en robe de chambre,** cuites dans leur peau. ▪ **Robe de chambre,** long vêtement d'intérieur.

ROBER v.t. [3]. Entourer les cigares d'une robe.

ROBERT n.m. (de *Robert*, n. d'une anc. marque de biberons). Fam. Sein de femme.

ROBINET n.m. (de *Robin*, surnom donné au mouton). **1.** Appareil servant à interrompre ou à rétablir la circulation d'un fluide dans une canalisation, à l'aide d'un obturateur commandé de l'extérieur ; clé commandant cet obturateur. **2.** Fam. Source qui peut fournir qqch en abondance : *Cette chaîne de télé est un robinet à séries.* ▪ **Robinet d'eau tiède** [fam.], bavard invétéré aux propos insipides. ▪ **Robinet d'incendie armé,** ensemble constitué par un robinet à ouverture rapide et par un tuyau d'incendie muni d'une lance et raccordé en permanence.

ROBINETIER, ▲ *ROBINÉTIER* **n.m.** Personne qui fabrique des robinets.

ROBINETTERIE n.f. 1. Industrie, fabrication, commerce des robinets. **2.** Ensemble des robinets d'un système, d'un bâtiment.

ROBINIER n.m. (du n. de J. *Robin*). Arbre épineux originaire d'Amérique du Nord, aux feuilles composées pennées à folioles arrondies, aux grappes de fleurs blanches et parfumées, appelé à tort *acacia*. ➲ Sous-famille des papilionacées.

ROBINSON ou **ROBINSON n.m.** Personne qui aime vivre dans la nature, en solitaire : *Jouer les Robinsons pendant les vacances.*

ROBINSONNADE n.f. Conte idyllique et utopique dont l'action se situe dans un cadre exotique à la manière de *Robinson Crusoé.*

ROBORATIF, IVE adj. (du lat. *roborare*, fortifier). Litt. Revigorant.

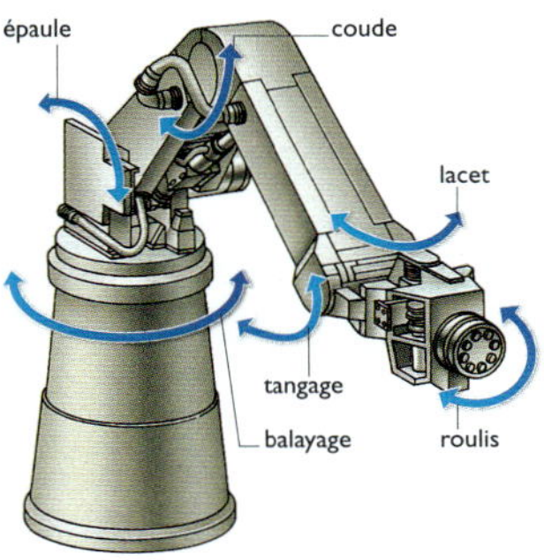

▲ **robot** industriel à six axes de déplacement.

ROBOT n.m. (du tch. *robota*, travail, corvée). **1.** Dans les œuvres de science-fiction, machine à l'aspect humain, capable de se mouvoir, d'exécuter des tâches, de parler. **2.** Fig. Personne qui agit de façon automatique. **3. TECHN.** Appareil automatique capable de manipuler des objets ou d'exécuter des opérations selon un programme fixe ou modifiable, voire par apprentissage. **4.** Appareil électroménager combinable avec divers accessoires, destiné à différentes opérations culinaires.

ROBOTICIEN, ENNE n. Spécialiste de robotique.

ROBOTIQUE n.f. Science et technique de la conception et de la construction des robots. ◆ **adj.** Relatif à la robotique.

ROBOTISATION n.f. Action de robotiser.

ROBOTISER v.t. [3]. 1. TECHN. Équiper de robots ; faire accomplir par des robots : *Robotiser le soudage.* **2.** Enlever à qqn toute initiative : *Ce travail répétitif nous robotise.*

ROBRE n.m. Au bridge, unité de marque qui indique qu'un camp a gagné deux manches. ➲ Une partie se joue génér. en trois robres.

ROBUSTA n.m. Caféier originaire d'Afrique ; café qu'il produit.

ROBUSTE adj. (lat. *robustus*, de *robur*, force). **1.** Capable de supporter la fatigue ; vigoureux : *Un cheval, un coureur robuste.* **2.** Se dit d'un végétal qui supporte des conditions climatiques difficiles ; résistant : *Plante robuste.* **3.** Se dit d'un objet solide : *Une machine robuste.*

ROBUSTEMENT adv. D'une manière robuste.

ROBUSTESSE n.f. Caractère de qqn, de qqch de robuste ; solidité.

ROC n.m. (de *roche*). Masse de pierre très dure et cohérente faisant corps avec le sous-sol : *Tombes creusées dans le roc.*

ROCADE n.f. (de *roquer*). **1.** Voie contournant la partie centrale d'une agglomération, de façon à en détourner la circulation. **2.** Suisse. Échange entre titulaires de charges politiques ou administratives, avec ou sans réciprocité.

ROCAILLAGE n.m. ARCHIT. Revêtement en rocaille.

ROCAILLE n.f. 1. Amas de petites pierres sur le sol. **2.** Terrain rempli de cailloux. **3.** Ouvrage ornemental imitant les rochers et les pierres naturelles. **4.** Tendance des arts décoratifs en vogue en France d'env. 1710 à 1750. ➲ Forme particulière du style Louis XV, elle se caractérise par des compositions dissymétriques, évoquant tour à tour concrétions minérales, coquillages, sinuosités végétales, etc. ◆ **adj. inv.** Relatif au style rocaille.

ROCAILLEUX, EUSE adj. 1. Couvert de petites pierres, de cailloux : *Sentier rocailleux.* **2.** Litt. Dénué d'harmonie, de grâce, en parlant d'une expression littéraire : *Poésie rocailleuse.* ▪ **Voix rocailleuse,** rauque.

ROCAMADOUR n.m. (de *Rocamadour*, n.pr.). Minuscule fromage rond et plat au lait de chèvre, fabriqué dans le Quercy.

ROCAMBOLE n.f. (all. *Rockenbolle*). Ail, appelé aussi *ail d'Espagne*, qui porte au sommet de sa tige des bulbilles pouvant servir à sa multiplication.

ROCAMBOLESQUE adj. (de *Rocambole*, héros de Ponson du Terrail). Rempli de péripéties invraisemblables, extraordinaires.

ROCHAGE n.m. MÉTALL. Dégagement de gaz produisant des cloques irrégulières au cours de la solidification de certains métaux ou alliages.

ROCHE n.f. (bas lat. *rocca*). Matière constitutive de l'écorce terrestre, formée génér. d'un agrégat de minéraux et présentant une homogénéité de composition, de structure et de mode de formation ; morceau de cette matière ; caillou ; pierre ; rocher. *(V. planche page suivante.)* ▪ **Clair comme de l'eau de roche,** d'une clarté, d'une évidence parfaite. ▪ **Eau de roche,** eau très limpide qui sourd d'une roche. ▪ **Roche mère** [pédol.], roche à partir de laquelle se développe un sol et que l'on retrouve inaltérée à la base de ce dernier.

➲ On divise les **ROCHES**, d'après leur origine, en trois groupes : les *roches sédimentaires* ou *exogènes* ; les *roches magmatiques* ; les *roches métamorphiques*. Les roches magmatiques et métamorphiques, qui se forment ou ont leur origine en profondeur, sont aussi qualifiées de *roches endogènes*.

ROCHE-MAGASIN n.f. (pl. *roches-magasins*). Ensemble de couches géologiques imprégnées de pétrole ou de gaz naturel dont elles constituent le gisement, et recouvertes par un niveau imperméable empêchant la migration des hydrocarbures vers le haut (SYN. **roche-réservoir**).

ROCHE-MÈRE n.f. (pl. *roches-mères*). Ensemble de couches géologiques dans lesquelles se sont formés des hydrocarbures.

1. ROCHER n.m. 1. Grande masse de pierre dure, formant une éminence génér. escarpée. **2.** Matière constitutive de cette masse, formant une paroi : *Abri creusé dans le rocher.* **3.** Gâteau ou bouchée au chocolat ayant la forme et l'aspect rugueux de certains rochers. **4. ANAT.** Partie interne de l'os temporal disposée sur le côté de la base du crâne, et qui renferme l'oreille moyenne et l'oreille interne. ▪ **Faire du rocher,** faire de l'escalade sur des parois de pierre.

2. ROCHER v.i. [3]. 1. Mousser, en parlant de la bière qui fermente. **2. MÉTALL.** Présenter le phénomène de rochage.

ROCHE-RÉSERVOIR n.f. (pl. *roches-réservoirs*). Roche-magasin.

1. ROCHET n.m. (bas lat. *roccus*, du francique *hrok*). **1.** Surplis à manches étroites des évêques et de certains dignitaires ecclésiastiques. **2.** Mantelet de cérémonie des pairs d'Angleterre.

2. ROCHET n.m. (germ. *rukka*). Bobine sur laquelle on enroule la soie. ▪ **Roue à rochet** [mécan. industr.], roue à dents taillées en biseau de façon à ne pouvoir soulever que dans un sens un cliquet qui l'immobilise dans l'autre sens.

ROCHEUX, EUSE adj. Couvert, formé de roches, de rochers : *Côte rocheuse.*

ROCH HA-SHANA n.m. inv. → **ROSH HA-SHANA.**

1. ROCK [rɔk] **n.m.** (ar. *rokh*). Oiseau gigantesque et fabuleux des contes orientaux (en partic. *les Mille et Une Nuits*).

2. ROCK n.m. ou **ROCK AND ROLL** [rɔkɛnrɔl] **n.m. inv.** (mot anglo-amér., de *to rock*, balancer, et *to roll*, tourner). **1.** Musique très populaire, à prédominance vocale, née aux États-Unis vers 1954, issue du blues et du rhythm and blues noirs, de la country music blanche, et empruntant des éléments au folklore rural, caractérisée par une utilisation systématique de la guitare électrique et de la batterie. (V. planche *rock*.) **2.** Morceau de rock, joué et chanté. **3.** Danse originaire des États-Unis, où la partenaire, guidée à la main par le danseur, exécute des figures autour de lui, et dont la vogue commence dans les années 1950.

➲ Apparu au début des années 1950, le **ROCK** est un phénomène à la fois musical et culturel, tant il sert de trait d'union à la jeunesse du monde entier. Incarné par des chanteurs charismatiques (E. Presley, B. Dylan), il suscite aussi la création de groupes qui deviendront légendaires – parmi lesquels les Beach Boys, The Doors et le Velvet Underground, aux États-Unis ; les Beatles, les Rolling Stones et Pink Floyd, en Angleterre. Au rock dit « classique » s'opposent, dans la seconde moitié des années 1970, la musique punk*, qui suscite elle-même la réaction de la new* wave, puis, dans la seconde moitié des années 1980, le grunge*. La tendance la plus récente du rock repose sur la fusion des courants (hard-rock*, jazz-rock*, pop*).

3. ROCK adj. inv. 1. Relatif au rock and roll : *Chanteur, musique rock.* **2.** Fam. Plein d'imprévu, d'originalité et de pétulance : *La mise en place de la nouvelle émission a été très rock.* (Dans ce sens, on dit souvent *rock 'n' roll* ou *rock and roll.*)

ROCKET n.f. → **2. ROQUETTE.**

ROCKEUR, EUSE n. ou **ROCKER** [rɔkœr] **n.m. 1.** Chanteur de rock. **2.** Amateur de rock qui imite l'allure et le comportement des chanteurs de rock.

ROCKING-CHAIR [rɔkiŋ(t)ʃɛr] **n.m.** (pl. *rocking-chairs*) [mot angl., de *to rock*, balancer, et *chair*, chaise]. Fauteuil à bascule.

ROCOCO n.m. (de *rocaille*). Style artistique en vogue au XVIIIe s. (en Allemagne, Autriche, Espagne, notamm.), inspiré à la fois du baroque italien et du décor rocaille français. ◆ **adj. inv. 1.** Qui appartient au rococo. **2.** Péjor. Démodé et ridicule : *Elle aime porter des robes rococo.*

ROCOU n.m. (tupi-guarani *urucú*). Pigment rouge orangé extrait du rocouyer, utilisé comme colorant alimentaire (fromages, notamm.).

a b c d e f g h i j k l m n o p q r s t u v w x y z

Les roches et les minéraux

Les roches sont les matériaux constitutifs de l'écorce terrestre. La variété des formes, des textures et des couleurs des roches dépend de leur composition minéralogique et de leur mode de formation. Elles peuvent être fragiles, comme l'argile, dures, comme le granite, et parfois même liquides, comme le pétrole. Les cristaux qui en composent certaines croissent selon un arrangement régulier et géométrique, ce qui peut conduire, selon certaines conditions physico-chimiques, à la formation de gemmes aux formes et aux couleurs étonnantes.

Améthyste en géode. Les géodes sont des cavités rocheuses tapissées de cristaux, souvent des pierres fines comme l'améthyste qui est une variété de quartz violet.

Malachite. D'un vert intense, la malachite (en coupe) présente des motifs concentriques ; elle est utilisée comme pierre ornementale (colonnes, tables) et en joaillerie.

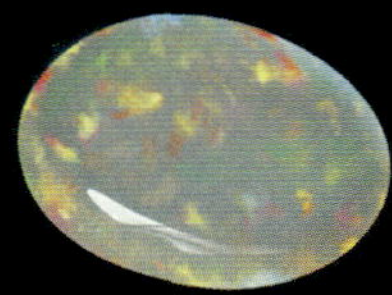

Opale. Cette pierre fine présente des jeux de couleurs irisées associés à une teinte laiteuse caractéristique (opalescence).

Pyrite. Minéral de composition simple (sulfure de fer, FeS_2), la pyrite a un éclat métallique légèrement doré et des formes très géométriques : cube, octaèdre, dodécaèdre.

Quartz. Minéral présent dans de nombreuses roches, le quartz est constitué de silice qui peut former de grands cristaux translucides, colorés ou fumés.

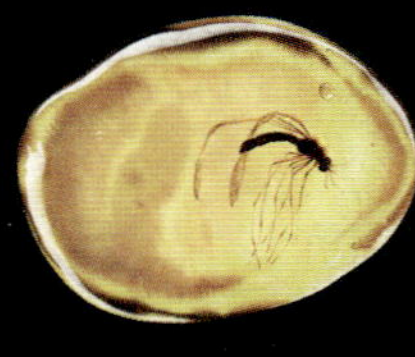

Ambre. Cette gemme est une résine végétale fossile (matière organique minéralisée). Elle comporte souvent des inclusions d'insectes.

Topazes. Selon leur teneur en aluminium, fer ou cobalt, les topazes peuvent présenter des couleurs différentes : jaune orangé (topaze impériale), bleu, rosé, etc.

Tourmaline. Au cours de leur croissance, les cristaux de tourmaline varient du rose au vert. Leur section est souvent triangulaire.

Pierres précieuses. Seulement quatre minéraux sont considérés comme des « pierres précieuses » : le diamant, l'émeraude, le saphir et le rubis. Les techniques de taille augmentent leur beauté, leur éclat et leur valeur.
(V. planche *pierres précieuses*).

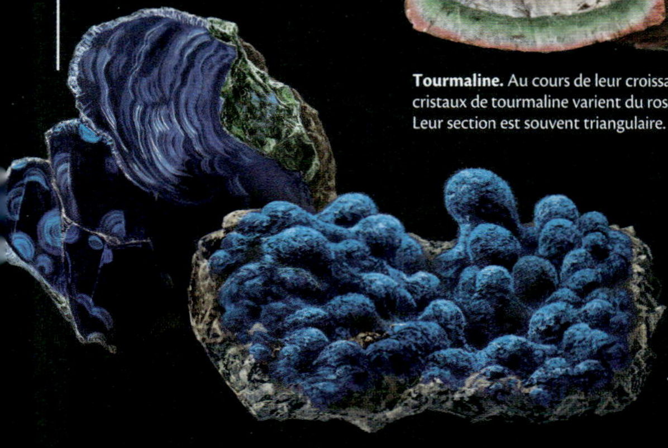

Azurite. Ce minéral doit sa couleur bleue au cuivre qui entre dans sa composition. Il peut se présenter sous forme de cristaux (à gauche, en coupe) ou d'agrégats globuleux (à droite).

FORMATION DES ROCHES

On distingue plusieurs grands types de roches selon leurs différents modes de formation : roches formées par sédimentation (roches sédimentaires), et roches formées par refroidissement d'un magma ou transformation lors des mouvements de la croûte terrestre (roches magmatiques ou métamorphiques).

En surface, le vent, l'eau et la température favorisent l'érosion qui démantèle les reliefs préexistants. Les *roches résiduelles* sont transportées jusqu'aux zones basses (lacs, mers, etc.) où elles se déposent progressivement. Il se forme alors des strates caractéristiques des *roches sédimentaires* (calcaire, par ex.). Des processus chimiques comme la cimentation peuvent produire des formes très compactes (grès, par ex.) ou fossiliser des matières organiques (charbon, pétrole).

En profondeur, le magma en fusion engendre deux types de *roches magmatiques* : les *roches volcaniques* qui correspondent à un refroidissement brutal du magma lors d'une éruption (le basalte, par ex.) et les *roches plutoniques* liées à un refroidissement lent et en profondeur (granite, par ex.). Lorsque les roches sédimentaires ou magmatiques se déplacent, les conditions de pression et de température varient et entraînent leur transformation : c'est le *métamorphisme* (schiste, par ex.).

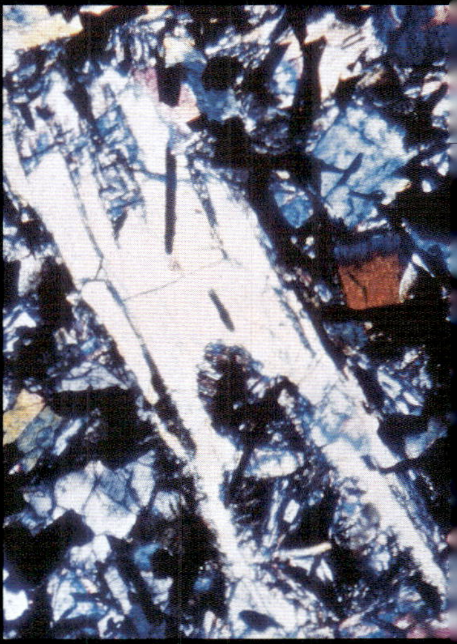

grès

argile

calcaire

charbon

marbre

schiste

gneiss

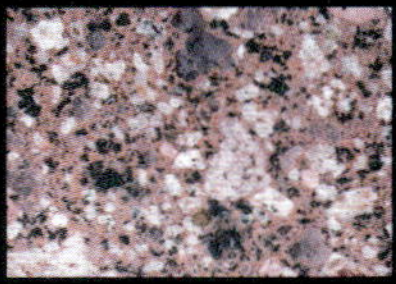

granite

basalte

IDENTIFIER UNE ROCHE

L'identification précise des roches n'est pas chose aisée. Il faut connaître le lieu exact d'où la roche provient et les roches voisines. Ce type d'information est obtenu à l'aide des cartes géologiques. Des éléments observables à l'œil nu apportent d'autres informations : la composition de la roche en minéraux ou en sédiments, son effervescence, sa dureté, sa coloration, sa texture, sa masse volumique. Mais pour connaître plus précisément la nature et la proportion des cristaux qui la composent, on observe un échantillon finement coupé au microscope polarisant. Chaque minéral prend alors une teinte et une forme caractéristiques. Les minéraux les plus utilisés pour l'identification d'une roche sont : le quartz, les feldspaths (orthose et plagioclases), les micas (biotite et muscovite), le grenat, les pyroxènes, l'olivine et les amphiboles.

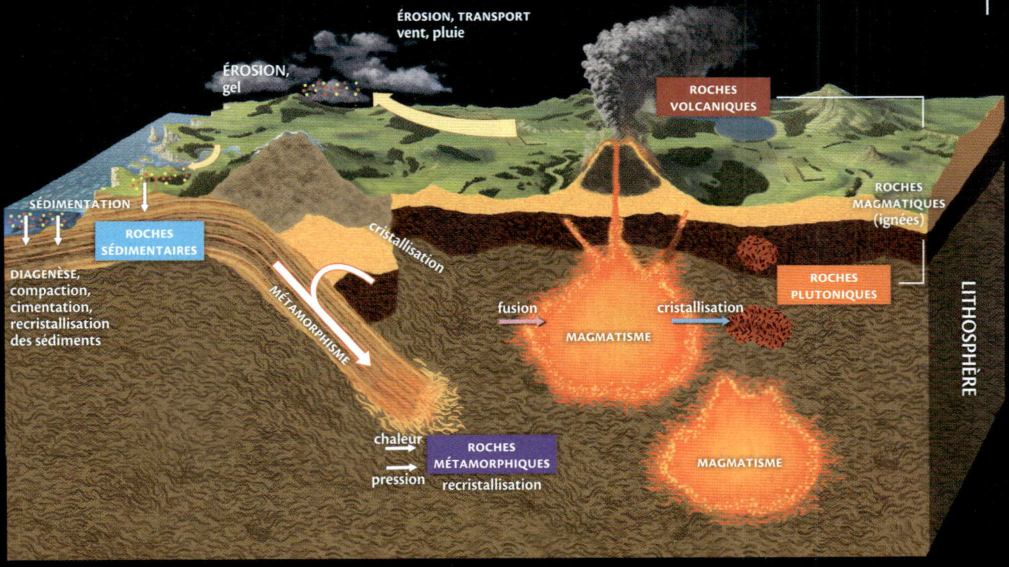

Le rock

Le rock compte parmi les phénomènes culturels majeurs de la seconde moitié du XXe s. Depuis le début des années 1950, il s'est répandu sur toute la planète à partir des États-Unis. Lien musical pour la jeunesse, il véhicule une rupture avec l'ordre établi et s'est muté en un genre complexe, multiforme, avec ses filiations et ses courants spécifiques.

Chuck Berry

Elvis Presley

LES PIONNIERS

Le rock trouve ses racines à la croisée de deux mondes séparés dans l'Amérique ségrégationniste : côté noir, le blues et le rhythm and blues, côté blanc, le hillbilly et la country. Le premier grand succès survient en 1955 avec *Rock Around The Clock de* Bill Haley qui ouvre la voie à Jerry Lee Lewis, Eddie Cochran, Gene Vincent ou Buddy Holly. Mais le maître incontesté du genre est Elvis Presley, le « King », qui bouscule les codes avec son déhanché inimitable. Parmi les artistes afro-américains, des personnalités se détachent comme Little Richard, Fats Domino ou encore, celui qui donna une âme aux guitares électriques : Chuck Berry.

The Rolling Stones. Fondé en 1962, le groupe s'attelle à prolonger le mythe du blues et du rock des débuts. Antithèse des Beatles, les Stones enflamment toujours les stades après 50 ans de carrière avec leurs hymnes (*I Can't Get No – Satisfaction*) et leurs icônes : le chanteur M. Jagger et le guitariste K. Richards en tête.

50 ANS DE BEATLES

Fan d'Elvis Presley, John Lennon fonde les Beatles avec Paul McCartney et George Harrison en 1960 ; le groupe écume les clubs de Liverpool. En 1962, Ringo Starr les rejoint et leur premier titre, *Love Me Do*, suivi de *Please, Please Me*, engendre la Beatlemania. 50 ans plus tard, les mélodies des « Fab Four » restent gravées dans les mémoires.

Et les Beatles inventèrent la pop

En quelques années, les Beatles vont conquérir la planète et écrire la BO du « swinging London ». Avec des titres comme *A Hard Day's Night*, *Ticket to Ride* ou *Yesterday* (la chanson la plus reprise au monde) et des films à leur gloire (*Quatre Garçons dans le vent*, 1964 ; *Help !*, 1965), les musiciens au look savamment pensé posent les fondements de la culture pop. Ils sont décorés par la reine Élisabeth II en 1965.

Mais les millions de fans deviennent vite incontrôlables : les Beatles ne s'entendent plus jouer en concert, couverts par les cris des groupies. Épaulés par leur producteur Brian Epstein, ils opèrent un tournant avec les albums *Rubber soul* (1965) et surtout *Revolver* (1966), marqués par l'influence de Bob Dylan et la contre-culture.

Éternel *Sergeant Pepper*

À la veille du « summer of love », en 1967, les Beatles sortent l'album concept *Sergeant Pepper's Lonely Hearts Club Band* et ses expérimentations tous azimuts : psychédélisme, nouvelles techniques d'enregistrement, influences indiennes... Le disque est toujours considéré comme le meilleur album de rock.

Plus populaires que jamais (et même « que Jésus » selon une phrase célèbre de Lennon), les Beatles enchaînent les albums et les tubes (*Strawberry Fields for Ever*, *All You Need Is Love*, *Let it Be*...) signés du tandem Lennon/McCartney. Ils se séparent en 1970.

The Who. À leurs débuts, en 1965, les Who pratiquent un rhythm and blues nerveux (*My Generation*) ; ils s'orientent ensuite vers des pièces plus ambitieuses avec l'opéra-rock *Tommy* (1969). Leurs concerts se terminent souvent en apothéose avec destruction totale des instruments et du matériel.

Jimi Hendrix et le « flower power ». À la fin des années 1960, avec l'utopie hippie émergent des artistes aujourd'hui mythiques : le Velvet Underground fréquente la Factory de Warhol, les Beach Boys surfent sur le rock californien et Jimi Hendrix devient le premier « guitar hero » en enflammant son instrument. Point d'orgue de cette époque : le festival de Woodstock en 1969. Mais les excès en tous genres les rattrapent bien vite : Brian Jones (fondateur des Rolling Stones), Jimi Hendrix, Janis Joplin et Jim Morrison (chanteur charismatique des Doors) décèdent à quelques mois d'intervalle.

Pink Floyd. Créés en pleine vague psychédélique en 1967, les Pink Floyd inaugurent l'ère des concerts à sensation avec « light shows » et décors géants. Leur musique planante, parfois savante, entraîne tout un courant : le rock progressif.

Led Zeppelin. Riffs acérés, guitares saturées et voix suraiguë : la formule de Led Zeppelin jette les bases du hard-rock au milieu des années 1970. Suivront des groupes comme Deep Purple ou AC/DC.

David Bowie. Cheveux teints et look androgyne, Bowie invente son personnage de Ziggy Stardust en 1972. Pape du glam-rock, Bowie reste durant toute sa carrière à l'avant-garde (funk, disco, new wave, électro…) et soutient des artistes comme Lou Reed ou Iggy Pop.

The Clash. En réaction aux dérives commerciales du rock, le punk émerge en Angleterre en 1975 avec des groupes comme les Sex Pistols ou les Clash. Plus rebelles que musiciens virtuoses, les artistes punk rencontrent, malgré les provocations, un succès mondial et feront des émules dans la décennie 1980 avec le post-punk (Police, Talking Heads, Blondie) et la new wave (U2, The Cure, Joy Division).

Kurt Cobain de Nirvana. Avec *Smells Like Teen Spirit*, Nirvana crée un nouvel hymne rock en 1991 et un style sans concession : le grunge. Le leader Kurt Cobain disparaît de façon tragique en 1994 et devient une icône.

ROCK EN FRANCE

Au début des années 1960, la vague yé-yé initie la jeunesse française aux valeurs du rock, souvent en mimant les modèles américains. Johnny Hallyday devient « l'idole des jeunes ». Des artistes comme J. Dutronc, S. Gainsbourg, M. Polnareff ou A. Bashung apportent humour et dérision à la variété française. À la fin des années 1970, une nouvelle génération (Téléphone, J. Higelin, Taxi Girl…) donne au rock français ses lettres de noblesse. Les années 1980 voient l'explosion d'une scène hexagonale originale (Rita Mitsouko, Mano Negra, Noir Désir…) puis, début 2000, les Français se tournent vers l'électro avec la « french touch » (Air, Daft Punk), mondialement reconnue.

Téléphone

Amy Winehouse. En 2006, la chanteuse britannique remet la soul et le blues au goût du jour avec sa voix aux accents de Sarah Vaughan. Tatouages et coiffure choucroute, son style et son attitude sont cependant résolument rock. Rattrapée par ses addictions, elle décède en 2011.

ROCOUER v.t. [3]. Colorer avec du rocou.

ROCOUYER [rɔkuje] n.m. Arbuste de l'Amérique tropicale dont la graine fournit le rocou. ➲ Famille des bixacées.

RODAGE n.m. **1.** MÉCAN. INDUSTR. Opération ayant pour but d'obtenir une surface unie et polie (par lapping, par ex.), et, dans le cas de surfaces frottantes, une portée aussi parfaite que possible des pièces en contact. **2.** Fonctionnement, temporairement limité au-dessous des performances nominales, d'une machine, d'un véhicule neufs. **3.** Fig. Action de roder qqch ; mise au point : *Le rodage d'une nouvelle émission.*

RÔDAILLER v.i. [3]. Fam. Rôder en traînant çà et là.

RODÉO n.m. (de l'esp. *rodear*, tourner). **1.** Dans la pampa argentine, rassemblement des troupeaux pour marquer les jeunes animaux. **2.** Jeu sportif, pratiqué notamm. aux États-Unis et au Mexique, comportant plusieurs épreuves minutées de lutte avec des animaux (chevaux, taureaux, veaux, etc.) qu'il faut maîtriser. **3.** Fam. Course bruyante de voitures, de motos.

RODER v.t. [3] (du lat. *rodere*, ronger). **1.** MÉCAN. INDUSTR. Soumettre une surface au rodage. **2.** Utiliser un appareil, un véhicule dans les conditions voulues par le rodage. **3.** Fig. Mettre progressivement au point : *Roder un spectacle.*

RÔDER v.i. [3] (du lat. *rodare*, tourner). Errer, traîner çà et là, parfois avec de mauvaises intentions.

RÔDEUR, EUSE n. Personne qui rôde.

RODOIR n.m. MÉCAN. INDUSTR. Bâton d'abrasifs agglomérés utilisé pour le rodage.

RODOMONT n.m. (ital. *Rodomonte*, n. d'un personnage de l'Arioste). Litt., vx. Fanfaron ; bravache.

RODOMONTADE n.f. Litt. Fanfaronnade.

RŒNTGEN n.m. → **RÖNTGEN.**

ROENTGENIUM [rœntgenjɔm] n.m. (du n. de W. C. *Roentgen*, n.pr.). Élément chimique transuranien (Rg), de numéro atomique 111.

RŒSTI ou **RÖSTI**, ▲ *RŒSTIS* [røʃti] n.m. pl. (de l'all. *rösten*, rôtir). Suisse. Plat fait de pommes de terre émincées dorées à la poêle.

ROGATIONS n.f. pl. (lat. *rogatio*). CATH. Procession de supplication, destinée à attirer la bénédiction divine sur les récoltes et les animaux et qui se déroule durant les trois jours précédant l'Ascension.

ROGATOIRE adj. (du lat. *rogare*, interroger). DR. Qui concerne une demande. ▪ **Commission rogatoire** → **COMMISSION.**

ROGATON n.m. (du lat. médiév. *rogatum*, demande). Fam. **1.** (Souvent pl.). Restes d'un repas. **2.** Vx. Reste de peu de valeur ; rebut.

ROGNAGE n.m. Action de rogner, de couper ; son résultat.

1. ROGNE n.f. (de *1. rogner*). IMPRIM. Coupe au massicot d'un imprimé ou d'un volume pour sa mise au format définitif.

2. ROGNE n.f. (de *2. rogner*). Fam. Mauvaise humeur ; colère : *Être, se mettre en rogne.*

1. ROGNER v.t. [3] (du lat. pop. *rotundiare*, couper en rond). **1.** Couper qqch sur son pourtour : *Rogner les angles d'une étagère.* **2.** Diminuer faiblement ce qui doit revenir à qqn pour en tirer un petit profit. ▪ **Rogner les ailes à qqn,** limiter ses moyens d'action. ◆ **v.t. ind.** (SUR). Faire de petites économies sur qqch : *Rogner sur les sorties.*

2. ROGNER v.i. [3] (du rad. *ron*, onomat.). Fam., vx. Être en rogne.

ROGNON n.m. (du lat. *ren*, rein). **1.** Rein de certains animaux, apprêté en cuisine. **2.** GÉOL. Masse minérale irrégulièrement arrondie contenue dans une roche de nature différente : *Rognon de silex dans la craie.* ▪ **Table rognon,** dont le plateau est en forme de rognon.

ROGNONNADE n.f. CUIS. Longe de veau roulée et fourrée avec le rognon.

ROGNONNER v.i. [3] (de *2. rogner*). Fam., vieilli. Ronchonner.

ROGNURE n.f. (Souvent pl.). **1.** Ce qui se détache de qqch que l'on rogne : *Rognures d'ongles.* **2.** Restes ; débris : *Rognures de viande pour le chat.*

ROGOMME n.m. Fam., vx. Eau-de-vie. ▪ **Voix de rogomme,** voix rendue rauque par l'abus d'alcool.

1. ROGUE adj. (anc. scand. *hrókr*). Vieilli. Rude et hautain ; arrogant : *Air, ton rogue.*

2. ROGUE n.f. (anc. scand. *hrogn*). PÊCHE. Préparation d'œufs de poisson salés, utilisée comme appât pour pêcher la sardine.

ROGUÉ, E adj. PÊCHE. Grainé.

ROI n.m. (lat. *rex, regis*). **1.** Homme qui, en vertu de l'hérédité ou, parfois, de l'élection, exerce, génér. à vie, le pouvoir souverain dans une monarchie. (V. planche *rois et empereurs de France*.) **2.** Personne, chose qui est supérieure, dans un domaine particulier : *Le roi du poker, des fromages.* **3.** (En appos.). Qui semble disposer d'un pouvoir absolu : *Les enfants rois* ; qui remporte l'adhésion de tous : *Le logiciel roi.* **4.** Aux échecs, pièce la plus importante. **5.** Chacune des quatre figures d'un jeu de cartes, représentant un roi. ▪ **Le Grand Roi,** le roi des Perses, chez les auteurs grecs anciens. ▪ **Le jour** ou **la fête des Rois,** l'Épiphanie. ▪ **Le roi des,** le plus grand des : *C'est le roi des imbéciles.* ▪ **Le roi des animaux,** le lion. ▪ **Le Roi des rois,** le souverain d'Éthiopie. ▪ **Le roi du pétrole** [fig.], la personne la plus heureuse au monde : *Depuis la naissance de ma fille, je suis le roi du pétrole.* ▪ **Le roi est nu,** se dit quand un pouvoir, soudain dépossédé de ses attributs, révèle sa fragilité, son isolement. ▪ **Le Roi Très Chrétien,** titre officiel du roi de France aux XVIIe et XVIIIe s. ▪ **Les Rois Catholiques,** Isabelle de Castille et Ferdinand d'Aragon. ▪ **Roi des Romains,** dans le Saint Empire romain germanique, titre que portait l'empereur avant son couronnement par le pape, puis à partir de 1508 le successeur désigné de l'empereur régnant. ▪ **Travailler pour le roi de Prusse,** sans être payé. ▪ **Un morceau de roi,** un mets exquis.

ROIDE adj. Vx. Raide.

ROIDEUR n.f. Vx. Raideur.

ROIDIR v.t. [21]. Vx. Raidir.

ROILLE [rɔj] n.f. Suisse. Fam. Forte pluie.

ROILLER [rɔje] v. impers. [3] (mot dial.). Suisse. Fam. Pleuvoir à verse. ◆ **v.t.** Suisse. Fam. Frapper ; battre.

1. ROITELET n.m. Péjor. Roi d'un tout petit État ou roi peu puissant.

2. ROITELET n.m. Petit passereau insectivore des bois d'Europe et d'Asie, dont le mâle porte une huppe orange ou jaune sur la tête. ➲ Famille des sylviidés.

▲ **roitelet** huppé.

ROLANDO (SCISSURE DE) n.f. ANAT. Profond sillon de la face externe de chaque hémisphère cérébral, séparant le lobe frontal, en avant, du pariétal, en arrière.

RÔLE n.m. (du bas lat. *rotulus*, petite roue). **1.** Ce que doit dire ou faire un acteur dans une pièce de théâtre, un film ; ce que doit exécuter un danseur dans un ballet : *Apprendre son rôle.* **2.** Type de personnage, au théâtre, au cinéma, etc. : *Elle joue le rôle d'Antigone.* **3.** Action ou influence exercée par qqn ; mission : *Le rôle d'un négociateur. Il a joué un rôle important dans ma vie.* **4.** Fonction d'un élément dans un ensemble : *Le rôle du foie dans le corps humain.* **5.** PSYCHOL. Ensemble des comportements associés à une place, à un statut social. **6.** DR. Registre sur lequel sont inscrites dans l'ordre chronologique les affaires soumises à un tribunal ; feuillet sur lequel est transcrit recto verso un acte juridique (acte notarié, par ex.). **7.** Corde de tabac à mâcher obtenue par torsion de feuilles fermentées. ▪ **À tour de rôle,** chacun à son tour, au rang qui est le sien. ▪ **Avoir le beau rôle,** être dans une position où l'on paraît à son avantage. ▪ **Jeu de rôle** → **JEU.** ▪ **Rôle d'équipage** [mar.], liste des personnes composant l'équipage d'un navire. ▪ **Rôle nominatif** [dr.], document administratif utilisé pour le recouvrement des impôts directs et portant le nom des contribuables et le montant de leur imposition.

RÔLE-TITRE n.m. (pl. *rôles-titres*). Au théâtre, au cinéma, etc., rôle homonyme du titre de l'œuvre interprétée.

RÔLISTE n. Personne qui interprète un personnage dans un jeu de rôle. ◆ **adj.** Relatif aux jeux de rôle.

1. ROLLER [rɔlœr] n.m. (anglo-amér. *roller skate*). **1.** Dispositif constitué d'une platine munie de petites roues et fixée à une chaussure spéciale (SYN. **patin à roulettes**). ➲ On distingue les *rollers en ligne*, dont les quatre roulettes sont alignées à l'instar de la lame du patin à glace, et les *quads*, dont les roulettes sont disposées deux à deux à l'extrémité de deux essieux. **2.** Sport pratiqué avec ces patins. ➲ Il comprend : le patinage artistique, la course, la danse, le rink-hockey et le roller acrobatique (slalom, saut, rampe).

▲ **roller**

2. ROLLER ou **ROLLER BALL** [rɔlœr(bol)] n.m. (pl. *roller balls*) [mot anglo-amér.]. Feutre à bille dont le réservoir, rempli d'encre, peut être changé.

ROLLEUR, EUSE n. Personne qui pratique le roller.

ROLLIER n.m. (all. *Roller*). Oiseau d'Europe méridionale, d'Afrique du Nord-Ouest et d'Asie occidentale, à plumage bleuté, qui se nourrit d'insectes et de petits vertébrés. ➲ Famille des coraciidés.

ROLLMOPS [rɔlmɔps] n.m. (mot all.). Hareng cru, fendu et maintenu roulé autour d'un cornichon par une brochette de bois, mariné dans du vinaigre aigre-doux avec des épices. ➲ Cuisine allemande.

ROLL ON-ROLL OFF [rɔlɔnrɔlɔf] n.m. inv. (mots angl.). MAR. (Anglic. déconseillé). Roulage. ▪ **Roll on-roll off** ou **navire roll on-roll off** [anglic. déconseillé], roulier.

ROLLOT n.m. (de *Rollot*, localité de la Somme). Fromage à pâte molle, rond ou en forme de cœur, fabriqué en Picardie avec du lait de vache.

ROM [rɔm] adj. et n. Relatif aux Roms, l'un des trois groupes formant les Tsiganes ; qui appartient à ce peuple (v. partie n.pr. **TSIGANES**).

1. ROM [rɔm] n.f. inv. (acronyme de l'angl. *read only memory*). INFORM. Mémoire morte.

2. ROM ou **R.O.M.** [rɔm] n.f. (acronyme). Région d'outre-mer.

ROMAIN, E adj. et n. (lat. *romanus*). **1.** Relatif à l'ancienne Rome, à l'Empire romain. **2.** Relatif à la Rome actuelle ; qui y habite. **3.** Relatif à l'Église catholique latine, dont le siège est à Rome. ▪ **Chiffres romains** → **CHIFFRE.** ▪ **Un travail de Romain,** un travail long et pénible, nécessitant des efforts gigantesques. ◆ **adj.m. et n.m.** IMPRIM. Se dit d'un caractère droit, dont le dessin est perpendiculaire à sa ligne de base (par oppos. à *italique*) : *Dans ce dictionnaire, le texte des définitions est en romain, celui des exemples, en italique.*

1. ROMAINE adj.f. (de l'ar. *rummâna*, grenade). ▪ **Balance romaine,** ou **romaine, n.f.,** balance à levier, formée d'un fléau à bras inégaux. ➲ Sur le bras le plus long, qui est gradué, on fait glisser un curseur pour équilibrer l'objet suspendu à l'autre bras.

2. ROMAINE n.f. Laitue d'une variété à feuilles allongées et croquantes.

ROMAJI [rɔmadʒi] n.m. (mot jap.). LING. Système de transcription du japonais en caractères latins.

L'art roman

L'architecture et l'art qui ont fleuri en Europe – avec de grandes différences régionales – à partir de la fin du xᵉ s. ont trouvé leur expression majeure dans le vocabulaire sacré. Car voulant créer des lieux de culte pour tenir dans sa main une population en forte croissance, l'Église va susciter la construction ou la reconstruction d'innombrables édifices. « Ce fut comme une émulation d'un peuple à l'autre : on aurait cru que le monde, secouant ses vieux haillons, se revêtait partout de la blanche robe d'églises neuves », a écrit le chroniqueur Raoul Glaber (mort v. 1050).

Tournus. Vue vers le narthex à étages (prise du collatéral) de l'abbatiale St-Philibert (xıᵉ s.). Cette grande église du sud de la Bourgogne marque une évolution savante du « premier art roman » (notamm. couverture du vaisseau central par de rares berceaux transversaux).

S. Maria di Porto Novo. Ancienne abbatiale de la première moitié du xıᵉ s., l'église de S. Maria di Porto Novo, près d'Ancône, est encore proche du « premier art roman », avec ses bandes lombardes et ses arcatures.

León. Le « panthéon des rois », porche monumental à l'entrée de l'église S. Isidoro. Les voûtes de cette construction de la fin du xıᵉ s., aux beaux chapiteaux, s'ornent de fresques du premier quart du xııᵉ s. qui semblent relever de modèles de la France de l'Ouest.

Poitiers. Façade occidentale de l'église Notre-Dame-la-Grande (xııᵉ s.). Une des caractéristiques du roman poitevin et saintongeais est la prolifération du décor sculpté, tant figuratif qu'ornemental, sur les façades. Ici, l'iconographie, complexe, a trait aux prophètes, à l'Incarnation, aux rapports de l'Ancien et du Nouveau Testament, etc.

Moissac. Détail du prophète Jérémie au trumeau (autour de 1130 ?) du grand portail de l'abbatiale de Moissac. Toute en arabesques élégantes, cette figure témoigne de la maîtrise atteinte au xııᵉ s. par les ateliers romans de sculpture, ceux de Gascogne et du Languedoc en particulier.

Fontenay. La galerie couverte du cloître entoure un jardin intérieur. Fondée en 1119 par saint Bernard, l'abbaye bourguignonne, surnommée la « seconde fille de Clairvaux », est l'un des témoignages les plus complets du fonctionnement d'une communauté cistercienne, à travers ses bâtiments abritant la vie quotidienne des moines (église, salle capitulaire, salle de travail, dortoir) et celle des hôtes de passage (porterie, hostellerie, chapelle des étrangers).

Les rois et les empereurs de France

Depuis Clovis, roi des Francs et premier « seul roi » de toute la Gaule, jusqu'à l'époque contemporaine, sept dynasties de souverains – Mérovingiens, Carolingiens, Capétiens, Valois, Bourbons, Orléans, Bonaparte – se succèdent sur le territoire français. L'accession au pouvoir, le plus souvent héréditaire, est associée à un rituel religieux chrétien : le roi de « droit divin », sacré dans la cathédrale de Reims, y reçoit l'onction sainte qui le fait guérisseur ; à sa mort, la nécropole de la basilique Saint-Denis accueille sa sépulture. Lui seul possède les *regalia*, insignes de la royauté : trône, sceptre, main de justice, couronne, etc. Des symboles lui sont attachés (l'hermine, la fleur de lys – ou l'abeille chez les Bonaparte), ainsi que des distinctions inspirées de la chevalerie (ordre du Saint-Esprit, par ex.). Les pièces de monnaie à l'effigie du roi sont, jusqu'à la fin du Moyen Âge, les rares représentations d'époque. Il faut attendre le XVe s. pour que la peinture offre enfin à la postérité de véritables portraits des souverains de la France.

Clovis Ier, roi des Francs (481/482-511) : premier souverain chrétien, il est baptisé par saint Remi vers 498 ; ici, une colombe apporte l'huile de l'onction sainte. Miniature (XIVe s.) extraite des *Grandes Chroniques de France.*

Dagobert Ier, roi des Francs (629-638) : son portrait sur une monnaie de l'époque mérovingienne (VIIe s.).

Charlemagne, roi des Francs (768-814) et des Lombards (774-814), empereur d'Occident (800-814) : le roi administrateur bâtit son territoire. Miniature (v. 1455-1460) de Jean Fouquet, extraite des *Grandes Chroniques de France.*

Hugues Ier Capet, roi de France (987-996) : premier d'une nouvelle dynastie, ce souverain « élu » est représenté couronné, assis sur le trône royal et arborant la main de justice. Miniature (XIVe s.) extraite de la *Chronique de tous les rois de France.*

Charles VII, roi de France (1422-1461) : l'un des premiers portraits « modernes » d'un souverain. Peinture sur bois de Jean Fouquet (v. 1445 ou 1450), musée du Louvre, Paris.

Philippe II Auguste, roi de France (1180-1223) : son couronnement dans la cathédrale de Reims, le 1er novembre 1179. Miniature (v. 1455-1460) de Jean Fouquet, extraite des *Grandes Chroniques de France.*

François Ier, roi de France (1515-1547). Peinture sur bois de Jean Clouet (vers 1530), musée du Louvre, Paris.

Louis IX ou **Saint Louis,** roi de France (1226-1270) : cette représentation médiévale illustre la légende du souverain charitable, ici servant les pauvres à table. Miniature (XIVe s.) extraite de *Vie et miracles de Monseigneur Saint Louis* de Guillaume de Saint-Pathus.

Charles IX, roi de France (1560-1574). Peinture sur bois (XVIe s.), de l'atelier de François Clouet, musée du Louvre, Paris.

Louis XV le Bien-Aimé, roi de France (1715-1774) : le souverain en armure porte les cordons des ordres de la Toison d'or et du Saint-Esprit. Pastel de Maurice Quentin de La Tour, musée du Louvre, Paris.

Henri IV, roi de France (1589-1610) : un portrait équestre du souverain au panache blanc, assis sur un tapis de selle semé de fleurs de lys, arborant la croix du Saint-Esprit et le cordon bleu de cet ordre. Gouache sur vélin collé sur bois, école française du XVIIe s., musée Condé, Chantilly.

Louis XVI, roi de France (1774-1792) : en plus des cordons traditionnels des ordres, le monarque constitutionnel arbore la cocarde tricolore. Peinture à l'huile (1791) de Jean-Baptiste François Carteaux, musée national du château de Versailles.

Louis XIV le Grand, dit **le Roi-Soleil,** roi de France (1643-1715) : portrait du monarque absolu accompagné des insignes de la royauté (costume d'apparat constellé de fleurs de lys et doublé d'hermine, épée de Charlemagne, sceptre, main de justice, couronne). Peinture de Hyacinthe Rigaud (1701), musée du Louvre, Paris.

Napoléon Ier, empereur des Français (1804-1814 et 1815) : *l'Empereur Napoléon Ier et le couronnement de l'impératrice Joséphine dans la cathédrale Notre-Dame de Paris, le 2 décembre 1804,* ou comment, s'ancrant dans la tradition monarchique française, Bonaparte assoit sa légitimité. Peinture (1806-1807) de Louis David, musée du Louvre, Paris.

Napoléon III, empereur des Français (1852-1870) : un portrait voulant présenter le souverain en chef d'État « moderne ». Peinture à l'huile d'Hippolyte Flandrin (1862), musée national du château de Versailles.

Le romantisme

S'élaborant contre la tradition académique et néoclassique, ce courant fait triompher, dès la fin du XVIIIe s., mais surtout au début du XIXe, la spontanéité et la révolte là où dominaient froideur et raison. Après les espoirs de la Révolution française, et face au matérialisme de la révolution industrielle, l'individu réclame son droit à la subjectivité, au rêve.

▲ **Théodore Géricault.** *Course de chevaux libres à Rome*, esquisse poussée (1817). En une cohue farouche soigneusement cadencée, le jeune peintre, renouant avec la fougue d'un Michel-Ange, nous montre les palefreniers aux prises avec leurs bêtes, avant le départ. (Musée du Louvre, Paris.)

▲ **Eugène Delacroix.** *Femmes d'Alger dans leur appartement* (1834). Peinte après un voyage de l'artiste au Maghreb, cette scène « orientaliste » chatoyante et animée contraste avec l'Orient idéal des odalisques d'Ingres, où dominent stabilité de la composition et pureté linéaire. (Musée du Louvre, Paris.)

Caspar David Friedrich. ▶ *L'Arbre aux corbeaux* (v. 1822). Les romantiques cherchent dans la nature un miroir de leurs sentiments intimes. Chez Friedrich, homme du Nord, domine la mélancolie, qu'exprime le climat désolé de cette toile. (Musée du Louvre, Paris.)

1. ROMAN, E adj. (de *2. roman*). **1.** LING. Se dit des langues dérivées du latin vulgaire (catalan, espagnol, français, italien, portugais, occitan, roumain, sarde, etc.). **2.** Se dit de l'art (architecture, sculpture, peinture...) qui s'est épanoui en Europe aux XIe et XIIe s. (V. planche *l'art roman**.) ◆ **n.m. 1.** Langue populaire dérivée du latin, parlée entre le Ve et le Xe s. (le latin restant la langue écrite), et qui se différenciait, selon les régions, en *gallo-roman, hispano-roman, italo-roman*, etc. **2.** Art, style roman.

➲ C'est par référence aux langues dites « romanes » que des érudits du début du XIXe s. donnèrent le nom de « **ROMAN** » à l'art qui apparut en Occident aux environs de l'an mille. Considéré alors comme la plus haute expression du sacré, cet art donna l'élan à un style d'architecture religieuse d'une grande clarté fonctionnelle : systèmes de voûtes en pierre (voûtes d'arêtes ou en berceau, coupoles), avec leurs contrebutements appropriés (tribunes ou hauts collatéraux de part et d'autre de la nef principale) ; sculptures localisées en des points vitaux (chapiteaux) ou privilégiés (tympans) ; plans conçus en fonction des besoins liturgiques (circulation des fidèles organisée par les collatéraux et le déambulatoire, dans les grandes basiliques de pèlerinage).

2. ROMAN n.m. (du lat. pop. *romanice*, à la façon des Romains). **1.** Récit en prose génér. assez long, dont l'intérêt est dans la narration d'aventures, l'étude de mœurs ou de caractères, l'analyse de sentiments ou de passions, la représentation, objective ou subjective, du réel. **2.** LITTÉR. Œuvre narrative, en prose ou en vers, écrite en langue romane : *Le « Roman de Renart »*. **3.** Fig. Histoire compliquée, riche en épisodes imprévus : *Cette affaire judiciaire est un roman.* **4.** Fam. Aventure invraisemblable ou récit mensonger : *Ton histoire, c'est du roman !* ▪ **Nouveau roman,** v. partie n.pr. ▪ **Roman épistolaire,** roman dont le mode de narration consiste en une correspondance échangée par les personnages. ▪ **Roman familial** [psychol.], fantasme par lequel un enfant imagine être né de parents de rang social élevé et avoir été adopté par les siens propres. ➲ Il permet à l'enfant, en se détachant de ses parents, de se constituer comme sujet.

➲ LITTÉR. L'art du **ROMAN**, en Occident, remonte à l'Antiquité (Apulée, Longus). Au Moyen Âge, il s'impose avec le roman courtois (Chrétien de Troyes), puis avec le roman de chevalerie. C'est au début du XVIIe s. que Cervantès signe le premier des romans modernes *(Don Quichotte)*. Le genre prend ensuite différentes formes : roman d'analyse psychologique (Mme de La Fayette), roman d'aventures (Defoe), roman philosophique (Voltaire, Diderot), roman d'apprentissage (Goethe) ou roman historique (W. Scott).
La première moitié du XIXe s., animée par l'école romantique (Stendhal, Hugo, Dumas père), est celle du succès et du prestige croissants du genre romanesque. Balzac, avec *la Comédie humaine*, dote le roman d'une visée politique et d'une méthode rationnelle. L'histoire du roman se confond dès lors avec le réalisme (Flaubert, Maupassant) et le naturalisme (Zola). Le roman russe, avec Tolstoï et Dostoïevski, se tourne vers l'exploration métaphysique.
Au XXe s., le roman est magnifié par Proust, mais remis en cause par Gide et Joyce. Aux États-Unis, Faulkner et Hemingway libèrent le genre en privilégiant un style parlé. Enfin, en France, les représentants du nouveau roman condamneront certaines formes narratives et mettront à mal la notion de personnage.

1. ROMANCE n.m. (mot esp.). **1.** Dans la poésie espagnole, composition de tonalité épique ou courtoise, formée d'octosyllabes dont seuls les vers pairs riment entre eux. **2.** Chanson espagnole épique ou narrative, composée en octosyllabes.

2. ROMANCE n.f. (de *1. romance*). **1.** Chanson sentimentale à strophes avec accompagnement instrumental, en vogue aux XVIIIe et XIXe s. en France. **2.** Pièce instrumentale de tempo modéré, inspirée par la romance (Schubert, Brahms).

ROMANCER v.t. [9]. Donner la forme ou le caractère d'un roman à : *Romancer une biographie.*

ROMANCERO [-se-], ▲ *ROMANCÉRO* **n.m.** (esp. *romancero*). LITTÉR. **1.** Recueil de romances espagnols de la période préclassique, contenant les plus anciennes légendes nationales. **2.** Ensemble de pièces poétiques qui prennent la forme de romances.

ROMANCHE adj. et **n.** (du lat. pop. *romanice*, en langue latine). Relatif aux Romanches. ◆ **n.m.** LING. Dialecte rhéto-roman parlé par les Romanches. ➲ C'est, depuis 1938, la 4e langue nationale de la Suisse.

ROMANCIER, ÈRE n. Auteur de romans.

ROMAND, E adj. et **n.** Se dit de la partie de la Suisse où l'on parle le français ; se dit de ses habitants.

ROMANÉE n.m. (de *Vosne-Romanée*, n.pr.). Vin rouge de Bourgogne très réputé.

ROMANESCO n.m. (mot ital.). Variété de chou proche du brocoli pommé. (On dit aussi *chou romanesco*.) ➲ Famille des crucifères.

ROMANESQUE adj. 1. Relatif au genre du roman. **2.** Qui présente le caractère aventureux ou sentimental attribué traditionnellement au roman : *Une vie romanesque.* **3.** Qui voit la vie comme un roman ; rêveur : *Jeune homme romanesque.* ◆ **n.m.** Ce qui est romanesque.

ROMAN-FEUILLETON n.m. (pl. *romans-feuilletons*). **1.** Feuilleton. **2.** Fam. Histoire aux épisodes multiples et qui paraît invraisemblable.

ROMAN-FLEUVE n.m. (pl. *romans-fleuves*). **1.** Ensemble romanesque s'attachant à suivre de nombreux personnages à travers la succession des générations et la multiplicité des lieux. **2.** Fam. Récit trop long : *Ses courriels sont des romans-fleuves.*

ROMANI n.m. Langue des Roms ; tsigane.

ROMANICHEL, ELLE n. Péjor., vieilli. **1.** Tsigane ; Rom. **2.** Vagabond.

ROMANISATION n.f. Action de romaniser.

ROMANISER v.t. [3] (de *romain*). **1.** Imposer la civilisation des Romains, la langue latine à. **2.** Transcrire une langue grâce à l'alphabet latin.

◆ **v.i. RELIG.** Suivre les dogmes, le rite de l'Église romaine.

ROMANISME n.m. Doctrine et rites de l'Église romaine, pour les fidèles des autres confessions.

ROMANISTE n. LING. Spécialiste des langues romanes.

ROMANITÉ n.f. 1. HIST. Civilisation romaine. **2.** Ensemble des pays romanisés.

ROMAN-PHOTO n.m. (pl. *romans-photos*). Récit romanesque présenté sous forme de photos accompagnées de textes intégrés aux images.

ROMANTIQUE adj. 1. Relatif au romantisme : *La poésie romantique.* **2.** Qui touche la sensibilité, invite à l'émotion : *Un paysage romantique.* ◆ **adj.** et **n. 1.** Se dit des écrivains et des artistes qui se réclament du romantisme, au XIXe s. : *Les classiques et les romantiques.* **2.** Se dit de qqn chez qui la sensibilité et l'imagination l'emportent sur la rationalité.

ROMANTISME n.m. 1. Ensemble des mouvements intellectuels et artistiques européens qui, à partir de la fin du XVIIIe s., firent prévaloir la sensibilité individuelle sur la raison et les créations de l'imaginaire sur la représentation classique de la nature humaine. **2.** Caractère, comportement d'une personne romantique, dominée par sa sensibilité.

➲ **LITTÉR.** Cherchant l'évasion dans le rêve, dans l'exotisme ou le passé, le **ROMANTISME** exalte le goût du mystère et du fantastique. Il réclame la libre expression de la sensibilité et, prônant le culte du moi, affirme son opposition à l'idéal classique. Le romantisme se dessine dès les romans de Richardson (*Clarisse Harlowe*, 1747) et les poèmes d'Ossian, et prend forme avec Goethe (*les Souffrances du jeune Werther*, 1774), Novalis et Hölderlin en Allemagne, Southey et Wordsworth (*Ballades lyriques*, 1798) en Grande-Bretagne. Plus tardif dans le reste de l'Europe, le romantisme triomphe en France avec Lamartine, Hugo, Vigny, Musset, lesquels prolongent un courant qui remonte à Rousseau et qui culmine avec Chateaubriand.
➲ **BX-ARTS.** Parallèlement à la littérature, les arts sont touchés par le romantisme, en réaction contre le néoclassicisme* de l'école de David. En France, Géricault et Delacroix en peinture, David d'Angers en sculpture en sont les maîtres. En Grande-Bretagne, le romantisme imprègne la peinture de W. Blake, de Füssli et celle des grands paysagistes (Constable, Turner) ; en Allemagne, C. D. Friedrich et, du fait de leur nostalgie du passé, les nazaréens* lui sont rattachés.
➲ **MUS.** Proclamant avant tout la liberté de l'artiste, le romantisme musical cherche à transmettre l'effusion des sentiments par la somptuosité orchestrale. Le monde germanique est sa terre d'élection, avec principalement Beethoven, Weber et Schubert ; Schumann, Liszt, Wagner, Mahler et Brahms l'illustrent aussi. Berlioz et Gounod en France, de même que Verdi en Italie, Smetana en Bohême et Sibelius en Finlande, en sont d'autres grands représentants.

ROMARIN n.m. (du lat. *rosmarinus*, rosée de mer). Arbuste aromatique du littoral méditerranéen, à feuilles persistantes et à fleurs bleues. ➲ Famille des labiées.

▲ **romarin**

ROMBIÈRE n.f. Fam. Femme, génér. âgée, ridicule et prétentieuse.

ROMPRE v.t. [60] (lat. *rumpere*). **1.** Faire céder sous l'effet d'une forte pression ; enfoncer : *Le fleuve a rompu ses digues.* **2.** Litt. Casser en deux ou plusieurs morceaux : *D'un coup sec, il a rompu la baguette.* **3.** Faire cesser ; mettre fin à : *Rompre un contrat.* ■ **Applaudir à tout rompre,** de toutes ses forces. ■ **Être rompu de fatigue** [litt.], être épuisé. ■ **Rompre les rangs,** en parlant de soldats, se séparer à la fin d'une manœuvre d'ordre serré ; se disperser. ■ **Rompre qqn à qqch** [litt.], l'exercer, l'entraîner à. ◆ **v.i. 1.** Mettre fin brutalement à des relations amoureuses. **2.** Litt. Céder brusquement : *Le câble n'a pas rompu.* ◆ **v.t.ind. (AVEC). 1.** Mettre fin à une relation : *Rompre avec son fiancé, son milieu.* **2.** Se libérer complètement et définitivement de : *Il est difficile de rompre avec son passé. Cette cérémonie rompt avec la tradition.* ◆ **SE ROMPRE v.pr.** Se casser brusquement. ■ **Se rompre le cou** ou **les os,** se tuer en faisant une chute.

1. ROMPU, E adj. BX-ARTS. ■ **Ton rompu,** teinte résultant d'un mélange par lequel on a altéré la pureté d'une couleur.

2. ROMPU n.m. BOURSE. Quantité de droits ou de titres non multiple de la quotité requise, qui ne permet pas d'obtenir un nombre entier de titres nouveaux.

ROMSTECK ou **RUMSTECK** [rɔmstɛk] **n.m.** (angl. *rump steak*). **BOUCH.** Partie tendre du bœuf correspondant à la croupe et fournissant des morceaux à rôtir ou à griller.

▲ **ronce**

RONCE n.f. (du lat. *rumex, -icis*, dard). **1.** Arbuste souvent épineux, à baies noires comestibles (*mûres*). ➲ Le framboisier est une espèce cultivée de ronce. Famille des rosacées. **2.** Partie du bois où les éléments, irrégulièrement enchevêtrés (bois madré), ont un effet décoratif : *Ronce de noyer.*

RONCERAIE n.f. Terrain envahi par les ronces.

RONCEUX, EUSE adj. 1. BOIS. Madré. **2.** Litt. Couvert de ronces.

RONCHON, ONNE adj. et **n.** Fam. Grincheux.

RONCHONNEMENT n.m. Fam. Action de ronchonner ; grommellement.

RONCHONNER v.i. [3] (de l'anc. fr. *ronchier*, ronfler). Fam. Manifester son mécontentement par des bougonnements.

RONCHONNEUR, EUSE adj. et **n.** Fam. Qui ronchonne sans cesse.

RONCHOPATHIE [rɔ̃ko-] **n.f.** (du lat. *ronchus*, ronflement). **MÉD.** Ronflement pathologique pouvant entraîner un syndrome des apnées du sommeil.

RONCIER n.m. ou **RONCIÈRE n.f.** Buisson de ronces.

1. ROND, E adj. (lat. *rotundus*). **1.** Qui a la forme d'un cercle, d'une sphère, d'un cylindre ; circulaire : *Une table ronde.* **2.** Dont la forme est arrondie ou présente une courbe : *Un livre à dos rond.* **3.** Fam. De petite taille et assez corpulent ; replet. **4.** Charnu et bien rempli : *Des joues rondes.* **5.** Fam. Ivre. **6.** Qui agit avec franchise ; direct : *Elle est ronde en affaires.* **7.** Se dit d'un nombre entier ou, selon la grandeur, d'un nombre sans dizaine ou centaine. ■ **Le ballon rond,** le football, par oppos. au *ballon ovale*, le rugby. ◆ **adv.** ■ **Avaler tout rond,** sans mâcher. ■ **Ne pas tourner rond** [fam.], ne pas être dans son état normal. ■ **Tourner rond** [fam.], fonctionner bien, en parlant d'un moteur ; fig., se dérouler de façon satisfaisante.

2. ROND n.m. 1. Figure en forme de circonférence ; cercle. **2.** Fam. Argent : *Je n'ai plus un rond.* ■ **En rond,** en cercle. ■ **Faire des ronds de jambe,** faire des politesses exagérées. ■ **Rond de gîte** [bouch.], morceau du gîte à la noix correspondant au muscle demi-tendineux. ■ **Rond de jambe** [danse], mouvement exécuté jambe d'appui tendue, la jambe libre décrivant du pied un cercle ou un demi-cercle. ■ **Rond de serviette,** anneau dans lequel on glisse sa serviette de table après le repas ; fig., habitude d'être reçu quelque part comme un intime : *Il a son rond de serviette sur tous les plateaux de télévision.* ■ **Rond de sorcière** [bot.], anneau sur lequel poussent les champignons issus d'une même spore et marqué par un net verdissement de l'herbe. ■ **Rond de tranche** [bouch.], morceau très tendre de la tranche grasse du bœuf, correspondant à l'un des faisceaux du quadriceps. ■ **Tourner en rond,** en revenir toujours au point de départ ; ne pas progresser.

RONDACHE n.f. (mot picard). Bouclier rond, en usage de l'Antiquité à la fin du XVIe s.

RONDADE n.f. (de 2. *rond*). **SPORTS.** Prise d'élan, en acrobatie au sol.

ROND-DE-CUIR n.m. (pl. *ronds-de-cuir*). Vieilli, péjor. Employé de bureau.

1. RONDE n.f. Parcours et visite d'un lieu effectués par toute personne chargée d'en assurer la surveillance (policiers, gardiens), de veiller au bon ordre et au respect des consignes ; groupe de personnes chargé de cette mission. ■ **Chemin de ronde** → **CHEMIN.**

2. RONDE n.f. 1. Danse où les danseurs se tiennent par la main et tournent en rond. **2.** Chanson sur le refrain de laquelle on danse en rond. **3.** Écriture à jambages courbes, à panses et à boucles presque circulaires. **4. MUS.** Note valant deux blanches ou quatre noires. ■ **À la ronde,** dans l'espace qui s'étend tout autour d'un lieu : *Il n'y a aucune habitation à dix lieues à la ronde* ; tour à tour : *Boire à la ronde.* ◆ **n.f. pl.** Suisse. Pommes de terre en robe des champs.

RONDEAU n.m. (de 2. *rond*). **1. LITTÉR.** Poème lyrique apparu au XIIIe s., à forme fixe sur deux rimes et un refrain. **2.** Petite poésie mise en musique, et dont les premiers vers se répètent à la fin. **3.** Rondo.

RONDE-BOSSE n.f. (pl. *rondes-bosses*). Ouvrage de sculpture (statue, groupe) pleinement développé dans les trois dimensions, par oppos. au *relief.*

✎ On écrit la loc. ***en ronde bosse*** sans trait d'union.

RONDELET, ETTE adj. Fam. **1.** Qui présente un certain embonpoint ; replet. **2.** Se dit d'une somme d'argent assez importante.

RONDELLE n.f. 1. OUTILL. Petit disque percé que l'on place entre une vis ou un écrou et la pièce à serrer, pour transmettre et répartir l'effort de serrage sur la pièce. **2.** Petite tranche ronde découpée dans un produit comestible : *Rondelle de saucisson.* **3.** Québec. Palet de hockey sur glace en caoutchouc dur.

RONDEMENT adv. 1. Avec décision et rapidité ; promptement : *Affaire rondement menée.* **2.** De façon franche et directe : *Parler rondement.*

RONDEUR n.f. 1. État de ce qui est rond, sphérique : *La rondeur de notre planète.* **2.** État d'une partie du corps présentant une forme arrondie : *La rondeur d'un mollet.* **3.** Caractère d'une personne franche : *Il est connu pour sa rondeur en affaires.*

RONDIER n.m. → **RÔNIER.**

RONDIN n.m. 1. Bois de chauffage rond et court. **2.** Bille de bois non équarrie, dans le commerce des bois tropicaux.

RONDO ou **RONDEAU n.m.** (ital. *rondo*). **MUS.** Forme instrumentale ou vocale caractérisée par l'alternance d'un refrain et de couplets.

RONDOUILLARD, E adj. Fam. Qui a de l'embonpoint ; grassouillet.

ROND-POINT (pl. *ronds-points*), ▲ **RONDPOINT n.m. 1.** Place, carrefour de plan circulaire ou semi-circulaire. **2. ARCHIT.** Rangée semi-circulaire de supports entre le chœur et le déambulatoire d'une église.

RONÉO n.f. (nom déposé). Machine à reproduire des textes, des dessins au stencil.

RONÉOTER ou **RONÉOTYPER v.t. [3].** Reproduire à la Ronéo un texte, un dessin fait au stencil.

RÔNERAIE n.f. Afrique. Lieu planté de rôniers (borassus).

RONFLANT, E adj. 1. Qui produit un son sourd et continu : *Moteur ronflant.* **2.** Emphatique et creux : *Discours ronflant.* ■ **Promesses ronflantes,** séduisantes mais mensongères.

RONFLEMENT **n.m.** **1.** Bruit que fait un dormeur en ronflant. **2.** Sonorité sourde et prolongée.

RONFLER **v.i.** [3]. **1.** Produire, en respirant pendant le sommeil, un bruit sonore venant de la gorge. **2.** Produire un bruit sourd, régulier.

RONFLEUR, EUSE **n.** Personne qui ronfle.

RONGEMENT **n.m.** Action de ronger.

RONGER **v.t.** [10] (lat. *rumigare*). **1.** Entamer avec les dents ; mordiller : *Le chiot a rongé ma pantoufle.* **2.** En parlant des vers, des insectes, attaquer, détruire. **3.** Attaquer par une action lente, progressive : *La pollution ronge les pierres.* **4.** Fig. Causer du tourment ; miner : *L'inquiétude le ronge.*

RONGEUR, EUSE **adj.** Qui ronge. ◆ **n.m.** Mammifère, herbivore ou omnivore, caractérisé par de longues incisives tranchantes à croissance continue et par des molaires râpeuses et broyeuses, tel que le rat, l'écureuil, le porc-épic, le cobaye. ➲ Les rongeurs forment un ordre extrêmement vaste.

RÔNIER ou **RONDIER** **n.m.** (de *1. rond*). Borassus.

RÔNIN [rɔnin] ou [rɔnɛ̃] **n.m.** (mot jap. « homme flottant »). **HIST.** Au Japon, samouraï errant ne dépendant plus d'un daimyo.

RONRON **n.m.** (onomat.). **1.** Ronflement sourd par lequel le chat manifeste son contentement ; ronronnement. **2.** Bruit sourd et continu : *Le ronron du train nous berçait.* **3.** Fig., fam. Caractère routinier ; monotonie : *Le ronron de la vie quotidienne.*

RONRONNEMENT **n.m.** **1.** Action de ronronner ; bruit de ce qui ronronne. **2.** Ronron du chat.

RONRONNER **v.i.** [3]. **1.** Faire entendre des ronrons, en parlant du chat. **2.** Émettre, en fonctionnant, un bruit sourd et régulier. **3.** Fig., fam. Se complaire dans la routine.

RÖNTGEN ou **RŒNTGEN** [rœntgɛn] **n.m.** (de *Röntgen*, n.pr.). Unité d'exposition* de rayonnement X ou γ (symb. R), qui vaut 2,58 × 10^{-4} coulomb par kilogramme.

ROOF **n.m.** → **ROUF.**

ROOFING [rufiŋ] **n.m.** (mot angl.). Belgique. Couverture bitumée d'un toit.

ROOKERIE [rukri] **n.f.** (angl. *rookery*). **ZOOL.** Grand rassemblement saisonnier de certains animaux marins (manchots, phoques, otaries, etc.).

ROQUE **n.m.** (de *roquer*). Aux échecs, mouvement comptant pour un seul coup et consistant à déplacer le roi et à faire passer l'une des tours de l'autre côté du roi, quand aucune pièce ne les sépare et que le roi n'est pas en échec.

ROQUEFORT **n.m.** Fromage à pâte persillée, fabriqué avec du lait de brebis et affiné dans les caves de Roquefort-sur-Soulzon.

ROQUER **v.i.** [3] (de l'anc. fr. *roc*, tour). Aux échecs, faire un roque.

ROQUET **n.m.** (onomat.). **1.** Petit chien hargneux qui aboie sans cesse. **2.** Fam., péjor. Individu hargneux mais peu redoutable.

ROQUETIN **n.m.** (de *2. rochet*). **TEXT.** **1.** Gros fil pris dans la trame de tissage d'un galon, qu'il orne sur le bord ou en surface. **2.** Petite bobine qui reçoit le fil de soie lors du moulinage.

1. ROQUETTE ou **ROUQUETTE** **n.f.** (ital. *rochetta*). **1.** Plante annuelle à tige velue dont les feuilles, riches en vitamines, à saveur piquante, sont consommées en salade. ➲ Famille des crucifères. **2.** (Abusif). Sisymbre.

2. ROQUETTE ou **ROCKET** [rɔkɛt] **n.f.** (angl. *rocket*). Projectile autopropulsé et non guidé, tiré depuis un avion ou un navire, ou depuis la terre, employé dans les tirs d'artillerie et antichars.

RORQUAL [rɔrkwal] **n.m.** (pl. *rorquals*) [de l'anc. norv. *raudhhwalr*, baleine rouge]. Baleine à la gorge marquée de sillons longitudinaux et possédant une nageoire dorsale (SYN. **balénoptère**). ➲ Une espèce, le rorqual bleu ou *baleine bleue*, est le plus grand des animaux ; long. max. 33 m ; poids max. 190 t.

RORSCHACH [rɔrʃa] ou [rɔrʃax] **(TEST DE)** **n.m.** Test projectif consistant à interpréter une série de planches représentant des taches d'encre symétriques obtenues par pliage. (On dit aussi un *rorschach*.) ➲ L'analyse des réponses du sujet permet de déceler certains aspects de sa personnalité.

ROSACE **n.f.** **ARCHIT.** **1.** Ornement circulaire fait de feuilles ou de pétales rayonnant autour d'un bouton. **2.** Rose.

ROSACÉ, E **adj.** De couleur rose.

ROSACÉE **n.f.** **1.** Dialypétale à nombreuses étamines, souvent pourvue d'un double calice, telle que le rosier, l'aubépine, le fraisier et la plupart des arbres fruitiers d'Europe (cerisier, pêcher, prunier, etc.). ➲ Les rosacées forment une famille. **2.** **MÉD.** Affection cutanée du visage se traduisant par une rougeur, une couperose et des pustules.

ROSAIRE **n.m.** (du lat. *rosarium*, couronne de roses). **CATH.** **1.** Grand chapelet composé de quinze dizaines de petits grains, représentant les Ave, que séparent des grains plus gros, les Pater. **2.** Prière récitée en égrenant le rosaire.

ROSALBIN **n.m.** (du lat. *rosa*, rose, et *albus*, blanc). Petit cacatoès gris et rose, granivore, très commun en Australie. ➲ Famille des psittacidés.

ROSANILINE **n.f.** **CHIM. INDUSTR., TEXT.** Base azotée dont les dérivés (fuchsine, bleu de Lyon, etc.) sont des couleurs teignant directement la fibre animale.

ROSAT **adj. inv.** (bas lat. *rosatum*). Se dit des préparations pharmaceutiques où il entre des roses, partic. des roses rouges : *Pommade rosat.*

ROSÂTRE **adj.** Qui a une teinte rose peu vive.

ROSBIF [rɔzbif] **n.m.** (angl. *roastbeef*). Pièce de bœuf destinée à être rôtie.

▲ **roses**

1. ROSE **n.f.** (lat. *rosa*). **1.** Fleur du rosier. **2.** **ARCHIT.** Grande baie circulaire d'église, à remplage décoratif garni de vitraux (SYN. **rosace**). ▪ **À l'eau de rose** [fam.], mièvre et sentimental : *Roman à l'eau de rose.* ▪ **Bois de rose,** palissandre d'Amérique tropicale, de couleur jaune-blanc veiné de rose, dont une espèce est utilisée en ébénisterie. ➲ Famille des légumineuses ; arbre d'Amérique tropicale, au bois très odorant fournissant l'essence de rose. ➲ Famille des lauracées. ▪ **Diamant en rose,** ou **rose,** diamant taillé à facettes et dont la culasse est plate. ▪ **Eau de rose,** eau de toilette préparée au cours de la distillation de l'essence de rose. ▪ **Envoyer qqn sur les roses** [fam.], l'éconduire brutalement. ▪ **Être frais comme une rose,** avoir le teint éclatant, l'air reposé. ▪ **Ne pas sentir la rose** [fam.], sentir mauvais. ▪ **Rose de Jéricho,** plante des régions sèches d'Afrique du Nord et du Proche-Orient, qui se contracte en boule par temps sec et s'étale à l'humidité. ➲ Famille des crucifères. ▪ **Rose de Noël,** hellébore noir. ▪ **Rose des sables,** concrétion de gypse, jaune ou rose, qui se forme par évaporation dans les sebkras des régions désertiques. ▪ **Rose des vents,** étoile à trente-deux branches, correspondant aux trente-deux aires de vent du cadran de la boussole. ▪ **Rose trémière,** plante voisine des guimauves, à très haute tige, cultivée pour ses grandes fleurs de couleurs variées, appelée aussi *primerose, passerose.* ➲ Famille des malvacées.

▲ **roquette**

▲ **rose de Jéricho**

2. ROSE **adj.** **1.** Qui a la couleur pourpre pâle de la rose commune : *Des foulards roses.* **2.** Fam. Socialiste. **3.** Qui a rapport au commerce charnel tarifé : *Messageries roses.* ▪ **Ce n'est pas (tout) rose,** ce n'est pas agréable, pas gai. ▪ **Rose bonbon,** rose vif. ▪ **Rose thé,** d'un jaune rosé, comme la fleur du même nom. ▪ **Vieux rose,** d'une couleur évoquant la rose fanée. ◆ **n.m.** Couleur rose. ▪ **Voir tout** ou **voir la vie en rose,** voir le bon côté des choses ; être optimiste.

ROSÉ, E **adj.** Faiblement teinté de rouge : *Les lueurs rosées du couchant.* ▪ **Vin rosé,** ou **rosé,** **n.m.,** vin de couleur rosée obtenu avec des raisins rouges par extraction directe du moût ou après une légère macération de la vendange, afin de permettre la diffusion des colorants de la pellicule des grains de raisin.

ROSEAU **n.m.** (anc. fr. *raus*). Graminée à rhizome du bord des étangs, à tige droite, lisse, creuse ou remplie de moelle et pourvue d'un épi de fleurs terminal, telle que le phragmite ou le gynérium. ➲ Sous-classe des monocotylédones. ▪ **Roseau aromatique,** acore.

ROSEAU-MASSUE **n.m.** (pl. *roseaux-massues*). Massette.

ROSE-CROIX **n.m. inv.** **1.** Membre de la Rose-Croix, mouvement mystique fondé au XVe s. **2.** Grade de la franc-maçonnerie.

ROSÉ-DES-PRÉS **n.m.** (pl. *rosés-des-prés*). Psalliote comestible à lames rosées. ➲ Ordre des agaricales.

ROSÉE **n.f.** (lat. *ros, roris*). Vapeur d'eau qui se dépose, le matin ou la nuit, en gouttelettes très fines, dans la nature. ▪ **Point de rosée** [météorol.], température à laquelle la vapeur d'eau de l'air commence à se condenser.

ROSELET **n.m.** Fourrure d'été de l'hermine, d'un roux jaunâtre.

ROSELIÈRE **n.f.** Lieu couvert de roseaux. ➲ Abris de nombreux oiseaux, les roselières contribuent en outre à l'épuration des eaux qu'elles entourent.

ROSÉOLE **n.f.** (de *2. rose*). **MÉD.** Éruption cutanée de petites taches rosées, de causes diverses. ▪ **Roséole infantile,** maladie infectieuse du jeune enfant, probablement virale, caractérisée par une éruption cutanée et de la fièvre.

ROSER **v.t.** [3]. Litt. Donner une teinte rose à ; rosir.

ROSERAIE **n.f.** Terrain planté de rosiers.

ROSETTE **n.f.** **1.** Nœud marin formé d'une ou de deux boucles que l'on peut détacher en tirant les bouts. **2.** Insigne de certains ordres civils ou militaires, qui se porte à la boutonnière : *La rosette de la Légion d'honneur.* **3.** **BOT.** Ensemble de feuilles étalées en cercle près du sol, au niveau du collet, chez les plantes à tige très réduite. **4.** Saucisson cru de Lyon.

ROSEUR **n.f.** Litt. Couleur rose, rosée.

ROSEVAL n.f. (pl. *rosevals*). Pomme de terre d'une variété à chair rose.

ROSH HA-SHANA ou **ROCH HA-SHANA** [rɔʃaʃana] **n.m. inv.** (mot hébr.). Fête du Nouvel An juif, au début de l'automne.

ROSICRUCIEN, ENNE adj. Relatif à la Rose-Croix.

ROSIER n.m. Arbuste épineux à tige dressée ou rampante, cultivé pour ses fleurs odorantes. ➲ Famille des rosacées.

ROSIÈRE n.f. Anc. Jeune fille vertueuse à laquelle on décernait solennellement une couronne de roses accompagnée d'une récompense.

ROSIÉRISTE n. Horticulteur spécialisé dans la culture des rosiers.

ROSIR v.t. [21]. Donner une teinte rose à ; roser. ◆ v.i. Devenir rose.

ROSSARD, E n. et adj. Fam. Personne malveillante ; rosse.

ROSSE n.f. (de l'all. *Ross*, cheval). Fam., vieilli. **1.** Mauvais cheval sans vigueur ; haridelle. **2.** Personne méchante : *Cet examinateur est une rosse.* ◆ **adj.** Fam. D'une grande méchanceté : *Une remarque très rosse.*

ROSSÉE n.f. Fam. Volée de coups.

ROSSER v.t. [3] (lat. pop. **rustiare*). Fam. Battre qqn violemment ; le rouer de coups.

ROSSERIE n.f. Fam. Parole ou action méchante ; vacherie.

ROSSIGNOL n.m. (anc. fr. *losseignol*). **1.** Passereau d'Europe, d'Afrique et du Moyen-Orient, au plumage brun, renommé pour son chant crépusculaire. ➲ Cri : le rossignol chante. Famille des turdidés. **2.** Fam. Crochet dont se servent les serruriers et les cambrioleurs pour ouvrir les serrures. **3.** Fam., vieilli. Marchandise défraîchie ; objet démodé, sans valeur.

▲ rossignol

ROSSINANTE n.f. (de l'esp. *Rocinante*, n. du cheval de don Quichotte). Litt. Cheval maigre.

ROSSOLIS n.m. (du lat. *ros solis*, rosée du soleil). Drosera.

RÖSTI n.m. pl. → **RŒSTI.**

ROSTRAL, E, AUX adj. **ANTIQ. ROM.** ▪ **Colonne rostrale,** colonne ornée d'éperons de navires (rostres), élevée en souvenir d'une victoire navale.

ROSTRE n.m. (lat. *rostrum*). **1.** Ensemble des pièces buccales saillantes de certains insectes, leur permettant de piquer et aspirer (punaises, pucerons) ou de broyer (charançons). **2.** Prolongement antérieur de la carapace de certains crustacés (crevettes, notamm.). **3.** Expansion osseuse à l'avant de la tête de certains poissons (espadon, marlin, poisson-scie). **4. ANTIQ. ROM.** Éperon d'un navire. ◆ **n.m. pl. ANTIQ. ROM.** Tribune aux harangues, sur le Forum romain, ornée d'éperons pris aux Volsques en 338 av. J.-C.

1. ROT [ro] **n.m.** (de *roter*). Fam. Éructation ; renvoi.

2. ROT [rɔt] **n.m.** (mot angl. « pourriture »). **AGRIC.** Maladie cryptogamique des plantes. ➲ Le *rot brun* des arbres fruitiers est une moniliose.

RÔT n.m. Vx. Rôti.

ROTACÉ, E adj. (du lat. *rota*, roue). **BOT.** En forme de roue.

ROTANG [rɔtɑ̃g] **n.m.** (malais *rōtan*). Palmier d'Inde et de Malaisie à tige grêle, appelé aussi *jonc d'Inde*, dont une espèce fournit le rotin et une autre le sang-dragon. ➲ Famille des arécacées.

ROTARY n.m. (pl. *rotarys*) [mot angl., du lat. *rota*, roue]. **PÉTROLE.** Forage par rotation du trépan.

ROTATEUR, TRICE adj. (bas lat. *rotator*). Qui fait tourner. ▪ **Muscle rotateur,** ou **rotateur, n.m.** [anat.], muscle qui permet la rotation sur son axe d'un membre ou du tronc.

ROTATIF, IVE adj. Qui agit en tournant : *Bras rotatif d'un lave-vaisselle.*

ROTATION n.f. (lat. *rotatio*). **1. PHYS.** Mouvement d'un corps autour d'un axe qui le traverse. (→ **précession, révolution**) **2.** Emploi méthodique et successif de matériel, de procédés, etc. ; alternance périodique d'activités, de fonctions, de services ; roulement : *Rotation des réserves, des stagiaires.* **3. AGRIC.** Succession, sur une même parcelle, d'un nombre limité de cultures, dans un ordre toujours identique. **4.** Fréquence de voyages effectués par un moyen de transport affecté à une ligne régulière. ▪ **Rotation dans l'espace [d'angle α autour d'un axe (D)]** [math.], transformation dont la restriction à tout plan perpendiculaire à l'axe est une rotation plane ayant pour angle α et pour centre l'intersection du plan et de l'axe (D). ▪ **Rotation plane (d'angle α autour d'un point O)** [math.], transformation ponctuelle telle qu'un point M différent de O ait pour image un point M′ tel que OM = OM′ et que l'angle $(\overrightarrow{OM}, \overrightarrow{OM'})$ soit égal à α. ▪ **Taux de rotation des stocks,** pourcentage du renouvellement des biens stockés pendant un exercice comptable. ▪ **Taux de rotation du personnel,** pourcentage du personnel remplacé, pendant un an, dans une entreprise, par rapport à l'effectif moyen.

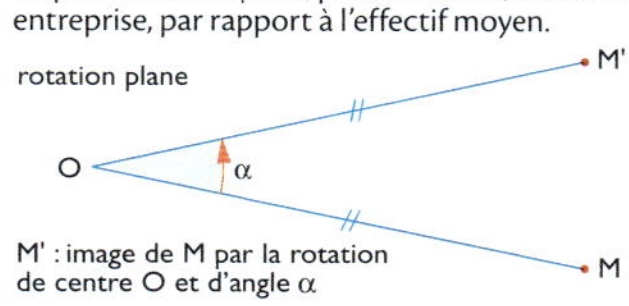

▲ rotation

ROTATIVE n.f. **IMPRIM.** Presse dont la forme imprimante est cylindrique et animée d'un mouvement rotatif continu qui permet une très grande vitesse d'impression.

ROTATIVISTE n. Personne qui conduit une rotative.

ROTATOIRE adj. Relatif à une rotation ; caractérisé par la rotation : *Mouvement rotatoire.* ▪ **Pouvoir rotatoire** [chim., opt.], propriété que possèdent certaines substances de faire tourner le plan de polarisation de la lumière. ➲ On dit alors qu'elles sont *optiquement actives.*

ROTAVIRUS n.m. **BIOL.** Virus à ADN, en forme de roue, principal responsable de gastro-entérites infectieuses chez l'enfant.

ROTE n.f. (du lat. *rota*, roue). **CATH.** Tribunal ordinaire du Saint-Siège, qui instruit princip. les causes matrimoniales.

ROTENGLE n.m. (all. *Roteugel*). Poisson téléostéen des lacs d'Europe occidentale et de Russie, appelé aussi *gardon rouge*, aux yeux et aux nageoires rouges. ➲ Famille des cyprinidés.

ROTÉNONE n.f. (angl. *rotenone*, du jap.). Substance insecticide extraite de la racine de certains arbres tropicaux du genre *Derris.*

ROTER v.i. [3] (bas lat. *ruptare*). Fam. Éructer.

RÔTI n.m. Pièce de viande, de volaille ou de gibier, cuite à la broche ou au four.

RÔTIE n.f. Vieilli ou région. Tranche de pain grillée.

ROTIFÈRE n.m. (du lat. *rota*, roue, et *ferre*, porter). Invertébré aquatique minuscule, nageur ou vivant fixé sur le fond, portant deux couronnes de cils vibratiles autour de la bouche. ➲ L'embranchement des rotifères contient les plus petits animaux pluricellulaires. Long. 40 à 200 micromètres.

ROTIN n.m. (de *rotang*). Partie de la tige du rotang dont on fait des cannes, des sièges, etc.

RÔTIR v.t. [21] (francique *raustjan*). **1.** Faire cuire de la viande à la broche ou au four, à feu vif et sans sauce. **2.** Fam. Produire un effet semblable à une brûlure ; griller : *Le soleil rôtit le gazon.* ◆ **v.i.** ou **SE RÔTIR v.pr.** Fam. Être exposé à une chaleur, à un soleil très vifs : *Les touristes se rôtissent sur la plage.*

RÔTISSAGE n.m. Action de rôtir.

RÔTISSERIE n.f. **1.** Boutique du rôtisseur. **2.** Restaurant où l'on mange des grillades.

RÔTISSEUR, EUSE n. **1.** Commerçant qui vend des viandes rôties. **2.** Cuisinier qui traite tous les aliments rôtis, dans une brigade de cuisine.

RÔTISSOIRE n.f. Ustensile de cuisine qui sert à rôtir la viande ; four électrique équipé d'une broche tournante.

ROTOGRAVURE n.f. **IMPRIM.** Héliogravure tramée.

ROTOMOULAGE n.m. Moulage par rotation de pièces creuses en matières plastiques (PVC, par ex.).

ROTONDE n.f. (ital. *rotonda*). **1. ARCHIT.** Bâtiment de plan circulaire, ou proche du cercle, souvent surmonté d'une coupole. **2.** Dans certains autobus, banquette en demi-cercle se trouvant à l'arrière.

ROTONDITÉ n.f. (lat. *rotunditas*). **1.** État de ce qui est rond : *La rotondité de la Terre.* **2.** Fam. (Souvent pl.). Partie rebondie du corps ; rondeur.

ROTOPLOT n.m. Très fam. Sein de femme.

ROTOR n.m. (mot angl., du bas lat. *rotator*, qui fait tourner). **1. AÉRON.** Ensemble des pales montées sur un même moyeu et dont la rotation assure la sustentation et la propulsion d'un giravion. **2. TECHN.** Partie tournante d'une machine (par oppos. à *stator*).

ROTOSCOPE n.m. Dispositif de rotoscopie.

ROTOSCOPIE n.f. **CINÉMA.** Technique consistant à modifier un plan d'un film, image par image, notamm. pour créer des effets spéciaux.

ROTRING n.m. (nom déposé). Stylo à pointe tubulaire de la marque de ce nom.

ROTTWEILLER ou **ROTTWEILER** [rɔtvajlœr] **n.m.** (all. *Rottweiler*). Chien de garde allemand issu d'un croisement de molosse et de chien de berger.

▲ rottweiler

ROTULE n.f. (du lat. *rotula*, petite roue). **1. ANAT.** Petit os plat, triangulaire, situé à la partie antérieure du genou et articulé avec le fémur. **2. MÉCAN. INDUSTR.** Pièce sphérique, utilisée comme articulation dans des organes devant pouvoir s'orienter dans tous les sens. ▪ **Être sur les rotules** [fam.], être fourbu.

ROTULIEN, ENNE adj. **ANAT.** Relatif à la rotule.

ROTURE n.f. (du lat. *ruptura*, rupture). **HIST.** **1.** Condition de qqn qui n'est pas noble. **2.** Ensemble des roturiers.

ROTURIER, ÈRE adj. et n. **HIST.** Qui n'est pas noble.

ROUABLE n.m. (lat. *rutabulum*). **1.** Perche terminée par un crochet utilisée par les boulangers pour rassembler la braise. **2.** Râteau pour ramasser le sel dans les salines.

ROUAGE n.m. **1.** Chacune des roues d'un mécanisme. **2.** Fig. Chaque élément nécessaire au fonctionnement d'un ensemble : *Les rouages d'une entreprise.*

ROUAN, ANNE adj. (esp. *roano*). Se dit d'un cheval, d'une vache dont la robe est composée d'un mélange de poils blancs, alezans et noirs. ◆ **n.m.** Cheval rouan.

ROUANNE n.f. (du gr. *rhukanê*, rabot). Tarière et compas à tracer du charpentier.

ROUBLARD, E adj. et n. Fam. Rusé et peu honnête.

ROUBLARDISE n.f. Fam. **1.** Caractère d'une personne roublarde. **2.** Action de roublard.

ROUBLE n.m. (russe *rubl*). Unité monétaire principale de la Russie et de la Biélorussie (après avoir été l'unité monétaire principale de l'URSS).

ROUCOULADE n.f. **1.** Bruit que font entendre les pigeons, les tourterelles (SYN. **roucoulement, roucoulis**). **2.** Fam. Échange de propos tendres entre amoureux.

ROUCOULANT, E adj. Qui roucoule.

ROUCOULEMENT n.m. Roucoulade.

ROUCOULER v.i. [3] (onomat.). **1.** Émettre un chant tendre et monotone, en parlant du pigeon, de la tourterelle. **2.** Fam. Échanger des propos tendres et langoureux : *Des amoureux qui roucoulent.* ◆ **v.t.** Dire ou chanter langoureusement : *Roucouler des mots d'amour, une ballade.*

ROUCOULIS **n.m.** Roucoulade.

ROUDOUDOU **n.m.** Fam. Caramel coloré coulé dans une boîte en bois ou dans une coquille.

ROUE **n.f.** (lat. *rota*). **1.** Organe de forme circulaire, destiné à tourner autour d'un axe passant par son centre, et qui permet à un véhicule de rouler. **2.** Organe de forme circulaire entrant dans la constitution d'une machine, et qui transmet le mouvement soit grâce aux dents dont son pourtour est garni, soit grâce à un lien flexible passant sur sa périphérie ; rouage. **3.** Objet circulaire que l'on fait tourner : *Roue de loterie.* **4.** HIST. Supplice qui consistait à laisser mourir sur une roue un condamné dont on avait rompu les membres. ▪ **En roue libre,** sur une bicyclette, sans avoir à appuyer sur les pédales ; fig., sans aucune contrainte ni limite : *Un grand acteur en roue libre qui surjoue. Ici, l'addition est en roue libre !* ▪ **Faire la roue,** tourner latéralement sur soi-même en s'appuyant successivement sur les mains et sur les pieds ; déployer en éventail les plumes de sa queue, en parlant de certains oiseaux comme le paon. ▪ **Grande roue,** attraction foraine en forme de roue dressée. ▪ **La roue de la Fortune,** attribut de la déesse Fortune, allégorie des vicissitudes humaines. ▪ **Pousser à la roue,** aider à la réussite d'une affaire. ▪ **Roue à aubes,** propulseur de navire de forme circulaire, comportant des aubes articulées ou fixes. ▪ **Roue de friction** [mécan. industr.], qui assure l'entraînement par friction. ▪ **Roue de gouvernail** ou **à barre,** roue garnie de rayons prolongés par des poignées que l'on fait tourner pour agir sur la barre du gouvernail d'un navire. ▪ **Roue de secours** [autom.], roue de rechange destinée à remplacer une roue dont le pneu est crevé ou endommagé. ▪ **Roue fixe** [mécan. industr.], roue solidaire de son axe. ▪ **Roue hydraulique** ou **à eau,** machine transformant l'énergie d'une chute d'eau en énergie mécanique. ▪ **Roue libre,** dispositif permettant à un organe moteur d'entraîner un mécanisme sans être entraîné par lui. ▪ **Roue maîtresse,** la principale roue dentée d'une machine. ➲ La plus petite se nomme *pignon.* ▪ **Roue motrice** [autom.], roue commandée par le moteur grâce à la transmission et qui assure le déplacement d'un véhicule.

1. ROUÉ, E **adj.** et **n.** Litt. Habile et sans scrupule ; rusé.

2. ROUÉ, E **adj.** Se dit de l'encolure d'un cheval qui s'arrondit du garrot à la nuque.

ROUELLE **n.f.** (du bas lat. *rotella,* petite roue). **1.** BOUCH. Tranche épaisse tirée du cuisseau de veau. **2.** Pièce de tissu ronde que les Juifs devaient porter au Moyen Âge, en Occident.

ROUE-PELLE **n.f.** (pl. *roues-pelles*). TRAV. PUBL. Excavateur comportant une roue de grande dimension équipée de godets munis de dents, utilisé pour l'extraction de matériaux.

ROUER **v.t. [3]** (de *roue*). HIST. Faire mourir par le supplice de la roue. ▪ **Rouer qqn de coups,** le frapper violemment.

ROUERGAT, E **adj.** et **n.** Du Rouergue. ◆ **n.m.** LING. Dialecte de langue d'oc parlé dans l'Aveyron.

ROUERIE [ruri] **n.f.** Litt. Habileté sans scrupule ; fourberie.

ROUET **n.m.** (de *roue*). **1.** Anc. Instrument à roue mû par une pédale, qui servait à filer la laine, le chanvre et le lin. **2.** Anc. Rondelle d'acier dentée qui, en butant sur un silex, provoquait l'étincelle de mise à feu : *Rouet d'arquebuse.* **3.** Garde d'une serrure.

ROUF ou **ROOF** [ruf] **n.m.** (moyen néerl. *roof*). MAR. Superstructure, pouvant être munie d'un capot à glissières, établie sur le pont d'un navire.

ROUFLAQUETTE **n.f.** Fam. Patte de cheveux descendant sur la joue.

ROUGAIL [rugaj] **n.m.** La Réunion, Madagascar, Maurice. Préparation culinaire accompagnant les currys et autres plats locaux.

ROUGE **adj.** (lat. *rubeus*). **1.** De la couleur du sang, du coquelicot, etc. : *Des tulipes rouge foncé. Des rochers rouges.* **2.** Qui a le visage coloré par l'émotion, l'effort, etc. : *Être rouge de fièvre. Il a le nez rouge.* **3.** Se dit des cheveux, d'un pelage d'un roux ardent. **4.** Qui a été porté à l'incandescence : *Fer rouge.* **5.** Vieilli. Relatif aux communistes : *La banlieue rouge.* ▪ **Vin rouge,** obtenu à partir de cépages rouges après la fermentation alcoolique complète. ◆ **adv.** ▪ **Se fâcher tout rouge,** manifester violemment sa colère. ▪ **Voir rouge,** avoir un vif accès de colère. ◆ **n.** Vieilli. Communiste. ◆ **n.m.** **1.** Couleur rouge. **2.** Rayonnement lumineux situé entre l'orangé et l'infrarouge dans le spectre solaire, d'une longueur d'onde moyenne de 680 nm. **3.** Matière colorante rouge : *Du rouge pour peindre le soleil couchant.* **4.** Fard rouge : *Un tube de rouge à lèvres.* **5.** Coloration vive de la peau du visage sous l'effet d'une émotion : *Le rouge de la honte.* **6.** Couleur caractéristique des signaux d'arrêt ou de danger. **7.** Vin rouge. ▪ **Être dans le rouge,** se trouver dans une situation déficitaire ; présenter un solde débiteur ; se trouver dans une situation difficile ou hasardeuse. ▪ **Gros rouge** [fam.], vin rouge de qualité médiocre. ▪ **Sortir du rouge,** cesser d'être en déficit.

ROUGEÂTRE **adj.** Qui tire sur le rouge.

ROUGEAUD, E **adj.** et **n.** Qui a le visage rouge.

ROUGE-GORGE **n.m.** (pl. *rouges-gorges*). Passereau insectivore d'Europe, d'Asie occidentale et du pourtour méditerranéen, brun, à gorge et à poitrine d'un rouge vif. ➲ Famille des turdidés.

▲ rouge-gorge

ROUGEOIEMENT **n.m.** Litt. Lueur, reflet rouges : *Les rougeoiements du couchant.*

ROUGEOLE **n.f.** (lat. pop. *rubeola*). Maladie infectieuse contagieuse, virale, fréquente chez l'enfant, caractérisée par une inflammation des voies respiratoires supérieures, une fièvre et une éruption de taches rouges sur la peau.

ROUGEOLEUX, EUSE **adj.** Relatif à la rougeole. ◆ **adj.** et **n.** Atteint de rougeole.

ROUGEOYANT, E **adj.** Qui rougeoie : *Des braises rougeoyantes.*

ROUGEOYER **v.i. [7].** Prendre une teinte rougeâtre.

ROUGE-QUEUE **n.m.** (pl. *rouges-queues*). Passereau d'Europe, d'Asie du Sud et du pourtour méditerranéen, à queue rouge qu'il agite souvent de haut en bas. ➲ Famille des turdidés.

ROUGET **n.m.** **1.** Poisson marin à chair recherchée, à barbillons mentonniers (d'où son nom de *rouget barbet*), et dont la livrée brun verdâtre devient rouge après sa mort. ➲ Famille des mullidés. **2.** VÉTÉR. Maladie bactérienne du porc, transmissible à l'homme, caractérisée par des plaques rouges cutanées. ▪ **Rouget de roche,** surmulet. ▪ **Rouget grondin** → **GRONDIN.**

ROUGEUR **n.f.** **1.** Couleur rouge. **2.** Tache rouge sur la peau : *Des rougeurs sur le menton.* **3.** Coloration rouge du visage révélant une émotion : *Sa rougeur trahissait sa gêne.*

ROUGH [rœf] **n.m.** (pl. *roughs*) [mot angl. « raboteux »]. **1.** Terrain non entretenu bordant le fairway d'un golf. **2.** Premiers dessins ou premières épreuves d'une maquette servant d'avant-projet à une campagne publicitaire. Recomm. off. **crayonné, esquisse.**

ROUGI, E **adj.** Devenu rouge : *Des yeux rougis de sommeil.*

ROUGIR **v.i. [21].** **1.** Devenir rouge : *Les feuilles rougissent à l'automne.* **2.** Devenir rouge sous l'effet d'une émotion : *Tous les yeux se tournèrent vers elle, et elle rougit jusqu'aux oreilles.* ◆ **v.t.** Rendre rouge : *Rougir un fer à cheval au feu.*

ROUGISSANT, E **adj.** **1.** Qui devient rouge. **2.** Qui rougit d'émotion.

ROUGISSEMENT **n.m.** Action de rendre rouge ; fait de devenir rouge.

ROUILLE **n.f.** (lat. *robigo, -inis*). **1.** Oxyde ferrique hydraté, d'un brun roux, qui altère les métaux ferreux exposés à l'air humide. **2.** AGRIC. Maladie des plantes provoquée par des champignons (urédinales), atteignant surtout les céréales et se manifestant par des taches brunes ou jaunes sur les tiges et les feuilles. **3.** CUIS. Aïoli relevé de piments rouges, accompagnant la soupe de poissons et la bouillabaisse. ◆ **adj. inv.** De la couleur de la rouille.

ROUILLÉ, E **adj.** **1.** Couvert de rouille. **2.** Fig. Qui a perdu son efficacité par manque d'activité : *Ses doigts sont rouillés. Ma mémoire est rouillée.*

ROUILLER **v.t. [3].** **1.** Produire de la rouille sur un corps ferreux. **2.** Fig. Faire perdre sa souplesse physique ou sa vivacité intellectuelle à qqn. ◆ **v.i.** ou **SE ROUILLER** **v.pr.** **1.** Se couvrir de rouille. **2.** Fig. Perdre de sa souplesse physique ou de sa vivacité intellectuelle.

ROUILLURE **n.f.** **1.** État d'un objet rouillé. **2.** AGRIC. Effet de la rouille sur une plante.

ROUIR **v.t. [21]** (du francique). TEXT. Dégrader et éliminer partiellement les ciments pectiques des fibres de certaines plantes textiles (lin, chanvre, etc.) ou les substances toxiques de certaines plantes alimentaires (manioc).

ROUISSAGE **n.m.** Action de rouir.

ROUISSOIR **n.m.** Lieu où l'on pratique le rouissage.

ROULADE **n.f.** **1.** Roulé-boulé. **2.** MUS. Effet de voix qui alterne deux ou plusieurs notes sur un même son. **3.** CUIS. Tranche de viande roulée autour d'une farce ; charcuterie cylindrique cuite : *Roulade de veau, de porc.*

ROULAGE **n.m.** **1.** Action de rouler qqch. **2.** MAR. Transport des marchandises entre la terre et le bord par engins roulants. **3.** MIN. Transport du minerai entre le chantier et l'ouvrage d'extraction. **4.** Belgique, Afrique centrale. Circulation routière : *Accident de roulage. Police du roulage.* **5.** AGRIC. Opération consistant à rouler un terrain. **6.** MÉCAN. INDUSTR. Opération de mise en forme des métaux avec rotation ou passage de la pièce entre deux matrices ou entre des cylindres mobiles.

ROULANT, E **adj.** **1.** Qui peut être déplacé grâce à ses roues : *Fauteuil roulant.* **2.** Fam., vieilli. Désopilant. ▪ **C'est roulant** [Belgique], la circulation est fluide. ▪ **Cuisine roulante,** ou **roulante, n.f.** [mil.], cuisine ambulante employée par les troupes en campagne. ▪ **Escalier, trottoir roulant,** escalier ou plateforme mobiles actionnés mécaniquement sur des galets ou des rouleaux, servant au déplacement des piétons ou des marchandises. ▪ **Feu roulant** [vx], feu de mousqueterie continu ; fig., suite ininterrompue de questions, de critiques, etc. ▪ **Personnel roulant,** ou **roulant** [fam.], **n.m.,** personnel employé à bord de véhicules de transport en commun.

ROULÉ, E **adj.** Mis en rouleau : *Crêpes roulées ;* replié sur lui-même : *Un col roulé.* ▪ **Bien roulé** [fam.], bien proportionné, surtout en parlant d'une femme. ▪ **Épaule roulée** [bouch.], désossée et parée sous forme de rouleau. ▪ **« R » roulé** [phon.], réalisé par des battements de la pointe de la langue contre les alvéoles. ◆ **n.m.** Gâteau dont la pâte, enduite de confiture, est roulée en bûche.

ROULEAU **n.m.** (dimin. de *rôle*). **1.** Objet de forme cylindrique : *Un rouleau de papier peint.* **2.** Instrument agricole composé de un ou plusieurs cylindres, que l'on passe sur le sol pour briser les mottes, tasser un semis. **3.** Manchon en peau de mouton ou en fibres synthétiques pour étaler la peinture. **4.** Gros bigoudi. **5.** Vague déferlante dont la crête est enroulée. **6.** MANUT. Cylindre de faible diamètre utilisé pour manœuvrer des charges très lourdes. **7.** ARCHIT. Rangée de claveaux d'un arc. ▪ **Être au bout du rouleau** [fam.], être sans ressources ; être à bout de forces ; être sur le point de mourir. ▪ **Rouleau à pâtisserie,** servant à étendre la pâte. ▪ **Rouleau compresseur** [trav. publ.], engin automoteur utilisé pour le compactage des sols, composé de cylindres métalliques de grand diamètre formant roues et montés sur un châssis ; fig., phénomène massif, irrésistible : *Le rouleau compresseur de la crise.* ▪ **Rouleau de printemps,** hachis de crustacés, de poulet, d'oignons, de soja, de salade, etc., enveloppé dans une galette de riz. ➲ Cuisine vietnamienne. ▪ **Rouleau (ventral)** [sports], style de saut en hauteur où l'athlète passe la barre sur le ventre.

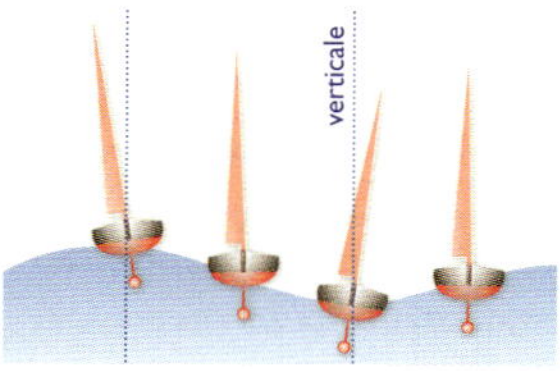

▲ **roulis**

ROULÉ-BOULÉ n.m. (pl. *roulés-boulés*). Action de se rouler en boule au cours d'une chute, afin d'amortir le choc (SYN. **roulade**).

ROULEMENT n.m. **1.** Action de rouler ; mouvement de ce qui roule : *Le roulement régulier du train.* **2.** Bruit évoquant le mouvement de qqch qui roule : *Le roulement du tonnerre.* **3.** Circulation et utilisation de l'argent pour les paiements, les transactions : *Roulement des capitaux.* **4.** Succession de personnes, d'équipes, dans un travail ; rotation : *Travailler par roulement.* **5.** MÉCAN. INDUSTR. Organe destiné, dans un système en rotation, à substituer un frottement de roulement à un frottement de glissement entre les paliers et les arbres : *Roulement à billes, à aiguilles, à rouleaux.*

ROULER v.t. [3] (de *rouelle*). **1.** Déplacer qqch en le faisant tourner sur lui-même : *Rouler de grosses pierres.* **2.** Pousser qqch qui est muni de roues : *Rouler une brouette.* **3.** Mettre en rouleau : *Rouler un tapis.* **4.** Envelopper qqch dans : *Rouler un bibelot dans du papier journal.* **5.** Imprimer un balancement à : *Rouler les hanches.* **6.** Sout. Tourner et retourner dans sa tête : *Rouler des idées de vengeance.* **7.** Fam. Duper : *Rouler un client.* **8.** AGRIC. Faire passer un rouleau sur un terrain pour l'aplanir ou pour favoriser le développement de la végétation qu'il porte : *Rouler un gazon.* ■ **Machine à rouler,** machine utilisée en chaudronnerie pour cintrer la tôle entre des cylindres d'acier. ■ **Rouler les mécaniques** [fam.], marcher en balançant les épaules, pour faire valoir sa carrure ; fig., faire le fanfaron. ■ **Rouler les « r »** [phon.], les faire vibrer fortement. ■ **Rouler les yeux,** les porter vivement de côté et d'autre par émotion, par surprise. ◆ **v.i. 1.** Avancer en tournant sur soi-même : *Boule de neige qui grossit en roulant.* **2.** Tourner sur soi-même en chutant : *Rouler dans l'escalier.* **3.** Se déplacer, en parlant d'un véhicule, de ses passagers. **4.** En parlant d'un navire, être affecté par le roulis. **5.** Faire entendre des roulements, des bruits sourds. ■ **Ça roule** [fam.], tout va bien. ■ **Rouler pour** [fam.], agir pour le compte, dans l'intérêt de qqn, d'un groupe : *Rouler pour le gouvernement.* ■ **Rouler sur,** avoir pour objet principal : *La conversation a roulé sur l'actualité.* ■ **Rouler sur l'or,** être très riche. ◆ **SE ROULER** v.pr. Se tourner et se retourner en roulant sur soi-même : *Se rouler dans la neige.* ■ **Se rouler en boule,** sur soi-même. ■ **Se rouler par terre** [fam.], se tordre de rire.

ROULETTE n.f. (de *roue*). **1.** Petite roue tournant en tous sens, fixée sur un objet, sous le pied d'un meuble, etc. : *Une table à roulettes.* **2.** Fam. Fraise utilisée par le dentiste. **3.** Ustensile constitué d'une petite roue dentée montée sur un manche, servant à imprimer des marques sur une surface, en couture, en cuisine, etc. **4.** Jeu de casino où le gagnant est désigné par l'arrêt d'une bille sur l'un des numéros d'un plateau tournant divisé en cases rouges ou noires, numérotées de 0 à 36. ■ **Aller** ou **marcher comme sur des roulettes** [fam.], ne rencontrer aucun obstacle, en parlant d'une affaire.

1. ROULEUR, EUSE adj. AUTOM. ■ **Cric rouleur,** ou **rouleur, n.m.,** cric monté sur roues pour la manœuvre des véhicules dans un garage.

2. ROULEUR n.m. Coureur cycliste doué d'endurance sur le plat et surtout dans les courses contre la montre.

ROULEUSE n.f. Appareil servant à rouler à la main des cigarettes.

ROULIER n.m. **1.** MAR. Navire de charge sur lequel les opérations de chargement et de déchargement s'effectuent par roulage. **2.** Voiturier qui transportait des marchandises, au XIXe s.

ROULI-ROULANT n.m. (pl. *rouli-roulants*). Québec. Planche à roulettes.

ROULIS n.m. Mouvement d'oscillation d'un bord sur l'autre que prend un véhicule, en partic. un bateau, autour d'un axe longitudinal, sous l'influence d'une force perturbatrice (par oppos. à *tangage*). ■ **Quille de roulis** → **1. QUILLE.**

ROULOTTE n.f. **1.** Grande voiture où logent les forains, les Tsiganes nomades, etc. **2.** Québec. Caravane de camping. ■ **Vol à la roulotte** [dr.], commis dans une voiture en stationnement.

ROULOTTÉ, E, ▲ *ROULOTÉ, E* **adj.** *et* **n.m.** COUT. Se dit d'un ourlet fait dans un tissu très fin, en roulant le bord du tissu.

ROULURE n.f. **1.** Fam., injur. Femme dépravée. **2.** BOT. Décollement des couches ligneuses du bois des arbres sous l'effet de la gelée.

ROUMAIN, E adj. et n. De la Roumanie ; de ses habitants. ◆ **n.m.** Langue romane parlée en Roumanie (et, sous le nom de *moldave*, en Moldavie).

ROUMÉGUER v.i. [11] (du gascon *roumiga*, ruminer). Région. (Sud-Ouest). Manifester son mécontentement ; bougonner : *Rouméguer entre ses dents.*

ROUMI n.m. (de l'ar. *rūm*, romain). Vieilli. Chrétien, pour les musulmans.

ROUND [rawnd] ou [rund] n.m. (mot angl.). **1.** Reprise, dans un combat de boxe. **2.** Phase d'une discussion, d'une négociation qui en comporte plusieurs.

1. ROUPIE n.f. Fam., vx. Goutte sécrétée par les fosses nasales qui pend au nez. ■ **C'est de la roupie de sansonnet,** une chose insignifiante, sans valeur.

2. ROUPIE n.f. (du sanskr. *rûpya*, argent). Unité monétaire principale de l'Inde, de l'Indonésie *(rupiah)*, des Maldives *(rufiyaa)*, de l'île Maurice, du Népal, du Pakistan, des Seychelles et du Sri Lanka.

ROUPILLER v.i. [3]. Fam. Dormir.

ROUPILLON n.m. Fam. Sommeil de courte durée.

ROUQUETTE n.f. → **1. ROQUETTE.**

1. ROUQUIN, E adj. et n. Fam. Qui a les cheveux roux.

2. ROUQUIN n.m. Fam. Vin rouge.

ROUSCAILLER v.i. [3]. Fam. Pester ; protester.

ROUSPÉTANCE n.f. Fam. Action de rouspéter.

ROUSPÉTER v.i. [11], ▲ *[11*]* (de l'anc. fr. *rousser*, gronder, et de *péter*). Fam. Manifester son mécontentement par des paroles ; fulminer.

ROUSPÉTEUR, EUSE n. et adj. Fam. Personne qui rouspète ; grincheux.

ROUSQUILLE n.f. (du catalan *rousqua*, couronne). Biscuit en forme de couronne, fait avec du miel et meringué. ➲ Spécialité catalane.

ROUSSÂTRE adj. Qui tire sur le roux.

ROUSSE n.f. Arg., vx. ■ **La rousse,** la police.

ROUSSEAU n.m. Pageot (poisson). ➲ Famille des sparidés.

ROUSSEAUISTE adj. et n. Relatif à J.-J. Rousseau ; partisan de ses idées.

ROUSSELÉ, E adj. et n. Région. (Ouest) ; Québec. Parsemé de taches de rousseur.

ROUSSEROLLE, ▲ *ROUSSEROLE* n.f. Petite fauvette des marais de l'Eurasie et de l'Afrique, qui construit un nid suspendu dans les roseaux. ➲ Famille des sylviidés.

ROUSSETTE n.f. **1.** Grande chauve-souris frugivore, au pelage roux, d'Afrique, d'Asie et d'Océanie. ➲ Sous-ordre des mégachiroptères. **2.** Petit requin inoffensif des eaux littorales, à robe claire parsemée de taches brunes, aussi appelé *touille*, dont la chair est commercialisée sous le nom de *saumonette*. ➲ Famille des scyliorhinidés.

▲ **roussette.** Grande roussette.

ROUSSEUR n.f. Couleur rousse. ■ **Tache de rousseur,** éphélide.

ROUSSI n.m. Odeur d'une chose qui a trop chauffé et légèrement brûlé. ■ **Ça sent le roussi** [fam.], les choses prennent une mauvaise tournure.

ROUSSILLONNAIS, E adj. et n. Du Roussillon.

1. ROUSSIN n.m. (anc. fr. *roncin*). **1.** Cheval de charge utilisé pour les voyages et le bât. **2.** HIST. Cheval de forte taille, que l'on montait à la guerre.

2. ROUSSIN n.m. Arg., vx. Policier.

ROUSSIR v.t. [21]. **1.** Rendre roux : *L'automne roussit les feuilles.* **2.** Brûler superficiellement : *Roussir une chemise en la repassant.* ◆ **v.i.** Devenir roux.

ROUSSISSEMENT n.m. Action de roussir ; état de ce qui est roussi.

ROUSTE n.f. (de *rouster*, rosser, mot dial. de l'Ouest). Fam. **1.** Volée de coups. **2.** Défaite.

ROUTAGE n.m. **1.** Triage d'imprimés, de journaux, de prospectus, etc., à diffuser, par lieux de destination, effectué par l'entreprise éditrice ou la messagerie. **2.** MAR. Action de router un navire.

ROUTARD, E n. Fam. Personne qui voyage à pied ou en auto-stop à peu de frais. ➲ Le mot a connu une fortune particulière avec le succès d'un guide de voyage, *le Guide du Routard* (marque déposée en 1975), paru pour la première fois en 1973.

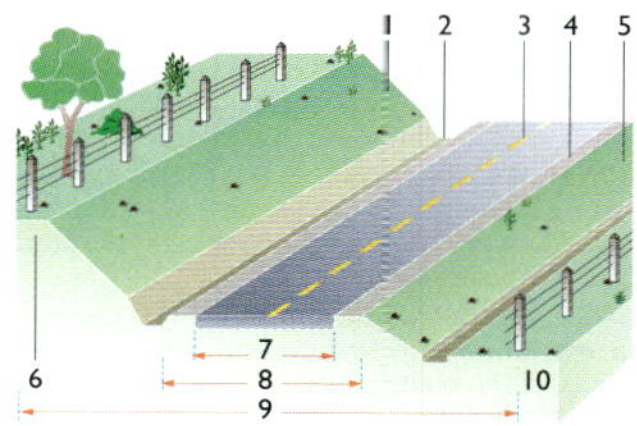

1. Talus de déblai ; 2. Fossé ; 3. Voie de circulation ; 4. Accotement ; 5. Talus de remblai ; 6. Zone de déblai ; 7. Chaussée ; 8. Plateforme ; 9. Emprise. 10. Zone de remblai.

▲ **route.** Vue d'ensemble et en coupe.

ROUTE n.f. (du lat. *via rupta*, voie frayée). **1.** Voie carrossable, aménagée hors agglomération : *Les petites routes de campagne* ; moyen de communication utilisant ce genre de voie : *La concurrence du rail et de la route.* **2.** Espace à parcourir, itinéraire à suivre pour aller d'un endroit à un autre : *Au retour, nous avons pris la même route.* **3.** Trajet d'un avion ou d'un navire. **4.** Fig. Ligne de conduite suivie par qqn : *Il est sur la route de la réussite.* ■ **Demander la route à qqn** [Afrique], demander à son hôte l'autorisation de prendre congé. ■ **Donner la route à qqn** [Afrique], donner à un invité l'autorisation de prendre congé. ■ **Faire fausse route,** s'écarter de sa route et s'égarer ; fig., se tromper. ■ **Faire la route** [fam.], partir à l'aventure avec peu d'argent. ■ **Faire route avec qqn,** l'avoir pour compagnon de voyage. ■ **Faire route vers,** se diriger vers telle destination. ■ **Fausse route** [méd.], passage des aliments dans la trachée au cours de la déglutition. ■ **Feuille de route** [mil.], consignes précises et circonstanciées données à un subordonné ; programme détaillé en vue d'un objectif précis : *La secrétaire d'État a reçu sa feuille de route.* ■ **Le Code de la route,** l'ensemble des réglementations concernant la circulation sur route. ■ **Mettre en route,** mettre en marche ; commencer à réaliser. ■ **Tailler la route** [fam.], partir ; s'enfuir. ■ **Tracer** ou **tailler sa route** [fam.], se fixer une ligne de conduite ; suivre sa propre voie.

ROUTER v.t. [3]. **1.** Effectuer le routage des journaux, imprimés, prospectus, etc. **2.** MAR. Fixer à un navire la route qu'il doit suivre.

1. ROUTEUR, EUSE n. **1.** Professionnel du routage. **2.** MAR. Personne qui route un navire.

2. ROUTEUR n.m. TÉLÉCOMM. **1.** Équipement d'un réseau commuté qui reçoit des données et les achemine vers leur adresse de destination par la voie la plus rapide. **2.** Équipement d'interconnexion entre deux ou plusieurs réseaux locaux.

1. ROUTIER, ÈRE adj. Relatif aux routes : *Le réseau routier.* ▪ **Carte routière,** qui indique les routes. ◆ **n.m.** Fam. Restaurant simple situé en bordure des routes à grande circulation.

2. ROUTIER, ÈRE n. 1. Chauffeur spécialisé dans la conduite de camions à longue distance. **2.** Cycliste spécialiste des courses sur route.

3. ROUTIER n.m. (de l'anc. fr. *rote,* troupe). **HIST.** Dans la France du Moyen Âge, homme appartenant à une bande de soldats irréguliers et pillards. ▪ **Vieux routier** [fam.], homme expérimenté, habile et parfois retors.

ROUTIÈRE n.f. Automobile, motocyclette permettant de réaliser de longues étapes dans d'excellentes conditions.

1. ROUTINE n.f. (de *route*). Manière d'agir ou de penser répétitive ou mécanique.

2. ROUTINE n.f. (mot angl.). **INFORM.** Sous-programme.

ROUTINIER, ÈRE adj. Qui agit par routine : *Esprits routiniers* ; caractérisé par la routine : *Travail routinier.*

ROUVERIN ou **ROUVERAIN adj.m.** (du lat. *ruber,* rouge). **MÉTALL.** Anc. ▪ **Fer rouverin,** que les impuretés incomplètement éliminées rendaient cassant et difficilement soudable.

ROUVRAIE n.f. Lieu planté de rouvres.

ROUVRE n.m. (lat. *robur, roboris*). Chêne rustique des forêts de l'Europe et de l'Asie occidentale, à feuilles munies d'un court pétiole et à glands longuement pédonculés (SYN. **chêne pédonculé**).

ROUVRIR ou **RÉOUVRIR v.t. [23].** Ouvrir de nouveau. ▪ **Rouvrir une blessure, une plaie,** raviver une peine, un chagrin. ◆ **v.i.** ou **SE ROUVRIR v.pr.** Être de nouveau ouvert.

ROUX, ROUSSE adj. (lat. *russus*). D'une couleur intermédiaire entre le jaune et le rouge, avec des reflets dorés. ◆ **adj.** et **n.** Qui a les cheveux roux. ◆ **n.m. 1.** Couleur rousse. **2. CUIS.** Préparation faite avec de la farine roussie dans du beurre, et qui sert à lier les sauces.

ROVER [rɔvœr] **n.m.** (mot anglo-amér.). Astromobile.

ROYAL, E, AUX adj. (lat. *regalis,* de *rex, regis,* roi). **1.** Relatif au roi, à sa fonction : *Pouvoir royal.* **2.** Relatif à un roi : *Palais royal.* **3.** Qui relève de l'autorité du roi : *Ordonnance royale.* **4.** Digne d'un roi ; somptueux : *Un pourboire royal.* **5.** Se dit d'espèces animales ou végétales qui se distinguent par leur taille ou leur beauté : *Tigre royal. Rose royale.* ▪ **La voie royale,** celle qui permet de parvenir à un but et de s'y illustrer. ▪ **Prince royal, princesse royale,** héritier, héritière présomptifs de la Couronne.

ROYALE n.f. Petite touffe de barbe que l'on laissait pousser sous la lèvre inférieure, à l'époque de Louis XIII. ▪ **La Royale** [fam.], la Marine nationale, en France.

ROYALEMENT adv. 1. De manière royale ; avec magnificence. **2.** Fam. Complètement : *Je m'en moque royalement.*

ROYALISME n.m. Attachement à la monarchie.

ROYALISTE adj. et **n.** Relatif au royalisme ; qui en est partisan. ▪ **Être plus royaliste que le roi,** défendre qqn avec plus d'ardeur qu'il ne le fait lui-même.

ROYALTIES [rwajalti] ou [-tiz] **n.f. pl.,** ▲ ***ROYALTIE n.f.*** (mot angl.). Somme due au titulaire d'un droit de propriété intellectuelle. Recomm. off. **redevance.**

ROYAUME n.m. (du lat. *regimen,* gouvernement, avec infl. de *royal*). État à régime monarchique. ▪ **Le royaume des cieux** [christ.], le paradis. ▪ **Le royaume des morts,** dans la mythologie, les Enfers.

SE ROYAUMER v.pr. [3] (de *royaume*). Suisse. Fam. Se prélasser.

ROYAUTÉ n.f. 1. Dignité de roi : *Il dut renoncer à la royauté.* **2.** Régime monarchique.

RSA ou **R.S.A.** [ɛrɛsa] **n.m.** (sigle). Revenu de solidarité active.

RSS n.m. ou **n.f.** (sigle de l'angl. *really simple syndication*). Ensemble de spécifications permettant la mise en ligne, en fichiers XML, du contenu actualisé d'un site Web et sa consultation rapide par les internautes. ▪ **Fil** ou **flux RSS,** fichier généré automatiquement par un site Web et repris par d'autres sites ou par un agrégateur, qui le transmettent aux abonnés. (On dit aussi *fil* ou *flux d'information, de syndication.*)

RTT ou **R.T.T. n.f.** (sigle). Réduction du temps de travail*.

RU n.m. (du lat. *rivus,* ruisseau). Région. ou litt. Petit ruisseau.

RUADE n.f. Pour un quadrupède, action de ruer ; mouvement ainsi accompli.

RUBAN n.m. (du moyen néerl. *ringhband,* collier). **1.** Bande de tissu longue et étroite, utilisée comme ornement. **2.** Marque de décoration portée à la boutonnière. **3. TEXT.** Assemblage de fibres sans torsion, pendant la filature. **4.** Bande mince et étroite de matière souple et flexible : *Ruban adhésif.* **5. SPORTS.** Un des engins de la gymnastique rythmique. **6. ARCHIT., ARTS APPL.** Ornement figurant un ruban qui s'enroule autour d'une tige. ▪ **Ruban d'eau,** rubanier.

RUBANÉ, E adj. 1. Qui présente des bandes semblables à des rubans : *Roche rubanée.* **2. PRÉHIST.** Se dit du décor des poteries en forme de bandes curvilignes peintes, gravées ou incisées, caractéristique du néolithique ancien.

RUBANERIE n.f. Industrie, commerce des rubans.

1. RUBANIER n.m. Plante aquatique à feuilles rubanées, aux fleurs et aux fruits regroupés en structures globuleuses, souvent appelée *ruban d'eau.* ➲ Famille des sparganiacées.

2. RUBANIER, ÈRE adj. Relatif à la fabrication, à la vente des rubans. ◆ **n.** Tisseur qui fabrique des rubans au métier mécanique.

RUBATO [ru-] **adv.** (mot ital.). **MUS.** Avec une grande souplesse dans la vitesse d'exécution.

RUBÉFACTION n.f. (du lat. *rubefacere,* rendre rouge). **1. MÉD.** Rougeur de la peau due à des substances irritantes. **2. PÉDOL.** Dans les régions tropicales, coloration en rouge d'un sol, due aux hydroxydes de fer.

RUBÉFIANT, E adj. et **n.m.** Se dit d'un médicament qui provoque une rubéfaction.

RUBELLITE n.f. MINÉRALOG. Variété rouge de tourmaline, recherchée comme gemme.

RUBÉNIEN, ENNE adj. Relatif à la manière de Rubens.

RUBÉOLE n.f. (du lat. *rubeus,* roux). Maladie épidémique virale, fréquente chez l'enfant non vacciné, caractérisée par une éruption cutanée d'aspect rosé et susceptible de provoquer des malformations chez le fœtus en cas de grossesse.

RUBÉOLEUX, EUSE adj. Relatif à la rubéole. ◆ **adj.** et **n.** Atteint de rubéole.

RUBESCENT, E adj. (lat. *rubescens*). Litt. Qui devient rouge.

RUBIACÉE n.f. (du lat. *rubia,* garance). Plante gamopétale, herbacée ou arbustive, telle que le gaillet, la garance, le caféier, le quinquina et le gardénia. ➲ Les rubiacées forment une famille.

RUBICAN adj.m. (de l'ital. *rabicano,* à queue blanche). ▪ **Cheval rubican,** cheval noir, bai ou alezan, à robe semée de poils blancs.

RUBICOND, E adj. (lat. *rubicundus*). Se dit d'un visage rouge.

RUBIDIUM [-djɔm] **n.m. 1.** Métal alcalin de densité 1,53, qui fond à 38,9 °C, analogue au potassium, mais beaucoup plus rare. **2.** Élément chimique (Rb), de numéro atomique 37, de masse atomique 85,4678. ➲ La méthode de datation appelée *rubidium-strontium* (^{87}Rb/^{87}Sr) est l'une des plus employées en radiochronologie.

RUBIGINEUX, EUSE adj. (lat. *rubiginosus*). **1.** Couvert de rouille. **2.** Qui a la couleur de la rouille.

RUBIS n.m. (du lat. *rubeus,* roux). **1.** Pierre précieuse, constituée par une variété de corindon, transparente et d'un rouge vif nuancé de rose ou de pourpre. **2.** Coussinet, autref. en rubis, auj. en corindon synthétique, servant de support à un pivot de rouage d'horlogerie. ▪ **Payer rubis sur l'ongle,** payer immédiatement et totalement ce que l'on doit.

RUBRIQUE n.f. (du lat. *rubrica,* titre en rouge). **1.** Indication de la matière traitée dans un article d'un ouvrage : *Les rubriques d'une encyclopédie.* **2.** Catégorie d'articles sur un sujet déterminé paraissant régulièrement dans un journal ; chronique : *Tenir la rubrique sportive.* **3.** Catégorie dans laquelle on classe qqch : *Dépenses regroupées sous la rubrique « loisirs ».* **4. CATH.** Dans les livres liturgiques, indication en lettres rouges concernant les rites à observer dans la célébration des actes.

RUBRIQUER v.t. [3]. Mettre sous telle rubrique ; classer par rubriques : *Rubriquer des sites Web.*

RUCHE n.f. (du bas lat. *rusca,* écorce). **1.** Habitation d'une colonie d'abeilles, constituée génér. de compartiments verticaux juxtaposés *(cadres)* placés dans une caisse ; colonie qui la peuple. (V. planche *abeilles.*) **2.** Fig. Endroit où s'activent de nombreuses personnes. **3. COUT.** Bande plissée de tulle, de dentelle ou de toile, qui servait d'ornement sur un vêtement féminin.

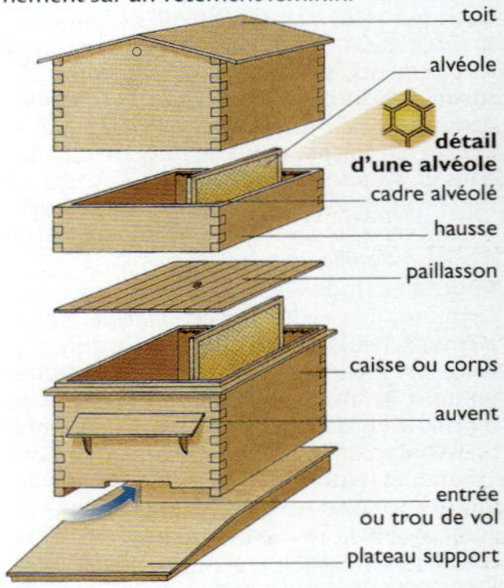

▲ **ruche** à cadres mobiles.

RUCHÉ n.m. COUT. Bande d'étoffe légère plissée en ruche.

RUCHÉE n.f. Population d'une ruche.

1. RUCHER n.m. Endroit où se trouvent les ruches ; ensemble de ruches.

2. RUCHER v.t. [3]. COUT. Garnir d'un ruché.

RUCLON n.m. Suisse. Dépotoir de jardin.

RUDBECKIA [rydbɛkja] **n.m.** (du n. de O. *Rudbeck*). Plante originaire de l'Amérique du Nord, cultivée pour ses grandes fleurs ornementales. ➲ Famille des composées.

RUDE adj. (du lat. *rudis,* brut). **1.** Rugueux au toucher ; rêche : *Des mains à la peau rude.* **2.** Désagréable à entendre ; rauque : *Voix rude.* **3.** Sévère et brutal : *Être rude avec ses enfants.* **4.** Qui a un caractère fruste, grossier : *Un visage aux traits rudes.* **5.** Pénible à supporter : *Hiver rude* ; difficile à vaincre : *C'est un rude concurrent.* **6.** Fam. Remarquable en son genre : *Avoir un rude appétit.*

RUDEMENT adv. 1. De façon rude, brutale ; durement : *Ne lui parle pas si rudement !* **2.** Fam. Extrêmement : *C'est rudement bon.*

RUDENTÉ, E adj. Qui présente des rudentures.

RUDENTURE n.f. (du lat. *rudens, -entis,* câble). **ARCHIT.** Ornement en forme de baguette, unie ou décorée, pouvant remplir, jusqu'au tiers environ de la hauteur, les cannelures d'une colonne ou d'un pilastre.

RUDÉRAL, E, AUX adj. (du lat. *rudus, -eris,* décombres). **BOT.** Se dit d'une plante qui pousse dans les décombres.

RUDESSE n.f. 1. Caractère de ce qui est dur à supporter ; rigueur : *La rudesse du climat.* **2.** Caractère de ce qui manque de délicatesse ; grossièreté. **3.** Caractère d'une personne dure, de son comportement ; brutalité : *Il nous traite avec rudesse.*

RUDIMENT n.m. (du lat. *rudimentum,* apprentissage). **1.** Élément encore grossier de qqch ; ébauche : *Un rudiment de théorie.* **2. EMBRYOL.** Organe animal ou végétal inachevé, non fonctionnel. ◆ **n.m. pl.** Notions élémentaires d'une science, d'un art ; abc : *Les rudiments de la composition musicale.*

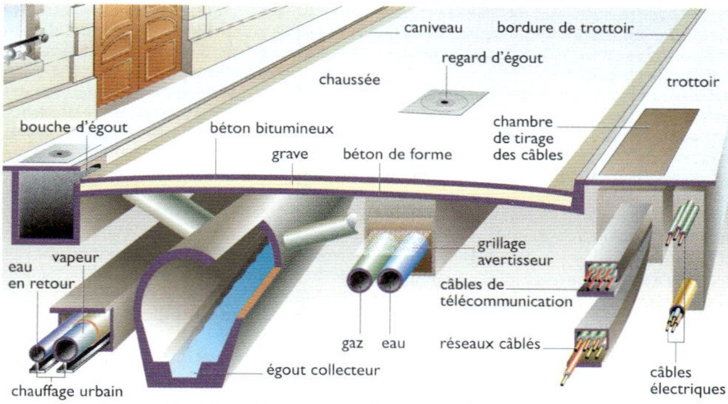

▲ **rue.** Vue d'ensemble et en coupe d'une rue, avec les différents réseaux.

RUDIMENTAIRE adj. Limité aux rudiments ; sommaire : *Des connaissances rudimentaires.*

RUDISTE n.m. (de *rude*). Mollusque lamellibranche fossile, aux deux valves très inégales, ayant constitué des récifs au jurassique et au crétacé.

RUDITE n.f. GÉOL. Roche sédimentaire meuble dont la dimension des éléments est supérieure à 2 mm.

RUDOIEMENT n.m. Litt. Action de rudoyer.

RUDOLOGIE n.f. (du lat. *rudus, -eris,* décombres). Étude des déchets et de leur recyclage ou de leur valorisation.

RUDOYER [rydwaje] **v.t. [7].** Traiter sans ménagement ; brutaliser.

1. RUE n.f. (du lat. *ruga,* ride). **1.** Voie publique aménagée, dans une agglomération, entre les maisons, les immeubles ou les propriétés closes. **2.** Ensemble des habitants des maisons qui bordent une rue. ▪ **À rue** [Belgique], donnant sur la rue. ▪ **À tous les coins de rue,** partout. ▪ **Être à la rue,** sans abri. ▪ **La rue,** les milieux populaires ; le peuple susceptible de s'insurger : *Céder à la pression de la rue.* ▪ **L'homme de la rue,** le citoyen moyen ; M. Tout-le-Monde. ▪ **Sport de rue,** variante d'un sport, dont les règles, les équipements, voire les installations, ont été adaptés à une pratique dans différents espaces urbains : *Football de rue.*

2. RUE n.f. (lat. *ruta*). Plante vivace des régions méditerranéennes, à fleurs jaunes malodorantes. ➲ Famille des rutacées.

RUÉE n.f. Action de se ruer quelque part, sur qqch ; mouvement impétueux d'une foule : *La ruée sur les soldes.*

RUELLE n.f. 1. Rue très étroite ; venelle. **2.** Vx. Espace entre un côté du lit et le mur ; aux XVIe et XVIIe s., partie de la chambre à coucher située entre le lit et le mur, et où les dames de haut rang recevaient leurs invités.

RUER v.i. [3] (du lat. *ruere,* se précipiter). Jeter en l'air avec force les pieds de derrière, en parlant d'un quadrupède. ▪ **Ruer dans les brancards** → **BRANCARD.** ◆ **SE RUER v.pr. (SUR, DANS).** Se jeter impétueusement sur, vers : *Elle se rua dans son bureau.*

RUFFIAN ou **RUFIAN n.m.** (de l'ital. *roffia,* saleté). Vx. Souteneur ; par ext., voyou.

RUFFLETTE n.f. (nom déposé). Galon épais que l'on coud en haut d'un rideau afin de le froncer et d'y poser les crochets de fixation.

RUGBY [rygbi] **n.m.** (de *Rugby,* n.pr.). Sport qui se joue à la main et au pied avec un ballon ovale, et qui oppose des équipes de 15 (*rugby à XV*), 13 (*rugby à XIII*) ou 7 joueurs (*rugby à VII*). ➲ Le jeu consiste à déposer ou à plaquer le ballon dans l'en-but adverse (essai), ou à le faire passer, par un coup de pied, au-dessus de la barre transversale entre les poteaux de but (drop-goal).

RUGBYMAN [rygbiman] **n.m.** (pl. *rugbymans* ou *rugbymen* [-mɛn]) [faux anglic.]. Joueur de rugby. (Le fém. est *joueuse de rugby.*)

RUGBYSTIQUE adj. Relatif au rugby.

RUGINE n.f. (du bas lat. *rugina,* rabot). Instrument de chirurgie servant à racler les os.

RUGIR v.i. [21] (lat. *rugire*). **1.** Pousser son cri, en parlant du lion et des grands félins. **2.** Pousser des cris violents ; hurler : *Rugir de douleur.* **3.** Produire un bruit rauque et puissant : *Le vent rugit dans la cheminée.* ◆ **v.t.** Proférer en hurlant ; vociférer : *Rugir des menaces.*

RUGISSANT, E adj. Qui rugit.

RUGISSEMENT n.m. 1. Cri du lion et de certains animaux féroces. **2.** Cri, bruit violent : *Les rugissements de l'ouragan.*

RUGOSITÉ n.f. 1. État d'une surface rugueuse. **2.** Point dur et rêche au toucher, sur une surface, sur la peau ; aspérité.

RUGUEUX, EUSE adj. (du lat. *rugosus,* ridé). Dont la surface présente des aspérités ; rude au toucher : *Une écorce rugueuse.* ◆ **n.m.** Petite pièce rugueuse sur laquelle peut venir frotter un élément sensible à la friction, dans un artifice pyrotechnique.

RUINE n.f. (du lat. *ruina,* chute). **1.** Dégradation d'une construction pouvant aboutir à sa destruction ; délabrement : *Une église qui tombe en ruine.* **2.** Bâtiment délabré : *Ce château est une ruine.* **3.** Destruction progressive de qqch qui aboutit à sa perte : *Les dissensions conduisent ce parti à sa ruine* ; perte des biens, de la fortune de qqn : *Jouer au bord de la ruine.* **4.** Fam. Personne usée ; loque : *Ce vieil acteur n'est plus qu'une ruine.* ◆ **n.f. pl.** Restes, décombres d'un édifice.

RUINE-DE-ROME n.f. (pl. *ruines-de-Rome*). **BOT.** Cymbalaire.

RUINER v.t. [3]. 1. Causer la ruine, la perte de la fortune de qqn. **2.** Réduire à néant ; détruire : *Ruiner les espoirs de qqn.* **3.** Litt. Endommager gravement ; ravager : *Le tabac a ruiné leur santé.* ◆ **SE RUINER v.pr.** Causer sa propre ruine ; dépenser trop.

RUINEUX, EUSE adj. Qui provoque des dépenses excessives : *Un train de vie ruineux.*

RUINIFORME adj. GÉOMORPH. Se dit d'une roche (dolomie, grès) ou d'un relief auxquels l'érosion a donné un aspect de ruine.

RUINURE n.f. CONSTR. Chacune des entailles faites sur un poteau ou une solive pour donner prise à une maçonnerie de remplissage.

RUISSEAU n.m. (lat. *rivus*). **1.** Petit cours d'eau peu profond. **2.** Litt. Liquide coulant en abondance ; flot : *Un ruisseau de sang, de larmes.* **3.** Anc. Caniveau. **4.** Litt. Situation dégradante ; déchéance : *Tirer qqn du ruisseau.*

RUISSELANT, E adj. Qui ruisselle.

RUISSELER v.i. [16], ▲ *[12].* **1.** Couler sans arrêt et en abondance : *L'eau ruisselle du toit.* **2.** Être couvert d'un liquide qui coule : *Son front ruisselle de sueur.*

RUISSELET n.m. Litt. Petit ruisseau.

RUISSELLEMENT, ▲ *RUISSÈLEMENT* **n.m. 1.** Fait de ruisseler. **2. HYDROL.** Écoulement instantané et temporaire des eaux sur un versant, à la suite d'une averse ou de la fonte des neiges.

RUMB n.m. → **RHUMB.**

RUMBA [rumba] **n.f.** (mot esp.). **1.** Danse d'origine cubaine, exécutée en couple, aux pas chaloupés, à la mode dans les années 1920-1930. **2.** Pièce musicale d'origine afro-cubaine, à la mélodie souvent répétitive, soutenue par des instruments à percussion (maracas, notamm.).

RUMEN [rymɛn] **n.m.** (mot lat.). **ZOOL.** Panse.

RUMEUR n.f. (lat. *rumor*). **1.** Bruit confus de voix : *La rumeur montant de la salle avant les trois coups.* **2.** Nouvelle qui se répand dans le public ; on-dit : *Internet véhicule parfois des rumeurs extravagantes.*

RUMEX [rymɛks] **n.m.** (mot lat. « petite oseille »). **BOT.** Polygonacée telle que l'oseille et la patience.

RUMINANT n.m. Mammifère ongulé muni d'un estomac à trois ou à quatre poches et pratiquant la rumination. ➲ Les ruminants forment un très important sous-ordre.

RUMINATION n.f. Mode de digestion des ruminants, qui emmagasinent dans la panse l'herbe non mâchée, puis la ramènent sous forme de boulettes dans la bouche, où elle subit une trituration avant de redescendre dans le feuillet et la caillette pour y subir la digestion gastrique.

RUMINER v.t. [3] (lat. *ruminare*). **1.** Pratiquer la rumination, en parlant des ruminants. **2.** Fig. Tourner et retourner qqch dans son esprit ; remâcher : *Ruminer sa vengeance.*

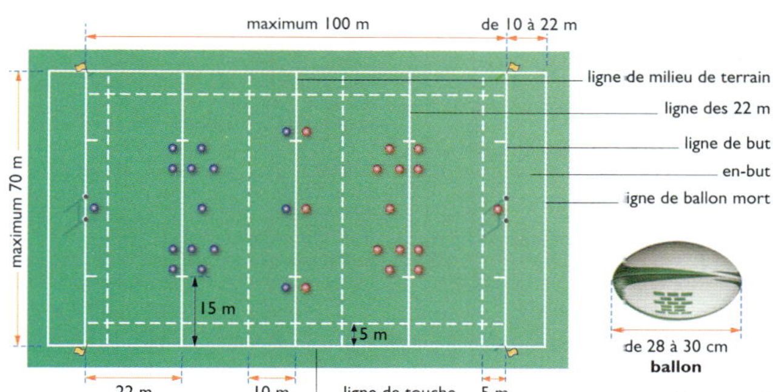

Essai (rugby féminin). Mélée (rugby masculin).

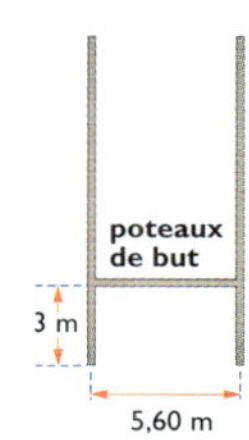

▲ **rugby**

RUMSTECK n.m. → **ROMSTECK.**

RUNE n.f. (mot norv.). Caractère de l'ancien alphabet utilisé par les peuples germaniques du nord de l'Europe, entre le IIIe et le XVIIe s.

RUNIQUE adj. Relatif aux runes ; formé de runes : *Écriture runique.*

RUOLZ [rɥɔls] n.m. (du n. de H. de *Ruolz*). Alliage imitant l'argent, composé de cuivre, de nickel et d'argent.

RUPESTRE adj. (du lat. *rupes*, rocher). **1.** BOT. Se dit d'une plante qui croît dans les rochers. **2.** PRÉHIST. Pariétal.

RUPICOLE n.m. (du lat. *rupes*, rocher). Coq de roche.

RUPIN, E adj. et n. (de l'arg. anc. *rupe*, dame). Arg. Riche ; luxueux.

RUPTEUR n.m. Dispositif servant à interrompre périodiquement le courant primaire d'une bobine d'induction ; spécial., dispositif destiné à rompre le courant dans un système d'allumage électrique pour produire l'étincelle de la bougie.

RUPTURE n.f. (lat. *ruptura*, de *rumpere*, rompre). **1.** Fait de se rompre sous l'effet d'un choc : *La rupture d'un câble, d'un ligament.* **2.** Fait de prendre fin brusquement ; interruption : *La rupture des négociations.* **3.** Action de considérer comme nul un engagement : *Rupture de contrat.* **4.** Fait d'interrompre des relations ; séparation : *Une scène de rupture.* ▪ **Rupture conventionnelle** [dr.], en France, acte par lequel un employeur et un salarié rompent d'un commun accord le contrat de travail qui les lie (par oppos. à *démission* et à *licenciement*). ▪ **Rupture de charge** [manut.], interruption d'un transport due à un changement de véhicule ou de mode de transport. ▪ **Rupture de stock,** niveau d'un stock de marchandises devenu insuffisant pour satisfaire la demande.

1. RURAL, E, AUX adj. (du lat. *rus, ruris*, campagne). Relatif à la campagne, à ses habitants : *La vie rurale.* ◆ n. Habitant de la campagne.

2. RURAL n.m. Suisse. Bâtiment d'exploitation agricole.

RURALISME n.m. Tendance à idéaliser la vie à la campagne.

RURALITÉ n.f. Ensemble des caractéristiques, des valeurs du monde rural.

RURBAIN, E adj. (de *1. rural* et *urbain*). Relatif à la rurbanisation. ◆ n. Habitant d'une zone rurbaine.

RURBANISATION n.f. Développement des villages proches des grandes villes, dont ils constituent des banlieues.

RUSE n.f. **1.** Procédé habile mais déloyal dont on se sert pour parvenir à ses fins ; stratagème : *Déjouer les ruses de son concurrent.* **2.** Habileté de qqn à agir de façon trompeuse ; rouerie : *Obtenir des informations par la ruse.* ▪ **Ruse de guerre,** tout procédé utilisé pour venir à bout d'un adversaire.

RUSÉ, E adj. et n. Qui agit avec ruse ; retors : *Rusé comme un renard.*

RUSER v.i. [3] (du lat. *recusare*, refuser). Agir avec ruse : *Il a dû ruser pour ne pas répondre à cette question.*

RUSH [rœʃ] n.m. (pl. *rushs* ou *rushes*) [mot angl. « ruée »]. **1.** Effort très intense à la fin d'une course. **2.** Afflux d'une foule ; ruée : *Le rush des amateurs de soldes.*

RUSHES [rœʃ] n.m. pl. (mot angl.). CINÉMA. (Anglic. déconseillé). Copies positives des plans d'un film tirées au fur et à mesure du tournage, et permettant de sélectionner les prises de vues avant le montage. Recomm. off. **épreuves de tournage.**

RUSSE adj. et n. De la Russie ; de ses habitants. ▪ **Chat bleu russe,** chat à la robe épaisse, d'un bleu moyen à foncé, aux yeux vert émeraude. (V. planche *chats*.) ◆ n.m. Langue slave orientale parlée en Russie. ➲ Le russe s'écrit avec l'alphabet cyrillique.

RUSSIFICATION n.f. Action de russifier ; fait d'être russifié.

RUSSIFIER v.t. [5]. Faire adopter les institutions ou la langue russes à un peuple, à un pays.

RUSSOPHILE adj. et n. Qui aime la Russie, les Russes.

RUSSOPHONE adj. et n. De langue russe.

RUSSULE n.f. (du lat. *russulus*, rougeâtre). Champignon basidiomycète à lames blanches, à chapeau déprimé, voisin des lactaires mais dépourvu de latex. ➲ Certaines russules sont comestibles, d'autres toxiques. Famille des russulacées.

▲ **russules**

RUSTAUD, E adj. et n. (de *rustre*). Fam. Qui manque de délicatesse, de raffinement.

RUSTICAGE n.m. **1.** Action de rustiquer. **2.** Traitement rustique d'un ouvrage de maçonnerie.

RUSTICITÉ n.f. **1.** Caractère de ce qui est rustique : *La rusticité des refuges de montagne.* **2.** AGRIC. Caractère d'une plante ou d'un animal rustique.

RUSTINE n.f. (nom déposé). Petite rondelle de caoutchouc servant à réparer une chambre à air de bicyclette.

RUSTINE n.f. (de *Rustine*). Fam. Solution de fortune ; rafistolage : *Une rustine budgétaire.*

RUSTIQUE adj. (lat. *rusticus*). **1.** Façonné sur un modèle artisanal traditionnel : *Des meubles rustiques.* **2.** Litt. Qui a le caractère, la simplicité de la campagne : *Vie rustique.* **3.** AGRIC. Se dit d'une plante, d'un animal aptes à supporter des conditions de vie difficiles. ▪ **Ordre rustique** [archit.], qui utilise des bossages bruts, d'aspect brut, vermiculés, etc. ◆ n.m. Hache de tailleur de pierre, à tranchant dentelé.

RUSTIQUER v.t. [3]. Tailler grossièrement une pierre avec le rustique.

RUSTRE adj. et n. (lat. *rusticus*). Qui manque d'éducation ; grossier.

RUT [ryt] n.m. (du lat. *rugitus*, rugissement). Période d'activité sexuelle des mammifères.

RUTABAGA n.m. (du suédois). Plante des climats froids et humides, voisine du navet, cultivée pour la partie renflée de sa tige au-dessus du sol, utilisée comme légume ou pour l'alimentation des animaux d'élevage (SYN. **chou-navet**). ➲ Famille des crucifères.

RUTACÉE n.f. Dicotylédone aromatique des régions chaudes, telle que la rue, le jaborandi, le dictame et tous les arbres producteurs d'agrumes. ➲ Les rutacées forment une famille.

RUTHÈNE adj. et n. De Ruthénie. ◆ adj. ▪ **Église catholique ruthène,** Église uniate, créée en 1596 et dépendant de l'ancienne métropole de Kiev.

RUTHÉNIUM [-njɔm] n.m. **1.** Métal de la mine du platine, de densité 12,4, qui ne fond que vers 2 250 °C. **2.** Élément chimique (Ru), de numéro atomique 44, de masse atomique 101,07.

RUTHÉNOIS, E adj. et n. (du lat. *Rutheni*, Rodez). De Rodez.

RUTHERFORDIUM [-djɔm] n.m. (du n. de E. *Rutherford*). Élément chimique artificiel (Rf), de numéro atomique 104.

RUTILANCE n.f. ou **RUTILEMENT** n.m. Litt. Caractère de ce qui est rutilant, brillant.

RUTILANT, E adj. **1.** D'un rouge vif, éclatant. **2.** Qui brille d'un vif éclat ; étincelant : *Une vaisselle rutilante.*

RUTILE n.m. MINÉRALOG. Oxyde de titane (TiO_2).

RUTILER v.i. [3] (lat. *rutilare*). Litt. Briller d'un vif éclat : *Ces chromes rutilent.*

RUTINE n.f. ou **RUTOSIDE** n.m. Glucoside contenu dans divers végétaux (rue, par ex.), utilisé contre les troubles veineux et capillaires (nom générique).

RUZ [ry] n.m. (mot jurassien « ruisseau »). GÉOMORPH. Vallée torrentielle creusée sur le flanc d'un mont anticlinal, parallèlement à la pente des couches, dans un relief jurassien. (V. dessin *relief jurassien**.)

RWANDAIS, E [rwɑ̃dɛ, ɛz] adj. et n. Du Rwanda ; de ses habitants.

RYAD n.m. → **RIAD.**

RYE [raj] n.m. (mot anglo-amér.). Whisky canadien à base de seigle.

RYTHME n.m. (lat. *rhythmus*, du gr.). **1.** Retour, à intervalles réguliers dans le temps, d'un fait, d'un phénomène : *Le rythme des marées.* **2.** Succession de temps forts et de temps faibles imprimant un mouvement général, dans une œuvre : *Un roman policier au rythme soutenu.* **3.** Allure à laquelle s'effectuent une action, un processus : *Rythme de production.* **4.** En prosodie, cadence régulière imprimée à un vers par la distribution d'éléments linguistiques (temps forts et temps faibles, accents, etc.) ; mouvement général qui en résulte. **5.** MUS. Élément temporel de la musique constitué par la succession et la relation entre les valeurs de durée. ▪ **Rythme biologique,** variation cyclique d'un phénomène biologique (croissance, comportement des animaux, etc.), dont la période s'ajuste sur celle de phénomènes externes (photopériode, température, etc.) [SYN. **biorythme**].

RYTHMER v.t. [3]. Donner du rythme à ; régler selon un rythme, une cadence.

RYTHMICITÉ n.f. Caractère d'un phénomène rythmique.

RYTHMIQUE adj. Relatif au rythme ; fondé sur un rythme régulier. ◆ n.f. Méthode d'éducation physique, musicale et respiratoire destinée à l'harmonisation des mouvements du corps.

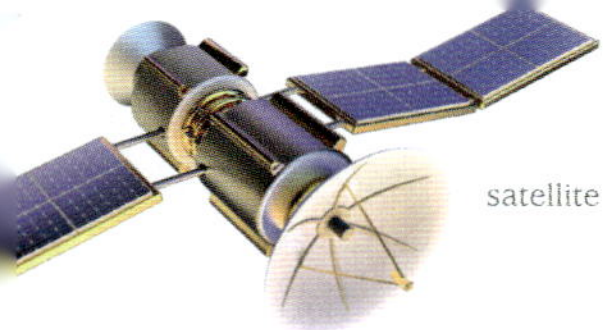
satellite

samouraï

salamandre

scaphandre

S **n.m. inv. 1.** Dix-neuvième lettre de l'alphabet et la quinzième des consonnes. ➲ S note la constrictive dentale sourde comme dans *sel* ou sonore comme dans *rose*. **2.** Succession de deux courbes de sens contraire : *Virage en S.* ■ **S.,** abrév. de *sud*.

SA **adj. poss. fém.** → **1. SON.**

SA ou **S.A.** [ɛsa] **n.f.** (sigle). Société anonyme.

SAAMI, E **adj.** et **n.** Lapon.

SAANEN [sɑnən] **n.f.** (n. d'un village suisse). Chèvre d'une race d'origine suisse, à robe blanche, exploitée pour la production du lait.

▲ **saanen**

SABAYON [sabajɔ̃] **n.m.** (ital. *zabaione*). Entremets à base de jaunes d'œufs et de sucre fouettés cuits avec du vin doux ou du champagne. ➲ Cuisine italienne.

SABBAT **n.m.** (de l'hébr. *shabbat*, repos). **1.** Jour de repos hebdomadaire (du vendredi soir au samedi soir) consacré à Dieu, dont la Loi mosaïque fait à tout juif une stricte obligation (SYN. **shabbat**). **2.** Assemblée nocturne de sorciers et de sorcières qui, selon la tradition populaire, se tenait le samedi à minuit sous la présidence du diable.

SABBATIQUE **adj.** RELIG. Relatif au sabbat : *Repos sabbatique.* ■ **Année sabbatique,** chaque septième année, durant laquelle, conformément à la Loi mosaïque, les terres étaient laissées en jachère et leurs produits naturels abandonnés aux pauvres ; année de congé sans solde accordée à certains employés ou cadres dans les entreprises, à des professeurs d'université de certains pays.

1. SABÉEN, ENNE **adj.** et **n.** Du pays de Saba, en Arabie (auj. Yémen).

2. SABÉEN **n.m.** Membre de plusieurs sectes religieuses reconnues comme appartenant aux « gens du Livre » par les musulmans des premiers siècles.

SABÉISME **n.m.** Religion des sabéens.

SABELLE **n.f.** (du lat. *sabulum*, sable). Ver annélide marin vivant dans un tube enfoncé dans la vase et portant deux lobes de branchies filamenteuses. ➲ Ordre des polychètes.

SABINE **n.f.** (du lat. *sabina herba*, herbe des Sabins). Genévrier de l'Europe méridionale à l'odeur désagréable de térébenthine.

SABIR **n.m.** (de l'esp. *saber*, savoir). **1.** Système linguistique réduit à quelques règles de combinaison et à un vocabulaire déterminé (commerce, notamm.), né au contact de communautés linguistiques différentes n'ayant pas d'autre moyen pour se comprendre. ➲ Les sabirs sont à distinguer des pidgins, bien plus complets, et a fortiori des créoles. **2.** Français mêlé d'arabe, de berbère, d'espagnol, d'italien, etc., jadis utilisé comme langue de communication en Afrique du Nord. **3.** Péjor. Langage difficilement compréhensible ; charabia.

SABLAGE **n.m.** Action de sabler ; fait d'être sablé.

1. SABLE **n.m.** (lat. *sabulum*). Roche sédimentaire meuble, formée de grains, souvent quartzeux. ➲ La taille des grains est comprise entre 62,5 µm et 2 mm. ■ **Bâtir sur le sable,** fonder ce que l'on entreprend sur des bases peu solides. ■ **Être sur le sable** [fam.], sans argent, sans travail. ■ **Sable bitumineux** → **BITUMINEUX.** ◆ **n.m. pl.** ■ **Sables mouvants,** sable humide, peu consistant, où l'on peut s'enliser. ◆ **adj. inv.** D'une couleur beige très clair.

2. SABLE **n.m.** (du polon. *sobol*, zibeline). HÉRALD. La couleur noire du blason.

SABLÉ, E **adj.** Couvert de sable : *Allée sablée.* ■ **Papier sablé** [Antilles, Québec], papier de verre ; papier d'émeri. ■ **Pâte sablée** [cuis.], pâte friable comportant une forte proportion de beurre et de sucre. ◆ **n.m.** Petit biscuit rond en pâte sablée.

SABLER **v.t. [3]. 1.** Couvrir de sable : *Sabler une chaussée en hiver.* **2.** TECHN. Nettoyer, décaper par projection d'un jet de sable ou de tout autre abrasif. ■ **Sabler le champagne,** boire du champagne à l'occasion d'une fête.

SABLERIE **n.f.** MÉTALL. Partie d'une fonderie où l'on prépare le sable afin de le rendre apte au moulage.

SABLEUR **n.m.** Personne qui pratique le sablage.

SABLEUSE **n.f. 1.** Appareil tracté pour le sablage des chaussées. **2.** Machine qui projette avec force un jet abrasif qui nettoie, décape, dépolit du verre, des métaux, etc.

SABLEUX, EUSE **adj.** Mêlé de sable.

1. SABLIER, ÈRE **adj.** Relatif à l'extraction, au commerce du sable.

2. SABLIER **n.m.** Dispositif de mesure du temps, constitué de deux récipients superposés (ampoules de verre, par ex.), communiquant par un étroit conduit où s'écoule du sable fin.

SABLIÈRE **n.f. 1.** Carrière de sable. **2.** CH. DE F. Réservoir contenant du sable destiné à empêcher le patinage des roues sur les rails. **3.** CONSTR. Grosse pièce de charpente posée horizontalement qui reçoit le bas des chevrons de la couverture.

SABLON **n.m.** Sable à grains très fins.

SABLONNER **v.t. [3].** Couvrir une surface de sable.

SABLONNEUX, EUSE **adj.** Où il y a beaucoup de sable.

SABLONNIÈRE **n.f.** Lieu d'où l'on extrait le sablon.

SABORD **n.m.** (de *bord*). MAR. Ouverture pratiquée dans le pavois d'un navire, munie d'un volet de fermeture pour faire évacuer l'eau embarquée sur le pont.

SABORDAGE ou **SABORDEMENT** **n.m.** Action de saborder ; fait de se saborder.

SABORDER **v.t. [3]. 1.** Couler volontairement un navire pour l'empêcher de tomber entre les mains de l'ennemi. **2.** Ruiner volontairement une entreprise, un projet. ◆ **SE SABORDER** **v.pr.** En parlant d'une organisation, mettre fin à ses activités : *L'association s'est sabordée.*

SABOT **n.m.** (anc. picard *çabot*). **1.** Chaussure faite d'une pièce de bois creusée ; chaussure à semelle de bois ; chaussure utilitaire faite en caoutchouc moulé d'une seule pièce. **2.** ZOOL. Ongle développé entourant l'extrémité des doigts des mammifères ongulés (cheval, bœuf, porc, etc.) et sur lequel ils marchent. **3.** Garniture de métal aux pieds de certains meubles. **4.** Garniture protégeant l'extrémité d'un poteau, d'une pièce de charpente, etc. ■ **Sabot de Denver,** dispositif de blocage d'une roue, utilisé par la police afin d'immobiliser un véhicule en stationnement illicite. ■ **Sabot de frein,** pièce dont l'intérieur, à concavité circulaire, vient s'appliquer contre le bandage de la roue d'un véhicule ou la périphérie d'une poulie, pour en arrêter ou en modérer le mouvement. ■ **Voir venir qqn avec ses gros sabots** [fam.], deviner clairement ses intentions.

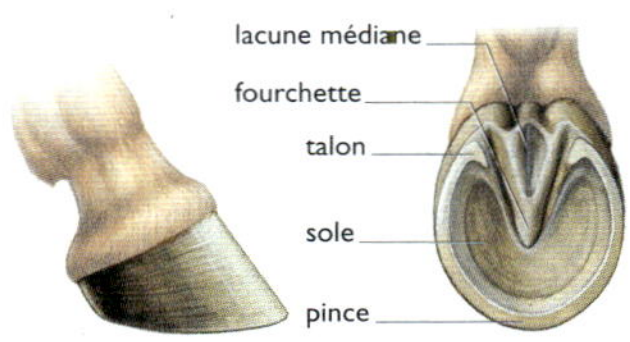

▲ **sabot** de cheval.

1. SABOTAGE **n.m.** Anc. Action de fabriquer des sabots ; métier du sabotier.

2. SABOTAGE **n.m. 1.** Action de saboter un travail. **2.** Acte qui a pour but de détériorer ou de détruire intentionnellement du matériel, des installations.

SABOT-DE-VÉNUS **n.m.** (pl. *sabots-de-Vénus*). Plante des montagnes de l'Europe, aux fleurs en forme de sabot, devenue très rare et protégée. ➲ Famille des orchidacées.

1. SABOTER v.t. [3]. **1.** Fabriquer des sabots. **2.** Munir d'un sabot le pied d'un poteau, l'extrémité d'une pièce de charpente, etc.

2. SABOTER v.t. [3]. **1.** Détériorer ou détruire volontairement qqch. **2.** Agir de manière à faire échouer ; torpiller : *Saboter la mission de paix.* **3.** Exécuter vite et sans soin : *Il a saboté la réparation.* **4.** Afrique. Mépriser, dédaigner qqn.

SABOTERIE n.f. Fabrique de sabots.

SABOTEUR, EUSE n. Personne qui sabote qqch : *Les saboteurs de la paix.*

SABOTIER, ÈRE n. Artisan qui fabrique et vend des sabots.

SABRA n. (mot hébr.). Juif né en Israël.

SABRAGE n.m. Opération consistant à débarrasser les peaux de mouton brutes des impuretés contenues dans la laine.

SABRE n.m. (all. *Säbel*, du hongr. *szablya*). **1.** Arme blanche, droite ou recourbée, qui ne tranche que d'un côté ; art du maniement de cette arme. **2.** En escrime, arme légère présentant une coquille prolongée pour protéger le dessus de la main ; discipline utilisant cette arme, où les coups peuvent être portés sur le buste, les bras et la tête avec la pointe, le tranchant ou une partie du dos de l'arme. **3.** Fam., vieilli. Rasoir à manche et à longue lame. **4.** Poisson marin comestible des eaux tempérées, prédateur vorace. ➲ Famille des trichiuridés. ■ **Le sabre et le goupillon** [fam.], l'armée et l'Église. ■ **Sabre à champagne,** grand couteau à longue et lourde lame utilisé pour ouvrir une bouteille de champagne en lui cassant le col. ■ **Sabre d'abattis,** sabre assez court, à large lame, utilisé pour se frayer un chemin à travers la brousse (SYN. **coupe-coupe**).

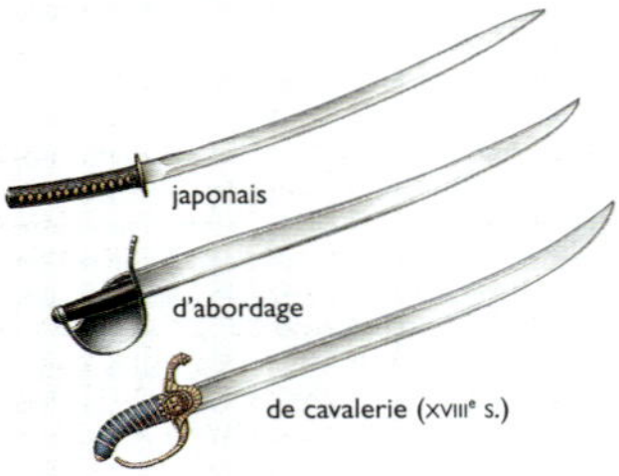

▲ **sabres**

SABRE-BAÏONNETTE n.m. (pl. *sabres-baïonnettes*). Anc. Sabre court que l'on pouvait fixer à l'extrémité d'un fusil.

SABRER v.t. [3]. **1.** Frapper à coups de sabre. **2.** Faire de larges coupures dans un texte : *Le producteur a sabré les dialogues du film.* **3.** Effectuer le sabrage d'une peau de mouton. **4.** Fam. Noter très sévèrement ; renvoyer d'un travail. ■ **Sabrer le champagne,** ouvrir une bouteille de champagne en cassant le goulot d'un coup de sabre.

SABRETACHE n.f. (all. *Säbeltasche*). Sacoche plate portée au ceinturon par les officiers et les cavaliers, aux XVIIIe et XIXe s.

SABREUR, EUSE n. Escrimeur spécialiste du sabre. ◆ n.m. Soldat qui se bat au sabre.

SABREUSE n.f. Machine utilisée pour le sabrage des peaux de mouton.

SABURRAL, E, AUX adj. (du lat. *saburra*, lest). **MÉD.** Vx. ■ **Langue saburrale,** recouverte d'un enduit blanc, normal ou pathologique.

1. SAC n.m. (lat. *saccus*). **1.** Contenant fait de matières diverses et ouvert seulement par le haut : *Sac de sport. Sac à provisions.* **2.** Contenu d'un sac : *Sac de riz.* **3.** Arg., vieilli. Somme de dix francs. **4.** Suisse. Fam. Imbécile ; idiot. **5. ANAT.** Poche formée par une membrane : *Sac lacrymal.* ■ **Avoir plus d'un tour dans son sac** [fam.], être rusé, habile. ■ **Homme de sac et de corde** [vx], scélérat. ■ **L'affaire est dans le sac** [fam.], le succès est assuré. ■ **Mettre dans le même sac** [fam.], confondre dans le même mépris, la même réprobation. ■ **Prendre qqn la main dans le sac** [fam.], en train de commettre une malhonnêteté. ■ **Sac à dos,** sac de toile muni de sangles et d'une armature, utilisé par les campeurs, les alpinistes, etc. ■ **Sac aérien,** cavité pleine d'air, en relation avec l'appareil respiratoire des oiseaux et avec leurs os pneumatiques. ➲ Les oiseaux possèdent neuf sacs aériens. ■ **Sac (à main),** accessoire féminin à usage utilitaire (rangement de petits objets personnels) et esthétique. ■ **Sac à viande** [fam.], enveloppe de tissu fin utilisée à l'intérieur d'un sac de couchage. ■ **Sac à vin** [fam.], ivrogne. ■ **Sac de couchage** → **COUCHAGE.** ■ **Sac d'embrouilles** ou **de nœuds** [fam.], affaire très compliquée. ■ **Sac embryonnaire** [bot.], ensemble de cellules contenues dans l'ovule des angiospermes et correspondant au prothalle femelle. ■ **Sac vitellin** → **VITELLIN.** ■ **Vider son sac** [fam.], dire tout ce que l'on a sur le cœur.

2. SAC n.m. (ital. *sacco*). Pillage d'une ville ; massacre de ses habitants. ■ **Mettre à sac,** piller ; dévaster.

SACCADE n.f. (de l'anc. fr. *saquer*, tirer). Mouvement brusque et irrégulier. ■ **Par saccades,** par à-coups : *Le sang jaillissait par saccades.*

SACCADÉ, E adj. Qui se fait par saccades ; irrégulier : *Des pas rapides et saccadés.*

SACCADER v.t. [3]. Rendre irrégulier, haché.

SACCAGE n.m. Action de saccager ; dévastation.

SACCAGER v.t. [10] (ital. *saccheggiare*, de *sacco*, pillage). **1.** Mettre à sac ; piller : *Saccager un centre commercial.* **2.** Causer d'importants dégâts à ; dévaster : *Le chien a saccagé le massif de fleurs.*

SACCAGEUR, EUSE n. Personne qui saccage.

SACCHARASE [-ka-], ▲ *SACCARASE* n.f. **BIOCHIM.** Enzyme de la muqueuse de l'intestin grêle qui hydrolyse la saccharose alimentaire en glucose et en fructose (SYN. **invertase**).

SACCHARATE [-ka-], ▲ *SACCARATE* n.m. Combinaison du saccharose avec un oxyde métallique (SYN. **sucrate**).

SACCHARIDE [-ka-], ▲ *SACCARIDE* n.m. Vx. Glucide.

SACCHARIFÈRE [-ka-], ▲ *SACCARIFÈRE* adj. Qui produit ou contient du sucre.

SACCHARIFICATION [-ka-], ▲ *SACCARIFICATION* n.f. Conversion en sucre.

SACCHARIFIER [-ka-], ▲ *SACCARIFIER* v.t. [5]. Convertir en sucre.

SACCHARIMÈTRE [-ka-], ▲ *SACCARIMÈTRE* n.m. **AGROALIM.** Instrument pour mesurer la concentration des jus sucrés.

SACCHARIMÉTRIE [-ka-], ▲ *SACCARIMÉTRIE* n.f. **AGROALIM.** Méthode de dosage des solutions sucrées.

SACCHARIN, E [-ka-], ▲ *SACCARIN, E* adj. De la nature du sucre.

SACCHARINE [-ka-], ▲ *SACCARINE* n.f. Substance blanche à la saveur sucrée, dérivée du toluène, donc chimiquement sans rapport avec les vrais sucres et sans valeur nutritive, utilisée comme succédané du sucre.

SACCHAROÏDE [-ka-], ▲ *SACCAROÏDE* adj. Qui a l'apparence du sucre : *Gypse saccharoïde.*

SACCHAROMYCES, ▲ *SACCAROMYCES* [sakarɔmisɛs] n.m. Levure produisant la fermentation alcoolique de jus sucrés, intervenant dans la fabrication du vin, de la bière, du cidre, etc.

SACCHAROSE [-ka-], ▲ *SACCAROSE* n.m. **BIOCHIM.** Glucide du groupe des osides, formé par l'union d'un glucose et d'un fructose, constituant le sucre alimentaire (de canne, de betterave, etc.).

SACCULE n.m. (du lat. *sacculus*, petit sac). **ANAT.** Petit sac membraneux formant, avec l'utricule, le vestibule de l'oreille interne.

SACCULINE n.f. Crustacé parasite des crabes qui, à l'état adulte, se réduit à un sac à œufs muni de rameaux filamenteux envahissant l'abdomen des animaux parasités. ➲ Sous-classe des cirripèdes.

SACERDOCE n.m. (du lat. *sacerdotium*, dignité d'augure). **1.** Dignité et fonction du prêtre, dans diverses religions. **2.** Fig. Fonction qui présente un caractère éminemment respectable en raison du dévouement qu'elle exige : *La profession d'éducateur est un sacerdoce.*

SACERDOTAL, E, AUX adj. Relatif aux prêtres, au sacerdoce.

SACHÉE n.f. Ce que peut contenir un sac : *Une sachée de noix.*

SACHEM [saʃɛm] n.m. (mot algonquien). Chacun des chefs élus par les diverses familles ou lignées dans un village amérindien, leur ensemble formant le conseil du village.

SACHERIE n.f. Industrie des sacs d'emballage.

SACHET n.m. **1.** Petit sac : *Un sachet de bonbons.* **2.** Conditionnement de certaines substances équivalant à une dose : *Thé en sachets.*

SACOCHE n.f. (ital. *saccoccia*). **1.** Gros sac de toile ou de cuir muni d'une courroie : *Une sacoche à outils.* **2.** Belgique, Québec. Sac à main.

SAC-POUBELLE n.m. (pl. *sacs-poubelle*). Sac de plastique destiné aux ordures ménagères.

SACQUER ou **SAQUER** v.t. [3] (de 2. *sac*). Fam. Noter sévèrement ; congédier. ■ **Ne pas pouvoir sacquer qqn** [fam.], le détester.

SACRAL, E, AUX adj. (lat. médiév. *sacralis*). Relatif au sacré ; qui a un caractère sacré.

SACRALISATION n.f. Action d'attribuer un caractère sacré à ; fait d'être sacralisé.

SACRALISER v.t. [3]. **1.** Donner un caractère sacré à : *Sacraliser le soleil.* **2.** Considérer comme digne d'un respect absolu : *Sacraliser la dignité des enfants.*

SACRAMENTAIRE n.m. Au Moyen Âge, livre contenant les prières liturgiques, à l'usage de ceux qui célébraient la messe.

SACRAMENTAL n.m. (pl. *sacramentaux*). **CATH.** Rite de sanctification (bénédiction, procession, etc.) institué par l'Église pour obtenir un effet d'ordre spirituel.

SACRAMENTEL, ELLE adj. Qui concerne un sacrement : *Formules sacramentelles.*

1. SACRE n.m. (de *1. sacrer*). **1.** Cérémonie religieuse pour le couronnement d'un souverain. **2.** Ordination d'un évêque conférant la plénitude du sacrement de l'ordre. (On dit auj. *ordination épiscopale.*)

2. SACRE n.m. Québec. Blasphème, juron issu du vocabulaire religieux.

3. SACRE n.m. (ar. *saqr*). Grand faucon de l'Europe méridionale et de l'Asie, élevé pour la chasse, en Arabie notamm.

1. SACRÉ, E adj. **1.** Relatif au religieux, au divin : *Les vases sacrés.* **2.** À qui ou à quoi l'on doit un respect absolu ; intangible : *Les valeurs sacrées de la démocratie.* **3.** Fam. Renforce un terme injurieux ou admiratif : *C'est un sacré tricheur, une sacrée championne.* ■ **Art sacré,** art religieux au service du culte, notamm. aux XXe et XXIe s. ■ **Le Sacré Collège,** collège des cardinaux formant le sénat de l'Église romaine et le conseil du pape. ➲ Auj., on l'appelle plutôt le *Collège cardinalice.* ■ **Les Livres sacrés,** la Bible, le Coran, les Veda, etc. ■ **Musique sacrée,** religieuse. ◆ n.m. Dans l'interprétation des phénomènes religieux, caractère de ce qui transcende l'humain : *Le sacré et le profane.*

2. SACRÉ, E adj. Relatif au sacrum : *Vertèbres sacrées.*

SACRÉ-CŒUR n.m. sing. Cœur de Jésus proposé à l'adoration des catholiques en sa qualité de symbole de l'amour divin.

SACREDIEU ou **SACREBLEU** interj. Fam., vieilli. Juron marquant l'impatience.

SACREMENT n.m. (du lat. *sacramentum*, serment). Acte rituel ayant pour but la sanctification de celui qui en est l'objet. ➲ L'Église catholique et les Églises orthodoxes reconnaissent sept sacrements : le baptême, la confirmation, l'eucharistie, le mariage, la pénitence, l'ordre et l'onction des malades. Les Églises protestantes n'en retiennent que deux : le baptême et l'eucharistie, ou sainte cène. ■ **Le saint sacrement,** l'eucharistie. ■ **Les derniers sacrements,** la pénitence et l'onction des malades.

SACRÉMENT adv. Fam. À un très haut degré ; extrêmement.

1. SACRER v.t. [3] (lat. *sacrare*, de *sacer*, saint). Conférer un caractère sacré à qqn, notamm. par la cérémonie du sacre.

2. SACRER v.i. [3]. Vx ou Québec. Blasphémer.

SACRET n.m. Mâle du faucon sacre.

SACRIFICATEUR, TRICE n. **ANTIQ.** Prêtre ou prêtresse qui offrait les sacrifices.

SACRIFICE n.m. (lat. *sacrificium*). **1.** Offrande à une divinité et, en particulier, immolation de victimes. **2.** Renoncement volontaire à qqch : *Faire* *le sacrifice de ses vacances.* ■ **Le saint sacrifice,** la messe. ■ **Sacrifice humain,** immolation d'une personne en offrande à une divinité. ◆ **n.m. pl.** Privations, partic. financières, que l'on s'impose.

SACRIFICIEL, ELLE adj. Relatif à un sacrifice religieux : *Rite sacrificiel.*

SACRIFIÉ, E adj. et **n.** Se dit de qqn qui est sacrifié ou qui se sacrifie. ◆ **adj.** ■ **Prix sacrifiés,** prix très bas appliqués à des marchandises que l'on veut absolument écouler.

SACRIFIER v.t. [5]. 1. Offrir comme victime en sacrifice ; immoler. **2.** Renoncer volontairement à qqch : *Sacrifier sa vie de famille à sa carrière.* **3.** Négliger volontairement qqn, qqch : *Le traité sacrifie les minorités.* **4.** Vendre à très bas prix. ◆ **v.t. ind. (À).** Sout. Se conformer à qqch par faiblesse ou complaisance : *Sacrifier à la tradition.* ◆ **SE SACRIFIER v.pr.** Faire le sacrifice de sa vie, de ses intérêts.

1. SACRILÈGE n.m. (lat. *sacrilegium*). **1.** Profanation de personnes, de lieux ou de choses sacrés. **2.** Action qui porte atteinte à qqn ou à qqch particulièrement digne de respect : *Jeter de la nourriture est un sacrilège.* ◆ **adj.** Qui a le caractère d'un sacrilège : *Propos sacrilèges.*

2. SACRILÈGE adj. et **n.** (du lat. *sacrilegus*, impie). Qui se rend coupable d'un sacrilège.

SACRIPANT n.m. (ital. *Sacripante*, personnage de Boiardo et de l'Arioste). Vaurien.

SACRISTAIN n.m. Employé chargé de l'entretien d'une église et des objets du culte.

SACRISTIE n.f. (lat. *sacristia*). Annexe d'une église où l'on conserve les vases sacrés, les ornements d'église et où les prêtres se préparent pour célébrer le service divin.

SACRISTINE n.f. Femme chargée du soin de la sacristie.

SACRO-ILIAQUE adj. (pl. *sacro-iliaques*). **ANAT.** Relatif à l'articulation entre le sacrum et chaque os iliaque.

SACRO-SAINT, E (pl. *sacro-saints, es*), ▲ *SACROSAINT, E* **adj.** Fam. Qui est l'objet d'un respect quasi religieux.

SACRUM [sakrɔm] **n.m.** (du lat. *os sacrum*, os sacré). **ANAT.** Pièce osseuse formée par la soudure des cinq vertèbres sacrées et s'articulant avec les deux os iliaques pour former le bassin osseux.

SADDUCÉEN, ENNE ou **SADUCÉEN, ENNE adj.** et **n.** Se dit, à partir du IIe s. av. J.-C., d'un notable ou d'un prêtre juif lié au pouvoir romain tout en étant attaché au Temple de Jérusalem.

SADIEN, ENNE adj. Relatif à Sade ; inspiré de son œuvre.

SADIQUE adj. PSYCHAN. Relatif au sadisme. ◆ **adj.** et **n. 1. PSYCHAN.** Qui fait preuve de sadisme. **2.** Qui manifeste une méchanceté systématique et gratuite.

SADIQUE-ANAL, E adj. (pl. *sadiques-anaux, -anales*). **PSYCHAN.** ■ **Stade sadique-anal,** stade anal*.

SADIQUEMENT adv. De façon sadique.

SADISER v.t. [3]. Traiter de façon cruelle, sadique.

SADISME n.m. (de *Sade*, n.pr.). **1. PSYCHAN.** Perversion dans laquelle la satisfaction sexuelle ne peut être obtenue qu'en infligeant des souffrances physiques ou morales au partenaire. **2.** Plaisir à voir souffrir les autres ; cruauté.

SADOMASOCHISME n.m. PSYCHAN. Perversion sexuelle qui associe des pulsions sadiques et masochistes.

SADOMASOCHISTE adj. et **n.** Relatif au sadomasochisme ; qui fait preuve de sadomasochisme. Abrév. (fam.) **sadomaso.**

SADUCÉEN, ENNE adj. et **n.** → **SADDUCÉEN.**

SAE [ɛsaə] **(CLASSIFICATION) n.f.** Classification, d'après leur viscosité, des huiles pour moteurs, établie par la *Society of Automotive Engineers.*

SAFARI n.m. (mot swahili « bon voyage »). Expédition de chasse aux gros animaux sauvages, en Afrique noire.

SAFARI-PHOTO n.m. (pl. *safaris-photos*). Excursion dans une réserve naturelle, destinée à photographier ou à filmer des animaux sauvages.

1. SAFRAN n.m. (ar. *za'farān*). **1.** Crocus cultivé pour ses fleurs, dont les stigmates fournissent une teinture jaune et une poudre servant d'assaisonnement ; cette teinture ; cette poudre. **2.** Couleur jaune orangé. ■ **Safran des prés,** colchique. ◆ **adj. inv.** Jaune orangé.

2. SAFRAN n.m. (esp. *azafrán*, de l'ar.). **MAR.** Pièce plate verticale qui constitue la partie essentielle du gouvernail d'un navire et sur laquelle s'exerce la pression de l'eau.

SAFRANÉ, E adj. CUIS. Aromatisé, assaisonné au safran.

SAFRANER v.t. [3]. 1. Colorer en jaune avec du safran. **2. CUIS.** Aromatiser au safran.

SAFRE n.m. (de *saphir*). **ARTS APPL.** Azur.

SAGA n.f. (mot scand.). **1.** Ensemble de récits et de légendes en prose, caractéristiques des littératures scandinaves (Norvège, Islande) du XIIe au XIVe s. **2.** Épopée familiale se déroulant sur plusieurs générations et retracée dans un roman, un film, etc.

SAGACE adj. (du lat. *sagax, -acis*, qui a l'odorat subtil). Doué de sagacité ; perspicace : *Esprit sagace.*

SAGACITÉ n.f. Finesse d'esprit ; pénétration.

SAGAIE n.f. (du berbère). Javelot utilisé comme arme par certains peuples.

SAGARD n.m. (de l'all. *Säger*, scieur). Région. (Vosges). Ouvrier d'une scierie qui débite le bois en planches.

SAGE adj. et **n.** (lat. pop. *sabius*). Qui fait preuve de sûreté dans ses jugements et sa conduite ; avisé : *Vous avez été sage de renoncer.* ◆ **n.m. 1.** Personne qui est parvenue à la maîtrise de soi et tend à réaliser un modèle idéal de vie. **2.** Personne compétente et indépendante, chargée par les pouvoirs publics d'étudier une question délicate. ◆ **adj. 1.** Qui se comporte avec calme, docilité : *Enfant sage.* **2.** Qui se conduit avec pudeur et chasteté. **3.** Conforme aux règles de la pudeur : *Un décolleté très sage.*

SAGE-FEMME (pl. *sages-femmes*), ▲ *SAGEFEMME* **n.f.** Praticienne exerçant une profession médicale à compétence limitée au diagnostic et à la surveillance de la grossesse, et à la pratique de l'accouchement. (En Louisiane et à La Réunion, on dit une *femme-sage*.) ➲ Depuis 1982, la profession est ouverte aux hommes, en France (*hommes sages-femmes*).

SAGEMENT adv. Avec sagesse.

SAGESSE n.f. 1. Qualité de qqn qui fait preuve d'un jugement droit, sûr, équilibré ; discernement : *Avec sagesse, il a choisi de ne pas répondre.* **2.** Comportement d'un enfant tranquille, obéissant ; docilité. **3.** Caractère de ce qui demeure classique, éloigné des audaces ou des outrances : *Une architecture d'une grande sagesse.* **4.** Idéal supérieur de vie proposé par une doctrine morale ou philosophique ; comportement de qqn qui s'y conforme : *La sagesse orientale.*

SAGETTE n.f. BOT. Sagittaire.

SAGINE n.f. (lat. *sagina*). Plante herbacée à petites feuilles étroites, à fleurs blanches, poussant dans les landes, les tourbières, les prairies de montagne. ➲ Famille des caryophyllacées.

1. SAGITTAIRE n.m. (du lat. *sagitta*, flèche). ■ **Le Sagittaire,** constellation et signe du zodiaque (v. partie n.pr.). ■ **Un Sagittaire, n.m. inv.,** une personne née sous le signe du Sagittaire.

2. SAGITTAIRE n.f. Plante des eaux douces, à feuilles aériennes en forme de fer de flèche (SYN. **flèche d'eau, sagette**). ➲ Famille des alismatacées.

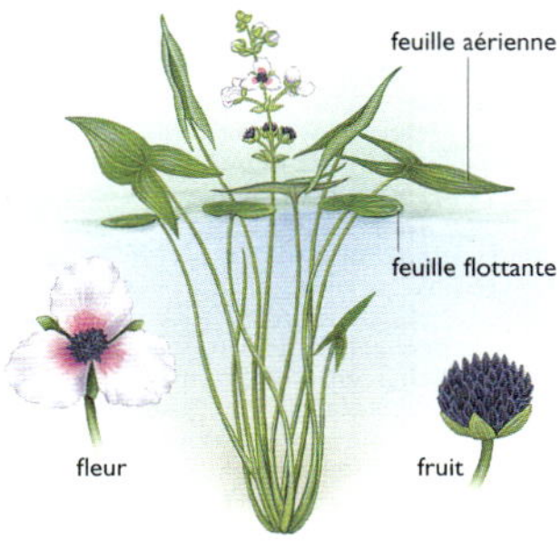

▲**sagittaire**

SAGITTAL, E, AUX adj. 1. En forme de flèche. **2.** Suivant le plan de symétrie : *Coupe sagittale d'un édifice.* ■ **Diagramme sagittal (d'une relation)** [math.], représentation graphique d'une relation d'un ensemble fini E vers un ensemble fini F, au moyen d'arcs fléchés allant des éléments de E aux éléments de F.

SAGITTÉ, E adj. BOT. Qui a la forme d'un fer de flèche.

SAGOU n.m. (du malais). Fécule que l'on retire de la moelle du sagoutier.

1. SAGOUIN n.m. (port. *sagui*, du tupi). Vx. Nom donné à certains petits singes sud-américains, spécial. au tamarin.

2. SAGOUIN, E n. Fam. Personne malpropre, grossière.

SAGOUTIER n.m. Palmier de l'Asie du Sud-Est, dont la moelle fournit le sagou.

SAHARIEN, ENNE adj. et **n.** Du Sahara.

SAHARIENNE n.f. Veste de toile ceinturée, aux nombreuses poches, inspirée de l'uniforme militaire.

SAHÉLIEN, ENNE adj. Du Sahel.

SAHIB [saib] **n.m.** (mot indien, de l'ar.). Monsieur, en Inde (titre honorifique).

SAHRAOUI, E adj. et **n.** Du Sahara occidental.

SAÏ [sai] **n.m.** (mot tupi). Capucin (singe).

1. SAIE [sɛ] **n.f.** (lat. *sagum*). Manteau court en laine que portaient les militaires romains et gaulois, maintenu sur les épaules au moyen d'une fibule.

2. SAIE [sɛ] **n.f.** (var. de *soie*). Petite brosse en soies de porc à l'usage des orfèvres.

SAÏGA n.m. (mot russe). Mammifère ongulé des steppes de l'Europe orientale et de l'Asie centrale, au museau allongé en courte trompe. ➲ Famille des bovidés.

SAIGNANT, E adj. 1. Qui saigne ; sanguinolent : *Gencive saignante.* **2.** Se dit d'une viande juste cuite, de manière à laisser perler le sang à la surface (entre « bleue » et « à point ») : *Steak saignant.* **3.** Fam. Dur et sans concession ; brutal : *La discussion a été saignante.*

SAIGNÉE n.f. 1. Pli formé par le bras et l'avant-bras. **2.** Prélèvement d'argent qui affecte sensiblement un budget ; ponction. **3.** Litt. Nombre important de morts au cours d'une guerre. **4. MÉD.** Anc. Méthode thérapeutique consistant à soustraire du sang par ponction d'une veine. **5.** Entaille faite dans le fût d'un arbre sur pied pour en extraire un liquide (résine, latex, etc.). **6.** Rigole creusée dans un terrain pour faciliter l'écoulement des eaux. **7. MÉCAN. INDUSTR.** Rainure réalisée au tour dans une pièce cylindrique, jusqu'à son axe, pour la découper.

SAIGNEMENT n.m. Écoulement de sang. ■ **Temps de saignement,** temps nécessaire à l'arrêt du saignement d'une incision cutanée standardisée. ➲ Il dépend notamm. du nombre et de la qualité des plaquettes.

SAIGNER v.t. [3] (lat. *sanguinare*, de *sanguis*, sang). **1.** Tuer un animal en le vidant de son sang : *Saigner un mouton.* **2. MÉD.** Anc. Faire une saignée. **3.** Fig., vieilli. Soutirer de l'argent à qqn : *Saigner les contribuables.* **4. MÉCAN. INDUSTR.** Réaliser une saignée. ◆ **v.i. 1.** Perdre du sang : *Saigner du nez.* **2.** Litt. Ressentir une grande douleur morale : *Mon cœur saigne à cette pensée.* ■ **Ça va saigner** [fam.], la discussion, le conflit seront durs. ◆ **SE SAIGNER v.pr.** S'imposer de lourdes dépenses. ■ **Se saigner aux quatre veines,** se priver de tout au profit de qqn.

SAIGNEUR n.m. Vx. Personne chargée de tuer les porcs en les saignant.

SAILLANT, E adj. (de *1. saillir*). **1.** Qui fait saillie : *Transept saillant.* **2.** Fig. Qui attire l'attention ; marquant : *Les faits saillants de la semaine.* ■ **Angle** ou **secteur angulaire saillant** [math.], dont la mesure en degrés est comprise entre 0 et 180 (CONTR. **rentrant**). ◆ **n.m.** Partie de fortification qui fait saillie.

1. SAILLIE n.f. 1. Partie saillante à la surface de certains objets : *Les saillies d'un os* ; partie qui dépasse, avance : *Un balcon en saillie.* **2.** Litt. Trait d'esprit brillant et imprévu ; bon mot. ■ **Faire saillie,** saillir.

2. SAILLIE n.f. Accouplement des animaux domestiques.

1. SAILLIR v.i. [37] (de l'anc. fr. *salir*, sauter). Être en saillie ; dépasser : *Un grain de beauté qui saille.*

2. SAILLIR v.t. [21] (du lat. *salire*, couvrir une femelle). ZOOL. S'accoupler à ; couvrir : *Étalon qui saillit une jument.*

SAÏMIRI n.m. (mot tupi). Sapajou d'Amérique tropicale, à pelage jaune.

SAIN, E adj. (lat. *sanus*). **1.** Qui ne présente aucune atteinte pathologique : *Des dents saines.* **2.** Dont le comportement ne dénote aucun signe de déficience mentale ou psychologique ; équilibré : *Avoir un jugement sain.* **3.** Qui repose sur des bases solides : *Une économie saine.* **4.** Conforme à la raison ; sensé : *De saines décisions.* **5.** Qui contribue à la santé des individus ; salubre : *Une nourriture saine.* **6.** MAR. Se dit d'une zone maritime qui ne présente aucun danger pour la navigation, où il n'y a pas d'écueils. ▪ **Sain et sauf,** qui est sorti indemne d'un péril.

SAINBOIS n.m. BOT. Garou.

SAINDOUX n.m. (de l'anc. fr. *saïm*, graisse, et *doux*). Graisse de porc fondue.

SAINEMENT adv. D'une manière saine.

SAINFOIN n.m. (de *sain* et *1. foin*). Plante fourragère vivace à fleurs roses, utilisée dans les prairies artificielles. ➲ Sous-famille des papilionacées.

SAINT, E adj. (lat. *sanctus*). **1.** Se dit de Dieu en tant qu'il est souverainement pur, parfait. **2.** THÉOL. CHRÉT. Se dit de qqn qui, par la grâce des sacrements, a mené une vie de parfaite imitation de Jésus-Christ. **3.** (Avec une majuscule et un trait d'union). Jour de la fête d'un saint canonisé : *La Saint-Pierre est le 29 juin.* **4.** Qui mène une vie exemplaire sur le plan moral ou religieux : *Une sainte femme.* **5.** Qui appartient à la religion et a un caractère sacré : *L'histoire sainte.* **6.** Se dit de chacun des jours de la semaine qui précède le dimanche de Pâques : *Le jeudi saint.* **7.** Qui a un caractère vénérable et intangible ; sacré : *La sainte autorité de la Loi.* **8.** Qui atteint un degré extrême ; profond : *Avoir une sainte horreur de l'injustice.* ▪ **Année sainte,** année jubilaire de l'Église catholique, célébrée ordinairement tous les 25 ans. ▪ **Toute la sainte journée** [fam.], la journée tout entière. ◆ **n. 1.** Chrétien béatifié ou canonisé dont la vie est proposée en exemple par l'Église et auquel est rendu un culte public. Abrév. **St, Ste. 2.** Personne d'une piété et d'une vie exemplaires. ▪ **Prêcher pour son saint** [fam.], vanter qqch pour en tirer un profit personnel. ▪ **Saints de glace,** saint Mamert, saint Pancrace et saint Servais, dont les fêtes (autref. les 11, 12 et 13 mai) passent pour être souvent accompagnées de gelées tardives. ◆ **n.m.** ▪ **Le saint des saints,** la partie la plus sacrée du Temple de Jérusalem ; fig., la partie la plus secrète, la plus importante de qqch.

SAINT-AMOUR n.m. inv. (de *Saint-Amour-Bellevue*, n. pr.). Vin d'un cru renommé du Beaujolais.

SAINT-BERNARD n.m. inv. (du col du *Grand-Saint-Bernard*). Chien d'une race de très forte taille à la robe blanc et fauve, dressé pour le sauvetage en montagne.

SAINT-CRÉPIN n.m. inv. (du n. de *saint Crépin*, patron des cordonniers). Vx. Ensemble des outils d'un cordonnier.

SAINT-CYRIEN, ENNE n. (pl. *saint-cyriens, ennes*). Élève ou ancien élève de l'École spéciale militaire de Saint-Cyr.

SAINTE-BARBE n.f. (pl. *saintes-barbes*) [du n. de *sainte Barbe*, patronne des artilleurs]. Entrepôt du matériel d'artillerie et des poudres, sur les anciens navires de guerre.

SAINTE-MAURE n.m. inv. (de *Sainte-Maure-de-Touraine*, n.pr.). Fromage au lait de chèvre en forme de cylindre allongé, fabriqué en Touraine.

SAINTEMENT adv. D'une manière sainte ; comme un saint.

SAINT-ÉMILION n.m. inv. Bordeaux rouge réputé, récolté dans la région de Saint-Émilion.

SAINTE-NITOUCHE n.f. (pl. *saintes-nitouches*) [de *n'y touche*]. Personne qui affecte la pruderie.

SAINT-ESPRIT n.m. sing. CHRIST. ▪ **Le Saint-Esprit,** troisième personne de la Trinité, nommée après le Père et le Fils.

SAINTETÉ n.f. Qualité d'une personne, d'une chose sainte : *La sainteté d'un lieu.* ▪ **Sa Sainteté,** titre initialement réservé au pape et désormais donné également au dalaï-lama.

SAINT-FLORENTIN n.m. inv. (de *Saint-Florentin*, n.pr.). Fromage au lait de vache, à pâte molle et à croûte lavée.

SAINT-FRUSQUIN n.m. inv. Fam. Ensemble des affaires personnelles de qqn. ▪ **Et tout le saint-frusquin** [fam.], et tout le reste.

À LA SAINT-GLINGLIN loc. adv. Fam. À une date indéterminée ; à un moment qui n'arrivera jamais.

SAINT-GUY (DANSE DE) n.f. Chorée.

SAINT-HONORÉ n.m. inv. (du n. de *saint Honoré*, patron des boulangers). Gâteau en pâte brisée ou feuilletée, bordé d'une couronne de petits choux à la crème et garni au centre de crème Chantilly.

SAINT-JACQUES n.f. inv. CUIS. Coquille Saint-Jacques : *Des saint-jacques poêlées.*

SAINT-MARCELLIN n.m. inv. (de *Saint-Marcellin*, n.pr.). Petit fromage rond au lait de vache, à pâte molle et à croûte fleurie.

SAINT-NECTAIRE n.m. inv. (de *Saint-Nectaire*, n.pr.). Fromage au lait de vache, à pâte pressée non cuite et à croûte fleurie.

SAINT-NICOLAS n.f. inv. Fête, le 6 décembre, de saint Nicolas, patron des petits enfants, marquée dans l'Europe du Nord et du Centre (en France, en Alsace et en Lorraine) par la distribution aux enfants de cadeaux, en récompense de leur sagesse.

SAINTPAULIA n.m. (du n. de W. von *Saint Paul*). Petite plante originaire de Tanzanie, à feuilles velues, aux fleurs bleu-violet ou roses. ➲ Famille des gesnériacées.

SAINT-PAULIN n.m. inv. Fromage au lait de vache, à pâte pressée non cuite et à croûte lavée.

SAINT-PÈRE n.m. (pl. *saints-pères*). Nom par lequel on désigne le pape.

SAINT-PIERRE n.m. inv. Poisson à corps haut et comprimé, marqué d'une tache circulaire sombre sur les flancs, à chair estimée, commun dans toutes les mers tempérées (SYN. **dorée, zée**). ➲ Famille des zéidés.

SAINT-SIMONIEN, ENNE adj. et n. (pl. *saint-simoniens, ennes*). Relatif au saint-simonisme ; qui en est partisan.

SAINT-SIMONISME n.m. Doctrine du comte de Saint-Simon et de ses disciples, caractérisée par un industrialisme progressiste dont s'inspirèrent le positivisme et la pensée socialiste.

SAINT-SYLVESTRE n.f. inv. Fête célébrant à la fois la fin de l'année en cours et le Nouvel An, qui consiste notamm. à réveillonner le soir du 31 décembre.

SAINT-SYNODE n.m. (pl. *saints-synodes*). Dans les Églises orientales, notamm. orthodoxes, conseil d'évêques qui désigne et assiste le patriarche, et qui gouverne avec celui-ci les diocèses.

SAISI, E n. DR. Personne dont on saisit un bien. ◆ **adj.** DR. Se dit du bien ayant fait l'objet d'une saisie. ▪ **Tiers saisi,** personne entre les mains de qui est saisie une somme due ou un bien mobilier appartenant à autrui.

SAISIE n.f. **1.** DR. Prise de possession par le fisc, les douanes ou la justice des produits d'une infraction, des moyens ayant servi à la commettre ou des objets permettant d'en établir la preuve ; voie d'exécution forcée par laquelle un créancier s'assure des biens de son débiteur en vue de garantir le paiement d'une dette. **2.** INFORM., IMPRIM. Frappe d'un texte ou de données à l'aide d'un clavier ; clavetage. ▪ **Saisie-appréhension,** saisie permettant à un créancier de récupérer auprès d'un débiteur ou d'un tiers détenteur un bien meuble qui lui est dû. ▪ **Saisie-attribution,** saisie au profit d'un créancier d'une somme d'argent détenue par un tiers (saisie sur salaire, par ex.). ▪ **Saisie conservatoire,** mise des biens du débiteur sous le contrôle de la justice, pour que celui-ci ne les fasse pas disparaître ou ne les vende pas. ▪ **Saisie-contrefaçon,** procédure prévue par le Code de la propriété intellectuelle pour faire la preuve d'une contrefaçon et entraînant la saisie matérielle des objets contrefaits. ▪ **Saisie immobilière,** saisie portant sur un bien immobilier du débiteur. ▪ **Saisie-vente,** recouvrement d'une créance par la vente à l'amiable ou aux enchères publiques des biens corporels du débiteur.

SAISINE n.f. **1.** DR. Fait de saisir une juridiction. **2.** MAR. Cordage servant à maintenir ou à soulever certains objets. ▪ **Saisine héréditaire** [dr.], droit pour un héritier à la prise de possession des biens d'un défunt à l'instant même du décès et sans autorisation préalable de justice.

SAISIR v.t. [21] (bas lat. *sacire*, du francique). **1.** Prendre qqch en main ou avec un instrument ; attraper : *Saisir une branche pour ne pas tomber. Le forgeron saisit la barre rougie avec une pince.* **2.** Prendre un être vivant de la main pour l'immobiliser, le maîtriser ; empoigner : *Il a saisi son adversaire par les cheveux, le chien par le collier.* **3.** Mettre à profit un événement au moment où il se présente : *Saisissez votre chance !* **4.** Percevoir la signification de qqch ; comprendre : *Elle n'a pas saisi l'allusion.* **5.** S'emparer brusquement de qqn, en parlant d'une sensation ; envahir : *La peur l'a saisi.* **6.** Exposer un aliment à un feu vif : *Saisir une côtelette.* **7.** DR. Opérer une saisie ; porter un litige devant une juridiction, effectuer une saisine. **8.** INFORM. Effectuer une saisie. ▪ **Être saisi,** être paralysé par une forte émotion : *Être saisi de joie, de panique.* ◆ **SE SAISIR** v.pr. **(DE).** S'emparer de : *Se saisir du micro.*

SAISISSABLE adj. **1.** Qui peut être saisi, compris. **2.** DR. Qui peut faire l'objet d'une saisie.

1. SAISISSANT, E adj. **1.** Qui produit une brusque sensation physique : *Froid saisissant.* **2.** Qui surprend vivement : *Une révélation saisissante.*

2. SAISISSANT, E n. DR. Personne qui pratique une saisie afin d'obtenir d'un débiteur l'acquittement de son obligation.

SAISISSEMENT n.m. Impression subite et violente causée par le froid, une émotion : *Être muet de saisissement.*

SAISON n.f. (lat. *satio, -onis*). **1.** Chacune des quatre parties en lesquelles l'année est divisée par les équinoxes et les solstices. **2.** Période de l'année où les conditions climatiques restent à peu près constantes : *La saison des pluies.* **3.** Époque de l'année correspondant à la récolte de certains produits ou à des travaux agricoles : *La saison des foins.* **4.** Époque de l'année correspondant au maximum d'activité d'un secteur donné : *La saison touristique.* **5.** Période de l'année où affluent les vacanciers : *La saison commence à peine. Venez en saison, hors saison.* **6.** Ensemble des épisodes d'une série télévisée, diffusés à intervalles réguliers pendant une période déterminée : *La fin de la troisième saison.* ▪ **Être de saison,** être opportun, approprié. ▪ **Haute saison, basse saison,** période correspondant au maximum, au minimum d'affluence dans une région touristique. ▪ **Hors de saison,** qui est fait ou dit mal à propos ; déplacé.

➲ La division de l'année en quatre **SAISONS** résulte du mouvement de la Terre autour du Soleil. Le printemps commence à l'équinoxe de printemps et se termine au solstice d'été ; viennent ensuite l'été, l'automne et l'hiver, qui se terminent respectivement à l'équinoxe d'automne, au solstice d'hiver et à l'équinoxe de printemps. La Terre ne se déplaçant pas à une vitesse constante sur son orbite, il en résulte une inégalité dans la durée des saisons (dans l'hémisphère Nord, printemps : 92 j 19 h ; été : 93 j 23 h ; automne : 89 j 13 h ; hiver : 89 j). Les saisons, dans l'hémisphère Sud, sont inversées par rapport à celles de l'hémisphère Nord. Leur mécanisme est commun à toutes les planètes dont l'axe de rotation n'est pas perpendiculaire au plan de l'orbite.

SAISONNALITÉ n.f. Caractère saisonnier de qqch : *La saisonnalité des ventes de livres scolaires.*

1. SAISONNIER, ÈRE adj. **1.** Propre à une saison : *Température saisonnière.* **2.** Qui ne s'exerce, qui n'est actif que pendant une certaine période de l'année : *Travailleur saisonnier.* ▪ **Propriété saisonnière** [dr.], multipropriété.

2. SAISONNIER, ÈRE n. Personne qui loue ses services pour des travaux saisonniers (moisson, vendanges, hôtellerie, etc.).

SAÏTE adj. Relatif à Saïs et à l'époque de son rayonnement.

SAJOU n.m. (mot tupi). Sapajou (singe).

SAKÉ n.m. (jap. *sake*). Boisson japonaise alcoolisée, à base de riz fermenté, que l'on boit génér. tiède.

SAKI n.m. (tupi *çahy* ou *sahy*). Singe de l'Amazonie à épaisse fourrure, dont il existe plusieurs espèces. ➲ Famille des cébidés.

SAKIEH [sakje] **n.f.** (ar. *sāquya*). En Égypte, noria actionnée par des bœufs.

SAL n.m. (pl. *sals*). Grand arbre de l'Inde du Nord au bois précieux. ➲ Famille des diptérocarpacées.

SALACE adj. (lat. *salax, -acis*). Litt. **1.** Porté aux plaisirs sexuels ; lubrique. **2.** Grivois ; paillard : *Histoire salace.*

SALACITÉ n.f. Litt. Caractère salace de qqn, de ses propos.

1. SALADE n.f. (du provenç. *salada*, mets salé). **1.** Plante feuillue, cultivée (laitue, cresson, par ex.) ou sauvage (pissenlit). **2.** Plat composé de feuilles de ces plantes, le plus souvent crues et assaisonnées. **3.** Plat de crudités et/ou d'aliments froids, assaisonné génér. de vinaigrette. **4.** Fam. Mélange confus, hétéroclite : *Il a fait une de ces salades avec ses fichiers informatiques !* ▪ **Salade composée,** réalisée avec des ingrédients variés. ▪ **Salade de blé** [Belgique], mâche. ▪ **Salade de fruits,** assortiment de fruits coupés, accommodés avec du sucre et, parfois, de l'alcool. ▪ **Salade russe,** macédoine de légumes assaisonnés de mayonnaise. ▪ **Vendre sa salade** [fam.], essayer de convaincre en racontant des boniments. ◆ **n.f. pl.** Fam. Mensonges ; sornettes : *Raconter des salades.*

2. SALADE n.f. (de l'ital. *celata*, pourvu d'une voûte). Casque en usage du XVe au XVIIe s.

SALADERIE n.f. Établissement de restauration rapide où l'on sert des salades variées.

SALADIER n.m. Plat creux où l'on sert la salade ou d'autres mets ; son contenu : *Un saladier de pâtes.*

SALAFISME n.m. Courant fondamentaliste de l'islam, qui prône auj. un retour à la religion pure des anciens en recourant à une lecture littérale des sources. ➲ Par son caractère radical, il n'a plus de rapport avec la Salafiyya du XIXe s.

SALAFISTE adj. et **n.** Relatif au salafisme ; qui en est partisan.

SALAGE n.m. Action de saler : *Le salage des routes en hiver.*

SALAIRE n.m. (du lat. *salarium*, ration de sel). **1.** Rémunération du travail effectué par un employé pour le compte d'un employeur, en vertu d'un contrat de travail. **2.** Ce que l'on reçoit en récompense ou en châtiment : *Le juste salaire de son courage. C'est le salaire de la trahison.* ▪ **Contrat de travail à salaire différé,** ou **salaire différé,** rémunération fictive des enfants travaillant sur l'exploitation agricole familiale, et qu'ils peuvent faire valoir au moment de la succession. ▪ **Salaire brut** ou **réel,** salaire avant retenue des cotisations sociales (par oppos. à *net*). ▪ **Salaire de base,** salaire mensuel fixé suivant un coefficient ou des points, et qui correspond à une fonction. ➲ Il sert au calcul de diverses prestations ou cotisations. ▪ **Salaire d'efficience,** salaire supérieur à celui qui est habituellement versé à travail égal, en vue de motiver et de fidéliser un travailleur. ▪ **Salaire indirect,** prestations sociales versées au travailleur en cas d'inactivité. ▪ **Salaire minimum interprofessionnel de croissance (SMIC),** salaire minimum au-dessous duquel, en France, aucun salarié travaillant à plein-temps ne peut être rémunéré. ➲ Créé en 1970, le SMIC évolue en fonction de la hausse des prix à la consommation et, de ce fait, est obligatoirement relevé le 1er juill. de chaque année.

SALAISON n.f. 1. Opération consistant à saler une denrée alimentaire pour faciliter sa conservation. **2.** (Souvent pl.). Produit de charcuterie traité au sel et au nitrate ou au nitrite de sodium.

SALAISONNERIE n.f. Industrie de la salaison.

SALAMALECS n.m. pl. (de l'ar. *salām 'alayk*, paix sur toi). Fam. Politesses exagérées et répétées.

▲ **salamandre** tachetée.

SALAMANDRE n.f. (lat. *salamandra*, du gr.). Urodèle à morphologie de lézard, dont une espèce noire marbrée de jaune est commune en Europe occidentale. ➲ Les salamandres géantes du Japon et de Chine, qui atteignent 1,5 m de long, sont les plus grands des amphibiens.

SALAMI n.m. (mot ital.). Saucisson sec d'origine italienne, dont il existe plusieurs types.

SALANGANE n.f. (du malais *sārang*, nid). Oiseau d'Asie et d'Océanie, voisin du martinet, dont on consomme, sous le nom de *nids d'hirondelle*, les nids faits de gélose. ➲ Famille des apodidés.

SALANT adj.m. Qui produit ou qui contient du sel : *Marais salants.* ◆ **n.m.** Région. (Sud-Ouest). Étendue de sol proche de la mer où apparaissent de légères efflorescences salines.

SALAR n.m. (mot esp.). GÉOGR. Dépression fermée submergée d'eau salée à la saison des pluies et couverte de cristaux de sel à la saison sèche.

SALARIAL, E, AUX adj. Relatif au salaire : *Négociations salariales.* ▪ **Masse salariale** → **MASSE.**

SALARIAT n.m. 1. Relation contractuelle entre un employeur et un employé, fondée sur un lien de subordination ; condition de salarié. **2.** Mode de rémunération du travail par le salaire. **3.** Ensemble des salariés (par oppos. à *patronat*).

SALARIÉ, E n. et **adj.** Personne liée à une autre par un contrat de travail qui prévoit la rémunération, par un salaire, du travail qu'elle lui fournit.

SALARIER v.t. [5]. **1.** Donner un salaire à qqn. **2.** Conférer le statut de salarié à qqn.

SALAUD n.m. Vulg., injur. Homme méprisable et déloyal. (Au fém., on emploie la forme *salope*.) ◆ **adj.m.** Très fam. Moralement répugnant ; ignoble : *C'est salaud, ce que tu lui as fait !*

SALBANDE n.f. (de l'all. *Salband*, lisière du drap). MIN. Mince couche argileuse située à la séparation d'un filon ou d'une faille avec ses épontes.

SALCHOW [salko] **n.m.** (du n. de U. *Salchow*). En patinage artistique, saut consistant en une rotation avec appel sur une jambe (en dedans arrière) et réception sur l'autre (en dehors arrière).

SALE adj. (du francique *salo*, trouble). **1.** Couvert de poussière, de taches ; crasseux : *Du linge sale.* **2.** Qui est mal entretenu : *Une rivière, un trottoir sales.* **3.** Qui néglige les soins de propreté élémentaires ; malpropre. **4.** Vieilli. Qui n'est pas soigneux. **5.** Se dit d'une couleur qui manque d'éclat : *Un blanc sale.* **6.** Qui blesse la pudeur ; ordurier : *Histoires sales.* **7.** (Avant le n.). Fam. Qui cause du désagrément ; détestable : *Un sale temps ;* fâcheux : *Une sale maladie ;* ignoble : *Un sale type ;* infâme : *Un sale tour ;* vil : *La sale besogne.* ▪ **L'argent sale,** revenu illicite provenant de délits, de trafics divers et partic. du trafic de drogue. ◆ **n.m.** ▪ **Au sale,** là où l'on met le linge à laver.

SALÉ, E adj. 1. Qui contient du sel : *Un pré salé ;* qui en a le goût : *Beurre salé.* **2.** Conservé dans du sel, de la saumure : *Viande salée.* **3.** Fam. Qui est très libre ; grivois : *Une plaisanterie salée.* **4.** Fam. Qui dépasse la mesure ; excessif : *Une addition salée.* ◆ **adv.** ▪ **Manger salé,** des aliments fortement salés. ◆ **n.m. 1.** Nourriture salée : *Préférer le salé au sucré.* **2.** Chair de porc salée. ▪ **Petit salé,** morceau de porc salé provenant génér. de la poitrine, que l'on cuit dans un bouillon aromatisé.

SALÉE n.f. Suisse. Petite galette.

SALEMENT adv. 1. De façon sale : *Manger salement.* **2.** Fam. À un très haut degré ; terriblement : *J'ai eu salement peur.*

SALER v.t. [3] (de *sel*). **1.** Assaisonner avec du sel : *Saler une sauce.* **2.** Imprégner une denrée de sel pour la conserver : *Saler de la morue.* **3.** Répandre du sel pour faire fondre la neige, le verglas : *Saler les grands axes de circulation.* **4.** Fam. Faire payer un prix excessif ; majorer : *Saler l'addition.*

SALERON n.m. Petite salière en forme de godet.

SALERS [salɛrs] **n.m.** Variété de cantal fabriquée dans la région de Salers. ◆ **n.** et **adj.** Bovin d'une race rustique originaire du Cantal, à robe rouge acajou foncé, exploitée pour la boucherie.

SALÉSIEN, ENNE adj. et **n.** Se dit de deux congrégations catholiques dont les membres se vouent à l'éducation de la jeunesse.

SALETÉ n.f. 1. État de ce qui est sale : *La saleté des rues.* **2.** Chose malpropre ; impureté : *Cette eau est pleine de saletés.* **3.** Action qui vise à nuire ; méchanceté : *Il n'en est pas à sa première saleté.* **4.** Parole obscène : *Dire des saletés.* **5.** Fam. Chose sans valeur : *N'achète pas ces saletés.* ◆ **n.f. pl.** Excréments : *Le chat a fait des saletés dans le salon.*

SALEUSE n.f. Véhicule utilisé pour saler les chaussées.

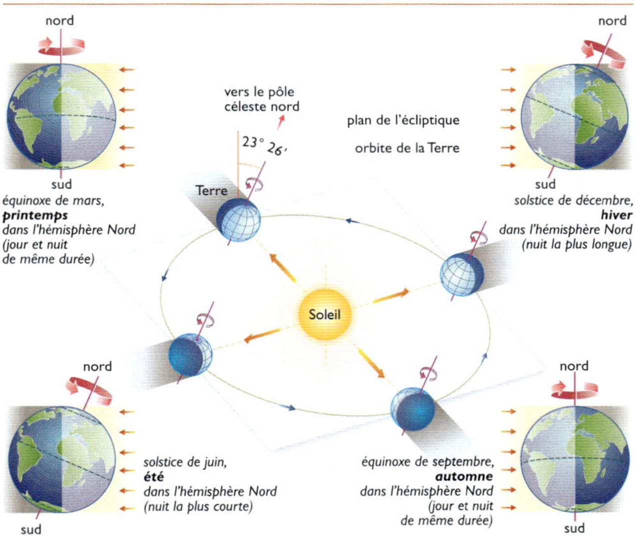

▲ **saison.** Le mécanisme des saisons. La division de l'année en saisons résulte de l'inclinaison (23° 26′) de l'axe de rotation de la Terre par rapport à la perpendiculaire à son plan de translation autour du Soleil. Comme l'axe des pôles garde au cours de l'année une direction fixe dans l'espace, c'est tantôt le pôle Nord, tantôt le pôle Sud qui est éclairé par le Soleil, et la durée du jour aux différents points du globe varie.

SALICACÉE n.f. (du lat. *salix, -icis*, saule). Arbre ou arbuste à fleurs apétales, tel que le saule, l'osier, le peuplier. ➲ Les salicacées forment une famille.

SALICAIRE n.f. (du lat. *salix, -icis*, saule). Plante herbacée des lieux très humides, à fleurs roses ou pourprées. ➲ Famille des lythracées.

SALICOLE adj. Relatif à la saliculture.

SALICORNE n.f. Plante des rivages et des lieux salés, à tige articulée charnue, sans feuilles, parfois consommée comme condiment et dont on extrayait la soude. ➲ Famille des chénopodiacées.

SALICULTURE n.f. Exploitation du sel dans un marais salant, une saline.

SALICYLATE n.m. Sel ou ester de l'acide salicylique.

SALICYLÉ, E adj. Relatif à l'acide salicylique ou à ses sels.

SALICYLIQUE adj. **CHIM. ORG.** Se dit d'un acide doué de propriétés antiseptiques et dont les dérivés (aspirine, salicylate de soude) ont une action anti-inflammatoire.

SALIDIURÉTIQUE adj. et n.m. Se dit d'un diurétique dont l'action sur le rein aboutit à une augmentation de l'élimination de l'eau et du sodium.

1. SALIEN, ENNE adj. ▪ **Francs Saliens**, v. partie n.pr.

2. SALIEN adj.m. et n.m. (lat. *Salii*). **ANTIQ. ROM.** Se dit des prêtres consacrés à Mars, et qui étaient au nombre de douze.

SALIÈRE n.f. **1.** Petit ustensile de table contenant du sel. **2.** Creux au-dessus des yeux du cheval, qui s'accentue avec l'âge. **3.** Fam. Creux en arrière de la clavicule, chez les personnes maigres.

SALIFÈRE adj. Qui contient du sel.

SALIFIABLE adj. **CHIM.** Se dit d'un composé susceptible d'être transformé en sel.

SALIFICATION n.f. **CHIM.** Formation d'un sel.

SALIFIER v.t. [5]. **CHIM.** Transformer en sel.

SALIGAUD, E n. (du bas all. *salik*, sale). Très fam. Personne ignoble. (Le fém. *saligaude* est rare.)

SALIGNON n.m. Pain de sel extrait des eaux d'une fontaine salée.

SALIN, E adj. (de *sel*). **1.** Qui contient du sel ; qui est formé par du sel : *Concrétion saline.* **2. CHIM.** Qui a les caractères d'un sel. ▪ **Roche saline,** roche sédimentaire soluble dans l'eau, provenant de l'évaporation de l'eau de mer dans des lagunes (gypse, halite, etc.). ◆ n.m. Marais salant.

SALINE n.f. Établissement industriel dans lequel on produit du sel en extrayant le sel gemme ou en faisant évaporer des eaux saturées extraites du sous-sol.

SALINIER, ÈRE n. Producteur de sel. ◆ adj. Relatif à la production du sel.

SALINISATION n.f. **PÉDOL., HYDROL.** Augmentation de la teneur en sels d'un sol, d'une eau douce de surface ou souterraine.

SALINITÉ n.f. Teneur en sels.

SALINOMÈTRE n.m. Instrument de laboratoire utilisé pour mesurer la salinité d'échantillons d'eau de mer.

SALIQUE adj. **HIST.** Des Francs Saliens. ▪ **Loi salique,** recueil de lois des Francs Saliens. ➲ Une disposition de cette loi, excluant les femmes de la succession à la terre, fut interprétée à partir du XIVe s. pour justifier l'ordre de succession au trône de France.

SALIR v.t. [21]. **1.** Rendre sale ; tacher : *Salir sa chemise, ses doigts.* **2.** Jeter le doute sur l'intégrité de ; déshonorer : *Salir la réputation de qqn.* ◆ **SE SALIR** v.pr. Devenir sale ; souiller ses vêtements, une partie de son corps.

SALISSANT, E adj. **1.** Qui se salit aisément : *Le blanc est une couleur salissante.* **2.** Qui salit : *Un travail salissant.* **3. AGRIC.** Se dit des plantes et des cultures qui favorisent le développement des mauvaises herbes.

SALISSURE n.f. **1.** Ce qui rend une chose sale ; tache : *L'écran est couvert de salissures.* **2.** Litt. Ce qui salit moralement : *La salissure d'une calomnie.*

SALIVAIRE adj. Relatif à la salive. ▪ **Glandes salivaires,** qui sécrètent la salive. ➲ On en compte trois paires : les *parotides*, les *sous-maxillaires* et les *sublinguales*.

SALIVATION n.f. Sécrétion de la salive.

SALIVE n.f. (lat. *saliva*). Liquide clair et filant sécrété par les glandes salivaires, excrété dans la bouche et qui facilite la déglutition des aliments. ▪ **Dépenser beaucoup de salive** [fam.], parler beaucoup.

SALIVER v.i. [3]. **1.** Sécréter de la salive. **2.** Fig. Avoir très envie de qqch : *Ils salivent devant ces tablettes tactiles.*

SALLE n.f. (bas lat. *sala*). **1.** Pièce d'une habitation destinée à un usage particulier : *Une salle de jeux.* **2.** Lieu vaste et couvert destiné à un usage particulier : *Salle de spectacle* ; spécial., cinéma en tant que lieu : *Ce film sera en salle mercredi prochain.* **3.** Public qui remplit une salle : *Toute la salle applaudit.* **4.** Anc. Vaste pièce de réception dans une grande demeure. **5.** Anc. Dortoir, dans un hôpital : *Salle commune.* ▪ **Salle à manger,** dans laquelle on prend ses repas. ▪ **Salle blanche,** enceinte étanche aménagée pour éliminer le plus possible les poussières et les micro-organismes, dans les industries nécessitant des conditions d'ultrapropreté. ▪ **Salle d'armes,** lieu où les maîtres d'armes donnent leurs leçons d'escrime. ▪ **Salle d'eau,** local comportant douche et lavabo. ▪ **Salle de bains,** cabinet de toilette avec baignoire. ▪ **Salle de marché,** lieu où, dans les banques, sont regroupés les spécialistes réalisant des opérations sur les devises, les titres et les produits financiers. ▪ **Salle des pas perdus,** grande salle, hall d'un palais de justice qui dessert les services ou les chambres d'un tribunal ; ch. de f., grand hall qui donne accès aux différents services d'une gare. ▪ **Salles obscures** → **OBSCUR.**

SALMANAZAR n.m. (de *Salmanasar*, n. de cinq rois assyriens). Grosse bouteille de champagne d'une capacité équivalant à celle de douze champenoises (soit plus de 9 l).

SALMIGONDIS [-di] n.m. (de *sel* et de l'anc. fr. *condir*, accommoder). Fam. Assemblage confus et disparate ; patchwork.

SALMIS [-mi] n.m. (de *salmigondis*). Ragoût de pièces de gibier ou de volailles partiellement rôties, que l'on finit de cuire dans une sauce au vin.

SALMONELLE n.f. (du n. de D. E. *Salmon*). Bactérie responsable des salmonelloses (nom générique).

SALMONELLOSE n.f. **MÉD.** Infection due à des salmonelles, telle que certaines toxi-infections alimentaires, la fièvre typhoïde, les fièvres paratyphoïdes.

SALMONICULTURE n.f. (du lat. *salmo, -onis*, saumon). Élevage du saumon.

SALMONIDÉ n.m. Poisson téléostéen à deux nageoires dorsales, aimant les eaux fraîches et oxygénées, tel que le saumon, la truite et l'omble. ➲ Les salmonidés forment une famille.

SALOIR n.m. Récipient dans lequel on place les viandes, les poissons, etc., à saler.

SALOMÉ n.m. Escarpin comportant une bride en forme de T sur le cou-de-pied.

SALON n.m. (ital. *salone*, de *sala*, salle). **1.** Pièce d'un appartement, d'une maison, destinée à recevoir les visiteurs. **2.** Mobilier propre à cette pièce. **3.** Nom donné à certains établissements commerciaux : *Salon de thé, de coiffure.* **4.** (Avec une majuscule). Manifestation commerciale permettant périodiquement aux entreprises de présenter leurs nouveautés : *Le Salon de l'automobile.* **5.** (Avec une majuscule). Exposition collective périodique d'œuvres d'artistes vivants. **6.** Société mondaine : *Conversation de salon.* **7.** Réunion de personnalités des lettres, des arts et de la politique qui, partic. aux XVIIe et XVIIIe s., se tenait chez une femme distinguée. ▪ **Salon funéraire** [Québec], funérarium.

SALONNARD, E n. Fam., péjor. Personne qui fréquente les salons, les gens du monde.

SALOON [salun] n.m. (mot anglo-amér.). Bar du Far West américain.

SALOPARD n.m. Vulg. Individu ignoble.

SALOPE n.f. Vulg., injur. Femme dévergondée ; femme déloyale et méprisable.

SALOPER v.t. [3]. Fam. **1.** Exécuter un travail sans soin ; saboter : *Saloper une réparation.* **2.** Couvrir de taches ; salir : *Il a salopé ses chaussures.*

SALOPERIE n.f. Fam. **1.** Chose sale ; saleté. **2.** Chose détestable : *La drogue est une saloperie.* **3.** Chose de très mauvaise qualité ; camelote. **4.** Action, propos bas et vils.

SALOPETTE n.f. Vêtement constitué d'un pantalon prolongé par une bavette à bretelles.

SALOPIAUD, SALOPIAU ou **SALOPIOT** n.m. Fam., sens atténué. Salaud.

SALPE n.f. (lat. *salpa*). Tunicier nageur, transparent, qui vit isolé ou en groupes d'individus agrégés et qui se reproduit par alternance de générations sexuées et asexuées. ➲ Ordre des salpides.

SALPÊTRE n.m. (du lat. *sal*, sel, et *petrae*, pierre). Efflorescence de nitrate de potassium, fréquente sur les murs humides et utilisée pour fabriquer de la poudre. ▪ **Salpêtre du Chili,** nitrate de sodium.

SALPÊTRER v.t. [3]. **1.** Couvrir de salpêtre. **2.** Mêler de salpêtre.

SALPICON n.m. (esp. *salpicón*). **CUIS.** Préparation d'aliments coupés en petits dés et liés à une sauce pour servir de garniture ou de farce.

SALPINGITE n.f. (du bas lat. *salpinx, -ingis*, trompette). **MÉD.** Inflammation d'une trompe utérine.

SALSA n.f. (mot esp. « sauce »). Musique de danse afro-cubaine au tempo vif, soutenu princip. par des percussions et des cuivres.

SALSEPAREILLE n.f. (port. *salsaparilla*). Plante lianescente croissant surtout au Mexique et en Asie centrale, naguère d'usage médicinal. ➲ Famille des smilacacées.

SALSIFIS n.m. (ital. *salsifica*). Plante potagère bisannuelle, cultivée pour sa longue racine charnue comestible à la saveur mucilagineuse et sucrée. ➲ Famille des composées. ▪ **Salsifis noir** ou **d'Espagne,** scorsonère.

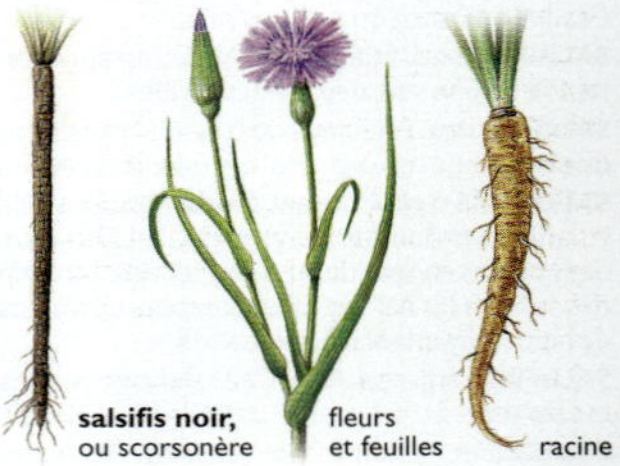

▲ salsifis

SALTATION n.f. (du lat. *saltatio*, danse). **1.** Technique des sauts chorégraphiques ou acrobatiques. **2. GÉOMORPH.** Déplacement par bonds successifs des particules entraînées par l'eau ou par l'air.

SALTATIONNISME n.m. **BIOL.** Théorie développée par S. J. Gould et N. Eldredge, selon laquelle l'évolution des espèces serait une succession de longues périodes de stabilité entrecoupées de phases de spéciation rapide, dans de petites populations isolées et subissant des mutations génétiques de grande ampleur (SYN. **théorie des équilibres ponctués**).

SALTATOIRE adj. Qui sert à sauter : *Appareil saltatoire d'un insecte.*

SALTIMBANQUE n. (de l'ital. *saltimbanco*, celui qui saute sur l'estrade). **1.** Personne qui fait des tours d'adresse, des acrobaties sur les places publiques, dans les foires. **2.** Fam. Professionnel du spectacle ; comédien.

SALTO n.m. (mot ital. « saut »). **SPORTS.** Saut périlleux.

SALUBRE adj. (lat. *salubris*, de *salus*, santé). Qui contribue au maintien de la santé ; sain : *Locaux salubres.*

SALUBRITÉ n.f. Caractère de ce qui est salubre. ▪ **Salubrité publique,** ensemble des mesures édictées par l'Administration en matière d'hygiène des personnes, des animaux et des choses.

SALUER v.t. [3] (lat. *salutare*). **1.** Donner une marque de civilité, de respect à : *Saluer un voisin. Elle les a salués d'un signe de la tête.* **2.** En parlant d'un artiste, revenir en scène et s'incliner devant le public, à la fin d'un spectacle. **3.** (PAR). Accueillir de telle façon : *Saluer une nouvelle par des huées, par une ovation.* **4.** Honorer du salut militaire ou d'une marque de respect précisée par un règlement : *Saluer un officier, le drapeau.* **5.** Reconnaître en tant que tel : *On l'a salué comme un génie* ; rendre hommage à : *Saluer le dévouement des pompiers.*

SALURE n.f. Caractère de ce qui est salé ; teneur en sel.

SALUT n.m. (du lat. *salus, -utis,* santé). **1.** Fait d'échapper à un danger, à un malheur : *Elle doit son salut à sa présence d'esprit.* **2. RELIG.** Fait d'être sauvé de l'état de péché et d'accéder à la vie éternelle. **3.** Action ou manière de saluer ; marque de civilité ; salutation : *Un salut de la tête. Elle lui a rendu son salut.* **4.** Acte réglementaire par lequel on exprime son respect à qqn, à qqch ou son appartenance à un corps : *Salut d'armes de deux escrimeurs. Salut militaire.* **5. CATH.** Anc. Court office du soir comprenant une exposition du saint sacrement et terminée par une bénédiction solennelle. ▪ **L'Armée du salut***, v. partie n.pr. ◆ **interj.** Fam. S'emploie pour saluer ; bonjour : *Salut, ça va ?* ; au revoir : *Salut, à demain !*

SALUTAIRE adj. 1. Propre à conserver ou à rétablir la santé ; bienfaisant : *Repos salutaire.* **2.** Qui peut avoir un effet bienfaisant pour qqn, qqch ; profitable : *Conseils salutaires. La crise a été salutaire pour nos relations.*

SALUTATION n.f. (Surtout pl.). Action de saluer ; salut : *Répondre aux salutations de qqn.* ▪ **Salutation angélique** [christ.], Ave Maria ; Annonciation, en iconographie.

SALUTISTE adj. et **n.** Relatif à l'Armée du salut* (v. partie n.pr.).

SALVADORIEN, ENNE adj. et **n.** Du Salvador ; de ses habitants.

SALVAGNIN n.m. Vin rouge récolté dans le canton de Vaud.

SALVATEUR, TRICE adj. Litt. Qui sauve : *Geste salvateur.*

SALVE n.f. (mot lat. « salut ! »). Décharge simultanée d'armes à feu, au combat, en l'honneur de qqn ou en signe de réjouissance. ▪ **Salve d'applaudissements,** applaudissements nombreux qui éclatent en même temps.

SAMARA n.m. (mot persan). Afrique. Sandale constituée d'une semelle plate et d'une lanière qui se glisse entre les deux premiers orteils.

SAMARE n.f. (du lat. *samara,* semence d'orme). **BOT.** Graine (akène) ailée (érable, frêne, orme, notamm.).

SAMARITAIN, E adj. et **n.** De la ville ou de la région de Samarie. ▪ **Le Bon Samaritain***, v. partie n.pr. ◆ **n. 1.** Personne secourable : *Les samaritains de l'humanitaire.* **2.** Suisse. Secouriste.

SAMARIUM [-rjɔm] **n.m. 1.** Métal blanc-gris du groupe des lanthanides, de densité 7,54, qui fond vers 1 077 °C. **2.** Élément chimique (Sm), de numéro atomique 62 et de masse atomique 150,36. ➲ Il est utilisé dans les verres absorbant l'infrarouge.

SAMBA [sɑ̃mba] **n.f.** (mot port. du Brésil). **1.** Danse brésilienne utilisée dans les cortèges de carnaval et devenue une danse de salon exécutée en couple. **2.** Pièce musicale chantée, d'origine brésilienne, de tempo rapide, au rythme discontinu et très syncopé.

SAMBO n.m. Sport de combat, né en URSS vers 1930, s'apparentant au judo et à la lutte libre, mais où les clés et les coups sont interdits.

SAMBOÏSTE n. Personne qui pratique le sambo.

SAME n.m. Nom que les Lapons (ou Samis) donnent à leur langue.

SAMEDI n.m. (du lat. pop. **sambati dies,* jour du sabbat). Sixième jour de la semaine. ▪ **Faire son samedi** [Région. (Nord), Belgique], faire le ménage hebdomadaire de son logement.

SAMIT [sami] **n.m.** (du gr. *hexamitos,* à six fils). Tissu de soie uni ou façonné, d'origine orientale, présentant à l'endroit et à l'envers des fils de trame liés en sergé, en vogue aux XIVe et XVe s.

SAMIZDAT [samizdat] **n.m.** (mot russe « auto-édition »). **HIST.** Ensemble des moyens utilisés en URSS et dans les pays communistes pour diffuser clandestinement les ouvrages interdits par la censure ; ouvrage ainsi diffusé.

SAMMY n.m. (pl. *sammys* ou *sammies*) [de *oncle Sam*]. Fam., vieilli. Surnom donné aux soldats américains lors de la Première Guerre mondiale.

SAMNITE n.m. (lat. *samnis, -itis*). **ANTIQ. ROM.** Gladiateur casqué, armé d'un grand bouclier et d'une épée.

SAMOAN, E ou **SAMOEN, ENNE adj.** et **n.** Des îles Samoa.

SAMOLE n.m. (lat. *samolus*). Petite plante herbacée des régions littorales marécageuses et salées, à fleurs blanches et à feuilles en rosette. ➲ Famille des primulacées.

SAMOURAÏ [samuraj] **n.m.** (jap. *samuraï,* de *samurau,* servir). Membre de la classe des guerriers, dans l'organisation shogunale du Japon d'avant 1868.

▲ **samouraï.** Estampe japonaise.

SAMOUSSA ou **SAMOSA** [-sa] **n.m.** (mot hindi). Beignet de forme triangulaire, fait d'une fine pâte de farine de blé enrobant une farce à base de légumes, de viande, de poisson ou de fromage. ➲ Cuisine indienne.

SAMOVAR n.m. (mot russe). Bouilloire à robinet utilisée notamm. en Russie pour chauffer l'eau du thé.

SAMOYÈDE adj. et **n.** Relatif aux Samoyèdes ; qui appartient à ce groupe de peuples. ◆ **adj.** et **n.m.** Se dit d'un chien d'une race à fourrure épaisse, génér. blanche, utilisé pour la traction des traîneaux. ◆ **n.m. LING.** Groupe de langues ouraliennes.

SAMPAN n.m. (du chinois *sanpan,* trois planches). Embarcation asiatique à fond plat, manœuvrée à la godille ou à l'aviron et comportant, au centre, un dôme en bambou tressé qui sert d'abri.

SAMPLE [sɑ̃pəl] **n.m.** (mot angl.). **MUS.** Échantillon.

1. SAMPLER [sɑ̃plœr] ou **SAMPLEUR n.m.** (mot angl.). **MUS.** Échantillonneur.

2. SAMPLER [sɑ̃ple] **v.t. [3]. MUS.** Échantillonner.

SAMPLING [sɑ̃pliŋ] **n.m.** (mot angl.). **MUS.** Échantillonnage.

SAMPOT n.m. (khmer *sampuet*). Pièce d'étoffe drapée pour former une culotte, en Thaïlande, au Laos, au Cambodge.

SAMSARA n.m. (mot sanskr.). Dans l'hindouisme, cycle de la vie, de la mort et des renaissances successives, qui se répète pour chaque être vivant jusqu'à ce qu'il ait évolué au point de rendre possible sa libération.

SAMU ou **S.A.M.U.** [samy] **n.m.** (acronyme de *service d'aide médicale d'urgence*). Service hospitalier disposant d'unités mobiles équipées pour assurer une réanimation à domicile ou sur les lieux d'un accident, et le transport vers un centre hospitalier. ▪ **SAMU social,** structure mobile d'aide aux sans-abri.

SANATORIUM [-rjɔm] **n.m.** (mot angl., du bas lat. *sanator,* celui qui guérit). Anc. Établissement de cure destiné au traitement de la tuberculose ou de certaines maladies chroniques. Abrév. (fam.) **sana.**

SAN-BENITO [sɑ̃benito] **n.m.** (pl. *san-benitos*) [esp. *sambenito,* de *san Benito,* saint Benoît]. Casaque jaune dont étaient revêtues les personnes que l'Inquisition avait condamnées au bûcher.

SANCERRE n.m. Vin blanc, rouge ou rosé, récolté dans le Sancerrois.

SANCTIFIANT, E adj. Qui sanctifie : *Grâce sanctifiante.*

SANCTIFICATEUR, TRICE adj. et **n.** Qui sanctifie.

SANCTIFICATION n.f. 1. Action de sanctifier ; effet de ce qui sanctifie : *La sanctification des âmes.* **2.** Célébration selon la loi religieuse.

SANCTIFIER v.t. [5] (du lat. *sanctus,* saint, et *facere,* faire). **RELIG. 1.** Rendre saint : *La grâce nous sanctifie.* **2.** Révérer comme saint : *Que son nom soit sanctifié.* **3.** Célébrer suivant la loi religieuse.

SANCTION n.f. (lat. *sanctio,* de *sancire,* rendre irrévocable). **1.** Mesure répressive infligée par une autorité pour l'inexécution d'un ordre, l'inobservation d'un règlement : *Prendre des sanctions contre les grévistes.* **2. DR.** Peine prévue pour réprimer l'inexécution d'une loi, d'un règlement : *Sanction pénale.* **3.** Entérinement d'une pratique, d'une action qui lui confère sa validité ; consécration : *Néologisme qui a reçu la sanction de l'usage.* **4.** Conséquence naturelle d'une action : *Le verdict des urnes est la sanction de la politique du gouvernement.* ▪ **Sanction des lois** [dr. constit.], acte par lequel, dans certains pays, le chef de l'État rend exécutoire une loi. ➲ En France, elle est appelée *promulgation.*

SANCTIONNER v.t. [3]. 1. Prendre une sanction contre ; punir : *La loi sanctionne le harcèlement moral, les fraudeurs.* **2.** Apporter une consécration à ; valider : *Ce diplôme sanctionne sept ans d'études.*

SANCTUAIRE n.m. (lat. *sanctuarium,* de *sanctus,* saint). **1.** Partie de l'église, située autour de l'autel, où s'accomplissent les cérémonies liturgiques. **2.** Édifice religieux ; lieu saint. **3.** Fig. Espace inviolable ; refuge : *Cette île est un sanctuaire pour les oiseaux.* **4. MIL.** Territoire protégé par la dissuasion nucléaire, dont l'agression justifierait une riposte nucléaire. ▪ **Sanctuaire marin,** zone maritime faisant l'objet de mesures réglementaires visant à assurer la protection des mammifères marins et de leur habitat.

SANCTUARISATION n.f. Action de sanctuariser.

SANCTUARISER v.t. [3]. Transformer en sanctuaire, en zone protégée.

SANCTUS [sɑ̃ktys] **n.m.** (mot lat. « saint »). **CATH.** Chant de louange à Dieu commençant par ce mot et qui se place à la messe avant la consécration de l'eucharistie.

SANDALE n.f. (lat. *sandalium,* du gr.). Chaussure formée d'une simple semelle retenue au pied par des cordons ou des lanières.

SANDALETTE n.f. Chaussure légère faite d'une tige cousue directement sur le semelage et fermée par une boucle.

SANDARAQUE n.f. (du lat. *sandaraca,* sulfure rouge d'arsenic). Résine extraite d'une espèce de thuya et employée pour la préparation des vernis.

SANDERLING [sɑ̃dɛrlɛ̃] **n.m.** (mot angl., de *sand,* sable). Bécasseau des régions arctiques, qui hiverne au sud sur les côtes sableuses, notamm. en Europe.

SANDINISME n.m. Au Nicaragua, tendance politique qui se réfère au nationalisme anti-impérialiste de A. C. Sandino.

SANDINISTE adj. et **n.** Relatif au sandinisme ; qui en est partisan.

SANDJAK [sɑ̃dʒak] **n.m.** (turc *sancak*). Subdivision de province, dans l'Empire ottoman.

SANDOW [sɑ̃do] **n.m.** (nom déposé). Câble en caoutchouc utilisé notamm. en gymnastique (extenseur), pour le lancement des planeurs ou pour fixer des objets, notamm. sur un porte-bagages.

SANDRE n.m. (lat. sc. *sandra,* de l'all. *Zander*). Poisson téléostéen des lacs et des rivières d'Europe, voisin de la perche. ➲ Famille des percidés.

SANDWICH [sɑ̃dwitʃ] **n.m.** (pl. *sandwich[e]s*) [mot angl., du n. du comte de *Sandwich,* qui se faisait servir ce mets à sa table de jeu]. Pain coupé en tranches entre lesquelles on place des aliments faits pour être consommés rapidement. ▪ **Prendre qqn en sandwich** [fam.], l'attaquer de deux côtés à la fois. ◆ **n.m.** et **adj.** Matériau composite constitué d'une couche légère placée entre deux plaques d'un matériau résistant : *Du verre sandwich.*

SANDWICHERIE [sɑ̃dwitʃ(ə)ri] **n.f.** Boutique où l'on vend des sandwichs.

SANFORISAGE n.m. TEXT. Traitement qui donne au tissu de coton une stabilité évitant le retrait au lavage.

SANG [sɑ̃] **n.m.** (lat. *sanguis, -inis*). **1.** Liquide rouge qui circule dans les artères, les veines et les capillaires sous l'impulsion du cœur, et qui irrigue tous les tissus de l'organisme, auxquels il apporte les éléments nutritifs (glucose, par ex.) et l'oxygène, et dont il recueille les déchets. **2.** Fig. Élément vital par excellence ; vie : *Payer son engagement de son sang.* **3.** Litt. Source ou agent de qualités héréditaires d'une personne ; extraction : *Elle a du sang russe. Nous sommes du même sang.* ▪ **Apport de sang frais,** arrivée d'éléments plus jeunes ; apport de capitaux. ▪ **Avoir du sang dans les veines** [fam.], être énergique, audacieux. ▪ **Avoir le sang chaud,** être irascible. ▪ **Avoir le sang qui monte à la tête,** rougir sous le coup d'une émotion violente. ▪ **Avoir qqch dans le sang** [fam.], y être porté instinctivement ; en être passionné. ▪ **De chair et de sang,** se dit d'un être bien vivant, avec ses passions, ses appétits. ▪ **Donner son sang pour** [fig.], sacrifier sa vie pour. ▪ **Droit du sang,** détermination de la nationalité d'après la filiation de l'individu (par oppos. à *droit du sol*). ▪ **La voix du sang,** l'esprit de famille. ▪ **Le sang a coulé,** il y a eu des blessés ou des morts. ▪ **Liens du sang,** relation de parenté ; liens affectifs entre personnes de la même famille. ▪ **Mettre un pays à feu et à sang,** le saccager et massacrer ses habitants. ▪ **Prince du sang,** issu de la famille royale par les mâles. ▪ **Sang bleu,** noble. ▪ **Se faire du mauvais sang** ou **un sang d'encre** ou **se ronger les sangs** [fam.], être extrêmement inquiet.

SANG-DRAGON ou **SANG-DE-DRAGON n.m. inv.** Pigment rouge extrait des fruits ou de la sève de différentes plantes et utilisé comme colorant ou comme substance médicinale.

SANG-FROID n.m. inv. Maîtrise de soi ; calme : *Garder, perdre son sang-froid.* ▪ **De sang-froid,** de façon délibérée ; froidement : *Tuer qqn de sang-froid.*

SANGLANT, E adj. (lat. *sanguilentus*). **1.** Qui est taché de sang ; sanguinolent : *Plaie sanglante.* **2.** Qui s'accompagne d'une effusion de sang ; meurtrier : *Hold-up sanglant.* **3.** Fig. Qui blesse profondément ; cruel : *Sanglantes critiques.* **4.** Litt. Qui a la couleur rouge du sang : *Lueurs sanglantes d'un incendie.*

SANGLE n.f. (lat. *cingula*, de *cingere*, ceindre). Bande de cuir ou de toile large et plate qui sert à entourer, à serrer, etc. : *Mettre une sangle à une valise.* ▪ **Lit de sangle,** lit composé de deux châssis croisés en X sur lesquels sont tendues des sangles ou une toile. ▪ **Sangle abdominale,** ensemble des muscles de la paroi abdominale.

SANGLER v.t. [3]. 1. Serrer avec une sangle. **2.** Serrer fortement la taille.

SANGLIER n.m. (du lat. pop. *singularis porcus*, porc solitaire). **1.** Porc sauvage des régions boisées de l'Europe et de l'Asie, à énorme tête triangulaire (hure) armée de canines proéminentes, et à poil raide, qui peut causer des dégâts aux cultures. ➲ La femelle est la *laie*, et les petits sont les *marcassins*. Cri : le sanglier grogne, grommelle. Famille des suidés. **2.** Chair de cet animal.

▲ **sangliers**

Le sang

Le liquide qui circule dans les artères et dans les veines est l'un des tissus de l'organisme, comme l'os, le muscle et d'autres encore. La partie vraiment liquide du sang est le *plasma*, qui renferme de l'eau, des sels minéraux, des vitamines, des hormones, des glucides, lipides et protéines provenant de la digestion, et des déchets du métabolisme. Des éléments figurés sont en suspension dans ce liquide : des globules rouges (ou hématies), des globules blancs (ou leucocytes) et des plaquettes. Dans le sang coagulé, le plasma, qui a perdu son fibrinogène, devient sérum.

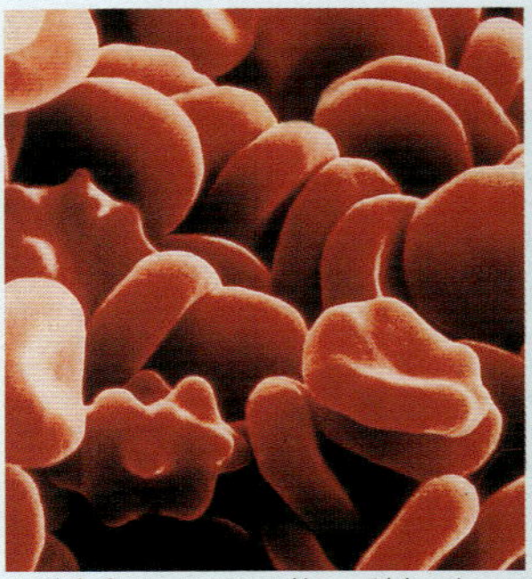

▲ **Globules rouges.** Appelés aussi *hématies* ou *érythrocytes*, ces éléments sont spécialisés dans le transport de l'hémoglobine, substance chimique permettant à l'oxygène des poumons de parvenir aux organes.

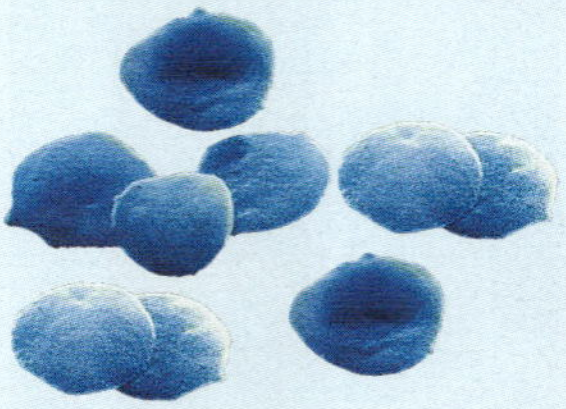

▲ **Plaquettes.** Ces éléments sont des fragments de grosses cellules de la moelle osseuse, et permettent l'*hémostase* (arrêt des hémorragies par formation de caillots).

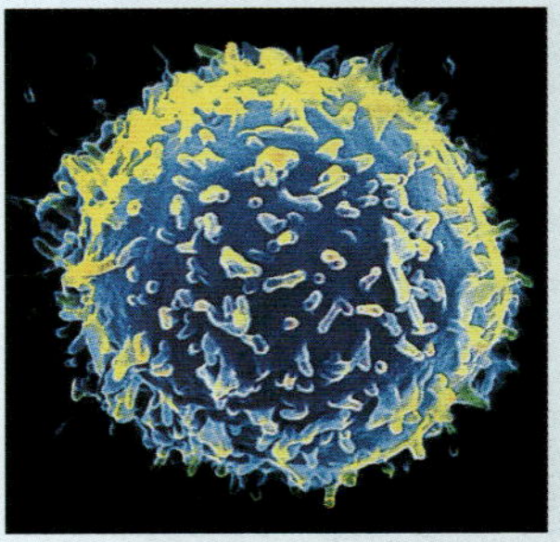

Globule blanc. ▶ Cette cellule, appelée aussi *leucocyte*, et dont il existe différentes variétés (ici un *lymphocyte*), participe aux défenses immunitaires.

SANGLON n.m. (de *sangle*). Courroie de harnais percée de trous.

SANGLOT n.m. (altér. du lat. *singultus*, hoquet). [Souvent pl.]. Contraction spasmodique du diaphragme sous l'effet de la douleur ou du chagrin, accompagnée de larmes et suivie de l'émission brusque et bruyante de l'air contenu dans la poitrine : *Éclater en sanglots.*

SANGLOTEMENT n.m. Litt. Action de sangloter.

SANGLOTER v.i. [3]. Être secoué de sanglots.

SANG-MÊLÉ n. inv. Vx. Métis.

SANGRIA [sɑ̃grija] **n.f.** (mot esp., de *sangre*, sang). Boisson faite de vin sucré où macèrent des morceaux de fruits. ➲ Spécialité espagnole.

SANGSUE [sɑ̃sy] **n.f.** (lat. *sanguisuga*, de *sanguis*, sang, et *sugere*, sucer). **1.** Ver annélide marin dont le corps dépourvu de soies est terminé par une ventouse à chaque extrémité, et qui se nourrit du sang des vertébrés. ➲ Classe des hirudinées. **2.** Personne qui vit ou s'enrichit aux dépens d'autrui. **3.** Fam. Personne importune, dont on ne peut se défaire.

SANGUIN, E adj. (lat. *sanguineus*). **1.** Relatif au sang ; constitué de sang : *Prélèvement sanguin.* **2. MÉD.** Anc. Dans la théorie des humeurs, irascible. ◆ **n.** Personne au tempérament coléreux.

1. SANGUINAIRE adj. 1. Qui n'hésite pas à répandre le sang ; cruel ; féroce : *Despote sanguinaire.* **2.** Litt. Marqué par des effusions de sang ; sanglant : *Guerre civile sanguinaire.*

2. SANGUINAIRE n.f. Herbe dont le rhizome contient un latex rouge sang, dont se servaient les Indiens de l'Amérique du Nord pour se teindre le corps. ➲ Famille des papavéracées.

SANGUINE n.f. 1. Orange à chair plus ou moins rouge. **2. MINÉRALOG.** Variété terreuse d'hématite rouge. **3.** Crayon fait avec ce minéral ; dessin, de couleur rouge, fait avec ce crayon.

SANGUINOLENT, E adj. 1. Mêlé de sang : *Crachats sanguinolents.* **2.** De la couleur du sang.

SANGUISORBE [sɑ̃g(ɥ)isɔrb] **n.f.** Pimprenelle.

SANHÉDRIN [sanedrɛ̃] **n.m.** (mot araméen). **HIST.** Conseil suprême du judaïsme, siégeant à Jérusalem et présidé par le grand prêtre. ➲ Il cessa d'exister à la disparition de l'État juif, en 70 apr. J.-C.

SANICLE ou **SANICULE n.f.** (lat. pop. *sanicula*, de *sanus*, sain). Plante vivace à feuilles palmatilobées et dentées, à petites fleurs rosâtres, poussant dans les endroits frais. ➲ Famille des ombellifères.

SANIDINE n.f. MINÉRALOG. Feldspath potassique $[K(Si_3AlO_8)]$ présent dans certaines laves.

SANIE n.f. (lat. *sanies*). Matière purulente fétide, mélangée de sang.

SANIEUX, EUSE adj. MÉD. Vx. Qui contient ou laisse sourdre de la sanie.

SANISETTE n.f. (nom déposé). Édicule abritant des toilettes publiques, dont l'accès et le nettoyage sont automatisés.

SANITAIRE adj. (du lat. *sanitas*, santé). **1.** Relatif à la conservation de la santé collective : *Rapatriement sanitaire d'un touriste.* **2.** Relatif aux installations et appareils destinés aux soins de propreté, d'hygiène : *Équipement sanitaire.* ◆ **n.m. pl.** Ensemble des installations de propreté d'un lieu (lavabos, toilettes, etc.).

SANQUETTE n.f. Préparation en forme de galette, à base de sang coagulé de volaille fraîchement saignée, agrémentée d'ail, d'échalotes, d'aromates divers et rissolée à la poêle. ➲ Spécialité du Sud-Ouest.

SANS prép. (lat. *sine*). **1.** Marque la privation, l'absence, l'exclusion : *Sans logement. Garanti sans OGM.* **2.** Marque la condition négative : *Sans ton aide, j'étais perdu.* ▪ **Être sans un** [fam., vieilli], ne pas avoir d'argent. ▪ **Non sans,** avec : *J'y suis allé non sans une certaine appréhension.* ▪ **Sans ça** ou **cela,** sinon. ▪ **Sans quoi,** autrement : *Acceptez, sans quoi vous me vexeriez.* ◆ **adv.** Fam. Marque l'absence : *Elle m'a prêté son portable et est repartie sans.* ◆ **SANS QUE loc. conj.** (Suivi du subj.). Indique une circonstance non réalisée : *Il boude sans que je sache pourquoi.*

SANS-ABRI n. inv., ▲ *n. (pl. sans-abris).* Personne qui n'a pas de logement ; sans-logis.

SANS-ABRISME n.m. (pl. *sans-abrismes*). Fait d'être sans domicile, de ne pas avoir de logement. ➲ Phénomène sociologique complexe, le sans-abrisme recouvre des situations personnelles extrêmement diverses (SDF vivant dans la rue, travailleur pauvre dormant dans sa voiture, migrant, etc.).

SANS-ALLURE adj. inv. et n. inv. Québec. Fam. Qui fait preuve d'un manque de discernement ou de savoir-vivre, qui se conduit de manière stupide ou discourtoise ; idiot ; malappris : *Il y a des sans-allure partout.*

SANS-CŒUR adj. inv. et n. inv., ▲ *adj. et n.* (pl. *sans-cœurs*). Fam. Qui est sans pitié.

SANSCRIT, E adj. et n.m. → **SANSKRIT.**

▲ **sans-culotte** de l'an I de la République française, gravure en couleurs (entre 1792 et 1799).

SANS-CULOTTE n.m. (pl. *sans-culottes*). Sous la Convention, nom donné aux révolutionnaires parisiens les plus engagés, qui portaient le pantalon à rayures (par oppos. à la culotte, considérée comme un symbole de l'Ancien Régime).

SANS-EMPLOI n. inv., ▲ *n.* (pl. *sans-emplois*). Chômeur.

SANSEVIÈRE n.f. (p.-ê. du n. du prince de *San Severo*). Plante de l'Afrique et de l'Asie tropicales, voisine de l'agave, dont les feuilles fournissent une fibre textile. ➲ Famille des agavacées.

SANS-FAÇON n.m. inv., ▲ *n.m.* (pl. *sans-façons*). Litt. Mépris des convenances ; désinvolture.

SANS-FAUTE n.m. inv., ▲ *n.m.* (pl. *sans-fautes*). **1.** Prestation sans la moindre erreur. **2.** ÉQUIT. Au saut d'obstacles, parcours effectué sans aucune faute.

SANS-FIL adj. inv. et n.m. inv., ▲ *adj. et n.m.* (pl. *sans-fils*). Se dit des télécommunications sans liaison matérielle, ainsi que des technologies ou des appareils qui les autorisent (par oppos. à *filaire*) : *Réseau, alarme sans-fil.* (On rencontre l'adj. écrit sans trait d'union.) ◆ n.m. inv. Poste téléphonique dont le combiné est utilisable sans fil grâce à une liaison radioélectrique à courte portée avec le socle, lui-même relié au réseau.

SANS-GÊNE n.m. inv., ▲ *n.m.* (pl. *sans-gênes*). Manière d'agir sans tenir compte des règles de la politesse. ◆ n. inv. Personne qui se comporte avec sans-gêne.

SANS-GRADE n. inv., ▲ *n.* (pl. *sans-grades*). Fam. Subordonné sans pouvoir de décision ; subalterne.

1. SANSKRIT ou **SANSCRIT** [sɑ̃skri] n.m. (du sanskr. *samskrita*, parfait). Langue indo-aryenne qui fut la langue sacrée et la langue littéraire de l'Inde ancienne.

2. SANSKRIT, E ou **SANSCRIT, E** adj. Relatif au sanskrit.

SANSKRITISTE n. Spécialiste du sanskrit.

SANS-LE-SOU n. inv. Fam. Personne qui n'a pas d'argent.

SANS-LOGIS n. Sans-abri.

SANSONNET n.m. (dimin. du prénom *Samson*). Étourneau (passereau).

SANS-PAPIERS, ▲ *SANS-PAPIER* (pl. *sans-papiers*) n. Personne qui ne possède pas les documents lui permettant de justifier de son identité et, si elle est étrangère, de la régularité de sa situation en France (pièce d'identité, carte de séjour, permis de travail, etc.).

SANS-PARTI n. inv., ▲ *n.* (pl. *sans-partis*). Personne qui n'est inscrite à aucun parti politique.

SANS-PLOMB n.m. inv., ▲ *n.m.* (pl. *sans-plombs*). Essence dont on a remplacé un composé organométallique du plomb, le *plomb-tétraéthyle*, par d'autres additifs, tout lui en conservant un fort indice d'octane.

SANS-SOUCI n. inv., ▲ *n.* (pl. *sans-soucis*). Litt. Personne insouciante.

SANS-TERRE n. inv. Au Brésil, paysan qui n'est pas propriétaire des terres qu'il cultive (métayer, fermier, journalier).

SANTAL n.m. (pl. *santals*) [gr. *santalon*, de l'ar. *sandal*]. **1.** Arbuste d'Inde, de Malaisie et d'Australie dont le bois est utilisé en parfumerie, en petite ébénisterie, etc. ➲ Famille des santalacées. **2.** Bois de cet arbre ; essence qui en est extraite.

SANTÉ n.f. (lat. *sanitas*). **1.** État de qqn dont l'organisme fonctionne bien : *Ces épreuves ont ébranlé sa santé.* **2.** État de l'organisme, bon ou mauvais : *Avoir une santé délicate, une santé de fer.* **3.** État sanitaire des membres d'une collectivité : *La santé d'un pays.* **4.** Fig. État d'un système, d'une branche d'activités : *La santé de l'euro.* **5.** Formule de vœux utilisée lorsqu'on lève son verre en l'honneur de qqn : *Santé !* ou *À ta santé !* ▪ **Boire à la santé de qqn,** lever son verre en formant des vœux pour sa santé. ▪ **Maison de santé** [vieilli], établissement où l'on traitait les maladies mentales ; bâtiment abritant des médecins exerçant des disciplines différentes. ▪ **Santé mentale,** état d'équilibre psychique, émotionnel et des fonctions intellectuelles. ▪ **Santé publique,** ensemble des actions et prescriptions de l'Administration, relatives à la protection de la santé des citoyens. ▪ **Se refaire une santé,** se rétablir ; fig., retrouver son influence. ▪ **Service de santé des armées,** chargé d'assurer le soutien sanitaire des armées et des organismes dépendant du ministre de la Défense, en matière d'hygiène, de prévention, de soins, d'expertises, d'enseignement et de recherche.

SANTERIA [sɑ̃terja] n.f. (mot esp. « sainteté »). Culte mêlant pratiques chrétiennes et croyances africaines, comparable au vaudou et au candomblé, et répandu dans les Caraïbes (surtout à Cuba).

SANTIAG n.f. Fam. Botte de style américain à bout effilé et à talon oblique.

SANTOLINE n.f. (var. de *santonique* « arbre des habitants de la Saintonge »). Plante vivace, blanche, laineuse et odorante, originaire des régions méditerranéennes. ➲ Famille des composées.

SANTON n.m. (du provenç. *santoun*, petit saint). Petite figurine en terre cuite peinte servant à décorer les crèches de Noël.

SANTONNIER, ÈRE n. Fabricant de santons.

SANVE n.f. (du lat. *sinapi*, moutarde). Sénevé.

SANZA [sanza] n.f. (mot africain). Afrique. Lamellophone.

SAOLA n.m. (mot laotien). Mammifère ruminant primitif, intermédiaire entre l'antilope et la chèvre, aux longues cornes droites et effilées, découvert en 1992 dans les forêts du Viêt Nam et du Laos. ➲ Famille des bovidés.

SAOUDIEN, ENNE adj. et n. De l'Arabie saoudite ; de ses habitants.

SAOUDITE adj. Relatif à l'Arabie saoudite, à la dynastie régnant sur ce pays.

SAOUL, E adj. → **SOÛL.**

SAOULER v.t. [3] → **SOÛLER.**

SAPAJOU n.m. (tupi *sapaiou*). Petit singe de l'Amérique centrale et de l'Amérique du Sud, à longue queue prenante, appelé aussi *sajou*. ➲ Famille des cébidés.

1. SAPE n.f. (de *1. saper*). **1.** MIL. Tranchée creusée sous un mur, un ouvrage, etc., pour le renverser. **2.** FORTIF. Dans la guerre de siège, communication enterrée ou souterraine. ▪ **Travail de sape,** menées plus ou moins secrètes pour détruire qqn, qqch.

2. SAPE n.f. (de *2. saper*). **1.** Fam. (Surtout pl.). Vêtement ; habit. **2.** Afrique. Art de s'habiller avec élégance et à la dernière mode, qui témoigne souvent d'un souci de paraître. **3.** Afrique. Vêtement élégant et à la dernière mode : *Son fils aime la sape griffée.*

SAPEMENT n.m. **1.** MIL. Act on de saper, de creuser une sape. **2.** Destruction d'un relief par la base, sous la forme d'une mise en porte-à-faux génér. due à l'action d'un cours d'eau.

SAPÈQUE n.f. (malais *sapek*). NUMISM. Pièce de monnaie de faible valeur, autref. en usage en Extrême-Orient.

1. SAPER v.t. [3] (ital. *zappare*, de *zappa*, pioche). **1.** MIL. Creuser une sape sous une construction. **2.** En parlant des eaux, entamer à la base en causant des détériorations, des éboulements ; éroder : *La mer sape les falaises.* **3.** Détruire qqch par une action progressive et secrète ; miner : *Saper le moral de qqn.*

2. SAPER v.t. [3]. Fam. Habiller qqn. ◆ **SE SAPER** v.pr. Fam. S'habiller.

SAPERDE n.f. (gr. *saperdês*). Coléoptère longicorne dont la larve vit dans le tronc des saules et des peupliers. ➲ Famille des cérambycidés.

SAPERLIPOPETTE interj. Juron plaisant ou vieilli marquant le dépit, l'étonnement.

1. SAPEUR n.m. (de *1. saper*). Soldat de l'arme du génie.

2. SAPEUR n.m. (de *sape*, acronyme de *société des ambianceurs et personnes élégantes*, avec jeu de mots sur *se saper*). Afrique. Homme qui s'habille avec élégance ; dandy.

SAPEUR-POMPIER n.m. (pl. *sapeurs-pompiers*). Pompier.

SAPHÈNE adj. et n.f. (ar. *sâfin*). ANAT. Se dit des deux veines qui collectent le sang des veines superficielles du membre inférieur.

SAPHIQUE adj. Litt. Relatif à Sappho, au saphisme.

SAPHIR n.m. (du gr. *sappheiros*). **1.** Pierre précieuse de la famille des corindons, le plus souvent bleue. **2.** Pointe de lecture en corindon des vinyles (33-tours et 45-tours). ◆ adj. inv. D'un bleu lumineux.

SAPHISME n.m. (du n. de *Sappho*). Litt. Lesbianisme.

SAPIDE adj. (lat. *sapidus*). Qui a de la saveur (CONTR. **insipide**).

SAPIDITÉ n.f. Caractère de ce qui est sapide. ▪ **Agent de sapidité,** additif alimentaire qui accentue la sensibilité des récepteurs gustatifs.

SAPIENCE n.f. (lat. *sapientia*). Vx. Sagesse et science.

SAPIENTIAUX [sapjɛ̃sjo] adj. m. pl. (du lat. *sapientia*, sagesse). Se dit d'un groupe de cinq livres bibliques (Proverbes, Job, Ecclésiaste, Ecclésiastique et Sagesse), recueils de maximes, sentences et poèmes moraux de la sagesse orientale. ➲ On y joint parfois les Psaumes et le Cantique des cantiques.

SAPIENTIEL, ELLE [sapjɛ̃sjɛl] adj. Relatif aux livres sapientiaux.

SAPIN n.m. (lat. *sappinus*, du gaul. *sappus*). Conifère des régions tempérées de l'hémisphère Nord et de l'Amérique centrale, aux aiguilles persistantes courtes et insérées régulièrement sur les tiges (ce qui les distingue de celles du pin) ➲ Famille des pinacées. ▪ **Passer un sapin à qqn** [Québec, fam.], le tromper ; le duper. ▪ **Sentir le sapin** [fam.], n'avoir plus longtemps à vivre.

➲ Le **SAPIN**, qu'il ne faut pas confondre avec l'épicéa, atteint 40 m de haut. Il est souvent planté pour l'ornementation et son bois est utilisé en charpenterie, en menuiserie, pour les parquets et pour la fabrication de la pâte à papier. Certains sapins, tel le *Nordmann*, sont utilisés comme arbres de Noël.

▲ **sapin** de Nordmann.

SAPINAGE n.m. ou **SAPINAGES** n.m. pl. Québec. Ensemble de conifères, en partic. de sapins et d'épinettes ; branches de ces conifères.

SAPINDACÉE n.f. (du lat. sc. *sapindus*, savon indien). Dicotylédone des régions chaudes, telle que le savonnier et le litchi. ➲ Les sapindacées forment une famille.

SAPINE n.f. (de *sapin*). MANUT. Grue fixe ou mobile de faible puissance.

SAPINETTE n.f. **1.** Épicéa de l'Amérique du Nord (nom commun à plusieurs espèces ornementales). **2.** Région. (Midi). Cèdre.

SAPINIÈRE n.f. Terrain où poussent des sapins.

SAPITEUR n.m. (du lat. *sapere*, savoir). **1.** DR. Personne qualifiée dans un domaine précis et à laquelle un expert peut avoir recours pour concourir à la mission qu'il a reçue du juge. **2.** DR. MAR. Expert chargé, en cas d'avarie d'un navire, d'estimer la valeur des marchandises.

SAPONACÉ, E adj. Qui a les caractères du savon ou peut être employé aux mêmes usages.

SAPONAIRE n.f. (lat. médiév. *saponaria*). Plante à fleurs roses de l'Eurasie tempérée, souvent cultivée dans les jardins, dont la tige et les racines fournissent de la saponine. ➲ Famille des caryophyllacées.

SAPONIFIABLE adj. Que l'on peut saponifier.

SAPONIFICATION n.f. CHIM. ORG. **1.** Action de saponifier. **2.** Transformation des matières grasses en savon, à la suite de leur décomposition par une base en sels d'acides gras (ou savons) et en glycérol.

SAPONIFIER v.t. [5] (du lat. *sapo, -onis*, savon). CHIM. ORG. **1.** Transformer en savon : *Saponifier des huiles.* **2.** Hydrolyser une graisse en glycérol et en acides gras sous l'action d'une base.

SAPONINE n.f. BIOCHIM. Glucoside de la saponaire, du bois de Panama, etc., dont la solution aqueuse mousse comme du savon.

SAPONITE n.f. MINÉRALOG. Silicate de magnésium et d'aluminium hydraté, blanchâtre et onctueux.

SAPOTACÉE n.f. Dicotylédone gamopétale à latex, surtout tropicale, telle que le sapotier et la gutta-percha. ➲ Les sapotacées forment une famille.

SAPOTE n.f. (esp. *zapote*, du nahuatl). Sapotille.

SAPOTIER ou **SAPOTILLIER** [-tije] n.m. (de *sapote*). Arbre fruitier tropical, originaire d'Amérique centrale, dont le latex, appelé *chicle*, entre dans la fabrication du chewing-gum. ➲ Famille des sapotacées.

SAPOTILLE n.f. **1.** Fruit comestible du sapotier, à pulpe brune très sucrée. **2.** Fruit comestible d'un arbre sud-américain voisin du sapotier (genre *Calocarpum*), à pulpe rose fondante (SYN. **sapote**).

SAPRISTI interj. Fam. Juron marquant l'étonnement, l'impatience.

SAPROPÈLE n.m. (du gr. *sapros*, pourri, et *pêlos*, boue). GÉOL. Vase riche en substances organiques et constituant une roche-mère potentielle pour les hydrocarbures.

SAPROPHAGE adj. et n.m. (du gr. *sapros*, pourri, et *phagein*, manger). ÉCOL. Qui se nourrit de matières organiques en décomposition.

SAPROPHYTE adj. et n.m. (du gr. *sapros*, pourri, et *phuton*, plante). **1.** Se dit d'un végétal (champignon, notamm.) qui tire sa nourriture de substances organiques en décomposition. **2.** Se dit des bactéries non pathogènes naturellement présentes sur la peau et les muqueuses.

SAQUER v.t. [3] → **SACQUER.**

SAR n.m. (mot provenç.). Poisson comestible, commun en Méditerranée, voisin de la daurade, au corps rayé verticalement. ➲ Famille des sparidés.

SARABANDE n.f. (esp. *zarabanda*). **1.** Danse d'origine espagnole d'abord endiablée, devenue danse lente et noble, au XVIIe et au XVIIIe s., en France. **2.** Pièce instrumentale lente à trois temps, appartenant à une suite. **3.** Fam. Désordre, vacarme dû à des jeux bruyants.

SARANGI [sarãgi] n.m. (mot hindi). Viele de l'Inde et du Népal, tenue verticalement et servant à accompagner le chant.

SARBACANE n.f. (ar. *zarbatāna*, du malais). Long tuyau grâce auquel on lance, en soufflant, de petits projectiles.

SARCASME n.m. (gr. *sarkasmos*, de *sarkazein*, montrer les dents). Raillerie d'une ironie blessante ; quolibet.

SARCASTIQUE adj. D'une ironie mordante, acerbe ; sardonique : *Rire sarcastique. Chroniqueuse sarcastique.*

SARCASTIQUEMENT adv. De façon sarcastique.

SARCELLE n.f. (lat. pop. *cercedula*). Canard sauvage des plans d'eau douce ou saumâtre et des marais de l'hémisphère Nord, migrateur, dont il existe une espèce à tête brun et vert *(sarcelle d'hiver)* et une autre à tête grise barrée de blanc *(sarcelle d'été)*.

SARCINE n.f. (du lat. *sarcina*, bagage). Bactérie voisine du staphylocoque se divisant dans les trois dimensions de l'espace, de telle sorte que les individus restent groupés en masses cubiques.

SARCLAGE n.m. Action de sarcler.

SARCLER v.t. [3] (du lat. *sarculum*, houe). Débarrasser une culture de ses mauvaises herbes, à l'aide d'un outil ou d'une machine.

SARCLETTE n.f. Petit sarcloir.

SARCLOIR n.m. Outil constitué d'un fer large et tranchant fixé à un manche, utilisé pour sarcler.

SARCOÏDE n.f. MÉD. Lésion cutanée de la sarcoïdose ayant génér. l'aspect d'un nodule.

SARCOÏDOSE n.f. MÉD. Affection d'origine inconnue, caractérisée par des lésions nodulaires disséminées (ganglions, poumons, peau, etc.) (SYN. **lymphogranulomatose bénigne**).

SARCOMATEUX, EUSE adj. Relatif au sarcome.

SARCOME n.m. (du gr. *sarkôma*, excroissance de chair). MÉD. Cancer développé aux dépens d'un tissu conjonctif ou d'un tissu apparenté (osseux, musculaire, etc.). ▪ **Sarcome de Kaposi** → **KAPOSI (SARCOME DE).**

SARCOMÈRE n.m. Segment de fibre musculaire délimité par deux stries et qui représente l'unité morphologique et fonctionnelle du muscle strié.

SARCOPÉNIE n.f. MÉD. Perte de masse musculaire associée à une baisse de la performance et de la force musculaires, observée princip. au cours du vieillissement.

1. SARCOPHAGE n.m. (du lat. *sarcophagus*, qui mange les chairs). **1.** Cercueil de pierre de l'Antiquité et du haut Moyen Âge. **2.** Sac de couchage à capuchon. **3.** Enceinte en béton isolant une matière radioactive (déchets nucléaires, réacteur accidenté, comme à Tchernobyl).

▲ **sarcophage.** Sarcophage en marbre orné de strigiles et de figures, le Christ au centre, les apôtres Pierre et Paul de chaque côté, art chrétien du IVe s. (Musée Calvet, Avignon.)

2. SARCOPHAGE n.f. Grosse mouche vivipare noire ou grise qui pond sur la viande et les cadavres. ➲ Famille des calliphoridés.

SARCOPTE n.m. (du gr. *sarx, sarkos*, chair, et *koptein*, couper). Acarien parasite de certains vertébrés, dont une espèce provoque la gale chez l'homme.

SARDANE n.f. (catalan *sardana*). Danse catalane dansée sur les places publiques en une ou plusieurs rondes qui alternent danseurs et danseuses.

SARDE adj. et n. De la Sardaigne. ◆ n.m. Langue romane parlée en Sardaigne.

▲ **sardine**

SARDINE n.f. (du lat. *sardina*, poisson de Sardaigne). **1.** Poisson voisin du hareng, au dos bleu-vert, au ventre argenté, commun dans la Méditerranée et l'Atlantique. ➲ Famille des clupéidés. **2.** Québec. Petit hareng des côtes atlantiques de l'Amérique du Nord. ➲ Famille des clupéidés. **3.** Arg. mil. Galon de sous-officier. **4.** Fam. Piquet de tente de camping.

SARDINELLE n.f. Poisson de la Méditerranée et de l'Atlantique tropical, voisin de la sardine. ➲ Famille des clupéidés.

SARDINERIE n.f. Conserverie de sardines.

1. SARDINIER, ÈRE n. **1.** Pêcheur de sardines. **2.** Personne travaillant à la mise en conserve de la sardine. ◆ adj. Relatif à la sardine, à sa pêche, à son industrie.

2. SARDINIER n.m. Bateau pour la pêche de la sardine.

SARDOINE n.f. (lat. *sardonyx*, mot gr.). MINÉRALOG. Calcédoine d'une variété brune ou rouge.

SARDONIQUE adj. (du lat. *sardonia herba*, herbe de Sardaigne, qui provoquait un rire de fou). Qui exprime une moquerie méchante ; sarcastique : *Rire sardonique.*

SARDONIQUEMENT adv. De façon sardonique.

SARDONYX [-niks] n.f. (mot lat.). MINÉRALOG. Agate d'une variété blanche et rouge-orangé.

SARGASSE n.f. (port. *sargaço*). Algue brune à thalle très long et flottant, dont l'accumulation forme, au large des côtes de Floride *(mer des Sargasses)*, une véritable forêt marine où pondent les anguilles.

SARI n.m. (hindi *sārī*). En Inde, costume féminin composé d'une pièce de coton ou de soie, drapée et ajustée sans coutures ni épingles.

SARIGUE n.f. (tupi *sarigué*). Marsupial d'Amérique, doté d'une longue queue préhensile et dont la femelle transporte les jeunes sur son dos. ➲ Famille des didelphidés.

SARIN n.m. CHIM. Gaz hautement toxique, qui bloque l'activité de la cholinestérase.

SARISSE n.f. (lat. *sarissa*). ANTIQ. GR. Longue lance de la phalange macédonienne.

SARL ou **S.A.R.L.** [ɛsaɛrɛl] n.f. (sigle). Société à responsabilité limitée.

SARMENT n.m. (lat. *sarmentum*). **1.** Jeune rameau de vigne. **2.** Tige ou branche ligneuse grimpante.

SARMENTER v.t. [3]. Ramasser les sarments qui proviennent de la taille de la vigne.

SARMENTEUX, EUSE adj. **1.** Qui produit beaucoup de sarments : *Vigne sarmenteuse.* **2.** Se dit d'une plante dont la tige est longue, flexible et grimpante.

SARODE ou **SAROD** [sarɔd] n.m. (d'une langue indienne). Luth indien à manche court dont on pince les cordes à l'aide d'onglets.

SARODISTE n. Instrumentiste qui joue du sarode.

SARON n.m. MUS. Métallophone en bronze à sept lames, pièce centrale du gamelan, produisant une grande variété de sons.

SARONG [sarɔ̃g] n.m. (mot malais). Long pagne traditionnel en étoffe, porté par les deux sexes dans certaines régions de l'Asie du Sud-Est.

SAROS [sarɔs] n.m. (mot gr.). ASTRON. Période de 18 ans et 10 ou 11 jours, qui comporte 223 lunaisons et qui règle approximativement le retour des éclipses de Soleil et de Lune.

SAROUAL (pl. *sarouals*) ou **SAROUEL** n.m. (ar. *sirwāl*). Pantalon traditionnel d'Afrique du Nord, à jambes bouffantes et à entrejambe bas.

SARRACÉNIE n.f. ou **SARRACENIA** n.m. (de *Sarrasin*, n. d'un médecin fr.). Plante insectivore des tourbières d'Amérique du Nord, à feuilles enroulées en un cornet rempli d'eau et de sucs digestifs. ➲ Famille des sarracéniacées.

SARRANCOLIN n.m. (de *Sarrancolin*, comm. des Hautes-Pyrénées). Marbre rouge foncé à veines rosées et jaunes.

1. SARRASIN, E adj. et n. (bas lat. *Sarracenus*). HIST. Musulman, pour les Occidentaux du Moyen Âge.

2. SARRASIN n.m. (de *1. sarrasin*). Céréale très rustique, aussi appelée *blé noir*, dont les graines, de couleur noire, fournissent une farine utilisée notamm. pour fabriquer des crêpes. ➲ Famille des polygonacées.

SARRAU n.m. (pl. *sarraus*) [moy. haut all. *sarrok*]. **1.** Blouse de travail, ample et boutonnée dans le dos. **2.** Anc. Tablier d'enfant boutonné par-derrière.

SARRETTE ou **SARRÈTE** n.f. (du lat. *serra*, scie). Serratule.

SARRIETTE n.f. (lat. *satureia*). Plante aromatique voisine de la mélisse et du thym, utilisée comme condiment. ➲ Famille des labiées.

SAS [sa(s)] **n.m.** (du bas lat. *setacium*, tamis). **1.** Partie d'un canal comprise entre les deux portes d'une écluse. **2.** Petite chambre munie de deux portes étanches, permettant de mettre en communication deux milieux dans lesquels les pressions sont différentes : *Le sas de décompression d'un sous-marin.* **3.** Tamis.

SASHIMI n.m. (mot jap. « poisson cru »). Plat composé de poissons et de fruits de mer crus coupés en morceaux, servis avec divers condiments et accompagnés d'une sauce de soja. ➲ Cuisine japonaise.

SASSAFRAS [sasafra] **n.m.** (esp. *sasafrás*). Arbre de l'Amérique du Nord, dont le bois est utilisé en ébénisterie et en construction légère, et dont les feuilles sont employées comme condiment. ➲ Famille des lauracées.

SASSANIDE adj. De la dynastie des Sassanides.

SASSEMENT n.m. Action de sasser.

SASSENAGE n.m. (de *Sassenage*, n.pr.). Fromage au lait de vache, à pâte ferme persillée, fabriqué dans l'Isère.

SASSER v.t. [3]. 1. TECHN. Passer au sas, au tamis : *Sasser de la farine.* **2.** Faire passer par le sas d'une écluse ; écluser : *Sasser une péniche.*

SATANÉ, E adj. (de *Satan*, n.pr.). Fam. (Avant le n.). **1.** Qui est mauvais, détestable, fâcheux ; maudit : *Cette satanée machine n'a pas démarré.* **2.** Indique un haut degré ; sacré : *Un satané menteur.*

SATANIQUE adj. 1. De Satan ; inspiré par Satan : *Rite satanique.* **2.** Qui est ou semble inspiré par Satan ; diabolique : *Une machination satanique.*

SATANISME n.m. Culte voué à Satan et au mal.

SATANISTE adj. et **n.** Relatif au satanisme ; qui en est un adepte.

SATELLISABLE adj. Qui peut être satellisé.

SATELLISATION n.f. Action de satelliser.

SATELLISER v.t. [3]. 1. Placer un engin en orbite autour d'un astre. **2.** Fig. Réduire un pays à la condition de satellite d'un autre pays.

SATELLITAIRE adj. Relatif aux satellites artificiels ; effectué, transmis par satellite : *Images satellitaires.*

SATELLITE n.m. (du lat. *satelles, -itis*, escorte). **1. ASTRON.** Corps en mouvement orbital autour d'une planète ; astre qui gravite autour d'un autre, de masse plus importante. **2.** Bâtiment annexe d'une aérogare, génér. relié au bâtiment principal par un couloir souterrain. **3. MÉCAN. INDUSTR.** Pignon d'engrenage dont l'axe n'est pas fixe et tourne avec le planétaire qui l'entraîne. **4.** Partie globuleuse située à l'extrémité des bras d'un chromosome. ▪ **Satellite artificiel,** engin placé par un système de transport spatial (fusée, navette) en orbite autour d'un astre, en partic. de la Terre. ◆ **adj.** et **n.m.** Se dit d'un pays qui dépend d'un autre sur le plan politique ou économique.

SATI n.m. inv., ▲ *n.m.* (sanskr. *satī*). Anc. Coutume hindoue selon laquelle une veuve s'immolait, volontairement ou non, sur le bûcher funéraire de son mari. ◆ **n.f. inv.** Veuve qui suivait cette coutume.

SATIATION [sasjasjɔ̃] **n.f. PSYCHOL.** Satisfaction complète d'un besoin, d'une motivation.

SATIÉTÉ [sasjete] **n.f.** (lat. *satietas*). État d'une personne complètement rassasiée. ▪ **À satiété,** jusqu'à être rassasié : *Manger à satiété* ; jusqu'à la lassitude : *Répéter qqch à satiété.*

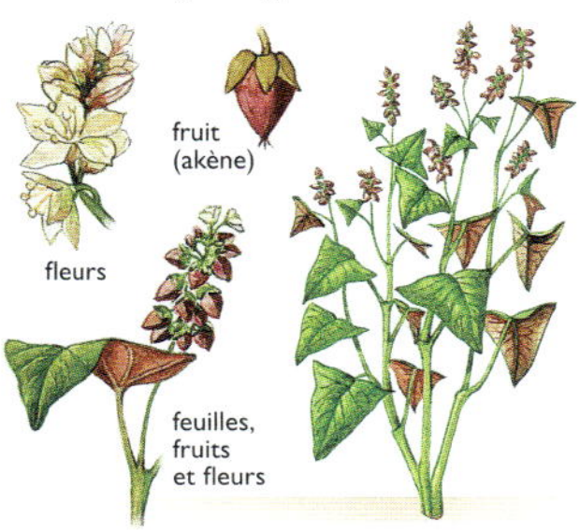

▲ **sarrasin**

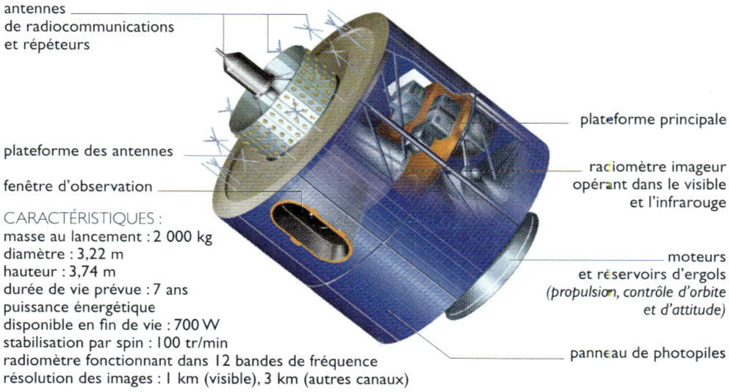

▲ **satellite artificiel.** Structure d'un satellite météorologique Météosat de seconde génération (MSG).

SATIN n.m. (ar. *zaytūnī*, de *Zaytūn*, n. ar. d'une v. chin. où se fabriquait cette étoffe). Étoffe de soie, de laine, de coton ou en fibre synthétique, fine, lisse et brillante. ▪ **Peau de satin,** très douce.

SATINAGE n.m. Action de satiner.

SATINÉ, E adj. Qui a un aspect intermédiaire entre la matité et le brillant. ▪ **Peau satinée,** douce et brillante comme du satin. ◆ **n.m.** Aspect brillant, doux et lisse.

SATINER v.t. [3]. Donner à une étoffe, à du papier, à un métal, etc., un caractère satiné.

SATINETTE n.f. Étoffe de coton et de soie, ou de coton seul, qui a l'aspect du satin.

SATIRE n.f. (lat. *satira*, var. de *satura*, farce). **1.** Pamphlet, discours, œuvre qui s'attaquent aux mœurs publiques, ou qui tournent qqn ou qqch en ridicule : *Ce film est une satire des milieux de la télévision.* **2. LITTÉR.** Pièce de vers dans laquelle l'auteur attaque les vices et les ridicules de son temps.

SATIRIQUE adj. 1. Qui critique en raillant ; qui a le caractère de la satire : *Dessinateur, dessin satirique.* **2. LITTÉR.** Qui appartient à la satire.

SATIRIQUEMENT adv. De façon satirique.

SATIRISER v.t. [3]. Litt. Exercer son esprit satirique sur ; railler.

SATIRISTE n. Auteur de satires, de dessins satiriques.

SATISFACTION n.f. 1. Action d'assouvir un besoin, un désir : *La satisfaction d'une envie, d'un caprice.* **2.** Action de répondre favorablement à une demande : *La satisfaction de leurs revendications.* **3.** Plaisir qui résulte de l'accomplissement d'un souhait, d'une attente ; contentement : *La satisfaction du devoir accompli.* **4.** Vieilli. Acte par lequel on obtient la réparation d'une offense, partic. par les armes.

SATISFAIRE v.t. [89] (du lat. *satis*, assez, et *facere*, faire). **1.** Répondre à la demande de qqn ; contenter : *Ces propositions le satisfont.* **2.** Agir de façon à contenter un désir, à assouvir un besoin : *Avons-nous satisfait votre curiosité ?* ◆ **v.t. ind. (À).** Répondre à ce qui est exigé : *Satisfaire à une demande* ; remplir les conditions requises : *Salle qui satisfait aux normes de sécurité.* ◆ **SE SATISFAIRE v.pr. (DE).** S'accommoder de.

SATISFAISANT, E [-fəzɑ̃, ɑ̃t] **adj.** Qui répond à une attente ; convenable : *Travail satisfaisant.*

SATISFAIT, E adj. 1. Content de ce qui est ou de ce qu'il a : *Je suis satisfait de tes résultats, de mon assistant.* **2.** Se dit d'un désir assouvi : *Curiosité, demande satisfaite.*

SATISFECIT [-fesit] **n.m. inv.,** ▲ *SATISFÉCIT n.m.* (mot lat. « il a satisfait »). Sout. Témoignage d'approbation.

SATISFIABLE adj. LOG. Se dit d'une fonction propositionnelle si elle est vraie sous certaines conditions.

SATORI n.m. inv. (mot jap.). Éveil spirituel que le disciple recherche, notamm. par la méditation, dans le bouddhisme zen.

SATRAPE n.m. (gr. *satrapês*). **1.** Litt. Personnage vivant dans le luxe ou exerçant une autorité despotique. **2. HIST.** Gouverneur d'une satrapie, chez les Perses Achéménides.

SATRAPIE n.f. (gr. *satrapeia*). Province de l'Empire perse achéménide gouvernée par un satrape.

SATURABLE adj. CHIM. ORG. Qui peut être saturé.

SATURANT, E adj. CHIM. Qui sature ; qui a la propriété de saturer. ▪ **Vapeur saturante** [thermodyn.], vapeur d'un corps en équilibre avec la phase liquide de ce corps.

SATURATEUR n.m. 1. Récipient rempli d'eau, adapté aux radiateurs d'appartement et qui humidifie l'air par évaporation. **2.** Appareil qui sature divers liquides de certains gaz.

SATURATION n.f. 1. Action de saturer ; fait d'être saturé ; état d'un liquide saturé. **2.** Encombrement maximal : *Saturation du trafic routier.* **3. CHIM. ORG.** Transformation en liaisons simples des liaisons multiples d'un composé organique. **4. LOG.** Caractère d'un système axiomatique où l'on ne peut adjoindre un nouvel axiome sans qu'il en résulte une théorie contradictoire. ➲ C'est une notion de métalogique. **5. OPT.** Intensité d'une couleur monochromatique, pure. ▪ **Arriver à saturation,** atteindre un degré au-delà duquel qqch n'est plus supportable : *Les téléspectateurs arrivent à saturation avec la télé-réalité.*

SATURÉ, E adj. 1. Qui est rempli à l'excès de qqch : *Sol saturé d'eau.* **2.** Se dit d'une solution qui ne peut dissoudre une quantité supplémentaire de la substance dissoute. **3. CHIM. ORG.** Se dit d'un composé ne possédant pas de liaisons multiples. **4. GÉOL.** Se dit d'une roche magmatique ne contenant pas de feldspathoïde. **5. LOG.** Caractérisé par une saturation. **6.** Encombré à l'excès : *Marché saturé. Ligne de RER saturée.* ▪ **Couleur saturée** [opt.], couleur monochromatique.

SATURER v.t. [3] (du lat. *saturare*, rassasier). **1.** Remplir à l'excès : *Connexions qui saturent un site Internet.* **2.** Fournir une quantité excessive de : *Les médias nous saturent de publicité.* **3.** Amener une solution à contenir la plus grande quantité possible de corps dissous. **4. CHIM. ORG.** Transformer les liaisons multiples d'un composé en liaisons simples. ◆ **v.i.** Fam. Arriver à saturation.

SATURNALES n.f. pl. (lat. *Saturnalia*). **ANTIQ. ROM.** Fêtes célébrées au solstice d'hiver en l'honneur de Saturne, durant lesquelles régnait la plus grande liberté.

SATURNIE n.f. (lat. sc. mod. *saturnia*). Grand papillon nocturne d'Amérique du Nord, à abdomen roux rayé de crème. ➲ Envergure jusqu'à 15 cm ; famille des saturnidés.

SATURNIEN, ENNE adj. 1. Relatif à la planète Saturne. **2.** Litt. Triste ; mélancolique.

SATURNIN, E adj. (de *Saturne*). **MÉD.** Relatif au plomb ; produit par le plomb : *Intoxication saturnine.*

SATURNISME n.m. MÉD. Intoxication par le plomb ou par les sels de plomb.

SATYRE n.m. (lat. *satyrus*, du gr. *Saturos*). **1. MYTH. GR.** Demi-dieu des champs et des bois à jambes de bouc, avec de longues oreilles pointues, des cornes et une queue, et au corps couvert de poils. **2.** Individu lubrique qui se livre à des attentats à la pudeur ; exhibitionniste. **3.** Papillon de jour aux grandes ailes bigarrées de brun et de roux, portant chacune un ocelle. ➲ Famille des nymphalidés. ▪ **Satyre puant,** phallus (champignon).

SATYRIASIS [-zis] **n.m.** (gr. *saturiasis*). **PSYCHIATR.** Vx. État permanent d'excitation sexuelle, chez l'homme.

SATYRIQUE adj. MYTH. GR. Relatif aux satyres.

SAUCE n.f. (du lat. *salsus*, salé). **1.** Préparation plus ou moins liquide servie avec certains aliments : *Spaghettis à la sauce tomate.* **2.** Afrique. Ragoût (viande, poisson ou légumes) qui accompagne les féculents. **3.** Fam. Développement souvent inutile : *Allonger la sauce.* ▪ **En sauce,** se dit d'un mets accompagné d'une sauce. ▪ **Mettre qqn, qqch à toutes les sauces** [fam.], l'employer de toutes sortes de façons : *Militants, arguments mis à toutes les sauces.*

SAUCÉE n.f. Fam. Averse.

SAUCER v.t. [9]. Tremper dans la sauce ; éponger la sauce avec un morceau de pain : *Saucer le plat.* ▪ **Se faire saucer** [fam.], se faire tremper par une averse.

SAUCETTE n.f. Québec. Fam. **1.** Petite baignade. **2.** Brève visite faite à qqn ; court séjour quelque part : *Faire une saucette chez des amis.* ▪ **Faire une saucette,** faire trempette.

SAUCIER n.m. 1. Cuisinier chargé des sauces. **2.** Appareil électroménager pour faire les sauces.

SAUCIÈRE n.f. Récipient dans lequel on sert une sauce à table.

SAUCISSE n.f. (du lat. *salsicius*, assaisonné de sel). **1.** Produit de charcuterie, fabriqué à partir de chair hachée et assaisonnée, mise dans un boyau, dont il existe un grand nombre de variétés. **2.** Fam., vx. Pendant la Première Guerre mondiale, ballon captif servant à l'observation ou à la protection antiaérienne. ▪ **Ne pas attacher son chien avec des saucisses** [fam.], être avare.

SAUCISSON n.m. (ital. *salsiccione*). Grosse saucisse que l'on consomme cuite (saucisson à l'ail) ou crue après maturation et dessiccation (saucisson sec).

SAUCISSONNAGE n.m. Fam. **1.** Action de saucissonner, de diviser en petites parties. **2.** Action de ligoter une personne pour la voler.

SAUCISSONNER v.i. [3]. Fam. Prendre un repas froid sur le pouce. ◆ **v.t.** Fam. **1.** Diviser en tranches ; tronçonner. **2.** Procéder à un saucissonnage ; ligoter.

SAUDADE [sodad] ou [sawdad] **n.f.** (mot port., du lat. *solitas, -atis*, solitude). Sentiment de délicieuse nostalgie, désir d'ailleurs qui s'exprime dans le fado et la morna.

1. SAUF, SAUVE adj. (lat. *salvus*). **1.** Qui a échappé à un péril de mort ; indemne : *Ils sont saufs.* **2.** Qui a échappé à une atteinte grave : *Les apparences sont sauves.*

2. SAUF prép. (de *1. sauf*). **1.** Sous la réserve de ; excepté si : *Sauf erreur. Sauf avis contraire.* **2.** Marque l'exception ; hormis ; excepté : *Ouvert tous les jours, sauf le dimanche.* ◆ **SAUF QUE loc. conj.** Excepté que.

SAUF-CONDUIT (pl. *sauf-conduits*), ▲ **SAUFCONDUIT n.m.** Permis donné par une autorité d'aller quelque part, d'y séjourner un certain temps et de s'en retourner librement, sans crainte d'être arrêté.

SAUGE n.f. (lat. *salvia*, de *salvus*, en bonne santé). Plante des prairies et des terrains vagues, dont diverses variétés sont cultivées pour leurs propriétés toniques ou comme plantes ornementales. ➲ La *sauge officinale*, à fleurs bleu-violet, est utilisée en cuisine et en pharmacie. Famille des labiées. ▪ **Sauge des bois,** germandrée.

SAUGRENU, E adj. (de *sau*, var. dial. de *sel*, et de *grenu*). D'une bizarrerie ridicule ; absurde : *Idée saugrenue.*

SAULAIE ou **SAUSSAIE n.f.** Lieu planté de saules.

SAULE n.m. (francique *salha*). Arbre ou arbrisseau à feuilles lancéolées, vivant près de l'eau. ➲ Les osiers et les marsaults sont des saules. Famille des salicacées.

SAUMÂTRE adj. (lat. pop. *salmaster*). **1.** Qui a un goût salé. **2.** Fam. Qui est difficile à accepter ; fâcheux : *Plaisanterie saumâtre.* **3. HYDROL.** Qui contient un mélange d'eau douce et d'eau de mer. ▪ **La trouver saumâtre** [fam.], trouver la situation très désagréable.

SAUMON n.m. (lat. *salmo, -onis*). **1.** Poisson voisin de la truite, à chair d'une couleur rose orangé, faisant l'objet d'un important élevage piscicole. ➲ Famille des salmonidés. **2. AÉRON.** Extrémité d'une aile d'avion. ◆ **adj. inv.** D'une teinte rose orangé.

▲ **saumons**

SAUMONÉ, E adj. Se dit des poissons à la chair rose orangé, comme celle du saumon : *Truite saumonée.*

SAUMONEAU n.m. Jeune saumon (SYN. **1. tacon**). ➲ Ils vivent deux ans en eau douce, poursuivent leur croissance en mer durant plusieurs années, puis remontent les fleuves jusqu'aux sources où ils sont nés pour s'y reproduire.

SAUMONETTE n.f. Appellation commerciale de certains petits requins (roussette, par ex.).

SAUMUR n.m. Vin blanc récolté dans la région de Saumur.

SAUMURAGE n.m. Action de saumurer.

SAUMURE n.f. (du lat. *sal*, sel, et *muria*, eau salée). **1.** Solution aqueuse de sel, dans laquelle on conserve des viandes, des poissons ou des légumes. **2.** Dans une saline, eau fortement salée dont on extrait le sel par évaporation.

SAUMURER v.t. [3]. Conserver dans la saumure.

SAUNA n.m. (mot finnois). **1.** Bain de vapeur sèche, d'origine finlandaise. **2.** Équipement permettant de prendre ce bain. **3.** Établissement où l'on prend ce bain.

SAUNAGE n.m. ou **SAUNAISON n.f. 1.** Action de sauner, dans une saline ; fabrication et vente du sel. **2.** Époque à laquelle on récolte le sel dans les marais salants.

SAUNER v.i. [3] (du lat. pop. *salinare*, produire du sel). **1.** Extraire le sel de la saumure, dans une saline. **2.** Produire du sel, en parlant des bassins des marais salants.

SAUNIER n.m. Personne qui travaille à la production du sel.

SAUNIÈRE n.f. Vx. Coffre qui contenait la provision de sel du ménage.

SAUPIQUET n.m. (de *sau*, var. de *sel*, et de *piquer*). **CUIS. 1.** Jambon poêlé servi avec une sauce piquante. **2.** Anc. Préparation du lièvre ou du canard rôti servie avec une sauce au vin très épicée, liée au sang.

SAUPOUDRAGE n.m. Action de saupoudrer.

SAUPOUDRER v.t. [3] (de *sau*, var. de *sel*, et de *poudrer*). **1.** Poudrer de sel, de farine, etc. : *Saupoudrer une tartine de cacao.* **2.** Mettre çà et là ; parsemer : *Saupoudrer un récit d'anecdotes.*

SAUPOUDREUSE n.f. Flacon à bouchon percé de trous, servant à saupoudrer.

SAUR [sɔr] **adj.m.** (du moy. néerl. *soor*, séché). ▪ **Hareng saur,** salé, puis séché à la fumée.

SAURAGE n.m. Saurissage.

▲ **saule** pleureur.

SAURER v.t. [3]. Traiter par salage, séchage, fumage une denrée alimentaire, notamm. des harengs, pour la conserver.

SAURET n.m. Région. (Nord) ; Belgique. Hareng saur.

SAURIEN n.m. (du gr. *saura*, lézard). **1.** Lacertilien. **2.** Cour. Reptile (à l'exception des tortues).

SAURIS [sɔri] **n.m.** Saumure qui a servi à saler des harengs dans les caques.

SAURISCHIEN [-skjɛ̃] **n.m.** Dinosaurien dont le bassin a une morphologie reptilienne typique, tel que le tyrannosaure, le brontosaure, etc.

SAURISSAGE n.m. Action de saurer une denrée (SYN. **saurage**).

SAURISSERIE n.f. Établissement où l'on saure les harengs.

SAURISSEUR, EUSE n. Personne spécialisée dans le saurissage des harengs.

SAUROPHIDIEN n.m. Squamate.

SAUROPODE n.m. Dinosaure herbivore quadrupède, tel que le brachiosaure et le diplodocus. ➲ Groupe des saurischiens.

SAUROPSIDÉ n.m. (du gr. *saura*, lézard, et *opsis*, aspect). Tétrapode, actuel ou fossile, d'une lignée présentant des caractères reptiliens marqués, tel que les reptiles actuels, les dinosaures, les oiseaux, etc. (par oppos. à *théropsidé*).

SAUSSAIE n.f. → **SAULAIE.**

SAUT n.m. (lat. *saltus*). **1.** Mouvement brusque avec détente musculaire, par lequel le corps s'enlève du sol et se projette en l'air. **2. SPORTS.** Exercice physique qui consiste à sauter de telle ou telle manière : *Saut à la corde.* **3.** Mode de déplacement de certains animaux (sauterelle, lapin, grenouille, etc.). **4.** Action de sauter en parachute à partir d'un aéronef. **5. INFORM.** Instruction provoquant une modification de la séquence normale des instructions d'un programme d'ordinateur. **6.** Région. Cascade. **7.** Fig. Passage sans transition à une situation, à un état différents : *Cette nomination est un saut dans l'inconnu.* ▪ **Au saut du lit,** dès le réveil. ▪ **Faire le saut** [fig.], se décider à faire qqch qui présente des risques. ▪ **Faire un saut quelque part** [fam.], y passer rapidement. ▪ **Le grand saut,** la mort. ▪ **Saut à l'élastique,** discipline sportive consistant à sauter dans le vide en étant attaché par une grosse corde composée de fibres élastiques. ▪ **Saut à skis,** discipline de ski nordique consistant en un saut depuis un tremplin de 90 ou de 120 m, noté selon la longueur et le style. ▪ **Saut en hauteur, en longueur, à la perche, triple saut** → **HAUTEUR, LONGUEUR, 2. PERCHE, TRIPLE.** ▪ **Saut groupé,** dans lequel les genoux sont ramenés le plus haut possible. ▪ **Saut périlleux,** saut acrobatique sans appui consistant en une rotation du corps dans l'espace (SYN. **salto**). ◆ **n.m. pl. DANSE.** Mouvements d'envol de plus ou moins grande amplitude.

▲ **saut à skis** aux JO de Lillehammer (1994).

SAUTAGE n.m. MIN. Dislocation d'une mine, d'une carrière, etc., sous l'action d'un explosif.

SAUT-DE-LOUP n.m. (pl. *sauts-de-loup*). Large fossé creusé devant une ouverture pratiquée dans un mur de clôture, pour en interdire l'entrée.

SAUT-DE-MOUTON n.m. (pl. *sauts-de-mouton*). Passage d'une voie ferrée au-dessus d'une autre voie qui lui est parallèle, pour éviter les traversées à niveau dans un croisement.

SAUTE n.f. Changement brusque dans la direction du vent, la température atmosphérique. ▪ **Saute d'humeur,** brusque changement d'humeur.

SAUTÉ n.m. CUIS. Préparation à base de morceaux de viande, cuite à feu vif avec un corps gras : *Sauté de veau.*

SAUTE-MOUTON n.m. inv., ▲ ***n.m.*** (*pl. saute-moutons*). Jeu dans lequel un participant saute pardessus un autre, qui se tient courbé.

SAUTER v.i. [3] (du lat. *saltare*, danser). **1.** S'élever de terre par une forte détente musculaire, ou s'élancer d'un lieu vers un autre : *Sauter haut. Le chat a sauté sur la table.* **2.** S'élancer d'un lieu élevé vers le bas : *Sauter en parachute.* **3.** S'élancer et saisir avec vivacité : *Un pitbull lui a sauté dessus.* **4.** Passer d'une chose à une autre sans transition : *Elle a sauté directement à la fin de la lettre.* **5.** Être projeté ou déplacé soudainement : *La chaîne de mon vélo a sauté.* **6.** Fam. Perdre son poste, son emploi : *Le directeur a sauté.* **7.** Être détruit par une explosion : *Le bâtiment a sauté.* **8.** Être affecté de brusques variations : *L'image de la télévision saute.* **9.** Fondre, en parlant de fusibles : *Les plombs ont sauté.* **10.** Être oublié, effacé, annulé : *Une phrase de l'introduction a sauté. Son rendez-vous a sauté.* ▪ **Et que ça saute !** [fam.], il faut se dépêcher ! ▪ **Faire sauter un aliment,** le faire revenir à feu vif avec un corps gras, en le remuant de temps en temps pour l'empêcher d'attacher : *Pommes de terre sautées.* ▪ **Faire sauter une serrure,** la forcer. ▪ **Sauter au plafond** [fam.], réagir avec surprise ou indignation. ▪ **Se faire sauter la cervelle** [fam.], se tuer d'une balle dans la tête. ◆ **v.t. 1.** Franchir en faisant un saut : *Cheval qui saute une haie.* **2.** Omettre volontairement ou non : *Sauter un repas.* **3.** Passer un degré dans une série continue : *Sauter son tour. Sauter une classe.* ▪ **La sauter** [fam., vieilli], avoir très faim.

SAUTEREAU n.m. MUS. Tige de bois porteuse d'une languette munie d'un bec qui pince les cordes du clavecin.

SAUTERELLE n.f. (de *sauter*). **1.** Insecte sauteur de couleur jaune ou verte, aux longues pattes postérieures, qui se distingue du criquet par ses longues antennes et la présence d'une tarière chez la femelle. ➲ Ordre des orthoptères. **2.** Fam. Jeune femme longiligne : *Une grande sauterelle.* **3. MANUT.** Appareil mobile constitué par un châssis monté sur roues et équipé d'une bande transporteuse sans fin.

SAUTERIE n.f. Fam., vieilli. Réunion dansante.

SAUTERNES n.m. Vin blanc liquoreux de Sauternes.

SAUTE-RUISSEAU n.m. inv., ▲ *n.m. (pl. saute-ruisseaux).* Fam., vx. Jeune clerc de notaire, chargé des courses.

1. SAUTEUR, EUSE n. Athlète spécialisé dans les épreuves de saut : *Sauteur en hauteur.* ▪ **Triple sauteur,** spécialiste du triple saut.

2. SAUTEUR, EUSE adj. Se dit des insectes dont les pattes postérieures sont adaptées au saut, spécial. de certains orthoptères (criquet, sauterelle). ▪ **Scie sauteuse,** ou **sauteuse, n.f.,** scie électrique dont la lame étroite à mouvement de va-et-vient est utilisée pour le découpage de planches de faible épaisseur. ◆ **n.m. 1.** Cheval dressé pour le saut d'obstacles. **2.** Acadie, Nouvelle-Calédonie. Nom donné au strombe (coquillage), en raison de son mode de déplacement par bonds.

SAUTEUSE n.f. 1. Casserole à bords bas, pour faire sauter les aliments. **2.** Scie sauteuse.

SAUTIER n.m. (du lat. *saltus*, lieu boisé). Suisse. Secrétaire administratif du Parlement du canton de Genève.

SAUTILLANT, E adj. Qui sautille.

SAUTILLEMENT n.m. Action de sautiller.

SAUTILLER v.i. [3]. Faire de petits sauts.

SAUTOIR n.m. 1. Collier féminin très long. **2. SPORTS.** Aire sur laquelle un sauteur prend son élan et se reçoit. **3. HÉRALD.** Pièce honorable formée par une barre et une bande se croisant au centre de l'écu. ▪ **Porter qqch en sautoir,** autour du cou et tombant en pointe sur la poitrine : *Son fils porte la clé de la maison en sautoir.*

SAUVAGE adj. (lat. *silvaticus*, de *silva*, forêt). **1. ZOOL.** Qui n'est pas apprivoisé (par oppos. à *domestique*) : *Oies sauvages.* **2. BOT.** Qui pousse naturellement, sans être cultivé : *Ail sauvage.* **3.** Se dit d'un lieu inculte et désert : *Région sauvage.* **4.** Qui a quelque chose de féroce ; inhumain : *Répression sauvage.* **5.** Qui s'organise spontanément, en dehors des règlements : *Grève sauvage.* ◆ **adj.** et **n. 1.** Vieilli. Qui a un mode de vie primitif. **2.** Qui fuit la société des hommes ; farouche : *Il ne parle à personne, il est un peu sauvage.*

SAUVAGEMENT adv. Avec sauvagerie.

1. SAUVAGEON n.m. Jeune arbre qui a poussé sans avoir été cultivé.

2. SAUVAGEON, ONNE n. 1. Enfant farouche, sauvage. **2.** Adolescent fauteur de troubles.

SAUVAGERIE n.f. 1. Caractère, comportement d'une personne qui agit avec violence et cruauté ; barbarie : *Un crime d'une grande sauvagerie.* **2.** Caractère d'une personne qui fuit la société, les contacts humains.

SAUVAGIN, E adj. et **n.m. CHASSE.** Se dit de l'odeur, du goût particuliers de certains oiseaux sauvages.

SAUVAGINE n.f. 1. Ensemble des oiseaux sauvages à l'odeur, au goût sauvagins. **2.** Nom donné aux peaux des petits animaux à fourrure (renards, fouines, etc.), servant à faire des fourrures.

SAUVEGARDE n.f. (de *1. sauf* et *1. garde*). **1. DR.** Garantie accordée par une autorité ou assurée par une institution : *Les lois sont la sauvegarde de la liberté.* **2.** Moyen de préserver ; protection ; défense : *Contribuer à la sauvegarde de la biodiversité.* **3. INFORM.** Opération consistant à recopier un ensemble d'informations, afin d'en conserver un exemplaire en cas de perte ou de destruction de l'original. **4. MAR.** Cordage, chaîne qui empêchent le gouvernail d'un navire ou tout autre objet de tomber à la mer. **5. ASTRONAUT.** Sur une base de lancement, ensemble des moyens de commande, de contrôle et de sécurité permettant de protéger les personnes et les biens en cas d'incident technique. ▪ **Sauvegarde de justice** [dr.], régime de protection des incapables majeurs, tendant à les assister pour les actes de la vie civile.

SAUVEGARDER v.t. [3]. 1. Préserver contre toute atteinte ; protéger : *Sauvegarder son indépendance, les acquis sociaux.* **2. INFORM.** Effectuer une sauvegarde.

SAUVE-QUI-PEUT n.m. inv. Fuite désordonnée due à la panique.

SAUVER v.t. [3] (bas lat. *salvare*). **1.** Tirer qqn du danger, du malheur : *Sauver qqn de la noyade. Ce prêt les a sauvés de l'expulsion.* **2.** Préserver de la perte, de la destruction : *Sauver les emplois, les monuments historiques.* **3.** Contrebalancer certains défauts de qqch ; pallier : *Le jeu des acteurs sauve ce scénario médiocre.* **4. RELIG.** Procurer le salut éternel. ▪ **Sauver les meubles** [fam.], réussir à soustraire à un désastre ce qui permet de survivre. ◆ **SE SAUVER v.pr. 1.** S'enfuir. **2.** Fam. Prendre congé rapidement : *Je me sauve, j'ai un rendez-vous.* **3. RELIG.** Assurer son salut éternel.

SAUVETAGE n.m. 1. Action de soustraire qqn, qqch à ce qui le menace : *Le sauvetage d'un spéléologue. Sauvetage d'un vieux château.* **2.** Action de tirer d'une situation critique : *Sauvetage d'une entreprise en difficulté.* **3. MAR.** Secours porté à un navire ou à un engin flottant par un autre navire. ▪ **Ceinture** ou **brassière** ou **gilet de sauvetage,** accessoire gonflable ou constitué d'un matériau insubmersible, qui permet à une personne de se maintenir à la surface de l'eau.

SAUVETÉ n.f. (de *1. sauf*). **HIST.** Dans le midi de la France, bourgade fondée à l'initiative des monastères pour servir de refuge aux fugitifs et aux errants (XIe - XIIe s.). ▪ **Cellule, reine de sauveté** [apic.], alvéole agrandie par les ouvrières pour l'élevage d'une reine de sauveté ; abeille élevée spécialement par les ouvrières à partir d'une larve naissante, et destinée à remplacer une reine morte.

SAUVETERRIEN n.m. (de *Sauveterre-la-Lémance*, comm. de Lot-et-Garonne). Faciès culturel du mésolithique, caractérisé par de minuscules pièces en silex taillé (VIIIe et VIIe millénaires). ◆ **SAUVETERRIEN, ENNE adj.** Relatif au sauveterrien.

SAUVETEUR, EUSE n. Personne qui prend part à un sauvetage.

À LA SAUVETTE loc. adv. Avec hâte et comme si l'on se cachait. ▪ **Vente à la sauvette,** vente sur la voie publique sans autorisation.

SAUVEUR n.m. (bas lat. *salvator*). Personne qui sauve : *Le sauveur de l'entreprise.* ▪ **Le Sauveur,** Jésus-Christ.

SAUVIGNON n.m. Cépage blanc ; vin issu de ce cépage.

SAVAMMENT adv. 1. De façon savante : *Commenter savamment une découverte.* **2.** Avec habileté ; adroitement : *Suspense savamment entretenu.*

SAVANE n.f. (esp. *sabana*). **1.** Formation végétale à hautes herbes et génér., arbres et arbustes, caractéristique des régions chaudes à saison sèche marquée. **2.** Québec. Terrain bas et humide, souvent marécageux, impropre à la culture.

▲ **savane.** Paysage de savane arborée dans la réserve nationale Masai-Mara (Kenya).

SAVANT, E adj. et **n.** (de *1. savoir*). Qui a des connaissances étendues : *Être savant en génétique. En histoire de l'art, c'est une savante.* ◆ **adj. 1.** Qui révèle de vastes connaissances : *Discussion trop savante pour un profane.* **2.** Qui dénote du savoir-faire, de l'habileté : *Un savant dosage de fermeté et d'indulgence.* **3.** Se dit d'un animal dressé à exécuter certains tours : *Chien savant.* **4. LING.** Se dit d'une forme qui résulte d'un emprunt et non d'une évolution phonétique, par oppos. à populaire. ▪ **Société savante,** association dont les membres se réunissent pour discuter de leurs travaux et recherches. ◆ **n.m.** Personne qui a une compétence exceptionnelle dans une discipline scientifique et qui contribue à l'avancée de celle-ci.

SAVARIN n.m. (de A. *Brillat-Savarin*, n.pr.). Gâteau en pâte levée, en forme de couronne, imbibé de rhum ou de kirsch, et souvent garni de crème.

SAVART n.m. (de F. *Savart*, n.pr.). **ACOUST., MUS.** Unité de différence de hauteur des sons musicaux équivalant à la différence de hauteur de deux sons dont le rapport des fréquences a un logarithme égal à 1/1 000.

SAVATE n.f. (orig. obsc.). **1.** Pantoufle ou chaussure vieille et usée. **2.** Sport de combat codifié, proche de la boxe française, dans lequel on peut frapper avec les pieds et les poings. **3. MAR.** Pièce de bois sur laquelle repose un navire lors de son lancement. ▪ **Traîner la savate** [fam.], vivre misérablement.

SAVETIER n.m. Vx. Cordonnier.

SAVEUR n.f. (lat. *sapor, -oris*). **1.** Sensation produite par certains corps sur l'organe du goût : *Saveurs acide, amère, salée, sucrée.* **2.** Fig. Ce qui constitue le charme de qqch ; piquant : *Dialogues pleins de saveur.* **3. PHYS.** Propriété caractérisant la réponse d'une particule aux interactions faibles. ➲ Il existe six saveurs fondamentales, portées chacune par l'un des quarks*.

1. SAVOIR v.t. [45] (lat. *sapere*). **1.** Avoir appris qqch et le connaître ou le pratiquer : *Elle sait le nom des oiseaux de la région. Savoir plusieurs langues.* **2.** Absol. Avoir des connaissances : *Fions-nous à ceux qui savent.* **3.** Avoir le pouvoir, le talent de : *Savoir dire non.* **4.** Conserver en mémoire et pouvoir réciter qqch ; connaître : *Acteur qui sait son rôle.* **5.** Être informé de : *Je sais ce qui s'est passé.* **6.** Connaître à l'avance ; prévoir : *Qui sait comment il réagira ?* **7.** Région. (Nord) ; Belgique. Pouvoir : *Je ne saurai pas venir demain.* ▪ **À savoir** ou **savoir,** introduisent une énumération : *Il y a trois possibilités, à savoir…* ▪ **À savoir que,** introduit une explication. ▪ **Faire savoir,** informer. ▪ **Que je sache,** à ma connaissance. ▪ **Qui sait ?,** ce n'est pas impossible ; peut-être. ◆ **SE SAVOIR v.pr. 1.** Avoir conscience d'être dans telle situation : *Le malade se sait perdu.* **2.** Être connu de tous : *Ça finira par se savoir.*

2. SAVOIR n.m. Ensemble des connaissances acquises par l'étude.

SAVOIR-FAIRE n.m. inv. Compétence acquise par l'expérience dans les questions pratiques, l'exercice d'un métier.

SAVOIR-VIVRE n.m. inv. Connaissance et pratique des règles de la politesse.

SAVOISIEN, ENNE adj. et **n.** De la Savoie (au sens historique et politique) ; de ses habitants.

SAVON n.m. (lat. *sapo, -onis*). **1.** Produit obtenu par l'action d'une base sur un corps gras, servant au nettoyage et au blanchissage ; morceau moulé de ce produit. **2.** Fam. Sévère réprimande : *Passer un savon à qqn.* ▪ **Savon noir,** produit liquide ou pâteux, combinant corps gras, résine, potasse ou soude, et utilisé pour le nettoyage de la peau, des sols carrelés, etc.

SAVONNAGE n.m. Lavage au savon.

SAVONNÉE n.f. Belgique. Eau savonneuse.

SAVONNER v.t. [3]. Laver au savon. ▪ **Savonner la planche à qqn** [fam.], chercher à lui créer des difficultés ou à lui nuire.

1. SAVONNERIE n.f. Industrie, commerce du savon ; fabrique de savon.

2. SAVONNERIE n.f. Tapis de la manufacture de la Savonnerie.

SAVONNETTE n.f. Petit savon pour la toilette.

SAVONNEUX, EUSE adj. 1. Qui contient du savon : *Eau savonneuse.* **2.** Mou et onctueux comme le savon : *Argile savonneuse.*

1. SAVONNIER, ÈRE adj. Relatif aux activités de la savonnerie. ◆ **n.m.** Arbre des régions chaudes d'Asie et d'Amérique dont l'écorce et les graines sont riches en saponine. ➲ Famille des sapindacées.

2. SAVONNIER n.m. Personne qui travaille dans la savonnerie.

SAVOURER v.t. [3] (de *saveur*). **1.** Manger, boire lentement, pour apprécier la saveur de ; déguster : *Savourer un bon vin.* **2.** Fig. Prendre un plaisir extrême à ; se délecter de : *Savourer la douceur d'un soir d'été.*

SAVOUREUSEMENT adv. De façon savoureuse.

SAVOUREUX, EUSE adj. 1. Qui a une saveur très agréable : *Omelette savoureuse.* **2.** Fig. Que l'on entend ou voit avec grand plaisir ; piquant : *Dialogues savoureux.*

SAVOYARD, E adj. et **n.** De la Savoie.

SAXATILE adj. → **SAXICOLE.**

SAXE n.m. Porcelaine de Saxe.

SAXHORN [saksɔrn] **n.m.** (de A. J. *Sax*, n.pr., et de l'all. *Horn*, cor). Instrument de musique à vent, en cuivre, à embouchure et à pistons, à la sonorité douce. ▪ **Famille des saxhorns,** comprenant les bugles et le tuba.

SAXICOLE ou **SAXATILE adj.** (du lat. *saxum*, rocher, et *colere*, habiter). **BOT.** Se dit d'une plante qui vit sur les rochers, dans les terrains pierreux.

SAXIFRAGACÉE n.f. Dicotylédone à fleurs dialypétales, telle que l'hortensia, le seringa, le groseillier. ➲ Les saxifragacées forment une famille.

SAXIFRAGE n.f. (du lat. *saxum*, rocher, et *frangere*, briser). Plante herbacée de l'hémisphère Nord tempéré, qui pousse au milieu des pierres (d'où son nom de *perce-pierre*), et dont on cultive certaines espèces. ➲ Famille des saxifragacées.

SAXO n.m. (abrév.). Saxophone. ◆ **n.** Saxophoniste.

SAXON, ONNE adj. et **n.** De Saxe ; du peuple germanique des Saxons. ◆ **n.m. LING.** Ensemble des dialectes du germanique occidental dérivant du parler propre à la tribu installée à partir du IIe s. apr. J.-C. sur les bords de l'Elbe.

SAXOPHONE n.m. (de A. J. *Sax*, n.pr., et du gr. *phônê*, voix). Instrument de musique à vent, caractérisé par une anche simple, un bec semblable à celui de la clarinette et des clés. Abrév. **saxo.**

SAXOPHONISTE n. Instrumentiste qui joue du saxophone. Abrév. **saxo.**

SAYNÈTE [sɛnɛt] **n.f.** (esp. *sainete*). **1.** Petite pièce comique du théâtre espagnol. **2.** Vieilli. Sketch.

SAYON [sɛjɔ̃] **n.m.** (de l'esp. *saya*, manteau). Manteau de guerre des Gaulois, des Romains et des soldats du Moyen Âge.

SBIRE n.m. (ital. *sbirro*). Individu chargé d'exécuter certaines basses besognes ; homme de main.

SBRINZ [sbrints] **n.m.** (de *Brienz*, comm. de Suisse). Fromage suisse au lait de vache, à pâte dure, très longuement affiné.

SCABIEUSE n.f. (du lat. *scabiosus*, galeux). Plante à fleurs blanches, bleues ou lilas, en capitules aplatis, à longs pédoncules, que l'on utilisait autref. contre les maladies de peau. ➲ Famille des dipsacacées.

SCABIEUX, EUSE adj. (du lat. *scabies*, gale). **MÉD.** Relatif à la gale : *Lésion scabieuse.*

SCABREUX, EUSE adj. (du bas lat. *scabrosus*, rude). **1.** De nature à choquer la décence ; inconvenant : *Scène scabreuse.* **2.** Litt. Qui présente des difficultés, des risques ; périlleux : *Projet scabreux.*

SCAFERLATI n.m. Tabac coupé en fines lanières, pour la pipe ou les cigarettes.

1. SCALAIRE adj. (du lat. *scalaris*, d'escalier). **MÉTROL.** Se dit d'une grandeur qui peut être caractérisée par un simple nombre (par oppos. à *vectoriel*). ▪ **Produit scalaire de deux vecteurs** [math.], produits des normes de ces vecteurs par le cosinus de l'angle qu'ils forment.

2. SCALAIRE n.m. Poisson à corps aplati verticalement, originaire de l'Amérique du Sud, souvent élevé en aquarium. ➲ Famille des cichlidés.

SCALDE n.m. (du scand. *skald*, poète). Poète scandinave du Moyen Âge dont les œuvres célèbrent les hauts faits d'un roi ou d'un chef.

SCALDIEN, ENNE adj. De la région de l'Escaut.

SCALDIQUE adj. Relatif aux scaldes.

SCALÈNE adj. et **n.m.** (du gr. *skalenos*, oblique). **ANAT.** Se dit de trois muscles latéraux du cou, qui inclinent la tête sur le côté et servent à l'inspiration. ◆ **adj. MATH.** Vieilli. Se dit d'un triangle dont les trois côtés sont de longueurs inégales.

SCALP [skalp] **n.m.** (mot angl. « cuir chevelu »). **1.** Chevelure détachée du crâne avec la peau, que certains Amérindiens conservaient comme trophée. **2.** Arrachement accidentel d'une partie du cuir chevelu ; cuir chevelu ainsi arraché.

SCALPEL n.m. (lat. sc. *scalpellum*, de *scalpere*, tailler). Instrument en forme de petit couteau qui sert pour inciser et disséquer.

SCALPER v.t. [3] (angl. *to scalp*). **1.** Détacher la peau du crâne avec un instrument tranchant. **2.** Arracher accidentellement la peau du crâne.

SCAMPI n.m. pl., ▲ *n.m.* (mot ital., pl. de *scampo*, langoustine). Friture de langoustines en beignets. ➲ Cuisine italienne.

SCAN [skan] **n.m. IMPRIM.** Document (texte ou image) numérisé à l'aide d'un scanner.

SCANDALE n.m. (du gr. *skandalon*, piège, obstacle). **1.** Effet fâcheux produit dans l'opinion publique par un fait, un acte contraire à la morale : *Cette nomination est un scandale.* **2.** Affaire malhonnête qui émeut l'opinion publique : *Un scandale financier.* **3.** Querelle bruyante ; esclandre : *Elle a menacé de faire du scandale.* **4.** Fait qui heurte la conscience, la morale : *Ce gaspillage d'eau est un scandale.* **5. RELIG.** Parole ou acte répréhensibles qui sont pour autrui une occasion de péché ou de dommage spirituel.

SCANDALEUSEMENT adv. De façon scandaleuse.

SCANDALEUX, EUSE adj. (bas lat. *scandalosus*). **1.** Qui cause ou est susceptible de causer du scandale : *Propos scandaleux.* **2.** Qui choque par son excès ; révoltant : *Profits scandaleux.*

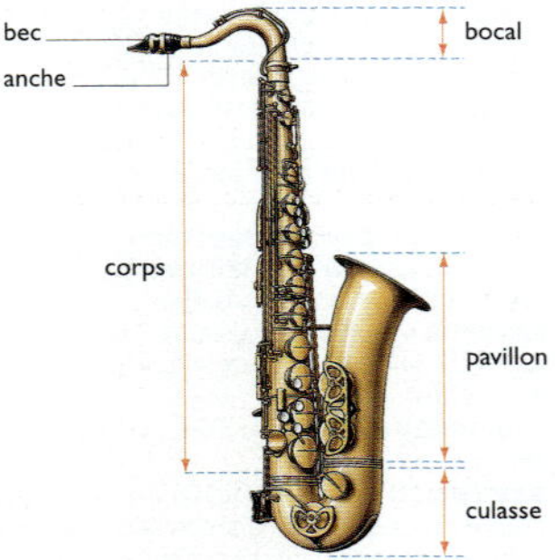

▲ **saxophone** ténor.

SCANDALISER v.t. [3]. 1. Susciter l'indignation de ; choquer : *Ton attitude l'a scandalisé.* **2. RELIG.** Mettre en danger de chute, de péché. ◆ **SE SCANDALISER v.pr. (DE).** Ressentir de l'indignation.

SCANDER v.t. [3] (du lat. *scandere*, monter). **1.** Prononcer un vers grec ou latin en le rythmant, en marquant l'alternance des longues et des brèves, en insistant sur les temps forts. **2.** Prononcer une phrase en détachant les groupes de mots, de syllabes : *Scander des slogans.*

SCANDINAVE adj. et **n.** De la Scandinavie ; de ses habitants. ◆ **adj.** ▪ **Langues scandinaves,** famille de langues indo-européennes comprenant le suédois, le norvégien, le danois et l'islandais.

SCANDIUM [-djɔm] **n.m. 1.** Métal très léger, de densité 3,0, qui fond à 1 541 °C, aux propriétés semblables à celles des lanthanides. **2.** Élément chimique (Sc), de numéro atomique 21 et de masse atomique 44,9559. ➲ Du fait de son haut point de fusion, il est utilisé en construction aérospatiale.

SCANNAGE n.m. Action de scanner : *Le scannage d'un livre.*

1. SCANNER [skanɛr] **n.m.** (mot angl.). **1. TECHN.** Appareil de télédétection permettant d'obtenir des images de surfaces étendues dont il capte le rayonnement électromagnétique en opérant par balayage (SYN. **radiomètre à balayage**). Recomm. off. **scanneur. 2. IMPRIM.** Appareil servant à numériser un document (texte ou image). **3. IMAG. MÉD.** Appareil radiologique composé d'un système de tomographie par rayons X et d'un ordinateur qui effectue des analyses de densité radiologique pour reconstituer une image (SYN. **tomodensitomètre**). Recomm. off. **scanographe.**

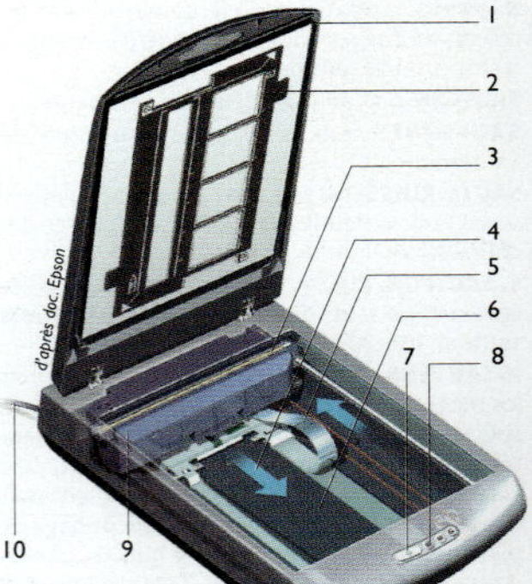

1. Capot ;
2. Cache pour diapositives ; 3. Source lumineuse ;
4. Sens d'analyse du document à numériser ;
5. Circuit électronique ; 6. Plan de lecture du document (vitre d'exposition) ; 7. Marche/arrêt ;
8. Touche de numérisation ; 9. Boîtier contenant les capteurs *(circuit intégré photosensible électronique)* ;
10. Câble d'alimentation relié à l'ordinateur.

▲ **scanner** à plat.

2. SCANNER [skane] ou **SCANNÉRISER v.t. [3]. IMPRIM.** Numériser un document à l'aide d'un scanner.

SCANNEUR n.m. TECHN. Recomm. off. pour **1. scanner.**

SCANOGRAPHE n.m. IMAG. MÉD. Recomm. off. pour **1. scanner.**

SCANOGRAPHIE n.f. IMAG. MÉD. 1. Procédé de radiologie utilisant le scanner (SYN. **tomodensitométrie**). **2.** Image obtenue par ce procédé.

SCANSION n.f. Action ou façon de scander.

SCAPHANDRE n.m. (du gr. *skaphê*, barque, et *anêr, andros*, homme). Vêtement pressurisé et étanche que portent les plongeurs pour travailler sous l'eau et les spationautes à bord de certains vaisseaux spatiaux ou lors de sorties extravéhiculaires. ▪ **Scaphandre autonome,** appareil respiratoire individuel, pourvu de bouteilles à air comprimé, permettant à un plongeur d'évoluer sous l'eau sans lien avec la surface.

SCAPHANDRIER n.m. Plongeur utilisant un scaphandre à casque et à vêtement souple.

SCAPHITE n.m. (du gr. *skaphê*, nacelle). PALÉONT. Ammonite du crétacé, à coquille d'abord spiralée, puis prolongée par une crosse.

SCAPHOÏDE adj. et n.m. (du gr. *skaphoeidês*, en forme de barque). ANAT. Se dit d'un des os du carpe et d'un des os du tarse. ▪ **Scaphoïde tarsien,** os naviculaire*.

SCAPHOPODE n.m. Mollusque des fonds marins, dépourvu de branchies, à coquille en forme de dent creuse et recourbée, tel que le dentale. ➲ Les scaphopodes forment une classe.

SCAPULA n.f. Os de la ceinture scapulaire des vertébrés. ➲ Chez les mammifères, l'homme en partic., la scapula est fusionnée au coracoïde et forme l'omoplate.

SCAPULAIRE adj. (du lat. *scapula*, épaule). ANAT. Relatif à l'omoplate ou à l'épaule. ▪ **Ceinture scapulaire,** ensemble des deux clavicules et des deux omoplates, attachant les membres supérieurs au tronc. ◆ n.m. CATH. Pièce d'étoffe placée sur les épaules, descendant sur le dos et sur la poitrine, caractéristique de l'habit de certains ordres religieux.

SCAPULO-HUMÉRAL, E, AUX, ▲ *SCAPULOHUMÉRAL, E, AUX* adj. ANAT. Se dit de l'articulation entre l'omoplate et l'humérus, et de ce qui s'y rapporte.

SCARABÉE n.m. (lat. *scarabaeus*). Coléoptère au corps massif, se nourrissant d'excréments ou de débris végétaux, et dont il existe de très nombreuses espèces. ➲ Famille des scarabéidés.

▲ **scarabée** sacré.

SCARABÉIDÉ n.m. Insecte coléoptère phytophage ou coprophage, aux antennes en éventail, tel que le hanneton, la cétoine et les scarabées. ➲ Les scarabéidés forment une immense famille.

SCARE n.m. (lat. *scarus*, du gr.). Poisson des eaux littorales tropicales, à couleurs variées et brillantes, d'où son nom usuel de *poisson-perroquet*. ➲ Famille des scaridés.

SCARIEUX, EUSE adj. (du lat. médiév. *scaria*, bouton). BOT. Se dit d'un organe végétal écailleux, sec, mince et translucide.

SCARIFIAGE n.m. AGRIC. Travail du sol avec des outils à dents.

SCARIFICATEUR n.m. **1.** Instrument agricole équipé de dents métalliques servant à ameublir la terre sans la retourner. **2.** TRAV. PUBL. Appareil portant des pics, utilisé pour la scarification.

SCARIFICATION n.f. **1.** Incision superficielle de la peau, pratiquée à titre médical ou lors d'un acte d'automutilation. **2.** (Souvent pl.). En Afrique, incision superficielle de la peau pratiquée de manière à laisser une cicatrice, afin de marquer l'appartenance à une lignée, à une société ; cicatrice ainsi laissée. **3.** TRAV. PUBL. Démolition, par arrachement de matériaux, d'un revêtement de chaussée.

SCARIFIER v.t. [5] (du bas lat. *scarificare*, inciser légèrement). MÉD. Faire des scarifications.

SCARLATINE n.f. (du lat. *scarlatum*, écarlate). Maladie infectieuse contagieuse de l'enfant compliquant une angine à streptocoque, caractérisée par une éruption cutanée généralisée de points rouges.

SCAROLE n.f. (du bas lat. *escariola*, endive). Chicorée à larges feuilles, que l'on consomme en salade.

SCAT [skat] n.m. (onomat. anglo-amér.). Style d'improvisation vocale dans lequel les paroles sont remplacées par des onomatopées.

SCATOLOGIE n.f. (du gr. *skôr, skatos*, excrément). Propos ou écrit grossier où il est question d'excréments.

SCATOLOGIQUE adj. Relatif à la scatologie.

SCATOPHILE adj. (du gr. *skôr, skatos*, excrément). ÉCOL. Qui vit ou croît sur les excréments.

SCEAU n.m. (lat. *sigillum*, de *signum*, marque). **1.** Cachet qui authentifie un acte : *Le sceau de la préfecture.* **2.** Empreinte de ce cachet ; morceau de cire, de plomb portant cette empreinte. **3.** Litt. Caractère distinctif ; marque : *Le sceau de la modernité.* ▪ **Sous le sceau du secret,** à la condition que le secret sera bien gardé.

▲ **sceau** de la ville de Toulouse (1242). (Archives nationales, Paris.)

SCEAU-CYLINDRE n.m. (pl. *sceaux-cylindres*). Cylindre, génér. en pierre, gravé en creux de signes, de symboles, de textes et dont le déroulement sur l'argile fraîche constituait un cachet en Mésopotamie au IVe millénaire, puis dans la plupart des pays de l'Orient ancien.

SCEAU-DE-SALOMON n.m. (pl. *sceaux-de-Salomon*). Plante des bois à petites fleurs blanchâtres en cloches et à rhizome formé de renflements portant chacun une cicatrice rappelant un sceau. ➲ Famille des liliacées.

SCÉLÉRAT, E n. (du lat. *scelus, -eris*, crime). Personne qui a commis ou est capable de commettre un crime ; bandit : *Le scélérat s'est enfui en prenant un otage.* ◆ adj. Qui manifeste des sentiments, des idées criminels ou perfides : *Lois scélérates.* ▪ **Vague scélérate,** vague isolée d'amplitude exceptionnelle, pouvant atteindre 30 m de hauteur.

SCÉLÉRATESSE n.f. Litt. **1.** Caractère d'un scélérat ; noirceur ; perfidie. **2.** Action scélérate ; ignominie.

SCELLAGE n.m. Action de sceller.

SCELLÉ n.m. Objet, document saisi pour servir de preuve lors d'un procès pénal. ◆ n.m. pl. DR. Dispositif posé par autorité de justice sur l'ouverture d'un local, d'un meuble, pour en interdire l'accès.

SCELLEMENT n.m. CONSTR. Action de fixer une pièce dans un trou, génér. de maçonnerie, à l'aide d'une substance qui durcit.

SCELLER v.t. [3] (lat. *sigillare*). **1.** DR. Marquer un acte d'un sceau pour le fermer ou l'authentifier ; apposer les scellés sur : *Sceller une porte sur ordre du juge.* **2.** Fermer hermétiquement : *Sceller des conteneurs.* **3.** CONSTR. Fixer par scellement : *Sceller des barreaux.* ▪ **Sceller une promesse,** la confirmer solennellement.

SCÉNARIMAGE n.m. CINÉMA. Recomm. off. pour **story-board.**

SCÉNARIO n.m. (de l'ital. *scenario*, décor, de *scena*, scène). **1.** CINÉMA. Document écrit décrivant scène par scène ce qui sera tourné (SYN. **script**). **2.** Récit, dans une bande dessinée. **3.** Canevas d'une pièce, d'un roman. **4.** Fig. Déroulement programmé ou prévu d'une action : *Selon le scénario habituel, ils sont arrivés en retard.*

✎ On rencontre aussi la forme ital. ***scenario.***

SCÉNARISATION n.f. Action de scénariser.

SCÉNARISER v.t. [3]. Donner la forme d'un scénario à : *Scénariser un fait divers.*

SCÉNARISTE n. Auteur de scénarios pour le cinéma, la télévision, la bande dessinée, etc.

SCÉNARISTIQUE adj. Relatif à un scénario : *L'écriture scénaristique est soumise à de multiples contraintes.*

SCÈNE n.f. (lat. *saena*, du gr. *skênê*). **1.** Partie du théâtre où jouent les acteurs. **2.** Lieu où se passe l'action théâtrale ; décor : *La scène représente un commissariat.* **3.** Le théâtre ; l'art dramatique : *Acteur qui passe de la scène à l'écran.* **4.** Subdivision d'un acte dans une pièce de théâtre : *La première scène du deuxième acte ;* action, dans une pièce de théâtre : *La scène se passe à Londres.* **5.** Lieu où se passe une action quelconque : *La scène du drame.* **6.** Action à laquelle on assiste en simple spectateur ; spectacle : *Une scène déchirante.* **7.** Emportement auquel on se livre : *Faire une scène à qqn ;* querelle violente : *Scène de ménage.* **8.** Lieu où s'exerce une activité humaine : *Personnalité qui compte sur la scène diplomatique.* **9.** Toute action partielle ayant une unité dans une œuvre littéraire, cinématographique, etc. ; séquence : *Des scènes violentes.* ▪ **Entrer en scène,** passer des coulisses à la scène ; fig., commencer à agir. ▪ **Mettre en scène,** assurer la réalisation d'une œuvre théâtrale, cinématographique. ▪ **Occuper le devant de la scène,** être au centre de l'actualité. ▪ **Quitter la scène,** en parlant d'un acteur, abandonner le théâtre ; fig., s'effacer ; se retirer. ▪ **Scène ouverte,** dans un théâtre, un café ou un restaurant, espace aménagé de manière à permettre à des artistes amateurs de se produire dans les conditions d'une représentation professionnelle ; cette représentation. ▪ **Scène primitive** [psychan.], image fantasmatique, rarement réelle, au cours de laquelle l'enfant est témoin du coït de ses parents.

SCÉNIQUE adj. Relatif à la scène, au théâtre : *Indication scénique.*

SCÉNIQUEMENT adv. Du point de vue scénique.

SCÉNOGRAPHE n. Créateur du décor et de l'espace où se joue une pièce de théâtre.

SCÉNOGRAPHIE n.f. **1.** Art de créer l'espace scénique et les éléments du décor qui s'y rattachent. **2.** Conception de lieux de spectacle ou aménagement esthétique d'autres espaces (musées, galeries).

SCÉNOGRAPHIQUE adj. Relatif à la scénographie.

SCEPTICISME n.m. **1.** État d'esprit d'une personne qui refuse son adhésion à des croyances ou à des affirmations génér. admises. **2.** PHILOS. Courant de la philosophie antique qui s'est attaché à montrer de façon méthodique que l'esprit humain ne saurait atteindre une quelconque vérité, et qu'il convient donc de suspendre son jugement si l'on veut parvenir à l'ataraxie. ➲ Principaux représentants : Pyrrhon, Sextus Empiricus. **3.** PHILOS. Doctrine qui nie qu'une vérité ou une certitude absolue puissent être atteintes mais qui préserve la possibilité d'une connaissance expérimentale et scientifique du monde extérieur. ➲ D. Hume en est l'initiateur.

SCEPTIQUE [sɛptik] adj. et n. (du gr. *skeptikos*, qui observe). **1.** Qui manifeste du scepticisme ; incrédule. **2.** PHILOS. Relatif au scepticisme ; qui en est partisan.

✎ À distinguer de ***septique.***

SCEPTIQUEMENT adv. Avec scepticisme.

SCEPTRE [sɛptr] n.m. (lat. *sceptrum*, du gr. *skeptron*, bâton). **1.** Bâton de commandement, qui est un des insignes du pouvoir suprême (royauté, empire). **2.** Symbole du pouvoir royal, de l'autorité suprême.

▲ **sceau-cylindre** et son empreinte ; Mésopotamie, v. 2200 av. J.-C. (Musée du Louvre, Paris.)

SCHABRAQUE n.f. → **CHABRAQUE.**

SCHAPPE [ʃap] **n.f.** (mot alémanique). Fil obtenu à partir des déchets de soie naturelle.

SCHEIDAGE [ʃɛdaʒ] **n.m.** (de l'all. *scheiden*, séparer). Concentration d'un minerai par triage manuel.

SCHELEM n.m. → **CHELEM.**

SCHÉMA **n.m.** (lat. *schema*, du gr. *skhêma*, figure). **1.** Dessin figurant les éléments essentiels d'un objet, d'un ensemble complexe, d'un phénomène ou d'un processus, et destiné à faire comprendre sa conformation et/ou son fonctionnement. **2.** Ensemble des grandes lignes, des points principaux qui permettent de comprendre un projet, un ouvrage, etc. ■ **Schéma directeur,** programme d'aménagement des villes ou des Régions déterminant les grandes orientations de l'évolution de l'urbanisme pour le territoire auquel il s'applique.

SCHÉMATIQUE **adj. 1.** Qui a le caractère d'un schéma ; élémentaire : *Coupe schématique d'un moteur.* **2.** Qui schématise à l'excès ; réducteur : *Analyse schématique d'une situation.*

SCHÉMATIQUEMENT **adv.** De façon schématique.

SCHÉMATISATION **n.f.** Action de schématiser.

SCHÉMATISER **v.t.** [3]. **1.** Représenter au moyen d'un schéma. **2.** Simplifier à l'excès.

SCHÉMATISME **n.m. 1.** Caractère schématique, simplificateur de qqch. **2.** PHILOS. Chez Kant, fonction de l'imagination qui assure l'application des catégories aux phénomènes par la médiation des schèmes transcendantaux.

SCHÈME [ʃɛm] **n.m.** (du gr. *skhêma*, figure). **1.** Structure d'ensemble d'un processus. **2.** PSYCHOL. Structure mentale sous-jacente. ■ **Schème transcendantal** [philos.], chez Kant, représentation intermédiaire entre le concept et les données de la perception.

SCHÉOL ou **SHÉOL** [ʃeɔl] **n.m.** (hébr. *sheol*). Séjour des morts, dans la Bible et dans la littérature juive.

SCHERZANDO [skɛr(d)zɑ̃do] **adv.** (mot ital.). MUS. Terme d'interprétation signifiant vivement, gaiement.

SCHERZO [skɛrdzo] **n.m.** (mot ital.). MUS. Pièce instrumentale de temps vif et d'un style brillant, qui peut remplacer le menuet dans la sonate et la symphonie, ou constituer une pièce isolée.

SCHIEDAM [skidam] **n.m.** (de *Schiedam*, n.pr.). Région. (Nord). Eau-de-vie parfumée au genièvre.

SCHILLING [ʃiliŋ] **n.m.** (mot all.). Ancienne unité monétaire principale de l'Autriche. ➲ Devenu, dès le 1er janvier 1999, une subdivision de l'euro, le schilling a cessé d'exister, au profit de la monnaie unique européenne, en 2002.

SCHINDER ou **CHINDER** [ʃɛ̃de] **v.i. [3]** (alémanique *schinden*). Suisse. Tricher.

SCHISMATIQUE [ʃis-] **adj.** et **n.** Qui provoque un schisme ; qui adhère à un schisme.

SCHISME [ʃism] **n.m.** (du gr. *skhisma*, séparation). **1.** Mouvement de rupture dans une Église chrétienne ou au sein de toute la chrétienté. **2.** Division dans un parti, un groupement ; dissidence.

SCHISTE [ʃist] **n.m.** (du gr. *skhistos*, fendu). Roche sédimentaire (ardoise, par ex.) ou métamorphique (micaschiste, par ex.), susceptible de se débiter en feuillets. ■ **Gaz, pétrole (ou huile) de schiste,** hydrocarbures formés dans les schistes, dont la méthode d'extraction (fracturation hydraulique) est controversée en raison de ses risques sanitaires et environnementaux. ■ **Schiste bitumineux,** schiste à forte concentration en kérogène, dont on peut extraire, par traitement thermique, une huile semblable au pétrole.

SCHISTEUX, EUSE [ʃis-] **adj.** De la nature du schiste ; qui en contient.

SCHISTOSITÉ [ʃis-] **n.f.** État d'une roche divisible en feuillets minces ; processus tectonique qui conduit à cet état.

SCHISTOSOMIASE [ʃis-] **n.f.** Bilharziose.

SCHIZOGAMIE [ski-] **n.f.** BIOL. Mode de reproduction asexuée de certaines annélides par détachement d'une partie d'un individu souche, capable de régénérer un organisme complet.

SCHIZOGONIE [ski-] **n.f.** BIOL. Reproduction asexuée de certains protozoaires par divisions multiples du noyau sans division de la cellule, aboutissant à la formation de nombreux individus de petite taille.

SCHIZOÏDE [ski-] **adj.** PSYCHIATR. Se dit d'une personnalité caractérisée par une indifférence émotionnelle et relationnelle.

SCHIZOPHASIE [ski-] **n.f.** PSYCHIATR. Trouble du langage parlé où les mots sont détournés de leur sens et les néologismes abondants, ce qui rend le discours incompréhensible.

SCHIZOPHRÈNE [ski-] **n.** et **adj.** Malade atteint de schizophrénie.

SCHIZOPHRÉNIE [ski-] **n.f.** (all. *Schizophrenie*). Psychose délirante chronique caractérisée par un autisme, une dissociation, un délire paranoïde, et générant une perturbation du rapport au monde extérieur.

SCHIZOPHRÉNIQUE [ski-] **adj. 1.** Relatif à la schizophrénie. **2.** Fig. Se dit d'une attitude ou d'un propos qui dénotent une contradiction importante et souvent dérangeante ; antinomique ; contradictoire : *Le journaliste dénonce un discours schizophrénique des autorités sur la sécurité.*

SCHLAGUE [ʃlag] **n.f.** (de l'all. *Schlag*, coup). Fam. Manière brutale de se faire obéir.

SCHLAMMS [ʃlam] **n.m. pl.** (de l'all. *Schlamm*, boue, vase). Partie la plus fine d'un matériau ou d'un minerai, en suspension dans l'eau.

1. SCHLASS [ʃlɑs] **n.m.** (de l'angl. *slasher*, arme blanche). Arg. Couteau.

2. SCHLASS ou **CHLASS** [ʃlɑs] **adj.** (mot all. « fatigué, mou »). Fam. Qui est en état d'ébriété ; ivre.

SCHLINGUER **v.i.** [3] → **CHLINGUER.**

SCHLITTE [ʃlit] **n.f.** (de l'all. *Schlitten*, traîneau). Anc. Traîneau qui servait à descendre le bois des montagnes, notamm. dans les Vosges, et qui glissait sur une voie faite de troncs d'arbres.

SCHMILBLICK **n.m.** (nom déposé). Fam. ■ **Faire avancer le Schmilblick,** faire avancer les choses ; débloquer la situation.

SCHMUTZ [ʃmuts] **n.m.** (mot alsacien). Région. (Alsace). Baiser ; bisou : *Viens me faire un schmutz.* (On rencontre aussi la graphie *schmoutz.*)

SCHNAPS [ʃnaps] **n.m.** (mot all.). Fam. Dans les pays germaniques, eau-de-vie.

SCHNAUZER [ʃnozer] ou [ʃnawzœr] **n.m.** (mot alémanique). Chien d'une race à poil dur, aux sourcils broussailleux, à la moustache abondante et à la barbe raide, originaire du Wurtemberg.

SCHNEUQUER **v.i.** → **CHNEUQUER.**

SCHNOCK, SCHNOQUE ou **CHNOQUE** [ʃnɔk] **n.m.** Fam. ■ **Du schnock,** appellatif méprisant pour qqn dont on ignore le nom. ■ **Un vieux schnock,** un vieil imbécile. ◆ **adj.** Fam. Fou.

SCHNORCHEL [ʃnɔrkɛl] ou **SCHNORKEL** **n.m.** (de l'all. *Schnorchel*, renifleur). Dispositif permettant à un sous-marin doté de moteurs Diesel de naviguer longtemps en plongée grâce à un tube rétractable, affleurant à la surface, qui assure l'arrivée d'air frais et l'évacuation des gaz.

SCHNOUFF, SCHNOUF ou **CHNOUF** [ʃnuf] **n.f.** (de l'all. *Schnupf*, tabac à priser). Arg. Drogue.

SCHOFAR ou **CHOFAR** [ʃɔfar] **n.m.** (mot hébr.). Instrument à vent utilisé par les juifs dans le rituel des fêtes consacrées à la pénitence et au pardon.

SCHOLIASTE **n.m.** → **SCOLIASTE.**

SCHOLIE **n.f.** → **SCOLIE.**

SCHOONER [ʃunœr] **n.m.** (mot angl.). Vx. Goélette.

SCHORRE [ʃɔr] **n.m.** (du moy. néerl. *schor*, alluvion). HYDROL. Partie haute des vasières littorales, souvent recouverte de prairies (prés salés) submergées par les mers de vive-eau.

SCHPROUM [ʃprum] **n.m.** Fam., vieilli. Dispute violente ; tapage.

SCHUSS [ʃus] **n.m.** (mot all. « élan »). Descente directe à skis suivant la ligne de la plus grande pente et sans ralentissement. ◆ **adv.** Fam. ■ **Tout schuss,** très vite ; à tombeau ouvert.

SCHWA ou **CHVA** **n.m.** PHON. Nom donné à la voyelle neutre, centrale [ə], appelée *e muet* en français.

SCI ou **S.C.I.** [ɛssei] **n.f.** (sigle). Société civile immobilière.

SCIABLE **adj.** Qui peut être scié.

SCIAGE **n.m. 1.** Action de scier. **2.** Bois de construction ou de menuiserie, provenant de troncs sciés dans leur longueur.

SCIALYTIQUE [sjalitik] **n.m.** (nom déposé). CHIRURG. Appareil de la marque de ce nom donnant un éclairage sans ombres portées.

SCIANT, E **adj.** (de *scier*). Fam. Qui provoque un grand étonnement ; sidérant.

SCIATIQUE [sja-] **adj.** (du gr. *iskhion*, hanche). ANAT. Relatif à la hanche. ■ **Nerf sciatique,** ou **sciatique, n.m.,** nerf sensitif et moteur qui innerve la cuisse, la jambe et le pied. ◆ **n.f.** MÉD. Douleur sur le trajet du nerf sciatique, due le plus souvent à son irritation au niveau de la colonne vertébrale (hernie discale, par ex.).

SCIE **n.f.** (de *scier*). **1.** Outil à main formé d'une monture ou d'une poignée où est fixée une lame portant une denture coupante qui, par un mouvement de va-et-vient, sert à débiter, à découper du bois, du métal, de la pierre, etc. **2.** Machine fixe ou outil portatif comportant un ou plusieurs organes coupants, rectilignes ou circulaires, animés d'un mouvement rotatif ou de va-et-vient par un moteur, et servant au même usage. **3.** Refrain de chanson aisément retenu ; rengaine. ■ **Scie musicale,** instrument de musique constitué par une lame d'acier qui, frottée ou frappée, vibre plus ou moins selon sa tension.

SCIEMMENT [sjamɑ̃] **adv.** (du lat. *sciens, scientis*, qui sait). En pleine connaissance de cause.

SCIENCE **n.f.** (lat. *scientia*, de *scire*, savoir). **1.** Ensemble cohérent de connaissances relatives à certaines catégories de faits, d'objets ou de phénomènes obéissant à des lois et vérifiées par les méthodes expérimentales : *Les progrès de la science.* (V. planche *les grandes découvertes scientifiques**.) **2.** Ensemble de connaissances dues à l'expérience et mises en pratique ; art : *La science de l'évasion* ; habileté à faire qqch : *Il a la science d'éluder les questions qui fâchent.* ■ **Science pure,** recherche fondamentale, par oppos. à *science appliquée.* ◆ **n.f. pl. 1.** Disciplines ayant pour objet l'étude des faits, des relations vérifiables. **2.** Disciplines scolaires et universitaires comprenant la physique, la chimie, les mathématiques, la biologie, les sciences de la terre (par oppos. à *lettres*). ■ **Sciences de la vie et de la Terre (SVT),** disciplines scientifiques qui étudient les êtres vivants (biologie, médecine, agronomie, biotechnologies, recherche pharmaceutique, etc.) et la géologie. ■ **Sciences dures** ou **exactes,** sciences qui utilisent le calcul et l'expérimentation, par oppos. aux *sciences humaines.* ■ **Sciences humaines,** disciplines ayant pour objet l'homme et ses comportements individuels et collectifs, passés et présents. ■ **Sciences naturelles** [anc.], sciences de la vie et de la terre.

SCIENCE-FICTION **n.f.** (pl. *sciences-fictions*). Genre littéraire et cinématographique imaginant l'évolution de l'humanité et, en partic., les conséquences de ses progrès scientifiques. Abrév. **SF.** (V. planche *science-fiction.*)

SCIÈNE [sjɛn] **n.f.** (gr. *skiaina*). Grand poisson téléostéen de l'Atlantique et de la Méditerranée, à la chair appréciée (SYN. **2. maigre**). ➲ Long. jusqu'à 2 m ; famille des sciénidés.

SCIENTIFICITÉ **n.f.** Caractère de ce qui est scientifique.

SCIENTIFIQUE **adj. 1.** Relatif à la science, à une science (par oppos. à *littéraire*) : *Une revue scientifique.* **2.** Qui, dans le domaine de la connaissance, présente les caractères de rigueur, d'exigence, d'objectivité propres aux sciences : *Une enquête scientifique.* ■ **Nom scientifique,** dénomination internationale d'une espèce animale ou végétale utilisant la nomenclature binominale (par oppos. à *nom usuel, nom vernaculaire*) [SYN. **nom latin**]. ◆ **adj.** et **n.** Qui étudie les sciences ; qui est spécialiste d'une science.

SCIENTIFIQUEMENT **adv.** D'une manière, d'un point de vue scientifiques.

SCIENTISME **n.m.** Tendance philosophique de la fin du XIXe s., qui affirme que la science nous fait connaître la nature intime des choses et suffit à satisfaire tous les besoins de l'intelligence humaine.

SCIENTISTE **adj.** et **n.** Relatif au scientisme ; qui en est partisan.

SCIENTOLOGIE **n.f.** Nom donné par l'Américain Lafayette Ron Hubbard (1911-1986) à la doctrine qu'il a développée. ➲ Se présentant comme une philosophie religieuse appliquée, cette doctrine est diffusée par une organisation à caractère sectaire.

SCIER **v.t.** **[5]** (lat. *secare*). **1.** Couper avec une scie : *Scier une branche, de la tôle.* **2.** Fam. Étonner vivement ; stupéfier.

SCIERIE [siri] **n.f.** Établissement où l'on débite le bois.

SCIEUR **n.m.** Personne qui exécute un sciage. ▪ **Scieur de long,** ouvrier qui sciait à la main de grandes pièces de bois, dans le sens du fil.

SCIEUSE **n.f.** Scie mécanique.

SCILLE [sil] **n.f.** (lat. *scilla*). Plante bulbeuse des bois et des prés, voisine de la jacinthe, à fleurs bleues. ➲ Famille des liliacées.

SCINDER [sɛ̃de] **v.t.** **[3]** (du lat. *scindere*, fendre). Diviser une chose abstraite ou un groupe ; morceler : *Scinder un problème en plusieurs points. Ce discours a scindé le parti.* ◆ **SE SCINDER** **v.pr.** **(EN).** Se diviser : *L'association s'est scindée en deux courants.*

SCINQUE [sɛ̃k] **n.m.** (lat. *scincus*). Lézard des régions semi-arides et sablonneuses, au corps cylindrique et lisse, aux pattes courtes. ➲ Famille des scincidés.

SCINTIGRAPHIE **n.f.** (de *scintiller*). **IMAG. MÉD.** Procédé qui consiste à administrer une substance radioactive, puis à repérer, grâce à un détecteur, les rayons gamma qu'elle émet vers l'extérieur.

SCINTILLANT, E **adj.** Qui scintille.

SCINTILLATEUR **n.m.** **PHYS.** Appareil permettant de détecter des particules grâce aux scintillations qu'elles produisent sur un écran fluorescent.

SCINTILLATION **n.f.** **1.** **ASTRON.** Fluctuation rapide de l'éclat lumineux d'une étoile ou de l'intensité de rayonnement d'une radiosource ponctuelle. **2.** **PHYS.** Fluctuation rapide de l'intensité, de la vitesse, de la fréquence ou d'une autre caractéristique d'un phénomène physique ou d'un appareil.

SCINTILLEMENT **n.m.** **1.** Fait de scintiller. **2.** **ÉLECTROACOUST.** Variation parasite de la hauteur des sons, produite par des fluctuations rapides de la vitesse de rotation d'un disque ou de la vitesse de défilement d'une bande magnétique.

SCINTILLER [sɛ̃tije] **v.i.** **[3]** (lat. *scintillare*). **1.** Briller en jetant des éclats par intermittence : *Diamant qui scintille.* **2.** **PHYS.** Présenter le phénomène de la scintillation.

SCION [sjɔ̃] **n.m.** (du francique). **1.** **BOT.** Pousse de l'année ; jeune branche destinée à être greffée. **2.** Brin terminal très fin d'une canne à pêche.

SCIOTTE [sjɔt] **n.f.** Scie à main des marbriers et des tailleurs de pierre.

SCIRPE [sirp] **n.m.** (lat. *scirpus*). Plante des marécages et des terrains humides, à feuilles plates, employée en vannerie sous le nom de *jonc des chaisiers* ou *des tonneliers.* ➲ Famille des cypéracées.

SCISSION [sisjɔ̃] **n.f.** (bas lat. *scissio, -onis*). Fait de se scinder ; division dans un parti, une association.

SCISSIONNISTE **adj.** et **n.** Qui tend à provoquer une scission ; dissident.

SCISSIPARE **adj.** Se dit des êtres qui se multiplient par scissiparité.

SCISSIPARITÉ **n.f.** **BIOL.** **1.** Mode de division des êtres unicellulaires consistant à doubler de longueur, puis à se partager en deux cellules identiques qui peuvent se séparer. **2.** Mode de multiplication asexuée de certains animaux pluricellulaires (hydres, actinies, planaires, annélides), par séparation en deux ou plusieurs segments, tous capables de régénérer les parties qui leur manquent.

SCISSURE **n.f.** (du lat. *scissura*, coupure). **ANAT.** Profond sillon creusé à la surface de certains organes (poumon, cerveau, etc.), et qui les divise en lobes.

SCIURE [sjyr] **n.f.** Déchet en poussière qui tombe d'une matière que l'on scie, en partic. du bois.

SCIURIDÉ [sjyride] **n.m.** (du lat. *sciurus*, écureuil). Rongeur, tel que l'écureuil, la marmotte, le chien de prairie. ➲ Les sciuridés forment une famille.

SCLÉRAL, E, AUX **adj.** **ANAT.** Relatif à la sclérotique. ▪ **Verre scléral** [opt.], verre de contact qui s'adapte sur la face antérieure du globe oculaire.

SCLÉRANTHE **n.m.** (du gr. *anthos*, fleur). Petite herbe à fleurs verdâtres poussant dans les lieux secs, sablonneux ou rocailleux. ➲ Famille des caryophyllacées.

SCLÈRE **n.f.** **ANAT.** Membrane externe du globe oculaire, formant en avant le blanc de l'œil (SYN. **sclérotique**).

SCLÉRENCHYME [-ʃim] **n.m.** (du gr. *sclêros*, dur, et *egkhuma*, effusion). **BOT.** Tissu végétal de soutien lignifié.

SCLÉREUX, EUSE **adj.** (de *sclérose*). **MÉD.** Se dit d'un tissu de consistance fibreuse.

SCLÉRODERME **n.m.** Champignon voisin du lycoperdon, parfois utilisé pour remplacer la truffe.

SCLÉRODERMIE **n.f.** **MÉD.** Affection de cause inconnue caractérisée par une sclérose de la peau, et parfois des viscères.

SCLÉROPHYLLE **adj.** **BOT.** Qui a des feuilles dures, à cuticule épaisse et, de ce fait, bien adaptées à la sécheresse.

SCLÉROPROTÉINE **n.f.** **BIOCHIM.** Protéine fibreuse, telle que la kératine ou le collagène.

SCLÉROSANT, E **adj.** Qui sclérose.

SCLÉROSE **n.f.** (gr. *sklêrôsis*). **1.** **MÉD.** Développement du tissu conjonctif dans un organe, pouvant altérer la structure de ce dernier et provoquant un durcissement. **2.** Fig. Incapacité à évoluer, à s'adapter : *La sclérose d'un parti politique, d'une économie.* ▪ **Sclérose en plaques (SEP),** maladie du système nerveux central caractérisée par la destruction disséminée de la myéline des fibres nerveuses, et entraînant des troubles neurologiques variés et en partie régressifs, au début de l'évolution de la maladie. ▪ **Sclérose latérale amyotrophique (SLA),** maladie génétique rare, caractérisée par une paralysie musculaire progressive liée à une dégénérescence des neurones moteurs du cerveau et de la moelle épinière.

SCLÉROSÉ, E **adj.** **1.** **MÉD.** Se dit d'un organe, d'un tissu envahi par la sclérose, ou traité par sclérothérapie. **2.** Fig. Figé dans une attitude qui interdit toute évolution.

SCLÉROSER **v.t.** **[3].** **MÉD.** Provoquer la sclérose de ; traiter par sclérothérapie. ◆ **SE SCLÉROSER** **v.pr.** **1.** **MÉD.** Se durcir sous l'effet de la sclérose. **2.** Fig. Perdre toute capacité de réagir à des situations nouvelles : *Classe politique qui se sclérose.*

SCLÉROTE **n.m.** (du gr. *sklêrotês*, dureté). Forme massive, végétative, sous laquelle certains champignons survivent, lorsque les conditions sont défavorables. ➲ L'ergot du seigle est constitué par les sclérotes d'un champignon.

SCLÉROTHÉRAPIE **n.f.** **MÉD.** Traitement des varices, des hémorroïdes, consistant à injecter un produit qui provoque l'obstruction complète de la veine atteinte.

SCLÉROTIQUE **adj.** (du gr. *sklêrotês*, dureté). **ANAT.** Relatif à la sclère. ◆ **n.f.** Sclère.

SCOLAIRE **adj.** (du lat. *scola*, école). **1.** Relatif à l'école, à l'enseignement : *Livres scolaires.* **2.** Péjor. Laborieux et sans originalité ; académique : *Compte rendu très scolaire.* ▪ **Âge scolaire,** période de la vie concernée par l'obligation scolaire. ◆ **n.m.** Enfant d'âge scolaire.

SCOLAIREMENT **adv.** Péjor. D'une manière scolaire, peu originale.

SCOLARISABLE **adj.** Susceptible d'être scolarisé.

SCOLARISATION **n.f.** Action de scolariser.

SCOLARISER **v.t.** **[3].** **1.** Doter un pays, une région des établissements nécessaires à l'enseignement de toute une population. **2.** Admettre un enfant, un groupe à suivre l'enseignement d'un établissement scolaire.

SCOLARITÉ **n.f.** **1.** Durée des études. **2.** Ensemble des études scolaires.

SCOLASTICAT **n.m.** **CATH.** Maison où les jeunes religieux, après leur noviciat, font leurs études de philosophie et de théologie.

1. SCOLASTIQUE **n.f.** (gr. *skholastikos*). Enseignement philosophique et théologique dispensé dans l'Université du XIe au XVIIe s. (apogée au XIIIe s.) et dont le propos était de concilier la foi chrétienne et la raison. ➲ Marquée par l'influence prépondérante de l'aristotélisme, la scolastique a été princip. illustrée par Thomas d'Aquin, Duns Scot et Guillaume d'Occam. ◆ **adj.** **1.** Relatif à la scolastique. **2.** Litt. Formaliste et verbeux, à la façon de la scolastique lors de sa décadence.

2. SCOLASTIQUE **n.m.** **1.** Philosophe ou théologien scolastique. **2.** Jeune religieux qui fait ses études dans un scolasticat.

SCOLEX [skɔlɛks] **n.m.** (du gr. *skôlêx*, ver). **ZOOL.** Extrémité antérieure du ténia, portant des ventouses ou des crochets fixateurs.

SCOLIASTE ou **SCHOLIASTE** [skɔljast] **n.m.** Auteur de scolies.

SCOLIE ou **SCHOLIE** [skɔli] **n.f.** (du gr. *skholion*, explication). Remarque grammaticale, critique ou historique faite dans l'Antiquité sur un texte.

SCOLIOSE **n.f.** (gr. *skoliôsis*). **MÉD.** Incurvation latérale non réductible de la colonne vertébrale.

SCOLIOTIQUE **adj.** Relatif à la scoliose. ◆ **adj.** et **n.** Atteint de scoliose.

SCOLOPACIDÉ **n.m.** (du gr. *skolopax, -akos*, bécasse). Échassier limicole ou forestier, migrateur, tel que la barge, le chevalier, le courlis, la bécasse. ➲ Les scolopacidés forment une famille.

1. SCOLOPENDRE **n.f.** (lat. *scolopendrium*). Fougère aux longues feuilles rubanées sous lesquelles sont alignés les sporanges le long des nervures (SYN. **langue-de-cerf**). ➲ Famille des polypodiacées.

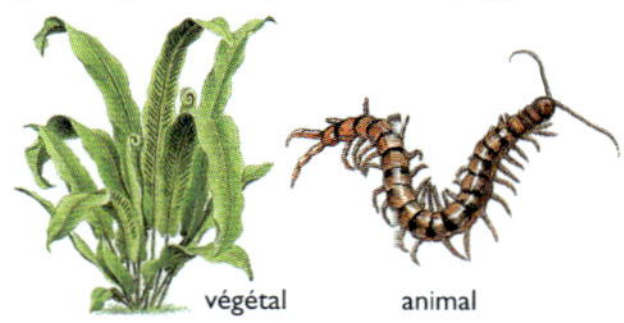

▲ scolopendres

2. SCOLOPENDRE **n.f.** (lat. *scolopendra*). Mille-pattes venimeux des régions tropicales et méditerranéennes, à morsure douloureuse pour l'homme. ➲ Long. max. 30 cm ; classe des chilopodes.

SCOLYTE **n.m.** (lat. sc. *scolytus*). Coléoptère très nuisible, qui creuse des galeries rayonnantes dans les arbres des forêts. ➲ Famille des scolytidés.

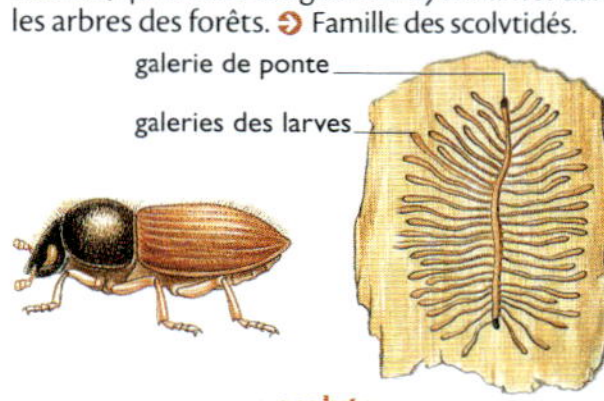

▲ scolyte

SCOMBRIDÉ **n.m.** (lat. *scomber, -bri*). Poisson téléostéen de haute mer, vivant en bancs importants, à la nage rapide, tel que le maquereau, le thon, la bonite. ➲ Les scombridés forment une famille.

SCONE **n.m.** (mot angl.). Petit pain brioché, servi avec le thé. ➲ Spécialité anglaise.

SCONSE, SKONS, SKUNS ou **SKUNKS** [skɔ̃s] **n.m.** (angl. *skunk*, de l'algonquien). **1.** Moufette. **2.** Fourrure des carnassiers du genre moufette.

SCOOP [skup] **n.m.** (mot angl.). **1.** Information importante ou sensationnelle donnée en exclusivité par une agence de presse ou par un journaliste. Recomm. off. **exclusivité, primeur.** **2.** Fam. Nouvelle sensationnelle : *Il va se présenter à nouveau ? Ce n'est pas un scoop.*

SCOOTER [skutœr] ou [-tɛr], ▲ *SCOOTEUR* **n.m.** (mot angl.). Motocycle à deux ou trois roues, à cadre ouvert et à plancher plat. ▪ **Scooter des mers,** moto dont le cadre est remplacé par une coque de bateau et qui est mue par une turbine. ▪ **Scooter des neiges,** motoneige.

SCOOTÉRISTE **n.** Personne qui conduit un scooter.

SCOPOLAMINE **n.f.** (du n. de C. A. *Scopoli*). **CHIM.** Alcaloïde contenu dans divers végétaux (jusquiame, par ex.), anticholinergique, utilisé contre le mal des transports et la maladie de Parkinson.

▲ Isaac Newton et la gravitation universelle.

Les grandes découvertes scientifiques

Grâce à leurs recherches et à leurs observations, les scientifiques font d'importantes découvertes qui révolutionnent notre vision du monde et notre quotidien par leurs applications techniques. Voici un florilège des découvertes scientifiques les plus marquantes de notre histoire.

◄ **Archimède.** Au IIIe s. av. J.-C., le savant grec aurait découvert le principe de l'hydrostatique (tout corps plongé dans un fluide subit une poussée verticale, dirigée de bas en haut, égale au poids du fluide déplacé) en prenant un bain.

L'Antiquité et la science grecque

La question du lieu d'émergence de la science (Égypte, Grèce, Chine, Inde...) dépend des critères retenus pour définir l'activité scientifique. Toutefois, on considère généralement que c'est en Grèce, vers le Ve s. av. J.-C., que s'est développée la « recherche d'explication de divers phénomènes à l'aide d'un petit nombre de principes ».

Les découvertes des penseurs grecs de cette époque sont majeures : **Platon** et sa « théorie des Idées », **Aristote** dont la pensée scientifique et philosophique exercera une influence considérable jusqu'à la fin du Moyen Âge, **Pythagore** et son fameux théorème du triangle rectangle, **Archimède** s'écriant, selon la légende, « *Eurêka* ! » (« J'ai trouvé ! ») dans son bain, où il venait de découvrir le principe fondamental de l'hydrostatique, **Ptolémée** et son système géocentrique (la Terre est immobile au centre de l'Univers et les autres astres tournent autour d'elle) qui ne sera remis en question qu'au milieu du XVIe s...

L'enrichissement oriental du Moyen Âge

L'activité scientifique au Moyen Âge est principalement localisée en Orient, la pensée scientifique dans le monde chrétien étant « verrouillée » par des principes religieux et aristotéliciens. Les grands textes scientifiques de l'Antiquité sont traduits et enrichis par les savants de langue arabe tels que **al-Kharezmi** (le « père » de l'algèbre, dont les travaux sur les algorithmes ont permis d'introduire les chiffres arabes et la notation décimale), **Ibn al-Haytham, Ibn Ruchd** (également appelé **Averroès**) et **Ibn Sina** (aussi appelé **Avicenne**). Ce savoir gréco-arabe sera traduit en latin et diffusé à travers toute l'Europe occidentale, principalement par les hommes d'Église (**Albert le Grand, Thomas d'Aquin**...) qui dirigent les universités et détiennent le monopole du savoir.

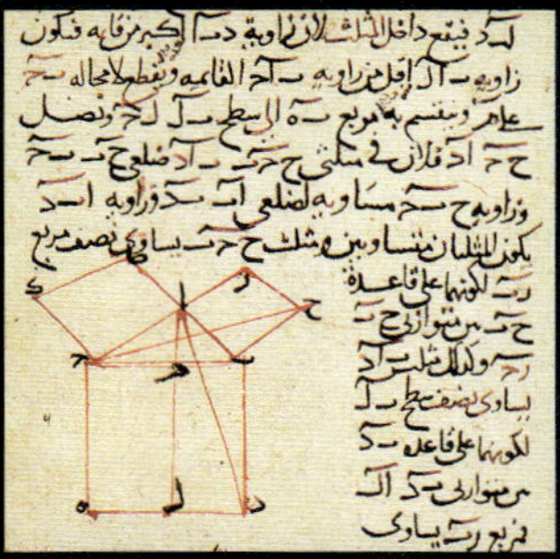

▲ **Les mathématiques dans le monde arabe.** Au Moyen Âge, les savants de langue arabe enrichissent les découvertes grecques (ici, le théorème de Pythagore) et introduisent les chiffres arabes et la notation décimale.

La révolution scientifique des XVIe et XVIIe s.

Une ère de profondes mutations techniques, méthodologiques et philosophiques a lieu à partir du milieu du XVIe s. Elle est favorisée par la mise au point de nouveaux instruments (microscope, lunettes astronomiques...) et par l'invention de l'imprimerie, qui facilite la diffusion des idées.

Le premier « révolutionnaire » de l'époque est **Nicolas Copernic.** En affirmant que la Terre tourne sur elle-même en un jour et autour du Soleil en une année (système héliocentrique), il remet en question le système géocentrique de Ptolémée, vieux de quatorze siècles. Son système ne fait que peu d'émules, principalement en raison de la censure religieuse. **Galilée** est l'un de ses partisans. À l'aide de sa lunette (mise au point en 1609), il découvre les quatre plus grands satellites de Jupiter, les phases de Vénus, ainsi que les taches et la rotation du Soleil sur lui-même, autant d'observations qui frisent l'hérésie. Contraint d'abjurer en 1633, Galilée est condamné à la réclusion à perpétuité (il sera finalement assigné à résidence et surveillé).

Géocentrisme

Héliocentrisme

◄ **Deux visions du monde.** À la Renaissance, l'ancienne conception géocentrique de l'Univers de Ptolémée (à gauche, avec la Terre, immobile, au centre) est remise en cause par Copernic puis par Galilée : le système devient héliocentrique (à droite, avec le Soleil au centre).

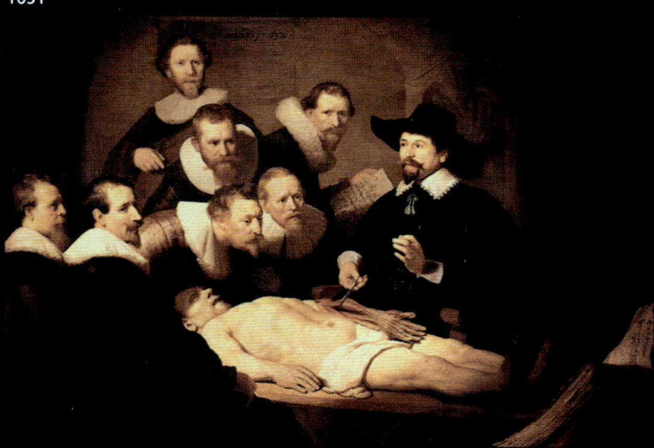

▲ *La Leçon d'anatomie du docteur Nicolaes Tulp.* Ce tableau de Rembrandt (1632) témoigne des avancées remarquables en matière de médecine et de physiologie au XVIIe s. (Mauritshuis, La Haye.)

En 1687, l'Anglais **Isaac Newton** publie *Principes mathématiques de philosophie naturelle,* dans lequel il expose les lois de la dynamique et surtout la loi de la gravitation universelle : deux objets ayant une masse exercent l'un sur l'autre une force (l'attraction gravitationnelle) proportionnelle au produit de leurs masses et inversement proportionnelle au carré de leur distance. Cette simple loi (qu'il aurait découverte en observant la chute des pommes) marque un tournant dans la façon d'appréhender le monde : c'est un nouveau paradigme.

Un virage s'opère également dans l'étude du corps humain, notamment grâce au microscope optique. La découverte de la circulation sanguine par **William Harvey** (1628) et celle des vaisseaux sanguins par **Marcello Malpighi** (1661) jettent les bases de la physiologie moderne.

Un XVIIIe s. électrique, chimique et encyclopédique

▲ Benjamin Franklin.

Le XVIIIe s. est marqué par des découvertes qui transformeront en profondeur le monde et les hommes. L'une des images marquantes reste celle de **Benjamin Franklin** établissant en 1752 la nature électrique de la foudre à l'aide d'un cerf-volant muni d'objets métalliques ; ses expériences sur l'électricité le conduisent d'ailleurs à inventer le paratonnerre.

Le chimiste français **Antoine de Lavoisier** énonce la célèbre loi de conservation de la masse : la quantité de matière reste constante entre le début et la fin d'une réaction chimique (« Rien ne se perd, rien ne se crée, tout se transforme »). On peut noter également que c'est au XVIIIe s. qu'apparaissent les premiers inventaires de connaissances, tels que l'*Encyclopédie* de **Diderot** et **d'Alembert.**

XIXe s. : les innovations de la révolution industrielle

Stimulé par l'économie capitaliste naissante, le progrès scientifique accompagne la révolution industrielle : la machine à vapeur, dont le principe – transformation de l'énergie calorifique de la vapeur en énergie mécanique – a été décrit en 1687 par **Denis Papin** et amélioré notamment par **James Watt** (1769), a ouvert la voie à la thermodynamique, fondée par **Sadi Carnot** (1824).

Une autre découverte fondamentale de ce siècle est celle des équations générales de l'électromagnétisme par **James Clerk Maxwell** en 1873. Ces équations vont notamment permettre d'expliquer la structure de l'atome, le champ magnétique terrestre..., mais aussi les ondes électromagnétiques des futurs téléphones mobiles.

Parallèlement, **Charles Darwin** développe sa théorie de l'évolution, basée sur le concept de la sélection naturelle : les individus d'une espèce sont en compétition dans leur environnement, et seuls les plus aptes survivent et donnent naissance à la génération suivante. Publié en 1859, *De l'origine des espèces* marque la pensée biologique et paléontologique moderne.

▼ **La machine à vapeur de Farcot.** Le principe de la machine à vapeur décrit par D. Papin et J. Watt prend, au début du XIXe s., une dimension industrielle avec les nombreux brevets déposés par Joseph Farcot.

À la même période, **Gregor Mendel** formalise les lois de l'hérédité et de la génétique (1866) et **Louis Pasteur** se rend célèbre en découvrant le rôle des micro-organismes dans la transmission des maladies infectieuses (mise au point du vaccin contre la rage en 1885).

Un XXe s. fantastique et terrifiant

Au début du XXe s., deux théories conduisent à de nouvelles façons d'appréhender le monde et la matière : la théorie quantique (1900) du physicien allemand **Max Planck,** qui affirme que la matière et le rayonnement ont une structure discontinue ; et la théorie de la relativité d'**Albert Einstein,** dont le grand public retient essentiellement la célèbre formule de l'équivalence masse-énergie : $E = mc^2$ (1905).

◀ **Einstein, un génie du XXe s.** $E = mc^2$ Cette formule simple issue de la théorie de la relativité d'Albert Einstein (1905) reste un symbole du génie scientifique.

Par ailleurs, la découverte de l'électron en 1897 par **Joseph John Thomson** a ouvert deux nouveaux champs d'applications techniques : l'électronique et l'informatique.

Enfin, la découverte de la structure en double hélice de l'ADN (acide désoxyribonucléique) en 1953, par **Francis Crick, James Watson, Maurice Wilkins** et **Rosalind Franklin,** ouvre la voie aux thérapies géniques.

La génétique moléculaire. ▶ La double hélice d'ADN, découverte en 1953, contient toutes les informations relatives à un être vivant, sous forme de code chimique.

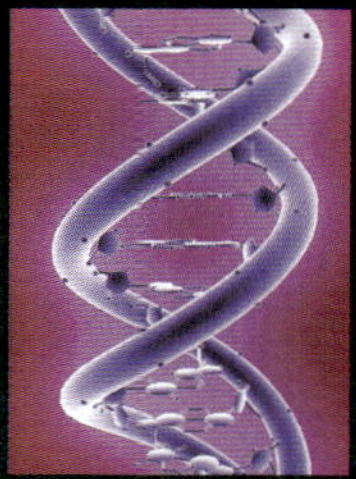

Toutefois, certaines découvertes scientifiques du XXe s. sont à l'origine de dérives militaristes, politiques et économiques : c'est le cas de la fission nucléaire (**Otto Hahn**, 1938). Il en va de même au XXIe s. : la haute technicité des découvertes scientifiques actuelles (OGM, nanotechnologies...) implique des choix de société nécessitant la mise en place de débats scientifiques et citoyens.

La science-fiction

La science-fiction – ou SF – est née de la rencontre entre un imaginaire purement ludique et les progrès de la recherche scientifique. Elle met en scène une technologie avancée (fusées, machines, robots…) et des créatures (humanoïdes, extraterrestres, mutants…) dans une autre vision de l'homme et du monde. Conquête spatiale, catastrophes planétaires, voyage dans le temps, univers parallèles ou intelligence artificielle sont autant de thèmes explorés par les maîtres du genre.

***Le Voyage dans la Lune* (1902),** film de Georges Méliès, inspiré de Jules Verne (*De la Terre à la Lune*, 1865) et de H.G.Wells (*les Premiers Hommes dans la Lune*, 1901). Pionnier dans l'art des effets spéciaux et du trucage, Méliès inaugure l'histoire du cinéma de science-fiction.

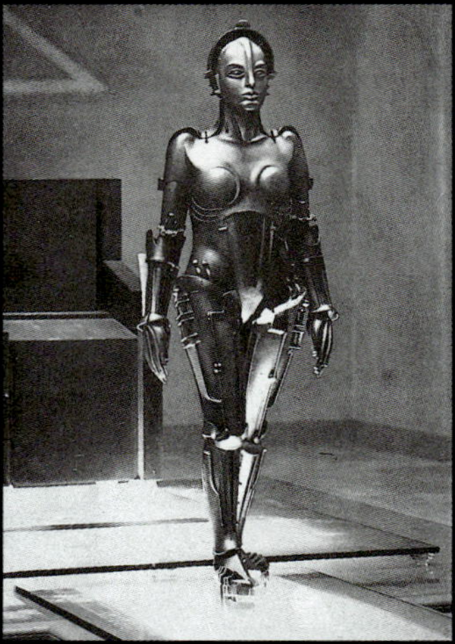

***Metropolis* (1927),** film de Fritz Lang. Dans une gigantesque ville futuriste à l'architecture visionnaire, un savant fou cherche à transférer l'âme de l'héroïne dans le corps d'un robot.

***Le Jour où la Terre s'arrêta* (1951),** film de Robert Wise. Venant d'une autre galaxie, Klaatu et Gort, son robot, atterrissent sur la Terre dans le but de convaincre les hommes de renoncer aux armes atomiques.

***La Guerre des mondes* (1953),** film de Byron Haskin, d'après le roman de H.G. Wells (1898). Après Orson Welles – qui sema la panique aux États-Unis le 30 octobre 1938 en adaptant le roman pour la radio –, Haskin situe l'invasion martienne en Californie dans les années 1950 : l'homme doit lutter pour sa survie. Spielberg a également adapté *la Guerre des mondes* en 2005.

LES GRANDS AUTEURS DE LA LITTÉRATURE DE SCIENCE-FICTION

Mary Shelley : *Frankenstein ou le Prométhée moderne* (1818), un des premiers romans du genre, allie climat gothique et ambition scientifique.

H.G. Wells : selon les Anglo-Saxons, c'est le « père » de l'anticipation (*la Machine à explorer le temps*, 1895 ; *l'Homme invisible*, 1897).

Aldous Huxley : *le Meilleur des mondes* (1932) décrit la société idéale de l'an 632 après Ford, avec ses bébés-éprouvettes, ses clones, ses drogues, son conditionnement de masse.

René Barjavel : *Ravage* (1943) met en scène la catastrophe sociétale causée par la disparition brutale de l'électricité.

George Orwell : *1984* (1949) décrit la dictature d'Océania gouvernée par Big Brother, devenu le symbole de la surveillance généralisée des individus et de l'univers totalitaire.

Ray Bradbury : *les Chroniques martiennes* (1950) regroupent des nouvelles dont l'action se déroule sur Mars. Succès critique et public, c'est un tournant dans l'histoire de la science-fiction.

Isaac Asimov : *Fondation* est la première œuvre d'un cycle (6 vol., 1951-1992) ayant pour thème la fin d'un gigantesque empire galactique.

Frank Herbert : *Dune* (6 vol., 1965-1985) aborde la question de l'écologie à travers la pénurie des ressources vitales sur une planète extraterrestre.

Dan Simmons (né en 1948) : *les Cantos d'Hypérion* (4 vol., 1989-1997) s'inscrivent dans le registre du space opera.

Il ne faut pas oublier **Jules Verne**, **Pierre Boulle**, **Arthur C. Clarke** ou **Philip K. Dick** dont les œuvres ont été adaptées avec succès au cinéma.

***La Planète des singes* (1968),** film de Franklin J. Schaffner, d'après le roman de Pierre Boulle (1963). Lors d'un voyage interplanétaire, des astronautes se retrouvent dans un monde gouverné par les singes… et qui se révèle n'être autre que la Terre.

***2001 : l'Odyssée de l'espace* (1968),** film de Stanley Kubrick, d'après la nouvelle d'Arthur C. Clarke *la Sentinelle* (1948). Digne d'un documentaire scientifique, cette fresque féerique est une réflexion sur le passé et l'avenir de l'homme. Ni robots anthropomorphes, ni créatures extraterrestres, ni recours à l'action, *2001* privilégie les émotions visuelles et musicales. Kubrick sublime le space opera et fait entrer le cinéma de science-fiction dans une ère nouvelle.

***Rencontres du troisième type* (1977),** film de Steven Spielberg. Le cinéaste aborde un thème qu'il revisitera cinq ans plus tard dans *E.T., l'extraterrestre* (1982) : celui du contact d'une famille américaine moyenne avec des visiteurs venus de l'espace.

***La Guerre des étoiles* (1977),** film de George Lucas. Ce premier épisode d'une saga désormais entrée dans la légende forge une mythologie nouvelle, s'inspirant des chansons de geste et des romans de cape et d'épée. Il marque une étape dans le genre par la qualité des effets spéciaux.

***Star Trek* (1979),** film de Robert Wise. Prolongeant la série télévisée des années 1960, ce film met en scène les membres de l'*Enterprise* – dont M. Spock de la planète Vulcain – qui sillonne l'espace aux « frontières de l'infini »...

***Blade Runner* (1982),** film de Ridley Scott, d'après le roman de Philip K. Dick *Les androïdes rêvent-ils de moutons électriques ?* (1968). Maître du genre – le cinéaste a fait sensation en 1979 avec *Alien, le huitièr passager* –, Scott m son héros aux prises avec des humanoïd synthétiques dans un décor urba postmoderniste.

***Matrix* (1999),** film d'Andy et Lana Wachowski. Le thème du rapport à la réalité fait l'objet d'une approche renouvelée : Néo, un jeune informaticien, découvre que le monde n'est qu'une apparence virtuelle contrôlée par des machines intelligentes.

***Avatar* (2009),** film de James Cameron. Avec *Terminator* (1984), le cinéaste avait exploré le thème du paradoxe temporel. Avec *Avatar*, projeté en 3D et utilisant la dernière technologie en matière d'images de synthèse et de motion capture, il signe une fable écologique située à des années-lumière de la Terre dans un univers régi par des forces primitives.

SCORBUT [skɔrbyt] **n.m.** (lat. médiév. *scorbutus*, du moyen néerl.). Maladie due à une carence alimentaire en vitamine C, caractérisée notamm. par des hémorragies multiples.

SCORBUTIQUE adj. Relatif au scorbut. ◆ **adj. et n.** Atteint de scorbut.

SCORE n.m. (mot angl.). **1. SPORTS.** Marque. **2.** Nombre de points à un test ; résultat chiffré obtenu dans un classement, lors d'une élection : *Mauvais score d'un parti.*

SCORIACÉ, E adj. GÉOL. De la nature des scories.

SCORIE n.f. (lat. *scoria*). **1.** Sous-produit d'une opération d'élaboration métallurgique, ayant une composition à base de silicates. **2. GÉOL.** Fragment de lave vacuolaire, rude au toucher, de très faible densité. **3.** Fig. Ce qu'il y a de mauvais, d'inutile dans qqch : *Un texte plein de scories.* ▪ **Scorie de déphosphoration,** résidu de la déphosphoration du minerai de fer, utilisé comme engrais.

SCORPÈNE n.f. Rascasse.

SCORPÉNIDÉ n.m. (de *scorpène*). Poisson téléostéen des fonds rocheux, au corps et aux nageoires souvent hérissés d'épines venimeuses, tel que la rascasse, le sébaste. ➲ Les scorpénidés forment une famille.

SCORPIOÏDE adj. BOT. Se dit d'une cyme unipare dont les rameaux floraux sont tous émis du même côté des axes successifs de l'inflorescence.

SCORPION n.m. (lat. *scorpio*, du gr.). Arthropode des régions tropicales et méditerranéennes portant en avant une paire de pinces et dont l'abdomen se termine par un aiguillon pouvant injecter un venin, parfois mortel pour l'homme. ➲ Classe des arachnides. ▪ **Le Scorpion,** constellation et signe du zodiaque (v. partie n.pr.). ▪ **Scorpion d'eau,** nèpe. ▪ **Un Scorpion, n.m. inv.,** personne née sous le signe du Scorpion.

▲ scorpion

SCORSONÈRE n.f. (de l'ital. *scorzone*, vipère noire). Plante potagère vivace cultivée pour sa racine noire, allongée et charnue, très semblable à celle du salsifis et vendue sous ce nom (SYN. **salsifis d'Espagne, salsifis noir**). ➲ Famille des composées.

SCOTCH [skɔtʃ] **n.m.** (pl. *scotchs* ou *scotches*) [de l'angl. *scotch*, écossais]. Whisky écossais ; verre de cette boisson.

SCOTCH n.m. (nom déposé). Ruban adhésif transparent de la marque de ce nom.

SCOTCHÉ, E adj. 1. Collé avec du Scotch. **2.** Fam. Accaparé par qqch au point de ne pouvoir s'en détacher : *Être scotché à son portable.*

SCOTCHER v.t. [3]. Coller avec du Scotch.

SCOTIE n.f. (lat. *scotia*). **ARCHIT.** Gorge à profil semi-ovale séparant deux tores sur la base d'une colonne.

SCOTISME n.m. Doctrine de Duns Scot.

SCOTOME n.m. (du bas lat. *scotoma*, vertige). **MÉD.** Perte ou altération de la vision dans une zone limitée du champ visuel.

SCOTOMISATION n.f. PSYCHOL. Mécanisme par lequel un sujet scotomise un événement ou un souvenir traumatisant.

SCOTOMISER v.t. [3]. PSYCHOL. Mettre à l'écart du champ de conscience une partie importante et souvent méconnue de la réalité psychologique individuelle.

SCOTTISH-TERRIER [skɔtiʃ-] **n.m.** (pl. *scottish-terriers*) [de l'angl. *scottish*, écossais]. Chien terrier d'une race à poil dur, d'origine écossaise.

SCOUMOUNE n.f. (de l'ital. *scomunica*, excommunication). Arg. Malchance : *Avoir la scoumoune.*

SCOURED [skawrəd] **n.m.** (mot angl.). Laine lavée directement sur le dos du mouton, avant la tonte.

SCOUT, E [skut] **n.** (angl. *boy-scout*). Enfant, adolescent faisant partie d'une association de scoutisme. ◆ **adj. 1.** Relatif aux scouts, au scoutisme. **2.** Dont le comportement rappelle celui des scouts : *Il a un petit côté scout.*

SCOUT-CAR n.m. (pl. *scout-cars*) [mot angl.]. **ARM.** Véhicule de reconnaissance ou de liaison rapide, légèrement armé et blindé.

SCOUTISME n.m. Organisation mondiale qui regroupe de nombreuses associations, laïques ou confessionnelles, partageant les mêmes principes fondamentaux en vue de la formation morale, physique, pratique et civique des enfants et des adolescents.

SCP ou **S.C.P. n.f.** (sigle). Société civile professionnelle.

SCPI ou **S.C.P.I. n.f.** (sigle). Société civile de placement immobilier.

SCRABBLE [skrabl] ou [skrabəl] **n.m.** (nom déposé). Jeu d'origine américaine consistant à tirer des lettres au sort, puis à former des mots afin de les placer sur une grille spéciale. ➲ Les points marqués dépendent des lettres utilisées, de leur nombre et de l'emplacement choisi.

SCRABBLEUR, EUSE n. Joueur de Scrabble.

SCRAPBOOKING [skrapbukiŋ] **n.m.** (mot anglo-amér., de *scrap*, fragment, et *book*, album). Loisir créatif consistant à mettre en scène des photographies, génér. rassemblées en album, dans un décor que l'on réalise soi-même.

SCRAPER [skrapœr] ou **SCRAPEUR n.m.** (angl. *scraper*). [Anglic. déconseillé]. Décapeuse.

1. SCRATCH adj. inv. (mot angl.). **SPORTS.** Au golf, se dit d'un joueur qui ne bénéficie d'aucun point dans la compétition à handicap. ▪ **Course scratch,** ou **scratch, n.m.,** épreuve dans laquelle tous les concurrents partent de la même ligne ou sans avantage ni handicap.

2. SCRATCH ou **SCRATCHING** [skratʃiŋ] **n.m.** (pl. *scratchs* ou *scratches*, *scratchings*). **MUS.** Dans le rap, mouvement d'aller et retour, génér. de la main, sur une partie de la surface d'un vinyle pour produire un effet rythmique.

3. SCRATCH n.m. (onomat.). Fam. Fermeture contact*.

SCRATCHER v.t. [3] (de l'angl. *to scratch*, rayer). **SPORTS.** Éliminer un concurrent pour absence, retard, etc. ◆ **v.i. MUS.** Faire un scratch. ◆ **SE SCRATCHER v.pr.** Fam. S'écraser contre un obstacle.

SCRIBANNE n.f. ou **SCRIBAN n.m.** (néerl. *schrijfbank*). Meuble composé d'un secrétaire à abattant surmonté d'un corps d'armoire.

SCRIBE n.m. (du lat. *scriba*, greffier). **HIST. 1.** Dans l'Égypte ancienne, fonctionnaire chargé de la rédaction des actes administratifs, religieux ou juridiques. **2.** Dans les écrits du Nouveau Testament, docteur juif, interprète officiel des Saintes Écritures.

SCRIBOUILLARD, E n. Fam., péjor. Employé aux écritures.

SCRIBOUILLEUR, EUSE n. Fam. Écrivain médiocre.

SCRIPOPHILIE n.f. Action de collectionner les actions et obligations qui ne sont plus cotées en Bourse.

SCRIPT [skript] **n.m.** (mot angl. « écrit », du lat.). **1. CINÉMA.** Scénario. **2.** Famille de caractères inspirés d'écritures manuscrites.

SCRIPTE n. Auxiliaire du réalisateur d'un film ou d'une émission de télévision, chargé de noter tous les détails techniques et artistiques relatifs à chaque prise de vues.

SCRIPTEUR n.m. (lat. *scriptor*). **LING.** Auteur d'un message écrit (par oppos. à *locuteur*).

SCRIPTURAIRE adj. (du lat. *scriptura*, écriture). **RELIG.** Relatif à l'Écriture sainte.

SCRIPTURAL, E, AUX adj. LING. Relatif à l'écriture (par oppos. à *oral*). ▪ **Monnaie scripturale** [écon.], ensemble des avoirs détenus sous forme de dépôts auprès des banques et circulant par des jeux d'écritures.

SCROFULAIRE n.f. (du bas lat. *scrofulae*, écrouelles). Plante herbacée vivace de l'hémisphère Nord tempéré, à petites fleurs jaunes ou brun verdâtre, à tige souvent carrée. (La scrofulaire aquatique est appelée *herbe aux écrouelles*.) ➲ Famille des scrofulariacées.

SCROFULARIACÉE n.f. Dicotylédone gamopétale telle que la digitale, le muflier, la véronique, la linaire, le paulownia. ➲ Les scrofulariacées forment une famille.

SCROFULE n.f. (bas lat. *scrofulae*). Écrouelles.

SCROFULEUX, EUSE adj. Relatif à la scrofule. ◆ **adj. et n.** Atteint de scrofule.

SCROGNEUGNEU interj. (altér. de *sacré nom de Dieu*). Fam. Exclamation marquant le mécontentement.

SCROTAL, E, AUX adj. Relatif au scrotum.

SCROTUM [-tɔm] **n.m.** (mot lat.). **ANAT.** Enveloppe cutanée des testicules ; les testicules eux-mêmes.

SCRUB [skrœb] **n.m.** (mot angl.). **GÉOGR.** Brousse épaisse d'Australie, formée de buissons toujours verts, contenant une grande variété de plantes, notamm. des acacias épineux.

SCRUPULE n.m. (du lat. *scrupulus*, petite pierre pointue). Inquiétude morale qui fait hésiter avant d'agir : *J'ai un scrupule au moment de publier ces lettres.* ▪ **Sans scrupule,** sans se poser de question d'ordre moral : *Étaler sa richesse sans scrupule.*

SCRUPULEUSEMENT adv. Avec un soin scrupuleux.

SCRUPULEUX, EUSE adj. 1. Qui manifeste une grande exigence morale ; probe : *Comptable scrupuleux.* **2.** Qui manifeste un soin minutieux et de la rigueur ; méticuleux : *Élève scrupuleux.*

1. SCRUTATEUR, TRICE adj. Litt. Qui vise à découvrir qqch en observant attentivement : *Regard scrutateur.*

2. SCRUTATEUR, TRICE n. Personne qui veille au bon déroulement et au dépouillement d'un scrutin.

SCRUTER v.t. [3] (lat. *scrutari*). **1.** Examiner attentivement en parcourant du regard : *Scruter le ciel.* **2.** Chercher à pénétrer, à déceler ce qui est caché : *Scruter le visage de qqn.*

SCRUTIN n.m. (bas lat. *scrutinium*). Ensemble des opérations qui constituent un vote ou une élection.

SCUD n.m. (de *Scud*, missile balistique à courte portée de l'ex-URSS). Fam. Critique ou attaque acerbe, virulente : *La candidate a envoyé un bon scud à son adversaire.* ▪ **Se prendre un scud,** recevoir une sévère réprimande : *Je me suis pris un scud pour 4 minutes de retard.*

SCULPTER [skylte] **v.t. [3]** (lat. *sculpere*). **1.** Tailler la pierre, le bois, etc., avec divers outils en vue de dégager des formes, des volumes d'un effet artistique. **2.** Créer une œuvre d'art par tout procédé, y compris le modelage : *Sculpter un bas-relief, une ronde-bosse.* ◆ **v.i.** Pratiquer la sculpture.

SCULPTEUR, TRICE [skyltœr, tris] **n.** Artiste qui sculpte.

SCULPTURAL, E, AUX adj. 1. Relatif à la sculpture. **2.** Qui évoque la beauté formelle d'une sculpture classique : *Un corps sculptural.*

SCULPTURE [skyltyr] **n.f.** (lat. *sculptura*). **1.** Art et manière de sculpter. **2.** Ensemble d'œuvres sculptées : *La sculpture romane.* **3.** Œuvre sculptée : *Une sculpture en ronde bosse.*

SCUTELLAIRE n.f. (lat. *scutellaria*). Plante vivace rampante des lieux humides, à fleurs roses ou bleutées. ➲ Famille des labiées.

SCYPHOZOAIRE [sifɔzɔɛr] **n.m.** (du gr. *skuphos*, coupe, et *zôon*, animal). Invertébré de l'embranchement des cnidaires, représenté par les méduses proprement dites (SYN. **acalèphe**). ➲ Les scyphozoaires forment une classe.

SCYTHE [sit] ou **SCYTHIQUE** [sitik] **adj.** Relatif aux Scythes.

SDF ou **S.D.F. adj. et n.** (sigle). Sans domicile* fixe.

SE pron. pers. Désigne la 3e pers. du sing. ou du pl., aux deux genres, avec les fonctions de complément d'objet direct, de complément d'objet indirect ou de complément d'attribution : *Il s'écoute parler. Elles se sont défendues. Il ne s'avoue pas la vérité. Elles se sont donné quelques jours pour réfléchir. Il s'est dit qu'il le ferait.*

SEABORGIUM [sibɔrgjɔm] **n.m.** (du n. de G.T. *Seaborg*). Élément chimique artificiel (Sg), de numéro atomique 106, de masse atomique 263,1186.

SEA-LINE [silajn] **n.m.** (pl. *sea-lines*) [mot angl.]. Canalisation immergée en mer servant au transport des hydrocarbures.

SÉANCE n.f. (de *seoir*). **1.** Réunion tenue par une assemblée ; durée de cette réunion : *Ouvrir, lever la séance.* **2.** Temps consacré à une occupation ininterrompue, à un travail avec d'autres personnes : *Deux séances de radiothérapie.* **3.** Moment pendant lequel on donne un spectacle, une conférence, etc. **4.** Chacune des projections d'un film, au cinéma.

1. SÉANT n.m. Litt. ▪ **Se mettre, être sur son séant,** s'asseoir ; être assis.

2. SÉANT, E adj. (de *seoir*). Litt. Qui convient à telle situation ; correct.

SEAU n.m. (du lat. *sitella*, urne). **1.** Récipient cylindrique muni d'une anse, qui sert à transporter des liquides : *Deux seaux en plastique. Un seau d'eau.* **2.** Récipient de même forme, servant à divers usages ; son contenu : *Un seau à glace.* ▪ **Il pleut à seaux** [fam.], très fort.

SÉBACÉ, E adj. (du lat. *sebum*, suif). Relatif au sébum. ▪ **Glande sébacée** [histol.], glande cutanée génér. annexée à un poil et sécrétant le sébum. ▪ **Kyste sébacé** [méd.], kyste rempli de sébum (SYN. **loupe**).

SÉBASTE n.m. (orig. obsc.). Poisson voisin de la rascasse, commun dans le golfe de Gascogne et en Méditerranée. → Famille des scorpénidés.

SÉBILE n.f. Récipient en forme de coupe peu profonde où les mendiants recueillaient les aumônes.

SEBKA, SEBKHA ou **SEBKRA n.f.** (ar. *sabkha*). GÉOGR. Marécage salé, parfois asséché, qui occupe le fond d'une dépression, dans les régions désertiques, et où se déposent des évaporites.

SÉBORRHÉE n.f. Sécrétion excessive de sébum.

SÉBORRHÉIQUE adj. Relatif à la séborrhée. ◆ **adj.** et **n.** Atteint de séborrhée.

SÉBUM [-bɔm] **n.m.** (du lat. *sebum*, suif). Sécrétion grasse produite par les glandes sébacées de la peau.

1. SEC, SÈCHE adj. (lat. *siccus*). **1.** Qui ne renferme pas d'eau : *Un sol sec ; qui n'est pas ou plus mouillé : Les draps sont secs ; qui a perdu son élément liquide : Le vernis est sec.* **2.** Sans humidité atmosphérique ; qui reçoit peu de pluies : *Air, climat sec.* **3.** Sans humidité ambiante : *Conserver dans un endroit frais et sec.* **4.** Qui a perdu son humidité naturelle : *Brûler des herbes sèches.* **5.** Se dit d'aliments qu'on a laissés se déshydrater ou qu'on a soumis à un traitement spécial pour être conservés : *Légumes, fruits secs.* **6.** Qui n'est pas additionné d'eau : *Whisky sec.* **7.** Se dit d'une partie de l'organisme qui manque des sécrétions appropriées : *Avoir la bouche sèche.* **8.** Qui n'est accompagné d'aucun complément : *Du pain sec.* **9.** Se dit d'un son bref mais vif, sans ampleur ou résonance : *Une détonation sèche.* **10.** Se dit d'une manière de parler brusque, rude ; cassant : *Il a refusé d'un ton sec.* **11.** Qui manque de douceur, d'ampleur et d'ornements ; austère : *Une introduction un peu sèche.* **12.** Qui est maigre, dépourvu de graisse : *Un adolescent grand et sec.* **13.** Qui est dépourvu de générosité, de sensibilité ; dur : *Un cœur sec.* ▪ **À pied sec,** sans se mouiller les pieds. ▪ **Coup sec,** coup donné vivement. ▪ **Licenciement sec,** sans mesure sociale d'accompagnement. ▪ **Perte sèche,** qui n'est atténuée par aucune compensation. ▪ **Regarder d'un œil sec,** sans être ému. ▪ **Régime sec** [fam.], sans alcool. ▪ **Toux sèche,** sans expectoration (par oppos. à *toux grasse*). ▪ **Vallée sèche** → **VALLÉE.** ▪ **Vapeur sèche** [thermodyn.], vapeur non saturante. ▪ **Vin sec,** dont la fermentation alcoolique a transformé tout le sucre en alcool. ▪ **Vol sec,** trajet en avion qui ne comprend que le transport, sans aucune prestation annexe (transfert, nuitée, etc.). ◆ **adv.** D'une manière rude, brusque ; brutalement : *Freiner sec.* ▪ **Aussi sec** [fam.], immédiatement et sans la moindre hésitation. ▪ **Boire sec,** boire abondamment des boissons alcoolisées. ▪ **En cinq sec,** rapidement. ▪ **Rester sec** [fam.], être incapable de répondre à une question.

▲ **sébaste**

2. SEC n.m. Lieu qui n'est pas humide : *Rester au sec.* ▪ **À sec,** sans eau ; fam., sans argent. ▪ **À sec de toile** [mar.], se dit d'un bateau à voiles qui navigue sans se servir de ses voiles, poussé par un fort vent arrière, en cas de tempête ou pour une réparation. ▪ **Se mettre au sec** [mar.], s'échouer.

SÉCABLE adj. (bas lat. *secabilis*). Qui peut être coupé : *Comprimé sécable.*

SECAM [sekam] **(SYSTÈME) n.m.** (abrév. de *séquentiel à mémoire*). Système français de télévision en couleurs, breveté en 1956 par Henri de France et adopté dans divers pays d'Europe et d'Afrique.

SÉCANT, E adj. MATH. Se dit de deux courbes ou surfaces ayant un ou plusieurs points communs sans être tangentes.

SÉCANTE n.f. Droite sécante.

SÉCATEUR n.m. (du lat. *secare*, couper). **1.** Outil en forme de gros ciseaux, à une seule lame coupante, pour tailler les rameaux, les branches. **2.** Instrument analogue pour découper les volailles.

SECCO [seko] **n.m.** (du port.). Afrique. Panneau fait de tiges entrelacées constituant une palissade ; la palissade elle-même ; l'enclos ainsi délimité.

SÉCESSION n.f. (lat. *secessio*). Action menée par une fraction de la population d'un État en vue de se séparer de la collectivité nationale pour former un État distinct ou se réunir à un autre. ▪ **Faire sécession,** se séparer d'un groupe politique, associatif.

SÉCESSIONNISTE adj. et **n.** Qui fait sécession.

SÉCHAGE n.m. 1. Action de sécher ou de faire sécher. **2.** Traitement qui a pour but d'éliminer d'un corps, en totalité ou en partie, l'eau qui s'y trouve incorporée. **3.** Passage d'une couche de peinture, de vernis, etc., de l'état liquide à l'état solide.

SÈCHE n.f. Fam., vieilli. Cigarette.

SÈCHE-CHEVEUX n.m. inv., ▲ **SÈCHE-CHEVEU n.m.** (*pl. sèche-cheveux*). Appareil électrique qui sèche les cheveux grâce à un courant d'air chaud (SYN. **séchoir**).

SÈCHE-LINGE n.m. inv., ▲ **n.m.** (*pl. sèche-linges*). Appareil électroménager permettant de sécher le linge grâce à un courant d'air chaud.

SÈCHE-MAINS n.m. inv., ▲ **SÈCHE-MAIN n.m.** (*pl. sèche-mains*). Dispositif à air chaud pulsé qui permet de se sécher les mains.

SÈCHEMENT adv. 1. D'une façon forte, brusque : *Démarrer sèchement.* **2.** D'une façon brève et brutale : *Refuser sèchement.*

SÉCHER v.t. [11], ▲ *[11*]* (lat. *siccare*). **1.** Débarrasser de son humidité : *Sécher ses cheveux.* **2.** Fam. Ne pas assister à un cours, une réunion : *Sécher la gymnastique.* ◆ **v.i. 1.** Devenir sec : *La peinture a séché.* **2.** Fam. Ne pas pouvoir répondre à une question : *Là, je sèche.* ▪ **Sécher sur** [Suisse, fam.], travailler, réfléchir sur. ◆ **SE SÉCHER v.pr.** En parlant de qqn, se rendre sec ou rendre secs ses vêtements.

SÉCHERESSE, ▲ **SÈCHERESSE n.f. 1.** État de ce qui est sec : *La sécheresse du sol.* **2.** Situation climatique où le manque d'eau saisonnier est habituel ou inhabituel ; aridité. **3.** Absence ou insuffisance de

La sculpture au XXe siècle

Après quelque huit siècles d'un art figuratif de grande richesse – des portails romans à Rodin –, la représentation des modèles de la nature n'est plus le principal sujet occupant la sculpture occidentale. Les révolutions esthétiques du XXe s. s'y expriment dans la recherche de nouveaux matériaux, de nouvelles formes, d'un nouveau rapport à l'espace, ou dans les thèmes choisis.

▲ **Richard Serra.** *The Matter of Time*, plaques d'acier (2003-2005) : parce que « l'espace est un matériau » pour cet artiste américain, le rapport au lieu est essentiel ; chaque sculpture monumentale est conçue pour un cadre unique, afin que s'instaure un dialogue particulier entre l'œuvre et son environnement. (Musée Guggenheim, Bilbao.)

▲ **Gaston Chaissac.** *Y'a d'la joie* ou *Anatole*, « totem » en bois peint (v. 1960) : chez ce représentant de l'art brut, l'éloignement des conventions culturelles se traduit, dans une spontanéité joyeuse, par des réalisations aux formes rudimentaires et aux couleurs vives. (Musée de l'abbaye Ste-Croix, Les Sables-d'Olonne.)

◀ **Louise Bourgeois.** *Maman*, bronze et acier (1999). Quand la psychanalyse et l'inconscient font irruption dans la sculpture : l'araignée monumentale (exposée ici devant le musée Guggenheim, à Bilbao) est une représentation ambivalente et complexe de la figure maternelle – tisseuse protectrice ou monstre effrayant.

chutes de pluie pendant une période. **4.** Manque de douceur, de sensibilité ; dureté : *Sécheresse de cœur.* **5.** Caractère d'une œuvre manquant d'agrément, de charme ; austérité : *La sécheresse d'un dessin.*

SÉCHERIE, ▲ *SÉCHERIE* **n.f.** Établissement spécialisé dans le séchage de certains produits (poisson, notamm.), en vue de leur conservation.

SÈCHE-SERVIETTES n.m.inv., ▲ *SÈCHE-SERVIETTE n.m. (pl. sèche-serviettes).* Radiateur de salle de bains, composé de tubes sur lesquels on pose les serviettes pour les sécher.

SÉCHEUR n.m. ou **SÉCHEUSE n.f.** Dispositif, appareil de séchage.

SÉCHEUSE n.f. Québec. Appareil électroménager servant à sécher le linge à l'air chaud ; sèche-linge.

SÉCHOIR n.m. 1. Support muni de tringles pour faire sécher le linge. **2.** Sèche-cheveux. **3.** Local servant au séchage de diverses matières.

SECOND, E [səgɔ̃, ɔ̃d] **adj.** (du lat. *secundus,* qui suit). **1.** Qui vient immédiatement après le premier : *Le second tour des élections.* **2.** Qui s'ajoute à qqch de nature identique : *La France est sa seconde patrie.* **3.** Qui vient après le premier dans un ordre de valeur, de rang : *Un second rôle.* **4. MATH.** Se dit d'une lettre portant en haut et à droite deux petits accents (″) ou une double apostrophe. ➲ Cette notation est utilisée pour distinguer plusieurs entités ou désigner une dérivée seconde. ▪ **État second,** état anormal, où l'on cesse d'avoir la pleine conscience de ses actes. ◆ **n.** Personne, chose qui occupe le second rang. ◆ **n.m. 1.** Personne qui en aide une autre dans une affaire, un emploi ; adjoint. **2.** Deuxième élément d'une charade : *Mon second est un fruit.* **3. MAR.** Second capitaine ; commandant en second, sur un navire de guerre. ▪ **En second,** au second rang ; sous les ordres d'un autre.

✎ On emploie ***second,*** plutôt que ***deuxième,*** quand il n'y a que deux éléments.

SECONDAIRE [-gɔ̃-] **adj. 1.** Qui n'occupe pas le premier rang ; qui est de second ordre ; accessoire : *Jouer un rôle secondaire.* **2.** Qui vient en second dans le temps : *Des effets secondaires.* **3.** Qui appartient à l'enseignement du second degré. **4. MÉD.** Se dit de ce qui appartient à la deuxième période de certaines maladies (syphilis, par ex.) ; se dit d'une manifestation pathologique consécutive à une autre. **5. PSYCHOL.** Se dit en caractérologie d'une personne dont les réactions aux événements sont lentes, durables et profondes (par oppos. à *primaire*). **6. ÉCOL.** Se dit d'une formation végétale non originelle, liée à l'action de l'homme. **7. CHIM. ORG.** Se dit d'un composé dont la fonction réside sur un atome porteur de deux groupements alkyle ou aryle (par ex. : alcool R′R″CHOH, amine R′R″NH, carbocation R′R″C⁺H). **8. BOT.** Se dit des structures responsables de la croissance en largeur des tiges et des racines âgées (*méristèmes secondaires* ou *cambiums*), et des formations (bois, liber, liège) qu'elles produisent. ▪ **Enseignement secondaire,** ou **secondaire, n.m.,** enseignement du second degré dispensé au collège et au lycée et qui succède à l'enseignement primaire. ▪ **Ère secondaire,** ou **secondaire, n.m.** [géol.], mésozoïque. ▪ **Forêt secondaire** → **FORÊT.** ▪ **Secteur secondaire,** ou **secondaire, n.m.** [écon.], ensemble des activités économiques correspondant à la transformation des matières premières en biens de production ou en biens de consommation. ◆ **n.m. 1.** Enseignement secondaire. **2. ÉCON.** Secteur secondaire. **3. GÉOL.** Ère secondaire. **4. ÉLECTROTECHN.** Enroulement relié au circuit d'utilisation, dans un transformateur ; enroulement non connecté au réseau, dans une machine asynchrone.

SECONDAIREMENT adv. De façon accessoire.

SECONDARITÉ n.f. PSYCHOL. Caractère d'une personne secondaire.

SECONDE [səgɔ̃d] **n.f. 1.** Unité de temps (symb. s), équivalant à la durée de 9 192 631 770 périodes de la radiation correspondant à la transition entre les deux niveaux hyperfins de l'état fondamental de l'atome de césium 133. ➲ Unité de base du SI. **2.** Soixantième partie de la minute. **3.** Temps très court ; instant : *Je viens dans une seconde !* **4.** Cinquième année de l'enseignement du second degré. **5. MUS.** Intervalle de deux degrés conjoints. **6. MÉTROL.** Unité d'angle plan (symb. ″) valant 1/60 de minute, soit π/648 000 radian. (En géométrie et en astronomie, on parle de *seconde d'arc.*)

SECONDEMENT [-gɔ̃-] **adv.** En second lieu ; deuxièmement.

SECONDER [-gɔ̃-] **v.t.** [3]. **1.** Aider qqn dans un travail ; assister. **2.** Litt. Favoriser : *Seconder les ambitions de qqn.*

SECONDO [-gɔ̃-] **n.m.** (mot ital.). Suisse. Immigré de deuxième génération. (On trouve aussi le fém. *une seconda.*)

SECOUEMENT n.m. Litt. Action de secouer.

SECOUER v.t. [3] (lat. *succutere*). **1.** Agiter fortement et à plusieurs reprises : *Secouer le flacon avant usage.* **2.** Remuer plusieurs fois une partie du corps : *Elle secouait la tête en signe de refus.* **3.** Se débarrasser de qqch par des mouvements brusques : *Secouer la neige de ses bottes.* **4.** Fam. Réprimander qqn pour l'inciter à l'effort. **5.** Causer un choc physique ou moral ; ébranler : *Cet accident l'a secoué.* ◆ **SE SECOUER v.pr.** Fam. Réagir contre le découragement, l'inertie : *Secoue-toi un peu !*

SECOUEUR n.m. AGRIC. Crible incliné, oscillant à l'arrière de la moissonneuse-batteuse pour extraire les derniers grains entraînés avec la paille sortant du batteur.

SECOURABLE adj. Qui porte secours aux autres ; charitable.

SECOURIR v.t. [33] (lat. *succurrere*). Venir en aide à qqn ; assister : *Secourir un blessé, les sans-abri.*

SECOURISME n.m. Ensemble des moyens simples mis en œuvre pour soigner en urgence les personnes malades ou accidentées.

SECOURISTE n. Personne formée à la pratique du secourisme.

SECOURS n.m. 1. Action de secourir qqn ; aide : *Porter secours à qqn.* **2.** Aide financière, matérielle ; subside. **3.** Ensemble des moyens utilisés pour porter assistance à une personne en danger : *Trousse de premiers secours* ; renfort en hommes, en matériel : *Les secours sont sur place.* **4.** Ce qui est utile : *Cet appareil n'est d'aucun secours.* ▪ **De secours,** destiné à servir en cas de nécessité, en remplacement de qqch : *Sortie, roue de secours.* ▪ **Devoir de secours** [dr.], obligation alimentaire entre époux. ◆ **n.m. pl.** Choses qui servent à secourir : *Des secours en espèces et en matériel.*

SECOUSSE n.f. (du lat. *succussus,* secoué). **1.** Mouvement d'un corps secoué ; saccade : *Les secousses du train.* **2.** Oscillation du sol, lors d'un tremblement de terre. **3.** Choc psychologique ; traumatisme : *Ce deuil a été une dure secousse.*

1. SECRET, ÈTE adj. (lat. *secretus*). **1.** Que l'on tient caché ; confidentiel : *Rencontre secrète.* **2.** Qui est soigneusement dissimulé aux regards ; dérobé : *Porte secrète.* **3.** Qui n'est pas apparent ; intime : *Avoir le secret espoir de réaliser son rêve.* **4.** Litt. Qui ne fait pas de confidences ; renfermé : *Un homme secret.*

2. SECRET n.m. (du lat. *secretum,* lieu écarté). **1.** Ce qui doit être tenu caché : *C'est un secret entre nous.* **2.** Silence qui entoure qqch ; discrétion : *Promettre le secret.* **3.** Partie la plus intime, la plus cachée ; tréfonds : *Dans le secret de sa conscience.* **4.** Moyen caché, peu connu ou difficile à acquérir pour réussir qqch ; recette : *Quel est son secret pour rester jeune ?* **5.** Mécanisme caché dont la connaissance est nécessaire pour faire fonctionner qqch : *Un tiroir à secret.* ▪ **Dans le secret de son cœur,** dans son for intérieur. ▪ **En secret,** de façon secrète, cachée ; sans témoins. ▪ **Être, mettre dans le secret,** dans la confidence. ▪ **Mettre qqn au secret,** l'emprisonner en le privant de toute communication avec l'extérieur. ▪ **Ne pas avoir de secret pour qqn,** ne rien lui cacher ; être connu parfaitement de lui : *Le piano n'a pas de secret pour elle.* ▪ **Secret bancaire,** interdiction faite au personnel d'une banque de divulguer des informations concernant ses clients. ➲ En France, le secret bancaire peut être levé par certaines administrations ou par la justice, en cas de poursuites pénales. ▪ **Secret(-) défense,** v. à son ordre alphabétique. ▪ **Secret d'État,** information dont la divulgation nuirait aux intérêts de la nation. ▪ **Secret professionnel,** discrétion à laquelle sont tenues certaines professions sur l'état ou la vie privée de leurs clients.

SECRÉTAGE n.m. TEXT. Opération consistant à traiter les poils des peaux de lapin avec une solution de nitrate mercureux, pour en faciliter le feutrage.

1. SECRÉTAIRE n. (de *secret*). **1.** Personne chargée de saisir le courrier de qqn, de classer ses documents, de préparer des dossiers, etc. **2.** Personne qui met par écrit les délibérations d'une assemblée, qui est chargée de son fonctionnement. ▪ **Secrétaire de mairie,** personne qui assure, dans une mairie et sous l'autorité du maire, certaines tâches administratives. ▪ **Secrétaire de rédaction,** rédacteur chargé, dans un journal, une maison d'édition, de coordonner les activités rédactionnelles. ▪ **Secrétaire d'État,** membre du gouvernement, en France, génér. placé sous l'autorité d'un ministre ou du Premier ministre et qui agit sur délégation ; ministre des Affaires étrangères, aux États-Unis ; titulaire de certains postes ministériels, en Grande-Bretagne ; cath., cardinal remplissant auprès du pape un rôle équivalant à celui de Premier ministre et de ministre des Affaires étrangères. ▪ **Secrétaire général,** dirigeant de certains partis politiques (*premier secrétaire* dans d'autres partis) ou de syndicats. ▪ **Secrétaire général de l'ONU,** directeur du Secrétariat général de l'ONU, nommé par l'Assemblée générale.

2. SECRÉTAIRE n.m. 1. Meuble à tiroirs et à casiers, comportant une surface pour écrire, escamotable ou non. **2. ZOOL.** Serpentaire.

SECRÉTAIRERIE n.f. CATH. ▪ **Secrétairerie d'État,** organisme administratif suprême de la curie romaine, que dirige le cardinal secrétaire d'État, au Vatican.

SECRÉTARIAT n.m. 1. Emploi, fonction, métier de secrétaire : *Apprendre le secrétariat.* **2.** Bureau où un ou plusieurs secrétaires travaillent à des écritures, des expéditions, des classements. **3.** Ensemble des tâches concernant la gestion, l'organisation de qqch : *Assurer le secrétariat d'une association.* ▪ **Secrétariat général de la présidence de la République,** organe chargé, en France, avec le secrétariat général du gouvernement, de la préparation des conseils des ministres et de la liaison entre la présidence de la République et l'ensemble des pouvoirs publics. ▪ **Secrétariat général de l'ONU,** organe administratif des Nations unies dirigé par le secrétaire général. ▪ **Secrétariat général du gouvernement,** organe chargé, en France, de la préparation des conseils des ministres et de la coordination de l'action gouvernementale.

SECRÉTARIAT-GREFFE n.m. (pl. *secrétariats-greffes*). Greffe.

SECRET-DÉFENSE ou **SECRET DÉFENSE adj. inv. 1.** Se dit d'informations intéressant la défense nationale ou la sûreté de l'État et auxquelles ne peuvent avoir accès qu'un nombre restreint de personnes dûment autorisées. **2.** Fig., cour. Strictement confidentiel. ◆ **n.m. inv.** Information classée secret-défense.

SECRÈTEMENT adv. En secret.

SECRÉTER v.t. [11], ▲ *[11*].* Procéder au secrétage.

SÉCRÉTER v.t. [11], ▲ *[11*].* **1. PHYSIOL.** Produire par sécrétion : *Le pancréas sécrète l'insuline.* **2.** Fig. Produire naturellement qqch ; distiller : *Il sécrète la tristesse.*

SÉCRÉTEUR, EUSE ou **TRICE adj.** Se dit d'une cellule, d'un organe qui ont une fonction de sécrétion.

SÉCRÉTINE n.f. PHYSIOL. Hormone sécrétée par la muqueuse de l'intestin grêle au passage du chyme, et qui stimule les sécrétions pancréatiques.

SÉCRÉTION n.f. (du lat. *secretio,* dissolution). **PHYSIOL.** Fonction par laquelle une cellule, spécial. une cellule glandulaire, élabore une substance qu'elle excrète ensuite et qui agit sur d'autres cellules ou sur une autre fonction ; cette substance.

SÉCRÉTOIRE adj. Relatif à la sécrétion.

SECTAIRE adj. et **n.** Qui refuse d'admettre les opinions différentes de celles qu'il professe ; intolérant. ◆ **adj. 1.** Relatif aux sectes religieuses. **2.** Qui dénote du sectarisme. ◆ **n.** Vx. Membre d'une secte ou d'une fraction dissidente d'une religion.

SECTARISME n.m. Caractère d'une personne sectaire.

SECTATEUR, TRICE n. Litt., vx. **1.** Partisan déclaré de la doctrine de qqn : *Les sectateurs d'Arius.* **2.** Membre d'une secte.

SECTE n.f. (du lat. *sequi*, suivre). **1.** Groupement à prétention religieuse, clos sur lui-même, qui se caractérise par la suppression imperceptible de la liberté individuelle. ➲ Certaines sectes font pression sur leurs adeptes, qu'elles manipulent mentalement et dépouillent de leurs biens, et vont jusqu'à provoquer des suicides collectifs, voire des attentats. **2.** Vx. Ensemble de personnes professant une même doctrine philosophique ou religieuse : *La secte des pythagoriciens.* **3.** Péjor. Clan animé par une idéologie doctrinaire ; coterie.

SECTEUR n.m. (lat. *sector*, de *secare*, couper). **1.** Domaine défini d'activité économique, sociale dans un État, une organisation, une institution : *Le secteur des transports.* **2.** Division des activités économiques selon leur nature ou les biens produits : *Secteur primaire, secondaire, tertiaire.* **3.** Division de l'activité économique nationale sur la base de la propriété du capital des entreprises : *Secteur privé, public, semi-public.* **4.** Fam. Endroit quelconque ; parages : *Je l'ai déjà vu rôder dans le secteur.* **5.** Zone urbaine soumise à un régime particulier : *Un secteur sauvegardé.* **6.** Subdivision d'un réseau de distribution électrique : *Une panne de secteur.* **7. MIL.** Zone d'action ou territoire confiés à une grande unité. **8. MÉTÉOROL.** Région d'une dépression des latitudes tempérées correspondant à une masse d'air. **9.** En comptabilité nationale, regroupement par classe des agents économiques institutionnels ayant les mêmes fonctions (entreprises financières, ménages, administrations privées, publiques, etc.). ▪ **Secteur angulaire** → **ANGULAIRE.**

SECTION n.f. (lat. *sectio*). **1.** Action de couper : *La section d'un fil électrique* ; fait d'être coupé : *Section accidentelle d'un nerf* ; manière dont une chose est coupée : *Une section nette.* **2.** Division ou subdivision d'un ouvrage écrit. **3.** Partie d'une voie de communication : *Section d'autoroute à péage.* **4.** Vieilli. Division du parcours d'une ligne d'autobus, servant de base au calcul du prix d'un trajet. **5.** Dans un lycée, ensemble d'élèves suivant des filières communes ou apparentées : *Sections scientifiques.* **6.** Groupe local d'adhérents d'un parti, d'un syndicat : *Réunion de section.* **7.** Ensemble d'instruments dans un orchestre de jazz : *Section de cuivres.* **8.** Division administrative d'une ville, d'une commune, d'un ensemble. **9. DESS. INDUSTR.** Dessin en coupe limité aux éléments contenus dans le plan de coupe. **10. DR.** Subdivision d'une chambre d'une juridiction. **11. MIL.** Petite unité élémentaire constitutive de la batterie dans l'artillerie, de la compagnie dans l'armée de l'air, l'infanterie, le génie, les transmissions et la plupart des services. ▪ **Section de commune,** partie d'une commune érigée en personne morale distincte. ▪ **Section du Conseil d'État,** formation administrative ou juridictionnelle du Conseil d'État. ▪ **Section efficace** [phys.], grandeur permettant de calculer la probabilité des interactions d'un type donné entre particules ou noyaux. ▪ **Section mouillée** [hydrol.], coupe en travers d'un cours d'eau. ▪ **Section plane d'un volume** [math.], intersection du volume avec un plan. ▪ **Section rythmique** [mus.], génér. composée d'une contrebasse, d'une batterie, d'un piano et parfois d'une guitare. ▪ **Section syndicale d'entreprise,** ensemble des membres du personnel affiliés à un même syndicat au sein d'une entreprise.

SECTIONNEMENT n.m. 1. Fait de sectionner, d'être sectionné. **2. CH. DE F.** Zone séparant la caténaire ou le rail conducteur des lignes électriques en deux tronçons alimentés séparément.

SECTIONNER v.t. [3]. 1. Couper net ; trancher : *La lame a sectionné le câble.* **2.** Diviser par sections ; fractionner : *Sectionner une ville en arrondissements.*

SECTIONNEUR n.m. ÉLECTROTECHN. Appareil mécanique de connexion qui assure, en position d'ouverture, une séparation entre un circuit électrique et son alimentation, d'une distance satisfaisant à des prescriptions spécifiées.

SECTORIEL, ELLE adj. Relatif à un secteur d'activité déterminé : *Revendication sectorielle.*

SECTORISATION n.f. Répartition en secteurs géographiques administratifs : *Sectorisation scolaire.*

SECTORISER v.t. [3]. Procéder à une sectorisation.

SÉCULAIRE adj. (du lat. *saeculum*, siècle). **1.** Qui a lieu tous les cent ans : *Commémoration séculaire.* **2.** Qui existe depuis plusieurs siècles : *Tradition séculaire.* **3.** En mécanique céleste, se dit d'une variation qui s'étend sur plusieurs siècles. ▪ **Année séculaire,** qui termine un siècle.

SÉCULARISATION n.f. Action de séculariser.

SÉCULARISER v.t. [3] (de *1. séculier*). Rendre des clercs à la vie laïque ; laïciser des biens ou des fonctions ecclésiastiques.

1. SÉCULIER, ÈRE adj. (du lat. *saeculum*, siècle). **HIST.** Se disait de la justice laïque, temporelle, par oppos. à ecclésiastique. ▪ **Bras séculier,** puissance de la justice laïque temporelle. ▪ **Clergé séculier,** qui n'appartient à aucun ordre ou institut religieux (par oppos. à *clergé régulier*).

2. SÉCULIER n.m. Prêtre séculier ; laïque.

SECUNDO [səgɔ̃do] **adv.** (mot lat.). Deuxièmement, dans une énumération commençant par *primo.*

SÉCURISANT, E adj. Qui sécurise.

SÉCURISATION n.f. Action de sécuriser.

SÉCURISÉ, E adj. INFORM. Se dit d'un support d'information protégé contre les accès non autorisés et les dégradations accidentelles ou malveillantes.

SÉCURISER v.t. [3]. 1. Donner un sentiment de sécurité à ; rassurer. **2.** Rendre qqch plus sûr ; fiabiliser : *Sécuriser les paiements sur Internet* ; renforcer la sécurité d'un lieu : *Sécuriser un quartier.*

SECURIT [sekyrit] **n.m.** (nom déposé). Verre de sécurité obtenu par trempe thermique.

SÉCURITAIRE adj. 1. Qui concerne la sécurité publique : *Des mesures sécuritaires.* **2.** Québec. Se dit d'un lieu, d'un véhicule, etc., qui offre des garanties de sécurité ; sûr.

SÉCURITÉ n.f. (lat. *securitas*, de *securus*, sûr). **1.** Situation dans laquelle aucun danger, aucun risque n'est à redouter : *Assurer la sécurité des personnes transportées.* **2.** Situation de qqn qui se sent à l'abri du danger, qui est rassuré ; sérénité. **3.** Dispositif du mécanisme d'une arme à feu interdisant tout départ intempestif du coup. ▪ **De sécurité,** destiné à prévenir un accident ou un événement dommageable, ou à en limiter les effets : *Ceinture, normes de sécurité.* ▪ **Sécurité alimentaire,** situation d'une population qui a accès à une nourriture satisfaisante en quantité et en qualité. ▪ **Sécurité civile,** ensemble des mesures et des services de prévention et de secours que requiert, en toutes circonstances, la sauvegarde des populations. ➲ On disait *protection civile* jusqu'en 1975. ▪ **Sécurité nationale,** stratégie ayant pour objet d'identifier les menaces et risques affectant la vie de la nation et s'appuyant notamm., pour les contrer, sur les politiques de défense, de sécurité intérieure, de sécurité civile et de sécurité économique. ▪ **Sécurité routière,** ensemble des règles et des services visant à la protection des usagers de la route. ▪ **Sécurité sociale,** ensemble des mesures législatives et administratives qui ont pour objet de garantir les individus et les familles contre certains risques, appelés *risques sociaux* ; ensemble des organismes administratifs chargés d'appliquer ces mesures. Abrév. (fam.) **Sécu.**

➲ **DR.** Le système français de **SÉCURITÉ SOCIALE** est issu d'une ordonnance du 4 octobre 1945 instituant un régime de protection sociale commun à toute la population et géré par un service public unique. Il regroupe les risques sociaux en quatre branches :
— l'assurance maladie, maternité, invalidité, décès ;
— l'assurance accidents du travail ;
— l'assurance vieillesse et l'assurance veuvage ;
— les prestations familiales.
Il y a plusieurs catégories de régimes, correspondant à une population déterminée (agriculteurs, professions libérales...). Le plus important est le régime général, qui regroupe les salariés et assimilés. La gestion des branches d'assurance relève de diverses caisses, coiffées par la Caisse nationale d'assurance maladie, la Caisse nationale d'assurance vieillesse et la Caisse nationale d'allocations familiales. Les cotisations sont assises soit sur le salaire, et réparties entre l'employeur et le salarié, soit sur le revenu. Le recouvrement des cotisations est de la compétence de chaque URSSAF.

SÉDATIF, IVE adj. et **n.m.** (du lat. *sedare*, calmer). **PHARM.** Se dit d'une substance qui agit contre la douleur, l'anxiété, l'insomnie ou qui modère l'activité d'un organe (SYN. **calmant**).

SÉDATION n.f. MÉD. Atténuation ou disparition de manifestations pathologiques. ▪ **Sédation (en phase) terminale,** pratique de soin consistant à administrer à un malade incurable en fin de vie, avec son accord, des médicaments qui atténuent la souffrance physique ou psychique, mais qui ne sont pas destinés à provoquer son décès. ➲ Cette pratique ne doit pas être confondue avec l'euthanasie*.

SÉDENTAIRE adj. et **n.** (lat. *sedentarius*, de *sedere*, être assis). **1.** Qui reste ordinairement chez soi ; casanier. **2. ANTHROP.** Qui reste dans une région déterminée (par oppos. à *nomade*). ◆ **adj.** Qui ne comporte ou n'exige pas de déplacements : *Emploi sédentaire.*

SÉDENTARISATION n.f. ANTHROP. Passage de l'état nomade à l'état sédentaire.

SÉDENTARISER v.t. [3]. ANTHROP. Rendre sédentaire. ◆ **SE SÉDENTARISER v.pr.** Se fixer en un lieu, en parlant d'une population nomade.

SÉDENTARITÉ n.f. État d'une société sédentaire.

SEDIA GESTATORIA [sedjaʒɛstatɔrja] **n.f.** (mots ital. « chaise à porteurs »). **CATH.** Fauteuil monté sur un brancard à quatre bras, sur lequel était autref. porté le pape en des circonstances solennelles.

SÉDIMENT n.m. (du lat. *sedimentum*, affaissement). **1. GÉOL.** Dépôt meuble laissé par les eaux, le vent et les autres agents d'érosion : *Sédiment marin, fluviatile, lacustre, glaciaire.* **2. CHIM.** Dépôt qui se forme dans un liquide où des substances sont en suspension.

SÉDIMENTAIRE adj. GÉOL. Qui a le caractère d'un sédiment ; qui résulte d'une sédimentation. ▪ **Roche sédimentaire,** roche formée par le dépôt plus ou moins continu de matériaux marins (coquilles) ou prélevés sur les continents après altération des roches préexistantes, transport par des agents mécaniques externes (eau ou vent) et diagenèse.

SÉDIMENTATION n.f. GÉOL. Ensemble des phénomènes qui conduisent à la formation et au dépôt d'un sédiment. ▪ **Vitesse de sédimentation (globulaire)** [méd.], hauteur du dépôt formé dans un tube par la sédimentation des globules rouges en un temps donné, dont l'augmentation traduit une inflammation.

SÉDIMENTER v.i. [3] ou **SE SÉDIMENTER v.pr.** Se déposer par sédimentation.

SÉDIMENTOLOGIE n.f. GÉOL. Étude de la nature et du mode de dépôt des sédiments et des roches sédimentaires.

SÉDIMENTOLOGUE n. Spécialiste de sédimentologie.

SÉDITIEUX, EUSE adj. et **n.** (lat. *seditiosus*). Qui prend part à une sédition ou à la fomente ; factieux. ◆ **adj.** Qui incite à la sédition ; subversif : *Des articles séditieux.*

SÉDITION n.f. (lat. *seditio*). Soulèvement concerté et préparé contre l'autorité établie ; insurrection.

SÉDUCTEUR, TRICE adj. et **n.** Qui séduit, fait des conquêtes amoureuses ; charmeur : *Une grande séductrice.*

SÉDUCTION n.f. 1. Moyen, pouvoir de séduire ; charme : *Son père est plein de séduction.* **2.** Action de séduire ; attraction : *La séduction du pouvoir.*

SÉDUIRE v.t. [78] (du lat. *seducere*, emmener à part). **1.** Plaire à qqn et en obtenir l'amour ; conquérir : *Il s'est juré de la séduire.* **2.** Attirer irrésistiblement qqn ; enchanter : *Ce quartier nous a séduits et nous allons nous y installer.*

SÉDUISANT, E adj. 1. Qui est doué d'une grande séduction ; charmeur : *Acteur très séduisant.* **2.** Qui est susceptible de tenter qqn ; alléchant : *Des promesses séduisantes.*

SEDUM, ▲ ***SÉDUM*** [sedɔm] **n.m.** (lat. *sedum*). BOT. Orpin.

SEERSUCKER [sirsœkœr] **n.m.** (mot angl.). Tissu de coton écossais gaufré.

SÉFARADE adj. (de l'hébr. *Sefarad*, Espagne). Relatif aux Séfarades ; qui fait partie de cette communauté.

SEFIROT [sefiro] **n.f. pl.** (mot hébr.). Degrés du monde divin, dans la kabbale.

SÉGA n.m. La Réunion. Danse très rythmée de l'océan Indien, d'origine africaine ; musique accompagnant cette danse.

SÉGALA n.m. (mot occitan). Région. (Massif central). Terre à seigle.

SEGHIA n.f. → SEGUIA.

SEGMENT n.m. (du lat. *segmentum*, coupure). **1.** Portion bien délimitée d'un ensemble ; tronçon : *Un segment d'autoroute.* **2.** Sous-ensemble de consommateurs identifié à partir de caractéristiques économiques et socioculturelles communes (classe d'âge, niveau de revenu ou d'instruction, zone de résidence, par ex.). **3.** MATH. Partie de droite comprise entre deux points appelés *extrémités*. (On le note [AB].) **4.** ZOOL. Anneau. ▪ **Segment de frein** [autom.], pièce en forme de croissant portant une garniture de friction, et qui s'applique contre le tambour de frein sous l'effet d'une pression. ▪ **Segment de piston,** anneau élastique assurant l'étanchéité du piston dans le cylindre d'un moteur.

SEGMENTAIRE adj. 1. Relatif à un segment. **2.** Divisé en segments.

SEGMENTATION n.f. 1. Division en segments. **2.** EMBRYOL. Ensemble des premières divisions de l'œuf après la fécondation.

SEGMENTER v.t. [3]. Partager en segments ; fractionner.

SÉGRÉGABILITÉ n.f. CONSTR. Tendance que possèdent les grains les plus gros d'un béton à se séparer sous l'influence de vibrations.

SÉGRÉGATIF, IVE adj. Relatif à la ségrégation ; qui la pratique ou la favorise.

SÉGRÉGATION n.f. (du lat. *segregare*, séparer du troupeau). **1.** Action de séparer les personnes d'origines, de mœurs ou de religions différentes, à l'intérieur d'une collectivité ; discrimination : *Ségrégation raciale, sociale.* **2.** Mise à l'écart et privation de certains droits subies par des personnes, des groupes à l'intérieur d'une collectivité. **3.** MÉTALL. Séparation partielle de diverses parties homogènes d'un alliage pendant sa solidification.

SÉGRÉGATIONNISME n.m. Politique de ségrégation raciale.

SÉGRÉGATIONNISTE adj. et **n.** Relatif au ségrégationnisme ; qui en est partisan.

SÉGRÉGUER v.t. [11]. Soumettre à une ségrégation.

SÉGUEDILLE ou **SEGUIDILLA** [segidija] **n.f.** (esp. *seguidilla*). Danse espagnole exécutée en couple, accompagnée par le chant, la guitare et les castagnettes, et dont il existe des variantes régionales.

SEGUIA ou **SEGHIA** [segja] **n.f.** (ar. *sāqiya*). GÉOGR. Rigole d'irrigation, dans les oasis du Sahara.

SEHTAR n.m. → SETAR.

1. SEICHE n.f. (lat. *sepia*). Mollusque marin céphalopode voisin du calmar, à coquille calcaire interne *(os de seiche)*, dont la tête porte huit bras courts et deux longs tentacules, et qui projette un liquide noir *(sépia)* lorsqu'il est menacé.

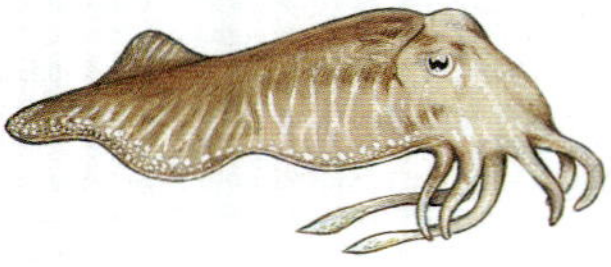

▲ **seiche**

2. SEICHE n.f. (de *1. sec*). HYDROL. Oscillation libre de l'eau dans une baie, un bassin, un lac, sous l'effet du vent, de longues houles ou de la pression atmosphérique.

SÉIDE [seid] **n.m.** (de l'ar. *Zayd*, n. d'un affranchi de Mahomet). Litt. Homme d'un dévouement aveugle et fanatique.

SEIGLE n.m. (lat. *secale*). Céréale rustique cultivée sur les terres pauvres et froides pour son grain et comme fourrage. ➲ Famille des graminées.

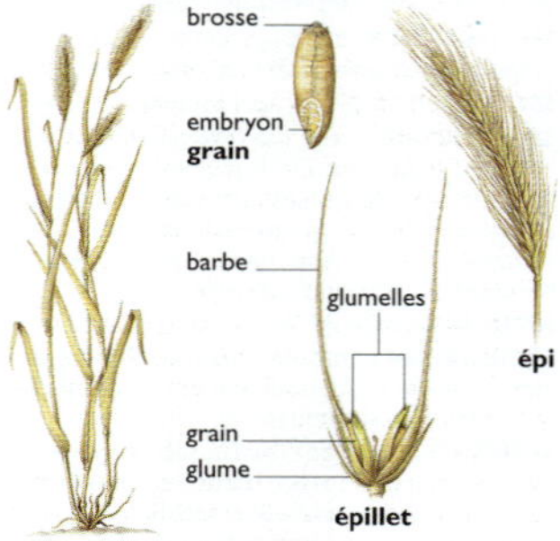

▲ **seigle**

SEIGNEUR n.m. (du lat. *senior*, plus vieux). HIST. Propriétaire féodal ; personne noble de haut rang, sous l'Ancien Régime. ▪ **À tout seigneur tout honneur,** il faut rendre hommage à celui qui le mérite. ▪ **En grand seigneur,** avec magnificence ; avec noblesse. ▪ **Être grand seigneur,** dépenser sans compter et de manière ostentatoire. ▪ **Le Seigneur,** Dieu. ▪ **Seigneur de la guerre,** en Chine, chef militaire s'arrogeant les pouvoirs civils en profitant de la faiblesse de l'État ; par ext., dirigeant d'un mouvement insurrectionnel ; chef d'une organisation criminelle.

SEIGNEURIAL, E, AUX adj. 1. HIST. Qui dépendait d'un seigneur, appartenait à un seigneur. **2.** Sout. Digne d'un seigneur ; princier : *Demeure seigneuriale.*

1. SEIGNEURIE n.f. HIST. **1.** Droit, puissance, autorité d'un seigneur sur les personnes et les biens relevant de ses domaines. **2.** Unité de gestion et d'exploitation de la terre, à l'époque féodale. ▪ **Votre Seigneurie,** titre d'honneur donné à certains dignitaires.

2. SEIGNEURIE n.f. → SÉNIORIE.

SEILLE n.f. (du lat. *situla*, seau). Vx. Récipient en bois ou en toile, en forme de seau.

SEIME n.f. (du bas lat. *semare*, partager en deux). VÉTÉR. Fente verticale qui se forme dans la corne du sabot des équidés.

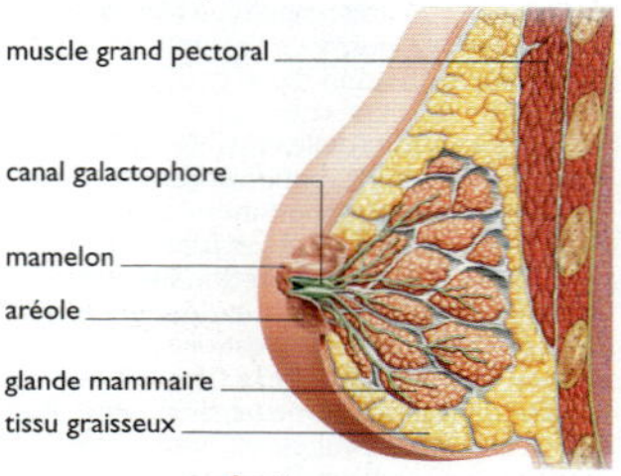

▲ **sein.** Vue en coupe.

SEIN n.m. (du lat. *sinus*, courbure, pli). **1.** Organe pair situé à la partie antérieure du thorax, contenant la glande mammaire et plus développé chez la femme que chez l'homme. **2.** Litt. Partie antérieure du thorax : *Presser qqn contre son sein.* **3.** Litt. Siège de la conception ; entrailles : *Enfant dans le sein de sa mère.* **4.** Litt. Lieu où l'on situe la sensibilité, la tendresse de qqn ; cœur : *Pleurer dans le sein d'un ami.* **5.** Partie interne que renferme qqch ; giron : *Dans le sein de la famille.* ▪ **Au sein de,** au milieu de ; parmi : *Dissensions au sein d'un groupe.* ▪ **Donner le sein à un enfant,** l'allaiter.

SEINE n.f. → SENNE.

SEING [sɛ̃] **n.m.** (du lat. *signum*, signe). DR. Signature d'une personne sur un acte, pour en attester l'authenticité. ▪ **Sous seing privé,** se dit d'un acte qui n'a pas été établi devant un officier public.

SÉISMAL, E, AUX adj. → SISMAL.

SÉISME n.m. (gr. *seismos*). **1.** Secousse brusque d'une région de l'écorce terrestre, produite à une certaine profondeur, à partir d'un foyer ou hypocentre (SYN. **secousse sismique** ou **tellurique, tremblement de terre**). **2.** Fig. Bouleversement : *Un séisme électoral.*

SÉISMICITÉ n.f., SÉISMIQUE adj., SÉISMOGRAPHE n.m., SÉISMOLOGIE n.f., SÉISMOMÈTRE n.m. → SISMICITÉ, SISMIQUE, SISMOGRAPHE, SISMOLOGIE et **SISMOMÈTRE.**

SEIZE adj. num. et **n.m. inv.** (lat. *sedecim*). **1.** Nombre qui suit quinze dans la suite des entiers naturels. **2.** Seizième : *Louis XVI.*

SEIZIÈME adj. num. ord. et **n.** Qui occupe le rang marqué par le nombre seize.

SEIZIÈMEMENT adv. En seizième lieu.

SÉJOUR n.m. 1. Fait de séjourner dans un lieu, dans un pays, pendant un certain temps : *Faire un séjour à la campagne* ; durée pendant laquelle on y séjourne : *Un long séjour en Chine.* **2.** Sout. Lieu où l'on séjourne : *Le séjour préféré des amoureux de la nature.* ▪ **Salle de séjour,** ou **séjour,** pièce d'un appartement servant à la fois de salon et de salle à manger.

SÉJOURNER v.i. [3] (du lat. pop. *subdiurnare*, durer un certain temps). Rester quelque temps en un lieu ; demeurer : *Séjourner à Montréal pendant deux semaines.*

SEL n.m. (lat. *sal*). **1.** Substance cristallisée, friable, soluble dans l'eau, composée pour l'essentiel de chlorure de sodium, et employée pour l'assaisonnement ou la conservation des aliments. **2.** Fig. Ce qu'il y a de piquant, de savoureux dans un propos, une situation ; piment : *Cette coïncidence ne manque pas de sel.* **3.** CHIM. Corps de structure ionique résultant de l'action d'un acide sur une base ou d'un acide ou d'une base sur un métal. ▪ **Fleur de sel,** cristaux de sel blancs et fins, à la saveur très appréciée, qui se déposent à la surface des marais salants en une mince pellicule que l'on récolte manuellement. ▪ **Gros sel,** sel marin en gros cristaux. ▪ **Le sel de la terre** [litt.], l'élément actif, l'élite d'un groupe. ▪ **Sel d'Angleterre, de Sedlitz** ou **d'Epsom,** ou **sel de magnésie,** sulfate de magnésium. ▪ **Sel de Vichy,** bicarbonate de sodium. ▪ **Sel fin** ou **sel de table,** sel marin en petits cristaux. ▪ **Sel gemme → GEMME.** ▪ **Sel marin,** extrait de l'eau de mer. ◆ **n.m. pl.** Anc. Mélanges acides ou alcalins que l'on faisait respirer aux personnes évanouies pour les ranimer. ▪ **Sels de bain,** mélange de sels minéraux ajoutés à l'eau du bain, pour la parfumer et l'adoucir.

SEL [sɛl] **n.m.** (acronyme). Système d'échange local.

SÉLACIEN n.m. (gr. *selakhos*). Poisson marin à squelette cartilagineux, à la peau recouverte de denticules à l'émail très dur, tel que les raies et les requins. ➲ Les sélaciens forment une sous-classe.

SÉLAGINELLE n.f. (du lat. *selago, -inis*). Plante rampante à feuilles minuscules, voisine des lycopodes, qui contribue à la formation des pelouses des montagnes. ➲ Embranchement des lycophytes.

SÉLECT, E [selɛkt] **adj.** (angl. *select*). Fam. Distingué ; élégant : *Une réception sélecte.*

SÉLECTER v.t. [3] (angl. *to select*). TECHN. Actionner un sélecteur.

SÉLECTEUR n.m. 1. TECHN. Commutateur permettant de choisir une gamme ou un canal de fréquences, etc., parmi un certain nombre de possibilités : *Sélecteur de programmes.* **2.** Pédale actionnant le changement de vitesse sur une motocyclette ou certains vélomoteurs.

SÉLECTIF, IVE adj. 1. Qui opère une sélection : *Épreuve sélective* ; qui repose sur une sélection : *Recrutement sélectif.* **2.** Se dit d'un poste récepteur de radiodiffusion apte à capter de façon précise des fréquences données, améliorant ainsi la qualité de la réception. ▪ **Collecte sélective,** ramassage des déchets ménagers triés selon leur nature (verre, plastique, papier, etc.) et déposés dans des poubelles ou des conteneurs différents, à des fins de recyclage.

✎ L'emploi de l'expression ***tri sélectif*** est critiqué car pléonastique.

SÉLECTION n.f. (du lat. *selectio*, tri). **1.** Action de sélectionner les personnes ou les choses qui conviennent le mieux : *La sélection des parti-*

cipants. Faire une sélection des produits sur leur qualité. **2.** Ensemble des éléments choisis ; assortiment : *Une sélection de nouveautés.* **3. MIL.** Opération préliminaire à l'engagement. **4. TECHN.** Sur un matériel, un appareil, choix de ce qui correspond à une demande ponctuelle : *Sélection des programmes d'un lave-vaisselle.* **5.** Choix, dans une espèce animale ou végétale, des individus reproducteurs dont les qualités ou les caractéristiques permettront d'améliorer l'espèce ou de la modifier dans un sens déterminé. ▪ **Sélection des couleurs** [imprim.], procédé photographique ou électronique permettant d'isoler les trois couleurs primaires (jaune, magenta, cyan) pour établir, à partir d'un original en couleurs, les clichés d'impression ; par ext., ensemble des films résultant de cette analyse. ▪ **Sélection naturelle** [biol.], mécanisme proposé par C. Darwin pour expliquer l'évolution des espèces, selon lequel les individus les mieux adaptés à leur environnement survivent aux dépens des moins aptes. ▪ **Sélection professionnelle,** choix des candidats à une profession, selon les qualités requises.

SÉLECTIONNÉ, E adj. et n. Choisi parmi d'autres, en vue d'une épreuve, d'un concours : *Sportifs sélectionnés.* ◆ **adj.** Qui a fait l'objet d'une sélection : *Des vins sélectionnés.*

SÉLECTIONNER v.t. [3]. 1. Choisir, dans un ensemble, les éléments qui répondent le mieux à un critère donné : *Sélectionner des candidats, des semences.* **2.** Recomm. off. pour **nominer.**

SÉLECTIONNEUR, EUSE n. Dirigeant sportif qui procède à la sélection des joueurs d'une équipe.

SÉLECTIVEMENT adv. De façon sélective.

SÉLECTIVITÉ n.f. 1. TECHN. Aptitude à assurer la sélection d'un signal ; spécial., qualité d'un récepteur de radiodiffusion sélectif. **2. CHIM.** Rapport de la quantité du produit désiré, obtenu dans une réaction, à celle du total des produits. **3.** Méthode de pêche permettant de capturer seulem. certaines espèces.

SÉLÈNE adj. (du gr. *selênê*, la Lune). Relatif à la Lune.

SÉLÉNHYDRIQUE adj.m. ▪ **Acide sélénhydrique,** acide H_2Se.

SÉLÉNIATE ou **SÉLÉNATE n.m.** Sel de l'acide sélénique.

SÉLÉNIEUX adj.m. Se dit de l'anhydride SeO_2 et de l'acide correspondant H_2SeO_3.

SÉLÉNIQUE adj.m. Se dit de l'anhydride SeO_3 et de l'acide correspondant H_2SeO_4.

1. SÉLÉNITE n.m. CHIM. MINÉR. Sel de l'acide sélénieux.

2. SÉLÉNITE n. (gr. *selênitês*). Habitant imaginaire de la Lune.

SÉLÉNIUM [-njɔm] **n.m.** (du gr. *selênê*, la Lune). **1.** Non-métal solide, analogue au soufre, de densité 4,79, qui fond à 217 °C. **2.** Élément chimique (Se), de numéro atomique 34 et de masse atomique 78,96. ➲ Il est utilisé pour colorer les verres et dans les cellules photoélectriques (sa conductivité électrique augmente avec la lumière reçue). C'est un oligoélément indispensable à l'organisme.

SÉLÉNIURE n.m. CHIM. MINÉR. Combinaison du sélénium avec un corps simple.

SÉLÉNOGRAPHIE n.f. (du gr. *selênê*, la Lune). **ASTRON.** Description de la surface de la Lune.

SÉLÉNOGRAPHIQUE adj. Relatif à la sélénographie.

SÉLÉNOLOGIE n.f. ASTRON. Étude de la Lune.

1. SELF n.f. (abrév.). Self-inductance.

2. SELF n.m. (abrév.). Self-service.

3. SELF n.m. (mot angl. « le soi »). **PSYCHAN.** Ensemble des sentiments et des pulsions de la personnalité (SYN. **soi**). ➲ Notion développée par M. Klein.

SELF-CONTROL n.m. (pl. *self-controls*) [mot angl.]. Maîtrise de soi.

SELF-GOVERNMENT [sɛlfgɔvɛrnmɛnt] **n.m.** (pl. *self-governments*) [mot angl.]. Capacité pour un peuple ou un territoire de se gouverner lui-même. ➲ Ce système d'administration est d'origine britannique.

SELFIE n.m. (de l'angl. *self*, soi). Autoportrait photographique, génér. réalisé avec un téléphone intelligent et destiné à être publié sur les réseaux sociaux.

✎ Au Québec, on dit *égoportrait.*

SELF-INDUCTANCE n.f. (pl. *self-inductances*) [mot angl.]. Auto-inductance. Abrév. **self.**

SELF-INDUCTION n.f. (pl. *self-inductions*) [mot angl.]. **ÉLECTR.** Auto-induction. ▪ **Coefficient de self-induction,** auto-inductance.

SELF-MADE-MAN [sɛlfmɛdman] **n.m.** (pl. *self-made-mans* ou *self-made-men* [-mɛn]) [mot angl. « homme qui s'est fait lui-même »]. Personne qui est l'artisan de sa propre réussite.

SELF-SERVICE n.m. (pl. *self-services*) [mot angl.]. **1.** Magasin, restaurant dans lequel le client se sert lui-même. **2.** Établissement fonctionnant selon cette technique. Abrév. **self.**

1. SELLE n.f. (du lat. *sella*, siège). **1.** Siège en cuir incurvé que l'on place sur le dos d'une monture. **2.** Petit siège sur lequel s'assoit un cycliste, un motocycliste ou un tractoriste. **3.** Anc. Chaise percée. **4. BOUCH.** Morceau d'agneau, de mouton, de chevreuil correspondant à la région lombaire avec les muscles abdominaux. **5. SCULPT.** Support, le plus souvent à trois pieds, muni d'un plateau tournant, sur lequel le sculpteur place le bloc de matière qu'il modèle. **6. ZOOL.** Chez le lombric, groupe d'anneaux renflés produisant le mucus entourant la ponte. ▪ **Aller à la selle,** déféquer. ▪ **Cheval de selle,** propre à être monté. ▪ **Être bien en selle,** bien établi dans sa situation. ▪ **Remettre qqn en selle,** l'aider à rétablir ses affaires. ▪ **Selle turcique** → **TURCIQUE.** ▪ **Se remettre en selle,** rétablir sa situation. ◆ **n.f. pl.** Matières fécales éliminées par la défécation.

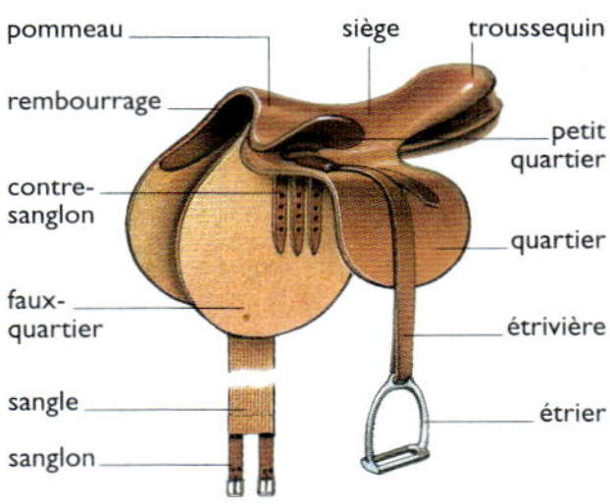

▲ **selle.** Éléments constitutifs d'une selle.

2. SELLE n.m. ▪ **Selle français,** race française de chevaux de selle, issue du croisement de pur-sang anglais et de juments autochtones, appréciée pour le saut d'obstacles et le concours complet. (V. ill. *cheval.*)

SELLER v.t. [3]. Munir d'une selle.

SELLERIE n.f. 1. Ensemble des selles et des harnais des chevaux d'une écurie ; lieu où on les range. **2.** Activité et commerce du sellier.

SELLERIE-BOURRELLERIE n.f. (pl. *selleries-bourrelleries*). Fabrication et réparation des pièces composant l'équipement du cheval.

SELLERIE-GARNISSAGE n.f. (pl. *selleries-garnissages*). **AUTOM.** Ensemble des opérations de confection et de montage de l'aménagement intérieur des véhicules (coussins, garnitures de portes, etc.).

SELLERIE-MAROQUINERIE n.f. (pl. *selleries-maroquineries*). Travail des cuirs et des peaux pour la confection d'articles divers.

SELLETTE n.f. 1. Sorte de guéridon à pieds très hauts servant à porter un vase, un objet décoratif. **2.** Petit siège suspendu à une corde, utilisé par les ouvriers du bâtiment. **3.** Anc. Petit siège de bois sur lequel on faisait asseoir un accusé au tribunal. ▪ **Être sur la sellette,** être mis en cause. ▪ **Mettre qqn sur la sellette,** le presser de questions, comme un accusé.

SELLIER n.m. Personne qui fabrique, répare et vend des selles et des articles de harnachement.

SELON prép. (anc. fr. *seon*, du lat. *secundum*, en suivant, et *longus*, long). **1.** Conformément à : *Tout sera fait selon vos désirs.* **2.** Proportionnellement à : *Sanctionner un délit selon la loi.* **3.** Du point de vue de : *Selon le fabricant, ce logiciel peut être installé sur tous les postes.* **4.** En fonction de : *Selon les saisons.* ▪ **C'est selon** [fam.], cela dépend des situations, des personnes. ◆ **SELON QUE loc. conj.** Suivant que.

SELTZ (EAU DE) n.f. Eau naturellement gazeuse et acidulée ou artificiellement gazéifiée avec du gaz carbonique.

SELVE ou **SELVA n.f.** (port. *selva*, du lat. *silva*, forêt). **GÉOGR.** Forêt dense équatoriale, et, plus partic., forêt amazonienne.

SEMAILLES n.f. pl. 1. Ensemble des travaux agricoles comprenant les semis ; époque où l'on sème. **2.** Anc. Action de semer.

SEMAINE n.f. (du lat. *septimana*, espace de sept jours). **1.** Période de sept jours consécutifs du lundi au dimanche inclus. ➲ Une recommandation internationale préconise de considérer le lundi comme premier jour de la semaine. **2.** Cette période, consacrée aux activités professionnelles ; ensemble des jours ouvrables : *Semaine de 35 heures.* **3.** Suite de sept jours consécutifs, sans considération du jour de départ : *Je l'avais rencontré deux semaines avant.* **4.** Période de sept jours consacrée à une activité humanitaire, commerciale : *La semaine de la sécurité routière.* **5.** Vieilli. Salaire hebdomadaire. ▪ **À la petite semaine** [fam.], sans plan d'ensemble ; au jour le jour. ▪ **Être de semaine,** être de service pendant la semaine en cours. ▪ **Fin de semaine** [Québec], week-end. ▪ **Semaine anglaise** [vieilli], semaine de travail qui comporte le samedi et le dimanche comme jours de repos.

1. SEMAINIER, ÈRE n. Personne qui est de semaine dans une communauté, pour remplir une fonction.

2. SEMAINIER n.m. 1. Calendrier, agenda de bureau qui indique les jours en les groupant par semaine. **2.** Chiffonnier à sept tiroirs. **3. BIJOUT.** Bracelet à sept anneaux.

SÉMANTÈME n.m. LING. Élément qui regroupe tous les traits sémantiques spécifiques d'une unité lexicale. (Par ex., le sémantème du mot *chaise* comprend les traits spécifiques qui le distinguent des autres sièges.)

SÉMANTICIEN, ENNE n. Spécialiste de sémantique.

SÉMANTIQUE n.f. (du gr. *sêmantikos*, qui signifie). **1. LING.** Étude scientifique du sens des unités linguistiques et de leurs combinaisons. **2. LOG.** Étude de propositions d'une théorie déductive, du point de vue de leur vérité ou de leur fausseté. ◆ **adj. 1.** Relatif au sens, à la signification des unités linguistiques : *L'évolution sémantique d'un mot.* **2.** Relatif à la sémantique. **3. LOG.** Relatif à la signification d'un système formel (par oppos. à *syntaxique*). ▪ **Trait sémantique,** sème.

SÉMAPHORE n.m. (du gr. *sêma*, signe, et *phoros*, qui porte). **1. MAR.** Poste de signalisation établi sur une côte pour communiquer par signaux optiques avec les navires en vue. **2. CH. DE F.** Signal d'arrêt, constitué par une aile rouge horizontale en signalisation mécanique (associée de nuit à un feu rouge) et par un feu rouge en signalisation lumineuse.

SÉMASIOLOGIE n.f. (de l'all.). **LING.** Étude sémantique qui consiste à partir du signe linguistique pour aller vers la détermination du concept (par oppos. à *onomasiologie*).

1. SEMBLABLE adj. 1. Qui ressemble à qqn, à qqch d'autre ; analogue : *Nous connaissons quatre cas semblables.* **2.** De cette nature ; tel : *Qui a osé porter de semblables accusations ?* ▪ **Figures semblables,** figures géométriques images l'une de l'autre dans une similitude.

2. SEMBLABLE n. (Avec un possessif). **1.** Personne qui possède les mêmes caractéristiques qu'une autre ; égal : *Elle n'a pas sa semblable pour nous motiver.* **2.** Être vivant, considéré par rapport à ceux de son espèce ; prochain : *Il est déprimé et lassé de ses semblables* ; congénère : *La grenouille et ses semblables.*

SEMBLABLEMENT adv. Sout. D'une manière semblable.

SEMBLANT n.m. ▪ **Faire semblant (de),** feindre (de) : *Faire semblant de dormir.* ▪ **Ne faire semblant de rien** [fam.], feindre l'indifférence, l'ignorance ou l'inattention. ▪ **Un semblant de,** ce qui a l'apparence de : *Elle a mis un semblant d'ordre sur son bureau.*

SEMBLER v.i. [3] (lat. *similare*). Donner l'impression d'être, de faire qqch ; paraître : *Ce bâtiment semble solide. Il semblait heureux.* ▪ **Ce me semble** ou **me semble-t-il** ou **à ce qu'il me semble** [litt.], à mon avis. ▪ **Il me semble que,** je crois que. ▪ **Il semble que,** on dirait que : *Il semble que personne n'ait* ou *n'a rien vu.* ▪ **Que vous en semble ?** [litt.], qu'en pensez-vous ? ▪ **Si, comme, quand bon me semble,** si, comme, quand cela me plaît.

SÈME n.m. LING. Unité minimale de signification entrant, comme composant, dans le sens d'une unité lexicale (SYN. **trait sémantique**).

SÉMÉIOLOGIE ou **SÉMIOLOGIE** n.f. (du gr. *sêmeion*, signe). Partie de la médecine qui traite des signes cliniques et des symptômes des maladies.

SÉMÉIOLOGIQUE ou **SÉMIOLOGIQUE** adj. Relatif à la séméiologie.

SEMELAGE n.m. Ensemble des pièces constituant le dessous de la chaussure.

SEMELLE n.f. (p.-ê. du lat. *lamella*, petite lame). **1.** Pièce de cuir, de corde, de caoutchouc, etc., qui forme le dessous de la chaussure. **2.** Pièce que l'on place à l'intérieur d'une chaussure : *Semelle orthopédique.* **3.** Fam. Viande très dure ; carne. **4.** Base d'un fer à repasser. **5.** Dessous du ski, en contact avec la neige. **6.** CONSTR. Fondation basse, élargie pour répartir les charges d'un mur *(semelle filante)*, de poteaux, de piliers. ▪ **Battre la semelle** [fam.], frapper le sol de ses pieds, pour les réchauffer. ▪ **Ne pas avancer d'une semelle,** ne faire aucun progrès. ▪ **Ne pas quitter qqn d'une semelle** [fam.], le suivre partout. ▪ **Ne pas reculer d'une semelle,** ne pas transiger. ▪ **Semelle de frein** [ch. de f.], organe venant s'appliquer sur la roue lors de la mise en action du frein.

SÉMÈME n.m. LING. Ensemble des sèmes constituant le sens d'un mot.

SEMENCE n.f. (lat. *sementia*). **1.** BOT. Graine ou autre partie d'un végétal, apte à former une plante complète après semis ou enfouissement. **2.** Sperme, notamm. d'un animal d'élevage utilisé pour la reproduction. **3.** Clou à tête plate et à tige courte amincie de la tête à la pointe, utilisé par les tapissiers.

1. SEMENCIER, ÈRE adj. BOT. Relatif aux semences.

2. SEMENCIER n.m. Personne ou entreprise qui produit et vend des semences de plantes.

SEMER v.t. [12] (lat. *seminare*). **1.** Mettre en terre une graine destinée à germer : *Semer du blé.* **2.** Répandre çà et là : *Quelqu'un avait semé des clous sur la route.* **3.** Propager : *Cet attentat a semé la terreur.* **4.** Fam. Distancer : *Semer le peloton.*

SEMESTRE n.m. (du lat. *sex*, six, et *mensis*, mois). **1.** Espace de six mois consécutifs, à partir du début de l'année civile ou scolaire ; chacune des deux moitiés de l'année. **2.** Rente, pension qui se paie tous les six mois.

SEMESTRIEL, ELLE adj. **1.** Qui a lieu tous les six mois. **2.** Qui dure six mois.

SEMESTRIELLEMENT adv. Tous les six mois.

SEMEUR, EUSE n. Personne qui sème.

SEMI-ARIDE adj. (pl. *semi-arides*). Se dit des zones climatiques dont l'alimentation en eau est insuffisante (steppe en milieu chaud, toundra en milieu froid).

SEMI-AUTOMATIQUE adj. (pl. *semi-automatiques*). Se dit d'un appareil, d'une installation dont le fonctionnement comprend des phases à déroulement automatique séparées par des interventions manuelles. ▪ **Arme semi-automatique,** arme à répétition*.

SEMI-AUXILIAIRE adj. et n.m. (pl. *semi-auxiliaires*). GRAMM. Se dit d'un verbe qui s'emploie devant un infinitif avec un rôle d'auxiliaire (par ex., dans *je vais partir, je viens d'arriver*).

SEMI-CHENILLÉ, E adj. et n.m. (pl. *semi-chenillés, es*). Se dit d'un véhicule automobile muni de roues directrices et de chenilles assurant sa progression.

SEMI-CIRCULAIRE adj. (pl. *semi-circulaires*). Qui est en demi-cercle. ▪ **Canal semi-circulaire** [anat.], chacun des trois canaux en forme de U, ouvert sur le vestibule de l'oreille interne et intervenant dans l'équilibration.

SEMI-COKE n.m. (pl. *semi-cokes*). Produit de distillation de la houille, intermédiaire entre la houille et le coke.

SEMI-CONDUCTEUR, TRICE adj. et n.m. (pl. *semi-conducteurs, trices*). Se dit d'un corps non métallique qui conduit imparfaitement l'électricité, et dont la résistivité décroît lorsque la température augmente.

➲ Les éléments **SEMI-CONDUCTEURS**, tels que silicium ou germanium, se trouvent dans la colonne IV de la classification périodique des éléments, c.-à-d. que chacun de leurs atomes possède quatre électrons susceptibles de participer à une réaction chimique.

SEMI-CONSERVE n.f. (pl. *semi-conserves*). Conserve alimentaire dont la durée de conservation est courte et qui doit être gardée au frais.

SEMI-CONSONNE n.f. → **SEMI-VOYELLE.**

SEMI-DRESSANT n.m. (pl. *semi-dressants*). MIN. Couche de pendage intermédiaire entre la plateure et le dressant.

SEMI-DURABLE adj. (pl. *semi-durables*). ÉCON. Se dit d'un bien qui a une durée de vie moyenne.

SEMI-FINI adj.m. (pl. *semi-finis*). ▪ **Produit semi-fini,** produit de l'industrie, intermédiaire entre la matière première et le produit fini.

SEMI-GLOBALE adj.f. (pl. *semi-globales*). ENSEIGN. ▪ **Méthode semi-globale,** méthode d'apprentissage de la lecture, intermédiaire entre la méthode analytique et la méthode globale.

SEMI-GROSSISTE n. (pl. *semi-grossistes*). COMM. Intermédiaire de la distribution situé entre le grossiste et le détaillant.

SEMI-LIBERTÉ n.f. (pl. *semi-libertés*). DR. PÉN. Régime permettant à un condamné de sortir de l'établissement pénitentiaire pour le temps nécessaire à une formation, à l'exercice d'une activité professionnelle, à un traitement médical ou à sa participation à la vie familiale.

SÉMILLANT, E adj. (de l'anc. fr. *semilleus*, rusé). D'une vivacité pétillante et gaie ; fringant : *Un sémillant quinquagénaire.*

SÉMILLON n.m. (occitan *semihoun*). Cépage blanc du Bordelais ; vin issu de ce cépage.

SEMI-LOGARITHMIQUE adj. (pl. *semi-logarithmiques*). MATH. Se dit d'une représentation graphique dans laquelle l'une des deux grandeurs est représentée avec une échelle arithmétique, l'autre, avec une échelle logarithmique*.

SEMI-LUNAIRE adj. et n.m. (pl. *semi-lunaires*). ANAT. Se dit d'un des os du carpe.

SEMI-MARATHON n.m. (pl. *semi-marathons*). Course à pied de fond sur route de 21,1 km.

SÉMINAIRE n.m. (du lat. *seminarium*, pépinière). **1.** Réunion de professionnels (cadres, ingénieurs, etc.) pour l'étude d'une ou de plusieurs questions précises. **2.** Groupe d'étudiants et de chercheurs travaillant sous la direction d'un enseignant. **3.** CATH. Établissement religieux où l'on instruit les jeunes gens qui se destinent à l'état ecclésiastique.

SÉMINAL, E, AUX adj. (lat. *seminalis*). PHYSIOL. Relatif à la semence, au sperme.

SÉMINARISTE n.m. Élève d'un séminaire. ◆ n. Afrique. Personne participant à un séminaire ou à un colloque.

SÉMINIFÈRE adj. HISTOL. Se dit d'un canal qui conduit le sperme.

SEMI-NOMADE adj. et n. (pl. *semi-nomades*). Qui pratique le semi-nomadisme.

SEMI-NOMADISME n.m. (pl. *semi-nomadismes*). ANTHROP. Genre de vie combinant une agriculture occasionnelle et un élevage nomade, le plus souvent en bordure des déserts.

SÉMINOME n.m. MÉD. Cancer du testicule développé aux dépens de la lignée des spermatozoïdes.

SEMI-OFFICIEL, ELLE adj. (pl. *semi-officiels, elles*). Qui est inspiré par le gouvernement sans avoir un caractère entièrement officiel.

SÉMIOLOGIE n.f. (du gr. *sêmeion*, signe). **1.** LING. Science générale des signes et des lois qui les régissent au sein de la vie sociale. **2.** MÉD. Séméiologie.

SÉMIOLOGIQUE adj. **1.** Relatif à la sémiologie. **2.** MÉD. Séméiologique. **3.** Sémiotique.

SÉMIOLOGUE n. Spécialiste de sémiologie.

SÉMIOTICIEN, ENNE n. Spécialiste de sémiotique.

SÉMIOTIQUE n.f. (gr. *sêmeiôtikê*). **1.** Théorie générale des signes, chez C. S. Peirce. **2.** Étude des pratiques signifiantes, dans les divers domaines de la communication : *Sémiotique du cinéma ;* cette étude, prenant spécifiquement le texte pour domaine. ◆ adj. Relatif à la sémiotique (SYN. **sémiologique**).

SEMI-OUVERT, E adj. (pl. *semi-ouverts, es*). MATH. ▪ **Intervalle semi-ouvert (d'un ensemble ordonné),** intervalle ne contenant pas l'une de ses extrémités.

SEMI-OUVRÉ, E adj. (pl. *semi-ouvrés, es*). Se dit d'un produit partiellement élaboré.

SEMI-PEIGNÉ adj.m. (pl. *semi-peignés*). TEXT. ▪ **Fil semi-peigné,** ou **semi-peigné, n.m.,** fil aux caractéristiques voisines du fil peigné, mais n'ayant pas subi le peignage.

SEMI-PERMÉABLE adj. (pl. *semi-perméables*). CHIM. Se dit d'une membrane qui, séparant deux solutions, laisse passer les molécules du solvant, mais arrête celles des corps dissous.

SEMI-POLAIRE adj. (pl. *semi-polaires*). CHIM. ▪ **Liaison semi-polaire,** liaison covalente dans laquelle les deux électrons sont fournis par le même atome, dit *donneur*, à un autre, dit *accepteur.*

SEMI-PRÉCIEUX, EUSE adj. (pl. *semi-précieux, euses*). BIJOUT. ▪ **Pierres semi-précieuses,** ancienne appellation commerciale des pierres fines.

SEMI-PRÉSIDENTIEL, ELLE adj. (pl. *semi-présidentiels, elles*). Se dit d'un régime politique caractérisé par un chef de l'État élu au suffrage universel et ayant des pouvoirs importants (droit de dissolution de l'Assemblée nationale), et par un gouvernement responsable devant le Parlement.

SEMI-PRODUIT n.m. (pl. *semi-produits*). Demi-produit.

SEMI-PUBLIC, IQUE adj. (pl. *semi-publics, iques*). DR. ADMIN. Se dit d'un organisme relevant du droit privé et du droit public, ou d'un secteur de l'économie régi par le droit privé mais contrôlé par une personne publique.

SÉMIQUE adj. LING. Relatif au sème.

SEMI-REMORQUE n.f. (pl. *semi-remorques*). Véhicule de transport dont la partie avant, dépourvue d'essieu de roulement, s'articule sur l'arrière d'un tracteur routier. ◆ n.m. Ensemble formé par un tel véhicule et son tracteur.

SEMIS n.m. (de *semer*). **1.** Mise en place des semences dans un terrain préparé à cet effet. **2.** Ensemble des plantes nées de cette opération. **3.** Ensemble de petits motifs décoratifs parsemant une surface : *Étoffe brodée d'un semis de fleurs de lis.*

SEMI-SUBMERSIBLE adj. (pl. *semi-submersibles*). Se dit d'une plateforme de forage en mer supportée par des caissons de stabilisation à immersion réglable.

SÉMITE adj. et n. (de *Sem*, fils de Noé). Qui appartient à un ensemble de peuples du Proche-Orient parlant ou ayant parlé dans l'Antiquité des langues sémitiques (Akkadiens, Amorrites, Araméens, Phéniciens, Arabes, Hébreux, Éthiopiens).

SÉMITIQUE adj. Relatif aux Sémites. ▪ **Langues sémitiques,** ou **sémitique, n.m.,** groupe de langues chamito-sémitiques d'Asie occidentale et du nord de l'Afrique (arabe, berbère, hébreu, araméen, amharique, etc.).

SÉMITISANT, E n. Spécialiste d'études sémitiques.

SÉMITISME n.m. Ensemble de caractères propres aux Sémites, à leur civilisation.

SEMI-VOYELLE ou **SEMI-CONSONNE** n.f. (pl. *semi-voyelles, semi-consonnes*). PHON. Son du langage intermédiaire entre les voyelles et les consonnes, tel que [j] dans *yeux*, [w] dans *oui*, [ɥ] dans *huit.*

SEMNOPITHÈQUE n.m. (du gr. *semnos*, vénérable, et *pithêkos*, singe). Grand singe catarhinien des forêts d'Asie méridionale, vivant en bande (entelle, par ex.). ➲ Famille des colobidés.

SEMOIR n.m. **1.** Machine servant à semer les graines. **2.** Anc. Sac ou panier dans lequel le semeur portait les grains qu'il semait à la volée.

SEMONCE n.f. (de l'anc. fr. *semondre*, prier avec insistance). **1.** Avertissement mêlé de reproches ; remontrance. **2.** MAR. Ordre donné à un navire de montrer ses couleurs, de stopper. ■ **Coup de semonce** [mar.], coup de canon, à blanc ou réel, appuyant la semonce d'un navire ; fig., avertissement brutal donné à qqn.

SEMONCER **v.t. [9]. 1. MAR.** Donner un ordre de semonce à un navire. **2.** Litt. Réprimander ; blâmer.

SEMOULE **n.f.** (ital. *semola*). Aliment composé de fragments de grains de céréales (blé dur, maïs, riz), obtenus par mouture des grains humidifiés, suivie de séchage et de tamisage.

SEMOULERIE **n.f.** Usine où l'on fabrique de la semoule ; fabrication, industrie de la semoule.

SEMOULIER **n.m.** Fabricant de semoule.

SEMPERVIRENT, E [sɛ̃pɛrvirɑ̃, ɑ̃t] **adj.** (du lat. *semper virens*, toujours vert). **BOT. 1.** Se dit d'une forêt dont le feuillage ne se renouvelle pas selon un rythme saisonnier et qui apparaît toujours verte (CONTR. **caducifolié**). **2.** Se dit d'une plante qui porte des feuilles vertes toute l'année, de son feuillage.

SEMPITERNEL, ELLE **adj.** (du lat. *semper*, toujours, et *aeternus*, éternel). Répété indéfiniment, au point de lasser : *De sempiternelles jérémiades.*

SEMPITERNELLEMENT **adv.** Continuellement ; éternellement.

SEMPLE **n.m.** (p.-ê. de *1. simple*). **TEXT.** Ensemble de cordes verticales formant une partie du métier à tisser Jacquard.

SEMTEX [sɛmtɛks] **n.m.** (nom déposé). Puissant explosif plastique d'origine tchèque.

SEN [sɛn] **n.m.** (mot jap.). Monnaie divisionnaire valant 1/100 de l'unité monétaire principale de certains pays d'Extrême-Orient (Cambodge, Indonésie, Japon, Malaisie).

SÉNAT **n.m.** (lat. *senatus*, de *senex*, vieux). **1.** Seconde chambre ou chambre haute, dans les régimes à caractère parlementaire. **2.** (Avec une majuscule). Assemblée qui, avec l'Assemblée nationale, constitue le Parlement français. **3.** Lieu, bâtiment où se réunissent les sénateurs. **4. ANTIQ.** Nom donné à diverses assemblées politiques. ➲ Assemblée souveraine de la République romaine, le sénat perdit progressivement ses attributions sous l'Empire. ■ **Le Sénat conservateur,** l'assemblée contrôlant la constitutionnalité des lois sous le Consulat, le premier et le second Empire.

SÉNATEUR, TRICE **n.** Membre d'un sénat.

SÉNATORIAL, E, AUX **adj.** Relatif au sénat, à un sénateur. ■ **Élections sénatoriales,** ou **sénatoriales, n.f. pl.,** en France, élection des sénateurs au suffrage universel indirect.

SÉNATUS-CONSULTE [senatyskɔ̃sylt] **n.m.** (pl. *sénatus-consultes*) [lat. *senatus consultum*]. **1.** Sous le Consulat, le premier et le second Empire, acte voté par le Sénat et ayant force de loi. **2. ANTIQ.** Texte formulant l'avis du sénat romain.

SENAU **n.m.** (pl. *senaus*). Voilier marchand gréé en brick (XVIIIe et XIXe s.).

SÉNÉ **n.m.** (de l'ar.). **1.** Cassier. **2.** Laxatif extrait de la gousse du cassier. ■ **Séné d'Europe,** baguenaudier.

SÉNÉCHAL **n.m.** (pl. *sénéchaux*) [du francique *siniskalk*, serviteur plus âgé]. **HIST. 1.** En France, grand officier qui commandait l'armée et rendait la justice au nom du roi. **2.** Dans certaines provinces, agent du roi ayant les attributions d'un bailli.

SÉNÉCHAUSSÉE **n.f. HIST.** Étendue de la juridiction d'un sénéchal ; tribunal du sénéchal.

SÉNEÇON, ▲ *SÈNEÇON* **n.m.** (lat. *senecio*). Plante herbacée ou arbustive, à fleurs en capitules génér. jaunes, et dont une espèce est le *séneçon maritime* ou *cinéraire*. ➲ Famille des composées.

SÉNÉGALAIS, E **adj.** et **n.** Du Sénégal ; de ses habitants. ◆ **adj. HIST.** ■ **Tirailleurs sénégalais,** militaires recrutés par la France au Sénégal puis dans les territoires français d'Afrique noire, de 1857 à 1960.

SENELLIER **n.m.** → **CENELLIER.**

SÉNESCENCE **n.f.** (du lat. *senescens*, vieillissant). **BIOL. 1.** Vieillissement naturel des tissus et de l'organisme. **2.** Baisse des activités, des performances propre à la période de vie qui suit la maturité.

SÉNESCENT, E **adj.** Atteint par la sénescence.

SENESTRE [se-] ou **SÉNESTRE** **adj.** (du lat. *sinister*, gauche). **1. ZOOL.** Se dit de la coquille d'un gastéropode s'enroulant vers la gauche (à partir du sommet). **2. HÉRALD.** Qui est placé du côté gauche de l'écu pour l'écuyer, à droite pour l'observateur (par oppos. à *dextre*).

SENESTROCHÈRE ou **SÉNESTROCHÈRE** [-ʃɛr] ou [-kɛr] **n.m. HÉRALD.** Bras gauche représenté sur un écu.

SENESTRORSUM ou **SÉNESTRORSUM** [-sɔm] **adj. inv.** et **adv.** (lat. *senestrorsum*). Didact. Qui s'effectue dans le sens contraire du mouvement des aiguilles d'une montre (par oppos. à *dextrorsum*).

SÉNEVÉ, ▲ *SÈNEVÉ* **n.m.** (lat. *sinapi*). Plante annuelle dont les graines donnent une variété de moutarde (SYN. **moutarde des champs, ravenelle, sanve**).

SÉNILE **adj.** (lat. *senilis*, de *senex*, vieillard). **1.** Relatif à la vieillesse ; dû à la vieillesse : *Démence sénile.* **2.** Dont les facultés intellectuelles sont dégradées par l'âge.

SÉNILISME **n.m. MÉD.** Vieillissement pathologique très précoce.

SÉNILITÉ **n.f.** Diminution des facultés physiques et psychiques, chez certains vieillards.

SENIOR [senjɔr], ▲ *SÉNIOR, E* **adj.** et **n.** (du lat. *senior*, plus âgé). **1.** Qui concerne les plus de cinquante ans : *Les seniors voyagent beaucoup.* **2.** Confirmé, sur le plan professionnel : *Ingénieurs seniors.* **3.** Se dit d'un sportif qui a dépassé l'âge limite des juniors (génér. 20 ans) et qui n'est pas encore vétéran (génér. moins de 40 ans).

SÉNIORIE ou **SEIGNEURIE** **n.f.** Belgique. Résidence pour personnes âgées.

SÉNIORITÉ **n.f. ANTHROP.** Principe hiérarchique fondé sur l'ancienneté au sein du groupe.

SENNE ou **SEINE** **n.f.** (gr. *sagênê*). **PÊCHE.** Filet encerclant, parfois de vastes dimensions, mis à l'eau à partir d'une embarcation et pouvant être manœuvré depuis celle-ci ou du rivage.

SENNEUR **n.m.** Chalutier équipé de sennes.

SÉNOLOGIE **n.f.** Spécialité médicale qui étudie et traite les pathologies du sein.

SÉNONAIS, E **adj.** et **n.** De Sens.

SEÑORITA [seɲorita], ▲ *SÉNIORITA* **n.m.** (de l'esp. *señorita*, demoiselle). Petit cigare analogue au ninas.

SENS [sɑ̃s] **n.m.** (lat. *sensus*). **1.** Fonction par laquelle le système nerveux perçoit consciemment et analyse des objets et des phénomènes extérieurs ; sensibilité : *Les organes des sens.* **2.** Connaissance immédiate et intuitive ; don : *Avoir le sens de l'organisation.* **3.** Manière de comprendre, de juger ; avis : *À mon sens, il a raison.* **4.** Ce qui justifie et explique qqch ; finalité : *C'est le sens qu'elle a voulu donner à sa vie.* **5.** Ensemble des représentations que suggère un mot, un énoncé ; signification : *Ce mot a plusieurs sens.* **6.** Direction dans laquelle se fait un mouvement ; orientation : *Partez tous dans le même sens.* **7.** Direction de la circulation sur les voies routières : *Rue à sens unique.* **8.** Côté d'un corps, d'une chose : *Placez la table dans l'autre sens.* ■ **Le bon sens,** la capacité de juger sainement. ■ **Les cinq sens,** la vue, l'ouïe, l'odorat, le toucher, le goût. ■ **Le sens commun,** la faculté d'agir raisonnablement, commune à tous. ■ **Sens dessus dessous,** de façon que ce qui devait être dessus se trouve dessous ; dans un grand désordre ; dans un grand trouble émotionnel. ■ **Sens devant derrière,** de telle sorte que ce qui devait être devant se trouve derrière. (Dans ces deux loc., *sens* se prononce [sɑ̃].) ■ **Sens direct** ou **trigonométrique** ou **positif,** sens de rotation fixé conventionnellement comme étant le sens contraire du mouvement des aiguilles d'une montre (CONTR. **sens horaire, sens rétrograde**). ■ **Sens d'un axe, d'un vecteur, d'un bipoint,** son orientation. ➲ Pour une direction donnée, il y a deux sens possibles. ■ **Sens rétrograde** ou **horaire,** sens de rotation fixé conventionnellement comme étant celui des aiguilles d'une montre (CONTR. **sens direct, sens positif, sens trigonométrique**). ■ **Sixième sens,** intuition. ■ **Tomber sous le sens,** être évident. ◆ **n.m. pl.** Ensemble des fonctions de la vie organique qui procurent les plaisirs physiques, spécial. sexuels ; sensualité : *L'ivresse des sens.*

SENSATION **n.f.** (lat. *sensatio*, de *sentire*, sentir). **1.** Phénomène qui traduit de façon interne, chez un individu, une stimulation de l'un de ses organes récepteurs : *Sensation auditive, olfactive.* **2.** État psychologique découlant des impressions reçues et à prédominance affective ou physiologique : *Sensation de malaise, d'euphorie.* ■ **À sensation,** de nature à causer une émotion, à attirer l'attention : *Presse à sensation.* ■ **Avoir la sensation que,** avoir l'impression que. ■ **Faire sensation,** produire une vive impression d'intérêt, de surprise, d'admiration.

SENSATIONNALISME **n.m.** Goût, recherche systématique du sensationnel.

SENSATIONNEL, ELLE **adj. 1.** Qui produit une impression de surprise, d'intérêt, d'admiration : *Une découverte sensationnelle.* **2.** Fam. Qui est d'une valeur exceptionnelle ; remarquable : *Quelle idée sensationnelle !* ◆ **n.m.** Ce qui peut produire une forte impression de surprise, d'intérêt ou d'émotion : *Paparazzi en quête de sensationnel.*

SENSÉ, E **adj. 1.** Qui a du bon sens ; raisonnable : *Personne sensée.* **2.** Qui témoigne de bon sens ; judicieux : *Remarque sensée.*

✎ À distinguer de ***censé.***

SENSÉMENT **adv.** Vieilli. De façon sensée.

✎ À distinguer de ***censément.***

SENSEUR **n.m.** (anglo-amér. *sensor*). **TECHN.** Capteur.

SENSIBILISANT, E **adj.** et **n.m.** Se dit d'une substance qui augmente la sensibilité d'un explosif à l'amorçage.

SENSIBILISATEUR, TRICE **adj. 1.** Qui rend sensible à l'action de la lumière ou d'un autre agent. **2.** Qui sensibilise qqn, l'opinion à qqch. ◆ **n.m. PHOTOGR.** Produit servant à sensibiliser.

SENSIBILISATION **n.f. 1.** Action de sensibiliser ; fait d'être sensibilisé. **2. MÉD.** Introduction dans un organisme intact d'une substance étrangère (antigène) entraînant le développement d'anticorps.

SENSIBILISER **v.t. [3]. 1.** Rendre sensible, réceptif à qqch : *Sensibiliser les jeunes aux dangers de la vitesse.* **2. MÉD.** Provoquer une sensibilisation. **3.** Rendre sensible à une action physique, chimique : *L'usure de l'émail sensibilise les dents au froid.* **4. PHOTOGR.** Rendre une émulsion sensible à un rayonnement.

SENSIBILITÉ **n.f. 1.** Aptitude à réagir à des excitations externes ou internes. **2.** Fonction par laquelle le système nerveux perçoit et analyse les phénomènes extérieurs ou intérieurs. **3.** Aptitude à s'émouvoir, à éprouver de la compassion, un sentiment esthétique : *Œuvre pleine de sensibilité.* **4.** Opinion, courant politiques ; tendance : *Les différentes sensibilités du mouvement ont pu s'exprimer.* **5. MÉTROL.** Aptitude d'un instrument de mesure à déceler de très petites variations. **6. PHOTOGR.** Réponse d'une émulsion à l'énergie d'un rayonnement électromagnétique (lumière visible, notamm.), exprimée en valeur numérique.

SENSIBLE **adj.** (lat. *sensibilis*, de *sentire*, sentir). **1.** Perçu par les sens : *Aujourd'hui, le réchauffement est sensible.* **2.** Susceptible d'éprouver des perceptions, des sensations : *Avoir l'oreille sensible.* **3.** Facilement affecté par la moindre agression extérieure ; délicat : *Crème pour les peaux sensibles.* **4.** Facilement ému, touché ; impressionnable : *Reportage déconseillé aux personnes sensibles.* **5.** (À). Réceptif à certains sentiments, certaines impressions ; accessible : *Être sensible à la détresse des réfugiés. Peu sensible aux compliments.* **6.** Se dit d'un endroit du corps plus ou moins douloureux : *Zone sensible.* **7.** Que l'on doit traiter avec une vigilance particulière ; délicat : *Question, cas sensibles.* **8.** Que l'on remarque aisément ; notable : *Amélioration sensible.* **9. MÉTROL.** Qui indique les plus légères variations : *Manomètre sensible.* **10. PHOTOGR.** Se dit de la qualité d'une couche, d'une émulsion susceptible d'être impressionnée par la lumière : *Surface sensible.* ■ **Note sensible,** ou **sensible, n.f.** [mus.], septième degré de la gamme, situé un demi-ton au-dessous de la tonique. ■ **Quartier sensible,** espace urbain où règnent la précarité sociale, la délinquance et l'insécurité qui en résulte.

SENSIBLEMENT **adv. 1.** De façon notable : *Elle va sensiblement mieux.* **2.** De façon approximative : *Tous ces enfants ont sensiblement le même âge.*

SENSIBLERIE n.f. Sensibilité affectée et outrée.

SENSILLE [-sil] **n.f.** Poil ou cil du tégument, chez les insectes, sensible à divers types de vibrations.

SENSITIF, IVE adj. Relatif à la sensibilité : *Nerf sensitif.* ◆ **adj.** et **n. 1.** D'une sensibilité excessive. **2.** PSYCHIATR. Qui ressent vivement les réactions des autres à son égard.

SENSITIVE n.f. Mimosa.

SENSITOMÈTRE n.m. PHOTOGR. Appareil servant à réaliser des expositions échelonnées d'une surface sensible afin d'en déterminer les caractéristiques.

SENSITOMÉTRIE n.f. PHOTOGR. Technique de détermination des caractéristiques des surfaces sensibles.

SENSORIALITÉ n.f. Caractéristique d'un être vivant pourvu d'un système sensoriel.

SENSORIEL, ELLE adj. Relatif aux sens, aux organes des sens.

SENSORI-MOTEUR, TRICE (pl. *sensori-moteurs, trices*) ou **SENSORIMOTEUR, TRICE adj.** NEUROL. Qui concerne à la fois les phénomènes sensoriels et l'activité motrice.

SENSUALISME n.m. (du lat. *sensualis,* relatif aux sens). PHILOS. Doctrine selon laquelle nos idées sont uniquement produites par nos sensations. ➲ Nom donné de manière péjor. à l'empirisme radical de Condillac.

SENSUALISTE adj. et **n.** Relatif au sensualisme ; qui en est partisan.

SENSUALITÉ n.f. **1.** Tempérament d'une personne sensuelle ; volupté. **2.** Caractère de ce qui est sensuel : *La sensualité des tableaux de Renoir.*

SENSUEL, ELLE adj. et **n. 1.** Qui est porté vers les plaisirs des sens, les plaisirs érotiques, notamm. **2.** Dont l'aspect, le comportement, l'œuvre évoquent les plaisirs des sens : *Un artiste sensuel.* ◆ **adj.** Qui évoque le goût des plaisirs des sens : *Une bouche sensuelle.*

SENSUELLEMENT adv. Avec sensualité.

SENT-BON n.m. inv. Fam. Parfum, dans le langage enfantin.

SENTE n.f. (lat. *semita*). Litt. Petit sentier.

SENTENCE n.f. (lat. *sententia*). **1.** Décision rendue par un arbitre, un juge, un tribunal ; spécial., décision des tribunaux d'instance et des conseils de prud'hommes. **2.** Courte phrase de portée générale ; maxime.

SENTENCIEUSEMENT adv. De façon sentencieuse.

SENTENCIEUX, EUSE adj. D'une solennité affectée ; pompeux : *Ton sentencieux.*

SENTEUR n.f. Litt. Odeur agréable ; parfum : *La senteur de la lavande.*

SENTI, E adj. ■ **Bien senti,** exprimé avec force et sincérité : *Reproches bien sentis.*

SENTIENCE n.f. (du lat. *sentiens,* ressentant). Pour un être vivant, capacité à ressentir les émotions, la douleur, le bien-être, etc., et à percevoir de façon subjective son environnement et ses expériences de vie.

SENTIER n.m. (de *sente*). **1.** Chemin étroit. **2.** Fig. Voie que l'on suit pour atteindre un but : *Les sentiers du succès.*

SENTIMENT n.m. (de *sentir*). **1.** Connaissance plus ou moins claire que l'on a de qqch ; impression : *Avoir le sentiment de sa force, que l'on oublie qqch.* **2.** État affectif lié à certaines émotions ou certains événements : *Un sentiment d'inquiétude.* **3.** Manifestation d'une tendance, d'un penchant : *Être animé de bons sentiments.* **4.** Tendance à être facilement ému ; sensibilité : *Se laisser guider par ses sentiments.* **5.** Litt. Manière de penser ; opinion : *Donner son sentiment sur une question.*

SENTIMENTAL, E, AUX adj. (mot angl., du fr. *sentiment*). Relatif à l'amour : *Chanson sentimentale.* ◆ **adj.** et **n.** Qui manifeste une sensibilité un peu romanesque : *C'est un grand sentimental.*

SENTIMENTALEMENT adv. De façon sentimentale.

SENTIMENTALISME n.m. Attitude de qqn qui se laisse guider par une sensibilité exacerbée.

SENTIMENTALITÉ n.f. Caractère, attitude d'une personne sentimentale ; caractère de ce qui est sentimental.

SENTINE n.f. (lat. *sentina*). Litt. Lieu sale et humide.

SENTINELLE n.f. (ital. *sentinella*). **1.** Factionnaire. **2.** Personne qui fait le guet. **3.** (En appos.). Se dit d'un être vivant, d'un événement qui révèle un changement environnemental (pollution, par ex.) ou une modification de l'état de santé d'une population (déclenchement d'une épidémie, par ex.) : *Une espèce, un cas sentinelles.*

SENTIR v.t. [26] (lat. *sentire*). **1.** Percevoir une impression physique ; ressentir : *Sentir la fraîcheur de l'air, un caillou dans sa chaussure.* **2.** Percevoir par l'odorat ; humer : *Sentir le parfum de la glycine.* **3.** Connaître par intuition ; pressentir : *J'ai senti qu'elle ne plaisantait pas, qu'il allait se passer qqch.* ■ **Faire sentir,** faire comprendre : *Il leur a fait sentir son hostilité.* ■ **Ne pas pouvoir sentir qqn** [fam.], avoir de l'antipathie pour lui. ■ **Se faire sentir,** se manifester. ◆ **v.i. 1.** Répandre une odeur ; fleurer : *Cette cire sent bon.* **2.** Absol. Exhaler une mauvaise odeur ; empester : *Ce poisson commence à sentir.* **3.** (DE). En parlant d'une partie du corps, exhaler une mauvaise odeur : *Il sent des pieds.* **4.** Avoir telle apparence ; indiquer : *Ce ciel gris sent l'automne.* ◆ **SE SENTIR v.pr. 1.** Apprécier dans quelle disposition physique ou morale on se trouve : *Se sentir seul, bien.* **2.** Être perceptible : *Le froid se sent jusqu'ici.* ■ **Ne plus se sentir** [fam.], être grisé par le succès.

SEOIR [swar] **v.t. ind. [53]** (seulem. 3ᵉ pers. du sing. et du pl. et temps simples) [du lat. *sedere,* être assis]. Litt. Aller bien à : *Cette couleur sied aux brunes.* ◆ **v. impers.** Litt. Être convenable, souhaitable : *Il sied de répondre* ou *que vous répondiez poliment.* ■ **Il sied à qqn de** (+ inf.), il lui appartient de : *Il vous siéra de décider.*

SEP [sɛp] **n.m.** (du lat. *cippus,* pieu). Pièce de la charrue glissant sur le fond du sillon pendant le labour.

SEP ou **S.E.P.** [ɛsəpe] **n.f.** (sigle). Sclérose en plaques. (Au Québec, on emploie plutôt le sigle *SP.*)

SÉPALE n.m. (lat. *sepalum*). Chacune des pièces du calice d'une fleur.

SÉPARABLE adj. Qui peut être séparé ; dissociable.

SÉPARATEUR, TRICE adj. Qui sépare : *Cloison séparatrice.* ■ **Pouvoir séparateur,** qualité de l'œil, d'un instrument d'optique qui permet de distinguer deux points rapprochés. ◆ **n.m. 1.** Appareil servant à assurer la séparation d'éléments mélangés : *Séparateur magnétique.* **2.** ÉLECTROTECHN. Cloison mince, isolante, placée entre les plaques d'un accumulateur. **3.** INFORM. Délimiteur.

SÉPARATIF, IVE adj. Qui sépare, sert à séparer.

SÉPARATION n.f. (lat. *separatio*). **1.** Action de séparer, d'isoler ; dissociation : *La séparation du blanc et du jaune d'un œuf.* **2.** Fait de distinguer, de mettre à part ; distinction : *La séparation des pouvoirs.* **3.** Fait de se séparer, de se quitter ; rupture : *La séparation d'un couple.* **4.** CHIM. Opération d'extraction visant à isoler un ou plusieurs constituants d'un mélange homogène ou hétérogène. ■ **Séparation de biens,** régime matrimonial qui permet à chaque époux de conserver la jouissance et la libre disposition de tous ses biens présents ou futurs. ■ **Séparation de corps,** suppression du devoir de cohabitation entre époux et substitution du régime de séparation de biens au régime matrimonial antérieur par jugement. ■ **Séparation de fait,** état de deux époux qui vivent séparés sans y avoir été autorisés par un jugement de séparation de corps ou de divorce. ■ **Séparation des Églises et de l'État,** système législatif dans lequel les Églises sont considérées par l'État comme des personnes privées. ➲ Elle remonte à la loi du 9 décembre 1905, en France. ■ **Séparation des patrimoines,** privilège accordé aux créanciers d'une personne décédée de se faire payer par préférence aux créanciers personnels de l'héritier de la succession. ■ **Séparation isotopique** [nucl.], opération ayant pour objet de modifier la teneur relative des isotopes d'un élément donné dans un mélange.

SÉPARATISME n.m. Attitude, tendance des habitants d'un territoire désireux de le séparer de l'État dont il fait partie.

SÉPARATISTE adj. et **n.** Relatif au séparatisme ; qui en est partisan.

SÉPARÉ, E adj. 1. Qui est isolé d'un ensemble ; distinct : *Faire des comptes séparés.* **2.** DR. Qui est sous un régime de séparation.

SÉPARÉMENT adv. À part l'un de l'autre ; isolément : *Témoins interrogés séparément.*

SÉPARER v.t. [3] (du lat. *separare,* mettre à part). **1.** Éloigner l'une de l'autre des choses, des personnes qui étaient ensemble : *Séparer le blanc du linge de couleur. Séparer des enfants qui se battent.* **2.** Classer à part ; trier : *Séparer le verre et le papier* ou *le verre du papier.* **3.** Partager un espace ; diviser : *Séparer une parcelle en deux.* **4.** Former une limite entre : *Une haie nous sépare des voisins.* **5.** Fig. Être source d'éloignement, cause de désunion ; brouiller : *Leurs obligations professionnelles les ont séparés.* **6.** Considérer chaque chose pour elle-même, en elle-même ; distinguer : *Il faut séparer ce cas des autres.* **7.** CHIM. Extraire les divers constituants d'un mélange. ◆ **SE SÉPARER v.pr. 1.** Cesser de vivre avec ; se quitter : *Il s'est séparé de sa femme.* **2.** Cesser d'être en relations avec : *Partenaires qui se sont séparés.* **3.** En parlant d'un groupe, se disperser : *Les négociateurs se sont séparés sur un accord.* **4.** Ne plus conserver avec soi : *Vous n'auriez pas dû vous séparer de ce document.* **5.** Se diviser en plusieurs éléments : *La route se sépare en deux voies.*

SÉPIA n.f. (de l'ital. *seppia,* seiche). **1.** Liquide sécrété par la seiche. **2.** Matière colorante brune, autref. faite avec la sépia de seiche, utilisée pour le dessin au lavis. **3.** Dessin à la sépia. ◆ **adj. inv.** De la couleur de la sépia.

▲ **sépia.** Dessin à la sépia de Victor Hugo, illustrant *les Travailleurs de la mer* (la pieuvre aux initiales de l'auteur, « V » et « H », 1866).

SÉPIOLE n.f. (lat. *sepiola*). Petite seiche comestible, aux nageoires en ailes de papillon.

SÉPIOLITE n.f. (du gr. *sêpion,* os de seiche). MINÉRALOG. Écume de mer.

SEPPUKU [sepuku] **n.m.** (mot jap.). Suicide par incision du ventre, particulier au Japon et improprement appelé *hara-kiri.*

SEPS [sɛps] **n.m.** (gr. *sêps*). Scinque des pays méditerranéens, au corps anguiforme doté de membres très réduits.

SEPT [sɛt] **adj. num.** et **n.m. inv.** (lat. *septem*). **1.** Nombre qui suit six dans la suite des entiers naturels. **2.** Septième : *Tome sept. Charles VII.*

SEPTAIN [sɛtɛ̃] **n.m.** Strophe ou poème de sept vers.

SEPTAL, E, AUX [sɛp-] **adj.** ANAT. Relatif à un septum.

SEPTANTAINE [sɛp-] **n.f.** Belgique, Suisse. Ensemble de soixante-dix unités ou environ.

SEPTANTE [sɛp-] **adj. num. inv.** Belgique, Suisse. Soixante-dix.

SEPTANTIÈME [sɛp-] **adj. num. ord.** et **n.** Belgique, Suisse. Soixante-dixième.

SEPTEMBRE n.m. (du lat. *septem,* sept, l'année romaine commençant en mars). Neuvième mois de l'année.

SEPTENNAL, E, AUX adj. (du lat. *septem,* sept, et *annus,* an). Qui revient tous les sept ans ; qui dure sept ans.

SEPTENNALITÉ n.f. Didact. Caractère de ce qui est septennal.

SEPTENNAT n.m. Durée d'un mandat de sept ans ; spécial., en France, durée du mandat du président de la République, de 1873 à 2002. ➲ C'est le 20 novembre 1873 que l'Assemblée nationale, face à l'échec de la restauration monarchique, décida que le pouvoir exécutif serait confié pour sept ans au maréchal de Mac-Mahon, avec le titre de président de la République. Le septennat a été abandonné à partir de 2002 au profit du quinquennat.

SEPTENTRION n.m. (du lat. *septemtriones*, les sept étoiles de la Grande Ourse). Litt. Nord.

SEPTENTRIONAL, E, AUX adj. Situé au nord ; relatif aux régions du Nord.

SEPTICÉMIE n.f. (du gr. *sêptikos*, qui putréfie, et *haima*, sang). **MÉD.** Infection générale due à la dissémination de bactéries par voie sanguine (par oppos. à *bactériémie*).

SEPTICÉMIQUE adj. Relatif à la septicémie.

SEPTICOPYOHÉMIE n.f. (du gr. *sêptikos*, qui putréfie, *puon*, pus, et *haima*, sang). Septicémie compliquée par l'apparition de un ou plusieurs abcès.

SEPTIÈME [sɛtjɛm] **adj. num. ord.** et **n.** (lat. *septimus*). Qui occupe un rang marqué par le nombre sept. ▪ **Être au septième ciel,** au comble du bonheur. ▪ **Le septième art** → **ART.** ◆ **adj.** et **n.m.** Se dit d'une quantité désignant le résultat d'une division par sept. ◆ **n.f. MUS.** Intervalle de sept degrés.

SEPTIÈMEMENT adv. En septième lieu.

SEPTIMO adv. (mot lat.). Septièmement, dans une énumération commençant par *primo*.

SEPTIQUE adj. (du gr. *sêptikos*, qui putréfie). Dû à des micro-organismes ; contaminé par des micro-organismes pathogènes. ▪ **Fosse septique** → **FOSSE.**

✎ À distinguer de ***sceptique.***

SEPTMONCEL [sɛmɔ̃sɛl] **n.m.** (de *Septmoncel*, comm. du Jura). Fromage cylindrique au lait de vache, à pâte persillée, fabriqué dans le Jura.

SEPTOMYCÈTE n.m. Champignon supérieur, à mycélium formé de filaments cloisonnés, tel que les ascomycètes et les basidiomycètes.

SEPTUAGÉNAIRE adj. et **n.** (du lat. *septuageni*, soixante-dix). Âgé de soixante-dix à soixante-dix-neuf ans.

SEPTUAGÉSIME n.f. (lat. *septuagesimus*). **CATH.** Avant 1969, premier des trois dimanches préparant le carême ; période de soixante-dix jours avant Pâques ouverte par ce dimanche.

SEPTUM [sɛptɔm] **n.m.** (mot lat. « barrière »). **1. ANAT.** Cloison entre deux parties d'un tissu vivant, d'un organe. **2. CHIM.** Diaphragme permettant d'obturer une tubulure ou un récipient. ➲ Avec une seringue, on peut, à travers le septum, faire le vide, ajouter ou soutirer un produit.

SEPTUOR n.m. (de *sept*, d'apr. *quatuor*). **1.** Ensemble vocal ou instrumental de sept exécutants. **2.** Composition vocale ou instrumentale à sept parties.

SEPTUPLE adj. et **n.m.** (lat. *septuplus*). Qui vaut sept fois autant.

SEPTUPLER v.t. [3]. Multiplier par sept. ◆ **v.i.** Être multiplié par sept.

SÉPULCRAL, E, AUX adj. Litt. **1.** Relatif à un sépulcre ; funéraire. **2.** Qui évoque les sépulcres, les tombeaux, la mort ; funèbre : *Silence sépulcral.* ▪ **Voix sépulcrale,** voix sourde, caverneuse.

SÉPULCRE n.m. (lat. *sepulcrum*). Litt. Tombeau. ▪ **Le Saint-Sépulcre,** v. partie n.pr.

SÉPULTURE n.f. (lat. *sepultura*). Lieu où l'on inhume un corps.

SÉQUELLE n.f. (du lat. *sequela*, conséquence). **1.** Lésion ou trouble fonctionnels qui persistent après la consolidation d'une blessure ou la stabilisation d'une maladie. **2.** (Surtout pl.). Troubles qui sont le contrecoup d'un événement grave : *Les séquelles de la guerre.*

SÉQUENÇAGE n.m. GÉNÉT. Détermination de la séquence des bases azotées constituant un fragment d'ADN. ▪ **Séquençage du génome humain,** programme de recherche ayant pour but de déterminer la séquence des nucléotides et des bases de tous les gènes humains, en vue de les localiser et de déterminer leur fonction. ➲ Les techniques mises en œuvre conduisent à établir une *carte génétique et une *carte physique du génome. Les résultats obtenus ont révélé un nombre de gènes (près de 26 000) inférieur aux prévisions et suggèrent que leur fonctionnement est plus complexe qu'on ne le pensait.

SÉQUENCE n.f. (du lat. *sequens*, suivant). **1.** Suite ordonnée d'éléments, d'objets, d'opérations, de mots, etc. ; série. **2.** Scène d'un film, située le plus souvent dans un même lieu, et constituée d'une suite de plans. **3. JEUX.** Série d'au moins trois cartes de même couleur qui se suivent. **4. INFORM.** Succession des phases opératoires d'un programme d'automatisme séquentiel. ▪ **Séquence culturelle** [préhist.], période pendant laquelle se perpétue le mode de vie d'une population dans un territoire donné. ▪ **Séquence d'enseignement,** ensemble de séances liées entre elles et permettant d'atteindre un des objectifs fixés par le programme.

SÉQUENCER v.t. [9]. BIOL. Déterminer l'ordre dans lequel se succèdent les éléments constituant une macromolécule (acides aminés d'une protéine, nucléotides d'un acide nucléique, etc.).

SÉQUENCEUR n.m. INFORM. Organe de commande d'un ordinateur qui déclenche les différentes phases de l'exécution des instructions.

SÉQUENTIEL, ELLE adj. 1. INFORM. Relatif à une séquence, à une suite ordonnée d'opérations. **2. AUTOM.** Se dit d'une boîte de vitesses à commande électronique. ▪ **Traitement séquentiel** [inform.], traitement des données dans l'ordre où elles se présentent, sans sélection, regroupement ou tri préalable.

SÉQUESTRATION n.f. 1. Action de séquestrer ; fait d'être séquestré. **2.** Infraction qui consiste à maintenir illégalement une personne enfermée. ▪ **Séquestration naturelle du CO_2** → **CO_2.**

SÉQUESTRE n.m. (du lat. *sequester*, arbitre). **1. DR.** Dépôt provisoire entre les mains d'un tiers d'un bien litigieux en vue de sa conservation ; dépositaire de ce bien. **2. MÉD.** Fragment osseux nécrosé et détaché du reste de l'os après fracture ou infection.

SÉQUESTRER v.t. [3]. 1. Maintenir illégalement qqn enfermé : *Séquestrer le directeur d'une usine.* **2. DR.** Mettre sous séquestre. **3. ÉCOL.** Pratiquer une séquestration.

SEQUIN n.m. (ital. *zecchino*, de l'ar.). **1.** Petit disque en métal ou en plastique coloré, cousu sur un vêtement ou une étoffe pour l'orner ; paillette. **2. NUMISM.** Ducat créé à Venise à la fin du XIIIe s., qui devint la monnaie du grand commerce méditerranéen et fut imité dans toute l'Europe.

SÉQUOIA [sekɔja] **n.m.** (du n. de *See-Quayah*, chef indien). Conifère géant de Californie, qui atteint 110 m de haut et peut vivre près de deux mille ans. ➲ Famille des taxodiacées.

▲ **séquoia**

SÉRAC n.m. (du lat. *serum*, petit-lait). **1.** Amas chaotique de glaces aux endroits où la pente du lit glaciaire s'accentue et où l'adhérence du glacier diminue. **2.** Caillé obtenu par chauffage du sérum provenant de la fabrication des fromages à pâte cuite, tel le gruyère.

SÉRAIL n.m. (ital. *serraglio*, du persan). **1.** Dans l'Empire ottoman, palais (notamm. celui du sultan d'Istanbul) ; harem de ce palais. **2.** Fig. Milieu fermé et influent dont on connaît les rouages : *Fils d'acteur, ce jeune comédien a été élevé dans le sérail.*

SERAPEUM ou **SÉRAPÉUM** [serapeɔm] **n.m.** (du bas lat. *serapeum*, temple de Sérapis). **1.** Nécropole des taureaux Apis, en Égypte. **2.** Temple de Sérapis, dans le monde gréco-romain.

1. SÉRAPHIN n.m. (hébr. *seraphim*). Dans la tradition juive et chrétienne, ange qui appartient au plus élevé en dignité des neuf chœurs.

2. SÉRAPHIN, E adj. et **n.** Québec. Fam. Avare.

SÉRAPHIQUE adj. 1. Relatif aux séraphins, aux anges. **2.** Litt. Digne des anges ; céleste : *Un chœur séraphique.*

SERBE adj. et **n.** De la Serbie ; de ses habitants. ◆ **n.m.** Langue officielle de la Serbie et, avec le bosniaque et le croate, de la Bosnie-Herzégovine.

SERBO-CROATE adj. (pl. *serbo-croates*). Relatif à la fois à la Serbie et à la Croatie. ◆ **n.m.** Langue slave méridionale parlée par la majorité des populations de l'ancienne Yougoslavie.

SERDAB [sɛrdab] **n.m.** (du persan *sard-āb*, salle souterraine). **ARCHÉOL.** À l'intérieur d'un mastaba, réduit muré qui communique par une fente étroite avec la chapelle et contient les statues du défunt.

SÉRÉ n.m. (du lat. *serum*, petit-lait). Suisse. Fromage blanc.

1. SEREIN, E adj. (du lat. *serenus*, sans nuages). **1.** Qui est exempt de trouble, d'inquiétude ; paisible : *Le ministre dit qu'il est serein. Une attente sereine.* **2.** Litt. Clair, pur et calme : *Ciel serein.*

2. SEREIN n.m. Litt. ou région. Pluie très fine qui tombe parfois d'un ciel limpide, après le coucher du soleil.

SEREINEMENT adv. Avec sérénité.

SÉRÉNADE n.f. (de l'ital. *serenata*, nuit sereine). **1.** Concert vocal et instrumental donné la nuit sous les fenêtres de qqn, pour lui rendre hommage. **2.** Pièce instrumentale en plusieurs mouvements ; pièce vocale accompagnée par un ou plusieurs instruments. **3.** Fam. Vifs reproches faits en criant : *Il a eu droit à une sérénade.*

SÉRENDIPITÉ n.f. (angl. *serendipity*). Capacité, art de faire une découverte, scientifique notamm., par hasard ; la découverte ainsi faite.

SÉRÉNISSIME adj. (ital. *serenissimo*). Qualificatif donné à quelques princes ou hauts personnages : *Altesse sérénissime.* ▪ **La Sérénissime République,** la république de Venise aux XVe-XVIe s.

SÉRÉNITÉ n.f. (lat. *serenitas*). État de calme, de tranquillité : *Travailler dans la sérénité* ; état d'un temps serein ; pureté.

SÉREUSE n.f. et **adj.f. ANAT.** Membrane formée de deux feuillets accolés (péritoine, plèvre, péricarde, etc.).

SÉREUX, EUSE adj. (du lat. *serum*, petit-lait). **MÉD.** Relatif au sérum sanguin, à une sérosité ou à une séreuse.

SERF, SERVE [sɛr(f), sɛrv] **n.** et **adj.** (du lat. *servus*, esclave). **HIST.** Personne astreinte au servage.

SERFOUETTE n.f. Outil de jardinage constitué d'un manche et d'un fer formant lame d'un côté et fourche à deux dents de l'autre.

SERGE n.f. (du lat. *serica*, étoffes de soie). **1.** Tissu de laine dont l'armure est celle du sergé. **2.** Étoffe de soie travaillée comme la serge.

SERGÉ n.m. Armure utilisée pour le tissage d'étoffes à côtes obliques servant à la fabrication de jeans imperméables, de vêtements de travail.

SERGENT, E n. (du lat. *servire*, être au service). Premier grade des sous-officiers dans certaines armes de l'armée de terre et dans l'armée de l'air. ◆ **n.m.** ▪ **Sergent de ville** [anc.], gardien de la paix.

SERGENT-CHEF, SERGENTE-CHEF n. (pl. *sergents-chefs, sergentes-chefs*). Deuxième grade des sous-officiers dans certaines armes des armées de terre et de l'air.

SERGENT-MAJOR n.m. (pl. *sergents-majors*). Anc. Grade compris entre ceux de sergent-chef et d'adjudant (1776-1972).

SÉRIALISME n.m. Caractère de la musique sérielle.

SÉRIATION n.f. Action de sérier.

SÉRICICOLE adj. (du lat. *sericus*, de soie, et *colere*, cultiver). Relatif à la sériciculture.

SÉRICICULTEUR, TRICE n. Éleveur de vers à soie.

SÉRICICULTURE n.f. Élevage des vers à soie pour l'obtention de cocons utilisés en filature.

SÉRICIGÈNE adj. Se dit des insectes, des organes qui produisent de la soie.

SÉRICINE n.f. Grès de la soie.

SÉRIE n.f. (lat. *series*). **1.** Ensemble de choses de même nature ou présentant des caractères communs ; succession : *Une série d'entretiens* ; ensemble d'objets de même sorte, rangés dans un certain ordre ; collection : *Une série de timbres.* **2.** Groupe d'objets partageant la même caractéristique ; catégorie : *Le numéro de série d'une voiture* ; classe : *On peut classer cette auto dans la série des routières.* **3.** MUS. Succession, dans un ordre fixé par le compositeur, des douze sons de l'échelle chromatique. **4.** SPORTS. Ensemble de yachts ayant des caractéristiques suffisamment voisines pour concourir simultanément. **5.** SPORTS. Dans certains sports ou compétitions, nom donné aux épreuves éliminatoires. **6.** CHIM. ORG. Groupe de composés organiques de structures similaires. **7.** GÉOL. Subdivision stratigraphique regroupant plusieurs étages. ➲ L'équivalent géochronologique de la série est l'époque*. ■ **En série** [électrotechn.], se dit du couplage de dispositifs parcourus par le même courant (CONTR. **en dérivation**) ; en cascade : *Interpellations en série.* ■ **Fabrication en série,** fabrication d'un grand nombre de pièces, avec des méthodes industrielles permettant d'abaisser le prix de revient. ■ **Film de série B,** Z → **B, Z.** ■ **Hors série,** qui n'est pas de fabrication courante ; fig., qui est exceptionnel : *Une actrice hors série.* ■ **Loi des séries,** selon laquelle des événements de même nature (heureuse ou malheureuse) se produisent en cascade seraient liés par un rapport de causalité. ■ **Série de terme général u_n** [math.], somme $u_0+u_1+...u_n+...=\sum_{i=0}^{\infty} u_i$, dont les termes en nombre infini sont ceux d'une suite (u_n) de nombres ou de fonctions. ■ **Série noire,** suite d'accidents, de malheurs. ■ **Série télévisée,** ensemble d'épisodes ayant chacun leur unité et diffusés à intervalles réguliers. ■ **Tueur en série,** criminel qui tue plusieurs personnes, de manière successive et répétitive. ■ **Voiture de série,** voiture d'un type répété à de nombreux exemplaires et fabriquée à la chaîne (par oppos. à *prototype*).

SÉRIEL, ELLE adj. Relatif à une série ; qui forme une série. ■ **Musique sérielle,** qui applique les principes de la série dodécaphonique à d'autres paramètres que celui de la hauteur des sons (durées, tempos, nuances, timbres, etc.).

SÉRIER v.t. [5]. Classer par nature, par importance ; hiérarchiser : *Sérier les points à aborder.*

SÉRIEUSEMENT adv. D'une façon sérieuse.

SÉRIEUX, EUSE adj. (lat. *serius*). **1.** Qui agit avec réflexion et application, respecte ses engagements : *Une collaboratrice sérieuse.* **2.** Sur quoi on peut se fonder ; fiable : *Des études sérieuses ont été menées.* **3.** Qui ne plaisante pas ; solennel : *Prendre un ton sérieux.* **4.** Qui ne fait pas d'écart de conduite ; sage : *Adolescents sérieux.* **5.** Qui peut avoir des suites fâcheuses ; préoccupant : *De sérieux troubles de la vision.* ◆ n.m. **1.** Air, expression graves : *Garder son sérieux.* **2.** Qualité de qqn de posé, de réfléchi ; application : *Traiter une affaire avec sérieux.* **3.** Caractère de ce qui est important et mérite attention ; gravité : *Le sérieux d'une accusation.* ■ **Prendre qqn, qqch au sérieux,** estimer qu'il est digne de considération ; penser qu'il s'agit de qqch d'important. ■ **Se prendre au sérieux,** se croire très important.

SÉRIGRAPHIE n.f. (du lat. *sericus*, de soie). Procédé d'impression à travers un écran de tissu, dérivé du pochoir.

SERIN, E n. (du gr. *seirên*, sirène). **1.** Passereau d'Eurasie et d'Afrique, à plumage jaune verdâtre, dont une espèce des îles Canaries est élevée sous le nom de *canari.* ➲ Famille des fringillidés. (V. planche *oiseaux de cage ou de volière.*) **2.** Fam. Niais ; nigaud.

SÉRINE n.f. (de *sérum*). BIOCHIM. Acide aminé pouvant servir à la synthèse du glucose ou entrer dans la constitution de protéines ou de lipides.

SERINER v.t. [3]. **1.** Instruire un oiseau avec une serinette. **2.** Fam. Répéter inlassablement qqch à qqn ; rabâcher.

SERINETTE n.f. Boîte à musique utilisée pour apprendre à chanter aux oiseaux.

SERINGA n.m. (du lat. *syringa*, seringue). Arbuste des régions tempérées de l'hémisphère Nord, aux fleurs blanches odorantes. ➲ Famille des saxifragacées.

SERINGUE n.f. (lat. *syringa*). Instrument qui permet d'injecter ou de prélever un liquide dans les tissus ou les cavités naturelles du corps, formé d'un piston et d'un corps de pompe muni d'un embout où l'on adapte une aiguille.

SÉRIQUE adj. MÉD. Relatif ou dû au sérum sanguin.

SERLIENNE n.f. (ital. *serliano*, du n. de S. *Serlio*). ARCHIT. Triplet constitué d'une baie couverte d'un arc en plein cintre, encadrée de deux baies rectangulaires dont les linteaux forment les impostes de l'arc.

SERMENT n.m. (lat. *sacramentum*, de *sacrare*, rendre sacré). **1.** Affirmation solennelle, en vue d'attester la vérité d'un fait, la sincérité d'une promesse, l'engagement de bien remplir les devoirs de sa profession (officiers ministériels, avocats, médecins) ou de sa fonction (garde-chasse) : *Témoigner sous serment.* **2.** Promesse solennelle : *Faire le serment de se taire.* ■ **Serment d'ivrogne** [fam.], qui ne sera pas tenu.

SERMON n.m. (du lat. *sermo, -onis*, discours). **1.** Prédication faite au cours de la messe. **2.** Discours moralisateur et ennuyeux.

SERMONNAIRE n.m. CHRIST. **1.** Auteur de sermons. **2.** Recueil de sermons.

SERMONNER v.t. [3]. Faire des remontrances à ; admonester.

SERMONNEUR, EUSE n. et adj. Personne qui sermonne : *Une lettre sermonneuse.*

SÉROCONVERSION n.f. MÉD. Passage de l'état séronégatif à l'état séropositif, se produisant un certain temps après un contage infectieux.

SÉRODIAGNOSTIC n.m. MÉD. Diagnostic des maladies infectieuses fondé sur la recherche dans le sérum de l'anticorps spécifique d'un agent infectieux.

SÉROLOGIE n.f. MÉD. Étude des sérums, de leurs propriétés, de leurs applications.

SÉROLOGIQUE adj. Relatif à la sérologie.

SÉRONÉGATIF, IVE adj. et n. Se dit de qqn dont le sérodiagnostic est négatif ; spécial., se dit de qqn pour qui le sérodiagnostic du virus du sida est négatif.

SÉROPOSITIF, IVE adj. et n. Se dit de qqn dont le sérodiagnostic est positif ; spécial., se dit de qqn pour qui le sérodiagnostic du virus du sida est positif.

SÉROPOSITIVITÉ n.f. Caractère séropositif.

SÉROSITÉ n.f. (de *séreux*). Liquide voisin du sérum sanguin, contenu normalement dans les membranes séreuses, et constituant les œdèmes ou certains épanchements.

SÉROTHÉRAPIE n.f. MÉD. Méthode de traitement de certaines maladies infectieuses par les sérums.

SÉROTONINE n.f. BIOCHIM. Substance présente dans différents organes, notamm. le cerveau, où elle joue un rôle de neurotransmetteur.

SÉROVACCINATION n.f. MÉD. Injection d'un anticorps, d'action immédiate mais peu durable, et d'un vaccin, d'action durable mais retardée.

SERPE n.f. (du lat. *sarpere*, tailler). Outil tranchant à manche court, à fer plat et large, servant à couper les branches. ■ **Visage taillé à coups de serpe,** visage anguleux, aux traits accusés.

SERPENT n.m. (lat. *serpens, -entis*, de *serpere*, ramper). **1.** Reptile dépourvu de membres et de paupières, se déplaçant par reptation, et dont il existe env. 3 000 espèces, parmi lesquelles la couleuvre, la vipère, le cobra, le python, l'anaconda. ➲ Cri : le serpent siffle. Les serpents forment le sous-ordre des ophidiens. **2.** Fig. Personne perfide et méchante. ■ **Serpent à lunettes,** autre nom du naja, un cobra ainsi nommé pour le dessin visible sur son capuchon dilaté. ■ **Serpent à sonnette,** nom donné cour. aux crotales (sauf une espèce), en raison des sons qu'ils émettent avec leurs cascabelles. ■ **Serpent de mer,** très grand animal marin qui aurait été observé dans l'océan Indien et le Pacifique ; fam., sujet qui revient régulièrement dans l'actualité ou dans les conversations ; marronnier. ■ **Serpent de verre,** orvet.

SERPENTAIRE n.m. **1.** Grand rapace des savanes africaines, aux pattes très longues, qui se nourrit surtout de serpents (SYN. **2. secrétaire**). ➲ Famille des sagittariidés. **2.** Rapace voisin de l'aigle se nourrissant surtout de serpents. ➲ Famille des accipitridés. (V. ill. *rapaces.*)

SERPENTEAU n.m. **1.** Jeune serpent. **2.** Pièce d'artifice qui, après allumage, s'échappe avec un mouvement sinueux.

SERPENTEMENT n.m. État de ce qui serpente.

SERPENTER v.i. [3]. Décrire des sinuosités : *La file d'attente serpente devant le guichet.*

SERPENTIFORME adj. Anguiforme.

SERPENTIN n.m. **1.** Longue et étroite bande de papier coloré enroulée sur elle-même, qui se déroule quand on la lance dans un cotillon. **2.** Tube d'un échangeur de chaleur, placé sur une paroi, dans une enceinte, enroulé de façon à être le plus long possible.

SERPENTINE n.f. **1.** MINÉRALOG. Silicate de magnésium hydraté, issu notamm. de l'altération de l'olivine ; roche vert sombre constituée essentiellement de ce minéral et résultant du métamorphisme de roches ultrabasiques. **2.** Anc. Petite pièce d'artillerie de rempart (XVIe et XVIIe s.).

SERPETTE n.f. Petite serpe.

SERPILLIÈRE [sɛrpijɛr], ▲ *SERPILLÈRE* n.f. (du lat. *scirpulus*, de jonc). Carré de tissu gaufré, utilisé pour laver les sols.

SERPOLET n.m. (moyen fr. *serpol*, du lat. *serpullum*). Plante aromatique voisine du thym, utilisée comme condiment. ➲ Famille des labiées.

SERPULE n.f. (du lat. *serpula*, petit serpent). Annélide marin construisant un tube calcaire irrégulier sur les rochers côtiers. ➲ Classe des polychètes.

SERRA n.f. (mot port.). Montagne, dans les pays de langue portugaise.

SERRAGE n.m. Action de serrer.

SERRAN n.m. (du lat. *serra*, scie). Poisson des côtes rocheuses, voisin du mérou, aussi appelé *perche de mer.* ➲ Famille des serranidés.

SERRANIDÉ n.m. Poisson marin côtier à opercules épineux, très vorace, tel que le serran et le mérou. ➲ Les serranidés forment une famille.

SERRANO n.m. (mot esp.). Jambon cru salé et séché, très apprécié. ➲ Spécialité espagnole.

SERRATULE n.f. (lat. *serratula*). Plante herbacée à fleurs mauves, aussi appelée *sarrette.* ➲ Famille des composées.

1. SERRE n.f. (de *serrer*). **1.** (Surtout pl.). Griffe des oiseaux de proie. **2.** AGRIC. Action de soumettre des fruits à une pression pour en extraire le jus. **3.** MAR. Poutre longitudinale renforçant la structure d'un navire.

2. SERRE n.f. (de *serrer*). Construction légère à parois translucides en verre ou en matière plastique, permettant de protéger les plantes des intempéries. ■ **Effet de serre** [météorol.], phénomène de réchauffement des basses couches de l'atmosphère terrestre induit par des gaz (dioxyde de carbone*, méthane, vapeur d'eau, etc., dits *gaz à effet de serre [GES]*) qui les rendent opaques au rayonnement infrarouge émis par la Terre.

3. SERRE n.m. (du lat. *serra*, scie). Région. (Sud-Est). Crête étroite et allongée entre deux vallées.

SERRÉ, E adj. **1.** Se dit d'un vêtement trop ajusté ; étroit : *Une veste serrée.* **2.** Constitué d'éléments très rapprochés ; dense : *En rangs serrés.* **3.** Fig. Fondé sur la rigueur, l'exactitude ; méthodique : *La discussion a été serrée.* **4.** Qui offre peu de latitude, de possibilités : *Emploi du temps, budget serré.* ■ **Café serré,** café express très fort (par oppos. à *allongé*). ■ **Cheval serré du devant, du derrière,** dont les membres antérieurs, postérieurs sont trop rapprochés. ◆ adv. Avec prudence et application : *Jouer serré.*

SERRE-FILE n.m. (pl. *serre-files*). MIL. **1.** Gradé placé derrière une troupe en marche pour s'assurer que chacun suit à sa place. **2.** Dernier navire d'une ligne de marche ou de combat.

SERRE-FILS [-fil] n.m. inv., ▲ *SERRE-FIL* n.m. (pl. *serre-fils*). ÉLECTROTECHN. Pièce reliant, par serrage, deux ou plusieurs conducteurs.

Les serpents

SERRE-JOINT n.m. (pl. *serre-joints*). TECHN. Instrument pour assembler provisoirement entre eux différents éléments d'un ensemble.

SERRE-LIVRES n.m. inv., ▲ *SERRE-LIVRE n.m. (pl. serre-livres).* Objet servant à maintenir des livres serrés debout, les uns contre les autres.

SERREMENT n.m. MIN. Barrage étanche et résistant à la pression de l'eau, fermant une galerie. ▪ **Serrement de cœur,** oppression causée par une émotion douloureuse. ▪ **Serrement de main,** action de serrer la main de qqn ; poignée de main.

SERRER v.t. [3] (du lat. pop. *serrare,* fermer avec une barre). **1.** Exercer une pression sur deux côtés de qqch pour le tenir, le maintenir en place : *Le commissaire serrait sa pipe entre ses dents.* **2.** Refermer les bras sur ; étreindre : *Serrer un ami dans ses bras.* **3.** Comprimer une partie du corps, en parlant d'un vêtement ; brider : *Ces chaussures me serrent.* **4.** Rapprocher les uns des autres les éléments d'un tout : *Nous avons dû serrer les invités autour de la table. Serrer les livres sur une étagère.* **5.** Tirer sur les extrémités d'un lien et le tendre : *Serrer un nœud.* **6.** Assujettir solidement un dispositif de fixation, de fermeture ; bloquer : *Serrer le couvercle d'un bocal.* **7.** Approcher au plus près de : *C'est étroit, serre le trottoir.* **8.** Pousser qqn contre un obstacle pour gêner ses mouvements ; coincer : *Je l'ai serré dans une encoignure et il a dû m'écouter.* **9.** Arg. Arrêter ; appréhender. **10.** Vx ou région. ; Antilles, Québec. Ranger ; remiser : *Serrer la vaisselle dans l'armoire.* **11.** Vx ou région. ; Antilles, Québec. Ranger en lieu sûr ; enfermer : *Serrer ses économies dans un coffre.* ▪ **Serrer le cœur, la gorge,** causer de la tristesse, de l'angoisse. ▪ **Serrer les dents,** supporter avec courage la douleur, les difficultés, les épreuves. ▪ **Serrer le vent** [mar.], s'approcher de la direction du vent. ▪ **Serrer qqch de près,** l'exprimer avec exactitude et précision. ▪ **Serrer qqn de près,** être sur le point de le rattraper. ▪ **Serrer une voile** [mar.], l'amarrer, pliée, sur une vergue ou un mât. ◆ **v.i.** Se tenir au plus près de tel côté d'une voie de circulation : *Serre à droite.* ◆ **SE SERRER** v.pr. **1.** Se rapprocher le plus possible les uns des autres : *Les voyageurs se serrent dans le bus.* **2.** Se contracter sous l'effet de l'émotion : *Son cœur se serra.*

SERRE-TÊTE n.m. inv., ▲ *n.m. (pl. serre-têtes).* Bandeau, demi-cercle d'écaille, de plastique, etc., qui maintient la chevelure en place.

SERRICULTEUR, TRICE n. Serriste.

SERRICULTURE n.f. Culture sous serre.

SERRISTE n. Personne qui pratique la culture sous serre (SYN. **serriculteur**).

SERRURE n.f. Appareil de fermeture se manœuvrant soit à la main au moyen d'un accessoire génér. amovible (clé, par ex.), soit à distance par un dispositif technique particulier.

SERRURERIE n.f. **1.** Branche de la construction qui s'occupe de la fabrication des dispositifs de fermeture et des objets en métal ouvré. (Ce terme tend à être remplacé, chez les professionnels, par celui, plus large, de *métallerie.*) **2.** Métier, ouvrage du serrurier.

SERRURIER, ÈRE n. **1.** Personne qui fait, vend, pose, répare les serrures. **2.** Métallier.

SERTÃO [sɛrtao] ou [sɛrtɑ̃] **n.m.** (mot port.). Zone peu peuplée et semi-aride du Nordeste brésilien, où domine l'élevage extensif.

SERTI n.m. (de *sertir*). Sertissure.

SERTIR v.t. [21] (du lat. *sarcire,* raccommoder). **1.** BIJOUT. Enchâsser une pierre dans une monture. **2.** MÉCAN. INDUSTR. Rabattre ensemble les bords de deux pièces de tôle, ou le bord d'une pièce contre celui d'une autre, afin de les fixer.

SERTISSAGE n.m. Action, manière de sertir ; enchâssement.

1. SERTISSEUR n.m. Appareil destiné à fermer hermétiquement les boîtes de conserve après leur remplissage.

2. SERTISSEUR, EUSE n. Personne qui sertit des pierres.

SERTISSURE n.f. Manière dont une pierre est sertie ; partie du chaton qui la sertit (SYN. **serti**).

SÉRUM [-rɔm] **n.m.** (du lat. *serum,* petit-lait). Lactosérum. ▪ **Sérum physiologique,** solution de chlorure de sodium isotonique au plasma sanguin. ▪ **Sérum (sanguin),** liquide se séparant du caillot après coagulation du sang, correspondant au plasma dépourvu de fibrinogène. ▪ **Sérum thérapeutique** [pharm., vieilli], sérum riche en antitoxines extrait du sang d'un animal, princip. du cheval, vacciné contre une maladie microbienne ou contre une toxine, permettant une lutte rapide contre l'affection correspondante déclarée chez l'homme (sérothérapie).

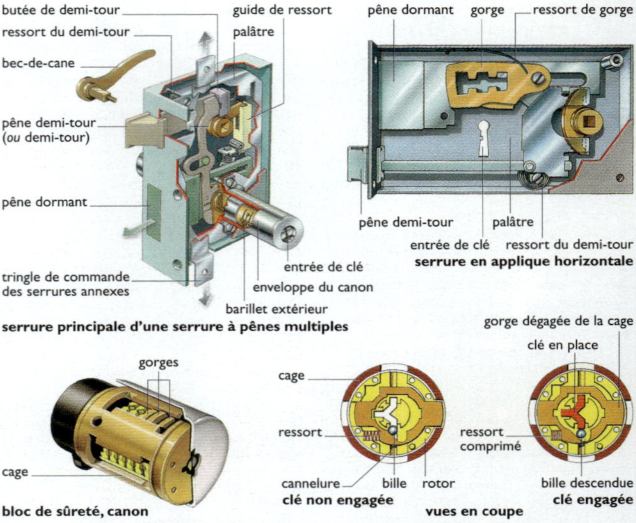

▲ **serrure.** Deux types de serrure, avec fonctionnement du bloc de sûreté.

SÉRUMALBUMINE [serɔm-] **n.f.** Albumine du sérum sanguin.

SERVAGE n.m. (de *serf*). **1.** HIST. État de dépendance d'une personne à l'égard du maître à qui appartenait la terre sur laquelle elle travaillait. **2.** Fig. Esclavage ; servitude : *Clandestins soumis au servage pour payer leur passage.*

SERVAL n.m. (pl. *servals*) [du port. *cerval,* lynx]. Grand chat sauvage des savanes d'Afrique, haut sur pattes, au pelage brun orangé tacheté de noir. ➲ Long. 90 cm sans la queue.

▲ **serval**

SERVANT n.m. Militaire affecté au service d'une arme : *Servant de mitrailleuse.* ◆ **adj.m.** ▪ **Chevalier servant,** homme qui prend assidûment soin d'une femme. ▪ **Fonds servant** [dr.], fonds grevé d'une servitude (par oppos. à *fonds dominant*). ▪ **Frère servant,** convers employé aux travaux manuels d'un monastère.

1. SERVANTE n.f. Anc. Femme ou fille à gages employée aux travaux domestiques.

2. SERVANTE n.f. TECHN. Grande caisse à outils sur roulettes utilisée dans les ateliers.

1. SERVEUR, EUSE n. **1.** Personne employée dans un café, un restaurant pour servir la clientèle. **2.** Aux cartes, joueur qui donne les cartes. **3.** Joueur qui met la balle en jeu au tennis, au tennis de table, au volley-ball, etc.

2. SERVEUR n.m. Ordinateur qui a pour mission, sur un réseau, de rendre un ou plusieurs services spécifiés : *Serveur de stockage.* ▪ **Serveur (de données),** organisme privé ou public qui gère des banques de données et en autorise l'accès sous certaines conditions. ▪ **Serveur mandataire,** recomm. off. pour **proxy.**

SERVIABILITÉ n.f. Caractère d'une personne serviable.

SERVIABLE adj. Qui rend volontiers service.

SERVICE n.m. (du lat. *servitium,* esclavage). **1.** Action de servir ; ensemble des obligations qu'ont les citoyens envers l'État, une communauté : *Le service de l'État* ; travail déterminé effectué pour leur compte : *Assurer le service d'envoi des professions de foi électorales.* **2.** Célébration de l'office divin. **3.** Action ou manière de servir un client, un maître : *Un service de livraison rapide.* **4.** Pourcentage de la note d'hôtel, de restaurant affecté au personnel : *Service non compris.* **5.** Ensemble des repas servis à des heures échelonnées dans une cantine, une voiture-restaurant : *Premier, deuxième service.* **6.** Assortiment de vaisselle ou de linge de table : *Un service à café.* **7.** Vieilli ou Québec. Ensemble des plats servis à table dans un ordre donné. **8.** Dans divers sports (tennis, tennis de table, volley-ball, etc.), mise en jeu de la balle : *Manquer son service.* **9.** Usage que l'on peut faire de qqch : *Logiciel qui rend de grands services.* **10.** Fonctionnement d'une machine, d'un appareil, d'un moyen de transport : *Mettre en service un nouveau TGV.* **11.** Ce que l'on fait pour être utile à qqn : *Je n'ose lui demander ce service.* **12.** Activité professionnelle exercée dans une entreprise, une administration : *Avoir dix ans de service.* **13.** Afrique. Lieu de travail ; spécial., bureau. **14.** Organisme qui fait partie d'un ensemble administratif ou économique : *Les services de police européens* ; organe d'une entreprise chargé d'une fonction précise ; ensemble des bureaux, des personnes assurant cette fonction : *Le service du personnel.* **15.** Distribution d'une publication périodique : *Le service des abonnés à une revue.* ▪ **De service,** qui exerce ses fonctions professionnelles à telle heure, tel jour : *Les pompiers de service* ; par plais., qui semble préposé aux commentaires de circonstance, notamm. dans les médias : *L'économiste de service.* ▪ **Hors service,** hors d'usage. Abrév. (fam.) **HS.** ▪ **Porte, escalier de service,** réservés au personnel de la maison, aux fournisseurs. ▪ **Prendre son service,** commencer son temps de travail (journée, demi-journée, etc.). ▪ **Rendre service à qqn,** lui apporter une aide bénévole. ▪ **Service civique,** engagement que peut choisir de souscrire tout jeune Français à l'issue de la journée défense et citoyenneté, auprès d'une personne morale agréée, pour une période minimale de six mois et moyennant une indemnité. ➲ Il peut prendre la forme d'un engagement international. ▪ **Service de la dette,** ensemble des opérations qui concernent le remboursement de la dette publique et le paiement des intérêts. ▪ **Service de presse,** chargé, dans une entreprise, des relations avec la presse ; service qui envoie les publications d'une maison d'édition aux journalistes ; ouvrage ainsi envoyé. ■ **Service funèbre,** cérémonie pour un mort. ■ **Service militaire,** ensemble des obligations militaires légales imposées aux citoyens pour contribuer à la défense éventuelle de leur pays par les armes. ➲ En France, le service militaire n'existe plus sous cette forme, mais tout citoyen français est soumis au *service national.* ■ **Service minimum** [dr.], obligation de garantir la continuité du service public en période de grève (service réduit dans les transports en commun, service minimum d'accueil dans les écoles, par ex.). ■ **Service national,** ensemble des obligations imposées à tout citoyen français pour répondre aux besoins de la défense et à divers impératifs de solidarité. ➲ La réforme majeure engagée en 1997 en matière de défense (avec le passage progressif à une armée professionnelle) a entraîné une modification radicale du service national. La conscription a été suspendue en 2002. Aujourd'hui, le service national soumet tout Français (homme ou femme) âgé de 16 ans à l'obligation de se faire recenser et de participer à la journée défense et citoyenneté (JDC), au cours de laquelle lui sont offertes des possibilités d'engagement militaire ou civil. ■ **Service public,** activité d'intérêt général, assurée par un organisme public ou privé ; organisme assurant une activité de ce genre. ■ **Service volontaire européen,** programme de mobilité de la Commission européenne, permettant à des jeunes de 18 à 30 ans de s'engager dans un projet d'intérêt général à l'étranger (un État membre de l'UE, princip.), durant une période allant de deux à douze mois, au sein d'une institution à but non lucratif. ◆ **n.m. pl. 1.** Travaux effectués pour qqn : *Nous nous passerons de vos services.* **2.** Avantages ou satisfactions fournis par les entreprises ou l'État au public à titre gratuit ou onéreux (transport, recherche, travail ménager, consultation médicale ou juridique, etc.), par oppos. aux biens. **3.** Suisse. Couverts (cuillères, fourchettes, couteaux). ■ **Les services,** le secteur économique constitué par les sociétés de services. ■ **Les services spéciaux,** les services nationaux de recherche et d'exploitation des renseignements. ■ **Société de services,** entreprise fournissant à titre onéreux un travail, des prestations, du personnel, etc., à l'exclusion d'une production de biens matériels.

SERVIETTE n.f. (de *servir*). **1.** Pièce de linge de table servant à s'essuyer la bouche, à protéger les vêtements pendant le repas. **2.** Rectangle de tissu utilisé pour s'essuyer la peau : *Serviette de toilette, de bain.* **3.** Sac rectangulaire à compartiments, qui sert à porter des documents, des livres, etc. ■ **Serviette hygiénique,** bande absorbante de coton ou de cellulose, utilisée comme protection externe au moment des règles.

SERVIETTE-ÉPONGE n.f. (pl. *serviettes-éponges*). Serviette de toilette en tissu-éponge.

SERVILE adj. (lat. *servilis,* de *servus,* esclave). **1. HIST.** Relatif au servage. **2.** Qui fait preuve d'une soumission excessive ; obséquieux : *Employé, acquiescement servile.* **3.** Qui suit trop étroitement le modèle : *Traduction servile.*

SERVILEMENT adv. Avec servilité.

SERVILITÉ n.f. **1.** Comportement servile ; obséquiosité. **2.** Exactitude trop étroite dans l'imitation.

SERVIR v.t. **[31]** (du lat. *servire,* être esclave). **1.** S'acquitter de certaines obligations envers qqn, une collectivité : *Servir la République.* **2.** Présenter un mets, une boisson à qqn : *On nous a servi du bordeaux avec le confit.* **3.** Placer sur la table qqch à consommer : *Servir les entrées.* **4.** Vendre des marchandises à : *La vendeuse m'a servi aimablement.* **5.** Fam. Raconter ; débiter : *Il nous sert toujours les mêmes histoires.* **6.** Donner ses soins à qqch ; s'y consacrer : *Journaliste qui sert la vérité.* **7.** Être utile à ; favoriser : *Ce remaniement l'a bien servi.* **8.** Mettre qqch à la disposition de qqn : *Servir les cartes.* **9.** Payer à date fixe : *Servir une pension.* **10. VÉNER.** Donner la mort à un animal qui a été forcé : *Servir le cerf.* ■ **Servir Dieu,** lui rendre le culte qui lui est dû. ■ **Servir la messe,** assister le prêtre pendant sa célébration. ■ **Servir l'État,** exercer un emploi public ; être militaire. ◆ **v.t. ind. 1. (À).** Être utile, profitable à qqn : *Son sens pratique lui a servi.* **2. (À).** Être bon, propre à qqch : *Ce schéma sert à illustrer la démonstration.* **3. (DE).** Être utilisé en tant que : *Ce porche nous a servi d'abri* ; tenir lieu de : *Il nous a servi d'interprète.* ◆ **v.i. 1.** Être militaire dans telle arme : *Servir dans l'infanterie.* **2.** Dans certains sports, mettre la balle, le ballon en jeu. ◆ **SE SERVIR v.pr. 1.** Prendre d'un aliment : *Sers-toi de légumes.* **2.** S'approvisionner chez qqn de façon habituelle : *Se servir chez les commerçants du quartier.* **3.** Faire usage de ; utiliser : *Se servir du dictionnaire, de ses relations.*

SERVITEUR n.m. **1.** Litt. Celui qui est au service de qqn, d'une collectivité : *Un grand serviteur de l'État.* **2.** Vieilli. Domestique. **3.** Ustensile constitué d'un ou de plusieurs plateaux circulaires étagés et reliés par un pied central, qui sert à présenter des mets (pâtisseries, princip.).

SERVITUDE n.f. (lat. *servitudo*). **1.** État de qqn, d'un pays privé de son indépendance. **2.** Assujettissement à des obligations ; contrainte : *Les servitudes de la copropriété.* **3. DR.** Charge qui grève un bien immeuble *(fonds servant)* au profit d'un autre bien immeuble *(fonds dominant)* appartenant à un propriétaire différent (servitude de vue, de passage, d'écoulement des eaux, etc.). ■ **Navire de servitude,** bâtiment ou engin flottant destiné au service des rades et des ports (remorqueur, drague, ponton-grue, dock flottant, etc.). ■ **Servitudes militaires,** mesures interdisant ou limitant la construction dans certaines zones (champ de tir, dépôt, ouvrage fortifié).

SERVOCOMMANDE n.f. **TECHN.** Mécanisme auxiliaire destiné à suppléer la force musculaire de l'homme en assurant automatiquement, par amplification, la force nécessaire au fonctionnement d'un ensemble.

SERVODIRECTION n.f. **AUTOM.** Dispositif d'assistance permettant de limiter l'effort de maniement de la direction.

SERVOFREIN n.m. **AUTOM.** Servocommande assurant une assistance pour le fonctionnement des freins.

SERVOMÉCANISME n.m. **TECHN.** Mécanisme conçu pour réaliser seul un certain programme d'action, grâce à une comparaison permanente entre les consignes qui lui sont données et le travail qu'il exécute.

SERVOMOTEUR n.m. **TECHN.** Dispositif jouant le rôle d'actionneur dans un asservissement ou un système à régulation.

SES adj. poss. → **1. SON.**

1. SÉSAME n.m. (gr. *sêsamon*). Plante annuelle cultivée pour ses graines comestibles riches en huile. ➲ Famille des pédaliacées.

2. SÉSAME n.m. (par allusion au conte d'Ali Baba, dans *les Mille et Une Nuits*). Moyen infaillible pour accéder à qqch, pour se faire ouvrir toutes les portes.

SÉSAMOÏDE adj. **ANAT.** ■ **Os sésamoïde,** ou **sésamoïde,** n.m., petit os situé dans un tendon ou près d'une articulation, en partic. dans la main et le pied.

SESBANIA n.m. ou **SESBANIE** n.f. (lat. *sesbanus*). Arbuste des régions tropicales, cultivé en Inde pour la filasse que l'on extrait de ses tiges. ➲ Sous-famille des papilionacées.

SESQUI- [sɛskɥi] préf. (mot lat.). Préfixe qui, placé devant un nom, signifie « une fois et demie ».

SESQUICENTENAIRE [sɛskɥi-] n.m. Commémoration d'un événement qui a eu lieu cent cinquante ans auparavant.

SESQUITERPÈNE n.m. Nom générique des hydrocarbures $C_{15}H_{24}$, dont la plupart sont des constituants odorants des huiles essentielles, utilisés en parfumerie et dans l'industrie agroalimentaire.

SESSILE adj. (lat. *sessilis,* de *sesere,* être assis). **1. BOT.** Inséré directement sur l'axe, sans pédoncule (par oppos. à *pédonculé*) : *Fleur sessile.* **2. MÉD.** Qui a une base d'implantation large, notamm. en parlant d'une tumeur. ■ **Faune sessile** [zool.], ensemble des animaux aquatiques vivant fixés sur le fond (par oppos. à *faune vagile*).

SESSION n.f. (du lat. *sessio,* séance). **1.** Période de l'année pendant laquelle siègent une assemblée, un tribunal. **2.** Période pendant laquelle des examens ont lieu. **3.** Québec. Division de l'année scolaire ou universitaire d'une durée approximative de trois mois. **4. INFORM.** Séance de travail durant laquelle un utilisateur accède à un ordinateur ou à un réseau informatique.

✎ Ne pas confondre avec *cession.*

SESTERCE n.m. (lat. *sestertius*). **NUMISM.** Monnaie de la Rome antique, en argent puis en laiton.

SET [sɛt] n.m. (mot angl.). Manche d'un match de tennis, de tennis de table ou de volley-ball. ■ **Set (de table),** petite pièce de tissu, de plastique, etc., que l'on place à table sous les assiettes.

SÉTACÉ, E adj. (du lat. *seta,* soie). Qui a la forme d'une soie de porc.

SETAR ou **SEHTAR** [setar] n.m. (mot persan). Petit luth à long manche et à frettes, monté de 4 cordes, utilisé dans la musique savante persane.

SETIER n.m. (du lat. *sextarius,* sixième). Anc. Mesure de capacité qui variait suivant les régions et la matière mesurée.

SÉTON n.m. (anc. provenç. *sedon,* du lat. *seta,* soie). Drain sortant à chacune de ses extrémités par un orifice cutané. ■ **Plaie en séton,** plaie des tissus superficiels faite par une arme, et ayant un orifice d'entrée et un orifice de sortie.

SETTER [setɛr] n.m. (mot angl., de *to set,* arrêter). Chien d'arrêt d'une race à poil long, doux et ondulé.

SEUIL n.m. (du lat. *solum,* base). **1.** Partie inférieure de la baie d'une porte : *Il nous attend sur le seuil* ; entrée d'une maison, d'une pièce : *Ne franchis pas le seuil de mon bureau.* **2.** Ce qui constitue l'accès à un lieu : *Le seuil de la toundra.* **3.** Limite au-delà de laquelle commence un état différent : *Au seuil de la vie active* ; point au-delà duquel des conditions sont changées : *Franchir le seuil du surendettement.* **4. PSYCHOL., PHYSIOL.** Limite à partir de laquelle est perçue une sensation *(seuil absolu)* ou une variation dans la sensation *(seuil différentiel).* **5. GÉOGR.** Couloir de faible altitude entre des reliefs contrastés, servant de passage et de ligne de partage des eaux. **6.** Élévation du fond de la mer entre deux bassins ou entre une dépression et un fond marin : *Le seuil de Gibraltar* ; partie en saillie du lit d'un cours d'eau, entre deux zones creusées (mouilles). ■ **Seuil de rentabilité,** volume du chiffre d'affaires d'une entreprise à partir duquel est réalisé un profit. ■ **Seuil d'excitation, rénal** [biol., méd.], niveau d'excitation d'une cellule nerveuse ou musculaire à partir duquel apparaît un potentiel d'action ; concentration sanguine au-dessus de laquelle certaines substances (glucose, par ex.) commencent à être éliminées dans les urines.

SEUL, E adj. (lat. *solus*). **1.** Qui est sans compagnie ; isolé : *Beaucoup de gens sont seuls.* **2.** Exprime l'unicité ; unique : *Elle est sa seule amie. C'est le seul moyen qui reste.* **3.** À l'exclusion des autres : *Lui seul saura les convaincre.* ■ **Seul(e) à seul(e),** en tête à tête : *Ils se sont vus seul à seul.* ■ **Tout(e) seul(e),** sans aide : *Elle a tout organisé toute seule.*

SEULEMENT adv. **1.** Sans rien ou personne de plus : *Nous serons seulement deux.* **2.** À l'exclusion de toute autre chose ; uniquement : *Je voulais seulement gagner du temps.* **3.** Indique une restriction ; toutefois : *Je voudrais bien, seulement il me faut des moyens supplémentaires.* **4.** Pas plus tôt que : *Pourquoi arrives-tu seulement maintenant ?* ■ **Non seulement,** introduit le premier des deux termes d'une opposition dont le second (après *mais* ou *mais encore*) marque une insistance, une addition, etc. ■ **Pas seulement,** pas même. ■ **Si seulement,** exprime un regret ou un souhait : *Si seulement tu pouvais dire vrai !*

SEUL EN SCÈNE n.m. (pl. *seuls en scène*). One-man-show. (On écrit aussi *seul-en-scène.*)

SEULE EN SCÈNE n.m. (pl. *seules en scène*). One-woman-show. (On écrit aussi *seule-en-scène.*)

SEULET, ETTE adj. Vieilli. Seul.

SÈVE n.f. (du lat. *sapa,* vin cuit). **1.** Liquide circulant dans les diverses parties des végétaux. ➲ On distingue la *sève brute,* qui monte des racines, et la *sève élaborée,* produite par les feuilles. **2.** Litt. Force ; vitalité : *Étudiants pleins de sève et de jeunesse.*

SÉVÈRE adj. (du lat. *severus,* grave). **1.** Qui sanctionne sans indulgence : *Verdict sévère* ; qui donne des directives rigoureuses : *Règles, parents sévères.* **2.** D'aspect austère ; froid : *Visage, architecture sévères.* **3.** Grave par son importance, son ampleur : *Bronchite, perte sévère.*

a b c d e f g h i j k l m n o p q r s t u v w x y z

SÉVÈREMENT adv. Avec sévérité.

SÉVÉRITÉ n.f. 1. Manière d'agir d'une personne sévère ; intransigeance. **2.** Caractère de ce qui est sévère, sans ornement ; austérité. **3.** Litt. Caractère d'un comportement empreint de sérieux.

SÉVICES n.m. pl. (du lat. *saevitia*, violence). Mauvais traitements infligés à qqn que l'on a sous sa responsabilité ou son autorité.

SÉVIR v.i. [21] (du lat. *saevire*, être furieux). **1.** Punir avec rigueur : *Sévir contre les fraudeurs. Ne m'obligez pas à sévir.* **2.** Exercer des ravages : *La sécheresse sévit de nouveau.*

SEVRAGE n.m. 1. Arrêt progressif de l'allaitement exclusif d'un nourrisson ou d'un petit mammifère ; fait d'être sevré. **2.** Privation progressive d'alcool ou de drogue, lors d'une cure de désintoxication. ▪ **Syndrome de sevrage,** état de manque*.

SEVRER v.t. [12] (du lat. *separare*, séparer). **1.** Procéder au sevrage d'un nourrisson, d'un petit mammifère. **2.** Désaccoutumer qqn de qqch, spécial. de l'alcool, d'une drogue. ▪ **Sevrer une marcotte** [agric.], la séparer de la plante mère après qu'elle a pris racine.

SÈVRES n.m. Porcelaine fabriquée à la manufacture de Sèvres.

SÉVRIENNE n.f. Anc. Élève de l'École normale supérieure de jeunes filles (installée autref. à Sèvres, puis à Paris, et fusionnée depuis 1985 avec l'École normale supérieure).

SÉVRUGA [-vru-] ou **SÉVROUGA n.m.** (mot russe). Espèce d'esturgeon de la mer Caspienne, réputée pour son caviar.

SEXAGE n.m. Détermination du sexe des animaux, notamm. des poussins, dès leur naissance.

SEXAGÉNAIRE adj. et **n.** (du lat. *sexaginta*, soixante). Âgé de soixante à soixante-neuf ans.

SEXAGÉSIMAL, E, AUX adj. Se dit de la numération à base soixante. ▪ **Degré sexagésimal** → **DEGRÉ.** ▪ **Division sexagésimale du degré, de l'heure,** division en minutes et secondes.

SEXAGÉSIME n.f. (lat. *sexagesimus*). **CATH.** Avant la réforme liturgique de 1969, deuxième dimanche avant le carême.

SEX-APPEAL [-apil] **n.m.** (pl. *sex-appeals*) [mot anglo-amér.]. Charme sensuel qui émane de qqn.

SEXE n.m. (lat. *sexus*). **1.** Ensemble des caractères qui permettent de distinguer chez la plupart des êtres vivants les femelles des mâles. **2.** Nom donné à tout ou partie des organes génitaux, le pénis chez l'homme, la vulve et le vagin chez la femme. **3.** Ensemble des individus de même sexe. **4.** Sexualité : *Le sexe envahit la publicité.* ▪ **Le beau sexe** ou **le sexe faible** [fam., vieilli], les femmes. ▪ **Le sexe fort** [fam., vieilli], les hommes.

SEXER v.t. [3]. Déterminer le sexe d'un animal dès sa naissance.

SEXEUR, EUSE n. Personne qui pratique le sexage.

SEXISME n.m. Attitude discriminatoire fondée sur le sexe.

SEXISTE adj. et **n.** Relatif au sexisme ; qui fait preuve de sexisme.

SEXOLOGIE n.f. Étude de la sexualité, de ses troubles.

SEXOLOGIQUE adj. Relatif à la sexologie.

SEXOLOGUE n. Spécialiste de sexologie.

SEXOTHÉRAPIE n.f. Traitement des troubles sexuels par des procédés psychothérapiques.

SEXPARTITE adj. ARCHIT. Se dit d'une voûte gothique à six voûtains, reposant sur quatre piles maîtresses entre lesquelles s'élèvent deux piles intermédiaires.

SEX-RATIO [-rasjo] **n.m.** (pl. *sex-ratios*) [mot angl.]. Rapport numérique entre les sexes. ➲ Génér., à la naissance, le sex-ratio est d'env. 105 garçons pour 100 filles.

SEX-SHOP [-ʃɔp] **n.m.** (pl. *sex-shops*) [mot angl.]. Magasin spécialisé dans la vente de publications, de films et d'objets (gadgets, aphrodisiaques) érotiques ou pornographiques.

SEX-SYMBOL n.m. (pl. *sex-symbols*) [mot anglo-amér.]. Vedette symbolisant l'idéal masculin ou féminin sur le plan de la sensualité et de la sexualité.

SEXTANT n.m. (du lat. *sextans*, sixième partie). Instrument à réflexion, dont le limbe gradué s'étend sur 60°, et qui permet de mesurer des hauteurs d'astres à partir d'un navire. ➲ En mesurant avec un sextant la hauteur du Soleil au méridien, on détermine la latitude.

SEXTE n.f. (de l'anc. fr. *sexte hore*, sixième heure). **CHRIST.** Partie de l'office divin célébrée à la sixième heure du jour (midi).

SEXTETTE ou **SEXTET** [sɛkstɛt] **n.m.** (angl. *sextet*). Formation de jazz composée de six musiciens.

SEXTILLION [-tiljɔ̃] **n.m.** Un million de quintillions (10^{36}).

SEXTINE n.f. (du lat. *sextus*, sixième). Poème à forme fixe, comprenant six strophes de six vers et un tercet, où les mêmes mots reviennent à la rime dans un ordre différent.

SEXTO adv. (mot lat.). Sixièmement, dans une énumération commençant par *primo*.

SEXTOLET n.m. MUS. Groupe de six notes, d'égale valeur, surmontées du chiffre 6, à exécuter dans le même temps que quatre notes de même figure.

SEXTOY [sɛkstɔj] **n.m.** (mot angl. « jouet sexuel »). Accessoire destiné à accroître le plaisir sexuel. (On écrit aussi *sex-toy* ou *sex toy*.)

SEXTUOR n.m. (du lat. *sex*, six, d'après *quatuor*). **MUS.** Composition à six parties.

SEXTUPLE adj. et **n.m.** Qui vaut six fois autant.

SEXTUPLER v.t. [3]. Multiplier par six. ◆ **v.i.** Être multiplié par six.

SEXTUPLÉS, ÉES n. pl. Groupe de six enfants issus d'une même grossesse.

SEXUALISATION n.f. 1. Action de sexualiser ; fait d'être sexualisé. **2.** Différenciation sexuelle de l'embryon.

SEXUALISER v.t. [3]. Introduire la sexualité dans tel domaine ; donner un caractère sexuel à qqch.

SEXUALITÉ n.f. 1. Ensemble des phénomènes sexuels ou liés au sexe, observables chez les êtres vivants. **2.** Ensemble des diverses modalités de la satisfaction instinctuelle liée à la reproduction de l'espèce.

SEXUATION n.f. Ensemble des phénomènes d'ordre biologique ou symbolique qui conduisent un sujet à se reconnaître comme appartenant à l'un ou l'autre sexe.

SEXUÉ, E adj. 1. Qui possède un sexe. **2.** Lié au sexe ; conçu en fonction d'un sexe : *Une lecture sexuée du monde.* ▪ **Reproduction sexuée,** nécessitant le concours de deux individus de sexe opposé.

SEXUEL, ELLE adj. 1. Relatif au sexe des êtres vivants. **2.** Relatif à la sexualité : *Éducation sexuelle.* ▪ **Acte sexuel,** copulation ; coït. ▪ **Caractère sexuel,** caractéristique anatomique ou physiologique de l'un ou l'autre sexe. ➲ On distingue des caractères sexuels *primaires* (organes sexuels) et des caractères sexuels *secondaires* (pilosité, adiposité, voix). ▪ **Chromosome sexuel,** hétérochromosome. ▪ **Organes sexuels,** la verge chez le mâle ; la vulve et le vagin chez la femelle.

SEXUELLEMENT adv. Du point de vue sexuel. ▪ **Infection** ou **maladie sexuellement transmissible (IST** ou **MST),** pouvant être transmise au cours d'un rapport sexuel.

SEXY adj. inv., ▲ *adj.* (pl. *sexys*) [mot anglo-amér.]. Fam. Qui a un charme aguichant.

SEYANT, E [sɛjɑ̃, ɑ̃t] **adj.** (var. de 2. *séant*). Qui va bien à : *Une couleur très seyante.*

SEYCHELLOIS, E adj. et **n.** Des îles Seychelles ; de leurs habitants.

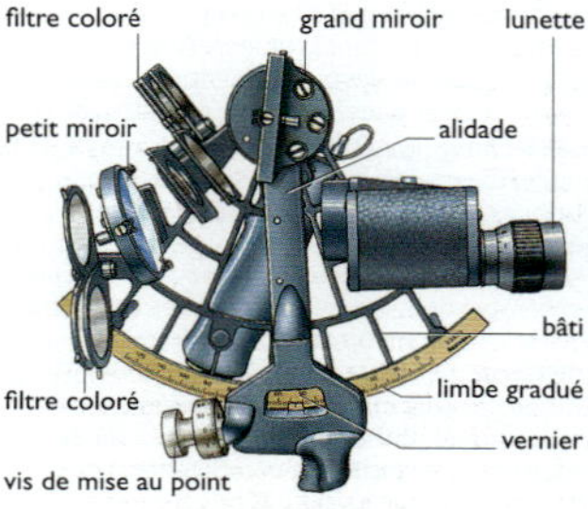

▲ **sextant**

▲ **sfumato.** *La Vierge et l'Enfant avec sainte Anne et saint Jean-Baptiste*, dessin (v. 1499-1500) de Léonard de Vinci. (National Gallery, Londres.)

SÉZIGUE ou **SÉZIG pron. pers.** Arg. Soi ; lui.

SF ou **S.F. n.f.** (sigle). Science-fiction.

SFORZANDO [sfɔrdzɑ̃do] **adv.** (mot ital.). **MUS.** Avec un court renforcement du son sur une note ou un accord.

SFUMATO [sfumato] **n.m.** (mot ital.). **PEINT.** Ambiance vaporeuse qui adoucit les formes et concourt à la perspective aérienne.

SGBD ou **S.G.B.D. n.m.** (sigle). **INFORM.** Système de gestion* de base de données.

SGML n.m. (sigle de l'angl. *standard generalized markup language*). **INFORM.** Langage normalisé de définition et d'échange de documents structurés.

SGRAFFITE n.m. (de l'ital. *sgraffito*, égratigné). Procédé de décoration murale consistant à appliquer, sur un fond de couleur sombre, un enduit de mortier blanc qu'on enlève et incise ensuite pour faire se détacher en clair les motifs voulus.

SHABBAT [ʃabat] **n.m.** (mot hébr.). **RELIG.** Sabbat.

SHABOUOT [ʃabuɔt] (mot hébr. « semaines »). Fête juive de la Pentecôte ou des Semaines, célébrée sept semaines après Pessah.

SHAH n.m. → **CHAH.**

SHAHNAÏ n.m. → **SHANA.**

SHAKER, ▲ *SHAKEUR* [ʃɛkœr] **n.m.** (angl. *shaker*, de *to shake*, secouer). Double gobelet fermé dans lequel on agite, avec de la glace, les ingrédients d'un cocktail.

SHAKESPEARIEN, ENNE [ʃɛkspirjɛ̃, ɛn] **adj.** Relatif à Shakespeare, à son œuvre.

SHAKO n.m. (hongrois *csákó*). Coiffure militaire tronconique, portée notamm. par les gardes républicains et les saint-cyriens.

SHAKTI n.f. (mot sanskr. « énergie, puissance, pouvoir »). Dans l'hindouisme, énergie créatrice féminine, principe dynamique de la nature ou du divin.

SHAKTISME n.m. Doctrine religieuse de l'Inde, propre à certains courants (vishnouisme, shivaïsme, tantrisme), qui donne un rôle important à l'énergie créatrice féminine, la shakti.

SHAKUACHI [ʃakuaʃi] **n.m.** (mot jap.). Flûte droite en bambou, à cinq trous, traditionnelle dans la musique ancienne japonaise.

SHAMISEN [ʃamizɛn] **n.m.** (mot jap.). Luth japonais à trois cordes pincées à l'aide d'un plectre, accompagnant les spectacles de marionnettes et le théâtre kabuki.

SHAMPOOING ou **SHAMPOING** [ʃɑ̃pwɛ̃] **n.m.** (angl. *shampooing*, du hindi). **1.** Produit servant à laver les cheveux : *Un shampooing fortifiant, adoucissant.* **2.** Lavage des cheveux avec ce produit. **3.** Nom donné à des produits liquides et moussants destinés au nettoyage : *Shampooing pour moquettes.*

SHAMPOUINER v.t. [3]. Laver au moyen d'un shampooing.

1. SHAMPOUINEUR, EUSE n. Employé d'un salon de coiffure chargé du shampooing.

2. SHAMPOUINEUR n.m. ou **SHAMPOUINEUSE** n.f. Appareil servant à nettoyer à l'aide d'un détergent les tapis et moquettes.

SHANA ou **SHAHNAÏ** n.m. (mot persan « flûte de roi »). Hautbois d'origine populaire, utilisé dans la musique savante hindoue.

SHANTUNG ou **CHANTOUNG** [ʃɑ̃tuŋ] n.m. (du n. d'une prov. chin.). Tissu de soie présentant un grain très prononcé.

SHED [ʃɛd] n.m. (mot angl. « hangar »). CONSTR. Toiture de bâtiment présentant un profil en dents de scie alternant les pans vitrés et pleins.

SHEKEL [ʃekɛl] n.m. Unité monétaire principale d'Israël.

SHEKINA [ʃe-] n.f. inv. Dans la kabbale, terme qui désigne la présence de Dieu.

SHELF n.m. → **ICE-SHELF.**

SHÉOL n.m. → **SCHÉOL.**

SHÉRARDISATION n.f. (du n. de l'inventeur). MÉTALL. Cémentation par le zinc de pièces d'acier ou de fonte.

SHÉRIF n.m. (angl. *sheriff*). **1.** Officier d'administration qui représente la Couronne dans chaque comté d'Angleterre. **2.** Aux États-Unis, officier d'administration élu, ayant un pouvoir judiciaire limité. **3.** Au Canada, fonctionnaire de justice.

SHERPA n.m. (de *Sherpa*, n.pr.). Guide ou porteur des expéditions d'alpinisme dans l'Himalaya. ◆ n. Fam. Conseiller d'un chef d'État, chargé de la préparation de sommets internationaux.

SHERRY [ʃɛri] n.m. (pl. *sherrys* ou *sherries*) [mot angl.]. Nom donné en Angleterre au vin de Xérès.

SHETLAND [ʃɛtlɑ̃d] n.m. (de *Shetland*, n.pr.). **1.** Laine fine et brillante des moutons des îles Shetland. **2.** Pull-over tricoté avec cette laine. **3.** Race de poneys de petite taille originaire des îles Shetland, très utilisée pour l'initiation des enfants à l'équitation.

SHIATSU [ʃjatsu] n.m. (mot jap., de *shi*, doigt, et *atsu*, pression). Méthode thérapeutique consistant à appliquer les doigts par pression sur certains points du corps.

SHIGELLE n.f. (du n. de *Shiga Kiyoshi*). Bactérie responsable de certaines dysenteries (nom générique).

SHIITAKÉ [ʃiitake] n.m. (mot jap.). Champignon basidiomycète comestible, au chapeau convexe brun, à la chair blanchâtre.

SHIKHARA [ʃikara] n.m. (mot sanskr. « cime »). Dans l'Inde médiévale, haute tour à la silhouette curviligne surmontant un sanctuaire.

SHILLING [ʃiliŋ] n.m. (mot angl.). **1.** Unité monétaire principale du Kenya, de l'Ouganda, de la Somalie et de la Tanzanie. **2.** Anc. Unité monétaire divisionnaire anglaise, qui valait 1/20 de livre.

SHILOM n.m. → **CHILOM.**

SHIMMY n.m. (mot anglo-amér.). AUTOM. Mouvement d'oscillations latérales de la roue avant d'un véhicule automobile.

SHINGLE [ʃingəl] n.m. (mot angl.). Élément de couverture en matériau imprégné de bitume simulant le bardeau ou l'ardoise.

SHINTOÏSME ou **SHINTO** [ʃinto] n.m. (jap. *shintô*). Religion du Japon, antérieure au bouddhisme (introduit au VIᵉ s.). ➲ Formant un ensemble de croyances et de rites animistes, il honore dans ses sanctuaires de multiples divinités (les *kami*), qui personnifient les forces naturelles.

SHINTOÏSTE adj. et n. Relatif au shinto ; adepte du shinto.

SHIPCHANDLER [ʃipʃɑ̃dlœr] n.m. (mot angl.). Marchand d'articles de marine.

SHIRE [ʃajr] n.m. (mot angl.). Cheval de trait britannique. ➲ C'est le plus grand des chevaux (jusqu'à 2 m au garrot).

SHIRTING [ʃœrtiŋ] n.m. (mot angl.). Tissu de coton fabriqué en armure toile, utilisé pour la lingerie et la chemiserie.

SHISHA n.f. → **CHICHA.**

SHIT [ʃit] n.m. (mot angl. « merde »). Fam. Haschisch.

SHIVAÏSME, SIVAÏSME ou **ÇIVAÏSME** [ʃivaism] n.m. Courant religieux, issu de l'hindouisme, qui fait de Shiva un dieu plus important que Vishnou et Brahma, et qui est à l'origine de plusieurs sectes.

SHOCKING [ʃɔkiŋ] adj. inv. (de l'angl. *to shock*, choquer). Vx ou par plais. Inconvenant.

SHOGUN [ʃɔgun] ou **SHOGOUN** n.m. (mot jap.). Chef militaire et civil du Japon, de 1192 à 1867, qui exerçait, parallèlement aux dynasties impériales, le véritable pouvoir.

SHOGUNAL, E, AUX [ʃɔgu-] ou **SHOGOUNAL, E, AUX** adj. Relatif aux shoguns.

SHOGUNAT [ʃɔgu-] ou **SHOGOUNAT** n.m. **1.** Autorité du shogun. **2.** Forme de gouvernement propre à l'époque des shoguns.

SHOOT [ʃut] n.m. (de l'angl. *to shoot*, tirer). **1.** Tir, au football. **2.** Fam. Injection de drogue.

SHOOTER [ʃute] v.i. [3]. Tirer, au football. ◆ v.t. et v.i. Fam. Photographier : *Les badauds shootent le lieu de l'accident. Paparazzi qui ne cesse de shooter.*

SE **SHOOTER** v.pr. [3]. Fam. S'injecter une drogue.

SHOPPING [ʃɔpiŋ] n.m. (mot angl.). Action d'aller dans les magasins pour regarder les étalages et faire des achats.

SHORT [ʃɔrt] n.m. (angl. *shorts*). Culotte courte portée par temps chaud ou pour certaines activités sportives.

SHORTHORN [ʃɔrtɔrn] n. et adj. (mot angl.). Race bovine anglaise, à cornes courtes, princip. destinée à la boucherie (SYN. **durham**).

SHORT TON [ʃɔrttɔn] n.f. (pl. *short tons*) [mots angl. « petite tonne »]. Unité de mesure de masse américaine (symb. sh tn) égale à 2 000 livres *(pounds)*, soit 907,185 kg, appelée aussi *ton* ou *tonne américaine*.

SHORT-TRACK [ʃɔrttrak] n.m. (pl. *short-tracks*) [mot angl. « piste courte »]. Patinage de vitesse, sur une piste de 111 m.

SHORTY [ʃɔrti] n.m. Sous-vêtement féminin en forme de short très court et descendant bas sur les hanches.

SHOW [ʃo] n.m. (mot angl.). **1.** Spectacle de variétés centré sur une vedette ou un groupe. **2.** Prestation d'un homme politique, d'un chef d'État, etc.

SHOW-BUSINESS [ʃobiznɛs] n.m. inv. (mot angl.). Industrie, métier du spectacle. Abrév. (fam.) **showbiz.**

SHOWCASE [ʃokɛz] n.m. (mot angl. « vitrine d'exposition »). Mini-concert promotionnel où un chanteur, un groupe se produit devant des professionnels, des journalistes et des invités ou dans un lieu ouvert au public, lors d'une séance de dédicace : *La chanteuse a interprété plusieurs titres de son nouvel opus pendant le showcase.*

SHOWROOM [ʃorum] n.m. (mot angl.). Local où un industriel, un commerçant, etc., expose ses nouveaux produits. (Au Québec, on dit *une salle de montre.*)

SHRAPNELL ou **SHRAPNEL** [ʃrapnɛl] n.m. (du n. de l'inventeur). Obus chargé de balles.

SHTETL [ʃtetəl] n.m. (mot yiddish). HIST. Avant 1945, communauté villageoise juive d'Europe centrale.

SHUDRA ou **SUDRA** [ʃudra] n.m. inv. (mot sanskr.). Membre de la caste des artisans et serviteurs, la quatrième des castes hindoues.

SHUNT [ʃœ̃t] n.m. (mot angl. « dérivation »). **1.** Dispositif conducteur connecté en parallèle avec une partie d'un circuit électrique pour dériver une fraction du courant qui la traverse. **2.** MÉD. Communication créée par le chirurgien au niveau du cœur ou des vaisseaux, par ex. pour traiter une malformation cardiaque.

SHUNTER [ʃœ̃te] v.t. [3]. Munir un circuit électrique d'un shunt.

1. SI conj. (mot lat.). **1.** Introduit une hypothèse, la condition d'un acte ou d'un état : *S'il écoute, il comprendra. Si tu suivais ses conseils, tu gagnerais. Si j'avais le temps, je le ferais.* **2.** Dans une phrase exclamative, exprime le souhait ou le regret : *Si seulement j'avais pu lui parler !* ▪ **Si ce n'est,** introduit une rectification ; voire : *Cela coûte bien dix euros, si ce n'est quinze* ; introduit une restriction ; excepté : *Cela ne sert à rien, si ce n'est à se faire plaisir.* ▪ **Si ce n'est que,** excepté que : *C'est une idée merveilleuse, si ce n'est qu'elle coûte trop cher.* ▪ **Si… ne,** à moins que : *Elle est généticienne, si je ne me trompe.* ▪ **Si tant est que,** s'il est vrai que ; pour autant que : *Je vous soutiens, si tant est que vous ayez besoin de mon appui.* ◆ n.m. inv. Hypothèse ; supposition : *Avec des si, on mettrait Paris en bouteille.*

2. SI adv. interr. Introduit une proposition interrogative indirecte : *Je ne sais pas s'il répondra, si elle répondra.*

3. SI adv. **1.** Marque l'intensité ; tellement : *Tout s'est passé si vite. Tant de victimes en si peu de temps.* **2.** Oui, en réponse à une phrase interro-négative : *Ne l'utilisez-vous jamais ? — Si.* ◆ **SI… QUE** loc. conj. (Suivi du subj.). Indique une concession, une restriction : *Si performant qu'il soit ou soit-il, cet appareil ne peut accomplir cette tâche en une heure.*

4. SI n.m. inv. Note de musique, septième degré de la gamme de *do*.

SI [ɛsi] n.m. (sigle). Système international (d'unités).

SIAL n.m. (pl. *sials*) [de *silicium* et *aluminium*]. GÉOL. Anc. Croûte continentale du globe terrestre.

SIALAGOGUE adj. et n.m. (du gr. *sialon*, salive, et *agôgos*, qui amène). PHARM. Se dit d'une substance qui augmente la production de salive.

SIALIS [-lis] n.m. (mot lat.). Insecte à larve aquatique et carnassière, abondant au printemps près des eaux calmes. ➲ Ordre des mégaloptères.

SIALORRHÉE n.f. (du gr. *sialon*, salive, et *rheîn*, couler). MÉD. Sécrétion excessive de salive.

SIAMANG [-mɑ̃g] n.m. (mot malais). Grand singe arboricole des montagnes d'Indonésie, très proche du gibbon mais à pelage noir. ➲ Famille des hylobatidés.

SIAMOIS, E adj. et n. Du Siam. ▪ **Chat siamois,** ou **siamois,** n.m., chat d'une race originaire d'Extrême-Orient, à la face allongée, aux yeux bleus et à la robe crème aux extrémités foncées. (V. planche *chats.*) ▪ **Frères siamois, sœurs siamoises,** jumeaux rattachés l'un à l'autre par deux parties homologues de leur corps. ◆ n.m. LING. Thaï.

SIBÉRIEN, ENNE adj. et n. De la Sibérie.

SIBILANT, E adj. (du lat. *sibilare*, siffler). MÉD. Se dit d'un râle pulmonaire qui a le caractère d'un sifflement.

SIBYLLE n.f. (lat. *sibylla*). ANTIQ. Femme inspirée, qui transmettait les oracles des dieux.

SIBYLLIN, E adj. **1.** Dont le sens est difficile à saisir ; obscur : *Des propos sibyllins.* **2.** ANTIQ. Relatif aux sibylles.

SIC [sik] adv. (mot lat. « ainsi »). Se met entre parenthèses après un mot, une expression, pour indiquer qu'on les cite textuellement, si bizarre ou incorrect que cela paraisse.

SICAIRE n.m. (lat. *sicarius*, de *sica*, poignard). Litt. Tueur à gages.

SICAV ou **S.I.C.A.V.** [sikav] n.f. inv. (acronyme de *société d'investissement à capital variable*). Société dont le capital fluctue librement au gré des entrées et des sorties des souscripteurs, et dont le rôle est de gérer un portefeuille de valeurs dont chaque porteur de titre détient une fraction ; cette fraction.

SICCATIF, IVE adj. et n.m. (du lat. *siccare*, sécher). Se dit d'une matière qui accélère le séchage des peintures, des vernis, des encres.

SICCATIVITÉ n.f. Aptitude d'une peinture à sécher rapidement.

SICCITÉ [siksite] n.f. (du lat. *siccitas*, sécheresse). Qualité de ce qui est sec.

SICILIEN, ENNE adj. et n. De la Sicile. ◆ n.m. Dialecte de l'Italie méridionale parlé en Sicile.

SICILIENNE n.f. MUS. Pièce instrumentale ou vocale, de tempo modéré, au rythme balancé.

SICLE n.m. (de l'hébr. *cheqel*, monnaie). NUMISM. Unité de poids puis monnaie allant de 6 à 12 g, en usage dans l'Orient ancien.

SICLÉE ou **CICLÉE** n.f. Région. (Est) ; Suisse. Fam. Cri strident.

SICLER ou **CICLER** v.i. [3]. Région. (Est) ; Suisse. Fam. Pousser des cris stridents.

SIDA n.m. (acronyme de *syndrome d'immunodéficience acquise*). Maladie infectieuse contagieuse, transmissible par voie sexuelle ou sanguine, représentant la phase déclarée de l'infection par le VIH.

➲ Le **SIDA** est caractérisé par un effondrement d'une certaine classe de globules blancs, les lymphocytes T-CD_4, supports de l'immunité cellulaire, et se traduit par une disparition →

→ des réactions de défense de l'organisme. Il s'ensuit des infections opportunistes dues à divers germes qui se développent dans un organisme incapable de réagir, et des cancers tels que le sarcome de Kaposi et les lymphomes. Le virus du sida a été identifié en 1983. La recherche du VIH est obligatoire dans le monde entier chez les donneurs de sang. Il n'existe pas de vaccin contre le sida. La maladie est traitée par des associations médicamenteuses, notamm. des combinaisons de trois antiviraux (trithérapies).

SIDE-CAR (pl. *side-cars*) ou **SIDECAR** [sidkar] ou [sajdkar] **n.m.** (mot angl.). Véhicule à une seule roue, accouplé latéralement à une motocyclette, l'ensemble formant un motocycle à trois roues non symétriques.

SIDÉEN, ENNE adj. et **n.** Atteint du sida.

SIDÉRAL, E, AUX adj. (du lat. *sidus, -eris*, astre). Relatif aux astres. ▪ **Jour sidéral** → **JOUR.**

SIDÉRANT, E adj. Qui frappe de stupeur ; stupéfiant : *Une nouvelle sidérante.*

SIDÉRATION n.f. MÉD. Effondrement subit de une ou plusieurs fonctions vitales.

SIDÉRER v.t. [11], ▲*[11*]* (du lat. *siderari*, subir l'influence funeste des astres). **1.** Frapper de stupeur ; effarer. **2. MÉD.** Provoquer la sidération de.

SIDÉRITE n.f. 1. MINÉRALOG. Carbonate de fer ($FeCO_3$). **2.** Vieilli. Météorite constituée princip. de fer et de nickel.

SIDÉROLITHE ou **SIDÉROLITE n.f.** Vieilli. Météorite constituée de métaux (fer, nickel) et de silicates, en proportions comparables.

SIDÉROLITHIQUE ou **SIDÉROLITIQUE adj.** et **n.m. GÉOL.** Se dit de formations argileuses ferrugineuses, en placages ou en poches dans les calcaires, dérivant d'anciens sols et dont on peut exploiter le fer.

SIDÉROSE n.f. MÉD. Infiltration des tissus, en partic. de ceux des poumons, par des particules de fer ou de l'un de ses composés.

SIDÉROSTAT n.m. Instrument muni d'un miroir plan mobile qui permet de réfléchir l'image d'un astre dans une direction fixe.

SIDÉROXYLON n.m. Arbre des pays subtropicaux, fournissant un bois dur et incorruptible, dit *bois de fer.* ➲ Famille des sapotacées.

SIDÉRURGIE n.f. (du gr. *sidêrourgos*, qui travaille le fer). Ensemble des techniques permettant d'élaborer et de mettre en forme le fer, la fonte et l'acier.

SIDÉRURGIQUE adj. Relatif à la sidérurgie.

SIDÉRURGISTE n. Personne qui travaille dans la sidérurgie.

SIÈCLE n.m. (lat. *saeculum*). **1.** Durée de cent années. **2.** Période de cent années numérotées de 1 à 100, de 101 à 200, etc., comptée à partir d'une origine chronologique appelée *ère.* ➲ Le xxe s. a commencé le 1er janvier 1901 et s'est achevé le 31 décembre 2000. **3.** Époque où l'on vit ; temps : *Des pratiques d'un autre siècle.* **4.** Époque marquée par un grand homme, une découverte, etc. : *Le siècle de Victor Hugo, des OGM.* **5.** Fam. Temps que l'on trouve trop long : *J'ai l'impression d'avoir attendu un siècle.* **6. RELIG.** Société humaine, vie profane, par oppos. à la vie religieuse : *Renoncer au siècle.* ▪ **Le Grand Siècle,** l'époque de Louis XIV, en France.

IL SIED → **SEOIR.**

SIÈGE n.m. (lat. pop. *sedicum*, de *sedere*, être assis). **1.** Meuble ou autre objet fait pour s'asseoir : *Un siège pliant* ; partie horizontale de ce meuble, de cet objet, sur laquelle on s'assied : *Le siège de ces chaises est canné.* **2.** Ensemble des deux fesses : *Bain de siège.* **3.** Place occupée par un membre d'une assemblée délibérante : *Ce parti a gagné des sièges* ; mandat de ce membre : *Sauver son siège de député.* **4.** Endroit où réside une autorité, où se réunit une assemblée : *Siège d'un tribunal.* **5.** Point où naît, se développe qqch ; foyer : *Le siège d'une jacquerie.* **6.** Opération menée contre un ouvrage, une place forte, etc., en vue de s'en emparer. **7. TECHN.** Portée d'étanchéité du corps d'un appareil de robinetterie qui vient en contact étanche avec la portée d'étanchéité de l'obturateur. ▪ **Accouchement par le siège,** ou **siège,** accouchement au cours duquel ce sont les fesses de l'enfant qui se présentent en premier. ▪ **État de siège,** régime d'exception confiant notamm. à l'autorité militaire le maintien de l'ordre public. ▪ **Lever le siège,** replier l'armée assiégeante sans s'être emparé de la place ; fig., s'en aller. ▪ **Magistrat du siège** [dr.], juge de l'ordre judiciaire inamovible qui rend la justice. ▪ **Mon siège est fait** [litt.], mon parti est pris. ▪ **Siège épiscopal,** ville où réside un évêque. ▪ **Siège social,** lieu où siège la direction d'une entreprise ; domicile d'une entreprise.

SIÉGER v.i. [15], ▲*[15*]*. **1.** Faire partie d'une assemblée, d'un tribunal : *Siéger au conseil régional.* **2.** Tenir ses séances : *L'ONU siège à New York* ; être en séance : *Le tribunal siège aujourd'hui.* **3.** Avoir son origine en un certain point ; y être localisé : *La douleur siège au-dessus de l'œil droit.*

SIEMENS [si-] ou [zimɛns] **n.m.** (de *Siemens*, n.pr.). Unité SI de mesure de la conductance électrique (symb. S), inverse de l'ohm.

SIEN, SIENNE pron. poss. (lat. *suum*). [Précédé de l'art. déf.]. Désigne ce qui appartient ou se rapporte à un possesseur de la 3e pers. du sing. : *Cette maison est aussi la sienne. Nos meubles sont vendus, les siens également.* ▪ **Faire des siennes** [fam.], faire des bêtises. ▪ **Les siens,** ses parents ; ses amis. ▪ **Y mettre du sien,** contribuer personnellement à qqch. ◆ **adj. poss.** Litt. Qui est à lui, à elle : *Il a fait sienne cette devise.*

SIERRA [sjɛra] **n.f.** (mot esp. « scie »). Montagne, dans les pays de langue espagnole.

SIESTE n.f. (esp. *siesta*, du lat. *sexta*, la sixième heure). Repos, temps de sommeil pris après le repas de midi.

SIESTER v.i. [3]. Afrique. Faire la sieste : *Pour mieux travailler le soir, il faut siester.*

SIEUR [sjœr] **n.m.** (du lat. *senior*, plus vieux). **1. DR.** Qualification dont on fait précéder un patronyme : *Plaider pour le sieur Dabot.* **2.** Péjor. Appellation donnée à un individu que l'on désapprouve : *Voici le sieur Untel qui prétend cloner un être humain.*

SIEVERT [sivœrt] **n.m.** (du n. de R. *Sievert*). Unité SI de mesure d'équivalent de dose* de rayonnement ionisant (symb. Sv).

SIFFLAGE n.m. VÉTÉR. Cornage.

SIFFLANT, E adj. Qui produit un sifflement : *Respiration sifflante.* ▪ **Consonne sifflante,** ou **sifflante, n.f.** [phon.], consonne constrictive émise avec un bruit de sifflement ([s] et [z]).

SIFFLEMENT n.m. Bruit fait en sifflant ou produit par le vent, un projectile, etc. : *Le sifflement des balles.*

SIFFLER v.i. [3] (lat. *sibilare*). **1.** Produire un son aigu avec la bouche ou un instrument : *Le maçon siffle en travaillant. L'arbitre a sifflé.* **2.** Produire un son aigu, en parlant du serpent et de certains oiseaux comme le merle. **3.** Produire un son aigu, en parlant de l'air, d'un corps en mouvement, etc. : *Le vent siffle dans la cheminée.* ◆ **v.t. 1.** Reproduire en sifflant : *Siffler une chanson.* **2.** Appeler en sifflant : *Siffler un chien.* **3.** Signaler en soufflant dans un sifflet : *L'arbitre siffle la fin du match.* **4.** Huer en sifflant : *Siffler un acteur.* **5.** Fam. Avaler rapidement un liquide : *Siffler une bière.*

SIFFLET n.m. 1. Petit instrument à vent formé d'un tube fermé à une extrémité, ouvert à l'autre et produisant une note unique. **2.** Anc. Appareil avertisseur sonore actionné par la vapeur ou l'air comprimé, sur un train. ▪ **Couper le sifflet à qqn** [fam.], l'interloquer au point de le laisser sans voix. ◆ **n.m. pl.** Sifflements marquant la désapprobation ; huées.

SIFFLEUR, EUSE adj. et **n.** Qui siffle ; qui produit un sifflement.

SIFFLEUX n.m. Québec. Fam. Marmotte.

SIFFLOTEMENT n.m. Action de siffloter ; son produit par qqn qui sifflote.

SIFFLOTER v.i. et **v.t. [3].** Siffler doucement, légèrement.

SIFILET n.m. (de *six* et de *1. filet*). Paradisier noir de la Nouvelle-Guinée, dont la tête est ornée de six pennes fines.

SIG [sig] **n.m.** (acronyme de *système d'information géographique*). Système informatisé associant des bases de données géographiques et des logiciels assurant leur gestion (stockage, mise à jour) et la production de représentations visuelles, cartes et graphiques notamm., issues de leur traitement.

1. SIGILLAIRE [-lɛr] **adj.** (du lat. *sigillum*, sceau). Relatif aux sceaux.

2. SIGILLAIRE [-lɛr] **n.f.** Arbre fossile du carbonifère, à écorce cannelée marquée de cicatrices hexagonales laissées par les feuilles après leur chute, qui atteignait 30 m de haut et que l'on trouve dans les terrains houillers. ➲ Embranchement des lycophytes.

SIGILLÉ, E [-le] **adj.** (du lat. *sigillatus*, orné de figurines). Se dit d'une céramique romaine ou gallo-romaine faite d'argile fine à laquelle la cuisson donne une couleur rouge brique.

SIGILLOGRAPHIE n.f. Science auxiliaire de l'histoire qui a pour objet l'étude des sceaux.

SIGILLOGRAPHIQUE adj. Relatif à la sigillographie.

SIGISBÉE n.m. (ital. *cicisbeo*). Litt. ou par plais. Chevalier servant.

SIGLAISON n.f. Formation d'un sigle, de sigles.

SIGLE n.m. (du bas lat. *sigla*, abréviations). Groupe de lettres initiales constituant l'abréviation de mots fréquemment employés (ex. *HLM*).

SIGLÉ, E adj. Se dit d'un vêtement, d'un sac, etc., portant un sigle en ornement.

SIGMA n.m. inv., ▲*n.m.* Dix-huitième lettre de l'alphabet grec (Σ, σ, ς), correspondant au *s* français.

SIGMOÏDE adj. (gr. *sigmoeidês*). **ANAT.** Qui a la forme d'un S ou de la lettre grecque sigma. ▪ **Côlon sigmoïde,** ou **sigmoïde, n.m.,** dernière portion du côlon, avant le rectum. ▪ **Valvule sigmoïde,** chacune des trois valvules situées à l'origine de l'aorte et de l'artère pulmonaire.

SIGMOÏDITE n.f. MÉD. Inflammation du côlon sigmoïde.

SIGNAL n.m. (lat. *signalis*, de *signum*, signe). **1.** Signe convenu pour avertir, donner un ordre, etc. **2.** Appareil, panneau disposé sur le bord d'une voie de communication pour régler la marche des véhicules. **3.** Fait, événement qui annonce ou marque le début de qqch : *La chute du mur de Berlin fut le signal de la réunification de l'Allemagne.* **4. TÉLÉCOMM.** Variation d'une grandeur physique de nature quelconque porteuse d'information. ▪ **Code international des signaux,** code dont les signaux sont transmis au moyen de pavillons et de flammes, adopté en 1965 par l'Organisation intergouvernementale consultative de la navigation maritime (auj. Organisation maritime internationale, OMI). ▪ **Donner le signal de,** être le premier à faire une action qui sert d'exemple : *Donner le signal des applaudissements.* ▪ **Rapport signal sur** ou **à bruit** [télécomm.], rapport, exprimé en décibels, des puissances du signal utile et du bruit en un point spécifié d'une voie de transmission ou à la sortie d'un appareil de reproduction sonore.

SIGNALÉ, E adj. Litt. Remarquable ; éminent : *Rendre un signalé service.*

SIGNALEMENT n.m. 1. Description physique de qqn, destinée à le faire reconnaître : *Donner le signalement de qqn.* **2. DR.** Information relative à un mineur, victime ou auteur d'une infraction, donnée aux autorités administratives ou judiciaires en vue de prendre des mesures préventives ou répressives.

SIGNALER v.t. [3]. 1. Indiquer par un signal ; annoncer : *Un panneau signale le chantier.* **2.** Appeler l'attention sur : *Le pilote a signalé un problème de moteur.* **3. DR.** Effectuer un signalement. ▪ **Rien à signaler (RAS),** tout va bien. ◆ **SE SIGNALER v.pr.** Se faire remarquer ; se distinguer : *Se signaler par ses excentricités.*

▲ **sifilet**

La signalisation routière

PANNEAUX D'INTERSECTION ET DE PRIORITÉ

intersection avec priorité à droite — priorité ponctuelle — carrefour à sens giratoire — cédez le passage — priorité à la circulation sens inverse — arrêt obligatoire — route prioritaire — fin de route prioritaire

PANNEAUX DE DANGER

chaussée rétrécie — virage à gauche — succession de virages — cassis ou dos-d'âne — chaussée glissante — danger — passage protégé pour piétons — débouché de cyclistes

PANNEAUX D'INTERDICTION

dépassement interdit — circulation interdite — sens interdit — interdiction de tourner à droite — interdiction de faire demi-tour — interdit aux piétons — arrêt et stationnement interdits — stationnement interdit

PANNEAUX D'OBLIGATION

obligation d'aller tout droit — obligation de contourner l'obstacle — obligation de tourner à droite — obligation de tourner à droite ou à gauche — chaînes à neige obligatoires — voie réservée aux autobus — voie piétonnière — piste cyclable

PANNEAUX DE FIN D'INTERDICTION ET D'OBLIGATION

fin de toutes les interdictions — fin de limitation de vitesse — fin d'interdiction de dépasser — fin d'interdiction de signaux sonores — fin de toutes les obligations — fin de voie réservée aux autobus — fin d'obligation de chaînes à neige — fin de piste cyclable

PANNEAUX D'INDICATION

hôpital — arrêt d'autobus — parc de stationnement payant — chemin sans issue — vitesse conseillée — poste d'appel téléphonique — camping — ralentisseur

AUTRES EXEMPLES DE PANNEAUX DE SIGNALISATION

présignalisation avec indication d'un carrefour à sens giratoire

signalisation de position

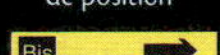

itinéraire bis ou de délestage

entrée d'agglomération

sortie d'agglomération

avertissement de bifurcation autoroutière

entrée d'autoroute

fin d'autoroute

PANNEAUX DE SIGNALISATION PROPRES À CERTAINS PAYS

Espagne — **Irlande** — **Italie** — **Portugal** — **Royaume-Uni** — **Québec**

zone urbaine — obligation de tourner à gauche — sur route de montagne cédez le passage aux autocars en cas de croisement impossible — intersection avec une route non prioritaire — fin de chaussées séparées — arrêt obligatoire

SIGNALÉTIQUE adj. Qui donne le signalement de qqn, la description de qqch : *Fiche signalétique.* ◆ **n.f. 1.** Activité sémiotique concernant les signaux, la signalisation. **2.** Ensemble des moyens de signalisation d'un lieu, d'un réseau de transport.

SIGNALEUR n.m. Soldat, marin, etc., chargé du service des signaux.

SIGNALISATION n.f. 1. Emploi de signaux pour donner des informations à distance. **2.** Installation de signaux sur une route, une voie ferrée, etc. ; ensemble de ces signaux. (*V. planche page précédente.*) ▪ **Signalisation en cabine** [ch. de f.], système de signalisation dont les indications, transmises par la voie sous forme de courants codés, sont données directement dans la cabine de conduite.

SIGNALISER v.t. [3]. Munir d'une signalisation.

SIGNATAIRE adj. et **n.** Qui a signé un acte, un document : *Les pays signataires.*

SIGNATURE n.f. 1. Action de signer un texte, un document : *La signature d'un bail.* **2.** Nom ou marque personnelle que l'on appose en bas d'une œuvre, d'un texte, d'un document pour attester que l'on en est l'auteur, que l'on s'engage à exécuter un acte : *Apposez votre signature au bas de la page.* **3.** Journaliste ou écrivain de renom : *Cet hebdomadaire réunit de prestigieuses signatures.* **4. IMPRIM.** Marque imprimée en bas de la première page de chaque cahier d'un livre, indiquant l'emplacement de ce cahier dans le livre. ▪ **Avoir la signature,** posséder une délégation de pouvoir pour recevoir ou allouer des fonds. ▪ **Signature apostolique** [cath.], tribunal institué par Pie X en 1909 et jouant, par rapport à la rote, le rôle de cour de cassation. ▪ **Signature électronique,** information codée permettant d'authentifier l'émetteur d'un message électronique. ▪ **Signature sociale,** qui engage une société. ▪ **Signature spectrale d'un corps** [phys.], figure montrant la longueur d'onde et l'intensité respectives des diverses radiations électromagnétiques émises par ce corps.

SIGNE n.m. (lat. *signum*). **1.** Ce qui permet de connaître, de deviner, de prévoir ; indice : *Le moteur donne des signes de fatigue.* **2.** Mot, geste, mimique permettant de faire connaître, de communiquer : *Sourire en signe d'approbation.* **3.** Marque matérielle distinctive : *Cocher les épreuves relues d'un signe.* **4.** Représentation matérielle de qqch, ayant un caractère conventionnel : *Signes de ponctuation.* **5. LING.** Unité linguistique constituée de l'association d'un signifiant et d'un signifié. **6.** Tout caractère d'imprimerie. **7.** Nom donné à certains symboles utilisés en mathématiques, tels que =, +, −, ×, :, <, etc. **8. MÉD.** Manifestation élémentaire d'une maladie. ➲ On distingue les *signes physiques* (observés par le médecin), les *signes fonctionnels* ou *symptômes* (qui sont ressentis par le malade) et les *signes généraux* (fièvre, par ex.). ▪ **C'est bon, mauvais signe,** cela annonce qqch de bon, de mauvais. ▪ **Langue des signes,** système structuré de gestes et d'expressions du visage conventionnels, permettant aux sourds et aux malentendants d'exprimer et de communiquer leur pensée. ➲ Il existe plus d'une centaine de langues des signes (ou *langues signées*) dans le monde. Certains pays, dont la France, les reconnaissent comme des langues à part entière. ▪ **Ne pas donner signe de vie,** sembler mort ; ne pas donner de ses nouvelles. ▪ **Signe de (la) croix,** geste de la liturgie ou de la piété chrétienne figurant la Croix de Jésus-Christ. ▪ **Signe d'un nombre** [math.], symbole noté + ou − servant à distinguer respectivement les nombres positifs des nombres négatifs. ◆ **n.m. pl.** ▪ **Règle des signes** [math.], règle qui définit le signe du produit *ab* de deux nombres, connaissant le signe de *a* et le signe de *b*. ➲ Si *a* et *b* sont de signe opposé, le produit est négatif ; si *a* et *b* sont de même signe, le produit est positif. ▪ **Signes extérieurs de richesse,** éléments retenus par l'administration fiscale pour procéder à la taxation forfaitaire des contribuables en cas de disproportion marquée entre leur train de vie et les revenus qu'ils ont déclarés.

SIGNER v.t. [3] (lat. *signare*). **1.** Marquer de sa signature : *Signer son testament.* **2.** Attester par sa signature que l'on est l'auteur de : *Il n'a pas signé toutes ses toiles.* **3.** Apposer sa signature : *Signer de son nom.* **4.** Prendre sous contrat un artiste, partic. un musicien : *Un prestigieux label a signé la jeune chanteuse.* ▪ **C'est signé,** se dit d'une action dont on devine facilement l'auteur. ◆ **v.i. 1.** Tracer sa signature : *Elle a signé en bas de l'acte.* **2.** S'exprimer dans la langue des signes*. ◆ **SE SIGNER v.pr.** Faire le signe de la croix.

SIGNET n.m. 1. Ruban fixé en haut du dos d'un livre et que l'on insère entre les pages pour marquer l'endroit que l'on veut retrouver. **2. INFORM.** Moyen d'accéder rapidement à l'adresse d'un site Web préalablement stockée en mémoire par l'utilisateur d'un ordinateur.

SIGNIFIANCE n.f. LING. Fait, pour une forme linguistique, d'avoir du sens.

SIGNIFIANT, E adj. Qui a du sens. ◆ **n.m. LING.** Forme concrète (image acoustique, symbole graphique) du signe linguistique (par oppos. à *signifié*).

SIGNIFICATIF, IVE adj. Qui exprime qqch de façon claire et précise : *Un geste significatif.*

SIGNIFICATION n.f. 1. Ce que signifie un signe, un geste, un fait ; portée : *La signification d'un vote.* **2.** Sens et valeur d'un mot ; acception. **3. DR.** Notification d'un acte, d'un jugement, faite par un huissier de justice. ▪ **Degré de signification** → **DEGRÉ.**

SIGNIFICATIVEMENT adv. De façon significative.

SIGNIFIÉ n.m. LING. Contenu sémantique du signe linguistique (ou concept) [par oppos. à *signifiant*].

SIGNIFIER v.t. [5] (lat. *significare*). **1.** Avoir un sens déterminé : *Que signifie le mot « acescent » ?* **2.** Faire connaître d'une manière expresse : *Signifier sa décision.* **3. DR.** Notifier par huissier.

SIKH, E adj. et **n.** (du sanskr. *śiṣya*, disciple). Relatif au sikhisme ; adepte du sikhisme.

SIKHISME n.m. L'une des quatre grandes religions de l'Inde, qui affirme l'existence d'un unique Dieu créateur, rejette le système des castes et prône la réconciliation entre hindous et musulmans.

SIL n.m. (mot lat.). Argile rouge ou jaune utilisée par les Anciens pour la fabrication de poteries.

SILANE n.m. CHIM. Composé hydrogéné du silicium, analogue à un alcane (nom générique).

SILENCE n.m. (lat. *silentium*). **1.** Absence de bruit : *Travailler dans le silence.* **2.** Fait de se taire : *Observer une minute de silence.* **3.** Absence de mention de qqch dans un écrit ; omission : *Le silence de la loi sur ce délit.* **4. MUS.** Interruption plus ou moins longue du son ; signe qui sert à l'indiquer. ▪ **Passer sous silence,** ne pas parler de ; omettre volontairement. ▪ **Silence radio** [par plais.], absence d'informations, de nouvelles ; refus de communiquer.

SILENCIEUSEMENT adv. En silence.

1. SILENCIEUX, EUSE adj. 1. Qui garde le silence : *Auditeurs silencieux* ; qui est peu communicatif : *Un enfant silencieux.* **2.** Qui se fait sans bruit : *Marche silencieuse.* **3.** Qui fait peu de bruit en fonctionnant : *Lave-vaisselle silencieux.* **4.** Où l'on n'entend aucun bruit : *Bureau silencieux.*

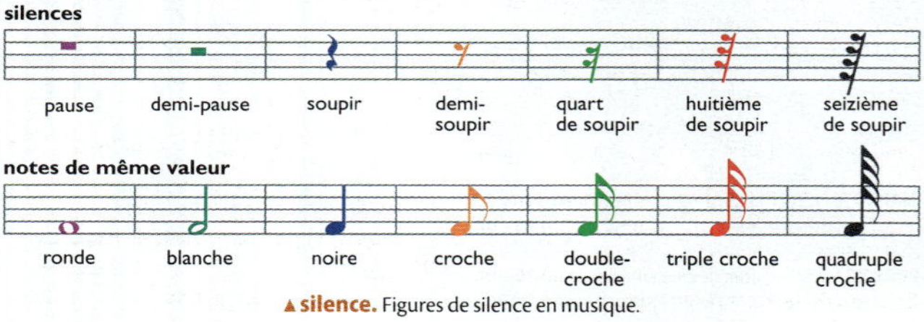

▲ **silence.** Figures de silence en musique.

2. SILENCIEUX n.m. 1. Appareil fixé sur la bouche du canon d'une arme à feu pour amortir le bruit de la détonation. **2.** Dispositif servant à amortir, dans un moteur, les bruits dus à l'expulsion des gaz.

SILÈNE n.m. (de *Silène*, n. myth.). Plante herbacée des prairies et des rocailles, à fleurs blanches ou roses. ➲ Famille des caryophyllacées.

▲ **silène**

SILENTBLOC [si-] ou [saj-] **n.m.** (nom déposé). **TECHN.** Bloc élastique en caoutchouc spécial, comprimé et interposé entre des pièces pour absorber les vibrations et les bruits.

SILER v.i. [3]. Québec. Produire un son aigu, un sifflement. ▪ **Avoir les oreilles qui silent,** éprouver une sensation de sifflement, en l'absence de tout son extérieur.

SILEX [silɛks] **n.m.** (mot lat.). Roche sédimentaire siliceuse très dure, constituée de calcédoine, de quartz et d'un peu d'opale, se présentant en rognons dans les roches carbonatées. ➲ Le silex, à cassure conchoïdale, fut utilisé comme arme et comme outil par les hommes préhistoriques.

SILHOUETTE n.f. (de É. de *Silhouette*, n.pr.). **1.** Contour, lignes générales du corps : *Avoir une silhouette élancée.* **2.** Dessin au trait dont les contours sont schématiques ou stylisés. **3.** Forme générale, aux contours vagues : *Des silhouettes dans le brouillard.*

SILHOUETTER v.t. [3]. Litt. Dessiner en silhouette. ◆ **SE SILHOUETTER v.pr.** Litt. Apparaître en silhouette ; se profiler.

SILICAGEL n.m. Forme amorphe de silice (gel de silice), très utilisée notamm. en chromatographie et comme déshydratant.

SILICATE n.m. 1. Minéral formé à partir d'un motif élémentaire tétraédrique (SiO_4) comportant un atome de silicium au centre et des atomes d'oxygène aux quatre sommets. ➲ Les silicates constituent la principale famille de minéraux (feldspaths, quartz, pyroxènes, etc.) ; ils entrent dans la composition de la majorité des roches magmatiques et métamorphiques. **2.** Sel ou ester d'un acide silicique.

SILICATÉ, E adj. Qui contient des silicates.

SILICE n.f. (du lat. *silex, -icis*, silex). Oxyde de silicium SiO_2. ➲ Il en existe plusieurs variétés naturelles : le quartz, la calcédoine, l'opale. ▪ **Verre de silice,** verre obtenu à partir de quartz fondu. ➲ Il peut supporter d'importants et brusques changements de température, et il est transparent aux rayons ultraviolets.

SILICEUX, EUSE adj. Qui contient de la silice. ▪ **Roche siliceuse,** roche sédimentaire, riche en silice (grès, meulière, diatomite, etc.).

SILICICOLE adj. ▪ **Plante silicicole,** qui prospère sur les sols siliceux, comme le châtaignier, la bruyère, la digitale.

SILICIQUE adj. Se dit de l'anhydride SiO_2 (silice) et d'acides non isolés en dérivant.

SILICIUM [-sjɔm] **n.m. 1.** Non-métal d'une couleur brune à l'état amorphe, gris-noir avec un éclat métallique à l'état cristallisé, de densité 2,33, et qui fond à 1 410 °C. **2.** Élément chimique (Si), de numéro atomique 14, de masse atomique 28,0855.

➲ Le **SILICIUM** est présent dans la nature sous forme de composés (*silice* et *silicates*) et représente environ 28 % de l'écorce terrestre, ce qui en fait le deuxième élément après l'oxygène. Il permet d'élaborer des matériaux d'une grande dureté (*carbure de silicium* ou Carborundum), d'importants polymères synthétiques *(silicones)* ou le ferrosilicium, élément d'alliage pour les fontes et les aciers. Il est le premier matériau de base de l'électronique, employé dans les circuits intégrés *(effet transistor)* et dans les photopiles *(effet photovoltaïque)*.

SILICIURE n.m. Composé formé de silicium et d'un autre élément, le plus souvent un métal.

1. SILICONE n.f. Composé du silicium de formule générale R_2SiO, analogue des cétones R_2CO (nom générique).

2. SILICONE n.m. Polymère dont les chaînes sont formées d'enchaînements alternés d'oxygène et de silicium, substitués par des groupes organiques. ➲ Les *silicones liquides* sont utilisés en cosmétologie ; les *silicones élastomères* sont employés pour la réalisation de prothèses.

SILICONÉ, E adj. 1. Enduit, garni de silicone : *Verre siliconé.* **2.** Qui porte une prothèse de silicone : *Apprenties mannequins siliconées.*

SILICONER v.t. [3] (de *2. silicone*). Revêtir, garnir de silicone.

SILICOSE n.f. MÉD. Pneumoconiose due à l'inhalation prolongée de poussière de silice.

SILICOTIQUE adj. Relatif à la silicose.

SILICULE n.f. BOT. Fruit sec voisin de la silique mais presque aussi large que long.

SILIONNE n.f. (de *silice* et *rayonne*). Fil de verre formé de fibres élémentaires continues, utilisé pour la fabrication des tissus de verre et des plastiques armés.

SILIQUE n.f. (du lat. *siliqua,* cosse). **BOT.** Fruit sec déhiscent des crucifères (giroflée, chou, notamm.).

▲ **silique.** Différents types de siliques.

SILLAGE n.m. (de *sillon*). Zone de perturbations que laisse derrière lui un corps en mouvement dans un fluide. ▪ **Effet de sillage** [aéron.], turbulences provoquées par la génération de tourbillons derrière la voilure d'un avion en vol. ▪ **Marcher dans le sillage de qqn,** suivre ses traces, son exemple.

SILLET n.m. (de l'ital. *ciglietto,* petit cil). Fine baguette surélevant les cordes d'un instrument, placée entre le chevillier et le manche ou sur le cadre des instruments à clavier.

SILLIMANITE [sili-] **n.f.** (du n. de B. *Silliman*). **MINÉRALOG.** Silicate d'alumine ($Al_2\,SiO_5$), caractéristique du métamorphisme de haute pression.

SILLON n.m. (du gaul.). **1.** Trace laissée à la surface du champ par un instrument de labour. **2.** Piste gravée à la surface d'un disque phonographique. **3.** Ride profonde du visage : *L'âge a creusé des sillons sur son front.* **4. CH. DE F.** Intervalle de temps réservé pour permettre la circulation d'un train d'une catégorie déterminée (train rapide, train de fret, etc.) entre deux points d'un réseau ferré. ▪ **Creuser son sillon,** poursuivre son œuvre avec persévérance.

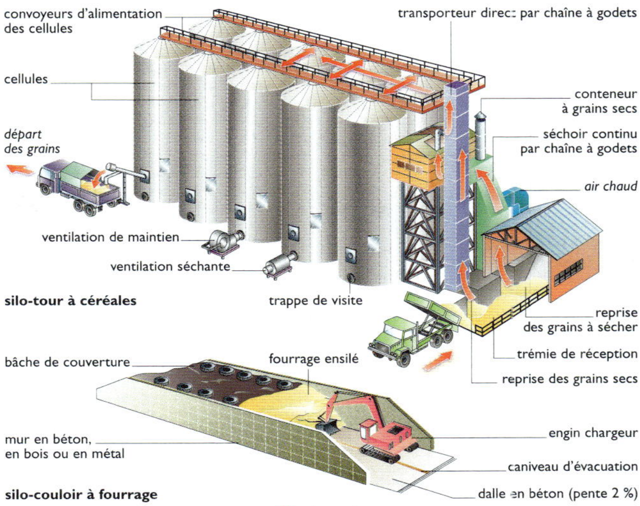

▲ **silos** de stockage.

SILLONNER v.t. [3]. Parcourir un lieu en tous sens ; le traverser : *Les démarcheurs sillonnent le quartier.*

SILO n.m. (mot esp., du gr. *siros,* fosse à blé). **1.** Fosse pratiquée dans la terre pour y conserver des récoltes. **2.** Fosse ou réservoir pour stocker les fourrages verts sous forme d'ensilage. **3.** Cellule servant à stocker des grains ou des aliments du bétail, à la ferme. **4.** Construction constituée d'un ensemble de grandes cellules verticales pour rassembler et stocker de grandes quantités de céréales ou d'autres graines. ▪ **Silo lance-missile** [arm.], cavité bétonnée creusée dans le sol pour stocker et lancer un missile stratégique.

SILPHE n.m. (du gr. *silphê,* blatte). Coléoptère voisin du nécrophore, dont une espèce est nuisible aux betteraves. ➲ Famille des silphidés.

SILT [silt] **n.m.** (mot angl.). Sédiment meuble très fin (de 4 à 62 µm), formant des roches plus ou moins consolidées.

SILURE n.m. (lat. *silurus,* du gr.). **1.** Poisson à peau sans écailles, à bouche entourée de six barbillons, dont la plupart des espèces vivent en eau douce. ➲ Le *grand silure,* ou *silure glane,* peut dépasser 4 m de long ; ordre des siluriformes. **2.** (Abusif). Poisson-chat.

▲ **silure**

SILURIEN n.m. (du lat. *Silures,* anc. peuple du pays de Galles). **GÉOL.** Système du paléozoïque entre l'ordovicien et le dévonien. ➲ Le silurien est la troisième période de l'ère primaire, de – 444 à – 416 millions d'années. ◆ **SILURIEN, ENNE adj.** Relatif au silurien.

SILURIFORME n.m. Poisson téléostéen à barbillons, à peau sans écailles et recouverte de mucus, tel que les silures et les poissons-chats. ➲ Les siluriformes constituent un ordre.

SIMA n.m. (de *silice* et *magnésium*). **GÉOL.** Anc. Manteau du globe terrestre.

SIMAGRÉE n.f. (Surtout pl.). Manières affectées ou hypocrites ; minauderies : *Faire des simagrées.*

SIMAROUBE ou **SIMARUBA** [-ru-] **n.m.** (caraïbe *simaruba*). Arbre de l'Amérique tropicale, dont l'écorce a des propriétés apéritives. ➲ Famille des simaroubacées.

SIMARRE n.f. (ital. *zimarra*). Vêtement long et ample porté par les hommes et les femmes aux XVIe-XVIIe s.

SIMBLEAU n.m. (altér. de *cingleau,* cordeau). **TECHN.** Cordeau pour tracer de grandes circonférences.

SIMIEN, ENNE adj. (du lat. *simius,* singe). Relatif au singe. ◆ **n.m.** Anc. sous-ordre de primates, qui rassemblait les singes.

SIMIESQUE adj. (du lat. *simius,* singe). Qui rappelle le singe : *Grimaces simiesques.*

SIMILAIRE adj. (du lat. *similis,* semblable). Se dit de choses qui sont plus ou moins semblables ; analogue : *Des virus similaires.*

SIMILARITÉ n.f. Caractère de ce qui est similaire ; ressemblance.

1. SIMILI n.m. (du lat. *similis,* semblable). **1.** Cliché ou film tramé permettant de reproduire les demi-teintes d'un document original. **2.** Fam., vieilli. Matière qui en imite une autre : *Ce n'est pas de l'or, c'est du simili.*

2. SIMILI n.f. (abrév.). Similigravure.

SIMILICUIR n.m. Toile enduite d'un produit plastique et imitant le cuir.

SIMILIGRAVURE n.f. IMPRIM. Procédé d'obtention de clichés ou de films tramés à partir d'originaux dont les demi-teintes sont rendues par des points de surface variable (par oppos. à *trait*). Abrév. **simili.**

SIMILISAGE n.m. TEXT. Traitement mécanique destiné à donner aux articles de coton un brillant qui rappelle celui acquis lors du mercerisage.

SIMILISER v.t. [3]. Traiter par similisage.

SIMILISTE n. Spécialiste de similigravure.

SIMILITUDE n.f. (lat. *similitudo*). **1.** Ressemblance plus ou moins parfaite : *Similitude entre deux meurtres.* **2. MATH.** Propriété que possèdent deux figures d'être semblables ; transformation conservant les angles et les rapports de longueur, composée d'une rotation et d'une homothétie de même centre. **3.** Ressemblance entre les symptômes provoqués par de fortes doses d'un remède homéopathique chez le sujet sain, et les symptômes observés chez un malade. ▪ **Loi de similitude** [techn.], ensemble des conditions imposées aux maquettes (avions, navires, etc.) pour que les résultats obtenus au cours des essais soient transposables aux réalisations en grandeur nature.

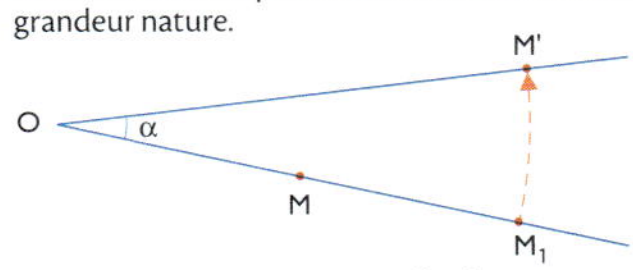

M' : image de M_1 par la rotation d'angle α et image de M par la similitude (k, α)

M_1 : image de M par l'homothétie de rapport k

$\overrightarrow{OM_1} = k\overrightarrow{OM}$

▲ **similitude**

SIMILOR n.m. (de *1. simili* et *1. or*). Laiton additionné de 12 à 15 % de zinc, utilisé dans la fabrication des bijoux fantaisie.

SIMONIAQUE adj. et **n.** Coupable de simonie.

SIMONIE n.f. (lat. ecclés. *simonia*). **HIST.** Trafic d'objets sacrés, de biens spirituels ou de charges ecclésiastiques.

SIMOUN n.m. (ar. *samūn*). Vent chaud et violent du désert d'Arabie, soufflant sur les côtes orientales de la Méditerranée.

1. SIMPLE adj. (lat. *simplex, -icis*). **1.** Qui n'est formé que d'un seul élément : *Mot, nœud simple.* **2. BOT.** Se dit d'une feuille formée par un limbe unique non divisé en folioles. **3. CHIM.** Se dit d'un corps qui est formé d'atomes d'un seul élément. ➲ L'or, l'oxygène sont des corps simples. **4.** Qui n'a besoin de rien d'autre pour produire l'effet attendu : *Un simple appel de ta part lui redonnerait le sourire.* **5.** Qui est facile à comprendre, à exécuter : *Passez votre commande d'un simple clic.* **6.** Qui est constitué d'un petit nombre d'éléments clairement organisés : *Une intrigue très simple.* **7.** Qui est sans recherche ni apprêt : *Une cérémonie toute simple.* **8.** Qui est seulement ce que son nom indique : *C'est un simple employé.* **9.** Qui se comporte avec franchise et naturel ; modeste : *Elle est restée très simple.* **10.** Qui manque de finesse ; qui est trop naïf : *Il est gentil mais un peu simple.* ▪ **Liaison simple** [chim.], liaison entre deux atomes assurée par une paire d'électrons et représentée par le symbole —. ▪ **Simple comme bonjour** [fam.], extrêmement simple. ▪ **Simple particulier,** personne qui n'exerce aucune fonction officielle. ▪ **Temps simple** [gramm.], forme verbale sans auxiliaire de conjugaison (par oppos. à *temps composé*).

2. SIMPLE n.m. 1. Ce qui est simple : *Passer du simple au sublime.* **2.** Partie de tennis ou de tennis de table entre deux joueurs seulement (par oppos. à *double*) : *Un simple dames.* **3.** Recomm. off. pour **single.** ◆ **n.** ▪ **Simple d'esprit,** personne d'une intelligence restreinte. ◆ **n.m. pl.** Vieilli. Plantes médicinales.

SIMPLE adj.m. (nom déposé). ▪ **Pari Simple,** ou **Simple, n.m.,** offre de pari mutuel permettant de désigner le cheval gagnant *(Simple gagnant)* ou l'un des chevaux placés *(Simple placé)* à l'arrivée d'une course.

SIMPLEMENT adv. 1. Avec simplicité : *S'habiller, parler simplement.* **2.** À l'exclusion de toute autre chose ; uniquement : *Raconte-moi simplement le début.*

SIMPLET, ETTE adj. Un peu simple : *Un garçon assez simplet* ; un peu simpliste : *Une analyse simplette.*

SIMPLEX n.m. TÉLÉCOMM. Mode de transmission permettant le transfert d'informations dans un seul sens (par oppos. à duplex).

SIMPLEXE n.m. MATH. Ensemble des parties d'un ensemble ordonné par l'inclusion.

SIMPLICITÉ n.f. Caractère de ce qui est simple : *La simplicité d'un calcul.* ▪ **En toute simplicité,** sans cérémonie : *Nous les avons reçus en toute simplicité.*

SIMPLIFIABLE adj. Qui peut être simplifié.

SIMPLIFICATEUR, TRICE adj. Qui simplifie, parfois excessivement.

SIMPLIFICATION n.f. Action de simplifier. ▪ **Loi de simplification,** loi qui a pour objet de rendre le droit plus accessible, plus intelligible, et son application plus sûre, notamm. en clarifiant les textes en vigueur, en abrogeant les dispositions obsolètes et en allégeant les procédures administratives.

SIMPLIFIER v.t. [5]. Rendre plus simple : *Simplifier les règles d'un jeu.* ▪ **Simplifier une fraction** [math.], trouver, si elle existe, la fraction irréductible équivalente.

SIMPLISME n.m. Tendance à simplifier d'une manière excessive.

SIMPLISTE adj. Qui simplifie à l'excès : *Une vision simpliste.*

SIMULACRE n.m. (du lat. *simulacrum*, représentation figurée). Ce qui n'a que l'apparence de ce qu'il prétend être : *Un simulacre de procès.*

1. SIMULATEUR, TRICE n. Personne qui simule un symptôme, une maladie, pour en tirer un avantage.

2. SIMULATEUR n.m. Dispositif capable de reproduire le comportement d'un appareil dont on désire étudier le fonctionnement ou enseigner l'utilisation, ou d'un corps dont on veut suivre l'évolution.

SIMULATION n.f. (lat. *simulatio*). **1.** Action de simuler un état physique, un sentiment : *Simulation d'un évanouissement, d'un élan de compassion.* **2. TECHN.** Représentation par un modèle physique ou mathématique d'un phénomène complexe, du comportement d'un appareil ou de l'évolution d'un système, à des fins d'étude, de mesure ou d'essai. **3. DR.** Dissimulation d'un acte par les parties sous le couvert d'un acte apparent ; acte illégal portant atteinte à l'état civil d'un enfant (par ex. en lui attribuant la filiation d'une mère qui n'en a pas accouché).

SIMULÉ, E adj. Qui n'est pas réel ; factice : *Un chagrin, un sommeil simulé.*

SIMULER v.t. [3] (du lat. *simulare*, feindre). **1.** Faire paraître comme réelle une chose qui ne l'est pas : *Simuler un malaise, la tendresse.* **2.** Litt. Offrir l'apparence de ; imiter : *Mâts de voiliers qui simulent une forêt.* **3. TECHN.** Opérer une simulation. **4. DR.** Déguiser un acte sous l'apparence d'un autre.

SIMULIE n.f. (lat. sc. *simulium*, de *simulare*, feindre). Petite mouche aux ailes larges et à la piqûre douloureuse, dont les larves vivent dans les eaux courantes, et dont les adultes peuvent, dans les pays tropicaux, transmettre certaines maladies graves, notamm. parasitaires. ➲ Ordre des diptères.

SIMULTANÉ, E adj. (du lat. *simul*, en même temps). Qui se produit en même temps ; concomitant : *Deux naissances simultanées dans la famille.*

SIMULTANÉE n.f. Épreuve au cours de laquelle un joueur d'échecs affronte plusieurs adversaires en même temps.

SIMULTANÉISME n.m. LITTÉR. Procédé de narration qui consiste à présenter sans transition des événements qui se déroulent au même moment en divers lieux.

SIMULTANÉITÉ n.f. Caractère de ce qui est simultané ; concomitance : *La simultanéité de leurs réactions.*

SIMULTANÉMENT adv. En même temps.

SINANTHROPE n.m. (du lat. *Sina*, Chine, et du gr. *anthrôpos*, homme). **PALÉONT.** Hominidé fossile découvert en Chine, de l'espèce *Homo erectus*, plus évolué et plus récent que le pithécanthrope.

SINAPISME n.m. (du lat. *sinapi*, moutarde). Anc. Cataplasme à base de farine de moutarde noire.

SINCÈRE adj. (du lat. *sincerus*, pur). **1.** Qui s'exprime sans déguiser sa pensée : *Soyez sincère.* **2.** Qui est réellement éprouvé, ressenti : *Regrets sincères.*

SINCÈREMENT adv. De façon sincère.

SINCÉRITÉ n.f. Qualité de qqn, qqch qui est sincère ; loyauté : *La sincérité du maire* ; authenticité : *La sincérité de ses opinions.*

SINCIPUT [-pyt] **n.m.** (mot lat. « demi-tête »). **ANAT.** Partie supérieure de la tête.

SINÉCURE n.f. (du lat. *sine cura*, sans souci). Emploi où l'on est payé beaucoup pour très peu de travail. ▪ **Ce n'est pas une sinécure** [fam.], ce n'est pas de tout repos.

SINE DIE [sinedje] **loc. adv.** (mots lat.). **DR.** Sans qu'une date soit fixée : *Audience renvoyée sine die.*

SINE QUA NON [sinekwanɔn] **loc. adj. inv.** (mots lat. « condition sans laquelle non »). Indispensable : *Clause sine qua non.*

SINGALETTE n.f. (de *Saint-Gall*, n.pr.). Toile de coton très claire utilisée pour la préparation de la gaze (hydrophile ou pour la confection).

SINGAPOURIEN, ENNE adj. et **n.** De Singapour ; de ses habitants.

SINGE n.m. (lat. *simius*). **1.** Primate à face nue, à mains et pieds préhensiles et terminés par des ongles. ➲ Les singes forment le sous-ordre des simiens. **2.** Personne qui contrefait, imite les autres. **3.** Arg. Chef d'atelier ; patron. **4.** Arg., vieilli. Bœuf en conserve. ▪ **Payer en monnaie de singe** [fam.], par de belles paroles ou des singeries. ▪ **Singe laineux,** lagotriche. ▪ **Singe pleureur,** patas. ▪ **Singe vert,** vervet.

SINGE-ARAIGNÉE n.m. (pl. *singes-araignées*). Atèle.

SINGER v.t. [10]. Imiter qqn de façon caricaturale ; contrefaire : *Singer un collègue.*

SINGERIE n.f. 1. Grimace, geste comiques ; pitrerie. **2.** Ménagerie de singes. ◆ **n.f. pl.** Fam. Manières affectées, hypocrites ; simagrées.

SINGLE [singœl] **n.m.** (mot angl.). **1.** Compartiment de voiture-lit à une seule place. **2.** Chambre individuelle dans un hôtel. **3.** Disque de variétés comportant un seul morceau par face. **4.** CD ou DVD comportant moins de quatre morceaux. Recomm. off. **simple.**

SINGLET n.m. Belgique. Maillot de corps.

SINGLETON [sɛ̃glətɔ̃] **n.m.** (mot angl., de *single*, seul). **1.** Carte qui est seule de sa couleur dans la main d'un joueur après la donne. **2. MATH.** Ensemble constitué d'un seul élément.

SINGULARISER v.t. [3]. Distinguer des autres par qqch d'inhabituel ; particulariser : *Ses tatouages la singularisent.* ◆ **SE SINGULARISER v.pr.** Se faire remarquer en étonnant ou choquant.

SINGULARITÉ n.f. 1. Caractère original ou insolite de qqch : *La singularité des titres de ses romans.* **2.** Manière étrange de parler, d'agir ; excentricité : *Ses singularités amusent ses collègues.* **3. MATH.** Particularité survenant en un point singulier d'une courbe ou d'une surface.

1. SINGULIER, ÈRE adj. (lat. *singularis*). Qui attire l'attention par son caractère étrange : *Il a eu un cursus singulier.* ▪ **Combat singulier,** combat d'un seul contre un seul.

2. SINGULIER n.m. et **adj.m. GRAMM.** Forme d'un mot exprimant un nombre égal à l'unité (*un lit* vs *des lits*) ou l'absence d'opposition de nombre dans les noms non comptables *(du beurre).*

SINGULIÈREMENT adv. 1. À un haut degré ; fortement : *Il a singulièrement changé.* **2.** En particulier ; notamment : *La crise touche singulièrement les salariés.*

SINISANT, E n. 1. Sinologue. **2.** Personne qui a appris le chinois, qui le lit ou le parle.

SINISATION n.f. Action de siniser ; fait d'être sinisé.

SINISER v.t. [3] (du lat. médiév. *Sinae*, v. d'Extrême-Orient). Marquer des caractères de la civilisation, de la culture chinoise.

SINISTRALITÉ n.f. DR. Taux de sinistres : *Hausse de la sinistralité.*

1. SINISTRE adj. (du lat. *sinister, -tri*, qui est à gauche). **1.** Qui laisse présager qqch de funeste : *Craquement sinistre.* **2.** Qui inspire de la crainte ; inquiétant : *Air sinistre.* **3.** Qui a un aspect lugubre : *Un hôtel sinistre* ; triste et ennuyeux : *Une soirée sinistre.*

2. SINISTRE n.m. 1. Catastrophe qui entraîne de grandes pertes matérielles et humaines ; désastre. **2. DR.** Fait dommageable pour soi-même ou pour autrui, de nature à mettre en jeu la garantie d'un assureur.

SINISTRÉ, E adj. et **n.** Victime d'un sinistre. ◆ **adj. 1.** Qui a été victime d'un sinistre : *Littoral sinistré.* **2.** Qui subit de grandes difficultés : *Industrie sinistrée.*

SINISTREMENT adv. De façon sinistre.

SINISTROSE n.f. 1. PSYCHIATR. État mental pathologique de certains accidentés, qui réside dans une idée délirante de préjudice corporel. **2.** Fam. Pessimisme systématique.

SINITÉ n.f. Caractère de ce qui est propre à la civilisation chinoise.

SINOC adj. et **n.** → **SINOQUE.**

SINOLOGIE n.f. (du lat. médiév. *Sinae*, v. d'Extrême-Orient). Étude de l'histoire, de la langue et de la civilisation chinoises.

SINOLOGUE n. Spécialiste de sinologie (SYN. **sinisant**).

SINON conj. (de *1. si* et *1. non*). **1.** Introduit une hypothèse négative ; sans quoi ; autrement : *Dépêche-toi, sinon tu vas rater ton train.* **2.** Introduit une restriction ; sauf : *Que faire sinon espérer ?* **3.** Marque un surenchérissement ; voire : *Il est un des rares, sinon le seul, à avoir survécu.* **4.** Introduit une concession ; à défaut de : *J'attendais sinon des excuses, du moins une explication.* ◆ **SINON QUE loc. conj.** Si ce n'est que : *Que dire, sinon que je suis désolé.*

SINOPLE n.m. (du lat. *sinopis*, terre de Sinope). **HÉRALD.** La couleur verte du blason.

SINOQUE, SINOC ou **CINOQUE adj.** et **n.** Fam. Fou.

SINO-TIBÉTAIN, E adj. et **n.m.** (pl. *sino-tibétains, es*). Se dit d'une famille de langues réunissant, d'une part, le chinois et ses dialectes et, d'autre part, le groupe tibéto-birman.

SINTÉRISATION n.f. Action de sintériser.

SINTÉRISER v.t. [3]. TECHN. Fabriquer directement des pièces, des objets ou des agglomérés par frittage de poudres de matières infusibles.

SINUÉ, E adj. BOT. Se dit d'un organe, et notamm. d'une feuille, au contour sinueux.

SINUER v.i. [3]. Litt. Décrire des sinuosités ; serpenter.

SINUEUX, EUSE adj. (lat. *sinuosus*, de *sinus*, pli). **1.** Qui décrit une série de courbes : *Une route de montagne sinueuse.* **2.** Fig. Qui ne va pas droit au but ; tortueux : *Pensée sinueuse.*

SINUOSITÉ n.f. Détour que fait qqch de sinueux.

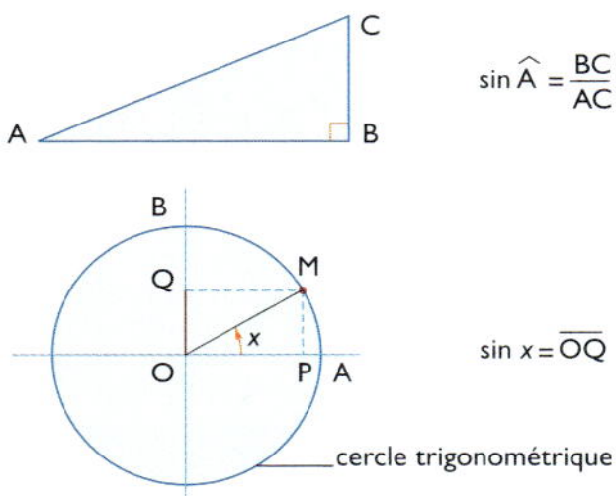

▲ **sinus**

SINUS [sinys] **n.m.** (mot lat. « pli, repli »). **ANAT.** Cavité, canal naturel communiquant avec un autre par une partie rétrécie ; portion dilatée d'un canal. ▪ **Fonction sinus** [math.], fonction qui à un réel *x* quelconque associe son sinus (symb. sin). ▪ **Sinus carotidien** [anat.], portion dilatée de l'artère carotide, contenant des récepteurs sensibles à la pression du sang. ▪ **Sinus (de la face)** [anat.], cavité creusée dans certains os de la tête (frontal, par ex.), remplie d'air et communiquant avec les fosses nasales. ▪ **Sinus d'un angle dans un triangle rectangle** [math.], rapport du côté opposé à l'hypoténuse. ▪ **Sinus d'un réel *x*** [math.], ordonnée du point M du cercle trigonométrique tel que l'angle $(\overrightarrow{OA}, \overrightarrow{OM})$ et l'arc $\widehat{AM}$ mesurent *x* radians (symb. sin *x*). ▪ **Sinus (veineux)** [anat.], canal ayant la fonction d'une veine, en partic. dans le crâne.

SINUSAL, E, AUX adj. PHYSIOL. Se dit d'un amas de cellules, ou nœud, situé dans la paroi de l'oreillette droite et commandant chaque contraction du cœur ; relatif à ce nœud. ▪ **Rythme sinusal**, rythme normal du cœur.

SINUSIEN, ENNE adj. MÉD. Relatif à un sinus de la face : *Polype sinusien.*

SINUSITE n.f. MÉD. Inflammation des sinus osseux de la face.

SINUSOÏDAL, E, AUX adj. 1. Relatif à une sinusoïde. **2.** Se dit d'un phénomène périodique dont la grandeur caractéristique est représentée par une fonction sinusoïdale du temps. ▪ **Fonction sinusoïdale**, fonction définie par $x \to a \cdot \sin(bx + c)$ ou $x \to a \cdot \cos(bx + c)$.

SINUSOÏDE n.f. MATH. Courbe plane représentative d'une fonction sinusoïdale.

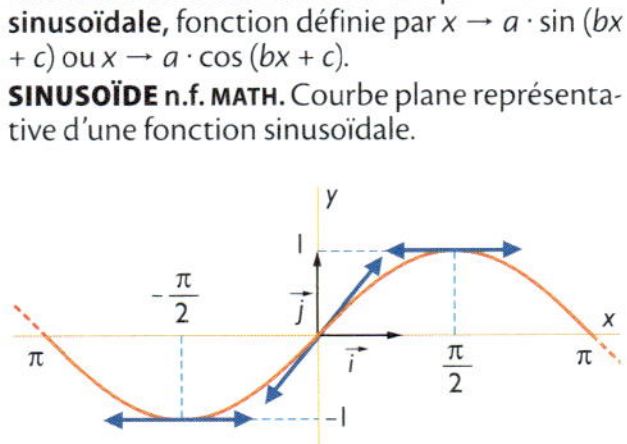

▲ **sinusoïde.** Représentation graphique de la fonction : $x \to \sin x$.

SIONISME n.m. (de *Sion*, colline de Jérusalem). Mouvement dont l'objet fut la constitution, en Palestine, d'un État juif.

➲ Le **SIONISME**, qui fut d'abord un courant mystique, associé à l'idée d'avènement messianique, devint un projet politique dans la seconde moitié du XIXe s. Auteur de *l'État juif* (1896), l'écrivain T. Herzl lui fournit son contenu doctrinal et, en 1901, fut créé le Fonds national juif pour le rachat de terres en Palestine. La déclaration Balfour de 1917, qui y prévoyait la création d'un foyer national juif, y provoqua un afflux de Juifs d'Europe. La fondation de l'État d'Israël, en 1948, consacra la force politique du sionisme.

SIONISTE adj. et **n.** Qui relève du sionisme ; qui en est partisan.

SIOUX [sju] **adj. 1.** Des Sioux. **2.** Fam. Rusé ; astucieux. (Dans ce sens, on prononce aussi [sjuks].)

SIPHOÏDE adj. TECHN. En forme de siphon.

SIPHOMYCÈTE n.m. (du gr. *siphôn*, tube). Champignon inférieur, à mycélium formé de filaments continus, sans cloisons cellulaires. ➲ Les siphomycètes se répartissent entre les classes des phycomycètes et des zygomycètes.

SIPHON n.m. (lat. *sipho, -onis*, du gr.). **1.** Tube, tuyau recourbé en forme d'U renversé dont on se sert pour faire passer un liquide d'un niveau à un autre plus bas, en l'élevant d'abord au-dessus du niveau le plus haut. **2.** Appareil pour le lavage ou l'évacuation de certaines cavités naturelles de l'organisme. **3.** Conduit à double courbure servant, dans un appareil sanitaire, à évacuer les eaux usées tout en empêchant le dégagement des mauvaises odeurs. **4.** Carafe en verre épais, fermée par une soupape commandée par un levier, pour obtenir l'écoulement d'un liquide sous pression. **5. SPÉLÉOL.** Conduit naturel envahi par l'eau. **6. ZOOL.** Tube servant à la circulation de l'eau chez les mollusques marins, les tuniciers, etc. **7.** Ouvrage hydraulique enterré, destiné à permettre la traversée d'un obstacle (vallée, voie de communication, etc.).

SIPHONAPTÈRE n.m. (du gr. *siphôn*, tube). Insecte piqueur voisin des diptères mais dépourvu d'ailes et vivant en parasite, tel que la puce. ➲ Les siphonaptères forment un ordre.

SIPHONNÉ, E adj. Fam. Fou.

SIPHONNER v.t. [3]. 1. Transvaser un liquide à l'aide d'un siphon. **2.** Vider un réservoir de son contenu à l'aide d'un siphon. **3.** Fig. En parlant d'un parti politique ou d'un candidat, attirer à lui les voix d'un parti ou d'un candidat adverse. **4.** Fig., fam. Voler ; soutirer.

SIPHONOGAMIE n.f. (du gr. *siphôn*, tube). **BIOL.** Mode normal de fécondation des plantes supérieures, à l'aide d'un tube pollinique.

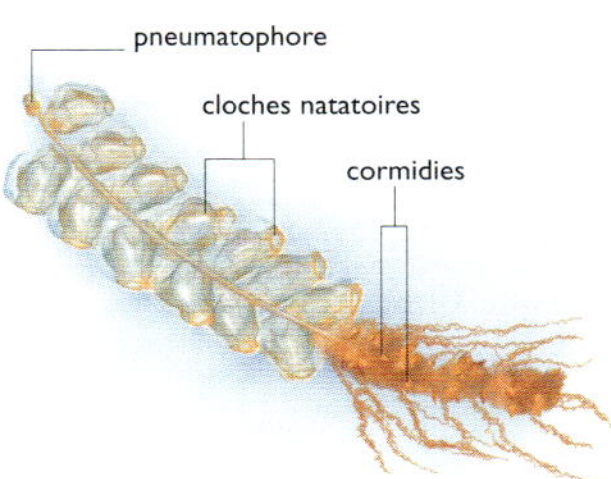

▲ **siphonophore** abyssal.

SIPHONOPHORE n.m. ZOOL. Cnidaire des eaux chaudes formant des colonies flottantes nourries par des polypes et mobiles grâce à des méduses spécialisées, tel que la physalie. ➲ Les siphonophores forment une sous-classe.

SIPO n.m. (mot d'une langue d'Afrique). Très grand arbre de la forêt dense africaine, dont le bois est utilisé en menuiserie extérieure, en ébénisterie et pour le contreplaqué. ➲ Famille des méliacées.

SIR [sœr] **n.m.** Titre d'honneur chez les Anglais, précédant le prénom et le nom de famille.

SIRDAR n.m. inv. (persan *sardār*). **HIST.** Titre honorifique donné au Moyen-Orient à un chef militaire.

SIRE n.m. (du lat. *senior*, plus vieux). Titre porté par les seigneurs à partir du XIIIe s. puis donné aux empereurs et aux rois, lorsqu'on s'adresse à eux. ▪ **Triste sire** [fam.], individu peu recommandable.

SIRÈNE n.f. (bas lat. *sirena*, du gr.). **1. MYTH. GR. ET ROM.** Démon marin femelle représenté sous forme d'oiseau ou de poisson avec tête et poitrine de femme, et dont les chants séducteurs provoquaient des naufrages. **2.** Appareil dans lequel un jet d'air, périodiquement interrompu et rétabli, produit un son puissant servant de signal ou d'alerte ; puissant avertisseur sonore. ◆ **n.f. pl.** Propositions alléchantes mais potentiellement dangereuses : *Céder aux sirènes de la chirurgie esthétique.*

SIRÉNIEN n.m. Mammifère herbivore marin ou fluvial, à denture réduite, à nageoires, tel que le lamantin, le dugong et la rhytine, espèce éteinte. ➲ Les siréniens forment un ordre.

SIREX n.m. (mot lat.). Hyménoptère dont la femelle pond ses œufs dans le bois des conifères grâce à une tarière très longue. ➲ Famille des siricidés.

SIRLI n.m. (onomat.). Alouette d'Afrique du Nord à plumage brun-rouge rayé et à bec fin et long.

SIROCCO n.m. (ital. *scirocco*, de l'ar.). Vent sec et très chaud qui souffle du Sahara sur le sud de la Méditerranée occidentale, lorsque des basses pressions règnent entre les Baléares et l'Algérie.

SIROP n.m. (lat. médiév. *sirupus* de l'ar.). **1.** Solution concentrée de sucre dans l'eau, éventuellement additionnée de substances aromatiques : *Sirop de grenadine.* **2.** Préparat on médicamenteuse aqueuse et sucrée : *Sirop contre la toux.* **3.** Solution concentrée de sucre et d'eau ou de jus de fruits, utilisée pour confire des fruits, confectionner des sorbets, imbiber des gâteaux, etc. **4.** Belgique. Pâte épaisse obtenue par cuisson du jus de pomme et de poire. ▪ **Sirop d'érable** [Québec], produit de l'évaporation de la sève de l'érable à sucre.

SIROPERIE n.f. Belgique, Algérie. Fabrique de sirop.

SIROTER v.t. et **v.i. [3].** Fam. Boire à petits coups, en savourant ; déguster.

SIRTAKI n.m. (mot gr.). Danse d'origine grecque exécutée par un homme seul ou par un groupe d'hommes qui se tiennent les épaules.

SIRUPEUX, EUSE adj. 1. Qui est de la nature, de la consistance du sirop. **2.** Qui est trop doux, sans vigueur ; mièvre : *Chanson sirupeuse.*

SIS, E [si, siz] **adj.** (de *seoir*). **DR.** Situé : *Boutique sise à Bergerac.*

SISAL n.m. (pl. *sisals*) [de *Sisal*, port du Yucatán]. Agave du Mexique dont les feuilles fournissent des fibres textiles.

SISMAL, E, AUX ou **SÉISMAL, E, AUX adj.** Se dit de la ligne qui suit l'ordre d'ébranlement, dans un séisme.

SISMICITÉ ou **SÉISMICITÉ n.f.** Localisation et fréquence des tremblements de terre, en relation avec les grandes cassures de l'écorce terrestre.

SISMIQUE ou **SÉISMIQUE adj.** (du gr. *seismos*, tremblement de terre). Relatif aux tremblements de terre. ▪ **Prospection sismique**, ou **sismique, n.f.**, méthode de prospection fondée sur la propriété qu'ont des ondes mécaniques produites au niveau du sol de subir des réfractions (*sismique-réfraction*) et des réflexions (*sismique-réflexion*) aux surfaces de contact de couches géologiques ayant des vitesses de transmission différentes, suivant des lois analogues à celles de l'optique. ▪ **Secousse sismique**, séisme

SISMOGRAMME n.m. Tracé d'un sismographe.

SISMOGRAPHE ou **SÉISMOGRAPHE n.m.** Appareil destiné à enregistrer l'heure, la durée et l'amplitude d'ondes sismiques.

SISMOLOGIE ou **SÉISMOLOGIE n.f.** Étude des séismes et, plus génér., des divers mouvements du sol.

SISMOLOGIQUE adj. Relatif à la sismologie.

SISMOLOGUE n. Spécialiste de sismologie.

SISMOMÈTRE ou **SÉISMOMÈTRE n.m.** Partie mécanique sensible d'un sismographe.

SISMOMÉTRIE n.f. Ensemble des techniques d'enregistrement des ondes sismiques.

SISMOTHÉRAPIE n.f. PSYCHIATR. Électrochoc.

SISTER-SHIP (pl. *sister-ships*) ou **SISTERSHIP** [sistœrʃip] **n.m.** (mot angl.). Navire possédant les mêmes caractéristiques de construction qu'un autre (SYN. **navire-jumeau**).

SISTRE **n.m.** (lat. *sistrum*, du gr.). Instrument de musique constitué d'un cadre que traversent des tiges sur lesquelles sont enfilées des coques de fruits, des coquilles ou des rondelles métalliques qui s'entrechoquent par secouement.

SISYMBRE **n.m.** (gr. *sisumbrion*). Plante herbacée, aussi appelée abusivement *roquette* ou *vélar*, et dont une espèce est l'*herbe aux chantres*. ➲ Famille des crucifères.

SITAR **n.m.** (mot hindi). Instrument de musique de l'Inde, dont on pince les cordes à l'aide d'un onglet.

SITARISTE **n.** Instrumentiste qui joue du sitar.

SITCOM [sitkɔm] **n.f.** ou **n.m.** (de l'anglo-amér. *situation comedy*, comédie de situation). Comédie de mœurs, présentée sous forme de feuilleton ou de série télévisée, et dont l'intérêt dramatique est essentiellement fondé sur les situations.

SITE **n.m.** (ital. *sito*, du lat. *situs*, situation). **1.** Paysage considéré du point de vue de l'harmonie ou du pittoresque ; panorama. **2.** Lieu géographique considéré du point de vue de une ou plusieurs activités : *Site de lancement de fusées.* **3.** Configuration topographique d'un lieu où s'est installé un groupe humain, avec ses ressources matérielles (eau, sol, matériaux) et des possibilités d'extension. **4.** Serveur d'informations ou d'archivage de données, dans un réseau de télécommunications. ▪ **Angle de site,** ou **site** [mil.], angle formé par la ligne de site avec le plan horizontal. ▪ **Ligne de site** [mil.], ligne droite joignant une arme à son objectif au moment du tir. ▪ **Site naturel,** présentant un intérêt particulier dans ses paysages et ses biotopes, ainsi que dans la faune et la flore qui l'occupent. ▪ **Site propre,** chaussée, voie réservée aux véhicules de transport collectif (autobus, tramways, etc.). ▪ **Site (Web),** ensemble de pages Web accessibles via Internet sur un serveur identifié par une adresse.

SIT-IN [sitin] **n.m. inv.** (mot angl., de *to sit in*, s'asseoir sur). Manifestation non violente consistant à s'asseoir en groupe sur la voie publique.

SITOGRAPHIE **n.f.** Webographie.

SITOLOGUE **n.** Spécialiste de l'étude et de la conservation des sites naturels.

SITOSTÉROL **n.m.** (du gr. *sitos*, blé). **CHIM. ORG.** Stérol le plus répandu dans le règne végétal (blé, soja, etc.).

SITÔT **adv.** Aussitôt : *Sitôt dit, sitôt fait.* ▪ **De sitôt,** avant longtemps : *Je ne le réinviterai pas de sitôt.* ◆ **SITÔT QUE** **loc. conj.** Marque la postériorité temporelle immédiate ; dès que.

SITTELLE **n.f.** (du gr. *sittê*, pivert). Passereau des forêts d'Europe occidentale et d'Afrique du Nord, qui grimpe avec agilité sur les troncs. ➲ Famille des sittidés.

SITTIDÉ **n.m.** Passereau de l'hémisphère Nord, insectivore, au bec fin et long, tel que la sittelle, le tichodrome. ➲ Les sittidés forment une famille.

SITUATION **n.f.** **1.** Manière dont qqch, un lieu est placé par rapport à d'autres choses, d'autres lieux ; position. **2.** Localisation d'une ville par rapport à sa région et au réseau urbain dont elle est un élément. **3.** Rang, fonction de qqn, de qqch dans un groupe : *La situation de la Chine au sein de l'ONU.* **4.** Emploi rémunéré et stable ; place : *Perdre sa situation.* **5.** État de qqch, d'un groupe dans un domaine déterminé : *Situation économique d'un pays.* **6. LITTÉR.** État caractéristique issu d'une action ou d'un événement et que traduisent un ou plusieurs personnages d'un récit, d'une pièce : *Situation comique.* ▪ **En situation,** dans des conditions aussi proches que possible de la réalité : *Mettre une stagiaire en situation.* ▪ **En situation de,** en mesure de ; à même de : *Il n'est pas en situation de refuser.*

SITUATIONNEL, ELLE **adj.** Relatif à une situation ; qui dépend de la situation : *Stress situationnel.* ▪ **Prévention situationnelle,** ensemble des mesures et dispositifs dissuadant les personnes de commettre un acte de délinquance. ➲ La vidéosurveillance en fait partie.

SITUATIONNISME **n.m.** Mouvement d'avant-garde culturel et politique des années 1960, dont les analyses et les formes de contestation radicale de la société de consommation ont exercé une influence particulière en mai 1968.

SITUATIONNISTE **adj.** et **n.** Relatif au situationnisme ; qui en est partisan.

SITUÉ, E **adj.** Qui est placé à tel endroit et disposé de telle façon : *Vigne située sur un coteau.*

SITUER **v.t.** [3] (du lat. *situs*, position). **1.** Déterminer la place, la situation de qqn, qqch dans l'espace ou le temps ; placer : *Quand situe-t-on l'apparition de l'homme de Neandertal ? Situer une gare sur un plan.* **2.** Considérer qqn comme un élément d'un groupe : *Situer un poète parmi les surréalistes* ; déterminer la place qu'occupe qqn au sein d'un ensemble : *On la situe plutôt à gauche.* ◆ **SE SITUER** **v.pr.** Avoir sa place, dans l'espace ou dans le temps : *Où se situe ce village ? L'action se situe au début du XXIᵉ siècle.*

SIVAÏSME **n.m.** → **SHIVAÏSME.**

SIVAPITHÈQUE **n.m.** Primate fossile du miocène du sud-est de l'Europe, d'Asie (Inde) et d'Afrique (Kenya), autref. considéré comme l'ancêtre commun des grands singes et de l'homme, et rattaché à présent aux orangs-outans. ➲ Haut. 1,50 m.

SIX [sis] ([si] devant une consonne ou un *h* aspiré ; [siz] devant une voyelle ou un *h* muet) **adj. num.** et **n.m.** (lat. *sex*). **1.** Nombre qui suit cinq dans la suite des entiers naturels. **2.** Sixième : *Charles VI.*

SIXAIN **n.m.** → **SIZAIN.**

SIX-HUIT [sizɥit] **n.m. inv. MUS.** Mesure à deux temps qui a la noire pointée ou trois croches pour unité de temps.

SIXIÈME [sizjɛm] **adj. num. ord.** et **n.** Qui occupe un rang marqué par le nombre six. ◆ **n.m.** et **adj.** Quantité désignant le résultat d'une division par six. ◆ **n.f.** Première année du premier cycle de l'enseignement du second degré.

SIXIÈMEMENT **adv.** En sixième lieu.

À LA SIX-QUATRE-DEUX **loc. adv.** Fam. À la va-vite ; sans soin : *Un rapport écrit à la six-quatre-deux.*

SIXTE **n.f. MUS.** Intervalle de six degrés.

SIXTUS [sikstys] **n.m.** Suisse. Épingle à cheveux formant ressort.

SIZAIN ou **SIXAIN** [sizɛ̃] **n.m.** **1.** Strophe ou poème de six vers. **2.** Paquet de six jeux de cartes.

SIZERIN **n.m.** (flamand *sijsje*). Passereau des forêts tempérées froides, voisin de la linotte, à plumage brun-rouge. ➲ Famille des fringillidés.

SKA **n.m.** (mot anglo-amér.). **1.** Musique chantée d'origine jamaïquaine, au rythme saccadé, et dont la mélodie alterne cuivres et chant. **2.** Danse d'origine jamaïquaine, caractérisée par d'énergiques mouvements de hanches.

SKAÏ [skaj] **n.m.** (nom déposé). Similicuir de la marque de ce nom.

SKATEBOARD ou **SKATE** [skɛt(bɔrd)] **n.m.** (mot angl., de *to skate*, patiner, et *board*, planche). Planche à roulettes.

SKATEUR, EUSE [skɛtœr, øz] **n.** ou **SKATER** [skɛtœr] **n.m.** Personne qui pratique le skateboard.

SKATING [skɛtiŋ] **n.m.** (mot angl.). **1.** Patinage pratiqué avec des patins à roulettes ou des patins à glace. **2.** Style de ski de fond dans lequel le skieur progresse sur la partie totalement plane de la piste en pas de patineur.

SKEET [skit] **n.m.** (mot angl.). Sport qui consiste à tirer au fusil sur des plateaux d'argile projetés de deux cabanes distantes d'env. 40 m.

SKELETON [skələtɔn] **n.m.** (mot angl. « squelette, charpente »). Engin de glisse que l'on utilise allongé sur le ventre, la tête projetée en avant ; sport pratiqué avec cet engin.

SKETCH [skɛtʃ] **n.m.** (pl. *sketch*[*e*]*s*) [mot angl. « esquisse »]. Monologue ou dialogue de courte durée, génér. comique, représenté au théâtre, au music-hall, à la télévision ou au cinéma.

SKI **n.m.** (mot norv.). **1.** Chacune des deux longues lames de bois, de métal ou de matière synthétique dont on se sert pour glisser sur la neige ou sur l'eau. **2.** Sport pratiqué sur la neige sur ces lames : *Un champion de ski.* **3.** Sports d'hiver : *Aller au ski.* ▪ **Ski alpin** ou **de piste,** ski pratiqué sur des pentes génér. accentuées. ➲ Les compétitions de ski alpin comprennent des épreuves de descente et de slalom. ▪ **Ski artistique** ou **acrobatique,** pratique du ski englobant le saut, le skicross, le ski de ballet (avec enchaînement de

▲ **ski.** Épreuve de ski de fond.

figures) et le surf des neiges. ▪ **Ski de fond,** ski pratiqué sur des parcours de faible dénivellation. ▪ **Ski de randonnée,** ski pratiqué génér. en moyenne montagne et hors des pistes balisées. ▪ **Ski nautique,** sport où le pratiquant, relié par une corde à un bateau à moteur qui le tracte, glisse sur l'eau en se maintenant sur un ou deux skis. ▪ **Ski nordique,** discipline sportive englobant les courses de ski de fond, le saut à skis (à partir d'un tremplin), le combiné et le biathlon.

▲ **ski nautique**

SKIABLE **adj.** Où l'on peut skier.

SKIASCOPIE **n.f.** (du gr. *skia*, ombre, et *skopein*, examiner). Méthode permettant de déterminer d'une façon objective la réfraction de l'œil et fondée sur l'étude de l'ombre que porte la pupille sur la rétine.

SKI-BOB (pl. *ski-bobs*) ou **SKIBOB** **n.m.** (de *ski* et *bobsleigh*). Engin en forme de bicyclette dont les roues sont remplacées par de petits skis (SYN. **véloski**).

SKICROSS **n.m.** Discipline sportive dans laquelle plusieurs skieurs s'élancent en même temps sur un parcours bosselé et très incliné comportant des virages et des tremplins.

SKIER **v.i.** [5]. Pratiquer le ski.

SKIEUR, EUSE **n.** Personne qui pratique le ski.

SKIFF, ▲ *SKIF* **n.m.** (mot angl., du fr. *esquif*). **1.** Bateau de sport très étroit et très long, à un seul rameur. **2. AUTOM.** Anc. Variante de la torpédo dont la forme s'inspirait de celle de ce type d'embarcation.

SKINHEAD ou **SKIN** [skin(ɛd)] **n.** (mot angl. « crâne tondu »). Jeune marginal au crâne rasé et aux vêtements de style paramilitaire, souvent xénophobe et violent.

SKIP **n.m.** (mot angl.). **MIN.** Appareil élévateur constitué par une benne de grande capacité, mue par un treuil et dont la vidange s'opère par basculement ou par ouverture du fond.

SKIPPEUR, EUSE **n.** (angl. *skipper*). **1.** Commandant de bord d'un yacht. **2.** Barreur d'un bateau à voiles de régate.

SKONS **n.m.** → **SCONSE.**

SKUA **n.m.** Grand labbe de l'Arctique, très agressif. ➲ Famille des stercorariidés.

SKUNKS ou **SKUNS** **n.m.** → **SCONSE.**

SKYDOME [skajdɔm] **n.m.** (nom déposé). Hublot de toiture pour éclairage zénithal.

SKYE-TERRIER [skaj-] **n.m.** (pl. *skye-terriers*) [mot angl.]. Petit chien terrier à longs poils.

SKY-SURFING [skajsœrfiŋ] **n.m.** (pl. *sky-surfings*) [de l'angl. *sky*, ciel, et *to surf*, surfer]. Discipline sportive relevant du parachutisme. (On dit aussi sky-surf.) ➲ Le sauteur évolue dans les airs sur une sorte de surf, en étant filmé par son partenaire qui saute avec lui. Ils sont notés pour la qualité tant sportive qu'esthétique des images produites.

SLALOM [slalɔm] **n.m.** (mot norv.). **1.** Descente à skis sur un parcours sinueux jalonné de portes à franchir, marquées par des piquets surmontés de fanions. ➲ Les portes sont plus nombreuses, plus étroites et plus rapprochées dans le *slalom spécial* que dans le *slalom géant* ou le *super-géant*. **2.** Parcours très sinueux, comprenant de nombreux virages ou obstacles : *Deux-roues qui fait du slalom entre les voitures.*

▲**slalom.** Épreuve de slalom spécial (ski alpin).

SLALOMER v.i. [3]. Effectuer un slalom.

SLALOMEUR, EUSE n. Spécialiste de slalom.

SLAM [slam] **n.m.** (de l'angl. *to slam*, claquer). Poésie orale, urbaine, déclamée dans un lieu public, sur un rythme scandé.

SLAMER v.i. [3]. Déclamer, composer du slam.

SLAMEUR, EUSE n. Personne qui interprète, compose du slam.

SLASH n.m. (pl. *slash[e]s*) [mot angl.]. Caractère typographique (noté /), utilisé comme élément de séparation en informatique. (On dit aussi *barre oblique* ou *barre de fraction*.)

SLASHEUR, EUSE ou **SLASHER** [-œr] **n.** (angl. *slasher*, de *slash*). Personne, génér. issue de la génération* Y, qui exerce plusieurs emplois et/ou activités à la fois : *Mannequin/actrice/étudiante/blogueuse, elle se présente comme une slasheuse.*

SLAVE adj. et **n.** Relatif aux Slaves ; qui fait partie de cet ensemble de peuples. ◆ **n.m.** Groupe de langues indo-européennes parlées par les Slaves et divisées en orientales, occidentales et méridionales.

SLAVISANT, E n. Spécialiste des langues slaves.

SLAVISER v.t. [3]. Donner un caractère slave à.

SLAVISTIQUE n.f. Étude des langues slaves.

SLAVON, ONNE adj. et **n.** De Slavonie. ◆ **n.m.** Langue liturgique des Slaves orthodoxes, issue de la traduction des Évangiles par Cyrille et Méthode.

SLAVOPHILE adj. et **n. HIST.** Se disait des Russes prônant, à partir de 1840, les valeurs traditionnelles propres à leur pays (par oppos. à *occidentaliste*).

SLBM n.m. (sigle de l'angl. *submarine launched ballistic missile*). Missile balistique stratégique lancé d'un sous-marin.

SLEEPING-CAR ou **SLEEPING** [slipiŋ] **n.m.** (pl. *sleeping-cars, sleepings*) [mot angl. « voiture pour dormir »]. **CH. DE F.** Vx. Voiture-lit.

SLICE [slajs] **n.m.** (mot angl.). Effet latéral donné à une balle, au tennis ou au golf.

SLICER [slajse] **v.t. [9]** (de *slice*). Frapper latéralement une balle de tennis ou de golf pour lui donner un effet.

SLIKKE [slik] **n.f.** (flamand *slijk*). **OCÉANOL.** Partie basse des vasières littorales, recouverte à chaque marée.

SLIM [slim] **n.m.** (mot angl. « mince »). Pantalon très moulant (jean Stretch, par ex.) qui amincit la silhouette.

1. SLIP n.m. (mot angl., de *to slip*, glisser). Culotte moulante à taille basse, échancrée en haut des cuisses, servant de sous-vêtement ou de culotte de bain.

2. SLIP n.m. MAR. Plan incliné muni d'un chariot pour haler à sec les navires.

SLOCHE ou **SLUSH** [slɔʃ] **n.f.** (angl. *slush*). Québec. (Emploi critiqué). Mélange de neige fondante, de sable et de sel sur les trottoirs, la chaussée.

SLOGAN n.m. (mot angl.). **1.** Formule brève et frappante lancée pour propager une opinion, soutenir une action : *Slogans revendicatifs.* **2.** Phrase publicitaire concise et originale, conçue en vue de bien inscrire dans l'esprit du public le nom d'un produit, d'une marque.

SLOOP [slup] **n.m.** (du néerl. *sloep*). Navire à voiles à un mât, n'ayant qu'un seul foc à l'avant.

SLOPESTYLE [slɔpstajl] **n.m.** (mot angl.). Discipline pratiquée par des surfeurs des neiges ou par des skieurs et qui consiste à effectuer des figures et des acrobaties lors de descentes sur des parcours ponctués d'obstacles (rampes, sauts, bosses).

SLOUGHI [slugi] **n.m.** (ar. *slugi*). Lévrier arabe à poil ras, à la robe de couleur sable.

SLOVAQUE adj. et **n.** De la Slovaquie ; de ses habitants. ◆ **n.m.** Langue slave occidentale parlée en Slovaquie.

SLOVÈNE adj. et **n.** De la Slovénie ; de ses habitants. ◆ **n.m.** Langue slave méridionale parlée en Slovénie.

SLOW [slo] **n.m.** (mot angl. « lent »). **1.** Danse lente exécutée en couple, les partenaires se tenant étroitement enlacés, à la mode depuis les années 1960. **2.** Chanson ou air sentimentaux, lents, pouvant accompagner cette danse.

SLUSH n.f. → **SLOCHE.**

SMALA ou **SMALAH n.f.** (de l'ar. *zamala*, famille). **1.** Ensemble de la maison d'un chef arabe, avec ses tentes, ses serviteurs, ses troupeaux et ses équipages. **2.** Fam. Famille ou suite nombreuse et encombrante : *Il est venu avec toute sa smala.*

SMALT n.m. (de l'ital. *smalto*, émail). **ARTS APPL.** Azur.

SMARAGDITE n.f. (du lat. *smaragdus*, émeraude). Variété d'amphibole, d'un beau vert émeraude, employée comme pierre ornementale.

SMART adj. inv. (mot angl.). Fam., vx. Élégant.

SMARTPHONE n.m. (nom déposé). Téléphone intelligent. Recomm. off. **ordiphone.**

SMASH [smaʃ] **n.m.** (pl. *smash[e]s*) [mot angl.]. Au tennis, au tennis de table et au volley-ball, coup consistant à rabattre violemment une balle haute sur la surface de jeu.

SMASHER [smaʃe] **v.i.** et **v.t. [3].** Faire un smash.

SMECTIQUE adj. (du gr. *smêktikos*, qui a la propriété de nettoyer). **PHYS.** Se dit d'un état mésomorphe dans lequel les centres des molécules sont situés dans des plans parallèles.

SMEGMA n.m. (gr. *smêgma*). **PHYSIOL.** Matière blanchâtre qui se dépose dans les replis des organes génitaux externes.

SMIC ou **S.M.I.C.** [smik] **n.m.** (acronyme). Salaire minimum interprofessionnel de croissance, appelé auj. *salaire minimum de croissance.*

SMICARD, E n. Fam. Personne dont le salaire est égal au SMIC.

SMICARDISATION n.f. Tendance à l'augmentation du nombre de salariés dont la rémunération est durablement bloquée au SMIC ou à un niveau proche de celui-ci.

SMILEY [smajlɛ] **n.m.** (mot angl., de *to smile*, sourire). **1. INFORM.** Dans un message électronique, association de caractères typographiques évoquant un visage expressif. Recomm. off. **frimousse. 2.** Par ext. Émoticône.

SMILLAGE [smijaʒ] **n.m. CONSTR.** Dégrossissage des moellons bruts à l'aide de la smille.

SMILLE [smij] **n.f.** (gr. *smilê*). Marteau à deux pointes des tailleurs de pierre.

SMITHSONITE [smitsɔnit] **n.f.** (du n. de J. *Smithson*). **MINÉRALOG.** Carbonate de zinc.

SMOCKS [smɔk] **n.m. pl.** (mot angl.). Fronces rebrodées sur l'endroit, servant de garniture à certains vêtements.

SMOG n.m. (mot angl.). Mélange de fumées et de brouillard, stagnant parfois au-dessus des concentrations urbaines et industrielles.

SMOKED-MEAT [smɔkdmit] **n.m.** (mot anglo-amér.). Québec. **1.** Pastrami. **2.** Sandwich au pain de seigle garni avec cette charcuterie, tranchée et servie chaude.

SMOKING [smɔkiŋ] **n.m.** (de l'angl. *smoking-jacket*, veste pour fumer). Costume masculin de cérémonie, à revers de soie ; vêtement de soirée pour femme qui s'en inspire.

SMOLT n.m. (mot angl.). Jeune saumon ayant atteint l'âge de sa descente passive vers la mer.

SMOOTHIE [smusi] ou [smuzi] **n.m.** (mot angl., de *smooth*, doux, onctueux). Boisson mousseuse et onctueuse à base de fruits et/ou de légumes frais, mixés et mélangés à des jus de fruits, du yaourt, de la glace pilée, etc.

SMORZANDO [smɔrtsãdo] **adv.** (mot ital.). **MUS.** Avec diminution de l'intensité des sons jusqu'au silence. ◆ **n.m.** Passage exécuté smorzando.

SMS n.m. (sigle de l'anglo-amér. *short message service*). Texto.

SMURF [smœrf] **n.m.** (équivalent anglo-amér. de *Schtroumpf*, personnage de bande dessinée). Danse à ondulations inspirée du mime, qui ne comprend pas de mouvements au sol comme la breakdance.

SNACK-BAR (pl. *snack-bars*) ou **SNACK,** ▲ **SNACKBAR n.m.** (mot anglo-amér., de *snack*, casse-croûte). Café-restaurant assurant un service rapide et proposant des plats simples

SNEAKER [snikœr] **n.f.** ou **n.m.** (mot angl. « chaussure de tennis »). Chaussure légère, basse ou montante, à tige en toile et à semelle de caoutchouc.

SNIFF ou **SNIF interj.** (onomat.). Évoque un bruit de reniflement.

SNIFFER ou **SNIFER v.t. [3].** Fam. Absorber une drogue en la prisant.

SNIPER [snajpœr] **n.m.** (mot angl., de *to snipe*, tirer d'une position cachée). **1. MIL.** Tireur d'élite. **2.** Tireur embusqué. **3.** Fig. Personne qui critique violemment, avec véhémence ; éreinteur : *La ministre a été prise à partie par les snipers de l'opposition.*

SNOB adj. et **n.** (mot angl.). Qui fait preuve de snobisme.

SNOBER v.t. [3]. Traiter de haut, avec mépris : *Ils snobent notre chorale d'amateurs.*

SNOBINARD, E adj. et **n.** Fam. Qui prend des manières de snob.

SNOBISME n.m. Admiration pour tout ce qui est en vogue dans les milieux tenus pour distingués.

SNOOKER [snukœr] **n.m. inv.** (mot angl.). Billard britannique.

SNOWBOARD [snobɔrd] **n.m.** (mot anglo-amér. « planche à neige »). Surf des neiges.

SNOWBOARDEUR, EUSE [snobɔrdœr, øz] **n.** ou **SNOWBOARDER** [snobɔrdœr] **n.m.** Personne qui pratique le snowboard.

SNOW-BOOT (pl. *snow-boots*) ou **SNOWBOOT** [snobut] **n.m.** (mot angl., de *snow*, neige, et *boot*, bottine). Vieilli. Chaussure de caoutchouc que l'on met par-dessus les chaussures ordinaires.

SOAP OPERA (pl. *soap operas*), ▲ **SOAP-OPÉRA** [sopɔpera] (*pl. soap-opéras*) **n.m.** (de l'angl. *soap*, savon, ces œuvres ayant souvent été produites par des lessiviers). Feuilleton télévisé populaire, mettant génér. en scène des personnages à la psychologie stéréotypée. Abrév. **soap.**

SOBRE adj. (lat. *sobrius*). **1.** Qui mange ou boit avec modération et, partic., qui boit peu de boissons alcoolisées ; tempérant. **2.** Se dit d'un animal qui mange peu et qui peut rester longtemps sans boire : *Le dromadaire est sobre.* **3.** Qui montre de la mesure, de la réserve ; modéré : *Être sobre dans ses commentaires.* **4.** Qui n'est pas chargé d'ornements inutiles : *Mise en scène sobre.*

SOBREMENT adv. Avec sobriété.

SOBRIÉTÉ n.f. 1. Comportement d'une personne sobre. **2.** Qualité d'un animal sobre. **3.** Litt. Attitude de qqn qui se comporte avec retenue ; modération. **4.** Absence d'ornements superflus ; dépouillement : *La sobriété d'une façade.*

SOBRIQUET n.m. (orig. obsc.). Surnom familier, donné par dérision ou par affection.

SOC n.m. (du gaul.). Lame d'acier tranchante de la charrue, qui s'enfonce dans la terre et la découpe en bandes.

SOCCA [soka] **n.f.** (orig. incert.). Région. (Sud-Est). Grande galette à base de farine de pois chiches, cuite à l'huile d'olive. ➲ Spécialité niçoise.

SOCCER [sɔkœr] **n.m.** (mot anglo-amér.). Québec. Football (par oppos. à *football américain*).

SOCIABILISER v.t. [3]. Rendre sociable ; intégrer dans la vie sociale.

SOCIABILITÉ n.f. 1. Qualité d'une personne sociable. **2. SOCIOL.** Caractère des relations entre personnes au sein d'un groupe social.

SOCIABLE adj. (lat. *sociabilis* de *sociare*, associer). **1.** Se dit de qqn qui entretient de bonnes relations avec les autres : *Un voisin très sociable.* **2.** Capable de vivre en compagnie de ses semblables : *Animal sociable.*

SOCIAL, E, AUX adj. 1. Relatif à une société, à une collectivité humaine : *Organisation sociale.* **2.** Qui concerne les rapports entre un individu et les autres membres de la collectivité : *Rapports sociaux.* **3.** Qui vit en société : *Le loup est un animal social.* **4.** Qui concerne les rapports entre les divers groupes ou classes qui constituent la société : *Cohésion sociale.* **5.** Qui vise à l'amélioration des conditions de vie, et en partic. des conditions matérielles des membres de la société : *Logements sociaux.* **6.** Relatif aux sociétés civiles et commerciales : *Raison sociale.* ■ **Droit social,** ensemble des textes législatifs et réglementaires concernant le droit du travail, de la sécurité sociale et de l'aide sociale. ■ **Insecte social,** insecte (fourmi, abeille, termite) vivant en société organisée autour d'une seule femelle reproductrice. ■ **Psychologie sociale,** psychosociologie. ■ **Sciences sociales,** ensemble des sciences (sociologie, économie, etc.) qui étudient les groupes humains, leur comportement, leur évolution, etc. ■ **Service social,** service d'une entreprise, dirigé en principe par un assistant social et ayant pour but de veiller au bien-être du personnel. ■ **Travailleurs sociaux,** professionnels dont le rôle consiste à venir en aide aux membres d'une collectivité, d'un établissement. ➲ Ce sont, notamm., les aides maternelles, les travailleuses familiales, les assistants sociaux, les éducateurs spécialisés, les animateurs culturels. ◆ **n.m.** Ensemble des questions sociales, des problèmes relevant du droit social.

SOCIAL-CHRÉTIEN, SOCIALE-CHRÉTIENNE adj. et **n.** (pl. *sociaux-chrétiens, sociales-chrétiennes*). **1.** Relatif à certains partis qui se réfèrent à un christianisme aux préoccupations sociales ; qui en est partisan. **2.** Relatif aux partis sociaux-chrétiens en Belgique.

SOCIAL-DÉMOCRATE, SOCIALE-DÉMOCRATE adj. et **n.** (pl. *sociaux-démocrates, sociales-démocrates*). Qui est partisan de la social-démocratie.

SOCIAL-DÉMOCRATIE n.f. (pl. *social-démocraties*). **1.** Courant d'idées issues du marxisme auquel se référaient les partis politiques des pays de langue allemande et des pays scandinaves au sein de la IIe Internationale. **2.** Ensemble des organisations et des hommes politiques qui se rattachent au socialisme parlementaire et réformiste.

SOCIALEMENT adv. Sur le plan social ; relativement à la société.

SOCIALISANT, E adj. et **n.** Qui sympathise avec le socialisme sans y adhérer.

SOCIALISATION n.f. 1. Processus par lequel une personne intériorise les divers éléments de la culture environnante (valeurs, normes, codes symboliques et règles de conduite) et s'intègre dans la vie sociale. **2.** Collectivisation des moyens de production et d'échange, des sources d'énergie, du crédit, etc.

SOCIALISER v.t. [3]. **1.** Adapter un individu aux exigences de la vie sociale. **2.** Opérer la socialisation des moyens de production, d'échange, etc. ◆ **v.i.** Faire connaissance, entrer en relation avec autrui : *C'est un garçon très ouvert, qui n'a aucun mal à socialiser dans les soirées.*

SOCIALISME n.m. Dénomination de diverses doctrines économiques, sociales et politiques condamnant, au sein d'un État dont le gouvernement se réfère au marxisme-léninisme, la propriété privée des moyens de production et d'échange.

> ➲ Contemporain de l'essor du capitalisme* en Europe au XIXe s., le **SOCIALISME** fut influencé par le positivisme*. Opposé au libéralisme*, il se voulait le défenseur de la classe ouvrière et revendiquait la répartition des richesses. Profondément marqué par le marxisme* dans la seconde moitié du XXe s., il suivit aussi la voie d'un courant libertaire, qui inspira le syndicalisme* révolutionnaire et l'anarchisme*. Dans le tiers-monde, il s'implanta à la faveur des luttes contre la colonisation*.
> Après la chute du communisme* en Europe, les partis qui se réclament du socialisme défendent, dans le cadre de l'économie libérale, un réformisme plus ou moins affirmé selon les pays et les circonstances.

SOCIALISTE adj. et **n.** Relatif au socialisme ; qui en est partisan ; membre d'un parti qui se réclame du socialisme. ■ **Parti socialiste,** v. partie n.pr. **PS**.

SOCIALITÉ n.f. Ensemble des liens sociaux découlant de la capacité de l'homme à vivre en société.

SOCIAL-LIBÉRAL, SOCIALE-LIBÉRALE adj. et **n.** (pl. *sociaux-libéraux, sociales-libérales*). Qui est partisan du social-libéralisme.

SOCIAL-LIBÉRALISME n.m. (pl. *social-libéralismes*). Courant de pensée qui cherche à concilier les thèses socialistes et libérales, en acceptant pleinement l'économie de marché tout en tentant d'atténuer ses effets par des mesures sociales. ➲ Issu de la social-démocratie*, ce courant est apparu au cours des années 1990. Il a pour principaux représentants le chancelier allemand G. Schröder et le Premier ministre britannique T. Blair.

SOCIAL-RÉVOLUTIONNAIRE, SOCIALE-RÉVOLUTIONNAIRE adj. et **n.** (pl. *sociaux-révolutionnaires, sociales-révolutionnaires*). **HIST.** En Russie, relatif au Parti social-révolutionnaire ; qui en était partisan (v. partie n.pr. **S-R**).

SOCIÉTAIRE n. Personne qui fait partie de certaines sociétés, d'une mutuelle, etc. ■ **Sociétaire (de la Comédie-Française),** acteur qui possède un certain nombre de parts dans la distribution des bénéfices du théâtre (par oppos. à *pensionnaire*).

SOCIÉTAL, E, AUX adj. Relatif aux divers aspects de la vie sociale des individus, à la société qu'ils forment.

SOCIÉTÉ n.f. (lat. *societas*, de *socius*, compagnon). **1.** Mode de vie propre à l'homme et à certains animaux, caractérisé par une association organisée d'individus en vue de l'intérêt général : *Vivre en société.* **2.** Ensemble d'individus vivant en groupe organisé : *S'intégrer dans la société* ; milieu humain dans lequel qqn vit, caractérisé par ses institutions, ses lois, ses règles : *Étudier les sociétés traditionnelles.* **3.** Groupe social formé de personnes qui se fréquentent, se réunissent pour une activité commune ou en fonction d'intérêts communs : *Une société littéraire. Une société philanthropique.* **4.** Fam., vieilli. Ensemble des personnes réunies dans un même lieu ; assistance : *Il salua la société et sortit.* **5.** Litt. Relations suivies avec d'autres individus ; fréquentation : *Il fuit la société des autres hommes.* **6. DR.** Contrat par lequel deux ou plusieurs personnes mettent en commun des biens, des capitaux, des droits, etc., pour produire des biens ou des services ; personne morale née de ce contrat. Abrév. Sté. ■ **Impôt sur les sociétés** [dr.], impôt sur les bénéfices des sociétés. ■ **La haute société** [vieilli], l'ensemble des personnes les plus en vue par leur position sociale, leur fortune. Abrév. (fam.) **la haute.** ■ **La société civile,** selon Hegel, ensemble, à distinguer de l'État, des individus en tant qu'ils sont unis par des liens juridiques et économiques dans des rapports de dépendance réciproque ; mod., la société dans son fonctionnement concret, le corps social, par oppos. à la *classe politique*. ■ **Société animale,** groupement d'individus d'une espèce animale présentant une structure sociale caractéristique. ➲ Les sociétés animales s'observent surtout chez les insectes – fourmis, abeilles – et chez les mammifères – éléphants, singes, etc. ■ **Société anonyme (SA)** [dr.], société de capitaux dont le capital est divisé en actions négociables. ■ **Société à responsabilité limitée (SARL)** [dr.], société de capitaux dont le capital est divisé en parts sociales non librement cessibles. ■ **Société civile** [dr.], société ayant pour objet une activité civile : *Société civile agricole.* ■ **Société civile de placement immobilier (SCPI)** [dr.], société de placements financiers regroupant des personnes possédant des parts d'immeubles. ■ **Société civile immobilière (SCI)** [dr.], société civile qui a pour objet la construction, la vente et la gestion d'immeubles. ■ **Société civile professionnelle (SCP)** [dr.], société regroupant des personnes exerçant une profession libérale ou des officiers ministériels. ■ **Société commerciale** [dr.], société de personnes ou société de capitaux dont l'objet principal est l'exécution, à titre habituel, d'actes de commerce. ■ **Société de capitaux, de personnes** [dr.], société commerciale (société anonyme, société en commandite par actions) dont les actionnaires ne supportent les pertes qu'à concurrence de leurs apports ; société (société en nom collectif, société en commandite) dans laquelle la personne de chaque associé est une condition essentielle du contrat et où chacun est responsable des dettes de la société sur la totalité de ses biens.

SOCIÉTÉ-ÉCRAN n.f. (pl. *sociétés-écrans*). **DR.** Société à l'activité fictive, créée pour masquer les opérations financières de une ou plusieurs autres sociétés.

SOCIOBIOLOGIE n.f. Discipline qui prétend appliquer à la société humaine les conclusions tirées de l'étude des sociétés animales.

SOCIOCRITIQUE n.f. LITTÉR. Méthode de lecture critique qui met l'accent sur la dimension sociale du texte littéraire.

SOCIOCULTUREL, ELLE adj. Relatif aux structures sociales et à la culture qui contribue à les caractériser.

SOCIODRAME n.m. PSYCHOL. Psychodrame s'adressant à un groupe et qui vise à une catharsis collective.

SOCIO-ÉCONOMIQUE (pl. *socio-économiques*), ▲ *SOCIOÉCONOMIQUE* **adj.** Relatif aux problèmes sociaux dans leur relation avec les problèmes économiques.

SOCIO-ÉDUCATIF, IVE (pl. *socio-éducatifs, ives*), ▲ *SOCIOÉDUCATIF, IVE* **adj.** Relatif aux phénomènes sociaux dans leur relation avec l'éducation, l'enseignement.

SOCIOGENÈSE n.f. PSYCHOL. Fait pour les troubles psychiques de dépendre de facteurs sociaux généraux.

SOCIOGRAMME n.m. PSYCHOL. Figure représentant les relations interindividuelles entre les membres d'un groupe restreint.

SOCIOHISTORIQUE adj. Qui concerne une analyse historique de la société.

SOCIOLINGUISTIQUE n.f. Discipline qui étudie les relations entre la langue et les facteurs sociaux. ◆ **adj.** Relatif à la sociolinguistique.

SOCIOLOGIE n.f. Étude scientifique des sociétés humaines et des faits sociaux.

> ➲ C'est de la tradition philosophique qu'est issue la **SOCIOLOGIE**, dont Aristote, Machiavel, Hobbes, Locke, Rousseau, Montesquieu puis Marx apparaissent comme les principaux précurseurs. En tant que science des « lois fondamentales propres aux phénomènes sociaux », elle fut fondée par A. Comte, créateur du mot en 1836. É. Durkheim en fut le grand continuateur. La sociologie se caractérise par la pluralité des approches théoriques et des objets considérés. Du fait de la multiplicité des types de recherches, les sociologues ont aujourd'hui constitué des « domaines » (entre autres, sociologie du travail, des classes sociales, de la famille, du droit).

SOCIOLOGIQUE adj. Relatif à la sociologie, aux faits qu'elle étudie.

SOCIOLOGIQUEMENT adv. D'un point de vue sociologique.

SOCIOLOGISME n.m. Conception qui affirme la primauté épistémologique des faits sociaux et de la sociologie.

SOCIOLOGUE n. Spécialiste de sociologie.

SOCIOMÉTRIE n.f. Méthode d'observation des relations individuelles des membres d'un même groupe, à partir d'analyses quantitatives.

SOCIOPATHE n. Personne atteinte de sociopathie.

SOCIOPATHIE n.f. PSYCHIATR. Trouble de la personnalité caractérisé par le mépris des normes sociales, une difficulté à ressentir des émotions, un manque d'empathie et une grande impulsivité.

SOCIOPOLITIQUE adj. Relatif à l'organisation politique de la société.

SOCIOPROFESSIONNEL, ELLE adj. Qui concerne un groupe social déterminé par la profession de ses membres. ■ **Professions et catégories socioprofessionnelles (PCS)** ou **catégories socioprofessionnelles (CSP),** méthode de classement de la population active en catégories sociales homogènes sur la base de critères définis par l'INSEE (situation professionnelle, position hiérarchique, statut). ➲ En 1982, les PCS ont remplacé les catégories socioprofessionnelles (CSP) datant de 1954. ◆ **adj.** et **n.** Se dit de qqn qui exerce un rôle dans les organisations sociales ou professionnelles.

SOCIOTHÉRAPIE n.f. Ensemble des techniques visant à améliorer les communications entre un sujet et son entourage, notamm. à partir de situations de groupe.

SOCKET ou **SOQUET n.m.** Belgique. Douille ou culot de lampe.

SOCLE n.m. (de l'ital. *zoccolo*, sabot). **1.** Soubassement servant de support à une statue, une colonne : *Un socle en marbre.* **2. GÉOL.** Ensemble de terrains anciens, essentiellement plutoniques et métamorphiques, aplanis par l'érosion, recouverts ou non par des roches sédimentaires plus récentes. **3.** Fig. Base stable ; assise solide : *Ce résultat électoral servira de socle pour refonder le parti.* ▪ **Socle commun,** en France, ensemble des connaissances et des compétences devant être acquises par un élève à la fin du premier cycle de l'enseignement secondaire.

SOCQUE n.m. (du lat. *soccus*, sandale). **1.** Anc. Chaussure à semelle de bois. **2. ANTIQ.** Chaussure basse des acteurs comiques.

SOCQUETTE n.f. Chaussette basse s'arrêtant à la cheville.

SOCRATIQUE adj. Relatif à Socrate ; qui évoque Socrate : *Ironie socratique.*

SODA n.m. (de l'angl. *sodawater*, eau de Seltz). Boisson gazeuse faite d'eau chargée de gaz carbonique, additionnée de sirop de fruit.

SODÉ, E adj. Qui contient de la soude.

SODIQUE adj. Qui contient du sodium.

SODIUM [sɔdjɔm] **n.m.** (mot angl., de *soda*, soude). **1.** Métal alcalin blanc et mou, de densité 0,97, qui fond à 97,81 °C. **2.** Élément chimique (Na), de numéro atomique 11, de masse atomique 22,9898. ➲ Il est très répandu dans la nature à l'état de chlorure (sel marin et sel gemme) et de nitrate. Il s'altère rapidement à l'air humide en donnant de la soude caustique. Comme il réagit violemment avec l'eau, on le conserve dans du pétrole.

SODOKU [-ku] **n.m.** (mot jap.). Maladie infectieuse due à un spirochète, transmise par morsure de rat, et qui se manifeste par des accès fébriles et par une éruption cutanée.

SODOMIE n.f. (de *Sodome*, n.pr.). Pratique du coït anal.

SODOMISER v.t. [3]. Pratiquer la sodomie sur qqn.

SODOMITE n.m. Celui qui pratique la sodomie.

SŒUR n.f. (lat. *soror*). **1.** Fille née du même père et de la même mère qu'un autre enfant. **2.** Celle avec qui l'on est uni par des liens étroits ou avec qui l'on partage le même sort : *Depuis l'école primaire, nous sommes sœurs.* **3.** Femme appartenant à une congrégation religieuse : *Les sœurs de la Charité* ; titre qu'on lui donne : *Ma sœur.* **4.** Ce qui est apparenté à qqch d'autre : *Ténacité et réussite sont sœurs.* ▪ **Bonne sœur** [fam.], religieuse. ▪ **Les Neuf Sœurs,** les Muses, v. partie n.pr. ◆ **adj.f.** Unie par d'étroits rapports de solidarité : *Associations sœurs.* ▪ **Âme sœur,** personne que ses sentiments, ses inclinations rapprochent d'une autre. ▪ **Langues sœurs,** qui sont dérivées de la même langue : *Le français et l'italien sont des langues sœurs.*

SŒURETTE n.f. Fam. Petite sœur.

SOFA n.m. (ar. *suffa*). Canapé rembourré, à joues et dossier sans bois apparent. ➲ Il était souvent placé dans une alcôve aux XVIIIe et XIXe s.

SOFFITE n.m. (de l'ital. *soffitto*, plafond). **ARCHIT.** Face inférieure dégagée d'un linteau, d'une plate-bande, d'un larmier ; plafond à caissons.

SOFT adj. inv. (mot angl. « doux »). **1.** Fam. D'où toute radicalité, toute véhémence est bannie : *Un débat soft.* **2.** Se dit d'un film érotique où les relations sexuelles sont simulées. ◆ **n.m. inv. 1.** Cinéma érotique. **2. INFORM.** Abrév. de *software.*

SOFTBALL [sɔftbol] **n.m.** (mot angl.). Sorte de base-ball pratiqué sur un terrain de plus petites dimensions avec une balle plus molle et plus grosse. (Au Québec, on dit *balle-molle.*)

SOFT-DRINK [sɔftdrink] **n.m.** (pl. *soft-drinks*) [mot angl., de *soft*, doux, et *drink*, boisson]. Boisson non alcoolisée aromatisée.

SOFTWARE [sɔftwɛr] **n.m.** (mot angl.). **INFORM.** (Anglic. déconseillé). Logiciel (par oppos. à *hardware*, matériel). Abrév. **soft.**

SOI pron. pers. (lat. *se*). Désigne, en qualité de pronom réfléchi, la 3e pers. du sing., après une préposition, et représente un sujet indéterminé, toute personne ou sa propre personne : *Rester chez soi. Avoir de l'argent sur soi.* ▪ **Cela va de soi,** c'est évident, naturel. ▪ **En soi,** de par sa nature même. ◆ **n.m. PSYCHAN.** Self.

SOI-DISANT adj. inv. 1. Qui prétend être tel : *Un soi-disant acteur.* **2.** (Emploi critiqué). Que l'on prétend tel ; prétendu : *Cette soi-disant tolérance.* ◆ **adv.** Sous le prétexte de : *Il ne vient pas, soi-disant parce qu'il est souffrant.*

SOIE n.f. (du lat. *saeta*, poil rude). **1.** Substance sécrétée sous forme de fil fin et brillant par divers arthropodes (certaines chenilles, diverses araignées), et composée de deux protéines (fibroïne et séricine). **2.** Étoffe fabriquée avec la soie produite par la chenille du bombyx du mûrier, ou *ver à soie.* **3.** Fig., litt. Ce qui est fin, brillant, doux comme les fils de soie : *La soie de ses cheveux.* **4.** Poil dur et raide du porc, du sanglier et de certains invertébrés (lombric, polychètes). **5.** Partie du fer d'une arme blanche, d'un couteau, qui pénètre dans le manche, dans la poignée. **6.** Ligne de pêche à la mouche, autref. en soie. ▪ **Papier de soie,** papier très fin et translucide.

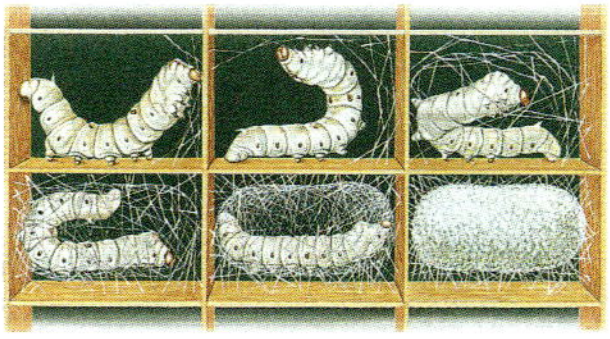

▲ **soie.** Sécrétion du cocon par des vers à soie placés sur des claies.

SOIERIE n.f. 1. Tissu de soie. **2.** Industrie et commerce de la soie.

SOIF n.f. (lat. *sitis*). **1.** Besoin de boire ; sensation que produit ce besoin : *Je meurs de soif.* **2.** Fig. Désir ardent de qqch : *Avoir soif de liberté, d'apprendre.* ▪ **Jusqu'à plus soif** [fam.], sans fin : *Ils ont joué du djembé jusqu'à plus soif.*

SOIFFARD, E n. Fam. Ivrogne.

SOIGNANT, E adj. et **n.** Se dit d'une personne qui donne des soins, en partic. quand elle n'est pas médecin : *Le personnel soignant.*

SOIGNÉ, E adj. 1. Qui a grand soin de sa personne. **2.** Exécuté avec soin : *Un exposé soigné.* **3.** Fam., vieilli. Fort en son genre ; intense : *C'était une averse soignée !*

SOIGNER v.t. [3] (francique *sunnjôn*). **1.** Avoir soin de qqn, de qqch ; gâter : *Soigner ses amis* ; entretenir : *Adolescente qui soigne sa peau.* **2.** Procurer les soins nécessaires à la guérison de qqn. **3.** Apporter de l'application à qqch : *Soigner son élocution.* ◆ **SE SOIGNER v.pr.** Prendre les traitements nécessaires pour guérir d'une maladie.

SOIGNEUR, EUSE n. Personne qui prend soin de l'état physique d'un athlète, d'un boxeur.

SOIGNEUSEMENT adv. Avec soin.

SOIGNEUX, EUSE adj. 1. Qui montre du soin, de l'application ; méticuleux. **2.** Qui prend soin des objets, ne les abîme pas : *Elle n'est pas soigneuse avec ses disques.* **3.** Qui est fait, exécuté de façon sérieuse, méthodique ; minutieux : *Examen soigneux.*

SOIN n.m. (du francique). **1.** Attention portée à qqch ; application : *Travail exécuté avec soin.* **2.** Devoir de faire qqch : *Je te laisse le soin de l'avertir.* **3.** Produit cosmétique : *Soin hydratant.* ▪ **Aux bons soins de,** formule inscrite sur une lettre pour demander au destinataire de la faire parvenir à une seconde personne. ▪ **Avoir** ou **prendre soin de,** être attentif à ; veiller sur. ◆ **n.m. pl.** Moyens par lesquels on s'efforce de rendre la santé à un malade. ▪ **Être aux petits soins pour qqn** [fam.], avoir pour lui des attentions délicates. ▪ **Soins intensifs,** ensemble de soins faisant intervenir du matériel et du personnel spécialisés. ▪ **Soins palliatifs,** traitement qui atténue les effets d'une maladie sans la traiter elle-même.

SOIR n.m. (du lat. *sero*, tard). Moment de la fin du jour : *Le soir tombe.* ◆ **adv.** En soirée : *Tous les lundis soir.*

SOIRÉE n.f. 1. Espace de temps depuis le déclin du jour jusqu'au moment où l'on se couche. **2.** Fête, réunion qui a lieu le soir : *Être invité à une soirée.* **3.** Spectacle donné dans la soirée (par oppos. à *matinée*). ▪ **Tenue de soirée,** très habillée.

1. SOIT [swa] ([swat] devant une voyelle ou un mot pris adverbialement) **conj.** (de *1. être*). **1.** Expose les données d'un problème ; étant donné : *Soit ou soient deux droites.* **2.** Introduit une explication, une précision ; c'est-à-dire : *Un kilo, soit mille grammes.* ▪ **Soit…, soit…,** ou bien… ou bien… : *Soit tu te tais, soit tu pars.* ◆ **SOIT QUE loc. conj.** (Suivi du subj.). Indique une alternative : *Il ne viendra pas, soit qu'il ait oublié, soit qu'il n'y tienne pas.*

2. SOIT [swat] **adv.** Marque l'approbation ; d'accord : *Soit, j'accepte. Il exagère un peu, soit.*

SOIT-COMMUNIQUÉ n.m. inv. DR. ▪ **Ordonnance de soit-communiqué,** par laquelle un juge d'instruction communique le dossier de sa procédure au procureur de la République, pour que celui-ci prenne ses réquisitions.

SOIXANTAINE n.f. 1. Nombre de soixante ou environ. **2.** Âge d'à peu près soixante ans.

SOIXANTE [swasɑ̃t] **adj. num.** et **n.m. inv.** (lat. *sexaginta*). **1.** Six fois dix. **2.** Soixantième : *Page soixante.*

SOIXANTE-DIX adj. num. et **n.m. inv.** Sept fois dix.

SOIXANTE-DIXIÈME adj. num. ord. et **n.** Qui occupe un rang marqué par le nombre soixante-dix.

SOIXANTE-HUITARD, E adj. et **n.** (pl. *soixante-huitards, es*). Fam. Relatif aux événements de mai 1968, en France ; qui a participé à ces événements, est resté marqué par leur esprit.

SOIXANTIÈME adj. num. ord et **n.** Qui occupe un rang marqué par le nombre soixante.

SOJA n.m. (mandchou *soya*). Légumineuse ressemblant au haricot, cultivée pour ses graines, qui fournissent une huile alimentaire et un tourteau très utilisé dans l'alimentation animale. ➲ Sous-famille des papilionacées. ▪ **Germe de soja,** jeune pousse issue de la graine du mungo, que l'on consomme crue en salade ou cuite.

1. SOL n.m. (du lat. *solum*, base). **1.** Terre considérée quant à sa nature ou à ses qualités productives : *Sol argileux, aride.* **2. PÉDOL.** Formation naturelle superficielle, meuble, de l'écorce terrestre, résultant de la transformation, au contact de l'atmosphère et des êtres vivants, de la roche-mère sous-jacente, sous l'influence de processus physiques, chimiques et biologiques. **3.** Surface de la terre aménagée ou non : *L'avion s'est écrasé au sol. Le sol est recouvert de neige.* **4.** Surface formant le plancher d'une habitation, d'une pièce, etc. : *Le sol d'un garage.* ▪ **Coefficient d'occupation des sols (COS),** coefficient qui détermine pour chaque nature de construction, dans le cadre d'un PLU, la densité de construction autorisée. ▪ **Droit du sol,** détermination de la nationalité d'après le lieu de naissance de l'individu (par oppos. à *droit du sang*). ▪ **Effet de sol** [aéron.], modification du champ aérodynamique d'un avion, provoquée par la proximité d'une surface plane. ➲ Il se traduit génér. par une augmentation de portance à l'atterrissage. ▪ **Exercices au sol,** ou **sol,** discipline de la gymnastique artistique consistant en un enchaînement de mouvements et de sauts acrobatiques réalisé sur un praticable. ▪ **Mécanique des sols,** branche de la mécanique générale étudiant tous les problèmes de fondations dans les travaux publics et le génie civil. ▪ **Plan d'occupation des sols (POS)** [vieilli], plan local d'urbanisme.

2. SOL n.m. (abrév. de *solution*). **CHIM.** Dispersion colloïdale de particules dans un gaz (aérosol) ou dans un liquide.

3. SOL n.m. inv. Note de musique, cinquième degré de la gamme de *do.*

4. SOL n.m. Unité monétaire principale du Pérou.

5. SOL n.m. Anc. Sou.

SOLAGE n.m. (de *1. sol*). Québec. Fondations d'une construction.

SOLAIRE adj. 1. Relatif au Soleil : *Rayonnement solaire.* **2.** Qui protège du soleil : *Crème solaire.* **3.** Qui fonctionne grâce à l'énergie fournie par le Soleil ; relatif à l'énergie fournie par le Soleil. **4. THERM.** Se dit de l'habitat conçu de façon que le chauffage et la production d'énergie soient assurés, en tout ou partie, par captage de

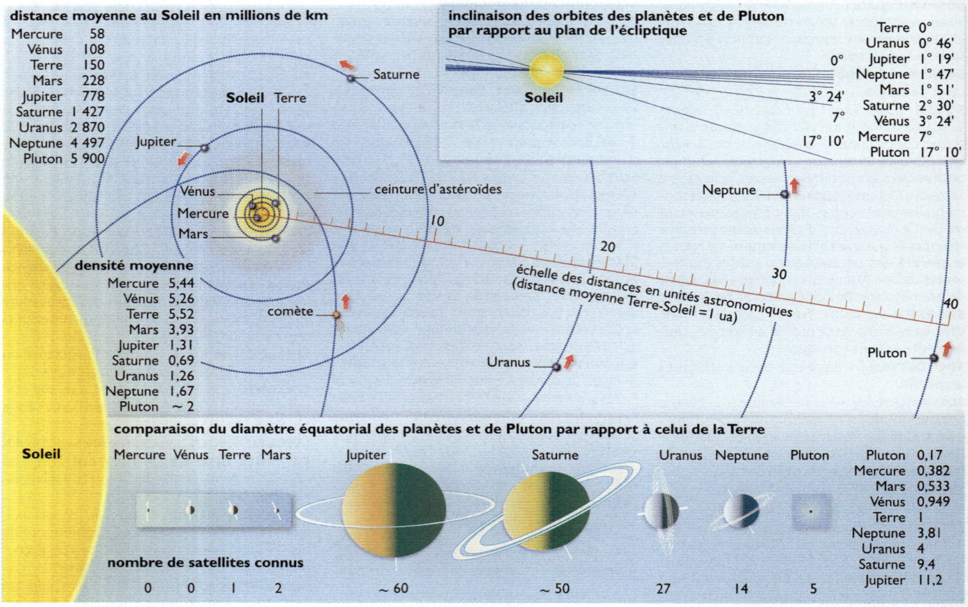

▲ **solaire.** Disposition des orbites et quelques caractéristiques des planètes du Système solaire et de la planète naine Pluton.

l'énergie solaire. ▪ **Brise solaire** [mar.], petite brise se levant et se couchant avec le soleil. ▪ **Capteur solaire** → **CAPTEUR.** ▪ **Constante solaire** [énerg.], flux d'énergie solaire reçu par unité de surface, perpendiculairement au rayonnement incident, à la limite supérieure de l'atmosphère, quand la Terre est à une distance moyenne du Soleil. ➲ Valeur : 1 368 W/m². ▪ **Le Système solaire** [astron.], l'ensemble du Soleil et des astres qui gravitent autour de lui. (V. planche *planètes du Système solaire**.) ▪ **Panneau solaire** → **PANNEAU.** ▪ **Plexus solaire** → **PLEXUS.** ▪ **Vent solaire** [astron.], flux de particules chargées émis en permanence par le Soleil. ◆ **n.m.** Ensemble des techniques, des industries qui mettent en œuvre l'énergie solaire. ▪ **Solaire passif,** énergie solaire absorbée par un bâtiment et restituée sous forme de chaleur.

➲ En dehors du Soleil lui-même, le **SYSTÈME SOLAIRE** comprend huit planètes, des planètes naines, des milliers d'astéroïdes, des comètes, des météorites et des poussières interplanétaires. Les planètes se concentrent autour du Soleil dans un disque d'environ 4,5 milliards de kilomètres de rayon (30 fois la distance moyenne de la Terre au Soleil, soit 30 unités astronomiques), mais il existe une zone peuplée d'astéroïdes et de noyaux cométaires au-delà de l'orbite de Neptune *(ceinture de Kuiper)*, jusqu'à quelques centaines d'unités astronomiques de distance du Soleil, et une vaste concentration de noyaux cométaires *(nuage de Oort)* à des distances du Soleil comprises entre 40 000 et 100 000 unités astronomiques.

SOLANACÉE n.f. (du lat. *solanum*, morelle). Plante herbacée à fleurs telle que la pomme de terre, la tomate, le tabac, le pétunia, etc. ➲ Les solanacées forment une famille.

SOLARISATION n.f. **1.** THERM. Utilisation de l'énergie solaire pour chauffer un immeuble d'habitation, une piscine, etc. **2.** PHOTOGR. Opération permettant d'obtenir des effets spéciaux par insolation de la surface sensible pendant le développement photographique.

SOLARIUM [-rjɔm] **n.m.** (mot lat. « cadran solaire »). **1.** Établissement où l'on traite les affections de la peau par la lumière solaire. **2.** Emplacement aménagé pour les bains de soleil.

SOLDANELLE n.f. (du provenç. *soltz*, viande salée). Petite plante herbacée des massifs montagneux de l'Europe, aux fleurs violettes en cloches pendantes. ➲ Famille des primulacées.

SOLDAT, E n. (ital. *soldato*, de *soldare*, prendre à sa solde). **1.** Personne équipée et instruite par l'État pour la défense du pays. **2.** Fig. Personne qui lutte pour faire triompher une cause : *Les petits soldats de l'humanitaire. Les soldats perdus du nationalisme.* ▪ **Jouer au petit soldat** [fam.], adopter une attitude téméraire. ▪ **Soldat de deuxième classe,** premier grade de la hiérarchie des militaires du rang, dans les armées de terre et de l'air. ▪ **Soldat de première classe,** soldat titulaire d'une distinction en raison de sa conduite. ◆ **n.m. 1.** ENTOMOL. Dans les sociétés de fourmis et de termites, individu adulte stérile, à tête très développée, chargé exclusivement de la défense de la communauté. **2.** Pyrrhocoris.

SOLDATESQUE adj. Qui a la rudesse du soldat. ◆ **n.f.** Troupe de soldats indisciplinés et brutaux.

1. SOLDE n.f. (de l'anc. ital. *soldo*, paie). **1.** Traitement des militaires et de certains fonctionnaires assimilés. **2.** Afrique. Salaire ; paie. ▪ **Être à la solde de qqn** [péjor.], être payé par lui pour défendre ses intérêts.

2. SOLDE n.m. (de *solder*). **1.** COMPTAB. Montant représentant la différence entre le crédit et le débit d'un compte ; balance. **2.** Reliquat d'une somme à payer. **3.** (Souvent au pl.). COMM. Vente de marchandises à prix réduit pour cause de dépréciation, liquidation, etc., ou à certaines époques de l'année ; ces marchandises. ▪ **Pour solde de tout compte,** formule marquant qu'un paiement solde un compte, et destinée à prévenir toute contestation ultérieure. ▪ **Solde migratoire, naturel** [démogr.], bilan entre les mouvements d'immigration et d'émigration pour une population et une durée données ; bilan entre les naissances et les décès pour une population et une durée données.

SOLDER v.t. [3] (de 2. *solde*). **1.** Acquitter une dette. **2.** COMM. Vendre des marchandises en solde. ◆ **SE SOLDER** v.pr. (PAR). Avoir pour résultat ; aboutir à : *Le match s'est soldé par la défaite de leur équipe.*

SOLDERIE n.f. Magasin spécialisé dans la vente de marchandises soldées.

SOLDEUR, EUSE n. Commerçant qui achète des marchandises soldées pour les revendre.

1. SOLE n.f. (du lat. *solea*, sandale). **1.** Poisson marin plat, à chair ferme et délicate, qui vit couché sur le flanc gauche, dans les fonds sablonneux. (Au Québec, il est souvent appelé *sole de Douvres.*) ➲ Famille des soléidés. **2.** Québec. Plie.

2. SOLE n.f. (du lat. *solea*, sandale, avec infl. de *solum*, base). **1.** AGRIC. Partie des terres labourables d'une exploitation, affectée à l'une des cultures de l'assolement. **2.** ZOOL. Plaque cornée formant le dessous du sabot d'un ongulé. **3.** MÉCAN. INDUSTR. Pièce horizontale de la charpente soutenant le bâti d'une machine. **4.** Fond d'un bateau plat. **5.** Partie d'un four de boulanger sur laquelle on place les produits à cuire. **6.** MIN. Partie inférieure d'une galerie ; terrain qui est sous la galerie. ▪ **Sole pédieuse** [zool.], pied des gastéropodes.

SOLÉAIRE adj. et n.m. (bas lat. *solearis*). ANAT. Se dit d'un muscle de la face postérieure de la jambe.

SOLÉCISME n.m. (de *Soloi*, v. turque où l'on parlait un grec incorrect). GRAMM. Construction syntaxique s'écartant de la forme grammaticale admise. (Ex. : *quoiqu'il est tard* pour *quoiqu'il soit tard.*)

SOLEIL n.m. (lat. *sol, solis*). **1.** (Avec une majuscule). Étoile autour de laquelle gravite la Terre. **2.** Étoile quelconque : *Les soleils d'une galaxie.* **3.** Lumière, chaleur, rayonnement du Soleil : *Le soleil entre à flots ici* ; temps ensoleillé : *Il fait soleil.* **4.** Litt. Symbole du pouvoir éclatant, de l'influence rayonnante de : *Le soleil de la jeunesse.* **5.** BOT. Tournesol. **6.** Tour complet exécuté en arrière autour d'une barre fixe, en gymnastique. **7.** Pièce d'artifice tournante, qui jette des feux évoquant les rayons du Soleil. ▪ **Avoir du bien au soleil,** être propriétaire immobilier. ▪ **L'empire du Soleil-Levant,** le Japon. ▪ **Le Roi-Soleil,** Louis XIV. ▪ **Sous le soleil,** sur la terre ; dans notre monde : *Rien de nouveau sous le soleil.* ▪ **Une place au soleil,** une position sociale enviable.

➲ Le **SOLEIL** est une étoile dont l'énergie provient des réactions thermonucléaires de fusion de l'hydrogène en hélium. Sa température superficielle moyenne est estimée à 5 800 K. La surface lumineuse habituellement visible, ou photosphère, présente une multitude de cellules de convection, appelées *granules*. Cette couche, d'env. 100 km d'épaisseur, est le siège de taches sombres qui correspondent à des zones plus froides associées à un champ magnétique intense. La chromosphère, épaisse d'environ 5 000 km, est le siège des protubérances solaires. L'atmosphère solaire se prolonge par la couronne, qui s'étend dans l'espace jusqu'à des millions de kilomètres. Le globe solaire limité par la photosphère a un rayon égal à 696 000 km, soit env. 109 fois le rayon équatorial de la Terre, mais sa densité moyenne n'est que de 1,41. La distance moyenne de la Terre au Soleil est voisine de 150 millions de km : le rayonnement solaire met env. 8 minutes pour nous parvenir.

SOLEN [sɔlɛn] **n.m.** (du gr. *sôlên*, étui). Couteau (mollusque).

SOLENNEL, ELLE [sɔlanɛl] **adj.** (lat. *solennis*). **1.** Qui est célébré avec éclat et en public : *L'inauguration solennelle d'un musée.* **2.** Qui présente une gravité, une importance particulière : *Engagement solennel.* **3.** Qui est empreint d'une gravité souvent affectée ; pompeux : *Ton solennel.* ▪ **Acte solennel** [dr.], acte dont la validité est subordonnée à l'accomplissement de formalités légales déterminées.

SOLENNELLEMENT [-la-] **adv.** De façon solennelle.

SOLENNISER [-la-] **v.t. [3].** Donner un caractère solennel à.

SOLENNITÉ [-la-] **n.f.** (lat. *sollemnitas*). **1.** Caractère de ce qui est solennel : *La solennité des obsèques d'un président.* **2.** Fête solennelle ; cérémonie de caractère officiel. **3.** Caractère de ce qui est empreint d'une gravité majestueuse : *La solennité d'une soirée à l'Opéra.* **4.** DR. Formalité qui accompagne les actes solennels.

SOLÉNOÏDAL, E, AUX adj. Relatif au solénoïde.

SOLÉNOÏDE n.m. (du gr. *sôlênoeidês*, en forme de canal). ÉLECTROMAGN. Fil métallique enroulé en hélice sur un cylindre, et qui, parcouru par un courant, crée un champ magnétique comparable à celui d'un aimant droit.

SOLENT n.m. Foc de taille moyenne, quand il y a de la brise.

SOLERET n.m. (de l'anc. fr. *soler*, soulier). Partie de l'armure qui protégeait le pied.

SOLEX n.m. (de *Vélosolex*, nom déposé). Cyclomoteur de conception simple, commercialisé à partir de 1946.

SOLFATARE n.f. (mot ital.). GÉOL. Dans un volcan, lieu de dégagement d'une fumerolle avec dépôt de soufre (SYN. **soufrière**).

SOLFÈGE n.m. (ital. *solfeggio*). MUS. **1.** Discipline qui permet d'apprendre les signes de la notation musicale et de reconnaître les sons qu'ils représentent. **2.** Recueil d'exercices musicaux aux difficultés de déchiffrage progressives.

SOLFIER v.t. [5]. Chanter un morceau de musique en nommant les notes.

SOLICITOR n.m. (mot angl.). Homme de loi britannique dont les fonctions s'apparentent à celles de l'avoué et du notaire français.

SOLIDAGO n.m. (mot lat.). Plante d'origine nord-américaine, dont une espèce à fleurs jaunes, la *verge d'or*, est cultivée pour l'ornement. ➲ Famille des composées.

SOLIDAIRE adj. (du lat. *in solidum*, pour le tout). **1.** Qui est lié à qqn d'autre, à un groupe par une responsabilité commune, des intérêts communs. **2.** Se dit de choses qui dépendent l'une de l'autre : *Son cas est solidaire du vôtre.* **3.** DR. Se dit des personnes qui répondent juridiquement les unes des autres ; se dit des débiteurs ou des créanciers unis par les liens de la solidarité : *Caution solidaire.* ▪ **Crédit solidaire** [dr.], microcrédit. ▪ **Économie solidaire** → **ÉCONOMIE.** ▪ **Épargne solidaire,** partie de l'épargne individuelle ou salariale délibérément affectée au financement de projets ou d'activités générés dans le cadre de l'économie solidaire.

SOLIDAIREMENT adv. D'une façon solidaire.

SOLIDARISER v.t. [3]. 1. Rendre solidaires des personnes : *Ces événements ont solidarisé la population.* **2.** TECHN. Constituer la réunion, la jonction entre des pièces, des parties de mécanisme. ◆ **SE SOLIDARISER v.pr. (AVEC).** Se déclarer solidaire de.

SOLIDARITÉ n.f. 1. Dépendance mutuelle entre des personnes liées par des intérêts communs ; esprit de corps. **2.** Sentiment qui pousse les hommes à s'accorder une aide mutuelle. **3.** DR. Modalité d'une obligation à pluralité d'acteurs selon laquelle chacun des créanciers peut demander au débiteur le paiement du tout (*solidarité active*) ou bien chacun des débiteurs peut être redevable du tout à l'égard du créancier (*solidarité passive*). ▪ **Solidarité ministérielle** [dr. constit.], principe voulant que chacun des ministres soit responsable devant le Parlement des décisions prises collégialement par le gouvernement dont il fait partie.

1. SOLIDE adj. (du lat. *solidus*, dense). **1.** Qui présente une consistance relativement ferme (par oppos. à *fluide*, *liquide*) : *La grêle est de l'eau à l'état solide.* **2.** Capable de durer, de résister : *Un matériau solide.* **3.** Difficile à briser : *Des liens solides entre deux familles.* **4.** Qui est bien établi : *Cette maison a une solide réputation* ; sur lequel on peut se fonder : *De solides arguments.* **5.** Fam. Considérable : *Un solide appétit.* **6.** Qui est vigoureux : *Un solide gaillard* ; qui a de la résistance : *Avoir les nerfs solides.* **7.** PHYS. Relatif à un solide. ▪ **Angle solide** [math.], ensemble formé par toutes les demi-droites de même origine (sommet de l'angle) et rencontrant une ligne fermée. ▪ **État solide** [phys.], état de la matière dans lequel un corps a une forme propre et un volume invariable. ◆ **n.m.** Nourriture à base d'aliments solides : *Manger du solide.* ▪ **C'est du solide** [fam.], il s'agit d'une chose sérieuse, importante.

2. SOLIDE n.m. 1. PHYS. Corps à l'état solide ; état solide. **2.** MATH. Vieilli. Partie de l'espace bornée par une surface : *La boule est le solide délimité par la sphère* (SYN. **volume**).

SOLIDEMENT adv. De façon solide.

SOLIDIFICATION n.f. PHYS. Passage d'un corps de l'état liquide ou gazeux à l'état solide (SYN. **congélation**).

SOLIDIFIER v.t. [5]. Faire passer à l'état solide. ◆ **SE SOLIDIFIER v.pr.** Devenir solide.

SOLIDITÉ n.f. Qualité de ce qui est solide.

SOLIFLORE n.m. (du lat. *solus*, seul, et de *flor*, fleur). Vase destiné à ne contenir qu'une seule fleur.

SOLIFLUXION n.f. (du lat. *solum*, sol, et *fluere*, couler). GÉOMORPH. Glissement en masse, sur un versant, de la partie superficielle du sol gorgée d'eau, qui se produit surtout dans les régions froides lors du dégel.

SOLILOQUE n.m. (du lat. *solus*, seul, et *loqui*, parler). **1.** Discours de qqn qui se parle à lui-même. **2.** Discours de qqn qui, en compagnie, est seul à parler.

SOLILOQUER v.i. [3]. Se parler à soi-même.

SOLIN n.m. (de 2. *sole*). CONSTR. Couvre-joint formé de mortier, de tuiles, d'ardoises, etc., pour garnir la jonction de deux plans, calfeutrer un vide, assurer l'étanchéité.

SOLIPÈDE n.m. Vx. Équidé.

SOLIPSISME n.m. (du lat. *solus*, seul, et *ipse*, en personne). PHILOS. Concept on selon laquelle le moi, avec ses sensations et ses sentiments, constituerait la seule réalité existante.

SOLISTE n. Artiste qui exécute un solo.

1. SOLITAIRE adj. et **n.** (lat. *solitarius*). Qui aime la solitude : *Enfant solitaire* ; qui vit, agit seul : *Navigatrice solitaire.* ◆ **adj. 1.** Qui est placé dans un lieu écarté ; isolé : *Un chalet solitaire.* **2.** Qui se passe dans la solitude : *Promenade solitaire.*

2. SOLITAIRE n.m. 1. ZOOL. Vieux sanglier qui s'est séparé des compagnies et vit solitaire. **2.** BIJOUT. Diamant taillé en brillant monté seul, le plus souvent sur une bague. **3.** Jeu de combinaisons, à un seul joueur, composé d'une tablette octogonale percée de 37 trous dans lesquels viennent se loger des boules.

SOLITAIREMENT adv. De façon solitaire.

SOLITUDE n.f. (lat. *solitudo*). État d'une personne seule ; isolement : *Il supporte mal la solitude.*

SOLIVE n.f. (de 2. *sole*). CONSTR. Pièce de charpente horizontale supportant un plancher et reposant sur des poutres, ou appuyée sur des saillies dans le mur.

SOLIVEAU n.m. Petite solive.

SOLLICITATION n.f. (Surtout pl.). **1.** Prière, démarche instante en faveur de qqn. **2.** Action de solliciter un appareil, un mécanisme, etc.

SOLLICITER v.t. [3] (du lat *sollicitare*, agiter). **1.** Demander avec déférence : *Solliciter une entrevue.* **2.** Faire appel à qqn : *Depuis qu'il est élu, on le sollicite beaucoup.* **3.** Mettre en éveil ; provoquer : *Solliciter la curiosité de qqn.* **4.** Faire fonctionner un appareil, un mécanisme, etc.

SOLLICITEUR, EUSE n. Personne qui sollicite une faveur ; quémandeur.

SOLLICITUDE n.f. (lat. *sollicitudo*). Soins attentifs, affectueux ; prévenance.

1. SOLO n.m. (mot ital. « seul »). **1.** MUS. Morceau joué ou chanté par un seul artiste, que les autres accompagnent : *Des solos.* **2.** DANSE. Partie d'un ballet ou pièce dansée, exécutée par un seul artiste. ▪ **En solo,** en solitaire ; seul : *Voyage, vie en solo. Travailler en solo.* ◆ **adj.** Qui joue seul : *Violon solo.* ▪ **Spectacle solo,** ou **solo, n.m.,** recomm. off. pour **one-man-show.**

✎ Pluriel savant : *soli.*

2. SOLO n. Célibataire.

SOLOGNOT, E adj. et **n.** De la Sologne.

SOLSTICE n.m. (lat. *solstitium*, de *sol*, soleil, et *stare*, s'arrêter). ASTRON. **1.** Époque de l'année où le Soleil, dans son mouvement apparent sur l'écliptique, atteint sa plus forte déclinaison boréale ou australe, et qui correspond à une durée du jour maximale, ou minimale (le 21 ou le 22 juin, début de l'été, et le 21 ou le 22 décembre, début de l'hiver [dans l'hémisphère Nord]). **2.** Point correspondant de la trajectoire apparente du Soleil sur l'écliptique.

SOLSTICIAL, E, AUX adj. Relatif aux solstices.

SOLUBILISATION n.f. Action de solubiliser.

SOLUBILISER v.t. [3]. Rendre soluble.

SOLUBILITÉ n.f. Qualité de ce qui est soluble.

SOLUBLE adj. (bas lat. *solubilis*). **1.** Qui peut être dissous dans un solvant : *Du café soluble.* **2.** Qui peut être résolu : *Problème soluble.* ▪ **Être soluble dans qqch,** pouvoir être anéanti, vaincu par cette chose : *Le journalisme traditionnel est-il soluble dans la blogosphère ?*

SOLUTÉ n.m. 1. CHIM. Corps dissous dans un solvant. **2.** Vieilli. Préparation médicamenteuse liquide.

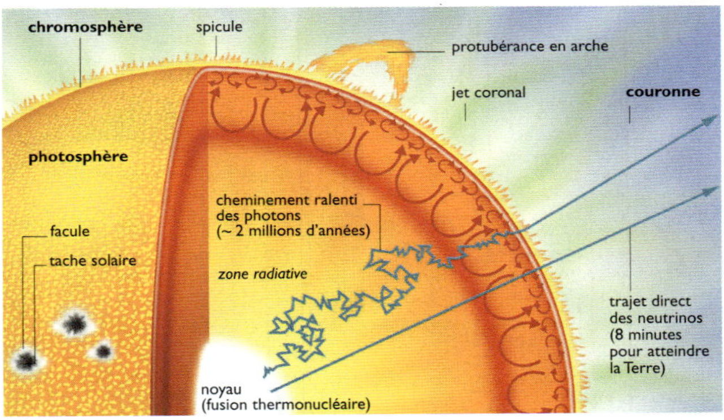

▲ **Soleil.** Structure du Soleil.

Les planètes du Système solaire

Les huit planètes du Système solaire se répartissent en deux familles : près du Soleil, les planètes du type de la Terre, petites mais denses, dotées d'une croûte solide ; plus loin, des planètes géantes, peu denses, enveloppées d'une épaisse atmosphère à base d'hydrogène et d'hélium.

Mercure

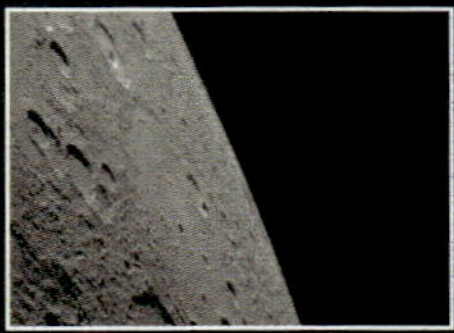

Mercure. Grêlée de cratères d'impact, sa surface rappelle celle de la Lune.

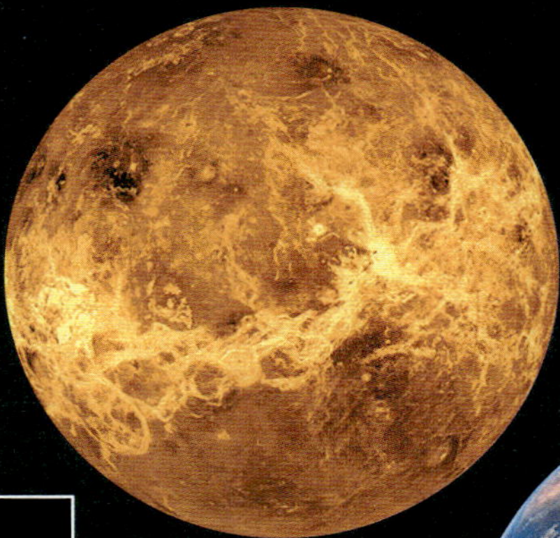

Vénus

Lune

Terre

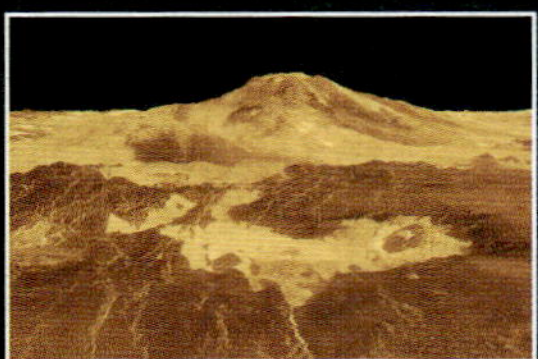

Vénus. Masquée par une épaisse couverture nuageuse, sa surface ne se révèle qu'au radar. Elle comporte de nombreux édifices volcaniques, comme celui-ci.

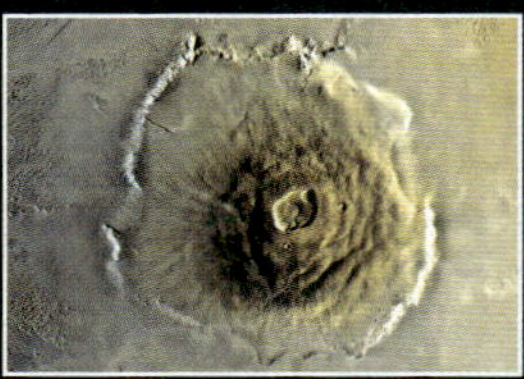

Mars. Vestige d'une activité volcanique intense, Olympus Mons est le plus grand volcan du Système solaire (plus de 20 km de hauteur, 600 km de diamètre à la base).

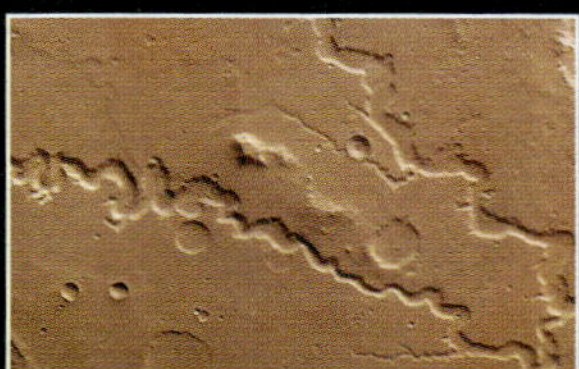

Mars. Des vallées sèches ont été creusées par l'eau, jadis abondante sur Mars. En 2015, la NASA a confirmé que de l'eau salée s'écoule toujours, sous forme de sels hydratés, sur le sol martien.

Mars

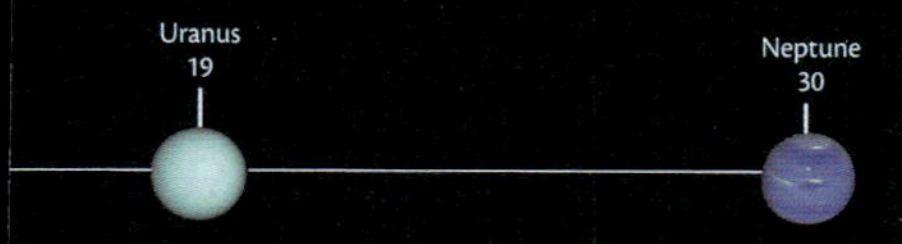

HELLE DES DISTANCES MOYENNES DES PLANÈTES AU SOLEIL

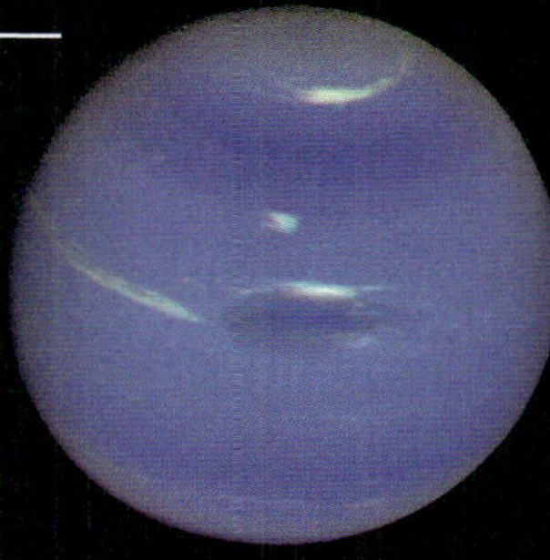

Neptune

Uranus

Saturne

Titan. Le principal satellite de Saturne est enveloppé d'une épaisse atmosphère azotée ; il présente une surface gelée où le méthane joue un rôle comparable à celui de l'eau sur la Terre.

Saturne. Ses célèbres anneaux sont formés d'une myriade de blocs de glace « sale » tournant dans son plan équatorial comme autant de petits satellites. Les sondes spatiales ont révélé leur complexité.

Jupiter

Io. De nombreux volcans, libérant des panaches de dioxyde de soufre, contribuent à remodeler en permanence la surface gelée de ce satellite de Jupiter, de la taille de la Lune.

Europe. Un océan d'eau se cache peut-être sous la croûte glacée, et, semble-t-il, très mince, de ce satellite de Jupiter.

SOLUTION n.f. **1.** Résolution d'une difficulté ; réponse à une question, à un problème : *La solution d'une charade.* **2.** Action pouvant résoudre une difficulté : *Opter pour une solution radicale* ; manière dont une affaire se termine : *La solution de ce litige est satisfaisante.* **3.** PHYS. Mélange homogène, présentant une seule phase, de deux ou plusieurs corps ; spécial., liquide contenant un corps dissous : *Une solution acide.* ▪ **Solution de continuité,** interruption qui se présente dans l'étendue d'un corps, d'un ouvrage, dans le déroulement d'un phénomène. ▪ **Solution d'une équation** [math.], valeur de l'inconnue, ou des inconnues, pour laquelle une équation est satisfaite. ▪ **Solution finale** [hist.], dans la terminologie nazie, politique d'extermination systématique des Juifs mise en œuvre à partir de 1941. ▪ **Solution solide** [phys.], mélange formé par la dissolution, dans un réseau cristallin métallique, d'atomes d'un second élément ; minéral homogène de composition et de propriétés intermédiaires entre plusieurs constituants purs *(pôles).* ➲ Les grenats sont des solutions solides entre trois pôles minéraux.

SOLUTIONNER v.t. [3]. (Emploi critiqué). Résoudre : *Solutionner un problème.*

SOLUTRÉEN n.m. (de *Solutré,* n.pr.). Faciès culturel du paléolithique supérieur (de – 20 000 à – 15 000), où apparaissent des pièces lithiques en forme de feuilles. ◆ **SOLUTRÉEN, ENNE** adj. Du solutréen.

▲ **solutréen.** Pointes à cran solutréennes provenant du Placard (Charente). [Musée des Antiquités nationales, Saint-Germain-en-Laye.]

SOLVABILITÉ n.f. Fait d'être solvable.

SOLVABLE adj. (du lat. *solvere,* payer). Qui a les moyens de payer ses créanciers.

SOLVANT n.m. (du lat. *solvere,* dissoudre). CHIM. Liquide capable de dissoudre un corps et qui sert aussi comme diluant ou dégraissant. ➲ L'eau est un solvant. Les solvants organiques sont soit non polaires (hydrocarbures), soit polaires (acétone).

SOLVATATION n.f. CHIM. Formation d'un cortège de molécules de solvant autour d'un soluté.

SOLVATE n.m. Combinaison chimique d'un corps dissous avec son solvant.

SOMA n.m. (du gr. *sôma,* corps). EMBRYOL. Ensemble des cellules non reproductrices des êtres vivants (par oppos. à *germen*).

SOMALI, E adj. et n. Relatif aux Somali. ◆ n.m. Langue couchitique parlée en Somalie.

SOMALIEN, ENNE adj. et n. De la Somalie ; de ses habitants.

SOMATIQUE adj. (gr. *sômatikos*). **1.** MÉD. Qui concerne le corps (par oppos. à psychique). **2.** EMBRYOL. Relatif au soma. ◆ n.m. PSYCHAN. Ensemble des faits qui concernent le corps.

SOMATISATION n.f. PSYCHOL. Action de somatiser.

SOMATISER v.t. [3]. Traduire un conflit psychique en affection somatique.

SOMATOTROPE adj. PHYSIOL. Se dit d'une hormone de l'hypophyse nécessaire à la croissance.

SOMATOTROPHINE n.f. Hormone somatotrope.

SOMBRE adj. (du lat. *umbra,* ombre). **1.** Peu éclairé ; obscur. **2.** Mêlé de noir ; foncé : *Porter des vêtements sombres.* **3.** Qui manifeste de la tristesse : *Son air sombre révélait le drame.* **4.** Empreint de tristesse ou chargé de menaces : *Les heures sombres de la guerre. L'avenir est sombre pour les jeunes.* **5.** Renforce un terme péjoratif ou injurieux : *Un sombre idiot.* ◆ adv. ▪ **Il fait sombre,** il y a peu de lumière.

SOMBRER v.i. [3]. **1.** Être englouti dans l'eau ; couler : *Pétrolier qui sombre.* **2.** Se laisser aller sans pouvoir réagir : *Sombrer dans la folie, l'alcool.*

SOMBRERO [sɔ̃brero], ▲ **SOMBRÉRO** n.m. (esp. *sombrero*). Chapeau à larges bords, dans les pays hispaniques.

SOMESTHÉSIE n.f. (du gr. *sôma,* corps, et *aisthêsis,* sensation). PHYSIOL. Ensemble des perceptions sensorielles conscientes qui prennent leur origine dans la peau, les viscères, les muscles et les articulations.

SOMITE n.m. (du gr. *sôma,* corps). EMBRYOL. Métamère.

SOMMABLE adj. MATH. Qui peut faire l'objet d'une sommation.

1. SOMMAIRE adj. (du lat. *summarium,* abrégé). **1.** Exposé en peu de mots ; succinct : *Compte rendu sommaire.* **2.** Qui est réduit à sa forme la plus simple : *Réparation sommaire.* ▪ **Exécution sommaire,** faite sans jugement préalable.

2. SOMMAIRE n.m. **1.** Analyse abrégée d'un ouvrage. **2.** Liste des chapitres d'un ouvrage placée en tête de ce dernier (par oppos. à la *table des matières,* qui se trouve génér. à la fin).

SOMMAIREMENT adv. De façon sommaire.

1. SOMMATION n.f. **1.** DR. Acte d'huissier mettant en demeure qqn de payer ou de faire qqch. **2.** MIL. Appel réglementaire lancé par une sentinelle, un représentant qualifié de la force publique, enjoignant à une ou à plusieurs personnes de s'arrêter.

2. SOMMATION n.f. **1.** MATH. Opération par laquelle on fait la somme de plusieurs quantités. **2.** PHYSIOL. Renforcement de l'activité d'un neurone ou de la contraction d'un muscle, produit par une augmentation de la fréquence ou du nombre des excitations. ▪ **Symbole de sommation** [math.], lettre grecque Σ, utilisée pour noter la somme de termes, en nombre fini ou infini.

1. SOMME n.f. (du lat. *summa,* partie la plus haute). **1.** Résultat d'une addition : *Faites la somme de ces nombres.* **2.** Ensemble de choses qui s'ajoutent : *La somme de nos besoins.* **3.** Quantité déterminée d'argent : *Parier une somme importante.* **4.** Œuvre importante faisant la synthèse des connaissances dans un domaine : *Une somme philosophique.* ▪ **Somme de nombres, de fonctions, de vecteurs** [math.], résultat de leur addition. ➲ La somme de a et de b se note $a + b$. ▪ **Somme d'une série convergente (u_n)** [math.], limite de la suite (S_n) définie par $S_n = u_0 + ... + u_n$. ▪ **Somme logique** [log.], ensemble de l'extension de deux ou de plusieurs concepts. ▪ **Somme toute** ou **en somme,** tout bien considéré ; finalement.

2. SOMME n.f. (du bas lat. *sagma,* bât). ▪ **Bête de somme,** animal employé à porter des fardeaux ; fam., personne accablée de travail.

3. SOMME n.m. (du lat. *somnus,* sommeil). Court moment de sommeil : *Faire un petit somme.*

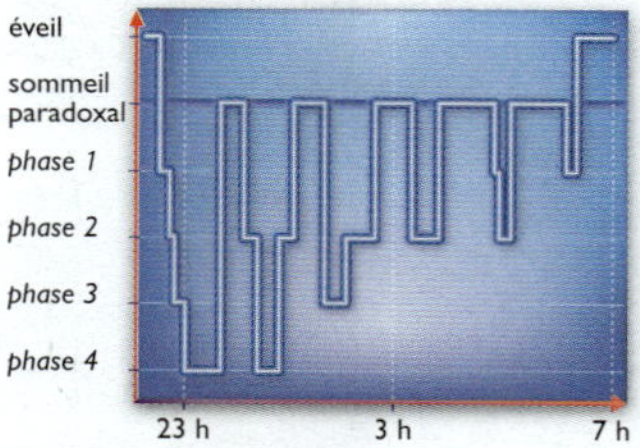

phase 1 : endormissement
phase 2 : sommeil léger
phase 3 : sommeil profond
phase 4 : sommeil très profond

▲ **sommeil.** Les différentes phases du sommeil.

SOMMEIL n.m. (lat. *somnus*). **1.** État de qqn qui dort ; état physiologique périodique de l'organisme (notamm. du système nerveux) pendant lequel la vigilance est abolie et la réactivité aux stimulations amoindrie. ➲ On distingue une phase de *sommeil lent,* profond et réparateur, et une phase de *sommeil paradoxal,* caractérisé par le rêve. **2.** Envie de dormir : *Tomber de sommeil.* **3.** État momentané d'inertie, d'inactivité : *Mettre un projet en sommeil.* ▪ **Cure de sommeil** [vieilli], traitement des troubles psychiques par des médicaments provoquant un sommeil plus ou moins profond. ▪ **Le sommeil éternel** [litt.], la mort. ▪ **Maladie du sommeil,** maladie contagieuse due à un flagellé, le trypanosome, transmis par un insecte piqueur, la glossine ou mouche tsé-tsé. ➲ La maladie sévit en Afrique tropicale et équatoriale.

SOMMEILLER v.i. [3]. **1.** Dormir d'un sommeil léger ; somnoler. **2.** Exister à l'état latent : *Des haines qui sommeillent.*

SOMMELIER, ÈRE n. (de l'anc. fr. *somelier,* conducteur de bêtes de somme). Personne chargée de la cave et du service des vins, dans un restaurant.

SOMMELIÈRE n.f. Suisse. Serveuse dans un café, un restaurant.

SOMMELLERIE n.f. Fonction du sommelier.

1. SOMMER v.t. [3] (lat. *summare*). **1.** Demander impérativement à qqn de faire qqch ; ordonner : *Je vous somme de vous taire.* **2.** DR. Faire une sommation.

2. SOMMER v.t. [3]. MATH. Calculer la somme de.

3. SOMMER v.t. [3] (de l'anc. fr. *som,* sommet). ARCHIT. Orner le sommet de ; couronner.

SOMMET n.m. (anc. fr. *som*). **1.** Point culminant d'un relief ; cime : *Le sommet du mont Blanc.* **2.** Degré suprême d'une hiérarchie ; apogée : *Une cantatrice au sommet de la gloire.* **3.** MATH. Point commun à deux côtés consécutifs d'un polygone. ▪ **Conférence au sommet,** ou **sommet,** conférence internationale réunissant les dirigeants des pays concernés par un problème particulier. ▪ **Sommet d'un angle** [math.], point commun aux deux côtés de l'angle. ▪ **Sommet d'un cône, d'un polyèdre** [math.], point commun à toutes les génératrices du cône ; sommet des faces du polyèdre.

1. SOMMIER n.m. (du bas lat. *sagma,* bât). **1.** Châssis de bois ou de métal qui, dans un lit, supporte le matelas. **2.** ARCHIT. Claveau qui se pose le premier dans la construction d'un arc ou d'une voûte, sur les piédroits. **3.** Traverse métallique maintenant les barreaux d'une grille. **4.** Caisse en bois contenant l'air sous pression, dans un orgue.

2. SOMMIER n.m. (de *1. somme*). Registre utilisé autref. par certains comptables ou économes. ▪ **Sommier de police,** fichier centralisant le relevé de toutes les condamnations à une peine privative de liberté pour crime ou délit.

SOMMIÈRE n.f. (de l'anc. fr. *som,* sommet). Chemin forestier génér. rectiligne et non empierré.

SOMMITAL, E, AUX adj. Relatif à un sommet : *Le cratère sommital d'un volcan.*

SOMMITÉ n.f. **1.** Personne éminente dans un domaine quelconque : *Les sommités de la bioéthique.* **2.** BOT. Extrémité d'une tige garnie de petites fleurs groupées (inflorescence complexe).

SOMNAMBULE adj. et n. (du lat. *somnus,* sommeil, et *ambulare,* marcher). Atteint de somnambulisme.

SOMNAMBULIQUE adj. Relatif au somnambulisme.

SOMNAMBULISME n.m. Série de mouvements, d'actes automatiques et inconscients se produisant pendant le sommeil, et dont aucun souvenir ne reste au réveil.

SOMNIFÈRE adj. et n.m. (du lat. *somnus,* sommeil, et *ferre,* porter). Se dit de médicaments qui provoquent le sommeil ; hypnotique.

SOMNILOQUIE [-ki] n.f. (du lat. *somnus,* sommeil, et *loqui,* parler). PSYCHIATR. Émission de sons plus ou moins bien articulés durant le sommeil.

SOMNOLENCE n.f. (lat. *somnolentia*). **1.** État de sommeil léger, normal ou pathologique. **2.** État d'engourdissement, d'inertie ; torpeur : *Région désindustrialisée qui sombre dans la somnolence.*

SOMNOLENT, E adj. Relatif à la somnolence ; qui somnole.

SOMNOLER v.i. [3]. Être en état de somnolence ; sommeiller.

SOMONI n.m. Unité monétaire principale du Tadjikistan.

SOMPTUAIRE adj. (lat. *sumptuarius*). ▪ **Arts somptuaires,** arts décoratifs de luxe. ▪ **Dépenses somptuaires,** dépenses à caractère luxueux effectuées par les entreprises et sans lien apparent avec l'activité professionnelle (dépenses de chasse, de plaisance, etc.). ▪ **Loi somptuaire,** qui avait pour objet de restreindre et de réglementer les dépenses de luxe, notamm. dans l'Antiquité romaine.

SOMPTUEUSEMENT adv. Avec somptuosité.

SOMPTUEUX, EUSE adj. (lat. *sumptuosus*, de *sumptus*, dépense). Dont la magnificence suppose une grande dépense ; luxueux : *Une somptueuse villa.*

SOMPTUOSITÉ n.f. Caractère de ce qui est somptueux ; magnificence.

1. SON, SA adj. poss. (pl. *ses*) [lat. *suum*]. **1.** Représente un possesseur de la 3e pers. du sing., pour indiquer un rapport d'appartenance, un rapport d'ordre affectif ou social : *Son sac. Sa cousine. Ses yeux. Un ordinateur et sa souris.* **2.** Précède un titre honorifique : *Son Altesse.*

✎ ***Son*** s'emploie pour ***sa*** devant un n. ou un adj. fém. commençant par une voyelle ou un ***h*** muet : ***Son auto. Son habileté.***

2. SON n.m. (lat. *sonus*). **1.** Sensation auditive engendrée par une onde acoustique. **2.** Toute vibration acoustique considérée du point de vue des sensations auditives ainsi créées : *Un son mélodieux.* **3.** Intensité sonore d'un appareil ; volume : *Monter le son.* **4.** Ensemble des techniques d'enregistrement et de reproduction des sons, partic. au cinéma, à la radio, à la télévision ; ensemble du matériel utilisé par ces techniques : *Ingénieur du son.* ▪ **Au(x) son(s) de qqch,** en suivant la musique, les rythmes de. ▪ **Spectacle son et lumière** [anc.], illumination d'un monument ou d'un site, accompagnée d'une évocation sonore et musicale de son histoire.

➲ Le **SON** est émis par les corps animés d'un mouvement vibratoire et se propage sous forme d'ondes mécaniques. La vitesse de propagation des sons audibles, d'une fréquence comprise entre 15 à 20 Hz (*son grave*) et 15 à 20 kHz (*son aigu*), est d'env. 340 m/s dans l'air, 1 430 m/s dans l'eau. Un son est caractérisé par sa *hauteur* (liée à sa fréquence), son *intensité* (liée à l'amplitude des vibrations sonores) et son *timbre*, qui dépend des différents sons harmoniques qui le composent.

3. SON n.m. (du lat. *secundus*, qui suit). Résidu de la mouture des céréales, constitué de fragments d'enveloppes des grains. ▪ **Tache de son,** éphélide.

SONAL n.m. (pl. *sonals*). Recomm. off. pour **jingle.**

SONAR n.m. (acronyme de l'angl. *sound navigation and ranging*). Appareil de détection sous-marine utilisant les ondes sonores et permettant le repérage, la localisation et l'identification des objets immergés.

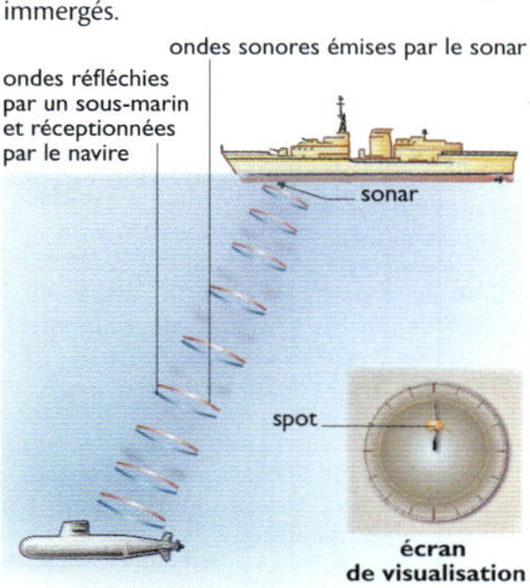

▲ **sonar.** Principe de fonctionnement.

SONATE n.f. (ital. *sonata*). **MUS.** Genre de composition instrumentale en un ou plusieurs mouvements pour soliste ou ensemble instrumental. ▪ **Forme sonate,** plan du premier mouvement de la sonate classique, constitué par l'exposition, le développement et la nouvelle exposition de deux thèmes.

SONATINE n.f. (ital. *sonatina*). **MUS.** Œuvre instrumentale de même forme que la sonate, mais plus courte et d'exécution plus facile.

SONDAGE n.m. 1. Creusement d'un trou pour prélever un échantillon de roche ou effectuer une mesure ; trou ainsi creusé (dit aussi *trou de sonde* dans l'industrie du pétrole). **2. MÉD.** Introduction dans un conduit naturel d'une sonde destinée à évacuer le contenu de la cavité où elle aboutit, à étudier le calibre, la profondeur de l'organe exploré, ou à y introduire un médicament. **3. MÉTÉOROL.** Exploration verticale de l'atmosphère, soit in situ (radiosondes, ballons, fusées), soit à distance (radar, radiomètre, etc.). **4. MATH.** Procédure d'enquête sur certaines caractéristiques d'une population, à partir d'observations sur un échantillon limité mais représentatif de celle-ci. **5.** Rapide contrôle à partir duquel on extrapole une conclusion valable pour un ensemble ; évaluation : *Un sondage sur quelques pages ne révèle que peu de coquilles.* ▪ **Sondage (d'opinion),** visant à connaître la répartition des opinions au sein d'une population sur une question, un sujet donnés.

SONDAGIER, ÈRE adj. Relatif aux sondages d'opinion.

SONDE n.f. (orig. obsc.). **1. OCÉANOL., MAR.** Appareil servant à déterminer la profondeur de l'eau et la nature du fond ; par ext., la profondeur elle-même. **2. MÉD.** Instrument cylindrique long et fin, plein ou creux, utilisé pour le sondage. **3. PÉTROLE.** Appareil de forage. **4. ZOOL.** Plongée profonde des grands mammifères cétacés. ➲ Chez le cachalot, la sonde peut durer plus d'une heure. ▪ **Sonde génétique** ou **moléculaire,** petit brin d'ADN se fixant spécifiquement sur un gène, utilisé en laboratoire pour identifier une maladie génétique, un micro-organisme. ▪ **Sonde Pitot,** tube de Pitot. ▪ **Sonde spatiale** [astronaut.], engin non habité destiné à l'étude rapprochée ou in situ d'astres du Système solaire et/ou à l'exploration du milieu interplanétaire. ▪ **Trou de sonde** [pétrole], sondage.

SONDÉ, E n. et **adj.** Personne interrogée lors d'un sondage d'opinion.

SONDER v.t. [3]. 1. Mesurer, au moyen d'une sonde ou d'un sondeur, la profondeur de la mer, d'une cavité, etc. **2. MÉD.** Procéder au sondage d'une plaie, d'un conduit, etc. **3. PÉTROLE.** Exécuter un trou de sonde. **4. MATH.** Soumettre à un sondage. **5.** Fig. Interroger qqn de manière insidieuse pour connaître sa pensée : *J'ai essayé de la sonder pour savoir pour qui elle voterait.* ◆ **v.i. ZOOL.** Plonger, en parlant des grands mammifères cétacés.

1. SONDEUR, EUSE n. 1. Personne qui interroge les gens, fait des sondages. **2.** Personne qui effectue des sondages du sous-sol.

2. SONDEUR n.m. TECHN. Appareil de sondage.

SONDEUSE n.f. PÉTROLE. Machine utilisée pour le forage des puits à faible profondeur.

SONGE n.m. (lat. *somnium*). **1.** Litt. Rêve : *La clé des songes.* **2.** Vaines imaginations ; chimère.

SONGÉ, E adj. Québec. Fam. ou par plais. Réfléchi ; intelligent : *Texte, personne songés.*

SONGE-CREUX n.m. inv. Litt. Celui qui nourrit son esprit de chimères.

SONGER v.t. ind. [10] (À). 1. Avoir présent à l'esprit ; penser : *Songer à l'avenir.* **2.** Avoir l'intention de ; envisager : *Songer à déménager.* ▪ **Sans songer à mal,** sans avoir de mauvaises intentions. ◆ **v.i.** Litt. S'abandonner à des rêveries ; rêvasser.

SONGERIE n.f. Pensée vague ; rêverie.

SONGEUR, EUSE adj. Perdu dans une rêverie ; pensif : *Il est tout songeur* ; absorbé dans une réflexion ; préoccupé : *Sa réponse me laisse songeur.*

SONIE n.f. ACOUST. Intensité de la sensation sonore, en relation avec la pression acoustique.

SONIQUE adj. 1. Relatif à la vitesse du son. **2.** Dont la vitesse est égale à celle du son.

SONNAILLE n.f. Clochette attachée au cou du bétail ; son produit par plusieurs de ces clochettes.

1. SONNAILLER n.m. Animal qui, dans un troupeau, marche le premier avec la sonnaille.

2. SONNAILLER v.i. [3]. Sonner ; tinter.

SONNANT, E adj. 1. Qui sonne. **2.** Se dit de l'heure précise : *À dix heures sonnantes.* ▪ **Espèces sonnantes et trébuchantes** → **TRÉBUCHANT.**

SONNÉ, E adj. 1. Annoncé par une cloche, une sonnerie : *Il est midi sonné.* **2.** Fam. Se dit d'une période révolue, accomplie : *Elle a soixante ans bien sonnés.* **3.** Fam. Fou. **4.** Fam. Qui vient de recevoir un coup violent : *Boxeur sonné.*

SONNER v.i. [3] (lat. *sonare*). **1.** Produire un son ; retentir : *Le téléphone sonne* ; tinter : *Les cloches sonnent.* **2.** Faire fonctionner une sonnerie, une sonnette : *On a sonné, va ouvrir.* **3.** Être annoncé par une sonnerie : *La fin de la récréation a sonné.* **4.** Tirer des sons de : *Sonner du cor.* ▪ **Faire sonner une syllabe,** l'articuler de façon distincte. ▪ **Se faire sonner les cloches** [fam.], se faire réprimander. ▪ **Sonner bien, mal,** être agréable, désagréable à entendre, en parlant d'un mot, d'une expression. ▪ **Sonner creux,** rendre le son d'une chose vide. ▪ **Sonner faux, juste,** donner une impression de fausseté, de vérité : *Sa joie sonne faux.* ◆ **v.t. 1.** Annoncer par une sonnerie : *Sonner le glas.* **2.** Appeler au moyen d'une sonnette : *Sonner l'infirmière.* **3.** Fam. Causer un violent ébranlement moral à qqn : *Cette nouvelle les a sonnés.* **4.** S'assurer de l'état de continuité et d'isolement d'un circuit électrique. **5.** Antilles, Belgique. Appeler au téléphone. ▪ **Sonner une cloche,** la mettre en branle pour qu'elle résonne.

▲ **sonde spatiale.** La sonde Mars Express Orbiter (ESA) a été placée en orbite autour de la planète Mars pour étudier son atmosphère, son sol et son sous-sol, et en dresser une cartographie précise. Elle a notamm. confirmé la présence d'eau sous forme de glace (2004) et survolé le satellite martien Phobos (2010).

SONNERIE n.f. 1. Son d'une cloche, d'un réveil, etc. **2.** Ensemble des cloches d'une église. **3.** Mécanisme servant à faire sonner une pendule, un appareil d'alarme, etc. **4.** Air sonné par un clairon ou une trompette, par un cor de chasse. ▪ **Sonnerie électrique,** dispositif d'appel acoustique, actionné par un électroaimant. ▪ **Sonnerie militaire,** air réglementaire servant à marquer un emploi du temps (réveil, repas, etc.), un commandement ou à rendre les honneurs.

SONNET n.m. (ital. *sonnetto*). **VERSIF.** Poème de quatorze vers, composé de deux quatrains et de deux tercets, et soumis à des règles fixes pour la disposition des rimes.

SONNETTE n.f. 1. Clochette ou timbre pour appeler ou pour avertir. **2. TRAV. PUBL.** Charpente en forme de pyramide pour le guidage du mouton, dans le battage des pieux ou des palplanches. ▪ **Coup de sonnette,** action de déclencher une sonnerie ; bruit ainsi produit. ▪ **Serpent à sonnette,** crotale.

SONNEUR n.m. Personne qui sonne les cloches, qui joue du cor, etc.

SONO n.f. (abrév.). Fam. Sonorisation.

SONOMÈTRE n.m. (du lat. *sonus*, son). **ACOUST.** Instrument servant à mesurer un niveau de pression sonore ou d'intensité acoustique.

SONORE adj. (lat. *sonorus*). **1.** Propre à rendre des sons : *Avertisseur sonore.* **2.** Qui a un son éclatant ; retentissant : *Voix sonore.* **3.** Qui renvoie bien le son : *Auditorium sonore.* **4.** Relatif aux sons : *Ondes sonores.* ▪ **Consonne sonore,** ou **sonore, n.f.** [phon.], consonne voisée*.

SONORISATION n.f. 1. Action de sonoriser ; fait d'être sonorisé. **2.** Ensemble des équipements permettant une amplification électrique des sons émis en un lieu donné. Abrév. (fam.) **sono. 3. PHON.** Passage d'une consonne sourde à la voisée correspondante.

SONORISER v.t. [3]. 1. Adjoindre une bande-son à un film ou à une production audiovisuelle. **2.** Équiper d'une installation de sonorisation : *Sonoriser une salle.* **3. PHON.** Rendre sonore une consonne sourde.

SONORITÉ n.f. 1. Qualité de ce qui est sonore. **2.** Qualité acoustique de qqch : *Sonorité d'un piano, d'une salle.* **3. PHON.** Voisement.

SONOTHÈQUE n.f. Archives où l'on conserve les enregistrements de bruits, d'effets sonores.

SONOTONE n.m. (nom déposé). Audiophone de la marque de ce nom.

SOPHISME n.m. (gr. *sophisma*). **LOG.** Raisonnement qui n'est logiquement correct qu'en apparence, et qui est conçu avec l'intention d'induire en erreur (par oppos. au *paralogisme*).

SOPHISTE n.m. (gr. *sophistês*). **ANTIQ. GR.** Maître de rhétorique itinérant qui enseignait l'art de défendre ses intérêts en donnant au discours les apparences de l'objectivité et de la conformité avec les données du savoir. ◆ **n.** Personne qui use de sophismes, de raisonnements spécieux.

SOPHISTICATION n.f. 1. Action de raffiner à l'extrême, de sophistiquer. **2.** Caractère sophistiqué, artificiel. **3.** Complexité technique.

SOPHISTIQUE adj. De la nature du sophisme. ◆ **n.f. PHILOS.** Art oratoire et doctrine des sophistes.

SOPHISTIQUÉ, E adj. 1. Très raffiné ; étudié : *Une coiffure sophistiquée.* **2.** D'une subtilité extrême : *Un raisonnement sophistiqué.* **3.** (Calque de l'angl. *sophisticated*). Très perfectionné : *Du matériel sophistiqué.*

SOPHISTIQUER v.t. [3]. Perfectionner à l'extrême un appareil, une étude. ◆ **SE SOPHISTIQUER v.pr.** Devenir hautement perfectionné.

SOPHORA n.m. (ar. *sophera*). Arbre ornemental originaire d'Extrême-Orient. ➲ Sous-famille des papilionacées.

SOPHROLOGIE n.f. (du gr. *sôphrôn*, sage). Ensemble de pratiques fondées sur des techniques de relaxation physique et mentale, utilisées notamm. en accompagnement thérapeutique dans les troubles psychiques ou psychosomatiques, ainsi que dans la préparation à l'accouchement.

SOPHROLOGIQUE adj. Relatif à la sophrologie.

SOPHROLOGUE n. Spécialiste de sophrologie.

SOPORIFIQUE adj. et **n.m.** (du lat. *sopor*, sommeil, et *facere*, faire). Vieilli. Somnifère. ◆ **adj.** Fam. Très ennuyeux : *Un film soporifique.*

SOPRANISTE n.m. Chanteur adulte qui a conservé une voix de soprano.

SOPRANO n.m. (mot ital.). **MUS.** Voix la plus élevée de femme ou de jeune garçon. ◆ **n.** Chanteur, chanteuse qui a une voix de soprano. ◆ **adj.** et **n.** Dans une famille d'instruments, se dit de celui qui a la tessiture la plus élevée : *Saxophone soprano.*

✎ Pluriel savant : ***soprani.***

SOQUET n.m. → **SOCKET.**

SORBE n.f. (lat. *sorbum*). Fruit comestible du sorbier.

SORBET n.m. (ital. *sorbetto*, du turc). Glace sans crème à base d'eau et de fruits (frais ou en jus) ou de vin, de liqueur : *Un sorbet au citron.*

SORBETIÈRE n.f. Appareil pour préparer les glaces et les sorbets.

SORBIER n.m. Arbre de l'hémisphère Nord, à baies rouges et dont le bois est utilisé en tournerie et en lutherie. ➲ Famille des rosacées.

▲ **sorbier**

SORBITOL n.m. BIOCHIM. Polyalcool dérivé du glucose, que l'on trouve dans les baies de sorbier. ➲ Il est employé comme édulcorant.

SORBONNARD, E n. Fam., vieilli. Étudiant, professeur à la Sorbonne.

SORCELLERIE n.f. 1. Ensemble des opérations magiques du sorcier. **2. ANTHROP.** Ensemble de rites destinés à guérir, à nuire ou à faire mourir, propres à une société donnée. ➲ Leur mise en œuvre peut être socialement reconnue ou, au contraire, relever, surtout dans ses aspects maléfiques, de pratiques clandestines ou de l'action supposée d'êtres invisibles. **3.** Fam. Ce qui semble relever de pratiques de sorcier, de forces surnaturelles ; magie.

SORCIER, ÈRE n. (de *sort*). **1.** Personne à qui sa liaison supposée avec des forces occultes permet d'opérer des maléfices. **2. ANTHROP.** Personne qui pratique la sorcellerie. ▪ **Chasse aux sorcières** [hist.], recherche et poursuite systématique des communistes et de leurs partisans supposés, aux États-Unis, au temps du maccartisme ; poursuite et élimination systématique, par un pouvoir en place, des opposants politiques. ▪ **Il ne faut pas être (grand) sorcier pour** [fam.], il n'est pas nécessaire d'avoir des dons spéciaux pour (faire qqch). ▪ **Vieille sorcière** [fam.], vieille femme laide et médisante. ◆ **adj.** Fam. ▪ **Ce n'est pas sorcier,** ce n'est pas compliqué.

SORDIDE adj. (lat. *sordidus*). **1.** D'une saleté repoussante ; misérable : *Des taudis sordides.* **2.** D'une grande bassesse morale ; abject : *Une affaire sordide.* **3.** Marqué par l'âpreté au gain ; mesquin : *De sordides questions d'intérêt.*

SORDIDEMENT adv. De façon sordide.

SORDIDITÉ n.f. Litt. Caractère de ce qui est sordide.

SORE n.m. (du gr. *sôros*, tas). **BOT.** Groupe de sporanges, chez les fougères.

SORGHO, ▲ ***SORGO*** **n.m.** (ital. *sorgo*). Graminée tropicale et méditerranéenne, dont certaines espèces fournissent des grains utilisés pour l'alimentation humaine, notamm. en Afrique (*gros mil*), et d'autres sont cultivées comme fourrage.

SORITE n.m. (gr. *sôreitês*, de *sôros*, tas). **LOG.** Argument composé d'une suite de propositions liées entre elles de manière que l'attribut de chacune d'elles devienne le sujet de la suivante, et ainsi de suite, jusqu'à la conclusion, qui a pour sujet le sujet de la première proposition et pour attribut l'attribut de l'avant-dernière.

SORNETTE n.f. (du moyen fr. *sorne*, raillerie). [Surtout pl.]. Propos frivole, extravagant ; baliverne.

SORORAL, E, AUX adj. Relatif à la sœur, aux sœurs.

SORORAT n.m. ANTHROP. Système où la sœur cadette de l'épouse décédée vient remplacer celle-ci auprès du mari.

SORORITÉ n.f. Attitude de solidarité féminine.

SORT n.m. (lat. *sors, sortis*). **1.** Décision par le hasard : *Le gagnant sera tiré au sort.* **2.** Effet malfaisant attribué à des pratiques de sorcellerie : *Jeter un sort à qqn.* **3.** Litt. Puissance surnaturelle qui semble gouverner la vie humaine ; destin : *Les coups du sort.* **4.** Condition, situation matérielle de qqn : *Améliorer le sort des femmes.* ▪ **Faire un sort à qqch** [fam.], le consommer entièrement : *Faire un sort à la tarte.* ▪ **Le sort en est jeté,** c'est une chose décidée ; advienne que pourra.

SORTABLE adj. Fam. (Surtout en tournure négative). Que l'on peut présenter en société ; bien élevé.

SORTANT, E adj. Qui sort dans un tirage : *Numéro sortant.* ◆ **adj.** et **n.** Dont le mandat électif prend fin : *Députés sortants. Président sortant.* ◆ **n.** Personne qui sort : *Les entrants et les sortants.*

SORTE n.f. (lat. *sors, sortis*). Catégorie d'êtres ou de choses ; espèce : *Toutes sortes d'insectes* ; genre : *Des remarques de toute(s) sorte(s).* ▪ **De la sorte,** de cette façon. ▪ **En quelque sorte,** pour ainsi dire. ▪ **Faire en sorte de** (+ inf.) ou **que** (+ subj.), agir de façon que. ▪ **Une sorte de,** une chose ou une personne qui ressemble à. ◆ **DE (TELLE) SORTE QUE loc. conj.** Si bien que. (On peut aussi dire *en sorte que.*)

SORTEUR, EUSE n. Belgique. Personne qui aime sortir, faire la fête ; fêtard : *Une bande de sorteurs.* ◆ **n.m.** Employé chargé d'expulser les indésirables dans un lieu de fête (boîte de nuit, bar, etc.).

SORTIE n.f. 1. Action de sortir, d'aller se promener : *La première sortie d'un malade.* **2.** Au théâtre, action de quitter la scène : *Sortie sous les applaudissements.* **3.** Action de sortir d'un lieu : *Après sa sortie de prison* ; moment où l'on sort : *La sortie des écoles* ; endroit par où l'on sort ; issue : *Sortie de secours.* **4.** Action de s'échapper, de s'écouler ; évacuation : *La sortie des eaux usées.* **5.** Présentation au public d'un produit nouveau : *Sortie d'un disque.* **6.** Fig. Emportement soudain contre qqn ; scène : *Une violente sortie.* **7. INFORM.** Transfert d'une information traitée dans un ordinateur de l'unité centrale vers l'extérieur ; ensemble d'informations constituant le résultat d'un traitement par ordinateur. **8. COMPTAB.** Somme dépensée. **9. MIL.** Opération menée par une troupe assiégée, ou par une force navale, pour rompre un blocus ; mission de combat accomplie par un aéronef militaire. ▪ **À la sortie de,** au moment où l'on sort de : *À la sortie du travail.* ▪ **Se ménager une (porte de) sortie,** une manière habile de se tirer d'embarras.

SORTIE-DE-BAIN n.f. (pl. *sorties-de-bain*). Peignoir que l'on porte après le bain.

SORTIE-DE-BAL n.f. (pl. *sorties-de-bal*). Vx. Manteau porté sur une robe du soir.

SORTILÈGE n.m. (lat. *sortilegium*). **1.** Maléfice de sorcier. **2.** Attraction qui semble magique ; envoûtement.

1. SORTIR v.i. [31] (auxil. *être*) [lat. *sortiri*]. **1.** Quitter un lieu pour aller dehors ou dans un autre lieu : *Sortir prendre l'air. Sortir de son bureau.* **2.** Aller hors de chez soi pour faire qqch : *Il sort peu.* **3.** Commencer à pousser : *Les crocus, ses premières dents sortent.* **4.** Être visible ; dépasser : *Sa chemise sort de son pantalon.* **5.** Se répandre au-dehors : *Une mauvaise odeur, du pus sort de la plaie.* **6.** Quitter un état, une situation : *Sortir d'une dépression, de la guerre.* **7.** Franchir une limite : *La balle sort du terrain* ; s'éloigner de : *Sortir du sujet.* **8.** Être mis en vente, distribué : *Son album sort prochainement.* **9.** Avoir comme résultat : *Que sortira-t-il de tout cela ?* **10.** Être issu, venir de : *Sortir d'un milieu aisé.* **11.** Être tiré au sort : *Le 5 est sorti.* **12.** Être tel après un événement, une modification, etc. : *Elle est sortie grandie de cette épreuve.* ▪ **Ne pas sortir de là,** persister dans son opinion. ▪ **Sortir avec qqn** [fam.], avoir une relation amoureuse avec lui. ▪ **Sortir de** (+ inf.) [fam.], venir juste de : *Il sort de lui parler.* ▪ **Sortir de la mémoire** ou **de l'esprit,** être oublié. ▪ **Sortir du bois** [fam.], dévoiler ses intentions. ▪ **Sortir d'une école,** y avoir été élève. ◆ **v.t.** (auxil. *avoir*). **1.** Mener dehors : *Sortir le chien.* **2.** Emmener pour la promenade, pour une visite, etc. : *Sortir les enfants au parc.* **3.** Fig. Aider qqn à se dégager d'une difficulté : *Il faut la sortir de cette affaire.* **4.** Mettre en vente un produit ; commercialiser : *Sortir un nouveau médicament.* **5.** Fam. Tirer un numéro, une carte, dans un jeu de hasard. **6.** Fam. Éliminer un concurrent, un adversaire. **7.** Fam. Dire : *Sortir des âneries.* ◆ **SE SORTIR v.pr.** (**DE**). S'acquitter d'une tâche difficile ; se tirer sans dommage d'un péril. ▪ **S'en sortir** [fam.], guérir.

2. SORTIR n.m. Litt. ▪ **Au sortir de,** au moment où l'on sort de : *Au sortir de l'hiver.*

SOS ou **S.O.S.** [ɛsoɛs] **n.m.** Signal de détresse par radiotélégraphie, émis par les navires ou les avions en danger. ➲ Son emploi international, adopté en 1912 après le drame du *Titanic*, a pris fin en 1999.

SOSIE n.m. (de *Sosie*, n.pr.). Personne qui ressemble parfaitement à une autre.

SOSTENUTO, ▲ ***SOSTÉNUTO*** [sɔstenuto] **adv.** (ital. *sostenuto*). **MUS.** De façon égale et soutenue pendant la durée de la note, du passage.

SOT, SOTTE adj. et **n.** Dénué d'esprit, de jugement ; imbécile.

SOTALIE n.f. Dauphin des mers tropicales et des grands fleuves qui s'y jettent.

SOT-L'Y-LAISSE [solilɛs] **n.m. inv. CUIS.** Morceau délicat de chaque côté de la carcasse, au-dessus du croupion d'une volaille.

SOTTEMENT adv. De façon sotte ; bêtement.

SOTTIE ou **SOTIE n.f.** (de *sot*). **LITTÉR.** Genre dramatique médiéval (XIVe-XVIe s.) qui relève de la satire sociale ou politique.

SOTTISE n.f. 1. Manque de jugement, d'intelligence de qqn ; stupidité. **2.** Propos, acte irréfléchi : *Dire, faire une sottise.*

SOTTISIER n.m. Recueil d'erreurs comiques, de phrases ridicules relevées dans la presse, les livres, etc. (SYN. **bêtisier**).

SOU **n.m.** (du lat. *solidus*, massif). **1.** Dans la France d'Ancien Régime, pièce de cuivre ou de bronze, ou monnaie de compte valant 1/20 de livre (SYN. **5. sol**). **2.** Pièce de 5 centimes, à partir de 1793. ■ **N'avoir pas le sou** ou **pas un sou vaillant** ou **être sans le sou** [fam.], être sans argent. ■ **N'avoir pas (pour) un sou de** [fam.], n'avoir pas de : *N'avoir pas un sou de bon sens.* ■ **Propre comme un sou neuf,** très propre. ■ **Sou à sou,** par petites sommes. ◆ **n.m. pl.** Fam. Argent : *Compter ses sous.* ■ **Cent sous** [Suisse], cinq francs. ■ **De quatre sous,** sans importance ; sans valeur. ■ **Être près de ses sous,** être avare. ■ **Question de gros sous,** d'argent. ■ **S'ennuyer à cent sous de l'heure,** s'ennuyer beaucoup.

SOUAHÉLI, E **adj.** et **n.m.** → **SWAHILI.**

SOUBASSEMENT **n.m.** (de *1. bas*). **1.** Partie inférieure d'une construction. **2. GÉOL.** Partie profonde du sous-sol, correspondant génér. au socle cristallin recouvert de terrains sédimentaires. **3.** Fig. Ce sur quoi repose qqch ; fondement : *Les soubassements de la société.*

SOUBRESAUT **n.m.** (esp. *sobresalto*). **1.** Saut brusque et imprévu : *Le cheval fit un soubresaut.* **2.** Mouvement brusque et involontaire du corps ; tressaillement. **3. DANSE.** Saut bref, de petite amplitude, les deux pieds joints.

SOUBRETTE **n.f.** (du provenç. *soubreto*, affecté). **1.** Femme de chambre de comédie. **2.** Vieilli ou par plais. Femme de chambre coquette et avenante.

SOUBREVESTE **n.f.** (ital. *sopraveste*). Anc. Manteau sans manches, portée par-dessus les armes (XVIIe-XIXe s.).

SOUCHE **n.f.** (du gaul.). **1.** Partie d'un arbre qui reste dans la terre après que l'arbre a été coupé. **2.** Personne, animal à l'origine d'une suite de descendants : *Hugues Capet est la souche des Capétiens.* **3.** Origine de ; source : *« Jupe » est un mot de souche arabe.* **4.** Partie reliée des feuilles d'un registre, dont l'autre partie se détache, conservée à des fins de vérification ; talon : *Carnet à souches.* **5.** Belgique. Ticket de caisse. **6. DR.** Ensemble des représentants d'un même héritier décédé antérieurement. **7. MICROBIOL.** Ensemble des individus issus de la même colonie microbienne. ■ **Cassé à la souche** [Louisiane], complètement ruiné. ■ **De souche,** dont l'origine familiale est celle de l'ethnie indiquée : *Breton de souche.* ■ **Dormir comme une souche** [fam.], très profondément. ■ **Faire souche,** donner naissance à une lignée de descendants. ■ **Mot souche** [ling.], mot à partir duquel se sont créés des dérivés, une famille de mots. ■ **Partage par souche** [dr.], partage d'une succession par représentation*, où la souche recueille collectivement sa part. ■ **Rester (planté) comme une souche** [fam.], immobile et sans réaction. ■ **Souche de cheminée** [constr.], ouvrage de maçonnerie renfermant un ou plusieurs conduits de fumée et s'élevant au-dessus d'un toit.

SOUCHET **n.m. 1.** Canard sauvage d'Europe et d'Asie occidentale, à bec large en forme de cuillère. **2.** Monocotylédone poussant près des cours d'eau ou dans les marais, dont une espèce fournit un rhizome alimentaire, et une autre est le papyrus. ➲ Famille des cypéracées.

▲ souchets

SOUCHETTE **n.f.** Champignon basidiomycète à pied grêle et coriace, à chapeau comestible, poussant sur les souches. ➲ Ordre des agaricales.

SOU-CHONG **n.m. inv.** ou **SOUCHONG** **n.m.** [suʃɔ̃(g)] (mot chin.). Thé noir de Chine.

1. SOUCI **n.m.** (du bas lat. *solsequia*, qui suit le soleil). Plante herbacée des régions méditerranéennes, à fleurs jaunes ou orangées, dont une espèce est cultivée dans les jardins et utilisée en pharmacie. ➲ Famille des composées. ■ **Souci d'eau** ou **des marais,** populage.

2. SOUCI **n.m.** (de *se soucier*). **1.** Préoccupation qui trouble la tranquillité d'esprit ; tracas : *Cela me donne bien du souci. Avoir des soucis d'argent.* **2.** Objet de cette préoccupation : *Sa fille est son principal souci.* ■ **Avoir le souci de qqch,** y attacher de l'importance.

SE SOUCIER **v.pr. [5] (DE)** [du lat. *sollicitare*, inquiéter]. Faire cas de ; se préoccuper de : *Il ne se soucie pas des horaires.* ■ **Se soucier de qqch, de qqn comme de l'an quarante** ou **comme de sa première chemise** [fam.], n'y attacher aucune importance.

SOUCIEUSEMENT **adv.** Litt. Avec inquiétude.

SOUCIEUX, EUSE **adj. 1.** Qui a du souci ; inquiet : *Depuis leur départ, elle est soucieuse.* **2. (DE).** Qui se préoccupe de qqch ; attentif à : *Soucieux de bien faire.*

SOUCOUPE **n.f.** (ital. *sottocoppa*). Petite assiette qui se place sous une tasse (SYN. **sous-tasse**). ■ **Soucoupe volante** [vieilli], ovni.

SOUDABILITÉ **n.f.** Propriété d'un matériau qui se prête à la construction par joints soudés.

SOUDABLE **adj.** Qui peut être soudé.

SOUDAGE **n.m.** Opération qui consiste à faire une soudure.

1. SOUDAIN, E **adj.** (lat. *subitaneus*). Qui se produit tout à coup ; brusque : *La soudaine montée des eaux.*

2. SOUDAIN **adv.** Tout à coup ; subitement.

SOUDAINEMENT **adv.** De façon soudaine ; brusquement.

SOUDAINETÉ **n.f.** Caractère de ce qui est soudain ; brusquerie.

SOUDANAIS, E **adj.** et **n.** Du Soudan ; de ses habitants.

SOUDARD **n.m.** (de l'anc. fr. *soudoier*, homme d'armes). **1.** Litt. Individu grossier et brutal. **2.** Vx. Reître ; mercenaire.

SOUDE **n.f.** (ar. *suwwād*). **1.** Carbonate de sodium Na_2CO_3, qu'on prépare auj. à partir du chlorure de sodium. **2.** Plante des terrains salés du littoral, aux tiges et aux feuilles raides et épineuses, dont on tirait la soude. ➲ Famille des chénopodiacées. ■ **Soude caustique,** hydroxyde de sodium NaOH, solide blanc fondant à 318 °C, fortement basique.

SOUDER **v.t. [3]** (du lat. *solidare*, rendre solide). **1.** Effectuer une soudure. **2.** Fig. Unir par un lien étroit : *Cette difficulté les a soudés.* ◆ **SE SOUDER** **v.pr.** En parlant de deux parties distinctes, se réunir pour former un tout.

SOUDEUR, EUSE **n.** Personne qui soude.

SOUDOYER [sudwaje] **v.t. [7]** (de *1. solde*). Péjor. S'assurer le concours de qqn à prix d'argent ; corrompre : *Soudoyer un témoin.*

SOUDURE **n.f. 1.** Assemblage permanent de deux pièces métalliques ou de certains produits synthétiques exécuté par voie thermique ; technique d'exécution de celui-ci. **2.** Endroit où deux pièces ont été soudées : *Soudure nette.* **3.** (Abusif). Soudage ; brasage ; brasure. ■ **Faire la soudure,** satisfaire aux besoins des consommateurs à la fin d'une période comprise entre deux récoltes, deux livraisons ; assurer une transition.

SOUE **n.f.** (bas lat. *sutis*). Vx ou région. Porcherie.

SOUFFLAGE **n.m.** Procédé traditionnel de fabrication de la verrerie creuse, auj. souvent réalisé automatiquement.

SOUFFLANT, E **adj.** Qui envoie de l'air chaud : *Brosse à cheveux soufflante.*

SOUFFLANTE **n.f. AÉRON.** Dans un turboréacteur à double flux, premier étage du compresseur, que l'on peut assimiler à une hélice carénée dotée de nombreuses pales.

SOUFFLARD **n.m. GÉOL.** Jet intermittent de vapeur d'eau, dans les régions volcaniques.

SOUFFLE **n.m. 1.** Agitation de l'air ; bouffée : *Un souffle d'air frais entre par la fenêtre.* **2.** Air exhalé en respirant ; bruit ainsi produit : *Retenir son souffle.* **3. MÉD.** Bruit anormal perçu à l'auscultation de certaines parties du corps. **4. ZOOL.** Panache d'air saturé de vapeur d'eau, rejeté bruyamment par les mammifères cétacés lors de l'expiration. **5. PHYS.** Déplacement d'air extrêmement brutal, provoqué par une explosion. **6.** Bruit de fond continu émis par un équipement de reproduction sonore. ■ **Avoir du souffle,** avoir une bonne capacité respiratoire, permettant un effort important ou prolongé ; fam., avoir du culot. ■ **Couper le souffle,** étonner vivement. ■ **Effet de souffle** [phys.], onde de choc créée par une explosion entraînant l'air ambiant avec elle dans son déplacement. ■ **Être à bout de souffle,** hors d'haleine ; fig., ne pas pouvoir continuer un effort. ■ **Manquer de souffle,** s'essouffler au cours d'un effort ; fig., manquer de force créatrice. ■ **Second souffle** [sports], regain de vitalité après une défaillance momentanée ; fig., nouvelle période d'activité.

1. SOUFFLÉ, E **adj.** Fam. Très étonné ; stupéfait.

2. SOUFFLÉ **n.m. CUIS.** Préparation salée ou sucrée, à base de blancs d'œufs battus en neige et qui gonfle à la cuisson.

SOUFFLEMENT **n.m.** Action de souffler ; bruit produit en soufflant.

SOUFFLER **v.i. [3]** (lat. *sufflare*). **1.** Se déplacer plus ou moins vite, en parlant du vent : *Le mistral souffle.* **2.** Chasser de l'air par la bouche ou par le nez : *Souffler dans un éthylotest.* **3.** Respirer avec difficulté, en expirant l'air bruyamment ; haleter : *Souffler après un sprint.* **4.** S'arrêter pour reprendre haleine, après un effort physique : *Souffler pendant la mi-temps.* **5.** Observer un temps d'arrêt au cours d'une action : *Souffler entre deux cours.* **6.** Pousser son cri, en parlant du buffle. ◆ **v.t. 1.** Projeter qqch au moyen du souffle : *Souffler des bulles de savon.* **2.** Détruire par un souffle violent : *L'explosion a soufflé l'immeuble.* **3.** Dire tout bas à qqn : *Souffler la réponse à un camarade.* **4.** Suggérer qqch à qqn ; inspirer : *Souffler une idée.* **5.** Fam. Causer à qqn une vive stupéfaction ; méduser. **6.** Fam. Enlever à qqn par ruse : *Leur concurrent leur a soufflé cette affaire.* ■ **Ne pas souffler mot,** se taire sur qqch. ■ **Souffler le chaud et le froid,** approuver puis critiquer une même chose, une même personne, selon l'intérêt du moment. ■ **Souffler le verre, l'émail,** en faire des ouvrages par soufflage, autref. à l'aide d'un tube, auj. avec des machines. ■ **Souffler n'est pas jouer,** au jeu de dames, expression signifiant que l'on peut jouer un coup après avoir soufflé un pion. ■ **Souffler une bougie,** l'éteindre en dirigeant son souffle sur elle. ■ **Souffler une dame, un pion,** au jeu de dames, l'enlever à son adversaire qui a omis de s'en servir pour prendre.

SOUFFLERIE **n.f. 1.** Machine destinée à produire le vent nécessaire à la marche d'une installation métallurgique, à l'aération d'une mine, à un essai aérodynamique, etc. **2.** Ensemble des soufflets d'un orgue, d'une forge.

SOUFFLET **n.m. 1.** Instrument qui sert à souffler de l'air, à produire du vent pour ranimer le feu. **2.** Partie pliante d'un accordéon, d'une chambre photographique. **3.** Litt. Coup du plat ou du revers de la main ; gifle. **4.** Litt. Acte ressenti comme un affront ; camouflet. **5. ARCHIT.** Dans le style gothique flamboyant, élément de remplage en forme de fer de lance ou de cœur. **6.** Couloir flexible de communication entre deux voitures de voyageurs d'un train, d'un bus, etc. **7. COUT.** Morceau de tissu cousu dans une couture ou intercalé entre une poche plaquée et le vêtement de façon à donner de l'ampleur.

SOUFFLETER **v.t. [16]**, ▲ *[12]*. Litt. Donner un soufflet, une gifle à qqn.

SOUFFLEUR, EUSE **n. THÉÂTRE.** Personne qui est chargée de souffler leur texte aux acteurs en cas de défaillance. ◆ **n.m. VERR.** Artisan qui souffle le verre à chaud.

SOUFFLEUSE **n.f.** Québec. Chasse-neige muni d'un dispositif qui projette la neige à distance.

SOUFFRANCE **n.f.** Fait de souffrir ; tourment moral ou physique ; douleur. ■ **Affaires en souffrance,** en suspens. ■ **Colis en souffrance,** qui n'a pas été délivré ou réclamé. ■ **Jour de souffrance** [dr.], ouverture, baie donnant sur la propriété d'un voisin et soumise à une réglementation particulière.

a b c d e f g h i j k l m n o p q r s t u v w x y z

SOUFFRANT, E adj. Malade ; indisposé.

SOUFFRE-DOULEUR n. inv., ▲ *n. (pl. souffre-douleurs).* Personne, animal sur qui convergent les mauvais traitements.

SOUFFRETEUX, EUSE adj. (de l'anc. fr. *suffraite,* privation). Qui a une mauvaise santé ; chétif.

SOUFFRIR v.t. [23] (lat. *sufferre*). Litt. **1.** Supporter qqch de pénible ; endurer : *Souffrir du froid, de la faim.* **2.** Permettre : *Souffrez que je me justifie.* **3.** Être susceptible de ; admettre : *La règle ne souffre aucune exception.* ▪ **Ne pas pouvoir souffrir qqn, qqch,** éprouver de l'antipathie pour eux. ▪ **Souffrir le martyre** ou **mille morts,** endurer de grandes souffrances. ◆ **v.i.** ou **v.t. ind. (DE). 1.** Éprouver de la souffrance : *Il souffre beaucoup ;* avoir mal à : *Souffrir du genou.* **2.** Être tourmenté par : *Souffrir de la soif.* **3.** Être endommagé par : *Les vignes ont souffert du gel.* ◆ **SE SOUFFRIR v.pr.** (Surtout en tournure négative). Se supporter mutuellement.

SOUFI, E adj. et **n.** (ar. *soûfî*). Relatif au soufisme ; adepte du soufisme.

SOUFISME n.m. Courant mystique et spirituel de l'islam princip. sunnite, qui met l'accent sur l'expérience intérieure.

SOUFRAGE n.m. Action de soufrer des végétaux.

SOUFRE n.m. (lat. *sulfur*). **1.** Non-métal d'une couleur jaune clair, de densité 1,56, qui fond à 112,8 °C et bout à 444,67 °C. **2.** Élément chimique (S), de numéro atomique 16 et de masse atomique 32,066. ➲ C'est un élément assez répandu dans la nature (0,06 % de la lithosphère) ; on le trouve sous forme de sulfures et de sulfates. Il sert princip. à la fabrication de l'acide sulfurique*, des hyposulfites, etc. ▪ **Sentir le soufre,** présenter un caractère d'hérésie. ◆ **adj. inv.** De la couleur jaune citron du soufre.

SOUFRER v.t. [3]. 1. Enduire de soufre. **2. AGRIC.** Répandre du soufre en poudre sur certains végétaux pour lutter contre les maladies cryptogamiques. **3. TECHN.** Traiter avec du soufre ou de l'anhydride sulfureux. **4. VITIC.** Faire brûler du soufre dans un tonneau pour détruire les micro-organismes.

SOUFREUSE n.f. AGRIC. Appareil pour répandre du soufre en poudre sur les végétaux.

SOUFRIÈRE n.f. 1. Lieu d'où l'on extrait le soufre. **2.** Solfatare.

SOUHAIT n.m. Vœu que qqch s'accomplisse ; désir. ▪ **À souhait** [litt.], autant qu'on peut le souhaiter : *Une boisson fraîche à souhait.* ▪ **À vos souhaits !,** formule de politesse adressée à une personne qui éternue.

SOUHAITABLE adj. Que l'on peut souhaiter ; désirable.

SOUHAITER v.t. [3] (lat. pop. *subtushaitare*). **1.** Désirer pour soi ou pour autrui l'accomplissement de qqch ; espérer : *Je souhaite qu'ils soient heureux.* **2.** Exprimer sous forme de vœu, de compliment : *Souhaiter un bon anniversaire.*

SOUILLARD n.m. (de l'anc. fr. *soil,* bourbier). **CONSTR.** Trou percé dans l'épaisseur d'un mur ou dans un bandeau, pour laisser passer un tuyau de descente d'eaux pluviales.

SOUILLARDE n.f. Région. (Midi). Arrière-cuisine.

SOUILLE n.f. (de l'anc. fr. *soil,* bourbier). **1. VÉNER.** Lieu bourbeux où se vautre le sanglier. **2. MAR.** Enfoncement formé dans la vase ou dans le sable par un navire échoué.

SOUILLER v.t. [3]. Litt. **1.** Couvrir de qqch qui tache ; salir. **2.** Déshonorer ; ternir : *Souiller la mémoire de qqn.*

SOUILLON n. Vieilli. Personne sale.

SOUILLURE n.f. Litt. **1.** Ce qui souille ; salissure. **2.** Ce qui déshonore ; flétrissure.

SOUIMANGA ou **SOUI-MANGA** [swimɑ̃ga] **n.m.** (pl. *soui-mangas*) [mot malgache]. Petit passereau d'Afrique et de Madagascar, princip. nectarivore, et dont le mâle porte un plumage à reflets métalliques. ➲ Famille des nectariniidés.

SOUK n.m. (ar. *soûq*). **1.** Marché couvert, dans les pays arabes, présentant de nombreuses boutiques, au fil des rues. **2.** Fam. Désordre.

SOUKKOT [sukɔt] (mot hébr. « cabanes »). Fête juive des Tabernacles, célébrée en automne, commémorant le séjour des Hébreux dans le désert après leur sortie d'Égypte. (On dit aussi *fête de Soukkot.*)

SOUL adj. inv. et **n.f.** ou **SOUL MUSIC** [sɔl(mjuzik)] **n.f.** (pl. *soul musics*) [mot angl., de *soul,* âme, et *music,* musique]. Se dit d'un style de musique apparu dans la communauté noire des États-Unis vers 1965, issu du rhythm and blues et appliquant à des textes profanes le mode d'expression vocal du gospel.

SOÛL, E ou **SAOUL, E,** ▲ *SOUL, E* [su, sul] **adj.** (du lat. *satur,* rassasié). Fam. Ivre. ▪ **Être soûl de qqch** [fam.], en être rassasié jusqu'au dégoût. ◆ **n.m.** ▪ **Tout son soûl,** autant que l'on peut désirer : *Dormez tout votre soûl.*

SOULAGEMENT n.m. Diminution d'une douleur physique ou morale ; apaisement.

SOULAGER v.t. [10] (lat. *subleviare*). **1.** Débarrasser qqn d'une partie de son fardeau ; décharger : *Cela me soulagerait si tu prenais ce sac.* **2.** Diminuer une souffrance physique ou morale ; calmer : *Soulager une douleur musculaire ;* apaiser : *Pleurez, cela vous soulagera.* **3.** Diminuer la peine de : *On l'a soulagé du secrétariat.* **4. TECHN.** Diminuer l'effort subi par qqch : *Soulager une poutre.* ◆ **SE SOULAGER v.pr. 1.** Se procurer du soulagement. **2.** Fam. Satisfaire un besoin naturel.

SOULANE n.f. (mot béarnais). Région. (Sud-Ouest). Adret.

SOÛLANT, E, ▲ *SOULANT, E* **adj.** Fam. Qui ennuie avec ses discours interminables.

SOÛLARD, E, SOÛLAUD, E ou **SOÛLOT, E,** ▲ *SOULARD, E, SOULAUD, E, SOULOT, E* **n.** Fam. Ivrogne.

SOÛLER ou **SAOULER** [sule], ▲ *SOULER* **v.t. [3]. 1.** Fam. Faire trop boire qqn ; enivrer. **2.** Griser : *Les éloges l'ont soûlé.* ◆ **SE SOÛLER** ou **SE SAOULER v.pr.** Fam. S'enivrer.

SOÛLERIE, ▲ *SOULERIE* **n.f.** Fam. Beuverie.

SOULÈVEMENT n.m. 1. Fait de soulever, d'être soulevé : *Le soulèvement des vagues.* **2.** Mouvement de révolte collective ; insurrection.

SOULEVER v.t. [12]. 1. Lever à une faible hauteur : *Soulever le capot d'une voiture.* **2.** Susciter des sentiments ; déclencher : *Soulever l'émotion, des protestations.* **3.** Inspirer de l'hostilité : *Il a soulevé ses collègues contre lui ;* pousser à la révolte : *Soulever la jeunesse.* ▪ **Soulever le cœur,** causer du dégoût. ▪ **Soulever un coin du voile,** révéler qqch en partie. ▪ **Soulever une question, un problème,** en provoquer l'examen, la discussion. ◆ **SE SOULEVER v.pr. 1.** Se lever légèrement. **2.** Se révolter.

SOULIER n.m. (du bas lat. *subtel,* creux du pied). Chaussure résistante à tige basse. ▪ **Être dans ses petits souliers** [fam.], être embarrassé.

SOULIGNAGE ou **SOULIGNEMENT n.m.** Action de souligner ; trait qui souligne.

SOULIGNER v.t. [3]. 1. Tirer un trait, une ligne sous : *Souligner le titre en rouge.* **2.** Attirer l'attention sur qqch ; insister sur : *Souligner l'intérêt d'une découverte.*

SOUL MUSIC n.f. → **SOUL.**

SOÛLOGRAPHE, ▲ *SOULOGRAPHE* **n.** Fam. Ivrogne.

SOÛLOGRAPHIE, ▲ *SOULOGRAPHIE* **n.f.** Fam. Ivrognerie.

SOÛLON, ▲ *SOULON* **n.m.** Suisse. Fam. Ivrogne.

SOÛLOT, E n. → **SOÛLARD.**

▲ souimanga

SOULTE n.f. (de l'anc. fr. *soudre,* payer). **DR.** Somme d'argent qui, dans un partage ou un échange, compense l'inégalité de valeur des lots ou des biens échangés.

SOUMAINTRAIN n.m. (mot champenois). Fromage au lait de vache, à pâte molle et à croûte lavée, fabriqué dans l'Yonne.

SOUMETTRE v.t. [64] (lat. *submittere*). **1.** Ranger sous son autorité ; mater : *Soumettre des casseurs ;* astreindre à une loi ; assujettir : *Soumettre un produit à une taxe.* **2.** Proposer à l'examen, au jugement de qqn : *Je vous soumets ce projet.* **3.** Exposer à l'action, aux effets de : *Soumettre un matériau à la chaleur.* ◆ **SE SOUMETTRE v.pr. 1. (À).** Accepter l'autorité de ; céder : *Les mutins se sont soumis.* **2.** Se ranger à l'avis de qqn.

SOUMIS, E adj. Docile : *Enfant soumis.* ▪ **Fille soumise** [vx], prostituée.

SOUMISSION n.f. (lat. *submissio*). **1.** Fait de se soumettre ; disposition à obéir ; docilité. **2. DR.** Déclaration écrite par laquelle une entreprise répond aux dispositions du cahier des charges d'un marché public auquel elle est candidate.

SOUMISSIONNAIRE adj. et **n. DR.** Qui fait ou présente une soumission pour une entreprise.

SOUMISSIONNER v.t. [3]. DR. Faire ou présenter une soumission pour un marché de fournitures, de travaux ou de services.

SOUPAPE n.f. (de l'anc. fr. *souspape,* coup sous le menton). **MÉCAN. INDUSTR.** Obturateur sous tension de ressort dont le soulèvement et l'abaissement alternatifs permettent de régler le mouvement d'un fluide. ▪ **Soupape de sûreté,** appareil de robinetterie destiné à limiter la pression d'un fluide à une valeur prédéterminée, et fonctionnant par ouverture d'un obturateur lorsque cette valeur est atteinte ; ce qui permet d'éviter un bouleversement ; exutoire. (On dit aussi, dans ce sens, *soupape de sécurité.*)

SOUPÇON n.m. (du lat. *suspicere,* regarder). **1.** Opinion défavorable, plus ou moins fondée, à l'égard de qqn : *Les soupçons se sont portés sur le mari de la victime.* **2.** Simple supposition ; idée vague : *J'ai quelques soupçons sur l'origine de cette rumeur.* **3.** Très faible quantité de ; pointe : *Un soupçon de cannelle, d'ironie.*

SOUPÇONNABLE adj. Qui peut être soupçonné.

SOUPÇONNER v.t. [3]. 1. Avoir des soupçons sur qqn ; suspecter : *Soupçonner qqn de vol.* **2.** Supposer l'existence ou la présence de ; subodorer : *Je soupçonne un piège de leur part.*

SOUPÇONNEUSEMENT adv. Litt. Avec soupçon.

SOUPÇONNEUX, EUSE adj. Enclin à soupçonner ; défiant.

SOUPE n.f. (du francique). **1.** Potage ou bouillon épaissi avec des tranches de pain ou divers ingrédients (légumes, poisson, charcuterie) non passés. **2.** Fam. Neige fondante. ▪ **À la soupe !** [fam.], à table ! ▪ **Gros plein de soupe** [fam.], homme très gros. ▪ **La soupe est bonne** [fam.], la situation permet d'obtenir des avantages, de faire des profits. ▪ **Servir la soupe à qqn** [fam.], agir dans son intérêt. ▪ **Soupe à la grimace** [fam.], attitude hostile d'une personne mécontente. ▪ **Soupe au lait** [fam.], se dit d'une personne coléreuse. ▪ **Soupe populaire,** institution de bienfaisance qui distribue des repas aux indigents. ▪ **Soupe primitive** [biol.], milieu liquide, riche en molécules organiques simples, au sein duquel la vie serait apparue sur la Terre il y a env. 3,8 milliards d'années. ▪ **Trempé comme une soupe** [fam.], très mouillé.

SOUPENTE n.f. (du lat. *suspendere,* suspendre). **CONSTR.** Réduit ménagé dans la partie haute d'une pièce coupée en deux par un plancher ou sous le rampant d'un comble.

1. SOUPER n.m. 1. Repas que l'on fait dans la nuit, à la sortie d'un spectacle, d'une soirée. **2.** Région. ou Belgique, Québec, Suisse. Repas du soir ; dîner.

2. SOUPER v.i. [3]. Prendre le souper. ▪ **En avoir soupé** [fam.], en avoir assez.

SOUPESER v.t. [12]. 1. Soulever qqch avec la main pour en estimer le poids. **2.** Fig. Évaluer la valeur, l'importance de : *Soupeser les arguments de chacun.*

SOUPEUR, EUSE n. Vx. Personne qui prend part à un souper.

SOUPIÈRE n.f. Récipient creux et large, muni d'un couvercle, dans lequel on sert la soupe.

SOUPIR n.m. **1.** Expiration forte et profonde occasionnée par une émotion : *Un soupir de soulagement.* **2.** MUS. Silence d'une durée égale à la noire ; signe qui indique ce silence. ▪ **Quart de soupir** [mus.], silence d'une durée égale à la double-croche ; signe qui indique ce silence. ▪ **Rendre le dernier soupir** [litt.], mourir.

SOUPIRAIL n.m. (pl. *soupiraux*) [de *soupirer*]. Ouverture donnant un peu d'air et de lumière à un sous-sol.

SOUPIRANT n.m. Vieilli ou par plais. Celui qui fait la cour à une femme.

SOUPIRER v.i. [3] (lat. *suspirare*). **1.** Pousser des soupirs exprimant la satisfaction ou le déplaisir : *Soupirer d'agacement.* **2.** (POUR). Litt. Être amoureux de. ▪ **Soupirer après qqch** [litt.], le désirer vivement. ◆ v.t. Dire qqch dans un soupir : *C'est trop tard, soupira-t-il.*

SOUPLE adj. (du lat. *supplex*, qui plie les genoux). **1.** Qui se plie facilement ; flexible : *Cravache souple.* **2.** Qui donne une impression de légèreté ; élastique : *La démarche souple du chat.* **3.** Qui a le corps flexible : *Danseuse très souple.* **4.** Capable de s'adapter ; accommodant : *Un négociateur souple.* **5.** Se dit d'un vin agréable, bien équilibré et peu acide.

SOUPLEMENT adv. Avec souplesse.

SOUPLESSE n.f. Qualité de qqn, de qqch de souple.

SOUPLEX n.m. (de *sous-sol* et *duplex*). Appartement sur deux étages, dont le niveau inférieur consiste en un sous-sol aménagé.

SOUQUE n.f. Québec. ▪ **Souque à la corde,** jeu où deux équipes tirent un câble chacune de leur côté pour entraîner l'adversaire ; fig., épreuve de force.

SOUQUENILLE n.f. (anc. all. *sukenîe*). Anc. Longue blouse de travail (XVIIe-XVIIIe s.).

SOUQUER v.t. [3] (de l'occitan *souca*, serrer). MAR. Serrer fortement un nœud, un amarrage. ◆ v.i. Tirer sur les avirons : *Souquer ferme.*

SOURATE ou **SURATE** [surat] n.f. (ar. *sūrat*). Chacun des chapitres du Coran.

SOURCE n.f. (de l'anc. fr. *sours*, de *sourdre*). **1.** Lieu d'émergence à la surface du sol de l'eau emmagasinée dans une nappe aquifère ; endroit où naît un cours d'eau. **2.** Ce qui est à l'origine de qqch ; cause : *Source de jalousies.* **3.** Origine d'une information, d'un renseignement : *Ne pas révéler ses sources.* **4.** Ce qui produit qqch : *Une source de profits.* **5.** Système qui peut fournir de façon permanente une énergie (chaleur, lumière, électricité, son), des particules. **6.** ÉLECTRON. L'une des électrodes d'un transistor à effet de champ, souvent reliée à une masse. ▪ **Coulée en source** [métall.], coulée du métal dans un canal alimentant le moule par la partie inférieure. ▪ **Langue source** [ling.], langue du texte que l'on traduit dans une autre langue (par oppos. à *langue cible*). ▪ **Remonter aux sources,** retrouver l'origine d'une affaire ; revenir aux débuts, jugés plus purs, d'une doctrine. ▪ **Retenue à la source** [dr.], perception de l'impôt effectuée directement sur une somme entre les mains du débiteur avant qu'elle ne soit versée au créancier. ▪ **Source chaude, froide** [thermodyn.], sources de chaleur à températures différentes entre lesquelles évolue un fluide (frigorigène ou produisant du travail) en échangeant chaleur et travail.

SOURCER v.t. [9] (de *source*). **1.** Indiquer les références précises d'une citation. **2.** Pour un journaliste, vérifier l'origine et l'authenticité d'une information.

SOURCIER, ÈRE n. Personne censée posséder le don de découvrir les sources souterraines à l'aide d'une baguette, d'un pendule, etc.

SOURCIL [-si] n.m. (lat. *supercilium*). ANAT. Saillie arquée, revêtue de poils, qui s'étend au-dessus de l'orbite de l'œil. ▪ **Froncer les sourcils,** montrer son mécontentement.

SOURCILIER, ÈRE adj. Relatif aux sourcils : *L'arcade sourcilière.*

SOURCILLER v.i. [3]. Manifester un sentiment par un mouvement des sourcils : *Il a écouté le verdict sans sourciller.*

SOURCILLEUX, EUSE adj. Litt. Qui fait preuve d'une exigence pointilleuse : *Un examen sourcilleux.*

SOURD, E adj. et n. (lat. *surdus*). Atteint de surdité. ▪ **Crier, frapper comme un sourd,** de toutes ses forces. ▪ **Sourd comme un pot** [fam.], extrêmement sourd. ◆ adj. **1.** Qui ne tient pas compte des avis ; inaccessible : *Être sourd à la raison.* **2.** Dont la résonance est affaiblie ; étouffé : *Un bruit sourd.* **3.** Qui ne se manifeste pas nettement : *Une douleur sourde.* ▪ **Consonne sourde,** ou **sourde,** n.f. [phon.], consonne non voisée (par oppos. à *sonore*). ▪ **Faire la sourde oreille,** faire semblant de ne pas entendre. ▪ **Lanterne sourde,** disposée de telle manière que celui qui la porte peut voir sans être vu ou masquer complètement la lumière. ▪ **Teinte sourde** [peint.], dépourvue d'éclat.

SOURDEMENT adv. Avec un bruit ou un son étouffé.

SOURDINE n.f. (ital. *sordina*). Dispositif permettant d'assourdir le son de certains instruments de musique. ▪ **En sourdine,** sans bruit ; secrètement. ▪ **Mettre une sourdine à** [fam.], atténuer ; modérer.

SOURDINGUE adj. et n. Fam. Sourd.

SOURD-MUET, SOURDE-MUETTE adj. et n. (pl. *sourds-muets, sourdes-muettes*). Atteint de surdi-mutité.

SOURDRE v.i. [59] (seulem. à l'inf. et à la 3e pers. de l'indic. présent et imparfait) [lat. *surgere*]. **1.** Litt. Sortir de terre, en parlant de l'eau. **2.** Se manifester peu à peu ; éclore : *Le mécontentement commence à sourdre.*

SOURIANT, E adj. Qui sourit.

SOURICEAU n.m. Petit de la souris.

SOURICIÈRE n.f. **1.** Piège à souris. **2.** Fig. Piège tendu par la police : *Tomber dans une souricière.*

1. SOURIRE v.i. [75] (lat. *subridere*). Avoir un sourire, le sourire. ◆ v.t. ind. (À). **1.** Adresser un sourire : *Elle lui a souri.* **2.** Être agréable à qqn ; plaire à : *Cette idée ne sourit à personne.* **3.** Être favorable à qqn : *La chance lui a souri.*

2. SOURIRE n.m. Léger mouvement des lèvres et des yeux, qui indique la joie, la bienveillance, etc. ▪ **Avoir le sourire,** laisser paraître sa satisfaction ; être content de qqch. ▪ **Garder le sourire,** rester de bonne humeur en dépit d'une situation malheureuse.

SOURIS n.f. (lat. *sorex, -icis*). **1.** Petit mammifère rongeur dont l'espèce la plus commune, au pelage gris, cause des dégâts dans les maisons. ➲ Cri : la souris chicote. Famille des muridés. **2.** Fam. Jeune femme. **3.** BOUCH. Partie du gigot de mouton constituée par les muscles de la jambe. **4.** INFORM. Dispositif que l'on déplace avec la main pour pointer un élément affiché à l'écran. ▪ **Souris de mer,** aphrodite. ◆ adj. inv. Qui est d'une couleur gris argenté. (On dit aussi *gris souris.*)

SOURNOIS, E adj. et n. (de l'anc. provenç. *sorn*, obscur). Qui cache ce qu'il pense et agit en dessous ; fourbe.

SOURNOISEMENT adv. De façon sournoise.

SOURNOISERIE n.f. Caractère sournois ; action sournoise ; perfidie.

SOUS prép. (lat. *subtus*). **1.** Marque la position par rapport à ce qui est plus haut : *Reste sous le parasol* ; indique la localisation : *Vivre sous les tropiques.* **2.** Indique la situation par rapport à une époque, le délai, la position à l'intérieur d'un classement, le moyen, la cause, le point de vue, la dépendance : *Du jamais-vu sous la Ve République. Sous huitaine. Mettez cet exemple sous une autre entrée. Parler sous hypnose. Sous cet angle, c'est intéressant. Être sous calmant.* ▪ **Sous eau** [Belgique], submergé. ▪ **Sous les yeux de qqn,** devant lui.

SOUS-ACQUÉREUR n.m. (pl. *sous-acquéreurs*). DR. Personne qui a acquis d'un précédent acquéreur.

SOUS-ADMINISTRÉ, E adj. (pl. *sous-administrés, es*). Insuffisamment administré.

SOUS-ALIMENTATION n.f. (pl. *sous-alimentations*). Insuffisance de l'apport alimentaire assez prolongée pour provoquer des troubles ; ensemble de ces troubles.

SOUS-ALIMENTÉ, E adj. (pl. *sous-alimentés, es*). Qui souffre de sous-alimentation.

SOUS-ALIMENTER v.t. [3]. Alimenter insuffisamment.

SOUS-AMENDEMENT n.m. (pl. *sous-amendements*). Modification apportée à un amendement.

SOUS-ARBRISSEAU n.m. (pl. *sous-arbrisseaux*). BOT. Plante de la taille d'une herbe, ligneuse au moins à sa base (bruyère, lavande).

SOUS-ASSURER v.t. [3]. DR. Assurer un bien pour une somme inférieure à sa valeur réelle.

SOUS-BARBE n.f. (pl. *sous-barbes*). **1.** Pièce du licol que l'on fixe sous l'auge et qui réunit les deux montants de ce licol. **2.** MAR. Cordage allant du beaupré à la guibre et servant à tenir ce mât contre les efforts provenant des étais.

SOUS-BOIS n.m. **1.** Végétation qui pousse sous les arbres d'une forêt. **2.** Partie de la forêt où pousse ce type de végétation. **3.** Dessin, peinture représentant l'intérieur d'une forêt.

SOUS-CALIBRÉ, E adj. (pl. *sous-calibrés, es*). ARM. Se dit d'un projectile de calibre inférieur à celui du canon qui le tire.

SOUS-CAVAGE n.m. (pl. *sous-cavages*). MIN. Extraction de la partie inférieure du front de taille.

SOUS-CHEF n. (pl. *sous-chefs*) Personne qui, dans la hiérarchie, vient après le chef.

SOUS-CHEMISE n.f. (pl. *sous-chemises*). PAPET. Dossier souple et léger destiné à classer des documents à l'intérieur d'une chemise.

SOUS-CLASSE n.f. (pl. *sous-classes*). BIOL. Subdivision d'une classe.

SOUS-CLAVIER, ÈRE adj. (pl. *sous-claviers, ères*). ANAT. Qui est sous la clavicule : *Artère sous-clavière.*

SOUS-COMITÉ n.m. (pl. *sous-comités*). Subdivision d'un comité.

SOUS-COMMISSION n.f. (pl. *sous-commissions*). Petit nombre de personnes désignées parmi les membres d'une commission pour préparer un dossier.

SOUS-CONSOMMATION n.f. (pl. *sous-consommations*). ÉCON. Consommation inférieure à la moyenne observée dans un contexte particulier.

SOUS-CONTINENT n.m. (pl. *sous-continents*). GÉOGR. ▪ **Sous-continent indien,** partie de l'Asie continentale située au sud de l'Himalaya.

SOUS-CORTICAL, E, AUX adj. ANAT. Relatif aux structures profondes du cerveau, sous le cortex. ▪ **Système sous-cortical,** système extrapyramidal*.

SOUS-COUCHE n.f. (pl. *sous-couches*). **1.** Première couche de peinture sur une surface. **2.** Couche de neige recouverte par de la neige fraîche.

SOUSCRIPTEUR n.m. Personne qui prend part à une souscription.

SOUSCRIPTION n.f. (lat. *subscriptio*). **1.** Action de souscrire, de s'engager à s'associer à une entreprise, à acheter un ouvrage en cours de publication, etc. ; somme versée par le souscripteur. **2.** Indication sous la signature d'une lettre du nom et du titre de l'expéditeur. **3.** DR. Signature mise au bas d'un acte pour l'approuver. **4.** BOURSE. Participation à une augmentation de capital par appel au public, à une émission publique d'obligations. ▪ **Droit de souscription** [Bourse], droit, pour un actionnaire, de participer par priorité à une augmentation de capital.

SOUSCRIRE v.t. [79] (lat. *subscribere*). **1.** S'engager à verser une certaine somme en contrepartie de qqch : *Souscrire un abonnement au théâtre.* **2.** DR. Revêtir un écrit de sa signature pour l'approuver. ◆ v.t. ind. (À). **1.** Donner son approbation à qqch : *Souscrire à une proposition.* **2.** S'engager à contribuer financièrement à qqch : *Souscrire à un emprunt.*

SOUS-CUTANÉ, E adj. (pl. *sous-cutanés, es*). **1.** Qui est situé sous la peau. **2.** Qui se fait sous la peau ; hypodermique.

SOUS-DÉCLARER v.t. [3]. **1.** Ne pas déclarer la totalité de ses revenus. **2.** Déclarer un bien au-dessous de sa valeur.

SOUS-DÉVELOPPÉ, E adj. et n. (pl. *sous-développés, es*). Qui se trouve en deçà d'un niveau normal de développement. ◆ adj. Vieilli. Se disait d'un pays en état de sous-développement. ➲ On dit auj. *pays en développement**.

SOUS-DÉVELOPPEMENT n.m. (pl. *sous-développements*). Vieilli. État d'un pays pauvre qui ne pouvait couvrir les besoins de sa population en raison, notamm., de l'insuffisance de sa production agricole, du faible développement de son industrie et, fréquemment, d'une croissance démographique rapide. ➲ Notion auj. abandonnée.

SOUS-DIRECTEUR, TRICE n. (pl. *sous-directeurs, trices*). Personne qui, dans la hiérarchie, vient après le directeur.

SOUS-DOMINANTE n.f. (pl. *sous-dominantes*). MUS. Note située au quatrième degré de la gamme diatonique, au-dessous de la dominante.

SOUS-EFFECTIF n.m. (pl. *sous-effectifs*). Effectif inférieur aux besoins, au potentiel de production.

SOUS-EMBRANCHEMENT n.m. (pl. *sous-embranchements*). BIOL. Subdivision d'un embranchement, d'un niveau supérieur à la classe.

SOUS-EMPLOI n.m. (pl. *sous-emplois*). Emploi d'une partie seulement de la main-d'œuvre disponible.

SOUS-EMPLOYER v.t. [7]. Employer, en partie seulement, les capacités, le temps d'une personne, d'un groupe.

SOUS-ENSEMBLE n.m. (pl. *sous-ensembles*). MATH. ▪ **Sous-ensemble (d'un ensemble E),** ensemble dont tous les éléments appartiennent à E.

SOUS-ENTENDRE v.t. [59]. Faire comprendre qqch sans le dire explicitement ; insinuer. ▪ **Être sous-entendu,** être implicite.

SOUS-ENTENDU n.m. (pl. *sous-entendus*). Ce que l'on fait comprendre sans le dire ; insinuation : *Un discours plein de sous-entendus.*

SOUS-ÉQUIPÉ, E adj. (pl. *sous-équipés, es*). Dont l'équipement est insuffisant.

SOUS-ÉQUIPEMENT n.m. (pl. *sous-équipements*). État d'une nation, d'une région sous-équipée.

SOUS-ESPACE n.m. (pl. *sous-espaces*). MATH. Sous-ensemble d'un espace possédant les mêmes propriétés ou la même structure que l'espace lui-même.

SOUS-ESPÈCE n.f. (pl. *sous-espèces*). BIOL. Niveau de la classification immédiatement inférieur à l'espèce et supérieur à la variété.

SOUS-ESTIMATION n.f. (pl. *sous-estimations*). Action de sous-estimer.

SOUS-ESTIMER v.t. [3]. Évaluer au-dessous de son prix réel ; accorder une importance moindre à : *Sous-estimer un bien, un concurrent.*

SOUS-ÉVALUATION n.f. (pl. *sous-évaluations*). Action de sous-évaluer.

SOUS-ÉVALUER v.t. [3]. Évaluer qqch au-dessous de sa valeur ; sous-estimer : *Sous-évaluer son patrimoine.*

SOUS-EXPLOITATION n.f. (pl. *sous-exploitations*). Action de sous-exploiter : *La sous-exploitation de l'énergie solaire.*

SOUS-EXPLOITER v.t. [3]. ÉCON. Exploiter insuffisamment.

SOUS-EXPOSER v.t. [3]. PHOTOGR. Exposer insuffisamment une surface sensible.

SOUS-EXPOSITION n.f. (pl. *sous-expositions*). Action de sous-exposer.

SOUS-FAÎTE (pl. *sous-faîtes*), ▲ *SOUS-FAITE (pl. sous-faites)* n.m. CONSTR. Pièce de charpente qui, placée horizontalement dans un comble au-dessous du faîte, contribue au contreventement de l'ensemble.

SOUS-FAMILLE n.f. (pl. *sous-familles*). BIOL. Niveau de la classification immédiatement inférieur à la famille.

SOUS-FIFRE n.m. (pl. *sous-fifres*). Fam. Subalterne.

SOUS-GARDE n.f. (pl. *sous-gardes*). Pièce qui protège la détente d'une arme à feu.

SOUS-GLACIAIRE adj. (pl. *sous-glaciaires*). GÉOMORPH. Qui concerne la zone où le glacier est en contact avec la roche sous-jacente.

SOUS-GORGE n.f. (pl. *sous-gorges*). Partie de la bride qui passe sous la gorge du cheval.

SOUS-GOUVERNEUR n.m. (pl. *sous-gouverneurs*). Gouverneur en second.

SOUS-GROUPE n.m. (pl. *sous-groupes*). **1.** Subdivision d'un groupe. **2.** MATH. Sous-ensemble d'un groupe qui, pour la loi de composition du groupe, possède lui aussi la structure de groupe.

CARACTÉRISTIQUES :
longueur : 138 m
diamètre : 12,5 m
déplacement en surface : 12 640 tonnes
déplacement en plongée : 14 300 tonnes
armement stratégique : 16 missiles M 45
armement tactique : torpilles F17 modèle 2 et missiles SM 39
membres d'équipage : 111 hommes dont 15 officiers

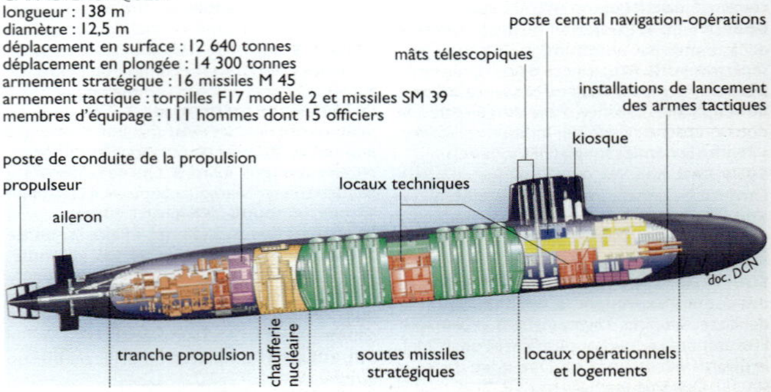

▲ **sous-marin.** Représentation schématique d'un sous-marin nucléaire lanceur d'engins, du type du *Triomphant*.

SOUS-HOMME n.m. (pl. *sous-hommes*). Homme privé des qualités qui fondent la dignité humaine.

SOUS-HUMANITÉ n.f. (pl. *sous-humanités*). Condition de sous-homme ; ensemble des sous-hommes.

SOUS-INFORMATION n.f. (pl. *sous-informations*). Action de sous-informer ; son résultat.

SOUS-INFORMER v.t. [3]. S'abstenir de diffuser toutes les informations dont on dispose.

SOUS-JACENT, E adj. (pl. *sous-jacents, es*) [lat. *subjacens*]. **1.** Qui est placé dessous. **2.** Qui ne se manifeste pas ouvertement : *Tendances sous-jacentes.*

SOUS-LIEUTENANT, E n. (pl. *sous-lieutenants, es*). Officier titulaire du premier grade de la hiérarchie, dans les armées de terre, de l'air et dans la gendarmerie.

SOUSLIK n.m. (mot russe). ZOOL. Spermophile.

SOUS-LOCATAIRE n. (pl. *sous-locataires*). Personne qui occupe un local en sous-location.

SOUS-LOCATION n.f. (pl. *sous-locations*). Action de sous-louer.

SOUS-LOUER v.t. [3]. **1.** Donner à loyer la totalité ou une partie d'un logement dont on est locataire principal. **2.** Prendre à loyer du locataire principal une portion de logement.

SOUS-MAIN n.m. inv., ▲ *n.m. (pl. sous-mains)*. Accessoire de bureau sur lequel on pose le papier pour écrire. ▪ **En sous-main,** en secret ; clandestinement : *Passer un accord en sous-main.*

SOUS-MAÎTRESSE (pl. *sous-maîtresses*), ▲ *SOUS-MAITRESSE (pl. sous-maitresses)* n.f. Anc. Surveillante de maison de prostitution.

1. SOUS-MARIN n.m. (pl. *sous-marins*). **1.** Bâtiment de guerre conçu pour naviguer de façon prolongée et autonome sous l'eau et pour combattre en plongée. ➲ On distingue les sous-marins classiques à propulsion Diesel, les sous-marins nucléaires d'attaque et les sous-marins nucléaires lanceurs d'engins, à propulsion nucléaire. **2.** Tout bâtiment capable d'être immergé pour accomplir une mission de recherche, en partic. scientifique, ou de sauvetage. **3.** Fam. Personne qui s'introduit dans une organisation pour espionner. **4.** Québec. Petit pain allongé et fendu sur le côté, garni de charcuterie, de fromage, de laitue.

2. SOUS-MARIN, E adj. (pl. *sous-marins, es*). **1.** Qui est sous la mer : *Volcan sous-marin.* **2.** Qui s'effectue sous la mer : *Navigation sous-marine.* ▪ **Chasse** ou **pêche sous-marine,** sport qui consiste à s'approcher sous l'eau, à la nage, du poisson et à l'atteindre avec un harpon.

SOUS-MARINIER, ÈRE n. (pl. *sous-mariniers, ères*). Membre de l'équipage d'un sous-marin.

SOUS-MARQUE n.f. (pl. *sous-marques*). Marque utilisée par un fabricant qui exploite par ailleurs une marque plus connue.

SOUS-MAXILLAIRE adj. (pl. *sous-maxillaires*). ANAT. Situé dans la région inférieure de la mandibule.

SOUS-MÉDICALISÉ, E adj. (pl. *sous-médicalisés, es*). Se dit d'un pays, d'une région où les moyens médicaux sont trop faibles.

SOUS-MINISTRE n. (pl. *sous-ministres*). Au Canada, haut fonctionnaire qui seconde un ministre.

SOUS-MULTIPLE adj. et n.m. (pl. *sous-multiples*). MATH. Vieilli. Diviseur. ▪ **Sous-multiple d'une unité** [métrol.], unité dont cette dernière est un multiple.

SOUS-MUNITIONS n.f. pl. Ensemble de charges explosives placées dans une bombe, un obus, un missile, etc., et éjectées en altitude pour atteindre simultanément plusieurs cibles terrestres. ▪ **Bombe à sous-munitions,** qui contient ces charges explosives.

SOUS-NAPPE n.f. (pl. *sous-nappes*). Molleton placé sous la nappe pour protéger la table.

SOUS-ŒUVRE n.m. sing. CONSTR. ▪ **En sous-œuvre,** se dit d'un travail neuf ou en reprise effectué sous des parties portantes d'une construction.

SOUS-OFF n.m. (pl. *sous-offs*) [abrév.]. Fam. Sous-officier.

SOUS-OFFICIER n.m. (pl. *sous-officiers*). Militaire d'active ou de réserve situé, dans la hiérarchie, entre l'homme du rang et l'officier subalterne.

SOUS-ORBITAL, E, AUX adj. Suborbital.

SOUS-ORDRE n.m. (pl. *sous-ordres*). **1.** Personne soumise aux ordres d'une autre ; subalterne. **2.** BIOL. Niveau de la classification immédiatement inférieur à l'ordre. ▪ **Créancier en sous-ordre** [dr.], créancier d'un créancier.

EN **SOUS-PALAN** loc. adj. et loc. adv. Se dit d'une marchandise qui, extraite des cales d'un navire, doit être livrée au port à son destinataire.

SOUS-PAYER v.t. [6]. Payer au-dessous du taux légal ou insuffisamment.

SOUS-PEUPLÉ, E adj. (pl. *sous-peuplés, es*). Peuplé insuffisamment.

SOUS-PEUPLEMENT n.m. (pl. *sous-peuplements*). Peuplement insuffisant compte tenu des ressources exploitées ou potentielles d'un espace géographique.

SOUS-PIED n.m. (pl. *sous-pieds*). Bande de tissu extensible qui passe sous le pied et s'attache au bas du pantalon pour le maintenir tendu.

SOUS-PLAT n.m. (pl. *sous-plats*). Belgique. Dessous-de-plat.

SOUS-PRÉFECTORAL, E, AUX adj. Relatif à une sous-préfecture, à un sous-préfet.

SOUS-PRÉFECTURE n.f. (pl. *sous-préfectures*). **1.** Subdivision de département administrée par un sous-préfet. **2.** Ville où réside le sous-préfet. **3.** Ensemble des services de l'administration sous-préfectorale.

SOUS-PRÉFET n.m. (pl. *sous-préfets*). En France, fonctionnaire représentant de l'État dans un arrondissement.

SOUS-PRÉFÈTE n.f. (pl. *sous-préfètes*). **1.** Femme sous-préfet. **2.** Vieilli. Femme d'un sous-préfet.

SOUS-PRESSION n.f. (pl. *sous-pressions*). TRAV. PUBL. Action exercée par l'eau présente dans les terrains sur les constructions totalement ou partiellement enterrées (radier, fondation de barrage, etc.).

SOUS-PRODUCTION n.f. (pl. *sous-productions*). Production insuffisante.

SOUS-PRODUIT n.m. (pl. *sous-produits*). **1.** Produit dérivé d'un autre. **2.** Mauvaise imitation ; produit de qualité médiocre. **3.** Corps obtenu accessoirement dans une préparation chimique industrielle ou comme résidu d'une extraction. **4. MIN.** Substance utile associée dans le minerai au produit recherché par l'exploitation.

SOUS-PROGRAMME **n.m.** (pl. *sous-programmes*). **INFORM.** Séquence d'instructions réalisant une fonction particulière, conçue pour être utilisée dans différents programmes (SYN. **2. routine**).

SOUS-PROLÉTAIRE **n.** (pl. *sous-prolétaires*). Personne qui fait partie du sous-prolétariat.

SOUS-PROLÉTARIAT **n.m.** (pl. *sous-prolétariats*). Couche sociale confrontée à la surexploitation et à une particulière précarité, et ne disposant pas des modes d'organisation et de défense propres au prolétariat.

SOUS-PULL **n.m.** (pl. *sous-pulls*). Pull-over à mailles fines et à col roulé, porté sous un autre, plus épais.

SOUS-QUALIFIÉ, E **adj.** (pl. *sous-qualifiés, es*). **1.** Se dit d'un emploi qui est inférieur à la qualification d'une personne. **2.** Se dit d'une personne qui n'a pas la qualification requise pour un emploi.

SOUS-SATURÉ, E **adj.** (pl. *sous-saturés, es*). **PÉTROL.** Se dit d'une roche magmatique déficitaire en silice et contenant des feldspathoïdes.

SOUS-SCAPULAIRE **adj.** (pl. *sous-scapulaires*). **ANAT.** Situé dans la région inférieure de la face antérieure de l'omoplate.

SOUS-SECRÉTAIRE **n.m.** (pl. *sous-secrétaires*). ▪ **Sous-secrétaire d'État,** membre du gouvernement subordonné à un secrétaire d'État ou à un ministre (notamm., en France, sous les IIIe et IVe Républiques).

SOUS-SECTEUR **n.m.** (pl. *sous-secteurs*). **1.** Division d'un secteur : *Un sous-secteur de la métallurgie.* **2. MIL.** Zone d'un secteur confiée à une unité de l'importance d'un régiment.

SOUS-SEING [susɛ̃] **n.m. inv.,** ▲ ***n.m.*** (*pl. sous-seings*). **DR.** Acte sous seing privé*.

SOUSSIGNÉ, E **adj.** et **n. DR.** Qui a mis sa signature au bas d'un acte : *La soussignée déclare...*

SOUS-SOL **n.m.** (pl. *sous-sols*). **1.** Niveau immédiatement au-dessous de la terre végétale : *Un sous-sol argileux.* **2.** Partie ou ensemble des couches géologiques d'une région. **3.** Étage souterrain ou partiellement enterré d'un bâtiment.

SOUS-SOLAGE **n.m.** (pl. *sous-solages*). **AGRIC.** Travail du sol qui en fragmente les parties profondes sans les ramener à la surface.

SOUS-SOLER **v.t.** [3]. Effectuer un sous-solage.

SOUS-SOLEUSE **n.f.** (pl. *sous-soleuses*). Instrument à soc fixé sur un étançon, utilisé pour le sous-solage.

SOUS-STATION **n.f.** (pl. *sous-stations*). **ÉLECTROTECHN.** Ensemble des appareils de transformation ou de distribution groupés dans un bâtiment ou à l'air libre et destinés à l'alimentation d'un réseau électrique.

SOUS-SYSTÈME **n.m.** (pl. *sous-systèmes*). Subdivision d'un système.

SOUS-TASSE **n.f.** (pl. *sous-tasses*). Soucoupe.

SOUS-TENDRE **v.t.** [59]. **1.** Être à l'origine, à la base de qqch : *Ce postulat sous-tend notre théorie.* **2. MATH.** Être la corde d'un arc de courbe.

SOUS-TENSION **n.f.** (pl. *sous-tensions*). Tension d'un appareil électrique inférieure à sa tension de référence.

SOUS-TITRAGE **n.m.** (pl. *sous-titrages*). Action de sous-titrer.

SOUS-TITRE **n.m.** (pl. *sous-titres*). **1.** Titre placé après le titre principal d'un livre, d'un article. **2. CINÉMA.** Traduction des dialogues d'un film en version originale, qui apparaît sur l'écran au bas de l'image.

SOUS-TITRER **v.t.** [3]. Mettre un sous-titre, des sous-titres à.

SOUSTRACTEUR **n.m.** Organe de calcul numérique permettant d'effectuer la différence de deux nombres.

SOUSTRACTIF, IVE **adj. MATH.** Relatif à la soustraction.

SOUSTRACTION **n.f.** **1. MATH.** Opération consistant à retrancher un nombre d'un autre. **2. MATH.** Opération (notée –) qui consiste à ajouter à un nombre, à une fonction ou à un vecteur l'opposé d'un nombre, d'une fonction, d'un vecteur. ➲ À ces *termes* elle fait correspondre leur *différence.* **3. DR.** Prise de possession d'une chose contre le gré et à l'insu de son détenteur légitime. ▪ **Soustraction de mineur** [dr. pén.], fait de soustraire un mineur à l'autorité qu'une autre personne (parent, tuteur) exerce légitimement sur lui.

SOUSTRAIRE **v.t.** [92] (du lat. *subtrahere,* retirer). **1.** Retrancher une quantité d'une autre ; en faire la soustraction. **2.** Prendre qqch à qqn, génér. par des moyens irréguliers ; dérober : *Quelqu'un a soustrait des documents dans son dossier.* **3.** S'emparer de qqn de manière illégitime : *Le père a soustrait ses enfants à son ex-conjointe qui en avait la garde.* **4.** Sout. Permettre à qqn d'échapper à qqch de néfaste : *Soustraire les enfants aux dangers d'Internet.* ▪ **Soustraire qqn, qqch aux regards** ou **à la vue** [sout.], les placer de manière qu'ils ne soient pas vus. ◆ **SE SOUSTRAIRE v.pr.** Sout. Échapper habilement à qqch : *Se soustraire à une corvée.*

SOUS-TRAITANCE **n.f.** (pl. *sous-traitances*). Exécution, par un artisan ou un industriel, d'un travail pour le compte d'un autre industriel, le donneur d'ordres, conformément à des normes ou à des plans imposés par celui-ci.

SOUS-TRAITANT, E **n.** et **adj.** (pl. *sous-traitants, es*). Entreprise qui fait de la sous-traitance.

SOUS-TRAITER **v.t.** [3]. Confier à un sous-traitant tout ou partie d'un travail, d'un marché initialement conclu par un autre.

SOUS-UTILISER **v.t.** [3]. Utiliser au-dessous de ses possibilités.

SOUS-VENTRIÈRE **n.f.** (pl. *sous-ventrières*). Courroie attachée aux deux limons d'une voiture ou d'une charrette et qui passe sous le ventre du cheval.

SOUS-VERGE **n.m. inv.,** ▲ ***n.m.*** (*pl. sous-verges*). Cheval attelé, non monté, placé à la droite d'un autre, lui aussi attelé, mais portant le cavalier.

SOUS-VERRE **n.m. inv.,** ▲ ***n.m.*** (*pl. sous-verres*). **1.** Ensemble constitué d'une image (gravure, dessin, photo) entre une plaque de verre et un carton, maintenu par une bande adhésive, une baguette, etc. **2.** Belgique (pl. *sous-verres*). Soucoupe en carton sur laquelle on pose un verre.

SOUS-VÊTEMENT **n.m.** (pl. *sous-vêtements*). Pièce de lingerie ou de bonneterie que l'on porte sous les vêtements.

SOUS-VIRER **v.i.** [3]. En parlant d'un véhicule automobile, avoir tendance, dans une courbe, à diminuer l'amplitude de l'impulsion de braquage donnée par le volant et à s'échapper vers l'extérieur de la courbe.

SOUS-VIREUR, EUSE **adj.** (pl. *sous-vireurs, euses*). Se dit d'un véhicule automobile qui sous-vire.

SOUTACHE **n.f.** (hongr. *sujtás*). Tresse de galon appliquée sur diverses parties du costume militaire (écussons, par ex.) ou sur une étoffe dans un but décoratif.

SOUTACHER **v.t.** [3]. Garnir d'une soutache.

SOUTANE **n.f.** (ital. *sottana*). Long vêtement en forme de robe, porté par les ecclésiastiques.

SOUTE **n.f.** (anc. provenç. *sota*). **1.** Compartiment fermé de l'entrepont et des cales d'un navire, servant à contenir du matériel, du combustible, des munitions ou des vivres. **2.** Compartiment réservé au fret ou aux bagages, dans le fuselage d'un avion. ◆ **n.f. pl.** Combustibles liquides pour les navires.

SOUTENABLE **adj.** **1.** Qui peut être supporté, enduré : *Des scènes de violence difficilement soutenables.* **2.** Qui peut être soutenu par des arguments solides ; défendable : *Les scientifiques ont montré que cette thèse n'était pas soutenable.*

SOUTENANCE **n.f.** Action de soutenir une thèse, un mémoire.

SOUTÈNEMENT **n.m.** **1. MIN.** Dispositif de soutien des parois d'une excavation ; opération de mise en place de ce dispositif. **2. TRAV. PUBL.** Appui ; contrefort. ▪ **Mur de soutènement** [trav. publ.], mur résistant à la poussée des terres de remblai ou des eaux. ▪ **Soutènement marchant** [min.], composé de piles hydrauliques.

SOUTENEUR **n.m.** Individu qui vit de la prostitution ; proxénète.

SOUTENIR **v.t.** [28] (lat. *sustinere*). **1.** Maintenir dans une position grâce à un support ; servir de support à : *Soutenir une plante grimpante.* **2.** Maintenir qqn debout : *L'infirmier soutient le blessé jusqu'à l'ambulance.* **3.** Empêcher qqn, un organe de défaillir ; stimuler : *Injection pour soutenir le cœur.* **4.** Procurer une aide morale, un appui à qqn ; réconforter : *Ses amis l'ont soutenu dans l'épreuve.* **5.** Agir pour maintenir qqch à un certain niveau : *Soutenir l'économie, l'intérêt du public.* **6.** Apporter son appui à ; défendre : *De nombreux artistes soutiennent ce candidat.* **7.** Affirmer une opinion : *Elle soutient qu'elle n'a rien reçu.* **8.** Résister sans faiblir à : *Soutenir les attaques de son adversaire.* **9.** Aux cartes, renforcer l'enchère d'un partenaire. ▪ **Soutenir la comparaison avec,** ne pas être inférieur à. ▪ **Soutenir le regard de qqn,** le regarder dans les yeux sans se laisser intimider. ▪ **Soutenir son rang, sa réputation,** se comporter de façon conforme à son rang, à sa réputation. ▪ **Soutenir une thèse, un mémoire,** les exposer et les défendre, au cours d'une soutenance. ◆ **SE SOUTENIR v.pr.** **1.** Se maintenir en position d'équilibre dans l'air, dans l'eau : *Elle doit se soutenir avec des béquilles.* **2.** Se maintenir au même degré : *Un film dont l'intérêt se soutient jusqu'à la fin.* **3.** Être affirmé valablement : *Son idée peut se soutenir.* **4.** Se prêter une mutuelle assistance ; s'entraider.

SOUTENU, E **adj.** **1.** Qui ne se relâche pas : *Effort soutenu.* **2.** Se dit d'une couleur qui présente une certaine intensité : *Un bleu soutenu.* ▪ **Langue soutenue** [ling.], niveau de langue caractérisé par une certaine recherche dans le choix des mots et la syntaxe.

SOUTERRAIN, E **adj.** **1.** Situé, effectué sous terre : *Abri souterrain.* **2.** Fig. Qui se trame secrètement : *Tractations souterraines.* ▪ **Économie souterraine,** ensemble des activités illégales (trafics divers, travail au noir, blanchiment d'argent sale, etc.), qui produisent des revenus non déclarés, notamm. dans des zones de non-droit. (On dit aussi *économie immergée.*) ◆ **n.m.** **1.** Couloir, galerie qui s'enfoncent sous terre : *Les souterrains du château.* **2.** Ouvrage construit au-dessous du niveau du sol pour livrer passage à une voie de communication (tunnel), à une galerie d'amenée ou d'évacuation des eaux, etc.

SOUTERRAINEMENT **adv.** De façon souterraine, secrète.

SOUTIEN **n.m.** **1.** Action de soutenir qqn, qqch ; appui : *Elle a besoin de soutien dans ces moments difficiles* ; aide : *Le soutien scolaire* ; patronage : *Avec le soutien de la municipalité.* **2.** Personne, groupe qui soutiennent qqn ; défenseur : *Un des plus sûrs soutiens des sans-papiers.* **3.** Ce qui soutient qqch ; support : *Ces colonnes sont le soutien de la mezzanine.* ▪ **Soutien de famille** [dr.], personne qui assure, grâce à son activité, la subsistance matérielle de sa famille.

SOUTIEN-GORGE **n.m.** (pl. *soutiens-gorge*). Pièce de lingerie féminine servant à maintenir la poitrine.

SOUTIER **n.m.** **1.** Anc. Matelot qui alimentait en charbon les chaufferies d'un navire. **2.** Fig. Personne qui occupe une fonction subalterne et ingrate, génér. indispensable : *Les soutiers du développement économique.*

SOUTIF **n.m.** Fam. Soutien-gorge.

SOUTIRAGE **n.m.** Action de soutirer ; liquide soutiré.

SOUTIRER **v.t.** [3] (de *sous* et *tirer*). **1.** Transvaser doucement du vin d'un récipient dans un autre. **2.** Obtenir par ruse ou par habileté : *Il a réussi à soutirer de l'argent à sa grand-mère.*

SOUTRA **n.m.** → **SUTRA.**

SOUVENANCE **n.f.** Litt. ▪ **À ma souvenance,** autant que je me le rappelle. ▪ **Avoir souvenance de qqch,** s'en souvenir.

SOUVENIR **n.m.** **1.** Survivance, dans la mémoire, d'une sensation, d'un événement passés : *Un vague souvenir de sa première année d'école.* **2.** Objet qui rappelle la mémoire de qqn ou d'un événement : *Garde ce coffret comme souvenir* ou *en souvenir.* **3.** Petit objet vendu aux touristes sur les lieux particulièrement visités. ▪ **Ce n'est plus qu'un mauvais souvenir,** cet événement pénible n'a pas eu de suite fâcheuse.

SE SOUVENIR **v.pr.** [28]. Avoir présente à l'esprit une image liée au passé : *Je me souviens de son premier film.* ▪ **Je m'en souviendrai,** je me vengerai. ◆ **v. impers.** Litt. Revenir à la mémoire : *Il me souvient de cette soirée avec eux.*

a b c d e f g h i j k l m n o p q r s t u v w x y z

SOUVENIR-ÉCRAN n.m. (pl. *souvenirs-écrans*). PSYCHAN. Souvenir reconstruit par le sujet à partir d'événements réels ou de fantasmes, et recouvrant un contenu refoulé.

SOUVENT adv. (du lat. *subinde*, aussitôt). **1.** De manière répétée ; fréquemment. **2.** Dans de nombreux cas ; d'ordinaire.

1. SOUVERAIN, E adj. (du lat. *super*, au-dessus). **1.** Litt. Qui atteint le plus haut degré ; extrême : *Un souverain mépris.* **2.** Qui exerce le pouvoir suprême : *Le peuple est souverain.* **3.** DR. Qui n'est pas susceptible d'aucun recours : *Décision souveraine.* ▪ **Remède souverain,** dont l'efficacité est infaillible. ◆ n. Personne qui exerce le pouvoir suprême ; roi ; empereur. ◆ n.m. **1.** PHILOS. Instance qui détient en droit le pouvoir politique (un individu, une assemblée ou le peuple). **2.** Suisse. Le peuple en tant qu'ensemble des citoyens ayant le droit de vote : *Le souverain helvétique, vaudois.*

2. SOUVERAIN n.m. (angl. *sovereign*). Ancienne monnaie d'or d'Angleterre.

SOUVERAINEMENT adv. **1.** Au plus haut point : *Un film souverainement ennuyeux.* **2.** Avec un pouvoir souverain : *Décider souverainement.*

SOUVERAINETÉ n.f. **1.** Autorité suprême. **2.** Pouvoir suprême reconnu à l'État, qui implique l'exclusivité de sa compétence sur le territoire national et son indépendance internationale, où il n'est limité que par ses propres engagements. ▪ **Souveraineté alimentaire,** définition par un État des objectifs et des moyens de sa politique agricole et alimentaire dans le respect de l'environnement et des droits des autres États. ▪ **Souveraineté nationale,** principe du droit public français selon lequel la souveraineté, jadis exercée par le roi, l'est auj. par les représentants du peuple. ▪ **Souveraineté populaire,** principe selon lequel la souveraineté appartient à l'ensemble des citoyens. (Traditionnellement opposée à la *souveraineté nationale*, elle sous-tend la notion de référendum.)

SOUVERAINISME n.m. Doctrine des défenseurs d'une Europe constituée de nations souveraines. ➲ Elle s'oppose à celle des partisans d'une Europe fédérale.

SOUVERAINISTE n. et adj. **1.** Partisan du souverainisme (par oppos. à *européiste*). **2.** Québec. Partisan de l'accession de la province au statut d'État souverain.

SOUVLAKI n.m. (mot gr.). Brochette grillée de porc, de mouton ou de veau. ➲ Cuisine grecque.

SOVIET [sɔvjɛt] n.m. (mot russe « conseil »). HIST. Assemblée des délégués élus, en Russie, puis en URSS. ▪ **Soviet suprême,** organe supérieur du pouvoir d'État en URSS, jusqu'en 1991.

SOVIÉTIQUE adj. HIST. Relatif aux soviets, à l'URSS. ◆ adj. et n. HIST. De l'URSS ; de ses habitants.

SOVIÉTISER v.t. [3]. HIST. Soumettre à l'Union soviétique, à son influence ; organiser selon son modèle.

SOVIÉTOLOGUE n. Spécialiste de l'Union soviétique.

SOVKHOZ ou **SOVKHOZE** [sɔvkoz] n.m. (russe *sovkhoz*). HIST. Grande exploitation agricole d'État, en URSS.

SOYA [sɔja] n.m. Québec. Soja.

1. SOYEUX, EUSE [swajø, øz] adj. Qui est doux, fin et brillant comme de la soie : *Une chevelure soyeuse.*

2. SOYEUX [swajø] n.m. À Lyon, industriel travaillant la soie ou négociant en soierie.

SPA n.m. (de *Spa*, comm. de Belgique). **1.** Bain bouillonnant à remous dont l'eau est recyclée en circuit fermé. **2.** Centre d'hydrothérapie.

SPA (BARRE DE) n.f. Obstacle de jumping comportant plusieurs barres étagées en oblique. (On dit aussi *un spa.*)

SPACE OPERA [spɛsɔpera] n.m. (pl. *space operas*) [mot anglo-amér.]. Ouvrage de science-fiction (roman, film, bande dessinée) qui évoque les voyages dans l'espace, les aventures et les combats entre héros et empires galactiques.

SPACIEUSEMENT adv. De façon spacieuse.

SPACIEUX, EUSE adj. (lat. *spatiosus*). Où l'on dispose de beaucoup d'espace ; vaste : *Logement spacieux.*

SPADASSIN n.m. (ital. *spadaccino*, de *spada*, épée). **1.** Litt. Tueur à gages. **2.** Vx. Bretteur.

SPADICE n.m. (gr. *spadix, -ikos*). BOT. Inflorescence constituée par un épi enveloppé dans une bractée appelée *spathe*, que l'on rencontre chez les palmiers et les arums.

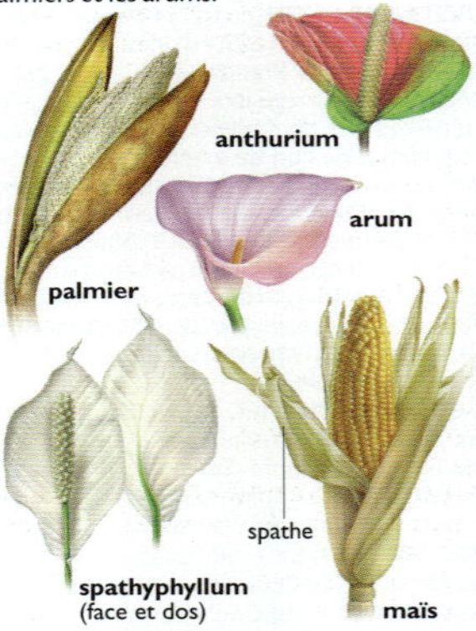

▲ **spadice.** Différents types de spadices et de spathes.

SPAETZLI [ʃpetzli] ou **SPAETZLE** [ʃpɛtzlə] n.m. (mot all.). Région. (Alsace) ; Suisse. Petite pâte alimentaire en lanière que l'on sert souvent avec du gibier.

SPAGHETTI [-ge-] n.m. (mot ital.). Pâte alimentaire en forme de bâtonnet long et fin.

SPAHI n.m. (turc *sipāhi*). Cavalier de l'armée française originaire de l'Afrique du Nord, qui appartenait à un corps créé en 1834 en Algérie.

SPALAX n.m. (mot gr. « taupe »). Rongeur d'Europe, aussi appelé *rat-taupe*, aux oreilles et aux yeux atrophiés, qui creuse de profondes galeries où il vit en groupes. ➲ Famille des spalacidés.

SPALLATION n.f. (de l'angl. *to spall*, éclater). PHYS. NUCL. Éclatement en nombreuses particules du noyau d'un atome sous l'effet d'un bombardement corpusculaire assez intense.

SPALTER [-tɛr] n.m. (de l'all. *spalten*, fendre). Brosse plate dont les peintres se servent pour faire les faux bois.

SPAM n.m. (mot angl.). Courriel non sollicité, essentiellement constitué de publicité, envoyé en grand nombre à des boîtes aux lettres électroniques ou à des forums.

SPAMMEUR, EUSE n. Personne, entreprise qui envoie des spams.

SPANIOMÉNORRHÉE n.f. (du gr. *spanios*, rare). MÉD. Rareté et espacement excessif des règles.

SPARADRAP n.m. (lat. médiév. *sparadrapum*). Bande de papier, de tissu ou de matière plastique, dont une face, destinée à être appliquée sur la peau, est enduite de substance adhésive, parfois additionnée de produits pharmaceutiques actifs.

SPARAGE n.m. (de l'angl. *to spar*, s'entraîner à la boxe). Québec. Fam. (Surtout pl.). Gesticulations ridicules ; simagrées : *Les sparages d'une vedette de la télévision.* ▪ **Faire des sparages,** gesticuler, fanfaronner, de manière à se faire remarquer.

SPARIDÉ n.m. (du lat. *sparus*, type de poisson). Poisson téléostéen à une seule dorsale épineuse, comme la daurade, le sar, etc. ➲ Les sparidés forment une famille.

SPART [spart] ou **SPARTE** n.m. (gr. *sparton*). Graminée telle que l'alfa, dont les feuilles sont utilisées, après rouissage, en sparterie.

SPARTAKISME n.m. HIST. Courant politique révolutionnaire né en Allemagne au cours de la Première Guerre mondiale.

SPARTAKISTE adj. et n. (all. *Spartakist*, de *Spartacus*, n.pr.). Relatif au spartakisme ; qui en est partisan.

SPARTERIE n.f. Objet (corde, tapis, etc.) fait de spart ; fabrication de ces objets.

1. SPARTIATE [-sjat] adj. et n. De Sparte. ◆ adj. Qui rappelle la rigueur des coutumes de Sparte. ▪ **À la spartiate,** sévèrement.

2. SPARTIATE n.f. Sandale à lanières croisées et montantes.

SPASME n.m. (gr. *spasmos*). MÉD. Contraction pathologique des muscles lisses des viscères.

SPASMODIQUE adj. Relatif au spasme.

SPASMOLYTIQUE adj. et n.m. Antispasmodique.

SPASMOPHILE adj. et n. Atteint de spasmophilie.

SPASMOPHILIE n.f. MÉD. État chronique bénin, caractérisé par une hypersensibilité neuromusculaire (crampes, contractures) et affective (symptômes d'anxiété et de dépression) pouvant survenir par crises.

SPASTICITÉ n.f. (angl. *spasticity*). MÉD. Hypertonie musculaire due à une lésion du système nerveux pyramidal.

SPATANGUE n.m. (gr. *spataggês*). Oursin en forme de cœur aplati, recouvert de piquants courts et souples, qui vit dans les sables vaseux des côtes.

SPATH [spat] n.m. (all. *Spat*). Vx. Minéral présentant des faces cristallines nettes. ▪ **Spath d'Islande** [vx], variété de calcite cristallisée.

SPATHE n.f. (gr. *spathê*). BOT. Bractée entourant l'épi dans les spadices.

SPATIABILISER [-sja-] v.t. [3]. ASTRONAUT. Rendre un matériel apte à fonctionner dans l'espace.

SPATIAL, E, AUX [-sjal, o] adj. **1.** Qui se rapporte à l'espace, à l'étendue : *La perception spatiale chez l'enfant.* **2.** Qui se rapporte à l'espace interplanétaire : *La recherche spatiale.* ▪ **Charge spatiale** → CHARGE. ▪ **Commutation spatiale** [télécomm.], utilisant des points de connexion physiques (contacts métalliques ou portes électroniques). ▪ **Guerre spatiale,** conflit entre grandes puissances caractérisé par l'emploi, dans l'espace, de moyens militaires offensifs ou défensifs.

SPATIALISATION [-sja-] n.f. Action de spatialiser.

SPATIALISER [-sja-] v.t. [3]. ASTRONAUT. Envoyer dans l'espace : *Spatialiser un satellite.*

SPATIALITÉ [-sja-] n.f. Caractère de ce qui est ou s'organise dans l'espace.

SPATIONAUTE [-sjo-] n. Occupant d'un vaisseau spatial, quelle que soit sa nationalité. (→ **astronaute, cosmonaute, taïkonaute**).

SPATIO-TEMPOREL, ELLE (pl. *spatio-temporels, elles*), ▲ *SPATIOTEMPOREL, ELLE* [-sjo-] adj. Relatif à la fois à l'espace et au temps : *La perte des repères spatio-temporels.*

SPATULE n.f. (lat. *spatula*). **1.** Instrument de cuisine en forme de petite pelle, servant à mélanger, remuer. **2.** Partie antérieure et recourbée du ski. **3.** Échassier à bec élargi à son extrémité, qui niche sur les côtes ou dans les roseaux. ➲ Famille des threskiornithidés.

▲ **spatule**

SPATULÉ, E adj. En forme de spatule.

1. SPEAKER [spikœr] n.m. (mot angl. « celui qui parle »). **1.** Président de la Chambre des communes, en Grande-Bretagne. **2.** Président de la Chambre des représentants, aux États-Unis.

2. SPEAKER, SPEAKERINE [spikœr, krin] n. Vieilli. Présentateur à la radio, à la télévision.

SPÉCIAL, E, AUX adj. (lat. *specialis*). **1.** Particulier à une espèce de personnes ou de choses : *Le président a un avion spécial* ; personnel ; destiné à un but particulier : *Aménagements spéciaux pour les handicapés.* **2.** Qui constitue une exception : *Édition spéciale.* **3.** Qui n'est pas commun ; bizarre : *Il a une façon spéciale de voir les choses.*

SPÉCIALE n.f. **1.** Huître plus grasse qu'une fine de claire, en raison d'un plus long séjour en claire (plusieurs mois). **2.** Dans un rallye automobile, épreuve sur parcours imposé.

SPÉCIALEMENT adv. De façon spéciale ; particulièrement.

SPÉCIALISATION n.f. 1. Action de spécialiser ; fait de se spécialiser. **2. ÉCON.** Stratégie qui consiste à concentrer l'activité de l'entreprise sur un seul métier, autour d'un seul produit ou d'un groupe de produits.

SPÉCIALISÉ, E adj. 1. Limité à une spécialité : *Dictionnaire spécialisé* ; affecté à un travail déterminé : *Éducatrice spécialisée.* **2. ÉCOL.** Se dit d'une espèce animale adaptée de façon particulière à un environnement spécifique.

SPÉCIALISER v.t. [3]. Rendre compétent dans un domaine déterminé ; rendre apte à un métier. ▪ **Spécialiser une activité, une entreprise,** restreindre leur domaine d'action en vue de les rendre plus performantes. ◆ **SE SPÉCIALISER v.pr.** Se consacrer à une branche déterminée, à un domaine particulier : *Se spécialiser en pédiatrie, dans la finance.*

SPÉCIALISTE n. 1. Personne qui a une compétence particulière dans un domaine précis : *Faire appel à un spécialiste.* **2.** Médecin qui se consacre à une spécialité médicale. **3.** Personne qui est coutumière de qqch : *Un spécialiste des questions saugrenues.*

SPÉCIALITÉ n.f. 1. Domaine, branche d'activité dans lesquels on a acquis une compétence particulière : *Sa spécialité offre peu de débouchés.* **2.** Produit caractéristique d'une région, d'un restaurant, etc. : *La pizza est une spécialité napolitaine.* **3.** Fam. Manie particulière de qqn, souvent agaçante : *Elle a la spécialité de nous prévenir au dernier moment.* **4. DR.** Principe du droit budgétaire au terme duquel les dépenses, lors du vote de la loi de finances, sont présentées au Parlement de façon détaillée. ▪ **Spécialité administrative,** principe du droit public selon lequel le pouvoir de chaque personne publique, autre que l'État, est limité à sa sphère de compétences. ▪ **Spécialité médicale,** branche particulière de la médecine reconnue officiellement comme telle. ▪ **Spécialité pharmaceutique,** médicament tel qu'il est fabriqué et distribué aux pharmacies par un laboratoire pharmaceutique, sous une dénomination commerciale (par oppos. à *préparation pharmaceutique*).

SPÉCIATION n.f. BIOL. Apparition de différences génétiques, morphologiques, physiologiques ou éthologiques entre deux populations d'une même espèce, entraînant leur séparation en deux espèces distinctes.

SPÉCIEUX, EUSE adj. (du lat. *speciosus*, de bel aspect). Litt. Qui est susceptible de tromper par son apparence de vérité, de logique ; fallacieux : *Invoquer des raisons spécieuses.*

SPÉCIFICATION n.f. 1. Action de spécifier qqch ; précision : *Sans spécification d'heure ni de lieu.* **2.** Définition des caractéristiques essentielles (qualité, dimensions, etc.) que doit avoir un matériel, une construction, etc.

SPÉCIFICITÉ n.f. 1. Qualité de ce qui est spécifique ; particularité : *La spécificité d'un sport de combat.* **2.** Qualité d'une réaction chimique ne formant qu'un seul produit.

SPÉCIFIER v.t. [5]. Indiquer de manière précise ; stipuler : *N'oubliez pas de spécifier la taille et la couleur du modèle choisi.*

SPÉCIFIQUE adj. Qui appartient en propre à une espèce, à une chose. ▪ **Droits spécifiques,** droits de douane calculés sur les quantités physiques des produits qu'ils frappent (par oppos. à *droits ad valorem*). ▪ **Nom spécifique** [biol.], nom latin propre à une seule espèce à l'intérieur du genre (ex. : *lupus* dans *Canis lupus*).

SPÉCIFIQUEMENT adv. De façon spécifique.

SPÉCIMEN [-mɛn] **n.m.** (lat. *specimen*). **1.** Être ou objet qui donne une idée de la catégorie dont il fait partie ; échantillon : *Ce fauteuil est un spécimen du design italien.* **2.** Exemplaire d'un livre, d'une revue offert gratuitement.

SPÉCIOSITÉ n.f. Litt. Caractère spécieux.

SPÉCISME n.m. (du lat. *species*, espèce). Vision du monde postulant une hiérarchie entre les espèces animales et, en particulier, la supériorité de l'être humain sur les animaux. (→ **antispécisme**).

SPECTACLE n.m. (lat. *spectaculum*). **1.** Ce qui se présente au regard, à l'attention, et qui est capable d'éveiller un sentiment : *La vue de leur appartement saccagé fut un triste spectacle.* **2.** Représentation théâtrale, cinématographique, lyrique, etc. : *Un spectacle de marionnettes.* **3.** Ensemble des activités du théâtre, du cinéma, du music-hall, etc. : *L'industrie, les arts du spectacle.* **4.** Péjor. (En appos., avec ou sans trait d'union). Se dit de ce qui est organisé pour privilégier l'impact médiatique : *La justice spectacle.* ▪ **À grand spectacle,** se dit d'un film, d'une pièce, d'une revue qui mettent en œuvre d'importants moyens et dont la mise en scène est somptueuse. ▪ **Se donner en spectacle,** attirer fâcheusement l'attention sur soi. ▪ **Spectacle vivant,** qui se déroule en direct devant un public. ➲ L'appellation s'applique surtout au théâtre, à l'opéra, à la danse, au cirque et au cabaret.

SPECTACULAIRE adj. Qui frappe l'imagination ; prodigieux : *Réussir une remontée spectaculaire* ; impressionnant : *Une chute spectaculaire.* ◆ **n.m.** Ce qui est fait pour frapper, impressionner : *Médias qui recourent au spectaculaire.*

SPECTACULAIREMENT adv. De façon spectaculaire.

SPECTACULARISATION n.f. Fait de privilégier le spectaculaire au détriment des idées et de la réflexion.

SPECTATEUR, TRICE n. (lat. *spectator*). **1.** Témoin oculaire d'un événement. **2.** Personne qui assiste à un spectacle artistique, à une manifestation sportive, etc.

SPECTRAL, E, AUX adj. 1. Litt. Qui a le caractère d'un spectre, d'un fantôme ; fantomatique : *Une pâleur spectrale.* **2. OPT.** Qui concerne un spectre lumineux. ▪ **Musique spectrale,** qui applique les principes issus de l'étude du spectre acoustique.

SPECTRE n.m. (lat. *spectrum*). **1.** Apparition fantastique et effrayante d'un mort ; fantôme. **2.** Litt. Personne maigre et pâle. **3.** Représentation effrayante d'une situation, d'un événement menaçants : *Le spectre d'un krach boursier.* **4. PHYS.** Ensemble des radiations monochromatiques résultant de la décomposition d'une lumière complexe et, plus génér., répartition de l'intensité d'une onde (acoustique, électromagnétique), d'un faisceau de particules, en fonction de la fréquence, de l'énergie. **5. PHARM.** Ensemble des souches bactériennes sensibles à un antibiotique. ▪ **Spectre acoustique, continu** [phys.], répartition de l'intensité acoustique en fonction de la fréquence ; spectre dont les composantes sont distribuées de manière continue. ▪ **Spectre d'absorption, d'émission** [phys.], obtenu en faisant traverser à un rayonnement continu en fréquence une substance qui absorbe certaines radiations caractéristiques de cette substance ; spectre du rayonnement électromagnétique émis par une source convenablement excitée (flamme, arc ou décharge électrique, étincelle). ▪ **Spectre de masse** [chim.], répartition, en fonction de leur masse, des ions produits à partir d'une substance. ▪ **Spectre magnétique, électrique** [phys.], dessin des lignes de force d'un champ magnétique, électrique, obtenu en répandant de la limaille de fer ou des particules conductrices dans un plan où règne ce champ.

SPECTROCHIMIQUE adj. ▪ **Analyse spectrochimique,** application des techniques spectroscopiques à l'analyse chimique.

SPECTROGRAMME n.m. Photographie d'un spectre lumineux.

SPECTROGRAPHE n.m. Appareil servant à enregistrer les spectres lumineux sur une plaque photographique. ▪ **Spectrographe de masse,** appareil servant à séparer les atomes de un ou plusieurs corps selon leurs masses.

SPECTROGRAPHIE n.f. CHIM., PHYS. Étude des spectres à l'aide de spectrographes.

SPECTROGRAPHIQUE adj. Relatif à la spectrographie.

SPECTROHÉLIOGRAPHE n.m. Spectrographe à haute résolution permettant d'enregistrer la lumière émise par le Soleil à une longueur d'onde choisie.

SPECTROMÈTRE n.m. Appareil enregistrant et mesurant les spectres élément par élément à l'aide d'un détecteur photoélectrique et d'un système de mesure.

SPECTROMÉTRIE n.f. CHIM., PHYS. Étude des spectres à l'aide de spectromètres.

SPECTROMÉTRIQUE adj. Relatif à la spectrométrie.

SPECTROPHOTOMÈTRE n.m. OPT. Appareil mesurant, en fonction de la longueur d'onde, le rapport des valeurs d'une même grandeur photométrique relatives à deux faisceaux de rayonnement.

SPECTROPHOTOMÉTRIE n.f. CHIM., PHYS. Comparaison des répartitions spectrales de deux rayonnements.

SPECTROSCOPE n.m. Appareil servant à observer les spectres lumineux.

SPECTROSCOPIE n.f. 1. CHIM., PHYS. Ensemble des méthodes et des techniques d'étude des rayonnements émis, absorbés ou diffusés par une substance, qu'ils soient formés de radiations électromagnétiques ou de particules. **2. OPT.** Ensemble des principes qui régissent l'observation binoculaire.

SPECTROSCOPIQUE adj. Relatif à la spectroscopie.

SPÉCULAIRE adj. (lat. *specularis*). Relatif au miroir : *Image spéculaire.* ▪ **Poli spéculaire** [mécan. industr.], poli parfait d'une pièce mécanique.

SPÉCULATEUR, TRICE n. (du lat. *speculator*, observateur). Personne qui fait des spéculations commerciales ou financières.

SPÉCULATIF, IVE adj. 1. ÉCON. Relatif à une spéculation commerciale ou financière. **2. PHILOS.** Qui relève de la spéculation.

SPÉCULATION n.f. 1. ÉCON. Opération consistant à acheter des biens ou des valeurs mobilières, en vue de tirer profit de leur exploitation ou des fluctuations de leur cours en cas de revente. **2. PHILOS.** Recherche intellectuelle visant une connaissance désintéressée ; théorie ; chez Kant, recherche intellectuelle portant sur des objets inaccessibles à l'expérience. **3.** Péjor. (Souvent pl.). Construction de l'esprit, abstraite et invérifiable : *Les spéculations des journalistes sur le remaniement.*

SPÉCULER v.i. [3] (du lat. *speculari*, observer). **1. ÉCON.** Faire des spéculations : *Spéculer sur des produits financiers. Spéculer à la baisse.* **2.** Compter sur qqch pour parvenir à ses fins ; tabler : *Spéculer sur la naïveté des clients.* **3.** Réfléchir sur une question ; méditer : *Spéculer sur la nature humaine.*

SPÉCULOOS ou **SPECULOOS** [-los] **n.m.** Belgique. Petit biscuit sec à la cassonade, de diverses formes (animal, personnage, rectangle, etc.) et aromatisé à la cannelle. (En France, on écrit aussi *spéculos.*)

SPÉCULUM [-lɔm] **n.m.** (du lat. *speculum*, miroir). **MÉD.** Instrument servant à élargir certaines cavités du corps (vagin, fosses nasales, etc.) et à en faciliter l'examen.

SPEECH [spitʃ] **n.m.** (pl. *speech[e]s*) [mot angl.]. Fam. Petit discours de circonstance.

1. SPEED [spid] **n.m.** (mot angl. « vitesse »). Fam. Amphétamine.

2. SPEED [spid] **adj. inv.** ou **SPEEDÉ, E** [spide] **adj.** Fam. **1.** Qui a pris des amphétamines. **2.** Fam. Très agité ; pressé.

SPEED DATING [spiddetiŋ] **n.m.** (pl. *speed datings*) [mot angl. « rencontre rapide »]. Rendez-vous organisé et minuté avec des personnes différentes dans le but de trouver un partenaire (amoureux ou professionnel, par ex.).

SPÉLÉOLOGIE n.f. (du gr. *spêlaion*, caverne). Science et sport qui ont pour objet l'étude ou l'exploration des cavités naturelles du sous-sol.

SPÉLÉOLOGIQUE adj. Relatif à la spéléologie.

SPÉLÉOLOGUE n. Spécialiste de spéléologie ; qui la pratique.

SPENCER [spɛnsœr] **n.m.** (du n. de lord *Spencer*, qui mit ce vêtement à la mode). Veste de tailleur courte.

SPÉOS [speɔs] **n.m.** (du gr. *speos*, caverne). Temple ou tombeau rupestre égyptien.

SPERGULAIRE n.f. Petite plante à fleurs blanches ou roses qui pousse sur les plages ou les rochers du littoral. ➲ Famille des primulacées.

SPERGULE n.f. (lat. *spergula*). Petite plante à fleurs blanches qui pousse sur sol sablonneux. ➲ Famille des caryophyllacées.

SPERMACETI [-seti], ▲ *SPERMACÉTI* **n.m.** (du gr. *sperma*, semence, et *kêtos*, cétacé). **ZOOL.** Blanc de baleine.

SPERMAPHYTE n.m. → **SPERMATOPHYTE.**

SPERMATIDE **n.m.** **ZOOL.** Gamète mâle immature issu d'un spermatocyte et destiné à se transformer en spermatozoïde.

SPERMATIE [-si] **n.f.** (du gr. *sperma*, semence). **BOT.** Gamète mâle non mobile, assimilable à une spore, des algues rouges et de certains champignons (rouilles).

SPERMATIQUE **adj.** Relatif au sperme. ▪ **Cordon spermatique,** ensemble du canal déférent et des veines et artères du testicule.

SPERMATOCYTE **n.m.** **ZOOL.** Cellule germinale mâle appelée à subir la première ou la seconde division de la méiose.

SPERMATOGENÈSE **n.f.** Formation des spermatozoïdes dans le testicule.

SPERMATOGONIE **n.f.** **ZOOL.** Cellule germinale mâle immature et diploïde, souche des gamètes.

SPERMATOPHORE **n.m.** Sac contenant les spermatozoïdes agglutinés, chez divers invertébrés et certains amphibiens, et dont ces animaux peuvent se séparer pour le présenter à la femelle.

SPERMATOPHYTE ou **SPERMAPHYTE** **n.m.** (du gr. *sperma, -atos*, semence, et *phuton*, plante). **BOT.** Phanérogame.

SPERMATOZOÏDE **n.m.** (du gr. *sperma, -atos*, semence). **BIOL.** Gamète mâle de l'homme, des animaux et de certaines plantes, habituellement formé d'une tête, contenant le noyau haploïde, et de un ou deux flagelles, qui assurent son déplacement.

SPERME **n.m.** (gr. *sperma*). Liquide émis par les glandes génitales mâles, expulsé lors de l'éjaculation, et contenant les spermatozoïdes.

SPERMICIDE **adj.** et **n.m.** Se dit d'une substance contraceptive qui, placée dans les voies génitales féminines, détruit les spermatozoïdes.

SPERMOGRAMME **n.m.** Examen du sperme en laboratoire ; résultat de cet examen.

SPERMOPHILE **n.m.** (du gr. *sperma*, graine). Petit écureuil terrestre, doté d'une queue courte, dont deux espèces vivent en Afrique centrale (SYN. **souslik**). ➲ Famille des sciuridés.

SPET [spɛ] **n.m.** (de l'esp. *espeto*, broche). Poisson marin du golfe de Gascogne et de la Méditerranée, voisin du barracuda mais plus petit, parfois appelé *brochet de mer.* ➲ Famille des sphyrénidés.

SPETSNAZ [spɛtsnaz] **n.f. pl.** (abrév. du russe *vaiska spetsialnogo naznachenia*, troupes à affectation spéciale). Forces spéciales du Service de renseignements et d'action militaire de l'URSS puis de la Russie, chargées notamm. de missions de sabotage et de commando.

SPHACÈLE **n.m.** (gr. *sphakelos*). **MÉD.** Fragment de tissu ou d'organe nécrosé, par ex. au cours d'une gangrène.

SPHAIGNE [sfɛɲ] **n.f.** (gr. *sphagnos*). Mousse des sols acides, qui s'accumule en couches épaisses dans certains marécages et dont la décomposition contribue à la formation de la tourbe. ➲ Ordre des sphagnales.

SPHÈNE **n.m.** (du gr. *sphên*, coin). **MINÉRALOG.** Silicate de calcium et de titane, de couleur jaune miel, minéral accessoire de nombreuses roches magmatiques et métamorphiques.

SPHÉNISCIDÉ **n.m.** (du lat. *spheniscus*, petit coin [pour fendre]). Oiseau marin dont le seul représentant est le manchot. ➲ Les sphéniscidés forment une famille.

SPHÉNODON **n.m.** (du gr. *sphên*, coin, et *odous, odontos*, dent). **ZOOL.** Hattéria.

SPHÉNOÏDAL, E, AUX **adj.** Relatif au sphénoïde.

SPHÉNOÏDE **adj.** et **n.m.** (du gr. *sphênoeidês*, en forme de coin). **ANAT.** Se dit de l'un des os de la base du crâne, en arrière des fosses nasales.

SPHÈRE **n.f.** (du gr. *sphaîra*, boule). **1.** **MATH.** Surface fermée dont tous les points sont à la même distance (rayon) d'un point intérieur appelé *centre.* ➲ Les sections planes d'une sphère sont des cercles. **2.** Étendue de l'action, l'autorité, la compétence de qqn ; champ : *Cet écrivain ne sort guère de la sphère de la vie mondaine.* ▪ **Les hautes sphères,** les milieux dirigeants. ▪ **Sphère céleste** [astron.], sphère imaginaire de rayon indéterminé ayant pour centre l'œil de l'observateur et servant à définir la direction des astres indépendamment de leur distance. ▪ **Sphère d'attributions,** ensemble des matières relevant de la compétence d'un agent, d'une autorité. ▪ **Sphère d'influence,** région du globe sur laquelle une grande puissance s'est vu reconnaître par les autres, explicitement ou tacitement, des droits d'intervention particuliers.

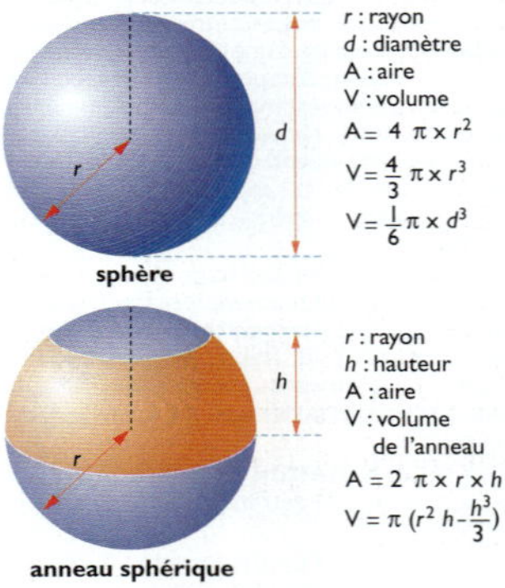

▲ **sphère** et anneau sphérique.

SPHÉRICITÉ **n.f.** État de ce qui est sphérique ; rotondité.

SPHÉRIQUE **adj.** **1.** Qui a la forme d'une sphère : *Figure sphérique.* **2.** **MATH.** Relatif à la sphère. ▪ **Calotte sphérique** → **CALOTTE.** ▪ **Coordonnées sphériques d'un point M de l'espace rapporté à un repère orthonormé** $(O, \vec{i}, \vec{j}, \vec{k})$ [math.], triplet (ρ, θ, φ) où $\rho = OM$, $\theta = (\vec{i}, \overrightarrow{Om})$ et $\varphi = (\vec{k}, \overrightarrow{OM})$. ➲ *m* est l'intersection du demi-cercle de centre O, de diamètre porté par $(O, \vec{k})$ et passant par M, avec le plan $(O, \vec{i}, \vec{j})$. ▪ **Triangle sphérique,** courbe fermée tracée sur la sphère, et formée de trois arcs de grands cercles. ▪ **Trigonométrie sphérique,** étude des relations entre les côtés et les angles d'un triangle sphérique.

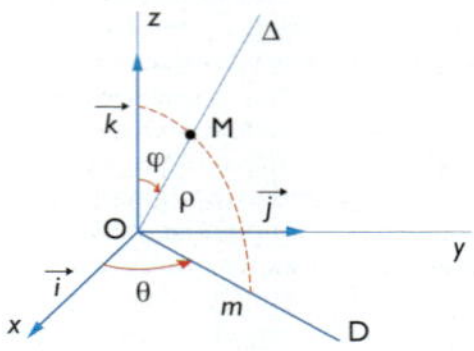

▲ **sphérique.** Coordonnées sphériques.

SPHÉROÏDAL, E, AUX **adj.** Qui a la forme d'un sphéroïde.

SPHÉROÏDE **n.m.** **MATH.** Ellipsoïde de révolution aplati. ➲ La surface de la Terre est un sphéroïde.

SPHÉROMÈTRE **n.m.** Instrument permettant de mesurer la courbure des surfaces sphériques.

SPHINCTER [sfɛ̃ktɛr] **n.m.** (du gr. *sphigktêr*, qui serre). **ANAT.** Muscle annulaire qui ferme ou resserre un orifice ou un canal naturel.

SPHINCTÉRIEN, ENNE **adj.** Relatif à un sphincter.

SPHINGE **n.f.** Sphinx femelle.

SPHINGIDÉ **n.m.** Papillon nocturne aux ailes longues et étroites, au vol rapide, à trompe très longue, tel que les sphinx. ➲ Les sphingidés forment une famille.

▲ **sphinx** colibri.

SPHINX [sfɛ̃ks] **n.m.** (mot lat., du gr.). **1.** Monstre mythique de l'Égypte pharaonique, à corps de lion et à tête humaine, sculpté aux abords des sanctuaires funéraires dont il était le gardien. ➲ Le mythe du sphinx se répandit ensuite en Grèce, où il était surtout rattaché à la légende d'Œdipe. **2.** Litt. Personne énigmatique. **3.** Papillon nocturne souvent de grande taille, dont les nombreuses espèces sont inféodées à des plantes différentes (troène, liseron, etc.). ➲ Famille des sphingidés.

SPHYGMOMANOMÈTRE **n.m.** (du gr. *sphugmos*, pulsation). Appareil constitué d'un brassard relié à un manomètre et servant à mesurer la pression artérielle (SYN. **tensiomètre**).

SPHYRÈNE **n.f.** (gr. *sphuraina*). Poisson marin vorace, au corps fuselé, aux mâchoires puissantes, tel que le spet et le barracuda. ➲ Famille des sphyrénidés.

SPI **n.m.** → **SPINNAKER.**

SPIC **n.m.** → **2. ASPIC.**

SPICILÈGE **n.m.** (du lat. *spicilegium*, action de glaner). Didact. Recueil de morceaux choisis, de documents variés, d'observations.

SPICULE **n.m.** (du lat. *spicum*, épi). **1.** **ZOOL.** Aiguillon siliceux ou calcaire constitutif du squelette des éponges. **2.** **ASTRON.** Élément constitutif de la chromosphère solaire, en forme d'épi.

SPIDER [spidɛr] **n.m.** (mot angl. « araignée »). **1.** Partie arrière d'une automobile à une seule banquette, se terminant génér. par un volume fermé de forme arrondie. **2.** Cabriolet à deux places, offrant une à deux places supplémentaires par l'ouverture d'une trappe à la place du coffre arrière.

SPIEGEL [ʃpigœl] **n.m.** (mot all.). Ferromanganèse utilisé dans la fabrication de l'acier.

SPIN [spin] **n.m.** (mot angl.). **PHYS.** Moment cinétique propre d'une particule*. ➲ Le spin d'une particule peut prendre des valeurs entières, ou demi-entières, en prenant la constante de Planck réduite $\hbar = h/2\pi$ comme unité.

SPINA-BIFIDA **n.m. inv.,** ▲ *SPINABIFIDA* *n.m.* (mot lat. « épine dorsale fendue »). **MÉD.** Malformation de la colonne vertébrale consistant en une fissure de sa partie postérieure à travers laquelle se produit parfois une hernie des méninges ou même de la moelle. ◆ **n. inv.** Sujet atteint d'un spina-bifida.

SPINAL, E, AUX **adj.** (du lat. *spina*, épine). **ANAT.** Relatif à la colonne vertébrale ou à la moelle épinière. ▪ **Nerfs spinaux** [anc.], nerfs accessoires*.

SPINALIEN, ENNE **adj.** et **n.** D'Épinal.

SPINELLE **n.m.** (lat. *spinella*). **MINÉRALOG.** **1.** Oxyde d'aluminium et de magnésium ($MgAl_2O_4$) pouvant donner des pierres fines de couleurs variées. **2.** Famille d'oxydes pouvant contenir également du fer et du chrome (magnétite, par ex.).

SPINNAKER [spinɛkœr] ou **SPI** **n.m.** (mot angl.). **MAR.** Grande voile triangulaire, légère et creuse, envoyée dans la marche au vent arrière et aux allures portantes.

SPIN-OFF [spinɔf] **n.m. inv.** (mot angl. « sous-produit »). Série télévisée, bande dessinée ou film créés à partir d'une œuvre à succès dont ils reprennent certains éléments (un personnage récurrent, par ex.) pour les intégrer à un nouveau scénario.

SPINOSAURE **n.m.** Dinosaure du crétacé d'Europe, d'Afrique et d'Amérique, au crâne et aux mâchoires évoquant ceux d'un crocodile, probablement piscivore, dont certaines espèces possédaient une voilure sur le dos et d'autres devaient atteindre la taille d'un tyrannosaure. ➲ Groupe des saurischiens.

SPINOZISME **n.m.** Système philosophique de Spinoza.

SPINOZISTE **adj.** et **n.** Relatif au spinozisme ; qui en est partisan.

SPINTRONIQUE [spin-] **n.f.** (de *spin* et *électronique*). Électronique de spin.

SPIONCELLE **n.f.** Pipit d'une espèce de montagne et des zones marécageuses ou littorales de l'hémisphère Nord. ➲ Famille des motacillidés.

SPIRAL, E, AUX **adj.** (lat. *spiralis*). Qui a la forme d'une spirale. ◆ **n.m.** Petit ressort en spirale qui fait osciller à une fréquence constante le balancier d'une montre.

SPIRALE **n.f. 1.** Suite de circonvolutions, d'enroulements : *Les spirales d'un tire-bouchon.* **2.** Montée rapide et irrésistible de phénomènes interactifs : *La spirale des prix et des salaires.* **3.** Fil métallique hélicoïdal reliant les feuillets d'un cahier : *Un répertoire à spirale.* **4. MATH.** Courbe plane décrivant des révolutions autour d'un point fixe en s'en éloignant de plus en plus. ▪ **Escalier en spirale,** escalier à vis*.

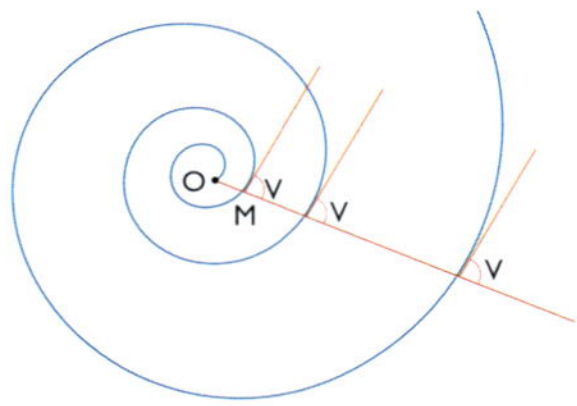

La tangente en un point quelconque M de la spirale fait un angle constant V (très voisin de 73°) avec le rayon vecteur OM.

▲ **spirale** logarithmique.

SPIRALÉ, E **adj. MATH.** Roulé en spirale.

SPIRE **n.f.** (du lat. *spira*, spirale). **1.** Tour complet d'une spirale ou d'une hélice. **2. ÉLECTR., ÉLECTROTECHN.** Ensemble de conducteurs formant une boucle. **3. ZOOL.** Ensemble des tours d'une coquille enroulée, comme celle des gastéropodes ; chacun de ces tours.

SPIRÉE **n.f.** (lat. *spiraea*, du gr.). Plante des régions tempérées de l'hémisphère Nord, voisine de la reine-des-prés. ➲ Famille des rosacées.

SPIRIFER [-fɛr] **n.m.** (mot lat. « qui porte des spires »). **PALÉONT.** Brachiopode fossile de l'ère primaire.

SPIRILLE [-rij] **n.m. MICROBIOL.** Bactérie en forme de filament allongé et contourné en spirale (nom générique).

SPIRITAIN **n.m.** (du lat. *spiritus*, esprit). Membre de la congrégation missionnaire du Saint-Esprit, fondée en 1703.

SPIRITE **adj.** et **n.** (de l'angl. *spirit-rapper*, esprit frappeur). Relatif au spiritisme ; qui le pratique.

SPIRITISME **n.m.** Doctrine fondée sur l'existence et les manifestations des esprits, en partic. des esprits humains désincarnés ; pratique consistant à tenter d'entrer en communication avec ces esprits par le moyen de supports matériels inanimés (tables tournantes) ou de personnes en état de transe (médiums).

SPIRITUAL [-twɔl] **n.m.** (pl. *spirituals*) [abrév.]. Negro spiritual.

SPIRITUALISATION **n.f.** Action de spiritualiser ; fait d'être spiritualisé.

SPIRITUALISER **v.t. [3].** Donner à qqch un caractère de spiritualité, d'élévation : *Poème qui spiritualise l'amour.*

SPIRITUALISME **n.m. PHILOS.** Doctrine qui considère l'esprit comme une réalité irréductible au corps, à la matière et lui attribue une valeur supérieure (par oppos. à *matérialisme*).

SPIRITUALISTE **adj.** et **n.** Relatif au spiritualisme ; qui en est partisan.

SPIRITUALITÉ **n.f. 1.** Qualité de ce qui est esprit, de ce qui est dégagé de toute matérialité : *La spiritualité de l'âme.* **2.** Relatif au spiritualisme, à la vie spirituelle.

1. SPIRITUEL, ELLE **adj.** (lat. *spiritualis*, de *spiritus*, esprit). **1.** Qui est de l'ordre de l'esprit, de l'âme : *Vie spirituelle.* **2.** Relatif au domaine de l'intelligence, de l'esprit, de la morale : *Valeurs spirituelles.* **3.** Relatif à la religion, à la foi, à la dimension intérieure d'une Église ou d'une autre institution religieuse (par oppos. à *temporel*) : *Le pouvoir spirituel.* **4.** Qui manifeste de la vivacité d'esprit, de la finesse : *Réponse spirituelle. Ce ministre est très spirituel.*

2. SPIRITUEL **n.m.** Membre d'une section de l'ordre des Franciscains qui se sépara de l'institut au XIIIe s.

SPIRITUELLEMENT **adv. 1.** Litt. En esprit ; par la pensée. **2.** Avec esprit, humour : *Répondre spirituellement.*

SPIRITUEUX, EUSE **n.m.** et **adj.** (du lat. *spiritus*, esprit). Boisson qui contient un fort pourcentage d'alcool.

SPIROCHÈTE [-kɛt] **n.m.** (du lat. *spira*, spirale, et du gr. *khaitê*, longue chevelure). Bactérie en forme de long filament spiralé. ➲ Trois genres de spirochètes sont pathogènes : les agents de la borréliose, les leptospires et les tréponèmes.

SPIROCHÉTOSE [-ke-] **n.f.** Maladie causée par un spirochète.

SPIROGRAPHE **n.m.** Ver marin construisant dans le sable vaseux un tube souple, d'où sort son panache branchial en hélice. ➲ Classe des polychètes.

SPIROGYRE **n.f.** Algue verte commune dans les eaux douces, dont les filaments, non ramifiés, portent un ruban spiralé de chlorophylle. ➲ Sous-classe des conjuguées.

SPIROÏDAL, E, AUX **adj.** D'une forme proche de la spirale.

SPIROMÈTRE **n.m.** Appareil servant à la spirométrie.

SPIROMÉTRIE **n.f.** (du lat. *spirare*, respirer). **MÉD.** Examen de la fonction de ventilation pulmonaire consistant à mesurer les volumes et les débits inspirés et expirés.

SPIRORBE **n.m.** (lat. *spirorbis*). Petit ver marin très abondant sur les côtes, où il construit, sur les rochers, les coquillages ou les algues brunes, un tube calcaire blanc. ➲ Embranchement des annélides.

SPIRULINE **n.f.** Cyanobactérie des eaux chaudes et saumâtres, récoltée en Afrique et en Inde pour l'alimentation humaine et animale, que l'on cultive industriellement pour la fabrication d'aliments diététiques.

SPITANT, E **adj.** (du wallon *spiter*, jaillir). Belgique. Vif ; enjoué ; éveillé.

SPITZ **n.m.** (mot all. « pointu »). Chien nordique à museau pointu et à fourrure abondante.

SPLANCHNIQUE [splɑ̃k-] **adj.** (gr. *splagkhnikos*). **ANAT.** Relatif aux viscères.

SPLEEN [splin] **n.m.** (mot angl. « rate »). Litt. Vague à l'âme ; mélancolie.

SPLENDEUR **n.f.** (lat. *splendor*). **1.** Aspect magnifique ; éclat : *La splendeur d'un habit de lumière.* **2.** Chose splendide ; merveille : *Les splendeurs du baroque.* **3.** Litt. Grand éclat de puissance et de prospérité : *La splendeur passée d'un pays.*

SPLENDIDE **adj.** (lat. *splendidus*). **1.** Qui provoque l'admiration par sa beauté ; magnifique : *La nouvelle collection du couturier est splendide.* **2.** D'un éclat lumineux ; radieux : *Un temps splendide.*

SPLENDIDEMENT **adv.** Avec splendeur.

SPLÉNECTOMIE **n.f. MÉD.** Ablation chirurgicale de la rate.

SPLÉNIQUE **adj.** (lat. *splenicus*). **ANAT.** Relatif à la rate.

SPLÉNOMÉGALIE **n.f. MÉD.** Augmentation pathologique du volume de la rate.

1. SPOILER [spɔjlœr] **n.m.** (mot angl. « aérofrein »). **1. AUTOM.** Élément de carrosserie fixé sous le pare-chocs avant pour améliorer l'aérodynamisme du véhicule. **2. AÉRON.** Volet escamotable placé sur l'extrados d'une aile d'avion, dont la sortie permet de diminuer la portance au moment de l'atterrissage et de contribuer à l'action de freinage.

2. SPOILER [spɔjle] **v.t. [3]** (de l'angl. *to spoil*, gâcher). Révéler un élément clé de l'intrigue d'une œuvre (livre, film, série, etc.), au point de gâcher à autrui l'effet de surprise et le plaisir de la découverte.

✎ Au Québec, on dit *divulgâcher.*

SPOLIATEUR, TRICE **adj.** et **n.** Qui spolie.

SPOLIATION **n.f.** Action de spolier ; dépossession : *La spoliation des petits actionnaires.*

SPOLIER **v.t. [5]** (lat. *spoliare*). Dépouiller qqn de qqch par force ou par ruse ; déposséder : *Spolier qqn de son héritage.*

SPONDÉE **n.m.** Dans la poésie grecque et latine, pied composé de deux syllabes longues.

SPONDIAS [-djas] **n.m.** (mot gr. « prunier »). Arbre fruitier d'Asie du Sud-Est, de Polynésie et d'Amérique tropicale, dont les fruits, sucrés mais fibreux, sont appelés *mombins.* ➲ Famille des anacardiacées.

SPONDYLARTHRITE **n.f. MÉD.** Inflammation d'un disque articulaire entre deux vertèbres. ▪ **Spondylarthrite ankylosante,** rhumatisme inflammatoire chronique de cause inconnue touchant la colonne vertébrale et les articulations sacro-iliaques.

SPONDYLE **n.m.** (du lat. *spondylus*, vertèbre). Mollusque bivalve des mers chaudes, à coquille très colorée garnie d'épines et de lames foliacées. ➲ Famille des spondylidés.

SPONDYLITE **n.f. MÉD.** Inflammation d'une vertèbre.

SPONGIAIRE **n.m.** (du lat. *spongia*, éponge). Animal aquatique (surtout marin) très simple, sans organes ni tissus définis, dépourvu de système nerveux organisé et au squelette constitué de spicules calcaires ou siliceux. ➲ Les spongiaires forment un embranchement qui regroupe toutes les éponges.

SPONGIEUX, EUSE **adj.** (du lat. *spongia*, éponge). **1.** Qui s'imbibe de liquide comme une éponge : *Sol spongieux.* **2.** De la nature de l'éponge ; poreux : *Tissu spongieux.*

SPONGIFORME **adj.** Se dit d'une maladie au cours de laquelle les tissus, vus au microscope, évoquent une éponge.

SPONGILLE [-ʒij] **n.f.** Éponge d'eau douce. ➲ Classe des démosponges.

SPONGIOSITÉ **n.f.** Caractère de ce qui est spongieux.

SPONSOR **n.m.** (mot angl.). [Anglic. déconseillé]. Personne ou entreprise qui apporte une aide financière ou matérielle à qqn (artiste, sportif, etc.) ou à un projet, dans l'espoir de retombées commerciales directes à court terme. Recomm. off. **parraineur, commanditaire.**

SPONSORING [-riŋ] **n.m.** (Anglic. déconseillé). Activité d'un sponsor. Recomm. off. **parrainage.**

SPONSORISER **v.t. [3].** (Anglic. déconseillé). Agir en qualité de sponsor. Recomm. off. **parrainer, commanditer.**

SPONTANÉ, E **adj.** (du lat. *sponte sua*, de son plein gré). **1.** Qui se produit sans intervention extérieure : *Inflammation spontanée d'un combustible. Candidature spontanée.* **2.** Qui agit sans calcul ; sincère : *Enfant spontané.* **3. BOT.** Qui pousse naturellement, sans intervention de l'homme. ▪ **Génération spontanée** → **GÉNÉRATION.**

SPONTANÉISME **n.m.** Vieilli. Attitude ou doctrine qui privilégie la spontanéité des masses ou de l'individu, dans l'action politique ou sociale.

SPONTANÉITÉ **n.f.** Caractère spontané ; sincérité.

SPONTANÉMENT **adv.** De façon spontanée.

SPORADIQUE **adj.** (du gr. *sporadikos*, dispersé). **1.** Qui existe çà et là, de temps à autre ; irrégulier : *Tirs sporadiques.* **2. BIOL.** Se dit d'une espèce, notamm. végétale, dont les populations sont dispersées, ou qui fréquente une région de manière irrégulière. **3. MÉD.** Se dit d'une maladie rare et qui touche les individus isolément.

SPORADIQUEMENT **adv.** De façon sporadique.

SPORANGE **n.m.** (du gr. *spora*, semence, et *aggos*, vase). **BOT.** Sac ou urne contenant les spores chez les fougères, les mousses, les moisissures, les algues, etc.

▲ **sporanges** de fougère.

SPORE **n.f.** (du gr. *spora*, semence). **BOT.** Élément unicellulaire produit et disséminé par les végétaux, les champignons et les bactéries et dont la germination donne soit un nouvel individu (bactéries), soit une forme préparatoire à la reproduction sexuée (mycélium primaire de champignon, tube pollinique des plantes à fleurs, etc.). ➲ La spore mâle des plantes à fleurs est le *grain de pollen.*

SPORIFÈRE adj. Qui produit ou contient des spores.

SPOROGONE n.m. Sporophyte des mousses, implanté génér. dans la tige femelle et formé d'une soie terminée par un sporange, ou urne.

SPOROPHYTE n.m. BOT. Individu végétal issu d'un œuf fécondé et qui, à maturité, porte les spores. ➲ Il est réduit à un sporogone chez les mousses ; chez les plantes supérieures, il constitue la plante presque entière.

SPOROTRICHOSE [-koz] **n.f. MÉD.** Mycose due à un champignon (genre *Sporotrichum*).

SPOROZOAIRE n.m. Protozoaire parasite, dont le cycle de reproduction, très complexe, débute par une spore.

1. SPORT n.m. (mot angl., de l'anc. fr. *disport*, passe-temps). Ensemble des exercices physiques se présentant sous forme de jeux individuels ou collectifs, pouvant donner lieu à compétition et pratiqués en observant certaines règles ; chacune des formes particulières de ces exercices. ■ **C'est du sport** [fam.], c'est difficile, dangereux. ■ **Il va y avoir du sport** [fam.], les choses vont mal tourner ; on risque d'en venir aux mains. ■ **Sport de nature,** activité sportive où le contact avec la nature est prépondérant (alpinisme, rafting, randonnée, etc.). ■ **Sport électronique** → **ÉLECTRONIQUE.** ■ **Sport extrême,** activité sportive dangereuse, acrobatique (saut à l'élastique, par ex.). ■ **Sports d'hiver,** sports de neige (ski, luge) ou de glace (patinage, hockey) ; vacances d'hiver en montagne n'impliquant pas obligatoirement la pratique active de ces sports.

2. SPORT adj. inv. 1. Se dit de vêtements, d'accessoires de style confortable. **2.** Conforme à l'esprit généreux du sport ; loyal : *Les équipes ont été très sport.*

SPORTIF, IVE adj. 1. Relatif à un sport, au sport : *Épreuve sportive.* **2.** Qui manifeste de la sportivité ; loyal. **3.** Fig., par euphém. Mouvementé ; agité ; houleux : *Le conseil d'administration a été sportif.* ◆ **n.** et **adj.** Personne qui pratique un ou plusieurs sports.

SPORTIVEMENT adv. Avec sportivité ; loyalement.

SPORTIVITÉ n.f. Caractère sportif ; loyauté.

SPORT-NATURE n.m. (pl. *sports-nature*). Ensemble des sports de nature.

SPORTSWEAR [spɔrtswɛr] **n.m.** (mot angl.). Ensemble des vêtements, des chaussures de style sport.

SPORTULE n.f. (du lat. *sportula*, petit panier). **ANTIQ. ROM.** Don que les patrons accordaient à leurs clients.

SPORULATION n.f. BIOL. Reproduction par spores ; émission de spores.

SPORULER v.i. [3]. BIOL. Former des spores ; passer à l'état de spores lorsque les conditions de vie deviennent défavorables.

SPOT [spɔt] **n.m.** (mot angl. « marque, tache »). **1.** Petit projecteur orientable assurant un éclairage localisé, en partic. pour un comédien ou une partie du décor. **2.** Tache lumineuse formée par le pinceau d'électrons sur l'écran d'un tube cathodique. **3. MÉTROL.** Image lumineuse formée sur l'échelle des instruments de mesure à miroir tournant, servant d'index. **4.** (Anglic. déconseillé). Message audiovisuel à caractère publicitaire. **5.** Endroit du rivage propice à la pratique du surf ; par ext., endroit propice à la pratique d'un sport (skateboard, roller, etc.).

SPRAT [sprat] **n.m.** (mot angl.). Poisson abondant dans la Manche et la mer du Nord, voisin du hareng, et que l'on pêche pendant l'été. ➲ Famille des clupéidés.

SPRAY [sprɛ] **n.m.** (mot angl.). Jet de liquide (médicament, produit ménager, etc.) en fines gouttelettes, lancé par un pulvérisateur ; le pulvérisateur lui-même.

SPRINGBOK [spriŋbɔk] **n.m.** (mot néerl., de *spring*, saut, et *bok*, bouc). Antilope d'Afrique australe à la course extrêmement rapide (80 km/h) et capable d'effectuer des bonds considérables pour échapper à un prédateur.

SPRINGER [springœr] ou [-gɛr] **n.m.** (mot angl.). Chien de chasse d'une race anglaise, voisin de l'épagneul.

SPRINKLER [sprinklœr] **n.m.** (mot angl.). Asperseur.

SPRINT [sprint] **n.m.** (mot angl.). **SPORTS. 1.** Accélération d'un coureur à l'approche du but ; partie de la course où se produit cette accélération : *Lancer le sprint.* **2.** Course disputée sur courte distance.

SPRINTER [sprinte] **v.i. [3].** Augmenter sa vitesse en arrivant près du but.

SPRINTEUR, EUSE n. ou **SPRINTER** [sprintœr] **n.m.** (angl. *sprinter*). Coureur de vitesse sur petites distances ou capable de pointes de vitesse à la fin d'une longue course.

SPRL ou **S.P.R.L. n.f.** (sigle de *société de personnes à responsabilité limitée*). Belgique. SARL.

SPRUE n.f. (mot angl.). Maladie chronique de l'intestin se manifestant par une malabsorption et une diarrhée graisseuse, et dont une forme est la *maladie cœliaque.*

SPUMESCENT, E adj. (du lat. *spuma*, écume). Qui ressemble à de l'écume ; qui produit de l'écume.

SPUMEUX, EUSE adj. MÉD. Qui ressemble à de l'écume : *Crachat spumeux.*

SQUALE [skwal] **n.m.** (lat. *squalus*). **1.** Requin de la famille des squalidés, tel que l'aiguillat et la laimargue. **2.** Cour. Tout requin.

SQUAMATE [skwa-] **n.m.** Reptile au corps recouvert de fines écailles, à langue mobile, tel que les serpents, les lézards et les amphisbènes (SYN. **saurophidien**). ➲ Les squamates forment un ordre.

SQUAME [skwam] **n.f.** (du lat. *squama*, écaille). **HISTOL.** Lamelle épidermique qui se détache de la peau, normalement ou du fait d'une dermatose.

SQUAMEUX, EUSE [skwa-] **adj. MÉD.** Couvert de squames ; caractérisé par des squames.

SQUAMIFÈRE [skwa-] **adj. ZOOL.** Revêtu d'écailles.

SQUAMULE [skwa-] **n.f. ZOOL.** Petite écaille, telle que celles qui recouvrent les ailes des papillons.

SQUARE [skwar] **n.m.** (mot angl.). Petit jardin public en ville, génér. clôturé.

SQUASH [skwaʃ] **n.m.** (mot angl., de *to squash*, écraser). Sport pratiqué en salle, opposant deux joueurs qui, placés côte à côte, se renvoient la balle avec une raquette, en la faisant rebondir sur les quatre murs.

SQUAT [skwat] **n.m.** (mot angl.). Action de squatter un logement ; logement ainsi occupé.

SQUATTER [skwate] ou **SQUATTÉRISER** [skwaterize] **v.t. [3]. 1.** Occuper un logement vide sans droit ni titre. **2.** Occuper indûment ou abusivement ; monopoliser : *Ministre qui squatte les médias.*

SQUATTEUR, EUSE n. ou **SQUATTER** [skwatœr] **n.m.** (angl. *squatter*). Personne sans abri qui occupe illégalement un logement vacant ou destiné à la destruction. ◆ **SQUATTER n.m. 1.** Aux États-Unis, pionnier qui se fixait dans des territoires non encore occupés. **2.** En Australie, propriétaire de troupeaux de moutons qui paissent sur des terrains loués à l'État.

SQUAW [skwo] **n.f.** (de l'algonquien). Chez les Amérindiens du Nord, femme, mariée ou non.

SQUEEZE [skwiz] **n.m.** Au bridge, action de squeezer.

SQUEEZER [skwize] **v.t. [3]** (de l'angl. *to squeeze*, presser). **1.** Au bridge, obliger un adversaire à se défausser. **2.** Fam. Contourner un problème ; éluder : *Squeezer les questions de salaires* ; prendre l'avantage sur qqn ; court-circuiter : *Son collègue l'a squeezé.*

SQUELETTE n.m. (du gr. *skeleton*, momie). **1.** Charpente du corps, d'une partie du corps de l'homme et des animaux, spécial. des vertébrés : *Squelette de la main.* (V. planche *anatomie humaine, le squelette.*) **2.** Structure qui soutient une construction ; charpente : *Le squelette de fer d'une gare.* **3.** Fam. Personne très maigre. **4.** Grandes lignes d'un texte, d'un discours ; canevas : *Le squelette d'une plaidoirie.* **5. CHIM. ORG.** Enchaînement des atomes de carbone dans la molécule d'un composé organique. **6.** Voiture hippomobile à quatre roues, sans partie carrossée, utilisée pour le dressage ou l'entraînement des chevaux d'attelage. ■ **Squelette externe** [zool.], enveloppe plus ou moins dure soutenant et protégeant le corps de nombreux invertébrés (arthropodes, mollusques, etc.) et de certains vertébrés (tortues, tatous) [SYN. **exosquelette**].

SQUELETTIQUE adj. 1. Relatif au squelette. **2.** D'une extrême maigreur. **3.** Très réduit ; trop concis : *Un exposé squelettique.*

SQUILLE [skij] **n.f.** (lat. *squilla*). Crustacé comestible dont une espèce est appelée *squille-mante* en raison de ses pattes ravisseuses. ➲ Ordre des stomatopodes.

SQUIRRE ou **SQUIRRHE** [skir] **n.m.** (lat. *scirros*, du gr.). **MÉD.** Tumeur maligne dure, constituée par un carcinome très fibreux.

SRAS [sras] ou **S.R.A.S. n.m.** (acronyme de *syndrome respiratoire aigu sévère*). **MÉD.** Infection pulmonaire grave et contagieuse, due à un coronavirus.

SRI LANKAIS, E, SRI-LANKAIS, E (pl. *sri-lankais, es*) ou **SRILANKAIS, E adj.** et **n.** Du Sri Lanka.

SSBS ou **S.S.B.S. n.m.** (sigle de *sol-sol balistique stratégique*). Missile lancé à partir du sol et délivrant une ou plusieurs armes (têtes) nucléaires sur des cibles stratégiques civiles ou militaires.

SSII ou **S.S.I.I.** [ɛsɛsdəzi] **n.f.** (sigle de *société de services et d'ingénierie en informatique*). Société prestataire de services dans le domaine de l'informatique.

STABAT MATER [stabatmatɛr] **n.m. inv.** (mots lat. « la mère se tenait debout »). Chant de la liturgie catholique sur les douleurs de la Vierge au pied de la croix de Jésus, et dont le texte a inspiré de nombreuses compositions musicales.

STABILE n.m. ART MOD. Œuvre tridimensionnelle composée de une ou plusieurs formes maintenues dans l'espace et en équilibre sur une ou plusieurs tiges.

STABILISANT, E adj. et **n.m.** Se dit d'une substance incorporée à une matière (polymère, explosif) pour en améliorer la stabilité chimique.

STABILISATEUR, TRICE adj. Qui stabilise. ◆ **n.m. 1.** Mécanisme, dispositif destiné à éviter ou à amortir les oscillations. **2.** Chacun des plans fixes formant l'empennage d'un avion, l'un horizontal, l'autre vertical (*dérive*). ■ **Stabilisateur de roulis,** appareil permettant une réduction du roulis des navires au moyen d'ailerons sur chaque bord.

STABILISATION n.f. Action de stabiliser ; fait de se stabiliser.

STABILISER v.t. [3]. Rendre stable : *Stabiliser les prix.* ◆ **SE STABILISER v.pr. 1.** Devenir stable. **2.** Avoir acquis de la stabilité dans sa vie sociale.

STABILITÉ n.f. 1. Caractère de ce qui est stable, de ce qui tend à conserver son équilibre : *La stabilité d'un échafaudage.* **2.** Caractère de ce qui se maintient durablement sans profondes variations : *La stabilité d'une monnaie, des institutions.* **3.** Caractère d'une personne stable. **4. MÉCAN.** Propriété qu'a un système dynamique de revenir à son régime établi après en avoir été écarté par une perturbation. **5. PHYS.** Propriété d'un système en équilibre stable. **6. CHIM.** État de plus basse énergie, pour un système chimique (par oppos. à *instabilité*). **7. MÉTÉOROL.** État de l'atmosphère tel que toute perturbation introduite dans cet état tend à s'atténuer. ■ **Contrats de stabilité** [écon.], accords passés entre les professions et les pouvoirs publics pour maintenir la stabilité des prix.

STABLE adj. (lat. *stabilis*, de *stare*, se tenir debout). **1.** Qui est dans un état, une situation fermes, solides : *Statue stable sur son socle.* **2.** Qui se maintient dans le même état ; durable : *La Bourse est stable.* **3.** Caractérisé par la constance, la permanence : *Un jeune homme stable.* **4. MÉCAN.** Se dit d'un équilibre qui n'est pas détruit par une faible variation des conditions. **5. CHIM.** Se dit d'un état de basse énergie d'un système chimique, par rapport à un autre état d'énergie accessible au système. ■ **Partie stable d'un ensemble (muni d'une loi de composition)** [math.], telle que tout couple d'éléments de cette partie a son composé appartenant à cette même partie.

STABULATION n.f. (lat. *stabulatio*). **AGRIC.** Séjour des animaux dans l'étable ; l'étable elle-même. ■ **Stabulation libre,** mode de logement du bétail, princip. bovin, dans lequel ce dernier n'est pas attaché.

STACCATO adv. (mot ital.). **MUS.** En détachant nettement les notes. ◆ **n.m.** Passage exécuté staccato.

STADE **n.m.** (lat. *stadium*, du gr.). **1.** Terrain aménagé pour la pratique du sport, pouvant accueillir des spectateurs. **2.** Période, étape d'un développement ; phase : *Dans un premier stade, vous devrez apprendre à respirer sous l'eau.* **3.** ANTIQ. GR. Unité de longueur de 600 pieds, qui variait selon les régions entre 147 et 192 m (pour le stade olympique) ; terrain de cette longueur où avaient lieu les courses à pied et divers exercices.

STADHOUDER **n.m.** → **STATHOUDER.**

STADIA **n.f.** (mot gr.). TOPOGR. Mire graduée utilisée pour mesurer au tachéomètre la distance entre deux points.

STADIER, ÈRE **n.** Personne chargée de l'accueil, du placement et de la sécurité du public dans les stades.

1. STAFF **n.m.** (mot angl. « état-major »). Fam. **1.** Groupe formé par les dirigeants d'une entreprise, d'une organisation. **2.** Groupe de personnes travaillant ensemble ; équipe ; service.

2. STAFF **n.m.** (de l'all. *staffieren*, étoffer). CONSTR. Mélange de plâtre à mouler et de fibres végétales, utilisé pour les plafonds, la décoration intérieure, etc.

STAFFER **v.t. [3].** Construire en staff.

STAFFEUR, EUSE **n.** CONSTR. Professionnel procédant à la pose ou au moulage de staff.

STAGE **n.m.** (bas lat. *stagium*). **1.** Période d'études pratiques exigée des candidats à l'exercice de certaines professions. **2.** Période pendant laquelle une personne exerce une activité temporaire dans une entreprise, en vue de sa formation.

STAGFLATION **n.f.** (de *stagnation* et *inflation*). ÉCON. Situation économique d'un pays qui conjugue l'inflation avec un ralentissement de la croissance et un taux de chômage élevé.

STAGIAIRE **n.** Personne qui fait un stage.

STAGNANT, E [-gnɑ̃, -ɑ̃t] **adj. 1.** Qui ne coule pas : *Eaux stagnantes.* **2.** Fig. Qui ne progresse pas, n'évolue pas : *Secteur industriel stagnant.*

STAGNATION [-gna-] **n.f. 1.** État d'une eau stagnante. **2.** Fig. Absence de progrès, de développement ; marasme : *Stagnation des exportations.*

STAGNER [-gne] **v.i. [3]** (lat. *stagnare*, de *stagnum*, étang). **1.** Être stagnant, en parlant d'un fluide. **2.** Fig. Fonctionner au ralenti, en parlant d'une activité économique ; végéter.

STAKHANOVISME **n.m.** (du n. de A. G. *Stakhanov*, mineur russe qui établit des records de production). HIST. En URSS et dans les pays socialistes, méthode d'augmentation de la productivité du travail fondée sur l'incitation des travailleurs à l'émulation.

STAKHANOVISTE **adj.** et **n.** Relatif au stakhanovisme ; qui le pratique.

STAKNING [stakniŋ] **n.m.** (mot norv.). En ski de fond, progression par glissement simultané des skis et par poussée simultanée sur les deux bâtons.

▲ **stalactites** (descendantes) et stalagmites (montantes).

STALACTITE **n.f.** (du gr. *stalaktos*, qui coule goutte à goutte). GÉOMORPH. Colonne plus ou moins fine qui croît par précipitation de calcite en descendant de la voûte d'une cavité calcaire.

STALAG **n.m.** (abrév. de l'all. *Stammlager*, camp de base). Camp de sous-officiers et de soldats prisonniers, en Allemagne, pendant la Seconde Guerre mondiale.

STALAGMITE **n.f.** (du gr. *stalagmos*, écoulement goutte à goutte). GÉOMORPH. Colonne partant du sol d'une grotte, formée de concrétions calcaires.

STALINIEN, ENNE **adj.** et **n.** Relatif à Staline, au stalinisme ; qui en est partisan.

STALINISME **n.m.** Doctrine, pratique de Staline et de ceux qui se rattachent à ses conceptions idéologiques et politiques, et à ses méthodes.

STALLE **n.f.** (lat. médiév. *stallum*). **1.** Dans une écurie, une étable, emplacement occupé par un animal et délimité par des cloisons. **2.** Chacun des sièges de bois, à dossier haut, garnissant les deux côtés du chœur de certaines églises et réservés au clergé.

STAMINAL, E, AUX **adj.** BOT. Relatif aux étamines.

STAMINÉ, E **adj.** (du lat. *stamen*, *-inis*, étamine). BOT. Se dit d'une fleur qui possède des étamines.

STAMINIFÈRE **adj.** BOT. Qui porte des étamines.

STAMM [ʃtam] **n.m.** (mot all. « souche, famille »). Suisse. Local où se retrouvent régulièrement un groupe d'amis, les membres d'une société ; permanence.

STANCE **n.f.** (ital. *stanza*). VERSIF. Groupe de vers offrant un sens complet et suivi d'un repos. ◆ **n.f. pl.** LITTÉR. Poème lyrique, religieux ou élégiaque, formé de strophes de même structure.

STAND **n.m.** (de l'angl. *to stand*, se tenir debout). **1.** Espace réservé à chacun des participants d'une exposition. **2.** Endroit aménagé pour le tir de précision à la cible. **3.** Poste de ravitaillement d'un véhicule, dans une épreuve automobile ou motocycliste sur piste.

1. STANDARD **adj.** (mot angl.). **1.** Conforme à une norme de fabrication, à un modèle ; normalisé : *Stores standards. Taille standard.* **2.** Qui correspond à un type courant, habituel ; ordinaire : *Mobilier standard.* **3.** Se dit de la langue couramment employée dans une communauté linguistique ; usuel : *Italien standard.*

✎ Certains auteurs font cet adj. inv., mais son emploi cour. en français le fait varier en nombre.

2. STANDARD **n.m. 1.** Règle fixée à l'intérieur d'une entreprise pour caractériser un produit, une méthode de travail, une quantité à produire, etc. ; norme. **2.** Appareil permettant la liaison de nombreux postes téléphoniques connectés à un groupe limité de lignes. **3.** Norme de codage d'un signal de télévision ou de télécommunication. **4.** INFORM., AUDIOVIS. Norme de production, de fabrication. **5.** Thème classique de jazz ou de rock, repris par des musiciens ou des chanteurs.

STANDARDISATION **n.f. 1.** Action de standardiser ; normalisation. **2.** Écrémage permettant de moduler la teneur en matière grasse du lait.

STANDARDISER **v.t. [3].** Rendre conforme à un modèle unique, à un standard ; normaliser.

STANDARDISTE **n.** Opérateur chargé d'un standard téléphonique.

STAND-BY [stɑ̃dbaj] **adj. inv.** et **n. inv.** (de l'angl. *to stand by*, se tenir prêt). Se dit d'un passager qui n'a pas de réservation ferme sur un avion de ligne et qui n'y est admis que s'il y a des places disponibles. ◆ **n.m. inv.** ▪ **Être, mettre en stand-by,** en attente.

STANDING [stɑ̃diŋ] **n.m.** (mot angl.). **1.** Position sociale d'une personne ; niveau de vie : *Ils tiennent à leur standing.* **2.** Niveau de confort d'une habitation.

STANDING OVATION [stɑ̃diŋoveʃɔn] **n.f.** (pl. *standing ovations*) [mots angl.]. Dans un spectacle, une cérémonie, etc., applaudissements continus que le public effectue debout pour exprimer son enthousiasme.

STAND-UP [stɑ̃dœp] **n.m. inv.** (mot angl.). Spectacle au cours duquel un humoriste, seul en scène et sans aucun accessoire, commente de façon caustique le quotidien, en interaction avec le public.

STAND-UP PADDLE ou **PADDLE** [(stɑ̃dœp)padœl] **n.m.** (pl. *stand-up paddles*, *paddles*) [mot angl. « pagayer debout »]. Sport consistant à se tenir debout sur une planche et à se déplacer sur l'eau en ramant avec une pagaie ; ensemble constitué d'une planche et d'une pagaie permettant de pratiquer ce sport. Recomm. off. **planche à rame.**

STANNEUX **adj.m.** CHIM. MINÉR. Se dit des composés de l'étain bivalent.

STANNIFÈRE **adj.** Qui contient de l'étain.

STANNIQUE **adj.** (du lat. *stannum*, étain). CHIM. MINÉR. Se dit des composés de l'étain quadrivalent.

STAPHISAIGRE **n.f.** (du lat. *staphis agria*, raisin sauvage). Delphinium de la région méditerranéenne, appelé aussi *herbe aux poux.*

STAPHYLIER **n.m.** (du gr. *staphulê*, grappe de raisin). Arbuste de l'est de la France, aux fleurs blanchâtres et aux fruits renflés, appelé aussi *faux pistachier.* ➲ Famille des staphyléacées.

1. STAPHYLIN, E **adj.** ANAT. Uvulaire.

2. STAPHYLIN **n.m.** (du gr. *staphulê*, grappe de raisin). Coléoptère carnassier, à élytres courts et à abdomen mobile. ➲ Famille des staphylinidés.

STAPHYLOCOCCIE [-kɔksi] **n.f.** MÉD. Infection par un staphylocoque.

STAPHYLOCOCCIQUE [-kɔksik] **adj.** Relatif au staphylocoque.

STAPHYLOCOQUE **n.m.** (du gr. *staphulê*, grappe de raisin, et *kokkos*, graine). Bactérie de forme arrondie, dont les individus sont groupés en forme de grappe, abondante dans la nature et vivant sur la peau et les muqueuses. ➲ Une espèce, le *staphylocoque doré*, provoque des infections banales ou graves, telles que le furoncle, l'anthrax, l'ostéomyélite, une septicémie, etc.

STAR **n.f.** (mot angl. « étoile »). **1.** Vedette de cinéma. **2.** Vedette dans un autre domaine : *Une star du basket.*

STARETS [-rets] ou **STARIETS** [-rjets] **n.m.** (du russe *starets*, vieillard). Dans l'ancienne Russie, moine ou ermite considéré par le peuple comme prophète ou thaumaturge.

STARIE **n.f.** (du néerl. *star*, immobile). MAR. Jours de planche*.

STARISATION **n.f.** Action de stariser.

STARISER **v.t. [3].** Faire de qqn une star : *Stariser les gagnants d'une télé-réalité.*

STARKING [-kiŋ] **n.f.** (mot angl.). Pomme d'une variété à peau rouge originaire d'Amérique.

STARLETTE **n.f.** Jeune actrice de cinéma cherchant à devenir une star.

STAROSTE **n.m.** (du russe). Dans la Russie tsariste, représentant élu par une communauté rurale ou urbaine.

STAR-SYSTÈME ou **STAR-SYSTEM** **n.m.** (pl. *star-systèmes*, *star-systems*). Dans le monde du spectacle, système centré sur le prestige d'une vedette.

STARTER [-tɛr] **n.m.** (de l'angl. *to start*, démarrer). **1.** Personne qui, dans les courses, donne le signal du départ. **2.** Dispositif auxiliaire du carburateur qui facilite le départ à froid d'un moteur à explosion en augmentant la richesse en carburant du mélange gazeux.

STARTING-BLOCK [startiŋblɔk] **n.m.** (pl. *starting-blocks*) [mot angl.]. En athlétisme, cale-pieds facilitant le départ des coureurs. ▪ **Être dans les starting-blocks,** se tenir prêt à se lancer dans une compétition, une élection, etc.

STARTING-GATE [startiŋget] **n.f.** (pl. *starting-gates*) [mot angl.]. Dispositif placé sur la piste et dont les portes s'ouvrent automatiquement et simultanément pour le départ d'une course de chevaux.

▲ **starting-gate.** Départ d'une course de chevaux dans la starting-gate.

START-UP [startœp] **n.f. inv.** (mot anglo-amér., de *to start up*, créer). Jeune entreprise innovante, dans le secteur des nouvelles technologies. Recomm. off. **jeune pousse.**

STARTUPER [startœpœr] **n.m** ou **STARTUPEUR, EUSE** [-œpœr, øz] **n.** Fondateur d'une start-up.

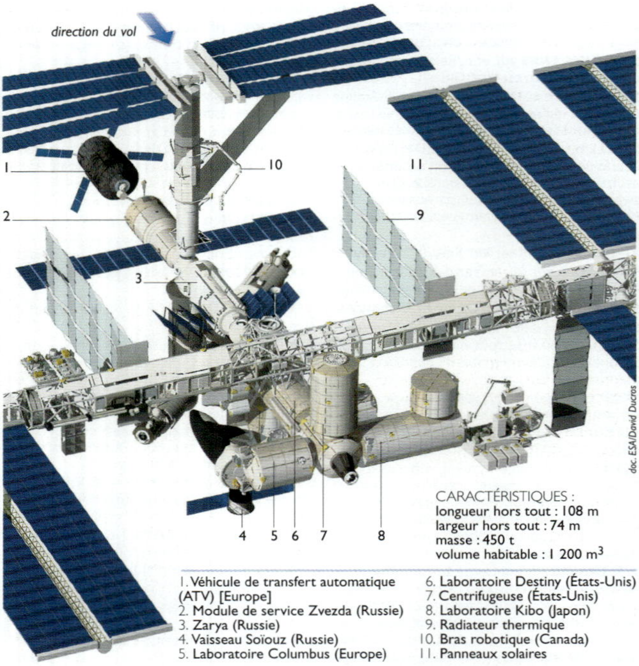

▲ **station.** La Station spatiale internationale dans sa configuration complète.

STASE n.f. (gr. *stasis*). **MÉD.** Arrêt ou ralentissement de la circulation d'un liquide organique.

STATÈRE n.m. (gr. *statêr*). **ANTIQ. GR.** Unité de poids et de monnaie.

STATHOUDER [statudɛr] ou **STADHOUDER** [-dudɛr] n.m. (néerl. *stadhouder*). **HIST.** Dans les Pays-Bas espagnols, gouverneur de province ; dans les Provinces-Unies, chef du pouvoir exécutif d'une province ou de l'ensemble de l'Union.

STATICE n.m. ou n.f. (gr. *statikê*). Plante à fleurs roses ou mauves et à feuilles simples en rosettes basales, croissant sur les sables littoraux ou dans les marais salants. ➲ Famille des plombaginacées.

STATIF n.m. (du lat. *stativus*, fixe). **1.** Partie mécanique (pied, corps et tube) du microscope. **2.** Socle massif dans lequel est fixée une tige servant de support à des accessoires de laboratoire, de photographie.

STATINE n.f. Médicament prescrit contre l'hypercholestérolémie (nom générique).

STATION n.f. (lat. *statio*, de *stare*, se tenir debout). **1.** Façon de se tenir ; position : *La station debout lui est pénible.* **2.** Arrêt, de durée variable, au cours d'un déplacement ; halte ; pause : *Les randonneurs font une courte station pour boire.* **3.** Lieu où s'arrêtent les véhicules de transport en commun pour prendre ou déposer des voyageurs : *Station de métro.* **4.** Établissement de recherches scientifiques : *Station météorologique.* **5.** Installation ayant une destination définie : *Station d'épuration.* **6.** Lieu de séjour temporaire permettant certaines activités ou certains traitements : *Station balnéaire, thermale.* **7. CHRIST.** Chacune des quatorze pauses du chemin de croix ; leur représentation dans les arts. **8.** Point où l'on se place, en topographie ou en géodésie, pour faire un levé ou des mesures. **9.** Nouvelle-Calédonie. Vaste domaine d'élevage extensif. ▪ **Station d'accueil,** dispositif permettant de connecter une large gamme de périphériques (tablette, lecteur MP3, téléphone intelligent, etc.) à des systèmes audio pour profiter de leurs fonctionnalités tout en rechargeant leur batterie. ▪ **Station de travail** [inform.], système, connectable ou non, mis à la disposition d'un utilisateur pour un domaine d'applications donné. ▪ **Station orbitale** ou **spatiale** [astronaut.], véhicule spatial non récupérable, satellisé autour de la Terre, disposant d'équipements de recherches scientifiques et techniques pluridisciplinaires, capable d'abriter des astronautes pour des séjours de longue durée et auquel peuvent venir s'amarrer des vaisseaux spatiaux automatiques ou pilotés. ▪ **Station radiophonique** ou **de radiodiffusion** ou **d'émission,** ensemble des installations permettant d'assurer, en un lieu donné, l'émission de programmes de radio ou de télévision.

➲ Les premières **STATIONS ORBITALES** ont été les stations soviétiques Saliout (1971-1991) et le Skylab américain (1973-1979). La station russe Mir (1986-2001) a été occupée par plus de 100 spationautes. La construction de la Station spatiale internationale, formée de modules assemblés dans l'espace, a débuté en 1998 et est en cours d'achèvement.

STATION-AVAL n.f. (pl. *stations-aval*). **ASTRONAUT.** Installation située à une certaine distance d'une base de lancement d'engins spatiaux et utilisée pour assurer les liaisons avec un lanceur, entre le décollage et la mise sur orbite, quand ce lanceur n'est plus en vue de la base.

STATIONNAIRE adj. Qui reste dans le même état : *L'état du malade est stationnaire.* ▪ **Onde stationnaire** [phys.], oscillation, résultant de la superposition d'ondes progressives, ne progressant pas elle-même (par oppos. à *onde progressive*). ▪ **Suite stationnaire** [math.], suite (a_n) telle qu'il existe un nombre naturel p tel que $a_n = a_p$ pour tout $n > p$.

STATIONNEMENT n.m. **1.** Fait de stationner en un lieu : *Stationnement payant.* **2.** Québec. Espace, parc de stationnement. ▪ **Carte de stationnement pour personnes handicapées,** carte donnant accès aux places réservées attribuée à une personne atteinte d'un handicap réduisant sa capacité de déplacement à pied. ➲ Elle remplace les macarons *grand invalide civil* (GIC) et *grand invalide de guerre* (GIG).

STATIONNER v.i. [3]. S'arrêter momentanément en un lieu, en parlant d'un véhicule. ▪ **Être stationné** [emploi critiqué], être en stationnement.

STATION-SERVICE n.f. (pl. *stations-service*). Poste d'essence offrant aux automobilistes et aux motocyclistes les ressources nécessaires à la bonne marche de leur véhicule, y compris certains dépannages d'urgence.

STATIQUE adj. (gr. *statikos*). **1.** Qui n'évolue pas (par oppos. à *dynamique*). **2. MÉCAN.** Qui a rapport à l'équilibre des corps. ◆ **n.f.** Branche de la mécanique qui a pour objet l'étude de l'équilibre des corps. ▪ **Statique des gaz,** aérostatique.

STATIQUEMENT adv. De façon statique.

STATISME n.m. État de ce qui est statique.

STATISTICIEN, ENNE n. Spécialiste de statistique.

STATISTIQUE n.f. (all. *Statistik*, du lat. *status*, état). **1.** Ensemble de méthodes mathématiques qui, à partir du recueil et de l'analyse de données réelles, permettent l'élaboration de modèles probabilistes autorisant les prévisions. **2.** (Souvent pl.). Ensemble de données d'observation relatives à un groupe d'individus ou d'unités : *Statistiques épidémiologiques.* ◆ **adj.** Relatif à la statistique : *Enquête statistique.* ▪ **Mécanique statistique,** mécanique appliquée aux systèmes formés d'un grand nombre d'éléments semblables (atomes, molécules, etc.).

STATISTIQUEMENT adv. D'un point de vue statistique.

STATOCYSTE n.m. (du gr. *statos*, stationnaire, et *kustis*, vessie). **PHYSIOL.** Organe sensoriel creux, entouré d'une paroi ciliée très sensible, qui renseigne de nombreux invertébrés sur leur orientation dans le champ de la pesanteur.

STATOR n.m. (du lat. *stare*, se tenir immobile). Partie fixe d'une machine (par oppos. à *rotor*).

STATORÉACTEUR n.m. **AÉRON.** Propulseur à réaction sans organe mobile, constitué par une tuyère à thermopropulsion, exigeant pour fonctionner des vitesses élevées. ➲ Les statoréacteurs sont utilisés pour la propulsion des missiles de croisière qui peuvent être lancés d'un avion porteur ou munis d'un turboréacteur pour les décollages autonomes.

STATTHALTER [statalter] ou [-tœr] n.m. (mot all.). **HIST.** Gouverneur en pays allemand, et, plus partic., gouverneur de l'Alsace-Lorraine de 1879 à 1918.

1. STATUAIRE adj. Relatif aux statues. ◆ **n.f.** Art de faire les statues.

2. STATUAIRE n. Sculpteur qui fait des statues.

STATUE n.f. (lat. *statua*, de *statuere*, établir). Sculpture en ronde bosse représentant un être animé entier, dans quelque position que ce soit, et dont les dimensions sont égales à la moitié au moins de la taille naturelle. ▪ **Être changé en statue de sel,** être figé par la stupeur.

STATUE-COLONNE n.f. (pl. *statues-colonnes*). Statue adossée à une colonnette et taillée dans le même bloc que celle-ci, dans l'art gothique.

STATUER v.i. [3]. Décider d'une question en vertu de l'autorité que l'on détient : *Le tribunal statuera sur le fond.*

STATUETTE n.f. Petite statue. ➲ Entre 25 et 80 cm env. pour une figure humaine ; au-dessous, on parle de *figurine*.

STATUFIER v.t. [5]. **1.** Représenter qqn en statue. **2.** Rendre aussi immobile qu'une statue.

STATU QUO n.m. inv., ▲ *STATUQUO* [statykwo] *n.m.* (du lat. *in statu quo ante*, dans l'état où les choses étaient auparavant). État actuel des choses : *Rétablir le statu quo.*

STATURE n.f. (lat. *statura*). **1.** Taille d'une personne. **2.** Importance de qqn sur le plan humain ; envergure : *Il a la stature d'un leader.*

STATURO-PONDÉRAL, E, AUX adj. **ANAT.** Relatif à la taille et au poids.

STATUT n.m. (du bas lat. *statutum*, décret). **1. DR.** Texte ou ensemble de textes fixant les garanties fondamentales accordées à une collectivité, à un corps, à un groupe de personnes. **2.** Situation de fait de qqn, d'un groupe par rapport à la société : *Le statut de l'enfant.* ◆ **n.m. pl. DR.** Acte constitutif d'une société ou d'une association, qui en fixe légalement les règles de fonctionnement.

STATUTAIRE adj. Conforme aux statuts ; désigné par les statuts.

STATUTAIREMENT adv. Conformément aux statuts.

STAUROTIDE n.f. (du gr. *stauros*, croix). **MINÉRALOG.** Silicate d'aluminium et de fer, brun rouille, souvent maclé en croix, caractéristique du métamorphisme moyen.

STAWUG [stavyg] **n.m.** (mot norv.). Pas de marche rapide, utilisé en ski de fond.

STAYER [stɛjœr] **n.m.** (mot angl., de *to stay*, rester). Coureur cycliste de demi-fond derrière motocyclette, sur piste.

STEADICAM n.m. (nom déposé). **CINÉMA** Système de harnais corporel destiné à stabiliser la caméra lors d'une prise de vues.

STEAK [stɛk] **n.m.** (mot angl.). Bifteck.

STEAMER [stimœr] **n.m.** (mot angl., de *steam*, vapeur). Anc. Navire à vapeur.

STÉARATE n.m. Sel ou ester de l'acide stéarique.

STÉARINE n.f. (du gr. *stear*, graisse). **CHIM.** Mélange d'acide palmitique et d'acide stéarique, principal constituant des graisses animales.

STÉARIQUE adj. Se dit d'un acide contenu dans les graisses animales et servant à fabriquer des bougies.

STÉATITE n.f. Roche constituée de talc utilisée pour la fabrication de petits objets ornementaux.

STÉATOPYGE adj. Caractérisé par la stéatopygie : *Vénus stéatopyge.*

STÉATOPYGIE n.f. (de *stéatopyge*). Didact. Présence d'un matelas adipeux épais dans la région du sacrum et des fesses, reposant sur une ensellure lombo-sacrée très prononcée, et fréquente chez les Bochimans et les Hottentots.

STÉATOSE n.f. MÉD. Infiltration ou dégénérescence graisseuse d'un tissu, d'un organe.

STEENBOK n.m. → **STEINBOCK.**

STEEPLE-CHASE ou **STEEPLE** [stipəl(tʃɛz)] **n.m.** (pl. *steeple-chases, steeples*) [mot angl. « course au clocher »]. Course de chevaux qui comporte des haies et des obstacles de différentes natures. ▪ **3 000 m steeple,** course à pied de 3 000 m, sur piste, comprenant le franchissement d'une série d'obstacles artificiels (28 sauts de haies et 7 sauts de rivière).

STÉGANOGRAPHIE n.f. (du gr. *steganos*, caché, et *graphein*, écrire). Ensemble de techniques permettant de transmettre une information en la dissimulant au sein d'une autre information (photo, vidéo, texte, etc.) sans rapport avec la première et le plus souvent anodine.

STÉGOCÉPHALE n.m. (de *stegos*, abri). **PALÉONT.** Amphibien fossile de la fin de l'ère primaire, du trias et du jurassique, dont certains atteignaient 3 m de long. ➲ Les stégocéphales forment une sous-classe.

STÉGOMYIE [-mii] ou **STEGOMYIA n.f.** (du gr. *stegos*, abri, et *muia*, mouche). Moustique des pays chauds, qui propage la fièvre jaune par ses piqûres.

STÉGOSAURE n.m. (du gr. *stegein*, couvrir, et *sauros*, reptile). **PALÉONT.** Dinosaure herbivore quadrupède du jurassique d'Amérique du Nord, au corps surmonté de larges plaques ossifiées, à queue armée de pointes. ➲ Long. 7 m ; groupe des ornithischiens.

STEINBOCK ou **STEENBOK** [stɛnbɔk] **n.m.** (du néerl. *steenbok*, bouquetin). Petite antilope d'Afrique australe, aux courtes cornes droites.

STÈLE n.f. (lat. *stela*, du gr.). Monument monolithe vertical, le plus souvent funéraire, orné d'un décor épigraphique ou figuré.

1. STELLAIRE adj. (du lat. *stella*, étoile). **1. ASTRON.** Relatif aux étoiles : *Magnitude stellaire.* **2.** Rayonné en étoile : *Angiome stellaire.*

2. STELLAIRE n.f. Plante herbacée à fleurs blanches aux pétales bifides, telle que la *stellaire holostée* et le mouron des oiseaux. ➲ Famille des caryophyllacées.

STELLITE n.m. (nom déposé). Alliage de cobalt (de 50 à 65 %), de chrome, de tungstène et de carbone, utilisé pour sa résistance à l'usure et sa tenue à chaud.

STEM ou **STEMM** [stɛm] **n.m.** (norv. *stemm*). En ski, virage qui utilise le transfert du poids du corps d'un ski sur l'autre.

STEMMATE n.m. (du gr. *stemma, -atos*, couronne). Œil simple des larves d'insectes supérieurs.

STENCIL [stɛnsil] ou [stɛ̃sil] **n.m.** (mot angl.). Papier paraffiné perméable à l'encre fluide se comportant comme un pochoir, utilisé pour polycopier.

STENDHALIEN, ENNE [stɛ̃-] **adj.** Relatif à Stendhal, à son œuvre.

1. STÉNO n.f. → **STÉNOGRAPHIE.**

2. STÉNO ou, vieilli, **STÉNOGRAPHE n.** Personne capable de prendre en dictée, à la vitesse de la conversation, un texte à l'aide de signes sténographiques.

STÉNODACTYLO n. Dactylo qualifié pour l'enregistrement, par signes écrits, des éléments d'une dictée, d'un discours, etc.

STÉNODACTYLOGRAPHIE n.f. Emploi de la sténographie et de la dactylographie combinées.

STÉNOGRAMME n.m. Tracé, en sténographie, d'une syllabe ou d'un mot donnés.

STÉNOGRAPHE n. → **2. STÉNO.**

STÉNOGRAPHIE ou **STÉNO n.f.** (du gr. *stenos*, serré, et *graphein*, écrire). Procédé d'écriture formé de signes abréviatifs conventionnels, qui sert à transcrire la parole aussi rapidement qu'elle est prononcée.

STÉNOGRAPHIER v.t. [5]. Prendre en sténographie ce qui est dit.

STÉNOGRAPHIQUE adj. Relatif à la sténographie.

STÉNOHALIN, E adj. BIOL. Se dit d'un organisme marin qui ne peut vivre que dans des eaux à salinité presque constante ; se dit d'un tel milieu (CONTR. **euryhalin**).

STÉNOPÉ n.m. (du gr. *stenos*, étroit, et *opê*, trou). **PHOTOGR.** Petit trou dans la paroi d'une chambre noire, faisant office d'objectif photographique.

STÉNOSE n.f. (du gr. *stenos*, serré). **MÉD.** Diminution pathologique du calibre d'un organe, d'un canal ou d'un vaisseau : *Sténose de la carotide* (SYN. **rétrécissement**).

STÉNOTHERME adj. ÉCOL. Se dit d'un organisme qui exige un milieu dont la température varie peu (CONTR. **eurytherme**).

STÉNOTYPE n.f. Anc. Machine pour transcrire à la vitesse de la parole la plus rapide des textes sous une forme phonétique simplifiée.

STÉNOTYPIE n.f. Écriture de la parole à l'aide d'une sténotype.

STÉNOTYPISTE n. Employé utilisant une sténotype.

STENT [stɛnt] **n.m.** (du n. de C. *Stent*). **MÉD.** Petit cylindre métallique extensible, que l'on glisse à l'intérieur d'un vaisseau, en partic. d'une artère coronaire, pour le dilater en cas de sténose.

1. STENTOR [stɑ̃tɔr] **n.m.** (de *Stentor*, n. myth.). ▪ **Voix de stentor,** extrêmement puissante et sonore.

2. STENTOR [stɑ̃tɔr] **n.m.** (de *1. stentor*). Protozoaire d'eau douce en forme d'entonnoir, bordé de cils. ➲ Embranchement des ciliés.

STEP n.m. (mot angl. « pas, marche »). Discipline du fitness se pratiquant avec une sorte de cube antidérapant à hauteur réglable, utilisé comme une marche d'escalier.

STÉPHANOIS, E adj. et **n.** De Saint-Étienne.

STEPPAGE n.m. (de l'angl. *to step*, faire un pas). **MÉD.** Anomalie de la marche due à une paralysie des muscles releveurs du pied et obligeant à lever haut le genou à chaque pas pour empêcher la pointe du pied de traîner.

STEPPE n.f. (russe *step*). Formation discontinue de végétaux de petite taille, souvent herbacés, adaptés aux milieux secs, des régions méditerranéennes subarides, des régions tropicales ou de celles de climat continental à hivers très froids et à étés très secs. ▪ **Art des steppes,** production artistique, à l'âge du bronze et du fer, des peuples nomades des steppes (Sibérie et nord de la mer Noire), qui atteignit son apogée entre le VIIIe et le IIIe s. av. J.-C.

▲ **steppe.** Art des steppes : plaque de bouclier scythe en forme de panthère, en or avec incrustations. Fin du VIIe - début du VIe s. av. J.-C. (Musée de l'Ermitage, Saint-Pétersbourg.)

STEPPEUR ou **STEPPER** [stɛpœr] **n.m.** (de l'angl. *to step*, faire un pas). Cheval qui trotte avec vivacité en levant haut ses membres antérieurs.

STEPPIQUE adj. Formé de steppes.

STÉRADIAN n.m. Unité SI de mesure d'angle solide (symb. sr), équivalant à l'angle solide d'un cône qui, ayant son sommet au centre d'une sphère, découpe, sur la surface de cette sphère, une aire équivalant à celle d'un carré dont le côté est égal au rayon de la sphère.

1. STERCORAIRE n.m. (du lat. *stercus, -oris*, excrément). Palmipède des mers arctiques, qui se nourrit de poissons dérobés à d'autres oiseaux, d'où son surnom de *mouette ravisseuse* (SYN. **labbe**). ➲ Ordre des lariformes.

2. STERCORAIRE adj. 1. MÉD. Stercoral. **2. BIOL.** Se dit d'une espèce animale ou végétale qui vit sur les excréments (coprophile), ou qui s'en nourrit (coprophage).

STERCORAL, E, AUX adj. MÉD. Relatif aux excréments (SYN. **2. stercoraire**).

STERCULIACÉE n.f. (du lat. *stercus, -oris*, excrément). Arbre ou arbuste tropical à fleurs dialypétales, tel que le cacaoyer et le kolatier ➲ Les sterculiacées forment une famille.

STÈRE n.m. (du gr. *stereos*, solide). Quantité de bois (rondins ou quartiers) correspondant à un volume extérieur de 1 m^{3} (symb. st).

STÉRÉO n.f. (abrév.). Stéréophonie. ◆ **adj. inv.** Stéréophonique.

STÉRÉOCHIMIE n.f. Partie de la chimie qui étudie l'arrangement tridimensionnel des atomes dans les molécules.

STÉRÉOCHIMIQUE adj. Relatif à la stéréochimie.

STÉRÉOCOMPARATEUR n.m. Appareil utilisé dans les levés de plans par la photographie, permettant de mesurer les coordonnées planes des points images situés sur les deux clichés d'un couple stéréoscopique.

STÉRÉOGNOSIE [-gnozi] **n.f. PHYSIOL.** Sensibilité permettant de reconnaître au toucher la forme, le volume, la consistance des objets.

STÉRÉOGRAMME n.m. Ensemble de deux clichés d'un même sujet destinés à la restitution du relief par stéréoscopie.

STÉRÉOGRAPHIQUE adj. ▪ **Projection stéréographique (de sommet O),** transformation ponctuelle qui, à un point M d'une demi-sphère de sommet O, associe le point d'intersection de la droite (OM) et du plan équatorial.

▲ **steppe.** Paysage de steppe dans la vallée de l'Orkhon (Mongolie).

a b c d e f g h i j k l m n o p q r s t u v w x y z

STÉRÉO-ISOMÈRE adj. et n.m. (pl. *stéréo-isomères*). **CHIM.** Se dit d'un produit dont les atomes ont une disposition spatiale le différenciant des autres composés de même composition élémentaire.

STÉRÉO-ISOMÉRIE n.f. (pl. *stéréo-isoméries*). **CHIM.** Type d'isomérie où la forme des molécules, dans l'espace à trois dimensions, est le critère distinctif.

STÉRÉOMÉTRIE n.f. Mesure des caractéristiques géométriques des solides.

STÉRÉOMÉTRIQUE adj. Relatif à la stéréométrie.

STÉRÉOPHONIE n.f. Technique de reproduction des sons enregistrés ou transmis par radio, caractérisée par la reconstitution spatiale des sources sonores (par oppos. à *monophonie*). Abrév. **stéréo.**

STÉRÉOPHONIQUE adj. Relatif à la stéréophonie. Abrév. **stéréo.**

STÉRÉOPHOTOGRAPHIE n.f. Photographie stéréoscopique.

STÉRÉORÉGULARITÉ n.f. Qualité d'un polymère stéréorégulier.

STÉRÉORÉGULIER, ÈRE adj. **CHIM.** Se dit d'un polymère dont les chaînes peuvent être décrites par un seul type de monomère de configuration déterminée.

STÉRÉOSCOPE n.m. **OPT.** Instrument conçu pour l'examen des couples stéréoscopiques et permettant de voir le sujet en relief.

STÉRÉOSCOPIE n.f. **OPT. 1.** Procédé donnant l'impression du relief par examen de deux images d'un sujet prises avec un écartement comparable à celui des yeux ; vision de ce relief à l'aide d'un stéréoscope. **2.** Ensemble des principes qui régissent l'observation binoculaire.

STÉRÉOSCOPIQUE adj. Relatif à la stéréoscopie. ■ **Couple stéréoscopique,** ensemble de deux photographies ou images d'un même sujet, prises de points de vue différents de façon à permettre la restitution du relief.

STÉRÉOSPÉCIFICITÉ n.f. **CHIM.** Caractéristique d'une réaction produisant un seul stéréo-isomère, alors que plusieurs pourraient être formés.

STÉRÉOSPÉCIFIQUE adj. Se dit d'une réaction chimique dotée de stéréospécificité.

STÉRÉOTAXIE n.f. Procédé de repérage rigoureux des structures cérébrales profondes, employé en neurochirurgie.

STÉRÉOTOMIE n.f. Science traditionnelle de la coupe des matériaux employés dans la construction (taille des pierres, art du trait en charpenterie).

STÉRÉOTYPE n.m. **1. IMPRIM.** Cliché typographique obtenu par coulage de plomb dans un flan ou une empreinte. **2.** Formule figée et banale ; cliché.

STÉRÉOTYPÉ, E adj. Se dit d'un comportement conventionnel et figé : *Sourire stéréotypé* ; se dit d'une parole banale, toute faite : *Phrases stéréotypées.*

STÉRÉOTYPIE n.f. **1. IMPRIM.** Reproduction de formes imprimantes en relief au moyen de flans. **2. PSYCHOPATHOL.** Répétition immotivée, automatique et inadaptée à la situation, de mots, de mouvements ou d'attitudes (SYN. **persévération**).

STÉRÉOVISION n.f. **TECHN.** Vision stéréoscopique du relief.

STÉRER v.t. [11], ▲ *[11*]*. **1.** Évaluer le volume d'une quantité de bois. **2.** Disposer du bois en stères.

STÉRILE adj. (lat. *sterilis*). **1.** Qui ne porte pas de fruits ; qui ne produit pas ; infertile : *Poirier stérile. Sol stérile.* **2.** Qui est inapte à la reproduction ; infécond. **3. MÉD.** Qui est exempt de tout germe microbien. **4.** Qui ne produit rien d'original, de créatif : *Auteur stérile.* **5.** Qui n'aboutit à rien : *Polémique stérile.* ◆ **n.m. MIN.** Roche ou fraction du minerai ne contenant pas de minéraux exploitables économiquement.

STÉRILEMENT adv. Litt. D'une manière stérile.

STÉRILET n.m. Dispositif en matière plastique ou en cuivre, placé dans la cavité utérine pour empêcher la nidation de l'œuf fécondé, grâce à une réaction de type inflammatoire de la muqueuse (SYN. **dispositif intra-utérin**).

STÉRILISANT, E adj. Qui stérilise.

STÉRILISATEUR n.m. Appareil de stérilisation.

STÉRILISATION n.f. **1.** Action de détruire les toxines et les micro-organismes dans un local, dans une substance, sur un instrument chirurgical, etc., par des procédés physiques (chaleur, radiations ultraviolettes) ou chimiques (antiseptiques). **2.** Opération chirurgicale (ligature des trompes, vasectomie) ayant pour résultat d'empêcher plus ou moins définitivement la procréation.

STÉRILISÉ, E adj. Dépourvu de micro-organismes du fait d'une stérilisation ; aseptisé. ■ **Lait stérilisé,** lait conditionné dans un emballage hermétique, ayant subi une stérilisation par un chauffage à la température de 115 °C pendant 15 à 20 minutes, suivi d'un refroidissement rapide, lui assurant une longue durée de conservation à la température ambiante (150 jours, avant l'ouverture de l'emballage). ■ **Lait stérilisé UHT** → **UHT.**

STÉRILISER v.t. [3]. **1.** Rendre stérile, infécond. **2.** Opérer la stérilisation de ; aseptiser. **3.** Sout. Inhiber la créativité, l'imagination de.

STÉRILITÉ n.f. **1.** État de ce qui est stérile, aseptisé ; état d'un être vivant impropre à la reproduction. **2.** Sout. Caractère de ce qui est inefficace, inutile : *La stérilité d'une discussion.*

STÉRIQUE adj. **1. CHIM.** Relatif à la portion d'espace occupée par un groupement d'atomes. **2. OCÉANOL.** Relatif aux variations de niveau des océans dues aux changements de température et de salinité. (→ **eustatisme**). ■ **Effet stérique,** influence de l'encombrement des groupes et des atomes d'une molécule sur ses interactions intermoléculaires ou intramoléculaires.

STERLET n.m. (mot russe). Petit esturgeon des cours d'eau d'Europe orientale et d'Asie occidentale, au museau étroit et dont les œufs servent à préparer le caviar. ➲ Famille des acipenséridés.

STERLING [stɛrliŋ] n.m. (mot angl.). Livre sterling. ◆ **adj. inv.** ■ **Zone sterling,** zone monétaire liée à la livre sterling (jusqu'en 1979).

STERNAL, E, AUX adj. Relatif au sternum.

STERNE n.f. (anc. angl. *stern*). Palmipède voisin des mouettes mais à bec long, droit et pointu, à tête noire et à dos gris, vivant sur les côtes. Nom usuel : *hirondelle de mer.* ➲ Famille des laridés.

STERNITE n.m. **ZOOL.** Partie ventrale de chacun des anneaux de chitine des arthropodes.

STERNO-CLÉIDO-MASTOÏDIEN (pl. *sterno-cléido-mastoïdiens*), ▲ *STERNOCLÉIDOMASTOÏDIEN* **adj.m. et n.m. ANAT.** Se dit d'un muscle latéral du cou qui s'insère sur le sternum et la clavicule en bas, et sur l'apophyse mastoïde en haut.

STERNUM [stɛrnɔm] n.m. (du gr. *sternon*, poitrine). Os plat situé en avant de la cage thoracique et auquel sont reliées les sept premières côtes chez l'homme.

STERNUTATION n.f. (lat. *sternutatio*). **PHYSIOL.** Action d'éternuer ; suite d'éternuements répétés.

STERNUTATOIRE adj. **PHARM.** Se dit d'un médicament qui fait éternuer.

STÉROÏDE adj. **BIOCHIM.** ■ **Hormone stéroïde,** ou **stéroïde, n.m.,** hormone dérivée des stérols et sécrétée notamm. par les glandes endocrines (corticosurrénales, glandes génitales, placenta).

➲ Les **STÉROÏDES** sont présents chez l'homme, les animaux et les végétaux ; ils comprennent le cholestérol, les hormones sexuelles, les hormones corticosurrénales telles que le cortisol, des alcaloïdes, etc.

STÉROÏDIEN, ENNE ou **STÉROÏDIQUE** adj. Relatif aux stéroïdes.

STÉROL n.m. **BIOCHIM.** Alcool polycyclique dans le groupe duquel se trouvent le cholestérol, les vitamines D et les stéroïdes.

STERTOREUX, EUSE adj. (du lat. *stertere*, ronfler). **MÉD.** Se dit d'un bruit, d'une respiration évoquant un ronflement.

STÉTHOSCOPE n.m. (du gr. *stêthos*, poitrine, et *skopein*, examiner). **MÉD.** Instrument constitué d'un capteur à membrane, d'un tube souple en Y et de deux embouts auriculaires permettant l'auscultation.

STETSON [stɛtsɔn] n.m. (nom déposé). Chapeau d'origine texane, à larges bords parfois relevés sur les côtés.

STEVIA [stevja] ou **STÉVIA** n.f. (mot lat.). Plante d'Amérique du Sud qui a un très fort pouvoir sucrant, mais contient moins de glucides et apporte moins de calories que le sucre. ➲ Famille des astéracées.

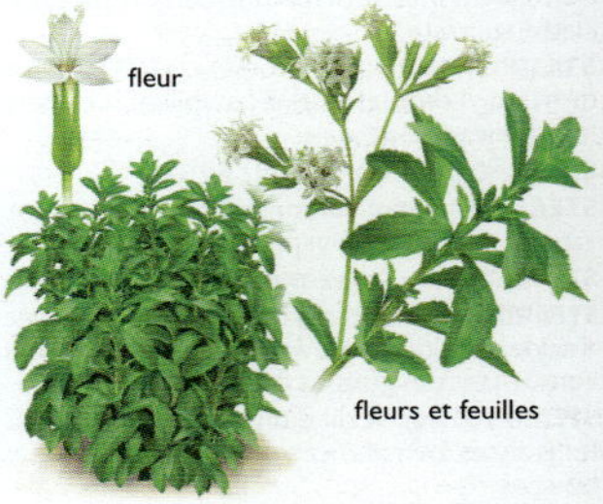

▲ **stevia**

STEWARD [stiwart] n.m. (mot angl.). Maître d'hôtel à bord des paquebots, des avions.

STHÉNIQUE adj. (du gr. *sthenos*, force). **MÉD.** Se dit d'une personne qui donne une impression de force ou de dynamisme.

STIBIÉ, E adj. (du lat. *stibium*, antimoine). **PHARM.** À base d'antimoine.

STIBINE n.f. **MINÉRALOG.** Sulfure d'antimoine (Sb_2S_3), principal minerai de ce métal.

STICHOMYTHIE [stikɔmiti] n.f. Succession rapide de très courtes répliques, au théâtre.

STICK n.m. (mot angl.). **1.** Canne flexible. **2.** Conditionnement d'un produit (rouge à lèvres, colle, etc.) solidifié sous forme de bâtonnet. **3. MIL.** Équipe de parachutistes largués par le même avion.

STICKER [stikœr] n.m. (mot angl.). **1.** Autocollant. **2.** Élément décoratif consistant en un adhésif repositionnable, découpé aux contours exacts d'un motif.

STIGMA n.m. (mot gr. « piqûre »). **BIOL.** Corpuscule constitué de pigments sensibles à la lumière, présent chez certains protistes (euglènes).

STIGMATE n.m. (du lat. *stigma, -atis*, marque au fer rouge). **1.** (Souvent pl.). Marque durable que laisse une plaie, une maladie ; cicatrice. **2.** Litt. (Souvent pl.). Trace, marque qui révèle une dégradation : *Les stigmates de l'alcoolisme.* **3. BOT.** Partie supérieure du pistil, qui reçoit le pollen. **4. ZOOL.** Orifice respiratoire des trachées chez les insectes, les arachnides. ◆ **n.m. pl. RELIG.** Plaies qui reproduisent celles de Jésus crucifié, chez certains mystiques chrétiens.

STIGMATIQUE adj. Doué de stigmatisme.

STIGMATISATION n.f. Action de stigmatiser.

STIGMATISÉ, E adj. et n. **RELIG.** Qui est marqué des stigmates de Jésus.

STIGMATISER v.t. [3]. Condamner avec dureté et publiquement : *Stigmatiser le racisme.*

STIGMATISME n.m. **OPT.** Qualité d'un système optique qui donne une image nette de chaque point d'un objet (CONTR. **astigmatisme**).

STIGMOMÈTRE n.m. Dispositif de mise au point équipant certains viseurs d'appareils photographiques reflex.

STILETTO n.m. (mot ital. « petit poignard, stylet »). Chaussure de femme (escarpin, princip.) à talon aiguille d'au moins 10 cm, appelé *talon stiletto.*

STILLIGOUTTE n.m. (du lat. *stillare*, tomber goutte à goutte). **PHARM.** Flacon conçu pour servir de compte-gouttes.

STILTON [-tɔn] n.m. (de *Stilton*, comm. angl.). Fromage anglais au lait de vache, à pâte persillée.

STIMULANT, E adj. **1.** Propre à stimuler l'activité physique, intellectuelle ; tonique : *L'air de la mer est stimulant.* **2.** Qui augmente l'ardeur, le zèle : *Émulation stimulante.* ◆ **n.m. 1.** Substance qui active les fonctions psychiques ou physiques : *Le café est un stimulant.* **2.** Ce qui est de nature à redonner du courage à qqn.

STIMULATEUR n.m. ■ **Stimulateur cardiaque,** appareil électronique implanté dans le corps et provoquant la contraction cardiaque quand celle-ci ne s'effectue plus normalement.

STIMULATION n.f. Action de stimuler. ■ **Stimulation cérébrale profonde** [méd.], technique d'implantation, dans des zones cérébrales précises, d'électrodes délivrant un faible courant électrique, utilisée surtout dans le traitement de la maladie de Parkinson*.

STIMULER v.t. [3] (lat. *stimulare*, de *stimulus*, aiguillon). **1.** Pousser à agir ; encourager : *Ce succès l'a stimulé.* **2.** Intensifier une activité, une fonction organique : *Stimuler l'industrie, l'appétit.*

STIMULINE n.f. **BIOCHIM.** Chacune des hormones sécrétées par l'hypophyse et stimulant l'activité d'une autre glande endocrine, dite *périphérique* (thyroïde, corticosurrénale, gonade).

STIMULUS [-lys] n.m. (pl. inv. ou *stimuli*) [mot lat. « aiguillon »]. **PHYSIOL.** Facteur qui agit sur une cellule, sur un organe, sur l'organisme en provoquant une réponse (musculaire, nerveuse, etc.).

STIPE n.m. (du lat. *stipes*, tronc). **BOT.** Tronc non ramifié, recouvert par les cicatrices des feuilles, chez les palmiers, l'aloès, etc. ; axe principal de certains champignons et algues.

STIPENDIÉ, E adj. Litt. Qui est acheté, corrompu : *Provocateurs stipendiés.*

STIPENDIER v.t. [5] (du lat. *stipendiari*, être à la solde de). Litt. Payer qqn pour accomplir un acte méprisable ou criminel ; soudoyer.

STIPULANT, E adj. et n. **DR.** Qui est partie à une convention, à un contrat.

STIPULATION n.f. **DR.** Clause dans un contrat.

STIPULE n.f. (du lat. *stipula*, petite tige). **BOT.** Petit appendice foliacé ou épineux situé sur la tige au point d'insertion des feuilles.

STIPULER v.t. [3] (lat. *stipulari*). **1. DR.** Énoncer une clause, une condition dans un contrat. **2.** Faire savoir expressément ; spécifier.

STN ou **S.T.N.** n.f. (sigle). Société transnationale*.

STOCHASTIQUE [-kas-] adj. (du gr. *stokhastikos*, qui vise bien). **MATH.** Se dit de phénomènes ou de processus dont l'évolution s'étudie au moyen des probabilités.

STOCK n.m. (mot angl.). **1.** Ensemble des marchandises disponibles sur un marché, dans un magasin. **2.** Ensemble des marchandises, des matières premières, des produits semi-ouvrés, des produits finis qui sont la propriété d'une entreprise. **3.** Ensemble de choses que l'on tient en réserve : *Il a un bon stock de cravates, de citations.*

STOCKAGE n.m. Action de stocker.

STOCK-CAR n.m. (pl. *stock-cars*) [mot angl.]. Voiture de série, munie de dispositifs de protection, engagée dans une course où les carambolages sont la règle ; la course elle-même.

STOCKER v.t. [3]. **1.** Mettre en stock ; faire des réserves de qqch. **2.** Recueillir pour une utilisation ultérieure ; emmagasiner : *Les panneaux solaires stockent la chaleur* ; enregistrer : *Stocker des données sur un CD.*

STOCKFISCH [stɔkfiʃ] n.m. (du moy. néerl. *stocvisch*, poisson séché sur un bâton). **1.** Morue séchée à l'air libre. **2.** Poisson séché, en général.

STOCKHOLM (SYNDROME DE) n.m. Sympathie qui s'établit entre un otage et ses ravisseurs. ➲ Il pourrait s'agir d'une réaction de défense du psychisme contre une séquestration prolongée.

STOCKISTE n. Commerçant ou artisan détenteur d'un stock de pièces détachées et d'organes destinés à la réparation d'un produit de marque déterminée.

STOCK-OPTION n.f. (pl. *stock-options*) [mot anglo-amér. « droit de souscription »]. Action qu'une société propose à un prix préférentiel à ses cadres ou dirigeants, afin d'améliorer leur rémunération et de les fidéliser. Recomm. off. **option sur titres.**

STOCK-OUTIL n.m. (pl. *stocks-outils*). Stock minimum nécessaire correspondant à l'approvisionnement normal d'une entreprise, lui permettant d'éviter les ruptures.

STOCK-SHOT [stɔkʃɔt] n.m. (pl. *stock-shots*) [mot anglo-amér.]. (Anglic. déconseillé). Série d'images d'actualité empruntées à des documents d'archives et insérées dans un film, un reportage. Recomm. off. **images d'archives, archives.**

STŒCHIOMÉTRIE [stekjɔ-] n.f. (du gr. *stoikheion*, élément). **CHIM.** Étude des proportions suivant lesquelles les corps se combinent entre eux.

STŒCHIOMÉTRIQUE [stekjɔ-] adj. Relatif aux proportions des réactions chimiques. ▪ **Quantité stœchiométrique,** quantité d'un ingrédient, indispensable dans une réaction, du même ordre de grandeur que celle des réactants (par oppos. à *quantité catalytique*).

STOÏCIEN, ENNE adj. et n. (lat. *stoïcus*). **1. PHILOS.** Relatif à l'école stoïcienne, au stoïcisme ; adepte du stoïcisme. **2.** Qui témoigne d'une impassibilité courageuse devant le malheur, la douleur. ▪ **École stoïcienne,** école philosophique (IIIe s. av. J.-C. - IIe s. apr. J.-C.), fondée à Athènes par Zénon de Kition et perpétuée dans divers centres du monde gréco-romain.

STOÏCISME n.m. **1.** Doctrine de l'école stoïcienne. **2.** Fermeté morale devant la douleur physique ou morale.

➲ On le divise génér. en *ancien stoïcisme* (Zénon de Kition, fondateur de l'école stoïcienne, Chrysippe), en *moyen stoïcisme* (Posidonius) et en *stoïcisme latin* (Épictète, Sénèque, Marc Aurèle). Le **STOÏCISME** considère l'univers comme un tout gouverné par la raison et enseigne que la vertu consiste à vivre en harmonie avec la nature.

STOÏQUE adj. Qui fait preuve de stoïcisme : *Malade stoïque.*

STOÏQUEMENT adv. Avec stoïcisme.

STOKES [stoks] n.m. (de G. *Stokes*, n.pr.). Anc. Unité cgs de viscosité cinématique (symb. St), qui valait 10^{-4} m²/s.

STOLLEN [ʃtɔlœn] n.m. (de l'all. *Christstollen*, gâteau de Noël). Région. (Est). Gâteau en forme de pain long recouvert de sucre glace, souvent fourré à la pâte d'amandes, contenant des fruits confits, des amandes et des raisins secs macérés dans du rhum, que l'on confectionne pour Noël. ➲ Spécialité alsacienne.

STOLON n.m. (du lat. *stolo, -onis*, rejet). **1. BOT.** Tige aérienne rampante, terminée par un bourgeon qui, de place en place, produit des racines adventives, point de départ de nouveaux pieds (chez le fraisier, par ex.). **2. ZOOL.** Tube creux reliant par leur base les membres d'une colonie de polypes ou d'ectoproctes, et sur lequel bourgeonnent de nouveaux individus.

STOLONIFÈRE adj. **BOT.** Qui émet des stolons.

STOMACAL, E, AUX adj. (du lat. *stomachus*, estomac). Gastrique.

STOMACHIQUE adj. et n.m. Vx. Se dit d'un médicament qui facilite la digestion.

STOMATE n.m. (du gr. *stoma, -atos*, orifice). **BOT.** Organe microscopique de l'épiderme des feuilles des végétaux vasculaires, percé d'un minuscule orifice (ostiole) et servant aux échanges gazeux.

STOMATITE n.f. **MÉD.** Inflammation des muqueuses buccales.

STOMATOLOGIE n.f. Spécialité médicale dont l'objet est l'étude et le traitement des affections de la bouche.

STOMATOLOGIQUE adj. Relatif à la stomatologie.

STOMATOLOGUE ou **STOMATOLOGISTE** n. Spécialiste de stomatologie.

STOMIE n.f. Dérivation chirurgicale (colostomie, par ex.) dans laquelle l'intestin ou l'uretère est abouché à la peau ; orifice cutané artificiel ainsi créé.

STOMISÉ, E adj. et n. Qui a subi une stomie.

STOMOCORDÉ n.m. **ZOOL.** Hémicordé.

STOMOXE n.m. (du gr. *stoma*, orifice, et *oxus*, pointu). Mouche qui pique le bétail et peut transmettre des micro-organismes infectieux (SYN. **mouche charbonneuse**). ➲ Famille des muscidés.

1. STOP interj. (mot angl.). Exprime l'ordre d'arrêter, d'interrompre toute action : *Stop ! ne bouge plus !*

2. STOP n.m. **1.** Panneau de signalisation routière signalant un arrêt obligatoire. **2.** Fam. Auto-stop. **3.** Vieilli. Mot employé dans les télégrammes pour séparer les phrases. ▪ **Feux stop** → **1. FEU.**

STOP-AND-GO [stɔpɛndgo] n.m. inv. (mot angl.). **ÉCON.** Alternance, à moyen terme, d'une politique de stabilisation (lutte contre l'inflation) et d'une politique de relance (lutte contre le chômage).

STOP MOTION [-moʃən] n.m. sing. (de l'angl. *stop motion animation*). Technique d'enregistrement utilisée dans le cinéma d'animation, qui consiste à mettre en mouvement une série d'images fixes par le déplacement imperceptible, à chaque prise de vues, des objets ou des personnages présents dans la scène. (On dit aussi *animation en volume* ou *animation image par image*.)

STOPPAGE n.m. **COUT.** Réfection de la trame et de la chaîne d'un tissu pour réparer une déchirure.

1. STOPPER v.t. [3]. Faire un stoppage à.

2. STOPPER v.t. [3]. **1.** Arrêter la marche d'un véhicule, d'une machine. **2.** Empêcher de progresser ; arrêter : *Ce traitement a stoppé la maladie.* ◆ v.i. Cesser d'avancer ; s'arrêter.

1. STOPPEUR, EUSE n. et adj. Personne qui fait un stoppage.

2. STOPPEUR, EUSE n. Fam. Auto-stoppeur.

3. STOPPEUR n.m. Au football, joueur placé au centre de la défense, devant le libero.

STORE n.m. (de l'ital. dial. *stora*, natte). Rideau de tissu ou panneau en lattes de bois, de plastique, qui se lève et se baisse devant une devanture, une fenêtre.

STORISTE n. Personne qui fabrique ou vend des stores.

STORY-BOARD [stɔribɔrd] n.m. (pl. *story-boards*). **CINÉMA.** (Anglic. déconseillé). Suite de dessins correspondant chacun à un plan et permettant, lors de la préparation d'un film, de visualiser le découpage. Recomm. off. **scénarimage.**

STORYTELLING [stɔritɛliŋ] n.m. (mot angl. « action de raconter une histoire »). Technique de communication politique, marketing ou managériale qui consiste à promouvoir une idée, un produit, une marque, etc., à travers le récit qu'on en fait, pour susciter l'attention, séduire et convaincre par l'émotion plus que par l'argumentation.

STOT [sto] n.m. (var. picarde de *estoc*). **MIN.** Volume de minerai laissé en place pour protéger une voie ou une installation du fond ou de la surface.

STOUPA n.m. → **STUPA.**

STOUT [stawt] n.m. (mot angl.). Bière anglaise brune, fortement alcoolisée.

STRABIQUE adj. et n. Affecté de strabisme.

STRABISME n.m. (du gr. *strabos*, tordu). **MÉD.** Défaut de convergence des axes visuels, entraînant un trouble de la vision de l'œil dévié.

STRADIOT ou **ESTRADIOT** n.m (du gr. *stratiôtês*, soldat). **HIST.** Cavalier léger originaire de Grèce ou d'Albanie, employé dans les armées européennes comme éclaireur (XVe-XVIe s.).

STRADIVARIUS [-rjys] n.m. Violon, violoncelle ou alto fabriqué par Antonio Stradivari, dit *Stradivarius*.

STRAMOINE n.f. (lat. sc. médiév. *stramonium*). Datura originaire d'Amérique mais largement répandu en Europe, extrêmement toxique. ➲ Famille des solanacées.

STRANGULATION n.f. (lat. *strangulatio*). Action d'étrangler ; fait d'être étranglé.

STRAPONTIN n.m. (ital. *strapuntino*). **1.** Siège d'appoint fixe à abattant, dans une salle de spectacle, un véhicule. **2.** Fig. Fonction, place de peu d'importance dans une assemblée, une organisation.

STRAPPING [-piŋ] n.m. (de l'angl. *to strap*, attacher). **MÉD.** Mode de contention souple d'une articulation.

STRASS ou **STRAS** [stras] n.m. (du n. de G. F. *Strass*). **1.** Verre coloré à l'aide d'oxydes métalliques, qui imite diverses gemmes. **2.** Fig. Ce qui brille d'un faux éclat.

STRASSE n.f. (de l'ital. *straccio*, chiffon). Bourre ou rebut de la soie, en sériciculture.

STRATAGÈME n.m. (gr. *stratêgêma*). Ruse habile.

STRATE n.f. (du lat. *stratum*, chose étendue). **1. GÉOL.** Couche homogène d'une roche sédimentaire (calcaire, marne, grès, etc.), d'une épaisseur de quelques millimètres à plusieurs dizaines de mètres. **2. ÉCOL.** Subdivision marquant l'étagement vertical d'une communauté végétale forestière. ➲ On distingue princip. les strates arborée, arbustive, herbacée et muscinale. **3.** Fig. Chacun des niveaux constitutifs de qqch : *Les strates de la conscience.*

STRATÈGE n.m. (gr. *stratêgos*). **1.** Spécialiste ou praticien de la stratégie. **2.** Personne qui dirige avec compétence des opérations : *Les stratèges de la politique.* **3. ANTIQ. GR.** Principal magistrat, à Athènes ; chef militaire, dans de nombreuses cités.

STRATÉGIE n.f. **1.** Art de coordonner l'action de forces militaires, politiques, économiques et morales impliquées dans la conduite d'une guerre ou la préparation de la défense d'une nation ou d'une coalition. ➲ La stratégie est de la compétence conjointe du gouvernement et du haut commandement des armées. **2.** Art de manœuvrer habilement pour atteindre un but : *La stratégie amoureuse.* **3. MATH.** Dans la théorie des jeux, ensemble de décisions prises en fonction d'hypothèses de comportement des personnes intéressées dans une conjoncture déterminée.

➲ La **STRATÉGIE** est définie au plus haut niveau de l'État (en France, par le Conseil de défense et de sécurité nationale présidé par le président de la République) et se combine avec celle qui est arrêtée dans les alliances auxquelles participe le pays (OTAN, par ex.). Elle se décline selon le milieu (stratégie maritime, aérienne, terrestre), l'effet à produire (stratégie de dissuasion, de coercition), les moyens à mettre en œuvre (stratégie des armements). Elle est influencée par les contraintes économiques et la pression des opinions publiques.

STRATÉGIQUE adj. Relatif à la stratégie : *Position stratégique.*

STRATÉGIQUEMENT adv. Selon les règles de la stratégie.

STRATIFICATION n.f. **1.** Disposition en couches superposées de ce qui s'accumule : *La stratification des souvenirs.* **2. GÉOL.** Disposition d'un ensemble de roches sédimentaires en strates superposées. **3. HORTIC.** Technique de vernalisation ou de conservation de graines ou de tubercules disposés en couches dans différents matériaux (sable, vermiculite). ▪ **Stratification sociale,** division de la société en groupes hiérarchisés et inégaux, en fonction de critères comme la profession, l'instruction, le pouvoir ou la richesse.

STRATIFIÉ, E adj. Qui se présente en strates (SYN. **lamifié**). ◆ n.m. Matériau fait de supports divers (papier, toile, etc.), agglomérés et imprégnés de résine thermodurcissable (Formica, par ex.).

STRATIFIER v.t. [5]. Disposer par couches superposées.

STRATIGRAPHIE n.f. Domaine de la géologie qui étudie la nature, l'importance, le contenu fossilifère d'une succession de couches sédimentaires, en vue d'établir l'ordre normal de superposition et de définir ainsi un âge relatif.

STRATIGRAPHIQUE adj. Relatif à la stratigraphie. ▪ **Échelle stratigraphique,** chronologie des événements qui se sont succédé à la surface de la Terre au cours des temps géologiques.

STRATIOME n.m. (du gr. *stratiôtês*, soldat, et *muia*, mouche). Mouche robuste, assez plate, génér. brune, marquée de jaune et de blanc, dite aussi *mouche armée.*

STRATOCUMULUS [-lys] n.m. Nuage situé entre 200 et 2 000 m d'altitude, en couche continue ; assemblage de cumulus génér. minces et d'épaisseur régulière.

STRATOFORTERESSE n.f. Bombardier lourd américain intercontinental B-52.

STRATOPAUSE n.f. **GÉOPHYS.** Zone de transition entre la stratosphère et la mésosphère.

STRATOSPHÈRE n.f. **GÉOPHYS.** Région de l'atmosphère qui s'étend entre la troposphère et la mésosphère, de 12 km à 50 km d'altitude env. ➲ Elle renferme la quasi-totalité de l'ozone atmosphérique ; la température s'y élève avec l'altitude, de – 56 °C jusqu'à 0 °C.

STRATOSPHÉRIQUE adj. Relatif à la stratosphère.

STRATUS [-tys] n.m. (mot lat. « étendu »). Nuage bas qui se présente en couche uniforme grise, formant un voile continu.

STREAMER [strimœr] n.m. **PÊCHE.** Leurre imitant un petit poisson.

STREAMING [strimiŋ] n.m. (mot anglo-amér.). **INFORM.** Diffusion en flux.

STRÉLITZIA, STRELITZIA [strelitsja] ou **STRELITZIE** n.m. Plante ornementale aux grandes fleurs colorées, originaire d'Afrique australe. ➲ Famille des strélitziacées.

STREPSIPTÈRE n.m. (du gr. *strepsis*, action de tourner). Insecte de très petite taille vivant en parasite interne d'autres insectes. ➲ Les strepsiptères forment un ordre.

STREPTOCOCCIE [-kɔksi] n.f. **MÉD.** Infection par un streptocoque.

STREPTOCOCCIQUE [-kɔksik] adj. Relatif au streptocoque.

STREPTOCOQUE n.m. (du gr. *streptos*, arrondi, et *kokkos*, grain). Bactérie sphérique dont les individus sont disposés en chaînettes et dont plusieurs espèces produisent des infections graves.

STREPTOMYCINE n.f. Antibiotique élaboré par la bactérie *Streptomyces griseus*, et utilisé pour son action bactériostatique et bactéricide sur de nombreux germes. ➲ La streptomycine fut le premier médicament efficace contre la tuberculose. Son emploi est limité en raison de sa toxicité.

STRESS [strɛs] n.m. (mot angl.). **1.** Ensemble de perturbations biologiques et psychiques provoquées par une agression quelconque sur un organisme. **2.** Cour. Tension nerveuse : *La précarité est une source de stress.* ▪ **Stress hydrique** [bot.], état d'une plante qui souffre d'un manque d'eau ; [écol.], pénurie d'eau touchant une région, un milieu naturel, une population. ▪ **Stress oxydatif,** agression de la cellule, due à une surcharge en radicaux libres et impliquée dans le développement de nombreuses pathologies (maladies cardio-vasculaires, cancers, par ex.).

➲ Le **STRESS** est déclenché par le cerveau, qui stimule la sécrétion de corticoïdes et d'adrénaline par les surrénales. Il s'ensuit une activation générale non spécifique, physique et psychique, favorable à la défense de l'organisme. Un stress intense ou prolongé peut être source de divers troubles (anxiété, fatigue, ulcère gastrique, eczéma, etc.).

STRESSANT, E adj. Qui stresse : *Un travail stressant.*

STRESSER v.t. [3]. Provoquer un stress.

STRETCH n.m. et adj. inv. (nom déposé). Procédé de traitement des tissus les rendant élastiques dans le sens de la largeur ; tissu ainsi traité : *Éponge, jean Stretch.*

STRETCHING [strɛtʃiŋ] n.m. (mot angl.). Mise en condition physique fondée sur le principe de la contraction *(tension)* puis du relâchement *(détente)* du muscle, précédant son étirement.

STRETTE n.f. (ital. *stretta*, du lat. *strictus*, étroit). **MUS.** Partie d'une fugue, précédant la conclusion, où les entrées du thème se multiplient et se chevauchent.

STRIATION n.f. Action de strier ; ensemble de stries.

STRICT, E adj. (du lat. *strictus*, serré). **1.** Qui ne laisse aucune liberté ; rigoureux : *Régime strict.* **2.** Qui ne tolère aucune négligence ; sévère : *Un père très strict.* **3.** Dépourvu d'ornements ; austère : *Tailleur strict.* **4.** Qui constitue un minimum : *Le strict nécessaire.* ▪ **Dans la plus stricte intimité** → **INTIMITÉ.** ▪ **Inégalité stricte** → **INÉGALITÉ.**

STRICTEMENT adv. De façon stricte.

STRICTION n.f. (lat. *strictio*, de *stringere*, étreindre). **1. MÉD.** Resserrement pathologique d'un organe. **2. MATÉR.** Rétrécissement d'un métal soumis à une traction, caractéristique de sa ductilité. ▪ **Effet de striction,** phénomène de contraction de la section d'un fluide ou d'un plasma sous l'action du courant électrique qui le traverse.

STRICTO SENSU [striktosɛ̃sy] loc. adv. (loc. lat.). Au sens strict, littéral (par oppos. à *lato sensu*).

STRIDENCE n.f. Litt. Caractère d'un son strident ; ce son.

STRIDENT, E adj. (du lat. *stridere*, produire un bruit aigu). Se dit d'un son aigu, perçant : *Sonnerie stridente.*

STRIDOR n.m. (mot lat.). **MÉD.** Bruit aigu lors de l'inspiration, dans certaines affections du larynx ou de la trachée.

STRIDULANT, E adj. Qui fait entendre un bruit aigu.

STRIDULATION n.f. (du lat. *stridulus*, sifflant). Crissement aigu que produisent certains insectes (criquets, grillons, cigales).

STRIDULER v.i. [3]. Émettre une stridulation.

STRIDULEUX, EUSE adj. Relatif au stridor : *Laryngite striduleuse.*

STRIE n.f. (lat. *stria*). Chacun des sillons peu profonds, parallèles entre eux, qui marquent une surface : *Les stries d'un coquillage.*

STRIÉ, E adj. Dont la surface présente des stries. ▪ **Corps striés** [anat.], masses de substance grise situées dans la partie interne et inférieure de chaque hémisphère cérébral, intervenant dans la motricité. ▪ **Muscle strié** [anat.], muscle dont la contraction peut être volontaire (muscle squelettique) ou involontaire (muscle cardiaque) et dont les cellules apparaissent striées transversalement au microscope (par oppos. à *muscle lisse*).

STRIER v.t. [5]. Marquer de stries ou de raies plus ou moins parallèles : *Les patins strient la glace.*

STRIGE n.f. (lat. *striga*, var. de *strix*, grand duc). Esprit nocturne et malfaisant qui peut être la métamorphose d'un être humain vivant ou mort, dans les légendes orientales.

STRIGIDÉ n.m. (du gr. *strigx*, *striggos*, oiseau de nuit). Oiseau rapace nocturne, tel que les hiboux, les chouettes (sauf l'effraie). ➲ Les strigidés forment une famille.

STRIGILE n.m. (du lat. *strigilis*, étrille). **1. ANTIQ. ROM.** Racloir recourbé en forme de faucille, qui servait à nettoyer la peau après le bain de vapeur ou les exercices athlétiques. **2. ARCHÉOL.** Cannelure sinueuse utilisée comme motif décoratif de certains sarcophages antiques.

STRIKE [strajk] n.m. (mot angl.). Au bowling, action de faire tomber l'ensemble des 10 quilles lors du premier lancer de la boule.

STRING [striŋ] n.m. (mot angl. « ficelle »). Slip réduit à un simple cache-sexe, qui laisse les fesses nues.

STRIOSCOPIE n.f. **MÉCAN.** Étude, par la méthode photographique, du sillage produit dans l'air par un projectile ou par un profil d'aile dans une soufflerie aérodynamique.

STRIP n.m. (de l'anglo-amér. *daily strip*). Bande dessinée de quelques cases sur une ligne, en forme de gag ou d'histoire à suivre, publiée dans un quotidien.

STRIPAGE n.m. (angl. *stripping*). Réaction nucléaire dans laquelle un nucléon est arraché d'un noyau projectile et capté par le noyau cible.

STRIP-LINE [striplajn] n.m. (pl. *strip-lines*) [mot angl.]. **ÉLECTRON.** Dispositif à hyperfréquence réalisé à l'aide de bandes métalliques déposées de part et d'autre d'un support isolant, selon une technique analogue à celle du circuit imprimé.

STRIPPING [stripiŋ] n.m. (Anglic. déconseillé). Éveinage.

STRIP-POKER n.m. (pl. *strip-pokers*) [de *strip-tease* et *poker*]. Jeu de poker dans lequel on mise les vêtements que l'on porte sur soi.

STRIP-TEASE (pl. *strip-teases*), ▲ *STRIPTEASE* [striptiz] n.m. (de l'angl. *to strip*, déshabiller, et *to tease*, agacer). **1.** Spectacle de cabaret au cours duquel une ou plusieurs personnes se déshabillent d'une façon lente et suggestive. **2.** Établissement spécialisé où a lieu ce type de spectacle.

STRIP-TEASEUR, EUSE (pl. *strip-teaseurs, euses*), ▲ *STRIPTEASEUR, EUSE* n. Personne exécutant un strip-tease.

STRIURE n.f. État de ce qui est strié ; ensemble de stries.

STROBILE n.m. (du lat. *strobilus*, pomme de pin). **1. ZOOL.** Forme larvaire de certaines méduses. **2. BOT.** Appareil reproducteur en forme d'épi conique, correspondant à un regroupement de sporanges (lycopode, prêle) ou d'ovules (éphédra, gnetum, etc.). **3.** Fruit en cône du houblon.

STROBOSCOPE n.m. (du gr. *strobos*, tourbillon). Appareil servant à observer par stroboscopie.

STROBOSCOPIE n.f. **OPT.** Mode d'observation d'un mouvement périodique rapide au moyen d'éclairs réguliers dont la fréquence est voisine de celle du mouvement. ➲ Grâce à la persistance des impressions lumineuses, on a l'illusion d'un mouvement fortement ralenti.

STROBOSCOPIQUE adj. Relatif à la stroboscopie.

STROMA n.m. (gr. *strôma*). **HISTOL.** Tissu conjonctif formant la charpente d'un organe (par oppos. à *parenchyme*) ou d'une tumeur.

STROMATOLITE ou **STROMATOLITHE n.m.** (du gr. *strôma, -atos*, couverture, et *lithos*, pierre). **GÉOL.** Concrétion calcaire due à des cyanobactéries.

STROMBE n.m. (du gr. *strombos*, toupie). Grand mollusque gastéropode des mers chaudes, à la chair appréciée, appelé *lambi* aux Antilles. ➲ Sa coquille, très épaisse, servait naguère à fabriquer des sortes de camées. Famille des strombidés.

STROMBOLIEN, ENNE adj. (de *Stromboli*, n.pr.). **GÉOL.** Se dit d'un dynamisme éruptif caractérisé par des successions d'explosions éjectant des scories basaltiques.

STRONGLE ou **STRONGYLE n.m.** (du gr. *stroggulos*, rond). Ver parasite de l'intestin du cheval, de l'âne. ➲ Classe des nématodes.

STRONGYLOSE n.f. VÉTÉR. Maladie parasitaire provoquée par les strongles.

STRONTIUM [-sjɔm] **n.m.** (de *Strontian*, comm. d'Écosse). **1.** Métal alcalino-terreux jaune analogue au calcium, de densité 2,5, qui fond à 769 °C. **2.** Élément chimique (Sr), de numéro atomique 38 et de masse atomique 87,62.

STROPHANTUS [-tys] **n.m.** (du gr. *strophos*, cordon, et *anthos*, fleur). Arbre ou liane des régions tropicales d'Afrique ou d'Asie dont les graines, très toxiques, fournissent des hétérosides cardiotoniques. ➲ Famille des apocynacées.

STROPHE n.f. (lat. *stropha*, du gr.). **1. VERSIF.** Groupe de vers formant une unité et s'ordonnant de manière à présenter une correspondance métrique avec un ou plusieurs groupes semblables. **2.** Première des trois parties lyriques chantées par le chœur de la tragédie grecque.

STRUCTURABLE adj. Qui peut être structuré.

STRUCTURAL, E, AUX adj. 1. Relatif à une structure : *Un changement structural.* **2.** Relatif au structuralisme. ■ **Géologie structurale,** domaine de la géologie qui étudie les différentes structures de l'écorce terrestre. ■ **Surface structurale,** surface constituée par la partie supérieure d'une couche de terrain dure, dégagée par l'érosion d'une couche sus-jacente tendre.

STRUCTURALEMENT adv. En ce qui concerne la structure.

STRUCTURALISME n.m. 1. Courant de pensée des années 1960, présent dans certaines sciences humaines et visant à privilégier, dans l'analyse des faits humains, d'une part la totalité par rapport à l'individu particulier, d'autre part la synchronicité des faits plutôt que leur évolution. **2. LING.** Démarche théorique qui consiste à envisager la langue comme une structure, c'est-à-dire un ensemble d'éléments entretenant des relations formelles (SYN. **linguistique structurale**).

STRUCTURALISTE adj. et **n.** Relatif au structuralisme ; qui en est partisan.

STRUCTURANT, E adj. Qui permet, favorise une structuration : *Une éducation structurante.*

STRUCTURATION n.f. Action de structurer ; fait d'être structuré.

STRUCTURE n.f. (lat. *structura*, de *struere*, construire). **1.** Manière dont les parties d'un ensemble sont arrangées entre elles ; organisation : *Structure d'une plante, d'un organe. Structure d'un roman.* **2.** Organisation des parties d'un système, qui lui donne sa cohérence et en est la caractéristique permanente : *Structure d'un gouvernement, d'une entreprise.* **3.** Organisation, système complexes considérés dans leurs éléments fondamentaux : *Les structures administratives.* **4. GÉOL.** Agencement des couches géologiques les unes par rapport aux autres. **5. ÉCON.** Ensemble des caractères relativement stables d'un système économique à une période donnée (par oppos. à conjoncture). **6. TECHN.** Disposition et assemblage des éléments qui forment l'ossature d'un bâtiment, d'une carrosserie, etc. **7. PHILOS.** Ensemble abstrait, ordonné et autonome d'éléments interdépendants aux rapports régis par des lois, faisant fonction de modèle d'intelligibilité des objets étudiés, dans les diverses sciences humaines. **8. MATH.** Collection des propriétés conférées à un ensemble par des opérations ou des relations : *Structure algébrique, topologique.*

STRUCTURÉ, E adj. Se dit de ce qui a une structure : *Fichier structuré.*

STRUCTUREL, ELLE adj. Relatif aux structures, à une structure. ■ **Chômage structurel,** chômage lié aux changements des structures économiques, sociales ou démographiques.

STRUCTURELLEMENT adv. Sur le plan structurel.

STRUCTURER v.t. [3]. Doter d'une structure : *Structurer un service* ; organiser selon un plan précis : *Structurer un site Internet.*

STRUDEL [strydɛl] ou [ʃtrudəl] **n.m.** (mot all.). Pâtisserie viennoise faite d'une fine pâte roulée, fourrée de pommes à la cannelle et de raisins secs. ➲ Spécialité alsacienne.

STRYCHNINE [-knin] **n.f.** (de *strychnos*). Alcaloïde très toxique extrait de la noix vomique.

STRYCHNOS [-knos] **n.m.** ou **STRYCHNÉE** [-kne] **n.f.** (du gr. *strychnos*, vomiquier). Arbuste ou liane des régions tropicales à la sève extrêmement toxique, dont une espèce donne la noix vomique et dont d'autres espèces fournissent le curare. ➲ Famille des loganiacées.

STUC n.m. (ital. *stucco*). Enduit imitant le marbre, composé ordinairement de plâtre fin, d'une colle et de poussière de marbre ou de craie. ◆ **n.m. pl.** Revêtement mural décoratif (sculpté, coloré, etc.) réalisé avec ce matériau.

STUCAGE n.m. Application de stuc ; revêtement de stuc.

STUCATEUR n.m. Ouvrier ou artiste qui travaille le stuc.

STUD-BOOK [stœdbuk] **n.m.** (pl. *stud-books*) [mot angl. « livre de haras »]. Registre où sont inscrites la généalogie et les performances des chevaux de race.

STUDETTE n.f. Petit studio (appartement).

STUDIEUSEMENT adv. Avec application et sérieux.

STUDIEUX, EUSE adj. (du lat. *studiosus*, zélé). **1.** Qui se consacre à l'étude avec sérieux ; appliqué : *Élève studieux.* **2.** Consacré à l'étude : *Soirée studieuse.*

STUDIO n.m. (mot ital. « atelier de peintre »). **1.** Petit appartement comprenant une seule pièce principale. **2.** Local où opère un photographe. **3. AUDIOVIS.** Local où se font les prises de vues ou de son ; bâtiment ou groupe de bâtiments aménagé pour le tournage des films. **4.** Salle de répétition (en danse) et/ou d'enregistrement (en musique).

STUKA [ʃtuka] **n.m.** (all. *Sturzkampfflugzeug*). Bombardier allemand d'attaque en piqué, pendant la Seconde Guerre mondiale.

STUPA [stupa] ou **STOUPA n.m.** (sanskr. *stūpa*). Édifice cultuel, reliquaire ou construction votive, dont l'architecture en forme de dôme plein symbolise l'origine du Bouddha.

▲ **stupa** au Népal.

STUPÉFACTION n.f. Étonnement profond qui laisse sans réaction.

STUPÉFAIRE v.t. [89] (seulem. 3ᵉ pers. sing. indic. présent et aux temps composés) [de *stupéfait*]. Frapper de stupeur ; stupéfier : *Sa créativité stupéfait ses professeurs.*

STUPÉFAIT, E adj. (lat. *stupefactus*). Frappé de stupéfaction ; ébahi.

1. STUPÉFIANT, E adj. Qui stupéfie ; sidérant : *Révélation stupéfiante.*

2. STUPÉFIANT n.m. Substance psychotrope dont la consommation risque d'aboutir à une toxicomanie ; drogue. ■ **Brigade des stupéfiants,** chargée, en France, de la surveillance et de la répression du trafic de drogue. ➲ Elle est issue de l'ancienne *brigade mondaine.*

STUPÉFIER v.t. [5]. Causer un étonnement extrême à ; sidérer : *Sa réaction m'a stupéfié.*

STUPEUR n.f. (lat. *stupor*). **1.** Étonnement profond ; saisissement : *La nouvelle de l'attentat les a frappés de stupeur.* **2. PSYCHIATR.** État d'immobilité et de mutisme d'origine psychique.

STUPIDE adj. (du lat. *stupidus*, frappé de stupeur). **1.** Qui manque d'intelligence, de réflexion ; idiot : *Ils sont stupides de prendre de tels risques.* **2.** Qui dénote la sottise, l'absence de réflexion ; inepte : *Entêtement stupide.*

STUPIDEMENT adv. De façon stupide.

STUPIDITÉ n.f. Caractère d'une personne stupide ; parole, action stupide ; bêtise.

STUPOREUX, EUSE adj. PSYCHIATR. Relatif à la stupeur.

STUPRE n.m. (lat. *stuprum*). Litt. Débauche honteuse ; luxure.

STUQUER v.t. [3]. Revêtir de stuc.

STURNIDÉ n.m. (du lat. *sturnus*, étourneau). Passereau tel que l'étourneau, le mainate, le pique-bœuf. ➲ Les sturnidés forment une famille.

STYLE n.m. (lat. *stilus*). **1.** Manière particulière d'exprimer sa pensée, ses sentiments par le langage : *Écrivain au style incisif.* **2.** Forme de langue propre à une activité, à un milieu ou à un groupe social ; langage : *Style journalistique. Style familier.* **3.** Manière personnelle de pratiquer un art, un sport, etc. : *Le style de Monet. Le style d'une sprinteuse.* **4.** Manière particulière à un genre, à une époque, en matière d'art et de décoration : *Style Régence.* (V. planche *styles de mobilier français*.) **5.** Ensemble des goûts, des manières d'être de qqn : *Garder un style jeune. Adopter un nouveau style de vie.* **6.** Qualité de qqch ou de qqn qui présente des caractéristiques esthétiques originales : *Maison qui a du style.* **7. ANTIQ.** Poinçon de métal servant à écrire sur des tablettes enduites de cire. **8. MÉTROL.** Petite pointe encrée servant à tracer la courbe d'une variation sur un enregistreur. **9.** Tige dont l'ombre marque l'heure sur un cadran solaire. ➲ Il est parallèle à l'axe des pôles de la Terre. **10. BOT.** Partie du pistil en forme de colonne, surmontant l'ovaire et portant les stigmates à son sommet. ■ **De style,** se dit de meubles, d'objets fabriqués conformément à un style décoratif ancien.

STYLÉ, E adj. 1. Qui exécute son service dans les règles : *Le personnel est stylé.* **2.** Fam. Qui a du style, de la classe ; distingué ; chic : *Une fille, un endroit stylés.*

STYLER v.t. [3]. Vieilli. Former le personnel de maison aux tâches et aux règles de son métier.

STYLET n.m. (ital. *stiletto*, de *stilo*, poignard). **1.** Petit poignard à lame très effilée. **2.** Petite tige métallique fine à pointe mousse utilisée en chirurgie, par ex. pour sonder une fistule. **3. ZOOL.** Organe fin et pointu, chez certains animaux (organe piqueur du moustique, par ex.). **4. INFORM.** Dispositif en forme de crayon qui permet de sélectionner, en le pointant, un élément affiché sur un écran tactile (téléphone intelligent, tablette graphique, console de jeux, etc.), mais aussi d'écrire ou de dessiner.

STYLICIEN, ENNE n. Désigneur industriel.

STYLIQUE n.f. Design industriel

STYLISATION n.f. Action de styliser.

STYLISER v.t. [3]. Représenter une forme naturelle sous une forme simplifiée lui donnant un caractère esthétique.

STYLISME n.m. 1. LITTÉR. Tendance à apporter un soin extrême à son style. **2.** Activité, profession de styliste.

STYLISTE n. 1. Écrivain qui brille surtout par le style. **2.** Personne dont le métier est de concevoir des formes nouvelles dans le domaine de l'habillement, de l'ameublement, de la carrosserie automobile, etc. ; désigneur.

STYLISTICIEN, ENNE n. Spécialiste de stylistique.

STYLISTIQUE n.f. LITTÉR. Étude systématique du style selon des critères lexicaux, phonétiques, syntaxiques et rhétoriques. ◆ **adj.** Relatif au style, à la stylistique.

STYLITE n.m. (du gr. *stûlos*, colonne). Solitaire chrétien oriental qui avait placé sa cellule sur un portique ou une colonnade en ruine.

STYLO ou, vx, **STYLOGRAPHE n.m.** (du lat. *stylus*, poinçon). Instrument pour écrire dont le manche évidé contient une réserve d'encre : *Stylo (à) plume, (à) bille.*

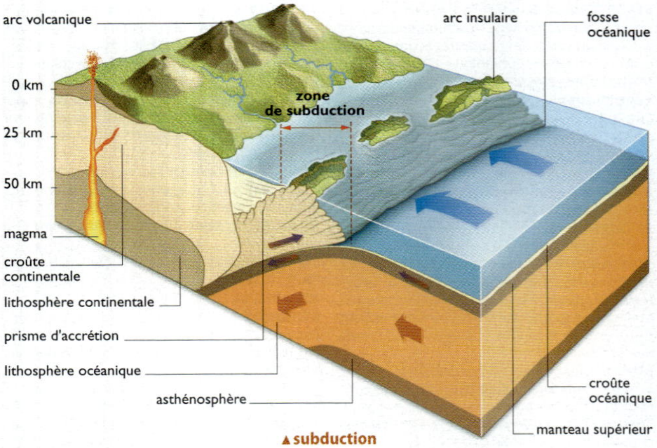

▲subduction

STYLOBATE n.m. (du gr. *stulobatês*, base d'une colonne). **ARCHIT.** Soubassement portant une colonnade.

STYLO-FEUTRE n.m. (pl. *stylos-feutres*). Feutre servant à l'écriture, utilisant une encre à l'eau.

STYLOÏDE adj. et **n.f. ANAT.** Se dit de certaines apophyses osseuses fines et allongées : *Styloïde radiale.*

STYLOMINE n.m. Portemine.

STYRAX n.m. (mot lat.). Arbrisseau des régions chaudes fournissant le benjoin et un baume ; ce baume. Nom usuel : *aliboufier.* ➲ Famille des styracacées.

STYRÈNE ou **STYROLÈNE n.m.** Hydrocarbure benzénique $C_6H_5CH{=}CH_2$ servant de monomère pour de nombreux polymères.

SU n.m. ▪ **Au vu et au su** → **1. VU.**

SUAGE n.m. (de *suer*). Eau qui suinte d'une bûche exposée à la chaleur du feu.

SUAIRE n.m. (du lat. *sudarium*, linge pour essuyer la sueur). **1.** Litt. Linceul. **2. ANTIQ.** Voile dont on couvrait la tête et le visage des morts. ▪ **Le saint suaire,** le linceul qui servit à ensevelir Jésus-Christ.

SUANT, E adj. Fam., vieilli. Ennuyeux.

SUAVE adj. (lat. *suavis*). D'une douceur agréable : *Parfum, voix suaves.*

SUAVEMENT adv. De façon suave.

SUAVITÉ n.f. Qualité de ce qui est suave.

SUBADULTE adj. et **n.m. ZOOL.** Se dit d'un animal ayant dépassé le stade juvénile, mais ne présentant pas encore toutes les caractéristiques de l'adulte.

SUBAÉRIEN, ENNE adj. 1. Qui est placé au contact direct de la couche inférieure de l'atmosphère. **2. GÉOL.** Se dit d'un dépôt formé à l'air libre (dépôts éoliens, éboulis).

SUBAIGU, UË, ▲ *ÜE* **adj. MÉD.** Se dit d'un état pathologique d'une durée intermédiaire entre l'état aigu et l'état chronique.

SUBALPIN, E adj. GÉOGR. Se dit des régions situées en bordure des Alpes.

SUBALTERNE adj. et **n.** (bas lat. *subalternus*, de *alternus*, qui se rapporte à l'un et à l'autre). Qui est hiérarchiquement subordonné à qqn : *Employé subalterne.* ◆ **adj.** Qui n'a qu'une importance secondaire : *Rôle subalterne.*

SUBAQUATIQUE adj. Qui se trouve sous l'eau.

SUBARIDE adj. Se dit d'une région dont les conditions climatiques sont proches de l'aridité.

SUBATOMIQUE adj. Se dit de toute particule constitutive de l'atome.

SUBCLAQUANT, E adj. et **n.** (de *claquer*). Fam. Qui est sur le point de mourir ; à l'article de la mort : *Un vieillard subclaquant.* ◆ **adj.** Fam. **1.** Qui est extrêmement fatigué ; épuisé : *Ils sont arrivés au gîte trempés et subclaquants.* **2.** Pratiquement hors d'usage : *Mon ordi est subclaquant.*

SUBCONSCIENCE n.f. Chez les êtres vivants, vertébrés princip., faculté cérébrale qui permet de réaliser des actions (marche, par ex.), de ressentir des émotions, voire de penser, de façon automatique, sans en avoir conscience.

SUBCONSCIENT, E adj. Se dit d'un état psychique dont le sujet n'a pas conscience mais qui influe sur son comportement. ◆ **n.m.** Ensemble des états psychiques subconscients. ➲ Le terme est auj. abandonné par la psychanalyse.

SUBDÉLÉGATION n.f. Action de subdéléguer qqn ; fait d'être subdélégué.

SUBDÉLÉGUER v.t. [11], ▲ *[11*].* Déléguer qqn dans une fonction ou une mission pour laquelle on a été soi-même délégué.

SUBDÉSERTIQUE adj. Se dit d'une région dont les conditions climatiques et biologiques sont proches de celles des déserts.

SUBDIVISER v.t. [3]. Diviser ce qui a déjà été divisé : *Subdiviser les paragraphes en alinéas.* ◆ **SE SUBDIVISER v.pr.** Se diviser en plusieurs parties.

SUBDIVISION n.f. Division d'une des parties d'un tout déjà divisé.

SUBDIVISIONNAIRE adj. Relatif à une subdivision.

SUBDUCTION n.f. (du lat. *subductio*, action de tirer sur le rivage). **GÉOL.** Enfoncement d'une plaque lithosphérique de nature océanique sous une plaque adjacente, de nature continentale ou océanique. ➲ Elle se traduit par une fosse océanique et s'accompagne d'un volcanisme et de séismes dont les foyers se situent jusqu'à plus de 600 km de profondeur, selon un plan incliné dit *plan de Benioff**.

SUBÉQUATORIAL, E, AUX adj. Proche de l'équateur, du climat équatorial.

SUBER [sybɛr] **n.m.** (mot lat.). **BOT.** Liège.

SUBÉREUX, EUSE adj. Constitué de liège.

SUBÉRINE n.f. Substance organique de la paroi des cellules du liège.

SUBINTRANT, E adj. (bas lat. *subintrans*). **MÉD.** Se dit d'un trouble dont un accès nouveau commence avant la fin du précédent : *Crises subintrantes.*

SUBIR v.t. [21] (du lat. *subire*, aller sous). **1.** Avoir à endurer contre son gré une chose fâcheuse : *Subir des brimades.* **2.** Se soumettre à une action, une épreuve : *Subir une intervention chirurgicale.* **3.** Supporter à contrecœur la présence de qqn qui déplaît : *J'ai dû subir sa sœur toute la soirée.* **4.** Être soumis à : *Le barrage subit une très forte poussée* ; être l'objet de : *Le moteur a subi de nombreux tests.*

SUBIT, E adj. (lat. *subitus*). Qui arrive tout à coup ; soudain ; brusque.

SUBITEMENT adv. De façon subite ; soudainement.

SUBITO adv. (mot lat.). Fam. Subitement.

SUBJACENT, E adj. (lat. *subjacens*). Qui est placé en dessous ; sous-jacent.

SUBJECTIF, IVE adj. (du lat. *subjectus*, placé dessous). **1. PHILOS.** Qui relève du sujet défini comme être pensant (par oppos. à *objectif*). **2.** Se dit de ce qui dépend de la personnalité et des goûts de chacun : *Analyse subjective d'un fait.*

SUBJECTILE n.m. PEINT. INDUSTR. Surface qui reçoit une couche d'enduit, de peinture, d'émail, etc. (SYN. **support**).

SUBJECTIVEMENT adv. De façon subjective.

SUBJECTIVISME n.m. 1. PHILOS. Doctrine selon laquelle tout ce qui existe n'a d'autre réalité que celle que lui donne le sujet, la conscience qui le pense. **2.** Attitude de qqn qui juge d'après ses seules opinions personnelles. ▪ **Subjectivisme juridique** [dr.], doctrine fondant l'obligation juridique sur la volonté du sujet.

SUBJECTIVISTE adj. et **n. PHILOS.** Relatif au subjectivisme ; qui en est partisan.

SUBJECTIVITÉ n.f. 1. Caractère de ce qui est subjectif (par oppos. à *objectivité*). **2.** Domaine de ce qui est subjectif : *La subjectivité d'un témoignage.*

SUBJONCTIF n.m. GRAMM. Mode personnel du verbe employé soit dans des propositions subordonnées, soit pour exprimer le doute, l'incertitude, la volonté, etc. ◆ **SUBJONCTIF, IVE adj.** Relatif au subjonctif.

SUBJUGUER v.t. [3] (du bas lat. *subjugare*, mettre sous le joug). Exercer un puissant ascendant sur ; envoûter : *La cantatrice a subjugué son public.*

SUBLER v.i. [3] (lat. pop. *subilare*). Acadie. Siffler.

SUBLIMATION n.f. 1. PSYCHAN. Processus par lequel l'énergie d'une pulsion sexuelle ou agressive est déplacée vers des buts non sexuels. **2.** Action de porter qqn à des sentiments élevés : *Le pouvoir de sublimation de l'art.* **3. CHIM.** Passage d'un corps de l'état solide à l'état gazeux.

SUBLIME adj. (du lat. *sublimis*, élevé). **1.** D'une haute valeur morale ou intellectuelle ; noble : *Un dévouement sublime.* **2.** Parfait en son genre ; merveilleux : *Un dîner sublime.* ◆ **n.m.** Ce qui est sublime.

SUBLIMÉ n.m. CHIM. Produit d'une sublimation.

SUBLIMER v.t. [3] (du lat. *sublimare*, élever). **1.** Litt. Transposer une tendance, une passion en qqch de pur, d'idéal ; transcender : *Sublimer ses pulsions.* **2. CHIM.** Faire passer directement de l'état solide à l'état gazeux. ◆ **v.i. PSYCHAN.** Se livrer à une sublimation.

SUBLIMINAL, E, AUX ou **SUBLIMINAIRE adj.** (du lat. *sub*, sous, et *limen*, seuil). **PSYCHOL.** Infraliminaire. ▪ **Perception subliminale,** perception d'un objet (image, message, publicité, etc.) en deçà du seuil de sa reconnaissance par le sujet, en raison de la rapidité de diffusion, de l'éloignement, etc.

SUBLIMITÉ n.f. Litt. Caractère de ce qui est sublime.

SUBLINGUAL, E, AUX [syblɛ̃gwal, o] **adj.** (du lat. *sub*, sous, et de *lingual*). **ANAT.** Qui se trouve sous la langue. ▪ **Voie sublinguale,** voie d'administration d'un médicament qu'on laisse fondre sous la langue (SYN. **voie perlinguale**).

SUBLUNAIRE adj. ASTRON. Anc. Qui est entre la Terre et l'orbite de la Lune.

SUBMERGER v.t. [10] (lat. *submergere*, de *mergere*, plonger). **1.** Recouvrir complètement d'eau ; inonder. **2.** Envahir irrésistiblement : *Le standard est submergé d'appels* ; imposer sa domination numérique ; déborder : *Les supporteurs ont submergé le service d'ordre.*

SUBMERSIBLE adj. Qui peut être submergé : *Moteur submersible.* ◆ **n.m. 1.** Engin sous-marin qui doit régulièrement utiliser un schnorchel pour poursuivre sa plongée. **2.** Véhicule autonome et habité, destiné à l'observation des fonds marins. ➲ Il s'oppose, par sa maniabilité, sa légèreté et sa mobilité, au bathyscaphe.

SUBMERSION n.f. Action de submerger ; fait d'être submergé.

SUBMILLIMÉTRIQUE adj. Se dit du rayonnement électromagnétique dont la longueur d'onde est comprise entre 0,1 et 1 mm, et de la branche de l'astronomie qui étudie les sources célestes de ce rayonnement.

SUBODORER v.t. [3] (du lat. *odorari*, sentir). Se douter de qqch qui est dissimulé ou secret ; pressentir : *Je subodore un piège.*

SUBORBITAL, E, AUX adj. Se dit du mouvement d'un engin spatial qui n'a pas atteint la vitesse de satellisation (SYN. **sous-orbital**). ▪ **Vol suborbital,** trajectoire de vol d'un engin spatial évoluant à plus de 100 km d'altitude et à une vitesse inférieure à celle de sa mise en orbite (ou satellisation), offrant aux passagers quelques minutes d'apesanteur.

Les styles du mobilier français

Depuis la période gothique, des phénomènes de mode, comparables à ceux qu'on observe dans le costume, régissent l'aspect des meubles fabriqués pour les classes supérieures de la société. Chaque époque – qu'on assimile par simplification à une époque politique, à un règne – se singularise au gré des influences reçues : emprunts à l'étranger, tendances dominantes dans les beaux-arts, notamment dans l'architecture, grands cycles de civilisation avec les facteurs divers qui les commandent... sans oublier l'évolution de la gamme des matériaux et des possibilités techniques.

Renaissance. Armoire à deux corps en noyer, 2e moitié du XVIe s. Ce type est une des créations les plus caractéristiques de l'époque, substituant formes et vocabulaire ornemental venus de l'Italie à ceux de l'âge gothique. Le corps supérieur, en retrait, est couronné d'un fronton brisé encadrant une petite niche architecturée. (Coll. privée.)

Louis XIII. « Chaise à bras » garnie de damas vert, 1er quart du XVIIe s. Pour cet ancêtre du fauteuil, les menuisiers adoptent le principe de la garniture fixe, en cuir ou en tissu, le piètement en H et le tournage en vis ou en chapelet de boules. (Musée des Arts décoratifs, Paris.)

Louis XIV. Commode exécutée en 1708 par A.-C. Boulle pour la chambre du roi au Grand Trianon de Versailles : un chef-d'œuvre d'ébénisterie (marqueterie d'écaille et de cuivre) enrichi de bronzes dorés. (Château de Versailles.)

Louis XV. Petit secrétaire revêtu de bois de placage et de marqueterie, milieu du XVIIIe s. Avec l'aménagement, dès avant 1715, des hôtels particuliers en appartements plus intimes, tout un mobilier délicat se crée, dirigé par le goût féminin. (Waddesdon Manor, Buckinghamshire.)

Louis XVI. Bureau à cylindre en acajou moucheté. Bien avant le règne de Louis XVI apparaît le style « à la grecque », inspiré des découvertes antiques du temps (Pompéi). Rectitude des lignes, surfaces nues bordées de bronzes dorés. (Musée Nissim-de-Camondo, Paris.)

Empire. Table de toilette en loupe d'orme. Sous Napoléon Ier, le retour à l'antique s'érige en doctrine officielle. L'ornementation se limite à des appliques de bronze isolées, de style gréco-romain ou égyptien. (Château de Malmaison.)

Second Empire. Pastiche de Louis XV pour ce qui est de ses parties en bois doré, ce siège bien rembourré est appelé un « indiscret » : une tierce personne s'ajoute au couple du « confident ». (Musée du Louvre, Paris.)

SUBORDINATION n.f. Ordre établi entre des personnes, des choses et qui rend les unes dépendantes des autres : *La subordination de la politique à la morale.* ▪ **Conjonction de subordination** → **CONJONCTION.**

SUBORDONNANT n.m. GRAMM. Mot ou locution qui instituent un rapport de subordination (conjonctions de subordination, relatifs, interrogatifs).

SUBORDONNÉ, E adj. et **n.** Qui est soumis à un supérieur. ◆ **adj. (A).** Qui dépend de. ▪ **Proposition subordonnée,** ou **subordonnée, n.f.** [gramm.], proposition qui complète le sens d'une autre, à laquelle elle est rattachée par un subordonnant (par oppos. à *principale*).

SUBORDONNER v.t. [3] (lat. médiév. *subordinare*). **1.** Mettre sous l'autorité de qqn d'autre : *La nouvelle organisation la subordonne à la direction générale.* **2.** Faire dépendre de : *Subordonner un achat à l'obtention d'un crédit.*

SUBORNATION n.f. DR. ▪ **Subornation de témoins,** délit consistant à faire pression sur un ou plusieurs témoins pour le(s) déterminer à déposer en justice contrairement à la vérité.

SUBORNER v.t. [3] (du lat. *subornare*, équiper). **1. DR.** Inciter un ou plusieurs témoins à faire de faux témoignages. **2.** Litt., vieilli. Séduire une femme.

SUBORNEUR, EUSE n. DR. Personne qui suborne un témoin. ◆ **n.m.** Litt., vieilli. Homme qui séduit une femme.

SUBPRIME [sœbprajm] **n.m.** (mot anglo-amér.). Dans les pays anglo-saxons (États-Unis, partic.), prêt hypothécaire à haut risque, consenti pour une acquisition immobilière (souvent, le logement de l'emprunteur) à des personnes dont les ressources financières sont très faibles : *Crise des subprimes.*

SUBRÉCARGUE n.m. (esp. *sobrecargo*). **MAR.** Sur un navire affrété, représentant des chargeurs, dont il défend les intérêts.

SUBREPTICE adj. (du lat. *subrepticius*, clandestin). Qui se fait furtivement ou déloyalement : *Un clin d'œil, un marché subreptice.*

SUBREPTICEMENT adv. D'une façon subreptice.

SUBROGATEUR adj.m. Relatif à une subrogation.

SUBROGATIF, IVE adj. Qui exprime, qui constitue une subrogation.

SUBROGATION n.f. DR. Substitution, dans un rapport juridique, d'une personne *(subrogation personnelle)* ou d'une chose *(subrogation réelle)* à une autre.

SUBROGATOIRE adj. Qui subroge.

SUBROGÉ, E n. DR. Personne substituée à une autre pour succéder à ses droits ou pour agir à sa place. ▪ **Subrogé tuteur,** personne choisie par le conseil de famille pour surveiller le tuteur ou le suppléer.

SUBROGER v.t. [10] (du lat. *subrogare*, proposer à la place d'un autre). **DR.** Substituer qqn ou qqch par subrogation.

SUBSAHARIEN, ENNE adj. Relatif à l'Afrique située au sud du Sahara.

SUBSÉQUEMMENT [-ka-] **adv.** Vx ou **DR.** En conséquence.

SUBSÉQUENT, E adj. (du lat. *subsequens*, suivant de près). Litt. Qui vient à la suite dans le temps.

SUBSIDE n.m. (du lat. *subsidium*, réserve). [Souvent pl.]. Somme d'argent versée à titre de secours, de subvention. ▪ **Action à fins de subsides** [dr.], action que peut intenter un enfant naturel dont la filiation n'est pas établie contre tout père présumé, afin de réclamer une pension alimentaire.

SUBSIDENCE n.f. (du lat. *subsidentia*, dépôt). **1. GÉOL.** Lent mouvement d'affaissement d'un bassin sédimentaire sous le poids de ses dépôts. **2. MÉTÉOROL.** Mouvement lent et généralisé d'affaissement qui affecte une masse d'air.

SUBSIDIAIRE adj. (du lat. *subsidiarius*, qui forme la réserve). Donné accessoirement pour venir à l'appui de qqch de principal : *Motif subsidiaire.* ▪ **Question subsidiaire,** question supplémentaire destinée à départager les concurrents ex aequo.

SUBSIDIAIREMENT adv. D'une façon subsidiaire.

SUBSIDIARITÉ n.f. DR. ADMIN. ▪ **Principe de subsidiarité,** principe de délégation verticale des pouvoirs, notamm. dans les fédérations ou dans l'Union européenne. ➲ L'UE est compétente pour les domaines où une intervention communautaire a été prévue ou pour lesquels celle-ci est jugée souhaitable, la compétence de droit commun appartenant aux autorités nationales.

SUBSIDIER v.t. [5]. Belgique, Afrique centrale. Subventionner.

SUBSISTANCE n.f. Nourriture et entretien de qqn : *Assurer la subsistance des siens.* ◆ **n.f. pl.** Vx. Ensemble des vivres et des objets au moyen desquels on subsiste. ▪ **Service des subsistances,** service de l'armée de terre qui avait pour mission de fournir l'alimentation de la troupe.

SUBSISTANT, E adj. Qui subsiste, demeure après la disparition d'autre chose. ◆ **n. DR.** Assuré social pris en charge par la caisse de son lieu de résidence temporaire (habitant de la France d'outre-mer soigné en métropole, par ex.).

SUBSISTER v.i. [3] (du lat. *subsistere*, demeurer). **1.** Exister encore ; continuer d'être : *Un doute subsiste.* **2.** Avoir de quoi subvenir à ses besoins essentiels : *Ils ont tout juste de quoi subsister.*

SUBSONIQUE adj. Dont la vitesse est inférieure à celle du son (CONTR. **supersonique**).

SUBSTANCE n.f. (lat. *substantia*, de *substare*, être dessous). **1.** Matière dont qqch est formé : *Les cigarettes contiennent des substances chimiques.* **2.** Ce qu'il y a d'essentiel dans un texte, un discours : *Voici brièvement la substance de son essai.* **3. PHILOS.** Ce qui est en soi et par soi ; ce qu'il y a de permanent dans les choses qui changent (par oppos. à *accident*). ▪ **En substance,** en ne retenant que l'essentiel ; en résumé.

SUBSTANTIALISME n.m. PHILOS. Doctrine qui admet l'existence de une ou plusieurs substances (CONTR. **phénoménisme**).

SUBSTANTIALISTE adj. et **n.** Relatif au substantialisme ; qui en est partisan.

SUBSTANTIALITÉ n.f. PHILOS. Qualité de ce qui est substantiel et existe par soi.

SUBSTANTIEL, ELLE adj. 1. Se dit d'un repas, d'un aliment nourrissant. **2.** Qui est important ; considérable : *Profits substantiels.* **3.** Qui est essentiel ; capital : *Modification substantielle de la loi.* **4.** Dont le contenu est riche : *Exposé substantiel.* **5. PHILOS.** Relatif à la substance (par oppos. à *accidentel*).

SUBSTANTIELLEMENT adv. De façon substantielle.

1. SUBSTANTIF, IVE adj. TEXT. Se dit d'un colorant capable de teindre le coton sans mordançage.

2. SUBSTANTIF n.m. (lat. *substantivum*). **GRAMM.** Nom.

SUBSTANTIFIQUE adj. (du lat. *substantia*, substance). Litt. ▪ **La substantifique moelle,** ce qu'il y a d'essentiel dans un ouvrage de l'esprit.

SUBSTANTIVATION n.f. Action de substantiver.

SUBSTANTIVEMENT adv. GRAMM. Avec la valeur d'un substantif.

SUBSTANTIVER v.t. [3]. GRAMM. Donner à un mot la valeur de nom.

SUBSTITUABLE adj. Qui peut être substitué à autre chose.

SUBSTITUANT n.m. Atome ou groupement d'atomes qui se substitue à un autre dans une molécule.

SUBSTITUER v.t. [3] (du lat. *substituere*, placer sous). **1.** Mettre en lieu et place de qqn, de qqch d'autre ; remplacer par : *Substituer la copie d'un tableau à l'original.* **2. DR.** Désigner comme l'héritier d'un legs, à défaut d'un premier héritier ou après la mort de celui-ci ; léguer par substitution. **3. CHIM.** Remplacer un atome, un groupement dans un composé par un autre atome, un autre groupement. ◆ **SE SUBSTITUER v.pr.** Prendre la place d'un autre.

1. SUBSTITUT n.m. 1. Ce qui peut remplacer qqch en jouant le même rôle. **2. PHARM.** Succédané.

2. SUBSTITUT n. DR. Magistrat du parquet chargé d'assister le procureur général de la cour d'appel *(substitut général)* ou le procureur de la République.

SUBSTITUTIF, IVE adj. 1. Se dit de ce qui sert de substitut. **2. MÉD.** Se dit d'un traitement, d'un médicament destiné à réaliser une substitution.

SUBSTITUTION n.f. 1. Action de substituer ; fait de se substituer. **2. CHIM.** Transformation par laquelle un atome d'un composé est remplacé par un autre atome ou groupe d'atomes. **3. ÉCON.** Remplacement, dans l'entreprise, d'un facteur de production par un autre (substitution de capital au travail, par ex.) ; dans le domaine de la consommation, remplacement d'un bien par un autre. **4. MÉD.** Traitement d'une toxicomanie par un médicament qui remplace partiellement la drogue en cause sans en avoir la toxicité ; traitement par un médicament (hormone, par ex.) qui remplace une substance de l'organisme en quantité insuffisante. ▪ **Peine, pouvoir de substitution** [dr.], peine que le tribunal peut prononcer à la place d'une peine d'emprisonnement (confiscation, travail d'intérêt général) ; possibilité, pour une autorité administrative de contrôle, d'agir à la place de l'autorité contrôlée. ▪ **Substitution d'enfant** [dr.], infraction consistant à mettre un autre enfant à la place de celui dont une femme a accouché. ▪ **Substitution vulgaire** [dr.], dispositif consistant à désigner la personne qui recevra un don ou un legs, dans le cas où le légataire désigné en première ligne ne pourrait le recueillir.

SUBSTRAT n.m. (lat. *substratum*, de *substernere*, étendre dessous). **1.** Ce qui sert de base, d'infrastructure à qqch : *Le substrat humaniste d'une œuvre littéraire.* **2. ÉLECTRON.** Matériau sur lequel sont réalisés les éléments d'un circuit intégré. **3. LING.** Langue qui a été parlée dans une région déterminée et dont on repère les traces dans une autre langue parlée ultérieurement. **4.** Substance chimique sur laquelle agit spécifiquement une enzyme.

SUBSTRATUM [-tɔm] **n.m.** (mot lat.). **GÉOL.** Roche en place masquée par des dépôts superficiels.

SUBSTRUCTION ou **SUBSTRUCTURE n.f. ARCHÉOL., ARCHIT.** Ensemble des parties basses d'une construction ancienne détruite, incluses ou non dans les fondations d'un nouveau bâtiment.

SUBSUMER v.t. [3] (du lat. *sub*, sous, et *sumere*, prendre). **PHILOS.** Penser qqch comme compris dans un ensemble : *Subsumer un individu dans une espèce.*

SUBTERFUGE n.m. (du bas lat. *subterfugere*, fuir en cachette). Moyen habile et détourné de se tirer d'embarras ; faux-fuyant.

SUBTIL, E adj. (du lat. *subtilis*, fin, délié). **1.** Qui a de la finesse d'esprit ; perspicace : *Un magistrat subtil.* **2.** Qui exige beaucoup de sagacité ou des facultés sensitives développées : *Nuance subtile. Parfum subtil.*

SUBTILEMENT adv. Avec subtilité.

SUBTILISATION n.f. Action de subtiliser.

SUBTILISER v.t. [3]. Dérober adroitement, sans se faire remarquer : *On lui a subtilisé son portefeuille.* ◆ **v.i.** Litt. Se livrer à d'excessives subtilités de pensée.

SUBTILITÉ n.f. 1. Caractère d'une personne, d'une chose subtile ; finesse. **2.** Raffinement excessif de la pensée, de l'expression.

SUBTROPICAL, E, AUX adj. Proche des tropiques. ▪ **Climat subtropical,** climat chaud, à longue saison sèche.

SUBURBAIN, E adj. (lat. *suburbanus*). Qui est à la périphérie immédiate d'une ville : *Zone suburbaine.*

SUBVENIR v.t. ind. [28] (auxil. *avoir*) **[À]** (du lat. *subvenire*, venir au secours de). Procurer à qqn ce qui lui est nécessaire ; pourvoir à : *Subvenir aux besoins de ses enfants.*

SUBVENTION n.f. (du bas lat. *subventio*, secours). Aide financière versée par l'État ou par une personne publique à un organisme ou à une personne privée, pour favoriser l'activité d'intérêt général à laquelle ils se livrent.

SUBVENTIONNER v.t. [3]. Accorder une subvention à un organisme, une entreprise, etc. : *Subventionner un festival.*

SUBVERSIF, IVE adj. (du lat. *subvertere*, renverser). Qui est de nature à troubler ou à renverser l'ordre établi ; séditieux : *Doctrine subversive.*

SUBVERSION n.f. Action visant à saper les institutions.

SUBVERTIR v.t. [21]. Litt. Renverser l'ordre établi.

SUC n.m. (lat. *sucus*). **1.** Liquide organique susceptible d'être extrait des tissus animaux et végétaux ; jus. **2.** Sécrétion riche en enzymes d'un organe de l'appareil digestif : *Suc pancréatique, gastrique.* **3.** Litt. Le meilleur de la substance de qqch ; quintessence.

SUCCÉDANÉ n.m. (du lat. *succedaneus*, substitué). **1.** Produit de remplacement ; ersatz : *Un succédané de sucre.* **2.** Personne, chose de moindre valeur que celle qu'elle remplace : *Un succédané de metteuse en scène, d'émission littéraire.* **3. PHARM.** Médicament, substance utilisés de préférence à d'autres, plus toxiques ou plus difficiles à se procurer : *Les succédanés du plasma* (SYN. **1. substitut**).

SUCCÉDER v.t. ind. **[11]**, ▲ *[11*]* **(À)** [du lat. *succedere*, aller sous]. **1.** Venir après dans le temps ou dans l'espace : *L'hiver succède à l'automne. La toundra succède aux forêts.* **2.** Parvenir après un autre à un emploi, une dignité, une charge : *Elle a succédé au directeur.* **3. DR.** Recueillir une succession. ◆ **SE SUCCÉDER** v.pr. Venir l'un après l'autre ; se suivre : *Les candidats se sont succédé devant le jury.*

SUCCENTURIÉ, E [-ksɑ̃-] **adj.** (du lat. *succenturiatus*, qui remplace). ▪ **Ventricule succenturié,** première partie de l'estomac des oiseaux.

SUCCÈS n.m. (du lat. *successus*, succession). **1.** Résultat heureux ; réussite : *Ils fêtent leur succès aux élections.* **2.** Approbation du public : *Le film a eu du succès.* ▪ **À succès,** qui plaît au plus grand nombre : *Une romancière à succès.*

SUCCESSEUR n.m. Personne qui succède à une autre dans un état, une profession ou dans ses droits ou obligations. ▪ **Successeur d'un entier naturel** *n* [math.], l'entier *n* + 1.

SUCCESSIBILITÉ n.f. **DR. 1.** Droit de succéder. **2.** Ordre de succession ; manière dont a lieu la succession.

SUCCESSIBLE adj. **DR.** Qui donne droit à succéder.

SUCCESSIF, IVE adj. Se dit de personnes, de choses qui se succèdent : *Les propriétaires successifs.* ▪ **Contrat successif** [dr.], contrat qui comporte l'exécution d'obligations s'échelonnant dans le temps.

SUCCESSION n.f. (lat. *successio*). **1.** Suite de personnes ou de choses qui se succèdent sans interruption ou à peu d'intervalle ; série : *Succession de visiteurs, d'averses.* **2. DR.** Transmission légale à des personnes vivantes des biens et obligations d'une personne décédée ; ensemble des biens qu'une personne laisse en mourant. ▪ **Droits, ordre de succession** [dr.], droits de mutation que les bénéficiaires d'une succession doivent verser au Trésor ; manière dont la loi règle les successions ab intestat suivant le degré de parenté des héritiers. ▪ **Succession ab intestat** [dr.], dont la dévolution est réglée par la loi. ▪ **Succession anomale, testamentaire** [dr.], dans laquelle des biens du défunt sont dévolus à certaines personnes en fonction de leur nature et de leur origine ; réglée par testament dans sa totalité ou en partie. ▪ **Succession en ligne directe,** d'ascendants en descendants ou de descendants en ascendants.

SUCCESSIVEMENT adv. L'un après l'autre ; tour à tour.

SUCCESSORAL, E, AUX adj. **DR.** Relatif à une succession.

SUCCIN [syksɛ̃] n.m. (lat. *succinum*). **GÉOL.** Ambre jaune.

SUCCINCT, E [syksɛ̃, ɛ̃t] **adj.** (du lat. *succinctus*, court vêtu). **1.** Qui est dit en peu de mots ; concis : *Présentation succincte.* **2.** Qui s'exprime en peu de mots ; laconique : *Je vais tenter d'être succinct.* **3.** Peu abondant : *Un dîner succinct.*

SUCCINCTEMENT [-ksɛ̃tmɑ̃] **adv.** De façon succincte.

SUCCINIQUE adj. **CHIM.** ▪ **Acide succinique,** dénomination courante de l'acide *butane-dioïque* découvert dans le succin.

SUCCION [sy(k)sjɔ̃] n.f. (lat. *suctus*, de *sugere*, sucer). Action d'aspirer un liquide entre ses lèvres : *Les bruits de succion pendant la tétée.*

SUCCOMBER v.i. **[3]** (lat. *succumbere*). **1.** Mourir : *Le motard a succombé pendant la nuit.* **2.** Perdre un combat ; être vaincu. **3.** Être écrasé, anéanti par : *Succomber sous les difficultés.* **4. (À).** Ne pas résister à : *Succomber à l'envie de fumer.*

SUCCUBE n.m. (du lat. *succuba*, concubine). **OCCULT.** Démon femelle qui, selon la tradition, séduit les hommes pendant leur sommeil (par oppos. à *incube*).

SUCCULENCE n.f. Sout. Qualité de ce qui est succulent.

SUCCULENT, E adj. (lat. *succulentus*). **1.** Qui a une saveur délicieuse : *Tarte succulente.* **2. BOT.** Se dit d'une plante possédant des organes charnus et riches en eau.

SUCCURSALE n.f. (du lat. *succurrere*, secourir). Établissement commercial ou financier dépendant d'un autre, mais doté d'une certaine autonomie de gestion.

SUCCURSALISME n.m. Secteur de la distribution composé d'entreprises de vente au détail, gérant des succursales sous une enseigne commune.

SUCCURSALISTE adj. Relatif au succursalisme. ◆ n.m. Société succursaliste.

SUCEMENT n.m. Action de sucer.

SUCER v.t. **[9]** (lat. *sugere*). **1.** Aspirer à l'aide des lèvres un liquide, une substance : *Sucer la moelle d'un os.* **2.** Faire fondre dans sa bouche : *Sucer un bonbon.* **3.** Porter qqch à la bouche et y exercer une succion : *Sucer son pouce.* **4.** En parlant de certains animaux, aspirer un liquide avec un organe spécial : *Les sangsues sucent le sang.* ▪ **Avoir sucé des idées avec le lait** [litt.], y avoir été initié dès la plus tendre enfance.

SUCETTE n.f. **1.** Bonbon en sucre cuit aromatisé, fixé à l'extrémité d'un bâtonnet. **2.** Petite tétine de caoutchouc que l'on donne à sucer aux jeunes enfants.

SUCEUR, EUSE adj. **1.** Qui suce : *Insecte suceur.* **2.** Qui fonctionne en aspirant un fluide : *Drague suceuse.*

SUÇOIR n.m. **1. BOT.** Organe fixant une plante parasite à son hôte et lui servant à prélever la sève. **2. ENTOMOL.** Organe buccal de certains insectes, qui sert à sucer.

SUÇON n.m. Fam. Marque que l'on fait à la peau en la suçant fortement.

SUÇOTER v.t. **[3].** Sucer lentement, du bout des lèvres.

SUCRAGE n.m. Action de sucrer.

SUCRANT, E adj. Qui sucre : *Pouvoir sucrant.*

SUCRATE n.m. Saccharate.

SUCRE n.m. (ital. *zucchero*, de l'ar.). **1.** Substance alimentaire de saveur douce, extraite, sous forme de fins cristaux, de la canne à sucre et de la betterave à sucre. ➲ Nom sc. *saccharose.* **2.** Morceau de cette substance : *Elle met deux sucres dans son thé.* **3.** Cour. Glucide. ▪ **Casser du sucre sur le dos de qqn** [fam.], dire du mal de lui. ▪ **Le temps** ou **la saison des sucres,** ou **les sucres** [Québec], période du printemps où l'on fabrique les produits de l'érable. ▪ **Pur sucre** [fam.], orthodoxe ; authentique : *Un énarque pur sucre.* ▪ **Sirop de sucre,** dissolution concentrée de sucre. ▪ **Sucre (d'érable)** [Québec], sucre doré produit par la cuisson du sirop d'érable. ▪ **Sucre à la crème** [Québec], confiserie fondante à base de sucre et de crème. ▪ **Sucre glace,** sucre en poudre extrêmement fin obtenu par un broyage très poussé, employé surtout en pâtisserie. (En Belgique, on dit *sucre impalpable*.)

SUCRÉ, E adj. Qui contient du sucre ; qui en a le goût : *Poire sucrée.* ◆ **adj.** et **n.** Vieilli. Qui prend un air doucereux : *Faire sa sucrée.* ◆ **adv.** ▪ **Manger, boire sucré,** manger des aliments, boire des liquides additionnés de sucre. ◆ **n.m.** Nourriture sucrée.

SUCRER v.t. **[3]. 1.** Ajouter du sucre à ; édulcorer : *Sucrer un yaourt.* **2.** Fam. Supprimer : *Sucrer les primes de fin d'année.* ◆ **SE SUCRER** v.pr. Fam. S'attribuer une part indue dans un partage ; faire un gros profit dans une affaire.

SUCRERIE n.f. **1.** Usine où l'on fabrique le sucre. **2.** (Souvent pl.). Friandise à base de sucre. **3.** Québec. Érablière pourvue des installations nécessaires à la fabrication des produits de l'érable.

SUCRETTE n.f. (nom déposé). Petit comprimé de sucre de synthèse.

1. SUCRIER, ÈRE adj. Relatif à la production du sucre. ◆ n.m. Ustensile de table contenant du sucre.

2. SUCRIER n.m. Industriel fabriquant du sucre.

SUCRIN adj.m. ▪ **Melon sucrin,** ou **sucrin, n.m.,** melon d'une variété très sucrée.

SUCRINE n.f. Laitue d'une variété proche de la romaine.

SUD n.m. inv. (anc. anglo-saxon *suth*). **1.** L'un des quatre points cardinaux, situé dans la direction opposée au nord ; direction vers ce point. Abrév. **S. 2.** (Avec une majuscule). Partie d'un territoire située dans cette direction par rapport à son centre : *L'Europe du Sud.* **3.** (Avec une majuscule). Ensemble des pays en développement, par oppos. aux pays industrialisés, le Nord. ◆ **adj. inv.** Situé du côté du sud : *La partie sud de l'île.*

SUD-AFRICAIN, E (pl. *sud-africains, es*) ou **SUDAFRICAIN, E** adj. et **n.** De la république d'Afrique du Sud ; de ses habitants.

SUD-AMÉRICAIN, E adj. et **n.** (pl. *sud-américains, es*). De l'Amérique du Sud ; de ses habitants.

SUDATION n.f. (lat. *sudatio*). **1.** Production de sueur ; transpiration. **2. BOT.** Rejet d'eau sous forme liquide par les feuilles.

SUDATOIRE adj. Accompagné de sueur.

SUD-CORÉEN, ENNE adj. et **n.** (pl. *sud-coréens, ennes*). De la Corée du Sud ; de ses habitants.

SUD-EST [sydɛst] n.m. inv. **1.** Point de l'horizon situé entre le sud et l'est ; direction vers ce point. **2.** (Avec des majuscules). Partie d'un territoire située dans cette direction par rapport à son centre. ◆ **adj. inv.** Situé du côté du sud-est.

SUDISTE adj. et **n.** Se dit des partisans des États du Sud pendant la guerre de Sécession.

SUDOKU [sydɔku] **n.m.** (nom déposé). Jeu de chiffres d'origine japonaise consistant à compléter une grille, subdivisée en 9 zones de 9 cases, avec des chiffres de 1 à 9.

SUDORAL, E, AUX adj. Relatif à la sueur.

SUDORIFIQUE adj. et n.m. Se dit d'un médicament qui provoque la sudation.

SUDORIPARE ou **SUDORIFÈRE** adj. **ANAT.** Qui produit la sueur : *Glande sudoripare.*

SUD-OUEST n.m. inv. et **adj. inv. 1.** Point de l'horizon situé entre le sud et l'ouest ; direction vers ce point. **2.** (Avec des majuscules). Partie d'un territoire située dans cette direction par rapport à son centre. ◆ **adj. inv.** Situé du côté du sud-ouest.

SUDRA n.m. inv. → **SHUDRA.**

SUD-VIETNAMIEN, ENNE adj. et **n.** (pl. *sud-vietnamiens, ennes*). Du Viêt Nam du Sud (avant 1975).

SUÈDE n.m. (de *Suède*, n.pr.). Peausserie ou cuir au côté chair à l'extérieur, d'aspect velouté, utilisés en ganterie.

SUÉDÉ, E adj. Se dit d'un tissu traité de façon à avoir l'aspect du suède.

SUÉDINE n.f. Tissu rappelant le suède.

SUÉDOIS, E adj. et **n.** De la Suède ; de ses habitants. ◆ **n.m.** Langue scandinave parlée princip. en Suède et en Finlande.

SUÉE n.f. Fam. Transpiration abondante à la suite d'un travail pénible, d'une émotion.

SUER v.i. **[3]** (lat. *sudare*). **1.** Sécréter la sueur par les pores de la peau. **2.** Se couvrir de gouttes d'humidité ; suinter : *Les murs de la cave suent.* **3.** Fam. Se donner beaucoup de peine : *Il a sué pour peindre la cuisine.* ▪ **Faire suer** [cuis.], faire rendre son jus à une viande ou à un légume, à feu doux dans un ustensile fermé. ▪ **Faire suer qqn** [fam.], le fatiguer ; l'exaspérer. ▪ **Se faire suer** [fam.], s'ennuyer. ◆ **v.t.** Litt. Laisser transparaître : *Suer la bêtise.* ▪ **Suer sang et eau,** faire des efforts considérables.

SUET [sɥɛ(t)] **n.m. inv. MAR.** Vent soufflant du sud-est.

SUETTE n.f. ▪ **Suette miliaire,** maladie contagieuse, virale ou bactérienne caractérisée par une fièvre, des sueurs et une éruption cutanée.

SUEUR n.f. (lat. *sudor*). **1.** Liquide incolore, salé, sécrété par les glandes sudoripares, qui suinte par les pores de la peau. **2.** Symbole d'un travail intense, pénible. ▪ **À la sueur de son front,** en se donnant de la peine. ▪ **Sueurs froides,** vive inquiétude.

SUFFÈTE **n.m.** (lat. *suffes, -etis*). **ANTIQ.** Magistrat suprême de Carthage.

SUFFIRE **v.t. ind. [80]** (du lat. *sufficere*, fournir). **1. (À).** Correspondre à ce qui est nécessaire : *Ta présence suffit à son bonheur* ; pouvoir satisfaire à : *Suffire à la demande.* **2. (À).** Être en assez grande quantité pour : *Cent euros me suffiront.* **3.** Être l'élément permettant d'obtenir tel résultat : *Un simple clic suffit.* ▪ **Ça suffit** ou **suffit !,** en voilà assez ! ▪ **Il suffit de, que,** il est seulement nécessaire de, que. ◆ **SE SUFFIRE** **v.pr.** N'avoir pas besoin du secours des autres.

SUFFISAMMENT **adv.** De manière suffisante ; assez.

SUFFISANCE **n.f.** Litt. Présomption dans les manières, dans le ton ; fatuité. ▪ **En suffisance,** en quantité suffisante.

SUFFISANT, E **adj.** Qui est en quantité assez grande : *Une somme suffisante.* ◆ **adj.** et **n.** Litt. Qui a une opinion avantageuse de lui-même ; prétentieux.

SUFFIXATION **n.f.** Dérivation par un suffixe.

SUFFIXE **n.m.** (du lat. *suffixus*, fixé sous). **LING.** Élément qui s'ajoute à la racine d'un mot pour constituer un mot nouveau, appelé le *dérivé* (ex. : *-ment* dans *librement*).

SUFFIXER **v.t. [3].** Pourvoir un mot d'un suffixe.

SUFFOCANT, E **adj.** Qui produit une suffocation.

SUFFOCATION **n.f.** Fait de suffoquer.

SUFFOLK **n.m.** (de *Suffolk*, n.pr.). Mouton d'une race d'origine anglaise, à la tête et aux extrémités noires, réputé pour sa viande et excellent pour les croisements.

▲ **suffolk**

SUFFOQUER **v.t. [3]** (lat. *suffocare*). **1.** Faire perdre la respiration à qqn. **2.** Causer à qqn une surprise très vive : *Sa réponse m'a suffoqué.* ◆ **v.i. 1.** Avoir brusquement du mal à respirer. **2.** Avoir le souffle coupé sous l'effet d'une violente émotion : *Suffoquer de colère.*

SUFFRAGE **n.m.** (lat. *suffragium*). **1.** Vote, voix donnés en matière d'élection : *La majorité des suffrages.* **2.** Litt. Opinion favorable à qqch : *Ce film remporte tous les suffrages.* ▪ **Suffrage censitaire** → **CENSITAIRE.** ▪ **Suffrage direct, indirect,** système dans lequel l'électeur vote lui-même pour le candidat à élire ; système dans lequel le candidat est élu par les membres de corps élus ou par des délégués élus par le corps électoral. ▪ **Suffrage exprimé,** qui exprime un choix (par oppos. à *suffrage blanc*), conformément aux prescriptions de la loi électorale (par oppos. à *suffrage nul*). ➲ En France, le nombre de suffrages exprimés s'obtient en déduisant du nombre de votants le nombre de suffrages blancs ou nuls. ▪ **Suffrage universel,** système dans lequel le corps électoral est constitué par tous les citoyens qui ont la capacité électorale.

SUFFRAGETTE **n.f.** (mot angl.). **HIST.** En Grande-Bretagne, militante qui réclamait pour les femmes le droit de voter (1903-1917).

SUFFUSION **n.f.** (lat. *suffusio*). **MÉD.** Épanchement de sang dans un tissu.

SUGGÉRER [-gʒe-] **v.t. [11],** ▲ *[11*]* (du lat. *suggerere*, porter sous). **1.** Proposer à qqn l'idée de ; conseiller : *Je lui ai suggéré de lire ce roman.* **2.** Amener qqn à imaginer ; inspirer : *Que vous suggère ce dessin ?*

SUGGESTIBILITÉ [-gʒɛst-] **n.f.** Caractère d'une personne suggestible.

SUGGESTIBLE [-gʒɛst-] **adj. PSYCHOL.** Se dit d'un sujet qui se soumet facilement aux suggestions.

SUGGESTIF, IVE [-gʒɛst-] **adj.** (angl. *suggestive*). **1.** Qui produit une suggestion ; évocateur. **2.** Qui inspire des idées érotiques.

SUGGESTION [-gʒɛst-] **n.f. 1.** Action de suggérer ; ce qui est suggéré : *Écoute ma suggestion.* **2. PSYCHOL.** Technique psychique qui repose sur l'hypothèse que qqn peut influencer par la parole un état affectif ou un comportement chez qqn d'autre.

SUGGESTIONNER [-gʒɛst-] **v.t. [3]. PSYCHOL.** Faire penser ou agir qqn par suggestion.

SUGGESTIVITÉ [-gʒɛst-] **n.f.** Caractère de ce qui est suggestif.

SUICIDAIRE **adj.** et **n.** Qui semble prédisposé au suicide : *Adolescent suicidaire.* ◆ **adj.** Qui mène infailliblement à l'échec.

SUICIDANT, E **adj.** et **n.** Se dit d'une personne qui vient de faire une tentative de suicide.

SUICIDE **n.m.** (du lat. *sui*, soi, et *caedere*, tuer). **1.** Acte de se donner soi-même la mort. **2.** Action de se détruire ou de se nuire gravement : *Conduire dans son état, c'est du suicide !* **3.** (En appos., avec ou sans trait d'union). Qui implique la mort de la personne qui y participe : *Attentats-suicides* ; qui cause la perte de son auteur : *Candidature suicide.*

SUICIDÉ, E **adj.** et **n.** Qui s'est donné la mort.

SE SUICIDER **v.pr. [3]. 1.** Se donner volontairement la mort. **2.** Fig. Causer soi-même sa perte : *Syndicat qui se suicide.* ◆ **v.t.** Fam. Assassiner qqn et maquiller sa mort en suicide.

SUIDÉ **n.m.** (du lat. *sus, suis*, porc). **ZOOL.** Mammifère ongulé non ruminant, au museau formant un groin, à fortes canines, tel que le sanglier, le phacochère, le porc, le pécari. ➲ Les suidés forment une famille.

SUIE **n.f.** (gaul. *sūdia*). Matière carbonée noire et épaisse, emportée par la fumée et qui résulte d'une combustion incomplète.

SUIF **n.m.** (du lat. *sebum*, graisse). **BOUCH.** Graisse de ruminants.

SUIFFER **v.t. [3]. TECHN.** Enduire de suif.

SUIFFEUX, EUSE **adj.** De la nature du suif.

SUIFORME **n.m.** (du lat. *sus, suis*, porc). **ZOOL.** Porcin.

SUI GENERIS [sɥiʒeneris] **loc. adj. inv.** (loc. lat. « de son espèce »). Qui caractérise exclusivement qqn, qqch ; spécifique : *L'odeur sui generis d'un fumeur.*

SUINT [sɥɛ̃] **n.m.** (de *suer*). Graisse qui imprègne la toison des moutons.

SUINTANT, E **adj.** Qui suinte.

SUINTEMENT **n.m.** Fait de suinter.

SUINTER **v.i. [3]. 1.** S'écouler très lentement, en parlant des liquides : *Le sang suinte de sa blessure.* **2.** Laisser s'écouler un liquide : *Tonneau qui suinte.* ◆ **v.t.** Fig. Laisser transparaître : *Ville qui suinte l'ennui.*

SUINTINE **n.f.** Mélange de matières grasses obtenu lors du lavage des toisons et utilisé en peausserie (préparation de la lanoline).

1. SUISSE **adj.** et **n.** De la Suisse ; de ses habitants. (Le fém. du n. est parfois *Suissesse*.) ◆ **adj.** ▪ **Garde suisse,** soldat de la garde pontificale, au Vatican. ▪ **Troupes suisses** [hist.], unités de l'armée française composées de Suisses. ➲ Le recrutement des soldats suisses a duré de 1453 à 1830.

2. SUISSE **n.m. 1.** Anc. Employé d'église en uniforme qui veillait au bon ordre des offices. **2.** Vx. Portier d'une grande maison, portant un habit chamarré. **3.** Québec. Tamia (écureuil). ▪ **Manger, boire en suisse** [fam.], tout seul, sans inviter personne.

SUITE **n.f.** (lat. pop. *sequita*). **1.** Enchaînement de faits qui se suivent ; succession : *Une suite de catastrophes.* **2.** Liaison logique entre des choses, des actes ; cohérence : *Raisonnement qui manque de suite.* **3.** Ce qui vient après une chose déjà connue : *Écoute la suite !* **4.** Ce qui résulte de qqch ; conséquence : *Les suites d'un scandale.* **5.** Continuation d'une œuvre : *Tourner la suite d'un film.* **6.** Ensemble de personnes qui accompagnent un haut personnage ; escorte. **7.** Appartement, dans un hôtel de luxe. **8. MUS.** Série de pièces instrumentales écrites dans le même ton et relevant de la danse. **9.** Série d'objets d'art de même nature, rangés dans un certain ordre : *Suite d'aquarelles.* **10.** Au poker, combinaison de cinq cartes qui se suivent en étant de couleurs différentes (SYN. **quinte**). ▪ **À la suite,** derrière. ▪ **À la suite de,** après. ▪ **Avoir de la suite dans les idées,** être persévérant, opiniâtre. ▪ **De suite,** sans interruption ; fam., tout de suite. ▪ **Donner suite à qqch,** le prendre en considération : *Je ne peux donner suite à votre demande.* ▪ **Droit de suite,** droit d'un créancier hypothécaire de saisir l'immeuble hypothéqué même s'il n'appartient plus à son débiteur ; droit temporaire, pour un auteur (et ses héritiers après sa mort) d'œuvres graphiques ou plastiques, de percevoir une partie du prix à chaque vente de ses œuvres ; mil., droit que s'arroge un belligérant de poursuivre un navire et de le capturer jusqu'au port de sa destination. ▪ **Esprit de suite,** disposition d'esprit qui pousse à persévérer dans ses entreprises. ▪ **Et ainsi de suite,** en continuant de la même manière. ▪ **Par la suite,** plus tard. ▪ **Sans suite,** se dit d'un article dont l'approvisionnement ne sera pas renouvelé ; incohérent : *Tenir des propos sans suite.* ▪ **Suite arithmétique, géométrique,** suite de nombres dans laquelle on passe d'un terme au suivant par l'addition d'une constante (la *raison*) ; suite de nombres dans laquelle on passe d'un terme au suivant en multipliant par une constante (la *raison*). ▪ **Suite parentale,** partie d'une maison ou d'un appartement constituée d'une chambre à coucher d'adultes, d'une salle de bains attenante et, souvent, d'un dressing. ▪ **Tout de suite,** immédiatement.

SUITÉE **adj.f. ZOOL.** Se dit d'une femelle (jument, brebis, truie) suivie de son ou de ses petits.

1. SUIVANT, E **adj.** Qui est après : *Le client suivant.* ◆ **n.** Personne qui accompagne, escorte, notamm. dans les pièces de théâtre.

2. SUIVANT **prép. 1.** Selon une ligne donnée : *Découper suivant les pointillés.* **2.** À proportion de : *Chacun fera suivant ses moyens* ; en fonction de : *Suivant les circonstances* ; conformément à : *Suivant son habitude.* ◆ **SUIVANT QUE** **loc. conj.** Selon que.

1. SUIVEUR, EUSE **adj.** ▪ **Voiture suiveuse,** qui accompagne une course cycliste sur route.

2. SUIVEUR, EUSE **n. 1.** Personne qui suit une course cycliste. **2.** Personne sans créativité qui ne fait que suivre, imiter ; épigone.

SUIVI, E **adj. 1.** Qui a lieu de manière continue : *Correspondance suivie.* **2.** Qui s'enchaîne de manière rigoureuse : *Argumentation suivie.* **3.** Qui a un public nombreux et assidu : *Conférences très suivies.* **4. COMM.** Se dit d'un objet qui continue à être vendu. ◆ **n.m. 1.** Contrôle permanent sur une période prolongée : *Suivi médical.* **2.** Ensemble d'opérations consistant à suivre et à surveiller un processus : *Le suivi d'un dossier.*

SUIVISME **n.m.** Tendance à suivre la mode, l'opinion d'autrui sans esprit critique.

SUIVISTE **adj.** et **n.** Qui fait preuve de suivisme.

SUIVRE **v.t. [69]** (lat. *sequi*). **1.** Aller, venir, être après, derrière : *Suivez le guide.* **2.** Marcher derrière pour surveiller : *Suivre un dealer.* **3.** Venir après dans le temps : *Sa fête suit Noël.* **4.** Aller dans une direction déterminée : *Suivre une route* ; être placé le long de qqch : *Le sentier suit le canal.* **5.** Fig. Prendre comme référence, comme modèle : *Suivre l'exemple de son oncle.* **6.** Être attentif à : *Suivre les cours de la Bourse* ; s'intéresser à : *Suivre un malade.* **7.** En parlant d'une personne inscrite sur un réseau social, recevoir volontairement les informations publiques émanant du profil d'un internaute ou d'un site Web dès leur mise en ligne : *Suivre un homme politique sur un réseau.* **8.** Comprendre : *Suivre une démonstration.* **9.** Conformer sa conduite, ses pensées à : *Suivre son intuition.* **10.** Se laisser guider par qqn, sa pensée : *Personne ne te suivra dans ce projet.* **11. COMM.** Continuer à fabriquer un produit ou se réapprovisionner régulièrement. ▪ **À suivre,** formule indiquant que le récit n'est pas terminé. ▪ **Faire suivre,** formule mise sur les lettres pour indiquer qu'elles doivent être réexpédiées à la nouvelle adresse du destinataire. ▪ **Suivre une affaire,** en prendre connaissance au fur et à mesure de son déroulement. ▪ **Suivre un enseignement,** y participer : *Il ne suit plus les cours de russe.* ▪ **Suivre un traitement,** s'y soumettre avec assiduité. ◆ **v. impers.** Litt. Résulter : *Il suit de là que…* ◆ **v.i. 1.** Comprendre et assimiler un enseignement : *Cet élève ne suit pas.* **2.** Au poker, miser afin de pouvoir rester dans le jeu. ◆ **SE SUIVRE v.pr. 1.** Se succéder dans le temps : *Les jours se suivent.* **2.** Venir les uns à la suite des autres : *A, B, C se suivent dans l'alphabet* ; avancer l'un derrière l'autre : *Les voitures se suivaient.* **3.** Présenter une certaine cohérence : *Un scénario où tout se suit.*

1. SUJET n.m. (bas lat. *subjectum*). **1.** Ce sur quoi on parle, on écrit ; thème : *Le sujet d'un débat. Un sujet de thèse. Être hors sujet.* **2.** Fondement d'une action, d'un sentiment ; cause : *Un sujet de mécontentement.* **3.** Être vivant que l'on soumet à des observations. **4. MUS.** Thème principal d'une fugue. **5. GRAMM.** Fonction grammaticale exercée par un groupe nominal, un pronom, un verbe à l'infinitif, etc., et qui confère au verbe ses catégories de personne et de nombre. V. *Mémento de grammaire*, § 1. **6. LOG.** Dans une proposition, ce à quoi se rapportent les propriétés. **7.** Troisième des cinq échelons dans la hiérarchie du corps de ballet de l'Opéra de Paris ; danseur possédant ce grade. **8. PHILOS.** Être doué de conscience de soi, susceptible d'être responsable de ses actes. **9. LING.** Actant. **10. BOT.** Lors d'une greffe, plante sur laquelle est inséré le greffon. ▪ **Au sujet de,** à propos de. ▪ **Avoir sujet de,** avoir un motif légitime de : *Avoir sujet de s'inquiéter.* ▪ **Bon, mauvais sujet,** personne digne d'éloges ; personne dont la conduite est répréhensible. ▪ **Sujet de droit** [dr.], personne titulaire de droits ou d'obligations.

2. SUJET, ETTE adj. (du lat. *subjectus*, soumis à). **1.** Exposé à éprouver certains états : *Être sujet aux vertiges.* **2.** Naturellement porté à : *Il est sujet à la colère.* ▪ **Sujet à caution** → **CAUTION.**

3. SUJET, ETTE n. Personne qui est soumise à l'autorité d'un souverain.

SUJÉTION n.f. Litt. **1.** État d'une personne, d'une collectivité soumise à une domination. **2.** Assujettissement à une contrainte : *La sujétion aux aléas climatiques.*

SULFAMIDE n.m. Médicament prescrit contre les infections, contre le diabète ou comme diurétique (nom générique).

SULFATAGE n.m. AGRIC. Épandage sur les végétaux d'une solution de sulfate de cuivre pour combattre les maladies cryptogamiques.

SULFATATION n.f. ÉLECTROTECHN. Formation de sulfate de plomb sur les bornes d'un accumulateur.

SULFATE n.m. CHIM. 1. Sel de l'acide sulfurique. **2.** Minéral caractérisé par le radical $(SO_4)^{2-}$, tels la barytine ou le gypse.

SULFATÉ, E adj. Qui renferme un sulfate.

SULFATER v.t. [3]. Opérer le sulfatage de.

SULFATEUSE n.f. 1. AGRIC. Machine servant à sulfater. **2.** Arg. Mitraillette.

SULFHYDRIQUE adj.m. (du lat. *sulfur*, soufre, et du gr. *hudôr*, eau). **CHIM. MINÉR.** ▪ **Acide sulfhydrique,** acide H_2S, gaz incolore, très toxique, à odeur d'œuf pourri, produit par la décomposition des matières organiques (SYN. **hydrogène sulfuré**).

SULFHYDRYLE n.m. CHIM. MINÉR. Groupement —SH.

SULFINISATION n.f. MÉTALL. Cémentation au soufre.

SULFITAGE n.m. Emploi de l'anhydride sulfureux, en vinification, soit comme désinfectant et antiseptique, soit comme décolorant ou antioxydant.

SULFITE n.m. CHIM. MINÉR. Sel de l'acide sulfureux.

SULFONATION n.f. CHIM. ORG. Réaction de substitution d'un ou de plusieurs groupements SO_3H à un ou à plusieurs atomes d'hydrogène d'un composé organique.

SULFONE n.f. CHIM. ORG. Composé organique de formule générale $R—SO_2—R'$ (nom générique).

SULFONÉ, E adj. CHIM. ORG. Se dit de molécules aromatiques $Ar—SO_3H$ où un groupement SO_3H a été substitué à un atome d'hydrogène d'un cycle aromatique.

SULFOSEL n.m. CHIM. MINÉR. Sel complexe contenant du soufre.

SULFOXYDE n.m. CHIM. ORG. Composé organique de formule générale $R—SO—R'$ (nom générique).

SULFURATION n.f. CHIM. MINÉR. Action de sulfurer ; état d'un corps sulfuré.

SULFURE n.m. (du lat. *sulfur*, soufre). **1. CHIM. MINÉR.** Combinaison du soufre et d'un élément ; sel de l'acide sulfhydrique. **2. VERR.** Objet en verre dans lequel est noyé un médaillon en porcelaine *(camée)*, qui prend un aspect argenté.

SULFURÉ, E adj. CHIM. MINÉR. À l'état de sulfure. ▪ **Hydrogène sulfuré,** acide sulfhydrique*.

SULFURER v.t. [3]. 1. CHIM. MINÉR. Combiner avec le soufre. **2. AGRIC.** Introduire dans le sol du sulfure de carbone pour détruire les insectes.

SULFUREUX, EUSE adj. 1. CHIM. MINÉR. Qui est de la nature du soufre ; qui contient de l'hydrogène sulfuré : *Vapeurs sulfureuses.* **2.** Fig. Qui évoque le diable : *Idées sulfureuses.* ▪ **Acide sulfureux,** composé instable H_2SO_3, auquel on attribue l'acidité des solutions aqueuses d'anhydride sulfureux. ▪ **Anhydride sulfureux,** composé oxygéné SO_2 dérivé du soufre. ➲ C'est un gaz incolore, suffocant, employé comme décolorant.

SULFURIQUE adj. CHIM. MINÉR. ▪ **Acide sulfurique,** acide oxygéné H_2SO_4 dérivé du soufre, corrosif violent. ➲ C'est un produit de base de l'industrie chimique ; il sert à la fabrication de nombreux acides, d'engrais, d'explosifs, de fibres textiles artificielles, de colorants, etc. ; il est aussi utilisé en métallurgie (décapage) et pour le traitement des eaux.

SULFURISÉ, E adj. Se dit du papier rendu imperméable par l'action de l'acide sulfurique.

SULKY [sylki] **n.m.** (pl. *sulkys* ou *sulkies*) [mot angl.]. Voiture très légère, sans caisse, à deux roues, utilisée dans les courses de trot attelé.

▲ **sulky**

SULPICIEN, ENNE adj. et **n.m.** Qui appartient à la Compagnie des prêtres de Saint-Sulpice*. ◆ **adj.** Se dit des objets d'art religieux d'aspect conventionnel et fade.

SULTAN n.m. (turc *soltân*, de l'ar.). Titre des souverains de divers États musulmans.

▲ **sultan.** Le corsaire Barberousse reçu en audience par le sultan Selim Ier le Terrible ; miniature du XVIIe s. (Bibliothèque du Topkapı, Istanbul.)

SULTANAT n.m. Dignité, règne d'un sultan ; État placé sous l'autorité d'un sultan.

SULTANE n.f. 1. Épouse, favorite d'un sultan ottoman. **2.** Lit de repos à deux ou à trois dossiers droits (époque Louis XVI).

SULTANINE n.f. Cépage blanc donnant du raisin de table sans pépins, très utilisé pour la production de raisins secs.

SUMAC n.m. (ar. *summāq*). Arbre des régions chaudes, dont on tire des vernis, des laques, des tanins. ➲ Famille des anacardiacées.

SUMÉRIEN, ENNE adj. De Sumer. ◆ **n.m.** La plus ancienne langue écrite (en caractères cunéiformes), qui fut parlée dans le sud de la Mésopotamie pendant le IIIe millénaire av. J.-C.

SUMMUM [sɔmɔm] **n.m.** (mot lat. « sommet »). Plus haut degré : *Cette émission atteint le summum de la vulgarité.*

SUMO [symo] ou [sumo] **n.m.** (mot jap. « lutte »). Lutte traditionnelle, liée au culte du shinto, pratiquée au Japon.

SUMOTORI ou **SUMO n.m.** Lutteur de sumo.

SUNLIGHT [sœnlajt] **n.m.** (mot anglo-amér.). Puissant projecteur pour prises de vues cinématographiques.

SUNNA [suna] ou [syna] **n.f.** (mot ar. « règle de conduite »). Ensemble des actes, comportements et paroles du prophète Mahomet, rapportés notamm. dans les *hadiths*, et qui constituent pour tout musulman un modèle à suivre.

SUNNISME n.m. Courant majoritaire de l'islam, qui affirme la légitimité des compagnons du prophète Mahomet et, en partic., des quatre premiers califes.

➲ Le **SUNNISME** regroupe 90 % des musulmans. Contrairement aux chiites, ceux qui le professent ne pensent pas que le calife doive nécessairement être choisi parmi les membres de la famille de Mahomet. Leur modèle *(sunna)*, qu'ils s'efforcent de suivre, est le Prophète lui-même. Ils considèrent qu'ils représentent l'orthodoxie au sein de l'islam.

SUNNITE adj. et **n.** Relatif au sunnisme ; qui le pratique.

1. SUP adj. inv. (abrév.). Fam. Supérieur : *Les cadres sup.*

2. SUP adj. inv. (abrév.). Fam. Supplémentaire : *Des heures sup.*

1. SUPER adj. inv. Fam. Formidable ; extraordinaire.

2. SUPER n.m. (abrév.). Supercarburant. (En Belgique, ce nom est fém.)

SUPERACIDE n.m. CHIM. Milieu d'acidité élevée. ➲ Avec des acidités très supérieures à celles d'acides protiques usuels, tel l'acide nitrique concentré, les superacides stabilisent les carbocations.

SUPERALIMENT n.m. Produit alimentaire très riche en nutriments, en antioxydants et en vitamines (baies de goji, spiruline, grenade, etc.).

SUPERALLIAGE n.m. Alliage complexe ayant une très bonne résistance, à haute température et à haute pression, à l'oxydation, à la corrosion, etc., et utilisé pour la fabrication de pièces mécaniques réfractaires.

SUPERAMAS n.m. ASTRON. Amas d'amas de galaxies.

1. SUPERBE adj. (du lat. *superbus*, orgueilleux). **1.** D'une beauté éclatante ; splendide. **2.** Excellent dans son genre ; remarquable : *Il était superbe dans « le Cid ».*

2. SUPERBE n.f. Litt. Assurance hautaine ; orgueil : *Il a retrouvé sa superbe.*

SUPERBEMENT adv. Magnifiquement.

SUPERBÉNÉFICE n.m. Bénéfice net d'un exercice, après qu'a été attribué l'intérêt statutaire au capital social.

SUPERCALCULATEUR n.m. Superordinateur.

SUPERCARBURANT n.m. Essence de qualité supérieure, dont l'indice d'octane avoisine et parfois dépasse 100. Abrév. **super.**

SUPERCHERIE n.f. (de l'ital. *soperchieria*, excès). Tromperie consistant à faire passer le faux pour le vrai ; mystification.

SUPERCRITIQUE adj. AÉRON. Se dit d'un profil d'aile d'avion adapté aux vitesses subsoniques élevées et aux vitesses supersoniques.

SUPÈRE adj. BOT. Se dit d'un ovaire situé au-dessus du point d'insertion des sépales, pétales et étamines, comme chez la tulipe, le coquelicot (CONTR. **infère**).

SUPÉRETTE n.f. (anglo-amér. *superette*). Magasin d'alimentation en libre-service d'une superficie comprise, en France, entre 120 et 400 m².

SUPERFAMILLE n.f. BIOL. Niveau de la classification inférieur au sous-ordre et qui regroupe plusieurs familles.

SUPERFÉTATOIRE adj. (du lat. *superfetare*, concevoir de nouveau). Litt. Qui s'ajoute inutilement ; superflu.

SUPERFICIALITÉ n.f. Caractère de ce qui est superficiel.

SUPERFICIE n.f. (lat. *superficies*). **1.** Mesure de l'étendue, de la surface d'un corps, d'un terrain déterminé ; (abusif en géométrie) aire. **2.** Litt. Aspect superficiel, extérieur ; apparence. ▪ **Droit de superficie,** droit réel par lequel une personne peut détenir temporairement une construction, une plantation, sur un terrain appartenant à autrui.

SUPERFICIEL, ELLE adj. **1.** Qui est limité à la surface de qqch : *Brûlure superficielle.* **2.** PHYS. Relatif à la surface d'un solide ou d'un liquide. **3.** Fig. Qui manque de profondeur, de sérieux ; futile : *Il est gentil mais superficiel.*

SUPERFICIELLEMENT adv. De façon superficielle.

SUPERFIN, E adj. Surfin.

SUPERFINITION n.f. Opération qui consiste, sur une surface métallique, à faire disparaître la couche superficielle de métal amorphe décarburé, due à l'action de l'outil lors de l'usinage.

SUPERFLU, E adj. et n.m. (du lat. *superfluere*, déborder). Qui va au-delà du nécessaire ; inutile : *Dépenses superflues. Se passer du superflu.*

SUPERFLUIDE adj. Doué de superfluidité.

SUPERFLUIDITÉ n.f. PHYS. Abaissement considérable de la viscosité de l'hélium liquide à très basse température.

SUPERFLUITÉ n.f. Litt. **1.** Caractère de ce qui est superflu ; inutilité. **2.** Chose superflue ; futilité.

SUPERFORME n.f. Fam. Excellente condition physique ou morale.

SUPERFORTERESSE n.f. Bombardier lourd américain intercontinental de type B-29.

SUPER-GÉANT (pl. *super-géants*), ▲ *SUPERGÉANT* n.m. Épreuve de ski alpin, intermédiaire entre la descente et le slalom géant. (On dit aussi *super-g.*)

SUPERGRAND n.m. Fam. Superpuissance.

SUPER-HÉROS, SUPER-HÉROÏNE (pl. *super-héros, super-héroïnes*), ▲ *SUPERHÉROS, SUPERHÉROÏNE* n. Dans les comics, personnage aux pouvoirs extraordinaires combattant des menaces contre lesquelles les forces de l'ordre traditionnelles restent impuissantes.

SUPERHÉTÉRODYNE n.f. ÉLECTROTECHN. Récepteur radioélectrique qui transforme les signaux de haute fréquence en signaux de fréquence moins élevée.

SUPER-HUIT adj. inv. et n.m. inv. Anc. Se disait d'un format de film amateur, supérieur au modèle courant de 8 mm. (On écrit aussi *super-8.*)

1. SUPÉRIEUR, E adj. (lat. *superior*). **1.** Situé en haut, plus haut : *Maxillaire supérieur.* **2.** Plus grand que ; qui atteint un degré plus élevé : *Taux de chômage supérieur aux prévisions.* **3.** Qui surpasse les autres en valeur, en force : *Un esprit supérieur.* **4.** Qui témoigne d'un sentiment de supériorité : *Prendre un air supérieur.* **5.** BIOL. Plus avancé dans l'évolution. **6.** Se dit de la partie d'un fleuve la plus rapprochée de la source. ▪ **Enseignement supérieur,** ou **supérieur, n.m.,** enseignement dispensé par les universités et les grandes écoles.

2. SUPÉRIEUR, E n. **1.** Personne qui commande à d'autres en vertu d'une hiérarchie. **2.** Personne qui dirige une communauté religieuse.

SUPÉRIEUREMENT adv. De façon supérieure.

SUPERINTENDANT n.m. HIST. Surintendant.

SUPÉRIORITÉ n.f. **1.** Caractère de ce qui est supérieur en qualité, en valeur : *La supériorité d'un logiciel.* **2.** Situation avantageuse, dominante : *Supériorité commerciale.* **3.** Attitude de qqn qui se croit supérieur aux autres : *Air de supériorité.*

SUPERLATIF n.m. (du bas lat. *superlativus*, porté au-dessus). GRAMM. Degré de comparaison des adjectifs ou des adverbes, qui exprime une qualité portée à un très haut degré *(superlatif absolu)*, à un plus haut degré *(superlatif relatif de supériorité)* ou à un moins haut degré *(superlatif relatif d'infériorité)* [par oppos. à *comparatif*, à *positif*]. (Ex. : *très grand, le plus grand, le moins grand.*)

SUPER-LÉGER (pl. *super-légers*), ▲ *SUPERLÉGER* n.m. Dans certains sports (boxe, judo), catégorie de poids ; sportif appartenant à cette catégorie.

SUPER-LOURD (pl. *super-lourds*), ▲ *SUPERLOURD* n.m. Dans certains sports (boxe, haltérophilie), catégorie de poids ; sportif appartenant à cette catégorie.

SUPERLUMINIQUE adj. → **SUPRALUMINIQUE.**

SUPERMAN [-man] n.m. (pl. *supermans* ou *supermen*) [mot angl. « surhomme »]. Iron. Homme doté de pouvoirs extraordinaires.

SUPERMARCHÉ n.m. Magasin de grande surface (de 400 à 2 500 m², en France) vendant en libre-service des produits à prédominance alimentaire.

SUPERMOLÉCULE n.f. Entité constituée d'au moins deux molécules en interaction.

SUPERNOVA n.f. (pl. *supernovae* [-nɔve]), ▲ *(pl. supernovas).* ASTRON. Étoile massive qui se manifeste lors de son explosion en devenant momentanément très lumineuse. ➲ L'explosion d'une supernova se distingue de celle d'une nova par son ampleur : c'est l'étoile tout entière, et non plus seulement son enveloppe, qui est affectée. Ce phénomène est caractéristique des étoiles massives ayant atteint un stade d'évolution avancé.

SUPERORDINATEUR n.m. Ordinateur de grande puissance destiné au calcul scientifique (SYN. **supercalculateur**).

SUPERORDRE n.m. BIOL. Niveau de classification des êtres vivants qui se situe entre la classe et l'ordre.

SUPEROXYDE n.m. Groupement O_2^-, très réactif, obtenu lorsqu'une molécule d'oxygène piège un électron.

SUPERPHOSPHATE n.m. Produit obtenu par traitement du phosphate tricalcique par l'acide sulfurique, et utilisé comme engrais.

SUPERPLASTICITÉ n.f. MÉTALL. Propriété que possèdent certains matériaux, dans des conditions particulières, de subir des déformations importantes (200 à 2 000 %) sans rupture.

SUPERPLASTIQUE adj. Qui possède la propriété de superplasticité.

SUPERPOSABLE adj. Qui peut être superposé.

SUPERPOSER v.t. [3]. Poser l'un au-dessus de l'autre. ◆ **SE SUPERPOSER** v.pr. (À). Venir s'ajouter à.

SUPERPOSITION n.f. Action de superposer ; fait de se superposer ; ensemble de choses superposées.

SUPERPRIVILÈGE n.m. DR. Garantie renforcée en matière de paiement des salaires, dont bénéficient les salariés d'une entreprise en règlement judiciaire ou en liquidation.

SUPERPRODUCTION n.f. Film ou spectacle réalisé avec des moyens financiers très importants.

SUPERPROFIT n.m. Profit considérable.

SUPERPUISSANCE n.f. Grande puissance qui surpasse les autres, politiquement, économiquement, etc.

SUPERSONIQUE adj. Dont la vitesse est supérieure à celle du son (CONTR. **subsonique**). ◆ n.m. Avion supersonique.

SUPERSTAR n.f. Fam. Vedette très célèbre.

SUPERSTITIEUSEMENT adv. De façon superstitieuse.

SUPERSTITIEUX, EUSE adj. et n. Qui manifeste de la superstition.

SUPERSTITION n.f. (du lat. *superstitio*, croyance). **1.** Croyance, mêlée de crainte, à divers présages tirés d'événements fortuits (salière renversée, nombre 13, etc.). **2.** Forme élémentaire et particulière du sentiment religieux, qui prête un caractère sacré à certaines pratiques, obligations, etc.

SUPERSTRUCTURE n.f. **1.** CONSTR. Construction élevée sur une autre ; partie d'une construction située au-dessus du sol (par oppos. à *infrastructure*). **2.** MAR. Construction placée sur le pont supérieur d'un navire, faisant corps avec la coque et s'étendant sur toute la largeur du bâtiment. **3.** CH. DE F. Ensemble des installations à caractère spécifiquement ferroviaire. **4.** PHILOS. Dans l'analyse marxiste, ensemble formé par le système politique (appareil d'État) et le système idéologique (juridique, scolaire, culturel, religieux), qui repose sur une base économique donnée (par oppos. à *infrastructure*).

SUPERSYMÉTRIE n.f. Théorie qui associe à chaque particule connue une autre particule dite *superpartenaire* suivant une certaine symétrie dans les équations de la mécanique quantique qui décrivent leur comportement. Abrév. **Susy.** ➲ Cette théorie pourrait notamment permettre d'expliquer la nature de la matière noire.

SUPERTANKER [-tɑ̃kɛr] n.m. Navire-citerne de port en lourd égal ou supérieur à 100 000 t.

SUPERVISER v.t. [3]. Contrôler la réalisation d'un travail fait par d'autres.

SUPERVISEUR n.m. **1.** Personne qui supervise. **2.** INFORM. Programme chargé, dans un système d'exploitation, de contrôler l'enchaînement et la gestion des processus.

SUPERVISION n.f. Contrôle exercé par un superviseur.

SUPIN n.m. (lat. *supinum*). GRAMM. Forme nominale du verbe latin.

SUPINATEUR adj.m. et n.m. (du lat. *supinare*, coucher sur le dos). ANAT. Se dit d'un muscle qui sert aux mouvements de supination.

SUPINATION n.f. PHYSIOL. Mouvement de rotation de l'avant-bras qui permet à la paume de la main de tourner d'arrière en avant, ou du bas vers le haut (par oppos. à *pronation*).

SUPION n.m. (du lat. *sepia*, seiche). Région. (Provence). Petite seiche ; petit calmar.

SUPPLANTER v.t. [3] (du lat. *supplantare*, faire un croc-en-jambe). **1.** Écarter qqn de la place qu'il occupe pour se substituer à lui ; évincer : *Sa collègue l'a supplantée.* **2.** Remplacer définitivement qqch ; détrôner : *Le lecteur de DVD a supplanté le magnétoscope.*

SUPPLÉANCE n.f. Fait d'être suppléant.

SUPPLÉANT, E adj. et n. Qui supplée qqn dans ses fonctions sans être titulaire.

SUPPLÉER v.t. [8] (du lat. *supplere*, remplir). **1.** Remplacer dans ses fonctions : *Suppléer un médecin.* **2.** Remplacer ce qui fait défaut : *Lumière blanche qui supplée le soleil.* **3.** Litt. Ajouter ce qui manque ; compléter. ◆ v.t. ind. (À). Remédier au manque de qqch ; compenser : *Suppléer à une insuffisance.*

SUPPLÉMENT n.m. (lat. *supplementum*). **1.** Ce qui s'ajoute à qqch pour le compléter, l'améliorer : *Ordonner un supplément d'enquête.* **2.** Somme payée en plus pour obtenir qqch qui n'était pas compris dans le prix initial. **3.** Aliment ou médicament permettant de corriger une alimentation insuffisante. ▪ **En supplément,** en plus de ce qui est normal, prescrit, indiqué. ▪ **Supplément d'âme,** élément spirituel spécifique de l'être humain : *La production artisanale offre un supplément d'âme.* ▪ **Supplément d'un angle** [math.], angle ayant pour mesure celle d'un angle plat diminuée de celle de l'angle donné.

SUPPLÉMENTAIRE adj. Qui constitue un supplément : *Un train supplémentaire* ; qui est fait en supplément : *Heures supplémentaires.* Abrév. (fam.) **sup.** ▪ **Angles supplémentaires** [math.], angles dont la somme des mesures est celle d'un angle plat. ▪ **Lignes supplémentaires** [mus.], petites lignes tracées au-dessus ou au-dessous de la portée, sur ou entre lesquelles viennent se placer les notes.

SUPPLÉMENTATION n.f. ▪ **Supplémentation (nutritionnelle),** apport supplémentaire de substances indispensables à l'organisme (le plus souvent des vitamines ou des minéraux), destiné à compléter une alimentation carencée.

SUPPLÉMENTER v.t. [3]. Prescrire, apporter une supplémentation.

SUPPLÉTIF, IVE adj. et n.m. (bas lat. *suppletivus*). HIST. Se disait d'un militaire autochtone engagé temporairement en complément de troupes régulières. ◆ adj. Qui complète, supplée.

SUPPLÉTOIRE adj. DR. ▪ **Serment supplétoire,** serment déféré par le juge à une des parties pour suppléer à l'insuffisance des preuves.

SUPPLIANT, E adj. et n. Qui supplie.

SUPPLICATION n.f. Prière faite avec insistance et humilité.

SUPPLICE n.m. (du lat. *supplicium*, action de ployer les genoux). **1.** Sévices graves ; torture. **2.** Douleur physique violente et insupportable ; martyre : *Cette migraine est un supplice.* **3.** HIST. Peine corporelle ordonnée par arrêt de justice. ▪ **Être au supplice,** souffrir terriblement. ▪ **Le dernier supplice** [litt.], la peine de mort. ▪ **Supplice de Tantale,** souffrance qu'éprouve qqn qui ne peut satisfaire un désir dont l'objet reste cependant à sa portée.

SUPPLICIÉ, E n. Personne qui subit ou qui a subi un supplice.

SUPPLICIER v.t. [5]. **1.** Litt. Faire subir une vive souffrance morale : *La honte le suppliciait.* **2. HIST.** Livrer qqn au supplice ou l'exécuter.

SUPPLIER v.t. [5] (lat. *supplicare*). Demander avec insistance et humilité ; implorer : *Je vous supplie de l'aider* ; adjurer : *Rends-la-moi, je t'en supplie.*

SUPPLIQUE n.f. (ital. *supplica*). Requête écrite pour demander une grâce, une faveur.

SUPPORT n.m. **1.** Ce sur quoi repose ou appuie qqch ; socle ; piédestal : *Poser une statuette sur son support.* **2. INFORM.** Tout milieu matériel susceptible de recevoir une information, de la véhiculer ou de la conserver, puis de la restituer à la demande (disque dur, cédérom, clé USB, etc.). **3. HÉRALD.** Figure d'animal placée à côté de l'écu et qui semble le supporter. **4. PEINT. INDUSTR.** Subjectile. ▪ **Support publicitaire,** média (presse, Internet, affichage, etc.) considéré comme vecteur publicitaire.

SUPPORTABLE adj. Que l'on peut endurer, excuser ; tolérable ; acceptable.

SUPPORTER v.t. [3] (lat. *supportare*). **1.** Porter par-dessous pour empêcher de tomber ; soutenir : *Les poutres qui supportent le plancher.* **2.** Subir avec patience, courage ce qui est pénible ; endurer : *Supporter des épreuves.* **3.** Prendre en charge : *L'acheteur supporte les frais de notaire.* **4.** Résister à une épreuve, à une action physique ; tolérer : *Matériau supportant bien le froid.* **5. SPORTS.** (Emploi critiqué). Soutenir, encourager un concurrent, une équipe. **6.** Afrique. Subvenir aux besoins de qqn ; l'avoir à sa charge. ◆ **SE SUPPORTER** v.pr. Se tolérer mutuellement.

SUPPORTEUR, TRICE n. ou **SUPPORTER** [-tœr] ou [-tɛr] n.m. (angl. *supporter*). **SPORTS.** Personne qui soutient et encourage exclusivement un concurrent ou une équipe.

SUPPOSABLE adj. Qui peut être supposé ; imaginable.

SUPPOSÉ, E adj. **1.** Admis, posé comme hypothèse : *Une supposée dérive du comité* ; considéré comme probable ; présumé : *L'auteur supposé du vol.* **2.** Vx. Qui est donné pour authentique, quoique faux : *Testament supposé.*

SUPPOSÉMENT adv. Ainsi qu'on le suppose.

SUPPOSER v.t. [3] (du lat. *supponere*, mettre sous). **1.** Poser par hypothèse une chose comme établie ; conjecturer : *Supposons qu'il soit d'accord.* **2.** Exiger logiquement, nécessairement l'existence de ; impliquer : *Accepter ce poste suppose de déménager.* **3.** Juger probable, vraisemblable que ; présumer : *Je suppose qu'elle dira oui.*

SUPPOSITION n.f. Action d'admettre par hypothèse ; l'hypothèse elle-même : *C'est une simple supposition.* ▪ **Supposition d'enfant** [dr.], infraction consistant à attribuer un enfant, né d'une femme qui a dissimulé sa grossesse, à une femme qui n'est pas sa mère et qui a simulé la maternité. ▪ **Une supposition (que)** [fam.], admettons par exemple (que).

SUPPOSITOIRE n.m. (du lat. *suppositorius*, placé en dessous). Forme médicamenteuse conique ou ovoïde, que l'on introduit dans le rectum.

SUPPÔT n.m. (du lat. *suppositus*, placé dessous). Litt. Complice des mauvais desseins de qqn. ▪ **Suppôt de Satan,** personne malfaisante ; démon.

SUPPRESSEUR adj.m. **GÉNÉT.** ▪ **Gène suppresseur (de tumeur),** chacun des gènes, normalement présents dans les cellules, dont l'altération peut provoquer un cancer (SYN. **antioncogène**).

SUPPRESSION n.f. Action de supprimer : *La suppression d'un témoin gênant.*

SUPPRIMER v.t. [3] (lat. *supprimere*). **1.** Mettre un terme à l'existence de : *Supprimer des emplois* ; faire disparaître : *Supprimer une partie d'un éditorial. Supprimer la douleur.* **2.** Enlever qqch à qqn : *Supprimer les niches fiscales.* **3.** Se débarrasser de qqn en le tuant. ◆ **SE SUPPRIMER** v.pr. Se donner la mort.

SUPPURANT, E adj. Qui suppure.

SUPPURATION n.f. Production de pus.

SUPPURER v.i. [3] (lat. *suppurare*, de *pus, puris*, pus). Produire du pus : *La plaie suppure.*

SUPPUTATION n.f. Action de supputer ; supposition.

SUPPUTER v.t. [3] (du lat. *supputare*, calculer). Évaluer d'après certaines données ; calculer : *Supputer les chances de succès.*

SUPRA adv. (mot lat.). Plus haut dans le texte ; ci-dessus (CONTR. **infra**).

SUPRACONDUCTEUR, TRICE adj. et n.m. Se dit d'un matériau qui présente le phénomène de supraconductivité.

SUPRACONDUCTIVITÉ ou **SUPRACONDUCTION** n.f. **PHYS.** Phénomène présenté par certains métaux, alliages ou céramiques, dont la résistivité électrique devient pratiquement nulle au-dessous d'une certaine température.

SUPRALUMINIQUE ou **SUPERLUMINIQUE** adj. **ASTRON.** Qui dépasse, en apparence, la vitesse de la lumière.

SUPRAMOLÉCULAIRE adj. ▪ **Chimie supramoléculaire,** sous-discipline de la chimie étudiant les interactions faibles, non covalentes entre des molécules.

SUPRANATIONAL, E, AUX adj. Placé au-dessus des institutions de chaque nation : *L'Union européenne est une organisation supranationale.*

SUPRANATIONALITÉ n.f. Caractère de ce qui est supranational.

SUPRASENSIBLE adj. **PHILOS.** Qui est au-dessus de la réalité sensible.

SUPRATERRESTRE adj. Relatif à l'au-delà.

SUPRÉMACISME n.m. (de *suprématie*). Idéologie qui postule la supériorité d'un peuple ou d'une civilisation sur tous les autres, et légitime ainsi leurs aspirations hégémoniques.

SUPRÉMATIE [-si] n.f. (angl. *supremacy*, du fr. *suprême*). **1.** Situation dominante conférant une autorité incontestée ; hégémonie : *Suprématie économique.* **2.** Supériorité de qqn, de qqch sur les autres ; prédominance : *Exercer une suprématie dans le domaine du roman.*

SUPRÉMATISME n.m. **BX-ARTS.** Théorie et pratique du peintre russe Malevitch (à partir de 1913) et de ses disciples.

▲ **suprématisme.** *Non-Objective Composition* (1915), peinture de Kazimir Malevitch. (Galerie Gmurzynska, Cologne.)

SUPRÊME adj. (lat. *supremus*). **1.** Qui est au-dessus de tous et de tout : *Chef suprême de l'État* ; qui ne saurait être dépassé : *Une habileté suprême.* **2.** Qui vient en dernier ; ultime : *Un suprême effort.* ▪ **Cour suprême** [dr.], juridiction qui tranche en dernier ressort. ▪ **Moment, heure suprêmes** [litt.], le moment, l'heure de la mort. ▪ **Sauce suprême** [cuis.], variante de sauce blanche, à la crème, accompagnant les volailles pochées. ◆ n.m. **CUIS.** Plat composé de filets de volaille, servis avec une sauce suprême.

SUPRÊMEMENT adv. Au plus haut degré ; extrêmement.

1. SUR prép. (lat. *super*). Indique une position supérieure, avec ou sans contact : *Monter sur le toit. Les nuages sont bas sur l'horizon* ; indique la localisation, la direction, la question examinée : *Mettre un chapeau sur sa tête. Revenir sur Paris. Elle va sur ses dix ans. Écrire sur l'histoire.* ▪ **Sur la rue** [Belgique], dans la rue.

2. SUR, E adj. (du francique). D'un goût acide et aigre : *Oseille sure.*

SÛR, E adj. (lat. *securus*). **1.** En qui l'on peut avoir confiance : *Des contacts sûrs au ministère.* **2.** Qui n'offre aucun danger : *Installation sûre.* **3.** Dont on ne peut douter ; avéré : *Information sûre.* **4.** Qui sait d'une manière certaine : *J'en suis sûr.* **5.** Se dit de qualités physiques, intellectuelles qui s'exercent avec efficacité : *La main sûre d'un coiffeur. Un diagnostic sûr.* ▪ **À coup sûr,** infailliblement. ▪ **Bien sûr,** c'est évident. ▪ **En lieu sûr,** dans un lieu où il n'y a rien à craindre ; en un lieu d'où on ne peut s'échapper. ▪ **Le temps n'est pas sûr,** il peut se gâter. ▪ **Pour sûr** [fam.], sans aucun doute.

✎ Dans le cadre de l'orthographe rectifiée, on peut écrire : ***sûr, sure, surs, sures.***

SURABONDAMMENT adv. Bien au-delà du nécessaire ; excessivement.

SURABONDANCE n.f. Grande abondance ; pléthore.

SURABONDANT, E adj. Abondant jusqu'à l'excès : *Production surabondante.*

SURABONDER v.i. [3]. Exister en quantité trop abondante ; foisonner.

SURACCUMULATION n.f. **ÉCON.** Accumulation excessive de capital, facteur de crises.

SURACTIF, IVE adj. Qui fait preuve de suractivité : *Un cadre suractif.*

SURACTIVÉ, E adj. **CHIM.** Dont l'activité est accrue par un traitement approprié.

SURACTIVITÉ n.f. Activité intense, au-delà de la normale.

SURAH [syra] n.m. (de *Surat*, n.pr.). Étoffe de soie croisée, originaire de l'Inde.

SURAIGU, UË, ▲ *ÜE* adj. Très aigu : *Une voix suraiguë.*

SURAJOUTER v.t. [3]. Ajouter qqch à ce qui forme déjà un ensemble complet.

SURAL, E, AUX adj. (du lat. *sura*, mollet). **ANAT.** Relatif au mollet.

SURALCOOLISATION n.f. Processus d'enrichissement des vins au-delà du taux normal d'alcool.

SURALIMENTATION n.f. **1.** Ingestion régulière d'une quantité de nourriture supérieure à la ration normale. **2.** Alimentation d'un moteur à combustion interne avec de l'air à une pression supérieure à la pression atmosphérique.

SURALIMENTÉ, E adj. Qui se nourrit trop.

SURALIMENTER v.t. [3]. Donner une nourriture trop abondante à.

SURAMPLIFICATEUR n.m. Recomm. off. pour **booster.**

SURANNÉ, E adj. (de *1. sur* et *an*). Qui n'est plus en usage ; périmé : *Des théories surannées.*

SURARBITRE n.m. **DR.** Arbitre désigné, pour les départager, par des arbitres déjà nommés par les parties en présence, en cas d'arbitrage international.

SURARMEMENT n.m. Armement excédant les besoins de la défense d'un État.

SURARMER v.t. [3]. Procéder au surarmement de.

SURATE n.f. → **SOURATE.**

SURBAISSÉ, E adj. **1.** Qui est notablement abaissé : *Voiture à carrosserie surbaissée.* **2. ARCHIT.** Se dit d'un arc, d'une voûte dont la flèche est inférieure à la moitié de la portée (CONTR. **surhaussé**).

SURBAISSEMENT n.m. **1.** Action de surbaisser. **2. ARCHIT.** Quantité dont un arc ou une voûte sont surbaissés.

SURBAISSER v.t. [3]. Réduire la hauteur de qqch.

SURBAU n.m. (pl. *surbaux*). **MAR.** Ensemble des poutres verticales encadrant un panneau pour en assurer l'étanchéité.

SURBOOKÉ, E [syrbuke] adj. (de l'angl. *overbooked*, surréservé). Fam. **1.** Qui fait l'objet d'une surréservation : *Gîte rural surbooké.* **2.** Qui est surchargé de travail, de projets ; débordé : *Femme d'affaires surbookée.*

SURBOUM n.f. Fam., vieilli. Surprise-partie.

SURBRILLANCE n.f. **INFORM.** Mise en valeur, par une intensité lumineuse plus forte, de caractères sélectionnés à l'écran.

SURCAPACITÉ n.f. **ÉCON.** Capacité de production supérieure aux besoins.

a b c d e f g h i j k l m n o p q r s t u v w x y z

SURCAPITALISATION n.f. BOURSE. Action d'attribuer à une entreprise une valeur de capital supérieure à sa valeur réelle ; différence entre ces deux valeurs.

SURCHARGE n.f. **1.** Poids supplémentaire excessif : *L'ascenseur ne démarre pas en cas de surcharge.* **2.** Poids de bagages excédant celui qui est alloué à chaque voyageur. **3.** Surcroît de peine, de dépense ; surplus : *Surcharge de travail.* **4.** Mot écrit sur un autre mot. ➲ En comptabilité, les surcharges sont interdites. **5.** CONSTR. Surcroît d'épaisseur donné à un enduit ; contrainte supplémentaire que peut avoir à supporter une construction dans des conditions exceptionnelles et qu'il faut envisager lors de la conception. **6.** Surplus de poids imposé à certains chevaux de course ; handicap. **7.** Impression typographique faite sur un timbre-poste. ▪ **Surcharge pondérale** [méd.], excès de poids, défini par un indice de masse* corporelle compris entre 25 et 30 (SYN. **surpoids**).

SURCHARGER v.t. [10]. **1.** Imposer une charge excessive à ; accabler : *Surcharger une voiture. Surcharger de taxes.* **2.** Faire une surcharge sur un texte, un timbre, etc.

SURCHAUFFE n.f. **1.** THERMODYN. État métastable d'un liquide dont la température est supérieure à son point d'ébullition. **2.** THERM. Élévation de température d'une vapeur saturante pour la rendre sèche. **3.** Chauffage exagéré d'un métal ou d'un alliage, mais sans fusion. **4.** État d'une économie en expansion menacée d'inflation.

SURCHAUFFER v.t. [3]. **1.** Chauffer de manière excessive : *Surchauffer un logement.* **2.** THERMODYN. Provoquer un phénomène de surchauffe.

SURCHAUFFEUR n.m. THERM. Appareil permettant la surchauffe de la vapeur.

SURCHEMISE n.f. Chemise large que l'on porte sur un pull, un tee-shirt, etc.

SURCHOIX n.m. Premier choix, première qualité d'une marchandise.

SURCLASSER v.t. [3]. Montrer une indiscutable supériorité sur ; surpasser : *Athlète, téléviseur qui surclasse tous les autres.*

SURCOMPENSATION n.f. **1.** FIN. Reversement du surplus de caisses publiques excédentaires à des caisses déficitaires. **2.** PSYCHOL. Réaction à un sentiment d'infériorité, constituée par la recherche d'une revanche à prendre dans le domaine même où l'infériorité est ressentie.

SURCOMPOSÉ, E adj. GRAMM. Se dit d'un temps composé où l'auxiliaire est lui-même à un temps composé. (Ex. : *Je suis parti quand j'ai eu fini.*)

SURCOMPRESSION n.f. TECHN. Augmentation de la compression d'un corps soit par réduction de volume, soit par élévation de la pression à laquelle on le soumet.

SURCOMPRIMÉ, E adj. Relatif à la surcompression. ▪ **Moteur surcomprimé,** dans lequel le taux de compression du mélange détonant est porté au maximum.

SURCOMPRIMER v.t. [3]. Soumettre à la surcompression.

SURCONSOMMATION n.f. ÉCON. Consommation excessive.

SURCONTRE n.m. Action de surcontrer.

SURCONTRER v.t. [3]. À certains jeux de cartes, confirmer une annonce contrée par un adversaire.

SURCOT n.m. (de 2. *cotte*). Robe de dessus portée au Moyen Âge par les deux sexes.

SURCOTE n.f. **1.** Valeur supplémentaire attribuée à qqch par rapport à autre chose de même nature : *La surcote des œuvres d'un artiste.* **2.** Majoration de la pension de retraite d'une personne ayant acquis les droits à un montant maximal et poursuivant son activité au-delà de l'âge limite (par oppos. à *décote*).

SURCOUPE n.f. Action de surcouper.

SURCOUPER v.t. [3]. Aux cartes, couper avec un atout supérieur à celui qui vient d'être jeté.

SURCOÛT, ▲ *SURCOUT* n.m. Coût supplémentaire.

SURCREUSEMENT n.m. GÉOMORPH. Phénomène se caractérisant par l'approfondissement de certaines parties des lits glaciaires en dessous de la pente générale d'une vallée.

SURCROÎT, ▲ *SURCROIT* n.m. Ce qui s'ajoute à ce que l'on a ; accroissement : *Un surcroît de travail.* ▪ **Par** ou **de surcroît,** en plus.

SURDENT n.f. Chez le cheval, dent plus longue que les autres.

SURDÉTERMINATION n.f. PSYCHAN. Fait, pour une formation de l'inconscient, d'être la résultante de plusieurs déterminations, de renvoyer à plusieurs contenus inconscients.

SURDÉTERMINER v.t. [3]. Provoquer une surdétermination.

SURDIAGNOSTIC n.m. Diagnostic par excès, avec application de critères élargis, de certaines maladies (cancers, maladies métaboliques ou hormonales) qui n'auraient jamais eu de conséquences sur la santé du patient malgré les anomalies cellulaires ou biologiques observées.

SURDIMENSIONNÉ, E adj. Doté de capacités supérieures aux besoins réels : *Autoroute surdimensionnée.*

SURDIMUTITÉ ou **SURDI-MUTITÉ** n.f. (pl. *surdimutités*). État d'une personne qui n'a pas acquis l'usage de la parole en raison d'une surdité congénitale ou précoce.

SURDITÉ n.f. (lat. *surditas*). Perte ou affaiblissement du sens de l'ouïe. ▪ **Surdité verbale** [neurol.], aphasie caractérisée par une perte de la compréhension du langage parlé.

SURDOS n.m. Courroie de cuir placée sur le dos du cheval pour soutenir les traits.

SURDOSAGE n.m. Dosage excessif.

SURDOSE n.f. Dose excessive d'un stupéfiant, provoquant des troubles graves (SYN. **overdose**).

SURDOUÉ, E adj. et n. Se dit d'une personne, et spécial. d'un enfant, dont les capacités intellectuelles évaluées par des tests sont très supérieures à la moyenne.

SUREAU n.m. (anc. fr. *seür*). Arbuste à fleurs blanches parfumées et à fruits acides rouges ou noirs. ➲ Famille des caprifoliacées.

▲ **sureau**

SUREFFECTIF n.m. Effectif considéré comme trop important.

SURÉLÉVATION n.f. Action de surélever.

SURÉLEVER v.t. [12]. Donner un surcroît de hauteur à ; exhausser ; surhausser : *Surélever un mur.*

SURELLE n.f. (de 2. *sur*). Région. Plante de goût acide (oseille, oxalide).

SÛREMENT, ▲ *SUREMENT* adv. Très probablement : *Il est sûrement déjà arrivé* ; d'une façon inéluctable : *Il sera sûrement réélu.*

SURÉMINENT, E adj. Litt. Éminent au suprême degré.

SURÉMISSION n.f. ÉCON. Émission excessive de billets de banque.

SURENCHÈRE n.f. **1.** DR. Acte par lequel une personne forme une nouvelle enchère dans un certain délai suivant la première adjudication relative à une vente judiciaire sur saisie immobilière, ce qui a pour effet de la remettre en question. **2.** Fig. Action d'aller encore plus loin que ce qui a été fait ou dit auparavant : *Une surenchère de promesses.*

SURENCHÉRIR v.i. [21]. **1.** DR. Effectuer une surenchère. **2.** Fig. Promettre, faire plus qu'un rival.

SURENCHÉRISSEMENT n.m. Nouveau renchérissement.

SURENCHÉRISSEUR, EUSE n. DR. Personne qui fait une surenchère.

SURENDETTEMENT n.m. Endettement excessif : *Le surendettement des ménages, de certains pays.*

SURENTRAÎNEMENT, ▲ *SURENTRAINEMENT* n.m. SPORTS. Entraînement sportif trop poussé.

SURENTRAÎNER, ▲ *SURENTRAINER* v.t. [3]. SPORTS. Entraîner de façon excessive.

SURÉQUIPEMENT n.m. Action de suréquiper ; équipement excessif.

SURÉQUIPER v.t. [3]. Équiper au-delà de ses besoins.

SURÉROGATOIRE adj. Litt. Qui s'ajoute à qqch sans nécessité ; superflu.

SURESTARIE n.f. MAR. **1.** Temps pendant lequel le chargement ou le déchargement d'un navire sont poursuivis au-delà du délai normal *(starie)*, moyennant le paiement d'une indemnité. **2.** Somme payée à l'armateur en cas de retard dans le chargement ou le déchargement.

SURESTIMATION n.f. Fait de surestimer.

SURESTIMER v.t. [3]. Estimer au-delà de sa valeur, de son importance réelle ; surévaluer.

SURET, ETTE adj. (de 2. *sur*). Un peu acide ; aigrelet.

SÛRETÉ, ▲ *SURETÉ* n.f. (de *sûr*, d'apr. le lat. *securitas*). **1.** Qualité d'un objet ou situation qui offre des garanties, une protection. **2.** Caractère précis, efficace de qqn ou de qqch ; justesse : *Sûreté d'un chirurgien* ; infaillibilité : *La sûreté de sa mémoire.* **3.** Dispositif de prévention des actes de malveillance contre des sites ou des activités sensibles (ports, aéroports, centrales nucléaires, etc.). **4.** DR. Garantie fournie par une personne *(sûreté conventionnelle)* ou par la loi *(sûreté légale)* pour l'exécution d'une obligation par l'engagement d'une caution *(sûreté personnelle)* ou par un bien du débiteur *(sûreté réelle)*. ▪ **Atteintes à la sûreté de l'État,** crimes et délits (trahison, espionnage, etc.) mettant en péril la sécurité intérieure ou extérieure de l'État (dénommés en France, depuis 1994, *atteintes aux intérêts fondamentaux de la nation*). ▪ **De sûreté,** se dit d'objets, de dispositifs conçus pour assurer la meilleure protection possible : *Une épingle de sûreté.* ▪ **En sûreté,** à l'abri de toute atteinte, de tout péril. ▪ **Mesure, période de sûreté** [dr.], mesure individuelle coercitive imposée par une juridiction à un individu dangereux pour l'ordre social (rééducation, obligations thérapeutiques, etc.) ; période de détention pendant laquelle certains condamnés ne peuvent pas bénéficier des mesures de suspension ou de fractionnement de la peine, du placement à l'extérieur, des permissions de sortie, de la semi-liberté et de la libération conditionnelle. ▪ **Sûreté individuelle** [dr.], garantie que la loi accorde à tout citoyen contre les arrestations et les pénalités arbitraires. ▪ **Sûreté nationale,** ou **la Sûreté** [anc.], direction générale du ministère de l'Intérieur chargée en France de la police, devenue en 1966 Police nationale. ▪ **Sûreté nucléaire,** protection des personnes et de l'environnement contre les risques présentés par les rayonnements ionisants du fait des installations nucléaires.

SURÉVALUATION n.f. Évaluation exagérée.

SURÉVALUER v.t. [3]. Juger au-dessus de sa valeur réelle ; surestimer.

SUREXCITABLE adj. Sujet à la surexcitation.

SUREXCITANT, E adj. Qui surexcite.

SUREXCITATION n.f. Très vive excitation nerveuse ; exaltation.

SUREXCITÉ, E adj. En proie à une excitation extrême : *Un public surexcité.*

SUREXCITER v.t. [3]. Mettre qqn dans un état de grande excitation ; exalter : *Surexciter l'auditoire* ; porter un sentiment à une intensité extrême ; exacerber : *Surexciter les passions.*

SUREXPLOITATION n.f. Action de surexploiter : *La surexploitation d'un sol, de la main-d'œuvre.*

SUREXPLOITER v.t. [3]. Exploiter de façon excessive.

SUREXPOSER v.t. [3]. Soumettre à une surexposition.

▲ **surf**

▲ **surf des neiges**

SUREXPOSITION n.f. PHOTOGR. Exposition d'une surface sensible à la lumière trop prolongée.

SURF [sœrf] **n.m.** (mot angl. « ressac »). **1.** Sport consistant à se maintenir en équilibre sur une planche portée par une vague déferlante. **2.** Planche permettant de pratiquer le surf ou le surf des neiges. ▪ **Surf des neiges,** descente d'une pente enneigée sur une planche spéciale (SYN. **snowboard**).

SURFAÇAGE n.m. **1.** MÉCAN. INDUSTR. Action de surfacer. **2.** En chirurgie dentaire, technique qui consiste à gratter la racine d'une dent pour enlever le tissu dentaire atteint par les toxines des bactéries.

SURFACE n.f. (de *1. sur* et *face*). **1.** Partie extérieure d'un corps, d'un liquide : *La surface des terres, des mers.* **2.** Étendue plane ; mesure de cette étendue ; (abusif) aire : *Calculer la surface d'un terrain.* **3.** Niveau du sol ferme, par oppos. aux parties souterraines : *Spéléologues qui remontent à la surface.* **4.** Fig. Extérieur, dehors des choses ; façade : *Une amabilité de surface.* **5.** MATH. Configuration pouvant être matérialisée par un corps d'épaisseur négligeable. ▪ **Faire surface,** émerger, en parlant d'un sous-marin. ▪ **Grande surface** [comm.], magasin exploité en libre-service et présentant une superficie consacrée à la vente supérieure, en France, à 400 m². ▪ **Mesure de surface** [abusif], mesure d'aire (par oppos. à *mesure linéaire, mesure de volume*). ▪ **Refaire surface,** renouer avec la célébrité après une période d'oubli ; revenir à soi après un évanouissement. ▪ **Surface corrigée** [dr.], élément de calcul des loyers de certains locaux d'habitation, tenant compte de la situation et du confort d'un logement (par rapport à sa surface réelle). ▪ **Surface financière** [comptab.], rapport entre les fonds propres et les fonds empruntés permettant d'évaluer la capacité d'une entreprise à s'endetter.

SURFACER v.t. et v.i. [9]. **1.** MÉCAN. INDUSTR. Assurer la réalisation de surfaces régulières par l'emploi de machines ou d'appareils spéciaux. **2.** En chirurgie dentaire, effectuer un surfaçage.

SURFACEUSE n.f. Machine à surfacer.

SURFACIQUE adj. PHYS. Se dit d'une grandeur rapportée à l'unité de surface : *Charge, masse surfacique.*

SURFACTURATION n.f. Facturation d'un bien ou d'un service plus élevée que son coût réel, génér. effectuée dans une intention frauduleuse.

SURFACTURER v.t. [3]. Effectuer une surfacturation.

SURFAIRE v.t. [89]. Litt. Accorder une valeur, une importance imméritée à ; surestimer.

SURFAIT, E adj. **1.** Qui n'a pas toutes les qualités qu'on lui prête : *Film surfait.* **2.** Dont on exagère la valeur : *Un écrivain surfait.*

SURFAIX n.m. Sangle de cuir ou d'étoffe servant à attacher une couverture sur le dos d'un cheval ou utilisée dans le travail à la longe.

SURFER [sœrfe] **v.i.** [3]. **1.** Pratiquer le surf. **2.** Se laisser porter par une conjoncture favorable : *Les opérateurs téléphoniques surfent sur l'engouement des jeunes* ; adapter son comportement aux circonstances : *Surfer sur la réaction des médias.* **3.** INFORM. Naviguer : *Surfer sur Internet, de site en site.*

SURFEUR, EUSE [sœrfœr, øz] **n.** Personne qui pratique le surf.

SURFIL n.m. COUT. Surjet lâche, exécuté sur le bord d'un tissu pour éviter qu'il ne s'effiloche.

SURFILAGE n.m. **1.** COUT. Action de surfiler. **2.** TEXT. Fil plus fin que la grosseur des fibres ne le permet normalement.

SURFILER v.t. [3]. **1.** COUT. Exécuter un surfil. **2.** TEXT. Filer plus fin que la grosseur des fibres ne le permet.

SURFIN, E adj. De qualité supérieure ; superfin : *Des vins surfins.*

SURFONDU, E adj. En état de surfusion.

SURFRÉQUENTATION n.f. Fréquentation excessive d'un lieu.

SURFUSION n.f. PHYS. État métastable d'un corps qui reste liquide à une température inférieure à sa température de congélation.

SURGÉLATEUR n.m. Appareil de surgélation.

SURGÉLATION n.f. Opération consistant à congeler rapidement jusqu'à – 18 °C à cœur un produit alimentaire en vue de sa conservation.

SURGELÉ, E n.m. et adj. Produit alimentaire conservé par surgélation.

SURGELER v.t. [12]. Pratiquer la surgélation.

SURGÉNÉRATEUR, TRICE adj. et n.m. Se dit d'un réacteur nucléaire dans lequel se produit la surgénération.

SURGÉNÉRATION n.f. NUCL. Production, à partir de matière nucléaire fertile, d'une quantité de matière fissile supérieure à celle qui est consommée.

SURGEON n.m. (de *surgir*). BOT. Drageon.

SURGIR v.i. [21] (du lat. *surgere*, se lever). **1.** Apparaître brusquement : *Un individu a surgi au coin de la rue.* **2.** Se manifester brusquement : *De nouveaux problèmes surgissent.*

SURGISSEMENT n.m. Fait de surgir.

SURGREFFAGE n.m. Action de surgreffer ; son résultat.

SURGREFFER v.t. [3]. BOT. Soumettre à la greffe un sujet qui est lui-même déjà un greffon.

SURHAUSSÉ, E adj. ARCHIT. Se dit d'un arc, d'une voûte dont la flèche est supérieure à la moitié de la portée (CONTR. **surbaissé**).

SURHAUSSEMENT n.m. **1.** Action de surhausser. **2.** ARCHIT. Quantité dont un arc ou une voûte sont surhaussés.

SURHAUSSER v.t. [3]. Augmenter la hauteur de ; surélever.

SURHOMME n.m. **1.** Être humain pourvu de dons intellectuels ou physiques exceptionnels. **2.** PHILOS. Selon Nietzsche, type humain supérieur dont l'avènement est inscrit dans les possibilités de l'humanité et qui portera au plus haut l'affirmation de la volonté de puissance. ➲ Les idéologies fasciste et nazie ont détourné cette notion.

SURHUMAIN, E adj. Qui est au-dessus des forces ou des qualités habituelles de l'homme.

SURICATE n.m. (mot d'Afrique du Sud). Petite mangouste omnivore et grégaire des zones semi-arides d'Afrique australe, qui fait le guet en se dressant debout sur ses pattes postérieures.

SURIMI n.m. (mot jap.). Pâte de chair de poisson aromatisée au crabe et vendue génér. sous forme de petits bâtonnets. ➲ Cuisine japonaise.

SURIMPOSER v.t. [3]. Frapper d'un surcroît d'impôt.

SURIMPOSITION n.f. **1.** Surcroît d'impôt. **2.** GÉOMORPH. Situation dans laquelle un cours d'eau recoupe, au cours de son encaissement, des structures géologiques différentes de celles sur lesquelles il s'est installé.

SURIMPRESSION n.f. **1.** PHOTOGR. Impression de deux ou de plusieurs images sur la même surface sensible. **2.** IMPRIM. Passage d'une nouvelle impression sur une feuille imprimée, par ex. pour y déposer un vernis.

1. SURIN n.m. (de *2. sur*). ARBOR. Jeune pommier non encore greffé.

2. SURIN n.m. (tsigane *chouri*). Arg. Couteau.

SURINER v.t. [3]. Arg. Donner un coup de couteau.

SURINFECTION n.f. Infection survenant chez un sujet déjà atteint d'une autre infection.

SURINFORMATION n.f. Action de surinformer ; fait d'être surinformé.

SURINFORMER v.t. [3]. Fournir au public plus d'informations que n'en mérite un sujet.

SURINTENDANCE n.f. Charge de surintendant.

SURINTENDANT n.m. HIST. Personne qui dirigeait en chef un service, un secteur (SYN. **superintendant**). ▪ **Surintendant général des Finances,** chef de l'administration financière, en France, du XVᵉ s. à 1661. ➲ Les plus connus sont Sully et N. Fouquet. La charge disparut après la disgrâce de ce dernier.

SURINTENDANTE n.f. **1.** HIST. Épouse du surintendant ; dame qui avait la première charge dans la maison de la reine. **2.** Titre porté par la directrice des maisons d'éducation établies pour les filles des membres de la Légion d'honneur.

SURINTENSITÉ n.f. ÉLECTROTECHN. Courant dont la valeur dépasse la plus grande valeur assignée.

SURINTERPRÉTER v.t. [11], ▲ [1*]. Donner un sens exagéré à : *Surinterpréter les remarques d'un collègue.*

SURINVESTISSEMENT n.m. ÉCON. Investissement exagéré, dépassant les besoins réels.

SURIR v.i. [21] (auxil. *avoir* ou *être*). Devenir sur, aigre (SYN. **aigrir**).

SURJALÉE adj.f. MAR. Se dit d'une ancre dont la chaîne fait un tour sur le jas.

SURJECTIF, IVE adj. MATH. ▪ **Application surjective de E dans F,** telle que tout élément de F a au moins un antécédent dans E (SYN. **surjection**).

SURJECTION n.f. Application surjective*.

SURJET n.m. **1.** COUT. Point exécuté à cheval en lisière de deux tissus à assembler bord à bord. **2.** CHIRURG. Suture par un fil unique, noué à chaque extrémité (par oppos. à *point de suture*).

SURJETER v.t. [16]. Coudre en surjet.

SURJOUER v.t. et v.i. [3]. **1.** En parlant d'un acteur, interpréter son rôle avec outrance : *Surjouer le bonheur.* **2.** En faire trop : *Les ministres évincés surjouent.*

SUR-LE-CHAMP adv. Sans délai ; immédiatement.

SURLENDEMAIN n.m. Jour qui suit le lendemain.

SURLIGNER v.t. [3]. **1.** Recouvrir un mot, une phrase, etc., à l'aide d'un surligneur. **2.** Fig. Rendre plus visible ; faire ressortir ; accentuer : *Le cancer surligne les différences sociales.*

SURLIGNEUR n.m. Feutre à encre très lumineuse, servant à mettre en valeur une partie d'un texte.

SURLIURE n.f. MAR. Petite ligature à l'extrémité d'un cordage, empêchant les torons de se séparer.

SURLONGE n.f. BOUCH. Partie du bœuf située au niveau des trois premières vertèbres dorsales.

SURLOUER v.t. [3]. Prendre ou donner en location au-dessus de la valeur réelle.

SURLOYER n.m. Somme venant en plus du montant fixé par le contrat de location.

SURMATELAS n.m. Élément de literie de faible épaisseur placé sur un matelas pour en améliorer le confort.

SURMÉDICALISATION n.f. **1.** Médicalisation excessive d'un phénomène social. **2.** Usage excessif des techniques médicales.

SURMÉDICALISER v.t. [3]. Médicaliser à l'excès.

SURMENAGE n.m. Excès d'activité physique ou intellectuelle ; ensemble des troubles qui en résultent.

SURMENÉ, E adj. et n. Se dit de qqn qui présente des troubles consécutifs à un surmenage.

SURMENER v.t. [12]. Imposer à qqn un effort physique ou intellectuel excessif. ◆ **SE SURMENER** v.pr. Se fatiguer à l'excès : *Elle devrait prendre garde à ne pas se surmener ainsi.*

SUR-MESURE n.m. inv. Ce qui est fait sur mesure* (par oppos. à *prêt-à-porter*).

SURMOI n.m. inv., ▲ *n.m.* PSYCHAN. Instance de la personnalité psychique dont le rôle est de juger le moi. ➲ Introduit par Freud dans la deuxième topique, le surmoi se constitue initialement par identification aux parents et détermine, au travers de ses conflits avec le moi, les sentiments inconscients de culpabilité.

SURMONTABLE adj. Que l'on peut surmonter.

SURMONTER v.t. [3]. **1.** Être placé au-dessus de qqch : *Une enseigne surmonte la porte du magasin.* **2.** Avoir le dessus sur ; vaincre : *Surmonter les difficultés* ; dominer : *Surmonter sa timidité.*

SURMONTOIR n.m. Vieilli. Élément de publicité placé au-dessus d'un produit pour le mettre en vedette.

SURMORTALITÉ n.f. DÉMOGR. Excès de mortalité dans une population par rapport à une autre ou à une autre période.

SURMOULAGE n.m. Moulage pris sur une pièce déjà coulée ou moulée.

SURMOULE n.m. Moule confectionné à partir d'un objet moulé.

SURMOULER v.t. [3]. Mouler une figure dans un surmoule.

SURMULET n.m. Poisson marin côtier du groupe des rougets barbets, parfois appelé *rouget de roche.*

SURMULOT n.m. Rat commun, appelé aussi *rat d'égout* ou *rat gris.*

▲ **surmulot**

SURMULTIPLICATION n.f. Dispositif permettant d'obtenir une vitesse surmultipliée.

SURMULTIPLIÉ, E adj. AUTOM. Se dit du rapport d'une boîte de vitesses tel que la vitesse de rotation de l'arbre de transmission est supérieure à celle de l'arbre moteur. ▪ **Vitesse surmultipliée,** ou **surmultipliée, n.f.,** vitesse obtenue avec le rapport surmultiplié.

SURNAGER v.i. [10]. **1.** Se maintenir à la surface d'un liquide ; flotter. **2.** Fig. Subsister au milieu de choses qui tombent dans l'oubli ; survivre : *De toute son œuvre, un seul film surnage.*

SURNATUREL, ELLE adj. **1.** Qui semble ne pas appartenir au monde naturel ou échapper aux lois de la nature : *Croire que qqn a des pouvoirs surnaturels.* **2.** Qui est trop extraordinaire pour être simplement naturel ; féerique : *Une beauté surnaturelle.* **3.** CHRIST. Qui est révélé, produit, accordé par la grâce de Dieu. ◆ **n.m.** Domaine de ce qui est surnaturel.

SURNOM n.m. Nom ajouté ou substitué au nom ou au prénom de qqn.

SURNOMBRE n.m. Nombre supérieur au nombre prévu ou permis. ▪ **En surnombre,** en excédent.

SURNOMMER v.t. [3]. Donner un surnom à.

SURNUMÉRAIRE adj. (du lat. *numerus,* nombre). Qui est en surnombre : *Chromosome surnuméraire.*

SUROÎT, ▲ *SUROIT* [syrwa] n.m. (altér. normande de *sud-ouest*). MAR. **1.** Vent soufflant du sud-ouest. **2.** Chapeau de marin imperméable, dont le bord se prolonge derrière la tête pour protéger le cou.

SUROS [syro] ou [-rɔs] n.m. VÉTÉR. Exostose qui se forme sur le canon du membre antérieur du cheval.

SUROXYDER v.t. [3]. CHIM. Oxyder en dépassant l'état d'oxydation normal (transformer un oxyde en peroxyde) ou désiré (transformer un alcool primaire en acide, au lieu de s'arrêter à l'aldéhyde).

SUROXYGÉNÉ, E adj. Qui contient un excès d'oxygène.

SURPASSEMENT n.m. Action de surpasser, de se surpasser.

SURPASSER v.t. [3]. **1.** Faire mieux que qqn ; surclasser : *Surpasser ses adversaires.* **2.** Vieilli. Excéder les forces, les ressources de : *Cela surpasse mes compétences.* ◆ **SE SURPASSER** v.pr. Faire encore mieux qu'à l'ordinaire.

SURPÂTURAGE n.m. Exploitation excessive des pâturages par le bétail, entraînant la dégradation de la végétation et des sols.

SURPÊCHE n.f. Pêche excessive, tendant à épuiser les ressources.

SURPEUPLÉ, E adj. Trop peuplé : *Une région surpeuplée.*

SURPEUPLEMENT n.m. État d'un espace géographique où les ressources disponibles ne sont plus suffisantes pour subvenir aux besoins de la population qui y réside (SYN. **surpopulation**).

SURPIQUER v.t. [3]. Faire une surpiqûre à un vêtement.

SURPIQÛRE, ▲ *SURPIQURE* n.f. COUT. Piqûre apparente faite sur un vêtement.

SURPLACE n.m. ▪ **Faire du surplace,** dans une épreuve de vitesse cycliste, rester en équilibre, immobile, pour obliger son adversaire à passer devant et à mener la course ; ne pas avancer dans un embouteillage ; fig., ne pas progresser : *Les pourparlers de paix font du surplace.*

SURPLIS n.m. (lat. *superpellicium*). CATH. Vêtement liturgique de toile fine, blanche, à manches larges, qui descend jusqu'aux genoux et se porte sur la soutane.

SURPLOMB n.m. Partie en saillie, qui avance au-dessus du vide. ▪ **En surplomb,** en avant de l'aplomb : *Terrasse en surplomb.*

SURPLOMBANT, E adj. Qui surplombe.

SURPLOMBEMENT n.m. Fait de surplomber.

SURPLOMBER v.t. et v.i. [3] (de *plomb*). Faire saillie au-dessus de qqch ; saillir : *La falaise surplombe la mer.*

SURPLUS [syrply] n.m. **1.** Ce qui est en plus : *Solder le surplus de marchandises.* **2.** Excédent de l'offre par rapport à la demande. **3.** Vieilli. Magasin qui vendait des surplus militaires et qui, auj., vend des vêtements d'importation américaine. **4.** ÉCON. Gain résultant d'un investissement ou d'un acte de consommation. ▪ **Au surplus,** en outre ; d'ailleurs. ▪ **Comptes de surplus** [comptab.], instrument d'analyse des performances d'une entreprise. ◆ **n.m. pl.** Matériel militaire en excédent après une guerre, notamm. dans le domaine de l'habillement.

SURPOIDS n.m. MÉD. Surcharge pondérale.

SURPOPULATION n.f. Surpeuplement.

SURPRENANT, E adj. Qui cause de la surprise ; étonnant.

SURPRENDRE v.t. [61]. **1.** Prendre sur le fait : *Je l'ai surpris à fouiller dans mon sac.* **2.** Prendre au dépourvu, par surprise : *Surprendre qqn au saut du lit. La mort l'a surpris dans son sommeil.* **3.** Causer un grand étonnement ; déconcerter : *Sa décison me surprend.* **4.** Découvrir ce qui aurait dû rester caché : *Surprendre une conversation.* **5.** Litt. Tromper ; abuser : *Surprendre la confiance de qqn.* ◆ **SE SURPRENDRE** v.pr. ▪ **Se surprendre à,** se rendre compte que l'on fait qqch inconsciemment : *Se surprendre à parler tout seul.*

SURPRESSION n.f. Pression supérieure à la pression normale.

SURPRIME n.f. Prime supplémentaire demandée par un assureur pour couvrir un risque exceptionnel.

SURPRISE n.f. (de *surprendre*). **1.** État de qqn qui est frappé par qqch d'inattendu ; étonnement : *À la surprise générale, il a reconduit la ministre.* **2.** Événement imprévu : *Cinq bons numéros ? quelle bonne surprise !* **3.** (En appos., avec ou sans trait d'union). Se dit de qqch qui est fortuit et soudain : *Visite surprise. Contrôle-surprise.* **4.** Cadeau ou plaisir fait à qqn qui ne s'y attend pas. **5.** MIL. Engagement inopiné d'une troupe *(surprise tactique)* ou d'une armée entière *(surprise stratégique)* mettant l'adversaire en situation d'infériorité. ▪ **Divine surprise,** événement inespéré et exceptionnel : *Cette dixième médaille d'or a été une divine surprise.* ▪ **Par surprise,** à l'improviste : *Attaquer l'ennemi par surprise.*

SURPRISE-PARTIE n.f. (pl. *surprises-parties*) [anglo-amér. *surprise-party*]. Vieilli. Réunion de jeunes où l'on danse.

SURPRODUCTEUR, TRICE adj. Qui produit en excès.

SURPRODUCTION n.f. ÉCON. Production excessive d'un produit ou d'une série de produits par rapport aux besoins.

SURPRODUIRE v.t. [78]. ÉCON. Produire en excès, au-delà de la demande.

SURPROTECTION n.f. Action de surprotéger.

SURPROTÉGER v.t. [15], ▲ *[15*]*. Protéger qqn à l'excès, sur le plan psychologique.

SURPUISSANT, E adj. Extrêmement puissant.

SURRÉAGIR v.i. [21]. Avoir des réactions disproportionnées ; réagir de manière excessive : *Elle a une fâcheuse tendance à surréagir.*

SURRÉALISME n.m. Mouvement littéraire et artistique, né en France à la suite de la Première Guerre mondiale, qui succède à dada* et se dresse, au nom de la liberté, du désir et de la révolution, contre les conventions sociales, morales et logiques, et leur oppose les valeurs de l'imagination, du rêve et de l'écriture automatique.

➲ LITTÉR. Le **SURRÉALISME** s'affirma en 1924 par un *Manifeste du surréalisme,* dû à A. Breton, et une revue, *la Révolution surréaliste.* A. Breton, P. Soupault, L. Aragon, P. Éluard, R. Crevel, R. Desnos et B. Péret furent les principaux représentants du mouvement. Malgré des exclusions et des ruptures en son sein, le mouvement s'est étendu à différents domaines (comme le cinéma avec L. Buñuel) et à divers pays ou régions (Belgique, Suisse, Grande-Bretagne, Tchécoslovaquie, Antilles), jusqu'à la mort de Breton, suivie par la dissolution du groupe français en 1969.

➲ BX-ARTS. En art, les surréalistes se sont mis en quête du « fonctionnement réel de la pensée ». Par le recours à l'automatisme et à une sorte de fantastique onirique, ils ont créé des images souvent minutieuses, des collages ou des assemblages dits *objets surréalistes.* Les plus connus sont M. Ernst, J. Miró, H. Arp, Y. Tanguy, R. Magritte, S. Dalí, A. Giacometti.

SURRÉALISTE adj. et n. Relatif au surréalisme ; qui s'y rattache. ◆ **adj.** Souvent iron. Qui, par son étrangeté, évoque les œuvres surréalistes ; extravagant : *Sa veste à quatre manches est complètement surréaliste.*

SURRÉALITÉ n.f. Litt. Ce qui dépasse la réalité courante, normale.

SURRECTION n.f. (bas lat. *surrectio*). GÉOL. Soulèvement lent d'une portion de l'écorce terrestre.

SURRÉEL n.m. LITTÉR. Ce qui dépasse le réel, dans le vocabulaire surréaliste.

SURREMISE n.f. Pourcentage qu'un éditeur consent aux libraires en plus de la remise habituelle, lors d'un achat en quantité importante d'exemplaires d'un même titre.

SURRÉNAL, E, AUX adj. et n.f. ANAT. Se dit d'une glande endocrine paire située au-dessus du rein, et comportant la corticosurrénale et la médullosurrénale.

SURRÉNALIEN, ENNE adj. De la glande surrénale.

SURRÉSERVATION n.f. Fait de vendre plus de réservations que de places disponibles (moyen de transport, séjour hôtelier, etc.), en misant sur d'éventuelles défaillances.

SURROUND [sœrund] adj. inv. (de l'angl. *to surround,* entourer). AUDIOVIS. ▪ **Son surround,** ou **surround, n.m.,** ambiance sonore obtenue par l'utilisation de plusieurs enceintes et donnant à l'auditeur la sensation d'être enveloppé par le son.

SURSATURATION n.f. **1.** Action de sursaturer. **2.** CHIM. État d'une solution sursaturée.

SURSATURÉ, E adj. GÉOL. Se dit d'une roche magmatique contenant de la silice en abondance et parfois du quartz.

SURSATURER v.t. [3]. **1.** Rassasier jusqu'au dégoût : *Être sursaturé de publicité.* **2.** CHIM. Donner à une solution une concentration plus forte que celle de la solution saturée.

Le surréalisme

Mouvement d'entre-deux guerres, le surréalisme ne veut pas seulement construire une nouvelle littérature ou un nouvel art, mais révolutionner la vie. Les cadres de pensée sclérosants doivent être supprimés : place à la liberté, celle qui fait voler en éclats les oppositions traditionnelles entre réel et imaginaire, esprit et matière, conscient et inconscient, rationnel et irrationnel. Pour saisir le monde, les surréalistes font appel à l'expérimentation : écriture automatique, sommeil hypnotique, « hasard objectif ». Le résultat fait surgir l'étonnante richesse de l'inconscient, masquée jusque-là par le rationalisme qui sévit en Occident depuis la Renaissance.

▲ **Max Ernst.** D'abord proche de l'expressionnisme allemand, le peintre devient une figure active du mouvement dada, puis s'engage en 1921 dans l'aventure surréaliste : les figures hétérogènes qui apparaissent dans ses œuvres sont l'expression d'une sorte de « peinture automatique » (*la Femme chancelante*, 1923). [Kunstsammlung Nordrhein-Westfalen, Düsseldorf.]

▲ **Luis Buñuel.** Le réalisateur tourne en 1930 *l'Âge d'or* (film réalisé en collaboration avec S. Dalí pour le scénario), chef-d'œuvre emblématique du cinéma surréaliste : un hymne à l'amour fou, où les éléments de symbolique freudienne alternent avec les attaques contre la religion et l'ordre établi.

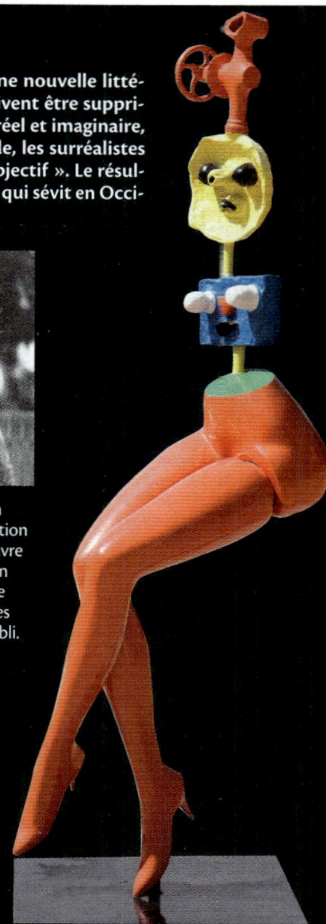

Joan Miró. ▶ De la métamorphose d'éléments empruntés à la réalité, schématisés jusqu'à devenir signes plastiques, le peintre catalan fait surgir un univers de liberté et d'humour. Son éventail technique s'est élargi à de nombreux supports (ici une sculpture de 1968 : *Jeune Fille s'évadant*). [Fondation Joan Miró, Barcelone.]

SURSAUT n.m. **1.** Mouvement brusque, occasionné par une sensation subite ou violente ; soubresaut : *Un sursaut de peur.* **2.** Fait de se ressaisir après un fléchissement : *Un sursaut des marchés boursiers.* **3.** ASTRON. Accroissement brusque, et génér. de faible durée, de l'intensité du rayonnement d'un astre sur certaines fréquences. ■ **En sursaut,** brusquement : *Se réveiller en sursaut.*

SURSAUTER v.i. [3]. Avoir un sursaut ; tressaillir.

SURSEOIR [52], ▲ *SURSOIR [51 bis]* v.t. ind. (À). Remettre à plus tard ; différer : *Surseoir à la publication d'une information.*

SURSIS n.m. (de *surseoir*). **1.** Remise de qqch à une date ultérieure ; délai d'exécution : *Obtenir un sursis pour régler des arriérés de loyer.* **2.** DR. Dispense d'exécution de tout ou partie d'une peine. ➲ On distingue le sursis simple, le sursis avec obligation d'accomplir un travail d'intérêt général et le sursis avec mise à l'épreuve. ■ **Sursis à statuer,** décision par laquelle un tribunal remet à une date ultérieure l'examen et le jugement d'une affaire.

SURSITAIRE n. Personne qui bénéficie d'un sursis.

SURTAXE n.f. Taxe supplémentaire. ■ **Surtaxe postale,** taxation imposée au destinataire d'un envoi insuffisamment affranchi ; taxe supplémentaire exigée pour un acheminement plus rapide.

SURTAXER v.t. [3]. Faire payer une surtaxe.

SURTENSION n.f. ÉLECTROTECHN. Tension dont la valeur dépasse la plus grande valeur assignée.

SURTITRAGE n.m. Action de surtitrer.

SURTITRE n.m. **1.** Titre complémentaire placé au-dessus du titre principal d'un article de journal. **2.** Traduction simultanée des paroles d'un opéra, d'une pièce de théâtre, apparaissant au-dessus de la scène.

SURTITRER v.t. [3]. **1.** Mettre un surtitre à un article. **2.** Afficher des surtitres, à l'Opéra, au théâtre.

1. SURTOUT adv. **1.** Par-dessus tout ; principalement : *Il aime surtout la poésie.* **2.** Renforce un ordre, un conseil : *Surtout, n'oubliez pas !* ◆ **SURTOUT QUE** loc. conj. Fam. D'autant plus que : *Tu aurais dû venir, surtout qu'on t'attendait.*

2. SURTOUT n.m. **1.** Grande pièce de vaisselle, ordinairement en métal, que l'on place au milieu de la table, comme ornement, lors de grands repas. **2.** Anc. Vêtement ample porté par-dessus les autres vêtements.

SURTSEYEN, ENNE adj. (de *Surtsey*, île d'Islande). ■ **Éruption surtseyenne** [géol.], caractérisée par l'émission de cendres fines, résultant du contact explosif entre le magma et l'eau (génér. l'eau de mer). [On dit aussi *dynamisme surtseyen.*]

SURVEILLANCE n.f. Action de surveiller ; contrôle : *La surveillance des travaux* ; vigilance : *Déjouer la surveillance de qqn.* ■ **Sous la surveillance de,** surveillé par.

SURVEILLANT, E n. **1.** Personne chargée de surveiller. **2.** Personne chargée de la discipline dans un établissement d'enseignement.

SURVEILLER v.t. [3]. **1.** Observer attentivement pour contrôler : *Surveiller un suspect.* **2.** Être attentif à ; prendre soin de : *Surveiller son poids, ses paroles.*

SURVENANCE n.f. Litt. Fait de survenir.

SURVENIR v.i. [28] (auxil. *être*). Arriver inopinément ou accidentellement ; se produire : *Des problèmes sont survenus.*

SURVENUE n.f. Litt. Arrivée inopinée.

SURVÊTEMENT n.m. Vêtement souple composé d'un pantalon et d'un sweat-shirt ou d'un blouson, porté par-dessus une tenue de sport ou utilisé comme vêtement de détente (SYN. **jogging**). Abrév. (fam.) **survêt.**

SURVIE n.f. **1.** Fait de survivre : *Les chances de survie d'un blessé* ; prolongation d'une activité : *La survie du textile.* **2.** Prolongement de l'existence au-delà de la mort. **3.** ÉCOL. Maintien des effectifs d'une espèce animale ou végétale au-dessus de leur seuil critique, c'est-à-dire du nombre en deçà duquel l'espèce serait menacée d'extinction. ■ **Gains** ou **droits de survie** [dr.], avantage que, dans un acte, les contractants stipulent au profit du survivant. ■ **Survie artificielle** [méd.], maintien de la vie végétative par les moyens de la réanimation, du fait d'un acharnement thérapeutique ou dans l'attente d'un prélèvement d'organe.

SURVIRAGE n.m. Fait de survirer.

SURVIRER v.i. [3]. En parlant d'un véhicule automobile, avoir tendance, dans une courbe, à augmenter l'amplitude de l'impulsion de braquage donnée au volant et avoir le train arrière qui tend à glisser latéralement vers l'extérieur de la courbe.

SURVIREUR, EUSE adj. Se dit d'un véhicule automobile qui survire.

SURVITAMINÉ, E adj. Fam. **1.** Se dit d'un appareil, partic. d'un moteur, puissant et performant. **2.** Se dit de qqn qui déborde d'énergie, de qqch qui est plein de tonus : *Magistrat, hip-hop survitaminé.*

SURVITESSE n.f. Vitesse supérieure à la vitesse normale.

SURVITRAGE n.m. Vitrage supplémentaire qui se pose sur le châssis d'une fenêtre à des fins d'isolation.

SURVIVALISME n.m. **1.** Mode de vie d'une personne ou d'un groupe de personnes qui se préparent à la survenue, à plus ou moins longue échéance, d'une catastrophe (nucléaire, écologique, économique, etc.), à l'échelle locale ou mondiale. ➲ Les nouvelles formes du survivalisme, incluant autosuffisance, solidarité et débrouillardise, recouvrent auj. des réalités et des idéologies très variées, et sont regroupées sous le terme de *néosurvivalisme.* **2.** Activité de loisir consistant à apprendre à survivre dans la nature.

SURVIVANCE n.f. **1.** Ce qui subsiste d'un ancien état, d'une chose disparue : *Ces rites sont des survivances du passé.* **2.** Litt. Survie.

SURVIVANT, E adj. et **n. 1.** Qui survit à qqn : *Le conjoint survivant.* **2.** Qui est resté en vie après un événement ayant fait des victimes ; rescapé. **3.** Souvent péjor. Qui survit à une époque révolue en y restant attaché.

SURVIVRE v.i. ou **v.t. ind. [70] (À). 1.** Demeurer en vie après la mort d'une autre personne ou après une catastrophe ; réchapper à : *Il a survécu à ce naufrage.* **2.** Continuer à exister : *Cette pratique survit à son inventeur, dans le nord du pays.* ◆ **SE SURVIVRE v.pr.** Laisser après soi qqch, qqn qui perpétue le souvenir de ce que l'on a été.

SURVOL n.m. 1. Action de survoler un lieu. **2.** Fig. Examen rapide et superficiel.

SURVOLER v.t. [3]. 1. Voler au-dessus de. **2.** Fig. Lire, examiner de manière superficielle : *Survoler un rapport.*

SURVOLTAGE n.m. (Abusif). Surtension.

SURVOLTÉ, E adj. Au paroxysme de l'excitation : *Un auditoire survolté.*

SURVOLTER v.t. [3]. 1. ÉLECTROTECHN. Augmenter la tension électrique au-delà de la valeur assignée. **2.** Fig. Mettre au paroxysme de l'excitation.

SURVOLTEUR n.m. ÉLECTROTECHN. Machine ou carte électronique destinée à augmenter de manière contrôlée la tension fournie par un circuit d'alimentation.

SURVOLTEUR-DÉVOLTEUR n.m. (pl. *survolteurs-dévolteurs*). **ÉLECTROTECHN.** Machine ou carte électronique pouvant fonctionner soit en survolteur, soit en dévolteur.

SUS [sy(s)] **adv.** (du lat. *sursum*, au-dessus). Litt. ▪ **Courir sus à qqn,** le poursuivre avec des intentions hostiles. ▪ **En sus (de)** [vieilli], en plus (de).

SUSCEPTIBILITÉ n.f. Disposition à se vexer facilement. ▪ **Susceptibilité magnétique** [phys.], rapport de l'aimantation produite dans une substance au champ magnétique qui la produit.

SUSCEPTIBLE adj. (du bas lat. *susceptibilis*, capable de recevoir). Qui se vexe aisément ; ombrageux. ▪ **Susceptible de,** capable de subir telle action, de faire telle chose : *Loi susceptible de modifications. Elle est susceptible d'être élue.*

SUSCITER v.t. [3] (du lat. *suscitare*, soulever). Faire naître ; éveiller : *Cette remarque a suscité notre curiosité.*

SUSCRIPTION n.f. Inscription de l'adresse sur l'enveloppe qui contient une lettre. ▪ **Acte de suscription** [dr.], ensemble des mentions portées par un notaire sur un testament mystique ou son enveloppe (nom, adresse, date, etc.).

SUSDÉNOMMÉ, E [sys-] **adj.** et **n.** Terme administratif. Nommé précédemment ou plus haut dans le texte.

SUSDIT, E [sys-] **adj.** et **n.** Terme administratif. Nommé ci-dessus.

SUS-DOMINANTE [sys-] **n.f.** (pl. *sus-dominantes*). **MUS.** Note située au sixième degré d'une gamme diatonique, au-dessus de la dominante.

SUS-HÉPATIQUE [sys-] **adj.** (pl. *sus-hépatiques*). **ANAT.** Se dit de veines situées au-dessus du foie, qui ramènent le sang du foie à la veine cave inférieure.

SUSHI [suʃi] **n.m.** (mot jap.). Boulette de riz surmontée d'une lamelle de poisson cru ou d'un coquillage cru. ➲ Cuisine japonaise.

SUS-JACENT, E [sy-] **adj.** (pl. *sus-jacents, es*). **GÉOL.** Placé au-dessus.

SUSMENTIONNÉ, E [sys-] **adj.** Terme administratif. Mentionné précédemment ou plus haut.

SUSNOMMÉ, E [sys-] **adj.** et **n.** Terme administratif. Nommé précédemment ou plus haut.

SUSPECT, E [syspɛ, ɛkt] **adj.** (lat. *suspectus*). **1.** Qui inspire de la défiance, des soupçons : *Un colis suspect.* **2.** Dont la qualité est douteuse : *Une boisson suspecte.* ▪ **Suspect de,** soupçonné de : *Il est suspect de partialité.* ◆ **adj.** et **n.** Que la police considère comme l'auteur possible d'une infraction.

SUSPECTER v.t. [3]. Tenir pour suspect ; soupçonner : *La police le suspecte d'avoir commis ce vol ;* mettre en doute : *Suspecter la loyauté de qqn.*

SUSPENDRE v.t. [59] (lat. *suspendere*). **1.** Fixer en haut et laisser pendre ; accrocher : *Suspendre sa veste au portemanteau.* **2.** Remettre à plus tard ; différer : *Le médiateur a suspendu sa décision.* **3.** Interdire pour un temps : *Suspendre une émission.* **4.** Retirer temporairement ses fonctions à qqn : *Suspendre un fonctionnaire.* ▪ **Suspendre son jugement,** ne rien décider avant de s'être fait une opinion.

SUSPENDU, E adj. 1. Fixé par le haut, la partie basse restant libre : *Guirlandes suspendues au plafond. Pont suspendu.* **2.** Qui dépend de : *Leur sort est suspendu à sa décision.* **3. AUTOM.** Se dit d'une voiture dont le poids est transmis aux essieux par l'intermédiaire d'un système élastique (ressorts ou autre). ▪ **Vallée suspendue** [géomorph.], vallée secondaire dont la confluence avec la vallée principale est marquée par une très forte accentuation de la pente.

SUSPENS [-pɑ̃] **adj.m.** et **n.m.** (du lat. *suspensus*, incertain). **DR. CANON.** Se dit d'un clerc frappé de suspense. ▪ **En suspens,** non résolu : *Ce problème est resté en suspens.*

1. SUSPENSE [-pɑ̃s] **n.f. DR. CANON.** Peine interdisant à un clerc l'exercice de ses fonctions.

2. SUSPENSE [-pɛns] **n.m.** (mot angl., du fr.). Moment d'un film, d'une œuvre littéraire, où l'action fait naître l'attente angoissée de ce qui va se produire.

SUSPENSEUR adj.m. ANAT. Se dit de certains ligaments grâce auxquels un organe semble suspendu.

SUSPENSIF, IVE adj. DR. Qui suspend, jusqu'à nouvel ordre, l'exécution d'un jugement, d'un contrat.

SUSPENSION n.f. 1. Action de suspendre, de fixer en haut et de laisser pendre. **2.** Luminaire suspendu au plafond. **3.** Cessation momentanée ; interruption : *Suspension de séance.* **4.** Interdiction temporaire, par mesure disciplinaire, d'exercer une activité ou une profession. **5. AUTOM.** Ensemble des organes qui assurent la liaison entre un véhicule et ses roues, transmettent aux essieux le poids du véhicule et servent à amortir les chocs dus aux inégalités de la surface de roulement. **6. CHIM.** État d'un solide très divisé, mêlé à la masse d'un liquide (génér. moins dense) sans être dissous par lui. **7. GÉOMORPH.** Mode de transport du matériel détritique par un fluide (air, eau), dans lequel il se maintient sous l'influence de la force ascensionnelle des tourbillons. **8.** Ensemble de pièces permettant de suspendre le balancier d'une horloge. ➲ La suspension peut être à fil ou à lame de ressort. ▪ **Points de suspension,** signe de ponctuation (...) indiquant que l'énoncé est interrompu pour une raison quelconque (émotion, réticence, etc.).

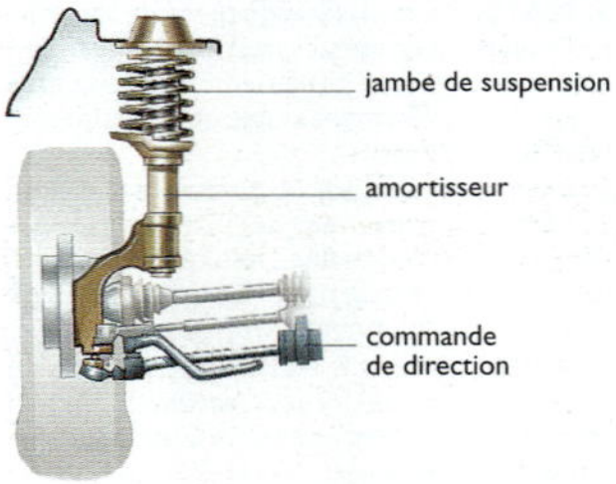

▲ **suspension** hydraulique d'automobile.

SUSPENSOIR n.m. MÉD. Bandage destiné à soutenir un organe, en partic. les testicules.

SUSPENTE n.f. 1. MAR. Chaîne, cordage amarrés à un mât et qui soutiennent une vergue en son milieu. **2.** Chacun des câbles qui relient le harnais d'un parachute à la voilure. **3.** Chacune des cordes qui rattachent la nacelle au filet d'un ballon. **4.** Chacun des câbles qui relient les sièges d'un téléphérique au câble porteur. **5. TRAV. PUBL.** Pièce verticale d'un pont qui permet de soutenir le tablier. **6.** Suisse. Cordonnet cousu à un vêtement pour le suspendre.

SUSPICIEUX, EUSE adj. (lat. *suspiciosus*). Empreint de suspicion ; soupçonneux : *Regard suspicieux.*

SUSPICION n.f. (lat. *suspicio*). Fait de tenir qqn, qqch pour suspect ; méfiance : *Un climat de suspicion.* ▪ **Suspicion légitime** [dr.], crainte qu'un plaideur peut éprouver de voir son procès jugé avec partialité par un tribunal, et qui, si elle est reconnue fondée, peut aboutir à un renvoi devant un autre tribunal.

SUSTENTATION n.f. État d'équilibre d'un aéronef. ▪ **Polygone de sustentation,** surface de contact par laquelle un corps solide repose sur un plan horizontal. ▪ **Sustentation magnétique,** état d'un corps maintenu à faible distance au-dessus d'une surface et sans contact avec elle, grâce à un champ magnétique.

SUSTENTER v.t. [3] (du lat. *sustentare*, soutenir). Vieilli. Nourrir ; alimenter. ◆ **SE SUSTENTER v.pr.** Vieilli ou par plais. Se nourrir.

SUS-TONIQUE [sys-] **n.f.** (pl. *sus-toniques*). **MUS.** Note située au deuxième degré d'une gamme diatonique, au-dessus de la tonique.

SUSURRANT, E adj. Qui susurre.

SUSURREMENT n.m. Action de susurrer.

SUSURRER [sysyre] **v.i.** et **v.t. [3]** (lat. *susurrare*). Murmurer doucement.

SUSVISÉ, E [sys-] **adj. DR.** Indiqué ci-dessus.

SUTRA [sutra] ou **SOUTRA n.m.** (sanskr. *sūtra*). Chacun des textes qui, dans le brahmanisme et le bouddhisme, réunissent les règles du rituel, de la morale et de la vie quotidienne.

SUTURE n.f. (du lat. *sutura*, couture). **1. CHIRURG.** Opération consistant à rapprocher les lèvres d'une plaie par une couture ou par un autre moyen (agrafes, par ex.). **2. ANAT.** Synarthrose dans laquelle deux os sont reliés par du tissu fibreux. **3. BOT.** Ligne de soudure entre les carpelles d'un pistil. **4. ZOOL.** Ligne d'insertion des cloisons transversales, sur les parois de la coquille des nautiles, des ammonites. ▪ **Point de suture** → **1. POINT.**

SUTURER v.t. [3]. CHIRURG. Réunir par suture.

SUZERAIN, E n. et **adj.** (de *sus*, d'apr. *souverain*). **HIST.** Au Moyen Âge, seigneur qui a concédé un fief à un vassal. ◆ **adj.** Qui appartenait au suzerain.

SUZERAINETÉ n.f. HIST. Droit du suzerain.

SVASTIKA ou **SWASTIKA** [svastika] **n.m.** (mot sanskr.). Symbole religieux hindou figurant une croix dont les quatre branches égales, orientées vers la droite ou vers la gauche, sont en forme de gamma majuscule (Γ). ➲ Si le svastika a une signification religieuse dans des civilisations très variées, son rôle est toutefois plus important dans les religions asiatiques. L'hindouisme l'associe au dieu Brahma, ordonnateur de l'univers, ou au dieu solaire Surya. Dans le bouddhisme, orienté vers la gauche, il est le symbole de l'éternité.

SVELTE adj. (ital. *svelto*). Qui est mince et élancé : *Elle est restée svelte.*

SVELTESSE n.f. Qualité de qqn qui est svelte.

S.V.P. abrév. ▪ **S'il vous plaît** → **PLAIRE.**

SVT ou **S.V.T. n.f. pl.** (sigle). Sciences de la vie et de la Terre.

SWAHILI, E [swaili] ou **SOUAHÉLI, E adj.** Qui se rapporte aux Swahili, fait partie de ce peuple. ◆ **n.m.** Langue bantoue parlée par les Swahili et servant de langue de relation dans l'est de l'Afrique. ➲ Elle s'écrit au moyen de l'alphabet latin.

SWAP [swap] **n.m.** (mot angl. « troc »). **BANQUE.** Crédit croisé.

SWASTIKA n.m. → **SVASTIKA.**

SWEATER [switœr] **n.m.** (mot angl., de *to sweat*, suer). Gilet de laine, de coton, à manches longues, boutonné par-devant.

SWEAT-SHIRT (pl. *sweat-shirts*) ou **SWEATSHIRT** [switʃœrt] **n.m.** (mot angl.). Pull-over en coton molletonné, ras du cou, terminé à la taille, aux poignets et à l'encolure par un bord à côtes.

SWING [swiŋ] **n.m.** (mot angl., de *to swing*, balancer). **1.** En boxe, coup porté latéralement en balançant le bras. **2.** Manière d'exécuter le jazz, consistant en une distribution typique des accents, donnant un balancement rythmique vivant et souple. **3.** Style de jazz apparu aux États-Unis dans les années 1930, caractérisé par l'importance du rythme et des solos de virtuosité.

SWINGUER [swiŋge] **v.i. [3].** Chanter ou jouer avec swing ; avoir du swing.

SYBARITE n. et **adj.** (de *Sybaris*, n.pr.). Litt. Personne qui mène une vie facile et voluptueuse.

SYBARITIQUE adj. Litt. Relatif aux sybarites.

SYBARITISME n.m. Litt. Style de vie des sybarites.

Le symbolisme

En matière artistique aussi bien que poétique, le symbolisme peut être considéré comme un approfondissement du romantisme. La tentative de cerner ce qu'il y a d'insondable dans les états d'âme, de porter sur la scène l'indicible et même l'invisible, plus généralement de donner le pas au fantasme sur le réel et au rêve sur le quotidien, enfin de consacrer l'idée aux dépens de la matière, tout cela (qui apparaissait déjà chez le romantique C. D. Friedrich, par exemple) constitue le terreau de la création symboliste.

◀ **Gustave Moreau.** *Salomé dansant* : le maître du symbolisme français illustre l'un des grands mythes de femmes fatales, qui lui sont chers. Son œuvre va fortement influencer les fauves ainsi que, en littérature, J.-K. Huysmans et les surréalistes, qui le placeront parmi leurs initiateurs. (Musée Gustave-Moreau, Paris.)

Fernand Khnopff. ▶ *Un masque au manteau blanc* (1907), dessin aux crayons de couleur. Le caractère d'énigme silencieuse et hiératique, comme placée hors du temps, le miroitement froid des yeux et des perles, la discrétion raffinée du coloris font le prix de cette œuvre. Le Belge Khnopff, influencé notamment par les préraphaélites, était l'ami de poètes comme G. Rodenbach. (Galerie internationale d'Art moderne, Ca' Pesaro, Venise.)

▲ **Arnold Böcklin.** *L'Île des morts* (1886). Conduite par un sombre nautonier, une forme humaine revêtue de la blancheur du suaire approche le mystère, sinistre et grandiose, de l'au-delà. Le peintre suisse a exécuté de multiples versions de ce thème, d'ascendance romantique. (Musée des Beaux-Arts, Leipzig.)

SYCOMORE **n.m.** (gr. *sukomoros*). Érable d'une espèce à feuilles palmées aux dents arrondies, appelée aussi *faux platane*.

SYCONE **n.m.** Inflorescence close sur elle-même, caractéristique de certaines espèces de la famille des moracées, notamm. le figuier, évoluant à maturité en faux-fruit.

SYCOPHANTE **n.m.** (gr. *sukophantês*). **1.** Litt. Délateur. **2. ANTIQ. GR.** Personne qui dénonçait les atteintes au bien public.

SYCOSIS [-zis] **n.m.** (du gr. *sukôsis*, tumeur en forme de figue). **MÉD.** Folliculite bactérienne ou mycosique touchant surtout la barbe.

SYÉNITE **n.f.** (de *Syène*, auj. *Assouan*, n.pr.). Roche magmatique grenue, sans quartz, constituée princip. de feldspath alcalin et d'amphibole.

SYLLABAIRE **n.m. 1.** Livre élémentaire où les mots sont décomposés en syllabes pour apprendre à lire aux enfants. **2. LING.** Système d'écriture dans lequel chaque signe représente une syllabe.

SYLLABATION **n.f. PHON.** Décomposition en syllabes d'une séquence de la chaîne parlée.

SYLLABE **n.f.** (lat. *syllaba*, du gr. *sullabê*, assemblage). Unité phonétique groupant des consonnes et des voyelles qui se prononcent d'une seule émission de voix (ex. : *voisin* a deux syllabes).

SYLLABIQUE **adj.** Relatif aux syllabes. ▪ **Écriture syllabique,** où chaque syllabe est représentée par un caractère. ▪ **Vers syllabique,** où la mesure est déterminée par le nombre et non par la valeur des syllabes.

SYLLABUS [-bys] **n.m.** (mot lat. « liste »). **1. CATH.** Formulaire des questions tranchées par l'autorité ecclésiastique. **2.** Belgique. Dans l'enseignement supérieur, polycopié.

SYLLEPSE **n.f.** (du gr. *sullêpsis*, compréhension). **GRAMM.** Accord des mots dans la phrase selon le sens, et non selon les règles grammaticales. (Ex. : *Cette recrue est le premier à utiliser cette arme.*)

SYLLOGISME **n.m.** (gr. *sullogismos*). **LOG.** Raisonnement qui contient trois propositions (la majeure, la mineure et la conclusion), et tel que la conclusion est déduite de la majeure par l'intermédiaire de la mineure. (Ex. : *Si tous les hommes sont mortels* [majeure], *si tous les Grecs sont des hommes* [mineure], *alors tous les Grecs sont mortels* [conclusion].)

SYLLOGISTIQUE **n.f.** Science des syllogismes. ◆ **adj.** Relatif au syllogisme.

SYLPHE **n.m.** (du lat. *sylphus*, génie). Génie de l'air des mythologies celte et germanique.

SYLPHIDE **n.f. 1.** Sylphe femelle. **2.** Litt. Femme gracieuse et légère.

SYLVAIN **n.m.** (lat. *sylvanus*). **MYTH. ROM.** Génie protecteur des bois.

SYLVANER [-nɛr] **n.m.** (mot all., du lat. *sylva*, forêt). **1.** Cépage blanc cultivé dans l'est de la France, en Allemagne, en Suisse et en Autriche. **2.** Vin issu de ce cépage.

SYLVE **n.f.** (du lat. *sylva*, forêt). **GÉOGR.** Forêt tropicale dense et humide.

SYLVESTRE **adj.** (lat. *sylvestris*). Litt. Relatif aux forêts ; forestier.

SYLVICOLE **adj.** Relatif à la sylviculture.

SYLVICULTEUR, TRICE **n.** Personne qui pratique la sylviculture.

SYLVICULTURE **n.f.** Entretien et exploitation des forêts.

SYLVIIDÉ **n.m.** Petit passereau insectivore, d'Afrique et d'Eurasie, représenté essentiellement par les fauvettes. ➲ Les sylviidés forment une famille.

SYLVINITE **n.f.** (du n. de F. de la Boë, dit *Sylvius*). Roche formée d'halite et de sylvite, et qui constitue un minerai de potasse.

SYLVITE **n.f. MINÉRALOG.** Chlorure de potassium (KCl), servant à l'élaboration de la potasse.

SYLVIUS (SCISSURE DE) **n.f. ANAT.** Sillon situé sur la face latérale de chacun des hémisphères cérébraux et séparant les lobes frontal et pariétal du lobe temporal.

SYLVOPASTORALISME **n.m.** Système associant la sylviculture et le pâturage sur un même territoire.

SYMBIOSE **n.f.** (du gr. *sumbiôsis*, vie en commun). **1. ÉCOL.** Association étroite de deux ou plusieurs organismes différents, mutuellement bénéfique, voire indispensable à leur survie. **2.** Fig. Union étroite entre des personnes, des choses.

SYMBIOTE **n.m. ÉCOL.** Chacun des êtres associés en symbiose.

SYMBIOTIQUE **adj. ÉCOL.** Relatif à la symbiose.

SYMBOLE **n.m.** (du gr. *sumbolon*, signe). **1.** Signe figuratif, être animé ou chose, qui représente un concept, qui en est l'image ; emblème : *La colombe, symbole de la paix.* **2. CHIM.** Lettre ou groupe de lettres servant à désigner un élément. **3.** Élément constitutif d'une théorie mathématique formalisée. ➲ On distingue les *symboles logiques*, communs à toutes les théories, comme ∃, ∀, etc., et les *symboles non logiques*, comme +, ×, etc., propres à la théorie considérée. **4. CHRIST.** (Avec une majuscule). Formulaire abrégé de la foi chrétienne : *Le Symbole des Apôtres.*

SYMBOLIQUE **adj. 1.** Qui a le caractère d'un symbole : *Figure symbolique* ; qui recourt à des symboles : *Écriture symbolique.* **2.** Qui n'a pas de valeur en soi, mais qui est significatif d'une intention : *Condamné à payer l'euro symbolique.* **3. INFORM.** Relatif aux langages évolués de programmation, utilisant des mots et des caractères alphanumériques. ◆ **n.m.** Ce qui est symbolique : *Le symbolique et le sacré.* ◆ **n.f. 1.** Ensemble systématique de symboles relatif à un domaine, à une période : *La symbolique médiévale.* **2.** Interprétation, explication des symboles.

SYMBOLIQUEMENT adv. De façon symbolique.

SYMBOLISATION n.f. Action de symboliser.

SYMBOLISER v.t. [3]. Exprimer par un symbole ; être le symbole de : *La balance symbolise la justice.*

SYMBOLISME n.m. 1. Système de symboles exprimant des croyances. **2. MATH.** Système de signes écrits dont l'agencement répond à des règles, et qui traduit visuellement la formalisation d'un raisonnement. **3.** Mouvement littéraire et artistique né en France à la fin du XIXe s., qui réagit contre le formalisme parnassien de « l'art pour l'art » et le réalisme naturaliste. *(V. planche page précédente.)*

SYMBOLISTE adj. et **n.** Relatif au symbolisme ; qui s'y rattache : *Peintre, écrivain symboliste.*

SYMÉTRIE n.f. (lat. *symmetria*, du gr. *summetria*, juste proportion). **1.** Aspect harmonieux résultant de la disposition régulière, équilibrée des éléments d'un ensemble : *Un visage qui manque de symétrie.* **2.** Correspondance de position de deux ou de plusieurs éléments par rapport à un point, à un plan médian : *La symétrie des fenêtres d'une maison.* **3. MATH.** Transformation ponctuelle qui à un point M associe un point M′ tel que le segment [MM′] a ou un point donné comme milieu *(symétrie par rapport à un point)*, ou une droite donnée comme médiatrice *(symétrie par rapport à une droite)*, ou un plan donné comme plan médiateur *(symétrie par rapport à un plan)*. ▪ **Principes de symétrie** [phys.], selon lesquels certains groupes de transformations laissent invariantes les lois de la physique.

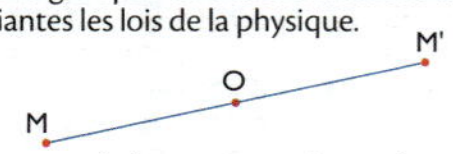

symétrie par rapport à un point

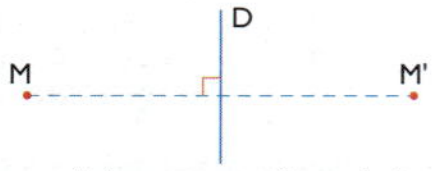

symétrie par rapport à une droite

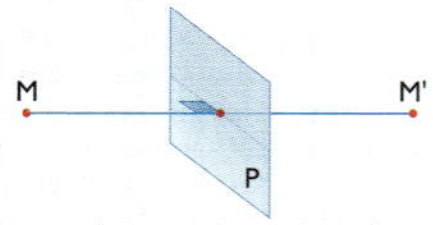

symétrie par rapport à un plan

▲**symétries**

SYMÉTRIQUE adj. 1. Qui est organisé selon une symétrie des éléments : *Un parterre symétrique.* **2.** Se dit de l'un de ces éléments par rapport à l'autre : *Les ailes du papillon sont symétriques.* **3. MATH.** Se dit de deux points ou de deux figures, images l'un de l'autre par une symétrie. ▪ **Application** ou **fonction symétrique (de plusieurs variables),** application invariante pour toute permutation des variables. ▪ **Élément symétrique (d'un élément *a*),** tout élément d'un ensemble, muni d'une opération interne et possédant un élément neutre, dont le composé, à gauche et à droite, avec *a* est l'élément neutre. ▪ **Relation symétrique,** relation binaire qui, si elle est vérifiée pour le couple (*a*, *b*) d'éléments, l'est aussi pour le couple (*b*, *a*). ◆ **n.m.** ou **n.f.** Tout élément symétrique d'un autre. ◆ **n.m. MATH.** ▪ **Symétrique d'un élément,** élément symétrique d'un élément. ▪ **Symétrique d'un point, d'une figure,** image de ce point, de cette figure par une symétrie.

SYMÉTRIQUEMENT adv. Avec symétrie.

SYMPA adj. (abrév.). Fam. Sympathique.

SYMPATHECTOMIE n.f. Ablation chirurgicale de ganglions ou de filets nerveux du système sympathique.

SYMPATHIE n.f. (du gr. *sumpatheia*, compassion). **1.** Penchant naturel, spontané qui porte deux personnes l'une vers l'autre ; inclination. **2.** Litt. Participation à la joie ou à la douleur d'autrui : *Témoignages de sympathie.*

1. SYMPATHIQUE adj. Qui inspire de la sympathie ; aimable : *Voisin sympathique* ; agréable : *Une soirée sympathique.* Abrév. (fam.) **sympa.**

2. SYMPATHIQUE adj. et **n.m. NEUROL.** Se dit de l'un des deux systèmes nerveux végétatifs (l'autre étant le parasympathique), dont le rôle est de préparer l'organisme à l'activité (SYN. **orthosympathique**).

SYMPATHIQUEMENT adv. Avec sympathie.

SYMPATHISANT, E adj. et **n.** Qui approuve les idées d'un parti, d'une organisation, sans en être membre.

SYMPATHISER v.i. [3]. Avoir de la sympathie pour qqn ; s'entendre avec lui : *Sympathiser avec un collègue.*

SYMPATHOLYTIQUE adj. et **n.m.** Adrénolytique.

SYMPATHOMIMÉTIQUE adj. et **n.m.** Adrénergique.

SYMPHONIE n.f. (lat. *symphonia*, du gr. *sun*, ensemble, et *phônê*, son). **1.** Sonate pour orchestre caractérisée par la multiplicité des exécutants pour chaque partie instrumentale et par la diversité des timbres. **2.** Fig. Ensemble de choses qui s'harmonisent : *Une symphonie de couleurs.* ▪ **Symphonie concertante,** composition orchestrale où fusionnent le genre de la symphonie et celui du concerto.

➲ Genre orchestral majeur depuis le XVIIIe s., la **SYMPHONIE** se caractérise par un plan en quatre mouvements : allegro précédé ou non d'une introduction lente ; mouvement lent (adagio ou andante) ; menuet ou scherzo dansant à trois temps ; finale rapide de forme sonate. Après Haydn, fondateur de la symphonie classique, et Mozart, c'est Beethoven qui exerça une influence décisive sur l'évolution du genre. Très présent dans la tradition germanique, il a profondément marqué la musique occidentale dans son ensemble.

SYMPHONIQUE adj. Relatif à la symphonie.

SYMPHONISTE n. Personne qui compose ou exécute des symphonies.

SYMPHORINE n.f. (gr. *sumphoros*). Arbrisseau originaire d'Amérique du Nord, à petites fleurs roses et à fruits blancs ou roses de la taille d'une cerise, répandu en Europe. ➲ Famille des caprifoliacées.

SYMPHYSE n.f. (du gr. *sumphusis*, union naturelle). **1. ANAT.** Type d'articulation fixe ou peu mobile. **2. MÉD.** Adhérence anormale des deux feuillets d'une membrane séreuse.

SYMPLÉSIOMORPHIE n.f. BIOL. Caractère primitif (ou *plésiomorphie*) partagé par deux ou plusieurs taxons.

SYMPOSIUM [-zjɔm] **n.m.** (mot lat. « banquet »). Réunion ou congrès de spécialistes, sur un thème scientifique particulier ; colloque.

SYMPTOMATIQUE adj. 1. Qui est le symptôme d'une maladie donnée. **2.** Fig. Qui révèle un certain état de choses ; significatif : *Un incident symptomatique de la tension actuelle.* ▪ **Traitement symptomatique,** qui combat les symptômes d'une maladie, par ex. la fièvre, sans s'attaquer à sa cause.

SYMPTOMATOLOGIE n.f. 1. Étude des symptômes des maladies. **2.** (Abusif). Ensemble des symptômes d'une maladie.

SYMPTÔME n.m. (du gr. *sumptôma*, coïncidence). **1. MÉD.** Trouble subjectif perçu par une personne (douleur, par ex.), qui révèle une maladie. **2.** Fig. Ce qui permet de deviner un état, un trouble mal connu ; indice : *Les symptômes d'une crise.*

SYNAGOGUE n.f. (du gr. *sunagôgê*, assemblée). Édifice dans lequel les juifs célèbrent leur culte.

SYNALÈPHE n.f. (du gr. *sunaloiphê*, fusion). **PHON.** Fusion de deux ou plusieurs voyelles en une seule (élision, contraction ou synérèse).

SYNALLAGMATIQUE adj. (du gr. *sunallattein*, unir). **DR.** Se dit d'un contrat qui comporte des obligations réciproques.

SYNAPOMORPHIE n.f. BIOL. Caractère dérivé (ou *apomorphie*) partagé par deux ou plusieurs taxons, seul valable pour établir un groupe scientifiquement valide.

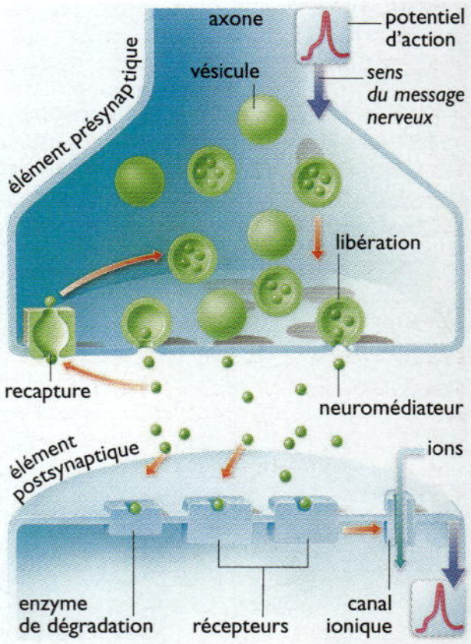

La message nerveux est constitué de potentiels d'action. La synapse assure la transmission de ce message entre deux neurones grâce à la libération de neuromédiateurs. Leur fixation sur les récepteurs postsynaptiques entraîne l'ouverture de canaux ioniques, ce qui conduit à la formation d'un nouveau potentiel d'action. La recapture des neuromédiateurs marque l'arrêt de la transmission du message.

▲**synapse**

SYNAPSE n.f. (du gr. *sunapsis*, union). **HISTOL.** Zone de contact entre deux neurones assurant la transmission des messages de l'un à l'autre.

SYNAPTIQUE adj. Relatif aux synapses.

SYNARCHIE n.f. (gr. *sunarkhia*). Gouvernement collégial.

SYNARTHROSE n.f. ANAT. Articulation immobile telle qu'une suture entre deux os du crâne.

SYNCHROCYCLOTRON n.m. PHYS. Accélérateur de particules, analogue au cyclotron, mais dans lequel se trouve rétabli le synchronisme entre la fréquence du champ accélérateur et la fréquence de rotation des particules.

SYNCHRONE [-kron] **adj.** (gr. *sugkhronos*, de *sun*, avec, et *khronos*, temps). Se dit des mouvements qui se font dans un même temps. ▪ **Machine synchrone,** machine à courant alternatif dans laquelle la fréquence des forces électromotrices ou contre-électromotrices et la vitesse sont dans un rapport constant.

SYNCHRONIE [-krɔ-] **n.f. 1.** Simultanéité d'événements, de faits : *Les policiers ont agi en parfaite synchronie.* **2. LING.** État de langue à un moment déterminé, indépendamment de son évolution (par oppos. à *diachronie*).

SYNCHRONIQUE [-krɔ-] **adj. 1.** Qui se passe dans le même temps ; qui représente ou étudie des faits arrivés en même temps. **2. LING.** Relatif à la synchronie.

SYNCHRONIQUEMENT [-krɔ-] **adv.** De façon synchronique.

SYNCHRONISATION [-krɔ-] **n.f. 1.** Action de synchroniser ; fait d'être synchronisé. **2.** Mise en concordance des images et des sons, dans un film.

SYNCHRONISÉ, E [-krɔ-] **adj.** Se dit de mouvements, de signaux, qui se font en même temps ou dans un ordre extrêmement précis : *Feux de signalisation synchronisés.*

SYNCHRONISER [-krɔ-] **v.t. [3]. 1.** Rendre synchrone : *Synchroniser des chronomètres.* **2.** Assurer la synchronisation des images et des sons d'un film.

SYNCHRONISEUR [-krɔ-] **n.m. TECHN.** Dispositif permettant d'amener un train d'engrenages à la même vitesse que l'arbre dont il doit être rendu solidaire.

SYNCHRONISME [-krɔ-] **n.m.** État de ce qui est synchrone ; simultanéité de plusieurs événements : *Le synchronisme des effondrements boursiers.*

SYNCHROTRON [-krɔ-] **n.m. PHYS.** Accélérateur de particules dans lequel le champ magnétique croît avec la vitesse des particules. ▪ **Rayonnement synchrotron,** rayonnement électromagnétique émis par des électrons en mouvement dans un champ magnétique. ➲ C'est un outil pour la recherche (étude de la matière) et il trouve des applications en médecine et en électronique.

SYNCINÉSIE n.f. (du gr. *sun*, avec, et *kinêsis*, mouvement). **MÉD.** Mouvement anormal survenant dans un groupe de muscles à l'occasion d'un mouvement volontaire ou réflexe d'une autre partie du corps.

SYNCITIUM n.m. → **SYNCYTIUM.**

SYNCLINAL, E, AUX adj. (mot angl., du gr. *sun*, avec, et *klinein*, incliner). **GÉOL.** ▪ **Pli synclinal,** ou **synclinal, n.m.,** pli dont la convexité est tournée vers le bas (CONTR. **anticlinal**).

SYNCOPAL, E, AUX adj. MÉD. Relatif à la syncope : *Une douleur syncopale.*

SYNCOPE n.f. (gr. *sugkopê*, de *koptein*, briser). **1. MÉD.** Perte de connaissance complète, brutale et brève, due à la diminution momentanée de la circulation cérébrale. **2. MUS.** Procédé rythmique qui consiste à déplacer en le prolongeant un temps faible sur un temps fort ou sur la partie forte d'un temps. **3. STYL.** Retranchement d'une lettre ou d'une syllabe dans le corps d'un mot. (Ex. : *C'est un p'tit cordonnier...*)

SYNCOPÉ, E adj. MUS. ▪ **Rythme, mesure syncopés,** qui comportent des syncopes.

SYNCOPER v.t. [3]. MUS. Unir par syncope. ◆ **v.i.** Former une syncope.

SYNCRÉTIQUE adj. Relatif au syncrétisme.

SYNCRÉTISME n.m. (gr. *sugkrêtismos*). **1.** Système philosophique ou religieux qui tend à faire fusionner plusieurs doctrines hétéroclites. **2. PSYCHOL.** Système archaïque de pensée et de perception, consistant en une perception globale et confuse des différents éléments. ➲ Caractéristique de l'activité psychologique du jeune enfant, il a été partic. étudié par H. Wallon.

SYNCRÉTISTE adj. et **n.** Relatif au syncrétisme ; qui en est partisan.

SYNCYTIAL, E, AUX [sẽsitjal, o] **adj.** Relatif au syncytium ; qui provoque l'apparition de syncytiums. ▪ **Virus respiratoire syncytial,** virus des voies respiratoires, principal responsable des bronchiolites du nourrisson.

SYNCYTIUM ou **SYNCITIUM** [-tjɔm] **n.m.** (lat. *syncytium*). **BIOL. CELL.** Masse de cytoplasme limitée par une membrane, comportant plusieurs noyaux, et obtenue par fusion de plusieurs cellules. ➲ Les cellules des muscles striés sont des syncytiums.

SYNDACTYLIE n.f. MÉD. Malformation caractérisée par la fusion de doigts ou d'orteils.

SYNDERME n.m. (du gr. *derma*, peau). **TEXT.** Produit synthétique en plaques obtenu à partir de déchets de cuir, agglomérés avec du latex.

SYNDIC n.m. (du gr. *sundikos*, défenseur). **1.** Personne mandatée par le syndicat des copropriétaires d'un immeuble pour exécuter ses décisions et pour administrer l'immeuble. **2.** Administrateur provisoire d'une entreprise en état de cessation de paiements, remplacé depuis la loi de 1985 par un administrateur judiciaire et un mandataire liquidateur. **3.** Suisse. Maire, dans les cantons de Fribourg et de Vaud.

SYNDICAL, E, AUX adj. 1. Relatif à un syndicat : *Représentant syndical.* **2.** Relatif au syndicalisme : *Revendications syndicales.*

SYNDICALISATION n.f. Action de syndicaliser ; fait d'être syndicalisé.

SYNDICALISER v.t. [3]. 1. Faire entrer dans une organisation syndicale. **2.** Organiser les syndicats dans un secteur économique.

SYNDICALISME n.m. 1. Mouvement ayant pour objet de grouper les personnes exerçant une même profession, en vue de la défense de leurs intérêts. **2.** Activité exercée dans un syndicat. **3.** Ensemble des syndicats, de leur action : *La diversité du syndicalisme français.* **4.** Organisation des travailleurs salariés en syndicats, envisagée dans son histoire et selon la diversité de ses doctrines et de ses traditions.

➲ Consécutif à la révolution industrielle*, le **SYNDICALISME** ouvrier s'est développé tout au long du XIXᵉ s. Trois grandes traditions se sont fait jour, en marquant diversement les pays et les secteurs d'activités. La *tradition corporatiste* – très représentée aux États-Unis – se préoccupe de lutter pour les salaires et les conditions de travail, ou de contrôler l'accès à la profession. La *tradition réformiste* – partic. implantée en Grande-Bretagne (avec les trade-unions), en Allemagne et dans l'Europe du Nord – préconise la négociation, sans remise en cause des principes fondamentaux de l'économie de marché, avec l'État et les chefs d'entreprises privées. La *tradition révolutionnaire*, qui est une émanation soit de l'anarcho-syndicalisme*, soit du communisme*, inscrit sa lutte dans la perspective d'un renversement du capitalisme*.

SYNDICALISTE adj. Relatif au syndicalisme, aux syndicats. ◆ **n.** Personne qui milite dans un syndicat.

SYNDICAT n.m. Groupement constitué pour la défense collective d'intérêts professionnels ou catégoriels : *Syndicat ouvrier, patronal.* ▪ **Syndicat de communes,** établissement public créé par deux ou plusieurs communes en vue d'exercer un service intercommunal. ▪ **Syndicat de copropriétaires,** organisme regroupant tous les copropriétaires d'un immeuble et qui a pour objet la conservation de l'immeuble et l'administration des parties communes. ▪ **Syndicat d'initiative,** organisme dont le but est de favoriser le tourisme dans une localité ou une région. ▪ **Syndicat financier** [banque], groupement temporaire de personnes physiques ou morales, ayant pour objet l'étude ou la réalisation d'une opération financière.

SYNDICATAIRE n. et **adj.** Personne qui fait partie d'un syndicat de copropriétaires ou d'un syndicat financier.

SYNDICATION n.f. 1. Mode de commercialisation consistant à vendre le droit de reproduction et de diffusion d'un article, d'un programme, etc., à plusieurs médias : *Fil* ou *flux de syndication.* **2. BANQUE.** Regroupement temporaire de banques, sous la forme de pool ou de consortium, pour la réalisation d'une opération financière d'un montant très élevé.

SYNDIQUÉ, E n. et **adj.** Membre d'un syndicat.

SYNDIQUER v.t. [3]. Organiser en syndicat : *Syndiquer une profession.* ◆ **SE SYNDIQUER v.pr.** S'affilier à un syndicat.

SYNDROME n.m. (du gr. *sundromê*, concours). **1. MÉD.** Ensemble de symptômes ou signes dont les causes sont inconnues ou multiples (par oppos. à *maladie*). **2.** Fig. Ensemble de comportements particuliers à un groupe humain ayant subi ou subissant une même situation traumatisante : *Le syndrome de Stockholm.*

SYNECDOQUE n.f. (du gr. *sunekdokhê*, compréhension simultanée). **STYL.** Figure qui consiste à prendre la partie pour le tout *(payer tant par tête)*, le tout pour la partie *(acheter un vison)*, le genre pour l'espèce, l'espèce pour le genre, etc.

SYNÉCHIE [-ʃi] **n.f.** (du gr. *sunekhein*, tenir attaché). **MÉD.** Adhérence pathologique, cicatricielle, de deux tissus, de deux parties d'organes : *Synéchie utérine.*

SYNÉRÈSE n.f. (du gr. *sunairesis*, rapprochement). **1. PHON.** Fusion de deux voyelles contiguës en une seule syllabe (ex. : *hier* [ijɛr] prononcé [jɛr]) (CONTR. **diérèse**). **2. CHIM.** Transformation progressive d'un gel par expulsion de son solvant.

SYNERGIDE n.f. BOT. Cellule du sac embryonnaire située de part et d'autre de l'oosphère. ➲ Il y a toujours deux synergides.

SYNERGIE n.f. (du gr. *sunergia*, coopération). **1. PHYSIOL.** Association de plusieurs organes pour l'accomplissement d'une fonction. **2.** Mise en commun de plusieurs actions concourant à un effet unique avec une économie de moyens : *Synergies entre deux entreprises qui fusionnent.* ▪ **Synergie (médicamenteuse),** potentialisation des effets de deux médicaments.

SYNERGIQUE adj. Relatif à la synergie.

SYNERGISTE adj. Se dit d'un muscle qui s'associe avec un autre pour l'exécution d'un mouvement.

SYNESTHÉSIE n.f. (du gr. *sunaisthêsis*, perception simultanée). **MÉD.** Trouble de la sensibilité caractérisé par le fait qu'un stimulus unique entraîne une perception double.

SYNFORME n.f. GÉOL. Pli dont la convexité est tournée vers le bas (CONTR. **antiforme**).

SYNGNATHE [sẽgnat] **n.m.** (du gr. *sun*, ensemble, et *gnathos*, mâchoire). Poisson marin au corps filiforme et au museau très allongé, voisin de l'hippocampe. ➲ Famille des syngnathidés.

▲ syngnathe

SYNGNATHIDÉ [sẽgna-] **n.m.** Poisson marin à nageoires réduites, à bouche en tube fonctionnant comme une pipette, tel que le syngnathe et l'hippocampe. ➲ Les syngnathidés forment une famille.

SYNODAL, E, AUX adj. Relatif à un synode.

SYNODE n.m. (du gr. *sunodos*, réunion). **RELIG. 1.** Dans le catholicisme, assemblée d'évêques convoquée par le pape pour délibérer des problèmes généraux de l'Église. **2.** Dans le protestantisme, assemblée des délégués (pasteurs et laïcs) des conseils paroissiaux ou régionaux. ▪ **Saint-synode,** v. à son ordre alphabétique. ▪ **Synode diocésain** [cath.], assemblée de prêtres et de laïcs assistant l'évêque dans la gestion de son diocèse.

SYNODIQUE adj. (gr. *sunodikos*). ▪ **Révolution synodique** [astron.], intervalle de temps compris entre deux retours d'une planète à la même position par rapport au Soleil et à la Terre. ◆ **n.m.** Recueil des décisions des synodes.

SYNONYME adj. et **n.m.** (du gr. *sunônumos*, de même nom). **LING.** Se dit de deux ou plusieurs mots de même fonction grammaticale, qui ont un sens analogue ou très voisin (CONTR. **antonyme, contraire**). [Par ex., les verbes *lancer* et *jeter* sont synonymes.]

SYNONYMIE n.f. Relation entre des termes synonymes.

SYNONYMIQUE adj. Relatif à la synonymie.

SYNOPSE n.f. (du gr. *sunopsis*, vue d'ensemble). **CATH.** Ouvrage disposant en colonnes parallèles le texte original grec des trois premiers Évangiles.

SYNOPSIE n.f. (du gr. *opsis*, vue). **MÉD.** Forme de synesthésie au cours de laquelle la perception d'un son produit chez le sujet des phénomènes de vision colorée.

SYNOPSIS [-sis] **n.m.** (du gr. *sunopsis*, vue d'ensemble). **CINÉMA.** Bref exposé écrit d'un sujet de film, constituant l'ébauche d'un scénario.

SYNOPTIQUE adj. (gr. *sunoptikos*). Qui offre une vue générale d'un ensemble : *Tableau synoptique des genres du règne végétal.* ▪ **Carte synoptique,** carte météorologique représentant simultanément les isobares, les fronts et les masses d'air. ▪ **Évangiles synoptiques,** ou **synoptiques, n.m. pl.** [cath.], les trois premiers Évangiles, de saint Matthieu, saint Marc et saint Luc, qui présentent de grandes ressemblances (à la différence de l'Évangile, plus tardif, de saint Jean).

SYNOSTOSE n.f. (du gr. *sun*, avec, et *osteon*, os). **ANAT.** Synarthrose dans laquelle les deux os sont unis par du tissu osseux.

SYNOVECTOMIE n.f. Ablation chirurgicale de la membrane synoviale d'une articulation.

SYNOVIAL, E, AUX adj. ANAT. Relatif à la membrane synoviale. ▪ **Liquide synovial,** liquide incolore et visqueux, sécrété par la membrane synoviale et jouant le rôle de lubrifiant articulaire (SYN. **synovie**). ▪ **Membrane synoviale,** ou **synoviale, n.f.,** tissu mince, transparent, qui tapisse la cavité des articulations mobiles (diarthroses).

SYNOVIE n.f. (lat. sc. *synovia*). Liquide synovial*.

SYNOVIORTHÈSE n.f. MÉD. Traitement de certaines affections articulaires par la destruction de la synoviale pathologique.

SYNOVITE n.f. MÉD. Inflammation d'une synoviale.

SYNTACTICIEN, ENNE n. Linguiste spécialisé dans l'étude de la syntaxe.

SYNTACTIQUE adj. LOG. Syntaxique.

SYNTAGMATIQUE adj. 1. Relatif à un syntagme. **2.** Se dit des relations existant entre des unités linguistiques qui apparaissent effectivement dans la chaîne parlée (par oppos. à *paradigmatique*).

SYNTAGME n.m. (du gr. *suntagma*, constitution). LING. Groupe d'éléments formant une unité dans une organisation hiérarchisée : *Syntagme verbal.*

SYNTAXE n.f. (du gr. *suntaxis*, ordre). **1.** Partie de la grammaire qui décrit les règles selon lesquelles les unités linguistiques se combinent en phrases ; ensemble de ces règles, caractéristiques de telle ou telle langue. **2.** LOG. Étude des relations entre les expressions d'un langage formel. **3.** INFORM. Ensemble des règles d'écriture d'un langage de programmation, formant la grammaire de ce langage.

SYNTAXIQUE adj. 1. Relatif à la syntaxe. **2.** LOG. Qui se rapporte à l'aspect formel d'un langage, d'un système (par oppos. à *sémantique*) (SYN. **syntactique**). **3.** INFORM. Relatif à la syntaxe d'un programme ou d'un langage de programmation.

SYNTHÉ n.m. (abrév.). Fam. Synthétiseur.

SYNTHÈSE n.f. (du gr. *sunthesis*, réunion). **1.** Opération intellectuelle par laquelle on réunit en un tout cohérent, structuré et homogène divers éléments de connaissance concernant un domaine particulier. ➲ La synthèse est l'opération inverse de l'analyse. **2.** Exposé présentant une vue d'ensemble d'un domaine de connaissances : *Une synthèse sur l'histoire de l'enseignement en France.* **3.** PHILOS. Chez Hegel, troisième moment de la dialectique, où s'opère, à travers leur union, le dépassement de la thèse et de l'antithèse. **4.** BIOL. Formation d'une substance organique au sein d'un organisme (SYN. **biosynthèse, élaboration**). **5.** CHIM. Préparation d'un composé à partir de matières premières plus simples. ▪ **Images, sons de synthèse,** images, sons artificiels produits par des moyens optiques, électroniques ou informatiques. ▪ **Synthèse additive et soustractive trichrome** → **TRICHROMIE.** ▪ **Synthèse multistades** [chim.], préparation pas à pas d'une substance, le plus souvent complexe (hormone, médicament, etc.), à partir de précurseurs simples et bon marché.

SYNTHÉTASE n.f. BIOCHIM. Ligase.

SYNTHÉTIQUE adj. (gr. *sunthetikos*). **1.** Relatif à une synthèse : *Raisonnement synthétique* (CONTR. **analytique**). **2.** Qui présente une synthèse : *Une vue synthétique de la crise boursière.* **3.** CHIM. Obtenu par synthèse : *Caoutchouc synthétique.* ◆ **n.m.** Textile synthétique.

SYNTHÉTIQUEMENT adv. D'une manière synthétique.

SYNTHÉTISABLE adj. Qui peut être synthétisé.

SYNTHÉTISER v.t. [3]. **1.** Réunir par une synthèse ; être la synthèse de : *Un tableau qui synthétise les résultats d'un sondage.* **2.** BIOL., CHIM. Effectuer la synthèse de ; former une molécule, un composé (SYN. **élaborer**).

SYNTHÉTISEUR n.m. Appareil électronique actionné par un clavier ou des potentiomètres et capable de produire un son à partir de signaux électriques numériques. Abrév. (fam.) **synthé.** ▪ **Synthétiseur d'images,** générateur électronique d'images de télévision, muni d'une mémoire et d'un programme de traitement.

SYNTHÉTISME n.m. PEINT. Technique et esthétique picturales françaises de la fin des années 1880, fondée sur l'usage d'à-plats de couleur aux contours fortement cernés (SYN. **cloisonnisme**). ➲ Opposé à la dissolution des formes de l'impressionnisme, le synthétisme, élaboré à Pont-Aven par É. Bernard et Gauguin, influença en partic. les nabis et certains symbolistes.

SYNTONE adj. (gr. *suntonos*). PSYCHOL. Se dit d'un sujet qui est en harmonie avec le milieu dans lequel il se trouve.

SYNTONIE n.f. 1. PSYCHOL. Caractéristique d'un sujet syntone. **2.** ÉLECTROMAGN. Accord en résonance de plusieurs circuits électriques oscillant sur une même fréquence.

SYNTONISATION n.f. ÉLECTROMAGN. Méthode de réglage des récepteurs de radiodiffusion, utilisant la syntonie.

SYNTONISER v.t. [3]. ÉLECTROMAGN. Réaliser une syntonie.

SYNTONISEUR n.m. Recomm. off. pour **tuner.**

SYPHILIDE n.f. MÉD. Lésion cutanée ou muqueuse due à la syphilis.

SYPHILIS [-lis] **n.f.** (mot lat.). Maladie infectieuse due au tréponème pâle, sexuellement transmissible, et se manifestant initialement par un chancre et plus tardivement par des atteintes viscérales et nerveuses.

SYPHILITIQUE adj. Relatif à la syphilis. ◆ **adj.** et **n.** Atteint de syphilis.

SYRAH n.f. Cépage rouge surtout cultivé dans les vignobles de la vallée du Rhône ; vin issu de ce cépage.

SYRIAQUE n.m. Langue sémitique dérivée de l'araméen, demeurant la langue littéraire et liturgique de nombreuses communautés chrétiennes du Moyen-Orient.

SYRIEN, ENNE adj. et **n.** De la Syrie ; de ses habitants.

SYRINGOMYÉLIE n.f. (du gr. *surigx*, tuyau, et *muelos*, moelle). MÉD. Maladie du système nerveux central dans laquelle la destruction de la substance grise de la moelle épinière entraîne la perte de la sensibilité à la douleur et à la température.

SYRINX [sirɛ̃ks] **n.f.** (du gr. *surigx*, tuyau). ORNITH. Organe du chant, chez les oiseaux, situé à la bifurcation de la trachée.

SYRPHE n.m. (lat. *syrphus*). Mouche à allure de guêpe ou de bourdon selon l'espèce, au vol rapide, commune sur les fleurs dont elle puise le nectar. ➲ Famille des syrphidés.

SYRPHIDÉ n.m. Insecte diptère aux antennes courtes, capable de voler sur place au-dessus des fleurs, tel que la volucelle, l'éristale, le syrphe. ➲ Les syrphidés forment une famille.

SYRTES n.f. pl. (mot lat.). Vx. Sables mouvants.

SYSTÉMATICIEN, ENNE n. Biologiste spécialiste de systématique.

SYSTÉMATIQUE adj. 1. Relatif à un système ; combiné d'après un système : *Raisonnement systématique.* **2.** Qui est fait avec méthode, selon un ordre logique et cohérent : *Classement systématique.* **3.** Qui pense et agit selon un système : *Adversaire systématique de tout changement ;* qui révèle ce comportement : *Refus systématique.* ◆ **n.f. 1.** Ensemble de données, de méthodes érigé en système ou relevant d'un système. **2.** BIOL. Méthode de classification biologique des êtres vivants. (→ **groupe**). ➲ D'abord fondée sur des critères morphologiques *(classification de Linné)*, la systématique s'est ensuite appliquée à prendre en compte l'évolution des espèces *(systématique phylogénétique)* et, de plus en plus, à les regrouper sur la base de caractères spécifiques *(systématique cladistique)*.

SYSTÉMATIQUEMENT adv. De façon systématique.

SYSTÉMATISATION n.f. Action de systématiser ; fait d'être systématisé.

SYSTÉMATISÉ, E adj. PSYCHIATR. ▪ **Délire systématisé,** dans lequel les idées délirantes donnent une impression de cohérence et de logique.

SYSTÉMATISER v.t. [3]. **1.** Organiser en un système défini : *Systématiser des données.* **2.** Absol. Juger à partir d'idées préconçues, de partis pris.

SYSTÈME n.m. (du gr. *sustêma*, ensemble). **1.** Ensemble ordonné d'idées scientifiques ou philosophiques : *Le système newtonien.* **2.** Combinaison d'éléments réunis de manière à former un ensemble : *Le système moléculaire.* **3.** Mode d'organisation ; structure : *Système de parenté.* **4.** Mode de gouvernement, d'administration, d'organisation sociale : *Le système capitaliste. Système électoral, pénitentiaire.* **5.** Ensemble de termes définis par les relations qu'ils entretiennent entre eux : *La langue est un système de signes.* **6.** Ensemble de méthodes, de procédés destinés à assurer une fonction définie ou à produire un résultat : *Système de santé.* **7.** Moyen habile pour obtenir, réussir qqch : *Un bon système pour arrêter de fumer.* **8.** Appareil ou dispositif formé d'éléments agencés et assurant une fonction déterminée : *Système d'arrosage.* **9.** BIOL. Méthode de classification dans laquelle on s'efforce de discerner les parentés entre les espèces : *Le système de Linné.* **10.** PHYSIOL. Ensemble d'organes ou de tissus de même nature et destinés à des fonctions analogues (par oppos. à *appareil*) : *Système pileux. Système endocrinien.* **11.** PHYS. Partie arbitraire du réel isolée par la pensée : *L'énergie reçue par un système.* **12.** SPORTS. Pièce métallique montée sur pivot, dans laquelle se pose l'aviron. **13.** GÉOL. Subdivision stratigraphique regroupant plusieurs séries. ➲ L'équivalent géochronologique du système est la période. ▪ **Courir** ou **taper sur le système** [fam.], exaspérer ; énerver. ▪ **Esprit de système,** tendance à tout réduire en système. ▪ **Le Système solaire** → **SOLAIRE.** ▪ **Par système,** systématiquement. ▪ **Système d'arme,** ensemble constitué par une arme et les moyens techniques associés nécessaires à sa mise en œuvre. ▪ **Système d'échange local (SEL),** système d'échange de biens, de services et de savoirs fondé sur la coopération volontaire et sans recours au système monétaire classique. ▪ **Système de construction,** ensemble d'éléments déterminés pour réaliser une construction, notamm. industrielle. ▪ **Système d'équations,** ensemble de plusieurs équations qui doivent être résolues simultanément. ▪ **Système de référence spatial,** ensemble de repères dont la définition est nécessaire au positionnement de points de la surface terrestre dans l'espace. ▪ **Système d'exploitation, d'information** [inform.], logiciel gérant un ordinateur, indépendant des programmes d'application mais indispensable à leur mise en œuvre ; ensemble des moyens et des ressources informatiques dont dispose une entreprise pour recueillir, traiter, stocker et diffuser les données nécessaires à son activité. ▪ **Système éducatif,** ensemble des structures et des personnels concourant à l'éducation d'une population. ▪ **Système(-)expert, informatique** [inform.], logiciel exploitant les connaissances acquises dans un domaine spécialisé et simulant le comportement humain pour aider à résoudre des problèmes qui relèvent de ce domaine ; ensemble de moyens matériels et logiciels mis en œuvre en vue d'une application spécifiée ou d'un ensemble d'applications. ▪ **Système international d'unités (SI)** [métrol.], système de mesures métrique décimal à sept unités de base (mètre, kilogramme, seconde, ampère, kelvin, mole, candela). ▪ **Système nuageux** → **NUAGEUX.** ▪ **Théorie des systèmes** [épistémol.], théorie générale et interdisciplinaire qui procède à une étude logique et mathématique des systèmes en tant qu'ensembles d'éléments, matériels ou non, en relation les uns avec les autres et formant un tout.

SYSTÉMIQUE adj. 1. Relatif à un système pris dans son ensemble : *Une approche systémique de la pédagogie.* **2.** AGRIC. Se dit de produits phytosanitaires véhiculés par la sève et qui agissent au niveau de tous les organes de la plante. ▪ **Analyse systémique,** ou **systémique, n.f.,** analyse qui envisage les éléments d'une conformation complexe, les faits (notamm. les faits économiques ou les interactions relationnelles) non pas isolément mais globalement, en tant que parties intégrantes d'un ensemble dont les différents composants sont dans une relation de dépendance réciproque.

SYSTOLE n.f. (gr. *sustolê*). PHYSIOL. Période de contraction du cœur (par oppos. à *diastole*).

SYSTOLIQUE adj. Relatif à la systole.

SYZYGIE n.f. (du gr. *suzugia*, union). ASTRON. Conjonction ou opposition de la Lune avec le Soleil (nouvelle ou pleine lune).

T n.m. inv. Vingtième lettre de l'alphabet et la seizième des consonnes. ➲ *T* note l'occlusive alvéolaire sourde [t] et également le [s] dans *option, inertie,* etc. ▪ **En T,** en forme de T.

TA adj. poss. fém. → **1. TON.**

TAAL n.m. → **TALA.**

1. TABAC [taba] **n.m.** (esp. *tabaco*, de l'arawak). **1.** Plante annuelle herbacée, dont l'espèce principale est cultivée pour ses feuilles riches en nicotine. ➲ Famille des solanacées. **2.** Produit à base de feuilles de tabac séchées et préparées pour fabriquer des cigares, des cigarettes ou pour priser ou chiquer : *Tabac brun, blond.* **3.** Débit de tabac. ▪ **Le même tabac** [fam.], la même chose. ◆ **adj. inv.** De couleur brun-roux.

▲ **tabac**

2. TABAC [taba] **n.m.** (d'une onomat. *tabb*, évoquant des coups violents). ▪ **Coup de tabac** [mar.], tempête violente mais brève. ▪ **Faire un tabac** [fam.], avoir un grand succès. ▪ **Passer à tabac** [fam.], rouer de coups.

TABACOLOGIE n.f. Discipline médicale qui étudie le tabagisme et sa prévention.

TABACOLOGUE n. Spécialiste en tabacologie.

TABAGIE n.f. **1.** Endroit où l'on a beaucoup fumé, qui est rempli de fumée. **2.** Québec. Magasin où l'on vend du tabac, des confiseries, des journaux et des revues.

TABAGIQUE adj. Relatif au tabagisme. ◆ **adj.** et **n.** Se dit d'une personne sujette au tabagisme.

TABAGISME n.m. Intoxication chronique par le tabac.

➲ Le **TABAGISME** provoque des cancers (surtout des poumons), des maladies cardio-vasculaires et des maladies respiratoires chroniques. À ce titre, il est à l'origine de la moitié des décès après 50 ans. La fumée de tabac contient de la nicotine et des goudrons : la nicotine entraîne une dépendance et a une toxicité cardio-vasculaire ; les goudrons sont cancérogènes. On observe actuellement une augmentation de la consommation chez les femmes et les adolescents. Les méfaits du tabac concernent aussi les non-fumeurs vivant dans l'entourage d'un fumeur *(tabagisme passif).*

TABASCO n.m. (nom déposé). Sauce pimentée à base de piments rouges, de la marque de ce nom.

TABASKI n.f. (mot wolof). Afrique. Aïd-el-Kébir.

TABASSAGE n.m. Fam. Action de tabasser.

TABASSÉE n.f. Fam. Volée de coups ; raclée.

TABASSER v.t. [3] (de *2. tabac*). Fam. Rouer de coups.

TABATIÈRE n.f. Petite boîte pour le tabac à priser. ▪ **Fenêtre à tabatière,** ou **tabatière,** fenêtre fermée par un abattant vitré dont le châssis a la même inclinaison que le versant du toit sur lequel il est adapté. ▪ **Tabatière anatomique,** fossette formée sur le côté du poignet par les tendons de deux muscles du pouce, quand ce dernier s'écarte sur le côté. ➲ On y dosait le tabac à priser.

TABELLAIRE adj. (du lat. *tabella*, tableau). IMPRIM. Anc. Se dit de l'impression pratiquée avec des planches gravées sur bois de fil, avant l'invention des caractères mobiles.

TABELLE n.f. Suisse. Tableau ; liste.

TABELLION n.m. (lat. *tabellio*). **1.** Litt. ou par plais. Notaire. **2.** ANTIQ. ROM. Juriste chargé de rédiger les actes et les contrats.

TABERNACLE n.m. (du lat. *tabernaculum*, tente). RELIG. **1.** CATH. Petite armoire placée sur l'autel ou encastrée dans le mur du chœur d'une église, destinée à conserver l'hostie consacrée. **2.** Dans la religion hébraïque, sanctuaire itinérant contenant l'arche d'alliance où étaient déposées les Tables de la Loi jusqu'à la construction du Temple de Salomon (xe s. av. J.-C.). ▪ **Fête des Tabernacles** ou **de Soukkot → SOUKKOT.**

TABÈS [tabɛs] **n.m.** (du lat. *tabes*, putréfaction). MÉD. Atteinte syphilitique de la moelle épinière, caractérisée par une incoordination motrice et de violentes douleurs.

TABÉTIQUE adj. Relatif au tabès. ◆ **adj.** et **n.** Atteint de tabès.

TABLA n.m. (hindi *tablā*). Instrument de musique à percussion de l'Inde, composé d'un tambour à une peau et d'une petite timbale.

TABLAR ou **TABLARD** n.m. (du lat. *tabula*, planche). Suisse. Rayon d'une étagère.

TABLATURE n.f. Notation musicale dont le principe repose sur l'utilisation de chiffres et de lettres indiquant l'emplacement des doigts sur l'instrument.

TABLE n.f. (lat. *tabula*). **1.** Meuble composé d'un plateau horizontal posé sur un ou plusieurs pieds : *Table ovale.* **2.** Meuble sur pieds sur lequel on dépose les mets et les objets nécessaires au repas : *Desservir la table.* **3.** Table dressée pour le repas : *Une table de huit couverts.* **4.** Groupe de personnes qui prennent leur repas ensemble ; tablée : *Ma voisine de table. Une table bruyante.* **5.** Repas servis à une table ; nourriture : *Les plaisirs de la table.* **6.** Restaurant : *Une bonne table.* **7.** Plateau sur pieds ou sur tréteaux, destiné à des activités particulières : *Une table à langer. Table à dessin.* **8.** Plateau, souvent articulé en deux ou trois segments, sur lequel on fait allonger un malade pour un examen ou une opération. **9.** Partie plane de la tête d'un marteau, qui vient percuter l'objet à enfoncer. **10.** Ensemble de données numériques présentées de façon à pouvoir être facilement consultées : *La table de logarithmes.* **11.** Inventaire présenté sous forme de liste ou de tableau et récapitulant un ensemble de renseignements : *Une table des matières.* **12.** En athlétisme, mode de cotation des performances, utilisé dans le décathlon et l'heptathlon. **13.** MENUIS. Surface plane délimitée par un encadrement de moulures. ▪ **Faire table rase,** rejeter ce qui a été dit ou fait antérieurement. ▪ **La sainte table** [relig.], clôture basse séparant le chœur de la nef et devant laquelle les fidèles se présentaient pour communier ; l'autel lui-même. ▪ **Les Tables de la Loi,** les plaques de pierre que Dieu, selon la Bible, remit à Moïse et sur lesquelles était gravé le Décalogue. ▪ **Mettre** ou **dresser la table,** placer sur la table ce qui est nécessaire pour le repas. ▪ **Se mettre** ou **passer à table,** s'asseoir autour d'une table pour prendre un repas ; fam., avouer ; dénoncer. ▪ **Table d'addition, de multiplication → ADDITION, MULTIPLICATION.** ▪ **Table de cuisson,** plaque chauffante, au gaz, à l'électricité ou à induction, servant à cuire la nourriture. ▪ **Table de lancement,** dispositif assurant le support d'un véhicule spatial en position verticale jusqu'à son décollage. ▪ **Table de lecture,** platine d'un lecteur de disques ou de bandes magnétiques. ▪ **Table de mixage,** équipement électroacoustique permettant de mélanger plusieurs sources sonores (SYN. **console de mixage**). ▪ **Table de nuit** ou **de chevet,** petit meuble qui se place près de la tête du lit. ▪ **Table de rotation,** dans un appareil de forage, plateau circulaire qui entraîne le train des tiges dans sa rotation. ▪ **Table (de saut),** agrès sur lequel les gymnastes prennent appui, après une course d'élan, pour effectuer un saut (SYN. [vieilli] **cheval de saut**). ▪ **Table de vérité d'un connecteur** [log.], tableau donnant la valeur de vérité d'une proposition composée en fonction de celles des propositions composantes. ▪ **Table d'harmonie** [mus.], surface en bois ou en peau, sur laquelle passent les cordes des instruments. ▪ **Table d'hôte,** table où l'on sert à heure et prix fixes des repas pris en commun ; Québec, choix de menus à prix fixes proposés dans un restaurant. ▪ **Table d'orientation,** table circulaire sur laquelle sont indiqués les détails d'un point de vue. ▪ **Table rase** [philos.], chez les empiristes, l'esprit antérieurement à toute expérience, par anal. avec une tablette de cire où rien n'est encore écrit. ▪ **Table ronde,** réunion tenue par plusieurs personnes pour discuter, sur un pied d'égalité, de questions d'intérêt commun. ▪ **Table roulante,** petite table à plusieurs plateaux, montée sur roulettes. ▪ **Table traçante** [inform.], périphérique d'ordinateur qui permet le tracé de courbes et de graphiques (SYN. **traceur de courbes**).

TABLEAU **n.m.** (de *table*). **1.** Panneau mural sur lequel on écrit à la craie ou au feutre, partic. dans les écoles : *Aller au tableau.* **2.** Support mural plan destiné à recevoir des objets : *Tableau des fusibles. Mettre ses clés au tableau.* **3.** Panneau plan destiné à recevoir des renseignements, des annonces, des inscriptions : *Un tableau d'affichage.* **4.** Liste contenant des informations, des données disposées de façon claire, systématique : *Un tableau des temps de cuisson. Les tableaux de conjugaison.* **5.** Liste des membres d'un ordre professionnel : *Le tableau des pharmaciens.* **6.** Ce qui s'offre à la vue et provoque une certaine impression ; spectacle : *Un tableau poignant.* **7.** Œuvre picturale exécutée sur un support indépendant (panneau de bois, toile tendue sur un châssis, etc.), génér. présentée dans un cadre : *Tableau de Monet.* **8.** Description orale ou écrite évoquant une situation ; fresque : *Faire un tableau très sombre de son époque.* **9.** Subdivision d'une pièce de théâtre, marquée par un changement de décor. **10.** MAR. Partie plane et quasi verticale de l'arrière d'un voilier ou d'un canot. **11.** À certains jeux d'argent, emplacement où les joueurs misent. ▪ **Jouer** ou **miser sur les deux tableaux,** se ménager des avantages de deux parties adverses, quel que soit le vainqueur. ▪ **Tableau A, B, C** [pharm., anc.], liste de substances vénéneuses. ▪ **Tableau clinique** → **1. CLINIQUE.** ▪ **Tableau d'avancement,** liste, dressée périodiquement, du personnel civil ou militaire d'une administration ou d'un corps, appelé à bénéficier d'une promotion de grade ou d'échelon. ▪ **Tableau de baie** ou **d'embrasure,** côté vertical de l'embrasure d'une baie, entre l'éventuel dispositif de fermeture et le nu extérieur du mur. ▪ **Tableau de bord,** ensemble des appareils de contrôle placés devant le pilote ou le conducteur, lui permettant de surveiller la marche de son engin, de son véhicule ; ensemble des renseignements, statistiques et graphiques, permettant dans une entreprise de vérifier la bonne marche des différents services. ▪ **Tableau de chasse,** exposition des animaux abattus groupés par espèces ; ensemble des avions ennemis abattus ; fam., ensemble des conquêtes amoureuses de qqn. ▪ **Tableau de chevalet,** de petites dimensions. ▪ **Tableau de contrôle,** ensemble des appareils de commande, de mesure, de réglage et de sécurité d'une machine ou d'une installation complète. ▪ **Tableau des opérations financières,** dans la comptabilité nationale, tableau réunissant l'ensemble des données disponibles concernant les créances et les dettes des agents économiques. ▪ **Tableau économique d'ensemble,** tableau synthétique des comptes de la nation, qui figure l'ensemble des opérations effectuées par les différents agents. ▪ **Tableau vivant,** groupe de personnages immobiles disposés sur une scène de façon à représenter une peinture ou une sculpture connues du public.

TABLEAUTIN **n.m.** PEINT. Petit tableau.

TABLÉE **n.f.** Ensemble des personnes prenant un repas à la même table.

TABLER **v.t. ind.** [3] (SUR). Se fonder sur qqch, qqn que l'on estime sûr ; compter sur : *Nous tablons sur sa victoire.*

TABLETIER, ÈRE **n.** Fabricant de tabletterie ; ouvrier en tabletterie.

TABLETTE **n.f.** **1.** Planchette murale servant à ranger des objets ; étagère. **2.** Pièce plate de marbre, de pierre, de bois, etc., posée sur le linteau d'une cheminée, sur l'appui d'une fenêtre, d'une balustrade. **3.** AGROALIM. Préparation moulée, de forme plate ; plaquette : *Tablette de chocolat.* ▪ **Mettre sur une** ou **la tablette** ou **sur les tablettes** [Québec], tabletter. ▪ **Tablette (électronique** ou **tactile),** appareil ultraplat avec écran tactile, sans clavier, connectable à Internet et au réseau Wi-Fi, permettant d'utiliser diverses applications et d'afficher des livres et journaux électroniques. ▪ **Tablette graphique,** périphérique d'entrée permettant de réaliser des dessins sur ordinateur grâce au déplacement d'un stylet sur une surface plane. ◆ **n.f. pl.** Dans l'Antiquité, plaquettes d'argile, de bois ou d'ivoire, enduites de cire et sur lesquelles on écrivait avec un poinçon. ▪ **Noter qqch sur ses tablettes,** l'écrire pour s'en souvenir. ▪ **Rayer qqn, qqch de ses tablettes,** les effacer de son souvenir.

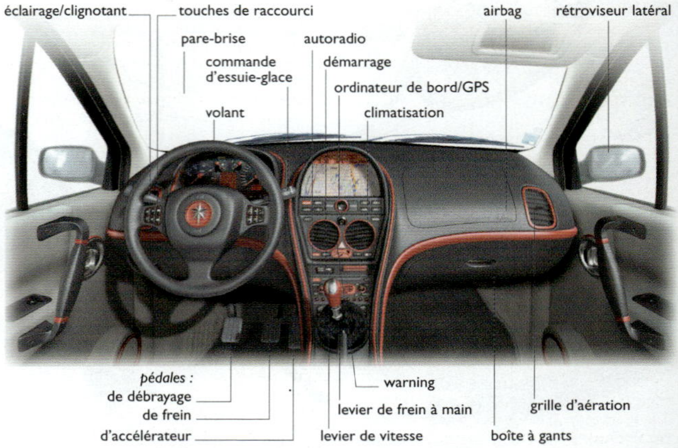

▲ **tableau de bord** d'une automobile.

TABLETTER **v.t.** [3]. Québec. **1.** Classer sans donner suite : *Tabletter un rapport.* **2.** Fam. Enlever ses responsabilités à un employé et le laisser sans affectation ; placardiser.

TABLETTERIE **n.f.** **1.** Fabrication d'une large gamme de petits objets soignés, en bois, nacre, pierres dures, etc., par découpage, moulage, incrustation, sculpture, etc. **2.** Ensemble des objets ainsi fabriqués (échiquiers, damiers, dés, jeux, coffrets, étuis, etc.). **3.** Métier, commerce du tabletier.

TABLEUR **n.m.** INFORM. Programme de création et de manipulation interactives de tableaux numériques visualisés.

TABLIER **n.m.** (de *table*). **1.** Vêtement de protection que l'on attache par-devant ou par-derrière pour préserver ses vêtements ; blouse de protection : *Tablier de cuisinier.* **2.** TRAV. PUBL. Partie d'un pont comprenant la couverture, qui porte la chaussée ou la voie ferrée, et l'ensemble des structures porteuses de cette couverture. **3.** Afrique. Petit commerçant, vendant de menus objets à l'éventaire. ▪ **Rendre son tablier** [fam.], se démettre de ses fonctions. ▪ **Tablier de sapeur,** tablier en cuir.

TABLOÏD **adj.** et **n.m.** (anglo-amér. *tabloid*). Se dit d'un périodique à sensation dont le format est plus petit que le format habituel des journaux.

TABOR **n.m.** (de l'ar.). Au cours de la Seconde Guerre mondiale, corps de troupes marocain équivalant à un bataillon d'infanterie.

TABORITE **n.** CHRIST. Hussite de la fraction radicale, opposé aux utraquistes. ➲ Ils se sont constitués autour de J. Žižka, à Tábor, v. tchèque.

1. TABOU **n.m.** (polynésien *tabu*). **1.** Interdit de nature sociale et morale : *Tabou sexuel.* **2.** ANTHROP. Interdit d'origine sociale qui frappe un être, un objet ou un acte en raison du caractère sacré ou impur qu'on leur attribue.

2. TABOU, E **adj.** **1.** Qui est l'objet d'un tabou, d'une interdiction religieuse : *Pratique taboue.* **2.** Qu'il serait déplacé d'évoquer, en vertu des convenances sociales ou morales : *Question taboue.* **3.** Que l'on ne peut critiquer, mettre en cause : *Personnage tabou.*

TABOULÉ **n.m.** (de l'ar. *tabbūla*, mélange). Mélange de blé concassé et d'un fin hachis de tomates, de persil, d'oignons et de feuilles de menthe, arrosé d'huile d'olive et de jus de citron. ➲ Cuisine libanaise.

TABOURET **n.m.** (anc. fr. *tabour*). Siège à piétement sans dossier ni bras.

TABULAIRE **adj.** (du lat. *tabula*, table). En forme de table ; plat.

TABULATEUR **n.m.** Dispositif d'une machine à écrire ou d'un logiciel de traitement de texte permettant de retrouver automatiquement les mêmes zones d'arrêt à chaque ligne.

TABULATION **n.f.** Positionnement d'un curseur sur une machine à écrire, une imprimante ou un écran d'ordinateur, dans des colonnes définies au préalable.

TABULÉ **n.m.** (du lat. *tabula*, table). PALÉONT. Madrépore constructeur fossile des terrains primaires. ➲ Ils forment un sous-ordre de madréporaires.

TABUN [tabœ̃] **n.m.** (mot all.). Dérivé de l'acide cyano-phosphorique, qui a été préconisé comme gaz de combat.

TAC **n.m.** (onomat.). ▪ **Répondre du tac au tac,** immédiatement et sur le même ton. ◆ **interj.** Évoque un bruit sec.

TACAUD **n.m.** (breton *takohed*). Poisson marin de l'Atlantique, à chair peu estimée, vivant en bancs près du fond. ➲ Famille des gadidés.

TACCA **n.m.** (du malais). Monocotylédone de l'Asie tropicale et de l'Océanie, dont le tubercule fournit une fécule alimentaire (appelée *arrow-root* à Tahiti). ➲ Famille des taccacées.

TACET [tasɛt] **n.m.** (mot lat. « il se tait »). MUS. Silence dans une partie instrumentale ou vocale jusqu'à la fin du morceau.

TACHE **n.f.** (du lat. pop. *tacca*, signe). **1.** Marque naturelle sur la peau de l'homme ou le poil des animaux : *Des taches de rousseur. Les taches du léopard.* **2.** Marque de couleur, de lumière, d'ombre : *Le voilier est une tache blanche sur l'océan.* **3.** Marque laissée par qqch de salissant : *Une tache de vin sur la nappe.* **4.** Ce qui atteint l'honneur, la réputation ; souillure : *Une vie sans tache.* **5.** ASTRON. Structure temporaire sombre de la photosphère solaire, correspondant à une zone de champ magnétique intense. ▪ **Faire tache,** causer un contraste choquant, une impression fâcheuse. ▪ **Tache de vin** [cour.], angiome. ▪ **Tache jaune** [anat.], macula.

TÂCHE **n.f.** (du lat. *taxare*, taxer). **1.** Travail à faire sous des conditions et dans un temps fixés : *J'ai rempli ma tâche.* **2.** Ce que l'on a à faire par devoir ou par nécessité ; rôle : *La tâche des enseignants.* ▪ **À la tâche,** en étant payé selon l'ouvrage exécuté. ◆ **n.f. pl.** Suisse. Vieilli. Devoirs qu'un écolier fait chez lui.

TACHÉOMÈTRE [-ke-] **n.m.** (du gr. *takhus, -eos*, rapide). TOPOGR. Théodolite destiné aux levés de plans et aux mesures d'altitude.

TACHÉOMÉTRIE [-ke-] **n.f.** Méthode de levé des plans avec le tachéomètre.

TACHER **v.t.** et **v.i.** [3]. Salir en faisant une tache ; être susceptible de faire des taches : *Le café tache.* ◆ **SE TACHER** **v.pr.** Faire des taches sur soi, sur ses vêtements.

TÂCHER **v.t.** [3] (de *tâche*). Faire des efforts pour venir à bout de ; tenter : *Tâche de t'en souvenir, qu'il n'en sache rien !*

TÂCHERON, ONNE n. **1.** Petit entrepreneur qui travaille à la tâche. **2.** Péjor. Personne qui exécute une tâche ingrate et sans éclat.

TACHETÉ, E adj. Parsemé de petites taches ; moucheté.

TACHETER v.t. [16], ▲ *[12].* Marquer de nombreuses petites taches.

TACHETURE n.f. Petite tache sur une surface.

TACHINA [takina] n.m. ou **TACHINE** [takin] n.f. (du gr. *takhinos*, rapide). Mouche noire, commune sur les fleurs, et dont les larves parasitent certaines chenilles. ➲ Famille des tachinidés.

TACHISME n.m. Une des tendances de la peinture abstraite des années 1950, variété de l'art informel, caractérisée par la projection de taches et de coulures (Wols, Mathieu, S. Francis, etc.).

TACHISTE adj. et n. Relatif au tachisme ; qui le pratique.

TACHISTOSCOPE [-kis-] n.m. (du gr. *takhistos*, très rapide). Appareil permettant la présentation rapide de stimulations visuelles.

TACHYARYTHMIE [-ki-] n.f. **MÉD.** Arythmie cardiaque accompagnée de tachycardie.

TACHYCARDIE [-ki-] n.f. (du gr. *takhus*, rapide, et *kardia*, cœur). **MÉD.** Accélération normale ou pathologique du rythme cardiaque.

TACHYGRAPHE [-ki-] n.m. Appareil enregistreur de vitesse.

TACHYMÈTRE [-ki-] n.m. Appareil indiquant en continu la vitesse angulaire de rotation d'une machine.

TACHYON [takjɔ̃] n.m. Particule hypothétique possédant une vitesse supérieure à la vitesse de la lumière dans le vide.

TACHYPHÉMIE [-ki-] n.f. **PSYCHIATR.** Accélération pathologique du débit verbal.

TACHYPSYCHIE [-ki-] n.f. **PSYCHIATR.** Enchaînement anormalement rapide des idées, caractéristique des états maniaques.

TACITE adj. (lat. *tacitus*, qui se tait). Qui n'est pas formellement exprimé ; implicite ; sous-entendu : *Accord tacite.*

TACITEMENT adv. De façon tacite.

TACITURNE adj. (lat. *taciturnus*). Qui parle peu ; silencieux.

TACK n.m. (mot angl.). **1.** Pouvoir collant d'un adhésif. **2.** Adhésif que l'on peut décoller sans laisser de traces.

TACLE n.m. (de l'angl. *to tackle*, empoigner). **1.** Au football, fait de bloquer avec le pied l'action de l'adversaire pour le déposséder du ballon ; le geste lui-même. **2.** Fig., fam. Attaque verbale fielleuse et parfois déloyale : *Le ministre a reçu un tacle d'un de ses détracteurs.* ▪ **Tacle glissé,** consistant en une glissade, un ou deux pieds en avant.

TACLER v.i. et v.t. [3]. **1.** Faire un tacle. **2.** Fig., fam. Attaquer qqn verbalement et de manière parfois déloyale : *Tacler un adversaire politique.*

TACO n.m. (du nahuatl). Crêpe de farine de maïs génér. garnie de viande, de fromage et de sauce piquante. ➲ Cuisine mexicaine.

1. TACON n.m. (bas lat. *tecco*, du gaul.). Saumoneau.

2. TACON n.m. (de l'anc. fr. *tacun*, pièce de cuir). Suisse. Pièce servant à raccommoder une étoffe, du cuir, etc.

TACONEOS [-neɔs] n.m. pl. (mot esp.). Dans la danse flamenca, martèlements rythmés du talon sur le sol.

TACOT n.m. (de *tac*). Fam. Vieille voiture poussive ; guimbarde.

TACT n.m. (lat. *tactus*, de *tangere*, toucher). **1. PHYSIOL.** Partie du toucher relevant des seules informations mécaniques (pression, par ex.). **2.** Sentiment de la mesure, des nuances dans les relations avec autrui ; délicatesse : *Manquer de tact.*

TACTICIEN, ENNE n. **1.** Spécialiste ou théoricien de la tactique militaire. **2.** Personne qui use de moyens habiles pour obtenir le résultat voulu.

TACTICITÉ n.f. **CHIM. ORG.** Caractéristique d'un polymère stéréorégulier, déterminée par la succession des motifs de configuration.

TACTILE adj. (du lat. *tactilis*, tangible). **1.** Relatif au toucher. **2. INFORM.** Se dit d'un périphérique qui réagit au simple contact du doigt : *Écran tactile.*

TACTIQUE n.f. (du gr. *taktikê*, art de ranger). **1. MIL.** Art de diriger une bataille, en combinant par la manœuvre l'action des différents moyens de combat et les effets des armes ; cette manière de combattre pendant la bataille. **2.** Ensemble de moyens habiles employés pour obtenir le résultat voulu ; stratégie : *Changer de tactique.* ◆ adj. Relatif à une tactique : *Un repli tactique.*

TACTIQUEMENT adv. Conformément à une tactique.

TACTISME n.m. **BIOL.** Attraction ou répulsion provoquée par certains facteurs de l'environnement, entraînant une orientation et une réaction locomotrice chez les espèces animales. ➲ Il comprend notamm. le phototactisme et le chimiotactisme.

TADELAKT n.m. (nom déposé). Enduit à la chaux brillant et imperméable d'origine marocaine.

TADJIK, E adj. et n. **1.** Du Tadjikistan ; de ses habitants. **2.** Relatif aux Tadjiks. ◆ n.m. Forme du persan parlée au Tadjikistan. ➲ Il s'écrit au moyen de l'alphabet cyrillique.

TADORNE n.m. Gros canard de l'Ancien Monde, à bec rouge ou noir et à plumage bigarré. ➲ Famille des anatidés.

TAEKWONDO [tekwɔ̃do] n.m. (mot coréen). Sport de combat voisin du karaté, d'origine coréenne.

TAEL [taɛl] n.m. Monnaie de compte de l'ancienne Chine.

TÆNIA n.m. → **TÉNIA.**

TAF n.m. (orig. inconnue). Fam. Travail : *Avoir beaucoup de taf* ; emploi : *Chercher un taf.*

TAFFE n.f. (de l'arg. *taf*, ration). Fam. Bouffée de cigarette.

TAFFETAS [tafta] n.m. (ital. *taffeta*, du persan). Toile légère de soie ou de fibres synthétiques.

TAFFONI n.m. (corse *tafone*). Cavité arrondie creusée par corrosion dans les roches grenues (granites, grès) en milieu sec. ➲ Taille : de 10 cm à 1 m.

TAFIA n.m. (mot créole). Anc. Eau-de-vie fabriquée avec des mélasses de canne à sucre. ➲ C'était un rhum de seconde qualité.

TAG n.m. (mot anglo-amér.). **1.** Graff tracé ou peint, caractérisé par un graphisme proche de l'écriture et constituant un signe de reconnaissance. **2. INFORM.** Caractère spécial servant à identifier un élément dans un fichier ou un flux de données, tout en lui attribuant certaines caractéristiques (SYN. **balise**).

TAGAL ou **TAGALOG** n.m. Langue du groupe indonésien parlée aux Philippines, où elle est langue officielle.

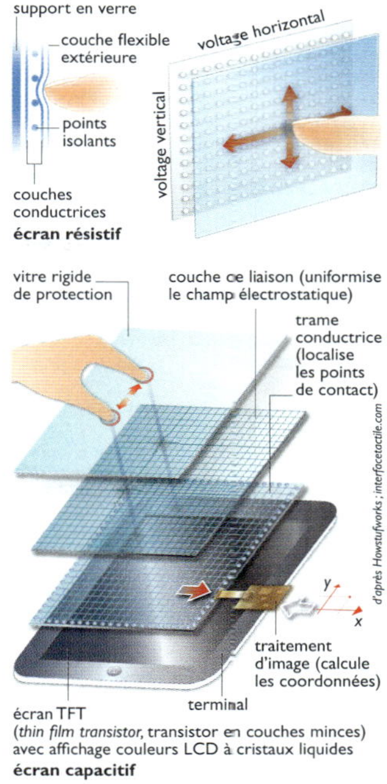

▲ **tactile.** Fonctionnement des écrans tactiles.

TAGETES [-ʒetɛs], **TAGÈTE** ou **TAGETTE** n.m. (lat. *tagetes*). Plante ornementale à fleurs en capitules (jaunes, orange ou brunes), à odeur forte, telle que la rose d'Inde, l'œillet d'Inde. ➲ Famille des composées.

TAGINE n.m. → **TAJINE.**

TAGLIATELLE [taljatɛl], ▲ *TALIATELLE* n.f. (ital. *tagliatelli*). Pâte alimentaire en forme de ruban plat.

TAGME n.m. (gr. *tagma*). **ZOOL.** Chacune des trois régions du corps des arthropodes (la tête, le thorax et l'abdomen chez les insectes, par ex.). ➲ Chaque tagme est issu de la fusion et de la spécialisation de plusieurs segments.

TAGUER v.i. et v.t. [3]. Tracer des tags.

TAGUEUR, EUSE n. Personne qui trace des tags.

TAHITIEN, ENNE [taisjɛ̃, ɛn] adj. et n. De Tahiti ; de ses habitants. ◆ n.m. Langue polynésienne parlée dans toute la Polynésie française.

TAI ou **T.A.I.** [teai] n.m. (sigle). Temps atomique international.

TAÏAUT ou **TAYAUT** [tajo] interj. (onomat.). Cri employé par les veneurs à la chasse du cerf, du chevreuil ou du daim, pour avertir qu'ils ont vu l'animal.

TAI-CHI-CHUAN ou **TAI-CHI** [tajʃi(ʃwan)] n.m. inv. (mot chin.). Gymnastique d'origine chinoise caractérisée par un enchaînement de mouvements lents, fluides et continus.

TAIE n.f. (du lat. *theca*, étui). Enveloppe de tissu dans laquelle on glisse un oreiller ou un traversin. ▪ **Taie (de la cornée)** [méd.], tache permanente, cicatricielle, sur la cornée.

TAÏGA n.f. (mot russe). Forêt de conifères qui longe, en une ceinture presque ininterrompue, le nord de l'Eurasie et de l'Amérique, au sud de la toundra.

TAIJI [taj(t)ʃi] n.m. (mot chin.). Dans la pensée traditionnelle chinoise, symbole cosmogonique représentant le principe originel de l'univers par l'union du yang et du yin.

▲ **taiji.** Symbole du taiji : à l'intérieur du yin subsiste toujours le yang et inversement.

▲ **taïga.** Paysage de taïga dans la région de la Teklanika (Alaska, États-Unis).

TAÏKONAUTE n. (du chin. *taïkong*, espace). Occupant d'un vaisseau spatial chinois. (→ **astronaute, cosmonaute, spationaute**).

TAILLABLE adj. HIST. Sujet à l'impôt de la taille. ▪ **Être taillable et corvéable à merci,** être soumis à des travaux pénibles, à des taxations multiples.

TAILLADE n.f. Entaille dans les chairs provoquée par un instrument tranchant.

TAILLADER v.t. [3]. Faire des coupures dans ; entailler.

TAILLAGE n.m. TECHN. Opération d'usinage consistant à enlever de la matière au moyen d'un outil coupant.

TAILLANDERIE n.f. Fabrication, commerce des outils propres à tailler, couper, etc. (cisailles, sécateurs, etc.) ; l'ensemble de ces outils.

TAILLANDIER n.m. (de *tailler*). Fabricant d'articles de taillanderie.

TAILLAULE n.f. Suisse. Pâtisserie légère et sucrée, à pâte levée.

TAILLE n.f. (de *tailler*). **1.** Hauteur du corps humain ; stature : *Une femme de grande taille.* **2.** Grandeur et grosseur d'un animal : *Un scarabée de belle taille.* **3.** Dimension de qqch ; grosseur : *Un kyste de la taille d'une noix ;* gabarit : *Des boîtes de toutes tailles.* **4.** Dimension standard d'un vêtement, d'une paire de chaussures : *Taille 40.* **5.** Partie du corps située à la jonction du thorax et de l'abdomen : *Une taille fine.* **6.** Partie ajustée du vêtement qui marque la taille de la personne ; ceinture. **7.** Action de tailler, de couper : *La taille d'un rosier, des pierres ;* manière de tailler ; forme donnée à l'objet taillé : *La taille en fuseau d'un buis.* **8. MIN.** Chantier d'exploitation ayant un front de longueur notable qui progresse simultanément sur toute sa longueur. **9. GRAV.** Incision de la planche qui servira à tirer une estampe. (→ **taille d'épargne*** et **taille-douce**). **10.** Tranchant d'une épée. **11. HIST.** Dans la France de l'Ancien Régime, impôt direct levé sur les roturiers. ▪ **De taille,** considérable : *Une erreur de taille.* ▪ **Être de taille à,** être capable de.

TAILLÉ, E adj. Qui a telle taille, telle carrure : *Taillé en hercule.* ▪ **Être taillé pour,** être fait pour, apte à. ◆ **adj.** et **n.m. HÉRALD.** Se dit d'un écu divisé en deux parties égales par une diagonale, allant de l'angle senestre du chef à l'angle dextre de la pointe.

TAILLE-CRAYON n.m. (pl. *taille-crayons*). Petit instrument, garni d'une lame tranchante, servant à tailler les crayons.

TAILLE-DOUCE n.f. (pl. *tailles-douces*). **1.** Ensemble des procédés de gravure en creux sur métal (burin, eau-forte, pointe sèche, etc.) [par oppos. à taille en relief ou *taille d'épargne**]. **2.** Estampe obtenue par un de ces procédés.

TAILLE-HAIE n.m. (pl. *taille-haies*). Appareil électrique de jardinage pour tailler les haies.

TAILLER v.t. [3] (lat. pop. *taliare*, de *talea*, bouture). **1.** Couper, retrancher qqch d'un objet pour lui donner une forme : *Tailler un saphir, la vigne. Il a taillé sa barbe en pointe.* **2.** Couper dans un tissu les pièces nécessaires à la confection d'un vêtement. **3. TECHN.** Réaliser la denture d'un engrenage ou d'un outil. **4.** Façonner la surface du verre au moyen de la meule. ▪ **Machine à tailler,** machine-outil conçue pour le taillage. ▪ **Tailler une veste** ou **un costard à qqn** [fam.], le critiquer violemment. ◆ **SE TAILLER v.pr. 1.** Obtenir qqch par son action : *Elle s'est taillé un beau succès.* **2.** Fam. S'en aller ; s'enfuir.

TAILLERIE n.f. Art de tailler les gemmes, pierres dures ou cristaux ; atelier où s'exécute ce travail.

1. TAILLEUR n.m. 1. Professionnel qui confectionne des vêtements sur mesure. **2.** Personne spécialisée dans la taille de certains matériaux : *Tailleur de pierre(s).* ▪ **S'asseoir en tailleur,** les jambes repliées et croisées et les genoux écartés.

2. TAILLEUR n.m. Tenue féminine composée d'une jupe et d'une veste assortie.

TAILLEUR-PANTALON n.m. (pl. *tailleurs-pantalons*). Costume féminin composé d'un pantalon et d'une veste assortie.

TAILLIS [taji] **n.m.** (de *tailler*). Partie d'une forêt que l'on coupe à des intervalles réguliers, constituée d'arbres de petite dimension issus de rejets de souches. ▪ **Taillis sous futaie,** peuplement forestier constitué d'un taillis installé sous une futaie irrégulière.

TAILLOIR n.m. ARCHIT. Abaque.

TAILLOLE n.f. (anc. provenç. *talhola*). Anc. Large et longue ceinture de laine portée par les hommes, en Provence.

TAIN n.m. (de *étain*). Anc. Amalgame d'étain qui servait à l'étamage des glaces.

TAIRE v.t. [91] (lat. *tacere*). Ne pas dire ; cacher ; celer : *Taire le nom d'une personne.* ▪ **Faire taire,** imposer le silence à qqn : *Faire taire des enfants ;* empêcher qqch de se manifester : *Faire taire son chagrin.* ◆ **SE TAIRE v.pr. 1.** Garder le silence. **2.** Ne plus faire de bruit.

TAISEUX, EUSE adj. et **n.** Région. ou par plais. Belgique, Suisse. Se dit de qqn qui parle peu ; taciturne.

TAÏWANAIS, E [tajwanɛ, ɛz] **adj.** et **n.** De Taïwan ; de ses habitants.

TAJINE ou **TAGINE n.m.** (de l'ar.). **1.** Plat fait de morceaux de viande ou de poisson cuits à l'étouffée avec des légumes et divers condiments, oignons, pruneaux, amandes, citrons confits. ➲ Cuisine marocaine. **2.** Récipient en terre vernissée formé d'un plat épais muni d'un couvercle conique, dans lequel est cuit le tajine.

TAKE-OFF [tɛkɔf] **n.m. inv.** (mot anglo-amér.). **ÉCON.** Phase du développement caractérisée par une hausse de l'investissement (égale à 10 % du revenu national), tirant l'économie d'un pays vers la croissance.

TALA ou **TAAL** [tɑl] **n.m.** (sanskr. *tāla*). Dans la musique savante hindoue, structure comportant un nombre fixe de schémas métriques, exprimés lors de l'apprentissage par des onomatopées vocales.

TALALGIE n.f. (du lat. *talus*, talon). **MÉD.** Douleur au talon.

TALC n.m. (ar. *talq*). **1. MINÉRALOG.** Silicate de magnésium, onctueux et tendre, que l'on rencontre dans les schistes cristallins. **2.** Poudre de cette substance, utilisée en dermatologie.

TALÉ, E adj. Se dit d'un fruit meurtri.

TALENT n.m. (lat. *talentum*). **1.** Aptitude particulière à faire qqch ; don : *Avoir un talent d'imitateur.* **2.** Aptitude remarquable dans le domaine artistique, littéraire ; dispositions : *Un musicien de talent.* **3.** Personne douée dans un domaine particulier : *Encourager les jeunes talents.* **4. ANTIQ. GR.** Unité de masse très variable (à Athènes : 26,160 kg) ; monnaie de compte.

TALENTUEUX, EUSE adj. Qui a du talent ; doué.

TALER v.t. [3] (du germ.). Endommager un fruit ; meurtrir.

TALET n.m. → **TALLITH.**

TALIBAN n.m. (pl. de l'ar. *ṭalib*, étudiant). Étudiant en théologie islamique d'ethnie pachtoune. ➲ Les talibans, issus des écoles du Pakistan et de l'Afghanistan, ont formé une armée qui a pris le pouvoir dans ce dernier pays en 1996 et y a fait régner un régime de terreur jusqu'en 2001. ◆ **TALIBAN, E adj.** Relatif aux talibans : *Milices talibanes.*

TALIBÉ n.m. (ar. *ṭalib*). Afrique. **1.** Élève d'une école coranique. **2.** Disciple d'un marabout.

TALION n.m. (lat. *talio*). Punition identique à l'offense, qui inspira la législation hébraïque. ➲ Il s'exprime par la célèbre formule biblique : *œil pour œil, dent pour dent.* ▪ **Loi du talion,** loi qui exige de punir l'offense par une peine du même ordre que celle-ci.

TALIPOT n.m. (du sanskr.). Palmier d'Asie tropicale aux multiples usages (sucre, amidon, fibres, etc.).

TALISMAN n.m. (ar. *tilasmān*). **1.** Objet, image préparés rituellement pour leur conférer une action magique ou protectrice. **2.** Fig. Ce que l'on croit doué d'un pouvoir magique, qui est censé porter bonheur ; amulette.

TALISMANIQUE adj. Relatif aux talismans.

TALITRE n.m. (du lat. *talitrum*, chiquenaude). Petit crustacé sauteur, aussi appelé *puce de mer*, qui vit dans le sable des plages. ➲ Ordre des amphipodes.

TALKIE-WALKIE [tokiwoki] **n.m.** (pl. *talkies-walkies*) [de l'angl. *to talk*, parler, et *to walk*, marcher]. Petit appareil de radio, émetteur et récepteur, de faible portée.

TALK-SHOW [tokʃo] **n.m.** (pl. *talk-shows*) [mot anglo-amér.]. Émission de télévision consistant en une conversation entre un animateur et un ou plusieurs invités, sur un sujet de société. Recomm. off. **émission-débat.**

TALLAGE n.m. Fait de taller ; formation de talles par une graminée.

TALLE n.f. (lat. *thallus*). **1. BOT.** Pousse caractéristique des graminées qui, après le développement de la tige principale, émerge à l'aisselle des feuilles de la base de la plante. **2.** Québec. Touffe, bouquet de plantes d'une même espèce.

TALLER v.i. [3]. BOT. Donner naissance à une ou à plusieurs talles.

TALLITH ou **TALET** [talɛt] **n.m.** (mot hébr.). Châle rituel dont se couvrent les juifs pour la prière.

TALMUDIQUE adj. Relatif au Talmud.

TALMUDISTE n. Savant juif spécialisé dans l'étude du Talmud. (Le fém. est rare.)

1. TALOCHE n.f. (de *taler*). Fam. Gifle.

2. TALOCHE n.f. (de l'anc. fr. *talevaz*, bouclier). Planchette dont une face est munie d'une poignée, servant à étendre le plâtre ou le ciment sur un mur, un plafond.

TALOCHER v.t. [3]. Fam., vieilli. Gifler.

TALON n.m. (lat. *talus*). **1.** Partie postérieure du pied de l'homme. **2.** Partie postérieure du pied du cheval. **3.** Partie d'une chaussure, d'un bas, d'une chaussette sur laquelle repose la partie postérieure de la plante du pied. **4.** Extrémité arrière du ski. **5.** Quignon d'un pain ; extrémité d'un jambon. **6.** Partie non détachable d'une feuille de carnet à souches, d'un chéquier. **7.** Ce qui reste des cartes à jouer après la donne. **8. MAR.** Partie inférieure de l'étambot, qui se raccorde à la quille. **9. ARCHIT.** Moulure en forme de S composée de deux courbures dont les extrémités tendent vers la verticale (par oppos. à *doucine*). **10. MÉCAN. INDUSTR.** Saillie, le plus souvent parallélépipédique, sur une surface, destinée à servir d'appui ou de butée. ▪ **Marcher sur les talons de qqn,** immédiatement derrière lui. ▪ **Talon d'Achille,** point faible, côté vulnérable de qqn. ▪ **Tourner les talons,** pivoter sur soi-même pour s'éloigner ; partir.

TALONNADE n.f. SPORTS. Coup de pied donné avec le talon.

TALONNAGE n.m. Au rugby, action de talonner le ballon.

TALONNEMENT n.m. Action de talonner sa monture, des concurrents.

TALONNER v.t. [3]. 1. En parlant d'un cavalier, presser sa monture du talon ou de l'éperon. **2.** Poursuivre de près : *Le peloton talonne les échappés.* **3.** Tourmenter sans répit ; harceler : *Le fisc, la faim le talonnent.* **4.** Au rugby, faire sortir le ballon de la mêlée, en le poussant vers son camp du talon ou de la face interne du pied. ◆ **v.i. 1.** En parlant d'un navire, toucher le fond, de l'extrémité arrière de la quille. **2. MÉCAN. INDUSTR.** En parlant de deux pièces, entrer en contact en des zones qui normalement ne devraient pas se toucher.

TALONNETTE n.f. 1. Partie de l'arrière de la tige de la chaussure entourant le talon du pied. **2.** Lamelle placée à l'intérieur de la chaussure, sous le talon du pied, dans un but orthopédique ou esthétique. **3.** Morceau d'extrafort cousu intérieurement au bas d'un pantalon pour en éviter l'usure.

TALONNEUR, EUSE n. Au rugby, joueur placé en mêlée entre les deux piliers et chargé de talonner le ballon.

TALONNIÈRE n.f. MYTH. ROM. Chacune des ailes que Mercure, messager des dieux, portait aux talons.

TALQUER v.t. [3]. Saupoudrer de talc.

TALQUEUX, EUSE adj. Formé de talc ; de la nature du talc.

TALURE n.f. Meurtrissure sur un fruit.

1. TALUS n.m. (du gaul.). **1.** Surface de terrain en pente, créée par des travaux de terrassement latéralement à une plateforme ou résultant de l'équilibre naturel d'une zone déclive. **2. GÉOMORPH.** Terrain fortement incliné qui forme l'une des deux pentes d'une cuesta (par oppos. à *revers*).

3. CONSTR. Face d'un mur ayant un fruit accentué. **4. IMPRIM.** Petite partie non imprimante située en pied et en tête d'un caractère typographique. ▪ **Talus continental** [océanol.], pente limitant vers l'océan le plateau continental.

2. TALUS [talys] **adj.m.** (mot lat. « talon »). **MÉD.** ▪ **Pied talus,** pied bot dont le talon porte seul à terre, le pied étant replié vers la jambe.

TALUTÉ, E adj. CONSTR. Se dit d'un mur qui présente un fruit accentué.

TALWEG ou **THALWEG** [talvɛg] **n.m.** (de l'all. *Tal*, vallée, et *Weg*, chemin). **1. GÉOMORPH.** Ligne joignant les points les plus bas d'une vallée. **2. MÉTÉOROL.** Creux barométrique entre deux zones de hautes pressions.

TAMANDUA n.m. (du tupi). Petit fourmilier arboricole d'Amérique tropicale, à longue queue préhensile. ➲ Famille des myrmécophagidés.

TAMANOIR n.m. (du tupi). Xénarthre de l'Amérique du Sud, appelé aussi *grand fourmilier.* ➲ Famille des myrmécophagidés.

▲ **tamanoir**

1. TAMARIN n.m. (de l'ar.). Tamarinier ; fruit laxatif de cet arbre.

2. TAMARIN n.m. (d'une langue amérindienne). Très petit singe des forêts de l'Amérique du Sud, voisin du ouistiti (SYN. **marmouset**). ➲ Long. 20 cm sans la queue ; famille des callithricidés.

TAMARINIER n.m. Arbre cultivé dans les régions tropicales pour son fruit en gousse, aux graines entourées par une pulpe acidulée (SYN. **1. tamarin**). ➲ Sous-famille des césalpiniacées.

▲ **tamarinier**

TAMARIS [-ris] ou **TAMARIX n.m.** (lat. *tamarix*). Arbuste des côtes de la Méditerranée et de l'Atlantique européen, à très petites feuilles écailleuses et à fleurs génér. roses. ➲ Famille des tamaricacées.

TAMAZIGHT [-zig] ou **TAMAZIRT** [-zirt] **n.m.** Nom que les Berbères de Kabylie donnent à leur langue, et qui tend désormais à désigner la langue berbère en général. ➲ Le gouvernement algérien lui a accordé le statut de langue nationale en 2002.

TAMBOUILLE n.f. (de l'ital. *tampone*, bombance). Fam. Nourriture médiocre. ▪ **Faire la tambouille** [fam.], faire la cuisine.

TAMBOUR n.m. (persan *tabīr*). **1.** Instrument à percussion constitué d'une caisse cylindrique aux fonds formés de peaux tendues, dont l'une est frappée avec deux baguettes pour en tirer des sons ; instrumentiste qui bat du tambour. **2.** Métier à broder dont les deux cercles s'emboîtent l'un dans l'autre, permettant ainsi de tendre le tissu. **3.** Cylindre rotatif en acier perforé d'un lave-linge, d'un séchoir. **4.** Espace entre deux portes formant un sas à l'entrée de certains bâtiments pour empêcher le vent ou le froid d'y pénétrer. **5. ARCHIT.** Chacune des assises de pierre cylindriques susceptibles de composer le fût d'une colonne ; construction de plan circulaire, elliptique, polygonal, etc., exhaussant une coupole. **6. MANUT.** Cylindre, en bois ou en métal, sur lequel s'enroule le câble d'un treuil. **7. MÉTROL.** Cylindre portant à sa périphérie une graduation permettant de mesurer des rotations par lecture en face d'un index. ▪ **Aller** ou **accéder au tambour, s'emparer du tambour** [Afrique], prendre le pouvoir. ▪ **Porte à tambour,** tambour circulaire à l'intérieur duquel tourne un assemblage de vantaux disposés en croix. ▪ **Sans tambour ni trompette** [fam.], sans bruit ; en secret. ▪ **Tambour battant** [fam.], sans un instant de répit ; vivement : *Mener une affaire tambour battant.* ▪ **Tambour de basque,** petit tambour plat composé d'une peau tendue sur un cadre muni de disques métalliques qui rendent un son de grelots (SYN. **tambourin [à sonnailles]**). ▪ **Tambour de frein** [techn.], pièce circulaire solidaire de la pièce à freiner, et sur laquelle s'exerce le frottement d'un segment de frein.

TAMBOURIN n.m. 1. Tambour provençal à deux peaux, à fût long et étroit, que l'on bat avec une seule baguette. **2.** Danse folklorique provençale accompagnée par le galoubet et le tambourin, devenue danse théâtrale au XVIIIe s. **3.** Pièce instrumentale de tempo rapide à deux temps, accompagnée, dans le folklore provençal, par le galoubet et le tambourin. ▪ **Balle au tambourin,** ou **tambourin,** jeu de balle opposant deux équipes de cinq joueurs qui essaient de renvoyer la balle dans les limites du terrain, en la frappant à l'aide d'un petit cercle de bois tendu d'une peau *(tambourin).* ▪ **Tambourin (à sonnailles),** tambour de basque.

TAMBOURINAGE ou **TAMBOURINEMENT n.m.** Action de tambouriner ; bruit fait en tambourinant.

TAMBOURINAIRE n. 1. Région. (Provence). Instrumentiste jouant du tambourin. **2.** Afrique. Instrumentiste qui joue du tambour. **3.** Anc. Employé municipal rassemblant la population au son du tambour pour faire des annonces.

TAMBOURINER v.i. [3]. 1. Frapper à coups répétés sur qqch : *La grêle tambourine sur la vitre.* **2.** Vx. Jouer du tambour, du tambourin. ◆ **v.t. 1.** Jouer un air au tambour. **2.** Litt., vieilli. Faire connaître à grand bruit ; claironner.

TAMBOURINEUR, EUSE n. Instrumentiste jouant du tambourin ou du tambour.

TAMBOUR-MAJOR n.m. (pl. *tambours-majors*). Sous-officier instructeur, chef des tambours et de la clique dans une musique militaire.

TAMIA n.m. (mot lat.). Petit écureuil de l'Amérique du Nord, à pelage jaune pâle rayé longitudinalement.

TAMIER n.m. (du gr. *thamnos*, buisson). Plante grimpante commune dans les haies, à petits fruits rouge vif et toxiques, appelée aussi *herbe aux femmes battues.* ➲ Famille des dioscoréacées.

TAMIL n.m. → **2. TAMOUL.**

TAMIS n.m. (du gaul.). **1.** Cadre sur lequel est tendu un réseau plus ou moins serré de métal, textile, crin ou vannerie, pour cribler des matières en grain, liquides ou pulvérulentes (SYN. **sas**). **2.** Surface de cordage d'une raquette de tennis. ▪ **Tamis moléculaire** [chim.], solide poreux, souvent réalisé en zéolite, qui comporte des canaux internes permettant l'entrée et la diffusion des seules molécules de taille plus petite.

TAMISAGE n.m. Action de tamiser une substance.

TAMISER v.t. [3]. 1. Passer une substance au tamis ; cribler : *Tamiser de la farine.* **2.** Laisser passer la lumière en en diminuant l'intensité : *Des rideaux qui tamisent le jour.*

TAMISEUSE n.f. TECHN. Appareil assurant l'agitation d'un groupe de tamis empilés.

1. TAMOUL, E adj. Relatif aux Tamoul.

2. TAMOUL ou **TAMIL n.m.** Langue dravidienne parlée princip. en Inde (État du Tamil Nadu) et au Sri Lanka.

TAMOURÉ n.m. (polynésien *tamuré*). Danse traditionnelle polynésienne caractérisée par des ondulations du bassin pour les femmes et l'entrechoquement répété des jambes pour les hommes, accompagnée notamm. par l'ukulélé.

TAMPICO n.m. (de *Tampico*, n.pr.). Fibre végétale tirée des feuilles d'un agave du Mexique, proche du sisal, employée en literie et en brosserie.

TAMPON n.m. (anc. fr. *tapon*, du francique). **1.** Gros bouchon de matière dure servant à obturer un orifice. **2.** Petite masse, génér. souple, faite de tissu, de coton roulé ou pressé, par ex., utilisée pour frotter une surface, étaler un liquide, etc. : *Tampon d'ouate imprégné d'eau oxygénée.* **3.** (Aussi en appos.). Ce qui se trouve entre deux forces hostiles et sert à atténuer les heurts : *Servir de tampon entre ses collègues. Une zone tampon.* **4.** Plaque de métal ou d'élastomère gravée que l'on encre pour imprimer le timbre d'une administration, d'une société, etc. ; timbre ainsi imprimé. **5. CONSTR.** Plaque, génér. en fonte, servant à obturer un regard. **6. TECHN.** Cheville. **7.** Calibre cylindrique lisse ou fileté, utilisé pour la vérification des dimensions d'un trou à paroi lisse *(alésage)* ou filetée *(taraudage).* **8. CH. DE F.** Dispositif constitué d'un plateau vertical muni de ressorts, placé à l'extrémité des véhicules ferroviaires pour amortir les chocs et maintenir une flexibilité entre eux, notamm. dans les courbes. **9. INFORM.** Circuit, système mémoire, élément de programme, etc., s'insérant entre deux unités et assurant l'adaptation des niveaux électriques ou des vitesses d'échange entre elles. **10. CHIM.** Mélange de solutions dont le pH ne varie pas au cours d'une dilution, une variation de pH provoquant une réaction qui tend à rétablir l'équilibre primitif. ▪ **Solution tampon** [chim.], dans une réaction d'oxydoréduction, solution qui a un potentiel constant. ▪ **Tampon encreur,** coussin imprégné d'encre, sur lequel est appliqué le tampon avant impression. ▪ **Tampon périodique** → **PÉRIODIQUE.**

TAMPONNADE n.f. MÉD. Accident aigu de compression du cœur par un épanchement péricardique.

TAMPONNAGE n.m. CHIM. Action de tamponner une solution.

TAMPONNEMENT n.m. 1. Action de tamponner : *Tamponnement d'une plaie.* **2.** Rencontre brutale de deux véhicules circulant sur la même voie ; télescopage. **3. MÉD.** Introduction d'une compresse, d'une mèche dans une cavité naturelle.

TAMPONNER v.t. [3]. 1. Frotter une surface à l'aide d'un tampon. **2.** Essuyer avec un tampon, avec une matière roulée en tampon. **3. TECHN.** Préparer un mur en le perçant et en y plaçant une cheville de bois. **4.** Marquer un document d'un tampon, d'un cachet. **5.** Heurter avec violence, en parlant d'un véhicule. **6. CHIM.** Dissoudre dans un liquide les corps nécessaires pour en faire une solution tampon. ◆ **SE TAMPONNER v.pr.** Se télescoper. ▪ **S'en tamponner (le coquillard)** [fam.], s'en moquer éperdument.

TAMPONNEUR, EUSE adj. ▪ **Autos tamponneuses** → **1. AUTO.**

TAMPONNOIR n.m. Pointe d'acier calibrée servant à faire, dans la maçonnerie, des trous destinés à recevoir des tampons, des chevilles.

TAM-TAM (pl. *tam-tams*), ▲ **TAMTAM** [tamtam] **n.m.** (onomat., mot créole). **1.** En Afrique, tambour à membrane. **2.** Dans la musique occidentale, gong de bronze à la hauteur indéfinie, dérivé du tam-tam chinois.

TAN [tɑ̃] **n.m.** (du gaul.). Écorce de chêne moulue servant au tannage végétal des peaux.

TANAGRA n.m. ou **n.f.** (de *Tanagra*, n.pr.). **ANTIQ. GR.** Figurine polychrome de terre cuite, simple et gracieuse, produite à Tanagra.

TANAISIE n.f. (bas lat. *tanacita*). Plante du bord des chemins et des talus, aux inflorescences jaunes en capitules. ➲ Famille des composées.

TANCER v.t. [9] (du lat. pop. *tentiare*, réprimander). Litt. Faire une remontrance à qqn ; réprimander.

a b c d e f g h i j k l m n o p q r s t u v w x y z

TANCHE n.f. (bas lat. *tinca*, du gaul.). Poisson d'Europe et d'Asie, à peau visqueuse, à la chair estimée, qui vit dans les eaux douces à fonds vaseux. ➲ Famille des cyprinidés.

TANDEM [tãdɛm] **n.m.** (mot lat. « à la longue », par l'angl.). **1.** Bicyclette conçue pour être actionnée par deux personnes placées l'une derrière l'autre. **2.** Fig. Association de deux personnes liées dans une action ; binôme. **3.** Anc. Cabriolet découvert, attelé de deux chevaux l'un derrière l'autre.

TANDIS QUE [tãdi(s)kə] **loc. conj.** (du lat. *tamdiu*, aussi longtemps). **1.** Marque la simultanéité de deux actions ; pendant que : *Je travaillais tandis qu'il lisait.* **2.** Marque le contraste, l'opposition ; alors que : *Elle aime la campagne, tandis qu'il préfère la mer.*

TANDOORI [tãdɔri] **n.m.** (mot hindi, de *tandoor*, four en terre). Plat fait de morceaux de viande marinés, épicés et cuits dans un four en terre. ➲ Cuisine indienne.

TANGAGE n.m. 1. Mouvement d'oscillation d'un navire dans le sens de sa longueur (par oppos. à *roulis*). **2.** Mouvement d'oscillation d'un aéronef autour d'un axe parallèle à l'envergure des ailes et passant par le centre de gravité.

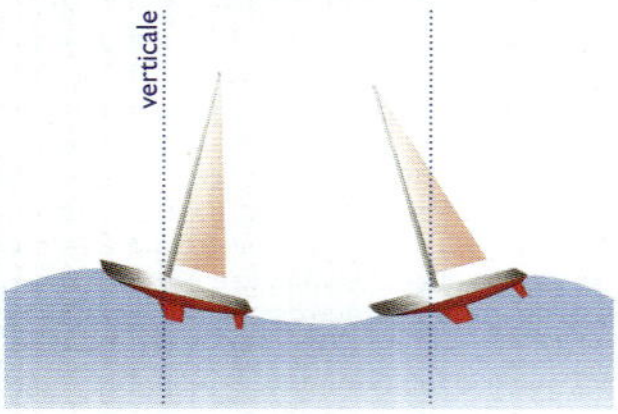

▲ **tangage**

TANGARA n.m. (du tupi). Passereau d'Amérique, aux vives couleurs. ➲ Famille des thraupidés.

TANGELO [tãʒelo] **n.m.** (mot anglo-amér., de *tangerine* et *pomelo*). **1.** Arbuste du groupe des agrumes, hybride du mandarinier et du pamplemoussier ou du pomélo. **2.** Fruit de cet arbuste, à peau orangée ou jaune-vert, à la chair juteuse et peu acide, d'une taille comprise entre celle de l'orange et celle du pamplemousse, présentant souvent une excroissance au niveau du pédoncule.

TANGENCE n.f. État ou propriété de ce qui est tangent.

TANGENT, E adj. (du lat. *tangens*, touchant). **1. MATH.** Qui est en contact avec une courbe ou une surface, à la manière d'une tangente : *Droite tangente à un cercle.* **2.** Fam. Qui est réussi, obtenu de justesse : *Il est reçu, mais c'était tangent* ; qui a juste le niveau requis : *Candidat tangent.*

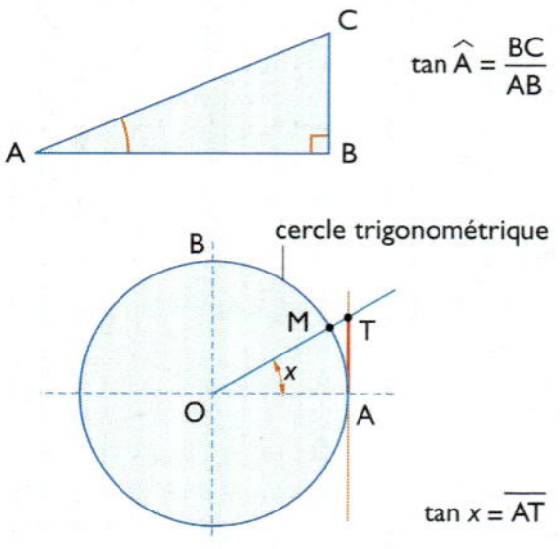

▲ **tangente** (géométrie et analyse).

TANGENTE n.f. MATH. Droite tangente. ■ **Fonction tangente,** fonction qui à un réel associe sa tangente (symb. tan ou tg). ■ **Prendre la tangente** [fam.], s'esquiver. ■ **Tangente à un cercle,** droite ayant un unique point commun avec le cercle. ➲ Elle est perpendiculaire au rayon issu de ce point. ■ **Tangente à une courbe,** position limite d'une sécante dont les deux points d'intersection se rapprochent indéfiniment l'un de l'autre. ➲ Si l'un des deux reste fixe, on obtient la tangente en ce point. ■ **Tangente à une surface,** tangente à une courbe tracée sur cette surface. ■ **Tangente d'un angle dans un triangle rectangle,** rapport du côté opposé au côté adjacent. ■ **Tangente d'un réel** x, le quotient de sin x par cos x (symb. tan x ou tg x).

TANGENTIEL, ELLE adj. MATH. Relatif à une tangente ; qui s'effectue selon une tangente. ■ **Accélération tangentielle** [mécan.], projection orthogonale du vecteur accélération sur la tangente à la trajectoire.

TANGENTIELLEMENT adv. Didact. De façon tangentielle.

TANGERINE n.f. (de *Tanger*, n.pr.). Mandarine d'une variété à peau rouge.

TANGIBILITÉ n.f. Sout. Caractère, état de ce qui est tangible.

TANGIBLE adj. (bas lat. *tangibilis*, de *tangere*, toucher). **1.** Que l'on peut percevoir par le toucher ; palpable : *Une tumeur tangible.* **2.** Que l'on peut constater ; concret : *Preuve tangible.*

TANGIBLEMENT adv. Sout. De façon tangible.

1. TANGO n.m. (mot hispano-amér.). **1.** Danse originaire d'Argentine, exécutée en couple, corps à corps, devenue danse de salon, à la mode en Europe et aux États-Unis au début du XXᵉ s. **2.** Pièce instrumentale de tempo lent.

2. TANGO adj. inv. D'une couleur orange foncé.

3. TANGO n.m. Demi de bière additionné de grenadine.

TANGON n.m. (du moyen néerl. *tange*, tenailles). **MAR.** Espar horizontal placé à l'extérieur d'un navire, perpendiculairement à la coque, et servant à amarrer au mouillage une embarcation.

TANGUE n.f. (anc. scand. *tang*). Sable vaseux et calcaire qui se dépose sur certains estrans (« sables mouvants » du Mont-Saint-Michel, par ex.), employé comme amendement calcaire.

TANGUER v.i. [3] (de l'anc. scand. *tangi*, vaciller). **1.** Être soumis au tangage, en parlant d'un navire, d'un aéronef. **2.** Fam. Osciller dans sa marche ; tituber : *Un ivrogne qui tangue.*

TANGUERO, RA n. Personne qui danse le tango.

TANIÈRE n.f. (du gaul. *taxo*, blaireau). **1.** Cavité souterraine servant de repaire aux bêtes sauvages. **2.** Habitation, lieu où l'on s'isole : *Quand elle écrit, elle sort peu de sa tanière.*

TANIN ou **TANNIN n.m.** (de *tan*). **1.** Substance d'origine végétale (contenue dans l'écorce de chêne, la noix de galle, etc.) rendant les peaux imputrescibles. **2.** Substance contenue dans les rafles de raisin.

TANISAGE ou **TANNISAGE n.m.** Action de taniser.

TANISER ou **TANNISER v.t. [3]. 1.** Ajouter du tan à une poudre, à un liquide. **2.** Ajouter du tanin à un vin, à un moût.

TANK [tãk] **n.m.** (mot angl. « citerne »). **1.** Citerne, dans la marine ou le transport pétrolier. **2.** Char de combat. **3.** Fam., péjor. Très grosse automobile.

TANKA n.m. inv. (du tibétain *thang-ka*, objet plat). Bannière de tissu peinte constituant une image religieuse, au Népal et au Tibet.

TANKER [tãkœr] **n.m.** (mot angl.). Navire-citerne.

TANKISTE n. Servant d'un char de combat.

TANNAGE n.m. Action de tanner les peaux pour les transformer en cuirs.

TANNANT, E adj. 1. Qui a les mêmes propriétés que le tanin : *Écorces tannantes.* **2.** Fam. Qui épuise, fatigue, importune.

TANNÉ, E adj. 1. Préparé par tannage. **2.** Qui a pris la couleur du cuir ; basané : *Corps tannés par le soleil.* ■ **Être tanné de** [Québec, fam.], en avoir assez de : *Je suis tanné de vos chicanes, de travailler.*

TANNÉE n.f. 1. Tan dépourvu de son tanin après la préparation des cuirs. **2.** Fam. Volée de coups ; défaite humiliante.

TANNER v.t. [3] (de *tan*). **1.** Transformer en cuir les peaux sous l'action chimique de tanins, de produits tannants. **2.** Donner un aspect brun hâlé à ; hâler. **3.** Fam. Harceler de demandes importunes. ■ **Tanner le cuir à qqn** [fam.], lui administrer une correction.

TANNERIE n.f. 1. Établissement où l'on tanne les peaux. **2.** Industrie du tannage.

TANNEUR, EUSE n. 1. Personne qui travaille dans la tannerie. **2.** Artisan, industriel qui possède une tannerie et vend des cuirs.

TANNIN n.m. → **TANIN.**

TANNIQUE adj. Qui contient du tanin.

TANNISAGE n.m., TANNISER v.t. → **TANISAGE** et **TANISER.**

TANREC ou **TENREC** [tɑ̃rɛk] **n.m.** (malgache *tandraka*). Mammifère insectivore originaire de Madagascar et des Comores, au corps couvert de piquants. ➲ Famille des tenrécidés.

TAN-SAD (pl. *tan-sads*) ou **TANSAD** [tɑ̃sad] **n.m.** (de l'angl. *tandem* et *saddle*, selle). Siège supplémentaire placé derrière la selle d'une motocyclette.

TANT adv. (lat. *tantum*). **1.** Indique une grande quantité, intensité ; tellement : *Il a tant de qualités. Elle souffre tant !* **2.** Marque l'égalité (en phrase négative ou interr.) ; autant : *Il ne travaille pas tant que moi.* **3.** Indique une quantité indéterminée donnée à titre d'exemple : *Supposons que tu dépenses tant pour les vacances.* ■ **Si tant est que** (+ subj.), à supposer que : *Si tant est qu'il vienne.* ■ **Tant bien que mal,** péniblement. ■ **Tant et plus,** énormément. ■ **Tant mieux,** c'est très bien ainsi. ■ **Tant pis,** c'est dommage. ■ **Tant s'en faut,** loin de là. ■ **(Un) tant soit peu,** si peu que ce soit. ◆ **TANT QUE loc. conj. 1.** Aussi longtemps que : *Tant que je pourrai.* **2.** Pendant que : *Allons-y tant qu'il n'y a personne.* ■ **En tant que,** en qualité de. ■ **Tant qu'à** (+ inf.), annonce ce qui est préférable : *Tant qu'à marcher, allons vers la plage !* ■ **Tant qu'à faire** [fam.], au point où on en est : *Tant qu'à faire, autant repeindre le salon.*

1. TANTALE n.m. (lat. sc. *tantalum*, de *Tantale*, n. myth.). **1.** Métal blanc d'argent, très dur et très dense (16,6), qui fond à 2 985 °C. **2.** Élément chimique (Ta), de numéro atomique 73, de masse atomique 180,9479.

2. TANTALE n.m. Grand échassier d'Afrique, d'Amérique et d'Asie, à tête chauve et à bec légèrement recourbé, à plumage blanc et rose taché de noir. ➲ Famille des ciconiidés.

TANTE n.f. (de *ta* et de l'anc. fr. *ante*, du lat. *amita*, tante). **1.** Sœur du père ou de la mère. **2.** Femme de l'oncle. **3.** Vulg. Homosexuel. ■ **Ma tante** [fam., vieilli], le mont-de-piété (auj. *caisse de crédit municipal*).

TANTIÈME adj. Vx. Qui représente une fraction donnée, mais non précisée, d'une grandeur. ◆ **n.m.** Part proportionnelle d'une quantité déterminée.

TANTINE n.f. Tante, dans le langage enfantin.

UN TANTINET loc. adv. Fam. Un peu : *Elle est un tantinet moqueuse.*

TANTÔT adv. (de *tant* et *tôt*). **1.** Cet après-midi : *Je le ferai tantôt.* **2.** Région. ; Belgique, Québec. Tout à l'heure : *À tantôt !* **3.** Région. ; Belgique, Québec. Plus tôt ; il y a peu de temps : *Je l'ai vu tantôt.* ■ **Tantôt…, tantôt…,** exprime l'alternance, la succession.

TANTRA n.m. pl. (du sanskr. *tāntra*, doctrine). Ensemble des textes et des cultes qui constituent le fondement du tantrisme.

TANTRIQUE adj. Relatif au tantrisme.

TANTRISME n.m. Ensemble de croyances et de rites issus des tantra et relevant de l'hindouisme, du jaïnisme et du bouddhisme. ➲ Il se donne comme but le salut par la connaissance ésotérique des lois de la nature.

TANZANIEN, ENNE adj. et **n.** De la Tanzanie ; de ses habitants.

TANZANITE n.f. MINÉRALOG. Pierre fine rare, bleue à reflets violets, provenant d'un unique gisement situé en Tanzanie et souvent utilisée en joaillerie après un traitement thermique permettant d'intensifier sa couleur.

TAO ou **DAO n.m.** (du chin. *tao*, la voie). Dans la pensée chinoise ancienne, principe suprême et impersonnel d'ordre et d'unité du cosmos.

TAOÏSME n.m. Religion populaire de la Chine qui s'inspire des doctrines de Laozi et d'antiques traditions locales. ➲ L'adepte doit apprendre à s'unir au *tao*, qui est à la fois le principe primordial de l'univers, l'agent de ses transformations infinies et celui de la coexistence nécessaire entre le yin* et le yang*.

TAOÏSTE adj. et **n.** Relatif au taoïsme ; qui en est un adepte.

TAON [tã] **n.m.** (bas lat. *tabo*, *-onis*). **1.** Grosse mouche dont la femelle pique l'homme et le bétail, et suce leur sang. ➲ Long. 10 à 25 mm ; famille des tabanidés. **2.** Québec. Bourdon. (Au Québec, on prononce [tɔ̃].)

TAPA **n.m.** (mot polynésien). Nouvelle-Calédonie, Polynésie. Étoffe fabriquée à partir de l'écorce interne de certaines plantes, martelée, encollée et peinte.

TAPAGE **n.m.** (de *taper*). **1.** Bruit confus accompagné génér. de cris, de querelles ; vacarme : *Tapage nocturne.* **2.** Publicité énorme, grand bruit fait autour de qqch ; battage.

TAPAGEUR, EUSE **adj.** **1.** Qui fait du tapage. **2.** Qui cherche à attirer l'attention ; outrancier : *Bijoux tapageurs.* **3.** Qui fait scandale et suscite des commentaires : *Liaison tapageuse.*

TAPAGEUSEMENT **adv.** De façon tapageuse.

TAPANT, E **adj.** Fam. ▪ **À une, deux heures tapantes** ou **tapant,** au moment où sonnent une, deux heures.

TAPAS [tapas] **n.f. pl.** (pl. de l'esp. *tapa*, couvercle). Assortiment de petites entrées variées, servies à l'apéritif. ➲ Cuisine espagnole.

1. TAPE **n.f.** (de *taper*). Coup donné avec la main.

2. TAPE **n.f.** (du gotique *tappôn*, boucher). Pièce en bois ou en métal servant à obturer une ouverture sur le pont d'un navire.

TAPÉ, E **adj.** Fam. Qui est un peu fou. ▪ **Bien tapé** [fam., vieilli], exprimé vigoureusement et avec justesse : *Une réponse bien tapée.*

TAPE-À-L'ŒIL **adj. inv.** Fam. Très voyant ; clinquant : *Des bijoux tape-à-l'œil.* ◆ **n.m. inv.** Fam. Apparence éblouissante mais trompeuse : *Leur mobilier, c'est du tape-à-l'œil.*

TAPECUL ou **TAPE-CUL** [-ky] **n.m.** (pl. *tape-culs*). **1.** Fam. Voiture inconfortable. **2.** Fam. Trot assis. **3.** MAR. Mât établi tout à l'arrière de certains voiliers ; petite voile de ce mât.

TAPÉE **n.f.** Fam. Grande quantité : *Il a une tapée de DVD.*

TAPEMENT **n.m.** Action de taper.

TAPENADE **n.f.** (du provenç. *tapeno*, câpre). Préparation à base d'olives noires, de câpres et d'anchois dessalés écrasés avec de l'huile d'olive et des aromates. ➲ Cuisine provençale.

TAPER **v.t.** [3] (onomat.). **1.** Donner une tape à ; frapper : *Ne tape pas ton frère.* **2.** Donner des coups sur qqch : *Taper la table avec le poing.* **3.** Effectuer la saisie d'un texte ; dactylographier ; saisir : *Taper une lettre.* **4.** Fam. Chercher à obtenir de l'argent de qqn : *Taper un ami de cent euros.* ◆ **v.i.** **1.** Donner des coups sur, dans : *Taper sur un clou avec un marteau. Taper dans un ballon.* **2.** Afrique. Aller à pied. ▪ **Le soleil tape (dur)** ou **ça tape** [fam.], le soleil est très chaud. ▪ **Taper dans l'œil à qqn** [fam.], lui plaire. ▪ **Taper dans qqch** [fam.], y puiser largement : *Taper dans ses économies.* ◆ **SE TAPER** **v.pr.** Fam. **1.** S'offrir qqch d'agréable : *Se taper un bon dîner.* **2.** Faire malgré soi une corvée ; devoir supporter qqn. ▪ **S'en taper,** se moquer complètement de qqch.

TAPETTE **n.f.** **1.** Petite tape. **2.** Ustensile en forme de raquette servant à battre les tapis ou à tuer les mouches. **3.** Jeu consistant à lancer une bille contre un mur pour qu'en retour elle en heurte d'autres. **4.** Piège à souris, qui assomme ou tue l'animal par la détente d'un ressort. **5.** Fam. Volubilité : *Il a une sacrée tapette.* **6.** Vulg. Homosexuel.

TAPEUR, EUSE **n.** Fam. Personne qui emprunte souvent de l'argent.

TAPIN **n.m.** Très fam. ▪ **Faire le tapin,** se prostituer en racolant sur le trottoir.

TAPINER **v.i.** [3]. Très fam. Faire le tapin.

EN TAPINOIS **loc. adv.** (de l'anc. fr. *a tapin*, en cachette). En tentant de passer inaperçu ; en catimini : *S'approcher en tapinois.*

TAPIOCA **n.m.** (mot port., du tupi). Fécule tirée de la racine de manioc, dont on fait des potages, des bouillies, etc.

TAPIR **n.m.** (mot tupi). Mammifère ongulé d'Asie du Sud-Est et d'Amérique tropicale, portant une courte trompe. ➲ Sous-ordre des périssodactyles.

SE TAPIR **v.pr.** [21] (du francique *tappjan*, enfermer). **1.** Se cacher en se blottissant : *Le chien se tapit sous la table.* **2.** Se retirer dans un lieu pour fuir la société ; se terrer : *La star s'est tapie dans sa villa.*

TAPIS **n.m.** (gr. *tapêtion*). **1.** Ouvrage textile, génér. à face veloutée, que l'on dispose sur le sol. ➲ À la différence des moquettes, les tapis sont toujours amovibles ; ils sont tissés, comme les kilims*, à points* noués, comme ceux d'Orient ou de la Savonnerie*, ou obtenus mécaniquement. **2.** Pièce d'étoffe ou d'un autre matériau : *Un tapis de table. Un tapis de bain, de yoga.* **3.** Ce qui recouvre une surface à la manière d'un tapis : *Un tapis de neige, de feuilles.* ▪ **Aller, envoyer au tapis,** en boxe, être envoyé, envoyer au sol. ▪ **Amuser le tapis,** jouer petit jeu en attendant la partie sérieuse ; fig., distraire l'assemblée. ▪ **Cacher la poussière sous le tapis,** éluder les questions gênantes. ▪ **Dérouler le tapis rouge,** recevoir qqn avec tous les honneurs. ▪ **Marchand de tapis** [fam., péjor.], personne qui marchande mesquinement. ▪ **Mettre qqch sur le tapis,** le proposer à la discussion. ▪ **Revenir sur le tapis,** être de nouveau le sujet de la conversation. ▪ **Se prendre les pieds dans le tapis** [fam.], commettre une maladresse ; s'embrouiller dans ses explications. ▪ **Tapis de course, de marche,** tapis roulant à vitesse réglable, utilisé en cardio-training. ➲ Cet appareil est génér. pourvu d'un dispositif permettant de connaître la distance théorique parcourue, le temps écoulé, voire l'énergie dépensée. ▪ **Tapis de sol,** toile qui isole l'intérieur d'une tente de l'humidité du sol. ▪ **Tapis de souris,** support antidérapant qui facilite les déplacements de la souris d'un ordinateur. ▪ **Tapis mécanique,** carpette, moquette, etc., fabriquée mécaniquement par tissage ou par d'autres procédés. ▪ **Tapis plain** [Belgique], moquette. ▪ **Tapis roulant,** dispositif à mouvement continu et uniforme qui transporte des personnes, des marchandises. ▪ **Tapis vert,** qui recouvre une table de jeu ; par ext., table de jeu.

La tapisserie

Art notamment du décor mural, qui a ses origines à Babylone, en Égypte, en Grèce, la tapisserie de lisse brille en Occident du Moyen Âge (*Apocalypse d'Angers*) jusqu'au XXe s. (J. Lurçat, notamm.). De la Renaissance classique au XIXe s., elle change de caractère, tendant, comme la peinture, à creuser l'espace du mur par l'usage de la perspective. Chaque pays a eu ses manufactures, en France spécialement les Gobelins.

◀ **« À mon seul désir »** (entre 1484 et 1500). Ce sixième panneau de l'ensemble de *la Dame à la licorne* est plus énigmatique que les autres, qui illustrent les cinq sens. Chaque tapisserie s'ordonne selon un même principe : sur un fond rouge semé de fleurs se détache une île de verdure où évolue une jeune femme accompagnée d'une licorne. Attribuée aux ateliers de Flandre, l'œuvre est caractéristique de la fin du XVe s., élégante et haute en couleur. (Musée de Cluny, Paris.)

La famille de Darius aux pieds d'Alexandre. ▶ Instituée par Colbert en 1661, la Manufacture des meubles de la Couronne (installée dans la maison Gobelins, à Paris) comprend des ateliers de tissage, de teinture, des magasins et une école. Son directeur, Charles Le Brun, premier peintre du roi, lui donne de nombreux modèles : cette tapisserie a été exécutée d'après un carton de sa main. (Manufacture des Gobelins, Paris.)

▲ **tapir** à chabraque et son petit.

TAPIS-BROSSE **n.m.** (pl. *tapis-brosses*). Tapis à poils durs et serrés destiné à s'essuyer les pieds lorsqu'on vient de l'extérieur (souvent utilisé comme paillasson).

TAPISSER **v.t.** [3]. **1.** Recouvrir de tenture, de papier peint : *Tapisser un couloir.* **2.** Revêtir une surface d'une couche continue, génér. épaisse : *La vigne vierge tapisse la façade.*

TAPISSERIE **n.f.** **1.** Ouvrage textile destiné au décor mural, tissé manuellement sur un métier de basse ou de haute lisse, dont le décor est produit par les fils teintés de trame (laine, soie, etc.) tassés de manière à cacher les fils de chaîne. **2.** Papier peint, tissu tendu sur les murs. **3.** Art, métier du lissier, du tapissier. ▪ **Faire tapisserie,** en parlant d'une femme, ne pas être invitée à danser, dans un bal, une soirée dansante. ▪ **Tapisserie au (petit) point,** ouvrage exécuté avec des fils de couleur passés à l'aiguille sur un canevas ; par ext., tout ouvrage textile destiné au décor mural.

TAPISSIER, ÈRE **n.** **1.** Professionnel qui vend et pose les tissus d'ameublement (rideaux, tentures, etc.). **2.** Personne qui exécute manuellement des tapisseries ou des tapis.

TAPON **n.m.** (du francique). Fam., vieilli. Morceau d'étoffe, de linge, chiffonné, roulé en boule.

TAPONNER **v.t.** [3] (de *tapon*). Québec. Fam. **1.** Tâter ; manipuler : *Taponner des fruits.* **2.** Péjor. Se livrer à des attouchements sur qqn. ◆ **v.i.** **1.** Tâtonner : *Taponner avec un nouveau logiciel.* **2.** Tergiverser ; hésiter.

TAPOTEMENT **n.m.** Action de tapoter.

TAPOTER **v.t.** [3]. **1.** Donner de petites tapes légères. **2.** Exécuter, négligemment ou mal, un air au piano.

a b c d e f g h i j k l m n o p q r s t u v w x y z

TAPURE **n.f.** MÉTALL. Fissure dans une pièce métallique provoquée par un refroidissement rapide.

TAPUSCRIT **n.m.** (de *taper* et *manuscrit*). **1.** Texte dactylographié. **2.** IMPRIM. Texte dactylographié servant de copie pour la composition (par oppos. à *manuscrit*).

TAQIYA [takija] **n.f.** (mot ar.). Dans la religion musulmane, concept recommandant la prudence au fidèle en l'invitant à dissimuler sa croyance en cas de danger.

TAQUAGE **n.m.** IMPRIM. Action de constituer des piles de papier homogènes avant les opérations d'impression, de coupe ou de pliure.

TAQUE **n.f.** (du bas all. *tak*). **1.** Contrecœur. **2.** Belgique. Plaque recouvrant une citerne, une bouche d'égout. ▪ **Taque (de cuisson)** [Belgique], plaque de cuisson.

TAQUER **v.t.** [3] (onomat.). IMPRIM. **1.** Procéder au taquage de feuilles de papier. **2.** Anc. Égaliser la hauteur des caractères mobiles d'une forme typographique à l'aide d'un taquoir.

TAQUET **n.m.** (onomat.). **1.** Petit morceau de bois taillé servant à tenir en place un objet, à caler un meuble. **2.** MAR. Pièce de bois ou de métal pour amarrer les cordages. **3.** TECHN. Pièce métallique mobile servant de butée, de verrou. ▪ **Au taquet** [fam.], à la limite de ses possibilités, de ses capacités : *Je ne prends plus de commandes, je suis au taquet* ; au meilleur de sa forme : *Une skippeuse au taquet.*

1. TAQUIN, E **adj.** et **n.** (de l'anc. fr. *takehan*, émeute). Qui aime taquiner.

2. TAQUIN **n.m.** Jeu de patience solitaire consistant à ranger, dans un ordre déterminé, et par simples glissements, des plaques numérotées, juxtaposées sur un plateau.

TAQUINER **v.t.** [3]. S'amuser, sans méchanceté, à faire enrager, à contrarier.

TAQUINERIE **n.f.** **1.** Caractère d'une personne taquine. **2.** Action de taquiner, d'agacer.

TAQUOIR **n.m.** Anc. IMPRIM. Morceau de bois qui servait à égaliser les caractères d'une forme typographique.

TAR ou **TÂR** **n.m.** (mot persan « corde »). Luth à trois cordes doubles pincées à l'aide d'un onglet, à long manche, avec une caisse en forme de huit, utilisé dans la musique savante iranienne et azerbaïdjanaise.

TARA **n.m.** (mot africain). Afrique. Lit, siège bas fait de branches entrecroisées.

TARABISCOT **n.m.** (orig. obsc.). MENUIS. **1.** Rainure carrée ou arrondie, destinée, sur un profil, à dégager une moulure. **2.** Rabot servant à creuser cette rainure.

TARABISCOTÉ, E **adj.** (de *tarabiscot*). Fam. **1.** Orné à l'excès. **2.** Exagérément embrouillé, compliqué : *Des excuses tarabiscotées.*

TARABUSTER **v.t.** [3] (du provenç. *tarabustar*, faire du bruit). Fam. **1.** Importuner qqn rudement ; houspiller. **2.** Préoccuper vivement ; obséder.

TARAF **n.m.** Petit ensemble de musiciens tsiganes jouant surtout des instruments à cordes.

TARAGE **n.m.** Action de tarer.

TARAMA **n.m.** (du gr. mod. *taramás*, œufs de poisson salés). Hors-d'œuvre de la Méditerranée orientale, pâte onctueuse à base d'œufs de poisson salés, pilés avec de l'huile d'olive, de la mie de pain et du citron.

TARARAGE **n.m.** AGRIC. Action de nettoyer les grains avec un tarare.

TARARE **n.m.** AGRIC. Appareil à poste fixe servant à nettoyer les grains après le battage ; partie d'une moissonneuse-batteuse qui effectue le même travail.

TARASQUE **n.f.** (anc. provenç. *tarasca*, de *Tarascon*, n.pr.). Monstre légendaire dont sainte Marthe aurait délivré Tarascon, représenté dans le folklore des fêtes provençales.

TARATATA **interj.** Fam. Marque le dédain, le doute : *Taratata ! Je n'en crois rien.*

TARAUD **n.m.** (anc. fr. *tarel*). Outil manuel ou mécanique servant à effectuer des filetages à l'intérieur des trous de faible diamètre destinés à recevoir des vis.

TARAUDAGE **n.m.** Action de tarauder ; trou taraudé.

TARAUDER **v.t.** [3]. **1.** Exécuter le filetage d'un trou à l'aide d'un taraud. **2.** Litt. Tourmenter moralement ; ronger.

TARAUDEUSE **n.f.** Machine-outil servant à tarauder.

TARBOUCH ou **TARBOUCHE** **n.m.** (ar. *tarbūch*). Coiffure masculine tronconique ornée d'un gland, portée dans les pays ottomans.

TARD **adv.** (du lat. *tarde*, lentement). **1.** Après l'heure fixée ou habituelle : *Tu arrives un peu tard.* **2.** À une heure très avancée de la journée, de la nuit : *Il est rentré tard.* ▪ **Au plus tard,** dans l'hypothèse de temps la plus éloignée : *Tu recevras sa lettre lundi au plus tard.* ◆ **n.m.** ▪ **Sur le tard,** à une heure avancée de la soirée ; à un âge relativement avancé : *Avoir un enfant sur le tard.*

TARDER **v.i.** [3] (lat. *tardare*). Laisser passer trop de temps avant de faire qqch : *Pour les inscriptions, ne tardez pas.* ▪ **Sans tarder,** immédiatement. ◆ **v.t. ind.** (À). Être lent à faire qqch, à se produire : *Il a tardé à consulter. Le soleil tarde à se montrer.* ▪ **Il me tarde de** (+ inf.), **que** (+ subj.), je suis impatient de, que. ▪ **Ne pas tarder (à),** être sur le point de faire qqch : *Il ne va pas tarder à s'endormir* ; être sur le point de se produire : *La pluie ne va pas tarder.*

TARDIF, IVE **adj.** **1.** Qui vient tard, trop tard : *Excuses tardives.* **2.** Qui se situe à une heure avancée de la journée : *Rendez-vous tardif.* **3.** Se dit des variétés cultivées de végétaux qui se développent plus lentement que les autres végétaux de la même espèce et fleurissent ou mûrissent plus tard : *Roses, fraises tardives.*

TARDIGRADE **n.m.** (du lat. *tardus*, lent, et *gradi*, marcher). Animal articulé de très petite taille, doté de quatre courts appendices griffus, qui pullule sur les mousses ou les algues marines. ➲ Taille : 0,1 à 1 mm ; les tardigrades forment un petit embranchement.

TARDILLON, ONNE **n.** Fam., vieilli. Dernier-né tardivement venu dans une famille nombreuse.

TARDIVEMENT **adv.** De façon tardive.

TARDIVETÉ **n.f.** AGRIC. Croissance tardive.

1. TARE **n.f.** (de l'ar. *tarh*, déduction). **1.** Masse non marquée mise sur le plateau d'une balance pour équilibrer un objet pesant mis sur l'autre plateau, et dont la valeur est déduite dans le calcul de la masse de l'objet. **2.** Masse de l'emballage à vide d'une marchandise, déduite de la masse brute pour obtenir la masse nette.

2. TARE **n.f.** **1.** Défectuosité physique ou psychique, génér. héréditaire, chez une personne ou un animal. **2.** Grave défaut nuisible à un groupe, à la société : *La course à l'argent semble être la tare du monde contemporain.*

TARÉ, E **adj.** et **n.** (de 2. *tare*). **1.** Atteint d'une tare physique ou psychique. **2.** Fam. Imbécile.

TARENTAIS, E **adj.** et **n.** (de *Tarentaise*, n.pr.). Se dit d'une race bovine originaire de Savoie, exploitée dans les zones montagneuses pour la production de lait et de viande.

TARENTE **n.f.** (de *Tarente*, n.pr.). Région. (Midi). Gecko.

TARENTELLE **n.f.** (de l'ital. *tarentella*, danse originaire de Tarente). **1.** Pièce instrumentale d'origine italienne, de tempo rapide. **2.** Danse folklorique du sud de l'Italie, exécutée en couple.

TARENTULE **n.f.** (ital. *tarantola*). Grosse araignée velue d'Europe méridionale. ➲ Famille des lycosidés.

▲ **tarentule**

TARER **v.t.** [3]. Peser l'emballage d'une marchandise, dont le poids est à déduire de la masse brute pour obtenir la masse nette.

TARET **n.m.** (de *tarière*). Mollusque marin à coquille atrophiée, au corps vermiforme, qui creuse des galeries dans le bois des bateaux, des pilotis. ➲ Classe des bivalves.

TARGE **n.f.** (du francique). Petit bouclier en usage au Moyen Âge.

TARGETTE **n.f.** Petit verrou plat, monté sur une plaque, que l'on fait coulisser avec un bouton pour fermer de l'intérieur une porte, une fenêtre.

SE TARGUER **v.pr.** [3] (DE) [de *targe*]. Litt. Se glorifier de qqch avec arrogance ; se vanter.

TARGUI, E **adj.** et **n.** inv. en nombre. → **1. TOUAREG.**

TARGUM [-gum] **n.m.** (mot chaldéen « interprétation, traduction »). Paraphrase araméenne des livres bibliques, faite à l'usage des juifs pour les lectures à la synagogue, lorsque l'hébreu, dans la période qui suivit la captivité de Babylone (VIᵉ s. av. J.-C.), fut supplanté par l'araméen.

TARIÈRE **n.f.** (bas lat. *taratrum*). **1.** Grande vrille manuelle ou mécanique pour percer des trous dans le bois. **2.** ENTOMOL. Organe allongé, situé à l'extrémité de l'abdomen des femelles de certains insectes et permettant le dépôt des œufs dans le sol, dans les végétaux, etc. (SYN. **ovipositeur, oviscapte**).

TARIF **n.m.** (ital. *tariffa*, de l'ar.). **1.** Tableau indiquant le coût de produits ou de services, le montant des droits de douane, des taxes, etc. **2.** Montant du prix d'un service, d'un travail.

TARIFAIRE **adj.** Relatif à un tarif.

TARIFER **v.t.** [3]. Établir le tarif de.

TARIFICATION **n.f.** Action de tarifer ; fait d'être tarifé.

1. TARIN **n.m.** Passereau voisin du chardonneret, hivernant dans les bois de l'Europe occidentale, à plumage jaune verdâtre rayé de noir. ➲ Famille des fringillidés.

2. TARIN **n.m.** Fam. Nez.

TARIQA **n.f. inv.** (mot ar. « voie menant à Dieu »). Dans l'islam, désigne les diverses communautés ou confréries soufies, régies par une règle et un ensemble de pratiques spirituelles.

TARIR **v.t.** [21] (du francique). Mettre à sec : *La sécheresse a tari la rivière.* ◆ **v.i.** ou **SE TARIR** **v.pr.** **1.** Être mis à sec : *Le puits s'est tari.* **2.** Disparaître peu à peu : *Son inspiration s'est tarie.* ◆ **v.i.** ▪ **Ne pas tarir d'éloges sur qqn,** en dire beaucoup de bien. ▪ **Ne pas tarir sur,** ne pas cesser de parler de.

TARISSABLE **adj.** Qui peut se tarir.

TARISSEMENT **n.m.** Fait de tarir ; état de ce qui est tari.

TARLATANE **n.f.** (port. *tarlatana*). Mousseline de coton fine et très apprêtée.

TARMAC **n.m.** (nom déposé). Béton bitumineux utilisé comme revêtement de chaussée. ▪ **Le tarmac** [abusif], désigne l'ensemble des aires bitumées d'un aérodrome.

TARMACADAM [-dam] **n.m.** (de l'angl. *tar*, goudron, et *macadam*). Vx. Matériau enrobé de goudron, utilisé en couche de surface des chaussées.

TARO **n.m.** (mot polynésien). Plante cultivée dans les régions tropicales pour ses tubercules comestibles. ➲ Famille des aracées.

TAROLOGIE **n.f.** Art de tirer les cartes, les tarots.

TAROT **n.m.** ou **TAROTS** **n.m. pl.** (ital. *tarocco*). **1.** Ensemble de soixante-dix-huit cartes (lames), plus longues et comportant des figures différentes et plus nombreuses que celles des cartes ordinaires, servant au jeu et à la divination. **2.** Jeu de cartes par levées d'origine italienne, pratiqué par trois, quatre ou cinq joueurs, le gagnant étant celui qui totalise le plus grand nombre de points.

TARPAN **n.m.** (mot kirghiz). Petit cheval sauvage d'Europe orientale, éteint à la fin du XIXᵉ s.

TARPON **n.m.** (mot angl.). Grand poisson osseux des régions chaudes de l'Atlantique tropical. ➲ Long. 2 m ; ordre des élopiformes.

TARSE **n.m.** (gr. *tarsos*). **1.** Région postérieure du squelette du pied, formée, chez l'homme, de sept os. **2.** Lame fibreuse qui maintient tendue la paupière. **3.** Partie terminale de la patte des arthropodes, génér. formée de deux à cinq petits articles.

TARSIEN, ENNE adj. Du tarse du pied ou de celui de la paupière.

TARSIER n.m. (de *tarse*). Petit primate nocturne d'Asie du Sud-Est, à grands yeux, excellent grimpeur et sauteur. ➲ Sous-ordre des tarsiiformes. (V. planche *primates*.)

TARSIIFORME n.m. Mammifère primate prosimien, arboricole et sauteur, tel que le tarsier. ➲ Les tarsiiformes constituent un sous-ordre.

TARTAN n.m. (mot angl.). **1.** Étoffe de laine, à larges carreaux de diverses couleurs, fabriquée en Écosse. ➲ Ces carreaux sont caractéristiques des divers clans écossais. **2.** Vêtement, châle de cette étoffe.

TARTANE n.f. Petit bâtiment de la Méditerranée, portant un grand mât avec voile sur antenne et un beaupré.

TARTARE adj. (du lat. médiév. *Tartarus*, Tartare). ▪ **Sauce tartare,** mayonnaise fortement relevée et agrémentée d'oignons, de câpres et de fines herbes. ◆ **n.m.** Préparation de viande ou de poisson hachés et servis crus avec un assaisonnement.

TARTARIN n.m. (de *Tartarin*, n.pr.). Fam. Fanfaron ; vantard.

TARTE n.f. (var. de *tourte*). **1.** Préparation faite d'une pâte amincie au rouleau, garnie de crème, de fruits, de légumes, etc., et cuite au four. **2.** Fam. Gifle. ▪ **C'est de la tarte, c'est pas de la tarte** [fam.], c'est facile ; c'est difficile. ▪ **Tarte à la crème** [fam.], idée toute faite ; chose sans originalité, mille fois vue. ▪ **Tarte Tatin,** ou **tatin, n.f.,** tarte aux pommes caramélisées, cuite à l'envers. ◆ **adj.** Fam. Stupide ; insignifiant.

TARTELETTE n.f. Petite tarte.

TARTEMPION n.m. Fam., péjor. Personne que l'on ne connaît pas ou que l'on ne veut pas nommer.

TARTIFLETTE n.f. Plat composé de pommes de terre, de lardons, d'oignons et de reblochon fondu. ➲ Cuisine savoyarde.

TARTIGNOLLE ou **TARTIGNOLE adj.** (de *tarte*). Fam. Laid et insignifiant : *Film, tenue tartignolles.*

TARTINADE n.f. Québec. Préparation à tartiner : *Une tartinade de fraises, de saumon.*

TARTINE n.f. (de *tarte*). **1.** Tranche de pain recouverte de beurre, de confiture, etc. **2.** Fam. Long développement oral ou écrit.

TARTINER v.t. [3]. 1. Mettre du beurre, de la confiture, etc., sur une tranche de pain. **2.** Fam. Écrire longuement sur : *Il a tartiné des tas d'articles sur le remaniement.*

TARTIR v.i. [21] (d'un anc. arg. ital.). Fam. ▪ **Faire tartir, se faire tartir,** ennuyer ; s'ennuyer.

TARTRATE n.m. Sel de l'acide tartrique.

TARTRE n.m. (bas lat. *tartarum*). **1.** Sédiment jaunâtre provenant de la plaque dentaire et qui se dépose autour des dents. **2.** Croûte calcaire, dure et insoluble, qui se dépose sur les parois des chaudières, des canalisations d'eau ou de vapeur, etc. **3.** Dépôt salin que laisse le vin sur les parois des tonneaux, des cuves.

TARTREUX, EUSE adj. De la nature du tartre.

TARTRIQUE adj. ▪ **Acide tartrique,** acide-alcool $HO_2C—CHOH—CHOH—CO_2H$, présent dans la lie du vin.

TARTUFE ou **TARTUFFE n.m.** (de l'ital., *Tartufo*, n. d'un personnage de comédie). **1.** Personne fourbe, hypocrite. **2.** Vx. Faux dévot.

TARTUFERIE ou **TARTUFFERIE n.f.** Caractère, action d'un tartufe.

TARZAN n.m. (de *Tarzan*, n.pr.). Fam., par plais. Homme athlétique, musclé.

TAS n.m. (du francique). **1.** Amoncellement de choses en hauteur : *Tas de gravier.* **2.** ARCHIT. Maçonnerie en cours de construction. **3.** TECHN. Petite enclume de dinandier, d'orfèvre, de bijoutier. ▪ **En tas de charge,** se dit d'un appareil de pierre fait d'assises horizontales placées en surplomb, en encorbellement l'une sur l'autre pour constituer un arc, une voûte. ▪ **Sur le tas** [fam.], sur le lieu même du travail : *Être formé sur le tas.* ▪ **Tas à boule** [techn.], petite enclume portative que le chaudronnier applique derrière la tôle qu'il façonne par martelage. ▪ **Tas de boue** [fam.], voiture en mauvais état. ▪ **Un tas** ou **des tas de** [fam.], une grande quantité de : *Un tas d'amis, de livres.*

TASER [tazœr] **n.m.** (nom déposé). Pistolet à impulsion électrique de la marque de ce nom.

TASSE n.f. (de l'ar.). Petit récipient à anse dont on se sert pour boire : *Tasse à thé* ; son contenu : *Une tasse de tisane.* ▪ **Boire la tasse** [fam.], avaler involontairement de l'eau en se baignant. ▪ **Ce n'est pas ma tasse de thé** [fam.], ce n'est pas à mon goût.

TASSÉ, E adj. Fam. ▪ **Bien tassé,** servi avec peu d'eau pour être très fort : *Un café bien tassé* ; servi en remplissant bien le verre : *Un demi bien tassé* ; largement dépassé, en parlant d'un âge : *50 ans bien tassés.*

TASSEAU n.m. (du lat. *taxillus*, petit dé à jouer). Pièce de bois de petite section, servant à soutenir, à fixer, à caler une autre pièce.

TASSEMENT n.m. 1. Action de tasser, de se tasser : *Tassement de vertèbres. Tassement d'un terrain.* **2.** Baisse lente : *Tassement des ventes.*

TASSER v.t. [3]. 1. Réduire le volume de qqch par pression : *Tasser des vêtements dans une valise.* **2.** Resserrer dans un petit espace : *Tasser des voyageurs dans un compartiment.* **3.** SPORTS. Dans une course, gêner un concurrent de manière irrégulière en lui fermant le passage. ◆ **SE TASSER v.pr. 1.** S'affaisser sur soi-même par son propre poids : *L'immeuble se tasse.* **2.** Perdre de sa taille sous l'effet de l'âge ; se voûter : *Il commence à se tasser.* **3.** Se serrer les uns contre les autres : *Se tasser dans le métro.* **4.** Fam. Revenir à la normale, en parlant d'une situation de crise : *L'affaire s'est tassée.*

TASSILI n.m. (mot berbère). Plateau de grès, au Sahara.

TASTE-VIN n.m. inv. → **TÂTE-VIN.**

TAT [teate] **n.m.** (sigle de l'angl. *thematic apperception test*, test thématique d'aperception). PSYCHOL. Test qui permet l'étude des mécanismes mentaux.

1. TATA n.f. Tante, dans le langage enfantin.

2. TATA interj. (Surtout dans le langage enfantin). Fam. **1.** Louisiane. Merci. **2.** Nouvelle-Calédonie. Au revoir. ◆ **n.m.** Fam. Nouvelle-Calédonie. Geste de la main que l'on fait pour dire bonjour ou au revoir : *Le matin, je fais toujours un petit tata au voisin.*

TATAMI n.m. (mot jap.). Tapis, à l'origine en paille de riz, servant à la pratique des arts martiaux.

TATANE n.f. Fam. Chaussure.

TATAR, E adj. Des Tatars. ◆ **n.m.** Langue du groupe turc parlée par les Tatars.

TÂTER v.t. [3] (du lat. *taxare*, toucher). **1.** Explorer de la main ; toucher : *Tâter un melon.* **2.** Fig. Sonder qqn pour connaître ses intentions. ▪ **Tâter le terrain** [fam.], s'informer par avance de l'état de l'opinion, des possibilités. ◆ **v.t. ind. (DE).** Avoir une première expérience de qqch ; essayer : *Elle a d'abord tâté du journalisme.* ◆ **SE TÂTER v.pr.** Fam. S'interroger avant d'agir ; hésiter.

TÂTEUR adj.m. et **n.m.** Se dit d'un organe de contrôle d'une machine à planter les pommes de terre, à décolleter les betteraves, etc.

TÂTE-VIN [tɑtvɛ̃] ou **TASTE-VIN** [tastəvɛ̃] **n.m. inv.,** ▲ *n.m. (pl. tâte-vins, taste-vins).* **1.** Tube pour aspirer, par la bonde du tonneau, le vin que l'on veut goûter. **2.** Petite tasse plate de métal dans laquelle on examine le vin que l'on va goûter.

TATIE n.f. Tante, dans le langage enfantin ; tata.

TATILLON, ONNE adj. et **n.** (de *tâter*). Fam. Qui est trop minutieux ; pointilleux.

TATIN n.f. Tarte Tatin : *Une délicieuse tatin.*

TÂTONNANT, E adj. Qui tâtonne, hésite.

TÂTONNEMENT n.m. 1. Fait de tâtonner. **2.** Mode de recherche empirique, par essais renouvelés ; chacun de ces essais.

TÂTONNER v.i. [3]. 1. Avancer, chercher à trouver en tâtant pour reconnaître : *Tâtonner dans le noir pour trouver l'interrupteur.* **2.** Chercher en procédant par tâtonnement.

À TÂTONS loc. adv. 1. En tâtonnant : *Avancer à tâtons dans le noir.* **2.** Sans vraie méthode ; de manière empirique.

TATOU n.m. (tupi *tatú*). Mammifère édenté d'Amérique tropicale, couvert de plaques cornées articulées et pouvant se rouler en boule. ➲ Famille des dasypodidés.

▲ **tatou** à neuf bandes.

TATOUAGE n.m. Dessin pratiqué sur le corps au moyen de piqûres qui introduisent sous la peau des colorants indélébiles.

TATOUER v.t. [3] (polynésien *tatau*). Imprimer un tatouage sur le corps.

TATOUEUR, EUSE n. Personne dont le métier est de tatouer.

TAU n.m. inv., ▲ *n.m.* **1.** Dix-neuvième lettre de l'alphabet grec (Τ, τ), correspondant au *t* français. **2.** Tauon. **3.** HÉRALD. Figure en forme de T (croix de Saint-Antoine), toujours alésée.

TAUD n.m. ou **TAUDE n.f.** (anc. scand. *tjald*). Tente de toile destinée à protéger des intempéries tout ou partie d'un navire.

TAUDIS n.m. (de l'anc. fr. *se tauder*, s'abriter). Logement misérable et malpropre.

TAULARD, E n., TAULE n.f., TAULIER, ÈRE n. → **TÔLARD, 2. TÔLE** et **2. TÔLIER.**

TAUON n.m. (de *tau* et *électron*). Particule élémentaire (τ) de la famille des leptons, dont la masse vaut 3 491 fois celle de l'électron (SYN. **tau**).

TAUPE n.f. (lat. *talpa*). **1.** Mammifère aux yeux atrophiés, aux pattes antérieures larges et robustes avec lesquelles il creuse des galeries dans le sol, où il chasse insectes et vers. ➲ Famille des talpidés. **2.** Fourrure de cet animal. **3.** Lamie (requin). **4.** Engin de génie civil servant à creuser des tunnels, et qui travaille de manière continue et à pleine section. **5.** Fam. Espion placé dans un organisme pour recueillir des renseignements confidentiels. **6.** Arg. scol. Classe de mathématiques spéciales. ▪ **Taupe de mer,** aphrodite.

TAUPÉ, E adj. et **n.m.** Se dit d'une variété de feutre utilisant des poils de lièvre et de lapin.

TAUPE-GRILLON n.m. (pl. *taupes-grillons*). Courtilière.

TAUPER v.t. [3]. Suisse. Fam. Emprunter de l'argent à qqn ; soustraire indûment de l'argent à qqn.

TAUPIER n.m. Personne ou animal chargés de détruire les taupes.

TAUPIÈRE n.f. Piège à taupes.

TAUPIN n.m. 1. Coléoptère de forme allongée et de couleur sombre, dont la larve, appelée *ver fil de fer*, se nourrit des parties souterraines des végétaux. ➲ La larve du *taupin des moissons* est un ravageur des céréales, de la betterave et de la pomme de terre. Famille des élatéridés. **2.** Arg. scol. Élève de taupe. ▪ **Taupin des moissons,** agriote.

TAUPINIÈRE n.f. Monticule de terre qu'une taupe élève en creusant ses galeries souterraines.

TAURE n.f. (lat. *taura*). Région. (Ouest). Génisse.

▲ **tatouage.** Palefrenier tatoué, photographie prise en 1868, au Japon, par Felice Beato. (Coll. part.)

a b c d e f g h i j k l m n o p q r s t u v w x y z

TAUREAU n.m. (anc. fr. *tor*). Mâle reproducteur de l'espèce bovine. ➲ Cri : le taureau beugle, mugit. ■ **Cou de taureau,** large et puissant. ■ **Le Taureau,** constellation et signe du zodiaque (v. partie n.pr.). ■ **Un Taureau, n.m. inv.,** une personne née sous ce signe.

▲ **taureau** abondance.

TAURILLON n.m. Jeune taureau.

TAURIN, E adj. 1. Relatif aux taureaux ou aux courses de taureaux. **2.** Relatif à la sous-espèce *Bos taurus*, correspondant aux bovins des zones tempérées.

TAURINE n.f. Dérivé d'acide aminé, découvert initialement dans la bile de taureau et ajouté notamm. à certaines boissons énergisantes. ➲ Ces boissons sont désormais autorisées en Europe, bien que les risques d'une consommation excessive soient mal connus.

TAUROBOLE n.m. (du gr. *taûros*, taureau, et *ballein*, frapper). **ANTIQ.** Sacrifice dans lequel le fidèle ou le prêtre était arrosé du sang du taureau immolé, dans le culte de Cybèle ou de Mithra.

TAUROMACHIE [-ʃi] **n.f.** (du gr. *taûros*, taureau, et *makhê*, combat). Art de combattre les taureaux dans l'arène.

TAUROMACHIQUE adj. Relatif à la tauromachie.

TAUTOLOGIE n.f. (du gr. *tautos*, le même, et *logos*, discours). **1.** Répétition d'une même idée en termes différents. **2. LOG.** Proposition vraie quelle que soit la valeur de vérité de ses composants.

TAUTOLOGIQUE adj. Qui a le caractère d'une tautologie.

TAUTOMÈRE adj. et **n.m. CHIM.** Se dit d'un composé qui existe sous plusieurs formes distinctes en équilibre.

TAUTOMÉRIE n.f. CHIM. Équilibre entre deux molécules assuré par l'intermédiaire d'un ion commun.

TAUX n.m. (de l'anc. fr. *tauxer*, taxer). **1.** Prix fixé par une convention, la loi ou l'usage ; montant : *Taux de change. Taux horaire d'un salaire.* **2.** Grandeur exprimée en pourcentage ; proportion : *Taux de natalité.* ■ **Taux de base bancaire,** déterminant les conditions appliquées aux emprunteurs par les banques. ■ **Taux de compression,** dans les moteurs à combustion interne, rapport entre les volumes maximal et minimal de la chambre de combustion. ■ **Taux d'escompte,** taux auquel une banque, et en partic. une banque centrale, accepte d'escompter les effets qui lui sont présentés. ■ **Taux de variation d'une fonction numérique** [math.], rapport de la variation de la fonction à la variation correspondante de la variable (symb. $\frac{\Delta f}{\Delta x}$). ■ **Taux d'intérêt,** rapport, en pourcentage, de l'intérêt annuel et de la somme empruntée. ■ **Taux directeur,** taux d'intervention d'une banque centrale servant de base de calcul à d'autres taux. ■ **Taux effectif global (TEG),** taux qui ajoute au taux d'intérêt de base des frais annexes (gestion du dossier, assurance, par ex.).

TAUZIN n.m. Chêne d'une espèce à feuilles duveteuses, commun dans les forêts du littoral de l'Europe occidentale.

TAVEL n.m. Vin rosé récolté aux environs de Tavel (Gard).

TAVELER v.t. [16], ▲ *[12]* (du lat. *tabella*, tablette). Marquer un fruit, une surface de taches.

TAVELURE n.f. 1. Tache sur une peau tavelée ; ensemble de ces taches. **2.** Maladie cryptogamique des arbres fruitiers, caractérisée par des taches noires sur les feuilles, les rameaux et les fruits.

TAVERNE n.f. (lat. *taberna*). **1.** Restaurant de style rustique ; petit restaurant ou café. **2.** Vx. Lieu où l'on servait à boire ; cabaret.

TAVERNIER, ÈRE n. Vx. Personne qui tenait une taverne.

TAVILLON n.m. (lat. *tabella*). Suisse. Planchette en forme de tuile ; bardeau.

TAXA n.m. pl. Pluriel de *taxum*.

TAXABLE adj. Qui peut être taxé.

TAXACÉE n.f. (du lat. *taxus*, if). Gymnosperme de l'hémisphère Nord, à fruit charnu, telle que l'if. ➲ Les taxacées forment une famille.

TAXAGE n.m. Québec. Action de taxer, d'extorquer.

TAXATEUR, TRICE n. DR. Personne qui fixe une taxe. ◆ **adj.** ■ **Juge taxateur,** qui taxe les dépens.

TAXATION n.f. Action de taxer ; fait d'être taxé. ■ **Taxation d'office,** évaluation de la matière imposable effectuée par l'administration fiscale française en cas d'absence ou de retard d'une déclaration de revenus.

TAXE n.f. 1. Prélèvement fiscal obligatoire perçu par l'État : *Taxe d'habitation.* **2. DR.** Détermination du montant des dépens par un magistrat. ■ **Prix hors taxes,** sans les taxes. ■ **Taxe intérieure sur les produits pétroliers (TIPP),** taxe perçue en plus de la TVA sur les produits pétroliers (essence, fioul, GPL, etc.) utilisés comme carburants ou comme combustibles de chauffage. ■ **Taxe professionnelle** [anc.], impôt au profit des collectivités territoriales, remplacé aujourd'hui par la contribution économique territoriale. ■ **Taxes parafiscales,** perçues dans un intérêt économique ou social au profit de personnes morales, publiques ou privées, autres que l'État, les collectivités locales et les établissements publics administratifs habilités à percevoir des impôts. ■ **Taxe sur la valeur ajoutée (TVA),** taxe calculée et payée, à chaque stade de production et de distribution, sur la valeur apportée au bien ou au service vendu par la personne morale ou physique assujettie.

TAXER v.t. [3] (du lat. *taxare*, évaluer). **1.** Soumettre à une taxe, un impôt. **2.** Fam. Extorquer ou soutirer qqch à qqn : *Ils lui ont taxé son portable. Il m'a taxé (de) 10 euros.* **3.** Présenter qqn comme ayant tel défaut : *Taxer qqn de négligence.* **4. DR.** Évaluer les dépens dans un procès.

TAXI n.m. (abrév. de *taximètre*). **1.** Automobile de location munie d'un taximètre. **2.** Fam. Chauffeur de taxi.

TAXI-BROUSSE n.m. (pl. *taxis-brousse*). Afrique. Taxi collectif sans compteur qui s'arrête à la demande et peut prendre jusqu'à dix passagers.

TAXI-CLANDO n.m. (pl. *taxis-clandos*). Sénégal. Voiture particulière utilisée frauduleusement comme taxi urbain.

TAXIDERMIE n.f. (du gr. *taxis*, arrangement, et *derma*, peau). Art de préparer, d'empailler et de présenter les animaux vertébrés, en leur conservant l'apparence de la vie.

TAXIDERMISTE n. Personne qui pratique la taxidermie (SYN. **empailleur, naturaliste**).

TAXIE n.f. (du gr. *taxis*, arrangement). **BIOL.** Mouvement locomoteur ou simple réaction d'orientation des organismes, programmé génétiquement, et provoqué par un stimulus du milieu extérieur.

TAXIEUR, EUSE n. Algérie. Chauffeur de taxi.

TAXIMAN [-man] **n.m.** (pl. *taximans* ou *taximen*) [de *taxi* et de l'angl. *man*, homme]. Afrique, Belgique. Chauffeur de taxi.

TAXIMÈTRE n.m. Compteur qui établit le prix d'une course en taxi, en fonction notamm. du temps et de la distance parcourue.

TAXINOMIE ou **TAXONOMIE n.f.** (du gr. *taxis*, ordre, et *nomos*, loi). Science des lois de la classification ; classification d'éléments concernant un domaine, une science.

TAXINOMIQUE adj. Relatif à la taxinomie.

TAXINOMISTE n. Spécialiste de taxinomie.

TAXIPHONE n.m. (nom déposé). Vieilli. Téléphone public.

TAXIPHONE n.m. (de *taxi* et *téléphone*). Établissement commercial dans lequel on peut téléphoner dans le monde entier à moindre coût et, souvent, avoir accès à divers autres services de télécommunications (fax, Internet) [SYN. **téléboutique**].

TAXIWAY [-wɛ] **n.m.** (mot angl.). Voie cimentée ou goudronnée sur laquelle peuvent rouler les avions pour dégager ou atteindre la piste, dans un aéroport.

TAXODIUM [-djɔm] **n.m.** (mot lat., de *taxus*, if). Conifère des marécages d'Amérique, muni de racines émergées qui jouent un rôle respiratoire, tel le cyprès chauve de Virginie. ➲ Famille des taxodiacées.

TAXOL n.m. Substance extraite de l'écorce des ifs et utilisée dans le traitement de certains cancers.

TAXON ou **TAXUM** [taksɔm] **n.m.** (pl. *taxa* ou *taxums*). **BIOL.** Unité systématique, dans une classification.

TAXONOMIE n.f. → **TAXINOMIE.**

TAYAUT interj. → **TAÏAUT.**

TAYLORISME n.m. Système d'organisation du travail (établi par F.W. Taylor) fondé sur la séparation entre fonctions de conception et fonctions d'exécution dans l'entreprise, sur la recherche de la productivité du travail et sur l'individualisation des rémunérations.

TCA [tesea] **n.m.** (sigle). **MÉD.** Trouble du comportement alimentaire.

TCC n.f. (sigle). Thérapie cognitivo-comportementale.

TCHADIEN, ENNE adj. et **n.** Du Tchad ; de ses habitants. ■ **Langues tchadiennes,** tchadien. ◆ **n.m.** Groupe de langues de la famille chamito-sémitique parlées au Nigeria, au Tchad et au Cameroun.

TCHADOR n.m. (mot persan). Voile couvrant la tête et l'ensemble du corps, porté par certaines femmes musulmanes (surtout en Iran).

TCHADRI n.m. (de *tchador*). Vêtement traditionnel des femmes musulmanes, dissimulant leur corps à l'exception des mains et des pieds, et ajouré à hauteur des yeux. ➲ Il est surtout porté en Afghanistan.

TCHAO → **CIAO.**

TCHAPALO n.m. Afrique. Bière de petit mil ou de sorgho.

TCHARCHAF n.m. (turc *çarşaf*). Anc. Voile noir avec lequel les femmes turques se cachaient le visage.

TCHAT n.m. → **2. CHAT.**

TCHATCHE n.f. (de l'esp. *chacharear*, bavarder). Fam. Grande volubilité ; bagou.

TCHATCHER v.i. [3]. Fam. Parler abondamment ; bavarder.

TCHATCHEUR, EUSE n. Fam. Personne qui tchatche, qui a de la tchatche.

TCHATTER v.i. [3], TCHATTEUR, EUSE n. → **CHATTER** et **CHATTEUR.**

TCHÉCOSLOVAQUE adj. et **n. HIST.** De Tchécoslovaquie.

TCHÈQUE adj. et **n.** De la République tchèque ; de ses habitants. ◆ **n.m.** Langue slave occidentale parlée en République tchèque.

TCHERNOZEM [-zɛm] ou **TCHERNOZIOM** [-zjɔm] **n.m.** (du russe *tchernozem*, terre noire). Anc. Sol type des steppes continentales froides et sèches de l'Est européen (Ukraine, notamm.), que l'on retrouve dans certaines régions du Canada.

TCHÉTCHÈNE adj. et **n.** De la Tchétchénie ; de ses habitants. ◆ **n.m.** Langue caucasienne parlée princip. en Tchétchénie.

TCHIN-TCHIN ou **TCHIN,** ▲ *TCHINTCHIN* [tʃin(tʃin)] **interj.** Fam. S'emploie pour trinquer : *Tchin-tchin ! Tous mes vœux !*

TCHITOLA n.m. (mot d'une langue africaine). Arbre de l'Afrique tropicale, au bois brun-rouge, utilisé en menuiserie, en ébénisterie, etc. ➲ Sous-famille des césalpiniacées.

TCHOULER v.i. [3] (mot wallon). Belgique. Fam. Pleurer à chaudes larmes : *Arrête de tchouler !*

TDAH [tedeaʃ] **n.m.** (sigle de *trouble déficitaire de l'attention avec hyperactivité*). **PSYCHIATR.** Trouble du comportement qui apparaît chez l'enfant et persiste souvent à l'âge adulte, caractérisé par l'incapacité à maintenir une attention soutenue, l'impulsivité et une hyperactivité permanente. ➲ Le sigle *TDA* désigne le *trouble déficitaire de l'attention sans hyperactivité.*

TE pron. pers. Désigne la 2e pers. du sing., représentant celui, celle à qui l'on parle, en fonction de complément : *Je te quitte. Ce livre t'enchantera. Il te le prête.*

TÉ n.m. TECHN. 1. Toute pièce ayant la forme d'un T. **2.** Instrument de dessinateur, composé de deux branches assemblées à angle droit, formant un T.

3. Ferrure en forme de T, employée pour consolider les assemblages de menuiserie, notamm. dans les croisées. ▪ **Fer en té, à double té,** fer en cornière employé en construction et présentant une section en T ou en double T.

TEA-ROOM [tirum] **n.m.** (pl. *tea-rooms*) [mot angl. « salon de thé »]. Suisse. Établissement souvent associé à une pâtisserie ou à une boulangerie, où l'on sert des mets et des boissons sans alcool, et qui n'est pas destiné principalement à la consommation de thé.

TEASER [tizœr] **n.m.** (mot angl.). **1.** Accroche publicitaire sans mention de produit ou de marque, destinée à intriguer le public et à retenir son attention jusqu'à la campagne proprement dite. Recomm. off. **aguiche. 2.** Première bande-annonce d'un film, volontairement courte, percutante et énigmatique, diffusée des mois avant la présentation officielle de l'œuvre et sa sortie en salle.

TEASING [tiziŋ] **n.m.** (mot angl). Procédé publicitaire qui utilise le teaser. Recomm. off. **aguichage.**

TEC [tɛk] **n.f. inv.** (acronyme). Tonne d'équivalent charbon.

TECHNÉTIUM [tɛknesjɔm] **n.m.** (du gr. *tekhnêtos*, artificiel). Élément artificiel (Tc), isolé parmi les produits de fission de l'uranium, de numéro atomique 43 et de masse atomique 98.

1. TECHNICIEN, ENNE [tɛk-] **n. 1.** Personne qui connaît et pratique une technique. **2.** Professionnel qui maîtrise une ou plusieurs techniques et en assure les applications pratiques au domaine de la production. ▪ **Technicien de surface,** dans le langage administratif, employé d'une entreprise de nettoyage chargé du ménage dans des bureaux, des lieux publics.

2. TECHNICIEN, ENNE ou **TECHNICISTE** [tɛk-] **adj.** Relatif à la technique, à la technicité.

TECHNICISER [tɛk-] **v.t. [3].** Pourvoir de moyens, de structures techniques.

TECHNICISME [tɛk-] **n.m.** Fait de donner à la technique une importance prépondérante.

TECHNICISTE [tɛk-] **adj.** Qui est partisan du technicisme.

TECHNICITÉ [tɛk-] **n.f.** Caractère de ce qui est technique.

TECHNICO-COMMERCIAL, E, AUX [tɛk-] **adj.** et **n.** Se dit d'un vendeur qui possède des connaissances techniques sur le produit qu'il vend.

TECHNICOLOR **n.m.** (nom déposé). Procédé de films en couleurs.

1. TECHNIQUE [tɛk-] **adj.** (du gr. *tekhnê*, art). **1.** Relatif à un métier, une science ou à leurs applications : *Termes techniques.* **2.** Relatif au fonctionnement d'une machine : *Incident technique.* **3.** Qui concerne les applications de la connaissance scientifique : *Progrès techniques.* ▪ **Enseignement technique,** ou **technique, n.m.,** enseignement technologique*.

2. TECHNIQUE [tɛk-] **n.f. 1.** Ensemble des procédés et des méthodes d'un art, d'un métier, d'une industrie. **2.** Ensemble des applications de la science dans le domaine de la production. **3.** Savoir-faire dans la pratique d'une activité, d'un art : *Améliorer sa technique au piano.*

TECHNIQUEMENT [tɛk-] **adv.** De façon technique.

TECHNO [tɛk-] **adj.** et **n.f.** Se dit d'un style de musique et d'un mouvement socioculturel apparus aux États-Unis au milieu des années 1980, utilisant les nouvelles technologies pour créer des morceaux au son saturé, au tempo très rapide, au rythme répétitif, adopté notamm. dans les raves.

TECHNOCRATE [tɛk-] **n.** Souvent péjor. Homme d'État ou haut fonctionnaire qui fait prévaloir les considérations techniques ou économiques sur les facteurs humains.

TECHNOCRATIE [tɛknɔkrasi] **n.f.** Souvent péjor. Système politique dans lequel les responsables politiques sont supplantés par les technocrates dans la prise des décisions.

TECHNOCRATIQUE [tɛk-] **adj.** Relatif à la technocratie.

TECHNOCRATISER [tɛk-] **v.t. [3].** Donner un caractère technocratique à qqch.

TECHNOLOGIE [tɛk-] **n.f. 1.** Étude des outils, des machines, des techniques utilisés dans l'industrie. **2.** Ensemble de savoirs et de pratiques, fondé sur des principes scientifiques, dans un domaine technique. **3.** Théorie générale des techniques. **4.** (Souvent abusif). Technique. ▪ **Nouvelles technologies, technologie(s) avancée(s), haute technologie, technologie de pointe,** moyens matériels et organisations structurelles qui mettent en œuvre les découvertes et les applications scientifiques les plus récentes. *(V. planche page suivante.)*

TECHNOLOGIQUE [tɛk-] **adj.** Relatif à la technologie. ▪ **Enseignement technologique,** enseignement du second degré, dispensé en lycée, menant au baccalauréat technologique et à un complément de formation dans le supérieur, et ouvrant sur les métiers de l'industrie et des services. (On dit aussi *enseignement technique.*)

TECHNOLOGUE ou **TECHNOLOGISTE** [tɛk-] **n.** Spécialiste de technologie.

TECHNOPHILE [tɛk-] **adj.** et **n.** Favorable au progrès technique, aux nouvelles technologies.

TECHNOPHOBE [tɛk-] **adj.** et **n.** Hostile au progrès technique, aux nouvelles technologies.

TECHNOPOLE [tɛk-] **n.f.** (de *technologie* et du gr. *polis*, ville). Grand centre urbain disposant d'un fort potentiel d'enseignement et de recherche, favorable au développement d'industries de pointe.

TECHNOPÔLE [tɛk-] **n.m.** (de *technologie* et *pôle*). Site spécialement aménagé pour accueillir les entreprises de haute technologie ou pour en favoriser l'implantation.

TECHNOSCIENCE [tɛk-] **n.f.** Activité scientifique visant essentiellement à produire des résultats technologiques (par oppos. à la recherche fondamentale).

TECHNOSTRUCTURE **n.f.** Groupe de techniciens qui exercent le pouvoir dans les grandes administrations, les grandes firmes, dans la société moderne. ➲ Concept central dans la pensée de l'économiste J.K. Galbraith.

TECK ou **TEK** **n.m.** (port. *teca*). Arbre de l'Asie tropicale fournissant un bois dur, de densité moyenne, imputrescible. ➲ Famille des verbénacées.

TECKEL **n.m.** (all. *Teckel*). Basset à poil ras et dur, ou à poil long, d'origine allemande.

TECTITE **n.f.** (du gr. *têktos*, fondu). **GÉOL.** Fragment de roche vitreuse en forme de goutte, résultant vraisemblablement de la fusion de roches terrestres projetées dans l'atmosphère, sous l'impact d'une météorite, puis retombées à une grande distance.

TECTONIQUE **n.f.** (all. *Tektonik*, du gr. *tektôn, -onos*, charpentier). Domaine de la géologie qui étudie les déformations des terrains (plis, failles, schistosité) ; ensemble de ces déformations. ▪ **Tectonique des plaques,** théorie géodynamique expliquant les orogènes ainsi que les différents phénomènes géologiques (séismes, volcanisme, etc.) par les mouvements des plaques lithosphériques. ◆ **adj.** Relatif à la tectonique.

TECTONOPHYSIQUE **n.f.** Étude des structures tectoniques avec des méthodes issues de la physique.

TECTRICE **adj.f.** (du lat. *tectus*, couvert). ▪ **Plumes tectrices,** ou **tectrices, n.f.,** plumes qui couvrent les ailes des oiseaux (SYN. **plumes de couverture** ou **couvertures**).

TED ou **T.E.D.** [teəde] **n.m. pl.** (sigle). Troubles envahissants du développement.

TE DEUM [tedeɔm] **n.m. inv.** Hymne de louange et d'action de grâces de l'Église catholique, commençant par les mots *Te Deum laudamus*, « Seigneur, nous te louons ».

TEE [ti] **n.m.** (mot angl.). **1.** Au golf, cheville fixée en terre et servant à surélever la balle au départ d'un trou. **2.** Au rugby, petit support creux sur lequel le joueur peut poser le ballon à l'occasion d'un coup d'envoi ou d'un coup de pied de pénalité.

TEEN-AGER (pl. *teen-agers*) ou **TEENAGER** [tinɛdʒœr] **n.** (de l'angl. *-teen*, suff. employé de 13 à 19, et *age*, âge). Fam., vieilli. Adolescent.

TEE-SHIRT (pl. *tee-shirts*), ▲ *TEESHIRT* [tiʃœrt] **n.m.** (mot angl.). Maillot en coton, à manches courtes ou longues, en forme de T.

TEFILLIN ou **TEPHILLIN** [tefilin] **n.m. pl.** (hébr. *t'philim*). Phylactère.

TEFLON [teflɔ̃] **n.m.** (nom déposé). Matière plastique fluorée (polytétrafluoroéthylène), résistant à la chaleur et à la corrosion.

TEG ou **T.E.G.** [teøʒe] **n.m.** (sigle). Taux effectif global.

TÉGÉNAIRE **n.f.** (du lat. *teges, -etis*, couverture). Araignée des maisons, à l'abdomen brun tacheté, qui tisse une toile irrégulière dans les angles des murs, derrière les meubles. ➲ Famille des agélénidés.

TÉGUMENT **n.m.** (lat. *tegumentum*, de *tegere*, couvrir). **1.** Ensemble des tissus qui couvrent le corps de l'homme et des animaux. **2.** (Surtout pl.). Peau de l'homme. **3. BOT.** Enveloppe de la graine.

TÉGUMENTAIRE **adj.** Relatif au tégument.

TEIGNE **n.f.** (lat. *tinea*). **1. MÉD.** Infestation du cuir chevelu et des poils par des champignons microscopiques tels que le trichophyton. **2.** Mite. **3.** Fam. Personne méchante. ▪ **Fausse teigne** ou **teigne de la cire,** gallérie.

TEIGNEUX, EUSE **adj.** et **n. 1. MÉD.** Atteint de la teigne. **2.** Fam. Hargneux et tenace.

TEILLAGE ou **TILLAGE** [tijaʒ] **n.m.** Action de teiller.

TEILLE ou **TILLE** [tij] **n.f.** (du lat. *tilia*, tilleul). **1.** Écorce de la tige du chanvre. **2.** Liber du tilleul, dont on fait des cordes, des nattes.

TEILLER ou **TILLER** [tije] **v.t. [3]. TEXT.** Battre ou broyer une plante textile pour en briser les parties ligneuses.

TEILLEUSE ou **TILLEUSE** [tijøz] **n.f.** Machine utilisée pour teiller.

TEINDRE **v.t. [62]** (lat. *tingere*) Soumettre à l'action d'une substance colorante qui donne une couleur déterminée : *Teindre un vêtement.* ◆ **SE TEINDRE** **v.pr.** Donner à ses cheveux une couleur artificielle.

1. TEINT **n.m.** (du lat. *tinctus*, teinture). **1.** Coloris et aspect de la peau du visage : *Teint pâle, mat.* **2.** Couleur donnée à une étoffe par la teinture. ▪ **Bon teint,** se dit d'une personne ferme dans ses convictions : *Un socialiste bon teint.* ▪ **Bon teint** ou **grand teint,** d'une couleur résistant à l'usage.

2. TEINT, E **adj.** Qui a reçu une teinture : *Laines teintes.*

TEINTANT, E **adj.** Se dit d'un produit qui teinte.

TEINTE **n.f. 1.** Couleur nuancée obtenue par mélange (SYN. **ton rompu**). **2.** Fig. Nuance légère ; soupçon : *Une teinte de jalousie.*

TEINTÉ, E **adj. 1.** Qui a été teint en une certaine couleur : *Bois, verre teinté.* **2.** Fig. Légèrement marqué de : *Un compliment teinté d'ironie.*

TEINTER **v.t. [3].** Donner une teinte artificielle à : *Teinter du cuir.* ◆ **SE TEINTER** **v.pr.** Prendre telle teinte : *Le ciel se teinte de rose.*

TEINTURE **n.f.** (lat. *tinctura*). **1.** Action de teindre. **2.** Liquide contenant une matière colorante en dissolution, dont on imprègne les tissus ou les cheveux. **3. PHARM.** Préparation médicamenteuse liquide obtenue par l'action de l'alcool sur des plantes médicinales. **4.** Fig., vieilli. Connaissance superficielle de ; vernis.

TEINTURERIE **n.f. 1.** Industrie de la teinture. **2.** Établissement qui reçoit les vêtements, les tissus à nettoyer ou à teindre.

TEINTURIER, ÈRE **n. 1.** Personne qui tient une teinturerie. **2.** Industriel de la teinturerie. ◆ **n.m. VITIC.** Nom donné à divers cépages.

TÉJU **n.m.** Tupinambis.

TEK **n.m.** → **TECK.**

TEKNIVAL **n.m.** (nom déposé). Festival de musique techno alternatif.

TEL, TELLE **adj.** (lat. *talis*). **1.** Marque la similitude ; pareil : *De tels propos m'étonnent venant d'elle.* **2.** Marque la comparaison ; semblable à : *Elle chante tel un rossignol. Il les dorlote telle une mère.* **3.** Renvoie à ce qui précède ou suit : *Tel fut son commentaire. Telle est ma décision.* **4.** Marque l'intensité : *Une telle erreur est inadmissible !* **5.** Désigne qqn, qqch sans précision : *Tel livre est épuisé, tel autre introuvable.* ▪ **Tel que,** comme : *Voir la réalité telle qu'elle est. Des langues telles que l'italien, le russe* ; marque la conséquence : *Il y avait une cohue telle qu'on s'est perdus.* ▪ **Tel quel,** sans changement : *Laisser les choses telles quelles.* ▪ **Tel…, tel…,** comme…, ainsi : *Tel père, tel fils.* ◆ **pron. indéf.** Litt. Quelqu'un ; celui : *Tel est pris qui croyait prendre.* ▪ **Un tel, Une telle,** remplace, avec une valeur vague, un nom propre : *Le docteur Un tel.* (On écrit aussi *untel, unetelle.*)

Les nouvelles technologies

Toujours plus innovantes, écologiques, précises, « intelligentes » ou connectées, les technologies ne cessent d'évoluer. Certaines font déjà partie de notre quotidien, d'autres permettent d'envisager l'avenir.

Convergence, réseaux et *cloud computing*. Au début des années 2010, la révolution du Web 2.0 conduit à l'explosion des réseaux sociaux facilitée par la multiplication de nouveaux supports : smartphones, tablettes tactiles, miniportables... La convergence de l'Internet, de la téléphonie ou de la télévision associée à l'informatique en nuage (*cloud computing*), qui externalise le stockage des données sur des serveurs distants, modifie profondément notre manière de communiquer.

Supercalculateur. Réservés aux traitements de données extrêmement lourds et complexes (météorologie, études du climat, nucléaire, civil et militaire, astronomie…), les supercalculateurs, ou superordinateurs, sont avant tout utilisés pour la recherche (ici, au CNES). Certains dépassent la dizaine de pétaflops, soit plusieurs millions de milliards d'opérations en virgule flottante par seconde.

Cube immersif. Cette expérience de réalité virtuelle permet, grâce à 3 écrans verticaux et à un écran horizontal, de plonger l'utilisateur au cœur de l'image (ici, une modélisation du cerveau à l'INRIA), mais aussi d'interagir avec elle et de la manipuler.

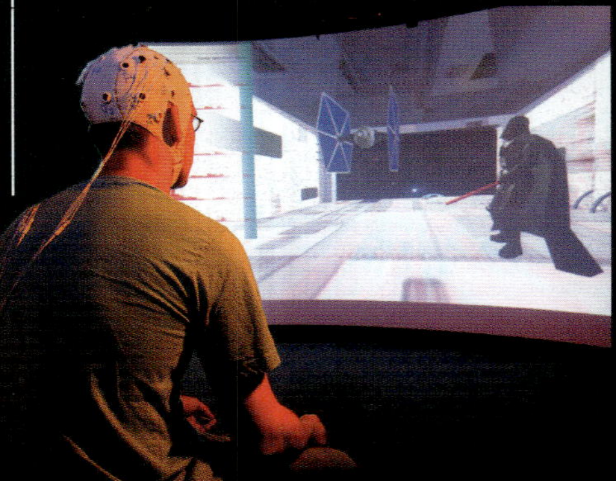

Interface cerveau-ordinateur (ICO). Grâce à un casque muni d'électrodes, on peut aujourd'hui commander un ordinateur par la pensée. Les applications aux jeux vidéo (ici, à l'INRIA) sont évidentes, mais le principe pourrait constituer une aide précieuse aux personnes à mobilité très réduite (locked-in syndrome, par exemple).

Smartgrid. Les réseaux de distribution d'électricité « intelligents » (smartgrid), optimisés par ordinateur, parfois à l'échelle d'un continent, permettent d'ajuster en temps réel la production d'énergie en fonction des besoins. Les enjeux sont à la fois économiques et environnementaux.

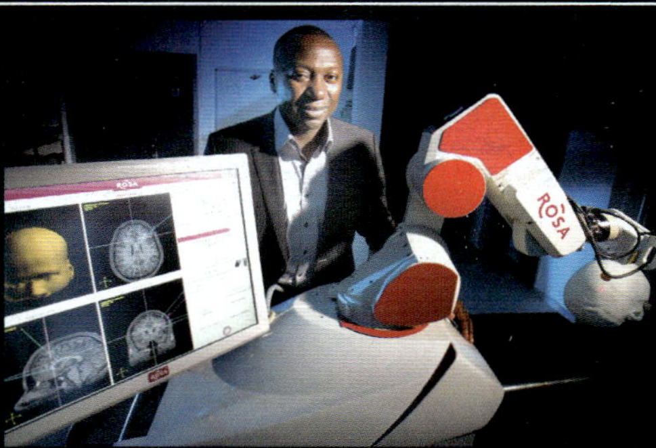

Robot chirurgien. Ce robot d'assistance en neurochirurgie, développé par le Français Bertin Nahum, permet de guider des biopsies ou des implants avec une précision extrême, indispensable à toute opération sur le cerveau. Cette haute technologie équipe des hôpitaux du monde entier.

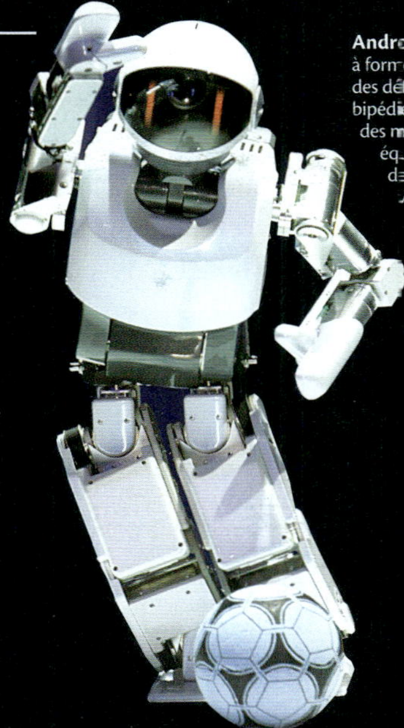

Androïde. Les robots à forme humaine sont des défis technologiques : bipédie, coordination des mouvements, équilibre, anticipation des obstacles, contrôle vocal… Certains peuvent jouer au football (ici, le SDR 3X), jouer du violon ou exécuter des pas de danse.

Exosquelettes biomécaniques. Autres fleurons de la robotique, les exosquelettes sont conçus comme des armures motorisées enveloppant une partie du corps, généralement un membre paralysé. À leurs applications dans le domaine médical s'ajoutent, pour certains modèles, des développements en vue d'applications militaires ou de sûreté nucléaire.

Gyropode. Ces véhicules monoplaces sont stabilisés par un système gyroscopique très sensible. Électriques, ils se déplacent silencieusement et sans émissions polluantes.

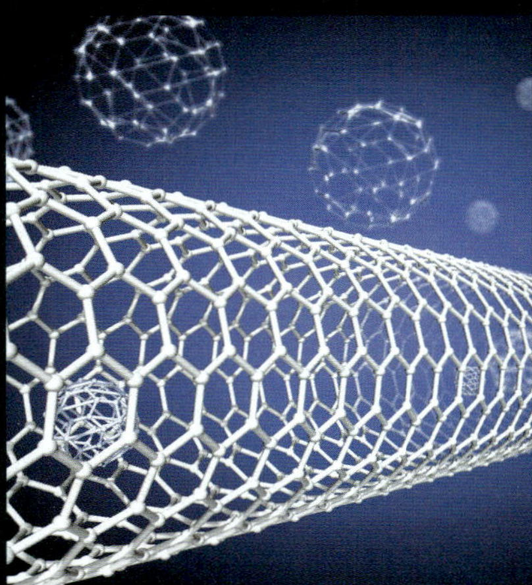

Nanotechnologies. Manipuler et construire des objets fonctionnels à l'échelle atomique ou moléculaire intéressent à la fois l'électronique, la biologie, la chimie ou encore l'optique. Produits les plus célèbres de ces nanotechnologies : les nanotubes de carbone et les fullerènes (sphères constituées d'atomes de carbone).

Drone. À l'origine exclusivement militaires, les drones ont aujourd'hui de nombreuses applications civiles : surveillance, prises de vue aériennes, épandage d'engrais… ou simple divertissement.

Véhicule électrique. Face aux problèmes croissants de pollution et d'encombrement des villes, les petites citadines entièrement électriques (ici, Renault Twizy Z.E.) sont présentées comme des alternatives plus écologiques.

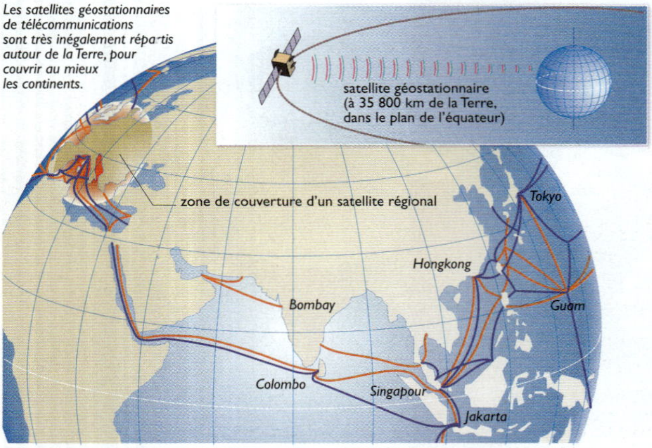

▲ **télécommunication.** Les moyens de télécommunication à grande distance.

TÉLAMON **n.m.** (du lat. *telamones*, cariatides). Atlante.

TÉLANGIECTASIE **n.f.** (du gr. *têle*, loin, et de *angiectasie*). **MÉD.** Dilatation des vaisseaux capillaires formant de petites lignes rouges sur la peau.

TÉLÉ **n.f.** (abrév.). Fam. Télévision ; téléviseur.

TÉLÉACHAT **n.m.** Achat à distance (télévision, Internet) de produits divers.

TÉLÉACHETEUR, EUSE **n.** Personne qui pratique le téléachat.

TÉLÉACTEUR, TRICE **n.** Personne réalisant des enquêtes, des prospections commerciales par téléphone.

TÉLÉAFFICHAGE **n.m.** Affichage d'informations, génér. sur un écran : *Téléaffichage de l'horaire des vols.*

TÉLÉALARME **n.f.** Service qui permet, par l'addition d'un équipement particulier à un poste téléphonique, de lancer rapidement un appel de détresse vers un centre de secours.

TÉLÉASSISTANCE **n.f.** Service d'assistance à distance permettant à une personne vivant seule d'être mise en relation, par un simple appel, avec des personnes désignées ou un service d'urgence.

TÉLÉAVERTISSEUR **n.m.** Québec. Bip (appareil).

TÉLÉBOUTIQUE **n.f.** Taxiphone.

TÉLÉCABINE ou **TÉLÉBENNE** **n.f.** Téléphérique monocâble aménagé pour le transport de personnes par petites cabines accrochées au câble à intervalles réguliers.

TÉLÉCARTE **n.f.** (nom déposé). Carte à puce prépayée utilisable dans les cabines téléphoniques publiques.

TÉLÉCENTRE **n.m.** **1.** Lieu où sont rassemblés et mis à la disposition du public des équipements informatiques et de télécommunication nécessaires notamm. au télétravail. **2.** Afrique. Ensemble de cabines téléphoniques privées offrant des services de téléphonie et de fax au public.

TÉLÉCHARGEABLE **adj.** Que l'on peut télécharger.

TÉLÉCHARGEMENT **n.m.** **INFORM.** Transfert vers un ordinateur local d'un fichier situé sur un ordinateur distant, via un réseau de télécommunications.

TÉLÉCHARGER **v.t.** **[10].** Effectuer un téléchargement (par oppos. à *téléverser*).

TÉLÉCINÉMA **n.m.** Appareil permettant de transformer en signaux de télévision les images et les sons d'un film.

TÉLÉCOMMANDE **n.f.** Action de réaliser à distance une manœuvre quelconque ; équipement assurant cette transmission : *Télécommande d'un téléviseur.*

TÉLÉCOMMANDER **v.t.** **[3].** **1.** Commander ou conduire à distance à l'aide d'une télécommande. **2.** Fig. Ordonner et diriger une action de loin, en demeurant dans l'ombre.

TÉLÉCOMMUNICATION **n.f.** (Souvent pl.). Toute communication à distance. Abrév. **télécoms.**

➲ Depuis l'invention du télégraphe, les moyens de **TÉLÉCOMMUNICATION** se sont énormément diversifiés. Le téléphone, la radio, la télévision et surtout les réseaux informatiques (partic. Internet) ont complètement modifié nos modes de communication. Selon le mode d'échange, on différencie les moyens de télécommunication fonctionnant à sens unique, d'un émetteur vers un ou plusieurs récepteurs (radiodiffusion, télévision...), de ceux qui permettent d'instaurer un dialogue entre deux personnes ou deux groupes (téléphone, forum), ou bien avec un fournisseur de services en ligne (sites Web).
L'acheminement des informations s'effectue via des réseaux de télécommunications dont les performances en matière de transmission (rapidité, fiabilité, débit) varient en fonction de la technologie et du support physique employé (fil téléphonique, fibre optique, câble coaxial en cuivre, faisceaux hertziens transmis par satellite ou par des antennes-relais terrestres, etc.). La numérisation généralise la propagation interactive et quasi instantanée des informations multimédias au sein de réseaux à haut débit.

TÉLÉCOMS [telekɔm] **n.f. pl.** (abrév.). Télécommunications.

TÉLÉCONFÉRENCE **n.f.** Conférence dans laquelle plus de deux interlocuteurs sont répartis dans des lieux reliés entre eux par des moyens de télécommunication.

TÉLÉCONSEILLER, ÈRE **n.** Professionnel chargé de l'information et de l'aide à la clientèle par téléphone.

TÉLÉCOPIE **n.f.** Procédé de télécommunication associant la téléphonie et la numérisation d'image, qui permet de transmettre un document graphique en fac-similé ; ce document (SYN. **fax**).

TÉLÉCOPIER **v.t.** **[5].** Envoyer un document par télécopie (SYN. **faxer**).

TÉLÉCOPIEUR **n.m.** Appareil de télécopie (SYN. **fax**).

TÉLÉ-CROCHET (pl. *télé-crochets*) ou **TÉLÉCROCHET** **n.m.** Émission télévisée conçue comme un concours de chant, où les candidats sont soumis au vote d'un jury.

TÉLÉDÉCLARATION **n.f.** Déclaration administrative effectuée par l'intermédiaire d'un service en ligne sur Internet (déclaration des revenus ou déclaration douanière, par ex.).

TÉLÉDÉCLARER **v.t.** **[3].** Procéder à une télédéclaration.

TÉLÉDÉTECTION **n.f.** Technique d'étude de la surface terrestre par analyse et traitement d'images provenant d'avions, de satellites, etc.

TÉLÉDIAGNOSTIC **n.m.** Partie de la télémédecine qui s'occupe des diagnostics.

TÉLÉDIFFUSER **v.t.** **[3].** Diffuser des signaux de télévision.

TÉLÉDIFFUSION **n.f.** Action de télédiffuser.

TÉLÉDISTRIBUTION **n.f.** Distribution de programmes de télévision par un réseau de câbles (*réseau câblé*) à des abonnés (SYN. **câble, câblodistribution, télévision par câble[s]**).

TÉLÉÉCRITURE ou **TÉLÉ-ÉCRITURE** **n.f.** (pl. *téléécritures*). Système permettant la transmission d'informations graphiques au fur et à mesure de leur tracé manuscrit, et la reproduction de ce tracé sur un écran ou un autre support.

TÉLÉENSEIGNEMENT ou **TÉLÉ-ENSEIGNEMENT** **n.m.** (pl. *télé-enseignements*). Enseignement à distance (par correspondance, radio, télévision, Internet, etc.).

TÉLÉFILM **n.m.** Film de fiction réalisé pour la télévision.

TÉLÉGA ou **TÉLÈGUE** **n.f.** (russe *telega*). Voiture hippomobile à quatre roues, utilisée dans l'ancienne Russie.

TÉLÉGÉNIQUE **adj.** Se dit d'une personne, d'un visage qui produisent un effet agréable à la télévision.

TÉLÉGESTION **n.f.** Gestion à distance, grâce au télétraitement.

TÉLÉGRAMME **n.m.** Message textuel transmis par télégraphie. ▪ **Télégramme (diplomatique),** texte sécurisé transmis par un diplomate à son gouvernement.

TÉLÉGRAPHE **n.m.** Appareil ou organisme de télégraphie.

TÉLÉGRAPHIE **n.f.** Système de télécommunication dans lequel les informations transmises sont destinées à être enregistrées à la réception sous forme de document graphique. ▪ **Télégraphie sans fil (TSF)** [vx], radio.

TÉLÉGRAPHIER **v.t.** et **v.i.** **[5].** Transmettre au moyen du télégraphe.

TÉLÉGRAPHIQUE **adj.** Relatif au télégraphe ; expédié par le télégraphe. ▪ **Style télégraphique,** réduit à l'essentiel, sans mots de liaison.

TÉLÉGRAPHIQUEMENT **adv.** Par télégraphe.

TÉLÉGRAPHISTE **n.** **1.** Spécialiste de la télégraphie. **2.** Anc. Porteur de dépêches télégraphiques.

TÉLÈGUE **n.f.** → **TÉLÉGA.**

TÉLÉGUIDAGE **n.m.** Action de téléguider.

TÉLÉGUIDER **v.t.** **[3].** **1.** Guider un véhicule, un engin à distance. **2.** Fig. Inspirer la conduite de qqn par une influence occulte.

TÉLÉIMPRESSION **n.f.** Vieilli. Impression à distance de messages transmis sous forme numérisée par des systèmes télématiques.

TÉLÉIMPRIMEUR **n.m.** Vieilli. Appareil émetteur et récepteur de télégraphie comportant un clavier alphanumérique pour l'émission et assurant à la réception l'impression de caractères.

TÉLÉINFORMATIQUE **n.f.** Exploitation à distance de systèmes informatiques grâce à l'utilisation de dispositifs de télécommunication. ◆ **adj.** Relatif à la téléinformatique.

TÉLÉJOURNAL **n.m.** Québec. Journal télévisé.

TÉLÉKINÉSIE **n.f.** (du gr. *kinesis*, mouvement). **PARAPSYCHOL.** Mouvement d'objets qui se ferait sans intervention d'une force ou d'une énergie observable.

TÉLÉMAINTENANCE **n.f.** Maintenance à distance d'un véhicule spatial au moyen de liaisons de télémesure ou de télécommande.

TÉLÉMANIPULATEUR **n.m.** Appareil de manipulation à distance, utilisé génér. pour des matières dangereuses.

TÉLÉMARK **n.m.** (de *Telemark*, n.pr.). Discipline de ski alpin pratiquée sur des pentes à faible déclivité, le ski extérieur en avant et la jambe intérieure très fléchie dans les virages, le talon restant libre.

TÉLÉMARKETING, ▲ *TÉLÉMARKÉTING* **n.m.** Marketing téléphonique.

TÉLÉMATIQUE **n.f.** Ensemble des services informatiques fournis à travers un réseau de télécommunication. ◆ **adj.** Relatif à la télématique.

TÉLÉMÉDECINE **n.f.** Partie de la médecine qui utilise la transmission par télécommunication d'informations médicales (images, enregistrements, etc.), en vue d'obtenir à distance un diagnostic, un avis spécialisé, la surveillance d'un malade, une décision thérapeutique.

TÉLÉMESSAGE n.m. Texto.

TÉLÉMESSAGERIE n.f. Tout service d'émission et de réception de messages faisant appel aux techniques de télécommunication (téléphone, télécopie, courriel, etc.).

TÉLÉMESURE n.f. Transmission à distance d'un signal porteur d'informations résultant d'une mesure.

TÉLÉMÈTRE n.m. Appareil de télémétrie.

TÉLÉMÉTRIE n.f. Mesure des distances par des procédés acoustiques, optiques, radioélectriques, ou par réflexion d'un faisceau laser.

TÉLÉMÉTRIQUE adj. Relatif au télémètre ou à la télémétrie.

TÉLENCÉPHALE n.m. ANAT. Partie antérieure de l'encéphale embryonnaire, à partir de laquelle se différencient les régions olfactives et les hémisphères cérébraux.

TÉLÉNOMIE n.f. → **TÉLÉONOMIE.**

TÉLÉOBJECTIF n.m. Objectif photographique de distance focale longue, ayant un tirage court qui le rend compact, utilisé pour la photo éloignée ou pour le portrait.

TÉLÉOLOGIE n.f. (du gr. *telos*, fin, et *logos*, discours). PHILOS. **1.** Étude des fins, de la finalité. **2.** Doctrine reposant sur l'idée de finalité.

TÉLÉOLOGIQUE adj. Relatif à la téléologie et, par ext., à la finalité (SYN. **2. finaliste**).

TÉLÉONOMIE ou **TÉLÉNOMIE** n.f. (du gr. *telos*, fin, et *nomos*, loi). PHILOS. Conception selon laquelle s'exerce, tout au long de l'évolution, une finalité de nature non intentionnelle, tenant à la mise en œuvre par les êtres vivants du potentiel dont ils sont dotés. ➲ Notion développée par J. Monod.

TÉLÉOPÉRATEUR, TRICE n. Personne assurant des actions commerciales ou de marketing par téléphone pour le compte d'une entreprise.

TÉLÉOSTÉEN n.m. (du gr. *osteon*, os). Poisson osseux, à squelette entièrement ossifié, à nageoires rayonnées et à écailles plates, fines et chevauchantes. ➲ Les téléostéens forment un groupe qui rassemble presque tous les poissons actuels (plus de 23 500 espèces).

TÉLÉPAIEMENT n.m. Paiement électronique.

TÉLÉPATHE adj. et n. Qui pratique la télépathie.

TÉLÉPATHIE n.f. (angl. *telepathy*). PARAPSYCHOL. Transmission de pensée d'une personne à une autre sans communication par les voies sensorielles connues.

TÉLÉPATHIQUE adj. Relatif à la télépathie.

TÉLÉPÉAGE n.m. Système de péage autoroutier automatique par repérage à distance d'un badge électronique.

TÉLÉPHAGE n. et adj. Fam. Téléspectateur assidu jusqu'à la dépendance.

TÉLÉPHÉRIQUE n.m. Moyen de transport de personnes ou de marchandises, constitué de cabines, de bennes ou de sièges suspendus à un ou plusieurs câbles, surtout utilisé en montagne.

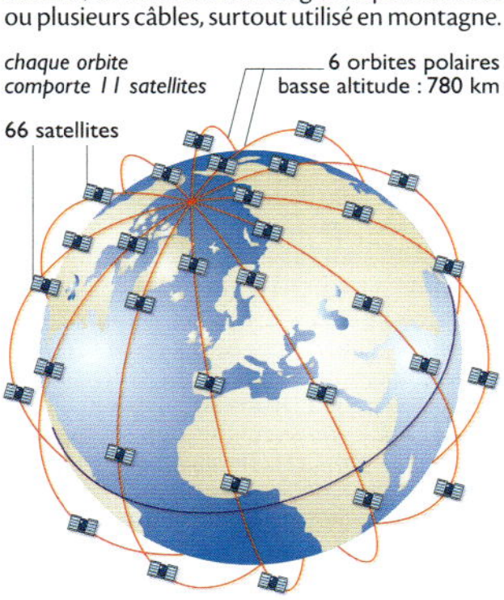

▲ **téléphone.** Constellation de satellites du réseau mondial Iridium de téléphonie avec les mobiles (66 satellites répartis sur 6 orbites polaires).

TÉLÉPHONE n.m. (du gr. *têle*, loin, et *phônê*, voix). **1.** Installation de téléphonie ; réseau téléphonique. **2.** Cour. Téléphonie ; appareil téléphonique. **3.** Fam. Numéro de téléphone. ▪ **Téléphone arabe** [fam.], transmission rapide d'une information de bouche à oreille. ▪ **Téléphone fixe,** ou **fixe, n.m.,** poste téléphonique que l'on connecte au réseau par un câble branché à un conjoncteur. ▪ **Téléphone intelligent,** téléphone mobile, souvent muni d'un écran tactile, intégrant les fonctions d'un petit ordinateur, notamm. Internet, les messageries, le GPS et de nombreuses autres applications (SYN. **ordiphone**). ▪ **Téléphone mobile,** ou **mobile, n.m.,** téléphone utilisant des relais de radiotéléphonie pour communiquer, permettant ainsi de s'affranchir d'une liaison par câble à une centrale. ➲ Les téléphones mobiles sont désormais souvent équipés d'appareil photo, caméra vidéo, etc.

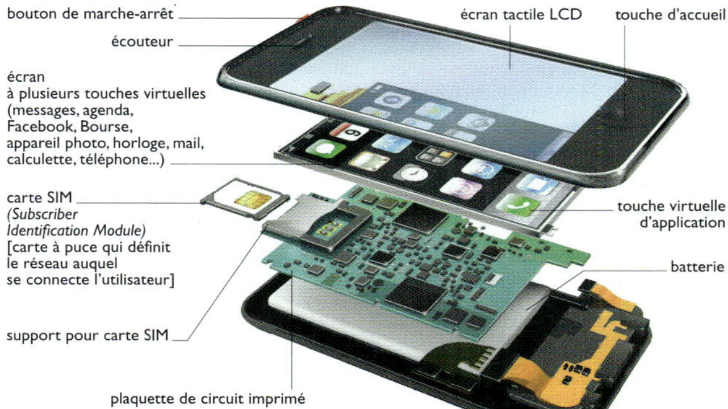

▲ **téléphone intelligent**

➲ Le **TÉLÉPHONE** est devenu un outil incontournable de la société de communication et l'objet d'un enjeu industriel majeur. Le récepteur téléphonique devient nomade et multimédia. S'il transmet en priorité la voix, il permet aussi de véhiculer des informations visuelles (textes, photos, vidéos) qui s'affichent sur un écran intégré au combiné. L'adoption de la norme IP (*Internet Protocol*) engendre le déploiement d'applications associant le réseau téléphonique traditionnel à celui d'Internet.

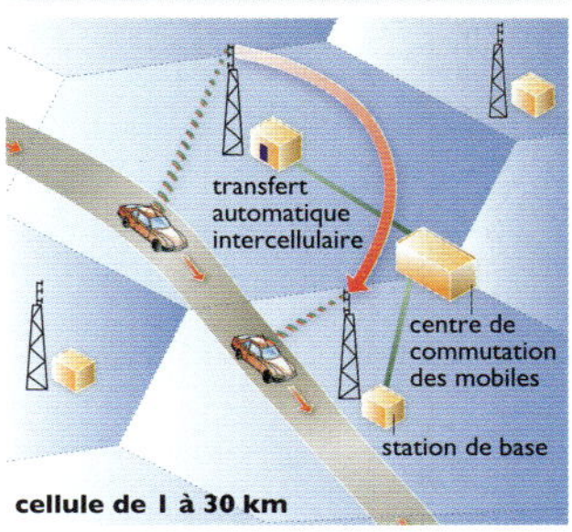

▲ **téléphone.** Fonctionnement d'un réseau de téléphonie cellulaire.

TÉLÉPHONÉ, E adj. **1.** SPORTS. Se dit d'un coup, d'un tir, d'une passe trop prévisibles ou exécutés trop lentement pour surprendre l'adversaire. **2.** Fam. Se dit de ce qui était tellement prévisible que cela ne crée pas l'effet attendu : *Des gags téléphonés.*

TÉLÉPHONER v.i. et v.t. [3]. Communiquer, transmettre par le téléphone.

TÉLÉPHONIE n.f. Système de télécommunication établi en vue de la transmission de la parole (SYN. [cour.] **téléphone**). ▪ **Téléphonie sans fil,** radiotéléphonie.

TÉLÉPHONIQUE adj. Relatif au téléphone ; qui se fait par téléphone : *Conversation téléphonique.*

TÉLÉPHONIQUEMENT adv. Par téléphone.

TÉLÉPHONISTE n. Personne chargée d'assurer les liaisons téléphoniques.

TÉLÉPOINTAGE n.m. Anc. Dispositif qui permettait le pointage à distance des canons d'un navire de guerre à partir d'un poste central de tir.

TÉLÉPORT n.m. Ensemble de moyens de télécommunication regroupés sur un site et mis à la disposition des entreprises implantées à proximité.

TÉLÉPORTATION n.f. Action de téléporter.

TÉLÉPORTER v.t. [3]. PHYS. Transporter d'un point à un autre sans déplacement physique.

TÉLÉPROCÉDURE n.f. Procédure administrative remplie par l'intermédiaire d'un service en ligne sur Internet (télédéclaration, par ex.) ; dépôt de plainte en ligne auprès de la police ou de la gendarmerie.

TÉLÉPROMPTEUR n.m. Prompteur.

TÉLÉPROSPECTEUR, TRICE n. Professionnel chargé de démarcher de nouveaux clients par téléphone.

TÉLÉRADIOGRAPHIE ou **TÉLÉRADIO** n.f. Radiographie pratiquée en plaçant l'ampoule à rayons X loin du sujet (de 2 à 3 m).

TÉLÉ-RÉALITÉ (pl. *télé-réalités*) ou **TÉLÉRÉALITÉ** n.f. Émission télévisée où est filmée la vie quotidienne de personnes sélectionnées pour y participer.

TÉLÉROMAN n.m. Québec. Feuilleton télévisé.

TÉLESCOPAGE n.m. Action de télescoper ; fait de se télescoper ; collision.

TÉLESCOPE n.m. (lat. sc. *telescopium*). Instrument d'observation astronomique dont l'objectif est un miroir concave (SYN. **réflecteur**).

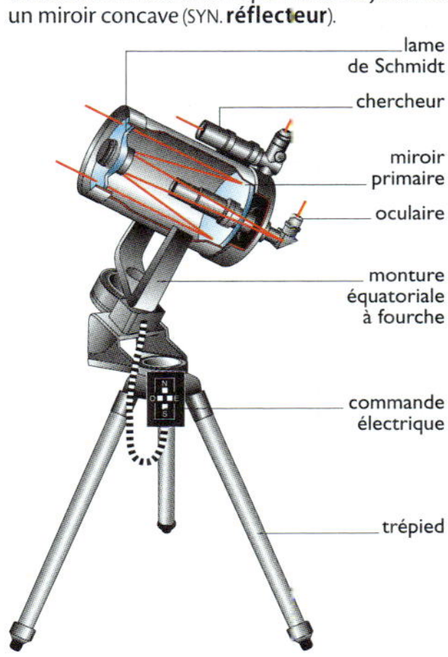

▲ **télescope.** Télescope d'amateur de type Schmidt-Cassegrain à monture équatoriale.

TÉLESCOPER v.t. [3] (de *télescope*). Heurter avec violence, en défonçant ; percuter. ◆ **SE TÉLESCOPER** v.pr. **1.** Entrer en collision ; se tamponner. **2.** Fig. Empiéter l'un sur l'autre : *Souvenirs qui se télescopent.*

TÉLESCOPIQUE adj. 1. Se dit d'une observation effectuée à l'aide d'un télescope. **2.** Se dit d'un objet dont les éléments coulissent et s'emboîtent les uns dans les autres.

TÉLESCRIPTEUR n.m. Vieilli. Appareil permettant d'écrire à distance par un procédé quelconque.

TÉLÉSIÈGE n.m. Téléphérique à câble unique sans fin, le long duquel sont répartis, à intervalles réguliers, des sièges accrochés par des suspentes.

TÉLÉSIGNALISATION n.f. Signalisation à distance.

TÉLÉSKI n.m. Appareil à câble permettant de tracter des skieurs glissant sur leurs propres skis, pour remonter une pente (SYN. **remonte-pente**).

TÉLÉSPECTATEUR, TRICE n. Personne qui regarde la télévision.

TÉLÉSURVEILLANCE n.f. Surveillance à distance par un procédé de télécommunication.

TÉLÉTEXTE n.m. Procédé de télécommunication qui permet l'affichage de textes ou de graphismes sur l'écran d'un téléviseur, à partir d'un signal de télévision ou d'une ligne téléphonique.

TÉLÉTOXIE n.f. BIOL. Phénomène par lequel une espèce provoque l'intoxication à distance des individus d'une autre espèce ou empêche leur développement, en sécrétant des substances toxiques.

TÉLÉTRAITEMENT n.m. Mode de traitement informatique dans lequel les données sont émises ou reçues par des terminaux éloignés de l'ordinateur.

TÉLÉTRANSMETTRE v.t. [64]. Transmettre des informations par télétraitement.

TÉLÉTRANSMISSION n.f. Action de télétransmettre.

TÉLÉTRAVAIL n.m. (pl. *télétravaux*). Forme de travail à distance dans laquelle une personne utilise des outils informatiques et de télécommunication personnels ou partagés.

TÉLÉTRAVAILLEUR, EUSE n. Personne qui pratique le télétravail.

TÉLÉUNIVERSITÉ n.f. Québec. Université qui dispense un enseignement à distance.

TÉLÉVANGÉLISTE n. Aux États-Unis, prédicateur qui utilise la télévision pour des émissions religieuses.

TÉLÉVENDEUR, EUSE n. Professionnel de la télévente.

TÉLÉVENTE n.f. Vente utilisant les techniques du marketing téléphonique.

TÉLÉVERSER v.t. [3]. Transférer des données d'un ordinateur local vers un ordinateur distant, via un réseau de télécommunications (par oppos. à *télécharger*) : *Téléverser ses photos sur un site Web.*

TÉLÉVISER v.t. [3]. Transmettre par télévision.

TÉLÉVISEUR n.m. Récepteur de télévision. Abrév. (fam.) **télé.**

TÉLÉVISION n.f. 1. Transmission, par câble ou par ondes radioélectriques, d'images pouvant être reproduites sur un écran au fur et à mesure de leur réception, ou enregistrées en vue d'une reproduction ultérieure. Abrév. (fam.) **télé,** (vieilli) **TV. 2.** Ensemble des services assurant la transmission d'émissions, de reportages par télévision. **3.** Fam. Téléviseur. Abrév. (fam.) **télé.** ▪ **Télévision numérique terrestre (TNT),** télévision numérique* hertzienne. ▪ **Télévision par câble(s),** télédistribution.

➲ Pour transmettre une image de **TÉLÉVISION,** on la convertit à l'émission en signaux électriques proportionnels à la brillance de chacun de ses points, eux-mêmes convertis sous forme binaire dans le cas de la télévision numérique. À la réception, on opère la conversion inverse. Les signaux transmis, après amplification et modulation, traduisent non seulement la variation de brillance de chaque point en fonction du temps (signal vidéo), mais aussi la position de chacun d'eux dans l'image (synchronisation). Pour obtenir le mouvement, on transmet 25 ou 30 images par seconde. Afin d'éviter le papillotement, chaque image résulte de l'entrelacement de deux trames, l'une correspondant au balayage des lignes paires, l'autre au balayage des lignes impaires. Le nombre de points d'une ligne détermine la *définition horizontale ;* le nombre de lignes d'une image (525 ou 625 selon les pays) donne la *définition verticale.* On transmet, pour chaque élément d'image, trois signaux correspondant aux couleurs principales (bleu, rouge et vert). La *télévision à haute définition* (TVHD) permet d'obtenir des images de grande qualité qui comptent plus de 1 000 lignes et ont un format adapté à la diffusion de films (rapport largeur/hauteur de 16/9), contrairement à celles des systèmes classiques (rapport largeur/hauteur de 4/3). Le son correspondant est transmis, en modulation d'amplitude ou de fréquence, sur une porteuse distincte de celle qui assure la transmission des images.
La numérisation associée à la compression du signal audiovisuel participe directement au développement accéléré de la télévision numérique diffusée par voie hertzienne *(télévision numérique terrestre [TNT]),* par câble, via un réseau ADSL ou un satellite. Les algorithmes de compression permettent de multiplier le nombre de programmes (généralistes ou thématiques, par bouquets) diffusés simultanément sur une même fréquence. L'abandon programmé de la diffusion analogique au profit du seul procédé numérique a imposé le remplacement du parc des téléviseurs analogiques.

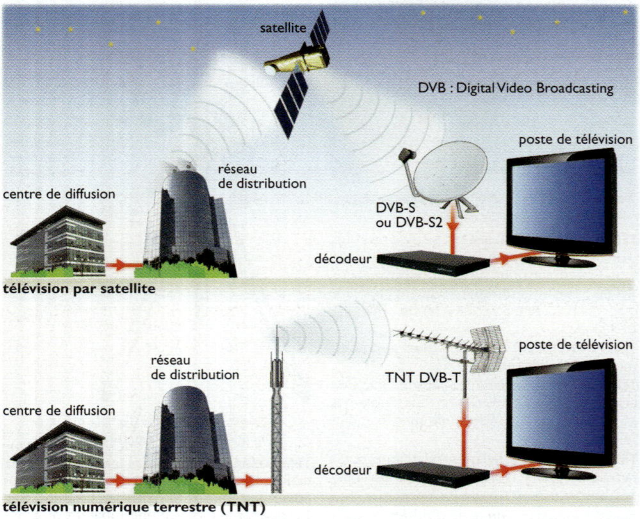

▲ **télévision.** Moyens de diffusion.

TÉLÉVISUEL, ELLE adj. Relatif à la télévision comme moyen d'expression.

TÉLEX n.m. Vieilli. Réseau et service de transmission de données alphanumériques à basse vitesse au moyen de téléimprimeurs.

TELL n.m. (mot ar.). **ARCHÉOL.** Colline artificielle formée par les ruines superposées d'une ville ancienne, au Proche-Orient.

TELLEMENT adv. Marque l'intensité (peut être suivi d'une subordonnée de conséquence) : *Il fait tellement chaud (que tout le monde est épuisé).* ▪ **Pas tellement,** assez peu ; modérément.

TELLINE n.f. Petit mollusque bivalve marin, vivant près du bord, enfoui dans le sable. ➲ Famille des tellinidés.

TELLURATE n.m. CHIM. MINÉR. Sel de l'acide tellurique.

TELLURE n.m. (du lat. *tellus, -uris,* terre). **1.** Nonmétal d'un blanc d'étain, de densité 6,2, et qui fond à 449,5 °C. **2.** Élément chimique (Te), de numéro atomique 52, de masse atomique 127,60.

TELLUREUX adj.m. CHIM. MINÉR. Se dit de l'anhydride TeO_2 et de l'acide correspondant.

TELLURHYDRIQUE adj.m. CHIM. MINÉR. Se dit de l'acide H_2Te, gaz toxique incolore.

1. TELLURIQUE ou **TELLURIEN, ENNE adj.** (du lat. *tellus, -uris,* terre). **GÉOPHYS.** Qui concerne la Terre. ▪ **Planète tellurique,** planète dense, de taille moyenne et dotée d'une structure rocheuse chimiquement différenciée (Mercure, Vénus, Mars), dont la Terre est le prototype. ▪ **Secousse tellurique,** séisme.

2. TELLURIQUE adj. (de *tellure*). **CHIM. MINÉR.** Se dit de l'anhydride TeO_3 et de l'acide correspondant.

TELLURISME n.m. OCCULT. Influence supposée du sol, en un lieu, sur les êtres qui y vivent.

TELLUROMÈTRE n.m. (du lat. *tellus, -uris,* terre). Appareil de mesure des distances entre deux repères géodésiques mutuellement visibles, par un procédé radioélectrique.

TELLURURE n.m. CHIM. MINÉR. Combinaison du tellure avec un autre élément.

TÉLOLÉCITHE adj. (du gr. *lekithos,* jaune d'œuf). **BIOL.** Se dit d'un œuf caractérisé par un volume de vitellus considérable (céphalopodes, poissons, reptiles, oiseaux).

TÉLOMÉRASE n.f. Enzyme qui permet le maintien de la longueur des télomères lors de la division des cellules. ➲ Son activité contribue au développement des tumeurs cancéreuses.

TÉLOMÈRE n.m. BIOL. CELL. Extrémité d'un chromosome.

TÉLOPHASE n.f. BIOL. CELL. Dernière phase de la division cellulaire, pendant laquelle se constituent les noyaux des cellules filles et se forme une nouvelle membrane.

TÉLOUGOU ou **TELUGU** [telugu] **n.m.** Langue dravidienne parlée dans les États du Telangana et de l'Andhra Pradesh (Inde).

TELSON [tɛlsɔ̃] **n.m.** (mot gr. « extrémité »). **ZOOL.** Dernier segment de l'abdomen des arthropodes.

TEMENOS [temenɔs] **n.m.** (mot gr.). **ANTIQ. GR.** Aire sacrée d'un sanctuaire, délimitée par le péribole.

TÉMÉRAIRE adj. (lat. *temerarius*). Qui manifeste une hardiesse excessive ; intrépide.

TÉMÉRAIREMENT adv. Litt. Avec témérité.

TÉMÉRITÉ n.f. Hardiesse imprudente ; audace.

TÉMOIGNAGE n.m. 1. Action de témoigner ; déclaration faite par une personne de ce qu'elle a vu ou entendu : *Recueillir des témoignages.* **2. DR.** Déclaration, déposition d'un témoin en justice. **3.** Ce qui témoigne d'un sentiment ; preuve ; marque : *Des témoignages de sympathie.* ▪ **Faux témoignage** [dr.], déposition mensongère. ▪ **Rendre témoignage à qqn,** témoigner publiquement en sa faveur.

TÉMOIGNER v.t. [3]. Faire connaître ses sentiments par ses paroles, ses actions ; exprimer : *Témoigner sa joie.* ◆ **v.i.** Révéler, rapporter ce que l'on sait ; faire une déposition en justice. ◆ **v.t. ind. (DE). 1.** Se porter garant de : *Témoigner du sérieux de qqn.* **2.** En parlant de qqch, être la preuve de : *Cet acte témoigne de son courage.*

TÉMOIN n.m. (du lat. *testimonium,* témoignage). **1.** Personne qui a vu ou entendu qqch, et peut éventuellement le rapporter, le certifier : *J'ai été témoin d'un vol.* **2.** DR. Personne appelée à témoigner sous serment en justice pour rapporter ce qu'elle a entendu, vu, ou ce qu'elle sait : *Témoin à charge, à décharge.* **3.** Personne qui assiste à l'accomplissement d'un acte officiel pour en attester l'exactitude : *Les deux témoins d'un mariage.* **4.** HIST. Personne chargée de régler les conditions d'un duel. **5.** Œuvre ou artiste exprimant tel ou tel trait caractéristique de son temps : *Écrivaine, témoin des travers de notre époque.* **6.** Personne, animal ou chose pris comme référence pour apprécier les effets d'un traitement, d'une action appliqués à d'autres. **7.** SPORTS. Petit bâton que se passent les coureurs d'une même équipe, dans une course de relais. **8.** CONSTR. Petite tablette, génér. en plâtre, que l'on place en travers d'une fissure pour en surveiller l'évolution. **9.** TRAV. PUBL. Butte laissée dans un terrain déblayé afin d'évaluer la quantité de matériaux enlevés. ▪ **Prendre qqn à témoin,** demander l'appui de son témoignage. ▪ **Témoin assisté,** témoin visé par la plainte d'un tiers et entendu par le juge d'instruction en présence de son avocat. ▪ **Témoin (de connexion)** [inform.], recomm. off. pour **cookie.** ▪ **Témoin de moralité,** témoin qui ne dépose pas sur un fait précis, mais sur le caractère et les mœurs d'une personne qu'il connaît. ◆ **adj.** Se dit de qqch qui sert de modèle ou d'indicateur : *Appartements témoins. Lampe témoin.*

1. TEMPE n.f. (lat. *tempora*). ANAT. Partie latérale de la tête, comprise entre l'œil, le front, l'oreille et la joue.

2. TEMPE n.f. (du lat. *templum*, traverse). BOUCH. Morceau de bois qui sert à tenir écartés les deux côtés du ventre d'un animal abattu et ouvert.

TEMPERA [tɑ̃pera] n.f. (mot ital.). PEINT. Détrempe dont le liant est une émulsion, souvent à base d'œuf : *Peindre a tempera* ou *à la tempera.*

TEMPÉRAMENT n.m. (du lat. *temperamentum*, juste proportion). Ensemble des caractères physiologiques et morphologiques propres à un individu donné : *Tempérament fougueux.* ▪ **Avoir du tempérament** [fam.], avoir une forte personnalité ; être porté aux plaisirs sexuels. ▪ **Tempérament égal** [mus.], système musical qui divise l'octave en douze demi-tons égaux, par oppos. au *tempérament inégal*, dans lequel les demi-tons n'ont pas tous la même valeur. ▪ **Vente à tempérament** [comm.], vente à crédit dans laquelle l'acheteur s'acquitte par versements échelonnés et égaux.

TEMPÉRANCE n.f. (lat. *temperantia*). **1.** Modération dans l'usage des aliments, des boissons alcoolisées ; sobriété. **2.** THÉOL. CHRÉT. Une des quatre vertus morales, dites *vertus cardinales*, qui discipline les désirs et les passions humaines. ▪ **Société de tempérance** [vx], association pour combattre l'alcoolisme.

TEMPÉRANT, E adj. Qui fait preuve de tempérance ; sobre.

TEMPÉRATURE n.f. **1.** Grandeur physique qui caractérise de façon objective la sensation subjective de chaleur ou de froid laissée par le contact d'un corps. **2.** MÉTÉOROL. Ensemble des conditions atmosphériques traduites subjectivement en sensations relatives de chaud et de froid, et dont l'appréciation exacte est fournie par l'observation du thermomètre. **3.** Fam. Fièvre : *Avoir de la température.* ▪ **Température absolue** ou **thermodynamique,** grandeur définie par des considérations théoriques de thermodynamique ou de mécanique statistique et mesurée en kelvins*. ➲ La température absolue T et la température Celsius t sont reliées par $T = t + 273{,}15$. ▪ **Température de couleur** [opt.], valeur définissant la composition spectrale de la lumière émise par certaines sources. ➲ La température de couleur de la lumière solaire est de 6 000 K. ▪ **Température ressentie** [météorol.], température que le corps humain ressent en extérieur, lorsqu'il n'est pas protégé du vent. ➲ Elle est estimée en enlevant 2 °C par tranche de 5 km/h de vitesse du vent à la température standard relevée sous abri.

TEMPÉRÉ, E adj. ▪ **Climat tempéré froid,** climat sec et froid en hiver, assez pluvieux et relativement chaud en été. ▪ **Climat tempéré océanique,** climat venteux, sans excès thermiques, avec des étés relativement frais, des hivers doux et des précipitations réparties sur toute l'année. ▪ **Gamme tempérée** [mus.], dans laquelle tous les demi-tons sont d'égale valeur.

TEMPÉRER v.t. [11], ▲ *[11*]* (du lat. *temperare*, équilibrer). Diminuer, atténuer l'excès de qqch : *Tempère ton enthousiasme, les résultats ne sont pas définitifs.*

TEMPÊTE n.f. (lat. pop. *tempesta*). **1.** Violente perturbation atmosphérique dépressionnaire, accompagnée de vent, de précipitations sur terre ou sur mer. **2.** Fig. Explosion subite et violente de qqch : *Tempête de rires.* **3.** Violente agitation dans un groupe, un pays : *Tempête boursière.* ▪ **Avis de tempête,** message lancé par les services météorologiques annonçant que l'on prévoit un vent d'une vitesse correspondant à la force 10 ou 11 sur l'échelle de Beaufort.

TEMPÊTER v.i. [3]. Manifester bruyamment son mécontentement ; fulminer.

TEMPÉTUEUX, EUSE adj. Litt. Où les tempêtes sont fréquentes : *Côte tempétueuse.*

TEMPLE n.m. (lat. *templum*). **1.** Édifice consacré au culte d'une divinité : *Les temples grecs.* **2.** Édifice dans lequel les protestants célèbrent leur culte. **3.** Fig. Lieu privilégié fréquenté par des connaisseurs : *Un temple de la mode.* ▪ **Le Temple,** édifice cultuel élevé à Jérusalem et consacré à Yahvé, dieu d'Israël. ➲ Le premier Temple, construit par Salomon, fut détruit en 587 av. J.-C. Le second Temple, construit au début du VIe s. av. J.-C., fut démoli par Titus en 70 apr. J.-C.

TEMPLE-MONTAGNE n.m. (pl. *temples-montagnes*). Dans l'architecture khmère, ensemble formé par une pyramide à gradins et la ou les tours-sanctuaires *(prasat)* qui la couronnent.

TEMPLIER n.m. Membre de l'ordre des Templiers* (v. partie n.pr.).

TEMPO [tɛmpo] ou [tɛ̃po] n.m. (mot ital. « temps »). **1.** MUS. Notation des différents mouvements dans lesquels est écrit ou exécuté un morceau ; vitesse d'exécution d'une œuvre. **2.** Fig. Rythme de déroulement d'une action. ▪ **A tempo** [mus.], en reprenant la vitesse d'exécution initiale du morceau après un ralenti ou une accélération.

TEMPORAIRE adj. (lat. *temporarius*). **1.** Qui ne dure que peu de temps ; provisoire : *Installation temporaire.* **2.** Qui ne s'exerce que pendant un temps limité : *Travail temporaire* ; qui n'exerce une activité que pendant un certain temps : *Inspecteur temporaire.*

TEMPORAIREMENT adv. Pour un temps limité.

TEMPORAL, E, AUX adj. ANAT. Relatif aux tempes. ▪ **Lobe temporal du cerveau,** partie moyenne et inférieure de chacun des deux hémisphères cérébraux, où sont localisés les centres de l'audition et du langage. ▪ **Os temporal,** ou **temporal, n.m.,** os du crâne situé dans la région de la tempe.

TEMPORALITÉ n.f. **1.** PHILOS. Caractère de ce qui existe dans le temps. **2.** GRAMM. Valeur temporelle ; caractère temporel.

TEMPOREL, ELLE adj. (lat. *temporalis*). **1.** Qui se situe, s'inscrit dans le temps : *Étudier le déroulement temporel d'un événement.* **2.** Qui concerne les choses matérielles (par oppos. à *spirituel*) : *Les biens temporels.* **3.** GRAMM. Qui concerne ou indique le temps. ▪ **Commutation temporelle** [télécomm.], commutation électronique utilisant des voies de transmission numériques partagées dans le temps entre plusieurs communications simultanées. ▪ **Pouvoir temporel,** pouvoir des papes en tant que souverains de leur territoire. ◆ **n.m.** DR. CANON. Ensemble des biens appartenant à une église, une communauté religieuse.

1. TEMPORISATEUR, TRICE adj. et n. Qui temporise.

2. TEMPORISATEUR n.m. ÉLECTRON., ÉLECTROTECHN. Appareil servant à produire un signal de sortie séparé d'un signal d'entrée par un intervalle de temps déterminé.

TEMPORISATION n.f. **1.** Action de temporiser. **2.** ÉLECTRON., ÉLECTROTECHN. Production d'un signal par un temporisateur.

TEMPORISER v.i. [3] (du lat. médiév. *temporizare*, passer le temps). **1.** Différer une action dans l'espoir qu'une meilleure occasion se présentera ; atermoyer. **2.** ÉLECTRON., ÉLECTROTECHN. Produire un signal à l'aide d'un temporisateur.

1. TEMPS n.m. (lat. *tempus, -oris*). **1.** Notion fondamentale conçue comme un milieu infini dans lequel se succèdent les événements et souvent ressentie comme une force agissant sur le monde, les êtres : *Le temps est irréversible.* **2.** ASTRON., PHYS. Ce milieu, conçu comme une dimension de l'Univers (*espace-temps*). **3.** Chacune des phases successives d'une opération, d'une action : *Projet réalisé en deux temps.* **4.** Époque occupant une place déterminée dans la suite des événements : *Le temps des dinosaures.* **5.** Moment favorable à telle ou telle action : *Le temps des récoltes, des giboulées.* **6.** MÉCAN. Chacune des phases d'un cycle d'un moteur à combustion interne (moteur à deux, à quatre temps). **7.** PHYS. Durée considérée comme une quantité mesurable ; paramètre permettant de repérer les événements dans leur succession. **8.** MUS. Division de la mesure : *Mesure à 2, 3, 4 ou 5 temps.* **9.** SPORTS. Durée chronométrée d'une course, d'un match, etc. **10.** GRAMM. Catégorie grammaticale de la localisation dans le temps (présent, passé, futur), s'exprimant en partic. par la modification des formes verbales ; chacune des séries verbales personnelles de la conjugaison. ▪ **À temps,** au moment approprié. ▪ **Au temps pour moi** [mil.], indique un retour au mouvement précédent ; fig., se dit pour signaler que l'on s'est trompé. (La graphie *autant pour moi* est fautive.) ▪ **Avant le temps,** avant le moment fixé. ▪ **Avoir fait son temps,** être dépassé, périmé. ▪ **Avoir le temps de,** disposer du délai nécessaire pour faire qqch. ▪ **Bon temps,** moments heureux. ▪ **Dans le temps,** autrefois. ▪ **De temps en temps,** quelquefois. ▪ **De tout temps,** depuis toujours. ▪ **En même temps,** simultanément. ▪ **En temps et lieu,** au moment et à l'endroit convenables. ▪ **Être de son temps,** vivre en conformité avec les usages de son époque. ▪ **Gagner du temps,** retarder la suite des événements ; temporiser. ▪ **Il y a beau temps que** [litt.], il y a longtemps que. ▪ **N'avoir qu'un temps,** être de courte durée. ▪ **Passer le, son temps à,** l'employer à. ▪ **Perdre du, son temps,** ne rien faire quand il faudrait agir. ▪ **Réclusion** ou **détention à temps** [dr. pén.], peine d'emprisonnement limitée dans le temps (par oppos. à *à perpétuité*). ▪ **Temps atomique international (TAI),** échelle de temps établie par le Bureau international des poids et mesures sur la base des données fournies par un ensemble d'horloges atomiques. ➲ Cette échelle diffère de celles fondées sur des phénomènes astronomiques, parce que la rotation de la Terre n'est pas uniforme. ▪ **Temps choisi** [sociol.], travail à horaire variable (temps partiel, horaires à la carte, etc.). ▪ **Temps civil,** temps solaire moyen augmenté de douze heures, utilisé dans la vie civile. ➲ Il se compte de 0 à 24 heures à partir de minuit, avec changement de quantième à minuit. ▪ **Temps d'accès** [inform.], intervalle de temps qui sépare l'instant où un processeur, dans un ordinateur, demande une information et celui où la mémoire la lui fournit. ▪ **Temps d'antenne,** durée déterminée d'émissions de radio ou de télévision diffusées dans le cadre de la programmation. ▪ **Temps fort** [mus.], temps de la mesure où l'on renforce le son ; fig., point culminant de qqch. ▪ **Temps légal,** heure légale. ▪ **Temps partagé** ou **partage de temps** [inform.], mode d'exploitation d'un ordinateur à partir de nombreux terminaux, dans lequel chaque utilisateur se voit allouer une tranche de temps pour l'exécution de son programme. ▪ **Temps partiel,** temps de travail inférieur à la durée légale hebdomadaire (par oppos. à *temps plein*). ▪ **Temps plein,** temps de travail correspondant à la durée légale hebdomadaire (par oppos. à *temps partiel*). ▪ **Temps réel** [inform.], mode de traitement dans lequel la rapidité des calculs permet de prendre en compte l'évolution dynamique d'un système. ▪ **Temps sidéral (en un lieu donné),** échelle de temps fondée sur la rotation de la Terre mesurée par rapport aux étoiles. ▪ **Temps solaire moyen,** échelle de temps fondée sur le mouvement apparent d'un Soleil fictif qui se déplacerait à une vitesse uniforme tout au long de l'année. ➲ Le temps moyen se compte de 0 à 24 heures à partir de midi. ▪ **Temps solaire vrai (en un lieu donné),** échelle de temps fondée sur le mouvement apparent du Soleil dans le ciel. ➲ L'heure correspondante est celle qu'indique un cadran solaire. ▪ **Temps universel** (abrév. internationale : *UT*), temps civil du méridien de Greenwich (Angleterre). ▪ **Temps universel coordonné** (abrév. internationale : *UTC*), échelle de temps servant de base pour le temps civil de la majorité des pays. ➲ Cette échelle diffère du temps atomique international d'un nombre entier de secondes et, pour qu'elle ne diverge pas de plus de 0,9 s du temps universel, on procède épisodiquement à l'introduction de secondes intercalaires. ▪ **Tout un temps** [Belgique], pendant un certain temps.

2. TEMPS n.m. État de l'atmosphère, en un lieu et en un moment donnés : *Quel temps fait-il ?* ▪ **Gros temps** [mar.], tempête avec vent violent.

TEMPURA [tɛmpura] **n.m. inv.** (mot jap., du port.). Beignet de légumes ou de poisson, à pâte très légère. ➲ Cuisine japonaise.

TENABLE adj. (Surtout en tournure négative). Supportable : *On étouffe ici, ce n'est plus tenable. Sa position n'était plus tenable.*

TENACE adj. (lat. *tenax, -acis*, de *tenere*, tenir). **1.** Qui adhère fortement : *Le lierre est tenace* ; qui dure longtemps : *Odeur tenace.* **2.** Fortement attaché à ses idées, à ses décisions ; opiniâtre. **3.** Difficile à extirper, à détruire : *Préjugé tenace.* **4.** Se dit d'un matériau qui résiste à la propagation de fissures : *Métal tenace.*

TENACEMENT adv. Sout. Avec ténacité.

TÉNACITÉ n.f. 1. Caractère tenace de qqn ; persévérance. **2. MATÉR.** Résistance à la rupture.

TENAILLE n.f. ou **TENAILLES n.f. pl.** (du bas lat. *tenaculum*, attache). **1.** Outil composé de deux pièces croisées, mobiles autour d'un axe et terminées par des mors que l'on peut rapprocher pour saisir ou serrer certains objets. **2. FORTIF.** Élément extérieur de la fortification bastionnée, couvrant la courtine.

TENAILLEMENT n.m. Action de tenailler.

TENAILLER v.t. [3]. Faire souffrir physiquement ou moralement : *La faim, le remords le tenaillaient.*

TENANCIER, ÈRE n. 1. Exploitant d'une maison de jeu, d'un hôtel, etc. **2. HIST.** Exploitant d'une tenure.

1. TENANT, E adj. ▪ **Séance tenante,** immédiatement.

2. TENANT, E n. ▪ **Tenant du titre,** sportif ou équipe qui détient un titre. ◆ **n.m.** Celui qui se fait le défenseur d'une opinion : *Les tenants du libéralisme.* ▪ **D'un seul tenant,** d'un seul morceau : *Un domaine d'un seul tenant.* ◆ **n.m. pl.** ▪ **Les tenants et les aboutissants d'une affaire,** son origine et ses conséquences ; tout ce qui s'y rattache.

TENDANCE n.f. 1. Disposition particulière à avoir tel type de comportement ; propension : *Une tendance à mentir.* **2.** Orientation d'un mouvement politique, artistique, etc. : *La tendance est à la reprise. Les tendances de la mode.* **3.** Fraction organisée d'un mouvement syndical ou politique. **4. PSYCHOL.** Disposition à répondre par certains comportements à certaines situations déterminées. ◆ **adj. inv.** Fam. À la mode : *Des imprimés tendance.*

TENDANCEUR, EUSE n. Personne dont le métier consiste à repérer les tendances à venir, dans la mode et le design, notamm., de manière à anticiper les attentes des consommateurs. (On dit aussi *chasseur de tendances*.)

TENDANCIEL, ELLE adj. Qui indique une tendance.

TENDANCIEUSEMENT adv. De façon tendancieuse.

TENDANCIEUX, EUSE adj. Qui marque un parti pris : *Une question tendancieuse.*

TENDE-DE-TRANCHE n.m. (pl. *tendes-de-tranche*) [de *1. tendre* et *tranche*]. **BOUCH.** Morceau du bœuf, dans la région de la cuisse, groupant les muscles cruraux internes, que l'on débite en rôtis.

TENDELLE n.f. (de *2. tendre*). **CHASSE.** Collet pour prendre les grives.

TENDER [tɑ̃dɛr] **n.m.** (mot angl.). **1.** Navire annexe d'une plateforme de forage en mer. **2.** Anc. Véhicule attelé à une locomotive à vapeur, et contenant l'eau et le combustible nécessaires à la machine.

TENDERIE n.f. CHASSE. Ensemble de pièges fixes ou mobiles pour capturer les oiseaux de passage.

1. TENDEUR, EUSE n. Personne qui tend qqch : *Un tendeur de collets.*

2. TENDEUR n.m. 1. Courroie élastique servant à maintenir qqch en place. **2.** Appareil servant à tendre une courroie, une corde, un fil métallique ou textile, etc.

TENDINEUX, EUSE adj. Relatif aux tendons. ▪ **Viande tendineuse** [bouch.], qui contient des fibres dures, coriaces (aponévroses et tendons).

TENDINITE n.f. MÉD. Inflammation d'un tendon.

TENDON n.m. ANAT. Partie amincie d'un muscle, constituée de fibres conjonctives, par laquelle il s'insère sur un os. ▪ **Tendon d'Achille,** tendon d'attache du triceps du mollet sur le calcanéum, permettant l'extension du pied sur la jambe.

1. TENDRE adj. (lat. *tener, -eri*). **1.** Qui peut être facilement coupé, entamé ou mâché : *Roche tendre. Un steak tendre.* **2.** Qui manifeste de l'amour, de l'amitié : *Une mère tendre* ; qui est inspiré par la tendresse : *Des gestes tendres.* ▪ **Âge tendre, tendre enfance,** première jeunesse ; petite enfance. ▪ **Couleur tendre,** claire et délicate. ▪ **Ne pas être tendre pour qqn,** être sévère envers lui. ◆ **n.** Personne affectueuse, facile à émouvoir.

2. TENDRE v.t. [59] (lat. *tendere*). **1.** Tirer et tenir dans un état d'allongement : *Tendre des cordes autour de la scène du crime.* **2.** Avancer une partie du corps : *Tendre la main* ; porter qqch en avant : *Tendre son assiette.* **3.** Déployer qqch en le tendant et en le rigidifiant ; dresser : *Tendre un auvent.* **4.** Couvrir un mur d'une tapisserie, d'une étoffe, de papier peint. ▪ **Tendre son esprit,** faire un effort pour comprendre, analyser qqch. ▪ **Tendre un piège,** le disposer pour prendre du gibier ; fig., chercher à tromper qqn. ◆ **v.t. ind. (À, VERS). 1.** Avoir pour but : *Cette loi tend vers plus d'égalité. Tendre à la perfection.* **2. MATH.** Avoir pour limite. ◆ **SE TENDRE v.pr.** En parlant de relations, devenir hostiles.

3. TENDRE n.m. LITTÉR. ▪ **Carte du Tendre,** carte d'un pays allégorique, le *pays du Tendre*, où les divers chemins de l'amour avaient été imaginés par Mlle de Scudéry et les écrivains de son entourage.

TENDREMENT adv. Avec tendresse.

TENDRESSE n.f. Sentiment tendre qui se manifeste par des paroles, des gestes doux ; affection. ◆ **n.f. pl.** Litt. Témoignages d'affection.

TENDRETÉ n.f. Qualité d'une viande tendre.

TENDRON n.m. 1. BOUCH. Partie du bœuf et du veau comprenant les cartilages qui prolongent les côtes flottantes. **2.** Fam. Très jeune fille.

TENDU, E adj. Soumis à une tension nerveuse : *Le candidat était tendu.* ▪ **Rapports tendus,** que l'hostilité conduit au bord de la rupture. ▪ **Situation tendue,** qui peut se transformer en conflit. ▪ **Tir tendu** [mil.], tir exécuté à grande vitesse et en utilisant la portion initiale de la trajectoire, voisine de la droite.

TÉNÈBRES n.f. pl. (lat. *tenebrae*). Litt. **1.** Obscurité profonde : *Maison plongée dans les ténèbres.* **2.** Fig. Ce qui est difficile à comprendre : *Les ténèbres de l'inconscient.* ▪ **L'ange** ou **le prince des ténèbres,** le démon. ▪ **L'empire des ténèbres,** l'enfer.

TÉNÉBREUX, EUSE adj. Litt. **1.** Plongé dans les ténèbres ; sombre : *Ruelles ténébreuses.* **2.** Fig. Malaisé à comprendre ; mystérieux : *Une ténébreuse affaire.* ◆ **adj.** et **n.** Litt. Qui est d'humeur sombre et s'entoure de mystère. ▪ **Beau ténébreux** [litt. ou par plais.], bel homme taciturne et romantique.

TÉNÉBRION n.m. (lat. sc. *tenebrio*). Coléoptère brun foncé qui vit dans les céréales stockées et dont la larve est appelée *ver de farine*. ➲ Famille des ténébrionidés.

TÉNESME [tenɛsm] **n.m.** (gr. *teinesmos*). **MÉD.** Tension douloureuse et brûlure produites par l'irritation et la contraction du sphincter anal ou vésical.

1. TENEUR n.f. 1. Contenu essentiel d'un propos, d'un écrit quelconque : *La teneur d'une lettre.* **2.** Ce qu'un mélange contient d'un corps particulier : *Teneur en magnésium d'une eau.* ▪ **Teneur d'un minerai,** proportion de substance utile contenue dans un minerai. ▪ **Teneur isotopique** [phys.], dans un mélange d'isotopes d'un même élément, pourcentage du nombre des atomes d'un isotope donné rapporté au nombre total des atomes de cet élément.

2. TENEUR, EUSE n. ▪ **Teneur de livres,** personne qui tient la comptabilité.

TÉNIA ou **TÆNIA** [tenja] **n.m.** (du lat. *taenia*, bandelette). Ver plat et segmenté, parasite de l'intestin grêle des mammifères, dont certains types sont appelés cour. *ver solitaire*. ➲ Ordre des cestodes.

TÉNICIDE adj. et **n.m.** Se dit d'un médicament qui détruit les ténias.

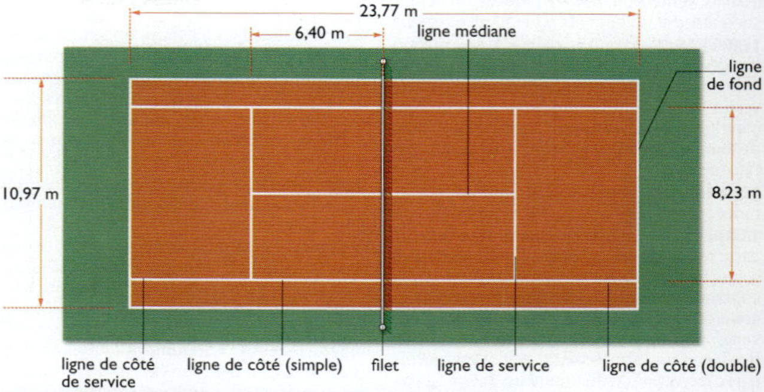

Service.

Revers (de gaucher).

▲ **tennis**

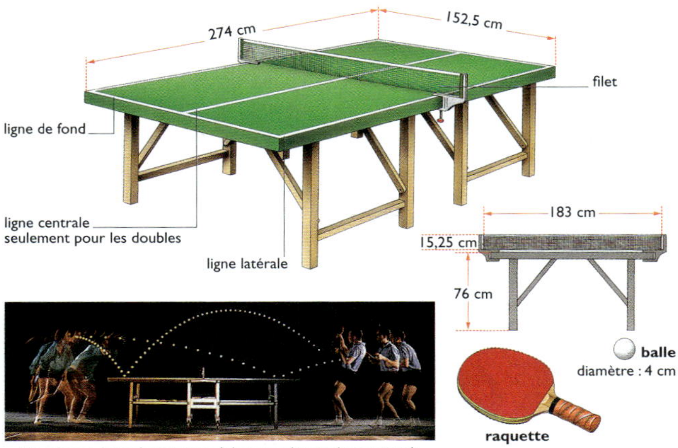

Un échange entre deux joueurs (photographie stroboscopique).

▲ tennis de table

TENIR v.t. [28] (lat. *tenere*). **1.** Avoir dans les mains, avec soi : *Tenir un livre.* **2.** Garder qqn, un animal près de soi ; le maintenir : *Tenir son fils par la main.* **3.** Se saisir de qqn, d'un animal : *La police tient le meurtrier.* **4.** Maintenir dans un certain état ; conserver : *Tenir des boissons au frais.* **5.** Exercer un emploi, une profession : *Tenir un cinéma* ; avoir la charge de : *Tenir une rubrique sportive.* **6.** Avoir qqn, un groupe sous son autorité : *Professeur qui tient sa classe.* **7.** Respecter fidèlement ce à quoi l'on s'est engagé : *Tiendra-t-il (sa) parole ?* **8.** Avoir prise sur qqn, en parlant d'un sentiment, d'un mal : *Quand la jalousie le tient, il devient méconnaissable.* ■ **Être tenu à, de,** astreint à : *Être tenu au secret professionnel* ; obligé de : *Être tenu de suivre la voie hiérarchique.* ■ **Être tenu de** [dr.], être responsable de : *Les associés sont tenus des dettes sociales.* ■ **Tenir conseil,** se réunir pour délibérer. ■ **Tenir des propos, des discours,** parler ; discourir. ■ **Tenir la caisse, les livres,** avoir la charge de la caisse, de la comptabilité. ■ **Tenir la mer,** montrer des qualités de navigabilité par gros temps, en parlant d'un navire. ■ **Tenir la route,** bien adhérer au sol, ne pas se déporter dans les virages ou à grande vitesse, en parlant d'un véhicule automobile. ■ **Tenir qqch de qqn,** l'avoir reçu ou obtenu de lui. ■ **Tenir qqch pour** (+ adj.), le considérer comme : *Il tient l'affaire pour réglée.* ■ **Tenir son rang,** occuper sa place avec dignité. ◆ **v.i. 1.** Rester dans une position donnée : *Il ne tient pas en place.* **2.** Pouvoir être contenu dans un certain espace : *Son CV tient sur une page.* **3.** Être solide : *La courroie n'a pas tenu.* **4.** Demeurer sans aucune altération : *Son vélo a tenu un an* ; ne pas céder : *Ils ont tenu (bon) jusqu'à l'arrivée des secours.* ■ **En tenir pour** [fam.], être amoureux de. ■ **N'y plus tenir,** ne plus pouvoir contenir son indignation, son impatience, etc. ■ **Tiens !, tenez !,** marque l'étonnement ou l'ironie : *Tiens ! il est déjà rentré.* ◆ **v.t. ind. 1. (À).** Être attaché à : *Tenir à ses proches, à son indépendance.* **2. (À).** Provenir de qqch : *Sa démission tient à plusieurs raisons.* **3. (À).** Avoir la ferme volonté de faire qqch : *Je tiens à vous inviter.* **4. (DE).** Avoir des points communs avec qqn, qqch : *Elle tient de sa mère. Ces résultats tiennent du prodige.* ■ **Il ne tient qu'à qqn de,** il dépend uniquement de lui de. ■ **Qu'à cela ne tienne,** cela n'a pas d'importance ; que cela ne soit pas un empêchement. ◆ **SE TENIR** v.pr. **1.** Se trouver à telle place : *Il se tenait à l'écart* ; avoir lieu : *La conférence se tiendra demain à Londres.* **2.** Prendre et garder telle position : *Tiens-toi droit !* ■ **Ça se tient,** c'est un raisonnement valable, une opinion défendable. ■ **S'en tenir à qqch,** ne rien faire de plus ; ne pas aller au-delà.

TENNESSINE n.m. (de *Tennessee,* n.pr.). Élément chimique artificiel (Ts), de numéro atomique 117.

1. TENNIS [tenis] **n.m.** (mot angl., du fr. *tenez,* prononcé [tenetz]). **1.** Sport qui consiste, pour deux ou quatre joueurs munis de raquettes, à envoyer une balle par-dessus un filet dans les limites du terrain *(court)* ; le terrain lui-même. **2.** Flanelle de coton légère. ■ **Rayure tennis** [text.], style d'étoffe à fines rayures verticales espacées de 1 à 3 cm. ■ **Tennis de table,** sport voisin du tennis où le court est remplacé par une table de dimensions standardisées (SYN. **ping-pong**).

➲ Le **TENNIS** se joue à deux (simple) ou à quatre (double). Le quatrième point marqué donne un jeu (en cas d'égalité, on joue jusqu'à ce qu'un des joueurs ait deux points d'avance). Remporter six jeux avec deux jeux d'avance donne le set (en cas d'égalité à 6 jeux partout, un jeu décisif, ou tie-break, départage les joueurs). Il faut obtenir deux ou trois sets (selon les compétitions) pour gagner la partie. Le tennis, qui avait déjà figuré au programme des JO, de 1896 à 1924, est redevenu un sport olympique en 1988.

2. TENNIS n.f. Chaussure de sport en toile et à semelle de caoutchouc souple et adhérente.

TENNIS-BALLON n.m. (pl. *tennis-ballons*). Sport qui se pratique sur un court de tennis avec un ballon de football que les joueurs se renvoient de la tête ou du pied au-dessus du filet.

TENNIS-ELBOW [-ɛlbo] **n.m.** (pl. *tennis-elbows*) [mot angl.]. **MÉD.** Épicondylite provoquée par la pratique intensive du tennis.

TENNISMAN [tenisman] **n.m.** (pl. *tennismans* ou *tennismen*) [faux anglic.]. Vieilli. Joueur de tennis.

TENNISTIQUE adj. Relatif au tennis.

TENON n.m. (de *tenir*). **MENUIS.** Extrémité d'une pièce que l'on a façonnée pour la faire entrer dans un trou (la mortaise) pratiqué dans une autre pièce destinée à être assemblée à la première.

TENONNER v.t. [3]. Réaliser des tenons.

TENONNEUSE n.f. Machine-outil façonnant des tenons.

TÉNOR n.m. (ital. *tenore*). **1. MUS.** Voix d'homme élevée ; chanteur qui a cette voix. **2.** Fam. Personne qui tient un rôle de vedette dans l'activité qu'il exerce : *Un ténor du barreau.* ◆ **adj.** et **n.m. MUS.** Dans une famille d'instruments, se dit de celui qui a la tessiture qui correspond à celle d'une voix de ténor : *Saxophone ténor.*

TÉNORINO n.m. (ital. *tenorino*). **MUS.** Ténor léger, chantant en fausset.

TÉNORISER v.i. [3]. Chanter à la manière d'un ténor, dans le registre du ténor.

TÉNOTOMIE n.f. (du gr. *tenôn,* tendon, et *tomê,* section). **CHIRURG.** Section d'un tendon.

TENREC n.m. → **TANREC.**

1. TENSEUR adj.m. et n.m. **ANAT.** Se dit d'un muscle destiné à produire une tension.

2. TENSEUR n.m. Grandeur mathématique d'un espace de dimension *n,* à n^p composantes. ➲ *p* est l'ordre du tenseur ; un vecteur est un tenseur d'ordre 1.

TENSIOACTIF, IVE adj. Se dit d'une substance douée de tensioactivité.

TENSIOACTIVITÉ n.f. **CHIM., PHYS.** Aptitude des corps mis en solution à modifier la tension superficielle du solvant.

TENSIOMÈTRE n.m. **1. PHYS.** Appareil servant à mesurer la tension superficielle d'un liquide. **2. TEXT.** Appareil servant à mesurer la force de tension qui s'exerce sur un fil. **3.** Sphygmomanomètre.

TENSION n.f. (lat. *tensio*). **1.** Traction exercée sur une substance souple ou élastique ; état qui en résulte : *Régler la tension d'une courroie.* **2. PHYSIOL.** État musculaire de préparation à une action, dans lequel un certain nombre de muscles spécifiques sont légèrement contractés. **3.** Situation tendue pouvant dégénérer en conflit entre des personnes, des groupes : *Tensions entre les communautés.* **4. MATÉR.** État des contraintes dans un corps sollicité et, plus partic., composante normale de celles-ci. **5. ÉLECTR.** Différence de potentiel*. ■ **Avoir de la tension** [cour.], être atteint d'hypertension artérielle. ■ **Tension artérielle** [physiol.], pression artérielle. ■ **Tension de vapeur** [phys.], pression de vapeur saturante. ■ **Tension (nerveuse),** état d'une personne tendue, contractée, nerveuse. ■ **Tension superficielle** [phys.], grandeur égale au rapport de l'énergie nécessaire pour augmenter la surface libre d'un liquide à l'augmentation de l'aire de cette surface.

TENSON n.f. (du lat. pop. *tentio,* dispute). **LITTÉR.** Genre poétique médiéval qui se caractérise par un échange d'arguments entre deux troubadours sur un thème donné.

TENSORIEL, ELLE adj. **MATH.** ■ **Calcul tensoriel,** calcul relatif aux tenseurs.

TENTACULAIRE adj. **1.** Relatif aux tentacules. **2.** Fig. Qui se développe dans toutes les directions : *Association criminelle tentaculaire.*

TENTACULE n.m. (du lat. *tentare,* toucher). Appendice souple et mobile de certains invertébrés (actinies, mollusques), qui leur sert d'organe du toucher ou de la préhension.

TENTANT, E adj. Qui fait naître un désir, une envie.

TENTATEUR, TRICE adj. et n. Qui cherche à tenter, à séduire.

TENTATION n.f. **1.** Attrait vers qqch de défendu ; incitation au péché : *Succomber à la tentation.* **2.** Tout ce qui tente, crée le désir, l'envie : *Les sucreries sont autant de tentations.*

TENTATIVE n.f. **1.** Action par laquelle on s'efforce d'obtenir un certain résultat ; essai : *Tentatives pour arrêter de fumer. Tentative de suicide.* **2. DR.** Commencement d'exécution d'une infraction. ■ **Faire une tentative,** essayer.

TENTE n.f. (de 2. *tendre*). Abri portatif démontable, en toile serrée, que l'on dresse en plein air. ■ **Se retirer sous sa tente,** abandonner par dépit un parti, une cause (par allusion à la colère d'Achille contre Agamemnon dans *l'Iliade*). ■ **Tente à oxygène** [méd.], enceinte en tissu transparent ou en plastique, recouvrant la tête et le thorax du malade, et munie d'une arrivée d'oxygène.

TENTER v.t. [3] (lat. *tentare*). **1.** Entreprendre qqch avec l'intention de le mener à bien : *Tenter une démarche. Tenter de fuir.* **2.** Inciter qqn au mal, au péché : *Le diable tenta Ève.* **3.** Provoquer chez qqn l'envie de faire qqch : *Ta proposition me tente.* **4.** Plaire à qqn, en parlant de qqch : *Aucun dessert ne me tente.* ■ **Tenter le diable,** se mettre dans une situation où l'on court un risque considérable.

TENTE-ROULOTTE n.f. (pl. *tentes-roulottes*). Québec. Caravane pliante dont les parois sont en toile.

TENTURE n.f. **1.** Ensemble de pièces de tissu décorant un appartement (murs, fenêtres, etc.). **2.** Belgique. Rideau opaque. **3. BX-ARTS.** Ensemble de tapisseries de lisse illustrant différents aspects d'un même thème. **4.** Étoffe noire dont on tend la façade d'une maison, d'une église, pour une cérémonie funèbre.

1. TENU, E adj. **1.** Maintenu dans un certain état : *Hôtel bien tenu.* **2. BOURSE.** Ferme dans les prix : *Valeurs tenues.*

2. TENU n.m. Action d'un joueur qui tient trop longtemps le ballon, dans certains sports d'équipe ; au rugby à XIII, remise en jeu après le plaquage du porteur du ballon.

TÉNU, E adj. (lat. *tenuis*). **1.** Très fin ; très mince : *Un fil ténu.* **2.** Litt. Qui est à peine perceptible ; léger : *Une nuance ténue.*

TENUE n.f. (de *tenir*). **1.** Action de tenir une assemblée ; fait de se réunir, de siéger ; session : *La tenue d'un congrès.* **2.** Action, manière de diriger une maison, une collectivité ; gestion. **3.** Attitude corporelle de qqn ; posture : *Cet enfant a une mauvaise tenue quand il écrit* ; manière de se conduire ; comportement : *Nous exigeons une excellente tenue de tous.* **4.** Ensemble de vêtements propres à une profession, à une activité, à une circonstance : *Tenue de combat des militaires. Tenue de ville.* **5.** Qualité de ce qui obéit à un souci de rigueur, dans le domaine intellectuel, esthétique, moral : *Un film d'une haute tenue.* **6. BOURSE.** Fermeté dans la valeur des titres. **7. MUS.** Prolongation, d'une durée variable, de la valeur de notes ou d'accords semblables. ▪ **En petite tenue** ou **en tenue légère,** peu vêtu. ▪ **En tenue,** en uniforme. ▪ **Tenue de cérémonie** ou, [vieilli], **grande tenue,** uniforme de parade. ▪ **Tenue de livres,** action de tenir la comptabilité d'une entreprise. ▪ **Tenue de route,** qualité d'un véhicule automobile qui tient la route.

TÉNUIROSTRE adj. (du lat. *tenuis*, grêle, et *rostrum*, bec). **ORNITH.** Se dit d'un passereau au bec fin et pointu.

TÉNUITÉ n.f. Litt. État d'une chose ténue.

TENURE n.f. (de *tenir*). Au Moyen Âge, exploitation agricole concédée par un seigneur à un tenancier, en échange de redevances et de services.

TENUTO, ▲ *TÉNUTO* [tenuto] **adv.** (mot ital. « tenu »). **MUS.** En soutenant le son pendant la durée de la note. Abrév. **ten.**

TEOCALLI ou **TEOCALI** [teɔkali], ▲ *TÉOCALI* **n.m.** (mot nahuatl « maison du dieu »). **ARCHÉOL.** Temple, centre cérémoniel, génér. élevé sur une éminence artificielle en forme de pyramide tronquée, chez les Aztèques.

TÉORBE ou **THÉORBE n.m.** (ital. *tiorba*). **MUS.** Grand luth, en usage du xvie au xviiie s.

TEP [tɛp] **n.f. inv.** (acronyme). Tonne d'équivalent pétrole.

TÉPALE n.m. BOT. Pièce du périanthe des fleurs de monocotylédones, à la fois pétale et sépale.

TEPHILLIN n.m. pl. → **TEFILLIN.**

TÉPHRA n.m. (du gr. *tephra*, cendre). **GÉOL.** Ensemble des produits volcaniques (bombes, cendres, etc.), à l'exception des laves.

TÉPHRITE n.f. (du gr. *tephra*, cendre). **GÉOL.** Roche volcanique contenant essentiellement des feldspaths et des feldspathoïdes.

TEPIDARIUM, ▲ *TÉPIDARIUM* [tepidarjɔm] **n.m.** (lat. *tepidarium*). **ANTIQ. ROM.** Pièce des thermes romains où était maintenue une température tiède.

TEPPANYAKI [tepanjaki] **n.m.** (mot jap. « grillé sur une plaque »). **1.** Cuisson sur une plaque chauffante de fines tranches de viande, de poisson, de légumes, etc. ; plat ainsi cuisiné. **2.** Spécial. Dans un restaurant japonais, cette cuisine, effectuée avec dextérité par un chef devant la clientèle.

TEPUI [tepwi] **n.m.** (d'une langue amérindienne). **GÉOL.** Haut plateau de quartzite du bouclier guyanais (Venezuela), au sommet duquel les écosystèmes ont été isolés depuis plusieurs millions d'années.

TEQUILA, ▲ *TÉQUILA* [tekila] **n.f.** (de *Tequila*, district du Mexique). Eau-de-vie obtenue par distillation de la sève de l'agave, fabriquée au Mexique.

TER adv. (mot lat. « trois fois »). **1.** Indique que l'on doit jouer, chanter, dire trois fois un passage, un vers. **2.** Désigne, après *bis*, un numéro répété une troisième fois : *Habiter au 29 ter.*

TER [teœr] **n.m.** (nom déposé). Train, ou parfois autocar, assurant une desserte régionale sur le réseau exploité par la SNCF.

TÉRA- [tera] **préf.** (du gr. *teras*, monstre). Préfixe (symb. T) qui, placé devant une unité, la multiplie par 10^{12} ou, en informatique, par 2^{40}.

TÉRATOGÈNE adj. MÉD. Qui produit des malformations chez l'embryon.

TÉRATOGENÈSE ou **TÉRATOGÉNIE n.f.** Apparition et développement d'une malformation chez un être vivant.

TÉRATOLOGIE n.f. (du gr. *teras*, *-atos*, monstre). **MÉD., BIOL.** Science qui étudie les malformations.

TERBIUM [tɛrbjɔm] **n.m.** (de *Ytterby*, comm. de Suède). **1.** Métal du groupe des terres rares. **2.** Élément chimique (Tb), de numéro atomique 65, de masse atomique 158,9253.

TERCET n.m. (ital. *terzetto*). **VERSIF.** Groupe de trois vers unis par le sens et par certaines combinaisons de rimes.

TÉRÉBENTHINE [-bɑ̃-] **n.f.** (lat. *terebinthina*). Oléorésine que l'on tire par incision de certains arbres, notamm. des conifères et du térébinthe. ▪ **Essence de térébenthine,** ou **térébenthine,** partie volatile d'une térébenthine, utilisée pour dissoudre les corps gras, fabriquer les vernis, délayer les couleurs, etc.

TÉRÉBINTHE n.m. (lat. *terebinthus*). Pistachier d'une espèce méditerranéenne dont l'écorce fournit une térébenthine.

TÉRÉBRANT, E adj. (lat. *terebrans*). **1. ZOOL.** Se dit d'un animal, notamm. d'un insecte muni d'une tarière, qui creuse des trous, des galeries dans un corps dur. **2. MÉD.** Se dit d'une lésion (ulcère, cancer, notamm.) qui ronge les tissus ; se dit d'une douleur profonde qui donne l'impression d'un clou que l'on enfonce dans les tissus.

TÉRÉBRATULE n.f. (du lat. *terebra*, tarière). Organisme marin à coquille bivalve, abondant à l'ère secondaire, et qui vit encore actuellement, fixé aux coquillages et aux gorgones, dans les eaux profondes. ➲ Sous-embranchement des brachiopodes.

TÉRÉPHTALIQUE adj. CHIM. ORG. Se dit d'un acide isomère de l'acide phtalique servant à la fabrication de polyesters utilisés comme fibres textiles.

TERFÈS, TERFESSE ou **TERFÈZE n.f.** Champignon ascomycète souterrain et comestible des régions méditerranéennes (SYN. **truffe blanche**). ➲ Ordre des tubérales.

TERGAL n.m. (nom déposé). Fil ou fibre synthétique de polyester.

TERGITE n.m. (du lat. *tergum*, dos). **ZOOL.** Pièce dorsale de chaque segment des insectes.

TERGIVERSATION n.f. Action de tergiverser ; hésitation.

TERGIVERSER v.i. [3] (du lat. *tergiversari*, tourner le dos). Recourir à des faux-fuyants pour éviter d'agir ou de prendre une décision ; atermoyer.

TERIYAKI [terijaki] **n.m.** (mot jap.). Mode de préparation d'un aliment (viande, poisson, légume, etc.) que l'on cuit au gril, après l'avoir fait mariner dans une sauce au soja. ➲ Cuisine japonaise.

TERMAILLAGE n.m. (de *1. terme*). **ÉCON.** Modification des termes de paiement des transactions internationales qui permet de réaliser une opération avantageuse sur le marché des changes.

1. TERME n.m. (du lat. *terminus*, borne). **1.** Lieu où se termine un déplacement dans l'espace ; moment où prend fin une action, un état : *Arriver au terme de son voyage, de ses vacances.* **2.** Date présumée de la fin de la grossesse et à laquelle doit avoir lieu l'accouchement : *Enfant né à terme, avant terme.* **3.** Limite fixée dans le temps : *Passé ce terme, votre requête ne sera plus recevable.* **4. DR.** Modalité ayant pour effet de retarder l'exécution d'une obligation (*terme suspensif*) ou d'en fixer l'extinction à une date déterminée (*terme extinctif*). **5.** Date à laquelle doit être acquitté un loyer ; période à laquelle il correspond ; montant de ce loyer : *Payer son terme.* **6. BOURSE.** Date fixée pour la livraison des titres et le paiement du prix ; ensemble des opérations de Bourse qui doivent se dénouer à chacune des dates fixées, pour les liquidations, par les règlements de la place : *Vente à terme.* **7.** Mot considéré dans sa valeur de désignation, en partic. dans un vocabulaire spécialisé : *Un terme médical.* **8.** Élément entrant en relation avec d'autres : *Analyser les termes d'une proposition.* **9. LOG.** Sujet ou prédicat, dans une prémisse d'un syllogisme. **10. MATH.** Chacun des éléments d'une suite, d'une série, d'une somme, d'un polynôme, d'un couple. ▪ **À court, à long, à moyen terme,** dans la perspective d'une échéance rapprochée, éloignée, intermédiaire. ▪ **À terme,** dans un délai plus ou moins long, mais à coup sûr : *À terme, cette politique est condamnée.*

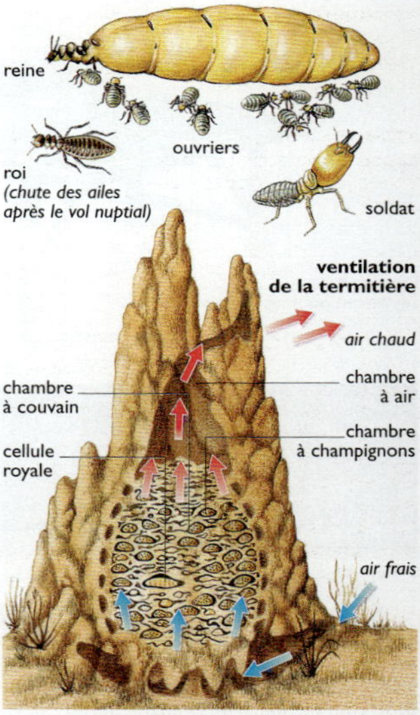

▲ **termites** et termitière.

▪ **Mener à son terme,** achever. ▪ **Mettre un terme à,** faire cesser. ▪ **Termes de l'échange** [écon.], indicateur permettant d'apprécier la situation du commerce extérieur d'un pays par rapport à ses partenaires. ▪ **Toucher à son terme,** venir à expiration ; finir. ◆ **n.m. pl. 1.** Ensemble des mots employés pour exprimer sa pensée ; manière de s'exprimer : *Parler en termes clairs.* **2.** Sens littéral d'un texte écrit : *Les termes de l'accord n'ont pas été respectés.* ▪ **Aux termes de,** en se conformant strictement à. ▪ **En d'autres termes,** autrement dit. ▪ **Être en bons, en mauvais termes avec qqn,** entretenir de bons, de mauvais rapports avec lui.

2. TERME n.m. (de *Terme*, dieu romain protecteur des bornes des champs). **SCULPT.** Statue sans bras ni jambes, dont le corps se termine en gaine (SYN. **hermès**).

TERMINAISON n.f. 1. Litt. Action, manière de se terminer. **2. LING.** Partie finale d'un mot.

1. TERMINAL, E, AUX adj. 1. Qui constitue l'extrémité, le dernier élément de qqch : *La partie terminale du corps d'un insecte.* **2.** Qui marque la fin : *Étape terminale d'un débat.* **3. MÉD.** Qui précède de peu la mort : *La phase terminale d'un cancer.* **4. ANAT.** Se dit de chacune des branches situées à la fin d'une artère, d'un nerf (par oppos. à *collatéral*). ▪ **Classe terminale,** ou **terminale, n.f.,** en France, septième et dernière année de l'enseignement secondaire, où l'on prépare le baccalauréat.

2. TERMINAL n.m. 1. Partie de gare ou d'aérogare servant de point de départ et d'arrivée des passagers. **2.** Équipement portuaire qui sert au chargement et au déchargement d'un certain type de marchandises. **3. INFORM.** Organe d'accès à un ordinateur situé à distance et auquel il est relié par une ligne de transmission de données. **4. PÉTROLE.** Ensemble des installations de pompage et de stockage situées à l'extrémité d'un pipeline.

TERMINATEUR n.m. ASTRON. Ligne de séparation des parties éclairée et obscure du disque de la Lune ou d'une planète du Système solaire.

TERMINER v.t. [3]. 1. Mener à son terme : *Terminer la rédaction de son mémoire.* **2.** Passer la fin d'une période de telle façon : *Terminer la soirée dans un bar.* **3.** S'occuper en dernier de qqch : *Terminer son entraînement par des abdominaux.* ▪ **En terminer avec qqch,** l'achever. ◆ **SE TERMINER v.pr.** Arriver à sa fin ; finir de telle façon.

TERMINOLOGIE n.f. (de *1. terme*, et du gr. *logos*, science). **1.** Ensemble des termes particuliers à une science, à un art, à un domaine, à un auteur. **2.** Étude des dénominations des concepts et des objets utilisés dans tel ou tel domaine du savoir.

TERMINOLOGIQUE adj. Relatif à la terminologie, à une terminologie.
TERMINOLOGUE n. Spécialiste de terminologie.
TERMINUS [-nys] **n.m.** (mot angl., du lat.). Dernière station d'une ligne de transports en commun.
TERMITE n.m. (bas lat. *termes, -itis*). Insecte social se nourrissant de bois, de débris végétaux ou de champignons, vivant en sociétés composées d'un couple reproducteur (reine et roi), d'ouvriers et de soldats. ➲ Dans les régions chaudes, les termites édifient d'énormes nids (termitières). On trouve dans certaines régions de France plusieurs espèces xylophages qui causent des dégâts importants aux constructions. Ordre des isoptères.
TERMITIÈRE n.f. Construction en terre ou en carton de bois, que les termites fabriquent dans les pays tropicaux. ➲ La termitière peut atteindre plusieurs mètres de haut et se poursuit dans le sol par de nombreuses galeries.
TERNAIRE adj. (lat. *ternarius*). **1.** Composé de trois éléments : *Engrais ternaire.* **2. CHIM. ORG.** Se dit de substances organiques, comme les glucides et les lipides, constituées de carbone, d'hydrogène et d'oxygène. ▪ **Mesure ternaire** [mus.], dont chaque temps est divisible par trois (mesure à 6/8, par ex.) [SYN. **mesure composée**].
1. TERNE n.m. (lat. *ternas*). **ÉLECTROTECHN.** Ensemble des trois câbles de transport d'une ligne aérienne triphasée.
2. TERNE adj. (de *ternir*). **1.** Qui a peu ou pas d'éclat : *Coloris terne.* **2.** Qui manque de brillant, d'intérêt : *Vie terne.*
TERNIR v.t. [21] (du germ.). **1.** Ôter l'éclat, la couleur de : *L'air ternit l'argenterie.* **2.** Diminuer la valeur de ; flétrir : *Ternir la mémoire de qqn.* ◆ **SE TERNIR v.pr.** Devenir terne.
TERNISSEMENT n.m. Fait de ternir, de se ternir.
TERNISSURE n.f. État de ce qui est terni.
TERPÈNE n.m. (all. *Terpene*). **CHIM. ORG.** Hydrocarbure de formule brute $(C_5H_8)_n$, produit par le métabolisme secondaire des plantes (nom générique). ➲ L'essence de térébenthine est riche en terpènes.
TERPÉNIQUE adj. Relatif aux terpènes.
TERPÉNOÏDE n.m. Dérivé des terpènes, notamm. de ceux qui ne sont pas des hydrocarbures (nom générique).
TERPINE n.f. CHIM. ORG. Hydrate de l'essence de térébenthine utilisé comme expectorant.
TERPINÉOL ou **TERPINOL n.m.** Composé à odeur de muguet que l'on tire de la terpine.
TERRAFORMATION n.f. Hypothèse scientifique d'aménagement d'un milieu extraterrestre (planète) pour le rendre propice à la vie et habitable par l'homme : *Terraformation de Mars.* ➲ Le terme a été emprunté aux récits de science-fiction.
TERRAIN n.m. (du lat. *terrenus*, formé de terre). **1.** Sol considéré du point de vue de sa nature, de sa structure, de son relief : *Terrain calcaire, aride, plat.* **2.** Étendue de terre, considérée du point de vue de sa surface, de sa propriété et de son affectation : *Terrain à bâtir ;* parcelle de terre : *Acheter un terrain.* **3.** Emplacement aménagé en vue de certaines activités : *Terrain de golf.* **4.** Lieu où se déroulent des opérations militaires. **5.** Domaine où s'exerce une activité : *Situer un débat sur le terrain politique.* **6.** Ensemble des circonstances, de l'état des esprits, etc., considérés du point de vue d'une action à venir : *Tâter le terrain.* **7. MÉD.** Vieilli. Ensemble des facteurs génétiques, physiologiques, etc., qui favoriseraient l'apparition d'une maladie : *Terrain diabétique.* ▪ **Aller sur le terrain,** anc., se battre en duel ; auj., aller sur le lieu de l'action : *Maire qui va sur le terrain.* ▪ **Céder du terrain,** se replier ; fig., faire des concessions. ▪ **Connaître le terrain,** connaître les gens auxquels on a affaire. ▪ **Être sur son terrain,** dans un domaine que l'on connaît bien. ▪ **Homme, femme de terrain,** en contact direct avec les gens, les situations concrètes. ▪ **Organisation du terrain** [mil.], son aménagement en vue du combat. ▪ **Se placer sur un bon, un mauvais terrain,** se mettre dans une situation avantageuse, désavantageuse. ▪ **Terrain d'aviation,** espace découvert réservé à l'atterrissage, au décollage et au stationnement des avions. ▪ **Terrain glissant** ou **brûlant,** affaire délicate et pleine de risques. ▪ **Tout-terrain,** v. à son ordre alphabétique.
TERRA INCOGNITA [-inkɔnita] **n.f. sing.** (mots lat. « terre inconnue »). Litt. Domaine d'activité jusqu'alors inexploré.
TERRAQUÉ, E adj. (bas lat. *terraqueus*). Vx. Composé de terre et d'eau.
TERRARIUM [-rjɔm] **n.m.** (du lat. *terra*, terre, d'apr. *aquarium*). Emplacement préparé pour l'élevage et l'entretien de reptiles, d'amphibiens, etc.

▲ **terrasse.** Cultures en terrasses de rizières dans la province du Yunnan, en Chine.

TERRASSE n.f. (de *terre*). **1.** Toute surface à l'air libre aménagée devant un local ou au-dessus d'un local inférieur. **2.** Partie du trottoir longeant un café, un restaurant, où sont disposées des tables pour les consommateurs. **3.** Levée de terre formant un terre-plein, génér. maintenue par un mur de soutènement et bordée par un garde-corps. **4. GÉOMORPH.** Sur les versants d'une vallée, replat, souvent recouvert de dépôts fluviatiles, qui correspond à un ancien fond de rivière. **5.** Socle plat de certaines pièces d'orfèvrerie. **6.** Partie supérieure de la base d'une statue. ▪ **Cultures en terrasses** [agric.], pratiquées sur des terrains originellement en pente découpés en paliers juxtaposés, limités par des murets ou des pentes enherbées. ▪ **Toit en terrasse,** ou **terrasse,** toiture-terrasse, souvent accessible, d'une habitation. (On dit aussi *terrasse de couverture.*)

▲ **terre cuite.** Sculpture (ronde-bosse) en terre cuite (xve s.), provenant de Owo. (Musée national, Lagos.)

TERRASSEMENT n.m. Action de creuser et de transporter des terres ; ensemble des travaux destinés à modifier le relief d'un sol.
TERRASSER v.t. [3]. 1. Jeter à terre avec violence au cours d'une lutte : *Terrasser un adversaire.* **2.** Abattre physiquement ou moralement ; foudroyer : *Cette nouvelle l'a terrassé.*
TERRASSIER n.m. Celui qui fait des travaux de terrassement.
TERRASSON n.m. CONSTR. Partie supérieure, en pente faible, d'un versant de toit brisé.
TERRE n.f. (lat. *terra*). **1.** (Avec une majuscule). Planète du Système solaire, habitée par l'homme. **2.** Partie émergée de cette planète, par oppos. aux étendues d'eau : *Toucher terre ;* ensemble des lieux habités ; monde : *Ces images ont fait le tour de la terre.* **3.** Ensemble des hommes, de l'humanité : *La terre entière s'est mobilisée.* **4.** Séjour des vivants (par oppos. à *au-delà*). **5.** Surface solide où l'homme marche, se déplace, vit, construit, etc. ; sol : *S'asseoir par terre.* **6.** Territoire considéré d'un point de vue géographique, national, régional, etc. ; pays : *Les terres australes. Revoir sa terre natale.* **7.** Étendue de terrain appartenant à qqn, à une commune, etc. ; propriété, domaine rural souvent considérables : *Vivre sur ses terres.* **8.** Matériau essentiellement minéral constituant la couche supérieure des sols, dans laquelle croissent les végétaux : *Terre calcaire ;* cette matière considérée du point de vue de ses qualités agricoles : *Terre à blé.* **9.** Sol considéré comme l'élément de base de la vie et des activités agricoles ; ces activités : *Retour à la terre.* **10. ÉLECTROTECHN.** Masse conductrice de la terre dont le potentiel électrique en chaque point est, par convention, égal à zéro. ▪ **À terre, sur la terre ferme,** au sol ; sur le sol (par oppos. à *sur l'eau*). ▪ **Avoir les (deux) pieds sur terre** [fam.], avoir le sens des réalités. ▪ **Être sur terre,** exister. ▪ **Fonds de terre,** propriété foncière. ▪ **La Terre sainte,** les lieux où vécut le Christ. ▪ **Ligne de terre** [dess. industr.], intersection du plan horizontal et du plan vertical de projection. ▪ **Par terre** ou **à terre,** sur le sol. ▪ **Politique de la terre brûlée,** destruction systématique des récoltes et des biens par une armée qui se retire devant l'envahisseur ; fig., fait de ne rien laisser à un éventuel successeur. ▪ **Prise de terre,** conducteur ou ensemble de conducteurs (partic. prises électriques avec une broche supplémentaire) enterrés, servant à établir une liaison avec la terre. ➲ Elle est établie pour contribuer à la sécurité des personnes et à la protection du matériel. ▪ **Quitter cette terre,** mourir. ▪ **Revenir sur terre,** revenir à la réalité après une rêverie. ▪ **Sciences de la Terre,** sciences qui ont pour objet l'origine, la nature et l'évolution du globe terrestre (géologie, géophysique, géochimie, etc.) [SYN. **géosciences**]. ▪ **Terre à poterie,** contenant de l'argile. ▪ **Terre cuite,** argile façonnée et mise au four ; objet obtenu de cette façon. ▪ **Terre de Sienne (naturelle** ou **brûlée),** ocre brune utilisée en peinture. ▪ **Terres rares** [chim.], dénomination habituelle des lanthanides (de numéro atomique compris entre 57 et 71) et de leurs oxydes. ▪ **Terre végétale,** partie supérieure du sol mêlée de matières organiques et propre à la végétation. ▪ **Terre vierge,** non encore cultivée.

➲ La **TERRE** est la troisième planète du Système solaire dans l'ordre croissant des distances au Soleil. Elle s'intercale entre Venus et Mars. →

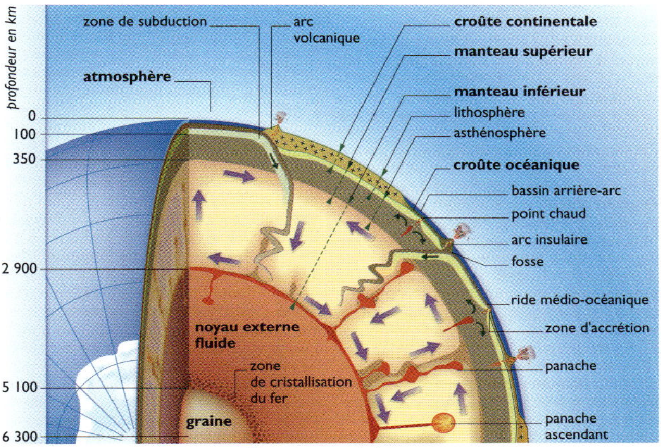

▲ **Terre.** Structure de la Terre.

→ Elle tourne sur elle-même, d'un mouvement quasi uniforme, autour d'un axe passant par son centre de gravité (axe des pôles), tout en décrivant autour du Soleil une orbite elliptique. Le demi-grand axe de cette orbite mesure env. 149 600 000 km. La révolution de la Terre autour du Soleil détermine la durée de l'année, et sa rotation sur elle-même celle du jour. La Terre a la forme d'un ellipsoïde de révolution aplati. Son diamètre équatorial mesure 12 756 km env. et son diamètre polaire 12 713 km. Sa superficie est de 510 101 × 10^3 km^2, son volume de 1 083 320 × 10^6 km^3 et sa masse de 5,98 × 10^{24} kg. Sa densité moyenne est de 5,52.
La Terre s'est formée il y a 4,6 milliards d'années. Son enveloppe gazeuse constitue l'*atmosphère*. L'enveloppe liquide, ou *hydrosphère*, comprend l'ensemble des mers, océans, rivières, nappes souterraines et glaciers. Schématiquement, la partie solide de la Terre se divise en trois zones concentriques : la *croûte*, le *manteau* (subdivisé en *manteau supérieur* et *manteau inférieur*) et le *noyau* (subdivisé en *noyau externe* et *noyau interne*, ou *graine*).

TERRE À TERRE loc. adj. inv. Préoccupé par les questions de la vie courante ; prosaïque : *Des gens terre à terre.*

TERREAU n.m. 1. Terre mélangée à des matières animales ou végétales décomposées, utilisée en horticulture. **2.** Fig. Milieu favorable au développement de qqch : *Le terreau de la révolte.*

TERREAUTAGE n.m. Action de terreauter.

TERREAUTER v.t. [3]. AGRIC. Entourer un plant ou recouvrir un semis de terreau.

TERRE-NEUVAS [-va] **n.m. inv.** ou **TERRE-NEUVIER n.m.** (pl. *terre-neuviers*). **1.** Bateau équipé pour la pêche sur les bancs de Terre-Neuve. **2.** Marin pêcheur sur ce bateau.

TERRE-NEUVE n.m. inv. Chien de sauvetage de forte taille, au poil long, génér. noir de jais.

TERRE-NEUVIEN, ENNE adj. et **n.** (pl. *terre-neuviens, ennes*). De Terre-Neuve.

TERRE-PLEIN (pl. *terre-pleins*), ▲ **TERREPLEIN n.m.** (de l'ital. *terrapieno*, rempli de terre). Terrain rapporté soutenu par des murs. ■ **Terre-plein central,** partie de la plateforme séparant les deux chaussées, sur une voie à deux sens de circulation séparés.

SE TERRER v.pr. [3]. 1. S'abriter dans un terrier, en parlant d'un animal. **2.** Éviter de se montrer en s'isolant : *Se terrer à la campagne.*

TERRESTRE adj. 1. Relatif à la Terre : *Le globe terrestre.* **2.** Qui vit sur la partie solide du globe : *La faune terrestre.* **3.** Qui est établi au sol : *Forces terrestres.* **4.** Qui se passe sur la terre : *La vie terrestre.*

TERREUR n.f. (lat. *terror*). **1.** Peur violente qui paralyse ; effroi : *Cet attentat a semé la terreur.* **2.** Pratique systématique de violences, de répressions, en vue d'imposer un pouvoir autoritaire. **3.** Personne, chose qui inspire une grande peur : *Ce prof est ma terreur.* ■ **La Terreur,** v. partie n.pr.

TERREUX, EUSE adj. 1. Propre à la terre : *Un goût terreux.* **2.** Mêlé, sali de terre : *Des chaussures terreuses.* **3.** Qui a la couleur de la terre ; grisâtre : *Un teint terreux.*

TERRIBLE adj. (lat. *terribilis*). **1.** Qui inspire de la terreur ; qui a des effets tragiques ; effroyable : *Un terrible accident.* **2.** Très désagréable ; détestable : *Il est d'une humeur terrible.* **3.** Qui atteint une intensité considérable : *Un froid terrible.* **4.** Fam. Indique un très haut degré : *Un appétit terrible.* **5.** Fam. Qui suscite l'admiration ; fantastique : *Ce film n'est pas terrible.* ■ **Enfant terrible,** enfant insupportable ; personne qui, au sein d'un groupe, fait des incartades.

TERRIBLEMENT adv. À un haut degré ; extrêmement.

TERRICOLE adj. ÉCOL. Qui vit à la surface ou dans les couches profondes des sols.

TERRIEN, ENNE adj. Relatif à la vie rurale ; campagnard : *Des origines terriennes.* ■ **Propriétaire terrien,** personne qui vit du revenu de ses terres. ◆ **n. 1.** Personne qui habite la Terre (par oppos. à *extraterrestre*). **2. SPORTS.** Joueur de tennis sur terre battue : *Ce joueur est le plus grand terrien de l'histoire du tennis.*

TERRIER n.m. 1. Abri creusé dans la terre par certains animaux comme le lapin ou le renard. **2.** Chien dressé pour la chasse des animaux qui habitent des terriers, aussi utilisé comme chien d'agrément.

TERRIFIANT, E adj. Qui terrifie.

TERRIFIER v.t. [5]. Frapper de terreur ; épouvanter.

TERRIGÈNE adj. GÉOL. ■ **Dépôt terrigène,** dépôt marin d'origine continentale.

TERRIL [teri(l)] **n.m.** (mot dial. du Nord-Est). Entassement de stériles au voisinage d'une mine.

TERRINE n.f. (de l'anc. fr. *terrin*, de terre). **1.** Récipient de forme ovale ou rectangulaire, souvent en terre vernissée et muni d'un couvercle, qui sert à cuire et à conserver les pâtés. **2.** Récipient tronconique en terre cuite, à bords épais, servant à diverses préparations culinaires. **3. CUIS.** Préparation faite de viande, de poisson, de légumes, moulée et consommée froide. **4.** Antilles. Bassine.

TERRITOIRE n.m. (lat. *territorium*). **1.** Portion de l'espace terrestre dépendant d'un État, d'une ville, d'une juridiction ; espace considéré comme un ensemble formant une unité cohérente, physique, administrative et humaine : *Le territoire national.* **2. ÉCOL.** Espace délimité par un animal ou une famille d'animaux, considéré comme habitat privilégié et défendu contre l'intrusion de congénères. **3.** Fig. Domaine d'activité sur lequel une personne entend maintenir son autorité, ses prérogatives : *Marquer, défendre son territoire.* **4. ANAT.** Ensemble des parties anatomiques desservies par un vaisseau, un nerf. ■ **Territoire d'outre-mer (TOM),** collectivité territoriale de la République française, créée en 1946 et supprimée en 2003. ➲ On parle auj. de *collectivité d'outre-mer* (COM).

TERRITORIAL, E, AUX adj. Relatif au territoire ; qui en relève. ■ **Armée territoriale,** ou **territoriale, n.f.** [hist.], jusqu'en 1914, fraction des réserves de l'armée de terre composée par les classes les plus anciennes. ■ **Collectivité territoriale** → **COLLECTIVITÉ.** ■ **Eaux territoriales, mer territoriale** → **EAU.**

TERRITORIALEMENT adv. Du point de vue territorial.

TERRITORIALISATION n.f. Fait de s'approprier un territoire d'un point de vue juridique et économique (propriété) et/ou symbolique (sentiment d'appartenance). ➲ La notion de territoire n'implique pas forcément des limites bien définies.

TERRITORIALITÉ n.f. 1. DR. Caractère de ce qui fait proprement partie du territoire d'un État. **2.** Rapport individuel ou collectif à un territoire, un espace approprié par un groupe social. ■ **Territorialité des lois,** fait, pour les lois, de s'appliquer à toutes les personnes qui sont sur le territoire, quelle que soit leur origine.

TERROIR n.m. (de *terre*). **1.** Portion de territoire étroitement associée à une production agricole caractéristique : *Terroir viticole.* **2. VITIC.** Ensemble du sol et du climat correspondant à un vignoble délimité, donnant un caractère spécifique au vin qu'il produit. **3.** Territoire exploité par un village, une communauté rurale. **4.** Province, campagne considérée comme exerçant certaines influences sur l'individu : *Écrivain du terroir.*

TERRORISANT, E adj. Qui terrorise.

TERRORISER v.t. [3]. 1. Frapper de terreur, d'épouvante ; terrifier. **2.** User de terreur pour obtenir qqch : *Voyous qui terrorisent les commerçants.*

TERRORISME n.m. Ensemble d'actes de violence (attentats, prises d'otages, etc.) commis par une organisation ou un individu pour créer un climat d'insécurité, exercer un chantage sur un gouvernement ou satisfaire une haine à l'égard d'une communauté, d'un pays, d'un système.

TERRORISTE adj. et **n. 1.** Qui organise un acte de terrorisme, y participe. **2.** Sous la Révolution française, s'est dit, après la chute de Robespierre, des acteurs de la Terreur. ◆ **adj.** Relatif au terrorisme : *La capitale a subi une attaque terroriste.*

1. TERTIAIRE [tɛrsjɛr] **adj.** (lat. *tertiarius*). **CHIM. ORG.** Se dit d'un composé dont la fonction est accrochée à un atome porteur de trois groupements alcoyle ou aryle. ■ **Secteur tertiaire,** ou **tertiaire, n.m.** [écon.], ensemble des activités de services destinées aux agents économiques (Administration, commerce, banque, enseignement, armée, notamm.). ◆ **n.m. 1. GÉOL.** Partie du cénozoïque regroupant le paléogène et une grande partie du néogène. **2. ÉCON.** Secteur tertiaire.

2. TERTIAIRE n. CATH. Membre d'un tiers ordre.

TERTIAIRISATION ou **TERTIARISATION n.f. ÉCON.** Développement du secteur tertiaire.

TERTIO [-sjo] **adv.** (mot lat.). Troisièmement, dans une énumération commençant par *primo.*

TERTRE n.m. (du lat. *termen, -inis*, borne). Petite élévation de terre ; butte. ■ **Tertre funéraire,** éminence de terre recouvrant une sépulture.

TERVUEREN [tɛrvyrɛn] **n.m.** (de *Tervuren*, n.pr.). Chien de berger belge au long pelage fauve parsemé de poils noirs.

TÉRYLÈNE n.m. (nom déposé). Fil ou fibre synthétique de polyester.

TERZA RIMA n.f. (pl. *terza rima* ou *terze rime*) [mots ital.]. Poème composé de tercets dont les rimes sont ordonnées par groupes de trois vers.

TERZETTO [tɛrdzɛto] **n.m.** (mot ital.). **MUS.** Petite composition pour trois voix ou trois instruments.

TES adj. poss. → **1. TON.**

TESLA [tɛsla] **n.m.** (de N. *Tesla*, n.pr.). Unité d'induction magnétique (symb. T), équivalant à l'induction magnétique uniforme qui, répartie normalement sur une surface de 1 m^2, produit à travers cette surface un flux d'induction magnétique total de 1 weber.

TESSELLE n.f. (lat. *tessella*). Petite pièce plus ou moins parallélépipédique de marbre, de pâte de verre, de céramique, etc., qui est l'élément de base d'une mosaïque.

TESSÈRE n.f. (lat. *tessera*). **ANTIQ. ROM.** Plaquette ou jeton d'ivoire, de métal, de terre cuite, etc., aux usages multiples.

TESSITURE n.f. (ital. *tessitura*, de *tessere*, tisser). **MUS. 1.** Registre des sons qu'une voix ou un instrument de musique peuvent produire sans difficulté : *Tessiture aiguë.* **2.** Ensemble des notes qui reviennent le plus souvent dans un morceau, constituant une sorte de moyenne du registre dans lequel il est écrit.

TESSON n.m. (anc. fr. *tez*). Débris d'un objet en verre, en céramique.

1. TEST n.m. (du lat. *testum*, vase d'argile). **ZOOL.** Enveloppe dure qui protège divers êtres vivants (plaques dermiques de l'oursin, coquille des mollusques, etc.).

2. TEST n.m. (mot angl.). **1.** Épreuve permettant d'évaluer les aptitudes de qqn, ou d'explorer sa personnalité : *Test de niveau.* **2.** Épreuve d'examen présentée sous forme d'un questionnaire à compléter. **3.** Épreuve qui permet de juger qqch ou qqn : *C'était un test pour voir si tu m'écoutais.* **4.** (En appos., avec ou sans trait d'union). Qui permet d'éprouver ou de jauger qqn, qqch : *Élections tests.* **5. MÉD.** Examen diagnostique basé sur l'apparition ou la non-apparition d'un phénomène chimique (coloration d'un liquide, par ex.), biologique (œdème cutané, par ex.), physiologique (mouvement réflexe, par ex.), après mise en œuvre d'un procédé, administration d'une substance ou action d'un stimulus : *Test de grossesse.* ■ **Test de discrimination,** recomm. off. pour **testing.** ■ **Test de résistance** (angl. *stress test*), test virtuel destiné à évaluer la capacité d'une banque à résister à un choc économique de grande ampleur. ■ **Test immunologique** → **IMMUNOLOGIQUE.** ■ **Test statistique,** méthode qui permet, à partir d'une fonction que l'on déduit des observations de un ou plusieurs échantillons d'une population, d'accepter ou de rejeter, avec un certain risque d'erreur, une hypothèse portant sur la population ou sur la loi de probabilité choisie pour représenter l'échantillon.

TESTABLE adj. Qui peut être testé.

TESTACELLE n.f. (du lat. *testaceus*). Mollusque à aspect de limace, qui vit dans l'humus, où il se nourrit de lombrics. ➲ Famille des testacellidés.

TESTAGE n.m. ÉLEV. Méthode de sélection des animaux domestiques appliquée aux reproducteurs mâles par contrôle de leur descendance.

TESTAMENT n.m. (lat. *testamentum*). **1.** Acte juridique par lequel une personne déclare ses dernières volontés et dispose de ses biens pour le temps qui suivra sa mort. **2.** Message ultime qu'un écrivain, un homme politique, un savant, un artiste, tient, dans une œuvre, à transmettre à la postérité. **3.** Dans le judaïsme et le christianisme, alliance ou pacte établis par Dieu avec son peuple et consignés dans l'Écriture. ▪ **Ancien Testament,** ensemble des livres de la Bible qui se rapportent à l'histoire de l'Alliance de Dieu avec le peuple juif. ➲ Il est parfois appelé le Premier Testament. ▪ **Nouveau Testament,** recueil des écrits bibliques qui concernent la Nouvelle Alliance établie par Jésus-Christ. ▪ **Testament authentique** ou **public,** reçu par deux notaires ou par un notaire assisté de deux témoins. ▪ **Testament mystique** ou **secret,** présenté clos et scellé à un notaire, qui en dresse un acte de suscription en présence de deux témoins.

TESTAMENTAIRE adj. Relatif à un testament. ▪ **Exécuteur testamentaire** → **EXÉCUTEUR.**

TESTATEUR, TRICE n. Personne qui fait ou a fait son testament.

1. TESTER v.i. [3] (lat. *testari*). Faire son testament.

2. TESTER v.t. [3]. Soumettre qqch, qqn à un test ; expérimenter : *Tester un médicament* ; éprouver : *Tester la motivation d'un candidat.*

1. TESTEUR, EUSE n. Personne qui fait passer un test.

2. TESTEUR n.m. Appareil servant à tester des grandeurs électriques, des composants électroniques.

TESTICULAIRE adj. Relatif aux testicules.

TESTICULE n.m. (lat. *testiculus*). **ANAT.** Glande génitale mâle qui élabore les spermatozoïdes et sécrète les hormones mâles.

TESTIMONIAL, E, AUX adj. (du lat. *testimonium,* témoin). **DR. 1.** Qui résulte d'un témoignage. **2.** Qui sert de témoignage, d'attestation.

TESTING [tɛstiŋ] **n.m.** (mot angl.). Pratique légale consistant à faire constater afin qu'elle soit sanctionnée toute forme de discrimination liée au sexe, à l'origine ou au handicap d'une personne. Recomm. off. **test de discrimination.**

TEST-MATCH n.m. (pl. *test-match[e]s*) [mot angl.]. Au rugby, match qui oppose deux équipes nationales, dont l'une effectue une tournée dans le pays de l'autre, où elle rencontre également des sélections régionales.

TESTON n.m. (ital. *testone*). **NUMISM.** Monnaie d'argent de la Renaissance à l'effigie d'un souverain (Italie, France).

TESTOSTÉRONE n.f. BIOCHIM. Hormone produite par les testicules et agissant sur le développement des organes génitaux et des caractères sexuels secondaires masculins.

TET [tɛt] **n.m.** (du lat. *tectum,* abri). Acadie. ▪ **Tet à brebis,** bergerie. ▪ **Tet à cochons,** porcherie. ▪ **Tet à poules,** poulailler.

TÊT [tɛ] **n.m.** (du lat. *testum,* vase d'argile). **CHIM.** Coupelle en terre réfractaire. ▪ **Têt à gaz,** capsule de terre sur laquelle on dépose une éprouvette pour recueillir un gaz dans la cuve à eau.

TÊT [tɛt] **n.m.** (mot vietnamien « fête »). Premier jour de l'année du calendrier lunaire vietnamien, donnant lieu à des festivités *(fête du Têt),* entre le 20 janvier et le 19 février.

TÉTANIE n.f. MÉD. Syndrome dû notamm. à une hypocalcémie, et caractérisé par des crises de contractures musculaires.

TÉTANIQUE adj. Relatif au tétanos ou à la tétanie. ◆ **adj.** et **n.** Atteint de tétanos ou de tétanie.

TÉTANISATION n.f. Action de tétaniser ; fait d'être tétanisé.

TÉTANISER v.t. [3]. 1. Provoquer des contractures tétaniques. **2.** Fig. Laisser sans réaction ; pétrifier : *L'annonce de l'attentat l'a tétanisé.*

TÉTANOS [-nos] **n.m.** (du gr. *tetanos,* rigidité). Maladie infectieuse parfois mortelle, due à la toxine d'un bacille souillant une plaie et caractérisée par des contractures musculaires généralisées.

TÊTARD n.m. (de *tête*). **1.** Larve des amphibiens, aquatique et nageuse, à tête fusionnée au tronc, à respiration branchiale. **2. SYLVIC.** Arbre taillé de manière à former une touffe au sommet du tronc.

TÊTE n.f. (du lat. *testa,* pot en terre cuite). **1.** Extrémité supérieure du corps de l'homme et extrémité antérieure du corps de nombreux animaux, qui contient la bouche, le cerveau et les principaux organes sensoriels. **2.** Boîte crânienne de l'homme et, partic., cerveau, crâne : *Avoir mal à la tête.* **3.** Partie supérieure du crâne où poussent les cheveux : *Se laver la tête.* **4.** Visage dont les traits traduisent les sentiments, l'état ; expression : *Il a fait une drôle de tête quand il nous a vus.* **5.** Ensemble des facultés mentales (intelligence, imagination, etc.) : *Elle a toujours des idées plein la tête.* **6.** Présence d'esprit ; sang-froid : *Garder la tête froide.* **7.** Tempérament volontaire, obstiné : *Il a la tête dure.* **8.** Personne intelligente et décidée : *La nouvelle ministre est une tête.* **9.** Personne ou groupe qui conçoit, dirige : *Frapper une organisation à la tête.* **10.** Personne ; individu : *La traversée coûte 50 euros par tête.* **11.** Vie de qqn : *J'en réponds sur ma tête.* **12.** Animal compté dans un troupeau : *Têtes de bétail.* **13.** Partie supérieure de qqch ; cime : *La tête d'un arbre.* **14.** Partie antérieure ou initiale de qqch, notamm. d'une chose orientée ou en mouvement : *Tête d'une rame de métro, d'un cortège* ; début : *Mot placé en tête de phrase.* **15.** Première place d'un classement : *La tête du championnat.* **16.** Hauteur de la tête chez une personne : *Elle a une tête de plus que lui.* **17.** Longueur de la tête d'un animal : *Ce cheval a gagné d'une tête.* **18.** Au football, action de frapper une balle haute avec le front pour dévier sa trajectoire. **19. MIL.** Élément le plus avancé d'une troupe. **20. TECHN.** Partie supérieure, génér. renflée, d'une pièce ou d'un ensemble mécanique : *La tête d'un clou.* **21. CHIM.** Fraction la plus légère ou la plus volatile d'un mélange, obtenue par distillation fractionnée. ▪ **À la tête de,** au premier rang de ; à la direction de. ▪ **Avoir ses têtes** [fam.], être de parti pris dans ses sympathies ou ses antipathies. ▪ **Avoir toute sa tête,** toute sa raison. ▪ **Avoir une bonne tête,** inspirer confiance. ▪ **Baisser la tête,** avoir honte. ▪ **De tête,** mentalement, sans avoir recours à l'écriture. ▪ **En avoir par-dessus la tête** [fam.], être excédé. ▪ **En tête à tête,** seul à seul. ▪ **Être tombé sur la tête** [fam.], avoir perdu la raison. ▪ **Faire la tête** [fam.], bouder. ▪ **Il en fait une tête !** [fam.], son visage exprime un sentiment de malaise, de tristesse, de colère. ▪ **La tête haute,** avec fierté. ▪ **Monter à la tête,** griser : *Ce parfum, le succès lui monte à la tête.* ▪ **Ne pas avoir de tête,** être très étourdi. ▪ **Ne rien avoir dans la tête,** être dépourvu de bon sens. ▪ **Sa tête est mise à prix,** on le recherche activement, en parlant d'un criminel. ▪ **Se mettre dans la tête** ou **en tête de,** prendre la résolution de faire qqch ; se persuader, se convaincre que. ▪ **Tenir tête,** résister. ▪ **Tête baissée,** sans réfléchir ni se préoccuper du danger. ▪ **Tête blonde** [fam.], enfant. ▪ **Tête chercheuse,** partie antérieure d'un projectile dotée d'un dispositif électronique permettant de diriger sa trajectoire sur l'objectif (SYN. **autodirecteur**). ▪ **Tête de lecture,** dispositif qui se déplace à la surface d'un support de stockage magnétique ou optique pour lire les informations qui y sont codées. ▪ **Tête de ligne,** endroit d'où part une ligne de transport. ▪ **Tête de linotte** ou **sans cervelle** ou **en l'air** [fam.], personne étourdie ou irréfléchie. ▪ **Tête de mort,** squelette d'une tête humaine ; emblème représentant un crâne humain. ▪ **Tête de pont** [mil.], zone occupée par une force militaire en territoire ennemi, au-delà d'un fleuve ou en bordure de mer, en vue d'un franchissement ou d'un débarquement ultérieur du gros des forces ; implantation à l'étranger d'une entreprise, d'une institution, en vue d'un développement ultérieur de son activité. ▪ **Tête de réseau** [télév.], installation qui permet, dans un réseau câblé, de recevoir les programmes de télévision. ▪ **Tête de série** [sports], concurrent ou équipe que ses performances antérieures désignent comme l'un des favoris d'un tournoi et qui se voit opposer un adversaire présumé plus faible lors des premières rencontres d'une épreuve éliminatoire. ▪ **Tête d'injection** [pétrole], raccord fixé au sommet du train de tiges. ▪ **Tête nucléaire,** ogive nucléaire. ▪ **Tête pressée** [Belgique], fromage de tête. ▪ **Voix de tête** → **VOIX.**

TÊTE-À-QUEUE n.m. inv. Pivotement brusque d'un véhicule sur lui-même, à la suite d'un fort coup de frein ou d'une rupture d'adhérence.

TÊTE-À-TÊTE n.m. inv. 1. Situation ou entretien de deux personnes qui se trouvent seule à seule. **2.** Service à café, à petit déjeuner ou à thé pour deux personnes.

TÊTE-BÊCHE, ▲ *TÉTEBÊCHE* **adv.** Dans la position de deux personnes ou de deux objets placés parallèlement l'un à l'autre et en sens inverse.

TÊTE-DE-CLOU n.f. (pl. *têtes-de-clou*). Saillie en pointe de diamant constituant, par sa répétition, un motif décoratif dans l'architecture romane.

TÊTE-DE-LOUP n.f. (pl. *têtes-de-loup*). Balai à très long manche et à brosse ronde, qui permet de nettoyer les plafonds.

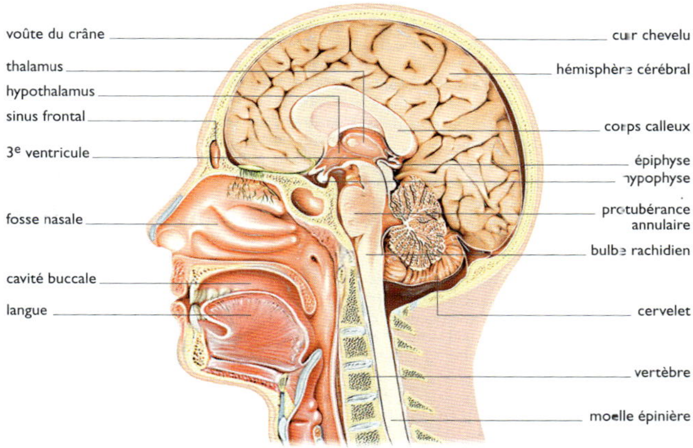

▲ **tête.** Image en coupe de la tête, vue de profil.

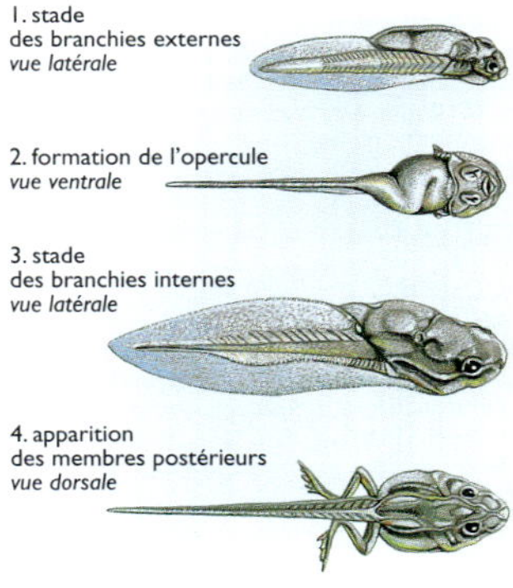

▲ **têtard.** Quatre stades de développement du têtard de grenouille.

TÊTE-DE-MAURE n.f. (pl. *têtes-de-Maure*). Fromage de Hollande au lait de vache, de forme sphérique, enrobé de paraffine rouge. ◆ **adj. inv.** D'une couleur brun foncé.

TÊTE-DE-NÈGRE n.m. inv. et **adj. inv.** Couleur brun foncé.

TÉTÉE n.f. **1.** Action de téter. **2.** Quantité de lait qu'un nourrisson tète en une fois.

TÉTER v.t. et v.i. [11], ▲ *[11*]* (de *tette*). Aspirer le lait du sein de la femme, de la mamelle d'un animal ou d'un biberon par un mouvement de succion.

TÉTERELLE, ▲ *TÈTERELLE* **n.f.** Petit appareil en verre qui se place sur le bout du sein, et avec lequel on aspire le lait.

TÊTIÈRE n.f. (de *tête*). **1.** Pièce de la bride qui passe au sommet de la tête du cheval, derrière ses oreilles. **2.** MAR. Partie renforcée au point de drisse d'une voile triangulaire. **3.** Garniture en tissu placée sur le dossier d'un fauteuil à l'endroit où l'on appuie la tête.

TÉTIN n.m. Vx. Mamelon du sein.

TÉTINE n.f. **1.** Mamelle d'un mammifère. **2.** Embouchure en caoutchouc, percée d'une fente, que l'on adapte sur un biberon pour faire téter un nourrisson. **3.** Embout de caoutchouc ayant la forme d'un mamelon, que l'on fait téter au nourrisson pour le calmer (SYN. **sucette**).

TÉTON n.m. **1.** Fam. Sein. **2.** MÉCAN. Petite pièce en saillie qui sert à maintenir une autre pièce.

TÉTRACHLORURE [-klɔ-] **n.m.** (du gr. *tetras*, quatre). CHIM. Composé à quatre atomes de chlore. ▪ **Tétrachlorure de carbone,** liquide incolore (CCl_4), employé comme solvant ininflammable.

TÉTRACORDE n.m. Intervalle de quatre degrés sur lequel est fondé le système musical de l'Antiquité grecque.

TÉTRACYCLINE n.f. Antibiotique d'usage courant, actif sur de nombreuses bactéries (nom générique).

TÉTRADE n.f. (du gr. *tetras*, *-ados*, quatre). **1.** BOT. Ensemble formé par les quatre grains de pollen issus de la méiose de la même cellule mère. **2.** BIOL. CELL. Ensemble formé par une paire de chromosomes homologues à deux chromatides accolés, au début de la première division de la méiose.

TÉTRADRACHME n.m. NUMISM. Monnaie d'argent de la Grèce antique.

TÉTRADYNAME adj. BOT. Se dit des étamines au nombre de 6, dont 4 sont plus longues, comme celles des crucifères.

TÉTRAÈDRE n.m. (gr. *tetraedron*). MATH. Polyèdre convexe qui a quatre faces, six côtés et quatre sommets.

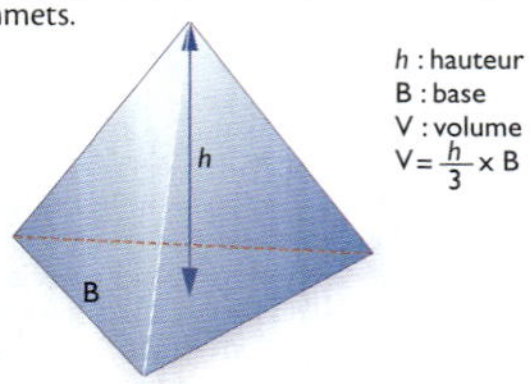

▲ **tétraèdre**

TÉTRAÉDRIQUE adj. Qui a la forme d'un tétraèdre.

TÉTRAGONE n.f. (lat. *tetragonia*). Plante originaire de Nouvelle-Zélande, cultivée pour ses feuilles comestibles qui évoquent celles de l'épinard. ➲ Famille des aizoacées.

TÉTRAHYDROCANNABINOL n.m. THC.

TÉTRALOGIE n.f. (gr. *tetralogia*). **1.** Ensemble de quatre œuvres liées par une même inspiration. **2.** ANTIQ. GR. Ensemble de quatre pièces (trois tragédies et un drame satyrique) que les poètes tragiques présentaient aux concours dramatiques.

TÉTRAMÈRE adj. BIOL. Divisé en quatre parties.

TÉTRAMÈTRE n.m. (gr. *tetrametros*). Vers grec ou latin qui a quatre pieds.

TÉTRAPLÉGIE n.f. MÉD. Paralysie des quatre membres (SYN. **quadriplégie**).

TÉTRAPLÉGIQUE adj. et n. Atteint de tétraplégie.

TÉTRAPLOÏDE adj. et n.m. (du gr. *tetraploos*, quadruple). GÉNÉT. Se dit d'un individu mutant possédant quatre lots de chromosomes homologues au lieu de deux.

TÉTRAPLOÏDIE n.f. État d'un organisme tétraploïde.

TÉTRAPODE n.m. et **adj.** Vertébré terrestre ou marin dont le squelette comporte deux paires de membres, apparents ou atrophiés, témoignant dans l'évolution d'une adaptation primitive à la marche (reptiles et mammifères, par ex.).

TÉTRAPTÈRE adj. (du gr. *tetrapteros*, à quatre ailes). Se dit des insectes qui possèdent deux paires d'ailes. ➲ C'est le cas général.

TÉTRARCHIE [-ʃi] **n.f.** (gr. *tetrarkhia*). HIST. **1.** Territoire gouverné par un tétrarque. **2.** Organisation de l'Empire romain, divisé en 293 par Dioclétien entre quatre empereurs (deux « augustes » et deux « césars »).

TÉTRARQUE n.m. Au Proche-Orient, à l'époque hellénistique et romaine, souverain d'un petit territoire vassal.

TÉTRAS [tetra] **n.m.** (lat. *tetrax*). ▪ **Grand tétras,** coq de bruyère.

TÉTRAS-LYRE n.m. (pl. *tétras-lyres*). Petit coq de bruyère, aussi appelé *coq des bouleaux*.

▲ **tétras-lyres** mâles s'affrontant.

TÉTRASTYLE adj. et n.m. ARCHIT. Se dit d'un édifice qui présente quatre colonnes de front.

TÉTRASYLLABE adj. et n.m. ou **TÉTRASYLLABIQUE** adj. Se dit d'un mot, d'un vers de quatre syllabes (SYN. **quadrisyllabe, quadrisyllabique**).

TÉTRAVALENT, E adj. CHIM. Qui a pour valence 4.

TÉTRODON n.m. (du gr. *tetra*, quatre, et *odous*, *odontos*, dent). Poisson ostéichtyen des mers chaudes, au corps cylindrique dépourvu d'écailles mais au ventre couvert de piquants érectiles, appelé *poisson-globe* pour sa faculté de se gonfler d'eau ou d'air lorsqu'il est menacé. ➲ Apprécié au Japon sous le nom de *fugu* pour sa chair délicate, le tétrodon renferme dans ses viscères un poison mortel. Famille des tétraodontidés.

▲ **tétrodon** ou poisson-globe.

TÉTRODOTOXINE n.f. CHIM. ORG. Substance extrêmement toxique produite dans les viscères du tétrodon, qui provoque une paralysie mortelle en bloquant la propagation de l'influx nerveux.

TETTE n.f. (du germ.). ZOOL. Bout de la mamelle, chez les animaux.

1. TÊTU, E adj. et n. (de *tête*). Très attaché à ses idées ; entêté : *Têtu comme une mule.*

2. TÊTU n.m. Marteau de carrier, utilisé pour dégrossir les pierres.

TEUF n.f. (verlan irrégulier de *fête*). Fam. Fête : *Il est de toutes les teufs.*

TEUFEUR, EUSE n. Fam. Personne qui fait la teuf ; fêtard.

TEUF-TEUF (pl. *teufs-teufs*), ▲ *TEUFTEUF* **n.m.** ou **n.f.** Fam., vieilli. Vieille voiture.

TEURGOULE n.f. CUIS. Dessert fait de riz au lait, additionné de cannelle et de sucre, et cuit longuement au four. ➲ Spécialité normande.

TEUTON, ONNE adj. et n. **1.** Relatif aux Teutons, ancien peuple germanique (v. partie n.pr.). **2.** Péjor., vieilli. Allemand.

TEUTONIQUE adj. De l'ordre Teutonique (v. partie n.pr.).

TEX n.m. Unité de titre des fibres textiles (symb. tex), égale à 1 gramme par kilomètre de fil.

TEXAN, E adj. et n. Du Texas ; de ses habitants.

TEX MEX adj. inv. et **n.m. inv.** (abrév. de l'anglo-amér. *texan* et *mexican*). Se dit de la cuisine mexicaine adaptée au goût américain ; cette cuisine elle-même.

TEXTE n.m. (du lat. *textus*, entrelacement). **1.** Ensemble des termes, des phrases constituant un écrit, une œuvre. **2.** Œuvre ou partie d'œuvre littéraire : *Des textes choisis.* **3.** IMPRIM. Partie de la page composée de caractères imprimés, par oppos. aux marges, aux illustrations. **4.** Sujet d'un devoir : *Cahier de textes.* **5.** DR. Teneur exacte d'une loi ; la loi elle-même. ▪ **Dans le texte,** dans la langue d'origine.

TEXTILE adj. (du lat. *textilis*, tissé). **1.** Qui peut être divisé en fibres propres à être tissées ou tricotées (chanvre, lin, laine, coton, etc.). **2.** Relatif à la fabrication des tissus : *Usine textile.* ◆ **n.m. 1.** Matière propre à être tissée après avoir été filée ; fibre. **2.** Matière textile ; étoffe. **3.** Ensemble des industries textiles. ▪ **Textile artificiel,** fibre textile fabriquée à partir de produits naturels (ex. : viscose, acétate, modal). ▪ **Textile chimique,** fibre textile artificielle ou synthétique. ▪ **Textile synthétique,** fibre textile fabriquée par synthèse à partir du charbon, du pétrole (ex. : polyamide, polyester, acrylique).

1. TEXTO adv. (abrév.). Fam. Textuellement.

2. TEXTO n.m. TÉLÉCOMM. Bref message alphanumérique échangé entre téléphones mobiles (SYN. **minimessage, SMS, télémessage**).

TEXTOTER v.i. et v.t. [3]. Communiquer par texto : *Il textote sans arrêt avec ses amis.*

TEXTUEL, ELLE adj. **1.** Relatif au texte écrit : *Analyse textuelle.* **2.** Qui est exactement conforme au texte ; mot à mot ; littéral : *Traduction textuelle.* **3.** Qui est exactement conforme à ce qui a été dit ; mot pour mot : *Voici sa réponse textuelle.*

TEXTUELLEMENT adv. Mot pour mot.

TEXTURANT n.m. AGROALIM. Produit destiné à donner une texture particulière à un aliment.

TEXTURATION n.f. TEXT. Opération ayant pour objet de modifier les propriétés physiques (toucher, aspect) des textiles synthétiques.

TEXTURE n.f. (lat. *textura*). **1.** Composition, consistance d'une substance, d'un aliment : *La texture d'une crème.* **2.** Constitution générale d'un matériau solide. **3.** Mode d'entrecroisement des fils de tissage ; état d'une étoffe ou d'un matériau qui est tissé. **4.** GÉOL. Ensemble des caractères définissant l'agencement et les relations volumiques et spatiales des minéraux d'une roche.

TEXTURER v.t. [3]. Opérer la texturation des fils et des fibres synthétiques.

TÉZIGUE pron. pers. Arg. Toi.

TGV n.m. (nom déposé). Train à grande vitesse conçu et exploité par la SNCF.

THAÏ, THAÏE [taj] **adj.** Relatif aux Thaïs. ◆ **n.m.** LING. **1.** Ensemble des langues parlées par les Thaïs. **2.** La plus importante de ces langues, parlée en Thaïlande (SYN. **siamois**).

THAÏLANDAIS, E adj. et n. De la Thaïlande ; de ses habitants.

THALAMIQUE adj. Relatif au thalamus.

THALAMUS [-mys] **n.m.** (mot lat.). ANAT. Gros noyau gris, pair, situé à la base du cerveau, jouant un rôle dans la transmission des messages sensitifs au cortex.

THALASSÉMIE n.f. (du gr. *thalassa*, mer, et *haima*, sang). MÉD. Hémoglobinopathie héréditaire, due à la persistance d'une hémoglobine de type fœtal et caractérisée par une anémie.

THALASSOCRATIE [-si] **n.f.** HIST. État dont la puissance résidait princip. dans la maîtrise des mers.

THALASSOTHÉRAPIE n.f. Traitement des maladies par les bains d'eau de mer et par les climats maritimes.

THALASSOTROPISME n.m. DÉMOGR. Migration d'une partie de la population d'un pays ou d'une région vers un lieu de vie situé au bord de la mer.

THALER [talɛr] **n.m.** (all. *Taler*). NUMISM. Monnaie d'argent frappée d'abord en Bohême (1525), unité monétaire des pays germaniques du XVIe au XIXe s.

THALÈS (THÉORÈME DE) n.m. MATH. **1.** Théorème selon lequel, si l'on projette trois points A, B et C d'une droite en A′, B′ et C′ sur une autre droite, selon une même direction, on a $\frac{A'B'}{AB} = \frac{A'C'}{AC} = \frac{B'C'}{BC}$. **2.** Spécial. Théorème selon lequel, dans un triangle ABC, si M et N sont deux points appartenant respectivement aux côtés (AB) et (AC), et tels que le segment MN soit parallèle au côté (BC), alors $\frac{AM}{AB} = \frac{AN}{AC} = \frac{MN}{BC}$.

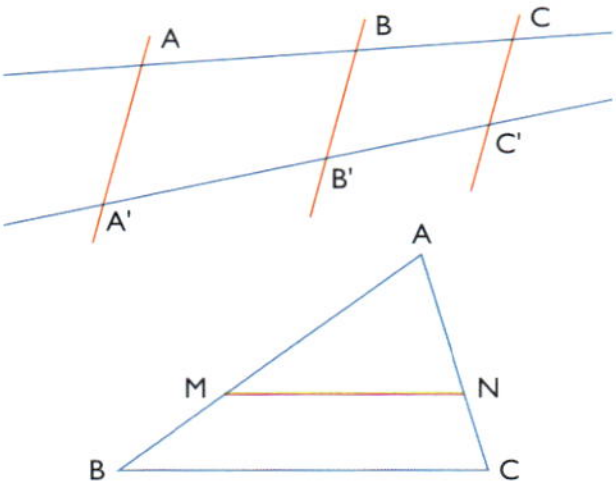

▲ **Thalès.** Théorème de Thalès.

THALIDOMIDE n.m. Médicament tératogène, parfois encore employé dans le traitement de certaines maladies graves.

✎ On rencontre cour. ce mot au fém.

THALLE n.m. (du gr. *thallos*, jeune pousse). **BOT.** Appareil végétatif des végétaux inférieurs, où l'on ne peut distinguer ni racine, ni tige, ni feuilles.

THALLIUM [-ljɔm] **n.m.** (mot angl., du gr.). **1.** Métal blanc, de densité 11,85, qui fond à 303,5 °C. **2.** Élément chimique (Tl), de numéro atomique 81, de masse atomique 204,3833. ➲ Le thallium est hautement toxique.

THALLOPHYTE n.f. BOT. Végétal pluricellulaire dont l'appareil végétatif est constitué par un thalle, comme c'est le cas chez les algues, les champignons, les lichens (par oppos. à *cormophyte*).

THANATOLOGIE n.f. Étude des signes, des conditions, des causes et de la nature de la mort, surtout du point de vue de la médecine légale.

THANATOPRACTEUR, TRICE n. Professionnel pratiquant des soins de conservation (embaumement) ou de présentation sur le corps des défunts.

THANATOPRAXIE n.f. Embaumement.

THANATOS [-tɔs] **n.m.** (mot gr. « la mort »). **PSYCHAN.** Dans la théorie freudienne, ensemble des pulsions de mort (par oppos. à *éros*).

THANKSGIVING DAY [sɑ̃ksgiviŋdɛ] ou **THANKSGIVING n.m.** (pl. *Thanksgiving Days, Thanksgivings*) [mot anglo-amér. « journée d'action de grâce »]. Fête célébrée aux États-Unis le quatrième jeudi de novembre, commémorant les remerciements offerts à Dieu par les premiers colons (les « Pères pèlerins ») à l'occasion de leur première récolte en 1621.

THAUMATURGE n. (gr. *thaumatourgos*). Litt. Personne qui fait ou prétend faire des miracles.

THAUMATURGIE n.f. Litt. Pouvoir du thaumaturge.

THC ou **T.H.C. n.m.** (sigle de *tétrahydrocannabinol*). Principale substance active du cannabis, responsable de ses effets délétères sur le psychisme, mais dont la forme thérapeutique est autorisée dans certains pays pour ses propriétés antalgiques et antitumorales.

THÉ n.m. (chin. *té*). **1.** Produit préparé à partir de feuilles de théier torréfiées *(thé vert)* ou ayant subi une légère fermentation *(thé noir)* ; infusion que l'on en fait. **2.** Antilles, Belgique, Suisse. Tisane. **3.** Repas léger où l'on sert du thé et des pâtisseries, l'après-midi. ▪ **Thé d'Europe,** véronique officinale. ◆ **adj. inv.** D'une couleur beige doré.

THÉATIN n.m. (du lat. *Teatinus*, habitant de Teate, v. d'Italie, auj. Chieti). **CATH.** Membre d'une congrégation de clercs réguliers fondée en 1524, à Rome, en vue de réformer les mœurs ecclésiastiques.

THÉÂTRAL, E, AUX adj. 1. Relatif au théâtre : *Saison théâtrale.* **2.** Qui vise à l'effet ; forcé : *Un geste théâtral.*

THÉÂTRALEMENT adv. De façon théâtrale.

THÉÂTRALISATION n.f. Action de théâtraliser.

THÉÂTRALISER v.t. [3]. Donner un caractère de théâtralité, de l'emphase à.

THÉÂTRALISME n.m. PSYCHIATR. Tendance pathologique à attirer l'attention sur soi par des manifestations émotives spectaculaires (SYN. **histrionisme**).

THÉÂTRALITÉ n.f. Ce qui, dans une œuvre ou un spectacle, est spécifiquement théâtral, concerne les aspects scéniques, physiques, concrets du théâtre.

THÉÂTRE n.m. (lat. *theatrum*, du gr.). **1.** Édifice destiné à la représentation de pièces, de spectacles dramatiques ; le spectacle lui-même. **2.** Art de représenter devant un public une action dramatique. **3.** La littérature dramatique ; l'ensemble des pièces d'un auteur, d'un pays ou d'une époque : *Le théâtre japonais, de Pinter.* **4.** Construction, génér. de petite taille, où l'on donne un spectacle sans acteurs (au moyen de marionnettes, d'images ou d'ombres). **5.** Afrique. Représentation théâtrale. **6.** Attitude artificielle, contraire au naturel de la vie : *Tout ça, c'est du théâtre.* **7.** Lieu où se passent certains faits, le plus souvent dramatiques : *Ce carrefour a été le théâtre de plusieurs accidents.* ▪ **Armes de théâtre** [mil.], armes nucléaires affectées à un théâtre d'opérations, partic. au théâtre d'opérations européen. ▪ **Coup de théâtre → COUP.** ▪ **Théâtre d'opérations** [mil.], zone géographique nécessaire à l'accomplissement d'une mission stratégique donnée ; échelon correspondant dans l'organisation des forces. ▪ **Théâtre d'opérations extérieur,** situé en dehors de la France. ▪ **Théâtre musical,** genre artistique qui mêle des éléments musicaux, littéraires et gestuels.

➲ Depuis la *Poétique* d'Aristote, l'art de la composition des pièces de **THÉÂTRE**, ou dramaturgie, est examiné sous l'aspect des genres : comédie, tragédie, poésie dramatique, etc. L'apparition de formes nouvelles, à l'époque moderne (tragicomédie, drame, mélodrame), se présente aussi sous cet angle, bien que ces genres prennent la coloration des courants littéraires dans lesquels ils se sont développés (drame romantique, naturaliste, symboliste, théâtre de l'absurde). Dominé selon les genres par la déclamation (tragédie grecque, théâtre baroque et classique français) ou par la gestuelle (mime, farce, commedia dell'arte, théâtre de boulevard), le jeu de l'acteur est quant à lui en perpétuelle oscillation entre théâtralité et naturel.
Certaines formes dramatiques orientales ont profondément influencé le théâtre occidental : le théâtre indien, le théâtre japonais (le nô, le kabuki), le théâtre chinois (opéra de Pékin ou jingxi), ou encore le théâtre de marionnettes qui existe dans toutes les civilisations.

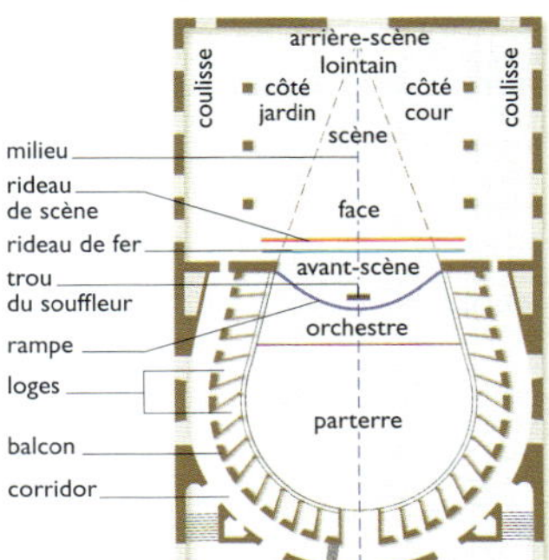

▲ **théâtre.** Plan de l'intérieur d'un théâtre à l'italienne.

THÉÂTREUX, EUSE n. Fam., péjor. ou par plais. **1.** Comédien de théâtre sans talent. **2.** Personne qui fait du théâtre en amateur.

THÉBAÏDE n.f. (de *Thébaïde*, n.pr.). Litt. Lieu isolé, propre à la méditation.

THÉBAIN, E adj. et **n. 1.** De Thèbes, en Égypte. **2.** De Thèbes, en Grèce.

THÉBAÏNE n.f. Alcaloïde toxique qui se trouve dans l'opium.

THÉIER n.m. Arbuste originaire d'Asie et cultivé dans toute l'Asie du Sud-Est, en Afrique et en Amérique pour ses feuilles, qui donnent le thé. ➲ Famille des théacées.

THÉIÈRE n.f. Récipient utilisé pour infuser et servir le thé.

THÉINE n.f. Principal alcaloïde de la feuille de thé, identique à la caféine.

THÉISME n.m. (du gr. *theos*, dieu). Doctrine qui affirme l'existence d'un Dieu personnel, cause du monde, indépendant de toute religion établie.

THÉISTE adj. et **n.** Relatif au théisme ; qui en est partisan.

THÉMATIQUE adj. 1. Relatif à un thème ; organisé autour de thèmes : *Encyclopédie thématique.* **2.** Se dit d'un média qui diffuse des programmes autour d'un thème, d'un domaine (sport, cinéma, etc.) [par oppos. à *généraliste*]. **3.** Relatif aux thèmes musicaux. **4. LING.** Relatif au thème des mots. ▪ **Critique thématique** [littér.], méthode de lecture critique qui vise, par l'étude des constantes thématiques, à dégager la cohérence et la profondeur de l'univers d'un écrivain. ▪ **Voyelle thématique** [ling.], voyelle qui s'adjoint au radical d'un mot pour former le thème. ◆ **n.f.** Ensemble des thèmes développés par un écrivain, une école, etc.

THÈME n.m. (du gr. *thema*, ce qu'on propose). **1.** Idée sur laquelle porte un discours, une œuvre, ou autour de laquelle s'organise une action : *Le thème d'un poème.* **2. LING.** Terme de la phrase (syntagme nominal) désignant l'être ou la chose dont on dit qqch (par oppos. à *prédicat*) ; partie du mot qui reste invariable et à laquelle s'ajoutent les désinences. ➲ Le thème est constitué de la racine et d'une voyelle thématique. **3.** Fragment mélodique ou rythmique sur lequel est construite une œuvre musicale. **4.** Exercice scolaire consistant à traduire un texte dans la langue que l'on étudie (par oppos. à *version*) ; le texte ainsi traduit : *Un thème chinois.* ▪ **Fort en thème,** élève brillant ; péjor., élève à la culture livresque. ▪ **Thème astral** [astrol.], représentation symbolique de l'état du ciel *(aspect)* au moment de la naissance de qqn.

THÉNAR adj. inv. (gr. *thenar*). **ANAT.** ▪ **Éminence thénar,** saillie du côté externe de la paume de la main, à la base du pouce.

THÉOBROMINE n.f. Alcaloïde du groupe des xanthines, existant dans le cacao, le thé, le café, la noix de kola, et utilisé pour son action diurétique.

THÉOCENTRISME n.m. Attitude consistant à placer Dieu au centre de toute vision du monde et de toute interprétation de l'histoire.

THÉOCRATIE [-si] **n.f.** (du gr. *theos*, dieu, et *kratos*, pouvoir). Régime politique dans lequel le pouvoir est considéré comme venant directement de Dieu, et exercé par ceux qui sont investis de l'autorité religieuse.

THÉOCRATIQUE adj. Relatif à la théocratie.

THÉODICÉE n.f. (du gr. *theos*, dieu, et *dikê*, justice). **PHILOS.** Entreprise de justification rationnelle de la bonté de Dieu, s'employant à réfuter les arguments tirés de la présence du mal dans le monde (SYN. **théologie naturelle**).

THÉODOLITE n.m. (lat. sc. *theodolitus*). Instrument de topographie servant à mesurer des angles horizontaux et verticaux, en partic. les azimuts et les hauteurs.

THÉOGONIE n.f. (gr. *theogonia*). Dans les religions polythéistes, doctrine relative à l'origine et à la généalogie des dieux ; ensemble des divinités d'une mythologie donnée.

THÉOGONIQUE adj. Relatif à une théogonie.

THÉOLOGAL, E, AUX adj. THÉOL. CHRÉT. Qui a Dieu pour objet. ▪ **Vertus théologales,** la foi, l'espérance et la charité.

THÉOLOGIE n.f. 1. Discipline qui traite de Dieu et de tout ce qui touche au divin et à la religion. **2. CHRIST.** Ensemble des études portant sur Dieu et les choses divines à la lumière de la Révélation. **3.** Doctrine religieuse d'un auteur ou d'une école. ▪ **Théologie de la libération → LIBÉRATION.** ▪ **Théologie naturelle,** théodicée.

THÉOLOGIEN, ENNE n. Spécialiste de théologie.

THÉOLOGIQUE adj. Relatif à la théologie.

THÉOLOGIQUEMENT adv. Selon les principes théologiques.

THÉOPHANIE n.f. **1.** Apparition divine ; manifestation de la présence de Dieu. **2.** (Avec une majuscule). Pour les chrétiens d'Orient, naissance du Christ. ◆ **n.f. pl. ANTIQ. GR.** Fêtes en l'honneur d'Apollon.

THÉOPHILANTHROPE n. Membre de la théophilanthropie.

THÉOPHILANTHROPIE n.f. Sous le Directoire, secte déiste fondée sur la croyance en un Dieu puissant et bon.

THÉOPHYLLINE n.f. (de *thé* et du gr. *phullon*, feuille). **PHARM.** Alcaloïde des feuilles de thé, prescrit contre l'asthme.

THÉORBE n.m. → **TÉORBE.**

THÉORÈME n.m. (du gr. *theôrêma*, objet d'étude). **1.** Proposition scientifique qui peut être démontrée. **2. MATH., LOG.** Expression d'un système formel, démontrable à l'intérieur de ce système (SYN. **proposition**).

THÉORÉTIQUE adj. (gr. *theôrêtikos*). **PHILOS.** Relatif à la connaissance pure, à la spéculation, à la théorie (et non à l'action).

THÉORICIEN, ENNE n. **1.** Personne qui étudie la théorie, les idées, les concepts d'un domaine scientifique. **2.** Personne qui élabore et défend les principes d'une doctrine.

1. THÉORIE n.f. (du gr. *theôria*, action d'observer). **1.** Connaissance spéculative, idéale, indépendante des applications (par oppos. à *praxis*). **2.** Ensemble de théorèmes et de lois systématiquement organisés, soumis à une vérification expérimentale, et qui vise à établir la vérité d'un système scientifique. **3.** Ensemble relativement organisé d'idées, de concepts qui se rapporte à un domaine déterminé : *Théorie économique, musicale*. ▪ **En théorie,** en faisant abstraction de la réalité ; en principe : *En théorie, c'est possible.* ▪ **Théorie déductive** [log.], ensemble de propositions démontrées de façon purement logique à partir d'axiomes, et qui énoncent les propriétés qui conviennent à un domaine d'objets (la théorie des groupes, par ex.). ▪ **Théorie du genre** [emploi critiqué], études de genre*.

2. THÉORIE n.f. (du gr. *theôria*, procession). **1.** Litt. Défilé de personnes, de véhicules. **2. ANTIQ. GR.** Ambassade solennelle envoyée dans une ville.

THÉORIQUE adj. **1.** Relatif à la théorie ; qui est du domaine de la théorie (par oppos. à *pratique*). **2.** Qui est sans rapport avec la réalité ou la pratique.

THÉORIQUEMENT adv. De façon théorique ; en principe.

THÉORISATION n.f. Action de théoriser.

THÉORISER v.t. [3]. Interpréter des données, des observations en termes théoriques. ◆ **v.i.** (Souvent péjor.). Élaborer des théories : *Il ne cesse de théoriser sur tout.*

THÉOSOPHE n. Partisan de la théosophie.

THÉOSOPHIE n.f. **OCCULT.** Doctrine fondée sur la théorie d'une sagesse divine, omniprésente dans l'univers et dans l'homme.

THÉOSOPHIQUE adj. Relatif à la théosophie.

THÈQUE n.f. (du gr. *thêkê*, boîte). **BIOL.** Enveloppe ou gaine jouant un rôle protecteur, chez les organismes animaux (oothèques des insectes, par ex.).

THÉRAPEUTE n. (du gr. *therapeuein*, soigner). **1.** Médecin qui étudie la thérapeutique. **2.** Psychothérapeute. **3.** Litt. Médecin.

THÉRAPEUTIQUE n.f. Partie de la médecine qui étudie le traitement des maladies ; traitement. ◆ **adj.** Relatif au traitement des maladies. ▪ **Aléa thérapeutique** → **ALÉA.**

THÉRAPIE n.f. (du gr. *therapeia*, soin). **1.** Traitement médical. **2.** Psychothérapie. ▪ **Thérapie cellulaire,** technique de traitement de certaines maladies graves (leucémies, notamm.) par injection de cellules humaines modifiées, génér. obtenues à partir de cellules souches. ▪ **Thérapie ciblée,** traitement médicamenteux qui vise spécifiquement un des mécanismes rendant une cellule anormale (cancéreuse, par ex.), ce qui permet de préserver au mieux les cellules saines. ▪ **Thérapie cognitivo-comportementale (TCC),** psychothérapie intensive et brève ayant pour but de contrôler des comportements ou des réactions inadaptés à la réalité (phobies, par ex.). ▪ **Thérapie familiale,** psychothérapie dans laquelle est impliqué l'ensemble de la cellule familiale, et non le ou les seuls membres manifestant un trouble. ▪ **Thérapie génique,** technique thérapeutique qui consiste à introduire dans l'organisme un gène préparé en laboratoire, en vue de traiter notamm. des maladies génétiques, des cancers, des infections.

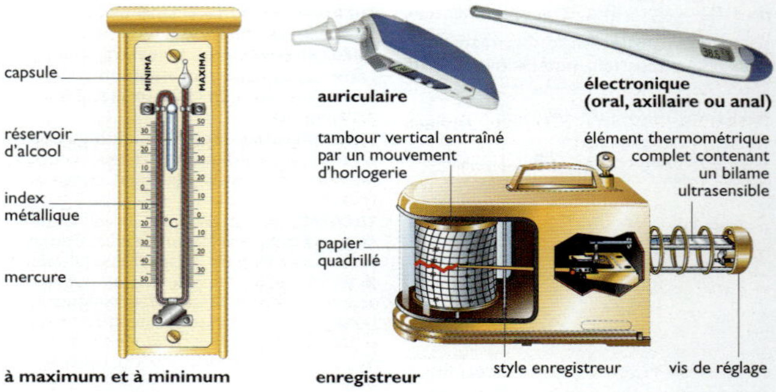

▲ **thermomètres** météorologiques et médicaux.

THERAVADA [te-] adj. inv. (mot sanskr. « opinion des anciens »). ▪ **Bouddhisme theravada,** bouddhisme hinayana*.

THÉRIAQUE n.f. (lat. *theriaca*, du gr.). Anc. Médicament longtemps utilisé comme antidote de certains poisons et dans le traitement de nombreuses maladies.

THÉRIDION ou **THERIDIUM** [-djɔm] n.m. (gr. *thêridion*). Petite araignée à l'abdomen sphérique, qui construit des toiles irrégulières sur les buissons, les rochers. ➲ Famille des thérídiidés.

THERMAL, E, AUX adj. Se dit des eaux de source, chaudes ou non, utilisées comme moyen de traitement, ainsi que des installations permettant leur emploi. ▪ **Station thermale,** localité dotée d'un établissement spécialisé dans le traitement d'affections diverses par l'utilisation d'eaux de source.

THERMALISME n.m. Ensemble de moyens (médicaux, hospitaliers, etc.) mis en œuvre pour l'utilisation thérapeutique des eaux de source.

THERMES n.m. pl. (du gr. *thermos*, chaud). **1.** Vieilli. Nom donné à certains établissements thermaux. **2. ANTIQ. GR. ET ROM.** Bains publics.

THERMICIEN, ENNE n. Spécialiste de thermique.

THERMICITÉ n.f. Action, pour un système subissant une transformation physico-chimique, d'échanger de la chaleur avec le milieu extérieur.

THERMIDOR n.m. (du gr. *thermos*, chaud, et *dôron*, don). **HIST.** Onzième mois du calendrier républicain, commençant le 19 ou le 20 juillet et finissant le 17 ou le 18 août.

THERMIDORIEN, ENNE adj. et n. **HIST.** Se dit des Conventionnels qui renversèrent Robespierre le 9 thermidor an II (27 juillet 1794). ◆ **adj.** Relatif aux journées de thermidor.

THERMIE n.f. Ancienne unité de quantité de chaleur (symb. th), valant 10^6 calories.

THERMIQUE adj. Relatif à la chaleur. ▪ **Agitation thermique** [thermodyn.], mouvement désordonné des particules de la matière dont la vitesse augmente ou décroît selon la variation de température. ▪ **Analyse thermique,** étude des variations de température des substances, notamm. des alliages, mettant en évidence leurs modifications chimiques. ▪ **Ascendance thermique** [météorol.], ascension d'un courant d'air chaud dans l'atmosphère. ▪ **Centrale thermique,** centrale dans laquelle l'énergie électrique est produite à partir d'énergie thermique. ➲ Qu'elle soit classique ou nucléaire, elle fonctionne toujours selon le même principe : de l'eau est portée à ébullition sous haute pression, et la vapeur produite fait tourner des turboalternateurs. ▪ **Moteur thermique** → **2. MOTEUR.** ▪ **Papier thermique,** papier couché, utilisé notamm. pour la télécopie, et portant sur une face un réactif qui devient bleu ou noir sous l'effet de la chaleur (entre 90 et 110 °C). ◆ **n.f.** Domaine de la physique qui traite de la production, de la transmission et de l'utilisation de la chaleur.

THERMIQUEMENT adv. Par la chaleur.

THERMISTANCE n.f. Résistance électrique ayant la propriété de varier en fonction de la température.

THERMITE n.f. (du gr. *thermê*, chaleur). **MÉTALL.** Mélange d'oxydes métalliques et de poudre d'aluminium, utilisé en soudage par aluminothermie.

THERMOCHIMIE n.f. Domaine de la chimie qui étudie les quantités de chaleur mises en jeu par les réactions chimiques.

THERMOCHIMIQUE adj. Relatif à la thermochimie.

THERMOCLASTIE n.f. (du gr. *klastos*, brisé). **GÉOMORPH.** Éclatement des roches sous l'effet de variations brutales de température.

THERMOCLINE n.f. (du gr. *klinein*, incliner). **OCÉANOL.** Dans la structure verticale de l'océan, couche d'eau dont la température diminue rapidement avec la profondeur. ➲ Au-dessus de la thermocline se trouve la zone chaude soumise à l'influence de l'atmosphère.

THERMOCOLLAGE n.m. **TECHN.** Procédé d'assemblage sous l'action de la chaleur.

THERMOCOLLANT, E adj. et n.m. **TECHN.** Se dit d'un support spécialement encollé, d'un matériau que l'on peut faire adhérer à un autre par thermocollage.

THERMOCOUPLE n.m. **ÉLECTR.** Circuit formé par deux métaux différents entre les soudures desquels on a établi une différence de température qui se traduit par l'apparition d'une force électromotrice (SYN. **couple thermoélectrique**).

THERMODURCISSABLE adj. et n.m. Se dit d'un polymère qui se durcit sous l'action de la chaleur, les macromolécules qui le constituent s'unissant par liaison chimique.

THERMODYNAMICIEN, ENNE n. Spécialiste de thermodynamique.

THERMODYNAMIQUE n.f. Domaine de la physique qui étudie les propriétés des systèmes où interviennent les notions de température et de chaleur, en relation, notamm., avec les phénomènes mécaniques. ◆ **adj.** Relatif à la thermodynamique. ▪ **Température thermodynamique,** température absolue.

THERMOÉLECTRICITÉ n.f. **1.** Ensemble des phénomènes réversibles de transformation directe de l'énergie thermique en énergie électrique, et vice versa. **2.** Électricité produite dans une centrale thermique.

THERMOÉLECTRIQUE adj. Relatif à la thermoélectricité.

THERMOÉLECTRONIQUE adj. ▪ **Effet thermoélectronique,** émission d'électrons par un conducteur électrique chauffé (SYN. **effet thermoïonique**).

THERMOFIXATION n.f. Traitement thermique permettant de stabiliser certains matériaux (textiles, plastiques, etc.).

THERMOFORMAGE n.m. Mise en forme des matières plastiques sous l'action de la chaleur et d'une contrainte mécanique.

THERMOGÈNE adj. Qui produit de la chaleur.

THERMOGENÈSE n.f. **PHYSIOL.** Partie de la thermorégulation qui assure la production de chaleur chez l'animal.

THERMOGRAPHIE n.f. Technique d'enregistrement graphique des températures de divers points d'un corps par détection du rayonnement infrarouge qu'il émet. ➲ Elle est utilisée en médecine pour le bilan des tumeurs du sein, dans le bâtiment pour contrôler l'isolation, en télédétection, etc.

THERMOHALIN, E adj. Se dit des processus dépendants de la température et de la salinité (génér. de l'eau de mer).

THERMOÏONIQUE adj. ▪ **Effet thermoïonique,** effet thermoélectronique*.

THERMOLUMINESCENCE n.f. OPT. Luminescence provoquée par un échauffement inférieur à celui qui produit l'incandescence.

THERMOLYSE n.f. PHYSIOL. Partie de la thermorégulation qui assure la déperdition de chaleur chez l'animal.

THERMOMÈTRE n.m. 1. Instrument destiné à la mesure des températures. **2.** Fig. Ce qui permet d'évaluer les fluctuations de qqch : *La Bourse, thermomètre de l'activité économique.* ▪ **Thermomètre à maximum et à minimum,** thermomètre à alcool dans lequel deux index marquent les températures maximale et minimale atteintes au cours d'une certaine période de temps. ▪ **Thermomètre médical,** qui sert à mesurer la température du corps humain. ➲ Le thermomètre électronique et le thermomètre à infrarouge ont remplacé le thermomètre à mercure, abandonné en France en 1999.

THERMOMÉTRIE n.f. PHYS. Mesure de la température.

THERMOMÉTRIQUE adj. Relatif au thermomètre, à la thermométrie.

THERMONUCLÉAIRE adj. Se dit d'une réaction de fusion nucléaire entre noyaux d'atomes légers portés à très haute température, et de l'énergie qu'elle produit. ▪ **Arme, bombe thermonucléaire,** arme qui met en jeu, grâce à l'obtention de très hautes températures, la fusion de noyaux d'atomes légers avec un dégagement considérable d'énergie (SYN. **bombe à hydrogène** ou **bombe H**). ➲ La puissance de ces armes s'exprime en mégatonnes.

THERMOPHILE adj. Se dit des micro-organismes ayant besoin pour vivre de températures élevées (supérieures à 45 °C). ➲ Au-dessus de 80 °C, on parle de *thermophiles extrêmes.*

THERMOPLASTIQUE adj. et **n.m.** Se dit d'un polymère qui, sous l'action de la chaleur, fond ou se ramollit suffisamment pour pouvoir être mis en forme.

THERMOPLONGEUR n.m. Appareil portatif comprenant un corps de chauffe électrique que l'on plonge dans de l'eau pour la faire chauffer.

THERMOPOMPE n.f. Pompe à chaleur.

THERMOPROPULSION n.f. Principe de propulsion fondé sur la seule mise en œuvre de l'énergie thermique.

THERMORÉCEPTEUR n.m. NEUROL. Corpuscule sensoriel localisé dans la peau ou dans certaines régions de l'encéphale, sensible aux températures externe ou interne, dont il informe les centres nerveux.

THERMORÉGULATEUR, TRICE adj. Qui concerne la thermorégulation.

THERMORÉGULATION n.f. 1. PHYSIOL. Fonction de l'organisme qui assure la constance de la température centrale chez les animaux homéothermes. **2. TECHN.** Réglage automatique de la température d'une ambiance, d'un milieu.

THERMORÉSISTANT, E adj. Se dit d'une substance qui résiste à la chaleur.

THERMOS [-mos] **n.f. ou n.m.** (nom déposé). Bouteille isolante permettant à un liquide de conserver sa température pendant plusieurs heures.

THERMOSCOPE n.m. Thermomètre rudimentaire qui sert à indiquer une variation ou une différence de température sans la mesurer.

THERMOSPHÈRE n.f. GÉOPHYS. Région de l'atmosphère située au-dessus de la mésosphère (de 85 à 500 km d'altitude), au sein de laquelle la température croît régulièrement avec l'altitude.

THERMOSPHÉRIQUE adj. Relatif à la thermosphère.

THERMOSTABLE adj. Se dit d'une substance, d'un matériau dont les propriétés se conservent à des températures relativement élevées.

THERMOSTAT n.m. Appareil qui sert à maintenir la température constante.

THERMOSTATIQUE adj. Se dit d'un dispositif capable de maintenir une température constante.

THERMOTACTISME n.m. ÉTHOL. Sensibilité de certains organismes aux différences de température, qui détermine génér. des réactions de déplacement.

THÉROPODE n.m. (du gr. *thêros,* bête sauvage, et *pous, podos,* pied). Dinosaurien carnivore, à locomotion bipède, tel que l'allosaure ou le tyrannosaure. ➲ Les théropodes forment un groupe au sein de celui des saurischiens.

THÉROPSIDÉ n.m. (du gr. *thêros,* bête sauvage, et *opsis,* aspect). Vertébré tétrapode fossile, d'une lignée présentant un mélange de caractères reptiliens et mammaliens (par oppos. à *sauropsidé*).

THÉSARD, E n. Fam. Personne qui prépare une thèse ; doctorant.

THÉSAURISATION n.f. 1. Action de thésauriser, d'amasser des richesses. **2. ÉCON.** Mise en réserve d'un stock de monnaie conservé tel quel, sans faire l'objet d'un placement productif.

THÉSAURISER v.t. [3] (du lat. *thesaurus,* trésor). **1.** Mettre de l'argent de côté sans le dépenser ni le faire fructifier. **2.** Absol. Amasser de l'argent.

THÉSAURISEUR, EUSE n. et **adj.** Personne qui thésaurise.

THÉSAURUS ou **THESAURUS** [tezɔrys] **n.m.** (du lat. *thesaurus,* trésor). **1.** Lexique de philologie, d'archéologie. **2.** Répertoire alphabétique de termes normalisés utilisés pour le classement documentaire.

THÈSE n.f. (du gr. *thesis,* action de poser). **1.** Proposition théorique, opinion sur qqch dont on s'attache à démontrer la véracité : *Défendre la thèse de l'accident.* **2. PHILOS.** Idée, proposition qui forme le premier terme d'une antinomie (dans les philosophies rationalistes de type kantien) ou d'une contradiction de type dialectique (dans les philosophies hégélienne et marxiste). **3.** Ensemble de travaux présentés, sous forme d'ouvrage, en vue de l'obtention du grade de docteur ; exposé public de cet ouvrage. ▪ **Pièce, roman, film à thèse,** œuvre qui illustre de manière didactique la validité d'une thèse politique, morale ou philosophique.

THESMOPHORIES [tɛs-] **n.f. pl.** (gr. *thesmophoria,* de *thesmos,* loi, et *pherein,* porter). **ANTIQ. GR.** Fêtes en l'honneur de Déméter, réservées aux femmes mariées.

THESMOTHÈTE [tɛs-] **n.m. ANTIQ. GR.** Magistrat chargé de codifier les lois et d'organiser la justice.

THESSALIEN, ENNE adj. et **n.** De la Thessalie.

THÊTA n.m. inv., ▲ ***n.m.*** Huitième lettre de l'alphabet grec (Θ, θ), correspondant au *t* aspiré.

THÉTIQUE adj. PHILOS. Se dit de ce qui affirme une thèse.

THÉURGIE n.f. (du gr. *theourgia,* action de Dieu). Pratique occultiste visant à communiquer avec les bons esprits, à utiliser leurs pouvoirs pour atteindre Dieu (par oppos. à *goétie*) [SYN. **magie blanche**].

THIAMINE n.f. Vitamine hydrosoluble dont la carence provoque le béribéri (SYN. **vitamine B1**).

THIAZOLE n.m. Composé hétérocyclique à cinq atomes, dont un de soufre et un d'azote, et dont le noyau joue un rôle important en biochimie.

THIBAUDE n.f. (de *Thibaud,* n. donné aux bergers). Tissu grossier servant à doubler les moquettes ou les tapis cloués au sol.

THINK TANK [sinktãk] **n.m.** (pl. *think tanks*) [mot anglo-amér. « réservoir de pensée »]. Cercle de réflexion émanant génér. d'institutions privées, et apte à soumettre des propositions aux pouvoirs publics. Recomm. off. **laboratoire d'idées.**

THIOACIDE n.m. Composé dérivant d'un oxacide par substitution du soufre à l'oxygène.

THIOFÈNE n.m. → **THIOPHÈNE.**

THIOL n.m. CHIM. ORG. Composé d'odeur fétide, dérivant d'un alcool dans lequel l'oxygène est remplacé par du soufre (SYN. **mercaptan**).

THIONATE n.m. CHIM. MINÉR. Sel d'un acide de la série thionique.

THIONINE n.f. CHIM. ORG. Matière colorante bleue présente dans le bleu de méthylène.

THIONIQUE adj. (du gr. *theion,* soufre). ▪ **Série thionique,** série d'acides oxygénés du soufre, de formule générale $S_nO_6H_2$ (où *n* est compris entre 2 et 6).

THIOPHÈNE ou **THIOFÈNE n.m. CHIM. ORG.** Hétérocycle aromatique à cinq atomes, dont un de soufre.

THIOSULFATE n.m. Hyposulfite.

THIOSULFURIQUE adj. ▪ **Acide thiosulfurique,** acide hyposulfureux*.

THIO-URÉE n.f. (pl. *thio-urées*). **CHIM. ORG.** Composé ($H_2N—CS—NH_2$) dérivant de l'urée par substitution de soufre à l'oxygène, utilisé en synthèse organique ou pour réaliser de la copolymérisation avec des aldéhydes.

THIXOTROPIE n.f. (du gr. *thixis,* action de toucher, et *tropos,* direction). **CHIM., PHYS.** Phénomène par lequel certains mélanges passent de l'état de gel à celui de liquide après une légère agitation. ➲ Il engendre les sables mouvants.

THLASPI [tlaspi] **n.m.** (mot gr.). Plante herbacée commune dans les champs et les décombres, à petites fleurs blanches. ➲ Famille des crucifères.

THOLOS [tolos] **n.f.** (mot gr.). **1. ANTIQ. GR.** Temple à cella circulaire, ayant génér. un péristyle concentrique. **2. ARCHÉOL.** Tombe à coupole en tas de charge.

THOMISE n.m. (du gr. *thômigx,* corde). Araignée à abdomen large et coloré qui chasse les insectes à l'affût dans la corolle des fleurs. ➲ Famille des thomisidés.

▲ **thomise**

THOMISME n.m. Doctrine théologique et philosophique de saint Thomas d'Aquin.

THOMISTE adj. et **n.** Relatif au thomisme ; qui s'y rattache.

THON n.m. (lat. *thunnus,* du gr.). Grand poisson marin des eaux chaudes et tempérées, excellent nageur, migrateur, se déplaçant en bancs importants. ➲ Il fait l'objet d'une importante pêche commerciale. Ses espèces comprennent le *thon blanc* (ou *germon*), le *thon jaune,* le *thon obèse* et les *thons rouges* (trois espèces). Le *thon rouge de l'Atlantique* (que l'on trouve aussi en Méditerranée) et le *thon rouge du Sud* sont menacés par la surpêche. Long. jusqu'à 4,5 m. Famille des scombridés.

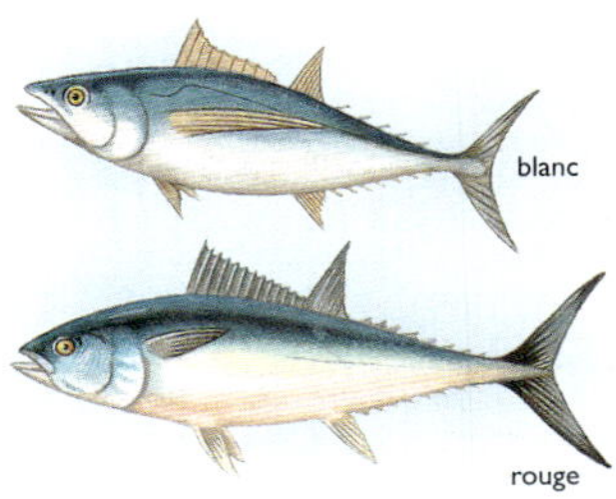

▲ **thons**

THONAIRE n.m. Grand filet employé pour la pêche au thon.

THONIER n.m. Bateau pour la pêche au thon.

THONINE n.f. Poisson marin des eaux chaudes et tempérées, voisin du thon. ➲ Famille des scombridés.

THORACENTÈSE ou **THORACOCENTÈSE** [-sɛ̃tɛz] **n.f. MÉD.** Ponction de la cavité pleurale.

THORACIQUE adj. (gr. *thôrakikos*). **ANAT.** Relatif au thorax. ▪ **Canal thoracique,** principal tronc collecteur de la lymphe, qui longe la colonne vertébrale et débouche dans la veine sous-clavière gauche.

THORACOTOMIE n.f. Ouverture chirurgicale du thorax.

THORAX n.m. (du gr. *thôrax,* cuirasse). **ANAT.** **1.** Partie du corps de l'homme et des vertébrés limitée par les vertèbres, les côtes, le sternum et

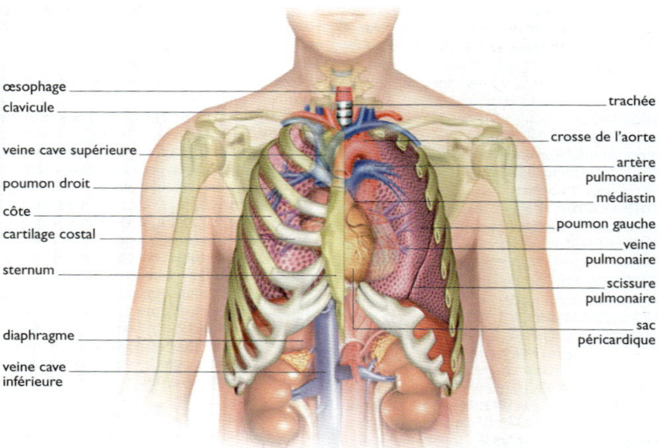

▲ **thorax.** La cage thoracique et les organes du thorax, vus de face.

le diaphragme, et contenant les poumons et le cœur. **2.** Deuxième des trois parties du corps des insectes, formée de trois segments et sur laquelle sont fixées les pattes et les ailes.

THORINE n.f. CHIM. MINÉR. Oxyde de thorium ThO_2.

THORIUM [tɔrjɔm] **n.m.** (de *Thor*, n. myth.). **1.** Métal blanc, du groupe des actinides, de densité 11,7, et qui fond à 1 750 °C. **2.** Élément chimique (Th), de numéro atomique 90, de masse atomique 232,0381.

THORON n.m. CHIM. Isotope du radon, issu de la désintégration du thorium.

THRACE adj. et n. De la Thrace. ◆ n.m. ANTIQ. ROM. Gladiateur casqué, armé d'un petit bouclier rond et d'un cimeterre.

THRÈNE n.m. (gr. *thrênos*). ANTIQ. GR. Chant, lamentation funèbres.

THRÉONINE n.f. BIOCHIM. Acide aminé indispensable à l'être humain.

THRILLER, ▲ *THRILLEUR* [srilœr] **n.m.** (angl. *thriller*). Film ou roman (policier ou d'épouvante) à suspense, qui procure des sensations fortes.

THRIPS [trips] **n.m.** (mot gr.). Insecte thysanoptère abondant sur les fleurs et attaquant les jeunes feuilles.

THROMBINE n.f. (du gr. *thrombos*, caillot). BIOCHIM. Enzyme provoquant la coagulation du sang par transformation du fibrinogène en fibrine.

THROMBOCYTE n.m. HISTOL. Plaquette sanguine.

THROMBOEMBOLIQUE adj. MÉD. Se dit d'un état pathologique caractérisé par la formation dans les vaisseaux de caillots (*thrombus*) qui, en se fragmentant et en migrant, provoquent des embolies.

THROMBOLYSE n.f. **1.** Résorption spontanée d'un caillot dans un vaisseau sanguin. **2.** Traitement ayant pour but la résorption d'un caillot dans un vaisseau sanguin.

THROMBOPÉNIE n.f. MÉD. Diminution pathologique du nombre des plaquettes sanguines.

THROMBOPHLÉBITE n.f. MÉD. Inflammation d'une veine due à la formation d'un caillot dans celle-ci.

THROMBOPOÏÈSE n.f. Élaboration des plaquettes sanguines dans la moelle osseuse hématopoïétique.

THROMBOSE n.f. (du gr. *thrombôsis*, caillot). MÉD. Formation d'un caillot dans un vaisseau sanguin.

THROMBOTIQUE adj. Relatif à la thrombose ; dû à une thrombose.

THROMBUS [trɔ̃bys] **n.m.** (mot lat., du gr.). Caillot formé dans un vaisseau sanguin.

THS ou **T.H.S.** n.m. (sigle). MÉD. Traitement hormonal* substitutif.

THUG [tyg] **n.m.** (mot angl., du hindi). Membre d'une confrérie religieuse de l'Inde qui, en l'honneur de la déesse Kali, se livrait au meurtre rituel par strangulation (XIIe-XIXe s.).

THULIUM [tyljɔm] **n.m.** (mot lat., de *Thulé*, n. anc. d'une île). **1.** Métal du groupe des lanthanides. **2.** Élément chimique (Tm), de numéro atomique 69, de masse atomique 168,9342.

THUNE ou **TUNE** n.f. (orig. obsc.). Arg., vx. Pièce d'argent de cinq francs. ▪ **De la thune** [arg.], de l'argent. ▪ **Ne pas avoir une thune** [arg.], être sans le sou. ▪ **Une thune** [Suisse, fam.], cinq francs.

THURIFÉRAIRE n.m. (du lat. *thus, thuris*, encens, et *ferre*, porter). **1.** RELIG. Clerc chargé de porter l'encensoir. **2.** Litt. Personne qui louange à l'excès ; flagorneur : *Les thuriféraires du président.*

THUYA [tyja] **n.m.** (gr. *thuia*). Conifère originaire d'Asie et d'Amérique, souvent cultivé dans les parcs. ➲ Famille des cupressacées.

THYIADE n.f. (gr. *thuias*). MYTH. GR. Ménade.

THYLACINE n.m. (du gr. *thulakos*, sac). Marsupial carnassier de Tasmanie, au pelage rayé, cour. appelé *loup marsupial*, dont l'espèce est probablement éteinte. ➲ Famille des dasyuridés.

THYLAKOÏDE ou **THYLACOÏDE** n.m. BOT. Réseau de membranes dans le chloroplaste* renfermant la chlorophylle et dans lequel se réalise une partie du processus de photosynthèse.

THYM [tɛ̃] **n.m.** (lat. *thymum*, du gr.). Plante vivace ligneuse de l'Eurasie tempérée, rampante, à très petites feuilles odoriférantes, utilisée comme aromate. ➲ Famille des labiées.

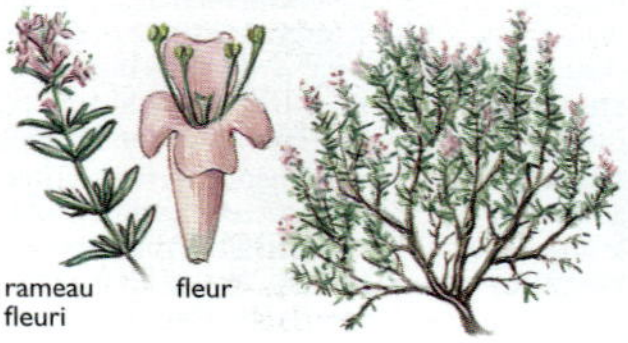

▲ **thym**

THYMIE n.f. (du gr. *thumos*, siège des passions). PSYCHOL. Disposition affective fondamentale d'une personne.

THYMINE n.f. BIOCHIM. L'une des quatre bases azotées, constituants fondamentaux des acides nucléiques.

THYMIQUE adj. ANAT. Qui appartient au thymus.

THYMOANALEPTIQUE adj. et n.m. PHARM. Se dit d'une substance psychoanaleptique (antidépresseur, par ex.) qui améliore l'humeur du sujet.

THYMOL n.m. CHIM. ORG. Phénol extrait de l'essence de thym, à odeur aromatique.

THYMUS [timys] **n.m.** (gr. *thumos*). ANAT. Organe lymphoïde situé devant la trachée, développé seulement chez l'enfant et les jeunes animaux, et qui joue un rôle dans l'immunité. ➲ Le thymus du veau est cour. appelé *ris*.

THYRATRON n.m. ÉLECTRON. Tube à gaz, à cathode chaude, employé comme redresseur ou comme régulateur de courant de forte puissance.

THYRÉOSTIMULINE n.f. BIOCHIM. Stimuline de l'hypophyse qui active la sécrétion de la glande thyroïde (SYN. **hormone thyréotrope**).

THYRÉOTROPE adj. Qui agit sur la glande thyroïde. ▪ **Hormone thyréotrope,** thyréostimuline.

THYRISTOR n.m. ÉLECTRON. Dispositif à semi-conducteur utilisé comme interrupteur électronique. ➲ Il a remplacé le thyratron.

THYROGLOBULINE ou **THYRÉOGLOBULINE** n.f. Protéine, précurseur des hormones thyroïdiennes, synthétisée par les cellules thyroïdiennes et stockée dans la glande thyroïde.

THYROÏDE adj. et n.f. (du gr. *thuroeidês*, en forme de bouclier). ANAT. ▪ **Cartilage thyroïde,** le plus développé des cartilages du larynx, formant chez l'homme la saillie appelée *pomme d'Adam.* ▪ **Glande thyroïde,** ou **thyroïde,** glande endocrine située devant la trachée, et qui sécrète plusieurs hormones, dont la thyroxine et la calcitonine.

THYROÏDECTOMIE n.f. Ablation chirurgicale de la thyroïde.

THYROÏDIEN, ENNE adj. Relatif à la thyroïde.

THYROÏDITE n.f. MÉD. Inflammation de la thyroïde.

THYROXINE n.f. BIOCHIM. Hormone sécrétée par la thyroïde.

THYRSE n.m. (gr. *thursos*). **1.** MYTH. GR. Emblème de Dionysos, fait d'un bâton entouré de feuilles de lierre ou de vigne et surmonté d'une pomme de pin. **2.** BOT. Grappe de fleurs de forme pyramidale (lilas, marronnier d'Inde).

THYSANOPTÈRE n.m. (du gr. *thusanos*, frange, et *pteron*, aile). Insecte suceur de sève, minuscule, aux ailes étroites et ciliées, tel que le thrips. ➲ Les thysanoptères forment un ordre.

THYSANOURE n.m. (du gr. *thusanos*, frange, et *oura*, queue). Insecte primitif, sans métamorphoses et sans ailes, vivant dans les endroits humides, tel que les lépismes. ➲ Les thysanoures forment un ordre.

TIAFFE n.f. (orig. obscure). Suisse. Fam. **1.** Très forte chaleur. **2.** Neige fondante se transformant en boue.

TIAN [tjɑ̃] **n.m.** (du gr. *têganon*, poêle à cuire). Région. (Provence). Grand plat en terre large et peu profond ; gratin de légumes cuit dans ce plat. ➲ Cuisine provençale.

TIARE n.f. (lat. *tiara*, du persan). **1.** Ancienne coiffure d'apparat à trois couronnes du pape, pour les cérémonies non liturgiques. **2.** Dignité papale. **3.** ANTIQ. Coiffure d'apparat symbole de la souveraineté, dans l'ancien Orient.

TIARÉ n.m. (de *tiare*). Plante de Polynésie dont les grandes fleurs parfumées sont utilisées pour la confection de colliers ornementaux et pour la fabrication du monoï. ➲ Famille des rubiacées.

TIBÉTAIN, E adj. et n. Du Tibet. ◆ n.m. Langue de la famille sino-tibétaine parlée au Tibet. ➲ Il s'écrit avec un alphabet d'origine indienne.

TIBÉTO-BIRMAN n.m. sing. Branche sud de la famille linguistique sino-tibétaine, composée du tibétain et du birman.

TIBIA n.m. (mot lat. « flûte »). **1.** ANAT. Os de la jambe situé en avant du péroné. **2.** ENTOMOL. Article de la patte des insectes qui précède le tarse.

TIBIAL, E, AUX adj. ANAT. Relatif au tibia.

TIBIO-TARSIEN, ENNE (pl. *tibio-tarsiens, ennes*), ▲ *TIBIOTARSIEN, ENNE* **adj.** Qui appartient au tibia et au tarse. ▪ **Articulation tibio-tarsienne,** articulation de la cheville, entre le tibia, le péroné et l'astragale.

TIC n.m. (onomat.). **1.** Contraction brusque, involontaire et répétée de certains muscles, surtout de ceux du visage. **2.** Manie dans le langage, les gestes.

TIC ou **T.I.C.** [tik] **n.f. pl.** (acronyme de *technologies de l'information et de la communication*). Ensemble des techniques et des équipements informatiques permettant de communiquer à distance par voie électronique.

TICHODROME [-kɔ-] **n.m.** (du gr. *teikhos*, muraille, et *dromos*, course). Passereau gris aux ailes bordées de rouge, au long bec fin, qui vit sur les rochers des hautes montagnes de l'Europe et de l'Asie (SYN. **échelette**). ➲ Famille des sittidés.

1. TICKET [tikɛ] **n.m.** (mot angl., du fr. *étiquette*). Billet donnant droit à l'admission dans un véhicule de transport public, dans un établissement, attestant un paiement, etc. : *Ticket de bus, de parking.*

2. TICKET [tikɛ] **n.m.** (mot anglo-amér.). Aux États-Unis, ensemble formé par les deux candidats du même parti à la présidence et à la vice-présidence.

TIC-TAC n.m. inv., ▲ *TICTAC n.m.* Bruit sec et régulier d'un mouvement d'horlogerie.

TIE-BREAK [tajbrɛk] **n.m.** (pl. *tie-breaks*) [mot angl. « rupture d'égalité »]. (Anglic. déconseillé). Au tennis, jeu décisif.

TIÉDASSE adj. D'une tiédeur désagréable.

TIÈDE adj. (lat. *tepidus*). D'une chaleur très atténuée. ◆ **adj.** et **n.** Qui manque d'ardeur, de zèle ; mou. ◆ **adv.** ▪ **Boire tiède,** absorber une boisson tiède. ◆ **n.f.** Suisse. Fam. Forte chaleur.

TIÈDEMENT adv. Avec indifférence ou nonchalance.

TIÉDEUR n.f. 1. Température tiède : *Une agréable tiédeur de l'air.* **2.** Fig. Manque de ferveur, d'ardeur : *La tiédeur des applaudissements.*

TIÉDIR v.i. [21]. Devenir tiède. ◆ **v.t.** Rendre tiède.

TIÉDISSEMENT n.m. Fait de tiédir.

TIEN, TIENNE pron. poss. (lat. *tuum*). Précédé de *le, la, les,* désigne ce qui est à toi : *Laisse mon stylo et prends le tien.* ▪ **À la tienne !** [fam.], à ta santé ! ▪ **Les tiens**, ta famille ; tes proches. ◆ **adj. poss.** Litt. Qui est à toi : *Un tien ami m'a averti.*

TIENTO [tjɛnto] **n.m.** (mot esp.). Forme contrapuntique de la musique instrumentale espagnole du XVIe au XVIIIe s.

1. TIERCE adj.f. ▪ **Fièvre tierce** → **FIÈVRE.**

2. TIERCE n.f. (de 2. *tiers*). **1. JEUX.** Série de trois cartes qui se suivent dans la même couleur. **2. MUS.** Intervalle de trois degrés. **3. IMPRIM.** Dernière épreuve de révision avant le tirage. **4. CHRIST.** Partie de l'office monastique ou du bréviaire qui se disait à la troisième heure, soit à 9 heures du matin. ◆ **adj. MATH.** Se dit d'une lettre portant en haut et à droite une triple apostrophe. ➲ B''' se lit « B tierce ».

TIERCÉ adj.m. (nom déposé). ▪ **Pari Tiercé,** ou **Tiercé, n.m.,** offre spéciale de pari mutuel permettant de désigner les trois premiers chevaux d'une course, dans l'ordre d'arrivée ou dans un ordre différent.

TIERCÉ, E adj. HÉRALD. Se dit d'un écu divisé en trois parties égales, d'émaux différents.

TIERCEFEUILLE n.f. HÉRALD. Meuble représentant une fleur à trois pétales.

TIERCELET n.m. Mâle de plusieurs oiseaux de proie (plus petit d'un tiers que la femelle).

TIERCERON n.m. (de 2. *tiers*). **ARCHIT.** Chacune des nervures qui relient les liernes aux angles d'une voûte, dans l'art gothique flamboyant.

1. TIERS n.m. 1. Chaque partie d'un tout divisé en trois parties égales : *Il a déjà dépensé les deux tiers de son salaire.* **2.** Personne étrangère à un groupe : *Je ne souhaite pas en parler devant un tiers.* **3. DR.** Personne étrangère à une affaire, à un acte juridique, à un jugement, etc. ▪ **Assurance au tiers,** assurance tierce* collision. ▪ **Principe du tiers exclu** [log., philos.], principe selon lequel de deux propositions contradictoires l'une est vraie et l'autre fausse. ▪ **Se moquer du tiers comme du quart** [fam.], être indifférent à tout et à tous. ▪ **Tiers opposant,** personne qui forme tierce opposition. ▪ **Tiers payant,** système qui permet, en France, à l'assuré social de ne pas faire l'avance des honoraires médicaux et des frais pharmaceutiques, de prothèse ou d'hospitalisation, et de ne payer, le cas échéant, que le ticket modérateur. ▪ **Tiers provisionnel,** acompte sur l'impôt sur le revenu, versé en février et en mai par le contribuable, en France, et qui est en principe égal au tiers de l'imposition de l'année précédente.

2. TIERS, TIERCE adj. (du lat. *tertius*, troisième). Qui est étranger à un groupe de deux ou plus : *Ils se vouvoient devant une tierce personne.* ▪ **Assurance tierce collision,** assurance des véhicules terrestres contre les accidents avec un autre véhicule ou un piéton (SYN. **assurance au tiers**). ▪ **Tierce opposition** [dr.], voie de recours ouverte aux tiers ni partie ni représentés à l'instance et auxquels le jugement ou l'arrêt porte préjudice. ▪ **Tiers état,** dans la France d'Ancien Régime, ensemble des personnes qui n'appartenaient ni à la noblesse ni au clergé et formaient le troisième ordre du royaume. ▪ **Tiers ordre** [cath.], association de religieux *(tiers ordres réguliers)* ou de laïcs *(tiers ordres séculiers)* qui sont affiliés à un ordre religieux.

TIERS-MONDE n.m. (pl. *tiers-mondes*). Ensemble des pays en développement.

TIERS-MONDISME n.m. (pl. *tiers-mondismes*). Tendance, opinion, doctrine des tiers-mondistes.

TIERS-MONDISTE adj. et **n.** (pl. *tiers-mondistes*). Relatif au tiers-monde ; qui est solidaire du tiers-monde.

TIERS-POINT n.m. (pl. *tiers-points*). Lime de section triangulaire. ▪ **Arc en tiers-point** [archit.], arc brisé dans lequel s'inscrit un triangle équilatéral, ou dont les centres des segments partagent la corde en trois parties égales.

TIF n.m. Fam. Cheveu.

TIFOSI n.m. pl., ▲ *n.m. (pl. tifosis)* [mot ital.]. Supporteurs italiens (pour le football, le cyclisme, en partic.).

TIG ou **T. I. G.** [teiʒe] **n.m.** (sigle). Travail d'intérêt général.

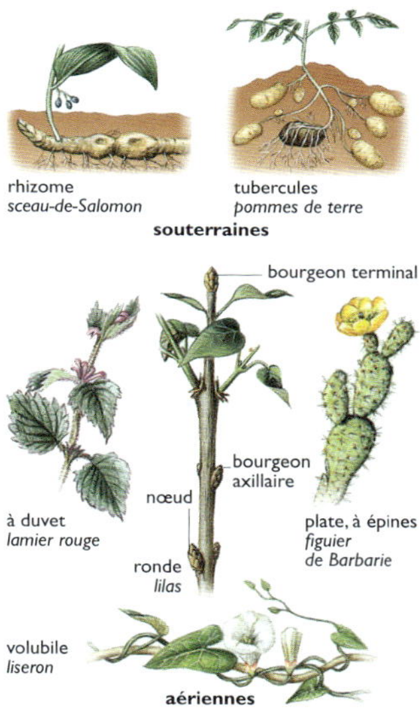

▲ **tige.** Types de tiges.

TIGE n.f. (du lat. *tibia*, flûte). **1.** Axe d'une plante, qui porte des feuilles et se termine par un bourgeon. ➲ Le chaume des graminées, le tronc des arbres sont des *tiges aériennes* ; les rhizomes (iris), les tubercules (pomme de terre), des *tiges souterraines.* **2.** Partie mince et allongée de certains objets : *La tige d'une clé.* **3. PÉTROLE.** Tube cylindrique de faible diamètre qui permet l'entraînement du trépan au fond d'un puits en forage. **4.** Partie supérieure de la chaussure qui habille le dessus du pied et la cheville, et éventuellement la jambe.

TIGELLE n.f. BOT. Partie de la plantule des graines qui fournit la tige de la plante.

TIGLON n.m. → **TIGRON.**

TIGNASSE n.f. (de *teigne*). Fam. Chevelure abondante et mal peignée.

TIGRE n.m. (lat. *tigris*). **1.** Mammifère carnivore des régions boisées de l'Asie du Sud-Est et de la Sibérie orientale, au pelage jaune orangé plus ou moins sombre, marqué de rayures noires. ➲ L'espèce est très menacée. Le tigre est le plus grand félin actuel. Cri : le tigre feule, rauque. Long. 2,5 m sans la queue ; famille des félidés. **2.** Litt. Homme cruel et sanguinaire. **3.** Vieilli. Pays asiatique qui a fait partie de la seconde génération de ceux dont l'économie a décollé (après celle des *dragons*). ▪ **Jaloux comme un tigre,** extrêmement jaloux. ▪ **Tigre de papier,** adversaire dont la puissance apparente dissimule une réelle faiblesse. ➲ Tiré de la phraséologie maoïste. ▪ **Tigre du poirier,** hétéroptère qui vit sur les feuilles de cet arbre.

TIGRÉ, E adj. Marqué de bandes foncées, comme le pelage du tigre.

TIGRESSE n.f. 1. Tigre femelle. **2.** Fig. Femme d'une extrême jalousie.

TIGRIDIE n.f. (du gr. *tigris*, tigre, et *eidos*, forme). Plante originaire du Mexique, à bulbe comestible, cultivée en Europe pour ses grandes fleurs décoratives. ➲ Famille des iridacées.

TIGRON ou **TIGLON n.m.** (de *tigre* et *lion*). Hybride stérile du tigre et de la lionne, ou du lion et de la tigresse.

TIKI n.m. (de *Tiki*, divinité océanienne). Polynésie. Statue représentant un dieu polynésien.

TILAPIA n.m. (mot lat.). Poisson végétarien (cichlidé) des eaux douces tropicales, souvent élevé en étangs pour l'alimentation humaine.

TILBURY [tilbyri] **n.m.** (mot angl.). Anc. Cabriolet hippomobile léger et découvert, à deux places, avec cadre horizontal.

TILDE [tild(e)] **n.m.** (mot esp., du lat. *titulus*, titre). **PHON. 1.** Accent qui se trouve sur la lettre *n* de l'alphabet espagnol (ñ), notant un son équivalant au *n* mouillé [ɲ] en français. **2.** Signe placé au-dessus d'un symbole phonétique pour indiquer la nasalisation ([ɑ̃] et [ɔ̃] dans *tampon*, par ex.).

TILLAC [tijak] **n.m.** (de l'anc. scand. *thilja*, planche). **MAR.** Anc. Pont supérieur d'un navire en bois.

TILLAGE n.m. → **TEILLAGE.**

TILLANDSIA [til-] ou [tij-] **n.m.** (du n. de E. *Tillands*). Plante épiphyte originaire des forêts de l'Amérique tropicale, dont certaines espèces sont ornementales. ➲ Famille des broméliacées.

TILLE n.f., TILLER v.t. → **TEILLE** et **TEILLER.**

TILLEUL n.m. (lat. *tilia*). **1.** Arbre de l'Europe tempérée, souvent planté dans les parcs et sur les avenues, qui fournit un bois blanc, facile à travailler, et dont les fleurs odorantes donnent une infusion sudorifique et calmante. ➲ Famille des tiliacées. **2.** Infusion de fleurs de tilleul. ◆ **adj. inv.** Se dit d'une couleur d'un vert très pâle tirant sur le jaune.

▲ **tilleul**

TILLEUSE n.f. → **TEILLEUSE.**

TILSIT [-sit] **n.m.** Fromage du canton de Saint-Gall (Suisse), à pâte dure.

TILT [tilt] **n.m.** (mot angl. « coup »). Au billard électrique, déclic qui marque l'interruption d'une partie lorsqu'un joueur a manœuvré trop violemment l'appareil. ▪ **Faire tilt** [fam.], déclencher soudain dans l'esprit les mécanismes de compréhension, de mémoire, d'inspiration.

TILTER v.i. [3]. Fam. Comprendre ou se souvenir brusquement.

TIMBALE n.f. (esp. *atabal*). **1.** Gobelet en métal. **2.** Instrument de musique à percussion formé d'un bassin hémisphérique en cuivre, recouvert d'une peau tendue que l'on frappe avec des mailloches. ➲ On l'utilise génér. par paire. **3. CUIS.** Moule rond et haut ; préparation servie dans ce moule ou dans une croûte de pâte. ▪ **Décrocher la timbale** [fam.], réussir et remporter le prix ; iron., s'attirer des désagréments par sa maladresse.

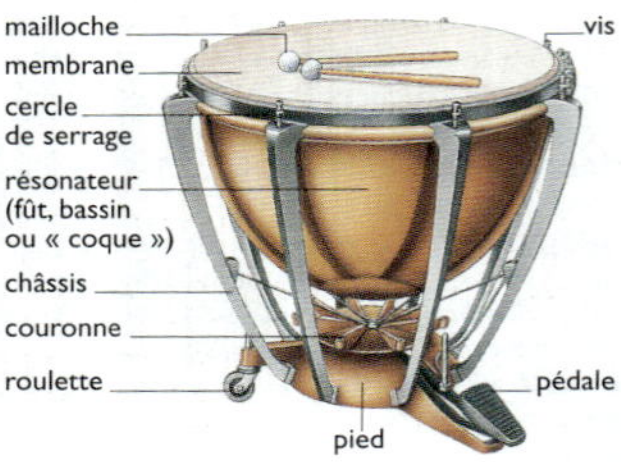

▲ **timbale** chromatique.

TIMBALIER n.m. Instrumentiste qui joue des timbales.

TIMBRAGE n.m. **1.** Action de timbrer un envoi postal. **2.** IMPRIM. Impression en relief obtenue à l'aide d'une plaque gravée en creux et d'une contrepartie en relief placée entre la plaque et le papier.

1. TIMBRE n.m. (du gr. *tumpanon*, tambour). **1.** Qualité particulière du son, indépendante de sa hauteur ou de son intensité mais spécifique de l'instrument, de la voix qui l'émettent : *Le timbre d'un saxo. Le timbre de cette voix m'est familier.* **2.** Vignette vendue au profit d'une œuvre ou attestant le paiement d'une cotisation. **3.** Instrument qui sert à imprimer une marque, un cachet sur un document. ➲ Le *timbre humide* a une surface gravée enduite d'encre et le *timbre sec* appose une marque en relief dans le document. **4.** Marque qui garantit l'authenticité d'un document. **5.** MUS. Petite cloche métallique hémisphérique que l'on frappe avec un marteau. **6.** DR. Marque imprimée ou vignette apposée sur certains actes, et qui représente le paiement de la taxe perçue au profit du Trésor. **7.** PHARM. Pastille adhésive à coller sur la peau, qui contient un médicament et sert à traiter une affection (système transdermique*) ou à tester la réaction de la peau (avec de la tuberculine, par ex.). **8.** TECHN. Plaque indiquant la pression maximale admissible dans un appareil à vapeur ; pression limite indiquée par la plaque. **9.** HÉRALD. Casque, et, par ext., ornement tel que couronne ou mitre, surmontant l'écu. **10.** Anc. Partie du casque d'armure qui recouvrait le crâne. ▪ **Jeu de timbres** [mus.], glockenspiel.

2. TIMBRE ou **TIMBRE-POSTE** n.m. (pl. *timbres-poste*). Vignette gommée ou adhésive, de valeur conventionnelle, émise par une administration postale et destinée à affranchir les envois confiés à la poste.

TIMBRÉ, E adj. Fam. Un peu fou. ▪ **Papier timbré** [dr.], papier marqué d'une empreinte et d'un timbre à l'encre grasse, que vend l'État et qui doit être utilisé pour la rédaction de certains actes. ▪ **Voix timbrée**, qui résonne bien.

TIMBRE-AMENDE n.m. (pl. *timbres-amendes*). DR. Timbre destiné au paiement d'une amende forfaitaire pour contravention à la réglementation de la circulation.

TIMBRE-QUITTANCE n.m. (pl. *timbres-quittances*). DR. Timbre fiscal apposé sur les quittances, les reçus et les décharges.

TIMBRER v.t. [3]. Affranchir avec un timbre ; marquer avec un cachet. ◆ **v.i.** Suisse. **1.** Enregistrer son heure d'entrée et de sortie sur une pointeuse ; pointer. **2.** Pointer au chômage.

TIMIDE adj. et n. (lat. *timidus*, de *timere*, craindre). Qui manque de hardiesse, d'assurance ; timoré : *Un grand timide.*

TIMIDEMENT adv. Avec timidité.

TIMIDITÉ n.f. **1.** Manque d'assurance, de hardiesse ; gaucherie. **2.** Manque d'audace dans une action, une réalisation : *Un projet architectural d'une décevante timidité.*

TIMING [tajmiŋ] n.m. (mot angl.). Chronologie détaillée d'un processus, d'une action ; minutage.

TIMON n.m. (du lat. *temo, -onis*, flèche). **1.** Longue pièce de bois de l'avant-train d'une voiture, d'une machine agricole, de chaque côté de laquelle on attelle une bête de trait. **2.** MAR. Vx. Barre de gouvernail ; gouvernail.

TIMONERIE n.f. **1.** Local dans lequel se trouvent la barre à gouverner et les instruments de navigation d'un navire. **2.** Service assuré par les timoniers d'un navire. **3.** AUTOM. Ensemble des organes de direction ou de commande des freins d'un véhicule.

TIMONIER n.m. **1.** À bord des navires de guerre, matelot chargé des signaux et du service de veille sur la passerelle ; dans la marine marchande, marin chargé de la barre. **2.** Chacun des chevaux attelés de chaque côté d'un timon. ▪ **Le Grand Timonier**, surnom donné à Mao Zedong.

TIMORAIS, E adj. et n. **1.** De Timor ; de ses habitants. **2.** Du Timor oriental ; de ses habitants.

TIMORÉ, E adj. et n. (du lat. *timor*, crainte). Qui n'ose pas agir, par crainte du risque ou des responsabilités ; pusillanime.

TIN n.m. MAR. Chacune des pièces de bois qui soutiennent la quille d'un navire en construction ou en radoub, disposées en ligne *(ligne de tins)*.

TINAMOU n.m. (caraïbe *tinamu*). Oiseau d'Amérique du Sud à petite tête et à corps massif, aux pattes courtes et puissantes, volant mal. ➲ Ordre des tinamiformes.

TINCTORIAL, E, AUX adj. (lat. *tinctorius*, de *tingere*, teindre). **1.** Relatif à la teinture. **2.** Qui sert à teindre : *Bois tinctorial.*

TINETTE n.f. (du lat. *tina*, carafe). **1.** Anc. Récipient servant au transport des matières fécales, employé comme fosse d'aisances mobile. **2.** Antilles. Pot de chambre.

TINTAMARRE n.m. (de *tinter*). **1.** Bruit assourdissant fait de sons discordants ; vacarme : *Le tintamarre qui monte du marché.* **2.** Acadie. Défilé populaire dans les rues, bruyant et festif, lors de la fête nationale des Acadiens (15 août).

TINTEMENT n.m. **1.** Bruit que fait une cloche, une clochette qui tinte. **2.** Succession de sons légers et clairs : *Tintement d'un trousseau de clés.*

TINTER v.i. [3] (du bas lat. *tinnitare*, sonner). **1.** Résonner lentement par coups espacés : *La cloche tinte.* **2.** Produire des sons aigus et légers ; cliqueter : *Des bracelets tintent à son poignet.* ◆ **v.t.** Faire entendre une certaine sonnerie, à l'aide de cloches ou, par ext., de divers objets.

TINTIN interj. (de *tinter*). Fam. ▪ **Faire tintin**, être privé de qqch. ▪ **Tintin !**, vous pouvez toujours attendre ! ; n'y comptez pas !

TINTINNABULER v.i. [3] (du lat. *tintinnabulum*, clochette). Litt. Produire une série de sons aigus et légers.

TINTOUIN n.m. (de *tinter*). Fam. **1.** Embarras ; souci : *Ce déménagement lui a causé bien du tintouin.* **2.** Grand bruit ; tapage : *Ils ont fait du tintouin toute la soirée.* ▪ **Et tout le tintouin**, et tout le reste.

✎ En Belgique, on dit ***touintouin*** ou ***tointoin***.

TIP ou **T.I.P.** [tip] n.m. (acronyme). Titre interbancaire de paiement.

TIPER ou **TIPPER** v.t. [3] (all. *tippen*). Suisse. Taper sur le clavier d'une caisse enregistreuse.

TIPI n.m. (anglo-amér. *tepee*, d'un mot sioux). Habitation traditionnelle des Indiens des plaines d'Amérique du Nord.

TIPP ou **T.I.P.P.** [teipepe] n.f. (sigle). Taxe intérieure sur les produits pétroliers.

TIPULE n.f. (du lat. *tippula*, araignée d'eau). ZOOL. Grand moustique, inoffensif pour l'homme, aux très longues pattes grêles et fragiles. ➲ Ordre des diptères.

▲ **tipules**

TI-PUNCH [tipɔ̃ʃ] n.m. (pl. *ti-punchs*) [du créole *ti*, petit, et de *1. punch*]. Boisson composée de rhum blanc, de sirop de canne à sucre et de citron vert.

TIQUE n.f. (angl. *tick*). Acarien parasite, vecteur d'ehrlichiose, vivant sur la peau des ruminants, du chien, parfois de l'homme, dont il suce le sang (SYN. **ixode**).

TIQUER v.i. [3] (de *tic*). Fam. Marquer par un jeu de physionomie l'étonnement ou le mécontentement.

TIQUETÉ, E adj. (du picard). Marqué de points colorés ; moucheté.

TIR n.m. **1.** Action, manière de lancer, à l'aide d'une arme, un projectile sur un but appelé *objectif* : *Tir courbe, tendu.* **2.** Ensemble de projectiles envoyés par une ou plusieurs armes. **3.** Local ou lieu spécialement aménagé pour l'exercice du tir. **4.** SPORTS. Action de lancer une balle, une flèche, une boule, etc., vers le but. **5.** Sport pratiqué avec une arme à feu, comprenant le tir à la cible, le ball-trap et le skeet. ▪ **Angle de tir**, angle de niveau*. ▪ **Ligne, table de tir**, prolongement de l'axe du canon d'une arme au moment du départ du coup ; recueil de renseignements théoriques nécessaires à l'exécution des tirs. ▪ **Tir à l'arc**, sport pratiqué avec un arc avec lequel on tire sur une cible. ▪ **Tirs au but**, au football, série de tirs à partir du point de penalty, pouvant servir à départager deux équipes à égalité en fin de partie.

TIRADE n.f. (de *tirer*). **1.** Longue suite ininterrompue de phrases ayant trait à la même idée : *Elle m'a fait toute une tirade sur l'honnêteté.* **2.** Discours, réplique assez longue d'un personnage, au théâtre.

TIRAGE n.m. **1.** Action de tirer, de déplacer dans tel ou tel sens, le plus souvent vers soi : *Le tirage d'une auto hors du fossé.* **2.** Dépression existant à l'entrée d'une cheminée par rapport à l'air ambiant au même niveau, qui engendre un courant ascendant dans le conduit. **3.** JEUX. Action de prélever au hasard un élément dans un ensemble : *Tirage d'une tombola.* **4.** PHOTOGR. Opération permettant de réaliser une épreuve photographique à partir d'un phototype, ou d'établir une copie ou un contretype d'un film ; l'épreuve, la copie, etc., ainsi obtenue ; distance qui, sur un appareil photo, sépare le film du centre optique de l'objectif. **5.** IMPRIM. Action d'imprimer sur la presse, après la mise en train ; ensemble des exemplaires d'un ouvrage imprimés

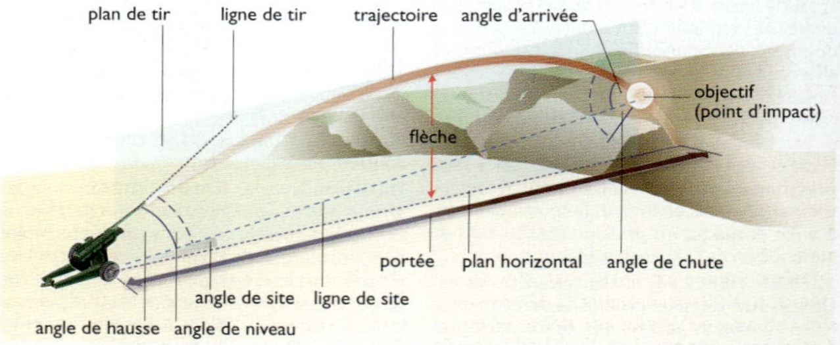

▲ **tir.** Trajectoire d'un projectile classique (obus).

en une seule fois. **6.** **DR.** Action d'émettre une traite, un chèque. **7.** **MÉD.** Dépression de certains points de la paroi thoracique (au-dessus du sternum, par ex.), lors de l'inspiration, due à un obstacle mécanique à l'entrée de l'air dans les poumons. **8.** **BX-ARTS.** Impression d'une estampe ; fonte d'une sculpture en plusieurs exemplaires. **9.** Tréfilage d'un métal précieux. ■ **Cordon de tirage,** destiné à faire coulisser un rideau le long d'une tringle. ■ **Droits de tirage spéciaux** [écon.], numéraire octroyé à l'initiative du Fonds monétaire international (FMI) en contrepartie du versement d'une quote-part et que le pays bénéficiaire peut employer en cas de difficultés dans sa balance des paiements. ■ **Il y a du tirage** [fam.], des difficultés à surmonter, des résistances à vaincre. ■ **Tirage de la soie,** action de dévider le cocon. ■ **Tirage forcé,** tirage d'une cheminée dû à l'action d'un ventilateur.

TIRAILLEMENT **n.m.** **1.** Action de tirailler. **2.** Sensation de contraction douloureuse de certaines parties intérieures du corps. **3.** Tension née d'une opposition entre des opinions, des désirs contradictoires ; conflit : *Tiraillements dans la majorité.*

TIRAILLER **v.t.** **[3].** **1.** Tirer fréquemment et par petits coups : *Il tiraille sa barbe.* **2.** Solliciter de divers côtés d'une manière contradictoire ; écarteler : *Être tiraillé entre son devoir et ses ambitions.* ◆ **v.i.** Tirer peu à la fois et souvent, avec une arme à feu.

TIRAILLEUR **n.m.** **1.** Soldat détaché en avant comme éclaireur. **2.** **HIST.** De la seconde moitié du XIXe s. à la première moitié du XXe s., fantassin recruté parmi les autochtones des territoires français situés outre-mer. ■ **Marcher en tirailleur,** progresser en ordre dispersé.

TIRAMISU [-su] **n.m.** (de l'ital. *tira mi su,* remonte-moi). Entremets fait de couches alternées de mascarpone battu avec des jaunes d'œufs et de biscuits imbibés de café et saupoudrés de cacao. ➲ Cuisine italienne.

TIRANT **n.m.** **1.** Cordon qui sert à fermer une bourse, un sac. **2.** Ganse fixée à la tige d'une chaussure ou d'une botte, destinée à faciliter l'introduction du pied. **3.** Tendon, dans la viande de boucherie. **4.** **CONSTR.** Entrait. ■ **Tirant d'air, d'eau** [mar.], hauteur totale des superstructures d'un navire ; distance verticale entre la flottaison d'un navire et le dessous de la quille. ■ **Tirant d'ouvrage** [constr.], câble métallique ancré dans le sol et destiné à assurer la stabilité d'une structure ou d'une paroi.

TIRASSE **n.f.** Pédale d'un orgue que l'organiste abaisse afin d'accoupler les claviers entre eux ou l'un des claviers manuels au pédalier.

1. TIRE **n.f.** (de *tirer*). Fam. Automobile. ■ **Vol à la tire,** vol qui consiste à tirer de la poche, du sac les objets qu'on dérobe.

2. TIRE **n.f.** Québec. Friandise faite d'une pâte de sucre (mélasse, cassonade, etc.) refroidie et étirée après cuisson. ■ **Tire (d'érable),** confiserie faite de sirop d'érable épaissi à la cuisson ou versé chaud sur la neige.

1. TIRÉ, E **adj.** Se dit des traits d'un visage fatigué et amaigri. ■ **Tiré à quatre épingles** → **ÉPINGLE.** ■ **Tiré par les cheveux** → **CHEVEU.**

2. TIRÉ **n.m.** **1.** Personne sur laquelle une lettre de change ou un chèque a été tiré et à qui un ordre de payer est donné. **2.** Taillis maintenu à hauteur d'homme, pour faciliter la chasse au fusil. ■ **Tiré à part,** tirage supplémentaire d'un article de revue ou d'une partie d'un ouvrage, exécuté hors du tirage normal.

TIRE-AU-FLANC (fam.) ou **TIRE-AU-CUL** (très fam.) **n. inv.** Personne qui s'arrange pour échapper aux corvées ; paresseux.

TIRE-BONDE **n.m.** (pl. *tire-bondes*). Outil utilisé pour enlever la bonde d'un tonneau.

TIRE-BOTTE **n.m.** (pl. *tire-bottes*). **1.** Crochet de fer que l'on passe dans le tirant d'une botte pour la mettre. **2.** Planchette dotée d'une entaille dans laquelle on coince une botte pour l'enlever.

TIRE-BOUCHON (pl. *tire-bouchons*), ▲ ***TIREBOUCHON*** **n.m.** Ustensile, génér. pourvu d'une vis en métal, destiné à retirer le bouchon d'une bouteille. ■ **En tire-bouchon,** en forme de spirale, d'hélice.

TIRE-BOUCHONNÉ, E ou **TIREBOUCHONNÉ, E** **adj.** Roulé en tire-bouchon : *Cheveux tire-bouchonnés par la pluie.*

TIRE-BOUCHONNER ou **TIREBOUCHONNER** **v.t.** **[3].** Tortiller, rouler en tire-bouchon. ◆ **v.i.** Se rouler en tire-bouchon.

TIRE-BRAISE **n.m.** (pl. *tire-braises*). Grand tisonnier à l'extrémité aplatie et recourbée, dont les boulangers se servent pour retirer la braise du four.

TIRE-CLOU **n.m.** (pl. *tire-clous*). Tige métallique, plate et dentée, qui sert à l'extraction des clous.

À TIRE-D'AILE **loc. adv.** En battant vigoureusement des ailes.

TIRÉE **n.f.** Fam. Longue et pénible distance à parcourir.

TIRE-FESSES **n.m. inv.,** ▲ ***TIRE-FESSE n.m.*** *(pl. tire-fesses).* Fam. Téléski.

TIRE-FOND **n.m. inv.,** ▲ ***TIREFOND n.m.*** **1.** Longue vis à tête en forme d'anneau, pour suspendre les lustres. **2.** Grosse vis à bois à tête carrée ou polygonale. **3.** **CH. DE F.** Grosse vis à tête carrée, utilisée pour fixer le rail sur la traverse, directement ou par l'intermédiaire d'un coussinet.

TIRE-LAINE **n.m. inv.,** ▲ ***n.m.*** *(pl. tire-laines).* Litt., vx. Voleur qui détroussait les passants.

TIRE-LAIT **n.m. inv.,** ▲ ***n.m.*** *(pl. tire-laits).* Appareil pour recueillir par aspiration le lait du sein de la mère.

À TIRE-LARIGOT, ▲ ***À TIRELARIGOT*** **loc. adv.** (de *tirer* et *larigot*). Fam. En grande quantité ; beaucoup : *Elle dépense à tire-larigot.*

TIRE-LIGNE **n.m.** (pl. *tire-lignes*). Petit instrument de dessinateur qui permet de tracer à l'encre des lignes d'une épaisseur calibrée.

TIRELIRE **n.f.** Boîte, objet creux munis d'une fente par laquelle on glisse l'argent que l'on veut épargner.

TIRE-NERF **n.m.** (pl. *tire-nerfs*). Broche barbelée utilisée par le chirurgien-dentiste pour extirper la pulpe radiculaire.

TIRER **v.t.** **[3]** (p.-ê. de l'anc. fr. *martirier,* martyriser). **1.** Exercer une traction sur qqch de manière à l'allonger, à augmenter sa surface ; étirer : *Tirer un drap pour le border.* **2.** Ramener, attirer vers soi : *Tirer la porte* ; déplacer en entraînant derrière soi : *Voiture qui tire une caravane.* **3.** Faire aller dans une certaine direction ; tracer : *Tirer une allée au cordeau.* **4.** Lancer un projectile au moyen d'une arme : *Tirer une flèche* ; faire partir le coup d'une arme à feu : *Le truand a tiré deux balles.* **5.** Faire sortir qqch, qqn de l'endroit où il est : *Tirer l'eau du puits. Tirer un blessé des décombres.* **6.** Faire sortir qqn, qqch d'un état, d'une situation : *Tirer qqn de la misère. Tirer une œuvre de l'oubli.* **7.** Obtenir un avantage de qqn, qqch ; soutirer : *Tirer de l'argent de qqn. Tirer profit d'une situation.* **8.** Extraire par des moyens techniques, un savoir-faire : *Tirer un alcaloïde d'une plante. Tirer un film d'une histoire vraie.* **9.** Déduire logiquement de : *Tirer les conséquences de ses échecs.* **10.** Prendre au hasard dans un ensemble un billet, un numéro, etc. **11.** Fam. Passer un temps qui paraît long : *Tirer un an de prison.* **12.** Faire produire des sons à un instrument de musique. **13.** Exécuter l'impression de : *Tirer une estampe.* **14.** **PHOTOGR.** Réaliser une épreuve photographique. ■ **Tirer les rois,** partager la galette de l'Épiphanie, le hasard désignant le roi ou la reine de l'assistance par la présence de la fève dans l'une des parts. ■ **Tirer l'horoscope, les cartes,** prédire l'avenir selon la position des astres dans le ciel, la configuration des cartes tirées au hasard dans un jeu. ■ **Tirer qqch, qqn au sort,** les faire désigner par le hasard. ■ **Tirer un chèque,** l'émettre. ■ **Tirer une lettre de change sur qqn,** désigner cette personne comme devant la payer. ■ **Tirer une tombola,** faire sortir les numéros. ◆ **v.t. ind.** **1.** **(SUR).** Exercer une traction : *Tirer sur le signal d'alarme.* **2.** **(SUR).** Aspirer par la bouche : *Le bébé tire sur la tétine.* **3.** **(SUR, VERS).** En parlant d'une couleur, se rapprocher de : *Ce bleu tire sur le gris.* ■ **Tirer sur qqn** [Belgique, Québec, fam.], présenter une ressemblance physique avec qqn : *Les deux filles tirent sur leur mère.* (En Belgique, on dit aussi *tirer après qqn.*) ■ **(Trop) tirer sur la ficelle** [fam.], profiter sans retenue d'une situation favorable, d'un avantage, des bonnes dispositions de qqn ; abuser. ◆ **v.i.** **1.** Avoir un bon tirage, en parlant d'un conduit de fumée. **2.** Faire usage d'une arme qui envoie des projectiles : *Tirer à l'arc, à la carabine.* **3.** Lancer un projectile, en parlant d'une arme : *Fusil qui tire juste.* **4.** Belgique, Suisse. Infuser : *Le thé a assez tiré.* **5.** **SPORTS.** Effectuer un tir au football, au basket-ball, etc. ; aux boules, à la pétanque, lancer directement sa boule sur une autre pour la déplacer (par oppos. à *pointer*) ; disputer un assaut, en escrime et dans certains sports de combat. ■ **Ça tire** [Belgique, Suisse], il y a du courant d'air. ■ **Tirer au flanc** [fam.], **au cul** [très fam.], se soustraire à une corvée, à un travail. ◆ **SE TIRER** **v.pr.** **1.** Fam. S'en aller ; partir. **2.** **(DE).** Se sortir d'une situation difficile. ■ **Ça se tire** [fam.], cette période va prendre fin. ■ **S'en tirer avec,** en être quitte pour : *S'en tirer avec une entorse.*

TIRET **n.m.** Petit trait horizontal qui, dans un dialogue, indique le changement d'interlocuteur, ou qui tient lieu de parenthèse, dans un texte.

TIRETTE **n.f.** **1.** Tablette mobile d'un meuble que l'on tire pour accroître sa surface utile. **2.** Dispositif de commande par traction d'un appareil mécanique ou électrique. **3.** Petite bande cartonnée que l'on tire pour animer certains éléments mobiles d'un livre pop-up. **4.** Région. (Alsace) ; Belgique. Fermeture à glissière. **5.** Vx. Cordon, lacet pour tirer ou suspendre qqch.

TIREUR, EUSE **n.** **1.** Personne qui tire avec une arme à feu. **2.** Sportif qui expédie le ballon vers le but adverse ; aux boules et à la pétanque, personne qui tire ; en escrime, personne qui dispute un assaut ; sportif qui pratique le tir ou le tir à l'arc. **3.** Personne qui, dans une lettre de change ou un chèque, donne ordre de payer une somme à qqn. **4.** Personne spécialisée dans le tirage des photographies. ■ **Tireur de cartes,** personne qui prétend prédire l'avenir d'après les combinaisons de cartes à jouer. ■ **Tireur d'élite** ou **de précision** [mil.], soldat ponctuellement infiltré dans les lignes ennemies pour neutraliser une cible donnée et effectuer des missions d'observation et de renseignement (SYN. **sniper**). ■ **Tireur embusqué,** tireur isolé placé en position cachée dans le but de surprendre sa victime (SYN. **sniper**).

TIREUSE **n.f.** **1.** Appareil servant au tirage des épreuves photographiques ou des copies de films. **2.** Appareil de photogravure avec lequel on obtient des copies par contact. ■ **Tireuse à bière,** appareil permettant d'extraire par pression de la bière de son fût.

TIRE-VEILLE **n.m. inv.,** ▲ ***n.m.*** *(pl. tire-veilles).* **1.** Cordelette à nœuds utilisée sur une planche à voile pour tirer la voile hors de l'eau. **2.** **MAR.** Anc. Filin disposé pour monter à l'échelle de coupée ou pour servir de garde-fou.

TIRE-VEINE **n.m.** (pl. *tire-veines*). Instrument chirurgical utilisé pour l'ablation des veines.

TIROIR **n.m.** (de *tirer*). **1.** Casier sans couvercle emboîté horizontalement dans un meuble et que l'on peut faire coulisser. **2.** **MÉCAN. INDUSTR.** Organe mécanique animé d'un mouvement de translation et assurant la distribution d'un fluide (la vapeur dans une machine à vapeur, par ex.). ■ **À tiroirs,** se dit d'une histoire donnant lieu à des épisodes multiples ayant chacun une certaine autonomie à l'intérieur d'une intrigue lâche : *Comédie à tiroirs.* ■ **Fond de tiroir** [fam.], chose de peu de valeur qui n'a pas été utilisée ; (au pl.) dernières ressources disponibles : *Racler les fonds de tiroir pour finir le mois.*

TIROIR-CAISSE **n.m.** (pl. *tiroirs-caisses*). Tiroir contenant la caisse d'un commerçant.

TISANE **n.f.** (du lat. *ptisana,* tisane d'orge). Boisson obtenue par la dissolution dans l'eau de substances faiblement médicamenteuses contenues dans certaines plantes (verveine, tilleul, etc.).

TISANIÈRE **n.f.** Récipient utilisé pour infuser et servir une tisane.

TISON **n.m.** (lat. *titio, -onis*). Morceau de bois brûlé en partie et encore en combustion.

TISONNER **v.t.** **[3].** Remuer les tisons d'un feu.

TISONNIER **n.m.** Tige métallique, droite ou recourbée, pour attiser le feu (SYN. **pique-feu**).

TISSAGE **n.m.** **1.** Ensemble des opérations consistant à fabriquer des tissus ; ouvrage ainsi réalisé. **2.** Établissement industriel où se fait le tissage.

TISSER v.t. [3] (lat. *texere*). **1.** Entrelacer suivant une armure donnée les fils de chaîne (en longueur) et les fils de trame (en largeur) pour en faire un tissu. **2.** Construire en réseau : *L'araignée tisse sa toile.* **3.** Élaborer qqch en agençant divers éléments : *Tisser un piège, un réseau de partenaires.* ■ **Tisser des liens,** les créer : *Les années ont tissé des liens entre nous.*

TISSERAND, E n. Personne qui fabrique des tissus à la main ou sur machine.

TISSERIN n.m. (de *tisser*). Passereau d'Afrique et de Madagascar, qui construit un nid suspendu très élaboré, doté d'un tunnel d'accès vertical. ➲ Famille des plocéidés.

▲ **tisserins**

TISSEUR, EUSE n. Personne, industriel qui pratiquent le tissage.

TISSU n.m. (de l'anc. fr. *tistre*, tisser). **1.** Matériau obtenu par l'entrelacement de fils. **2.** Fig. Suite enchevêtrée de choses : *Tissu de calomnies.* **3.** Ensemble d'éléments constituant un tout homogène : *Tissu social.* **4.** HISTOL. Ensemble de cellules concourant à la même fonction : *Tissu osseux.* ■ **Tissu industriel,** disposition des implantations industrielles dans un territoire donné. ■ **Tissu urbain,** disposition de l'habitat et des activités dans une ville ; répartition des villes sur un territoire donné.

TISSU-ÉPONGE n.m. (pl. *tissus-éponges*). Tissu bouclé sur ses deux faces et absorbant.

TISSULAIRE adj. HISTOL. Relatif à un tissu.

TISSU-PAGNE n.m. (pl. *tissus-pagnes*). Afrique. Tissu de coton employé en partic. à la confection des pagnes.

TISSURE n.f. **1.** Entrecroisement de fils tissés. **2.** Liaison entre les fils de chaîne et les fils de trame résultant de l'opération du tissage.

TITAN n.m. (de *Titan*, n. myth.). **1.** Litt. Personne d'une puissance extraordinaire. **2.** ENTOMOL. Énorme capricorne de l'Amazonie, l'un des plus gros insectes du monde. ➲ Long. 23 cm ; famille des cérambycidés. ■ **De titan,** démesuré ; gigantesque : *Travail de titan.*

TITANE n.m. (du gr. *titanos*, chaux). **1.** Métal blanc, dur, de densité 4,54, et qui fond à 1 660 °C. **2.** Élément chimique (Ti), de numéro atomique 22, de masse atomique 47,88. ➲ Il est très utilisé dans l'industrie en raison de sa légèreté, de sa résistance à la corrosion et des caractéristiques mécaniques élevées de ses alliages.

TITANESQUE adj. Litt. Gigantesque : *Un projet titanesque.*

TITANIQUE adj. CHIM. MINÉR. Se dit de l'anhydride TiO_2 et des acides correspondants.

TITI n.m. Fam. Gamin de Paris, effronté et gouailleur ; gavroche.

TITILLATION [-ja-] ou [-la-] n.f. Chatouillement léger, agréable.

TITILLER [-je] v.t. [3] (lat. *titillare*). **1.** Chatouiller légèrement et agréablement : *Senteur qui titille les narines.* **2.** Exciter agréablement ou énerver : *Ce détail me titille.*

TITISME n.m. HIST. Forme de socialisme pratiquée dans la Yougoslavie dirigée par Tito.

TITISTE adj. et n. Relatif au titisme ; qui en était partisan.

TITRAGE n.m. **1.** Action de titrer un film, un article, un ouvrage. **2.** CHIM. Détermination du titre d'une solution. **3.** TEXT. Opération qui a pour objet d'indiquer la grosseur d'un fil en donnant sa masse pour une longueur donnée (unité : *tex*).

TITRAILLE n.f. Ensemble des titres, sous-titres, surtitres, intertitres et accroches d'un texte, d'un article de journal.

TITRE n.m. (lat. *titulus*). **1.** Mot, expression, phrase servant à désigner un écrit, une de ses parties, une œuvre littéraire ou artistique, une émission, etc. **2.** Subdivision du livre employée dans les recueils de lois, les ouvrages juridiques. **3.** Division du budget. **4.** Dans la presse écrite, texte en gros caractères qui coiffe un article et en annonce le sujet : *Cette affaire fait les gros titres des journaux* ; dans la presse audiovisuelle, texte annonçant les principales informations qui vont être développées : *Les titres du journal télévisé.* **5.** Dénomination d'une dignité, d'une charge ou d'une fonction souvent élevée : *Le titre d'ambassadrice.* **6.** Mot ou expression qui traduit une qualification ; qualification exprimant une relation sociale : *Le titre d'ancien combattant, d'inventeur.* **7.** Qualité qui donne un droit moral, un motif légitime : *À quel titre me donnez-vous des ordres ?* **8.** SPORTS. Qualité de vainqueur, de champion dans une compétition sportive : *Remporter un titre.* **9.** Écrit constatant un acte juridique ; écrit, document établissant un droit : *Titre de propriété.* **10.** Valeur mobilière transmissible (action, obligation). **11.** ORFÈVR. Proportion de métal précieux contenu dans un alliage. **12.** TEXT. Mesure de la grosseur d'un fil, d'un ruban ou d'une mèche. ■ **À ce titre,** pour cette raison. ■ **À juste titre,** avec raison. ■ **À titre de,** en tant que : *Je vous cite son cas à titre d'exemple.* ■ **En titre,** titulaire : *Professeur en titre.* ■ **Titre de transport,** toute pièce donnant droit à utiliser un moyen de transport régulier de voyageurs. ■ **Titre d'une solution** [chim.], rapport de la masse du corps dissous à la masse totale de la solution. ■ **Titre exécutoire,** titre permettant à son bénéficiaire de procéder à une exécution forcée (acte d'huissier, jugement, etc.). ■ **Titre interbancaire de paiement (TIP),** ordre de prélèvement sur un compte bancaire ou postal, signé par le débiteur. ■ **Titres de participation,** actions ou parts sociales de sociétés possédées durablement par une entreprise pour exercer dans celles-ci un contrôle ou une influence. ■ **Titres de placement,** titres à court terme possédés par les entreprises pour réaliser un emploi des capitaux et sans but de contrôle.

TITRÉ, E adj. **1.** Qui possède un titre nobiliaire ou honorifique. **2.** CHIM. Se dit d'une solution dont le titre est connu.

TITRER v.t. [3]. **1.** Donner un titre à un article, à un ouvrage, à un film. **2.** CHIM. Déterminer le titre d'une solution, d'un alliage.

TITRE-SERVICE n.m. (pl. *titres-services*). Belgique. Chèque pouvant être échangé contre des prestations de services et dont l'achat procure des avantages fiscaux.

TITREUSE n.f. IMPRIM. Machine de photocomposition pour titres ou textes courts.

TITRIMÉTRIE n.f. CHIM. Mesure du titre d'une solution.

TITRISATION n.f. BANQUE. Opération par laquelle les banques transforment leurs créances (crédits immobiliers, crédits aux entreprises) en instruments financiers négociables sur les marchés par l'intermédiaire de *fonds communs de titrisation.*

TITUBANT, E adj. Qui avance en vacillant ; chancelant.

TITUBER v.i. [3] (lat. *titubare*). Vaciller sur ses jambes ; chanceler : *Il tituba puis s'effondra.*

TITULAIRE adj. et n. (du lat. *titulus*, titre). **1.** Qui occupe une charge, une fonction pour laquelle il a été choisi ou nommé : *Professeur titulaire.* **2.** Qui possède juridiquement qqch : *Les titulaires du permis de conduire.*

TITULARISATION n.f. Action de titulariser ; fait d'être titularisé.

TITULARISER v.t. [3]. Rendre titulaire d'un emploi, d'un poste, etc.

TITULATURE n.f. (du lat. *titulus*, titre). ANTIQ. ROM. Ensemble des titres que portaient les empereurs.

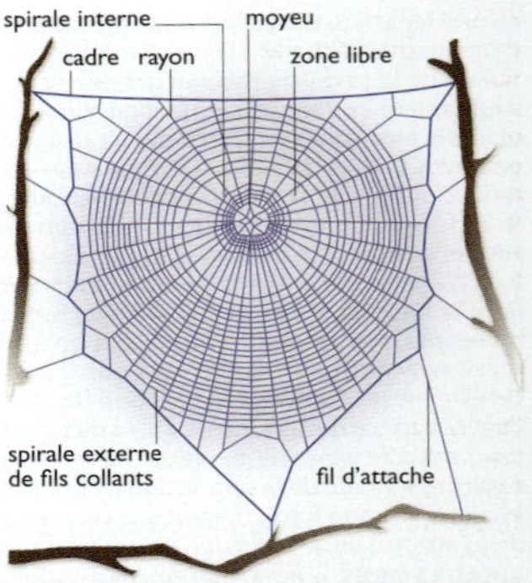

▲ **toile.** Organisation d'une toile d'araignée.

TMÈSE n.f. (du gr. *tmêsis*, coupure). STYL. Séparation de deux éléments d'un mot par l'intercalation de un ou plusieurs autres mots. (Ex. : lors *même* que *vous auriez raison.*)

TMS ou **T.M.S.** n.m. (sigle). Trouble musculo-squelettique*.

1. TNT ou **T. N. T.** n.m. (sigle). Trinitrotoluène.

2. TNT ou **T. N. T.** n.f. (sigle). Télévision numérique* terrestre.

TOAST [tost] n.m. (mot angl.). **1.** Tranche de pain grillée. **2.** Brève allocution invitant à boire à la santé de qqn, au succès d'une entreprise.

TOASTEUR n.m. (de *toast*). Grille-pain.

1. TOBOGGAN n.m. (mot angl., de l'algonquien). **1.** Traîneau bas, glissant sur deux patins. **2.** Glissière rectiligne, courbe ou hélicoïdale, pour acheminer des marchandises d'un niveau à un autre. **3.** Piste glissante utilisée comme jeu.

2. TOBOGGAN n.m. (nom déposé). Viaduc routier, souvent provisoire, destiné à établir une circulation à deux niveaux, et situé génér. à un carrefour.

TOBY n.m. Zancle.

TOC n.m. (onomat.). Fam. **1.** Imitation de métaux ou d'objets précieux ; pacotille. **2.** Fig. Ce qui est superficiel, mensonger.

TOC ou **T.O.C.** [tɔk] n.m. inv. (acronyme). Trouble obsessionnel compulsif.

TOCADE n.f. → **TOQUADE.**

TOCANTE n.f. → **TOQUANTE.**

1. TOCARD, E adj. (de *toc*). Fam. Qui est laid et sans valeur : *Bibelots tocards.*

2. TOCARD ou **TOQUARD** n.m. (de *1. tocard*). Fam. **1.** Cheval de course médiocre. **2.** Individu incapable.

TOCCATA n.f. (mot ital., de *toccare*, toucher). MUS. Pièce instrumentale de caractère brillant, composée génér. pour instruments à clavier (piano, orgue, clavecin).

✎ Pluriel savant : ***toccate.***

TOCOPHÉROL n.m. (du gr. *tokos*, enfantement, et *pherein*, transporter). BIOCHIM. Vitamine liposoluble, d'origine végétale, dont la carence provoque notamm. une anémie (SYN. **vitamine E**).

TOCSIN n.m. (anc. provenç. *tocassen*, de *tocar*, sonner, et *senh*, cloche). Tintement d'une cloche que l'on sonne à coups répétés pour donner l'alarme.

TOF adj. inv. Belgique. Fam. Super ; extra : *C'est tof ! Une tof fille.*

TOFU [tɔfu] n.m. (mot jap.). Pâte de suc de soja pochée ou grillée. ➲ Cuisine japonaise.

TOGE n.f. (lat. *toga*). **1.** ANTIQ. Manteau de laine, ample et long, qui était le vêtement d'apparat des Romains. **2.** Robe de magistrat, d'avocat, de professeur.

TOGOLAIS, E adj. et n. Du Togo ; de ses habitants.

TOHU-BOHU n.m. inv., ▲ *TOHUBOHU* n.m. (de l'hébr.). Fam. Grand désordre bruyant.

TOI pron. pers. (lat. *te*). Désigne la 2ᵉ pers. du sing. aux deux genres, en fonction de sujet pour renforcer *tu*, comme complément après une préposition ou un impératif, ou comme attribut : *Elle et toi pouvez le faire. Toi, tu en es capable. Fais-toi des relations.*

TOILAGE n.m. TEXT. Fond sur lequel se détache le dessin d'une dentelle.

TOILE n.f. (lat. *tela*). **1.** Tissu à armure croisée la plus simple : *Toile de lin.* **2.** Pièce de toile tendue sur un châssis et préparée, sur laquelle on peint ; tableau ainsi peint : *Une toile de Vieira da Silva.* **3.** Fam. Film, au cinéma : *Se faire une toile.* **4.** Voilure portée par un navire. ■ **La Toile,** le Web. ■ **Toile d'araignée,** réseau constitué par les fils de soie que sécrètent les araignées, qui constitue un piège pour les petits insectes. ■ **Toile de fond,** toile peinte garnissant le fond de la scène d'un théâtre ; fig., cadre dans lequel se déroulent des événements, une action.

TOILÉ, E adj. Garni de toile.

TOILERIE n.f. Fabrique, commerce des toiles.

TOILETTAGE n.m. Action de toiletter.

TOILETTE n.f. **1.** Action de laver, de coiffer, etc. ; ensemble des soins de propreté du corps : *Faire sa toilette, la toilette d'un bébé. Lait de toilette.* **2.** Action de nettoyer qqch, d'en rafraîchir l'aspect : *Faire la toilette de sa voiture.* **3.** Ensemble des vêtements et des accessoires portés par une femme : *Elle change souvent de toilette.* **4.** Vx ou litt. Meuble garni de divers objets destinés aux soins de propreté et de parure. ◆ **n.f. pl.** Lieu aménagé pour la satisfaction des besoins naturels. (En Belgique et au Québec, on dit *la toilette.*)

TOILETTER v.t. [3]. **1.** Apporter les soins nécessaires à l'entretien du pelage d'un animal (chien, chat). **2.** Fig., fam. Modifier légèrement qqch : *Toiletter la page d'accueil d'un site.*

TOILETTEUR, EUSE n. Professionnel qui effectue le toilettage des animaux.

TOISE n.f. (du lat. *tensa*, étendue). **1.** Règle verticale graduée, le long de laquelle glisse un curseur, pour mesurer la taille des personnes. **2.** Vx. Mesure française de longueur, qui valait 1,949 m.

TOISER v.t. [3]. **1.** Regarder avec dédain ou avec défi. **2.** Vx. Mesurer avec la toise.

TOISON n.f. (du lat. *tonsio, -onis*, tonte). **1.** Laine d'un mouton ; pelage abondant de certains autres animaux. **2.** Fam. Chevelure épaisse, abondante.

TOIT n.m. (lat. *tectum*). **1.** Ensemble formé de la charpente et de la couverture d'un bâtiment. **2.** Fig. Maison ; habitation : *Ils ont retrouvé un toit.* **3.** AUTOM. Élément de la carrosserie qui recouvre l'habitacle. **4.** MIN. Éponte située au-dessus du minerai (par oppos. à *mur*). ■ **Crier sur les toits,** annoncer partout. ■ **Le toit du monde,** l'Everest, l'Himalaya ou le Tibet. ■ **Sous toit** [Suisse], se dit d'une loi, d'un projet, d'un budget qui ont été discutés en détail : *Le projet n'est pas encore sous toit.* ■ **Toit ouvrant** [autom.], partie coulissante, transparente ou non, d'un pavillon de voiture automobile fermée, permettant une ouverture partielle.

TOITURE n.f. Ensemble des toits et des couvertures d'un édifice.

TOITURE-TERRASSE n.f. (pl. *toitures-terrasses*). Toiture, accessible ou non, dont la pente est inférieure à 15 %, génér. composée d'une dalle de béton isolée et étanchée, munie d'un système d'évacuation des eaux pluviales.

TOKAJ [tɔkaj] ou **TOKAY** [tɔkɛ] n.m. (de *Tokaj*, n.pr.). Vin liquoreux jaune doré, produit en Hongrie.

TOKAMAK n.m. (acronyme russe). PHYS. NUCL. Machine à confinement magnétique stationnaire, permettant de créer des plasmas à haute énergie et d'étudier la fusion thermonucléaire.

TOKAY [tɔkɛ] n.m. (de *Tokay*, n.pr.). **1.** Tokaj. **2.** Ancienne appellation du pinot gris d'Alsace.

TOKHARIEN n.m. (du gr. *Tokharoi*, n. d'un peuple d'Asie centrale). Langue indo-européenne parlée en Asie centrale entre le ve et le xe siècle.

TOKYOTE ou **TOKYOÏTE** adj. et n. De Tokyo.

TÔLARD, E ou **TAULARD, E** n. Arg. Détenu ; prisonnier.

1. TÔLE n.f. (forme dial. de *table*). Produit sidérurgique plat, laminé soit à chaud, soit à froid, à surface génér. lisse.

2. TÔLE ou **TAULE** n.f. Arg. Prison.

TÔLÉE adj.f. Se dit de la neige qui a fondu puis regelé, et dont la surface ondulée est dangereuse pour les skieurs.

TOLÉRABLE adj. Que l'on peut tolérer.

TOLÉRANCE n.f. (lat. *tolerantia*). **1.** Acceptation de pratiques ou d'opinions que l'on ne partage pas, voire que l'on réprouve. **2.** Liberté limitée au regard d'une règle, d'une norme : *Tolérances grammaticales et orthographiques.* **3.** Diminution de l'effet d'une substance sur l'organisme, obligeant à augmenter les doses prises, au cours de certaines toxicomanies. **4.** MÉD. Propriété que possède parfois l'organisme de supporter la présence d'une substance étrangère. **5.** TECHN. Écart acceptable sur certaines grandeurs (dimensions, masse, fréquence, etc.) relatives à des fabrications mécaniques, à des composants électroniques, etc. ■ **Maison de tolérance** [anc.], établissement de prostitution. ■ **Tolérance (immunitaire)** [méd.], absence de réaction immunitaire d'un organisme vis-à-vis d'un ou de plusieurs antigènes, normale ou provoquée en vue d'une greffe.

TOLÉRANT, E adj. Qui fait preuve de tolérance envers autrui.

TOLÉRER v.t. [11], ▲ *[11*]* (lat. *tolerare*). **1.** Admettre à contrecœur la présence de qqn : *On se demande comment ils le tolèrent dans leur groupe* ; supporter qqch de désagréable : *Elle tolère encore sa paresse.* **2.** Ne pas interdire ou sanctionner ; permettre : *Tolérer une rave sur ses terres.* **3.** PHYSIOL. Supporter qqch sans réaction pathologique : *Tolérer un médicament.*

TÔLERIE n.f. **1.** Fabrication et mise en œuvre de la tôle. **2.** Fabrique, atelier de travail des tôles ; ensemble des articles en tôle.

TOLET n.m. (de l'anc. scand. *thollr*, poutre). MAR. Cheville métallique fixée sur le plat-bord d'une embarcation, servant à maintenir un aviron.

1. TÔLIER n.m. Personne qui effectue des travaux de tôlerie.

2. TÔLIER, ÈRE ou **TAULIER, ÈRE** n. Fam. **1.** Propriétaire, gérant d'un hôtel. **2.** Patron d'une entreprise.

TOLITE n.f. Explosif formé par un dérivé nitré du toluène.

TOLLÉ n.m. (de l'anc. fr. *tolez*, enlève !, lat. *tolle*). Clameur d'indignation ; vive protestation collective.

TOLU n.m. (de *Tolú*, comm. de Colombie). ■ **Baume de Tolu,** gomme médicinale produite par un arbre d'Amérique du Sud.

TOLUÈNE n.m. Hydrocarbure aromatique liquide ($C_6H_5CH_3$), moins toxique que le benzène, employé comme solvant et détachant, ainsi que dans la préparation de colorants, de médicaments et du TNT.

TOLUIDINE n.f. Aniline dérivée du toluène.

TOM n.m. (d'une langue de l'Inde). MUS. Tambour d'une batterie, génér. au nombre de trois, dont le fût est plus haut que celui de la caisse claire.

TOM ou **T.O.M.** [tɔm] n.m. (acronyme). Territoire d'outre-mer.

TOMAHAWK [tɔmaok] n.m. (de l'algonquien). Hache de guerre des Indiens d'Amérique du Nord.

TOMAISON n.f. IMPRIM. Indication du numéro du tome d'un ouvrage composé de plusieurs volumes.

TOMAN n.m. NUMISM. Monnaie d'or frappée en Iran à partir du XVIe s.

TOMATE n.f. (mot esp., du nahuatl). **1.** Plante herbacée annuelle, originaire des Andes et d'Amérique centrale, dont la culture est très répandue et dont le fruit charnu est consommé sous des formes très variées. ➲ Famille des solanacées. **2.** Fruit de cette plante, de couleur rouge à jaune, de taille et de forme variées. **3.** Fam. Pastis additionné de sirop de grenadine. ■ **Tomate cerise,** variété de tomate de très petite dimension. ◆ **adj. inv.** De la couleur de la tomate.

TOMBAC n.m. (du malais). Laiton contenant de 80 à 83 % de cuivre et de 17 à 20 % de zinc, cour. utilisé en bijouterie.

TOMBAL, E, ALS ou **AUX** adj. Relatif à la tombe : *Pierre tombale.*

TOMBANT, E adj. **1.** Qui s'affaisse : *Épaules tombantes.* **2.** Qui pend : *Cheveux tombants.* ■ **À la nuit tombante,** au crépuscule.

TOMBE n.f. (du gr. *tumbos*, tumulus). Endroit où un mort est enterré ; fosse recouverte d'une dalle de pierre, de marbre, etc. ■ **Avoir un pied dans la tombe,** être près de mourir. ■ **Être muet comme une tombe,** garder scrupuleusement les secrets. ■ **Se retourner dans sa tombe** [fam.], se dit d'un mort que l'on imagine bouleversé par ce qui vient d'être dit ou fait.

TOMBÉ n.m. **1.** Contact des épaules avec le sol, à la lutte. **2.** Façon dont une draperie, un vêtement tombent.

TOMBEAU n.m. **1.** Monument élevé sur la tombe d'un mort. **2.** Litt. Lieu ou circonstance où qqn, qqch a péri, disparu : *Cet échec fut le tombeau de leurs espoirs.* ■ **À tombeau ouvert,** à toute allure, en risquant un accident mortel. ■ **Mise au tombeau** [icon.], scène de l'ensevelissement du Christ.

TOMBÉE n.f. **1.** Litt. ou Suisse. Chute de quelques gouttes de pluie ou de neige. **2.** Suisse. Petite quantité de liquide versé. ■ **À la tombée de la nuit** ou **du jour,** au moment où la nuit arrive.

TOMBELLE n.f. ARCHÉOL. Tombe recouverte d'une petite éminence de terre.

1. TOMBER v.i. [3] (auxil. *être*) [lat. pop. *tumbare*]. **1.** Perdre l'équilibre et faire une chute : *Trébucher et tomber de tout son long.* **2.** Être entraîné par son propre poids d'un lieu haut vers un lieu bas : *L'avion tombe en chute libre.* **3.** S'affaisser sous son propre poids ; s'écrouler : *Le donjon est tombé.* **4.** Se détacher d'un organe, d'un support : *Les feuilles tombent.* **5.** Descendre vers le sol, en parlant des précipitations atmosphériques : *La neige tombe.* **6.** Être attaché, fixé par une extrémité et pendre librement : *Ses cheveux tombent sur ses épaules.* **7.** Ne plus avoir la force de se tenir debout : *Tomber de fatigue, de sommeil.* **8.** Être tué dans un combat, à la guerre ; mourir : *Tomber au front.* **9.** Perdre le pouvoir ; être renversé : *Le dictateur est tombé.* **10.** Fam. Être arrêté, en parlant d'un malfaiteur. **11.** Perdre de sa force, de son intensité : *La fièvre est tombée.* **12.** Fig. Cesser de faire obstacle ; disparaître : *Les dernières réticences sont tombées.* **13.** Passer d'un état favorable à un état défavorable ; sombrer : *Ce film est tombé dans l'oubli. Ils sont tombés dans la misère.* **14.** Se laisser entraîner dans une situation fâcheuse : *Tomber dans un piège, dans les excès.* **15.** Arriver à l'improviste : *Tu tombes au mauvais moment* ; survenir à telle date : *Le 1er mai tombe un lundi.* **16.** (Suivi d'un attribut). Devenir soudainement : *Tomber malade, amoureux.* **17.** (SUR). Être orienté sur : *La conversation est vite tombée sur la politique.* **18.** (SUR). Atteindre ou découvrir par hasard : *Le sort est tombé sur lui. Tomber sur un manuscrit.* ■ **Ce livre me, lui tombe des mains,** je, il le trouve ennuyeux, mauvais, etc. ■ **Être tombé dans qqch (quand on était petit)** [fam.], être né dans une famille, un environnement qui pratiquaient telle activité : *Il est tombé dans l'art à sa naissance.* ■ **Laisser tomber qqn, qqch** [fam.], ne plus s'en occuper ; ne plus s'y intéresser.

▲ tomates

■ **Les bras m'en tombent,** j'en suis stupéfait. ■ **Tomber à glace** [cuis.], réduire une sauce jusqu'à ce qu'elle devienne sirupeuse. ■ **Tomber aux pieds de qqn,** le supplier. ■ **Tomber bien, mal,** arriver à propos, mal à propos. ■ **Tomber de l'armoire** ou **de sa chaise,** fam., être stupéfait : *Quand j'ai appris la nouvelle, j'en suis tombé de l'armoire.* ■ **Tomber sur qqn,** le rencontrer à l'improviste ; le critiquer violemment. ■ **Vêtement qui tombe bien,** qui suit une ligne souple, harmonieuse. ◆ **v.t.** (auxil. *avoir*). Fam. **1.** Jeter à terre : *Tomber un adversaire.* **2.** Vaincre : *Tomber le favori.* **3.** Fam. Séduire qqn, faire sa conquête. ■ **Tomber la veste,** la retirer.

2. TOMBER n.m. Litt. Tombée : *Au tomber du jour.*

TOMBEREAU n.m. **1.** Caisse montée sur deux roues, servant à transporter des matériaux et que l'on décharge en la faisant basculer ; son contenu. **2.** Fig. Grande quantité de : *Des tombereaux d'injures.* **3. MIN., TRAV. PUBL.** Recomm. off. pour **dumper.** ■ **Wagon tombereau,** ou **tombereau,** wagon à hauts bords, munis de portes latérales, pour le transport de marchandises en vrac.

TOMBEUR, EUSE n. Fam. Personne qui l'emporte sur le tenant du titre. ◆ **n.m.** Fam. Séducteur ; don Juan.

TOMBOLA n.f. (mot ital. « culbute »). Loterie où chaque gagnant reçoit un lot en nature.

TOMBOLO n.m. (mot ital.). **GÉOMORPH.** Flèche littorale simple, double ou triple formant un isthme à l'intérieur duquel subsistent des lagunes.

1. TOME n.m. (du gr. *tomos*, portion). Division d'un ouvrage, qui correspond le plus souvent à un volume complet.

2. TOME n.f. → **TOMME.**

TOMENTEUX, EUSE adj. (du lat. *tomentum*, bourre). **BOT.** Qui a l'aspect du duvet.

TOMME ou **TOME** n.f. (anc. dauphinois *toma*). **1.** Caillé obtenu dans la fabrication du cantal, après avoir soutiré le sérum. **2.** Nom générique de divers fromages au lait de chèvre ou de vache à pâte molle *(tomme de Romans)*, persillée *(tomme de Brach)* ou pressée non cuite *(tomme de Savoie)*.

TOMMETTE ou **TOMETTE** n.f. (de l'anc. dauphinois *toma*, tome). Petit carreau de terre cuite, souvent de teinte rouge vif et de forme hexagonale, pour le dallage des sols.

TOMMY [tɔmi] **n.m.** (pl. *tommys* ou *tommies*) [mot angl.]. Fam. Surnom donné aux soldats anglais depuis la Première Guerre mondiale.

TOMODENSITOMÈTRE n.m. **IMAG. MÉD.** Scanner.

TOMODENSITOMÉTRIE n.f. **IMAG. MÉD.** Scanographie.

TOMOGRAPHIE n.f. (du gr. *tomê*, section, et *graphein*, décrire). Tout procédé d'imagerie médicale qui permet d'obtenir des vues d'un organe selon des plans de coupe déterminés. ■ **Tomographie par émission (de positrons),** technique d'imagerie médicale consistant à injecter une substance radioactive, émettrice surtout de positrons, à recueillir les rayonnements par un capteur externe et à reconstruire par ordinateur une image en coupe de l'organe. ■ **Tomographie sismique** [géophys.], technique d'imagerie qui permet d'obtenir, à partir de l'enregistrement et du traitement des ondes sismiques, une image tridimensionnelle des profondeurs de la Terre.

TOMOGRAPHIQUE adj. Relatif à la tomographie.

1. TON, TA adj. poss. (pl. *tes*) [lat. *tuum*]. Représente un possesseur de la 2ᵉ pers. du sing., pour indiquer un rapport d'appartenance, un rapport d'ordre affectif ou social : *Comment s'intitule ton jeu vidéo ? Pose tes questions. Je connais ta directrice.*

> ✎ *Ton* s'emploie pour *ta* devant un nom fém. commençant par une voyelle ou un *h* muet : *Ton arrivée. Ton histoire.*

2. TON n.m. (gr. *tonos*). **1.** Qualité sonore d'une voix liée à sa hauteur, à son timbre, à son intensité, etc. ; intonation : *Un ton monocorde.* **2.** Manière de parler significative d'un état d'esprit : *Il a pris un ton gentil pour nous le dire.* **3.** Manière particulière de s'exprimer par écrit ; style : *Le ton sec d'un courriel.* **4.** Manière de s'exprimer, de se comporter propre à un milieu : *Le ton des petits-maîtres.* **5. PHON.** Niveau de hauteur ou variation mélodique propre à une syllabe, assumant dans certaines langues (chinois, vietnamien, etc.) une fonction distinctive analogue à celle du phonème. **6. MUS.** Tonalité. **7. MUS.** Intervalle entre deux notes conjointes correspondant à une seconde majeure : *Monter d'un ton.* **8. PEINT.** Couleur considérée du point de vue de son degré de clarté (valeur) et de son degré de saturation. ■ **De bon ton,** en accord avec les conventions d'un milieu jugé éclairé. ■ **Donner le ton,** servir de modèle : *Elle donne le ton de l'élégance.* ■ **Ton local,** couleur propre d'un objet qu'un peintre représente. ■ **Ton rompu,** teinte.

3. TON [tɔn] n.f. (mot angl.). Unité anglo-saxonne (symb. t ou ton) de masse. ➲ La ton anglaise (*long ton* aux États-Unis) vaut 1 016,05 kg ; la ton américaine, ou *short ton*, 907,185 kg.

TONAL, E, ALS adj. **MUS.** Relatif à un ton, à une tonalité.

TONALITÉ n.f. **1. MUS.** Ensemble des relations entre les degrés hiérarchisés d'une échelle de sons ou d'une gamme, par rapport à la tonique (SYN. **2. ton**). **2. PEINT.** Couleur dominante, ambiance chromatique d'une peinture, d'un tableau. **3.** Fig. Impression d'ensemble qui se dégage de qqch : *Les JT gardent une tonalité optimiste.* **4.** Signal sonore transmis par un réseau téléphonique pour indiquer l'état des opérations de commutation. ➲ Continu, il indique que la ligne du correspondant est libre ; discontinu, qu'elle est occupée. **5. ÉLECTROACOUST.** Zone de fréquence, qui peut être renforcée ou diminuée par des réglages appropriés, sur les appareils qui reçoivent un signal électrique représentant un signal sonore.

TONDAISON n.f. Tonte.

TONDEUR, EUSE n. Personne qui tond les animaux, les étoffes.

TONDEUSE n.f. **1.** Appareil servant à la coupe mécanique du gazon. **2.** Appareil pour tondre les animaux. **3.** Instrument à main permettant de couper ras les cheveux, le poil d'un animal. **4.** Machine servant à tondre les étoffes de laine et, parfois, les tissus de coton.

TONDRE v.t. [59] (lat. *tondere*). **1.** Couper à ras la laine d'un animal, les poils d'une étoffe : *Tondre un mouton, du drap.* **2.** Couper les cheveux de qqn, le poil d'un animal à ras avec une tondeuse. **3.** Couper l'herbe très près du sol. ■ **Il tondrait un œuf** [fam.], il est d'une avarice sordide. ■ **Tondre la laine sur le dos de qqn** [fam.], l'exploiter.

TONDU, E adj. et n. Dont on a coupé le poil, les cheveux. ■ **Le Petit Tondu** [fam.], surnom donné par ses soldats à Napoléon Iᵉʳ. ◆ **adj.** Dont on a coupé l'herbe à ras : *Gazon tondu.*

TONER [tɔnɛr] **n.m.** (mot angl.). Encre pulvérulente utilisée notamm. dans les photocopieuses.

TONG [tɔ̃g] **n.f.** (anglo-amér. *thong*). Sandale de plage en plastique léger, formée d'une semelle et d'une bride en V que l'on passe entre les deux premiers orteils ; sandale de ville en cuir sur le même modèle.

TONICARDIAQUE adj. et n.m. Cardiotonique.

TONICITÉ n.f. **1.** Caractère de ce qui est tonique : *La tonicité de l'air marin.* **2. PHYSIOL.** Propriété qu'ont les muscles de posséder un tonus.

TONIE n.f. Hauteur perçue d'un son.

TONIFIANT, E adj. Qui tonifie ; tonique.

TONIFIER v.t. [5]. Donner de la vigueur physique ou morale à ; vivifier.

1. TONIQUE adj. (de 2. *ton*). **PHON.** Qui reçoit le ton ou l'accent. ■ **Accent tonique,** accent d'intensité qui tombe sur une syllabe. ◆ **n.f. MUS.** Note située au premier degré d'une gamme diatonique.

2. TONIQUE adj. **1. PHYSIOL.** Relatif au tonus. **2.** Qui a du tonus ; énergique : *Enfant très tonique.* **3.** Qui a un effet stimulant ; tonifiant : *Une lecture tonique.* ◆ **adj.** et **n.m. 1.** Se dit d'un médicament qui stimule l'activité d'un organe ou de l'organisme. **2.** Se dit d'une lotion légèrement astringente destinée à raffermir la peau.

TONITRUANT, E adj. Retentissant : *Une voix tonitruante.*

TONITRUER v.i. [3] (du lat. *tonitrus*, tonnerre). Parler d'une voix retentissante ; tonner : *« Nous refusons ! » tonitrua l'orateur.*

TONKA n.f. (mot guyanais). Arbre d'Amérique tropicale, dont la graine aromatique est utilisée en parfumerie. ➲ Sous-famille des papilionacées.

TONLIEU n.m. (pl. *tonlieux*) [du gr. *telônês*, percepteur d'impôts]. Au Moyen Âge, droit perçu sur la circulation des marchandises et sur les transactions.

TONNAGE n.m. **1.** Quantité de marchandises exprimée en tonnes. **2. MAR.** Jauge.

TONNANT, E adj. Qui tonne ; retentissant : *Voix tonnante.*

TONNE n.f. (du gaul.). **1.** Unité de masse (symb. t) valant 1 000 kilogrammes. **2.** Tonneau de grandes dimensions. **3.** Fam. Énorme quantité : *J'ai une tonne de papiers à classer.* ■ **Tonne d'équivalent charbon (tec), d'équivalent pétrole (tep),** grandeurs utilisées pour exprimer et comparer des énergies de sources différentes et égales à l'énergie moyenne dégagée par la combustion d'une tonne de charbon ou de pétrole (1 tep = 1,5 tec = 42 GJ = 11 628 kWh). ■ **Tonne kilomètre,** unité de calcul du prix des transports par voie ferrée, équivalant au prix du transport d'une tonne de marchandises sur un kilomètre.

TONNEAU n.m. (de *tonne*). **1.** Récipient en bois formé de douelles assemblées retenues par des cercles, et ayant deux fonds plats ; son contenu. **2.** Culbute d'un véhicule qui fait un tour complet sur lui-même. **3. AÉRON.** Figure de voltige aérienne, au cours de laquelle l'avion tourne autour de son axe longitudinal. **4.** Ancienne unité internationale de volume pour le jaugeage des navires, équivalant à 2,83 m³. ■ **Du même tonneau** [fam.], du même acabit. ■ **Tonneau d'affrètement,** quantité d'une marchandise déterminée, qui, selon le pays de destination, permet de fixer le prix du transport. ■ **Tonneau des Danaïdes,** tâche, dépense interminable.

TONNELAGE n.m. ■ **Marchandises de tonnelage,** que l'on met en tonneaux.

TONNELET n.m. Petit tonneau.

TONNELIER n.m. Ouvrier qui fabrique ou répare des tonneaux.

TONNELLE n.f. Petite construction de treillage en forme de voûte, couverte de végétation.

TONNELLERIE n.f. Métier, commerce, atelier du tonnelier ; ensemble des objets qu'il fabrique.

TONNER v. impers. [3] (lat. *tonare*). Faire du bruit, en parlant du tonnerre. ◆ **v.i. 1.** Produire un bruit semblable à celui du tonnerre : *Le canon tonne.* **2.** Parler avec véhémence contre qqn, qqch ; fulminer : *Tonner contre l'injustice.*

TONNERRE n.m. (lat. *tonitrus*). **1. MÉTÉOROL.** Onde acoustique caractérisée par un bruit sec ou un roulement sourd, accompagnant l'éclair, et due à la dilatation brusque de l'air réchauffé au voisinage de l'éclair. **2.** Vx ou litt. La foudre. **3.** Grand bruit qui éclate d'un coup ; tempête : *Un tonnerre d'applaudissements.* ■ **Coup de tonnerre,** événement imprévu et brutal. ■ **Du tonnerre** [fam.], extraordinaire. ◆ **interj.** ■ **Tonnerre (de Dieu) !,** juron exprimant la fureur.

TONOLOGIE n.f. **PHON.** Étude des tons.

TONOMÉTRIE n.f. (du gr. *tonos*, tension). **1. PHYS.** Détermination de la masse moléculaire d'une substance par mesure de l'abaissement de la pression de vapeur d'une solution diluée de cette substance. **2. MÉD.** Mesure de la pression intraoculaire.

TONSURE n.f. (lat. *tonsura*). Espace rasé circulaire au sommet du crâne, marquant, avant Vatican II, l'appartenance d'un homme au clergé.

TONSURÉ adj.m. et n.m. Qui a reçu la tonsure.

TONSURER v.t. [3]. Conférer la tonsure à.

TONTE n.f. **1.** Action de tondre les moutons, le gazon. **2.** Laine, herbe que l'on retire en tondant. **3.** Époque de la tonte (SYN. **tondaison**).

TONTINE n.f. (de L. *Tonti*, banquier ital.). **1.** Groupe d'épargnants au sein duquel la part des associés qui meurent est répartie entre les survivants. **2.** Pacte selon lequel un bien acquis par plusieurs personnes, qui en jouissent leur vie durant, devient la propriété du dernier survivant. **3.** Dans certaines communautés, notamm. en Afrique et en Asie, coutume qui consiste à verser régulièrement une somme d'argent à un fonds que chaque donateur peut utiliser à tour de rôle. **4. HORTIC.** Paillon au moyen duquel on maintient une motte de terre autour des racines d'une plante que l'on doit transplanter.

TONTINER v.t. [3]. HORTIC. Garnir d'une tontine.

TONTON n.m. **1.** Oncle, dans le langage enfantin. **2.** Afrique. Oncle, ami du père ou tout homme de la même génération que le père, dans le langage affectif.

1. TONTURE n.f. Action de tondre les draps ; le poil ainsi tondu.

2. TONTURE n.f. MAR. Courbure longitudinale donnée au pont d'un navire dont les extrémités sont relevées à l'avant et à l'arrière.

TONUS [-nys] **n.m.** (mot lat.). Vigueur physique ou morale ; énergie : *Manquer de tonus.* ▪ **Tonus (musculaire)** [physiol.], contraction partielle et permanente des muscles.

1. TOP n.m. (onomat.). Signal sonore bref pour indiquer à un auditeur le moment précis de qqch.

2. TOP n.m. (mot angl. « sommet »). Haut féminin, génér. léger. ▪ **Le top** [fam.], ce qui existe de mieux dans un domaine : *Le top de la téléphonie.*

3. TOP n.m. (abrév.). Fam. Top-modèle.

TOPAZE n.f. (lat. *topazus*, du gr.). MINÉRALOG. Silicate fluoré d'aluminium, dont la variété jaune orangé est utilisée comme pierre fine. ▪ **Fausse topaze,** citrine.

TOP-CASE [-kɛz] **n.m.** (pl. *top-cases*) [mot angl.]. Mallette placée sur le porte-bagages d'un deux-roues motorisé.

TOPER v.i. [3] (onomat.). Se taper mutuellement dans la main, en signe d'accord. ▪ **Tope (là) !,** marché conclu.

TOPETTE n.f. (mot picard). Vieilli ou Suisse. Petite bouteille ; fiole.

TOPHACÉ, E adj. Relatif au tophus.

TOPHUS [-fys] **n.m.** (mot lat. « tuf »). MÉD. Dépôt d'urates de sodium et de calcium, qui se forme autour des articulations et sur le bord du pavillon de l'oreille en cas de goutte non traitée.

TOPIAIRE adj. et n.f. (du lat. *topiarius*, jardinier). Se dit de l'art de tailler les arbres et les arbustes selon des formes variées.

TOPINAMBOUR n.m. (du n. d'un peuple du Brésil). Hélianthe originaire d'Amérique du Nord, cultivé pour ses tubercules alimentaires, qui rappellent les pommes de terre. ➲ Famille des composées.

▲topinambour

1. TOPIQUE adj. et n.m. (gr. *topikos*). PHARM. Se dit d'un médicament qui agit à l'endroit où il est appliqué.

2. TOPIQUE n.f. PSYCHAN. Mode théorique de représentation du fonctionnement psychique comme un appareil ayant une disposition spatiale. ➲ Freud a proposé une première topique en 1900, dont les instances sont l'inconscient, le conscient et le préconscient, puis, en 1920, une seconde, non superposable à la première, qui distingue le ça, le surmoi et le moi.

TOPLESS adj. (mot anglo-amér.). Qui a les seins nus : *Danseuse topless.* ◆ **n.m.** Pour une femme, pratique consistant à ne porter que le bas du maillot de bain.

TOP-MODÈLE ou **TOP MODEL** n.m. (pl. *top-modèles, top models*). Mannequin de haute couture de renommée internationale. Abrév. (fam.) **top.**

TOP NIVEAU n.m. (pl. *top niveaux*) [de l'angl. *top*, le plus haut, et de *niveau*]. Fam. Niveau le plus élevé ; sommet : *Le top niveau de sa spécialité.*

TOPO n.m. (abrév. de *topographie*). Fam. Discours ; exposé. ▪ **C'est toujours le même topo** [fam.], le même refrain.

TOPOGRAPHE n. Spécialiste de topographie.

TOPOGRAPHIE n.f. (du gr. *topographia*, description d'un lieu). **1.** Technique de représentation sur un plan des formes d'un terrain avec ses détails naturels ou artificiels. **2.** Disposition, relief d'un lieu.

TOPOGRAPHIQUE adj. Relatif à la topographie.

TOPOGRAPHIQUEMENT adv. Du point de vue de la topographie.

TOPOGUIDE ou **TOPO-GUIDE** n.m. (pl. *topoguides*). Guide destiné aux randonneurs, avec des itinéraires portés sur des cartes.

TOPOLOGIE n.f. (du gr. *topos*, lieu). Branche des mathématiques née de l'étude des propriétés géométriques se conservant par déformation continue.

TOPOLOGIQUE adj. Relatif à la topologie.

TOPOMÉTRIE n.f. Ensemble des opérations effectuées sur le terrain pour la détermination métrique des éléments d'une carte.

TOPONYME n.m. LING. Nom de lieu.

TOPONYMIE n.f. (du gr. *topos*, lieu, et *onoma*, nom). LING. **1.** Étude des noms de lieux. **2.** Ensemble de noms de lieux d'une région, d'une langue.

TOPONYMIQUE adj. Relatif à la toponymie.

TOPOS [tɔpɔs] **n.m.** (mot gr. « lieu »). LITTÉR. Situation ou thème récurrents faisant, d'une œuvre à l'autre, l'objet d'un traitement original ou stéréotypé : *Le topos de la première rencontre.*

TOP SECRET adj. inv. (mots angl.). Strictement confidentiel : *Des informations top secret.*

TOQUADE ou **TOCADE** n.f. Fam. Goût vif et passager pour qqn, qqch ; engouement.

TOQUANTE ou **TOCANTE** n.f. Arg. Montre.

TOQUARD n.m. → **2. TOCARD.**

TOQUE n.f. (orig. obsc.). **1.** Coiffure sans bords, de forme cylindrique. **2.** Chef cuisinier, dans un restaurant : *Une célèbre toque.*

TOQUÉ, E adj. et n. Fam. Un peu fou. ▪ **Toqué de** [fam.], passionné de qqch ; amoureux de qqn.

TOQUER v.i. [3] (À). **1.** Vieilli ou région. Frapper à qqch : *Toquer à la porte.* **2.** Belgique. Fig. Chauffer intensément, en parlant du soleil ; taper : *Le soleil toque fort. Ça toque aujourd'hui.*

SE TOQUER v.pr. [3] (DE). Fam. Avoir un engouement vif et soudain pour.

TORAILLER v.i. [3] (du lat. *torrere*, brûler). Suisse. Fumer du tabac à l'excès.

TORANA n.m. (mot sanskr.). Arc, portique décoré précédant le stupa.

TORBALL [-bal] **n.m.** (de l'all. *Tor*, but, et *Ball*, ballon). Jeu pour non-voyants qui se joue avec un ballon sonore (rempli de grenaille de fer).

TORCHE n.f. (du lat. *torques*, guirlande). **1.** Flambeau formé d'une corde tordue enduite de cire ou de résine, ou d'un bâton résineux enduit de cire. **2.** PÉTROLE. Installation de brûlage, à l'atmosphère, de sous-produits gazeux (SYN. **torchère**). **3.** Bouchon de paille que l'on place entre les pierres de taille pour en préserver les arêtes, lors de leur maniement. ▪ **Parachute en torche,** dont la voilure ne s'est pas déployée complètement et ne peut, de ce fait, ralentir la chute. ▪ **Torche électrique,** lampe de poche de forte puissance.

TORCHER v.t. [3]. **1.** Fam. Exécuter à la hâte et mal ; bâcler : *Torcher un compte rendu.* **2.** Région. (Est). Essuyer avec un linge, du papier, etc., pour nettoyer.

TORCHÈRE n.f. **1.** Grand candélabre montant du sol, dérivé du guéridon porteur de luminaire des XVIIe et XVIIIe s. **2.** PÉTROLE. Torche. ▪ **Lampe torchère,** ou **torchère** [Québec], lampadaire d'appartement dont le flux lumineux est dirigé vers le haut.

TORCHIS n.m. Matériau de construction composé de terre grasse et de paille hachée, utilisé comme remplissage d'une structure en bois.

TORCHON n.m. (de *torche*). **1.** Rectangle de toile que l'on utilise pour essuyer la vaisselle. **2.** Belgique, Québec. Serpillière. **3.** Fam. Texte écrit sans soin, mal présenté ; journal méprisable. ▪ **Coup de torchon** [fam.], bagarre ; épuration radicale. ▪ **Le torchon brûle,** il y a désaccord ou mésentente entre des personnes.

TORCHONNER v.t. [3]. Fam. Bâcler.

TORCOL n.m. (de *tordre* et *col*). Oiseau grimpeur de l'Eurasie et du nord de l'Afrique, à cou très souple, voisin du pic mais au bec court, qui se nourrit de fourmis. ➲ Famille des picidés.

TORDAGE n.m. Action de tordre en corde des fils textiles.

TORDANT, E adj. Fam. Très drôle ; désopilant.

TORD-BOYAUX n.m. inv., ▲ *TORD-BOYAU n.m.* (pl. *tord-boyaux*). Fam. Eau-de-vie très forte ou de mauvaise qualité.

TORDEUR n.m. TEXT. Dispositif donnant une torsion au fil qui le traverse.

TORDEUSE n.f. Petit papillon dont la chenille roule les feuilles en cornet en les liant avec des fils de soie, pour y vivre et s'en nourrir. ➲ Famille des tortricidés.

TORD-NEZ n.m. inv. AGRIC. Instrument de contention composé d'un manche de bois terminé par une boucle de corde ou de cuir, utilisé pour pincer fortement le bout du nez d'un cheval que l'on soigne.

TORDOIR n.m. Bâton ou garrot servant à tordre, à serrer une corde.

TORDRE v.t. [59] (lat. *torquere*). **1.** Déformer en pliant, en courbant, en tournant sur soi-même : *Le choc a tordu la roue du vélo. Tordre ses cheveux en chignon.* **2.** Tourner plus ou moins violemment un membre, une partie du corps : *Il m'a tordu le poignet.* **3.** Donner la sensation d'une crispation au niveau d'un organe : *La peur lui tord l'estomac.* ▪ **Tordre le cou** [fam.], réduire à néant : *Tordre le cou à la rumeur.* ◆ **SE TORDRE** v.pr. **1.** Plier son corps sous l'effet de la douleur : *Un malade qui se tord sur son lit.* **2.** Se faire une entorse : *Se tordre la cheville.* **3.** Se courber ; se déformer. ▪ **Se tordre (de rire)** [fam.], rire sans retenue : *Sa tenue était à se tordre.*

TORDU, E adj. et n. Fam. Un peu fou, extravagant : *Un esprit tordu.* ◆ **adj.** ▪ **Coup tordu** [fam.], acte malveillant.

TORE n.m. (lat. *torus*). **1.** ARCHIT. Grosse moulure pleine, de profil arrondi. **2.** MATH. Surface de révolution engendrée par un cercle tournant autour d'une droite située dans son plan et ne passant pas par son centre ; solide limité par cette surface.

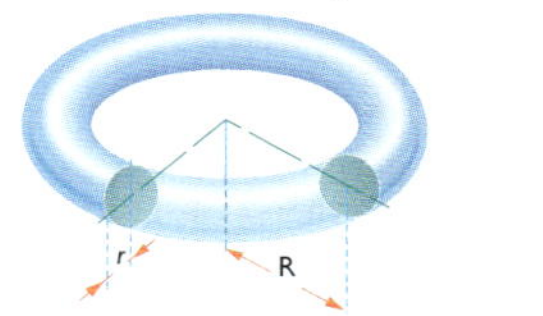

r : rayon du cercle, section de tore
R : rayon du cercle de révolution
A : aire
$A = 4\pi^2 \times r \times R$
V : volume
$V = 2\pi^2 \times r^2 \times R$

▲tore

TORÉADOR n.m. (esp. *toreador*). Vieilli. Torero.

TORÉER v.i. [8] (esp. *torear*). Pratiquer la tauromachie.

TORERO, RA [-re-] ou **TORÉRO, RA** n. (esp. *torero*). **1.** Personne qui combat les taureaux dans l'arène. **2.** Spécial., abusif. Matador.

TOREUTIQUE n.f. (gr. *toreutikê*). Art du ciselage et de la sculpture en métal, ou de la sculpture chryséléphantine.

TORGNOLE n.f. (anc. fr. *tourniole*, de *tourner*). Fam., vieilli. Gifle violente.

TORIES n.m. pl. → **TORY.**

TORII n.m. inv., ▲ *n.m.* (mot jap.). Portique précédant l'entrée des temples shintoïstes, au Japon.

TORIL [-ril] **n.m.** (mot esp.). Local attenant à l'arène, où l'on tient les taureaux enfermés avant la course.

TORIQUE adj. MATH. Qui a la forme d'un tore.

TORNADE n.f. (esp. *tornado*). Perturbation atmosphérique tourbillonnaire de grande intensité, mais de dimension limitée, accompagnée de vents violents. (→ **trombe**).

TOROÏDAL, E, AUX adj. MATH. En forme de tore.

TORON n.m. (de *tore*). Assemblage de plusieurs gros fils tordus ensemble.

TORONNEUSE n.f. Machine qui tord les torons.

TORPÉDO n.f. (de l'esp. *torpedo*, torpille). Anc. Carrosserie ouverte munie d'une capote en toile repliable ; automobile ainsi conçue.

TORPEUR n.f. (lat. *torpor*, de *torpere*, être engourdi). **1.** État de qqn chez qui l'activité psychique et physique est réduite ; engourdissement : *La sonnerie l'a tiré de sa torpeur.* **2.** Fig. Ralentissement général des activités ; somnolence : *La torpeur d'une ville sous la canicule.*

TORPIDE adj. **1.** Litt. Qui provoque la torpeur : *Une chaleur torpide.* **2.** MÉD. Se dit d'une lésion ou d'une affection qui évolue très lentement (SYN. **atone**).

TORPILLAGE n.m. Action de torpiller ; fait d'être torpillé.

▲ **torpille** ocellée.

1. TORPILLE n.f. (du lat. *torpedo*, engourdissement). Poisson marin voisin des raies, qui possède de chaque côté de la tête, sur les nageoires dorsales, un organe produisant des décharges électriques (SYN. **raie électrique**). ➲ Famille des torpédinidés.

2. TORPILLE n.f. (angl. *torpedo*). **1.** Engin automoteur sous-marin chargé d'explosif, utilisé contre les objectifs maritimes par des navires, des sous-marins ou des avions. **2.** Bombe aérienne de forme analogue utilisée pendant la Première Guerre mondiale.

TORPILLER v.t. [3]. **1.** Attaquer à l'aide de torpilles : *Torpiller un navire.* **2.** Fig. Faire échouer : *Torpiller une négociation.*

TORPILLEUR n.m. **1.** Marin spécialisé dans le service des torpilles. **2.** Anc. Bâtiment de guerre rapide, de petit tonnage, dont l'arme principale était la torpille.

TORQUE n.m. (lat. *torques*). **1.** Collier rigide en métal, porté près du cou. **2.** ARCHÉOL. Collier métallique et rigide, créé par les Celtes.

TORR n.m. (de E. *Torricelli*, n.pr.). Ancienne unité de pression, équivalant à une pression de 1 mm de mercure à 0 °C.

TORRÉE n.f. (du lat. *torrere*, rôtir). Suisse. Repas en plein air où l'on mange des mets préparés sur la braise.

TORRÉFACTEUR n.m. **1.** Appareil de torréfaction. **2.** Commerçant qui vend du café qu'il torréfie.

TORRÉFACTION n.f. Action de torréfier.

TORRÉFIER v.t. [5] (lat. *torrefacere*). Griller des grains, en partic. de café.

TORRENT n.m. (lat. *torrens*). **1.** Cours d'eau de montagne, rapide et irrégulier, de faible longueur, plus ou moins à sec entre des crues violentes et brusques. **2.** Fig. Grande abondance de ; flot : *Un torrent de paroles.* ▪ **Il pleut à torrents,** en abondance.

TORRENTIEL, ELLE adj. Relatif aux torrents : *Des eaux torrentielles.* ▪ **Pluie torrentielle,** qui tombe à torrents.

TORRENTIELLEMENT adv. Litt. De manière torrentielle.

TORRENTUEUX, EUSE adj. Litt. Qui a l'impétuosité d'un torrent.

TORRIDE adj. (du lat. *torridus*, desséché). **1.** Extrêmement chaud ; caniculaire : *Un été torride.* **2.** Fam. Qui témoigne d'une grande sensualité : *Une passion torride.*

1. TORS, E adj. (du lat. *tortus*, tordu). **1.** Se dit d'un fil, d'un filin tordu. **2.** Courbé de façon anormale ; arqué : *Jambes torses.* ▪ **Colonne torse** [archit.], à fût tourné en vis.

2. TORS n.m. TEXT. Action de tordre des fils ; son résultat.

TORSADE n.f. **1.** Forme obtenue en tournant sur eux-mêmes, l'un autour de l'autre, deux ou plusieurs éléments : *Une torsade de cheveux.* **2.** Frange de passementerie tordue en hélice. **3.** ARCHIT. Motif ornemental imitant un câble tordu.

TORSADER v.t. [3]. Mettre en torsade.

TORSE n.m. (ital. *torso*). **1.** Partie du corps comprenant les épaules et la poitrine. **2.** SCULPT. Figure humaine sans tête ni membres ; tronc.

TORSION n.f. (lat. *tortio*). **1.** Action de tordre qqch : *La torsion des fils textiles* ; déformation produite en tordant : *Torsion d'un tuyau.* **2.** MÉCAN. Déformation subie par un corps sous l'action de deux couples opposés. **3.** MATH. Mesure du gauchissement des courbes de l'espace.

TORT n.m. (du lat. *tortus*, tordu). **1.** Responsabilité d'un acte blâmable ou qui cause qqch de fâcheux : *Reconnaître ses torts.* **2.** DR. Dommage ; préjudice. ▪ **À tort,** injustement. ▪ **À tort et à travers,** sans discernement. ▪ **À tort ou à raison,** avec ou sans motif valable. ▪ **Avoir tort,** soutenir une chose fausse ; faire ce qui est injuste ou arbitraire. ▪ **Donner tort à qqn,** déclarer qu'il se trompe, qu'il a mal agi ; prouver qu'il n'avait pas raison. ▪ **Être dans son tort,** dans la situation de qqn qui a commis une infraction, une erreur. ▪ **Faire du tort à qqn,** lui causer un préjudice.

TORTELLINI n.m. (mot ital.). Pâte alimentaire farcie d'un hachis d'herbes ou de viande et façonnée en petites couronnes.

TORTICOLIS n.m. (du lat. *tortus*, tordu, et *collum*, cou). Contracture douloureuse des muscles d'un côté du cou.

TORTIL [-til] n.m. HÉRALD. Meuble de l'écu en forme de bourrelet torsadé autour duquel est passé en spirale un collier de perles.

TORTILLA [-tija] n.f. (mot esp.). **1.** Petite crêpe de farine de maïs salée. ➲ Cuisine mexicaine. **2.** Omelette diversement fourrée (génér. avec des pommes de terre et des oignons), retournée comme une crêpe dans la poêle. ➲ Cuisine espagnole.

TORTILLAGE n.m. Action de tortiller ; fait de se tortiller.

TORTILLARD n.m. Fam. Train local au trajet tortueux.

TORTILLE ou **TORTILLÈRE** n.f. Allée étroite et tortueuse dans un parc, un jardin.

TORTILLEMENT n.m. Action de tortiller ; fait de se tortiller.

TORTILLER v.t. [3] (de *entortiller*). Tordre qqch plusieurs fois sur lui-même : *Tortiller ses cheveux.* ◆ v.i. Remuer en ondulant : *Tortiller des hanches.* ▪ **Il n'y a pas à tortiller** [fam.], il n'y a pas à hésiter. ◆ **SE TORTILLER** v.pr. S'agiter en tous sens : *Se tortiller d'impatience sur sa chaise.*

TORTILLÈRE n.f. → **TORTILLE.**

TORTILLON n.m. **1.** Bourrelet que l'on pose sur la tête pour porter un fardeau. **2.** Linge, papier, etc., que l'on a tortillé.

TORTIONNAIRE [-sjɔ-] n. (du bas lat. *tortio*, torture). Personne qui torture qqn pour lui arracher des aveux ou par sadisme.

TORTORER v.t. [3]. Arg., vieilli. Manger.

TORTU, E adj. (de l'anc. fr. *tort*, tordu). Litt., vx. **1.** Tors : *Jambes tortues.* **2.** Retors : *Esprit tortu.*

▲ **tortue** géante des Galápagos.

TORTUE n.f. (du bas lat. *tartaruca*, bête du Tartare, des Enfers). **1.** Reptile au corps massif protégé par une carapace et un plastron, génér. très épais et rigides, à tête munie d'un bec corné sans dents. ➲ Les espèces terrestres, d'une grande longévité, sont végétariennes (tortue grecque, tortues géantes), celles d'eau douce (cistude, trionyx) sont carnivores et parfois très voraces ; les tortues marines (caret, tortue luth), génér. omnivores, nagent à l'aide de membres transformés en nageoires ; ordre des chéloniens. **2.** Fam. Personne très lente. **3.** Vanesse dont il existe deux espèces communes en Europe, la *grande* et la *petite tortue.* **4.** Sorte de toit que formaient les soldats romains en joignant leurs boucliers au-dessus de leurs têtes pour se protéger des projectiles. ▪ **À pas de tortue,** très lentement.

TORTUEUSEMENT adv. D'une manière tortueuse.

TORTUEUX, EUSE adj. (lat. *tortuosus*). **1.** Qui fait plusieurs tours et détours : *Chemin tortueux.* **2.** Fig. Qui manque de franchise : *Agissements tortueux.*

TORTURANT, E adj. Qui torture, tourmente.

TORTURE n.f. (du bas lat. *tortura*, action de tordre). **1.** Supplice physique que l'on fait subir à qqn, notamm. pour l'obliger à dire ce qu'il refuse de révéler. **2.** Souffrance physique ou morale très vive ; martyre. ▪ **Mettre qqn à la torture,** lui causer un grand embarras ou une vive impatience. ▪ **Mettre son esprit** ou **se mettre à la torture,** faire de très grands efforts de réflexion pour trouver une solution.

TORTURER v.t. [3]. **1.** Soumettre à la torture. **2.** Tourmenter : *La jalousie le torturait.* ◆ **SE TORTURER** v.pr. ▪ **Se torturer l'esprit,** chercher péniblement une solution à qqch.

TORVE adj. (lat. *torvus*). Se dit d'un regard oblique et menaçant.

TORY n.m. (pl. *torys* ou *tories*) [mot angl.]. Membre du Parti conservateur, en Grande-Bretagne. ◆ adj. Relatif à ce parti.

TOSCAN, E adj. et n. De Toscane. ▪ **Ordre toscan,** ou **toscan, n.m.,** ordre romain d'architecture inspiré du dorique grec. ◆ n.m. Dialecte parlé en Toscane, base de l'italien moderne.

TOSSER v.i. [3]. MAR. Frapper, taper contre qqch sous l'effet de la houle : *Navire qui tosse contre le quai, sur des lames.*

TÔT adv. (lat. pop. *tostum*). **1.** De bonne heure dans la journée : *Se lever tôt.* **2.** Avant le moment habituel, normal : *J'arriverai tôt pour éviter la queue.* ▪ **Au plus tôt,** dans un délai très court ; pas avant telle date. ▪ **Tôt ou tard,** un jour ou l'autre.

1. TOTAL, E, AUX adj. (du lat. *totus*, tout entier). **1.** À quoi il ne manque rien : *La somme totale.* **2.** Qui est tel sans restriction ; absolu : *Une totale liberté.* ▪ **Ordre total (sur un ensemble)** [math.], relation d'ordre sur E telle que deux éléments quelconques de E soient comparables.

2. TOTAL n.m. (pl. *totaux*) **1.** Somme obtenue par l'addition. **2.** Somme de tous les éléments de qqch : *Un total de cent amendements.* ▪ **Au total,** tout bien considéré : *Au total, c'est plutôt bien.*

TOTALE n.f. Fam. Hystérectomie complète (corps et col de l'utérus). ▪ **La totale !,** se dit quand on subit une série de déboires en cascade.

TOTALEMENT adv. Entièrement ; tout à fait.

TOTALISATEUR ou **TOTALISEUR** n.m. Dispositif enregistreur d'une machine à calculer qui donne le total d'une série d'opérations.

TOTALISATION n.f. Action de totaliser.

TOTALISER v.t. [3]. **1.** Faire le total de qqch : *Totaliser les bénéfices.* **2.** Atteindre le total de : *Totaliser six défaites.*

TOTALITAIRE adj. Relatif au totalitarisme : *État totalitaire.*

TOTALITARISME n.m. Système politique caractérisé par la soumission complète des existences individuelles à un ordre collectif que fait régner un pouvoir dictatorial. ➲ La fusion des pouvoirs exécutif, législatif et judiciaire, l'existence d'un parti unique, la soumission idéologique et la propagande, la répression étatique et policière, l'élimination des opposants sont des traits communs aux régimes totalitaires.

TOTALITÉ n.f. Réunion de tous les éléments de qqch. ▪ **En totalité,** complètement.

TOTEM [tɔtɛm] n.m. (mot algonquien). ANTHROP. **1.** Animal, plante ou objet, considérés comme protecteurs d'un individu ou comme ancêtres mythiques représentant un groupe social par rapport à d'autres groupes d'une même société. **2.** Représentation sculptée ou peinte de cet animal, de cette plante ou de cet objet.

TOTÉMIQUE adj. Du totem ; du totémisme.

TOTÉMISME n.m. Organisation sociale fondée sur le totem.

TOTIPOTENCE n.f. Caractère des cellules totipotentes.

TOTIPOTENT, E adj. **EMBRYOL.** Se dit d'une cellule embryonnaire apte à former les tissus les plus divers selon l'induction qu'elle subit.

TOTO n.m. (onomat.). Fam. Pou.

TOTON n.m. (du lat. *totum*, tout, mot inscrit sur une face des anciens totons). Petite toupie que l'on fait tourner entre le pouce et l'index, et dont le corps, génér. en forme de prisme octogonal, porte sur chacune de ses facettes un signe, une lettre, etc.

TOUAGE n.m. **NAVIG.** Remorquage de bâtiments de navigation à l'aide d'un toueur.

1. TOUAREG adj. et n. inv. ou **TARGUI, E** adj. et n. inv. en nombre (mot berbère). Relatif aux Touareg. (On réserve parfois la forme *touareg* pour le pluriel, et *targui* pour le singulier. On rencontre aussi la forme *touarègue* pour le fém.)

2. TOUAREG n.m. Langue berbère parlée par les Touareg.

TOUBAB n.m. (mot ar.). Afrique. **1.** Européen ; Blanc. **2.** Africain ayant adopté le mode de vie européen.

TOUBIB n. (ar. d'Algérie *tbib*). Fam. Médecin.

TOUCAN n.m. (tupi *tucano*). Oiseau grimpeur et frugivore de l'Amérique tropicale, doté d'un bec énorme mais léger et vivement coloré. ➲ Famille des ramphastidés.

▲ **toucan** toco.

1. TOUCHANT prép. Sout. Au sujet de ; concernant.

2. TOUCHANT, E adj. Qui attendrit ; émouvant.

TOUCHAU, TOUCHAUD ou **TOUCHEAU** n.m. **ORFÈVR.** Étoile d'or ou d'argent dont chaque branche est à un titre déterminé et qui sert à la touche, à l'essai de ces métaux.

TOUCHE n.f. **1.** Pièce d'une machine sur laquelle on agit par pression ou par contact pour commander une action : *Les touches d'une télécommande.* **2.** Manière qu'a un artiste peintre de poser la couleur sur le support ; couleur appliquée à chaque coup de pinceau. **3.** Manière personnelle d'un écrivain, d'un artiste ; style : *On reconnaît la touche de Feydeau.* **4.** Élément qui, dans un ensemble, donne une valeur particulière ; note : *Apporter une touche d'originalité à un projet.* **5.** Fam. Allure générale de qqn : *Avoir une drôle de touche.* **6.** Dans divers sports d'équipe, chacune des deux lignes qui délimitent la largeur du terrain ; sortie du ballon au-delà de cette ligne et sa remise en jeu. **7.** En escrime, fait d'atteindre son adversaire suivant les règles. **8. ORFÈVR.** Essai de l'or ou de l'argent au moyen de la pierre de touche et du touchau. **9. PÊCHE.** Action du poisson dont la bouche entre en contact avec un appât. **10. MUS.** Levier basculant sous la pression des doigts et actionnant la mécanique d'un instrument à clavier ; partie du manche des instruments à cordes où l'instrumentiste pose ses doigts. ▪ **Botter** ou **dégager en touche,** envoyer le ballon hors du terrain ; fam., se libérer d'un problème en l'éludant. ▪ **Être sur la touche** [fam.], être tenu à l'écart d'une entreprise. ▪ **Faire** ou **avoir une touche** [fam.], être remarqué par qqn à qui l'on plaît. ▪ **Pierre de touche** [orfèvr.], variété de jaspe noir qui sert à essayer l'or et l'argent ; fig., ce qui permet d'éprouver la valeur de qqn, d'un sentiment : *L'éloignement est la pierre de touche de l'amour.* ▪ **Touche de balle,** toucher de balle. ▪ **Touche de fonction,** touche particulière d'un clavier d'ordinateur, qui sert à déclencher l'exécution d'un programme de l'utilisateur ou une intervention du système d'exploitation.

TOUCHE-À-TOUT n. inv. Fam. Enfant qui touche à tout ce qu'il voit ; adulte qui se disperse en toutes sortes d'activités.

1. TOUCHER v.t. [3] (du lat. pop. *toccare*, faire toc). **1.** Mettre la main au contact de qqch, de qqn pour apprécier son état, sa consistance, sa chaleur ; tâter : *Toucher une étoffe.* **2.** Entrer, être en contact physique avec qqch, qqn : *Sa main a touché le ballon.* **3.** Être contigu à ; jouxter : *Son jardin touche le mien.* **4.** Atteindre par un coup porté ou un projectile : *La flèche a touché le centre de la cible.* **5.** Recevoir qqch qui est dû ; percevoir : *Toucher ses allocations.* **6.** Entrer en relation avec ; joindre : *Toucher qqn par Internet.* **7.** Atteindre la sensibilité de qqn ; émouvoir : *Votre gentillesse me touche.* **8.** Atteindre plus ou moins gravement qqn ou qqch ; affecter : *La pollution touche toute la région.* ▪ **Toucher un mot** ou **deux mots de qqch à qqn,** lui en parler incidemment ou brièvement. ◆ v.t. ind. (À). **1.** Porter la main sur qqch : *Ne touche pas à ce vase, il est fragile.* **2.** Être attenant, contigu : *Leur vigne touche à la nôtre.* **3.** Fig. Être très voisin de ; confiner : *Sa naïveté touche à la bêtise.* **4.** Aborder un lieu : *Toucher au port* ; arriver au résultat que l'on s'est fixé : *Toucher au but.* **5.** Apporter des modifications à : *Ton texte est parfait, n'y touche plus.* **6.** Mettre en cause : *On ne peut toucher à ses prérogatives.* **7.** Aborder un sujet : *Vous touchez là à un point crucial.* **8.** Être relatif à ; concerner : *Tout ce qui touche aux sciences la passionne.* **9.** Prélever une partie de qqch ; consommer : *Toucher à ses économies. Il a à peine touché à son dîner.* ▪ **Ne pas avoir l'air d'y toucher** [fam.], être faussement innocent ou ingénu ; cacher son jeu. ▪ **Toucher à sa fin,** être près de se terminer. ◆ **SE TOUCHER** v.pr. Être en contact ou très près l'un de l'autre : *Leurs villas se touchent.*

2. TOUCHER n.m. **1.** Sens grâce auquel on perçoit toutes les sensations cutanées (présence des objets, pression, froid et chaleur). **2.** Impression produite par un corps que l'on touche : *Étoffe rêche au toucher.* **3. MÉD.** Examen clinique d'une cavité naturelle par l'introduction de un ou plusieurs doigts revêtus d'un doigtier : *Toucher rectal.* **4. MUS.** Caractère du jeu d'un instrumentiste. ▪ **Toucher de balle, de ballon** [sports], manière de les frapper.

➲ Les récepteurs sensibles du **TOUCHER** sont des organes microscopiques, les corpuscules, logés dans le derme. Ils transforment des phénomènes physiques (pression, température) en potentiels d'action qui partent le long de fibres nerveuses vers le système nerveux central.

À TOUCHE-TOUCHE loc. adv. Fam. En se suivant de près, en parlant de personnes, de véhicules.

TOUÉE n.f. (de *touer*). **MAR. 1.** Longueur de la remorque d'un navire. **2.** Longueur de la chaîne filée pour mouiller une ancre.

TOUER v.t. [3] (du francique *togôn*, tirer). Remorquer un bâtiment de navigation à l'aide d'un toueur.

TOUEUR n.m. Remorqueur se déplaçant par traction sur une chaîne ou un câble reposant sur le fond d'une voie de navigation intérieure.

TOUFFE n.f. (du germ.). Ensemble de brins, de petits végétaux, de poils, etc., disposés très près les uns des autres : *Des touffes d'herbe.*

TOUFFEUR n.f. (mot dial., de *touffer*, étouffer). Litt. Atmosphère chaude, lourde, étouffante.

TOUFFU, E adj. **1.** Formé de nombreux végétaux, poils, fils rapprochés ; dense : *Bois touffu. Barbe touffue.* **2.** Fig. Chargé de détails à l'excès : *Roman touffu.*

TOUILLAGE n.m. Fam. Action de touiller.

TOUILLE n.f. Nom usuel de certains requins comestibles (le requin-taupe commun, notamm.).

TOUILLER v.t. [3] (du lat. *tudiculare*, broyer). Fam. Remuer afin de mêler ou de délayer.

TOUILLETTE n.f. Fam. Bâtonnet génér. délivré par un distributeur automatique et qui sert à touiller une boisson.

TOUJOURS adv. (de *tous* et *jours*). **1.** Dans le passé comme dans le futur ; de tout temps : *Les injustices ont toujours existé. Il y aura toujours des mécontents.* **2.** En toute occasion ; constamment : *Il est toujours en retard.* **3.** Encore à présent : *Je lui en veux toujours.* **4.** De toute façon : *On peut toujours essayer.* ▪ **Depuis toujours,** d'aussi longtemps qu'on se souvienne. ▪ **Pour toujours,** d'une façon définitive ; sans retour. ▪ **Toujours est-il que,** marque une opposition ; néanmoins.

TOULADI n.m. (p.-ê. d'une langue amérindienne). Grand omble de l'Amérique du Nord, de couleur sombre, vivant dans les lacs profonds.

TOULOUPE n.f. (russe *tulup*). Pelisse en peau de mouton que portent les paysans russes.

TOUNDRA [tundra] n.f. (mot russe). Dans les régions de climat froid, formation végétale discontinue, qui comprend quelques graminées, des mousses et des lichens, voire quelques arbres nains (bouleaux).

▲ **toundra.** Paysage de toundra dans la région du lac Whitefish (Alaska, États-Unis).

TOUNGOUSE ou **TOUNGOUZE** [tun-] adj. et n.m. Se dit d'un groupe de langues de la famille altaïque, parlées par les peuples que l'on appelait les Toungouses.

TOUPAYE n.m. → **TUPAÏA.**

TOUPET n.m. (du francique). **1.** Touffe de cheveux sur le sommet du front. **2.** Fam. Hardiesse irrespectueuse ; effronterie : *Il a du toupet.*

TOUPIE n.f. (du francique). **1.** Jouet piriforme que l'on fait tourner sur la pointe. **2.** Machine pour le travail du bois avec laquelle on exécute les moulures, les entailles, les feuillures (SYN. **toupilleuse**).

TOUPILLER v.t. [3]. Travailler le bois à la toupie.

TOUPILLEUR n.m. Ouvrier qui travaille le bois à la toupie.

TOUPILLEUSE n.f. **MENUIS.** Toupie.

TOUPILLON n.m. Vx. **1.** Petite touffe de poils, de plumes, etc. **2.** Petit toupet de cheveux.

TOUPIN n.m. Suisse. Grosse cloche de vache au son grave.

TOUPINE n.f. Région. (Provence, Sud-Ouest) ; Suisse. Récipient en grès.

TOUQUE n.f. (prélatin *tŭkka*). Récipient de fer-blanc, de moyenne contenance, permettant le transport de divers produits.

1. TOUR n.f. (lat. *turris*). **1.** Bâtiment ou corps de bâtiment de plan centré et nettement plus haut que large. **2.** Toute construction en hauteur : *La tour Eiffel.* **3.** Pièce du jeu d'échecs dont la marche est parallèle aux bords de l'échiquier. **4. CHIM. INDUSTR.** Appareil de traitement industriel (distillation, catalyse, etc.) vertical et de forme génér. cylindrique. ▪ **Tour de contrôle,** bâtiment dominant l'aire d'un aérodrome et dont émanent les ordres de décollage, de vol et d'atterrissage. ▪ **Tour de forage,** recomm. off. pour **derrick.** ▪ **Tour de lavage** [chim. industr.], tour où se fait l'épuration d'un gaz à l'aide d'un jet d'eau finement pulvérisé qui entraîne les poussières en suspension. ▪ **Tour d'ivoire,** isolement hautain d'une personne qui veut montrer sa différence : *Rester dans sa tour d'ivoire.* ▪ **Tour hertzienne,** édifice surmonté d'antennes servant de relais aux télécommunications par faisceaux hertziens.

2. TOUR n.m. (de *tourner*). **1.** Dimension de la ligne fermée qui constitue la limite extérieure de qqch : *Le tour d'une colonne. Le tour de tête de qqn.* **2.** Bord de qqch, d'un lieu ; pourtour : *Le tour du pré est planté de haies.* **3.** Action de parcourir entièrement un lieu ; parcours ainsi accompli : *Faire le tour du quartier historique.* **4.** Périple dans un lieu que l'on découvre ou visite ; voyage : *Faire le tour de l'Europe.* **5.** Petite promenade : *Faire un tour en forêt.* **6.** Action de tourner un objet sur lui-même : *Donner un tour de clé.* **7.** Mouvement de rotation d'un corps autour de son axe, qui le ramène à sa position première : *Tour de roue.*

8. Exercice qui exige de l'agilité, de l'adresse, de la subtilité : *Tour de cartes.* **9.** Action habile, plaisante ou perfide destinée à mystifier ou à tromper qqn : *Jouer un tour à qqn.* **10.** Manière dont qqch évolue ; allure : *Cette affaire a pris un tour inquiétant.* **11.** Construction propre à un écrivain, à une discipline, à une époque ; tournure : *Un tour du français classique.* **12.** Moment d'agir, avant ou après d'autres personnes : *Attendez votre tour !* **13.** Chaque phase d'une opération qui en comporte plusieurs : *Scrutin à deux tours.* **14.** SPORTS. Trajet sur une piste en circuit fermé. **15.** DANSE. Mouvement de rotation du corps sur lui-même. **16.** MÉTROL. Unité d'angle (symb. tr) équivalant à 2π radians. ▪ **Cela vous jouera un tour, des tours,** cela vous fera du tort. ▪ **Donner le tour** [Suisse], évoluer favorablement, en parlant d'une maladie ; parvenir à achever un travail. ▪ **En un tour de main,** en un instant. (On dit aussi *en un tournemain.*) ▪ **Faire le tour d'une question,** en examiner tous les points. ▪ **Faire le tour du propriétaire,** faire visiter pour la première fois sa maison à qqn. ▪ **Faire un tour de table,** donner la parole successivement à tous ceux qui sont assis autour d'une table pour connaître leur avis. ▪ **Tour à tour,** l'un remplaçant l'autre ; alternativement : *Elles lisaient tour à tour* ; une chose après l'autre ; successivement : *Il a été tour à tour maire, député, sénateur.* ▪ **Tour de chant,** interprétation sur scène, par un artiste, d'une suite de chansons. ▪ **Tour de force,** exercice corporel exigeant une grande force physique ; fig., action qui suppose une habileté, un doigté exceptionnels. ▪ **Tour de France** [anc.], voyage à travers la France traditionnellement effectué par les compagnons pour parfaire la connaissance de leur métier en l'enrichissant de l'expérience d'autres compagnons. ▪ **Tour de main,** grande habileté manuelle due à l'habitude. ▪ **Tour de reins** [cour.], lumbago. ▪ **Tour d'esprit,** manière propre à qqn de comprendre, d'exprimer les choses. ▪ **Tour de table,** réunion d'actionnaires, d'investisseurs en vue de mener à bonne fin une opération financière. ▪ **Tour d'honneur** [sports], tour de piste ou de terrain effectué, après une compétition, par le gagnant ou l'équipe gagnante.

3. TOUR n.m. (du lat. *tornus,* instrument de tourneur). **1.** Dispositif actionné au pied, comportant un plateau rotatif horizontal sur lequel le potier dispose la motte d'argile à tourner. **2.** Machine-outil utilisée pour usiner, par enlèvement de matière, une pièce génér. en rotation autour d'un axe, au moyen d'un outil coupant que l'on déplace dans un plan passant par cet axe. **3.** Appareil utilisé par les chirurgiens-dentistes, qui communique aux fraises un mouvement de rotation rapide. **4.** Anc. Dans les monastères et les hôpitaux, armoire cylindrique et tournante posée dans l'épaisseur d'un mur pour recevoir ce que l'on y déposait du dehors.

TOURAILLAGE n.m. Opération de brasserie consistant à sécher et à aromatiser par l'air chaud le malt vert provenant de la germination.

TOURAILLE n.f. (mot picard). Bâtiment où s'effectue le touraillage.

TOURAILLON n.m. Germe d'orge séché.

TOURANGEAU, ELLE adj. et n. De la Touraine ; de Tours.

TOURANIEN, ENNE adj. et n. D'un groupe de peuples de la Russie méridionale et du Turkestan, qui auraient précédé les Indo-Européens.

1. TOURBE n.f. (francique *turba*). Matière combustible de qualité médiocre formée par décomposition partielle des végétaux (laîches, mousses [sphaignes]).

2. TOURBE n.f. (du lat. *turba,* cohue). Litt. Ensemble de personnes que l'on juge sans intérêt ; la multitude.

TOURBEUX, EUSE adj. Qui contient de la tourbe.

TOURBIER, ÈRE adj. Relatif à l'extraction de la tourbe.

TOURBIÈRE n.f. Marécage acide à sphaignes, hypnes, etc., où se forme la tourbe.

TOURBILLON n.m. (lat. *turbo, -inis*). **1.** Vent très fort mais localisé, qui souffle en tournoyant. **2.** Masse d'air, de gaz, etc., qui se déplace en tournoyant : *Un tourbillon de poussière, de flocons de neige.* **3.** HYDROL. Mouvement circulaire ou hélicoïdal de l'eau dans un cours d'eau. **4.** Litt. Ce qui entraîne dans un mouvement rapide, irrésistible : *Le tourbillon des affaires.*

TOURBILLONNAIRE adj. HYDROL. Qui présente les caractéristiques d'écoulement d'un tourbillon, de tourbillons.

TOURBILLONNANT, E adj. Qui tourbillonne.

TOURBILLONNEMENT n.m. Mouvement en tourbillon.

TOURBILLONNER v.i. [3]. **1.** Former un tourbillon, des tourbillons : *Le torrent tourbillonne autour d'un rocher.* **2.** Tournoyer rapidement : *Danseurs qui tourbillonnent.*

TOURD [tur] n.m. (du lat. *turdus,* grive). Labre assez allongé, brun à brun-vert sur le dos et les flancs (SYN. **labre vert**).

TOURELLE n.f. **1.** ARCHIT. Tour de faible section, attenante à un autre bâtiment, en surplomb ou montant du sol. **2.** MIL. Abri orientable, génér. blindé, dans lequel sont disposées certaines armes d'un avion, d'un engin blindé, etc. ▪ **Tourelle de machine-outil,** support d'outils de coupe comportant génér. plusieurs outils différents, régulièrement disposés autour de l'axe de révolution de ce support.

TOURET n.m. **1.** Machine-outil de petites dimensions, dont l'axe horizontal, commandé en rotation à sa partie centrale par un moteur, porte à ses deux extrémités soit des meules, soit des disques en feutre, en coton, etc. **2.** Petit tour de graveur en pierres fines. **3.** MAR. Dévidoir sur lequel on enroule des lignes, des câbles, etc.

TOURIE n.f. Récipient de moyenne contenance, exclusivement fabriqué en grès.

TOURIER, ÈRE adj. et n. Anc. Préposé au tour, dans un couvent ; chargé des relations avec l'extérieur : *Frère tourier.*

TOURILLON n.m. TECHN. **1.** Partie d'un arbre qui permet à ce dernier de tourner dans son palier support. **2.** Chacun des pivots fixés de part et d'autre du tube d'un canon, grâce auxquels il repose sur l'affût et peut se déplacer sur un plan vertical. **3.** Cheville cylindrique servant à assembler des pièces de bois, des panneaux.

TOURILLONNER v.t. [3]. Usiner un tourillon sur une pièce. ◆ v.i. Tourner autour d'un axe par l'intermédiaire de deux tourillons mobiles dans des paliers.

TOURIN n.m. (mot béarnais). Potage à l'ail lié au jaune d'œuf. ➲ Spécialité du Sud-Ouest.

TOURISME n.m. (angl. *tourism*). **1.** Action de voyager, de visiter un lieu pour son plaisir. **2.** Ensemble des activités, des techniques mises en œuvre pour les voyages et les séjours d'agrément : *Office du tourisme.* ▪ **Avion, voiture de tourisme,** à usage privé. ▪ **Tourisme rural,** agritourisme. ▪ **Tourisme sexuel,** fait de voyager dans le but d'avoir des relations sexuelles avec les habitants du pays où l'on se rend, contre de l'argent ou un avantage en nature. ➲ Dans certains pays, comme la France, la Belgique et le Canada, le tourisme sexuel impliquant des mineurs est illégal et puni par la loi. ▪ **Tourisme spatial,** activité touristique consistant à envoyer des personnes dans l'espace à bord d'engins spatiaux, conçus principalement pour des vols suborbitaux (à plus de 100 km d'altitude) en apesanteur. ▪ **Tourisme vert,** écotourisme.

TOURISTA n.f. → **TURISTA.**

TOURISTE n. Personne qui pratique le tourisme. ▪ **Classe touriste,** classe à tarif réduit, sur les services de transports aériens.

TOURISTIQUE adj. **1.** Relatif au tourisme : *Guide touristique.* **2.** Qui attire les touristes : *Quartier touristique.*

TOURMALINE n.f. (cinghalais *tōramalli*). MINÉRALOG. Borosilicate d'aluminium, de coloration variée, parfois utilisé comme pierre fine.

TOURMENT n.m. (lat. *tormentum*). Litt. Vive douleur physique ou morale ; martyre.

TOURMENTE n.f. **1.** Litt. Violente tempête. **2.** Série de troubles sociaux ou politiques.

TOURMENTÉ, E adj. **1.** En proie aux tourments ; angoissé. **2.** Marqué par des événements graves : *Époque tourmentée.* **3.** Qui a des irrégularités nombreuses : *Côte tourmentée.* **4.** Qui manque de simplicité : *Style tourmenté.*

TOURMENTER v.t. [3]. Litt. **1.** Causer une souffrance physique ou morale à : *La faim, sa conscience le tourmente.* **2.** Importuner par une insistance excessive ; harceler : *Ses créanciers le tourmentaient.* ◆ **SE TOURMENTER** v.pr. Se faire beaucoup de souci.

TOURMENTEUR, EUSE n. et adj. Litt. Personne qui tourmente.

TOURMENTIN n.m. MAR. Petit foc très résistant employé par mauvais temps.

TOURNAGE n.m. **1.** Action d'usiner au tour. **2.** Action de tourner un film. **3.** FIN. Prêt, entre établissements de crédit, de leurs excédents monétaires.

TOURNAILLER v.i. [3]. Fam. Tourner sans but précis autour de qqn ou de qqch ; rôder.

TOURNANT, E adj. **1.** Qui est conçu pour pivoter sur soi-même : *Pont tournant.* **2.** Qui contourne, prend à revers : *Une manœuvre tournante.* **3.** Qui concerne successivement les membres d'un groupe : *La présidence tournante de l'UE.* ▪ **Grève tournante** → **2. GRÈVE.** ◆ n.m. **1.** Endroit où une voie tourne ; virage. **2.** Moment où une situation prend une orientation nouvelle : *Être à un tournant de sa carrière.* ▪ **Attendre, avoir, rattraper qqn au tournant** [fam.], prendre sa revanche sur lui dès que l'occasion se présente.

TOURNANTE n.f. Fam. Viol collectif, partic. chez les adolescents.

TOURNE n.f. Suite d'un article de journal renvoyé d'une page à une page suivante.

TOURNÉ, E adj. Qui est devenu aigre : *Lait, bouillon tourné.* ▪ **Avoir l'esprit mal tourné,** être porté à interpréter les choses d'une manière désagréable ou scabreuse. ▪ **Bien tourné,** exprimé avec élégance.

TOURNE-À-GAUCHE n.m. inv. Porte-outil permettant d'assurer la rotation manuelle d'un outil de coupe tournant (alésoir, taraud).

TOURNEBOULER v.t. [3] (de l'anc. fr. *torneboele,* culbute). Fam. Provoquer une grande émotion ; bouleverser.

TOURNEBROCHE n.m. **1.** Appareil servant à faire tourner une broche à rôtir. **2.** Vx. Marmiton qui tourne une broche.

TOURNE-DISQUE n.m. (pl. *tourne-disques*). Vieilli. Platine de lecture.

TOURNEDOS n.m. BOUCH. Tranche ronde de filet de bœuf, assez épaisse.

TOURNÉE n.f. **1.** Déplacement à caractère professionnel effectué selon un itinéraire déterminé : *La tournée du facteur.* **2.** Ensemble des déplacements d'un chanteur, d'une troupe d'artistes, d'une équipe sportive qui se produisent successivement dans diverses localités. **3.** Ensemble des consommations offertes et payées par qqn : *C'est la tournée du patron.* **4.** Fam., vieilli. Volée de coups. ▪ **Faire la tournée de,** visiter tour à tour des lieux de même sorte : *Faire la tournée des musées.*

TOURNEMAIN n.m. Litt. ▪ **En un tournemain,** en un instant ; en un tour de main.

TOURNE-PIERRE n.m. (pl. *tourne-pierres*). Échassier limicole, qui hiberne sur toutes les côtes du monde et qui cherche sous les pierres les vers et les mollusques dont il se nourrit. ➲ Famille des scolopacidés.

TOURNER v.t. [3] (du lat. *tornare,* façonner au tour). **1.** Changer d'orientation par un déplacement circulaire : *Tourner son bureau vers la fenêtre.* **2.** Mettre sur l'autre face : *Tourner une page.* **3.** Imprimer à qqch un mouvement de rotation autour de son axe : *Tourner la clé dans la serrure.* **4.** Remuer un aliment, un liquide : *Tourner la salade.* **5.** Examiner une question sous tous les angles : *Tourner un problème dans tous les sens.* **6.** Faire apparaître sous tel aspect : *Il tourne tout à la rigolade. Tourner qqn en ridicule.* **7.** Formuler un énoncé de telle façon : *Bien tourner une lettre.* **8.** Contourner un obstacle : *L'attaquant a tourné la défense* ; éluder une difficulté, une loi : *Tourner le règlement.* **9.** Procéder aux prises de vues d'un film (SYN. **filmer**) ; interpréter un rôle dans un film (SYN. **jouer**). **10.** Façonner une poterie à la main, sur un tour ; usiner une pièce au tour. ▪ **Tourner la page,** oublier le passé ; changer de sujet, d'occupation. ▪ **Tourner la tête à qqn,** lui inspirer une passion violente ; l'enivrer. ▪ **Tourner le dos à qqch,** aller dans le sens opposé ; fig., y renoncer : *Tourner le dos à ses ambitions.* ▪ **Tourner le dos à qqn,** être placé de manière à lui présenter le dos ;

fig., s'en détourner pour marquer son mécontentement. ◆ **v.i.** **1.** Se déplacer circulairement autour de qqch, qqn : *La Lune tourne autour de la Terre.* **2.** Être animé d'un mouvement de rotation : *La girouette tourne au vent.* **3.** Être en fonctionnement, en activité : *Laisser le moteur tourner. L'économie tourne au ralenti.* **4.** Se succéder à tour de rôle pour assurer un service : *Les infirmières tournent pour assurer les gardes.* **5.** Fam. En parlant d'un artiste, faire une tournée de spectacles ; en parlant d'un commerçant, être en tournée de vente. **6.** Changer de direction : *Tourner à gauche.* **7.** Évoluer vers tel état, de telle façon : *Le temps tourne à l'orage.* **8.** Cailler spontanément, en parlant du lait ; se décomposer, fermenter, en parlant d'un liquide alimentaire. ▪ **Avoir la tête qui tourne,** avoir le vertige ; fig., se laisser griser par les honneurs, le succès. ▪ **La chance tourne,** en favorise d'autres. ▪ **Le vent tourne,** la situation change. ▪ **Ne pas tourner rond** [fam.], être en mauvaise condition physique ou psychique. ▪ **Tourner autour de qqch,** l'avoir pour sujet. ▪ **Tourner autour de qqn,** chercher à attirer son attention ou à le séduire. ▪ **Tourner de l'œil** [fam.], s'évanouir. ◆ **SE TOURNER v.pr.** **1.** Changer de position pour se présenter face à qqn ou à qqch. **2.** S'orienter vers telle position, en parlant des regards. **3.** Faire appel à : *Se tourner vers ses amis* ; porter son attention sur.

TOURNERIE n.f. Activité ou branche industrielle consacrée à la fabrication d'objets tournés en bois.

TOURNESOL n.m. (ital. *tornasole*). Plante annuelle de grande taille, à grosse inflorescence jaune qui se tourne vers le soleil, et dont les graines fournissent une huile alimentaire et un tourteau utilisé dans l'alimentation du bétail (SYN. **soleil**). ➲ Famille des composées.

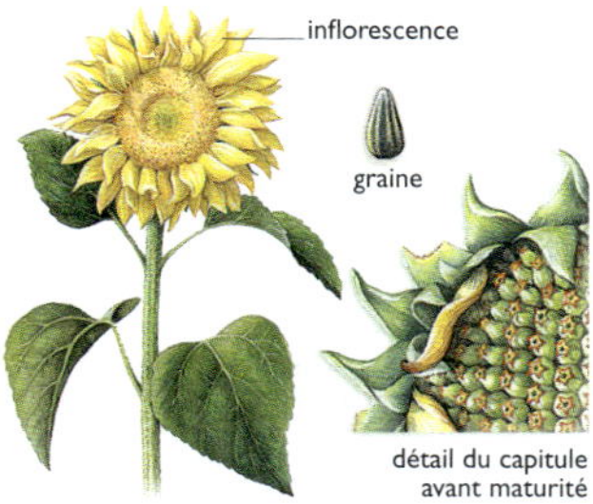

▲ **tournesol**

TOURNEUR, EUSE n. Personne qui travaille sur un tour. ◆ **adj.** ▪ **Derviche tourneur,** soufi qui tourne sur lui-même en dansant.

TOURNE-VENT n.m. inv., ▲ ***n.m.*** *(pl. tourne-vents).* Tuyau coudé mobile au sommet d'une cheminée, orientant la fumée sous le vent.

TOURNEVIS [-vis] **n.m.** Outil emmanché en acier et dont l'extrémité est adaptée pour visser ou dévisser des vis.

TOURNICOTER v.i. [3]. Fam. Rôder dans un lieu ou autour de qqn ; tourniquer.

TOURNIOLE n.f. Fam. Panaris autour de l'ongle.

TOURNIQUER v.i. [3]. Fam. Aller et venir sans but précis ; tournicoter.

TOURNIQUET n.m. (de *tourner*). **1.** Appareil pivotant qui ne laisse passer que les piétons ou qui ne laisse entrer qu'une personne à la fois. **2.** Dispositif d'arrosage pivotant en son centre. **3.** Pièce servant à bloquer un volet ouvert, montée sur un pivot scellé dans un mur. **4.** Petit présentoir rotatif à plusieurs faces, dans un magasin. **5. MÉD.** Instrument pour accroître la force de compression d'un garrot. **6.** Suisse. Jouet d'enfant fait d'une petite hélice fixée au bout d'un bâton.

TOURNIS n.m. (de *tourner*). Maladie des moutons due à la présence dans l'encéphale de larves (*cysticerque*) d'un ténia, le cénure, et se manifestant par divers symptômes, dont le tournoiement. ▪ **Avoir, donner le tournis** [fam.], avoir, donner le vertige.

TOURNOI n.m. (de l'anc. fr. *tournoyer*, faire un tournoi). **1.** Compétition sportive : *Tournoi de tennis.* **2.** Compétition dotée parfois de prix, mais sans attribution de titre : *Tournoi de poker.* **3. HIST.** Fête guerrière où les chevaliers s'affrontaient à armes émoussées ou sans aspérités et à cheval (XIIe-XVIe s.). ▪ **Tournoi ouvert,** recomm. off. pour **open.**

TOURNOIEMENT n.m. Action de tournoyer ; mouvement de ce qui tournoie.

TOURNOIS adj. inv. NUMISM. Se dit de la monnaie frappée jusqu'au XIIIe s. à Tours, puis de la monnaie royale française frappée sur le même étalon : *Une livre tournois.*

TOURNOYANT, E adj. Qui tournoie.

TOURNOYER [-nwaje] **v.i. [7].** Tourner sur soi-même ou en spirale ; tourbillonner.

TOURNURE n.f. **1.** Aspect que présente qqn, qqch : *Avoir une tournure gauche. Après les travaux, l'immeuble a une belle tournure.* **2.** Orientation que prend une situation : *L'enquête a pris une tournure inattendue.* **3.** Manière dont les mots sont agencés dans une phrase ; tour : *Tournure familière.* **4.** Jupon à armature métallique faisant bouffer la jupe vers l'arrière du corps, porté vers 1870-1875. **5.** Déchet métallique détaché d'une pièce pendant l'usinage. ▪ **Prendre tournure,** laisser entrevoir son état définitif. ▪ **Tournure d'esprit,** manière propre à qqn d'envisager les choses, d'y réagir.

TOURNUS [-nys] **n.m.** (mot all.). Suisse. Rotation des postes, des fonctions.

TOURON [-rɔ̃] ou [-rɔn] **n.m.** (esp. *turrón*). Sorte de nougat, d'origine espagnole, fait avec des amandes entières ou pilées, des blancs d'œufs et du sucre.

TOUR-OPÉRATEUR n.m. (pl. *tour-opérateurs*) [angl. *tour operator*]. Voyagiste.

TOURTE n.f. (bas lat. *torta*). **1.** Croûte, en pâte brisée ou feuilletée, garnie de fruits, de légumes, de viande, etc. **2.** Suisse. Gâteau d'anniversaire.

1. TOURTEAU n.m. (de *tourte*). **1.** Résidu solide obtenu lors du traitement des grains et des fruits oléagineux en vue de l'extraction de l'huile. ➲ Les tourteaux, riches en protides et pour la plupart comestibles, sont princip. utilisés pour l'alimentation du bétail. **2.** Gros pain de forme ronde. **3. HÉRALD.** Petit meuble d'armoiries circulaire, toujours de couleur (par oppos. au *besant*). ▪ **Tourteau fromager,** gâteau à base de fromage de chèvre cuit dans de la pâte. ➲ Spécialité de la Vendée et du Poitou.

2. TOURTEAU n.m. (de l'anc. fr. *tort*, tordu). Gros crabe à large carapace elliptique brun-rouge (jusqu'à 25 cm de large), dont les puissantes pinces ont l'extrémité noire, appelé aussi *crabe dormeur* ou *dormeur.*

▲ **tourteau**

TOURTEREAU n.m. Jeune tourterelle encore au nid. ◆ **n.m. pl.** Fam. Jeunes amoureux.

TOURTERELLE n.f. (lat. pop. *turturella*, dimin. de *turtur*). Oiseau voisin du pigeon, d'Eurasie et du nord de l'Afrique, dont on élève une variété à collier noir. ➲ Cri : la tourterelle gémit, roucoule ; famille des columbidés.

TOURTIÈRE n.f. **1.** Ustensile pour faire cuire des tourtes ou des tartes. **2.** Région. (Ouest) ; Québec. Tourte à la viande.

TOUSSAINT n.f. (de *tous les saints*). **CATH.** Fête du 1er novembre, en l'honneur de tous les saints.

TOUSSER v.i. [3] (lat. *tussire*, de *tussis*, toux). Avoir un accès de toux ; se racler la gorge pour s'éclaircir la voix ou attirer l'attention.

TOUSSEUR, EUSE adj. et **n.** Qui tousse fréquemment.

TOUSSOTEMENT n.m. Action de toussoter ; bruit produit en toussotant.

TOUSSOTER v.i. [3]. Tousser à petits coups répétés.

1. TOUT, TOUTE [tu, tut] (au masc., *tout* se prononce [tut] devant une voyelle ou un *h* muet) **adj. indéf.** (pl. *tous, toutes*) [du lat. *totus*, tout entier]. **1.** Chaque ; n'importe quel : *Toute vérité n'est pas bonne à dire. À toute heure.* **2.** Exprime la totalité, l'intégralité : *Il a plu toute la journée.* **3.** Exprime l'intensité ; grand : *À toute allure* ; total : *Je vous invite en toute simplicité.* ▪ **Tout ce qu'il sait** [fam.], tant et plus : *Il rouspète tout ce qu'il sait.* ▪ **Tout le monde,** l'ensemble des hommes : *Tout le monde est mortel* ; n'importe qui : *Il y a cru, comme tout le monde.* ◆ **pron. indéf.** **1.** (Au pl.). L'ensemble des personnes : *Tous sont partis.* **2.** L'ensemble des choses : *Tout n'est pas exact dans ce qu'elle a dit.* ▪ **Après tout,** en définitive. ▪ **Avoir tout de,** ressembler strictement à. ▪ **Comme tout** [fam.], extrêmement : *Il est sympa comme tout.* ▪ **Tout compris,** sans dépense supplémentaire. ▪ **Tout ou partie,** la totalité ou une partie seulement. ▪ **Tout ou rien,** indique l'absence de compromis possible : *C'est tout ou rien.* ▪ **Tout qui** [Belgique], quiconque.

2. TOUT adv. Marque l'intensité ou le degré absolu : *Elle est tout émue. Ils sont tout petits.* ▪ **En tout,** tout compris. ▪ **En tout et pour tout,** uniquement. ▪ **Pour tout de bon** [litt.], sérieusement. ▪ **Tout à fait,** v. à son ordre alphabétique. ▪ **Tout plein** [fam.], extrêmement : *Mignon tout plein.* ▪ **Tout plein de** [fam.], beaucoup de : *Avoir tout plein d'idées.* ▪ **Tout… que** [litt.], quelque… que, si… que : *Tout cordial qu'il est* ou *qu'il soit.*

✎ 1. Varie devant un adj. fém. commençant par une consonne ou par un *h* aspiré : ***Elle était toute surprise, toute honteuse.*** Reste inv. au fém. devant une voyelle ou un *h* muet : ***Elle est tout ébahie, tout heureuse. Elle est tout à son travail.*** 2. Varie lorsqu'il est suivi de ***autre*** et d'un nom qu'il détermine : ***Éludez toute autre question.*** 3. Reste inv. s'il modifie ***autre*** et quand il est accompagné de ***un, une*** : ***C'est tout autre chose. C'est une tout autre affaire.***

3. TOUT n.m. Ensemble divisible ; totalité : *Le tout et la partie. Créer des touts cohérents.* ▪ **Ce n'est pas le tout,** il y a, outre cela, autre chose à faire ou à dire. ▪ **Du tout au tout,** complètement ; entièrement. ▪ **Le tout** (+ adj.), indique l'emploi exclusif de qqch (énergie, technologie) : *Le tout électrique. Le tout numérique.* ▪ **Le tout est de,** le principal, l'essentiel est de : *Le tout est d'y arriver.* ▪ **(Pas) du tout,** nullement. ▪ **Rien du tout,** absolument rien. ▪ **Risquer le tout pour le tout,** hasarder de tout perdre pour tout gagner.

TOUT À FAIT adv. Complètement : *Il est tout à fait remis* ; exactement : *C'est tout à fait ça.*

TOUT-À-L'ÉGOUT n.m. inv. Réseau public de collecte et d'évacuation souterraine des eaux usées des habitations.

TOUTE-ÉPICE n.f. (pl. *toutes-épices*). Condiment constitué de graines moulues de nigelle, utilisé en Europe orientale.

TOUTEFOIS adv. Néanmoins ; pourtant : *Elle ne veut pas, mais a toutefois promis d'y repenser.*

TOUT-EN-UN n.m. inv. **1.** Livre qui réunit en un volume des informations de toutes sortes. **2.** Appareil multifonction.

TOUTE-PUISSANCE n.f. sing. **1.** Puissance sans bornes ; autorité absolue. **2. THÉOL. CHRÉT.** Puissance infinie de Dieu.

TOUTES-BOÎTES n.m. Belgique. Hebdomadaire distribué gratuitement, au contenu essentiellement publicitaire.

TOUTIM ou **TOUTIME n.m.** Fam. ▪ **Et (tout) le toutim,** et tout le reste.

TOUT-LE-MONDE n.inv. ▪ **M., Mme Tout-le-Monde,** le citoyen ordinaire ; n'importe qui : *M. Tout-le-Monde fera-t-il du tourisme spatial ?*

TOUT-MÉNAGE n.m. (pl. *tous-ménages*). Suisse. Imprimé gratuit distribué dans les boîtes aux lettres de tous les ménages par un organisme public ou privé.

TOUTOU n.m. (pl. *toutous*). **1.** Chien, dans le langage enfantin. **2.** Québec. Animal en peluche, dans le langage enfantin.

TOUT-PARIS n.m. sing. Ensemble des personnalités que leur notoriété appelle à figurer dans les manifestations mondaines à Paris.

TOUT-PETIT n.m. (pl. *tout-petits*). Très jeune enfant ; bébé.

TOUT-PUISSANT, TOUTE-PUISSANTE adj. et **n.** (pl. *tout-puissants, toutes-puissantes*). Qui a un pouvoir illimité ou très grand. ▪ **Le Tout-Puissant,** Dieu.

TOUT-TERRAIN adj. inv. ▪ **Véhicule tout-terrain,** ou **tout-terrain,** n.m. inv., véhicule conçu pour circuler hors des chaussées de routes et d'autoroutes.

À TOUT-VA ou **À TOUT VA** loc. adv. et loc. adj. inv. Sans limite ; sans retenue.

TOUT-VENANT n.m. inv. **1.** MIN. Matériau extrait d'une mine ou d'une carrière, avant tout traitement. **2.** Ensemble de choses, de personnes ordinaires.

TOUX n.f. (lat. *tussis*). Expiration brusque et sonore de l'air contenu dans les poumons, provoquée par l'irritation des voies respiratoires : *Une quinte de toux.*

TOWNSHIP [tawnʃip] n.m. ou n.f. (mot angl. « municipalité »). Ghetto noir, bidonville des villes d'Afrique du Sud.

TOXÉMIE n.f. (du gr. *toxikon*, poison, et *haima*, sang). ▪ **Toxémie (gravidique),** syndrome associant en fin de grossesse une hypertension artérielle, une protéinurie et des œdèmes.

TOXICITÉ n.f. Caractère de ce qui est toxique : *La toxicité de la dioxine.*

TOXICO n. (abrév.). Fam. Toxicomane.

TOXICODÉPENDANCE n.f. État de dépendance psychique ou physique à une substance toxique.

TOXICODÉPENDANT, E n. et adj. Personne souffrant de toxicodépendance.

TOXICOLOGIE n.f. Science traitant des substances toxiques, de leurs effets sur l'organisme et de leur identification.

TOXICOLOGIQUE adj. Relatif à la toxicologie.

TOXICOLOGUE n. Spécialiste de toxicologie.

TOXICOMANE n. Personne atteinte de toxicomanie. Abrév. (fam.) **toxico.**

➲ Les produits utilisés par les **TOXICOMANES** sont des psychotropes (héroïne, cocaïne, ecstasy, etc.) qui modifient les perceptions sensorielles ou les fonctions psychiques, ou encore provoquent des hallucinations. À la dépendance physique et psychique s'ajoutent diverses complications psychiatriques, physiques, infectieuses (hépatite, VIH), et, pour la plupart des toxicomanes, une désocialisation liée à l'impératif de rechercher le produit et son financement. Le sevrage, aidé par un traitement médicamenteux, peut être complété par une psychothérapie.

TOXICOMANIAQUE adj. Relatif à la toxicomanie.

TOXICOMANIE n.f. Comportement qui consiste à consommer, d'une façon habituelle ou périodique, un ou plusieurs produits psychotropes (drogues) susceptibles d'engendrer un état de dépendance ; addiction (SYN. **pharmacodépendance**).

TOXICOMANOGÈNE adj. Susceptible d'engendrer une toxicomanie.

TOXICOSE n.f. Syndrome très grave du nourrisson, de causes multiples, caractérisé par la prédominance des troubles digestifs et de la déshydratation.

TOXIDERMIE n.f. Affection cutanée consécutive à l'administration d'un médicament.

TOXI-INFECTION n.f. (pl. *toxi-infections*). État infectieux dû à une toxine sécrétée par un micro-organisme. ▪ **Toxi-infection alimentaire,** intoxication par ingestion d'aliments contaminés (SYN. **intoxication alimentaire**).

TOXINE n.f. **1.** Substance toxique élaborée par un organisme vivant (bactérie, végétal, animal), auquel elle confère son pouvoir pathogène. **2.** Cour. Déchet de l'organisme qui aurait un pouvoir pathogène en cas d'accumulation ; poison.

TOXIQUE adj. et n.m. (lat. *toxicum*, du gr. *toxikon*, poison). Se dit d'une substance nocive pour les organismes vivants. ◆ adj. **1.** ÉCON. Se dit d'opérations ou de produits financiers qui présentent des risques très élevés pour les emprunteurs (*emprunts toxiques*) ou pour les investisseurs (*titres* ou *valeurs toxiques*). **2.** Fig. Se dit d'une personne ou d'une relation dont l'influence est psychologiquement nocive, pernicieuse : *Quitter un conjoint toxique. Sortir d'une amitié toxique.*

TOXOPLASME n.m. Genre de protozoaire dont l'espèce *Toxoplasma gondii* provoque la toxoplasmose chez l'homme.

TOXOPLASMOSE n.f. Maladie provoquée par le toxoplasme, dangereuse pour le fœtus lorsqu'elle est contractée par une femme enceinte.

TOYOTISME n.m. Système d'organisation du travail accordant une plus grande autonomie aux agents productifs (contrairement au fordisme et au taylorisme). ➲ Mis en place par la firme automobile japonaise Toyota, il a pour objectif les « cinq zéros » : zéro stock, zéro délai, zéro papier, zéro défaut, zéro panne.

1. TPE ou **T.P.E.** [tepeə] n.f. (sigle de *très petite entreprise*). Entreprise employant moins de vingt salariés.

2. TPE ou **T.P.E.** [tepeə] n.m. pl. Travaux personnels encadrés.

TRABENDISTE [-bɛn-] n.m. Algérie. Vendeur à la sauvette ; petit trafiquant.

TRABENDO [-bɛn-] n.m. (de l'esp. *contrabando*, contrebande). Algérie. Marché noir ; contrebande.

TRABOULE n.f. Région. (Lyon). Passage étroit qui fait communiquer deux rues à travers un pâté de maisons.

TRAC n.m. (onomat.). Fam. Angoisse irraisonnée éprouvée au moment de paraître en scène ou d'entreprendre une action.

TOUT À TRAC loc. adv. Vieilli. Avec brusquerie et sans réfléchir.

TRAÇABILITÉ n.f. Possibilité de suivre un produit aux différents stades de sa production, de sa transformation et de sa commercialisation, notamm. dans l'agroalimentaire ; par ext., possibilité de suivre un objet aux différentes étapes de son acheminement.

TRAÇABLE adj. Se dit d'un produit, d'un objet dont on peut suivre les étapes de production et d'acheminement.

TRAÇAGE n.m. **1.** Action de tracer ; tracement. **2.** MÉCAN. INDUSTR. Opération consistant à dessiner sur une pièce brute les axes, les contours permettant de l'usiner.

TRAÇANT, E adj. Se dit d'un projectile (balle, obus) muni d'une composition combustible, qui laisse derrière lui un sillage lumineux. ▪ **Racine traçante** [bot.], qui s'étend horizontalement et très près du sol.

TRACAS n.m. (Surtout pl.). Souci momentané, dû surtout à des problèmes matériels.

TRACASSER v.t. [3] (de *traquer*). Causer du souci à ; inquiéter : *Son avenir me tracasse.* ◆ **SE TRACASSER** v.pr. Se faire du souci.

TRACASSERIE n.f. Ennui causé à qqn pour des motifs futiles : *Tracasseries de la vie de bureau.*

TRACASSIER, ÈRE adj. et n. Qui suscite des difficultés pour des riens : *Des voisins tracassiers.*

TRACASSIN n.m. Fam., vx. Humeur inquiète.

TRACE n.f. (de *tracer*). **1.** Empreinte sur le sol marquant le passage de qqn, d'un animal, de qqch : *Des traces de pas, de pneus.* **2.** Marque laissée par une action : *Trace de coups, d'effraction* ; impression faite par un événement : *Son divorce a laissé des traces en lui.* **3.** (Surtout pl.). Ce qui subsiste du passé ; vestiges : *Découvrir les traces d'un alphabet ancien.* **4.** Quantité minime : *Le réactif a révélé des traces de sang.* **5.** Antilles. Sentier en montagne. **6.** Intersection d'une droite ou d'un plan avec un des plans de projection, en géométrie descriptive. ▪ **Élément trace** [géol.], élément chimique dont la concentration dans les échantillons n'excède pas quelques centaines de ppm.

TRACÉ n.m. Ligne continue représentant qqch, formant un contour : *Le tracé d'une route.* ▪ **Tracé des épures,** dessin, en grandeur d'exécution, des diverses parties d'une construction.

TRACEMENT n.m. Traçage.

TRACÉOLOGIE n.f. Étude des traces laissées sur les tranchants des outils préhistoriques.

TRACER v.t. [9] (du lat. *tractus*, trait). **1.** Représenter par des lignes et des points : *Tracer une droite.* **2.** Marquer l'emplacement de : *Tracer une autoroute.* **3.** Faire la description de qqch, qqn : *Tracer un portrait flatteur d'un pays.* **4.** Indiquer une voie, une direction : *Le succès de son père lui trace la voie.* **5.** Suivre, par des technologies diverses, les déplacements de qqn ou de qqch : *Tracer un suspect, un téléphone portable.* **6.** MÉCAN. INDUSTR. Effectuer un traçage. ◆ v.t. ind. (APRÈS). Suisse. Fam. Poursuivre. ◆ v.i. Fam. Aller très vite.

TRACERET n.m. Pointe à tracer de menuisier, d'ajusteur (SYN. **traçoir**).

1. TRACEUR, EUSE adj. Qui trace ; qui laisse une trace. ◆ n.m. **1.** PHYS. Caractère distinctif (isotope radioactif, par ex.) associé naturellement ou artificiellement à certains éléments d'un ensemble et dont la détection permet d'étudier le comportement de cet ensemble. **2.** MÉD. Marqueur. **3.** Petit dispositif de géolocalisation par satellite, constitué d'une balise autonome dont on équipe une personne, un véhicule ou un objet et qui, associée à une interface numérique, permet de suivre leurs déplacements (SYN. **tracker**). [→ **GPS**]. ▪ **Traceur de courbes** [inform.], table traçante.

2. TRACEUR, EUSE n. MÉCAN. INDUSTR. Personne chargée du traçage.

TRACHÉAL, E, AUX [-ke-] adj. ANAT. Relatif à la trachée.

TRACHÉE [-ʃe] n.f. (de *trachée-artère*). **1.** Chez l'homme et certains vertébrés, canal, maintenu béant par des anneaux de cartilage, qui fait communiquer le larynx avec les bronches et sert au passage de l'air. **2.** Chez les insectes et les arachnides, tube ramifié conduisant directement l'air des stigmates aux organes.

TRACHÉE-ARTÈRE n.f. (pl. *trachées-artères*). ANAT. Vx. Trachée.

TRACHÉEN, ENNE [-ke-] adj. ZOOL. Relatif aux trachées des insectes et des arachnides.

TRACHÉIDE [-ke-] n.f. BOT. Organe conducteur de la sève constitué d'éléments cellulaires allongés bout à bout.

TRACHÉITE [-ke-] n.f. MÉD. Inflammation de la trachée.

TRACHÉO-BRONCHITE (pl. *trachéo-bronchites*), ▲ *TRACHÉOBRONCHITE* [-keo-] n.f. MÉD. Inflammation simultanée de la trachée et des bronches.

TRACHÉOTOMIE [-keo-] n.f. Ouverture chirurgicale de la trachée au niveau du cou pour la mettre en communication avec l'extérieur au moyen d'une canule, lorsqu'il y a un risque d'asphyxie.

TRACHOME [-kom] n.m. (du gr. *trakhôma*, aspérité). MÉD. Conjonctivite granuleuse contagieuse, due à un micro-organisme du genre *Chlamydia* et endémique dans certains pays chauds.

TRACHYTE [-kit] n.m. (du gr. *trakhutês*, rudesse). Roche volcanique contenant essentiellement des feldspaths alcalins.

TRACKER [trakœr] n.m. (mot angl.). **1.** Produit financier coté en Bourse et indexé sur un indice spécifique (Cac 40, par ex.). **2.** Traceur (balise).

TRACLET n.m. Suisse. Petit train ; spécial., petit train de montagne.

TRAÇOIR n.m. Traceret.

TRACT n.m. (mot angl. « brochure »). Feuille imprimée distribuée à des fins de propagande.

TRACTABLE adj. Qui peut être tracté, tiré.

TRACTAGE n.m. Action de tracter, de tirer qqch.

TRACTATION n.f. (du lat. *tractatio*, traité). [Surtout pl.]. Négociation plus ou moins secrète, souvent laborieuse ; marchandage.

1. TRACTER v.t. [3]. Tirer au moyen d'un véhicule ou d'un procédé mécanique : *Tracter une caravane.*

2. TRACTER v.i. [3]. Fam. Distribuer des tracts : *Tracter sur les marchés.*

TRACTEUR, TRICE adj. Capable de tracter. ◆ n.m. **1.** Véhicule motorisé destiné à tracter des remorques sans moteur. **2.** Engin automoteur tout-terrain, à roues ou à chenilles, entraînant les machines agricoles et actionnant éventuellement leurs mécanismes.

TRACTIF, IVE adj. Qui exerce une traction.

TRACTION n.f. (lat. *tractio*). **1.** Mode d'action d'une force motrice placée en avant de la force résistante : *Traction d'une remorque.* **2.** CH. DE F. Service chargé des locomotives et du personnel de conduite. **3.** MATÉR. Mode de travail d'un corps soumis à l'action d'une force qui tend à l'allonger. **4.** Mouvement de gymnastique consistant à soulever son corps, à plat ventre sur le sol ou suspendu à une barre, à des anneaux, en poussant ou en tirant sur les bras. ▪ **Traction (avant),** automobile dont les roues avant sont motrices.

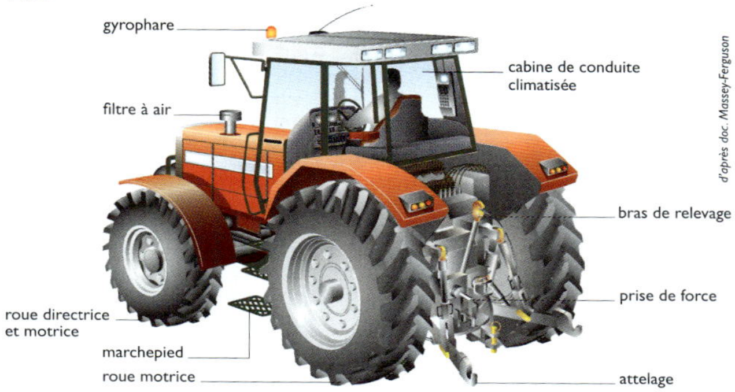

▲ **tracteur** agricole.

TRACTOGRAPHIE n.f. Technique d'imagerie médicale dérivée de l'IRM, qui permet d'étudier les différents faisceaux de fibres nerveuses dans la substance blanche du cerveau (tissu du cerveau contenant ces fibres).

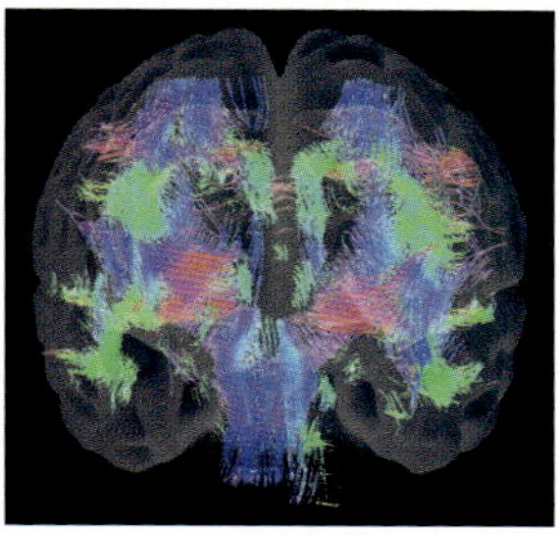
▲ **tractographie**

TRACTOPELLE n.f. Chargeuse-pelleteuse.

TRACTORISTE n. Conducteur de tracteur.

TRACTUS [-tys] **n.m.** (mot lat. « traînée »). **ANAT.** Ensemble de fibres ou d'organes qui se font suite et forment une unité fonctionnelle : *Tractus génital.*

TRADESCANTIA [-dɛskɑ̃sja] **n.m.** (de J. *Tradescant*, n. d'un botaniste). Monocotylédone originaire d'Amérique, à feuillage coloré, à croissance rapide, cultivée en serre et en appartement, appelée cour. *misère.* ➲ Famille des commélinacées.

TRADE-UNION [trɛdjunjɔn] ou [trɛdynjɔn] **n.f.** (pl. *trade-unions*) [de l'angl. *trade*, métier, et *union*, union]. Syndicat ouvrier, dans un pays anglo-saxon.

TRADEUR, EUSE [tredœr, øz] **n.** ou **TRADER** [tredœr] **n.m.** (angl. *trader*). Dans une banque ou une société boursière, opérateur spécialisé dans l'achat et la vente de valeurs mobilières, devises et produits dérivés.

TRADIPRATICIEN, ENNE n. Afrique. Personne pratiquant une forme de médecine traditionnelle ; guérisseur.

TRADITION n.f. (du lat. *traditio*, livraison). **1.** Transmission de doctrines, de légendes, de coutumes sur une longue période ; ensemble de ces doctrines, de ces récits. **2.** Manière d'agir ou de penser transmise de génération en génération ; coutume. **3. ARCHÉOL.** Perpétuation d'un trait culturel. **4. DR.** Remise matérielle d'un bien meuble faisant l'objet d'un transfert de propriété. ▪ **La Tradition** [relig.], ensemble des vérités de foi qui ne sont pas contenues directement dans la révélation écrite mais qui sont fondées sur l'enseignement constant et les institutions d'une religion.

TRADITIONALISME n.m. Système de croyances fondé sur la tradition ; attachement aux traditions.

TRADITIONALISTE adj. et **n.** Relatif au traditionalisme ; qui en est partisan.

TRADITIONNEL, ELLE adj. 1. Fondé sur la tradition ; rituel. **2.** Passé dans les habitudes, dans l'usage.

TRADITIONNELLEMENT adv. Conformément à la tradition.

1. TRADUCTEUR, TRICE n. Personne qui traduit ; auteur d'une traduction.

2. TRADUCTEUR n.m. INFORM. Programme qui traduit un programme écrit dans un langage en un programme écrit dans un autre langage.

TRADUCTION n.f. 1. Action de traduire ; ouvrage traduit. **2.** Litt. Manière d'exprimer, de manifester qqch : *Cette sonate était la traduction de son amour.* **3. DR.** Fait de traduire qqn en justice. **4. BIOCHIM.** Synthèse d'une protéine dans le cytoplasme d'une cellule, à partir de l'information génétique contenue dans l'ARN. ▪ **Traduction automatique** ou **assistée par ordinateur**, traduction de textes par des moyens informatiques.

TRADUIRE v.t. [78] (du lat. *traducere*, faire passer). **1.** Transposer un texte d'une langue dans une autre : *Traduire un poème chinois en français.* **2.** Rendre perceptible, visible : *Son regard traduisait sa gêne.* ▪ **Traduire en justice** [dr.], citer, appeler devant un tribunal. ◆ **SE TRADUIRE v.pr. 1.** Être exprimé : *Sa tendresse se traduit dans ses gestes.* **2. (PAR).** Avoir pour conséquence ; se solder par.

TRADUISIBLE adj. Qui peut être traduit.

1. TRAFIC n.m. (ital. *traffico*). **1.** Commerce illégal et clandestin : *Trafic de stupéfiants.* **2.** Fam. Activité mystérieuse et louche. ▪ **Trafic d'influence** [dr.], infraction pénale commise lorsqu'une personne représentante de l'autorité publique se fait rémunérer pour faire obtenir, par son influence auprès de cette autorité, un avantage à un tiers.

2. TRAFIC n.m. (angl. *traffic*). Circulation et fréquence des véhicules sur une voie de communication : *Trafic ferroviaire, portuaire, routier, aérien.*

TRAFICOTAGE n.m. Fam. Action de traficoter.

TRAFICOTER v.i. [3]. Fam. Se livrer à de petits trafics. ◆ **v.t.** Fam. Manigancer : *Qu'est-ce qu'il traficote ?*

TRAFIQUANT, E n. Personne qui trafique, se livre à un commerce frauduleux.

TRAFIQUER v.i. [3]. Effectuer des opérations commerciales illégales et clandestines. ◆ **v.t.** Fam. **1.** Falsifier un produit ; frelater. **2.** Faire qqch en secret ; manigancer.

TRAGÉDIE n.f. (lat. *tragoedia*, du gr.). **1.** Pièce de théâtre caractérisée par la gravité de son langage et une action menant à une issue fatale un ou plusieurs de ses personnages ; genre littéraire que constitue l'ensemble de ces pièces. ➲ De ses origines, du temps de la Grèce antique, jusqu'à sa réinvention au XVIIᵉ s. par les auteurs français, la tragédie classique met en scène des personnages illustres empruntés à la mythologie et à l'histoire dans le but de susciter l'émotion et la catharsis*. La tragédie moderne conte aussi la lutte désespérée d'êtres ordinaires contre un destin inéluctable. **2.** Fig. Événement funeste ; drame.

TRAGÉDIEN, ENNE n. Acteur spécialisé dans les rôles de tragédie.

TRAGI-COMÉDIE (pl. *tragi-comédies*), ▲ *TRAGICOMÉDIE* **n.f. 1.** Pièce de théâtre dont le sujet est romanesque ou chevaleresque et dont le dénouement est heureux. **2.** Fig. Événement à la fois grave et comique.

TRAGI-COMIQUE (pl. *tragi-comiques*), ▲ *TRAGICOMIQUE* **adj. 1.** Qui tient de la tragi-comédie. **2.** À la fois tragique et comique.

1. TRAGIQUE adj. 1. THÉÂTRE. Relatif à la tragédie : *Le genre tragique.* **2.** Qui provoque l'angoisse ; dramatique : *Le rapt a eu une issue tragique.* ◆ **n.m.** Caractère tragique de qqch : *La dispute a tourné au tragique.* ▪ **Le tragique, le** genre artistique de la tragédie.

2. TRAGIQUE n.m. Auteur de tragédies : *Les tragiques grecs.*

TRAGIQUEMENT adv. De façon tragique.

TRAGUS [-gys] **n.m.** (du gr. *tragos*, bouc). **ANAT.** Méplat triangulaire faisant saillie en avant et en dehors de l'orifice du conduit auditif externe.

TRAHIR v.t. [21] (du lat. *tradere*, livrer). **1.** Cesser d'être fidèle à, de soutenir : *Trahir un ami, son pays.* **2.** Absol. Passer à l'ennemi. **3.** Abandonner brusquement : *Ses forces l'ont trahi.* **4.** Révéler ce qui devait rester caché : *Trahir un secret. Ses pleurs l'ont trahie.* **5.** Donner une idée fausse de : *Trahir la pensée de qqn.* ◆ **SE TRAHIR v.pr.** Laisser voir ce que l'on voulait cacher de soi.

TRAHISON n.f. 1. Action de trahir son pays, une cause, etc. **2.** Manquement à une promesse, à un engagement. **3. DR.** Atteinte aux intérêts fondamentaux de la nation, spécial. à son indépendance, à l'intégrité et à la sécurité de son territoire. ▪ **Haute trahison** [dr., anc.], grave manquement aux devoirs de sa charge commis par un président de la République, en France.

TRAIL [trɛjl] **n.m.** (mot angl. « piste »). **1.** Moto tout-terrain. **2.** Course à pied de longue distance sur un chemin ou un sentier accidenté.

TRAILLE n.f. (lat. *tragula*). **NAVIG.** Bac solidaire d'un câble tendu d'une rive à l'autre d'un cours d'eau et disposé pour se mouvoir sous l'action du courant.

TRAIN n.m. (de *traîner*). **1.** Convoi ferroviaire constitué de un ou plusieurs véhicules remorqués par un engin moteur (locomotive, automotrice, etc.) : *Train de voyageurs, de marchandises.* **2.** File de véhicules remorqués ou motorisés, attelés les uns aux autres, formant une unité de transport : *Train de péniches.* **3.** Ensemble organisé de choses identiques : *Train d'engrenages.* **4.** Ensemble de mesures législatives ou administratives : *Train de réformes.* **5.** Vitesse de progression d'une personne, d'un animal, d'un véhicule : *Ce coureur a du mal à suivre le train.* **6. MIL.** Arme des transports et de la circulation par route, dans l'armée de terre, créée en 1807. **7.** Fam. Postérieur : *Botter le train à qqn.* ▪ **Aller bon train,** aller, avancer rapidement : *Les rumeurs, les travaux vont bon train.* ▪ **Au** ou **du train où vont les choses,** si la situation continue à évoluer ainsi. ▪ **Être en train,** être en forme ; être en voie d'exécution. ▪ **Être en train de,** être occupé à : *Être en train de lire.* ▪ **Mener le train,** dans une course, être en tête du peloton. ▪ **Mettre en train,** commencer à exécuter. ▪ **Mise en train,** action de mettre en train. ▪ **Prendre le train en marche** [fam.], se joindre à une action déjà en cours. ▪ **Train à grande vitesse,** train électrique destiné à circuler en service commercial à une vitesse d'au moins 250 km/h sur des lignes spécialement construites à cet effet. *(V. ill. page suivante.)* ▪ **Train avant, arrière,** ensemble des éléments remplaçant l'essieu classique à l'avant, à l'arrière d'une voiture. ▪ **Train d'atterrissage,** dispositif d'atterrissage d'un avion. ▪ **Train de bois,** assemblage de troncs d'arbres flottant sur un cours d'eau. ▪ **Train de combat** ou **train régimentaire** [mil.], ensemble des moyens d'un corps destinés à fournir ce qui est nécessaire aux unités pour combattre et subsister. ▪ **Train de devant, de derrière** [zool.], partie antérieure, postérieure du corps des quadrupèdes. ▪ **Train de roulement,** ensemble des organes assurant la progression et la suspension des véhicules automobiles. ▪ **Train de sénateur,** allure lente et grave. ▪ **Train de sonde, de tiges** [pétrole], ensemble constitué par le train de tiges et le trépan ; ensemble de tiges de forage. ▪ **Train de vie,** manière de vivre de qqn, considérée par rapport à ses revenus. ▪ **Train d'ondes** [phys.], groupe d'ondes successives. ▪ **Train routier,** ensemble de véhicules routiers remorqués par un tracteur.

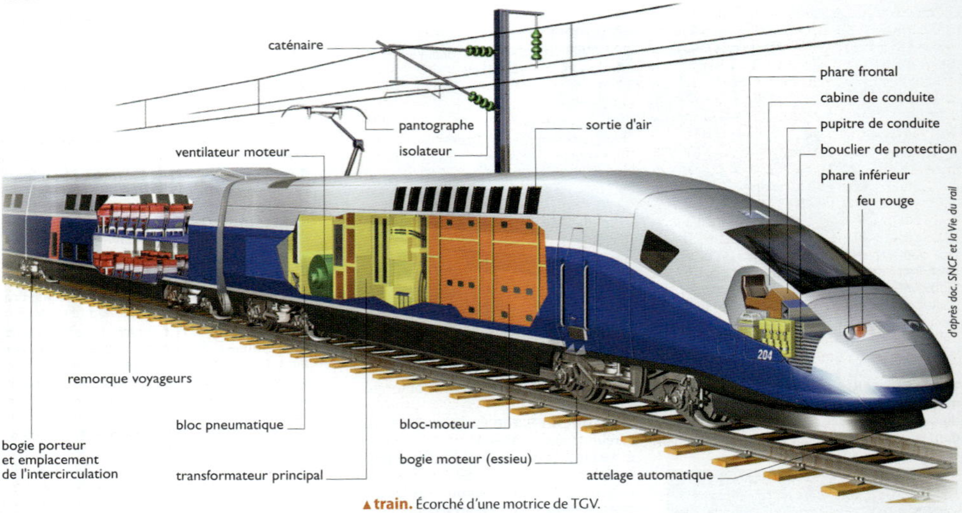

▲ **train.** Écorché d'une motrice de TGV.

TRAÎNAGE, ▲ *TRAINAGE* **n.m. 1.** Action de traîner. **2.** Transport au moyen de traîneaux.

TRAÎNAILLER v.i. [3] → **TRAÎNASSER.**

TRAÎNANT, E, ▲ *TRAINANT, E* **adj. 1.** Qui traîne à terre. **2.** Se dit d'une élocution très lente : *Voix traînante.*

1. TRAÎNARD, E, ▲ *TRAINARD, E* **n.** Fam. Personne qui reste en arrière des autres, qui est lente dans son travail.

2. TRAÎNARD, ▲ *TRAINARD* **n.m. MÉCAN. INDUSTR.** Sur un tour, ensemble mécanique coulissant sur la glissière du banc et portant les organes destinés à maintenir les outils et à commander leur avance.

TRAÎNASSER ou **TRAÎNAILLER,** ▲ *TRAINASSER, TRAINAILLER* **v.i. [3].** Fam. **1.** Errer paresseusement ; flâner. **2.** Être à la traîne dans son travail ; lambiner.

TRAÎNE, ▲ *TRAINE* **n.f. 1.** Partie d'un vêtement long qui se prolonge par-derrière et traîne à terre. **2. MAR.** Tout objet relié par un filin à l'arrière d'un navire et qu'on laisse glisser dans son sillage. **3.** Anc. **CHASSE.** Traîneau. ▪ **Être à la traîne** [fam.], en retard. ▪ **Pêche à la traîne,** qui consiste à remorquer une ligne armée d'un leurre ou d'un ou de plusieurs hameçons portant une esche. ▪ **Traîne sauvage** [Québec], traîneau sans patins fait de planches minces dont la partie avant est recourbée vers l'arrière.

TRAÎNEAU, ▲ *TRAINEAU* **n.m.** (de *traîner*). **1.** Véhicule muni de patins et qu'on fait glisser sur la glace, la neige. **2.** Anc. **CHASSE.** Filet qui servait à prendre des oiseaux en le traînant dans les champs (SYN. **traîne**). ➲ Son emploi est interdit.

TRAÎNÉE, ▲ *TRAINÉE* **n.f. 1.** Trace laissée sur une surface ou dans l'espace par un corps en mouvement, par une substance répandue : *Une traînée lumineuse, de boue.* **2.** Fam., injur. Femme débauchée. **3. PHYS.** Force aérodynamique qui s'oppose à l'avancement d'un mobile dans l'air.

TRAÎNEMENT, ▲ *TRAINEMENT* **n.m.** Action de traîner qqch.

TRAÎNER, ▲ *TRAINER* **v.t. [3]** (du lat. *trahere,* tirer). **1.** Déplacer qqch en le tirant par terre derrière soi. **2.** Emporter, amener partout avec soi : *Elle traîne toujours ses dossiers, ses enfants avec elle.* **3.** Emmener de force : *Il m'a traîné à la piscine.* **4.** Supporter une chose pénible qui dure : *Traîner un rhume.* ▪ **Traîner la jambe,** marcher avec difficulté. ▪ **Traîner les pieds,** marcher sans les soulever suffisamment ; fig., fam., agir, obéir avec réticence. ◆ **v.i. 1.** Pendre jusqu'à terre : *Son écharpe traîne.* **2.** Ne pas être à sa place : *Le courrier traîne sur la table.* **3.** En parlant d'un sujet, être rebattu : *Cette rumeur traîne sur Internet.* **4.** Aller sans but : *Traîner dans les magasins.* **5.** S'attarder inutilement : *Traîner en rentrant ;* durer trop longtemps : *Sa grippe traîne.* ◆ **SE TRAÎNER v.pr. 1.** Se déplacer en rampant ou avec difficulté. **2.** S'écouler lentement : *La journée se traîne.*

TRAÎNERIE, ▲ *TRAINERIE* **n.f.** Québec. Objet, vêtement qui traîne, qui n'est pas à sa place : *Ramasse tes traîneries !*

TRAÎNE-SAVATES n. inv., ▲ *TRAINE-SAVATE n. (pl. traine-savates).* Fam. Personne qui passe son temps à traîner ; fainéant.

TRAÎNEUR, EUSE, ▲ *TRAINEUR, EUSE* **n.** Personne qui traîne, traînasse. ▪ **Traîneur de sabre** [fam., vx], militaire bravache.

TRAINGLOT ou **TRINGLOT n.m.** Arg. mil. Militaire du train.

TRAINING [treniŋ] **n.m.** (mot angl. « entraînement »). **1.** Chaussure de sport à semelle de caoutchouc et à tige basse. **2.** Vieilli. Survêtement. ▪ **Training autogène** [psychol., vieilli], méthode de relaxation fondée sur la suggestion.

TRAIN-PARC n.m. (pl. *trains-parcs*). Train aménagé pour héberger du personnel travaillant sur une ligne de chemin de fer.

TRAIN-TRAIN n.m. inv., ▲ *TRAINTRAIN n.m.* Fam. Répétition monotone des actes de la vie de tous les jours ; routine.

TRAIN-TRAM n.m. (pl. *trains-trams*). Rame automotrice aux caractéristiques ferroviaires, mais adaptée pour circuler aussi en ville sur des voies de tramway.

TRAIRE v.t. [92] (du lat. *trahere,* tirer). Extraire le lait des mamelles des femelles de mammifères. ▪ **Machine à traire,** machine effectuant la traite mécanique de certaines femelles d'animaux domestiques (vaches, chèvres, brebis) [SYN. **trayeuse**].

TRAIT n.m. (lat. *tractus*). **1.** Ligne tracée sur une surface quelconque : *Trait de plume.* **2.** Marque distinctive : *Les traits culturels d'un pays.* **3.** Indice d'une qualité, d'un sentiment, etc. : *Trait de génie.* **4.** Quantité de liquide absorbée d'un coup : *Boire à longs traits.* **5.** Litt. Projectile (javelot, flèche) lancé à la main ou avec une arme de jet. **6.** Litt. Propos blessant ; sarcasme. **7.** Litt. Corde avec laquelle un animal attelé tire sa charge. **8. LING.** Propriété pertinente minimale distinguant deux unités. **9. IMPRIM.** Cliché ne comportant que des noirs et des blancs purs, sans demi-teintes (par oppos. à *similigravure*). **10. MUS.** Passage d'une œuvre exigeant de la virtuosité. ▪ **À grands traits,** sans entrer dans les détails. ▪ **Avoir trait à,** se rapporter à. ▪ **Bête** ou **animal de trait,** que l'on attelle à une machine agricole. ▪ **Dessin au trait** [bx-arts], qui se limite au contour des formes, sans ombres ni modelé. ▪ **D'un trait,** d'un seul coup ; sans s'arrêter. ▪ **Partir comme un trait,** très vite. ▪ **Tirer un trait sur qqch,** y renoncer définitivement. ▪ **Trait de côte,** ligne qui matérialise la séparation de la terre et de la mer sur les documents cadastraux et cartographiques. ➲ Il correspond génér. au niveau des plus hautes mers. ▪ **Trait de scie,** coupe faite avec la scie. ▪ **Trait d'esprit,** expression spirituelle. ▪ **Trait pour trait,** avec une ressemblance absolue. ◆ **n.m. pl.** Lignes caractéristiques du visage humain : *Traits fins.*

TRAITABLE adj. Que l'on peut traiter : *Données traitables. Maladie traitable.*

TRAITANT, E adj. Qui traite, soigne : *Shampooing traitant.* ▪ **Médecin traitant,** en France, médecin, généraliste ou spécialiste, libéral ou hospitalier, choisi par un assuré social pour être son médecin habituel, celui qui l'orientera et le suivra tout au long de son parcours de soins coordonné. ◆ **adj.m.** ▪ **Officier traitant,** ou **traitant, n.m.,** agent d'un service de renseignements qui est en contact avec un espion, un indicateur.

TRAIT D'UNION n.m. (pl. *traits d'union*). **1.** Signe typographique ayant la forme d'un petit tiret que l'on met entre les éléments de la plupart des mots composés ou entre le verbe et un pronom postposé. **2.** Fig. Personne ou chose qui sert de lien, d'intermédiaire.

TRAITE n.f. 1. Action de traire. **2.** Litt. Étendue de chemin que l'on parcourt sans s'arrêter : *Une longue traite.* **3. DR.** Lettre de change*. **4. HIST.** Forme élémentaire de commerce qui consistait à échanger des marchandises manufacturées de faible valeur contre des produits locaux. **5.** Dans la France d'Ancien Régime, droit de douane perçu aux frontières du royaume et de certaines provinces. ▪ **D'une (seule) traite,** sans s'arrêter en chemin ; sans s'interrompre. ▪ **Traite des Blanches,** forme d'esclavage consistant à engager ou à détourner des femmes en vue de les livrer à la prostitution. ▪ **Traite des êtres humains,** forme de criminalité organisée consistant à déplacer des personnes par la violence pour les exploiter sexuellement ou les livrer à l'esclavage moderne. ▪ **Traite des Noirs** [hist.], trafic des esclaves sur les côtes de l'Afrique, pratiqué par les Européens du XVIe au XIXe s. ➲ Le congrès de Vienne la condamna en 1815, mais, en dépit de diverses conventions la prohibant, la traite ne disparut qu'à la fin du XIXe s.

TRAITÉ n.m. 1. Ouvrage didactique qui traite d'une matière particulière : *Traité d'astronomie.* **2.** Convention écrite entre deux ou plusieurs États ; pacte.

TRAITEMENT n.m. 1. Manière d'agir envers qqn : *Un traitement cruel.* **2. MÉD.** Ensemble des moyens mis en œuvre pour guérir une maladie, une blessure : *Suivre un traitement.* **3.** Action d'examiner et de régler un problème. **4.** Rémunération d'un fonctionnaire. **5. INDUSTR.** Ensemble des opérations que l'on fait subir à des matières premières pour les transformer. **6. CINÉMA.** Développement d'un synopsis. ▪ **Mauvais traitements,** actes de violence infligés à qqn ; sévices. ▪ **Traitement de l'information, des données** [inform.], ensemble des opérations relatives à la collecte, à l'élaboration, à la modification, à l'édition, etc., de données. ▪ **Traitement de texte(s),** ensemble des techniques informatiques qui permettent la saisie, la mémorisation, la correction, l'actualisation, la mise en page et la diffusion de textes.

TRAITER v.t. [3] (lat. *tractare*). **1.** Agir de telle manière envers qqn : *Traiter qqn en ami.* **2.** MÉD. Prescrire ou pratiquer un traitement : *Traiter une infection par les antibiotiques.* **3.** (DE). Appliquer un qualificatif péjoratif à : *Traiter qqn de menteur.* **4.** Exposer verbalement ou par écrit : *Traiter une question en public.* **5.** Régler les conditions d'un marché, d'une vente ; négocier. **6.** BX-ARTS. Représenter, interpréter un sujet, un motif de telle manière. **7.** INDUSTR. Soumettre une matière première, une substance, etc., à diverses opérations susceptibles de la transformer : *Traiter un minerai.* ▪ **Traiter qqn** [fam. ou Antilles], l'insulter. ◆ **v.t. ind. 1.** (DE). Prendre pour objet d'étude : *Ce reportage traite de biodiversité.* **2.** (AVEC). Négocier un accord : *Traiter avec les concurrents.*

TRAITEUR n.m. Professionnel de la restauration qui prépare des plats à emporter ou qui les livre sur le lieu d'une réception.

TRAÎTRE, ESSE, ▲ *TRAITRE, ESSE* **adj.** et **n.** (lat. *traditor*). Qui trahit. ▪ **En traître,** d'une manière perfide : *Prendre qqn en traître.* ◆ **adj.** Qui est plus dangereux qu'il n'y paraît : *Un rosé traître.* ▪ **Pas un traître mot,** pas un seul mot.

TRAÎTREUSEMENT, ▲ *TRAITREUSEMENT* **adv.** Avec traîtrise.

TRAÎTRISE, ▲ *TRAITRISE* **n.f. 1.** Comportement de traître ; déloyauté. **2.** Acte de trahison ; perfidie.

TRAJECTOGRAPHIE n.f. ASTRONAUT. Tracé ou reconstitution de la trajectoire d'un engin spatial ou d'un missile.

TRAJECTOIRE n.f. (du lat. *trajectus,* traversée). **1.** Ligne décrite par un point matériel en mouvement, et notamm. par le centre de gravité d'un projectile. **2.** Fig. Carrière professionnelle.

TRAJET n.m. (de l'ital. *tragetto,* traversée). **1.** Fait de parcourir l'espace pour aller d'un point à un autre. **2.** Chemin à parcourir entre deux points ; itinéraire. **3.** ANAT., MÉD. Parcours d'une formation normale (artère, nerf, etc.) ou pathologique (fistule, par ex.).

TRALALA n.m. (onomat.). Fam., vieilli. Luxe ostentatoire : *Se pacser sans tralala.*

TRÂLÉE n.f. (du lat. pop. *tragulare,* suivre à la trace). Antilles, Québec, Suisse. Longue suite, multitude de personnes ou de choses : *Une trâlée d'enfants.*

TRALUIRE v.i. [77] (de *luire*). Suisse. Devenir translucide, en parlant du raisin qui mûrit.

TRAM n.m. (abrév.). Tramway.

TRAMAGE n.m. TEXT. Succession des trames dans un tissu, différant par la matière ou le coloris.

TRAMAIL ou **TRÉMAIL** n.m. (du lat. *tres,* trois, et *macula,* maille). Filet de pêche formé de trois nappes superposées.

TRAME n.f. (lat. *trama*). **1.** TEXT. Ensemble des fils passant transversalement entre les fils de la chaîne tendus sur le métier à tisser. **2.** Fig. Fond sur lequel se détachent des événements marquants : *La trame d'un roman.* **3.** ARCHIT. Maillage, quadrillage d'un plan d'architecture ou d'urbanisme. **4.** IMPRIM. Écran constitué d'un support transparent quadrillé ou réticulé et interposé entre l'original en demi-teintes et la couche sensible pour la reproduction en similigravure. **5.** TÉLÉV. Ensemble des lignes horizontales explorées au cours du balayage vertical de l'image de télévision. ➲ Chaque image comprend deux trames, l'une pour les lignes paires, l'autre pour les lignes impaires, qui améliorent sa définition et sa stabilité.

TRAMER v.t. [3]. **1.** TEXT. Tisser en entrelaçant la trame avec la chaîne. **2.** Fig. Préparer secrètement ; ourdir : *Tramer un attentat.* **3.** IMPRIM. Produire avec une trame. ◆ **SE TRAMER** v.pr. Être préparé en secret, en parlant d'une machination.

TRAMINOT n.m. Employé de tramway.

TRAMONTANE n.f. (de l'ital. *tramontana,* d'au-delà des monts). Vent du nord-ouest soufflant sur le bas Languedoc et le Roussillon, et présentant les mêmes caractéristiques que le mistral.

TRAMPING [-piŋ] **n.m.** (mot angl.). MAR. Navigation à la demande, sans itinéraire fixe.

TRAMPOLINE n.m. (ital. *trampolino*). Grande toile tendue sur des ressorts d'acier, sur laquelle on effectue des sauts ; sport ainsi pratiqué.

TRAM-TRAIN n.m. (pl. *trams-trains*). Voiture ou rame de tramway apte à circuler à la fois sur des lignes implantées sur voirie, en ville, et sur des lignes régionales de chemin de fer, à la périphérie.

TRAMWAY [-wɛ] **n.m.** (mot angl.). Chemin de fer électrique destiné au transport urbain et suburbain de voyageurs, et implanté en totalité ou en partie sur la chaussée des rues empruntées ; voiture qui circule sur ces rails. Abrév. **tram.**

TRANCE adj. inv. et n.f. (mot angl. « extase »). Se dit d'un style de musique électronique né en Allemagne au début des années 1990, issu de la techno et de la house, et qui se caractérise par des mélodies répétitives et planantes.

TRANCHAGE n.m. **1.** Action de trancher. **2.** BOIS. Mode de débit d'une bille de bois en feuilles très minces (destinées, notamm., au placage).

TRANCHANT, E adj. **1.** Qui coupe : *Ciseaux tranchants.* **2.** Fig. Qui décide de façon péremptoire ; autoritaire ; qui révèle ce caractère ; cassant : *Ton tranchant.* ◆ **n.m.** Côté effilé d'un instrument coupant ; fil. ▪ **À double tranchant,** qui peut avoir deux effets opposés.

TRANCHE n.f. **1.** Morceau d'une matière comestible, coupé assez mince : *Une tranche de rôti.* **2.** Bord mince d'un objet de faible épaisseur : *Poser une pièce de monnaie sur la tranche.* **3.** REL. Chacun des trois côtés rognés de l'épaisseur d'un livre relié ou broché (*tranche de tête* en haut du volume, *tranche de queue* en bas du volume, *tranche de gouttière* du côté opposé au dos du volume). **4.** Chacune des parties successives d'une opération de longue durée : *La dernière tranche des fouilles.* **5.** Chacune des plages de temps, des durées successives dans un ensemble donné : *Tranche horaire. Tranche d'âge.* **6.** DR. Chacune des différentes strates du revenu ou du capital des personnes physiques, soumises à des taux d'imposition différents, sur la base de la progressivité. **7.** MATH. Ensemble de trois chiffres consécutifs dans l'écriture décimale d'un nombre. **8.** ÉLECTROTECHN. Unité de production d'énergie électrique dans une centrale. ▪ **S'en payer une tranche** [fam.], s'amuser beaucoup. ▪ **Tranche de vie,** description réaliste de la vie quotidienne, à un moment donné. ▪ **Tranche grasse,** morceau de boucherie formé par les muscles cruraux antérieurs, débité en grillades ou en rôtis. ▪ **Tranche nucléaire,** dans une centrale nucléaire, ensemble formé par un réacteur et le système de production d'électricité associé. ➲ Les centrales regroupent génér. plusieurs tranches.

TRANCHÉ, E adj. **1.** Net et distinct : *Couleurs tranchées.* **2.** Qui est sans nuances : *Avis tranché.* **3.** HÉRALD. Se dit de l'écu divisé par une ligne oblique allant de l'angle dextre du chef à l'angle senestre de la pointe.

TRANCHÉE n.f. **1.** Excavation longitudinale pratiquée à ciel ouvert dans le sol. **2.** MIL. Fossé permettant au combat la circulation et le tir à couvert. ▪ **Guerre de tranchées,** dans laquelle le front est jalonné par une série de tranchées continues (Première Guerre mondiale, par ex.) ; désaccord dans lequel chacun campe sur ses positions. ◆ **n.f. pl.** MÉD. ▪ **Tranchées utérines,** contractions utérines douloureuses survenant après l'accouchement.

TRANCHEFILE n.f. REL. Galon brodé de couleurs vives, collé au dos en haut et en bas d'un livre relié.

TRANCHER v.t. [3] (du lat. pop. *trinicare,* couper en trois). **1.** Couper en séparant : *Trancher un cordage.* **2.** Résoudre en prenant une décision rapide : *Trancher un différend.* ◆ **v.i.** Former un contraste : *Ce rouge tranche sur le noir.*

TRANCHET n.m. Lame d'acier plate et courbe, servant à couper le cuir.

TRANCHEUR n.m. Ouvrier qui procède au débitage du bois à la trancheuse.

TRANCHEUSE n.f. **1.** Engin de terrassement servant à creuser des tranchées. **2.** Machine à couteau mobile, servant à obtenir de minces feuilles de bois (placage) d'une manière discontinue. **3.** Machine servant à couper en tranches fines le jambon, le rôti, les saucissons, etc.

TRANCHOIR n.m. **1.** Couteau pour trancher. **2.** Planche à découper la viande. **3.** Zancle.

TRANQUILLE adj. (lat. *tranquillus*). **1.** Qui est sans agitation, sans bruit : *Quartier tranquille.* **2.** Qui ne manifeste ni inquiétude, ni trouble : *Dormir l'esprit tranquille.* ▪ **Laisser qqn, qqch tranquille,** s'abstenir d'importuner qqn ; s'abstenir de toucher, de manipuler qqch. ▪ **Vin tranquille,** qui ne dégage pas de bulles de gaz carbonique.

TRANQUILLEMENT adv. De façon tranquille.

TRANQUILLISANT, E adj. Qui tranquillise ; rassurant. ◆ **n.m.** Médicament psychotrope faisant partie des anxiolytiques ou des neuroleptiques.

TRANQUILLISER v.t. [3]. Délivrer qqn d'un souci ; rassurer. ◆ **SE TRANQUILLISER** v.pr. Cesser d'être inquiet.

TRANQUILLITÉ n.f. **1.** État de ce qui est tranquille, sans agitation ; quiétude. **2.** État de qqn qui est sans inquiétude ; sérénité.

1. TRANS adj. CHIM. ORG. Se dit d'un isomère dans lequel deux substituants se trouvent de part et d'autre d'un plan de symétrie (par oppos. à *cis*). ➲ L'excès d'acides gras trans dans l'alimentation a des effets néfastes sur la santé.

2. TRANS adj. et n. (abrév.). Transsexuel.

TRANSACTION n.f. (bas lat. *transactio*). **1.** Accord conclu en transigeant ; arrangement. **2.** Opération commerciale ou boursière. **3.** DR. Contrat par lequel les parties mettent fin à une contestation, ou la préviennent, en renonçant partiellement à leurs prétentions réciproques. **4.** DR. Convention entre l'administration fiscale ou la douane et un contribuable, permettant d'atténuer, sous certaines conditions, des pénalités fiscales. ▪ **Transaction haute fréquence** (angl. *high frequency trading*) [Bourse], mode de gestion d'actifs basé sur des algorithmes informatiques qui génèrent automatiquement et à très grande vitesse, en fonction de leur analyse en temps réel des données de marché, des ordres d'achat et de vente de titres financiers. (On dit aussi *trading haute fréquence.*) ▪ **Transaction pénale,** procédure par laquelle le ministère public propose à l'auteur d'un délit de faible gravité d'éviter les poursuites en payant une amende.

TRANSACTIONNEL, ELLE adj. Relatif à une transaction. ▪ **Analyse transactionnelle,** méthode psychothérapique fondée notamm. sur l'idée que les échanges interpersonnels sont établis sur des relations comparables à des transactions.

TRANSALPIN, E adj. **1.** Situé du côté des Alpes où ne se trouve pas Rome : *La Gaule Transalpine.* **2.** (Abusif). Italien : *La gastronomie transalpine.*

TRANSAMAZONIEN, ENNE adj. Qui traverse l'Amazonie.

TRANSAMINASE n.f. BIOCHIM. Enzyme qui catalyse le transfert du groupement amine d'un acide aminé sur un acide cétonique. ➲ La concentration sanguine de certaines transaminases s'élève notamm. en cas d'hépatite.

TRANSANDIN, E adj. Qui traverse les Andes.

1. TRANSAT n.m. Fam. Chaise longue pliante recouverte de toile.

2. TRANSAT n.f. (abrév.). Course transatlantique*.

TRANSATLANTIQUE adj. Qui traverse l'océan Atlantique. ▪ **Course transatlantique,** ou **transatlantique, n.f.,** course de voiliers traversant l'océan Atlantique. Abrév. **transat.** ◆ **n.m.** Paquebot affecté à des traversées de l'océan Atlantique.

TRANSATMOSPHÉRIQUE adj. Se dit d'un véhicule aérospatial doté de moyens de propulsion qui lui permettent d'atteindre l'espace et d'en revenir en se comportant comme un avion.

TRANS-AVANT-GARDE [trɑ̃s-] **n.f.** (pl. *trans-avant-gardes*). Mouvement artistique italien de la fin des années 1970, qui réhabilite la spontanéité et la liberté de l'acte de peindre tout en le nourrissant de références culturelles multiples.

TRANSBAHUTER v.t. [3] (de *bahut*). Fam. Transporter d'un lieu dans un autre avec plus ou moins de précautions.

TRANSBORDEMENT n.m. Action de transborder.

TRANSBORDER v.t. [3]. Transférer des marchandises ou des voyageurs d'un bateau, d'un train, d'un véhicule dans un autre.

a b c d e f g h i j k l m n o p q r s t u v w x y z

TRANSBORDEUR adj.m. ▪ **Navire transbordeur,** ou **transbordeur, n.m.,** recomm. off. pour **ferry-boat** et pour **car-ferry.** ▪ **Pont transbordeur,** pont à tablier élevé auquel est suspendue une plateforme mobile, pour le franchissement d'un fleuve ou d'une baie.

TRANSCAUCASIEN, ENNE adj. Qui est situé au-delà du Caucase.

TRANSCENDANCE n.f. 1. Supériorité marquée ; excellence. **2. PHILOS.** En métaphysique, caractère de ce qui est d'une nature absolument supérieure, de ce qui est extérieur au monde ; chez Kant, caractère de ce qui est au-delà de toute expérience possible ; en phénoménologie, processus par lequel la conscience, comme conscience de qqch, se dépasse elle-même.

TRANSCENDANT, E adj. (lat. *transcendens*). **1.** Qui est supérieur aux autres : *Esprit transcendant.* **2. PHILOS.** Qui a un caractère de transcendance, au sens métaphysique ou au sens kantien (par oppos. à *immanent*) ; en phénoménologie, se dit de l'objet vers lequel la conscience se dirige. ▪ **Équation transcendante** [math.], équation dont la recherche des solutions ne peut pas se ramener à celle des zéros d'un polynôme. ➲ L'équation $x = \cos x$ est transcendante. ▪ **Nombre transcendant** [math.], nombre réel qui n'est pas algébrique. ➲ π et e sont des nombres transcendants.

TRANSCENDANTAL, E, AUX adj. PHILOS. Dans la philosophie médiévale, se dit de la propriété commune à différents êtres ; chez Kant, se dit de ce qui se rapporte aux conditions a priori de la connaissance, hors de toute détermination empirique. ▪ **Ego transcendantal,** chez Husserl, moi pur, sujet ultime atteint au terme de la réduction eidétique. ▪ **Moi** ou **sujet transcendantal,** chez Kant, fonction unifiant la diversité des représentations.

TRANSCENDANTALISME n.m. Ensemble des doctrines philosophiques fondées sur la transcendance.

TRANSCENDER v.t. [3]. Litt. Dépasser par sa valeur, son intelligence ; surpasser.

TRANSCODAGE n.m. INFORM. Traduction d'une information fournie dans un code en une information équivalente dans un code différent.

TRANSCODER v.t. [3]. Effectuer un transcodage.

TRANSCODEUR n.m. Appareil qui permet de transcoder.

TRANSCONTINENTAL, E, AUX adj. Qui traverse un continent.

TRANSCRÂNIEN, ENNE adj. Qui traverse le crâne. ▪ **Stimulation magnétique transcrânienne,** technique médicale utilisant des impulsions magnétiques produites par un aimant et transmises au cerveau à travers le crâne. ➲ Elle est employée pour traiter des douleurs ou une dépression rebelles aux traitements classiques.

TRANSCRIPTASE n.f. (de *transcription*). **BIOCHIM.** Enzyme qui catalyse la synthèse de l'ARN à partir de l'information génétique contenue dans l'ADN correspondant. ▪ **Transcriptase inverse,** enzyme qui catalyse la synthèse de l'ADN à partir de l'information génétique contenue dans l'ARN. ➲ Elle joue un rôle essentiel pour l'action des rétrovirus, en leur permettant de s'intégrer au noyau des cellules d'un hôte. Elle est aussi utilisée en biologie moléculaire.

TRANSCRIPTEUR n.m. Personne ou appareil qui transcrit.

TRANSCRIPTION n.f. 1. Action de transcrire ; état de ce qui est transcrit. **2. DR.** Copie officielle, à partir des registres de l'état civil, de certains actes ou de certains jugements relatifs à l'état des personnes. **3. BIOCHIM.** Synthèse de l'ARN dans le noyau d'une cellule à partir de l'information contenue dans un gène de l'ADN.

TRANSCRIRE v.t. [79] (lat. *transcribere*). **1.** Reproduire exactement par l'écriture ; recopier. **2.** Reproduire un texte grâce à un système d'écriture différent. **3.** Mettre par écrit ce que l'on a dans l'esprit. **4. MUS.** Adapter une œuvre pour la confier à des voix ou à des instruments auxquels elle n'était pas primitivement destinée.

TRANSCULTUREL, ELLE adj. Relatif aux relations entre plusieurs cultures.

TRANSDERMIQUE ou **TRANSCUTANÉ, E adj. PHARM.** Se dit de l'absorption d'une substance à travers la peau ; se dit du procédé utilisé pour cette absorption, ou de la substance elle-même (SYN. **percutané**). ▪ **Système transdermique,** petit dispositif adhésif contenant un médicament qui traverse la peau et diffuse dans tout l'organisme.

TRANSDISCIPLINAIRE adj. Qui dépasse les cloisonnements entre les disciplines.

TRANSDUCTEUR n.m. MÉTROL. Dispositif qui transforme une grandeur physique en une autre grandeur physique, fonction de la précédente. ➲ La plupart des capteurs de mesure sont des transducteurs.

TRANSDUCTION n.f. 1. MICROBIOL. Échange de matériel génétique d'une bactérie à une autre, réalisé par l'intermédiaire d'un bactériophage. **2. NEUROL.** Conversion d'un stimulus (chimique, thermique, etc.) en un signal électrique au niveau d'un récepteur.

TRANSE n.f. (de *transir*). **1.** (Souvent pl.). Inquiétude très vive accompagnée d'angoisse à l'idée d'un danger proche ; affres. **2. OCCULT.** État modifié de conscience dans lequel entreraient les médiums quand ils communiquent avec les esprits. ▪ **Être** ou **entrer en transe(s),** être très agité, énervé ou hors de soi.

TRANSEPT [-sɛpt] **n.m.** (mot angl., du lat. *trans,* au-delà de, et *saeptum,* enclos). **ARCHIT.** Vaisseau transversal qui sépare le chœur de la nef et forme les bras de la croix, dans une église en croix latine (SYN. **croisillon**).

TRANSFECTION n.f. BIOL., MÉD. Introduction d'un fragment d'ADN étranger à l'intérieur d'une cellule, au cours d'une expérience, d'un traitement par thérapie génique.

TRANSFÉRABLE adj. Qui peut être transféré.

TRANSFÉRASE n.f. BIOCHIM. Enzyme qui catalyse spécifiquement le transfert de radicaux ou de fonctions chimiques d'une substance à une autre.

TRANSFÈREMENT n.m. DR. Action de transférer un prévenu, un détenu d'un lieu dans un autre.

TRANSFÉRER v.t. [11], ▲ *[11*]* (lat. *transferre*). **1.** Faire passer d'un lieu dans un autre : *Transférer un prisonnier, des capitaux.* **2. DR.** Transmettre qqch d'une personne à une autre.

TRANSFERT n.m. 1. Action de transférer, de déplacer qqch, qqn : *Transfert de cendres au Panthéon.* **2.** Décalcomanie collée sur un vêtement. **3. SPORTS.** Changement de club d'un joueur professionnel. **4. MÉCAN. INDUSTR.** Transport automatique des pièces en cours de fabrication ou de montage d'un poste de travail au suivant. **5. ASTRONAUT.** Pour un véhicule spatial, action de passer d'une orbite à une autre. **6. INFORM.** Déplacement d'une information d'une mémoire à une autre. **7. DR.** Acte par lequel une personne acquiert un droit d'une autre, qui le lui transmet : *Transfert de propriété.* **8. PSYCHOL.** Phénomène par lequel une activité intellectuelle ou manuelle modifie une autre activité qui la suit, soit en la rendant plus facile *(transfert positif),* soit en la troublant *(transfert négatif).* **9. PSYCHAN.** Report de sentiments favorables ou hostiles effectué par l'analysant sur la personne de l'analyste, correspondant à la répétition de situations infantiles et au jeu de structures anachroniques. ▪ **Chaîne de transfert** [mécan. industr.], installation d'atelier comprenant une succession de machines-transferts, dans laquelle les pièces à usiner sont déplacées automatiquement d'un poste à l'autre. ▪ **Transfert d'appel,** service de télécommunication permettant de renvoyer les appels téléphoniques sur un autre poste ou une autre ligne d'abonné. ▪ **Transfert d'entreprise** [dr.], modification dans la situation juridique d'une entreprise (vente, fusion, etc.) qui laisse subsister les contrats de travail entre le nouvel employeur et le personnel de l'entreprise. ▪ **Transfert de technologie** [dr.], ensemble des modalités selon lesquelles les détenteurs d'une innovation technologique, d'un savoir-faire technique, d'un brevet, etc., en concèdent l'exploitation à un tiers.

TRANSFIGURATION n.f. Changement profond de l'expression du visage, du caractère de qqn. ▪ **La Transfiguration** [christ.], apparition du Christ dans la gloire de sa divinité à trois de ses apôtres (Pierre, Jacques et Jean) sur le mont Thabor (Israël) ; fête qui célèbre cet événement.

TRANSFIGURER v.t. [3] (du lat. *transfigurare,* transformer). Donner au visage un éclat inaccoutumé : *L'amour l'a transfiguré.*

TRANSFILER v.t. [3]. MAR. Joindre deux morceaux de toile bord à bord ou une voile et un espar au moyen d'un filin.

TRANSFINI, E adj. MATH. Se dit du cardinal d'un ensemble infini.

TRANSFO n.m. (abrév.). Fam. Transformateur.

TRANSFORMABLE adj. Qui peut être transformé.

TRANSFORMANTE adj.f. GÉOL. ▪ **Faille transformante,** plan vertical le long duquel deux plaques lithosphériques coulissent l'une par rapport à l'autre.

TRANSFORMATEUR, TRICE adj. Qui transforme : *Industrie transformatrice.* ◆ **n.m. ÉLECTR.** Appareil statique à induction électromagnétique, qui transforme un système de tensions et de courants alternatifs en un ou plusieurs autres systèmes de tensions et de courants de même fréquence, mais génér. de valeurs différentes. Abrév. (fam.) **transfo.**

TRANSFORMATION n.f. 1. Action de transformer : *Transformation du pétrole.* **2.** Fait de se transformer : *Transformation du têtard en grenouille.* **3.** Changement apporté en transformant ; modification : *Faire des transformations dans des locaux.* **4.** Au rugby, après un essai, envoi du ballon d'un coup de pied au-dessus de la barre transversale et entre les poteaux de but (2 points s'ajoutant aux 5 de l'essai). **5. MATH.** Application bijective d'un espace affine dans lui-même. **6. LING.** En grammaire générative, opération formelle permettant de rendre compte de la structure de la phrase (ex. : la transformation passive : *Pierre aime Marie → Marie est aimée de Pierre*). **7.** Opération effectuée par les banques, consistant à affecter leurs ressources à court terme à des emplois à long et à moyen terme. ▪ **Rapport de transformation** [électr.], rapport des nombres de spires des deux enroulements secondaire et primaire d'un transformateur. ▪ **Transformation thermodynamique,** modification que subit un système du fait de ses échanges d'énergie avec le milieu extérieur.

TRANSFORMATIONNEL, ELLE adj. LING. Relatif aux transformations.

TRANSFORMÉ n.m. ou **TRANSFORMÉE n.f. MATH.** Image d'un élément par une transformation.

TRANSFORMER v.t. [3] (du lat. *transformare,* former au-delà). **1.** Rendre qqch différent ; modifier ses caractères généraux : *Transformer le système bancaire.* **2.** Faire changer d'état, de nature : *Transformer une friche en jardin.* **3.** Modifier l'état physique, moral de qqn : *Sa cure l'a transformé. Cette promotion l'a transformée.* **4.** Au rugby, réussir la transformation d'un essai. ◆ **SE TRANSFORMER v.pr. 1.** Changer de forme, d'aspect, de caractère ; évoluer. **2. (EN).** Changer de nature ; passer à un nouvel état.

TRANSFORMISME n.m. 1. BIOL. Théorie explicative de la succession des faunes et des flores au cours des temps géologiques, opposée au fixisme et fondée sur l'idée de transformation progressive des populations et des lignées. **2.** Art du transformiste.

TRANSFORMISTE adj. et **n.** Relatif au transformisme ; qui en est partisan. ◆ **n.** Artiste de music-hall qui interprète successivement différents personnages en changeant très vite de costume.

TRANSFRONTALIER, ÈRE adj. 1. Relatif au franchissement d'une frontière, aux relations entre pays limitrophes : *Travailleurs transfrontaliers.* **2.** Relatif aux espaces proches d'une frontière entre États voisins : *Métropole transfrontalière.*

TRANSFUGE n.m. (lat. *transfuga*). Soldat qui passe à l'ennemi. ◆ **n.** Personne qui abandonne une cause pour se rallier à une autre.

TRANSFUSÉ, E adj. et **n.** Qui a reçu une ou plusieurs transfusions.

TRANSFUSER v.t. [3]. Opérer une transfusion de sang.

TRANSFUSION n.f. (lat. *transfusio*). ▪ **Transfusion (sanguine),** injection, dans une veine d'un malade, de sang ou d'un produit dérivé préalablement prélevé sur un ou plusieurs donneurs ou sur le malade lui-même.

➲ Les produits utilisés pour la **TRANSFUSION** sanguine peuvent être du sang total, des globules blancs, des globules rouges, des plaquettes, du plasma ou certains constituants du plasma. Compte tenu du risque, très faible, de transmission d'un virus, on préfère génér. pratiquer une autotransfusion, quand elle est possible.

TRANSFUSIONNEL, ELLE adj. Relatif à la transfusion.

TRANSGÈNE n.m. Gène qui a été introduit dans un organisme transgénique.

TRANSGÉNÉRATIONNEL, ELLE adj. Qui concerne toutes les générations, tous les âges : *Succès transgénérationnel.* ▪ **Analyse transgénérationnelle** [psychol.], psychogénéalogie.

TRANSGENÈSE ou **TRANSGÉNOSE n.f. GÉNÉT.** Modification du génome d'un être vivant par introduction d'un fragment d'ADN au stade d'ovule ou de jeune embryon, au cours d'une expérience. ➲ Elle est actuellement interdite chez l'homme.

TRANSGÉNIQUE adj. Se dit d'un être vivant (bactérie, plante ou animal) sur lequel on a réalisé une transgenèse. (→ **OGM**).

TRANSGENRE adj. et **n.** Se dit d'une personne présentant un transsexualisme et qui adopte l'apparence et le mode de vie de l'autre genre, mais sans changer de sexe.

TRANSGRESSER v.t. [3] (du lat. *transgredi*, traverser). Ne pas obéir à qqch ; enfreindre : *Transgresser un interdit.*

TRANSGRESSIF, IVE adj. Qui transgresse : *Un acte transgressif.*

TRANSGRESSION n.f. 1. Action de transgresser ; violation. **2. GÉOL.** Avancée lente de la mer due à une remontée de son niveau lors d'une période interglaciaire, d'une érosion rapide du rivage ou d'un affaissement tectonique.

TRANSHORIZON adj. inv. Se dit d'un matériel radioélectrique (radar, notamm.) dont la portée n'est pas limitée par l'horizon.

TRANSHUMANCE [-zy-] **n.f. 1.** Déplacement saisonnier d'un troupeau en vue de rejoindre une zone où il pourra se nourrir ; retour de ce troupeau au lieu d'où il était parti. **2.** Déplacement des ruches d'un lieu à un autre pour suivre la floraison.

TRANSHUMANISME n.m. Courant de pensée qui vise l'amélioration des capacités intellectuelles, physiques et psychiques de l'être humain grâce à l'usage de procédés scientifiques et techniques (manipulation génétique, nanotechnologies, intelligence artificielle, etc.). ➲ Conviction idéologique plus que position solidement argumentée, le transhumanisme est contesté aussi bien d'un point de vue scientifique que d'un point de vue éthique.

TRANSHUMANT, E [-zy-] **adj.** Qui effectue une transhumance. ◆ **n.** Sénégal. Personne qui a quitté son parti d'origine pour adhérer à un autre, génér. au pouvoir.

TRANSHUMER [-zy-] **v.i.** et **v.t. [3]** (de *transhumant*). Effectuer la transhumance.

TRANSI, E [trɑ̃zi] **adj. 1.** Transpercé par une sensation de froid. **2.** Litt. Paralysé par un sentiment violent. ◆ **n.m.** Effigie d'un mort à l'état de cadavre nu et se décomposant, dans la sculpture du Moyen Âge et de la Renaissance.

TRANSIGER [-zi-] **v.i. [10]** (du lat. *transigere*, faire passer à travers). **1.** Conclure un arrangement par des concessions réciproques. **2. (AVEC, SUR).** Ne plus se conformer aux exigences de qqch : *Transiger avec ses idéaux, sur la morale.*

TRANSILIEN [-si-] **n.m. inv.** (nom déposé). Service régional de transport de voyageurs de la SNCF, en Île-de-France (trains de banlieue, RER conjointement avec la RATP, bus de nuit).

TRANSILLUMINATION n.f. MÉD. Technique d'examen qui permet de vérifier la transparence d'un épanchement en appliquant une source lumineuse sur la partie du corps atteinte (les bourses, par ex.) [SYN. **diaphanoscopie**].

TRANSIR v.t. [21] (du lat. *transire*, aller au-delà). Litt. En parlant du froid, pénétrer et engourdir.

TRANSISTOR n.m. (de l'angl. *transfer resistor*, résistance de transfert). **1. ÉLECTRON.** Dispositif à semi-conducteur, qui peut amplifier des courants électriques, engendrer des oscillations électriques et assumer les fonctions de modulation et de détection. ➲ On distingue les *transistors bipolaires* et les *transistors à effet de champ.* **2.** Vieilli. Récepteur radiophonique portatif, équipé à l'origine de transistors et auj. de circuits intégrés.

TRANSISTORISATION n.f. Action de transistoriser.

TRANSISTORISER v.t. [3]. ÉLECTRON. Équiper un appareil de transistors ou, par ext., de circuits intégrés.

TRANSIT [trɑ̃zit] **n.m.** (ital. *transito*). **1.** Situation d'un voyageur qui, lors d'une escale aérienne, demeure dans l'enceinte de l'aéroport : *Être en transit.* **2.** Régime de franchise des droits de douane pour les marchandises qui traversent le territoire national, sans s'y arrêter, à destination d'un pays étranger. ▪ **Cité de transit,** ensemble de logements destinés à l'hébergement provisoire des occupants de locaux insalubres, à rénover ou à détruire. ▪ **Transit intestinal** [physiol.], déplacement du contenu du tube digestif depuis le pylore jusqu'au rectum, sous l'influence des contractions péristaltiques de l'intestin.

TRANSITAIRE adj. Relatif au transit des marchandises : *Commerce transitaire.* ◆ **n.** Commissionnaire en marchandises qui s'occupe de leur importation et de leur exportation.

TRANSITER v.t. [3]. Faire passer en transit. ◆ **v.i.** Être en transit dans un lieu.

TRANSITIF, IVE adj. (du lat. *transire*, passer). **GRAMM.** Se dit d'un verbe suivi d'un complément d'objet direct (ex. : *J'aime le cinéma*). ▪ **Relation transitive** [math.], relation binaire sur un ensemble E telle que la proposition « *a* est en relation avec *b* et *b* est en relation avec *c* » implique la proposition « *a* est en relation avec *c* » pour tout triplet (*a*, *b*, *c*) d'éléments de E. ▪ **Verbe transitif indirect** [gramm.], dont le complément est précédé d'une préposition (ex. : *obéir à, user de*). ◆ **n.m.** Verbe transitif.

TRANSITION [-zi-] **n.f.** (du lat. *transitio*, passage). **1.** Passage d'un état de choses à un autre : *Une transition de l'ombre à la lumière.* **2.** Degré, stade intermédiaire : *Passer sans transition de l'été à l'hiver.* **3.** Manière de passer d'une idée à une autre : *Changer de sujet par une habile transition.* **4. PHYS.** Passage d'un atome, d'un noyau, d'une molécule d'un niveau d'énergie à un autre. ▪ **De transition,** qui constitue un état intermédiaire : *Une équipe de transition.* ▪ **Éléments de transition** [chim.], éléments métalliques, au nombre de 56, qui possèdent une sous-couche électronique de rang 3 partiellement remplie. ▪ **Transition démographique,** situation d'un pays qui passe d'un régime de natalité et de mortalité élevées et qui s'équilibrent à un régime de natalité et de mortalité faibles, équilibrées aussi. ➲ C'est un phénomène majeur de l'histoire des populations. ▪ **Transition énergétique,** passage progressif et programmé du modèle énergétique actuel, fondé essentiellement sur des énergies non renouvelables, à un bouquet énergétique* conforme aux critères du développement durable.

TRANSITIONNEL, ELLE adj. Qui marque une transition. ▪ **Objet transitionnel** [psychan.], objet particulier (couverture, ours en peluche, etc.) auquel le nourrisson est passionnément attaché et qui l'aide à supporter l'angoisse de la séparation d'avec sa mère.

TRANSITIVEMENT adv. GRAMM. Comme un verbe transitif ; avec un complément d'objet.

TRANSITIVITÉ n.f. 1. Caractère des verbes transitifs. **2. MATH.** Caractère d'une relation binaire transitive.

TRANSITOIRE adj. 1. Qui dure peu de temps : *Bonheur transitoire.* **2.** Qui sert de transition : *Gérance transitoire.*

TRANSLATIF, IVE adj. DR. Qui opère le transfert d'une chose, d'un droit.

TRANSLATION n.f. (lat. *translatio*). Litt. Action de déplacer qqch d'un lieu dans un autre ; transfert : *La translation des cendres de Napoléon.* ▪ **Translation de vecteur** $\vec{u}$ [math.], application transformant M en M′ telle que $\overrightarrow{MM'} = \vec{u}$.

TRANSLITTÉRATION n.f. LING. Transcription faite en transcrivant lettre par lettre les signes d'un alphabet dans ceux d'un autre alphabet.

TRANSLOCATION n.f. (mot angl.). **GÉNÉT.** Aberration chromosomique par laquelle un segment de chromosome se détache et se fixe dans une autre position sur ce même chromosome ou se fixe sur un autre chromosome.

TRANSLUCIDE adj. (lat. *translucidus*). Qui laisse passer la lumière, sans permettre toutefois de distinguer nettement les contours des objets.

TRANSLUCIDITÉ n.f. Caractère d'un corps translucide.

TRANSLUMINAL, E, AUX adj. (du lat. *lumen, -inis*, lumière). ▪ **Angioplastie transluminale percutanée** → **ANGIOPLASTIE.**

TRANSMANCHE adj. inv. Qui traverse la Manche : *Trajets transmanche.*

TRANSMETTEUR n.m. MAR. ▪ **Transmetteur d'ordres,** appareil situé sur la passerelle d'un navire et destiné à transmettre des ordres au compartiment des machines.

TRANSMETTRE v.t. [64] (lat. *transmittere*). **1.** Faire parvenir ce que l'on a reçu ou acquis : *Transmettre un bijou, une tradition* ; faire connaître : *Transmettre une information.* **2.** Permettre le passage : *Les métaux transmettent le courant électrique* ; agir comme intermédiaire : *Ce dispositif transmet les images.* **3. DR.** Faire passer par mutation un bien, un droit. **4. MÉD.** Faire passer une maladie d'un organisme à un autre ; contaminer. ◆ **SE TRANSMETTRE v.pr.** Passer d'une personne à une autre, d'un lieu à un autre.

TRANSMIGRATION n.f. Action de transmigrer : *La transmigration des âmes.*

TRANSMIGRER v.i. [3] (lat. *transmigrare*). **OCCULT.** Passer d'un corps dans un autre, en parlant d'une âme.

TRANSMISSIBILITÉ n.f. Caractère de ce qui est transmissible.

TRANSMISSIBLE adj. Que l'on peut transmettre.

TRANSMISSION n.f. (du lat. *transmissio*, traversée). **1.** Action de transmettre qqch à qqn : *Transmission d'une maladie, d'un message, d'un bien.* **2.** Communication du mouvement d'un organe à un autre ; organe servant à cet usage : *Courroie de transmission.* ▪ **Transmission automatique,** organe d'un véhicule automobile qui, interposé entre le moteur et les roues, sélectionne la démultiplication à adopter sans intervention du conducteur, grâce notamm. à un convertisseur de couple complété par une boîte à engrenages. *(V. ill. page suivante.)* ▪ **Transmission de pensée** [occult.], télépathie. ▪ **Transmission des pouvoirs,** opération par laquelle les pouvoirs d'un chef d'État, d'un ministre, etc., sont transférés à son successeur. ▪ **Transmission intégrale,** celle d'un véhicule dont toutes les roues sont motrices. ◆ **n.f. pl. MIL.** Organisation chargée de l'établissement des moyens de liaison et de communication nécessaires à l'exercice du commandement et à la mise en œuvre des moyens militaires. ▪ **Réseau intégré de transmissions automatiques,** système militaire de télécommunications fondé sur les propriétés de l'informatique et utilisant un maillage hertzien.

TRANSMODULATION n.f. Déformation d'un signal radioélectrique, due à la superposition d'un autre signal dans un élément de liaison ou d'amplification non linéaire.

TRANSMUER v.t. [3] → **TRANSMUTER.**

TRANSMUTABILITÉ n.f. Propriété de ce qui est transmutable.

TRANSMUTABLE ou **TRANSMUABLE adj.** Qui peut être transmuté.

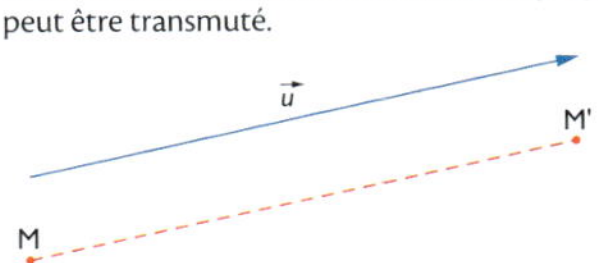

M' : image de M par la translation de vecteur $\vec{u}$

▲ translation

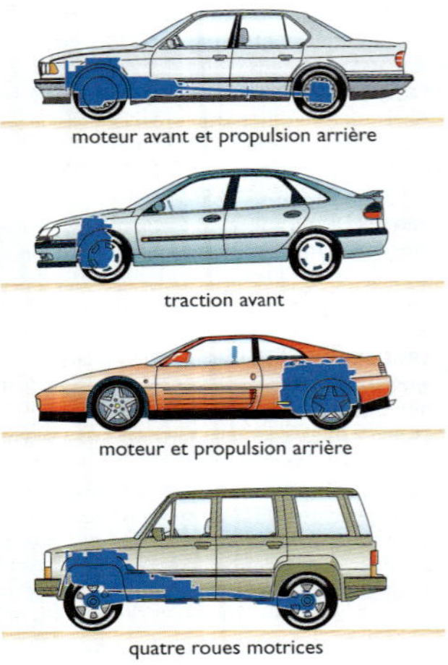

▲ **transmissions** d'automobile.

TRANSMUTATION n.f. **1.** OCCULT. Changement des métaux vulgaires en métaux nobles par les procédés de l'alchimie. **2.** PHYS. NUCL. Transformation d'un noyau atomique en un autre. **3.** Litt. Changement d'une chose en une autre ; métamorphose.

TRANSMUTER ou **TRANSMUER** v.t. [3] (lat. *transmutare*). Effectuer une transmutation.

TRANSNATIONAL, E, AUX adj. Qui concerne plusieurs nations ; multinational. ■ **Société transnationale (STN),** entreprise qui, par le biais d'investissements directs à l'étranger, réalise des activités économiques et financières dans plusieurs pays.

TRANSNEPTUNIEN, ENNE adj. ASTRON. Qui est au-delà de la planète Neptune, pour un observateur terrestre.

TRANSOCÉANIQUE adj. Qui va d'un côté à l'autre d'un océan.

TRANSPALETTE n.m. Petit chariot de manutention, que l'on introduit sous une palette ou une charge pour les soulever légèrement et les déplacer sur de faibles distances.

TRANSPARAÎTRE, ▲ *TRANSPARAITRE* v.i. [71] (auxil. *avoir*). Se montrer à travers qqch : *Laisser transparaître sa joie.*

TRANSPARENCE n.f. **1.** Propriété de ce qui est transparent : *La transparence du cristal.* **2.** Qualité de ce qui peut être vu et connu de tous : *Gestion qui manque de transparence.* **3.** CINÉMA. Trucage où les personnages sont filmés, en studio, devant un écran en verre dépoli sur lequel le décor est projeté. ■ **Transparence fiscale,** en matière d'impôt direct, décision ayant pour effet d'écarter la personnalité morale d'une société pour imposer directement les associés à raison des bénéfices sociaux.

TRANSPARENT, E adj. (lat. médiév. *transparens*). **1.** Qui laisse passer la lumière et permet de distinguer nettement les objets à travers son épaisseur. **2.** Fig. Dont le sens se laisse deviner aisément : *Sous-entendu transparent.* **3.** Que l'on ne cherche pas à dissimuler : *Comptabilité transparente.* **4.** PHYS. Qui se laisse aisément traverser par les ondes. ◆ n.m. Document sur support transparent, destiné à la projection.

TRANSPARTISAN, E adj. POLIT. Qui cherche à dépasser le traditionnel clivage des partis en prônant des solutions susceptibles de recueillir un large consensus pour le bénéfice de tous : *Un mouvement, un débat transpartisan.*

TRANSPERCER v.t. [9]. **1.** Percer de part en part ; perforer. **2.** Passer au travers : *La pluie a transpercé ma veste.*

TRANSPHOBE adj. et n. Qui est hostile aux personnes transsexuelles ou transgenres.

TRANSPHOBIE n.f. Aversion pour les personnes transsexuelles ou transgenres.

TRANSPHRASTIQUE adj. LING. Se dit du niveau d'analyse s'appliquant au texte (ensemble constitué d'une suite de phrases).

TRANSPIRATION n.f. **1.** Élimination de la sueur par les pores de la peau. **2.** BOT. Évapotranspiration.

TRANSPIRER v.i. [3] (lat. médiév. *transpirare*). **1.** Exhaler de la sueur : *Transpirer des mains.* **2.** Fig. Être divulgué : *Sa nomination a transpiré.*

TRANSPLANT n.m. CHIRURG. Organe qui doit être transplanté.

TRANSPLANTABLE adj. Qui peut être transplanté.

TRANSPLANTATION n.f. **1.** Action de transplanter. **2.** CHIRURG. Greffe d'un organe comportant un rétablissement de la continuité des vaisseaux sanguins et éventuellement des canaux. ➲ Les principaux organes transplantés sont le rein, le cœur et le foie.

TRANSPLANTÉ, E adj. et n. CHIRURG. Se dit d'un malade sur lequel on a pratiqué une transplantation.

TRANSPLANTER v.t. [3]. **1.** Planter en un autre endroit en enlevant de sa place : *Transplanter des salades.* **2.** Faire passer d'un lieu, d'un milieu à un autre : *Transplanter des réfugiés.* **3.** CHIRURG. Opérer une transplantation.

TRANSPOLAIRE adj. Qui passe par le pôle.

TRANSPONDEUR n.m. (angl. *transponder*). TÉLÉCOMM. Répéteur.

TRANSPORT n.m. **1.** Action ou manière de transporter d'un lieu dans un autre : *Transport d'un blessé, de déchets nucléaires.* **2.** Litt. (Souvent pl.). Vive émotion : *Des transports de colère.* **3.** MIL. Navire propre à transporter des troupes ou du matériel. ■ **Transport actif** [biol. cell.], transport de substances à travers la membrane d'une cellule, contre le gradient de concentration, grâce à des pompes membranaires. ■ **Transport sur les lieux** [dr.], déplacement du juge sur les lieux d'une infraction, au cours d'une instruction ou pour effectuer une perquisition. ◆ n.m. pl. **1.** Ensemble des divers modes d'acheminement des personnes ou des marchandises. **2.** HYDROL. Matériaux, solides ou dissous, déplacés par un cours d'eau.

TRANSPORTABLE adj. Qui peut être transporté.

TRANSPORTÉ, E adj. En proie à une vive émotion.

TRANSPORTER v.t. [3] (lat. *transportare*). **1.** Porter d'un lieu dans un autre : *Transporter des voyageurs, des marchandises.* **2.** Faire passer d'un lieu à un autre : *Le vent transporte le pollen.* **3.** Permettre de se retrouver en imagination dans tel lieu, telle époque. **4.** Susciter une vive émotion : *Cette saga transporte le public.* ◆ **SE TRANSPORTER** v.pr. DR. Se rendre en un lieu.

1. TRANSPORTEUR, EUSE adj. Qui transporte : *Benne transporteuse.* ◆ n.m. Appareil assurant mécaniquement le transport d'objets ou de matériel d'un lieu dans un autre.

2. TRANSPORTEUR n.m. Personne qui s'engage à assurer le déplacement d'une personne ou d'une marchandise, en vertu d'un contrat de transport terrestre, maritime ou aérien.

TRANSPOSABLE adj. Qui peut être transposé ; adaptable. ■ **Élément transposable** [génét.], transposon.

TRANSPOSÉE adj.f. MATH. ■ **Matrice transposée (d'une matrice A),** ou **transposée, n.f.,** matrice obtenue en permutant les lignes et les colonnes de la matrice A.

TRANSPOSER v.t. [3]. **1.** Placer des éléments dans un ordre différent de celui où ils figuraient : *Transposer les compléments d'un verbe.* **2.** MUS. Écrire ou exécuter un morceau dans une tonalité différente de celle dans laquelle il est composé. **3.** Placer dans un autre décor ou dans un autre contexte : *Transposer le mythe d'Orphée.*

TRANSPOSITEUR adj.m. ■ **Instrument transpositeur,** instrument de musique, à vent le plus souvent, construit de telle sorte que sa note fondamentale n'est pas un *do*.

TRANSPOSITION n.f. **1.** Action de transposer. **2.** CHIM. Réarrangement moléculaire. **3.** MUS. Transfert des notes d'un morceau d'une hauteur à une autre, sans changer ni les intervalles entre les notes ni la valeur des notes. **4.** PEINT. Remplacement par une toile neuve de la toile usée d'un tableau ancien. ■ **Transposition d'une directive** [dr.], mise en conformité obligatoire, dans un certain délai, du droit national d'un État membre de l'Union européenne avec le droit communautaire, permettant de garantir les résultats imposés par ladite directive. ■ **Transposition (sur un ensemble fini E)** [math.], permutation de E qui échange deux éléments de E et laisse invariants tous les autres.

TRANSPOSON n.m. GÉNÉT. Séquence mobile d'ADN, susceptible de changer de localisation sur le même chromosome ou d'un chromosome à un autre (SYN. **élément transposable**).

TRANSPYRÉNÉEN, ENNE adj. Qui franchit les Pyrénées.

TRANSSAHARIEN, ENNE adj. Qui traverse le Sahara.

TRANSSEXUALISME n.m. Conviction qu'a un sujet d'appartenir à l'autre sexe, qui le conduit à tout mettre en œuvre pour que son anatomie et son mode de vie soient le plus possible conformes à sa conviction.

TRANSSEXUALITÉ n.f. État d'une personne qui a changé de sexe. ➲ Depuis 2009, la transsexualité n'est plus considérée comme une maladie en France.

TRANSSEXUEL, ELLE adj. et n. **1.** Qui présente un transsexualisme. **2.** Se dit d'une personne qui a changé de sexe et qui, selon la jurisprudence en vigueur, peut demander à changer d'état civil.

TRANSSONIQUE adj. **1.** Domaine des vitesses voisines de celle du son dans l'air, approchant et franchissant mach 1. **2.** Se dit des appareils et des installations servant à l'étude expérimentale de ces vitesses.

TRANSSTOCKEUR n.m. Portique roulant vertical, muni d'un chariot mobile et utilisé dans la manutention de charges isolées à l'intérieur de magasins comportant des rayonnages et des allées de circulation rectilignes.

TRANSSUBSTANTIATION n.f. THÉOL. CHRÉT. Transformation de la substance du pain et du vin en celle du corps et du sang de Jésus-Christ dans l'eucharistie (par oppos. à la *consubstantiation*). ➲ Dogme défini en 1551 au concile de Trente.

TRANSSUDAT n.m. MÉD. Liquide dont la composition est identique au plasma moins les protéines, apparaissant au niveau d'une muqueuse ou d'une séreuse par suite d'un obstacle à la circulation de retour vers le cœur.

TRANSTYMPANIQUE adj. ■ **Aérateur transtympanique** → **AÉRATEUR.**

TRANSURANIEN [-sy-] adj.m. et n.m. Se dit d'un élément chimique de numéro atomique supérieur à celui de l'uranium (92). ➲ Les transuraniens sont instables et n'existent pas sur la Terre à l'état naturel ; ils sont actuellement au nombre de 24, depuis le neptunium jusqu'à l'élément 116.

TRANSVASEMENT n.m. Action de transvaser.

TRANSVASER v.t. [3] (du lat. *trans*, à travers, et de 2. *vase*). Verser un liquide d'un récipient dans un autre ; transvider.

TRANSVERSAL, E, AUX adj. (lat. médiév. *transversalis*). **1.** Disposé en travers : *Barre transversale.* **2.** Qui recoupe plusieurs disciplines ou secteurs ; pluridisciplinaire.

TRANSVERSALE n.f. **1.** Ligne, barre horizontale. **2.** Itinéraire routier ou voie ferrée joignant directement deux villes, deux régions sans passer par le centre du réseau. **3.** MATH. Droite coupant une courbe en deux points.

TRANSVERSALEMENT adv. Selon une direction transversale.

TRANSVERSALITÉ n.f. Caractère de ce qui est transversal.

TRANSVERSE adj. (du lat. *transversus*, oblique). ANAT. Placé dans une direction transversale : *Muscle transverse.*

TRANSVESTISME n.m. → **TRAVESTISME.**

TRANSVIDER v.t. [3]. Transvaser.

TRANSYLVAIN, E ou **TRANSYLVANIEN, ENNE** adj. et n. De la Transylvanie.

TRAPÈZE n.m. (du gr. *trapeza*, table à quatre pieds). **1.** MATH. Quadrilatère plan ayant deux côtés non consécutifs parallèles, appelés *bases*. **2.** Appareil de gymnastique formé de deux cordes verticales, réunies à leur base par une barre cylindrique. **3.** MAR. Système de sangles permettant à un équipier de voilier de porter son poids à l'extérieur dans la position de rappel. **4.** ANAT. Premier os de la deuxième rangée du carpe. ▪ **Trapèze volant,** exercice d'un voltigeur qui s'élance au trapèze depuis une plateforme pour saisir les mains d'un porteur ou un second trapèze. ◆ **adj.** et **n.m. ANAT.** Se dit d'un muscle du dos qui rapproche l'omoplate de la colonne vertébrale.

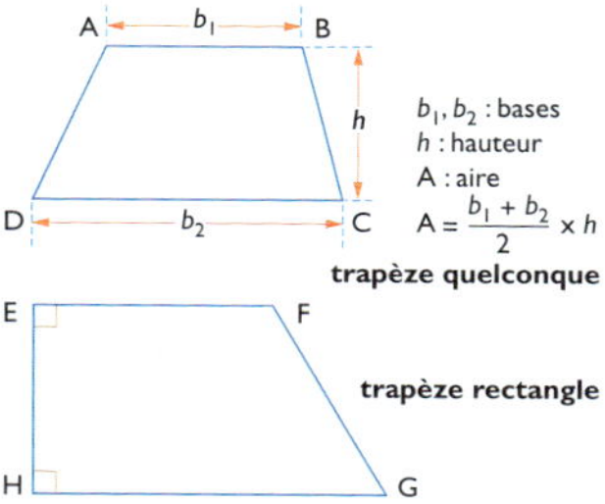

▲ trapèzes

TRAPÉZISTE n. 1. Gymnaste qui fait du trapèze. **2.** Acrobate spécialiste du trapèze.

TRAPÉZOÏDAL, E, AUX adj. Qui a la forme d'un trapèze.

TRAPÉZOÏDE n.m. ANAT. Os de la deuxième rangée du carpe, situé entre le trapèze et le grand os.

TRAPP n.m. GÉOL. Grand empilement de roches volcaniques. ➲ Ils forment des « marches d'escalier » sur les flancs de vallée.

1. TRAPPE n.f. (du francique). **1.** Panneau mobile donnant accès à une cave ou un comble ; l'ouverture elle-même. **2.** Piège qui fonctionne quand l'animal met le pied dessus. ▪ **Passer à la trappe,** être mis de côté, écarté : *Projet, animateur qui passe à la trappe.*

2. TRAPPE n.f. (de la *Trappe*, n.pr.). **1.** (Avec une majuscule). Ordre des trappistes. **2.** Maison de trappistes.

TRAPPEUR n.m. (angl. *trapper*). Chasseur d'animaux à fourrure, en Amérique du Nord.

TRAPPILLON n.m. THÉÂTRE. Ouverture dans le plancher de la scène donnant passage aux décors (les fermes) qui montent du dessous de la scène.

TRAPPISTE n.m. Religieux de l'ordre de la Trappe.

TRAPPISTINE n.f. 1. Religieuse de la Trappe. **2.** Liqueur fabriquée par les trappistes.

TRAPU, E adj. 1. Qui est court et large et donne une impression de force : *Homme trapu.* **2.** Fam., vieilli. Qui a de solides connaissances : *Élève trapue en maths.* **3.** Fam., vieilli. Qui est très difficile ; ardu : *Question trapue.*

TRAQUE n.f. Action de traquer : *La traque des anciens nazis.*

TRAQUENARD n.m. (gascon *tracanart*). **1.** Piège tendu à qqn ; guet-apens : *Tomber dans un traquenard* ; embûche : *Dictée émaillée de traquenards.* **2.** Piège pour prendre les animaux nuisibles. **3. ÉQUIT.** Trot désuni.

TRAQUER v.t. [3] (de l'anc. fr. *trac*, piste). **1.** Poursuivre sans relâche : *Traquer un mafieux.* **2.** Pousser, rabattre le gibier vers la ligne de tir.

TRAQUET n.m. Petit passereau insectivore d'Eurasie et d'Afrique, dont il existe plusieurs espèces (*traquet motteux, traquet pâtre, traquet tarier*). ➲ Famille des turdidés.

1. TRAQUEUR, EUSE n. Personne qui traque.

2. TRAQUEUR, EUSE adj. et **n.** Fam. Qui est sujet au trac.

TRASH [traʃ] **adj. inv.** et **n.m.** (mot anglo-amér. « déchets, poubelle »). Fam. Se dit d'une tendance contemporaine à utiliser une forme de mauvais goût agressif, dans le but de provoquer ou de choquer : *Vidéos trash.*

TRATTORIA n.f. (mot ital.). Petit restaurant, en Italie.

TRAUMA n.m. (mot gr. « blessure »). Traumatisme psychique.

TRAUMATIQUE adj. (gr. *traumatikos*). Relatif à un traumatisme ; dû à un traumatisme.

TRAUMATISANT, E adj. Qui provoque un traumatisme.

TRAUMATISER v.t. [3]. 1. Provoquer un traumatisme physique ou psychique. **2.** Frapper qqn d'un choc émotionnel violent : *Ce départ l'a traumatisé.*

TRAUMATISME n.m. 1. Ensemble des lésions locales provoquées par l'action violente d'un agent extérieur ; troubles qui en résultent. **2.** Événement qui, pour un sujet, a une forte portée émotionnelle et qui entraîne chez lui des troubles psychiques ou somatiques par suite de son incapacité à y répondre immédiatement de façon adéquate.

TRAUMATOLOGIE n.f. Partie de la chirurgie et de la médecine consacrée au traitement des traumatismes.

TRAUMATOLOGIQUE adj. Relatif à la traumatologie, aux traumatismes.

TRAUMATOLOGISTE ou **TRAUMATOLOGUE n.** Spécialiste de traumatologie.

1. TRAVAIL n.m. (pl. *travaux*) [de *travailler*]. **1.** Activité de l'homme appliquée à la production, à la création, à l'entretien de qqch : *Travail manuel, intellectuel.* **2.** Activité professionnelle, régulière et rémunérée ; emploi : *Chercher un travail.* **3.** Exercice d'une activité professionnelle : *Le travail en usine* ; lieu où elle s'exerce : *Se rendre à son travail.* **4.** Activité déployée pour accomplir une tâche : *Le ravalement nécessitera trois mois de travail.* **5.** Toute occupation considérée comme une charge : *Être surchargé de travail.* **6.** Ouvrage à réaliser ou réalisé : *Distribuer le travail aux collaborateurs, puis le vérifier.* **7.** Manière dont un ouvrage est exécuté : *Un travail minutieux.* **8.** Technique permettant de travailler une matière, d'utiliser un outil : *Le travail des métaux.* **9.** Ensemble d'exercices accomplis pour acquérir la maîtrise d'une activité : *Le travail d'un gymnaste aux agrès.* **10.** Activité laborieuse de l'homme considérée comme un facteur essentiel de la production et de l'activité économique : *Nouvelle organisation du travail.* **11.** Action progressive, continue, produite par un élément, un phénomène naturel ; ensemble des phénomènes qui se produisent dans une substance et en changent la nature, la forme ; modification qui en résulte : *Le travail de l'érosion, d'une poutre.* **12.** Modification, évolution lente : *Laisser le temps faire son travail.* **13.** Effet produit par le fonctionnement de qqch : *Le travail d'un ordinateur, des muscles.* **14. MÉD.** Ensemble des phénomènes physiologiques qui conduisent à l'expulsion de l'enfant, lors de l'accouchement. **15. PHILOS.** Activité de transformation de la nature, propre aux hommes, qui les met en relation et qui est productrice de valeur. ▪ **Camp de travail** [hist.], lieu de détention où les condamnés sont astreints à des travaux forcés. ▪ **Droit du travail,** ensemble des règles juridiques applicables aux relations individuelles et collectives entre les travailleurs salariés et leurs employeurs. ▪ **Inspection du travail,** corps de fonctionnaires qui a pour mission de veiller au respect et à l'application des dispositions législatives et réglementaires concernant le travail et l'emploi. ▪ **Le monde du travail,** l'ensemble des travailleurs qui participent à la vie économique d'un pays ; la population active. ▪ **Psychologie du travail,** branche de la psychologie qui étudie les comportements de l'homme au travail et le retentissement des conditions de travail sur ces comportements. ▪ **Réduction du temps de travail (RTT),** limitation de la durée hebdomadaire (35 h) et annuelle (1 607 h) du travail dont la modulation, après accord entre patronat et syndicats, peut donner droit à des journées de récupération, dites *jours RTT.* ▪ **Sociologie du travail,** étude systématique du travail, sur le plan des exécutants et de l'organisation. ▪ **Travail à domicile,** travail fourni par un donneur d'ouvrage à un salarié rémunéré qui l'effectue à son domicile. ▪ **Travail au noir** → **3. NOIR.** ▪ **Travail de deuil** → **DEUIL.** ▪ **Travail différencié,** travail temporaire, à temps partiel, ou contrat de travail à durée déterminée. ▪ **Travail d'intérêt général (TIG)** [dr.], travail non rémunéré effectué par un délinquant, ainsi condamné à une peine de substitution ou complémentaire, ou à une obligation assortissant un sursis. ▪ **Travail d'une force constante $\vec{F}$ s'exerçant sur un point matériel allant de A en B** [phys.], produit scalaire de $\vec{F}$ et de $\overrightarrow{AB}$. ➲ L'unité SI de travail est le joule. ▪ **Travail intermittent,** emploi comportant par nature une alternance de périodes travaillées et non travaillées. ◆ **n.m. pl. 1.** Tâches propres à un domaine déterminé : *Travaux agricoles.* **2.** Opérations de construction, d'aménagement ou de remise en état d'édifices, de voies, etc. : *Rue barrée pour travaux.* **3.** Recherches entreprises dans un domaine de la connaissance : *Publier ses travaux.* **4.** Débats d'une assemblée ou d'un groupe de personnes organisé : *Le comité reprend ses travaux.* ▪ **Inspecteur des travaux finis** [fam.], personne qui arrive quand le travail est terminé. ▪ **Travaux forcés** [hist.], peine afflictive et infamante, temporaire ou perpétuelle, qui était subie dans les bagnes de Guyane ou de Nouvelle-Calédonie jusqu'en 1938. ▪ **Travaux personnels encadrés (TPE),** en classe de première, recherches effectuées en petits groupes autour d'un thème imposé, et faisant l'objet d'une synthèse écrite ou orale. ▪ **Travaux publics,** ouvrages de construction, de réparation, d'entretien d'utilité générale, faits pour le compte d'une personne morale de droit public ou d'une personne privée dans le cadre d'une mission de service public.

➲ **DR.** Dates marquant les principales étapes de l'évolution du **DROIT DU TRAVAIL** en France :
– 1841 : première loi sociale ; elle concerne le travail des enfants.
– 1864 : reconnaissance du droit de grève.
– 1884 : liberté syndicale.
– 1936 : fixation de la durée hebdomadaire du travail à 40 heures et instauration des congés payés.
– 1945 : création de la Sécurité sociale ; création des comités d'entreprise.
– 1950 : création du salaire minimum interprofessionnel garanti (SMIG), devenu SMIC en 1970.
– 1967 : instauration de l'indemnité minimale de licenciement.
– 1968 : création des sections syndicales d'entreprise.
– 1970 : mensualisation des travailleurs horaires.
– 1973-1975 : réglementation des licenciements.
– 1982 : fixation de la durée hebdomadaire du travail à 39 heures ; généralisation de la 5e semaine de congés payés.
– 1986 : suppression de l'autorisation administrative de licenciement ; possibilité d'aménagement du temps de travail.
– 1993 : adoption du principe d'annualisation du temps de travail.
– 2000-2002 : entrée en vigueur de la nouvelle durée légale du temps de travail, fixée à 35 heures hebdomadaires. Le principe de la réduction du temps de travail (RTT) avait été adopté en 1998.
– 2003 : assouplissement de la loi sur les 35 heures (offrant la possibilité de nombreuses heures supplémentaires). La référence n'est plus de 35 heures par semaine mais de 1 600 heures par an.
– 2004 : passage à 1 607 heures par an pour la durée légale du temps de travail. (Un jour chômé déclaré ouvrable est institué en solidarité avec les personnes âgées et handicapées dépendantes.)
– 2005 : possibilité offerte aux salariés de faire des heures supplémentaires choisies.
– 2007 : exonération fiscale et réduction des cotisations sociales pour les heures supplémentaires.
– 2012 : abrogation de la loi de 2007 (la réduction des cotisations patronales est maintenue pour les TPE).
– 2015 : facilités d'ouverture des commerces le dimanche ; sanctions frappant le recours au travail illégal et les fraudes au détachement ; modification des procédures devant les prud'hommes.
– 2016 : renforcement de la négociation collective pour ce qui concerne le temps de travail ; facilitation du licenciement économique ; mise en place du compte personnel d'activité (CPA), permettant un suivi individuel des actifs.
– 2017 : importante réforme du Code du travail : extension de la primauté de l'accord d'entreprise sur l'accord de branche ; fusion des instances représentatives du personnel, d'ici à 2020, au sein des entreprises de moins de 300 salariés ; nouvelles mesures de facilitation du licenciement économique, etc.

2. TRAVAIL n.m. (pl. *travails*) [du lat. *trepalium*, machine à trois pieux]. **VÉTÉR.** Appareil servant à maintenir les grands animaux domestiques pendant qu'on les ferre ou qu'on les soigne.

TRAVAILLÉ, E adj. Qui est façonné avec art, élaboré avec soin.

TRAVAILLER v.i. [3]. **1.** Effectuer un travail : *Travailler sur* ou *à un roman* ; soutenir un effort en vue d'obtenir un résultat : *Pour réussir, elle a beaucoup travaillé.* **2.** Exercer un métier, une activité professionnelle : *Travailler dans une banque.* **3.** Fonctionner activement : *Son esprit, ses muscles travaillent.* **4.** Agir de manière à produire un résultat : *Elle a travaillé pour sa nomination. Travailler à la perte de qqn.* **5.** Produire un revenu ; rapporter : *Ses économies travaillent.* **6.** Subir un effet qui entraîne certaines modifications : *Le vin nouveau travaille.* **7.** Se déformer sous l'action de la chaleur, de l'humidité : *Poutre qui travaille.* ▪ **Travailler pour, contre qqn,** le servir ; le desservir : *Le temps travaille pour nous.* ◆ **v.t. 1.** Soumettre qqch à une action ; façonner : *Travailler le cuivre.* **2.** Chercher à perfectionner ; exercer : *Travailler sa voix.* **3.** S'efforcer d'influencer qqn : *Travailler son électorat.* **4.** Préoccuper vivement ; hanter : *Cette rechute travaille le spécialiste.* ▪ **Travailler une balle** [sports], lui donner beaucoup d'effet. ▪ **Travailler une pâte,** la pétrir ; la rouler.

1. TRAVAILLEUR, EUSE n. et **adj. 1.** Personne qui exerce un travail rémunéré, salarié, spécial. dans l'industrie. **2.** Personne qui aime travailler. ▪ **Travailleur détaché** [dr.], travailleur envoyé temporairement par son employeur dans un État membre de l'Union européenne autre que celui dans lequel il travaille habituellement. ➲ Bénéficiant des règles de protection en vigueur dans le pays d'accueil (salaire minimum, congés, etc.), il continue en principe à être assujetti au régime de sécurité sociale de son pays d'origine. ▪ **Travailleur, travailleuse du sexe** (angl. *sex worker*), prostitué(e) ; par ext., toute personne travaillant dans l'industrie du sexe (cinéma pornographique, spectacle érotique, téléphonie rose, etc.). ➲ L'expression est surtout employée par les partisans de la reconnaissance des prostitué(e)s en tant que travailleurs devant, à ce titre, bénéficier des mêmes droits et des mêmes garanties sociales que les autres. ▪ **Travailleurs sociaux** → **SOCIAL.** ▪ **Travailleuse familiale,** aide à domicile.

2. TRAVAILLEUR n.m. Passereau d'Afrique vivant en grandes colonies. ➲ Famille des plocéidés. ▪ **Travailleur à bec rouge,** quéléa.

TRAVAILLEUSE n.f. Petit meuble à compartiments pour ranger les accessoires de couture.

TRAVAILLISME n.m. Doctrine du Parti travailliste.

TRAVAILLISTE adj. et **n.** Relatif au Parti travailliste ; membre du Parti travailliste. ▪ **Parti travailliste***, v. partie n.pr.

TRAVAILLOTER v.i. [3]. Fam. Travailler peu, sans se fatiguer.

TRAVÉE n.f. (de l'anc. fr. *trev*, poutre). **1.** Rangée de bancs : *Les travées d'une église.* **2.** CONSTR. Espace compris entre deux points d'appui principaux d'un ouvrage de construction ; partie verticale d'une élévation délimitée par des supports (colonnes, piliers) consécutifs.

TRAVELAGE n.m. CH. DE F. Ensemble des traverses d'une voie ferrée ; nombre de traverses placées sur un kilomètre de voie.

TRAVELLER'S CHEQUE ou **TRAVELLER'S CHECK** [travlœrstʃɛk] **n.m.** (pl. *traveller's cheques, traveller's checks*) [mot anglo-amér.]. Chèque de voyage.

TRAVELLING [travliŋ] **n.m.** (mot angl.). CINÉMA, TÉLÉV. Mouvement de la caméra effectué latéralement ou d'avant en arrière ; dispositif permettant ce mouvement. ▪ **Travelling optique,** zoom.

TRAVELO n.m. Fam., injur. Travesti.

TRAVERS n.m. (du lat. *transversus*, oblique). **1.** Petit défaut de l'esprit ou du caractère ; manie : *Il a les travers d'une diva.* **2.** MAR. Côté, flanc d'un navire. ▪ **À travers qqch,** en traversant qqch : *À travers champs.* ▪ **Au travers de qqch,** par l'intermédiaire, le biais de. ▪ **De travers,** dans une position anormale : *Le miroir est de travers* ; de manière inexacte : *Il a compris de travers* ; de la mauvaise manière ; mal : *Tout va de travers.* ▪ **En travers (de qqch),** suivant la largeur : *Scier une planche en travers* ; dans une position transversale : *Camion en travers de la route.* ▪ **Passer à travers qqch,** se frayer un passage entre des obstacles. ▪ **Passer au travers de qqch,** éviter de subir qqch de fâcheux : *Passer au travers des sanctions.* ▪ **Prendre qqch de travers,** s'en irriter ou s'en choquer. ▪ **Regarder de travers,** avec hostilité. ▪ **Se mettre en travers de qqch, de la route de qqn,** s'opposer à ; faire obstacle à. ▪ **Travers de porc** [bouch.], extrémités des côtes du porc, détachées sur le bord de la longe. ▪ **Vent de travers** [mar.], qui souffle perpendiculairement à la route suivie.

TRAVERSABLE adj. Qui peut être traversé.

TRAVERSANT, E adj. et **n.m.** (mot suisse). Se dit d'un appartement qui donne sur les deux faces opposées d'un bâtiment.

TRAVERS-BANC n.m. (pl. *travers-bancs*). MIN. Galerie horizontale dans le rocher, recoupant les divers bancs de terrain.

TRAVERSE n.f. 1. CONSTR. Pièce perpendiculaire aux éléments principaux d'un ouvrage, destinée à maintenir leur écartement ; élément horizontal auquel sont assemblés les montants d'une fenêtre. **2.** CH. DE F. Pièce d'appui posée sur le ballast perpendiculairement aux rails d'une voie ferrée, qu'elle supporte et dont elle maintient l'écartement. **3.** Québec. Lieu où s'effectue la traversée d'une étendue d'eau ; passage traversant une route, une voie ferrée : *Traverse de piétons.* **4.** Région. (Est). Vent d'ouest. ▪ **Chemin de traverse,** ou **traverse,** chemin étroit, plus direct que la route ; en ville, passage étroit reliant deux rues.

TRAVERSÉE n.f. 1. Action de traverser un espace, un lieu de bout en bout : *La traversée du boulevard est difficile aux heures de pointe.* **2.** Action de traverser la mer, un cours d'eau : *La traversée de l'Atlantique en avion.* **3.** Course en montagne, combinant l'ascension d'un sommet par un itinéraire et la descente par un autre itinéraire. **4.** CH. DE F. Point où une voie ferrée en croise une autre. ▪ **Traversée du désert,** éclipse dans la vie d'une personne célèbre.

TRAVERSÉE-JONCTION n.f. (pl. *traversées-jonctions*). CH. DE F. Traversée oblique dans laquelle les deux voies qui se croisent sont, de plus, reliées entre elles.

TRAVERSER v.t. [3] (lat. *transversare*). **1.** Passer d'un côté à l'autre ; franchir : *Traverser la rivière.* **2.** Pénétrer de part en part ; transpercer : *La pluie a traversé mon manteau.* **3.** Passer par telle période, telle situation : *Traverser des moments difficiles.* ▪ **Traverser l'esprit,** se présenter à la pensée d'une manière inopinée ou fugitive.

TRAVERSIER, ÈRE adj. 1. Qui constitue une traverse : *Rue traversière.* **2.** Se dit d'une barque qui fait le va-et-vient entre deux points peu éloignés. ▪ **Flûte traversière** → **1. FLÛTE.** ◆ **n.m.** Québec. Bac ; ferry-boat.

TRAVERSIN n.m. 1. Coussin long et cylindrique qui occupe toute la largeur à la tête du lit. **2.** Fonçaille.

TRAVERSINE n.f. Traverse d'une clôture.

TRAVERTIN n.m. (ital. *travertino*). Roche calcaire d'origine continentale, se présentant en petits lits de calcite avec des cavités parfois garnies de cristaux, employée en construction.

TRAVESTI n.m. 1. Homme, souvent homosexuel, travesti en femme. **2.** THÉÂTRE. Rôle d'un personnage du sexe opposé à celui de l'interprète. **3.** Vx. Déguisement ; personne déguisée.

TRAVESTIR v.t. [21] (ital. *travestire*). **1.** Déguiser avec les vêtements de l'autre sexe, d'une autre condition. **2.** Fig. Transformer la nature ou le caractère de qqch en le rendant méconnaissable ; déformer : *Travestir la vérité.* ◆ **SE TRAVESTIR v.pr.** Revêtir un déguisement.

TRAVESTISME ou **TRANSVESTISME n.m.** PSYCHIATR. Adoption des vêtements et des habitudes sociales du sexe opposé (SYN. **éonisme**).

TRAVESTISSEMENT n.m. 1. Action ou manière de travestir qqn, de se travestir ; déguisement. **2.** Fig. Action d'altérer, de transformer la nature de qqch.

DE TRAVIOLE loc. adv. Fam. De travers.

TRAX n.m. (nom déposé). Suisse. Pelle mécanique de la marque de ce nom.

TRAYEUR, EUSE [trɛjœr, øz] **n.** Personne qui trait les femelles d'animaux domestiques.

TRAYEUSE n.f. Machine à traire*.

TRAYON [trɛjɔ̃] **n.m.** Extrémité du pis d'une vache, d'une chèvre, etc.

TRÉBUCHANT, E adj. 1. Qui hésite ; chancelant : *Une démarche trébuchante.* **2.** Vx. Se disait d'une monnaie ayant le bon poids. ▪ **Espèces sonnantes et trébuchantes,** argent liquide.

TRÉBUCHER v.i. [3] (de l'anc. fr. *tres*, au-delà, et *buc*, buste). **1.** Perdre l'équilibre en butant sur qqch : *Trébucher contre la bordure d'un trottoir.* **2.** Fig. Être arrêté par une difficulté : *Il a trébuché sur les dates.*

TRÉBUCHET n.m. 1. Piège pour les petits oiseaux. **2.** Anc. Petite balance de précision, utilisée pour peser de très faibles quantités de matière ou pour vérifier le poids des monnaies.

TRÉFILAGE n.m. MÉTALL. Opération destinée à diminuer le diamètre d'un fil métallique par traction à travers une filière.

TRÉFILER v.t. [3] (du lat. *trans*, au-delà, et de *fil*). Réduire la section d'un fil par tréfilage.

TRÉFILERIE n.f. Établissement industriel où s'effectue le tréfilage.

TRÉFILEUR, EUSE n. Industriel qui exploite une tréfilerie ; personne qui y travaille.

TRÈFLE n.m. (du gr. *triphullon*, à trois feuilles). **1.** Plante herbacée, à feuilles composées de trois folioles et à fleurs blanches, roses ou pourpres, dont plusieurs espèces cultivées constituent d'excellents fourrages, comme le farouch. ➲ Sous-famille des papilionacées. **2.** ARCHIT. Jour ou ornement composé de trois cercles sécants qui ont leurs centres respectifs à chacun des sommets d'un triangle équilatéral. **3.** Une des quatre couleurs du jeu de cartes, dont la marque est un trèfle noir ; carte de cette couleur. **4.** Arg., vieilli. Argent. ▪ **Carrefour en trèfle,** croisement de routes à des niveaux différents, affectant la forme d'un trèfle à quatre feuilles. ▪ **Trèfle à quatre feuilles,** feuille de trèfle à quatre folioles censée porter bonheur. ▪ **Trèfle cornu,** lotier. ▪ **Trèfle d'eau,** ményanthe.

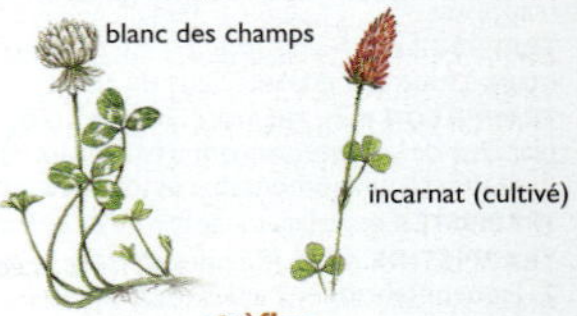

▲ trèfles

TRÉFLÉ, E adj. Qui a la forme d'un trèfle ; trilobé.

TRÉFLIÈRE n.f. Champ de trèfle.

TRÉFONCIER, ÈRE adj. DR. Relatif à la redevance due au propriétaire du sol par l'exploitant d'une mine.

TRÉFONDS n.m. 1. Litt. Ce qu'il y a de plus secret, de plus intime chez qqn : *La peur s'infiltra jusqu'au tréfonds de son être.* **2.** DR. Ce qui est au-dessous du sol, d'un terrain.

TRÉHALOSE n.m. (du turc). BIOCHIM. Hydrate de carbone présent dans certains champignons et qui, par hydrolyse, se décompose en deux molécules de glucose.

TREILLAGE n.m. Assemblage de lattes en treillis ; clôture à claire-voie.

TREILLAGER v.t. [10]. Garnir de treillage.

TREILLE n.f. (lat. *trichila*). **1.** Vigne qui grimpe contre un mur, un treillage, un arbre : *Une treille de muscat.* **2.** Berceau de treillage soutenant des plantes grimpantes, décorant des jardins. ▪ **Le jus de la treille** [litt.], le vin.

1. TREILLIS n.m. (de *treille*). **1.** Ouvrage de métal, de bois, etc., imitant les mailles d'un filet et qui sert de clôture. **2.** CONSTR. Ouvrage de charpente en bois ou en métal, fait de barres, de poutrelles entrecroisées. **3.** MATH. Ensemble ordonné dans lequel tout couple d'éléments possède toujours une borne supérieure et une borne inférieure. ▪ **Treillis soudés,** armature métallique d'une dalle en béton.

2. TREILLIS n.m. (du lat. *trilix*, à trois fils). **1.** Toile écrue très grosse et très résistante. ➲ Elle était autref. en chanvre. **2.** Vêtement de travail ou d'exercice fait dans cette toile ; tenue de combat des militaires.

TREILLISSER v.t. [3]. Garnir de treillis de bois ou de métal.

TREIZE adj. num. et **n.m. inv.** (lat. *tredecim*). **1.** Nombre qui suit douze dans la suite des entiers naturels. **2.** Treizième : *Louis XIII.* ▪ **Treize à la douzaine** [comm.], treize objets donnés pour douze payés ; fig., fam., autant que l'on en veut. ◆ **n.m. inv. SPORTS.** Le rugby à treize (souvent écrit en chiffres romains) ; équipe qui y joue.

TREIZIÈME adj. num. ord. et **n.** Qui occupe un rang marqué par le nombre treize. ◆ **adj.** et **n.m.** Se dit d'une quantité désignant le résultat d'une division par treize.

TREIZIÈMEMENT adv. En treizième lieu.

TREIZISTE n. Joueur de rugby à treize.

TREKKEUR, EUSE n. Personne qui pratique le trekking.

TREKKING [-kiŋ] ou **TREK n.m.** (de l'angl. *to trek*, avancer). Randonnée pédestre en haute montagne.

TRÉMA n.m. (du gr. *trêma*, point). Signe constitué de deux points juxtaposés, que l'on met sur les voyelles *e, i, u* pour indiquer que la voyelle qui précède doit être prononcée séparément (par ex. *cigu-ë, na-ïf, capharna-üm*).

TRÉMAIL n.m. → **TRAMAIL.**

TRÉMATAGE n.m. Action de trémater. ▪ **Droit de trématage,** droit que possèdent certaines catégories de bateaux de passer les premiers aux écluses.

TRÉMATER v.t. [3]. NAVIG. Dépasser un bateau, sur une voie navigable.

TRÉMATODE n.m. (du gr. *trêmatôdês*, troué). Ver plat non annelé, parasite des vertébrés, à évolution larvaire complexe, tel que la douve du foie, la bilharzie. ➲ Les trématodes forment une classe.

TREMBLAIE n.f. Lieu planté de trembles.

TREMBLANT, E adj. Qui tremble : *Des rescapés tremblants.*

TREMBLANTE n.f. VÉTÉR. ▪ **Tremblante du mouton,** encéphalopathie spongiforme ovine. ➲ La maladie, mortelle, est notamm. caractérisée par un tremblement musculaire.

TREMBLE n.m. (du lat. *tremulus*, tremblant). Peuplier de l'Europe occidentale, aux feuilles agitées par le moindre vent, dont le bois, blanc et tendre, est utilisé en menuiserie et peut fournir de la pâte à papier.

TREMBLÉ, E adj. ▪ **Écriture tremblée,** tracée par une main tremblante. ▪ **Sons tremblés** [acoust.], qui varient rapidement d'intensité.

TREMBLEMENT n.m. 1. Agitation de ce qui tremble : *Le tremblement des feuilles sous la brise.* **2. MUS.** Trille. **3. MÉD.** Oscillation rythmique du corps ou d'une partie du corps. ▪ **Et tout le tremblement** [fam.], et tout le reste. ▪ **Tremblement de terre,** séisme.

TREMBLER v.i. [3] (lat. pop. *tremulare*). **1.** Être agité de mouvements répétés de faible amplitude ; vibrer : *Les vitres tremblent au passage du train.* **2.** Avoir le corps agité de petits mouvements vifs et involontaires ; frissonner : *Trembler de fièvre, de peur.* **3.** Être l'objet d'un séisme : *La terre a tremblé.* **4.** Éprouver une grande crainte ; redouter : *Il tremble de se retrouver seul.*

TREMBLEUR, EUSE n. Personne craintive à l'excès.

TREMBLOTANT, E adj. Qui tremblote.

TREMBLOTE n.f. Fam. ▪ **Avoir la tremblote,** trembler de froid ou de peur.

TREMBLOTEMENT n.m. Léger tremblement.

TREMBLOTER v.i. [3]. Trembler un peu.

TRÉMELLE n.f. (lat. sc. *tremella*). Champignon gélatineux, jaune ou orangé, apparaissant en hiver sur les branches mortes. ➲ Classe des basidiomycètes.

▲ **trémelle**

TRÉMIE n.f. (lat. *trimodia*). **1.** Réservoir en forme d'entonnoir renversé dans lequel on déverse des substances destinées au triage, au broyage, etc. **2. CONSTR.** Espace réservé dans un plancher pour l'âtre d'une cheminée ou pour une circulation verticale (gaine, cage d'escalier, etc.). **3.** Mangeoire pour la volaille. **4.** Dans une saline, pyramide creuse résultant de la cristallisation lente d'une saumure.

TRÉMIÈRE adj.f. (altér. de *rose d'outre-mer*). ▪ **Rose trémière** → **1. ROSE.**

TRÉMOLITE n.f. (de *Tremola*, massif des Alpes suisses). **MINÉRALOG.** Amphibole calcique et magnésienne.

TRÉMOLO n.m. (ital. *tremolo*). **1. MUS.** Répétition très rapide d'un même son avec un instrument à cordes frottées. **2.** Tremblement de la voix indiquant une émotion souvent feinte ou exagérée.

TRÉMOUSSEMENT n.m. Action de se trémousser.

SE TRÉMOUSSER v.pr. [3] (du lat. *trans*, au-delà, et de 3. *mousse*). Bouger son corps en tous sens ; se tortiller : *Danser en se trémoussant.*

TREMPABILITÉ n.f. MÉTALL. Aptitude d'un alliage à subir la trempe sur une épaisseur plus ou moins forte.

TREMPAGE n.m. Action de tremper qqch dans un liquide ; fait de tremper : *Le trempage de l'orge.*

TREMPE n.f. 1. MÉTALL., VERR. Traitement thermique qui permet d'obtenir à température ambiante, grâce au refroidissement rapide d'un produit métallurgique ou du verre, soit une structure stable à chaud, soit une structure dérivée de cette dernière. **2.** Fig. Fermeté morale, intellectuelle ; envergure : *Une femme de sa trempe. La trempe d'un héros.* **3.** Fam. Volée de coups.

TREMPÉ, E adj. 1. Qui est mouillé. **2.** Se dit d'un métal, du verre qui a subi l'opération de la trempe. ▪ **Bien trempé,** se dit d'un caractère ferme et énergique. ▪ **Trempé comme une soupe** ou **jusqu'aux os,** très mouillé.

TREMPER v.t. [3] (du lat. *temperare*, tempérer). **1.** Plonger dans un liquide ; imbiber de ce liquide : *Tremper son doigt dans l'eau.* **2. MÉTALL., VERR.** Soumettre à la trempe. **3.** Donner de la force d'âme à ; aguerrir. ◆ **v.i. 1.** Demeurer quelque temps dans un liquide : *Faire tremper des lentilles.* **2. (DANS).** Être complice d'une action condamnable : *Il a trempé dans une escroquerie.*

TREMPETTE n.f. Québec. Sauce assaisonnée dans laquelle on trempe des crudités. ▪ **Faire trempette** [fam.], se baigner peu de temps ou dans une eau peu profonde.

TREMPLIN n.m. (ital. *trempellino*). **1.** Planche élastique sur laquelle un sauteur ou un plongeur prend son appel. **2.** Plan incliné couvert de neige sur lequel un skieur prend son élan pour un saut ; plan incliné flottant destiné au même usage, pour le ski nautique. **3.** Fig. Ce dont on se sert pour arriver à un résultat : *Les municipales ont été le tremplin de sa carrière politique.*

TRÉMULANT, E adj. Litt. Agité d'un tremblement. ◆ **adj.** et **n.** Qui présente des trémulations.

TRÉMULATION n.f. MÉD. Tremblement fin et rapide.

TRÉMULER v.i. [3] (du lat. *tremulare*, trembloter). Litt. Être agité d'un tremblement.

TRENCH-COAT ou **TRENCH** [trɛnʃ(kot)] **n.m.** (pl. *trench-coats, trenchs*) [mot angl., de *trench*, tranchée, et *coat*, habit]. Imperméable croisé, ceinturé, avec col à revers et rabats extérieurs de dos et de poitrine.

TRENTAINE n.f. 1. Nombre de trente ou environ. **2.** Âge approximatif de trente ans.

TRENTE adj. num. et **n.m. inv.** (lat. *triginta*). **1.** Trois fois dix. **2.** Trentième : *La page trente.* ▪ **Se mettre sur son trente et un** [fam.], revêtir ses plus beaux habits. ◆ **n.m. inv.** Au tennis, deuxième point que l'on peut marquer dans un jeu.

TRENTE-ET-QUARANTE n.m. inv. Jeu de casino dans lequel le total gagnant des points se situe entre 31 inclus et 40 inclus.

TRENTENAIRE adj. Qui dure trente ans ; qui existe depuis trente ans. ◆ **adj.** et **n.** Âgé de trente à trente-neuf ans.

TRENTE-SIX adj. num. et **n.m. inv.** Fam. Une grande quantité : *Je le lui ai dit trente-six fois.* ▪ **Tous les trente-six du mois** [fam.], très rarement.

TRENTIÈME adj. num. ord. et **n.** Qui occupe un rang marqué par le nombre trente. ◆ **adj.** et **n.m.** Se dit d'une quantité désignant le résultat d'une division par trente.

TRÉPAN n.m. (du gr. *trupanon*, tarière). **1. PÉTROLE.** Outil qui, dans le sondage, attaque par percussion ou rotation le terrain sur tout le fond du trou. **2. CHIRURG.** Instrument avec lequel on perce les os, en partic. la boîte crânienne.

TRÉPANATION n.f. Intervention chirurgicale consistant à pratiquer une ouverture dans un os, en partic. dans la boîte crânienne, à l'aide d'un trépan.

TRÉPANER v.t. [3]. Pratiquer une trépanation.

TRÉPANG n.m. → **TRIPANG.**

TRÉPAS n.m. Litt. Décès ; mort. ▪ **Passer de vie à trépas,** mourir.

TRÉPASSÉ, E n. Litt. Personne décédée. ▪ **La fête des Trépassés,** le jour des Morts, le 2 novembre.

TRÉPASSER v.i. [3] (de l'anc. fr. *tres*, au-delà, et de *passer*). Litt. Mourir, en parlant de qqn.

TRÉPIDANT, E adj. 1. Agité de trépidations : *Moteur trépidant.* **2.** Vif et saccadé : *Une danse trépidante.* ▪ **Vie trépidante,** pleine d'agitation, d'activités.

TRÉPIDATION n.f. (du lat. *trepidatio*, désordre). **1.** Tremblement continu et saccadé. **2.** (Souvent pl.). Vive agitation : *Les trépidations de la vie urbaine.*

TRÉPIDER v.i. [3] (lat. *trepidare*). Être agité de petites secousses rapides.

TRÉPIED n.m. Support ou siège à trois pieds.

TRÉPIGNEMENT n.m. Action de trépigner.

TRÉPIGNER v.i. [3] (de l'anc. fr. *treper*, frapper du pied). Frapper vivement et nerveusement des pieds contre terre : *Trépigner d'impatience.*

TRÉPOINTE n.f. Bande de cuir souple servant de support ou de renfort, en cordonnerie et en bourrellerie.

TRÉPONÉMATOSE n.f. Maladie causée par un tréponème.

TRÉPONÈME n.m. (du gr. *trepein*, tourner, et *nêma*, fil). **BIOL.** Bactérie du genre des spirochètes, telle que l'agent de la syphilis (*tréponème pâle*).

TRÈS adv. (du lat. *trans*, au-delà). Indique l'intensité absolue ; extrêmement : *Ils sont très prudents. Avoir très peur. Très souvent.*

TRÉSAILLE n.f. (de l'anc. fr. *teseiller*, s'étirer). Anc. Pièce de bois qui maintient les ridelles d'une charrette.

TRESCHEUR n.m. (de *tresser*). **HÉRALD.** Pièce constituée par un orle double, orné de fleurs de lis dirigées alternativement vers les bords et vers le cœur de l'écu.

TRÉSOR n.m. (lat. *thesaurus*). **1.** Amas d'or, d'argent, de choses précieuses mis en réserve, souvent caché : *On dit qu'il y a un trésor dans ce château.* ➲ Le trésor découvert sur le fonds d'autrui appartient par moitié à l'inventeur et par moitié au propriétaire du fonds. **2.** Lieu d'une église où l'on garde les reliques, les ornements et les objets précieux. **3.** Titre de certains ouvrages d'érudition : « *Le Trésor de la langue française* ». **4.** Personne ou chose précieuse : *Ma collaboratrice, la liberté est un trésor.* ▪ **Le Trésor,** ministère des Finances, en Grande-Bretagne. ▪ **Le Trésor (public),** l'ensemble des services financiers de l'État. ▪ **Un trésor de,** une abondance précieuse de : *Des trésors de patience.*

TRÉSORERIE n.f. 1. Administration du Trésor public. **2.** Bureau, fonction d'un trésorier-payeur général (SYN. **paierie**). **3.** Mode de conservation et de mouvement des fonds qui appartiennent à l'État ou à une personne publique. **4. COMPTAB.** Ensemble des actifs liquides d'une entreprise, d'une association. **5.** Somme d'argent dont qqn dispose : *Ces familles ont des difficultés de trésorerie.* ▪ **Position de trésorerie** [comptab.], solde, positif ou négatif, exprimant la différence entre les actifs liquides et les dettes échues figurant au bilan d'une entreprise.

TRÉSORIER, ÈRE n. Personne qui détient et comptabilise les fonds d'une collectivité, d'une entreprise.

TRÉSORIER-PAYEUR, TRÉSORIÈRE-PAYEUSE n. (pl. *trésoriers-payeurs, trésorières-payeuses*). ▪ **Trésorier-payeur général,** chef des services comptables de l'État pour un département, une Région.

TRESSAGE n.m. Action de tresser ; manière dont un objet est tressé.

TRESSAILLEMENT n.m. Fait de tressaillir ; haut-le-corps.

TRESSAILLIR v.i. [35]. Avoir un brusque mouvement du corps sous le coup d'une émotion ; sursauter : *Le moindre bruit le fait tressaillir.*

TRESSAUTER v.i. [3]. Litt. **1.** Tressaillir vivement. **2.** Être agité de secousses.

TRESSE n.f. (du lat. pop. *trichia*, corde). **1.** Forme obtenue par entrelacement de brins, de fils, de rubans, etc. : *Une tresse d'ails.* **2.** Longue mèche de cheveux divisée en trois parties entrelacées (SYN. **natte**). **3.** Région. (Alsace) ; Suisse. Pain blanc légèrement sucré, formé en tressant des cordons de pâte. **4.** ARCHIT., ARTS APPL. Ornement figurant des rubans entrelacés. **5.** MAR. Cordage plat, tressé à la main. **6.** MIL. Galon placé sur le bandeau du képi pour indiquer le grade.

TRESSER v.t. [3]. **1.** Arranger en forme de tresse : *Tresser ses cheveux, de la laine.* **2.** Confectionner en entrelaçant des brins : *Tresser une corbeille.*

TRÉTEAU n.m. (lat. *transtillum*). Support formé d'une barre horizontale reposant à chaque extrémité sur deux pieds obliques et utilisé par paire (ou davantage), pour soutenir une table, par ex. ▪ **Théâtre de tréteaux** [anc.], théâtre d'opérateur ambulant, de saltimbanque ; mod., spectacle avec peu d'acteurs, que l'on peut adapter à des lieux divers et aisément déplacer.

TREUIL n.m. (du lat. *torculum*, pressoir). MANUT. Appareil dont l'élément essentiel est un cylindre horizontal appelé *tambour*, sur lequel s'enroulent un câble, une chaîne et qui sert à élever ou déplacer des charges.

TREUILLAGE n.m. **1.** Utilisation d'un treuil pour soulever qqch, qqn : *Le treuillage des naufragés.* **2.** AÉRON. Lancement d'un planeur avec un treuil.

TREUILLER v.t. [3]. Lever ou déplacer au moyen d'un treuil.

TRÊVE n.f. (du francique). **1.** MIL. Cessation temporaire de tout acte d'hostilité. **2.** Suspension d'attaques quelconques : *Pas de trêve à leurs disputes.* **3.** Temps d'arrêt dans qqch de pénible ; répit : *Ce problème ne lui laisse pas de trêve.* ▪ **Sans trêve,** sans s'arrêter. ▪ **Trêve de,** assez de : *Trêve de discussions, au travail !* ▪ **Trêve des confiseurs,** période de calme social et politique correspondant aux fêtes de fin d'année. ▪ **Trêve hivernale** [dr.], période (de novembre à mars, génér.) durant laquelle l'expulsion des locataires et des occupants sans titre est interdite par la loi.

TRÉVIRE n.f. (de *virer*). MANUT. Cordage plié en deux et amarré au sommet d'un plan incliné, pour le déplacement de charges cylindriques le long de ce plan.

TRÉVIRER v.t. [3]. Déplacer à l'aide de trévires.

TRÉVISE n.f. (de *Trévise*, n.pr.). Chicorée rouge d'origine italienne, à feuilles allongées, consommée comme salade.

TRI n.m. **1.** Action de trier ; triage : *Le tri des déchets.* **2.** INFORM. Mise en ordre d'un ensemble d'informations en vue de leur traitement.

TRIACIDE [tria-] n.m. CHIM. Acide dont les constituants peuvent fournir trois protons.

TRIADE n.f. (bas lat. *trias, -adis*). **1.** Groupe de trois personnes ou choses étroitement associées. **2.** Groupe de trois divinités associées dans un même culte. **3.** (Souvent pl.). Organisation mafieuse active en Chine et dans la diaspora chinoise. ▪ **La triade capitoline** [Antiq. rom.], Jupiter, Junon et Minerve.

TRIAGE n.m. Action de trier, de répartir en choisissant. ▪ **Gare de triage,** dont le rôle est de recevoir les trains de marchandises, d'en trier les wagons par destinations pour former de nouveaux trains et de les expédier.

TRIAL [trijal] n.m. (pl. *trials*) [mot angl.]. Sport motocycliste sur tous terrains, faisant surtout appel aux qualités d'adresse et d'équilibre du pilote et à la maniabilité de la machine. ◆ n.f. Moto conçue pour ce type de compétition.

TRIALCOOL [tria-] ou **TRIOL** n.m. CHIM. ORG. Alcool dont la molécule comporte trois groupements OH (par ex. la glycérine).

TRIALLE n.f. Donax.

TRIANDINE n.f. Région. (Est) ; Suisse. Bêche à larges dents.

TRIANDRIE [tri(j)ɑ̃-] n.f. BOT. Caractère d'une plante à trois étamines.

TRIANGLE n.m. (lat. *triangulum*, de *tres*, trois, et *angulus*, angle). **1.** MATH. Polygone qui a trois angles et donc trois côtés. **2.** Instrument de musique à percussion formé d'une tige d'acier repliée en triangle non fermé, frappé avec une baguette d'acier. **3.** Suisse. Appareil en pointe placé à l'avant d'un tracteur ou d'un camion pour déblayer la neige ; véhicule ainsi équipé : *Passer le triangle sur une route.* ▪ **Triangle de présignalisation,** dispositif réfléchissant que l'on place en amont d'un véhicule en arrêt d'urgence afin de signaler sa présence sur la voie.

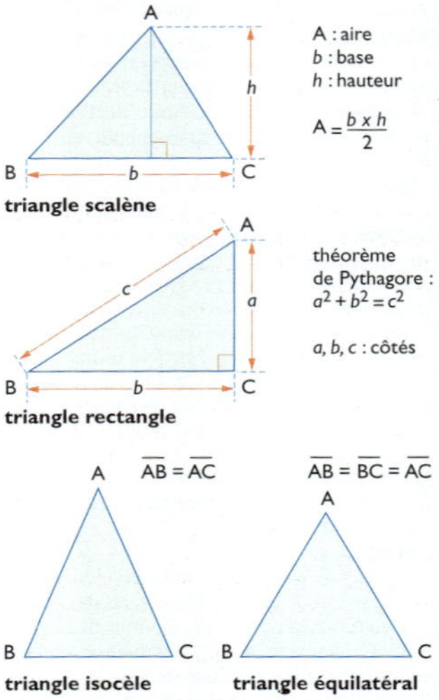

▲ **triangles**

TRIANGULAIRE adj. **1.** MATH. Qui a la forme d'un triangle. **2.** Qui se fait entre trois personnes, trois groupes. ▪ **Commerce** ou **trafic triangulaire** [hist.], forme particulière de la traite des Noirs, qui consistait à aller échanger sur les côtes africaines des produits européens contre des esclaves, à transporter ceux-ci en Amérique et à les y vendre, pour rapporter en Europe les produits tropicaux. ➲ Il fut pratiqué par les pays occidentaux possédant une flotte de la fin du XVIe au XIXe s. ▪ **Élection triangulaire,** ou **triangulaire, n.f.,** élection opposant trois candidats. ◆ adj. et n.m. ANAT. Se dit de divers muscles qui ont la forme d'un triangle.

TRIANGULATION n.f. **1.** TOPOGR. Partage d'une surface terrestre en un réseau de triangles formés de points géodésiques de référence, pour mesurer une ligne géodésique ou pour dresser la carte d'une région. **2.** TECHN. Méthode permettant de déterminer la position d'un point dans un espace à trois dimensions à l'aide d'au moins trois satellites fixes dont on connaît la position exacte : *Le principe de fonctionnement du GPS est basé sur la triangulation.*

TRIANGULER v.t. [3]. Effectuer une triangulation.

TRIAS [trijas] n.m. (mot gr. « groupe de trois »). GÉOL. Système du mésozoïque. ➲ Le trias est la première période de l'ère secondaire, de – 251 à – 200 millions d'années.

TRIASIQUE adj. Relatif au trias.

TRIATHLÈTE [tria-] n. Athlète spécialiste du triathlon.

TRIATHLON [tria-] n.m. SPORTS. Compétition enchaînant trois épreuves (natation, course cycliste sur route, course à pied).

TRIATOMIQUE [tria-] adj. CHIM. Se dit des corps dont la molécule est formée de trois atomes.

TRIBADE n.f. (du gr. *tribein*, frotter). Litt. Homosexuelle.

TRIBAL, E, AUX ou **ALS** adj. Relatif à la tribu : *Coutumes tribales.*

TRIBALISME n.m. Organisation sociale fondée sur la tribu.

TRIBALLE n.f. Petite tige de fer ou de bois avec laquelle les fourreurs battent les peaux.

TRIBALLER v.t. [3] (de l'anc. fr. *tribouler*, tourmenter). Passer les peaux à la triballe.

TRIBART n.m. ÉLEV. Entrave que l'on attache au cou des animaux pour réduire leur mobilité.

TRIBOÉLECTRICITÉ n.f. (du gr. *tribein*, frotter). Électricité statique produite par frottement.

TRIBOÉLECTRIQUE adj. Relatif à la triboélectricité.

TRIBOLOGIE n.f. MÉCAN. Science et technologie des frottements des surfaces en contact animées d'un mouvement relatif.

TRIBOLUMINESCENCE n.f. OPT. Luminescence provoquée par un choc, un frottement, une rupture.

TRIBOMÉTRIE n.f. PHYS. Mesure des forces de frottement.

TRIBORD n.m. (du moyen néerl.). MAR. Côté droit d'un navire, quand on regarde vers l'avant (par oppos. à *bâbord*).

TRIBORDAIS n.m. MAR. Homme de l'équipage faisant partie du quart de tribord.

TRIBOULET n.m. (de l'anc. fr. *triboler*, agiter). Tige de forme tronconique et calibrée qui sert au bijoutier pour mesurer le diamètre des bagues.

TRIBU n.f. (lat. *tribus*). **1.** Groupement de familles de même origine, vivant dans la même région ou se déplaçant ensemble, et ayant une même organisation sociale, les mêmes croyances religieuses et, le plus souvent, une langue commune. **2.** Fig., parfois péjor. Grande famille unie par des règles, des traditions ; communauté fondée sur des codes communs. **3.** ANTIQ. À Rome et à Athènes, division de la population constituant un cadre politique et militaire. **4.** BIOL. Niveau de classification intermédiaire entre la famille et le genre. ▪ **Les douze tribus d'Israël** [Antiq.], issues, selon la Tradition, des douze fils de Jacob.

TRIBULATIONS n.f. pl. (du bas lat. *tribulatio*, tourment). Suite d'aventures plus ou moins désagréables, de revers, d'obstacles surmontés.

TRIBUN n.m. (lat. *tribunus*). **1.** Orateur populaire, à l'éloquence puissante et directe. **2.** ANTIQ. ROM. Magistrat chargé, à l'origine, de l'administration d'une tribu. **3.** Membre du Tribunat, en France, sous le Consulat et l'Empire. ▪ **Tribun de la plèbe** [Antiq. rom.], magistrat élu par les *comices tributes* (citoyens réunis en tribus) et chargé de défendre les intérêts de la plèbe. ▪ **Tribun militaire** ou **des soldats** [Antiq. rom.], l'un des six officiers supérieurs à la tête d'une légion.

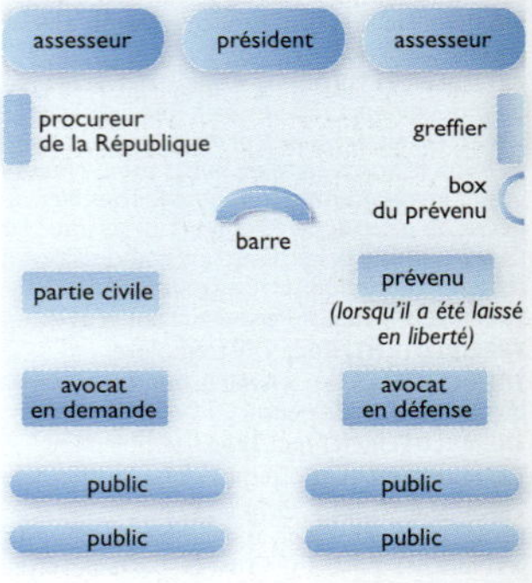

▲ **tribunal.** Configuration et composition d'un tribunal correctionnel.

TRIBUNAL n.m. (pl. *tribunaux*) [mot lat. « tribune »]. **1.** Juridiction formée de un ou plusieurs magistrats qui jugent ensemble ; ensemble des magistrats qui composent une telle juridiction ; lieu où siègent les magistrats. **2.** Fig., litt. Ce que l'on considère comme une source de jugements irrécusables : *Le tribunal de la conscience.* ▪ **Tribunal administratif,** juridiction de première instance chargée de juger certains litiges entre les particuliers et l'Administration. ▪ **Tribunal de grande instance,** juridiction de droit commun de première instance chargée de juger certains procès civils. ▪ **Tribunal d'instance,** juridiction d'exception de l'ordre judiciaire qui statue à juge unique et a pour vocation de régler les litiges simples.

TRIBUNAT n.m. ANTIQ. ROM. Charge de tribun. ▪ **Le Tribunat,** v. partie n.pr.

TRIBUNE n.f. (lat. médiév. *tribuna*). **1.** Emplacement surélevé d'où un orateur s'adresse à une assemblée ; estrade. **2.** Émission, page de journal, etc., qu'un média offre à qqn, à un groupe pour qu'il exprime publiquement ses idées : *Magazine qui offre une tribune à ses lecteurs.* **3.** (Souvent pl.). Espace muni de gradins, le plus souvent couvert, d'où l'on regarde une course de chevaux, une manifestation sportive, etc. **4.** Galerie surélevée réservée à certaines personnes, dans les grandes salles d'assemblée. **5.** Galerie ouverte ou plateforme élevée, à usage varié, dans un lieu public, une grande salle, un édifice cultuel. ▪ **Tribune libre,** article émanant d'une personnalité extérieure à la rédaction d'un journal et qui n'engage pas l'opinion de ce dernier.

TRIBUNITIEN, ENNE adj. ANTIQ. ROM. Relatif aux tribuns de la plèbe. ▪ **Fonction tribunitienne** [sociol.], rôle de certains partis ou syndicats qui se donnent comme objectif la défense des catégories les plus défavorisées.

TRIBUT n.m. (du lat. *tributum,* taxe). **1.** HIST. Contribution qu'un peuple, un État était obligé de fournir à un autre en signe de soumission. **2.** Litt. Dommage, perte subis du fait de qqch ou pour qqch : *Payer un lourd tribut à la pollution.*

TRIBUTAIRE adj. **1.** Dépendant de : *Les recettes publicitaires sont tributaires du nombre de lecteurs.* **2.** HYDROL. Se dit d'un affluent, ou d'un cours d'eau qui se jette dans un lac ou dans la mer. **3.** HIST. Qui paie tribut.

TRICALCIQUE adj. CHIM. MINÉR. Se dit du phosphate $Ca_3(PO_4)_2$, à trois atomes de calcium.

TRICARD, E adj. et n. (de *trique*). Arg. Interdit de séjour.

TRICENNAL, E, AUX adj. Qui dure trente ans.

TRICENTENAIRE n.m. Troisième centenaire. ◆ adj. Qui a trois cents ans.

TRICÉPHALE adj. Qui a trois têtes : *Monstre tricéphale.*

TRICEPS [-sɛps] adj. et n.m. (mot lat. « triple »). ANAT. Se dit d'un muscle qui se divise à une extrémité en trois corps.

TRICÉRATOPS [-tɔps] n.m. (du gr. *keras, -atos,* corne, et *ôps,* vue). Dinosaurien herbivore du crétacé d'Amérique du Nord, dont la tête était armée de trois cornes et d'une collerette osseuse. ➲ Long. 8 m ; sous-ordre des ornithischiens.

TRICHE n.f. Fam. Fait de tricher ; tricherie.

TRICHER v.i. [3] (du lat. *tricari,* chicaner). **1.** Enfreindre les règles d'un jeu, d'un sport, pour gagner : *Tricher au poker.* **2.** Enfreindre certaines conventions en affectant de les respecter : *Tricher à un examen.* ◆ v.t. ind. (SUR). Mentir sur la valeur, la quantité, la nature de qqch ; frauder : *Tricher sur les chiffres, sur la composition d'un produit.*

TRICHERIE n.f. **1.** Action de tricher dans un jeu. **2.** Tromperie quelconque ; supercherie ; fraude.

TRICHEUR, EUSE n. Personne qui triche.

TRICHINE [-kin] n.f. (du gr. *thrix, trikhos,* cheveu). Ver parasite vivant à l'état adulte dans l'intestin du rat et, à l'état larvaire, dans ses muscles. ➲ L'homme et le porc peuvent aussi être infestés ; embranchement des nématodes.

TRICHINOSE [-ki-] n.f. MÉD. Infestation par une trichine, caractérisée par une fièvre, de la diarrhée, des douleurs et des œdèmes.

TRICHLORÉTHYLÈNE [-klɔ-] n.m. Composé $CHCl{=}CCl_2$, liquide ininflammable employé comme solvant.

TRICHOCÉPHALE [-kɔ-] n.m. (du gr. *thrix, trikhos,* cheveu). Nématode parasite de l'intestin de l'homme et de quelques mammifères.

TRICHOGRAMME [-kɔ-] n.m. Hyménoptère minuscule qui parasite les œufs et les chenilles des pyrales nuisibles, et qui est utilisé pour la protection biologique des récoltes.

TRICHOLOME [-kɔ-] n.m. (du gr. *thrix, trikhos,* cheveu, et *lôma,* frange). Champignon basidiomycète à lames, qui pousse dans les bois ou les prés. ➲ Une variété comestible de tricholome est appelée *mousseron de la Saint-Georges* ; ordre des agaricales.

▲ **tricholomes**

TRICHOMA ou **TRICHOME** [-kɔ-] n.m. (gr. *trikhôma*). MÉD. Feutrage des cheveux, produit par l'accumulation de poussière, de matière sébacée et de parasites.

TRICHOMONAS [-kɔmɔnas] n.m. (du gr. *thrix, trikhos,* cheveu, et *monas,* seul). Protozoaire flagellé, parasite vaginal et intestinal de l'espèce humaine et de divers animaux, agent de maladies sexuellement transmissibles.

TRICHOPHYTON [-kɔ-] n.m. (du gr. *thrix, trikhos,* cheveu, et *phuton,* végétal). Champignon parasite provoquant des mycoses de la peau et des teignes du cuir chevelu.

TRICHOPTÈRE [-kɔ-] n.m. Insecte à métamorphoses complètes, dont la larve est aquatique et se fabrique un fourreau protecteur, comme la phrygane. ➲ Les trichoptères forment un ordre.

TRICHOTILLOMANIE [-tijo-] n.f. Besoin compulsif d'arracher ses cheveux.

TRICHROME [-krom] adj. Se dit d'une image obtenue par trichromie. ▪ **Synthèse additive trichrome,** technique de restitution des couleurs, dans laquelle la sensation colorée est produite par l'action conjuguée sur la rétine de trois flux lumineux, bleu, vert et rouge. ➲ Cette technique est celle de la télévision en couleurs et du multimédia. ▪ **Synthèse soustractive trichrome,** technique de restitution des couleurs, dans laquelle la sensation colorée est produite à partir de la superposition de trois images tirées en jaune, magenta et cyan. ➲ Cette technique est celle de la photographie traditionnelle en couleurs et de l'imprimerie.

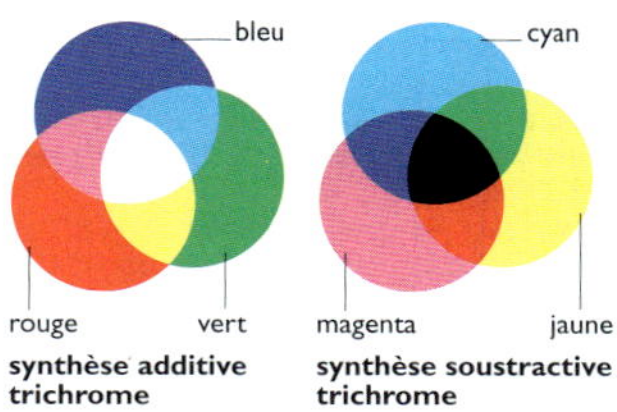

▲ **trichromie.** Les deux techniques de restitution des couleurs en trichromie.

TRICHROMIE [-kro-] n.f. (du gr. *khrôma,* couleur). IMPRIM. Ensemble des procédés de reproduction et d'impression en couleurs, permettant d'obtenir toutes les teintes à l'aide des trois couleurs primaires.

TRICKSTER [trikstœr] n.m. (mot angl. « filou »). ANTHROP. Personnage mythologique qui joue le rôle de celui qui dérange l'ordre, plaisante sur les choses sacrées.

TRICLINIQUE adj. MINÉRALOG. ▪ **Système triclinique,** système cristallin dont la maille élémentaire est un prisme oblique ayant pour base un parallélogramme.

TRICLINIUM [-njɔm] n.m. (mot lat.). ANTIQ. ROM. **1.** Lit à trois places sur lequel les Romains s'étendaient pour manger. **2.** Salle à manger, génér. à trois lits, de la maison romaine.

TRICOISES n.f. pl. (altér. de *tenailles turcoises,* tenailles turques). **1.** Clé utilisée par les pompiers pour serrer ou desserrer les raccords des tuyaux, manœuvrer certains robinets, etc. **2.** Tenailles de maréchal-ferrant.

TRICOLER v.i. [3]. Acadie. Tituber.

TRICOLORE adj. **1.** Qui a trois couleurs. **2.** Se dit des trois couleurs bleu, blanc et rouge, emblème de la nation française, d'une fonction officielle. ➲ L'origine du drapeau tricolore remonte à juillet 1789, où l'on réunit sur une cocarde le blanc, couleur du roi, avec le bleu et le rouge, couleurs de Paris, symbole de l'union de la royauté et du peuple. ◆ adj. et n. Qui porte les couleurs de la France : *Les équipes tricolores.*

TRICÔNE n.m. PÉTROLE. Trépan de sondage par rotation comportant trois molettes dentées.

TRICORNE n.m. (lat. *tricornis*). Chapeau à bords repliés en trois cornes.

TRICORPS adj. et n.m. AUTOM. Se dit d'une carrosserie composée de trois volumes principaux (compartiment moteur, habitacle et coffre à bagages).

TRICOT n.m. **1.** Action de tricoter : *Faire du tricot ;* ouvrage ainsi réalisé : *Mets ton tricot, il fait froid.* **2.** Étoffe à mailles tricotées. **3.** Article vestimentaire fait avec cette étoffe.

TRICOTAGE n.m. Action de tricoter.

TRICOTER v.t. [3] (v. du moyen fr. « sauter », de *tricot,* gourdin). **1.** Former et entrelacer des mailles de fil textile avec des aiguilles spéciales pour en faire un tissu ; travailler un fil textile de cette façon ; réaliser un vêtement de cette façon : *Tricoter une écharpe.* **2.** Fig. Préparer minutieusement ; élaborer : *Elle a tricoté un film surprenant.* ▪ **Machine à tricoter,** machine permettant d'exécuter un tricot (SYN. **tricoteuse**). ◆ v.i. **1.** Réaliser des ouvrages au tricot. **2.** Fam. Remuer vivement les jambes pour courir, danser, pédaler.

TRICOTEUR, EUSE n. Personne qui tricote. ▪ **Les tricoteuses** [hist.], femmes du peuple qui, pendant la Révolution française, assistaient en tricotant aux séances des assemblées populaires.

TRICOTEUSE n.f. Machine à tricoter*.

TRICTRAC n.m. (onomat.). Jeu de société pratiqué sur des tables à deux compartiments comportant au total 24 cases en forme de flèches, ancêtre du jacquet.

TRICUSPIDE adj. (du lat. *cuspis,* pointe). ANAT. ▪ **Valvule tricuspide,** valvule composée de trois valves, annexée à l'orifice qui sépare l'oreillette et le ventricule droits du cœur.

TRICYCLE n.m. Cycle ou motocycle à trois roues symétriques. ➲ Le tricycle à moteur est d'une puissance supérieure à 50 cm³ (moteur thermique) ou à 4 kW (moteur électrique).

TRICYCLIQUE adj. Se dit d'un hydrocarbure à trois cycles benzéniques.

TRIDACNE n.m. (du gr. *tridaknos,* dont on ne peut faire moins de trois bouchées). Bénitier (mollusque).

▲ **tridacne** géant.

TRIDACTYLE adj. ZOOL. Se dit d'un membre de vertébré terminé par trois doigts.

TRIDENT n.m. (lat. *tridens*). **1.** Fourche à trois pointes servant à harponner les poissons. ➲ Ce fut l'attribut de nombreuses divinités marines, en partic. de Neptune. **2.** Bêche ou fourche à trois dents.

TRIDENTÉ, E adj. Qui présente trois dents.

TRIDIMENSIONNEL, ELLE adj. Qui comporte trois dimensions.

TRIÈDRE n.m. (du gr. *hedra,* base). MATH. Figure formée par trois demi-droites (les *arêtes*) de même origine (le *sommet*), non coplanaires, et par les portions de plan (les *faces*) qu'elles déterminent. ◆ adj. Qui a trois faces.

TRIENNAL, E, AUX adj. (bas lat. *triennalis*). Qui dure trois ans ; qui revient tous les trois ans.

TRIER v.t. [5] (bas lat. *tritare*). **1.** Choisir, parmi plusieurs, certains éléments en les séparant du reste ; sélectionner : *Trier les meilleurs vêtements à donner.* **2.** Répartir des objets suivant certains critères : *Trier les déchets ménagers.*

TRIÉRARQUE n.m. (du gr. *triêrarkhos*, commandant d'une trière). ANTIQ. GR. À Athènes, riche citoyen tenu d'équiper à ses frais une trière.

TRIÈRE n.f. (gr. *triêrês*). ANTIQ. GR. Navire de guerre à trois rangs de rameurs superposés (SYN. **trirème**).

TRIESTER [-tɛr] n.m. CHIM. ORG. Composé à trois fonctions ester.

1. TRIEUR, EUSE n. Personne qui trie.

2. TRIEUR n.m. TECHN. Appareil mécanique de triage.

TRIEUSE n.f. Anc. Machine électromécanique qui permettait de classer des cartes perforées selon une référence donnée.

TRIFOLIOLÉ, E adj. BOT. Se dit d'une feuille composée de trois folioles, comme celle du trèfle.

TRIFONCTIONNEL, ELLE adj. Relatif aux trois fonctions (sacerdotale ; guerrière ; agraire, pastorale, artisanale) formant, selon G. Dumézil, la base de la structure sociale hiérarchisée des peuples indo-européens.

TRIFORIUM [-rjɔm] n.m. (mot angl., du lat.). ARCHIT. Dans une église, étroite galerie au-dessus des grandes arcades ou de la tribune, ouverte par une suite de baies sur la nef, le transept et/ou le chœur.

TRIFOUILLER v.i. [3]. Fam. Fouiller en mettant du désordre : *Qui a trifouillé dans mes fichiers ?*

TRIGLE n.m. (gr. *triglê*). Grondin.

TRIGLYCÉRIDE n.m. BIOCHIM. Lipide formé par l'estérification du glycérol par trois acides gras.

TRIGLYPHE n.m. (gr. *trigluphos*). ARCHIT. Ornement de la frise dorique, composé de deux glyphes et de deux demi-glyphes.

TRIGONE adj. et n.m. (gr. *trigônos*). Didact. Qui présente trois angles.

TRIGONOCÉPHALE n.m. Bothrops.

TRIGONOMÉTRIE n.f. (du gr. *trigônon*, triangle). MATH. **1.** Étude des relations entre les mesures des côtés et celles des angles dans un triangle. ➲ Elle s'applique à la triangulation, notamm. en astronomie et en topographie. **2.** Étude des fonctions circulaires.

TRIGONOMÉTRIQUE adj. MATH. Relatif à la trigonométrie. ▪ **Cercle trigonométrique,** dans un repère orthonormé direct, cercle ayant pour centre l'origine et pour rayon 1. ▪ **Fonctions trigonométriques,** fonctions sinus, cosinus, tangente (SYN. **fonctions circulaires**). ▪ **Rapports, lignes trigonométriques** [vx], sinus, cosinus, tangentes et cotangentes des angles.

TRIGONOMÉTRIQUEMENT adv. Suivant les règles de la trigonométrie.

TRIGRAMME n.m. **1.** Mot de trois lettres. **2.** Sigle constitué de trois caractères réunis. **3.** Figure formée par la superposition de trois lignes, coupées ou non en leur milieu, utilisée dans la divination chinoise.

TRIJUMEAU adj.m. et n.m. ANAT. Se dit d'un nerf crânien qui se divise en trois branches pour former le nerf ophtalmique et les nerfs maxillaires supérieur et inférieur.

TRIKE [trajk] n.m. (mot angl.). Motocycle à trois roues, dont deux à l'arrière.

TRILATÉRAL, E, AUX adj. MATH. Qui a trois côtés.

TRILINGUE adj. et n. (lat. *trilinguis*). Qui parle trois langues : *Interprète trilingue.* ◆ adj. Écrit en trois langues.

TRILITÈRE adj. (du lat. *littera*, lettre). Se dit d'un mot composé de trois lettres.

TRILLE n.m. (ital. *trillo*). MUS. Ornement qui consiste dans le battement rapide et plus ou moins prolongé d'une note avec la note conjointe supérieure (SYN. **tremblement**).

TRILLER v.i. [3]. Exécuter un trille.

TRILLION [triljɔ̃] n.m. Un million de billions, soit 10^{18}.

TRILOBÉ, E adj. À trois lobes ; en forme de trèfle.

TRILOBITE n.m. (lat. sc. *trilobites*). Arthropode marin fossile, voisin des crustacés, dont le corps segmenté était divisé en trois parties (*céphalon*, thorax et *pygidium*), très abondant dans les sédiments de l'ère primaire. ➲ Les trilobites forment une classe.

TRILOCULAIRE adj. BOT. Divisé en trois loges.

TRILOGIE n.f. (gr. *trilogia*). **1.** Série de trois œuvres dont les sujets sont liés. **2.** ANTIQ. GR. Ensemble de trois tragédies portant sur un même thème.

TRIMARAN n.m. (d'apr. *catamaran*). Voilier comportant trois coques parallèles.

TRIMARD n.m. (de *trimer*). Arg., vx. Route ; chemin.

TRIMARDER v.i. [3]. Arg., vx. Aller de région en région ; vagabonder.

TRIMARDEUR n.m. Arg., vx. Vagabond.

TRIMBALLAGE, TRIMBALAGE, TRIMBALLEMENT ou **TRIMBALEMENT** n.m. Fam. Action de trimbaler.

TRIMBALLER ou **TRIMBALER** v.t. [3] (de l'anc. fr. *tribaler*, remuer). Fam. Traîner partout avec soi. ▪ **Qu'est-ce qu'il trimballe !** [fam.], qu'il est stupide ! ◆ **SE TRIMBALLER** v.pr. Fam. Aller et venir ; se déplacer.

TRIMER v.i. [3] (orig. obsc.). Fam. Travailler dur ; se donner beaucoup de peine.

TRIMÈRE adj. (du gr. *meros*, partie). Qui présente une symétrie axiale d'ordre 3, notamm. en parlant d'une fleur.

TRIMESTRE n.m. (lat. *trimestris*). **1.** Espace de trois mois : *Vérifier les comptes à la fin du trimestre.* **2.** Somme payée ou reçue à la fin de cette période : *Toucher son trimestre.* **3.** Chacune des trois divisions de l'année scolaire française, de septembre à juillet, équivalant approximativement à trois mois et séparée de la suivante par des vacances.

TRIMESTRIEL, ELLE adj. Qui revient, se produit tous les trois mois : *Réunion trimestrielle.* ◆ n.m. Périodique qui paraît tous les trimestres.

TRIMESTRIELLEMENT adv. Par trimestre ; tous les trois mois.

TRIMÉTAL n.m. (pl. *trimétaux*). Ensemble métallique monobloc formé de trois métaux ou alliages différents adhérant l'un à l'autre.

TRIMÈTRE n.m. Vers grec ou latin qui a trois pieds.

TRIMMER [trimœr] n.m. (mot angl.). **1.** Engin de pêche au brochet, constitué par un gros flotteur plat circulaire, sur la tranche duquel s'enroule la ligne. ➲ Il est interdit dans certains lieux de pêche. **2.** ÉLECTRON. Condensateur ou résistance variable permettant l'ajustement de grandeurs électriques dans certains composants.

TRIMOTEUR adj.m. et n.m. Se dit d'un avion qui possède trois moteurs.

TRIMURTI [-mu-] n.f. (sanskr. *trimūrti*). Dans l'hindouisme, désigne la triple manifestation de l'Être suprême représenté par Brahma, Vishnou et Shiva.

TRIN, E [trɛ̃, trin] adj. (lat. *trinus*). Qui est triple, en parlant de Dieu considéré dans le mystère de la Trinité.

TRINGLE n.f. (du moyen néerl. *tingel*, latte). **1.** Tige métallique à laquelle on suspend qqch : *Une tringle à rideaux.* **2.** Tige métallique de faible section cylindrique : *Tringle de crémone.*

TRINGLER v.t. [3]. Marquer d'une ligne droite une pièce de bois, un tissu à l'aide d'un fil tendu et enduit de craie.

TRINGLOT n.m. → **TRAINGLOT.**

TRINIDADIEN, ENNE adj. et n. De Trinité-et-Tobago ; de ses habitants.

TRINITAIRE adj. THÉOL. CHRÉT. Relatif à la Trinité.

TRINITÉ n.f. (lat. *trinitas*). Litt. Réunion de trois éléments formant un tout. ▪ **La Trinité** [théol. chrét.], désignation de Dieu en trois personnes (Père, Fils et Saint-Esprit) distinctes, égales et consubstantielles en une seule et indivisible nature ; fête commémorant ce mystère, le premier dimanche après la Pentecôte.

TRINITRINE n.f. Solution à 1 % de nitroglycérine, employée dans le traitement de l'angine de poitrine.

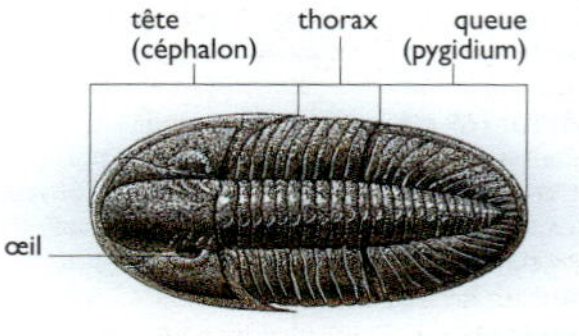

▲ **trilobite** (genre *Phillipsia*).

TRINITROTOLUÈNE n.m. Solide cristallisé produit par nitration du toluène, dont un des isomères constitue un explosif partic. puissant, appelé *tolite*. Abrév. TNT.

TRINÔME n.m. (du gr. *nomos*, division). Polynôme formé de trois termes.

TRINQUEBALLE n.m. → **TRIQUEBALLE.**

TRINQUER v.i. [3] (de l'all. *trinken*, boire). **1.** Choquer légèrement son verre contre celui de qqn avant de boire : *Trinquons à sa santé !* **2.** Fam. Subir un dommage, un désagrément : *J'ai trinqué quand on m'a arraché cette dent.*

1. TRINQUET n.m. (ital. *trinchetto*). MAR. Mât de misaine, incliné un peu sur l'avant, des bâtiments gréés en voiles latines.

2. TRINQUET n.m. (mot dial.). SPORTS. Salle aménagée pour certaines formes de jeu de la pelote basque.

TRINQUETTE n.f. (de *1. trinquet*). MAR. Voile d'avant triangulaire qui se grée en arrière du foc.

TRIO n.m. (mot ital.). **1.** Groupe de trois personnes : *Le trio qui mène la course.* **2.** Formation de trois musiciens. **3.** Composition vocale ou instrumentale à trois parties. **4.** Deuxième partie d'une danse, écrite sur un thème différent de la première. **5.** MÉTALL. Laminoir non réversible à trois cylindres.

TRIODE n.f. Tube électronique à trois électrodes (anode, grille de contrôle, cathode). ➲ Elle a été supplantée par le transistor.

TRIOL n.m. → **TRIALCOOL.**

TRIOLET n.m. **1.** Poème à forme fixe de huit vers, composé sur deux rimes et dont trois vers (le premier, le quatrième et le septième) sont identiques. **2.** MUS. Groupe de trois notes d'égale valeur, surmonté du chiffre 3, à exécuter dans le même temps que deux notes de même figure.

TRIOLISME n.m. Pratique sexuelle impliquant trois partenaires.

TRIOMPHAL, E, AUX adj. **1.** Qui constitue une réussite éclatante : *Une élection triomphale.* **2.** Qui se fait avec éclat : *Une arrivée triomphale.* **3.** ANTIQ. ROM. Relatif au triomphe.

TRIOMPHALEMENT adv. **1.** Avec les acclamations qui marquent un triomphe. **2.** Avec un air triomphant : *Montrer triomphalement sa médaille d'or.*

TRIOMPHALISME n.m. Attitude de confiance absolue ou excessive en sa propre réussite : *Se garder de tout triomphalisme.*

TRIOMPHALISTE adj. et n. Qui fait preuve de triomphalisme.

TRIOMPHANT, E adj. **1.** Qui a triomphé de tous les obstacles ; victorieux. **2.** Qui marque la joie et la fierté : *Un sourire triomphant.*

TRIOMPHATEUR, TRICE n. Qui a remporté un succès éclatant.

TRIOMPHE n.m. (lat. *triumphus*). **1.** Grand succès ; victoire éclatante : *Sa réélection est un triomphe.* **2.** MIL. Cérémonie de baptême d'une promotion de saint-cyriens. **3.** ANTIQ. ROM. Série d'honneurs exceptionnels rendus à un général victorieux. ▪ **Faire un triomphe à qqn,** lui faire une ovation. ▪ **Porter qqn en triomphe,** le porter à bras d'hommes pour lui faire honneur.

TRIOMPHER v.i. [3] (lat. *triumphare*). **1.** Remporter une victoire éclatante : *Leur équipe a triomphé.* **2.** Manifester sa joie, sa fierté d'avoir obtenu un succès ; exulter : *La candidate réélue triomphait.* **3.** S'imposer de façon définitive : *Leur cause a triomphé.* **4.** ANTIQ. ROM. Recevoir les honneurs du triomphe. ◆ v.t. ind. (DE). L'emporter sur ; surmonter : *Triompher des obstacles.*

TRIONYX n.m. (du gr. *onux*, ongle). Tortue carnivore des cours d'eau d'Amérique du Nord, d'Afrique et d'Asie du Sud-Est, à carapace coriace mais dépourvue d'écailles, extrêmement vorace. ➲ Famille des trionychidés.

TRIP n.m. (mot anglo-amér. « voyage »). Dans le langage des toxicomanes, état hallucinatoire dû à la prise d'une drogue, en partic. de LSD.

TRIPAILLE n.f. Fam. Ensemble des tripes et intestins d'un animal de boucherie ; entrailles.

TRIPALE adj. Qui a trois pales : *Hélice tripale.*

TRIPANG ou **TRÉPANG** [-pɑ̃] n.m. (mot malais). Grosse holothurie comestible des mers chaudes, très appréciée en Extrême-Orient.

TRIPANT, E ou **TRIPPANT, E adj.** (de *trip*). Québec. Fam. Passionnant, captivant, excitant : *La visite du site a été vraiment tripante.*

TRIPARTI, E adj. Divisé en trois parties : *Feuille tripartie* (SYN. **tripartite**).

TRIPARTISME n.m. Système de gouvernement tripartite.

TRIPARTITE adj. 1. Triparti. **2.** Constitué par l'association de trois partis ; réalisé entre trois partenaires : *Accord tripartite.* ◆ **n.f.** Belgique. Coalition gouvernementale formée de trois partis.

TRIPARTITION n.f. Action de diviser une quantité en trois parties égales.

TRIPATOUILLAGE n.m. Fam. Action de tripatouiller ; magouille.

TRIPATOUILLER v.t. [3] (de *tripoter* et *patouiller*). Fam. **1.** Manipuler avec insistance ou maladresse. **2.** Modifier dans une intention malhonnête ; falsifier : *Tripatouiller des résultats électoraux.*

TRIPATOUILLEUR, EUSE n. Fam. Personne qui tripatouille.

TRIPE n.f. (orig. obsc.). **1.** Boyau d'un animal de boucherie. **2.** Partie intérieure d'un cigare. **3.** Fig., fam. (Souvent pl.). Le siège des sentiments, des convictions : *Ces mots l'ont pris aux tripes. Un acteur qui joue avec ses tripes.* ▪ **Avoir la tripe** (+ adj.), être viscéralement (+ adj.) : *Avoir la tripe laïque.* ◆ **n.f. pl.** Mets constitué par l'estomac d'animaux de boucherie, diversement accommodé : *Tripes à la mode de Caen.*

TRIPERIE n.f. 1. Lieu où l'on vend des tripes, des abats. **2.** Commerce du marchand de tripes et d'abats. **3.** Ensemble des abats et des tripes vendus par le tripier.

TRIPETTE n.f. (de *tripe*). Fam. ▪ **Ça ne vaut pas tripette**, cela ne vaut rien.

TRIPHASÉ, E adj. ÉLECTROTECHN. Se dit d'un système de trois courants alternatifs monophasés décalés l'un par rapport à l'autre de 1/3 de période.

TRIPHÉNYLMÉTHANE n.m. Hydrocarbure dérivé du méthane $(C_6H_5)_3CH$, dont le squelette se retrouve dans un grand nombre de colorants.

TRIPHOSPHATE adj. Qui comporte un groupe de trois acides phosphoriques.

TRIPHTONGUE n.f. (d'apr. *diphtongue*). PHON. Voyelle complexe dont le timbre se modifie deux fois au cours de son émission (par ex. *fire* en anglais).

TRIPIER, ÈRE n. Personne qui tient une triperie.

TRIPLACE adj. À trois places.

TRIPLAN n.m. Anc. Avion muni de trois paires d'ailes superposées.

TRIPLE adj. (lat. *triplus*). **1.** Qui comporte trois éléments identiques ou analogues : *Une triple fracture.* **2.** Qui est multiplié par trois ou répété trois fois : *Une triple détonation.* **3.** Fam. Indique un degré élevé : *Il est arrivé au triple galop.* ▪ **Point triple** [thermodyn.], point qui, sur un diagramme de phases, représente l'équilibre des trois phases d'un même corps. ▪ **Triple A** → **A.** ▪ **Triple liaison,** liaison entre deux atomes assurée par trois paires d'électrons et représentée par le symbole ≡. ▪ **Triple saut,** ou **triple, n.m.,** épreuve d'athlétisme consistant en un enchaînement de trois bonds. ◆ **adv.** En quantité, en nombre triples. ◆ **n.m. 1.** Valeur, quantité triple : *Neuf est le triple de trois.* **2.** Triple saut.

TRIPLÉ n.m. Triple succès, notamm. dans le domaine sportif.

1. TRIPLEMENT adv. De trois manières ; à un triple titre.

2. TRIPLEMENT n.m. Action, fait de tripler.

TRIPLER v.t. [3]. Multiplier par trois : *Tripler les profits.* ◆ **v.i.** Être multiplié par trois : *Le nombre d'abonnés a triplé.*

TRIPLÉS, ÉES n. pl. Groupe de trois enfants nés d'une même grossesse.

TRIPLET n.m. 1. MATH. Groupement ordonné de trois objets, distincts ou non. **2.** ARCHIT. Ensemble de trois baies groupées. **3.** GÉNÉT. Séquence de trois nucléotides d'ADN.

TRIPLETTE n.f. 1. Équipe de trois joueurs, à la pétanque. **2.** Bicyclette à trois selles, guidons et pédaliers, pour trois personnes.

TRIPLEX n.m. (mot lat. « triple »). **1.** Appartement sur trois niveaux. **2.** Québec. Maison comportant trois logements, génér. pourvus d'entrées distinctes.

TRIPLEX n.m. (nom déposé). Verre feuilleté de sécurité de la marque de ce nom.

TRIPLICATA n.m. (pl. *triplicata*[s]) [mot lat.]. Troisième exemplaire, deuxième copie d'un manuscrit.

TRIPLOBLASTIQUE adj. EMBRYOL. Se dit des espèces animales dont l'embryon présente trois feuillets (par oppos. aux espèces *diploblastiques*).

TRIPLOÏDE adj. et **n.** (du gr. *triploûs*, triple). BIOL. Se dit des cellules dont le noyau renferme trois lots homologues de chromosomes au lieu de deux ; se dit des organismes qui possèdent de telles cellules. ➲ L'état triploïde peut être normal chez certains végétaux, mais il est génér. anormal, voire mortel, chez les animaux supérieurs.

TRIPLOÏDIE n.f. Caractère des organismes et des cellules triploïdes.

TRIPLURE n.f. COUT. Étoffe de coton très apprêtée, utilisée pour donner du maintien à d'autres tissus.

TRIPODE adj. (gr. *tripous, -podos*, à trois pieds). Qui repose sur trois pieds : *Fauteuil tripode.* ▪ **Mât tripode** [mar.], mâture métallique, en forme de trépied, de certains bâtiments modernes.

TRIPORTEUR n.m. Cycle à trois roues, dont deux à l'avant, muni d'une caisse pour transporter des marchandises.

TRIPOT n.m. (de l'anc. fr. *triper*, sauter). Péjor. Maison de jeu.

TRIPOTAGE n.m. Fam. **1.** Action de tripoter sans cesse. **2.** Opération plus ou moins louche ou malhonnête : *Des tripotages financiers.*

TRIPOTÉE n.f. Fam. **1.** Volée de coups. **2.** Grande quantité : *Une tripotée de candidats, de questions.*

TRIPOTER v.t. [3] (de *tripot*). Fam. **1.** Toucher sans cesse, machinalement et sans soin : *Tripoter son stylo en parlant.* **2.** Se livrer à des attouchements sur qqn. ◆ **v.i.** Fam. Faire des opérations malhonnêtes ; trafiquer : *Tripoter avec des gens louches.*

TRIPOTEUR, EUSE n. Fam. Personne qui se livre à des tripotages.

TRIPOUS ou **TRIPOUX n.m. pl.** (mot dial.). Plat composé de tripes de mouton roulées en petits paquets et mijotées en sauce. ➲ Cuisine auvergnate et rouergate.

TRIPTYQUE n.m. (du gr. *triptukhos*, plié en trois). **1.** Au Moyen Âge surtout, œuvre peinte ou sculptée en trois panneaux, dont les deux extérieurs (volets) peuvent se refermer sur celui du milieu. **2.** Œuvre littéraire, musicale, plastique composée de trois parties, de trois scènes.

▲ **triptyque.** *La Vierge et l'Enfant entre deux anges musiciens* (XVe s. - XVIe s.), de Gérard David. (Musée du Louvre, Paris.)

TRIQUE n.f. (du francique). Fam. Gros bâton. ▪ **À la trique** [fam.], avec autorité et brutalité.

TRIQUEBALLE ou **TRINQUEBALLE n.m.** MANUT. Fardier utilisé pour le transport de fardeaux longs, comportant deux roues et un essieu, au-dessous duquel est suspendue la charge.

TRIQUET n.m. (de *trique*). CONSTR. Échelle double de couvreur.

TRIRECTANGLE adj. MATH. Qui présente une triple orthogonalité dans l'espace.

TRIRÈME n.f. (lat. *triremis*). Nom donné par les Romains à la trière.

TRISAÏEUL, E [trizajœl] **n.** (pl. *trisaïeuls, trisaïeules*). Le père, la mère du bisaïeul ou de la bisaïeule.

TRISANNUEL, ELLE adj. Qui a lieu tous les trois ans ; qui dure trois ans.

TRISECTEUR, TRICE [-sɛk-] **adj.** Qui réalise la trisection.

TRISECTION [-sɛk-] **n.f.** MATH. Division d'un ensemble, d'une grandeur en trois parties égales. ▪ **Problème de la trisection de l'angle,** construction à la règle et au compas d'un angle ayant pour mesure le tiers de celle d'un angle donné. ➲ Dans la généralité des cas, ce problème n'a pas de solution.

TRISKÈLE n.m. (du gr. *triskelês*, à trois jambes). Motif décoratif celtique fait de trois jambes ou branches recourbées qui suggèrent un mouvement giratoire autour d'un centre.

▲ **triskèle**

TRISMUS [-mys] ou **TRISME n.m.** (du gr. *trismos*, petit bruit aigu). MÉD. Constriction des mâchoires due à la contracture des muscles masticateurs, notamm. au cours du tétanos.

TRISOC n.m. Charrue à trois socs.

TRISOMIE [-zo-] **n.f.** (du gr. *sôma*, corps). GÉNÉT. Aberration chromosomique caractérisée par un chromosome en surnombre, associé à une paire normale de chromosomes homologues. ▪ **Trisomie 21,** due à la présence de trois chromosomes n° 21 au lieu de deux, et caractérisée par un faciès typique, des malformations et une déficience intellectuelle (SYN. [vieilli] **mongolisme**).

TRISOMIQUE [-zo-] **adj.** et **n.** Atteint de trisomie 21 (SYN. [vieilli] **mongolien**).

1. TRISSER v.t. [3] (d'apr. *bisser*). Faire jouer, chanter trois fois de suite.

2. TRISSER v.i. [3] ou **SE TRISSER v.pr.** (all. *stritzen*). Fam. S'en aller rapidement.

3. TRISSER v.i. [3] (bas lat. *trissare*). Pousser son cri, en parlant de l'hirondelle.

TRISSOTIN n.m. (de *Trissotin*, n. d'un personnage de Molière). Litt., péjor. Individu pédant, vaniteux et intéressé.

TRISTE adj. (lat. *tristis*). **1.** Qui éprouve du chagrin : *Je suis triste que tu ne puisses venir.* **2.** Enclin à la mélancolie ; sombre : *Des gens tristes.* **3.** Qui afflige, chagrine ; attristant : *Un film triste.* **4.** Dénué de gaieté, de vie, d'éclat ; terne : *Un quartier triste.* **5.** (Avant le n.). Qui suscite le mépris ; vil : *Il a joué un triste rôle dans cette affaire.* **6.** (Avant le n.). Dont la mauvaise qualité a qqch d'affligeant ; pitoyable *Sa voiture est dans un triste état.* ▪ **Faire triste figure,** se présenter sous un aspect peu avantageux.

TRISTEMENT adv. 1. Avec tristesse. **2.** De façon affligeante : *Leur histoire a fini tristement.*

TRISTESSE n.f. 1. État de chagrin, de mélancolie ; abattement. **2.** Caractère d'une chose triste : *La tristesse d'un paysage.*

TRISTOUNET, ETTE adj. Fam. Un peu triste.

TRISYLLABE adj. et **n.m.** ou **TRISYLLABIQUE adj.** Se dit d'un vers de trois syllabes.

TRITHÉRAPIE n.f. MÉD. Emploi simultané de trois traitements ou techniques thérapeutiques ; spécial., traitement curatif des personnes atteintes du sida (ou préventif pour les séropositifs sans sida déclaré), utilisant en combinaison trois médicaments antiviraux, et dont l'efficacité est très supérieure à celle de chaque médicament pris isolément.

TRITICALE n.m. (du lat. *triticum*, blé, et *secale*, seigle). AGRIC. Céréale créée par croisement entre différentes espèces de blé et de seigle.

TRITIUM [-tjɔm] **n.m.** Isotope radioactif de l'hydrogène, de nombre de masse 3.

1. TRITON n.m. (de *Triton*, n. du fils de Poséidon). **1.** Petit amphibien urodèle à queue aplatie latéralement, vivant dans les mares et les étangs de l'hémisphère Nord. ➲ Famille des salamandridés. **2.** Grand mollusque gastéropode marin, dont la coquille, ou conque, était utilisée comme trompette par les peuples méditerranéens. ➲ Long. 30 cm ; famille des cymatiidés. **3.** MYTH. GR. Divinité marine descendant de Triton, représentée avec un corps d'homme barbu et une queue de poisson.

2. TRITON n.m. (gr. *tritonon*). **MUS.** Intervalle mélodique ou harmonique de trois tons (SYN. **quarte augmentée**).

TRITURATEUR n.m. **PAPET.** Appareil servant à préparer une suspension de fibres dans un liquide par désagrégation des balles de pâte ou de papier.

TRITURATION n.f. **1.** Action de triturer. **2. PAPET.** Opération faite avec un triturateur. ▪ **Bois de trituration,** rondin ou déchet de scierie destiné à être converti en fibres et particules pour la fabrication de panneaux ou défibré pour la production de pâte à papier.

TRITURER v.t. [3] (lat. *triturare*). **1.** Réduire qqch en parties très menues ; broyer : *Triturer des condiments dans un mortier.* **2.** Manier dans tous les sens ; tordre ; tortiller : *Triturer son mouchoir.* **3.** Fig. Dénaturer : *Triturer un texte.* ◆ **SE TRITURER** v.pr. ▪ **Se triturer la cervelle** [fam.], faire de gros efforts intellectuels pour résoudre un problème.

TRIUMVIR [trijɔm-] n.m. (mot lat., de *tres*, trois, et *vir*, homme). **ANTIQ. ROM.** Membre d'un collège de trois magistrats.

TRIUMVIRAT [trijɔm-] n.m. **1.** Fonction de triumvir ; durée de cette fonction. **2.** Groupe de trois hommes exerçant en commun le pouvoir.

TRIVALENT, E adj. **1.** Se dit d'une logique qui utilise trois valeurs de vérité. ➲ Ces valeurs sont le vrai, le faux et le probable (ou l'indéterminé). **2. CHIM.** Qui a pour valence 3.

TRIVALVE adj. Qui comporte trois valves.

TRIVIAL, E, AUX adj. (lat. *trivialis*, de *trivium*, carrefour). **1.** D'un caractère grossier et malséant ; vulgaire : *Plaisanterie triviale.* **2.** Vieilli ou litt. Qui, à force d'être vu ou entendu, est devenu banal : *Un sujet trivial.* **3. MATH.** Évident : *Solutions triviales.*

TRIVIALEMENT adv. De façon triviale ; vulgairement.

TRIVIALITÉ n.f. Caractère de ce qui est trivial ; parole triviale.

TROC n.m. (de *troquer*). Échange direct d'un objet contre un autre. ▪ **Économie de troc,** système économique n'employant pas la monnaie.

TROCART n.m. (altér. de *trois-quarts*). **MÉD.** Instrument en forme de poinçon monté sur un manche et contenu dans une canule, qui sert à faire des ponctions.

TROCHANTER [-kɑ̃tɛr] n.m. (gr. *trokhantêr*, de *trokhân*, courir). **ANAT.** Chacune des deux tubérosités arrondies que présente le fémur à l'union du col avec le corps.

TROCHE n.f. → **TROQUE.**

1. TROCHÉE [-ʃe] n.m. (du gr. *trokhaîos*, coureur). Dans la poésie grecque et latine, pied composé de deux syllabes, une longue accentuée et une brève.

2. TROCHÉE [-ʃe] n.f. **SYLVIC.** Cépée.

TROCHES n.f. pl. (lat. pop. *traduca*). **VÉNER.** Excréments que les cerfs jettent en juin et juillet.

TROCHILIDÉ [-ki-] n.m. (du lat. *trochilus*, roitelet). Oiseau du continent américain, de petite taille, nectarivore ou insectivore, représenté par les colibris. ➲ Les trochilidés forment une vaste famille.

TROCHIN [-ʃɛ̃] n.m. (du gr. *trokhos*, roue). **ANAT.** Petite tubérosité de l'extrémité supérieure de l'humérus.

TROCHITER [-kitɛr] n.m. (var. de *trochanter*). **ANAT.** Grosse tubérosité de l'extrémité supérieure de l'humérus.

TROCHLÉAIRE [-kle-] adj. **ANAT.** Relatif à la quatrième paire de nerfs crâniens.

TROCHLÉE [-kle] n.f. (du lat. *trochlea*, poulie). **ANAT.** Surface articulaire d'une diarthrose en forme de poulie.

TROCHOPHORE ou **TROCHOSPHÈRE** [-ko-] n.f. (du gr. *trokhos*, roue). **EMBRYOL.** Larve ciliée en forme de toupie, caractéristique des annélides et des mollusques.

TROCHURE [-ʃyr] n.f. (de *troches*). **VÉNER.** Quatrième andouiller du cerf.

TROÈNE n.m. (du francique *trugil*, et de *frêne*). Arbuste à fleurs blanches en grappes odorantes, à baies noires toxiques, souvent cultivé pour former des haies. ➲ Famille des oléacées.

TROGLODYTE n.m. (lat. *troglodyta*, du gr. *trôglê*, trou, et *dunein*, s'enfoncer). **1.** Personne qui habite une grotte ou une demeure creusée dans la roche. **2.** Petit passereau insectivore de l'hémisphère Nord tempéré, nichant dans les sous-bois, haies et buissons. ➲ Famille des troglodytidés. ◆ **adj.** Troglodytique.

TROGLODYTIQUE adj. Relatif aux troglodytes ; troglodyte : *Habitation troglodytique.*

TROGNE n.f. (du gaul.). Fam. Visage rougeaud et épanoui d'un gros mangeur et buveur.

1. TROGNON n.m. (de l'anc. fr. *estroigner*, élaguer). Cœur d'un fruit ou d'un légume dépouillé de sa partie comestible : *Trognon de pomme, de chou.* ▪ **Jusqu'au trognon** [fam.], jusqu'au bout ; complètement : *Il s'est fait rouler jusqu'au trognon.*

2. TROGNON adj. Fam. Petit et charmant ; mignon : *Elles sont trognons dans leurs costumes !*

TROÏKA n.f. (mot russe). **1.** En Russie, groupe de trois chevaux attelés de front ; ensemble des trois chevaux et du véhicule (landau, traîneau, etc.). **2.** Groupe de trois dirigeants. ▪ **Troïka européenne,** groupe composé du représentant du pays qui exerce la présidence semestrielle du Conseil des ministres de l'Union européenne, de celui qui l'a précédé et de celui qui lui succédera à la présidence, en vue d'assurer une certaine continuité dans le traitement des dossiers.

TROIS adj. num. et n.m. (lat. *tres*). **1.** Nombre qui suit deux dans la suite des entiers naturels. **2.** Troisième : *Henri III.* ▪ **Trois francs six sous** [fam.], très peu d'argent.

TROIS-ÉTOILES n.m. et adj. Hôtel, restaurant luxueux.

TROIS-HUIT n.m. pl. ▪ **Les trois(-)huit** → **HUIT.**

TROISIÈME adj. num. ord. et n. Qui occupe un rang marqué par le nombre trois. ◆ **n.f.** Quatrième et dernière année du premier cycle de l'enseignement secondaire.

TROISIÈMEMENT adv. En troisième lieu.

TROIS-MÂTS n.m. Navire à voiles à trois mâts.

TROIS-QUARTS n.m. **1.** Petit violon d'enfant. **2.** Manteau court arrivant à mi-cuisse. **3.** Au rugby, nom de certains joueurs des lignes arrière.

TROIS-QUATRE n.m. inv. **MUS.** Mesure à trois temps qui a la noire pour unité de temps.

TROIS-ROUES n.m. Scooter muni de trois roues (dont deux à l'avant).

TROLL n.m. (mot suédois). **1.** Créature difforme et malveillante de la mythologie scandinave, mi-humaine, mi-animale, habitant les montagnes ou les forêts. **2. INFORM.** Message posté sur Internet, souvent par provocation, afin de susciter une polémique ou simplement de perturber une discussion ; personne à l'origine de ce message.

TROLLEY [trɔlɛ] n.m. (mot angl., de *to troll*, rouler). **1.** Petit chariot roulant le long d'un câble. **2.** Perche qui assure, par un contact roulant ou glissant, la liaison électrique entre un conducteur aérien et un récepteur mobile.

TROLLEYBUS ou **TROLLEY** n.m. Véhicule de transport en commun, à traction électrique, monté sur pneus, avec prise de courant par trolley et caténaires.

TROMBE n.f. (ital. *tromba*). Tornade, notamm. au-dessus de la mer (*trombe marine*). ▪ **En trombe,** à toute vitesse : *Elle est passée en trombe.* ▪ **Trombe d'eau,** averse abondante et particulièrement brutale.

TROMBIDION n.m. Petit acarien rouge dont la larve, appelée *aoûtat*, pique l'homme et les vertébrés à sang chaud.

TROMBINE n.f. (de l'ital. *trombina*, petite trompe). Fam. Visage.

TROMBINOSCOPE n.m. Fam. Document contenant le portrait des membres d'une assemblée, d'une entreprise, etc.

TROMBLON n.m. (de l'ital. *trombone*, trompette). **1.** Cylindre creux qui s'adapte au bout du canon d'un fusil pour lancer des grenades ou des fusées. **2.** Fusil court à canon évasé, utilisé surtout au XVIIIe s.

TROMBONE n.m. (mot ital.). **1.** Attache pour papiers formée d'un fil métallique replié sur lui-même. **2.** Instrument à vent à embouchure, de la catégorie des cuivres, dont on obtient les sons en allongeant le corps grâce à la coulisse. **3.** Instrumentiste qui joue du trombone (SYN. **tromboniste**). ▪ **Trombone à pistons,** trombone dans lequel des pistons remplacent le jeu de la coulisse.

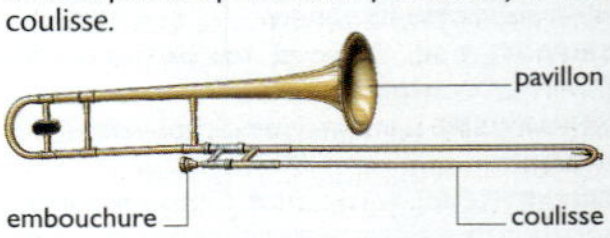

▲ **trombone** ténor.

TROMBONISTE n. Trombone (instrumentiste).

TROMMEL n.m. (mot all.). **MIN., MATÉR.** Crible cylindrique ou conique, légèrement incliné par rapport à l'horizontale, servant à classer selon leur taille des matériaux morcelés.

TROMPE n.f. (du francique). **1.** Région buccale ou nasale prolongée en tube souple et mobile, comme chez l'éléphant, les moustiques, les papillons ou les punaises. **2. ARCHIT.** Petite voûte, génér. construite dans un angle rentrant, formant support sous un pan de mur ou un ouvrage en surplomb, et permettant un changement de plan à ce niveau de la construction. **3.** Anc. Instrument de musique à vent, en cuivre, à l'origine de la trompette et du cor de chasse. **4.** Anc. Appareil avertisseur des automobiles. ▪ **Trompe à vide,** appareil hydraulique à eau ou à mercure servant à faire le vide. ▪ **Trompe de Fallope, d'Eustache** [anat.], oviducte faisant communiquer les ovaires avec l'utérus, chez la femme et les mammifères femelles ; canal de communication entre le pharynx et l'oreille moyenne, permettant à l'air extérieur de pénétrer dans la caisse du tympan à chaque déglutition.

TROMPE-LA-MORT n. inv. Fam. Personne qui a échappé à la mort comme par miracle.

TROMPE-L'ŒIL n.m. inv. **1.** Peinture, marqueterie, etc., qui donne à distance l'illusion de la réalité (relief, impression tactile) : *Les trompe-l'œil des murs de Venise.* **2.** Fig. Apparence flatteuse mais trompeuse : *Une démocratie en trompe-l'œil.*

TROMPER v.t. [3] (de *trompe*). **1.** Abuser de la confiance de qqn en usant de mensonge, de dissimulation ; duper : *Tromper les clients sur la qualité d'un produit.* **2.** Être infidèle en amour : *Tromper sa femme, son mari.* **3.** Échapper à qqn, à son attention : *Tromper la vigilance des gardiens.* **4.** Provoquer une erreur d'appréciation, de jugement : *Cette passe a trompé l'ailier.* **5.** Litt. Ne pas répondre à un espoir ; décevoir : *Tromper la confiance des électeurs.* **6.** Masquer momentanément un besoin, un état pénible ; apaiser : *Tromper la faim, l'ennui.* ◆ **SE TROMPER** v.pr. **1.** Commettre une erreur : *Se tromper dans ses prévisions.* **2.** Prendre une chose, une personne pour une autre : *Se tromper de date.*

TROMPERIE n.f. Action faite pour tromper.

TROMPETER [-pete] **[16]**, ▲ *[12]*, ▲ ***TROMPÉTER*** *[11]*, ▲ *[11*]* v.i. **1.** Pousser son cri, en parlant de l'aigle, du cygne, de la grue. **2.** Vx. Jouer de la trompette. ◆ **v.t.** Vx. Faire connaître partout et à grand bruit : *Trompeter une nouvelle.*

✎ En Suisse, on écrit ***trompetter.***

1. TROMPETTE n.f. (de *trompe*). **1.** Instrument de musique à vent et à embouchure constitué par un tube de perce cylindrique replié sur lui-même, terminé par un pavillon et muni de pistons. **2. AUTOM.** Chacune des parties évasées du pont arrière d'un véhicule à essieux rigides, situées de part et d'autre du différentiel et renfermant les arbres de roues. ▪ **Nez en trompette,** retroussé. ▪ **Queue en trompette,** relevée.

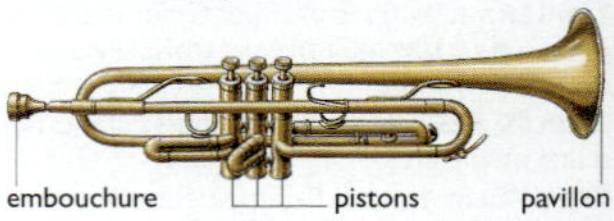

▲ **trompette**

2. TROMPETTE n.m. Trompettiste.

TROMPETTE-DES-MORTS ou **TROMPETTE-DE-LA-MORT** n.f. (pl. *trompettes-des-morts*, *trompettes-de-la-mort*). **BOT.** Craterelle.

TROMPETTISTE **n.** Instrumentiste qui joue de la trompette (SYN. **2. trompette**).

TROMPEUR, EUSE **adj.** Qui trompe ; qui induit en erreur ; illusoire : *Un calme trompeur.* ◆ **n.** Litt. Menteur. (Le fém. est rare.)

TROMPEUSEMENT **adv.** De façon trompeuse.

TRONC [trɔ̃] **n.m.** (lat. *truncus*). **1.** Partie d'un arbre depuis la naissance des racines jusqu'à celle des branches. **2.** Le corps humain ou animal considéré sans la tête ni les membres. **3.** Boîte fermée et fixe percée d'une fente, destinée à recevoir les offrandes des fidèles, dans une église. **4.** ANAT. Partie principale d'un nerf, d'un vaisseau. ▪ **Tronc cérébral** [anat.], partie de l'encéphale formée du bulbe rachidien, de la protubérance annulaire et du mésencéphale. ▪ **Tronc commun,** ensemble des matières communes à différents modules ou filières de l'enseignement général ou supérieur ; période d'études correspondante. ▪ **Tronc de cône, de pyramide** [math.], volume compris entre la base du cône ou de la pyramide et une section plane parallèle à la base. ▪ **Tronc de prisme, de cylindre** [math.], volume délimité par une surface prismatique ou cylindrique et deux plans coupant toutes les génératrices.

▲ **tronc.** Coupe d'un tronc de pin.

TRONCATION **n.f.** LING. Abrègement d'un mot par suppression d'une ou de plusieurs syllabes à l'initiale *(aphérèse)* ou à la finale *(apocope).*

TRONCATURE **n.f.** **1.** Partie tronquée de qqch. **2.** CRISTALLOGR. Remplacement d'un sommet ou d'une arête par une facette. **3.** MATH. Opération consistant à ne retenir qu'une partie déterminée de la forme décimale d'un nombre, sans la modifier (par oppos. à *arrondi*). ➲ La valeur retenue est toujours inférieure au nombre exact.

TRONCHE **n.f.** (de *tronc*). **1.** Fam. Tête. **2.** SYLVIC. Pièce de bois dont les deux sections transversales sont parallèles.

TRONCHET **n.m.** (de *tronc*). Billot du tonnelier, à trois pieds.

TRONÇON **n.m.** (de l'anc. fr. *truns*, morceau, du lat. *truncus*, coupé). **1.** Morceau coupé d'un objet long : *Débiter une bûche en tronçons.* **2.** Portion d'une ligne, d'une voie : *Un tronçon d'autoroute.*

TRONCONIQUE **adj.** En forme de tronc de cône.

TRONÇONNAGE ou **TRONÇONNEMENT** **n.m.** Action de tronçonner.

TRONÇONNER **v.t.** [3]. Couper en tronçons.

TRONÇONNEUSE **n.f.** **1.** Scie motorisée à chaîne coupante, utilisée pour découper du bois. **2.** Machine-outil à disque ou à chaîne coupante, servant à tronçonner divers matériaux (béton, par ex.).

TRONCULAIRE **adj.** MÉD. Relatif à un tronc nerveux ou vasculaire.

TRÔNE **n.m.** (lat. *thronus*, du gr. *thronos*, siège). **1.** Siège de cérémonie des souverains et des dignitaires ecclésiastiques. **2.** Litt. Puissance souveraine : *Aspirer au trône.* **3.** Fam. Siège des W.-C. ▪ **Monter sur le trône,** devenir roi. ◆ **n.m. pl.** RELIG. Dans la tradition juive et chrétienne, troisième chœur de la première hiérarchie des anges.

TRÔNER **v.i.** [3] (de *trône*). **1.** Occuper la place d'honneur avec une certaine solennité. **2.** Être placé bien en vue : *Ses trophées trônent sur l'étagère.*

TRONQUER **v.t.** [3] (lat. *truncare*). **1.** Retrancher une partie importante de ; mutiler : *Tronquer un éditorial.* **2.** MATH. Effectuer une troncature.

TROP **adv.** (du bas lat. *troppus*, troupeau). **1.** Indique une quantité excessive : *Il boit trop. J'ai trop de travail. Les places sont trop chères.* **2.** À un haut degré ; très : *Ces enfants sont trop mignons. C'est trop bête.* ▪ **C'en est trop,** cela va trop loin. ▪ **De trop** ou **en trop,** superflu : *Il y en a dix de trop* ; déplacé : *Ce ricanement était de trop.* ▪ **Par trop** [litt.], à un très haut degré : *Aventure par trop étonnante.* ▪ **Trop c'est trop** [fam.], il y a des limites à ne pas dépasser. ▪ **Trop peu de,** un nombre insuffisant de : *Trop peu de gens s'en sont inquiétés.*

TROPE **n.m.** (du gr. *tropos*, tour, manière). STYL. Figure qui consiste à employer un mot ou une expression dans un sens figuré (métonymie, métaphore, etc.).

TROPÉZIENNE **n.f.** (de *Saint-Tropez*, n.pr.). Gâteau brioché, fourré de crème parfumée au kirsch et à la fleur d'oranger.

TROPHALLAXIE **n.f.** (du gr. *trophê*, nourriture, et *allassein*, échanger). ZOOL. Échange de nourriture entre les membres d'une société d'insectes, renforçant la cohésion de celle-ci.

TROPHÉE **n.m.** (bas lat. *trophaeum*, du gr. *tropaion*, monument de victoire). **1.** Objet, marque qui témoignent d'une victoire dans une épreuve, surtout sportive. **2.** Partie d'un animal tué à la chasse (corne, tête entière naturalisée, etc.) ou, parfois, à la pêche (rostre, par ex.). **3.** BX-ARTS, ARTS APPL. Motif de décoration formé d'armes groupées en panoplie ; assemblage comparable d'une catégorie d'objets ou d'attributs quelconques. **4.** ANTIQ. Armure d'un ennemi vaincu que l'on dressait contre un tronc d'arbre ; monument commémoratif d'une victoire où figuraient les dépouilles de l'ennemi.

TROPHIQUE **adj.** (du gr. *trophê*, nourriture). BIOL. Qui est relatif à la nutrition d'un individu, d'un tissu vivant.

TROPHOBLASTE **n.m.** EMBRYOL. Couche périphérique à fonction nourricière entourant les blastomères, et constituant ultérieurement la couche superficielle du placenta.

TROPHOBLASTIQUE **adj.** Relatif au trophoblaste.

TROPICAL, E, AUX **adj.** **1.** Relatif aux régions avoisinant les tropiques. **2.** Relatif aux régions situées entre les tropiques (SYN. **intertropical**). ▪ **Climat tropical,** caractérisé par l'absence de périodes froides marquées et prolongées, et par l'existence d'au moins trois mois pluvieux et chauds.

TROPICALISATION **n.f.** **1.** TECHN. Préparation d'un matériau ou d'un matériel pour le rendre presque insensible à l'action du climat tropical, et, en partic., à celle des moisissures et de la corrosion. **2.** MÉTALL. Traitement de passivation de pièces en acier préalablement zinguées ou cadmiées. **3.** ÉCOL. Évolution biologique des eaux courantes réchauffées par des rejets industriels d'eau chaude.

TROPICALISER **v.t.** [3]. TECHN., MÉTALL. Pratiquer une opération de tropicalisation.

1. TROPIQUE **adj.** (gr. *tropikos*, de *tropos*, 2. tour). ▪ **Année tropique** → **ANNÉE.**

2. TROPIQUE **n.m.** Chacun des deux parallèles du globe terrestre, de latitude 23° 26′ N. et S., le long desquels le Soleil passe au zénith à chacun des solstices. ➲ Celui de l'hémisphère Nord est le *tropique du Cancer* ; celui de l'hémisphère Sud, le *tropique du Capricorne.* ◆ **n.m. pl.** La zone intertropicale.

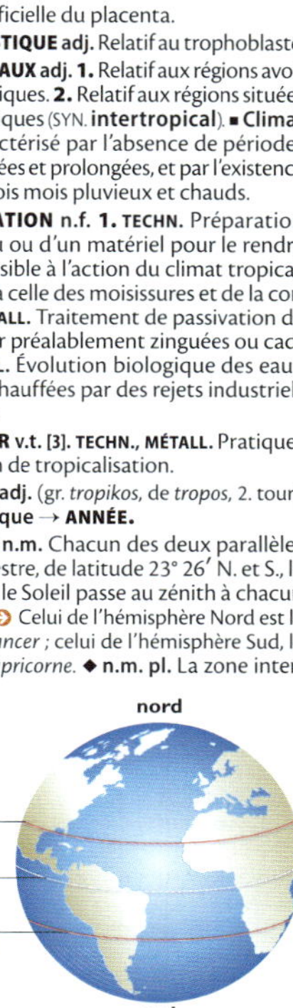

▲ **tropiques**

TROPISME **n.m.** (du gr. *tropos*, 2. tour). **1.** EMBRYOL. Croissance orientée dans l'espace des végétaux et des animaux fixés, sous l'influence d'une excitation extérieure (phototropisme, géotropisme, etc.). **2.** Affinité d'une substance, d'un médicament, d'un micro-organisme pour un tissu, un organe donné. **3.** Fig. Force obscure qui pousse les individus à se tourner vers le même pôle d'attraction : *Les tropismes de la mode.*

TROPOPAUSE **n.f.** GÉOPHYS. Zone de transition entre la troposphère et la stratosphère.

TROPOSPHÈRE **n.f.** (du gr. *tropos*, tour). GÉOPHYS. Région de l'atmosphère la plus voisine du sol, dont l'épaisseur augmente du pôle (8 km) à l'équateur (17 km), caractérisée par une décroissance des températures et de la pression du bas vers le haut, et où se produisent la plupart des phénomènes météorologiques.

TROPOSPHÉRIQUE **adj.** Relatif à la troposphère.

TROP-PERÇU **n.m.** (pl. *trop-perçus*). Somme perçue en trop : *Rembourser le trop-perçu.*

TROP-PLEIN **n.m.** (pl. *trop-pleins*). **1.** Ce qui excède la capacité d'un récipient : *Le trop-plein d'une citerne.* **2.** Système de déversement du liquide d'un réservoir, d'un bassin, pour l'empêcher de dépasser un certain niveau. **3.** Ce qui est en excès chez qqn : *Un trop-plein de vitalité.*

TROQUE **n.m.** ou **TROCHE** **n.f.** (du gr. *trokhos*, toupie). Mollusque gastéropode à coquille conique élevée, dont les exemplaires de grande taille de l'océan Indien sont utilisés pour leur nacre. ➲ Sous-classe des prosobranches.

TROQUER **v.t.** [3] (anc. fr. *trocher*). **1.** Donner un bien en échange de un ou plusieurs autres. **2.** Abandonner une chose pour en prendre une autre ; échanger : *Troquer son pantalon pour* ou *contre un bermuda.*

TROQUET **n.m.** (de *mastroquet*). Fam. Café ; bar.

TROT **n.m.** Allure naturelle symétrique, à deux temps, du cheval et de certains quadrupèdes, intermédiaire entre le pas et le galop. ▪ **Au trot** [fam.], sans traîner. ▪ **Course de trot,** course hippique dans laquelle les chevaux doivent donner leur vitesse maximale sans galoper.

TROTSKISME **n.m.** Doctrine des partisans de Trotski.

TROTSKISTE **adj.** et **n.** Relatif au trotskisme ; qui en est partisan.

TROTTE **n.f.** (de *trotter*). Fam. Distance assez longue à parcourir ou parcourue à pied.

TROTTE-MENU **adj. inv.** Litt. ▪ **La gent trotte-menu,** nom donné par La Fontaine aux souris.

TROTTER **v.i.** [3] (du francique). **1.** Fam. Marcher vite et beaucoup : *Elle doit trotter sans cesse d'un bureau à l'autre.* **2.** ÉQUIT. Aller au trot. ▪ **Trotter dans la tête de qqn,** le préoccuper ; l'obséder : *Cet air me trotte dans la tête.* ◆ **SE TROTTER** **v.pr.** Fam., vx. S'enfuir.

1. TROTTEUR, EUSE **adj.** Se dit d'une race de chevaux de selle spécialisés dans la course au trot. ◆ **n.m.** Cheval trotteur.

2. TROTTEUR **n.m.** Chaussure de femme, de type sport léger, génér. à lacets et talon assez large.

TROTTEUSE **n.f.** Aiguille des secondes, sur une montre, une pendule.

TROTTIN **n.m.** Fam., vx. Jeune ouvrière chargée de faire les courses.

TROTTINEMENT **n.m.** Action de trottiner.

TROTTINER **v.i.** [3]. **1.** Marcher vite et à petits pas. **2.** ÉQUIT. Avoir le trot très court.

TROTTINETTE **n.f.** Jouet d'enfant ou moyen de transport urbain individuel, formé d'une plaque métallique montée sur deux petites roues (la roue avant étant orientable à l'aide d'un guidon) et sur laquelle l'utilisateur pose un pied tandis qu'avec l'autre il fait mouvoir l'ensemble (SYN. **patinette**).

TROTTOIR **n.m.** (de *trotter*). Partie latérale d'une rue, surélevée par rapport à la chaussée, réservée aux piétons. ▪ **Faire le trottoir** [fam.], se livrer à la prostitution sur la voie publique.

TROU **n.m.** (lat. *traucum*). **1.** Enfoncement, cavité, creux dans une surface : *Creuser un trou pour planter un arbre. Un trou de souris dans un mur.* **2.** Vide, perforation qui traverse qqch de part en part : *Le trou de la serrure.* **3.** Endroit déchiré ou usé dans un tissu, un papier : *Des chaussettes pleines de trous* ; élément qui manque dans un ensemble, une continuité : *Il y a des trous dans cette histoire.* **4.** Ouverture ou cavité anatomique : *Les trous du nez.* **5.** Somme en moins ou qui manque ; déficit. **6.** Fam. Localité isolée : *Passer ses vacances dans un trou.* **7.** Fam. Prison :

Se retrouver au trou. **8.** Au golf, cavité cylindrique de 10,8 cm de diamètre, ménagée dans le sol, dans laquelle on doit envoyer la balle ; parcours jouable qui mène de l'endroit où l'on donne le premier coup (départ de trou) à cette cavité. **9.** PHYS. Emplacement laissé vacant dans un réseau cristallin par un électron se déplaçant à l'intérieur du réseau. ■ **Avoir un trou dans son emploi du temps,** un moment libre. ■ **Avoir un trou (de mémoire),** une brusque défaillance de la mémoire. ■ **Faire son trou** [fam.], se créer une situation sociale ; réussir dans la vie. ■ **Trou d'air** [aéron., impropre], courant atmosphérique descendant, entraînant la perte d'altitude subite d'un aéronef. ■ **Trou dans la raquette** [fam.], faille, lacune, défaut dans un dispositif, un système (de sécurité, notamm.) : *L'auteur de l'attentat a profité des trous dans la raquette.* ■ **Trou d'homme,** petite ouverture fermée par un tampon étanche, ménagée dans le pont d'un navire, un réservoir, une chaudière, etc., pour permettre le passage d'un homme. ■ **Trou noir** [astron.], région de l'espace dont le champ de gravitation est si intense que rien, pas même de la lumière, n'en peut sortir. ➲ Certains trous noirs représenteraient le stade ultime d'évolution d'étoiles de forte masse, après leur explosion en supernovae. Les quasars et les galaxies actives abriteraient en leur centre un trou noir dit *supermassif.* ■ **Trou normand,** verre d'alcool (souvent de calvados) que l'on boit au milieu d'un repas copieux pour activer la digestion.

TROUBADOUR n.m. (anc. provenç. *trobador,* de *trobar,* inventer). Poète lyrique des XIIe et XIIIe s., qui composait ses œuvres dans une des langues d'oc (par oppos. à *trouvère*). ◆ **adj. inv.** Se dit d'une mode qui s'est manifestée dans les lettres et les arts en France, sous la Restauration, et qui se caractérise par une libre évocation du Moyen Âge et du style gothique.

TROUBLANT, E adj. **1.** Qui trouble, rend perplexe ; déconcertant : *Une coïncidence troublante.* **2.** Qui suscite le désir ; émoustillant : *Sa sœur est troublante.*

1. TROUBLE adj. (lat. *turbidus*). **1.** Qui n'est pas limpide, pas clair : *Les eaux troubles d'une rivière en crue.* **2.** Qui n'est pas net ; flou : *Image trouble.* **3.** Qui contient des éléments cachés ou inavouables ; suspect : *Cette histoire est trouble.* ◆ **adv.** ■ **Voir trouble,** d'une manière indistincte.

2. TROUBLE n.m. **1.** État d'inquiétude ou d'émotion dans lequel se trouve qqn ; désarroi : *Elle ne put cacher son trouble.* **2.** Altération des rapports entre les personnes ; discorde : *Semer le trouble dans un parti.* **3.** MÉD. Anomalie de fonctionnement d'un organe, d'un système : *Troubles digestifs.* **4.** DR. Action d'inquiéter un possesseur dans la jouissance d'un bien, par un acte matériel *(trouble de fait)* ou par la revendication juridique d'un droit *(trouble de droit).* ■ **Trouble bipolaire,** psychose caractérisée par l'alternance plus ou moins régulière d'accès d'excitation maniaque et de dépression mélancolique chez un même sujet. (On disait psychose *maniaco-dépressive.*) ■ **Trouble du comportement alimentaire (TCA),** affection d'origine psychique conduisant à s'alimenter de façon anormale (anorexie mentale ou boulimie, notamm.). ■ **Trouble obsessionnel compulsif (TOC),** trouble névrotique caractérisé par des idées et des fantasmes récurrents, des impulsions et des actes répétitifs. ◆ **n.m. pl. 1.** Agitation sociale grave ; désordres : *Troubles politiques.* **2.** HYDROL. Matériaux fins transportés en suspension par un cours d'eau. ■ **Troubles envahissants du développement (TED),** ensemble des maladies de type autisme ou apparentées.

3. TROUBLE n.f. ou **TROUBLEAU** n.m. → **TRUBLE.**

TROUBLÉ, E adj. **1.** Embarrassé : *Il me regardait d'un air troublé.* **2.** Agité par des troubles : *Période troublée.*

TROUBLE-FÊTE n. (pl. *trouble-fête*[s]). Personne qui trouble la joie d'une réunion par sa présence ; importun.

TROUBLER v.t. [3]. **1.** Altérer la limpidité, la transparence de : *Troubler l'eau d'une source.* **2.** Altérer l'acuité, la finesse d'une fonction : *L'alcool trouble la raison.* **3.** Causer de l'agitation dans ; perturber : *Troubler la sérénité du quartier.* **4.** Susciter le doute chez qqn ; embarrasser : *Ce reportage l'a profondément troublé.* **5.** Faire perdre le fil de ses idées à qqn ; déconcerter : *Les questions du juge ont troublé le témoin.* **6.** Interrompre le cours de ; déranger : *Troubler le sommeil de qqn.* ◆ **SE TROUBLER** v.pr. **1.** Devenir trouble : *Sa vue se trouble.* **2.** Perdre son assurance, ses moyens : *Le témoin s'est troublé.*

TROUÉE n.f. Large ouverture qui offre un passage ou dégage la vue : *Une trouée de ciel bleu entre les nuages.*

TROUER v.t. [3]. **1.** Faire un trou dans ; percer : *Trouer une tôle.* **2.** Faire une trouée dans : *Trouer l'obscurité.*

TROUFION n.m. (de *troupier*). Fam. Simple soldat.

TROUILLARD, E adj. et n. Fam. Peureux.

TROUILLE n.f. (de l'anc. fr. *truilier,* broyer). Fam. Peur.

TROUILLOMÈTRE n.m. Fam. ■ **Avoir le trouillomètre à zéro,** avoir très peur.

TROU-MADAME n.m. (pl. *trous-madame*). Anc. Jeu de tir consistant à faire passer de petites boules sous des arcades numérotées.

TROUPE n.f. (du francique *throp,* troupeau). **1.** Groupement de militaires ; ensemble de tous les militaires qui ne sont ni officiers ni sous-officiers. **2.** Groupe de personnes : *Une troupe de touristes.* **3.** Groupe d'animaux sauvages vivant ensemble : *Une troupe de girafes.* **4.** Groupe de comédiens, d'artistes qui jouent dans la même compagnie. ■ **Homme de troupe** [anc.], militaire du rang.

TROUPEAU n.m. **1.** Groupe d'animaux ruminants d'une même espèce sauvage ou domestiquée, qui vivent ensemble. **2.** Ensemble d'animaux domestiques présents sur une exploitation agricole ou dont la garde est confiée à une ou à plusieurs personnes. **3.** Groupe d'êtres humains rassemblés passivement. **4.** RELIG. Ensemble de fidèles placés sous la direction d'un pasteur spirituel.

TROUPIALE n.m. (p.-ê. de *troupe*). Passereau d'Amérique, bon chanteur, vivant en bandes dans les espaces découverts (SYN. **oriole**). ➲ Famille des ictéridés.

TROUPIER n.m. Fam. Militaire. ◆ **adj.m.** ■ **Comique troupier** → **COMIQUE.**

TROUSSAGE n.m. Action de trousser une volaille.

TROUSSE n.f. (de *trousser*). Étui à compartiments, dans lequel on réunit les instruments ou les outils dont on se sert fréquemment : *Trousse de toilette.* ◆ **n.f. pl.** Anc. Chausses bouffantes des pages. ■ **Aux trousses de qqn,** à sa poursuite : *La police est à ses trousses.*

TROUSSEAU n.m. **1.** Ensemble des affaires qu'un enfant emporte en collectivité. **2.** Vx ou Québec ou par plais. Linge, lingerie, vêtements réunis en vue du mariage. ■ **Trousseau de clés,** ensemble de clés réunies par un anneau.

TROUSSE-PIED n.m. inv., ▲ *n.m. (pl. trousse-pieds).* Lanière qui tient replié le pied d'un animal que l'on ferre ou que l'on soigne.

TROUSSE-QUEUE n.m. inv., ▲ *n.m. (pl. trousse-queues).* Gaine de cuir entourant et protégeant le tronçon de la queue du cheval.

TROUSSEQUIN n.m. (de *trousse*). Partie postérieure d'une selle.

TROUSSER v.t. [3] (du lat. pop. *torsare,* tordre). **1.** Vx. Replier, retrousser un vêtement. **2.** Litt. Faire avec rapidité et élégance : *Trousser un poème.* ■ **Trousser une femme** [fam., vieilli], la posséder. ■ **Trousser une volaille,** la brider.

TROUSSEUR n.m. ■ **Trousseur de jupons** [fam., vx], homme qui court les filles.

TROU-TROU (pl. *trou-trous*), ▲ *TROUTROU* **n.m.** Ornement de lingerie composé de petits jours alignés dans lesquels on passe un ruban.

TROUVABLE adj. Que l'on peut trouver.

TROUVAILLE n.f. **1.** Découverte heureuse : *Faire une trouvaille à la brocante.* **2.** Idée, expression originale : *Les trouvailles d'un poète.*

TROUVÉ, E adj. ■ **Bien trouvé,** original et percutant : *Un mot bien trouvé.* ■ **Enfant trouvé,** recueilli après avoir été abandonné par ses parents. ■ **Tout trouvé,** qui s'offre naturellement à l'esprit : *La solution est toute trouvée.*

TROUVER v.t. [3] (lat. pop. *tropare,* de *tropus,* trope). **1.** Découvrir, apercevoir par hasard : *Trouver un portefeuille par terre. J'ai trouvé son frère qui attendait le bus.* **2.** Découvrir l'être ou la chose que l'on cherchait : *La police a trouvé le complice. Trouver une place de parking.* **3.** Fig. Éprouver un sentiment ; ressentir : *Trouver du plaisir à mettre un dictionnaire à jour.* **4.** Voir qqn, qqch dans tel état en arrivant quelque part : *Trouver une personne inanimée, son bureau dévasté.* **5.** Penser que qqn, qqch a telle caractéristique : *Je trouve qu'il a maigri, que les bergamotes sont moins bonnes.* **6.** Être d'avis que ; croire, penser : *Je trouve que c'est une bonne idée.* **7.** Être le créateur, l'inventeur de ; concevoir : *Elle a trouvé notre nouvelle publicité.* ■ **Aller trouver qqn,** se rendre auprès de lui pour lui parler. ■ **Trouver bon, mauvais,** approuver ; désapprouver. ■ **Trouver le temps long,** s'ennuyer ; s'inquiéter. ◆ **SE TROUVER** v.pr. **1.** Être disponible quelque part ; exister : *Ce modèle se trouve partout.* **2.** Être à tel endroit ; se situer : *Bruxelles se trouve en Belgique.* **3.** Être dans tel état, telle situation : *Se trouver embarrassé.* ■ **Il se trouve que,** le hasard veut que. ■ **Se trouver mal,** avoir un malaise ; s'évanouir. ■ **Si ça se trouve** [fam.], il est bien possible que.

TROUVÈRE n.m. (de l'anc. fr. *trouver,* faire des vers). Poète lyrique de langue d'oïl aux XIIe et XIIIe s. (par oppos. à *troubadour*).

TROUVEUR, EUSE n. Litt. Personne qui trouve : *Une trouveuse d'astuces ingénieuses.*

TROYEN, ENNE [trwajɛ̃, ɛn] **adj.** et **n. 1.** De Troie (Troade). **2.** De Troyes (Champagne). ◆ **adj.** ■ **Astéroïde, satellite troyen** ou **planète troyenne,** petit objet qui parcourt la même orbite qu'une planète du Système solaire, avec un retard ou une avance de 60 degrés sur cette planète. ➲ Les astéroïdes troyens de Jupiter portent des noms de héros de la guerre de Troie.

TRUAND, E n. (du gaul.). Vx. Vagabond ; mendiant. ◆ **n.m.** Malfaiteur qui fait partie du milieu ; gangster.

TRUANDER v.i. [3]. Fam. Tricher ; frauder. ◆ **v.t.** Fam. Escroquer qqn.

TRUANDERIE n.f. Vx. Ensemble des truands ; pègre.

TRUBLE, TROUBLE n.f. ou **TROUBLEAU** n.m. (du lat. *trublium,* écuelle). PÊCHE. Petit filet, emmanché ou non, en forme de poche.

TRUBLION n.m. Individu qui sème le trouble, le désordre ; perturbateur.

TRUC n.m. (mot provenç.). Fam. **1.** Moyen ingénieux pour réussir qqch ; astuce : *Elle a un truc pour empêcher la sauce de tourner.* **2.** Désigne qqch ou, avec une majuscule, qqn dont on ne sait pas ou plus le nom ; machin : *Un truc pour ôter les agrafes. C'est Truc qui raconte ça.*

TRUCAGE ou **TRUQUAGE** n.m. **1.** THÉÂTRE. Mécanisme ou procédé qui sert à mouvoir certains décors, à les changer à la vue des spectateurs et, génér., à produire des effets insolites de mise en scène. **2.** CINÉMA. Effets spéciaux. **3.** Emploi de moyens frauduleux pour arriver à ses fins : *Le trucage d'une élection.*

TRUCHEMENT n.m. (de l'ar.). ■ **Par le truchement de,** par l'intermédiaire, l'entremise de.

TRUCIDER v.t. [3] (lat. *trucidare*). Fam. Faire périr de mort violente ; assassiner.

TRUCK [trœk] n.m. (mot angl.). **1.** Petit wagon à plateforme pour le transport des objets encombrants. **2.** Polynésie. Autobus.

TRUCMUCHE n. Fam. Sert à désigner qqn sans le nommer ; Untel.

TRUCULENCE n.f. Caractère de ce qui est truculent.

TRUCULENT, E adj. (lat. *truculentus*). Plein de pittoresque et de vigueur ; haut en couleur : *Comédienne, langage truculents.*

TRUELLE n.f. (du lat. *trulla,* petite écumoire). Outil de maçon pour étendre le mortier sur les joints ou pour faire les enduits de plâtre, constitué génér. d'une lame d'acier large reliée à un manche.

TRUELLÉE n.f. Quantité de mortier qui peut tenir sur une truelle.

TRUFFADE n.f. Plat de pommes de terre poêlées, mêlées à des lamelles de tomme. ➲ Spécialité du Cantal.

TRUFFE **n.f.** (anc. provenç. *trufa*). **1.** Champignon ascomycète souterrain, comestible très recherché, dont les fructifications, brun sombre, à odeur musquée, mûrissent en hiver à la base des chênes. ➲ Ordre des tubérales. (V. planche *champignons*.) **2.** Nez du chien et du chat. **3.** Fam. Personne stupide. **4.** Friandise à base de chocolat saupoudrée de cacao. ▪ **Truffe blanche,** terfès.

TRUFFER **v.t. [3]. 1.** Garnir de truffes : *Truffer un pâté.* **2.** Fig. Garnir abondamment de ; émailler : *Truffer un article d'anecdotes.*

TRUFFICULTURE **n.f.** Culture de la truffe.

TRUFFIER, ÈRE **adj.** Relatif aux truffes : *Chêne, chien truffier.*

TRUFFIÈRE **n.f.** Terrain où poussent des truffes.

TRUIE **n.f.** (bas lat. *troja*). Femelle reproductrice de l'espèce porcine.

TRUISME **n.m.** (angl. *truism*, de *true*, vrai). Vérité d'évidence, banale et sans portée.

TRUITE **n.f.** (bas lat. *tructa*). Poisson voisin du saumon, à chair fine et estimée, et dont on distingue trois variétés en Europe : la *truite commune* ou *fario*, la *truite de lac, des cours d'eau* et la *truite de mer*, qui migre de l'Atlantique aux fleuves côtiers. ➲ Une truite à chair rose est dite *saumonée*. Famille des salmonidés.

▲ **truites**

TRUITÉ, E **adj. 1.** Se dit d'un pelage marqué de petites taches brunes ou noires : *Cheval truité.* **2.** Se dit d'une céramique dont la glaçure ou la couverte est fendillée par un réseau de craquelures imitant les écailles de poisson.

TRULLO [trulo] **n.m.** (pl. *trullos* ou *trulli*) [mot ital.]. Construction rurale ronde, en pierre, à toit conique, typique des Pouilles (Italie).

TRUMEAU **n.m.** (du francique). **1. ARCHIT.** Pan de mur entre deux baies rapprochées ; panneau de glace ou de peinture occupant le dessus d'une cheminée, l'espace entre deux fenêtres, etc. ; pilier central divisant en deux le portail d'une église. **2. BOUCH.** Jarret de bœuf (SYN. **1. gîte**).

TRUQUAGE **n.m.** → **TRUCAGE.**

TRUQUER **v.t. [3]. 1.** Modifier habilement pour tricher : *Truquer des cartes.* **2.** Modifier de manière frauduleuse : *Truquer une expérience.*

TRUQUEUR, EUSE **n.** Personne qui truque, falsifie.

TRUQUISTE **n. CINÉMA.** Professionnel chargé des trucages.

TRUSQUIN **n.m.** (du néerl.). **MÉCAN. INDUSTR., MENUIS.** Instrument servant à tracer des lignes parallèles à une surface dressée.

TRUSQUINER **v.t. [3].** Tracer des lignes parallèles au trusquin.

TRUST [trœst] **n.m.** (mot angl., de *to trust*, avoir confiance). **ÉCON.** Firme très puissante constituée par le regroupement de plusieurs sociétés qui concentrent de nombreuses activités et dominent ainsi tout un secteur de l'économie.

TRUSTE [tryst] ou **TRUSTIS** [-tis] **n.f.** (lat. *trustis*, du haut all.). Sous les Mérovingiens, troupe d'hommes (*antrustions*) formant l'entourage du roi.

TRUSTEE [trœsti] **n.m.** (mot angl.). **1.** Mandataire qui, ayant reçu des instruments de paiement, doit les délivrer à leur bénéficiaire dans des conditions définies. **2.** Administrateur qui, au terme d'un accord entre créanciers et débiteurs, assure la gestion d'un emprunt.

TRUSTER [trœste] **v.t. [3]. 1.** Dominer un secteur de l'économie au moyen d'un trust. **2.** Fam. Accaparer un grand nombre d'avantages ; monopoliser : *Cinéaste qui truste les récompenses.*

TRUTTICULTURE **n.f.** Élevage de truites.

TRYPANOSOME **n.m.** (du gr. *trupanon*, tarière). Genre de protozoaire flagellé, parasite du sang des vertébrés, à qui il est génér. transmis par des insectes vecteurs, et dont une espèce provoque chez l'homme la maladie du sommeil.

TRYPANOSOMIASE **n.f. MÉD.** Affection parasitaire due à un trypanosome.

TRYPSINE **n.f.** (du gr. *tripsis*, friction). **BIOCHIM.** Enzyme du suc pancréatique, qui participe à la digestion des protéines.

TRYPSINOGÈNE **n.m. BIOCHIM.** Substance sécrétée par le pancréas, précurseur de la trypsine.

TRYPTOPHANE **n.m. BIOCHIM.** Acide aminé cyclique, indispensable à l'organisme.

TSAR, TZAR ou, vx, **CZAR** [tsar] **n.m.** (mot russe, du lat. *caesar*). **HIST.** Titre porté par les souverains de Russie et de Bulgarie.

TSARÉVITCH ou **TZARÉVITCH** **n.m.** Fils du tsar.

TSARINE ou **TZARINE** **n.f. 1.** Femme d'un tsar. **2.** Impératrice de Russie.

TSARISME **n.m.** Régime politique de la Russie et de l'Empire russe jusqu'en 1917.

TSARISTE **adj.** et **n.** Relatif au tsarisme ; qui en est partisan.

TSÉ-TSÉ **n.f. inv.**, ▲ *TSÉTSÉ n.f.* (mot d'une langue africaine). Mouche africaine, du genre glossine, dont certaines espèces propagent la maladie du sommeil*. (On dit aussi *mouche tsé-tsé*.)

TSF ou **T.S.F.** **n.f.** (sigle de *télégraphie* ou *téléphonie sans fil*). Vx. Radio.

TSIGANE ou **TZIGANE** [tsi-] ou [dzi-] **adj.** et **n.** (mot hongr.). Relatif aux Tsiganes ; qui fait partie de ce peuple. ▪ **Musique tsigane,** musique populaire de Bohême et de Hongrie, adaptée par les musiciens tsiganes. ◆ **n.m.** Langue indo-aryenne parlée par les Tsiganes (SYN. **romani**).

TSOIN-TSOIN, ▲ *TSOINTSOIN* **interj.** Fam. Onomatopée comique à la fin d'un couplet, d'un refrain connu.

TSUBA [tsu-] **n.m.** (mot jap.). Garde du sabre japonais, souvent ouvragée, et qui constitue un objet de collection très recherché.

TSUNAMI [tsy-] ou [tsu-] **n.m.** (mot jap.). **1.** Raz de marée d'origine tellurique, provoqué par une instabilité brusque du plancher océanique résultant d'un séisme, d'une éruption volcanique ou d'un glissement de terrain. **2.** Fig. Bouleversement profond dans la situation d'un groupe humain : *Un tsunami épidémique.*

TTC ou **T.T.C.** (sigle). Toutes taxes comprises.

TU **pron. pers.** (mot lat.). Désigne la 2ᵉ pers. du sing., aux deux genres, en fonction de sujet : *Tu l'embrasseras de ma part. Toi, tu le sais.* ▪ **Dire tu à qqn,** le tutoyer. ▪ **Être à tu et à toi avec qqn** [fam.], être intime avec lui.

TUANT, E **adj.** Fam. Très fatigant ; épuisant.

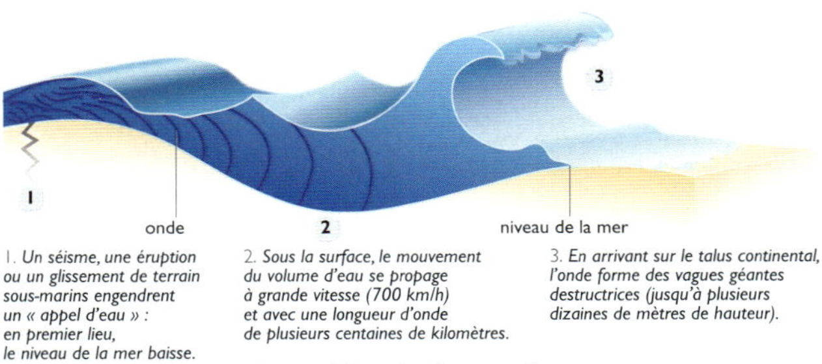

▲ **tsunami.** Formation des vagues géantes.

TUB [tœb] **n.m.** (mot angl.). Vieilli. Large cuvette pour faire sa toilette ; bain que l'on y prend.

TUBA **n.m.** (mot ital.). **1.** Instrument de musique à vent, en métal et à pistons. **2.** Tube respiratoire des nageurs sous-marins.

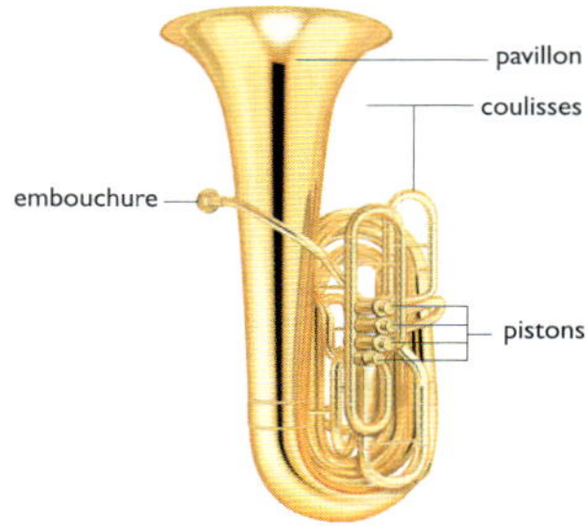

▲ **tuba**

TUBAGE **n.m. 1. MÉD.** Introduction d'un tube dans un conduit naturel, partic. dans le larynx pour empêcher une asphyxie, ou dans l'estomac pour faire des prélèvements. **2. PÉTROLE.** Mise en place de tubes dans un sondage, un puits de pétrole, pour en maintenir les parois (SYN. **casing**).

TUBAIRE **adj. ANAT.** Relatif à la trompe d'Eustache ou à la trompe de Fallope.

TUBARD, E **adj.** et **n.** Fam., vieilli. Tuberculeux.

TUBE **n.m.** (lat. *tubus*). **1.** Tuyau ou appareil cylindrique : *Tube de plastique, de fonte.* **2.** Cylindre creux en verre, rempli d'un gaz sous basse pression, pour l'éclairage par fluorescence : *Tube au néon.* **3.** Emballage allongé, malléable, contenant une substance pâteuse que l'on extrait par pression : *Un tube de dentifrice, de lait concentré.* **4.** Conditionnement cylindrique, rigide, pour des poudres ou des substances solides : *Un tube de pastilles.* **5. ANAT.** Canal ou conduit naturel : *Tube digestif.* **6. ARM.** Partie cylindrique d'un canon, dans laquelle est introduit le projectile à lancer (par oppos. à l'*affût*). **7.** Fam. Chanson ou musique qui connaît un grand succès. ▪ **À plein(s) tube(s)** [fam.], au plus fort de sa puissance sonore. ▪ **Tube à choc,** installation d'essais aérodynamiques pour vitesses hypersoniques. ▪ **Tube à essai,** tube en verre fermé à un bout, pour faire des expériences de chimie sur de petites quantités. ▪ **Tube à ondes progressives,** tube électronique permettant de contrôler et d'amplifier des ondes de fréquence très élevée. ▪ **Tube cathodique** → **CATHODIQUE.** ▪ **Tube criblé** [bot.], vaisseau du liber où circule la sève élaborée. ▪ **Tube de Crookes, de Coolidge,** appareils producteurs de rayons X. ▪ **Tube de Pitot** [aéron.], petite perche située sur le nez d'un avion, percée de deux orifices, permettant de mesurer la vitesse de l'appareil. ▪ **Tube électronique,** composant électronique formé d'une ampoule dans laquelle règne un vide suffisant (*tube à vide*) ou contenant un gaz ionisé (*tube à gaz*), et dotée de deux ou de plusieurs électrodes qui émettent, captent des faisceaux électroniques ou en modifient le mouvement. ▪ **Tube prolongateur,** riser. ▪ **Tubes de Malpighi** [anat.], principaux organes d'excrétion, chez les insectes.

TUBELESS [tyblɛs] **adj.** (mot angl. « sans chambre à air »). ▪ **Pneu tubeless,** pneu dans lequel la chambre à air est remplacée par une couche synthétique étendue à l'intérieur de l'enveloppe.

TUBER **v.t. [3]. PÉTROLE.** Effectuer un tubage.

TUBÉRACÉ, E **adj.** (du lat. *tuber*, truffe). **BOT.** Qui a la forme, l'aspect de la truffe.

TUBÉRALE **n.f.** Champignon ascomycète à mycélium formant des mycorhizes avec certains arbres et à fructification hypogée (truffe, par ex.). ➲ Les tubérales forment un ordre.

TUBERCULE **n.m.** (du lat. *tuberculum*, petite bosse). **1. BOT.** Renflement des axes végétaux, surtout souterrains (racine, rhizome), riche en substances de réserve. **2. ANAT.** Petite saillie arrondie à la surface d'un organe ; spécial., saillie arrondie à la surface d'une molaire. **3. MÉD.** Petite lésion arrondie des tissus, observée notamm. dans la tuberculose. ▪ **Tubercule quadrijumeau** → **QUADRIJUMEAU.**

1. TUBERCULEUX, EUSE adj. BOT. Qui est de la nature des tubercules : *Racine tuberculeuse.*

2. TUBERCULEUX, EUSE adj. Relatif à la tuberculose. ◆ **adj. et n.** Atteint de tuberculose.

TUBERCULINATION n.f. VÉTÉR. Action d'injecter de la tuberculine diluée aux animaux (dépistage des sujets atteints de tuberculose latente).

TUBERCULINE n.f. Liquide préparé à partir de cultures de bacilles de Koch et destiné au diagnostic de la tuberculose.

TUBERCULINIQUE adj. Relatif à la tuberculine : *Test tuberculinique.*

TUBERCULOÏDE adj. MÉD. Qui ressemble à la tuberculose.

TUBERCULOSE n.f. Maladie infectieuse et contagieuse, commune à l'homme et aux animaux, due au bacille de Koch et touchant princip. les poumons.

➲ Agent de la **TUBERCULOSE**, le bacille de Koch provoque une primo-infection lors du premier contact avec l'organisme, dont le seul signe, le plus souvent, est le virage de réactions tuberculiniques antérieurement négatives (si le sujet n'est pas vacciné). Parfois, l'infection évolue vers la formation de lésions pulmonaires, s'étend à d'autres organes, ou se généralise. Depuis la découverte des médicaments spécifiques, la maladie, grave autref., est devenue curable dans l'immense majorité des cas.

TUBÉREUSE n.f. Plante originaire du Mexique, cultivée pour ses belles grappes de fleurs blanches. ➲ Famille des agavacées.

TUBÉREUX, EUSE adj. (lat. *tuberosus*). **BOT.** Qui forme ou constitue un ou plusieurs tubercules.

TUBÉRIFORME adj. Se dit d'un organe vivant ayant la forme d'une truffe.

TUBÉRISATION n.f. Transformation en tubercules de la partie inférieure de la tige ou des organes radiculaires de certains végétaux.

TUBÉRISÉ, E adj. BOT. Qui forme un tubercule.

TUBÉROSITÉ n.f. ANAT. Renflement que présentent certains os, donnant attache à des muscles ou à des ligaments. ▪ **Tubérosité de l'estomac,** chacune des deux portions renflées de l'estomac, à ses extrémités supérieure et inférieure.

TUBICOLE adj. ZOOL. Se dit d'un animal qui vit dans un tube qu'il a édifié.

TUBIFEX n.m. (du lat. *tubus*, tube, et *facere*, faire). Petite annélide tubicole des eaux douces, souvent appelée *ver de vase*, dont les pêcheurs se servent comme appât. ➲ Classe des oligochètes.

TUBING [tybiŋ] **n.m.** (mot angl.). **SPORTS.** Descente de rivière sur de grosses chambres à air ; les chambres à air utilisées.

TUBIPORE n.m. Polypier des mers chaudes formant des masses de tubes calcaires verticaux, rouge vif, cour. appelé *orgue de mer.* ➲ Ordre des alcyonaires.

TUBISTE n. Instrumentiste qui joue du tuba.

TUBULAIRE adj. 1. Qui a la forme d'un tube : *Canalisation tubulaire.* **2.** Constitué de tubes : *Échafaudage tubulaire.* **3.** Se dit d'une chaudière ou d'un échangeur de chaleur dans lesquels la circulation du fluide chaud ou de l'eau s'effectue dans des tubes qui offrent une grande surface aux échanges de chaleur. ▪ **Pont tubulaire,** pont métallique formé d'éléments composant une poutre creuse de section rectangulaire.

TUBULE n.m. ANAT. ▪ **Tubule rénal,** petit tube sinueux qui fait suite au glomérule dans le néphron (constituant élémentaire du rein).

TUBULEUX, EUSE adj. BOT. En forme de tube.

TUBULIDENTÉ n.m. Mammifère fouisseur, exclusivement insectivore, doté de dents cylindriques sans racines, représenté par le seul oryctérope. ➲ Les tubulidentés forment un ordre.

TUBULIFLORE adj. BOT. Dont les fleurs ont une corolle tubuleuse.

TUBULURE n.f. (du lat. *tubulus*, petit tube). **1.** Sur une enceinte ou un récipient, ouverture en forme de court cylindre sur lequel on peut raccorder un conduit. **2.** Ensemble des tubes d'une installation ; chacun de ces tubes.

TUDESQUE adj. (du francique *theudisk*, teuton). Vx. Relatif aux Allemands.

TUDIEU interj. (de *par la vertu de Dieu*). Vx. Juron familier.

TUÉ, E n. Personne décédée de mort violente.

TUE-CHIEN n.m. inv., ▲ *n.m. (pl. tue-chiens).* **1.** Colchique. **2.** Morelle des terrains vagues, à baies noires toxiques.

TUE-L'AMOUR n.m. inv. et adj. inv. Fam. Ce qui fait qu'une personne cesse d'en aimer, d'en désirer une autre : *Les habitudes sont des tue-l'amour.*

TUE-MOUCHES adj. inv. ▪ **Amanite tue-mouches,** fausse oronge. ▪ **Papier tue-mouches,** papier imprégné de colle mélangée à une substance vénéneuse, utilisé pour attraper les mouches.

TUER v.t. [3] (du lat. *tutare*, éteindre [la soif, la faim], du class. *tutari*, protéger). **1.** Causer la mort de qqn de manière violente ; assassiner : *Ils ont tué le gardien de nuit.* **2.** Faire mourir un animal volontairement : *Tuer un faisan.* **3.** Causer la destruction de : *Cette maladie tue les arbres.* **4.** Fam. Épuiser physiquement ou moralement : *Ce vacarme, ce procès me tue.* **5.** Faire cesser ou disparaître qqch ; détruire : *Cette mesure tue l'initiative locale.* ▪ **Baiser qui tue,** parole, attitude amicale cachant une volonté de nuire, de détruire. ▪ **Être à tuer** [fam.], être assommant, insupportable. ▪ **Qui tue** [fam.], qui laisse pantois par sa pertinence ou son audace : *La journaliste posa alors la question qui tue* ; qui anéantit une réputation : *Les baskets avec un costume, c'est le look qui tue.* ▪ **Tuer le temps,** tenter de s'occuper pour éviter de s'ennuyer. ◆ **SE TUER v.pr. 1.** Se donner volontairement la mort ; mourir accidentellement : *Se tuer sur la route.* **2.** S'épuiser de fatigue : *Se tuer pour finir à temps.* **3.** Se donner du mal pour ; s'escrimer à : *Je me suis tué à le prévenir.*

TUERIE [tyri] **n.f. 1.** Action de tuer en masse ; massacre. **2.** Fig., fam. Mets ou breuvage délectable ; délice : *Cet éclair au chocolat est une tuerie* ; par ext., ce qu'on juge magnifique, remarquable, et qui suscite l'engouement : *Ces chaussures en vitrine sont une tuerie ! Le concert d'hier soir ? Une tuerie !*

À TUE-TÊTE loc. adv. De toute la puissance de la voix : *Crier à tue-tête.*

TUEUR, EUSE n. 1. Personne qui tue ; meurtrier. **2.** Homme de main chargé d'exécuter un crime pour le compte d'autrui. **3.** Personne qui tue les animaux de boucherie. ◆ **adj.** Qui détruit, tue : *Bactérie tueuse.*

TUF [tyf] **n.m.** (ital. *tufo*). Roche poreuse légère, formée de cendres volcaniques cimentées (cinérite) ou de concrétions calcaires déposées dans les sources ou dans les lacs (travertin).

TUFFEAU ou **TUFEAU n.m.** (de *tuf*). Calcaire crayeux renfermant notamm. des grains de quartz et de mica, utilisé en construction.

TUFTÉ, E adj. Se dit d'une moquette ou d'un tapis dont les fils sont piqués à travers un canevas et génér. maintenus sur l'envers de l'ouvrage par une couche d'enduit (en latex, par ex.).

TUILAGE n.m. Action de tuiler ; chevauchement.

TUILE n.f. (lat. *tegula*, de *tegere*, couvrir). **1.** Élément de couverture en terre cuite, de forme variable : *Des tuiles plates.* **2.** Fam. Événement imprévu et fâcheux ; ennui : *Cette coupure d'électricité, c'est la tuile !* **3.** Petit-four sec aplati et arrondi sur un rouleau à pâtisserie. ▪ **Tuile canal** ou **romaine,** tuile en forme de gouttière tronconique.

TUILEAU n.m. Élément mince, de l'épaisseur d'une tuile, dont la tranche est utilisée pour le revêtement d'un âtre.

TUILER v.t. [3]. 1. Recouvrir de tuiles. **2.** Fig. Faire se chevaucher légèrement deux opérations qui se succèdent : *Tuiler le tournage et le montage d'un film.*

TUILERIE n.f. 1. Industrie de la fabrication des tuiles. **2.** Entreprise où se fait cette fabrication.

1. TUILIER, ÈRE adj. Relatif à la fabrication des tuiles.

2. TUILIER, ÈRE n. Personne travaillant dans la tuilerie.

TULARÉMIE n.f. (de *Tulare*, n. d'un comté de Californie). Maladie infectieuse due à une bactérie, atteignant notamm. le lièvre et transmissible à l'homme.

TULIPE n.f. (du turc *tülbend*, turban). **1.** Plante bulbeuse à grande et belle fleur solitaire évasée, utilisée à des fins ornementales. ➲ Famille des liliacées. **2.** Abat-jour en pâte de verre qui a la forme d'une tulipe.

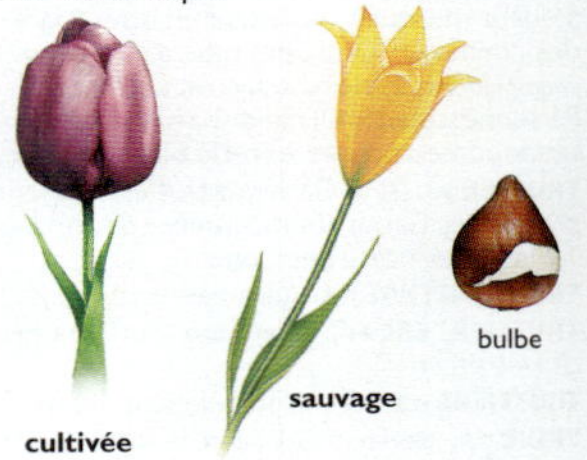

▲ **tulipes**

TULIPIER n.m. (de *tulipe*). **1.** Arbre originaire d'Amérique, cultivé dans les parcs et jardins. ➲ Famille des magnoliacées. **2.** Arbre ornemental de l'Afrique occidentale, à grandes fleurs orange. ➲ Famille des bignoniacées.

TULLE n.m. (de *Tulle*, n.pr.). Tissu léger et transparent à mailles rondes ou polygonales.

TULLERIE n.f. Fabrique, commerce de tulle.

TULLISTE n. Fabricant de tulles et dentelles.

TUMBLING [tœmbliŋ] **n.m.** (mot angl. « cabriole »). Sport acrobatique consistant en un enchaînement de sauts réalisé après une course d'élan sur une piste élastique.

TUMÉFACTION n.f. (du lat. *tumefacere*, gonfler). **MÉD.** Augmentation de volume d'une partie du corps, quelle qu'en soit la nature ; grosseur.

TUMÉFIÉ, E adj. Qui est le siège d'une tuméfaction : *Corps tuméfié.*

TUMÉFIER v.t. [5]. Causer une tuméfaction.

TUMESCENCE n.f. PHYSIOL. Gonflement normal (érection, par ex.) ou pathologique (tuméfaction) d'un organe (SYN. **turgescence**).

TUMESCENT, E adj. (du lat. *tumescere*, se gonfler). Se dit d'un organe en état de tumescence.

TUMEUR n.f. (lat. *tumor*). **MÉD.** Prolifération anormale, non inflammatoire, de cellules groupées ou disséminées, plus ou moins indifférenciées et autonomes. ▪ **Tumeur maligne,** cancer.

TUMORAL, E, AUX adj. Relatif à une tumeur.

TUMORECTOMIE n.f. Ablation chirurgicale d'une tumeur en préservant les tissus voisins.

TUMULAIRE adj. (du lat. *tumulus*, tombeau). Relatif aux tombeaux : *Inscription tumulaire.*

TUMULTE n.m. (lat. *tumultus*). **1.** Grand désordre bruyant ; tapage : *Le juge n'a pas réussi à faire cesser le tumulte.* **2.** Grande agitation désordonnée ; effervescence : *Le tumulte de la vie urbaine.*

TUMULTUEUSEMENT adv. Litt. Dans le tumulte.

TUMULTUEUX, EUSE adj. Plein de tumulte ; houleux : *Une réunion tumultueuse.*

TUMULUS [-lys] **n.m.** (pl. inv. ou *tumuli*) [mot lat.]. **ARCHÉOL.** Grand amas artificiel de terre ou de pierres élevé au-dessus d'une sépulture.

TUNAGE n.m. ou **TUNE n.f.** (néerl. *tuin*). **AGRIC.** Couchis de fascines traversé de piquets et de clayons, et chargé d'un lit de gravier pour arrêter l'action des eaux.

TUNE n.f. → **THUNE.**

TUNER [tynɛr] ou [tynœr] **n.m.** (mot angl., de *to tune*, accorder). Appareil qui reçoit les ondes hertziennes et les convertit en signaux audio ou vidéo ; récepteur radio, l'un des éléments d'une chaîne haute-fidélité. Recomm. off. **syntoniseur.**

TUNGSTATE n.m. CHIM. MINÉR. Sel d'un acide tungstique.

TUNGSTÈNE [tœkstɛn] **n.m.** (du suédois *tungsten*, pierre lourde). **1.** Métal de couleur blanc d'étain, de densité très élevée (19,3), très réfractaire, fondant à 3 410 °C. **2.** Élément chimique (W), de numéro atomique 74, de masse atomique 183,04. ➲ Il est notamm. utilisé pour fabriquer des filaments pour lampes à incandescence.

TUNGSTIQUE adj. Se dit d'un oxyde et d'un acide dérivant du tungstène.

TUNICIER n.m. (du lat. *tunica*, tunique). Invertébré marin cordé, au corps en forme de sac, muni de fentes branchiales servant à l'alimentation et à la respiration, à larve nageuse, tel que les ascidies (SYN. **urocordé**).

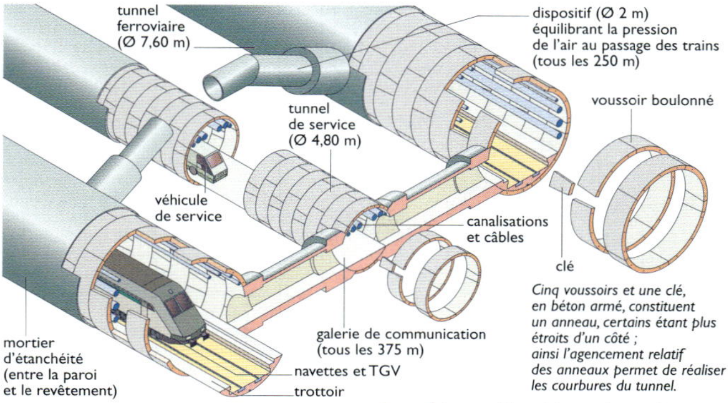

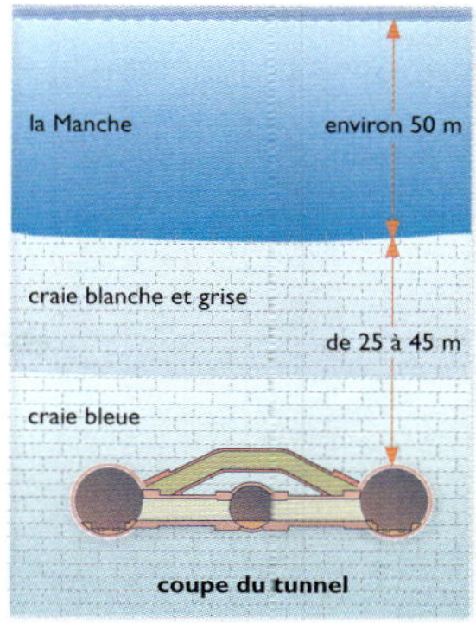

▲ **tunnel.** Le tunnel ferroviaire sous la Manche.

TUNING [tyniŋ] **n.m.** (mot angl. « réglage »). Fait de modifier un véhicule automobile (carrosserie, mécanique, accessoires, etc.) afin de le personnaliser.

TUNIQUE n.f. (lat. *tunica*). **1.** Vêtement droit plus ou moins long, porté sur une jupe ou un pantalon. **2. MIL.** Longue vareuse d'uniforme. **3. ANTIQ.** Vêtement cousu, court ou mi-long, avec ou sans manches, génér. resserré à la taille. **4. ANAT.** Enveloppe de certains organes ou conduits. **5. BOT.** Chacune des enveloppes foliacées des bulbes et des oignons.

TUNIQUÉ, E adj. BOT. Enveloppé de une ou plusieurs tuniques.

TUNISIEN, ENNE adj. et **n.** De la Tunisie ; de ses habitants.

TUNISOIS, E adj. et **n.** De Tunis.

TUNNEL n.m. (mot angl., du fr. *tonnelle*). **1.** Galerie souterraine de grande section, donnant passage à une voie de communication : *Le tunnel sous la Manche.* **2.** Abri en matière plastique ayant la forme d'un demi-cylindre, utilisé dans l'horticulture intensive. **3.** Fig. Longue période difficile : *Nous ne sommes pas au bout du tunnel.* **4. TÉLÉV.** Longue suite de messages publicitaires diffusée entre deux émissions ou interrompant un programme. ▪ **Effet tunnel,** en physique quantique, probabilité non nulle pour une particule d'énergie E de traverser une région où règne un potentiel répulsif supérieur à E. ▪ **Tunnel aérodynamique,** dispositif expérimental permettant de faire circuler de l'air à grande vitesse autour d'une maquette, pour étudier son comportement dans l'écoulement.

TUNNELIER n.m. Engin de travaux publics servant à forer des tunnels.

TUPAÏA [typaja] ou **TOUPAYE** [tupaj] **n.m.** (du malais). Mammifère insectivore des forêts de l'Asie du Sud-Est, intermédiaire entre les lémuriens et les véritables insectivores. ➲ Ordre des tupaiiformes.

TUPI-GUARANI [typigwarani] **n.m. inv.** Famille de langues indiennes d'Amérique du Sud réunissant la langue des Tupi (le *tupi*) et celle des Guarani (le *guarani*).

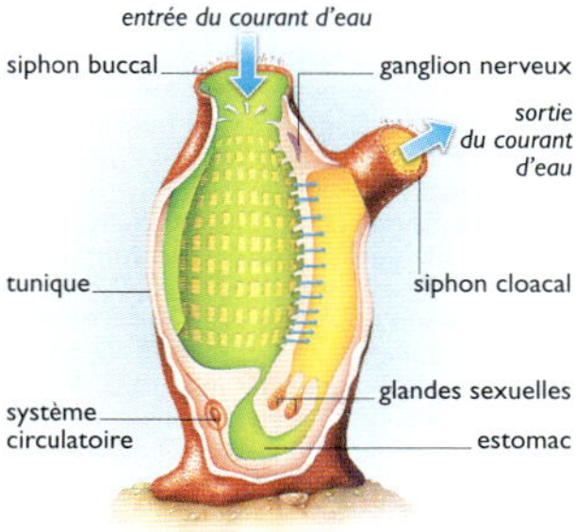

▲ **tunicier.** Anatomie d'un tunicier.

TUPINAMBIS [-bis] **n.m.** Grand lézard carnassier de l'Amérique du Sud et des Antilles (SYN. **téju**). ➲ Famille des téiidés.

TUQUE n.f. Québec. Bonnet d'hiver, génér. de forme conique.

TURBAN n.m. (turc *tülbend*). **1.** Coiffure orientale portée par les hommes, faite d'une longue pièce d'étoffe enroulée autour de la tête. **2.** Coiffure de femme rappelant le turban oriental.

TÜRBE ou **TURBEH** [tyrbe] **n.m.** (mot turc). Mausolée islamique fait d'une haute tour à toiture conique.

TURBELLARIÉ n.m. (du lat. *turbellae*, petite foule). Ver plat non parasite vivant dans la terre humide, les eaux douces ou salées, tel que les planaires. ➲ Les turbellariés forment une classe.

TURBIDE adj. (lat. *turbidus*). Qui n'est pas limpide ; trouble : *Des eaux turbides.*

TURBIDIMÈTRE n.m. Appareil permettant d'apprécier la turbidité d'un liquide.

TURBIDITÉ n.f. 1. État d'un liquide trouble : *La turbidité d'un vin.* **2. HYDROL.** Teneur en troubles, en boues, etc., d'un cours d'eau. ▪ **Courant de turbidité** [océanol.], violent courant sous-marin qui transporte une grande quantité de matériaux en suspension et qui s'écoule sur le lit des canyons en traversant des couches de densité moindre.

TURBIN n.m. Fam. Travail rémunéré.

TURBINAGE n.m. TECHN. Action de turbiner.

TURBINE n.f. (du lat. *turbo, -inis*, roue). **1.** Machine tournante qui utilise l'énergie d'un fluide en mouvement (eau, vapeur, gaz) appliquée sur une sorte de roue garnie d'aubes ou de pales, qui entraîne une autre machine (alternateur, pompe, etc.). **2. AGROALIM.** Essoreuse centrifuge servant à séparer le sucre du sirop.

TURBINÉ, E adj. BIOL. En forme de toupie : *Coquille turbinée.*

1. TURBINER v.i. [3]. Fam. Travailler dur ; trimer.

2. TURBINER v.t. [3]. TECHN. Faire agir un fluide sur une turbine ; passer à la turbine.

TURBO adj. inv. (abrév.). Se dit d'un moteur suralimenté par un turbocompresseur ; se dit d'un véhicule équipé d'un tel moteur. ◆ **n.m.** Turbocompresseur de suralimentation. ▪ **Mettre le turbo,** donner toute la puissance ; fam., se donner entièrement à une activité. ◆ **n.f.** Voiture munie d'un moteur turbo.

TURBOALTERNATEUR n.m. Alternateur entraîné par une turbine à vapeur ou à gaz.

TURBOCOMPRESSÉ, E adj. Se dit d'un moteur équipé d'un turbocompresseur.

TURBOCOMPRESSEUR n.m. Turbomachine dans laquelle on communique au gaz, au moyen d'une roue, de l'énergie cinétique transformée ensuite en pression dans un ensemble de conduites fixes entourant cette roue. ▪ **Turbocompresseur de suralimentation,** organe annexe d'un moteur thermique, comportant une turbine entraînée par l'écoulement des gaz d'échappement et qui fait tourner une seconde turbine comprimant soit le mélange air-essence (moteur à essence), soit l'air (diesel) avant leur entrée dans le moteur. Abrév. **turbo.** ➲ On relève ainsi sensiblement la puissance du moteur sans trop augmenter son poids.

TURBOFORAGE n.m. Procédé de forage dans lequel l'entraînement du trépan se fait par une turbine placée au-dessus de celui-ci et actionnée par la circulation des boues.

TURBOMACHINE n.f. Tout appareil générateur ou récepteur agissant dynamiquement sur un fluide à l'aide d'un rotor tournant autour d'un axe fixe (turboréacteur, turbomoteur).

TURBOMOTEUR n.m. Moteur dont l'élément essentiel est une turbine à gaz qui sert à la propulsion aéronautique, à la traction ferroviaire.

TURBOPAUSE n.f. GÉOPHYS. Zone de transition entre l'homosphère et l'hétérosphère.

TURBOPOMPE n.f. 1. Turbomachine hydraulique réceptrice servant à élever la pression du liquide qui la traverse. **2.** Pompe centrifuge accouplée à une turbine.

TURBOPROPULSEUR n.m. AÉRON. Système propulsif composé d'une turbine à gaz, entraînant une ou plusieurs hélices en rotation.

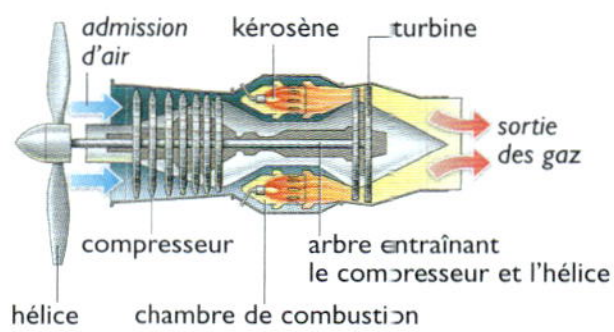

▲ **turbopropulseur**

TURBORÉACTEUR n.m. AÉRON. Moteur à réaction dans lequel l'air est comprimé par un ou des compresseurs entraînés par une ou des turbines, porté à haute température et haute pression par la combustion du carburant, puis détendu dans une tuyère. *(V. ill. page suivante.)*

TURBOSOUFFLANTE n.f. Soufflante à grande vitesse de rotation, conduite par turbine à vapeur ou à gaz.

TURBOT n.m. (anc. scand. *thornbutr*). Poisson plat répandu dans l'Atlantique et la Méditerranée, très estimé pour sa chair. ➲ Le petit est le turbotin. Famille des scophtalmidés.

TURBOTIÈRE n.f. Plat en forme de losange pour faire cuire les turbots.

TURBOTIN n.m. Jeune turbot.

TURBOTRAIN n.m. Train automoteur dont l'énergie est fournie par une ou plusieurs turbines à gaz.

TURBULENCE n.f. 1. Caractère d'une personne turbulente ; pétulance : *La turbulence des jeunes en groupe.* **2.** (Surtout pl.). Tourmente affectant un secteur d'activité, un domaine ; remous : *Turbulences boursières.* **3. PHYS.** Agitation désordonnée d'un fluide en écoulement turbulent.

TURBULENT, E adj. (lat. *turbulentus*, de *turba*, foule). Qui parle et s'agite beaucoup ; remuant : *Des enfants turbulents.* ▪ **Régime** ou **écoulement turbulent** [phys.], écoulement dans lequel les filets fluides se mélangent, au lieu de conserver leur individualité (par oppos. à *régime laminaire*).

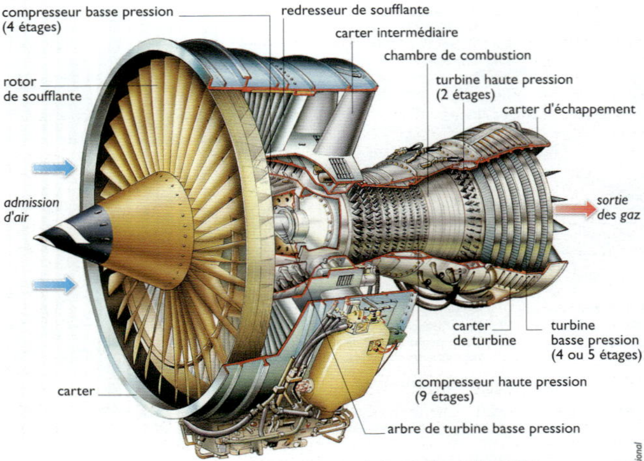

turboréacteur à double flux CFM 56-5C

CARACTÉRISTIQUES :
longueur : 2,61 m
diamètre maximal : 1,83 m
masse avec accessoires : 3,9 t
poussée nominale : de 13 883 à 15 129 daN

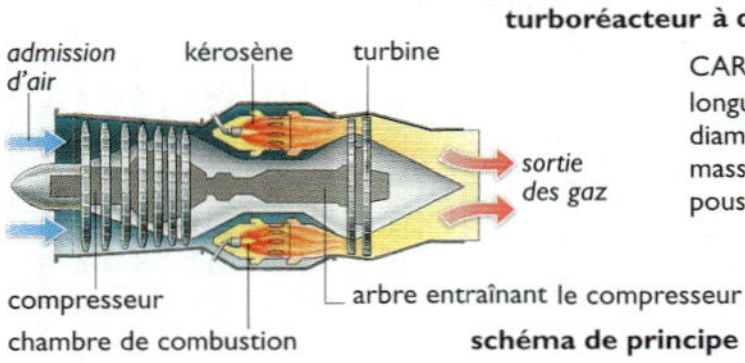

schéma de principe

▲ turboréacteur

TURC, TURQUE adj. et **n.** De la Turquie ; de ses habitants. ▪ **À la turque,** se dit de cabinets d'aisances ne comportant pas de cuvette. ▪ **Café turc,** café très fort, préparé par décoction du marc. ▪ **Fort comme un Turc,** très fort. ▪ **Jeune-turc,** v. à son ordre alphabétique. ▪ **Langues turques,** groupe de langues de la famille altaïque parlées en Asie centrale (turkmène, ouzbek, kazakh, kirghiz), dans le Caucase (azéri) et en Turquie (turc). ▪ **Le Grand Turc** [hist.], titre que les chrétiens donnaient au sultan ottoman. ▪ **Tête de Turc** [fam.], personne qui est en butte aux critiques, aux railleries. ◆ **n.m.** Principale langue du groupe turc, parlée en Turquie, où elle est langue officielle.

TURCIQUE adj. (du lat. *turcicus*, turc). **ANAT.** ▪ **Selle turcique,** petite dépression de la face supérieure de l'os sphénoïde où est logée l'hypophyse.

TURCOPHONE adj. et **n.** De langue turque.

TURDIDÉ n.m. (du lat. *turdus*, grive). Passereau, tel que la grive, le merle, le rouge-gorge, le rossignol. ➲ Les turdidés forment une famille.

TURF [tœrf] ou [tyrf] **n.m.** (mot angl. « gazon »). **1.** Ensemble des activités qui se rattachent aux courses de chevaux. **2.** Vx. Terrain sur lequel ont lieu les courses de chevaux. **3.** Arg. Travail.

TURFISTE [tœr-] ou [tyr-] **n.** Personne qui assiste aux courses de chevaux et qui parie.

TURGESCENCE n.f. 1. BOT. État normal de rigidité des tissus végétaux vivants, dû à la pression de leur contenu liquide. **2. PHYSIOL.** Tumescence. **3. BIOL. CELL.** État d'une cellule placée dans un milieu hypotonique.

TURGESCENT, E adj. (du lat. *turgescere*, se gonfler). En état de turgescence.

TURGIDE adj. Litt. Enflé ; boursouflé : *Des paupières turgides.*

TURION n.m. (lat. *turio*). Bourgeon ou jeune pousse de l'asperge.

TURISTA [tu-] ou **TOURISTA n.f.** (esp. *turista*). Fam. Gastro-entérite bénigne se traduisant par des diarrhées, qui affecte les touristes visitant les pays chauds.

TURKMÈNE adj. et **n.** Du Turkménistan ; de ses habitants. ◆ **n.m.** Langue turque parlée par les Turkmènes.

TURLUPINER v.t. [3] (de *Turlupin*, n.pr.). Fam. Tracasser ; tourmenter : *Son absence me turlupine.*

TURLUTTE n.f. Ustensile de pêche en mer, formé d'un morceau de plomb entouré d'hameçons.

TURLUTUTU interj. (onomat.). Indique un refus, une moquerie.

TURNE n.f. (de l'alsacien). Fam. Chambre.

TURNER [tœrnœr] **(SYNDROME DE) n.m.** Aberration chromosomique observée chez la femme, caractérisée par la présence d'un seul chromosome X au lieu de deux, et entraînant un nanisme, une agénésie ovarienne et des malformations diverses.

TURNOVER [tœrnɔvœr] **n.m.** (mot angl. « rotation »). [Anglic. déconseillé]. Taux de rotation* du personnel.

TURPIDE adj. (du lat. *turpis*, honteux). Litt. Qui fait preuve de laideur morale ; abject : *Âme turpide.*

TURPITUDE n.f. (lat. *turpitudo*). Litt. Caractère ignominieux de qqn ; action ignominieuse ; infamie : *La turpitude des corrompus.*

TURQUERIE n.f. Vieilli. Œuvre artistique ou littéraire présentant des scènes d'inspiration turque ou orientale.

TURQUETTE n.f. Plante rampante des lieux sablonneux. ➲ Famille des caryophyllacées.

TURQUIN adj.m. (ital. *turchino*, de Turquie). Se dit d'un marbre bleu veiné de blanc provenant d'Italie. ▪ **Bleu turquin** [litt.], bleu foncé.

TURQUOISE n.f. (de *turc*). Phosphate d'aluminium et de cuivre, donnant des pierres fines opaques, de couleur bleu ciel à bleu-vert. ◆ **adj. inv.** et **n.m.** De la couleur de la turquoise.

TURRITELLE n.f. (du lat. *turritus*, en forme de tour). Mollusque gastéropode marin, à coquille spiralée très pointue, vivant dans le sable. ➲ Famille des turritellidés.

TUSSAH ou **TUSSAU n.m.** Tussor.

TUSSILAGE n.m. (du lat. *tussis*, toux). Plante vivace rampante, à fleurs jaunes, dont une espèce, appelée aussi *pas-d'âne*, était utilisée autref. contre la toux et l'asthme. ➲ Famille des composées.

TUSSOR n.m. (angl. *tussore*, de l'hindoustani). **1.** Étoffe de soie très légère fournie par le ver à soie sauvage (SYN. **tussah, tussau**). **2.** Étoffe de soie légère, analogue au foulard.

TUTÉLAIRE adj. (bas lat. *tutelaris*). **1.** Litt. Qui protège ; protecteur : *La douceur tutélaire de la famille.* **2. DR.** Qui concerne la tutelle.

TUTELLE n.f. (lat. *tutela*). **1.** Surveillance contraignante ; emprise : *Se libérer de la tutelle de qqn.* **2.** Litt. Protection exercée en faveur de qqn ; sauvegarde : *La tutelle des Nations unies.* **3. DR.** Régime de protection de la personne et des biens de certains mineurs et des incapables majeurs, représentés par leur tuteur dans tous les actes de la vie civile, sauf si la loi ou l'usage les autorise à agir eux-mêmes. ▪ **Autorité de tutelle,** administration qui exerce un contrôle. ▪ **Territoire sous tutelle** [dr. intern.], dont l'administration est assurée par un autre État, sous le contrôle de l'ONU, en attendant sa prochaine autonomie ou son indépendance. ▪ **Tutelle administrative,** contrôle exercé par une autorité administrative sur une collectivité publique ou une personne morale de droit public. ▪ **Tutelle aux prestations sociales familiales,** mesure prononcée par le juge des enfants qui confie à un organisme la gestion des prestations au bénéfice d'un mineur. ▪ **Tutelle d'État,** tutelle s'appliquant à des mineurs dépourvus de famille. ▪ **Tutelle en gérance,** tutelle simplifiée concernant certains incapables majeurs ne disposant pas de moyens financiers, quand la famille ne peut normalement l'exercer.

1. TUTEUR, TRICE n. (lat. *tutor*, de *tueri*, protéger). **1. DR.** Personne chargée de la tutelle d'un mineur non émancipé ou d'un incapable majeur. **2.** Dans l'enseignement supérieur, enseignant responsable d'un moniteur. ▪ **Tuteur ad hoc** [dr.], personne chargée de représenter un incapable pour toute opération juridique dans laquelle les intérêts de ce dernier risquent d'être opposés à ceux du tuteur. ▪ **Tuteur d'entreprise,** membre du personnel d'une entreprise chargé de transmettre ses connaissances professionnelles à un stagiaire.

2. TUTEUR n.m. Perche, armature qui soutient une jeune plante.

TUTEURAGE n.m. Action de tuteurer.

TUTEURER v.t. [3]. AGRIC. Munir d'un tuteur.

TUTO n.m. (abrév. de *tutoriel*). Guide d'apprentissage, sur support papier ou sur Internet, constitué d'instructions visuelles (photos, vidéos) montrant comment réaliser une tâche dans des domaines très variés tels que les loisirs créatifs, le bricolage, la beauté, la cuisine, la photo, etc.

TUTOIEMENT [-twamɑ̃] **n.m.** Action de tutoyer.

TUTORAT n.m. Fonction de tuteur (d'un mineur, par ex.).

TUTORIEL n.m. 1. INFORM. Logiciel permettant de se former de manière autonome à un autre logiciel. **2.** Par ext. Tuto.

TUTOYER [-twaje] **v.t. [7]. 1.** User de la deuxième personne du singulier, en parlant à qqn. **2.** Fig. Être proche de ; frôler : *Son discours tutoie l'invective ;* se hisser au plus haut niveau ; côtoyer : *Ce téléfilm tutoie l'histoire.* ▪ **Tutoyer l'obstacle** [équit.], le frôler sans le faire tomber.

TUTOYEUR, EUSE adj. et **n.** Qui tutoie les gens.

TUTTI [tuti] **n.m. inv.,** ▲ *n.m.* (mot ital. « tous »). **MUS.** Ensemble des instruments de l'orchestre, par oppos. à un instrument soliste ou à un groupe plus réduit.

TUTTI FRUTTI [tutifruti] **loc. adj. inv.** (mots ital.). Composé ou parfumé de toutes sortes de fruits : *Glace tutti frutti.*

TUTTI QUANTI [tutikwɑ̃ti] **loc. adv.** (mots ital. « tous tant qu'ils sont »). ▪ **Et tutti quanti,** et tous les gens, toutes les choses de même espèce (à la fin d'une énumération).

TUTU n.m. (de *cucu*, petit cul). Costume de scène de la danseuse classique, composé d'une jupe formée de plusieurs rangs de tulle superposés, et fixée sur un justaucorps.

TUYAU [tɥijo] **n.m.** (du francique *thûta*, trompette). **1.** Élément à section constante d'un conduit, utilisé pour la circulation d'un fluide ou d'un produit pulvérulent. **2.** Fam. Canal de transmission de données numérisées (Internet, téléphone, etc.) : *Alimenter les tuyaux.* **3.** Fam. Renseignement confidentiel : *Elle a toujours des tuyaux.* **4.** Tige creuse du blé et de certaines autres plantes ; chaume. **5.** Pli cylindrique que l'on fait à du linge empesé à l'aide d'un fer spécial. **6. ORNITH.** Calamus. ▪ **Dans les tuyaux** [fam.], en cours de réalisation : *Un remaniement est dans* *les tuyaux* ; dans un canal de communication (Internet, par ex.) : *Leur accrochage à l'Assemblée est déjà dans les tuyaux.* ▪ **Dire qqch dans le tuyau de l'oreille** [fam.], à voix basse et en secret. ▪ **Tuyau d'arrosage, d'incendie,** tuyau souple destiné à diriger vers la lance d'arrosage ou d'incendie l'eau prise à une canalisation ou à un réservoir. ▪ **Tuyau sonore** [acoust.], tube rendant un son lorsque la colonne d'air qu'il renferme entre en vibration.

TUYAUTAGE n.m. Action de tuyauter le linge.

TUYAUTÉ n.m. Ensemble de tuyaux faits au fer à tuyauter.

TUYAUTER v.t. [3]. 1. Plisser le linge en forme de tuyaux, en le repassant. **2.** Fam. Donner des tuyaux, des renseignements confidentiels à.

TUYAUTERIE n.f. Ensemble de tuyaux d'une installation.

TUYAUTEUR n.m. Ouvrier qui pose les tuyaux des installations industrielles.

TUYÈRE [tyjɛr] ou [tɥijɛr] **n.f.** (de *tuyau*). **1.** Élément de canalisation profilé, destiné à imposer à un fluide en écoulement une augmentation de vitesse. **2.** Conduit terminal d'une turbine à gaz, dans lequel se produit la détente fournissant l'énergie. **3.** Ouverture pratiquée à la partie inférieure d'un four métallurgique pour le passage de l'air soufflé ; buse qui passe par cette ouverture.

TV ou **T.V. n.f.** (abrév.). Télévision.

TVA ou **T.V.A. n.f.** (sigle). Taxe sur la valeur ajoutée.

TVHD ou **T.V.H.D. n.f.** (sigle). Télévision à haute définition.

TWEED [twid] **n.m.** (mot angl.). Tissu de laine cardée, d'armure toile ou sergé, génér. établi en deux couleurs.

TWEET [twit] **n.m.** (nom déposé ; mot angl. « gazouillis »). Court message (140 caractères maximum, 280 pour certaines langues utilisant l'alphabet latin, comme le français) posté sur le site de microblogage Twitter pour délivrer des informations en temps réel.

1. TWEETER [twitœr] **n.m.** (mot angl.). [Anglic. déconseillé]. Haut-parleur de fréquences aiguës.

2. TWEETER v.i. et **v.t. [3]** → **TWITTER.**

TWIN-SET (pl. *twin-sets*), ▲*TWINSET* [twinsɛt] **n.m.** (mot angl.). Ensemble composé d'un chandail et d'un cardigan de tricot assortis.

TWIRLING BÂTON ou **TWIRLING** [twirliŋ] **n.m.** (pl. *twirling bâtons*, *twirlings*) [mot angl.]. Sport d'adresse consistant à manier un bâton sur un fond musical en effectuant des mouvements gymniques.

TWIST [twist] **n.m.** (de l'angl. *to twist*, tordre). Danse d'origine américaine, exécutée individuellement, en ondulant des hanches et en déplaçant latéralement les genoux (début des années 1960).

TWISTER v.i. [3]. Danser le twist.

TWITTER ou **TWEETER** [twit-] **v.i.** et **v.t. [3].** Poster un Tweet sur le site de microblogage Twitter.

TWITTEUR, EUSE n. Personne qui poste régulièrement des Tweets sur Twitter.

TYCOON [tajkun] **n.m.** (mot angl.). Homme d'affaires important ; magnat.

TYLENCHUS [tilɛ̃kys] **n.m.** (du gr. *tulos*, bosse, et *egkhelus*, anguille). Nématode vivant en très grand nombre dans les matières végétales en décomposition.

TYMPAN n.m. (du lat. *tympanum*, tambour). **ARCHIT.** Surface comprise entre le linteau et les deux rampants ou l'arc d'un fronton ; paroi qui clôt l'arc des portails romans et gothiques. ▪ **Briser les tympans à qqn,** l'assourdir par des cris. ▪ **Caisse du tympan,** ou **tympan** [anat.], cavité de l'os temporal, où est logée l'oreille moyenne. ▪ **Membrane du tympan,** ou **tympan** [anat.], membrane qui sépare l'oreille moyenne du conduit auditif externe et qui transmet aux osselets de l'oreille moyenne les vibrations de l'air.

TYMPANAL n.m. (pl. *tympanaux*). **ANAT.** Os en forme d'anneau, sur lequel est tendue la membrane du tympan.

TYMPANIQUE adj. ANAT. Relatif au tympan.

TYMPANISME n.m. MÉD. Augmentation de la sonorité du thorax ou de l'abdomen, décelée à la percussion et due à un excès d'air, de gaz.

TYMPANON n.m. (du gr. *tumpanon*, tambourin). Cymbalum.

TYMPANOPLASTIE n.f. Réparation chirurgicale du tympan et de la chaîne des osselets.

TYNDALLISATION n.f. (de J. *Tyndall*, n.pr.). Procédé de stérilisation qui consiste en une série de chauffages à une température variant entre 60 et 80 °C et de refroidissements successifs.

TYPAGE n.m. Classification de différents éléments par types, notamm. en biologie, en médecine *(typage cellulaire)* et en informatique *(typage de données)*.

TYPE n.m. (du gr. *tupos*, empreinte). **1.** Modèle abstrait réunissant à un haut degré les traits essentiels de tous les êtres ou de tous les objets de même nature ; archétype : *L'« Aurige de Delphes » est le type de la beauté grecque antique.* **2.** Ensemble de traits caractéristiques d'un groupe, d'une famille de choses : *Avoir le type méditerranéen. Ce type de logiciels est très performant.* **3.** (En appos., avec ou sans trait d'union). Qui a valeur de modèle : *Des écarts-types.* **4.** Fam. Homme ; garçon. **5. BIOL.** Holotype. **6.** Ensemble des caractères d'imprimerie présentant un style déterminé : *Type Garamond.* **7. TECHN.** Empreinte servant à produire des empreintes semblables. ▪ **Du troisième type,** qui ne ressemble à rien de connu ; atypique : *Une banque du troisième type* ; issu des dernières technologies : *Un téléphone du troisième type.* ▪ **Type idéal,** modèle conceptuel et idéalisé d'un phénomène sociologique théorisé par M. Weber, qui le place au fondement de l'individualisme méthodologique.

TYPÉ, E adj. Qui présente à un haut degré les caractères du type dans lequel on le range.

TYPER v.t. [3]. Donner les traits caractéristiques de : *Un récit qui type l'animateur de télévision ambitieux.*

TYPESSE n.f. Fam., vieilli. (Sert parfois de fém. à *type*). Femme ; fille.

TYPHACÉE n.f. (du gr. *tuphê*, varech). Monocotylédone aquatique ou poussant au bord des eaux, telle que la massette. ➲ Les typhacées forment une famille.

TYPHIQUE adj. Relatif au typhus ou à la fièvre typhoïde. ◆ **adj.** et **n.** Atteint du typhus ou de la fièvre typhoïde.

TYPHLITE n.f. (du gr. *tuphlos*, sans ouverture). **MÉD.** Inflammation du cæcum.

TYPHOÏDE adj. (du gr. *tuphos*, torpeur). ▪ **Fièvre typhoïde,** ou **typhoïde, n.f.,** maladie infectieuse, contagieuse, transmise aussi par l'eau et les aliments, due à une salmonelle et caractérisée par une fièvre, un état de stupeur et des troubles digestifs.

TYPHOÏDIQUE adj. Relatif à la fièvre typhoïde.

TYPHON n.m. (du gr. *tuphôn*, tourbillon). En Extrême-Orient, cyclone tropical très violent.

TYPHOSE n.f. Maladie microbienne contagieuse des volailles.

TYPHUS [-fys] **n.m.** (mot lat., du gr. *tuphos*, torpeur). **1.** Ensemble de maladies virales qui attaquent divers animaux, dont le chien et le chat. **2.** Chez l'homme, maladie infectieuse due à une rickettsie, caractérisée par de la fièvre, un état de stupeur et une éruption cutanée. ➲ On distingue le *typhus exanthématique*, transmis par les poux, et le *typhus murin*, transmis par la puce du rat.

TYPICITÉ n.f. Ensemble des caractéristiques qui font la particularité d'un aliment : *La typicité d'un grand cru.*

▲ **tympan** du portail de l'église St-Trophime (XIe-XIIe s.) d'Arles, représentant le Christ en majesté avec les symboles des quatre évangélistes.

TYPIQUE adj. (bas lat. *typicus*). **1.** Qui est caractéristique de ; modèle : *Attitude typique d'un enfant gâté.* **2. BIOL.** Qui est propre à un seul groupe animal ou végétal : *Caractère, organe typique.*

TYPIQUEMENT adv. De façon typique ; spécifiquement.

1. TYPO, OTE n. (abrév.). Fam., vieilli. Typographe.

2. TYPO n.f. (abrév.). Fam. Typographie.

TYPOGRAPHE n. Personne qui compose, à l'aide de caractères mobiles, les textes destinés à l'impression typographique. Abrév. (fam.) **typo.**

TYPOGRAPHIE n.f. (du gr. *tupos*, caractère, et *graphein*, écrire). **IMPRIM. 1.** Procédé de composition et d'impression sur des caractères mobiles et des clichés en relief. **2.** Présentation graphique d'un texte imprimé : *Une typographie moderne.* Abrév. (fam.) **typo.**

TYPOGRAPHIQUE adj. Relatif à la typographie.

TYPOLOGIE n.f. (du gr. *tupos*, caractère, et *logos*, science). **1.** Étude des traits caractéristiques dans un ensemble de données, en vue d'y déterminer des types, des systèmes. **2.** Classification des individus humains selon des critères morphologiques, médicaux ou psychologiques. ➲ Aucune typologie n'a de valeur scientifique reconnue.

TYPOLOGIQUE adj. Relatif à une typologie.

TYPOMÈTRE n.m. IMPRIM. Règle graduée à l'usage des typographes.

TYPON n.m. IMPRIM. Film positif tramé destiné à la confection de la plaque offset.

TYPTOLOGIE n.f. (du gr. *tuptein*, frapper, et *logos*, discours). **OCCULT.** Communication présumée des esprits au moyen de coups frappés par les tables tournantes.

1. TYRAN n.m. (lat. *tyrannus*, du gr.). **1.** Souverain despotique, injuste et cruel. **2.** Fig. Personne qui abuse de son autorité : *Leur chef de service est un tyran.* **3. ANTIQ. GR.** Chef populaire exerçant un pouvoir personnel obtenu par un coup de force.

2. TYRAN n.m. Passereau, insectivore et bon chanteur, appelé aussi *gobe-mouches américain.* ➲ Famille des tyrannidés.

TYRANNEAU n.m. Tyran sans envergure.

1. TYRANNICIDE n. (lat. *tyrannicida*). Personne qui tue un tyran.

2. TYRANNICIDE n.m. (lat. *tyrannicidium*). Assassinat d'un tyran.

TYRANNIE n.f. 1. Gouvernement autoritaire qui ne respecte pas les libertés individuelles ; dictature. **2.** Fig. Pouvoir irrésistible de certaines choses ; joug : *La tyrannie du paraître, de la mode.* **3. ANTIQ. GR.** Gouvernement d'un tyran.

TYRANNIQUE adj. Qui a le caractère de la tyrannie ; despotique.

TYRANNIQUEMENT adv. De façon tyrannique.

TYRANNISER v.t. [3]. Exercer une autorité excessive sur ; opprimer : *Tyranniser le personnel.*

TYRANNOSAURE n.m. Très grand dinosaurien fossile du crétacé d'Amérique du Nord et de Mongolie, carnivore et bipède. ➲ Long. 13 m ; groupe des saurischiens.

TYRIEN, ENNE adj. et **n.** De l'ancienne ville de Tyr. ◆ **adj.** ▪ **Rose tyrien,** un peu mauve.

TYROLIEN, ENNE adj. et **n.** Du Tyrol.

TYROLIENNE n.f. 1. MUS. Pièce vocale à trois temps caractérisée par de fréquents changements de registre. **2.** Danse traditionnelle du Tyrol, pouvant accompagner ce chant. **3.** Équipement permettant le franchissement en hauteur d'un obstacle, à l'aide d'une poulie fixée sur un câble tendu, souvent entre deux parois rocheuses, en utilisant la gravité.

TYROSINASE n.f. Enzyme qui provoque l'oxydation de la tyrosine.

TYROSINE n.f. (du gr. *turos*, fromage). **BIOCHIM.** Acide aminé cyclique, qui est notamm. un précurseur de la mélanine.

TYROTHRICINE n.f. (du gr. *turos*, fromage, et *thrix*, poil). Antibiotique d'usage externe extrait d'un champignon.

TZAR, TZARÉVITCH n.m., TZARINE n.f. → **TSAR, TSARÉVITCH** et **TSARINE.**

TZATZIKI n.m. (mot gr.). Salade de concombre au yaourt et à l'ail. ➲ Cuisine grecque.

TZIGANE adj. et **n.** → **TSIGANE.**

usine

uranie

USB (clé)

U **n.m. inv.** Vingt et unième lettre de l'alphabet et la cinquième des voyelles. ➲ *U* note la voyelle antérieure fermée [y], comme dans *buse*, ou la semi-voyelle [ɥ], comme dans *huile*, *muet*.

UBAC **n.m.** (du lat. *opacus*, sombre). Versant d'une vallée de montagne exposé à l'ombre (SYN. **2. envers ;** CONTR. **adret**).

UBÉRISATION **n.f.** (de *Uber*, nom déposé ; start-up de la marque de ce nom). Remise en cause du modèle économique d'une entreprise ou d'un secteur d'activité par l'arrivée d'un nouvel acteur proposant les mêmes services à des prix moindres, effectués par des indépendants plutôt que des salariés, le plus souvent via des plateformes de réservation sur Internet.

UBÉRISER **v.t. [3]** (de *Uber*, nom déposé ; start-up de la marque de ce nom). Rendre obsolète un modèle économique existant, via notamm. l'utilisation de plateformes numériques : *Cette start-up a ubérisé le secteur de la livraison à domicile.*

UBIQUISTE [-kɥi-] **adj.** et **n.** Qui a le don d'ubiquité. ◆ **adj. ÉCOL.** Cosmopolite.

UBIQUITAIRE [-kɥi-] **adj. 1.** Se dit de substances, en partic. d'antigènes, présentes dans différents milieux organiques. **2.** Se dit de l'informatique lorsqu'elle est omniprésente dans un environnement.

UBIQUITÉ [-kɥi-] **n.f.** (du lat. *ubique*, partout). Faculté d'être présent en plusieurs lieux à la fois.

UBRIS **n.f.** → **HUBRIS.**

UBUESQUE **adj.** Digne du *père Ubu* ; monstrueusement grotesque.

UCHRONIE [-krɔ-] **n.f.** (du gr. *ou*, non, et *khronos*, temps). **LITTÉR.** Reconstruction fictive de l'histoire, relatant les faits tels qu'ils auraient pu se produire.

UCHRONIQUE **adj.** Relatif à l'uchronie.

UDON [udɔ̃] **n.m.** (mot jap.). Variété de nouilles japonaises épaisses, à consistance élastique et molle, qui peuvent se consommer chaudes, en soupe, ou froides.

UE ou **U.E.** [yø] **n.f.** (sigle). Unité d'enseignement.

UFOLOGIE **n.f.** (de *UFO*, acronyme de l'angl. *unidentified flying object*, objet volant non identifié). Étude des ovnis.

UFOLOGUE **n.** Spécialiste d'ufologie.

UFR ou **U.F.R.** [yɛfɛr] **n.f.** (sigle de *unité de formation et de recherche*). Cellule de base de l'enseignement universitaire, en France.

UHLAN [ylɑ̃] **n.m.** (mot all., du turc *oğlan*, garçon, valet). **HIST.** Lancier dans les armées allemande, autrichienne, polonaise et russe.

UHT ou **U.H.T.** [yaʃte] **n.f.** et **adj.** (sigle de *ultra-haute température*). ▪ **Lait stérilisé UHT,** lait qui a subi une stérilisation par un chauffage à une température de 140 à 150 °C durant quelques secondes, suivi d'un refroidissement sous vide. ➲ Il peut être conservé trois mois à la température ambiante, avant l'ouverture de l'emballage.

UKASE **n.m.** → **OUKASE.**

UKIYO-E [ukijoe] **n.m. inv.** (mot jap.). École japonaise d'estampes de la période d'Edo, privilégiant les sujets légers et les paysages ; ce genre d'estampe.

UKRAINIEN, ENNE **adj.** et **n.** De l'Ukraine ; de ses habitants. ◆ **n.m.** Langue slave orientale parlée en Ukraine.

UKULÉLÉ [uku-] **n.m.** (mot hawaiien). Guitare à 4 cordes pincées, originaire du Portugal, introduite dans les îles Hawaii à l'époque coloniale.

ULCÉRATION **n.f.** Formation d'un ulcère ; cet ulcère.

ULCÈRE **n.m.** (lat. *ulcus, -eris*). **1. MÉD.** Perte de substance d'un revêtement épithélial, cutané ou muqueux, s'étendant aux tissus sous-jacents (SYN. **ulcération**). **2. AGRIC.** Plaie sur un arbre.

ULCÉRÉ, E **adj. MÉD.** Qui est le siège d'un ulcère.

ULCÉRER **v.t. [11],** ▲ *[11*].* Blesser vivement qqn dans sa sensibilité, son amour-propre : *Sa mise à l'écart l'a ulcérée.*

ULCÉREUX, EUSE **adj. MÉD.** De la nature de l'ulcère. ◆ **adj.** et **n.** Atteint d'un ulcère.

ULÉMA [ulema] ou **OULÉMA** **n.m.** (ar. *'ulamā'*, pl. de *'ālim*, érudit). Savant musulman, en théologie, en droit ou une autre discipline.

ULLUQUE ou **ULLUCU** **n.m.** (quechua *ullucu*). Plante des Andes, à tubercules comestibles. ➲ Famille des basellacées.

ULM ou **U.L.M.** [yɛlɛm] **n.m.** (sigle de *ultraléger motorisé*). Petit avion de conception simplifiée, monoplace ou biplace, doté d'un moteur de faible puissance.

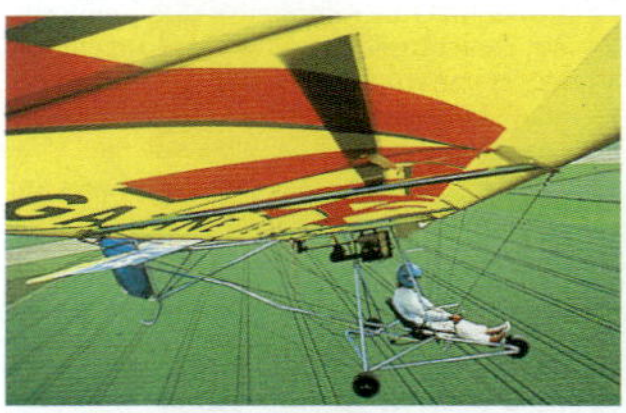

▲ **ULM**

ULMACÉE **n.f.** (du lat. *ulmus*, orme). Arbre à fleurs sans pétales, aux feuilles caduques, tel que l'orme et le micocoulier. ➲ Les ulmacées forment une famille.

ULMISTE **n.** Pilote ou passager d'un ULM.

ULNA **n.f.** (mot lat. « avant-bras »). **ANAT.** Cubitus.

ULNAIRE **adj. ANAT.** Relatif à l'os cubital.

ULTÉRIEUR, E **adj.** (du lat. *ulterior*, qui est au-delà). Qui arrive après une autre chose ; postérieur : *À une date ultérieure.*

ULTÉRIEUREMENT **adv.** Plus tard.

ULTIMATUM [-tɔm] **n.m.** (mot lat. « dernière chose »). **1.** Injonction pressante par laquelle un État présente à un autre État certaines revendications dont la non-acceptation peut entraîner la guerre. **2.** Ordre qui n'admet aucune contestation ; sommation : *Être placé devant un ultimatum.*

ULTIME **adj.** Dernier dans le temps ; final : *D'ultimes recommandations.* ▪ **Déchets ultimes,** dont on a extrait la part recyclable ainsi que divers éléments polluants, et qui doivent donc être stockés.

ULTIMO **adv.** (mot lat.). En dernier lieu, dans une énumération commençant par *primo*.

ULTRA **n.** et **adj.** (mot lat. « plus que »). **1.** Personne qui professe des opinions extrêmes. **2. HIST.** Ultraroyaliste.

ULTRABASIQUE **adj.** Se dit d'une roche magmatique contenant moins de 45 % de silice et constituée essentiellement de silicates de fer et de magnésium, qui lui donnent une teinte sombre.

ULTRACENTRIFUGATION **n.f.** Centrifugation par ultracentrifugeuse.

ULTRACENTRIFUGEUSE **n.f.** Centrifugeuse à rotation extrêmement rapide (de l'ordre de 60 000 tr/min).

ULTRACOURT, E **adj.** Anc. ▪ **Onde ultracourte,** dont la longueur d'onde est comprise entre 1 et 10 centimètres.

ULTRAFILTRATION **n.f.** Action de filtrer à travers un ultrafiltre.

ULTRAFILTRE **n.m.** Filtre au rendement supérieur à 99,9 % et capable d'arrêter des particules de 0,01 µm.

ULTRAGAUCHE **n.f.** Courant autonome qui se démarque de l'extrême gauche en refusant les règles institutionnelles.

ULTRALÉGER, ÈRE **adj.** Extrêmement léger.

ULTRALIBÉRALISME **n.m.** Politique économique apparue à la fin des années 1970, prônant le libéralisme absolu et tendant vers un désengagement total de l'État.

ULTRAMARIN, E **adj.** et **n.** De la France d'outre-mer. ◆ **adj.** et **n.m.** D'un bleu intense ; outremer.

ULTRAMICROSCOPE **n.m.** Instrument permettant, grâce à son éclairement latéral, de déceler des objets invisibles au microscope ordinaire.

ULTRAMINCE **adj. 1.** Extrêmement mince. **2. PHYS.** D'une épaisseur de l'ordre du nanomètre.

ULTRAMODERNE **adj.** Extrêmement moderne.

ULTRAMONTAIN, E **adj.** et **n. 1.** Relatif à l'ultramontanisme ; qui s'y rattache. **2.** Vx. Qui est au-delà des Alpes, par rapport à la France.

ULTRAMONTANISME **n.m.** Ensemble des doctrines théologiques favorables au pouvoir absolu du Saint-Siège (par oppos. à gallicanisme).

ULTRAORTHODOXE **adj.** et **n.** Se dit de qqn qui adhère à une tendance du judaïsme contemporain que son attachement rigoriste à la Loi juive porte au refus de toute concession à la modernité.

ULTRA-PETITA [-petita], ▲ *ULTRAPÉTITA* **n.m. inv.** (loc. lat. « au-delà des choses demandées »). **DR.** Fait, pour un juge, d'accorder plus qu'il n'a été demandé ou de statuer sur une prétention qui ne lui a pas été soumise.

ULTRAPLAT, E adj. Dont l'épaisseur est très faible : *Ordinateur ultraplat.*

ULTRAPORTABLE adj. et **n.m.** Se dit d'un ordinateur portable très léger (moins de 2 kg) et de taille très réduite.

ULTRAPRESSION n.f. Pression très élevée, de l'ordre de 10^8 à 10^{10} pascals.

ULTRAPROPRE adj. Se dit des conditions d'hygiène et/ou de propreté (absence de poussières) nécessaires à certaines productions agroalimentaires ou électroniques.

ULTRAPROPRETÉ n.f. État d'un lieu ultrapropre (salle blanche, par ex.).

ULTRARÉSISTANT, E adj. 1. TECHNOL. Se dit d'un matériau qui a un degré de résistance, notamm. aux contraintes mécaniques, particulièrement élevé. **2.** Se dit d'un virus, d'une bactérie qui ont la propriété de résister à tout médicament connu.

ULTRAROYALISTE n. et **adj.** Sous la Restauration, partisan intransigeant de l'Ancien Régime, adversaire de la Charte constitutionnelle de 1814. Abrév. **ultra.**

ULTRASENSIBLE adj. Extrêmement sensible.

ULTRASON n.m. Vibration de même nature que le son, mais de fréquence trop élevée (plus de 20 Hz à plusieurs centaines de mégahertz) pour que l'oreille humaine puisse la percevoir. ➲ Les ultrasons ont de nombreuses applications : sonar, écholocation, échographie, etc.

ULTRASONORE ou **ULTRASONIQUE adj.** Relatif aux ultrasons.

ULTRAVIDE n.m. Vide particulièrement poussé, inférieur à 10^{-5} pascal.

ULTRAVIOLET, ETTE adj. et **n.m. PHYS.** Se dit du rayonnement électromagnétique invisible à l'œil humain placé dans le spectre au-delà du violet, dont la longueur d'onde est plus petite que celle du violet et plus grande que celle des rayons X mous. Abrév. **UV.** ➲ L'ultraviolet est utilisé en médecine (traitement de dermatoses), en spectrométrie, pour la production d'ozone, etc.

ULULEMENT, *HULULEMENT n.m. ou **ULULATION n.f.** Cri des oiseaux rapaces nocturnes.

ULULER ou ***HULULER v.i. [3]** (du lat. *ululare*, hurler). Pousser son cri, en parlant d'un rapace nocturne.

ULVE n.f. (lat. *ulva*). Algue verte marine, comestible, à thalle mince et foliacé, appelée aussi *laitue de mer.* ➲ Classe des chlorophycées.

UMBANDA [umbɑ̃da] **n.m.** Culte syncrétiste du Brésil qui associe le spiritisme à des éléments catholiques et africains.

UMMA [uma] ou **OUMMA n.f.** (mot ar.). Dans l'islam, communauté formée par l'ensemble des croyants.

UMTS n.m. (sigle de l'angl. *universal mobile telecommunications system*, système de télécommunications mobiles universel). Norme européenne de transmission à haut débit destinée à la troisième génération de téléphones mobiles, adaptée à l'affichage et à la consultation de contenus audiovisuels et de services interactifs.

1. UN, UNE adj. num. (lat. *unus*). **1.** Nombre qui suit zéro dans la suite des entiers naturels. **2.** Nombre qui exprime l'unité : *Un mètre de long. L'entretien a duré une heure.* **3.** De rang numéro un ; premier : *Acte un. Page un* ou *une.* ▪ **Ne faire ni une ni deux** [fam.], ne pas hésiter. ▪ **Ne faire qu'un avec qqn, qqch,** être tout à fait semblable ou parfaitement uni à eux. ▪ **Pas un,** aucun ; nul. ▪ **Un à ou par un,** pas plus d'un à la fois ; une personne, une chose succédant à une autre. ◆ **adj.** Qui ne peut être divisé : *La vérité est une.* ▪ **C'est tout un,** c'est la même chose. ◆ **n.m. inv.** (Ne s'élide pas). Chiffre 1 ; numéro 1 attribué à qqch (immeuble, chambre, dossard, etc.) : *Habiter le un* ou *au un.* ▪ **L'Un** [philos.], principe antérieur à toute multiplicité, dont dérive le divers, et qui se confond avec l'Être (dans une large part de la pensée grecque) ou se situe au-dessus de l'Être (chez Plotin).

2. UN, UNE art. indéf. (pl. *des*). **1.** Déterminant indéfini d'un groupe nominal dont il indique le genre et le nombre : *Fais un vœu. Cueillir des cerises.* **2.** Indique l'intensité de qqch : *C'est d'un drôle !* ◆ **pron. indéf.** ▪ **(L')un de,** une personne, une chose parmi d'autres : *L'un des candidats.* ▪ **L'un l'autre, les uns les autres,** exprime la réciprocité : *S'épauler les uns les autres.* ▪ **L'un (...) l'autre, les uns (...) les autres,** exprime la diversité : *Les unes aiment la danse, les autres le football.* ▪ **Un(e) de ces** [fam.], marque l'intensité de qqch : *Il a eu une de ces peurs !*

UNAIRE adj. Se dit d'un élément logique qui ne dispose que d'une place possible, qui ne peut avoir qu'un seul argument.

UNANIME adj. (du lat. *unanimus*, qui a une même âme). **1.** (Au pl.). Se dit de personnes qui sont toutes du même avis : *Ils sont unanimes à condamner ce diktat.* **2.** Qui exprime un avis commun à tous : *Consentement unanime.*

UNANIMEMENT adv. À l'unanimité.

UNANIMISME n.m. 1. LITTÉR. Doctrine conçue au début du XXe s. par J. Romains, selon laquelle l'écrivain doit exprimer la psychologie collective et ne peindre l'individu que pris dans ses rapports sociaux. **2.** Opinion unanime ; consensus.

UNANIMISTE adj. et **n. LITTÉR.** Relatif à l'unanimisme ; qui s'y rattache.

UNANIMITÉ n.f. Accord complet des opinions, des suffrages : *Loi votée à l'unanimité.*

UNAU [yno] **n.m.** (pl. *unaux* ou *unaus*) [mot tupi]. Paresseux d'Amérique tropicale, doté de deux doigts griffus aux pattes avant. ➲ Ordre des xénarthres.

▲ **unau**

UNCINÉ, E [ɔ̃sine] **adj.** (du lat. *uncinatus*, crochu). **BOT.** Pourvu d'un crochet. ▪ **Crise uncinée,** hallucination olfactive désagréable.

UNDERGROUND [œndœrgrawnd] **adj. inv.** (mot anglo-amér. « souterrain »). Se dit d'un mouvement artistique ou littéraire qui se situe en dehors des circuits commerciaux traditionnels. ◆ **n.m. inv.** Mouvement underground. (Dans le cadre de l'orthographe réformée, au pl., on peut écrire *undergrounds.*)

UNE n.f. Première page d'un journal : *Faire la une. Des unes célèbres.*

UNE-PIÈCE n.m. inv. Maillot de bain une pièce.

UNETELLE n.f. → **UNTEL.**

UNGUÉAL, E, AUX [ɔ̃g(ɥ)eal, o] **adj.** (du lat. *unguis*, ongle). **ANAT.** Relatif à l'ongle.

UNGUIFÈRE [ɔ̃gɥi-] **adj. ZOOL.** Qui porte un ongle.

UNI, E adj. 1. Où règne l'unité, l'entente : *Famille unie.* **2.** Qui est sans aspérités ; lisse : *Surface unie.* **3.** D'une seule couleur : *Drap uni.* ◆ **n.m.** Étoffe d'une seule couleur.

UNIATE adj. (russe *ounyiat*, du lat. *unio*). Se dit des fractions des Églises orthodoxes qui ont rétabli l'union avec l'Église catholique romaine. ◆ **n.** Chrétien appartenant à ces Églises.

UNIAXE [yniaks] **adj.** Se dit d'un cristal biréfringent possédant une direction dans laquelle un rayon lumineux se propage sans être dédoublé.

UNICELLULAIRE adj. Se dit d'un organisme vivant (bactérie, protozoaire, diatomée, etc.) qui est constitué durant tout ou presque tout son cycle reproductif par une seule cellule.

UNICITÉ n.f. Caractère de ce qui est unique.

UNICOLORE adj. Qui est d'une seule couleur.

UNICORNE adj. ZOOL. Qui n'a qu'une seule corne.

UNIDIMENSIONNEL, ELLE adj. Qui a une seule dimension.

UNIDIRECTIONNEL, ELLE adj. Qui a une seule direction ; qui s'exerce dans une seule direction.

UNIDOSE n.f. Conditionnement contenant une dose unique d'un médicament ou d'un cosmétique.

UNIÈME adj. num. ord. (de *1. un*). Indique, après un numéral, le rang correspondant à un nombre composé dont le chiffre des unités est un : *La trente et unième cliente.*

UNIÈMEMENT adv. (Seulem. en composition). Correspond à *unième* pour la formation des adverbes : *Vingt et unièmement.*

UNIF ou **UNIV n.f.** (abrév.). Belgique. Fam. Université.

UNIFAMILIAL, E, AUX adj. ▪ **Maison unifamiliale,** ou **unifamiliale, n.f.** [Belgique, Québec], maison individuelle.

UNIFICATEUR, TRICE adj. et **n.** Qui unifie.

UNIFICATION n.f. Action d'unifier. ▪ **Grande unification** [phys.], théorie qui tente de réunir dans un même formalisme mathématique trois des quatre interactions fondamentales de la physique (interactions forte, faible et électromagnétique).

UNIFIER v.t. [5]. 1. Amener ou ramener à l'unité : *Unifier un parti.* **2.** Rendre homogène, cohérent : *Unifier les taxes européennes.* ◆ **S'UNIFIER v.pr.** Se fondre en un tout.

UNIFILAIRE adj. ÉLECTROTECHN. ▪ **Circuit unifilaire,** circuit composé de conducteurs isolés.

UNIFLORE adj. BOT. Qui ne porte qu'une fleur.

UNIFOLIÉ n.m. Nom du drapeau canadien : *L'unifolié et le fleurdelisé.*

1. UNIFORME adj. 1. Qui a la même forme, le même aspect ; identique : *Rues uniformes.* **2.** Qui ne présente aucune variété ; uni : *Teinte uniforme ;* monotone : *Vie uniforme.* ▪ **Mouvement uniforme** [mécan. industr.], mouvement à vitesse constante.

2. UNIFORME n.m. 1. Vêtement de coupe et de couleur réglementaires porté par divers corps de l'État et diverses catégories de personnel (navigants, par ex.), etc. **2.** Habit militaire. ▪ **Endosser l'uniforme,** devenir militaire.

UNIFORMÉMENT adv. De façon uniforme.

UNIFORMISATION n.f. Action d'uniformiser.

UNIFORMISER v.t. [3]. Rendre uniforme ; standardiser : *La mondialisation uniformise les goûts des consommateurs.*

UNIFORMITÉ n.f. État de même nature ou forme ; similarité ; absence de variété ; monotonie.

UNIJAMBISTE adj. et **n.** Qui a subi l'amputation d'une jambe.

UNILATÉRAL, E, AUX adj. 1. Qui ne concerne qu'un seul côté : *Éclairage unilatéral.* **2.** Qui provient d'une seule des parties en présence : *Décision unilatérale.* **3.** Qui ne voit qu'un côté des choses ; partial : *Avis unilatéral.* ▪ **À l'unilatérale** [cuis.], se dit d'un filet ou d'un pavé de poisson dont la cuisson est effectuée du seul côté de la peau : *Saumon à l'unilatérale.*

UNILATÉRALEMENT adv. De façon unilatérale.

UNILATÉRALISME n.m. Politique d'un État qui ne prend en considération que ses seuls intérêts (économiques, par ex.).

UNILINÉAIRE adj. ANTHROP. Se dit d'un mode de filiation qui ne tient compte que de l'une des ascendances, soit maternelle (matrilinéaire), soit paternelle (patrilinéaire).

UNILINGUE adj. Monolingue.

UNILOCULAIRE adj. BOT. Qui n'a qu'une loge : *Ovaire uniloculaire.*

UNIMENT adv. Litt. De façon égale, uniforme. ▪ **Tout uniment** [litt.], sans façons ; franchement.

UNINOMINAL, E, AUX adj. ▪ **Scrutin uninominal,** dans lequel on ne peut indiquer qu'un seul nom.

UNION n.f. (lat. *unio*, de *unus*, un). **1.** Association ou combinaison de différentes choses, de personnes : *L'union des talents, de deux syndicats.* **2.** Mariage : *Une union heureuse.* **3.** Conformité des sentiments, des pensées ; harmonie : *Vivre en parfaite union avec qqn.* **4.** Association de personnes ou de collectivités : *Union de consommateurs, de victimes de la route.* **5. MATH.** Réunion. ▪ **Union d'États,** un ensemble d'États qui se groupent sous

Les instruments de la connaissance de l'Univers

Une large panoplie d'instruments, sur la Terre ou dans l'espace, contribuent désormais à la connaissance de l'Univers. Aux télescopes optiques, captant la lumière visible, s'ajoutent des télescopes opérant dans l'infrarouge, l'ultraviolet ou les rayons X, ainsi que des radiotélescopes, sensibles aux ondes radio. De nouveaux instruments traquent d'autres messagers du cosmos : rayons γ, particules accélérées, neutrinos, ondes gravitationnelles.

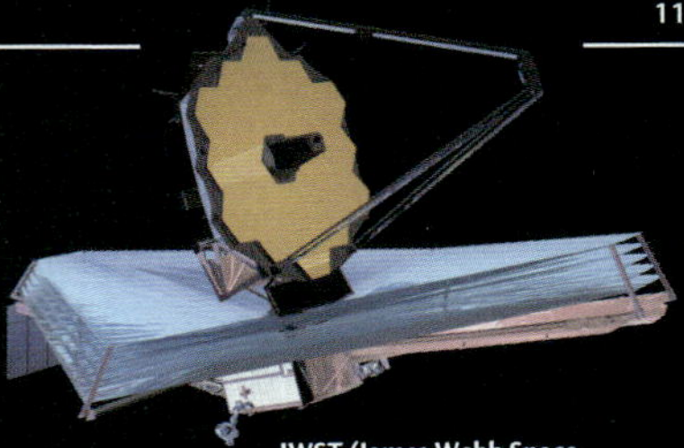

JWST (James Webb Space Telescope). Doté d'un miroir de 6,5 m de diamètre, le successeur du télescope spatial Hubble opérera dans l'infrarouge.

VLT (Very Large Telescope). Installé au Chili par une organisation européenne (ESO), ce groupe de 4 télescopes de 8,20 m de diamètre, utilisables ensemble ou séparément, constitue le plus grand télescope du monde.

ALMA (Atacama Large Millimeter/submillimeter Array). Pour étudier les sources célestes d'ondes radio submillimétriques, un grand réseau de 66 antennes de 7 à 12 m de diamètre a été mis en service en 2013 dans le désert d'Atacama, au Chili.

LHC (Large Hadron Collider). Ce grand collisionneur de hadrons recrée les conditions qui régnaient juste après le big bang et aidera peut-être à identifier les particules constituant la « matière noire » de l'Univers.

Antares. Un dispositif immergé au fond de la Méditerranée capte la lumière émise par des particules ayant interagi avec des neutrinos de très haute énergie d'origine cosmique qui ont traversé la Terre.

HESS (High Energy Stereoscopic System). Un réseau de 4 télescopes de 12 m de diamètre, installé en Namibie, constitue le détecteur le plus sensible au monde de rayonnement γ de très haute énergie d'origine cosmique. Un télescope central de 28 m de diamètre a été ajouté en 2012.

Virgo. Pour détecter les ondes gravitationnelles, la France et l'Italie ont construit, près de Pise, un interféromètre optique à laser, comportant deux bras perpendiculaires de 3 km de long.

un même gouvernement ou pour défendre des intérêts communs : *L'Union européenne.* ▪ **Union libre** ou **civile,** concubinage. ▪ **Union sacrée** [hist.], expression forgée par R. Poincaré pour désigner le rassemblement de tous les Français lors de la déclaration de guerre, le 4 août 1914.

UNIONISME n.m. Position politique des unionistes.

UNIONISTE adj. et **n. 1.** Relatif au maintien de l'union dans un État confédéré ; qui en est partisan. **2.** Relatif au maintien de l'union de l'Irlande du Nord et de la Grande-Bretagne ; qui en est partisan. ◆ **adj.** ▪ **Éclaireur unioniste,** scout protestant français.

UNIOVULÉ, E adj. BOT. Se dit d'un carpelle à un seul ovule.

UNIPARE adj. Se dit d'un mammifère dont la femelle n'a qu'un seul petit à chaque portée (par oppos. à *multipare*). ▪ **Cyme unipare** [bot.], dans laquelle un seul rameau floral prend naissance sur celui qui le précède (par oppos. à *cyme bipare*).

UNIPERSONNEL, ELLE adj. ▪ **Entreprise unipersonnelle à responsabilité limitée** → **EURL.**

UNIPOLAIRE adj. 1. Qui n'a qu'un pôle ; qui est dominé par un seul : *Un monde unipolaire.* **2. HISTOL.** Se dit d'un neurone dont le corps cellulaire ne semble porter qu'un seul prolongement, formé par un axone et une dendrite accolés.

UNIQUE adj. (lat. *unicus*, de *unus*, un). **1.** Seul en son genre : *Enfant unique.* **2.** Infiniment au-dessus des autres ; exceptionnel : *Une chance unique.* **3.** Fam. Singulier ; extravagant : *Il est vraiment unique !* **4.** Qui est le même pour plusieurs choses ; commun : *Le prix unique du livre.* ▪ **Visiteur unique** [inform.], internaute visitant un même site au cours d'une période donnée. ➲ Le visiteur n'est comptabilisé qu'une seule fois grâce aux cookies et à son adresse IP. Le nombre de visiteurs uniques sert à mesurer l'audience sur le Web.

UNIQUEMENT adv. De manière exclusive ; seulement.

UNIR v.t. [21] (lat. *unire*). **1.** Joindre de manière à former un tout : *Unissons nos forces* ; établir une communication entre : *Unir deux villes par le TGV.* **2.** Établir un lien d'intérêt, de parenté entre : *Un même idéal les unit.* ◆ **S'UNIR v.pr. 1.** Faire cause commune avec ; s'allier. **2.** Se lier par le mariage.

UNISEXE adj. Qui convient aussi bien aux hommes qu'aux femmes : *Mode unisexe.*

UNISEXUÉ, E ou **UNISEXUEL, ELLE adj. BOT.** Dicline.

UNISSON n.m. (du bas lat. *unisonus*, qui a le même son). **MUS.** Ensemble de voix ou d'instruments chantant ou jouant des sons de même hauteur. ▪ **À l'unisson (de),** en concordance (avec) : *Applaudir à l'unisson. Le pays vibre à l'unisson de son équipe de football.*

UNITAIRE adj. 1. Relatif à l'unité : *Prix unitaire.* **2.** Qui recherche ou manifeste l'unité sur le plan politique ou syndical. ▪ **Théories unitaires** [phys.], théories visant à étendre celle de la relativité générale en regroupant la gravitation et les phénomènes électromagnétiques dans une théorie géométrique unique de l'espace-temps. ▪ **Vecteur unitaire d'un axe** [math.], vecteur donnant l'orientation et l'unité de longueur de cet axe. ▪ **Vecteurs unitaires d'un repère** [math.], vecteurs unitaires des axes de ce repère.

UNITÉ n.f. (lat. *unitas*). **1.** Caractère de ce qui est unique, par oppos. à pluralité : *L'unité d'un pays.* **2.** Caractère de ce qui forme un tout indivisible : *L'unité du moi.* **3.** Harmonie d'ensemble d'une œuvre artistique ou littéraire ; cohésion. **4.** Caractère de ce qui est commun à plusieurs : *Une unité de points de vue.* **5.** Nombre 1 à la base de la formation des autres nombres. **6.** Grandeur finie prise comme terme de comparaison avec des grandeurs de même espèce. ➲ Les nombres qui résultent de ces comparaisons donnent les mesures de ces grandeurs. *(V. tableaux pages suivantes.)* **7.** Structure organisée au sein d'un ensemble plus vaste : *Une unité de recherche.* **8.** Dans une usine, groupe d'appareils capable de réaliser une opération industrielle indépendamment des autres installations de cette usine. **9. INFORM.** Partie d'un ordinateur effectuant une tâche donnée. **10. MIL.** Formation constituée de façon permanente, dans les armées de terre, de l'air et dans la gendarmerie ; bâtiment de la marine de guerre. ▪ **Grandeur unité,** étalon de grandeur. ▪ **La règle des trois unités,** dans le théâtre classique français, règle selon laquelle la pièce entière doit se développer en une seule action principale *(unité d'action)*, dans un lieu unique *(unité de lieu)* et dans l'espace d'une journée *(unité de temps)*. ▪ **Système d'unités,** ensemble d'unités choisies de façon à simplifier certaines formules physiques reliant plusieurs grandeurs. ▪ **Unité astronomique,** unité de longueur (symb. ua) valant 149 597 870 700 m. ➲ Elle correspond au rayon moyen de l'orbite terrestre et sert notamm. à exprimer les distances astronomiques à l'intérieur du Système solaire. ▪ **Unité budgétaire** [fin.], principe impliquant la présentation en un document unique de l'ensemble des ressources et des charges publiques prévues au budget de l'année à venir. ▪ **Unité centrale (de traitement)** [inform.], destinée à exécuter le programme (par oppos. à *unité périphérique*). ➲ Elle comprend l'*unité arithmétique et logique* (ou *unité de traitement* ou *de calcul*) et l'*unité de contrôle* (ou *de commande*). Elle effectue, sur les données reçues, les opérations arithmétiques ou logiques commandées par l'unité de contrôle en fonction du programme. ▪ **Unité d'échange** ou **d'entrée-sortie** [inform.], destinée à gérer les échanges d'information avec l'extérieur. ▪ **Unité de compte** [écon.], étalon de valeur servant à établir la valeur des dettes ou des créances, en les soustrayant aux fluctuations des monnaies nationales. ▪ **Unité de formation et de recherche** → **UFR.** ▪ **Unité d'enseignement (UE),** dans une université, enseignement correspondant à une discipline et sanctionné par un contrôle des connaissances. ➲ Elle a remplacé l'*unité de valeur (UV)*. ▪ **Unité élémentaire** [mil.], compagnie, escadron, batterie ou escadrille (suivant l'arme). ▪ **Unité fourragère** [élev.], unité de mesure de l'apport énergétique des aliments pour animaux. ➲ Elle correspond à l'énergie utile d'un kilogramme de grains d'orge. ▪ **Unité périphérique,** ou **périphérique, n.m.** [inform.], tout matériel électronique pouvant être relié à l'unité centrale (écran, souris, clé USB, etc.).

UNIV n.f. (abrév.). → **UNIF.**

UNIVALENT, E adj. CHIM. Qui a pour valence 1 (SYN. **monovalent**).

UNIVALVE adj. BIOL. Qui ne possède qu'une seule valve, telle la coquille de certains mollusques.

UNIVERS n.m. (du lat. *universus*, tout entier). **1. ASTRON.** (Avec une majuscule). Ensemble de tout ce qui existe ; cosmos. **2.** Le monde habité : *Ils ont parcouru l'univers* ; l'ensemble des habitants du globe ; planète : *Film qui a captivé l'univers entier.* **3.** Milieu dans lequel on vit : *Son entreprise est son seul univers* ; champ d'activité : *L'univers de la génétique.* **4.** Domaine psychologique : *L'univers du rêve.* **5. MATH.** Ensemble que l'on peut munir d'une probabilité.

➲ L'**UNIVERS** est peuplé d'agglomérations de matière, les galaxies (plus de 100 milliards d'après les données fournies par le télescope spatial Hubble), souvent rassemblées en *groupes* (quelques dizaines de membres), *amas* (jusqu'à plusieurs milliers de membres) ou *superamas* (amas d'amas).
Les galaxies s'écartent progressivement les unes des autres et sont emportées dans un mouvement général de dilatation (ou « expansion ») de l'Univers. Des observations de supernovae lointaines suggèrent que ce mouvement s'accélère depuis plusieurs milliards d'années.

UNIVERSALISATION n.f. Action d'universaliser ; fait de devenir universel.

UNIVERSALISER v.t. [3]. Rendre universel ; généraliser.

UNIVERSALISME n.m. Conception selon laquelle les idées et les valeurs sont indépendantes du temps et du lieu : *Universalisme des droits de l'homme.*

UNIVERSALISTE adj. Qui s'adresse à tous les hommes. ◆ **adj.** et **n.** Relatif à l'universalisme ; qui en est partisan.

UNIVERSALITÉ n.f. 1. Caractère de ce qui est universel : *L'universalité du langage.* **2.** Caractère d'un esprit universel, encyclopédique. **3. LOG.** Qualité d'une proposition universelle. **4. DR.** Ensemble de biens, ou de droits et d'obligations, considéré comme formant une unité juridique. **5. FIN.** Principe budgétaire impliquant la présentation intégrale de toutes les recettes et de toutes les dépenses publiques sans aucune compensation entre elles et interdisant l'affectation d'une recette à une dépense.

UNIVERSAUX n.m. pl. 1. PHILOS. Idées ou termes généraux permettant de classer les êtres et les idées, dans la terminologie scolastique. **2. LING.** Concepts ou éléments qui sont communs, hypothétiquement, à toutes les langues naturelles existantes.

UNIVERSEL, ELLE adj. (lat. *universalis*). **1.** Qui concerne l'Univers, le cosmos : *La gravitation universelle.* **2.** Qui s'étend sur toute la surface de la Terre ; mondial ; planétaire. **3.** Qui embrasse la totalité des êtres et des choses : *Valeur universelle d'une découverte.* **4.** Qui s'applique à tous les cas : *Une loi universelle.* **5.** Qui a des connaissances en tout ; encyclopédique : *Un esprit universel.* **6.** Se dit d'un appareil à usages multiples : *Robot universel.* **7. LOG.** Qui convient à tous les objets d'une classe, sans exception possible. ▪ **Communauté universelle** [dr.], régime matrimonial où tous les biens des époux tombent dans la communauté. ▪ **Légataire à titre universel,** personne désignée pour

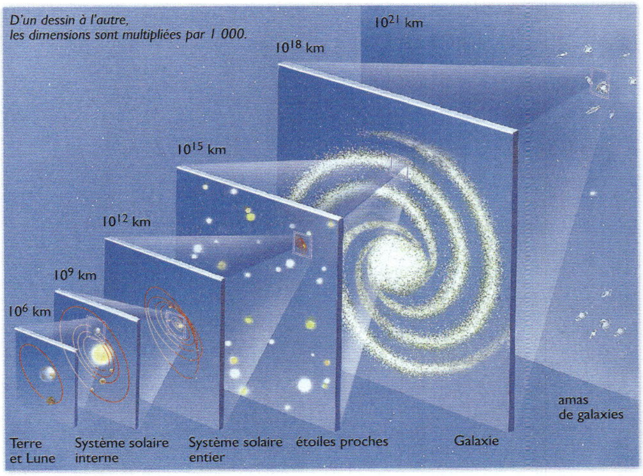

▲ **Univers.** Différentes structures de l'Univers et leurs dimensions.

LES PRINCIPALES UNITÉS DE MESURE LÉGALES FRANÇAISES

(Décret du 3 mai 1961, modifié par les décrets du 5 janvier 1966, du 4 décembre 1975, du 26 février 1982 et du 27 février 2003.)

Les unités de base du système SI sont écrites en **MAJUSCULES GRASSES**. Les unités dérivées du système SI sont écrites en MAJUSCULES. Les unités admises internationalement avec le système SI sont écrites en minuscules. Les autres unités légales françaises sont écrites en *italique*. Les unités marquées d'un astérisque ne sont plus légales depuis le 1er janvier 1986.

■ MULTIPLES ET SOUS-MULTIPLES DÉCIMAUX

yotta	Y	10^{24} ou	1 000 000 000 000 000 000 000 000 d'unités	déci	d	10^{-1} ou	0,1 unité
zetta	Z	10^{21} ou	1 000 000 000 000 000 000 000 d'unités	centi	c	10^{-2} ou	0,01 unité
exa	E	10^{18} ou	1 000 000 000 000 000 000 d'unités	milli	m	10^{-3} ou	0,001 unité
peta	P	10^{15} ou	1 000 000 000 000 000 d'unités	micro	µ	10^{-6} ou	0,000 001 unité
téra	T	10^{12} ou	1 000 000 000 000 d'unités	nano	n	10^{-9} ou	0,000 000 001 unité
giga	G	10^{9} ou	1 000 000 000 d'unités	pico	p	10^{-12} ou	0,000 000 000 001 unité
méga	M	10^{6} ou	1 000 000 d'unités	femto	f	10^{-15} ou	0,000 000 000 000 001 unité
kilo	k	10^{3} ou	1 000 unités	atto	a	10^{-18} ou	0,000 000 000 000 000 001 unité
hecto	h	10^{2} ou	100 unités	zepto	z	10^{-21} ou	0,000 000 000 000 000 000 001 unité
déca	da	10^{1} ou	10 unités	yocto	y	10^{-24} ou	0,000 000 000 000 000 000 000 001 unité

■ I. UNITÉS GÉOMÉTRIQUES

longueur
MÈTRE ... m
mille ... 1 852 m

aire ou superficie
MÈTRE CARRÉ ... m^2
are ... a ... 100 m^2
hectare ... ha ... 10 000 m^2
barn ... b ... 10^{-28} m^2

volume
MÈTRE CUBE ... m^3
litre ... l (ou L) ... 0,001 m^3

angle plan
RADIAN ... rad
tour ... tr ... 2π rad
grade (ou *gon*) ... gr ... π/200 rad (ou ᵍ, ou gon)
degré ... ° ... π/180 rad
minute d'angle ... ′ ... π/10 800 rad
seconde d'angle ... ″ ... π/648 000 rad

angle solide
STÉRADIAN ... sr

■ II. UNITÉS DE MASSE

masse
KILOGRAMME ... kg
(les préfixes s'associent au nom « gramme »)
tonne ... t ... 1 000 kg
GRAMME ... g ... 0,001 kg
carat métrique ... 0,0002 kg
unité de masse atomique ... u ... 1,66056 . 10^{-27} kg

masse linéique
KILOGRAMME PAR MÈTRE ... kg/m
tex ... tex ... 0,000 001 kg/m

masse surfacique
KILOGRAMME PAR MÈTRE CARRÉ ... kg/m^2

masse volumique, concentration
KILOGRAMME PAR MÈTRE CUBE ... kg/m^3

volume massique
MÈTRE CUBE PAR KILOGRAMME ... m^3/kg

■ III. UNITÉS DE TEMPS

temps
SECONDE ... s
minute ... min ... 60 s
heure ... h ... 3 600 s
jour ... d (ou j) ... 86 400 s

fréquence
HERTZ ... Hz

■ IV. UNITÉS MÉCANIQUES

vitesse linéaire
MÈTRE PAR SECONDE ... m/s
nœud ... 1 852/3 600 m/s
kilomètre par heure ... km/h ... 1/3,6 m/s

vitesse angulaire
RADIAN PAR SECONDE ... rad/s
tour par minute ... tr/min ... 2π/60 rad/s
tour par seconde ... tr/s ... 2π rad/s

accélération linéaire
MÈTRE PAR SECONDE CARRÉE ... m/s^2
gal ... Gal ... 0,01 m/s^2

accélération angulaire
RADIAN PAR SECONDE CARRÉE ... rad/s^2

force
NEWTON ... N ... 1 kg . m/s^2

moment d'une force
NEWTON-MÈTRE ... N Λ m

tension capillaire
NEWTON PAR MÈTRE ... N/m

énergie, travail, quantité de chaleur
JOULE ... J ... 1 N . m
wattheure ... Wh ... 3 600 J
électronvolt ... eV ... environ 1,60219 . 10^{-19} J

puissance
WATT ... W ... 1 J/s

pression, contrainte
PASCAL ... Pa
bar ... bar ... 100 000 Pa
millimètre de mercure* ... 133,322 Pa

viscosité dynamique ou viscosité
PASCAL-SECONDE ... Pa . s

viscosité cinématique
MÈTRE CARRÉ PAR SECONDE ... m^2/s

■ V. UNITÉS ÉLECTRIQUES

intensité de courant électrique
AMPÈRE ... A

force électromotrice, différence de potentiel (ou tension)
VOLT ... V

puissance
WATT ... W

puissance apparente
WATT (ou *voltampère*) ... W (ou VA)

puissance réactive
WATT (ou *var*) ... W (ou var)

résistance électrique
OHM ... Ω

conductance électrique
SIEMENS ... S ... 1 $Ω^{-1}$

intensité de champ électrique
VOLT PAR MÈTRE ... V/m ... 1 N/C

quantité d'électricité, charge électrique
COULOMB ... C
ampère-heure ... Ah ... 3 600 C

capacité électrique
FARAD ... F

inductance électrique
HENRY ... H ... 1 V . s/A

flux d'induction magnétique
WEBER ... Wb ... 1 V . s

induction magnétique
TESLA ... T ... 1 Wb/m^2

intensité de champ magnétique
AMPÈRE PAR MÈTRE ... A/m

force magnétomotrice
AMPÈRE ... A

■ VI. UNITÉS THERMIQUES

température thermodynamique
KELVIN ... K

température Celsius
DEGRÉ CELSIUS ... °C

quantité de chaleur
JOULE ... J
calorie* ... cal ... 4,1855 J

flux thermique
WATT ... W ... 1 J/s

capacité thermique, entropie
JOULE PAR KELVIN ... J/K

capacité thermique massique, entropie massique
JOULE PAR KILOGRAMME-KELVIN ... J/(kg . K)

conductivité thermique
WATT PAR MÈTRE-KELVIN ... W/(m . K)

■ VII. UNITÉS OPTIQUES

intensité lumineuse
CANDELA ... cd

intensité énergétique
WATT PAR STÉRADIAN ... W/sr

flux lumineux
LUMEN ... lm

flux énergétique
WATT ... W

éclairement lumineux
LUX ... lx

éclairement énergétique
WATT PAR MÈTRE CARRÉ ... W/m^2

luminance lumineuse
CANDELA PAR MÈTRE CARRÉ ... cd/m^2

vergence des systèmes optiques
MÈTRE À LA PUISSANCE MOINS UN ... m^{-1}
dioptrie ... δ ... m^{-1}

■ VIII. UNITÉS DES RAYONNEMENTS IONISANTS

activité
BECQUEREL ... Bq ... 1 s^{-1}

exposition
COULOMB PAR KILOGRAMME ... C/kg

énergie communiquée massique, dose absorbée, kerma
GRAY ... Gy ... 1 J/kg

équivalent de dose
SIEVERT ... Sv ... 1 J/kg

■ IX. QUANTITÉ DE MATIÈRE

MOLE ... **mol**

LES PRINCIPALES UNITÉS DE MESURE ANGLO-SAXONNES

nom anglais	symbole	nom francisé	valeur	observations
■ **LONGUEUR**				
inch	in (ou ″)	pouce	25,4 mm	
foot	ft (ou ′)	pied	0,304 8 m	vaut 12 in
yard	yd	yard	0,914 4 m	vaut 3 ft
fathom	fm	brasse	1,828 8 m	vaut 2 yd
statute mile	m (ou mile)	mille terrestre	1 609 m	vaut 1 760 yd
nautical mile		mille marin britannique	1 853,18 m	vaut 6 080 ft
international nautical mile		mille marin international	1 852 m	
■ **MASSE - AVOIRDUPOI(D)S (COMMERCE)**				
ounce	oz	once	28,349 g	
pound	lb	livre	453,592 g	vaut 16 oz
■ **CAPACITÉ**				
US liquid pint	liq pt	pinte américaine	0,473 l	
pint	UK pt	pinte britannique	0,568 l	
US gallon	US gal	gallon américain	3,785 l	vaut 8 liq pt
imperial gallon	UK gal	gallon britannique	4,546 l	vaut 8 UK pt
US bushel	US bu	boisseau américain	35,239 l	
bushel	bu	boisseau britannique	36,369 l	vaut 8 UK gal
US barrel (petroleum)	US bbl	baril américain 158,987 l		vaut 42 US gal
■ **PUISSANCE**				
horsepower	hp	cheval-vapeur britannique	745,7 W	
■ **TEMPÉRATURE**				
Fahrenheit degree	°F	degré Fahrenheit	*t* degrés Fahrenheit correspondent à 5/9 (*t* – 32) degrés Celsius	
■ **CHALEUR, ÉNERGIE, TRAVAIL**				
British thermal unit	Btu		1 055,06 J	

recueillir une quote-part des biens du testateur. ▪ **Légataire universel,** personne désignée dans un testament pour recueillir la totalité d'une succession. ▪ **Proposition universelle** [log.], dont le sujet est considéré dans toute son extension. ◆ **n.m.** Ce qui est universel.

UNIVERSELLEMENT adv. De façon universelle.

UNIVERSITAIRE adj. 1. Relatif à l'université, à l'enseignement supérieur : *Diplôme universitaire.* **2.** Qui possède une université : *Ville universitaire.* ◆ **n. 1.** Enseignant dans une université. **2.** Belgique. Personne pourvue d'un diplôme de fin d'études à l'université.

UNIVERSITÉ n.f. 1. Ensemble d'établissements scolaires relevant de l'enseignement supérieur regroupés dans une circonscription administrative ; ensemble des bâtiments qui les abritent. **2.** Au Moyen Âge, institution ecclésiastique jouissant de privilèges royaux et pontificaux, et chargée de l'enseignement. ▪ **Université d'été,** ensemble de réunions et de conférences organisées par un parti politique durant les vacances d'été afin de débattre, réfléchir et former les militants. ▪ **Université du troisième âge,** ensemble de cours et de conférences que certains établissements d'enseignement supérieur proposent aux personnes retraitées.

UNIVITELLIN, E adj. Monozygote.

UNIVOCITÉ n.f. Caractère de ce qui est univoque.

UNIVOQUE adj. (du bas lat. *univocus,* de *vox, vocis,* voix). **1. LING.** Qui conserve le même sens dans des emplois différents (par oppos. à *équivoque*). **2. MATH.** Se dit d'une relation logique entre deux objets qui ne s'exerce que dans un sens.

UNIX (SYSTÈME) n.m. INFORM. Système d'exploitation multitâche acceptant plusieurs utilisateurs, employé sur une grande variété d'ordinateurs.

UNTEL, UNETELLE [œ̃tɛl, yntɛl] **n.** (Parfois avec une majuscule ou en deux mots). Désigne anonymement une personne ; quelqu'un.

UPAS [ypas] **n.m.** (mot malais « poison »). Arbre de Malaisie dont le latex, toxique, était utilisé pour empoisonner les flèches. ➲ Famille des moracées.

UPÉRISATION n.f. (contraction de *ultrapasteurisation*). Procédé de stérilisation des liquides, notamm. du lait, par injection de vapeur surchauffée, afin de les porter à haute température (140 °C).

UPÉRISER v.t. [3]. Soumettre à l'upérisation.

UPPERCUT [ypɛrkyt] **n.m.** (mot angl., de *upper,* supérieur, et *cut,* coup). En boxe, coup de poing porté bras fléchi et de bas en haut.

UPSILON [-lɔn] **n.m. inv.,** ▲ *n.m.* (mot gr.). Vingtième lettre de l'alphabet grec (Υ, υ), correspondant au *u* français. ➲ L'upsilon est devenu *y* dans les mots français tirés du grec, par ex. *python.*

UPWELLING [œpwɛliŋ] **n.m.** (mot angl.). **OCÉANOL.** Remontée d'eaux froides profondes en surface, le long de certaines côtes.

URACILE n.m. (de *urée* et *acétique*). **BIOCHIM.** Base pyrimidique entrant dans la constitution de certains nucléotides et de l'ARN.

URAÈTE n.m. (du gr. *oura,* queue, et *aetos,* aigle). Grand aigle d'Australie et de Nouvelle-Guinée. ➲ Famille des accipitridés.

URÆUS [yreys] **n.m.** (lat. mod. *uraeus,* du gr.). Motif ornemental représentant un cobra femelle dressé et évoquant l'œil brûlant et protecteur de Rê, dans l'Égypte ancienne.

▲ **uræus** ornant le masque funéraire du roi Psousennès Ier (XXIe dynastie). (Musée égyptien, Le Caire.)

URANATE n.m. Sel de l'acide uranique.

URANEUX adj.m. Se dit des dérivés de l'uranium quadrivalent.

URANIE n.f. (du gr. *ouranos,* ciel). Grand papillon de Madagascar, aux vives couleurs. ➲ Famille des uraniidés.

URANIFÈRE adj. Qui renferme de l'uranium.

URANINITE n.f. MINÉRALOG. Oxyde d'uranium (UO_2), cubique.

URANIQUE adj. 1. Se dit des dérivés de l'uranium de valence 6. **2.** Relatif à l'uranium.

URANISME n.m. (du gr. *Ourania,* surnom d'Aphrodite). Litt. Homosexualité masculine.

URANIUM [-njɔm] **n.m.** (de l'all. *Uran,* du n. de la planète *Uranus*). **1.** Métal ayant l'aspect du fer, faiblement radioactif, de densité 18,7, mélange de trois isotopes. **2.** Élément chimique (U), de numéro atomique 92, de masse atomique 238,0289.

➲ Dernier élément naturel dans le tableau périodique, l'**URANIUM** naturel est un mélange d'isotopes, dont les trois principaux, radioactifs, sont dans les proportions suivantes : ^{238}U, 99,28 % ; ^{235}U, 0,71 % ; ^{234}U, 0,006 %.
L'isotope ^{235}U est le seul nucléide naturel fissile. Il est utilisé comme combustible dans les réacteurs nucléaires, génér. sous une forme dite *enrichie,* dans laquelle la quantité de ^{235}U a été augmentée pour atteindre une proportion comprise entre 3 et 5 %.

URANOSCOPE n.m. Poisson osseux voisin de la vive, aussi appelé *rascasse blanche,* vivant enfoui dans le sable des côtes méditerranéennes, et dont seul dépasse le dessus de la tête. ➲ Famille des trachinidés.

URANYLE n.m. Groupement bivalent UO_2.

URATE n.m. Sel de l'acide urique qui peut précipiter dans les articulations en cas de goutte, ou dans les voies urinaires en cas de lithiase (nom générique).

URBAIN, E adj. (du lat. *urbanus,* de la ville). **1.** De la ville ; de ses habitants : *Les populations urbaines.* **2.** Litt. Qui fait preuve d'urbanité ; courtois. ▪ **Agriculture urbaine,** mode de production agricole (maraîchage, petits élevages, culture d'arbres fruitiers, apiculture, etc.) pratiqué en ville sur des parcelles construites (toitures de bâtiments, par ex.) ou non (espaces verts, délaissés urbains, etc.). ▪ **Aire urbaine,** en France, ensemble de communes contiguës constitué par une ville et ses banlieues jouant un rôle central et attractif (plus de 10 000 emplois), et par les communes rurales ou les unités urbaines qui les entourent, appelées *couronne périurbaine.* ▪ **Art urbain** (de l'angl. *street art,* art de rue), ensemble des pratiques artistiques (affichage, inscriptions, etc.) qui visent à la production d'œuvres temporaires ayant pour cadre l'espace public (rues, façades, tunnels, transports en commun). [On dit aussi *street art.*] (*V. planche page suivante.*) ▪ **Culture urbaine** [souvent au pl.], ensemble des pratiques artistiques et sportives qui s'exercent dans l'espace public et/ou qui sont inspirées par l'environnement urbain (hip-hop, roller, rap, graffitis, etc.). ▪ **Unité urbaine** [géogr.], en France, commune ou ensemble de communes qui comporte sur son territoire une zone* bâtie continue d'au moins 2 000 habitants. ◆ **n.** Personne habitant une ville ; citadin.

URBANISATION n.f. 1. Action d'urbaniser ; son résultat. **2.** Concentration croissante de la population dans des agglomérations de type urbain.

URBANISER v.t. [3]. Aménager un site en vue de développer ou de créer une agglomération urbaine. ◆ **S'URBANISER v.pr.** Se transformer en zone urbaine ; comporter de plus en plus de zones urbaines.

URBANISME n.m. Ensemble des savoirs et des techniques mis en œuvre pour créer, aménager ou agrandir les villes.

1. URBANISTE n. Spécialiste de la conception, de l'aménagement et de l'ordonnancement des agglomérations humaines, et partic. des villes.

2. URBANISTE ou **URBANISTIQUE adj.** Relatif à l'urbanisme.

URBANITÉ n.f. (lat. *urbanitas*). **1.** Litt. Politesse raffinée. **2.** Caractère de mesure humaine et de convivialité conservé ou donné à une ville.

URBI ET ORBI [yrbiɛtɔrbi] **loc. adj.** et **loc. adv.** (loc. lat. « à la ville [de Rome] et à l'univers »). **CATH.** Se dit des bénédictions solennelles adressées par le

L'art urbain

Dans certains espaces de la ville s'exprime un art éphémère aux techniques diverses : pochoir, mosaïque, collage... Pratique sauvage et d'esprit contestataire à ses débuts (graffitis new-yorkais accompagnant le mouvement américain des droits civiques, mai 68 en France, culture hip-hop), l'art urbain a conquis les murs du monde entier à partir des années 1980, développant des aspects plus ludiques ou poétiques, à la frontière de l'installation ou du land art. Souvent anonyme et gratuit, il fait parfois l'objet de commandes officielles, voire d'un vedettariat lucratif. Les artistes, autodidactes ou proches de milieux artistiques reconnus, transforment pour un temps la rue en galerie : parmi eux, Ernest Pignon-Ernest, Jérôme Mesnager (né en 1961), Miss.Tic (née en 1956), Shepard Fairey (né en 1970).

▲ « 5Pointz » : dans cette usine désaffectée de New York se mêlent calligraphie pour initiés et fresques décoratives ; les graffitis à la bombe aérosol empruntent à la contre-culture populaire, au cinéma et aux comics underground.

▲ Jef Aérosol, *Chuuuttt !* (Paris, 2011) : cette fresque géante réalisée au pochoir invite au silence, à l'écoute et à l'observation de la ville environnante.

▲ Banksy, *Nettoyage de Lascaux* (Londres, 2008) : trompe-l'œil astucieux, références artistiques et réflexion militante caractérisent le travail de l'artiste.

pape à Rome et au monde entier. ▪ **Clamer qqch urbi et orbi** [litt.], partout.

URCÉOLÉ, E adj. (du lat. *urceus*, cruche). **BOT.** Se dit d'une corolle ou d'un calice renflés au milieu et rétrécis à la partie supérieure.

URDU n.m. → **OURDOU.**

URE n.m. → **URUS.**

URÉDINALE n.f. (du lat. *uredo, -inis*, nielle). Champignon basidiomycète, parasite des végétaux, responsable des rouilles de nombreuses plantes cultivées. ➲ Les urédinales forment un ordre.

URÉE n.f. (de *urine*). **1.** Substance atoxique formée dans le foie à partir de l'ammoniaque (toxique) provenant des acides aminés, et éliminée par les reins dans les urines. **2. AGRIC.** Engrais azoté d'origine industrielle. ▪ **Résine urée(-)formol,** ou **urée(-)formol, n.f. inv.,** polymère formé par condensation de l'urée et du formaldéhyde.

URÉMIE n.f. MÉD. Ensemble des anomalies provoquées par un taux excessif d'urée dans le sang.

URÉMIQUE adj. Relatif à l'urémie. ◆ **adj.** et **n.** Atteint d'urémie.

URÉTÉRAL, E, AUX adj. Relatif aux uretères.

URETÈRE n.m. (gr. *ourêtêr*). **ANAT.** Chacun des deux canaux qui conduisent l'urine du rein à la vessie.

URÉTÉRITE n.f. Inflammation de l'uretère.

URÉTÉROSTOMIE n.f. Abouchement chirurgical de l'uretère dans l'intestin ou à la peau.

URÉTHANNE ou **URÉTHANE n.m.** Composé NH_2COOR (R représentant un groupement carboné), ester de l'acide carbamique (nom générique).

URÉTRAL, E, AUX adj. Relatif à l'urètre.

URÈTRE n.m. (gr. *ourêthra*, de *ourein*, uriner). **ANAT.** Canal allant de la vessie au méat urinaire, servant à l'écoulement de l'urine et, chez l'homme, au passage du sperme.

URÉTRITE n.f. Inflammation de l'urètre, en partic. au cours d'une IST.

URGEMMENT [-ʒa-] **adv.** De toute urgence.

URGENCE n.f. 1. Caractère de ce qui est urgent : *L'urgence du courriel est signalée sur l'écran.* **2.** Nécessité d'agir vite : *Un montage financier établi dans l'urgence.* **3.** Cas urgent, nécessitant une intervention médicale ou chirurgicale rapide : *L'interne de garde a été appelé pour une urgence.* ▪ **D'urgence** ou **de toute urgence,** sans délai ; immédiatement. ▪ **État d'urgence,** régime exceptionnel qui, en cas de troubles graves ou de calamité publique, renforce les pouvoirs de police des autorités civiles. ◆ **n.f. pl.** Service hospitalier vers lequel sont dirigées les personnes nécessitant un traitement immédiat.

URGENT, E adj. (lat. impérial *urgens*, pressant). Dont on doit s'occuper sans délai : *Un dossier urgent.*

URGENTISSIME adj. Fam. Extrêmement urgent.

URGENTISTE adj. et **n.** Se dit d'un médecin spécialiste des urgences.

URGENTOLOGUE n. Québec. Urgentiste.

URGER v. impers. [10]. Fam. ▪ **Ça urge,** c'est urgent.

URICÉMIE n.f. MÉD. Concentration d'acide urique dans le sang.

URINAIRE adj. Relatif à l'urine. ▪ **Appareil urinaire,** ensemble des reins et des voies urinaires (uretères, vessie, urètre).

➲ Organes de l'appareil **URINAIRE**, les deux reins sont situés dans l'abdomen, de part et d'autre de la colonne vertébrale. Leur unité de fonctionnement est le néphron, une sorte de tube microscopique longé par des vaisseaux sanguins, qui forme l'urine à partir du sang, en éliminant les substances inutiles ou toxiques et en retenant les autres. L'urine est conduite par les uretères jusqu'à la vessie, qu'elle quitte par l'urètre.

URINAL n.m. (pl. *urinaux*). Récipient à col incliné permettant de faire uriner les hommes alités.

URINE n.f. (lat. *urina*). Liquide filtré par les reins et collecté dans la vessie avant son évacuation par la miction.

URINER v.i. [3]. Évacuer l'urine. ◆ **v.t.** Évacuer le contenu de la vessie : *Uriner du sang.*

URINIFÈRE adj. Se dit d'un canal qui conduit l'urine.

URINOIR n.m. Édicule aménagé pour permettre aux hommes d'uriner.

URIQUE adj. (de *urée*). ▪ **Acide urique,** acide organique azoté présent à faible concentration dans le sang et provenant de la dégradation des bases puriques.

URL [yɛrɛl] **n.f.** (sigle de l'angl. *uniform resource locator*, localisateur universel de ressources). **INFORM.** Adresse qui précise la localisation d'une ressource Internet en indiquant le protocole à adopter, le nom de la machine, le chemin d'accès et le nom du fichier.

URNE n.f. (lat. *urna*). **1.** Vase servant à conserver les cendres des morts. **2.** Boîte, au couvercle muni d'une fente, servant à recueillir les bulletins de vote. **3. BOT.** Sporange des mousses, recouvert d'un opercule et d'une coiffe. ▪ **Aller aux urnes,** voter.

UROBILINE n.f. BIOCHIM. Pigment dérivé de la bilirubine et éliminé dans les selles et dans l'urine.

UROCORDÉ n.m. Tunicier.

URODÈLE n.m. (du gr. *oura*, queue, et *dêlos*, visible). Amphibien à larves prédatrices, conservant sa queue, parfois ses branchies, à la métamorphose (triton, protée, par ex.). ➲ Les urodèles forment un ordre.

URO-GÉNITAL, E, AUX ou **UROGÉNITAL, E, AUX adj.** Génito-urinaire.

UROGRAPHIE n.f. ▪ **Urographie intraveineuse,** radiographie des voies urinaires après injection dans une veine d'une substance opaque aux rayons X.

UROKINASE n.f. PHARM. Enzyme fibrinolytique utilisée dans le traitement des thromboses.

UROLOGIE n.f. Spécialité médicale qui étudie les maladies des voies urinaires des deux sexes et de l'appareil génito-urinaire masculin.

UROLOGIQUE adj. Relatif à l'urologie.

UROLOGUE n. Spécialiste d'urologie.

UROPODE n.m. Dernier appendice abdominal des crustacés, souvent aplati et servant de nageoire.

UROPYGIEN, ENNE ou **UROPYGIAL, E, AUX adj.** (du gr. *oura*, queue, et *pugê*, fesse). Relatif au croupion des oiseaux. ▪ **Glande uropygienne,** glande située à la base du croupion de certains oiseaux, dont la sécrétion sert à graisser les plumes.

URSIDÉ n.m. (du lat. *ursus*, ours). Mammifère carnivore plantigrade, souvent de grande taille, au régime alimentaire comprenant une part plus ou moins importante de végétaux (ours, grand panda, par ex.). ➲ Les ursidés forment une famille.

URSULINE n.f. CATH. Religieuse de l'ordre de Sainte-Ursule, fondé en 1535 et voué à l'enseignement des jeunes filles.

URTICACÉE n.f. (du lat. *urtica*, ortie). Dicotylédone sans pétales, telle que l'ortie, la ramie, la pariétaire. ➲ Les urticacées forment une famille.

URTICAIRE n.f. (du lat. *urtica*, ortie). Éruption cutanée ressemblant à des piqûres d'ortie, de causes diverses (toxique, allergique, etc.).

URTICANT, E adj. Se dit des animaux ou des végétaux dont le contact produit la sensation brûlante d'une piqûre d'ortie.

URTICATION n.f. MÉD. Apparition d'une urticaire.

URUBU [yryby] **n.m.** (mot tupi). Petit vautour d'Amérique, au plumage et à la tête noirs. ➲ Famille des cathartidés.

URUGUAYEN, ENNE [yrygwɛjɛ̃, ɛn] **adj.** et **n.** De l'Uruguay ; de ses habitants.

URUS [yrys] ou **URE n.m.** (lat. *urus*). **ZOOL.** Aurochs.

US [ys] **n.m. pl.** (du lat. *usus*, usage). ▪ **Les us et coutumes,** les usages et traditions d'un pays, d'un peuple.

USAGE n.m. (de *us*). **1.** Action, fait de se servir de qqch ; utilisation ; emploi : *L'usage du livre numérique se répand. Recouvrer l'usage de la vue.* **2.** Fonction, destination de qqch : *Du matériel à usage professionnel.* **3.** Pratique habituellement observée dans un groupe, une société ; coutume : *Les vœux du Nouvel An sont un usage ancien.* **4.** Ensemble des règles et des interdits qui caractérisent la langue utilisée par le plus grand nombre à un moment donné et dans un milieu social donné : *Les mots consacrés par l'usage entrent dans le dictionnaire.* ▪ **À l'usage,** lorsque l'on utilise qqch : *Vous verrez à l'usage comme ce dictionnaire est pratique.* ▪ **À l'usage de,** destiné à servir à. ▪ **Droit d'usage** [dr.], droit réel, incessible et insaisissable, de se servir d'une chose appartenant à autrui. ▪ **Faire de l'usage,** durer longtemps, en parlant d'une chose dont on se sert habituellement. ▪ **Faire usage de,** employer ; utiliser. ▪ **Orthographe d'usage,** orthographe des mots eux-mêmes, indépendamment des règles d'accord et de la fonction. ▪ **Usage de faux** [dr.], infraction constituée par l'utilisation avec intention de nuire d'un écrit faux ou falsifié, ou de tout autre document destiné à établir la preuve d'un droit ou d'un fait, pouvant causer un préjudice. ▪ **Valeur d'usage,** utilité objective ou subjective d'un bien économique. ➲ Elle se distingue de la *valeur d'échange.*

USAGÉ, E adj. Qui a déjà servi : *Des piles usagées.*

USAGER, ÈRE n. 1. Personne qui utilise un service public : *Les usagers du métro.* **2.** Personne utilisant une langue : *Les usagers du wolof.* **3. DR.** Titulaire d'un droit d'usage.

USANT, E adj. Fam. Qui use la santé : *Horaires usants.*

USB n.m. (sigle de l'angl. *universal serial bus*, bus de série universel). **INFORM.** Bus rapide qui permet de connecter de nombreux périphériques à un micro-ordinateur. ▪ **Clé USB,** périphérique de stockage amovible compact, constitué d'une mémoire à semi-conducteur, rapide, non volatile, se raccordant au port USB.

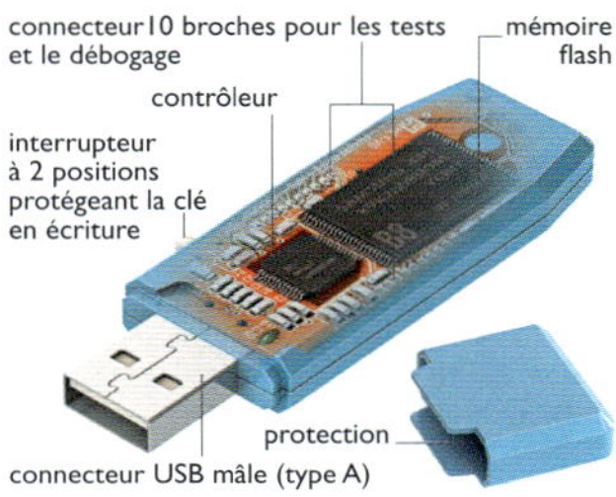

▲ **USB.** Clé USB.

USÉ, E adj. 1. Qui a subi une certaine détérioration due à l'usure : *Talons de chaussures usés.* **2.** Affaibli par l'âge ou la fatigue : *Homme usé.* **3.** Devenu banal pour avoir été trop répété ; éculé : *Sujet usé.* **4. NUCL.** Se dit du combustible nucléaire ayant fourni de l'énergie dans un réacteur. ▪ **Eaux usées** → **EAU.**

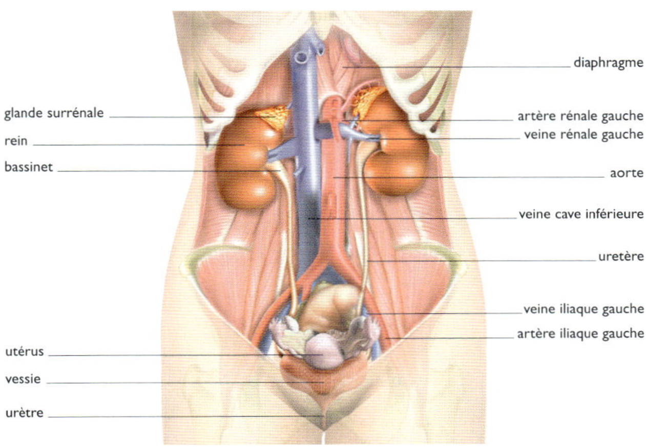

▲ **urinaire.** L'appareil urinaire féminin.

▲ **usurier.** Un franciscain et un dominicain refusent l'aumône d'un usurier : miniature française extraite de la *Bible moralisée* (XIIIe s.).

USER v.t. ind. [3] (DE) [lat. pop. *usare*, de *uti*, se servir de]. Faire usage de qqch ; utiliser : *User de son influence pour aider qqn.* ◆ **v.t. 1.** Détériorer par l'usage : *User ses pulls au coude.* **2.** Consommer une matière, un produit : *Deux-roues qui use peu d'essence.* **3.** Affaiblir progressivement : *User sa vue sur de vieux manuscrits.* ◆ **S'USER v.pr. 1.** Se détériorer par l'usage : *La soie s'use vite.* **2.** Perdre ses forces : *Elle s'est usée à la tâche.*

USINABILITÉ n.f. Aptitude d'un matériau solide à se laisser usiner.

USINAGE n.m. Action d'usiner.

USINE n.f. (du lat. *officina*, atelier). **1.** Établissement industriel où, à l'aide de machines, on transforme des matières premières ou des produits semi-finis en produits finis. **2.** Fam. Lieu qui est le siège d'une intense activité pour une grande productivité : *Cette boîte, c'est l'usine !* ▪ **Usine à gaz** [fam.], construction de bric et de broc, incohérente et inopérante : *Cette réforme fiscale est une usine à gaz.*

USINER v.t. [3]. Soumettre une pièce à l'action d'une machine-outil.

USITÉ, E adj. (lat. *usitatus*). Se dit d'une forme de la langue qui est en usage : *Cette tournure n'est plus usitée.*

USNÉE [ysne] **n.f.** (de l'ar. *usna*, mousse). Lichen filamenteux poussant sur les vieux arbres.

USTENSILE n.m. (lat. *utensilia*, de *uti*, utiliser). Objet servant à la vie quotidienne, en partic. à la cuisine.

USTILAGINALE n.f. (du lat. *ustilago*, *-inis*, chardon sauvage). Champignon basidiomycète parasite des végétaux, dont les espèces sont responsables du charbon du maïs, de la carie du blé, etc. ➲ Les ustilaginales forment un ordre.

USUCAPION n.f. (lat. *usucapio*). **DR.** Prescription acquisitive.

USUEL, ELLE adj. (bas lat. *usualis*). Dont on se sert fréquemment : *Objets, mots usuels.* ▪ **Nom usuel** [biol.], dénomination courante d'une espèce animale ou végétale (par oppos. à *nom scientifique*). ◆ **n.m.** Ouvrage d'un usage courant qui, dans les bibliothèques, est à la libre disposition du public pour consultation sur place.

USUELLEMENT adv. De façon usuelle ; couramment.

USUFRUCTUAIRE adj. Relatif à l'usufruit.

USUFRUIT n.m. (lat. *ususfructus*, de *usus*, usage, et *fructus*, jouissance). **DR.** Droit d'utiliser et de jouir des fruits d'un bien dont la nue-propriété appartient à un autre.

USUFRUITIER, ÈRE adj. Relatif à l'usufruit. ◆ **n.** Personne qui a l'usufruit d'un bien.

USURAIRE adj. (du lat. *usurarius*, relatif aux intérêts). Entaché d'usure : *Taux usuraire.*

1. USURE n.f. (du lat. *usura*, intérêt de l'argent). **1.** Intérêt perçu au-delà du taux licite : *Prêter à usure.* **2.** Délit commis par celui qui prête de l'argent à un taux d'intérêt excessif. ▪ **Avec usure** [litt.], au-delà de ce que l'on a reçu.

2. USURE n.f. (de *user*). **1.** Détérioration que produit l'usage : *L'usure des pneus.* **2.** Affaiblissement des forces, de la santé : *Usure morale.* ▪ **Guerre d'usure,** conflit dans lequel on cherche à épuiser les forces de l'adversaire.

USURIER, ÈRE n. (de *1. usure*). Personne qui prête à usure.

USURPATEUR, TRICE **n.** et **adj.** Personne qui s'empare, par des moyens illégitimes, d'un pouvoir, d'un bien.

USURPATION **n.f. 1.** Action d'usurper ; fait d'être usurpé. **2.** **DR.** Fait de s'arroger l'usage d'une chose ou l'exercice d'un pouvoir appartenant à autrui : *Usurpation de fonction, d'identité.*

USURPATOIRE **adj.** Qui a le caractère d'une usurpation.

USURPER **v.t. [3]** (du lat. *usurpare,* se servir de). S'approprier indûment un droit, un bien, le pouvoir : *Usurper le titre de docteur.*

USUS [yzys] **n.m.** (mot lat. « usage »). **DR. CIV.** L'un des attributs du droit de propriété (avec l'*abusus* et le *fructus*), celui d'utiliser le bien dont on est propriétaire.

UT [yt] **n.m. inv.** (de *Ut queant laxis,* premier vers de l'hymne lat. de saint Jean-Baptiste). Anc. Do.

UT [yte] **n.m.** (sigle de l'angl. *universal time*). Abréviation internationale de *temps universel.*

UTC [ytese] **n.m.** (sigle de l'angl. *universal time coordinated*). Abréviation internationale de *temps universel coordonné.*

UTÉRIN, E **adj.** Relatif à l'utérus : *Col utérin.* ◆ **adj.** et **n. 1.** Qui est issu de la même mère, mais non du même père (par oppos. à *consanguin*). **2.** **ANTHROP.** Matrilinéaire.

UTÉRUS [-rys] **n.m.** (lat. *uterus*). Organe creux de l'appareil génital de la femme et des mammifères femelles, destiné à accueillir l'œuf fécondé jusqu'à son complet développement.

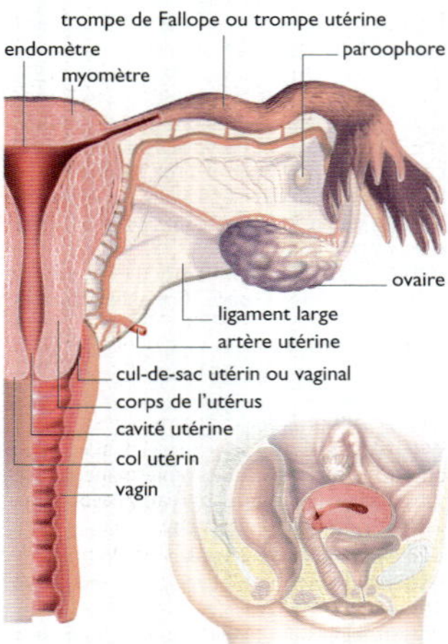

utérus vue en coupe, de face — **localisation** vue en coupe, de profil

▲ **utérus**

UTILE **adj.** (lat. *utilis,* de *uti,* se servir de). Qui rend service ; profitable : *Ce plan te sera utile.* ▪ **Charge utile** → **CHARGE.** ▪ **En temps utile,** au moment opportun. ▪ **Partie utile d'un dispositif, d'un outil, d'une machine,** celle qui réalise directement l'opération pour laquelle sont conçus ce dispositif, cet outil, cette machine : *Le foret est la partie utile d'une perceuse.* ◆ **n.m.** Ce qui a un caractère de nécessité : *Joindre l'utile à l'agréable.* ◆ **adv.** ▪ **Voter utile,** voter pour un candidat susceptible de l'emporter.

UTILEMENT **adv.** De façon utile.

UTILISABLE **adj.** Qui peut être utilisé.

UTILISATEUR, TRICE **n.** Personne qui fait usage de qqch : *Les utilisateurs d'Internet.*

UTILISATION **n.f.** Action, manière d'utiliser ; emploi ; usage.

UTILISER **v.t. [3]. 1.** Recourir pour un usage précis à ; se servir de : *Utiliser un logiciel pour tenir ses comptes.* **2.** Tirer profit ou parti de ; exploiter : *Savoir utiliser ses relations.*

UTILITAIRE **adj. 1.** Qui a pour principe essentiel l'utilité : *Objet utilitaire.* **2.** Qui vise la satisfaction des intérêts matériels ; prosaïque : *Époque matérialiste et utilitaire.* ▪ **Programme utilitaire,** ou **utilitaire, n.m.** [inform.], programme appartenant au système d'exploitation d'un ordinateur et permettant d'accroître les possibilités de base de la machine. ▪ **Véhicule utilitaire,** ou **utilitaire, n.m.,** voiture commerciale, camionnette ou camion destinés au transport des marchandises ou des personnes.

UTILITARISME **n.m.** Doctrine philosophique qui fait de l'utilité le principe et la norme de toute action individuelle ou sociale.

UTILITARISTE **adj.** et **n.** Relatif à l'utilitarisme ; qui en est partisan.

UTILITÉ **n.f.** (lat. *utilitas*). **1.** Fait de servir à qqch, d'être utile : *As-tu l'utilité d'une calculette ?* **2.** Caractère, qualité de qqch ou de qqn qui sert à qqch : *L'ordinateur est d'une grande utilité. Sa connaissance du chinois m'a été d'une grande utilité.* **3.** **ÉCON.** Aptitude, réelle ou supposée, d'un bien à satisfaire un besoin ou à créer les conditions favorables à cette satisfaction (SYN. **désidérabilité**). ▪ **Utilité publique,** intérêt général au nom duquel l'Administration confère un avantage (reconnaissance d'utilité publique) ou impose une sujétion (servitude d'utilité publique, expropriation pour cause d'utilité publique). ◆ **n.f. pl.** ▪ **Jouer les utilités,** n'avoir qu'un rôle accessoire et subalterne, en partic. au théâtre.

UTOPIE **n.f.** (lat. mod. *Utopia,* mot créé par T. More, du gr. *ou,* non, et *topos,* lieu). **1.** **PHILOS.** Société idéale mais imaginaire, telle que la conçoit et la décrit un auteur donné. **2.** Projet dont la réalisation est impossible ; chimère : *Un monde sans violence est une utopie.*

➲ L'**UTOPIE** décrit le fonctionnement d'une société idéale, dont on suppose l'existence en un lieu génér. clos (telle une cité ou une île). Fournissant des arguments pour la critique de l'ordre existant, elle peut aussi s'offrir comme modèle pour l'établissement de communautés heureuses. Les auteurs d'utopies sont nombreux ; parmi eux : Platon *(la République),* T. More *(Utopie),* T. Campanella *(la Cité du soleil)* ou C. Fourier *(le Nouveau Monde industriel et sociétaire).*

UTOPIQUE **adj.** Qui relève de l'utopie : *Projet utopique.* ▪ **Socialisme utopique,** doctrine socialiste (Saint-Simon, Charles Fourier, etc.) fondée sur un idéal sentimental et réformateur (par oppos. à *socialisme scientifique,* dénomination que Marx et Engels donnèrent à leur propre doctrine).

UTOPISME **n.m.** Attitude de celui qui se berce d'utopies, de chimères.

UTOPISTE **n.** Auteur d'un système utopique. ◆ **adj.** et **n.** Attaché à des vues utopiques.

UTRAQUISTE **n.m.** (du lat. *sub utraque specie,* sous chacune des deux espèces). **CHRIST.** Hussite de la fraction modérée, opposé aux taborites.

UTRICULAIRE **n.f.** Plante aquatique vivace, aux nombreux utricules qui servent à la capture de minuscules organismes. ➲ Famille des lentibulariacées. (V. planche *plantes carnivores**.)

UTRICULE **n.m.** (du bas lat. *utriculus,* petite outre). **1.** **ANAT.** Petit sac membraneux formant, avec le saccule, le vestibule de l'oreille interne. **2.** **BOT.** Très petit organe en forme d'outre, jouant le rôle de flotteur ou de piège pour capturer les proies.

1. UV ou **U.V.** [yve] **n.m.** (sigle). Ultraviolet.

2. UV ou **U.V.** [yve] **n.f.** (sigle). Anc. Unité de valeur. ➲ Elle a été remplacée par l'*unité d'enseignement (UE).*

UVAL, E, AUX **adj.** (du lat. *uva,* raisin). Relatif au raisin.

UVA-URSI **n.m. inv.** (mot lat. « raisin d'ours »). **BOT.** Busserole d'une espèce circumpolaire, dont les feuilles sont utilisées dans le traitement des maladies des voies urinaires.

UVÉE **n.f.** (du lat. *uva,* raisin). **ANAT.** Tunique moyenne de l'œil, constituée en avant par l'iris et en arrière par la choroïde.

UVÉITE **n.f.** **MÉD.** Inflammation de l'uvée.

UVULAIRE **adj.** **ANAT.** Relatif à la luette (SYN. **staphylin**). ▪ **Consonne uvulaire,** ou **uvulaire, n.f.** [phon.], consonne dont le lieu d'articulation se situe à l'extrémité postérieure du palais mou, au niveau de la luette (ex. : [r]).

UVULE ou **UVULA** **n.f.** (du lat. *uvula,* petite grappe). **ANAT. 1.** Luette. **2.** Lobule cérébelleux faisant partie du vermis inférieur.

UXORILOCAL, E, AUX **adj.** (du lat. *uxor, -oris,* épouse). **ANTHROP.** Matrilocal.

UZBEK, E **adj.** et **n.** → **OUZBEK.**

V **n.m. inv.** Vingt-deuxième lettre de l'alphabet et la dix-septième des consonnes. ➲ *V* note la constrictive labiodentale sonore [v]. ▪ **V,** notation du chiffre cinq, dans la numération romaine. ▪ **V1, V2,** projectile autopropulsé, à long rayon d'action, utilisé par les Allemands en 1944 et 1945. ➲ Le V1 est le précurseur des missiles de croisière, et le V2 celui des missiles balistiques modernes.

VA **interj.** (impér. du v. *aller*). Exprime l'affection, l'encouragement, la menace : *Ça s'arrangera, va !* ▪ **Va donc !** [fam.], précède une injure. ▪ **Va pour** [fam.], c'est d'accord pour : *Va pour un ciné.*

VACANCE **n.f. 1.** Situation d'une place, d'un poste momentanément dépourvus de titulaire. **2.** Temps pendant lequel un poste, une fonction sont sans titulaire. ▪ **Vacance du pouvoir,** temps pendant lequel les instances politiques n'exercent plus leur fonction. ◆ **n.f. pl. 1.** Période légale d'arrêt de travail des salariés ; période de congé dans les écoles, les universités. **2.** Période de repos d'une personne qui travaille. ▪ **Vacances parlementaires, judiciaires,** suspension légale annuelle des séances, des audiences.

VACANCIER, ÈRE **n.** Personne qui est en vacances dans un lieu de villégiature.

VACANT, E **adj.** (lat. *vacans*, qui est vide). **1.** Que personne n'occupe : *Logement vacant. Places vacantes.* **2.** Se dit d'une charge, d'un poste momentanément sans titulaire. ▪ **Succession vacante** [dr.], succession ouverte et non réclamée.

VACARME **n.m.** (du moy. néerl. *wacharme*, pauvre de moi !). Bruit assourdissant ; tapage.

VACATAIRE **adj.** et **n.** Qui est rémunéré à la vacation.

VACATION **n.f.** (lat. *vacatio*, de *vacare*, être inoccupé). **1.** Temps consacré à l'examen d'une affaire, ou à l'accomplissement d'une fonction déterminée : *Vacation d'un expert.* **2.** Rémunération de ce temps.

VACCIN [vaksɛ̃] **n.m.** (de *vaccine*). **1.** Substance d'origine microbienne, que l'on inocule à une personne ou à un animal pour les immuniser contre une maladie. **2.** Fig. Ce qui immunise contre un mal, un danger.

VACCINABLE [-ksi-] **adj.** Qui peut être vacciné.

VACCINAL, E, AUX [-ksi-] **adj.** Relatif au vaccin, à la vaccination.

VACCINATION [-ksi-] **n.f.** Action d'administrer un vaccin.

> ➲ La première **VACCINATION** a été celle contre la variole, réalisée en 1796 par Jenner, qui a inoculé à l'homme l'exsudat d'une maladie voisine, mais bénigne, le cow-pox. Les vaccinations actuelles se font au moyen de substances ayant pour origine des micro-organismes vivants atténués ou tués (bactéries, virus, protozoaires), ou des substances solubles (toxine atténuée dite *anatoxine*, fraction de l'antigène). Il existe des vaccins polyvalents immunisant contre plusieurs maladies. Les vaccins d'origine virale sont les plus efficaces.

VACCINE [vaksin] **n.f.** (du lat. sc. *variola vaccina*, variole de la vache). Maladie de la vache, aussi appelée *cow-pox*. ➲ La vaccine du cheval est appelée *horse-pox*.

VACCINER [-ksi-] **v.t. [3]. 1.** Administrer un vaccin. **2.** Fam. Mettre à l'abri d'un mal quelconque : *Cet échec l'a vacciné contre la politique.*

VACCINOSTYLE [-ksi-] **n.m. MÉD.** Anc. Lancette en forme de plume à écrire, qui servait à pratiquer une vaccination par scarification.

VACCINOTHÉRAPIE [-ksi-] **n.f. MÉD.** Anc. Emploi d'un vaccin dans un but curatif et non spécifique.

VACHARD, E **adj.** Fam. Méchant ; sévère : *Un prof vachard.*

1. VACHE **n.f.** (lat. *vacca*). **1.** Femelle reproductrice de l'espèce bovine. *(V. ill. page suivante.)* **2.** Peau de bovin : *Un portefeuille en vache.* **3.** Fam. Personne méchante ou sévère. (On dit aussi *peau de vache*.) **4.** Fam., vx. Agent de police. ▪ **Coup en vache** [fam.], donné par traîtrise. ▪ **La vache !** [fam.], expression de dépit ou d'admiration. ▪ **Maladie de la vache folle,** encéphalopathie spongiforme bovine. ▪ **Manger de la vache enragée** [fam.], mener une vie de misère. ▪ **Montagne à vaches** → **MONTAGNE.** ▪ **Vache à eau,** récipient en toile ou en plastique utilisé par les campeurs pour mettre de l'eau. ▪ **Vache à lait** [fam.], personne, chose considérée sous le seul point de vue de l'argent qu'elle rapporte : *Prendre le consommateur pour une vache à lait.* ▪ **Vache allaitante,** élevée pour la viande que l'on tire de sa descendance. ▪ **Vache laitière ou à lait,** élevée pour le lait qu'elle produit. ▪ **Vache sacrée,** dans l'hindouisme, vache vénérée symbolisant la mère universelle, déesse de toute fécondité ; fig., personne, institution, loi, etc., qui ne peut faire l'objet d'aucune critique, d'aucune remise en cause : *La vache sacrée des 35 heures.* ▪ **Vaches grasses, maigres,** période de prospérité, de pénurie.

2. VACHE **adj.** Fam. **1.** Méchant ou sévère : *Ne sois pas vache avec elle.* **2.** Pénible ; fâcheux : *C'est vache, ce qui t'arrive.* ▪ **Un(e) vache (de)…,** qqch de très difficile ou de remarquable.

VACHEMENT **adv.** Fam. Extrêmement.

VACHER, ÈRE **n.** Personne qui garde, soigne les vaches, les bovins.

VACHERIE **n.f. 1.** Fam. Méchanceté ; sévérité : *La vacherie d'un collègue.* **2.** Fam. Parole, action méchante. **3.** Ensemble des vaches d'une exploitation. **4.** Vieilli. Étable à vaches.

VACHERIN **n.m.** (de *1. vache*). **1.** Fromage au lait de vache, à pâte molle et onctueuse et à croûte lavée, fabriqué en Suisse et dans le Jura français. ➲ Un vacherin à pâte mi-dure, fabriqué dans le canton de Fribourg, entre génér. dans la composition de la fondue. **2.** Gâteau meringué garni de glace et de crème Chantilly.

VACHETTE **n.f. 1.** Petite vache ; jeune vache. **2.** Cuir obtenu à partir de peaux de bovins adultes par tannage.

VACILLANT, E [-sijɑ̃] **adj. 1.** Qui tremble : *Flamme vacillante.* **2.** Qui est incertain : *Santé vacillante.*

VACILLEMENT [-sijmɑ̃] **n.m.** Fait de vaciller ; état de ce qui vacille.

VACILLER [-sije] **v.i. [3]** (lat. *vacillare*). **1.** N'être pas bien ferme, stable : *Il vacilla jusqu'à la porte.* **2.** Scintiller faiblement : *Lueur qui vacille.* **3.** Manquer d'assurance ; défaillir : *Sa mémoire vacille.*

VACIVE **adj.f.** et **n.f.** (du lat. *vacivus*, vide). Région. (Berry). Se dit d'une brebis de deux ans qui n'a pas encore porté.

À LA VA-COMME-JE-TE-POUSSE **loc. adv.** et **loc. adj.** Fam. N'importe comment : *Texte écrit à la va-comme-je-te-pousse.*

VACUITÉ **n.f.** (lat. *vacuitas*, de *vacuus*, vide). **1. PHYSIOL.** État d'un organe vide (par oppos. à *réplétion*). **2.** Litt. Absence de signification, de valeur, d'intérêt : *La vacuité d'un discours, d'une vie.*

VACUOLAIRE **adj.** Relatif aux vacuoles.

VACUOLE **n.f.** (du lat. *vacuum*, vide). **1. BIOL.** Cavité du cytoplasme des cellules renfermant diverses substances en solution dans l'eau. **2. GÉOL.** Petite cavité à l'intérieur d'une roche.

VAD ou **V.A.D.** [veade] **n.f** (sigle). Vente à distance.

VADE-MECUM [vademekɔm] **n.m. inv.,** ▲ ***VADÉMÉCUM*** ***n.m.*** (loc. lat. « va avec moi »). Litt. Guide, manuel que l'on garde avec soi pour le consulter.

1. VADROUILLE **n.f.** (de *vadrouiller*). Fam. Promenade sans but défini : *Partir en vadrouille.*

2. VADROUILLE **n.f.** (du lyonnais *drouilles*, vieilles hardes). **1. MAR.** Tampon fait de déchets de laine ou de filasse et fixé à un manche pour le nettoyage des ponts de navire. **2.** Québec. Tampon fait de gros fils entortillés, fixé à un manche et servant au lavage des sols.

VADROUILLER **v.i. [3].** Fam. Se promener sans but précis ; flâner.

VADROUILLEUR, EUSE **n.** Fam. Personne qui aime vadrouiller.

1. VAE ou **V.A.E.** [veaø] **n.f.** (sigle). Validation des acquis de l'expérience.

2. VAE ou **V.A.E.** [veaø] **n.m.** (sigle). Vélo à assistance électrique.

VA-ET-VIENT [vaevjɛ̃] **n.m. inv. 1.** Mouvement régulier dans un sens puis dans l'autre : *Le va-et-vient d'un balancier, d'un piston.* **2.** Montage qui permet d'allumer ou d'éteindre une lampe de deux ou plusieurs endroits différents. **3.** Mouvement confus de personnes, de véhicules qui passent, entrent et sortent. **4.** Charnière à ressort permettant l'ouverture d'une porte dans les deux sens. **5. MAR.** Cordage tendu pour établir une communication entre deux bateaux, deux points, en partic. pour des opérations de sauvetage.

▲ **vache.** Différentes races de vaches françaises.

VAGABOND, E adj. (du lat. *vagari*, errer). **1.** Qui se déplace sans cesse ; itinérant. **2.** Fig. Qui va au gré de sa fantaisie : *Humeur vagabonde.* ◆ **n.** Personne sans domicile ni moyens de subsistance.

VAGABONDAGE n.m. 1. Fait de vagabonder ; errance. **2. DR.** Anc. État d'une personne qui n'a ni domicile ni moyens de subsistance licites. **3.** Divagation de l'esprit ; rêverie.

VAGABONDER v.i. [3]. 1. Errer çà et là. **2.** Passer sans cesse d'une chose à une autre : *Son esprit vagabondait.*

VAGAL, E, AUX adj. ANAT. Relatif au nerf vague, ou pneumogastrique : *Malaise vagal.*

VAGILE adj. (du lat. *vagari*, errer). **ZOOL.** ▪ **Faune vagile,** ensemble des animaux aquatiques qui se déplacent en rampant sur le fond (par oppos. à *faune sessile*).

VAGIN n.m. (du lat. *vagina*, gaine). **ANAT.** Organe génital interne de la femme et des femelles de mammifères placentaires, qui s'attache à une extrémité autour du col de l'utérus et qui s'ouvre à l'autre extrémité au niveau de la vulve.

VAGINAL, E, AUX adj. Relatif au vagin.

VAGINISME n.m. MÉD. Spasme douloureux des muscles vaginaux empêchant les rapports sexuels.

VAGINITE n.f. MÉD. Inflammation de la muqueuse du vagin.

VAGIR v.i. [21] (lat. *vagire*). **1.** Crier, en parlant du nouveau-né. **2.** Pousser son cri, en parlant du lièvre, du crocodile.

VAGISSANT, E adj. Qui vagit.

VAGISSEMENT n.m. 1. Cri de l'enfant nouveau-né. **2.** Cri faible et plaintif du lièvre, du crocodile.

VAGOLYTIQUE adj. et **n.m. MÉD.** Anticholinergique.

VAGOTOMIE n.f. Section chirurgicale du nerf vague, ou pneumogastrique.

VAGOTONIE n.f. MÉD. État d'un organisme où le tonus vagal est prédominant.

VAGOTONIQUE adj. Relatif à la vagotonie.

1. VAGUE adj. (du lat. *vagus*, errant). **1.** Qui manque de netteté : *Un vague bruit de musique. Une vague silhouette dans la brume.* **2.** Qui laisse place au doute ; ambigu : *Réponse vague.* **3.** Se dit d'un vêtement qui a une certaine ampleur. ▪ **Nerf vague,** ou **vague, n.m.** [anat.], nerf pneumogastrique*. ◆ **n.m. 1.** Ce qui est imprécis, mal défini ; flou : *Il m'a laissé dans le vague.* **2. ANAT.** Nerf vague. ▪ **Vague à l'âme,** sentiment de tristesse sans cause définie.

2. VAGUE adj. (du lat. *vacuus*, vide). ▪ **Terrain vague,** situé dans une agglomération et qui n'est ni cultivé ni construit.

3. VAGUE n.f. (anc. scand. *vâgr*). **1.** Ondulation produite à la surface de l'eau par l'effet du vent, d'un courant ; mouvement ascendant et descendant de l'eau qui en résulte : *De grosses vagues déferlent sur le pont.* **2.** Fig. Phénomène subit et de grande ampleur : *Vague de chaleur, de froid.* **3.** Masse importante de personnes, de choses : *Une vague d'acheteurs, d'arrestations.* ▪ **Faire des vagues,** susciter des remous, des réactions d'hostilité. ▪ **La nouvelle vague,** v. partie n.pr.

VAGUELETTE n.f. Petite vague.

VAGUEMENT adv. De façon vague, imprécise.

VAGUEMESTRE n.m. (all. *Wagenmeister*). **1.** Sous-officier chargé du service postal d'une unité. **2.** Afrique. Garçon de bureau, planton.

VAGUER v.i. [3] (lat. *vagari*). Litt. Aller çà et là : *La foule, son imagination vaguait.*

VAGUE-SUBMERSION n.f. (pl. *vagues-submersion*). [Surtout pl.]. Phénomène météorologique se traduisant par des vagues hautes qui submergent les zones basses proches du littoral, provoquant ainsi d'importantes inondations.

VAHINÉ [vaine] **n.f.** (mot tahitien). Femme de Tahiti.

VAIGRAGE n.m. Ensemble des lattes ou des plaques fixées sur les membrures et formant une surface continue pour protéger l'intérieur de la coque d'un navire.

VAIGRE n.f. (néerl. *weger*). **MAR.** Élément du vaigrage.

VAILLAMMENT adv. Avec vaillance.

VAILLANCE n.f. Qualité d'une personne brave devant le danger ; courage.

VAILLANT, E adj. (anc. p. présent de *valoir*). **1.** Qui fait preuve de courage ; valeureux. **2.** Qui a une santé robuste ; vigoureux. ▪ **N'avoir plus un sou vaillant** [litt.], être totalement démuni.

VAIN, E adj. (lat. *vanus*). **1.** Sans fondement ; imaginaire : *Nos craintes étaient vaines.* **2.** Sans efficacité ; stérile : *De vaines protestations.* ▪ **En vain,** en pure perte ; inutilement. ▪ **Un vain mot,** un mot vide de sens. ▪ **Vaine pâture** [dr.], droit de faire paître son bétail sur des terrains non clos dont on n'est pas propriétaire, après la récolte.

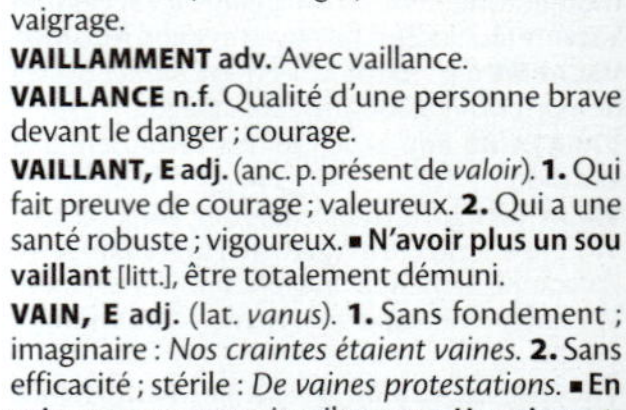

▲ **vague.** *Sous la vague au large de Kanagawa* (« *la Grande Vague* »), estampe d'Hokusai appartenant à la série des *Trente-Six Vues du mont Fuji* (1831-1833). [Musée Guimet, Paris.]

VAINCRE **v.t.** **[94]** (lat. *vincere*). **1.** Remporter une victoire à la guerre, dans une compétition. **2.** Venir à bout de ; surmonter : *Vaincre sa timidité.*

VAINCU, E **adj.** et **n.** Qui a subi une défaite.

VAINEMENT **adv.** En vain ; inutilement.

VAINQUEUR **adj.m.** et **n.m.** **1.** Qui a remporté la victoire dans un conflit. **2.** Qui l'emporte dans une compétition, un concours ; gagnant : *L'athlète vainqueur.*

VAIR **n.m.** (du lat. *varius*, tacheté). **1. HÉRALD.** L'une des fourrures de l'écu, faite de clochettes d'azur et d'argent alternées, disposées en lignes horizontales. **2.** Vx. Fourrure du petit-gris.

VAIRÉ **n.m.** **HÉRALD.** Vair qui est d'autres émaux que d'argent et d'azur.

1. VAIRON **adj.m.** (de *vair*). ▪ **Yeux vairons,** qui sont de couleur différente.

2. VAIRON **n.m.** Petit poisson très commun dans les ruisseaux de l'Eurasie, souvent utilisé pour la pêche au vif. ➲ Famille des cyprinidés.

VAISHYA [vaiʃja] **n.m. inv.** (du sanskr. *vaiśya*, les gens du commun). Troisième des grandes catégories du système des castes, en Inde, constituée de groupes aux activités productives (agriculture, commerce).

VAISSEAU **n.m.** (du bas lat. *vascellum*, petit vase). **1.** Litt. Navire d'assez grandes dimensions ; bâtiment de guerre de fort tonnage. **2. ARCHIT.** Espace intérieur, génér. allongé, occupant la plus grande partie de la hauteur d'un bâtiment, ou, au moins, plusieurs étages : *Une nef d'église à trois vaisseaux.* **3. ANAT.** Canal servant à la circulation du sang ou de la lymphe. ➲ On distingue cinq sortes de vaisseaux : les artères, les veines, les canaux lymphatiques, les capillaires sanguins et lymphatiques. **4. BOT.** Chacun des éléments tubulaires, regroupés en faisceaux, servant à la conduction de la sève brute. ▪ **Brûler ses vaisseaux** [litt.], accomplir un acte qui interdit toute possibilité de revirement. ▪ **Vaisseau amiral,** bâtiment amiral* ; fig., boutique-phare d'une grande marque, caractérisée par sa taille, son emplacement et le luxe de sa décoration. (Dans ce sens, on trouve aussi l'angl. *flagship* [flagʃip].) ▪ **Vaisseau spatial,** véhicule destiné aux vols humains dans l'espace.

VAISSELIER **n.m.** Buffet surmonté d'étagères sur lesquelles on range de la vaisselle.

VAISSELLE **n.f.** (bas lat. *vascellum*). **1.** Ensemble des pièces (assiettes, plats, etc.) et accessoires pour le service de la table. **2.** Action de laver ces pièces et les ustensiles qui ont servi au repas.

VAISSELLERIE **n.f.** Industrie, commerce de la vaisselle et des accessoires de table.

VAJRAYANA [vadʒrajana] **n.m.** (du sanskr. *vajrayāna*, la voie de diamant). École bouddhiste qui procède d'une synthèse entre le bouddhisme mahayana et le bouddhisme hinayana. ➲ Il est surtout implanté au Tibet et au Bhoutan.

VAL **n.m.** (pl. *vals* ou *vaux*) [lat. *vallis*]. **1.** Vallée très large. **2. GÉOMORPH.** Vallée correspondant à un synclinal, dans un relief de type jurassien. (V. dessin *relief jurassien**.) ▪ **Par monts et par vaux,** à travers tout le pays. ▪ **Val perché** [géomorph.], val qui, par suite d'une érosion différentielle, se trouve à une altitude supérieure à celle des combes voisines.

VALABLE **adj.** **1.** Qui remplit les conditions requises ; valide : *Testament valable.* **2.** Qui peut être admis, accepté ; recevable : *Motif valable.* **3.** Qui a une certaine valeur artistique : *Interprétation valable d'un concerto.* **4.** Qui a les qualités requises pour qqch : *Interlocuteur valable.*

VALABLEMENT **adv.** De façon valable.

VALAISAN, ANNE **adj.** et **n.** Du Valais.

VALAQUE **adj.** et **n.** De la Valachie.

VALDINGUER **v.i.** **[3].** Fam. Tomber. ▪ **Envoyer valdinguer,** faire tomber qqch, qqn ; fig., éconduire brutalement qqn.

VALDÔTAIN, E **adj.** et **n.** Du Val d'Aoste.

VALDRAGUE **n.f.** ▪ **À la valdrague** [Acadie], à l'abandon : *Chez eux, tout est à la valdrague.* ▪ **Aller à la valdrague** [Acadie, Louisiane], courir à sa perte.

VALENÇAY **n.m.** (de *Valençay*, n.pr.). Fromage de chèvre, en forme de pyramide tronquée, fabriqué dans le Berry.

1. VALENCE **n.f.** (du lat. *valere*, avoir de la vigueur). Nombre de liaisons que peut former un élément chimique. ▪ **Électrons de valence** [chim.], électrons périphériques d'un atome susceptibles de participer à des liaisons covalentes. ▪ **Valence d'un objet, d'une situation** [psychol.], attirance (*valence positive*) ou répulsion (*valence négative*) que le sujet éprouve à leur égard.

2. VALENCE ou **VALENCIA** **n.f.** Orange d'une variété à maturité tardive, sans pépins.

VALENCE-GRAMME **n.f.** (pl. *valences-grammes*). **CHIM.** Masse molaire atomique d'un élément divisée par sa valence.

VALENCIENNES **n.f.** (de *Valenciennes*, v. du Nord). Dentelle aux fuseaux à dessin floral sur fond de réseau à mailles régulières.

VALENTIN, E **n.** Personne à qui l'on témoigne son amour le jour de la Saint-Valentin (14 février). ◆ **n.m.** Québec. Carte de vœux de la Saint-Valentin.

VALENTINITE **n.f.** **MINÉRALOG.** Oxyde d'antimoine (Sb_2O_3).

VALENTINOIS, E **adj.** et **n.** De Valence.

VALÉRIANACÉE **n.f.** Dicotylédone herbacée, gamopétale, telle que la valériane, la mâche. ➲ Les valérianacées forment une famille.

VALÉRIANE **n.f.** (lat. médiév. *valeriana*). Plante des lieux humides à fleurs roses, blanches ou jaunâtres. ➲ La valériane officinale, utilisée comme antispasmodique et sédatif, est aussi appelée *herbe-aux-chats*. Famille des valérianacées.

VALÉRIANELLE **n.f.** Plante de l'hémisphère Nord tempéré, à fleurs roses ou bleuâtres, dont une espèce est la mâche. ➲ Famille des valérianacées.

VALÉRIQUE **adj.** **CHIM. ORG.** ▪ **Acide valérique,** acide $CH_3—(CH_2)_3—CO_2H$, dérivé du pentane, dont certains esters sont employés comme arômes.

VALET **n.m.** (lat. pop. *vassellittus*, du gaul. *vassus*). **1.** Vieilli. Domestique masculin ; serviteur : *Valet de ferme.* **2.** Péjor. Homme d'une complaisance servile et intéressée. **3.** Figure du jeu de cartes. **4. MENUIS.** Outil coudé pour maintenir le bois sur l'établi. ▪ **Valet de nuit,** mobilier de chambre, génér. formé d'un cintre et d'une barre montés sur pieds, sur lequel on dispose ses vêtements en se déshabillant. ▪ **Valet de pied** [anc.], domestique de grande maison en livrée.

VALETAILLE **n.f.** Péjor. Ensemble des valets d'une maison.

VALÉTUDINAIRE **adj.** et **n.** (lat. *valetudinarius*). Litt. Qui a une santé chancelante ; maladif.

VALEUR **n.f.** (lat. *valor, valoris*). **1.** Prix en argent auquel un objet peut être échangé, vendu : *Leur maison a pris de la valeur.* **2.** Quantité approximative ; équivalent : *La valeur d'une cuillerée à soupe.* **3.** Ce par quoi qqn est digne d'estime ; mérite : *Stagiaire de grande valeur.* **4.** Ce qui est posé comme vrai, beau, bien, selon des critères personnels ou sociaux, et sert de référence, de principe moral : *Partager les mêmes valeurs.* **5.** Importance, prix attachés à qqch : *La valeur sentimentale d'un bijou.* **6.** Caractère de ce qui a les qualités requises pour être valable : *Un testament verbal n'a aucune valeur.* **7. LING.** Sens que prend un mot dans un contexte déterminé. **8. MATH.** L'une des déterminations possibles d'un élément variable ; pour une fonction f en un point x_0, image de x_0 par f quand elle existe, notée $f(x_0)$. **9. MUS.** Durée d'une note. **10. PEINT.** Degré de clarté d'un ton, du sombre au clair. ▪ **Analyse de la valeur** [écon.], analyse d'un produit mettant en relation ses fonctions et son coût, pour déterminer sa valeur. ▪ **C'est de valeur** [Québec, fam.], c'est regrettable, malheureux. ▪ **Échelle des valeurs,** hiérarchie établie entre les principes moraux. ▪ **Jugement de valeur,** qui exprime une appréciation, une opinion. ▪ **Mettre en valeur,** faire apparaître qqn sous un jour avantageux ; faire fructifier qqch. ▪ **Valeur ajoutée** [écon.], valeur nouvelle créée par une entreprise, due à la différence entre la valeur des biens ou des services qu'elle vend (chiffre d'affaires) et celle de ses consommations intermédiaires (biens ou services consommés pour les produire). ▪ **Valeur de vérité** [log.], propriété de toute proposition. ➲ On distingue génér. deux valeurs de vérité, le vrai et le faux. ▪ **Valeur mobilière** [écon.], titre négociable émis par des personnes publiques ou privées et représentant une fraction soit de leur capital social (action), soit d'un prêt à long terme qui leur est consenti (obligation). ▪ **Valeur numérique d'une grandeur,** mesure de cette grandeur.

VALEUREUSEMENT **adv.** Avec courage.

VALEUREUX, EUSE **adj.** Qui a de la vaillance, du courage ; brave.

VALGUS, VALGA [-gys, a] **adj.** (mot lat. « bancal »). [Inv. en nombre]. **MÉD.** Se dit d'un membre ou d'un segment de membre qui est dévié vers l'extérieur (par oppos. à *varus*).

VALIDATION **n.f.** Action de valider. ▪ **Validation des acquis de l'expérience** (VAE), procédure, prévue par le Code du travail, permettant à un salarié d'obtenir un diplôme, un titre ou un certificat attestant le savoir acquis au cours de sa vie professionnelle.

VALIDE **adj.** (lat. *validus*). **1.** En bonne santé : *La population valide.* **2. DR.** Qui n'est entaché d'aucune cause de nullité. ▪ **Proposition valide** [log.], énoncé qui est vrai en vertu de sa seule forme.

VALIDEMENT **adv.** De façon valide, valable.

VALIDER **v.t.** **[3]. DR.** Rendre ou déclarer valide ; entériner : *Valider une vente devant notaire.* ▪ **Valider une UE, un semestre universitaire, une formation** [enseign.], conférer à l'étudiant qui les a effectués un diplôme, un titre, etc., attestant le savoir qu'il a ainsi acquis.

VALIDEUR **n.m.** Appareil permettant aux voyageurs de valider un titre de transport à bande magnétique (billet, ticket) ou à support dit *sans contact* (carte à puce, par ex.), dans une station de métro, une gare ou à bord d'un bus, d'un tramway, etc.

VALIDITÉ **n.f.** Caractère de ce qui est valide, valable : *Passeport en cours de validité.*

VALINE **n.f.** **CHIM. ORG.** Acide aminé indispensable à l'organisme.

VALISE **n.f.** (ital. *valigia*). Bagage à main de forme rectangulaire. ▪ **Faire sa valise** ou **ses valises,** y ranger ses affaires pour partir en voyage ; fig., partir. ▪ **Valise diplomatique,** privilège international dont bénéficie le transport du courrier par voie diplomatique ; le courrier lui-même. ➲ Celui-ci est inviolable et dispensé de tout contrôle douanier.

VALLÉE **n.f.** (de *val*). Dépression allongée, plus ou moins évasée, façonnée par un cours d'eau ou un glacier. ▪ **Vallée sèche** ou **morte,** qui n'est plus parcourue par un cours d'eau.

VALLEUSE **n.f.** (du norm. *avaleuse*, descente). Région. (Normandie). Petite vallée sèche suspendue au-dessus de la mer, en raison du recul rapide de la falaise qu'elle entaille.

VALLISNÉRIE **n.f.** (du n. de A. *Vallisneri*). Plante vivace à stolons des eaux stagnantes, dont les petites fleurs rosâtres émergent à la surface de l'eau. ➲ Famille des hydrocharitacées.

VALLON **n.m.** (de l'ital. *vallone*). Petite vallée.

VALLONNÉ, E **adj.** Qui présente des successions de vallons et de buttes.

VALLONNEMENT **n.m.** État de ce qui est vallonné.

VALOCHE **n.f.** Fam. Valise.

VALOIR **v.i.** **[46]** (lat. *valere*). **1.** Avoir tel prix : *Ce livre vaut vingt euros.* **2.** Avoir telle valeur, telle qualité, tel intérêt : *Son avis ne vaut rien. Que vaut ce chanteur sur scène ?* **3.** Être applicable à : *Ma remarque vaut pour tous.* ▪ **À valoir sur,** à déduire de. ▪ **Ça ne vous vaut rien,** c'est nuisible à votre santé. ▪ **Faire valoir qqn, qqch,** les présenter sous un jour favorable. ▪ **Faire valoir un droit,** l'exercer. ▪ **Il vaut mieux** ou **mieux vaut,** il est préférable de. ▪ **Rien qui vaille,** rien de bon, de valable : *Cela ne me dit rien qui vaille.* ▪ **Se faire valoir,** faire ressortir ses qualités, parfois avec excès. ▪ **Vaille que vaille,** tant bien que mal. ▪ **Valoir bien,** mériter : *Cela vaut bien des félicitations.* ◆ **v.t.** **1.** Être équivalent à : *Cette carte vaut 10 points.* **2.** Justifier l'effort que l'on fait : *Ce film vaut le déplacement.* **3.** Être la cause de : *Son impertinence lui a valu des ennuis.* ◆ **SE VALOIR** **v.pr.** Avoir la même valeur. ▪ **Ça se vaut** [fam.], c'est à peu près pareil.

VALORISABLE **adj.** **ÉCOL.** Se dit d'un déchet qui peut être utilisé comme matière première.

VALORISANT, E **adj.** Qui donne du prestige : *Métier valorisant.*

VALORISATION **n.f. 1.** Action de donner une plus grande valeur à. **2. ÉCON.** Hausse de la valeur marchande d'un produit ou d'un service par une mesure légale ou une action volontaire. **3. PHILOS.** Action de donner de la valeur à un objet ou à une représentation mentale. **4. ÉCOL.** Utilisation des déchets comme matière première. ▪ **Valorisation des minerais,** minéralurgie.

VALORISER **v.t. [3]. 1.** Donner une plus grande valeur à : *Le parc valorise le quartier.* **2.** Augmenter la valeur, le mérite de : *Sa promotion le valorise aux yeux de tous.* **3. ÉCOL.** Pratiquer la valorisation des déchets.

VALPOLICELLA [-litʃɛla] **n.m.** (de *Valpolicella,* région d'Italie). Vin rouge fruité produit dans la région de Vérone.

VALSE **n.f.** (all. *Walzer*). **1.** Danse ancienne de rythme lent, exécutée par des couples qui tournoient sur eux-mêmes. **2.** Pièce instrumentale de tempo modéré ou rapide à trois temps, en vogue au XIXe s. **3.** Fam. Changement fréquent de personnes : *La valse des chefs* ; remplacement continuel de choses : *La valse des prix.*

VALSE-HÉSITATION **n.f.** (pl. *valses-hésitations*). Fam. Comportement hésitant devant une décision à prendre.

VALSER **v.i. [3].** Danser la valse. ▪ **Envoyer valser qqn, qqch** [fam.], éconduire brutalement qqn ; lancer qqch loin de soi. ▪ **Faire valser l'argent** [fam.], le dépenser sans compter. ▪ **Faire valser qqn** [fam.], le changer sans égards de poste, d'affectation.

VALSEUR, EUSE **n.** Personne qui valse.

VALVAIRE **adj. BOT.** Relatif aux valves.

VALVE **n.f.** (du lat. *valvae,* battants d'une porte). **1.** Appareil destiné à réguler le mouvement d'un fluide dans une canalisation. **2. ZOOL.** Chacune des deux parties d'une coquille bivalve. **3. ANAT.** Chacune des parties d'une valvule. **4. BOT.** Chacune des parties d'un fruit sec qui s'ouvre pour laisser échapper les graines. **5. ÉLECTRON.** Dispositif à effet thermoïonique ou à semi-conducteur. ◆ **n.f. pl.** Belgique. Tableau d'affichage.

VALVÉ, E **adj. BOT.** Composé de valves.

VALVULAIRE **adj.** Relatif aux valvules.

VALVULE **n.f.** (lat. sc. *valvula*). **ANAT.** Repli membraneux du cœur, des vaisseaux et des conduits de l'organisme, qui dirige les liquides en les empêchant de refluer.

VALVULOPATHIE **n.f. MÉD.** Atteinte pathologique d'une valvule du cœur.

VAMP [vɑ̃p] **n.f.** (mot anglo-amér., abrév. de *vampire*). **1.** Femme fatale. **2.** Vieilli. Actrice de cinéma qui jouait les rôles de femme fatale.

VAMPER **v.t. [3].** Fam. Séduire par des allures de vamp.

VAMPIRE **n.m.** (all. *Vampir,* du slave). **1.** Mort qui aurait la capacité de sortir du tombeau pour sucer le sang des vivants. **2.** Chauve-souris d'Amérique tropicale, qui se nourrit du sang des mammifères, grâce à des dents très coupantes et à une salive anesthésiante et anticoagulante. ➲ Famille des phyllostomidés. **3.** Fig. Personne qui tire son épanouissement de la domination de ceux qui l'entourent.

VAMPIRIQUE **adj.** Relatif aux vampires ou au vampirisme.

VAMPIRISER **v.t. [3].** Fam. Mettre qqn sous sa totale dépendance.

VAMPIRISME **n.m. 1.** Croyance aux vampires ; comportement supposé de ceux-ci. **2.** Fig. Comportement de qqn qui vampirise son entourage.

1. VAN [vɑ̃] **n.m.** (lat. *vannus*). Grand panier plat en osier muni de deux anses, pour le vannage du grain.

2. VAN [vɑ̃] **n.m.** (abrév. de l'angl. *caravan,* caravane). **1.** Véhicule fermé ou remorque pour le transport des chevaux. **2.** Fourgon ou minibus pour le transport des personnes.

VANADINITE **n.f. MINÉRALOG.** Oxyde de vanadium plombifère, constituant un minerai de vanadium.

VANADIQUE **adj. CHIM. MINÉR.** Se dit de l'anhydride V_2O_5 et des acides correspondants.

VANADIUM [-djɔm] **n.m.** (mot lat.). **1.** Métal gris argent, de densité 6,11, qui fond vers 1 890 °C. ➲ Il sert à préparer des aciers et des fontes alliées, des superalliages, etc. **2.** Élément chimique (V), de numéro atomique 23, de masse atomique 50,9415.

VANDA **n.f.** (hindi *vandā*). Orchidée originaire de l'Asie du Sud-Est et de l'Océanie, cultivée en serre chaude.

VANDALE **n.** (de *Vandales,* n.pr.). Personne qui commet des actes de vandalisme.

VANDALISER **v.t. [3].** Se livrer à des actes de vandalisme sur ; saccager.

VANDALISME **n.m.** Comportement d'une personne qui détruit ou mutile des objets, qui commet des déprédations, par volonté de nuire ou sans raison précise.

VANDOISE **n.f.** (du gaul.). Poisson des eaux douces limpides, voisin du gardon, à dos brun verdâtre et à ventre argenté. ➲ Famille des cyprinidés.

VANESSE **n.f.** (lat. sc. *vanessa*). Papillon diurne aux ailes vivement colorées (belle-dame, vulcain, paon de jour, par ex.). ➲ Famille des nymphalidés.

VANILLE **n.f.** (esp. *vainilla*). Fruit du vanillier ; gousse ou extrait de ce fruit, utilisés comme parfum en confiserie et en pâtisserie.

VANILLÉ, E **adj.** Parfumé à la vanille.

VANILLIER [-je] **n.m.** Orchidée lianescente des régions tropicales, cultivée pour son fruit qui fournit la vanille.

VANILLINE [-lin] **n.f.** Principe odorant de la vanille, utilisé en parfumerie et en pâtisserie. ➲ Aussi préparée par synthèse.

VANILLON **n.m.** Vanille d'une variété qui exhale une forte odeur de coumarine.

VANISAGE **n.m.** Mode de tricotage dans lequel deux fils différents sont tricotés l'un sur l'autre.

VANISÉ, E **adj.** ▪ **Fil vanisé,** qui est recouvert par un autre fil.

VANITÉ **n.f.** (lat. *vanitas*). **1.** Sentiment d'autosatisfaction ; défaut de celui qui manifeste ce sentiment ; suffisance. **2.** Litt. Caractère de ce qui est vain, futile : *La vanité de sa conversation.* **3. BX-ARTS.** Composition (nature morte, le plus souvent) évoquant de manière symbolique la destinée mortelle de l'homme. ▪ **Tirer vanité de,** s'en glorifier.

▲ **vanité** de Simon Renard de Saint-André (1613-1677). [Coll. part.]

VANITEUSEMENT **adv.** Avec vanité.

VANITEUX, EUSE **adj.** et **n.** Qui fait preuve de vanité ; prétentieux.

VANITY-CASE [vanitikɛz] **n.m.** (pl. *vanity-cases*) [mot angl., de *vanity,* chose futile, et *case,* mallette]. Mallette de voyage rigide destinée à contenir des produits et accessoires de toilette.

VANNAGE **n.m. AGRIC.** Séparation des grains battus de leur balle et de leurs impuretés.

1. VANNE **n.f.** (du bas lat. *venna,* barrage). **TECHN.** Dispositif mobile permettant à volonté d'intercepter ou de laisser libre le passage de l'eau d'un barrage, d'une écluse, etc., ou celui d'un fluide dans une conduite.

2. VANNE **n.f.** (de *3. vanner*). Fam. Remarque, plaisanterie désobligeante.

VANNÉ, E **adj.** Fam. Extrêmement fatigué.

VANNEAU **n.m.** (de *1. van*). Échassier commun en Europe et en Asie, dont une espèce *(vanneau huppé)* niche dans les plaines marécageuses. ➲ Famille des charadriidés.

VANNELLE ou **VANTELLE** **n.f.** Petite vanne destinée à remplir ou à vider les sas des écluses.

1. VANNER **v.t. [3]. TECHN.** Garnir de vannes.

2. VANNER **v.t. [3]. 1. AGRIC.** Opérer le vannage du grain. **2.** Fam. Fatiguer à l'extrême ; exténuer. **3. CUIS.** Remuer, à l'aide d'une spatule ou d'un fouet, une préparation chaude afin qu'elle refroidisse plus vite et conserve un aspect homogène.

3. VANNER **v.t.** et **v.i. [3]** (de *2. vanner*). Fam. Envoyer des vannes à qqn ; se moquer de lui.

VANNERIE **n.f. 1.** Art, industrie du vannier. **2.** Ensemble des objets qu'il fabrique.

VANNEUR, EUSE **n.** Personne qui vanne le grain.

VANNIER **n.m.** (de *1. van*). Personne qui confectionne divers objets (paniers, sièges, etc.) au moyen de tiges ou de baguettes végétales entrelacées (osier, châtaignier, paille, etc.). ▪ **Culture des vanniers** [préhist.], l'une des phases de la culture amérindienne d'Anasazi*.

VANTAIL (pl. *vantaux*), ▲ *VENTAIL (pl. ventaux)* **n.m.** (de *vent*). **MENUIS.** Battant ; ouvrant.

VANTARD, E **adj.** et **n.** Qui se vante ; hâbleur.

VANTARDISE **n.f.** Action de se vanter ; attitude, propos de vantard.

VANTELLE **n.f.** → **VANNELLE.**

VANTER **v.t. [3]** (du bas lat. *vanitare,* être vain). Faire l'éloge de : *Vanter le talent d'un auteur.* ◆ **SE VANTER** **v.pr.** S'attribuer des qualités, des mérites que l'on n'a pas. ▪ **Se vanter de,** tirer vanité de : *Il se vante de sa réussite* ; se déclarer capable de : *Il se vante de pouvoir battre le record.*

VA-NU-PIEDS **n. inv.,** ▲ *VANUPIED n.* Personne misérable.

VAPES **n.f. pl.** (de *vapeur*). Fam. ▪ **Être dans les vapes,** être un peu abruti, hébété ; être évanoui. ▪ **Tomber dans les vapes,** s'évanouir.

VAPEUR **n.f.** (lat. *vapor*). **1.** Gaz résultant de la vaporisation d'un liquide ou de la sublimation d'un solide : *Vapeur d'eau.* **2.** Amas de fines gouttelettes en suspension dans l'air. ▪ **À la vapeur,** se dit d'aliments cuits au-dessus d'une eau en ébullition. ▪ **À toute vapeur** [fam.], à toute vitesse. ▪ **Avoir des vapeurs** [fam.], des bouffées de chaleur. ▪ **Les vapeurs du vin** [litt.], l'ivresse. ▪ **Machine à vapeur,** machine utilisant la vapeur d'eau comme force motrice, génér. pour actionner un mécanisme à piston et cylindre. ▪ **Vapeur surchauffée,** vapeur à une température supérieure à celle de l'ébullition normale. ◆ **n.m.** Anc. Navire propulsé par une machine à vapeur.

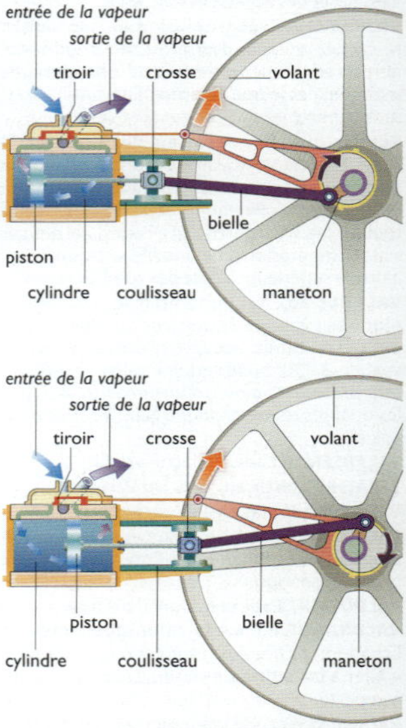

▲ **vapeur.** Fonctionnement d'une machine à vapeur.

VAPOCRAQUAGE n.m. **PÉTROLE.** Craquage d'hydrocarbures en présence de vapeur d'eau.

VAPOCRAQUEUR n.m. Installation où se réalise le vapocraquage.

VAPORETTO n.m. Embarcation motorisée utilisée pour le transport public sur les canaux de Venise.

VAPOREUX, EUSE adj. **1.** Léger et transparent comme la vapeur : *Tissu vaporeux.* **2.** Dont l'éclat est voilé : *Ciel vaporeux.*

VAPORISAGE n.m. **TEXT.** Action de soumettre à l'effet de la vapeur des fils, des tissus pour donner de l'apprêt, fixer les couleurs, etc.

VAPORISATEUR n.m. **1.** Récipient rechargeable servant à projeter un liquide, un parfum sous forme de fines gouttelettes. **2. PHYS.** Récipient ou échangeur dans lequel on opère une vaporisation.

VAPORISATION n.f. **1.** Action de vaporiser (un parfum, par ex.). **2. PHYS.** Action de vaporiser.

VAPORISER v.t. [3]. **1.** Projeter en fines gouttelettes ; pulvériser : *Vaporiser du parfum.* **2. PHYS.** Faire passer un liquide à l'état gazeux.

VAPOTER v.i. [3] (de *vapeur*, avec infl. de *crapoter*, tirer sur une cigarette sans avaler la fumée). Fam. Fumer une cigarette électronique.

VAPOTEUR, EUSE n. Fam. Personne qui fume une cigarette électronique.

VAPOTEUSE n.f. Fam. Cigarette électronique.

VAQUER v.i. [3] (du lat. *vacare*, être inoccupé). Cesser pour un temps ses fonctions, ses activités : *Les tribunaux vaquent. Les classes vaqueront le 26 mai prochain.* ◆ **v.t. ind. (À).** Consacrer son temps à : *Vaquer à ses occupations.*

VAR n.m. (acronyme de *voltampère réactif*). Nom donné au watt utilisé pour la mesure de la puissance électrique réactive (symb. var).

VARA adj.f. → **VARUS.**

VARAIGNE n.f. Ouverture par laquelle on introduit l'eau de mer dans les marais salants.

VARAN n.m. (ar. *waran*). Lacertilien carnivore d'Afrique, d'Asie (îles de la Sonde, notamm.) et d'Australie, dont une espèce, le *varan de Komodo*, dépasse 3 m de long. ➲ Famille des varanidés.

VARANGUE n.f. (anc. scand. *vrong*). **MAR.** Pièce transversale destinée à consolider le fond d'un navire.

VARAPPE n.f. (de *Varappe*, couloir rocheux près de Genève). Escalade de parois rocheuses.

VARAPPER v.i. [3]. Faire de la varappe.

VARAPPEUR, EUSE n. Alpiniste spécialiste de la varappe.

VARECH [-rɛk] n.m. (de l'anc. scand. *vágrek*, épave). Ensemble des algues laissées par le retrait de la marée et récoltées à marée basse sur les rivages. ➲ Le varech, appelé *goémon* en Normandie et en Bretagne, sert à amender les terres sablonneuses, et fournit de l'iode et de la soude.

VAREUSE n.f. (de *varer*, var. norm. de *garer*, protéger). **1.** Blouse courte et assez ample portée par les marins et les pêcheurs. **2.** Veste d'uniforme des quartiers-maîtres et des matelots de la Marine nationale.

VARIA n.m. pl., ▲ *n.m.* (mot lat. « choses variées »). Litt. Collection de livres divers ; recueil d'articles variés.

VARIABILITÉ n.f. Caractère de ce qui est variable ; fluctuation : *La variabilité d'une monnaie, de la mode.*

VARIABLE adj. **1.** Qui varie, peut varier ; changeant : *Temps variable.* **2.** Qui est différent selon les cas : *Revenus variables.* ▪ **Mot variable** [gramm.], dont la forme varie selon le genre, le nombre, la fonction. ◆ **n.f. 1. MATH.** Élément qui peut prendre des valeurs différentes à l'intérieur d'un ensemble, d'un système, d'une relation. **2. ASTRON.** Étoile variable. ▪ **Variable d'ajustement** [écon.], ressource utilisée par un agent économique pour réduire un déséquilibre passager entre les moyens dont il dispose et les engagements qu'il a contractés (le recrutement de salariés en CDD, par ex.).

VARIANCE n.f. **MATH.** Moyenne pondérée des carrés des écarts à la moyenne. ▪ **Variance d'un système physico-chimique** [thermodyn.], nombre maximal de paramètres d'un système dont on peut fixer indépendamment la valeur.

▲ **varan** de Komodo.

VARIANT n.m. **GÉNÉT.** Substance qui dérive d'une autre par mutation.

VARIANTE n.f. **1.** Chose qui diffère légèrement d'une autre de la même espèce : « *Brinquebaler* » *est une variante de* « *bringuebaler* ». **2.** Texte ou fragment de texte qui diffère du texte de référence, du fait de corrections de son auteur ou d'altérations dues à la copie ou à l'édition. **3. BX-ARTS, ARTS APPL.** Différence que présentent une réplique, une copie ou un projet nouveaux par rapport à l'œuvre ou au projet premiers.

VARIATEUR n.m. **ÉLECTR.** Dispositif permettant de faire varier une intensité électrique, utilisé notamm. avec certains appareils d'éclairage (halogènes). ▪ **Variateur de vitesse** [mécan. industr.], appareil permettant de transmettre la rotation d'un arbre à un autre arbre avec possibilité de modifier, de façon continue, le rapport de leurs vitesses.

VARIATION n.f. **1.** État de ce qui varie ; changement : *Des variations de température, d'humeur.* **2.** Fait de varier ; transformation : *Sa position sur la justice n'a connu aucune variation.* **3. BIOL.** Modification d'un animal ou d'une plante par rapport au type habituel de son espèce. ➲ On distingue les *accommodats*, purement individuels, acquis au cours de la vie et non transmissibles, et les *mutations*, héréditaires. **4. DANSE.** Composition chorégraphique destinée à un exécutant ; dans un grand pas de deux classique, enchaînement de pas de virtuosité exécuté successivement par le danseur et la danseuse entre l'adage et la coda. **5. MUS.** Procédé de composition qui consiste à transformer un thème en l'ornant, tout en le laissant reconnaissable ; composition musicale construite selon ce procédé. ▪ **Sens de variation d'une fonction** [math.], croissance ou décroissance de cette fonction sur un intervalle donné. ▪ **Variation d'une grandeur, d'une variable, d'une fonction** [math.], différence entre sa valeur finale et sa valeur initiale (symb. Δx, ou δx, pour $x_2 - x_1$) ; accroissement algébrique. ◆ **n.f. pl.** ▪ **Variations d'une fonction numérique** [math.], évolution de $f(x)$ lorsque x décrit l'ensemble de définition D (notamm., sens de variation, extremums et limites aux bornes de D, rassemblés dans le *tableau de variation* de la fonction).

VARICE n.f. (lat. *varix*, *-icis*). **MÉD.** Dilatation pathologique permanente d'une veine, fréquente sur les jambes.

VARICELLE n.f. (de *variole*). Maladie infectieuse contagieuse, due à un virus du groupe herpès, atteignant surtout les enfants et caractérisée par une éruption de vésicules. ➲ Le virus peut persister et provoquer plus tard un zona.

VARICOCÈLE n.f. **MÉD.** Dilatation variqueuse des veines du cordon spermatique et du scrotum.

VARICOSITÉ n.f. **MÉD.** Formation variqueuse de petites dimensions.

VARIÉ, E adj. (lat. *variatus*). **1.** Qui présente de la diversité : *Un répertoire varié.* **2.** (Au pl.). Se dit de choses qui diffèrent les unes des autres : *Desserts variés.*

VARIER v.t. [5] (lat. *variare*). Introduire de la diversité dans : *Varier ses loisirs, ses repas.* ◆ **v.i. 1.** Présenter des aspects divers, des différences : *Les températures varient de 10 à 20 °C ; changer* d'avis, de comportement : *Il n'a pas varié sur ce point.* **2. MATH.** Prendre différentes valeurs. **3. MUS.** Ajouter des variations à un air.

VARIÉTAL, E, AUX adj. **AGRIC.** Relatif à une variété de plante.

VARIÉTÉ n.f. (lat. *varietas*). **1.** Caractère de qqch dont les éléments sont différents, variés ; diversité : *Cette ville offre une grande variété de styles architecturaux.* **2.** Ensemble de chansons populaires : *La variété française.* **3. BIOL.** Type, sorte, à l'intérieur d'un même ensemble ; unité plus petite que l'espèce, dont les individus présentent un trait commun qui les différencie des autres variétés de la même espèce. ◆ **n.f. pl.** Spectacle présentant diverses attractions (chansons, danses, etc.).

VARIOLE n.f. (bas lat. *variola*, de *varius*, varié). Maladie infectieuse très contagieuse, due à un virus, et caractérisée par une éruption de taches rouges devenant des vésicules, puis des pustules. ➲ En 1978, l'OMS a déclaré que la variole était éradiquée dans le monde entier.

VARIOLEUX, EUSE adj. et n. Atteint de la variole.

VARIOLIQUE adj. Relatif à la variole.

VARIOMÈTRE n.m. **1. ÉLECTR.** Appareil servant à la mesure des inductances. **2. AÉRON.** Équipement de navigation indiquant la vitesse verticale de montée ou de descente d'un avion.

VARIQUEUX, EUSE adj. Relatif aux varices : *Ulcère variqueux.*

VARISTANCE n.f. **ÉLECTROTECHN.** Élément semi-conducteur dont la résistance électrique varie avec la tension appliquée, et qui sert à la régulation de cette dernière.

VARLET n.m. (forme anc. de *valet*). **HIST.** Jeune noble placé auprès d'un seigneur pour faire l'apprentissage de la chevalerie.

VARLOPE n.f. (du néerl.). **MENUIS.** Grand rabot muni d'une poignée, servant au corroyage du bois.

VARLOPER v.t. [3]. Travailler à la varlope.

VARROA n.m. Acarien parasite de l'abeille, causant d'importants dégâts dans leurs colonies.

VARRON ou **VARON** n.m. (du lat. *varus*, pustule). **VÉTÉR.** Larve de l'hypoderme, parasite de la peau des bovins, qu'elle perfore, rendant le cuir inutilisable.

VARSOVIEN, ENNE adj. et n. De Varsovie.

VARUS, VARA [-rys, a] adj. (mot lat. « cagneux »). [Inv. en nombre]. **MÉD.** Se dit d'un membre ou d'un segment de membre dévié vers l'intérieur (par oppos. à *valgus*) : *Pied bot varus.*

VARVE n.f. (du suédois *varv*, couche). **GÉOL.** Sédiment lacustre fait de dépôts alternativement fins et grossiers, déposé en avant des glaciers. ➲ Elle est utilisée comme moyen de datation des dépôts périglaciaires.

VASARD, E adj. Région. Sablonneux et vaseux.

VASCULAIRE adj. (du lat. *vasculum*, petit vase). **MÉD.** Relatif aux vaisseaux, partic. aux vaisseaux sanguins. ▪ **Plante vasculaire** [bot.], qui possède des vaisseaux conducteurs de la sève (ptéridophytes et phanérogames).

VASCULARISATION n.f. Présence, développement ou disposition des vaisseaux dans une région du corps, un organe, une tumeur.

VASCULARISÉ, E adj. Se dit d'une structure (organe, tumeur, etc.) pourvue de vaisseaux.

VASCULO-NERVEUX, EUSE (pl. *vasculo-nerveux*, *euses*), ▲ *VASCULONERVEUX, EUSE* adj. Relatif aux vaisseaux et aux nerfs.

1. VASE n.f. (germ. *wase*). Boue qui se dépose au fond des eaux.

2. VASE n.m. (lat. *vas*). Récipient de matière, de grandeur et de forme variables : *Mettre des fleurs dans un vase. Vase funéraire pour les cendres d'un défunt.* ▪ **En vase clos** → **1. CLOS.** ▪ **Vase (de nuit)** [vx], pot de chambre. ▪ **Vase d'expansion** [therm.], réservoir permettant la dilatation de l'eau d'un chauffage à eau chaude. ◆ **n.m. pl.** ▪ **Vases communicants**, récipients qu'un tube fait communiquer et dans lesquels un même liquide s'élève au même niveau, quelle que soit la forme de chacun des récipients. ▪ **Vases sacrés** [cath.], destinés à la célébration de la messe ou à la conservation de l'eucharistie.

VASECTOMIE ou **VASOTOMIE** **n.f.** (du lat. *vas*, vaisseau). Section chirurgicale des canaux déférents, pratiquée notamm. comme moyen de stérilisation masculine.

VASELINE **n.f.** (de l'all. *Wasser*, eau, et du gr. *elaion*, huile d'olive). Graisse minérale, translucide, extraite du résidu de la distillation des pétroles, utilisée en pharmacie et en parfumerie.

VASEUX, EUSE **adj.** **1.** Qui contient de la vase ; boueux : *Le fond de la mare est vaseux.* **2.** Fam. Se dit de qqn qui se sent faible, mal réveillé. **3.** Fam. Qui manque de clarté ou de finesse : *Explications, blagues vaseuses.*

VASIÈRE **n.f.** **1.** Étendue côtière ou sous-marine couverte de vase. **2.** Réservoir disposé au point le plus haut d'un marais salant pour y stocker, entre deux grandes marées, les eaux destinées à son alimentation.

VASISTAS [vazistas] **n.m.** (de la loc. all. *was ist das ?*, qu'est-ce que c'est ?). Petit vantail vitré s'ouvrant dans la partie supérieure d'une porte ou dans un mur.

VASOCONSTRICTEUR, TRICE **adj.** et **n.m.** Se dit d'un médicament ou d'un nerf qui provoque la vasoconstriction.

VASOCONSTRICTION **n.f.** **MÉD.** Diminution du calibre des vaisseaux sanguins par contraction de leurs cellules musculaires.

VASODILATATEUR, TRICE **adj.** et **n.m.** Se dit d'un médicament ou d'un nerf qui provoque la vasodilatation.

VASODILATATION **n.f.** **MÉD.** Augmentation du calibre des vaisseaux sanguins par relâchement de leurs cellules musculaires.

VASOMOTEUR, TRICE **adj.** Qui se rapporte à la vasomotricité. ▪ **Trouble vasomoteur des extrémités,** anomalie de la vasomotricité dans les mains ou les pieds, caractérisée par un changement de couleur ou de température cutanée, et parfois par des douleurs (nom générique).

VASOMOTRICITÉ **n.f.** **PHYSIOL.** Ensemble des phénomènes de vasoconstriction et de vasodilatation, commandés normalement par le système nerveux végétatif.

VASOPRESSINE **n.f.** Hormone sécrétée par l'hypothalamus et stockée dans l'hypophyse, qui diminue le volume d'eau des urines et provoque une vasoconstriction (SYN. **hormone antidiurétique**).

VASOTOMIE **n.f.** → **VASECTOMIE.**

VASOUILLARD, E **adj.** Fam. Qui vasouille ; qui est confus.

VASOUILLER **v.i.** **[3].** Fam. **1.** S'empêtrer dans ses actes ou ses propos : *Terminer un exposé sans vasouiller.* **2.** Ne pas se dérouler correctement : *Enquête qui vasouille.*

VASQUE **n.f.** (ital. *vasca*). **1.** Large cuvette d'une fontaine. **2.** Lavabo de cette forme, posé sur une surface plane ou encastré dans celle-ci. **3.** Grande coupe décorative évasée.

VASSAL, E, AUX **n.** (du lat. *vassus*, serviteur). **HIST.** Personne qui était liée à un suzerain par l'obligation de foi et hommage, et qui lui devait des services personnels. ◆ **adj.** et **n.** Qui est en situation de dépendance par rapport à un autre : *États vassaux.*

VASSALIQUE **adj.** Relatif à la vassalité.

VASSALISER **v.t.** **[3].** Réduire à la condition de vassal ; asservir.

VASSALITÉ **n.f.** **1.** État de dépendance, de sujétion : *Petit pays qui refuse la vassalité.* **2.** Système féodal fondé sur l'existence de liens entre suzerains et vassaux. **3.** Vasselage.

VASSELAGE **n.m.** Condition de vassal (SYN. **vassalité**).

VASSIVEAU **n.m.** (de *vacive*). Région. (Berry). Mouton de moins de deux ans.

VASTE **adj.** (lat. *vastus*). **1.** D'une grande étendue ; immense : *Un vaste territoire.* **2.** De larges dimensions ; spacieux : *Un bureau très vaste.* **3.** De grande envergure ; ample : *Une vaste escroquerie à la carte bancaire.*

VASTEMENT **adv.** Litt. Largement ; grandement.

VASTITUDE **n.f.** Litt. Caractère de ce qui est vaste ; immensité.

VA-T-EN-GUERRE **adj. inv.** et **n. inv.** Fam., péjor. Belliciste.

VATICANE **adj.f.** Du Vatican : *La Bibliothèque vaticane* ou *la Vaticane.*

VATICINATEUR, TRICE **n.** Litt. Personne qui prétend prédire l'avenir sous l'effet d'une inspiration surnaturelle ; devin.

VATICINATION **n.f.** Litt. **1.** Oracle d'un vaticinateur. **2.** Prophétie rabâchée et pompeuse.

VATICINER **v.i.** **[3]** (lat. *vaticinari*, de *vates*, devin). Litt. Débiter des prophéties pompeuses et confuses.

VA-TOUT **n.m. inv.,** ▲ *VATOUT n.m. (pl. vatouts).* Aux jeux de cartes ou aux dés, mise sur un seul coup de tout l'argent que l'on a devant soi. ▪ **Jouer son va-tout,** risquer sa dernière chance.

VAU **n.m.** (pl. *vaux*). **CONSTR.** Veau.

VAUCHÉRIE **n.f.** (du n. de J. P. E. *Vaucher*). Algue filamenteuse verte vivant dans l'eau douce ou dans les zones très humides. ➲ Classe des xanthophycées.

VAUCLUSIEN, ENNE **adj.** et **n.** Du Vaucluse. ◆ **adj.** ▪ **Source vauclusienne,** résurgence.

VAUDAIRE **n.f.** Vent du sud-est qui souffle sur le lac Léman.

VAUDEVILLE **n.m.** (du norm. *vau-de-vire*, chanson de circonstance). **1.** Comédie légère, fondée sur les rebondissements de l'intrigue, les quiproquos et les bons mots. **2.** Anc. Chanson populaire de caractère satirique. **3.** Comédie avec chansons et ballets (fin XVIIe s.).

VAUDEVILLESQUE **adj.** Qui tient du vaudeville.

VAUDEVILLISTE **n.** Auteur de vaudevilles.

1. VAUDOIS, E **adj.** et **n.** Du canton de Vaud.

2. VAUDOIS, E **adj.** et **n.** Relatif à la secte chrétienne fondée au XIIe s. à Lyon par P. Valdo et qui prêchait le retour à la perfection évangélique. ➲ Les vaudois forment auj. des communautés très vivantes en Italie et en Amérique latine.

1. VAUDOU **n.m.** (dahoméen *vodu*). **1.** Culte pratiqué en Amérique du Sud, aux Caraïbes et en partic. à Haïti. ➲ Issu, à travers la traite négrière, des religions du golfe du Bénin, il mêle éléments africains et catholiques ; ses rites visent à entrer en relation avec un ensemble de dieux plus proches que Dieu lui-même. **2.** Nom de divinités locales des religions du Bénin, servies par des prêtresses et réputées offrir aux hommes prospérité et guérison.

2. VAUDOU, E **adj.** Relatif au vaudou.

À VAU-L'EAU **loc. adv.** (de *val* et *eau*). Au fil de l'eau ; au gré du courant. ▪ **Aller** ou **s'en aller à vau-l'eau,** péricliter : *Ses affaires s'en vont à vau-l'eau.*

1. VAURIEN, ENNE **n.** et **adj.** (de *valoir* et *1. rien*). **1.** Enfant malicieux et indiscipliné ; garnement. **2.** Vieilli. Personne sans aucune valeur morale ; mauvais sujet.

2. VAURIEN **n.m.** (nom déposé). Voilier monotype dériveur, gréé en sloop et destiné à la régate et à la promenade.

VAUTOUR **n.m.** (lat. *vultur, -uris*). **1.** Grand rapace diurne, à tête et à cou nus, se nourrissant princip. de charognes. ➲ Les vautours du Nouveau Monde (*condor, urubu*, par ex.) sont distincts de ceux de l'Ancien Monde, dont certaines espèces fréquentent les régions montagneuses de l'Europe (*vautour fauve, gypaète*, etc.) ; ordre des accipitriformes. (V. ill. *rapaces.*) **2.** Fig. Homme dur, avide et rusé. ▪ **Fonds vautour,** fonds d'investissement spécialisé dans le rachat à bas prix de dettes d'États ou d'entreprises en difficulté. ➲ En prenant une part active au processus de restructuration de ces dettes, ce type de fonds vise princip. leur remboursement à un prix supérieur à leur prix d'achat.

VAUTRAIT **n.m.** (bas lat. *vertragus*). **VÉNER.** Équipage de chiens courants spécialement destinés à la chasse au sanglier.

SE VAUTRER **v.pr.** **[3]** (du lat. *volvere*, rouler). **1.** S'étendre sur qqch avec un abandon total : *Il se vautrait sur le canapé.* **2.** Litt. Se laisser aller à ses mauvais penchants : *Elle se vautre dans le mensonge.*

VAUX **n.m. pl.** → **VAL.**

VAVASSEUR **n.m.** (bas lat. *vassus vassorum*). **HIST.** Arrière-vassal qui, n'ayant pas de vassaux, occupait le degré inférieur de la noblesse féodale.

À LA VA-VITE **loc. adv.** Avec une grande hâte ; hâtivement.

VDQS ou **V.D.Q.S.** **n.m. inv.** (sigle). Vin délimité de qualité supérieure.

VÉ **n.m.** **MÉCAN. INDUSTR.** Cale en forme de V utilisée lors du traçage ou du contrôle d'une pièce.

VEAU **n.m.** (lat. *vitellus*). **1.** Petit de la vache. **2.** **BOUCH.** Chair de cet animal. **3.** Peau brute ou tannée provenant de la dépouille d'un jeune bovin et qui n'excède pas un certain poids (en France, 15 kg). **4.** Fam., péjor. Personne lourde de corps ou d'esprit. **5.** Fam. Véhicule lent et sans reprises. **6.** **CONSTR.** Chacun des éléments d'un cintre supportant tout ou partie d'une voûte pendant sa construction (SYN. **vau**). ▪ **Le veau d'or,** symbole de la richesse (par allusion à l'idole que les Hébreux adorèrent au pied du Sinaï). ▪ **Tuer le veau gras,** faire de grandes réjouissances de table (par allusion à la parabole de l'Enfant prodigue). ▪ **Veau marin,** phoque de l'Atlantique et de la mer du Nord.

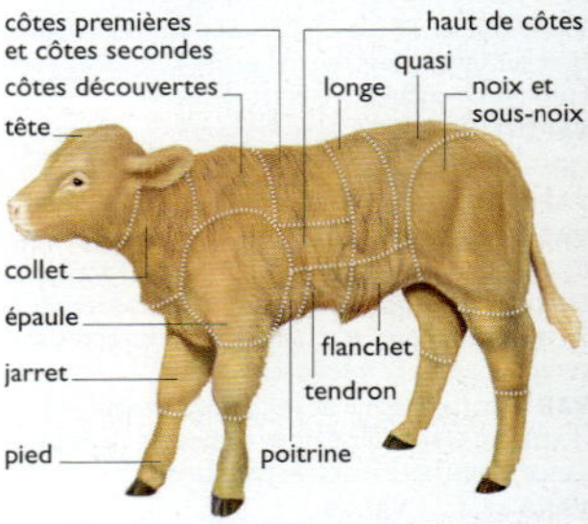

▲ **veau.** Les morceaux de boucherie du veau.

VÉCÉS **n.m. pl.** Fam. W.-C.

VECTEUR, TRICE **adj.** et **n.m.** (du lat. *vector*, celui qui transporte). Se dit d'un organisme (insecte, notamm.) qui transmet un agent infectieux. ◆ **n.m.** **1.** **MATH.** Segment de droite orienté défini par sa direction, son sens et sa longueur (ou norme) ; élément d'un espace vectoriel ; dans le plan ou l'espace, ensemble, noté $\overrightarrow{AB}$, de tous les bipoints équipollents au bipoint (A, B). **2.** **MIL.** Tout véhicule aéronautique capable de transporter une arme en vue de la lancer sur un objectif. **3.** **INFORM.** Ensemble de données d'un même type présentées sous forme d'une suite de mots tous séparés par le même incrément, en vue de leur traitement par un ordinateur vectoriel. **4.** Fig. Ce qui véhicule, transmet qqch : *L'éducation est un vecteur de progrès social.* **5.** **GÉNÉT.** Molécule d'ADN capable de se répliquer dans une cellule hôte et d'y introduire un ou plusieurs gènes. ▪ **Vecteur énergétique** [techn.], forme intermédiaire (électricité, hydrogène, essence, etc.) en laquelle est transformée l'énergie d'une source primaire pour son transport ou son stockage avant utilisation.

VECTORIEL, ELLE **adj.** **1.** **MATH.** Relatif aux vecteurs. **2.** **MÉTROL.** Se dit d'une grandeur présentant, outre une valeur, une direction et un sens (par oppos. à *scalaire*). ▪ **Calculateur** ou **ordinateur vectoriel,** ordinateur très puissant, destiné au calcul scientifique, qui est conçu pour traiter simultanément un ensemble de données à partir d'une même instruction. ▪ **Espace vectoriel** [math.], généralisation algébrique des espaces vectoriels de la géométrie. ➲ Un espace vectoriel E sur un corps commutatif K est un ensemble E muni d'une loi de composition interne *(addition)* qui en fait un groupe abélien, et d'une loi de composition externe associant à un élément *a* de K *(scalaire)* et à un élément *X* de E *(vecteur)* un élément $a \cdot X$ de E. ▪ **Espace vectoriel de dimension 1, 2 ou 3** [math.], ensemble des vecteurs d'une droite, d'un plan ou de l'espace. ▪ **Fonction vectorielle** [math.], fonction prenant ses valeurs dans un espace vectoriel. ▪ **Produit vectoriel** [math.], opération qui associe à deux vecteurs leur produit vectoriel. ▪ **Produit vectoriel de deux vecteurs $\vec{a}$ et $\vec{b}$** [math.], vecteur $\vec{c}$ de norme $\|\vec{a}\| \cdot \|\vec{b}\| \cdot |\sin \alpha|$ [α : angle de $\vec{a}$ et de $\vec{b}$], orthogonal à $\vec{a}$ et à $\vec{b}$, et tel que la base $(\vec{a}, \vec{b}, \vec{c})$

soit de sens direct ($\vec{c}$ est nul lorsque $\vec{a}$ et $\vec{b}$ sont colinéaires).

VECTORISATION n.f. Adaptation d'un programme informatique en vue de son traitement sur un ordinateur vectoriel.

VÉCU, E adj. Qui s'est passé réellement : *Aventure vécue.* ◆ **n.m.** Expérience que l'on a vécue ; ensemble des faits, des événements de la vie réelle.

VEDETTARIAT n.m. 1. Fait d'être une vedette, de le devenir. **2.** Système fondé sur la promotion des vedettes.

VEDETTE n.f. (de l'ital. *vedetta*, observatoire). **1.** Acteur, chanteur, artiste qui a une très grande notoriété ; star : *Vedette du cinéma, du music-hall.* **2.** Personne de premier plan ; célébrité : *Les vedettes du barreau.* **3.** (En appos., avec ou sans trait d'union). Qui est extrêmement connu ou au premier plan de l'actualité : *Présentateurs-vedettes. L'émission vedette d'une chaîne.* **4. MIL.** Anc. Sentinelle à cheval ; auj., sentinelle chargée de la sécurité d'un champ de tir. **5. MAR.** Embarcation pontée, à moteur. ▪ **Avoir** ou **tenir la vedette** ou **être en vedette,** occuper une position prééminente dans l'actualité. ▪ **En vedette** [imprim.], se dit d'un nom, d'un titre mis en relief par un procédé typographique. ▪ **Mettre en vedette,** mettre en valeur : *Débat destiné à mettre en vedette un jeune politicien.* ▪ **Vedette lance-missiles** ou **de combat** [mar.], petit bâtiment de guerre très rapide et puissamment armé.

VEDIKA [ve-] **n.f.** (mot sanskr.). Balustrade entourant le stupa.

VÉDIQUE adj. Relatif aux Veda (v. partie n.pr.). ◆ **n.m.** Forme archaïque du sanskrit, qui est la langue des Veda.

VÉDISME n.m. Forme primitive de la religion brahmanique, reposant sur l'étude des Veda.

VÉGAN, E adj. et **n.** ou **VEGAN** [vegan] **adj. inv.** et **n. inv.** Relatif au véganisme ; qui le pratique.

VÉGANISME n.m. (angl. *veganism*). Mode de vie alliant une alimentation exclusive par les végétaux (végétalisme) et le refus de consommer tout produit (vêtements, chaussures, cosmétiques, etc.) issu des animaux ou de leur exploitation.

VÉGÉTAL, E, AUX adj. (lat. médiév. *vegetalis*). **1.** Relatif aux végétaux, aux plantes : *Espèces végétales.* **2.** Composé de plantes, extrait des plantes ou fabriqué à partir de substances produites par des plantes : *Graisse végétale.* ◆ **n.m.** Être vivant génér. chlorophyllien et fixé au sol, doué d'une sensibilité et d'une mobilité extrêmement faibles par rapport à un animal, et capable de se nourrir de sels minéraux et de gaz carbonique.

VÉGÉTALIEN, ENNE ou **VÉGÉTALISTE adj.** et **n.** Relatif au végétalisme ; qui le pratique.

VÉGÉTALISATION n.f. URBAN. Action de couvrir une surface de végétaux, notamm. de plantes herbacées.

VÉGÉTALISÉ, E adj. URBAN. ▪ **Toiture, mur végétalisés,** recouverts de végétaux.

VÉGÉTALISER v.t. [3]. Effectuer une végétalisation.

VÉGÉTALISME n.m. Alimentation exclusive par les végétaux.

VÉGÉTALISTE adj. et **n.** → **VÉGÉTALIEN.**

VÉGÉTARIEN, ENNE adj. et **n.** Relatif au végétarisme ; qui le pratique.

VÉGÉTARISME n.m. Système d'alimentation supprimant les viandes, ou même tous les produits d'origine animale *(végétalisme)*, dans un dessein prophylactique, curatif ou philosophique.

VÉGÉTATIF, IVE adj. 1. BIOL. Qui assure l'entretien de la vie et de la croissance des animaux et des plantes, sans concerner les phénomènes de reproduction ni la vie psychique. **2. PHYSIOL.** Qui concerne le fonctionnement des viscères, les fonctions de l'organisme. **3.** Fig. Qui se limite à l'entretien des fonctions vitales sans faire intervenir les facultés intellectuelles : *Mener une vie végétative.* ▪ **Appareil végétatif** [bot.], racines, tige et feuilles des plantes supérieures, thalle des végétaux inférieurs, qui assurent la croissance et l'entretien. ▪ **Multiplication végétative** [bot.], multiplication asexuée*. ▪ **Pôle végétatif** [embryol.], région de l'œuf des vertébrés riche en inclusions vitellines (par oppos. à *pôle animal*). ▪ **Système nerveux végétatif** → **NERVEUX.**

VÉGÉTATION n.f. 1. Ensemble des végétaux d'un lieu ou d'une région : *Végétation tropicale.* **2. MÉD.** Excroissance anormale en forme de chou-fleur qui se développe sur la peau ou les muqueuses. ◆ **n.f. pl.** ▪ **Végétations (adénoïdes),** hypertrophie du tissu lymphoïde du rhino-pharynx, qui obstrue les fosses nasales, spécial. chez l'enfant.

VÉGÉTER v.i. [11], ▲ *[11*]* (du bas lat. *vegetare*, croître). **1.** Vx. Croître, en parlant des plantes. **2.** Vivre médiocrement : *Jeunes sans emploi qui végètent* ; se développer difficilement : *L'économie végète.*

VÉHÉMENCE n.f. Manifestation violente et passionnée d'un sentiment ; exaltation.

VÉHÉMENT, E adj. (lat. *vehemens, -entis*). Qui manifeste de la fougue ; impétueux : *Orateur, discours véhément.*

VÉHÉMENTEMENT adv. Litt. Avec véhémence.

VÉHICULAIRE adj. LING. ▪ **Langue véhiculaire,** langue de communication entre des communautés d'une même région ayant des langues maternelles différentes (par oppos. à *langue vernaculaire*).

VÉHICULE n.m. (lat. *vehiculum*, de *vehere*, transporter). **1.** Tout moyen de transport : *Véhicule automobile, spatial.* **2.** Ce qui sert à transmettre qqch ; vecteur : *L'image est devenue un véhicule privilégié de la publicité.* **3. OPT.** Système de lentilles ou de prismes redressant l'image dans une lunette d'observation terrestre. ▪ **Grand véhicule,** bouddhisme mahayana. ▪ **Petit véhicule,** bouddhisme hinayana ou theravada. ▪ **Véhicule de tourisme avec chauffeur (VTC),** mode de transport de personnes moyennant rétribution, sans taximètre, et s'effectuant uniquement sur réservation préalable, à la différence d'un taxi en maraude*.

VÉHICULÉ, E adj. ▪ **Être véhiculé** [Afrique], disposer d'un véhicule ; être motorisé ; par ext., disposer d'un moyen de transport, quel qu'il soit.

VÉHICULER v.t. [3]. 1. Transporter au moyen d'un véhicule. **2.** Être le moyen de diffusion, de transmission de : *L'école véhicule les valeurs de la république.*

VÉHICULEUR n.m. TEXT. Produit permettant d'accélérer la vitesse de diffusion des colorants dans les fibres de polyester.

VEILLE n.f. (lat. *vigilia*). **1.** État de qqn qui ne dort pas ; fait de ne pas dormir aux heures génér. consacrées au sommeil : *Des heures de veille passées à réviser.* **2.** Action de monter la garde, en partic. de nuit : *Tour de veille.* **3.** Journée qui précède celle dont on parle ou un événement particulier : *La veille de la rentrée.* **4.** État d'un matériel électrique ou électronique dont tout ou partie des fonctions est suspendu afin de réduire sa consommation (pour un ordinateur, on dit aussi *mode veille*) : *Ne laisse pas la télé en veille.* ▪ **À la veille de,** juste avant ; sur le point de. ▪ **Veille technologique,** dans une entreprise, activité consistant à rassembler et à exploiter, de façon permanente, toutes les informations relatives aux innovations du secteur la concernant.

VEILLÉE n.f. 1. Temps qui s'écoule depuis le repas du soir jusqu'au coucher ; réunion de personnes qui passent ce temps ensemble. **2.** Action de veiller un malade, un mort. ▪ **Veillée d'armes,** soirée qui précède un jour important.

VEILLER v.i. [3] (lat. *vigilare*). **1.** Rester éveillé pendant le temps destiné au sommeil : *Les enfants ont veillé tard.* **2. MIL.** Exercer une garde, une surveillance. ◆ **v.t. ind. 1. (SUR).** Exercer une surveillance vigilante sur : *Veiller sur un prisonnier.* **2. (À).** Prendre soin de : *Veiller à être à l'heure.* ◆ **v.t.** ▪ **Veiller un malade,** rester à son chevet. ◆ **SE VEILLER v.pr.** Suisse. Fam. Faire attention.

VEILLEUR, EUSE n. ▪ **Veilleur de nuit,** garde de nuit d'un établissement, d'un chantier, etc.

VEILLEUSE n.f. 1. Petite lampe donnant une lumière d'une faible luminosité afin de ne pas gêner le sommeil. **2.** Petite flamme d'un appareil à gaz ou à mazout qu'on laisse brûler pour permettre l'allumage automatique de l'appareil. ▪ **En veilleuse,** au ralenti ; en attente. ▪ **La mettre en veilleuse** [fam.], se taire. ◆ **n.f. pl. AUTOM.** Feux de position.

VEINAGE n.m. Aspect décoratif du bois veiné.

VEINARD, E adj. et **n.** Fam. Qui a de la veine ; chanceux.

VEINE n.f. (lat. *vena*). **1. ANAT.** Vaisseau sanguin ramenant le sang des organes vers le cœur. **2. MIN.** Filon de roche ou de minéraux dans une roche encaissante de nature différente. **3.** Trace plus ou moins sinueuse visible sur une pièce de bois, un bloc de pierre : *Les veines du marbre.* **4.** Inspiration artistique, littéraire : *La veine poétique.* **5.** Fam. Chance : *Avoir de la veine.* **6. BOT.** Nervure très saillante de certaines feuilles. **7. PHYS.** Ensemble des filets groupés d'un fluide en écoulement. ▪ **Être en veine de,** disposé à tel comportement : *Être en veine de compliments.*

VEINÉ, E adj. 1. Qui a des veines apparentes : *Jambe veinée.* **2.** Qui porte des dessins imitant les veines du bois ou de certaines pierres : *Papier veiné.*

VEINER v.t. [3]. Imiter les veines du marbre ou du bois dans une intention décorative.

VEINEUX, EUSE adj. ANAT. Relatif aux veines. ▪ **Sang veineux,** sang qui n'a pas encore subi l'hématose et qui circule dans les veines de la grande circulation et dans l'artère pulmonaire.

VEINOSITÉ n.f. ANAT. Petite veine superficielle visible sous la peau.

VEINOTONIQUE adj. et **n.m.** Se dit d'un médicament qui augmente la tonicité des parois veineuses. ➲ Utilisé notamm. dans le traitement des hémorroïdes et de l'insuffisance veineuse des membres inférieurs.

VEINULE n.f. (lat. *venula*). **ANAT.** Petite veine.

VEINURE n.f. Aspect veiné du bois, du marbre.

VÊLAGE ou **VÊLEMENT n.m.** Action de vêler, en parlant des vaches.

VÉLAIRE adj. et **n.f.** (du lat. *velum*, voile). **PHON.** Se dit d'une voyelle ou d'une consonne articulée près du voile du palais (ex. : [u], [k]).

VÉLANI n.m. (du moy. gr. *balanidi*, gland). Chêne d'Asie Mineure, dont les cupules, riches en tanin, sont utilisées en teinturerie et en tannerie.

VÉLAR n.m. (du gaul.). [Abusif]. Sisymbre.

VÉLARIUM ou **VELARIUM** [velarjɔm] **n.m.** (lat. *velarium*). **ANTIQ. ROM.** Toile dont on couvrait les théâtres et les amphithéâtres pour abriter les spectateurs.

VELCRO n.m. (nom déposé). Fermeture contact* de la marque de ce nom.

VELD [vɛld] **n.m.** (mot néerl. « champ »). Formation végétale de l'Afrique du Sud, mêlant des arbres isolés, des herbes plus ou moins espacées et des buissons épineux.

VÊLEMENT n.m. → **VÊLAGE.**

VÊLER v.i. [3] (de l'anc. fr. *veel*, veau). Mettre bas, en parlant d'une vache.

VÊLEUSE n.f. VÉTÉR. Appareil utilisé pour faciliter le vêlage.

VÉLIE n.f. (lat. sc. *velia*). Punaise très commune sur les étangs et les rivières, au corps épais. ➲ Ordre des hémiptères.

VÉLIN n.m. (de l'anc. fr. *veel*, veau). Peau de veau ou de mouton préparée pour l'écriture, la peinture, etc., plus fine que le parchemin ordinaire. ▪ **Papier vélin,** ou **vélin,** anc., papier de luxe fabriqué pour imiter la blancheur et l'uni du vélin ; auj., papier ne présentant pas de vergeures.

▲ **vélin.** *Touffe de primevères* (1526), gouache sur vélin d'Albrecht Dürer. (Coll. part.)

VÉLIPLANCHISTE n. Planchiste.

VÉLIQUE adj. (du lat. *velum,* voile). **MAR.** Relatif aux voiles. ▪ **Point vélique,** point où paraît être appliquée la résultante de toutes les actions du vent sur les voiles d'un navire.

VÉLITE n.m. (lat. *veles, -itis*). **HIST. 1.** Soldat d'infanterie légère, chez les Romains. **2.** Jeune soldat appartenant à une école créée par Napoléon Ier pour former les futurs gradés.

VÉLIVOLE adj. et **n.** (du lat. *velum,* voile, et *volare,* voler). Relatif au vol à voile ; qui le pratique.

VELLAVE adj. et **n.** Du Velay.

VELLÉITAIRE adj. et **n.** Qui est incapable de s'en tenir à une décision prise.

VELLÉITÉ n.f. (lat. médiév. *velleitas*). Volonté faible, hésitante et non suivie d'action : *Elle a eu des velléités de terminer son rapport.*

VÉLO n.m. (abrév. de *vélocipède*). **1.** Bicyclette. **2.** Sport, pratique de la bicyclette. ▪ **Vélo à assistance électrique (VAE),** vélo équipé d'un moteur électrique auxiliaire et d'une batterie rechargeable, dont l'assistance ne se déclenche que lorsqu'on pédale. ▪ **Vélo à pneus surdimensionnés** [Québec], VPS. ▪ **Vélo couché,** vélo sur lequel le cycliste pédale à demi allongé sur le dos. ▪ **Vélo tout-terrain,** VTT. (Au Québec, on dit *vélo de montagne.*)

VÉLOCE adj. (lat. *velox, -ocis*). Litt. Rapide ; vif : *Une gazelle véloce.*

VÉLOCIMÈTRE n.m. Appareil servant à la vélocimétrie.

VÉLOCIMÉTRIE n.f. Mesure des vitesses (de certains fluides, par ex.).

VÉLOCIPÈDE n.m. (de *véloce* et du lat. *pes, pedis,* pied). Anc. Cycle mû grâce à des pédales fixées sur le moyeu de la roue avant, ancêtre de la bicyclette.

VÉLOCIRAPTOR n.m. (du lat. *velox, -ocis,* rapide, et *raptor,* voleur). Dinosaurien du crétacé de Mongolie et de Chine, coureur bipède et carnivore. ➲ Long. 1,80 m ; groupe des saurischiens théropodes.

VÉLOCISTE n. Spécialiste de la vente et de la réparation des cycles.

VÉLOCITÉ n.f. Litt. Grande rapidité dans le mouvement.

VÉLOCROSS n.m. Vélo tout-terrain sans suspension ni garde-boue.

VÉLODROME n.m. SPORTS. Ensemble formé par une piste (couverte ou non) réservée à la compétition cycliste et par les installations attenantes (tribunes, vestiaires, etc.).

VÉLOMOTEUR n.m. Motocycle léger, d'une cylindrée comprise entre 49,9 et 124,9 cm^3.

VÉLOROUTE n.f. Itinéraire balisé proposé aux cyclistes, reliant plusieurs villes ou régions et privilégiant l'usage des pistes cyclables.

VÉLOSKI n.m. Ski-bob.

VELOT n.m. (de l'anc. fr. *veel,* veau). Veau mort-né dont la peau sert à fabriquer le vélin.

VÉLO-TAXI (pl. *vélos-taxis*), ▲ *VÉLOTAXI* **n.m.** Afrique. Vélomoteur de location avec chauffeur, utilisé comme taxi urbain.

VELOURS n.m. (du lat. *villosus,* couvert de poils). **1.** Étoffe rase d'un côté et couverte de l'autre de poils dressés, très serrés, maintenus par les fils du tissu. **2.** Ce qui est doux au toucher ; ce qui produit un effet de douceur : *Une peau de velours.* ▪ **De velours,** qui se déroule en douceur : *Une révolution de velours.* ▪ **Faire patte de velours,** présenter sa patte en rentrant ses griffes, en parlant d'un chat ; fig., cacher de mauvaises intentions sous des dehors bienveillants. ▪ **Jouer sur le** ou **du velours,** ne miser au jeu que ce que l'on a déjà gagné ; tenter qqch en sachant qu'il n'y a aucun risque.

VELOUTÉ, E adj. 1. Qui est de la nature du velours. **2.** Qui a l'aspect du velours : *Papier velouté.* **3.** Doux au toucher, au goût : *Peau veloutée.* ◆ **n.m. 1.** Qualité de ce qui est agréable au toucher, au goût : *Le velouté d'une crème.* **2. CUIS.** Potage onctueux, lié à la crème et aux jaunes d'œufs : *Velouté de potiron.*

VELOUTER v.t. [3]. Litt. Donner l'apparence, la douceur du velours à.

VELOUTEUX, EUSE adj. Qui a le toucher du velours.

VELOUTIER n.m. Ouvrier qui tisse des articles de velours.

VELOUTINE n.f. Tissu de coton gratté des deux côtés pour lui donner un aspect velouté.

VELU, E adj. (bas lat. *villutus*). Couvert de poils : *Dos velu.*

VÉLUM ou **VELUM** [velɔm] **n.m.** (du lat. *velum,* voile). Grande pièce de tissu servant soit à diminuer la hauteur d'un local, soit à protéger un lieu sans toit du soleil.

VELUX [velyks] **n.m.** (nom déposé). Fenêtre de toit de la marque de ce nom.

VELVET [vɛlvɛt] **n.m.** (mot angl. « velours »). Velours de coton à côtes.

VELVOTE n.f. (de l'anc. fr. *velut,* velours). Linaire.

VENAISON n.f. (du lat. *venatio, -onis,* chasse). Chair comestible de gros gibier (sanglier, cerf, etc.).

VÉNAL, E, AUX adj. (lat. *venalis*). **1.** Qui s'acquiert à prix d'argent : *Amour vénal* ; prêt à se vendre pour de l'argent : *Témoin vénal.* **2.** Qui se transmet à prix d'argent : *Charge notariale vénale.* **3.** Relatif à l'argent en tant que valeur d'échange : *Valeur vénale.*

VÉNALITÉ n.f. 1. Caractère d'une personne vénale : *La vénalité d'un élu.* **2.** État de ce qui est vénal : *La vénalité des charges.*

VENANT n.m. ▪ **À tout venant,** au premier venu : *Maison ouverte à tous venants.*

VENDABLE adj. Qui peut être vendu.

VENDANGE n.f. (lat. *vindemia*). **1.** Récolte du raisin destiné à produire du vin : *Faire la vendange* ; le raisin récolté : *Transporter la vendange.* **2.** (Surtout pl.). Époque de cette récolte : *Pendant les vendanges.*

VENDANGEOIR n.m. Hotte ou panier de vendangeur.

VENDANGER v.t. [10]. Récolter le raisin de. ◆ **v.i.** Faire la vendange.

VENDANGEUR, EUSE n. Personne qui fait la vendange.

VENDANGEUSE n.f. 1. Machine automotrice pour la récolte mécanique du raisin. ➲ Elle fonctionne en frappant les souches pour détacher les grains de raisin. **2.** Nom de plusieurs plantes fleurissant à l'automne, notamm. l'aster.

VENDÉEN, ENNE adj. et **n.** De Vendée. ◆ **n. HIST.** Insurgé royaliste des provinces de l'Ouest, pendant la Révolution française.

VENDÉMIAIRE n.m. (du lat. *vindemia,* vendange). Premier mois de l'année républicaine, commençant le 22, le 23 ou le 24 septembre et finissant le 21, le 22 ou le 23 octobre.

VENDETTA [vɑ̃-] **n.f.** (mot ital. « vengeance »). Dans certaines régions méditerranéennes (Corse, Sardaigne, Sicile) et, par ext., dans d'autres sociétés, système de vengeance d'une offense ou d'un meurtre, qui implique tous les parents de la victime, parfois sur plusieurs générations.

VENDEUR, EUSE n. 1. Personne dont la profession est de vendre, en partic. dans un magasin. **2. DR.** Personne qui fait un acte de vente. (En ce sens, le fém. est *venderesse.*) ◆ **adj.** Qui fait vendre : *Un sujet vendeur.*

VENDRE v.t. [59] (lat. *vendere*). **1.** Céder un bien, une marchandise moyennant un prix convenu : *Vendre sa voiture.* **2.** Faire le commerce de qqch : *Vendre des meubles.* **3.** Accorder contre de l'argent ou un avantage : *Vendre son témoignage à la presse.* **4.** Fam. Dénoncer par intérêt ; livrer : *Vendre ses complices.* ▪ **Vendre la peau de l'ours (avant de l'avoir tué),** disposer d'une chose avant de la posséder. ◆ **SE VENDRE v.pr. 1.** Trouver un acquéreur. **2.** Se mettre en valeur, notamm. pour obtenir un emploi, une promotion : *Savoir se vendre.*

VENDREDI n.m. (du lat. *Veneris dies,* jour de Vénus). Cinquième jour de la semaine. ▪ **Le Vendredi saint,** le vendredi de la semaine sainte, jour anniversaire de la mort de Jésus-Christ.

VENDU, E adj. et **n.** Injur. Qui s'est laissé acheter, corrompre.

VENELLE n.f. (de *veine*). Litt. ou région. Ruelle.

VÉNÉNEUX, EUSE adj. (bas lat. *venenosus*). **1.** Se dit d'une plante qui contient une substance dont l'ingestion est toxique : *Champignons vénéneux.* **2. PHARM.** Se dit d'une substance nuisible à la santé, toxique ou stupéfiante.

VÉNÉRABLE adj. (lat. *venerabilis*). Digne de vénération ; respectable. ▪ **D'un âge vénérable,** très vieux. ◆ **n.m.** Président d'une loge maçonnique. ◆ **n. CATH.** Personne qui a mené une vie exemplaire et dont l'enquête de béatification est en cours.

VÉNÉRATION n.f. 1. Respect et admiration que l'on a pour qqn ; déférence. **2.** Sentiment de piété, d'adoration pour les choses saintes.

VÉNÈRE adj. (verlan de *énervé*). Fam. En colère ; énervé : *J'étais trop vénère, quand il m'a dit ça.*

VÉNÉRÉOLOGIE n.f. → **VÉNÉROLOGIE.**

VÉNÉRER v.t. [11], ▲ *[11*]* (lat. *venerari*). **1.** Avoir de la vénération pour qqn ; révérer. **2.** Rendre à Dieu, à un saint le culte qui leur est dû.

VÉNERIE, ▲ *VÈNERIE* **n.f.** (du lat. *venari,* chasser). Art de chasser des animaux sauvages (cerf, chevreuil, sanglier, par ex.) avec des chiens courants.

VÉNÉRIEN, ENNE adj. (du lat. *Venus, Veneris,* Vénus). Vx. Relatif aux rapports sexuels. ▪ **Maladie vénérienne** [vieilli], infection sexuellement transmissible (IST) ; mod., maladie transmise uniquement par voie sexuelle, comme la syphilis, par oppos. à celles qui ont également d'autres modes de transmission, comme le sida.

VÉNÉROLOGIE ou **VÉNÉRÉOLOGIE n.f.** Partie de la médecine qui étudie et traite les maladies vénériennes.

VÉNÈTE adj. Relatif aux Vénètes. ◆ **n.m.** Langue italique parlée dans le nord-est de l'Italie ancienne.

VENEUR n.m. (du lat. *venator,* chasseur). Celui qui, à la chasse, dirige les chiens courants.

VÉNÉZUÉLIEN, ENNE adj. et **n.** Du Venezuela ; de ses habitants.

VENGEANCE n.f. Action de se venger ; mal que l'on fait à qqn pour se venger : *Préparer sa vengeance.*

VENGER v.t. [10] (du lat. *vindicare,* revendiquer en justice). **1.** Constituer le dédommagement, la compensation d'un préjudice subi. **2.** Procurer réparation d'une offense, d'un préjudice en punissant l'auteur. ◆ **SE VENGER v.pr.** (**DE**). **1.** Obtenir

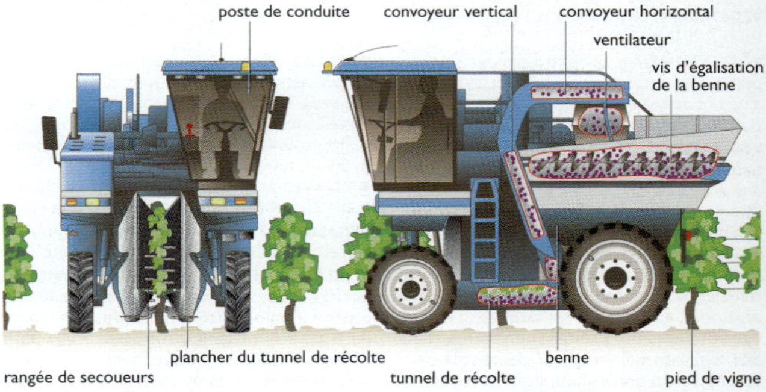

face **profil**

▲ **vendangeuse.** Constitution et fonctionnement.

pour soi réparation d'un acte jugé offensant : *Se venger d'une humiliation.* **2.** Agir de façon à punir l'auteur d'une offense reçue : *Se venger d'un partenaire déloyal.*

VENGERON n.m. Suisse. Gardon (poisson).

VENGEUR, ERESSE adj. et n. Qui est animé par l'esprit de vengeance : *Une caricature vengeresse.*

VÉNIEL, ELLE adj. (du lat. *venia*, pardon). Litt. Se dit d'une faute sans gravité ; anodin. ▪ **Péché véniel** [christ.], péché léger (par oppos. à *péché mortel*).

VENIMEUX, EUSE adj. (de l'anc. fr. *venim*, venin). **1.** Se dit d'un animal qui produit du venin : *Araignée venimeuse.* **2.** Plein de malveillance et de méchanceté ; fielleux : *Remarque venimeuse.*

VENIN n.m. (du lat. *venenum*, poison). **1.** Liquide toxique sécrété chez certains animaux par un organe spécial et qui est génér. injecté par une piqûre ou une morsure à d'autres animaux ou à l'homme, dans un but défensif ou agressif. **2.** Malveillance blessante et haineuse : *Un site qui répand du venin sur les diplomates.*

VENIR v.i. [28] (auxil. *être*) [lat. *venire*]. **1.** Se déplacer en direction de celui qui parle ou à qui l'on parle ; se diriger vers : *Le taxi vient vers nous. Quand viens-tu à Lyon ?* **2.** S'étendre jusqu'à tel endroit ; s'élever jusqu'à tel niveau : *La mer vient jusqu'au rocher.* **3.** Apparaître, en parlant d'un fluide ; couler : *Ouvrez la vanne, l'eau va venir.* **4.** Avoir tel lieu comme point de départ ; arriver de : *Elle vient de Strasbourg, de chez ses parents.* **5.** Avoir pour origine, pour source : *Ce whisky vient d'Écosse. Ce mot vient du russe.* **6.** Avoir lieu ; se produire ; arriver : *Cette panne de métro vient mal à propos.* **7.** Se développer ; pousser : *La lavande vient bien ici.* **8.** Avoir pour cause ; résulter de : *Ton erreur vient d'un manque d'attention.* ▪ **À venir,** qui va arriver ; futur : *Les années à venir.* ▪ **En venir à,** aborder le point essentiel : *Venons-en aux faits* ; aboutir à tel point de vue : *J'en viens à souhaiter qu'il s'en aille.* ▪ **En venir aux mains,** en arriver à se battre. ▪ **Faire venir qqch,** le faire livrer. ▪ **Faire venir qqn,** le convoquer. ▪ **Laisser** ou **voir venir,** laisser les choses se préciser avant d'agir. ▪ **Ne faire qu'aller et venir,** se déplacer sans cesse ; ne rester que peu de temps quelque part. ▪ **Savoir où qqn veut en venir,** deviner son but, ses objectifs. ▪ **Venir après,** succéder à : *Le calme vient après la tempête.* ▪ **Venir de** (+ inf.), avoir fait tout récemment : *Elle vient de me le dire.* ▪ **Y venir,** se résigner à accepter qqch : *Il faudra que tout le monde y vienne.* ◆ **S'EN VENIR v.pr.** Litt. S'avancer ; arriver.

VÉNITIEN, ENNE adj. et n. De Venise. ◆ **adj.** ▪ **Blond vénitien,** tirant sur le roux.

VENT n.m. (lat. *ventus*). **1.** Déplacement de l'air s'effectuant surtout horizontalement, et qui tend à atténuer les inégalités du champ de pression atmosphérique. **2.** Mouvement de l'air produit par un moyen quelconque : *Le panka faisait un peu de vent.* **3.** Fam., vieilli. Gaz intestinal ; flatulence. **4.** Tendance générale des influences qui se manifestent à un moment donné : *Un vent de panique souffle sur la Bourse.* **5. VÉNER.** Odeur laissée par un animal chassé. ▪ **Au vent** [mar.], se dit de qqch qui se trouve par rapport à un navire du côté d'où souffle le vent. ▪ **Avoir vent de qqch,** en entendre parler. ▪ **Bon vent !** [fam.], bonne chance ! ; bon débarras ! ▪ **Contre vents et marées,** en dépit de tous les obstacles. ▪ **Dans le vent,** à la mode. ▪ **Du vent,** chose, en partic. promesse, sans valeur, sans fondement : *Ses discours, c'est du vent !* ▪ **Instrument à vent** [mus.], dont le son est produit par le souffle, à l'aide soit d'une anche, soit d'une embouchure. ▪ **Prendre le vent,** étudier la tournure que prennent les événements pour y adapter sa conduite. ▪ **Sentir le vent du boulet,** comprendre que l'on a échappé à une catastrophe. ▪ **Sous le vent** [mar.], dans la direction opposée à celle d'où le vent souffle. ▪ **Venir dans le vent** [mar.], amener l'avant d'un navire dans la direction du vent. ▪ **Vent debout** → **DEBOUT.** ◆ **n.m. pl. MUS.** Instruments à vent.

VENTAIL n.m. (pl. *ventaux*) ou **VENTAILLE** n.f. (de *vent*). **ARM.** Anc. Partie de la visière des casques clos par laquelle l'air pénétrait.

VENTE n.f. (lat. pop. *vendita*). **1.** Action de vendre qqch à un prix convenu ; cession : *La vente d'un terrain.* **2.** Commerce, métier de celui qui vend ; dans une entreprise, fonction de ceux qui sont chargés d'écouler les marchandises produites ou achetées ; service commercial chargé de cette fonction. **3. SYLVIC.** Partie de forêt dont le bois, vendu ou en instance d'être vendu, est prêt à être exploité ; ensemble des arbres d'une partie de la forêt qui viennent d'être abattus. ▪ **En vente,** disponible dans le commerce. ▪ **Salle** ou **hôtel des ventes,** local où se tiennent des ventes publiques aux enchères. ▪ **Vente à distance (VAD),** procédé de vente utilisant un support pour toucher la clientèle (vente en ligne et VPC, par ex.). ▪ **Vente à perte,** cession d'un produit à un prix inférieur à celui figurant sur la facture d'achat initial. ▪ **Vente directe,** vente par un industriel de ses produits déclassés, sans intermédiaire et dans un lieu habituel, pour laquelle une autorisation est nécessaire ; par ext., vente sans intermédiaire. ▪ **Vente en ligne,** commerce électronique. ▪ **Vente par correspondance (VPC),** réalisée au moyen de l'envoi d'un catalogue au client éventuel et réglementée afin de respecter le consentement de l'acheteur.

VENTÉ, E adj. Où le vent n'est pas freiné ou atténué par des obstacles naturels ; venteux.

VENTER v. impers. [3]. Faire du vent : *Qu'il pleuve ou qu'il vente.*

VENTEUX, EUSE adj. (lat. *ventosus*). **1.** Venté. **2.** Se dit d'une période où il fait du vent : *Une nuit venteuse.*

VENTILATEUR n.m. Appareil, génér. constitué d'une hélice mobile mue par un moteur, destiné à créer un courant d'air rafraîchissant dans une pièce ou dans un autre appareil (ordinateur, par ex.).

1. VENTILATION n.f. **1.** Action de ventiler, d'aérer ; installation permettant de le faire. **2. PHYSIOL.** Ensemble des phénomènes qui permettent les mouvements de l'air dans les voies respiratoires. ▪ **Ventilation artificielle** [méd.], traitement qui consiste à insuffler de l'air ou un gaz en rythme dans les poumons (par le bouche-à-bouche, par ex.), quand la ventilation spontanée est défaillante (SYN. **respiration artificielle**). ▪ **Ventilation mécanique contrôlée (VMC)** [constr.], système assurant le renouvellement d'air des locaux habités, sans avoir à ouvrir les fenêtres.

2. VENTILATION n.f. Recomm. off. pour **dispatching.**

1. VENTILER v.t. [3] (lat. *ventilare*). Renouveler l'air de ; aérer : *Ventiler un tunnel.*

2. VENTILER v.t. [3] (de *1. ventiler*). **1.** Répartir des choses ou des personnes ; distribuer : *Ventiler des crédits. Ventiler des étudiants en fonction de leurs résultats.* **2.** Répartir certaines dépenses ou certains frais entre différents comptes.

VENTILEUSE n.f. Abeille qui bat des ailes à l'entrée de la ruche pour abaisser la température intérieure.

VENTÔSE n.m. (du lat. *ventosus*, venteux). Sixième mois de l'année républicaine, commençant le 19, le 20 ou le 21 février et finissant le 20 ou le 21 mars.

VENTOUSE n.f. (du lat. *ventosa cucurbita*, courge pleine de vent). **1.** Petite calotte de caoutchouc qui peut s'appliquer par la pression de l'air sur une surface plane. **2. ZOOL.** Organe utilisé par certains animaux pour se fixer sur un support (sangsue, certains poissons) ou pour attraper des proies (pieuvre). **3. MÉD.** Anc. Ampoule de verre dans laquelle on provoquait le vide et que l'on appliquait sur la peau pour y produire une congestion locale. **4. CONSTR.** Orifice de prise d'air d'un conduit. **5. THERM.** Conduites permettant d'amener l'air comburant et d'extraire les gaz brûlés dans une chaudière. ▪ **Faire ventouse,** adhérer. ▪ **Voiture ventouse** [fam.], qui stationne trop longtemps au même endroit en encombrant la voie publique.

VENTRAL, E, AUX adj. Relatif au ventre ; relatif à la face antérieure ou inférieure du corps de l'homme, d'un animal, d'un organe (par oppos. à *dorsal*).

VENTRE n.m. (lat. *venter, -tris*). **1.** Partie inférieure et antérieure du tronc ; abdomen. **2.** Partie renflée d'un objet creux : *Le ventre d'un vase.* **3. PHYS.** Point, ligne ou surface d'un système d'ondes stationnaires où l'amplitude vibratoire est maximale (par oppos. à *nœud*). ▪ **À plat ventre,** complètement allongé sur le ventre. ▪ **Avoir les yeux plus gros que le ventre** [fam.], prendre plus qu'on ne peut manger ; entreprendre plus qu'on ne peut mener à bien. ▪ **Avoir, prendre du ventre,** de l'embonpoint. ▪ **Avoir qqch, n'avoir rien dans le ventre** [fam.], avoir, ne pas avoir de courage. ▪ **Faire mal au ventre à qqn** [fam.], lui répugner. ▪ **Marcher** ou **passer sur le ventre de qqn** [fam.], triompher de lui par tous les moyens et sans souci des conséquences. ▪ **Se mettre à plat ventre devant qqn,** adopter une attitude bassement servile. ▪ **Taper sur le ventre à qqn** [fam.], le traiter trop familièrement. ▪ **Ventre à terre,** à toute vitesse. ▪ **Ventre mou** [fam.], personne sans réelles convictions ; point faible de qqch par où on peut le détruire : *Le ventre mou de la sécurité financière.*

VENTRÈCHE n.f. Région. (Sud-Ouest). Lard maigre.

VENTRÉE n.f. Fam., vieilli. Grande quantité de nourriture.

VENTRICULAIRE adj. Relatif aux ventricules.

VENTRICULE n.m. (lat. *ventriculus*). **ANAT.** **1.** Chacune des deux cavités inférieures du cœur situées au-dessous et en avant d'une oreillette, et dont les contractions envoient le sang dans les artères. **2.** Chacune des quatre cavités de l'encéphale, contenant du liquide céphalo-rachidien.

VENTRIÈRE n.f. Sangle que l'on passe sous le ventre d'un animal (cheval, notamm.) pour le soulever et l'embarquer, le transborder, etc.

VENTRILOQUE n. et adj. (du lat. *venter, -tris*, ventre, et *loqui*, parler). Artiste de music-hall qui réussit à parler sans remuer les lèvres : *Un ventriloque et sa marionnette.*

VENTRIPOTENT, E adj. Fam. Se dit d'une personne ventrue ; bedonnant.

VENTRU, E adj. **1.** Qui a un gros ventre. **2.** Se dit d'un objet renflé, bombé : *Une jarre ventrue.*

VENTURI n.m. (du n. de G. B. *Venturi*). **PHYS.** Tube comportant un rétrécissement, utilisé pour la mesure du débit des fluides.

VENU, E adj. ▪ **Être bien, mal venu,** être bien, mal développé ; être bien, mal accueilli. ▪ **Être mal venu à** ou **de,** être peu qualifié pour : *Tu es mal venu de te plaindre.* (On écrit aussi *malvenu.*) ▪ **Le premier… venu,** la première personne, chose qui se présente : *Le premier bavard venu se déclare conseiller.* ◆ **n.** ▪ **Dernier, nouveau venu,** personne arrivée la dernière, récemment arrivée. ▪ **Le premier venu,** une personne quelconque ; n'importe qui.

VENUE n.f. **1.** Action, fait de venir, de se produire ; arrivée : *Elle annonce sa venue pour demain. La venue des premières brumes. La venue d'un enfant.* **2.** Litt. Manière dont une plante pousse, dont une action se déroule : *Arbre d'une belle venue. Récit d'une seule venue.*

VÉNUS [-nys] n.f. (de *Vénus*, n. myth.). **1.** Femme très belle. **2.** Représentation artistique de la déesse Vénus ; statuette préhistorique (surtout gravettienne) de femme stéatopyge. **3.** Mollusque bivalve marin, à coquille ornée de côtes concentriques, et dont une espèce est la praire (nom générique). ➲ Famille des vénéridés.

▲ **vénus.** La « *Vénus* » *de Willendorf,* statuette en ronde bosse du gravettien.

VÉNUSIEN, ENNE adj. Relatif à la planète Vénus.

VÉNUSTÉ n.f. Litt. Beauté gracieuse et élégante.

VÉPÉCISTE n. (de *VPC*). Spécialiste de la vente par correspondance.

VÊPRES n.f. pl. (du lat. *vespera*, soir). **CHRIST.** Partie de l'office liturgique que l'on célèbre au coucher du soleil.

VER **n.m.** (lat. *vermis*). **1.** Animal pluricellulaire de forme allongée, n'ayant aucune partie dure, complètement ou presque dépourvu de pattes. ➲ Les annélides, les plathelminthes, les némathelminthes et les némertes sont les principaux embranchements de vers. **2.** Parasite intestinal de l'homme et de certains animaux, agent des helminthiases. **3.** Larve vermiforme d'insecte ; chenille. **4.** INFORM. Type de virus apte à se reproduire via un réseau sans se greffer sur un programme. ■ **Tirer les vers du nez à qqn** [fam.], le faire parler en le questionnant habilement. ■ **Tuer le ver** [fam., vx], boire un petit verre d'alcool à jeun. ■ **Ver à soie,** chenille du bombyx du mûrier. ■ **Ver blanc,** larve du hanneton ; man. ■ **Ver de farine,** larve du ténébrion. ■ **Ver de terre,** lombric. ■ **Ver de vase,** tubifex. ■ **Ver fil de fer,** larve du taupin ou de l'agriote. ■ **Ver luisant,** femelle du lampyre. ■ **Ver solitaire,** nom donné à certains ténias.

VÉRACE **adj.** Litt. Qui dit la vérité ; sincère.

VÉRACITÉ **n.f.** (du lat. *verax, -acis,* véridique). **1.** Qualité de ce qui est conforme à la vérité ; authenticité : *La véracité des faits rapportés.* **2.** Vx. Attachement à la vérité : *La véracité d'un historien.*

VÉRAISON **n.f.** (du moyen fr. *vérir,* mûrir). AGRIC. Changement de couleur des fruits, surtout du raisin, à l'approche de la maturation ; la période correspondante.

VÉRANDA **n.f.** (angl. *veranda,* du port.). **1.** Galerie légère protégeant du soleil, établie sur le pourtour de certaines maisons, en Inde, en Extrême-Orient, etc. **2.** Pièce ou espace entièrement vitrés attenant à une maison à la manière d'un appentis. **3.** Afrique. Toit en pente sur le côté ou la façade d'une maison.

VÉRATRE **n.m.** (lat. *veratrum*). Plante vénéneuse à rhizome, dont une espèce des prés humides de montagne est appelée *hellébore blanc.* ➲ Famille des liliacées.

VERBAL, E, AUX **adj.** **1.** Qui est fait de vive voix (par oppos. à écrit) ; oral : *Un engagement verbal.* **2.** Relatif aux mots, à la parole : *Violence verbale.* **3.** GRAMM. Relatif au verbe. ■ **Locution verbale** [gramm.], groupe de mots ayant, pour le sens, la valeur d'un verbe (par ex. la locution *prendre une douche* correspond au verbe *se doucher*). ■ **Note verbale,** note écrite résumant une conversation, paraphée et revêtue du sceau, remise par un agent diplomatique à un gouvernement étranger.

VERBALEMENT **adv.** De vive voix ; oralement.

VERBALISATEUR, TRICE **n.** et **adj.** Agent de l'Administration qui verbalise.

VERBALISATION **n.f.** Action de verbaliser.

VERBALISER **v.i.** et **v.t.** **[3].** Dresser un procès-verbal pour constater une infraction : *Verbaliser (contre) un automobiliste.* ◆ **v.t.** PSYCHOL. Formuler de vive voix ce qui était intériorisé.

VERBALISME **n.m.** Action de masquer sous un flot de paroles l'indigence de ses idées.

VERBATIM **n.m. inv.** (mot lat. « mot pour mot »). Compte rendu textuel : *Publier les verbatim d'une négociation.*

1. VERBE **n.m.** (du lat. *verbum,* parole). **1.** Litt. Expression de la pensée par les mots : *La magie du verbe.* **2.** THÉOL. CHRÉT. (Avec une majuscule). La deuxième personne de la Trinité, incarnée en Jésus-Christ. ■ **Avoir le verbe haut,** parler fort.

2. VERBE **n.m.** GRAMM. Mot qui, dans une proposition, exprime l'action ou l'état du sujet et porte les désinences de temps et de mode. V. *Mémento de grammaire,* § 1.

VERBÉNACÉE **n.f.** (du moyen fr. *verbene*). Dicotylédone herbacée ou arborescente, présente surtout dans les régions subtropicales, telle que le teck, la verveine et certains palétuviers. ➲ Les verbénacées forment une famille.

VERBEUSEMENT **adv.** De façon verbeuse.

VERBEUX, EUSE **adj.** (du lat. *verbosus,* diffus). Qui expose les choses en trop de mots ; prolixe : *Lui, d'habitude si verbeux, se taisait* ; qui témoigne de ce défaut : *Excuses verbeuses.*

VERBIAGE **n.m.** (de l'anc. fr. *verbier,* parler). Abondance de paroles superflues ; bavardage.

VERBICRUCISTE **n.** Auteur de grilles de mots croisés (SYN. **mots-croisiste**).

✎ Ne pas confondre avec ***cruciverbiste.***

VERBIGÉRATION **n.f.** (du lat. *verbigerare,* se disputer). PSYCHIATR. Dévidage de mots ou de phrases incohérents que l'on rencontre surtout dans les états démentiels.

VERBOQUET **n.m.** (de *virer* et *1. bouquet*). MANUT. Vx. Cordage qui sert à guider, du sol, un fardeau que l'on hisse.

VERBOSITÉ **n.f.** Défaut de qqn, d'un discours verbeux.

VERDÂTRE **adj.** Qui tire sur le vert.

VERDELET, ETTE **adj.** Se dit d'un vin très jeune, un peu acide.

VERDEUR **n.f.** **1.** Défaut de maturité des fruits, du vin. **2.** Vigueur rappelant la jeunesse ; ardeur : *La verdeur des seniors.* **3.** Caractère truculent du langage ; crudité : *La verdeur d'un couplet.*

VERDICT [-dikt] **n.m.** (mot angl., du lat. *vere dictum,* véritablement dit). **1.** Déclaration solennelle par laquelle la cour et le jury d'assises répondent aux questions qui sont posées à l'issue des débats, et se prononcent sur la culpabilité de l'accusé et la peine qui lui est infligée. **2.** Jugement rendu en une matière quelconque : *Le verdict de l'opinion est sans appel.*

VERDIER **n.m.** (de l'anc. fr. *verd,* vert). Passereau granivore des bois et jardins de l'Eurasie, voisin du chardonneret mais à plumage vert olive. ➲ Famille des fringillidés.

VERDIR **v.i.** **[21].** Devenir vert. ◆ **v.t.** Rendre vert.

VERDISSAGE **n.m.** Litt. Action de verdir.

VERDISSEMENT **n.m.** État de ce qui verdit.

VERDOIEMENT **n.m.** Fait de verdoyer.

VERDOYANT, E [-dwajɑ̃, ɑ̃t] **adj.** Qui verdoie : *Des prairies verdoyantes.*

VERDOYER [-dwaje] **v.i.** **[7].** Devenir vert, en parlant de la végétation.

VERDURE **n.f.** **1.** Herbe, feuillage verts ; végétation : *Un tapis de verdure.* **2.** Fam. Légumes verts, salades, que l'on mange crus. **3.** Tapisserie où les feuillages tiennent la plus grande place.

VÉRÉTILLE **n.m.** (lat. *veretillum*). Cnidaire formant des colonies de polypes insérés sur un axe commun rétractile, ancré sur les fonds marins vaseux en eau assez profonde (30 à 100 m). ➲ Ordre des pennatulides.

VÉREUX, EUSE **adj.** **1.** Gâté par des vers : *Prune véreuse.* **2.** Qui est malhonnête, louche : *Article, journaliste véreux.*

VERGE **n.f.** (lat. *virga*). **1.** ANAT. Pénis. **2.** Anc. Baguette flexible utilisée pour infliger une punition corporelle. **3.** Tringle de métal (d'une horloge, par ex.). **4.** ACOUST. Barreau susceptible de vibrer pour produire un son. **5.** MAR. Tige d'une ancre, qui relie les pattes à l'organeau. **6.** Anc. Unité de mesure agraire, équivalant à un quart d'arpent ou 0,1276 ha. **7.** Au Canada, ancienne unité de mesure valant trois pieds, équivalant au yard britannique. ■ **Donner des verges pour se faire battre,** fournir des arguments contre soi-même. ■ **Verge d'or** [bot.], variété de solidago.

VERGÉ, E **adj.** ■ **Étoffe vergée,** renfermant des fils plus gros ou plus teintés que les autres. ■ **Papier vergé,** présentant des vergeures.

VERGENCE **n.f.** OPT. Inverse de la distance focale d'un système optique centré. ➲ Elle s'exprime en dioptries. La vergence positive est appelée *convergence,* la vergence négative, *divergence.*

VERGEOISE **n.f.** (de *verge*). Sucre roux obtenu, autref., par une refonte de déchets du raffinage, auj., en mélangeant un colorant à du sucre blanc.

VERGER **n.m.** (lat. *viridiarium*). Terrain planté d'arbres fruitiers.

VERGERETTE **n.f.** Érigéron.

VERGETÉ, E **adj.** **1.** Marqué de vergetures : *Peau vergetée.* **2.** HÉRALD. Se dit de l'écu partagé en vergettes.

VERGETTE **n.f.** **1.** Chacune des baguettes de fer qui servent à raidir un panneau de vitrail. **2.** HÉRALD. Pal diminué d'épaisseur, toujours représenté en nombre.

VERGETURE **n.f.** MÉD. Fine raie cutanée, d'aspect cicatriciel, due à la distension ou à la rupture des fibres élastiques du derme pendant la grossesse ou lors d'une prise de poids importante.

VERGEURE, ▲ *VERGEÜRE* [vɛrʒyr] **n.f.** PAPET. Ensemble des fils de laiton, très serrés et parallèles, qui retiennent la pâte dans la fabrication du papier à la main ; marque laissée par ces fils sur le papier ; par ext., filigrane imitant cette marque dans le papier industriel.

VERGLACÉ, E **adj.** Couvert de verglas.

VERGLACER **v. impers.** **[9].** Faire du verglas. ◆ **v.t.** Recouvrir de verglas.

VERGLAS **n.m.** (de *verre* et *glace*). Mince couche de glace sur le sol, due à la congélation de l'eau, de la neige.

VERGNE ou **VERNE** **n.m.** (du gaul.). **1.** Aulne d'une espèce commune en Eurasie tempérée. **2.** Acadie. Toute espèce d'aulne.

VERGOBRET **n.m.** (du gaul.). HIST. Chef de certaines cités gauloises désigné annuellement par les druides.

VERGOGNE **n.f.** (du lat. *verecundia,* pudeur). ■ **Sans vergogne,** sans pudeur ; sans scrupule : *Tricher sans vergogne.*

VERGUE **n.f.** (forme dial. de *verge*). MAR. Espar cylindrique, effilé à ses extrémités et placé en travers d'un mât, pour soutenir et orienter une voile carrée.

VÉRIDICITÉ **n.f.** Litt. Caractère véridique ; exactitude : *La véridicité d'un témoignage.*

VÉRIDIQUE **adj.** (lat. *veridicus,* de *verus,* vrai, et *dicere,* dire). **1.** Qui est conforme à la vérité ; vrai : *Témoignage véridique.* **2.** Litt. Qui dit la vérité ; sincère : *Témoin véridique.*

VÉRIDIQUEMENT **adv.** De façon véridique.

VÉRIFIABLE **adj.** Qui peut être vérifié.

1. VÉRIFICATEUR, TRICE **adj.** Qui a pour objet de vérifier, de contrôler. ◆ **n.m.** ■ **Vérificateur orthographique,** correcteur orthographique.

2. VÉRIFICATEUR, TRICE **n.** Personne chargée de vérifier, de contrôler ; vérifieur : *Vérificatrice des commandes.*

VÉRIFICATIF, IVE **adj.** Qui sert de vérification.

VÉRIFICATION **n.f.** **1.** Action de vérifier l'exactitude de qqch en le confrontant avec ce qui peut servir de preuve : *La vérification d'un alibi.* **2.** Action de contrôler qqch pour s'assurer de sa conformité, de sa légalité : *Vérification d'un ascenseur.* **3.** ÉPISTÉMOL. Contrôle de la validité d'une hypothèse, d'une théorie. ■ **Vérification des pouvoirs,** examen par une assemblée élective de la validité de l'élection de chacun de ses membres ; procédure préliminaire à la délibération de l'assemblée générale d'une société commerciale, en vue de contrôler la validité des pouvoirs donnés aux actionnaires.

VÉRIFICATIONNISME **n.m.** LOG. Principe selon lequel la signification d'un énoncé réside dans sa méthode de validation.

VÉRIFIER **v.t.** **[5]** (lat. *verificare,* de *verus,* vrai). **1.** S'assurer, montrer que qqch est exact, vrai ; contrôler : *Vérifier un alibi* ; corroborer : *Les résultats ont vérifié nos prévisions.* **2.** Soumettre à un contrôle : *Vérifier les freins d'une voiture.* ◆ **SE VÉRIFIER** **v.pr.** Être confirmé : *Votre prédiction s'est vérifiée.*

VÉRIFIEUR, EUSE **n.** Personne chargée d'une vérification ; vérificateur.

VÉRIN **n.m.** (du lat. *veruina,* broche). Appareil que l'on place sous des charges pour les soulever sur une faible course ou les soutenir.

VÉRINE **n.f.** (de *vérin*). MAR. Filin terminé par un croc pour haler les chaînes des navires.

VÉRISME **n.m.** (ital. *verismo,* de *vero,* vrai). École littéraire et artistique italienne de la fin du XIXe s., inspirée par le naturalisme français.

VÉRISTE **adj.** et **n.** Relatif au vérisme ; qui en est partisan.

VÉRITABLE **adj.** **1.** Qui est conforme à la réalité ; authentique : *Son véritable nom n'a pas été révélé.* **2.** Qui est réellement ce qu'on dit qu'il est : *Or véritable.* **3.** Qui mérite d'être qualifié de : *Un véritable ami, chef-d'œuvre.*

VÉRITABLEMENT **adv.** Vraiment ; réellement.

VÉRITÉ **n.f.** (lat. *veritas*). **1.** Adéquation entre un énoncé et son objet. **2.** Idée, proposition qui s'accorde avec le réel tel que nous le percevons : *La vérité et l'apparence.* **3.** Connaissance ou expression d'une connaissance conforme à la réalité, aux faits : *Il ne me dit pas la vérité.*

4. Attitude franche de celui qui dit ce qu'il sait ; sincérité : *Un accent de vérité.* **5.** Expression artistique fidèle de la nature. ▪ **À la vérité,** il est vrai ; j'en conviens. ▪ **Cinéma-vérité,** v. à son ordre alphabétique. ▪ **Dire à qqn ses (quatre) vérités** [fam.], lui dire avec franchise ce que l'on pense de lui. ▪ **En vérité,** à dire vrai. ▪ **Sérum de vérité,** substance qui aurait pour effet de faire avouer malgré lui un coupable.

VERJUS n.m. (de *1. vert* et *jus*). Suc acide que l'on extrait du raisin cueilli vert.

VERJUTÉ, E adj. Acide comme du verjus.

VERLAN n.m. (inversion de *l'envers*). Argot codé dans lequel on inverse, souvent approximativement, les syllabes des mots (par ex. : *ripou*, pourri).

VERMÉE n.f. (de l'anc. fr. *verm*, ver). Chapelet de vers de terre enfilés sur un fil de laine pour attirer et prendre les anguilles.

VERMEIL, EILLE adj. (du lat. *vermiculus*, cochenille). D'un rouge vif un peu moins clair que l'incarnat : *Cerises vermeilles.* ◆ **n.m.** Argent doré : *Couverts en vermeil.*

VERMET n.m. (de l'anc. fr. *verm*, ver). Mollusque gastéropode à coquille enroulée, fixé aux rochers littoraux. ➲ Famille des vermétidés.

VERMICELLE n.m. (ital. *vermicelli*). **1.** Pâte à potage en forme de filament plus ou moins long. **2.** Suisse. Pâte de marrons sucrée en forme de filaments. ▪ **Vermicelle chinois,** pâte très fine et translucide à base de farine de soja.

VERMICIDE adj. et **n.m.** Se dit d'une substance propre à détruire les vers parasites.

VERMICULAIRE adj. (du lat. *vermiculus*, petit ver). Qui ressemble à un ver. ▪ **Appendice vermiculaire,** appendice iléo-cæcal.

VERMICULÉ, E adj. ARCHIT. Orné de motifs imitant des taraudages de vers, ou la forme sinueuse du ver lui-même.

VERMICULITE n.f. Minéral argileux, fréquent dans les sols bruns des régions tempérées, et provenant de la transformation des micas. ➲ Elle est employée comme isolant thermique.

VERMICULURE n.f. Ornement vermiculé.

VERMIFORME adj. Qui a l'aspect ou la forme d'un ver.

VERMIFUGE adj. et **n.m.** (du lat. *vermis*, ver, et *fugare*, chasser). Se dit d'un remède propre à faire évacuer les vers intestinaux.

VERMILLER v.i. [3]. VÉNER. En parlant du sanglier et du cochon, fouiller la terre pour y trouver des vers, des racines.

VERMILLON n.m. (de *vermeil*). Sulfure de mercure, pigment artificiel ou produit naturel *(cinabre)*, d'un beau rouge vif. ➲ Ce pigment est très toxique. ◆ **adj. inv.** et **n.m.** D'une couleur rouge vif tirant sur l'orangé.

VERMILLONNER v.i. [3]. VÉNER. En parlant du blaireau, fouir la terre pour y trouver des tubercules, des racines.

VERMINE n.f. (de l'anc. fr. *verm*, ver). **1.** Ensemble des parasites externes de l'homme et des vertébrés. **2.** Litt. Groupe d'individus vils, méprisables ; racaille.

VERMINEUX, EUSE adj. MÉD. Se dit des troubles provoqués par les vers.

VERMINOSE n.f. Affection parasitaire digestive, due à des vers.

VERMIS [-mis] **n.m.** (mot lat. « ver »). **ANAT.** Région médiane du cervelet.

VERMISSEAU n.m. Petit ver ou larve vermiforme du sol.

SE VERMOULER v.pr. [3]. Vieilli. Devenir vermoulu.

VERMOULU, E adj. (de *ver* et *moulu*). **1.** Qui est miné par les larves d'insectes xylophages : *Armoire vermoulue.* **2.** Fig. Vétuste et suranné : *Des institutions vermoulues.*

VERMOULURE n.f. 1. Trace que laissent les vers dans ce qu'ils ont rongé. **2.** Poudre de bois qui sort des trous faits par les vers.

VERMOUTH, ▲ *VERMOUT* [-mut] **n.m.** (de l'all. *Wermut*, absinthe). Apéritif à base de vin blanc alcoolisé, aromatisé avec des plantes amères et toniques.

VERNACULAIRE adj. (du lat. *vernaculus*, indigène). ▪ **Langue vernaculaire,** parlée seulement à l'intérieur d'une communauté (par oppos. à *langue véhiculaire*). ▪ **Nom vernaculaire,** nom d'une espèce animale ou végétale dans la langue courante (par oppos. à *nom scientifique*).

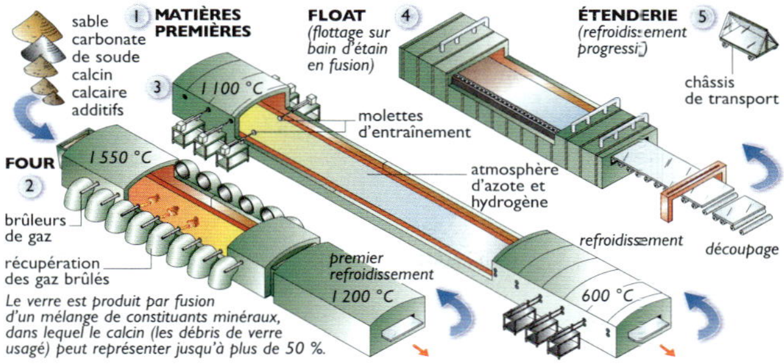

▲ **verre.** Élaboration du verre flotté.

VERNAL, E, AUX adj. (lat. *vernalis*, de *ver*, printemps). **ASTRON.** Relatif au printemps : *Équinoxe vernal.* ▪ **Point vernal,** point d'intersection de l'écliptique et de l'équateur céleste, que le Soleil franchit à l'équinoxe de printemps. (Désigné par la lettre grecque γ, il est appelé aussi *point gamma*.)

VERNALISATION n.f. 1. BOT. Transformation physiologique de graines ou de plantes, due au froid et leur conférant l'aptitude à fleurir (SYN. **jarovisation**). **2. AGRIC.** Traitement de graines ou de jeunes plantes par le froid pour changer le rythme de développement de la plante (avancer l'époque de la floraison, par ex.) [SYN. **printanisation**].

VERNATION n.f. BOT. 1. Préfoliation. **2.** Préfloraison.

VERNE n.m. → **VERGNE.**

VERNI, E adj. Enduit de vernis : *Du bois verni.* ◆ **adj.** et **n.** Fam. Qui a de la veine ; chanceux.

VERNIER n.m. (du n. de P. *Vernier*). **MÉTROL.** Réglette apposée à l'index d'un curseur mobile dont la position facilite la lecture d'une échelle de mesures.

VERNIR v.t. [21]. Recouvrir de vernis.

VERNIS n.m. (ital. *vernice*). **1.** Préparation composée de liants et de solvants, susceptible de donner, par application en couches minces sur des subjectiles convenablement préparés, des films adhérents et durs, translucides ou colorés et brillants : *Vernis à ongles, à bateaux.* **2.** Anc. Enduit mince, transparent, fusible et très plombifère, employé pour les articles en terre cuite ou la faïence commune. **3.** Végétal (sumac, notamm.) qui fournit des sucs servant à préparer du vernis. **4.** Fig. Apparence brillante mais superficielle : *Un vernis de savoir-vivre.* ▪ **Vernis du Japon,** ailante.

VERNISSAGE n.m. 1. Action de vernir, de vernisser. **2.** Réception qui marque l'ouverture d'une exposition d'art.

VERNISSÉ, E adj. 1. Enduit de vernis : *Tuiles vernissées.* **2.** Luisant comme une chose vernie : *Feuilles vernissées.*

VERNISSER v.t. [3]. Recouvrir des poteries d'une glaçure transparente.

VERNISSEUR, EUSE n. Personne qui applique les vernis.

VERNIX CASEOSA [vernikskazeoza] **n.m. inv.** (mots lat.). Matière sébacée blanchâtre qui recouvre souvent le corps d'un enfant à sa naissance.

VÉROLE n.f. (du bas lat. *variola*, variole). Fam. Syphilis. ▪ **Petite vérole** [vx], variole.

VÉROLÉ, E adj. et **n.** Fam. Syphilitique.

1. VÉRONIQUE n.f. (lat. *veronica*). Plante herbacée à fleurs mauves, commune dans les bois et les prés, dont une variété, la véronique officinale, est aussi appelée *thé d'Europe.* ➲ Famille des scrofulariacées.

2. VÉRONIQUE n.f. (esp. *verónica*). Figure de tauromachie au cours de laquelle le matador fait passer le taureau le long de son corps.

VERRANNE n.f. Fibre de verre discontinue, d'un diamètre inférieur à 10 µm.

VERRAT n.m. (du lat. *verres*, porc). Mâle reproducteur de l'espèce porcine.

VERRE n.m. (lat. *vitrum*). **1.** Substance minérale, amorphe et isotrope, obtenue par refroidissement d'un liquide en l'absence de cristallisation : *Un souffleur de verre.* ➲ Les verres classiques sont obtenus par la fusion d'oxydes (sable siliceux, par ex.). **2.** Récipient pour boire : *Un verre en cristal* ; son contenu : *Un verre d'eau.* **3.** Boisson génér. alcoolisée : *Prendre un verre avec un ami.* **4.** Plaque, lame de verre : *Le verre d'une montre.* **5. GÉOL.** Liquide magmatique silicaté figé et ne présentant pas de structure cristalline (obsidienne). ▪ **Maison de verre,** maison, entreprise où il n'y a rien de secret. ▪ **Verre armé,** verre laminé obtenu en incorporant dans la masse un treillis en fil de fer, pendant le laminage. ▪ **Verre blanc,** verre de qualité courante non teinté. ▪ **Verre de lampe,** manchon de verre qui entoure la mèche des lampes à pétrole. ▪ **Verre feuilleté, flotté,** verre de sécurité constitué de deux ou de plusieurs feuilles de verre séparées par ces feuilles de plastique ; vitrage obtenu en feuille par flottage du verre fondu sur un bain d'étain liquide. ▪ **Verre métallique,** substance métallique obtenue à l'état amorphe par un refroidissement très rapide d'un alliage à l'état liquide. ▪ **Verres de contact** → **CONTACT.**

VERRÉ, E adj. ▪ **Papier verré,** papier de verre.

VERRÉE n.f. Suisse. Réunion où l'on offre à boire.

VERRERIE n.f. 1. Industrie, fabrication, commerce du verre et des objets en verre. **2.** Entreprise où a lieu cette fabrication. **3.** Objets en verre : *Verrerie d'art, de table.*

1. VERRIER, ÈRE adj. Relatif au verre, à l'industrie du verre.

2. VERRIER n.m. 1. Ouvrier qui travaille dans la verrerie. **2.** Artisan qui fait des ouvrages de verre et, en partic., des vitraux.

VERRIÈRE n.f. 1. Toit formé d'une charpente de fer vitrée ou de dalles de verre. **2.** Grande surface vitrée ménagée dans le mur d'un édifice. **3.** Dôme profilé et transparent, recouvrant le poste de pilotage d'un avion.

VERRINE n.f. 1. Petit récipient en verre dans lequel est servie une préparation culinaire ; son contenu. **2. VERR.** Accessoire en verre transparent ou translucide destiné à protéger une lampe d'éclairage.

VERROTERIE n.f. Menus objets en verre travaillé, génér. coloré, constituant des bijoux de peu de valeur.

VERROU n.m. (du lat. *veruculum*, petite broche). **1.** Serrure possédant un pêne que l'on fait coulisser pour l'engager dans une gâche : *Pousser, tirer le verrou.* **2.** Fig. Obstacle qui empêche le déroulement d'une action : *Faire sauter les verrous qui empêchent la réalisation d'un projet.* **3.** Pièce servant à fermer la chambre de la culasse d'une arme à feu. **4. GÉOMORPH.** Barre rocheuse transversale obstruant une vallée glaciaire et la cloisonnant en ombilics. (V. dessin *glacier*.) ▪ **Sous les verrous,** en prison.

VERROUILLAGE n.m. 1. Action de verrouiller ; fait d'être verrouillé. **2.** Dispositif mécanique, électrique, etc., servant à maintenir une pièce, un contacteur dans une certaine position.

3. Opération qui a pour but, avant le départ du coup d'une arme à feu, de rendre la culasse solidaire du canon au moyen d'un verrou. **4. INFORM.** Technique permettant d'empêcher la modification du contenu d'un fichier ou d'un enregistrement par des utilisateurs non habilités. ▪ **Verrouillage centralisé,** système de verrouillage simultané des portières et du coffre d'une automobile, actionné par une télécommande.

VERROUILLER v.t. [3]. **1.** Fermer avec un verrou : *Verrouiller portes et fenêtres.* **2.** Bloquer l'accès de ; rendre inaccessible : *La police a verrouillé l'autoroute.* **3.** Empêcher qqch, un groupe de changer, d'évoluer : *Verrouiller un dossier, un conseil d'administration.*

VERROUILLEUR n.m. Au rugby, joueur limitant la longueur de l'alignement des avants lors d'une touche. ➲ Il appartient obligatoirement à l'équipe qui effectue la remise en jeu.

VERRUCOSITÉ n.f. **MÉD.** Excroissance cutanée ou muqueuse de consistance ferme et cornée, la faisant ressembler à une verrue.

VERRUE n.f. (lat. *verruca*). Tumeur bénigne de l'épiderme due à un virus.

VERRUQUEUX, EUSE adj. **1.** Relatif aux verrues. **2. BOT.** Se dit d'un organe hérissé de petites excroissances non piquantes.

1. VERS n.m. (lat. *versus*). Assemblage de mots mesurés selon certaines règles (coupe, rime, etc.), rythmés soit d'après la longueur des syllabes, comme en latin et en grec *(vers métriques)*, soit d'après leur accentuation, comme en allemand ou en anglais *(vers rythmiques)*, soit d'après leur nombre, comme en français *(vers syllabiques)*. ▪ **Vers blancs,** vers qui ne riment pas entre eux ; groupes rythmiques, princip. de douze syllabes, que l'on remarque dans des œuvres en prose. ▪ **Vers libres,** vers de mètres et de rimes réguliers, disposés librement (poésie classique) ; vers dégagés de toute règle préconçue de prosodie (poésie moderne).

2. VERS prép. (lat. *versus,* de *vertere,* tourner). **1.** Indique la direction : *Rouler vers Lyon. Il se tourna vers moi.* **2.** Indique l'approximation : *Vers la fin de la guerre. Nous avons rendez-vous à l'hôtel vers 13 heures.*

VERSAILLAIS, E adj. et n. **1.** De Versailles. **2. HIST.** Se dit des partisans du gouvernement de Versailles en 1871, ainsi que de l'armée organisée par Thiers au camp de Satory, à Versailles, sous le commandement de Mac-Mahon, pour combattre la Commune de Paris.

VERSANT n.m. **1.** Chacune des deux pentes qui encadrent le fond d'une vallée. **2.** Chacun des aspects opposés de qqch : *Les deux versants de la vie d'une femme active.* **3. CONSTR.** Plan incliné d'un toit.

VERSATILE adj. (du lat. *versatilis,* mobile). Qui change facilement d'opinion ; inconstant : *Les électeurs sont versatiles.*

VERSATILITÉ n.f. Caractère versatile ; inconstance : *La versatilité de l'opinion publique.*

VERSE n.f. **AGRIC.** Accident de végétation des céréales, dû à la pluie, au vent, à des maladies cryptogamiques ou à un excès d'engrais azoté, et couchant les tiges à terre.

À VERSE loc. adv. Comme si l'on versait de l'eau ; abondamment : *Il pleut à verse.*

VERSÉ, E adj. **(DANS, EN)** [lat. *versatus*]. Litt. Qui a une grande connaissance ou expérience de ; expert : *Elle est très versée en histoire de l'art.*

VERSEAU n.m. (de *verser* et *eau*). ▪ **Le Verseau,** constellation et signe du zodiaque (v. partie n.pr.). ▪ **Un Verseau, n.m. inv.,** personne née sous le signe du Verseau.

VERSEMENT n.m. Action de verser de l'argent : *Versements mensuels* ; somme versée : *Un versement de cent euros.*

VERSER v.t. **[3]** (du lat. *versare,* faire tourner). **1.** Faire couler un liquide : *Verser du désinfectant sur une coupure.* **2.** Faire passer d'un récipient dans un autre : *Verser la soupe dans la soupière.* **3.** Remettre de l'argent à qqn ; payer : *Verser un acompte.* **4.** Joindre un document à qqch : *Verser un témoignage au dossier.* **5. MIL.** Affecter qqn à une arme, à un corps. **6.** Vx. Faire basculer une voiture ou son chargement. ▪ **Verser des larmes,** pleurer. ▪ **Verser son sang** [litt.], donner sa vie. ◆ **v.i. 1.** Tomber sur le côté ; se renverser : *Le camion a versé sur la chaussée.* **2.** En parlant des céréales, se coucher sous l'effet de la verse. ▪ **Verser dans,** évoluer vers : *Verser dans le pessimisme.*

VERSET n.m. (de *1. vers*). **1.** Chacune des divisions numérotées d'un chapitre de la Bible, du Coran, d'un livre sacré. **2. CATH.** Brève phrase psalmodiée suivie d'une réponse du chœur *(répons)*, à l'office et à la messe.

VERSEUR adj.m. ▪ **Bouchon, bec verseur,** qui sert à verser.

VERSEUSE n.f. Cafetière à poignée droite.

VERSICOLORE adj. (lat. *versicolor*). Didact. Dont la couleur est changeante ; qui a plusieurs couleurs.

VERSIFICATEUR, TRICE n. **1.** Auteur de vers, de poésie. **2.** Péjor. Personne qui fait des vers sans inspiration.

VERSIFICATION n.f. Art de composer des vers.

VERSIFIER v.i. **[5]** (lat. *versificare*). Écrire des vers. ◆ **v.t.** Mettre en vers.

VERSION n.f. (lat. *versio,* de *vertere,* tourner). **1.** Chacun des divers aspects que peut prendre un même texte, selon des traditions ou dans des langues différentes. **2.** Chacun des états successifs d'une œuvre littéraire ou artistique. **3.** Manière de rapporter, d'interpréter un fait : *Il m'a donné sa version de leur première rencontre.* **4.** Exercice scolaire consistant à traduire un texte d'une langue étrangère dans la langue maternelle (par oppos. à *thème*) ; le texte ainsi traduit. ▪ **Film en version originale (VO),** film présenté dans sa langue d'origine (par oppos. à version doublée [en France, *version française* ou *VF*]). ▪ **Film en version originale sous-titrée (VOST),** film présenté dans sa langue d'origine accompagnée de sous-titres.

VERS-LIBRISTE adj. et n. (pl. *vers-libristes*). Anc. Qui compose des vers libres.

VERSO n.m. (du lat. *folio verso,* sur le feuillet tourné). Envers d'un feuillet (par oppos. à *recto*).

VERSOIR n.m. Partie de la charrue qui retourne la bande de terre que le coutre et le soc détachent.

VERSTE n.f. (russe *versta*). Anc. Mesure itinéraire en usage en Russie et valant 1 067 m.

VERSUS [vɛrsys] prép. (mot lat. « du côté de »). Par opposition à. (S'emploie en linguistique, surtout sous la forme *vs,* pour les oppositions de type binaire : masculin *vs* féminin.)

1. VERT, E adj. (lat. *viridis*). **1.** De la couleur de l'herbe : *L'émeraude est verte.* **2.** Qui a encore de la sève, n'est pas encore sec : *Du bois vert.* **3.** Se dit d'un légume frais, nouveau : *Des haricots verts.* **4.** Qui n'est pas mûr : *Cet abricot est vert.* **5.** Se dit d'un parfum évoquant les feuilles et l'herbe coupée. **6.** Relatif à l'agriculture, au monde rural : *L'Europe verte.* **7.** Relatif au mouvement écologiste ou qui en fait partie : *La candidate verte.* **8.** Qui contribue au respect de l'environnement : *Un détergent vert.* **9.** Qui est resté vigoureux malgré son âge : *Un octogénaire encore vert.* **10.** (Avant le n.). Se dit de paroles dures, sévères ; cinglant : *Une verte réprimande.* ▪ **Avoir la main verte,** avoir des talents innés de jardinier. ▪ **Café vert,** non torréfié. ▪ **Déchet vert,** déchet produit par l'entretien des jardins, des espaces verts et des milieux naturels (herbe tondue, branchages, fleurs fanées, etc.). ▪ **Emploi vert,** métier du domaine de l'environnement. ▪ **La langue verte,** l'argot. ▪ **Le billet vert,** le dollar. ▪ **Numéro vert,** numéro téléphonique qui permet d'appeler gratuitement une entreprise, un organisme. ▪ **Rayon vert** → **2. RAYON.** ▪ **Révolution verte,** diffusion rapide des techniques et des moyens de production modernes dans les agricultures des pays en développement. ▪ **Station verte,** commune rurale homologuée pour ses ressources touristiques. ▪ **Vin vert,** vin blanc très acide. ▪ **Voie verte,** route réservée aux moyens de transport non motorisés (vélo, cheval, trottinette, etc.) ainsi qu'aux piétons. ▪ **Volée de bois vert** → **VOLÉE.** ◆ **n.f.** ▪ **Des vertes et des pas mûres** [fam.], des choses renversantes, choquantes ou pénibles.

2. VERT n.m. **1.** Couleur verte : *Le vert te va bien.* **2.** Matière colorante verte : *Un tube de vert.* **3.** Rayonnement lumineux situé dans le spectre solaire entre le bleu et le jaune, d'une longueur d'onde moyenne de 530 nm. **4.** Couleur des signaux indiquant que le passage est autorisé, dans la signalisation routière : *Le feu va passer au vert.* **5.** Couleur des signaux de voie libre, dans la signalisation ferroviaire. **6. AGRIC.** Fourrage frais. **7.** Québec. Au golf, green. ▪ **Les Verts** [hist.], la faction représentant le bas peuple, dans les villes de l'Empire byzantin (par oppos. à *Bleus*). ▪ **Se mettre au vert** [fam.], prendre des vacances à la campagne. ▪ **Vert anglais, Véronèse,** mélange de bleu de Prusse et de jaune de chrome ; arséniate de cuivre utilisé en peinture. ◆ **VERT, E** n. Militant écologiste.

VERT-DE-GRIS n.m. inv. Hydrocarbonate de cuivre qui se forme dans l'air humide sur les objets de ce métal, sous l'action du gaz carbonique. ◆ **adj. inv.** D'un vert grisâtre.

VERT-DE-GRISÉ, E adj. (pl. *vert-de-grisés, es*). Couvert de vert-de-gris.

VERTÉBRAL, E, AUX adj. Relatif aux vertèbres, à la colonne vertébrale.

VERTÈBRE n.f. (lat. *vertebra,* de *vertere,* tourner). Chacun des os courts constituant la colonne vertébrale.

➲ Il existe chez l'homme 24 **VERTÈBRES** indépendantes, reliées entre elles par les disques intervertébraux : 7 cervicales, 12 dorsales, 5 lombaires. Chaque vertèbre est formée d'un corps, sur lequel s'attachent, de chaque côté, un pédicule et une lame limitant le trou vertébral, où passe la moelle épinière.

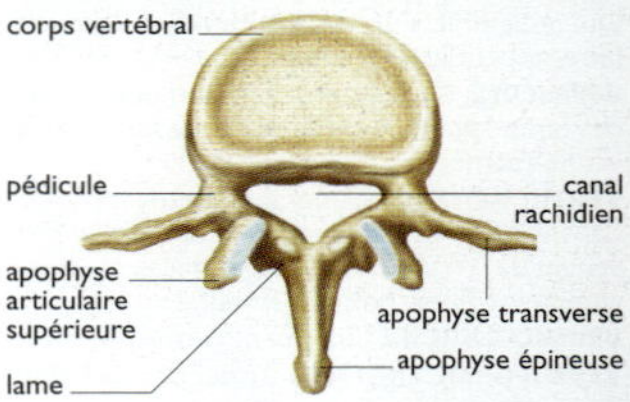

▲ **vertèbre** lombaire (vue supérieure).

VERTÉBRÉ, E adj. Se dit des animaux qui ont des vertèbres. ◆ **n.m.** Animal pourvu d'une colonne vertébrale et, génér., de deux paires de membres. ➲ Les vertébrés forment un embranchement divisé traditionnellement en cinq classes principales : poissons, amphibiens, reptiles, oiseaux, mammifères.

VERTÉBROTHÉRAPIE n.f. **MÉD.** Traitement par manipulation articulaire au niveau des vertèbres.

VERTEMENT adv. Avec vivacité, rudesse : *Réprimander vertement qqn.*

VERTEX n.m. (mot lat.). Point le plus élevé du crâne, chez l'homme, les vertébrés et les insectes.

VERTICAL, E, AUX adj. (bas lat. *verticalis*). **1.** Qui suit la direction du fil à plomb, de la pesanteur : *Une falaise verticale.* **2. MATH.** Se dit d'une droite, d'un plan perpendiculaires à un plan horizontal de référence. **3.** Qui est organisé selon un schéma hiérarchique : *La bureaucratie verticale d'un parti.* ▪ **Agriculture verticale,** système de culture, génér. urbain, dans lequel les produits agricoles sont cultivés sur des structures verticales (façades d'immeubles, de tours, etc.), ce qui permet une emprise au sol réduite. (On dit aussi *ferme verticale.*) ▪ **Concentration** ou **intégration verticale** [écon.], opération par laquelle une entreprise en absorbe une autre se situant à un niveau différent de la filière considérée (par oppos. à *concentration horizontale*). ▪ **Tir vertical,** tir courbe*.

VERTICALE n.f. **1.** Direction de la pesanteur matérialisée par un fil à plomb. **2.** Droite verticale. ▪ **À la verticale,** dans la direction du fil à plomb : *Hélicoptère qui décolle à la verticale.*

VERTICALEMENT adv. Dans la direction de la verticale.

VERTICALITÉ n.f. État, position de ce qui est vertical.

VERTICILLE [-sil] n.m. (lat. *verticillus*). **BOT.** Ensemble de feuilles, de fleurs, de pièces florales partant toutes d'un même niveau de l'axe qui les porte.

VERTICILLÉ, E [-sile] **adj.** Disposé en verticille.

VERTIGE n.m. (du lat. *vertigo*, tournoiement). **1.** Peur, malaise ressentis au-dessus du vide, se traduisant par des pertes d'équilibre : *En haut de l'échelle, j'ai eu le vertige.* **2. MÉD.** Trouble de la fonction d'équilibration, vestibulaire, consistant en une impression erronée de rotation ou d'oscillation du corps ou du monde environnant. **3.** Trouble, exaltation dus à qqch d'intense ; ivresse : *Le vertige de l'argent vite gagné.*

VERTIGINEUSEMENT adv. De façon vertigineuse.

VERTIGINEUX, EUSE adj. 1. Qui donne le vertige : *Une hauteur vertigineuse.* **2.** Très grand ; très rapide : *Une chute vertigineuse de la Bourse.*

VERTISOL n.m. PÉDOL. Sol des climats chauds à fortes alternances saisonnières, dont une saison sèche très accentuée (par ex. dans les régions méditerranéennes) [SYN. **régur**].

VERTU n.f. (lat. *virtus*). **1.** Disposition spirituelle constante à agir en accord avec la loi divine : *Vertus cardinales.* **2.** Qualité morale particulière : *La loyauté est sa plus grande vertu.* **3.** Vieilli ou par plais. Chasteté féminine. **4.** Qualité qui rend propre à produire certains effets ; pouvoir : *Les vertus du dialogue.* ▪ **En vertu de,** conformément à ; au nom de : *En vertu du règlement.* ◆ **n.f. pl. RELIG.** Dans la tradition juive et chrétienne, second chœur de la deuxième hiérarchie des anges.

VERTUBLEU ou **VERTUDIEU interj.** Anciens jurons.

VERTUEUSEMENT adv. De façon vertueuse.

VERTUEUX, EUSE adj. 1. Qui manifeste de la vertu : *Une vie vertueuse.* **2.** Parfois iron. Qui est inspiré par de nobles sentiments : *Afficher une vertueuse indignation.* ▪ **Cercle vertueux** → **CERCLE.**

VERTUGADIN n.m. (esp. *verdugado*). **1.** Anc. Bourrelet que les femmes portaient par-dessous leur jupe pour la faire bouffer ; robe ainsi rendue bouffante. **2. HORTIC.** Terrain gazonné en glacis et formant un amphithéâtre.

VERVE n.f. (du lat. *verbum*, parole). Qualité de qqn qui parle avec enthousiasme et brio. ▪ **Être en verve,** manifester brillamment son esprit dans un discours, un écrit.

VERVEINE n.f. (lat. *verbena*). **1.** Plante dont on cultive une espèce pour ses propriétés médicinales, et d'autres pour leurs fleurs ornementales. ➲ Famille des verbénacées. **2.** Infusion obtenue à partir de la variété médicinale de cette plante. **3.** Liqueur préparée avec la verveine.

VERVET n.m. Cercopithèque commun en Afrique subsaharienne (SYN. **singe vert**).

1. VERVEUX n.m. (du lat. *vertere*, tourner). Filet de pêche en forme d'entonnoir.

2. VERVEUX, EUSE adj. Litt. Plein de verve.

VESCE n.f. (lat. *vicia*). Plante herbacée dont on cultive plusieurs espèces fourragères ; sa graine. ➲ Sous-famille des papilionacées.

VÉSICAL, E, AUX adj. (du lat. *vesica*, vessie). **ANAT.** Relatif à la vessie.

VÉSICANT, E adj. (du lat. *vesica*, ampoule). **MÉD.** Qui fait naître des vésicules sur la peau : *Une plante vésicante.*

VÉSICATION n.f. MÉD. Vieilli. Effet produit par une substance vésicante.

VÉSICATOIRE adj. et **n.m.** Anc. Se disait d'un topique produisant des vésicules sur la peau.

VÉSICULAIRE adj. ANAT. Relatif à une vésicule ; qui en a la forme.

VÉSICULE n.f. (du lat. *vesicula*, petite ampoule). **1. ANAT.** Organe creux ayant la forme d'un sac. **2. MÉD.** Petit soulèvement circonscrit de l'épiderme, rempli de sérosité. **3. BOT.** Renflement plein de gaz qui joue un rôle de flotteur chez certaines algues. **4. BIOL. CELL.** Élément cellulaire entouré d'une membrane similaire à celle de la cellule, et permettant de transporter des molécules au sein de celle-ci. ▪ **Vésicule (biliaire)** [anat.], logée sous le foie et concentrant la bile pour la rejeter dans le duodénum au moment des repas. ▪ **Vésicule vitelline** → **VITELLIN.**

VÉSICULEUX, EUSE adj. MÉD. Caractérisé par des vésicules.

VESOU [vəzu] **n.m.** (mot créole). Jus obtenu par broyage de la canne à sucre, dont on tire le sucre et qui sert à la fabrication du rhum agricole.

VESPA n.f. (nom déposé). Scooter de la marque de ce nom.

VESPASIENNE n.f. (de *Vespasien*, n.pr.). Vx. Urinoir installé sur la voie publique.

VESPÉRAL, E, AUX adj. (du lat. *vesper*, soir). Litt. Du soir : *Clarté vespérale.* ◆ **n.m. CATH.** Livre liturgique contenant l'office du soir.

VESPERTILION n.m. (lat. *vespertilio*). Chauve-souris très répandue en Europe. ➲ Famille des vespertilionidés.

VESPIDÉ n.m. (du lat. *vespa*, guêpe). Insecte hyménoptère solitaire ou social, tel que la guêpe et le frelon, aux ailes repliées longitudinalement au repos (contrairement à l'abeille). ➲ Les vespidés forment une famille.

VESSE n.f. Fam., vieilli. Émission silencieuse de gaz fétides par l'anus.

VESSE-DE-LOUP n.f. (pl. *vesses-de-loup*). Lycoperdon.

VESSIE n.f. (lat. *vesica*). **1. ANAT.** Poche du petit bassin où s'accumule entre deux mictions l'urine amenée par les uretères, et communiquant avec l'extérieur par le canal de l'urètre. **2.** Vessie desséchée d'un animal formant sac ; poche étanche gonflée d'air à l'intérieur d'un ballon. ▪ **Prendre des vessies pour des lanternes** [fam.], se tromper grossièrement. ▪ **Vessie natatoire,** expansion de l'œsophage de certains poissons, formant une poche remplie de gaz, qui joue un rôle dans l'équilibre hydrostatique.

VESSIGON n.m. (ital. *vescicone*). **VÉTÉR.** Tumeur molle du jarret du cheval.

VESTALE n.f. 1. ANTIQ. ROM. Prêtresse de Vesta, qui entretenait le feu sacré et était astreinte à la chasteté. **2.** Litt. Fille, femme chaste.

VESTE n.f. (mot ital., du lat. *vestis*, vêtement). **1.** Vêtement à manches, boutonné par-devant, qui couvre le buste jusqu'aux hanches : *Une veste de pyjama.* **2.** Fam. Échec ; insuccès : *Ramasser* ou *prendre une veste aux élections.* ▪ **Retourner sa veste** [fam.], changer de parti, d'opinion.

VESTIAIRE n.m. (du lat. *vestiarium*, armoire à vêtements). **1.** Lieu où l'on dépose les manteaux, chapeaux, parapluies, etc., dans certains établissements ; ensemble des objets, des vêtements que l'on y dépose : *Prendre son vestiaire.* **2.** (Surtout pl.). Local dépendant d'une salle de sports, d'une piscine, etc., où l'on peut se changer et laisser ses vêtements. **3.** Recomm. off. pour **dressing.**

VESTIBULAIRE adj. ANAT. 1. Relatif à un vestibule. **2.** Relatif au vestibule de l'oreille interne ; par ext., relatif au labyrinthe ou à l'équilibration.

VESTIBULE n.m. (lat. *vestibulum*). **1.** Pièce ou couloir d'entrée d'une maison, d'un édifice, donnant accès aux autres pièces, à l'escalier. **2. ANAT.** Cavité ou dépression s'ouvrant sur une autre cavité. ▪ **Vestibule (de l'oreille interne),** cavité osseuse formant la partie moyenne du labyrinthe, communiquant avec la cochlée et les canaux semi-circulaires, contenant deux poches membraneuses, l'utricule et le saccule, et jouant un rôle dans l'équilibration.

VESTIGE n.m. (du lat. *vestigium*, trace). [Surtout pl.]. Marque, reste du passé : *Les vestiges de la ville de Troie.*

VESTIGIAL, E, AUX adj. BIOL. Se dit d'un organe animal ou végétal qui semble avoir subi une régression phylogénétique.

VESTIMENTAIRE adj. Relatif aux vêtements.

VESTIMENTIFÈRE n.m. et **adj.** (du lat. *vestimentum*, vêtement). Animal vermiforme et tubicole vivant près des sources hydrothermales abyssales. ➲ Les vestimentifères forment un petit embranchement.

VESTON n.m. Veste croisée ou droite faisant partie du complet masculin.

VÊTAGE n.m. CONSTR. Système d'éléments de parement qui se fixe mécaniquement au mur sans utiliser d'ossature intermédiaire (par oppos. à *bardage*, à *vêture*).

VÊTEMENT n.m. (lat. *vestimentum*). **1.** Tout ce qui sert à couvrir le corps humain pour le protéger, le parer ; pièce d'habillement ; habit. **2. HÉRALD.** Pièce formée par la réunion de quatre triangles qui occupent les coins de l'écu et faisant apparaître un grand losange d'un émail différent.

VÉTÉRAN n.m. (du lat. *veteranus*, vieux). **1.** Soldat ayant accompli un long service. **2.** Personne qui a une longue pratique dans une profession, une activité, etc. **3.** Sportif ayant dépassé l'âge senior. **4. ANTIQ. ROM.** Soldat qui avait achevé son service et bénéficiait de certains avantages.

VÉTÉRINAIRE adj. (du lat. *veterinarius*, relatif aux bêtes de somme). Relatif à la médecine des animaux : *Soins vétérinaires.* ◆ **n.** Personne diplômée qui exerce la médecine vétérinaire.

VÉTÉTISTE n. Personne qui se déplace à VTT ; sportif qui pratique le VTT.

VÉTILLE n.f. Chose insignifiante, qui ne mérite pas qu'on y prête attention ; broutille.

VÉTILLER v.i. [3] (de l'anc. fr. *vete*, ruban). Vieilli. S'occuper à des vétilles ; critiquer sur des riens.

VÉTILLEUX, EUSE adj. Litt. Qui s'attache à des vétilles ; tatillon.

VÊTIR v.t. [32] (lat. *vestire*). **1.** Mettre des vêtements à ; habiller : *Vêtir un malade.* **2.** Mettre sur soi ; revêtir : *Vêtir un imperméable.* ◆ **SE VÊTIR v.pr.** Passer des vêtements ; s'habiller.

VÉTIVER [-vɛr] **n.m.** (tamoul *vettivern*). Plante cultivée en Inde et aux Antilles pour ses racines, dont on extrait un parfum. ➲ Famille des graminées.

VETO [veto] **n.m. inv.,** ▲ *VÉTO n.m.* (du lat. *veto*, j'interdis). **1.** Acte par lequel une autorité peut s'opposer à l'entrée en vigueur d'une loi (*veto absolu* ou *suspensif* du chef de l'État). **2.** Prérogative conférée aux États membres permanents du Conseil de sécurité des Nations unies, qui leur permet de s'opposer à toute question autre que de procédure. **3.** Opposition, refus formels : *Un copropriétaire a mis son veto au ravalement.* **4. ANTIQ. ROM.** Formule employée par les tribuns du peuple pour s'opposer à un décret du sénat.

VÊTU, E adj. Habillé : *Être pauvrement vêtu.*

VÊTURE n.f. 1. RELIG. Cérémonie de la prise d'habit à l'entrée du noviciat, dans une congrégation ou un ordre religieux. **2. CONSTR.** Système d'isolation à base d'éléments constitués d'un isolant thermique et d'une peau extérieure de protection, qui se pose en une seule fois sur la façade (par oppos. à *bardage*, à *vêtage*).

VÉTUSTE adj. (lat. *vetustus*). Détérioré par le temps ; délabré : *Immeuble vetuste.*

VÉTUSTÉ n.f. État de ce qui est vétuste.

VEUF, VEUVE adj. et **n.** (du lat. *vidua*, vide). Dont le conjoint est décédé. ▪ **Défendre la veuve et l'orphelin,** protéger les malheureux, les opprimés. ◆ **adj.** Fam., par plais. Séparé momentanément de son conjoint.

VEULE adj. (lat. pop. *volus*). Litt. Qui manque d'énergie et de courage ; mou.

VEULERIE n.f. Litt. Caractère d'une personne veule ; lâcheté.

VEUVAGE n.m. Situation d'une personne veuve.

1. VEUVE n.f. → **VEUF.**

2. VEUVE n.f. Passereau d'Afrique, à plumage en grande partie noir, dont le mâle porte des plumes caudales très longues en période nuptiale. ➲ Famille des estrildidés. ▪ **Veuve noire,** araignée venimeuse américaine, très voisine de la malmignatte, dont la femelle dévore le mâle après l'accouplement. ➲ Famille des thérididés.

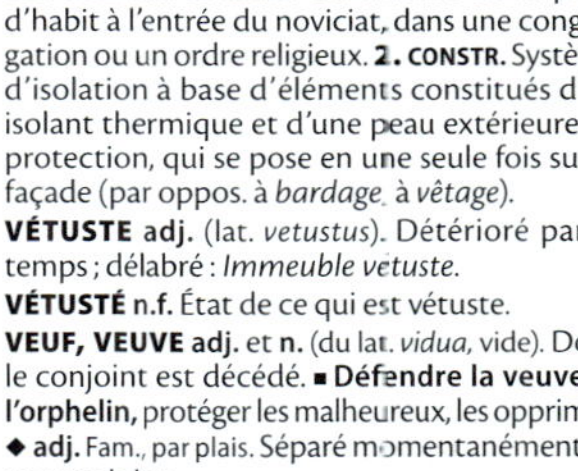

▲ **veuve** de paradis.

VEXANT, E adj. Qui vexe : *Une remarque vexante.*

VEXATEUR, TRICE adj. et **n.** Litt. Qui cause des vexations.

VEXATION n.f. (lat. *vexatio*) Action, parole ou situation qui vexe : *Subir des vexations.*

VEXATOIRE adj. Qui a le caractère d'une vexation : *Des méthodes vexatoires à l'égard des prisonniers.*

VEXER v.t. [3] (du lat. *vexare,* tourmenter). Blesser qqn dans son amour-propre ; mortifier : *Votre refus les a vexés.* ◆ **SE VEXER** v.pr. Être froissé dans son amour-propre.

VEXILLE n.m. (lat. *vexillum*). ZOOL. Ensemble des barbes situées du même côté d'une plume d'oiseau.

VEXILLOLOGIE [vɛksilɔ-] n.f. (de *vexillum*). Étude des drapeaux, des pavillons nationaux et régionaux.

VEXILLUM [-lɔm] n.m. (mot lat.). Étendard des armées romaines.

VF ou **V.F.** n.f. (sigle). CINÉMA. Version française.

VHS n.m. (nom déposé ; sigle de l'angl. *video home system*). Norme de matériel vidéo grand public d'origine japonaise. ◆ n.f. Cassette de cette norme.

VIA prép. (mot lat. « voie »). **1.** En passant par : *Aller de Lille à Rennes via Paris.* **2.** Fam. Par l'intermédiaire de : *J'ai été informé via la mairie.*

VIABILISER v.t. [3] (de 2. *viabilité*). Réaliser les travaux de viabilité sur un terrain à bâtir.

1. VIABILITÉ n.f. (de *viable*). **1.** Aptitude à vivre d'un organisme : *La viabilité d'un fœtus.* **2.** Caractère viable de qqch : *La viabilité d'une réforme.*

2. VIABILITÉ n.f. (du lat. *via,* chemin). **1.** Bon état d'une route, permettant d'y circuler. **2.** Ensemble des travaux d'aménagement (voirie, réseaux d'eau, de téléphone, etc.) à réaliser sur un terrain avant toute construction.

1. VIABLE adj. (de *vie*). **1.** Qui peut vivre : *Enfant viable.* **2.** Organisé pour aboutir, durer : *Modèle économique viable.*

2. VIABLE adj. (du lat. *via,* chemin). Apte à la circulation des véhicules ; carrossable : *En hiver, ce chemin n'est pas viable.*

VIADUC n.m. (du lat. *via,* chemin, et *ducere,* conduire). Ouvrage routier ou ferroviaire franchissant à grande hauteur une vallée, ou comportant de nombreuses travées.

VIA FERRATA [-fɛrata] n.f. (pl. *vias ferratas*) [mots ital. « voie ferrée »]. ALP. **1.** Itinéraire aménagé sur une paroi rocheuse, équipé de câbles et d'échelons permettant une progression en toute sécurité. **2.** Escalade ainsi pratiquée (SYN. **ferratisme**).

VIAGER, ÈRE adj. (de l'anc. fr. *viage,* durée de la vie). ▪ **Rente viagère,** revenu dont on possède la jouissance durant toute sa vie. ◆ n.m. Rente viagère. ▪ **En viager,** en échange d'une rente viagère : *Vendre sa maison en viager.*

VIANDE n.f. (du bas lat. *vivanda,* ce qui sert à la vie). **1.** Aliment tiré des muscles des animaux, princip. des mammifères et des oiseaux. **2.** Fam. Corps humain. ▪ **Viande blanche,** viande de veau, de porc, de lapin, de volaille. ▪ **Viande noire,** viande du gibier. ▪ **Viande rouge,** viande de bœuf, de mouton, de cheval.

VIANDER v.i. [3]. VÉNER. Pâturer, en parlant du cerf, du daim, du chevreuil.

SE VIANDER v.pr. [3]. Fam. Avoir un grave accident de voiture, de moto, d'alpinisme.

VIATIQUE n.m. (lat. *viaticum,* de *via,* route). **1.** Litt. Ce qui apporte une aide, un soutien : *Son expérience est un viatique.* **2.** RELIG. Sacrement de l'eucharistie administré à un chrétien en danger de mort. **3.** Vx. Argent, provisions que l'on donne à qqn pour un voyage.

VIBICE n.f. (du lat. *vibex, -icis,* strie). MÉD. (Souvent pl.). Purpura formant un sillon rouge sur la peau.

VIBRAGE n.m. TECHN. Action de soumettre à des vibrations.

VIBRANT, E adj. **1.** Qui vibre : *Une corde vibrante.* **2.** Fig. Qui manifeste de l'émotion ; poignant : *Un vibrant hommage.* ▪ **Consonne vibrante,** ou **vibrante,** n.f. [phon.], que l'on articule en faisant vibrer la langue ou la luette, comme [r].

VIBRAPHONE n.m. Instrument de musique composé d'une série de lames d'acier percutées et de tubes de résonance contenant chacun une palette à rotation électrique provoquant un vibrato.

VIBRAPHONISTE n. Instrumentiste qui joue du vibraphone.

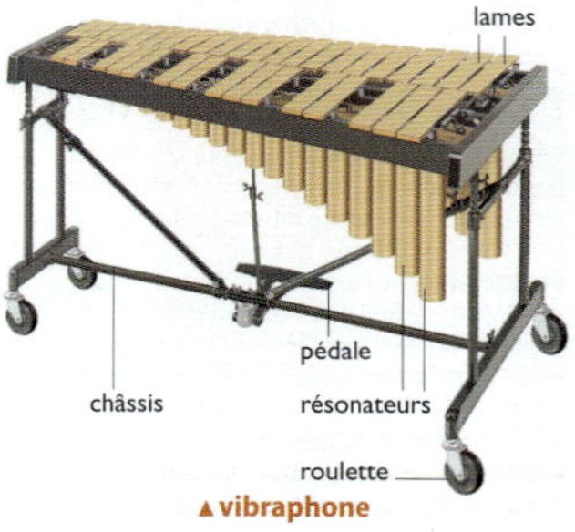

▲ **vibraphone**

VIBRATEUR n.m. TECHN. Appareil produisant des vibrations mécaniques.

VIBRATILE adj. BIOL. Susceptible de vibrer. ▪ **Cil vibratile,** chacun des organites filamenteux dont l'ensemble assure le déplacement de certains protozoaires (paramécie), le courant d'eau nutritif des mollusques lamellibranches, l'expulsion de particules solides hors de la trachée de l'homme, etc.

VIBRATION n.f. **1.** PHYS. Mouvement d'oscillation rapide ; spécial., mouvement périodique d'un système matériel autour de sa position d'équilibre. **2.** Saccade répétée à un rythme rapide ; trépidation : *Les vibrations du sol au passage d'un train.* **3.** Modulation d'un son, d'un timbre : *La vibration de la voix.* **4.** TECHN. Procédé consistant à communiquer à du béton fluide des vibrations qui en augmentent le tassement, la densité et la compacité.

VIBRATO n.m. (mot ital.). Légère ondulation du son produite avec les instruments de musique à cordes ou à vent, ou avec la voix.

VIBRATOIRE adj. Relatif aux vibrations.

VIBRER v.i. [3] (du lat. *vibrare,* agiter). **1.** Être soumis à des vibrations. **2.** Être touché, ému : *Le public vibre à l'unisson du chanteur.* **3.** Traduire une certaine intensité d'émotion ; frémir : *Sa voix vibre d'indignation.* ◆ v.t. TECHN. Effectuer la vibration du béton.

VIBREUR n.m. Dispositif électromécanique vibrant sous l'effet d'un courant et destiné, notamm., à servir d'avertisseur acoustique.

VIBRION n.m. (du lat. *vibrare,* vibrer). **1.** MICROBIOL. Micro-organisme mobile à corps incurvé en virgule ; en partic., genre de bacille dont une espèce provoque le choléra. **2.** Fig., fam. Personne agitée et génér. inopérante.

VIBRIONNER v.i. [3]. Fam. S'agiter en tous sens.

VIBRISSE n.f. (lat. *vibrissa*). ANAT. **1.** Poil situé à l'intérieur des narines de l'homme. **2.** Poil tactile de certains mammifères. ➲ Elles forment la « moustache » des carnivores, des pinnipèdes et des rongeurs. **3.** Plume filiforme des oiseaux.

▲ **vibrisse.** Exemples de vibrisses chez différents mammifères.

VIBROMASSEUR n.m. Appareil électrique produisant des vibrations destinées à des massages (érotiques, notamm.).

VICAIRE n.m. (du lat. *vicarius,* remplaçant). CATH. Prêtre qui aide le curé d'une paroisse dans l'exercice de son ministère. ▪ **Vicaire de Jésus-Christ,** le pape. ▪ **Vicaire épiscopal, général,** prêtre assistant de l'évêque pour des questions pastorales, dans un secteur déterminé ; prêtre assistant de l'évêque pour l'administration d'un diocèse.

VICARIANT, E adj. (de *vicaire*). BIOL. **1.** Se dit d'une espèce animale ou végétale qui occupe la même niche écologique qu'une espèce très voisine, mais dans une autre région. **2.** Se dit d'un organe qui supplée à l'insuffisance d'un autre organe.

VICARIAT n.m. Fonction d'un vicaire.

VICE- préf. (du lat. *vice,* à la place de). Particule inv. qui, en composition, indique des fonctions de suppléant ou d'adjoint du titulaire : *Les vice-trésorières.*

VICE n.m. (lat. *vitium*). **1.** Disposition naturelle à faire le mal, à agir contre la morale ; dépravation : *Ces mafieux ont le vice dans la peau.* **2.** Habitude fâcheuse dont on ne peut se débarrasser (jeu, boisson, drogue) ; travers : *Son vice, c'est le poker.* **3.** Imperfection dans l'état de qqn ou de qqch ; défaut : *Vice de fabrication.* ▪ **Vice caché,** défaut non décelable d'une chose, qui la rend impropre à l'usage pour lequel elle a été vendue. ▪ **Vice de construction,** défaut d'un bâtiment ou d'un autre ouvrage, dû à sa construction. ▪ **Vice de forme,** défaut qui rend nul un acte juridique, lorsqu'une des formalités légales a été omise. ▪ **Vice du consentement,** altération du consentement résultant d'une erreur, d'une violence, etc., pouvant entraîner l'annulation de l'acte qui en est entaché.

VICE-AMIRAL n.m. (pl. *vice-amiraux*). Officier général de la marine.

VICE-CHAMPION, ONNE n. (pl. *vice-champions, onnes*). Second d'un championnat, en sports ou dans un jeu.

VICE-CONSUL, E n. (pl. *vice-consuls, es*). Personne qui aide un consul ou qui en tient lieu dans un pays où il n'y a pas de consul.

VICE-CONSULAT n.m. (pl. *vice-consulats*). Fonction de vice-consul ; ses bureaux.

VICELARD, E adj. et n. Fam. Vicieux.

VICENNAL, E, AUX adj. (lat. *vicennalis*). Qui a lieu tous les vingt ans.

VICE-PRÉSIDENCE n.f. (pl. *vice-présidences*). Fonction, dignité de vice-président.

VICE-PRÉSIDENT, E n. (pl. *vice-présidents, es*). Personne chargée de seconder et, éventuellement, de remplacer un président.

VICE-RECTEUR, TRICE n. (pl. *vice-recteurs, vice-rectrices*). Dans les facultés catholiques, second du recteur.

VICE-ROI n.m. (pl. *vice-rois*). HIST. Gouverneur d'un royaume ou d'une grande province dépendant d'un État monarchique, notamm. dans les anciennes colonies espagnoles.

VICE-ROYAUTÉ n.f. (pl. *vice-royautés*). Fonction de vice-roi ; pays gouverné par un vice-roi.

VICÉSIMAL, E, AUX adj. (du lat. *vicesimus,* vingtième). Qui a pour base le nombre vingt.

VICE VERSA [vis(e)-] loc. adv. (mots lat.). Réciproquement ; inversement : *Il aime beaucoup les femmes et vice versa.*

VICHY n.m. (de *Vichy,* n.pr.). Eau minérale de Vichy. ▪ **Carottes (à la) Vichy,** carottes en rondelles cuites à l'eau sucrée et salée, servies avec du beurre frais et du persil haché. ▪ **Toile de Vichy,** ou **vichy,** étoffe de coton tissée de manière à former des carreaux.

VICHYSSOIS, E adj. et n. **1.** De Vichy. **2.** HIST. Vieilli. Vichyste.

VICHYSTE adj. et n. HIST. Relatif au gouvernement de Vichy ; partisan de ce gouvernement.

VICIATION n.f. Vieilli. Action de vicier ; pollution.

VICIÉ, E adj. Qui est pollué : *L'air vicié de la ville.*

VICIER v.t. [5] (lat. *vitiare*). **1.** Altérer la pureté de ; polluer : *Les fumées de l'incinérateur vicient l'air.* **2. DR.** Entacher d'un défaut qui rend nul.

VICIEUSEMENT adv. De façon vicieuse.

VICIEUX, EUSE adj. et **n.** Qui a des goûts dépravés, pervers, en partic. sur le plan sexuel. ◆ **adj. 1.** Marqué par le vice, en partic. sur le plan sexuel : *Allusion vicieuse.* **2.** Qui dénote la ruse, la tromperie : *Argumentation vicieuse.* **3.** Vx. Qui s'écarte de la norme ; fautif : *Prononciation vicieuse.* **4.** Se dit d'un animal ombrageux : *Jument vicieuse.* ▪ **Cercle vicieux** → **CERCLE.**

VICINAL, E, AUX adj. (du lat. *vicinus*, voisin). Se dit d'un chemin qui relie des villages entre eux.

VICINALITÉ n.f. DR. ADMIN. 1. Qualité de chemin vicinal. **2.** Ensemble des chemins vicinaux.

VICISSITUDE n.f. (lat. *vicissitudo*). Litt. (Surtout pl.). Événements heureux ou, souvent, malheureux qui jalonnent la vie humaine ; aléa : *Après bien des vicissitudes, ils ont pu adopter un bébé.*

VICOMTAL, E, AUX adj. Relatif à un vicomte, à une vicomtesse ou à une vicomté.

VICOMTE n.m. (bas lat. *vicecomes*). **1.** Noble dont le titre est immédiatement inférieur à celui de comte. **2.** Sous les Carolingiens, délégué du comte dans une circonscription.

VICOMTÉ n.f. 1. Titre de noblesse porté par un vicomte. **2.** Terre possédée par un vicomte. **3.** Au Moyen Âge, fief constitué d'une partie de comté.

VICOMTESSE n.f. Femme d'un vicomte ; femme possédant une vicomté.

VICTIMAIRE adj. Se dit d'une personne, d'un groupe qui s'estiment victimes de la société et en attendent réparation. ◆ **n.m. ANTIQ.** Prêtre chargé de frapper la victime d'un sacrifice.

VICTIMATION n.f. Fait d'être victime d'un acte de violence, d'une agression : *Une enquête de victimation.*

VICTIME n.f. (lat. *victima*). **1.** Personne qui a péri dans un accident, une guerre : *L'incendie a fait plusieurs victimes.* **2. DR.** Personne qui a subi un préjudice physique, moral ou matériel du fait d'une infraction. **3.** Personne, groupe qui souffrent de l'hostilité des autres ; souffre-douleur. **4.** Créature vivante offerte en sacrifice à une divinité. ◆ **adj.** (**DE**). **1.** Qui a subi un tort ou est atteint d'un mal : *Être victime d'un cambriolage, d'un infarctus.* **2.** Qui pâtit de la situation, des événements : *Être victime de son inexpérience.*

VICTIMISATION n.f. Action de victimiser.

VICTIMISER v.t. [3] (angl. *to victimize*). Considérer, désigner comme une victime.

VICTIMOLOGIE n.f. Branche de la criminologie qui s'intéresse à la personnalité des victimes d'infractions pénales, à leur statut psychosocial, en vue d'étudier le phénomène de la délinquance.

VICTOIRE n.f. (lat. *victoria*). **1.** Issue favorable d'une bataille, d'une guerre. **2.** Succès remporté dans une lutte, une compétition. ▪ **Crier victoire,** annoncer fièrement un succès. ▪ **Victoire à la Pyrrhus,** trop chèrement obtenue.

1. VICTORIA n.f. (du n. de la reine *Victoria*). Anc. Voiture hippomobile découverte, à quatre roues.

2. VICTORIA n.m. Plante aquatique d'Amérique du Sud, voisine du nénuphar, dont les feuilles atteignent plus de 2 m de diamètre. ➲ Famille des nymphéacées.

VICTORIEN, ENNE adj. Relatif à la reine Victoria, à son époque.

VICTORIEUSEMENT adv. De façon victorieuse.

VICTORIEUX, EUSE adj. 1. Qui a remporté la victoire : *L'équipe victorieuse.* **2.** Qui manifeste l'orgueil du succès obtenu ; triomphant : *Un sourire victorieux.*

VICTUAILLES n.f. pl. (lat. *victualia*, de *victus*, nourriture). Provisions alimentaires ; vivres.

VIDAGE n.m. Action de vider ; fait de se vider.

VIDAME n.m. (du lat. *vicedominus*, vice-roi). Au Moyen Âge, représentant d'une abbaye ou d'un évêché qui était chargé de l'administration des affaires temporelles.

VIDANGE n.f. (de *vider*). **1.** Action de vider pour nettoyer ou rendre de nouveau utilisable. **2.** Dispositif servant à vidanger, à l'écoulement d'un liquide. **3.** Belgique. Verre consigné ; bouteille vide. **4. SYLVIC.** Enlèvement des bois abattus d'une coupe. ▪ **Matières de vidange,** retirées des fosses septiques. ◆ **n.f. pl.** Québec. Ordures, déchets ménagers.

VIDANGER v.t. [10]. Vider un récipient de son contenu par vidange : *Vidanger un bassin.*

VIDANGEUR n.m. 1. Ouvrier assurant la vidange des fosses septiques. **2.** Québec. Éboueur.

1. VIDE adj. (lat. *vacuus*). **1.** Qui ne contient rien, ni objet ni matière : *Bouteille, tiroir vides.* **2.** Qui n'a pas ou a très peu d'occupants : *Ce logement est vide.* **3.** Qui manque d'intérêt, d'attrait : *Une journée vide.* **4.** Où l'on ressent l'absence de qqn : *Sans elle, la maison est vide.* ▪ **Ensemble vide** [math.], ensemble, noté $\varnothing$, ne comportant aucun élément. ▪ **Vide de,** dépourvu de : *Rue vide de voitures.*

2. VIDE n.m. 1. Espace assez vaste qui ne contient rien : *La tyrolienne nous a fait franchir le vide.* **2.** Espace où il manque qqch : *Il y a des vides dans ma bibliothèque.* **3.** Sentiment pénible d'absence, de privation : *Sa mort laisse un grand vide.* **4.** Caractère de ce qui manque d'intérêt, de valeur ; vacuité : *Le vide de ses propos.* **5. BX-ARTS.** Évidement, ajouré ou non, d'un mur, d'une sculpture, etc. **6. PHYS.** État correspondant à l'absence totale de toute particule matérielle ; espace où les particules matérielles sont fortement raréfiées (pression très inférieure à celle de l'atmosphère). ▪ **À vide,** sans rien contenir : *Le bus part à vide ;* sans effet ; sans objet : *Raisonner à vide.* ▪ **Faire le vide autour de soi, de qqn,** éloigner les amis et relations. ▪ **Vide juridique** [dr.], absence de dispositions légales ou réglementaires régissant de manière précise et non ambiguë une situation donnée. ▪ **Vide sanitaire,** espace libre, continu et ventilé, ménagé sous le plancher du rez-de-chaussée d'un bâtiment sans cave ou sous-sol.

VIDÉ, E adj. 1. Fam. Épuisé physiquement ou moralement. **2. HÉRALD.** Se dit d'une pièce qui est ajourée et laisse voir l'émail du champ.

VIDÉASTE n. Réalisateur de films vidéo.

VIDE-BOUTEILLE (pl. *vide-bouteilles*) ou **VIDE-BOUTEILLES n.m.** Siphon muni d'un robinet qui permet de vider une bouteille sans la déboucher.

VIDE-CAVE n.m. (pl. *vide-caves*). Pompe hydraulique pour évacuer l'eau d'un local inondé.

VIDE-GRENIERS n.m. inv., ▲ ***VIDE-GRENIER n.m.*** (pl. *vide-greniers*). Manifestation commerciale, génér. organisée par une municipalité, au cours de laquelle des particuliers vendent de vieux objets.

VIDELLE n.f. (de *vider*). **1. MAR.** Réparation d'un accroc dans une voile à l'aide d'un point rapprochant les bords de la déchirure. **2.** Petit ustensile de confiseur pour dénoyauter les fruits.

VIDÉO adj. inv., ▲ ***adj.*** (du lat. *video*, je vois). Se dit de l'ensemble des techniques concernant la production, l'enregistrement, le traitement ou la transmission d'images ou de signaux de type télévision : *Des caméras vidéo.* ▪ **Art vidéo,** forme d'art fondée sur la fabrication et l'enregistrement d'images électroniques restituables en direct ou en différé. ➲ Le Coréen N. J. Paik en fut le pionnier. ▪ **Signal vidéo,** assurant la transmission d'images. ▪ **Vidéo à la demande,** service, génér. payant, permettant à l'utilisateur de choisir et de visionner sur un ordinateur ou un téléviseur des films ou des émissions de télévision. (On utilise souvent le sigle angl. VOD.) ◆ **n.f. 1.** Ensemble des techniques vidéo. **2.** Film, émission tournés en vidéo : *Les vidéos qui buzzent.*

VIDÉOBLOG ou **VIDÉOBLOGUE n.m.** Blog diffusant des vidéos.

VIDÉOCAPSULE n.f. Caméra miniature intégrée dans une capsule que l'on ingère pour effectuer un examen du tube digestif. (On dit aussi *capsule endoscopique.*)

VIDÉOCASSETTE n.f. Cassette contenant une bande magnétique qui permet l'enregistrement et la reproduction d'un programme de télévision ou d'un film vidéo.

VIDÉOCLIP n.m. (Anglic. déconseillé). Clip.

VIDÉOCLUB n.m. Boutique qui vend ou loue des vidéocassettes enregistrées.

VIDÉOCOMMUNICATION n.f. Communication fondée sur la transmission d'images télévisuelles.

VIDÉOCONFÉRENCE n.f. → **VISIOCONFÉRENCE.**

VIDÉODISQUE n.m. Vx. Disque sur lequel sont enregistrées des vidéos.

VIDÉOFRÉQUENCE n.f. Fréquence qui contient les composantes d'une image de télévision.

VIDÉOGRAMME n.m. Tout support permettant l'enregistrement, la conservation et la reproduction d'un programme audiovisuel ; ce programme.

VIDÉOGRAPHIE n.f. 1. Procédé de télécommunication qui permet la visualisation d'images alphanumériques et graphiques sur un écran cathodique. **2.** Édition de programmes audiovisuels.

VIDÉOGRAPHIQUE adj. Relatif à la vidéographie.

VIDÉOLECTEUR n.m. Vx. Appareil de lecture de vidéodisques.

VIDÉOLUDIQUE adj. Relatif aux jeux vidéo : *Industrie vidéoludique. Techniques vidéoludiques.*

VIDÉOPROJECTEUR n.m. Appareil permettant la vidéoprojection.

VIDÉOPROJECTION n.f. Projection d'images vidéo ou du contenu d'un écran informatique sur grand écran.

VIDÉOPROTECTION n.f. Système d'enregistrement d'images prises sur la voie publique (ou dans des lieux ouverts au public), dans le but de prévenir les atteintes à la sécurité des personnes et des biens publics. ➲ Son installation est soumise au respect du code de la sécurité intérieure.

VIDE-ORDURES n.m. inv., ▲ ***VIDE-ORDURE n.m.*** (pl. *vide-ordures*). Conduit vertical par lequel sont évacuées les ordures ménagères, dans certains immeubles ; vidoir installé à chaque étage ou dans chaque appartement.

VIDÉOSPHÈRE n.f. Sphère de la communication qui privilégie l'immédiateté de l'image.

VIDÉOSURVEILLANCE n.f. Procédé de surveillance à distance qui met en œuvre un système de télévision en circuit fermé.

VIDÉOTEX n.m. (de *video* et *télex*). Vidéographie dans laquelle la transmission des demandes d'informations des usagers et des réponses fournies est assurée par un réseau de télécommunications.

VIDÉOTHÈQUE n.f. 1. Collection de documents vidéo. **2.** Meuble, lieu où on les entrepose.

VIDÉOTRANSMISSION n.f. Service de diffusion de programmes de télévision spécifiques, projetés sur grand écran dans des salles de spectacle ou de conférences.

VIDE-POCHE (pl. *vide-poches*) ou **VIDE-POCHES n.m. 1.** Objet, génér. coupelle ou corbeille, où l'on dépose les menus objets que l'on a dans ses poches. **2.** Dans une automobile, petit compartiment, génér. ouvert, pour déposer divers objets.

VIDE-POMME n.m. (pl. *vide-pommes*). Ustensile servant à ôter le cœur des pommes sans les couper.

VIDER v.t. [3]. 1. Retirer tout le contenu de : *Vider une baignoire, une armoire.* **2.** Boire, manger tout le contenu de : *Vider sa tasse.* **3.** Retirer les entrailles d'un poisson, d'une volaille pour rendre l'animal propre à la consommation. **4.** (**DE**). Faire évacuer : *Les pompiers ont vidé l'hôpital de ses occupants.* **5.** Enlever qqch d'un contenant : *Vider les raisins d'une hotte.* **6.** Fam. Chasser qqn d'un lieu, d'un groupe ; expulser. **7.** Fam. Épuiser physiquement ou nerveusement ; exténuer : *Cette randonnée m'a vidé.* **8.** Litt. Terminer ; régler : *Vider une querelle.* ▪ **Vider les lieux** ou [fam.] **le plancher,** s'en aller. ◆ **SE VIDER v.pr.** Déverser son contenu : *La salle s'est vidée d'un seul coup.*

VIDEUR, EUSE n. 1. Personne qui vide qqch : *Un videur de volailles.* **2.** Employé chargé d'expulser les personnes jugées indésirables dans un lieu ouvert au public.

VIDE-VITE n.m. inv. TECHN. Dispositif de vidange utilisé en cas de danger pour évacuer très rapidement le contenu d'un réservoir, d'un bassin, etc.

VIDICON n.m. Tube analyseur d'images de télévision utilisant la photoconduction.

VIDOIR n.m. Orifice par lequel on introduit les ordures dans un vide-ordures.

VIDUITÉ n.f. (du lat. *viduus*, veuf). Vx. État de veuve ou de veuf. ▪ **Délai de viduité** [dr., anc.], période, en principe de 300 jours, pendant laquelle une femme veuve ou divorcée ne pouvait contracter un nouveau mariage.

VIDURE n.f. Ce que l'on retire en vidant un animal.

VIE n.f. (lat. *vita*). **1.** Ensemble des phénomènes (nutrition, assimilation, croissance, reproduction, etc.) communs aux êtres organisés et qui constituent leur mode d'activité propre, de la naissance à la mort : *La vie animale, végétale. Les origines de la vie.* **2.** Fait de vivre (par oppos. à mort) : *Être en vie. Perdre la vie.* **3.** Existence humaine considérée dans sa durée : *Raconter sa vie.* **4.** Dynamisme, vitalité qui caractérisent qqn ; énergie : *Des enfants pleins de vie.* **5.** Manière de vivre propre à qqn : *Il mène une vie austère.* **6.** Ensemble des activités de qqn dans un domaine spécifique : *Une vie professionnelle bien remplie.* **7.** Ensemble des moyens matériels nécessaires pour assurer l'existence de qqn : *Gagner bien, mal sa vie.* **8.** Condition humaine ; monde des humains : *Ils ne connaissent encore rien de la vie.* **9.** Ouvrage relatant l'histoire de qqn ; biographie. **10.** Dynamisme, vitalité qui caractérisent une œuvre, animent un lieu : *Rendre la vie à un village.* **11.** Ensemble des activités d'un pays, d'un groupe, dans un domaine donné : *La vie artistique.* **12.** Existence des choses soumises à une évolution : *La vie des étoiles.* ▪ **À la vie, à la mort,** pour toujours. ▪ **À vie,** pour tout le temps qui reste à vivre. ▪ **Ce n'est pas une vie,** c'est intenable, insupportable. ▪ **De la** ou **ma vie,** jamais. ▪ **Devoir la vie à,** avoir été sauvé par. ▪ **Donner la vie,** mettre au monde. ▪ **Faire la vie** [fam.], s'adonner à tous les plaisirs. ▪ **Refaire sa vie,** se remarier. ▪ **Rendre la vie à qqn,** lui rendre l'espoir. ▪ **Vie éternelle** [relig.], bonheur éternel des élus après la mort.

VIEIL adj.m. → **VIEUX.**

VIEILLARD n.m. Homme très âgé. (Le fém. *vieillarde* est litt. ou péjor. ; on dit plutôt *vieille*.) ◆ **n.m. pl.** Ensemble des personnes âgées.

1. VIEILLE adj.f. et n.f. → **VIEUX.**

2. VIEILLE n.f. ZOOL. Labre d'une espèce commune dans l'Atlantique, dite aussi *grande vieille*.

VIEILLERIE n.f. **1.** Objet ancien, usé et démodé. **2.** Idée rebattue ; œuvre démodée.

VIEILLESSE n.f. **1.** Dernière période de la vie, caractérisée par un ralentissement ou un affaiblissement des fonctions ; fait d'être vieux : *Mourir de vieillesse.* **2.** Litt. Grand âge de qqch : *La vieillesse d'un chêne.* **3.** Ensemble des personnes âgées : *Si jeunesse savait, si vieillesse pouvait !* ▪ **Assurance vieillesse,** branche de la Sécurité sociale qui assure, en France, le versement des prestations en espèces aux personnes retirées de la vie active du fait de leur âge ; cette prestation.

VIEILLI, E adj. **1.** Qui porte les marques de la vieillesse : *Je l'ai trouvé vieilli.* **2.** LING. Qui tend à sortir de l'usage courant, mais est encore compris de la plupart des locuteurs d'une langue (à la différence de *vieux*) : *Une tournure vieillie.*

VIEILLIR v.i. [21]. **1.** Avancer en âge ; perdre les caractéristiques de la jeunesse en prenant de l'âge : *Son visage a beaucoup vieilli.* **2.** Perdre de son actualité, de sa modernité : *Ce film n'a pas vieilli.* **3.** Acquérir des qualités particulières par la conservation (vins, fromages, etc.). ◆ **v.t. 1.** Faire paraître plus vieux : *Ces lunettes te vieillissent.* **2.** Affaiblir comme le fait la vieillesse : *Son licenciement l'a vieilli.* ◆ **SE VIEILLIR** v.pr. Se faire paraître ou se dire plus vieux qu'on ne l'est réellement.

VIEILLISSANT, E adj. Qui vieillit.

VIEILLISSEMENT n.m. **1.** Fait de devenir vieux ; ensemble des phénomènes qui marquent l'évolution d'un organisme vivant vers la mort. **2.** Action de donner l'aspect du vieux à qqch ; patinage : *Le vieillissement d'un meuble* ; action de donner l'aspect d'une personne âgée à qqn : *Le vieillissement d'une actrice pour un rôle.* **3.** Modification que subit avec le temps une denrée, en partic. un vin, un alcool, un fromage. **4.** Fait de se démoder : *Le vieillissement d'un téléviseur, d'un portable.* **5.** DÉMOGR. Augmentation de la moyenne d'âge d'une population. **6.** MÉTALL. Maturation.

VIEILLOT, OTTE adj. Démodé et un peu ridicule ; suranné : *Téléphones vieillots.*

VIÈLE n.f. (anc. fr. *viele*). Tout instrument de musique aux cordes frottées par un archet ou par une roue (*vielle*), indépendamment de sa forme et du nombre des cordes.

VIELLE n.f. (anc. provenç. *viola*). ▪ **Vielle à roue,** vièle à clavier dont les cordes sont frottées par une roue mise en rotation par une manivelle.

VIELLEUR, EUSE ou **VIELLEUX, EUSE** n. Joueur de vielle.

VIENNOIS, E adj. et n. **1.** De Vienne, capitale de l'Autriche. **2.** De Vienne, ville de l'Isère. **3.** Du département de la Vienne.

VIENNOISERIE n.f. (de *Vienne*, cap. de l'Autriche). **1.** Produit de boulangerie fabriqué avec une pâte fermentée enrichie de sucre, de lait, de matières grasses et d'œufs (brioche, croissant, etc.). **2.** L'ensemble de ces produits.

1. VIERGE adj. (lat. *virgo, -inis*). **1.** Se dit d'une personne qui n'a jamais eu de relations sexuelles. **2.** Se dit d'un lieu où nul n'a pénétré, de qqch qui n'a pas encore servi : *Île vierge. Carnet vierge.* **3.** Se dit d'un support magnétique sur lequel aucun enregistrement n'a encore été effectué (par oppos. à *préenregistré*) : *CD vierge.* **4.** Se dit d'une fibre non mélangée, non traitée : *Pure laine vierge.* ▪ **Forêt vierge** → **FORÊT.** ▪ **Huile vierge,** obtenue par pression à froid de graines ou de fruits oléagineux et directement consommable. ▪ **Vierge de** [litt.], exempt de : *Réputation vierge de toute critique.*

2. VIERGE n.f. Fille vierge. ▪ **La (Sainte) Vierge** ou **la Vierge Marie,** la mère de Jésus. ▪ **La Vierge,** constellation et signe du zodiaque (v. partie n.pr.). ▪ **Une Vierge, n.f. inv.,** personne née sous le signe de la Vierge.

VIETNAMIEN, ENNE adj. et n. Du Viêt Nam ; de ses habitants. ◆ **n.m.** Langue parlée principalement au Viêt Nam. ➲ Il s'écrit avec un alphabet latin, le quôc-ngu.

VIET VO DAO [vjɛtvodao] **n.m.** (mots vietnamiens). Art martial d'origine vietnamienne, se pratiquant à mains et à pieds nus, et où les coups sont portés avec un mouvement de rotation.

VIEUX ou **VIEIL, VIEILLE** adj. et n. (lat. *vetus*). Avancé en âge : *Un vieil homme. Une pauvre vieille.* ▪ **Se faire vieux,** vieillir. ◆ **adj. 1.** Qui a les caractères de la vieillesse : *Son père est très vieux.* **2.** (Surtout au comparatif). Âgé ; plus âgé de : *Elle est plus vieille que toi, plus vieille de trois ans.* **3.** Qui existe depuis longtemps : *Un vieux moulin.* **4.** Qui est depuis longtemps dans tel état, tel métier : *Un vieil habitué du festival.* **5.** Qui a beaucoup servi ; usagé : *Un vieux chapeau.* ▪ **Les vieux jours,** la vieillesse. ◆ **n.** Fam. Père ou mère. ▪ **Les vieux,** les personnes âgées. ▪ **Mon vieux, ma vieille,** terme d'amitié : *Allez, mon vieux, n'y pense plus !* ▪ **Un vieux de la vieille,** une personne expérimentée ; un vétéran. ◆ **n.m.** Ce qui est ancien : *Acheter un logement dans du vieux.* ▪ **Prendre un coup de vieux** [fam.], vieillir brusquement.

✎ *Vieil*, adj.m., est employé devant un mot masc. commençant par une voyelle ou un *h* muet.

VIEUX-CATHOLIQUE, VIEILLE-CATHOLIQUE n. et **adj.** (pl. *vieux-catholiques, vieilles-catholiques*). Catholique qui refusa d'adhérer au dogme de l'infaillibilité pontificale en 1870.

VIEUX-CROYANT n.m. (pl. *vieux-croyants*). Membre d'une des communautés dissidentes russes qui vivent en marge de l'Église officielle depuis le raskol (XVIIe s.).

VIEUX-LILLE n.m. inv. Fromage de Maroilles soumis à un long affinage et au goût très prononcé.

1. VIF, VIVE adj. (lat. *vivus*). **1.** Qui a de la vitalité, de la vigueur : *Un regard vif. Une fillette très vive.* **2.** Qui réagit, comprend rapidement ; aigu : *Un esprit vif.* **3.** Très net ; prononcé : *Une vive préférence pour le cinéma italien.* **4.** Prompt à s'emporter ; bouillant : *Pardon d'avoir été aussi vif.* **5.** Exprimé avec virulence : *Une très vive critique.* **6.** Se dit d'une couleur éclatante, intense : *Rouge vif.* **7.** Qui saisit : *Froid vif.* ▪ **À joints vifs,** se dit d'une construction en pierres posées à sec, sans mortier. ▪ **Arête vive,** angle saillant et non émoussé d'une pierre, d'un matériau. ▪ **De vive force** → **FORCE.** ▪ **De vive voix,** directement et oralement. ▪ **Eau vive,** qui coule d'une source. ▪ **Être brûlé vif,** vivant. ▪ **Haie vive,** formée d'arbustes en pleine végétation. ▪ **Plus mort que vif** → **2. MORT.**

2. VIF n.m. **1.** Chair vivante : *Le chirurgien taille dans le vif.* **2.** Fig. Ce qu'il y a de plus important : *Entrer dans le vif du sujet.* **3.** DR. Personne vivante : *Donation entre vifs.* **4.** Petit poisson vivant qui sert d'appât. ▪ **À vif,** avec la chair à nu. ▪ **Sur le vif,** dans un contexte réel : *Propos saisis sur le vif.* ▪ **Toucher au vif,** au point le plus sensible. ▪ **Trancher** ou **couper dans le vif,** sacrifier certaines choses pour sauver le reste ; prendre des mesures énergiques.

VIF-ARGENT n.m. (pl. *vifs-argents*) [du lat. *argentum vivum*, mercure]. **1.** Vx. Mercure. **2.** Fig. Personne vive, pétulante.

VIGIE n.f. (port. *vigia*, de *vigiar*, veiller). MAR. **1.** Homme de veille placé en observation à bord d'un navire. **2.** Surveillance ainsi exercée.

VIGIL, E adj. (du lat. *vigil*, éveillé). MÉD. Qui a lieu à l'état de veille. ▪ **Coma vigil,** peu profond. ▪ **Sédation vigile,** dans laquelle le patient reste conscient.

VIGILAMMENT adv. Litt. De façon vigilante.

VIGILANCE n.f. (lat. *vigilantia*). **1.** Surveillance attentive et soutenue : *Tromper la vigilance du garde.* **2.** PHYSIOL. État du cerveau pendant la phase de veille du cycle nycthéméral : *Troubles de la vigilance.*

VIGILANT, E adj. Qui exerce sa vigilance ; attentif.

1. VIGILE n.f. (du lat. *vigilia*, veille). CATH. Jour qui précède et prépare une fête religieuse importante.

2. VIGILE n.m. (du lat. *vigil*, veilleur). **1.** Personne chargée de la surveillance de locaux administratifs, industriels, universitaires, etc. **2.** ANTIQ. ROM. Membre des cohortes instituées par Auguste, chargées de combattre les incendies et d'assurer la police nocturne de la ville.

VIGILER v.i. [3]. Afrique centrale. Monter la garde ou patrouiller, afin de prévenir tout acte subversif ou contraire à la sécurité publique : *Les policiers ont vigilé toute la nuit.* ◆ **v.t.** Afrique centrale. Surveiller attentivement qqn ou qqch (un édifice, par ex.) : *Il faut vigiler ce garçon, il ne m'inspire pas confiance.*

VIGNE n.f. (lat. *vinea*, de *vinum*, vin). **1.** Arbrisseau grimpant dont une espèce cultivée produit le raisin, que l'on consomme comme fruit, ou dont le moût fermenté fournit le vin. ➲ Famille des vitacées. **2.** Terrain planté de vigne cultivée ; vignoble. ▪ **Être dans les vignes du Seigneur** [litt.], être ivre. ▪ **Pêche de vigne,** pêche rouge provenant, à l'origine, de pêchers intercalés entre les ceps de vigne, à maturité au moment des vendanges. ▪ **Vigne vierge,** arbrisseau ornemental grimpant, qui s'accroche aux surfaces lisses par des vrilles formant ventouses.

VIGNEAU ou **VIGNOT** n.m. (de *vigne*). Région. (Normandie). Bigorneau.

VIGNERON, ONNE n. Personne qui cultive la vigne, fait du vin. ◆ **adj.** Relatif à la vigne, au vigneron.

VIGNETAGE ou **VIGNETTAGE** n.m. PHOTOGR. Défaut d'un matériel de prise de vue qui se traduit par un assombrissement des angles ou des bords de l'image.

VIGNETER v.i. [16], ▲ *[12]*. Produire un vignetage.

VIGNETTE n.f. (de *vigne*). **1.** Petit motif ornemental, petite illustration d'un texte, d'un livre. **2.** Anc. En France, timbre attaché à certaines spécialités pharmaceutiques, que l'assuré social devait coller sur sa feuille de maladie pour être remboursé. ➲ La vignette a été supprimée en 2014. **3.** Case, dans une bande dessinée. **4.** Petite étiquette, portant l'estampille de l'État, servant à attester le paiement de certains droits, notamm. de la taxe sur les automobiles. ➲ Instaurée en 1956, la vignette automobile a été supprimée pour les particuliers à partir de 2001.

▲ vignes

VIGNETTISTE n. Personne qui dessine ou grave des vignettes, en partic. pour les livres.

VIGNOBLE n.m. (anc. provenç. *vinhobre*). **1.** Territoire planté de vignes ; ces vignes. **2.** Ensemble des vignes d'une région, d'un pays.

VIGNOT n.m. → **VIGNEAU.**

VIGOGNE n.f. (esp. *vicuña*, du quechua). **1.** Petit lama sauvage des Andes, au pelage laineux. **2.** Tissu fin fait avec le poil de cet animal.

VIGOUREUSEMENT adv. Avec vigueur.

VIGOUREUX, EUSE adj. **1.** Plein de santé, de vigueur ; robuste : *Un enfant vigoureux.* **2.** Qui est fait, exécuté avec vigueur ; énergique : *Poignée de main vigoureuse.* **3.** Qui manifeste une grande détermination : *Des mesures vigoureuses.* **4.** Se dit d'un vin corsé dont l'effet en bouche est dû au degré alcoolique et à l'acidité.

VIGOUSSE adj. Suisse. Fam. Vigoureux ; vif ; alerte.

VIGUERIE n.f. Fonction du viguier.

VIGUEUR n.f. (lat. *vigor*). **1.** Force physique : *La vigueur d'un athlète.* **2.** Énergie physique ou morale : *Se débattre avec vigueur.* **3.** Puissance manifestée par la pensée, le style : *La vigueur du style, du trait.* ▪ **En vigueur,** en usage ; en application : *Les tarifs en vigueur.*

VIGUIER n.m. (mot d'anc. provenç., du lat.). **1.** Magistrat et chef militaire d'Andorre. **2.** HIST. Dans le midi de la France, juge qui rendait la justice au nom du comte ou du roi.

VIH ou **V.I.H.** [veiaʃ] n.m. (sigle de *virus de l'immunodéficience humaine*). Virus responsable du sida.

VIHARA n.m. inv. (sanskr. *vihāra*). Monastère bouddhique ou jaïn.

VIKING [-kiŋ] adj. Relatif aux Vikings, à leur civilisation.

VIL, E adj. (lat. *vilis*). Litt. Qui inspire un profond mépris ; sordide : *De vils personnages, marchandages.* ▪ **À vil prix,** très bon marché.

1. VILAIN n.m. (bas lat. *villanus*, de *villa*, ferme). Au Moyen Âge, paysan libre.

2. VILAIN, E adj. (de *1. vilain*). **1.** Qui est désagréable à voir ; laid : *De vilaines jambes.* **2.** Qui est moralement laid : *De vilains bruits courent sur lui.* **3.** Qui laisse présager qqch de grave ; inquiétant : *Une vilaine blessure.* **4.** Se dit d'un temps désagréable ; mauvais : *Un vilain mois de mai.* ◆ adv. Fam. ▪ **Il fait vilain,** il fait mauvais temps. ◆ adj. et n. Se dit d'un enfant insupportable, désobéissant. ◆ n.m. Fam. ▪ **Du vilain,** des choses fâcheuses ; une dispute ; du scandale : *S'il se maintient, ça va faire du vilain.*

VILAINEMENT adv. Litt. De façon vilaine, physiquement ou moralement.

VILAYET n.m. (turc *vilâyet*). HIST. Division administrative de l'Empire ottoman.

VILEBREQUIN n.m. (moyen fr. *wimbelkin*, du néerl.). **1.** Outil au moyen duquel on imprime un mouvement de rotation à une mèche pour percer des trous, ou à une clé de serrage pour vis ou écrou. **2.** MÉCAN. INDUSTR. Arbre qui transforme un mouvement rectiligne alternatif, notamm. celui de l'ensemble piston-bielle d'un moteur thermique, en un mouvement circulaire.

VILEMENT adv. Litt. De façon vile ; bassement.

VILENIE [vil(e)ni], ▲ VILÉNIE n.f. (de *2. vilain*). Litt. **1.** Caractère vil. **2.** Action ou parole vile.

VILIPENDER v.t. [3] (du bas lat. *vilipendere*, estimer sans valeur). **1.** Litt. Traiter avec beaucoup de mépris ; dénigrer. **2.** Suisse. Dilapider ; gaspiller : *On vilipende trop souvent l'eau.*

VILLA n.f. (mot ital., du lat.). **1.** Maison d'habitation ou de villégiature, génér. vaste et avec jardin. **2.** Voie privée bordée de maisons individuelles. **3.** HIST. Domaine rural ou riche demeure de villégiature, à Rome puis sous les Mérovingiens et les Carolingiens.

VILLAGE n.m. (du lat. *villa*, ferme). **1.** Groupement d'habitations permanentes, à la campagne. **2.** Ensemble des habitants d'une telle localité : *Le village les a soutenus.* **3.** Structures d'accueil touristique, en partic. pour des séjours : *Village club.* ▪ **Village de toile,** terrain de camping. ▪ **Village gaulois** (par allusion au village de la BD *Astérix*, créée par R. Goscinny et A. Uderzo [1959]) [fam.], lieu délimité, secteur particulier où s'observe une résistance à un phénomène (culturel, économique, social, etc.) général ; poche, îlot de résistance : *En Amérique du Nord, le Québec francophone fait souvent figure de village gaulois. Des villages gaulois du textile résistent à la délocalisation.* ▪ **Village planétaire** ou **global** (calque de l'angl. *global village*, expression de H.M. McLuhan), la communauté humaine planétaire, qui, reliée en permanence et en temps réel par les technologies de l'information et la vidéosphère, évoque une communauté villageoise.

VILLAGEOIS, E n. Habitant d'un village. ◆ adj. Relatif au village, aux villageois : *Noce villageoise.*

VILLANELLE n.f. (ital. *villanella*, de *villano*, paysan). MUS. **1.** Composition polyphonique de caractère populaire, originaire de Naples, en vogue aux XVe et XVIe s. **2.** À partir du XVIe s., chanson pastorale et populaire, sous forme de poème à forme fixe.

VILLE n.f. (du lat. *villa*, maison de campagne). **1.** Agglomération relativement importante dont les habitants ont des activités professionnelles diversifiées. **2.** Ensemble des habitants d'une ville : *La ville est en état de choc.* **3.** Vie que l'on mène en ville : *Préférer la ville à la campagne.* ▪ **À la ville,** dans une ville (par oppos. à *à la campagne*) ; dans

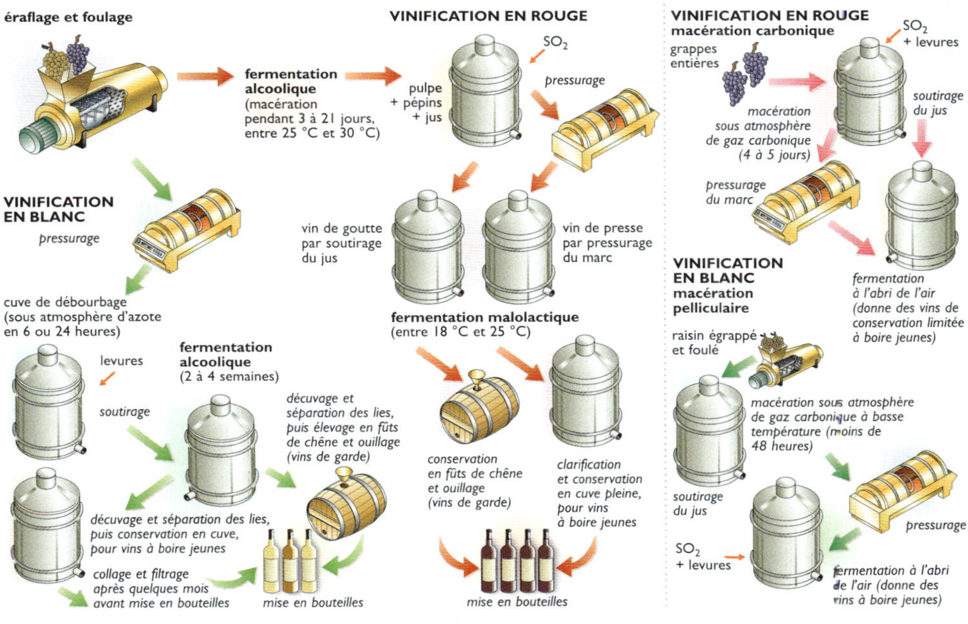

▲ **vin.** Élaboration du vin.

la vie privée : *À la ville, elle est l'épouse d'un philosophe.* ▪ **En ville,** dans une ville : *Vivre en ville* ; dans la partie commerçante de l'agglomération : *Faire ses courses en ville* ; hors de chez soi : *Dîner en ville.* ▪ **Travaux de ville** [imprim.], bilboquet. ▪ **Ville nouvelle,** agglomération créée à proximité d'une métropole ancienne dont on souhaite limiter la croissance, et où est prévu le développement simultané des fonctions économiques et de résidence. ▪ **Ville ouverte** → **OUVERT.**

VILLE-CHAMPIGNON n.f. (pl. *villes-champignons*). Ville dont la population s'accroît très rapidement.

VILLE-DORTOIR n.f. (pl. *villes-dortoirs*). Cité-dortoir.

VILLÉGIATURE n.f. (ital. *villeggiatura*, de *villeggiare*, aller à la campagne). **1.** Séjour de vacances à la campagne, à la mer : *Ils sont en villégiature à Collioure.* **2.** Lieu de vacances.

VILLÉGIATURER v.i. [3]. Fam., vx. Être en villégiature.

VILLE-SATELLITE n.f. (pl. *villes-satellites*). Ville distincte d'un centre urbain plus important, administrativement autonome, mais qui a des relations étroites avec lui.

VILLEUX, EUSE adj. (du lat. *villus*, poil). **1.** Se dit d'un animal ou d'un végétal couvert de poils. **2.** MÉD. Se dit d'une tumeur d'aspect touffu, que l'on rencontre surtout au niveau du côlon.

VILLOSITÉ n.f. (de *villeux*). **1.** Didact. État d'une surface velue ; ensemble des poils qui recouvrent cette surface. **2.** ANAT. Chacune des petites saillies filiformes qui tapissent certaines cavités naturelles (l'intestin grêle, par ex.), en leur donnant un aspect velu.

VIMANA n.m. inv. (sanskr. *vimāna*). En architecture indienne médiévale, sanctuaire à structure pyramidale.

VIN n.m. (lat. *vinum*). **1.** Boisson obtenue par la fermentation alcoolique de raisins frais, foulés ou non, ou de moûts de raisin. (*V. ill. page précédente.*) **2.** Jus d'origine végétale dont une partie ou la totalité du sucre est transformée par fermentation : *Vin de noix, de palme.* ▪ **Être entre deux vins,** un peu ivre. ▪ **Vin cuit,** provenant d'un moût concentré par chauffage. ▪ **Vin de glace** [Québec], vin blanc liquoreux fait de raisins ayant gelé sur la vigne. ▪ **Vin délimité de qualité supérieure (VDQS),** vin d'appellation simple, dont la qualité est garantie par un syndicat responsable de l'appellation. ▪ **Vin de liqueur, vin doux naturel,** vins mutés par addition d'alcool au cours de la fermentation alcoolique. ▪ **Vin de pays,** vin dont la production est réglementée, vendu avec l'indication d'un département ou d'une zone de provenance. ▪ **Vin de table,** vin ordinaire ne bénéficiant d'aucune classification particulière (8,5 ou 9° minimum). ▪ **Vin d'honneur,** petite cérémonie au cours de laquelle on boit du vin en l'honneur de qqn. ▪ **Vin d'orange,** boisson obtenue par macération d'oranges amères dans du vin rouge. ▪ **Vin nouveau,** vin de l'année, commercialisé rapidement après la vinification (en décembre ou, pour les vins dits « de primeur », à partir du troisième jeudi de novembre).

➲ Les **VINS** peuvent être classés selon leur couleur (blancs, rouges, rosés), leur saveur (secs, doux, liquoreux), leur provenance, leur type de vinification, de conservation, etc. Le vin rouge est obtenu à partir de raisins noirs, le vin blanc à partir de raisins blancs ou noirs ; la vinification des vins rosés est identique à celle des vins rouges, mais avec une durée de macération plus brève. Les vins doux sont obtenus en arrêtant la fermentation alcoolique afin que le vin conserve une certaine teneur en sucre.
Certains vins sont commercialisés dès la fin de la vinification *(vins primeurs)* ou dans l'année qui suit la vendange, d'autres vieillissent en tonneaux ou en bouteilles avant d'être mis sur le marché.
La *chaptalisation* (quelle qu'en soit la forme) est légale en France, mais dans un cadre strictement réglementé.

VINA n.f. inv. (sanskr. *vīnā*). Cithare indienne à 4 cordes principales, munie de deux calebasses comme résonateurs.

VINAGE n.m. Addition d'alcool au vin ou au moût, licite pour la préparation des mistelles et des vins spéciaux.

VINAIGRE n.m. (de *vin* et *aigre*). Solution aqueuse riche en acide acétique, résultant d'une fermentation du vin ou d'un autre liquide alcoolisé, utilisé comme condiment pour l'assaisonnement et comme agent de conservation : *Vinaigre balsamique.* ▪ **Faire vinaigre** [fam.], se dépêcher. ▪ **Tourner au vinaigre** [fam.], prendre une fâcheuse tournure ; dégénérer.

VINAIGRER v.t. [3]. Assaisonner avec du vinaigre.

VINAIGRERIE n.f. **1.** Usine ou atelier où l'on fabrique le vinaigre. **2.** Industrie du vinaigre.

VINAIGRETTE n.f. Sauce froide préparée avec du vinaigre, de l'huile et des condiments, servant à accompagner les salades, les crudités.

1. VINAIGRIER n.m. Personne qui fabrique ou qui vend du vinaigre.

2. VINAIGRIER n.m. **1.** Récipient servant à la fabrication domestique du vinaigre. **2.** Burette à vinaigre.

VINAIRE adj. (lat. *vinarius*). Relatif au vin.

VINASSE n.f. **1.** Fam. Vin médiocre et fade. **2.** Résidu de la distillation des vins, des marcs, des mélasses de sucreries, utilisé comme engrais ou comme aliment du bétail après concentration.

VINBLASTINE n.f. Alcaloïde antimitotique extrait de la pervenche rose et utilisé dans le traitement de certains cancers.

VINCAMINE n.f. MÉD. Alcaloïde de la pervenche, permettant d'améliorer l'oxygénation de l'oreille interne, de la rétine et du cerveau.

VINDICATIF, IVE adj. et n. (du lat. *vindicare*, venger). Qui aime se venger ; rancunier ; inspiré par la vengeance : *Des propos vindicatifs.*

VINDICTE n.f. (lat. *vindicta*). Litt. Punition des crimes. ▪ **Vindicte publique** ou **populaire,** poursuite d'un crime au nom de la société.

VINÉE n.f. Branche à fruits dans la taille longue de la vigne.

VINER v.t. [3]. Pratiquer le vinage.

VINEUX, EUSE adj. (lat. *vinosus*). **1.** Se dit d'un vin riche en alcool. **2.** Qui a le goût ou l'odeur du vin ; qui rappelle la couleur du vin rouge.

VINGT [vɛ̃] ([vɛ̃t] devant une voyelle, un *h* muet ou un autre nombre) adj. num. et n.m. (lat. *viginti*). **1.** Deux fois dix. **2.** Vingtième : *Page vingt.*

✎ *Vingt* prend un *s* quand il est précédé d'un adj. de nombre qui le multiplie et n'est pas immédiatement suivi d'un autre adj. num. : ***quatre-vingts, quatre-vingt-trois.***

VINGTAINE [vɛ̃tɛn] n.f. Nombre de vingt ou environ : *Une vingtaine de pommes.*

VINGT-DEUX [vɛ̃tdø] interj. ▪ **Vingt-deux !** [fam.], avertit de l'arrivée inopportune de.

VINGTENAIRE adj. et n. Âgé de vingt à vingt-neuf ans.

VINGT-ET-UN [vɛ̃teœ̃] n.m. inv. Jeu de hasard dans lequel on reçoit deux cartes devant totaliser vingt et un points, ou s'en approcher.

1. VINGTIÈME [vɛ̃tjɛm] adj. num. ord. et n. Qui occupe le rang marqué par le nombre vingt. ◆ n.m. et adj. Quantité désignant le résultat d'une division par vingt.

VINGTIÈMEMENT adv. En vingtième lieu.

VINGT-QUATRE [vɛ̃tkatr] adj. ▪ **Vingt-quatre heures,** un jour entier.

VINICOLE adj. Relatif à la vinification.

VINICULTURE n.f. Ensemble des activités d'élaboration, de conservation, de conditionnement et de commerce du vin.

VINIFÈRE adj. Qui produit du vin : *Coteaux vinifères.*

VINIFICATEUR, TRICE n. Personne qui réalise la vinification.

VINIFICATION n.f. Transformation du raisin ou du moût en vin ; ensemble des techniques mises en œuvre pour cette transformation.

VINIFIER v.t. [5]. Opérer la vinification de.

VINIQUE adj. Qui provient du vin.

VINOSITÉ n.f. Qualité d'un vin vineux.

1. VINTAGE [vɛ̃taʒ] n.m. (mot angl. « millésimé »). Porto millésimé qui a vieilli au moins dix ans.

2. VINTAGE [vɛ̃taʒ] ou [vintɛdʒ] adj. inv. Se dit d'un vêtement, d'un accessoire des décennies précédentes remis au goût du jour. ◆ n.m. Tendance de la mode qui fait appel à ce style de vêtements, d'accessoires.

VINYLE n.m. **1.** Disque microsillon en vinylite (par oppos. à disque compact) [SYN. **disque noir**]. **2.** Groupement éthylénique $H_2C{=}CH{-}$.

VINYLIQUE adj. Se dit des composés renfermant le groupement vinyle et des résines obtenues par leur condensation.

VINYLITE n.f. Polymère utilisé pour le pressage des disques microsillons.

VIOC, VIOQUE n. et adj. (de l'anc. fr. *viot*, vieillard). Fam., vieilli. Vieux, vieille ; père, mère.

VIOL n.m. **1.** Acte de pénétration sexuelle commis sur autrui par violence, contrainte, menace ou surprise, pénalement répréhensible. **2.** Action de transgresser une loi, une règle ; manquement : *Le viol du secret professionnel.*

VIOLACÉ, E adj. (du lat. *viola*, violette). Qui tire sur le violet.

VIOLACÉE n.f. Dicotylédone herbacée ou arbustive à fleurs dialypétales, telle que la violette et la pensée. ➲ Les violacées forment une famille.

SE VIOLACER v.pr. [9]. Devenir violet ou violacé.

VIOLATEUR, TRICE n. Litt. **1.** Personne qui viole un lieu : *Un violateur de sanctuaire.* **2.** Personne qui viole les lois ; contrevenant.

VIOLATION n.f. **1.** Action de transgresser une loi, une règle, un engagement : *Violation de la Constitution.* **2.** Action de pénétrer de force dans un lieu : *Violation d'une propriété.* **3.** Profanation d'un lieu sacré, d'une sépulture. ▪ **Violation de domicile,** délit commis par celui qui s'introduit ou se maintient irrégulièrement au domicile d'autrui et contre son gré. ▪ **Violation de la loi,** méconnaissance ou mauvaise application d'une disposition légale ou réglementaire par une décision de justice. ▪ **Violation des correspondances,** délit commis par celui qui, de mauvaise foi, ouvre ou supprime la correspondance adressée à un tiers.

VIOLE n.f. (anc. provenç. *viola*). Instrument de musique à cordes frottées, comportant des frettes sur son manche. ▪ **Viole d'amour,** viole qui possède deux rangées superposées de cordes, dans laquelle le frottement de l'une entraîne la résonance de l'autre. ▪ **Viole de gambe,** qui se joue sur ou entre les jambes.

▲ **viole.** Joueuse de viole de gambe, détail d'un tableau de C. Netscher. (Musée du Louvre, Paris.)

VIOLEMMENT [-lamɑ̃] adv. Avec violence.

VIOLENCE n.f. (lat. *violentia*). **1.** Caractère de ce qui se manifeste avec une force intense, voire brutale : *Des vents d'une extrême violence.* **2.** Caractère de qqn qui est emporté, agressif ; brutalité : *Il était ivre et d'une grande violence.* **3.** Extrême véhémence dans les propos : *La violence d'un réquisitoire.* **4.** Emploi de la force pour contraindre qqn : *L'expulsion des squatteurs a eu lieu sans violence* ; généralisation de l'abus de la force physique : *Un climat de violence règne dans le pays.* ▪ **Faire violence à qqn, qqch,** contraindre par la force qqn à faire qqch ; interpréter qqch d'une manière forcée. ▪ **Se faire une douce violence** [fam.], n'avoir pas à se forcer beaucoup pour faire qqch qu'en fait on aime particulièrement faire. ◆ **n.f. pl.** Actes de violence : *Violences conjugales.*

VIOLENT, E adj. et **n.** (lat. *violentus*). Qui fait preuve de violence ; brutal. ◆ **adj. 1.** Qui a une grande intensité : *Une violente bourrasque. Une violente poussée de fièvre.* **2.** Qui exige de la force, de l'énergie : *Un effort violent.* **3.** Fam. Qui est excessif, choquant : *C'est un peu violent de me dire non maintenant !* ▪ **Mort violente,** causée par un accident, un suicide, un meurtre.

VIOLENTER v.t. [3]. **1.** Commettre sur qqn un viol ou une tentative de viol. **2.** Litt. Faire violence à qqch : *Violenter la syntaxe.*

VIOLER v.t. [3] (lat. *violare*). **1.** Commettre un viol sur qqn. **2.** Transgresser ; enfreindre : *Violer la loi.* **3.** Pénétrer de force dans un lieu : *Violer une sépulture.*

VIOLET, ETTE adj. De la couleur de la violette. ◆ **n.m. 1.** Couleur violette. **2.** Matière colorante violette. **3.** Rayonnement lumineux situé entre l'ultraviolet et le bleu dans le spectre solaire, d'une longueur d'onde moyenne de 410 nm. **4. ZOOL.** Figue de mer.

VIOLETER v.t. [16], ▲ *[12].* Teinter de violet.

VIOLETTE n.f. (anc. fr. *viole*). **1.** Plante des bois et des haies, à fleurs violettes ou blanches souvent odorantes. ➲ Famille des violacées. **2.** Parfum de cette plante. ▪ **Bois de violette,** bois d'un palissandre du Brésil, utilisé en marqueterie et en ébénisterie.

VIOLEUR, EUSE n. Personne qui a commis un viol sur qqn.

VIOLIER n.m. (de l'anc. fr. *viole*, violette). **BOT.** Nom usuel de diverses giroflées, notamm. de la giroflée rouge, et de diverses autres matthioles.

VIOLINE adj. et **n.m.** D'une couleur violet-pourpre.

VIOLISTE n. Instrumentiste qui joue de la viole.

VIOLON n.m. (de *viole*). **1.** Instrument de musique à 4 cordes frottées à l'aide d'un archet, accordées en quintes, respectivement sur le *sol*, le *ré*, le *la* et le *mi*. **2.** Instrumentiste qui joue du violon. **3.** Fam. Prison d'un poste de police, d'un corps de garde. ▪ **Accorder ses violons,** se mettre d'accord. ▪ **Violon d'Ingres,** talent qu'une personne cultive pour son plaisir en marge de son activité principale ; hobby.

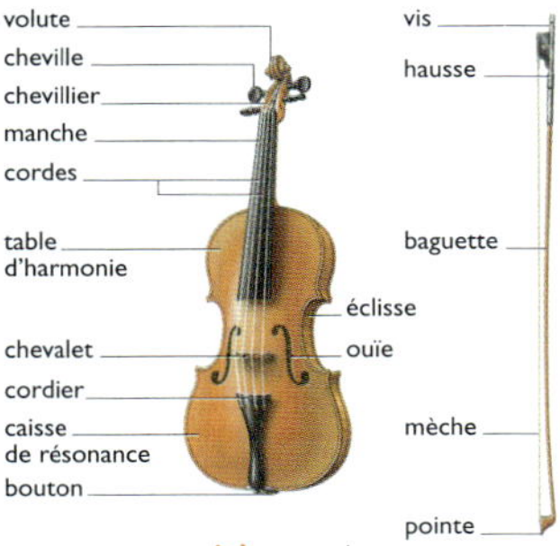

▲ **violon** et archet.

VIOLONCELLE n.m. (ital. *violoncello*). **1.** Instrument de musique à 4 cordes frottées à l'aide d'un archet, accordées en quintes, respectivement sur le *do*, le *sol*, le *ré* et le *la* (basse de la famille des violons). **2.** Vx. Violoncelliste.

VIOLONCELLISTE n. Instrumentiste qui joue du violoncelle.

VIOLONÉ, E adj. Se dit du dossier d'un fauteuil dont le chantournement rappelle la forme d'un violon. ➲ Style Louis XV.

VIOLONEUX n.m. 1. Fam. Violoniste médiocre. **2.** Québec. Joueur de violon qui interprète des airs folkloriques. **3.** Anc. Musicien de village ; ménétrier.

VIOLONISTE n. Instrumentiste qui joue du violon.

VIOQUE n.f. et **adj.f.** → **VIOC.**

VIORNE n.f. (lat. *viburnum*). Arbuste à fleurs blanches et velues, à baies rouges ou noires, dont les espèces principales sont l'obier et le laurier-tin. ➲ Famille des caprifoliacées.

VIP ou **V.I.P.** [veipe] ou [viajpi] **n.** (sigle de l'angl. *very important person*). Fam. Personnalité de marque.

VIPÈRE n.f. (lat. *vipera*). **1.** Serpent venimeux, ovovivipare, à tête triangulaire et à queue très courte, à crochets percés d'un canal, commun en Europe, en Asie occidentale et en Afrique. ➲ La morsure des vipères inocule un venin dangereux, parfois mortel pour l'homme. Famille des vipéridés. **2.** Fig. Personne malfaisante et nocive. ▪ **Langue de vipère** [fam.] → **LANGUE.** ▪ **Vipère à cornes,** céraste. ▪ **Vipère des sables,** ammodyte.

VIPEREAU ou **VIPÉREAU n.m.** Jeune vipère.

VIPÉRIDÉ n.m. Serpent venimeux d'Europe, d'Asie et d'Amérique, à crochets en forme d'aiguille creuse et recourbée, tel que les vipères et les crotales. ➲ Les vipéridés forment une famille.

VIPÉRIN, E adj. (lat. *viperinus*). Relatif à la vipère ; qui ressemble à la vipère. ▪ **Couleuvre vipérine,** commune près des cours d'eau de l'Europe occidentale et inoffensive. ➲ Famille des colubridés.

VIPÉRINE n.f. Plante à grosses fleurs bleues et à tige velue, commune dans les endroits incultes. ➲ Famille des borraginacées.

VIRAGE n.m. 1. Changement de direction d'un véhicule, de qqn à skis, etc. : *Prendre un virage trop vite.* **2.** Partie courbe d'une route, d'une piste ; tournant : *Route pleine de virages.* **3.** Changement d'orientation d'un parti, d'une pensée, d'une politique. **4. MÉD.** Fait de devenir positif, pour un test diagnostique d'infection. **5. CHIM.** Changement de couleur d'un réactif coloré. **6. PHOTOGR.** Opération destinée à transformer une image en noir et blanc en une image colorée. ▪ **Virage ambulatoire** [Québec], politique de santé visant à privilégier les soins à domicile.

VIRAGO n.f. (mot lat., de *vir*, homme). Péjor. Femme d'allure masculine, autoritaire et criarde.

VIRAL, E, AUX adj. 1. BIOL. Relatif aux virus ; dû à un virus : *Hépatite virale.* **2. INFORM.** Relatif à un virus informatique : *Attaque virale* ; qui se répand à la manière d'un virus : *Publicité virale.* ▪ **Marketing viral** → **MARKETING.**

VIRALITÉ n.f. INFORM. Diffusion rapide et imprévisible de contenus divers (photos, vidéos, etc.) sur Internet par effet viral, via les réseaux sociaux, partic.

VIRE n.f. ALP. Terrasse étroite sur la paroi verticale d'une montagne.

VIRÉE n.f. Fam. Promenade ou voyage rapides, faits pour se distraire.

VIRELAI n.m. (de *virer*). Poème médiéval sur deux rimes et de quatre strophes, dont la première est reprise intégralement ou partiellement après chacune des trois autres.

VIRELANGUE n.m. Groupe de mots difficiles à articuler, assemblés dans un but ludique ou pour servir d'exercice d'élocution : *Répétez ce virelangue : « Il reste treize fraises fraîches. »*

▲ **violoncelle** et archet.

VIREMENT n.m. Opération consistant à créditer un compte bancaire ou postal par le débit d'un autre compte. ▪ **Virement de bord** [mar.], action de changer d'amures. ▪ **Virement de crédits** [fin.], opération consistant à affecter à un chapitre du budget des crédits votés pour un autre.

VIRER v.i. [3] (du lat. *vibrare*, balancer). **1.** Tourner sur soi ; changer complètement de direction : *Les oiseaux virent dans le ciel.* **2.** Tourner pour se diriger dans telle direction ; prendre un virage : *La voiture vira à droite.* **3. MAR.** Exercer un effort sur un cordage ou sur une chaîne par enroulement sur un treuil ou sur un guindeau. **4.** Changer de nuance, en parlant d'une étoffe teinte. ◆ **v.t. ind.** (A). Changer de couleur, de goût : *Blanc qui vire au beige. Lait qui vire à l'aigre.* ◆ **v.t. 1.** Transférer d'un compte à un autre ; faire un virement. **2. PHOTOGR.** Soumettre à l'opération du virage. **3.** Fam. Enlever qqch de quelque part : *Virer les vieux meubles du grenier.* **4.** Fam. Expulser qqn d'un lieu, d'un groupe ; congédier : *Il a été viré du syndicat.* ▪ **Virer sa cuti,** avoir un test tuberculinique qui devient positif ; fam., changer d'opinion, de mode de vie ; fam., devenir homosexuel.

VIRESCENCE n.f. (du lat. *virescere*, devenir vert). **BOT.** Verdissement accidentel des parties colorées des végétaux, notamm. des pétales, causé le plus souvent par des parasites.

VIREUR n.m. Mécanisme permettant de modifier, à l'arrêt, la position de l'axe d'une machine tournante (turbine, alternateur, etc.).

VIREUX, EUSE adj. (du lat. *virus*, poison). Se dit d'un produit végétal, génér. toxique (ciguë, opium, etc.), qui a une odeur ou une saveur nauséabonde. ▪ **Amanite vireuse,** l'une des trois amanites mortelles d'Europe.

VIREVOLTE n.f. 1. Tour rapide que fait une personne sur elle-même. **2.** Fig. Changement complet d'opinion, d'orientation ; volte-face : *La virevolte d'un député.*

VIREVOLTER v.i. [3] (de l'anc. fr. *virevouster*, tourner en rond). Faire une, des virevoltes : *Les valseurs virevoltent sur la piste.*

1. VIRGINAL, E, AUX adj. (du lat. *virgo, -inis*, vierge). **1.** Relatif aux vierges ; qui a qqch de chaste : *Innocence virginale.* **2.** Litt. D'une pureté, d'une blancheur éclatante : *Neige virginale.*

2. VIRGINAL n.m. (pl. *virginals*). Épinette en usage en Angleterre aux XVIe et XVIIe s.

VIRGINIE n.m. Tabac en feuilles provenant de la Virginie.

VIRGINITÉ n.f. (lat. *virginitas*). État d'une personne vierge. ▪ **Refaire une virginité à qqn, se refaire une virginité** [fam.], rétablir la réputation de qqn ; rétablir sa propre réputation.

VIRGULE n.f. (lat. *virgula*). **1.** Signe, caractère typographique de ponctuation (,) servant à séparer les divers membres d'une phrase. **2.** Signe qui sépare la partie entière et la partie décimale d'un nombre décimal. ▪ **Bacille virgule,** vibrion du choléra. ▪ **Virgule fixe** → **1. FIXE.** ▪ **Virgule flottante** → **1. FLOTTANT.**

VIRIL, E adj. (lat. *virilis*, de *vir*, homme). **1.** Relatif à l'homme, au sexe masculin : *Une voix virile.* **2.** Qui témoigne de l'énergie, de la fermeté que la tradition prête au sexe masculin : *Une attitude virile.*

VIRILEMENT adv. D'une manière virile.

VIRILISANT, E adj. et **n.m. PHARM.** Se dit d'une substance qui fait apparaître des caractères masculins.

VIRILISATION n.f. Apparition, développement d'un virilisme.

VIRILISER v.t. [3]. Donner un caractère viril à.

VIRILISME n.m. MÉD. Présence de caractères physiques masculins chez une femme (développement des poils, par ex.).

VIRILITÉ n.f. 1. Ensemble des caractères physiques et psychiques du sexe masculin. **2.** Capacité d'engendrer ; vigueur sexuelle. **3.** Caractère viril ; fermeté.

VIRILOCAL, E, AUX adj. ANTHROP. Se dit d'un couple résidant chez le mari (SYN. **patrilocal**).

VIRION n.m. Forme que prend un virus en dehors des cellules infectées, constituée d'un acide nucléique entouré d'une coque de protéines.

VIROÏDE n.m. Agent infectieux composé d'un ARN, de structure plus simple qu'un virus, et qui serait responsable de certaines maladies des plantes.

VIROLE n.f. (lat. *viriola*). **1.** Bague de métal que l'on met sur certains manches d'outils, pour les empêcher de se fendre, de s'user, ou sur certains couteaux pour bloquer la lame en position ouverte. **2.** Cylindre métallique ou en béton entrant dans la construction d'enceintes ou de réservoirs cylindriques. **3.** Moule circulaire, bague en acier trempé où se place le flan au moment de la frappe d'une monnaie.

VIROLET n.m. Suisse. Petit virage.

VIROLOGIE n.f. Partie de la microbiologie et de la médecine qui étudie les virus.

VIROLOGIQUE adj. Relatif à la virologie.

VIROLOGISTE ou **VIROLOGUE** n. Spécialiste de virologie.

VIROPHAGE n.m. et adj. (par anal. avec *bactériophage*). Virus infectant un autre virus.

VIROSE n.f. Infection due à un virus.

VIRTUALISATION n.f. INFORM. Technique consistant à faire fonctionner plusieurs systèmes d'exploitation, en même temps, sur un même ordinateur.

VIRTUALISER v.t. [3]. **1.** INFORM. Utiliser la technique d'émulation ; émuler. **2.** Créer un environnement virtuel : *Jeu vidéo qui virtualise la guerre.* **3.** Faire que qqch paraisse virtuel, détaché de la réalité : *Le télétravail va-t-il virtualiser l'entreprise ?*

VIRTUALITÉ n.f. Caractère de ce qui est virtuel ; chose virtuelle.

VIRTUEL, ELLE adj. (du lat. *virtus*, force). **1.** Qui n'existe qu'en puissance ; potentiel : *Les capacités virtuelles d'un athlète.* **2.** Qui concerne la simulation d'un environnement réel par des images de synthèse tridimensionnelles : *Réalité, monde virtuels.* **3.** PHILOS. Se dit de ce qui, sans être actuellement réalisé, possède assez de perfection pour pouvoir advenir. ➲ Cette notion a été développée par Leibniz. **4.** OPT. Se dit d'une image d'où les rayons lumineux semblent provenir mais qui n'a pas de réalité matérielle (CONTR. **réel**). ▪ **Particule virtuelle,** en physique quantique, particule fictive permettant d'expliquer l'interaction entre quantons.

VIRTUELLEMENT adv. De façon virtuelle.

VIRTUOSE n. (ital. *virtuoso*). **1.** MUS. Instrumentiste capable de résoudre, avec aisance, les plus grandes difficultés techniques. **2.** Personne extrêmement habile et douée : *Une virtuose du calcul mental.*

VIRTUOSITÉ n.f. **1.** MUS. Talent et habileté du virtuose. **2.** Grande habileté artistique ou technique : *La virtuosité d'un jongleur.*

VIRUCIDE adj. et n.m. Se dit d'une substance capable de détruire les virus.

VIRULENCE n.f. Caractère de ce qui est virulent : *La virulence d'une bactérie, d'une critique.*

VIRULENT, E adj. (bas lat. *virulentus*, de *virus*, poison). **1.** MICROBIOL. Doué d'un pouvoir pathogène : *Germes virulents.* **2.** Nocif et violent : *Attaque informatique virulente.* **3.** D'un caractère agressif et mordant ; acerbe : *Critiques virulentes.*

VIRURE n.f. MAR. Bande de tôles s'étendant de l'avant à l'arrière de la carène d'un navire.

VIRUS [virys] n.m. (mot lat. « poison »). **1.** Agent infectieux très petit, qui ne peut se reproduire qu'en parasitant une cellule. **2.** Fig. Tendance irrésistible considérée comme pernicieuse : *Le virus de la désobéissance.* **3.** INFORM. Instruction ou suite d'instructions parasites, introduite dans un programme et susceptible d'entraîner diverses perturbations dans le fonctionnement d'un ordinateur. ▪ **Virus géant** (angl. *giant virus*), virus de grande taille, dont le génome est plus important et plus complexe que celui des autres virus. (On dit aussi *girus*.) ➲ Les virus géants sont aussi grands que les bactéries et ont une façon particulière de parasiter les cellules vivantes. Les *pandoravirus* atteignent 1 µm et renferment jusqu'à 2 500 gènes.

➲ Découverts en 1892, les **VIRUS** ont été tenus pour les plus petits agents infectieux existants jusqu'à la mise en évidence des viroïdes, puis des prions.
Les virus ne peuvent génér. infecter qu'une seule espèce, ou quelques espèces assez proches. En revanche, ils peuvent être présents, mais inoffensifs, dans des espèces très différentes, qui jouent le rôle de *vecteurs*.
Les virus sont constitués d'acide nucléique (ADN ou ARN) et d'un nombre restreint de protéines. Le matériel génétique qu'ils renferment est logé dans une coque rigide de protéines, la *capside*, ou intimement associé aux protéines, l'ensemble formant alors une *nucléocapside*.
La classification des virus se fonde notamm. sur le type de matériel génétique (ADN ou ARN) qu'ils abritent.

VIS [vis] n.f. (du lat. *vitis*, vrille de la vigne). Pièce comportant une partie filetée et une tête permettant de la faire tourner, de manière à en assurer la pénétration dans une pièce taraudée ou un milieu résistant, notamm. à des fins d'assemblage. ▪ **Donner un tour de vis** ou **serrer la vis** [fam.], adopter une attitude plus sévère. ▪ **Escalier à** ou **en vis,** escalier tournant autour d'un noyau ou d'un vide central selon une courbe proche de l'hélice. (On dit aussi *escalier en hélice, en colimaçon, en spirale*.) ▪ **Vis d'Archimède** [manut.], hélice tournant autour de son axe dans une goulotte et assurant le déplacement de liquides ou de matériaux pâteux ou pulvérulents. ▪ **Vis mère,** sur un tour à fileter, vis de pas rigoureux qui assure à l'outil un déplacement de translation en relation avec le mouvement de rotation de la pièce à fileter. ▪ **Vis platinée,** pastille au tungstène des allumeurs classiques des moteurs à explosion. ➲ Par analogie avec les anciennes vis réglables, à tête revêtue de platine. ▪ **Vis sans fin,** vis dont les filets agissent sur les dents d'une roue à axe perpendiculaire à celui de la vis, afin de lui transmettre un mouvement de rotation.

VISA n.m. (mot lat. « choses vues »). **1.** Sceau, signature ou paraphe apposés sur un document pour le valider ou pour attester le paiement d'un droit. **2.** Cachet authentique, valant autorisation de séjour, apposé sur un passeport par les services diplomatiques (ambassade, consulat) des pays dans lesquels le demandeur désire se rendre.

VISAGE n.m. (anc. fr. *vis*, du lat. *visus*, aspect). **1.** Face humaine ; partie antérieure de la tête ; figure : *Un visage rond.* **2.** Personne identifiée par sa face : *Je n'arrive pas à mettre un nom sur ce visage.* **3.** Expression des traits de la face ; mine : *Un visage sévère.* **4.** Litt. Aspect d'une chose ; image : *Les deux visages d'une politique.* ▪ **À visage découvert,** franchement. ▪ **À visage humain,** qui prend en compte les aspirations des individus : *Urbanisme à visage humain.* ▪ **Faire bon visage à qqn,** se forcer à l'accueillir aimablement.

VISAGISME n.m. Ensemble des techniques destinées à mettre en valeur la beauté d'un visage.

VISAGISTE n. Coiffeur, esthéticien spécialistes du visagisme.

1. VIS-À-VIS [vizavi] loc. adv. (de l'anc. fr. *vis*, visage). Face à face ; en face : *Nous étions placées vis-à-vis.* ▪ **Vis-à-vis de,** en face de ; à l'égard de.

2. VIS-À-VIS n.m. **1.** Personne, chose qui se trouve en face d'une autre : *J'avais la présidente pour vis-à-vis. Immeuble sans vis-à-vis.* **2.** Confident (fauteuil).

VISCACHE n.f. (du quechua). Gros rongeur d'Amérique du Sud, voisin du chinchilla, recherché pour sa fourrure. ➲ Famille des chinchillidés.

VISCÉRAL, E, AUX [vise-] adj. **1.** Relatif aux viscères : *Cavité viscérale.* **2.** Qui vient des profondeurs de l'être : *Une peur viscérale.*

VISCÉRALEMENT adv. De façon viscérale, profonde.

VISCÈRE n.m. (lat. *viscus, -eris*). Organe mou situé à l'intérieur de la tête, du thorax ou de l'abdomen (cerveau, cœur, foie, estomac).

VISCOÉLASTICITÉ n.f. Caractère d'un solide à la fois élastique et visqueux.

VISCOÉLASTIQUE adj. Doué de viscoélasticité.

VISCOPLASTICITÉ n.f. Caractère d'un solide à la fois plastique et visqueux.

VISCOPLASTIQUE adj. Doué de viscoplasticité.

VISCOSE n.f. Cellulose sodique employée pour la fabrication de fibres (rayonne, fibranne) et de pellicules transparentes (Cellophane, par ex.).

VISCOSIMÈTRE n.m. Appareil destiné à mesurer la viscosité des fluides, princip. des huiles de graissage.

VISCOSITÉ n.f. (lat. médiév. *viscositas*). **1.** Caractère de ce qui est visqueux. **2.** Résistance d'un fluide à l'écoulement uniforme et sans turbulence : *La viscosité de l'huile.* ▪ **Viscosité mentale** [psychiatr.], ralentissement des processus psychiques.

VISÉE n.f. Action de diriger le regard, une arme, un appareil photo vers un objectif. ◆ **n.f. pl.** But que l'on cherche à atteindre ; dessein : *On lui prête des visées ministérielles.* ▪ **Avoir des visées sur qqch,** vouloir se l'approprier.

1. VISER v.i. [3] (du lat. *visere*, voir). Fixer avec attention l'objectif à atteindre : *Tu as visé trop à gauche.* ▪ **Viser haut,** avoir des projets ambitieux. ◆ **v.t. 1.** Diriger son tir vers ce que l'on veut atteindre : *Viser la cible.* **2.** Avoir un objectif en vue ; briguer : *Viser la présidence.* **3.** Concerner qqn, qqch : *Cette réforme ne vise pas les employés.* ◆ **v.t. ind. (À).** Avoir comme but : *Cette mesure vise à rassurer les citoyens.*

2. VISER v.t. [3] (de *visa*). Marquer d'un visa : *Viser un passeport.*

VISEUR n.m. **1.** Dispositif optique servant à viser. **2.** Dispositif d'un appareil de prise de vues permettant de cadrer et, parfois, de mettre au point l'image à enregistrer.

VISHNOUISME [viʃnu-] n.m. Ensemble des doctrines et des pratiques religieuses liées à Vishnou, constituant l'une des principales formes de l'hindouisme.

VISIBILITÉ n.f. **1.** Qualité de ce qui est visible. **2.** Possibilité de voir à une certaine distance : *Mauvaise visibilité due à la pluie.*

VISIBLE adj. (lat. *visibilis*, de *videre*, voir). **1.** Qui peut être vu : *Bactérie visible au microscope.* **2.** Facilement perceptible ; manifeste : *Une déception visible.* **3.** Fam. Disposé à recevoir des visites ; en état de les recevoir. ◆ **n.m. 1.** Ensemble du

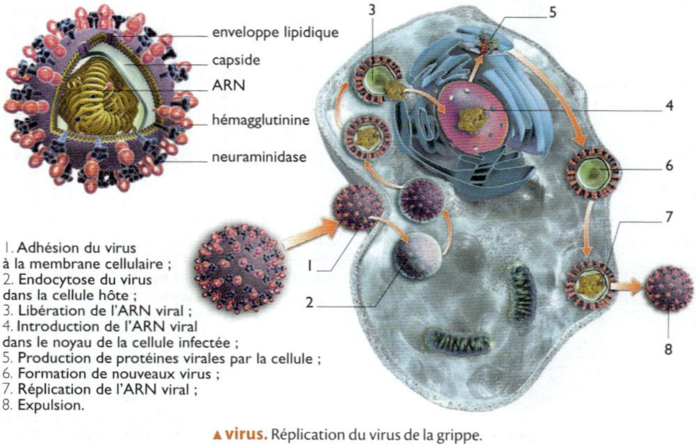

▲ **virus.** Réplication du virus de la grippe.

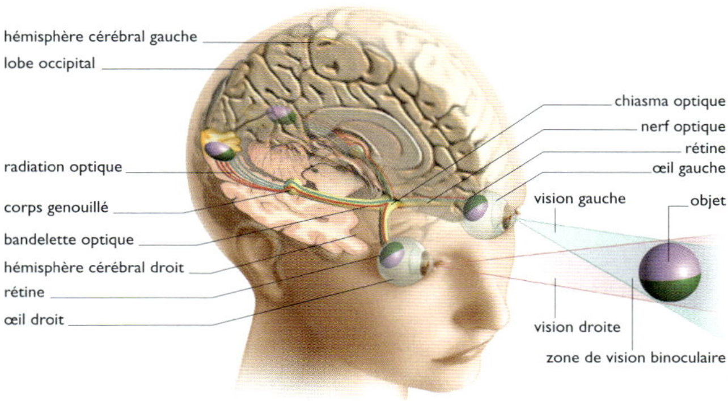

▲ **vision.** Principe de la vision des reliefs et des distances (vision stéréoscopique) grâce à l'intégration par le cerveau des deux images, légèrement différentes, fournies par chaque œil.

monde, des choses, tels qu'ils se présentent à l'œil. **2. OPT.** Domaine du spectre électromagnétique perceptible par l'œil humain.

VISIBLEMENT adv. De façon visible ; manifestement.

VISIÈRE n.f. (de l'anc. fr. *vis*, visage). **1.** Partie d'une casquette, d'un képi qui abrite le front et les yeux. **2.** Pièce de casque qui se hausse et se baisse à volonté devant le visage. ▪ **Rompre en visière** [litt., vx], contredire ouvertement et vivement.

VISIOCASQUE n.m. Appareil en forme de casque, muni d'écouteurs et de deux petits écrans vidéo s'adaptant sur les yeux, que l'on utilise pour accéder à un environnement virtuel.

VISIOCONFÉRENCE ou **VIDÉOCONFÉRENCE n.f.** Téléconférence permettant la transmission de la parole, de documents graphiques ou vidéo et d'images animées des participants.

VISION n.f. (lat. *visio*). **1.** Fonction qui permet l'exercice du sens de la vue : *Troubles de la vision.* **2.** Fait, action de voir, de regarder qqch ; spectacle : *La vision de ce reportage peut choquer les enfants.* **3.** Fig. Manière de concevoir, de comprendre qqch : *Une vision pessimiste de l'avenir.* **4.** Perception imaginaire d'objets irréels ; hallucination : *Avoir des visions.* **5.** Apparition surnaturelle : *Les visions d'un mystique.*

➲ La **VISION** comprend quatre fonctions : vision des formes (très performante chez les rapaces diurnes), celle des distances (notamm. pour les organismes à vision binoculaire, comme chez l'homme), celle des mouvements (partic. développée chez les insectes) et celle des couleurs. De nombreuses espèces animales voient dans l'infrarouge ou dans l'ultraviolet ; d'autres ne distinguent pas les couleurs.

VISIONIQUE n.f. Technique ayant pour objet la réalisation et la mise en œuvre de systèmes de vision artificielle. ➲ Elle est souvent associée à la robotique.

VISIONNAGE n.m. Action de visionner un film, une émission.

VISIONNAIRE adj. et **n. 1.** Qui a l'intuition de l'avenir : *Jules Verne était un visionnaire.* **2.** Qui a ou croit avoir des visions surnaturelles.

VISIONNEMENT n.m. Québec. Visionnage.

VISIONNER v.t. [3]. 1. Examiner à la visionneuse. **2.** Regarder un film, une émission, à titre professionnel, avant leur diffusion ou leur montage définitif.

VISIONNEUSE n.f. Appareil assurant la vision, directe ou par projection, de diapositives ou de films de cinéma.

VISIOPHONE n.m. 1. Terminal de communication téléphonique permettant de voir l'image animée du correspondant. **2.** Visiophonie.

VISIOPHONIE n.f. Service de communication par visiophones (SYN. **visiophone**).

VISITANDINE n.f. 1. Religieuse de l'ordre de la Visitation Sainte-Marie, fondé à Annecy en 1610. **2.** Gâteau à base de blancs d'œufs battus, de beurre et d'amandes pilées.

VISITATION n.f. ▪ **La Visitation,** fête catholique commémorant la visite de la Vierge Marie à sainte Élisabeth, mère de saint Jean-Baptiste ; bx-arts, représentation de cette rencontre.

VISITE n.f. 1. Fait de se rendre auprès de qqn : *Une visite de politesse.* **2.** Fam. Visiteur : *Attendre, avoir de la visite.* **3.** Action de visiter un lieu, un édifice : *Visite guidée d'un musée.* **4.** Dans certaines professions (médicales, paramédicales, sociales), action de se rendre auprès du patient, du client. **5.** Action de visiter pour examiner, vérifier, expertiser ; inspection : *Visite d'une école neuve.* **6. DR. PÉN.** Perquisition. ▪ **Droit de visite** [dr. civ.], autorisation accordée par décision judiciaire de recevoir périodiquement un enfant dont on n'a pas la garde ; dr. mar., droit de contrôle exercé sur les navires de commerce par des navires de guerre, comprenant la vérification des papiers de bord et, s'il y a lieu, la fouille. ▪ **Rendre visite à qqn,** aller auprès de lui, chez lui. ▪ **Visite (médicale),** examen médical assuré dans le cadre d'une institution (médecine du travail, médecine scolaire, etc.). ▪ **Visite pastorale** [cath.], consultation régulière faite par l'évêque dans les paroisses et les institutions religieuses de son diocèse.

VISITER v.t. [3] (lat. *visitare*). **1.** Parcourir un lieu pour en découvrir les caractéristiques, les curiosités. **2.** Se rendre auprès de qqn par obligation sociale ou professionnelle : *Visiter les malades, les prisonniers.* **3.** Examiner soigneusement le contenu de : *Les douaniers ont visité les bagages.* **4.** Afrique, Québec. Rendre visite à qqn.

VISITEUR, EUSE n. 1. Personne qui rend visite à qqn. **2.** Touriste, personne qui visite un site, un musée, etc. ▪ **Visiteur de prison** [dr.], personne qui rencontre bénévolement des détenus pour les soutenir, les préparer à leur reclassement social. ▪ **Visiteur du soir,** personne (conseiller officieux, notamm.) qu'un chef d'État reçoit en toute discrétion. ▪ **Visiteur médical,** personne chargée de promouvoir les médicaments ou les matériels de soins auprès des médecins et des pharmaciens, auxquels elle doit une information claire et complète.

VISON n.m. (du lat. pop. *vissio*, puanteur). **1.** Mammifère carnassier d'Eurasie et d'Amérique du Nord, voisin du putois, élevé pour sa fourrure, très recherchée. ➲ Famille des mustélidés. **2.** Fourrure de cet animal. **3.** Manteau ou veste de vison.

▲ **vison** d'Amérique.

VISONNIÈRE n.f. Élevage de visons.

VISQUEUX, EUSE adj. (du lat. *viscum*, glu). **1.** De consistance pâteuse ; collant : *Substance visqueuse.* **2.** Qui possède une viscosité élevée. **3.** Gluant : *La peau visqueuse d'un poisson.* **4.** Fig. Qui inspire de la méfiance, voire de la répulsion ; doucereux : *Une amabilité visqueuse.*

VISSAGE n.m. 1. Action de visser. **2. MATH.** Déplacement hélicoïdal*.

VISSER v.t. [3]. 1. Fixer avec des vis. **2.** Fermer qqch en le faisant tourner sur un pas de vis : *Visser un couvercle.* **3.** Fam. Soumettre à une discipline très sévère.

VISSERIE n.f. 1. Ensemble des articles tels que vis, écrous, boulons. **2.** Usine où l'on fabrique ces articles.

VISSEUSE n.f. Machine servant à visser.

VISTA n.f. 1. En sport, sens du jeu, de la tactique. **2.** En politique, capacité à anticiper résultant d'une analyse clairvoyante.

VISUALISATION n.f. 1. Mise en évidence, d'une façon matérielle, de l'action et des effets d'un phénomène. **2. INFORM.** Présentation temporaire sur un écran, sous forme graphique ou alphanumérique, des résultats d'un traitement d'informations.

VISUALISER v.t. [3]. 1. Rendre visible. **2.** Se représenter mentalement qqch. **3. INFORM.** Présenter des données, des résultats sur un écran.

VISUEL, ELLE adj. (bas lat. *visualis*, de *videre*, voir). Relatif à la vision, à la vue : *Acuité visuelle.* ▪ **Mémoire visuelle,** mémoire de ce que l'on a perçu par la vue. ◆ **n.m. 1.** Image d'une publicité (par oppos. à *rédactionnel*). **2.** Par ext. Photographie, illustration ou vidéo : *Le service photo doit sélectionner 3 visuels parmi 5 000 images reçues.* **3. INFORM.** Dispositif d'affichage temporaire des résultats d'un traitement d'informations par un ordinateur.

VISUELLEMENT adv. Par la vue ; de visu.

VIT [vi] **n.m.** (du lat. *vectis*, barre, levier). Vx ou litt. Membre viril.

VITACÉE n.f. (du lat. *vitis*, vigne). Dicotylédone arbustive, sarmenteuse, munie de vrilles opposées aux feuilles, à fruits ronds, telle que la vigne (SYN. **ampélidacée**). ➲ Les vitacées forment une famille.

VITAL, E, AUX adj. (du lat. *vita*, vie). **1.** Relatif à la vie : *Fonctions vitales des organes.* **2.** Essentiel à la vie : *L'oxygène est vital.* **3.** Indispensable à qqn, à son existence ; primordial : *La liberté est vitale pour elle.* **4.** Qui est absolument nécessaire pour maintenir le niveau de développement d'une région, d'une entreprise : *Le tourisme est vital pour notre ville.* **5.** Qui met en cause la vie d'une personne : *Pronostic vital réservé.* ▪ **Minimum vital,** revenu minimal nécessaire à la subsistance et à l'entretien d'une personne, d'une famille. ▪ **Principe vital,** principe qui gouvernait les phénomènes de la vie pour les vitalistes.

VITALISME n.m. Doctrine qui admet l'existence d'un principe vital distinct à la fois de l'âme et de l'organisme, et qui fait dépendre de lui toutes les actions organiques. ➲ Présent dans la tradition philosophique (Aristote, Leibniz, etc.), il a été développé comme doctrine biologique par P.-J. Barthez (1734-1806).

VITALISTE adj. et **n.** Relatif au vitalisme ; qui en est partisan.

VITALITÉ n.f. 1. Intensité de la vie, de l'énergie de qqn : *Adolescents pleins de vitalité.* **2.** Capacité de qqch à se développer ; dynamisme : *La vitalité d'une entreprise.*

VITAMINE n.f. (mot angl., du lat. *vita*, vie, et de *amine*). Substance organique indispensable, bien qu'en faible quantité, à la croissance et au bon fonctionnement de l'organisme, qui ne peut en effectuer lui-même la synthèse. *(V. tableau page suivante.)* ➲ On distingue les vitamines liposolubles, A, D, E, K, et les vitamines hydrosolubles, B, PP, C et P.

VITAMINÉ, E adj. Qui contient des vitamines.

VITAMINIQUE adj. Relatif aux vitamines.

VITAMINOTHÉRAPIE n.f. Emploi des vitamines à des fins thérapeutiques.

VITE adv. (orig. obsc.). **1.** À grande vitesse ; rapidement : *Marcher vite.* **2.** En peu de temps ; sous peu : *Je serai vite de retour.* ▪ **Faire vite,** se hâter.

LES PRINCIPALES VITAMINES *(nom des molécules)*

	SOURCES	CARENCE
vitamine A *(rétinol)*	foie, œufs, poissons gras, légumes, produits laitiers	xérophtalmie, héméralopie
vitamine B1 antinévritique *(thiamine)*	enveloppe externe des céréales complètes, légumes secs, viandes, poissons, œufs, produits laitiers	béribéri
vitamine B2 *(flavine, lactoflavine, ovoflavine, riboflavine)*	produits laitiers, œufs, viandes, poissons, légumes verts	troubles cutanés et muqueux
vitamine B5 *(acide pantothénique)*	la plupart des aliments : viandes, œufs, produits laitiers, légumes secs, poissons	fatigue, troubles digestifs et cutanés
vitamine B6 *(pyridoxine)*	nombreux aliments : viandes (foie et rognons), poissons, céréales, légumes, fruits, lait	amaigrissement, troubles cutanés et neurologiques, glossite
vitamine B9 *(acide folique, folate)*	nombreux aliments : foie, lait, fromage, légumes verts	anémie
vitamine B12 antianémique *(cobalamine, cyanocobalamine)*	viandes, poissons, produits laitiers	anémie de Biermer
vitamine C antiscorbutique *(acide ascorbique)*	fruits frais, légumes	scorbut
vitamines D antirachitiques *(calciférol, ergocalciférol [D2], cholécalciférol [D3])*	huiles de foie de poissons, produits laitiers	troubles de la calcification (rachitisme ; ostéomalacie)
vitamine E *(tocophérol)*	germe des céréales, fruits secs oléagineux	troubles sanguins, neurologiques ou musculaires
vitamine H ou **vitamine B8** *(biotine)*	rognons, foie, jaune d'œuf	troubles cutanés
vitamines K antihémorragiques *(phylloquinone [K1], ménaquinone [K2])*	végétaux verts	hémorragies
vitamine PP ou **vitamine B3** antipellagreuse *(acide nicotinique, niacine, nicotinamide)*	viandes, poissons, œufs, levure de bière, céréales	pellagre, troubles nerveux

VITELLIN, E adj. Relatif au vitellus. ■ **Vésicule vitelline** ou **sac vitellin** [embryol.], l'une des annexes embryonnaires des vertébrés. ➲ Chez les poissons, elle subsiste après l'éclosion, et sa substance nourrit le jeune alevin.

VITELLUS [vitɛlys] **n.m.** (mot lat. « jaune d'œuf »). **BIOL.** Ensemble des substances de réserve contenues dans l'ovocyte des animaux, correspondant au jaune des œufs d'oiseaux et de reptiles.

VITELOTTE n.f. (de *vit*). Pomme de terre d'une variété rouge à violette, longue et très estimée.

VITESSE n.f. 1. Action ou capacité de parcourir une grande distance, d'accomplir une tâche en peu de temps ; rapidité : *La vitesse d'un cycliste. La vitesse à laquelle elle écrit ses articles.* **2. PHYS.** Rapport de la distance parcourue au temps mis à la parcourir. **3.** Chacune des combinaisons d'engrenages d'une boîte* de vitesses. ■ **À deux, à plusieurs vitesses,** dont la rapidité ou la qualité varient selon les personnes concernées ; inégalitaire : *Système scolaire à deux vitesses.* ■ **Course de vitesse,** en athlétisme, course sur piste de courte distance (100 m, 200 m ou 400 m) ; en cyclisme, course consistant en un sprint plus ou moins long lancé par l'un des concurrents, qui cherche à surprendre les autres. ■ **En vitesse,** ou [fam.] **en quatrième vitesse,** rapidement. ■ **Prendre qqn de vitesse,** le devancer. ■ **Vecteur vitesse** [phys.], vecteur tangent à la trajectoire d'un point mobile, orienté dans le sens du mouvement et ayant pour valeur la vitesse instantanée. ■ **Vitesse angulaire** [phys.], rapport de l'angle balayé par un axe, par une droite autour d'un point au temps mis à balayer cet angle. ■ **Vitesse de croisière** → **CROISIÈRE.** ■ **Vitesse initiale, instantanée** [phys.], vitesse à l'instant origine ; limite de la vitesse moyenne quand la durée tend vers zéro. ■ **Vitesse limite, moyenne** [phys.], valeur vers laquelle tend la vitesse d'un corps qui se déplace dans un milieu résistant sous l'action d'une force constante ; vitesse calculée entre deux instants séparés par une durée finie.

VITICOLE adj. (du lat. *vitis*, vigne). Relatif à la viticulture.

VITICULTEUR, TRICE n. Personne qui cultive la vigne pour produire du vin.

VITICULTURE n.f. Culture de la vigne.

VITILIGO n.m. (mot lat. « tache blanche »). **MÉD.** Affection cutanée caractérisée par des plaques de dépigmentation.

VITIVINICOLE adj. Relatif à la vitiviniculture.

VITIVINICULTURE n.f. Ensemble des activités de la viticulture et de la vinification.

VITOULET n.m. Belgique. Boulette de hachis de viande.

VITRAGE n.m. 1. Action de vitrer, de poser des vitres. **2.** Baie vitrée, châssis ou ensemble de châssis garnis de vitres. **3.** Rideau droit se fixant au vantail de la fenêtre.

VITRAIL n.m. (pl. *vitraux*). Composition décorative translucide faite de pièces de verre, génér. colorées, assemblées à l'aide de plombs et d'une armature métallique, et servant à clore une baie.

VITRAIN n.m. GÉOL. Constituant macroscopique du charbon, ayant l'aspect d'un verre noir.

VITRE n.f. (lat. *vitrum*). Chacune des plaques de verre placées dans un châssis, par ex. de fenêtre.

1. VITRÉ, E adj. Garni de vitres : *Porte vitrée.*

2. VITRÉ, E adj. ■ **Corps vitré,** ou **vitré, n.m.,** substance transparente et visqueuse qui remplit le globe de l'œil, en arrière du cristallin.

VITRECTOMIE n.f. Intervention chirurgicale consistant à retirer le vitré de l'œil.

VITRER v.t. [3]. Garnir de vitres ou de vitrages.

VITRERIE n.f. 1. Fabrication, pose ou commerce des vitres. **2.** Marchandises du vitrier. **3.** Ensemble de vitraux, de vitrages.

VITREUX, EUSE adj. 1. Qui a l'aspect brillant et homogène du verre, sans être nécessairement transparent. **2.** Se dit de la texture de certaines roches éruptives constituées par du verre. **3. PHYS.** Se dit d'un solide homogène à structure non cristalline. **4.** Se dit d'un regard terne, sans éclat ; éteint.

VITRIER n.m. Personne qui fabrique, vend ou pose les vitres.

VITRIFIABLE adj. Qui peut être vitrifié.

VITRIFICATEUR n.m. Substance utilisée pour vitrifier une surface.

VITRIFICATION n.f. 1. Action de transformer en verre. **2.** Action de vitrifier une surface. **3. NUCL.** Incorporation de déchets radioactifs dans une matrice de verre. **4. MÉD.** Congélation très rapide dans l'azote liquide (à – 196 °C) d'ovules fécondés ou d'ovocytes afin de les conserver en vue d'une implantation ou d'une fécondation in vitro ultérieures.

VITRIFIER v.t. [5]. 1. Revêtir une surface d'un enduit plastique dur et transparent : *Vitrifier un parquet.* **2.** Rendre vitreux par fusion et refroidissement sans cristallisation.

VITRINE n.f. 1. Partie de magasin séparée de la rue par un vitrage et où l'on expose des objets à vendre. **2.** Le vitrage lui-même. **3.** Ensemble des objets mis en vitrine. **4.** Armoire, table munie d'un châssis vitré, où l'on expose des objets de collection, des bibelots. **5.** Fig. Ce qui représente favorablement un ensemble plus vaste : *Ce site Internet est la vitrine de l'entreprise.*

VITRIOL n.m. (bas lat. *vitriolum*, de *vitrum*, verre). Vx. Acide sulfurique concentré. ■ **Au vitriol,** sur un ton caustique et incisif : *Un éditorial au vitriol.*

VITRIOLAGE n.m. Action de vitrioler qqn.

VITRIOLER v.t. [3]. 1. Lancer du vitriol sur qqn pour le défigurer. **2.** Soumettre à l'action de l'acide sulfurique.

VITRIOLEUR, EUSE n. Personne qui vitriole qqn.

VITROCÉRAMIQUE n.f. Produit céramique obtenu par des techniques verrières et constitué de microcristaux dispersés dans une phase vitreuse.

VITROPHANIE n.f. Étiquette autocollante qui s'applique sur une vitre et qui peut être lue par transparence.

VITULAIRE adj. (du lat. *vitulus*, veau). **VÉTÉR.** Se dit d'une fièvre puerpérale des vaches.

VITUPÉRATION n.f. (Surtout pl.). Récrimination proférée avec violence.

VITUPÉRER v.t. [11], ▲ *[11*]* (lat. *vituperare*). Litt. Blâmer avec force ; fustiger : *Vitupérer le ministre.* ◆ **v.i.** Proférer des récriminations ; fulminer : *Vitupérer contre les marchés financiers.*

✎ ***Vitupérer contre*** est critiqué par certains grammairiens.

VIVABLE adj. 1. Où l'on peut vivre commodément. **2.** Qui a bon caractère, est facile à vivre. **3.** Se dit d'une situation supportable : *Cette attente n'est plus vivable.*

1. VIVACE adj. (lat. *vivax, -acis*). Dont il est difficile de se défaire ; tenace : *Une rancune vivace.* ■ **Plante vivace,** qui vit plus de un an grâce à son appareil végétatif, et qui fructifie plusieurs fois dans son existence (arbre, plante rhizomateuse, etc.).

2. VIVACE [vivatʃe] **adj. inv.** et **adv.** (mot ital.). **MUS.** Selon un tempo vif et rapide : *Allegro vivace.* ◆ **n.m. MUS.** Passage joué vivace.

VIVACITÉ n.f. 1. Qualité d'une personne pleine d'entrain. **2.** Rapidité à comprendre : *Un esprit d'une grande vivacité.* **3.** Disposition à se mettre en colère ; emportement. **4.** Qualité de ce qui est vif, intense ; éclat : *La vivacité d'un coloris.*

VIVANDIER, ÈRE n. (de l'anc. fr. *vivendier*, homme généreux). **HIST.** Personne qui vendait des vivres, des boissons aux soldats.

VIVANEAU n.m. Poisson téléostéen des eaux tropicales, abondant notamm. au large des Antilles, dont certaines espèces sont estimées pour leur chair. ➲ Famille des lutjanidés.

VIVANT, E adj. 1. Qui est en vie, par oppos. à mort. **2.** Qui présente les caractères spécifiques de la vie, par oppos. à inanimé : *Un organisme vivant.* **3.** Qui reflète bien la vie : *Des dialogues vivants.* **4.** Plein de vie, d'énergie : *Des enfants très vivants.* **5.** Qui existe, est en usage : *Une tradition bien vivante.* ◆ **n.m. 1.** Personne qui est en vie. **2.** Ce qui vit : *Les biologistes étudient le vivant.* (V. planche *classification du vivant**.) ■ **Bon vivant,** personne d'humeur gaie et facile à vivre. ▪ **Du vivant de qqn,** pendant sa vie. ◆ **n.m. pl.** Ensemble des personnes en vie : *Les vivants et les morts.*

VIVARIUM [-rjɔm] **n.m.** (mot lat.). Emplacement aménagé pour conserver de petits animaux dans un milieu artificiel proche de leur habitat particulier.

VIVARO-ALPIN n.m. (pl. *vivaro-alpins*). Dialecte de langue d'oc parlé dans l'Ardèche et la Drôme.

VIVAT [viva] **interj.** (mot lat. « qu'il vive ! »). Bravo. ◆ **n.m. pl.** Acclamations en l'honneur de qqn, de qqch.

1. VIVE n.f. (du lat. *vipera*, vipère). Poisson de l'Atlantique et de la Méditerranée, chassant à l'affût, enfoncé dans le sable des plages, et redouté pour les épines venimeuses de sa nageoire dorsale.
➲ Famille des trachinidés.

2. VIVE interj. (de *1. vivre*). Sert à acclamer : *Vive la République !*

✎ Devant un n. pl., l'accord peut se faire ou non : ***vive les vacances !*** ou ***vivent les vacances !***

3. VIVE adj.f. → **1. VIF.**

VIVE-EAU n.f. (pl. *vives-eaux* [vivzo]). ▪ **Marée de vive-eau,** ou **vive-eau,** marée de nouvelle ou de pleine lune, pendant laquelle le marnage est maximal (par oppos. à *morte-eau*).

VIVEMENT adv. 1. Avec vivacité : *Elle se leva vivement et sortit.* **2.** De façon très intense ; profondément : *J'ai été vivement affecté par son départ.* **3.** Litt. Avec brusquerie, emportement : *Il a vivement répliqué.* ◆ **interj.** Marque un vif désir de voir un événement se produire au plus tôt : *Vivement Noël !*

VIVERRIDÉ n.m. (du lat. *viverra*, furet). Mammifère carnivore des régions chaudes de l'Ancien Monde (mangouste, civette, suricate, genette, par ex.).
➲ Les viverridés forment une famille.

VIVERRIN, E adj. Qui ressemble à un viverridé.

VIVEUR n.m. Vieilli. Fêtard. (Le fém. *viveuse* est rare.)

VIVIER n.m. (lat. *vivarium*, de *vivus*, vivant). **1.** Enclos où les poissons et les crustacés capturés sont conservés vivants. **2.** Récipient où sont conservés les poissons vivants. **3.** Fig. Lieu où l'on forme en grand nombre une catégorie particulière de personnes : *Cette école est un vivier de stylistes.*

VIVIFIANT, E adj. Qui vivifie ; tonifiant : *L'air vivifiant de la mer.*

VIVIFIER v.t. [5] (lat. *vivificare*, de *vivus*, vivant). Donner de la vie, de la santé, de la vigueur à ; tonifier.

VIVIPARE adj. et **n.** (du lat. *vivus*, vivant, et *parere*, mettre au monde). **ZOOL.** Se dit d'un animal dont les petits naissent complètement développés, sans qu'aucune membrane les enveloppe (par oppos. à *ovipare*).

VIVIPARITÉ n.f. Mode de reproduction des animaux vivipares.

VIVISECTION n.f. Dissection ou opération effectuée sur des animaux dans un but expérimental.

VIVOIR n.m. Québec. Salle de séjour ; living-room.

VIVOTER v.i. [3]. Fam. **1.** Vivre difficilement faute de moyens. **2.** Fonctionner au ralenti : *Commerce qui vivote.*

1. VIVRE v.i. [70] (lat. *vivere*). **1.** Être vivant, en vie : *Le blessé vit encore.* **2.** Passer sa vie d'une certaine façon : *Vivre avec ses enfants.* **3.** Habiter : *Vivre à la campagne.* **4.** Subsister de telle façon : *Gagner à peine de quoi vivre.* **5.** Exister durablement ; se perpétuer : *Son souvenir vit dans les mémoires.* ▪ **Apprendre à vivre à qqn** [fam.], le traiter avec sévérité. ▪ **Facile à vivre,** d'un caractère accommodant. ▪ **Ne pas** ou **ne plus vivre,** être dévoré par une inquiétude permanente. ▪ **Savoir vivre,** avoir le sens des convenances, de la bienséance. ▪ **Vivre pour,** faire de qqn, de qqch le but de sa vie. ◆ **v.t.** Mener telle vie ; traverser tels événements : *Vivre des moments difficiles.* ▪ **Vivre sa vie,** jouir de l'existence à sa guise.

2. VIVRE n.m. ▪ **Le vivre et le couvert,** la nourriture et le logement. ◆ **n.m. pl.** Aliments qui assurent la subsistance : *Des vivres abondants.*

VIVRÉ, E adj. HÉRALD. Se dit d'une pièce dont les bords sont en dents de scie.

VIVRE-ENSEMBLE n.m. inv. Cohabitation harmonieuse entre individus ou entre communautés : *La fête des voisins se veut une initiative propre à favoriser le vivre-ensemble.*

Le vitrail

Connu dans l'Antiquité méditerranéenne et à Byzance, le vitrail a été magnifié par l'art religieux de l'Occident médiéval. Il est devenu resplendissant « mur de lumière » grâce à la place que lui a réservée l'architecture gothique. À partir du milieu du XXe s., de nombreux artistes choisissent le vitrail comme mode d'expression, dans un style souvent non figuratif.

Bourges. Vitrail du *Bon Samaritain* : le serpent tente Adam et Ève (XIIIe s., cathédrale de Bourges). Offrant une très riche palette chromatique, les vitraux de Bourges comptent parmi les plus belles réalisations des maîtres verriers du Moyen Âge.

Brasilia. La cathédrale de la capitale brésilienne, conçue par O. Niemeyer et achevée en 1967, est éclairée par une gigantesque verrière réalisée par Marianne Peretti (née en 1927) : la lumière se propage à travers les vitraux abstraits installés entre les arcs d'une structure moderne en béton.

VIVRIER, ÈRE adj. ▪ **Cultures vivrières,** qui fournissent des produits destinés à l'alimentation humaine.

VIZIR n.m. (de l'ar. *wāzir*, ministre). **HIST. 1.** Ministre d'un souverain musulman. **2.** Premier ministre du pharaon. ▪ **Grand vizir,** Premier ministre, dans l'Empire ottoman.

VIZIRAT n.m. Dignité, fonction de vizir.

VLAN ou **V'LAN** [vlɑ̃] **interj.** Exprime un coup, un bruit violent.

VLOG n.m. (de l'angl. *video blog*, blog vidéo). Blog diffusant princip. des vidéos, souvent postées dans un second temps sur les réseaux sociaux.

VMC ou **V.M.C. n.f.** (sigle). **CONSTR.** Ventilation mécanique contrôlée.

VO ou **V.O.** [veo] **n.f.** (sigle). **CINÉMA.** Version originale.

VOCABLE n.m. (lat. *vocabulum*). **1.** Mot, terme considéré quant à sa signification particulière. **2. CATH.** Nom du saint sous le patronage duquel une église est placée.

VOCABULAIRE n.m. 1. Ensemble des mots d'une langue. **2.** Ensemble des termes propres à une science, à une technique, à un auteur, etc. **3.** Ouvrage comportant les termes spécifiques d'une discipline.

VOCAL, E, AUX adj. (du lat. *vocalis*, doué de voix). Relatif à la voix : *Les cordes vocales.* ▪ **Boîte vocale** [télécomm.], dispositif permettant l'enregistrement vocal de messages. ▪ **Messagerie vocale,** service de télécommunication permettant l'enregistrement et le stockage de messages sonores, leur écoute et leur expédition éventuelle vers un ou plusieurs destinataires ▪ **Musique vocale,** destinée à être chantée (par oppos. à *musique instrumentale*). ▪ **Serveur vocal,** appareil avec lequel l'usager d'un poste téléphonique peut dialoguer de manière interactive pour obtenir des informations sous forme de messages sonores.

VOCALEMENT adv. Au moyen de la voix ; oralement.

VOCALIQUE adj. PHON. Relatif aux voyelles.

VOCALISATEUR, TRICE n. MUS. Personne qui vocalise.

1. VOCALISATION n.f. MUS. Action de vocaliser.

2. VOCALISATION n.f. PHON. Fait, pour une consonne, de se transformer en voyelle.

VOCALISE n.f. MUS. Formule mélodique, écrite ou non, chantée sur des voyelles, en partic. sur le *a*, utilisée dans l'enseignement du chant.

1. VOCALISER v.i. [3]. MUS. Faire des vocalises ; chanter de la musique sur une ou plusieurs syllabes, sans prononcer les paroles ni nommer les notes.

2. VOCALISER v.t. [3]. PHON. Transformer en voyelle.

VOCALISME n.m. PHON. Ensemble des voyelles d'une langue, de leurs caractéristiques (par oppos. à *consonantisme*).

VOCATIF n.m. (du lat. *vocare*, appeler). **LING.** Cas des langues à déclinaison, comme le latin et le grec, exprimant l'interpellation.

VOCATION n.f. (lat. *vocatio*, de *vocare*, appeler). **1.** Destination privilégiée ou naturelle de qqch, de qqn, d'un groupe : *Vocation touristique d'une île.* **2.** Penchant pour un genre de vie, une activité : *Avoir une vocation artistique.* **3.** Destination, appel au sacerdoce ou à la vie religieuse. ▪ **Avoir vocation à** ou **pour** [sout.], être qualifié pour : *Ce service n'a pas vocation à trancher un tel litige.*

VOCERATRICE [vɔtʃeratritʃe], ▲ ***VOCÉRATRICE*** **n.f.** (mot corse). Femme qui, en Corse, chante un vocero.

VOCERO [vɔtʃero] (pl. *voceros* ou *voceri*), ▲ ***VOCÉRO*** **n.m.** (corse *voceru*, de *voce*, voix). Chant funèbre corse, appelant à la vengeance.

VOCIFÉRATEUR, TRICE n. Litt. Personne qui vocifère.

VOCIFÉRATION n.f. (Surtout pl.). Action de vociférer ; hurlement.

VOCIFÉRER v.i. [11], ▲ *[11*]* (lat. *vociferare*). Parler en criant et avec colère ; beugler : *Les supporteurs vocifèrent contre l'arbitre.* ◆ **v.t.** Proférer en criant et avec colère : *Vociférer des menaces.*

La classification du vivant

En dépit de leur extrême diversité, les espèces vivantes partagent toutes les mêmes composants élémentaires et les mêmes activités fondamentales, ce qui témoigne d'un lien de parenté universel. Elles ont évolué à partir d'ancêtres microscopiques dont les représentants actuels, les bactéries, se situent à la souche de l'arbre de la classification. Cet arbre est adopté par la plupart des scientifiques pour ordonner le monde vivant : comme dans un arbre généalogique, la parenté entre les espèces est plus forte quand elles occupent des rameaux voisins que lorsqu'elles se trouvent sur des rameaux ou des branches éloignés.

LA BIODIVERSITÉ EN QUELQUES CHIFFRES	
Groupe	**Nombre d'espèces décrites**
Procaryotes	5 000
Protistes	53 000
Champignons	32 000
Végétaux dont	307 700
Angiospermes (plantes à fleurs)	*268 000*
Animaux	> 1 300 000
Mammifères	5 500
Oiseaux	10 000
Poissons	31 800
Insectes	1 000 000
Total monde vivant	**> 1 700 000***

* Il s'agit des espèces *connues*. Le nombre réel d'espèces pourrait être de 13 à 14 millions (jusqu'à 30 millions selon les estimations).

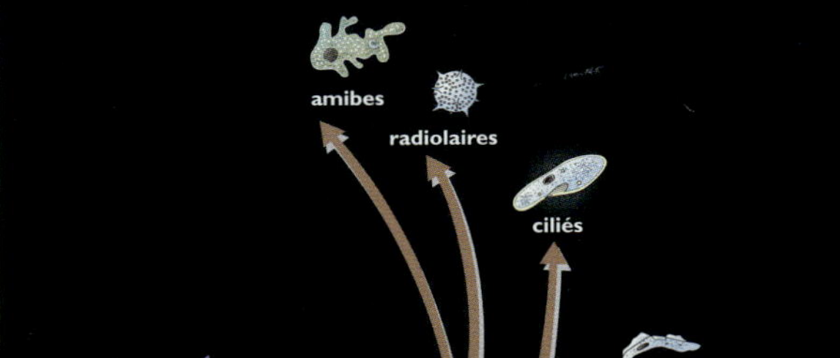

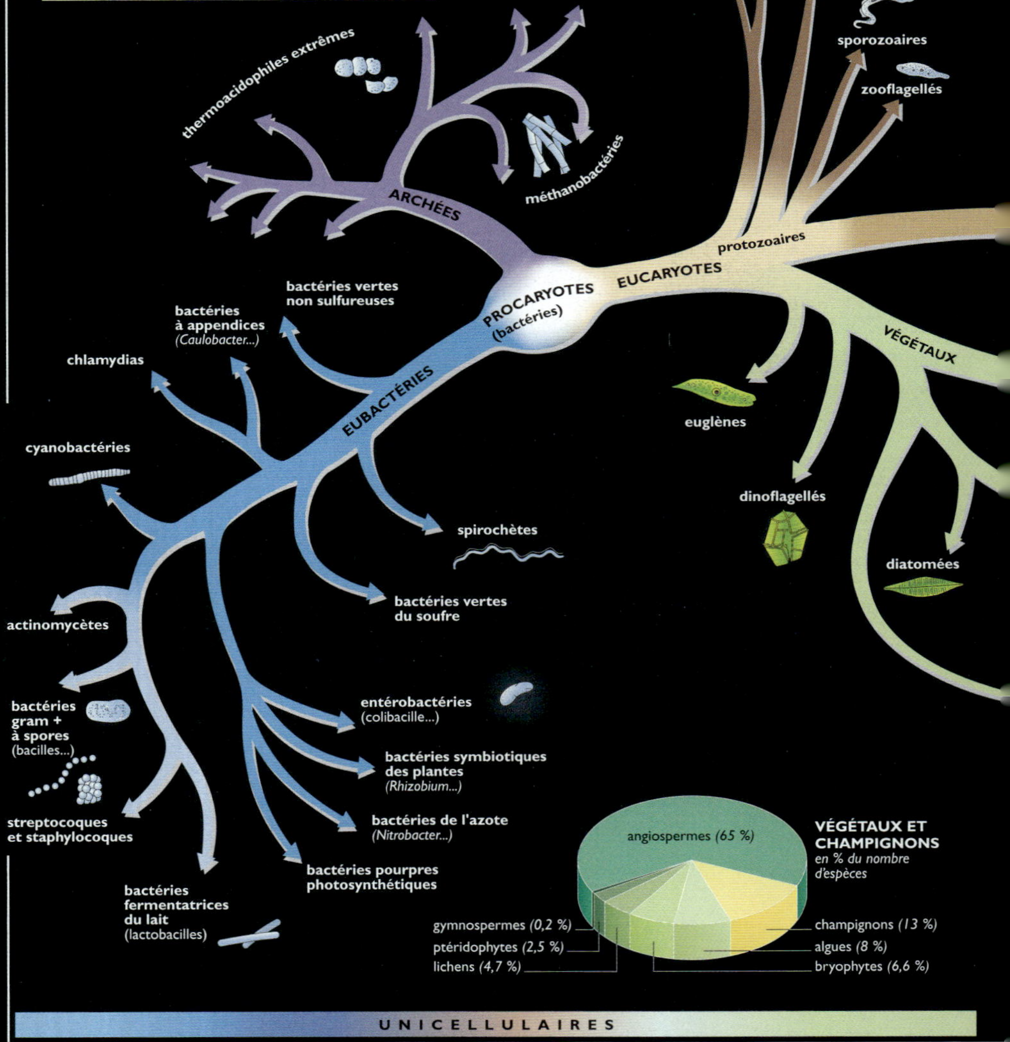

L'arbre de la classification peut être représenté, comme ci-dessous, avec trois troncs, dont deux sont occupés par les bactéries, ou procaryotes. Le troisième tronc, celui des eucaryotes (dont la cellule, plus complexe que celle des bactéries, est dotée d'un noyau), porte de nombreuses branches, dont les principales sont celles des végétaux, des champignons et des animaux. Cette dernière se divise en une lignée d'invertébrés (vers, mollusques, crustacés, insectes...) et une autre ramification qui porte les vertébrés (poissons, amphibiens, reptiles, oiseaux, mammifères) et sur laquelle se situe notre propre espèce.

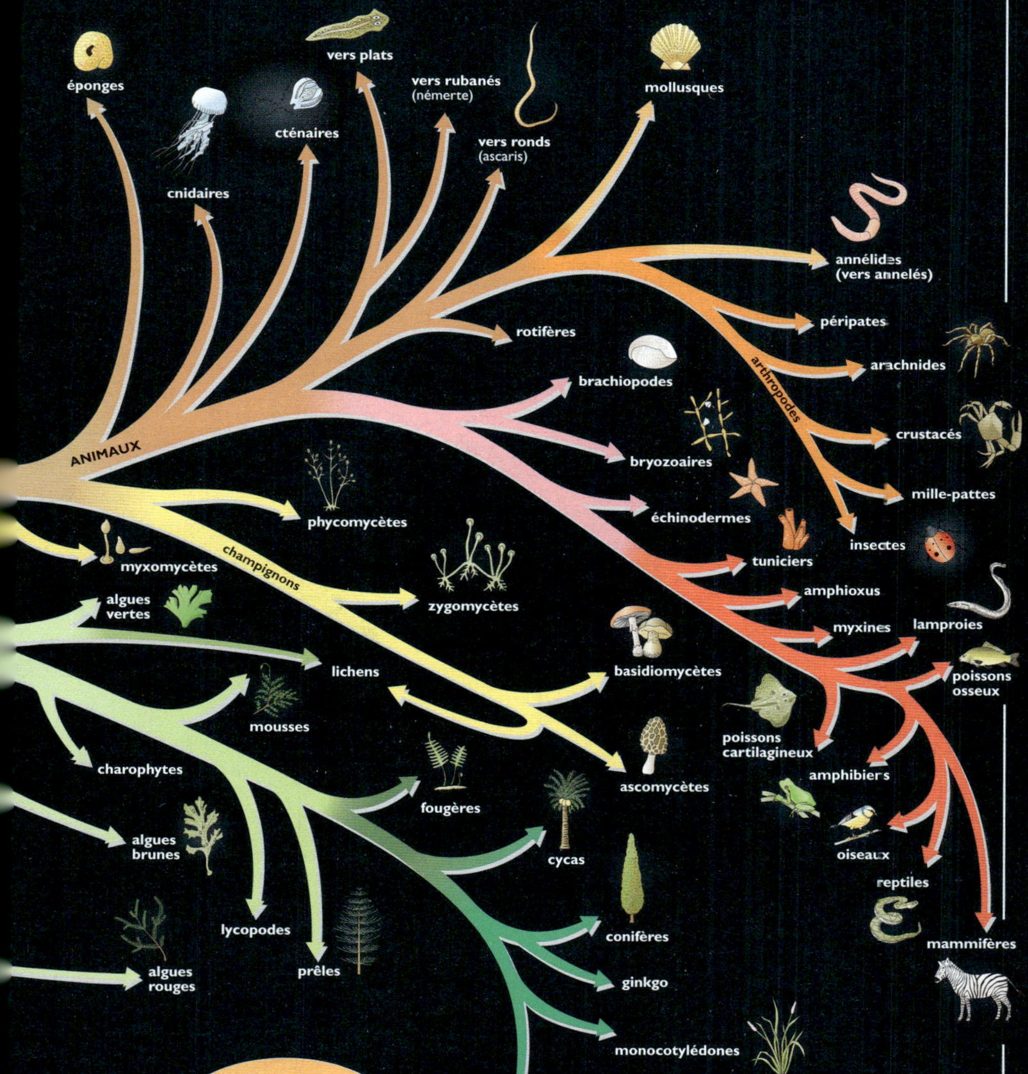

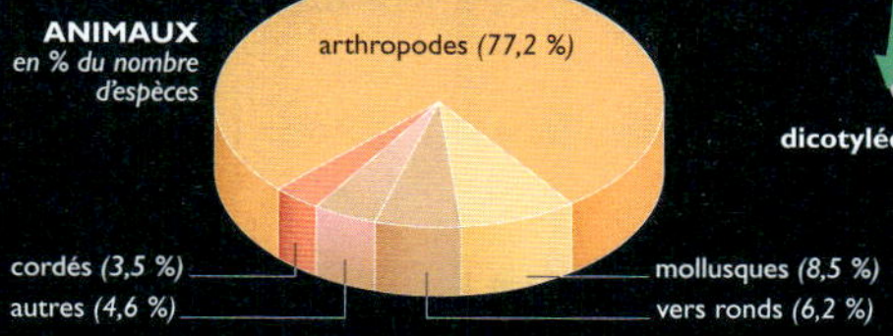

PLURICELLULAIRES

VOCODEUR n.m. Dispositif électronique permettant la synthèse de réponses vocales par un système informatique.

VOD [veode] n.f. (sigle de l'angl. *video on demand*). Vidéo à la demande.

VODKA [vɔdka] n.f. (mot russe). Eau-de-vie de grain (blé, seigle) très répandue en Russie et en Pologne.

VŒU [vø] n.m. (lat. *votum*). **1.** Promesse faite à soi-même : *Faire vœu de se venger.* **2.** Souhait très vif de voir se réaliser qqch : *Que tu trouves un travail est mon vœu le plus cher. Présenter ses vœux.* **3.** (Surtout pl.). Souhait de mutation formulé officiellement par un fonctionnaire ; souhait d'admission à une formation formulé par un élève, un étudiant. **4.** Demande, requête d'une assemblée consultative. ▪ **Vœu pieux,** qui n'a aucune chance de se réaliser. ▪ **Vœux (de religion)** ou **vœux monastiques,** engagement temporaire ou perpétuel dans l'état religieux.

VOGELPIK [-gəl-] n.m. (mot néerl. « bec d'oiseau »). Belgique. Jeu de fléchettes.

VOGUE n.f. (de *voguer*). **1.** Faveur, popularité dont bénéficie qqn, qqch ; célébrité. **2.** Région. (Sud-Est) ; Suisse. Fête du village ; kermesse annuelle. ▪ **En vogue,** à la mode.

VOGUER v.i. [3] (de l'anc. bas all. *wogon*, balancer). Litt. Avancer sur l'eau, en parlant d'un bateau ; naviguer. ▪ **Vogue la galère !,** advienne que pourra !

VOICI prép. et adv. (de *vois*, et 2. *ci*). **1.** Désigne qqn ou qqch de plus proche que d'autres par rapport à la personne qui parle. **2.** Annonce ce qui approche, va avoir lieu ou ce que l'on va dire. **3.** Il y a : *Je l'ai vu voici une semaine.*

VOIE n.f. (lat. *via*). **1.** Parcours suivi pour aller d'un point à un autre ; chemin : *Se frayer une voie.* **2.** Toute installation permettant la circulation des personnes et des objets sur terre, sur l'eau et dans les airs : *Voie de communication. Voie ferrée.* **3.** Subdivision longitudinale de la chaussée permettant la circulation d'une file de voitures : *La voie de gauche est encombrée.* **4.** Direction suivie, moyen employé pour atteindre un but ; ligne de conduite : *Chercher sa voie. Choisir la voie de l'intimidation.* **5.** Intermédiaire utilisé pour aller d'une étape à une autre dans une action : *La voie diplomatique.* **6.** VÉNER. Chemin parcouru par le gibier ; odeurs qui trahissent son passage. **7.** AUTOM. Distance transversale entre les roues d'un même essieu, sur un véhicule. **8.** ANAT. Ensemble d'organes, de canaux ou de cellules situés dans le prolongement les uns des autres et parcourus par un fluide ou un phénomène tel que le potentiel d'action : *Les voies urinaires. La voie pyramidale.* ▪ **En voie de,** sur le point de : *Espèces en voie de disparition.* ▪ **Être en bonne voie,** être en passe de réussir. ▪ **Mettre qqn sur la voie,** lui donner des indications pour qu'il atteigne ce qu'il cherche. ▪ **Par voie de conséquence,** par une suite logique. ▪ **Voie (d'administration),** endroit par lequel un médicament pénètre dans l'organisme : *Voie buccale.* ▪ **Voie d'eau** [mar.], ouverture accidentelle dans la coque d'un navire, par laquelle l'eau s'engouffre. ▪ **Voie de droit** [dr.], moyen légal dont on dispose pour se faire rendre justice. ▪ **Voie de fait,** acte produisant un dommage corporel ; acte de violence ; agissement de l'Administration portant atteinte aux droits individuels (liberté, propriété). ▪ **Voie de recours,** action judiciaire dont disposent les parties pour obtenir un nouvel examen d'une décision judiciaire. ▪ **Voie d'une scie** [techn.], largeur d'un trait de scie, due à la torsion de ses dents. ▪ **Voie humide, sèche** [chim.], opération employant des solvants ou un milieu liquide ; opération conduite sans emploi de liquides. ▪ **Voie publique,** route, chemin, rue appartenant au domaine public et ouverts à la circulation générale (par oppos. à *voie privée*). ▪ **La Voie sacrée,** en Grèce, voie qui menait à un grand sanctuaire ; partic., voie destinée aux processions, qui reliait Athènes à Éleusis ; à Rome, voie triomphale qui menait au Capitole à travers le Forum ; nom donné en 1916 à la route de Bar-le-Duc à Verdun par Souilly (75 km), la seule utilisable pour alimenter la défense de Verdun. ▪ **Voies d'exécution,** procédures permettant d'obtenir l'exécution des actes ou des jugements revêtus de la formule exécutoire. ▪ **Voies et moyens** [fin.], liste des recettes fiscales et non fiscales donnée par la loi de finances. ▪ **Voie verte** → **1. VERT.** ◆ n.f. pl. Litt. Desseins selon lesquels Dieu guide la conduite des hommes.

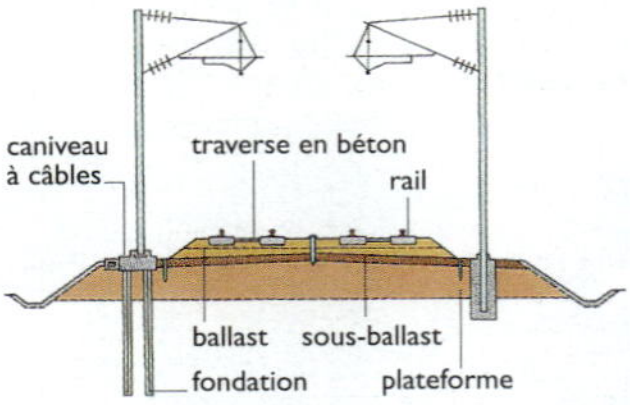

▲ **voie.** Coupe transversale d'une double voie de ligne de chemin de fer à grande vitesse.

VOÏÉVODAT ou **VOÏVODAT** n.m. Autorité du voïévode ; territoire où elle s'exerce.

VOÏÉVODE ou **VOÏVODE** n.m. (du russe *vojevoda*, chef d'armée). Dans les pays balkaniques et en Pologne, haut dignitaire civil ou militaire.

VOÏÉVODIE ou **VOÏVODIE** n.f. Division administrative, en Pologne.

VOILÀ prép. et adv. (de *vois*, et *là*). **1.** Désigne qqn ou qqch de plus éloigné que d'autres par rapport à la personne qui parle. **2.** Reprend ce que l'on vient de dire. **3.** Il y a : *Voilà trois jours qu'il t'attend.* **4.** Cour. Voici. ▪ **En veux-tu, en voilà,** en grande quantité. ▪ **En voilà assez !,** cela suffit ! ▪ **Nous voilà bien !,** nous sommes en mauvaise posture.

1. VOILAGE n.m. Grand rideau de fenêtre, en tissu léger et transparent.

2. VOILAGE n.m. Fait de se déformer, de se voiler.

1. VOILE n.m. (lat. *velum*). **1.** Étoffe qui sert à couvrir, à protéger, à cacher : *Un voile couvrait la statue.* **2.** Pièce d'étoffe servant à cacher le visage, à couvrir la tête des femmes, dans certaines circonstances ou pour des motifs religieux : *Porter le voile. Le voile d'une mariée.* **3.** Élément qui cache ou modifie : *Un voile de brouillard. Un voile de tristesse dans son regard.* **4.** Assemblage léger de fibres textiles obtenu à la sortie de la carde. **5.** Tissu léger et fin : *Du voile de coton.* **6.** PHOTOGR. Noircissement parasite plus ou moins intense d'une émulsion. **7.** MYCOL. Enveloppe du jeune champignon. ➲ La volve, l'anneau, la cortine de certains champignons sont des restes du voile. **8.** Pellicule, due à la fermentation, qui se dépose sur le vin, les boissons alcooliques. **9.** CONSTR. Coque mince, génér. en béton armé. ▪ **Mettre** ou **jeter un voile sur qqch,** le cacher : *Il a jeté un voile sur son passé.* ▪ **Prendre le voile,** entrer en religion, pour une femme. ▪ **Voile au poumon** [méd.], diminution de la transparence d'une partie du poumon, sur une radiographie. ▪ **Voile du palais** → **2. PALAIS.** ▪ **Voile gris, noir** [aéron.], troubles de la vision affectant, en l'absence d'équipement spécial, les pilotes d'avions de combat soumis à de fortes accélérations.

2. VOILE n.m. (de 2. *voiler*). **1.** Déformation accidentelle subie par une roue de véhicule. **2.** MÉCAN. INDUSTR. Écart de planéité d'une surface imparfaitement plane.

3. VOILE n.f. (lat. pop. *vela*). **1.** Pièce de toile ou d'autres tissus, assemblée avec d'autres pour former une surface apte à assurer la propulsion d'un navire sous l'action du vent. **2.** Bateau à voiles : *Signaler une voile à l'horizon.* **3.** Pratique sportive de la navigation à voile. ▪ **Avoir du vent dans les voiles** [fam.], être ivre. ▪ **Faire voile,** naviguer. ▪ **Mettre à la voile,** appareiller. ▪ **Mettre les voiles** [fam.], s'en aller. ▪ **Voile au tiers,** voile quadrangulaire soutenue par une vergue qui porte sur le mât vers son premier tiers. ▪ **Voile contact,** discipline du parachutisme qui consiste à réaliser des figures, par équipe de quatre ou de huit, en touchant les voiles des coéquipiers.

1. VOILÉ, E adj. **1.** Recouvert d'un voile ; qui porte un voile : *Femmes voilées.* **2.** Fig. Peu net ; dissimulé : *Reproches à peine voilés.* ▪ **Voix voilée,** dont le timbre n'est pas pur.

2. VOILÉ, E adj. Qui est gauchi, courbé, déformé : *Poutre, roue voilée.*

VOILEMENT n.m. TECHN. Gauchissement.

1. VOILER v.t. [3]. **1.** Couvrir d'un voile. **2.** Litt. Atténuer la netteté, l'acuité de qqch : *Larmes qui voilent le regard.* **3.** PHOTOGR. Provoquer un voile sur une surface sensible. ◆ **SE VOILER** v.pr. Se couvrir de légers nuages, en parlant du ciel. ▪ **Se voiler la face,** se cacher le visage par honte ou pour ne rien voir.

2. VOILER v.t. [3]. TECHN. Déformer une roue, une pièce. ◆ **SE VOILER** v.pr. Se déformer par voilement.

VOILERIE n.f. Atelier où l'on fabrique, répare ou conserve les voiles des bateaux.

VOILETTE n.f. Petit voile transparent, posé en garniture au bord d'un chapeau et s'abaissant sur le visage.

VOILEUX, EUSE n. Fam. Personne qui pratique la voile de plaisance.

1. VOILIER n.m. **1.** Bateau à voiles. **2.** Poisson pélagique voisin du marlin, à nageoire dorsale très haute. ➲ Famille des istiophoridés. ▪ **Oiseau bon, mauvais voilier,** dont le vol est puissant, faible.

2. VOILIER n.m. Ouvrier qui confectionne ou répare des voiles de navire.

VOILURE n.f. **1.** Ensemble des voiles d'un bateau ou d'un de ses mâts. **2.** Ensemble de la surface portante d'un avion, d'un parachute. ▪ **Centre de voilure,** centre de gravité géométrique d'une voilure. ▪ **Réduire la voilure,** réduire ses effectifs, en parlant d'une entreprise, d'un groupe, etc. ▪ **Voilure tournante,** surface en rotation assurant la portance des giravions.

VOIR v.t. [48] (lat. *videre*). **1.** Percevoir par les yeux : *J'ai vu une silhouette.* **2.** Être témoin, spectateur de : *Elle a vu l'accident.* **3.** Regarder avec attention ; examiner : *Voyez ce dossier de près.* **4.** Se trouver en présence de qqn ; rencontrer : *J'ai l'ai vu hier* ; consulter : *Voir son médecin.* **5.** Se rendre dans un lieu ; visiter : *Voir une exposition.* **6.** Se représenter mentalement ; imaginer : *Je le verrais bien acteur.* **7.** Percevoir par l'esprit ; se rendre compte

▲ **voile.** Un trimaran, voilier multicoque.

▲ **voile.** Un voilier monocoque (la grande voile blanche est un spinnaker).

de : *Je vois mon erreur.* **8.** Saisir par l'intelligence ; comprendre : *Je vois ce que tu veux dire.* **9.** Se faire une opinion de ; juger : *Il ne voit rien de mal à agir ainsi.* ▪ **Aller se faire voir** [très fam.], aller au diable. ▪ **En faire voir (de toutes les couleurs) à qqn** [fam.], lui causer des ennuis de toutes sortes. ▪ **En voir (de toutes les couleurs)** [fam.], subir toutes sortes de malheurs. ▪ **Faire voir,** montrer. ▪ **Laisser voir,** permettre de regarder ; ne pas dissimuler. ▪ **N'avoir rien à voir avec,** n'avoir aucun rapport avec. ▪ **Pour voir,** pour essayer. ▪ **Se faire voir,** se montrer en public. ▪ **Voir d'un bon, d'un mauvais œil,** apprécier ; ne pas apprécier. ▪ **Voir (de) loin,** avoir de la perspicacité ; prévoir. ▪ **Voir venir qqn,** deviner ses intentions. ▪ **Voyons,** formule servant à exhorter, à rappeler à l'ordre. ◆ **v.t. ind. (A).** Litt. Faire en sorte de ; veiller à : *Voyez à ce que tout soit prêt.* ◆ **SE VOIR v.pr. 1.** Apercevoir sa propre image ; s'imaginer soi-même ; avoir conscience de son état : *Il ne s'est pas vu mourir.* **2.** Se trouver dans telle situation : *Se voir dans l'impossibilité de venir.* **3.** Avoir des relations suivies ; se fréquenter. **4.** Être apparent, visible : *La différence se voit.* **5.** Se produire ; arriver : *Pareil scandale ne s'est jamais vu.*

VOIRE adv. (du lat. *vera*, vraiment). Indique que l'on renchérit sur ce qui précède : *Il est autoritaire, voire tyrannique.*

VOIRIE n.f. 1. Ensemble du réseau des voies de communication terrestres, fluviales, maritimes et aériennes appartenant au domaine public ; administration qui en est chargée. **2.** Service d'enlèvement des ordures ménagères et de nettoiement des rues.

VOISÉ, E adj. (de *voix*). ▪ **Consonne voisée,** ou **voisée, n.f.,** consonne caractérisée par le voisement (SYN. **sonore**).

VOISEMENT n.m. PHON. Vibration des cordes vocales dans la réalisation d'un phonème (SYN. **sonorité**).

VOISIN, E adj. et **n.** (lat. pop. *vicinus*). Qui habite à proximité : *Ils sont voisins* ; qui occupe la place la plus proche : *Ma voisine de table.* ◆ **adj. 1.** Situé à faible distance ; contigu : *Le bureau voisin.* **2.** Proche dans le temps : *Les années voisines de la conquête spatiale.* **3.** Qui présente une analogie avec qqch : *Ces livres abordent des thèmes voisins.*

VOISINAGE n.m. 1. Proximité dans l'espace : *Le voisinage du parc est agréable.* **2.** Lieux qui se trouvent à proximité ; environs : *Les maisons du voisinage.* **3.** Ensemble des voisins.

VOISINER v.t. ind. [3] (AVEC). Se trouver près de ; être à côté de : *Boutique où la pacotille voisine avec des trésors.*

VOITURAGE n.m. Vieilli. Transport en voiture.

VOITURE n.f. (du lat. *vectura*, transport). **1.** Véhicule servant à transporter des personnes ou des marchandises : *Voiture automobile. Voiture à bras.* **2.** Automobile. **3. CH. DE F.** Véhicule pour le transport des voyageurs (par oppos. à *wagon*). ▪ **Se ranger des voitures** [fam.], se retirer de la vie active et, partic., cesser toute activité illégale ; adopter une conduite plus réglée après avoir mené une vie dissolue. ▪ **Voiture autonome,** voiture équipée d'un système de pilotage automatique qui lui permet de rouler sans intervention humaine dans des conditions de circulation réelles. ➲ Une série de capteurs laser, de radars et de caméras lui servent à modéliser son environnement (marquage au sol, signalisation, bâtiments, véhicules, piétons, etc.).

VOITURE-BALAI n.f. (pl. *voitures-balais*). Voiture qui ramasse les coureurs contraints à l'abandon, dans les courses cyclistes.

VOITURE-BAR n.f. (pl. *voitures-bars*). **CH. DE F.** Voiture aménagée en bar.

VOITURÉE n.f. Vx. Ensemble des personnes ou des choses qui se trouvent dans un même véhicule.

VOITURE-LIT ou **VOITURE-LITS n.f.** (pl. *voitures-lits*). **CH. DE F.** Voiture aménagée pour permettre aux voyageurs de dormir dans un lit.

VOITURE-PILOTE n.f. (pl. *voitures-pilotes*). **CH. DE F.** Voiture pour voyageurs équipée d'une cabine de conduite permettant de télécommander une locomotive ou une automotrice située en queue ou à l'intérieur de la rame.

VOITURE-POSTE n.f. (pl. *voitures-poste*). **CH. DE F.** Voiture réservée au service de la poste.

VOITURER v.t. [3]. Vieilli. Transporter par voiture.

VOITURE-RESTAURANT n.f. (pl. *voitures-restaurants*). **CH. DE F.** Voiture aménagée pour le service des repas.

VOITURETTE n.f. Petite voiture légère, équipée d'un moteur thermique d'une cylindrée de 50 cm^3 au maximum ou d'un moteur électrique, et dont la vitesse n'excède pas 45 km par heure.

VOITURIER n.m. 1. Dans un hôtel, un restaurant, personne chargée de garer les voitures des clients. **2. DR.** Transporteur, dans les termes d'un contrat de transport terrestre ou fluvial. **3.** Anc. Conducteur de véhicule hippomobile.

VOÏVODAT, VOÏVODE n.m., VOÏVODIE n.f. → **VOÏÉVODAT, VOÏÉVODE** et **VOÏÉVODIE.**

VOIX n.f. (lat. *vox, vocis*). **1.** Ensemble des sons émis par l'être humain : *J'ai reconnu sa voix* ; organe de la parole, du chant : *Voix mélodieuse.* **2.** Personne qui parle ou chante : *Une des grandes voix de la radio.* **3.** Possibilité d'exprimer son opinion : *Avoir voix consultative* ; expression d'une opinion par un vote : *Gagner des voix aux élections.* **4.** Appel venu de qqn ou du plus profond de soi-même : *Écouter la voix de la raison.* **5. GRAMM.** Forme que prend le verbe suivant que l'action est faite ou subie par le sujet : *Voix active, passive, pronominale.* **6. MUS.** Partie vocale ou instrumentale d'une composition. ▪ **Donner de la voix,** crier, en parlant des chiens de chasse. ▪ **Être** ou **rester sans voix,** muet d'étonnement, d'émotion. ▪ **Voix de tête** [mus.], partie la plus aiguë de la tessiture d'une voix, faisant intervenir la résonance des cavités de la tête.

➲ La **VOIX** humaine est caractérisée par son timbre, dépendant de la morphologie, et par son registre. Les voix d'homme sont les plus graves ; les voix de femme sont plus élevées d'une octave. Parmi les voix d'homme, on distingue le *ténor* (registre supérieur) et la *basse* (registre inférieur) ; parmi les voix de femme, le *soprano* et le *contralto*. Soprano et ténor, contralto et basse forment le quatuor vocal. Les voix de *baryton*, de *taille*, de *basse-taille*, de *haute-contre*, de *ténor léger* et de *mezzo-soprano* sont caractérisées par des registres mixtes.

1. VOL n.m. (de *1. voler*). **1.** Locomotion dans l'air des oiseaux, des insectes, etc., grâce aux mouvements coordonnés de leurs ailes. **2.** Groupe d'oiseaux qui volent ensemble ; volée. **3.** Déplacement dans l'air d'un aéronef ou dans l'espace d'un engin spatial ; l'engin lui-même : *Le premier vol pour Londres. Un vol habité.* **4.** Litt. Déplacement d'un objet léger dans l'air : *Le vol des feuilles d'automne.* ▪ **Au vol,** en l'air : *Arrêter une balle au vol* ; en courant : *Prendre le bus au vol* ; fig., vite et avec à-propos : *Saisir l'occasion au vol.* ▪ **De haut vol,** de grande envergure : *Trafiquant de haut vol.* ▪ **Descendre en vol plané,** moteur arrêté. ▪ **Domaine de vol,** plage de vitesses et d'altitudes dans laquelle un avion peut évoluer en respectant les normes de sécurité. ▪ **Exploser en (plein) vol,** subir un échec flagrant et retentissant, en parlant de qqn, qqch : *Après cette révélation, le candidat a explosé en plein vol. Dès la première saison, la série a explosé en vol.* ▪ **Vol à voile,** mode de déplacement d'un planeur utilisant les courants aériens ; pilotage d'un planeur selon cette technique. ▪ **Vol libre** [sports], pratiqué avec une aile libre ou un parapente. ▪ **Vol parachutal,** saut d'un animal freiné par le déploiement de membranes portantes (écureuil volant, galéopithèque, etc.). ▪ **Vol ramé** ou **battu,** dans lequel les ailes de l'oiseau s'appuient sur l'air par des mouvements alternatifs, comme les rames sur l'eau. ▪ **Vol relatif** [sports], discipline du parachutisme consistant en des figures exécutées en groupe (de quatre, huit sauteurs ou plus), pendant la période de chute libre du saut. ▪ **Vol suborbital** → **SUBORBITAL.**

2. VOL n.m. (de *2. voler*). **1.** Action de soustraire frauduleusement ce qui appartient à autrui. **2.** Produit du vol. **3.** Fait de prendre plus que ce qui est dû, de vendre à un prix excessif.

VOLABLE adj. Susceptible d'être volé.

VOLAGE adj. (du lat. *volaticus*, qui vole). Peu fidèle en amour ; inconstant.

VOLAILLE n.f. (du bas lat. *volatilia*, oiseaux). **1.** Oiseau élevé en basse-cour ou selon les techniques modernes de l'aviculture. **2.** Ensemble des oiseaux d'une basse-cour. **3.** Chair de ces oiseaux.

VOLAILLER, ÈRE ou **VOLAILLEUR, EUSE n.** Marchand ou éleveur de volaille.

1. VOLANT, E adj. 1. Qui peut voler, se déplacer en l'air : *Insectes volants.* **2.** Se dit de certains objets suspendus et mobiles : *Trapèze volant.* **3.** Se dit d'objets que l'on peut déplacer facilement : *Barrages volants.* **4.** Qui se déplace facilement ; mobile : *Équipe volante.* ▪ **Feuille volante,** qui n'est reliée à aucune autre. ▪ **Poisson volant,** exocet.

2. VOLANT n.m. 1. Organe circulaire servant à orienter les roues directrices d'une automobile ; conduite des automobiles : *Un as du volant.* **2.** Organe de manœuvre d'un mécanisme. **3.** Petite sphère légère garnie d'une collerette de plumes ou de plastique qu'on lance à son partenaire avec une raquette ; jeu auquel on se livre avec cet objet (badminton, par ex.). **4.** Bande de tissu froncée sur un côté et servant de garniture dans l'habillement et l'ameublement. ▪ **Volant (d'inertie),** organe tournant d'une machine, destiné à en régulariser la marche, et constitué par un solide ayant un grand moment d'inertie par rapport à son axe de rotation. ▪ **Volant de sécurité,** ce qui sert à régulariser un processus ; somme ou stock en réserve, assurant la bonne marche d'une opération industrielle ou commerciale. ▪ **Volant magnétique,** dispositif d'allumage des moteurs à explosion à deux temps. ▪ **Volant moteur** [autom.], volant destiné à réduire les variations de la vitesse de rotation du vilebrequin.

3. VOLANT n.m. Fam. Dans l'aviation, membre du personnel navigant (par oppos. à *rampant*).

VOLAPÜK, ▲ *VOLAPUK* [vɔlapyk] **n.m.** (de *vol*, de l'angl. *world*, monde, et *pük*, altér. de *to speak*, parler). Langue artificielle, créée en 1879 par l'Allemand Johann Martin Schleyer (1831-1912) et qui fut supplantée par l'espéranto.

VOLATIL, E adj. (du lat. *volatilis*, qui vole). **1.** Qui se vaporise, s'évapore facilement : *L'alcool est volatil.* **2.** Fig. Très fluctuant ; instable : *Un électorat volatil.* ▪ **Mémoire volatile** [inform.], dont le contenu s'efface lorsque l'alimentation électrique est coupée.

VOLATILE n.m. Oiseau, partic. de basse-cour.

VOLATILISABLE adj. Qui peut se volatiliser.

VOLATILISATION n.f. Action de volatiliser ; fait de se volatiliser.

VOLATILISER v.t. [3]. 1. Didact. Rendre volatil ; transformer en vapeur : *Volatiliser du soufre.* **2.** Fam. Faire disparaître et, en partic., dérober. ◆ **SE VOLATILISER v.pr. 1.** Se transformer en vapeur. **2.** Disparaître brusquement : *Il s'est volatilisé à mon arrivée.*

VOLATILITÉ n.f. Caractère de ce qui est volatil.

VOL-AU-VENT n.m. inv. (de *voler au vent*). **CUIS.** Croûte ronde en pâte feuilletée garnie de compositions diverses (viande, poisson, champignons, etc.).

VOLCAN n.m. (ital. *Vulcano*, du lat. *Vulcanus*, Vulcain, n. myth.). **1.** Relief résultant, sur la Terre ou une autre planète tellurique, de l'émission en surface de produits magmatiques (laves, cendres, gaz, etc.) issus de la fusion, en profondeur, du manteau supérieur ou de la croûte ; lieu où ces produits atteignent la surface terrestre (dans l'air ou sous la mer), ou celle de la planète considérée. (*V. planche page suivante.*) **2.** Litt. Personne ardente et impétueuse. ▪ **Être sur un volcan,** dans une situation dangereuse.

VOLCANIQUE adj. 1. Relatif aux volcans : *Éruption volcanique.* **2.** Litt. Plein de fougue, d'ardeur : *Tempérament volcanique.* ▪ **Roches volcaniques,** roches magmatiques qui arrivent en surface lors d'une éruption et qui, au contact de l'atmosphère ou de l'eau, se refroidissent assez rapidement.

VOLCANISME n.m. GÉOL. Ensemble des manifestations volcaniques.

VOLCANOLOGIE ou, vx, **VULCANOLOGIE n.f.** Étude des volcans et des phénomènes volcaniques, notamm. pour la prévision des éruptions.

VOLCANOLOGIQUE ou, vx, **VULCANOLOGIQUE adj.** Relatif à la volcanologie

VOLCANOLOGUE ou, vx, **VULCANOLOGUE n.** Spécialiste de volcanologie.

VOLE n.f. Aux cartes, coup qui consiste à faire toutes les levées.

VOLÉ, E adj. et **n.** Victime d'un vol.

Les volcans

Les volcans témoignent des forces gigantesques qui règnent à l'intérieur de la Terre. Leurs éruptions, très variées, peuvent avoir des conséquences catastrophiques au niveau local et, parfois, à l'échelle de la planète entière.

Batur, Bali.
Ce volcan présente de magnifiques éruptions stromboliennes.

STRUCTURE D'UN VOLCAN VU EN COUPE

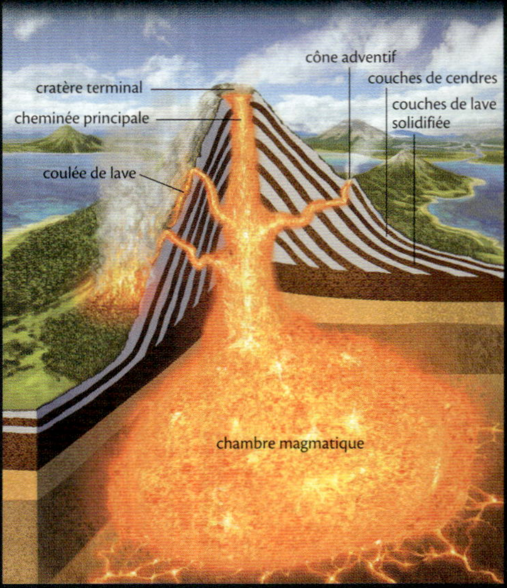

DIFFÉRENTS TYPES D'ÉRUPTION

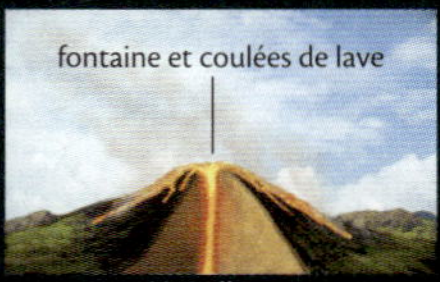

Hawaiienne

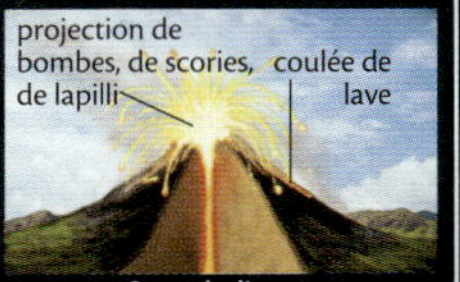

Strombolienne

Vulcanienne

Péléenne

Plinienne

On distingue 5 types d'éruption, essentiellement liés à la viscosité de la lave (plus elle est riche en silice, moins elle est fluide). Les éruptions effusives (hawaiienne, strombolienne) produisent des coulées de lave sans grandes explosions tandis que les éruptions explosives (vulcanienne, péléenne et plinienne) ne produisent pas de coulées mais des explosions destructrices, avec de grandes quantités de cendres, des nuées ardentes ou des panaches gigantesques.

◀ **Kilauea, Hawaii.** Ce volcan est connu pour ses laves très fluides, formant, par endroits, des lacs.

Eyjafjöll, Islande. ▶ En avril et mai 2010, son nuage de cendres a perturbé le trafic aérien mondial.

VOLCANISME ET TECTONIQUE

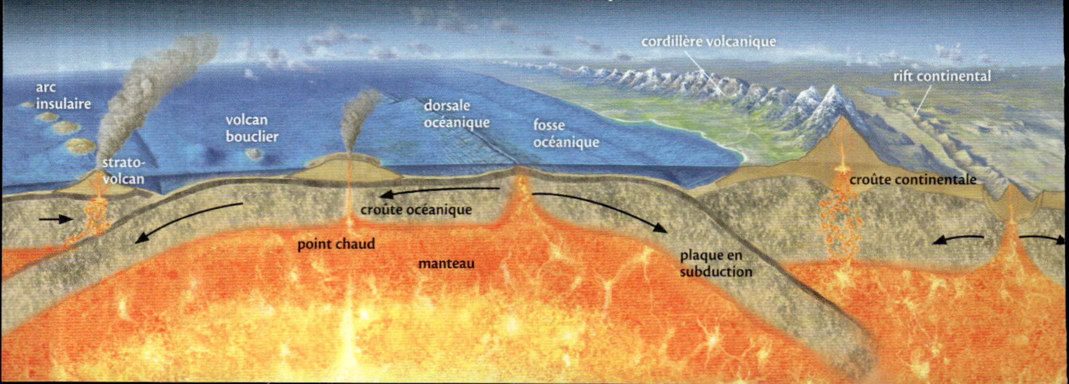

VOLÉE n.f. **1.** Action de voler ; envol : *Prendre sa volée ;* distance qu'un oiseau parcourt sans se poser : *Traverser la mer d'une volée.* **2.** Groupe d'oiseaux qui volent ensemble ; vol : *Volée de bernaches.* **3.** Tir simultané de plusieurs projectiles ; décharge ; rafale : *Volée de flèches.* **4.** Son d'une cloche mise en branle ; la mise en branle elle-même : *Sonner à toute volée.* **5.** Fam. Série de coups rapprochés et nombreux : *Donner une volée à qqn.* **6.** Partie d'un escalier comprise entre deux paliers successifs : *Volée de marches.* **7.** SPORTS. Frappe de la balle, du ballon avant qu'ils aient touché terre. **8.** Suisse. Ensemble de personnes qui exercent simultanément la même activité ; ensemble de personnes nées la même année ; promotion. **9.** Pièce de bois disposée de chaque côté du timon pour atteler les chevaux de front. **10.** Pièce d'une grue qui supporte à son extrémité la poulie recevant le câble. **11.** MIN. Ensemble des produits abattus en une fois. ▪ **À la volée,** au vol : *Attraper une balle à la volée* ; fig., au passage : *Saisir des bribes de conversation à la volée.* ▪ **De haute volée,** de grande envergure. ▪ **Volée de bois vert** [fam.], série de coups vigoureux ; fig., suite de critiques violentes et acerbes.

VOLÉMIE n.f. (de *volume*). Quantité totale de sang (globules rouges et plasma) dans l'organisme, exprimée en millilitres par kilogramme. ➲ On parle aussi de *masse sanguine.*

1. VOLER v.i. [3] (lat. *volare*). **1.** Se déplacer, se maintenir dans l'air ou dans l'espace : *Il a rêvé qu'il volait.* **2.** En parlant d'un objet, être projeté dans l'air à grande vitesse. **3.** Piloter un avion ou un engin spatial, ou voyager à bord : *Voler de nuit.* **4.** Se déplacer très rapidement : *J'ai volé à son secours.* ▪ **Voler en éclats,** être détruit, pulvérisé.

2. VOLER v.t. [3] (de *1. voler*). S'approprier qqch, dépouiller qqn par un vol. ▪ **Ne pas l'avoir volé** [fam.], l'avoir bien mérité. ◆ **v.i.** Commettre des vols.

VOLERIE n.f. Chasse avec des oiseaux de proie.

VOLET n.m. **1.** Panneau de bois ou de métal pour fermer une baie de fenêtre ou de porte. **2.** Partie plane d'un objet pouvant se rabattre sur celle à laquelle elle est reliée : *Les trois volets d'un permis de conduire.* **3.** Partie d'un ensemble : *Le premier volet de la réforme.* **4.** BX-ARTS. Panneau mobile d'un polyptyque. **5.** AÉRON. Partie d'une aile ou d'une gouverne pouvant être braquée par rotation pour en modifier les caractéristiques aérodynamiques. ▪ **Trier sur le volet,** choisir avec soin entre plusieurs personnes, plusieurs choses. ▪ **Volet roulant,** panneau constitué de lattes articulées qui viennent s'enrouler dans un coffre placé au-dessus de la fenêtre.

VOLETANT, E adj. Qui vole çà et là.

VOLETER v.i. [16], ▲ *[12].* Voler çà et là, légèrement ; être animé de petits mouvements.

VOLEUR, EUSE n. Personne qui a commis un vol ; personne qui vit du vol. ▪ **Comme un voleur,** en essayant de passer inaperçu. ◆ **adj.** et **n.** Qui prend qqch par la force ou la ruse : *Chat voleur.*

VOLIÈRE n.f. Grande cage où l'on élève et nourrit des oiseaux.

VOLIGE n.f. (de *1. voler*). CONSTR. Planche mince, jointive avec d'autres, utilisée dans la réalisation de couvertures.

VOLIGEAGE n.m. **1.** Action de clouer des voliges sur des chevrons. **2.** Surface constituée de voliges et destinée à supporter des ardoises, des bardeaux.

VOLIGER v.t. [10]. Garnir de voliges.

VOLIS [-li] n.m. (abrév. de l'anc. fr. *volaiz,* abattu par le vent). Cime d'un arbre rompue et enlevée par le vent.

VOLITIF, IVE adj. PHILOS. Relatif à la volonté.

VOLITION n.f. (du lat. *volo,* je veux). PHILOS. Acte par lequel la volonté se détermine à qqch ; la volonté elle-même.

VOLLEY-BALL (pl. *volley-balls*) ou **VOLLEY** (pl. *volleys*), ▲ ***VOLLEYBALL*** [vɔlɛ(bol)] **n.m.** (mot angl.). Sport opposant deux équipes de six joueurs qui s'affrontent en se renvoyant un ballon avec les mains au-dessus d'un filet. ▪ **Volley-ball de plage,** volley-ball se pratiquant sur une aire de jeu de sable nivelé et opposant des équipes de trois joueurs ou de deux *(beach-volley).*

VOLLEYER v.i. et v.t. [7]. Au tennis, jouer à la volée.

VOLLEYEUR, EUSE [vɔlɛjœr, øz] **n. 1.** Joueur de volley-ball. **2.** Spécialiste de la volée, au tennis.

VOLNAY n.m. (de *Volnay,* n.pr.). Vin rouge de Bourgogne, très réputé.

VOLONTAIRE adj. (lat. *voluntarius*). Qui résulte d'un choix : *Exil volontaire.* ◆ **adj.** et **n. 1.** Qui manifeste une volonté ferme ; déterminé : *Élève volontaire.* **2.** Qui se propose pour une mission, une tâche difficile. **3.** Se dit d'un militaire qui s'est lui-même désigné pour une mission. ▪ **Volontaire international,** jeune accomplissant, pour une durée de 6 à 24 mois, un service à l'étranger au profit de la politique économique, scientifique ou culturelle de la France. ◆ **n.** Afrique. Agent non titulaire, recruté dans un corps de la fonction publique avec un statut précaire et révocable : *Les volontaires de l'éducation.*

VOLONTAIREMENT adv. **1.** De sa propre volonté. **2.** Délibérément.

VOLONTARIAT n.m. **1.** Participation volontaire à une action, à une mission. **2.** MIL. Service accompli par un volontaire.

VOLONTARISME n.m. **1.** Attitude de qqn qui pense modifier le cours des événements par la seule volonté. **2.** PHILOS. Doctrine ou thèse qui accorde la primauté à la volonté sur la raison.

VOLONTARISTE adj. et n. PHILOS. Relatif au volontarisme ; qui en est partisan. ◆ **adj.** Empreint de volontarisme : *Un programme volontariste.*

VOLONTÉ n.f. (lat. *voluntas*). **1.** Faculté de déterminer librement ses actes et de les accomplir. **2.** Fermeté avec laquelle on exerce cette faculté ; détermination : *Avoir une volonté de fer.* **3.** Ce que veut qqn, un groupe : *Aller contre la volonté de qqn.* ▪ **À volonté,** autant que l'on veut : *Buffet à volonté.* ▪ **Bonne, mauvaise volonté,** désir de bien, de mal faire. ▪ **Volonté de puissance** [philos.], chez Nietzsche, expression de la force de la vie, dont la libre affirmation se traduit par le renversement des anciennes valeurs (notamm. du christianisme) et par la création de nouvelles valeurs, centrées sur l'acceptation de l'éternel retour. ▪ **Volonté générale** [philos.], chez Rousseau, volonté du corps social (dont le contrat social a scellé l'union), portant sur l'intérêt commun. ◆ **n.f. pl.** ▪ **Dernières volontés,** intentions formulées par qqn avant de mourir. ▪ **Faire les quatre volontés de qqn** [fam.], céder à tous ses caprices.

VOLONTIERS adv. (du bas lat. *voluntarie,* volontairement). De bon gré ; avec plaisir.

VOLT n.m. (de A. *Volta,* n.pr.). PHYS. Unité de force électromotrice et de différence de potentiel (symb. V), équivalant à la différence de potentiel qui existe entre deux points d'un conducteur parcouru par un courant constant de 1 ampère, lorsque la puissance dissipée entre ces points est égale à 1 watt.

VOLTAGE n.m. Cour. (Impropre dans la langue technique). Tension électrique.

1. VOLTAÏQUE adj. Se dit de la pile de Volta ; se dit de l'électricité développée par les piles.

2. VOLTAÏQUE adj. et n. HIST. De la Haute-Volta (auj. Burkina).

VOLTAIRE n.m. Fauteuil rembourré à bois apparent, à dossier haut et galbé, apparu vers 1830. (On dit aussi *fauteuil Voltaire.*)

VOLTAIRIANISME n.m. Philosophie de Voltaire ; état d'esprit irréligieux.

VOLTAIRIEN, ENNE adj. et n. Relatif à Voltaire, à sa philosophie ; qui en est partisan.

VOLTAMÈTRE n.m. ÉLECTR. Tout appareil où se produit une électrolyse.

VOLTAMPÈRE n.m. Watt utilisé pour la mesure de la puissance apparente du courant électrique alternatif (symb. VA).

VOLTE n.f. (de l'ital. *volta,* tour). **1.** ÉQUIT. Mouvement en rond que l'on fait faire à un cheval. **2.** Danse d'origine provençale, exécutée en couples qui tournoient sur eux-mêmes, à la mode au XVIe s., en France.

VOLTE-FACE n.f. inv., ▲ ***VOLTEFACE*** ***n.f.*** (ital. *volta faccia,* proprem. « tourne face »). **1.** Mouvement par lequel on se tourne du côté opposé à celui que l'on regardait ; demi-tour. **2.** Changement subit d'opinion, de manière d'agir ; revirement.

VOLTER v.i. [3]. ÉQUIT. Exécuter une volte.

VOLTIGE n.f. **1.** Exercice de manège ou acrobatie de cirque consistant à sauter de diverses manières sur un cheval arrêté ou au galop. **2.** Exercice d'acrobatie exécuté sur une corde ou au trapèze volant. **3.** Ensemble des manœuvres inhabituelles dans le pilotage ordinaire d'un avion et qui font l'objet d'un apprentissage particulier (SYN. **acrobatie aérienne**). **4.** Entreprise risquée et parfois malhonnête : *Lui faire signer ce permis a été de la (haute) voltige.*

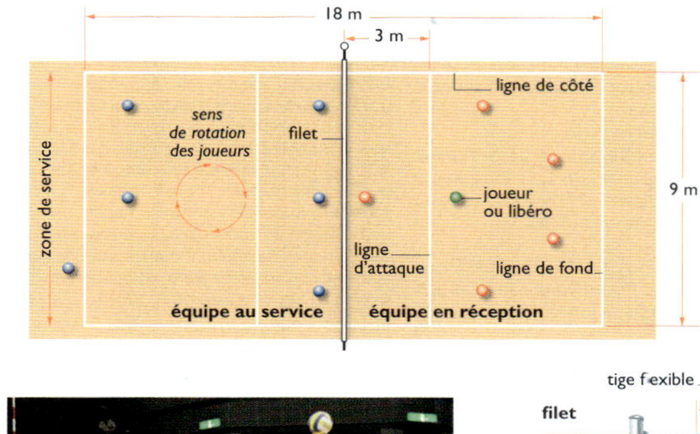

Tentative de contre effectuée pour parer un smash, dans une rencontre féminine.

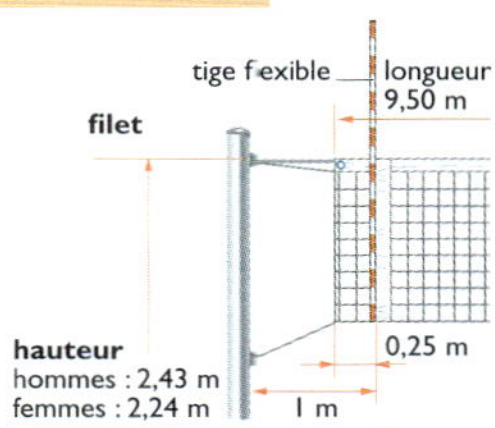

ballon
circonférence de 65 à 67 cm

▲ **volley-ball**

VOLTIGEMENT **n.m.** Mouvement de ce qui voltige.

VOLTIGER **v.i.** **[10]** (ital. *volteggiare*). **1.** Voler çà et là : *Les moineaux voltigent de branche en branche.* **2.** Flotter au gré du vent ; tourbillonner : *De la poussière voltigeait.* **3.** Traverser l'espace rapidement ; voler : *Le livre a voltigé à travers le bureau.*

VOLTIGEUR, EUSE **n.** Acrobate qui fait des voltiges. ◆ **n.m. 1.** Soldat de certaines unités d'élite d'infanterie légère (XIXe s.). **2.** Fantassin chargé de mener le combat en première ligne.

VOLTMÈTRE **n.m.** **ÉLECTR.** Appareil qui sert à mesurer une différence de potentiel en volts.

VOLUBILE **adj.** (du lat. *volubilis*, qui tourne). Qui parle beaucoup avec aisance et rapidité ; loquace : *Un présentateur volubile.* ▪ **Plante volubile** [bot.], dont la tige s'enroule en spirale autour d'un support (houblon, haricot, liseron, etc.).

VOLUBILIS [-lis] **n.m.** (mot lat. « qui tourne »). Liseron.

VOLUBILITÉ **n.f.** Caractère d'une personne volubile.

VOLUCELLE **n.f.** (du lat. *volucer*, qui vole). Mouche dont l'aspect et le vol imitent ceux du bourdon, qui se nourrit du nectar des fleurs. ➲ Famille des syrphidés.

VOLUCOMPTEUR **n.m.** Appareil de mesure installé sur un distributeur de fluide pour indiquer le débit et le prix du produit distribué.

VOLUMATEUR, TRICE **adj.** Se dit d'un produit qui donne du volume : *Shampooing volumateur.*

VOLUME **n.m.** (du lat. *volumen, -inis*, rouleau). **1.** Espace à trois dimensions délimité par une surface ; mesure de cet espace (SYN. [vieilli] **solide**). **2.** Quantité globale de qqch : *Le volume de la dette publique.* **3.** Masse d'eau débitée par un fleuve, une fontaine. **4.** Force, intensité d'un son : *Baisse le volume de la chaîne.* **5.** Livre relié ou broché : *Ouvrage en 2 volumes.* **6.** **ANTIQ.** Manuscrit composé de feuilles de papyrus ou de parchemin et enroulé autour d'un bâtonnet. ▪ **Faire du volume,** être encombrant. ▪ **Mesure de volume,** mesure d'un espace à trois dimensions (par oppos. à *mesure linéaire* ou *d'aire*).

VOLUMÉTRIE **n.f.** Mesure des volumes.

VOLUMÉTRIQUE **adj.** Relatif à la volumétrie.

VOLUMINEUX, EUSE **adj.** Qui occupe beaucoup de place.

VOLUMIQUE **adj.** **PHYS.** Se dit du quotient d'une grandeur par un volume.

VOLUPTÉ **n.f.** (lat. *voluptas*). **1.** Plaisir des sens ; plaisir sexuel. **2.** Caractère sensuel, lascif de qqch : *La volupté d'un tango.*

VOLUPTUEUSEMENT **adv.** Avec volupté.

VOLUPTUEUX, EUSE **adj.** et **n.** Qui aime, recherche la volupté. ◆ **adj. 1.** Qui inspire ou exprime le plaisir ; lascif : *Un baiser voluptueux.* **2.** Qui procure la satisfaction des sens : *Un vin voluptueux.*

VOLUTE **n.f.** (ital. *voluta*). **1.** Ce qui est en forme de spirale, d'hélice : *Volutes de fumée.* **2.** **ARCHIT.** Enroulement en spirale formant les angles du chapiteau ionique.

VOLVAIRE **n.f.** Champignon basidiomycète à lamelles roses et à volve, sans anneau, comestible mais pouvant être confondu avec certaines amanites. ➲ Ordre des agaricales.

VOLVE **n.f.** (du lat. *volva*, vulve). **MYCOL.** Gaine membraneuse enveloppant la base du pied de certains champignons basidiomycètes, vestige de son voile.

VOLVOX **n.m.** (mot lat.). Algue verte d'eau douce formée par une colonie de cellules à deux flagelles, en forme de sphère creuse (diamètre 1 mm).

VOLVULUS [-lys] **n.m.** (du lat. *volvere*, rouler). **MÉD.** Torsion d'un organe creux sur lui-même.

VOMER [-mɛr] **n.m.** (mot lat. « soc de charrue »). **ANAT.** Os qui forme la partie postérieure de la cloison des fosses nasales.

VOMI **n.m.** Vomissure.

1. VOMIQUE **adj.** (du lat. *vomere*, vomir). ▪ **Noix vomique,** graine toxique du vomiquier, contenant de la strychnine.

2. VOMIQUE **n.f.** (du lat. *vomica*, abcès). **MÉD.** Expectoration subite de pus due à un abcès du poumon.

VOMIQUIER **n.m.** Arbre d'Asie tropicale, dont la graine est la noix vomique et dont l'écorce est appelée *fausse angusture.* ➲ Famille des loganiacées.

VOMIR **v.t.** et **v.i.** **[21]** (lat. *vomere*). Rejeter par la bouche ce qui était dans l'estomac, à la suite d'une brusque contraction du diaphragme. ▪ **Être à vomir,** inspirer un profond dégoût. ◆ **v.t. 1.** Litt. Projeter avec violence qqch au loin : *Volcan qui vomit des cendres.* **2.** Fig. Proférer avec violence : *Vomir des insultes.*

VOMISSEMENT **n.m. 1.** Action de vomir. **2.** Matières vomies ; vomissure.

VOMISSURE **n.f.** Matières vomies ; vomi ; vomissement.

VOMITIF, IVE **adj.** et **n.m.** **PHARM.** Émétique.

VOMITOIRE **n.m.** (lat. *vomitorium*). **ANTIQ. ROM.** Chacun des larges passages qui, dans les théâtres et les amphithéâtres, donnaient accès aux différents étages et gradins.

VOMITO NEGRO [-ne-] (pl. *vomitos negros*), ▲ *VOMITO NÉGRO (pl. vomitos négros)* **n.m.** (mots esp. « vomissement noir »). Vomissement de sang noir au cours de la fièvre jaune ; la fièvre jaune elle-même.

VORACE **adj.** (lat. *vorax, -acis*). **1.** Qui a besoin de manger beaucoup : *Enfant, estomac vorace.* **2.** Fig. Qui témoigne d'une grande avidité : *Financier vorace.*

VORACEMENT **adv.** De façon vorace.

VORACITÉ **n.f. 1.** Avidité à manger. **2.** Fig. Recherche immodérée du profit ; cupidité.

VORTEX **n.m.** (mot lat.). **1.** **PHYS.** Tourbillon creux qui prend naissance, sous certaines conditions, dans un fluide en écoulement. **2.** **MÉTÉOROL.** Ensemble de nuages enroulés en spirale, spécifique d'une dépression ou d'un cyclone. **3.** **OCÉANOL.** Gyre.

VORTICELLE **n.f.** (du lat. *vortex*, tourbillon). Protozoaire cilié d'eau douce, en forme d'entonnoir, vivant fixé sur les végétaux par un pédoncule rétractile.

VOS **adj. poss. pl.** → **VOTRE.**

VOSGIEN, ENNE [voʒjɛ̃, ɛn] **adj.** et **n.** Des Vosges.

VOST ou **V.O.S.T.** [vost] **n.f.** (acronyme). Version originale sous-titrée.

VOTANT, E **n.** Électeur ayant effectivement participé à un vote.

VOTATION **n.f.** Suisse. Consultation populaire ; vote.

VOTE **n.m.** (mot angl., du lat. *votum*, vœu). **1.** Acte par lequel les citoyens d'un pays ou les membres d'une assemblée expriment leur opinion lors d'une élection, d'une prise de décision. **2.** Opinion exprimée par chacune des personnes qui ont voté ; suffrage : *Compter les votes.* ▪ **Vote bloqué,** par lequel l'assemblée saisie d'un texte se prononce, en une seule fois, sur tout ou partie de celui-ci, en ne retenant que les amendements proposés ou acceptés par le gouvernement.

VOTER **v.i.** **[3]**. **1.** Donner son suffrage dans une élection : *Voter est un devoir civique.* **2.** Exprimer son opinion par un vote : *Voter pour qqn.* ◆ **v.t.** Décider ou demander par un vote : *Voter le budget.*

VOTIF, IVE **adj.** (lat. *votivus*, de *votum*, vœu). **RELIG.** Fait ou offert en vertu d'un vœu : *Plaque votive.* ▪ **Fête votive,** fête religieuse célébrée en l'honneur d'un patron ; fête annuelle d'un village.

VOTRE **adj. poss.** (pl. *vos*). **1.** Représente un possesseur de la 2e pers. du pl., ceux, celles à qui l'on parle, pour indiquer un rapport d'appartenance, un rapport d'ordre affectif ou social : *Votre lit. Vos enfants. Votre directrice.* **2.** Remplace *ton* ou *ta* dans le pluriel de politesse : *Donnez-moi votre accord.*

VÔTRE **pron. poss.** (de *votre*). Précédé de *le, la, les*, désigne ce qui est à vous : *Mes amis et les vôtres.* ▪ **Les vôtres,** vos proches. ◆ **adj. poss.** Litt. À vous : *Installez-vous, ma maison est vôtre.*

VOUER **v.t.** **[3]** (du lat. *votum*, vœu). **1.** **RELIG.** Consacrer par un vœu qqn, qqch à Dieu, à un saint ; mettre sous la protection de. **2.** Porter durablement un sentiment à qqn : *Il lui voue une haine tenace.* **3.** Amener à telle situation, tel état : *La récession voua ce projet à l'échec.* ◆ **SE VOUER** **v.pr.** (À). Se consacrer à. ▪ **Ne plus savoir à quel saint se vouer,** ne plus savoir à qui recourir.

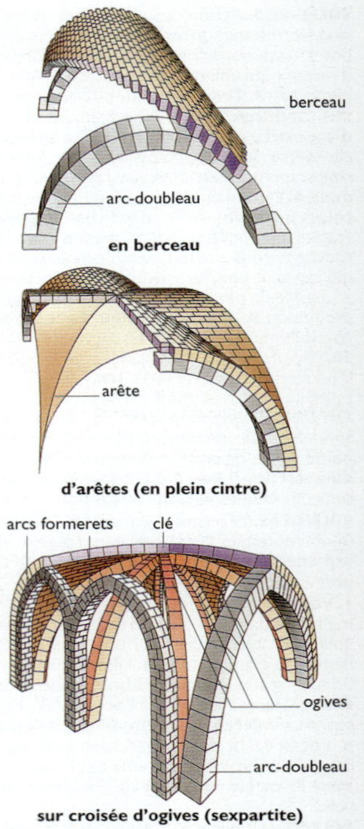

▲ voûtes

VOUGE **n.m.** (du bas lat. *vidubium*, serpe, du gaul.). Arme d'hast, à lame tranchante et asymétrique, en usage du XIIIe au XVIe s.

VOUIVRE **n.f.** (var. de *guivre*). Région. (Est). Serpent fabuleux des légendes jurassiennes.

1. VOULOIR **v.t.** **[43]** (lat. pop. *volere*). **1.** Appliquer sa volonté, son énergie à obtenir qqch : *Elle veut gagner.* **2.** Absol. Avoir de la volonté : *Qui veut peut.* **3.** Demander avec autorité ; exiger : *Je veux des résultats.* **4.** Réclamer de par sa nature, son autorité : *La justice veut qu'il soit puni.* **5.** Avoir envie de ; désirer : *Voulez-vous un café ?* **6.** Avoir telle intention, tel projet ; ambitionner : *Elle veut devenir avocate.* **7.** Attendre qqch de qqn : *Que veut-il de nous ?* **8.** Être en état de ; pouvoir : *L'ordinateur ne veut pas démarrer.* ▪ **Que veux-tu !, que voulez-vous !,** exprime la résignation : *C'est la vie, que veux-tu !* ▪ **Sans le vouloir,** par mégarde. ▪ **Savoir ce que parler veut dire,** comprendre le sens caché de certaines paroles. ▪ **Vouloir bien,** accepter qqch ; y consentir. ▪ **Vouloir dire,** signifier : *Que veut dire ce mot ?* ▪ **Vouloir du bien, du mal à qqn,** avoir de bonnes, de mauvaises intentions à son égard. ▪ **Vouloir tant de qqch,** en demander tel prix : *Combien veut-il de sa moto ?* ◆ **v.t. ind.** **(DE)**. **1.** Accepter de prendre qqn en tant que tel : *Ils n'ont pas voulu de lui comme stagiaire.* **2.** (Surtout en tournure négative). Accepter de recevoir qqch : *Il ne veut pas de ton aide.* ▪ **En vouloir** [fam.], être ambitieux ; avoir un tempérament de gagnant. ▪ **En vouloir à qqch,** avoir des visées sur qqch : *Il en veut à ton poste.* ▪ **En vouloir à qqn,** lui garder de la rancune. ◆ **SE VOULOIR** **v.pr.** Se présenter comme : *Se vouloir optimiste.* ▪ **S'en vouloir de qqch,** se le reprocher.

2. VOULOIR **n.m.** Litt. ▪ **Bon, mauvais vouloir,** bonne, mauvaise volonté.

VOULU, E **adj. 1.** Fait volontairement ; intentionnel : *Omission voulue.* **2.** Exigé par les circonstances : *Remplir les conditions voulues.*

VOUS pron. pers. (lat. *vos*). **1.** Désigne la 2e pers. du pl. représentant un groupe dont fait partie celui, celle à qui l'on s'adresse : *Elle vous réunira demain.* **2.** Remplace *tu* comme forme de politesse : *Vous venez ?* ■ **Dire vous à qqn,** le vouvoyer.

VOUSSOIEMENT n.m. Vx. Vouvoiement.

VOUSSOIR n.m. (de l'anc. fr. *vous*, voûté). **1.** ARCHIT. Claveau. **2.** TRAV. PUBL. Élément courbe préfabriqué, en béton ou en fonte, qui forme le revêtement d'un tunnel. **3.** TRAV. PUBL. Élément de structure compris entre deux plans transversaux voisins et formant une tranche d'un pont en béton précontraint.

VOUSSOYER v.t. [7]. Vx. Vouvoyer.

VOUSSURE n.f. (de l'anc. fr. *vous*, voûté). ARCHIT. **1.** Montée ou portion de montée d'une voûte ; portion de voûte. **2.** Petite voûte au-dessus de l'embrasure d'une baie. **3.** Adoucissement sur le pourtour d'un plafond.

VOÛTAIN, ▲ *VOUTAIN* **n.m.** ARCHIT. Quartier ou portion de voûte que délimitent des arêtes ou des nervures occupant la place d'arêtes.

VOÛTE, ▲ *VOUTE* **n.f.** (du lat. pop. *volvita*, enroulement). **1.** Ouvrage de maçonnerie cintré couvrant un espace entre des appuis et formé, génér., d'un assemblage de claveaux qui s'appuient les uns sur les autres ; ouvrage de même forme en béton, en bois, etc. **2.** THERM. Partie supérieure d'un four à réverbère, qui est disposée en forme de coupole. **3.** MAR. Surface arrière de la coque d'un navire, située au-dessus du gouvernail. ■ **La voûte azurée** ou **étoilée** ou **céleste** [poét.], le ciel. ■ **Voûte du crâne,** partie supérieure de la boîte osseuse que forment les os du crâne. ■ **Voûte du palais** → **2. PALAIS.** ■ **Voûte plantaire,** portion concave de la plante du pied, qui ne repose pas sur le sol.

VOÛTÉ, E, ▲ *VOUTÉ, E* **adj.** Anormalement courbé : *Dos voûté.*

VOÛTEMENT, ▲ *VOUTEMENT* **n.m.** Ensemble, système des voûtes d'un édifice ou d'une partie d'édifice.

VOÛTER, ▲ *VOUTER* **v.t.** [3]. Couvrir d'une voûte : *Voûter une cave.* ◆ **SE VOÛTER v.pr.** Se courber.

VOUVOIEMENT n.m. Action de vouvoyer.

VOUVOYER [-waje] v.t. [7]. S'adresser à qqn en utilisant le pronom *vous* par politesse.

VOUVRAY n.m. Vin blanc, sec ou mousseux, de Touraine.

VOXOGRAPHIE n.f. Liste de films mentionnant les personnages auxquels un acteur a prêté sa voix dans le cadre d'un doublage.

VOX POPULI [vɔkspɔpyli] n.f. inv. (mots lat. « voix du peuple »). Litt. Opinion du plus grand nombre.

VOYAGE [vwajaʒ] n.m. (du lat. *viaticum*, ce qui sert à faire la route). **1.** Action de se rendre ou d'être transporté dans un lieu éloigné : *Un voyage en avion* ; séjour ou périple ainsi fait : *Ils sont en voyage au Japon.* **2.** Déplacement, allées et venues, en partic. pour transporter qqch : *On a tout déménagé en un seul voyage.* **3.** Fam., vieilli. État hallucinatoire provoqué par certaines drogues. ■ **Les gens du voyage,** les artistes du cirque ; les forains ; les populations menant une vie nomade, en partic. les Tsiganes.

VOYAGEMENT ou, vieilli, **VOYAGEAGE** n.m. Québec. Ensemble d'allées et venues.

VOYAGER v.i. [10]. **1.** Faire un ou des voyages : *Voyager en Amérique.* **2.** Faire un parcours, un trajet de telle façon : *Voyager en train, par avion.* **3.** Être transporté, en parlant de choses, d'animaux : *Des marchandises qui voyagent par bateau.* **4.** Afrique. Partir en voyage.

VOYAGEUR, EUSE n. Personne qui voyage. ■ **Voyageur de commerce,** représentant de commerce qui voyage et prospecte pour les affaires d'une maison de commerce. ◆ **adj.** ■ **Pigeon voyageur** → **PIGEON.**

VOYAGEUR-KILOMÈTRE n.m. (pl. *voyageurs-kilomètre*). Unité de mesure du trafic correspondant au transport d'un voyageur sur une distance de un kilomètre, utilisée pour les transports publics aériens, ferroviaires ou routiers.

VOYAGISTE n.m. Personne ou entreprise proposant des voyages à forfait, soit directement, soit par l'intermédiaire de revendeurs détaillants (SYN. **tour-opérateur**).

VOYANCE [vwajɑ̃s] n.f. PARAPSYCHOL. Don de ceux qui prétendent lire dans le passé et prédire l'avenir ; divination.

1. VOYANT, E adj. et n. Qui jouit de la vue. ◆ **adj.** Qui attire l'œil : *Couleur voyante.* ◆ **n.** PARAPSYCHOL. Personne qui dit posséder le don de voyance et en fait son métier.

2. VOYANT n.m. **1.** Appareil, dispositif matérialisant qqch pour le rendre perceptible par la vue. **2.** Avertisseur lumineux de divers appareils de contrôle, de tableaux de sonneries, etc. **3.** MAR. Partie caractéristique d'un signal (balise, bouée, etc.), de forme géométrique nettement visible, permettant de reconnaître la nature du signal. **4.** TOPOGR. Plaque rouge et blanc, placée sur un trépied ou un jalon pour matérialiser une direction que l'on veut viser.

VOYELLE [vwajɛl] n.f. (lat. *vocalis*). **1.** Son du langage dont l'articulation est caractérisée par le libre écoulement de l'air expiré à travers le conduit vocal (par oppos. à *consonne*). **2.** Lettre représentant ce son. ➲ L'alphabet français a six voyelles, qui sont : *a, e, i, o, u, y.*

VOYER adj. et n.m. Relatif à la voirie : *Architecte voyer.* ■ **Agent voyer,** ou **voyer** [hist.], agent qui était préposé à l'entretien des chemins et des rues, sous l'Ancien Régime.

VOYEUR, EUSE n. **1.** Péjor. Personne qui aime à observer les autres avec curiosité. **2.** PSYCHIATR. Personne atteinte de voyeurisme.

VOYEURISME n.m. **1.** Péjor. Comportement de voyeur ; tendance à se repaître de la souffrance et des malheurs d'autrui : *Filmer la misère sans voyeurisme.* **2.** PSYCHIATR. Trouble de la sexualité dans lequel le plaisir est obtenu par la vision dérobée de scènes érotiques.

VOYEURISTE adj. Péjor. Qui se complaît dans l'étalage du malheur, de la violence ou du sordide : *Un reportage voyeuriste.*

VOYOU [vwaju] n.m. (de *voie*). **1.** Individu aux activités délictueuses, faisant partie du milieu. **2.** Garçon plus ou moins délinquant qui traîne dans les rues. **3.** Enfant terrible ; garnement. ◆ **adj.** Relatif aux voyous : *Un patron voyou.* ■ **État(-) voyou** (calque de l'anglo-amér. *rogue state*), qui enfreint les règles internationales (sur la prolifération nucléaire et le terrorisme, notamm.) et qui est considéré comme une menace pour la paix.

VOYOUCRATIE [-si] n.f. Pouvoir exercé par des voyous, des personnes corrompues.

VPC ou **V.P.C.** n.f. (sigle). Vente par correspondance.

VPS ou **V.P.S.** n.m. (sigle de *vélo à pneus surdimensionnés*). Québec. Vélo tout-terrain muni de pneus très larges à crampons, adaptés aux sentiers ou aux terrains enneigés, sablonneux ou boueux.

VRAC n.m. (du néerl. *wrac*, corrompu). Marchandise qui ne demande pas d'arrimage et qui n'est pas emballée. ■ **En vrac,** sans emballage ; en désordre ; pêle-mêle ; fig., fam., en mauvaise forme (mentale, princip.) ; déboussolé : *Après mon divorce, j'étais en vrac.*

VRAI, E adj. (lat. class. *verus*). **1.** Conforme à la vérité, à la réalité ; véridique : *Cette histoire est vraie.* **2.** Qui est réellement ce qu'il paraît être ; véritable : *Un vrai rubis.* **3.** Qui convient le mieux ; approprié : *C'est le vrai moyen de l'aider.* **4.** (Après le nom). Qui se comporte avec franchise et naturel : *Un ami vrai.* ■ **La vraie vie, les vraies gens,** la réalité quotidienne, les gens ordinaires, très différents de ceux qui sont présentés dans les médias. ◆ **adv.** Conformément à la vérité ; de façon franche, sincère : *Parler vrai.* ■ **À vrai dire** ou **à dire vrai,** pour parler franchement. ◆ **n.m.** Ce qui est vrai ; la vérité : *Distinguer le vrai du faux.* ■ **Être dans le vrai,** avoir raison. ■ **Pour de vrai** [fam.], pour de bon, et non par jeu.

VRAI-FAUX, VRAIE-FAUSSE adj. (pl. *vrais-faux, vraies-fausses*). Fam. Se dit de faux documents établis par une autorité compétente.

VRAIMENT adv. **1.** D'une manière conforme à la réalité : *Il est vraiment malade.* **2.** Marque un renchérissement ; franchement : *Vraiment, c'est stupide.*

VRAISEMBLABLE adj. et n.m. Qui a l'apparence de la vérité.

VRAISEMBLABLEMENT adv. Selon toute vraisemblance.

VRAISEMBLANCE n.f. Caractère de ce qui est vraisemblable. ■ **Contre, selon toute vraisemblance,** malgré ce qui était attendu ; certainement.

VRAQUIER n.m. Navire transportant des cargaisons solides en vrac.

VRENELI [fre-] n.m. Suisse. Pièce d'or de 20 francs.

VRILLAGE n.m. **1.** TEXT. Défaut des fils dû à une mauvaise torsion. **2.** AÉRON. Torsion donnée aux pales d'une hélice ou à une aile.

VRILLE n.f. (du lat. *viticula*, vrille de vigne). **1.** BOT. Organe porté par certaines plantes (vigne, pois) et qui s'enroule autour des supports (SYN. **cirre**). **2.** TEXT. Défaut d'un fil qui se tortille sur lui-même. **3.** AÉRON. Trajectoire verticale et hélicoïdale d'un avion due au décrochage dissymétrique des ailes. ➲ Elle peut être due à une perte de contrôle ou provoquée pour exécuter une figure de voltige. **4.** Outil à percer le bois, constitué par une tige métallique usinée à son extrémité en forme de vis à bois à pas très allongé et se terminant par une pointe aiguë. ■ **Partir en vrille** [fam.], être entraîné dans une dérive incontrôlable : *Débat, adolescent qui part en vrille.*

VRILLÉ, E adj. BOT. Muni de vrilles.

VRILLÉE n.f. BOT. Renouée d'une espèce à fleurs rose verdâtre, parfois appelée *faux liseron.*

VRILLER v.t. [3]. Percer avec une vrille : *Vriller un tasseau.* ◆ **v.i. 1.** Se mouvoir en décrivant une hélice : *Avion qui vrille.* **2.** Se tordre en se rétrécissant : *Câble qui vrille.*

VRILLETTE n.f. Coléoptère xylophage causant des dégâts aux meubles et aux charpentes. ➲ Famille des anobiidés.

VROMBIR v.i. [21] (orig. onomat.). Produire un ronflement vibrant, en parlant de certains objets en rotation rapide ou de certains insectes : *Moteur, abeille qui vrombissent.*

VROMBISSEMENT n.m. Bruit de ce qui vrombit.

VROUM interj. (onomat.). Exprime la vitesse, l'accélération d'un véhicule.

VRP ou **V.R.P.** n.m. (sigle de *voyageur représentant placier*). Représentant de commerce qui voyage, prospecte la clientèle et reçoit les commandes pour le compte de une ou plusieurs entreprises.

VS [versys] prép. (abrév.). Versus.

VSAT [vesat] n.m. inv. (acronyme de l'angl. *very small aperture terminal*). TÉLÉCOMM. Terminal d'émission ou de réception par satellite doté d'une antenne de faible dimension.

1. VTC ou **V.T.C.** n.m. (sigle de *vélo tout chemin*). Vélo proche du VTT, plus léger et adapté à la randonnée sur des chemins ou sur la route ; sport pratiqué avec ce vélo.

2. VTC ou **V.T.C.** n.m. (sigle). Véhicule de tourisme avec chauffeur.

1. VTT ou **V.T.T.** n.m. (sigle de *vélo tout-terrain*). Vélo à roues épaisses et crantées, sans suspension ni garde-boue, utilisé sur des parcours accidentés ; sport pratiqué avec ce vélo. (V. ill. page suivante.)

2. VTT ou **V.T.T.** n.m. (sigle). Québec. Véhicule tout-terrain.

1. VU, E adj. ■ **Bien, mal vu,** bien, mal considéré. ■ **C'est tout vu** [fam.], c'est décidé et il n'y a pas à revenir dessus. ◆ **n.m.** ■ **Au vu de qqch,** après examen, constatation de qqch. ■ **Au vu et au su de qqn,** sans se cacher de lui ; ouvertement.

2. VU prép. **1.** Introduit une explication ; étant donné : *Vu l'ambiance, je pars.* **2.** DR. Sert à exposer les références d'un texte légal ou réglementaire, d'un jugement : *Vu l'article 111-2 du Code pénal.* ◆ **VU QUE** loc. conj. Attendu que ; étant donné que.

VUE n.f. **1.** Sens dont l'organe est l'œil, qui permet de percevoir la lumière, les couleurs, la forme des objets : *Perdre la vue.* **2.** Action, fait de regarder : *La vue de ces bijoux l'étourdissait* ; par ext., le regard : *Détourner la vue de qqch.* **3.** Ce qui se présente au regard du lieu où l'on est : *Chambres avec vue sur la mer.* **4.** Image, représentation d'un édifice, d'un paysage : *Des vues de Stockholm.* **5.** Fig. Manière de voir, d'interpréter qqch : *Elle a une vue réaliste de la situation. Procéder à un échange de vues.* ■ **À première vue,** sans examen approfondi. ■ **À vue** [banque], sur simple présentation d'un effet de commerce, d'un titre de paiement : *Retrait à vue.* ■ **À vue de nez** [fam.], à peu près ■ **À vue d'œil,** de façon rapide et visible : *Dépérir à vue d'œil.* ■ **De**

▲VTT

vue, seulement pour l'avoir vu : *Connaître qqn de vue.* ▪ **En mettre plein la vue à qqn** [fam.], lui en imposer par son aspect, par ses manières. ▪ **En vue de,** dans l'intention de. ▪ **Être (bien) en vue,** être en évidence, en valeur. ▪ **Être en vue,** être à portée du regard : *La côte est en vue* ; être imminent : *Un accord est en vue.* ▪ **Naviguer, piloter à vue,** sans l'aide d'instruments, en se guidant uniquement sur ce que l'on peut voir. ▪ **Seconde** ou **double vue,** prétendue faculté de voir des choses qui existent ou se passent dans des lieux éloignés ; par ext., grande perspicacité. ▪ **Servitude de vue** [dr.], obligation pour le propriétaire d'un fonds d'accepter les ouvertures pratiquées à distance légale dans l'immeuble voisin et donnant vue sur son fonds. ▪ **Vue de l'esprit,** conception théorique qui ne tient pas compte de la réalité, des faits. ◆ **n.f. pl.** Projets ; intentions. ▪ **Avoir des vues sur,** convoiter.

VULCAIN n.m. (du lat. *Vulcanus*, n. myth.). Vanesse de l'hémisphère Nord tempéré, à ailes brun-noir portant une bande orange, et dont la chenille vit sur l'ortie.

VULCANIEN, ENNE adj. (de *Vulcano*, n.pr.). **GÉOL.** Se dit d'un dynamisme éruptif caractérisé par d'importantes explosions et émissions de cendres.

VULCANISATION n.f. CHIM. Opération qui consiste à améliorer les propriétés du caoutchouc en le traitant par le soufre.

VULCANISER v.t. [3] (angl. *to vulcanize*). Faire subir la vulcanisation au caoutchouc.

VULCANOLOGIE n.f., VULCANOLOGIQUE adj., VULCANOLOGUE n. → **VOLCANOLOGIE, VOLCANOLOGIQUE** et **VOLCANOLOGUE.**

VULGAIRE adj. (lat. *vulgaris*, de *vulgus*, la foule). **1.** Qui est ordinaire, commun ; quelconque : *Un vulgaire rimailleur.* **2.** Qui manque de classe, d'éducation : *Des gens vulgaires* ; qui révèle ce manque : *Un luxe criard et vulgaire.* **3.** De qualité tout à fait moyenne : *Robe en vulgaire synthétique.* **4. LING.** Qui appartient à la langue courante, non scientifique : *Nom vulgaire d'une plante.* ◆ **n.m.** Vx. ▪ **Le vulgaire,** le commun des hommes ; la masse.

VULGAIREMENT adv. 1. De façon vulgaire ; grossièrement : *Parler vulgairement.* **2.** Communément ; couramment : *La sterne se nomme vulgairement « hirondelle de mer ».*

VULGARISATEUR, TRICE adj. et **n.** Qui pratique la vulgarisation.

VULGARISATION n.f. Action de vulgariser des connaissances.

VULGARISER v.t. [3]. Rendre des notions scientifiques, techniques accessibles au grand public.

VULGARITÉ n.f. Caractère de qqn ou de qqch qui est vulgaire ; grossièreté. ◆ **n.f. pl.** Paroles grossières.

VULGATE n.f. Péjor. Idéologie, courant de pensée vulgarisés, à l'usage du plus grand nombre : *La vulgate libérale.* ▪ **La Vulgate,** v. partie n.pr.

VULGUM PECUS [vylgɔmpekys] **n.m. inv.** (du lat. *vulgus*, la masse, et *pecus*, troupeau). Le commun des mortels ; la multitude ignorante.

VULNÉRABILISER v.t. [3]. Rendre vulnérable.

VULNÉRABILITÉ n.f. 1. Caractère vulnérable de qqch ou de qqn ; fragilité. **2. DR.** État d'une personne vulnérable.

VULNÉRABLE adj. (bas lat. *vulnerabilis*). **1.** Qui donne prise à une attaque : *Sa médiatisation le rend vulnérable.* **2.** Susceptible d'être pris pour cible, blessé. **3.** Au bridge, se dit d'une équipe qui, ayant gagné une manche, se trouve exposée à de plus fortes pénalités. ▪ **Personne vulnérable** [dr.], personne en situation de faiblesse physique ou psychique (grossesse, maladie, handicap, vieillesse, etc.), que la loi protège des abus commis à son encontre, notamm. en matière pénale ou sociale.

VULNÉRAIRE adj. et **n.m.** (du lat. *vulnus, -eris*, blessure). Vieilli. Se dit d'une substance propre à soulager ou guérir une blessure. ◆ **n.f.** Plante herbacée des prés secs du littoral, à fleurs jaunes, que l'on utilisait pour soigner les blessures. ➲ Sous-famille des papilionacées.

VULNÉRANT, E adj. Qui est susceptible de provoquer des blessures : *Projectile vulnérant.*

VULPIN n.m. (du lat. *vulpinus*, de renard). Plante des prairies, voisine de la fétuque, dont l'épi rappelle une queue de renard. ➲ Famille des graminées.

VULTUEUX, EUSE adj. (du lat. *vultus*, visage). **MÉD.** Se dit d'une face rouge et gonflée.

1. VULVAIRE n.f. (du lat. *vulva*, vulve). Chénopode d'une espèce dont les feuilles exhalent une odeur fétide (SYN. **arroche puante**).

2. VULVAIRE adj. Relatif à la vulve.

VULVE n.f. (lat. *vulva*). **ANAT.** Ensemble des organes génitaux externes, chez la femme et chez les femelles des euthériens.

VULVITE n.f. MÉD. Inflammation de la vulve.

VUMÈTRE n.m. Système d'affichage de l'intensité d'un signal sonore.

wigwam

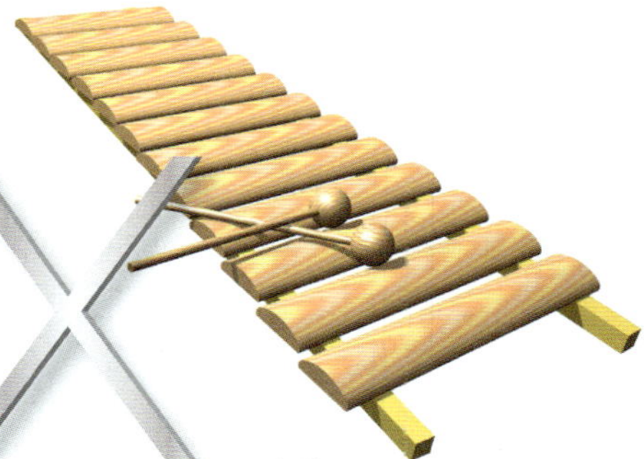

xylophone

W **n.m. inv.** Vingt-troisième lettre de l'alphabet et la dix-huitième des consonnes. ➲ *W* note la constrictive labiodentale sonore [v], comme dans *wagon*, ou la semi-voyelle [w], comme dans *watt*.

WADERS [wadɛr] **n.m. pl.** (mot angl.). Pantalons de pêche étanches, permettant d'entrer dans l'eau jusqu'au-dessus de la ceinture.

WADING [wɛdiŋ] **n.m.** (mot angl.). Pêche en rivière, pratiquée en entrant dans l'eau.

WAGAGE [wa-] **n.m.** (du néerl. *wak*, humide). Limon de rivière, employé comme engrais.

WAGNÉRIEN, ENNE [vag-] **adj.** et **n.** Relatif au musicien R. Wagner ; admirateur de R. Wagner.

WAGON [va-] **n.m.** (mot angl. « chariot »). **1.** Véhicule ferroviaire remorqué, destiné au transport des marchandises et des animaux (par oppos. à *voiture*) ; son contenu. **2.** (Abusif). Voiture ferroviaire. ▪ **Wagon tombereau,** tombereau.

WAGON-CITERNE **n.m.** (pl. *wagons-citernes*). Wagon destiné au transport des liquides.

WAGON-LIT ou **WAGON-LITS** **n.m.** (pl. *wagons-lits*). [Abusif]. Voiture-lit.

WAGONNET **n.m.** Petit wagon, souvent à benne basculante, utilisé sur les chemins de fer industriels ou miniers et sur les chantiers de travaux publics.

WAGONNETTE **n.f.** **AUTOM.** Anc. Type de carrosserie à caractère utilitaire.

WAGON-POSTE **n.m.** (pl. *wagons-poste*). [Abusif]. Voiture-poste.

WAGON-RESTAURANT **n.m.** (pl. *wagons-restaurants*). [Abusif]. Voiture-restaurant.

WAGON-TRÉMIE **n.m.** (pl. *wagons-trémies*). Wagon comportant une ou plusieurs trémies à sa partie supérieure pour le transport et le déchargement rapide des matériaux en vrac.

WAHHABISME [waa-] **n.m.** Doctrine politique et religieuse, puritaine et rigide, de l'islam d'Arabie saoudite.

WAHHABITE [waa-] **adj.** et **n.** Relatif au wahhabisme ; qui en est partisan.

WAKAMÉ [wa-] **n.m.** (jap. *wakame*). Algue marine que l'on consomme comme légume. ➲ Cuisine japonaise.

WAKEBOARD [wɛkbɔrd] **n.m.** (de l'angl. *wake*, sillage, et *board*, planche). Sport dans lequel le pratiquant, debout sur une planche et tracté par un bateau à moteur, glisse sur l'eau et effectue des figures acrobatiques.

WALÉ **n.m.** → **AWALÉ.**

WALI [wa-] **n.m.** (mot ar.). En Algérie, fonctionnaire placé à la tête d'une wilaya.

WALKMAN [wokman] **n.m.** (nom déposé). **AUDIOVIS.** Baladeur de la marque de ce nom.

WALLABY [walabi] **n.m.** (pl. *wallabys* ou *wallabies*) [mot australien]. **1.** Petit marsupial herbivore australien, voisin du kangourou. ➲ Famille des macropodidés. **2.** Surnom donné aux joueurs de rugby australiens. ▪ **Wallaby des rochers,** pétrogale.

WALLINGANT, E [wa-] **n.** et **adj.** Wallon partisan de l'autonomie de la Wallonie.

WALLISIEN, ENNE [wa-] **adj.** et **n.** Des îles Wallis.

WALLON, ONNE [wa-] **adj.** et **n.** De la Wallonie. ◆ **n.m.** Dialecte de langue d'oïl parlé surtout en Wallonie.

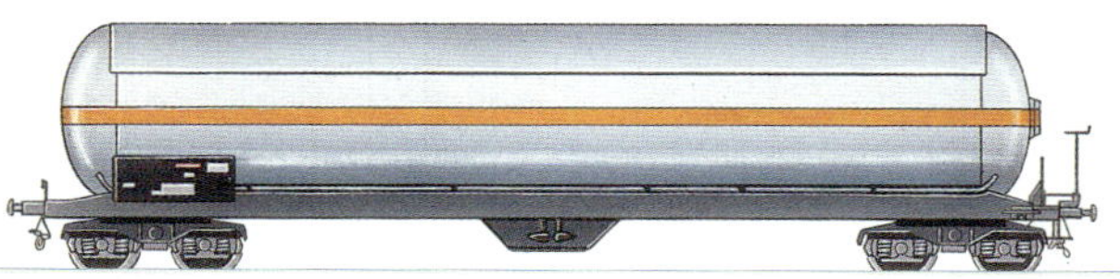

wagon-citerne

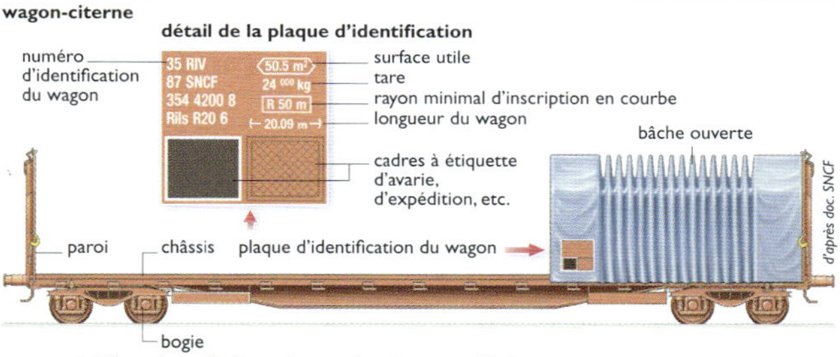

wagon plat à système de fermeture mécanique par bâche

▲ **wagons** et signification des marquages.

WALLONISME [wa-] **n.m.** **LING.** Mot, sens, expression ou construction propres au français parlé en Wallonie.

WAMPUM [wampum] **n.m.** (de l'algonquien). Chez les Amérindiens du Nord, assemblage de coquillages utilisé comme ornement et comme monnaie.

WAOUH **interj.** (angl. *wow*). Exprime la surprise mêlée d'admiration : *Waouh ! tu es superbe ! Avec ces lunettes, effet waouh garanti !*

WAP [wap] **n.m.** (acronyme de l'angl. *wireless application protocol*, protocole d'application sans fil). **TÉLÉCOMM.** Protocole adapté à la connexion des téléphones mobiles à Internet.

▲ **wallaby des rochers**

WAPITI [wa-] **n.m.** (mot anglo-amér., de l'algonquien). Grand cerf d'Amérique du Nord. ➲ Haut. au garrot 1,70 m.

WARGAME [wargɛm] **n.m.** (mot angl.). Jeu de société qui simule des batailles historiques ou imaginaires et dont les règles suivent les principes de la stratégie ou de la tactique.

WARNING [warniŋ] **n.m.** (mot angl. « avertissement »). **AUTOM.** Recomm. off. **feux de détresse***.

WARRANT [warɑ̃] **n.m.** (mot angl. « garant »). **1. DR.** Billet à ordre qui représente des marchandises et qui permet la constitution d'un gage sans dépossession du débiteur ou grâce au dépôt des marchandises dans des magasins généraux. **2. BOURSE.** Instrument financier spéculatif qui permet l'achat ou la vente à une échéance et à un prix déterminés, d'un titre, d'un indice ou d'un taux d'intérêt.

WARRANTER [wa-] **v.t.** [3]. **DR.** Donner un warrant en garantie à un créancier.

WASABI [wazabi] **n.m.** (mot jap.). **1.** Plante rhizomateuse des lieux humides d'Asie, cultivée en Extrême-Orient. ➲ Famille des crucifères. **2.** Condiment de couleur verte au goût piquant, obtenu en râpant son rhizome. ➲ Cuisine japonaise.

WASP [wasp] **n. inv.** et **adj. inv.** (acronyme de l'anglo-amér. *white anglo-saxon protestant*). Aux États-Unis, citoyen de race blanche, d'origine anglo-saxonne et de religion protestante, constituant traditionnellement les couches dirigeantes du pays.

WASSINGUE [wa-] **n.f.** (mot flamand). Région. (Nord, Est) ; Belgique. Serpillière.

WATER-CLOSET n.m. → **WATERS.**

WATERGANG [watœrgɑ̃g] **n.m.** (mot néerl. « écoulement d'eau »). Région. (Nord) ; Belgique. Fossé ou canal qui borde un chemin ou un polder.

WATERINGUE [wa-] **n.f.** (mot flamand). Ensemble des travaux d'assèchement des terres, dans le nord de la France, en Belgique et aux Pays-Bas ; association de propriétaires pour l'exécution de ces travaux.

WATER-POLO (pl. *water-polos*), ▲ ***WATERPOLO*** [watɛrpɔlo] **n.m.** (de l'angl. *water*, eau, et *polo*). Jeu de ballon qui se joue dans l'eau entre deux équipes de sept joueurs et qui consiste à faire pénétrer un ballon dans les buts adverses.

WATERPROOF [watɛrpruf] **adj. inv.** (mot angl.). **1.** Se dit d'un objet garanti étanche. **2.** Se dit d'un produit qui résiste à l'eau.

WATERS [watɛr] **n.m. pl.** ou, vieilli, **WATER-CLOSET** [watɛrklɔzɛt] **n.m.** (pl. *water-closets*), ▲ ***WATER n.m.*** (de l'angl. *water*, eau, et *closet*, cabinet). Cabinets ; toilettes. Abrév. **W-C.**

WATERZOOI ou **WATERZOÏ** [watɛrzɔj] ou [-zuj] **n.m.** (du flamand *waterzooi*, eau qui bout). Région. (Nord) ; Belgique. Plat de poissons et d'anguilles, ou de volaille, cuits dans un court-bouillon lié à l'œuf et à la crème fraîche. ➲ Cuisine flamande.

WATT [wat] **n.m.** (de J. *Watt*, n.pr.). Unité de puissance, de flux énergétique et de flux thermique (symb. W), équivalant à la puissance d'un système énergétique dans lequel est transférée uniformément une énergie de 1 joule pendant 1 seconde.

WATTHEURE n.m. Unité de travail ou d'énergie (symb. Wh), représentant le travail fourni en 1 heure par une machine d'une puissance de 1 watt (1 Wh = 3 600 J).

WATTMAN [watman] **n.m.** (pl. *wattmans* ou *wattmen*) [de *watt* et de l'angl. *man*, homme]. Vx. Conducteur de tramway.

WATTMÈTRE n.m. Instrument de mesure de la puissance mise en jeu dans un circuit électrique.

WAX [waks] **n.m.** (mot angl. « cire »). Afrique. Tissu de coton imprimé de qualité supérieure.

W-C [vese] ou [dubləvese] **n.m.** (abrév. de *water-closet*). Waters.

WEB ou **WEB** [wɛb] **n.m.** (de l'anglo-amér. *world wide web*, toile d'araignée mondiale). ▪ **Le Web,** système hypermédia permettant d'accéder aux ressources du réseau Internet (SYN. **la Toile, WWW**). ▪ **Page Web** → **1. PAGE.** ▪ **Site Web** → **SITE.** ▪ **Web 2.0,** évolution du Web axée sur des fonctionnalités visuelles et interactives qui ouvrent Internet à l'intervention de communautés d'utilisateurs.

WEBCAM n.f. (de *web* et *caméra*). Caméra numérique miniaturisée destinée à enregistrer et à diffuser, génér. en direct, des images animées sur un site Internet (SYN. **netcam**). Recomm. off. **cybercaméra.**

WEBCAMÉRA n.f. Québec. Webcam.

WEBER [vebɛr] **n.m.** (de W. E. *Weber*, n.pr.). Unité de flux d'induction magnétique (symb. Wb), équivalant au flux d'induction magnétique qui, traversant un circuit d'une seule spire, y produit une force électromotrice de 1 volt si on l'annule en 1 seconde par décroissance uniforme.

WEBLOG [wɛblɔg] **n.m.** (de *web* et *log*, journal de bord). Blog.

WEBMESTRE [wɛbmɛstr] **n.** (anglo-amér. *webmaster*). **INFORM.** Administrateur de site.

WEBOGRAPHIE n.f. Liste des sites Internet utilisés dans un document, avec leur URL (SYN. **sitographie**).

WEBRADIO n.f. Chaîne de radiodiffusion sonore dont les programmes sont diffusés sur Internet.

WEBTÉLÉ n.f. Chaîne de télévision dont les programmes sont diffusés sur Internet.

WEBZINE n.m. (de *web* et *magazine*). Magazine en ligne sur Internet.

WEEK-END (pl. *week-ends*), ▲ ***WEEKEND*** [wikɛnd] **n.m.** (mot angl.). Congé de fin de semaine, génér. du samedi au lundi matin.

WEHNELT [venɛlt] **n.m.** (de A. *Wehnelt*, n.pr.). **ÉLECTRON.** Électrode cylindrique servant à régler le flux d'électrons dans les tubes cathodiques.

▲ **western.** *Les Sept Mercenaires* (1960) de J. Sturges.

WELCHE ou **WELSCHE** [vɛlʃ] **adj.** et **n.** (de l'all. *Welsch*, étranger, latin). Suisse. Souvent péjor. **1.** Étranger, en partic. Français ou Italien, pour les Suisses alémaniques. **2.** Romand, pour les Suisses alémaniques.

WELLINGTONIA [weliŋtɔnja] **n.m.** (du duc de *Wellington*, n.pr.). Séquoia.

WELTER [wɛltɛr] **n.m.** (mot angl.). En boxe, mi-moyen.

WELWITSCHIA [wɛlwitʃja] **n.m.** (du n. de *Welwitsch*). Plante des déserts du Sud-Ouest africain, très rare, à tronc massif et très court, aux fructifications coniques, serpentant sur le sol sur plusieurs mètres. ➲ Classe des gnétophytes.

WENGÉ [vɛ̃ge] **n.m.** Arbre des forêts tropicales d'Afrique fournissant un bois très sombre, dur et résistant, utilisé notamm. pour la fabrication des parquets, en ameublement et en ébénisterie. ➲ Famille des papilionacées.

WERGELD [vɛrgɛld] **n.m.** (mot saxon). Dans le droit germanique médiéval, et notamm. chez les Francs, indemnité que l'auteur d'un fait dommageable payait à la victime ou à ses proches pour se soustraire à leur vengeance.

WESTERN [wɛstɛrn] **n.m.** (mot anglo-amér.). Film dont l'action se situe dans l'Ouest américain au temps des pionniers et de la conquête des terres sur les Indiens ; genre cinématographique ou télévisuel constitué par ces films. ▪ **Western spaghetti,** production italienne, en vogue dans les années 1960, qui renouvela les codes du western classique.

WHARF [warf] **n.m.** (mot angl.). **MAR.** Appontement perpendiculaire à la rive, auquel les navires peuvent accoster des deux côtés.

WHIG [wig] **n.m.** (mot angl.). Membre d'un parti qui s'opposait au parti tory et qui apparut vers 1680, en Angleterre. ➲ Le parti libéral lui a succédé au milieu du XIXᵉ s. ◆ **adj.** Relatif à ce parti.

WHIP [wip] **n.** (mot angl. « fouet »). Au Canada, député désigné par chaque parti pour assurer sa cohésion, sa discipline et l'assiduité de ses membres.

WHIPCORD [wipkɔrd] **n.m.** (mot angl. « corde à fouet »). Étoffe anglaise à tissu très serré présentant un effet de côte oblique prononcé.

WHIPPET [wipɛt] **n.m.** (mot angl.). Chien d'origine anglaise proche du lévrier, utilisé pour la course et la chasse.

WHISKEY [wiski] **n.m.** Whisky irlandais.

WHISKY [wiski] **n.m.** (pl. *whiskys* ou *whiskies*) [mot angl., de l'irlandais *uisce*, eau]. Eau-de-vie de grain que l'on fabrique surtout en Écosse et aux États-Unis. ➲ Aux États-Unis, on le consomme sous le nom de *bourbon*.

WHIST [wist] **n.m.** (mot angl.). Jeu de cartes, ancêtre du bridge, qui se joue génér. entre quatre personnes, deux contre deux.

WHITE-SPIRIT [wajtspirit] **n.m.** (pl. *white-spirits*) [mot angl. « essence blanche »]. Solvant minéral intermédiaire entre l'essence et le kérosène, utilisé comme diluant des peintures.

WIDGET [widʒɛt] **n.m.** (de l'angl. *window*, fenêtre, et de *gadget*). **INFORM. 1.** Petite application qui s'intègre à un système d'exploitation, une page Web ou un blog (flux RSS, horloge, mini-jeu, par ex.). **2.** Élément de base de l'interface graphique d'un logiciel (fenêtre, barre d'outils, par ex.).

WIENERLI [vinɛrli] **n.m.** (de l'all. *Wien*, Vienne, cap. de l'Autriche). Suisse. Petite saucisse allongée.

WIFI ou **WI-FI** [wifi] **n.m. inv.** (orig. incert., d'apr. *HI-FI*). Réseau local hertzien (sans fil) à haut débit destiné aux liaisons d'équipements informatiques dans un cadre domestique ou professionnel. Recomm. off. **ASFI** (abrév. de *accès sans fil à Internet*).

WIGWAM [wigwam] **n.m.** (de l'algonquien). Hutte, génér. conique, des Amérindiens du Nord.

WIKI n.m. (de l'hawaiien *wiki*, rapide). Site Web collaboratif dont le contenu peut être modifié par les internautes autorisés.

WILAYA [vilaja] **n.f.** (ar. *wilāya*). Division administrative de l'Algérie.

WILLIAMINE n.f. (nom déposé). Eau-de-vie de poire du Valais (Suisse).

WILLIAMS [wiljams] **n.f.** (p.-ê. du n. de *Williams*, qui en réussit l'obtention). Poire d'été d'une variété à chair fine et juteuse (SYN. **bon-chrétien**).

WIMAX ou **WI-MAX n.m. inv.** (acronyme de l'angl. *world wide interoperability for microwave access*). **INFORM., TÉLÉCOMM.** Norme de diffusion à très haut débit par voie hertzienne. ➲ Elle autorise, comme le WiFi, des connexions rapides à Internet sans liaison filaire, mais avec un plus haut débit dans une zone plus étendue.

WINCH [winʃ] **n.m.** (pl. *winch[e]s*) [mot angl.]. Sur un yacht, treuil constitué d'une poupée manœuvrée par une manivelle, un levier à cliquets ou une commande électrique.

WINCHESTER [winʃɛstɛr] **n.f.** (nom déposé). Carabine à répétition utilisée aux États-Unis à partir de 1866.

WINDOWS [windoz] **(SYSTÈME) n.m.** (nom déposé). **INFORM.** Système d'exploitation conçu pour les micro-ordinateurs de la famille PC.

WINDSURF [windsœrf] **n.m.** (nom déposé). Planche à voile de la marque et du type de ce nom.

WINGLET [winglɛt] **n.m.** (mot anglo-amér.). Petite surface placée en extrémité de voilure d'un avion de ligne afin de réduire la traînée induite par les tourbillons marginaux.

WINSTUB [vinʃtub] **n.f.** (de l'all. *Weinstube*, bar à vins). Région. (Est). Restaurant alsacien où l'on sert des produits régionaux.

WINTERGREEN [wintœrgrin] **n.m.** (mot angl.). ▪ **Essence de wintergreen,** essence parfumée, à base de salicylate de méthyle, que l'on tire de certains arbres (gaulthérie, bouleau).

WIRSUNG [virsuŋ] **(CANAL DE) n.m. ANAT.** Canal excréteur principal du pancréas débouchant dans le duodénum.

WISHBONE [wiʃ-] **n.m.** (mot angl.). **MAR.** Vergue en forme d'arceau, entourant une voile, notamm. sur une planche à voile.

WISIGOTHIQUE [vi-] ou **WISIGOTH, E** [vizigo, ɔt] **adj.** Relatif aux Wisigoths.

WITLOOF [witlɔf] **n.f.** (mot flamand « feuille blanche »). Chicorée d'une variété qui, par forçage, fournit l'endive.

WITZ [vits] **n.m.** (mot all.). Suisse. Histoire drôle ; plaisanterie.

WOK [wɔk] **n.m.** Sorte de poêle profonde et bombée, très utilisée dans la cuisine asiatique.

WOLFRAM [vɔlfram] **n.m.** (mot all.). **1. MINÉRALOG.** Tungstate de fer et de manganèse, principal minerai de tungstène, que l'on trouve associé au quartz. **2.** Vx. Tungstène.

WOLOF [wɔlɔf] ou **OUOLOF adj.** Qui se rapporte aux Wolofs. ◆ **n.m.** Langue parlée par les Wolofs.

WOMBAT [vɔ̃ba] **n.m.** (mot australien). Gros marsupial herbivore terrestre du Sud-Est australien, à denture évoquant celle des rongeurs, qui creuse des terriers profonds. ➲ Famille des vombatidés.

WON [wɔn] **n.m.** Unité monétaire principale de la Corée du Nord et de la Corée du Sud.

WOOFER [wufœr] **n.m.** (Anglic. déconseillé). Haut-parleur de graves.

WOOLMARK [wulmark] **n.f.** (nom déposé). Label garantissant la teneur en pure laine vierge d'un textile.

WORLD MUSIC [wœrldmjuzik] **n.f.** (pl. *world musics*) [mots angl. « musique du monde »]. Courant musical apparu à la fin des années 1980, issu du jazz, de la musique pop et de musiques non occidentales.

WRAP [vrap] **n.m.** (de l'angl. *to wrap*, enrouler, envelopper). Galette de blé ou de maïs enroulée autour d'aliments chauds ou froids (viande, poisson, crudités, légumes, etc.).

WU [vu] **n.m.** Dialecte chinois parlé dans les provinces du Jiangsu et du Zhejiang.

WÜRM [vyrm] **n.m.** (de *Würm*, riv. bavaroise). **GÉOL.** La dernière des quatre glaciations quaternaires alpines, de – 100 000 à – 10 000 ans.

WUSHU [wuʃu] **n.m. inv.** (mot chin. « art martial »). Ensemble d'arts martiaux et de gymnastiques traditionnelles d'origine chinoise (kung-fu, qi gong, tai-chi-chuan, etc.), qui peuvent se pratiquer à main nue ou avec une arme. ➲ Le *wushu moderne*, sport de compétition, réunit deux disciplines : le *tao lu* (chorégraphie martiale) et le *sanda* (art de combat).

WWW n.m. (sigle de l'angl. *world wide web*). Web.

WYANDOTTE [vjɑ̃dɔt] **n.f.** et **adj.** (mot anglo-amér.). Poule d'une race d'origine américaine, bonne pondeuse et appréciée pour sa chair.

X

X n.m. inv. 1. Vingt-quatrième lettre de l'alphabet et la dix-neuvième des consonnes. ➲ X note les groupes consonantiques [ks] comme dans *taxi*, [gz] comme dans *examen*, ainsi que les consonnes [z] comme dans *dixième* ou [s] comme dans *soixante*. **2.** Sert à nommer qqn ou qqch qu'on ne veut ou ne peut désigner clairement : *Madame X. Plainte contre X. Il sera absent pendant* x *temps.* **3. MATH.** Lettre désignant souvent une inconnue : *Trouver la valeur de* x. **4. GÉNÉT.** Chromosome sexuel présent en un exemplaire chez l'homme et les mammifères mâles, et en deux exemplaires chez la femme et les mammifères femelles. ➲ C'est l'inverse chez les oiseaux et les reptiles. **5.** Objet en forme d'X. **6.** Tabouret à pieds croisés. ▪ **Accouchement sous X,** accouchement pour lequel la femme qui accouche demande la préservation du secret de son identité. ▪ **Film (classé) X,** film pornographique. ▪ **Rayons X** [phys.], rayonnement électromagnétique de faible longueur d'onde (entre l'ultraviolet et les rayons γ), traversant plus ou moins facilement les corps matériels. ➲ Les rayons X sont utilisés en médecine (radiographie), dans l'industrie, la recherche, etc. ▪ **Syndrome du chromosome X fragile** [génét.], anomalie héréditaire du chromosome X, cause fréquente de retard mental chez le garçon. ▪ **X,** notation de 10, dans la numération romaine. ◆ **n.f.** Arg. scol. ▪ **L'X,** l'École polytechnique. ◆ **n.** Élève ou ancien élève de l'École polytechnique.

XANTHÉLASMA [gzɑ̃-] **n.m.** (du gr. *xanthos*, jaune, et *elasma*, lame). **MÉD.** Tache jaune à l'angle interne des paupières, due à un dépôt de cholestérol.

XANTHIE [gzɑ̃ti] **n.f.** Papillon de nuit jaune tacheté de roux, dont la chenille vit sur le saule (SYN. **mantelée**). ➲ Famille des noctuidés.

XANTHINE [gzɑ̃-] **n.f. BIOCHIM.** Base purique provenant de la dégradation des acides nucléiques ; substance chimiquement apparentée à la précédente, telle que la caféine ou la théine (nom générique) [SYN. **base xanthique**].

XANTHIQUE [gzɑ̃-] **adj.** Relatif à la xanthine. ▪ **Base xanthique,** xanthine.

XANTHODERME [gzɑ̃-] **adj.** et **n.** (du gr. *xanthos*, jaune). Se dit de qqn dont la peau est d'une couleur jaune.

XANTHOGÉNIQUE ou **XANTHIQUE** [gzɑ̃-] **adj.** Se dit d'acides peu stables, de formule générale RO—CS—SH, dérivant du sulfure de carbone.

XANTHOME [gzɑ̃-] **n.m. MÉD.** Tumeur bénigne, cutanée ou sous-cutanée, très riche en cholestérol.

XANTHOPHYCÉE [gzɑ̃-] **n.f.** (du gr. *xanthos*, jaune, et *phûkos*, algue). Algue unicellulaire vert-jaune, génér. d'eau douce, apparentée aux algues brunes, se déplaçant grâce à deux flagelles inégaux ou en émettant des pseudopodes (vauchérie, par ex.). ➲ Les xanthophycées forment une classe.

XANTHOPHYLLE [gzɑ̃-] **n.f.** (du gr. *xanthos*, jaune, et *phullon*, feuille). Pigment caroténoïde jaune des végétaux chlorophylliens, génér. masqué par la chlorophylle, et qui donne sa couleur au feuillage en automne.

XÉNARTHRE [gze-] ou [kse-] **n.m.** (du gr. *xenos*, étrange, et *arthron*, articulation). Mammifère édenté aux articulations vertébrales d'un type particulier, tel que le paresseux, le tatou et le fourmilier. ➲ Les xénarthres forment un ordre.

XÉNOBIOTIQUE [gze-] **adj.** Se dit d'une molécule étrangère à un organisme vivant (additif alimentaire, par ex.) et considérée comme toxique.

XÉNOCRISTAL [gze-] **n.m.** (pl. *-cristaux*). **GÉOL.** Cristal étranger à la roche dans laquelle il se trouve.

XÉNOGREFFE [gze-] **n.f. MÉD.** Greffe à partir d'un donneur d'une espèce étrangère à celle du receveur ; greffe d'un tissu animal sur l'homme (SYN. **hétérogreffe**).

XÉNOLITE [gze-] **n.f. GÉOL.** Enclave dans une roche magmatique.

XÉNON [gze-] **n.m.** (angl. *xenon*, mot gr. « chose étrange »). **1.** Gaz rare de l'atmosphère, de densité 4,5. **2.** Élément chimique (Xe), de numéro atomique 54, de masse atomique 131,29.

XÉNOPHILE [gze-] **adj.** et **n.** (du gr. *xenos*, étranger, et *philos*, qui aime). Qui manifeste de la sympathie envers les étrangers.

XÉNOPHILIE [gze-] **n.f.** Sympathie pour les étrangers, pour ce qui vient de l'étranger.

XÉNOPHOBE [gze-] **adj.** et **n.** Qui manifeste de l'hostilité envers les étrangers.

XÉNOPHOBIE [gze-] **n.f.** Hostilité systématique à l'égard des étrangers, de ce qui vient de l'étranger.

XÉRANTHÈME [gzer-] ou [kser-] **n.m.** (du gr. *xêros*, sec, et *anthemon*, fleur). Plante herbacée des régions méditerranéennes et de l'Asie occidentale, également appelée *immortelle annuelle*, en raison de ses fleurs que l'on peut faire sécher. ➲ Famille des composées.

XÉRÈS [ksɛrɛs] ou [gze-] ou **JEREZ** [xerɛs] **n.m.** Vin blanc sec et alcoolisé produit dans la région de Jerez de la Frontera (province de Cadix). ➲ Au Royaume-Uni, on le consomme sous le nom de sherry.

XÉROCOPIE [gze-] ou [kse-] **n.f.** (nom déposé). Procédé de reprographie dérivé de la xérographie et basé sur l'utilisation des phénomènes électrostatiques.

XÉRODERMIE [gze-] ou [kse-] **n.f. MÉD.** État d'une peau sèche présentant une desquamation poudreuse, premier degré de l'ichtyose.

XÉROGRAPHIE [gze-] ou [kse-] **n.f. IMPRIM.** Procédé de reproduction ou d'impression sans contact.

XÉROPHILE [gze-] ou [kse-] **adj. ÉCOL.** Se dit d'un organisme adapté aux climats arides.

XÉROPHTALMIE [gze-] ou [kse-] **n.f. MÉD.** Sécheresse de l'œil aboutissant à l'opacité de la cornée et à la cécité.

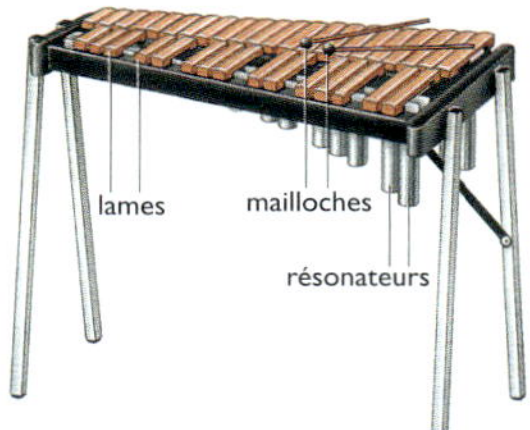

▲ **xylophone**

▲ **xylographie.** *Le Christ au jardin des Oliviers*, v. 1450-1470. (Musée du Louvre, Paris.)

XÉROPHYTE [gze-] ou [kse-] **n.f.** Plante adaptée à la sécheresse, par sa morphologie (feuilles réduites, formes charnues) ou par son mode de vie (vie végétative souterraine, vie aérienne très brève, etc.).

XÉROSTOMIE n.f. MÉD. Sécheresse excessive de la bouche.

XÉRUS [gzerys] ou [kserys] **n.m.** (lat. sc. *xerus*). Rongeur d'Afrique voisin de l'écureuil, appelé cour. *rat palmiste*. ➲ Famille des sciuridés.

XI n.m. inv. → **KSI.**

XIANG [ksjɑ̃g] **n.m.** Dialecte parlé au Hunan.

XIMENIA n.m. ou **XIMÉNIE** [ksi-] ou [gzi-] **n.f.** (du n. de *Ximenès*). Arbrisseau des régions tropicales, à fruits comestibles mais très acides, appelé aussi *citronnier de mer*. ➲ Famille des olacacées.

XIPHOÏDE [gzi-] ou [ksi-] **adj.** et **n.m.** (du gr. *xiphoeidês*, en forme d'épée). **ANAT.** Se dit de l'appendice qui constitue la partie inférieure du sternum.

XIPHOÏDIEN, ENNE adj. Relatif à l'appendice xiphoïde.

XIPHOPHORE ou **XIPHO** [gzi-] ou [ksi-] **n.m.** (du gr. *xiphophoros*, qui porte une épée). Petit poisson originaire du Mexique, de coloration variée, souvent élevé en aquarium (SYN. **porte-épée**). ➲ Le lobe inférieur de la caudale sert d'organe de reproduction chez le mâle. Famille des pœciliidés.

XML n.m. (abrév. de l'angl. *extensible markup language*). **INFORM.** Langage de balisage destiné à faciliter la définition, la validation et le partage de documents sur le Web.

XXL loc. adj. et **n.m.** (abrév. anglo-amér. de *extra extra large*). **1.** Sert à indiquer une très grande taille de vêtements : *Pull XXL*. **2.** Fig. Immense : *Un écran, un talent XXL*.

XYLÈME [gzi-] ou [ksi-] **n.m. BOT.** Tissu végétal, formé de cellules vivantes, de fibres ligneuses et de vaisseaux, constituant le bois.

XYLÈNE [gzi-] ou [ksi-] **n.m.** (du gr. *xulon*, bois). **CHIM. ORG.** Hydrocarbure benzénique $C_6H_4(CH_3)_2$, extrait du goudron de houille et obtenu surtout à partir du pétrole (nom générique).

XYLIDINE [gzi-] ou [ksi-] **n.f.** Arylamine dérivée du xylène, utilisée dans la fabrication de colorants azoïques.

XYLOCOPE [gzi-] ou [ksi-] **n.m.** (du gr. *xulokopos*, qui coupe du bois). Insecte voisin de l'abeille, à corps noir et ailes bleutées, appelé aussi *abeille charpentière*, parce qu'il creuse son nid dans le bois. ➲ Famille des apidés.

XYLOGRAPHIE [gzi-] ou [ksi-] **n.f. IMPRIM.** Impression, estampe obtenues à l'aide d'une planche de bois de fil gravée par la méthode de la taille d'épargne.

XYLOGRAPHIQUE adj. Relatif à la xylographie ; obtenu par ce procédé : *Incunable xylographique.*

XYLOPHAGE [gzi-] ou [ksi-] **adj.** et **n.** Se dit d'un insecte, d'un champignon qui peut s'attaquer au bois et le consommer.

XYLOPHONE [gzi-] ou [ksi-] **n.m.** Instrument de musique à percussion, de la famille des claviers, composé de lames de bois d'inégale longueur sur lesquelles on frappe avec deux baguettes de bois ou des mailloches.

XYSTE [ksist] **n.m.** (gr. *xustos*). **ANTIQ. GR.** Galerie couverte d'un gymnase, où les exercices avaient lieu en hiver.

1. Y [igrɛk] **n.m. inv. 1.** Vingt-cinquième lettre de l'alphabet et la sixième des voyelles. ➲ Y note la voyelle fermée [i], comme dans *cycle*, ou la semi-consonne [j] quand il est suivi d'une voyelle, comme dans *yeux*. Il n'admet à l'initiale ni élision ni liaison, sauf dans *yeuse*, *yèble* et *yeux*. **2. GÉNÉT.** Chromosome sexuel présent chez l'homme et le mâle des mammifères, et chez la femelle des reptiles et des oiseaux, en un seul exemplaire par cellule.

2. Y [i] **adv.** (du lat. *hic*, ici). Dans cet endroit-là : *N'y va pas ! J'y suis, j'y reste.* ▪ **Il y a** → **1. AVOIR.**

3. Y [i] **pron. pers.** (du lat. *hic*, ici). À cela ; à cette personne-là : *J'y pense. Ne t'y fie pas.*

YACHT [jɔt] **n.m.** (néerl. *jacht*). Navire de plaisance, à voiles ou à moteur.

YACHT-CLUB [jɔtklœb] **n.m.** (pl. *yacht-clubs*). Association ayant pour objet la pratique des sports nautiques, en partic. du yachting.

YACHTING [jɔtiŋ] **n.m.** Pratique de la navigation de plaisance sous toutes ses formes.

YACHTMAN ou **YACHTSMAN** [jɔtman] **n.m.** (pl. *yacht[s]mans* ou *yacht[s]men*). Sportif pratiquant le yachting.

YAK ou **YACK** [jak] **n.m.** (angl. *yak*, du tibétain). Grand mammifère ruminant des hauts plateaux du Tibet, voisin du bœuf, à longue toison, utilisé comme bête de somme. ➲ Haut. 2 m au garrot ; famille des bovidés.

▲ yak

YAKITORI n.m. (mot jap.). Brochette de viande, princip. de poulet. ➲ Cuisine japonaise.

YAKUZA [-ku-] **n.m.** (mot jap.). Au Japon, membre de la mafia.

YANG [jɑ̃g] **n.m.** (mot chin.). Dans la pensée taoïste chinoise, force cosmologique, indissociable du yin et du tao, qui se manifeste surtout par le mouvement. (V. ill. *taiji*.)

1. YANKEE [jɑ̃ki] **n.** (Avec une majuscule). Sobriquet donné par les Anglais aux colons révoltés de la Nouvelle-Angleterre, puis par les sudistes aux nordistes, et appliqué auj. aux habitants anglo-saxons des États-Unis. ◆ **adj.** Fam., souvent péjor. Des États-Unis.

2. YANKEE [jɑ̃ki] **n.m. MAR.** Grand foc dont le point d'écoute est relevé.

YAOURT [jaurt], **YOGOURT** ou **YOGHOURT** [jɔgurt] **n.m.** (turc *yoghourt*). Lait fermenté préparé à l'aide de ferments lactiques acidifiants ; pot de cette préparation. (Au Québec, où la forme *yogourt* est la plus fréquente, on prononce [jɔgur].)

YAOURTIÈRE n.f. Appareil servant à fabriquer des yaourts maison.

YAPOCK n.m. (de *Oyapock*, n.pr.). Petit marsupial aquatique sud-américain, voisin de l'opossum, qui se nourrit de crustacés et de grenouilles. ➲ Famille des didelphidés.

YARD [jard] **n.m.** (mot angl.). Ancienne unité anglo-saxonne de longueur, valant 0,9144 m.

YASS ou **JASS** [jas] **n.m.** (alémanique *jass*). Suisse. Jeu de cartes par combinaisons et levées, pratiqué par deux à six joueurs, à l'aide d'un jeu de 36 cartes.

YASSA n.m. (mot créole « frire »). ▪ **Poulet yassa,** poulet mariné, grillé, puis cuit dans une sauce épicée aux citrons et aux oignons. ➲ Cuisine sénégalaise.

YATAGAN [jatagɑ̃] **n.m.** (mot turc). Sabre incurvé en deux sens opposés, qui était en usage chez les Turcs et les Arabes.

YAWL [jɔl] **n.m.** (mot angl.). Voilier à deux mâts ayant l'artimon en arrière de la barre (à la différence du ketch).

YEARLING [jœrliŋ] **n.m.** (mot angl.). Poulain âgé d'un an.

YÈBLE n.f. → **HIÈBLE.**

YÉMÉNITE adj. et **n.** Du Yémen ; de ses habitants.

YEN [jɛn] **n.m.** Unité monétaire principale du Japon.

YEOMAN [jɔman] **n.m.** (pl. *yeomans* ou *yeomen*) [mot angl.]. **HIST.** Petit propriétaire de l'Angleterre médiévale.

YEOMANRY [jɔmanri] **n.f.** (mot angl.). **HIST.** Formation territoriale de cavalerie anglaise, créée à la fin du XVIIIe s. et utilisée ensuite comme infanterie montée.

YERSIN (BACILLE DE) n.m. MÉD. Bacille de la peste.

YERSINIA n.f. Genre de bactéries en forme de bacilles, pathogènes, dont une espèce, le bacille de Yersin, provoque la peste.

YESHIVA [jeʃiva] **n.f.** (mot hébr.). Établissement d'enseignement consacré aux études juives, notamm. à celle du Talmud.

✎ Pluriel savant : ***yeshivot***.

YÉTI n.m. (mot tibétain). Humanoïde légendaire de l'Himalaya, appelé par plais. *abominable homme des neiges.*

YEUSE [jøz] **n.f.** (anc. provenç. *euze*). Région. (Provence). Chêne vert.

YEUX n.m. pl. Pluriel de *œil*.

YÉYÉ adj. inv., n.m. et n., ▲ ***adj., n.m. et n.*** ou **YÉ-YÉ adj. inv., n.m. et n. inv.** Fam., vieilli. Se dit d'un style de musique ou de chansons adaptées de succès américains, à la mode chez les jeunes dans les années 1960.

YIDDISH [jidiʃ] **n.m. inv.** (mot angl., de l'all. *jüdisch*, juif). Langue germanique parlée par les Juifs ashkénazes (SYN. **judéo-allemand**). ◆ **adj. inv.** Relatif au yiddish.

YIN [jin] **n.m.** (mot chin.). Dans la pensée taoïste chinoise, force cosmologique, indissociable du yang et du tao, qui se manifeste surtout par la passivité. (V. ill. *taiji*.)

YLANG-YLANG n.m. → **ILANG-ILANG.**

▲ ylang-ylang

YOCTO- [jɔkto] **préf.** (du lat *octo*, huit). Préfixe (symb. y) qui, placé devant une unité, la divise par 10^{24}.

YOD [jɔd] **n.m.** (mot hébr.). **PHON.** Semi-consonne constrictive sonore [j] (par ex. dans *maillot* [majo], *soleil* [sɔlɛj]).

YODLER v.i. [3] → **IOULER.**

YOGA n.m. (mot sanskr. « jonction »). Discipline spirituelle et corporelle, issue d'un système philosophique brahmanique, qui vise à libérer l'esprit des contraintes du corps par la maîtrise de son mouvement, de son rythme et du souffle.

YOGI [jɔgi] **n.** Personne qui pratique le yoga.

YOGOURT ou **YOGHOURT n.m.** → **YAOURT.**

YOHIMBEHE [jɔimbe] **n.m.** (mot bantou). Arbre du Cameroun au bois violacé, dont l'écorce est employée en pharmacopée traditionnelle. ➲ Famille des rubiacées.

YOHIMBINE [jɔimbin] **n.f. PHARM.** Alcaloïde extrait de l'écorce de yohimbehe, vasodilatateur, prescrit notamm. dans le traitement de l'impuissance sexuelle.

YOLE n.f. (néerl. *jol*). Embarcation légère et allongée, d'un faible tirant d'eau, propulsée à l'aviron.

YOM KIPPOUR ou **KIPPOUR n.m. inv.** (mot hébr.). Fête juive de pénitence célébrée dix jours après le Nouvel An (SYN. **Grand Pardon**).

YORKSHIRE-TERRIER ou **YORKSHIRE** [jɔrkʃœr] **n.m.** (pl. *yorkshire-terriers, yorkshires*) (de *Yorkshire*, n.pr.). Petit chien de compagnie, d'origine anglaise.

YOTTA- [jɔta] **préf.** (du lat *octo*, huit). Préfixe (symb. Y) qui, placé devant une unité, la multiplie par 10^{24}.

YOUGOSLAVE adj. et **n. HIST.** De la Yougoslavie.

YOUP interj. (onomat.). Marque un mouvement vif : *Et youp, c'est fini !*

YOUPI interj. (onomat.). Marque la joie : *Youpi, elle est reçue !*

YOURTE ou **IOURTE n.f.** (russe *jorta*). **1.** Tente en feutre des nomades turcs et mongols d'Asie centrale. (V. planche *habitats traditionnels*.) **2.** Hutte conique en écorce de certains peuples sibériens.

1. YOUYOU n.m. (du chin.). **MAR.** Petite embarcation courte et large employée pour rejoindre un bateau dans un port ou une rade.

2. YOUYOU n.m. (onomat.). Cri poussé par les femmes arabes à l'occasion de certaines cérémonies.

YOUYOUTER v.i. [3] (de *2. youyou*). Maghreb. Lancer des youyous à l'occasion de certaines cérémonies : *Toutes les femmes du village youyoutèrent de joie au mariage.*

YOYETTE n.f. Cameroun. Jeune fille à la mode.

YO-YO n.m. inv. (nom déposé). Jouet consistant en un disque échancré par la tranche ou en deux disques accolés que l'on fait monter et descendre le long d'un fil enroulé autour de l'axe central de l'objet.

YOYO ou **YO-YO n.m. inv.** (de *Yo-Yo*). **1.** Fam. Phénomène de hausses et de baisses successives : *La Bourse fait du yoyo.* **2.** Cour. Aérateur transtympanique. ▪ **Effet yoyo,** lors d'un régime amaigrissant appliqué de façon drastique, alternance de pertes et de reprises de poids.

YOYOTER v.i. [3]. Fam. Dire n'importe quoi ; délirer.

YPÉRITE n.f. (de *Ypres*, n.pr.). Liquide huileux (sulfure d'éthyle deux fois chloré), utilisé comme gaz de combat suffocant et vésicant.

YPONOMEUTE n.m. → **HYPONOMEUTE.**

YPRÉAU n.m. (de *Ypres*, n.pr.). Région. (Nord). Peuplier blanc.

YSOPET ou **ISOPET n.m.** (de *Ésope*, n.pr.). **LITTÉR.** Recueil de fables, au Moyen Âge.

YTTERBINE n.f. Oxyde d'ytterbium Yb_2O_3.

YTTERBIUM [-bjɔm] **n.m.** (de *Ytterby*, village suédois). **1.** Métal du groupe des terres rares. **2.** Élément chimique (Yb), de numéro atomique 70, de masse atomique 173,04.

YTTRIA n.m. Oxyde d'yttrium Y_2O_3.

YTTRIQUE adj. Se dit de composés de l'yttrium. ▪ **Terres yttriques,** oxydes des lanthanides lourds.

YTTRIUM [itrijɔm] **n.m. 1.** Métal apparenté aux terres rares, de densité 4,47. **2.** Élément chimique (Y), de numéro atomique 39, de masse atomique 88,9058.

YUAN [jɥan] **n.m.** Unité monétaire principale de la Chine.

YUCCA [juka] **n.m.** (mot d'Haïti). Plante ornementale originaire de Californie, acclimatée dans les pays tempérés et ressemblant à l'aloès. ➲ Famille des agavacées.

YUE [jue] **n.m. LING.** Cantonais.

YUPPIE [jupi] **n.** (de l'anglo-amér. *young urban professional*). Dans les pays anglo-saxons, jeune cadre dynamique et ambitieux.

YUZU [juzu] **n.m.** (mot jap.). **1.** Arbuste du groupe des agrumes, cultivé en Asie orientale pour son fruit. ➲ Famille des rutacées. **2.** Fruit comestible de forme sphérique, jaune, à gros pépins, produit par cet arbuste.

Z

Z n.m. inv. Vingt-sixième lettre de l'alphabet et la vingtième des consonnes. ➲ Z note la constrictive alvéolaire sonore [z]. ▪ ℤ [math.], ensemble des nombres entiers relatifs (entiers positifs, négatifs et zéro). ▪ **Film de série Z,** film commercial très médiocre.

ZABRE n.m. (lat. sc. *zabrus*). Carabe se nourrissant de grains de céréales, dont la larve dévore les jeunes pousses de blé.

ZAC ou **Z.A.C.** [zak] **n.f.** (acronyme). Zone d'aménagement concerté.

1. ZAD ou **Z.A.D.** [zad] **n.f.** (acronyme). Zone d'aménagement différé.

2. ZAD ou **ZAD** [zad] **n.f.** (acronyme de *zone à défendre*). Espace, le plus souvent rural, occupé par des militants s'opposant à un projet d'aménagement qu'ils estiment inutile, coûteux et susceptible de porter atteinte à l'environnement et à l'intérêt des populations locales. (Cet emploi du terme constitue un détournement de sens de l'acronyme ZAD [zone d'aménagement différé].)

ZADISTE n. et **adj.** Militant qui s'oppose à l'aménagement d'une ZAD (zone à défendre).

ZAIBATSU [zajbatsu] **n.m.** (mot jap.). **ÉCON.** Conglomérat japonais de type familial, fondé sur des réseaux financiers entre une banque et de nombreuses sociétés commerciales et industrielles.

ZAIN [zɛ̃] **adj.m.** (ital. ou esp. *zaino*, de l'ar.). Se dit d'un cheval, et, par ext., d'un chien, qui n'a aucun poil blanc.

ZAÏROIS, E adj. et **n.** Du Zaïre (auj. République démocratique du Congo) ; de ses habitants.

ZAKOUSKI n.m. pl., ▲ *n.m.* (mot russe). Assortiment de petits mets variés, chauds ou froids, servis avant le repas. ➲ Cuisine russe.

ZAMAK n.m. (nom déposé). Alliage à base de zinc, additionné d'aluminium, de magnésium et de cuivre, très employé en construction mécanique.

ZAMBIEN, ENNE adj. et **n.** De la Zambie ; de ses habitants.

ZAMIA ou **ZAMIER n.m.** (lat. sc. *zamia*). Plante de l'Amérique subtropicale, voisine du cycas, et dont certaines espèces fournissent un sagou. ➲ Famille des zamiacées.

ZANCLE n.m. Poisson des récifs coralliens, au corps triangulaire aplati latéralement, vivement coloré et prolongé par d'amples nageoires, recherché par les aquariophiles (SYN. **toby, tranchoir**). ➲ Famille des zanclidés.

ZANI ou **ZANNI** [dzani] **n.m.** (vénitien *zani*, altér. de *Giovanni*, Jean). **THÉÂTRE.** Serviteur bouffon, dans la commedia dell'arte.

ZANZIBAR ou **ZANZI n.m.** (de *Zanzibar*, n.pr.). **1.** Jeu de hasard qui se joue avec trois dés, à deux joueurs ou plus. **2.** À ce jeu, coup le plus fort, amenant trois points identiques.

ZAOUÏA n.f. → **ZAWIYA.**

ZAPATEADO [sapateado] **n.m.** (mot esp., de *zapato*, soulier). En danse flamenca, martèlement rythmé du pied (orteils, pointe, plante ou talon) sur le sol ; passage de virtuosité fondé sur ce martèlement.

▲ **yucca**

ZAPPER v.i. [3]. 1. Pratiquer le zapping. **2.** Fig., fam. Passer d'une chose à l'autre. ✦ **v.t.** Fam. **1.** Éviter qqch ; s'en dispenser : *Zapper une réunion.* **2.** Oublier qqch : *Je voulais t'appeler, mais j'ai complètement zappé.*

ZAPPETTE ou **ZAPETTE n.f.** Fam. Télécommande.

ZAPPEUR, EUSE n. et **adj.** Personne qui zappe.

ZAPPING [zapiŋ] **n.m.** (de l'anglo-amér. *to zap*). Pratique du téléspectateur qui change fréquemment de chaîne à l'aide de sa télécommande.

ZARABE n. La Réunion. Indien musulman.

ZARAGUINA n.m. (orig. incert., p.-ê. de l'ar. *saragin*, pl. de *sarag*, voleur). Afrique. Bandit semant la terreur sur les routes et dans les campagnes.

ZARZUELA, ▲ *ZARZUÉLA* [sarswela] **n.f.** (mot esp.). Drame lyrique espagnol caractérisé par l'alternance de la déclamation et du chant.

ZAWIYA ou **ZAOUÏA** [zawija] **n.f.** (de l'ar. *zāwiya*, angle). Établissement où les soufis musulmans pratiquent leur discipline spirituelle, et où ils accueillent les visiteurs.

ZAYDITE [zaidit] **adj.** et **n.** Se dit d'un membre d'une secte chiite, établie princip. au Yémen, et professant un chiisme modéré.

ZAZOU n. et **adj.** (onomat.). Fam. Jeune qui, en France, au sortir de la Seconde Guerre mondiale, se distinguait par son amour du jazz et sa tenue excentrique.

✎ On trouve parfois le féminin *zazoue*.

ZCIT ou **Z.C.I.T. n.f.** (sigle). **MÉTÉOROL.** Zone de convergence intertropicale.

▲ **zèbre** femelle et son petit.

ZÈBRE n.m. (port. *zebra*). **1.** Mammifère ongulé des savanes africaines, voisin du cheval, à pelage blanchâtre rayé de noir ou de brun, vivant en troupeaux importants. ➲ Famille des équidés. **2.** Fam. Individu, personnage bizarre : *Un drôle de zèbre.*

ZÉBRER v.t. [11], ▲ *[11*]*. Marquer de raies, de lignes sinueuses : *Des écorchures zèbrent ses bras.*

ZÉBRULE n.m. Hybride de zèbre et de jument (SYN. **zorse**).

ZÉBRURE n.f. (Surtout pl.). **1.** Rayure du pelage d'un animal. **2.** Raie, marque allongée et sinueuse.

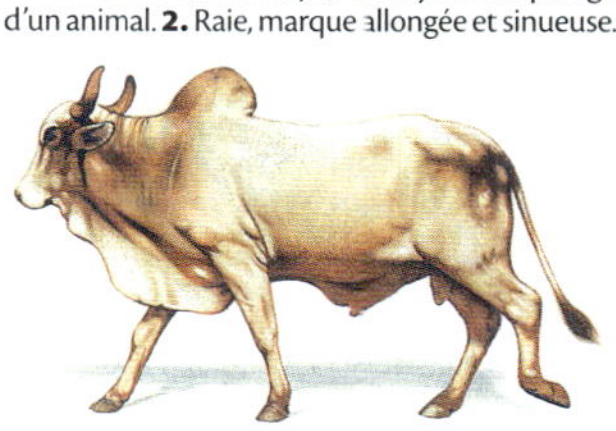

▲ **zébu**

ZÉBU n.m. Grand bovidé domestique des régions tropicales, appelé aussi *bœuf à bosse*, à cause de la bosse adipeuse qu'il a sur le garrot.

ZEC ou **Z.E.C.** [zɛk] **n.f.** (acronyme de *zone d'exploitation contrôlée*). Au Québec, territoire de chasse et de pêche établi par l'État et destiné au contrôle des ressources fauniques.

ZÉE [ze] **n.m.** (lat. *zaeus* ou *zeus*). Saint-pierre.

ZEF n.m. (de *zéphyr*). Arg. Vent.

ZÉINE n.f. Protéine extraite du maïs.

ZÉLATEUR, TRICE n. (du bas lat. *zelator*, envieux). Litt. Personne qui montre un zèle ardent, le plus souvent intempestif, pour une idée, pour qqn.
ZÈLE n.m. (du gr. *zêlos*, ardeur). Dévouement empressé au service d'une personne ou d'une chose : *Tempérer le zèle des nouveaux.* ▪ **Faire du zèle,** montrer un empressement excessif.
ZÉLÉ, E adj. Qui fait preuve de zèle.
ZELLIGE n.m. (de l'ar.). Petit élément d'une marqueterie de céramique émaillée, servant au décor monumental dans l'art maghrébin.
ZÉLOTE n.m. (gr. *zêlôtês*). **1.** Péjor. Personne animée d'un zèle fanatique. **2.** ANTIQ. Membre d'une secte juive nationaliste qui joua un rôle très actif dans la révolte de 66-70 contre l'occupant romain.
ZEMSTVO [zjɛmstvo] **n.m.** (mot russe). HIST. Assemblée territoriale assurant l'administration locale, dans les gouvernements de la Russie d'Europe (1864-1917).
ZEN [zɛn] **n.m.** (mot jap., du sanskr. *dyāna*, méditation). Important courant du bouddhisme mahayana, originaire de Chine, puis introduit en Corée et au Japon au XIIe s. ➲ Il met l'accent sur la relation de maître à disciple et sur la pratique de la méditation. ◆ **adj. inv. 1.** Relatif au zen. **2.** Fam. Calme ; serein : *Restons zen.*
ZÉNIFIANT, E ou **ZENIFIANT, E** [ze-] **adj.** (de *zen*). Qui calme, apaise : *Le parfum zénifiant de la fleur d'oranger.*
ZÉNITH n.m. (de l'ar.). **1.** ASTRON. Point de la sphère céleste représentatif de la direction verticale ascendante, en un lieu donné (par oppos. à *nadir*). **2.** Fig. Degré le plus élevé ; apogée : *Artiste au zénith.*
ZÉNITHAL, E, AUX adj. ASTRON. Relatif au zénith. ▪ **Distance zénithale** [astron.], distance angulaire d'un point de la sphère céleste au zénith. ▪ **Éclairage zénithal** [archit.], éclairage naturel venant du haut, par des verrières, des lanterneaux, etc.
ZÉNITUDE ou **ZENITUDE** [ze-] **n.f.** (de *zen*). État de tranquillité, de calme ; sérénité : *Le lâcher-prise est l'une des conditions de la zénitude au bureau.*
ZÉOLITE ou **ZÉOLITHE n.f.** (du gr. *zeîn*, bouillir, et *lithos*, pierre). MINÉRALOG. Aluminosilicate hydraté complexe de certaines roches volcaniques, utilisé dans l'industrie comme absorbant, en chimie comme tamis moléculaire, comme catalyseur, etc.
ZEP ou **Z.E.P.** [zɛp] **n.f.** (acronyme). Zone d'éducation prioritaire.
ZÉPHYR n.m. (gr. *zephuros*). **1.** Litt. Vent doux et agréable. **2.** Tissu de coton léger et souple, fin et serré.
ZÉPHYRIEN, ENNE adj. Litt. Doux et léger comme un zéphyr.
ZEPPELIN [zɛplɛ̃] **n.m.** (de *Zeppelin*, n.pr.). Ballon dirigeable rigide, fabriqué par les Allemands de 1900 à 1930.
ZEPTO- [zɛpto] **préf.** (du lat *septem*, sept). Préfixe (symb. z) qui, placé devant une unité, la divise par 10^{21}.
ZÉRO n.m. (ital. *zero*, de l'ar. *sifr*). **1.** Le premier élément de l'ensemble ℕ des entiers naturels, et le seul à ne pas avoir de prédécesseur dans ℕ. ➲ Noté 0, ce nombre indique, dans la numération de position, l'absence de quantité dans le rang (unités, dizaines…) où il figure. **2.** Cardinal de l'ensemble vide, élément neutre des additions. **3.** Valeur, quantité, grandeur numérique nulle : *Son capital est réduit à zéro. Il a eu un zéro en calcul.* **4.** Fam. Personne dont les capacités sont nulles. **5.** Point de départ de l'échelle de graduation d'un instrument de mesure, du décompte des heures. ▪ **Appareil de zéro** [métrol.], appareil de mesure dans lequel l'égalité de deux grandeurs est constatée par le retour d'une indication à la graduation zéro. ▪ **Avoir le moral à zéro** [fam.], être découragé, déprimé. ▪ **Numéro zéro,** exemplaire d'un journal, d'un périodique précédant le lancement du premier numéro (SYN. **2. pilote**). ▪ **Point zéro,** température de la glace fondante qui correspond à une température Celsius de 0 °C et à une température thermodynamique de 273,15 K. ▪ **Zéro absolu,** température de 0 K, la plus basse envisageable, correspondant à l'état de repos parfait des constituants de la matière. ▪ **Zéro six (06)** [fam.], numéro de téléphone portable, dans le langage des jeunes : *Tu as le zéro six de sa sœur ?* ◆ **adj. num.** Aucun : *Zéro faute. Zéro centime. Inflation zéro.*

▲**ziggourat.** Vestiges de la ziggourat de Tchoga Zanbil, édifiée au XIIIe s. av. J.-C. par le roi d'Élam Ountashi-Napirisha.

ZÉROTAGE n.m. MÉTROL. Détermination du zéro des thermomètres.
ZÉRUMBET [zerɔ̃bɛt] **n.m.** (ar. *zarunbād*). Plante de l'Asie tropicale à rhizome aromatique, voisine du gingembre. ➲ Famille des zingibéracées.
ZEST n.m. (onomat.). Vx. ▪ **Être entre le zist et le zest,** hésiter sur ce qu'il faut faire.
ZESTE n.m. (onomat.). **1.** Écorce extérieure des agrumes ; petit morceau que l'on y découpe pour aromatiser une pâte, un entremets, un cocktail ou pour fabriquer certaines confiseries. **2.** Fam. Très petite quantité de qqch : *Un zeste d'humour.*
ZESTER v.t. [3]. CUIS. Prélever le zeste de : *Zester un citron.*
ZÊTA [dzɛta] ou **DZÊTA n.m. inv.,** ▲*n.m.* Sixième lettre de l'alphabet grec (Z, ζ), correspondant au son [dz].
ZETTA- [zɛta] **préf.** (du lat *septem*, sept). Préfixe (symb. Z) qui, placé devant une unité, la multiplie par 10^{21}.
ZEUGME ou **ZEUGMA n.m.** (du gr. *zeûgma*, lien). STYL. Coordination de deux ou de plusieurs éléments qui ne sont pas sur le même plan syntaxique ou sémantique. (Ex. : *Vêtu de probité candide et de lin blanc* [Hugo].)
ZEUZÈRE n.f. (lat. sc. *zeuzera*). Papillon nocturne à ailes blanches tachetées de noir ou de bleu, dont la chenille creuse des galeries dans le tronc des arbres. ➲ Famille des cossidés.
ZÉZAIEMENT n.m. Trouble de qqn qui zézaye.
ZÉZAYER [zezɛje] **v.i. [6]** (onomat.). Prononcer *z* les articulations *j* et *g*, et prononcer *s* le *ch* (par ex. *zupe, pizon, sien,* pour *jupe, pigeon, chien*).
ZI ou **Z.I.** [zɛdi] **n.f.** (sigle). Zone industrielle.
ZIBELINE n.f. (ital. *zibellino*). **1.** Petit mustélidé de Sibérie et du Japon élevé pour sa fourrure soyeuse très recherchée. **2.** Fourrure de cet animal.
ZICRAL n.m. (nom déposé). Alliage d'aluminium avec addition de zinc, utilisé notamm. dans la fabrication des skis.
ZIDOVUDINE n.f. (mot angl.). AZT.
ZIEUTER ou **ZYEUTER v.t. [3].** Fam. Regarder ; observer.
ZIG ou **ZIGUE n.m.** Fam. Mec ; individu : *De bons zigs.*
ZIGGOURAT [-rat] **n.f.** (assyrien *zigguratu*). ARCHÉOL. Édifice religieux d'origine mésopotamienne, fait de la superposition de plateformes de dimensions décroissantes, dont la plus petite, au sommet, porte une chapelle.
ZIGOTO n.m. Fam. Individu bizarre. ▪ **Faire le zigoto,** faire l'intéressant.
ZIGOUILLER v.t. [3] (mot poitevin). Fam. Tuer.
ZIGZAG n.m. (onomat.). **1.** Ligne brisée formant des angles alternativement saillants et rentrants. **2.** Mouvement qui suit une ligne sinueuse : *La moto faisait des zigzags.* **3.** Fig. Évolution sinueuse de : *Les zigzags d'une tactique politique.*
ZIGZAGANT, E adj. Qui fait des zigzags : *Route, politique zigzagante.*
ZIGZAGUER v.i. [3]. 1. Avancer en faisant des zigzags. **2.** Former des zigzags : *Le sentier zigzague entre les arbres.*
ZIKA (VIRUS) n.m. (du n. d'une forêt de l'Ouganda). **1.** Virus transmis par des moustiques du genre *Aedes* (dont le moustique-tigre), qui provoque une maladie associant de la fièvre, des douleurs articulaires, des céphalées et une éruption cutanée. **2.** Maladie due à ce virus, asymptomatique dans 80 % des cas. (On dit aussi *fièvre Zika.*) ➲ Elle serait susceptible de provoquer de graves malformations (cérébrales, notamm.) chez le fœtus.
ZIKR [zikər(ə)] **n.m.** Formules de prière islamique par lesquelles les soufis invoquent Dieu.
ZIMBABWÉEN, ENNE [zim-] **adj.** et **n.** Du Zimbabwe ; de ses habitants.
ZINC [zɛ̃g] **n.m.** (all. *Zink*). **1.** Métal d'un blanc bleuâtre, peu altérable, de densité 7,14, et qui fond à 419 °C. **2.** Élément chimique (Zn), de numéro atomique 30, de masse atomique 65,39. **3.** Fam. Comptoir d'un café. **4.** Arg., vieilli. Avion.

➲ Le **ZINC** est employé comme revêtement pour la protection contre la corrosion atmosphérique (galvanisation, métallisation, zingage, etc.) et sous forme massive pour la protection de l'acier. Il entre dans la composition de nombreux alliages : Zamak, laitons, maillechorts, etc. L'oxyde ZnO, ou « blanc de zinc », est employé dans la fabrication de peintures et dans l'industrie du verre.

ZINCATE n.m. Sel dérivant de l'hydroxyde de zinc.
ZINCIFÈRE ou **ZINCIQUE** [zɛ̃si-] **adj.** Qui renferme du zinc.
ZINGAGE ou **ZINCAGE** [-gaʒ] **n.m. 1.** CONSTR. Action de zinguer. **2.** MÉTALL. Action de couvrir de zinc, par différents procédés (galvanisation, shérardisation, par ex.), à des fins de protection.
ZINGIBÉRACÉE n.f. (du lat. *zingiber*, gingembre). Monocotylédone aromatique des régions tropicales, fournissant de nombreuses épices, telle que le gingembre, la cardamome et le curcuma. ➲ Les zingibéracées forment une famille.
ZINGUER v.t. [3]. 1. CONSTR. Recouvrir de zinc : *Zinguer un toit.* **2.** MÉTALL. Procéder à un zingage : *Zinguer du fer.*
ZINGUEUR n.m. Couvreur chargé en partic. de la pose du zinc en couverture.
ZINJANTHROPE n.m. (de *Zinj*, lieu où ce fossile fut découvert). Australopithèque robuste découvert en 1959 en Tanzanie, daté de 1,75 million d'années environ.
ZINNEKE [zinəkə] **n.m.** (du flamand *Zenne*, Senne, n.pr.). Belgique. **1.** Chien bâtard ; corniaud. **2.** Sobriquet que se donnent les Bruxellois, en soulignant leur caractère multiculturel ou cosmopolite.
ZINNIA n.m. (du n. de J. G. *Zinn*). Plante originaire du Mexique, cultivée pour ses fleurs ornementales et dont il existe de nombreuses variétés. ➲ Famille des composées.

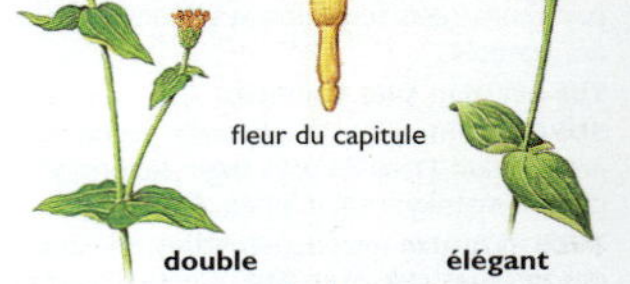

▲**zinnias**

1. ZINZIN n.m. (onomat.). Fam. **1.** Appareil, engin bruyant. **2.** Objet quelconque ; machin.

2. ZINZIN n.m. Par plais. Investisseur institutionnel.

3. ZINZIN adj. Fam. Un peu fou ; dérangé : *Elles sont un peu zinzins.*

1. ZIP n.m. (nom déposé). Fermeture à glissière de la marque de ce nom.

2. ZIP n.m. Format de compression de données informatiques.

1. ZIPPER v.t. [3]. 1. Munir un sac, un vêtement d'un Zip : *Zipper une robe.* **2.** Québec. Fam. Fermer la fermeture à glissière de : *Zipper sa jupe.* ◆ **v.i.** Québec. Fam. Se fermer au moyen d'une fermeture à glissière : *Un sac qui zippe.* ◆ **SE ZIPPER v.pr.** Québec. Fam. Fermer la fermeture à glissière d'un de ses vêtements (pantalon, par ex.) : *Zippe-toi correctement.*

2. ZIPPER v.t. [3]. Compresser un ou plusieurs fichiers informatiques au format zip pour les assembler et en réduire le volume de données, en vue d'un transfert ou d'un archivage.

ZIRABLE adj. Acadie. Qui soulève le cœur ; dégoûtant.

ZIRCON n.m. (de l'esp. *girgonça*, jacinthe). **MINÉRALOG.** Silicate de zirconium donnant des gemmes transparentes, jaunes, vertes, brunes, rouge orangé (*hyacinthe*, très recherchée), incolores, ou bleu-vert. ➲ Son éclat le rapproche du diamant.

ZIRCONE n.f. Oxyde de zirconium ZrO_2.

ZIRCONIUM [-njɔm] **n.m. 1.** Métal blanc-gris qui se rapproche du titane et du silicium, de densité 6,5, et qui fond à 1 852 °C. **2.** Élément chimique (Zr), de numéro atomique 40, de masse atomique 91,224.

ZIRE n.f. Acadie. ▪ **Faire zire,** causer de la répugnance ; dégoûter.

ZIST n.m. → **ZEST.**

1. ZIZANIE n.f. (du bas lat. *zizania*, ivraie). Mésentente ; discorde : *Semer la zizanie.*

2. ZIZANIE n.f. ou **ZIZANIA n.m.** Graminée aquatique d'Asie orientale et d'Amérique du Nord, fournissant une farine sucrée.

1. ZIZI n.m. (onomat.). Sexe, en partic. celui des garçons, dans le langage enfantin.

2. ZIZI n.m. (onomat.). Bruant sédentaire, commun en Europe méridionale, nichant dans les haies ou à même le sol.

ZLOTY n.m. (mot polon.). Unité monétaire principale de la Pologne.

ZOANTHAIRE n.m. Invertébré marin du groupe des cnidaires, ressemblant à une petite actinie. ➲ Sous-classe des hexacoralliaires.

ZODIACAL, E, AUX adj. ASTRON. Relatif au zodiaque. ▪ **Lumière zodiacale,** lueur faible et diffuse, concentrée autour du Soleil, dans le plan de l'écliptique, observable avant l'aurore ou après le crépuscule, et qui est due à la diffusion de la lumière solaire par les poussières interplanétaires.

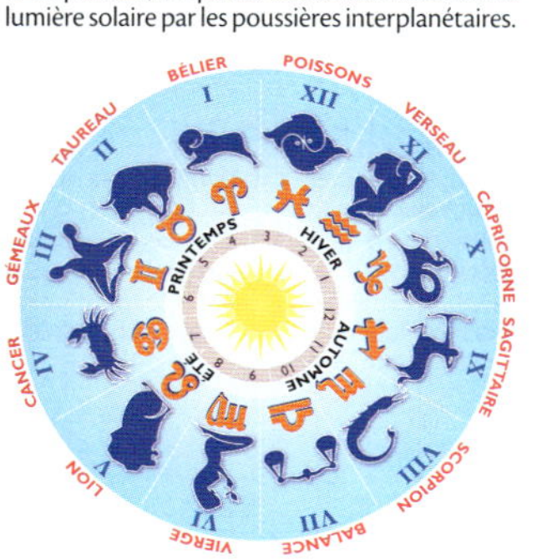

▲ **zodiaque.** Symboles des signes astrologiques du zodiaque. La numérotation en chiffres romains s'applique aux signes eux-mêmes, alors que les chiffres arabes renvoient aux mois de l'année.

ZODIAQUE n.m. (gr. *zôdiakos*, de *zôdion*, figurine d'animal). **ASTRON.** Zone de la sphère céleste qui s'étend sur 8,50° de part et d'autre de l'écliptique et dans laquelle on voit se déplacer le Soleil, la Lune et les planètes principales du Système solaire. ▪ **Signe du zodiaque,** chacune des douze parties, s'étalant sur 30° de longitude, en lesquelles le zodiaque est divisé à partir du point vernal. ➲ La prise en compte de l'influence que chacune de ces unités (Bélier, Taureau, Gémeaux, Cancer, Lion, Vierge, Balance, Scorpion, Sagittaire, Capricorne, Verseau, Poissons) exercerait sur les êtres humains est au cœur de l'astrologie.

ZOÉ n.f. (du gr. *zôê*, la vie). **ZOOL.** Forme larvaire de certains crustacés.

ZOÉCIE n.f. ZOOL. Chacun des individus d'une colonie d'ectoproctes.

ZOÏLE n.m. Litt. Critique envieux, méchant et partial.

ZOMBIE ou **ZOMBI n.m.** (mot créole haïtien). **1.** Dans le vaudou, mort sorti du tombeau et qu'un prêtre met à son service. **2.** Fam. Personne qui a un air absent, amorphe. ▪ **Ordinateur zombie** [inform.], ordinateur infecté par un virus et contrôlé à distance par un pirate informatique à l'insu de l'utilisateur.

ZONA n.m. (mot lat. « ceinture »). Maladie infectieuse due au virus *herpès-varicelle*, caractérisée par des sensations de brûlures et par une éruption de vésicules sur le territoire cutané d'un nerf sensitif.

ZONAGE n.m. 1. URBAN. Répartition d'un territoire en zones affectées chacune à un genre déterminé d'occupation des sols. **2. INFORM.** Partage d'un ensemble d'informations en portions de structure homogène, selon divers critères.

ZONAL, E, AUX adj. GÉOGR. Se dit des caractères d'ensemble de toute une zone, qui s'expriment génér. dans la direction des parallèles, notamm. en climatologie.

ZONALITÉ n.f. GÉOGR. Disposition des caractéristiques du milieu naturel selon les zones climatiques, du fait des différences d'ensoleillement en fonction de la latitude.

ZONARD, E n. (de *zone*). Fam. Jeune vivant plus ou moins en marge de la société.

ZONATION n.f. GÉOGR. Division de la Terre en zones. ➲ On parle de la zonation thermique du globe, de sa zonation pluviométrique, de la zonation de sa circulation atmosphérique.

ZONE n.f. (du lat. *zona*, ceinture). **1.** Étendue de terrain, espace d'une région, d'une ville, etc., définis par certaines caractéristiques : *Zone cultivée. Zone résidentielle, commerciale.* **2.** Portion d'espace quelconque : *Zone du corps. Zone interdite aux voitures.* **3.** Portion d'un espace abstrait, d'un domaine de pensée : *Il y a des zones de non-dit dans leur couple.* **4.** Ce qui relève du domaine de compétences de qqn, d'une collectivité : *La zone d'action de la mairie.* **5. GÉOGR.** Espace délimité approximativement par des parallèles : *Les zones tropicales, tempérées, polaires.* **6. INFORM.** Champ. ▪ **Fusion de zone** [métall.], technique de préparation des métaux très purs, qui consiste à solubiliser les impuretés dans une petite zone fondue et à les repousser à une extrémité. ▪ **La zone** [hist.], zone militaire qui s'étendait au-delà des anciennes fortifications de Paris, où aucune construction ne devait être édifiée et où vivait une population marginale ; auj., banlieue mal aménagée et offrant de piètres conditions de vie. ▪ **Zone à urbaniser par priorité (ZUP),** zone conçue pour être urbanisée tout en prévenant la spéculation par l'usage du droit de préemption. ➲ Instituées en 1958, les ZUP ont été supprimées en 1975. ▪ **Zone bâtie continue,** zone où aucune habitation n'est éloignée de plus de 200 m de la plus proche. ▪ **Zone contiguë** [dr. mar.], bande maritime comprise entre la limite des eaux territoriales (12 milles nautiques) et une distance de 24 milles à partir des côtes, et sur laquelle l'État riverain peut exercer un certain contrôle. ▪ **Zone d'action** [mil.], étendue de terrain à l'intérieur de laquelle une unité est appelée à agir. ▪ **Zone d'aménagement concerté (ZAC),** zone à l'intérieur de laquelle une collectivité publique ou un établissement public réalise ou fait réaliser une opération d'aménagement et d'équipement de terrains qui sont ensuite cédés à des utilisateurs privés ou publics. ▪ **Zone d'aménagement différé (ZAD),** zone d'extension dont l'aménagement n'est pas immédiatement nécessaire et pour laquelle l'État ou la collectivité locale a un droit de préemption en cas de vente de terrain. ▪ **Zone de confort,** ensemble des habitudes, des croyances intégrées, des savoir-faire maîtrisés qui procurent à qqn un sentiment de sécurité : *Il faut parfois savoir sortir de sa zone de confort.* ▪ **Zone de convergence intertropicale (ZCIT)** [météorol.], limite entre la circulation atmosphérique de l'hémisphère Nord et celle de l'hémisphère Sud. ➲ Également appelée *équateur météorologique*, la ZCIT se déplace vers le nord en été boréal, vers le sud en été austral, en liaison avec le mouvement apparent du Soleil. ▪ **Zone de défense et de sécurité,** circonscription administrative dirigée par le préfet de zone de défense et de sécurité, et comprenant plusieurs régions, à l'échelon de laquelle s'exerce la coopération civile et militaire, notamm. en cas de crise. ▪ **Zone d'éducation prioritaire (ZEP),** aire géographique circonscrite, caractérisée par une situation économique et sociale difficile, où l'action éducative est renforcée pour lutter contre l'échec scolaire. ➲ Elle a été remplacée en 2015 par le *réseau d'éducation prioritaire (REP).* ▪ **Zone d'entreprise,** partie du territoire national dans laquelle, en raison de difficultés de reconversion industrielle, certaines entreprises bénéficient d'exonérations fiscales spécifiques. ▪ **Zone de sécurité prioritaire (ZSP),** aire géographique où la sécurité publique est particulièrement dégradée, en raison de l'implantation durable d'une délinquance quotidienne, et qui, à ce titre, bénéficie d'un renforcement des effectifs des forces de l'ordre, dans une démarche globale alliant répression, dissuasion et contact avec la population. ➲ On compte env. 80 ZSP. ▪ **Zone d'extension urbaine** ou **d'urbanisation,** zone délimitée, dans le plan d'aménagement d'une agglomération, comme étant destinée à recevoir de nouveaux quartiers ou groupes d'habitations. ▪ **Zone d'influence,** ensemble d'États ou de territoires réservés à l'influence politique exclusive d'un État. ▪ **Zone économique exclusive** [dr. mar.], zone maritime dite de 200 milles marins à partir des côtes, sur laquelle l'État riverain exerce des droits souverains de nature économique et fonctionnelle. ▪ **Zone érogène,** surface cutanée ou muqueuse susceptible d'être le siège d'une excitation sexuelle. ▪ **Zone euro** [écon.], ensemble des 19 pays de l'Union européenne (Allemagne, Autriche, Belgique, Chypre, Espagne, Estonie, Finlande, France, Grèce, Irlande, Italie, Lettonie, Lituanie, Luxembourg, Malte, Pays-Bas, Portugal, Slovaquie et Slovénie) qui ont l'euro* comme unité monétaire principale. (On dit aussi *eurozone*.) ▪ **Zone franc** [écon.], ensemble de pays africains (pays utilisant le franc CFA et Comores) liés à la France par une coopération monétaire institutionnalisée. ➲ Le remplacement du franc français par l'euro n'a pas affecté le fonctionnement de cet espace monétaire, le franc CFA et le franc comorien étant désormais définis par une parité fixe par rapport à l'euro. ▪ **Zone franche** → **2. FRANC.** ▪ **Zone frontière,** territoire longeant la frontière d'un État et soumis à une réglementation particulière. ▪ **Zone grise** → **GRIS.** ▪ **Zone industrielle (ZI),** zone spécialement localisée et équipée en vue d'accueillir des établissements industriels. ▪ **Zone monétaire** [écon.], ensemble de pays dont les monnaies respectives sont rattachées à celle d'un pays centre qui exerce un rôle dominant (zone dollar, par ex.) ou entre les monnaies desquels existent des liens particuliers. ▪ **Zone morte** [océanol.], dans un océan, région souffrant d'un appauvrissement en oxygène tel qu'il entraîne l'asphyxie de la faune marine. ➲ Si la disparition périodique de l'oxygène dans certaines zones océaniques est naturelle, le phénomène est démultiplié par le déversement d'engrais dans les mers et le réchauffement climatique. En 2018, on estimait que les zones mortes représentaient, additionnées, 4,5 millions de km². ▪ **Zone non altius tollendi,** dans laquelle aucune construction ne doit s'élever au-dessus d'une hauteur donnée. ▪ **Zone urbaine sensible (ZUS),** en France, territoire urbain caractérisé par un cumul de difficultés, touchant notamm. à l'habitat, à l'emploi et à la sécurité, et bénéficiant de dispositifs mis en place par les pouvoirs publics sous le nom de *poli-*

tique de la ville. ◆ **n.f. pl. ÉCOL.** ▪ **Zones humides,** ensemble des biotopes aquatiques de marécages ou de lagunes, continentaux ou littoraux.

ZONÉ, E adj. Qui présente des bandes concentriques : *Coquille, roche zonée.*

1. ZONER v.t. [3]. INFORM. Effectuer le zonage de.

2. ZONER v.i. [3]. Fam. Mener une existence de zonard.

ZONIER, ÈRE adj. Vx. Relatif à la zone autour de Paris. ◆ **n.** Vx. Habitant de la zone.

ZONING [zoniŋ] **n.m.** Belgique. Zone industrielle.

ZONURE n.m. (du gr. *zônê*, ceinture, et *oura*, queue). Lézard d'Afrique australe et orientale, recouvert d'écailles épineuses, pouvant atteindre 60 cm de long. ➲ Famille des cordylidés.

ZOO [zo(o)] **n.m.** (abrév.). Parc zoologique*.

ZOOFLAGELLÉ n.m. MICROBIOL. Protozoaire portant un ou plusieurs flagelles, souvent parasite d'organismes pluricellulaires. ➲ Les zooflagellés forment une classe.

ZOOGAMÈTE n.m. BIOL. Gamète mobile flagellé des algues et des champignons.

ZOOGÉOGRAPHIE n.f. Étude de la répartition des espèces animales sur la Terre.

ZOOGLÉE n.f. (du gr. *gloios*, glu). **MICROBIOL.** Réunion de bactéries agglutinées par une substance visqueuse, qui se forme à la surface de certains liquides (vinaigre, eaux résiduaires).

ZOOLÂTRIE n.f. Adoration des animaux divinisés.

ZOOLOGIE n.f. (du gr. *zôon*, animal). Branche des sciences de la vie qui étudie les animaux.

ZOOLOGIQUE adj. Relatif à la zoologie, aux animaux. ▪ **Parc** ou **jardin zoologique,** lieu ouvert au public où sont présentés des animaux en captivité ou en semi-liberté appartenant à des espèces exotiques ou rares. Abrév. **ZOO.**

ZOOLOGISTE ou **ZOOLOGUE n.** Spécialiste de zoologie.

ZOOM [zum] **n.m.** (mot angl.). **1.** Objectif photographique à focale variable. **2. CINÉMA, TÉLÉV.** Effet de rapprochement ou d'éloignement produit avec cet objectif (SYN. **travelling optique**).

ZOOMER [zume] **v.i. [3]. CINÉMA, TÉLÉV.** Filmer en utilisant un zoom. ◆ **v.t. ind. (SUR).** Faire un gros plan sur.

ZOOMORPHE ou **ZOOMORPHIQUE adj.** Qui présente une forme animale : *Masques zoomorphes.*

ZOOMORPHISME n.m. LITTÉR., BX-ARTS. Fait de donner une forme, une apparence animale.

ZOONOSE n.f. Maladie infectieuse ou parasitaire atteignant les animaux, et qui peut être transmise à l'homme (peste, rage, tuberculose, etc.).

ZOOPATHIE n.f. PSYCHIATR. Délire au cours duquel le sujet croit qu'un animal habite son propre corps.

ZOOPHAGE adj. et **n.m.** Se dit d'un animal (insecte, en partic.) qui se nourrit d'autres animaux, vivants ou morts.

ZOOPHILE adj. Relatif à la zoophilie. ◆ **adj.** et **n. 1. PSYCHIATR.** Atteint de zoophilie. **2.** Vx. Qui manifeste de l'amour pour les animaux.

ZOOPHILIE n.f. 1. PSYCHIATR. Trouble de la sexualité dans lequel les animaux sont l'objet du désir. **2.** Vx. Amour pour les animaux.

ZOOPHOBIE n.f. PSYCHIATR. Crainte pathologique éprouvée par certaines personnes devant des animaux inoffensifs.

ZOOPHYTE n.m. Vx. Phytozoaire.

ZOOPLANCTON n.m. Plancton animal.

ZOOPSIE n.f. PSYCHIATR. Hallucination visuelle dans laquelle le sujet voit des animaux, en partic. dans le delirium tremens.

ZOOSPORE n.f. BIOL. Cellule reproductrice nageuse, ciliée, existant chez les algues et chez les champignons vivant dans l'eau.

ZOOTECHNICIEN, ENNE n. Spécialiste de zootechnie.

ZOOTECHNIE n.f. Science qui étudie les conditions et les méthodes d'élevage et de reproduction des animaux domestiques.

ZOOTECHNIQUE adj. Relatif à la zootechnie.

ZOOTHÈQUE n.f. Collection d'animaux naturalisés ou de squelettes destinés à être présentés au public ou conservés pour les recherches en zoologie.

ZOREILLE n. Antilles, Nouvelle-Calédonie, La Réunion. Fam. Habitant ou résident blanc arrivé de France métropolitaine.

ZORILLE n.f. (esp. *zorrilla*). Mammifère carnivore d'Afrique, voisin de la belette, à la robe noire marquée de bandes claires, produisant un musc nauséabond. ➲ Famille des mustélidés.

ZOROASTRIEN, ENNE adj. et **n.** Relatif à Zarathushtra (Zoroastre), à sa doctrine ; qui en est un adepte.

ZOROASTRISME n.m. Religion dualiste de l'Iran ancien, fondée sur une réforme du mazdéisme par Zarathushtra.

ZORSE n.m. Zébrule.

ZOSTÈRE n.f. (du gr. *zôstêr*, ceinture). Herbe marine vivace, à feuilles linéaires, formant de vastes prairies sous-marines littorales. ➲ Famille des zostéracées.

ZOSTÉRIEN, ENNE adj. (du lat. *zoster*, zona). **MÉD.** Relatif au zona.

ZOU interj. Accompagne un geste vif : *Allez ! zou ! Dehors !*

ZOUAVE n.m. (arabo-berbère *Zwāva*, n. d'une tribu kabyle). Soldat d'un corps d'infanterie français créé en Algérie en 1830 et dissous en 1962. ▪ **Faire le zouave** [fam.], faire le pitre.

ZOUK n.m. (mot antillais). Danse d'origine antillaise très rythmée, exécutée en couple, les partenaires se tenant serrés l'un contre l'autre en ondulant des hanches.

ZOULOU, E adj. et **n.** Relatif aux Zoulous.

ZOURNA n.f. (persan *zurna*). **MUS.** Hautbois à la sonorité puissante, joué en plein air lors des fêtes musulmanes au Proche-Orient et en Afrique du Nord.

ZOZO n.m. (altér. de *oiseau*). Fam. Garçon niais et maladroit.

ZOZOTEMENT n.m. Fam. Zézaiement.

ZOZOTER v.i. [3] (onomat.). Fam. Zézayer.

ZSP n.f. (sigle). Zone de sécurité prioritaire.

ZUMBA [zumba] **n.f.** (nom déposé). Programme de remise en forme d'origine colombienne qui mélange aérobic et fitness sur des rythmes et des chorégraphies issus de danses latines.

ZUP ou **Z.U.P.** [zyp] **n.f.** (acronyme). Zone à urbaniser par priorité.

ZURICHOIS, E [-kwa, az] **adj.** et **n.** De Zurich.

ZUS ou **Z.U.S.** [zys] **n.f.** (acronyme). Zone urbaine sensible.

ZUT interj. Fam. Exprime le dépit, la lassitude : *Zut ! C'est encore raté !*

ZUTIQUE adj. Du groupe des zutistes.

ZUTISTE n. (de *zut*). **LITTÉR.** Membre d'un groupe de poètes français de la fin du XIXe s., fondé en réaction contre le style parnassien.

ZWANZE [zwɑ̃z] **n.f.** (mot dial. d'orig. obsc.). Belgique. Blague ; plaisanterie.

ZWANZER v.i. [3]. Belgique. Blaguer ; plaisanter.

ZWANZEUR n.m. Belgique. Blagueur.

ZWIEBACK [tsvibak] **n.m.** (mot all.). Suisse. Biscotte.

ZWINGLIANISME [zwɛ̃-] **n.m.** Doctrine de Zwingli et de ses disciples.

ZWINGLIEN, ENNE adj. et **n.** Relatif au zwinglianisme ; qui en est partisan.

ZYDECO [-de-] **n.m.** ou **n.f.** (altér. de *les haricots*). Louisiane. Musique populaire, apparue dans les années 1940, combinant blues, jazz et musique cajun.

ZYEUTER v.t. [3] → **ZIEUTER.**

ZYGÈNE n.f. (bas lat. *zygaena*). Papillon aux fortes antennes renflées, à ailes noires tachetées de rouge et, parfois, de blanc, dont les espèces vivent sur les légumineuses fourragères. ➲ Famille des zygénidés.

▲ zygène

ZYGOMA n.m. (du gr. *zugôma*, jonction). Apophyse zygomatique*.

ZYGOMATIQUE adj. ANAT. De la pommette. ▪ **Apophyse zygomatique,** apophyse de l'os temporal, qui s'articule avec l'os malaire de la pommette et forme l'arcade zygomatique (SYN. **zygoma**). ▪ **Muscle zygomatique,** ou **zygomatique, n.m.,** chacun des trois muscles peauciers de la pommette, qui entrent en jeu lors du sourire.

ZYGOMORPHE adj. (du gr. *zugon*, couple). **BOT.** Se dit des fleurs qui présentent une symétrie bilatérale mais pas de symétrie axiale, telles que les fleurs du pois, les violettes, les orchidées (SYN. **2. irrégulier**).

ZYGOMYCÈTE n.m. (du gr. *zugon*, couple). Champignon à mycélium non cloisonné (siphomycète), se reproduisant par isogamie, tel que le mucor. ➲ Les zygomycètes forment une classe.

ZYGOPÉTALE ou **ZYGOPETALUM** [-petalɔm] **n.m.** Orchidée originaire des régions chaudes de l'Amérique, cultivée en serre.

ZYGOTE n.m. (du gr. *zugôtos*, attelé). **EMBRYOL.** Œuf.

ZYKLON n.m. Acide cyanhydrique, employé dans les chambres à gaz par les nazis, de 1942 à 1944.

ZYMASE n.f. (du gr. *zumê*, levain). **BIOCHIM.** Enzyme de la levure de bière, catalysant la fermentation alcoolique.

ZYTHOLOGIE n.f. (du gr. *zuthos*, bière). Biérologie.

ZYTHUM [zitɔm] ou **ZYTHON n.m.** (du gr. *zuthos*, bière). Nom donné par les archéologues du XIXe s. à la bière fabriquée dans l'Égypte pharaonique avec de l'orge fermentée.

Les pages roses

Locutions, proverbes, mots historiques et expressions francophones, réunis en florilège dans ces pages roses, sont, comme toutes les façons de dire et d'écrire notre langue, des faits de culture portés par notre imaginaire collectif.

LOCUTIONS LATINES, GRECQUES ET ÉTRANGÈRES

Les locutions étrangères gravées dans nos mémoires ont la magie des formules oubliées dont le charme va croissant lorsque l'alchimie des mots nous est plus mystérieuse. Elles ont l'autorité de la chose écrite.

Ab imo pectore ou imo pectore
Du fond de la poitrine, du cœur.
Du plus profond du cœur, avec une entière franchise. *Exprimer son indignation* **ab imo pectore.**

Ab irato
Par un mouvement de colère.
Ne prenez aucune résolution **ab irato.** *Un testament* **ab irato.**

Ab ovo
À partir de l'œuf.
Mot emprunté à Horace (*Art poétique*, 147) ; allusion à l'*œuf de Léda*, d'où était sortie Hélène. Homère aurait pu y remonter s'il avait voulu raconter **ab ovo** la guerre de Troie ; mais Horace le loue précisément d'avoir tiré *l'Iliade* d'un seul événement du siège : la colère d'Achille, sans remonter jusqu'à la naissance d'Hélène.

Ab urbe condita
Depuis la fondation de la ville.
Les Romains dataient les années par rapport à la fondation de Rome (**ab urbe condita** ou **urbis conditae**), qui correspond à 753 av. J.-C. Ces mots se marquent souvent par les initiales U.C. : *L'an 532 U.C.*, c'est-à-dire *l'an 532 de la fondation de Rome.*

Abusus non tollit usum
L'abus n'exclut pas l'usage.
Maxime de l'ancien droit. L'abus que l'on peut faire d'une chose ne doit pas forcer nécessairement de s'en abstenir.

Abyssus abyssum invocat
L'abîme appelle l'abîme.
Expression figurée empruntée à un psaume de David (XLII, 8), qu'on emploie pour exprimer qu'une faute en entraîne une autre.

Acta est fabula
La pièce est jouée.
C'est ainsi que, dans le théâtre antique, on annonçait la fin de la représentation. **Acta est fabula,** dit Auguste sur son lit de mort, et ce furent ses dernières paroles. *La farce est jouée*, aurait dit aussi Rabelais.

Ad augusta per angusta
À des résultats grandioses par des voies étroites.
Mot de passe des conjurés au quatrième acte d'*Hernani*, de V. Hugo. On n'arrive au triomphe qu'en surmontant maintes difficultés.

Ad honores
Pour l'honneur ; gratuitement.
S'emploie en parlant d'un titre purement honorifique, sans rétribution. *Des fonctions* **ad honores.**

Ad limina apostolorum
Au seuil [des basiliques] **des apôtres.**
Périphrase pour dire *à Rome* ; *vers le Saint-Siège.* On dit, par abréviation : *Visite* **ad limina.**

Ad litteram
À la lettre.
Citer un auteur **ad litteram.**

Ad rem
À la chose.
Précisément. *Répondre* **ad rem.**

Ad usum Delphini
À l'usage du Dauphin.
Se dit des excellentes éditions des classiques latins entreprises pour le Dauphin, fils de Louis XIV, mais dont on avait retranché quelques passages trop crus. On emploie ironiquement cette formule à propos de publications expurgées ou arrangées pour les besoins de la cause.

Ad vitam aeternam
Pour la vie éternelle.
À jamais ; pour toujours.

Aequo animo
D'une âme égale ; avec constance.
Le sage supporte **aequo animo** *les coups de l'adversité.*

Age quod agis
Fais ce que tu fais.
Sois attentif à ce que tu fais. Conseil que l'on donne à une personne qui se laisse distraire par un objet étranger à son occupation.

Alea jacta est
Le sort en est jeté.
Paroles fameuses qu'on attribue à César (Suétone, *César*, 32) se préparant à franchir le Rubicon avec son armée, parce qu'une loi ordonnait à tout général entrant en Italie par le nord de licencier ses troupes avant de passer cette rivière. Cette phrase s'emploie quand on prend une décision hardie et importante, après avoir longtemps hésité.

Alma mater ou Alma parens
Mère nourricière.
Expressions souvent employées par les poètes latins pour désigner la patrie, et quelquefois de nos jours pour désigner l'Université.

Aperto libro
À livre ouvert.
Traduire **aperto libro.**

Argumentum baculinum
Argument du bâton.
Coups de bâton donnés en guise d'arguments ; emploi de la force pour convaincre. *Dans le* Mariage forcé, *de Molière, Sganarelle emploie avec le pyrrhonien Marphurius l'***argumentum baculinum.**

Ars longa, vita brevis
L'art est long, la vie est courte.
Traduction latine du premier aphorisme d'Hippocrate. (En grec : **Ho bios brakhus, hê de tekhnê makra.**)

Asinus asinum fricat
L'âne frotte l'âne.
Se dit lorsque deux personnes s'adressent mutuellement des éloges outrés.

Audaces fortuna juvat
La fortune favorise les audacieux.
Locution imitée de l'hémistiche de Virgile (*l'Énéide*, X, 284) : **Audentes fortuna juvat...**

Auri sacra fames !
Exécrable faim de l'or !
Expression de Virgile (*l'Énéide*, III, 57). On dirait, en français : *Exécrable soif de l'or.*

Aut Caesar, aut nihil
Ou empereur, ou rien.
Devise attribuée à César Borgia.

Ave Caesar (ou Imperator), morituri te salutant
Salut Empereur, ceux qui vont mourir te saluent.
Paroles que, suivant Suétone (*Claude*, 21), prononçaient les gladiateurs romains en défilant, avant le combat, devant la loge impériale.

Beati pauperes spiritu
Bienheureux les pauvres en esprit.
C'est-à-dire ceux qui savent se détacher des biens du monde. Paroles qui se trouvent au début du *Sermon sur la montagne* (Évangile selon saint Matthieu, V, 3), et qui s'emploient ironiquement pour désigner ceux qui réussissent avec peu d'intelligence.

Bis repetita placent
Les choses répétées, redemandées, plaisent.
Aphorisme imaginé d'après le vers 365 de l'*Art poétique* d'Horace, où le poète dit que telle œuvre ne plaira qu'une fois, tandis que telle autre répétée dix fois plaira toujours (**Haec decies repetita placebit**).

Bonum vinum laetificat cor hominis
Le bon vin réjouit le cœur de l'homme.
Proverbe tiré d'un passage de la Bible (Ecclésiastique, XL, 20), dont le véritable texte est : **Vinum et musica laetificant cor** (*Le vin et la musique réjouissent le cœur*), et le texte ajoute : *et plus que tous les deux, l'amour de la sagesse.*

Carpe diem
Mets à profit le jour présent.
Mots d'Horace (*Odes*, I, 11, 8), qui rappellent que la vie est courte, et qu'il faut se hâter d'en jouir.

Castigat ridendo mores
Elle corrige les mœurs en riant.
Devise de la comédie, imaginée par le poète Santeul (Paris 1630 – Dijon 1697), et donnée à l'arlequin Dominique (Bologne 1640 – Paris 1688) pour qu'il la mette sur la toile de son théâtre.

Caveant consules !
Que les consuls prennent garde !
Premiers mots d'une formule qui se complète par **ne quid detrimenti respublica capiat** (*afin que la république n'éprouve aucun dommage*), et par laquelle le sénat romain, dans les moments de crise, accordait aux consuls les pleins pouvoirs.

Cave canem
Attention au chien.
Mots que les Romains inscrivaient quelquefois sur la porte de leur maison.

Cedant arma togae
Que les armes le cèdent à la toge.
Premier hémistiche d'un vers cité par Cicéron (*Des devoirs*, I, 22). On rappelle cette phrase pour exprimer que le gouvernement militaire, représenté par les armes, doit faire place au gouvernement civil, représenté par la toge, ou s'incliner devant lui.

Chi va piano, va sano
Qui va doucement, va sûrement.
Proverbe italien. Il se complète par **chi va sano, va lontano** (*qui va sûrement, va loin*). Racine a dit (*les Plaideurs*, I, 1) : *Qui veut voyager loin ménage sa monture.*

Consensus omnium
Le consentement universel.
Prouver une chose par le **consensus omnium.**

Contraria contrariis curantur
Les contraires se guérissent par les contraires.
Maxime de la médecine classique, en opposition avec celle de l'homéopathie : **Similia similibus curantur** (*Les semblables se guérissent par les semblables*).

Credo quia absurdum
Je le crois parce que c'est absurde.
Paroles inexactement rapportées de Tertullien (*De carne Christi*) et attribuées à tort à saint Augustin. Ce dernier enseigne seulement que le propre de la foi est de croire, sans avoir besoin de preuves rationnelles.

Cujus regio, ejus religio
Telle la religion du prince, telle celle du pays.
Ce principe fut consacré par la paix d'Augsbourg (1555), qui reconnut la liberté religieuse aux États luthériens.

De gustibus et coloribus non disputandum
Des goûts et des couleurs, il ne faut pas discuter.
Proverbe des scolastiques du Moyen Âge, qui est devenu français. Chacun est libre de penser, d'agir selon ses préférences.

Delenda Carthago
Il faut détruire Carthage.
Paroles par lesquelles Caton l'Ancien (Florus, *Histoire romaine*, II, 15) terminait tous ses discours, sur quelque sujet que ce soit. S'emploient pour parler d'une idée fixe, dont on poursuit avec acharnement la réalisation.

De minimis non curat praetor
Le préteur ne s'occupe pas des petites affaires.
Axiome que l'on cite pour signifier qu'un homme qui a de hautes responsabilités n'a pas à s'occuper de vétilles. On dit aussi **Aquila non capit muscas** (*L'aigle ne prend pas de mouches*).

Deo gratias
Grâces soient rendues à Dieu.
Formule liturgique latine employée familièrement pour exprimer le soulagement de voir la fin de choses désagréables ou ennuyeuses.

De omni re scibili, et quibusdam aliis

De toutes les choses qu'on peut savoir, et même de plusieurs autres.

De omni re scibili était la devise du fameux Pic de La Mirandole, qui se faisait fort de tenir tête à quiconque sur tout ce que l'homme peut savoir ; **et quibusdam aliis** est une addition d'un plaisant, peut-être de Voltaire, qui critique ainsi les prétentions du jeune savant. La devise a passé en proverbe avec son complément, et sert à désigner ironiquement un prétentieux qui croit tout savoir.

Desinit in piscem

Finit en queue de poisson.

Allusion au vers 4 de l'*Art poétique* d'Horace, où le poète compare une œuvre d'art sans unité à un beau buste de femme qui se terminerait en queue de poisson : **Desinit in piscem** *mulier formosa superne*. S'emploie pour dire que la fin n'est pas à la hauteur du commencement.

Dignus est intrare

Il est digne d'entrer.

Formule empruntée à la cérémonie burlesque du *Malade imaginaire*, de Molière, et qui s'emploie, toujours par plaisanterie, quand il s'agit d'admettre quelqu'un dans une corporation ou une société.

Divide ut regnes

Divise, afin de régner.

Maxime énoncée par Machiavel et qui a été celle du sénat romain, de Louis XI, de Catherine de Médicis. On dit aussi **Divide ut imperes** ou **Divide et impera** *(Divise et règne)*.

Doctus cum libro

Savant avec le livre.

Se dit de ceux qui, incapables de penser par eux-mêmes, étalent une science d'emprunt, et puisent leurs idées dans les ouvrages des autres.

Dominus vobiscum

Le Seigneur soit avec vous.

Formule liturgique du rite latin.

Donec eris felix, multos numerabis amicos

Tant que tu seras heureux, tu compteras beaucoup d'amis.

Vers d'Ovide (*Tristes*, I, 9, 5) exilé par Auguste et abandonné par ses amis. On ajoute d'ordinaire le second vers : **Tempora si fuerint nubila, solus eris** *(Si le ciel se couvre de nuages, tu seras seul)*.

Dulce et decorum est pro patria mori

Il est doux et beau de mourir pour la patrie.

Vers d'Horace (*Odes*, III, 2, 13) s'adressant aux jeunes Romains pour leur conseiller d'imiter les vertus de leurs ancêtres, et en particulier leur courage guerrier.

Dura lex, sed lex

La loi est dure, mais c'est la loi.

Maxime que l'on rappelle en parlant d'une règle pénible à laquelle on est forcé de se soumettre.

Ecce homo

Voici l'homme.

Paroles de Pilate aux Juifs (saint Jean, XIX, 5) lorsqu'il leur montra Jésus couronné d'épines et vêtu de pourpre.

Ejusdem farinae

De la même farine.

S'emploie pour établir une comparaison entre des personnes ayant les mêmes vices, les mêmes défauts, etc.

Eli, Eli, lamma sabacthani

Mon Dieu, mon Dieu, pourquoi m'avez-vous abandonné ?

C'est le cri du Christ mourant sur la Croix (saint Matthieu, XXVII, 46 ; saint Marc, XV, 34) ; début du psaume XXII.

Ense et aratro

Par l'épée et par la charrue.

Devise du maréchal Bugeaud, alors qu'il était gouverneur de l'Algérie : il faut servir son pays en temps de guerre par son épée, en temps de paix par les travaux de l'agriculture.

Eppur (ou E pur), si muove !

Et pourtant, elle tourne !

Mot prêté à Galilée forcé de faire amende honorable pour avoir proclamé, après Copernic, que la Terre tourne sur elle-même et autour du Soleil, contrairement à la lettre des Écritures.

Errare humanum est

Il est dans la nature de l'homme de se tromper.

S'emploie pour expliquer, pour atténuer une faute, une chute morale. On ajoute souvent **perseverare diabolicum** *(persévérer est diabolique)*.

Exegi monumentum aere perennius

J'ai achevé un monument plus durable que l'airain.

Premier vers de la trentième et dernière ode du IIIe livre des *Odes* d'Horace. Le poète, terminant le recueil de ses trois premiers livres, promet à son œuvre l'immortalité. Souvent, on cite la première ou la seconde moitié du vers.

Exempli gratia

Par exemple. En abrégé : e.g.

Ex nihilo nihil

Rien [ne vient] **de rien.**

Célèbre aphorisme résumant la philosophie de Lucrèce et d'Épicure, mais tiré d'un vers de Perse (*Satires*, III, 84), qui commence par **De nihilo nihil** (*Rien ne vient de rien*, c'est-à-dire *Rien n'a été tiré de rien*. Rien n'a été créé, mais tout ce qui existe existait déjà de toute éternité, sous une forme ou une autre).

Fama volat

La renommée vole.

Expression de Virgile (*l'Énéide*, III, 121), pour dire la rapidité avec laquelle une nouvelle se répand.

Felix qui potuit rerum cognoscere causas

Heureux celui qui a pu pénétrer les causes secrètes des choses.

Vers de Virgile (*Géorgiques*, II, 489), cité pour vanter le bonheur de ceux dont l'esprit vigoureux pénètre les secrets de la nature et s'élève ainsi au-dessus des superstitions.

Festina lente

Hâte-toi lentement.

Maxime citée par Auguste, selon Suétone (*Auguste*, 25). Allez lentement pour arriver plus vite à un travail bien fait. Boileau a dit de même : *Hâtez-vous lentement.*

Fiat lux !

Que la lumière soit !

Parole créatrice de la Genèse (I, 3) : *Dieu dit « Que la lumière soit », et la lumière fut.* On l'emploie pour parler d'une grande découverte, qui fait, en quelque sorte, passer une chose de la nuit au jour, du néant à l'être.

Fiat voluntas tua

Que votre volonté soit faite.

Paroles tirées de la liturgie catholique et qu'on emploie en manière d'acquiescement résigné.

Fluctuat nec mergitur
Il est battu par les flots, mais ne sombre pas.
Devise de la Ville de Paris, qui a pour emblème un vaisseau.

Fugit irreparabile tempus
Le temps fuit irréparable.
Fin d'un vers de Virgile (*Géorgiques*, III, 284). Se dit pour marquer la fuite du temps.

Gloria victis !
Gloire aux vaincus !
Antithèse de la locution **Vae victis !**

Gnôthi seauton
Connais-toi toi-même.
Inscription gravée au fronton du temple d'Apollon à Delphes et que Socrate avait choisie pour devise.

Gratis pro Deo
Gratuitement pour l'amour de Dieu.
Travailler **gratis pro Deo.**

Hoc erat in votis
Cela était dans mes vœux ; voilà ce que je désirais.
Mots d'Horace (*Satires*, II, 6, 1) que l'on rappelle en parlant d'un souhait dont la réalisation a comblé tous les désirs.

Homo homini lupus
L'homme est un loup pour l'homme.
Phrase de Plaute (*Asinaria*, II, 4, 88), reprise et illustrée par Bacon et Hobbes, et qui signifie que l'homme fait souvent beaucoup de mal à ses semblables.

Homo sum : humani nihil a me alienum puto
Je suis homme : rien de ce qui est humain ne m'est étranger.
Vers de Térence (*le Bourreau de soi-même*, I, 1, 25), exprimant le sentiment de la solidarité humaine.

Horresco referens
Je frémis en le racontant.
Exclamation d'Énée racontant la mort de Laocoon (Virgile, *l'Énéide*, II, 204). Ces mots s'emploient quelquefois d'une manière plaisante.

Ignoti nulla cupido
On ne désire pas ce qu'on ne connaît pas.
Aphorisme d'Ovide (*l'Art d'aimer*, III, 397). L'indifférence naît de causes diverses, le plus souvent de l'ignorance.

In articulo mortis
À l'article de la mort.
Se confesser, faire son testament **in articulo mortis.**

In cauda venenum
Dans la queue le venin.
Comme le venin du scorpion est renfermé dans sa queue, les Romains créèrent le proverbe **In cauda venenum,** qu'ils appliquaient à la dernière partie d'une lettre, d'un discours, débutant sur un ton inoffensif, et s'achevant par un trait blessant et inattendu.

In cha' Allah !
Si Dieu le veut !
Locution arabe employée pour marquer que l'on est soumis à la destinée voulue par Dieu.

In fine
À la fin.
À la fin d'un paragraphe ou d'un chapitre. *Cette disposition se trouve dans tel titre du Code,* **in fine.**

In hoc signo vinces
Tu vaincras par ce signe.
La tradition rapporte que, Constantin allant combattre contre Maxence, une croix se montra dans les airs à son armée, avec ces mots : **In hoc signo vinces.** Il fit peindre ce signe sur son étendard et fut vainqueur. S'emploie pour désigner ce qui, dans une circonstance quelconque, nous fera surmonter une difficulté, ou remporter un avantage.

In medias res
Au milieu des choses.
Autrement dit, en plein sujet, au milieu de l'action. Expression d'Horace (*Art poétique*, 148) expliquant qu'Homère jette son lecteur **in medias res** dès le début du livre.

In medio stat virtus
La vertu est au milieu.
La vertu est aussi éloignée d'un extrême que de l'autre.

In saecula saeculorum
Dans les siècles des siècles.
S'emploie pour marquer la longue durée d'une chose. Cette locution, ainsi que **ad vitam aeternam,** qui a le même sens, est empruntée à la liturgie latine.

In vino veritas
La vérité dans le vin.
L'homme est expansif quand il a bu du vin ; la vérité, qu'il ne dirait pas à jeun, lui échappe alors.

Ira furor brevis est
La colère est une courte folie.
Maxime d'Horace (*Épîtres*, I, 2, 62). La colère, comme toute passion violente, est une aliénation mentale momentanée.

Is fecit cui prodest
Celui-là a fait, à qui la chose faite est utile.
Le coupable est presque toujours celui à qui le délit ou le crime profite.

Ita diis placuit
Ainsi il a plu aux dieux.
La chose est faite, accomplie ; il n'y a plus à y revenir.

Italia (L') farà da sè
L'Italie fera par elle-même.
L'Italie n'a besoin de personne. Dicton favori des Italiens, à l'époque où l'unité était en voie de formation.

Ite, missa est
Allez, la messe est dite.
Formule liturgique de la messe, qui suit la bénédiction finale donnée par le célébrant dans le rite latin.

Jus est ars boni et aequi
Le droit est l'art du bien et du juste.
Telle est la définition du droit, donnée par le *Digeste*.

Labor omnia vincit improbus
Un travail opiniâtre vient à bout de tout.
Proverbe tiré de deux vers des *Géorgiques* de Virgile (I, 145-146).

Last but not least
Dernier point mais non le moindre.
Expression anglaise utilisée dans une argumentation pour mettre en valeur un argument final ou dans une énumération pour souligner l'importance du dernier terme.

Lex est quod notamus
Ce que nous écrivons fait loi.
Devise de la Chambre des notaires, à Paris. Elle est due à Santeul (Paris 1630 – Dijon 1697).

Magister dixit
Le maître l'a dit.
Formule d'origine pythagoricienne, traduite au Moyen Âge par les scolastiques citant, comme un argument sans réplique, un texte du maître (Aristote). Cette expression s'emploie lorsqu'on fait référence à la pensée de quelqu'un que l'on estime faire autorité en la matière.

Major e longinquo reverentia
L'éloignement augmente le prestige.
Mot célèbre de Tacite (*Annales*, I, 47), souvent cité pour signifier que nous sommes portés à admirer sans hésiter ce qui est éloigné de nous dans le temps ou dans l'espace.

Malesuada fames
La faim, mauvaise conseillère.
Caractérisation empruntée à Virgile (*l'Énéide*, VI, 276).

Mane, thecel, pharès
Compté, pesé, divisé.
Menace prophétique qu'une main mystérieuse écrivit en hébreu sur le mur du palais royal au moment où Cyrus pénétrait dans Babylone (Ancien Testament, Livre de Daniel, chap. V).

Margaritas ante porcos
[Ne jetez pas] **des perles aux pourceaux.**
Paroles de l'Évangile (saint Matthieu, VII, 6) qui signifient qu'il ne faut pas parler à un sot de choses qu'il est incapable d'apprécier.

Medice, cura te ipsum
Médecin, guéris-toi toi-même.
Maxime de l'Évangile (saint Luc, IV, 23). Se dit à ceux qui donnent des conseils qu'ils devraient commencer par suivre eux-mêmes.

Mehr Licht !
Plus de lumière !
Expression allemande. Dernières paroles de Goethe demandant qu'on ouvre une fenêtre pour donner plus de lumière, et qu'on cite dans un sens tout différent pour dire : « Plus de clarté intellectuelle, plus de savoir, de vérité ! »

Memento, homo, quia pulvis es et in pulverem reverteris
Souviens-toi, homme, que tu es poussière et que tu retourneras en poussière.
Paroles que prononce le prêtre en marquant de cendre le front des fidèles le jour des Cendres, en souvenir de la parole de la Genèse (III, 19), dite par Dieu à Adam, après le péché originel.

Mens sana in corpore sano
Âme saine dans un corps sain.
Maxime de Juvénal (*Satires*, X, 356). L'homme vraiment sage, dit le poète, ne demande au ciel que *la santé de l'âme avec la santé du corps*. Dans l'application, ces vers sont souvent détournés de leur sens, pour exprimer que la santé du corps est une condition importante de la santé de l'esprit.

Minima de malis
Des maux choisir les moindres.
Proverbe tiré des fables de Phèdre.

Morituri te salutant
→ Ave Caesar.

Mors ultima ratio
La mort est la raison finale de tout.
La haine, l'envie, tout s'efface au trépas : **mors ultima ratio.**

Multi sunt vocati, pauci vero electi
Beaucoup sont appelés, mais peu sont élus.
Paroles de l'Évangile (saint Matthieu, XX et XXII), qui ne concernent que la vie future, mais qu'on applique à la vie présente dans certaines circonstances.

Nascuntur poetae, fiunt oratores
On naît poète, on devient orateur.
Maxime attribuée à Cicéron. L'éloquence est fille de l'art, la poésie est fille de la nature. Brillat-Savarin, dans les *Aphorismes* qui précèdent sa *Physiologie du goût*, a parodié ainsi l'axiome latin : *On devient cuisinier, mais on naît rôtisseur.*

Naturam expelles furca, tamen usque recurret
Chassez la nature avec une fourche, elle reviendra toujours en courant.
Vers d'Horace (*Épîtres*, I, 10, 24), que Destouches, dans son *Glorieux* (III, 5), a traduit par le vers célèbre : *Chassez le naturel, il revient au galop.*

Natura non facit saltus
La nature ne fait pas de sauts.
La nature ne crée ni espèces ni genres absolument tranchés ; il y a toujours entre eux quelque intermédiaire qui les relie l'un à l'autre. Aphorisme scientifique énoncé par Leibniz (*Nouveaux Essais*, IV, 16).

Nec pluribus impar
Non inégal à plusieurs [soleils].
Supérieur à tout le monde, au-dessus du reste des hommes. Devise de Louis XIV, qui avait pour emblème le soleil.

Ne quid nimis
Rien de trop.
Sentence qui, empruntée par les Latins aux Grecs (**Mêden agan**), avait le sens de « l'excès en tout est un défaut »

Ne sutor ultra crepidam
→ Sutor, ne supra crepidam.

Nihil (ou nil) obstat
Rien n'empêche.
Formule employée par la censure ecclésiastique pour autoriser l'impression d'un ouvrage contre lequel aucune objection doctrinale ne peut être retenue. *Le* **nihil obstat** *précède l'imprimatur.*

Nil admirari
Ne s'émouvoir de rien.
Mots d'Horace (*Épîtres*, I, 6, 1). Cette maxime stoïcienne est d'après lui le principe du bonheur. Ces mots s'emploient souvent dans le sens de « ne s'étonner de rien », et sont pris alors comme la devise des indifférents.

Nil novi sub sole
Rien de nouveau sous le soleil.
Paroles de l'Ecclésiaste (I, 9).

Nolens, volens
Ne voulant pas, voulant.
Expression latine qui équivaut à l'expression française *bon gré mal gré.*

Non bis in idem
Non deux fois pour la même chose.
Axiome de jurisprudence, en vertu duquel on ne peut être jugé deux fois pour le même délit.

Non licet omnibus adire Corinthum
Il n'est pas donné à tout le monde d'aller à Corinthe.
Traduction latine d'un proverbe grec exprimant que les plaisirs étaient si coûteux à Corinthe qu'il n'était pas permis à tous d'y aller séjourner. S'emploie à propos de toutes les choses auxquelles il faut renoncer faute d'argent, de moyens, etc.

Non, nisi parendo, vincitur
On ne la [le] vainc qu'en lui obéissant.
Axiome que le philosophe Francis Bacon applique à la nature : « Pour faire servir la nature aux besoins de l'homme, il faut obéir à ses lois. »

Non nova, sed nove
Non pas des choses nouvelles, mais d'une manière nouvelle.
S'emploie par exemple pour un auteur qui n'apporte pas d'idées nouvelles, mais qui fait siennes des idées déjà connues, en les présentant d'une manière nouvelle, dans un ordre qui lui est propre.

Non omnia possumus omnes
Nous ne pouvons tous faire toutes choses.
Expression de Virgile (*Églogues*, VIII, 63). Tout le monde n'a pas toutes les aptitudes.

Non possumus
Nous ne pouvons.
Réponse de saint Pierre et de saint Jean aux grands prêtres, qui voulaient leur interdire de prêcher l'Évangile (Actes des Apôtres, IV, 19-20). Ces mots s'utilisent pour exprimer un refus sur lequel on ne peut revenir. S'emploie aussi substantivement : *Opposer un* **non possumus.**

Nulla dies sine linea
Pas un jour sans une ligne.
Mots prêtés par Pline (*Histoire naturelle*, 35-36) à Apelle, qui ne passait pas un jour sans tracer une ligne, c'est-à-dire sans peindre. Cette expression s'applique surtout aux écrivains.

Nunc dimittis servum tuum, Domine
Maintenant, tu renvoies ton serviteur, Seigneur.
Paroles du vieillard juif Siméon, après avoir vu le Messie (saint Luc, II, 25). On peut mourir, après avoir vu s'accomplir ses plus chères espérances.

Nunc est bibendum
C'est maintenant qu'il faut boire.
Mots empruntés à une ode d'Horace (I, 37, 1) composée à l'occasion de la victoire d'Actium. Manière familière de dire qu'il faut célébrer un grand succès, un succès inespéré.

Nutrisco et exstinguo
Je [le] nourris et je [l'] éteins.
Devise qui accompagnait la salamandre sur les armes de François Ier, par allusion à une ancienne croyance selon laquelle les salamandres sont capables de vivre dans le feu, de l'activer et de l'éteindre.

Oderint, dum metuant
Qu'ils me haïssent, pourvu qu'ils me craignent.
Expression du poète tragique Accius (*Atrée*), citée par Cicéron (*De officiis*, I, 28, 97). Elle est mise dans la bouche du tyran Atrée.

O fortunatos nimium, sua si bona norint, agricolas !
Trop heureux les hommes des champs, s'ils connaissaient leur bonheur !
Vers de Virgile (*Géorgiques*, II, 458-459), dont on ne cite souvent que la première partie, laquelle s'applique à ceux qui jouissent d'un bonheur qu'ils ne savent pas apprécier.

Oleum perdidisti
Tu as perdu ton huile.
Tu as perdu ton temps, ta peine. Les Anciens disaient d'un discours, d'un livre trop travaillé, qui avait dû coûter de la peine, qu'il sentait l'huile ; s'il ne valait rien, l'auteur « avait perdu son huile ».

Omne tulit punctum, qui miscuit utile dulci
Il a remporté tous les suffrages, celui qui a su mêler l'utile à l'agréable.
Vers d'Horace (*Art poétique*, 343). On dit de quelqu'un qui a réussi, qui a recueilli tous les suffrages : **Omne tulit punctum.**

Omnia vincit amor
L'amour triomphe de tout.
Première partie d'un vers de Virgile (*Églogues*, X, 69). Il s'agit de l'Amour personnifié, tyran des hommes et des dieux.

Omnis homo mendax
Tout homme est menteur.
Paroles tirées du psaume CXVI, 11.

O tempora ! o mores !
Ô temps, ô mœurs !
Exclamation par laquelle Cicéron s'élève contre la perversité des hommes de son temps (*Catilinaires*, I, 1 et *Verrines : De signis*, 25, 56).

Panem et circenses
Du pain et les jeux du cirque.
Mots de mépris adressés par Juvénal (*Satires*, X, 81) aux Romains incapables de s'intéresser à d'autres choses qu'aux distributions gratuites de blé et aux jeux du cirque.

Parturiunt montes ; nascetur ridiculus mus
Les montagnes sont en travail ; il en naîtra une souris ridicule.
Pensée d'Horace (*Art poétique*, 139), que La Fontaine a commentée dans sa fable *la Montagne qui accouche*, et qui sert à qualifier des projets grandioses aboutissant à des réalisations ridicules.

Paulo majora canamus
Chantons des choses un peu plus relevées.
Virgile (*Églogues*, IV, 1). Cette locution sert de transition pour passer d'un sujet à un autre plus important.

Perinde ac cadaver
Comme un cadavre.
Expression par laquelle saint Ignace de Loyola, dans ses *Constitutions*, prescrit aux jésuites la discipline et l'obéissance à leurs supérieurs, sauf dans les cas où la conscience le défend.

Plaudite, cives !
Citoyens, applaudissez !
Mots par lesquels les acteurs romains, à la fin d'une comédie, sollicitaient les applaudissements du public.

Post hoc, ergo propter hoc
À la suite de cela, donc à cause de cela.
Formule par laquelle on désignait, dans la scolastique, l'erreur qui consiste à prendre pour cause ce qui n'est qu'un antécédent dans le temps.

Potius mori quam foedari
Plutôt mourir que se déshonorer.
Expression latine qui sert de devise à ceux qui préfèrent l'honneur à la vie. On l'attribue au cardinal Jacques de Portugal (mort en 1459). Sous une forme un peu différente, elle a été la devise d'Anne de Bretagne et de Ferdinand d'Aragon : **Malo mori quam foedari.**

Primum vivere, deinde philosophari
Vivre d'abord, philosopher ensuite.
Précepte des Anciens, qu'on emploie pour se moquer de ceux qui ne savent que philosopher ou discuter, et ne sont pas capables de gagner leur vie.

Primus inter pares

Le premier entre ses égaux.

Le président d'une république n'est que le **primus inter pares.**

Prolem sine matre creatam

Enfant né sans mère.

Montesquieu a mis cette épigraphe, tirée d'un vers d'Ovide (*Métamorphoses*, II, 553), en tête de son *Esprit des lois*, pour marquer qu'il n'avait pas eu de modèle.

Pro rege saepe ; pro patria semper

Pour le roi, souvent ; pour la patrie, toujours.

Devise de Colbert.

Qualis artifex pereo !

Quel grand artiste périt avec moi !

Dernière exclamation de Néron avant de se tuer, d'après Suétone (*Néron*, 44), exprimant la perte que le monde faisait par la mort d'un homme comme lui qui avait brillé au théâtre et dans le cirque.

Quia nominor leo

Parce que je m'appelle lion.

Mots tirés d'une fable de Phèdre (I, 5). C'est la raison donnée par le lion pour s'attribuer la première part du butin. Se dit de celui qui abuse de sa force, de son autorité. Dans son imitation de cette fable, La Fontaine a donné naissance à l'expression *la part du lion*, qui s'emploie dans le même sens.

Qui bene amat, bene castigat

Qui aime bien, châtie bien.

Le châtiment a pour but de corriger les défauts de ceux que l'on aime.

Quid novi ?

Quoi de nouveau ?

Interrogation familière, que deux personnes s'adressent par plaisanterie quand elles se rencontrent.

Qui habet aures audiendi, audiat

Que celui qui a des oreilles pour entendre entende.

Paroles qui se trouvent plusieurs fois dans l'Évangile, à la suite de paraboles du Christ. S'emploient pour avertir qu'on doit faire son profit de ce qui a été dit.

Qui nescit dissimulare, nescit regnare

Celui qui ne sait pas dissimuler ne sait pas régner.

Maxime favorite de Louis XI.

Quis, quid, ubi, quibus auxiliis, cur, quomodo, quando ?

Qui, quoi, où, par quels moyens, pourquoi, comment, quand ?

Hexamètre mnémotechnique, qui renferme ce qu'en rhétorique on appelle les circonstances : *la personne, le fait, le lieu, les moyens, les motifs, la manière et le temps.* Il résume aussi toute l'instruction criminelle : *Quel est le coupable ? quel est le crime ? où l'a-t-on commis ? par quels moyens ou avec quels complices ? pourquoi ? de quelle manière ? à quel moment ?* Il nous a été transmis par Quintilien.

Quo non ascendet ?

Où ne montera-t-il pas ?

Devise de Fouquet. Elle figurait, dans ses armes, au-dessous d'un écureuil.

Rara avis in terris

Oiseau rare sur la terre.

Hyperbole de Juvénal (*Satires*, VI, 165) à propos des Lucrèce et des Pénélope. Se dit par extension de tout ce qui est extraordinaire. Le plus souvent, on cite seulement les deux premiers mots : **Rara avis.**

Redde Caesari quae sunt Caesaris, et quae sunt Dei Deo

Rendez à César ce qui appartient à César, et à Dieu ce qui appartient à Dieu.

Réponse de Jésus aux pharisiens qui lui demandaient insidieusement s'il fallait payer le tribut à César (saint Matthieu, XXII, 21). S'emploie le plus souvent sous la forme française.

Requiescat in pace !

Qu'il repose en paix !

Paroles qu'on chante à l'office des morts, et qu'on grave souvent sur les pierres tumulaires (parfois en abrégé R.I.P.).

Res judicata pro veritate habetur

La chose jugée est tenue pour vérité.

Axiome de l'ancien droit, toujours en vigueur : « Chose jugée, chose démontrée ; arrêt rendu vaut titre formel. »

Res, non verba

Des réalités, non des mots.

Expression latine qu'on emploie pour dire qu'on demande ou que la situation exige des effets, des actes, et non des paroles.

Rule, Britannia

Gouverne, Angleterre.

Premiers mots d'un chant patriotique des Anglais, dans lequel ils se glorifiaient de posséder l'empire des mers.

Salus populi suprema lex esto

Que le salut du peuple soit la suprême loi.

Maxime du droit public, à Rome. Toutes les lois particulières doivent s'effacer s'il s'agit de sauver la patrie. *(Loi des Douze Tables.)*

Sapiens nihil affirmat quod non probet

Le sage n'affirme rien qu'il ne prouve.

Il ne faut pas avancer une chose sans être en mesure de la prouver.

Se non è vero, è bene trovato

Si cela n'est pas vrai, c'est bien trouvé.

Proverbe italien, fréquemment employé.

Servum pecus

Troupeau servile.

Paroles par lesquelles Horace (*Épîtres*, I, 19, 19) a flétri les imitateurs en littérature. Désigne les flatteurs, les plagiaires, les courtisans.

Sic transit gloria mundi

Ainsi passe la gloire du monde.

Paroles (peut-être tirées de l'*Imitation*, I, 3, 6) adressées naguère au souverain pontife lors de son couronnement, pour lui rappeler la fragilité de toute puissance humaine.

Similia similibus curantur

→ **Contraria contrariis curantur.**

Sint ut sunt, aut non sint

Qu'ils soient ce qu'ils sont, ou qu'ils ne soient pas.

Réponse attribuée, selon certains, au P. Ricci, général des jésuites, à qui l'on proposait de modifier les *Constitutions* de la Société de Jésus, et, selon d'autres, au pape Clément XIII. S'emploie pour faire entendre qu'il s'agit d'un changement substantiel qu'on ne peut accepter à aucun prix.

Sit tibi terra levis !

Que la terre te soit légère !

Inscription tumulaire, souvent employée.

Si vis pacem, para bellum
Si tu veux la paix, prépare la guerre.
Pour éviter d'être attaqué, le meilleur moyen est de se mettre en état de se défendre. Végèce (*Traité de l'art militaire*, III, Prol.) dit : **Qui desiderat pacem, praeparet bellum.**

Sol lucet omnibus
Le soleil luit pour tout le monde.
Tout le monde a le droit de jouir de certains avantages naturels.

Spiritus promptus est, caro autem infirma
L'esprit est prompt, mais la chair est faible.
Paroles de Jésus-Christ, au mont des Oliviers (saint Matthieu, XXVI, 36-41), lorsque, trouvant ses disciples endormis, il leur conseille de veiller et de prier afin d'éviter la tentation.

Spiritus ubi vult spirat
L'esprit souffle où il veut.
Paroles de l'Écriture (saint Jean, III, 8), employées familièrement pour indiquer que l'inspiration ne dépend pas de la volonté : c'est un don du ciel. On dit aussi : **Spiritus fiat ubi vult.** Le texte grec de l'Évangile parle du *pneuma*, qui désigne à la fois le vent et l'esprit.

Struggle for life
Lutte pour la vie.
Locution anglaise, mise à la mode par Darwin. Elle équivaut à *concurrence vitale. La sélection dans les espèces animales s'explique par le* **struggle for life.**

Sublata causa, tollitur effectus
La cause supprimée, l'effet disparaît.
Conséquence du principe philosophique *Il n'y a pas d'effet sans cause.*

Summum jus, summa injuria
Comble de justice, comble d'injustice.
Adage latin de droit, cité par Cicéron (*De officiis*, I, 10, 33). Il entend par là qu'on commet souvent des injustices par une application trop rigoureuse de la loi.

Sursum corda
Haut les cœurs.
Paroles que prononce le prêtre à la messe, en rite latin, au commencement de la préface. On cite ces mots pour faire appel ou indiquer que quelqu'un fait appel à des sentiments élevés.

Sustine et abstine
Supporte et abstiens-toi.
Maxime des stoïciens (traduite du grec : **Anekhou kai apekhou**). *Supporte* tous les maux sans que ton âme en soit troublée ; *abstiens-toi* de tous les plaisirs qui peuvent nuire à ta liberté morale.

Sutor, ne supra crepidam
Cordonnier, pas plus haut que la chaussure.
Paroles du peintre Apelle à un cordonnier qui, après avoir critiqué dans un de ses tableaux une sandale, voulut juger du reste (Pline, *Histoire naturelle*, 35-36). Ce proverbe s'adresse à ceux qui veulent parler en connaisseurs de choses au-dessus de leur compétence.

Tarde venientibus ossa
Ceux qui viennent tard à table ne trouvent plus que des os.
S'emploie au propre et au figuré. Dans ce dernier cas, ces mots s'appliquent à tous ceux qui, par négligence ou par oubli, manquent une bonne affaire.

Tempus edax rerum
Le temps qui détruit tout.
Expression d'Ovide (*Métamorphoses*, XV, 234).

Terminus ad quem...
Limite jusqu'à laquelle...
Dans l'intervalle compris entre le **terminus a quo** (*limite à partir de laquelle...*) et le **terminus ad quem** se trouve la date approximative d'un fait dont la date certaine est ignorée.

Testis unus, testis nullus
Témoin seul, témoin nul.
Adage de jurisprudence, qui s'emploie pour faire entendre que le témoignage d'un seul ne suffit pas pour établir en justice la vérité d'un fait.

Thalassa ! thalassa !
La mer ! la mer !
Cri de joie des dix mille Grecs conduits par Xénophon (*Anabase*, IV, 8), quand, accablés de fatigue après une retraite de seize mois, ils aperçurent le rivage du Pont-Euxin.

The right man in the right place
L'homme qu'il faut à la place qu'il faut.
Expression anglaise, qu'on applique à tout homme qui convient tout à fait à l'emploi auquel on le destine.

Time is money
Le temps, c'est de l'argent.
Proverbe anglais. Le temps bien employé est un profit.

Timeo Danaos et dona ferentes
Je crains les Grecs, même quand ils font des offrandes [aux dieux].
Paroles que Virgile (*l'Énéide*, II, 49) met dans la bouche du grand prêtre Laocoon pour dissuader les Troyens de faire entrer dans leurs murs le fameux cheval de bois que les Grecs avaient perfidement laissé sur le rivage. Elles expriment l'idée qu'il faut toujours se défier d'un ennemi, quelque aimable, quelque généreux qu'il paraisse.

Timeo hominem unius libri
Je crains l'homme d'un seul livre.
Pensée de saint Thomas d'Aquin. L'homme qui ne connaît qu'un seul livre, mais qui le possède bien, est un adversaire redoutable. Quelquefois, on donne à cette phrase un autre sens : « Je crains un homme qui a choisi un livre et ne jure que par lui. »

To be or not to be, that is the question
Être ou ne pas être, telle est la question.
Premier vers du monologue d'Hamlet (III, 1), dans le drame de Shakespeare. Caractérise une situation où l'existence même d'un individu, d'une nation, est en jeu. La fin du vers s'emploie parfois seule pour caractériser un cas douteux.

Tolle, lege
Prends, lis.
Un jour que saint Augustin, violemment agité par les hésitations qui précédèrent sa conversion, s'était réfugié dans un bosquet pour s'y recueillir, il entendit une voix prononcer ces mots : **Tolle, lege.** Jetant les yeux sur un livre que lisait son ami Alypius, il tomba sur un texte de saint Paul (*Romains*, XIII, 13-14), qui décida de sa conversion.

Traduttore, traditore
Traducteur, traître.
Aphorisme italien, qui signifie que toute traduction est fatalement infidèle et trahit par conséquent la pensée de l'auteur du texte original.

Trahit sua quemque voluptas
Chacun a son penchant qui l'entraîne.
Maxime empruntée à Virgile (*Églogues*, II, 65), équivalent des adages français : *Tous les goûts sont dans la nature* et *Chacun prend son plaisir où il le trouve.*

Tu duca, tu signore e tu maestro

Tu es mon guide, mon seigneur et mon maître.

Paroles de Dante à Virgile, qu'il prend pour guide dans sa descente aux Enfers (*l'Enfer*, II, 140).

Tu es ille vir

Tu es cet homme.

Paroles du prophète Nathan à David (Livre de Samuel, II, 12, 7), après lui avoir rappelé, au moyen d'une parabole, le crime dont il s'était rendu coupable en faisant tuer Urie pour épouser sa femme Bethsabée.

Tu quoque, fili !

Toi aussi, mon fils !

Exclamation de César, lorsqu'il aperçut au nombre de ses assassins Brutus, qu'il aimait particulièrement. Cette phrase, prononcée en grec, était en réalité une imprécation.

Ubi solitudinem faciunt, pacem appellant

Où ils font un désert, ils disent qu'ils ont donné la paix.

Phrase mise par Tacite (*Vie d'Agricola*, 30) dans la bouche de Galgacus, héros calédonien, dénonçant les excès des Romains. Ces mots s'appliquent aux conquérants qui tentent de justifier leurs ravages par l'apport de la civilisation.

Ultima forsan

La dernière, peut-être.

Inscription parfois placée sur les cadrans d'horloge. *Tu regardes l'heure ;* **ultima forsan.**

Ultima ratio regum

Dernier argument des rois.

Devise que Louis XIV avait fait graver sur ses canons.

Uti, non abuti

User, ne pas abuser.

Axiome de modération, s'appliquant à tout ordre d'idées.

Vade in pace

Va en paix.

Paroles de l'Évangile, souvent utilisées dans le rituel romain.

Vade retro, Satana

Retire-toi, Satan.

Paroles de Jésus, qu'on trouve dans l'Évangile sous une forme un peu différente (saint Matthieu, IV, 10, et saint Marc, VIII, 33). On les emploie pour repousser quelqu'un dont on rejette les propositions.

Vae soli !

Malheur à l'homme seul !

Paroles de l'Ecclésiaste (IV, 10), qui caractérisent la position malheureuse de l'homme isolé, abandonné à lui-même.

Vae victis !

Malheur aux vaincus !

Paroles adressées par Brennus aux Romains, au moment où il jetait son épée dans la balance dans laquelle on pesait l'or destiné à acheter le départ des Gaulois qui, v. 390 av. J.-C., s'étaient emparés de Rome (Tite-Live, V, 48). Elles s'emploient pour faire entendre que le vaincu est à la merci du vainqueur.

Vanitas vanitatum, et omnia vanitas

Vanité des vanités, et tout est vanité.

Paroles par lesquelles l'Ecclésiaste (I, 2) enseigne que tout est illusion et déception ici-bas.

Varium et mutabile

Chose variable et changeante.

Mots de Virgile (*l'Énéide*, IV, 569), appliqués par Mercure à la Femme, pour décider Énée à quitter Carthage, où le retient l'amour de Didon. François Ier les a redits à sa manière : *Souvent femme varie, / Bien fol est qui s'y fie.*

Vedi Napoli, e poi muori !

Vois Naples, et meurs !

Proverbe par lequel les Italiens expriment leur admiration pour Naples et son golfe.

Veni, vidi, vici

Je suis venu, j'ai vu, j'ai vaincu.

Mots célèbres par lesquels César décrivit au sénat la rapidité de la victoire qu'il venait de remporter près de Zéla sur Pharnace, roi du Bosphore (47 av. J.-C.). Exprime la facilité et la rapidité d'un succès quelconque.

Verba volant, scripta manent

Les paroles s'envolent, les écrits restent.

Ce proverbe latin conseille la circonspection dans les circonstances où il serait imprudent de laisser des preuves matérielles d'une opinion, d'un fait, etc.

Veritas odium parit

La franchise engendre la haine.

Fin d'un vers de Térence (*Andrienne*, I, 1, 68), dont la première partie est **Obsequium amicos** (*La complaisance* [crée] *des amis*).

Vir bonus, dicendi peritus

Un homme de bien qui sait parler.

Définition de l'orateur, que Caton l'Ancien proposait à son fils, donnant à entendre qu'il faut à l'orateur la double autorité de la vertu et du talent.

Vis comica

La force comique ; le pouvoir de faire rire.

Mots extraits d'une épigramme de César sur Térence, cités par Suétone. En réalité, dans l'épigramme latine, l'adjectif *comica* ne se rapporte probablement pas à *vis*, mais à un substantif qui suit.

Vitam impendere vero

Consacrer sa vie à la vérité.

Mots de Juvénal (*Satires*, IV, 91), dont J.-J. Rousseau fit sa devise.

Volenti non fit injuria

On ne fait pas tort à celui qui consent.

Axiome de jurisprudence, d'après lequel on n'est pas fondé à porter plainte pour un dommage auquel on a consenti.

Vox clamantis in deserto

La voix de celui qui crie dans le désert.

Paroles de saint Jean-Baptiste définissant son rôle de précurseur du Messie : « *Je suis la voix de celui qui crie dans le désert : Rendez droites les voies du Seigneur* » (saint Matthieu, III, 3). Il faisait allusion à ses prédications devant la foule, dans le désert. C'est abusivement qu'on applique ce texte à ceux qui parlent et ne sont pas écoutés.

Vox populi, vox Dei

Voix du peuple, voix de Dieu.

Adage suivant lequel on établit la vérité d'un fait, la valeur d'une chose sur l'opinion du plus grand nombre.

Vulnerant omnes, ultima necat

Toutes blessent, la dernière tue.

Il s'agit des heures. Inscription latine placée autrefois sur les cadrans d'horloge des églises ou des monuments publics.

PROVERBES, SENTENCES ET MAXIMES

Les proverbes, sentences et maximes sont nés en marge du savoir institué, à l'office, aux quatre saisons des travaux de la terre, à l'atelier et dans les alcôves. Ils disent nos craintes et nos désirs et conjurent le mauvais sort.

A beau mentir qui vient de loin :
celui qui vient d'un pays lointain peut, sans craindre d'être démenti, raconter des choses fausses.

À bon chat, bon rat :
se dit quand celui qui attaque trouve un adversaire capable de lui résister.

Abondance de biens ne nuit pas :
on accepte encore, par mesure de prévoyance, une chose dont on a déjà une quantité suffisante.

À bon vin point d'enseigne :
ce qui est bon se recommande de soi-même.

À chaque jour suffit sa peine :
faisons face aux difficultés d'aujourd'hui sans penser par avance à celles que peut nous réserver l'avenir.

À cœur vaillant rien d'impossible :
avec du courage, on vient à bout de tout.

L'air ne fait pas la chanson :
l'apparence n'est pas la réalité.

À la Chandeleur, l'hiver se passe ou prend vigueur :
si le froid n'est pas fini à la Chandeleur, il devient plus rigoureux qu'auparavant.

À la Sainte-Luce, les jours croissent du saut d'une puce :
les jours commencent à croître un peu à la Sainte-Luce (13 décembre).

À l'impossible nul n'est tenu :
on ne peut exiger de quiconque ce qu'il lui est impossible de faire.

À l'œuvre on connaît l'ouvrier (ou **l'artisan**) **:**
c'est par la valeur de l'ouvrage qu'on juge celui qui l'a fait.

À méchant ouvrier, point de bon outil :
le mauvais ouvrier fait toujours du mauvais travail et met ses maladresses sur le compte de ses outils.

À père avare, fils prodigue :
un défaut, un vice fait naître autour de soi, par réaction, le défaut, le vice contraire.

L'appétit vient en mangeant :
plus on a, plus on veut avoir.

Après la pluie, le beau temps :
la joie succède souvent à la tristesse, le bonheur au malheur.

À quelque chose malheur est bon :
les événements pénibles peuvent avoir un aspect positif, notamment en donnant de l'expérience.

L'argent est un bon serviteur et un mauvais maître :
l'argent contribue au bonheur de celui qui sait l'employer et fait le malheur de celui qui se laisse dominer par l'avarice ou la cupidité.

L'argent n'a pas d'odeur :
certains ne se soucient guère de la manière dont ils gagnent de l'argent, pourvu qu'ils en gagnent.

À tout seigneur, tout honneur :
il faut rendre honneur à chacun suivant son rang.

Au royaume des aveugles, les borgnes sont rois :
avec un mérite, une intelligence médiocres, on brille au milieu des sots et des ignorants.

Autant en emporte le vent :
se dit en parlant de promesses auxquelles on ne croit pas ou qui ne sont pas réalisées.

Autres temps, autres mœurs :
les mœurs changent d'une époque à l'autre.

Aux grands maux les grands remèdes :
il faut prendre des décisions énergiques contre les maux graves et dangereux.

Avec des « si », on mettrait Paris en bouteille :
avec des hypothèses, tout devient possible.

À vieille mule, frein doré :
on pare une vieille bête pour mieux la vendre ; se dit aussi de vieilles femmes qui abusent des artifices de la toilette.

Beaucoup de bruit pour rien :
titre d'une comédie de Shakespeare, passé en proverbe pour exprimer qu'une affaire insignifiante a pris des proportions excessives.

Bien faire et laisser dire :
il faut faire son devoir sans se préoccuper des critiques.

Bien mal acquis ne profite jamais :
on ne peut jouir en paix du bien obtenu malhonnêtement.

Bon chien chasse de race :
on hérite généralement des qualités de sa famille.

Bonne renommée vaut mieux que ceinture dorée :
mieux vaut jouir de l'estime publique que d'être riche.

Bon sang ne peut (ou **ne saurait**) **mentir :**
qui est d'une noble race n'en saurait être indigne.

Les bons comptes font les bons amis :
pour rester amis, il faut s'acquitter exactement de ce que l'on se doit l'un à l'autre.

La caque sent toujours le hareng :
on porte toujours la marque de son origine, de son passé.

Ce que femme veut, Dieu le veut :
les femmes parviennent toujours à leurs fins.

C'est en forgeant qu'on devient forgeron :
à force de s'exercer à une chose, on y devient habile.

C'est le ton qui fait la musique (**ou qui fait la chanson**) **:**
c'est la manière dont on dit les choses qui marque l'intention véritable.

C'est l'hôpital qui se moque de la Charité :
se dit de celui qui se moque de la misère d'autrui, bien qu'il soit lui-même aussi misérable.

Chacun pour soi et Dieu pour tous :
laissons à Dieu le soin de s'occuper des autres.

Charbonnier est maître chez soi :
chacun est libre d'agir comme il l'entend dans sa propre demeure.

Charité bien ordonnée commence par soi-même :
avant de songer aux autres, il faut songer à soi.

Chat échaudé craint l'eau froide :
on redoute même l'apparence de ce qui vous a déjà nui.

Le chat parti, les souris dansent :
quand maîtres ou chefs sont absents, écoliers ou subordonnés mettent à profit leur liberté.

Les chiens aboient, la caravane passe :
celui qui est sûr de sa voie ne s'en laisse pas détourner par la désapprobation la plus bruyante. (Proverbe arabe.)

Chose promise, chose due :
on est obligé de faire ce qu'on a promis.

Cœur qui soupire n'a pas ce qu'il désire :
les soupirs que l'on pousse prouvent qu'on n'est pas satisfait.

Comme on connaît les saints, on les honore :
on traite chacun selon le caractère qu'on lui connaît.

Comme on fait son lit, on se couche :
il faut s'attendre en bien ou en mal à ce qu'on s'est préparé à soi-même par sa conduite.

Comparaison n'est pas raison :
une comparaison ne prouve rien.

Les conseilleurs ne sont pas les payeurs :
défions-nous des conseilleurs ; ni leur personne ni leur bourse ne courent le risque qu'ils conseillent.

Contentement passe richesse :
le bonheur est préférable à la fortune.

Les cordonniers sont les plus mal chaussés :
on néglige souvent les avantages qu'on a, de par sa condition, à sa portée.

Dans le doute, abstiens-toi :
dans l'incertitude, n'agis pas.

De (ou entre) deux maux, il faut choisir le moindre :
adage que l'on prête à Socrate, qui aurait ainsi expliqué pourquoi il avait pris une femme de très petite taille.

Défiance (ou méfiance) est mère de sûreté :
il ne faut pas être trop confiant si l'on ne veut pas être trompé.

De la discussion jaillit la lumière :
de la confrontation des idées peut naître la solution.

Déshabiller Pierre pour habiller Paul :
faire une dette pour en acquitter une autre ; se tirer d'une difficulté en s'en créant une nouvelle.

Deux avis valent mieux qu'un :
il vaut mieux, avant d'agir, consulter plusieurs personnes.

Dis-moi qui tu hantes, je te dirai qui tu es :
on juge une personne d'après la société qu'elle fréquente.

Donner un œuf pour avoir un bœuf :
faire un petit cadeau dans l'espoir d'en recevoir un plus considérable.

L'eau va à la rivière :
l'argent va aux riches.

En avril, n'ôte pas un fil ; en mai, fais ce qu'il te plaît :
on ne doit pas mettre des vêtements légers en avril ; on le peut en mai.

L'enfer est pavé de bonnes intentions :
les bonnes intentions ne suffisent pas si elles ne sont pas réalisées ou n'aboutissent qu'à des résultats fâcheux.

Entre l'arbre et l'écorce il ne faut pas mettre le doigt :
il ne faut pas intervenir dans une dispute entre proches.

Erreur n'est pas compte :
tant que subsiste une erreur, un compte n'est pas définitif.

L'exception confirme la règle :
ce qui est reconnu comme exception ne met pas la règle en cause, puisque, sans elle, point d'exception.

La faim chasse le loup hors du bois :
la nécessité contraint les hommes à faire des choses qui leur déplaisent.

Fais ce que dois, advienne que pourra :
fais ton devoir sans t'inquiéter de ce qui pourra en résulter.

Faute de grives, on mange des merles :
à défaut de mieux, il faut se contenter de ce que l'on a.

La fête passée, adieu le saint :
une fois la satisfaction obtenue, on oublie qui l'a procurée.

La fin justifie les moyens :
principe d'après lequel le but excuserait les actions coupables commises pour l'atteindre.

La fortune vient en dormant :
le plus sûr moyen de s'enrichir est de s'en remettre au hasard.

Des goûts et des couleurs, il ne faut pas discuter :
chacun est libre d'avoir ses préférences.

Les grandes douleurs sont muettes :
l'extrême souffrance morale ne fait entendre aucune plainte.

Les grands diseurs ne sont pas les grands faiseurs :
ceux qui se vantent le plus ou promettent le plus sont souvent ceux qui font le moins.

Les grands esprits se rencontrent :
se dit plaisamment lorsqu'une même idée, une même pensée, une même vérité est énoncée simultanément par deux personnes.

L'habit ne fait pas le moine :
ce n'est pas sur l'apparence qu'il faut juger les gens.

L'habitude est une seconde nature :
l'habitude nous fait agir aussi spontanément qu'un instinct naturel.

Heureux au jeu, malheureux en amour :
celui qui gagne souvent au jeu est rarement heureux en ménage.

Il faut battre le fer pendant qu'il est chaud :
il faut exploiter une situation favorable sans tarder.

Il faut que jeunesse se passe :
on doit excuser les erreurs que la légèreté et l'inexpérience font commettre à la jeunesse.

Il faut qu'une porte soit ouverte ou fermée :
il faut prendre un parti dans un sens ou dans un autre.

Il faut rendre à César ce qui appartient à César, et à Dieu ce qui est à Dieu :
il faut rendre à chacun ce qui lui est dû.

Il faut tourner sept fois sa langue dans sa bouche avant de parler :
avant de parler, de se prononcer, il faut mûrement réfléchir.

Il ne faut jamais jeter le manche après la cognée : il ne faut jamais se décourager.

Il ne faut jurer de rien : il ne faut jamais répondre de ce qu'on fera ni de ce qui peut arriver.

Il ne faut pas dire : Fontaine, je ne boirai pas de ton eau : nul ne peut assurer qu'il ne recourra jamais à une personne ou à une chose.

Il n'est pire aveugle que celui qui ne veut pas voir ou **Il n'est pire sourd que celui qui ne veut pas entendre :** le parti pris ferme l'esprit à tout éclaircissement.

Il n'est pire eau que l'eau qui dort : c'est souvent des personnes d'apparence inoffensive qu'il faut le plus se méfier.

Il n'y a pas de fumée sans feu : derrière les rumeurs, les on-dit, il y a toujours un fond de vérité.

Il n'y a pas de sot métier : toutes les professions sont respectables.

Il n'y a que la vérité qui blesse : les reproches vraiment pénibles sont ceux que l'on a mérités.

Il n'y a que le premier pas qui coûte : le plus difficile en toute chose est de commencer.

Il vaut mieux aller au boulanger (ou **au moulin**) **qu'au médecin :** la maladie coûte plus cher encore que la dépense pour la nourriture.

Il vaut mieux avoir affaire (ou **s'adresser**) **à Dieu qu'à ses saints :** il vaut mieux s'adresser directement au maître qu'aux subalternes.

Il vaut mieux tenir que courir : la possession vaut mieux que l'espérance.

Il y a loin de la coupe aux lèvres : il peut arriver bien des événements entre un désir et sa réalisation.

L'intention vaut le fait : l'intention compte comme si elle avait été mise à exécution.

Le jeu ne vaut pas la chandelle : la chose ne vaut pas la peine qu'on se donne pour l'obtenir.

Les jours se suivent et ne se ressemblent pas : les circonstances varient avec le temps.

Loin des yeux, loin du cœur : l'absence détruit ou affaiblit les affections.

Les loups ne se mangent pas entre eux : les méchants ne cherchent pas à se nuire.

Mains froides, cœur chaud : la froideur des mains indique un tempérament amoureux.

Mauvaise herbe croît toujours : se dit pour expliquer la croissance rapide d'un enfant difficile.

Mettre la charrue avant (ou **devant**) **les bœufs :** commencer par où l'on devrait finir.

Le mieux est l'ennemi du bien : on court le risque de gâter ce qui est bien en voulant obtenir mieux.

Mieux vaut tard que jamais : il vaut mieux, en certains cas, agir tard que ne pas agir du tout.

Morte la bête, mort le venin : un ennemi, un être malfaisant ne peut plus nuire quand il est mort.

Les murs ont des oreilles : dans un entretien confidentiel, il faut se défier de ce qui vous entoure.

Nécessité fait loi : dans les cas extrêmes, certains actes sont justifiés.

Ne fais pas à autrui ce que tu ne voudrais pas qu'on te fît : règle de conduite qui est un des fondements de la morale.

N'éveillez pas le chat qui dort : il ne faut pas réveiller une fâcheuse affaire, une menace assoupie.

Noël au balcon, Pâques au tison : si le temps est beau à Noël, il fera froid à Pâques.

La nuit porte conseil : la nuit est propre à nous inspirer de sages réflexions.

La nuit, tous les chats sont gris : on ne peut pas bien, de nuit, distinguer les personnes et les choses.

Nul n'est prophète en son pays : personne n'est apprécié à sa vraie valeur là où il vit habituellement.

L'occasion fait le larron : les circonstances peuvent provoquer des actes répréhensibles auxquels on n'aurait pas songé.

Œil pour œil, dent pour dent : le châtiment doit être identique à l'offense (loi du talion).

L'oisiveté est mère (ou **la mère**) **de tous les vices :** n'avoir rien à faire, c'est s'exposer à toutes les tentations.

On ne fait pas d'omelette sans casser des œufs : on n'arrive pas à un résultat sans peine ni sacrifices.

On ne prête qu'aux riches : on ne rend des services qu'à ceux qui sont en état de les récompenser ; on attribue volontiers certains actes à ceux qui sont habitués à les faire.

On reconnaît l'arbre à ses fruits : c'est à ses actes qu'on connaît la valeur d'un homme.

Paris (ou **Rome**) **ne s'est pas fait(e) en un jour :** une tâche difficile exige du temps.

Pas de nouvelles, bonnes nouvelles : sans nouvelles de quelqu'un, on peut présumer qu'il ne lui est rien arrivé de fâcheux.

Pauvreté n'est pas vice : il n'y a pas de honte à être pauvre.

Péché avoué est à demi pardonné : celui qui avoue ses erreurs obtient plus aisément l'indulgence.

Petit à petit, l'oiseau fait son nid : à force de persévérance, on vient à bout d'une entreprise.

Petite pluie abat grand vent : souvent, peu de chose suffit pour calmer une grande colère.

Les petits ruisseaux font les grandes rivières : les petits profits accumulés finissent par faire de gros bénéfices.

Pierre qui roule n'amasse pas mousse : on ne s'enrichit pas en changeant souvent de métier, de pays.

Plaie d'argent n'est pas mortelle : les pertes d'argent peuvent toujours se réparer.

La pluie du matin réjouit le pèlerin : la pluie du matin est souvent la promesse d'une belle journée.

La plus belle fille du monde ne peut donner que ce qu'elle a : nul ne peut donner ce qu'il n'a pas.

Plus on est de fous, plus on rit : plus on est nombreux, plus on s'amuse.

Prudence est mère de sûreté :
c'est en étant prudent qu'on évite tout danger.

Quand le vin est tiré, il faut le boire :
l'affaire étant engagée, il faut en accepter les suites, même fâcheuses.

Qui a bu boira :
on ne se corrige jamais d'un défaut devenu une habitude.

Qui aime bien châtie bien :
celui qui aime vraiment ne craint pas de faire preuve de sévérité.

Quiconque se sert de l'épée périra par l'épée :
celui qui se comporte avec violence sera victime de la violence.

Qui donne aux pauvres prête à Dieu :
celui qui fait la charité en sera récompensé dans la vie future.

Qui dort dîne :
le sommeil tient lieu de dîner.

Qui ne dit mot consent :
ne pas élever d'objection, c'est donner son accord.

Qui ne risque rien n'a rien :
un succès ne peut s'obtenir sans quelque risque.

Qui paie ses dettes s'enrichit :
en payant ses dettes, on crée ou on augmente son crédit.

Qui peut le plus peut le moins :
celui qui est capable de faire une chose difficile, coûteuse, etc., peut à plus forte raison faire une chose plus facile, moins coûteuse, etc.

Qui sème le vent récolte la tempête :
celui qui provoque le désordre en subira les conséquences.

Qui se ressemble s'assemble :
ceux qui ont les mêmes penchants se recherchent mutuellement.

Qui se sent morveux se mouche :
que celui qui se sent en faute s'applique ce que l'on vient de dire.

Qui s'y frotte s'y pique :
celui qui s'y risque s'en repent.

Qui trop embrasse mal étreint :
celui qui entreprend trop de choses à la fois n'en réussit aucune.

Qui va à la chasse perd sa place :
celui qui quitte sa place doit s'attendre à la trouver occupée à son retour.

Qui veut la fin veut les moyens :
qui veut une chose ne doit pas reculer devant les moyens qu'elle réclame.

Qui veut noyer son chien l'accuse de la rage :
quand on en veut à quelqu'un, on l'accuse faussement.

Qui veut voyager loin ménage sa monture :
il faut ménager ses forces, ses ressources, etc., si l'on veut tenir, durer longtemps.

Qui vole un œuf vole un bœuf :
qui commet un vol minime se montre par là capable d'en commettre un plus considérable.

Rira bien qui rira le dernier :
celui qui triomphe actuellement sera finalement puni.

Santé passe richesse :
la santé est plus précieuse que la richesse.

Si jeunesse savait, si vieillesse pouvait :
les jeunes manquent d'expérience et les vieillards, de force.

Le soleil luit pour tout le monde :
chacun a droit aux choses que la nature a accordées à tous.

Tant va la cruche à l'eau qu'à la fin elle se casse (ou **qu'enfin elle se brise**) **:**
tout finit par s'user ; à force de braver un danger, on finit par y succomber ; à force de faire la même faute, on finit par en pâtir.

Tel est pris qui croyait prendre :
on subit souvent le mal qu'on a voulu faire à autrui.

Tel père, tel fils :
le plus souvent, le fils ressemble à son père.

Le temps, c'est de l'argent :
le temps bien employé est un profit. Traduction de l'adage anglais *Time is money*.

Tous les chemins mènent à Rome :
il y a bien des moyens d'arriver au même but.

Tous les goûts sont dans la nature :
se dit à propos d'une personne qui a des goûts singuliers.

Toute peine mérite salaire :
chacun doit être récompensé de son travail, si modeste soit-il.

Toute vérité n'est pas bonne à dire :
il n'est pas toujours bon de dire ce que l'on pense, aussi vrai que cela puisse être.

Tout nouveau tout beau :
la nouveauté a toujours un charme particulier.

Tout vient à point à qui sait attendre :
avec du temps et de la patience, on réussit, on obtient ce que l'on désire.

Trop de précaution nuit :
l'excès de précaution tourne souvent à notre propre désavantage.

Un clou chasse l'autre :
se dit en parlant de personnes ou de choses qui succèdent à d'autres et les font oublier.

Un de perdu, dix de retrouvés :
la personne, la chose perdue est très facile à remplacer.

Une fois n'est pas coutume :
un acte isolé est sans conséquence ; on peut fermer les yeux sur un acte isolé.

Une hirondelle ne fait pas le printemps :
on ne peut rien conclure d'un seul cas, d'un seul fait.

Un homme averti en vaut deux :
quand on a été prévenu de ce que l'on doit craindre, on se tient doublement sur ses gardes.

Un mauvais arrangement vaut mieux qu'un bon (ou **que le meilleur**) **procès :**
s'entendre, à quelque condition que ce soit, vaut mieux que de plaider.

Un tiens vaut mieux que deux tu l'auras :
ce que l'on possède est préférable à tout ce qu'on peut espérer.

Ventre affamé n'a point d'oreilles :
celui qui est tenaillé par la faim est sourd à toute parole.

Vouloir, c'est pouvoir :
on réussit lorsqu'on a la ferme volonté de réussir.

Mots historiques

Les mots historiques sont ceux qui restent lorsqu'on a tout oublié de l'histoire. Souvent controversés, apocryphes ou mutilés, ils cimentent une société qui a besoin de s'inventer des repères et de se forger des modèles emblématiques.

À la guerre [...] il n'y a pas de gagnants, il n'y a que des perdants.
Jugement de Chamberlain *(In war [...] there are no winners, but all are losers)* dans *Speech at Kettering*, 3 juillet 1938.

Allez dire à ceux qui vous envoient que nous sommes ici par la volonté nationale et que nous n'en sortirons que par la puissance des baïonnettes.
Apostrophe de Mirabeau à Dreux-Brézé, grand maître des cérémonies du roi, le 23 juin 1789, telle qu'elle est gravée sur le buste de Mirabeau par Houdon. Elle est plus souvent citée sous la forme : « Allez dire à votre maître que nous sommes ici par la volonté du peuple et que nous n'en sortirons que par la force des baïonnettes. »

Après nous le déluge.
Mots prêtés au roi de France Louis XV, qui ne les a sans doute jamais prononcés. À cette époque, le mathématicien Maupertuis avait prévu le retour de la comète de 1680, qui provoquerait, croyait-il, un déluge.

Le bonheur est une idée neuve en Europe.
Saint-Just, *Rapport à la Convention*, 3 mars 1794.

Ce n'est pas possible, m'écrivez-vous ; cela n'est pas français.
Réponse de Napoléon Ier, le 9 juillet 1813, au général Lemarois, commandant de Magdebourg, qui avait des difficultés à tenir la place. Elle est à l'origine du dicton « Impossible n'est pas français ».

C'est bien taillé, mon fils ; maintenant il faut recoudre.
Catherine de Médicis aurait adressé ces paroles à son fils Henri III après l'exécution du duc de Guise, le 23 décembre 1588.

C'est plus qu'un crime, c'est une faute.
Ces mots auraient été prononcés, selon Sainte-Beuve *(les Nouveaux Lundis)*, par Boulay de La Meurthe à propos de l'exécution du duc d'Enghien. Ils ont été également attribués à Talleyrand.

– C'est une révolte ?
– Non, Sire, c'est une révolution.
Dialogue entre Louis XVI et son grand maître de la garde-robe, La Rochefoucauld-Liancourt, qui annonçait au roi la prise de la Bastille.

Un chiffon de papier.
Le 4 août 1914, au cours d'un entretien avec l'ambassadeur de Grande-Bretagne à Berlin, lui transmettant l'ultimatum de son pays, le chancelier allemand Bethmann-Hollweg désignait ainsi *(a scrap of paper)* le traité de 1839 qui garantissait la neutralité belge.

Commediante ! Tragediante !
Dans *Servitude et Grandeur militaires*, Alfred de Vigny attribue au pape Pie VII ces mots relatifs à Napoléon Ier, après une scène violente que l'Empereur avait faite au souverain pontife.

Le communisme, c'est le pouvoir des Soviets plus l'électrification du pays.
Lénine, *Œuvres complètes*.

Le corps d'un ennemi mort sent toujours bon.
Phrase que Charles IX aurait prononcée devant le corps de l'amiral de Coligny, massacré à la Saint-Barthélemy. Elle a aussi été attribuée à Vitellius, empereur romain.

De l'amour ou haine que Dieu a pour les Anglais, je n'en sais rien, mais je sais bien qu'ils seront tous boutés hors de France, excepté ceux qui y périront.
Jeanne d'Arc, lors de son procès (7e interrogatoire, 15 mars 1431).

De l'audace, encore de l'audace et toujours de l'audace !
Exhortation lancée par Danton à la fin de son discours du 2 septembre 1792 à l'Assemblée législative pour soulever la nation contre « les ennemis de la République ».

De la merde dans un bas de soie.
Cette définition de Talleyrand a été attribuée en particulier à Napoléon Ier.

De Stettin jusqu'à Trieste, un rideau de fer est tombé sur le continent.
Winston Churchill évoquait par ces mots, en mars 1946, la séparation entre les États socialistes de l'Est et les démocraties de l'Europe de l'Ouest.

Encore un moment, monsieur le bourreau, un petit moment.
Prière adressée par la comtesse Du Barry à son bourreau avant d'être guillotinée, le 8 décembre 1793.

Enrichissez-vous.
Mot de Guizot, prononcé à la Chambre le 1er mars 1843 pour inviter l'opposition à user des avantages sociaux conquis par la Révolution plutôt que de réclamer des réformes. Guizot ajoutait : « Améliorez la condition morale et matérielle de notre France. »

L'État, c'est moi.
L'attribution de ce mot à Louis XIV est controversée.

Eurêka (J'ai trouvé).
Exclamation d'Archimède découvrant, dans son bain, la loi de la pesanteur spécifique des corps. Cité par Vitruve, *De l'architecture* (IX, 3).

L'exactitude est la politesse des rois.
Formule du roi de France Louis XVIII, citée par le banquier Laffitte dans ses *Souvenirs*.

Faites-nous de bonne politique et je vous ferai de bonnes finances.
Le baron Louis, ministre des Finances sous la Restauration, puis sous la monarchie de Juillet, énonça cette maxime devant Guizot (qui l'a rapportée) au cours d'un Conseil des ministres en 1830.

La femme de César ne doit pas être soupçonnée.
Jules César justifiait par ces mots le renvoi de son épouse, compromise par un jeune patricien.

La France a perdu une bataille, mais la France n'a pas perdu la guerre.
Cette phrase célèbre de Charles de Gaulle ne figure pas dans l'appel du 18 juin 1940 ; mais elle est le début d'une proclamation affichée en juillet à Londres.

La France s'ennuie.
Lamartine s'exclama : « La France est une nation qui s'ennuie » en 1839, dans un discours à la Chambre des députés. Plus tard, dans un autre discours, prononcé à Mâcon, il précisa : « J'ai dit, il y a quelques années, à la tribune, un mot qui a fait le tour du monde [...] j'ai dit un jour : La France s'ennuie ! »

La garde meurt et ne se rend pas.
Ces paroles, comme d'autres moins châtiées, sont attribuées au général Cambronne lors de la bataille de Waterloo et inscrites sur le monument élevé à la gloire du général à Nantes. Elles seraient apocryphes.

La guerre ! c'est une chose trop grave pour la confier à des militaires.
Mots de Clemenceau, cités par Suarez dans *Soixante Années d'histoire française : Clemenceau* (Tallandier).

Honni soit qui mal y pense.
Devise de l'ordre de la Jarretière *(Order of the Garter)*, institué en Angleterre vers l'an 1340 par le roi Édouard III. Dans un bal, la comtesse de Salisbury, maîtresse du roi, avait laissé tomber, en dansant, sa jarretière. Le roi la ramassa et, coupant court aux plaisanteries, déclara : « Messieurs, honni soit qui mal y pense *[honi soit qui mal y pense]* ! Ceux qui rient maintenant seront un jour très honorés d'en porter une semblable, car ce ruban sera mis en tel honneur que les moqueurs eux-mêmes le rechercheront avec empressement. »

Il est plus facile de faire la guerre que la paix.
Mots de Clemenceau dans son livre *Discours de paix* (1919).

Ils n'ont rien oublié ni rien appris.
Mots de Napoléon Ier à propos des Bourbons (« Depuis le peu de mois qu'ils règnent, ils vous ont convaincus qu'ils n'ont rien oublié ni rien appris »), prononcés le 1er mars 1815 au retour de l'île d'Elbe.

J'ai failli attendre.
Mots attribués à Louis XIV.

J'aimerais mieux être le premier dans ce village que le second à Rome.
Mots de Jules César rapportés par Plutarque (*Vie de César*).

Je désire reposer [...] en face de cette ligne bleue des Vosges d'où monte jusqu'à mon cœur fidèle la plainte des vaincus.
Phrase de Jules Ferry, dans son *Testament*.

Je n'ai rien à offrir que du sang, du labeur, des larmes et de la sueur.
Paroles prononcées par Winston Churchill le 13 mai 1940 devant la Chambre des communes, au moment de l'attaque allemande en Belgique et en France. *(I have nothing to offer but blood, toil, tears and sweat.)*

Je reviendrai.
Phrase *(I shall return)* prononcée par le général MacArthur à son arrivée en Australie en mars 1942, après avoir quitté les Philippines occupées par le Japon.

Je veux qu'il n'y ait si pauvre paysan en mon royaume qu'il n'ait tous les dimanches sa poule au pot.
Déclaration attribuée à Henri IV.

Je vous ai compris !
Première phrase du discours prononcé par le général de Gaulle, le 4 juin 1958, devant la population européenne et musulmane d'Alger.

J'y suis, j'y reste.
Mots prêtés à Mac-Mahon refusant d'abandonner le fort de Malakoff aux Russes (1855).

Labourage et pâturage sont les deux mamelles dont la France est alimentée et les vrais mines et trésors du Pérou.
Phrase de Sully *(Économies royales)*.

La Fayette, nous voici !
Mots prononcés le 4 juillet 1917 par le colonel Charles Stanton sur la tombe du marquis de La Fayette, peu après l'entrée des États-Unis en guerre.

Messieurs les Anglais, tirez les premiers.
Réponse d'un officier français à un officier anglais qui le sommait d'engager les hostilités lors de la bataille de Fontenoy (11 mai 1745).

Mieux vaut ne pas changer d'attelage au milieu du gué.
Mots d'Abraham Lincoln, lors de la guerre de Sécession. (*It is best not to swap horses while crossing the river* [Speech, 9 juin 1864].)

La mobilisation n'est pas la guerre.
Proclamation du 1er août 1914, accompagnant l'ordre de mobilisation générale et signée du président de la République, Raymond Poincaré, et de tous les membres du gouvernement. Elle avait été rédigée par René Viviani, président du Conseil.

Le nez de Cléopâtre : s'il eût été plus court, toute la face de la terre aurait changé.
Pensée de Blaise Pascal.

Notre but reste le pouvoir des Soviets, mais ce n'est pas pour ce soir ni pour demain matin... Alors il faut savoir terminer une grève dès que satisfaction est obtenue.
Paroles prononcées par Maurice Thorez le 11 juin 1936 après la signature des accords de Matignon.

Oh ! les braves gens !
Exclamation du futur empereur d'Allemagne Guillaume Ier, admiratif devant les charges de la cavalerie française à Sedan.

Ô liberté ! que de crimes on commet en ton nom !
Phrase prononcée devant l'échafaud par Mme Roland de La Platière s'inclinant devant la statue de la Liberté.

On les aura !
Mots qui terminaient l'ordre du jour du général Pétain du 10 avril 1916.

L'ordre règne à Varsovie.
Légende d'une caricature de Grandville et d'Eugène Forest dans *le Moniteur* montrant un soldat russe debout sur un amoncellement de cadavres polonais. Les Russes venaient de réprimer cruellement l'agitation en Pologne, et le ministre des Affaires étrangères français Sebastiani de La Porta avait estimé que la « tranquillité » régnait à Varsovie (1831).

Paris vaut bien une messe.
Mot attribué à Henri IV.

Père, gardez-vous à droite ; père, gardez-vous à gauche.
Conseils donnés à Jean II le Bon par son fils, le futur Philippe II le Hardi, âgé de quatorze ans, lors de la bataille de Poitiers (1356).

Péripéties que tout cela, mais qui n'ont que trop duré. La réforme, oui, la chienlit, non ! Il faut que cela se sache.
De Gaulle, en mai 1968.

Prolétaires de tous les pays, unissez-vous !
C'est sur ces mots *(Proletarier aller Länder vereinigt Euch !)* que se termine le *Manifeste du parti communiste*, de Karl Marx.

Quand la France aura fait entendre sa voix souveraine, croyez-le bien, messieurs, il faudra se soumettre ou se démettre.
Phrase d'un discours électoral de Gambetta prononcé en 1877 à Lille.

Que d'eau, que d'eau !
Mac-Mahon aurait prononcé ces mots devant le spectacle de graves inondations à Toulouse en 1875.

Qu'est-ce que le tiers état ?
Titre d'une brochure de Sieyès, qui commençait ainsi : « 1° Qu'est-ce que le tiers état ? – Tout. 2° Qu'a-t-il été jusqu'à présent dans l'ordre politique ? – Rien. 3° Que demande-t-il ? – À être quelque chose. »

Qu'il est grand ! plus grand encore mort que vivant !
Henri III prononça ces mots devant le corps du duc de Guise, qu'il venait de faire assassiner.

Qui m'aime me suive.
Mots lancés par Philippe VI de Valois à ses barons rechignant à partir en campagne et rapportés dans les *Chroniques de Saint-Denis*.

Ralliez-vous à mon panache blanc !
Harangue d'Henri IV devant ses troupes à la bataille d'Ivry, le 14 mars 1590 : « Si vous perdez vos enseignes, ralliez-vous à mon panache blanc ! Vous le trouverez toujours sur le chemin de l'honneur et de la victoire. »

La République sera conservatrice ou elle ne sera pas.
Déclaration de Thiers, dans son *Message à l'Assemblée nationale*, le 18 novembre 1872.

La République n'a pas besoin de savants.
L'abbé Grégoire attribue ce mot au président Dumas du Tribunal révolutionnaire, à l'occasion du procès de Lavoisier, qui demandait un délai pour terminer une expérience.

Soldats, je suis content de vous !
Proclamation de Napoléon Ier, le 2 décembre 1805, après la victoire d'Austerlitz.

Soldats, songez que, du haut de ces pyramides, quarante siècles vous contemplent.
Phrase que Bonaparte aurait prononcée lors de la campagne d'Égypte, citée pour la première fois dans un ouvrage anonyme en 1803. Napoléon Ier reprit la formule à son compte.

Soldats, visez au cœur !
Exhortation du maréchal Ney aux soldats de son peloton d'exécution, le 7 décembre 1815.

Le soleil ne se couche pas sur mon empire.
Phrase prononcée par Alexandre le Grand, aussi attribuée, avec des variantes, à Charles Quint.

Toute ma vie, je me suis fait une certaine idée de la France.
Phrase de Charles de Gaulle (*Mémoires de guerre*, l'Appel).

Tout est perdu, fors l'honneur.
Formule attribuée à François Ier prisonnier après le désastre de Pavie.

Tu montreras ma tête au peuple, elle en vaut bien la peine.
Paroles de Danton (qui était fort laid) au bourreau avant de périr sur l'échafaud.

Un cheval ! Un cheval ! Mon royaume pour un cheval !
Exclamation de Richard III, roi d'Angleterre, lors de la bataille de Bosworth (22 août 1485), pendant la guerre des Deux-Roses. *(A horse ! a horse ! My kingdom for a horse !)*

Le vice appuyé sur le bras du crime.
Chateaubriand caractérise ainsi, dans les *Mémoires d'outre-tombe*, Talleyrand au bras de Fouché, en 1815.

Voilà le commencement de la fin.
Mot de Talleyrand à propos de la retraite de Russie.

Petit Trésor de locutions francophones

Environ 200 millions de terriens parlent le français : cette langue est désormais davantage pratiquée hors de France. Si la norme hexagonale, qui est la base de ce dictionnaire, reste une référence universelle, il importe de valoriser la diversité mondiale de cet idiome : c'est un gage de vitalité et un signe de richesse. Les termes et sens particuliers, courants dans tel pays, sont insérés dans le dictionnaire. Mais l'âme d'une langue réside dans ses locutions ; révélatrices d'une culture, d'une histoire ou d'un climat, elles manifestent les façons singulières d'être francophone.

Bernard Cerquiglini

Accrocher ses patins [Québec] **:** cesser de pratiquer, prendre sa retraite. Le hockey sur glace est le sport national du Québec.

Acheter un chat dans un sac [Belgique] **:** acquérir un bien sans disposer de garantie sur sa qualité ou sa valeur. En France, on *achète chat en poche* (vieux mot pour *sac*) ; en Belgique, l'expression, très courante, a été modernisée.

Aller au paradis avec ses souliers [Val d'Aoste] **:** mourir subitement. Au Québec, on *meurt en santé*.

Aller au tambour, accéder au ~, s'emparer du ~ [Burundi] **:** prendre le pouvoir ; **céder le ~** [id.] **:** quitter le pouvoir, mourir. En Afrique, le tambour est le symbole le plus commun de la royauté, donc du pouvoir.

Aller aux oranges [Sénégal] **:** être à la mi-temps d'un match sportif, faire une pause dans une réunion. Après un gros effort, on reprend des forces et des vitamines.

Amarrer le cœur de quelqu'un [Maurice] **:** l'ensorceler. De la Louisiane à l'océan Indien, *amarrer* signifie « attacher ».

Attendre quelqu'un avec une brique et un fanal [Québec] **:** se préparer à une vive discussion. Cette expression signifiait au départ « attendre quelqu'un avec des intentions hostiles » : la brique pour assommer, le fanal pour éclairer sa frappe.

Avoir déjà vu neiger [Québec] **:** posséder de l'expérience. On n'est pas né *de la dernière pluie*.

Avoir du front tout autour de la tête [Québec] **:** ne pas manquer d'audace. L'expression laisse entendre que l'on est singulièrement *effronté* !

Avoir la bouche sucrée [Bénin, Côte d'Ivoire] **:** aimer la conversation, parler sans arrêt. Celui à qui la parole est douce peut devenir *mielleux* : l'expression désigne aussi un enjôleur.

Avoir la tête concombre [Maurice] **:** être stupide. En France, c'est plutôt le *navet* (ou le *chou*) qui possède des valeurs péjoratives.

Avoir les balles [Mali] **:** avoir de l'argent sur soi, être riche. « Tu n'as pas cent balles ? » demande-t-on en France ; au Mali, on les a.

Avoir les deux pieds dans la même bottine [Québec] **:** être gauche. Dans la neige, il vaut mieux porter des bottes que des sabots.

Avoir les mains pleines de pouces [Québec] **:** se montrer maladroit. Ne rien savoir faire de ses dix doigts.

Avoir les yeux pleins d'eau [Québec] **:** avoir la larme à l'œil. En France, on ne verse qu'une larme ; au Québec, on larmoie avec abondance.

Avoir son fond [Suisse] **:** dans l'eau, pouvoir se tenir debout, les pieds sur le sol ferme. En France, d'ailleurs, on *a pied*.

Avoir son voyage [Québec] **:** en avoir assez. Au retour de voyage, on en a plein le dos, plein les pieds ; l'expression a pris un sens général.

Avoir un œuf à peler avec quelqu'un [Belgique] **:** avoir à résoudre une situation conflictuelle. Une telle opération se pratique mal à deux ; en France, en cas de différend, on a *maille à partir* (à l'origine, cela signifiait qu'on avait une pièce d'un sou à partager).

Changer quatre trente-sous pour une piastre [Québec] **:** ne faire aucun bénéfice dans une transaction. Au Québec, le *trente-sous* est une pièce de monnaie de vingt-cinq cents, la *piastre* est un terme courant pour le dollar (d'une valeur de cent cents).

Chercher misère à quelqu'un [Belgique] **:** causer des ennuis de manière répétée, harceler. En France, on cherche *noise*.

Couper l'arbre pour avoir le fruit [Québec] **:** tarir sottement la source de sa richesse. En France, on *tue la poule aux œufs d'or*.

Coûter le lard du chat [Suisse] **:** valoir très cher. En France, la chose coûte *un bras, une jambe, les yeux de la tête* ou, plus trivialement, *la peau des fesses*.

Demander la route à quelqu'un [Côte d'Ivoire] **:** demander à son hôte l'autorisation de prendre congé ; **donner la ~** [id.] **:** donner à un invité l'autorisation de prendre congé. Politesse ivoirienne : on ne s'en va pas sans une demande rituelle, à laquelle l'hôte accède toujours à la seconde requête.

Être bleu de quelqu'un [Belgique] **:** en être très épris. En France, on est *bleu* de colère ou de saisissement ; en Belgique, c'est de passion.

Être comme lait et citron [Haïti] : faire preuve d'une inimitié irrémédiable. Au Québec, on est *le feu et l'eau*, en France *comme chien et chat.*

Être comme un chien dans la musique [Maurice] : ne rien comprendre à une conversation. En France, et dans un autre sens, ce chien malvenu dérange *un jeu de quilles.*

Être déçu en bien [Suisse] : être agréablement surpris. Dans toute la Suisse romande, la déception connaît une variante positive.

Être de la bonne année [Belgique] : être naïf, se faire des illusions. Le chanceux, né sous une bonne étoile, est d'une ingénuité fatale.

Être un oiseau pour le chat [Belgique] : être de constitution fragile (surtout à propos d'enfants). Par extension, l'expression signifie « être dans une situation délicate ou périlleuse » : comme *l'oiseau sur la branche.*

Faire banquette [Sénégal] : rester à attendre. En France, dans un bal ou une soirée dansante, on fait *tapisserie.*

Faire chat noir [Côte d'Ivoire] : s'éclipser en passant inaperçu. En France, on *file à l'anglaise* ou *comme un voleur.*

Faire le boum-boum [Cameroun] : jouer sans finesse, dans un match sportif. Plus généralement, faire quelque chose brutalement : boum !

Faire les bancs [Centrafrique] : aller à l'école ; **rester longtemps sur les ~** [id.] : faire des études supérieures ; **quitter les ~** [id.] : être déscolarisé soit par abandon des études, soit après la fin de celles-ci. En France, on a longtemps dit, par métonymie, *être sur les bancs* pour « étudier » ; l'expression est restée vivace en Afrique.

Faire le tour de Babylone [Maurice] : effectuer un détour inutile. Quand on est à Port-Louis, c'est s'égarer largement (et bibliquement).

Faire signe avec des portes de grange [Suisse] : signaler quelque chose de manière peu discrète. Les granges des fermes jurassiennes sont pourvues de larges portes à deux battants, qui pivotent à grand bruit sur leurs gonds.

Garder l'église au milieu du village [Belgique] : conserver une situation dans un état d'équilibre ou de sérénité (en contexte polémique). Art belge du compromis…

Glisser pour quelqu'un [Cameroun] : avoir un penchant pour quelqu'un, le désirer sexuellement. On penche, on glisse, on tombe… amoureux ?

Lâcher la patate [Acadie, Louisiane, Québec] : se laisser aller, renoncer : *Lâche pas la patate* (même si elle est chaude) !

Lancer un chameau [République démocratique du Congo] : faire une faute de français. Dans l'argot scolaire congolais, une grosse faute de français se voit comme un chameau à une bosse !

Maigre comme un mort en vacances [Québec] : d'une grande maigreur. Le français québécois dit également maigre comme *un carême, un manche de pelle, un cure-dents.*

Mettre quelqu'un en bouteille [Belgique] : se jouer de lui. En France, on le *met en boîte* ; la Belgique est un pays de bière…

Monter dans la lune [Val d'Aoste] : être pompette ; l'ivresse donne des ailes.

Ne pas être sorti du bois [Québec] : ne pas être tiré d'affaire. Au Canada, les forêts sont immenses ; on s'y perd. En France, on s'attarde à *l'auberge.*

Piquer un soleil [Maurice] : devenir rouge de confusion. En France, on pique un *fard* (maquillage qui rehausse le teint).

Prendre le train 11 ; aller le train ~ ; prendre la ligne ~ [Congo, République démocratique du Congo, Niger] : aller à pied. Le nombre 11 évoque les deux jambes. Mais rappelons que l'expression date du temps où Kinshasa ne comptait que dix lignes d'autobus…

Prendre quelqu'un pour une valise [Québec] : lui faire croire des choses invraisemblables. L'individu crédule est comme une valise, que l'on remplit à volonté.

Prendre son pied la route [Congo] : aller à pied. Syntaxe directe (parataxe) courante en ancien français, restée fréquente en francophonie. Dans la même région : **faire boutique son cul** (« se prostituer »).

S'arranger avec le gars des vues [Québec] : truquer. Ce mystérieux *gars des vues* est celui qui en met plein la vue, qui fait voir ce qui n'est pas.

Se faire passer un sapin [Québec] : être l'objet d'un mauvais tour. Pourquoi le sapin, si présent dans la Belle Province, prend-il un sens péjoratif dans cette expression ? On a dit également *passer une épinette, un Labrador, un Québec*… Mystère…

Se manger le derrière de la tête [Québec] : s'inquiéter vivement. En France, on *se ronge les sangs.*

Soulever mer et monde [Québec] : faire véritablement l'impossible. Admirons cette vision cosmique…

Vrai comme la bedaine du curé [Québec] : d'une vérité évidente et qui s'impose : proéminente, rebondie.

Asie

Arc de triomphe de l'Étoile

Acropole

Anubis

Atlas

AA n.m., fl. de France, qui rejoint la mer du Nord ; 80 km. Il passe à Saint-Omer.

AACHEN → **AIX-LA-CHAPELLE.**

AALBORG → **ÅLBORG.**

AALST → **ALOST.**

AALTER, comm. de Belgique (Flandre-Orientale) ; 19 966 hab.

AALTO (Alvar), *Kuortane 1898 - Helsinki 1976,* architecte et désigneur finlandais. Le plus illustre des architectes nordiques modernes, il a infléchi le style international dans un sens organique.

▲ Alvar **Aalto.** Le palais Finlandia à Helsinki (1971).

AAR ou **AARE** n.f., riv. de Suisse, née dans le *massif de l'Aar-Gothard,* affl. du Rhin (r. g.) ; 295 km. Elle traverse les lacs de Brienz et de Thoune, passe à Berne, puis traverse le lac de Bienne.

AARAU, v. de Suisse, ch.-l. du canton d'Argovie, au pied du Jura, sur l'Aar ; 19 497 hab. (83 100 hab. dans l'agglomération). Vieille ville ; musées.

AARGAU → **ARGOVIE.**

AAR-GOTHARD (massif de l'), massif le plus élevé des Alpes bernoises (Suisse). Il englobe plusieurs sommets de plus de 4 000 m (dont la Jungfrau et le Finsteraarhorn), d'où sont issus des glaciers (dont celui d'Aletsch).

AARHUS → **ÅRHUS.**

AARON, personnage biblique, frère aîné de Moïse et premier grand prêtre des Hébreux.

AARSCHOT, v. de Belgique (Brabant flamand) ; 28 969 hab. Église Notre-Dame des XIVe-XVe s. – Érigée en duché au XVIe s.

ABA, v. du sud-est du Nigeria ; 835 653 hab. dans l'agglomération.

ABADAN, v. d'Iran, à l'embouchure du Chatt al-Arab dans le golfe Persique ; 217 988 hab. Port.

ABAKAN, v. de Russie, cap. de la Khakassie, au confluent de l'*Abakan* et de l'Ienisseï ; 165 183 hab.

ABATE ou **ABBATE** (Nicolo dell') → **NICOLO DELL'ABATE.**

ABBA, groupe suédois de pop, fondé en 1970. Composé de Anni-Frid Lyngstad (née en 1945), Björn Ulvaeus (né en 1945), Benny Andersson (né en 1946) et Agnetha Fältskog (née en 1950), il a dominé pendant une décennie la variété internationale, alternant ballades pop et rengaines disco (*Waterloo,* 1974 ; *Mamma Mia,* 1975 ; *Dancing Queen,* 1976 ; *Money, Money, Money,* id.).

ABBADIDES, dynastie arabe qui régna à Séville au XIe s.

ABBADO (Claudio), *Milan 1933 - Bologne 2014,* chef d'orchestre italien. Connu pour son intérêt pour la création contemporaine, il fut directeur musical de la Scala de Milan (1968 - 1986), avant de diriger l'Opéra de Vienne (1986 - 1991), puis l'Orchestre philharmonique de Berlin (1989 - 2002). Il créa (2003) et dirigea l'Orchestre du Festival de Lucerne.

ABBAS, *m. v. 652,* oncle de Mahomet.

ABBAS (Ferhat-Mekki, dit Ferhat), *Bouafroune, auj. dans Ouadjana, près de Taher, 1899 - Alger 1985,* homme politique algérien. Il présida le Gouvernement provisoire de la République algérienne (1958 - 1961).

ABBAS (Mahmud), *Safad 1935,* homme politique palestinien. Un des principaux négociateurs de l'accord israélo-palestinien de Washington (1993), Premier ministre (2003), il succède à Y. Arafat à la tête de l'OLP (2004) et à la présidence de l'Autorité nationale palestinienne (2005). En 2011, il dépose une demande d'admission de la « Palestine » (territoires palestiniens) à l'ONU.

ABBAS Ier le Grand, *1571 - dans le Mazandaran 1629,* chah séfévide de Perse (1587 - 1629). Il fit d'Ispahan sa capitale.

ABBAS HILMI II, *Alexandrie 1874 - Genève 1944,* khédive d'Égypte (1892 - 1914). Il fut déposé par les Britanniques.

ABBASSIDES, dynastie de califes arabes (750 - 1258), fondée par Abu al-Abbas Abd Allah. Déplaçant le centre de l'Empire musulman en Iraq, ils firent de Bagdad leur capitale et le centre d'une civilisation brillante. Ils régnèrent jusqu'à la prise de Bagdad par les Mongols (1258).

Abbaye (groupe de l'), groupe d'écrivains et d'artistes (G. Duhamel, C. Vildrac, A. Gleizes, etc.) qui s'installa à Créteil en 1906 et créa une sorte de phalanstère culturel.

Abbaye-aux-Bois, couvent de femmes fondé à Paris, rue de Sèvres, en 1640 et démoli en 1907. Mme Récamier y résida de 1819 à 1849.

ABBEVILLE (80100), ch.-l. d'arrond. de la Somme, sur la Somme ; 23 932 hab. (*Abbevillois*). Anc. cap. du Ponthieu. – Collégiale St-Vulfran (XVe-XVIIe s.) ; château de Bagatelle (1752). Musée Boucher-de-Perthes. – La ville fut en grande partie détruite par des bombardements allemands le 20 mai 1940.

ABBON (saint), *Orléanais v. 945 - La Réole 1004,* abbé de Fleury (aujourd'hui Saint-Benoît-sur-Loire), théologien et chroniqueur.

ABC, quotidien espagnol de tendance monarchiste. Il a été fondé à Madrid en 1905.

ABC (American Broadcasting Company), l'un des trois grands réseaux de télévision américains (avec CBS et NBC), créé en 1943. ABC News présente un célèbre journal, « Good Morning America ».

ABD AL-AZIZ IBN AL-HASAN, *Marrakech 1878 ou 1881 - Tanger 1943,* sultan du Maroc (1894 - 1908).

ABD AL-AZIZ III IBN SAUD, dit **IBN SÉOUD,** *Riyad v. 1880 - id. 1953,* roi d'Arabie saoudite (1932 - 1953). À partir du Nadjd, il conquit les territoires qui forment l'Arabie saoudite, créée en 1932. Il y instaura des institutions modernes.

ABD ALLAH, *La Mecque v. 545 - v. 570,* père de Mahomet.

ABD ALLAH ou **ABDALLAH,** *Riyad 1924 - id. 2015,* roi d'Arabie saoudite (2005 - 2015). Il géra les affaires du royaume au nom de son demi-frère Fahd, malade, à partir de 1995, avant de lui succéder sur le trône.

ABD ALLAH ou **ABDALLAH** → **ABDULLAH.**

ABD ALLAH II ou **ABDALLAH II,** *Amman 1962,* roi de Jordanie, de la dynastie hachémite. Fils aîné de Husayn, il lui a succédé en 1999.

ABD AL-MUMIN, *m. à Salé en 1163,* fondateur de la dynastie almohade. Il conquit Marrakech (1147) puis toute l'Afrique du Nord.

ABD AL-RAHMAN Ier, *731 - Cordoue 788,* premier émir omeyyade de Cordoue (756 - 788). — **Abd al-Rahman III,** *v. 890 - Cordoue 961,* huitième émir omeyyade (912 - 961) et fondateur du califat de Cordoue (929).

ABDALWADIDES, dynastie berbère de Tlemcen (1235 - 1550).

ABDEL AZIZ (Mohamed Ould), *Akjoujt, centre-ouest de la Mauritanie, 1956,* anc. général et homme politique mauritanien. En 2008, il arrive au pouvoir à la faveur d'un putsch, avant d'être élu président de la République un an après (réélu en 2014).

ABD EL-KADER, en ar. **'Abd al-Qādir ibn Muḥyī al-Dīn,** *près de Mascara 1808 - Damas 1883,* émir arabe. Il dirigea de 1832 à 1847 la résistance à la conquête de l'Algérie par la France. Après la prise de sa smala par le duc d'Aumale (1843) et la défaite de ses alliés marocains sur l'Isly (1844), il dut se rendre en 1847 à Lamoricière. Interné en France jusqu'en 1852, il se retira ensuite à Damas.

ABD EL-KRIM, en ar. **'Abd al-Karīm,** *Ajdir 1882 - Le Caire 1963,* chef marocain. En 1921, il souleva le Rif contre les Espagnols, puis contre les Français, mais dut se rendre en 1926. Interné à La Réunion, il se réfugia au Caire au cours de son transfert en France (1947).

ABDEL WAHAB (Mohamed), *Le Caire 1902 ? - id. 1991,* compositeur et chanteur égyptien. Baryton célèbre pour ses improvisations au luth, il renouvela l'héritage de la musique arabe en y introduisant des éléments occidentaux.

ABDÈRE, anc. ville grecque de Thrace, sur la mer Égée.

ABDUH (Muhammad) → **MUHAMMAD ABDUH.**

ABDÜLAZIZ, *Istanbul 1830 - id. 1876*, sultan ottoman (1861 - 1876). Il fut déposé par un coup d'État de l'opposition libérale.

ABDÜLHAMID Ier, *Istanbul 1725 - id. 1789*, sultan ottoman (1774 - 1789). — **Abdülhamid II,** *Istanbul 1842 - id. 1918*, sultan ottoman (1876 - 1909). Il fut déposé par les Jeunes-Turcs.

ABDULLAH, ABD ALLAH ou **ABDALLAH,** *La Mecque 1882 - Jérusalem 1951*, émir (1921 - 1946) puis roi (1946 - 1951) de Transjordanie, de la dynastie hachémite. Sous son règne, la Transjordanie – devenue royaume de Jordanie – annexa une partie de la Palestine arabe (1950). Il fut assassiné.

ABDÜLMECID Ier, *Istanbul 1823 - id. 1861*, sultan ottoman (1839 - 1861). Il ouvrit l'ère des réformes : le Tanzimat (1839 - 1876).

ABDUL RAHMAN, *Alor Setar, État de Kedah, 1903 - Kuala Lumpur 1990*, homme politique malaisien. Il négocia l'indépendance et fut Premier ministre de 1957 à 1970.

ABÉCHÉ, v. de l'est du Tchad, ch.-l. du Ouaddaï ; 54 628 hab.

ABE KOBO, *Tokyo 1924 - id. 1993*, écrivain japonais, poète et romancier (*la Femme des sables*, 1962).

ABEL, personnage biblique. Deuxième fils d'Adam et d'Ève, berger, il fut tué par son frère Caïn.

ABEL (Niels), *île de Finnøy 1802 - Arendal 1829*, mathématicien norvégien. Créateur de la théorie des intégrales elliptiques, il a démontré l'impossibilité de résoudre par radicaux l'équation algébrique générale du 5e degré. Un prix de mathématiques portant son nom a été créé en 2002 (décerné pour la première fois en 2003).

◄ Niels **Abel**

ABÉLARD ou **ABAILARD** (Pierre), *Le Pallet 1079 - prieuré de Saint-Marcel, près de Chalon-sur-Saône, 1142*, théologien et philosophe français. Élève puis rival de Guillaume* de Champeaux, il mena une carrière mouvementée. Un épisode resté célèbre est son émasculation à Paris, sur ordre du chanoine Fulbert, oncle d'Héloïse*. Virtuose de la dialectique qu'il appliqua aux dogmes chrétiens (*Sic et Non*, écrit v. 1121-1122), adversaire du réalisme dans la querelle des universaux, il fut condamné à l'instigation de saint Bernard pour sa doctrine relative à la Trinité.

ABELL (Kjeld), *Ribe 1901 - Copenhague 1961*, auteur dramatique danois. Il a rénové la technique du genre en rompant avec le réalisme (*la Mélodie qui disparut*, 1935 ; *Silkeborg*, 1946 ; *le Cri*, 1961).

ABELLIO (Georges **Soulès,** dit Raymond), *Toulouse 1907 - Nice 1986*, écrivain français. Il s'est consacré dans des romans (*Les yeux d'Ézéchiel sont ouverts*, 1949) et des essais (*la Structure absolue*, 1965) à une relecture ésotérique des textes sacrés.

ABENGOUROU, v. de Côte d'Ivoire ; 116 169 hab.

ABEOKUTA, v. du sud-ouest du Nigeria ; 352 735 hab.

ABERDEEN, v. de Grande-Bretagne (Écosse), sur la mer du Nord ; 222 793 hab. Pêche. Terminal pétrolier. Métallurgie. – Cathédrale surtout du XVe s.

ABERDEEN (George **Gordon,** comte **d'**), *Édimbourg 1784 - Londres 1860*, homme politique britannique. Premier ministre de 1852 à 1855, il ne put éviter la guerre de Crimée.

ABER-VRAC'H ou **ABER-WRACH** n.m., fl. côtier et estuaire du Finistère (Léon, France) ; 34 km.

ABE SHINZO, *Nagato, préf. de Yamaguchi, 1954*, homme politique japonais. Il est président du Parti libéral-démocrate (PLD) et Premier ministre en 2006 - 2007 et à nouveau depuis 2012.

ABETZ (Otto), *Schwetzingen 1903 - Langenfeld 1958*, homme politique allemand. Ambassadeur à Paris à partir de juin 1940, il fut chargé de préparer une « collaboration officielle » entre les gouvernements français et allemand. Jugé et emprisonné après 1949, il fut libéré en 1954.

ABGAR, nom de plusieurs rois d'Édesse (IIe s. av. J.-C. - IIIe s. apr. J.-C.).

ABIDJAN, v. de Côte d'Ivoire, sur la lagune Ébrié ; 4 860 000 hab. dans l'agglomération (*Abidjanais*). Principale ville du pays, dont elle fut la capitale jusqu'en 1983. Port. Aéroport. Universités.

▲ **Abidjan.** Le quartier d'affaires du Plateau.

ABILENE, v. des États-Unis (Texas) ; 120 958 hab.

ABITIBI, région du Canada, dans le sud-ouest du Québec. Elle est bordée à l'O. par le *lac Abitibi* (878 km²), partagé entre le Québec et l'Ontario.

ABITIBI-TÉMISCAMINGUE, région administrative du Québec (Canada), occupant l'extrémité sud-ouest de la province ; env. 66 000 km² ; 146 717 hab. (*Témiscabitibiens*) ; v. princ. *Rouyn-Noranda*.

ABKHAZES, peuple caucasien de Géorgie (Abkhazie) et de Russie (env. 95 000). Les Abkhazes ont émigré pour moitié vers la Turquie dans les années 1870, après l'annexion de leur contrée par les Russes (1864) ; leur diaspora reste importante au Moyen-Orient. Majoritairement musulmans sunnites, ils parlent l'*abkhaze*, ou *abkhaz*, et se reconnaissent sous le nom d'*Apsoua*.

ABKHAZIE, république autonome de Géorgie, sur la mer Noire ; 240 705 hab. (*Abkhazes*) ; cap. *Soukhoumi*. Un important mouvement séparatiste s'y est développé (indépendance autoproclamée, reconnue en 2008 par la Russie).

ABNER, *XIe s. av. J.-C.*, général sous Saül et David. Il fut assassiné par Joab, général du roi David, qui voyait en lui un rival.

ABOMEY, v. du Bénin ; 77 997 hab. Anc. cap. du royaume de Dahomey, fondée au XVIIe s. – Musée dans les palais royaux du XIXe s.

ABONDANCE (74360), comm. de la Haute-Savoie ; 1 501 hab. (*Abondanciens* ou *Abondanciers*). Station estivale et de sports d'hiver (alt. 950 - 2 438 m). Fromages. – Anc. abbaye. – La ville a donné son nom à une race bovine.

ABORIGÈNES, populations autochtones d'Australie (plus de 300 000), où ils se sont établis il y a 40 000 ans. Après la colonisation, ils ont été victimes d'entreprises d'extermination. Respectueux de totems, gouvernés dans leur relation au sol par leur mythologie (dite « le Rêve »), ils sont de remarquables peintres sur écorce et sur tissu.

Aboukir (bataille d') [1er août 1798], bataille navale de la campagne d'Égypte. Victoire de Nelson sur une escadre française dans la baie d'Aboukir. — bataille d'**Aboukir** (25 juill. 1799), bataille de la campagne d'Égypte. Victoire de Bonaparte qui rejeta à la mer une armée turque débarquée par les Britanniques.

ABOU-SIMBEL, site d'Égypte, en aval de la deuxième cataracte. Les deux temples rupestres, élevés sous Ramsès II, ont été démontés, à la suite de la construction du haut barrage d'Assouan, réédifiés au-dessus du niveau du Nil et adossés à une falaise artificielle.

ABOUT (Edmond), *Dieuze 1828 - Paris 1885*, écrivain français. Il fut journaliste et romancier (*le Roi des montagnes*, 1857 ; *l'Homme à l'oreille cassée*, 1862). [Acad. fr.]

ABRAHAM, patriarche biblique, dont la vie est racontée dans la Genèse. Originaire d'Our, il s'établit avec son clan en Palestine. Ancêtre des peuples juif et arabe par ses fils Isaac et Ismaël, il est aussi revendiqué par les chrétiens, qui se considèrent comme ses héritiers spirituels.

Abraham (bataille des plaines d') [13 sept. 1759], bataille de la guerre de Sept Ans. Victoire décisive des Anglais sur l'armée française de Montcalm, sur la rive gauche du Saint-Laurent, devant Québec.

ABRAHAM (Karl), *Brême 1877 - Berlin 1925*, médecin et psychanalyste allemand. Il s'est intéressé aux stades prégénitaux de la libido.

ABRAHAMS (Peter), *Johannesburg 1919 - St-Andrew, Jamaïque, 2017*, romancier sud-africain de langue anglaise. Son œuvre évoque les conflits raciaux (*Rouge est le sang des Noirs*, 1946 ; *Une couronne pour Udomo*, 1956).

ABRAMOVITZ (Chalom Jacob) → **MENDELE MOCHER SEFARIM.**

ABRUZZES (les), région du centre de l'Italie, dans l'Apennin ; 1 322 247 hab. (*Abruzzais*) ; cap. *L'Aquila* ; 4 prov. (*L'Aquila, Chieti, Pescara* et *Teramo*). C'est une région montagneuse, culminant au Gran Sasso (2 914 m). Parc national.

ABSALON, personnage biblique, fils de David (Xe s. av. J.-C.). Révolté contre son père et vaincu dans un combat, il s'enfuit, mais sa chevelure se prit dans les branches d'un arbre où il resta suspendu. Joab, qui le poursuivait, le tua.

Abstraction-Création, groupement d'artistes et revue (1931 - 1936). Fondé à Paris par Georges Vantongerloo et Herbin, le groupe succédait à *Cercle et Carré* de Joaquín Torres García et Michel Seuphor (1930). Des artistes de tous pays, de tendance constructiviste, s'y affilièrent, dont Mondrian.

ABU AL-ABBAS ABD ALLAH, surnommé **al-Saffah** (« le Sanguinaire »), premier calife abbasside (750 - 754). Il fit massacrer les Omeyyades (750).

ABU AL-ALA AL-MAARRI, *Maarrat al-Numan, Syrie, 973 - id. 1057*, poète arabe, célèbre pour la hardiesse de sa pensée religieuse.

ABU AL-ATAHIYA, *Kufa 748 - Bagdad v. 826*, poète arabe, peintre pessimiste du destin de l'homme.

ABU AL-FARADJ AL-ISFAHANI, *Ispahan 897 - Bagdad 967*, écrivain arabe. Il est l'auteur du *Kitab al-Aghani (Livre des chansons)*, anthologie critique des anciens poèmes arabes chantés.

ABU BAKR, *v. 573 - Médine 634*, beau-père de Mahomet. Il lui succéda en devenant le premier calife (632 - 634).

ABU DHABI, l'un des Émirats arabes unis, sur le golfe Persique ; 1 292 119 hab. ; cap. *Abu Dhabi* (942 193 hab.). Pétrole. Complexe touristique et culturel (université, musées) en cours d'aménagement sur l'île de Saadiyat. Circuit automobile.

ABUJA, cap. du Nigeria, au centre du pays ; 2 301 000 hab. dans l'agglomération.

ABU NUWAS, *Ahvaz v. 762 - Bagdad v. 815*, poète arabe. Ce chantre du vin et de l'amour est le créateur du lyrisme moderne arabe.

ABU TAMMAM, *Djasim v. 804 - Mossoul 845*, poète arabe. En réaction contre Abu Nuwas, il retrouva l'inspiration de la poésie bédouine.

Abwehr (mot all. signif. *défense*), service de renseignements de l'état-major allemand, reconstitué après 1919. Il fut dirigé de 1935 à 1944 par l'amiral Canaris.

ABYDOS, site de Haute-Égypte. Lieu présumé du tombeau d'Osiris, ce qui en faisait un important centre de pèlerinage. – Nécropoles des premières dynasties pharaoniques. Temples, dont celui de Seti Ier, l'un des plus classiques, qui a livré la *table d'Abydos*, liste royale de Narmer à Seti.

ABYLA, une des deux Colonnes* d'Hercule. Anc. nom de *Ceuta*.

ABYMES (Les) [97139] ou [97142], bur. centr. de cant. de la Guadeloupe ; 55 920 hab. (*Abymiens*).

ABYSSINIE, nom donné autrefois aux hauts plateaux du massif éthiopien.

Académie, école philosophique fondée dans les jardins voisins d'Athènes par Platon, et qui dura du IVe au Ier s. av. J.-C.

Académie des beaux-arts, l'une des cinq compagnies de l'Institut de France. Elle comprend 59 membres (peintres, sculpteurs, architectes, graveurs, compositeurs de musique, créateurs d'œuvres cinématographiques et audiovisuelles, photographes, membres libres). Ses sections de base, créées par Mazarin puis par Colbert, furent réunies en une seule compagnie en 1795.

Académie des Goncourt, société littéraire française instituée par le testament d'Edmond de Goncourt. Ses dix membres décernent chaque année, depuis 1903, le prix littéraire le plus recherché des romanciers *(v. liste des lauréats pages 2024-2025)*.

Académie des inscriptions et belles-lettres, l'une des cinq compagnies de l'Institut de France. Fondée par Colbert en 1663, elle s'occupe de travaux d'érudition historique ou archéologique. Elle comprend 55 membres.

Académie des sciences, l'une des cinq compagnies de l'Institut de France. Fondée en 1666 par Colbert, elle se consacre à l'étude des sciences mathématiques, physiques, chimiques, naturelles, biologiques et médicales, ainsi qu'à leurs applications. Elle comprend auj. plus de 270 membres.

Académie des sciences morales et politiques, l'une des cinq compagnies de l'Institut de France. Créée en 1795 par la Convention nationale (50 membres), elle se consacre à l'étude des questions de philosophie, de sociologie, d'économie politique, de droit, d'histoire et géographie.

Académie des technologies, institution scientifique française. Elle a succédé en 2000 au Conseil pour les applications de l'Académie des sciences pour constituer une instance indépendante de réflexion, d'expertise et de prospective sur les technologies. Elle comprend plus de 300 membres.

Académie française, l'une des cinq compagnies de l'Institut de France. Fondée en 1635 par Richelieu, elle est chargée de la rédaction d'un *Dictionnaire* (8 éditions de 1694 à 1932, 9e édition à partir de 1986) et d'une *Grammaire* (publiée en 1933). Elle comprend 40 membres *(v. liste des académiciens actuels page 2024).*

Académie royale de Belgique, institution belge fondée en 1772. Elle comporte quatre classes (lettres, sciences, beaux-arts, technologie et société) et est chargée de promouvoir la recherche dans ces domaines. Elle est doublée par la *Koninklijke Vlaamse Academie van België voor Wetenschappen en Kunsten*, réservée aux membres de langue néerlandaise.

Académie royale de langue et de littérature françaises, Académie royale de langue et de littérature néerlandaises, institutions belges fondées, la première en 1920, la seconde en 1886. Elles aident la recherche dans les domaines et les langues relevant de leurs compétences.

ACADIE, première colonie française d'Amérique du Nord, correspondant principalement à la Nouvelle-Écosse. Elle fut cédée à l'Angleterre en 1713. Le terme d'*Acadie* s'emploie aujourd'hui pour désigner les provinces maritimes du Canada où sont établis les Acadiens.

ACADIENNE (Péninsule) → **PÉNINSULE ACADIENNE.**

ACADIENS, peuple d'origine française du Canada (Nouveau-Brunswick, Nouvelle-Écosse, île du Prince-Édouard, Terre-Neuve-et-Labrador) [env. 350 000]. Expulsés d'Acadie par les Anglais en 1755, ils ont formé une diaspora (Louisiane, Québec) ; partiellement revenus en Acadie après 1763, ils ont connu au XIXe s. une renaissance qui s'est confirmée depuis. Ils parlent l'*acadien*.

ACAPULCO, v. du Mexique, sur le Pacifique ; 789 978 hab. Port. Grande station touristique.

ACARIE (Mme) → **MARIE DE L'INCARNATION.**

ACCIAIUOLI, famille florentine, à la tête d'une puissante compagnie bancaire au XIVe s.

ACCRA, cap. du Ghana, sur le golfe de Guinée ; 2 242 000 hab. dans l'agglomération *(Accréens).* Port.

ACCURSE (François), en ital. Francesco **Accursio,** *Bagnolo v. 1185 - Bologne v. 1263*, jurisconsulte italien. Auteur de la *Grande Glose* ou *Glossa ordinaria*, il est l'un des rénovateurs du droit romain.

ACEH ou **ATJEH,** région d'Indonésie, dans le nord de Sumatra ; 55 392 km² ; 4 486 570 hab. ; ch.-l. *Banda Aceh*. Séisme, suivi d'un tsunami meurtrier, le 26 déc. 2004. – Anc. sultanat, contrôlant le commerce du poivre (XVIe-XVIIe s.). Principale puissance de Sumatra jusqu'au XIXe s., islamisée, Aceh s'oppose à l'armée coloniale hollandaise (1873 - 1904), puis au gouvernement indonésien, développant de fortes revendications indépendantistes (accord de paix en 2005 et loi d'autonomie en 2006).

ACHAB, *m. à Ramot Galaad en 853 av. J.-C.*, roi d'Israël (874 - 853). Souverain brillant mais idolâtre, il persécuta le prophète Élie.

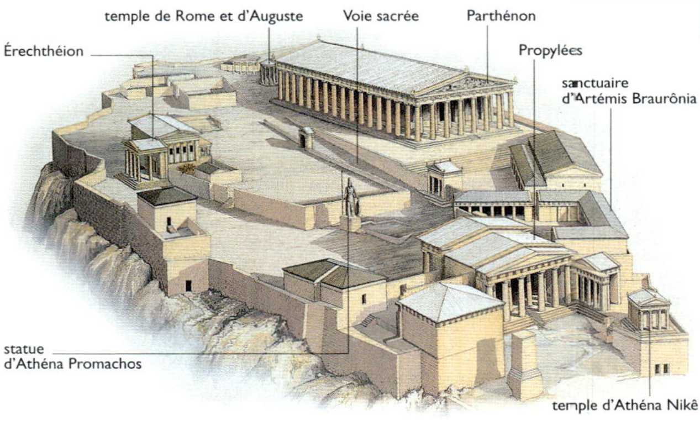

▲ **Acropole.** Reconstitution de l'Acropole d'Athènes.

ACHAÏE, contrée de l'anc. Grèce dans le nord du Péloponnèse. Après la conquête romaine (146 av. J.-C.), le nom désigne la Grèce soumise à Rome. – En 1205, les croisés créèrent la *principauté d'Achaïe* ou *de Morée*, qui fut reconquise par les Byzantins en 1432.

ACHARD (Marcel), *Sainte-Foy-lès-Lyon 1899 - Paris 1974*, auteur dramatique français. Il a écrit des comédies légères (*Jean de la Lune*, 1929 ; *Patate*, 1957). [Acad. fr.]

ACHAZ, roi de Juda (736 - 716 av. J.-C.). Il devint le vassal du roi d'Assyrie Téglath-Phalasar III, qu'il avait appelé à son secours.

ACHEBE (Chinua), *Ogidi 1930 - Boston 2013*, écrivain nigérian de langue anglaise. Ses romans décrivent la décomposition des sociétés africaines au contact de l'Europe (*Le monde s'effondre* [ou *Tout s'effondre*], 1958 ; *la Flèche de Dieu*, 1964).

Achéenne (ligue), confédération de douze villes du Péloponnèse. Créée au Ve s. av. J.-C., réorganisée en 281 av. J.-C., elle fut anéantie par les Romains en 146 av. J.-C.

ACHÉENS, la plus ancienne famille ethnique grecque. Venus des régions danubiennes, les Achéens envahirent la péninsule au début du IIe millénaire. Ils fondèrent une civilisation brillante, qui avait comme centres Mycènes et Tirynthe, et qui fut détruite par les Doriens (v. 1200 av. J.-C.).

ACHÉMÉNIDES, dynastie perse fondée par Cyrus II vers 556 av. J.-C. Ils firent progressivement l'unité de l'Orient, du milieu du VIe s. à la fin du IVe s. av. J.-C., et cessèrent de régner en 330 av. J.-C., à la mort de Darios III. – Persépolis et Suse témoignent de la splendeur de son art aulique.

ACHÈRES (78260), comm. des Yvelines, près de la Seine ; 21 225 hab. *(Achérois).* Station d'épuration des eaux. – Festival musical (« Africolor »).

ACHÉRON [akerɔ̃] **MYTH. GR.** Fleuve des Enfers.

ACHESON (Dean Gooderham), *Middletown, Connecticut, 1893 - Sandy Spring, Maryland, 1971*, homme politique américain. Successeur de Marshall comme secrétaire d'État (1949 - 1953), il conclut l'Alliance atlantique et dirigea la politique américaine pendant la guerre de Corée.

ACHGABAT, anc. **Achkhabad,** cap. du Turkménistan ; 683 260 hab.

ACHILLE MYTH. GR. Personnage central de *l'Iliade*, fils de Thétis et de Pélée. Il tua Hector pour venger son ami Patrocle et mourut blessé au talon par une flèche lancée par Pâris et guidée par Apollon.

Acier (pacte d') [22 mai 1939], pacte d'assistance militaire germano-italien signé à Berlin par Ribbentrop et Ciano.

ACIS MYTH. GR. Berger sicilien aimé de Galatée. Il fut changé en fleuve pour échapper à Polyphème, qui, jaloux, tenta de l'écraser sous un rocher.

AÇOKA → **ASHOKA.**

ACONCAGUA n.m., point culminant de l'Amérique et des Andes, en Argentine ; 6 959 m.

AÇORES (anticyclone des), masse de hautes pressions, centrée sur l'Atlantique et qui atteint l'Europe occidentale en été.

AÇORES (les), archipel portugais de l'Atlantique ; 2 247 km² ; 241 763 hab. ; v. princ. *Ponta Delgada*. Les Açores constituent une région autonome. Les principales îles, volcaniques et montagneuses, sont São Miguel, Pico et Terceira. – Bases aériennes américaines (Santa Maria, Terceira).

ACP (pays), ensemble des pays et entités d'Afrique, des Caraïbes et du Pacifique (auj. au nombre de 79) qui sont liés à l'Union européenne par des accords préférentiels ou spécifiques. Ces accords, définis tout d'abord (1975 - 2000) par les conventions de Lomé*, s'inscrivent par la suite dans le cadre de l'accord de partenariat ACP-CE signé en 2000 à Cotonou (2000 - 2007) puis, pour une grande partie des pays ACP, d'accords de partenariat économique intérimaires (depuis 2008).

ACRE, État du nord-ouest du Brésil ; 707 125 hab. ; cap. *Rio Branco*.

ACRE, auj. **Akko,** v. d'Israël, sur la Méditerranée ; 47 800 hab. Port. – Anc. forteresse des croisés *(Saint-Jean-d'Acre)*, elle fit partie du royaume de Jérusalem.

Acropole, citadelle de l'ancienne Athènes. Installée sur un rocher haut d'une centaine de mètres – lieu consacré à Athéna dès l'âge mycénien –, elle fut ravagée par les Perses lors des guerres médiques. Au Ve s. av. J.-C., Périclès chargea Phidias de sa rénovation ; de magnifiques monuments (Parthénon, Érechthéion) furent construits, auxquels on accédait par les Propylées. Au pied du rocher (versant sud-est), riche musée archéologique.

Acta sanctorum ou **Actes des saints,** recueils relatifs à la vie des saints, rédigés notamm. au XVIIe s., par J. Bolland et ses continuateurs.

Acte additionnel aux Constitutions de l'Empire, Constitution éphémère de tendances libérales, établie par Napoléon Ier après son retour de l'île d'Elbe (1815).

ACTÉON MYTH. GR. Chasseur qui surprit Artémis au bain et que la déesse, irritée, changea en cerf. Il fut dévoré par ses propres chiens.

Actes de courage et de dévouement (médaille d'honneur des), décoration française créée en 1816.

Actes des Apôtres, cinquième livre du Nouveau Testament, écrit entre 80 et 90 et attribué à l'évangéliste Luc. Ils relatent les débuts de l'Église, de l'Ascension du Christ à l'arrivée de Paul à Rome.

Acte unique européen, traité signé les 17 et 28 février 1986 et entré en vigueur, après ratification, le 1er juillet 1987. Il fixe les modalités d'un « grand marché intérieur », qui a pris effet le 1er janvier 1993.

Action catholique, ensemble des mouvements catholiques qui s'organisèrent à partir de 1925, sous le pontificat de Pie XI, en vue d'associer les laïques à l'action apostolique du clergé.

Action directe, groupe terroriste français d'extrême gauche, fondé en 1979. Se référant à l'« action directe » pratiquée par les anarchistes de la fin du XIXe s., il perpétra au cours des années 1980 des attentats et de nombreuses attaques à main armée.

A B C D E F G H I J K L M N O P Q R S T U V W X Y Z

Action française (l'), mouvement nationaliste et royaliste, né en France au moment de l'affaire Dreyfus. Elle se développa à partir de 1905 autour de Charles Maurras et s'exprima dans *l'Action française*, revue bimensuelle fondée en 1899, qui devint un quotidien en 1908, et fut interdite en 1944. J. Bainville et Léon Daudet en furent les principaux animateurs.

Actium (bataille d') [31 av. J.-C.], victoire navale d'Octavien et d'Agrippa sur Antoine, à l'entrée du golfe d'Ambracie (auj. Árta) en Grèce. Elle assura à Octavien, le futur Auguste, la domination du monde romain.

Actors Studio, école d'art dramatique fondée en 1947 à New York et dirigée de 1951 à 1982 par Lee Strasberg. Sa méthode, inspirée des leçons de Stanislavski, repose sur la concentration et la recherche intérieure des émotions.

AÇVIN → **ASHVIN.**

ADAD, dieu sémitique de l'Orage et de la Pluie, devenu particulièrement important en Assyrie.

ADALBÉRON, *Basse-Lorraine v. 920 - Reims 989,* archevêque de Reims. Il contribua à l'avènement d'Hugues Capet et le sacra roi (987).

ADAM, le premier homme, selon la Bible. Dieu, qui l'avait créé et à qui il désobéit, le chassa, avec sa femme Ève, du paradis terrestre.

ADAM, famille de sculpteurs français du XVIIIe s. Les deux principaux sont : **Lambert Sigisbert A.,** *Nancy 1700 - Paris 1759,* prix de Rome, auteur du *Triomphe de Neptune et d'Amphitrite* du bassin de Neptune dans le parc du château de Versailles (1740), et **Nicolas Sébastien A.,** *Nancy 1705 - Paris 1778,* frère de Lambert Sigisbert, qui a érigé le tombeau de la reine C. Opalinska à Nancy (1749). Ils se situent à l'apogée du style rocaille.

ADAM (Adolphe), *Paris 1803 - id. 1856,* compositeur français. Il est l'auteur d'opéras-comiques (*le Chalet,* 1834 ; *le Postillon de Longjumeau,* 1836 ; *Si j'étais roi,* 1852), de ballets (*Giselle,* 1841) et du cantique de Noël *Minuit, chrétiens.*

ADAM (Juliette), *Verberie, Oise, 1836 - Callian, Var, 1936,* femme de lettres française. Son salon fut un des centres de l'idéologie républicaine et revancharde, dans les années 1880.

ADAM (pont d'), chaîne de récifs entre le Sri Lanka et l'Inde.

ADAM (Robert), *Kirkcaldy 1728 - Londres 1792,* architecte et décorateur britannique, qui eut pour collaborateur son frère **James A.,** *Kirkcaldy 1730 - Londres 1794.* S'inspirant de l'Antiquité tout en s'écartant du palladianisme, ils ont pratiqué un style élégant, qui porte leur nom.

ADAMAOUA n.m., haut plateau du Cameroun.

ADAM de la Halle ou **le Bossu,** *Arras v. 1240 - v. 1287,* trouvère picard. Il est l'auteur de motets, de rondeaux polyphoniques, du *Jeu* de la feuillée* et du *Jeu* de Robin et Marion.*

ADAMO (Salvatore), *Comiso, Sicile, 1943,* chanteur et auteur-compositeur italien, naturalisé belge. Depuis les années 1960, il interprète l'un des répertoires les plus populaires de la variété francophone (*Tombe la neige, Vous permettez, monsieur ?, les Filles du bord de mer, J'avais oublié que les roses sont roses*).

ADAMOV (Arthur), *Kislovodsk 1908 - Paris 1970,* auteur dramatique français d'origine russe. Son théâtre évolua du symbolisme tragique (*la Parodie,* 1950 ; *le Professeur Taranne,* 1953) au réalisme politique (*le Ping-Pong,* 1955 ; *Paolo Paoli,* 1957 ; *Printemps 71,* 1960).

ADAMS (Ansel), *San Francisco 1902 - Monterey 1984,* photographe américain. Il a signé d'une écriture rigoureuse et sensible les plus beaux paysages de l'Ouest américain.

ADAMS (John), *Worcester, Massachusetts, 1947,* compositeur et chef d'orchestre américain. Issu du courant minimaliste, il a évolué vers une synthèse entre romantisme et recherches contemporaines au profit d'un art éclectique et expressif (*Phrygian Gates,* 1977 ; les opéras *Nixon in China,* 1987, et *The Death of Klinghoffer,* 1991 ; *City Noir,* 2009).

ADAMS (John Couch), *Laneast, Cornouailles, 1819 - Cambridge 1892,* astronome britannique. Il prédit par le calcul, indépendamment de Le Verrier, l'existence d'une planète située au-delà d'Uranus, mais son travail ne fut pas pris en considération.

ADAMS (Samuel), *Boston 1722 - id. 1803,* homme politique américain, l'un des pionniers de l'indépendance. — **John A.,** *Braintree 1735 - id. 1826,* homme politique américain. Cousin de Samuel, il participa à la rédaction de la Constitution et devint le deuxième président des États-Unis (1797 - 1801). — **John Quincy A.,** *Braintree 1767 - Washington 1848,* homme politique américain. Fils de John, il fut le sixième président des États-Unis (1825 - 1829).

ADANA, v. du sud de la Turquie ; 1 130 710 hab. (1 423 161 hab. dans l'agglomération).

ADAPAZARI, v. du nord-ouest de la Turquie ; 280 832 hab.

ADDA n.f., riv. d'Italie, née au N.-E. de la Bernina, affl. du Pô (r. g.) ; 313 km. Elle draine la Valteline et traverse le lac de Côme.

ADDINGTON (Henry), vicomte **Sidmouth,** *Londres 1757 - id. 1844,* homme politique britannique. Premier ministre en 1801, il négocia la paix d'Amiens.

ADDIS-ABEBA ou **ADDIS-ABABA,** cap. de l'Éthiopie, à 2 500 m d'alt. ; 3 168 000 hab. dans l'agglomération. Siège de l'Union africaine. – Musées.

ADDISON (Joseph), *Milston 1672 - Kensington 1719,* écrivain anglais. Ses articles du *Spectator,* considérés comme des modèles de l'essai, contribuèrent à former le type idéal du gentleman.

ADDISON (Thomas), *Long Benton, près de Newcastle upon Tyne, 1793 - Brighton 1860,* médecin britannique. Il décrivit l'insuffisance des glandes surrénales (*maladie d'Addison*).

ADÉLAÏDE, v. d'Australie, cap. de l'Australie-Méridionale, sur l'océan Indien ; 1 181 206 hab. Port. Université. Métallurgie.

ADÉLAÏDE (sainte), *Orb, Suisse, v. 931 - monastère de Seltz 999,* épouse du roi d'Italie Lothaire II, puis de l'empereur Otton Ier.

ADÉLAÏDE DE FRANCE ou **MADAME ADÉLAÏDE,** *Versailles 1732 - Trieste 1800,* princesse française. Quatrième fille de Louis XV, elle anima le parti dévot et contribua au renvoi de Choiseul.

ADÉLAÏDE DE SAVOIE ou **ALIX DE SAVOIE,** *m. à l'abbaye de Montmartre en 1154,* reine de France. Elle épousa en 1115 Louis VI.

ADÉLAÏDE D'ORLÉANS, *Paris 1777 - id. 1847,* princesse française. Sœur de Louis-Philippe, elle fut sa conseillère.

ADELBODEN, comm. de Suisse (canton de Berne) ; 3 563 hab. Station de sports d'hiver (alt. 1 400 - 2 330 m).

ADÈLE DE CHAMPAGNE ou **ALIX DE CHAMPAGNE,** *m. à Paris en 1206,* reine de France. Troisième femme (1160) de Louis VII et mère de Philippe Auguste.

ADÉLIE (terre), terre antarctique, à 2 500 km au sud de la Tasmanie, partie des terres Australes* et Antarctiques françaises ; env. 432 000 km^2. Découverte par Dumont d'Urville en 1840. Bases scientifiques.

ADÉMAR DE MONTEIL ou **ADHÉMAR DE MONTEIL,** *m. à Antioche en 1098,* évêque du Puy. Il fut l'un des prédicateurs de la première croisade, pendant laquelle il mourut de la peste.

ADEN, v. du Yémen, sur le golfe d'Aden ; 746 150 hab. Port. Aden a été la capitale du Yémen du Sud de 1970 à 1990.

ADEN (golfe d'), golfe de l'océan Indien, entre le sud de l'Arabie et le nord-est de l'Afrique.

ADEN (protectorat d'), anciens territoires sous protectorat britannique sur le *golfe d'Aden.* Aden et ses environs devinrent une colonie de la Couronne en 1937. De 1959 à 1963, cette colonie et la majorité des sultanats constituant le protectorat entrèrent dans une fédération d'États qui obtint son indépendance en 1967 (→ **Yémen**).

ADENA, site des États-Unis (Ohio). Il est éponyme d'une phase culturelle préhistorique (de 1000 av. J.-C. à 700 apr. J.-C.) caractérisée par de vastes tertres funéraires (*burial mounds*).

ADENAUER (Konrad), *Cologne 1876 - Rhöndorf 1967,* homme politique allemand. Chancelier de la République fédérale d'Allemagne de 1949 à 1963, président de l'Union chrétienne-démocrate (CDU), il présida au redressement économique de l'Allemagne. Il fut un des partisans les plus actifs de la création de la Communauté économique européenne et accéléra en 1962 - 1963 le rapprochement franco-allemand.

◄ Konrad **Adenauer** en 1949.

ADENET ou **ADAM,** dit **le Roi,** *v. 1240 - v. 1300,* trouvère brabançon. Il adapta les chansons de geste à la technique du récit romanesque (*Beuve de Commarchis, les Enfances Ogier, Berthe au grand pied, Cléomadès*).

ADER (Clément), *Muret 1841 - Toulouse 1925,* ingénieur français. Précurseur de l'aviation, il construisit plusieurs appareils volants dont l'*Éole,* avec lequel il put décoller et parcourir quelques dizaines de mètres au-dessus du sol en 1890.

ADHERBAL, roi de Numidie (118 - 112 av. J.-C.). Fils de Micipsa, il fut assiégé et pris à Cirta par Jugurtha, qui le fit mettre à mort.

ADIGE n.m., fl. d'Italie, né dans les Alpes, aux confins de la Suisse et de l'Autriche et qui se jette dans l'Adriatique ; 410 km. Il traverse le Trentin et la Vénétie, passant à Trente et à Vérone.

ADIRONDACK ou **ADIRONDACKS** (monts), massif du nord-est des États-Unis (État de New York) ; 1 629 m.

ADJANI (Isabelle), *Paris 1955,* actrice française. Remarquée à la Comédie-Française (*l'École des femmes* en 1972 ; *Ondine* en 1974), elle excelle au cinéma dans le registre des passions exacerbées : *l'Histoire d'Adèle H.* (F. Truffaut, 1975), *Possession* (A. Żulawski, 1981), *l'Été meurtrier* (J. Becker, 1983), *Camille Claudel* (B. Nuytten, 1988), *la Reine Margot* (P. Chéreau, 1994).

ADJARIE, république autonome de Géorgie, sur la mer Noire ; 333 953 hab. ; cap. *Batoumi.*

ADJARS, peuple de Géorgie (Adjarie) [env. 120 000]. Sous-groupe géorgien, ils sont musulmans sunnites et parlent le *gourien,* ou *guruli.*

ADLER (Alfred), *Vienne 1870 - Aberdeen 1937,* médecin et psychologue autrichien. S'étant éloigné de la psychanalyse freudienne, il développa une théorie du fonctionnement psychique centrée sur le sentiment d'infériorité (*Théorie et pratique de la psychologie individuelle,* 1918).

ADLER (Victor), *Prague 1852 - Vienne 1918,* homme politique autrichien. Il fut l'un des principaux leaders du Parti social-démocrate.

ADLISWIL, comm. de Suisse (canton de Zurich), banlieue de Zurich ; 16 502 hab.

ADO-EKITI, v. du sud-ouest du Nigeria ; 156 122 hab.

ADOLPHE DE NASSAU, *1248 ou 1255 - 1298,* roi des Romains (1292 - 1298). Il fut battu et tué par Albert Ier de Habsbourg.

ADOLPHE-FRÉDÉRIC, *Gottorp 1710 - Stockholm 1771,* roi de Suède (1751 - 1771). Sous son gouvernement s'opposèrent Chapeaux* et Bonnets.

ADONAÏ, titre donné à Dieu dans l'Ancien Testament et dans la Bible hébraïque.

ADONIS, dieu phénicien de la Végétation, honoré dans le monde gréco-romain. Tué à la chasse, il passe une partie de l'année aux Enfers et l'autre, parmi les vivants, auprès d'Aphrodite.

ADONIS (Ali Ahmad Said **Esber,** dit), *Qasabin 1930,* poète libanais et français d'origine syrienne, d'inspiration philosophique et politique (*Chants de Mihyar le Damascène,* 1961).

ADOR (Gustave), *Genève 1845 - Cologny, près de Genève, 1928,* homme politique suisse. Président du Comité international de la Croix-Rouge en 1910, il fut président de la Confédération en 1919, puis représentant de la Suisse à la SDN (1920 - 1924).

ADORNO (Theodor), *Francfort-sur-le-Main 1903 - Visp, Suisse, 1969,* philosophe et musicologue allemand. Il a renouvelé l'esthétique à partir de sa lecture de Marx et de Freud (*la Personnalité autoritaire,* 1950).

Adoua ou **Adwa** (bataille d') [1896], victoire des Éthiopiens du négus Ménélik II sur les Italiens du général Baratieri, dans le nord de l'Éthiopie.

ADOUR n.m., fl. du sud-ouest de la France, né près du Tourmalet et qui rejoint l'Atlantique dans le Pays basque ; 335 km. Il décrit une vaste courbe et passe à Tarbes, Dax et Bayonne.

ADRAR, wilaya du Sahara algérien ; ch.-l. *Adrar.*

ADRETS (François **de Beaumont,** baron **Des**) → **DES ADRETS.**

ADRIATIQUE (mer), partie de la Méditerranée, entre l'Italie et la péninsule balkanique. Le Pô est son principal tributaire.

ADRIEN Ier, *m. à Rome en 795,* pape de 772 à 795. Il fit appel à Charlemagne face à la menace lombarde. — **Adrien IV** (Nicholas **Breakspear**), *Langley v. 1100 - Anagni 1159,* pape de 1154 à 1159. Il s'opposa à Arnaud de Brescia, au roi normand de Sicile et à l'empereur Frédéric Barberousse.

ADULIS, ancien port d'Éthiopie, sur la mer Rouge (auj. *Zoula,* Érythrée). Centre du commerce de l'ivoire et de l'or du royaume d'Aksoum.

ADY (Endre), *Érmindszent 1877 - Budapest 1919,* poète hongrois. Il a inauguré l'ère du lyrisme moderne dans son pays (*Sang et Or,* 1908 ; *Sur le char d'Élie,* 1909 ; *En tête des morts,* 1918).

ADYGUÉENS, un des trois peuples qui composent les Adygués (env. 125 000).

ADYGUÉS, nom sous lequel se reconnaissent les trois peuples caucasiens apparentés, les Adyguéens, les Kabardes et les Tcherkesses (env. 1 million, dont 560 000 en Russie). Ils sont musulmans sunnites. On les a souvent appelés « Tcherkesses » ou « Circassiens ».

ADYGUÉS (république des), république de Russie, proche de la mer Noire ; 440 388 hab. ; cap. *Maïkop.*

AEF → **AFRIQUE-ÉQUATORIALE FRANÇAISE.**

Ægates → **Égates.**

AEIOU, abrév. de la devise des Habsbourg. Elle peut se lire à la fois en latin (*Austriae est imperare orbi universo* : « Il appartient à l'Autriche de régner sur tout l'univers ») et en allemand (*Alles Erdreich ist Österreich untertan* : « Toute la Terre est sujette de l'Autriche »).

AELE (Association européenne de libre-échange), organisation internationale à vocation régionale, constituée en 1960 pour favoriser la libre circulation des marchandises. Après l'adhésion de dix de ses membres à l'UE, l'AELE ne compte plus que 4 États : Islande, Liechtenstein, Norvège et Suisse.

AEMILIUS LEPIDUS (Marcus) → **LÉPIDE.**

Aéronautique (médaille de l'), décoration française pour services aériens, créée en 1945.

AERTSEN (Pieter), *Amsterdam 1508 - id. 1575,* peintre néerlandais. Actif à Anvers et Amsterdam, il est l'auteur de tableaux religieux ainsi que de compositions réalistes et monumentales sur des thèmes populaires (cuisinières, marchandes...).

AETIUS, *Durostorum, Mésie, ? - 454,* général romain. Maître incontesté de l'Empire romain d'Occident, il défendit la Gaule contre les Francs et les Burgondes, puis contribua à la défaite d'Attila aux champs Catalauniques en 451. Il fut assassiné par Valentinien III.

AFAR ou **DANAKIL,** peuple du sud-est de l'Érythrée et des régions voisines de l'Éthiopie et de Djibouti (150 000). Pasteurs nomades, musulmans, ils parlent l'*afar,* de la famille couchitique.

AFARS ET DES ISSAS (territoire français des), nom donné de 1967 à 1977 à l'anc. *Côte française des Somalis,* auj. *république de Djibouti.*

Affaires indigènes (AI), organisation militaire française qui, succédant aux bureaux arabes, administra jusqu'en 1956 certains territoires d'Algérie et du Maroc.

AFFRE (Denis Auguste), *Saint-Rome-de-Tarn 1793 - Paris 1848,* prélat français. Archevêque de Paris, il fut mortellement blessé le 25 juin 1848 sur les barricades, où il était allé porter des paroles de paix.

AFGHANISTAN n.m., en persan **Afghānestān,** État d'Asie centrale ; 650 000 km² ; 30 552 000 hab. (*Afghans*).
CAP. *Kaboul.* **LANGUES :** *persan (dari)* et *pachto.*
MONNAIE : *afghani.*

GÉOGRAPHIE C'est un pays en majeure partie montagneux (surtout au nord : Hindu Kuch) et aride (souvent moins de 250 mm de pluies), ouvert par quelques vallées (Amou-Daria au nord, Helmand au sud). Au pied des reliefs, relativement arrosés, se sont développées les cultures céréalières et fruitières et implantées les principales villes (Kaboul, Kandahar, Harat). Le reste du pays est surtout le domaine de l'élevage, souvent nomade, du mouton. La culture du pavot (opium), officiellement interdite, demeure florissante. Les richesses minières du sous-sol (cuivre, lithium...) semblent prometteuses. La population, islamisée, présente une grande diversité ethnique, avec des éléments appartenant au groupe iranien (Pachtouns [40 %] et Tadjiks [30 %]) et d'autres d'origine turque (Ouzbeks, Turkmènes, Kirghiz). Elle a gravement souffert, en même temps que toute l'économie du pays, de l'occupation soviétique des années 1980 et des divers conflits qui se sont succédé depuis.

HISTOIRE **L'Afghanistan antique et médiéval.** Province de l'Empire iranien achéménide (VIe-IVe s. av. J.-C.), hellénisée après la conquête d'Alexandre (329 av. J.-C.) partic. en Bactriane, la région fait partie de l'empire Kushana (Ier s. av. J.-C. - Ve s. apr. J.-C.) influencé par le bouddhisme. Puis l'Afghanistan est progressivement intégré au monde musulman ; commencée lors de la conquête de Harat par les Arabes (651), l'islamisation se poursuit sous les Ghaznévides (Xe-XIIe s.). **1221 - 1222 :** invasions mongoles.

L'époque moderne et contemporaine. **XVIe - XVIIe s. :** le pays est dominé par l'Inde et l'Iran, qui se le partagent. **1747 :** fondation de la première dynastie nationale afghane. **1839 - 1842 :** première guerre anglo-afghane. **1878 - 1880 :** deuxième guerre anglo-afghane. **1921 :** traité d'amitié avec la Russie soviétique et reconnaissance de l'indépendance de l'Afghanistan. **1973 :** coup d'État qui renverse le roi Zaher Chah. Proclamation de la république. **1978 :** coup d'État communiste. **1979 - 1989 :** intervention militaire de l'URSS pour soutenir le gouvernement de Kaboul dans la lutte qui l'oppose aux moudjahidin. **1992 :** les moudjahidin, dirigés par le commandant tadjik Ahmad Chah Masud (Massoud), renversent Mohammad Nadjibollah (au pouvoir depuis 1986) et établissent un régime islamiste, présidé par Burhanuddin Rabbani. Mais les factions rivales s'affrontent pour le contrôle du territoire. **1996 :** les talibans, mouvement militaro-religieux soutenu par le Pakistan, s'emparent du pouvoir et, regroupés autour du mollah Omar, imposent un islamisme radical. Pour les combattre, les forces de l'opposition se rassemblent en 1999 en un Front islamique uni, ou Alliance du Nord, conduit par Masud. **2001 :** Masud est tué dans un attentat (9 sept.). Après les attentats perpétrés sur leur territoire (11 sept.), les États-Unis, appuyés par la communauté internationale, interviennent militairement en Afghanistan contre le réseau islamiste al-Qaida et son chef Oussama Ben Laden, tenus pour responsables de ces actes terroristes, et contre les talibans, accusés de les soutenir. Sous le coup des bombardements américains et des assauts des troupes de l'Alliance du Nord (oct.-déc.), le régime des talibans s'effondre. À l'issue d'une conférence ayant réuni à Bonn, sous l'égide de l'ONU, toutes les parties de l'opposition afghane, un gouvernement de transition multiethnique est mis en place (déc.), présidé par le chef pachtoun modéré Hamid Karzai. **2002 :** ce dernier est confirmé à la tête de l'État pour une nouvelle période intérimaire par une Loya Jirga (Assemblée traditionnelle) présidée par l'ancien roi Zaher Chah. **2004 :** une nouvelle Constitution est adoptée. H. Karzai est élu président de la République islamique d'Afghanistan au suffrage universel. **2009 :** au terme d'une élection présidentielle entachée de fraudes massives, il est reconduit à la tête de l'État. Le pays reste en proie à l'insécurité et à l'instabilité, avec un retour en force des talibans, malgré le maintien d'une présence militaire internationale importante (et même renforcée). **2010 :** une Jirga (Assemblée) de paix avalise une stratégie de dialogue avec les talibans. **2011 :** cette option de conciliation est ébranlée par l'assassinat (sept.) de l'anc. président Rabbani, chargé des pourparlers avec les insurgés, alors même que les troupes étrangères amorcent leur désengagement. **2014 :** mettant un terme aux semaines d'incertitude qui ont suivi le scrutin présidentiel (juin), un accord de partage du pouvoir intervient, en sept., entre les deux candidats revendiquant la victoire : Ashraf Ghani, proclamé vainqueur, devient président et Abdullah Abdullah, son rival, « chef de l'exécutif ». Fin déc., les troupes de combat internationales se retirent (maintien d'une mission de soutien). **2015 :** les talibans confirment la mort du mollah Omar survenue en 2013. Profitant de la faiblesse du pouvoir en place, paralysé par ses dissensions, les talibans regagnent du terrain, tandis que l'organisation État islamique s'implante à l'est du pays. **2018 :** après avoir entamé des discussions avec les talibans (juill.), les États-Unis annoncent (déc.) le retrait d'une partie de leurs troupes en 2019.

AFL-CIO (American Federation of Labor-Congress of Industrial Organizations), organisation syndicale américaine. Elle a été formée en 1955 par la réunion de l'AFL (Fédération américaine du travail, créée en 1886 sur le modèle britannique des trade-unions) et du CIO (Congrès des organisations industrielles, issu de l'AFL en 1935). Plusieurs syndicats l'ont quittée en 2005 pour créer la fédération Change to Win (Changer pour gagner).

AFNOR (Association française de normalisation), association française qui coordonne, sous le contrôle des pouvoirs publics, les études et travaux concernant la normalisation. Créée en 1926, l'AFNOR gère la marque nationale de conformité aux normes françaises (marque NF). Elle représente les intérêts français dans l'ISO*.

AFP (Agence France-Presse), agence de presse française. Née en 1944 de l'ancienne Agence Havas, nationalisée par le gouvernement de Vichy sous le nom d'*Office français d'information*, elle est auj. l'une des plus grandes agences mondiales.

AFRANCESADOS ou **JOSEFINOS,** nom donné aux Espagnols qui acceptèrent la domination napoléonienne.

African National Congress → **ANC.**

Afrikakorps, nom donné aux formations allemandes qui, de 1941 à 1943, sous les ordres de Rommel, luttèrent aux côtés des Italiens contre les Britanniques en Libye, en Égypte et en Tunisie.

AFRIQUE, une des cinq parties du monde ; 30 310 000 km²; 1 250 000 000 hab. *(Africains).*

GÉOGRAPHIE Traversée presque en son milieu par l'équateur et comprise en majeure partie entre les tropiques, l'Afrique est un continent chaud. Les climats et les types de végétation s'individualisent en fonction des variations pluviométriques plutôt que thermiques. En dehors des extrémités nord et sud, au climat méditerranéen, le trait dominant est la chaleur constante. L'apparition d'une saison sèche et son allongement, quand on s'éloigne de l'équateur, entraînent le passage du climat équatorial et de la forêt dense aux climats tropicaux, qui s'accompagnent de forêts claires, puis de savanes et de steppes. Le désert apparaît près des tropiques (Sahara, Kalahari). Plus de la moitié de l'Afrique est privée d'écoulement vers la mer, qu'atteignent souvent difficilement les grands fleuves (Nil, Congo, Niger, Zambèze).

La population africaine a longtemps stagné, la faiblesse globale du peuplement étant liée aux conditions climatiques et pédologiques, souvent défavorables à l'homme, et à l'ampleur de la traite des esclaves (XVIe-XVIIe s.). Mais la colonisation européenne, combattant les épidémies et la forte mortalité infantile, a entraîné un renouveau démographique amorcé à la fin du XIXe s. La population s'accroît rapidement (plus de 2 % en moyenne par an), malgré les ravages du sida, et se caractérise par sa grande jeunesse (plus de 40 % des Africains ont moins de 15 ans) et par une urbanisation rapide.

La colonisation est aussi en grande partie responsable de la structure politique actuelle (émiettement en une multitude d'États) et de la nature de l'économie, par les formes qu'elle a revêtues (colonies d'exploitation ou de peuplement). Elle explique largement l'importance des plantations (cacao, café, palmier à huile, arachide), de l'extraction minière (pétrole, cuivre, manganèse, diamants, métaux rares et précieux) et, en contrepartie, la fréquente insuffisance des cultures vivrières et des industries de transformation.

HISTOIRE **Des origines de l'histoire à la pénétration européenne. VIe - IIIe millénaire av. J.-C. :** le Sahara est le territoire de pasteurs dont on connaît le mode de vie grâce aux gravures et aux peintures rupestres. **IVe millénaire :** dans la vallée du Nil naît la civilisation égyptienne. **IIe millénaire :** l'assèchement du Sahara sépare le Maghreb de l'Afrique noire. **V. 814 - 146 :** Carthage installe son empire dans le Nord. **V. 450 :** Hannon explore les côtes atlantiques. **Ier s. :** le Maghreb devient Province romaine d'Afrique. **Ve s. apr. J.-C. :** les Vandales s'en emparent. **VIe s. :** ils sont chassés par Byzance. **VIIe s. :** la conquête arabe va de pair avec l'islamisation ; celle-ci, par le biais des caravanes, s'étend à l'Afrique noire à partir du XIe s., malgré la résistance, en partic., des principautés chrétiennes (Nubie et Éthiopie). Cependant, des États se forment et deviennent de véritables empires : dans la région du fleuve Sénégal et de la boucle du Niger, les plus importants sont le Ghana (ancien royaume de Ouagadou, apogée au XIe s.), le Mali (apogée au XIIIe s.) et le Songhaï (apogée au XVIe s.), islamisés, ainsi que le Bornou (apogée au XVIe s.) ; sur la côte guinéenne se forment plus tardivement des royaumes, celui du Bénin notamm., créé par les Yoruba (apogée aux XVe-XVIe s.), et ceux des Mossi hostiles à l'islam ; enfin, au sud du 5e parallèle nord, les Bantous développent une civilisation originale appuyée sur des États bien organisés dont les plus notables sont le royaume du Kongo (fondé au début du XIVe s.) et, dans le centre-est de l'Afrique, celui du Monomotapa (apogée autour de 1500).

La période coloniale. Les Portugais s'intéressent les premiers à l'Afrique. **1488 :** Bartolomeu Dias double le cap de Bonne-Espérance. **1497 - 1498 :** Vasco de Gama longe la côte est. **XVIe - XVIIe s. :** les comptoirs se multiplient, portugais (Angola, Mozambique), anglais et hollandais (Guinée) ou français (Guinée, Sénégal). L'intérieur, inexploré, décline sous l'effet de la traite. **XIXe s. :** les Européens se disputent le continent. La France conquiert l'Algérie (1830 - 1870) et le Sénégal (1854 - 1865) ; l'intérieur est visité (Caillié, Nachtigal, Livingstone et Stanley) ; Lesseps perce le canal de Suez (1869). Le véritable partage de l'Afrique ne débute que dans le dernier quart du XIXe s. Hâté par la conférence de Berlin (1884 - 1885), il aboutit à la constitution de grands empires coloniaux. Mais les puissances européennes doivent vaincre de nombreuses résistances et s'opposent en de multiples conflits. **1918 :** les colonies allemandes passent sous mandats britannique, belge et français.

L'Afrique indépendante. Le mouvement d'émancipation, amorcé avant la Seconde Guerre mondiale, s'accélère. **1955 - 1966 :** la plupart des colonies françaises et britanniques accèdent à l'indépendance. **1975 - 1980 :** en Afrique australe, les colonies portugaises – Angola, Mozambique – deviennent indépendantes en 1975, tandis qu'au Zimbabwe la minorité blanche reste au pouvoir jusqu'en 1980. **1980 - 2000 :** aux prises avec de graves difficultés économiques (famine en Éthiopie, sécheresse au Sahel) et en proie à des conflits locaux aux implications souvent ethniques, le continent africain est jusqu'en 1988 l'un des théâtres de la lutte Est-Ouest (notamm. en Angola et dans la Corne de l'Afrique). Les

Les arts de l'Afrique

L'art de l'Afrique traditionnelle a toujours pour origine une commande : société secrète pour ses rites d'initiation, communauté paysanne pour ses rites agraires, ou encore cour royale qui associe l'objet à ses pratiques divinatoires (la « porteuse de coupe », chez les Luba). Les canons de la représentation sont donc fixés par la tradition, et l'œuvre devient un véritable langage du sacré, bien que la sensibilité plastique du créateur n'en soit jamais exclue.

◄ **Art des Baga, Guinée.** Nimba, bois, clous de cuivre. Agrémenté d'un long pagne, ce masque-sculpture porté sur les épaules participe aux rites de fécondité. (Musée Barbier-Mueller, Genève.)

◄ **Art d'Ife, Nigeria.** Tête d'Oni (roi), bronze ; milieu du XIIIe s. (Nigerian Museum, Lagos.)

▲ **Art des Dogon, Mali.** Grande case de réunion des hommes (« togu-nà »). Son toit, constitué de tiges de mil bottelées, repose sur des pilastres de bois où sont sculptés en relief deux seins, évocation des huit ancêtres primordiaux des Dogon.

▲ **Art des Luba, Rép. dém. du Congo.** « Porteuse de coupe », attribuée au Maître de Buli. (Musée royal de l'Afrique centrale, Tervuren.)

▲ **Art des Bobo, Burkina.** Masque « Do », bois peint. « Do », le principe du renouveau, est invoqué par ce masque pour obtenir la pluie et la fertilité. Sa forme en papillon rappelle l'arrivée de ces insectes avec les premières pluies.

E U R O P E
A S I E
MER MÉDITERRANÉE
MER ROUGE
Golfe d'Aden
Golfe de Guinée
OCÉAN ATLANTIQUE
OCÉAN INDIEN
Détroit de Gibraltar
Cap Bon
Tanger
Oran
Alger
Constantine
Tunis
Sfax
TUNISIE
Tripoli
Benghazi
Rabat
Fès
Casablanca
Marrakech
Madère (PORT.)
Îles Canaries (ESP.)
Haut Atlas
Atlas saharien
MAROC
ALGÉRIE
Djofra
LIBYE
Désert de Libye
Fezzan
Tanezrouft
Hoggar
Tahat 2 918 m
Tropique du Cancer
Cap Blanc
Sahara
Alexandrie
Le Caire
Sinaï
Assiout
ÉGYPTE
Assouan
Désert arabique
Aozou
Désert de Nubie
Port-Soudan
MAURITANIE
Nouakchott
MALI
Tombouctou
Ténéré
Tibesti
Aïr
NIGER
TCHAD
Ennedi
Asmara
Khartoum
ÉRYTHRÉE
Djibouti
DJIBOUTI
Cap Guardafui
Hargeisa
Dakar
SÉNÉGAL
Ségou
Sahel
Niamey
Zinder
Lac Tchad
Banjul
GAMBIE
Bamako
BURKINA
Maradi
Ndjamena
Darfour
El-Obeid
SOUDAN
Massif éthiopien
Bissau
GUINÉE-BISSAU
Ouagadougou
Kano
BÉNIN
TOGO
NIGERIA
Lac Volta
Conakry
GUINÉE
Abuja
Moundou
Freetown
CÔTE D'IVOIRE
Porto Novo
Ibadan
RÉPUBLIQUE CENTRAFRICAINE
SOUDAN DU SUD
Addis-Abeba
Dirédaoua
ÉTHIOPIE
SIERRA LEONE
GHANA
CAMEROUN
Monrovia
Yamoussoukro
Lagos
Lomé
Accra
Abidjan
LIBERIA
Douala
Bangui
Djouba
Lac Turkana
SOMALIE
Malabo
Yaoundé
GUINÉE ÉQUAT.
Uélé
OUGANDA
KENYA
Mogadiscio
Équateur
SAO TOMÉ-ET-PRINCIPE
Libreville
Kisangani
Kampala
Lac Victoria
GABON
RÉP. DÉM. DU CONGO
Kigali
RWANDA
Nairobi
CONGO
Bujumbura
BURUNDI
Kilimandjaro 5 895 m
Mombasa
Brazzaville
Kananga
Great Rift Valley
Tanga
Cabinda
Kinshasa
Mbuji-Mayi
Dodoma
SEYCHELLES
L. Tanganyika
Dar es Salam
Ascension (G.-B.)
Luanda
Katanga
TANZANIE
Lubumbashi
Lac Malawi
COMORES
Moroni
Mayotte (FR.)
Benguela
Huambo
MALAWI
Lubango
ANGOLA
ZAMBIE
Ndola
Lilongwe
Nacala
Lusaka
Nampula
Mahajanga
Ste-Hélène (G.-B.)
Zambèze
Canal de Mozambique
NAMIBIE
Harare
Toamasina
Antananarivo
MAURICE
ZIMBABWE
Beira
BOTSWANA
Bulawayo
MADAGASCAR
Désert du Namib
Désert du Kalahari
La Réunion (FR.)
Windhoek
Limpopo
MOZAMBIQUE
Fianarantsoa
Tropique du Capricorne
Gaborone
Pretoria
Maputo
Johannesburg
Mbabane
ESWATINI
LESOTHO
Maseru
Durban
Drakensberg
AFRIQUE DU SUD
Le Cap
Port Elizabeth
Cap de Bonne-Espérance
500 km

Afrique

200
500
1000
2000
4000 m
plus de 5 000 000 h.
de 1 000 000 à 5 000 000 h.
de 100 000 à 1 000 000 h.
moins de 100 000 h.

Afrique du Sud, Lesotho

★ site touristique important

500 1000 1500 2000 m

Le Cap capitale de province

limite de province

autoroute

route

voie ferrée

aéroport

plus de 1 000 000 h.

de 500 000 à 1 000 000 h.

de 100 000 à 500 000 h.

moins de 100 000 h.

années 1990 voient se développer une dynamique de démocratisation politique et de libéralisation économique. De nouveaux pays conquièrent leur indépendance : la Namibie se dégage de la tutelle sud-africaine (1990) et l'Érythrée de celle de l'Éthiopie (1993). **Depuis 2000 :** si de nombreux États restent soumis à des régimes autoritaires ou sont troublés par des guerres internes ou régionales meurtrières, l'Afrique subsaharienne connaît une indéniable croissance, attirant en partic. les investissements du Sud émergent (Chine, Inde, Brésil). En 2011, le Soudan du Sud se détache du Soudan et devient le 54e État africain. Auj., le terrorisme islamiste est un facteur d'instabilité pour une vaste zone allant de la Corne de l'Afrique au Nigeria en passant par le Sahel.

AFRIQUE DU NORD, autre appellation du Maghreb*.

AFRIQUE DU SUD n.f., en angl. **South Africa,** État occupant l'extrémité méridionale de l'Afrique ; 1 221 000 km² ; 52 776 000 hab. (*Sud-Africains* ou *Sudafricains*). **CAP.** *Pretoria* (siège du gouvernement) et *Le Cap* (siège du Parlement). **LANGUES :** *afrikaans, anglais, ndebele, pedi, sotho, swati, tsonga, tswana, venda, xhosa* et *zoulou*. **MONNAIE :** *rand*. Le pays est formé de 9 provinces : Cap-Est, Cap-Nord, Cap-Ouest, État libre, Gauteng, Kwazulu-Natal, Limpopo, Mpumalanga, Nord-Ouest.

INSTITUTIONS République. Constitution de 1996, entrée en vigueur progressivement de 1997 à 1999. Le Parlement est composé de l'Assemblée nationale, élue pour 5 ans, et du Conseil national des provinces. Le président de la République est élu par l'Assemblée nationale (avec un mandat de la même durée). Il nomme le vice-président et les membres du Conseil des ministres, qu'il préside.

GÉOGRAPHIE L'Afrique du Sud, première puissance économique du continent, est un État multiracial, où la majorité noire (75 % de la population) a accédé au pouvoir en 1994, succédant à la minorité blanche (moins de 15 %). Le pays compte d'autres minorités, métis et Asiatiques.

Il s'étend sur de vastes plateaux, relevés au S.-E. (Drakensberg). L'altitude modère les températures dans cette zone subtropicale, ce qui explique l'importance du peuplement d'origine européenne (Néerlandais, puis Britanniques), la nature des productions agricoles (maïs, sucre, vins) et l'extension de l'élevage (bovins et surtout ovins).

La richesse du sous-sol constitue l'atout essentiel. Le pays compte parmi les grands producteurs mondiaux d'or et de diamants, de chrome, de titane, de vanadium, de manganèse, de charbon et d'uranium. Il souffre toutefois d'un important déficit énergétique. L'industrie est surtout localisée autour de Johannesburg (la plus grande agglomération) et dans les ports (Durban…).

La disparition de l'apartheid n'a pas entraîné l'uniformisation des genres et des niveaux de vie, le recul de l'important sous-emploi ou la disparition de l'analphabétisme dans la population noire, alors qu'une partie de la minorité blanche, inquiète, émigre. Dans les années 1990 et 2000, l'ampleur de l'épidémie de sida, désormais sous contrôle, a accentué les déséquilibres socio-économiques du pays.

HISTOIRE **Période africaine et hollandaise.** Peuplée très tôt dans la préhistoire, l'Afrique du Sud est occupée par les Bochiman, les Nama ou Hottentots (XIIe s.), puis par les Bantous (Xhosa, Zoulous, Sotho, au XVIe s.). **XVIe s. :** les Portugais découvrent le pays sans s'y fixer. **1652 :** les Hollandais fondent Le Cap, escale de la Compagnie des Indes orientales. **1685 :** les colons (Boers) sont rejoints par les huguenots français. L'esclavage se développe. Les Hottentots sont décimés par la variole apportée par les Européens, et les Bochimans, pilleurs de bétail, sont exterminés par les colons.

La domination britannique. **1814 :** au traité de Paris, la colonie hollandaise du Cap passe sous administration britannique. **1834 :** l'abolition de l'esclavage (1833) mécontente les Boers qui migrent vers l'est et le nord (« Grand Trek »). Ceux-ci sont évincés du Natal par les Britanniques et établissent deux républiques, Transvaal et Orange, qui consolident leur indépendance après un premier conflit avec la Grande-Bretagne (1877 - 1881). Les Xhosa s'opposent à la pénétration européenne (neuf guerres « cafres », 1779 - 1877) tandis que les Zoulous affrontent les Boers (bataille de Bloodriver, 1838) et les Britanniques, à Isandhlwana (1879). **1884 :** la découverte d'or au Transvaal suscite un afflux d'étrangers, surtout anglais, et Cecil Rhodes, Premier ministre du Cap, tente en vain de s'en emparer (raid Jameson, 1895 - 1896). **1899 - 1902 :** la guerre des Boers s'achève par la victoire difficile des Britanniques sur le Transvaal et l'Orange, qui sont annexés. **1910 :** création de l'Union sud-africaine (États du Cap, Natal, Orange et Transvaal), qui sera membre du Commonwealth. **1913 :** les premières lois de ségrégation raciale (apartheid) affectent les métis, les Indiens et surtout les Noirs, très majoritaires, mais pratiquement exclus de la conduite des affaires. **1920 :** l'ancienne colonie allemande du Sud-Ouest africain est confiée à l'Union sud-africaine par la SDN, puis par l'ONU. **1948 :** le gouvernement du Dr Malan (Parti national, afrikaner) durcit les lois d'apartheid (interdiction des mariages mixtes, ségrégation résidentielle, etc.). **À partir de 1959 :** H. F. Verwoerd amorce la politique des bantoustans.

La république d'Afrique du Sud. **1961 :** à l'issue d'un référendum, l'Union se transforme en république indépendante, puis se retire du Commonwealth (qu'elle ne réintégrera qu'en 1994). Après 1966, B. J. Vorster et P. Botha poursuivent la politique d'apartheid, au prix d'un isolement grandissant du pays. **1976 :** graves émeutes à Soweto. **1985 - 1986 :** les émeutes antiapartheid font de nombreuses victimes. L'instauration de l'état d'urgence et la violence de la répression sont condamnées par plusieurs pays occidentaux qui prennent des sanctions économiques. **1988 :** l'Afrique du Sud conclut un accord avec l'Angola et Cuba, qui entraîne un cessez-le-feu en Namibie. **1989 :** Frederik De Klerk succède à P. Botha.

Vers une démocratie multiraciale. **1990 :** F. De Klerk met en œuvre une politique d'ouverture vers la majorité noire (légalisation des organisations antiapartheid, libération de N. Mandela, négociations directes avec l'ANC, abolition de la ségrégation raciale dans les lieux publics). L'état d'urgence est levé. La Namibie accède à l'indépendance. **1991 :** les trois dernières lois régissant l'apartheid sont abolies. **1993 :** au terme de négociations difficiles, engagées en 1990, une Constitution intérimaire est adoptée (nov.), sous l'impulsion conjointe de F. De Klerk et de N. Mandela. **1994 :** les premières élections multiraciales (avr.) sont largement remportées par l'ANC. N. Mandela est élu à la tête de l'État. Un gouvernement d'unité nationale est formé. L'Afrique du Sud retrouve sa place dans le concert des nations. **1996 :** une nouvelle Constitution est adoptée. F. De Klerk et le Parti national (qui s'autodissoudra en 2005) quittent le gouvernement. **1999 :** après une nouvelle et très nette victoire de l'ANC aux élections, Thabo Mbeki succède à N. Mandela à la présidence de la République. **2004 :** il est réélu à la tête de l'État. **2008 :** désavoué par son propre parti, T. Mbeki démissionne. Kgalema Motlanthe assure l'intérim. **2009 :** au terme de nouvelles élections favorables à l'ANC, Jacob Zuma est élu président de la République. **2010 :** l'organisation de la Coupe du monde de football offre au pays une consécration internationale, mais les tensions sociales et politiques intérieures restent vives. **2013 :** la mort de N. Mandela suscite une grande émotion dans tout le pays. **2014 :** J. Zuma obtient un second mandat, rapidement terni par une série de scandales de corruption. **2018 :** il est poussé à la démission par son parti, l'ANC (févr.). Cyril Ramaphosa lui succède.

AFRIQUE-ÉQUATORIALE FRANÇAISE (AEF), fédération qui regroupa, de 1910 à 1958, les colonies du Gabon, du Moyen-Congo, de l'Oubangui-Chari et du Tchad ; 2 510 000 km².

AFRIQUE NOIRE, anc. appellation de la partie du continent africain habitée essentiellement par des populations noires.

AFRIQUE-OCCIDENTALE FRANÇAISE (AOF), fédération qui regroupa, de 1895 à 1958, les colonies du Sénégal, de la Mauritanie, du Soudan français (Mali), de la Haute-Volta, de la Guinée française, du Niger, de la Côte d'Ivoire et du Dahomey ; 4 425 000 km².

AFRIQUE-ORIENTALE ALLEMANDE, anc. colonie allemande en Afrique orientale, qui comprenait le Tanganyika, le Rwanda et le Burundi (1884 - 1919).

AFRIQUE-ORIENTALE BRITANNIQUE, anc. possessions britanniques de l'Afrique orientale : Kenya, Ouganda, Zanzibar, Tanganyika.

AFRIQUE ROMAINE, ensemble des territoires de l'Afrique du Nord colonisés par les Romains après la chute de Carthage (146 av. J.-C.) et qui restèrent dans l'Empire jusqu'à l'arrivée des Vandales (ve s.).

AFTALION (Albert), *Ruse, Bulgarie, 1874 - Chambéry 1956*, économiste français. Étudiant les crises de surproduction, il a mis en lumière le principe d'accélération.

AGADEZ, v. du centre du Niger ; 118 240 hab.

AGADIR, v. du Maroc méridional, sur l'Atlantique ; 421 844 hab. (785 618 hab. dans l'agglomération). Station balnéaire. Pêche. – En 1911, l'envoi d'une canonnière allemande (la *Panther*) dans ce port fut le point de départ d'un incident franco-allemand.

AGAMEMNON MYTH. GR. Fils d'Atrée et frère de Ménélas, roi légendaire de Mycènes et d'Argos. Chef des Grecs qui assiégèrent Troie, il sacrifia sa fille Iphigénie, sur les conseils du devin Calchas, pour apaiser Artémis et faire cesser les vents contraires. À son retour de Troie, il fut assassiné par Clytemnestre, sa femme, et par Égisthe.

AGAR, personnage biblique. Esclave égyptienne d'Abraham et mère d'Ismaël, elle fut renvoyée avec son fils par Sara, quand celle-ci donna naissance à Isaac.

AGASSI (Andre), *Las Vegas 1970*, joueur de tennis américain. Il a remporté huit titres du Grand Chelem : à Wimbledon (1992), à Flushing Meadow (1994, 1999), aux Internationaux d'Australie (1995, 2000, 2001, 2003) et à Roland-Garros (1999). Il a aussi été champion olympique en 1996.

AGASSIZ (Louis), *Môtier, canton de Fribourg, 1807 - Cambridge, Massachusetts, 1873*, naturaliste américain d'origine suisse. On lui doit des recherches en paléontologie, en glaciologie et en paléoclimatologie ; ces dernières permirent de faire admettre l'existence d'une époque glaciaire.

AGATHE (sainte), *IIIe s.*, vierge et martyre sicilienne.

AGATHOCLE, *Thermae v. 361 - 289 av. J.-C.*, tyran, puis roi de Syracuse. Il lutta contre Carthage.

AGAY (83530), station balnéaire du Var (comm. de Saint-Raphaël), au pied de l'Esterel.

AGDE (34300), bur. centr. de cant. de l'Hérault, sur l'Hérault et le canal du Midi ; 27 383 hab. *(Agathois)*. Cathédrale fortifiée (XIIe s.). Musées.

AGDE (cap d'), promontoire de la côte de l'Hérault, au S.-E. d'Agde. Station balnéaire.

AGEN (47000), ch.-l. du dép. de Lot-et-Garonne, sur la Garonne, à 609 km au S.-S.-O. de Paris ; 34 956 hab. *(Agenais)*. Évêché. Cour d'appel. Marché (prunes, chasselas). Conserves. Pharmacie. – Cathédrale romane et gothique. Musée.

AGENAIS, anc. pays de France, dans la Guyenne, définitivement réuni à la Couronne en 1592.

Agence internationale de l'énergie atomique → **AIEA.**

Agence spatiale européenne → **ESA.**

AGÉSILAS II, roi de Sparte (399 - 360 av. J.-C.). Il vainquit les Perses et triompha à Coronée, en Béotie (394), de Thèbes et de ses alliés.

AGGÉE, *VIe s. av. J.-C.*, prophète biblique.

AGHA KHAN III, *Karachi 1877 - Versoix, Suisse, 1957*, prince et chef religieux d'une partie des ismaéliens. — **Agha Khan IV,** *Creux-de-Genthod, canton de Genève, 1936*, petit-fils et successeur d'Agha Khan III.

AGHLABIDES ou **ARHLABIDES,** dynastie arabe qui régna sur la partie orientale de l'Afrique du Nord (800 - 909).

AGIDES, dynastie royale de Sparte qui régna, avec les Eurypontides, du VIe au IIIe s. av. J.-C.

AGIS IV, roi de Sparte (244 - 241 av. J.-C.). Sa réforme agraire lui coûta le trône et la vie.

Agneau mystique (retable de l'), polyptyque de Hubert et Jan Van Eyck à la cathédrale St-Bavon de Gand. Inauguré en 1432, c'est le chef-d'œuvre initial de la grande école flamande de peinture.

▲ **L'Agneau mystique.** Détail du panneau central du polyptyque de *l'Agneau mystique*, par les Van Eyck ; 1432. (Cathédrale St-Bavon, Gand.)

AGNEL (Yannick), *Nîmes 1992*, nageur français. Il a remporté deux titres olympiques (200 m nage libre et relais 4 x 100 m nage libre) en 2012 et a réalisé le même doublé aux championnats du monde de 2013.

AGNÈS (sainte), *m. en 303*, vierge romaine martyre sous Dioclétien.

AGNÈS DE FRANCE, *1171 - Constantinople 1220*, impératrice byzantine sous le nom d'Anne. Fille de Louis VII, roi de France, elle épousa Alexis II Comnène (1180) puis Andronic Ier Comnène (1183).

AGNÈS DE MÉRAN, *m. à Poissy en 1201*, reine de France. Philippe Auguste l'épousa (1196) après avoir répudié sa deuxième femme, Ingeborge. Innocent III obligea le roi à la renvoyer (1200).

AGNI, feu du sacrifice et dieu du Feu dans les textes védiques.

AGNI → **ANYI.**

AGNON (Samuel Joseph), *Buczacz, Galicie, 1888 - Rehovot 1970*, écrivain israélien. Il est l'auteur de romans consacrés à la vie des Juifs de Pologne et aux pionniers de la colonisation de la Palestine (*la Dot des fiancées*, 1931 ; *le Chien Balak*, 1945 ; *Contes de Jérusalem*, 1959). [Prix Nobel 1966.]

AGOULT (Marie de Flavigny, comtesse d'), *Francfort-sur-le-Main 1805 - Paris 1876*, femme de lettres française. Sous le nom de **Daniel Stern,** elle publia une *Histoire de la Révolution de 1848* et d'importants *Souvenirs*. De sa liaison avec Liszt elle eut un fils et deux filles (l'une épousa É. Ollivier et l'autre R. Wagner).

AGOUT n.m., riv. de France, née dans l'Espinouse, affl. du Tarn (r. g.) ; 180 km. Elle passe à Castres.

AGRA, v. d'Inde (Uttar Pradesh), sur la Yamuna ; 1 259 979 hab. (1 746 467 hab. dans l'agglomération). Cité impériale de Baber. Nombreux monuments, dont le fort Rouge et le célèbre Tadj* Mahall, mausolée du XVIIe s.

AGRAM → **ZAGREB.**

ÁGREDA (María Coronel, dite María de), *Ágreda 1602 - id. 1665*, religieuse espagnole. Elle est célèbre par ses extases et ses visions.

AGRICOLA (Cnaeus Julius), *Forum Julii, auj. Fréjus, 40 - 93*, général romain. Il acheva la conquête de l'île de Bretagne. Il fut le beau-père de Tacite, qui écrivit sa biographie.

AGRICOLA (Georg Bauer, dit), *Glauchau 1494 - Chemnitz 1555*, savant allemand. Médecin, il s'intéressa à la minéralogie et à la métallurgie, où il fut un novateur (*De re metallica*, 1556).

AGRICOLA (Mikael), *Pernaja v. 1510 - Kuolemajärvi 1557*, écrivain finnois et évêque de Turku. Il introduisit la Réforme en Finlande et publia le premier livre imprimé en finnois.

▲ **Agrigente.** Temple dorique dit « de la Concorde », Ve s. av. J.-C.

AGRIGENTE, v. d'Italie (Sicile), ch.-l. de prov. ; 58 111 hab. Bel ensemble de temples doriques grecs (VIe-Ve s. av. J.-C.). – Monuments médiévaux et baroques. Musée archéologique national.

AGRIPPA (Marcus Vipsanius), *63 - 12 av. J.-C.*, général romain. Gendre et proche collaborateur d'Auguste, qui organisa pour lui une sorte de corégence, il s'illustra à Actium (31 av. J.-C.) et inaugura à Rome l'œuvre monumentale de l'époque impériale (le Panthéon).

AGRIPPA VON NETTESHEIM (Heinrich Cornelius), *Cologne 1486 - Grenoble 1535*, médecin, philosophe et alchimiste allemand. Véritable somme, son œuvre (*De philosophia occulta*, 1510) subordonne sciences et théologie à la magie.

AGRIPPINE l'Aînée, *14 av. J.-C. - 33 apr. J.-C.*, princesse romaine. Petite-fille d'Auguste, fille d'Agrippa et de Julie, elle épousa Germanicus, dont elle eut Caligula et Agrippine la Jeune.

AGRIPPINE la Jeune, *v. 15 - 59 apr. J.-C.*, princesse romaine. Fille d'Agrippine l'Aînée et de Germanicus, ambitieuse, elle épousa en troisièmes noces l'empereur Claude, son oncle, et lui fit adopter son fils, Néron. Puis elle empoisonna Claude pour placer Néron sur le trône, mais celui-ci la fit assassiner.

AGUASCALIENTES, v. du Mexique, cap. d'État ; 796 959 hab. (926 000 hab. dans l'agglomération). Métallurgie. Industrie automobile.

AGUESSEAU (Henri François d'), *Limoges 1668 - Paris 1751*, magistrat français. Chancelier de 1717 à 1750, il fut en disgrâce de 1718 à 1720 et de 1722 à 1737 pour son opposition à Law. Son œuvre de juriste tend à substituer le droit écrit à la coutume.

AGULHON (Maurice), *Uzès 1926 - Brignoles 2014*, historien français. Inventeur de l'histoire de la sociabilité, c'est-à-dire des groupes ou des lieux où se forme l'opinion, il est l'auteur d'ouvrages sur la République et ses représentations (*la République au village*, 1970 ; *Marianne au combat*, 1979).

AHASVÉRUS → **JUIF ERRANT (le).**

AHERN (Bertie), *Dublin 1951,* homme politique irlandais. Leader du Fianna Fáil (1994 - 2008), il a été Premier ministre de 1997 à 2008.

AHIDJO (Ahmadou), *Garoua 1924 - Dakar 1989,* homme politique camerounais. Il négocia l'indépendance du Cameroun et fut président de la République de 1961 à 1982.

AHLIN (Lars Gustav), *Sundsvall 1915 - Stockholm 1997,* écrivain suédois. Il a rénové le roman prolétarien.

AHMADABAD ou **AHMEDABAD,** v. d'Inde (Gujerat) ; 3 515 361 hab. (6 352 254 hab. dans l'agglomération). Centre textile. – Vieille ville aux nombreux monuments des XVe-XVIIe s.

AHMAD IBN TULUN, 835 - *Antioche 884,* fondateur de la dynastie des Tulunides.

AHMADINEJAD (Mahmud), *Aradan, au sud-est de Téhéran, 1956,* homme politique iranien. Ultraconservateur, maire de Téhéran (2003 - 2005), il a été président de la République de 2005 à 2013.

AHMADNAGAR, v. d'Inde (Maharashtra), à l'E. de Bombay ; 307 455 hab. Marché du coton.

AHMED Ier, *Manisa 1590 - Istanbul 1617,* sultan ottoman (1603 - 1617). — **Ahmed III,** *1673 - Istanbul 1736,* sultan ottoman (1703 - 1730). Il donna asile à Charles XII après sa défaite contre Pierre le Grand à Poltava. Il signa la paix de Passarowitz (1718).

AHMOSIS, roi d'Égypte (1580 - 1558 av. J.-C.). Il acheva de chasser les Hyksos hors d'Égypte et fonda la XVIIIe dynastie.

AHO (Juhani **Brofeldt,** dit Juhani), *Lapinlahti 1861 - Helsinki 1921,* écrivain finlandais. On lui doit des romans naturalistes (*la Femme du pasteur*).

Ahram (al-), quotidien égyptien d'information générale. Il a été créé en 1876.

AHRIMAN, principe du Mal, opposé à *Ahura-Mazdâ,* principe du Bien, dans le mazdéisme.

AHTISAARI (Martti), *Viipuri 1937,* diplomate et homme politique finlandais. Social-démocrate, il est président de la République de 1994 à 2000. Avant et après ce mandat, il joue un rôle déterminant de médiateur, souvent au nom de l'ONU, dans de nombreux conflits (Namibie, Indonésie, Kosovo, Iraq). [Prix Nobel de la paix 2008.]

AHURA-MAZDÂ ou **ORMUZD,** dieu suprême, créateur et principe du Bien dans le mazdéisme.

AHVAZ, v. d'Iran, cap. du Khuzestan, au N. d'Abadan ; 969 843 hab.

AHVENANMAA → **ÅLAND.**

AÏCHA, *La Mecque v. 614 - Médine 678,* fille d'Abu Bakr et troisième femme de Mahomet.

AIEA (Agence internationale de l'énergie atomique), organisation intergouvernementale autonome, placée sous l'égide des Nations unies. Créée en 1957, elle a pour but de promouvoir les applications pacifiques de l'énergie atomique. (Siège : Vienne.) [Prix Nobel de la paix 2005.]

AIGLE, v. de Suisse (Vaud), près du Rhône ; 9 255 hab. *(Aiglons).* Vins. Raffinerie de pétrole. – Château médiéval (musée de la Vigne et du Vin).

AIGLE (L') [61300], anc. **Laigle,** bur. centr. de cant. de l'Orne ; 8 276 hab. *(Aiglons).* Église des XIIe-XVIe s.

AIGNAN ou **AGNAN** (saint), *m. en 453,* évêque d'Orléans, qu'il défendit contre Attila (451).

Aigos-Potamos (bataille d') [405 av. J.-C.], bataille de la guerre du Péloponnèse. Victoire du Spartiate Lysandre sur la flotte athénienne à l'embouchure de l'Aigos-Potamos (presqu'île de Gallipoli).

AIGOUAL n.m., massif des Cévennes, entre le Gard et la Lozère ; 1 565 m. Forêt. Observatoire météorologique.

AIGUES-MORTES (30220), bur. centr. de cant. du Gard, à l'O. de la Camargue ; 8 471 hab. *(Aigues-Mortais).* Salines. – Belle enceinte médiévale quadrangulaire. – Jadis port de mer, où Saint Louis s'embarqua pour l'Égypte (septième croisade, 1248) et Tunis (huitième croisade, 1270).

AIGUILLE (mont), pic escarpé des Alpes françaises, en Isère, dans le Vercors ; 2 086 m.

AIGUILLES (cap des), extrémité sud de l'Afrique, à l'E. du cap de Bonne-Espérance. — courant des **Aiguilles,** courant marin chaud de l'océan Indien. Il se dirige du nord-est au sud-ouest le long des côtes de l'Afrique du Sud.

AIGUILLES-ROUGES (les), massif des Alpes françaises, au N. du massif du Mont-Blanc ; 2 965 m.

AIGUILLON (47190), bur. centr. de cant. de Lot-et-Garonne ; 4 492 hab. *(Aiguillonnais).*

AIGUILLON (anse de l') ou baie de l'**AIGUILLON,** échancrure du littoral atlantique, en face de l'île de Ré, limitée vers le large par la *pointe de l'Aiguillon.* Ostréiculture et mytiliculture.

AIGUILLON (Emmanuel Armand **de Vignerot du Plessis de Richelieu,** duc d'), *Paris 1720 - id. 1788,* homme d'État français. Commandant en chef en Bretagne, il eut de graves démêlés avec le parlement de Rennes. Dans le triumvirat formé avec Maupeou et Terray, Louis XV le chargea des Affaires étrangères et de la Guerre (1771 - 1774).

AIGUILLON (Marie-Madeleine **de Vignerot,** duchesse **d'**), *Glenay, Deux-Sèvres, 1604 - Paris 1675,* nièce de Richelieu. Elle fut une bienfaitrice des missions du Canada.

AIGUILLON-SUR-MER (L') [85460], comm. de la Vendée, sur l'estuaire du Lay ; 2 156 hab. *(Aiguillonnais).* Station balnéaire.

AIHOLE, site de l'Inde (Deccan). Certains des nombreux temples de cette anc. cap. des Calukya (VIe-VIIIe s.) comptent parmi les plus anciennes constructions appareillées en Inde.

AIKEN (Howard Hathaway), *Hoboken, New Jersey, 1900 - Saint-Louis, Missouri, 1973,* informaticien américain. Le calculateur électronique *Mark 1,* programmé par une bande perforée, qu'il conçut et réalisa de 1939 à 1943 avec l'aide d'IBM, fut l'un des premiers ordinateurs.

AILEY (Alvin), *Rogers, Texas, 1931 - New York 1989,* danseur et chorégraphe américain. Fondateur et directeur de sa propre compagnie, l'Alvin Ailey American Dance Theater, en 1959, il fut l'un des maîtres de la danse noire américaine : *Revelations,* 1960 ; *Cry,* 1971 ; *For Bird with Love,* 1986.

AILLAUD (Gilles), *Paris 1928 - id. 2005,* peintre français. Fils de l'architecte Émile Aillaud *(1902 - 1988),* il pratiqua un art froid et objectif (animaux des zoos...) caractéristique de la « nouvelle figuration ».

AILLERET (Charles), *Gassicourt, Yvelines, 1907 - île de La Réunion 1968,* général français. Premier chef du commandement des armes spéciales, chargé de la recherche nucléaire militaire (1951 - 1960), il mit au point la première bombe atomique française.

AILLY (Pierre **d'**), *Compiègne 1350 - Avignon 1420,* théologien et cardinal français. Légat d'Avignon, chancelier de l'université de Paris, il joua un rôle important lors du concile de Constance (1414 - 1418), où il défendit la primauté du concile sur celle du pape.

AIMARGUES (30470), comm. du Gard ; 5 499 hab. *(Aimarguois).* Bonneterie.

AIMÉE (Nicole Françoise **Dreyfus,** dite Anouk), *Paris 1932,* actrice française. Sensuelle ou névrosée chez F. Fellini (*La Dolce Vita,* 1960 ; *Huit et demi,* 1963), elle tire de sa présence lumineuse à l'élégance fragile un charme singulier (*Lola,* J. Demy, 1961 ; *Un homme et une femme,* C. Lelouch, 1966 ; *le Saut dans le vide,* M. Bellochio, 1980).

AIME-LA-PLAGNE (73210), comm. de la Savoie, en Tarentaise, sur l'Isère ; 3 678 hab. *(Aimerains).* Basilique St-Martin (XIe s., substructures romaine et mérovingienne).

AIN n.m., riv. de France, qui sort du Jura, affl. du Rhône (r. dr.), en amont de Lyon ; 200 km. Aménagements hydroélectriques.

AIN n.m. (01), dép. de la Région Auvergne-Rhône-Alpes ; ch.-l. de dép. *Bourg-en-Bresse* ; ch.-l. d'arrond. *Belley, Gex, Nantua* ; 4 arrond. ; 23 cant. ; 407 comm. ; 5 762 km^2 ; 649 012 hab. Le dép. appartient à l'académie et à la cour d'appel de Lyon, à la zone de défense et de sécurité Sud-Est. Il comporte une partie montagneuse à l'E. (le Bugey jurassien), souvent boisée, et une partie basse, à l'O. (la Bresse et la Dombes). L'élevage (bovins, volailles) domine la vie agricole. L'industrie est bien représentée, notamm. à Bourg-en-Bresse

▲ Alvin **Ailey** répétant un ballet avec sa troupe.

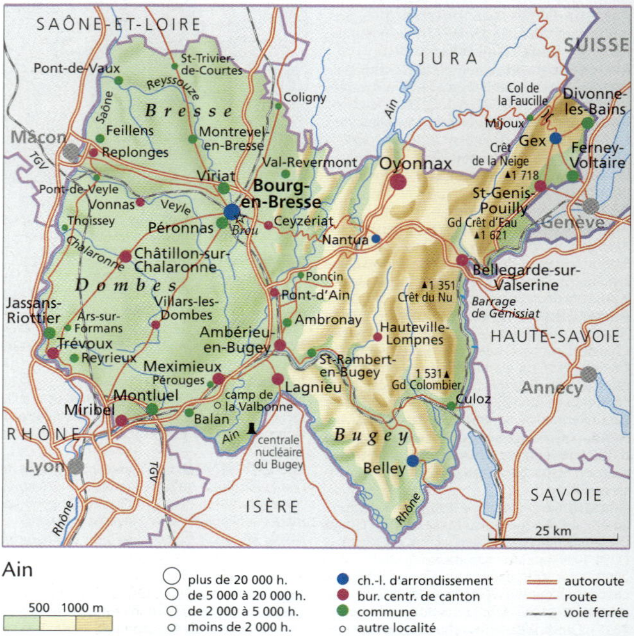

Ain

(mécanique, agroalimentaire), Oyonnax (matières plastiques), Ambérieu-en-Bugey (parc industriel de la Plaine de l'Ain) et Gex. S'y ajoute la centrale nucléaire du Bugey. De nombreux frontaliers vont travailler chaque jour en Suisse.

AÏNOUS, peuple de Russie (Sakhaline et Kouriles) et du Japon (Hokkaido) [env. 25 000]. D'origine inconnue, refoulés et sédentarisés au fil du temps par les Japonais, très largement métissés, ils sont pour la plupart assimilés.

Ainsi parlait Zarathoustra, poème philosophique de F. Nietzsche (1883 - 1885). Les thèmes du surhomme et du retour éternel y sont développés.

AÏN TÉMOUCHENT, v. d'Algérie, au S.-O. d'Oran ; 72 940 hab.

AÏR n.m., massif du Niger, dans le Sahara méridional ; v. princ. *Agadez*.

Airbus, groupe européen d'industrie aéronautique (avions et hélicoptères), spatiale et de défense. Créé en 2000 sous le nom d'EADS (European Aeronautic Defence and Space Company), à partir d'un rapprochement des activités des sociétés Aerospatiale Matra (France), DaimlerChrysler Aerospace (DASA, Allemagne) et Construcciones Aeronáuticas (CASA, Espagne), le groupe fusionne en 2017 avec sa prestigieuse filiale Airbus, dont il prend le nom. Cette dernière, conçue dans les années 1960 par plusieurs constructeurs européens comme un consortium pour la commercialisation de nouveaux avions de transport, constituée en GIE (Airbus Industrie) en 1970 puis en société privée (Airbus) en 2001 (siège social : Toulouse), a construit une large gamme d'avions civils (de l'A300 à l'A380) et militaires, et rivalise avec Boeing pour le titre de leader mondial dans son secteur.

AIRE-SUR-L'ADOUR (40800), bur. centr. de cant. des Landes ; 6 654 hab. *(Aturins)*. Évêché (résidence à Dax). – Cathédrale en partie romane.

AIRE-SUR-LA-LYS (62120), bur. centr. de cant. du Pas-de-Calais ; 10 118 hab. *(Airois)*. Collégiale de style flamboyant (XVe s.), maisons des XVIIe-XVIIIe s.

Air France, compagnie française de transports aériens. Prenant la suite d'une société anonyme fondée en 1933, elle a été constituée en 1948 et a fusionné en 1997 avec l'anc. compagnie Air Inter. Le rapprochement, en 2004, du groupe Air France et de la société néerlandaise KLM a donné naissance au groupe Air France-KLM.

AIROLO, comm. de Suisse (Tessin), à l'entrée sud des tunnels du Saint-Gothard ; 1 558 hab.

AIRVAULT (79600), bur. centr. de cant. des Deux-Sèvres, sur le Thouet ; 3 048 hab. *(Airvaudais)*. Église, anc. abbatiale romane (XIIe-XIIIe s.).

AIRY (sir George Biddell), *Alnwick, Northumberland, 1801 - Londres 1892*, astronome britannique. Il développa l'hypothèse de l'isostasie et donna, le premier, la théorie complète de la formation de l'arc-en-ciel. Il fit de l'observatoire de Greenwich, qu'il dirigea de 1835 à 1881, un centre d'astrométrie de réputation internationale.

AISEAU-PRESLES, comm. de Belgique (Hainaut), banlieue est de Charleroi ; 10 875 hab.

AISNE [ɛn] n.f., riv. de France, née dans l'Argonne, affl. de l'Oise (r. g.), en amont de Compiègne ; 280 km. Elle passe à Soissons.

AISNE n.f. (02), dép. de la Région Hauts-de-France ; ch.-l. de dép. *Laon* ; ch.-l. d'arrond. *Château-Thierry, Saint-Quentin, Soissons, Vervins* ; 5 arrond. ; 21 cant. ; 804 comm. ; 7 369 km² ; 552 529 hab. *(Axonais)*. Le dép. appartient à l'académie et à la cour d'appel d'Amiens, à la zone de défense et de sécurité Nord. Il est formé de plateaux souvent limoneux (extrémité nord de la Brie, Valois, Vermandois, Soissonnais), où la grande culture (blé, betterave à sucre), dominante, est parfois associée à l'élevage bovin. Ces plateaux sont entaillés par des vallées (Marne, Aisne et Oise), domaines de cultures maraîchères et sites des principales villes (Saint-Quentin, Soissons), en dehors de Laon. La Thiérache, herbagère, constitue l'extrémité nord du dép. L'industrie est concentrée dans la vallée de l'Oise (métallurgie, verrerie, chimie) et à Saint-Quentin.

AISTOLF ou **ASTOLPHE,** roi des Lombards (749 - 756). Il fut battu par Pépin le Bref.

Aisne

AIUN (El-), v. du Maroc, ch.-l. du Sahara occidental ; 236 914 hab.

AI WEIWEI, *Pékin 1957*, artiste chinois. Sa pratique multiforme (architecture, photographie, sculpture, performance, installation, blog) confronte la culture chinoise à l'occidentalisation dans un défi permanent au régime en place (*Template*, 2007 ; *Rémémoration*, 2009 ; *Sunflower Seeds*, 2010 ; *S.A.C.R.E.D.*, 2011-2013).

AIX (île d') [17123], île et comm. du dép. de la Charente-Maritime ; 247 hab. Musée napoléonien et Musée africain. – Au large, entre les îles d'Aix et d'Oléron, fort Boyard (fortification oblongue, construite au XIXe s.).

AIX-D'ANGILLON (Les) [18220], comm. du Cher, au N.-E. de Bourges ; 1 922 hab. *(Angillonnais)*. Église romane de style bourguignon.

AIX-EN-PROVENCE, ch.-l. d'arrond. des Bouches-du-Rhône ; 146 192 hab. *(Aixois)* [364 402 hab. dans l'agglomération]. Archevêché. Académie (Aix-Marseille) et université. Cour d'appel. Constructions mécaniques. – Cathédrale St-Sauveur (XIe-XVe s. ; triptyque du *Buisson ardent* de N. Froment) avec baptistère remontant au Ve s. et cloître du XIIe s. Célèbre *Annonciation* (1443) de l'église de la Madeleine. Monuments, hôtels des XVIIe et XVIIIe s. Musées, dont le musée des beaux-arts « Granet » et la Fondation Vasarely. – Festival musical (art lyrique). – Aix *(Aquae Sextiae)* fut fondée par les Romains en 123 av. J.-C. Aux environs, Marius vainquit les Teutons (102 av. J.-C.).

AIXE-SUR-VIENNE (87700), bur. centr. de cant. de la Haute-Vienne, au S.-O. de Limoges ; 5 940 hab. *(Aixois)*.

AIX-LA-CHAPELLE, en all. **Aachen,** v. d'Allemagne (Rhénanie-du-Nord-Westphalie) ; 236 420 hab. (1 100 000 hab. dans l'agglomération). Station thermale. – Belle cathédrale gothique, ayant pour noyau la chapelle Palatine consacrée en 805 ; trésor. Musées. – Ce fut la résidence préférée de Charlemagne. Deux traités y furent signés, en 1668 et en 1748, qui mirent fin aux guerres de Dévolution et de la Succession d'Autriche. En 1818, un congrès y consacra la fin de l'occupation des Alliés en France et l'entrée du gouvernement de Louis XVIII dans la Sainte-Alliance.

AIX-LES-BAINS (73100), bur. centr. de cant. de la Savoie, sur la rive est du lac du Bourget ; 30 419 hab. *(Aixois)*. Station thermale. Constructions électriques. – Festival musical pop-rock (« Musilac »). – Vestiges romains.

AIZENAY (85190), comm. de la Vendée, dans le Bocage ; 9 369 hab. *(Agésinates)*. Constructions électriques.

AJACCIO, ch.-l. de la collectivité de Corse et du dép. de la Corse-du-Sud, sur le *golfe d'Ajaccio* ; 69 375 hab. *(Ajacciens)*. Évêché. Centre

▲ **Ajaccio**

touristique et commercial. – Cathédrale du XVIe s. Palais Fesch (musée des Beaux-Arts). Maison Bonaparte (musée, avec la chambre natale de Napoléon).

AJANTA (monts), massif de l'Inde, dans le nord du Deccan. Sanctuaires rupestres bouddhiques (IIe s. av. J.-C. - déb. VIIe s. apr. J.-C.) au décor peint et sculpté.

▲ Monts **Ajanta.** Détail du décor peint (VIe s.) d'un des sanctuaires bouddhiques.

AJAR (Émile), pseudonyme de Romain Gary, sous lequel il obtint le prix Goncourt en 1975 pour *la Vie devant soi.*

AJAX MYTH. GR. Personnage de *l'Iliade*, fils de Télamon, roi de Salamine. Il devint fou pour n'avoir pas obtenu les armes d'Achille, qu'Ulysse reçut après la mort du héros.

AJAX MYTH. GR. Personnage de *l'Iliade*, fils d'Oïlée, roi des Locriens. Il enleva Cassandre dans le temple d'Athéna ; la déesse le fit périr dans un naufrage.

AJDUKIEWICZ (Kazimierz), *Ternopol 1890 - Varsovie 1963*, logicien et épistémologue polonais. Se rattachant à l'empirisme logique, il a développé en histoire des sciences un point de vue conventionnaliste (*Langue et connaissance*, 1960-1966).

AJJER (tassili des), massif d'Algérie, dans le Sahara, au N. du Hoggar. Peintures et gravures rupestres (VIe - IIIe millénaires) des pasteurs du néolithique.

AJMER, v. d'Inde (Rajasthan) ; 485 197 hab. Monuments des XIIe-XVIIe s.

AKABA → **AQABA.**

AKADEMGORODOK, cité scientifique russe, dans la banlieue sud de Novossibirsk (Sibérie).

AKAN, peuples du Ghana et de la Côte d'Ivoire. Célèbres pour leur orfèvrerie, ils incluent les Baoulé, les Gouro, les Anyi, les Fanti et les Ashanti. Leurs langues appartiennent au groupe kwa.

AKASHI, v. du Japon (Honshu) ; 290 993 hab.

AKBAR, *Umarkot 1542 - Agra 1605*, empereur de l'Inde (1556 - 1605), de la dynastie des Grands Moghols. Il agrandit son empire et le dota d'une administration régulière et tolérante.

AKERMAN (Chantal), *Bruxelles 1950 - Paris 2015*, cinéaste belge. Adoptant un langage nouveau, elle substitua un réalisme brut aux codes habituels de la dramaturgie (*Jeanne Dielman, 23, quai du Commerce, 1080 Bruxelles*, 1975 ; *les Rendez-vous d'Anna*, 1978 ; *la Captive*, 2000). Son dernier film (*No Home Movie*, 2015) est un portrait de sa mère, rescapée d'Auschwitz. Elle se suicida.

AKHENATON → **AMÉNOPHIS IV.**

AKHMATOVA (Anna Andreïevna), *Odessa 1889 - Moscou 1966*, poétesse russe. Principale représentante de l'acméisme, elle s'écarta du symbolisme et revint à un art classique inspiré des thèmes populaires (*le Rosaire, Requiem*).

AKHTAL (al-), *Hira ou Rusafa v. 640 - Kufa v. 710*, poète arabe. Ce chrétien nestorien vécut à la cour des Omeyyades de Damas et fut le rival de Djarir.

AKIHITO, *Tokyo 1933*, empereur du Japon depuis 1989. Il a succédé à son père Hirohito.

AKINARI → **UEDA AKINARI.**

AKITA, v. du Japon (Honshu) ; 323 363 hab.

AKKAD, ville, État et dynastie de la basse Mésopotamie (v. 2300 - v. 2160 av. J.-C.). Sargon l'Ancien fonda l'empire d'Akkad, qui fut détruit par des envahisseurs barbares venus du Zagros.

AKMOLA → **ASTANA.**

AKOLA, v. d'Inde (Maharashtra) ; 399 978 hab. Marché cotonnier.

AKOSOMBO, site du Ghana, sur la Volta. Importante retenue (lac Volta) ; hydroélectricité.

AKRON, v. des États-Unis (Ohio), 197 859 hab. Centre de l'industrie des pneumatiques.

AKSAKOV (Sergueï Timofeïevitch), *Oufa 1791 - Moscou 1859*, écrivain russe, peintre de la vie campagnarde. — **Ivan A.,** *Nadejdino 1823 - Moscou 1886*, journaliste et poète russe, fils de Sergueï. Il fonda le journal slavophile *Rous (la Russie).*

AKSOUM ou **AXOUM,** v. du nord de l'Éthiopie ; 44 629 hab. Ruines antiques. – Le *royaume d'Aksoum* (Ier-Xe s.) devait sa prospérité à son commerce (ivoire). Berceau de la civilisation et de l'Église éthiopiennes, il fut détruit par les Arabes.

AKTAOU, anc. **Chevtchenko,** v. du Kazakhstan, sur la Caspienne ; 166 962 hab. Centrale nucléaire.

AKTOBE, v. du Kazakhstan ; 345 687 hab. Chimie.

AKUTAGAWA RYUNOSUKE, *Tokyo 1892 - id. 1927*, écrivain japonais. Ses nouvelles peignent des êtres en proie à l'angoisse ou à la folie (*Rashomon, les Kappa*).

AKWESASNE, anc. **Saint-Régis,** réserve mohawk, sur la frontière du Canada (Québec et Ontario) et des États-Unis (New York).

AKYAB → **SITTWE.**

ALABAMA, État des États-Unis ; 4 874 747 hab. ; cap. *Montgomery.*

ALADI (Association latino-américaine d'intégration), organisation internationale à vocation régionale. Créée en 1980, à Montevideo, en vue d'établir un marché commun sud-américain, elle regroupe auj. 13 pays d'Amérique latine.

Aladin, personnage des *Mille* et Une Nuits.* Fils d'un pauvre tailleur, Aladin va chercher au centre de la Terre une lampe merveilleuse, habitée par un génie qui exauce tous ses souhaits.

ALAGNA (Roberto), *Clichy-sous-Bois 1963*, ténor italien et français. Sa voix fluide et puissante, la qualité de sa diction et l'expressivité de son jeu de scène l'ont rapidement imposé à l'opéra (Verdi, Puccini, Gounod, etc.). Sa flamboyance méditerranéenne sied aussi à merveille à l'opérette ou à la chanson populaire sicilienne.

ALAGOAS, État du nord-est du Brésil ; 3 093 994 hab. ; cap. *Maceió.*

ALAÏA (Azzedine), *Tunis 1935 - Paris 2017*, couturier franco-tunisien. Influencé par la sculpture qu'il étudia à Tunis, il sublima les courbes féminines avec des vêtements épurés et intemporels, exécutés dans des matières très souples qui façonnent et épousent les corps.

ALAIN (Émile **Chartier,** dit), *Mortagne-au-Perche 1868 - Le Vésinet 1951*, philosophe français. Ses *Propos* révèlent un spiritualisme humaniste.

ALAIN (Jehan), *Saint-Germain-en-Laye 1911 - Le Petit Puy, comm. de Saumur, 1940*, compositeur et organiste français. Il est l'auteur de *Litanies* pour orgue (1938). — **Marie-Claire A.,** *Saint-Germain-en-Laye 1926 - Le Pecq 2013*, organiste française, sœur de Jehan. Titulaire (après son père Albert) de l'orgue de Saint-Germain-en-Laye, concertiste et pédagogue de renom international, elle réalisa plus de 200 enregistrements (dont trois intégrales de l'œuvre pour orgue de Bach).

ALAIN-FOURNIER (Henri Alban **Fournier,** dit), *La Chapelle-d'Angillon 1886 - bois de Saint-Rémy 1914*, romancier français. Il est l'auteur du *Grand Meaulnes* (1913), roman des domaines mystérieux et des amours adolescentes.

ALAINS, Barbares qui envahirent la Gaule en 406. Passés en Espagne (v. 409), ils furent vaincus par les Wisigoths.

ALAMANS, tribus germaniques réunies en une confédération établie sur la rive droite du Rhin au IIIe s. Leur progression fut brisée en Alsace par Clovis (496 ou 506).

Alamein (bataille d'El-) [23 oct. 1942], bataille de la Seconde Guerre mondiale au cours de la campagne de Libye. Difficile victoire de Montgomery sur les forces germano-italiennes de Rommel à El-Alamein, à 100 km à l'O. d'Alexandrie.

Alamo, ancien monastère situé à San Antonio (Texas), site d'une bataille, dite de *Fort Alamo*, au cours de laquelle les Mexicains vainquirent les Texans (6 mars 1836) et où Davy Crockett fut tué.

ÅLAND ou **AHVENANMAA,** archipel finlandais de la Baltique ; 1 505 km^2 ; 25 776 hab.

ALAOUITES → **ALAWITES.**

ALARCÓN (Pedro Antonio **de**), *Guadix 1833 - Madrid 1891*, écrivain espagnol. Sa nouvelle *le Tricorne* (1874) inspira à Manuel de Falla la musique d'un ballet célèbre.

À la recherche du temps perdu, roman de Marcel Proust (1913-1927). Il se compose de sept parties : *Du côté de chez Swann* (1913), *À l'ombre des jeunes filles en fleurs* (1918), *le Côté de Guermantes* (1920), *Sodome et Gomorrhe* (1922), *la Prisonnière* (1923), *la Fugitive* ou *Albertine disparue* (1925), *le Temps retrouvé* (1927).

ALARIC Ier, *delta du Danube v. 370 - Cosenza 410*, roi des Wisigoths (396 - 410). Il ravagea les régions balkaniques (Empire romain d'Orient), envahit l'Italie et pilla Rome (410). — **Alaric II,** roi des Wisigoths (484 - 507). Il fut battu et tué par Clovis à Vouillé, en 507. Il promulgua le *Bréviaire d'Alaric* (506), recueil de lois.

ALASKA, État des États-Unis, occupant le nord-ouest de l'Amérique septentrionale ; 1 530 000 km^2 ; 739 795 hab. ; cap. *Juneau.* La région fut cédée en 1867 par la Russie aux États-Unis, dont elle devint un État en 1959. La chaîne de Brooks sépare les plaines du Nord de la dépression centrale, drainée par le Yukon. Au sud se dresse la chaîne de l'Alaska (6 194 m au mont McKinley [Denali]), en partie volcanique, qui se continue dans la péninsule d'Alaska. La population se concentre sur le littoral méridional, au climat relativement doux. La pêche, la sylviculture, le tourisme et surtout, aujourd'hui, l'extraction des hydrocarbures sont les principales ressources.

ALASKA (courant d') → **ALÉOUTIENNES.**

ALAUNGPAYA ou **ALOMPRA,** *Shwebo 1714 - 1760*, roi de Birmanie (1752 - 1760). Il unifia le pays et fonda la dynastie Konbaung.

ÁLAVA, prov. basque de l'Espagne ; 320 778 hab. ; ch.-l. *Vitoria.*

Alawites ou **Alaouites,** dits aussi **Nusayri,** secte de l'islam chiite fondée au IXe s. Elle est présente partic. en Syrie (env. 10 % de la population, ayant progressivement essaimé du djabal Ansariyya vers les grandes villes : Lattaquié, Homs, Damas). Les Alawites ont constitué une république sous le mandat français et, organisés en tribus, jouent encore auj. un rôle politique important (la famille Asad appartenant à cette minorité).

ALAWITES ou **ALAOUITES** (dynastie des), dynastie régnant au Maroc depuis 1666.

ALBACETE, v. d'Espagne (Castille-La Manche), ch.-l. de prov., au S.-E. de Madrid ; 172 816 hab.

ALBAINS (monts), collines d'Italie, dans le Latium, formées de volcans éteints. Elles dominent le site d'Albe la Longue.

ALBA IULIA, v. de Roumanie, en Transylvanie ; 66 369 hab. Cathédrale romano-gothique.

ALBAN ou **ALBANS** (saint), *m. à Verulamium, auj. Saint Albans, v. 303*, le premier martyr de l'Angleterre.

ALBANAIS, peuple vivant en Albanie (3,2 millions), au Kosovo (1,8 million), en Macédoine du Nord (377 000) et au Monténégro (38 000), et comprenant une importante diaspora (Italie, Allemagne, États-Unis, etc.). Ils sont à 60 % musulmans, avec une forte communauté de catholiques et une minorité d'orthodoxes. Ils parlent *l'albanais.*

ALBANE (Francesco **Albani,** dit en fr. **l'**), *Bologne 1578 - id. 1660*, peintre italien. Élève des Carrache, il a peint des compositions religieuses ainsi que des tableaux mythologiques aux paysages sereins et délicats.

ALBANIE n.f., en albanais **Shqipëria,** État de l'Europe balkanique, sur l'Adriatique ; 29 000 km² ; 3 173 000 hab. *(Albanais).* **CAP.** *Tirana.* **LANGUE :** *albanais.* **MONNAIE :** *lek.*

GÉOGRAPHIE Les chaînes Dinariques, souvent forestières, occupent l'ensemble du pays, à l'exception de la partie centrale, où, en bordure de l'Adriatique, s'étendent des plaines et des collines. Celles-ci regroupent la plus grande partie d'une population majoritairement islamisée et encore rapidement croissante. Le climat est méditerranéen sur une étroite frange littorale ; ailleurs, il est de type continental. L'agriculture (blé, fruits, tabac), l'élevage et l'extraction du chrome constituent les principales ressources. Mais l'économie demeure celle d'un pays en voie de développement et l'émigration n'a pas cessé.

HISTOIRE **Avant l'indépendance.** D'abord occupée par les Illyriens, l'Albanie est colonisée par les Grecs (VIIᵉ s. av. J.-C.) puis par Rome (IIᵉ s. av. J.-C.). À la fin du VIᵉ s., les Slaves s'y installent en grand nombre. **XVᵉ - XIXᵉ s. :** malgré la rébellion (1443 - 1468) de Skanderbeg, le pays tombe sous la domination ottomane et est largement islamisé. Plusieurs tentatives de révolte échouent, notamm. celle d'Ali Pacha de Tebelen (1822).

L'Albanie indépendante. **1912 :** l'Albanie devient une principauté indépendante. **1920 :** elle entre à la SDN. **1925 - 1939 :** Ahmed Zogu dirige le pays comme président de la République, puis comme roi (Zog Iᵉʳ). **1939 :** invasion de l'Albanie par les troupes italiennes. **1946 :** la République populaire est proclamée. Dirigée par Enver Hoxha, elle rompt avec l'URSS (1961), puis avec la Chine (1978). **1985 :** Ramiz Alia succède à E. Hoxha. Sous sa conduite, le pays sort de son isolement politique et économique, et, à partir de 1990, se démocratise. Dès lors, le Parti socialiste (PSS) et le Parti démocratique (PDS) alternent au pouvoir. **1992 :** après la victoire électorale de l'opposition démocratique, R. Alia démissionne et Sali Berisha (PDS) devient président de la République. **1997 :** un mouvement insurrectionnel populaire déstabilise le pays. L'opposition socialiste, conduite par Fatos Nano, remporte les élections. S. Berisha se retire. Rexhep Meidani (PSS) accède à la tête de l'État. **1998 :** une nouvelle Constitution est approuvée par référendum. **1999 :** l'Albanie doit faire face à l'afflux massif de réfugiés du Kosovo. **2002 :** Alfred Moisiu (sans étiquette) est élu président de la République. **2007 :** Bamir Topi (PDS) lui succède (S. Berisha étant Premier ministre de 2005 à 2013). **2009 :** l'Albanie est intégrée dans l'OTAN. Elle dépose une demande d'adhésion à l'Union européenne. **2012 :** Bujar Nishani (PDS) devient président de la République. **2013 :** victoire aux élections d'une coalition de partis de gauche conduite par Edi Rama (PSS), qui prend la tête du gouvernement (reconduit en 2017). **2017 :** Ilir Meta, ex-Premier ministre (1999 - 2002) et fondateur (2004) du Mouvement socialiste pour l'intégration (LSI), accède à la tête de l'État.

ALBANY, v. des États-Unis, cap. de l'État de New York, sur l'Hudson ; 97 856 hab. (870 716 hab. dans l'agglomération).

ALBE (Fernando **Álvarez de Toledo,** duc d'), *Piedrahita 1508 - Lisbonne 1582,* général de Charles Quint et de Philippe II. Gouverneur des Flandres (1567 - 1573), il exerça par l'intermédiaire du Conseil des troubles une violente répression contre les protestants, qui fut à l'origine de la révolte des Pays-Bas. Rappelé en Espagne, il fut chargé d'écraser le soulèvement du Portugal.

ALBEE (Edward), *Washington 1928 - Montauk, État de New York, 2016,* auteur dramatique américain. Ses pièces traitent le thème de l'incommunicabilité entre les êtres *(Zoo Story, Qui a peur de Virginia Woolf ?, Délicate Balance).*

ALBE LA LONGUE, anc. ville d'Italie (Latium), qui aurait été fondée par Ascagne, fils d'Énée. Illustrée par la légende des Horaces et des Curiaces, sa rivalité avec Rome prit fin avec la victoire de celle-ci (VIIᵉ s. av. J.-C.).

ALBÉNIZ (Isaac), *Camprodón 1860 - Cambo-les-Bains 1909,* compositeur et pianiste espagnol. Virtuose du piano, il est l'auteur d'*Iberia,* recueil pour piano en quatre cahiers (créés entre 1906 et 1909) admiré par Debussy.

ALBERONI (Giulio), *Fiorenzuola d'Arda 1664 - Plaisance 1752,* cardinal italien et ministre d'Espagne. Premier ministre de Philippe V (1716), favori d'Élisabeth Farnèse, il chercha, au lendemain du traité d'Utrecht, à relever l'Espagne de sa décadence et à faire donner à son souverain la régence de Louis XV ; mais il échoua et fut écarté (1719).

ALBERS (Josef), *Bottrop 1888 - New Haven 1976,* peintre allemand naturalisé américain. Professeur au Bauhaus (1923 - 1933), abstrait géométrique, il a étudié l'interaction des couleurs.

ALBERT (80300), bur. centr. de cant. de la Somme, sur l'Ancre ; 10 182 hab. *(Albertins).* Aéronautique.

Albert (canal), canal de Belgique, faisant communiquer l'Escaut et la Meuse, entre Anvers et Liège ; 129 km.

ALBERT (lac), lac de l'Afrique équatoriale (Ouganda et Rép. dém. du Congo), traversé par le Nil ; 4 500 km².

SAINTS

ALBERT (saint), *Liège v. 1166 - Reims 1192,* évêque de Liège. Il fut assassiné par des émissaires de l'empereur Henri VI.

ALBERT le Grand (saint), *Lauingen, Bavière, v. 1200 - Cologne 1280,* dominicain, théologien et philosophe allemand. Par son enseignement en Allemagne et à Paris, il fit connaître la pensée d'Aristote et fut le maître de saint Thomas d'Aquin.

AUTRICHE

ALBERT Iᵉʳ ou **ALBERT Iᵉʳ DE HABSBOURG,** *v. 1255 - Brugg 1308,* duc d'Autriche et roi des Romains (1298 - 1308). — **Albert II** ou **Albert V de Habsbourg,** *1397 - Neszmély 1439,* duc d'Autriche (1404 - 1439). Il devint roi de Bohême et de Hongrie (1437) et roi des Romains (1438).

ALBERT, *Wiener Neustadt 1559 - Bruxelles 1621,* archiduc d'Autriche. Gouverneur des Pays-Bas (1596 - 1621), il épousa en 1599 une fille de Philippe II.

ALBERT, *Vienne 1817 - Arco 1895,* archiduc et général autrichien. Oncle de François-Joseph, il vainquit les Italiens à Custoza (1866).

BELGIQUE

ALBERT Iᵉʳ, *Bruxelles 1875 - Marche-les-Dames 1934,* roi des Belges (1909 - 1934). Son attitude lors de la Première Guerre mondiale, où il fit preuve de fermeté vis-à-vis de l'Allemagne et dirigea les troupes belges aux côtés des Alliés, lui valut le surnom de *Roi-Chevalier.* — **Albert II,** *Bruxelles 1934,* roi des Belges (1993 - 2013). Fils de Léopold III, il devint roi à la mort de son frère aîné Baudouin Iᵉʳ. Il épousa Paola Ruffo di Calabria en 1959. En 2013, il abdique en faveur de son fils aîné Philippe*.

▲ **Albert Iᵉʳ de Belgique** par J. Madyol. (Musée royal de l'Armée, Bruxelles.)

▲ **Albert II de Belgique**

GRANDE-BRETAGNE

ALBERT, *Rosenau, Thuringe, 1819 - Windsor 1861,* prince consort du Royaume-Uni. Deuxième fils du duc de Saxe-Cobourg-Gotha, il épousa en 1840 la reine Victoria, sa cousine.

MONACO

ALBERT Iᵉʳ, *Paris 1848 - id. 1922,* prince de Monaco (1889 - 1922), de la maison de Grimaldi. Il fonda l'Institut océanographique de Paris et le Musée océanographique de Monaco. — **Albert II,** *Monaco 1958,* prince de Monaco depuis 2005, de la maison de Grimaldi. Il a succédé à son père Rainier III. Il a épousé la nageuse sud-africaine Charlene Wittstock en 2011.

PRUSSE

ALBERT Iᵉʳ DE BALLENSTEDT, l'Ours, *v. 1100 - 1170,* premier margrave de Brandebourg (1134 - 1170).

ALBERT DE BRANDEBOURG, *Ansbach 1490 - Tapiau 1568,* grand maître de l'ordre Teutonique et premier duc héréditaire de Prusse (1525 - 1568).

Albert (le Grand et le Petit), textes de magie attribués à Albert le Grand, apocryphes.

ALBERTA, prov. du Canada, entre la Colombie-Britannique et la Saskatchewan ; 661 000 km² ; 4 067 175 hab. ; cap. *Edmonton* ; v. princ. *Calgary.* Les agglomérations d'Edmonton et de Calgary concentrent plus de la moitié de la population de la province. Importants gisements de pétrole et de gaz naturel. Culture du blé.

ALBERTI (Leon Battista), *Gênes 1404 - Rome 1472,* humaniste et architecte italien. Ses traités de peinture et d'architecture font de lui le premier grand théoricien des arts de la Renaissance. Il donna plans ou maquettes pour des édifices de Rimini (temple Malatesta), Florence (palais Rucellai), Mantoue (église S. Andrea).

ALBERTI (Rafael), *El Puerto de Santa María 1902 - id. 1999,* écrivain espagnol. Son œuvre poétique et théâtrale unit l'inspiration populaire à une forme raffinée (*Marin à terre,* 1925), qu'il met au service de ses convictions esthétiques (*l'Homme inhabité,* 1931) ou politiques (*Radio-Séville,* 1938 ; *Mépris et merveille,* 1974).

Albertina, musée installé dans un ancien palais des Habsbourg, à Vienne. Il abrite en partic. une importante collection publique de dessins et d'estampes, ainsi que des collections d'art moderne.

ALBERTVILLE (73200), ch.-l. d'arrond. de la Savoie, au confluent de l'Isère et de l'Arly ; 19 714 hab. *(Albertvillois).* Constructions électriques. – Anc. ville forte de Conflans. Musée d'Art et d'Histoire.

ALBI (81000), ch.-l. du dép. du Tarn, sur le Tarn, à 667 km au sud de Paris ; 51 656 hab. *(Albigeois).* Archevêché. Verrerie. – Cathédrale gothique fortifiée, en brique, à nef unique (XIIIe-XVe s. ; décor peint) ; anc. palais épiscopal abritant le musée Toulouse-Lautrec.

▲ **Albi.** La cathédrale Ste-Cécile (XIIIe-XVe s.).

ALBIGEOIS, région de plateaux dominant le Tarn, en aval d'Albi.

albigeois (croisade des) [1209 - 1244], guerre menée à l'initiative d'Innocent III contre le comte de Toulouse Raimond VI et les *albigeois*, ou *cathares*. Déclenchée à la suite de l'assassinat (1208) de Pierre de Castelnau, légat pontifical, elle fut conduite par les barons du Nord sous le commandement de Simon de Montfort. Marquée d'atrocités de part et d'autre, elle s'acheva par la prise de la citadelle albigeoise de Montségur.

ALBINONI (Tomaso), *Venise 1671 - id. 1750*, compositeur italien. Il est l'auteur de sonates et de concertos. Le célèbre *Adagio d'Albinoni*, pastiche réalisé au XXe s. (R. Giazotto), contribua à la redécouverte du compositeur.

ALBION, nom traditionnel de la Grande-Bretagne, depuis Ptolémée.

ALBION (plateau d') ou montagne d'**ALBION,** plateau à l'E. du Ventoux (France). Base, de 1971 à 1996, des missiles sol-sol balistiques stratégiques de la force nucléaire française (depuis 1998, laboratoire scientifique).

ALBIZZI, famille florentine qui fut l'adversaire des Médicis, aux XIVe-XVe s.

ALBOÏN, roi des Lombards (561 - 572).

ÅLBORG ou **AALBORG,** v. du Danemark, dans le nord du Jylland ; 197 426 hab. Cathédrale des XIVe-XVIIIe s. Musées.

ALBORNOZ (Gil **Álvarez Carrillo de**), *Cuenca v. 1300 - Viterbe 1367*, prélat et homme d'État espagnol. Archevêque de Tolède et cardinal, légat du pape d'Avignon en Italie, il reconquit l'État pontifical (1353 - 1360).

ALBRECHT (Berthe, dite Berty), *Marseille 1893 - Fresnes 1943*, résistante française. Pionnière de la lutte pour les droits de la femme dans les années 1930, elle fut une grande figure de la Résistance, fondant avec H. Frenay le mouvement « Combat ». Arrêtée par la Gestapo en 1943, torturée, elle se suicida à son arrivée en prison.

ALBRET, pays de Gascogne, érigé en duché par Henri II.

ALBRET, famille gasconne à laquelle appartenait Jeanne d'Albret, mère d'Henri IV.

ALBRIGHT (Madeleine), *Prague 1937*, diplomate et femme politique américaine d'origine tchèque. Démocrate, représentante permanente des États-Unis à l'ONU (1993 - 1996), elle a été secrétaire d'État de 1997 à 2001.

ALBUQUERQUE, v. des États-Unis (Nouveau-Mexique), sur le Rio Grande ; 557 169 hab. (887 077 hab. dans l'agglomération).

ALBUQUERQUE (Afonso de), *Alhandra, près de Lisbonne, 1453 - Goa 1515*, navigateur et conquérant portugais. Vice-roi des Indes (1509), il prit Goa et Malacca, fondant ainsi la puissance portugaise aux Indes.

ALBY-SUR-CHÉRAN (74540), comm. de la Haute-Savoie ; 2 586 hab. *(Albygeois)*. Musée de la Cordonnerie. – Village médiéval.

ALCALÁ DE HENARES, v. d'Espagne, au N.-E. de Madrid ; 200 505 hab. Université fondée en 1498 par le cardinal Cisneros. – Monuments des XVIe-XVIIe s.

ALCALÁ ZAMORA (Niceto), *Priego 1877 - Buenos Aires 1949*, homme politique espagnol. Il fut président de la République de 1931 à 1936.

ALCAMÈNE, *Ve s. av. J.-C.*, sculpteur grec, élève et rival de Phidias (groupe de *Procné et Itys*, retrouvé sur l'Acropole d'Athènes).

ALCÁNTARA, v. d'Espagne (Estrémadure) ; 1 604 hab. Majestueux pont romain ; église romane et gothique. – La ville fut le centre d'un ordre militaire et religieux fondé en 1156 ou en 1166.

ALCESTE MYTH. GR. Fille de Pélias et femme d'Admète. Elle accepta de mourir à la place de son mari, mais fut arrachée des Enfers par Héraclès. – Sa légende a inspiré à Euripide une tragédie (438 av. J.-C.). – Elle fournit aussi le sujet d'un opéra de Gluck, livret de Calzabigi (1767).

Alceste, personnage principal du *Misanthrope** de Molière.

ALCIAT (André), en ital. Andrea **Alciati**, *Alzate 1492 - Pavie 1550*, jurisconsulte italien. Il approfondit l'étude du droit romain par l'analyse historique et linguistique (*Emblèmes*, 1531).

ALCIBIADE, *v. 450 - en Phrygie 404 av. J.-C.*, général athénien. Il fut l'élève de Socrate. Chef du parti démocratique, il entraîna sa patrie dans l'aventureuse expédition contre la Sicile (415). Accusé de sacrilège (mutilation des statues d'Hermès), il s'enfuit et vécut quelque temps à Sparte ; il se réfugia ensuite auprès du satrape Tissapherne, puis revint à Athènes (407) après quelques succès militaires. Il mourut assassiné, en exil.

ALCINOOS MYTH. GR. Personnage de *l'Odyssée*, roi des Phéaciens, père de Nausicaa. Il accueillit Ulysse naufragé.

ALCMÈNE MYTH. GR. Épouse d'Amphitryon. Séduite par Zeus, elle donna naissance à Héraclès.

ALCMÉONIDES, famille aristocratique de l'Athènes antique. Ils se distinguèrent par leur attachement à la démocratie et comptèrent parmi leurs membres Clisthène, Périclès et Alcibiade.

ALCOBAÇA, v. du Portugal, au N. de Lisbonne ; 5 751 hab. Monastère cistercien (XIIIe-XVIIIe s.).

ALCUIN, en lat. **Albinus Flaccus,** *York v. 735 - Tours 804*, savant religieux anglo-saxon. Il fut l'un des maîtres de l'école palatine fondée par Charlemagne et il joua un rôle capital dans la renaissance carolingienne.

ALDABRA (îles), archipel de l'océan Indien, dépendance des Seychelles.

ALDAN n.m., riv. de Russie, en Sibérie, affl. de la Lena (r. dr.) ; 2 242 km.

ALDE → **MANUCE.**

ALDRICH (Robert), *Cranston, Rhode Island, 1918 - Los Angeles 1983*, cinéaste américain. Privilégiant l'action brutale et frénétique, les climats oppressants ou paroxystiques, il a réalisé *Vera Cruz* (1954), *En quatrième vitesse* (1955), *Qu'est-il arrivé à Baby Jane ?* (1962).

ALDRIN (Edwin Eugene, puis Buzz), *Montclair, New Jersey, 1930*, astronaute américain. Il a été le deuxième homme, après Neil Armstrong, à poser le pied sur la Lune (Apollo 11, 21 juill. 1969).

ALDROVANDI (Ulisse), *Bologne 1522 - id. 1605*, médecin et naturaliste italien. Il a créé le premier jardin botanique en 1560, et est l'auteur de nombreux ouvrages sur les plantes et les animaux.

ALECHINSKY (Pierre), *Schaerbeek 1927*, peintre et graveur belge. Issu du mouvement Cobra, installé en France, il se signale par ses dons de calligraphe et de coloriste, ainsi que par un humour incisif.

ALECSANDRI (Vasile), *Bacău 1821 - Mirceşti 1890*, écrivain et homme politique roumain, auteur de poèmes lyriques et épiques, et de comédies satiriques.

ALEGRÍA (Ciro), *Sartimbamba 1909 - Lima 1967*, écrivain péruvien. Il a défendu dans ses romans la cause des Indiens (*le Serpent d'or, Vaste est le monde*).

ALEIJADINHO (Antônio Francisco **Lisboa,** dit l'), *Ouro Preto 1730 ? - id. 1814*, sculpteur, décorateur et architecte brésilien. Il a orné les églises du Minas Gerais d'œuvres d'un baroque très expressif (Bom Jesus de Congonhas do Campo).

ALEIXANDRE (Vicente), *Séville 1898 - Madrid 1984*, poète espagnol. Il est passé d'une inspiration surréaliste (*la Destruction ou l'Amour*) à des préoccupations sociales. (Prix Nobel 1977.)

ALEKHINE (Alexandre), *Moscou 1892 - Estoril 1946*, joueur d'échecs français d'origine russe. Champion du monde pendant près de vingt ans, il a donné son nom à une ouverture du jeu, la « défense Alekhine ».

ALEKSIEVITCH (Svetlana Aleksandrovna), *Ivano-Frankivsk 1948*, écrivaine et journaliste biélorusse d'expression russe. Témoignages et documents à l'appui, ses écrits polyphoniques explorent les séquelles individuelles des traumatismes de l'URSS et de la nouvelle Russie (*la Supplication*, 1997 ; *la Fin de l'homme rouge ou le Temps du désenchantement*, 2013). [Prix Nobel 2015.]

ALEMÁN (Mateo), *Séville 1547 - au Mexique v. 1614*, écrivain espagnol. Il est célèbre pour son *Guzmán de Alfarache* (1599), modèle du roman picaresque.

ALEMBERT (Jean **Le Rond d'**), *Paris 1717 - id. 1783*, savant et encyclopédiste français. Sceptique en religion et en métaphysique, défenseur de la tolérance, il exposa, dans son *Discours préliminaire* de l'*Encyclopédie*, la philosophie naturelle et l'esprit scientifique qui présidaient à l'œuvre entreprise. Ses recherches de physique mathématique l'amenèrent à étudier les équations différentielles et les dérivées partielles, ainsi que diverses notions d'analyse mathématique ; il donna aussi un premier énoncé du théorème fondamental de l'algèbre. (Acad. fr.)

▲ **D'Alembert** par Quentin de La Tour, pastel, 1753. (Louvre, Paris.)

ALÉNA (Accord de libre-échange nord-américain), en angl. **NAFTA** (North American Free Trade Agreement), accord économique multilatéral entre les États-Unis, le Canada et le Mexique, créant une zone de libre-échange entre ces trois pays. Signé en 1992, il est entré en vigueur en 1994. Un nouvel accord (AÉUMC [Accord États-Unis - Mexique - Canada] ; en angl. USMCA [United States-Mexico-Canada Agreement]), signé en 2018, est appelé à le remplacer.

ALENCAR (José Martiniano **de**), *Mecejana 1829 - Rio de Janeiro 1877*, écrivain et homme politique brésilien. Il est l'auteur de romans historiques et indianistes (*le Guarani, Iracema*).

ALENÇON (61000), ch.-l. du dép. de l'Orne, sur la Sarthe, dans la *campagne d'Alençon*, à 195 km à l'O. de Paris ; 27 192 hab. *(Alençonnais)*. Centre d'une communauté urbaine regroupant 36 communes (57 490 hab.). Constructions électriques et mécaniques. – Église Notre-Dame : porche flamboyant (début XVIe s.), vitraux. Musée des Beaux-Arts et de la Dentelle.

ALENTEJO, région du Portugal, au S. du Tage.

ALÉOUTES, peuple paléosibérien des États-Unis (îles Aléoutiennes, Alaska) et de Russie (îles du Commandeur) [env. 3 000]. Ils parlent *l'aléoutien*, de la famille esquimau-aléoute.

ALÉOUTIENNES (îles), chapelet d'îles volcaniques, sur la côte nord-ouest de l'Amérique du Nord, prolongeant l'Alaska et appartenant aux États-Unis. Bases aériennes. Pêche. — courant d'Alaska et des **Aléoutiennes,** courant marin chaud de la zone arctique du Pacifique. Il se dirige d'ouest en est le long des côtes d'Alaska et des îles Aléoutiennes.

ALEP, v. du nord-ouest de la Syrie ; 2 181 061 hab. *(Alépins)* [3 067 966 hab. dans l'agglomération]. Grande Mosquée fondée en 715, refaite au XIIe s. Citadelle. Musée. – Attestée dès le XXe s. av. J.-C., elle fut une ville arabe prospère aux XIIe-XIIIe s. et une des principales échelles du Levant (XVe-XVIIIe s.). De 2012 à 2016, elle a été ravagée par la guerre.

ALÉRIA (20270), comm. de la Haute-Corse, dans la *plaine d'Aléria* (ou plaine orientale) ; 2 274 hab. *(Aleriacci)*. Site d'une ville romaine ruinée au Ve s. Musée archéologique J.-Carcopino.

ALÉRIA (plaine d'), plaine de l'est de la Corse (Haute-Corse). Vignes et cultures fruitières (agrumes).

▲ **Alexandre le Grand.**
(Musée archéologique national, Naples.)

ALÈS (30100), ch.-l. d'arrond. du Gard, en bordure des Cévennes, sur le *Gardon d'Alès* ; 40 733 hab. *(Alésiens)*. Constructions électriques et mécaniques. – Cathédrale du XVIIIe s. Musées. – En 1629, Richelieu y conclut avec les protestants un traité, ou *édit de grâce*, qui leur laissait la liberté de conscience, mais supprimait leurs privilèges politiques, notamm. les places de sûreté.

ALÉSIA, oppidum gaulois, où César assiégea et captura Vercingétorix (52 av. J.-C.). On le situe aujourd'hui à Alise-Sainte-Reine*.

ALESSI (Galeazzo), *Pérouse 1512 - id. 1572*, architecte italien. Formé à Rome, il fut actif surtout à Gênes et à Milan.

ALETSCH n.m., grand glacier des Alpes suisses, dans le Valais, long de 24 km.

ALEVIS, importante minorité religieuse de Turquie (env. 15 millions, dont 5 millions de Kurdes). Les Alevis représentent au sein de l'islam un courant original issu du chiisme, gnostique et déiste, ainsi qu'humaniste et attaché à la laïcité de l'État. Ils cherchent à s'affirmer dans le jeu politique turc face à la majorité sunnite.

ALEXANDER (Franz), *Budapest 1891 - New York 1964*, psychiatre et psychanalyste américain d'origine allemande. Pionnier de la psychanalyse aux États-Unis, il contribua aussi au développement de la médecine psychosomatique.

ALEXANDER (Harold George), comte **Alexander of Tunis**, *Londres 1891 - Slough, Buckinghamshire, 1969*, maréchal britannique. Adjoint d'Eisenhower, il commanda les forces alliées en Italie (1943 - 1944), puis en Méditerranée (1944 - 1945). Il fut gouverneur du Canada (1946 - 1952), puis ministre de la Défense (1952 - 1954).

ALEXANDRA FIODOROVNA, *Darmstadt 1872 - Iekaterinbourg 1918*, impératrice de Russie. Fille du duc de Hesse, Louis IV, épouse du tsar Nicolas II, elle fut exécutée avec lui et leurs enfants en 1918. Après le retour de ses restes à Saint-Pétersbourg (1998), elle a été, avec sa famille, canonisée par l'Église orthodoxe russe en 2000.

ALEXANDRE (archipel), archipel américain du Pacifique, dépendance de l'Alaska.

SAINT ET PAPES

ALEXANDRE (saint), *m. v. 326*, patriarche d'Alexandrie (313 - 326). Il fit condamner Arius au concile de Nicée (325).

ALEXANDRE III (Rolando **Bandinelli**), *Sienne ? - Civita Castellana 1181*, pape de 1159 à 1181. Il lutta contre Frédéric Barberousse, à qui il opposa la ligue Lombarde, et convoqua le troisième concile du Latran (1179). — **Alexandre VI** (Rodrigo **Borgia**), *Játiva, Espagne, 1431 - Rome 1503*, pape de 1492 à 1503. Par sa vie privée, son goût de l'intrigue, son népotisme, il fut un prince de la Renaissance plus qu'un pape. — **Alexandre VII** (Fabio **Chigi**), *Sienne 1599 - Rome 1667*, pape de 1655 à 1667. Il prescrivit, en 1665, la signature du formulaire antijanséniste.

ANTIQUITÉ

ALEXANDRE (III) le Grand, *Pella, Macédoine, 356 - Babylone 323 av. J.-C.*, roi de Macédoine (336 - 323). Fils de Philippe II auquel il succède, élève d'Aristote, il soumet la Grèce révoltée. En 334, il franchit l'Hellespont (les Dardanelles) et vainc les troupes perses de Darios III sur les bords du Granique (334), se rendant maître de l'Asie Mineure. De nouveau vainqueur des Perses à Issos (333), il soumet ensuite le littoral syrien (notamm. Tyr), et pénètre en Égypte, où il fonde Alexandrie (332). Passant l'Euphrate et le Tigre, il bat les Perses entre Gaugamèles et Arbèles (331), mettant ainsi fin au pouvoir des Achéménides. Il s'empare de Babylone et de Suse, brûle Parsa (Persépolis) et atteint l'Indus. Mais son armée étant épuisée, il revient à Babylone, où il organise son empire, s'efforçant de fondre les civilisations grecque et perse. Cet empire ne lui survivra pas, et, dès sa mort, il est partagé entre ses généraux.

GRÈCE

ALEXANDRE Ier, *Tatoï 1893 - Athènes 1920*, roi de Grèce (1917 - 1920), fils de Constantin Ier.

RUSSIE

ALEXANDRE Ier, *Saint-Pétersbourg 1777 - Taganrog 1825*, empereur de Russie (1801 - 1825), de la dynastie des Romanov. Fils de Paul Ier,

▲ **Alexandre Ier de Russie** par F. Gérard. (Musée des Beaux-Arts, Lausanne.)

▲ **Alexandre II de Russie** par A. Mouillard. (BnF, Paris.)

il adhéra à la 3e coalition contre Napoléon Ier puis composa avec lui (Tilsit, 1807 ; Erfurt, 1808). Après l'échec de la campagne de Russie (1812), il participa à la libération de l'Europe (Leipzig, 1813 ; campagne de France, 1814) et conclut avec les souverains d'Autriche et de Prusse la Sainte-Alliance (1815). — **Alexandre II,** *Moscou 1818 - Saint-Pétersbourg 1881*, empereur de Russie (1855 - 1881), de la dynastie des Romanov. Fils de Nicolas Ier, il accomplit de grandes réformes : abolition du servage (1861), institution des zemstvos (1864), justice égale pour tous et service militaire obligatoire (1874). Vainqueur des Ottomans dans la guerre de 1877 - 1878, il dut accepter les dispositions du congrès de Berlin (1878). Il mourut assassiné. — **Alexandre III,** *Saint-Pétersbourg 1845 - Livadia 1894*, empereur de Russie (1881 - 1894), de la dynastie des Romanov. Fils d'Alexandre II, il pratiqua une politique réactionnaire et conclut avec la France l'alliance franco-russe (1891 - 1894).

ALEXANDRE Ier DE BATTENBERG, *Vérone 1857 - Graz 1893*, premier prince de Bulgarie (1879 - 1886). Il dut abdiquer.

ALEXANDRE FARNÈSE, *Rome 1545 - Arras 1592*, duc de Parme (1586 - 1592), gouverneur général des Pays-Bas (1578 - 1592). Envoyé par Philippe II d'Espagne au secours des catholiques français, il fut l'adversaire d'Henri IV.

ALEXANDRE JAGELLON, *Cracovie 1461 - Vilnius 1506*, grand-duc de Lituanie (1492 - 1506) et roi de Pologne (1501 - 1506).

ALEXANDRE Ier KARADJORDJEVIĆ, *Cetinje 1888 - Marseille 1934*, roi des Serbes, Croates et Slovènes (1921 - 1929) et roi de Yougoslavie (1929 - 1934). Fils de Pierre Ier Karadjordjević, il pratiqua une politique centralisatrice et autoritaire et fut assassiné lors d'une visite officielle en France.

L'EMPIRE D'ALEXANDRE LE GRAND — Itinéraire d'Alexandre · Bataille · Siège · Ville fondée par Alexandre · Empire d'Alexandre

ALEXANDRE NEVSKI, *v. 1220 - Gorodets 1263,* prince de Novgorod (1236 - 1252), grand-prince de Vladimir (1252 - 1263). Il battit les Suédois (1240), puis les chevaliers Porte-Glaive (1242).

ALEXANDRE Ier OBRENOVIĆ, *Belgrade 1876 - id. 1903,* roi de Serbie (1889 - 1903). Fils de Milan Obrenović, il fut assassiné par une conjuration militaire.

ALEXANDRE SÉVÈRE → **SÉVÈRE ALEXANDRE.**

ALEXANDRETTE → **ISKENDERUN.**

ALEXANDRIE, en ar. **al-Iskandariyya,** v. d'Égypte, à l'O. du delta du Nil ; 4 387 000 hab. *(Alexandrins).* Port. Centre commercial et financier, industriel (métallurgie, textile) et culturel (université ; bibliothèque [*Bibliotheca Alexandrina*, 2002, héritière symbolique de la bibliothèque antique] ; Musée national). – Cette ville, fondée par Alexandre le Grand (332 av. J.-C.), célèbre par le phare haut de plus de 400 pieds qui éclairait sa rade (une des Sept Merveilles* du monde antique), fut, au temps des Ptolémées, le centre artistique et littéraire de l'Orient, et l'un des principaux foyers de la civilisation hellénistique (musée ; bibliothèque). – Ce fut le siège d'une importante communauté juive parlant le grec. L'*Église d'Alexandrie* joua, dans le développement du christianisme, un rôle majeur.

ALEXANDRIE, en ital. **Alessandria,** v. d'Italie (Piémont), ch.-l. de prov., sur le Tanaro ; 89 490 hab. *(Alexandrins).* Monuments, notamm. des XVIIIe et XIXe s.

ALEXIS (saint), *m. en 1378,* prélat russe. Métropolite de Moscou (1354), il joua un rôle de premier plan dans la lutte pour la primauté de Moscou.

ALEXIS, nom de plusieurs empereurs byzantins. — **Alexis Ier Comnène,** *Constantinople 1058 - id. 1118,* empereur byzantin (1081 - 1118). Son règne fut marqué par un énergique redressement de la puissance byzantine. — **Alexis III Ange,** *m. en 1210,* empereur byzantin (1195 - 1203). — **Alexis IV Ange,** *v. 1182 - Constantinople 1204,* empereur byzantin (1203 - 1204).

ALEXIS MIKHAÏLOVITCH, *Moscou 1629 - id. 1676,* tsar de Russie (1645 - 1676), de la dynastie des Romanov. Il fit adopter le Code de 1649 et les réformes liturgiques de 1666 - 1667, à l'origine du schisme des vieux- croyants.

ALEXIS (Jacques Stephen), *Gonaïves 1922 - Haïti 1961,* romancier haïtien. Son œuvre fait une peinture lyrique et engagée de la réalité sociale de son pays (*Compère Général Soleil*, 1955).

ALFIERI (Vittorio), *Asti 1749 - Florence 1803,* écrivain italien. Il est l'auteur de tragédies qui proposent un idéal de volonté et d'héroïsme (*Saül, Antigone, Mirra*), et d'une autobiographie.

ALFÖLD, vaste plaine de la Hongrie, entre le Danube et la Roumanie.

ALFONSÍN (Raúl), *Chascomus 1926 - Buenos Aires 2009,* homme politique argentin. Leader du Parti radical, il fut président de la République de 1983 à 1989, rétablissant la démocratie dans son pays.

ALFORTVILLE (94140), bur. centr. de cant. du Val-de-Marne, au S.-E. de Paris, au confluent de la Seine et de la Marne ; 44 634 hab. *(Alfortvillais).* Traitement du gaz naturel. Verrerie. Chimie. Centre d'échanges franco-chinois *(Chinagora).*

ALFRED le Grand, *Wantage, Berkshire, 849 ? - 899,* roi de Wessex (871 - 878) et des Anglo-Saxons (878 - 899). Vainqueur des Danois établis en Angleterre, il favorisa une véritable renaissance de la civilisation anglo-saxonne.

ALFRINK (Bernardus Johannes), *Nijkerk 1900 - Utrecht 1987,* prélat néerlandais. Archevêque d'Utrecht (1955), cardinal (1960), il fut l'un des principaux intervenants au concile Vatican II.

ALFVÉN (Hannes), *Norrköping 1908 - Stockholm 1995,* physicien suédois. Il étudia le plasma de la magnétosphère et découvrit les ondes qui se propagent dans ce milieu. (Prix Nobel 1970.)

ALGARDE (Alessandro **Algardi,** dit en fr. l'), *Bologne v. 1595 - Rome 1654,* sculpteur italien. Il fut le rival de Bernin (relief d'*Attila et saint Léon*, St-Pierre de Rome).

ALGARVE, région constituant l'extrémité méridionale du Portugal. Cultures irriguées (maraîchères et fruitières). Sur la côte, pêche et tourisme (Faro).

▲ **Alger**

ALGER, en ar. **al-Djazāïr,** cap. de l'Algérie, ch.-l. de wilaya ; 2 559 000 hab. dans l'agglomération *(Algérois).* Métropole politique et économique du pays. Aéroport et port. Séisme (est de la ville et région avoisinante) en 2003. – La vieille ville (casbah) est d'époque ottomane. Grande Mosquée (XIe s.). Musée national des Beaux-Arts ; du Bardo ; des Antiquités et des Arts islamiques. Musée d'Art moderne et contemporain d'Alger (MAMA). – Capitale d'un État algérien sous la domination ottomane depuis le XVIe s., elle fut prise par les Français en 1830. Le Comité français de libération nationale s'y constitua en 1943. C'est d'Alger que partirent les événements responsables de la chute de la IVe République (13 mai 1958).

Alger (putsch d') [21 - 26 avr. 1961], tentative de sédition militaire déclenchée en Algérie afin de s'opposer à la politique algérienne du général de Gaulle. Sous l'impulsion des généraux Challe *(1905 - 1979)*, Jouhaud *(1905 - 1995)*, Salan *(1899 - 1984)* et Zeller *(1898 - 1979)*, une fraction de l'armée appuyée par une partie des Européens d'Algérie entra en rébellion contre le pouvoir. Peu suivi par le contingent et mal perçu en métropole, le putsch échoua.

ALGÉRIE n.f., en ar. **al-Djazāïr,** État d'Afrique, sur la Méditerranée ; 2 380 000 km² ; 39 208 000 hab. *(Algériens).* **CAP.** *Alger.* **LANGUES :** *arabe* (langue de l'État) et *tamazight (berbère).* **MONNAIE :** *dinar algérien.*

INSTITUTIONS République démocratique et populaire. Constitution de 1996, révisée en 2002, 2008 et 2016. Le président de la République est élu pour 5 ans au suffrage universel. Il nomme le Premier ministre. Parlement composé de l'Assemblée populaire nationale, élue pour 5 ans au suffrage universel, et du Conseil de la nation, élu pour 6 ans (pour les deux tiers, un tiers des membres étant désignés par le Président).

GÉOGRAPHIE Très vaste (plus de 4 fois la superficie de la France), l'Algérie est encore globalement peu peuplée. La majeure partie du pays appartient en fait au Sahara. La population, rapidement croissante (plus de 2 % par an), est concentrée sur le littoral, au climat méditerranéen, ou à proximité. Elle juxtapose arabophones (largement majoritaires) et berbérophones (Aurès, Kabylie), tous musulmans. Le taux de natalité, très élevé jusqu'au milieu des années 1980, explique sa grande jeunesse (près de 30 % des Algériens ont moins de 15 ans). L'urbanisation a progressé plus vite que l'industrie, pourtant favorisée par les revenus tirés de l'extraction du pétrole et du gaz naturel, bases des exportations. L'élevage ovin domine sur les Hautes Plaines. La frange méditerranéenne, site des principales villes, porte quelques cultures (blé, orge), parfois irriguées (agrumes). Après l'indépendance, la socialisation de l'économie n'a pas stimulé la productivité. L'émigration (vers la France) n'a pas enrayé le chômage. L'économie, qui a pâti de la violence des années 1990, a renoué avec la croissance, mais a été récemment fragilisée par les fluctuations du cours du pétrole, dont elle reste très dépendante.

HISTOIRE **L'Algérie antique.** Peuplée par les Berbères, l'Algérie est influencée par les civilisations phénicienne (fin du IIe millénaire) puis carthaginoise (VIIe-IIIe s. av. J.-C.). Les Berbères, les Maures et les Numides organisent des royaumes puissants en Numidie et en Mauritanie. **IIe s. av. J.-C. :** sous la domination romaine (victoire de Marius sur Jugurtha en 105 av. J.-C.), l'Algérie connaît un réel essor (Timgad, Tébessa). Elle est christianisée. **Ve s. :** les Vandales dévastent le pays. **VIe - VIIe s. :** domination de Byzance.

Arabes et Berbères. **VIIe s. :** arrivée des Arabes (raids d'Uqba ibn Nafi, 681 - 682). L'Algérie est islamisée et gouvernée de Damas par des califes omeyyades, puis de Bagdad par des califes abbassides. Les Berbères résistent à la domination arabe. **Xe - XIe s. :** suzeraineté des Fatimides (dynastie chiite). **XIe - XIIe s. :** deux dynasties berbères, les Almoravides puis les Almohades, dominent le Maghreb et une partie de l'Espagne. **XIIIe - XVIe s. :** le pays est morcelé en de nombreuses principautés (dont Tlemcen), confédérations tribales ou ports libres. Le littoral s'ouvre à la civilisation andalouse.

La régence d'Alger. **1518 :** face à la menace espagnole, les Algérois font appel aux corsaires turcs. L'un d'eux, Barberousse, place Alger sous la protection ottomane. **1587 :** l'Algérie forme la régence d'Alger. Elle est gouvernée par les deys à partir du XVIIe s. et vit essentiellement de la course des navires corsaires en Méditerranée.

La colonisation française. **Juillet 1830 :** le gouvernement de Charles X fait occuper Alger. **1832 - 1847 :** résistance d'Abd el-Kader, qui déclare la guerre à la France (1839) et qui est vaincu par le général Bugeaud. **1852 - 1870 :** la conquête est achevée avec l'occupation de la Kabylie et des confins sahariens. De nombreux colons s'installent surtout après 1870 (env. 984 000 « pieds-noirs » en 1954). **1870 - 1940 :** l'économie connaît un certain essor, mais la situation des indigènes ne s'améliore pas. **1er nov. 1954 :** insurrection algérienne qui marque le début de la guerre d'Algérie (→ **Algérie** [guerre d']). **1962 :** l'Algérie devient indépendante.

L'Algérie indépendante. **1963 :** A. Ben Bella, président de la nouvelle République, établit un régime socialiste à parti unique (FLN). **1965 :** il est renversé par H. Boumediene, qui oriente la politique extérieure, d'abord anti-impérialiste, dans le sens du non-alignement. **1979 :** le colonel Chadli succède à Boumediene après sa mort. **1988 :** de graves émeutes éclatent contre la cherté de la vie et les pénuries. Chadli lance un programme de réformes politiques et économiques. **1989 :** une importante réforme de la Constitution est adoptée. Le FLN perd le statut de parti unique ; le multipartisme est instauré. **1992 :** après le succès remporté par le Front islamique du salut (FIS) lors du premier tour des élections législatives (déc. 1991), Chadli démissionne (janv.). Le processus électoral est suspendu et un Haut Comité d'État, présidé par Mohamed Boudiaf, assure transitoirement le pouvoir. L'état d'urgence est instauré (févr.) et le FIS est dissous (mars). Boudiaf est assassiné (juin) ; Ali Kafi lui succède (juill.). Le pouvoir doit faire face à la montée du terrorisme islamiste. **À partir de 1993 :** la violence s'accroît (multiplication des attentats islamistes, notamment contre les étrangers et les intellectuels). Un nouveau régime de transition, mis en place en janvier 1994 et présidé par le général Liamine Zeroual, répond à cette situation à la fois par la répression et par des tentatives de négociation. **1995 :** une élection

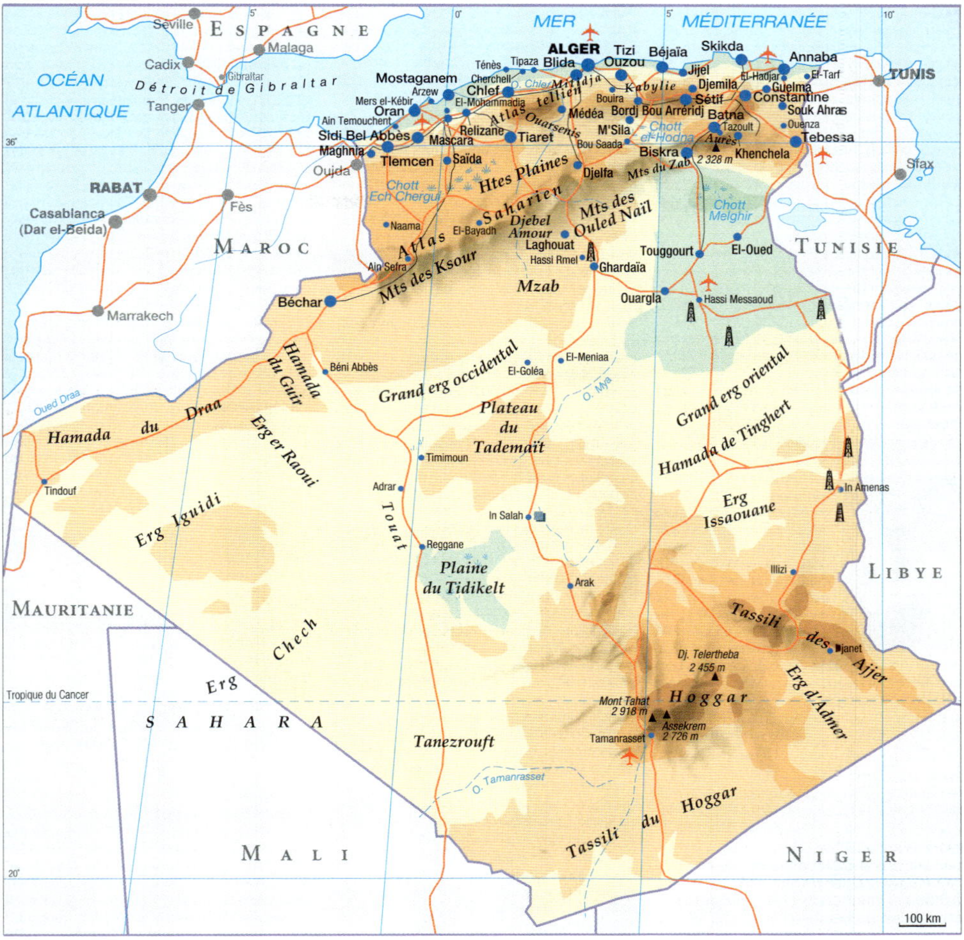

Algérie

présidentielle pluraliste confirme L. Zeroual à la tête de l'État. **1996 :** une nouvelle Constitution étend les pouvoirs du président. **1997 :** les élections législatives sont remportées par le parti présidentiel. Mais la violence se radicalise encore (massacres collectifs de populations civiles). **1999 :** L. Zeroual quitte ses fonctions avant la fin de son mandat. Abdelaziz Bouteflika est élu à la présidence de la République. Il engage une politique de réconciliation nationale qui, dans un premier temps, se révèle impuissante à juguler une violence quasi quotidienne. **2001 :** de graves émeutes éclatent en Kabylie. **2002 :** le FLN remporte les élections législatives. **2004 :** A. Bouteflika est réélu à la tête de l'État. **2005 :** une Charte pour la paix et la réconciliation nationale est approuvée par référendum. **2007 :** le FLN arrive une nouvelle fois en tête des élections. Le pays connaît un regain du terrorisme islamiste. **2009 :** A. Bouteflika obtient un troisième mandat présidentiel. **2011 :** pour endiguer le risque d'agitation lié au contexte des révolutions* arabes, le pouvoir algérien multiplie les initiatives (levée de l'état d'urgence en vigueur depuis 1992, octroi d'avantages économiques ponctuels à la population, annonce d'une révision constitutionnelle). **2012 :** le FLN gagne les élections, les partis islamistes étant largement distancés (mais nombreuses accusations de fraudes). **2013 :** l'Algérie subit le contrecoup des troubles dans la région (Libye, Mali) ; elle doit faire face à une prise d'otages massive par des islamistes sur un site gazier proche d'In Amenas (janv.). **2014 :** malgré des problèmes de santé, A. Bouteflika est réélu pour la quatrième fois au sommet de l'État. **2017 :** le FLN reste le premier parti du pays au terme d'un scrutin marqué toutefois par une faible participation.

Algérie (guerre d') [1954 - 1962], conflit qui opposa, en Algérie, les nationalistes algériens au pouvoir d'État français. Apparu pendant l'entre-deux-guerres, le nationalisme musulman se radicalise peu à peu jusqu'aux émeutes du Constantinois (mai 1945) et à leur violente répression, qui creusent un fossé irréversible entre les communautés musulmane et française. Le 1er novembre 1954, la rébellion éclate en Grande Kabylie et dans les Aurès. Elle est animée principalement par le Front de libération nationale (FLN), fondé par A. Ben Bella, et par son bras armé, l'Armée de libération nationale (ALN). En 1955, le gouvernement français instaure l'état d'urgence et, en 1956, il envoie 400 000 hommes pour pacifier le territoire algérien. A. Ben Bella est arrêté et, en 1957, les réseaux du FLN sont éliminés à Alger. À la suite de la manifestation favorable à l'« Algérie française » du 13 mai 1958, le général de Gaulle revient au pouvoir et met peu à peu en œuvre une politique d'autodétermination pour l'Algérie (discours du 16 sept. 1959). De son côté, le FLN instaure (1958) le Gouvernement provisoire de la République algérienne (GPRA). Le 18 mars 1962, les accords d'Évian mettent fin à la guerre d'Algérie, et, le 1er juillet, l'Algérie choisit, par référendum, l'indépendance.

ALGÉROIS, région centrale de l'Algérie, correspondant au premier département d'Alger.

ALGÉSIRAS, v. d'Espagne (Andalousie), sur le détroit de Gibraltar ; 117 695 hab. Port. – Conférence internationale (1906) sur le Maroc, favorable surtout à la France.

ALGONQUINS, peuple amérindien du Canada (env. 7 000, au Québec et dans l'Ontario). Ils furent les alliés des Français dans le commerce des fourrures et dans les guerres contre les Anglais. Ils parlent une langue *algonquienne*.

ALGRANGE (57440), bur. centr. de cant. de la Moselle ; 6 236 hab. *(Algrangeois).*

Alhambra, forteresse et résidence des souverains arabes à Grenade. Élevée aux XIIIe et XIVe s., elle est pourvue de riches décors. Beaux jardins.

ALHAZEN → **IBN AL-HAYTHAM.**

A B C D E F G H I J K L M N O P Q R S T U V W X Y Z

ALI, époux de Fatima et gendre de Mahomet. Quatrième calife (656 - 661), il fut assassiné à Kufa, sa capitale. Son tombeau supposé, à Nadjaf, devint un centre de pèlerinage.

ALI (Cassius **Clay**, puis Muhammad), *Louisville 1942 - Scottsdale, banlieue de Phoenix, 2016*, boxeur américain. Il fut plusieurs fois champion du monde des poids lourds. Il marqua aussi son époque par la fermeté de ses convictions (dénonçant, notamm., la discrimination raciale).

Ali Baba, personnage des *Mille* et Une Nuits*. Grâce à la formule magique « Sésame, ouvre-toi », Ali Baba ouvre la caverne où 40 voleurs ont entassé un fabuleux butin.

ALICANTE, v. d'Espagne, ch.-l. de prov., sur la Méditerranée ; 329 988 hab. Port. – Musées archéologique et d'Art moderne.

Alice au pays des merveilles, conte pour enfants de Lewis Carroll (1865). C'est le récit d'un rêve d'Alice, dans lequel la petite fille, en suivant un lapin blanc, découvre un monde gouverné par une logique absurde et menaçante.

ALIDES, descendants d'Ali, considérés par les chiites comme les seuls héritiers spirituels du Prophète.

ALIÉNOR D'AQUITAINE, *1122 - Fontevraud 1204*, reine de France puis d'Angleterre. Duchesse d'Aquitaine (1137 - 1204), elle épousa (1137) Louis VII, roi de France, qui la répudia (1152) ; elle se remaria la même année au futur roi d'Angleterre, Henri II Plantagenêt. Emprisonnée pour avoir soutenu la révolte de ses fils (1173), elle joua à nouveau un rôle politique important sous deux d'entre eux : Richard Ier Cœur de Lion puis Jean sans Terre. Elle favorisa aussi le développement de la poésie courtoise.

▲ **Aliénor d'Aquitaine.** Détail d'une enluminure de R. Testard (*Grandes Chroniques de France*, 1471).

ALIGARH, v. de l'Inde (Uttar Pradesh) ; 667 732 hab. Université.

ALI PACHA ou **ALI PAŞA,** *Istanbul 1815 - Bebek 1871*, homme d'État ottoman. Il fut l'un des principaux réformateurs du Tanzimat (1839 - 1876).

ALI PACHA DE TEBELEN, *Tebelen v. 1744 - Ioánnina 1822*, gouverneur ottoman de Ioánnina. Révoqué par le gouvernement ottoman en 1820, il résista deux ans dans Ioánnina assiégée.

Aliscamps → **Alyscamps.**

ALISE-SAINTE-REINE (21150), comm. de la Côte-d'Or, au pied de l'emplacement d'Alésia ; 601 hab. (*Alisiens*). MuséoParc Alésia.

ALIX → **ADÉLAÏDE DE SAVOIE** et **ADÈLE DE CHAMPAGNE.**

al-Jazira → **Jazira** (al-).

ALKMAAR, v. des Pays-Bas, au N.-O. d'Amsterdam ; 94 505 hab. Marché aux fromages. – Ville pittoresque aux monuments gothiques. Musée.

ALLAH, nom arabe désignant le Dieu unique, et adopté par les musulmans et aussi par les chrétiens arabophones.

ALLAHABAD, anc. **Ilahabad,** v. d'Inde, au confluent du Gange et de la Yamuna ; 990 298 hab. (1 216 719 hab. dans l'agglomération). Centre de pèlerinage. – Colonne d'Ashoka. Fort d'Akbar.

ALLAIS (Alphonse), *Honfleur 1854 - Paris 1905*, écrivain français. Cet humoriste imposa dans ses récits (*Vive la vie !*, 1892 ; *le Captain Cap*, 1902) et ses chroniques un comique fondé sur l'absurde et la mystification.

ALLAIS (Émile), *Megève 1912 - Sallanches 2012*, skieur français. Champion du monde de la descente, du slalom et du combiné en 1937, il fut le promoteur d'une nouvelle méthode de ski.

ALLAIS (Maurice), *Paris 1911 - Saint-Cloud 2010*, économiste français. De tendance libérale, il contribua au développement de l'économie mathématique ainsi qu'à l'étude de l'équilibre économique général et de la théorie des marchés, de la monnaie et du crédit. (Prix Nobel 1988.)

ALLASSAC (19240), bur. centr. de cant. de la Corrèze ; 3 998 hab. (*Allassacois*). Bourg médiéval.

ALLAUCH [alo] (13190), bur. centr. de cant. des Bouches-du-Rhône, au N.-E. de Marseille ; 21 582 hab. (*Allaudiens*). Église des XVIe-XVIIIe s. et vestiges divers. Musée (symboles et sacré).

ALLEGHENY ou **ALLEGHANY** n.m., massif et plateau du centre des Appalaches, aux États-Unis.

ALLÈGRE (Claude), *Paris 1937*, géochimiste français. Ses travaux de géologie isotopique contribuent à la compréhension du fonctionnement global de la Terre d'un point de vue chimique. Il a publié plusieurs ouvrages de vulgarisation. Il a été de 1997 à 2000 ministre de l'Éducation nationale, de la Recherche et de la Technologie. (Prix Crafoord 1986.)

ALLEMAGNE n.f., en all. **Deutschland,** État fédéral d'Europe centrale ; 357 000 km² ; 82 521 653 hab. (*Allemands*). **CAP.** *Berlin*. **LANGUE :** *allemand*. **MONNAIE :** *euro*. Le pays est formé de 16 Länder (États) : Bade-Wurtemberg, Bavière, Berlin, Brandebourg, Brême, Hambourg, Hesse, Mecklembourg-Poméranie-Occidentale, Rhénanie-du-Nord-Westphalie, Rhénanie-Palatinat, Sarre, Saxe, Basse-Saxe, Saxe-Anhalt, Schleswig-Holstein, Thuringe.

INSTITUTIONS Nom officiel : République fédérale d'Allemagne. Loi fondamentale de 1949, révisée en 1990. Les 16 Länder ont chacun une Assemblée. Le président de la République est élu pour 5 ans par l'Assemblée fédérale (Bundestag et certains représentants des Länder). Le chancelier (élu par le Bundestag sur proposition du chef de l'État) dirige le gouvernement fédéral. Le Parlement est composé du *Bundestag*, élu pour 4 ans au suffrage universel direct, et du *Bundesrat*, désigné par les gouvernements des Länder.

GÉOGRAPHIE L'Allemagne est de loin la première puissance économique de l'Europe, dont elle constitue aussi l'État le plus peuplé, après la Russie. L'histoire, plus que le milieu naturel (la superficie est restreinte : moins des deux tiers de celle de la France), explique cette primauté et, en partic., la précocité et l'ampleur du développement commercial et industriel (celui-ci facilité toutefois par l'abondance de la houille de la Ruhr). Le caractère relativement récent de l'unité allemande (seconde moitié du XIXe s.) est aussi responsable, malgré le poids acquis par Berlin, de la présence de grandes villes (Hambourg, Munich, Francfort, Cologne, Stuttgart, Brême, Hanovre, Leipzig, Dresde) jouant toutes un rôle important dans la vie économique, sociale et culturelle du pays. Plus de 85 % des Allemands vivent d'ailleurs en ville. La population est dense (proche de 230 hab. au km², plus du double de la densité française), surtout dans les régions rhénanes. Elle évolue peu, car le taux de natalité très bas – il est devenu inférieur au taux de mortalité en raison d'un vieillissement déjà sensible – se trouve compensé par un solde migratoire positif.

Environ le tiers des actifs sont employés dans un secteur industriel concentré dans ses structures, mais diversifié dans ses productions. En tête viennent les constructions mécaniques (dont l'automobile) et électriques et la chimie, loin devant des branches traditionnelles, souvent en difficulté (comme l'extraction houillère, la sidérurgie ou le textile). Décidée en 2011, la sortie progressive du nucléaire a entraîné un regain d'activité des centrales au gaz et au charbon, en même temps que le développement des énergies renouvelables. L'agriculture n'occupe plus guère que 4 % des actifs, mais satisfait l'essentiel des besoins nationaux et est devenue exportatrice. Les services emploient donc la majeure partie de la population active, part témoignant du niveau du développement de l'économie. Environ 30 % de la production (produits industriels essentiellement) sont exportés (principalement vers les partenaires de l'Union européenne et la Chine). Ce taux, exceptionnellement élevé compte tenu de l'importance du marché intérieur, permet de compenser le traditionnel déficit de la balance des services (investissements à l'étranger, solde négatif du tourisme). L'intégration des Länder de la RDA a été coûteuse, avec notamm. la modernisation des infrastructures et des équipements, et cette partie orientale du pays connaît toujours un chômage élevé. Mais, après avoir souffert des conséquences de la réunification, l'Allemagne a renoué avec une vitalité économique qui s'est maintenue malgré la crise mondiale apparue en 2007 - 2008, puis celle de la dette dans la zone euro à partir de 2010.

HISTOIRE **Les origines. Ier millénaire av. J.-C. :** les Germains s'installent entre Rhin et Vistule, refoulant les Celtes en Gaule. Ils sont repoussés vers l'est par les Romains, qui établissent une frontière fortifiée (limes) entre Coblence et Ratisbonne. **Ve - VIe s. :** lors des Grandes Invasions, les Barbares germaniques fondent des royaumes parmi lesquels celui des Francs s'impose aux autres. **800 :** fondation de l'Empire carolingien. **843 :** le traité de Verdun partage l'Empire en trois royaumes : à l'est, la *Francia orientalis* de Louis le Germanique constituera la Germanie. **919 :** Henri Ier l'Oiseleur, duc de Saxe, est élu roi de Germanie.

Le Saint Empire. 962 : le Saxon Otton Ier le Grand, roi de Germanie et d'Italie, fonde le Saint Empire romain germanique. **1024 - 1138 :** la dynastie franconienne se heurte à la papauté : c'est la querelle des Investitures (1076 - 1122), marquée par l'humiliation d'Henri IV à Canossa (1077). **1138 - 1250 :** la dynastie souabe (Hohenstaufen), avec Frédéric Ier Barberousse (1152 - 1190) et Frédéric II (1220 - 1250), engage la lutte du Sacerdoce et de l'Empire. **1250 - 1273 :** le Grand Interrègne, période d'anarchie, favorise l'émancipation des principautés. **1273 - 1291 :** Rodolphe Ier de Habsbourg est à la tête de l'Empire, avec le titre de roi des Romains. **1356 :** Charles IV de Luxembourg promulgue la Bulle d'or, véritable Constitution du Saint Empire. **XVIe s. :** l'Empire, à son apogée avec Maximilien Ier (1493 - 1519) et Charles Quint (1519 - 1556), voit son unité religieuse brisée par la Réforme protestante. **1618 - 1648 :** la guerre de Trente Ans ravage le pays. **1648 :** les traités de Westphalie confirment la division religieuse et politique (350 États) du pays et la faiblesse du pouvoir impérial. **XVIIIe s. :** le royaume de Prusse, dirigé par les Hohenzollern (à partir de 1701), domine l'Allemagne et devient une grande puissance sous Frédéric II. **1806 :** Napoléon écrase la Prusse à Iéna et remplace le Saint Empire par une Confédération du Rhin excluant l'Autriche et la Prusse.

L'unité allemande. 1815 : au congrès de Vienne, la Confédération du Rhin est remplacée par une Confédération germanique (39 États autonomes) englobant Prusse et Autriche. **1834 :** union douanière entre les États allemands (*Zollverein*). **1848 - 1850 :** échec des mouvements nationaux et libéraux. L'Autriche et la Prusse luttent pour constituer à leur profit une « Grande » ou une « Petite » Allemagne. **1862 - 1871 :** Bismarck réalise l'unité allemande, après avoir éliminé l'Autriche (Sadowa, 1866) et vaincu la France (1870 - 1871). **1871 :** l'« Empire allemand » est proclamé à Versailles (le roi de Prusse devient *Kaiser*). **1871 - 1890 :** Bismarck met en œuvre la politique du *Kulturkampf*. L'expansion industrielle, remarquable, va de pair avec la formation d'un puissant parti socialiste. **1890 - 1914 :** Guillaume II, qui a obtenu la démission de Bismarck, ajoute à sa politique coloniale des prétentions pangermanistes. **1914 - 1918 :** la Première Guerre mondiale s'achève par la défaite de l'Allemagne (traité de Versailles, 28 juin 1919).

De Weimar au IIIe Reich. 1919 : la première Constitution démocratique est promulguée. Le social-démocrate F. Ebert est élu président de la République. La république de Weimar (17 États ou Länder) réprime le mouvement spartakiste (1919). L'humiliation causée par le traité de Versailles, l'occupation de la Ruhr par la France (1923 - 1925) et la crise économique favorisent la montée du nazisme. **1925 :** Hindenburg remplace Ebert. **1933 - 1934 :** Hitler, chancelier et « Führer », inaugure le IIIe Reich, un État dictatorial régi par l'idéologie national-socialiste (nazisme). **1936 :** remilitarisation de la Rhénanie. **1938 - 1939 :** l'Allemagne annexe l'Autriche (*Anschluss*) et une partie de la Tchécoslovaquie, puis attaque la Pologne. **1939 - 1945 :** Seconde Guerre mondiale. L'Allemagne envahit et occupe la France et la plupart des pays européens, mais échoue face à la résistance de la Grande-Bretagne et de l'URSS, alliées aux États-Unis. Elle capitule le 8 mai 1945.

Allemagne

200	500	1000 m

- autoroute
- route
- voie ferrée
- aéroport
- limite de Land
- **Munich** capitale de Land
- gazoduc
- plus de 1 000 000 h.
- de 500 000 à 1 000 000 h.
- de 100 000 à 500 000 h.
- moins de 100 000 h.

De l'occupation à la partition. **1945 - 1946 :** vaincue, l'Allemagne est occupée par les armées alliées des États-Unis, de la France, de la Grande-Bretagne et de l'URSS, et sa frontière avec la Pologne est limitée à l'est par la ligne Oder-Neisse. **1948 :** les États-Unis, la France et la Grande-Bretagne décident la création d'un État fédéral dans leurs zones d'occupation. L'URSS bloque les accès de Berlin-Ouest (jusqu'en mai 1949). **1949 :** la partition de fait est consacrée par la création de la République fédérale d'Allemagne ou RFA (23 mai) et, dans la zone d'occupation soviétique, de la République démocratique allemande ou RDA (7 oct.). Ces deux États précisent cependant dans leurs Constitutions que l'Allemagne est une république indivisible et que le peuple allemand devra parachever son unité.

La République fédérale d'Allemagne. **1949 :** à l'issue des élections remportées par la CDU (Union chrétienne démocrate), K. Adenauer devient chancelier. Bénéficiant de l'aide américaine (plan Marshall), l'Allemagne amorce un redressement économique rapide. Elle accueille des millions de réfugiés allemands expulsés de Hongrie, de Pologne et de Tchécoslovaquie. **1951 :** révision du statut d'occupation. La RFA entre dans la CECA. **1955 :** elle devient membre de l'OTAN. **1956 :** création de la Bundeswehr. **1958 :** la RFA entre dans la CEE. **1963 :** traité d'amitié et de coopération franco-allemand. **1963 - 1966 :** sous le chancelier L. Erhard (chrétien-démocrate), le « miracle économique » allemand se poursuit. **1966 - 1969 :** le chancelier K. Kiesinger, chrétien-démocrate, forme un gouvernement de « grande coalition » CDU-SPD (Parti social-démocrate). **1969 - 1974 :** le chancelier W. Brandt, social-démocrate, forme un gouvernement de « petite coalition » avec le Parti libéral. Il axe sa politique sur l'ouverture à l'Est (*Ostpolitik*). Après avoir conclu un traité avec l'URSS et reconnu la ligne Oder-Neisse comme frontière germano-polonaise (1970), la RFA signe avec la RDA le traité interallemand de reconnaissance mutuelle (1972). **1974 - 1982 :** le chancelier H. Schmidt, social-démocrate, maintient la coalition avec les libéraux. **1982 - 1987 :** le chancelier H. Kohl, chrétien-démocrate, forme un gouvernement de coalition avec le Parti libéral. Les Verts font leur entrée au Bundestag en 1983. **1984 :** Richard von Weizsäcker est élu à la présidence de la République. **1987 :** la coalition CDU-Parti libéral remporte les élections et Kohl demeure chancelier. **1989 :** la RFA est confrontée à un afflux massif de réfugiés est-allemands et aux changements intervenus en RDA.

La République démocratique allemande. Organisée économiquement et politiquement sur le modèle soviétique, la RDA est dirigée par le Parti socialiste unifié (SED). **1949 :** Wilhelm Pieck devient président de la République et Otto Grotewohl chef du gouvernement. **1950 :** Walter Ulbricht est élu premier secrétaire du SED. La RDA adhère au Comecon. **1953 :** des émeutes ouvrières éclatent. **1955 :** la RDA adhère au pacte de Varsovie. **1960 :** mort de W. Pieck. La fonction de président de la République est remplacée par un organe collectif, le Conseil d'État, dont W. Ulbricht devient président. **1961 :** afin d'enrayer la forte émigration des Allemands de l'Est vers la RFA, un mur est construit séparant Berlin-Est et Berlin-Ouest. **1963 :** le système de planification économique est assoupli. **1964 :** Willi Stoph succède à Grotewohl comme chef du gouvernement. **1972 :** le traité interallemand de reconnaissance mutuelle est signé, ouvrant la voie à la reconnaissance de la RDA par les pays occidentaux. **1973 :** mort de W. Ulbricht. W. Stoph accède à la tête de l'État. Horst Sindermann dirige le gouvernement. **1976 :** E. Honecker (devenu premier secrétaire du SED en 1971) succède à W. Stoph, qui redevient chef du gouvernement. **1989 :** un exode massif de citoyens est-allemands vers la RFA et d'importantes manifestations réclamant la démocratisation du régime provoquent à partir d'octobre la démission des principaux dirigeants (dont Honecker et Stoph, remplacé au poste de chancelier par Hans Modrow), l'ouverture du mur de Berlin et de la frontière interallemande, l'abandon de toute référence au rôle dirigeant du SED. **1990 :** lors des premières élections libres (mars), l'Alliance pour l'Allemagne, unie autour de la CDU, remporte une large victoire. Son leader, Lothar de Maizière, forme un gouvernement de coalition (avr.).

L'Allemagne réunifiée. **1990 :** l'union économique et monétaire entre la RFA et la RDA intervient en juillet. Le traité de Moscou (sept.) entre les deux États allemands, les États-Unis, la France, la Grande-Bretagne et l'URSS fixe les frontières de l'Allemagne unie, dont il restaure l'entière souveraineté. Les Länder (Brandebourg, Mecklembourg-Poméranie-Occidentale, Saxe, Saxe-Anhalt et Thuringe) sont reconstitués en Allemagne de l'Est (juill.) et, avec le Land de Berlin, adhèrent à la RFA. L'unification de l'Allemagne est proclamée le 3 octobre. Les premières élections de l'Allemagne unie (déc.) sont remportées par la coalition CDU-Parti libéral dirigée par Helmut Kohl. **1994 :** les élections confirment au pouvoir cette coalition ; H. Kohl est reconduit pour la quatrième fois à la tête du gouvernement. Roman Herzog est élu à la présidence de la République. **1998 :** après la nette victoire du SPD (Parti social-démocrate) aux élections, le nouveau chancelier, Gerhard Schröder, gouverne avec les Verts. **1999 :** l'Allemagne participe à l'intervention militaire de l'OTAN puis à la force multinationale de maintien de la paix au Kosovo. Johannes Rau est élu à la présidence de la République. **2002 :** le SPD remporte les élections ; G. Schröder, reconduit au poste de chancelier, maintient la coalition avec les Verts. **2004 :** Horst Köhler est élu à la présidence de la République. **2005 :** la CDU gagne, avec une très faible avance, les élections anticipées. Sa présidente, Angela Merkel, devient chancelière à la tête d'un gouvernement de « grande coalition » CDU-SPD. **2009 :** reconduite dans ses fonctions au terme des élections, A. Merkel forme une coalition CDU-Parti libéral (FDP). **2010 :** le président H. Köhler (réélu en 2009) démissionne ; Christian Wulff lui succède. **2012 :** ce dernier démissionne à son tour ; il est remplacé par Joachim Gauck. **2013 :** les élections sont marquées par une large victoire de la CDU et par la quasi-disparition du FDP, son allié traditionnel. A. Merkel prend la direction d'un gouvernement CDU-SPD. **2017 :** Frank-Walter Steinmeier devient président de la République. Arrivé troisième aux élections, derrière la CDU et le SPD, le parti nationaliste Alternance pour l'Allemagne (AfD) entre au Bundestag (sept.). **2018 :** après de difficiles tractations, A. Merkel reconduit la coalition CDU-SPD et entame son quatrième mandat très affaiblie (mars).

ALLEMANE (Jean), *Sauveterre 1843 - Herblay 1935*, syndicaliste et homme politique français. Il fonda le Parti ouvrier socialiste révolutionnaire (POSR) ou allemaniste, préconisant la grève générale comme moyen d'action révolutionnaire.

ALLEN (Allen Stewart **Konigsberg,** dit Woody), *New York 1935*, cinéaste et acteur américain.

Représentant un certain type d'humour juif new-yorkais, fait de lucidité et d'autodérision, il réalise des comédies burlesques et des œuvres plus graves (*Prends l'oseille et tire-toi*, 1969 ; *Annie Hall*, 1977 ; *Intérieurs*, 1978 ; *Manhattan*, 1979 ; *la Rose pourpre du Caire*, 1985 ; *Meurtres mystérieux à Manhattan*, 1993 ; *Match Point*, 2005 ; *Minuit à Paris*, 2011). ▲ Woody **Allen**

ALLENBY (Edmund, vicomte), *Brackenhurst, Nottinghamshire, 1861 - Londres 1936*, maréchal britannique. Commandant les forces britanniques en Palestine (1917 - 1918), il prit Jérusalem, Damas et Alep, puis contraignit les Turcs à capituler. Il fut haut-commissaire en Égypte (1919 - 1925).

ALLENDE GOSSENS (Salvador), *Valparaíso 1908 - Santiago 1973*, homme politique chilien.

Socialiste, président de la République, élu par une coalition d'Unité populaire (1970), il entreprit une politique de réformes sociales aux effets économiques négatifs. Il fut renversé par un putsch militaire, dirigé par le général Pinochet, au cours duquel il se suicida. ◄ Salvador **Allende**

ALLENTOWN, v. des États-Unis (Pennsylvanie) ; 119 104 hab. (759 649 hab. dans l'agglomération). Centre industriel.

ALLEPPEY, v. d'Inde (Kerala) ; 177 079 hab. Port.

ALLEVARD (38580), comm. de l'Isère, sur le Bréda ; 4 224 hab. (*Allevardins*). Station thermale. Métallurgie. Sports d'hiver au *Collet d'Allevard*.

ALLGÄU, région des Préalpes allemandes (Bavière surtout), culminant à 2 645 m au Mädelegabel, dans les *Alpes de l'Allgäu*.

Alliance (Quadruple-) [2 août 1718], pacte formé entre la France, l'Angleterre, les Provinces-Unies et le Saint Empire contre l'Espagne. Cette dernière y adhéra en 1720, renonçant ainsi à ses possessions italiennes.

Alliance (Quadruple-) [20 nov. 1815], pacte conclu, sur l'initiative de Castlereagh, entre l'Angleterre, l'Autriche, la Prusse et la Russie. Elle avait pour but de préserver l'équilibre européen.

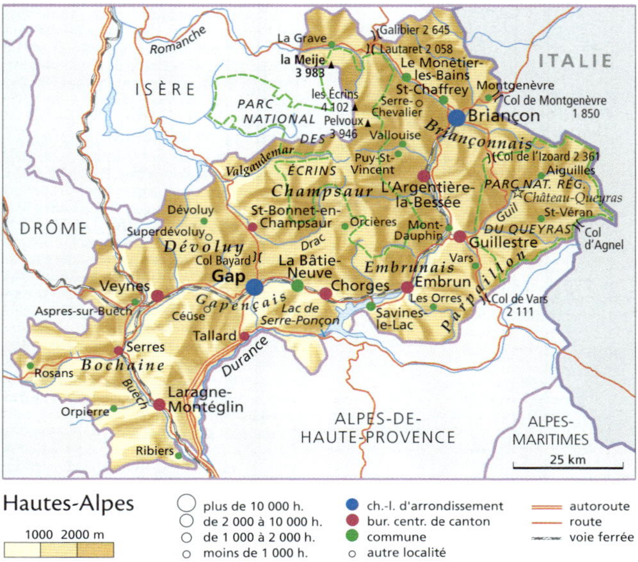

Alliance (Sainte-) [26 sept. 1815], pacte de fraternité et d'assistance mutuelle conclu entre les souverains de Russie, d'Autriche et de Prusse. Les Alliés lui préférèrent la Quadruple-Alliance de 1815.

Alliance (Triple-) [23 janv. 1668], pacte formé à La Haye par l'Angleterre, les Provinces-Unies et la Suède contre la France.

Alliance (Triple-) ou **Triplice** (20 mai 1882), accord défensif conclu entre l'Allemagne, l'Autriche-Hongrie et l'Italie. Elle cessa lors de l'entrée en guerre de l'Italie aux côtés des Alliés en 1915.

Alliance française, association fondée en 1883 pour étendre l'influence de la France à l'étranger par la propagation de la langue et de la culture françaises.

ALLIER n.m., riv. de France, dans le Massif central, née en Lozère, affl. de la Loire (r. g.); 410 km. L'Allier draine les Limagnes, puis le Bourbonnais, passe à Vichy et à Moulins et conflue près de Nevers au *bec d'Allier.*

ALLIER n.m. (03), dép. de la Région Auvergne-Rhône-Alpes; ch.-l. de dép. *Moulins* ; ch.-l. d'arrond. *Montluçon, Vichy* ; 3 arrond. ; 19 cant. ; 317 comm. ; 7 340 km² ; 351 626 hab. *(Bourbonnais)*. Le dép. appartient à l'académie de Clermont-Ferrand, à la cour d'appel de Riom, à la zone de défense et de sécurité Sud-Est. Peu peuplé, il subit toujours un notable exode rural. La vie agricole reste dominée par l'élevage (bovins). Après la disparition ou le recul des activités traditionnelles (houille, métallurgie), l'industrie est représentée notamm. par l'équipement automobile, l'armement et l'électronique. Le thermalisme et le tourisme animent la région de Vichy.

ALLOBROGES, peuple de la Gaule, qui habitait le Dauphiné et la Savoie.

ALLONNES (72700), comm. de la Sarthe, banlieue du Mans ; 11 252 hab. *(Allonnais)*. Équipements automobiles.

ALLOS (04260), comm. des Alpes-de-Haute-Provence, dans la haute vallée du Verdon, au pied du *col d'Allos* (2 240 m) ; 703 hab. Sports d'hiver à *la Foux-d'Allos* et au *Seignus-d'Allos.*

ALLSCHWIL, comm. de Suisse, banlieue sud-ouest de Bâle ; 19 314 hab.

ALMA, anc. **Saint-Joseph d'Alma,** v. du Canada (Québec), à l'E. du lac Saint-Jean ; 30 776 hab. *(Almatois)*. Métallurgie. Papeterie.

ALMA (angl. *Atacama Large Millimeter/submillimeter Array*), grand radiotélescope, composé de 66 antennes mesurant des phénomènes d'interférence (réseau interférométrique), installé à 5 000 m d'alt. dans le désert d'Atacama, au Chili. Inauguré en 2013, il est dédié à l'étude de la formation des premières étoiles et galaxies de l'Univers, ainsi qu'à l'observation d'exoplanètes.

Alma (bataille de l') [20 sept. 1854], bataille de la guerre de Crimée. Victoire des Franco-Britanniques sur les Russes, à 10 km de l'embouchure de l'Alma, qui ouvrit aux alliés la route de Sébastopol.

ALMA-ATA → **ALMATY.**

Almageste (l'), traité de mathématiques et d'astronomie, composé par Claude Ptolémée, au IIe s., qui fit autorité jusqu'au XVIe s.

ALMAGRO (Diego de), *Almagro, province de Ciudad Real, 1475 - Cuzco 1538*, conquistador espagnol. Compagnon de Pizarro dans la conquête du Pérou, il fut étranglé sur son ordre.

ALMATY, anc. **Alma-Ata,** v. du Kazakhstan, au S. du lac Balkhach ; 1 365 632 hab. Elle fut la capitale du pays jusqu'en 1997.

ALMEIDA GARRETT (João Baptista de) → **GARRETT.**

ALMELO, v. des Pays-Bas (Overijssel) ; 72 729 hab.

ALMERE, v. des Pays-Bas (Flevoland) ; 195 213 hab.

ALMERÍA, v. d'Espagne (Andalousie), ch.-l. de prov., sur la Méditerranée ; 195 389 hab. Port. Centre d'une région de cultures sous serre. – Anc. forteresse arabe ; cathédrale du XVIe s.

ALMODÓVAR (Pedro), *Calzada de Calatrava 1949*, cinéaste espagnol. Mêlant provocation et humour noir, il fait la satire de la société espagnole contemporaine : *Dans les ténèbres* (1983), *Femmes au bord de la crise de nerfs* (1988), *Talons aiguilles* (1991), *Tout sur ma mère* (1999), *Parle avec elle* (2002), *Volver* (2006), *Julieta* (2016).

ALMOHADES, adeptes du mouvement réformiste lancé par Muhammad ibn Tumart (entre 1078 et 1081 - 1130), dont les dirigeants ont fondé une dynastie berbère qui régna sur le nord de l'Afrique et sur l'Andalousie de 1147 à 1269.

ALMORAVIDES, confrérie de moines guerriers et dynastie berbère qui régna sur le Maghreb et l'Andalousie de 1061 (Yusuf ibn Tachfin) à 1147.

ALMQUIST (Carl Jonas Love), *Stockholm 1793 - Brême 1866*, écrivain suédois. Son œuvre poétique et romanesque (qu'il rassembla en une somme monumentale intitulée *le Livre de l'églantine*, publiée à partir du début des années 1830) est l'une des plus originales du romantisme suédois.

ALOMPRA → **ALAUNGPAYA.**

ALONG (baie d'), baie du Viêt Nam, au N.-E. d'Haiphong, semée de rochers calcaires.

ALONSO (Alicia **Martínez,** dite Alicia), *La Havane 1920*, danseuse et chorégraphe cubaine. Grande interprète, notamm. du rôle de *Giselle*, elle a fondé en 1948 la troupe qui allait devenir le Ballet national de Cuba.

ALOST, en néerl. **Aalst,** v. de Belgique, ch.-l. d'arrond. de la Flandre-Orientale, entre Bruxelles et Gand ; 82 587 hab. Collégiale St-Martin, de la fin du XVe s. ; maison des échevins (XIIIe-XVIe s.).

ALOXE-CORTON (21420), comm. de la Côte-d'Or, au N. de Beaune ; 146 hab. *(Aloxois)*. Vins (appellation corton) rouges, essentiellement, et blancs.

ALPE-D'HUEZ (l') [38750], station de sports d'hiver (alt. 1 450 - 3 350 m) de l'Isère (comm. d'Huez), dans l'Oisans.

ALPES n.f. pl., le plus grand massif de l'Europe, partagé entre l'Allemagne, l'Autriche, la France, l'Italie, le Liechtenstein, la Slovénie et la Suisse, s'étendant sur plus de 1 000 km de la Méditerranée jusqu'à Vienne (Autriche) ; 4 810 m au mont Blanc. Malgré leur altitude, les Alpes sont pénétrables grâce à de profondes vallées (Rhône et Rhin, Isère, Inn, Enns, Drave, Adige), élargies par les glaciers quaternaires. La chaîne est franchie par de nombreuses routes et voies ferrées (Mont-Blanc, Grand-Saint-Bernard, Simplon, Saint-Gothard, Brenner), souvent en tunnel.

Les conditions naturelles (relief accidenté, climat rude) n'apparaissent guère favorables à l'homme. Pourtant, le peuplement est ancien et relativement dense, surtout dans les vallées, sites des villes, dont Grenoble et Innsbruck sont les plus grandes. L'économie – initialement fondée sur la polyculture vivrière, l'élevage transhumant, l'exploitation de la forêt et parfois du sous-sol – a été rénovée, au moins localement, par l'hydroélectricité et surtout par le tourisme.

Le développement des échanges, permis par l'amélioration des communications, a orienté l'économie vers une spécialisation en fonction des aptitudes régionales : élevage bovin intensif pour les produits laitiers ; électrométallurgie et électrochimie, près des centrales (une grande partie de l'électricité est cependant exportée) ; tourisme d'été ou d'hiver en altitude ou en bordure des lacs subalpins (Léman, lac Majeur, lac de Constance).

ALPES (Hautes-) [05], dép. de la Région Provence-Alpes-Côte d'Azur ; ch.-l. de dép. *Gap* ; ch.-l. d'arrond. *Briançon* ; 2 arrond. ; 15 cant. ; 163 comm. ; 5 549 km² ; 146 060 hab. *(Haut-Alpins)*. Le dép. appartient à l'académie d'Aix-Marseille, à la cour d'appel de Grenoble, à la zone de défense et de sécurité Sud. Formé de parties du haut Dauphiné et de la Provence, c'est un dép. peu peuplé, en raison surtout des conditions naturelles difficiles (altitude élevée), et voué surtout à l'élevage et à une polyculture vivrière, portant parfois des vergers et animé localement par le tourisme (Briançon, Serre-Chevalier, Vars). Au sud, les villes (Gap, Embrun) sont situées dans les vallées. Leur progression explique l'accroissement démographique récent.

ALPES AUSTRALIENNES, massif du sud de la Cordillère australienne.

ALPES-DE-HAUTE-PROVENCE n.f. pl. (04), dép. de la Région Provence-Alpes-Côte d'Azur ; ch.-l. de dép. *Digne-les-Bains* ; ch.-l. d'arrond. *Barcelonnette, Castellane, Forcalquier* ; 4 arrond. ; 15 cant. ; 198 comm. ; 6 925 km² ; 166 635 hab. Le dép. appartient à l'académie d'Aix-Marseille, à la cour d'appel d'Aix-en-Provence, à la zone de défense et de sécurité Sud. Il a porté jusqu'en 1970 le nom de *Basses-Alpes*. Montagneux, surtout dans l'Est et le Nord, peu peuplé, le dép. est aéré par les vallées de la Durance et de ses affluents, sites de la vie urbaine. Les conditions naturelles expliquent la faiblesse du peuplement, malgré une croissance récente, sensible dans le Sud-Ouest et profitant généralement aux villes. L'élevage ovin domine, en dehors de la vallée de la Durance (cultures fruitières, où l'irrigation est liée à l'aménagement hydroélectrique. L'industrie, peu importante, procure beaucoup moins d'emplois que le secteur tertiaire, stimulé localement par l'essor du tourisme estival et hivernal. *(V. carte page suivante.)*

ALPES FRANÇAISES, partie la plus développée des Alpes occidentales. Elles sont divisées en deux ensembles. Les Alpes du Nord possèdent

un relief ordonné, où se succèdent d'ouest en est : les Préalpes (Chablais, Bornes, Bauges, Chartreuse, Vercors), calcaires, aux plis généralement simples ; le Sillon alpin, longue dépression drainée par l'Arly et l'Isère (Combe de Savoie, Grésivaudan) ; les massifs centraux (Mont-Blanc, Beaufortin, Belledonne, Oisans, Pelvoux), cristallins, partie la plus élevée ; la zone intra-alpine aérée par les vallées de l'Isère supérieure (Tarentaise), de l'Arc (Maurienne) et de la Romanche. Les Alpes du Sud ne présentent pas une disposition aussi simple : il n'existe pas de dépression analogue au Sillon alpin et surtout les Préalpes s'étendent démesurément, dessinant un vaste arc de cercle (du Diois et des Baronnies aux Préalpes de Nice), ouvert par la Durance.

Les Alpes du Nord ont un climat humide qui a favorisé l'extension de la forêt et de la prairie. L'élevage bovin (pour les produits laitiers) constitue la principale ressource de la montagne, avec le tourisme estival et hivernal. Les cultures se réfugient dans les vallées où la vie industrielle (électrométallurgie et électrochimie) et urbaine (Grenoble) s'est développée, grâce à l'hydroélectricité. Les Alpes du Sud, plus sèches, mal aérées, vouées surtout à l'élevage ovin, aux cultures céréalières et localement à l'arboriculture fruitière (vallée de la Durance), se sont longtemps dépeuplées, avant que le tourisme et les aménagements hydrauliques ne contribuent à enrayer ce déclin.

ALPES-MARITIMES n.f. pl. (06), dép. de la Région Provence-Alpes-Côte d'Azur ; ch.-l. de dép. *Nice* ; ch.-l. d'arrond. *Grasse* ; 2 arrond. ; 27 cant. ; 163 comm. ; 4 299 km^2 ; 1 097 556 hab. Le dép. appartient à l'académie de Nice, à la cour d'appel d'Aix-en-Provence, à la zone de défense et de sécurité Sud. Formé du comté de Nice et de l'extrémité orientale de la Provence, il s'étend en majeure partie sur les Préalpes du Sud (Préalpes de Grasse et de Nice), entaillées par les vallées du Var, de la Tinée et de la Vésubie. Mais le littoral (Côte d'Azur) est la région vitale. Le tourisme et les activités liées (commerce, hôtellerie) se sont fortement développés. Le secteur tertiaire occupe plus des deux tiers des actifs dans ce département à l'accroissement démographique notable. L'agglomération niçoise groupe plus de la moitié de la population totale du département.

ALPES NÉO-ZÉLANDAISES, chaîne de montagnes de Nouvelle-Zélande, dans l'île du Sud.

ALPES SCANDINAVES, nom parfois donné aux montagnes des confins de la Suède et de la Norvège.

ALPHÉE n.m., en gr. **Alfíos**, fl. de Grèce, dans le Péloponnèse. Il passe près d'Olympie. – Il fut divinisé par les anciens Grecs.

ARAGON

ALPHONSE Ier le Batailleur, *v. 1073 - 1134*, roi d'Aragon et de Navarre (1104 - 1134). Il reconquit Saragosse sur les musulmans (1118) et lança un raid en Andalousie (1125). — **Alphonse II le Chaste,** *1152 - Perpignan 1196*, roi d'Aragon (1162 - 1196). Il imposa sa domination sur le Roussillon et hérita en 1166 de la Provence. — **Alphonse V le Magnanime,** *1396 - Naples 1458*, roi d'Aragon et de Sicile (1416 - 1458), roi (Alphonse Ier) des Deux-Siciles (1442 - 1458). Il conquit le royaume de Naples (1435 - 1442).

ASTURIES ET CASTILLE

ALPHONSE III le Grand, *838 - Zamora 910*, roi des Asturies (866 - 910). Il unifia les provinces chrétiennes du Nord-Ouest (León).

ALPHONSE VI, *1040 - 1109*, roi de León (1065 - 1109), de Castille (1072 - 1109) et de Galice (1073 - 1109). Il conquit le royaume de Tolède (1085) puis fut écrasé par les musulmans à Zalaca (Sagrajas) en 1086. — **Alphonse VII le Bon,** *1105 - Fresneda 1157*, roi de Castille et de León (1126 - 1157). Couronné empereur en 1135, il dut reconnaître l'indépendance du Portugal en 1143. — **Alphonse VIII le Noble,** *Soria 1155 - Ávila 1214*, roi de Castille (1158 - 1214). Il vainquit les musulmans à Las Navas de Tolosa (1212). — **Alphonse IX,** *Zamora 1171 - Villanueva de Sarria 1230*, roi de León (1188 - 1230). Il reconquit l'Estrémadure et réunit les premières Cortes (1188). — **Alphonse X le Sage,** *Tolède 1221 - Séville 1284*, roi de Castille et de León (1252 - 1284) et empereur germanique (1257 - 1272). Il fit dresser des tables astronomiques (*tables Alphonsines*) et composa des cantiques à la Vierge.

ESPAGNE

ALPHONSE XII, *Madrid 1857 - id. 1885*, roi d'Espagne (1874 - 1885), de la dynastie des Bourbons. Il restaura la monarchie et mit fin à la guerre carliste (1876).

ALPHONSE XIII, *Madrid 1886 - Rome 1941*, roi d'Espagne (1886 - 1931), de la dynastie des Bourbons. Il dut accepter à partir de 1923 la dictature du général Primo de Rivera et quitta son pays après les élections municipales de 1931 remportées par les républicains.

PORTUGAL

ALPHONSE Ier HENRIQUES, *Guimarães v. 1110 - Coimbra 1185*, roi de Portugal (1139 - 1185), de la dynastie de Bourgogne. Proclamé roi à la suite de ses succès contre les musulmans, il obtint l'indépendance du Portugal. — **Alphonse III le Boulonnais,** *Coimbra 1210 - Lisbonne 1279*, roi de Portugal (1248 - 1279), de la dynastie de Bourgogne. Il paracheva la reconquête sur les musulmans en occupant l'Algarve. — **Alphonse V l'Africain,** *Sintra 1432 - id. 1481*, roi de Portugal (1438 - 1481), de la dynastie d'Aviz. Il entreprit plusieurs expéditions au Maroc.

ALPHONSE DE POITIERS, *1220 - 1271*, comte de Poitiers et de Toulouse (1249 - 1271). Fils de Louis VIII et époux de Jeanne, comtesse de Toulouse, il participa à deux croisades et fut un remarquable administrateur.

ALPHONSE-MARIE de Liguori (saint), *Marianella 1696 - Nocera 1787*, ecclésiastique napolitain, fondateur des rédemptoristes (1732). Il a développé une théologie morale de tendance antijanséniste. Docteur de l'Église (1871).

ALPILLES n.f. pl., anc. **Alpines**, chaînon calcaire du sud de la France, au N. de la Crau. Parc naturel régional (env. 51 000 ha, Bouches-du-Rhône).

al-Qaida → **Qaida (al-).**

ALSACE n.f., région historique de l'est de la France et anc. Région administrative (Bas-Rhin et Haut-Rhin) [→ **Grand-Est**]. L'Alsace s'étend, à l'ouest, sur le versant oriental des Vosges, massif boisé, entaillé par des vallées. À l'est, la plaine d'Alsace est séparée de la montagne par les collines sous-vosgiennes.

HISTOIRE **L'Alsace germanique.** Ancienne province romaine, l'Alsace est envahie par les Alamans puis conquise par les Francs. Elle échoit à la Lotharingie (traité de Verdun, 843) puis au roi de Germanie (870). Elle est dès cette époque une des régions les plus prospères de l'Europe. **1354 :** dix villes alsaciennes constituent la Décapole, pratiquement indépendante. **XVe - XVIe s. :** l'Alsace est un grand foyer d'humanisme : invention de l'imprimerie par Gutenberg à Strasbourg (1434) et développement de la Réforme.

L'Alsace française. 1618 - 1648 : la guerre de Trente Ans ravage l'Alsace. **1648 :** les traités de Westphalie transfèrent au roi de France les droits des Habsbourg en Alsace (à l'exception de Strasbourg). **1678 :** la province devient française. **1681 :** Strasbourg est annexée.

Le Reichsland. 1871 : après la guerre franco-prussienne, l'Alsace est intégrée, avec le nord de la Lorraine, à l'Empire allemand, et proclamée « terre d'Empire » (*Reichsland*).

Le retour à la France. 1919 : l'Alsace est française. **1940 :** elle redevient allemande. **1944 :** elle est de nouveau rattachée à la France après la libération de Strasbourg (nov.).

ALSACE (ballon d'), montagne du sud du massif des Vosges (France) ; 1 247 m. Sports d'hiver.

Alsace (grand canal d'), canal latéral au Rhin en amont de Vogelgrun, et formé de biefs séparés en aval. Il est jalonné notamment par les centrales de Kembs, Ottmarsheim, Fessenheim, Vogelgrun, Marckolsheim, Rhinau, Gerstheim, Strasbourg, et est bordé de zones industrielles et portuaires.

ALSACE-LORRAINE (all. *Elsass-Lothringen*), partie des anc. prov. françaises d'Alsace et de Lorraine annexée par l'Allemagne de 1871 à 1919 puis de 1940 à 1944 - 1945. Elle correspond aux départements actuels de la Moselle, du Bas-Rhin et du Haut-Rhin.

ALSAMA, sigle désignant l'ensemble des provinces des Prairies (ALberta, SAskatchewan, MAnitoba) au Canada.

ALSOP (les frères), journalistes politiques américains. **Joseph Wright A.,** *Avon, Connecticut, 1910 - Washington 1989*, et **Stewart Johonnot Oliver A.,** *Avon, Connecticut, 1914 - Bethesda, Maryland, 1974*. Leurs articles pour le *New York*

Herald Tribune ont joué un rôle important, au lendemain de la Seconde Guerre mondiale, dans l'opinion publique américaine et internationale.

ALTAÏ n.m., massif de l'Asie centrale russe, chinoise et mongole ; 4 506 m.

ALTAÏ (république de l'), république de Russie, sur la bordure orientale du Kazakhstan ; 206 195 hab. ; cap. *Gorno-Altaïsk*.

ALTAÏ (Territoire de l'), région de Russie, limitrophe du Kazakhstan ; 2 419 379 hab. ; cap. *Barnaoul*.

ALTAÏENS, peuple turco-mongol de Russie (république de l'Altaï), du Kazakhstan et d'Ouzbékistan (env. 71 000), jadis appelés *Oïrats* et dits aussi *Kalmouks des montagnes*.

ALTAMIRA, station préhistorique d'Espagne, près de Santillana del Mar (prov. de Santander). Grotte ornée de peintures du magdalénien moyen (XIIIe-XIIe millénaire) découvertes en 1879. Elle est fermée au public depuis 2002 (réouverture partielle en 2014), mais, à proximité, un musée abrite une réplique des peintures.

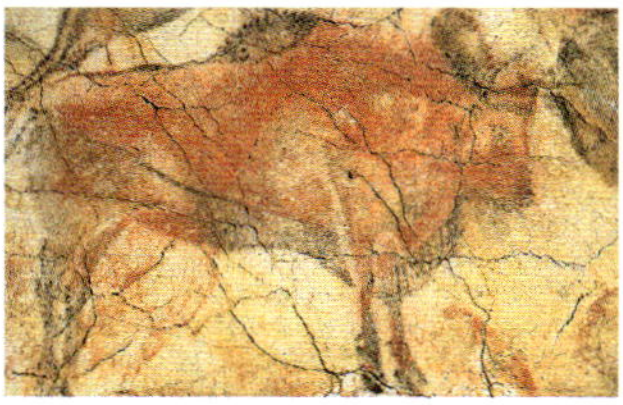

▲ **Altamira.** Détail d'une peinture du plafond de la salle des bisons. Magdalénien moyen.

ALTDORF, v. de Suisse, ch.-l. du canton d'Uri, près de la Reuss ; 8 861 hab. Demeures anciennes.

ALTDORFER (Albrecht), *v. 1480 - Ratisbonne 1538*, peintre et graveur allemand. Il est le plus illustre représentant de l'« école du Danube », au style lyrique et minutieux (*Naissance de la Vierge* et *la Bataille d'Alexandre*, Munich).

ALTHUSSER (Louis), *Birmandreis, Algérie, 1918 - La Verrière, Yvelines, 1990*, philosophe français. Il a renouvelé l'étude du marxisme, notamm. par des emprunts à la psychanalyse (*Lire « le Capital »*, 1965 ; *Lénine et la philosophie*, 1969).

ALTIPLANO n.m., haute plaine des Andes, principalement en Bolivie, s'élevant à plus de 4 000 m.

ALTKIRCH (68130), ch.-l. d'arrond. du Haut-Rhin, sur l'Ill ; 5 904 hab. *(Altkirchois)*. Musée du Sundgau.

ALTMAN (Robert), *Kansas City 1925 - Los Angeles 2006*, cinéaste américain. Ses films, d'une grande inventivité formelle, sont autant de commentaires et de variations sur les genres traditionnels (*M.A.S.H.*, 1970 ; *Nashville*, 1975 ; *The Player*, 1991 ; *Short Cuts*, 1993 ; *Gosford Park*, 2001).

ALTMAN (Sidney), *Montréal 1939*, chimiste canadien et américain. Il a mis en évidence que la molécule d'ARN, considérée comme porteur passif de l'information génétique, peut avoir une activité enzymatique. (Prix Nobel 1989.)

ALTYNTAGH n.m., massif de Chine, séparant le Tibet et le Xinjiang, dépassant localement 5 000 m.

ALUKU ou **BONI,** société noire marronne de la Guyane et du Suriname (env. 2 500).

ALVARADO (Pedro de), *Badajoz 1485 - Guadalajara, Mexique, 1541*, conquistador espagnol. Il accompagna Cortés au Mexique et conquit le Guatemala (1524).

ALVEAR (Carlos María de), *Santo Ángel 1789 - New York 1852*, général argentin. Il fut l'un des chefs de l'indépendance argentine (1816). – Monument par Bourdelle à Buenos Aires.

Alyscamps ou **Aliscamps** (les), allée des environs d'Arles, bordée de tombeaux gallo-romains (nécropole établie le long de la via Aurelia).

ALZETTE n.f., riv. du Luxembourg, affl. de la Sûre (r. dr.) ; 65 km. Elle passe à Esch-sur-Alzette et à Luxembourg.

ALZHEIMER (Aloïs), *Marktbreit, Bavière, 1864 - Breslau 1915*, psychiatre et neurologue allemand. Il est le premier à avoir décrit les symptômes de la maladie qui porte son nom (v. partie n. comm.) et étudié les altérations du cerveau qu'elle provoque (1906).

▲ Albrecht **Altdorfer.** *Repos pendant la fuite en Égypte*, 1510. (Galerie de peinture de Berlin.)

ALZON (Emmanuel **Daudé d'**), *Le Vigan 1810 - Nîmes 1880*, ecclésiastique français, fondateur des assomptionnistes (1845).

Amadis de Gaule, personnage principal du roman de chevalerie espagnol du même nom, publié par Garci Rodríguez (ou Ordóñez) de Montalvo en 1508. Surnommé *le Beau Ténébreux*, il est resté le type idéal du chevalier errant et de l'amant fidèle.

AMADO (Jorge), *Ferradas, près d'Itabuna, Bahia, 1912 - Salvador de Bahia 2001*, écrivain brésilien. Ses romans unissent critique sociale et inspiration folklorique (*Bahia de tous les saints*, 1935 ; *Terre violente*, 1942 ; *Dona Flor et ses deux maris*, 1966).

AMADOU, *1833 - Maïkoulk, Sokoto, 1898*, souverain toucouleur. Fils et successeur (1864) de El-Hadj Omar, il fut dépossédé à partir de 1889 par les Français.

AMAGASAKI, v. du Japon (Honshu), sur la baie d'Osaka ; 453 608 hab. Centre industriel.

AMAGER, île danoise, partiellement banlieue de Copenhague.

Amal, parti et milice chiites du Liban, issus du mouvement fondé par l'imam Musa Sadr en 1974.

AMALASONTE, *498 - Bolsena 535*, reine et régente des Ostrogoths (526 - 534). Fille de Théodoric le Grand, elle voulut poursuivre la politique de conciliation avec les Romains, ce qui provoqua un soulèvement des Ostrogoths. Elle fut étranglée par ordre de son mari, Théodat.

AMALÉCITES, tribus nomades du sud du Néguev. Adversaires des Hébreux, ils furent, selon le récit biblique, définitivement vaincus par David (Xe s. av. J.-C.).

AMALFI, v. d'Italie (Campanie), au S. de Naples ; 5 185 hab. Station balnéaire. – Cathédrale de styles arabo-normand (v. 1200) et baroque.

AMALRIC (Mathieu), *Neuilly-sur-Seine 1965*, acteur et réalisateur français. Interprète fétiche d'Arnaud Desplechin (*Rois et reine*, 2004), il déploie un jeu qui oscille entre tourment, causticité et énergie fantasque (*le Scaphandre et le Papillon*, J. Schnabel, 2007 ; *Quantum of Solace*, P. Golding, 2008). Il réalise aussi des films, dans lesquels il joue souvent le premier rôle (*Tournée*, 2010 ; *la Chambre bleue*, 2014 ; *Barbara*, 2017).

AMALTHÉE MYTH. GR. Chèvre qui nourrit Zeus. Une de ses cornes devint la corne d'abondance.

AMAN, favori et ministre du roi des Perses dans le livre biblique d'Esther. Il voulut perdre les Juifs, mais la reine Esther les sauva. Aman, disgracié, fut pendu.

AMAN ALLAH KHAN, *Paghman 1892 - Zurich 1960*, émir puis roi d'Afghanistan (1919 - 1929). Ayant obtenu de l'Angleterre la reconnaissance de l'indépendance de l'Afghanistan (1921), il tenta de moderniser le pays et dut abdiquer.

AMAND (saint), *Bas-Poitou v. 584 - Hainaut v. 676,* évêque de Tongres-Maastricht v. 647. Il évangélisa la Flandre.
AMAPÁ, État du Brésil septentrional ; 648 553 hab. ; cap. *Macapá.* Manganèse.
AMARA, v. d'Iraq, sur le Tigre ; 208 797 hab. Marché agricole.
AMARAPURA, v. de Birmanie, au S. de Mandalay, sur l'Irrawaddy. Soieries réputées. Anc. capitale du pays.
AMARAVATI, anc. cap. des Andhra, dans le Deccan, et site archéologique bouddhique. Célèbre école de sculpture (IIe s. av. J.-C. - IVe s.).
AMARILLO, v. des États-Unis, dans le nord-ouest du Texas ; 197 254 hab. (249 881 hab. dans l'agglomération).
AMARNA (Tell al-), site d'Égypte, dans la moyenne vallée du Nil. C'est l'emplacement de l'anc. cap. d'Aménophis IV, Akhetaton, fondée au XIVe s. av. J.-C. Ses vestiges (unique exemple d'urbanisme) ont livré des archives diplomatiques et nombre d'œuvres d'art : bustes de Néfertiti (Berlin, Le Caire).

▲ Tell al-**Amarna.** Buste de princesse. Calcaire peint. Nouvel Empire, XIVe s. av. J.-C. (Louvre, Paris.)

AMASIS, *actif vers 555 - 525 av. J.-C.,* potier athénien. Il est l'un des brillants représentants de la céramique attique à figures noires.
AMATERASU, déesse du Soleil et de la Fertilité, dans le panthéon shinto. L'empereur du Japon en descendrait.
AMATI (Nicola), *Crémone 1596 - id. 1684,* luthier italien. Membre d'une célèbre famille de luthiers de Crémone, il fut le maître de Stradivari.
AMAURY ou **AMAURI Ier,** *1135 - 1174,* roi de Jérusalem (1163 - 1174). — **Amaury II de Lusignan,** *v. 1144 - Saint-Jean-d'Acre 1205,* roi de Chypre et de Jérusalem (1197 - 1205).
AMAY, comm. de Belgique (prov. de Liège), au N.-E. de Huy ; 13 964 hab. Collégiale du XIe s.
Amazon, société américaine de commerce électronique, fondée en 1994 par Jeff Bezos. Dans les années 2000, Amazon a entamé sa diversification dans l'informatique en nuage *(cloud computing),* la publicité numérique, le paiement en ligne, etc.
AMAZONAS, État du Brésil ; 1 564 000 km² ; 3 350 773 hab. ; cap. *Manaus.*
AMAZONE n.f., fl. d'Amérique du Sud, né dans les Andes et qui rejoint l'Atlantique ; 7 000 km depuis les sources de l'Apurímac ; bassin d'env. 6 millions de km². L'Amazone draine le Pérou et le nord-ouest du Brésil (en grande partie forestier). Par son débit, c'est le premier fleuve du monde.
AMAZONES (les) **MYTH. GR.** Peuplade de femmes guerrières des bords de la mer Noire. Elles tuaient leurs enfants mâles et brûlaient le sein droit de leurs filles pour que celles-ci tirent mieux à l'arc.
AMAZONIE, vaste région de l'Amérique du Sud, correspondant au bassin moyen et inférieur de l'Amazone. C'est une zone basse, presque déserte, au climat équatorial, où domine la grande forêt toujours verte, entaillée, au Brésil, par les routes Transamazoniennes et menacée petit à petit par la déforestation.
AMBARÈS-ET-LAGRAVE (33440), comm. de la Gironde, dans l'Entre-deux-Mers ; 16 117 hab. *(Ambarésiens).* Produits pharmaceutiques.
AMBARTSOUMIAN (Viktor Amazaspovitch), *Tiflis 1908 - Biourakan 1996,* astrophysicien arménien. Il a découvert les associations stellaires et a fait progresser l'étude des phénomènes explosifs dans les noyaux de galaxies.
AMBATO, v. de l'Équateur, au N.-E. du Chimborazo ; 178 538 hab.
AMBAZAC (87240), bur. centr. de cant. de la Haute-Vienne, près des *monts d'Ambazac* ; 5 713 hab. *(Ambazacois).* Église des XIIe et XVe s. (châsse émaillée d'env. 1200).
AMBÉRIEU-EN-BUGEY (01500), bur. centr. de cant. de l'Ain, sur l'Albarine ; 14 631 hab. *(Ambarrois).* Gare de triage. Parc industriel de la Plaine de l'Ain.
AMBERT (63600), ch.-l. d'arrond. du Puy-de-Dôme, dans le *bassin d'Ambert,* sur la Dore ; 7 102 hab. *(Ambertois).* Chapelets. – Église gothique de la fin du XVe s. Aux environs, moulin à papier Richard-de-Bas, avec son musée.
AMBÈS (bec d'), pointe de terre au confluent de la Dordogne et de la Garonne. Terminal portuaire (hydrocarbures et produits chimiques).
AMBOISE (37400), bur. centr. de cant. d'Indre-et-Loire, sur la Loire ; 13 524 hab. *(Amboisiens).* Mécanique. Parc de loisirs (Mini-châteaux de la Loire) et aquarium du Val de Loire. – Importants restes du château royal gothique et Renaissance ; manoir du Clos-Lucé, où Léonard de Vinci termina sa vie ; église St-Denis (XIIe s.). Musées. – En 1563 y fut proclamé l'*édit d'Amboise* permettant aux protestants le libre exercice de leur culte.
Amboise (conjuration d') [1560], complot organisé par les protestants pour soustraire François II à l'influence des Guises. Inspirée par Louis Ier de Condé, conduite par G. de La Renaudie, elle fut découverte et cruellement réprimée.
AMBOISE (Georges d'), *Chaumont-sur-Loire 1460 - Lyon 1510,* prélat et homme d'État français. Archevêque de Narbonne (1492) puis de Rouen (1494), cardinal (1498), il fut le principal ministre de Louis XII. – Tombeau à la cathédrale de Rouen.
AMBON, en fr. **Amboine,** île d'Indonésie, dans l'archipel des Moluques ; v. princ. *Ambon.*
AMBON, en fr. **Amboine,** v. d'Indonésie, ch.-l. des Moluques ; 330 355 hab. Elle fut, au XVIIe s., le principal centre colonial hollandais en Indonésie.
AMBROISE (saint), *Trèves v. 340 - Milan 397,* Père et docteur de l'Église latine. Évêque de Milan, il lutta contre les cultes païens et l'arianisme, baptisa saint Augustin, et christianisa les institutions impériales. Il réforma le chant sacré et créa le rite *ambrosien.*
AMBRONAY (01500), comm. de l'Ain ; 2 722 hab. *(Ambrunois* ou *Ambrons).* Anc. abbaye bénédictine (cloître du XVe s.). – Festival de musique ancienne ; Académie baroque européenne.
Ambrosienne (bibliothèque), bibliothèque de Milan. Ouverte en 1609, elle possède de nombreux manuscrits précieux et livres rares. Une pinacothèque lui est annexée.
AMÉDÉE, nom de plusieurs comtes et ducs de Savoie. — **Amédée VIII,** *Chambéry 1383 - Genève 1451,* comte (1391 - 1416) puis duc de Savoie (1416 - 1440). Véritable créateur de l'État savoyard, il fut le dernier antipape (1439 - 1449), sous le nom de Félix V.
AMÉDÉE DE SAVOIE, *Turin 1845 - id. 1890,* roi d'Espagne (1870 - 1873). Fils de Victor-Emmanuel II d'Italie, élu roi par les Cortes, il dut abdiquer en raison de l'opposition des carlistes et des républicains.
AMÉLIE-LES-BAINS-PALALDA (66110), comm. des Pyrénées-Orientales ; 3 528 hab. *(Améliens* ou *Palaldéens).* Station thermale.
AMENEMHAT, nom porté par quatre pharaons de la XIIe dynastie (XXe-XVIIIe s. av. J.-C.).
AMÉNOPHIS, nom de quatre rois d'Égypte de la XVIIIe dynastie (1580 - 1320 av. J.-C.). — **Aménophis IV** ou **Akhenaton** (« le Serviteur d'Aton »), roi d'Égypte (1372 - 1354 av. J.-C.). D'un tempérament mystique, il instaura, avec l'appui de la reine Néfertiti, le culte d'Aton, dieu suprême et unique. Aménophis IV transporta sa capitale de Thèbes (ville du dieu Amon) à Akhetaton (Amarna), mais sa réforme ne lui survécut pas.
America (coupe de l'), en angl. **America's Cup** [du nom d'un voilier américain], prestigieuse régate internationale, qui remonte à 1851.
American Broadcasting Company → **ABC.**
American Federation of Labor → **AFL-CIO.**
AMÉRIC VESPUCE → **VESPUCCI.**
AMÉRINDIENS, premiers habitants du Nouveau Continent. Ils sont encore fréquemment confinés dans des réserves après avoir subi les conséquences de la colonisation (massacres, maladies, dissensions internes, exploitation économique, maintien dans des statuts juridiques inférieurs). Beaucoup se sont métissés. Ils font aujourd'hui valoir leurs droits pour la reconnaissance et la préservation de leurs territoires. L'appellation d'*Amérindiens* tend à l'emporter sur celle d'*Indiens.*
AMÉRIQUE, l'une des cinq parties du monde ; 42 000 000 km² ; 972 005 000 hab. *(Américains).*
GÉOGRAPHIE L'Amérique est le continent le plus étiré (sur plus de 15 000 km du N. au S.). Elle est formée de deux vastes masses triangulaires (Amérique du Nord et Amérique du Sud), reliées par un isthme étroit (Amérique centrale). Des reliefs, récents et élevés à l'ouest (Rocheuses et Andes), anciens et érodés à l'est (Appalaches, massif des Guyanes, plateau brésilien), encadrent de vastes bassins alluviaux drainés par les principaux cours d'eau (Mississippi et Missouri, Amazone, Paraná et Paraguay).
L'étirement en latitude explique la variété des climats (à tendance dominante tempérée et froide en Amérique du Nord, équatoriale et tropicale en Amérique centrale et en Amérique du Sud) et de la végétation (toundra du Nord canadien, à laquelle succède, vers le sud, la forêt de conifères ; steppe désertique des plateaux du Mexique septentrional et d'une partie de la façade maritime du Chili et du Pérou ; forêt dense de l'Amazonie, etc.).
L'Amérique a été totalement transformée par la colonisation européenne, plus précoce au sud. Les peuples précolombiens, numériquement peu importants, ont été souvent assimilés par métissage (fréquent en Amérique du Sud), refoulés dans des réserves (Indiens de l'Amérique du Nord) ou exterminés (Fuégiens), résistant mieux dans les Andes. Les Noirs, introduits comme esclaves, forment une communauté aux États-Unis et sont plus intégrés dans le reste du continent.
L'origine des immigrants permet de distinguer : une Amérique anglo-saxonne, où l'élément d'origine britannique est prédominant (États-Unis et, dans une moindre mesure, Canada, où subsiste une forte minorité d'origine française), auj. fortement urbanisée et développée économiquement ; une Amérique latine (Amérique du Sud et Amérique centrale, incluant ici le Mexique), peuplée par des Espagnols et par des Portugais (Brésil), aux contrastes socio-économiques marqués.
HISTOIRE **L'Amérique précolombienne.** Les origines et la datation du peuplement de l'Amérique restent controversées. Une vague (ou plus) aurait atteint l'Amérique du Nord depuis la Sibérie, en passant par la Béringie, il y a au moins 15 000 ans. Au moment de l'arrivée des Européens, le développement est inégal : aux brillantes civilisations précolombiennes de l'Amérique centrale et des Andes septentrionales s'oppose le reste du continent, à la population éparse et primitive (Algonquins et Sioux au nord, Indiens d'Amazonie au sud).
La domination européenne. **1492 :** Christophe Colomb ouvre le Nouveau Monde à la conquête européenne. **XVIe s. :** les Portugais s'installent sur la côte brésilienne (1500 - 1526). Premiers établissements espagnols dans les Antilles. Depuis le Mexique où Cortés s'empare de l'Empire aztèque (1521), la colonisation espagnole s'étend en

▲ **Aménophis IV** et Néfertiti adorant le disque solaire représentant le dieu Aton. Stèle provenant du site d'al-Amarna. (Musée égyptien, Le Caire.)

Amérique centrale, au Pérou avec Pizzaro et Almagro (1531 - 1536) et au Chili après l'expédition de Valdivia (1540). Malgré la protestation d'hommes d'Église (Bartolomé de Las Casas), le travail forcé et de terribles épidémies provoquent une véritable hécatombe parmi la population indienne ; elle est remplacée par une main-d'œuvre noire amenée d'Afrique : c'est le début de la traite. En Amérique du Nord, les Français, avec Cartier, explorent la vallée du Saint-Laurent (1534 - 1541). **XVIIe s. :** les Anglais s'installent à Jamestown (1607), en Nouvelle-Angleterre (*Mayflower*, 1620) et les Français à Québec (1608). Les Français Marquette et Jolliet découvrent le Mississippi (1673). **XVIIIe s. :** la lutte des Français et des Anglais pour la possession de l'Amérique du Nord se termine au bénéfice de ceux-ci (1763, perte du Canada par la France au traité de Paris). **L'indépendance.** Après l'accession des États-Unis à l'indépendance (1783) et à l'occasion de l'occupation de la péninsule Ibérique par l'armée napoléonienne, les provinces de l'Amérique espagnole, privées de roi légitime, doivent de fait redéfinir leur mode de gouvernement. **1809 - 1816 :** les premières tentatives indépendantistes voient la victoire des partisans de l'Espagne (à l'exception de la République argentine et du Paraguay). **1816 - 1825 :** les « libertadores » l'emportent après des campagnes meurtrières. À partir de l'Argentine, San Martín libère le Chili (1818) puis le Pérou (1821). Après avoir acquis l'indépendance de la Colombie (1819), du Venezuela (1821) et de la province de Quito (1822), Bolívar et Sucre achèvent le processus de libération par les Andes. En 1821, Iturbide proclame l'indépendance du Mexique, puis le Brésil devient indépendant sans affrontement (1822). La bataille d'Ayacucho (déc. 1824) met fin à la guerre en Amérique du Sud. En 1825, à l'exception du Canada, l'Amérique entière est indépendante. Au nom du principe « l'Amérique aux Américains » (Monroe), les États-Unis la défendent contre toute ingérence européenne. **Les XXe et XXIe s.** Le contraste entre l'Amérique du Nord, riche et cohérente, et l'Amérique latine, morcelée, politiquement instable et formée en partie de pays en voie de développement, perdure (avec, toutefois, l'affirmation d'une Amérique du Sud dynamique et émergente). Au panaméricanisme officiel (Organisation des États américains, 1948) s'oppose la réalité : l'influence que les États-Unis, qui interviennent régulièrement depuis le début du XXe s. hors de leurs frontières, entendent exercer dans l'ensemble du continent.

AMÉRIQUE CENTRALE, partie la plus étroite de l'Amérique, comprise entre les isthmes de Tehuantepec (Mexique) et de Panama, à laquelle on rattache parfois les Antilles ; 45 055 000 hab.

AMÉRIQUE DU NORD, partie nord du continent américain, comprenant le Canada, les États-Unis et la plus grande partie du Mexique (au nord de l'isthme de Tehuantepec) ; 492 000 000 hab. *(V. carte page suivante.)*

AMÉRIQUE DU SUD, partie méridionale du continent américain, au sud de l'isthme de Panama ; 423 000 000 hab. *(V. carte page 1275.)*

AMÉRIQUE LATINE, ensemble des pays de l'Amérique du Sud et de l'Amérique centrale (plus le Mexique) qui ont été des colonies espagnoles ou portugaises (Brésil). Devenue indépendante au XIXe s. (1816 - 1825), l'Amérique latine a connu depuis une évolution chaotique. Les officiers qui avaient mené les guerres d'indépendance s'imposèrent d'abord au pouvoir (« caudillisme »), puis les systèmes politiques évoluèrent vers des régimes autoritaires civils qui n'exclurent jamais tout à fait les dictatures militaires. À l'instabilité politique s'ajoutèrent des conflits entre les pays (le dernier étant la « guerre du football » entre le Honduras et le Salvador, 1969), relayés par des guérillas internes (Pérou, Nicaragua, Salvador, Colombie). L'économie, fondée sur la grande propriété et la production de matières premières, restait fragile. Dans les années 1980, la région a connu une démocratisation politique et une forte récession économique se traduisant par une lourde dette extérieure. Dans le même temps, un certain nombre d'accords commerciaux ont été conclus (en partenariat ou non avec les États-Unis) afin de réaliser à terme l'intégration économique de la région dans une vaste zone de libre-échange. Auj., l'économie de l'Amérique latine offre un tableau fortement contrasté entre certains pays demeurés agricoles (Amérique centrale, pays andins) et d'autres (Brésil, Chili, Argentine, Mexique, notamm.) ayant largement décollé.

AMERSFOORT, v. des Pays-Bas, prov. d'Utrecht, sur l'Eem ; 149 662 hab. Vieux quartiers ceints de canaux.

AMF (Autorité des marchés financiers), autorité publique indépendante issue de la fusion, en 2003, de la Commission des opérations de Bourse (COB, créée en 1967), du Conseil des marchés financiers et du Conseil de discipline de la gestion financière. Elle est chargée de veiller à la protection de l'épargne investie en produits financiers, à l'information des investisseurs et au bon fonctionnement des marchés (avec pouvoirs de sanction).

AMHARA, peuple d'Éthiopie. Chrétiens monophysites, ils ont joué un rôle déterminant dans la formation de l'État éthiopien. Ils parlent l'*amharique*, de la famille sémitique.

AMHERST (Jeffrey, baron), *Sevenoaks 1717 - id. 1797*, maréchal britannique. Il acheva la conquête du Canada (1758 - 1760).

AMIDA → **AMITABHA.**

Ami du peuple (l'), feuille révolutionnaire rédigée par Marat, qui parut de sept. 1789 à juill. 1793.

AMIEL (Henri Frédéric), *Genève 1821 - id. 1881*, écrivain suisse de langue française. Son immense *Journal intime* analyse avec minutie son inquiétude et sa timidité fondamentales devant la vie.

AMIENS, ch.-l. du dép. de la Somme, sur la Somme, à 132 km au N. de Paris ; 136 172 hab. *(Amiénois)* [163 158 hab. dans l'agglomération]. Évêché. Académie et université. Cour d'appel. Centre administratif, commercial et industriel. Hortillonnages. – Vaste cathédrale gothique du XIIIe s., exemplaire du style rayonnant (célèbres sculptures des portails et autres œuvres d'art). Musée de Picardie. Maison de Jules Verne. – La ville fut un important centre commercial et drapier au Moyen Âge. En 1802 y fut signée la *paix d'Amiens* entre la France et la Grande-Bretagne, qui mit fin à la deuxième coalition. La ville fut bombardée en mai 1940.

▲ **Amiens.** Martyr, ange, saint, statues du portail gauche de la cathédrale Notre-Dame, v. 1220-1230.

AMILLY (45200), comm. du Loiret ; 13 387 hab. *(Amillois)*. Télécommunications.

AMIN (Samir), *Le Caire 1931 - Paris 2018*, économiste égyptien. Il fut un spécialiste du tiers-monde, d'inspiration marxiste (*le Développement inégal*, 1973).

AMIN DADA (Idi), *Koboko 1925 - Djedda, Arabie saoudite, 2003*, homme politique ougandais. Président de la République (1971 - 1979), il établit un régime de terreur.

AMIRANTES (îles), archipel de l'océan Indien, dépendance des Seychelles.

AMIRAUTÉ (îles de l'), archipel de la Mélanésie, dépendance de la Papouasie-Nouvelle-Guinée ; 43 589 hab.

AMIS (îles des) → **TONGA.**

AMITABHA, « Bouddha de la Lumière infinie », le plus populaire des bouddhas du Grand Véhicule. Il est vénéré au Japon sous le nom d'Amida.

AMMAN, cap. de la Jordanie ; 1 812 059 hab. Vestiges romains, citadelle. Musées.

AMMIEN MARCELLIN, *Antioche v. 330 - v. 400*, historien latin. Ses *Histoires*, couvrant la période allant du règne de Nerva à la mort de Valens (96 - 378), continuent l'œuvre de Tacite.

AMMON, personnage biblique. Fils de Lot et frère de Moab, ancêtre éponyme des Ammonites.

AMMONIOS SACCAS, *début du IIe s. - IIIe s. apr. J.-C.*, philosophe grec. Il est considéré comme le fondateur, à Alexandrie, de l'école néoplatonicienne.

AMMONITES, peuple d'origine amorrite qui s'établit au XIVe s. av. J.-C. à l'est du Jourdain. Rivaux des Hébreux, ils furent, selon le récit biblique, soumis par David.

Amnesty International, ONG internationale. Elle a été fondée en 1961 pour la défense des personnes emprisonnées à cause de leurs opinions, de leur race ou de leur religion, et pour la lutte contre la torture. (Prix Nobel de la paix 1977.)

AMNÉVILLE (57360), comm. de la Moselle, sur l'Orne ; 10 719 hab. *(Amnévillois)*. Métallurgie. Centre thermal et touristique (parc zoologique). – Musée de la Moto et du Vélo.

AMON, dieu égyptien originellement maître de l'Air et de la Fécondité à Thèbes. Assimilé plus tard à Rê (culte d'Amon-Rê), il est alors considéré comme le « roi des dieux ».

Amérique centrale

200 500 1000 2000 4000 m

plus de 500 000 h.
de 100 000 à 500 000 h.
de 50 000 à 100 000 h.
moins de 50 000 h.

Amérique du Nord

200 500 1000 2000 4000 m

- plus de 5 000 000 h.
- de 1 000 000 à 5 000 000 h.
- de 100 000 à 1 000 000 h.
- moins de 100 000 h.

Amérique du Sud

200 500 1000 2000 4000 m

- plus de 5 000 000 h.
- de 1 000 000 à 5 000 000 h.
- de 100 000 à 1 000 000 h.
- moins de 100 000 h.

AMONTONS (Guillaume), *Paris 1663 - id. 1705*, physicien français. Le premier, il utilisa comme points fixes dans les thermomètres les températures des changements d'état de l'eau.

AMORRITES, peuple sémitique installé en Syrie, en Palestine et en Mésopotamie vers l'an 2000 av. J.-C. Des chefs amorrites y dirigèrent jusque vers 1600 des royaumes, notamm. à Alep, Mari et Babylone, où leur dynastie assura, avec Hammourabi (1793 - 1750), la prédominance politique.

AMOS, v. du Canada (Québec), dans l'Abitibi ; 12 823 hab. *(Amossois).*

AMOS, prophète biblique (VIIIe s. av. J.-C.). Le recueil de ses oracles et visions constitue le *Livre d'Amos.*

AMOU-DARIA n.m., anc. **Oxus,** fl. d'Asie centrale, qui naît dans le Pamir et se jette dans la mer d'Aral ; 2 540 km. Il est utilisé pour l'irrigation.

AMOUR n.m., en chin. **Heilong Jiang,** fl. du nord-est de l'Asie, formé par la réunion de l'Argoun et de la Chilka et qui se jette dans la mer d'Okhotsk ; 4 440 km. Il sépare la Russie (Sibérie) et la Chine du Nord-Est.

AMOUR (djebel), massif de l'Atlas saharien, en Algérie ; 1 977 m.

AMOY → **XIAMEN.**

AMPÈRE (André-Marie), *Lyon 1775 - Marseille 1836*, physicien français. Il édifia la théorie de l'électromagnétisme et jeta les bases de la théorie électronique de la matière. Il imagina le galvanomètre, inventa le premier télégraphe électrique et, avec Arago, l'électroaimant. Il contribua aussi au développement des mathématiques, de la chimie et de la philosophie.

▲ André-Marie **Ampère.** Détail d'un autoportrait. (Acad. des sciences, Paris.)

AMPHION MYTH. GR. Fils de Zeus et d'Antiope, poète et musicien. Il aurait bâti les murs de Thèbes, les pierres venant se placer d'elles-mêmes au son de sa lyre.

AMPHIPOLIS, anc. v. grecque de Macédoine, colonie d'Athènes sur le Strymon. Pour ne pas avoir su la défendre contre le Spartiate Brasidas (424 av. J.-C.), Thucydide fut exilé. Philippe de Macédoine s'en empara (357 av. J.-C.).

AMPHITRITE MYTH. GR. Déesse de la Mer, épouse de Poséidon.

AMPHITRYON MYTH. GR. Roi de Tirynthe, fils d'Alcée et époux d'Alcmène. Zeus prit ses traits pour abuser Alcmène, qui donna naissance à Héraclès. – La légende d'Amphitryon a inspiré à Plaute une comédie, imitée, notamment, par Molière (1668) et J. Giraudoux (*Amphitryon 38*, 1929).

AMPLEPUIS (69550), comm. du Rhône ; 5 199 hab. *(Amplepuisiens).* Musée B.-Thimonnier.

AMPURIAS, bourgade espagnole (Catalogne). Vestiges de l'anc. *Emporion,* colonie phocéenne, et d'une ville romaine florissante jusqu'au IIIe s.

AMRAVATI, v. d'Inde (Maharashtra) ; 646 801 hab. Centre commercial (coton).

AMR IBN AL-AS, *m. v. 663*, compagnon de Mahomet et conquérant de l'Égypte (640 - 642).

AMRITSAR, v. d'Inde (Pendjab) ; 975 695 hab. (1 183 705 hab. dans l'agglomération). C'est la ville sainte des sikhs. – Temple d'or (XVIe s.).

AMROUCHE (Jean), *Ighil Ali, Petite Kabylie, 1906 - Paris 1962*, écrivain français d'origine algérienne. Célèbre pour ses entretiens radiophoniques avec Gide et Claudel, il est l'auteur de poèmes lyriques et déchirés, et d'une traduction des *Chants berbères de Kabylie.*

AMSTERDAM, cap. des Pays-Bas (Hollande-Septentrionale), à 500 km au N.-N.-E. de Paris ; 799 278 hab. (*Amstellodamiens* ou *Amstellodamois*) [1 084 000 hab. dans l'agglomération]. Ville industrielle (taille des diamants, constructions mécaniques, industries chimiques et alimentaires) et port sur le golfe de l'IJ, relié à la mer du Nord et au Rhin par deux canaux. – Beaux monuments et prestigieux musées : Rijksmuseum (chefs-d'œuvre de la peinture hollandaise), maison de Rembrandt, Stedelijk Museum (art moderne), musée Van Gogh, etc. – Ayant rompu, en 1578, avec l'Espagne, Amsterdam connut au XVIIe s. une grande prospérité et joua un rôle important dans le commerce international.

Amsterdam (traité d') [2 oct. 1997], traité signé à l'issue de la Conférence intergouvernementale de l'Union européenne (mars 1996 - juin 1997) et entré en vigueur, après ratification, le 1er mai 1999. Il révise et complète le traité de Maastricht.

AMSTERDAM ou **NOUVELLE-AMSTERDAM** (île), île du sud de l'océan Indien, partie des terres Australes* et Antarctiques françaises. Station météorologique.

AMUNDSEN (Roald), *Borge 1872 - dans l'Arctique 1928*, explorateur norvégien. Il franchit le premier le passage du Nord-Ouest* (1906) et atteignit le pôle Sud en 1911. Il disparut en recherchant l'expédition polaire de Nobile.

◄ Roald **Amundsen** en 1925, avant son expédition au pôle Nord.

AMY (Gilbert), *Paris 1936*, compositeur et chef d'orchestre français. Représentant de la musique sérielle, il est l'auteur de *Cahiers d'épigrammes* (1964) pour piano, de *Strophe* (1965-1966) pour soprano et orchestre, de *Missa cum jubilo* (1981-1983, créée en 1988) et de l'opéra *le Premier Cercle* (1999).

AMYNTAS III, roi de Macédoine (v. 393 - 370/369 av. J.-C.). Il est le père de Philippe II.

AMYOT (Jacques), *Melun 1513 - Auxerre 1593*, humaniste français. Il fut précepteur, puis grand aumônier de Charles IX et d'Henri III, et évêque d'Auxerre. Par ses traductions savantes et savoureuses de Plutarque (*Vies parallèles*, 1559), de Longus et d'Héliodore, il eut une immense influence, de Montaigne à la Révolution française.

ANABAR, plateau de Russie, en Sibérie orientale. C'est la partie la plus ancienne du socle sibérien, où naît l'*Anabar.*

ANABAR n.m., fl. de Russie, tributaire de la mer des Laptev.

Anabase (l'), récit historique de Xénophon (IVe s. av. J.-C.). L'auteur y relate l'expédition de Cyrus le Jeune contre Artaxerxès II et la retraite des mercenaires grecs (les Dix Mille), qu'il avait lui-même conduite.

ANACLET ou **CLET** (saint), *m. à Rome en 88*, pape de 76 à 88. Il serait mort martyr.

ANACLET II (Pietro Pierleoni), antipape (1130 - 1138). Contre le pape Innocent II, soutenu par saint Bernard, il s'appuya sur le Normand Roger II, pour lequel il érigea la Sicile en royaume héréditaire.

ANACRÉON, *Téos, Ionie, VIe s. av. J.-C.*, poète lyrique grec. Les *Odes* qui lui ont été attribuées célèbrent l'amour, la bonne chère, et inspirèrent la poésie dite *anacréontique* de la Renaissance.

ANADYR n.m., fl. de Russie, en Sibérie, qui rejoint, par le *golfe d'Anadyr*, la mer de Béring ; 1 145 km.

ANAGNI, v. d'Italie (Latium) ; 21 470 hab. Cathédrale des XIe-XIIIe s. – Le pape Boniface VIII y fut arrêté par les envoyés de Philippe le Bel (1303).

ANAHEIM, v. des États-Unis (Californie) ; 346 997 hab. Tourisme (Disneyland).

ANÁHUAC, nom aztèque du Mexique, appliqué aujourd'hui au plateau des environs de Mexico.

▲ **Amsterdam.** Vue des canaux.

ANÁPOLIS, v. du Brésil, au N.-E. de Goiânia ; 324 303 hab.

ANASAZI, culture préhistorique du sud-ouest des États-Unis. Son développement connaît plusieurs phases successives : « Basket Makers » ou « Vanniers » entre 100 av. J.-C. et 700 apr. J.-C., puis la phase Pueblo et la phase Grand Pueblo, d'épanouissement, avec les grands ensembles de Pueblo Bonito ou Mesa Verde.

ANASTASE Ier (saint), *m. à Rome en 401*, pape de 399 à 401. Il condamna Origène et les donatistes.

ANASTASE Ier, *Dyrrachium, auj. Durrës, 431 ? - Constantinople ? 518*, empereur byzantin (491 - 518). Il soutint le monophysisme.

ANATOLIE (du gr. *anatolê*, le levant), nom souvent donné à l'Asie Mineure, désignant aujourd'hui l'ensemble de la Turquie d'Asie.

ANAXAGORE, *Clazomènes v. 500 av. J.-C. - Lampsaque v. 428 av. J.-C.*, philosophe grec présocratique. Il faisait de l'intelligence le principe de l'univers.

ANAXIMANDRE, *Milet v. 610 av. J.-C. - v. 547 av. J.-C.*, philosophe grec présocratique, de l'école ionienne. Il faisait de l'infini le principe de l'univers.

ANAXIMÈNE de Milet, *v. 585 - v. 525 av. J.-C.*, philosophe grec présocratique, de l'école ionienne. Il faisait de l'air le principe de l'univers.

ANC (African National Congress, en fr. Congrès national africain), organisation politique d'Afrique du Sud, créée en 1912. Fer de lance de la lutte contre l'apartheid, l'ANC a été interdit de 1960 à 1990. Interlocuteur privilégié du gouvernement dans les négociations qui ont abouti à l'instauration d'une démocratie multiraciale en Afrique du Sud, l'ANC a accédé au pouvoir en 1994.

ANCENIS (44150), comm. de la Loire-Atlantique, sur la Loire ; 7 912 hab. *(Anceniens).* Agroalimentaire. Mécanique. – Restes du château (XVe-XVIIe s.).

ANCERVILLE (55170), bur. centr. de cant. de la Meuse, à l'E. de Saint-Dizier ; 2 834 hab. Métallurgie.

ANCHISE MYTH. GR. Prince troyen, père d'Énée.

ANCHORAGE, v. des États-Unis (Alaska) ; 301 010 hab. Aéroport.

Ancien Régime, régime politique et social de la France depuis le règne de François Ier (1515 - 1547) jusqu'à la révolution de 1789. La société d'Ancien Régime était divisée en trois ordres juridiquement inégaux (clergé, noblesse et tiers état). Le régime était, dans l'idéal, une monarchie absolue de droit divin ; dans les faits, le pouvoir royal était limité par les corps intermédiaires, états provinciaux, parlements, etc.

Anciens (Conseil des), assemblée qui, sous le Directoire (1795 - 1799), constituait avec le Conseil des Cinq-Cents le corps législatif. Formé de 250 députés, il devait se prononcer sur les lois élaborées par le Conseil des Cinq-Cents.

Anciens et des Modernes (querelle des), polémique littéraire et artistique sur les mérites comparés des écrivains et artistes de l'Antiquité et de ceux du siècle de Louis XIV. Elle prit une forme aiguë avec Charles Perrault (*Parallèle des Anciens et des Modernes* [1688-1697]) et annonça le débat entre classiques et romantiques.

ANCIZES-COMPS (Les) [63770], comm. du Puy-de-Dôme ; 1 625 hab. *(Ancizois).* Métallurgie.

ANCÔNE, en ital. **Ancona,** v. d'Italie, cap. des Marches et ch.-l. de prov., sur l'Adriatique ; 100 768 hab. *(Anconitains).* Port. – Arc de Trajan ; cathédrale romano-byzantine (XIe-XIIIe s.). Musées.

ANCRE (maréchal d') → **CONCINI.**

ANCUS MARTIUS, 4e roi légendaire de Rome (640 - 616 av. J.-C.). Petit-fils de Numa Pompilius, il aurait fondé Ostie.

ANCY-LE-FRANC (89160), comm. de l'est de l'Yonne ; 957 hab. Château Renaissance, sur plans de S. Serlio (importants décors).

ANCYRE, ancien nom d'Ankara*.

ANDALOUSIE, en esp. **Andalucía,** communauté autonome du sud de l'Espagne ; 87 268 km^2 ; 8 371 270 hab. *(Andalous)* ; cap. *Séville* ; 8 prov. (*Almería, Cadix, Cordoue, Grenade, Huelva, Jaén, Málaga* et *Séville*). L'Andalousie comprend, du nord au sud : le rebord méridional de la sierra Morena ; la dépression drainée par le

▲ Cordillère des **Andes.** Lacs glaciaires au Pérou.

Guadalquivir, où se concentrent les cultures et les villes (Cordoue, Séville, Jerez, Cadix) ; la sierra Nevada, ouverte par des bassins fertiles (Grenade) et dominant le littoral aux petites plaines alluviales (Málaga, Almería) et animé par le tourisme (Costa del Sol). – Colonisée par les Phéniciens à partir du VIe s. av. J.-C. puis par les Carthaginois, conquise en 206 av. J.-C. par Rome (prov. de Bétique), la région fut du VIIIe s. aux XIIIe-XVe s. le principal foyer de la culture musulmane en Espagne.

ANDAMAN (îles), archipel indien du golfe du Bengale.

ANDAMAN-ET-NICOBAR, territoire de l'Inde, dans le golfe du Bengale ; 356 265 hab. ; ch.-l. *Port Blair*. Il est formé des archipels des Andaman et des Nicobar, bordés, à l'E., par la mer des Andaman.

ANDELYS [-li] (Les) [27700], ch.-l. d'arrond. de l'Eure, sur la Seine ; 8 354 hab. *(Andelysiens)*. Ruines du Château-Gaillard. Deux églises du XIIIe s.

ANDENNE, v. de Belgique (prov. de Namur), sur la Meuse ; 25 795 hab. Collégiale du XVIIIe s. (œuvres d'art).

ANDERLECHT [ɑ̃dɛrlɛkt], comm. de Belgique (Bruxelles-Capitale), banlieue sud-ouest de Bruxelles, sur la Senne ; 113 462 hab. Église des XIe-XVe s. Maison d'Érasme.

ANDERLUES, comm. de Belgique (Hainaut), à l'O. de Charleroi ; 11 941 hab.

ANDERMATT, comm. de Suisse (Uri) ; 1 304 hab. Station de sports d'hiver (1 447 - 3 000 m). – Monuments anciens, belles demeures.

ANDERNOS-LES-BAINS (33510), comm. de la Gironde, sur le bassin d'Arcachon ; 12 024 hab. *(Andernosiens)*. Station balnéaire. Ostréiculture.

ANDERS (Władysław), *Błonie 1892 - Londres 1970*, général polonais. Il commanda les forces polonaises reconstituées en URSS, qui s'illustrèrent en Italie (1943 - 1944).

ANDERSCH (Alfred), *Munich 1914 - Berzona 1980*, écrivain allemand naturalisé suisse. Ses récits sont dominés par le thème de la solitude *(Un amateur de demi-teintes)*.

ANDERSEN (Hans Christian), *Odense 1805 - Copenhague 1875*, écrivain danois. Il est célèbre pour ses *Contes** populaires, tour à tour mélancoliques et humoristiques, merveilleux et réalistes.

◄ Hans C. **Andersen** par C. A. Jensen. (Musée Andersen, Odense.)

ANDERSEN NEXØ (Martin), *Copenhague 1869 - Dresde 1954*, écrivain danois. Il est l'un des principaux représentants du roman prolétarien *(Pelle le Conquérant, Ditte, enfant des hommes)*.

ANDERSON (Carl David), *New York 1905 - San Marino, Californie, 1991*, physicien américain. Il a découvert le positron (1932) ainsi que le méson (1937). [Prix Nobel 1936.]

ANDERSON (Philip Warren), *Indianapolis 1923*, physicien américain. Ses travaux ont porté sur la superfluidité et les matériaux supraconducteurs. (Prix Nobel 1977.)

ANDERSON (Sherwood), *Camden 1876 - Colón, Panama, 1941*, écrivain américain. Il est l'un des créateurs de la nouvelle américaine moderne *(Winesburg, Ohio*, 1919).

ANDES (cordillère des), grande chaîne de montagnes, dominant la côte occidentale de l'Amérique du Sud ; 6 959 m à l'Aconcagua. Elle s'étire sur près de 8 000 km du Venezuela à la Terre de Feu et est parsemée de volcans actifs. La population, toujours en majeure partie amérindienne, se concentre sur les plateaux intérieurs et dans les bassins intramontagnards, domaines d'une agriculture souvent vivrière, parfois commerciale (café), et d'un élevage fréquemment extensif. L'argent, l'étain, le fer, et surtout le cuivre et le pétrole sont extraits du sous-sol de la montagne ou de l'avant-pays.

ANDHRA, dynastie, dite aussi *Satavahana*, qui régna en Inde du Ier s. av. J.-C. au IIIe s. apr. J.-C., dans le Deccan.

ANDHRA PRADESH, État de l'Inde, dans le Deccan, sur le golfe du Bengale ; 160 218 km² ; 49 386 799 hab. ; cap. *Hyderabad* (jusqu'en 2024).

ANDIJAN, v. d'Ouzbékistan, dans le Fergana ; 338 366 hab.

Andorre

plus de 15 000 h. — de 10 000 à 15 000 h. — de 5 000 à 10 000 h. — moins de 5 000 h.

1000 1500 2000 2500 m — route — voie ferrée

ANDORRE n.f., en catalan **Andorra,** État d'Europe, dans les Pyrénées ; 465 km² ; 79 000 hab. *(Andorrans)*. **CAP.** *Andorre-la-Vieille* (23 497 hab.). **LANGUE :** *catalan*. **MONNAIE :** *euro*. Tourisme. – La principauté d'Andorre *(principat d'Andorra)* a été placée à partir de 1607 sous la suzeraineté conjointe du roi (ou chef d'État) de France et de l'évêque de Seo de Urgel (Espagne). En 1993, l'approbation, par référendum, d'une Constitution établissant un régime parlementaire est suivie par l'admission du pays à l'ONU.

ANDO TADAO, *Osaka 1941*, architecte japonais. Il crée une poétique de l'espace, souvent accordée à l'environnement naturel, par l'articulation dépouillée de formes en matériau brut (surtout béton) et par un jeu subtil avec la lumière (maisons individuelles ; chapelles, notamm. celle du mont Rokko, près de Kobe, 1986 ; musées : musée d'Art moderne, à Fort Worth, 2002, aménagement de la Pointe de la Douane - Fondation François-Pinault, à Venise, 2009). [Prix Pritzker 1995.]

ANDRADE (Mário de), *Sao Paulo 1893 - id. 1945*, écrivain brésilien. Ce poète et romancier fut l'un des initiateurs du « modernisme » *(Paulicéia Desvairada*, 1922).

ANDRADE (Olegario), *Alegrete, Brésil, 1839 - Buenos Aires 1882*, poète argentin. Ce disciple de Hugo donna une forme épique au sentiment national *(Prométhée)*.

ANDRADE (Oswald de), *Sao Paulo 1890 - id. 1954*, écrivain brésilien. Il fut l'un des initiateurs du « modernisme » *(Pau-Brasil*, 1925) et du retour au « mauvais sauvage », cannibale des cultures étrangères (« mouvement anthropophagique »).

ANDRÁSSY (Gyula, comte), *Kassa, auj. Košice, 1823 - Volosca, près de Rijeka, 1890*, homme politique hongrois. Il fut président du Conseil en Hongrie (1867 - 1871), puis ministre des Affaires étrangères de l'Autriche-Hongrie (1871 - 1879).

ANDRAULT (Michel), *Montrouge 1926*, architecte français. En collaboration avec Pierre **Parat** *(Versailles 1928)*, il a construit de nombreux immeubles d'habitation qui évitent la monotonie (« pyramides » à Évry, 1972-1981 ; tour Totem sur le front de Seine, 1978), ainsi que, notamm., le Palais omnisports de Paris-Bercy (1979) et la double tour Société générale à la Défense (1995). Depuis 1995, M. Andrault et P. Parat poursuivent des carrières séparées.

ANDRÉ (saint), *Ier s.*, apôtre de Jésus. Frère de Pierre, il aurait été crucifié à Patras.

ANDRÉ II, *1175 - 1235*, roi de Hongrie (1205 - 1235), de la dynastie des Árpád. Il anima la 5e croisade en 1217 - 1218.

ANDRÉ (Maurice), *Alès 1933 - Bayonne 2012*, trompettiste français. Professeur au Conservatoire de Paris de 1967 à 1979, il mena une carrière de soliste de renommée internationale.

Maurice **André** ►

ANDREA del Castagno, *près de Florence v. 1420 - Florence 1457*, peintre italien. Il est l'auteur des fresques les plus monumentales de l'école florentine (réfectoire de S. Apollonia, Florence).

ANDREA del Sarto, *Florence 1486 - id. 1530*, peintre italien. Son art, qui associe à l'eurythmie et à la monumentalité une sensibilité anxieuse, est à la jonction de la Renaissance classique et du maniérisme.

ANDREA PISANO, *Pontedera, près de Pise, v. 1290 - Orvieto v. 1348*, sculpteur et architecte italien. Son œuvre principale est l'une des portes historiées, en bronze, du baptistère de Florence. — **Nino Pisano,** *m. v. 1368*, sculpteur italien, fils d'Andrea, dont il fut le chef d'atelier. Il est l'auteur de souples madones d'influence française.

ANDREAS-SALOMÉ (Lou), *Saint-Pétersbourg 1861 - Göttingen 1937*, femme de lettres allemande. Elle appartint à l'élite cultivée de son temps, et sa vie aux côtés de Nietzsche, de Rilke, puis de Freud, dont elle fut une disciple, atteste l'avènement de l'émancipation féminine.

ANDRÉ-DESHAYS (Claudie) → **HAIGNERÉ.**

▲ **Ando Tadao.** Intérieur du pavillon du Japon à l'Exposition universelle de Séville, 1992.

A B C D E F G H I J K L M N O P Q R S T U V W X Y Z

ANDREÏEV (Leonid Nikolaïevitch), *Orel 1871 - Mustamäggi, Finlande, 1919*, écrivain russe. Ses nouvelles *(le Gouffre)* et son théâtre *(la Vie humaine)* en font l'un des meilleurs représentants du symbolisme russe.

ANDREOTTI (Giulio), *Rome 1919 - id. 2013*, homme politique italien. Député démocrate-chrétien dès 1945, il domina longtemps la vie politique de son pays. Occupant de nombreux postes ministériels (notamm. Défense, 1959 - 1966 et 1974, et Affaires étrangères, 1983 - 1989), il fut président du Conseil en 1972 - 1973, de 1976 à 1979 et de 1989 à 1992.

ANDRÉSY (78570), comm. des Yvelines, sur la Seine ; 12 559 hab. *(Andrésiens)*. Église des XIIIe-XIVe s. (vitraux).

ANDREU (Paul), *Caudéran, Gironde, 1938 - Paris 2018*, architecte français. Spécialiste de la construction d'aéroports (Charles-de-Gaulle, à Roissy), il réalisa d'autres grands travaux, en France (Grande Arche* de la Défense, en collab., 1989 ; terminal du tunnel sous la Manche, 1994) et à l'étranger, surtout en Asie (Opéra de Pékin, 2007).

ANDREWS (Thomas), *Belfast 1813 - id. 1885*, physicien irlandais. Il a découvert la température critique et reconnu la continuité des états liquide et gazeux.

ANDRÉZIEUX-BOUTHÉON (42160), comm. de la Loire, dans le Forez ; 10 154 hab. *(Andréziens-Bouthéonais)*. Aéroport de Saint-Étienne. Équipements automobiles.

ANDRIA, v. d'Italie (Pouilles), ch.-l. de prov. ; 99 418 hab. Monuments médiévaux.

ANDRIĆ (Ivo), *Dolac 1892 - Belgrade 1975*, romancier yougoslave d'expression serbe. Il a peint la Bosnie et les luttes politiques de son pays *(la Chronique de Travnik, le Pont sur la Drina)*. [Prix Nobel 1961.]

ANDRIEU (Jean-François d') → **DANDRIEU.**

ANDRINOPLE → **EDIRNE.**

Andrinople (traité d') [14 sept. 1829], traité conclu à Andrinople entre les Empires russe et ottoman. Il reconnaissait l'annexion, au Caucase, du littoral de la mer Noire par la Russie et l'indépendance de la Grèce.

ANDROMAQUE MYTH. GR. Héroïne de *l'Iliade*, femme d'Hector et mère d'Astyanax. Après la prise de Troie, elle fut emmenée captive en Grèce par Néoptolème, fils d'Achille. C'est le modèle des vertus familiales et domestiques. – Son histoire a inspiré Euripide (v. 425 av. J.-C.) et Racine (1667).

ANDROMÈDE MYTH. GR. Fille de Céphée, roi d'Éthiopie, et de Cassiopée. Elle fut délivrée d'un monstre par Persée, qu'elle épousa.

ANDROMÈDE, constellation boréale. Elle abrite l'objet céleste le plus éloigné visible à l'œil nu, la galaxie spirale M 31 (galaxie d'Andromède), distante de 2,2 millions d'années de lumière.

ANDRONIC Ier COMNÈNE, *Constantinople 1122 - 1185*, empereur byzantin (1183 - 1185). Il fit étrangler Alexis II pour s'emparer du trône et fut renversé par Isaac II Ange. — **Andronic II Paléologue,** *Nicée 1256 - Constantinople 1332*, empereur byzantin (1282 - 1328). Il lutta sans succès contre les Turcs et contre son petit-fils, et abdiqua. — **Andronic III Paléologue,** *Constantinople v. 1296 - id. 1341*, empereur byzantin (1328 - 1341). Petit-fils d'Andronic II Paléologue, il ne put s'opposer aux Turcs en Asie Mineure.

ANDROPOV (Iouri Vladimirovitch), *Nagoutskaïa, région de Stavropol, 1914 - Moscou 1984*, homme politique soviétique. Chef du KGB (1967 - 1982), il fut secrétaire général du parti (1982 - 1984) et président du Praesidium du Soviet suprême (1983 - 1984).

ANDROS ou **ÁNDHROS,** île des Cyclades (Grèce).

ANDROUET DU CERCEAU → **DU CERCEAU.**

ANDRZEJEWSKI (Jerzy), *Varsovie 1909 - id. 1983*, écrivain polonais. Il fut l'un des initiateurs du mouvement de révolte des intellectuels en 1956 *(Cendres et diamant*, 1948).

ANDUZE (30140), comm. du Gard, sur le *Gardon d'Anduze* ; 3 525 hab. Bourg pittoresque.

Âne d'or (l'), titre parfois donné aux *Métamorphoses** d'Apulée.

ANET (28260), bur. centr. de cant. d'Eure-et-Loir, près de l'Eure ; 2 789 hab. *(Anétais)*. Henri II y fit élever par P. Delorme, pour Diane de Poitiers, un magnifique château dont il reste le portail, une aile et la chapelle de plan centré.

ANETO (pic d'), point culminant des Pyrénées, en Espagne, dans la Maladeta ; 3 404 m.

ANGARA n.f., riv. de Russie, en Sibérie, qui sort du lac Baïkal, affl. de l'Ienisseï (r. dr.) ; 1 826 km. Aménagements hydroélectriques (dont Bratsk).

ANGARSK, v. de Russie, en Sibérie, sur l'Angara ; 233 700 hab.

ANGE, dynastie qui régna sur l'Empire byzantin de 1185 à 1204.

ANGÈLE MERICI (sainte), *Desenzano del Garda 1474 - Brescia 1540*, religieuse italienne, fondatrice de l'ordre des Ursulines (1535).

ANGELES, v. des Philippines, au N.-O. de Manille ; 314 493 hab.

ÁNGELES (Los), v. du Chili, ch.-l. de prov., sur le rio Bio-Bio ; 117 972 hab.

▲ Fra **Angelico.** Ange musicien (détail), extrait du *Triptyque des Linaioli* (tisserands de lin), de 1433. (Musée de S. Marco, Florence.)

ANGELICO (Guidolino di Pietro, en relig. Fra Giovanni **da Fiesole,** dit **il Beato,** et, le plus souvent, **Fra**), *dans le Mugello v. 1400 - Rome 1455*, peintre et dominicain italien. C'est un des maîtres de l'école florentine et l'un des plus profonds interprètes de l'iconographie chrétienne (fresques et retables du couvent florentin S. Marco, où il était moine ; chapelle de Nicolas V au Vatican). Béatifié en 1982.

Angélique, héroïne du *Roland amoureux* (1495) de Boiardo et du *Roland furieux* (1532) de l'Arioste. Sorcière chez Boiardo, elle devient chez l'Arioste une innocente Orientale égarée en Occident.

ANGÉLIQUE (Mère) → **ARNAULD.**

ANGELOPOULOS (Theodoros, dit Theo), *Athènes 1935 - id. 2012*, cinéaste grec. Des plans longs, le sens de l'errance et de la contemplation caractérisent son œuvre : *le Voyage des comédiens* (1975), *Paysage dans le brouillard* (1988), *le Regard d'Ulysse* (1995), *l'Éternité et un jour* (1998).

▲ L'**Angélus.** Peinture de Millet, 1857. (Musée d'Orsay, Paris.)

Angélus (l'), toile de J.-F. Millet (1857, musée d'Orsay), symbole surréel de piété paysanne et populaire.

ANGELUS SILESIUS (Johann Scheffler, dit), *Breslau 1624 - id. 1677*, poète allemand. Sa mystique baroque et passionnée mêle alchimie et spiritualité chrétienne *(le Pèlerin chérubinique)*.

▲ **Angers.** Tours de l'enceinte du château, XIIIe s.

ANGERS, ch.-l. du dép. de Maine-et-Loire, sur la Maine, à 296 km au S.-O. de Paris ; 155 984 hab. *(Angevins)* [218 616 hab. dans l'agglomération]. Évêché. Cour d'appel. Université. École du génie. Centre commercial et industriel (électronique, informatique, biotechnologies). – Festival de cinéma (« Premiers Plans »). – Collégiale St-Martin. Cathédrale (XIIe-XIIIe s. ; vitraux) et autres édifices gothiques à voûtes « angevines » (bombées). Le château des comtes d'Anjou, reconstruit sous Saint Louis, forme une enceinte à 17 grosses tours ; il abrite la tenture de l'*Apocalypse**. Autres musées (des Beaux-Arts, David-d'Angers, Lurçat, etc.) et centre culturel Le Quai, face au château, de l'autre côté de la Maine. – Oppidum gaulois puis riche cité romaine, la ville fut la capitale de l'État féodal des Plantagenêts.

ANGILBERT (saint), *v. 745 - 814*, abbé laïc de Saint-Riquier. Conseiller de Charlemagne, il fut l'un des artisans de la renaissance carolingienne.

ANGIOLINI (Gasparo), *Florence 1731 - Milan 1803*, danseur, chorégraphe et compositeur italien. Il fut l'un des créateurs du ballet-pantomime.

ANGKOR, ensemble archéologique du Cambodge occidental, à l'emplacement d'une anc. cap. des rois khmers fondée en 889 par Yashovarman Ier. D'innombrables monuments (VIIe - fin du XIIIe s.), au symbolisme architectural très poussé, sont ornés d'un riche décor sculpté. Les temples-montagnes du Phnom Bakheng et du Bayon dans la cité d'Angkor Thom et le complexe funéraire de Suryavarman II, Angkor Vat (XIIe s.), représentent l'apogée de l'art khmer.

ANGLEBERT (Jean-Henri d'), *Paris 1628 - id. 1691*, compositeur, claveciniste et organiste français. Représentant de l'école française du clavecin à ses débuts, il publia, en 1689, 60 *Pièces de clavecin*.

ANGLES, peuple germanique venu du Schleswig, qui envahit le nord et le centre de l'île de Bretagne (Ve s.). Ils donnèrent leur nom à l'Angleterre.

ANGLESEY, île de Grande-Bretagne (pays de Galles), dans la mer d'Irlande ; 69 700 hab.

ANGLES-SUR-L'ANGLIN (86260), comm. de la Vienne, au N. de Saint-Savin ; 391 hab. *(Anglois)*. Restes d'un château médiéval. – Abri-sous-roche du Roc-aux-Sorciers, occupé au magdalénien moyen, orné de sculptures pariétales (frise reconstituée au Centre d'interprétation, ouvert en 2008).

ANGLET (64600), bur. centr. de cant. des Pyrénées-Atlantiques ; 40 030 hab. *(Angloys)*. Station balnéaire. Constructions aéronautiques.

ANGLETERRE, en angl. **England,** partie sud de la Grande-Bretagne, limitée par l'Écosse au N. et le pays de Galles à l'O. ; 130 400 km² ; 53 012 456 hab. *(Anglais)* ; cap. *Londres*.

HISTOIRE **Romains et Anglo-Saxons.** Peuplée dès le IIIe millénaire av. J.-C., l'Angleterre est occupée par les Celtes. **43 - 83 apr. J.-C. :** conquise par Rome, elle forme la province de Bretagne. **Ve s. :** invasion des peuples germaniques (Saxons, Angles, Jutes) qui refoulent les Celtes vers l'est. **VIIe - VIIIe s. :** sept royaumes se constituent (Heptarchie). Opposés un temps aux moines irlandais, les bénédictins venus de Rome font du pays un centre profondément chrétien (saint Bède). **825 :** Egbert unifie l'Heptarchie au profit du Wessex.

L'Angleterre normande. IXe s. : invasion des Danois. Ils se heurtent à la résistance d'Alfred le Grand. **1016 - 1035 :** le Danois Knud le Grand est roi de toute l'Angleterre. **1042 - 1066 :** Édouard le

▲ **Angkor.** Le temple d'Angkor Vat. Art khmer, XIIe s.

Confesseur rétablit une dynastie saxonne. **1066 :** son successeur, Harold II, est battu à Hastings par Guillaume Ier le Conquérant, duc de Normandie. **1154 :** Henri II fonde la dynastie Plantagenêt. Outre son empire continental (Normandie, Aquitaine, Bretagne, etc.), il entreprend la conquête du pays de Galles et de l'Irlande. Pour être maître du clergé, il fait assassiner Thomas Becket.

Le duel franco-anglais. 1189 - 1199 : la France suscite des révoltes contre Richard Cœur de Lion. **1199 - 1216 :** Philippe Auguste prive Jean sans Terre de ses possessions françaises ; les barons, qui extorquent la Grande Charte* (*Magna Carta*, 1215), reconnaissance écrite des libertés traditionnelles, accroissent encore leur pouvoir sous Henri III (1216 - 1272) puis, après le règne plus fort d'Édouard Ier (fin de la conquête du pays de Galles), sous Édouard II (1307 - 1327). **1327 - 1377 :** les prétentions d'Édouard III au trône de France et la rivalité des deux pays en Aquitaine déclenchent (1337) la guerre de Cent Ans. **1377 - 1399 :** la situation se détériore sous le faible Richard II : difficultés économiques issues de la Peste noire, révolte paysanne (Wat Tyler), hérésie de Wycliffe, agitation irlandaise. **1399 :** le roi est déposé au profit d'Henri IV, premier Lancastre. **1413 - 1422 :** Henri V, après Azincourt (1415), conquiert la moitié de la France et est reconnu héritier du trône (traité de Troyes). **1422 - 1461 :** Henri VI perd toutes ces possessions ; les Yorks remettent en cause les droits des Lancastres à la Couronne (guerre des Deux-Roses, 1450 - 1485). **1475 :** à la fin de la guerre de Cent Ans (accord de Picquigny), l'Angleterre ne conserve que Calais (jusqu'en 1558).

Les Tudors. 1485 : Henri VII, héritier des Lancastres, inaugure la dynastie Tudor. **1509 - 1547 :** Henri VIII rompt avec Rome et se proclame chef de l'Église anglicane (1534). Le protestantisme s'affirme sous Édouard VI (1547 - 1553) et, après l'intermède catholique de Marie Ire (1553 - 1558), il triomphe sous Élisabeth Ire (1558 - 1603). La victoire de celle-ci contre l'Espagne (Invincible Armada, 1588) préfigure l'avènement de la puissance maritime anglaise. **1603 :** Jacques Stuart, roi d'Écosse, hérite de la Couronne anglaise (→ **Grande-Bretagne et d'Irlande du Nord** [Royaume-Uni de]).

Angleterre (bataille d') [août-octobre 1940], campagne aérienne de la Seconde Guerre mondiale. Menée par la Luftwaffe contre la Grande-Bretagne pour préparer l'invasion de ce pays, elle échoua devant la résistance de la RAF.

ANGLO-NORMANDES (îles), en angl. **Channel Islands,** groupe d'îles de la Manche, près de la côte normande, dépendance de la Couronne britannique : Jersey, Guernesey, Aurigny (Alderney), Sercq (Sark) ; 195 km² ; 160 535 hab. Centres touristiques. Cultures maraîchères florales et fruitières. Élevage. – La Couronne d'Angleterre y exerce la souveraineté au titre de descendante des ducs normands.

ANGLO-SAXONS, peuples germaniques (Angles, Jutes, Saxons) de l'Allemagne du Nord et du Danemark qui envahirent l'île de Bretagne aux Ve et VIe s.

ANGO (Jean), *Dieppe 1480 - id. 1551*, armateur français. Il commandita plusieurs voyages d'exploration, dont celui de Verrazzano au Brésil (1526 - 1527).

ANGOLA n.m., État d'Afrique australe, sur l'Atlantique ; 1 246 700 km² ; 24 383 301 hab. (*Angolais*). **CAP.** *Luanda.* **LANGUE :** *portugais.* **MONNAIE :** *kwanza.*

GÉOGRAPHIE Occupant plus du double de la superficie de la France, l'Angola est formé d'un haut plateau, relativement arrosé et couvert de savanes, qui domine une étroite plaine côtière aride. La guerre civile, liée partiellement aux rivalités ethniques, a désorganisé une économie dont la richesse du sous-sol (diamants, fer et surtout pétrole) est l'atout essentiel. L'agriculture (manioc, maïs, café) et l'élevage occupent toujours la majeure partie de la population, sans assurer l'autosuffisance alimentaire. Le pays accuse une forte distorsion entre un potentiel qui suscite l'intérêt croissant des investisseurs étrangers et une pauvreté et des inégalités grandissantes.

HISTOIRE Peuplée dès le néolithique, la région est occupée au Ier millénaire apr. J.-C. par les Bantous, auj. encore majoritaires. **XVe s. :** elle reçoit son nom de la dynastie Ngola (royaume Ndongo).

Avant l'indépendance. 1482 : le Portugais Diogo Cão découvre le pays. **1580 - 1625 :** les Portugais luttent contre le royaume Ndongo. La traite devient la première activité du pays. **1877 - 1879 :** Serpa Pinto explore l'intérieur. **1889 - 1901 :** des traités fixent les limites du pays. **1899** et **1911 :** des corvées remplacent l'anc. esclavage. **1955 :** l'Angola reçoit le statut de province portugaise.

L'indépendance. 1961 : l'insurrection de Luanda inaugure la guerre d'indépendance, mais le mouvement nationaliste est divisé. **1975 :** l'indépendance est proclamée ; la guerre civile éclate. Le Mouvement populaire de libération de l'Angola (MPLA) d'Agostinho Neto (devenu président de la République) s'impose avec l'aide de Cuba, sans vaincre totalement la rébellion – et en partic. l'Union nationale pour l'indépendance totale de l'Angola (UNITA) – soutenue par l'Afrique du Sud. **1979 :** à la mort de Neto, José Eduardo Dos Santos lui succède. **1988 :** un accord entre l'Angola, l'Afrique du Sud et Cuba entraîne un cessez-le-feu dans le nord de la Namibie et le sud de l'Angola, suivi par le retrait des troupes sud-africaines et cubaines (1989 - 1991). **1991 :** le multipartisme est instauré. Dos Santos conclut un accord de paix avec l'UNITA. **1992 :** les premières élections libres sont remportées par le MPLA au pouvoir. Mais le refus de l'UNITA d'accepter le résultat du scrutin entraîne une reprise de la guerre civile. **1994 :** un nouvel accord de paix est signé. **1998 :** après l'échec d'une tentative de mise en place d'un gouvernement d'union nationale (1997), la confrontation armée reprend. **2002 :** Jonas Savimbi, chef historique de l'UNITA, est tué lors de combats avec les forces gouvernementales. La rébellion conclut la paix et se transforme en un parti légal (de peu de poids lors des législatives de 2008). **2010 :** le pays adopte sa première Constitution, qui stipule que la présidence ne résultera pas d'une élection, mais reviendra à la tête de liste du parti vainqueur des législatives. **2012 :** Dos Santos est investi d'un nouveau mandat après le large succès du MPLA

aux élections. **2017 :** son successeur désigné, João Lourenço, accède à la tête de l'État grâce à une nouvelle victoire du MPLA.

ANGOULÊME (16000), ch.-l. du dép. de la Charente, sur la Charente, à 439 km au S.-O. de Paris ; 44 785 hab. *(Angoumoisins)* [109 009 hab. dans l'agglomération]. Évêché. Électromécanique. – Remparts médiévaux. Cathédrale romane à coupoles, très reprise au XIXe s. Musées. Festival international de la bande dessinée *(v. liste des lauréats du Grand Prix page 2025)*. Cité internationale de la bande dessinée et de l'image.

ANGOULÊME (Louis **de Bourbon, duc d'**), *Versailles 1775 - Görz, Autriche, 1844*, dernier Dauphin de France. Fils du comte d'Artois (Charles X), il commanda l'expédition d'Espagne (1823) et mourut en exil.

ANGOULÊME (Marie-Thérèse **de Bourbon,** duchesse **d'**), *Versailles 1778 - Görz, Autriche, 1851*, princesse française, appelée Madame Royale. Fille de Louis XVI, elle épousa en 1799 son cousin, le duc d'Angoulême.

ANGOUMOIS ou comté d'**ANGOULÊME,** anc. région de France occupant la majeure partie du dép. de la Charente ; hab. *Angoumoisins* ; v. princ. *Angoulême*. Incorporé une première fois au royaume en 1308, il revint définitivement à la Couronne en 1515.

ÅNGSTRÖM (Anders Jonas), *Lögdö 1814 - Uppsala 1874*, physicien suédois. Spécialiste de l'analyse spectrale, il est le premier à avoir mesuré des longueurs d'onde et déterminé les limites du spectre visible.

ANGUIER (les frères), sculpteurs français. **François A.,** *Eu 1604 - Paris 1669*, et **Michel A.,** *Eu 1612 - Paris 1686*. Ils ont travaillé ensemble au mausolée d'Henri de Montmorency (v. 1650, Moulins) et à certains décors du Louvre.

ANGUILLA, île des Petites Antilles britanniques ; 11 561 hab. Occupée par les Anglais à partir de 1666, elle jouit de l'autonomie depuis 1976.

ANHALT, principauté allemande créée au début du XIIIe s. Elle fut un duché de 1806 - 1807 à 1918.

ANHUI, prov. de la Chine orientale, sur le Yangzi Jiang ; 140 000 km^2 ; 61 440 000 hab. ; cap. *Hefei*.

ANI, anc. cap. d'Arménie (auj. en Turquie). Elle fut mise à sac en 1064 par les Turcs. Importants vestiges.

ANIANE (34150), comm. de l'Hérault ; 3 008 hab. *(Anianais)*. Du monastère carolingien reconstruit par les mauristes subsiste l'abbatiale (autour de 1700).

ANICHE (59580), comm. du Nord, à l'E. de Douai ; 10 469 hab. *(Anichois)*. Verrerie.

ANJERO-SOUDJENSK, v. de Russie, en Sibérie, dans le Kouzbass ; 76 669 hab. Houille. Chimie.

ANJOU, anc. prov. de l'ouest de la France (cap. *Angers*), qui a formé le dép. de Maine-et-Loire et une partie des dép. d'Indre-et-Loire, de la Mayenne et de la Sarthe. (Hab. *Angevins*.) Partagé entre le Bassin parisien (Anjou blanc) et le Massif armoricain (Anjou noir), c'est un carrefour de rivières : le Loir, la Sarthe et la Mayenne y forment la Maine, affl. de la Loire. Les vallées, favorisées par la douceur du climat, constituent des secteurs agricoles très riches (vignobles sur les versants, cultures fruitières et maraîchères, pépinières et élevage dans les parties alluviales). – Situé au cœur de l'empire Plantagenêt, au XIIe s., le comté d'Anjou fut conquis par Philippe Auguste (1205), cédé en apanage à des princes capétiens, érigé en duché par Jean le Bon (1360) puis définitivement rattaché à la Couronne par Louis XI (1481).

ANJOU (première maison **d'**), maison comtale d'Anjou fondée au Xe s., dont sont issues des branches qui régnèrent sur le royaume de Jérusalem (1131 - 1186) et sur celui d'Angleterre (→ **Plantagenêt**). — deuxième maison **d'A.,** maison fondée en 1246 par Charles Ier d'Anjou, roi de Sicile (1266 - 1285), dont sont issues des branches qui régnèrent sur les royaumes de Hongrie et de Pologne (XIVe s.) et sur celui de Naples (XIVe-XVe s.). — troisième maison **d'A.,** maison fondée en 1290 par Charles de Valois, frère de Philippe IV le Bel, qui s'éteignit en 1481 avec la mort de Charles V, neveu de René Ier le Bon.

▲ **Ankara.** La vieille ville.

ANJOUAN → NDZOUANI.

ANKARA, anc. **Angora,** cap. de la Turquie, dans l'Anatolie centrale, à près de 1 000 m d'altitude ; 4 644 000 hab. dans l'agglomération *(Ankariens)*. Sous le nom d'*Ancyre* (en gr. *Ankura*), elle fut une des villes les plus florissantes de l'Antiquité. Monuments romains ; citadelle byzantine ; musées, dont le riche musée des Civilisations anatoliennes (périodes néolithique et hittite).

an mille → mille (an).

ANNABA, anc. **Bône,** v. de l'Algérie orientale, ch.-l. de wilaya ; 257 359 hab. Université. Métallurgie. – Site de l'anc. Hippone. Vestiges antiques.

ANNA IVANOVNA, *Moscou 1693 - Saint-Pétersbourg 1740*, impératrice de Russie (1730 - 1740), de la dynastie des Romanov. Elle laissa gouverner son favori E. J. Biron et les Allemands de son entourage.

Anna Karénine, roman psychologique de Léon Tolstoï (1875-1877). L'auteur oppose les ravages de la passion illégitime d'Anna et de Vronski à l'image paisible du couple uni que forment Kitty et Lévine.

Annales, œuvre de Tacite (IIe s.). Cet ouvrage, composé de 16 livres, dont certains ont été perdus, porte sur l'histoire romaine, de la mort d'Auguste à celle de Néron (14 - 68).

Annales, revue historique française. Elle a été créée en 1929, sous le titre d'*Annales d'histoire économique et sociale*, par Lucien Febvre et Marc Bloch, pour substituer à l'histoire événementielle une histoire intégrée à l'ensemble des sciences humaines. Elle a porté à partir de 1946 le sous-titre : *Économies, Sociétés, Civilisations*, et depuis 1994 : *Histoire, Sciences sociales*.

ANNAM n.m., région centrale du Viêt Nam, entre le Tonkin et la Cochinchine ; v. princ. *Huê* et *Da Nang*. L'Annam est formé de petites plaines rizicoles sur la mer de Chine méridionale, dominées à l'ouest par les montagnes, peu peuplées, de la cordillère Annamitique.

ANNAMITIQUE (cordillère), chaîne montagneuse d'Asie, aux confins du Viêt Nam et du Laos.

ANNAN (Kofi), *Kumasi 1938 - Berne 2018*, haut fonctionnaire international ghanéen. Dans la continuité d'une longue carrière menée au sein de l'ONU, il fut secrétaire général de cette organisation de 1997 à 2006. Très engagé par la suite en faveur de causes humanitaires, il échoua en 2012 dans sa mission d'envoyé spécial de l'ONU et de la Ligue arabe pour la crise syrienne. (Prix Nobel de la paix, avec l'ONU, 2001.)

ANNAPOLIS n.m., fl. du Canada, en Nouvelle-Écosse, qui rejoint la baie de Fundy.

ANNAPURNA n.m., sommet de l'Himalaya (Népal) ; 8 078 m. Premier « 8 000 m » gravi (en 1950 par l'expédition française de Maurice Herzog).

ANN ARBOR, v. des États-Unis (Michigan) ; 117 770 hab. (344 791 hab. dans l'agglomération). Université.

ANNAUD (Jean-Jacques), *Draveil 1943*, cinéaste français. Privilégiant d'abord la voie de la satire politique et sociale (*la Victoire en chantant*, 1976), il s'impose ensuite avec des œuvres alliant audace technique et amour de la nature et du grand spectacle (*la Guerre du feu*, 1981 ; *le Nom de la rose*, 1986 ; *l'Ours*, 1988 ; *l'Amant*, 1991 ; *le Dernier Loup*, 2015).

ANNE (sainte), épouse de Joachim et mère de la Vierge Marie, selon d'anc. traditions chrétiennes.

Anneau du Nibelung (l') → **Tétralogie.**

ANNE BOLEYN, *v. 1507 - Londres 1536*, reine d'Angleterre. Deuxième femme d'Henri VIII, qui divorça de Catherine d'Aragon pour l'épouser, elle fut accusée d'adultère et décapitée.

ANNE COMNÈNE, *1083 - 1148*, princesse byzantine. Elle fut l'historienne du règne de son père, Alexis Ier Comnène *(l'Alexiade)*.

ANNE D'AUTRICHE, *Valladolid 1601 - Paris 1666*, reine de France. Fille de Philippe III d'Espagne, épouse de Louis XIII (1615), elle s'opposa à Richelieu et fut régente (1643 - 1651) pendant la minorité de Louis XIV, son fils. Elle gouverna avec le concours de Mazarin jusqu'en 1661.

◄ **Anne d'Autriche.** (Château de Versailles.)

ANNE DE BEAUJEU, *Genappe 1461 - Chantelle 1522*, duchesse de Bourbon. Fille aînée de Louis XI, elle exerça la régence avec son mari, Pierre de Beaujeu, pendant la minorité de Charles VIII (1483 - 1491).

ANNE DE BRETAGNE, *Nantes 1477 - Blois 1514*, duchesse de Bretagne (1488 - 1514) et reine de France. Fille du duc François II, femme de Charles VIII (1491), puis de Louis XII (1499), elle défendit farouchement l'indépendance de la Bretagne.

◄ **Anne de Bretagne.** (BnF, Paris.)

ANNE DE CLÈVES, *Düsseldorf 1515 - Chelsea 1557*, reine d'Angleterre. Elle fut la quatrième femme d'Henri VIII, qui l'épousa et la répudia la même année (1540).

ANNE DE GONZAGUE, dite **la Princesse Palatine,** *Paris 1616 - id. 1684*, princesse française. Fille de Charles Ier de Gonzague, et femme d'Édouard de Bavière, comte palatin, elle joua pendant la Fronde un rôle modérateur.

ANNE STUART, *Londres 1665 - id. 1714*, reine de Grande-Bretagne et d'Irlande (1702 - 1714). Fille de Jacques II, elle lutta contre Louis XIV et réunit l'Écosse et l'Angleterre sous le nom de Grande-Bretagne par l'Acte d'union (1707).

ANNECY (74000), ch.-l. du dép. de la Haute-Savoie, sur le *lac d'Annecy*, à 540 km au S.-E. de Paris ; 129 589 hab. *(Annéciens)*. Évêché. Industries (constructions mécaniques). – Ensemble de la vieille ville : château des XIIIe-XVIe s. (musée régional), cathédrale (XVIe s.) et autres monuments. – Festival international du film d'animation.

ANNECY (lac d'), lac de Haute-Savoie ; 27 km^2. Important site touristique.

ANNEMASSE (74100), bur. centr. de cant. de la Haute-Savoie, près de l'Arve ; 35 678 hab. *(Annemassiens)*. Constructions mécaniques.

ANNENSKI (Innokenti Fiodorovitch), *Omsk 1856 - Saint-Pétersbourg 1909*, poète russe. Il fut l'un des inspirateurs du symbolisme russe (*le Coffret de cyprès*, 1910).

ANNOBÓN, île de la Guinée équatoriale ; 17 km^2.

ANNŒULLIN (59112), bur. centr. de cant. du Nord ; 10 515 hab. *(Annœullinois)*.

ANNONAY (07100), bur. centr. de cant. du nord de l'Ardèche ; 17 379 hab. *(Annonéens)*. Industrie automobile. Papeterie.

Annonciade (ordre de l'), ancien ordre de chevalerie italien fondé en 1364 par le duc Amédée VI de Savoie. Il fut aboli en 1946.

ANOU, dieu suprême du panthéon sumérien, personnifiant le Ciel.

ANOUILH (Jean), *Bordeaux 1910 - Lausanne 1987*, auteur dramatique français. Son théâtre va de la fantaisie des pièces « roses » *(le Bal des voleurs)* et de l'humour des pièces « brillantes » ou « costumées » *(la Répétition ou l'Amour puni, l'Alouette)* à la satire des pièces « grinçantes » (*Pauvre Bitos ou le Dîner de têtes*), « farceuses » (*le Nombril*) et au pessimisme des pièces « noires » (*Antigone*).

ANPE (Agence nationale pour l'emploi) → **Pôle emploi.**

ANQUETIL (Jacques), *Mont-Saint-Aignan 1934 - Rouen 1987,* coureur cycliste français. Recordman du monde de l'heure (46,159 km), il fut vainqueur notamment de cinq Tours de France (1957, et 1961 à 1964).

ANS, comm. de Belgique (prov. de Liège) ; 28 103 hab.

ANSARIYYA ou **ANSARIEH** (djabal), montagne de Syrie, dominant le Ghab ; 1 583 m.

ANSCHAIRE ou **OSCAR** (saint), *près de Corbie 801 - Brême 865,* évangélisateur de la Scandinavie.

Anschluss (mot all. signifiant *rattachement*), rattachement de l'Autriche à l'Allemagne. Interdit par les Alliés lors des traités de paix de 1919, il fut imposé par Hitler en 1938 et cessa en 1945.

ANSE (69480), bur. centr. de cant. du Rhône, sur l'Azergues ; 7 075 hab. Vestiges romains ; châteaux.

ANSELME (saint), *Aoste 1033 - Canterbury 1109,* archevêque de Canterbury. Théologien, il enseigna à l'abbaye bénédictine du Bec (auj. Bec-Hellouin), et développa la preuve ontologique de l'existence de Dieu.

ANSELME (Pierre **Guibours,** dit le Père), *Paris 1625 - id. 1694,* augustin déchaussé et historien français, auteur d'une *Histoire généalogique et chronologique de la Maison royale de France.*

ANSERMET (Ernest), *Vevey 1883 - Genève 1969,* chef d'orchestre suisse. Fondateur en 1918 de l'Orchestre de la Suisse romande qu'il dirigea jusqu'en 1966, il fut un spécialiste des répertoires français et russe.

ANSHAN, v. de Chine (Liaoning) ; 1 556 285 hab. Sidérurgie.

ANTAIMORO, peuple du sud-est de Madagascar. Ils sont célèbres pour leurs rituels d'accès au tombeau ancestral (*kibory*).

ANTAISAKA, peuple des régions basses du sud-est de Madagascar (env. 700 000). Ils émigrent en nombre vers d'autres régions de l'île. Ils possèdent des tombeaux ancestraux collectifs (*kibory*).

ANTAKYA, anc. **Antioche,** v. de Turquie, ch.-l. de la prov. de Hatay, sur l'Oronte inférieur ; 139 046 hab. Musée archéologique (nombreuses mosaïques antiques). Ruines. – Capitale du royaume séleucide puis de la province romaine de Syrie, la ville d'Antioche fut une des grandes métropoles de l'Orient et joua un rôle primordial dans les débuts du christianisme. Elle déclina après l'invasion perse (540) et la conquête arabe (636). Les croisés en firent la capitale d'un État latin du Levant (1098), conquis par les Mamelouks en 1268.

ANTALCIDAS, général spartiate. Il conclut avec la Perse un traité par lequel Sparte abandonnait les villes grecques de l'Asie Mineure (386 av. J.-C.).

ANTALYA, anc. **Adalia,** v. de Turquie, sur la Méditerranée ; 603 190 hab. Port. – Porte d'Hadrien (IIe s.), minaret du XIIIe s. ; riche musée.

ANTANANARIVO, anc. **Tananarive,** cap. de Madagascar, sur le plateau de l'Imérina, entre 1 200 et 1 500 m d'altitude ; 1 052 835 hab. (*Tananariviens*) [2 487 000 hab. dans l'agglomération].

ANTANDROY, peuple de l'extrême sud de Madagascar. Éleveurs de zébus, ils tendent à émigrer vers d'autres parties de l'île. Ils possèdent des tombeaux ancestraux collectifs (*kibory*).

ANTARCTIDE, nom parfois donné aux terres antarctiques.

ANTARCTIQUE, continent compris presque entièrement à l'intérieur du cercle polaire antarctique ; 13 000 000 km² env. Recouverte presque totalement par une énorme masse de glace dont l'épaisseur dépasse souvent 2 000 m, cette zone très froide (la température ne s'élève que rarement au-dessus de – 10 °C), quasi dépourvue de flore et de faune terrestres, est inhabitée hors des stations scientifiques (→ **polaires** [régions]). Le réchauffement climatique altère la calotte glaciaire, en partic. à l'ouest du continent. Parfois, le terme *Antarctique* désigne globalement le continent et la masse océanique qui l'entoure.

ANTARCTIQUE ou **AUSTRAL** (océan), nom donné à la partie des océans Atlantique, Pacifique et Indien comprise entre le cercle polaire antarctique et le continent polaire.

ANTARCTIQUE BRITANNIQUE (territoire de l'), colonie britannique regroupant le secteur britannique de l'Antarctique, les Shetland du Sud et les Orcades du Sud.

ANTÉE MYTH. GR. Géant, fils de Poséidon et de Gaia. Il reprenait force chaque fois qu'il touchait la Terre, dont il était sorti. Héraclès l'étouffa en le maintenant en l'air.

ANTELME (Robert), *Sartène 1917 - Paris 1990,* écrivain français. Résistant, déporté à Buchenwald et à Dachau (M. Duras, alors sa femme, évoque son retour des camps dans *la Douleur* [1985]), il laisse avec *l'Espèce humaine* (1947) une réflexion essentielle sur l'univers concentrationnaire, l'irréductibilité de l'humain et le caractère sacré de la vie.

ANTÉNOR, *fin du VIe s. av. J.-C.,* sculpteur grec. Il a signé une majestueuse korê de l'Acropole d'Athènes.

ANTHÉMIOS de Tralles, *Tralles VIe s.,* architecte et mathématicien byzantin. Il établit les plans de Sainte-Sophie de Constantinople.

ANTHÉOR-CAP-ROUX (83530), station balnéaire du Var (comm. de Saint-Raphaël), sur la côte de l'Esterel.

Anthropologie structurale, œuvre de Claude Lévi-Strauss (1958 et 1973), dans laquelle il expose sa méthode d'analyse des faits sociaux (mythe, parenté, art des masques).

ANTI-ATLAS n.m., massif du Maroc méridional, entre les oueds Draa et Sous ; 2 531 m.

ANTIBES, bur. centr. de cant. des Alpes-Maritimes, sur la Côte d'Azur ; 76 119 hab. (*Antibois*). Tourisme (parc marin). Stations balnéaires de Cap-d'Antibes et de Juan-les-Pins. Cultures florales. Parfumerie. Constructions électriques. – C'est l'antique *Antipolis.* Musée d'Archéologie au bastion St-André, musée Picasso au château Grimaldi, musée Peynet et du Dessin humoristique.

ANTICOSTI (île d'), île du Canada (Québec), à l'entrée du Saint-Laurent ; 8 160 km² ; 218 hab.

ANTIFER (cap d'), promontoire de la Seine-Maritime, au N. du Havre. Terminal pétrolier.

ANTIGONE MYTH. GR. Fille d'Œdipe et de Jocaste, sœur d'Étéocle et de Polynice. Condamnée à mort pour avoir, malgré les ordres du roi Créon, enseveli son frère Polynice, elle se pendit. – Antigone, qui défend les lois « non écrites » du devoir moral, familial ou religieux contre la fausse justice de la raison d'État, a inspiré de nombreux dramaturges : Sophocle (v. 442 av. J.-C.), Alfieri (1783), J. Anouilh (1944).

ANTIGONIDES, dynastie (306 - 168 av. J.-C.) qui régna sur la Macédoine et une partie de la Grèce à l'époque hellénistique.

ANTIGONOS, roi des Juifs (40 - 37 av. J.-C.), le dernier des Asmonéens.

ANTIGONOS Monophthalmos, *m. en 301 av. J.-C.,* général macédonien, fondateur de la dynastie des Antigonides. Il chercha à gouverner l'empire créé par Alexandre le Grand, se fit proclamer roi (306), mais fut vaincu et tué à Ipsos.

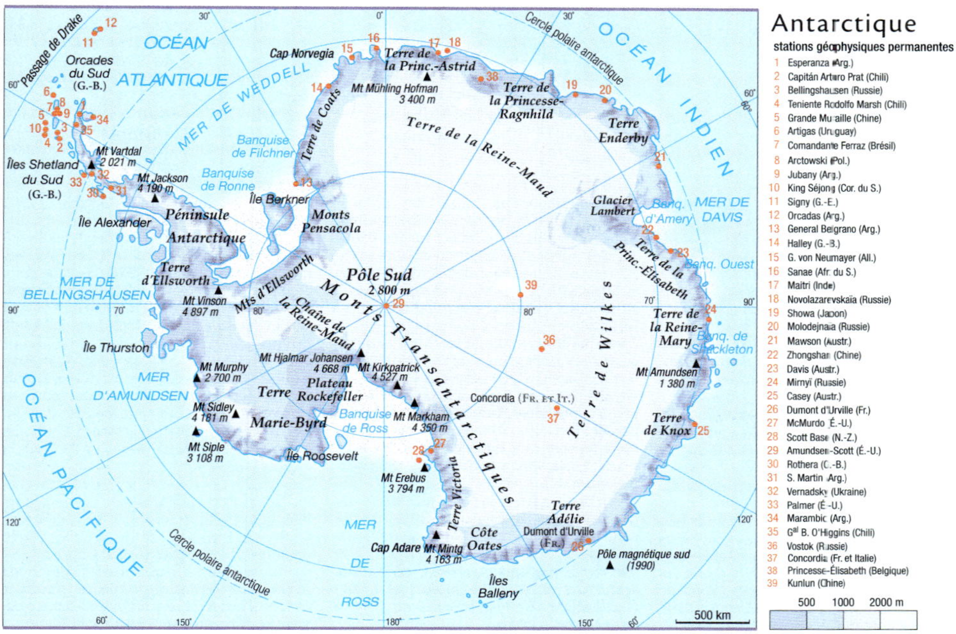

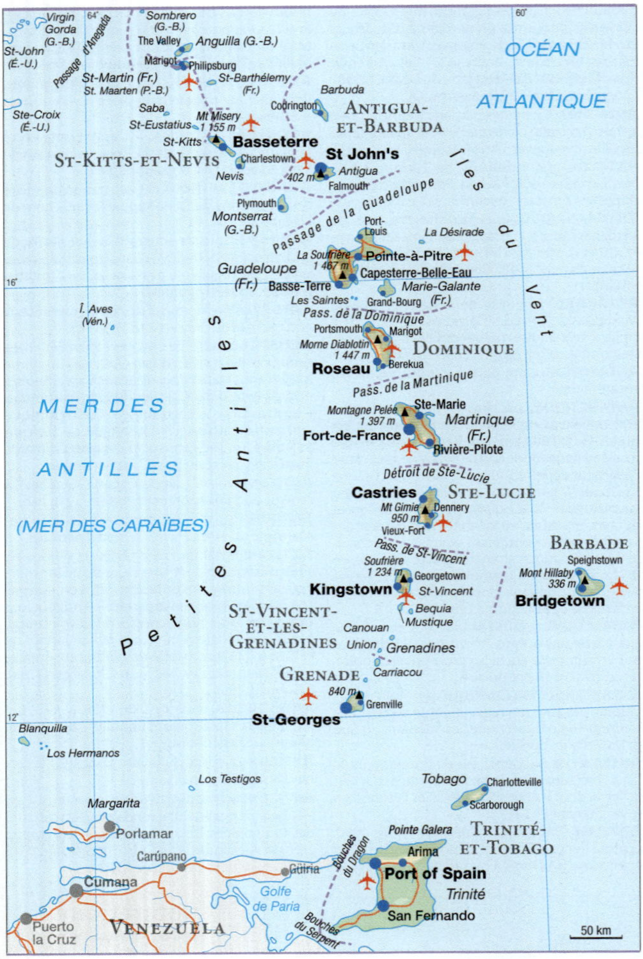

Petites Antilles

ANTIGUA-ET-BARBUDA n.f., État des Antilles, au N. de la Guadeloupe ; 442 km² ; 90 000 hab. (*Antiguayens*, *Antiguais* ou *Antiguais-et-Barbudiens*). **CAP.** *Saint John's.* **LANGUE :** *anglais.* **MONNAIE :** *dollar des Caraïbes orientales.* (V. carte **Petites Antilles***.) Le pays est formé par les îles d'Antigua (280 km²), de Barbuda et de Redonda. Tourisme et services.

ANTIGUA GUATEMALA, v. du sud du Guatemala ; 41 097 hab. Ensemble baroque d'époque coloniale.

Antikomintern (pacte) [25 nov. 1936], pacte conclu entre l'Allemagne et le Japon contre l'Internationale communiste. L'Italie y adhéra en 1937, le Mandchoukouo, la Hongrie et l'Espagne en 1939.

ANTI-LIBAN n.m., massif d'Asie occidentale, aux confins de la Syrie et du Liban ; 2 629 m.

ANTILLES, archipel séparant l'océan Atlantique de la *mer des Antilles*. Il est formé, au N., par les Grandes Antilles (Cuba, Haïti, Jamaïque, Porto Rico), auxquelles on rattache les Bahamas et les îles Turks et Caïcos, et, à l'E. et au S., par les Petites Antilles. [Hab. *Antillais*.] De relief varié, souvent volcanique, les Antilles ont un climat tropical, tempéré par l'alizé. Elles reçoivent des précipitations, parfois violentes (cyclones fréquents), plus abondantes sur les Petites Antilles orientales (îles du Vent) que sur les Petites Antilles méridionales (îles Sous-le-Vent, au large du Venezuela). La population (près de 40 millions d'Antillais sur près de 240 000 km²) est hétérogène : les anciens Caraïbes ont été remplacés par des Blancs et surtout par des esclaves noirs, qui forment aujourd'hui, avec les métis, l'essentiel du peuplement. Elle a souvent un bas niveau de vie, affaibli encore par la croissance démographique. En dehors de la bauxite (Jamaïque) et du pétrole (Trinité), les cultures tropicales (canne à sucre, banane, café, agrumes, etc.) constituent – avec, localement, le tourisme – les principales ressources de l'archipel.

ANTILLES (mer des) ou mer **CARAÏBE** ou mer des **CARAÏBES,** dépendance de l'Atlantique, entre l'Amérique centrale, l'Amérique du Sud et les Antilles.

ANTILLES FRANÇAISES, nom qui désigne l'ensemble des possessions françaises des Antilles (Guadeloupe, Martinique, Saint-Barthélemy et Saint-Martin [partie fr.]).

ANTILLES NÉERLANDAISES, nom ayant longtemps désigné l'ensemble des possessions néerlandaises des Antilles, correspondant essentiellement aux îles d'Aruba, de Curaçao et de Bonaire, situées au large du Venezuela, et à une partie de Saint-Martin. Entre 1986 et 2010, ces territoires ont acquis des statuts d'autonomie divers, tout en se maintenant au sein du royaume des Pays-Bas.

ANTIN (Louis Antoine **de Pardaillan de Gondrin,** duc d'), *Paris 1665 - id. 1736*, homme d'État français. Fils légitime de Mme de Montespan, surintendant des Bâtiments du roi, il fut le modèle du parfait courtisan.

ANTINOÜS [-nɔys], *m. en 130*, jeune Grec, favori de l'empereur Hadrien, qui le déifia après sa noyade dans le Nil.

ANTIOCHE → **ANTAKYA.**

ANTIOCHE (pertuis d'), détroit entre l'île d'Oléron et l'île de Ré.

ANTIOCHOS, nom porté par treize rois séleucides. — **Antiochos III Mégas,** *m. en 187 av. J.-C.*, roi de Syrie (223 - 187 av. J.-C.), de la dynastie des Séleucides. Il reconquit l'Arménie, le pays des Parthes et la Bactriane (212 - 205 av. J.-C.), puis se rendit maître de la Palestine (195). Il intervint en Grèce contre les Romains, mais fut vaincu à Magnésie du Sipyle (189) et dut abandonner l'Asie Mineure à Rome par la paix d'Apamée (188). — **Antiochos IV Épiphane,** *m. en 164 av. J.-C.*, roi de Syrie (175 - 164 av. J.-C.), de la dynastie des Séleucides. Sa politique d'hellénisation provoqua en Judée la révolte des Maccabées (167).

ANTIOPE MYTH. GR. Fille de Nyctée, roi de Thèbes. Aimée de Zeus, elle en eut les jumeaux Amphion et Zéthos.

Antiope (nom déposé ; acronyme de *acquisition numérique et télévisualisation d'images organisées en pages d'écriture*), système français de télétexte, remplacé au début des années 1990 par le système européen, et de vidéotex.

ANTIPATROS ou **ANTIPATER,** *v. 397 - 319 av. J.-C.*, général macédonien. Il gouverna la Macédoine en l'absence d'Alexandre le Grand et, après la mort de ce dernier, vainquit les cités grecques révoltées (guerre lamiaque, 323 - 322 av. J.-C.).

Antiquité, période de l'histoire correspondant aux plus anciennes civilisations, que l'on situe des origines des temps historiques à la chute de l'Empire romain (476 apr. J.-C.).

Antiquités judaïques, ouvrage rédigé en grec par Flavius Josèphe (v. 95 apr. J.-C.), qui relate l'histoire du peuple juif jusqu'en 66 apr. J.-C.

ANTISTHÈNE, *Athènes v. 444 - 365 av. J.-C.*, philosophe grec, fondateur de l'école cynique.

ANTOFAGASTA, v. du nord du Chili, sur le Pacifique ; 285 255 hab. Port. Métallurgie et exportation du cuivre.

ANTOINE de Padoue (saint), *Lisbonne v. 1195 - Padoue 1231*, franciscain portugais. Il prêcha en Italie et en France notamment contre les cathares. On l'invoque pour retrouver les objets perdus.

ANTOINE le Grand (saint), *Qeman, Égypte, v. 251 - mont Golzim, près de la mer Rouge, 356*, patriarche du monachisme chrétien. Ermite retiré dans les déserts de la Thébaïde, il fonda, pour les nombreux chrétiens qui le rejoignaient, les deux premiers monastères voués à la vie cénobitique. La tradition veut qu'il ait été longtemps obsédé par de violentes tentations (sous forme de visions).

ANTOINE (André), *Limoges 1858 - Le Pouliguen 1943*, acteur et metteur en scène de théâtre français. Fondateur du Théâtre-Libre en 1887 et propagateur de l'esthétique naturaliste, il ouvrit en France l'ère de la mise en scène moderne.

ANTOINE (Jacques Denis), *Paris 1733 - id. 1801*, architecte français, auteur de l'hôtel de la Monnaie* de Paris.

ANTOINE (Marc), en lat. **Marcus Antonius,** *83 - 30 av. J.-C.*, général romain. Lieutenant de César en Gaule, il entra en conflit avec son héritier, Octavien (le futur Auguste). S'étant réconcilié avec ce dernier, il forma avec lui et Lépide le second triumvirat (43 av. J.-C.), qui se partagea le monde romain (40 av. J.-C.). Il reçut l'Orient et, répudiant Octavie, épousa la reine d'Égypte Cléopâtre VII. Vaincu à Actium en 31 av. J.-C., il se tua.

ANTOINE DE BOURBON, *1518 - Les Andelys 1562,* duc de Vendôme (1537 - 1562), roi de Navarre (1555 - 1562). Époux de Jeanne III d'Albret et père du futur Henri IV, il prit part à la première guerre de Religion à la tête de l'armée royale catholique et fut tué au siège de Rouen.

ANTOINE DANIEL (saint), un des Martyrs* canadiens.

ANTOINE-MARIE ZACCARIA (saint), *Crémone 1502 - id. 1539,* religieux italien, fondateur des barnabites (1530).

ANTOMMARCHI ou **ANTONMARCHI** (François), *Morsiglia 1780 - Cuba 1838,* médecin de Napoléon Ier à Sainte-Hélène.

ANTONELLI (Giacomo), *Sonnino 1806 - Rome 1876,* prélat et homme d'État italien. Cardinal et secrétaire d'État (1848) de Pie IX, il inspira la politique d'intransigeance des États pontificaux vis-à-vis du royaume d'Italie.

ANTONELLO da Messina, *Messine v. 1430 - id. v. 1479,* peintre italien. Formé à Naples, il unit le sens méditerranéen du volume, de l'ampleur des formes à l'observation méticuleuse des primitifs flamands. Il séjourna à Venise en 1475 - 1476.

ANTONESCU (Ion), *Piteşti 1882 - Jilava, auj. dans Bucarest, 1946,* maréchal et homme politique roumain. Dictateur de la Roumanie en 1940, il engagea son pays en 1941, aux côtés de Hitler, contre l'URSS. Arrêté en 1944, il fut exécuté.

ANTONIN (saint), *Florence 1389 - Montughi 1459,* dominicain italien. Champion de la réforme, dite de l'observance, à l'intérieur de son ordre, il commandita les peintures de Fra Angelico au couvent de Saint-Marc, dont il était le prieur. Il devint archevêque de Florence en 1446.

ANTONIN le Pieux, en lat. **Titus Aelius Hadrianus Antoninus Pius,** *Lanuvium 86 - 161,* empereur romain (138 - 161). Son règne marque l'apogée de l'Empire.

ANTONINS, dynastie impériale qui régna à Rome de 96 à 192 apr. J.-C. (Nerva, Trajan, Hadrien, Antonin, Marc Aurèle, Verus, Commode).

ANTONIO da Noli, connu aussi sous le nom d'**Antoniotto Usodimare,** *Gênes v. 1425 - île São Tiago, archipel du Cap-Vert, 1497,* navigateur génois. Il explora la côte ouest de l'Afrique et découvrit les îles du Cap-Vert (1456) avec Ca' da Mosto.

ANTONIONI (Michelangelo), *Ferrare 1912 - Rome 2007,* cinéaste italien. Rigoureuse et dépouillée, d'une grande recherche formelle, son œuvre exprime l'opacité des êtres, la solitude et l'incommunicabilité : *l'Avventura* (1960), *la Nuit* (1961), *l'Éclipse* (1962), *le Désert rouge* (1964), *Blow up* (1966), *Profession : reporter* (1975), *Identification d'une femme* (1982).

◄ Michelangelo **Antonioni**

ANTONY (92160), ch.-l. d'arrond. des Hauts-de-Seine, au S. de Paris ; 62 515 hab. *(Antoniens).* Résidence universitaire.

ANTSIRABÉ, v. de Madagascar ; 180 180 hab. dans l'agglomération.

ANTSIRANANA, anc. **Diégo-Suarez,** v. du nord de Madagascar, sur la *baie d'Antsiranana* ; 99 936 hab. Port.

ANTUNES (António Lobo), *Lisbonne 1942,* écrivain portugais. Marqué par la guerre en Angola, il tire aussi de son expérience de médecin psychiatre la matière de romans qui témoignent de l'inquiétude humaine dans un style à la fois torrentiel et maîtrisé (*le Cul de Judas,* 1979 ; *le Manuel des inquisiteurs,* 1996 ; *la Nébuleuse de l'insomnie,* 2008 ; *Pour celle qui est assise dans le noir à m'attendre,* 2016).

ANTWERPEN → **ANVERS.**

ANUBIS, dieu funéraire de l'Égypte ancienne. Représenté avec une tête de chacal, il introduit les morts dans l'autre monde.

ANURADHAPURA, v. du nord du Sri Lanka ; 53 151 hab. Fondée au Ve s. av. J.-C., elle fut la capitale de Ceylan jusqu'au Xe s. – Importants vestiges bouddhiques (vaste parc archéologique).

▲ **Anvers.** Le Grote Markt avec la fontaine de Brabo, par J. Lambeaux (1887).

ANVERS [ɑ̃vɛrs, en France ɑ̃vɛr], en néerl. **Antwerpen,** v. de Belgique, ch.-l. de la *prov. d'Anvers* ; 507 911 hab. *(Anversois)* [955 786 hab. dans l'agglomération]. Université. Établie au fond de l'estuaire de l'Escaut (r. dr.), unie à Liège par le canal Albert, la ville est l'un des grands ports européens et l'un des principaux centres industriels belges (métallurgie, raffinage du pétrole et pétrochimie, taille des diamants, etc.). – Majestueuse cathédrale gothique (XIVe-XVe s. ; peintures de Rubens), hôtel de ville Renaissance, églises baroques et autres monuments. Riches musées, dont celui des Beaux-Arts (école flamande de peinture, du XVe au XXe s.). – Capitale économique de l'Occident au XVe s., Anvers fut détrônée au XVIIe s. par Amsterdam. Son importance stratégique en fit l'enjeu de nombreuses batailles. Elle connut un nouvel essor après 1833, quand elle devint le principal port du jeune royaume de Belgique. Occupée par les Allemands en 1914 et en 1940, libérée par les Britanniques en 1944, la ville fut bombardée par les V1 et V2 allemands en 1944 et 1945.

ANVERS (province d'), prov. du nord de la Belgique ; 2 867 km² ; 1 793 377 hab. ; ch.-l. *Anvers* ; 3 arrond. *(Anvers, Malines, Turnhout)* ; 70 comm. Elle s'étend sur la Campine, région au relief monotone, sableuse, agricole et herbagère à l'O., industrielle à l'E. L'agglomération anversoise regroupe environ la moitié de la population totale de la province.

Anvil (opération) → **Provence** (débarquement de).

ANYANG, v. de Chine (Henan) ; 768 992 hab. (1 129 385 hab. dans l'agglomération). Cap. des Shang du XIVe au XIe s. av. J.-C., vestiges de la nécropole royale.

ANYANG, v. de Corée du Sud, au S. de Séoul ; 591 106 hab.

ANYI ou **AGNI,** peuple akan du sud-est de la Côte d'Ivoire et de l'ouest du Ghana.

ANZÈRE, station de sports d'hiver (alt. 1 500 - 2 420 m) de Suisse (Valais), au-dessus de la vallée du Rhône *(hab. Ayentôts).*

ANZIN (59410), comm. du Nord, banlieue de Valenciennes ; 13 747 hab. *(Anzinois).* Métallurgie.

ANZIO, v. d'Italie (Latium), au S.-E. de Rome ; 50 352 hab. Port de pêche. – Les Alliés y débarquèrent derrière le front allemand en 1944.

ANZUS → **Pacifique** (Conseil du).

AOF → **AFRIQUE-OCCIDENTALE FRANÇAISE.**

AOMORI, v. du Japon, dans le nord de Honshu ; 299 429 hab. Port.

AORAKI ou **COOK** (mont), point culminant de la Nouvelle-Zélande, dans l'île du Sud ; 3 754 m.

AOSTE, en ital. **Aosta,** v. d'Italie, ch.-l. du *Val d'Aoste,* sur la Doire Baltée ; 34 171 hab. Monuments romains et médiévaux.

AOSTE (Val d'), en ital. **Valle d'Aosta,** région autonome d'Italie, entre la Suisse (Valais) et la France (Savoie) ; 126 883 hab. *(Valdôtains)* ; ch.-l. *Aoste.* La région est atteinte par les tunnels du Grand-Saint-Bernard et du Mont-Blanc. Une partie de la population parle encore le français. – De 1032 à 1945, sauf entre 1800 et 1814 (Empire français), le Val d'Aoste appartint à la maison de Savoie. En 1948, il devint région autonome.

AOUDH ou **OUDH,** région historique de l'Inde, auj. dans l'Uttar Pradesh.

Aouïna (El-), aéroport de Tunis.

AOUITA (Saïd), *Kenitra 1960,* athlète marocain. Champion olympique (1984) et du monde (1987) sur 5 000 m, il fut le premier à parcourir cette distance en moins de 13 min et a détenu les records du monde des 1 500, 2 000 et 3 000 m.

AOUN (Michel), *Haret Hreik, banlieue sud de Beyrouth, 1935,* général et homme politique libanais. Maronite, commandant en chef de l'armée (1984 - 1989), il est co-Premier ministre de 1988 à 1990. Après s'être opposé au régime prosyrien mis en place en 1989, il s'exile en France à partir de 1991. En 2005, il revient sur la scène politique libanaise (cette fois dans le camp prosyrien). Il est président de la République depuis 2016.

août 1789 (nuit du 4), nuit pendant laquelle la Constituante vota l'abolition des privilèges féodaux, décidant aussi le rachat des redevances seigneuriales et des dîmes, l'égalité devant l'impôt et la suppression de la vénalité des offices.

août 1792 (journée du 10), insurrection parisienne au cours de laquelle la Commune fit investir les Tuileries. L'Assemblée législative prononça la suspension du roi, que la Commune enferma au Temple.

AOZOU (bande d'), extrémité septentrionale du Tchad. Revendiquée et occupée par la Libye à partir de 1973, elle est rendue au Tchad en 1994.

APACHES, ensemble de peuples amérindiens des États-Unis (réserves en Arizona et au Nouveau-Mexique) [env. 50 000]. Ils comprennent notamment les Kiowa et les Mescalero. Ils furent parmi les derniers à résister à l'invasion blanche, sous la conduite de Cochise et de Geronimo. Ils parlent l'*apache,* de la famille athabascan.

Apamée (paix d') [188 av. J.-C.], traité signé par Antiochos III Mégas, à Apamée Kibôtos. Elle assurait aux Romains la mainmise sur l'Asie Mineure.

APAMÉE-SUR-L'ORONTE, anc. cité de Syrie. Important centre commercial romain. Vestiges romains et paléochrétiens (mosaïques).

APCHÉRON (presqu'île d'), extrémité orientale du Caucase, s'avançant dans la Caspienne. Site de Bakou.

APEC (Asia Pacific Economic Cooperation, en fr. Coopération économique Asie-Pacifique), organisation économique régionale. Créée en 1989, elle comprend auj. 21 membres : la Chine, Hongkong, Taïwan, le Japon, la Corée du Sud, sept des dix pays de l'ASEAN (Birmanie, Laos, Cambodge exceptés), l'Australie, la Nouvelle-Zélande, la Papouasie-Nouvelle-Guinée, les États-Unis, le Canada, le Mexique, le Chili, le Pérou et la Russie.

APELDOORN, v. des Pays-Bas (Gueldre) ; 157 315 hab. Résidence d'été de la famille royale (palais et jardins fin XVIIe s.). Électronique.

APELLE, *IVe s. av. J.-C.,* peintre grec, portraitiste d'Alexandre le Grand, dont seule la réputation nous est parvenue.

APENNIN n.m. ou **APENNINS** n.m. pl., massif d'Italie, culminant dans les Abruzzes à 2 914 m au Gran Sasso. Il forme la dorsale de la péninsule italienne.

APERGHIS (Georges), *Athènes 1945,* compositeur grec. Il se consacre surtout au théâtre musical – genre dont il est l'initiateur – et à l'opéra (*Pandaemonium,* 1973 ; *Je vous dis que je suis mort,* 1978 ; *Sextuor,* 1993 ; *Machinations,* 2000 ; *Avis de tempête,* 2004 ; *Thinking Things,* 2018).

APHRODITE MYTH. GR. Déesse de la Beauté et de l'Amour. Née dans un tourbillon marin, elle est l'épouse infidèle d'Héphaïstos et la mère d'Éros. Elle fut assimilée par les Romains à Vénus. – Parmi ses représentations célèbres, citons la *Vénus du Belvédère* et celle *d'Arles,* d'après Praxitèle (Vatican et Louvre), et la *Vénus de Milo*.*

APIA, cap. des Samoa ; 36 513 hab.

APICIUS, *v. 25 av. J.-C.,* gastronome romain. Il est l'auteur présumé des *Dix Livres de la cuisine,* inventaire de nombreuses recettes insolites.

▲ Scène de la tenture de l'**Apocalypse** (« les Grenouilles »). Fin du XIVe s. (Château d'Angers.)

APIS [apis], taureau divinisé de la mythologie égyptienne. Vénéré très tôt à Memphis, il incarnait Ptah.

APO (mont), volcan et point culminant des Philippines, dans l'île de Mindanao ; 2 954 m.

Apocalypse (tenture de l'), au château d'Angers, le plus vaste ensemble de tapisseries historiées du Moyen Âge qui subsiste. Elle comprend six pièces totalisant 107 m de long et regroupant 69 scènes (sur 80 à l'origine) ; elle fut exécutée à partir de 1375 par le tapissier parisien Nicolas Bataille, pour Louis Ier d'Anjou, sur cartons de Hennequin de Bruges, peintre de Charles V.

Apocalypse de Jean, dernier livre du Nouveau Testament, attribué par la Tradition à l'apôtre Jean. (V. partie n. comm. **apocalypse.**)

APOLLINAIRE (Wilhelm Apollinaris **de Kostrowitzky,** dit Guillaume), *Rome 1880 - Paris 1918*, écrivain français. Chantre des avant-gardes artistiques (*les Peintres cubistes*, 1913), théoricien (*l'Esprit nouveau et les poètes*, 1917), auteur d'un « drame surréaliste », burlesque et nationaliste (*les Mamelles de Tirésias*, 1917), il fut un poète inventif et libre (*Alcools*, 1913 ; *Calligrammes*, 1918).

▲ Guillaume **Apollinaire** au café de Flore par I.M.L., 1914. (Coll. priv.)

Apollo, programme américain d'exploration humaine de la Lune. Il permit, de 1969 à 1972, à douze astronautes de marcher sur la Lune. (1er atterrissage sur le sol lunaire le 20 juill. 1969 par N. Armstrong et E. [Buzz] Aldrin lors du vol Apollo 11, Michael Collins, le troisième homme de la mission, étant resté dans la capsule en orbite.)

APOLLODORE de Damas ou **le Damascène,** *actif au IIe s. apr. J.-C.*, architecte et ingénieur grec. Auteur des constructions monumentales du règne de Trajan ; on connaît ses machines de guerre grâce aux reliefs de la colonne Trajane.

APOLLON MYTH. GR. Dieu de la Beauté, de la Lumière, des Arts et de la Divination. Il avait à Delphes un sanctuaire célèbre où sa prophétesse, la pythie, rendait ses oracles. Son autre nom est Phébus. – Parmi les plus célèbres représentations du dieu, citons le fronton ouest du temple de Zeus à Olympie, l'*Apollon du Pirée* (Athènes, Musée national), l'*Apollon Sauroctone* (Louvre) d'après Praxitèle et celui *du Belvédère* (Vatican) d'après Léocharès.

APOLLONIA, anc. v. de l'Illyrie (Albanie), centre intellectuel à l'époque hellénistique.

APOLLONIOS de Perga, *fin du IIIe s. - début du IIe s. av. J.-C.*, savant grec. Avec *les Coniques*, il systématise les connaissances antérieures sur ce sujet. Ses autres travaux, perdus, ont pu être restitués, en partie, grâce à Pappus.

APOLLONIOS de Rhodes, *Alexandrie v. 295 - v. 230 av. J.-C.*, poète grec, auteur de l'épopée *les Argonautiques*.

APOLLONIOS de Tyane, *Tyane, Cappadoce, ? - Éphèse 97 apr. J.-C.*, philosophe grec néopythagoricien.

APPALACHES n.f. pl., massif de l'est de l'Amérique du Nord entre l'Alabama et l'estuaire du Saint-Laurent ; 2 037 m au mont Mitchell. Les Appalaches sont précédées à l'O. par le plateau appalachien et à l'E. par le Piedmont qui domine la plaine côtière ; importants gisements houillers. Elles ont donné leur nom à un type de relief classique, le *relief appalachien**.

APPELFELD (Aharon), *Cernăuţi, Bucovine (alors partie de la Roumanie), auj. Tchernivtsi, Ukraine, 1932 - Petah-Tikva, Israël, 2018*, écrivain israélien. Le monde perdu de son enfance et le traumatisme lié à l'extermination des Juifs d'Europe centrale alimentent ses romans intenses et dépouillés (*le Temps des prodiges*, 1978 ; *Tsili*, 1983 ; *Katerina*, 1989 ; *Histoire d'une vie*, 1999 ; *Des jours d'une stupéfiante clarté*, 2014).

APPENZELL, anc. canton de Suisse, enclavé dans celui de Saint-Gall ; 415 km² ; 68 705 hab. (*Appenzellois*). Entré dans la Confédération en 1513, il a été divisé en 1597, pour des raisons religieuses, en deux demi-cantons, Rhodes-Extérieures et Rhodes-Intérieures (devenus, depuis 1999, des cantons à part entière).

APPERT (Nicolas), *Châlons-sur-Marne 1749 - Massy 1841*, industriel français. On lui doit le procédé de la conservation des aliments par chauffage en récipient hermétiquement clos.

APPIA (Adolphe), *Genève 1862 - Nyon 1928*, théoricien et metteur en scène de théâtre suisse. Contre l'esthétique naturaliste, il privilégia les éléments expressifs du théâtre (acteur, lumière, rythme) et préconisa un décor à trois dimensions.

Appia (via) ou voie **Appienne,** ancienne voie romaine qui allait de Rome à Brindisi. Vestiges de tombeaux (dont celui de Caecilia Metella).

APPIEN, *Alexandrie v. 95 - apr. 160*, historien grec. Il est l'auteur d'une *Histoire romaine* des origines à Trajan.

Apple, société américaine de construction de matériel informatique et électronique, fondée en 1976 par Steve Jobs et Steve Wozniak. Elle a été pionnière dans le développement de la micro-informatique (Apple II, 1977 ; Macintosh, 1984 ; iMac, 1998) et s'est diversifiée avec succès notamm. dans la musique (baladeur numérique iPod, 2001), les télécommunications mobiles (iPhone, 2007), les tablettes multifonctions (iPad, 2010) et la montre connectée (Apple Watch, 2015).

APPLETON (sir Edward Victor), *Bradford 1892 - Édimbourg 1965*, physicien britannique. Il a mesuré l'altitude de l'ionosphère et participé à la réalisation du radar. (Prix Nobel 1947.)

APPOMATTOX, village de Virginie (États-Unis). En 1865 y eut lieu la reddition des confédérés du général Lee aux troupes nordistes du général Grant, mettant fin à la guerre de Sécession.

APPONYI (Albert, comte), *Vienne 1846 - Genève 1933*, homme politique hongrois. Chef de l'opposition conservatrice, il représenta la Hongrie à la conférence de la Paix (1919 - 1920), puis à la SDN.

APT (84400), ch.-l. d'arrond. de Vaucluse, dans le *bassin d'Apt*, au pied du Luberon ; 12 238 hab. (*Aptésiens* ou *Aptois*). Confiserie. – Cathédrale en partie romane. Musée (faïences).

APULÉE, *Madaure, Numidie, 125 - ? v. 180*, écrivain latin, auteur du roman *les Métamorphoses** ou *l'Âne d'or*.

APULIE, anc. région de l'Italie méridionale, formant auj. les Pouilles.

APURÍMAC n.m., riv. du Pérou. L'une des branches-mères de l'Amazone.

APUSENI (monts), anc. **Bihar** ou **Bihor,** massif de l'ouest de la Roumanie ; 1 848 m.

AQABA ou **AKABA** (golfe d'), golfe de l'extrémité nord-est de la mer Rouge. Site du port jordanien d'Aqaba et d'Eilat.

AQMI (al-Qaida au Maghreb islamique) → **Qaida (al-).**

AQUILA (L'), v. d'Italie, cap. des Abruzzes et ch.-l. de prov., au N.-E. de Rome ; 65 612 hab. Séisme en 2009. – Forteresse du XVIe s. (Musée national).

AQUILÉE, en ital. **Aquileia,** v. d'Italie (Frioul-Vénétie Julienne), sur l'Adriatique ; 3 445 hab. Elle fut détruite par Attila (452). – Vestiges romains ; basilique des XIe-XVe s. Musées archéologique et paléochrétien.

AQUIN (Louis Claude d') → **DAQUIN.**

AQUINO (Corazón, dite Cory), *Manille 1933 - id. 2009*, femme politique philippine. Leader de l'opposition après l'assassinat de son mari **Benigno,** dit **Ninoy A.** *(1932 - 1983)*, elle fut présidente de la République de 1986 à 1992. — **Benigno,** dit **Noynoy A.,** *Manille 1960*, homme politique philippin. Fils de Ninoy et de Cory Aquino, il a été président de la République de 2010 à 2016.

AQUITAIN (Bassin) ou bassin d'**AQUITAINE,** région sédimentaire de forme triangulaire, comprise entre le Massif armoricain, le Massif central, les Pyrénées et l'océan Atlantique. Correspondant en majeure partie au bassin de la Garonne, l'Aquitaine est un pays de plateaux et de collines. Les calcaires affleurent dans l'Est (Périgord, Quercy) et le Nord (Charentes) ; ils sont recouverts de débris détritiques dans le Sud et l'Ouest (molasse de Gascogne et de la rive droite de la Garonne, sables des Landes, cailloutis fluvio-glaciaires du plateau de Lannemezan). Le climat est caractérisé par la chaleur de l'été et une grande instabilité résultant de l'interférence d'influences océaniques, continentales et méditerranéennes.

AQUITAINE n.f., région historique du sud-ouest de la France. Constituée en province par les Romains, elle est occupée par les Wisigoths au Ve s. Après la victoire de Clovis à Vouillé (507), elle est intégrée au royaume franc, devient un duché indépendant à la fin du VIIe s., puis est érigée en royaume (781 - 877). Elle redevient un duché où règne, à partir du Xe s., la dynastie poitevine, illustrée notamm. par Guillaume IX, le « Prince des troubadours » (1086 - 1127). Réunie au domaine royal par le mariage d'Aliénor d'Aquitaine avec Louis VII (1137), l'Aquitaine passe sous domination anglaise à la suite du remariage d'Aliénor avec Henri II Plantagenêt (1152). Elle est reconnue possession anglaise au traité de Paris (1258 - 1259) et prend le nom de Guyenne. La bataille de Castillon (1453) rend la Guyenne à la France, et le duché revient définitivement à la Couronne en 1472.

AQUITAINE n.f., anc. Région administrative de France (Dordogne, Gironde, Landes, Lot-et-Garonne et Pyrénées-Atlantiques) [→ **Nouvelle-Aquitaine**].

Aquitaine (l'), autoroute reliant Paris à Bordeaux par Orléans, Tours, Poitiers et Niort.

arabe (Ligue) → **Ligue arabe.**

ARABE UNIE (République) [RAU], anc. État du Moyen-Orient, formé de l'Égypte et de la Syrie (1958 - 1961). L'Égypte garda jusqu'en 1971 le nom de République arabe unie.

ARABES, ensemble de populations formant une nation et réparties dans 22 États du Moyen-Orient et d'Afrique du Nord (env. 230 millions). À une souche qu'on localise dans la péninsule arabique se sont agrégées de nombreuses populations arabisées au fil du temps. Une histoire et une culture communes, la conscience d'une arabité partagée, l'usage d'une même langue (l'*arabe*) donnent ses traits d'homogénéité au « monde arabe », par ailleurs très diversifié. Les Arabes sont en très grande majorité musulmans sunnites, avec des minorités chiites, druzes, alawites ; mais on trouve aussi des communautés chrétiennes.

ARABES UNIS (Émirats) → **ÉMIRATS ARABES UNIS.**

ARABIE, vaste péninsule, entre la mer Rouge et le golfe Persique, sur la *mer d'Arabie* (ou mer d'Oman) ; 3 000 000 km²; 73 084 000 hab. Elle constitue l'extrémité sud-ouest de l'Asie et englobe l'Arabie saoudite, le Yémen, Oman, la fédération des Émirats arabes unis, le Qatar, Bahreïn et le Koweït.

ARABIE SAOUDITE n.f., en ar. **'Arabiyya al-Sa'udiyya,** État d'Asie, occupant la majeure partie de la péninsule d'Arabie ; 2 150 000 km²; 32 612 641 hab. *(Saoudiens).* **CAP.** *Riyad.* **V. PRINC.** *Djedda, Médine* et *La Mecque.* **LANGUE :** *arabe.* **MONNAIE :** *riyal saoudien.*

INSTITUTIONS Monarchie. Une Loi fondamentale de 1992 rappelle les principes d'exercice du pouvoir. Le roi gouverne selon la charia.

GÉOGRAPHIE Vaste (près de quatre fois la superficie de la France), mais en majeure partie désertique, le pays doit son importance politique et économique au pétrole. L'Arabie saoudite, membre influent de l'OPEP, est le premier exportateur mondial de pétrole (premier producteur, selon les années). Elle détient environ le cinquième des réserves mondiales. Le pétrole a attiré de nombreux immigrés, sans bouleverser pourtant une structure sociale encore quasi féodale, dans ce berceau de l'islam (villes saintes de Médine et de La Mecque). Ses revenus ont financé le développement du raffinage, mais aussi celui, onéreux, de cultures (blé) dans un milieu naturel hostile. Voulant sortir de sa dépendance au pétrole, le royaume s'engage dans la voie des réformes structurelles et de la diversification économique.

HISTOIRE En 1932, l'Arabie saoudite naît de la réunion en un seul royaume des régions conquises par Abd al-Aziz III ibn Saud, dit Ibn Séoud, depuis 1902. **1932 - 1953 :** Ibn Séoud modernise le pays grâce aux fonds procurés par le pétrole, découvert en 1930 et exploité depuis 1945 par les Américains. **1953 - 1964 :** son fils Saud est roi ; il cède en 1958 la réalité du pouvoir à son frère Faysal, qui le dépose en 1964. **1964 - 1975 :** Faysal se fait le champion du panislamisme et le protecteur des régimes conservateurs arabes. **1975 - 1982 :** son frère Khalid règne sur le pays. **1982 :** son frère Fahd lui succède. **1991 :** une force multinationale, déployée sur le territoire saoudien, intervient contre l'Iraq (guerre du Golfe*). **2005 :** à la mort de Fahd, son demi-frère Abd Allah (qui exerçait de fait le pouvoir depuis 1995 en raison de la maladie du roi) monte sur le trône. **2011 :** le pouvoir saoudien s'efforce de maîtriser la contestation liée aux mouvements de révolte dans les pays arabes, à l'intérieur (aides sociales, amorce de réformes politiques) et dans la région (envoi de troupes à Bahreïn). **2015 :** Salman succède à son demi-frère Abd Allah, décédé. Son fils Mohammed Ben Salman (prince héritier depuis 2017) concentre l'essentiel des pouvoirs. L'armée saoudienne, à la tête d'une coalition, combat la guérilla chiite (zaydite) au Yémen.

ARABI PACHA → **URABI PACHA.**

ARABIQUE (golfe), ancien nom de la mer Rouge*.

ARABO-SWAHILI → **SWAHILI.**

ARACAJU, v. du Brésil, cap. de l'État de Sergipe ; 552 365 hab. (748 088 hab. dans l'agglomération). Port.

ARACHNÉ **MYTH. GR.** Jeune Lydienne qui excellait dans le tissage et qui, pour avoir défié Athéna, fut métamorphosée en araignée.

ARAD, v. de Roumanie, près de la Hongrie ; 172 827 hab. Musée départemental.

ARADOS, île et ville de Phénicie, très florissante dès le IIe millénaire (auj. Ruwad, en Syrie).

ARAFAT (Yasser ou Yasir), *Le Caire ou Jérusalem 1929 - Clamart 2004,* homme politique palestinien. Président, à partir de 1969, de l'Organisation de libération de la Palestine (OLP), il est

Arabie saoudite, Bahreïn, Émirats arabes unis, Oman, Qatar, Yémen

200 500 1000 2000 3000 m — route — voie ferrée — aéroport — puits de pétrole — oléoduc et gazoduc — plus de 1 000 000 h. — de 100 000 à 1 000 000 h. — de 50 000 à 100 000 h. — moins de 50 000 h.

A B C D E F G H I J K L M N O P Q R S T U V W X Y Z

nommé, en 1989, président de l'« État palestinien » proclamé par l'OLP. Un des artisans de l'accord israélo-palestinien signé à Washington en 1993, il reçoit l'année suivante le prix Nobel de la paix avec Y. Rabin et S. Peres. Devenu en 1994 président de l'Autorité nationale palestinienne, élu en 1996 raïs (président) du Conseil de l'autonomie palestinienne, il assume ces fonctions jusqu'à sa mort. ▲ Yasser **Arafat**

ARAGO, famille française de tradition politique républicaine. — **François A.,** *Estagel, Pyrénées-Orientales, 1786 - Paris 1853,* homme politique, physicien et astronome français. Directeur de l'Observatoire de Paris, célèbre par ses cours d'astronomie, il acheva, avec Biot, la mesure d'un arc de méridien terrestre. On lui doit également de nombreux travaux d'optique (polarisation de la lumière), d'électricité (aimantation du fer par le courant), etc. Esprit libéral, très populaire, il fut membre du gouvernement provisoire en 1848 et fit abolir l'esclavage dans les colonies françaises.

▲ François **Arago.** (Observatoire de Paris.) — **Emmanuel A.,** *Paris 1812 - id. 1896,* homme politique français. Fils de François, il fut ministre de la Justice dans le gouvernement de la Défense nationale (1870 - 1871).

ARAGON, en esp. **Aragón,** communauté autonome du nord-est de l'Espagne ; 47 650 km² ; 1 344 509 hab. *(Aragonais)* ; cap. *Saragosse* ; 3 prov. *(Huesca, Saragosse* et *Teruel*). Après sa réunion en 1137 avec le comté de Barcelone, le royaume d'Aragon devient une grande puissance méditerranéenne (couronne d'Aragon).

ARAGON (couronne d'), confédération d'États qui regroupa à partir du XIIe s. le royaume d'Aragon et le comté de Barcelone, puis les royaumes de Valence, de Majorque, de Sicile, de Sardaigne et de Naples (XIIIe-XVe s.). En 1469, le mariage de Ferdinand II le Catholique avec Isabelle de Castille prépara l'union du royaume d'Aragon à la Castille, réalisée en 1479.

ARAGON (Louis), *Paris 1897 - id. 1982,* écrivain français. Il fut l'un des fondateurs du surréalisme (*le Paysan de Paris,* 1926). Devenu communiste, il orienta ses romans vers la critique sociale (*les Beaux Quartiers,* 1936). Pendant la Résistance, il accentua l'aspect traditionnel de sa poésie (*le Crève-cœur,* 1941 ; *les Yeux d'Elsa,* 1942). Il mêla enfin à sa création romanesque une réflexion sur l'art et l'écriture (*Henri Matisse, roman,* 1971 ; *Théâtre/Roman,* 1974).

▲ Louis **Aragon**

ARAGUAIA n.m., riv. du Brésil, affl. du Tocantins (r. g.) ; 1 902 km.

ARAK, v. d'Iran ; 438 338 hab. Tapis. Industrie lourde.

ARAKAN n.m., chaîne de montagnes de Birmanie, entre l'Irrawaddy et le golfe du Bengale.

ARAL (mer d'), grand lac salé d'Asie, aux confins du Kazakhstan et de l'Ouzbékistan ; auj. divisé en plusieurs lacs (env. 14 000 km²). La mer d'Aral reçoit le Syr-Daria et l'Amou-Daria, dont l'apport n'a pu empêcher son assèchement progressif (68 000 km² en 1960), lié à l'intensité de l'irrigation. Des tentatives pour la préserver sont en cours.

ARAM, personnage biblique. Un des fils de Sem, ancêtre des Araméens.

ARAMÉENS, populations sémitiques qui, d'abord nomades, fondèrent divers États en Syrie. Leur langue fut parlée dans tout le Proche-Orient à partir du VIIIe s. av. J.-C. et ne disparut qu'avec la conquête arabe (VIIe s. apr. J.-C.).

ARAMON (30390), comm. du Gard ; 4 224 hab. *(Aramonais).* Centrale thermique sur le Rhône. Produits pharmaceutiques.

Arctique

200	500	1000	2000 m

500	1000	2000 m

● plus de 1 000 000 h.
● de 100 000 à 1 000 000 h.
• moins de 100 000 h.

ARAN (îles d'), archipel d'Irlande, formé de trois îles (Inishmore, Inishmaan et Inisheer), fermant la baie de Galway. Pêche. Tourisme.

ARAN (val d'), vallée des Pyrénées espagnoles (Catalogne), où naît la Garonne.

ARANDA (Pedro, comte d'), *Siétamo, Huesca, 1719 - Épila 1798,* général et homme d'État espagnol. Président du Conseil de Castille (1766 - 1773), il seconda Charles III dans son œuvre réformatrice.

ARANJUEZ, v. d'Espagne, prov. de Madrid, sur le Tage ; 55 984 hab. Palais royal des XVIe-XVIIIe s. ; jardins à la française. – L'insurrection qui y éclata en mars 1808 provoqua l'abdication de Charles IV en faveur de son fils Ferdinand VII et fut à l'origine de l'intervention de Napoléon Ier en Espagne.

ARANY (János), *Nagyszalonta, auj. Salonta, Roumanie, 1817 - Budapest 1882,* poète hongrois, auteur de l'épopée nationale de *Toldi.*

ARAPAHO, peuple amérindien des plaines centrales des États-Unis (réserves dans le Wyoming, le Montana, l'Oklahoma) [env. 6 500], de la famille algonquienne.

ARARAT (mont), massif volcanique de la Turquie orientale ; 5 165 m. Selon la Bible, l'arche de Noé s'y serait arrêtée.

ARAUCANS, nom ancien des Mapuche*.

ARAVALLI (monts), massif du nord-ouest de l'Inde, bordant le Deccan.

ARAVIS (chaîne des), chaîne des Alpes françaises, dans le massif des Bornes ; 2 752 m. Elle est franchie à 1 498 m par le *col des Aravis.*

ARAWAK, ensemble de peuples amérindiens répartis au Brésil, au Pérou, en Colombie, au Venezuela, au Guyana, en Guyane (française) et au Suriname. La pression des Carib, jadis, explique leur dispersion. À l'arrivée des Espagnols, les Arawak occupaient aussi les Grandes Antilles, où ils n'ont survécu, acculturés, qu'à Cuba. Leurs langues forment l'*arawak.*

ARAXE n.m., riv. d'Asie, née en Turquie, affl. de la Koura (r. dr.) ; 994 km. Il sert notamment de frontière entre l'Iran et l'Azerbaïdjan.

Arbèles (bataille d') [331 av. J.-C.], victoire décisive d'Alexandre le Grand, en Assyrie, sur le roi de Perse Darios III.

ARBIL ou **ERBIL,** v. d'Iraq, au pied du Zagros ; 1 009 204 hab. C'est l'antique *Arbèles.*

ARBOGAST, *m. en 394,* général d'origine franque au service de Valentinien II. Il fit tuer ce dernier pour proclamer empereur d'Occident (392) le rhéteur Eugène. Il fut vaincu par Théodose (394).

ARBOIS (39600), bur. centr. de cant. du Jura, dans le Vignoble jurassien ; 3 613 hab. *(Arboisiens).* Vins. Outillage. – Deux musées ; maison de Pasteur.

ARBON, v. de Suisse (Thurgovie), sur le lac de Constance ; 13 633 hab. (60 131 hab. dans l'agglomération). Constructions mécaniques. – Château reconstruit au XVIe s.

ARBOUR (Louise), *Montréal 1947,* magistrate canadienne. Juge en Ontario (1987 - 1996), elle est procureure des tribunaux pénaux internationaux pour l'ex-Yougoslavie et pour le Rwanda de 1996 à 1999. Elle est ensuite juge à la Cour suprême du Canada (1999 - 2004), puis haut-commissaire des Nations unies aux droits de l'homme (2004 - 2008).

ARBRESLE [arbrɛl] **(L')** [69210], bur. centr. de cant. du Rhône, dans les monts du Lyonnais ; 6 582 hab. *(Arbreslois).* Église des XIIIe et XVe s. Couvent d'Éveux, par Le Corbusier (1957-1959).

ARBUS (Diane), *New York 1923 - id. 1971,* photographe américaine. Elle abandonna la mode pour s'intéresser au monde de la différence et des infirmités, établissant le constat de la solitude et de la souffrance humaines.

ARC n.m., riv. de France, en Savoie, dans les Alpes, affl. de l'Isère (r. g.) ; 150 km. Il draine la Maurienne. Centrales hydroélectriques.

arc de triomphe de l'Étoile, monument de Paris, en haut des Champs-Élysées, au milieu d'une place circulaire (auj. place Charles-de-Gaulle) d'où rayonnent douze avenues. Son érection fut décrétée en 1806. Construit d'après les plans de Chalgrin, il fut inauguré en 1836. Haut de 50 m, il est décoré de sculptures par Rude*, Pradier, J.-P. Cortot, A. Étex et porte inscrits les noms de 386 généraux de la République et de l'Empire. Sous l'arche se trouve, depuis 1920, la tombe du Soldat inconnu.

arc de triomphe du Carrousel, monument de Paris, au Louvre, élevé sur plans de Percier et Fontaine (1806) ; quadrige de Bosio.

▲ Giuseppe **Arcimboldo.** *Le Printemps*, v. 1573. (Musée du Louvre, Paris.)

ARCACHON (33120), ch.-l. d'arrond. de la Gironde, sur le *bassin d'Arcachon* ; 11 188 hab. *(Arcachonnais)*. Station balnéaire et climatique. Casino. Ostréiculture. — bassin ou baie d'**Arcachon,** le plus vaste des étangs landais (15 000 ha), ouvert sur l'Atlantique ; importante région ostréicole.

ARCADIE, région de la Grèce ancienne, située dans la partie centrale du Péloponnèse, qui a donné son nom à un nome de la Grèce moderne. La tradition poétique en a fait un pays idyllique.

ARCADIUS, *v. 377 - 408*, empereur romain d'Orient (395 - 408), fils aîné de Théodose Ier.

ARCAND (Denys), *Deschambault, Québec, 1941*, cinéaste canadien. Il réalise des documentaires, puis s'impose avec *le Déclin de l'empire américain* (1986), *Jésus de Montréal* (1989) et *les Invasions barbares* (2003).

ARCEP (Autorité de régulation des communications électroniques et des postes), autorité administrative française indépendante, instituée en 1997 sous le nom d'ART (Autorité de régulation des télécommunications) et transformée en 2005. Elle a pour mission de veiller au bon fonctionnement (notamm. au plan de la concurrence) des secteurs des télécommunications et des activités postales.

ARC-ET-SENANS (25610), comm. du Doubs, sur la Loue ; 1 662 hab. *(Arc-et-Senantais)*. Bâtiments d'une saline royale construits par Ledoux de 1775 à 1779 (auj. fondation culturelle).

Arche (la Grande), monument à l'extrémité ouest du quartier de la Défense*. Cube ouvert de 110 m de haut, conçue par le Danois Otto von Spreckelsen et le Français Paul Andreu et inaugurée en 1989, elle abrite notamm. l'Arche de la fraternité (Fondation internationale des droits de l'homme). En 2017, après une longue rénovation, elle est dotée d'un nouveau toit (terrasse [pont-promenade], espace d'exposition…).

ARCHÉLAOS, *v. 23 av. J.-C. - 18 apr. J.-C.*, ethnarque de Judée et de Samarie (4 av. J.-C. - 6 apr. J.-C.). Fils d'Hérode le Grand, il fut banni par Auguste pour sa mauvaise administration et son despotisme.

ARCHES (88380), comm. des Vosges, sur la Moselle ; 1 709 hab. *(Archéens)*. Papeterie.

ARCHILOQUE, *Paros v. 712 - v. 664 av. J.-C.*, poète grec, auteur d'*Ïambes*.

ARCHIMÈDE, *Syracuse v. 287 - id. 212 av. J.-C.*, savant grec. Son œuvre scientifique est considérable, tant en mathématiques qu'en physique ou en mécanique. Ainsi, il fit les premiers travaux de géométrie infinitésimale, perfectionna le système numéral grec et obtint une bonne approximation de π grâce à la mesure de polygones inscrits dans le cercle et circonscrits à celui-ci. En physique, il fut le fondateur de la statique des solides, ainsi que de l'hydrostatique, et formula le principe qui porte son nom : « Tout corps plongé dans un fluide subit une poussée verticale, dirigée de bas en haut, égale au poids du fluide déplacé. » On attribue à Archimède l'invention de mécaniques subtiles : leviers, moufles, machines de guerre. Pendant trois ans, il tint en échec les Romains, qui assiégeaient Syracuse, et fut tué lors de la prise de la ville.

ARCHINARD (Louis), *Le Havre 1850 - Villiers-le-Bel 1932*, général français. Vainqueur d'Amadou (1890 - 1893) et de Samory Touré (1891), il permit la pénétration française au Soudan.

ARCHIPENKO (Alexander), *Kiev 1887 - New York 1964*, sculpteur américain d'origine russe. Il a joué à Paris, v. 1910 - 1914, un rôle de novateur (figures géométrisées et à formes évidées, « sculpto-peintures », assemblages).

Archives nationales, service qui conserve, classe et communique les documents produits par le gouvernement et par les administrations centrales de l'État, ainsi que les archives privées qui lui sont confiées. Créées en 1794, les Archives nationales sont installées principalement à Paris (hôtels de Soubise et de Rohan), à Fontainebleau et à Pierrefitte-sur-Seine.

ARCIMBOLDO ou **ARCIMBOLDI** (Giuseppe), *Milan 1526 ou 1527 - id. 1593*, peintre italien. Actif à la cour de Prague, il est l'auteur de portraits de fantaisie, typiquement maniéristes, composés essentiellement de fleurs, de fruits et de légumes, de coquillages et de poissons.

ARCIS-SUR-AUBE (10700), bur. centr. de cant. de l'Aube ; 2 904 hab. *(Arcisiens)*. Église du XVe s.

Arcole (bataille d') [15 - 17 nov. 1796], bataille de la campagne d'Italie. Victoire de Bonaparte sur les Autrichiens à Arcole, au S.-E. de Vérone.

ARCS (Les) [73700], station de sports d'hiver (alt. 1 600 - 3 226 m) de la Savoie (comm. de Bourg-Saint-Maurice).

ARCTIQUE, ensemble formé par l'*océan Arctique* et la région continentale et insulaire *(terres arctiques)* située à l'intérieur du cercle polaire arctique. Il englobe le nord de l'Amérique, de l'Europe et de la Sibérie, le Groenland et le Svalbard. Le climat, très froid, permet cependant, localement, l'existence d'une maigre végétation (toundra) et d'une faune terrestre et marine. Les groupes humains (Inuits, Lapons, Samoyèdes) sont très dispersés et vivent surtout de la chasse, de la pêche et de l'élevage. Auj., la fonte rapide de la banquise, liée au réchauffement climatique, modifie la donne dans cette zone stratégique : les perspectives d'exploitation de ressources minérales et énergétiques potentiellement importantes et d'ouverture de nouvelles routes maritimes attisent la compétition entre États de la région.

ARCTIQUE (archipel), ensemble des îles du Canada entre le continent et le Groenland.

ARCTIQUE (océan), ensemble des mers situées dans la partie boréale du globe, limité par les côtes septentrionales de l'Asie, de l'Amérique et de l'Europe et par le cercle polaire arctique.

ARCUEIL (94110), comm. du Val-de-Marne, banlieue sud de Paris ; 21 669 hab. *(Arcueillais)*. Téléphonie mobile. Armement. – Église gothique.

ARCY-SUR-CURE (89270), comm. de l'Yonne ; 502 hab. *(Arcyats)*. Grottes. – Vestiges paléolithiques, dont un site d'habitat, fouillé par A. Leroi-Gourhan, révélateur du passage du paléolithique moyen au paléolithique supérieur. Peintures pariétales (v. 27000 à 25000 av. J.-C.).

ARDABIL, v. d'Iran, dans l'Azerbaïdjan ; 412 669 hab.

ARDANT (Fanny), *Saumur 1949*, actrice française. Modulant sa voix grave et sensuelle, elle cultive le mystère et la passion, au théâtre comme au cinéma (*la Femme d'à côté*, F. Truffaut, 1981 ; *Mélo*, A. Resnais, 1986 ; *Pédale douce*, G. Aghion, 1996 ; *Ridicule*, P. Leconte, id. ; *8 Femmes*, F. Ozon, 2002 ; *Callas Forever*, F. Zeffirelli, id.).

ARDANT DU PICQ (Charles), *Périgueux 1821 - Metz 1870,* théoricien militaire français. Ses écrits sur l'importance du moral de la troupe eurent une grande influence sur les cadres de l'armée de 1914.

ARDÈCHE n.f., riv. de France, née dans les Cévennes, affl. du Rhône (r. dr.) ; 120 km. Elle traverse en canyons le bas Vivarais, passant sous l'arche naturelle du pont d'Arc.

ARDÈCHE n.f. (07), dép. de la Région Auvergne-Rhône-Alpes ; ch.-l. de dép. *Privas* ; ch.-l. d'arrond. *Largentière, Tournon-sur-Rhône* ; 3 arrond. ; 17 cant. ; 339 comm. ; 5 529 km² ; 333 781 hab. *(Ardéchois).* Le dép. appartient à l'académie de Grenoble, à la cour d'appel de Nîmes, à la zone de défense et de sécurité Sud-Est. Constituant la bordure sud-est du Massif central, le dép. est formé au nord-ouest de plateaux granitiques (monts du Vivarais) ou volcaniques (Mézenc, Gerbier-de-Jonc), domaines de la forêt (avec ses châtaigneraies, emblème du parc naturel régional des Monts d'Ardèche) et de l'élevage, et, au sud-est (bas Vivarais), de collines surtout calcaires, arides. La population se concentre dans les vallées des affluents du Rhône (Eyrieux, Ouvèze, Ardèche), sites de villes (Annonay, Aubenas, Privas) jalonnant aussi le cours du fleuve (Tournon-sur-Rhône, Le Teil, Viviers). Le tourisme, fondé surtout sur les loisirs de plein air, constitue une ressource importante. *(V. carte page précédente.)*

ARDEN (John), *Barnsley 1930 - Galway 2012,* auteur dramatique britannique. Son œuvre, carnavalesque et politique, est marquée par l'influence de Brecht (*la Danse du sergent Musgrave,* 1959 ; *l'Âne de l'hospice,* 1963).

ARDENNE n.f. ou **ARDENNES** n.f. pl., massif de Belgique, de France et du Luxembourg. Il est constitué de plateaux de grès et de schistes entaillés par des vallées profondes (Meuse). C'est une région située entre 400 et 700 m (culminant à 694 m au signal de Botrange), au climat rude, peu peuplée, couverte de bois et de tourbières (fagnes). – Théâtre, en août 1914, de combats de rencontre entre Français et Allemands, et, en mai 1940, de la percée de la Meuse par la Wehrmacht. — bataille des **Ardennes** (déc. 1944), ultime contre-offensive des blindés allemands de von Rundstedt (souvent désignée sous le nom d'« offensive von Rundstedt »), qui échoua devant la résistance américaine à Bastogne.

ARDENNES n.f. pl. (08), dép. de la Région Grand-Est ; ch.-l. de dép. *Charleville-Mézières* ; ch.-l. d'arrond. *Rethel, Sedan, Vouziers* ; 4 arrond. ; 19 cant. ; 452 comm. ; 5 229 km² ; 285 612 hab. *(Ardennais).* Le dép. appartient à l'académie et à la cour d'appel de Reims, à la zone de défense et de sécurité Est. Près du tiers de la population active du dép. est employée dans l'industrie, représentée surtout par la métallurgie de la vallée de la Meuse (également site énergétique : centrales de Revin et de Chooz). L'élevage et l'exploitation forestière sont les principales ressources des plateaux du Nord et de l'Est (Ardenne et Argonne) ; les cultures apparaissent sur les terres calcaires du Sud-Ouest (Champagne crayeuse, Porcien). Parc naturel régional, couvrant plus de 117 000 ha, dans le nord du département.

Ardents (bal des) [1393], bal masqué donné en présence de Charles VI, au cours duquel de jeunes seigneurs, déguisés en sauvages, furent brûlés vifs accidentellement.

ARDITI (Pierre), *Paris 1944,* acteur français. Passant de la gravité à la légèreté, il interprète sur scène les répertoires les plus variés (*« Art »,* Y. Reza ; *Faisons un rêve,* S. Guitry ; *les Fausses Confidences,* Marivaux). Au cinéma, il s'accorde avec un bonheur particulier à l'univers d'Alain Resnais (*Smoking/No Smoking,* 1993).

ARDRES (62610), comm. du Pas-de-Calais ; 4 389 hab. *(Ardrésiens).* L'entrevue du Camp du Drap d'or eut lieu entre Ardres et Guînes (1520).

ARÉARÉ, peuple des îles Salomon (10 000). Connus pour leur protestation anticoloniale de 1943, dite *Maasina Ruru,* ils sont de langue austronésienne.

ARÊCHES (73270), station de sports d'hiver (alt. 780 - 2 100 m) de la Savoie (comm. de Beaufort).

ARECIBO, v. de la côte nord de Porto Rico ; 44 191 hab. Radiotélescope à antenne paraboloïdale de 300 m de diamètre.

ARENDT (Hannah), *Hanovre 1906 - New York 1975,* philosophe américaine d'origine allemande. Juive, élève de Jaspers puis de Heidegger, elle fuit le nazisme en 1934 et s'installe en 1941 aux États-Unis. Elle s'attache à mettre en évidence l'originalité du totalitarisme, et les liens de celui-ci avec la société de masse et la crise de la culture (*les Origines du totalitarisme,* 1951 ; *Condition de l'homme moderne,* 1958).

▲ Hannah **Arendt** en 1927.

Aréopage n.m., dans l'ancienne Athènes, tribunal qui siégeait sur la colline consacrée à Arès. Il surveillait les magistrats, interprétait les lois et jugeait les meurtres.

AREQUIPA, v. du Pérou méridional, au pied du volcan Misti ; 749 291 hab. Centre commercial et industriel. – Ville pittoresque, avec églises et couvents de la période coloniale.

ARÈS MYTH. GR. Dieu de la Guerre. Il fut assimilé par les Romains à Mars.

ARÈS (33740), comm. de la Gironde, sur le bassin d'Arcachon ; 6 243 hab. *(Arésiens).* Station balnéaire. Ostréiculture.

ARÉTIN (Pietro **Aretino,** dit l'), *Arezzo 1492 - Venise 1556,* écrivain italien. Ses *Lettres* satiriques et licencieuses sont une peinture de la vie politique et culturelle fondée sur la courtisanerie.

AREZZO, v. d'Italie (Toscane), ch.-l. de prov. ; 98 706 hab. *(Arétins).* Monuments médiévaux ; célèbres fresques de Piero della Francesca à l'église S. Francesco. Musées.

ARGELANDER (Friedrich), *Memel 1799 - Bonn 1875,* astronome allemand. On lui doit un grand catalogue d'étoiles, le *Bonner Durchmusterung* (BD), donnant la position et l'éclat de plus de 324 000 étoiles. Il contribua à développer l'étude des étoiles variables.

ARGELÈS-GAZOST (65400), ch.-l. d'arrond. des Hautes-Pyrénées, sur le gave d'Azun ; 3 211 hab. *(Argelésiens).* Station thermale.

ARGELÈS-SUR-MER (66700), bur. centr. de cant. des Pyrénées-Orientales ; 10 516 hab. *(Argelésiens).* Station balnéaire (Argelès-Plage). – Église du XIVe s.

ARGENLIEU (Georges **Thierry** d') → **THIERRY D'ARGENLIEU.**

ARGENS [arʒɑ̃s] n.f., fl. de France, en Provence, qui se jette dans la Méditerranée près de Fréjus, après avoir séparé les Maures et l'Esterel ; 115 km.

ARGENSON (**Voyer** d') → **VOYER,** marquis **d'Argenson.**

ARGENTAN (61200), ch.-l. d'arrond. de l'Orne, dans la *plaine,* ou *campagne, d'Argentan,* sur l'Orne ; 14 406 hab. *(Argentanais).* Équipement automobile. Agroalimentaire. – Deux églises des XVe-XVIe s.

ARGENTAT-SUR-DORDOGNE, bur. centr. de cant. de la Corrèze, sur la Dordogne ; 3 323 hab. *(Argentacois).* Centrale hydroélectrique.

ARGENTEUIL (95100), ch.-l. d'arrond. du Val-d'Oise, sur la Seine ; 111 992 hab. *(Argenteuillais).* Centre résidentiel et industriel (aéronautique, électrotechnique). – Musée du Vieil-Argenteuil.

ARGENTINA (Antonia **Mercé y Luque,** dite **la**), *Buenos Aires 1890 - Bayonne 1936,* danseuse et chorégraphe espagnole. Fondatrice en 1928 de la première compagnie de ballets d'Espagne, les Ballets espagnols, elle s'imposa par la virtuosité de son jeu de castagnettes et par ses créations chorégraphiques (*l'Amour sorcier,* 1925 ; *Triana,* 1929).

ARGENTINE n.f., en esp. **Argentina,** État fédéral d'Amérique du Sud ; 2 780 000 km² ; 41 446 000 hab. *(Argentins).* **CAP.** *Buenos Aires.* **V. PRINC.** *Córdoba* et *Rosario.* **LANGUE :** *espagnol.* **MONNAIE :** *peso argentin.*

INSTITUTIONS République fédérale de 23 provinces (ayant chacune un gouverneur et une Constitution), plus la capitale fédérale. Constitution de 1994. Le président de la République est élu pour 4 ans au suffrage universel. Le Congrès est composé de la Chambre des députés, élue pour 4 ans, et du Sénat, élu pour 6 ans.

GÉOGRAPHIE En dehors de sa bordure occidentale, montagneuse, appartenant à la cordillère des Andes, l'Argentine, grande comme cinq fois la France, est formée de plateaux au sud (Patagonie), de plaines à l'est (Pampa) et au nord (Chaco). Le climat, subtropical au nord, devient tempéré vers le Río de la Plata, froid en Patagonie et dans la Terre de Feu. Les produits de l'agriculture et de l'élevage (céréales, soja, vins, sucre, viande, peaux, laine) et le tourisme sont les fondements d'une économie qui, longtemps handicapée par un lourd endettement, alterne phases de croissance et crises graves (crises financières de 2001 - 2002 et de 2014, notamm.). Le sous-sol recèle du pétrole et du gaz naturel, ainsi que de l'uranium. L'industrie est présente princip. vers Buenos Aires, dont l'agglomération concentre le tiers de la population du pays, peu densément peuplé dans son ensemble.

HISTOIRE **La domination espagnole. 1516 :** l'Espagnol Díaz de Solís pénètre dans le Río de la Plata. **1580 :** fondation de Buenos Aires. **1776 :** la région, d'abord dans la vice-royauté du Pérou, est intégrée à la vice-royauté du Río de la Plata, avec Buenos Aires comme capitale. **XVIIIe s. :** le port et son arrière-pays, qui se peuplent lentement, connaissent un essor économique important.

L'indépendance. 1806 - 1807 : les milices locales repoussent deux offensives britanniques sur Buenos Aires. **1810 :** le vice-roi est déposé par une junte de notables. **1816 :** le congrès de Tucumán proclame l'indépendance de l'Argentine.

Fédéralistes, centralistes et caudillos. 1820 - 1829 : les fédéralistes – dirigés par des caudillos provinciaux – et les centralistes – à Buenos Aires – se livrent une bataille acharnée. **1835 - 1852 :** dictature de Juan Manuel de Rosas. **1853 :** Justo José de Urquiza, vainqueur de Rosas, donne à l'Argentine une Constitution fédérale et libérale. **1862 :** avec l'élection de Bartolomé Mitre à la présidence, l'unité du pays est enfin réalisée.

Enrichissement et peuplement. 1862 - 1880 : les conditions du développement se mettent en place, celui-ci étant fondé sur l'expansion de l'élevage bovin et ovin et sur la construction d'un réseau de chemin de fer. Les Indiens sont soumis ou éliminés. **1865 - 1870 :** guerre de la Triple-Alliance contre le Paraguay. **1874 - 1879 :** guerres indiennes en Patagonie et dans la Pampa. **1880 - 1930 :** parallèlement à l'arrivée massive d'immigrants européens (en majorité italiens), l'économie connaît un essor remarquable. Face à la domination de l'oligarchie libérale, constituée de grands propriétaires terriens et d'exportateurs, l'opposition des classes moyennes et populaires (radicalisme) s'affirme. Le président Hipólito Yrigoyen (1916 - 1922 et 1928 - 1930), radical, impose une législation sociale sans toucher aux structures agraires.

Les militaires au pouvoir. La crise mondiale de 1929 favorise la mise en place de régimes militaires conservateurs. **1943 :** le président Ramón Castillo est déposé par une junte d'officiers nationalistes, dont fait partie Juan Domingo Perón. Devenu président de la République (1946 - 1955), celui-ci applique, avec sa femme, Eva Duarte, une doctrine populiste dite « justicialiste ». **1955 :** Perón est écarté par une junte militaire. Une période de crise permanente s'ensuit. **1973 :** Perón redevient président. À sa mort (1974), sa troisième femme, Isabel, lui succède. **1976 :** une junte militaire présidée par le général Videla impose un régime d'exception, marqué par une répression sanglante. **1982 :** la défaite des Malouines ramène les civils au pouvoir.

Le retour des civils. 1983 : Raúl Alfonsín, leader du Parti radical, est élu président de la République. Le pays, en plein marasme économique, doit aussi faire face au problème de l'équilibre précaire entre le pouvoir civil et les militaires. **1989 :** le péroniste Carlos Saúl Menem est élu à la présidence de la République (réélu en 1995). **1999 :** Fernando de la Rúa (Parti radical) accède à la tête de l'État. **2001 :** confronté à une très grave crise financière et sociale, il démissionne (déc.). S'ouvre alors pour le pays une période d'incertitude économique et politique. **2003 :** le péroniste Néstor Kirchner devient président de la République et réussit à relancer l'économie. (Il meurt en 2010.) **2007 :** sa femme, Cristina Fernández de Kirchner, péroniste également, lui succède (réélue en 2011). **2013 :** après des mois de contestation populaire, les péronistes subissent un revers aux législatives partielles. **2015 :** Mauricio Macri, à la tête d'une coalition de centre droit (dont le Parti radical), est élu président de la République. Héritant d'une situation économique difficile, il entame une douloureuse libéralisation du pays.

Argentine

ARGENTON-SUR-CREUSE (36200), bur. centr. de cant. de l'Indre ; 5 192 hab. (*Argentonnais*). Ville pittoresque. Musée de la Chemiserie. Aux environs, à Saint-Marcel, vestiges de l'ancienne *Argentomagus* ; musée.

ARGERICH (Martha), *Buenos Aires 1941*, pianiste argentine naturalisée suisse. Elle a affirmé son talent en soliste et dans le domaine de la musique de chambre.

ARGHEZI (Ion N. **Theodorescu,** dit Tudor), *Bucarest 1880 - id. 1967*, écrivain roumain. Attiré d'abord par la vie monastique, il se tourna ensuite vers la lutte politique (*Paroles assorties*, 1927 ; *Cantique à l'homme*, 1956).

Arginuses (bataille des) [406 av. J.-C.], bataille navale de la guerre du Péloponnèse. Victoire d'Athènes sur Sparte, au large des Arginuses (mer Égée). Les généraux vainqueurs furent exécutés pour n'avoir pas recueilli les morts et les blessés.

ARGOLIDE, contrée montagneuse de la Grèce ancienne, dans le nord-est du Péloponnèse ; v. princ. *Mycènes*, *Tirynthe* et *Épidaure*. Cap. *Argos*.

ARGONAUTES MYTH. GR. Héros qui, montés sur le navire *Argo* et commandés par Jason, allèrent conquérir la Toison d'or en Colchide.

ARGONNE, région de collines boisées, aux confins de la Champagne et de la Lorraine, entre l'Aisne et l'Aire. (Hab. *Argonnais*.) Difficile à franchir hors de quelques défilés, l'Argonne reste célèbre par la victoire de Dumouriez à Valmy (1792) ainsi que par ses combats de 1914 - 1915 et de 1918.

ARGOS, v. de Grèce (Péloponnèse), près du golfe de Nauplie ; 27 050 hab. Anc. cap. de l'Argolide, à qui les Doriens donnèrent la suprématie sur les centres mycéniens.

ARGOS ou **ARGUS** MYTH. GR. Prince d'Argos aux cent yeux, dont cinquante restaient toujours ouverts. Chargé de veiller sur Io, il fut tué par Hermès et Héra, qui sema ses yeux sur la queue du paon.

ARGOUN n.m., riv. d'Asie ; 1 530 km. Cette branche-mère de l'Amour sépare dans son cours inférieur la Chine et la Russie.

ARGOVIE, en all. **Aargau,** canton de Suisse ; 1 404 km^2 ; 611 466 hab. (*Argoviens*) ; ch.-l. *Aarau*. L'Argovie entra dans la Confédération en 1803.

ARGUEDAS (Alcides), *La Paz 1879 - Santiago, Chili, 1946*, écrivain bolivien. Ses romans (*Race de bronze*) et ses essais décrivent les souffrances des Indiens.

ARGUEDAS (José María), *Andahuaylas 1911 - Lima 1969*, écrivain péruvien. Ses nouvelles et ses romans (*Tous sangs mêlés*) peignent la lente désagrégation de la culture indienne.

ARGYLL (Archibald **Campbell,** marquis **d'**), *v. 1607 - Édimbourg 1661*, seigneur écossais. S'étant allié à Cromwell, il contribua à livrer le roi Charles Ier aux parlementaires anglais. Il fut décapité à la Restauration.

ARHLABIDES → **AGHLABIDES.**

ÅRHUS ou **AARHUS,** v. du Danemark, sur la côte est du Jylland ; 306 650 hab. Port. Constructions mécaniques. – Cathédrale des XIIIe-XVe s. Riche musée de Préhistoire et d'Archéologie.

ARIANE MYTH. GR. Fille de Minos et de Pasiphaé. Elle donna à Thésée, venu en Crète pour combattre le Minotaure, le fil à l'aide duquel il put sortir du Labyrinthe après avoir tué le monstre. Thésée l'enleva, puis l'abandonna dans l'île de Naxos.

Ariane, lanceur spatial européen. Inauguré en 1979, commercialisé en 1983, il a connu plusieurs versions successives à trois étages (Ariane 1 à 4). Pour maintenir la compétitivité de l'Europe, un nouveau lanceur, beaucoup plus puissant mais de conception différente, Ariane 5, a pris la relève. Expérimenté de 1996 à 1998, il a procédé avec succès à son premier vol commercial en 1999. Ariane 6, un lanceur de taille intermédiaire, modulable et plus compétitif qu'Ariane 5, effectuera ses premiers tirs à l'horizon 2020. (V. ill. partie n. comm. **lanceur.**)

ARIAS (Alfredo), *Lanús, près de Buenos Aires, 1944*, metteur en scène de théâtre argentin et français. Installé en France depuis 1970, il y crée de nombreuses pièces contemporaines (notamm. celles de Copi), qu'il monte en alternance avec des œuvres classiques, des opéras, des revues et des spectacles musicaux, dans un style alliant humour et sens de la fête (*Peines de cœur d'une chatte anglaise, Mortadela, Tatouage*).

ARIAS SÁNCHEZ (Oscar), *Heredia 1940*, homme politique costaricain. Président de la République de 1986 à 1990 et, à nouveau, de 2006 à 2010, il a obtenu le prix Nobel de la paix en 1987 pour son action en faveur de la paix en Amérique centrale.

ARICA, v. du nord du Chili, proche du Pérou ; 175 441 hab. Port. Tourisme.

ARIÈGE n.f., riv. de France, née dans les Pyrénées, près du Carlitte, affl. de la Garonne (r. dr.) ; 170 km. Elle passe à Foix et à Pamiers.

ARIÈGE n.f. (09), dép. de la Région Occitanie ; ch.-l. de dép. *Foix* ; ch.-l. d'arrond. *Pamiers, Saint-Girons* ; 3 arrond. ; 13 cant. ; 331 comm. ; 4 890 km^2 ; 157 904 hab. (*Ariégeois*). Le dép. appartient à l'académie et à la cour d'appel de Toulouse, à la zone de défense et de sécurité Sud-Ouest. Une partie des hautes Pyrénées (Pyrénées ariégeoises), pays d'élevage ovin localement animé par le tourisme (parc naturel régional) et le thermalisme, est séparée, par les chaînons du Plantaurel, de collines vouées à la culture de céréales, complétées par des oléoprotéagineux (soja, tournesol). L'industrie, ancienne, est représentée par la métallurgie, le textile et l'extraction du talc.

ARIÈS (Philippe), *Blois 1914 - Toulouse 1984*, historien français. Il a orienté l'histoire vers l'étude des mentalités (*l'Enfant et la vie familiale sous l'Ancien Régime*, 1960 ; *l'Homme devant la mort*, 1977).

ARION, *Lesbos VIIe s. av. J.-C.*, poète lyrique grec. Selon Hérodote, il fut jeté à la mer par des pirates et sauvé par des dauphins, que sa lyre avait charmés.

ARIOSTE (Ludovico **Ariosto,** dit **l'**), *Reggio nell'Emilia 1474 - Ferrare 1533*, écrivain italien. Son poème épique *Roland furieux* (1516 - 1532), qui prolonge le *Roland amoureux* de Boiardo, eut une immense influence.

ARIOVISTE, chef des Suèves. Il fut vaincu par César en 58 av. J.-C.

ARISTARQUE, *v. 215 - v. 143 av. J.-C.*, grammairien et critique grec, considéré par ses contemporains comme le type du critique sévère.

ARISTARQUE de Samos, *Samos 310 - v. 230 av. J.-C.*, astronome grec. Il fut le premier à émettre l'hypothèse de la rotation de la Terre sur elle-même et autour du Soleil. Il inventa une méthode permettant de calculer les distances relatives de la Terre à la Lune et au Soleil.

ARISTIDE, *v. 540 - v. 468 av. J.-C.*, général et homme politique athénien, surnommé le Juste. Il se couvrit de gloire à Marathon, mais fut, à l'instigation de Thémistocle, son rival, frappé d'ostracisme (483 av. J.-C.). Rappelé lors de la seconde invasion perse, il combattit à Salamine et à Platées, puis participa à la formation de la Ligue de Délos.

ARISTIDE (Jean-Bertrand), *Port-Salut, Haïti, 1953*, homme politique haïtien. Porte-parole de la théologie de la libération, il est le premier président de la République démocratiquement élu en Haïti (déc. 1990). Entré en fonctions en févr. 1991, il est renversé par un putsch (sept.) ; il est rétabli avec l'aide de l'armée américaine en 1994 (fin de mandat en 1996). Très contesté après son retour à la tête de l'État en 2001, il doit démissionner et s'exiler en 2004. Il revient dans son pays en 2011.

ARISTOBULE II, roi de Judée (67 - 63 av. J.-C.). Il fut empoisonné par Pompée.

ARISTOPHANE, *Athènes v. 445 - v. 386 av. J.-C.*, poète comique grec. Les onze pièces qui nous sont parvenues de lui constituent des variations satiriques sur des thèmes d'actualité et défendent les traditions contre les idées nouvelles. *Les Cavaliers, les Acharniens, la Paix, Lysistrata* dénoncent les démocrates, qui poursuivent la guerre contre Sparte ; *les Guêpes* parodient la manie procédurière des Athéniens ; *les Thesmophories* et *les Grenouilles* visent Euripide ; Socrate est attaqué dans *les Nuées* ; *l'Assemblée des femmes* et *les Oiseaux* raillent les utopies politiques ; *Ploutos* marque le passage du théâtre « engagé » à l'allégorie moralisatrice.

ARISTOTE, *Stagire, Macédoine, 384 - Chalcis, Eubée, 322 av. J.-C.*, philosophe grec. Disciple de Platon à l'Académie, puis précepteur d'Alexandre le Grand, il fonde en 335 av. J.-C. à Athènes sa propre école, le Lycée, dit aussi école péripatéticienne. Il a développé, selon une approche encyclopédique, la conception d'un Univers fini, rigoureusement hiérarchisé selon le rapport en tout être de la forme et de la matière, et s'offrant globalement à l'emprise d'une pensée humaine dont les modalités doivent s'adapter à chaque objet d'étude. Il est l'auteur d'un grand nombre de traités de logique, de politique, de biologie (anatomie comparée, classification des animaux), de physique et de métaphysique, cette dernière assurant le fondement de l'ensemble. L'œuvre d'Aristote a exercé une influence majeure, tant sur la science et la philosophie de l'islam à leurs débuts que sur la pensée chrétienne médiévale. Parmi ses œuvres : *Organon* (ouvrages de logique), *Éthique à Nicomaque, Politique, Physique* et *Métaphysique*.

ARIUS, *v. 256 - 336*, prêtre d'Alexandrie. En niant la divinité du Christ, il provoqua une des crises les plus graves de l'Église chrétienne. Sa doctrine, l'arianisme, fut condamnée par les conciles de Nicée (325) et de Constantinople (381).

ARIZONA, État du sud-ouest des États-Unis ; 295 000 km^2 ; 7 016 270 hab. ; cap. *Phoenix*. Tourisme (Grand Canyon). Extraction du cuivre.

ARKANSAS, État du sud des États-Unis, à l'O. du Mississippi ; 3 004 279 hab. ; cap. *Little Rock.* Bauxite. Il est drainé par l'*Arkansas* (2 300 km), affl. du Mississippi (r. dr.).

ARKHANGELSK, v. de Russie, sur la mer Blanche ; 348 716 hab. Port. Pêche. Industries du bois.

ARKWRIGHT (sir Richard), *Preston, Lancashire, 1732 - Cromford, Derbyshire, 1792,* inventeur et industriel britannique. Il fut l'un des créateurs de l'industrie cotonnière de son pays, inventant des machines hydrauliques pour les filatures.

ARLAND (Marcel), *Varennes-sur-Amance 1899 - Saint-Sauveur-sur-École 1986,* écrivain français. Il est l'auteur de romans *(l'Ordre),* de nouvelles *(le Grand Pardon)* et d'essais critiques. (Acad. fr.)

Arlanda, aéroport de Stockholm, au N. de la ville.

ARLANDES (François, marquis **d'**), *Anneyron, Drôme, 1742 - ? 1809,* aéronaute français. Il fit, avec Pilâtre de Rozier, la première ascension en ballon libre (21 nov. 1783).

ARLBERG n.m., col d'Autriche, entre le Tyrol et le Vorarlberg ; 1 802 m. Tunnel ferroviaire (long de 10,2 km, ouvert en 1884) et tunnel routier (long de 14 km, ouvert en 1978).

Arlequin, personnage de la commedia dell'arte. Il porte un habit composé de petits morceaux de drap triangulaires de diverses couleurs, un masque noir et un sabre de bois. D'abord bouffon cynique et poltron, il évolue vers une plus grande complexité psychologique dans les pièces de Lesage, Regnard, Goldoni et surtout Marivaux.

ARLES (13200), ch.-l. d'arrond. des Bouches-du-Rhône, sur le Rhône ; 53 853 hab. *(Arlésiens).* Englobant la majeure partie de la Camargue, c'est la plus grande commune de France métropolitaine (750 km²). Tourisme (Feria, avec des spectacles tauromachiques dans les arènes antiques ; Rencontres photographiques annuelles ; festival des musiques du monde [« les Suds »]). Édition. École nationale supérieure de la photographie. – Remarquables édifices gallo-romains, dont le théâtre et les arènes (époque d'Auguste). Vestiges d'une basilique paléochrétienne. Nécropole des Alyscamps. Anc. cathédrale romane St-Trophime (portail historié, cloître), hôtel de ville du XVIIe s., etc. Musée départemental Arles antique, musée Réattu (beaux-arts), musée de la Camargue (en direction des Saintes-Maries-de-la-Mer), etc. Circuit Van Gogh et Fondation (lieu d'exposition autour du peintre). – Siège de plusieurs conciles, dont le plus important (314) condamna le donatisme. Au Xe s., Arles devint la capitale du royaume de Bourgogne-Provence, dit « royaume d'Arles ». Réunie à la Couronne en 1535, la ville fut, au XIXe s., un des centres du félibrige.

Arlésienne (l'), drame d'Alphonse Daudet, tiré d'un conte des *Lettres de mon moulin* (musique de scène de Georges Bizet, 1872). Amoureux d'une Arlésienne – qu'on ne voit jamais sur scène – dont on lui apprend l'infidélité, un jeune paysan de Camargue perd la raison et se suicide.

ARLETTY (Léonie **Bathiat,** dite), *Courbevoie 1898 - Paris 1992,* actrice française. Dans un registre populaire, elle s'est imposée notamment dans les films de Marcel Carné : *Hôtel du Nord* (1938), *Le jour se lève* (1939), *les Visiteurs du soir* (1942), *les Enfants du paradis* (1945).

◄ **Arletty** dans *les Enfants du paradis* de Marcel Carné (1945).

ARLINGTON, v. des États-Unis (Texas) ; 383 204 hab.

Arlington (cimetière d'), nécropole nationale des États-Unis, sur les bords du Potomac (Virginie), en face de Washington.

ARLINGTON (Henry **Bennet,** comte **d'**), *Little Saxham 1618 - Euston 1685,* homme d'État anglais. Ministre de Charles II de 1662 à 1674, il fut l'inspirateur de sa politique étrangère.

ARLIT, gisement d'uranium du Niger.

ARLOING (Saturnin), *Cusset 1846 - Lyon 1911,* vétérinaire français. Il mit au point le premier vaccin antituberculeux efficace chez les bovins.

ARLON, v. de Belgique, ch.-l. de la prov. de Luxembourg, sur la Semois ; 28 520 hab. *(Arlonais).* Musée (archéologie gallo-romaine).

Armada (l'Invincible), flotte de 130 vaisseaux envoyée par Philippe II, roi d'Espagne, contre l'Angleterre, en 1588, pour détrôner Élisabeth Ire et rétablir le catholicisme. Elle échoua devant la supériorité tactique anglaise et fut dispersée par la tempête.

ARMAGH, v. de Grande-Bretagne (Irlande du Nord) ; 14 590 hab. Métropole religieuse de l'île, résidence d'un archevêque catholique, primat d'Irlande, et d'un archevêque anglican.

ARMAGNAC, région de France, occupant la majeure partie du dép. du Gers. Elle est formée de collines vouées à la polyculture (céréales, élevage et vigne [production d'armagnac]). – Le *comté d'Armagnac,* érigé v. 960, s'étendit au-delà de la Garonne et fut réuni à la Couronne en 1607.

Armagnacs (faction des), faction qui, pendant la guerre de Cent Ans, s'opposa en France à celle des Bourguignons, de 1411 à 1435. Constitué autour de Bernard VII, comte d'Armagnac, ce parti soutint Charles d'Orléans puis Charles VII contre les ducs de Bourgogne Jean sans Peur et Philippe III le Bon, alliés des Anglais. Le conflit prit fin au traité d'Arras.

ARMAN (Armand **Fernandez,** dit), *Nice 1928 - New York 2005,* artiste français naturalisé américain. Il fut l'un des créateurs du « nouveau réalisme » (« accumulations », « colères », « combustions »).

ARMANÇON n.m., riv. de France, affl. de l'Yonne (r. dr.) ; 174 km.

ARMAND (aven), gouffre du causse Méjean (Lozère). Il a été exploré en 1897 par Martel.

ARMAND (Louis), *Cruseilles 1905 - Villers-sur-Mer 1971,* ingénieur et administrateur français. Il inventa un procédé de traitement des eaux d'alimentation des locomotives à vapeur, puis développa l'électrification du réseau de la SNCF. Il fut un des promoteurs de la coopération européenne dans le domaine de l'énergie atomique. (Acad. fr.)

ARMANI (Giorgio), *Plaisance 1934,* couturier italien. Après des débuts chez Nino Cerruti, il fonde sa société, avec Sergio Galeotti, en 1975 et se diversifie très vite en créant des costumes pour le cinéma (R. Gere, S. Connery), des uniformes militaires, des parfums... Ses vêtements, tant masculins que féminins (comme sa veste longue, près du corps et sans doublure, qui l'a fait connaître), sont synonymes de haute qualité, de sobriété et d'élégance.

ARMAVIR, v. de Russie, au pied nord du Caucase ; 188 897 hab.

Armée (musée de l'), musée constitué en 1905 à l'hôtel des Invalides, à Paris. Riches collections d'armes, d'uniformes et de souvenirs militaires.

Armée rouge, nom usuel de l'**Armée rouge des ouvriers et paysans,** appellation des forces armées soviétiques de 1918 à 1946.

ARMÉNIE n.f., en arm. **Hayastan,** État d'Asie, dans le Caucase ; 29 800 km² ; 2 979 500 hab. *(Arméniens).* **CAP.** *Erevan.* **LANGUE :** *arménien.* **MONNAIE :** *dram arménien.*

GÉOGRAPHIE L'Arménie est un haut pays, au relief instable, coupé de bassins (parfois lacustres) et accidenté de sommets (souvent volcaniques). Erevan concentre environ le tiers d'une population ethniquement homogène. L'économie juxtapose cultures (céréales, pomme de terre) et élevage (bovins et ovins) à quelques activités industrielles (extraction du cuivre, métallurgie de transformation). Elle est handicapée par le conflit latent avec l'Azerbaïdjan sur le Haut-Karabakh* et par sa dépendance énergétique vis-à-vis de la Russie.

HISTOIRE **L'Arménie antique et médiévale.** **IXe s. - VIIe s. av. J.-C. :** autour du lac de Van se forme l'État de l'Ourartou, rival de l'Empire assyrien. Au VIIe s. sont mentionnés les Arméniens, population indo-européenne sans doute venue de Thrace ou d'Asie Mineure. **189 av. J.-C. :** soumise aux Séleucides depuis la fin du IVe s. av. J.-C., l'Arménie reconquiert son indépendance. **Ier s. av. J.-C. :** l'Arménie passe sous domination romaine puis parthe, et se convertit au christianisme dès la fin du IIIe s. **640 :** les Arabes envahissent l'Arménie. **885 - 1079 :** la dynastie locale des Bagratides assure au pays une relative prospérité. **Xe - XIVe s. :** épanouissement d'une école d'architecture et de peinture murale (Aghtamar, Ani, etc.). **Milieu XIe s. - début XVe s. :** la Grande Arménie est ravagée par les invasions turques et mongoles. La Petite Arménie, créée en Cilicie par Rouben (1080),

A B C D E F G H I J K L M N O P Q R S T U V W X Y Z

soutient les croisés dans leur lutte contre l'islam, puis succombe sous les coups des Mamelouks (1375). Les Ottomans soumettent toute l'Arménie (sauf quelques khanats rattachés à l'Iran) et la placent sous l'autorité du patriarche arménien de Constantinople.

L'Arménie contemporaine. 1813 - 1828 : les Russes conquièrent l'Arménie orientale. **1915 :** 1 500 000 Arméniens sont victimes du génocide perpétré par le gouvernement jeune-turc. La république d'Arménie, proclamée en 1918, est reconnue par les Alliés au traité de Sèvres, mais les troupes turques kémalistes et l'Armée rouge occupent le pays. **1922 :** elle est intégrée à l'URSS. **1936 :** elle devient une république fédérée.

Le réveil national. 1988 : les Arméniens se soulèvent et réclament le rattachement du Haut-Karabakh à l'Arménie ; les gouvernements de l'URSS et de l'Azerbaïdjan s'y opposent. **1990 :** le Mouvement national arménien remporte les premières élections libres. **1991 :** l'Arménie obtient son indépendance et adhère à la CEI. Levon Ter-Petrossian est élu à la présidence de la République. **1998 :** Robert Kotcharian lui succède à la tête de l'État. **2008 :** Serge Sarkissian devient président de la République (réélu en 2013). **2013 :** l'Arménie rejoint l'Union eurasiatique mise en place par la Russie. **2015 :** adoption d'une réforme constitutionnelle qui instaure un régime parlementaire (à partir de 2018). **2018 :** Armen Sarkissian accède à la tête de l'État. Sous la pression de la rue, l'ex-président S. Sarkissian quitte le pouvoir quelques jours après sa nomination comme Premier ministre (avr.). L'opposant Nikol Pachinian lui succède, puis obtient une large majorité au Parlement (déc.).

ARMÉNIENS, peuple réparti entre l'Arménie (env. 3 300 000) et une diaspora mondiale (env. 3 500 000, dont 350 000 en France). Ils sont originaires vraisemblablement de Thrace et de Phrygie, avec assimilation ultérieure de populations caucasiennes ; leur présence en Anatolie orientale et en Transcaucasie est attestée au VIe s. av. J.-C. La diaspora s'est constituée après le génocide de 1915. Les Arméniens sont chrétiens (Église apostolique et autocéphale). Ils parlent l'*arménien**. Ils se reconnaissent sous le nom de *Haik*.

ARMENTIÈRES (59280), bur. centr. de cant. du Nord, sur la Lys ; 25 445 hab. *(Armentiérois)*. Métallurgie.

ARMINIUS, *v. 18 av. J.-C. - 19 apr. J.-C.,* chef du peuple germain des Chérusques. Il détruisit les légions romaines de Varus (9 apr. J.-C.) dans la forêt de Teutoburg, mais fut vaincu (16) par Germanicus. Il est resté en Allemagne un héros populaire sous le nom de *Hermann*.

ARMINIUS (Jacobus), nom latinisé de **Jacob Harmensz.,** *Oudewater 1560 - Leyde 1609,* théologien protestant hollandais, fondateur de la secte des *arminiens*. L'*arminianisme* adoucissait la doctrine de Calvin sur la prédestination et fut combattu par les rigoristes gomaristes.

Armoire de fer (l'), coffre dissimulé dans un mur du palais des Tuileries et qui, découvert en 1792, révéla les correspondances de Louis XVI avec les « ennemis de la nation ».

ARMOR ou **ARVOR** n.m. *(le pays de la mer)*, nom celtique de la Bretagne, qui désigne auj. le littoral de cette région.

ARMORICAIN (Massif), région géologique de l'ouest de la France, occupant la Vendée, toute la Bretagne et la Normandie occidentale. C'est un massif hercynien aplani par l'érosion, où les ensembles de plateaux et de hauteurs de la Bretagne (384 m, monts d'Arrée) se prolongent, au sud-est, dans le Bocage vendéen (285 m, mont Mercure) et, à l'est, en Normandie (417 m, signal des Avaloirs et forêt d'Écouves).

ARMORIQUE, partie de la Gaule formant auj. la Bretagne.

Armorique (parc naturel régional d'), parc naturel de la Bretagne occidentale ; env. 125 000 ha. Il englobe notamm. les monts d'Arrée et Ouessant.

ARMSTRONG (Lance), *Plano, Texas, 1971,* coureur cycliste américain. Champion du monde sur route (1993), il remporte sept Tours de France consécutifs (1999 à 2005). Accusé d'avoir été au centre d'un vaste système de dopage à partir de 1998, il est déchu de ces sept titres et radié à vie du circuit cycliste professionnel en 2012.

ARMSTRONG (Louis), *La Nouvelle-Orléans 1901 - New York 1971,* musicien américain de jazz. Il fut le véritable initiateur du jazz classique et le fondateur de plusieurs orchestres (Hot Five, Hot Seven, All Stars, etc.). Chanteur, successivement cornettiste et trompettiste, il donna à l'improvisation et au soliste une place prépondérante (*West End Blues*, 1928 ; *Mahogany Hall Stomp*, 1929).

ARMSTRONG (Neil Alden), *Wapakoneta, Ohio, 1930 - Cincinnati 2012,* astronaute américain. Pilote de l'aéronavale puis pilote d'essais, sélectionné par la NASA en 1962, il fut le premier homme à marcher sur la Lune (Apollo 11, le 21 juill. 1969).

◄ Neil A. **Armstrong**

ARNAC-POMPADOUR (19230), comm. de la Corrèze ; 1 159 hab. *(Pompadours)*. Haras national. Centre équestre.

ARNAGE (72230), comm. de la Sarthe, au S. du Mans ; 5 408 hab. *(Arnageois)*. Équipements automobiles. Aérodrome.

ARNAUD de Brescia, *Brescia fin XIe s. - Rome 1155,* réformateur italien. Luttant contre la corruption du clergé et pour le retour à la simplicité de l'Église primitive, il se réfugia en France, puis souleva Rome contre le pape. Livré par Frédéric Barberousse, il fut exécuté.

ARNAUD de Villeneuve, *près de Lérida v. 1240 ou 1250 - av. 1312,* alchimiste, astrologue et médecin catalan, conseiller du pape Clément V.

ARNAULD, ARNAUD ou **ARNAUT,** famille française liée à l'histoire du jansénisme et de Port-Royal. — **Robert A. d'Andilly,** *Paris 1588 - ? 1674,* écrivain français. Aîné d'une famille très nombreuse (et comptant notamm. parmi ses frères et sœurs : Angélique, Agnès et Antoine), il a laissé une traduction des *Confessions* de saint Augustin. — **Angélique A.,** dite **Mère Angélique,** *Paris 1591 - id. 1661,* religieuse française. Elle fut abbesse et réformatrice de Port-Royal. — **Agnès A.,** dite **Mère Agnès,** *Paris 1593 - ? 1671,* religieuse française. Appelée à Port-Royal par sa sœur Angélique, abbesse à son tour, elle fut enfermée jusqu'en 1665 pour avoir refusé de signer le *Formulaire* (1661). — **Antoine A.,** surnommé **le Grand Arnauld,** *Paris 1612 - Bruxelles 1694,* théologien français. Il fit paraître le traité *De la fréquente communion* (1643), dans lequel il attaquait la morale des jésuites et vulgarisait l'*Augustinus*. Il a écrit aussi la *Grammaire générale et raisonnée* (1660, avec C. Lancelot) et la *Logique* de Port-Royal* (avec P. Nicole).

ARNAUT DANIEL, *Ribérac v. 1150 - v. 1200,* troubadour périgourdin. Un des maîtres de la poésie occitane (inventeur de la sextine).

ARNAY-LE-DUC (21230), bur. centr. de cant. de la Côte-d'Or, sur l'Arroux ; 1 545 hab. *(Arnétois)*. Monuments des XVe-XVIIe s.

ARNHEM, v. des Pays-Bas, ch.-l. de la Gueldre, sur le Rhin ; 149 827 hab. Musées, dont le Musée néerlandais de plein air. – Objectif, en septembre 1944, d'une opération aéroportée alliée pour ouvrir l'accès à l'Allemagne du Nord, qui se solda par un échec devant la violence de la réaction allemande.

ARNIM (Ludwig Joachim **von Arnim,** dit Achim von), *Berlin 1781 - Wiepersdorf 1831,* écrivain allemand. Auteur de contes fantastiques, il recueillit, avec C. Brentano, les chansons populaires allemandes *(le Cor merveilleux)*. — **Elisabeth von A.,** dite Bettina, née **Brentano,** *Francfort-sur-le-Main 1785 - Berlin 1859,* femme de lettres allemande, épouse d'Achim. Elle fut la correspondante de Goethe et rédigea à la fin de sa vie des études sociales.

ARNO n.m., fl. d'Italie, qui se jette dans la Méditerranée ; 241 km. Il passe à Florence et à Pise.

▲ Louis **Armstrong** dans les années 1940.

ARNOBE, *seconde moitié du IIIe s. apr. J.-C.,* écrivain latin. Il écrivit une apologie de la religion chrétienne *(Contre les païens)*.

ARNOLD (Benedict), *Norwich 1741 - Londres 1801,* général américain. Il trahit son pays en tentant de livrer l'arsenal de West Point aux Anglais (1779).

ARNOLD (Matthew), *Laleham 1822 - Liverpool 1888,* écrivain britannique. Ses essais et ses poèmes défendent un moralisme panthéiste.

ARNOLD de Winkelried, *m. en 1386,* héros suisse. Paysan du canton d'Unterwald, il se distingua à la bataille de Sempach, où il fut tué.

ARNOLFO di Cambio, *près de Florence v. 1240 - Florence 1302,* sculpteur et architecte italien. Formé auprès de Nicola Pisano, il travailla à Rome, transforma le genre funéraire, puis suscita un renouveau architectural à Florence.

ARNOUL (saint), *v. 582 - v. 640,* évêque de Metz. Il est l'ancêtre des Carolingiens par son petit-fils, Pépin de Herstal.

ARNOUL ou **ARNULF,** *850 - Ratisbonne 899,* roi de Germanie (887 - 899), empereur d'Occident (896 - 899), de la dynastie des Carolingiens. Petit-fils de Louis le Germanique.

ARNOUVILLE (95400), comm. du Val-d'Oise ; 14 331 hab. *(Arnouvillois)*.

ARON (Raymond), *Paris 1905 - id. 1983,* philosophe et sociologue français. Au fil d'une œuvre d'esprit interdisciplinaire (*Introduction à la philosophie de l'histoire*, 1938 ; *l'Opium des intellectuels*, 1955 ; *Démocratie et totalitarisme*, 1965), il s'est attaché à dénoncer toute allégeance au marxisme et à promouvoir une pensée libérale.

◄ Raymond **Aron**

AROSA, comm. de Suisse (Grisons) ; 2 251 hab. Station thermale et de sports d'hiver (alt. 1 750 - 2 639 m).

ARP (Hans ou Jean), *Strasbourg 1886 - Bâle 1966,* sculpteur, peintre et poète français. Cofondateur de dada à Zurich et à Cologne, il épousa en 1922 la peintre abstraite suisse Sophie **Taeuber** *(1889 - 1943)*, s'installa en 1929 à Meudon (fondation et musée dans leur maison-atelier, auj. sur la comm. de Clamart) et conjugua désormais surréalisme et abstraction dans ses reliefs polychromes et ses rondes-bosses.

ÁRPÁD, dynastie qui régna sur la Hongrie de 904 env. à 1301, transformant progressivement une confédération de tribus hongroises en un puissant royaume médiéval. — **Árpád,** *m. en 907,* chef hongrois, fondateur de sa dynastie. Il dirigea la conquête de la Pannonie par les Hongrois.

ARPAJON (91290), bur. centr. de cant. de l'Essonne, sur l'Orge ; 10 606 hab. *(Arpajonnais)*. Foire aux haricots. – Halles du XVe s.

ARPAJON-SUR-CÈRE (15130), bur. centr. de cant. du Cantal ; 6 542 hab. *(Arpajonnais)*.

ARQUES (62510), comm. du Pas-de-Calais, sur l'Aa ; 10 092 hab. *(Arquois)*. Verrerie.

ARQUES-LA-BATAILLE (76880), comm. de la Seine-Maritime, près de Dieppe ; 2 701 hab. Ruines d'un château fort ; église gothique. – Henri IV y vainquit le duc de Mayenne en 1589.

ARRABAL (Fernando), *Melilla 1932*, écrivain et cinéaste espagnol d'expression espagnole et française. Son théâtre « panique » met en œuvre un cérémonial sadomasochiste (*le Cimetière des voitures*, 1966). Parmi ses films : *Viva la muerte* (1971) et *J'irai comme un cheval fou* (1973).

ARRAS (62000), ch.-l. du dép. du Pas-de-Calais, sur la Scarpe, à 178 km au N. de Paris ; 41 839 hab. *(Arrageois)*. Centre d'une communauté urbaine regroupant 39 communes (105 296 hab.). Anc. cap. de l'Artois. Évêché. Université. Matériel électrique. – Festival musical (« Main Square Festival »). – Trois traités y furent signés : entre Charles VI et Jean sans Peur (1414) ; entre Charles VII et Philippe le Bon (1435) ; entre Louis XI et Maximilien d'Autriche (1482). Cité industrielle au Moyen Âge, la ville passa successivement sous l'autorité des comtes de Flandre, du roi de France (Philippe Auguste) et des ducs de Bourgogne. Louis XI, qui la prit en 1477, fit raser ses murs et déporta sa population. Devenue espagnole (1492), elle fut reprise par Louis XIII (1640), défendue par Turenne contre Condé et les Espagnols (1654), et fortifiée par Vauban. De 1914 à 1918, elle fut dévastée par les bombardements. Mémorial de la *bataille d'Arras* (1917) dans l'anc. carrière Wellington. – Les ensembles monumentaux ont été restaurés ou reconstruits : Grand-Place et Petite-Place (XVIIe-XVIIIe s.) ; hôtel de ville et son beffroi (XVIe s.) ; cathédrale et palais St-Vaast (XVIIIe s., musée des Beaux-Arts). Arras a été aux XIVe et XVe s. une capitale européenne de la tapisserie.

ARRAU (Claudio), *Chillán 1903 - Mürzzuschlag, Autriche, 1991*, pianiste américain d'origine chilienne. Il a excellé dans le répertoire allemand de Bach à Schumann et s'est illustré dans la musique de Chopin et de Liszt, alliant la rigueur de sa technique à une inspiration poétique.

ARRÉE (monts d'), hauteurs du Finistère, portant le point culminant de la Bretagne ; 384 m.

ARRHENIUS (Svante), *Wijk, près d'Uppsala, 1859 - Stockholm 1927*, physicien et chimiste suédois. Il est l'auteur de la théorie des ions ; il a aussi montré le rôle du gaz carbonique dans les processus climatiques. (Prix Nobel de chimie 1903.)

ARRIEN, en lat. **Flavius Arrianus,** *Nicomédie v. 95 - v. 175*, historien et philosophe grec. Citoyen romain, disciple d'Épictète, dont il rapporta les enseignements dans les *Entretiens* et le *Manuel*, il écrivit une *Anabase* sur l'expédition d'Alexandre.

ARROMANCHES-LES-BAINS (14117), comm. du Calvados, sur la Manche ; 529 hab. *(Arromanchais)*. Station balnéaire. – Les Alliés y débarquèrent le 6 juin 1944 et y établirent un port artificiel. Musée du Débarquement.

ARROW (Kenneth J.), *New York 1921 - Palo Alto, Californie, 2017*, économiste américain. Spécialiste de l'étude des choix collectifs et de la théorie du bien-être collectif, il partagea le prix Nobel, en 1972, avec John R. Hicks.

ARROYO (Eduardo), *Madrid 1937 - id. 2018*, peintre espagnol. Associé, en France, à la « nouvelle figuration », il appliqua souvent sa démarche allusive et ironique à un contenu politique.

▲ Hans **Arp.** *Danseuse*, 1925. (MNAM, Paris.)

ARS (curé d') → **JEAN-MARIE VIANNEY.**

ARSACIDES, dynastie parthe, qui régna en Iran de 250 av. J.-C. à 224 apr. J.-C. Fondée par Arsace (m. v. 248 av. J.-C.), elle compta trente-huit rois et fut renversée par les Sassanides.

Arsenal (bibliothèque de l'), bibliothèque française. Elle est installée à Paris dans l'ancien hôtel du grand maître de l'Artillerie (fin XVIe s.). Elle fut rattachée à la Bibliothèque nationale en 1934.

ARSINOÉ II PHILADELPHE, *v. 316 - v. 270 av. J.-C.*, reine d'Égypte, de la dynastie des Lagides. Elle épousa son frère Ptolémée II Philadelphe, sur lequel elle eut une grande influence.

ARSONVAL (Arsène d'), *près de La Porcherie, Haute-Vienne, 1851 - id. 1940*, physicien français. Il perfectionna le téléphone et le galvanomètre, et inventa une bouteille à double paroi vide (vase de [d'Arsonval-]Dewar).

ARS-SUR-FORMANS (01480), comm. de l'Ain ; 1 397 hab. *(Arsois)*. Pèlerinage à la résidence de saint Jean-Marie Vianney, curé d'Ars.

ÁRTA, v. de Grèce, près du *golfe d'Árta*, formé par la mer Ionienne ; 21 642 hab.

ARTABAN, nom de plusieurs rois parthes arsacides.

Artaban, personnage du roman *Cléopâtre* (1647-1658), de La Calprenède. Sa fierté est devenue proverbiale : on dit *être fier comme Artaban*.

ARTAGNAN (Charles **de Batz,** comte **d'**), *Castelmore entre 1610 et 1620 - Maastricht 1673*, gentilhomme gascon. Officier des mousquetaires, il servit Louis XIV. – Il a inspiré A. Dumas (*les Trois Mousquetaires*, 1844).

ARTAUD (Antonin), *Marseille 1896 - Ivry-sur-Seine 1948*, écrivain français. D'abord poète d'obédience surréaliste (*le Pèse-nerfs*, 1925), il a influencé profondément la littérature moderne, à la fois par son aventure intérieure, qui le conduisit à la limite de la folie, et par sa conception du « théâtre de la cruauté » (*le Théâtre et son double*, 1938).

◀ Antonin **Artaud** dans *le Juif errant* de Luitz-Morat (1926).

ARTAXERXÈS Ier, roi perse achéménide (465 - 424 av. J.-C.). Fils de Xerxès Ier, il signa avec les Athéniens la paix de Callias (449 - 448), qui mit fin aux guerres médiques. — **Artaxerxès II,** roi perse achéménide (404 - 358 av. J.-C.). Il vainquit et tua à Counaxa (401) son frère Cyrus le Jeune, révolté contre lui. — **Artaxerxès III,** roi perse achéménide (358 - 338 av. J.-C.). Fils d'Artaxerxès II, il reconquit l'Égypte (343).

Arte (Association relative à la télévision européenne), chaîne de télévision culturelle européenne. Opérationnelle depuis 1992, elle est issue du rapprochement de la société française *La Sept* (société d'édition de programmes de télévision, créée en 1986 et devenue en 1993 *La Sept-Arte*, puis en 2000 *Arte France*) et de la société allemande *Arte Deutschland TV GmbH*.

ARTÉMIS MYTH. GR. Divinité de la Nature et de la Chasse. Elle fut assimilée par les Romains à Diane.

ARTÉMISE II, reine de Carie (353 - 351 av. J.-C.). Elle éleva à Mausole, son frère et époux, le Mausolée d'Halicarnasse, qui fut l'une des Sept Merveilles du monde.

Artémision (bataille du cap) [480 av. J.-C.], bataille navale des guerres médiques. Combat indécis entre la flotte des Grecs et celle des Perses de Xerxès au cap Artémision, au N. de l'île d'Eubée.

ARTENAY (45410), comm. du Loiret ; 1 856 hab. Sucrerie. – Musée du Théâtre forain.

ARTEVELDE (Van) → **VAN ARTEVELDE.**

ARTHAUD (Florence), *Boulogne-Billancourt 1957 - près de Villa Castelli, prov. de La Rioja (Argentine), dans un accident d'hélicoptère, 2015*, navigatrice française. Elle fut la première femme vainqueur d'une course transocéanique en solitaire (la Route du Rhum, 1990).

ARTHUR ou **ARTUS,** roi légendaire du pays de Galles. Il anima la résistance des Celtes à la conquête anglo-saxonne (fin Ve s. - début VIe s.). – Ses aventures ont donné naissance aux romans courtois du *cycle d'Arthur*, appelé aussi *cycle breton* ou *cycle de la Table ronde*, et ont notamment inspiré Wace et Chrétien de Troyes.

ARTHUR Ier, *Nantes 1187 - Rouen 1203*, duc de Bretagne (1196 - 1203). Enfant posthume de Geoffroi (fils d'Henri II Plantagenêt) et de Constance, duchesse de Bretagne, il fut écarté en 1199 du trône d'Angleterre par son oncle Jean sans Terre. Protégé par Philippe II Auguste, il fut assassiné sans doute par Jean sans Terre. — **Arthur II,** *1262 - L'Isle, Morbihan, 1312*, duc de Bretagne (1305 - 1312). — **Arthur III,** comte **de Richemont,** *1393 - Nantes 1458*, duc de Bretagne (1457 - 1458). Connétable de France (1425 - 1458), il fut l'un des meilleurs généraux de Charles VII.

ARTHUR (Chester Alan), *près de Fairfield, Vermont, 1830 - New York 1886*, homme politique américain. Républicain, il fut président des États-Unis (1881 - 1885).

ARTHUS-BERTRAND (Yann), *Paris 1946*, photographe français. Spécialiste de la photographie animalière et de la photographie aérienne, virtuose de la couleur, il a fait découvrir à un vaste public *la Terre vue du ciel* (1999), qui est aussi un témoignage de sa passion militante pour la nature (au cœur, également, de son film *Home*, 2009).

ARTIGAS (José), *Montevideo 1764 - Ibiray 1850*, général uruguayen. Chef révolutionnaire à la tête des Gauchos, il lutta à partir de 1810 pour établir l'indépendance de l'Uruguay (*Banda Oriental*) tant contre l'Espagne que contre l'Argentine et le Brésil, mais il échoua (1820) et s'exila. Il est néanmoins considéré comme le père de l'indépendance de son pays (1828).

ARTIN (Emil), *Vienne 1898 - Hambourg 1962*, mathématicien allemand. Il est, avec Emmy Noether, l'un des fondateurs de l'algèbre abstraite.

Art moderne (musée national d') [MNAM], musée situé à Paris. Installé à partir de 1937 au palais de Tokyo (qui avait lui-même succédé au musée du Luxembourg), il a été transféré en 1977 au Centre* national d'art et de culture G.-Pompidou. Il présente un panorama international des arts plastiques depuis le début du XXe s.

ARTOIS n.m., région de plateaux et de collines du Pas-de-Calais ; hab. *Artésiens* ; cap. *Arras*. Anc. comté français, érigé par Saint Louis à partir d'une région héritée de la Flandre, il fut incorporé à la Couronne en 1223, passa à la Bourgogne (1384), puis à la maison d'Autriche (1493). Les traités des Pyrénées (1659) et de Nimègue (1678) le rendirent définitivement à la France. – Théâtre, entre Arras et Lens, de violents combats en 1914 (course à la mer), en 1915 (Notre-Dame-de-Lorette, Souchez, etc.) et en 1917 (Vimy).

ARTOIS (Charles Philippe **de Bourbon,** comte **d'**) → **CHARLES X.**

arts décoratifs (École nationale supérieure des) → **ENSAD.**

Arts décoratifs (musée des), à Paris, musée fondé en 1882 par l'Union centrale des arts décoratifs (auj. Mode, Arts, Design [MAD]). Installé au pavillon de Marsan, au Louvre, en 1905, il abrite de riches collections relatives aux arts appliqués, au décor et au mobilier français depuis le Moyen Âge.

Arts et des Lettres (ordre des), ordre français créé en 1957 pour récompenser les mérites littéraires et artistiques.

arts et métiers (Conservatoire national des) → **Conservatoire national des arts et métiers.**

arts et métiers (École nationale supérieure d') → **ENSAM.**

ARUBA, île des Antilles, près de la côte du Venezuela ; 101 484 hab. ; cap. *Oranjestad*. Anc. partie des Antilles néerlandaises, elle est dotée depuis 1986 du statut d'État autonome au sein du royaume des Pays-Bas.

ARUDY (64260), comm. des Pyrénées-Atlantiques ; 2 258 hab. Maison d'Ossau (musée).

ARUNACHAL PRADESH, État du nord-est de l'Inde ; 83 700 km² ; 1 382 611 hab. ; cap. *Itanagar*.

ARUNDEL (Thomas), *1353 - 1414*, prélat anglais. Chancelier sous Richard II, il devint archevêque de Canterbury (1396). Sous le règne du roi Henri IV, il combattit l'hérésie des lollards.

ARVE n.f., riv. de France, affl. du Rhône (r. g.) ; 100 km. Elle draine le massif du Mont-Blanc. Vallée industrialisée. Centrales, décolletage.

ARVERNES, peuple celte de la Gaule qui occupait l'Auvergne actuelle. Dirigés par Vercingétorix, ils prirent, en 52 av. J.-C., la direction de la révolte gauloise contre Rome.

ARVOR → **ARMOR.**

ARYABHATA, *Pataliputra, auj. Patna, 476 - 550,* mathématicien et astronome indien. On trouve dans ses écrits la première référence à la notation décimale de position ; en astronomie, il est partisan de la rotation de la Terre.

ARYENS (sanskrit *ārya,* « les nobles »), populations d'origine indo-européenne qui, à partir du XVIIIe s. av. J.-C., se répandirent d'une part en Iran, d'autre part dans le nord de l'Inde. Leur langue est l'ancêtre des langues indiennes (sanskrit, pali) et iraniennes (avestique, vieux perse).

ARZEW, v. d'Algérie, sur le *golfe d'Arzew,* au N.-E. d'Oran ; 70 951 hab. Terminal pétrolier et gazier. Liquéfaction du gaz et raffinage du pétrole.

ASAD (Hafiz al-) ou **ASSAD** (Hafez el-), *Qardaha, près de Lattaquié, 1930 - Damas 2000,* général et homme politique syrien. Il prit le pouvoir en 1970 et fut, de 1971 à sa mort, président de la République et secrétaire général du parti Baath. Exerçant à l'intérieur un pouvoir fort, il assura à la Syrie un rôle de tout premier plan dans la région. ◀ Hafiz al-**Asad.** — **Bachar al-** ou **Bachar el-A.,** *Damas 1965,* homme politique syrien. Deuxième fils de Hafiz al-Asad, il lui a succédé à la tête du Baath et de l'État en 2000. Confronté à partir de 2011 à une forte contestation de son régime, il réprime cette opposition dans le sang.

ASAD ou **ASSAD** (lac), lac de Syrie, créé par un barrage sur l'Euphrate ; 640 km².

ASAHIKAWA, v. du Japon (Hokkaido) ; 347 275 hab.

Asahi Shimbun (littéral., « journal du soleil levant »), quotidien d'information japonais fondé en 1879, l'un des plus importants par son tirage.

ASAM (les frères), artistes allemands. **Cosmas Damian A.,** *Benediktbeuern 1686 - Munich 1739,* peintre et architecte, et **Egid Quirin A.,** *Tegernsee 1692 - Mannheim 1750,* sculpteur et stucateur. Représentants majeurs du baroque de l'Allemagne du Sud, ils ont notamment élevé et décoré, ensemble, v. 1733, l'*Asamkirche* (« église des Asam ») à Munich.

ASANSOL, v. d'Inde (Bengale-Occidental) ; 486 304 hab. (1 243 008 hab. dans l'agglomération). Houille. Métallurgie.

ASBESTOS, v. du Canada (Québec) ; 6 786 hab. *(Asbestriens).*

ASCAGNE → **IULE.**

ASCALON, port de l'anc. Palestine.

ASCANIENS, dynastie allemande qui a régné sur le Brandebourg jusqu'au XIVe s., sur le Lauenburg jusqu'au XVIIe s. et sur l'Anhalt jusqu'en 1918.

ASCENSION (île de l'), île britannique du sud de l'Atlantique ; 980 hab. Elle a été découverte en 1501, le jour de l'Ascension, par João da Nova.

ASCHAFFENBURG, v. d'Allemagne (Bavière), sur le Main ; 67 359 hab. Château Renaissance des archevêques de Mayence (musée).

ASCLÉPIADE, *Prousa, Bithynie, 124 - 40 av. J.-C.,* médecin grec. Il exerça en Grèce, puis vint à Rome, où il combattit les doctrines d'Hippocrate. Il est à l'origine de l'*école méthodique,* fondée par ses élèves.

ASCLÉPIOS MYTH. GR. Dieu de la Médecine. Particulièrement vénéré à Épidaure, il a pour attribut le bâton où s'enroule un serpent. Il fut assimilé par les Romains à Esculape.

ASCOLI PICENO, v. d'Italie (Marches), ch.-l. de prov., sur le Tronto ; 49 315 hab. Monuments de l'époque romaine à la Renaissance. Musées.

ASCOT, localité de Grande-Bretagne (Angleterre), près de Windsor. Hippodrome.

ASEAN (Association of Southeast Asian Nations), en fr. **ANASE** (Association des nations de l'Asie du Sud-Est) ou **ANSEA** (Association des nations du Sud-Est asiatique), organisation régionale fondée en 1967 à Bangkok. Conçue au départ pour resserrer les liens entre les pays non communistes de la zone, elle s'est réorientée depuis la fin de la guerre froide vers une coopération économique et politique plus large. Elle regroupe auj. l'Indonésie, la Malaisie, les Philippines, Singapour, la Thaïlande (1967), Brunei (1984), le Viêt Nam (1995), la Birmanie, le Laos (1997) et le Cambodge (1999).

ASER, personnage biblique. Huitième fils de Jacob et ancêtre éponyme d'une tribu d'Israël établie en haute Galilée.

ASES, dieux guerriers de la mythologie nord-germanique.

ASHANINKA, peuple amazonien du Pérou (50 000), de langue arawak.

ASHANTI, peuple akan du centre du Ghana (env. 2,5 millions). Les Ashanti formèrent à la fin du XVIIe s. une puissante confédération (cap. *Kumasi*), symbolisée par le « siège d'or », qui, au début du XIXe s. et jusqu'à leur soumission aux Britanniques (1902), contrôlait le Ghana et les régions adjacentes. Ils parlent l'*ashanti,* du groupe kwa.

ASHDOD, v. d'Israël, au S. de Tel-Aviv-Jaffa, sur la Méditerranée ; 221 600 hab. Port.

ASHIKAGA, famille de shoguns japonais qui exerça le pouvoir à Kyoto de 1338 à 1573. Le premier shogun fut Ashikaga Takauji.

ASHKELON ou **ASHQELON,** v. d'Israël, sur la Méditerranée ; 134 500 hab. Port pétrolier.

ASHKÉNAZES, Juifs originaires des pays d'Europe centrale, orientale et septentrionale, par distinction avec les Séfarades*. Avant la Shoah, ils représentaient environ 90 % des Juifs et parlaient, en plus de la langue de leurs pays de résidence, le *yiddish.*

ASHOKA ou **AÇOKA,** souverain de l'Inde (v. 269 - 232 av. J.-C.), de la dynastie maurya. Il régna sur la quasi-totalité de l'Inde et joua un rôle décisif dans le développement du bouddhisme.

ASHTART ou **ASTARTÉ** → **ISHTAR.**

ASHTON (William **Mallandaine,** sir **Frederick**), *Guayaquil, Équateur, 1904 - Eye, Suffolk, 1988,* danseur et chorégraphe britannique. Il fut de 1963 à 1970 directeur du Royal Ballet et marqua la création chorégraphique anglaise par son style raffiné (*Symphonic Variations,* 1946 ; *Marguerite and Armand,* 1963 ; *A Month in the Country,* 1976).

ASHVIN ou **AÇVIN,** dieux jumeaux de l'hindouisme primitif qui guérissent les maladies. Ils correspondent aux Dioscures.

ASIE, une des cinq parties du monde, située presque entièrement dans l'hémisphère Nord ; 44 millions de km² ; 4 494 000 000 hab. *(Asiatiques).* L'Asie est principalement formée de régions basses au nord-ouest (Sibérie occidentale, dépression aralo-caspienne), de vastes plateaux de roches anciennes au sud (Arabie, Deccan), séparés par des montagnes (Caucase, Zagros, Himalaya, Tian Shan, Altaï) qui enserrent elles-mêmes des hautes terres (Anatolie, plateau iranien, Tibet). L'Est se morcelle en péninsules (Kamtchatka, Corée, Indochine, Malaisie), îles (Sakhaline, Taïwan, Hainan) et archipels (Japon, Philippines, Indonésie). En dehors de la Sibérie, de la Mongolie et du Tibet, au climat continental marqué (hivers très rudes), il existe deux grands domaines climatiques, généralement chauds : une Asie occidentale, sèche, et une Asie humide, l'Asie des moussons, aux pluies estivales. Plus que le relief, le climat détermine la localisation de la population. Celle-ci se concentre pour près de 90 % dans l'Asie humide (30 % de la superficie du continent), particulièrement dans les plaines et les deltas des grands fleuves : Indus, Gange et Brahmapoutre, Mékong, fleuve Rouge, Yangzi Jiang, Huang He. Ici, la population se consacre encore surtout à la culture du riz. L'aridité de l'Asie occidentale explique la faiblesse de son peuplement, la survivance de l'élevage nomade en dehors des points d'eau (où se réfugient les cultures) et des sites urbains ou industriels (pétrole), où se concentrent les trois quarts de la population. Celle-ci est en quasi-totalité islamisée dans l'Asie occidentale, en majeure partie bouddhiste ou hindouiste dans l'Asie humide, qui compte cependant les trois plus grands pays musulmans du monde (Indonésie, Pakistan et Bangladesh).

ASIE CENTRALE, partie de l'Asie, de la Caspienne à la Chine. Elle s'étend sur le sud du Kazakhstan, l'Ouzbékistan, le Turkménistan, le Kirghizistan, le Tadjikistan et l'ouest du Xinjiang (Chine). On lui rattache parfois l'Afghanistan.

ASIE DU SUD-EST, ensemble continental (Viêt Nam, Laos, Cambodge, Thaïlande, Birmanie, Malaisie occidentale et Singapour) et insulaire (Indonésie, Timor oriental, Malaisie orientale, Brunei et Philippines), correspondant à l'Indochine et à l'Insulinde traditionnelles.

ASIE MÉRIDIONALE ou **ASIE DU SUD,** partie de l'Asie englobant l'Inde, le Pakistan, le Bangladesh, le Sri Lanka et l'Asie du Sud-Est.

ASIE MINEURE, nom que donnaient les Anciens à la partie occidentale de l'Asie au sud de la mer Noire (correspondant approximativement au territoire de la Turquie actuelle).

ASIMOV (Isaac), *Petrovitchi 1920 - New York 1992,* écrivain américain d'origine russe. Biochimiste de formation, il est l'auteur de récits de science-fiction (*Fondation,* 1951-1992).

ASIR, prov. d'Arabie saoudite, au S. du Hedjaz ; ch.-l. *Abha.* C'est un anc. émirat d'Arabie.

ASKIA, dynastie islamisée qui gouverna l'Empire songhaï de 1492 à 1591. Succédant à la dynastie des Sonni, les Askia furent éliminés par les Marocains (bataille de Tondibi).

ASMARA, cap. de l'Érythrée, à 2 400 m d'alt. ; 775 000 hab. dans l'agglomération.

ASMAT, peuple de Nouvelle-Guinée (Papouasie [occidentale]) [env. 65 000]. Leur sculpture sur bois (pirogues, mâts commémoratifs, etc.) est remarquable. Ils sont de langue papoue.

ASMODÉE, démon des plaisirs impurs dans la Bible (livre de Tobie) et dans la littérature talmudique et populaire juive.

ASMONÉENS ou **HASMONÉENS,** dynastie issue des Maccabées et qui régna sur la Palestine de 134 à 37 av. J.-C.

ASNAM (El-) → **CHLEF.**

ASNIÈRES-SUR-SEINE [anjɛr] (92600), bur. centr. de cant. des Hauts-de-Seine ; 87 286 hab. *(Asniérois).* Alimentation. Aéronautique. – Château du XVIIIe s. Cimetière des chiens.

ASO, volcan actif du Japon (Kyushu) ; 1 592 m. Parc national.

ASPASIE, *Milet seconde moitié du Ve s. av. J.-C.,* maîtresse de Périclès. Célèbre par sa beauté et son esprit, elle fut critiquée pour l'influence qu'elle eut sur lui.

ASPE (vallée d'), vallée des Pyrénées-Atlantiques, drainée par le gave d'Aspe. Voie de passage vers l'Espagne.

ASPECT (Alain), *Agen 1947,* physicien français. Auteur de recherches en optique quantique et en optique atomique, il a notamm. vérifié, par des expériences sur des paires de photons corrélés, certaines prédictions de la mécanique quantique, prouvant que celle-ci décrit bien la réalité physique malgré les doutes qu'exprimait Einstein.

ASPROMONTE n.m., massif granitique d'Italie, en Calabre ; 1 956 m.

ASQUITH (Herbert Henry), comte **d'Oxford and Asquith,** *Morley 1852 - Londres 1928,* homme politique britannique. Chef du Parti libéral, Premier ministre (1908 - 1916), il fit adopter le Home Rule et entrer la Grande-Bretagne dans la guerre en 1914.

ASSAB, v. d'Érythrée, sur la mer Rouge ; 74 405 hab. Raffinage du pétrole.

ASSAD → **ASAD.**

ASSAM, État de l'Inde, entre le Bangladesh et la Birmanie ; 78 400 km² ; 31 169 272 hab. ; cap. *Dispur.* Drainée par le Brahmapoutre, cette région, très humide, possède des rizières et des plantations de théiers. Gisements de pétrole.

ASSARHADDON, roi d'Assyrie (680 - 669 av. J.-C.). Il conquit l'Égypte du Nord.

ASSAS (Nicolas Louis, chevalier **d'**), *Le Vigan 1733 - Clostercamp 1760,* officier français. Capitaine au régiment d'Auvergne, il aurait, selon Voltaire, sauvé son régiment au prix de sa vie en s'écriant : « À moi, Auvergne, ce sont les ennemis ! »

Assassins, adeptes d'une branche de l'ismaélisme fondée par Hasan ibn al-Sabbah et établie à la fin du XIe s. en Iran et en Syrie. Leur appellation de *hachichiyyin* (« enivrés de haschisch ») fut transformée par les croisés en celle d'« assassins ».

Asie

200 500 1000 2000 4000 m

- plus de 5 000 000 h.
- de 1 000 000 à 5 000 000 h.
- de 100 000 à 1 000 000 h.
- moins de 100 000 h.

ASSAYAS (Olivier), *Paris 1955*, cinéaste français. Venant du cinéma d'auteur intimiste (*Désordre*, 1986), il multiplie les expérimentations formelles sur des thèmes aussi divers que le passage du temps, l'engagement politique et la mondialisation (*Carlos*, série, 2010 ; *Sils Maria*, 2014 ; *Doubles Vies*, 2018).

ASSE, comm. de Belgique (Brabant flamand) ; 31 417 hab. Église gothique.

ASSEDIC ou **Assédic** (Association pour l'emploi dans l'industrie et le commerce) → **Pôle emploi.**

Assemblée constituante, nom de deux assemblées élues au suffrage universel après la Libération. Elles siégèrent respectivement du 6 nov. 1945 au 26 avr. 1946 et du 11 juin au 5 oct. 1946.

Assemblée constituante de 1848, assemblée qui siégea du 4 mai 1848 au 27 mai 1849. Première assemblée élue au suffrage universel, instituée par la révolution de 1848, elle élabora la Constitution de la IIe République.

Assemblée législative → **législative** (Assemblée).

Assemblée législative, assemblée qui succéda à la Constituante de 1848 et qui siégea du 28 mai 1849 au coup d'État du 2 déc. 1851.

Assemblée nationale, assemblée élue le 8 févr. 1871 et qui siégea jusqu'au 30 déc. 1875.

Assemblée nationale, assemblée législative qui, avec le Sénat, constitue depuis 1946 le Parlement français. Ses membres, les députés (577), sont élus pour cinq ans au suffrage universel direct.

Assemblée nationale constituante → **Constituante.**

ASSEN, v. des Pays-Bas, ch.-l. de la Drenthe ; 67 204 hab. Musée provincial (préhistoire).

ASSINIBOINE, riv. du Canada, affl. de la rivière Rouge (r. g.), à Winnipeg ; 960 km.

ASSINIBOINES, peuple amérindien des plaines des États-Unis et du Canada (env. 5 500), de la famille des Sioux.

ASSIOUT ou **ASYUT,** v. de l'Égypte centrale ; 343 662 hab. Barrage sur le Nil.

ASSISE, en ital. **Assisi,** v. d'Italie (Ombrie, dans la prov. de Pérouse) ; 27 456 hab. Patrie de saint François d'Assise (qui y institua l'ordre des Frères mineurs) et de sainte Claire. – Basilique S. Francesco, formée de deux églises superposées (XIIIe s.) ; fresques de Cimabue, Giotto, P. Lorenzetti, S. Martini. L'édifice, endommagé par un séisme en 1997, a été restauré.

Assises de Jérusalem, recueil des lois des royaumes latins de Jérusalem et de Chypre (XIIe-XIIIe s.).

Associated Press, agence de presse américaine. Fondée en 1846 par un groupe de cinq quotidiens new-yorkais, elle est devenue l'une des plus grandes agences mondiales.

ASSOUAN, v. de l'Égypte méridionale, sur le Nil, près de la première cataracte ; 266 013 hab. Barrage-réservoir, l'un des plus grands du monde, créant la retenue du lac Nasser.

ASSOUR, cité de Mésopotamie, sur la rive droite du Tigre (auj. al-Charqat, Iraq). Fondée au XXVIe s. av. J.-C., elle fut l'une des capitales de l'Empire assyrien. – Mise au jour entre 1903 et 1914, elle a livré nombre d'objets d'art.

ASSOUR, dieu principal de la ville du même nom, puis de l'Assyrie.

ASSOURBANIPAL, roi d'Assyrie (669 - v. 627 av. J.-C.). Il conquit l'Égypte, soumit Babylone et détruisit l'Empire élamite, portant à son apogée la puissance assyrienne. – Sa bibliothèque a été en partie retrouvée dans les vestiges de son palais, à Ninive.

ASSUÉRUS, nom donné dans la version biblique de la Vulgate au roi perse Xerxès Ier.

ASSY, station climatique de la Haute-Savoie (comm. de Passy). Église d'env. 1945, décorée, notamm., par F. Léger.

ASSYRIE, Empire mésopotamien qui, du XXe au VIIe s. av. J.-C., domina épisodiquement l'Orient ancien. Du IIIe à la seconde moitié du IIe millénaire, la cité-État d'Assour fonde un empire en butte à la rivalité des Akkadiens, de Babylone et du Mitanni. Du XIVe au XIe s. av. J.-C., avec le premier Empire assyrien, l'Assyrie devient un État puissant de l'Asie occidentale (Salmanasar Ier, 1275 - 1245). Mais cet empire est submergé par les invasions araméennes. Du IXe au VIIe s., avec le second Empire assyrien, l'Assyrie retrouve sa puissance, dont l'apogée se situe sous le règne d'Assourbanipal (669 - 627 env.). En 612 av. J.-C., la chute de Ninive, succombant aux coups portés par les Mèdes (Cyaxare) alliés aux Babyloniens, met définitivement fin à la suprématie assyrienne. – Une architecture de proportions colossales et un décor (briques émaillées ou orthostates ornés de reliefs) inspiré par les récits mythologiques et les exploits du souverain sont les traits distinctifs de l'art assyrien, qui s'épanouit entre le XIIIe et le VIIe s. av. J.-C.

ASTAIRE (Frederick E. **Austerlitz,** dit Fred), *Omaha, Nebraska, 1899 - Los Angeles 1987*, danseur, chanteur et acteur américain. Virtuose des claquettes, il fut l'une des figures les plus brillantes de la comédie musicale filmée hollywoodienne (*Sur les ailes de la danse*, G. Stevens, 1936 ; *Parade de printemps*, C. Walters, 1948 ; *Tous en scène*, V. Minnelli, 1953), s'illustrant dans des solos mémorables ou des duos avec, notamment, Ginger Rogers ou Cyd Charisse.

ASTANA, anc. **Tselinograd,** puis **Akmola,** cap. du Kazakhstan (depuis 1997) ; 664 086 hab.

ASTARTÉ → **ISHTAR.**

Astérix, personnage de bande dessinée créé en 1959 par le scénariste R. Goscinny et le dessinateur A. Uderzo dans l'hebdomadaire français *Pilote*. Les aventures humoristiques de ce petit guerrier gaulois, luttant avec son ami Obélix contre les occupants romains, mettent en scène les stéréotypes nationaux.

▲ **Astérix** et Obélix. Extrait de *la Grande Traversée*. (© 2011 Les Éditions Albert René/Goscinny-Uderzo.)

ASTI, v. d'Italie (Piémont), ch.-l. de prov. ; 73 977 hab. Vins blancs. – Monuments anciens.

ASTIER DE LA VIGERIE (Emmanuel d'), *Paris 1900 - id. 1969*, résistant, journaliste et homme politique français. Cofondateur en 1941 du mouvement de résistance Libération-Sud et du journal *Libération* (qu'il dirigea jusqu'à la fin de sa parution, en 1964), il fut membre du Comité français de libération nationale (1943 - 1944) et ministre de l'Intérieur du Gouvernement provisoire (1944). Il fut ensuite député, proche du PCF, de 1946 à 1958.

▲ **Assyrie.** « Deux guerriers ». Bas-relief provenant d'un palais de Ninive, VIIIe s. av. J.-C. (Louvre, Paris.)

▲ Fred **Astaire** et Ginger Rogers dans *Sur les ailes de la danse* de George Stevens (1936).

ASTON (Francis William), *Harbone 1877 - Cambridge 1945*, physicien britannique. Il découvrit l'existence des isotopes des éléments chimiques. (Prix Nobel 1922.)

ASTRAKHAN ou **ASTRAKAN,** v. de Russie, près de l'embouchure de la Volga dans la Caspienne ; 520 662 hab. Port. Conserves de poissons.

Astrée (l'), roman pastoral d'Honoré d'Urfé (1607-1628). Il retrace les amours de la bergère Astrée et du berger Céladon : une des sources majeures de la préciosité.

ASTRID, *Stockholm 1905 - près de Küssnacht am Rigi, Suisse, 1935*, reine des Belges. Fille du prince Charles de Suède, elle épousa en 1926 le futur Léopold III, roi des Belges en 1934. La mort accidentelle de cette souveraine très populaire émut durablement le pays.

Astrid de Belgique ►

ASTRUC (Alexandre), *Paris 1923 - id. 2016*, cinéaste français. Ses écrits théoriques préparent l'avènement de la nouvelle vague et ses premiers films (*le Rideau cramoisi*, 1952 ; *les Mauvaises Rencontres*, 1955 ; *Une vie*, 1958) font preuve d'un lyrisme romanesque.

ASTURIAS (Miguel Ángel), *Guatemala 1899 - Madrid 1974*, écrivain guatémaltèque. Son œuvre, portée par un réalisme flamboyant, fut tout engagée contre la dictature, l'impérialisme et l'injustice (*Légendes du Guatemala*, 1930 ; *Monsieur le Président*, 1946 ; *Hommes de maïs*, 1949 ; *le Pape vert*, 1954). [Prix Nobel 1967.]

ASTURIES, communauté autonome du nord de l'Espagne ; 10 565 km² ; 1 075 183 hab. (*Asturiens*) ; cap. *Oviedo* ; 1 prov. (*Oviedo*). Houille. Sidérurgie. – Après la conquête arabe (711), le pays devint le refuge des Wisigoths, qui y créèrent en 718 un royaume chrétien. Celui-ci réunit les provinces du Nord-Ouest (fin IXe s.) et, v. 920, prit le nom de León. L'héritier de la couronne de Castille puis d'Espagne porte depuis 1388 le titre de prince des Asturies.

ASTYAGE, dernier roi mède d'Iran (v. 585 - 550 av. J.-C.). Il fut détrôné par Cyrus II le Grand.

ASTYANAX MYTH. GR. Personnage de *l'Iliade*, fils d'Hector et d'Andromaque. Ulysse le précipita du haut des murs de Troie.

ASUNCIÓN, cap. du Paraguay, sur le río Paraguay ; 2 307 000 hab. dans l'agglomération. Port.

ASWANY (Alaa El), *Le Caire 1957*, écrivain égyptien. Ses romans et ses nouvelles, aux personnages singuliers et à la grande liberté de ton, constituent la chronique d'une société égyptienne à la dérive (*l'Immeuble Yacoubian*, 2002 ; *J'aurais voulu être égyptien*, 2004 ; *Chicago*, 2006). Il a pris une part active à la révolution de 2011 dans son pays.

ATACAMA, région désertique du nord du Chili ; v. princ. *Antofagasta*. Cuivre, lithium. Observatoires astronomiques (→ **ALMA**).

ATAHUALPA, *v. 1500 - Cajamarca 1533,* dernier empereur inca (v. 1528 - 1533). Il fut capturé et exécuté par Pizarro, qui affirma ainsi la domination espagnole sur le Pérou.

ATAKORA ou **ATACORA,** massif du nord du Bénin.

ATALANTE **MYTH. GR.** Vierge chasseresse. Elle avait juré de n'épouser que celui qui la vaincrait à la course. Hippomène y parvint, en laissant tomber trois pommes d'or cueillies dans le jardin des Hespérides.

ATATÜRK (Mustafa Kemal), *Salonique 1881 - Istanbul 1938,* homme politique turc.

Promu général en 1917, il prend la tête du mouvement nationaliste opposé aux exigences de l'Entente (1919) et est élu président du comité exécutif de la Grande Assemblée nationale d'Ankara (avr. 1920). À la suite des victoires qu'il remporte sur les Arméniens, les Kurdes et les Grecs (1920 - 1922), il donne à la Turquie des frontières qui sont reconnues par les Alliés au traité de Lausanne (1923). Ayant déposé le Sultan (1922), il préside la République (1923 - 1938) et s'efforce de créer un État laïque et occidentalisé.

▲ Mustafa Kemal **Atatürk**

ATBARA n.m., riv. d'Éthiopie et du Soudan, affl. du Nil (r. dr.) ; 1 100 km.

ATCHINSK, v. de Russie, en Sibérie ; 109 156 hab. Cimenterie. Alumine.

ATD Quart Monde (Mouvement), ONG internationale créée en 1957 par le père Joseph Wresinski (1917 - 1988) pour lutter contre la grande pauvreté et l'exclusion sociale (*Agir Tous pour la Dignité*).

Ateliers nationaux, chantiers établis à Paris par le Gouvernement provisoire pour les ouvriers sans travail (févr.-juin 1848). Leur dissolution provoqua une violente insurrection (journées de juin*).

ATGET (Eugène), *Libourne 1856 - Paris 1927,* photographe français. En utilisant le grand format et une technique très simple, il a capté l'atmosphère magique d'un Paris souvent désert, presque irréel.

▲ Eugène **Atget.** *La place du Tertre à Montmartre* (v. 1910).

ATH, v. de Belgique, ch.-l. d'arrond. du Hainaut, sur la Dendre ; 28 463 hab. Donjon dit « tour de Burbant » (XIIe s.). Musée.

ATHABASCA n.f., riv. du Canada occidental, qui se jette dans le *lac Athabasca* ; 1 230 km. Elle constitue ainsi la section supérieure du Mackenzie*. Importants gisements de sables bitumineux.

ATHABASCANS ou **ATHAPASCANS,** famille linguistique amérindienne, comprenant les Athabascans du Nord (ouest du Canada) et l'ensemble Navajo-Apache (sud-ouest des États-Unis).

ATHALIE, reine de Juda (841 - 835 av. J.-C.). Fille d'Achab, roi d'Israël, et de Jézabel, elle épousa Joram, roi de Juda, et monta sur le trône à la mort d'Ochozias, son fils, après avoir fait périr tous les princes de la famille royale. Une émeute populaire la renversa et lui donna comme successeur son petit-fils Joas, qui avait échappé au massacre des princes. – L'histoire inspira une tragédie à Racine.

ATHANASE (saint), *Alexandrie v. 295 - id. 373,* patriarche d'Alexandrie, Père de l'Église grecque. Il fut l'un des principaux adversaires de l'arianisme.

▲ **Athènes.** Quartiers au pied de l'Acropole.

ATHAULF, *m. à Barcelone en 415,* roi des Wisigoths (410 - 415). Il conquit le sud de la Gaule.

ATHÉNA **MYTH. GR.** Déesse de la Sagesse et de l'Intelligence, protectrice d'Athènes. Sortie tout armée du cerveau de Zeus, elle est la déesse guerrière. Elle fut assimilée par les Romains à Minerve. – En dehors de l'*Athéna-Parthénos* de Phidias, connue par des répliques, l'une de ses plus célèbres représentations est celle d'une stèle funéraire (musée de l'Acropole) où on la voit casquée, appuyée sur sa lance.

ATHÉNAGORAS, *Tsaraplana, Épire, 1886 - Istanbul 1972,* prélat orthodoxe grec. Patriarche œcuménique de Constantinople (1948), il lutta pour l'unité du monde orthodoxe et le rétablissement de liens avec Rome (rencontre avec Paul VI à Jérusalem, 5 janv. 1964).

ATHÉNÉE, *Naucratis, Égypte , IIe-IIIe s. apr. J.-C.,* écrivain grec. Il est l'auteur du *Banquet des sophistes,* recueil de curiosités relevées au cours de ses lectures, grâce auquel sont conservées des citations de 1 500 ouvrages perdus.

ATHÈNES, en gr. **Athínai,** cap. de la Grèce ; 664 046 hab. (*Athéniens*) [3 060 000 hab. dans l'agglomération]. L'agglomération, dont la population continue de croître, est un centre administratif, commercial (port du Pirée), industriel et culturel. Athènes est aussi un des grands pôles touristiques du monde, grâce à la beauté des monuments antiques de l'Acropole (Parthénon, Érechthéion, Propylées, etc.) et à la richesse de ses musées (→ **Acropole**).

HISTOIRE Établie, à l'origine, sur le rocher de l'Acropole, la ville s'étendit peu à peu au pied de l'ancienne forteresse, réunissant toutes les petites tribus des environs. Dirigée tout d'abord par les Eupatrides, elle fut ensuite réorganisée par Solon (594 av. J.-C.), brilla avec Pisistrate (560 - 527) et reçut de Clisthène ses institutions démocratiques (507). Au début du Ve s. av. J.-C., elle est, avec Sparte, l'une des premières villes grecques ; elle a déjà son double caractère de ville commerçante, avec ses ports du Pirée, de Phalère et de Mounychia, et de cité démocratique, alors que Sparte est une cité militaire et aristocratique. La victoire sur les Perses (→ **médiques** [guerres]), au Ve s. av. J.-C., fait d'Athènes la ville la plus importante de Grèce. La période qui suit ces guerres est la plus brillante de l'histoire d'Athènes : maîtresse des mers grecques, celle-ci dirige la ligue de Délos et brille, au temps de Périclès (461 - 429), d'un éclat incomparable. Le Siècle de Périclès voit l'Acropole se couvrir de splendides monuments (Parthénon) ; les œuvres de Phidias, les tragédies d'Eschyle et de Sophocle donnent à Athènes une renommée universelle. Mais la rivalité de Sparte amène la guerre du Péloponnèse (431 - 404 av. J.-C.) : Athènes perd sa puissance politique au profit de Sparte, tout en gardant sa suprématie intellectuelle et artistique. Tyrannisée alors par les Trente, elle retrouve liberté et grandeur quand Thèbes écrase Sparte (371). Puis elle apparaît, avec Démosthène, comme le champion de la cité libre, contre le conquérant Philippe de Macédoine, qui la vainc à Chéronée en 338 av. J.-C. Tentant en vain d'organiser la résistance contre les successeurs d'Alexandre, elle tombe, avec toute la Grèce, sous la domination romaine (146 av. J.-C.). Mais elle reste l'un des centres de la culture hellénistique, et Rome se met à son école.

ATHIS-MONS [atismɔ̃s] (91200), bur. centr. de cant. de l'Essonne, au S. d'Orly ; 33 180 hab. (*Athégiens*). Centre de contrôle de la navigation aérienne.

ATHIS-VAL-DE-ROUVRE (61100), bur. centr. de cant. de l'Orne ; 2 629 hab. (*Athisiens*).

ATHOS n.m., montagne de Grèce (Macédoine), dans le sud de la péninsule la plus orientale de la Chalcidique ; 2 033 m. Centre monastique de l'Église d'Orient depuis le VIIe s., le mont Athos constitue une république confédérale sous la juridiction canonique du patriarcat de Constantinople et sous le protectorat politique de la Grèce. – Ses couvents (XIe-XIXe s., avec des vestiges du IXe s.) renferment d'importants manuscrits et des œuvres d'art.

ATJEH → **ACEH.**

ATLAN (Henri), *Blida 1931,* biologiste et philosophe français. Il a réalisé d'importants travaux en biologie cellulaire, en immunologie et en intelligence artificielle. Il est également l'auteur d'ouvrages de réflexion sur les aspects éthiques des recherches biologiques (*les Étincelles de hasard,* 2 vol., 1999 et 2003 ; *l'Utérus artificiel,* 2005).

ATLAN (Jean Michel), *Constantine 1913 - Paris 1960,* peintre français. Il fait usage de formes mi-abstraites, mi-symboliques aux rythmes puissants, dont une armature sombre exalte les couleurs.

ATLANTA, v. des États-Unis, cap. de la Géorgie ; 456 002 hab. (4 874 502 hab. dans l'agglomération). Centre industriel, commercial et financier. Important aéroport. – High Museum of Art.

ATLANTIC CITY, v. des États-Unis (New Jersey) ; 39 558 hab. Station balnéaire.

Atlantide, île fabuleuse de l'Atlantique, jadis engloutie. Elle a inspiré depuis Platon de nombreux récits légendaires.

▲ Mont **Athos.** Le monastère de Dhokhiariou, fondé dans la seconde moitié du Xe s.

Atlantique (bataille de l'), ensemble des combats menés dans l'océan Atlantique et les mers adjacentes par les Allemands et les Alliés durant la Seconde Guerre mondiale pour le contrôle des voies de communication.

Atlantique (mur de l'), ligne de fortifications construite par les Allemands de 1942 à 1944 sur les côtes de la mer du Nord, de la Manche et de l'Atlantique.

ATLANTIQUE (océan), océan qui sépare l'Europe et l'Afrique de l'Amérique ; 106 000 000 km² ; profondeur maximale : 9 218 m. L'océan Atlantique est constitué par une série de grandes cuvettes en contrebas de la plateforme continentale. Celle-ci est développée surtout dans l'hémisphère Nord, où se localisent les mers bordières (dont la Méditerranée, la mer du Nord et la Baltique, la mer des Antilles). Les cuvettes, ou bassins océaniques, sont séparées, dans la partie médiane de l'Océan, par une longue dorsale sous-marine méridienne, dont les sommets forment des îles (Açores, Ascension, Sainte-Hélène, Tristan da Cunha).

Atlantique Nord (pacte de l') → **OTAN.**

ATLAS n.m., ensemble montagneux de l'Afrique du Nord. Il est formé de plusieurs chaînes. Au Maroc, le *Haut Atlas*, ou *Grand Atlas*, partie la plus élevée du système (4 165 m au djebel Toubkal), est séparé du *Moyen Atlas*, au nord, par la Moulouya et de l'*Anti-Atlas*, au sud, par l'oued Sous. En Algérie, l'*Atlas tellien* et l'*Atlas saharien* ou *présaharien* enserrent les Hautes Plaines.

ATLAS MYTH. GR. Géant révolté contre les dieux, condamné par Zeus à soutenir sur ses épaules la voûte du ciel.

Atomium, monument de Bruxelles, conçu par A. Waterkeyn pour l'Exposition universelle de 1958 ; haut de 102 m, il représente un cristal de fer.

ATON, dieu égyptien vénéré sous la forme du disque solaire. Il fut érigé en dieu unique par Aménophis IV, devenu Akhenaton, mais son culte exclusif fut ensuite abandonné.

ATRIDES MYTH. GR. Descendants d'Atrée. Agamemnon et Ménélas sont les membres les plus connus de cette famille, marquée par des adultères, des parricides et des incestes et dont le destin tragique commença avec la haine d'Atrée pour son frère Thyeste.

ATROPOS MYTH. GR. Celle des trois Parques qui coupait le fil de la vie.

ATTALIDES, dynastie macédonienne qui régna du IIIᵉ au IIᵉ s. av. J.-C. sur le royaume de Pergame, à l'époque hellénistique.

ATTALOS Iᵉʳ, *m. en 197 av. J.-C.*, roi de Pergame (241 - 197 av. J.-C.). Il lutta avec les Romains contre Philippe V de Macédoine. — **Attalos II Philadelphe,** *m. en 138 av. J.-C.*, roi de Pergame (159 - 138 av. J.-C.). Il participa aux côtés des Romains à l'écrasement de la ligue Achéenne (146). — **Attalos III,** *m. en 133 av. J.-C.*, roi de Pergame (138 - 133 av. J.-C.). Il légua son royaume aux Romains.

ATTAR (Farid al-Din), *Nichapur v. 1119 - v. 1190 ou v. 1220*, poète persan. Sa poésie s'inspire de la mystique soufie (*le Colloque des oiseaux*).

ATTIGNY (08130), bur. centr. de cant. des Ardennes, sur l'Aisne ; 1 174 hab. *(Attignatiens)*. Ancienne résidence des rois francs.

ATTILA, *m. en 453*, roi des Huns (434 - 453). Il envahit l'empire d'Orient en 441 puis la Gaule, mais fut défait aux champs Catalauniques, non loin de Troyes (451), par les armées du Romain Aetius et du Wisigoth Théodoric. En 452, il pilla l'Italie, mais épargna Rome, à la prière du pape Léon Iᵉʳ. Son empire s'effondra après lui.

ATTIQUE, péninsule de la Grèce, site d'Athènes.

ATTIS ou **ATYS** MYTH. GR. Dieu de la Végétation, d'origine phrygienne. Aimé de Cybèle, qui le rendit fou pour le punir de son infidélité, il s'émascula et fut transformé en pin.

ATTLEE (Clement, comte), *Londres 1883 - id. 1967*, homme politique britannique. Il fit partie du cabinet de guerre dirigé par W. Churchill. Leader travailliste, il fut Premier ministre de 1945 à 1951.

ATWOOD (George), *Londres 1746 - id. 1807*, physicien britannique. Il est l'inventeur d'un appareil pour l'étude de la chute des corps.

ATWOOD (Margaret), *Ottawa 1939*, écrivaine canadienne de langue anglaise. Son œuvre multiple dénonce les conventions culturelles, l'invasion technologique et les atteintes aux droits de l'homme (*Faire surface*, 1972 ; *la Servante écarlate*, 1985 ; *le Tueur aveugle*, 2000 ; *le Dernier Homme*, 3 vol., 2003-2013).

ATYRAOU, anc. **Gouriev,** v. du Kazakhstan, sur la mer Caspienne, à l'embouchure de l'Oural ; 165 387 hab. Port. Centre pétrolier.

AUBAGNE (13400), bur. centr. de cant. des Bouches-du-Rhône, sur l'Huveaune, à l'E. de Marseille ; 45 844 hab. *(Aubagnais)*. Siège depuis 1962 du commandement de la Légion étrangère. Musée de la Légion.

AUBANEL (Théodore), *Avignon 1829 - id. 1886*, poète français d'expression provençale. Il fut l'un des fondateurs du félibrige*.

AUBE n.f., riv. de France, qui naît sur le plateau de Langres, affl. de la Seine (r. dr.) ; 248 km. Elle traverse la Champagne.

AUBE n.f. (10), dép. de la Région Grand-Est ; ch.-l. de dép. *Troyes* ; ch.-l. d'arrond. *Bar-sur-Aube, Nogent-sur-Seine* ; 3 arrond. ; 17 cant. ; 431 comm. ; 6 004 km² ; 316 888 hab. *(Aubois)*. Le dép. appartient à l'académie et à la cour d'appel de Reims, à la zone de défense et de sécurité Est. Le Nord-Ouest (Champagne crayeuse), céréalier, s'oppose au Sud-Est, surtout argileux, où dominent la forêt et la prairie (Champagne humide, pays d'Othe). L'industrie, bien que souvent déclinante, occupe encore une place importante. Elle est représentée essentiellement par le textile (bonneterie), l'agroalimentaire et les constructions mécaniques (notamm. dans l'agglomération troyenne, qui rassemble presque la moitié de la population totale de l'Aube), la centrale nucléaire de Nogent-sur-Seine.

AUBENAS [-na] (07200), bur. centr. de cant. de l'Ardèche, sur l'Ardèche ; 13 002 hab. *(Albenassiens)*. Monuments anciens.

AUBER (Esprit), *Caen 1782 - Paris 1871*, compositeur français. Directeur du Conservatoire de Paris (1842 - 1870), il ouvrit l'ère du grand opéra historique (*la Muette de Portici*, 1828) et composa des opéras-comiques (*Fra Diavolo*, 1830).

AUBERGENVILLE (78410), bur. centr. de cant. des Yvelines, près de la Seine ; 11 636 hab. Automobile.

Auberges de Jeunesse (AJ), centres d'accueil et de vacances organisés pour les jeunes. La première auberge s'ouvrit en Allemagne en 1907.

AUBERT DE GASPÉ (Philippe Joseph), *Saint-Jean-Port-Joli 1786 - Québec 1871*, écrivain canadien de langue française. Son œuvre est une peinture des mœurs ancestrales (*les Anciens Canadiens*).

AUBERVILLIERS (93300), bur. centr. de cant. de la Seine-Saint-Denis, banlieue nord de Paris ; 84 327 hab. *(Albertivillariens)*. Chimie.

AUBIÈRE (63170), bur. centr. de cant. du Puy-de-Dôme, près de Clermont-Ferrand ; 10 168 hab. *(Aubiérois)*. Centre universitaire.

AUBIGNAC (abbé François d'), *Paris 1604 - Nemours 1676*, critique dramatique français. Dans sa *Pratique du théâtre* (1657), il fixa la règle classique des trois unités*.

AUBIGNÉ (Agrippa d'), *près de Pons 1552 - Genève 1630*, écrivain français. Calviniste ardent, compagnon d'armes d'Henri IV, il mit son talent au service de ses convictions en écrivant une épopée prophétique et accusatrice (*les Tragiques*, 1616), une *Histoire universelle*, un roman satirique (*les Aventures du baron de Faeneste*). Ses poèmes d'amour (*le Printemps*) sont caractéristiques de la poésie baroque. Mᵐᵉ de Maintenon était sa petite-fille.

▲ A. d'**Aubigné.** (Bibliothèque universitaire, Genève.)

AUBIGNY-SUR-NÈRE (18700), bur. centr. de cant. du Cher ; 5 682 hab. *(Albiniens)*. Mécanique (automobile et aéronautique). – Château des XVᵉ-XVIᵉ s.

AUBIN (12110), bur. centr. de cant. de l'Aveyron ; 3 959 hab. *(Aubinois)*. Église des XIIᵉ et XVᵉ s.

AUBISQUE n.m., col des Pyrénées françaises (Pyrénées-Atlantiques), entre Laruns et Argelès-Gazost ; 1 709 m.

Au bord de l'eau, roman chinois attribué à Shi Naian et Luo Guanzhong (XIVᵉ s.). Il raconte les aventures de 108 brigands redresseurs de torts, sous la dynastie Song.

AUBRAC n.m., haut plateau du Massif central (France), entre les vallées du Lot et de la Truyère ; 1 469 m au Mailhebiau. Élevage bovin. Parc naturel régional, couvrant env. 220 700 ha, sur les dép. de l'Aveyron, du Cantal et de la Lozère.

AUBRAC (Lucie et Raymond), résistants français (**Lucie Bernard,** *Paris 1912 - Issy-les-Moulineaux 2007*, et **Raymond Samuel** puis **Aubrac,** *Vesoul 1914 - Paris 2012*). Mariés en 1939, ils entrent en Résistance dès 1940 et participent à la fondation du mouvement Libération-Sud (1941). Raymond ayant été arrêté par la Gestapo en juin 1943, en

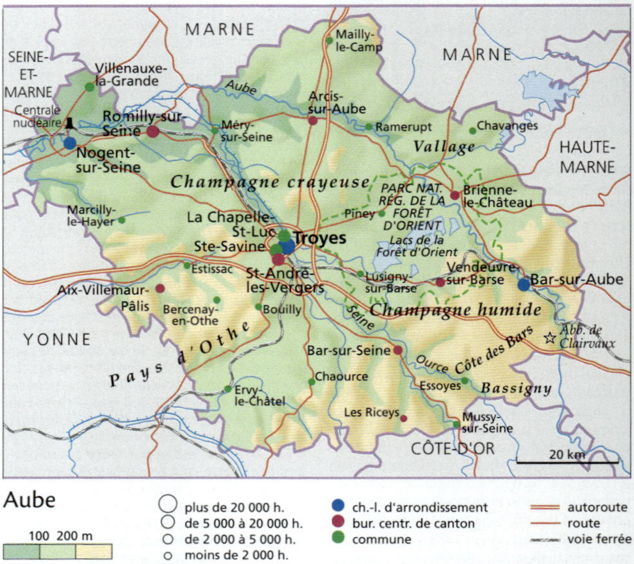

même temps que Jean Moulin, Lucie organise son évasion (oct.). Après la guerre (1951), Raymond prend pour patronyme officiel le nom d'Aubrac, un de ses pseudonymes dans la clandestinité. Tous deux poursuivent ensuite une vie d'engagement en faveur de la paix et des droits de l'homme.

AUBRAIS (les), triage ferroviaire du Loiret (comm. de Fleury-les-Aubrais), au N. d'Orléans.

AUBRIOT (Hugues), *m. à Sommières v. 1389*, administrateur français. Prévôt de Paris (1367 - 1382), il fit construire la Bastille, les premiers égouts voûtés, des ponts et des quais.

AUBRY (Martine), *Paris 1950*, femme politique française, fille de J. Delors. Socialiste, ministre du Travail et de l'Emploi (1991 - 1993), puis de l'Emploi et de la Solidarité (1997 - 2000 : semaine de 35 heures, CMU), maire de Lille depuis 2001, elle a été première secrétaire du PS de 2008 à 2012.

AUBUSSON (23200), ch.-l. d'arrond. de la Creuse, sur la Creuse ; 3 704 hab. *(Aubussonnais)*. Ateliers de tapisserie (depuis le XVIe s.) ; Cité internationale de la tapisserie.

AUBUSSON (Pierre d'), *Monteil-au-Vicomte 1423 - Rhodes 1503*, grand maître de l'ordre des Hospitaliers de Saint-Jean-de-Jérusalem. En 1480, il soutint dans Rhodes un siège contre les Turcs.

AUBY (59950), comm. du Nord, au N.-O. de Douai ; 7 386 hab. *(Aubygeois)*. Métallurgie du zinc.

Aucassin et Nicolette, chantefable en dialecte picard du début du XIIIe s. Elle raconte les amours du fils du comte de Beaucaire et d'une esclave sarrasine.

AUCH [oʃ] (32000), ch.-l. du dép. du Gers, sur le Gers, à 680 km au S.-O. de Paris ; 23 139 hab. *(Auscitains)*. Archevêché. Marché. Pôle national des arts du cirque (festival du cirque actuel ; Centre d'innovation et de recherche circassien [CIRC]). – Cathédrale de style flamboyant, à façade classique (vitraux et stalles du XVIe s.). Musée.

AUCHEL (62260), bur. centr. de cant. du Pas-de-Calais ; 10 647 hab. *(Auchellois)*. Équipements automobiles.

AUCKLAND, v. de Nouvelle-Zélande, dans l'île du Nord ; 419 418 hab. (1 415 550 hab. dans l'agglomération). Principal port et principal centre industriel du pays. – Musées.

AUDE n.f., fl. de France, né dans le massif du Carlitte et qui rejoint la Méditerranée ; 220 km. Elle passe à Quillan, Limoux et Carcassonne.

AUDE n.f. (11), dép. de la Région Occitanie ; ch.-l. de dép. *Carcassonne* ; ch.-l. d'arrond. *Limoux, Narbonne* ; 3 arrond. ; 19 cant. ; 436 comm. ; 6 139 km² ; 376 667 hab. *(Audois)*. Le dép. appartient à l'académie et à la cour d'appel de Montpellier, à la zone de défense et de sécurité Sud. En dehors de la plaine littorale, il est surtout montagneux. Il s'étend sur l'extrémité méridionale du Massif central (Montagne Noire) et l'avant-pays pyrénéen (Corbières), séparés par le seuil du Lauragais et la vallée de l'Aude, qui sont jalonnés de villes (Castelnaudary, Carcassonne et Narbonne). La viticulture demeure une ressource essentielle, développée surtout en bordure de la Méditerranée, dans les Corbières et dans la région de Limoux. Le tourisme s'est développé, en particulier sur le littoral (Port-la-Nouvelle, Gruissan).

AUDEN (Wystan Hugh), *York 1907 - Vienne 1973*, écrivain britannique naturalisé américain. Son œuvre poétique témoigne de son évolution de l'engagement social et politique à l'acceptation de l'attitude chrétienne *(l'Âge de l'anxiété)*.

AUDENARDE, en néerl. **Oudenaarde**, v. de Belgique, ch.-l. d'arrond. de la Flandre-Orientale, sur l'Escaut ; 30 412 hab. Textile. Brasserie. – Bel hôtel de ville gothique (1526). Musées.

AUDENGE (33980), comm. de la Gironde, sur le bassin d'Arcachon ; 7 514 hab. *(Audengeois)*. Station balnéaire. Ostréiculture.

AUDERGHEM, en néerl. **Oudergem**, comm. de Belgique (Bruxelles-Capitale), banlieue sud-est de Bruxelles ; 32 350 hab.

AUDIARD (Jacques), *Paris 1952*, cinéaste français, fils de Michel Audiard. Délaissant peu à peu les canons du film noir *(Regarde les hommes tomber*, 1994), il développe un univers personnel hanté par la question de l'échec et de la rédemption de l'individu dans une société en crise *(De battre mon cœur s'est arrêté*, 2005 ; *Un prophète*, 2009 ; *Dheepan*, 2015 ; *les Frères Sisters*, 2018).

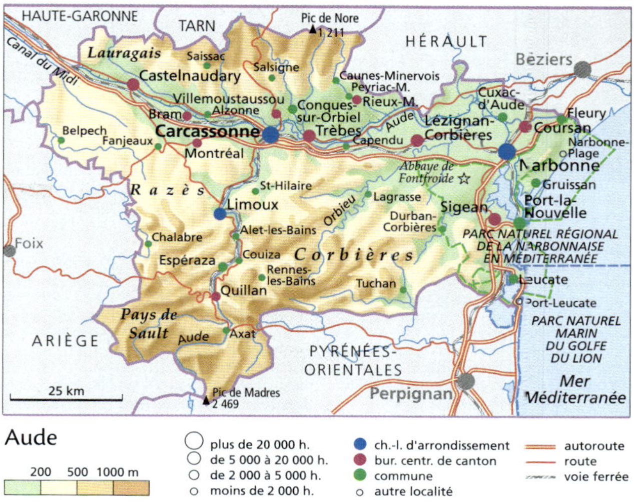

AUDIARD (Michel), *Paris 1920 - Dourdan 1985*, scénariste et cinéaste français. Par leur style inimitable, tout de verve populaire et d'ironie railleuse, ses dialogues, taillés sur mesure pour leurs interprètes, ont marqué le cinéma français *(Un singe en hiver*, H. Verneuil, 1962 ; *les Tontons flingueurs*, G. Lautner, 1963 ; *le Professionnel*, id., 1981).

AUDIBERTI (Jacques), *Antibes 1899 - Paris 1965*, écrivain français. Il est l'auteur de poèmes, de romans et de pièces de théâtre à l'abondance baroque et cocasse *(Le mal court, l'Effet Glapion, la Fourmi dans le corps, Cavalier seul)*.

AUDIERNE (29770), comm. du Finistère, près de la *baie d'Audierne* ; 3 804 hab. *(Audiernais)*. Port de pêche. Station balnéaire.

AUDIERNE (baie d'), baie de France (Finistère), entre la pointe du Raz et la pointe de Penmarch.

AUDINCOURT (25400), bur. centr. de cant. du Doubs, sur le Doubs ; 14 363 hab. *(Audincourtois)*. Industrie automobile. – Église moderne (vitraux de Léger, Bazaine, Jean Le Moal).

AUDRAN, famille d'artistes français des XVIIe et XVIIIe s. — **Gérard II A.**, *Lyon 1640 - Paris 1703*, graveur, rénova l'estampe de reproduction (d'après Raphaël, Le Brun, Mignard, Poussin, etc.) en associant burin et eau-forte. — **Claude III A.**, *Lyon 1657 - Paris 1734*, peintre ornemaniste, fit usage d'arabesques et de grotesques d'un style allégé.

AUDUBON (John James), *Les Cayes, île de Saint-Domingue, 1785 - New York 1851*, ornithologue et peintre américain d'origine française. Il étudia les oiseaux et les quadrupèdes de l'Amérique du Nord et en réalisa des gravures coloriées dont le succès fut considérable.

Auerstedt (bataille d') [14 oct. 1806], bataille de l'Empire. Victoire de Davout sur les Prussiens, à 20 km au N. d'Iéna. Cette victoire, ainsi que celle d'Iéna, ouvrait à Napoléon les portes de Berlin.

Aufklärung (Zeitalter der) [Siècle des lumières], mouvement de pensée rationaliste qui s'efforça de promouvoir une émancipation intellectuelle dans l'Allemagne du XVIIIe s.

AUFRAY (Hugues **Auffray**, dit Hugues), *Neuilly-sur-Seine 1929*, chanteur et auteur-compositeur français. Figure de la chanson folk *(Santiano, Dès que le printemps revient, Céline, Stewball)* à la manière de Bob Dylan, qu'il vénère, il est également proche de la culture gitane *(Caravane)*.

AUGE (pays d'), région bocagère de France (Calvados), entre les vallées de la Touques et de la Dives ; hab. *Augerons* ; v. princ. *Lisieux*. Région d'élevage, à l'origine de fromages réputés (camembert, livarot, pont-l'évêque).

AUGÉ (Claude), *L'Isle-Jourdain 1854 - Fontainebleau 1924*, éditeur et lexicographe français. Auteur d'ouvrages d'enseignement, il créa le *Dictionnaire complet illustré* (1889), qui devint, en 1905, le *Petit Larousse illustré*.

◀ Claude **Augé**. Détail d'un tableau de Laubadère (1909).

AUGEREAU (Pierre), duc **de Castiglione**, *Paris 1757 - La Houssaye, Seine-et-Marne, 1816*, maréchal de France. Il se distingua en Italie (1796), participa en 1797 au coup d'État du 18 fructidor et prit part à toutes les campagnes de l'Empire.

AUGIAS MYTH. GR. Roi d'Élide. Héraclès nettoya ses immenses écuries en y faisant passer le fleuve Alphée.

AUGIER (Émile), *Valence 1820 - Paris 1889*, auteur dramatique français. Ses comédies sociales illustrent la morale bourgeoise *(le Gendre de M. Poirier)*. [Acad. fr.]

AUGSBOURG, en all. **Augsburg**, v. d'Allemagne (Bavière), sur le Lech ; 237 095 hab. Industries mécaniques et textiles. – Monuments médiévaux et classiques ; musées.

Augsbourg (Confession d'), formulaire rédigé par Melanchthon et présenté à la diète impériale d'Augsbourg en 1530. Elle constitue, en 28 articles, la profession de foi luthérienne.

Augsbourg (guerre de la ligue d') [1688 - 1697], conflit qui opposa la France à la ligue d'Augsbourg (formée par l'empereur, des princes allemands, l'Espagne et la Suède) alliée aux Provinces-Unies, à l'Angleterre et à la Savoie. Provoquée par la politique d'annexions pratiquée par Louis XIV en pleine paix, cette guerre fut marquée par les victoires françaises de Fleurus (1690), de Steinkerque (1692), de La Marsaille (1693) en Italie, et par la défaite navale de la Hougue (1692). Elle se termina par les traités de Ryswick (1697).

Augsbourg (paix d'), texte signé en 1555 par les luthériens et les catholiques. Elle partageait l'Empire germanique entre les confessions catholique et luthérienne, en reconnaissant aux princes le droit de choisir la religion qui devait être pratiquée dans leur État, suivant le principe *cujus regio, ejus religio*.

AUGUSTE, en lat. **Caius Julius Caesar Octavianus Augustus**, *Rome 63 av. J.-C. - Nola 14 apr. J.-C.*, empereur romain (27 av. J.-C. - 14 apr. J.-C.). Appelé d'abord Octave, puis Octavien, il est le petit-neveu de Jules César et son héritier. Associé avec Antoine et Lépide dans un triumvirat (43), il garde pour sa part l'Italie et l'Occident, et

vainc l'armée républicaine à la bataille de Philippes (42). Seul maître du pouvoir après sa victoire d'Actium sur Antoine (31), il reçoit, outre le titre d'Auguste (27), les pouvoirs répartis jusqu'alors entre les diverses magistratures. Il organise une société fondée sur le retour aux traditions antiques et administrée par un corps de fonctionnaires recrutés dans les classes supérieures (ordre sénatorial et ordre équestre). Il réorganise les provinces, partagées en provinces sénatoriales et provinces impériales. Il achève la conquête de l'Espagne et porte la frontière de l'Empire sur le Danube ; mais, en Germanie, son lieutenant Varus subit un désastre (9 apr. J.-C.). Auguste désigne son successeur (son neveu Marcellus, Agrippa, puis Tibère) et, à sa mort, est honoré comme un dieu. Son principat apparaît comme l'une des époques les plus brillantes de l'histoire romaine (*Siècle d'Auguste*).

▲ **Auguste.** Camée antique représentant l'empereur. (BnF, Paris.)

AUGUSTE II, *Dresde 1670 - Varsovie 1733,* Électeur de Saxe et roi de Pologne (1697 - 1733). Détrôné par Charles XII (1704), il fut rétabli par les troupes russes (1710). — **Auguste III,** *Dresde 1696 - id. 1763,* Électeur de Saxe et roi de Pologne (1733 - 1763). Fils d'Auguste II, il obtint le trône de Pologne contre Stanislas Leszczyński (guerre de la Succession de Pologne).

AUGUSTE (Robert Joseph), *Mons v. 1725 - Paris apr. 1795,* orfèvre français. Il rompit avec la rocaille au profit du répertoire classique. — **Henri A.,** *Paris 1759 - Port-au-Prince 1816,* fils de Robert Joseph. Un des orfèvres de l'Empire, il commença à industrialiser le métier.

▲ Saint **Augustin.** Détail d'une fresque (1480) de Botticelli. (Église d'Ognissanti, Florence.)

AUGUSTIN (saint), *Tagaste, auj. Souk Ahras, Algérie, 354 - Hippone 430,* théologien, Père de l'Église latine. Romain d'Afrique, né d'un père païen et d'une mère chrétienne, sainte Monique, il resta longtemps étranger à l'Église. Professeur d'éloquence, il se convertit (387) sous l'influence de saint Ambroise et devint évêque d'Hippone (396). « Docteur de la grâce », il s'opposa au manichéisme, au donatisme et au pélagianisme. Outre ses *Lettres,* qui sont parfois de véritables traités, ses principaux ouvrages sont *la Cité de Dieu* et les *Confessions.* Théologien, philosophe, moraliste, il a exercé une influence capitale sur la théologie occidentale. Écrivain, il a donné au latin chrétien ses lettres de noblesse.

AUGUSTIN ou **AUSTIN** (saint), *m. à Canterbury v. 605,* archevêque de Canterbury. Moine bénédictin, il fut chargé par le pape Grégoire Ier d'évangéliser l'Angleterre et il fonda le siège épiscopal de Canterbury.

Augustinus, ouvrage posthume de Jansénius (1640). Censé exposer la doctrine de saint Augustin sur la grâce et la prédestination, il fut condamné par Urbain VIII en 1642, et les adversaires du jansénisme l'utilisèrent pour en tirer des propositions déclarées hérétiques en 1653.

AUGUSTULE → **ROMULUS AUGUSTULE.**

Aujourd'hui en France → **Parisien** (le).

AULIS MYTH. GR. Dans *l'Iliade,* port de Béotie. La flotte des Grecs y partit pour Troie et Iphigénie y fut sacrifiée.

AULNAT (63510), comm. du Puy-de-Dôme ; 4 047 hab. *(Aulnatois).* Aéroport de Clermont-Ferrand.

AULNAY [onɛ ou olnɛ] (17470), comm. de la Charente-Maritime ; 1 463 hab. *(Aulnaysiens).* Église exemplaire de l'art roman de Saintonge.

AULNAY-SOUS-BOIS (93600), bur. centr. de cant. de la Seine-Saint-Denis, banlieue nord-est de Paris ; 84 174 hab. *(Aulnaisiens).* Cosmétologie. – Festival de danse hip-hop (« H2O »). – Église des XIIe et XVIIIe s.

AULNE [on] n.f., fl. de France, en Bretagne, qui rejoint la rade de Brest ; 140 km.

AULNOY [onwa] (Marie Catherine **Le Jumel de Barneville,** comtesse **d'**), *Barneville v. 1650 - Paris 1705,* femme de lettres française, auteure de contes de fées *(les Illustres Fées).*

AULNOYE-AYMERIES [onwa-] (59620), comm. du Nord ; 9 120 hab. Nœud ferroviaire. Métallurgie.

AULNOY-LEZ-VALENCIENNES (59300), bur. centr. de cant. du Nord ; 7 407 hab. *(Aulnésiens).*

AULU-GELLE, *IIe s. apr. J.-C.,* grammairien latin. Ses *Nuits attiques* fournissent de nombreux renseignements sur la littérature et la civilisation antiques.

AUMALE (Henri **d'Orléans,** duc **d'**), *Paris 1822 - Zucco, Sicile, 1897,* général et historien français. Quatrième fils de Louis-Philippe, il se distingua en Algérie, où il prit, en 1843, la smala d'Abd el-Kader. Exilé en Grande-Bretagne en 1848, il fut élu député à l'Assemblée nationale en 1871. Il a légué à l'Institut ses collections et le château de Chantilly. (Acad. fr.)

AUMONT (Michel), *Paris 1936,* acteur français. À la Comédie-Française (1956 - 1993), il interprète certains des plus grands rôles du répertoire (notamm. Harpagon et Richard III). Capable de faire surgir la violence sous une apparente bonhomie, il excelle aussi dans des pièces contemporaines à l'humour grinçant. Il est également fidèle au cinéma (*Un dimanche à la campagne,* B. Tavernier, 1984).

AUNEAU-BLEURY-SAINT-SYMPHORIEN (28700), bur. centr. de cant. d'Eure-et-Loir ; 5 801 hab. *(Alnélois).* Château médiéval. – Le duc de Guise y vainquit les protestants (1587).

AUNG SAN SUU KYI, *Rangoun 1945,* femme politique birmane. Fille du général **Aung San** *(1915 - 1947),* héros de l'indépendance birmane, et leader de l'opposition démocratique, elle a été très longtemps soumise à l'étroit contrôle des militaires au pouvoir (en résidence surveillée : 1989 - 1995, 2000 - 2002 et 2003 - 2010). En 2011, elle est autorisée à revenir progressivement dans le jeu politique (députée de 2012 à 2016). Après la large victoire de son parti aux élections législatives, elle cumule, depuis 2016, plusieurs fonctions (conseillère de l'État, ministre des Affaires étrangères, porte-parole et ministre de la Présidence) et dirige de facto le pays. (Prix Nobel de la paix 1991.)

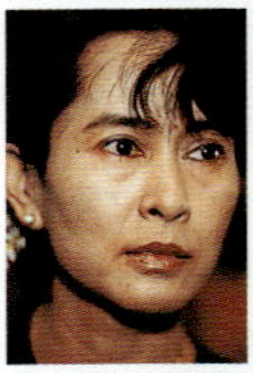

▲ **Aung San Suu Kyi** en 1997.

AUNIS [onis], anc. prov. de France qui correspond au nord-ouest du dép. de la Charente-Maritime ; hab. *Aunisiens* ; v. princ. *La Rochelle.* L'Aunis appartint successivement aux ducs d'Aquitaine et aux Plantagenêts et fut réunie à la Couronne en 1271 avant de redevenir anglaise de 1360 à 1373. Fief du parti protestant au XVIe s., elle résista à l'autorité royale jusqu'à la prise de La Rochelle (1628).

AUPS (83630), comm. du Var, à l'O.-N.-O. de Draguignan ; 2 187 hab. *(Aupsois).* Miel. Truffe. – Remparts. Collégiale St-Pancrace.

AURANGABAD, v. d'Inde (Maharashtra) ; 872 667 hab. (1 189 376 hab. dans l'agglomération). Fondations bouddhiques rupestres (IIe-VIIe s.), à reliefs sculptés. Édifices moghols.

AURANGZEB ou **AWRANGZIB,** *1618 - Aurangabad 1707,* empereur de l'Inde (1658 - 1707), de la dynastie des Grands Moghols. Ses guerres au Deccan et son intransigeance à l'égard des hindous amorcèrent la décadence de l'Empire moghol.

AURAY (56400), bur. centr. de cant. du Morbihan, à la tête de la *rivière d'Auray* (estuaire du Loch) ; 14 185 hab. *(Alréens).* Église du XVIIe s.

AURE (vallée d'), vallée des Pyrénées centrales (Hautes-Pyrénées), drainée par la Neste d'Aure. Centrales hydroélectriques.

AUREC-SUR-LOIRE (43110), bur. centr. de cant. du nord de la Haute-Loire ; 6 215 hab. *(Aurécois).*

AUREILHAN (65800), bur. centr. de cant. des Hautes-Pyrénées, banlieue nord-est de Tarbes ; 8 063 hab. *(Aureilhanais).*

Aurelia (via) ou voie **Aurélienne,** voie romaine qui reliait Rome à Arles, en longeant les rives de la Méditerranée.

AURÉLIEN, en lat. **Lucius Domitius Aurelianus,** *v. 214 - 275,* empereur romain (270 - 275). Il s'opposa avec succès aux Goths (271) et vainquit Zénobie, reine de Palmyre (273). Il fit entourer Rome de murs qui existent encore.

AURÈS n.m. ou n.m. pl., massif de l'Algérie orientale ; 2 328 m au djebel Chelia. Il est surtout peuplé de Berbères.

AURIC (Georges), *Lodève 1899 - Paris 1983,* compositeur français. Membre du groupe des Six*, il a écrit des musiques de ballet pour Diaghilev (*les Fâcheux,* 1924) et des musiques de film pour J. Cocteau et R. Clair. Il fut aussi président de la SACEM (1954 - 1978).

Aurige de Delphes, statue grecque en bronze du Ve s. av. J.-C., de grandeur nature. Ce conducteur de char et le quadrige dont il faisait partie ont été offerts au temple de Delphes.

▲ **Aurige de Delphes.** Bronze ; début du Ve s. av. J.-C. (Musée de Delphes.)

AURIGNAC (31420), comm. de la Haute-Garonne ; 1 274 hab. *(Aurignaciens).* Station préhistorique éponyme de l'aurignacien.

AURIGNY, en angl. **Alderney,** une des îles Anglo-Normandes, à la pointe du Cotentin ; 1 903 hab. ; ch.-l. *Sainte-Anne.* Tourisme.

AURILLAC (15000), ch.-l. du dép. du Cantal, sur la Jordanne, à 631 m d'alt., à 547 km au S. de Paris ; 27 626 hab. *(Aurillacois).* Mobilier. Plastiques. Parapluies. – Festival international de théâtre de rue. – Vieilles maisons. Musée d'Art et d'Archéologie. Muséum des Volcans.

AURIOL (13390), comm. des Bouches-du-Rhône ; 11 707 hab. *(Auriolais).*

AURIOL (Jacqueline), née **Douet,** *Challans 1917 - Paris 2000,* aviatrice française. Pilote d'essai, elle établit à plusieurs reprises le record mondial féminin de vitesse sur 100 km en circuit fermé entre 1951 et 1963, dans une longue compétition restée célèbre avec J. Cochran.

AURIOL (Vincent), *Revel 1884 - Paris 1966,* homme politique français. Socialiste, ministre des Finances (1936 - 1937) puis de la Justice (1937 - 1938) du Front populaire, il fut le premier président de la IVe République (1947 - 1954).

AUROBINDO (Sri), *Calcutta 1872 - Pondichéry 1950,* philosophe indien. Il conçoit le yoga comme la discipline permettant de reconnaître en soi la vérité de Dieu. Il fonda à Pondichéry un ashram, dont l'action se prolongea dans **Auroville**, cité circulaire conçue comme une communauté humaine idéale, créée en 1968 à 10 km au N. de Pondichéry, dans le Tamil Nadu, par sa compagne Mirra Alfassa, dite « la Mère » *(1878 - 1973)*.

AURON (06660), station estivale et de sports d'hiver (alt. 1 600 - 2 450 m) des Alpes-Maritimes (comm. de Saint-Étienne-de-Tinée). Chapelle avec peintures du XVe s.

Aurore (l'), quotidien républicain-socialiste (1897 - 1914). Lors de l'affaire Dreyfus, il publia le fameux pamphlet de É. Zola « J'accuse » (1898). – Le quotidien qui parut sous le même titre à partir de 1944 n'est plus depuis 1984 qu'une édition du *Figaro*.

AUSCHWITZ, en polon. **Oświęcim**, v. de Pologne, près de Katowice ; 40 342 hab. Camp de concentration allemand ouvert en 1940. À proximité, les Allemands créèrent aussi le plus grand des camps d'extermination (Auschwitz-Birkenau) et un camp de travail (Auschwitz-Monowitz). Entre 1940 et 1945, un million de Juifs y périrent. Musée.

AUSONE, *Burdigala, auj. Bordeaux, v. 310 - v. 395*, poète latin. Précepteur du futur empereur Gratien, il a célébré avec lyrisme et érudition les paysages de Moselle et d'Aquitaine.

AUSTEN (Jane), *Steventon, Hampshire, 1775 - Winchester 1817*, romancière britannique. Son œuvre est marquée par le réalisme de la peinture sociale et l'ironie froide de l'analyse psychologique (*Raison et sentiments*, 1811 ; *Orgueil et préjugés*, 1813).

AUSTER (Paul), *Newark 1947*, écrivain américain. Ses romans, et notamm. sa *Trilogie new-yorkaise* (*la Cité de verre*, 1985 ; *la Chambre dérobée*, 1986 ; *Revenants*, id.), où il joue brillamment avec la forme policière, explorent les thèmes du hasard, de l'identité, de la perte et de la solitude (*Moon Palace*, 1989 ; *Léviathan*, 1992 ; *4 3 2 1*, 2017).

Austerlitz (bataille d') [2 déc. 1805], bataille de l'Empire dite « des Trois Empereurs ». Victoire de Napoléon Ier sur les empereurs d'Autriche et de Russie à Austerlitz, auj. Slavkov (Moravie). Elle entraîna la dislocation de la coalition qui regroupait l'Angleterre, l'Autriche et la Russie.

AUSTIN, v. des États-Unis, cap. du Texas sur le Colorado ; 912 791 hab. (1 716 289 hab. dans l'agglomération). Université. Festival des nouvelles technologies.

AUSTIN (John Langshaw), *Lancaster 1911 - Oxford 1960*, philosophe britannique. Ses travaux, dans le courant de la pensée analytique, ont eu une importance décisive dans l'histoire des théories du langage (*Quand dire, c'est faire*, 1962).

AUSTRAL (océan), nom parfois donné à l'océan Antarctique.

AUSTRALES (îles), archipel de la Polynésie française, au S. de Tahiti ; 164 km² ; 6 310 hab.

AUSTRALES ET ANTARCTIQUES FRANÇAISES (terres), collectivité française comprenant des territoires du sud de l'océan Indien (les *terres Australes* : îles Kerguelen, Saint-Paul, Amsterdam et Crozet, et les *îles Éparses* : Europa, îles Glorieuses, Tromelin, Juan de Nova et Bassas da India) et de l'*Antarctique* (terre Adélie), inhabitées en dehors de bases scientifiques ; env. 440 000 km². Territoire d'outre-mer en 1946 (doté dès 1955 d'un régime d'autonomie spécial), les TAAF relèvent depuis 2003 d'un statut juridique spécifique.

▲ Entrée du camp d'**Auschwitz**-Birkenau, avec les voies ferrées par lesquelles arrivaient les convois de déportés.

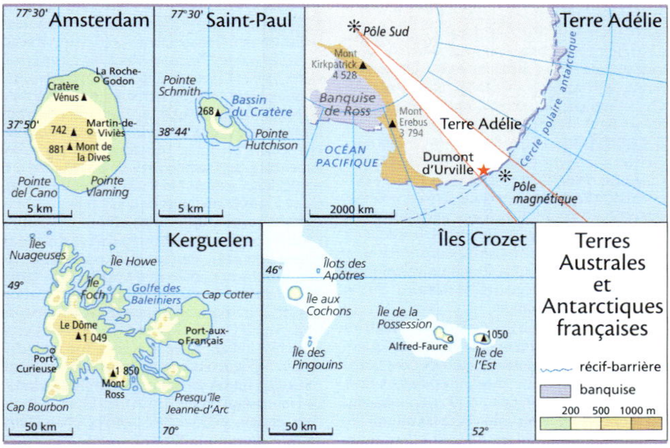

AUSTRALIE n.f., en angl. **Australia**, État fédéral d'Océanie ; 7 700 000 km² ; 23 343 000 hab. (*Australiens*).

CAP. *Canberra.* **V. PRINC.** *Sydney* et *Melbourne.* **LANGUE :** *anglais.* **MONNAIE :** *dollar australien.* Le pays est formé de 6 États (Australie-Méridionale, Australie-Occidentale, Nouvelle-Galles du Sud, Queensland, Tasmanie, Victoria) et de 2 territoires (Territoire du Nord et Territoire de la Capitale). *[V. carte page suivante.]*

INSTITUTIONS Constitution de 1900, entrée en vigueur en 1901. L'État fédéral (6 États ayant chacun un gouvernement et un Parlement, 2 territoires) est membre du Commonwealth. Le gouverneur général représente la Couronne britannique. Le Premier ministre, chef de la majorité parlementaire, est responsable devant la Chambre des représentants, qui nomme les ministres. Le Parlement comprend la Chambre des représentants, élue pour 3 ans, et le Sénat, élu pour 6 ans. Les derniers pouvoirs d'intervention directe de la Grande-Bretagne ont été abolis par l'*Australia Act* de 1986.

GÉOGRAPHIE Vaste comme quinze fois la France, l'Australie est encore globalement peu peuplée. C'est un pays désertique, en dehors des bordures est et sud, au climat tempéré, où se concentrent, ponctuellement, les hommes. Canberra, création artificielle, est la seule grande ville de l'intérieur. Les cinq principales villes (Sydney, Melbourne, Brisbane, Adélaïde et Perth), toutes littorales, regroupent en effet 60 % de la population australienne, urbanisée à plus de 90 %. Les Aborigènes représentent 2 % de la population, moins que la minorité asiatique (en pleine expansion).

L'agriculture emploie moins de 5 % des actifs, mais la production, mécanisée et sur de grandes superficies, est notable : blé, sucre, élevage bovin et surtout ovin (premier rang mondial pour la laine). Le secteur pâtit toutefois auj. d'aléas climatiques (grande sécheresse, surtout dans le sud du pays, qui connaît des incendies meurtriers ; inondations dans le nord-est [Queensland]). Le sous-sol est très riche en produits énergétiques (houille, hydrocarbures et uranium) et minéraux (or, argent, bauxite, fer, plomb et zinc). L'industrie valorise surtout ces productions (sidérurgie et métallurgie de transformation, chimie, aluminium). Les matières premières constituent la base des exportations, dirigées auj. en priorité vers la Chine. Le secteur tertiaire fournit les deux tiers du PIB. L'économie australienne, traditionnellement florissante, a subi les effets de la crise mondiale mais profite de son ancrage dans un espace régional en plein essor.

HISTOIRE **Les origines et le début de la colonisation britannique.** Occupée partiellement par des populations dites « australoïdes » (Aborigènes), dont les traces d'activité remontent à près de 40 000 ans, l'Australie est atteinte par les navigateurs hollandais au XVIIe s. **1770 :** James Cook explore la côte méridionale. **1788 :** début de la colonisation britannique en Nouvelle-Galles du Sud à partir de Port Jackson (Sydney). L'Australie est d'abord une terre de déportation pour les détenus (convicts).

Peuplement et expansion. La colonisation s'étend à tout le continent au XIXe s. Le sol est exploité par des cultivateurs et des éleveurs de moutons mérinos. La ruée vers l'or (1851) accélère l'immigration britannique, le chemin de fer se développe, ainsi que l'exportation du blé. Parallèlement, les six colonies (actuels États) sont successivement créées (1823 - 1859) et dotées de gouvernements responsables devant les Parlements (1851 - 1880). **1901 :** le *Commonwealth of Australia* est proclamé. Le pays participe activement à la Première comme à la Seconde Guerre mondiale aux côtés des Alliés.

L'Australie depuis 1945. Devenue une nation dotée d'une industrie puissante et moderne, l'Australie s'affirme le partenaire privilégié des États-Unis dans la région. Elle développe des relations économiques avec le Japon, la Corée du Sud, la Chine et les pays de l'ASEAN. La vie politique est marquée par l'alternance au pouvoir des libéraux (dont Robert Gordon Menzies, à la tête du gouvernement de 1939 à 1941 et de 1949 à 1966 ; Malcolm Fraser, 1975 - 1983 ; John Howard, 1996 - 2007 ; Tony Abbott, 2013 - 2015 ; Malcolm Turnbull, 2015 - 2018 ; Scott Morrison, depuis 2018) et des travaillistes (Bob Hawke, 1983 - 1991 ; Paul Keating, 1991 - 1996 ; Kevin Rudd, 2007 - 2010 et juin-sept. 2013 ; Julia Gillard, 2010 - 2013). Depuis la fin des années 1990, l'Australie conforte son statut de puissance militaire et politique dans la zone Asie-Pacifique.

Australie

— route
— voie ferrée
✈ aéroport
☆ site touristique important
limite d'État
Perth capitale d'État
● plus de 2 000 000 h.
● de 1 000 000 à 2 000 000 h.
● de 100 000 à 1 000 000 h.
• moins de 100 000 h.
200 500 1000 m

AUSTRALIE-MÉRIDIONALE, État d'Australie ; 984 000 km^2 ; 1 596 572 hab. ; cap. *Adélaïde.*

AUSTRALIE-OCCIDENTALE, État d'Australie ; 2 530 000 km^2 ; 2 239 170 hab. ; cap. *Perth.*

AUSTRASIE, anc. partie de l'Europe qui englobait le nord-est de la France, une partie de la Belgique et de l'ouest de l'Allemagne. Rivale de la Neustrie, elle fut un royaume mérovingien de 561 à 751. C'est autour de l'Austrasie que les Francs firent leur unité sous les Mérovingiens et les Carolingiens.

austro-prussienne (guerre) [1866], conflit qui opposa la Prusse, soutenue par l'Italie, à l'Autriche, appuyée par les principaux États allemands. Voulue par Bismarck, cette guerre eut pour but d'évincer l'Autriche de sa position dominante en Allemagne au profit de la Prusse. La victoire de la Prusse fut aisément acquise, notamment après la bataille de Sadowa. Vaincue, l'Autriche dut, en outre, céder la Vénétie à l'Italie.

AUTANT-LARA (Claude), *Luzarches 1901 - Antibes 2000,* cinéaste français. Un humour caustique et de réelles qualités d'écriture caractérisent ses meilleures œuvres : *Douce* (1943), *le Diable au corps* (1947), *l'Auberge rouge* (1951), *le Blé en herbe* (1954), *la Traversée de Paris* (1956).

AUTERIVE (31190), bur. centr. de cant. de la Haute-Garonne, sur l'Ariège ; 9 557 hab. *(Auterivains).*

AUTEUIL, quartier de Paris (XVIe arrond.), entre le bois de Boulogne et la Seine, constitué par une anc. comm. du dép. de la Seine, incorporée à la capitale en 1860. Hippodrome.

AUTEUIL (Daniel), *Alger 1950,* acteur et cinéaste français. Révélé au théâtre dans les années 1970, il s'affirme au cinéma dans des comédies (*les Sous-doués,* C. Zidi, 1980), avant de manifester toute la richesse de son talent dramatique (*Jean de Florette* et *Manon des Sources,* C. Berri, 1986 ; *Un cœur en hiver,* C. Sautet, 1992 ; *le Huitième Jour,* J. Van Dormael, 1996 ; *Caché,* M. Haneke, 2005). Il a réalisé notamm. *Marius* (2013) et *Fanny* (id.).

Autorité des marchés financiers → AMF.

AUTRANS-MÉAUDRE-EN-VERCORS, comm. de l'Isère, dans le Vercors, à l'O. de Grenoble ; 1 697 hab. *(Autranais).* Station de tourisme estival et de sports d'hiver (alt. 1 050 - 1 670 m).

AUTRICHE n.f., en all. **Österreich,** État fédéral d'Europe centrale ; 84 000 km^2 ; 8 495 000 hab. *(Autrichiens).* **CAP.** *Vienne.* **LANGUE :** *allemand.* **MONNAIE :** *euro.* Le pays est formé de 9 provinces, ou Länder (Basse-Autriche, Haute-Autriche, Burgenland, Carinthie, Salzbourg, Styrie, Tyrol, Vienne et Vorarlberg).

INSTITUTIONS République fédérale (9 Länder, dont chacun a son gouvernement et son assemblée). Constitution de 1920, restaurée en 1945. Le président de la République est élu au suffrage universel direct pour 6 ans. Le chancelier, chef de la majorité parlementaire, dirige le gouvernement fédéral. Le Parlement est composé du Conseil national *(Nationalrat),* élu au suffrage universel pour 5 ans, et du Conseil fédéral *(Bundesrat),* élu par les assemblées des Länder.

GÉOGRAPHIE La majeure partie du pays s'étend sur les Alpes, qui culminent dans les Hohe Tauern (3 796 m au Grossglockner), souvent englacées et découpées par de profondes vallées (Inn, Salzach, Enns, Mur, Drave), ouvrant des bassins où se concentre la vie humaine (Klagenfurt). Les plaines et les collines ne se développent qu'au nord (vallée du Danube) et à l'est (Burgenland). Le climat est influencé par l'altitude et l'exposition. La vie agricole, fondée sur l'élevage, est en difficulté sur les versants des vallées alpines. La grande culture (blé et betterave à sucre) intéresse surtout les plaines. L'industrie, de tradition ancienne et favorisée par les aménagements hydroélectriques, s'est diversifiée (sidérurgie, métallurgie de transformation, textile, chimie) ; elle se localise principalement dans les grandes villes : Linz, Graz et surtout Vienne. Le tourisme est très actif, notamm. dans les régions montagneuses (Vorarlberg et Tyrol).

HISTOIRE **Les origines.** Centre de la civilisation de Hallstatt au Ier millénaire av. J.-C., l'Autriche est occupée par les Romains, dont les camps militaires forment le noyau des villes. **796 apr. J.-C. :** Charlemagne vainc les Barbares, qui ont envahi la région entre le IIIe et le VIIe s., et il fonde en 803 la marche de l'Est (Österreich depuis 996). **1156 :** elle devient un duché héréditaire aux mains des Babenberg, qui l'augmentent de la Styrie et d'une partie de la Carniole. **1253 - 1278 :** le duché est rattaché à la Bohême puis conquis par Rodolphe Ier de Habsbourg, empereur en 1273.

L'Autriche des Habsbourg. Les Habsbourg, maîtres du pays, sont aussi les possesseurs de la couronne impériale après 1438. **1493 - 1519 :** Maximilien Ier fonde la grandeur de la maison d'Autriche : par son mariage avec Marie de Bourgogne (1477), il gagne les Pays-Bas et la Franche-Comté ; il fait épouser à son fils l'héritière d'Espagne et à ses petits-enfants ceux du roi de Bohême et de Hongrie. **1521 :** Ferdinand Ier de Habsbourg reçoit de Charles Quint (empereur depuis 1519) les domaines autrichiens. **1526 :** il devient roi de Bohême et de Hongrie.

XVIe - XVIIe s. : l'Autriche est le rempart de l'Europe contre la progression ottomane (sièges de Vienne, 1529 puis 1683 ; traité de Karlowitz [1699], où l'Autriche obtient la Transylvanie). Foyer de la Réforme catholique pendant la guerre de Trente Ans, elle échoue à éviter l'émiettement politique et religieux de l'Allemagne (traités de Westphalie, 1648). **XVIIIe s. :** il est marqué par le règne éclairé de Marie-Thérèse (1740 - 1780) et par celui, centralisateur, de Joseph II (1780 - 1790) ; ainsi que par les guerres : contre la France (en 1714, l'Autriche y gagne les Pays-Bas et une partie de l'Italie) ; de la Succession d'Autriche (elle perd la Silésie) ; et de Sept Ans. Au premier partage de la Pologne (1772), elle obtient la Galicie. **1804 :** François II, battu deux fois par Bonaparte (1797 - 1800), réunit ses États sous le nom d'empire d'Autriche (il conserve jusqu'en 1806 le titre d'empereur romain germanique). **1814 - 1815 :** au congrès de Vienne, les territoires conquis par Napoléon Ier sont rendus à l'Autriche, qui domine l'Italie du Nord, préside la Confédération germanique et apparaît comme l'arbitre de l'Europe par l'entremise de Metternich. **1859 :** l'Autriche perd la Lombardie devant les Franco-Piémontais. **1866 :** elle est vaincue par la Prusse à Sadowa et perd la Vénétie. **1867 :** François-Joseph Ier accepte le compromis austro-hongrois qui, mettant le royaume de Hongrie et l'empire d'Autriche sur un pied d'égalité, donne naissance à la monarchie austro-hongroise. Les tensions nationalistes persistent. **1879 - 1882 :** l'Autriche signe avec l'Allemagne et l'Italie la Triple-Alliance. **1908 :** elle annexe la Bosnie-Herzégovine. **1914 :** l'assassinat de l'archiduc François-Ferdinand, héritier du trône, à Sarajevo (28 juin), déclenche la Première Guerre mondiale. **1916 :** Charles Ier succède à François-Joseph. **1918 :** la défaite provoque l'éclatement de la monarchie austro-hongroise.

La République autrichienne. **1919 - 1920 :** les traités de Saint-Germain-en-Laye et de Trianon reconnaissent l'existence des États nationaux nés de la double monarchie. **1920 :** la république d'Autriche est proclamée et se dote d'une Constitution fédérative (9 Länder). En dépit de la politique des chanceliers chrétiens-sociaux Seipel, Dollfuss et von Schuschnigg, l'Autriche est rattachée à l'Allemagne nazie à la suite de l'Anschluss (1938) et fait partie du IIIe Reich jusqu'en 1945. **1945 - 1955 :** l'Autriche, redevenue république fédérale, est divisée en quatre zones d'occupation. **1955 :** le traité de paix en fait un État neutre. Après 1945 alternent au pouvoir, séparément ou formant une coalition, le Parti populaire (ÖVP, conservateur), avec le chancelier Leopold Figl (1945 - 1953), et le Parti socialiste (SPÖ), avec le président Karl Renner (1945 - 1950) et les chanceliers Bruno Kreisky (1970 - 1983) et Fred Sinowatz (1983 - 1986). **1986 :** Kurt Waldheim est élu président de la République ; le socialiste Franz Vranitzky devient chancelier. **1992 :** Thomas Klestil est élu à la présidence de la République. **1995 :** l'Autriche adhère à l'Union européenne. **1997 :** le social-démocrate Viktor Klima devient chancelier. **1999 :** les élections législatives sont marquées par la percée du Parti libéral (FPÖ, extrême droite), dirigé par Jörg Haider. **2000 :** le Parti populaire – dont le leader, Wolfgang Schüssel, devient chancelier – forme un gouvernement de coalition avec le Parti libéral. Cette alliance suscite de vives réactions au sein de l'Union européenne. **2003 :** malgré l'effondrement de l'extrême droite aux élections législatives (nov. 2002), W. Schüssel reconduit la coalition sortante. **2004 :** Heinz Fischer succède à T. Klestil à la présidence (il est réélu en 2010). **2007 :** après la victoire du Parti social-démocrate (SPÖ) aux élections (oct. 2006), Alfred Gusenbauer dirige un gouvernement de « grande coalition » avec le Parti populaire (ÖVP). **2008 :** l'échec de ce gouvernement mène à des élections anticipées (sept.) : le SPÖ et l'ÖVP sont lourdement sanctionnés et l'extrême droite réalise un score très élevé (son leader historique, Jörg Haider, meurt en nov.). La « grande coalition » est néanmoins reconduite, avec pour chancelier Werner Faymann (SPÖ). **2013 :** malgré une nouvelle progression de l'extrême droite aux élections (sept.), la coalition SPÖ-ÖVP se maintient au pouvoir. **2016 :** Christian Kern (SPÖ) succède au chancelier W. Faymann, démissionnaire après l'élimination du SPÖ dès le premier tour de l'élection présidentielle (avr.). Après l'invalidation du second tour (juill.), le candidat indépendant, Alexander Van der Bellen, remporte le nouveau scrutin (déc.) face à celui de l'extrême droite (prise de fonctions en 2017). **2017 :** le Parti populaire (ÖVP) arrive en tête des élections anticipées. Son jeune leader, Sebastian Kurz, devient chancelier en formant une coalition avec le Parti libéral (FPÖ).

AUTRICHE (Basse-), prov. d'Autriche ; 1 614 693 hab. ; ch.-l. *Sankt Pölten*.

AUTRICHE (Haute-), prov. d'Autriche ; 1 413 762 hab. ; ch.-l. *Linz*.

AUTRICHE-HONGRIE, nom donné, de 1867 à 1918, à la monarchie double comprenant l'empire d'Autriche, ou Cisleithanie (cap. Vienne), et le royaume de Hongrie, ou Transleithanie (cap. Budapest). L'Autriche-Hongrie fut gouvernée par les Habsbourg. Elle était peuplée d'Autrichiens, de Hongrois, de Tchèques, de Serbes, de Slovènes, de Polonais, de Ruthènes, etc. Après la défaite des empires centraux (1918), le traité de Saint-Germain-en-Laye (1919) fit disparaître l'Empire, que remplacèrent des États indépendants.

▲ **Autun.** « La Tentation d'Ève ». Fragment du portail de la cathédrale St-Lazare. Sculpture attribuée à Gislebertus. Début du XIIe s. (Musée Rolin, Autun.)

AUTUN (71400), ch.-l. d'arrond. de Saône-et-Loire, sur l'Arroux ; 14 843 hab. (*Autunois*). Évêché. Textile. – Monuments romains (théâtre, portes, temple « de Janus »). Cathédrale St-Lazare (v. 1120-1140), chef-d'œuvre du roman bourguignon, avec son tympan du Jugement dernier signé Gislebertus. Musées.

AUTUNOIS, région boisée de France (Saône-et-Loire), à l'E. du Morvan.

Autriche

200	500	1000	2000 m

autoroute
route
aéroport
voie ferrée
limite d'État fédéré
Graz capitale d'État fédéré
plus de 1 000 000 h.
de 100 000 à 1 000 000 h.
de 50 000 à 100 000 h.
moins de 50 000 h.

AUVERGNE, région géographique occupant la partie centrale, la plus élevée, du Massif central.

AUVERGNE, région historique du centre de la France. Elle doit son nom aux Arvernes (Celtes), défaits par César à Alésia (52 av. J.-C.). Aux XIIIe et XIVe s., elle fut divisée en comté, dauphiné et terre (duché en 1360) d'Auvergne, respectivement réunis à la Couronne en 1606, 1693 et 1531.

AUVERGNE n.f., anc. Région administrative de France (Allier, Cantal, Haute-Loire et Puy-de-Dôme) [→ **Auvergne-Rhône-Alpes**].

AUVERGNE-RHÔNE-ALPES n.f., Région administrative du centre-est de la France regroupant, depuis 2016, les anc. Régions d'Auvergne et de Rhône-Alpes ; 69 711 km² ; 8 069 287 hab. ; ch.-l. *Lyon* ; 12 dép. (Ain, Allier, Ardèche, Cantal, Drôme, Isère, Loire, Haute-Loire, Puy-de-Dôme, Rhône, Savoie et Haute-Savoie). La Région juxtapose ensembles montagneux (Alpes, Massif central et Jura) entrecoupés de larges vallées (Lyon, Grenoble, Saint-Étienne, Chambéry), plateaux (Bocage bourbonnais et de la Combraille, Devès, La Chaise-Dieu) et basses terres (axe Saône-Rhône, axe rhodanien, avant-pays dauphinois, bassin du Forez). Traditionnellement, l'agriculture prédomine à l'ouest et l'industrie à l'est, mais, aujourd'hui, le secteur tertiaire emploie plus des trois quarts des actifs de la Région. Les plaines et les vallées sont le domaine des cultures céréalières (Limagnes), de la polyculture, de l'élevage de volailles (poulets de Bresse), des vergers, alors que les montagnes sont dominées par l'élevage et la production de fromages. On y trouve également un vignoble de qualité (Beaujolais, Mâconnais). L'industrie, moderne et diversifiée, s'articule autour de pôles de compétitivité révélateurs du fort développement économique régional : aéronautique, pétrochimie, automobile, chimie, pharmacie, biotechnologie, environnement, plasturgie, production d'électricité (centrales nucléaires de Bugey, Saint-Alban, Cruas et Tricastin). Le tourisme (tourisme vert, sports d'hiver et stations thermales), grâce à sa diversité et aux excellentes structures autoroutières et ferroviaires, place la Région au deuxième rang des régions touristiques françaises. Lyon est la deuxième aire urbaine de France, derrière Paris et devant Marseille.

AUVERS-SUR-OISE [-vɛr-] (95430), comm. du Val-d'Oise ; 7 108 hab. *(Auversois).* Festival de musique. – Église des XIIe-XIIIe s. Van Gogh et d'autres peintres ont rendu célèbre la localité.

AUWERX (Johan), *Diepenbeek, près de Hasselt, 1958,* médecin belge. Spécialiste de biologie moléculaire, il étudie notamm. le rôle des mitochondries dans le métabolisme. Sa découverte d'un système de communication entre nutriments et machinerie cellulaire ouvre la voie à des applications thérapeutiques (vieillissement, maladies métaboliques).

AUXERRE [osɛr] (89000), ch.-l. du dép. de l'Yonne, sur l'Yonne, à 162 km au S.-E. de Paris ; 36 569 hab. *(Auxerrois).* Industrie automobile. – Anc. abbatiale St-Germain (peintures carolingiennes), cathédrale gothique avec vitraux du XIIIe s. Musées.

AUXERROIS, région historique de France ; v. princ. *Auxerre.*

AUXOIS [oswa], région de France en Bourgogne (Côte-d'Or) ; hab. *Auxois* ; v. princ. *Semur-en-Auxois.* Axe de passage parsemé de hauteurs, dont le *mont Auxois,* au-dessus d'Alise-Sainte-Reine.

AUXONNE [osɔn] (21130), bur. centr. de cant. de la Côte-d'Or, sur la Saône ; 7 846 hab. *(Auxonnais).* Électronique. – Église de style gothique bourguignon (XIIIe-XVIe s.).

AUZOUT (Adrien), *Rouen 1622 - Rome 1691,* astronome français. Il développa l'usage de la lunette astronomique après l'avoir perfectionnée par la mise au point du micromètre à fils.

AVALLON (89200), ch.-l. d'arrond. de l'Yonne, sur le Cousin ; 7 053 hab. *(Avallonnais).* Industrie du caoutchouc. – Anc. fortifications ; église romane St-Lazare, des XIe-XIIe s. Musée.

AVALOIRS (mont des) ou signal des **AVALOIRS,** sommet de l'ouest de la France (Mayenne), point culminant, avec la forêt d'Écouves, du Massif armoricain ; 417 m.

AVALOKITESHVARA, un des principaux bodhisattvas du bouddhisme du Grand Véhicule. Son culte est surtout répandu au Japon et au Tibet.

AVALON, péninsule du Canada, dans le sud-est de Terre-Neuve, rattachée à l'île par l'*isthme d'Avalon.* Ville et port princ. : St. John's.

Avanti !, journal socialiste italien, fondé en 1896, à Rome.

Avare (l'), comédie en 5 actes et en prose de Molière (1668). Inspirée de l'*Aulularia* de Plaute, cette pièce est une peinture, à travers le personnage d'Harpagon, de la folie obsessionnelle que peut devenir l'avarice.

AVARICUM, v. de Gaule (auj. Bourges).

AVARS, peuple originaire de l'Asie centrale, qui occupa la plaine hongroise au VIe s. apr. J.-C. Charlemagne les vainquit (796) et les intégra à l'Empire.

AVARS, peuple caucasien vivant principalement en Russie (Daguestan) et en Azerbaïdjan (600 000 au total). Musulmans sunnites, ils se reconnaissent sous le nom de *Maaroulal.*

AVDEÏEV (Sergueï Vassilievitch), *Tchapaïevsk, région de Samara, 1956,* cosmonaute russe. Ayant effectué trois vols spatiaux de longue durée à bord de la station Mir (1992, 1995 et 1999), il détient le record de temps passé dans l'espace en durée cumulée (747 j 14 h 11 min).

AVEDON (Richard), *New York 1923 - San Antonio 2004,* photographe américain. Célèbre pour ses photographies de mode étranges et d'une extrême sophistication, il a aussi composé des portraits d'une savante cruauté.

AVEIRO, v. du Portugal, au S. de Porto ; 78 450 hab. Musée régional dans un anc. couvent.

AVELLANEDA (Nicolás), *Tucumán 1836 - 1885,* homme politique argentin. Président de la République (1874 - 1880), il réprima l'insurrection de Mitre (1874) et fit accepter Buenos Aires comme capitale.

AVELLINO, v. d'Italie (Campanie), ch.-l. de prov. ; 54 494 hab.

AVEMPACE, en ar. **Ibn Bādjdja,** *Saragosse fin du XIe s. - Fès 1138,* philosophe arabe. Il est l'auteur d'un système rationaliste faisant de Dieu l'Intelligence suprême *(Régime du solitaire).*

Avenir (l'), quotidien français (oct. 1830 - nov. 1831). Fondé par La Mennais, il eut pour collaborateurs Lacordaire et Montalembert. Il réclamait la liberté de conscience, la séparation de l'Église et de l'État, le droit d'association, la liberté de la presse et de l'enseignement. Ces doctrines furent condamnées par le pape Grégoire XVI en 1832.

AVENTIN (mont), une des sept collines de Rome. La plèbe romaine révoltée contre le patriciat s'y retira jusqu'à ce qu'elle obtînt reconnaissance de ses droits (494 av. J.-C.).

AVENZOAR, en ar. **Abū Marwān ibn Zuhr,** *Peñaflor, Andalousie, 1073 - Séville 1162,* médecin arabe. Il fut le maître d'Averroès.

AVERCAMP (Hendrick), *Amsterdam 1585 - Kampen 1634,* peintre néerlandais. Une foule de petits personnages pittoresques animent ses paysages d'hiver.

AVERROÈS, en ar. **Abū al-Walīd ibn Ruchd,** *Cordoue 1126 - Marrakech 1198,* philosophe arabe. Son interprétation de la métaphysique d'Aristote à la lumière du Coran a influencé les pensées chrétienne et juive du Moyen Âge. Il a été également médecin et juriste.

AVERY (Tex), *Taylor, Texas, 1908 - Burbank 1980,* dessinateur et cinéaste d'animation américain. Créateur du cochon Porky Pig, du chien Droopy et, en collab. avec Chuck Jones et Ben Hardaway, du lapin Bugs Bunny, il a, par son humour, renouvelé le rythme et l'esprit du dessin animé.

AVESNES-SUR-HELPE [avɛn-] (59440), ch.-l. d'arrond. du Nord, dans l'*Avesnois,* sur l'Helpe Majeure ; 4 817 hab. *(Avesnois).* Restes des fortifications de Vauban. Grand-place surtout du XVIIIe s. ; église gothique des XIIe-XVIe s.

AVESNOIS, région bocagère de l'est du dép. du Nord, autour d'*Avesnes-sur-Helpe.* Élevage bovin laitier. Parc naturel régional, couvrant env. 125 000 ha.

Avesta, livre saint des zoroastriens. Le texte en a été fixé au IVe s. apr. J.-C.

AVEYRON [avɛrɔ̃] n.m., riv. de France, qui naît près de Sévérac-le-Château (dép. de l'Aveyron) et rejoint le Tarn (r. dr.), au N.-O. de Montauban ; 250 km. Il passe à Rodez et à Villefranche-de-Rouergue.

AVEYRON n.m. (12), dép. de la Région Occitanie ; ch.-l. de dép. *Rodez* ; ch.-l. d'arrond. *Millau, Villefranche-de-Rouergue* ; 3 arrond. ; 23 cant. ; 285 comm. ; 8 735 km^2 ; 290 199 hab. *(Aveyronnais).* Le dép. appartient à l'académie de Toulouse, à la cour d'appel de Montpellier, à la zone de défense et de sécurité Sud-Ouest. Dans le sud du Massif central, faiblement peuplé, ayant subi une intense émigration, il est formé de plateaux cristallins (Viadène, Ségala) ou calcaires (partie des Grands Causses, appartenant à un parc naturel régional). Ces plateaux sont découpés par les profondes vallées de la Truyère, du Lot, de l'Aveyron et du Tarn, où se localisent les principales villes (Rodez, Millau). L'agriculture juxtapose céréales dans le Ségala et élevage des brebis pour la fabrication du roquefort dans les Causses. L'industrie est représentée par le travail du cuir et les aménagements hydroélectriques (sur la Truyère surtout).

AVICÉBRON, en ar. **Sulaymān ibn Gabīrūl,** *Málaga v. 1020 - Valence v. 1058,* philosophe et poète juif espagnol. Il exposa son panthéisme dans *la Source de vie,* connue par une traduction latine.

AVICENNE, en ar. **Ibn Sīnā,** *Afchana, près de Boukhara, 980 - Hamadan 1037,* médecin et philosophe iranien. Il fut l'un des savants les plus remarquables de l'Orient. Son *Canon de la médecine* et son interprétation d'Aristote eurent une influence considérable en Europe jusqu'au XVIIe s.

AVIGNON (84000), ch.-l. du dép. de Vaucluse, sur le Rhône, à 683 km au S.-S.-E. de Paris ; 93 968 hab. *(Avignonnais)* [440 651 hab. dans l'agglomération]. Archevêché. Université. Centre commercial et touristique. – Cathédrale romane, palais-forteresse des Papes (XIVe s.) et nombreux autres monuments. Musées, dont celui du Petit-Palais (primitifs italiens et avignonnais), le musée Calvet (archéologie, peinture, etc.), le musée Angladon (intérieur d'amateurs d'art ; peinture des XIXe et XXe s.) et la Collection Lambert (art contemporain). – Siège de la papauté de 1309 à 1376. En 1348, Clément VI l'acheta à Jeanne Ire, reine de Sicile, comtesse de Provence. Résidence des papes dits « d'Avignon » lors du Grand Schisme d'Occident (1378 - 1417), la ville, demeurée à l'Église jusqu'en 1791, fut alors réunie à la France en même temps que le Comtat Venaissin.

Avignon (Festival d'), festival de théâtre créé en 1947 par Jean Vilar. Il fut le lieu privilégié d'expression et de réflexion du TNP. Il s'est ouvert depuis 1966 à d'autres troupes, ainsi qu'à la danse, à la musique et au cinéma.

Avignon (papes d'), les sept papes d'origine française (Clément V, Jean XXII, Benoît XII, Clément VI, Innocent VI, Urbain V, Grégoire XI) qui, de 1309 à 1376, firent d'Avignon la capitale de la papauté, l'Italie n'étant plus assez sûre. Durant le Grand Schisme, Clément VII et Benoît XIII y résidèrent aussi.

ÁVILA, v. d'Espagne (Castille-León), ch.-l. de prov. ; 58 149 hab. Enceinte aux 88 tours ; cathédrale gothique, églises romanes (S. Vincente) et gothiques (couvent S. Tomás). – Patrie de sainte Thérèse.

AVILÉS, v. d'Espagne (Asturies) ; 82 938 hab. Port. Centre sidérurgique et métallurgique. – Centre Niemeyer.

AVION (62210), bur. centr. de cant. du Pas-de-Calais, banlieue de Lens ; 18 384 hab. *(Avionnais).*

AVIOTH (55600), comm. de la Meuse ; 144 hab. *(Aviothois).* Basilique des XIVe-XVe s.

AVIRONS (Les) [97425], comm. de La Réunion, située au S.-O. de l'île ; 11 504 hab. *(Avironnais).*

AVIZ (dynastie d'), dynastie qui régna sur le Portugal de 1385 à 1580.

AVOGADRO (Amedeo di Quaregna e Ceretto, comte), *Turin 1776 - id. 1856,* chimiste et physicien italien. Il émit, en 1811, l'hypothèse selon laquelle il y a le même nombre de molécules dans des volumes égaux de gaz différents, à la même température et à la même pression (v. partie n. comm. **nombre d'Avogadro***). La loi qui porte son nom est l'une des bases de la chimie.

▲ **Avignon.** Les restes du pont Saint-Bénezet, le Petit-Palais, la cathédrale et le palais des Papes.

AVOINE (37420), comm. d'Indre-et-Loire ; 1 782 hab. Centrale nucléaire, dite aussi « de Chinon », sur la Loire. Musée du nucléaire.

AVON (77210), comm. de Seine-et-Marne ; 14 224 hab. *(Avonnais).* Église des XIIe-XVIe s.

AVORD (18520), bur. centr. de cant. du Cher ; 2 654 hab. *(Avarais).* Base militaire aérienne.

AVORIAZ [-rjaz] (74110), station de sports d'hiver (alt. 1 800 - 2 460 m) de Haute-Savoie (comm. de Morzine). Festival international du film fantastique de 1973 à 1993.

AVRANCHES (50300), ch.-l. d'arrond. de la Manche, près de l'embouchure de la Sée ; 8 418 hab. *(Avranchinais).* Industrie automobile. – Musée. – Percée décisive du front allemand par les blindés américains de Patton en direction de la Bretagne et du Bassin parisien (31 juill. 1944).

AVRILLÉ (49240), comm. de Maine-et-Loire ; 13 883 hab. *(Avrillais).*

AVVAKOUM, *Grigorovo v. 1620 - Poustozersk 1682,* archiprêtre et écrivain russe. Son refus des réformes liturgiques du patriarche Nikon provoqua le schisme des vieux-croyants, ou *raskol.* Condamné à mort, il fut brûlé. – Il a écrit le récit de sa vie, une des premières œuvres de la littérature russe en langue populaire.

Axe (l'), alliance formée en 1936 par l'Allemagne et l'Italie (Axe Rome-Berlin). On donna le nom de « puissances de l'Axe » à l'ensemble constitué par l'Allemagne, l'Italie et leurs alliés pendant la Seconde Guerre mondiale.

Axel Springer Verlag, groupe de presse et d'édition allemand. Fondé en 1946 par Axel Caesar **Springer** *(Hambourg 1912 - Berlin 1985),* il contrôle la majorité de la presse allemande (*Bild, Die Welt,* etc.).

AX-LES-THERMES (09110), bur. centr. de cant. de l'Ariège, sur l'Ariège ; 1 301 hab. *(Axéens).* Station thermale. Sports d'hiver sur le plateau du Saquet (alt. 2 000 m).

AXOUM → **AKSOUM.**

AYACUCHO, v. du Pérou, dans les Andes ; 151 019 hab. Aux environs, victoire de Sucre sur les Espagnols (déc. 1824), qui consacra l'indépendance de l'Amérique du Sud.

AŸ-CHAMPAGNE (51150), comm. de la Marne, au S. de la Montagne de Reims, sur la Marne ; 5 839 hab. *(Agéens).* Vignobles.

AYDIN, v. de l'ouest de la Turquie ; 143 267 hab.

AYER (sir Alfred Jules), *Londres 1910 - id. 1989,* philosophe britannique. Il est l'un des fondateurs du positivisme logique (*Language, Truth and Logic,* 1936).

AYERS ROCK → **ULURU.**

AYEYARWADY → **IRRAWADDY.**

AYLWIN AZÓCAR (Patricio), *Viña del Mar 1918 - Santiago, Chili, 2016,* homme politique chilien. Succédant à Pinochet, il fut président de la République de 1990 à 1994.

AYMARA, peuple amérindien des hauts plateaux andins de Bolivie, du Pérou, du Chili et d'Argentine (1,6 million au total). Présents dans la région avant les Incas, auxquels ils ont été soumis, ils sont agriculteurs et pasteurs, avec un fort dynamisme d'intégration. Leur langue, l'*aymara,* fait concurrence au quechua.

AYMÉ (Marcel), *Joigny 1902 - Paris 1967,* écrivain français. Il est l'auteur de nouvelles *(le Passe-Muraille)* et de romans où la fantaisie et la satire se mêlent au fantastique *(la Jument verte),* de pièces de théâtre *(Clérambard)* et de contes *(Contes* du chat perché).*

AYODHYA, site de l'Inde, près de Faizabad (Uttar Pradesh). Lieu de naissance présumé du dieu Rama, où a été édifiée au XVIe s. une mosquée. En 1992, la destruction de cette dernière par des militants nationalistes hindous entraîna de graves affrontements entre les communautés musulmanes et hindoues.

AYRAULT (Jean-Marc), *Maulévrier, Maine-et-Loire, 1950,* homme politique français. Député de Loire-Atlantique (1986 - 2012 et 2014 - 2016 ; président, de 1997 à 2012, du groupe socialiste à l'Assemblée nationale), maire de Nantes (1989 - 2012), il a été Premier ministre de 2012 à 2014, puis ministre des Affaires étrangères (2016 - 2017).

AYTRÉ (17440), bur. centr. de cant. de la Charente-Maritime ; 8 937 hab. Matériel ferroviaire.

AYUTHIA, v. de Thaïlande, au N. de Bangkok ; 75 898 hab. Anc. cap. du Siam (1350 - 1767) ; monuments des XIVe-XVIIe s. (temples, stupas).

▲ **Ayuthia.** Statues de Bouddha au Wat Yai Chai Mongkon (XIVe-XVIe s.).

AYYUBIDES, dynastie musulmane fondée par Saladin. Les Ayyubides régnèrent aux XIIe-XIIIe s. sur l'Égypte, la Syrie et une grande partie de la Mésopotamie, de l'Arabie et du Yémen.

AZAÑA Y DÍAZ (Manuel), *Alcalá de Henares 1880 - Montauban 1940,* homme politique espagnol. Président du Conseil de 1931 à 1933, il fut président de la République de 1936 à 1939.

AZAY-LE-RIDEAU [azɛ-] (37190), comm. d'Indre-et-Loire, sur l'Indre ; 3 534 hab. *(Ridellois)*. Château de la Renaissance (1518-1529).

AZEGLIO (Massimo **d'**), *Turin 1798 - id. 1866*, écrivain et homme politique italien. Il fut l'un des chefs modérés du Risorgimento.

AZÉMA (Sabine), *Paris 1949*, actrice française. Mutine, spirituelle, passionnée (*Un dimanche à la campagne*, B. Tavernier, 1984), elle s'accomplit sous l'égide d'Alain Resnais, dont elle fut la muse (*Mélo*, 1986 ; *Smoking/No Smoking*, 1993 ; *On connaît la chanson*, 1997 ; *les Herbes folles*, 2009).

AZERBAÏDJAN, région d'Asie occidentale, aujourd'hui partagée entre la république d'Azerbaïdjan et l'Iran. L'Iran céda l'Azerbaïdjan septentrional à la Russie en 1828.

AZERBAÏDJAN n.m., en azerbaïdjanais **Azärbaycan,** État d'Asie, dans le Caucase ; 87 000 km² ; 9 413 000 hab. (*Azerbaïdjanais*, en quasi-totalité des *Azéris*). **CAP.** *Bakou*. **LANGUE :** *azerbaïdjanais (azéri)*. **MONNAIE :** *manat azerbaïdjanais*.

GÉOGRAPHIE Le pays est peuplé à plus de 90 % d'Azéris, musulmans. Il correspond à la plaine de la Koura et à son pourtour montagneux. L'aridité explique l'extension de l'élevage ovin, en dehors de zones irriguées (coton, vignoble, tabac). Mais les hydrocarbures (gaz et surtout pétrole) sont les atouts essentiels d'une économie qui souffre du conflit avec l'Arménie sur le Haut-Karabakh.

HISTOIRE Ancienne province de l'Iran, l'Azerbaïdjan est envahi au XIe s. par les Turcs Seldjoukides. **1828 :** l'Iran cède l'Azerbaïdjan septentrional à l'Empire russe. **1918 :** une république indépendante est proclamée. **1920 :** elle est occupée par l'Armée rouge et soviétisée. **1922 :** elle est intégrée à l'URSS. **1923 - 1924 :** la république autonome du Nakhitchevan et la région autonome du Haut-Karabakh* sont instituées et rattachées à l'Azerbaïdjan. **1936 :** l'Azerbaïdjan devient une république fédérée. **1988 :** il s'oppose aux revendications arméniennes sur le Haut-Karabakh. Le nationalisme azéri se développe et des pogroms antiarméniens se produisent. **1990 :** les communistes remportent les premières élections libres. **1991 :** l'Azerbaïdjan obtient son indépendance et adhère à la CEI. **1992 :** l'opposition nationaliste accède au pouvoir. **1993 :** l'armée arménienne du Haut-Karabakh prend le contrôle de cette région et occupe le sud-ouest de l'Azerbaïdjan. Les communistes reprennent le pouvoir. Gueïdar Aliev devient président de la République. **2003 :** son fils, Ilham Aliev, lui succède à la tête de l'État (réélu en 2008, 2013 et 2018).

AZÉRIS, peuple vivant principalement en Azerbaïdjan, en Iran et en Russie (env. 17 millions au total). Divers dans leurs origines lointaines (populations caucasiennes au nord, tribus non perses au sud), ils ont été turquisés à partir du XIe s. Ils parlent l'*azerbaïdjanais* ou *azéri*.

AZEVEDO (Aluísio), *São Luís 1857 - Buenos Aires 1913*, écrivain brésilien. Il est l'auteur du premier roman naturaliste de son pays, *le Mulâtre* (1881).

Azhar (al-) [« la (mosquée) splendide »], mosquée fondée au Caire par les Fatimides en 973. Devenue, après de nombreuses adjonctions, un véritable répertoire de l'architecture islamique en Égypte, elle abrite l'une des grandes universités du monde musulman.

Azincourt (bataille d') [25 oct. 1415], bataille de la guerre de Cent Ans. Victoire des Anglais commandés par Henri V sur l'armée du roi de France Charles VI, à Azincourt (Pas-de-Calais). Elle permit aux Anglais de conquérir une grande partie de la France.

AZNAR LÓPEZ (José María), *Madrid 1953*, homme politique espagnol. Président du Parti populaire (1990 - 2004), il a été président du gouvernement de 1996 à 2004.

AZNAVOUR (Charles), *Paris 1924 - Mouriès, Bouches-du-Rhône, 2018*, chanteur et acteur français et arménien. Également parolier et compositeur, il sut imposer un style de chanson réaliste et poétique, servi par une voix expressive et un sens aigu de l'interprétation dramatique (*Je m'voyais déjà, la Mamma, la Bohème, Emmenez-moi*). Il interpréta l'un de ses meilleurs rôles d'acteur de cinéma dans *Tirez sur le pianiste* (F. Truffaut, 1960).

AZORÍN (José **Martínez Ruiz,** dit), *Monóvar 1873 - Madrid 1967*, écrivain espagnol. Anarchiste, puis sceptique nietzschéen et enfin écrivain officiel franquiste, il a peint avec minutie les petites villes provinciales *(Castille)*.

AZOV (mer d'), golfe d'Europe orientale, peu profond, formé par la mer Noire ; 38 000 km². Elle s'enfonce entre l'Ukraine et la Russie méridionale, et reçoit le Don.

AZTÈQUES [astɛk], peuple autochtone de l'Amérique moyenne, qui fonda un empire au Mexique au XVe s. Cap. *Tenochtitlán*. Formant une société militaire et conquérante fortement hiérarchisée, assimilant l'apport culturel de leurs vaincus (écriture idéographique, arts mineurs, etc.), ils possédaient un art d'un réalisme cruel, empreint de syncrétisme religieux. La conquête espagnole, dirigée par Cortés, les soumit définitivement (1521).

▲ **Aztèques.** Détail du codex Borbonicus, représentant le dieu de la Végétation Quetzalcóatl et le dieu guerrier Tezcatlipoca, XVIe s. (Bibliothèque de l'Assemblée nationale, Paris.)

AZUELA (Mariano), *Lagos de Moreno 1873 - Mexico 1952*, écrivain mexicain. Il fut le premier représentant des « romanciers de la révolution » (*Ceux d'en bas*, 1916).

Berlin

Bruxelles

Bouddha

BÂ (Amadou Hampâté), *Bandiagara 1900 ou 1901 - Abidjan 1991*, écrivain malien de langue française. Héritier de la tradition orale africaine, il est l'auteur de recueils de contes initiatiques peuls, d'essais et de romans (*l'Étrange Destin de Wangrin*, 1973), ainsi que de récits autobiographiques, inachevés (*Amkoullel, l'enfant peul*, posthume, 1991 ; *Oui, mon commandant !*, id., 1994).

BAADE (Walter), *Schröttinghausen 1893 - Göttingen 1960*, astronome américain d'origine allemande. Sa découverte de l'existence de deux populations stellaires distinctes (1944) a conduit à réviser l'échelle de mesure des distances des galaxies.

Baader (la Bande à), appellation donnée à un groupe terroriste allemand d'extrême gauche (nom officiel : Fraction Armée rouge, en all. *Rote Armee Fraktion* [RAF]), constitué en 1968 par Andreas **Baader** *(Munich 1943 - Stuttgart 1977)*, secondé par Gudrun Ensslin et Ulrike Meinhof. Le groupe assassina plusieurs personnalités des sphères judiciaire, politique et économique.

BAAL, terme sémitique signifiant « Seigneur », appliqué à un grand nombre de divinités et en partic. au dieu cananéen Hadad. Dans la Bible, il désigne tous les faux dieux.

BAALBEK ou **BALBEK,** v. du Liban. Anc. cité syrienne, nommée *Héliopolis* à l'époque hellénistique, et qui fut prospère au temps des Antonins. – Vestiges des temples de Jupiter et de Bacchus.

BAAR, v. de Suisse (canton de Zoug), au S. de Zurich ; 21 787 hab.

Baath ou **Bath,** parti socialiste fondé en 1943 par le Syrien Michel Aflak afin de regrouper en une seule nation tous les États arabes du Proche-Orient. Il est au pouvoir en Syrie depuis 1963 et l'a été, en Iraq, de 1968 à 2003.

BAB (Ali Muhammad, dit le), *Chiraz 1819 - Tabriz 1850*, chef religieux iranien. Instigateur d'une réforme de l'islam dans un sens mystique, libéral et égalitaire, il fut fusillé et ses partisans furent massacrés.

BAB AL-MANDAB ou **BAB EL-MANDEB** (« Porte des pleurs »), détroit entre l'Arabie et l'Afrique, qui unit la mer Rouge au golfe d'Aden.

BABANGIDA (Ibrahim), *Minna 1941*, général et homme politique nigérian. Chef de l'armée de terre (1984), il dirige le coup d'État à l'issue duquel il devient président de la République (1985 - 1993).

Babar, personnage de livres pour enfants, roi des éléphants au costume vert et aux comportements très humains, créé en 1931 par le Belge Jean de Brunhoff *(1899 - 1937)* et repris par son fils Laurent.

BABBAGE (Charles), *Teignmouth, Devon, 1792 - Londres 1871*, mathématicien britannique. Il imagina, et tenta en vain de réaliser, une machine à calculer commandée par un programme enregistré sur des cartes perforées, qui peut être regardée comme l'ancêtre des ordinateurs.

BABEL (Issaak Emmanouilovitch), *Odessa 1894 - Moscou 1940*, écrivain soviétique. Ses nouvelles peignent la révolution russe (*Cavalerie rouge*, 1926) et le milieu juif (*Contes d'Odessa*, 1931).

Babel (tour de), grande tour que, selon la Bible, les fils de Noé voulurent élever, à Babel (nom hébreu de Babylone), pour atteindre le ciel. Dieu aurait anéanti par la confusion des langues ces efforts insensés.

▲ **Babel.** *La Tour de Babel* (1563), de Bruegel l'Ancien. (Kunsthistorisches Museum, Vienne.)

BABENBERG, famille de Franconie qui a régné sur la marche puis le duché (1156) d'Autriche jusqu'à son extinction (1246).

BABER ou **BABUR,** *Andijan 1483 - Agra 1530*, fondateur de l'empire moghol de l'Inde. Descendant de Timur Lang, il partit de Kaboul pour conquérir l'Inde (1526 - 1530).

BABEUF (François Noël, dit Gracchus), *Saint-Quentin 1760 - Vendôme 1797*, révolutionnaire français. Il conspira contre le Directoire (« conjuration des Égaux ») et fut guillotiné. Sa doctrine (babouvisme), qu'il exposa dans son journal, *le Tribun du peuple*, et qui est consignée dans *le Manifeste des Égaux* (S. Maréchal, 1795), est proche du communisme, préconisant notamment la collectivisation des terres.

▲ Gracchus **Babeuf.** Gravure de Bonnerille. (BnF, Paris.)

BABINGTON (Anthony), *Dethick 1561 - Londres 1586*, conspirateur anglais. Il monta une conspiration pour assassiner la reine Élisabeth Ire et couronner Marie Stuart. Découvert, il fut exécuté.

BABINSKI (Joseph), *Paris 1857 - id. 1932*, médecin français d'origine polonaise. Il a décrit plusieurs signes caractéristiques d'affections neurologiques.

BABITS (Mihály), *Szekszárd 1883 - Budapest 1941*, écrivain hongrois. Directeur de la revue *Nyugat (Occident)*, il est l'auteur de poèmes (*le Livre de Jonas*) et de romans psychologiques (*le Calife Cigogne*).

BABYLONE, v. de basse Mésopotamie, dont les imposantes ruines, au bord de l'Euphrate, sont à 160 km au sud-est de Bagdad. Sa fondation doit être attribuée aux Akkadiens (2325 - 2160 av. J.-C.). La Ire dynastie amorrite s'y établit (v. 1894 av. J.-C.). Hammourabi, 6e roi de cette dynastie, en fit sa capitale. Souvent soumise par l'Assyrie, Babylone resta la capitale intellectuelle et religieuse de la Mésopotamie. À la fin du VIIe s., une dynastie indépendante, dite « chaldéenne », s'établit à Babylone. Son fondateur, Nabopolassar, prit part avec les Mèdes à la ruine de l'Assyrie. Son fils, Nabuchodonosor II, prit Jérusalem (587 av. J.-C.) et déporta beaucoup de ses habitants. De son règne datent les principaux monuments de Babylone. La ville fut prise par Cyrus II (539 av. J.-C.), qui fit de la Babylonie une province de l'Empire perse. Xerxès démantela Babylone après sa révolte. Alexandre la choisit comme capitale de l'Asie et y mourut en 323 av. J.-C. Babylone déclina après la fondation par les Séleucides de la ville de Séleucie sur le Tigre.

BABYLONIE, partie inférieure de la Mésopotamie, appelée très tardivement *Chaldée** ; v. princ. *Babylone, Our* et *Béhistoun*.

BACALL (Betty Joan Perske, dite Lauren), *New York 1924 - id. 2014*, actrice américaine. Elle inaugura dans *le Port de l'angoisse* (H. Hawks, 1944) sa carrière et son partenariat avec Humphrey Bogart puis confirma son talent dans *Écrit sur du vent* (D. Sirk, 1956) ou *la Femme modèle* (V. Minnelli, 1957).

BACĂU, v. de l'est de la Roumanie ; 175 500 hab.

BACCARAT (54120), bur. centr. de cant. de Meurthe-et-Moselle, sur la Meurthe ; 4 620 hab. *(Bachamois)*. Cristallerie (musée). – Église de 1957.

▲ **Babylone.** Un aspect des ruines.

BACCHUS [bakys], nom donné à Dionysos* par les Romains, qui célébraient ce dieu lors des bacchanales.

BACH, nom d'une famille de musiciens allemands. — **Johann Sebastian** ou **Jean-Sébastien B.,** *Eisenach 1685 - Leipzig 1750,* compositeur allemand. Organiste, il dirigea l'orchestre du prince Leopold d'Anhalt à Köthen (1717) et devint, en 1723, maître de chapelle à l'école Saint-Thomas de Leipzig, où il demeura jusqu'à sa mort. Ses œuvres de musique religieuse, vocale ou instrumentale valent par la science de l'architecture, l'audace du langage harmonique, la richesse de l'inspiration et la spiritualité qui s'en dégagent : cantates, passions, *Messe en si mineur, Magnificat en ré majeur* ; préludes, fugues, chorals pour orgue, *le Clavier bien tempéré,* partitas ; *Concertos* brandebourgeois,* suites pour orchestre, concertos pour clavecin et orchestre, concertos pour violon et orchestre, suites pour violoncelle seul, sonates pour flûte et clavier, pour violon et clavier ; *Offrande musicale ; l'Art de la fugue.*

▲ J. S. **Bach** par E. G. Haussmann. (Museum der Geschichte der Stadt, Leipzig.)

— **Wilhelm Friedemann B.,** *Weimar 1710 - Berlin 1784,* compositeur allemand. Organiste et maître de chapelle, fils aîné de Johann Sebastian, il fut un pionnier de la « forme sonate » et l'un des compositeurs les plus inventifs de son époque avec ses *Fantaisies* pour clavier. — **Carl Philipp Emanuel B.,** *Weimar 1714 - Hambourg 1788,* compositeur allemand. Deuxième fils de Johann Sebastian, claveciniste, musicien du roi de Prusse Frédéric II, directeur de la musique à Hambourg (1768 - 1788), il fut l'un des premiers à écrire des sonates à deux thèmes. — **Johann Christian B.,** *Leipzig 1735 - Londres 1782,* compositeur allemand. Sixième fils de Johann Sebastian, nommé en 1760 organiste à la cathédrale de Milan, il devint en 1762 compositeur attitré du King's Theatre de Londres. Ses œuvres instrumentales, d'une esthétique galante, annoncent Mozart et l'école viennoise.

BACH (Alexander, baron **von**), *Loosdorf 1813 - Schöngrabern 1893,* homme d'État autrichien. Ministre de l'Intérieur (1849 - 1859), il mena une politique centralisatrice.

BACHELARD (Gaston), *Bar-sur-Aube 1884 - Paris 1962,* philosophe français. Il est l'auteur d'une épistémologie historique et d'une psychanalyse de la connaissance scientifique (*la Formation de l'esprit scientifique,* 1938), ainsi que d'analyses de l'imaginaire poétique (*l'Eau et les Rêves,* 1942).

BACHELET JERIA (Michelle), *Santiago 1951,* femme politique chilienne. Socialiste, elle a été présidente de la République de 2006 à 2010 et de 2014 à 2018. À la tête de l'agence ONU Femmes de 2010 à 2013, elle est haut-commissaire des Nations unies aux Droits de l'homme depuis 2018.

BACHELIER (Nicolas), *v. 1487 - Toulouse 1556/1557,* architecte et sculpteur français. Un des protagonistes majeurs de la Renaissance dans la région toulousaine.

BACHIR (Umar Hasan Ahmad **al-**), *Hosh Bannaga, Shendi, 1944,* général et homme politique soudanais. Arrivé au pouvoir au terme du putsch de 1989, il est président de la République du Soudan. Il a été inculpé par la Cour pénale internationale en 2009 (crimes de guerre, crimes contre l'humanité) et en 2010 (génocide) pour sa responsabilité dans les atrocités commises au Darfour. En 2014, la CPI suspend son enquête.

BACHKIRS, peuple turc de Russie (env. 1 350 000, dont 870 000 au Bachkortostan), d'Ukraine et d'Asie centrale. (Env. 1 500 000 au total.) Ils sont musulmans sunnites. Ils parlent le *bachkir.*

BACHKORTOSTAN ou **BACHKIRIE,** république de Russie, dans l'Oural méridional ; 4 072 102 hab. ; cap. *Oufa.* Les Russes et les Tatars y sont plus nombreux que les Bachkirs de souche. Pétrole.

BACHMANN (Ingeborg), *Klagenfurt 1926 - Rome 1973,* écrivaine autrichienne. Sa poésie et ses romans sont marqués par l'influence de Heidegger et la réflexion sur la condition féminine face à la violence et à l'écriture (*Malina*).

BACICCIA ou **BACICCIO** (Giovanni Battista **Gaulli,** dit **il**), *Gênes 1639 - Rome 1709,* peintre italien. Il fut, à Rome, le plus brillant décorateur baroque de son temps (fresque à la voûte de l'église du Gesù, autour de 1675).

BACK (Frédéric), *Saint-Arnuald, banlieue de Sarrebruck, 1924 - Montréal 2013,* artiste et cinéaste canadien d'origine française. Il exalte dans son œuvre peint et dessiné son amour de la nature et de l'ancienne ruralité canadienne, message que l'on retrouve dans ses films d'animation (*Crac !,* 1981 ; *l'Homme qui plantait des arbres,* 1987).

BACK (sir George), *Stockport 1796 - Londres 1878,* amiral et navigateur britannique. Parti en 1833 à la recherche de John Ross, il explora le Nord-Ouest canadien.

BACOLOD, v. des Philippines, sur l'île de Negros ; 499 497 hab. Port.

BACON (Francis), baron **Verulam,** *Londres 1561 - id. 1626,* philosophe anglais. Il a lié de façon novatrice progrès humain et avancée du savoir, proposant une classification des sciences (*Novum Organum,* 1620) et développant des conceptions empiristes (*Instauratio magna,* 1623). Il a été chancelier d'Angleterre sous Jacques Ier.

◀ Francis **Bacon.** (National Portrait Gallery, Londres.)

BACON (Francis), *Dublin 1909 - Madrid 1992,* peintre britannique. Exprimant l'inadaptation, le malaise des êtres par des déformations violentes et par l'acidité de la couleur, il a exercé, dans l'après-guerre, une grande influence sur la « nouvelle figuration » internationale.

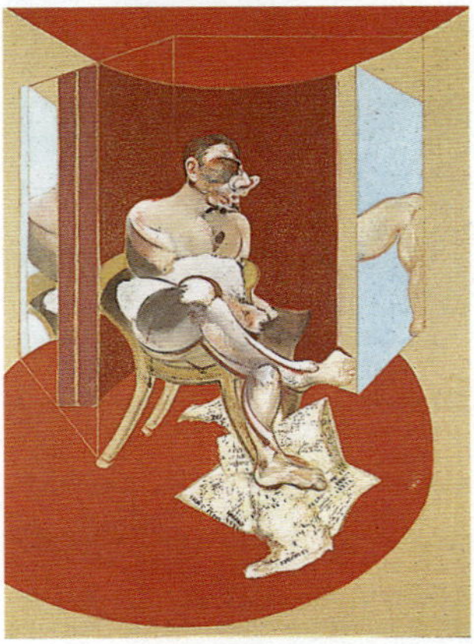

▲ Francis **Bacon.** *Étude de George Dyer,* panneau d'un diptyque, 1971. (Coll. priv.)

BACON (Roger), *Ilchester, Somerset, ou Bisley, Gloucester, v. 1220 - Oxford 1292,* philosophe et savant anglais. Remarquable par ses interventions hardies dans tous les champs du savoir de son temps, dont l'alchimie, et par ses découvertes (il s'est aperçu notamment que le calendrier julien était erroné), il est un précurseur du recours à la méthode expérimentale dans les sciences (*Opus Majus,* 1267-1268). Il était franciscain et a été surnommé « le Docteur admirable ».

BACRI (Jean-Pierre), *Castiglione, auj. Bou Ismaïl, près de Tipaza, 1951,* acteur et scénariste français. À la scène ou à l'écran, souvent associé à A. Jaoui, il incarne des personnages irascibles mais attachants (*Cuisine et dépendances,* P. Muyl, 1993 ; *Un air de famille,* C. Klapisch, 1996 ; *le Goût des autres,* A. Jaoui, 2000 ; *Cherchez Hortense,* P. Bonitzer, 2012).

BACTRIANE, anc. région de l'Asie centrale, dans le nord de l'Afghanistan ; cap. *Bactres* (auj. *Balkh*). Satrapie de l'Empire perse puis séleucide, elle fut le siège d'un royaume grec (IIIe-IIe s. av. J.-C.).

BADAJOZ, v. d'Espagne (Estrémadure), ch.-l. de prov., sur le Guadiana ; 150 543 hab. Vestiges arabes, cathédrale des XIIIe-XVIe s.

BADAKHCHAN, région autonome du Tadjikistan, dans le Pamir ; cap. *Khorog.*

BADALONA, v. d'Espagne (Catalogne), banlieue de Barcelone ; 219 241 hab.

BADAMI, site archéologique de l'Inde (Karnataka). Anc. cap. des Calukya. Sanctuaires rupestres brahmaniques (VIe-VIIe s.) ornés de reliefs.

BADA SHANREN → ZHU DA.

BADE, en all. **Baden,** anc. État de l'Allemagne rhénane, auj. partie du Bade-Wurtemberg. Margraviat en 1112, grand-duché en 1806, république en 1919.

BADE (Maximilien **de**) **→ MAXIMILIEN DE BADE.**

BAD EMS → EMS.

BADEN, comm. de Suisse (Argovie), sur la Limmat ; 25 093 hab. (120 571 hab. dans l'agglomération). Noyau ancien de la ville haute. Station thermale. – Fondation Langmatt (art des XIXe et XXe s. ; peinture française).

BADEN-BADEN, v. d'Allemagne (Bade-Wurtemberg), près du Rhin ; 52 314 hab. Station thermale. – Château-Neuf (XVIe s.). Musée Frieder Burda.

BADEN-POWELL (Robert, baron), *Londres 1857 - Nyeri, Kenya, 1941,* général britannique, fondateur du scoutisme (1908).

BADE-WURTEMBERG, en all. **Baden-Württemberg,** Land du sud-ouest de l'Allemagne ; 35 751 km² ; 10 951 893 hab. ; cap. *Stuttgart.*

BADGASTEIN, v. d'Autriche, près de Salzbourg ; 4 287 hab. Station thermale et de sports d'hiver (alt. 1 083 - 2 246 m).

BADINGUET, surnom de Napoléon III (du nom de l'ouvrier qui lui avait prêté ses habits lorsqu'il s'évada du fort de Ham, en 1846).

BADINTER (Élisabeth), *Boulogne-Billancourt 1944,* philosophe française. Dans des essais témoignant de ses luttes féministes, elle pose un regard original sur le statut de la femme au sein de la société (*l'Amour en plus,* 1980 ; *XY, De l'identité masculine,* 1992). Spécialiste du XVIIIe siècle, elle est aussi l'auteure de biographies littéraires. Elle est la fille de M. Bleustein-Blanchet et la femme de Robert B.

BADINTER (Robert), *Paris 1928,* avocat français. Garde des Sceaux, ministre de la Justice (1981 - 1986), il a fait voter l'abolition de la peine de mort (9 oct. 1981). Il a été président du Conseil constitutionnel de 1986 à 1995 et sénateur des Hauts-de-Seine de 1995 à 2011.

BADOGLIO (Pietro), *Grazzano Monferrato 1871 - id. 1956,* maréchal italien. Gouverneur de Libye (1929), vice-roi d'Éthiopie (1938), il fut président du Conseil après la chute de Mussolini et négocia l'armistice avec les Alliés (1943).

Badr (bataille de) [624], victoire de Mahomet sur les Quraychites, à Badr, au S.-O. de Médine.

BAD RAGAZ, comm. de Suisse (Saint-Gall) ; 5 349 hab. Station thermale.

BADUILA → TOTILA.

BADUY, société d'Indonésie (Java-Ouest) [env. 3 000]. Les Baduy se distinguent des populations soundanaises par leur refus de l'islam.

BAEDEKER (Karl), *Essen 1801 - Coblence 1859,* libraire et écrivain allemand. Il créa une célèbre collection de guides de voyage.

BAEKELAND (Leo Hendrik), *Gand 1863 - Beacon, État de New York, 1944,* chimiste américain d'origine belge. Il inventa, en 1907, la Bakélite, première résine de synthèse.

BAEYER (Adolf **von**), *Berlin 1835 - Starnberg, Bavière, 1917,* chimiste allemand. Il réalisa la synthèse de l'indigo. (Prix Nobel 1905.)

BAEZ (Joan), *Staten Island, New York, 1941,* chanteuse américaine de folk. Également parolière et compositrice, elle interprète d'une voix cristalline des chansons engagées et contestataires, en accord avec ses convictions pacifistes et antiracistes (*Blowin' in the Wind,* de Bob Dylan ; *Farewell Angelina*).

BAFFIN (île de), en inuktitut **Qikiqtaaluk,** île du Canada (Nunavut), appartenant à l'archipel Arctique et séparée du Groenland par la *mer de Baffin* ; env. 470 000 km².

BAFFIN (William), *Londres ? v. 1584 - golfe Persique 1622*, navigateur anglais. En 1616, il pénétra pour la première fois, par le détroit de Davis, dans la mer qui porte aujourd'hui son nom.

BAFOUSSAM, v. du Cameroun ; 239 287 hab.

BAGAN → **PAGAN.**

BAGANDA → **GANDA.**

BAGAUDES, bandes de paysans de la Gaule romaine qui, ruinés par les guerres, se révoltèrent plusieurs fois et furent écrasés (IIIe-Ve s.).

BAGDAD, cap. de l'Iraq, sur le Tigre ; 6 483 000 hab. dans l'agglomération *(Bagdadiens)*. Monuments des XIIIe-XIVe s. Musées. Mais la ville, son rôle administratif et culturel, et ses activités économiques ont été gravement affectés à partir des années 1980 par les conflits successifs ayant agité le pays. – Bagdad connut sa plus grande prospérité comme capitale des Abbassides (VIIIe-XIIIe s.) et fut détruite par les Mongols en 1258.

BAGEHOT (Walter), *Langport, Somerset, 1826 - id. 1877*, économiste britannique. On lui doit des travaux sur le marché financier de Londres et la Constitution anglaise.

BAGGARA, ensemble de tribus arabes du Soudan (env. 1,5 million). Installés au Darfour au XVIIIe s., les Baggara constituèrent un soutien décisif du Mahdi à la fin du XIXe s. Ils sont musulmans.

BAGNÈRES-DE-BIGORRE (65200), ch.-l. d'arrond. des Hautes-Pyrénées, sur l'Adour ; 8 096 hab. *(Bagnérais)*. Matériel électrique. Station thermale (affections respiratoires, rhumatismales et psychosomatiques). – Monuments anciens.

BAGNÈRES-DE-LUCHON ou **LUCHON** (31110), bur. centr. de cant. de la Haute-Garonne ; 2 537 hab. *(Luchonnais)*. Station thermale (troubles respiratoires, rhumatismes). Sports d'hiver à *Superbagnères*.

BAGNEUX (92220), bur. centr. de cant. des Hauts-de-Seine, au S. de Paris ; 39 722 hab. *(Balnéolais)*. Cimetière parisien.

BAGNOLES-DE-L'ORNE-NORMANDIE, comm. de l'Orne ; 2 425 hab. Station thermale.

BAGNOLET (93170), bur. centr. de cant. de la Seine-Saint-Denis ; 36 080 hab. *(Bagnoletais)*. Centre industriel.

BAGNOLS-SUR-CÈZE [-ɲɔl-] (30200), bur. centr. de cant. du Gard ; 18 649 hab. *(Bagnolais)*. Festival de reggae (« Garance Reggae Festival »). – Musée Albert-André (postimpressionnisme et XXe s.).

BAGO → **PEGU.**

BAGOT (sir Charles), *Rugeley 1781 - Kingston, Canada, 1843*, homme politique britannique, gouverneur général du Canada de 1841 à 1843.

BAGRATION (Piotr Ivanovitch, prince), *Kizliar, Daguestan, 1765 - Sima 1812*, général russe. Il se battit contre Napoléon et fut tué à la bataille de la Moskova.

BAGUIO, v. des Philippines (Luçon) ; 301 926 hab. Station climatique.

BAGUIRMI, ancien sultanat musulman du Soudan central (auj. au Tchad), fondé au XVIe s.

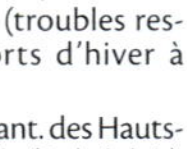

BAHAMAS n.f. pl., anc. **Lucayes,** État des Antilles ; 13 900 km² ; 377 000 hab. *(Bahaméens* ou *Bahamiens)*. **CAP.** *Nassau*. **LANGUE :** *anglais*. **MONNAIE :** *dollar des Bahamas*. (V. carte **États-Unis.**) Le pays compte environ sept cents îles, dont deux (Grand Bahama et surtout New Providence) concentrent la majeure partie de la population. Il vit du tourisme et de son rôle de place financière et de siège de sociétés. – Anc. colonie britannique, indépendante depuis 1973.

BAHAWALPUR, v. du Pakistan ; 408 395 hab.

BAHIA, État du nord-est du Brésil ; 567 000 km² ; 13 633 969 hab. ; cap. *Salvador*.

BAHÍA BLANCA, v. d'Argentine, près de la *baie de Bahía Blanca* ; 301 572 hab. Port.

BAHREÏN, en ar. **al-Baḥrayn,** État d'Asie, sur le golfe Persique ; 660 km² ; 1 332 000 hab. *(Bahreïniens, Bahreïnis* ou *Bahreïnites)*. **CAP.** *Manama*. **LANGUE :** *arabe*. **MONNAIE :** *dinar de Bahreïn*. (V. carte **Arabie saoudite.**) C'est un archipel proche de la côte d'Arabie (il est relié à l'Arabie saoudite par un pont depuis 1986). Place financière. Pétrole. Gaz naturel. Aluminium. Tourisme. – Protectorat britannique en 1914, Bahreïn acquiert son indépendance en 1971. Il est gouverné par l'émir Isa ibn Salman al-Khalifa (1971 - 1999), puis par son fils Hamad ibn Isa al-Khalifa (depuis 1999). Mais le pouvoir de la famille régnante, sunnite, est contesté par la majorité chiite (tensions persistantes, malgré l'instauration d'une monarchie constitutionnelle en 2002, et crise plus ou moins aiguë depuis 2011 dans le contexte des révolutions* arabes).

▲ **Bagdad.** La grande mosquée chiite de Kazimayn (VIIIe s. ; restaurée au XIXe s.).

BAHR EL-ABIAD n.m., nom arabe du Nil* Blanc.

BAHR EL-AZRAK n.m., nom arabe du Nil* Bleu.

BAHR EL-GHAZAL n.m., riv. du Soudan du Sud, exutoire d'une cuvette marécageuse.

BAHRIYA ou **BAHARIYA,** oasis d'Égypte, à 400 km au S.-O. du Caire. Outre un ensemble de tombeaux datant de la XXVIe dynastie (VIIe-VIe s. av. J.-C.), elle recèle un gisement de plusieurs milliers de momies en partie dorées (la « Vallée des Momies d'or »), d'époques hellénistique et romaine.

BAIA MARE, v. du nord-ouest de la Roumanie ; 137 921 hab.

BAIE-COMEAU, v. du Canada (Québec), sur la rive nord de l'estuaire du Saint-Laurent ; 21 536 hab. *(Baie-Comois)*. Port. Aluminium. Papier. Agroalimentaire.

BAIE-MAHAULT (97122), bur. centr. de cant. de la Guadeloupe ; 31 734 hab. *(Baie-Mahaultiens)*.

BAÏES, en lat. **Baiae,** anc. ville d'eaux, près de Naples. Lieu de plaisance des Romains.

BAIE-SAINT-PAUL, v. du Canada (Québec), sur l'estuaire du Saint-Laurent ; 7 146 hab. *(Baie-Saint-Paulois)*. Centre touristique et culturel.

BAÏF (Lazare de), *près de La Flèche 1496 - Paris 1547*, diplomate et humaniste français. — **Jean Antoine de B.,** *Venise 1532 - Paris 1589*, poète français. Fils de Lazare, membre de la Pléiade, il tenta d'acclimater en France le vers de la poésie antique et de réformer l'orthographe.

BAÏKAL (lac), lac de Russie, en Sibérie méridionale, qui se déverse dans l'Ienisseï par l'Angara ; 31 500 km² ; longueur 640 km ; profondeur maximale 1 620 m. Il est gelé 6 mois par an. – Principal foyer paléolithique et mésolithique de Sibérie.

Baïkonour (cosmodrome de) → **Tiouratam.**

BAILÉN, v. d'Espagne (Andalousie) ; 18 695 hab. En 1808, le général français Dupont, qui occupait l'Andalousie, y capitula.

BAILLAIRGÉ, famille de sculpteurs et d'architectes canadiens (Québec) des XVIIIe et XIXe s.

BAILLEUL (59270), bur. centr. de cant. du Nord ; 14 596 hab. *(Bailleulois)*. Musée Benoît-De-Puydt (art flamand, céramiques...).

BAILLON (André), *Anvers 1875 - Saint-Germain-en-Laye 1932*, écrivain belge de langue française. Son œuvre est passée du populisme dépouillé *(Histoire d'une Marie)* à l'autoanalyse de la folie.

BAILLY (François Anatole), *Orléans 1833 - id. 1911*, helléniste français. Son *Dictionnaire grec-français*, publié en 1894 aux éditions Hachette et constamment réédité depuis, reste l'ouvrage de référence pour les études de grec ancien.

BAILLY (Jean Sylvain), *Paris 1736 - id. 1793*, astronome et homme politique français. Doyen du tiers état, il lut le serment du Jeu de paume (20 juin 1789). Maire de Paris (1789 - 1791), il fit tirer sur les manifestants qui, assemblés au Champ-de-Mars, demandaient la déchéance de Louis XVI. Arrêté en 1793, il fut guillotiné. Il a laissé une *Histoire de l'astronomie*. (Acad. fr.)

BAILYN (Bernard), *Hartford 1922*, historien américain. Il a renouvelé l'histoire des relations entre l'Amérique et l'Europe à l'époque coloniale et celle de la révolution américaine *(The Ideological Origins of the American Revolution*, 1967).

Bain (très honorable ordre du), ordre de chevalerie britannique institué en 1725 par le roi George Ier.

BAIN-DE-BRETAGNE (35470), bur. centr. de cant. d'Ille-et-Vilaine ; 7 503 hab. *(Bainais)*.

BAINVILLE (Jacques), *Vincennes 1879 - Paris 1936*, historien français. L'esprit de l'Action française imprégna son œuvre *(Histoire de deux peuples*, 1916-1933 ; *Napoléon*, 1931). [Acad. fr.]

BAIRD (John Logie), *Helensburgh, Écosse, 1888 - Bexhill, Sussex, 1946*, ingénieur britannique. Il fut l'un des pionniers de la télévision (première démonstration, Londres, 1926 ; premières images en couleurs, 1928 ; première transmission à longue distance, 1929).

BAÏSE n.f., riv. de France, en Gascogne, née sur le plateau de Lannemezan, affl. de la Garonne (r. g.) ; 190 km.

Baiser (le), nom, entre autres, de deux sculptures de styles opposés, dues à Rodin (1886-1898, marbre au musée Rodin) et à Brancusi (diverses versions, à partir de 1908, en pierre, dont celle du cimetière du Montparnasse à Paris).

▲ Le **Baiser** (1886), marbre, par Rodin. (Musée Rodin, Paris.)

▲ Le **Baiser** (1923-1925), pierre, par Brancusi. (MNAM, Paris.)

BAJAZET → **BAYEZID Ier.**

BA JIN ou **PA KIN,** *Chengdu 1904 - Shanghai 2005*, écrivain chinois. Il décrit les transformations sociales de la Chine *(Famille)*.

BAKER (Chesney Henry, dit Chet), *Yale, Oklahoma, 1929 - Amsterdam 1988*, trompettiste, chanteur et compositeur de jazz américain. Membre du quartette sans piano du saxophoniste Gerry Mulligan au début des années 1950, il a forgé une sonorité à la fois torturée et romantique (album *Broken Wing*).

BAKER (James Addison), *Houston 1930*, homme politique américain. Républicain, il a été secrétaire au Trésor (1985 - 1988) puis secrétaire d'État (1989 - 1992). Il a ensuite continué à mener de nombreuses missions diplomatiques.

BAKER (Joséphine), *Saint-Louis 1906 - Paris 1975*, artiste de music-hall française d'origine américaine. Découverte en 1925 à Paris, elle connut la renommée comme chanteuse, danseuse, actrice de cinéma et animatrice de revues.

BAKER (Ray Stannard), *Lansing, Michigan, 1870 - Amherst, Massachusetts, 1946*, journaliste américain. Il dénonça les scandales de la société industrielle, et joua un rôle à la fin de la Première Guerre mondiale et dans les négociations des traités de paix. Sa biographie du président Wilson lui valut le prix Pulitzer (1940).

BAKER (sir Samuel White), *Londres 1821 - Standford Orleigh 1893*, voyageur britannique. Il explora l'Afrique centrale et découvrit le lac Albert en 1864.

BAKI (Mahmud **Abdulbaki**, dit), *Istanbul 1526 - id. 1600*, poète turc. Il est l'auteur d'un *Divan* où la virtuosité s'associe au lyrisme.

BAKIN, dit aussi **Kyokutei Bakin**, *Edo 1767 - id. 1848*, écrivain japonais. Il est l'auteur de romans à succès *(Histoire des huit chiens de Satomi)*.

BAKONGO → KONGO.

BAKONY (monts), hauteurs boisées de Hongrie, au N. du lac Balaton ; 704 m. Bauxite.

BAKOU, en azéri **Bakı**, cap. de l'Azerbaïdjan, sur la Caspienne, dans la péninsule d'Apchéron ; 2 317 000 hab. dans l'agglomération.

BAKOU (Second-), région pétrolifère de la Russie, entre l'Oural et la Volga.

BAKOUNINE (Mikhaïl Aleksandrovitch), *Priamoukhino 1814 - Berne 1876*, révolutionnaire russe. Il participa aux révolutions de 1848 à Paris et à Prague. Membre de la Ire Internationale (1868 - 1872), il s'y opposa à Marx et fut un théoricien de l'anarchisme.

BAKUBA → KUBA.

BALAGNE n.f., région du nord-ouest de la Corse.

BALAGUER (Joaquín), *Navarrete, prov. de Santiago, 1907 - Saint-Domingue 2002*, homme politique dominicain. Il fut président de la République de 1960 à 1962, de 1966 à 1978 et de 1986 à 1996.

BALAGUER (Víctor), *Barcelone 1824 - Madrid 1901*, écrivain et homme politique espagnol d'expression catalane. Il fut l'un des promoteurs de la renaissance culturelle et linguistique catalane *(Histoire de la Catalogne)*.

BALAÏTOUS [-tu] (mont), sommet des Pyrénées françaises (Hautes-Pyrénées), à la frontière espagnole ; 3 144 m.

BALAKIREV (Mili Alekseïevitch), *Nijni Novgorod 1837 - Saint-Pétersbourg 1910*, compositeur russe. Également pianiste et chef d'orchestre, il fut le fondateur du « groupe des Cinq* » et l'auteur d'*Islamey* (1869), pour piano.

Balaklava (bataille de) [25 oct. 1854], bataille de la guerre de Crimée. Victoire des troupes franco-britanniques sur les Russes en Crimée, sur la mer Noire. La cavalerie britannique s'y distingua (charge de la brigade légère).

BALAKOVO, v. de Russie, sur la Volga ; 199 573 hab. Centrale hydroélectrique et centrale nucléaire.

BALANCE, constellation zodiacale. — **Balance,** septième signe du zodiaque, dans lequel le Soleil entre à l'équinoxe d'automne.

BALANCHINE (Gueorgui Melitonovitch **Balanchivadze**, dit George), *Saint-Pétersbourg 1904 - New York 1983*, chorégraphe russe naturalisé américain. Collaborateur de Diaghilev, cofondateur en 1934 de la School of American Ballet, animateur du New York City Ballet, il signa dans un style néoclassique rigoureux plusieurs des pièces maîtresses du répertoire du XXe s. : *Apollon musagète*, 1928 ; *les Quatre Tempéraments*, 1946 ; *Agon*, 1957.

BALANDIER (Georges), *Aillevillers-et-Lyaumont, Haute-Saône, 1920 - Paris 2016*, ethnologue et sociologue français. Spécialiste de l'Afrique noire, il étudia les formes du pouvoir et s'attacha à réfuter le mythe des sociétés « sans histoire » (*Sens et Puissance. Les dynamiques sociales*, 1971). Il traita aussi de sociologie politique (*Anthropologie politique*, 1967 ; *Recherche du politique perdu*, 2015).

BALARD (Antoine Jérôme), *Montpellier 1802 - Paris 1876*, chimiste français. Il découvrit le brome (1826) et tira la soude et la potasse de l'eau de mer.

BALARUC-LES-BAINS (34540), comm. de l'Hérault, sur l'étang de Thau ; 6 966 hab. *(Balarucois)*. Station thermale.

BALASSI ou **BALASSA** (Bálint), *Zólyom 1554 - Esztergom 1594*, poète hongrois. Il fut le premier en date des grands lyriques hongrois.

BALATON (lac), lac de Hongrie, au pied des monts Bakony, au S.-O. de Budapest ; 596 km^2. Tourisme.

BALAVOINE (Daniel), *Alençon 1952 - près de Gourma-Rharous, Mali, 1986*, chanteur et auteur-compositeur français. Interprète à la voix cristalline, révélé par *Starmania*, il nourrit de ses révoltes ses succès *(le Chanteur, Mon fils, ma bataille, Vivre ou survivre, l'Aziza)* comme ses engagements humanitaires, partic. en Afrique.

BALBEK → BAALBEK.

BALBO (Cesare), comte **de Vinadio**, *Turin 1789 - id. 1853*, homme politique italien. Il fut l'un des chefs du Risorgimento.

BALBO (Italo), *Ferrare 1896 - près de Tobrouk 1940*, maréchal italien. Un des promoteurs du fascisme, ministre de l'Air (1926 - 1935), il dirigea de nombreux raids aériens, puis fut gouverneur de la Libye (1939).

BALBOA (Vasco **Núñez de**), *Jerez 1475 - Acla, Panama, 1517*, conquistador espagnol. Il découvrit l'océan Pacifique en 1513, après avoir traversé l'isthme de Panama.

BALDESSARI (John), *National City, Californie, 1931*, artiste américain. Bousculant les notions d'œuvre et d'auteur par une pratique paradoxale de la peinture, faite d'attirance et de rejet (*The Cremation Project*, 1970), il détourne les codes de l'image narrative dans ses collages et ses interventions sur photogrammes (*The Duress Series*, 2003).

BALDR ou **BALDER,** dieu nord-germanique, le meilleur des Ases. Fils d'Odin et de Frigg, enfermé dans le royaume de la mort, il est le dieu de l'Amour et de la Lumière, qui présidera à la régénération universelle.

BALDUNG (Hans), dit **Baldung Grien**, *Gmünd, Souabe, 1484/1485 - Strasbourg 1545*, peintre et graveur allemand fixé à Strasbourg en 1509. Son œuvre associe fantastique macabre et sensualité (polyptyque du *Couronnement de la Vierge*, cathédrale de Fribourg, 1512-1516).

BALDWIN (James), *New York 1924 - Saint-Paul-de-Vence 1987*, écrivain américain. Fils d'un pasteur noir, il a cherché la solution des conflits raciaux dans une révolution morale (*les Élus du Seigneur*, 1953 ; réédité, en 1999, sous le titre *la Conversion*).

BALDWIN (James Mark), *Columbia, Caroline du Sud, 1861 - Paris 1934*, psychologue et sociologue américain. Il fut un des premiers théoriciens du développement de l'enfant.

BALDWIN (Robert), *Toronto 1804 - id. 1858*, homme politique canadien. Il fut Premier ministre de 1842 à 1843 et de 1848 à 1851.

BALDWIN (Stanley, comte), *Bewdley 1867 - Stourport 1947*, homme politique britannique. Conservateur, il fut Premier ministre en 1923, de 1924 à 1929, puis de 1935 à 1937.

BÂLE, en all. **Basel,** v. de Suisse, ch.-l. du canton de *Bâle-Ville*, sur le Rhin ; 163 216 hab. *(Bâlois)* [503 851 hab. dans l'agglomération]. Université. Important port fluvial. Industries mécaniques et surtout chimiques. Salon international de l'horlogerie. – Cathédrale romane et gothique, hôtel de ville du XVIe s., demeures anciennes. Riches musées. Foire internationale d'art contemporain. Carnaval. – Il s'y tint un concile, qui se poursuivit à Ferrare et à Florence, et qui proclama la supériorité du concile sur le pape (1431 - 1449). – En 1795, deux traités y furent signés par la France : l'un avec la Prusse, l'autre avec l'Espagne.

BÂLE, anc. canton de Suisse ; 555 km^2 ; 459 354 hab. Entré dans la Confédération en 1501, il fut divisé en 1833 (à l'issue d'une guerre civile) en deux demi-cantons. — **Bâle-Campagne,** canton de Suisse depuis 1999, anc. demi-canton ; 518 km^2 ; 274 404 hab. ; ch.-l. *Liestal*. — **Bâle-Ville,** canton de Suisse depuis 1999, anc. demi-canton ; 37 km^2 ; 184 950 hab. ; ch.-l. *Bâle*.

BALÉARES, communauté autonome d'Espagne, formée par un archipel de la Méditerranée occidentale ; 5 014 km^2 ; 1 100 503 hab. *(Baléares)* ; ch.-l. *Palma*. Les Baléares comptent quatre îles principales (Majorque, Minorque, Ibiza et Formentera), au relief souvent accidenté et au littoral découpé. Le tourisme en constitue aujourd'hui la principale ressource. – Conquises par Jacques Ier le Conquérant, roi d'Aragon, et constituées en royaume de Majorque (1276), elles furent, en 1343, réunies à la couronne d'Aragon.

BALEN [balɛn], comm. de Belgique (prov. d'Anvers) ; 21 772 hab. Métallurgie.

BALENCIAGA (Cristóbal), *Guetaria, Guipúzcoa, 1895 - Valence, Espagne, 1972*, couturier espagnol. Installé à Paris en 1937, il a marqué toute une génération de couturiers par sa créativité fondée sur une remarquable maîtrise de la coupe.

BALFOUR (Arthur James, comte), *Whittinghame, Écosse, 1848 - Woking 1930*, homme politique britannique. Premier ministre conservateur à la tête d'un gouvernement unioniste (1902 - 1905), secrétaire d'État aux Affaires étrangères (1916 - 1922), il préconisa, en 1917, la constitution d'un foyer national pour le peuple juif en Palestine (*déclaration Balfour*).

BALI, île d'Indonésie, séparée de Java par le détroit de Bali ; 5 561 km^2 ; 3 891 428 hab. *(Balinais)*. Tourisme. – Du VIIIe au XVe s. s'y épanouit un intéressant art bouddhique.

BALIBAR (Étienne), *Avallon 1942*, philosophe français. Influencée par l'étude du marxisme (*Lire le Capital*, coécrit notamm. avec L. Althusser, 1965), son œuvre prolonge son engagement auprès des plus démunis et interroge les notions de démocratie et de citoyenneté (*Europe, Constitution, Frontière*, 2005).

BALIKESIR, v. de l'ouest de la Turquie ; 215 536 hab.

BALIKPAPAN, v. d'Indonésie (Bornéo) ; 559 196 hab. Port pétrolier.

Balilla (Opera nazionale), institution italienne fasciste paramilitaire. Elle fut créée en 1926 et prit pour nom celui du jeune Génois Giovanni Battista Perasso, dit Balilla, qui avait donné le signal de la révolte contre les Autrichiens (1746).

BALINAIS, peuple d'Indonésie (Bali, Lombok) [3 millions]. Ils sont essentiellement riziculteurs. Touchés par l'islamisation depuis le VIIIe s. au moins, ils pratiquent une forme particulière d'hindouisme, mêlé à un important fonds autochtone et sans véritable système de castes. Leurs localités *(desa)* sont parsemées de temples ; ils sont réputés pour leurs fêtes et leurs rituels (crémation), pour leur théâtre, leurs danses et leur musique *(gamelan)*. Ils parlent le *balinais*, langue de la famille malayo-polynésienne de l'ouest.

BALINT (Michael), *Budapest 1896 - Londres 1970*, psychiatre et psychanalyste britannique d'origine hongroise. Il est l'auteur d'une méthode consistant à réunir régulièrement des médecins pour qu'ils analysent en commun leur comportement vis-à-vis des malades *(groupe Balint)*.

▲ **Bâle.** L'hôtel de ville (1503-1512), orné de fresques (1608) par Hans Bock.

BALIOL, BALLIOL ou **BAILLEUL,** puissante famille d'origine normande qui accéda au trône d'Écosse en 1292.

BALKAN (mont), longue chaîne montagneuse de Bulgarie ; 2 376 m au pic Botev.

BALKANS (péninsule des) ou péninsule **BALKANIQUE,** la plus orientale des péninsules de l'Europe méridionale, limitée approximativement au N. par la Save et le Danube.

GÉOGRAPHIE La péninsule englobe l'Albanie, la Bosnie-Herzégovine, la Bulgarie, la Croatie, la Grèce, le Kosovo, la Macédoine du Nord, le Monténégro, la Serbie et la Turquie d'Europe. C'est une région essentiellement montagneuse (chaînes Dinariques, mont Balkan, Rhodope, Pinde), au climat continental à l'intérieur, méditerranéen sur le littoral. Les vallées (Morava, Vardar, Marica) concentrent, avec les bassins intérieurs (Sofia), la majorité de la population.

HISTOIRE Creuset où se mêlèrent divers peuples, la péninsule balkanique fut soumise aux Turcs à partir de la fin du XIVe s. L'Europe chrétienne (et particulièrement la maison d'Autriche et la Russie) amorça sa reconquête au XVIIIe s. La lutte des peuples balkaniques contre la domination ottomane, les dissensions religieuses entre orthodoxes, catholiques et musulmans et la rivalité des grandes puissances donnèrent lieu à de nombreux conflits : guerres russo-turque (1877 - 1878) et gréco-turque (1897), guerres balkaniques (1912 - 1913), campagnes des Dardanelles, de Serbie et de Macédoine pendant la Première Guerre mondiale, campagne des Balkans (1940 - 1941). Les problèmes des minorités nationales et des frontières étatiques ont ressurgi lors de l'éclatement de la Yougoslavie en 1991 - 1992 et sont à l'origine de la guerre en Croatie (1991 - 1992) et en Bosnie-Herzégovine (1992 - 1995), ainsi que du conflit du Kosovo (1999).

BALKARS, peuple turc de Russie (79 000, surtout en Kabardino-Balkarie) et du Kirghizistan. Montagnards musulmans du nord du Caucase, ils furent déportés en Asie centrale de 1944 à 1957.

BALKENENDE (Jan Pieter, dit Jan Peter), *Kapelle, Zélande, 1956,* homme politique néerlandais. Chrétien-démocrate, il a été Premier ministre de 2002 à 2010.

BALKHACH (lac), lac de l'est du Kazakhstan ; 17 300 km².

BALL (John), *m. à Saint Albans en 1381,* prêtre anglais. Prêchant une doctrine égalitaire, il conduisit, avec Wat Tyler, la révolte des paysans, à Londres en 1381. Il fut exécuté.

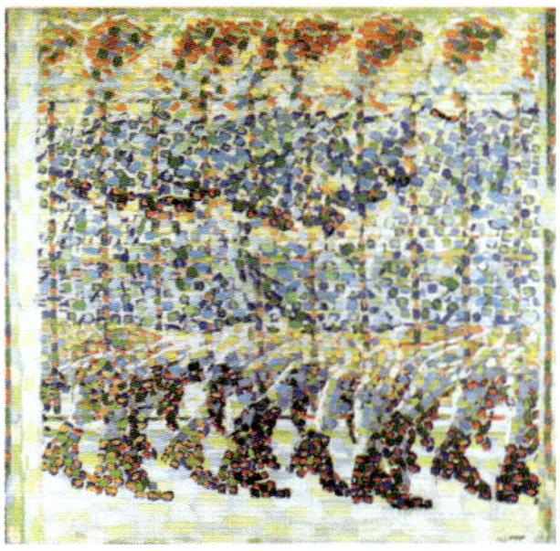

▲ Giacomo **Balla.** *Petite Fille courant sur un balcon,* 1912. (Musée du XXe siècle, Milan.)

BALLA (Giacomo), *Turin 1871 - Rome 1958,* peintre italien. Illustrateur et peintre divisionniste, il fut, de 1910 à 1930 env., l'un des grands animateurs du futurisme par ses études de décomposition de la lumière et du mouvement.

BALLADUR (Édouard), *Izmir 1929,* homme politique français. Membre du RPR puis de l'UMP (auj. Les Républicains), ministre de l'Économie, des Finances et de la Privatisation de 1986 à 1988, député de Paris (1988 - 1993 et 1995 - 2007), il a été Premier ministre lors de la deuxième période de cohabitation (1993 - 1995). Il a présidé plusieurs comités de réflexion sous la présidence de N. Sarkozy (modernisation et rééquilibrage des institutions, 2007 ; réforme des collectivités locales, 2008 - 2009).

BALLANCHE (Pierre Simon), *Lyon 1776 - Paris 1847,* écrivain français. Sa philosophie de l'histoire, héritée de Vico, s'allie à une sentimentalité mystique. (Acad. fr.)

BALLAN-MIRÉ (37510), bur. centr. de cant. d'Indre-et-Loire ; 8 052 hab. *(Ballanais).*

BALLARD, famille d'imprimeurs français de musique. Elle eut le monopole de l'imprimerie musicale de 1552 à la Révolution.

BALLARD (James Graham, dit J.G.), *Shanghai 1930 - Londres 2009,* écrivain britannique. Ce maître de la science-fiction analyse la détresse de l'homme face aux bouleversements dramatiques de son milieu (*le Monde englouti,* 1962 ; *la Forêt de cristal,* 1966 ; *Crash !,* 1973 ; *I.G.H.,* 1975 ; *Empire du Soleil,* 1984 ; *Millenium People,* 2003).

BALLEROY-SUR-DRÔME (14490), comm. du Calvados ; 1 477 hab. Château d'époque Louis XIII, sur plans de F. Mansart (auj. musée des Ballons).

Ballets russes, compagnie de ballets, fondée et animée par Diaghilev de 1909 à 1929.

BALLIN, famille d'orfèvres parisiens au service de la cour. Les plus importants sont : **Claude Ier B.,** *1615 - 1678,* et **Claude II B.,** *1661 - 1754,* neveu de Claude Ier.

Ballons des Vosges (parc naturel régional des), parc naturel englobant la partie sud, la plus élevée, du massif des Vosges ; env. 192 100 ha.

BALLY (Charles), *Genève 1865 - id. 1947,* linguiste suisse. Disciple de F. de Saussure, il est l'auteur d'un *Traité de stylistique française.*

BALMA (31130), comm. de la Haute-Garonne, banlieue de Toulouse ; 16 140 hab. *(Balmanais).*

BALMAT (Jacques), *Les Pèlerins, Chamonix, 1762 - vallée de Sixt 1834,* guide français. En 1786, il atteignit le premier le sommet du mont Blanc, accompagné du docteur M. G. Paccard ; il y retourna en 1787 avec H. B. de Saussure.

BALMER (Jean-François), *Valangin, canton de Neuchâtel, 1946,* acteur suisse naturalisé français. Au cinéma (*la Menace,* A. Corneau, 1977 ; *Madame Bovary,* C. Chabrol, 1991) comme au théâtre (*le Faiseur,* 1997 ; *Henri IV, le bien aimé,* 2010) et à la télévision (série *Boulevard du Palais*), il excelle dans l'art de l'ambiguïté.

BALMER (Johann Jakob), *Lausen 1825 - Bâle 1898,* physicien suisse. Il expliqua la répartition des raies du spectre de l'hydrogène.

BALMONT (Konstantine Dmitrievitch), *Goumnichtchi 1867 - Noisy-le-Grand 1942,* poète russe, l'un des principaux représentants du symbolisme russe *(Visions solaires, Aurore boréale).*

BALOUTCHES, peuple iranien du Pakistan, d'Iran, d'Afghanistan et du Turkménistan (env. 5 millions). Originaires des bords de la Caspienne, installés aux XVIe et XVIIe s. dans l'actuel Baloutchistan, où ils furent mêlés à des populations dravidiennes *(Brahouis),* indépendants du XVIIIe au XIXe s., les Baloutches sont pasteurs nomades (chameaux, moutons). En majorité sunnites, ils parlent le *baloutche,* langue de la famille iranienne.

BALOUTCHISTAN ou **BÉLOUTCHISTAN** n.m., région montagneuse d'Asie, partagée entre l'Iran et le Pakistan.

BALTARD (Victor), *Paris 1805 - id. 1874,* architecte français. Utilisateur du fer, il a construit à Paris les anciennes Halles centrales (1851) et l'église St-Augustin.

BALTES, habitants des pays Baltes ; au sens strict, locuteurs des langues baltes (Lettons, Lituaniens, et, autrefois, Prussiens de la basse Vistule).

BALTES (pays), ensemble formé par les républiques d'Estonie, de Lettonie et de Lituanie.

BALTHASAR (Hans Urs **von**), *Lucerne 1905 - Bâle 1988,* théologien catholique suisse de langue allemande. Marqué par H. de Lubac et K. Barth, il fut l'un des plus grands théologiens du XXe s. (*la Gloire et la Croix,* 1961-1969 ; *la Dramatique divine,* 1973-1983 ; *la Théologique,* 1985-1987). Il fut nommé cardinal peu avant sa mort.

BALTHAZAR, nom populaire traditionnel de l'un des Rois mages.

BALTHAZAR, *m. en 539 av. J.-C.,* régent de Babylone. Fils du roi Nabonide, il fut vaincu et tué lors de la prise de Babylone par Cyrus II.

BALTHUS (Balthasar **Klossowski de Rola,** dit), *Paris 1908 - Rossinière, canton de Vaud, 2001,* peintre français. Très construits, et souvent baignés d'une lumière pâle qui mange la couleur, ses paysages, ses intérieurs avec leurs figures troublantes de fillettes sont d'une grande originalité.

BĂLȚI, v. de Moldavie ; 122 700 hab.

BALTIMORE, v. des États-Unis (Maryland), sur la baie de Chesapeake ; 622 793 hab. (2 414 711 hab. dans l'agglomération). Port. Centre industriel. Université Johns Hopkins. – Riches musées.

BALTIQUE (mer), dépendance de l'Atlantique, bordant l'Allemagne, les États baltes, le Danemark, la Finlande, la Pologne, la Russie et la Suède ; 385 000 km². Généralement peu profonde, peu salée, sans marées notables, sujette à geler, la Baltique communique avec la mer du Nord par les détroits danois et forme entre la Suède et la Finlande le golfe de Botnie.

BALTRUSAÏTIS (Jurgis), *près de Kaunas 1903 - Paris 1988,* historien d'art français d'origine lituanienne : *le Moyen Âge fantastique* et *Anamorphoses* (1955), *la Quête d'Isis* (1967), etc.

BALUBA → **LUBA.**

BALUE (Jean), *Angles-sur-l'Anglin v. 1421 - Ripatransone, près d'Ancône, 1491,* prélat français. Il fut le conseiller de Louis XI, qui l'emprisonna de 1469 à 1480 après qu'il l'eut trahi pour Charles le Téméraire.

BALZAC (Honoré **de**), *Tours 1799 - Paris 1850,* écrivain français. Il est l'auteur de *la Comédie humaine,* qui, à partir de 1842, rassembla en plusieurs séries des romans formant une fresque de la société française de la Révolution à la fin de la monarchie de Juillet. Plus de 2 000 personnages composent une société hantée par le pouvoir de l'argent et de la presse, livrée à des passions dévorantes, et que décrivent ces 90 romans classés en *Études de mœurs, Études philosophiques* et *Études analytiques.* Les principaux sont : *Gobseck* (1830), *la Peau de chagrin* (1831), *le Colonel Chabert* (1832), *le Médecin de campagne* et *Eugénie Grandet* (1833), *le Père Goriot* (1834-1835), *la Recherche de l'absolu* (1834), *le Lys dans la vallée* (1835), *César Birotteau* (1837), *Illusions perdues* (1837-1843), *Splendeurs et misères des courtisanes* (1838-1847), *la Rabouilleuse* (1842), *les Paysans* (1844), *la Cousine Bette* (1846), *le Cousin Pons* (1847). On doit également à Balzac des contes (*Contes drolatiques,* 1832-1837) et des pièces de théâtre (*le Faiseur,* éd. posthume, 1853).

▲ Honoré de **Balzac** par L. Boulanger.

BALZAC (Jean-Louis **Guez** [gɛ] **de**), *Angoulême 1595 - id. 1654,* écrivain français. Épistolier célèbre en son temps, il est l'auteur d'essais politiques (*le Prince,* 1631) et critiques (*le Socrate chrétien,* 1652), qui contribuèrent avec ses *Lettres* (1624) à la formation de la prose classique. (Acad. fr.)

BAMAKO, cap. du Mali, sur le Niger ; 2 386 000 hab. dans l'agglomération *(Bamakois).* Aéroport.

BAMANAN ou **BAMBARA,** peuple mandingue vivant au Mali, ainsi qu'au Sénégal en Côte d'Ivoire et au Burkina (env. 2 millions). Les Bamanan fondèrent au XVIIe s. les royaumes de Ségou et du Kaarta, détruits au XIXe s. par les Toucouleur. Ils sont avant tout des agriculteurs. Leur résistance à l'islamisation explique la vigueur de leurs sociétés initiatiques (N'Domo, Komo, Koré, Tyi Wara), auxquelles est associé un art réputé (masques). Ils parlent le *bambara.*

BAMBERG, v. d'Allemagne (Bavière) ; 70 635 hab. Port fluvial (sur le canal Rhin-Main-Danube). – Cathédrale du XIIIe s. (sculptures), monuments baroques et ensemble de maisons anciennes. Musées.

BAMBOCCIO (il) → **VAN LAER** (Pieter).

BAMENDA, v. de l'ouest du Cameroun ; 269 530 hab.

BAMILÉKÉ, peuple du sud-ouest du Cameroun.

BAMIYAN, v. d'Afghanistan, entre l'Hindu Kuch et le Kuh-e Baba. Centre bouddhique, sur la route des caravanes, aux monastères rupestres (IIe-VIIe s.)

[peintures et sculptures, dont deux bouddhas monumentaux, taillés dans la falaise, détruits par les talibans en 2001].

BAMOUM, peuple du sud-ouest du Cameroun.

BANA, écrivain indien du VIIe s. Poète à la cour du roi Harsha *(la Geste de Harsha)*, il est l'un des maîtres du roman sanskrit *(Kadambari)*.

BANACH (Stefan), *Cracovie 1892 - Lvov 1945*, mathématicien polonais. Ses travaux sur les espaces vectoriels topologiques l'ont amené à introduire les espaces normés complets.

BANAT, région d'Europe, correspondant à la partie sud-est du Bassin pannonien. En 1919, elle fut partagée entre la Roumanie, la Hongrie et la Yougoslavie.

BANCROFT (George), *Worcester, Massachusetts, 1800 - Washington 1891*, historien et homme politique américain. Il rédigea, de 1834 à 1874, une imposante *Histoire des États-Unis*.

BANDA (Hastings Kamuzu), *district de Kasungu entre 1896 et 1906 - Johannesburg 1997*, homme politique du Malawi. Premier ministre (du Nyassaland, devenu en 1964 le Malawi) de 1963 à 1966, il fut président de la République de 1966 à 1994.

BANDAR ABBAS, v. d'Iran, sur le détroit d'Ormuz ; 367 508 hab. Port.

BANDARANAIKE (Sirimavo), *Ratnapura 1916 - Kadawata, au nord-est de Colombo, 2000*, femme politique sri lankaise. Succédant à son mari **Solomon B.** *(1899 - 1959)*, assassiné, elle fut présidente du Sri Lanka Freedom Party (de 1960 à sa mort) et Premier ministre (1960 - 1965, 1970 - 1977 et 1994 - 2000). — **Chandrika B. Kumaratunga,** *Colombo 1945*, femme politique sri lankaise. Fille de Solomon et de Sirimavo, elle a été Premier ministre (août-nov. 1994), puis présidente de la République (1994 - 2005).

BANDAR LAMPUNG, v. d'Indonésie (Sumatra), issue de la fusion du centre administratif Tanjung Karang et du port Teluk Betung ; 879 651 hab.

BANDAR SERI BEGAWAN, cap. de Brunei ; 16 381 hab.

Bande des Quatre (la), nom donné à la coalition de quatre dirigeants chinois : Jiang* Qing, veuve de Mao Zedong, Wang Hongwen (entre 1933 et 1935 - 1992), Yao Wenyuan (1931 - 2005) et Zhang Chunqiao (1917 - 2005). Ils furent accusés de complot et arrêtés en 1976, après la mort de Mao.

BANDEIRA (Manuel), *Recife 1886 - Rio de Janeiro 1968*, poète brésilien. Son œuvre joint la virtuosité formelle à la simplicité des thèmes quotidiens *(Carnaval, Étoile du soir)*.

BANDELLO (Matteo), *Castelnuovo Scrivia v. 1485 - Bazens, près d'Agen, 1561*, écrivain italien. Il a écrit des *Nouvelles* à la manière de Boccace.

BANDIAGARA, village du Mali, sur le *plateau de Bandiagara*. Le plateau est limité par de hautes falaises, au pied desquelles habitent les Dogon.

BANDINELLI (Baccio), *Florence 1488 - id. 1560*, sculpteur italien. Émule de Michel-Ange, il a composé l'*Hercule et Cacus* (1534) de la place de la Seigneurie à Florence.

BANDOL (83150), comm. du Var ; 8 263 hab. *(Bandolais)*. Station balnéaire.

BANDUNDU, v. de la Rép. dém. du Congo, ch.-l. de région, sur le Kasaï ; 143 435 hab.

BANDUNG ou **BANDOENG,** v. d'Indonésie (Java) ; 865 000 hab. (2 417 584 hab. dans l'agglomération).

Bandung (conférence afro-asiatique de) [18 - 24 avr. 1955], conférence réunissant les représentants de 29 pays d'Afrique et d'Asie. Ils condamnèrent l'impérialisme et le colonialisme, et affirmèrent leur volonté d'émancipation à l'égard des « Grands » (neutralisme). Cette conférence marqua l'émergence internationale du tiers-monde et préluda au non-alignement.

BANÉR (Johan Gustafsson), *Djursholm 1596 - Halberstadt, près de Magdebourg, 1641*, général suédois. Il se distingua pendant la guerre de Trente Ans : la victoire de Chemnitz sur les impériaux (1639) lui permit d'envahir la Bohême.

Banff (parc national de), parc national du Canada (Alberta), dans les Rocheuses.

BANGALORE, v. d'Inde, cap. du Karnataka ; 8 499 399 hab. Culture de roses. Informatique. Centre spatial. – Monuments anciens ; musée.

BANGE (Charles **Ragon de**), *Balignicourt, Aube, 1833 - Le Chesnay 1914*, officier français. Il mit au point un système d'artillerie employé pendant la Première Guerre mondiale.

BANGKA, île d'Indonésie, au S.-E. de Sumatra. Étain.

BANGKOK, en thaï **Krung Thep** (« Cité des Anges »), cap. de la Thaïlande, près de l'embouchure de la Chao Phraya ; 9 098 000 hab. dans l'agglomération *(Bangkokiens)*. Aéroport. Tourisme. – Monuments du XVIIIe s. : temples (Wat Phra Keo, Wat Pô) et palais.

▲ **Bangkok.** Marché flottant.

BANGLADESH n.m., État d'Asie, sur le golfe du Bengale ; 143 000 km^2 ; 156 595 000 hab. *(Bangladais ou Bangladeshis)*.

CAP. *Dacca.* **V. PRINC.** *Chittagong.* **LANGUE :** *bengali.* **MONNAIE :** *taka.*

GÉOGRAPHIE Le Bangladesh s'étend sur la plus grande partie du delta du Gange et du Brahmapoutre. C'est une région très humide (fréquentes inondations, souvent provoquées par le passage de cyclones), surtout productrice de riz et de jute. Le pays, démuni en ressources minérales, a vu son industrie s'étoffer, jusqu'à représenter env. 30 % du PIB, avec l'instauration de zones franches, princip. spécialisées dans le textile (80 % des exportations). Souffrant du surpeuplement, accru par une rapide croissance démographique, le Bangladesh est l'un des États les plus pauvres du monde et survit avec l'aide internationale. Il est peuplé très majoritairement de musulmans.

HISTOIRE **1971 :** le Pakistan oriental, issu du partage du Bengale en 1947, obtient son indépendance et devient le Bangladesh sous l'égide de Mujibur Rahman (Premier ministre à partir de 1972). **1975 :** devenu président de la République, M. Rahman est renversé et tué lors d'un putsch dirigé par Zia ur-Rahman. **1978 - 1981 :** Zia ur-Rahman est président de la République (assassiné lors d'un coup d'État manqué). **1982 :** les forces armées

Bangladesh

100 200 m

★ site touristique important
limite de division
Sylhet capitale de division
route
voie ferrée
aéroport
plus de 1 000 000 h.
de 100 000 à 1 000 000 h.
de 30 000 à 100 000 h.
moins de 30 000 h.

portent au pouvoir le général Ershad (président de la République en 1983). **1990 :** l'opposition contraint ce dernier à démissionner. **1991 :** Khaleda Zia (Bangladesh National Party), veuve de Zia ur-Rahman, devient Premier ministre. Le système parlementaire est rétabli. **1996 :** Hasina Wajed (Ligue Awami), fille de Mujibur Rahman, est nommée à la tête du gouvernement. **2001 - 2006 :** Khaleda Zia est à nouveau Premier ministre. **2007 - 2008 :** le pays connaît une grave crise politique, avec un régime de transition. **2009 :** après la victoire de la Ligue Awami aux élections (déc. 2008), Hasina Wajed redevient Premier ministre. **2014 :** dans un contexte de vives tensions politiques et de violences, H. Wajed conserve le pouvoir à l'issue d'élections boycottées par l'opposition (janv.). Sur fond de répression tous azimuts, l'organisation État islamique et al-Qaida multiplient les actions terroristes. **2018 :** ayant muselé toutes les voix dissidentes, H. Wajed remporte largement les élections (déc.).

BANGUI, cap. de la République centrafricaine, sur l'Oubangui ; 531 763 hab. *(Banguissois)* [781 000 hab. dans l'agglomération].

BANGWEULU (lac), lac marécageux de la Zambie ; 5 000 km².

BANJA LUKA, v. du nord de la Bosnie-Herzégovine ; 199 191 hab. Forteresse ; mosquée du XVIe s.

BANJAR, peuple d'Indonésie (sud de Bornéo) [env. 3 110 000]. Riziculteurs et artisans du fer réputés, musulmans depuis le XVIIe s., les Banjar parlent le *banjar*, langue proche du malais.

BANJARMASIN, en fr. **Banjermassin,** v. d'Indonésie (Bornéo) ; 625 395 hab.

BANJUL, anc. **Bathurst,** cap. de la Gambie, sur l'estuaire du fleuve Gambie ; 489 000 hab. dans l'agglomération *(Banjulais)*.

BAN KI-MOON, *Umsong, prov. du Chungchong du Nord, 1944,* diplomate et homme politique sud-coréen. Ministre des Affaires étrangères et du Commerce (2004 - 2006), il a été ensuite secrétaire général de l'ONU (2007 - 2016).

BANKS (île), île du Canada, la plus à l'ouest de l'archipel Arctique.

BANKS (sir Joseph), *Londres 1743 - Isleworth 1820,* naturaliste britannique. Compagnon de Cook lors de sa première expédition (1768 - 1771), il étudia la faune et la flore de Nouvelle-Zélande et d'Australie.

BANKS (Russell), *Newton, Massachusetts, 1940,* écrivain américain. Porte-parole des laissés-pour-compte de la société américaine, il donne à voir à la fois l'oppression et la violence dont ils sont victimes, et leur quête aiguë d'une conscience de soi (*Affliction*, 1989 ; *De beaux lendemains*, 1991 ; *American Darling*, 2004 ; *Lointain Souvenir de la peau*, 2011). En 2016, il publie un récit autobiographique *(Voyager)*.

BANKSY (pseudonyme dissimulant une identité inconnue), artiste britannique. Inventivité et humour libertaire caractérisent les interventions au pochoir, à la fois furtives et spectaculaires, de cette figure de l'art urbain, aussi célèbre qu'anonyme. Il a réalisé un film sur le monde du graffiti (*Faites le mur*, 2010).

BANNA (Hasan al-), *Mahmoudièh 1906 - Le Caire 1949,* doctrinaire égyptien, fondateur en 1928 des Frères musulmans. Il périt assassiné.

Bannockburn (bataille de) [24 juin 1314], victoire remportée dans cette localité du comté de Stirling par le roi écossais Robert Bruce sur les Anglais, assurant l'indépendance de l'Écosse.

Banque centrale européenne (BCE), institution européenne. Créée par le traité de Maastricht (1992) et préfigurée par l'Institut monétaire européen (IME, 1994 - 1998), elle a été mise en place en 1998. Sa mission essentielle est, après l'instauration de l'euro (1er janv. 1999), d'assurer la stabilité des prix en définissant la politique monétaire européenne commune et d'apporter son soutien aux politiques économiques générales de l'Union européenne, en collaboration avec les banques centrales nationales (avec lesquelles elle forme le Système européen de banques centrales, ou SEBC). Elle est aussi chargée de la supervision bancaire de la zone euro depuis 2014. (Siège : Francfort.)

Banque de France, organisme bancaire français. Créée en 1800, elle obtient, en 1803 pour Paris et en 1848 pour l'ensemble du territoire, le privilège de l'émission des billets de banque. Nationalisée en 1945, elle est administrée par un Conseil général et dirigée par un gouverneur. Le traité de Maastricht amène une profonde évolution de ses statuts : en 1993, elle devient indépendante du gouvernement pour la mise en œuvre de la politique monétaire nationale et, en 1998, à la veille de l'instauration de l'euro, elle voit une large part de ses pouvoirs transférée à la Banque centrale européenne.

Banque des règlements internationaux (BRI), organisation et banque internationales. Elle a été créée en 1930 dans le but de faciliter la coopération entre banques centrales et les opérations financières internationales. (Siège : Bâle.)

Banque européenne d'investissement (BEI), organisme financier de droit européen. Créée par le traité de Rome, elle a pour but de contribuer au développement équilibré de l'Union européenne, en facilitant le financement de projets à l'intérieur comme à l'extérieur de l'Union. (Siège : Luxembourg.)

Banque européenne pour la reconstruction et le développement → **BERD.**

Banque mondiale, ensemble de cinq institutions internationales qui apportent une assistance technique et financière aux pays en développement (et, occasionnellement, une assistance technique seule à des pays développés en grande difficulté). Ce sont : la Banque internationale pour la reconstruction et le développement (BIRD), créée en 1946 ; l'Association internationale de développement (AID), créée en 1960 ; la Société financière internationale (SFI), créée en 1956 ; l'Agence multilatérale de garantie des investissements (AMGI), créée en 1988, et le Centre international pour le règlement des différends relatifs aux investissements (CIRDI), créé en 1966.

Banquet (le), dialogue de Platon, sur l'amour et la science du beau (env. 385 av. J.-C.).

banquets (campagne des), banquets organisés en 1847 - 1848 par l'opposition au régime de Louis-Philippe, afin de propager les idées de réformes.

BAN SHIGERU, *Tokyo 1957,* architecte japonais. Il exploite les propriétés des tubes de carton pour des constructions éphémères (abris pour réfugiés, par ex.) ou privilégie les structures légères en volutes et tressages de bois (avec Jean de Gastines : Centre Pompidou-Metz, 2010 ; La Seine musicale, Boulogne-Billancourt, 2017). [Prix Pritzker 2014.]

BANSKÁ BYSTRICA, v. du centre de la Slovaquie ; 80 003 hab. Monuments et demeures des XVe-XVIe s.

BANSKÁ ŠTIAVNICA, v. de Slovaquie ; 10 409 hab. Ancienne ville minière (argent), escarpée ; monuments et demeures des XVe-XVIIIe s.

BANTING (sir Frederick Grant), *Alliston 1891 - Musgrave Harbor 1941,* médecin canadien. Il participa à la découverte de l'insuline. (Prix Nobel 1923.)

BANTOUS ou **BANTU,** peuples d'Afrique centrale et méridionale parlant les langues bantoues. Ils sont issus de populations vivant vraisemblablement dans l'actuel Nigeria et qui ont commencé de coloniser il y a 3 000 ans les territoires occupés alors par des chasseurs-cueilleurs pygmées et bochimans.

BANVILLE (Théodore **de**), *Moulins 1823 - Paris 1891,* poète français. Il fut membre de l'école du Parnasse (*Odes funambulesques*, 1857).

BANYULS-SUR-MER [bajuls-] (66650), comm. des Pyrénées-Orientales ; 4 852 hab. *(Banyulencs)*. Station balnéaire. Vins doux. Laboratoire de biologie marine. – Maison de A. Maillol (musée).

BANZER SUÁREZ (Hugo), *Santa Cruz 1926 - id. 2002,* général et homme politique bolivien. Au pouvoir une première fois à la suite d'un coup d'État (1971 - 1978), il redevint président de la République à la faveur d'une élection (1997 - 2001).

BAO DAI, *Huê 1913 - Paris 1997,* empereur du Viêt Nam (1932 - 1945). Contraint par le Viêt-minh d'abdiquer (1945), il fut de 1949 à 1955 chef de l'État vietnamien.

BAODING, v. de Chine (Hebei), au S.-O. de Pékin ; 902 496 hab. (1 148 209 hab. dans l'agglomération). Jardins de l'époque Ming.

BAOTOU, v. de Chine (Mongolie-Intérieure), sur le Huang He ; 1 671 181 hab. Sidérurgie. Traitement de terres rares (extraites des mines de Bayan Obo).

BAOULÉ ou **BAULE,** peuple akan du centre de la Côte d'Ivoire.

BAPAUME (62450), bur. centr. de cant. du Pas-de-Calais ; 4 250 hab. *(Bapalmois)*. Faidherbe y battit les Prussiens (1871).

BAR (comté, duché de) → **BARROIS.**

BARA (Joseph), *Palaiseau 1779 - près de Cholet 1793,* enfant célèbre par son héroïsme. Selon la légende créée par Robespierre, il aurait été pris dans une embuscade et, sommé de crier : « Vive le roi ! », il se serait écrié : « Vive la République ! » avant d'être tué.

BARABBAS ou **BARRABAS,** dans les Évangiles, agitateur dont les Juifs réclamèrent la libération à la place de Jésus.

Barabudur ou **Borobudur,** grand monument bouddhique (v. 800) du centre de Java. Jalonnés de stupas, ses quatre étages de galeries ornées de bas-reliefs reproduisent un mandala.

▲ **Barabudur.** Une statue de Bouddha.

BARACALDO, v. d'Espagne (Pays basque), banlieue de Bilbao ; 100 064 hab. Métallurgie.

BARADÉE ou **BARADAÏ** (Jacques), *m. à Édesse en 578,* moine et évêque syrien monophysite. Son apostolat est à l'origine de l'Église dite « jacobite ».

BARAGUEY D'HILLIERS (Achille), *Paris 1795 - Amélie-les-Bains 1878,* maréchal de France. Il se distingua pendant la guerre de Crimée (1854 - 1855), puis en Italie (1859).

Barajas, anc. appellation de l'aéroport de Madrid (auj. *Adolfo Suárez Madrid-Barajas*).

BARAK (Ehoud), *Mishmar-Hasharon, près de Netanya, 1942,* général et homme politique israélien. Chef d'état-major de l'armée (1991 - 1994) puis ministre des Affaires étrangères (1995 - 1996), président du Parti travailliste (1997 - 2001 et 2007 - 2011), il est Premier ministre – et ministre de la Défense – de 1999 à 2001 et à nouveau ministre de la Défense de 2007 à 2013.

BARANOVITCHI, v. de Biélorussie, au S.-O. de Minsk ; 168 240 hab.

BARANTE (Guillaume Prosper **Brugière,** baron **de**), *Riom 1782 - Dorat 1866,* historien et homme politique français. Il fut diplomate et l'auteur d'une *Histoire des ducs de Bourgogne* (1824 - 1826). [Acad. fr.]

BÁRÁNY (Robert), *Vienne 1876 - Uppsala 1936,* médecin autrichien. Il obtint en 1914 le prix Nobel pour ses travaux sur la physiologie et les maladies de l'oreille.

BARATIERI (Oreste), *Condino 1841 - Sterzing, auj. Vipiteno, 1901,* général italien. Gouverneur de l'Érythrée, il fut vaincu par Ménélik II à Adoua (1896).

BARBA (Eugenio), *Brindisi 1936,* metteur en scène de théâtre danois d'origine italienne. Installé depuis les années 1960 au Danemark, où il a fondé l'Odin Teatret (1964), il s'inspire de Grotowski dans ses recherches sur la formation et l'art de l'acteur.

BARBADE n.f., en angl. **Barbados,** État des Petites Antilles ; 431 km² ; 285 000 hab. *(Barbadiens)*. **CAP.** *Bridgetown.* **LANGUE :** *anglais.* **MONNAIE :** *dollar de la Barbade.* (V. carte **Petites Antilles***.) Canne à sucre. Tourisme.

A B C D E F G H I J K L M N O P Q R S T U V W X Y Z

BARBARA (Monique **Serf**, dite), *Paris 1930 - Neuilly-sur-Seine 1997*, chanteuse et auteure-compositrice française. S'accompagnant souvent au piano, elle dit avec une sensibilité rare et une grande élégance d'écriture le sentiment amoureux et la mélancolie des déchirements (*Nantes*, 1964 ; *Göttingen*, 1965 ; *Ma plus belle histoire d'amour*, 1967 ; *l'Aigle noir*, 1970).

▲ **Barbara**

BARBARES, nom donné par les Grecs à tous les peuples, y compris les Romains, restés en dehors de leur civilisation, puis par les Romains à tous ceux qui ne participaient pas à la civilisation gréco-romaine. L'histoire a, par ailleurs, appelé « Barbares » les peuples – Goths, Vandales, Burgondes, Suèves, Huns, Alains, Francs, etc. – qui, du IIIe au VIe s. de notre ère, envahirent l'Empire romain et fondèrent des États plus ou moins durables.

BARBARIE ou **ÉTATS BARBARESQUES,** nom donné jadis aux régions de l'Afrique du Nord situées à l'ouest de l'Égypte (Libye et Maghreb).

Barbarossa ou **Barberousse** (plan), plan d'attaque de l'URSS conçu par Hitler en déc. 1940 et déclenché le 22 juin 1941. L'offensive allemande brisait le pacte germano-soviétique (1939).

BARBAROUX (Charles), *Marseille 1767 - Bordeaux 1794*, homme politique français. Député girondin, il fomenta une révolte en Normandie contre la Convention montagnarde. Il fut décapité.

BARBE (sainte), vierge et martyre légendaire. Elle serait morte décapitée par son père. Patronne des artilleurs, des sapeurs et des pompiers.

Barbe-Bleue, personnage d'un conte de Perrault (1697), meurtrier de six épouses, qui tombe sous les coups des frères de la septième. Souvent rapproché de figures historiques (Gilles de Rais) ou légendaires, il a été repris par les frères Grimm (1812). – Il a inspiré à M. Maeterlinck et à P. Dukas un conte musical, *Ariane et Barbe-Bleue* (1907), et à Béla Bartók un opéra, *le Château de Barbe-Bleue* (1918).

BARBERINI, famille romaine d'origine florentine, dont un des membres, le cardinal Maffeo Barberini, fut élu pape sous le nom d'Urbain VIII. Leur palais, à Rome, est un bel exemple du style baroque.

BARBEROUSSE → **FRÉDÉRIC Ier** [Saint Empire].

BARBEROUSSE (Khayr al-Din, dit), *m. à Istanbul en 1546*, corsaire turc. Maître d'Alger qu'il plaça sous la suzeraineté ottomane (1518), puis grand amiral de la flotte ottomane (1533), il combattit Charles Quint.

BARBÈS (Armand), *Pointe-à-Pitre 1809 - La Haye 1870*, homme politique français. Républicain, il conspira contre la monarchie de Juillet puis fut élu député d'extrême gauche sous la IIe République. Il tenta de constituer un gouvernement insurrectionnel (mai 1848), fut emprisonné jusqu'en 1854 et mourut en exil.

BARBEY D'AUREVILLY (Jules), *Saint-Sauveur-le-Vicomte 1808 - Paris 1889*, écrivain français. Auteur de romans (*le Chevalier Des Touches*, 1864) et de nouvelles (*les Diaboliques*, 1874), il se composa, par son dandysme et ses articles féroces, un personnage de « connétable des lettres », d'un catholicisme virulent et provocateur.

BARBEZIEUX (Louis **Le Tellier**, marquis de), *Paris 1668 - Versailles 1701*, homme d'État français. Il succéda à son père, Louvois, comme secrétaire d'État à la Guerre (1691 - 1701).

BARBEZIEUX-SAINT-HILAIRE (16300), bur. centr. de cant. de la Charente ; 4 914 hab. (*Barbeziliens*). Restes du château du XVe s.

Barbier de Séville (le) → **Figaro.**

BARBIZON (77630), comm. de Seine-et-Marne ; 1 207 hab. (*Barbizonnais*). Dans ce village vinrent travailler ou s'établir T. Rousseau, Corot, Millet, Narcisse Diaz de La Peña (*1807 - 1876*), Constant Troyon (*1810 - 1865*), etc., constituant une « école de Barbizon » (musée).

BARBOTAN-LES-THERMES (32150), localité du Gers (comm. de Cazaubon). Station thermale (rhumatismes, maladies des veines).

BARBUDA, île des Antilles, partie de l'État d'*Antigua-et-Barbuda*.

BARBUSSE (Henri), *Asnières 1873 - Moscou 1935*, écrivain français. Communiste et pacifiste, il présente dans son récit *le Feu* (1916) une peinture naturaliste et non conventionnelle de la vie des combattants.

BARCARÈS (Le) [66420], comm. des Pyrénées-Orientales ; 5 351 hab. Station balnéaire.

BARCELÓ (Miquel), *Felanitx, Majorque, 1957*, peintre, sculpteur et céramiste espagnol. Maniant avec la plus grande liberté les couleurs et les matières (notamm. organiques), il nourrit son art de la confrontation avec d'autres cultures, surtout africaines (Dogon du Mali).

BARCELONA, v. du Venezuela, sur la mer des Antilles ; 221 792 hab.

BARCELONE, en esp. **Barcelona,** v. d'Espagne, cap. de la Catalogne et ch.-l. de prov. ; 1 620 809 hab. (*Barcelonais*) [5 487 878 hab. dans l'agglomération]. Principal foyer industriel du pays. – Édifices gothiques, surtout du XIVe s., dont la cathédrale. Basilique de la Sagrada Familia, une des œuvres de Gaudí*. Musées, dont celui d'Archéologie, celui de l'Art de Catalogne (peinture romane, retables gothiques), le musée Picasso, la Fondation Miró. – Festival de musique électronique (« Sonar »). – Rattachée à la couronne d'Aragon (1137), Barcelone fut très prospère du XIIe s. au XVe s. et connut un nouvel essor au XIXe s. Elle fut le centre de la résistance des républicains pendant la guerre civile (1936 - 1939).

▲ **Barcelone.** Vue du parc Güell, conçu par A. Gaudí (1900-1914).

BARCELONNETTE (04400), ch.-l. d'arrond. des Alpes-de-Haute-Provence, sur l'Ubaye ; 2 902 hab. (*Barcelonnettes*). Station d'altitude (1 132 m). Sports d'hiver à proximité. – Centre d'émigration vers le Mexique au XIXe s.

BARCLAY DE TOLLY (Mikhaïl Bogdanovitch, prince), *Luhde-Grosshoff, Livonie, 1761 - Insterburg 1818*, maréchal russe d'origine écossaise. Habile adversaire de Napoléon Ier, il fut en 1815 commandant en chef des armées russes.

BARDDHAMAN, anc. **Burdwan,** v. d'Inde (Bengale-Occidental) ; 285 871 hab.

BARDEEN (John), *Madison, Wisconsin, 1908 - Boston 1991*, physicien américain. Il a mis au point le transistor à germanium et proposé une théorie de la supraconductivité. (Prix Nobel 1956 et 1972.)

BARDEM (Javier), *Las Palmas 1969*, acteur espagnol. Incarnation, à ses débuts, du séducteur latin viril (*Jambon, jambon*, J. J. Bigas Luna, 1992), il infléchit cette image par la mise en relief d'arrière-plans psychologiques plus complexes (*Avant la nuit*, J. Schnabel, 2000 ; *Mar adentro*, A. Amenábar, 2004 ; *No Country for Old Men*, E. et J. Coen, 2007 ; *Biutiful*, A. González Iñárritu, 2010).

BARDO (Le), v. de Tunisie, banlieue de Tunis ; 71 961 hab. Anc. palais du Bey. Musée (antiques et mosaïques). – En 1881 y fut signé le traité établissant le protectorat français.

BARDONNÈCHE, en ital. **Bardonecchia,** v. d'Italie (Piémont), à la sortie des tunnels du Fréjus ; 3 248 hab. Station estivale et de sports d'hiver (alt. 1 312 - 2 700 m).

BARDOT (Brigitte), *Paris 1934*, actrice française. Elle fut consacrée par le film de R. Vadim *Et Dieu créa la femme* (1956). Sa popularité repose sur le mythe qu'elle a incarné, femme-enfant à la sensualité libre et joyeuse (*En cas de malheur*, C. Autant-Lara, 1958 ; *la Vérité*, H.-G. Clouzot, 1960 ; *Vie privée*, L. Malle, 1962 ; *le Mépris*, J.-L. Godard, 1963 ; *l'Ours et la poupée*, M. Deville, 1970).

▲ Brigitte **Bardot** dans *le Mépris* de Jean-Luc Godard (1963).

BARÈGES (65120), comm. des Hautes-Pyrénées ; 180 hab. (*Barégeois*). Station thermale et de sports d'hiver (alt. 1 250 - 2 340 m).

BAREILLY, v. d'Inde (Uttar Pradesh) ; 699 839 hab. (979 933 hab. dans l'agglomération).

BARENBOÏM (Daniel), *Buenos Aires 1942*, pianiste et chef d'orchestre argentin et israélien. À la tête de l'Orchestre de Paris (1975 - 1989), de l'Orchestre symphonique de Chicago (1991 - 2006), puis directeur musical de la Scala de Milan (2011 - 2014), il assure, depuis 1992, la direction musicale de l'Opéra d'État Unter den Linden, à Berlin. Il est aussi connu pour son engagement en faveur de la paix.

BARENTIN (76360), comm. de la Seine-Maritime ; 12 491 hab. (*Barentinois*). Constructions électriques. Informatique.

BARENTS ou **BARENTSZ.** (Willem), *île de Terschelling v. 1550 - env. de la Nouvelle-Zemble 1597*, navigateur néerlandais. Il découvrit la Nouvelle-Zemble (1594) et le Spitzberg (1596).

BARENTS (mer de), partie de l'océan Arctique, au N. de la péninsule scandinave et de la Russie occidentale. Gisements d'hydrocarbures.

BARÈRE DE VIEUZAC (Bertrand), *Tarbes 1755 - id. 1841*, homme politique français. Député aux États généraux (1789) et à la Convention (1792), il fut membre du Comité de salut public.

BARFLEUR (50760), comm. de la Manche, près de la *pointe de Barfleur*, extrémité nord-est de la presqu'île du Cotentin ; 592 hab. (*Barfleurais*). Station balnéaire. Pêche.

Bargello (le), palais du podestat, puis du chef de la police (*bargello*) à Florence, auj. riche musée national de Sculpture.

BAR-HILLEL (Yehoshua), *Vienne 1915 - Jérusalem 1975*, logicien israélien d'origine polonaise. Néopositiviste du cercle de Vienne, il a étudié les rapports du langage et de la logique, et s'est intéressé à la traduction et à la documentation automatiques.

BARI, v. d'Italie, cap. des Pouilles et ch.-l. de prov., sur l'Adriatique ; 316 692 hab. Port. Archevêché. Université. Centre industriel. – La ville fut un port important au Moyen Âge, une étape pour la Terre sainte. – Château fort ; cathédrale et basilique S. Nicola (art roman des Pouilles). Musées.

BARISAL, v. du Bangladesh, dans le delta du Gange ; 339 308 hab.

BARISAN (monts), massif volcanique d'Indonésie (Sumatra) ; 3 801 m au Kerinci.

BARJAVEL (René), *Nyons 1911 - Paris 1985*, écrivain français. Il s'est imposé comme l'un des maîtres de la science-fiction française (*Ravage*, *le Voyageur imprudent*, *la Nuit des temps*).

BARKLA (Charles Glover), *Widnes, Lancashire, 1877 - Édimbourg 1944*, physicien britannique. Ses recherches ont porté sur les rayons X et les ondes radioélectriques. (Prix Nobel 1917.)

BAR-KOKHBA, *m. en 135*, nom de signification messianique (« Fils de l'étoile ») donné à Simon Bar Koziba, chef de la deuxième révolte juive

(132 - 135). Des lettres de Simon ont été trouvées en 1951 dans des grottes des bords de la mer Morte*.

BARLACH (Ernst), *Wedel, Holstein, 1870 - Rostock 1938*, sculpteur allemand. Son style est d'un expressionnisme contenu.

BAR-LE-DUC (55000), ch.-l. du dép. de la Meuse, dans le sud du *Barrois*, sur l'Ornain, à 231 km à l'E. de Paris ; 16 337 hab. *(Barisiens)*. Dans l'église St-Étienne (XIVe s.), célèbre sculpture funéraire de L. Richier. Demeures anciennes. Musée.

BARLETTA, v. d'Italie (Pouilles), ch.-l. de prov., sur l'Adriatique ; 94 306 hab. Port. – Statue colossale d'un empereur romain (IVe ou Ve s.).

BARLIN (62620), comm. du Pas-de-Calais ; 7 785 hab. *(Barlinois)*. Industrie automobile. – Aux env., château d'Olhain (XVe s.).

BARLOW (Joel), *Redding 1754 - Żarnowiec, près de Cracovie, 1812*, diplomate et poète américain. Ami de La Fayette, ambassadeur en France, il a traité sur un mode épique le thème de la fondation du Nouveau Monde *(la Colombiade)*.

BARLOW (Peter), *Norwich 1776 - Woolwich 1862*, savant britannique. Professeur de mathématiques, il imagina la roue qui porte son nom, prototype du moteur électrique, et la lentille utilisée pour amplifier le grossissement des lunettes astronomiques et des télescopes.

BARNABÉ (saint), apôtre, compagnon de saint Paul. L'épître qui lui est attribuée est apocryphe (début du IIe s.).

BARNAOUL, v. de Russie, en Sibérie, sur l'Ob ; 612 091 hab. Métallurgie. Chimie.

BARNARD (Christiaan), *Beaufort West, prov. du Cap, 1922 - Paphos, Chypre, 2001*, chirurgien sud-africain naturalisé grec. Il réalisa la première transplantation cardiaque en 1967.

BARNARD (Edward Emerson), *Nashville 1857 - Williams Bay, Wisconsin, 1923*, astronome américain. Il a réalisé des milliers de photographies de la Voie lactée, et a découvert 19 comètes et un satellite de Jupiter (1892).

BARNAVE (Antoine), *Grenoble 1761 - Paris 1793*, homme politique français. Député du Dauphiné (1789), il exerça une influence prépondérante aux États généraux. Partisan d'une monarchie constitutionnelle, il fut décapité sous la Terreur.

BARNES (Albert Coombs), *Philadelphie 1872 - comté de Chester, Penns., 1951*, collectionneur d'art américain. Magnat de l'industrie pharmaceutique, il commença en 1912 une collection d'œuvres d'art de tous les pays et institua, en 1922, la Fondation Barnes qui, à Merion (banlieue de Philadelphie) puis – depuis 2012 – à Philadelphie même, expose notamm. le plus grand ensemble d'impressionnistes français à l'étranger.

BARNES (Djuna), *Cornwall-on-Hudson 1892 - New York 1982*, écrivaine américaine. Son œuvre passionnée et noire est une traversée créatrice de la langue et du continent féminin *(le Bois de la nuit*, 1936).

BARNES (Julian), *Leicester 1946*, écrivain britannique. Romancier facétieux à la francophilie revendiquée, maître dans l'art de mélanger les genres *(le Perroquet de Flaubert*, 1984 ; *Une histoire du monde en 10 chapitres et demi*, 1989), il porte une attention caustique, parfois teintée de mélancolie, à la classe moyenne britannique *(Love, etc.*, 1991 ; *Une fille, qui danse*, 2011 ; *la Seule Histoire*, 2018).

BARNET (Boris), *Moscou 1902 - Riga 1965*, cinéaste soviétique. Il fut l'auteur de films intimistes, empreints d'humour et de poésie : *la Jeune Fille au carton à chapeau* (1927), *Okraina* (1933), *Au bord de la mer bleue* (1936).

BARNEVILLE-CARTERET (50270), comm. de la Manche ; 2 280 hab. *(Barnevillais-Carteretais)*. Station balnéaire. – Église romane.

BARNUM (Phineas Taylor), *Bethel, Connecticut, 1810 - Bridgeport 1891*, imprésario et entrepreneur de spectacles américain. D'abord spécialisé dans l'exhibition de phénomènes, il créa en 1871 un grand cirque itinérant, rapidement célèbre.

BAROCCI ou **BAROCCIO** (Federico **Fiori**, dit), *Urbino v. 1535 - id. 1612*, peintre et graveur italien. Auteur de compositions religieuses, il emprunte au Corrège et aux maniéristes, et annonce le baroque.

BAROCHE (Pierre Jules), *La Rochelle 1802 - Jersey 1870*, homme politique français. Il fut ministre des Cultes et de la Justice de Napoléon III.

BARODA → **VADODARA.**

BAROJA (Pío), *Saint-Sébastien 1872 - Madrid 1956*, écrivain espagnol, auteur de contes et de romans réalistes *(Mémoires d'un homme d'action)*.

BARON (Michel **Boyron**, dit Michel), *Paris 1653 - id. 1729*, acteur et auteur dramatique français. Membre de la troupe de Molière, puis de celle de l'Hôtel de Bourgogne, il a laissé des comédies *(l'Homme à bonnes fortunes)*.

BARONNIES n.f. pl., massif des Préalpes françaises (Drôme) ; 1 532 m. *Parc naturel régional des Baronnies provençales*, couvrant env. 156 000 ha, sur les dép. de la Drôme et des Hautes-Alpes.

BARQUISIMETO, v. du Venezuela ; 625 450 hab. (936 065 hab. dans l'agglomération).

BARR (67140), comm. du Bas-Rhin ; 7 411 hab. *(Barrois)*. Hôtel de ville du XVIIe s.

BARR (Murray Llewellyn), *Belmont, Ontario, 1908 - London 1995*, généticien canadien. Il mit au point un examen biologique permettant la détermination du sexe et le diagnostic de certaines anomalies chromosomiques.

BARRABAS → **BARABBAS.**

BARRANCABERMEJA, v. de Colombie, sur le Magdalena ; 191 784 hab.

BARRANQUILLA, v. de Colombie, sur l'Atlantique, à l'embouchure du Magdalena ; 1 212 943 hab. (1 867 337 hab. dans l'agglomération). Chimie.

BARRAQUÉ (Jean), *Puteaux 1928 - Paris 1973*, compositeur français, l'un des principaux représentants de la tradition sérielle : *Sonate pour piano* (1950-1952), *Chant après chant* (1966).

BARRAS (Paul, vicomte **de**), *Fox-Amphoux, Var, 1755 - Paris 1829*, homme politique français. Élu député à la Convention (1792), il contribua à la chute de Robespierre (1794), fut un membre influent du Directoire (1795 - 1799) et favorisa l'ascension de Bonaparte.

BARRAULT (Jean-Louis), *Le Vésinet 1910 - Paris 1994*, acteur et metteur en scène de théâtre français. À la Comédie-Française comme dans la compagnie qu'il fonda (1946) avec sa femme, Madeleine Renaud, il a monté et interprété aussi bien des œuvres modernes (Claudel, Beckett, Genet) que classiques (Molière, Tchekhov), recherchant un langage dramatique de plus en plus « corporel », dans la lignée d'Artaud. Au cinéma, il s'est imposé dans *Drôle de drame* (M. Carné, 1937) et *les Enfants du paradis* (id., 1945).

▲ Jean-Louis **Barrault** dans *le Puritain*, film de Jeff Musso (1938).

BARRE (Raymond), *Saint-Denis, La Réunion, 1924 - Paris 2007*, économiste et homme politique français. Centriste, il fut Premier ministre (1976 - 1981) et ministre de l'Économie et des Finances (1976 - 1978), et aussi maire de Lyon de 1995 à 2001.

BARREIRO, v. du Portugal, sur le Tage, en face de Lisbonne ; 78 764 hab. Industrie automobile.

BARRÈS (Maurice), *Charmes, Vosges, 1862 - Neuilly-sur-Seine 1923*, écrivain français. Guide intellectuel du mouvement nationaliste, il chercha à concilier l'élan romantique avec les déterminations provinciales et héréditaires (*Du sang, de la volupté et de la mort*, 1893-1909 ; *les Déracinés*, 1897 ; *la Colline inspirée*, 1913), passant du culte du moi au besoin de tradition et de discipline pour aboutir à un constat de désenchantement *(Un jardin sur l'Oronte, Mes cahiers)*. [Acad. fr.]

BARRÉ-SINOUSSI (Françoise), *Paris 1947*, biologiste française. Elle a découvert en 1983, au sein de l'équipe de l'Institut Pasteur dirigée par L. Montagnier, le virus responsable du sida (VIH), puis s'est consacrée à la lutte contre cette maladie. (Prix Nobel de médecine 2008.)

Barricades (journées des), insurrections parisiennes. La première, le 12 mai 1588, fut une manifestation des ligueurs contre Henri III ; la seconde, le 26 août 1648, marqua le début de la Fronde.

BARRIE, v. du Canada (Ontario) ; 141 434 hab.

BARRIE (sir James Matthew), *Kirriemuir, Écosse, 1860 - Londres 1937*, écrivain britannique. Il créa le personnage de Peter Pan.

BARRIÈRE (Grande), bande de récifs coralliens, bordant la côte nord-est de l'Australie (Queensland) sur près de 2 500 km.

BARRO (Robert Joseph), *New York 1944*, économiste américain. Proche des thèses de M. Friedman*, il a étudié en partic. l'articulation entre dette et fiscalité, soutenant l'idée que les relances budgétaires n'ont pas d'effet positif sur l'activité économique, car elles amènent les ménages à épargner davantage (théorème de l'« équivalence ricardienne », de D. Ricardo*).

BARROIS ou **BAR,** région de la Lorraine (Meuse), aux confins de la Champagne ; v. princ. *Bar-le-Duc*. Le comté (puis duché) de Bar fut uni à la Lorraine en 1480 et annexé avec elle à la France en 1766. Une partie de la région (*Barrois mouvant*, sur la rive gauche de la Meuse) était dans la vassalité française depuis 1301.

BARROIS ou **CÔTE DES BARS,** région du sud-est de l'Aube, vers Bar-sur-Aube et Bar-sur-Seine.

BARROSO (José Manuel **Durão**), *Lisbonne 1956*, homme politique portugais. Président du Parti social-démocrate (1999 - 2004), il a été Premier ministre (2002 - 2004), puis président de la Commission européenne de 2004 à 2014.

BARROT (Odilon), *Villefort, Lozère, 1791 - Bougival 1873*, homme politique français. Il contribua à la chute de Louis-Philippe par sa participation à la campagne des banquets (1847). Il fut ministre de la Justice de Louis Napoléon en 1849, puis retourna dans l'opposition.

BARROW (Isaac), *Londres 1630 - id. 1677*, mathématicien anglais. Il a été le maître de Newton et l'un des précurseurs du calcul différentiel.

BARRY (Jeanne **Bécu**, comtesse **Du**) → **DU BARRY.**

BARSACQ (André), *Feodossia 1909 - Paris 1973*, décorateur et metteur en scène de théâtre français. Après avoir réalisé des décors pour Copeau et Dullin, il dirigea à partir de 1940 le théâtre de l'Atelier.

BAR-SUR-AUBE (10200), ch.-l. d'arrond. de l'Aube ; 5 197 hab. (*Baralbins* ou *Barsuraubois*). Deux églises en partie du XIIe s.

BAR-SUR-LOUP (Le) [06620], comm. des Alpes-Maritimes ; 3 078 hab. *(Aubarnois)*. Agroalimentaire. – Dans l'église, peintures du XVe s. *(Danse macabre)*.

BART [bar] (Jean), *Dunkerque 1650 - id. 1702*, marin français. Marin dans la flotte de Ruyter, corsaire puis officier de la marine royale française, il remporta de nombreuses victoires contre les Anglais et les Hollandais.

BARTABAS (Clément **Marty**, dit), *Boulogne-Billancourt 1957*, cavalier et metteur en scène français de spectacles équestres. Cofondateur du Théâtre équestre Zingaro au fort d'Aubervilliers (1984) et directeur de l'Académie du spectacle équestre à Versailles (2003), il renouvelle l'art de l'équitation acrobatique.

BARTAS (Du) → **DU BARTAS.**

BARTH (Heinrich), *Hambourg 1821 - Berlin 1865*, explorateur et géographe allemand. Il rapporta une précieuse documentation ethnographique de son expédition en Afrique centrale (1850 - 1855).

BARTH (Karl), *Bâle 1886 - id. 1968*, théologien protestant suisse. Professeur en Allemagne puis à Bâle, il dénonça l'hitlérisme, prôna un retour à l'Écriture et se fit le défenseur de l'intelligence de la foi et de la transcendance de Dieu *(Dogmatique)*.

BARTHÉLEMY (saint), un des douze apôtres du Christ. Certains l'identifient avec le Nathanaël de l'Évangile de Jean.

BARTHÉLEMY (François, marquis **de**), *Aubagne 1747 - Paris 1830*, homme politique français. Il négocia la paix de Bâle en 1795, fut membre du Directoire (1797), sénateur et comte d'Empire, marquis sous Louis XVIII.

BARTHÉLEMY (abbé Jean-Jacques), *Cassis 1716 - Paris 1795*, écrivain français. Il est l'auteur du *Voyage du jeune Anacharsis en Grèce*. (Acad. fr.)

BARTHÉLEMY (René), *Nangis 1889 - Antibes 1954*, ingénieur français. Après avoir procédé à la première démonstration publique de télévision en France (1931), il améliora la définition des images et mit au point la technique qui permet d'éviter leur papillotement.

BARTHÉLEMY-SAINT-HILAIRE (Jules), *Paris 1805 - id. 1895*, homme politique et érudit français. Il a traduit les œuvres d'Aristote.

BARTHES [bart] (Roland), *Cherbourg 1915 - Paris 1980*, sémiologue et écrivain français. Son œuvre critique et théorique s'inspire des travaux de la linguistique, de la psychanalyse et de l'anthropologie modernes (*le Degré zéro de l'écriture*, 1953 ; *Mythologies*, 1957 ; *S/Z*, 1970 ; *le Plaisir du texte*, 1973 ; *Fragments d'un discours amoureux*, 1977).

BARTHOLDI (Auguste), *Colmar 1834 - Paris 1904*, statuaire français, auteur du *Lion de Belfort* (1880) et de *la Liberté* éclairant le monde* de New York.

BARTHOLOMÉE (Pierre), *Bruxelles 1937*, compositeur et chef d'orchestre belge. Également pianiste, il a fondé en 1962 à Bruxelles l'ensemble Musique nouvelle et a créé de nombreuses œuvres de musique contemporaine. Il a été de 1977 à 1999 directeur artistique et chef permanent de l'Orchestre philharmonique de Liège. Parmi ses compositions : *Tombeau de Marin Marais* (1967) ; *Polithophonie* (1984) ; *Fin de série* (1996).

BARTHOU (Louis), *Oloron-Sainte-Marie 1862 - Marseille 1934*, homme politique français. Président du Conseil en 1913, ministre des Affaires étrangères en 1934, il voulut l'encerclement diplomatique de l'Allemagne nazie. Il trouva la mort lors d'un attentat contre le roi Alexandre Ier de Yougoslavie.

BARTÓK (Béla), *Nagyszentmiklós, auj. en Roumanie, 1881 - New York 1945*, compositeur et pianiste hongrois. Son travail savant s'enrichit de ses recherches d'ethnomusicologue sur les folklores hongrois, roumain et bulgare. Il composa notamment l'opéra *le Château de Barbe-Bleue* en 1911, la pantomime *le Mandarin merveilleux* (1918-1919), 6 quatuors à cordes (1908-1939), les 6 recueils de *Mikrokosmos* (1926-1937), 3 concertos pour piano (1926-1945).

▲ Béla **Bartók**

BARTOLI (Cecilia), *Rome 1966*, mezzo-soprano italienne. Sa voix de colorature exceptionnelle et sa grande maîtrise technique lui ont permis de s'affirmer comme l'une des meilleures interprètes de Mozart et de Rossini, mais aussi de Gluck et de Vivaldi, et de musiques rares (castrats, etc.).

BARTOLOMEO (Baccio **della Porta**, en relig. Fra), *Florence 1472 - id. 1517*, peintre et dominicain italien. Il s'impose par l'ampleur et la clarté stylistique de ses œuvres.

BARTON (sir Derek Harold Richard), *Gravesend, Kent, 1918 - College Station, Texas, 1998*, chimiste britannique. Ses recherches ont porté sur la conformation des molécules et sur les relations qui existent entre celle-ci et la réactivité chimique. (Prix Nobel 1969.)

BARUCH [-ryk], personnage biblique. Disciple et secrétaire du prophète Jérémie.

BARYCHNIKOV ou **BARYSHNIKOV** (Mikhaïl Nikolaïevitch), *Riga 1948*, danseur russe naturalisé américain. Passé à l'Ouest en 1974, il a dirigé l'American Ballet Theatre de 1980 à 1989, avant d'animer sa propre compagnie, le White Oak Dance Project (1990 - 2002). Virtuose de l'école classique russe, il a su assimiler d'autres styles.

BARYE (Antoine Louis), *Paris 1796 - id. 1875*, sculpteur et aquarelliste français. Il excella dans l'art du bronze animalier (*Lion au serpent*, 1833 ; *Centaure et Lapithe*, 1850).

BARZANI (Mulla Mustafa), *Barzan v. 1902 - Washington 1979*, chef kurde. Il a dirigé l'insurrection contre le gouvernement irakien (1961 - 1970). — Son fils **Masud** (*né en 1946*) lui a succédé à la tête de la communauté kurde d'Iraq jusqu'en 2017.

BASARAB Ier, *v. 1310 - 1352*, prince de Valachie. Il réunit sous son autorité toute la Valachie.

BASDEVANT (Jules), *Anost, Saône-et-Loire, 1877 - id. 1968*, juriste français. Spécialiste du droit international, il a été de 1949 à 1952 président de la Cour internationale de justice de La Haye.

BASELITZ (Hans-Georg **Kern**, dit Georg), *Deutschbaselitz, Saxe, 1938*, artiste allemand. Il fait partie des « nouveaux expressionnistes ». Ses peintures (où les sujets apparaissent le plus souvent renversés), ses sculptures sur bois et ses lino-gravures revêtent un caractère monumental.

Bas-Empire ou **Empire tardif**, période de l'histoire romaine s'étendant de la mort de Sévère Alexandre (235) à la fin de l'empire d'Occident (476). Succédant à l'anarchie militaire (235 - 284), elle est marquée par l'établissement d'un pouvoir impérial absolu, l'essor du christianisme et l'éclatement de l'Empire entre l'Orient et l'Occident.

BAS-EN-BASSET (43210), bur. centr. de cant. de la Haute-Loire, sur la Loire ; 4 421 hab. (*Bassois*). Château de Rochebaron.

BĂSESCU (Traian), *Basarabi, prov. de Constanţa, 1951*, homme politique roumain. Ancien officier de la marine marchande, maire de Bucarest (2000 - 2004) et président du Parti démocrate (2001 - 2004), il a été président de la République de déc. 2004 à déc. 2014.

BASHO (**Matsuo Munefusa**, dit), *Ueno, prov. d'Iga, 1644 - Osaka 1694*, poète japonais. Il est l'un des maîtres du haïku (*la Sente étroite du bout du monde*, 1689-1692).

BASHUNG (Alain **Baschung**, dit Alain), *Paris 1947 - id. 2009*, chanteur et auteur-compositeur français. Influencé par Ferré et Gainsbourg, nourri de culture rock, il tint une place tout à fait originale sur la scène française (*Gaby oh Gaby*, *Vertige de l'amour*, *Osez Joséphine*, *Ma petite entreprise*, albums *Fantaisie militaire* et *Bleu pétrole*).

BASIE (William, dit Count), *Red Bank, New Jersey, 1904 - Hollywood, Floride, 1984*, musicien américain de jazz. Compositeur, organiste et surtout pianiste, fondateur de deux orchestres successifs (1935 puis 1952), il révéla de nombreux solistes (Lester Young, Roy Eldridge...) et fut un maître du swing (*One o'Clock Jump*, 1937).

BASILDON, v. de Grande-Bretagne (Angleterre), au N.-E. de Londres ; 99 876 hab.

BASILE (saint), surnommé **le Grand**, *Césarée 329 - id. 379*, Père de l'Église grecque. Évêque de Césarée, il lutta contre l'arianisme et contribua au développement du monachisme.

BASILE Ier le Macédonien, *Andrinople v. 812 - 886*, empereur byzantin (867 - 886), fondateur de la dynastie macédonienne. — **Basile II le Bulgaroctone**, *957 - 1025*, empereur byzantin (961 - 1025). Il soumit l'aristocratie, battit les Fatimides et conquit la Bulgarie. Il porta l'Empire à son apogée.

BASILICATE, région du sud de l'Italie ; 570 365 hab. ; cap. *Potenza* ; 2 prov. (*Matera* et *Potenza*).

BASILIDE, *IIe s. apr. J.-C.*, gnostique chrétien d'Alexandrie. La secte qu'il fonda (*basilidiens*) disparut au IVe s.

BASIN (Thomas), *Caudebec 1412 - Utrecht 1491*, chroniqueur et prélat français. Il milita pour la réhabilitation de Jeanne d'Arc et fut l'historiographe de Charles VII et de Louis XI.

▲ A. L. **Barye.** *Lion au serpent*, bronze, v. 1858. (Walters Art Museum, Baltimore.)

BASQUE (Pays), en esp. **País Vasco**, communauté autonome d'Espagne ; 7 254 km² ; 2 185 393 hab. (*Basques*) ; cap. *Vitoria* ; v. princ. *Bilbao* ; 3 prov. (*Biscaye*, *Guipúzcoa* et *Álava*). Ces provinces constituent, avec la Navarre, le Pays basque espagnol. Rattachées à la Castille aux XIIIe-XIVe s., elles gardent leurs privilèges (fueros) jusqu'au XIXe s. Par la suite, elles s'affrontent au centralisme des Bourbons, de Primo de Rivera, puis du franquisme. Créée en 1959, l'ETA poursuit, pendant près d'un demi-siècle, son combat contre le gouvernement de Madrid même après l'accession des provinces basques à l'autonomie (1980) ; elle annonce son renoncement à la lutte armée, en 2011, puis sa dissolution, en 2018.

BASQUE (Pays), région de France, qui occupe l'extrémité occidentale des Pyrénées et la basse vallée de l'Adour. L'intérieur, voué à l'élevage et à la polyculture, est moins peuplé que la côte, animée par l'industrie et le commerce (Bayonne), la pêche (Saint-Jean-de-Luz) et le tourisme (Biarritz). – Le Pays basque regroupe les anc. provinces basques, la Soule, le Labourd (réunis à la France en 1451) et la Basse-Navarre (réunie en 1620). – Communauté d'agglomération du *Pays basque* (158 comm. ; env. 300 000 hab.).

BASQUES, peuple vivant sur les deux versants des Pyrénées occidentales, en Espagne et en France. Leur civilisation, ancienne et toujours vivante, est caractérisée par une riche littérature orale, chantée par les *bertsolari*, par la pratique de la pelote basque et par un artisanat original (broderie). Ils parlent le *basque**.

BASQUIAT (Jean-Michel), *New York 1960 - id. 1988*, peintre américain. Proche du pop art, il mêle dans ses toiles, jalonnées de mots-concepts et de poèmes, des figures d'écorchés, flammes, totems vaudous (références à ses origines haïtienne et portoricaine) et des symboles de la société de consommation américaine.

BASS (détroit de), détroit séparant l'Australie continentale de la Tasmanie.

BASSÆ, site archéologique grec (Arcadie). Son temple dorique, élevé par Ictinos (fin du Ve s. av. J.-C.) et consacré à Apollon, est l'un des mieux conservés du pays.

BAS-SAINT-LAURENT, région administrative du Québec (Canada), sur la rive sud de l'estuaire du Saint-Laurent ; 21 392 km² ; 197 385 hab. (*Bas-Laurentiens*) ; v. princ. *Rimouski*.

BASSANI (Giorgio), *Bologne 1916 - Rome 2000*, écrivain italien. Dans son œuvre, la société rêvée et réelle de Ferrare sert de cadre à la peinture d'une marginalité juive et homosexuelle (*le Roman de Ferrare*, comprenant notamment : *les Lunettes d'or*, 1958 ; *le Jardin des Finzi-Contini*, 1962).

BASSANO (Jacopo **da Ponte**, dit Jacopo), *Bassano, Vénétie, v. 1515 - id. 1592*, peintre italien. Naturaliste et maniériste, il privilégie, dans ses tableaux bibliques et religieux, le paysage rural et les effets luministes. Plusieurs de ses fils, surtout Francesco et Leandro, installés à Venise, continuèrent son œuvre.

BASSAS DA INDIA, îlot français de l'océan Indien, dans le canal de Mozambique, partie des terres Australes* et Antarctiques françaises.

BASSÉE (La) [59480], comm. du Nord ; 6 526 hab. (*Basséens*). Confection.

BASSEIN ou **PATHEIN**, v. de Birmanie ; 144 096 hab.

BASSE-INDRE → **INDRE.**

BASSENS [-sɛ̃s] (33530), comm. de la Gironde, sur la Garonne ; 7 097 hab. (*Bassenais*). Terminal portuaire (vracs industriels, conteneurs, produits forestiers) ; réparation et démantèlement de navires. Pneumatiques. Agroalimentaire.

BASSE-TERRE (97100), ch.-l. de la Guadeloupe, sur la côte sud-ouest de l'*île de Basse-Terre*, partie ouest de la Guadeloupe ; 10 719 hab. (*Basse-Terriens*). Évêché. Cour d'appel. Port. Centre commercial.

BASSIGNY, région de la Haute-Marne (France).

BASSIN ROUGE, région agricole de la Chine (Sichuan et Chongqing), traversée par le Yangzi Jiang.

BASSOMPIERRE (François de), *Haroué 1579 - Provins 1646*, maréchal de France et diplomate. Il complota contre Richelieu et fut enfermé à la Bastille (1631 - 1643).

BASSORA ou **BASRA,** v. d'Iraq, sur le Chatt al-Arab ; 923 237 hab. Port. Palmeraie. Industries chimiques et alimentaires.

BASSOV (Nikolaï Guennadievitch), *Ousman, près de Voronej, 1922 - Moscou 2001,* physicien russe. Il réalisa en 1956 un oscillateur moléculaire à ammoniac, puis travailla sur les lasers. (Prix Nobel 1964.)

BASTELICA (20119), comm. de la Corse-du-Sud ; 559 hab. Centre touristique.

BASTIA, ch.-l. du dép. de la Haute-Corse ; 45 094 hab. *(Bastiais).* Cour d'appel. Port. Aéroport. Centre commercial. – Citadelle avec musée de Bastia. Églises du XVIIe s.

BASTIAT (Frédéric), *Bayonne 1801 - Rome 1850,* économiste français. Défenseur de la liberté du travail et du libre-échange, auteur des *Harmonies économiques,* il croit à l'existence de lois économiques providentielles.

BASTIDE (Roger), *Nîmes 1898 - Maisons-Laffitte 1974,* anthropologue français. Il s'est intéressé à la déviance et à la religion (*Sociologie des maladies mentales,* 1965).

BASTIÉ (Marie-Louise, dite Maryse), née **Bombec,** *Limoges 1898 - Saint-Priest 1952,* aviatrice française. Elle traversa seule l'Atlantique sud en 1936 et fut détentrice de dix records internationaux de distance et de durée de vol.

BASTIEN-LEPAGE (Jules), *Damvillers, Meuse, 1848 - Paris 1884,* peintre français, portraitiste et paysagiste (*les Foins,* 1877, musée d'Orsay).

▲ La **Bastille.** Jean-Baptiste Lallemand : *la Prise de la Bastille par les émeutiers, le 14 juillet 1789.* Peinture du XVIIIe s. (Musée Carnavalet, Paris.)

Bastille (la), forteresse construite dans l'est de Paris (1370 - 1382). D'abord citadelle militaire, elle devint sous Louis XIII une prison d'État où les détenus étaient envoyés sur lettre de cachet du roi. La prise de la Bastille par les émeutiers le 14 juillet 1789 devint le symbole de la victoire du peuple sur l'arbitraire royal. Elle fut détruite l'année suivante.

BASTOGNE, v. de Belgique, ch.-l. d'arrond. de la prov. de Luxembourg, dans l'Ardenne ; 15 230 hab. *(Bastognards).* Station estivale. – Église romane et gothique. – Centre de la résistance des troupes américaines lors de l'offensive allemande des Ardennes (déc. 1944).

BASUTOLAND, protectorat britannique de l'Afrique australe (1868 - 1966) [→ **Lesotho**].

BATA, v. de Guinée équatoriale, ch.-l. du Mbini ; 250 770 hab. dans l'agglomération. Port. Aéroport.

BAŤA (Tomáš), *Zlín 1876 - Otrokovice 1932,* industriel tchèque. Fondateur d'une manufacture de chaussures, il fut l'un des premiers industriels à faire participer son personnel aux bénéfices.

BATAILLE (Georges), *Billom 1897 - Paris 1962,* écrivain français. Son œuvre est centrée sur l'érotisme et l'obsession de la mort (*Histoire de l'œil,* 1928 [sous le pseudonyme de lord Auch] ; *l'Expérience intérieure,* 1943 ; *la Part maudite,* 1949 ; *les Larmes d'Éros,* 1961).

BATAILLE (Henry), *Nîmes 1872 - Rueil-Malmaison 1922,* auteur dramatique français. Ses pièces font la peinture des « instincts » d'une société décadente *(Maman Colibri).*

BATAK, groupe de peuples d'Indonésie (Sumatra) [3,6 millions]. Farouchement indépendants jusqu'au XIXe s., puis islamisés au sud et christianisés au nord, les Batak sont réputés pour leur architecture en bois et leur tissage.

BATALHA, v. du Portugal, au N. de Lisbonne ; 8 548 hab. Beau couvent royal des XIVe-XVIe s.

BATANGAS, v. des Philippines (Luçon) ; 295 231 hab. Port.

BATAVE (République), nom que prirent les Provinces-Unies de 1795 à 1806.

BATAVES, anc. peuple germanique fixé primitivement à l'embouchure du Rhin (la Hollande méridionale actuelle).

BATAVIA → **JAKARTA.**

Bateau-Lavoir (le), ancien immeuble de la butte Montmartre à Paris (rue Ravignan). Picasso devint un de ses locataires en 1904 ; les peintres et les poètes initiateurs du cubisme s'y réunirent.

BATÉKÉ → **TÉKÉ.**

BATESON (Gregory), *Grantchester, près de Cambridge, 1904 - San Francisco 1980,* anthropologue américain d'origine britannique, fils de William Bateson. Après l'étude de populations de Bali et de la Nouvelle-Guinée, il a appliqué au champ psychiatrique la théorie de la communication (*Vers une théorie de la schizophrénie,* 1956), pour aboutir à une approche globale des cultures (*Vers une écologie de l'esprit,* 1972).

BATESON (William), *Whitby, Yorkshire, 1861 - Merton, Surrey, 1926,* biologiste britannique. Les travaux de ce pionnier de la génétique (terme qu'il créa en 1905) sur l'hérédité chez les plantes, les animaux et l'homme ont contribué à la vérification et à la diffusion des lois de Mendel.

BATH, v. de Grande-Bretagne (Angleterre), sur l'Avon ; 90 144 hab. Station thermale. – Bel urbanisme du XVIIIe s. Musées.

Bath → **Baath.**

BÂTHIE (La) [73540], comm. de la Savoie ; 2 252 hab. *(Bathiolains).* Centrale hydroélectrique alimentée par le barrage de Roselend.

BATHILDE ou **BALTHILDE** (sainte), *m. à Chelles en 680,* reine des Francs. Elle épousa Clovis II et gouverna pendant la minorité de son fils Clotaire III.

BÁTHORY, famille hongroise à laquelle appartenait Étienne Ier, roi de Pologne, et qui donna deux princes à la Transylvanie.

BATHURST, v. du Canada (Nouveau-Brunswick), sur la baie des Chaleurs ; 11 897 hab.

BATHURST → **BANJUL.**

BATILLY (54980), comm. de Meurthe-et-Moselle ; 1 271 hab. *(Batillois).* Industrie automobile.

BATISTA (Fulgencio), *Banes 1901 - Guadalmina 1973,* officier et homme politique cubain. Président de la République (1940 - 1944 ; 1952 - 1959), il fut renversé par Fidel Castro.

Batman, héros de bande dessinée, justicier masqué, costumé en chauve-souris. Créé en 1939 par Bill Finger *(1917 - 1974)* et Bob Kane *(1916 - 1998)* dans *Detective Comics,* il a inspiré plusieurs films.

BATNA, v. d'Algérie, ch.-l. de wilaya, au N. de l'Aurès ; 290 645 hab.

BÂTON-ROUGE, en angl. **Baton Rouge,** v. des États-Unis, cap. de la Louisiane, sur le Mississippi ; 228 895 hab. (802 484 hab. dans l'agglomération). Raffinage du pétrole et chimie.

BATOUMI ou **BATOUM,** v. de Géorgie, ch.-l. de l'Adjarie, sur la mer Noire ; 152 839 hab. Port.

BATTAMBANG, v. du Cambodge, ch.-l. de prov. ; 180 318 hab. dans l'agglomération.

BATTANI (al-), *Harran, Mésopotamie, auj. Turquie, v. 858 - Qasr al-Djiss, près de Samarra, 929,* astronome arabe. Ses observations permirent une meilleure connaissance des mouvements apparents du Soleil et des planètes. Il a laissé un grand traité d'astronomie, le *Zidj.*

BATTHYÁNY (Lajos), *Presbourg 1806 - Pest 1849,* homme politique hongrois. Président du Conseil (mars-oct. 1848) dans le premier ministère hongrois issu de la révolution de 1848, il fut fusillé.

BATU KHAN, *1204 - v. 1255,* prince mongol, fondateur de la Horde d'Or. Petit-fils de Gengis Khan, il conquit la Russie (1238 - 1240), la Hongrie et atteignit l'Adriatique (1242).

BATY (Gaston), *Pélussin 1885 - id. 1952,* metteur en scène de théâtre français. Contestant la primauté du texte et celle de l'acteur, il donna aux décors et aux éclairages un rôle de plus en plus important. Il fut l'un des animateurs du Cartel*.

BAT YAM, v. d'Israël, banlieue de Tel-Aviv-Jaffa ; 128 900 hab.

BATZ [ba] (île de) [29253], île et comm. de France (Finistère), dans la Manche, en face de Roscoff ; 520 hab. *(Batziens).* Pêche. Station balnéaire.

BATZ-SUR-MER (44740), comm. de la Loire-Atlantique, dans la presqu'île du Croisic ; 3 074 hab. *(Batziens).* Station balnéaire. Marais salants. – Église des XVe-XVIe s.

BAUCHANT (André), *Château-Renault 1873 - Montoire 1958,* peintre français. Autodidacte, il fut un « naïf » de talent.

BAUCHAU (Henry), *Malines 1913 - Louveciennes 2012,* écrivain belge de langue française. Sous forme narrative (*la Déchirure,* 1966 ; *le Régiment noir,* 1972 ; *Œdipe sur la route,* 1990 ; *le Boulevard périphérique,* 2008), poétique ou dramatique (*Gengis Khan,* 1960), son œuvre se présente comme un long cheminement alliant, par l'entremise du mythe et de la psychanalyse, classicisme de la langue et complexité du sens.

BAUCIS → **PHILÉMON ET BAUCIS.**

BAUD (56150), comm. du Morbihan ; 6 395 hab. *(Baldiviens).* Église du XVIe s.

BAUDELAIRE (Charles), *Paris 1821 - id. 1867,* poète français. Héritier du romantisme et fidèle à la prosodie traditionnelle, il exprime à la fois le tragique de la destinée humaine et une vision de l'univers, où il découvre de secrètes « correspondances ». Après *les Fleurs du mal* (1857), qui lui valurent une condamnation pour immoralité, son œuvre critique (*Curiosités esthétiques, l'Art romantique,* 1868) et ses *Petits Poèmes en prose* (1869) sont à la source de la réflexion sur la modernité.

▲ Charles **Baudelaire**

BAUDELOCQUE (Jean-Louis), *Heilly, Somme, 1745 - Paris 1810,* médecin accoucheur français. Il participa à la transformation de l'obstétrique en une véritable spécialité médicale.

BAUDIN (Jean-Baptiste Alphonse), *Nantua 1811 - Paris 1851,* homme politique français. Député à l'Assemblée de 1849, il fut tué sur une barricade en tentant vainement d'entraîner les ouvriers contre le coup d'État du 2 Décembre.

BAUDIN (Nicolas), *île de Ré 1754 - Port-Louis, île Maurice, 1803,* navigateur français. Après avoir atteint l'Asie, les îles Vierges et le Brésil, il explora les côtes australiennes (1801 - 1803) et en rapporta une importante documentation scientifique.

BAUDOT (Anatole de), *Sarrebourg 1834 - Paris 1915,* architecte français. Disciple de Viollet-le-Duc, rationaliste, il a restauré la cathédrale du Puy et a utilisé le ciment armé pour Saint-Jean-l'Évangéliste de Montmartre (1897).

BAUDOT (Émile), *Magneux, Haute-Marne, 1845 - Sceaux 1903,* ingénieur français. Il est l'inventeur du télégraphe multiple imprimeur (1874) et d'un appareil de transmission automatique (1894).

BAUDOUIN Ier, *Valenciennes 1171 - 1205,* comte de Flandre et de Hainaut (Baudouin IX) et empereur latin de Constantinople (1204 - 1205). L'un des chefs de la 4e croisade, il fut élu empereur après la prise de Constantinople par les croisés. — **Baudouin II,** *Constantinople v. 1217 - 1273,* empereur latin de Constantinople (1228 - 1261).

BAUDOUIN Ier DE BOULOGNE, *m. à El-Arich en 1118,* roi de Jérusalem (1100 - 1118). Frère de Godefroi de Bouillon, il fut le fondateur du royaume de Jérusalem, qu'il agrandit et dota d'institutions solides.

BAUDOUIN Ier, *Bruxelles 1930 - Motril, Espagne, 1993,* roi des Belges (1951 - 1993). Il devint roi à la suite de l'abdication de son père, Léopold III. Il avait épousé Fabiola de Mora y Aragón en 1960. Soucieux de l'unité du pays, il s'efforça d'être un médiateur entre Flamands et Wallons.

◄ **Baudouin Ier de Belgique**

BAUDOUIN DE COURTENAY (Jan Ignacy), *Radzymin 1845 - Varsovie 1929,* linguiste polonais, précurseur de la phonologie.

BAUDRICOURT (Robert **de**), capitaine de Vaucouleurs (xve s.). Il fit conduire Jeanne d'Arc auprès de Charles VII à Chinon (1429).

BAUDRILLARD (Jean), *Reims 1929 - Paris 2007*, sociologue et philosophe français. Ses recherches sur la relation entre la production des objets matériels et les désirs des consommateurs (*le Système des objets*, 1968) l'amènent à interroger la dissolution de toute réalité dans la société moderne (*le Crime parfait*, 1995 ; *l'Échange impossible*, 1999).

BAUER (Bruno), *Eisenberg 1809 - Rixdorf, près de Berlin, 1882*, critique et philosophe allemand. Influencé par l'hégélianisme, il critique le christianisme, qui, révolutionnaire au début, est devenu un obstacle au progrès.

BAUER (Otto), *Vienne 1881 - Paris 1938*, homme politique et théoricien autrichien. Il fut l'un des dirigeants du Parti social-démocrate autrichien.

BAUGÉ-EN-ANJOU (49150), comm. de Maine-et-Loire, dans le *Baugeois* ; 12 130 hab. *(Baugeois)*. Château de René d'Anjou (xve s.).

BAUGES n.f. pl., massif des Préalpes françaises ; 2 217 m. Parc naturel régional (Savoie et Haute-Savoie), couvrant env. 86 000 ha.

Bauhaus, école d'architecture et d'arts appliqués, fondée en 1919, à Weimar, par W. Gropius et transférée, de 1925 à 1932, à Dessau. Le Bauhaus a joué un grand rôle dans l'évolution des idées et des techniques modernes. Y furent maîtres le peintre suisse Johannes Itten *(1888 - 1967)*, les peintres Feininger, Klee, Oskar Schlemmer *(1888 - 1943)*, Kandinsky, Moholy-Nagy, l'architecte suisse Hannes Meyer *(1889 - 1954)*, Mies van der Rohe ; « apprentis », puis maîtres : Breuer, Albers, le graphiste autrichien Herbert Bayer *(1900 - 1985)*.

BAULE-ESCOUBLAC (La) [44500], bur. centr. de cant. de la Loire-Atlantique ; 16 255 hab. *(Baulois)*. Grande station balnéaire.

BAULIEU (Étienne-Émile), *Strasbourg 1926*, médecin et biochimiste français. Endocrinologue, spécialiste des hormones stéroïdes, il a découvert le mode de production de la DHEA par les glandes surrénales humaines (1960), a mis au point la pilule abortive RU 486 et est l'auteur de recherches sur le vieillissement.

◄ É.-É. **Baulieu** en 1984.

BAUME-LES-DAMES (25110), bur. centr. de cant. du Doubs, sur le Doubs ; 5 405 hab. *(Baumois)*. Anc. abbaye de dames nobles ; église du xviie s.

BAUME-LES-MESSIEURS, comm. du Jura ; 181 hab. *(Baumois)*. Grottes. – Reculée. – Église des xiie-xve s., anc. abbatiale (œuvres d'art).

BAUMGARTEN (Alexander), *Berlin 1714 - Francfort-sur-l'Oder 1762*, philosophe allemand. Il a séparé l'esthétique de la philosophie et l'a définie comme la science du beau.

BAUMGARTNER (Gallus Jakob), *Altstätten 1797 - Saint-Gall 1869*, publiciste et homme politique suisse. Actif dans les luttes qui agitèrent le canton de Saint-Gall, il est l'auteur d'un ouvrage sur l'histoire de la Suisse entre 1830 et 1850.

BAUR (Harry), *Montrouge 1880 - Paris 1943*, acteur français. Vedette du cinéma des années 1930, il a joué notamm. dans des films de R. Bernard (*les Misérables*, 1934), J. Duvivier (*Un carnet de bal*, 1937) et M. Tourneur (*Volpone*, 1941).

BAURU, v. du Brésil, à l'O.-N.-O. de Sao Paulo ; 335 888 hab.

BAUSCH (Philippine, dite Pina), *Solingen 1940 - Wuppertal 2009*, danseuse et chorégraphe allemande. Directrice du Tanztheater de Wuppertal à partir de 1973, figure marquante de la danse expressionniste contemporaine, elle s'est imposée dans un style alliant onirisme et violence (*Barbe-Bleue*, 1977 ; *Café Müller* et *Kontakthof*, 1978 ; *Nelken*, 1982 ; *Palermo, Palermo*, 1989 ; *le Laveur de vitres*, 1997 ; *Água*, 2001 ; *Nefés*, 2003 ; *... como el musguito en la piedra, ay si, si, si...*, 2009).

◄ Pina **Bausch** en 2003.

▲ **Bayeux.** Détail de la « tapisserie de la reine Mathilde » ; fin du xie s. (Centre Guillaume-le-Conquérant, Bayeux.)

BAUTZEN, v. d'Allemagne (Saxe), à l'E. de Dresde ; 40 273 hab. Victoire de Napoléon Ier (20-21 mai 1813) sur les Russes et les Prussiens.

BAUX-DE-PROVENCE [bo-] (Les) [13520], comm. des Bouches-du-Rhône, sur un éperon des Alpilles ; 399 hab. *(Baussencs)*. Elle a donné son nom à la *bauxite*. – Ruines d'une importante cité du Moyen Âge ; demeures du xvie s.

BAVAY (59570), comm. du Nord ; 3 428 hab. *(Bavaisiens)*. Importants vestiges gallo-romains de l'anc. capitale des Nerviens *(Bagacum)*. Musée archéologique.

BAVIÈRE, en all. **Bayern,** Land d'Allemagne ; 70 553 km^{2} ; 12 930 751 hab. *(Bavarois)* ; cap. *Munich* ; v. princ. *Augsburg, Nuremberg, Ratisbonne, Bayreuth*. Il comprend la Bavière proprement dite (avant-pays alpin au sud du Danube) et le nord du bassin de Souabe et de Franconie.

HISTOIRE Au début du xe s., la Bavière est l'un des plus importants duchés de l'Empire germanique. **1070 - 1180 :** elle est gouvernée par la dynastie des Guelfes, spoliée du duché en 1180 par les Wittelsbach, qui dominent la Bavière jusqu'en 1918. **1467 - 1508 :** le duc Albert IV le Sage unifie ses États, qui deviennent un bastion de la Réforme catholique. **1623 :** Maximilien Ier obtient le titre d'Électeur. **1806 :** allié de Napoléon Ier, Maximilien Ier Joseph obtient le titre de roi. **1825 - 1886 :** Louis Ier (1825 - 1848) et Louis II (1864 - 1886) sont de grands bâtisseurs. **1866 :** alliée de l'Autriche, la Bavière est battue par la Prusse. **1871 :** elle est incorporée dans l'Empire allemand. **1918 - 1919 :** elle devient un Land de la république de Weimar. **1923 :** le putsch organisé par Hitler à Munich échoue. **1949 :** l'État libre de Bavière forme un Land de la RFA.

BÂVILLE (Nicolas **de Lamoignon de**), *Paris 1648 - id. 1724*, administrateur français. Intendant du Languedoc, il fut l'adversaire des protestants, notamm. pendant la guerre des camisards (1703).

BAVILLIERS (90800), bur. centr. de cant. du Territoire de Belfort ; 4 969 hab. *(Bavilliérois)*.

BAVON (saint), *m. av. 659*, moine de la ville de Gand, dont il est le patron.

BAYAMO, v. du sud-est de Cuba ; 169 155 hab. Monuments anciens.

BAYAMÓN, v. de Porto Rico, banlieue sud-ouest de San Juan ; 185 996 hab.

BAYARD (col), passage des Préalpes françaises (Hautes-Alpes), entre les vallées du Drac et de la Durance ; 1 248 m.

BAYARD (Hippolyte), *Breteuil, Oise, 1801 - Nemours 1887*, photographe français. En améliorant le procédé de W. H. F. Talbot, il obtint les premiers positifs directs sur papier (1839).

BAYARD (Pierre **Terrail,** seigneur **de**), *Pontcharra 1476 - Romagnano Sesia 1524*, homme de guerre français. Célèbre pour sa bravoure lors des guerres d'Italie (défense du pont du Garigliano, 1503), il fut surnommé *le Chevalier sans peur et sans reproche*. François Ier voulut être armé chevalier par lui sur le champ de bataille de Marignan.

BAYE (Nathalie), *Mainneville, Eure, 1948*, actrice française. Révélée par F. Truffaut (*la Nuit américaine*, 1973 ; *la Chambre verte*, 1978), elle séduit, au cinéma comme au théâtre, par sa simplicité lumineuse (*la Balance*, B. Swaim, 1982 ; *Détective*, J.-L. Godard, 1985 ; *Vénus Beauté [Institut]*, T. Marshall, 1999 ; *le Petit Lieutenant*, X. Beauvois, 2005 ; *Juste la fin du monde*, X. Dolan, 2016).

BAYER (Johann), *Rain, Bavière, 1572 - Augsbourg 1625*, astronome allemand. Auteur du premier atlas céleste imprimé (*Uranometria*, 1603), il a introduit l'usage de classer les étoiles des constellations en les désignant par des lettres grecques, d'après leur éclat apparent.

BAYES (Thomas), *Londres 1702 - Tunbridge Wells 1761*, mathématicien anglais. Il tenta de déterminer la probabilité des causes par les effets observés, étude reprise par Laplace et Condorcet.

BAYEUX (14400), ch.-l. d'arrond. du Calvados, dans le Bessin, sur l'Aure ; 14 005 hab. (*Bayeusains* ou *Bajocasses*). Évêché (avec Lisieux). – Cathédrale des xiie-xve s. Le centre Guillaume-le-Conquérant abrite la « tapisserie de la reine Mathilde », broderie sur toile (70 m de long) qui représente en 58 scènes la conquête de l'Angleterre par les Normands (œuvre de l'époque). – Première ville française libérée par les Alliés, le 7 juin 1944. De Gaulle y fit son entrée le 14 juin 1944 et y prononça, le 16 juin 1946, un discours exposant les idées qui inspirèrent la Constitution de 1958.

BAYEZID Ier, en fr. **Bajazet**, *v. 1360 - Akşehir 1403*, sultan ottoman (1389 - 1403). Il défit les croisés à Nicopolis (1396), mais fut vaincu et fait prisonnier par Timur Lang à Ankara (1402).

BAYLE [bɛl] (Pierre), *Le Carla 1647 - Rotterdam 1706*, écrivain français. Sa critique des superstitions populaires (*Pensées sur la comète*) et son *Dictionnaire historique et critique* (1696-1697) ouvrent l'ère de l'esprit philosophique du xviiie s.

BAYLET (Jean-Michel), *Toulouse 1946*, patron de presse et homme politique français. Longtemps président des radicaux de gauche (1983 - 1985 et 1996 - 2016), il a été ministre de l'Aménagement du territoire (2016 - 2017).

BAYONNE (64100), ch.-l. d'arrond. des Pyrénées-Atlantiques, sur l'Adour ; 50 566 hab. *(Bayonnais)* [219 570 hab. dans l'agglomération]. Évêché. Port. Électronique. Tourisme. – Fortifications romaines, médiévales et classiques. Cathédrale des xiiie-xvie s. Musée Bonnat-Helleu (fermé pour travaux depuis 2011) et Musée basque. – Au terme de l'*entrevue de Bayonne* (1808), les souverains espagnols abdiquèrent en faveur de Napoléon Ier.

BAYREUTH, v. d'Allemagne (Bavière), sur le Main ; 70 808 hab. Monuments anciens, dont le théâtre du xviiie s., décoré par les Bibiena. Théâtre construit pour la représentation des œuvres de R. Wagner (1876) ; un festival d'opéras wagnériens s'y tient tous les ans depuis cette date.

BAYROU (François), *Bordères, Pyrénées-Atlantiques, 1951*, homme politique français. Ministre de l'Éducation nationale (1993 - 1997), élu en 1994 président du Centre des démocrates sociaux – rebaptisé en 1995 Force démocrate –, il devient président de l'UDF* en 1998. En 2007, à la suite de sa candidature à l'élection présidentielle, il fonde le Mouvement démocrate, ou MoDem. Se présentant de nouveau à la présidentielle de 2012, il enregistre une grave déconvenue, perdant juste après le siège de député des Pyrénées-Atlantiques auquel il était régulièrement élu depuis 1986. En 2017, il soutient la candidature de E. Macron à l'élection présidentielle, puis est brièvement garde des Sceaux, ministre de la Justice, dans le premier gouvernement Philippe. Il est maire de Pau depuis 2014.

BAZAINE (Achille), *Versailles 1811 - Madrid 1888,* maréchal de France. Après avoir participé à la guerre de Crimée (1855), il commanda en chef au Mexique (1863), puis en Lorraine (1870). Bloqué dans Metz, il y capitula (oct.). Sa condamnation à mort (1873) ayant été commuée en détention, il s'évada et gagna Madrid.

BAZAINE (Jean), *Paris 1904 - Clamart 2001,* peintre français. Venu à la peinture non figurative vers 1945, il développe un chromatisme et des rythmes issus du spectacle de la nature. Il a aussi réalisé des vitraux et des mosaïques.

BAZARD (Saint-Amand), *Paris 1791 - Courtry 1832,* socialiste français. Fondateur du carbonarisme en France, il fut propagateur, avec Enfantin, du saint-simonisme.

BAZAS (33430), comm. du sud-est de la Gironde ; 5 037 hab. *(Bazadais).* Cathédrale en partie du XIIIe s. (portails sculptés).

BAZEILLES (08140), comm. des Ardennes, près de la Meuse ; 2 671 hab. *(Bazeillais).* Célèbre par la résistance de l'infanterie de marine française aux Bavarois le 1er sept. 1870.

BAZILLE (Frédéric), *Montpellier 1841 - Beaune-la-Rolande 1870,* peintre français. C'est l'un des initiateurs de l'impressionnisme (*Réunion de famille*, 1867, musée d'Orsay).

BAZIN (André), *Angers 1918 - Nogent-sur-Marne 1958,* critique français de cinéma. Fondateur des *Cahiers du cinéma* avec J. Doniol-Valcroze et Lo Duca en 1951, il proposa une réflexion fondamentale dans *Qu'est-ce que le cinéma ?* (1958-1963).

BAZIN (Jean-Pierre **Hervé-Bazin,** dit Hervé), *Angers 1911 - id. 1996,* écrivain français. Ses romans tracent une satire virulente des oppressions familiales et sociales (*Vipère au poing*, 1948).

BAZIN (René), *Angers 1853 - Paris 1932,* écrivain français. Il est l'auteur de romans d'inspiration catholique et terrienne (*les Oberlé*). [Acad. fr.]

BBC (British Broadcasting Corporation), organisme britannique de radio et de télévision. Créée en 1922, la BBC joua un rôle considérable pendant la Seconde Guerre mondiale par ses émissions à destination de la France (« Les Français parlent aux Français ») et de la Résistance.

BCE, sigle de Banque* centrale européenne.

BEA (Augustinus), *Riedböhringen 1881 - Rome 1968,* théologien catholique allemand. Jésuite, cardinal (1959), il prépara Vatican II et travailla au développement de l'œcuménisme.

Beachy Head (bataille de) [10 juill. 1690], bataille navale de la guerre de la ligue d'Augsbourg. Victoire de Tourville sur la flotte anglo-hollandaise au large du *cap de Beachy Head,* sur la côte sud de l'Angleterre. Cette bataille est plus connue en France sous le nom de *bataille de Béveziers.*

BEACONSFIELD, v. du Canada (Québec), banlieue sud-ouest de Montréal ; 19 324 hab. *(Beaconsfielders).*

BEACONSFIELD (comte de) → **DISRAELI.**

BEAGLE (canal), détroit reliant l'Atlantique au Pacifique. Il est situé au S. de la Terre de Feu.

BEAMON (Robert, dit Bob), *Jamaica, État de New York, 1946,* athlète américain, champion olympique en 1968, et recordman du monde, de 1968 à 1991, du saut en longueur (8,90 m).

BEARDSLEY (Aubrey), *Brighton 1872 - Menton 1898,* dessinateur britannique. Esthète enfiévré, il s'est acquis la célébrité par ses illustrations, proches de l'Art nouveau (*Salomé*, de Wilde, 1894 ; *Mademoiselle de Maupin*, de Gautier, 1898).

BÉARN n.m., partie orientale du dép. des Pyrénées-Atlantiques ; hab. *Béarnais* ; v. princ. *Pau.* Anc. vicomté française, elle passa dans les maisons de Foix, d'Albret et de Bourbon. Roi de Navarre en 1572, le futur Henri IV en fut le dernier comte. Le Béarn fut réuni à la Couronne en 1620.

BÉART (Emmanuelle), *Gassin, Var, 1963,* actrice française, fille de G. Béart. Incarnation de la sensualité (*Manon des sources*, C. Berri, 1986 ; *la Belle Noiseuse*, J. Rivette, 1991), elle interprète des séductrices à la personnalité trouble (*Nelly et M. Arnaud*, C. Sautet, 1995). Ses choix audacieux se retrouvent au théâtre, notamm. dans son travail avec S. Nordey (*Erich von Stroheim*, 2017).

BÉART (Guy), *Le Caire 1930 - Garches 2015,* chanteur et auteur-compositeur français. Son sens de la mélodie et son talent de poète tour à tour grave et désinvolte lui assurèrent un grand succès populaire (*l'Eau vive, le Grand Chambardement*).

Beat generation, mouvement littéraire et culturel qui se développa aux États-Unis dans les années 1950 - 1960. Ses membres (J. Kerouac, W. Burroughs, A. Ginsberg, etc.) proclamaient leur refus de la société industrielle et leur désir de retrouver les racines américaines dans le voyage (*Sur la route*, 1957, de J. Kerouac), la méditation (influencée par le bouddhisme zen), les expériences extatiques (la drogue).

▲ The **Beatles** en 1968 : Ringo Starr (à gauche), Paul McCartney (au centre), John Lennon (à droite) et George Harrison (au premier plan).

BEATLES (The), groupe britannique de pop. Il était composé de **Richard Starkey** (sir), dit **Ringo Starr,** *Liverpool 1940,* **John Lennon,** *Liverpool 1940 - New York 1980,* **Paul McCartney** (sir), *Liverpool 1942,* et **George Harrison,** *Liverpool 1943 - Los Angeles 2001.* Il fut, de 1962 à 1970, à l'origine du succès de la musique pop (*She Loves You*, 1962 ; *Yesterday*, 1965 ; *Sergeant Pepper's Lonely Hearts Club Band*, 1967 ; *Let it Be*, 1970).

BÉATRICE ou **BEATRIX,** *Soestdijk 1938,* reine des Pays-Bas (1980 - 2013). Elle épousa en 1966 le diplomate allemand Claus von Amsberg *(1926 - 2002).* En 2013, elle abdique en faveur de son fils aîné, Guillaume-Alexandre*.

◄ **Béatrice,** reine des Pays-Bas.

Béatrice, personnage de la *Vita nuova* (entre 1292 et 1294) et de *la Divine* Comédie*, inspiré à Dante par la Florentine Béatrice Portinari *(v. 1265 - 1290).* Incarnation de la beauté et de la bonté, objet d'amour et de contemplation, elle est la muse et le guide du poète dans sa quête du salut.

BEATTY (David), *Borodale, Irlande, 1871 - Londres 1936,* amiral britannique. Après s'être distingué à la bataille du Jütland (1916), il commanda la flotte britannique (1916 - 1918) et fut Premier lord de la Mer de 1919 à 1927.

BEAUCAIRE (30300), bur. centr. de cant. du Gard, sur le Rhône ; 16 269 hab. *(Beaucairois).* Centrale hydroélectrique sur le Rhône. – Château des XIIIe-XIVe s. et monuments d'époque classique. – Foires célèbres du XIIIe au XIXe s.

BEAUCE n.f., plaine limoneuse du Bassin parisien, entre Chartres et la forêt d'Orléans. (Hab. *Beaucerons.*) Grande région agricole (blé surtout). — Petite **Beauce,** partie du sud-ouest de la Beauce, entre la Loire et le Loir.

BEAUCE n.f., région du Canada (Québec), au S. du Saint-Laurent. (Hab. *Beaucerons.*)

BEAUCHAMP (Pierre), *Paris v. 1631 - id. 1705,* danseur et chorégraphe français. Collaborateur de Molière et de Lully, il fut le premier maître de ballet (1672 - 1687) de l'Académie royale de musique (Opéra de Paris).

BEAUCHEMIN (Yves), *Noranda, Québec, 1941,* écrivain canadien de langue française. Célèbre pour ses romans (*le Matou, Juliette Pomerleau, les Émois d'un marchand de café*), il écrit aussi pour la jeunesse (*Antoine et Alfred*).

BEAU DE ROCHAS (Alphonse) *Digne 1815 - Vincennes 1893,* ingénieur français. En 1862, il fit breveter le cycle (qui porte son nom) de transformation en énergie mécanique de l'énergie thermique provenant de la combustion en vase clos d'un mélange carburé air-essence.

BEAUDOUIN (Eugène) → **LODS** (Marcel).

BEAUFORT (73270), comm. de la Savoie, sur le Doron, dans le *massif de Beaufort* ; 2 184 hab. *(Beaufortains).* Sports d'hiver.

BEAUFORT (massif de) ou **BEAUFORTIN** n.m., massif des Alpes françaises, en Savoie essentiellement, entre l'Arly et la Tarentaise ; 2 889 m.

BEAUFORT (mer de), partie de l'océan Arctique, au N. de l'Alaska et du Canada. Gisements de pétrole et de gaz naturel.

BEAUFORT (sir Francis), *1774 - 1857,* officier de marine britannique. Il conçut en 1805 l'échelle utilisée pour mesurer la force du vent (v. partie n. comm. **échelle de Beaufort***).

BEAUFORT (François **de Bourbon, duc de**), *Paris 1616 - Candie 1669,* gentilhomme français. Petit-fils d'Henri IV, il conspira à plusieurs reprises, soutint le cardinal de Retz pendant la Fronde, où sa popularité le fit surnommer « le roi des Halles ».

BEAUFORT-EN-ANJOU (49250), bur. centr. de cant. de Maine-et-Loire ; 7 271 hab. *(Beaufortais).* Église des XVe-XVIe s. Musée.

BEAUFRE (André), *Neuilly-sur-Seine 1902 - Belgrade 1975,* général français. Il a exposé dans ses ouvrages les modifications essentielles que l'irruption de l'arme atomique imprimait à la stratégie classique (*Dissuasion et Stratégie*, 1964).

BEAUGENCY (45190), bur. centr. de cant. du Loiret, sur la Loire ; 7 673 hab. *(Balgenciens).* Mobilier. – Monuments des XIe-XVIe s. Musée de l'Orléanais.

BEAUHARNAIS (Alexandre, **vicomte de**), *Fort-Royal de la Martinique 1760 - Paris 1794,* général français. Général dans l'armée du Rhin en 1793, il ne réussit pas à sauver Mayence et mourut sur l'échafaud. Il avait épousé Joséphine (1779), future impératrice des Français.

BEAUHARNAIS (Eugène **de**), *Paris 1781 - Munich 1824,* vice-roi d'Italie (1805 - 1814). Fils d'Alexandre de Beauharnais et de Joséphine, il est le beau-fils de Napoléon Ier.

BEAUHARNAIS (Hortense **de**) → **HORTENSE DE BEAUHARNAIS.**

BEAUHARNAIS (Joséphine **de**) → **JOSÉPHINE DE BEAUHARNAIS.**

BEAUJEU (69430), comm. du Rhône ; 2 120 hab. *(Beaujolais).* Anc. cap. du Beaujolais.

BEAUJOLAIS, région de la bordure orientale du Massif central, entre la Loire et la Saône. Les *monts du Beaujolais,* pays de polyculture et d'élevage bovin, dominent la *côte beaujolaise,* grand secteur viticole.

BEAULIEU (Victor-Lévy), *Saint-Paul-de-la-Croix, Québec, 1945,* écrivain canadien de langue française. Dramaturge, essayiste (*Monsieur Melville*, 3 vol., 1978-1980), scénariste (série télévisée *l'Héritage*, 1987-1990), il mêle réalisme grotesque et onirisme débridé dans ses romans à la verve truculente (*les Grands-Pères*, 1971 ; *Don Quichotte de la démanche*, 1974 ; *la Grande Tribu. C'est la faute à Papineau*, 2008).

BEAULIEU-LÈS-LOCHES (37600), comm. d'Indre-et-Loire ; 1 844 hab. *(Bellilociens).* Anc. abbaye bénédictine (clocher roman). — paix de **Beaulieu** → **Monsieur** (paix de).

BEAULIEU-SUR-DORDOGNE (19120), comm. de la Corrèze ; 1 202 hab. *(Bellocois).* Anc. abbatiale des XIIe-XIVe s. (tympan roman du *Jugement dernier* ; trésor).

BEAULIEU-SUR-MER (06310), comm. des Alpes-Maritimes ; 3 756 hab. *(Berlugans).* Station balnéaire. – Villa « grecque » Kerylos.

BEAUMANOIR (Jean **de**), *m. en 1366 ou 1367,* homme de guerre breton. Il participa au *combat des Trente** (1351), qui opposa près de Ploërmel trente Bretons à trente Anglais.

BEAUMARCHAIS (Pierre Augustin **Caron de**), *Paris 1732 - id. 1799,* auteur dramatique français. Aventurier et libertin, célèbre par ses spéculations et ses procès, il fit dans *le Barbier de Séville* (1775) et *le Mariage de Figaro** (1784) une critique hardie et spirituelle de la société française. Mais la Révolution, qu'il avait contribué à préparer, ne lui inspira qu'un drame larmoyant, *la Mère coupable* (1792).

▲ **Beaumarchais** par Nattier. (Coll. priv.)

BEAUMES-DE-VENISE (84190), comm. de Vaucluse ; 2 414 hab. *(Balméens).* Vins.

BEAUMONT, v. des États-Unis (Texas) ; 117 585 hab. (388 745 hab. dans l'agglomération). Port pétrolier. Chimie.

BEAUMONT (63110), bur. centr. de cant. du Puy-de-Dôme ; 11 417 hab. *(Beaumontois).* Anc. abbatiale des XIIe-XIIIe s.

BEAUMONT (Christophe **de**), *château de La Roque, Meyrals, près de Sarlat-la-Canéda, 1703 - Paris 1781,* prélat français. Archevêque de Paris (1746 - 1754), il lutta contre les jansénistes et les philosophes.

BEAUMONT (Francis), *Grace-Dieu 1584 - Londres 1616,* poète dramatique anglais. Il est l'auteur, avec Fletcher, de tragédies et de comédies d'intrigue *(le Chevalier au pilon ardent).*

BEAUMONT (Léonce **Élie de**) → **ÉLIE DE BEAUMONT.**

BEAUMONT-DE-LOMAGNE (82500), bur. centr. de cant. de Tarn-et-Garonne ; 3 951 hab. *(Beaumontois).* Halle en bois du XIVe s.

BEAUMONT-LE-ROGER (27170), comm. de l'Eure ; 3 075 hab. *(Beaumontais).* Équipement électrique. – Église des XIVe-XVIe s.

BEAUMONT-SUR-OISE (95260), comm. du Val-d'Oise ; 9 830 hab. Église des XIIe-XVIe s.

▲ **Beaune.** Les toits de l'hôtel-Dieu.

BEAUNE (21200), ch.-l. d'arrond. de la Côte-d'Or ; 22 418 hab. *(Beaunois).* Vins de la *côte de Beaune.* – Festival d'opéra baroque. – Hôtel-Dieu, fondé par le chancelier Rolin en 1443 (*Jugement dernier* de Van der Weyden) ; église romane Notre-Dame ; musée du Vin dans l'hôtel des ducs de Bourgogne (XIVe-XVIe s.) ; musée E. J. Marey.

BEAUNE-LA-ROLANDE (45340), comm. du Loiret ; 2 125 hab. Église des XIIIe et XVIe s.

BEAUNEVEU (André), sculpteur et miniaturiste français, né à Valenciennes, mentionné de 1360 à 1400. Artiste de cour, il travailla pour Charles V puis pour Jean de Berry.

BEAUPERTHUY (Louis Daniel), *Sainte-Rose, Guadeloupe, 1807 - Bartica Grove, Guyana, 1871,* médecin français. Il a démontré que la fièvre jaune est transmise par un moustique (1854).

BEAUPORT, anc. v. du Canada (Québec), sur le Saint-Laurent, auj. intégrée dans Québec.

BEAUPRÉAU-EN-MAUGES, bur. centr. de cant. de Maine-et-Loire ; 23 617 hab. *(Bellopratains).* Château des XVe-XVIe et XIXe s.

BEAUSOLEIL (06240), bur. centr. de cant. des Alpes-Maritimes ; 13 742 hab. *(Beausoleillois).* Station balnéaire.

BEAUTÉ (île de), nom parfois donné à la Corse.

BEAUVAIS (60000), ch.-l. du dép. de l'Oise, sur le Thérain, à 76 km au N. de Paris ; 56 425 hab. *(Beauvaisiens).* Évêché. Industries mécaniques, alimentaires et chimiques. – Église St-Étienne (en partie romane) et audacieuse cathédrale gothique inachevée (XIIIe-XVIe s.), aux beaux vitraux Renaissance. Galerie nationale de la Tapisserie. – Assiégée par Charles le Téméraire, la ville fut défendue par Jeanne Hachette (1472).

BEAUVAISIS [-zi] n.m., pays de l'ancienne France ; cap. *Beauvais.*

BEAUVILLIERS (François **de**), premier duc **de Saint-Aignan,** *Saint-Aignan 1610 - Paris 1687,* gentilhomme français. Il fut l'un des protecteurs des gens de lettres sous Louis XIV. (Acad. fr.) — **Paul de B.,** comte **de Saint-Aignan,** *Saint-Aignan 1648 - Vaucresson 1714,* gentilhomme français. Fils de François, il fut gouverneur des ducs de Bourgogne, d'Anjou et de Berry. L'enquête qu'il fit mener auprès des intendants constitue une source précieuse sur l'histoire de la France à la fin du XVIIe s.

BEAUVOIR (Simone **de**), *Paris 1908 - id. 1986,* écrivaine française. Disciple et compagne de Sartre, ardente féministe, elle est l'auteure d'essais (*le Deuxième Sexe,* 1949), de romans (*les Mandarins,* 1954) et de Mémoires (*Mémoires d'une jeune fille rangée,* 1958).

◀ Simone de **Beauvoir**

beaux-arts (École nationale supérieure des) [ENSBA], établissement d'enseignement supérieur, à Paris, rue Bonaparte et quai Malaquais. On y travaille toutes les disciplines des arts graphiques et plastiques.

BEBEL (August), *Cologne 1840 - Passugg, Suisse, 1913,* homme politique allemand. Il fut l'un des chefs de la social-démocratie.

BÉCANCOUR, v. du Canada (Québec), sur la rive sud du Saint-Laurent ; 13 031 hab. *(Bécancourois).*

Bécassine, personnage de bande dessinée créé en 1905 par le scénariste Caumery et le dessinateur Pinchon dans l'hebdomadaire français *la Semaine de Suzette.* Bretonne naïve et dévouée, elle campe le type de la servante au grand cœur.

▲ **Bécassine.** Éditions de *la Semaine de Suzette.* (*© Hachette Livre / Gautier-Languereau.*)

BÉCAUD (François **Silly,** dit Gilbert), *Toulon 1927 - Paris 2001,* chanteur français. Également compositeur, servi par les textes de brillants paroliers, il exprimait la joie de vivre avec un grand dynamisme scénique (*le Jour où la pluie viendra, Et maintenant).*

BECCAFUMI (Domenico), *près de Sienne v. 1486 - Sienne 1551,* peintre italien. Également graveur et sculpteur, il est le plus important maniériste de l'école siennoise.

BECCARIA (Cesare **Bonesana,** marquis **de**), *Milan 1738 - id. 1794,* publiciste et économiste italien. Son traité *Des délits et des peines* (1764) est à la base des législations modernes. Il traduit les protestations de la conscience publique et des philosophes de l'époque contre la procédure secrète et la torture.

BÉCHAR, v. d'Algérie, ch.-l. de wilaya, dans le Sahara ; 165 627 hab.

BEC-HELLOUIN (Le) [27800], comm. de l'Eure ; 417 hab. *(Bexiens).* Abbaye bénédictine, fondée en 1034, qui fut au Moyen Âge le centre d'une florissante école où enseignèrent Lanfranc et saint Anselme ; bâtiments du XVIIIe s.

BECHER (Bernd et Hilla), photographes allemands (**Bernd B.,** *Siegen 1931 - Rostock 2007,* et sa femme **Hilla B.,** *Potsdam 1934 - Düsseldorf 2015*). Réalisées de 1959 à 2006 selon un protocole rigoureux (noir et blanc, frontalité, cadre serré, lumière neutre), leurs séries ou « typologies » constituent un inventaire systématique de l'architecture industrielle (chevalements de mines, usines, hauts-fourneaux...).

BECHET (Sidney), *La Nouvelle-Orléans 1897 - Garches 1959,* musicien américain de jazz. Clarinettiste, saxophoniste, compositeur et chef d'orchestre, grand improvisateur, il fut l'un des plus grands représentants du style « Nouvelle-Orléans » (*Petite Fleur,* 1952 ; *Dans les rues d'Antibes,* id.).

◀ Sidney **Bechet**

BECHTEREV (Vladimir Mikhaïlovitch), *près de Viatka 1857 - Leningrad 1927,* psychophysiologiste russe. À partir du réflexe conditionné étudié par Pavlov, il a développé, avant Watson, une psychologie comportementale.

BECHUANALAND → **BOTSWANA.**

BECK (Béatrix), *Villars-sur-Ollon, Suisse, 1914 - Saint-Clair-sur-Epte 2008,* écrivaine française d'origine belge. Dès son roman *Barny* (1948), elle s'est attachée à faire remonter à la surface de l'écriture les images d'un moi écartelé entre ses peurs et ses désirs (*Léon Morin, prêtre,* 1952 ; *Cou coupé court toujours,* 1967 ; *Un[e],* 1989).

BECKENBAUER (Franz), *Munich 1945,* footballeur allemand. Libero, il fut capitaine de l'équipe de la RFA, victorieuse de la Coupe du monde en 1974.

BECKER (Gary Stanley), *Pottsville, Pennsylvanie, 1930 - Chicago 2014,* économiste américain. Il a étendu l'analyse économique à l'étude des relations et des comportements humains. (Prix Nobel 1992.)

BECKER (Jacques), *Paris 1906 - id. 1960,* cinéaste français. Il est l'auteur de tableaux sociaux et psychologiques : *Goupi Mains rouges* (1943), *Casque d'or* (1952), *le Trou* (1960).

BECKET (saint Thomas) → **THOMAS BECKET** (saint).

BECKETT (Samuel), *Foxrock, près de Dublin, 1906 - Paris 1989,* écrivain irlandais. Il est l'auteur, en anglais puis en français, de romans *(Molloy, Watt)* et de pièces de théâtre qui expriment l'absurdité de la condition humaine (*En attendant Godot,* 1953 ; *Fin de partie,* 1957 ; *Oh les beaux jours,* 1961). Il a laissé une importante correspondance (4 vol., 2009-2016). [Prix Nobel 1969.]

▲ Samuel **Beckett**

BECKMANN (Max), *Leipzig 1884 - New York 1950,* peintre allemand, éminent représentant de l'expressionnisme et de la « nouvelle objectivité ».

BÉCLÈRE (Antoine), *Paris 1856 - id. 1939,* médecin français. Il créa l'enseignement de la radiologie médicale en France.

BECQUE (Henry), *Paris 1837 - id. 1899,* auteur dramatique français. Il a écrit des comédies boulevardières *(la Parisienne)* et des drames réalistes *(les Corbeaux).*

BÉCQUER (Gustavo Adolfo), *Séville 1836 - Madrid 1870,* poète espagnol. Son œuvre se situe au confluent du romantisme et de la poésie populaire.

BECQUEREL (Antoine), *Châtillon-Coligny 1788 - Paris 1878*, physicien français. Ses travaux apportèrent une contribution fondamentale aux progrès de l'électricité et de ses applications. — **Alexandre Edmond B.,** *Paris 1820 - id. 1891*, physicien français. Fils d'Antoine, il imagina la spectrographie. — **Henri B.,** *Paris 1852 - Le Croisic 1908*, physicien français. Petit-fils d'Antoine, il découvrit la radioactivité en 1896, sur les sels d'uranium. (Prix Nobel 1903.)

BÉDARD (Pierre Stanislas), *Charlesbourg 1762 - Trois-Rivières 1829*, avocat, homme politique et journaliste canadien. Député de 1792 à 1819, il fut le premier dirigeant du Parti canadien, ou Parti patriote. Il fonda le journal *le Canadien* (1806), qui devint l'organe de son parti, et fut l'un des précurseurs de la théorie de la responsabilité ministérielle.

BÉDARIDA (François), *Lyon 1926 - Fontaine-le-Port, Seine-et-Marne, 2001*, historien et résistant français. Il proposa – parallèlement à l'Américain Robert **Paxton** *(né en 1932)* – une relecture de l'histoire du régime de Vichy (*la France des années noires*, dir. avec J.-P. Azéma, 1993) et s'intéressa aux rapports entre histoire et mémoire. Il était aussi spécialiste de l'Angleterre des XIXe et XXe siècles.

BÉDARIEUX (34600), comm. de l'Hérault ; 6 209 hab. *(Bédariciens)*. Maison des Arts et Espace d'Art contemporain dans l'anc. hospice Saint-Louis.

BEDAUX (Charles), *Paris v. 1887 - Miami 1944*, ingénieur français. Il mit au point un système de mesure du travail qui intègre l'allure de l'opérateur.

BEDDOES (Thomas Lovell), *Clifton 1803 - Bâle 1849*, écrivain britannique. Son œuvre poétique et dramatique est marquée par un romantisme macabre *(les Facéties de la mort)*.

BÈDE le Vénérable (saint), *Wearmouth v. 672 - Jarrow 735*, bénédictin anglo-saxon. Poète, théologien et historien, il a laissé une *Histoire ecclésiastique de la nation anglaise*. Docteur de l'Église.

BEDFORD, v. de Grande-Bretagne (Angleterre), ch.-l. du *Bedfordshire* ; 82 488 hab.

BEDFORD (Jean **de Lancastre,** duc **de**), *1389 - Rouen 1435*, prince anglais. Frère d'Henri V, il fut lieutenant en Angleterre (1415) puis régent de France pour son neveu Henri VI (1422). La réconciliation des Bourguignons avec le roi de France, scellée par le traité d'Arras (1435), ruina ses entreprises en France.

BÉDIÉ (Henri Konan), *Dadiékro 1934*, homme politique ivoirien. Il a été président de la République de 1993 (successeur d'Houphouët-Boigny) à 1999.

BÉDIER (Joseph), *Paris 1864 - Le Grand-Serre 1938*, médiéviste français. Il interpréta les chansons de geste comme des récits composés par les clercs des sanctuaires placés sur les grandes routes de pèlerinage. (Acad. fr.)

BEDNORZ (Johannes Georg), *Neuenkirchen 1950*, physicien allemand. Avec K. Müller, il a effectué des recherches sur les céramiques supraconductrices à haute température. (Prix Nobel 1987.)

BEDOS (Guy), *Alger 1934*, humoriste et acteur français. Outre sa carrière au cinéma (*le Pistonné*, C. Berri, 1970) et au théâtre (*la Résistible Ascension d'Arturo Ui*, B. Brecht, 1993), il a réinventé le genre du one-man-show en faisant alterner des sketchs et une revue de presse corrosive.

BÉDOUINS, Arabes nomades de la péninsule arabique, de Syrie, d'Iraq, de Jordanie et du Sahara. Chameliers, musulmans sunnites en majorité, ils sont pour partie en voie de sédentarisation.

BEECHAM (sir Thomas), *Saint Helens, Lancashire, 1879 - Londres 1961*, chef d'orchestre britannique. Il fonda en 1947 le Royal Philharmonic Orchestra.

BEECHER-STOWE (Harriet **Beecher,** Mrs. **Stowe,** dite Mrs.), *Litchfield, Connecticut, 1811 - Hartford 1896*, romancière américaine. Elle est l'auteure de *la Case* de l'oncle Tom*.

BEERNAERT (Auguste), *Ostende 1829 - Lucerne 1912*, homme politique belge. Il fut l'un des chefs du parti catholique, et président du Conseil de 1884 à 1894. (Prix Nobel de la paix 1909, avec le Français Paul d'Estournelles.)

BEERSEL, comm. de Belgique (Brabant flamand), au S. de Bruxelles ; 24 322 hab. Château fort construit v. 1300.

BEERSHEBA ou **BEER-SHEVA,** v. d'Israël, en bordure du Néguev ; 205 800 hab. Vestiges de l'anc. *Bersabée* des rois de Judée, et des époques achéménide, hellénistique et romaine. Musée.

BEETHOVEN (Ludwig **van**), *Bonn 1770 - Vienne 1827*, compositeur allemand. Enfant prodige (il donne son premier concert à huit ans), adepte des idées révolutionnaires françaises, admirateur de l'épopée de Bonaparte, il fut hostile à l'hégémonie napoléonienne. Frappé de surdité dès 1802, il s'affirma cependant comme compositeur et héritier de Mozart et du classicisme viennois (*Fidelio*, 1814). Il fut le précurseur du romantisme allemand avec ses 17 quatuors à cordes, ses 32 sonates pour piano (*Pathétique, Au clair de lune, Appassionata, Hammerklavier*), ses concertos pour piano et ses 9 symphonies (la 3e dite « Héroïque », 1804 ; la 6e dite « Pastorale », 1808 ; la 9e avec chœurs [dans le quatrième mouvement, l'*Ode à la joie*, mise en musique d'un poème de Schiller], 1824).

▲ **Beethoven** par J. K. Stieler, v. 1820.
(Maison de Beethoven, Bonn.)

BÉGARD (22140), bur. centr. de cant. des Côtes-d'Armor ; 4 834 hab. *(Bégarrois)*.

BEGIN (Menahem), *Brest-Litovsk 1913 - Tel-Aviv-Jaffa 1992*, homme politique israélien. Chef de l'Irgoun (1943), puis leader du Likoud, Premier ministre (1977 - 1983), il signa (1979) un traité de paix avec l'Égypte. (Prix Nobel de la paix 1978.)

◀ Menahem **Begin**

BÉGIN (Louis), *Liège 1793 - Locronan 1859*, chirurgien militaire français. Son nom a été donné à l'hôpital militaire de Vincennes, rénové en 1970.

BÈGLES (33130), comm. de la Gironde, banlieue sud de Bordeaux ; 27 589 hab. *(Béglais)*.

BEG-MEIL (29170), station balnéaire du sud du Finistère (comm. de Fouesnant).

BEGO (mont), massif des Alpes françaises (Alpes-Maritimes), près de Tende ; 2 873 m.

BEHAIM (Martin), *Nuremberg 1459 - Lisbonne 1507*, cosmographe et navigateur allemand. Il est l'auteur d'un globe terrestre figurant l'état des connaissances géographiques avant Colomb.

BEHAN (Brendan), *Dublin 1923 - id. 1964*, écrivain irlandais. Il est l'auteur de récits autobiographiques (*Un peuple partisan*) et de pièces de théâtre (*le Client du matin*).

BÉHANZIN, *1844 - Alger 1906*, dernier roi du Dahomey (1889 - 1893). Fils de Glélé, il fut déporté en Algérie après la conquête de son royaume par les Français (campagnes de 1890 et 1892 - 1893).

BÉHISTOUN ou **BEHISTUN,** site du Kurdistan iranien. Rochers couverts de bas-reliefs et d'inscriptions qui ont servi de base au déchiffrement de l'écriture cunéiforme par le Britannique H. Rawlinson *(1810 - 1895)*.

BÉHOBIE, hameau des Pyrénées-Atlantiques (comm. d'Urrugne). Poste frontière sur la Bidassoa.

BEHRENS (Peter), *Hambourg 1868 - Berlin 1940*, architecte et désigneur allemand. Dans l'atelier de ce rationaliste sont passés Gropius, Mies van der Rohe, Le Corbusier.

BEHRING (Emil **von**), *Hansdorf 1854 - Marburg 1917*, médecin et bactériologiste allemand, l'un des créateurs de la sérothérapie. (Prix Nobel 1901.)

BEHZAD ou **BIHZAD** (Kamal al-Din), *v. 1455 - v. 1536*, miniaturiste persan. Il rénova les principes de composition et est à l'origine de l'école séfévide de Tabriz.

BEI, sigle de Banque* européenne d'investissement.

BEIDA (El-), v. de Libye ; 67 000 hab.

BEIDERBECKE (Leon **Beiderbecke,** dit **Bix**), *Davenport, Iowa, 1903 - New York 1931*, musicien américain de jazz. Cornettiste, pianiste et compositeur, il fut l'un des premiers Blancs à s'adonner au jazz et à l'improvisation (*Singin' the Blues*, 1927).

BEIJING → **PÉKIN.**

BEIPIAO, v. de Chine (Liaoning) ; 573 836 hab.

BEIRA, v. du Mozambique, sur l'océan Indien ; 436 240 hab. Port.

BEIRA, anc. prov. du Portugal central.

BEJA ou **BEDJA,** peuple de l'est du Soudan. Éleveurs nomades, affectés par les sécheresses, ils se sédentarisent ou se réfugient à Port-Soudan. Ils sont musulmans et de langue couchitique.

BÉJA, v. du nord de la Tunisie ; 69 960 hab. Sucrerie.

BÉJAÏA, anc. **Bougie,** v. d'Algérie, ch.-l. de wilaya, sur le *golfe de Béjaïa* ; 177 988 hab. Port pétrolier. Raffinerie.

BÉJART [-ʒar], famille d'acteurs de la troupe de Molière. — **Madeleine B.,** *Paris 1618 - id. 1672*, actrice française. Elle fonda l'Illustre-Théâtre avec Molière et fut sa compagne jusqu'en 1662. — **Armande B.,** *1642 ? - Paris 1700*, actrice française. Elle épousa Molière en 1662.

BÉJART (Maurice **Berger,** dit **Maurice**), *Marseille 1927 - Lausanne 2007*, danseur et chorégraphe français et suisse. Animateur du Ballet du XXe siècle fondé en 1960 à Bruxelles, devenu Béjart Ballet Lausanne en 1987, et du centre chorégraphique Mudra-Bruxelles (1970 - 1987), il dirigea aussi l'école-atelier Rudra (créée en 1992) et la Compagnie M (pour jeunes danseurs, 2002). Il est resté attaché à la technique classique mais son esthétique et ses conceptions scéniques ont amené à la danse un plus vaste public (*Symphonie pour un homme seul*, 1955 ; *le Sacre du printemps*, 1959 ; *Boléro*, 1961 ; *Messe pour le temps présent*, 1967 ; *King Lear-Prospero*, 1994 ; *Lumière*, 2001).

▲ Maurice **Béjart** en 1989.

BEKAA → **BEQAA.**

BÉKÉLÉ (Kénénisa), *Bekoji, prov. d'Arsi, 1982*, athlète éthiopien. Dominant le 10 000 m, avec deux titres olympiques (2004 et 2008) et quatre titres mondiaux (2003, 2005, 2007 et 2009), il a aussi remporté le 5 000 m aux JO de 2008 et aux championnats du monde de 2009. Il détient le record du monde sur ces deux distances. Il est également le coureur de cross-country le plus titré de l'histoire.

BÉKÉSCSABA, v. du sud-est de la Hongrie (ch.-l. de dép.) ; 60 726 hab. Agroalimentaire.

Bektachi ou **Bektachiyya,** ordre derviche, connu dès le XVIe s. et supprimé par la République turque en 1925. Nommé ainsi en l'honneur de Hadjdji Wali **Bektach** (en turc Veli Haci Bektaş) *[v. 1210 - 1271]*, mystique musulman, cet ordre était en étroite relation avec les janissaires. Sa doctrine comporte des éléments chiites et chrétiens.

BÊL, dieu mésopotamien assimilé à Mardouk. Son nom évoque aussi le Baal cananéen que mentionne la Bible.

BÉLA IV, *1206 - Budapest 1270*, roi de Hongrie (1235 - 1270) de la dynastie des Árpád. Après l'invasion mongole (1241 - 1242), il se consacra à la reconstruction du pays.

Bel-Ami, roman de Maupassant (1885) sur l'ascension sociale d'un séducteur sans scrupules.

BÉLANGER (François), *Paris 1744 - id. 1818*, architecte français. Auteur, néoclassique, du petit château de Bagatelle au bois de Boulogne (1777).

BÉLARUS ou **BELARUS** → **BIÉLORUSSIE.**

BELATE (col de) → **VELATE** (col de).

BELAU → **PALAOS.**

BELÉM, anc. **Pará,** v. du Brésil, cap. de l'État de Pará ; 1 351 618 hab. (2 038 227 hab. dans l'agglomération). Port à l'embouchure de l'Amazone.

BELÉM, quartier de Lisbonne*. Tour fortifiée sur le Tage et monastère des Hiéronymites.

BELFAST, v. de Grande-Bretagne, cap. de l'Irlande du Nord ; 280 962 hab. Port. Chantiers navals. Textile. – Musée de l'Ulster. Musée du *Titanic*.

BELFORT (90000), ch.-l. du *Territoire de Belfort*, à 423 km à l'E. de Paris ; 50 523 hab. *(Belfortains)* [97 615 hab. dans l'agglomération]. Évêché. Université de technologie. Constructions mécaniques. Électricité. Turbines à gaz. Informatique. – Festival musical (« les Eurockéennes »). Festival international du film (« EntreVues »). – Place forte illustrée par la belle défense de Denfert-Rochereau durant la guerre franco-allemande (1870 - 1871). – *Lion de Belfort*, monument en grès rouge par Bartholdi (1880), symbolisant la résistance de la ville en 1870 - 1871 (réplique des 2/3, en bronze, sur la place Denfert-Rochereau, à Paris). Musée d'Art et d'Histoire dans la citadelle. Cabinet d'un amateur (donation Maurice Jardot : art moderne).

Belfort (Territoire de)

- plus de 10 000 h.
- de 5 000 à 10 000 h.
- de 2 000 à 5 000 h.
- moins de 2 000 h.
- ch.-l. d'arrond.
- bur. centr. de canton
- commune
- 500 m

BELFORT (Territoire de) [90], dép. de la Région Bourgogne-Franche-Comté ; ch.-l. de dép. *Belfort* ; 1 arrond. ; 9 cant. ; 102 comm. ; 609 km² ; 147 799 hab. *(Belfortains)*. Le dép. appartient à l'académie et à la cour d'appel de Besançon, à la zone de défense et de sécurité Est. Le Territoire de Belfort correspond à la partie du Haut-Rhin (anc. arrond. de Belfort) restée française après 1871. Il s'étend sur l'extrémité méridionale des Vosges, sur la région déprimée de la porte d'Alsace (ou *trouée de Belfort*), axe de circulation. L'industrie, développée, est représentée surtout dans l'agglomération de Belfort, qui regroupe près des deux tiers de la population du Territoire.

BELGAUM, v. d'Inde (Karnataka) ; 399 600 hab.

BELGIOJOSO (Cristina **Trivulzio,** princesse de), *Milan 1808 - id. 1871*, patriote et femme de lettres italienne. De son exil parisien, elle soutint les efforts du Risorgimento.

BELGIQUE n.f., en néerl. **België,** en all. **Belgien,** État fédéral d'Europe, sur la mer du Nord ; 30 500 km² ; 11 104 000 hab. *(Belges)*. **CAP.** *Bruxelles*. **V. PRINC.** *Anvers, Liège* et *Gand*. **LANGUES :** *allemand, français* et *néerlandais*. **MONNAIE :** *euro*. La Belgique compte 3 Régions (Région flamande, Région wallonne et Bruxelles-Capitale), les deux premières étant divisées en 10 provinces (Anvers, Brabant flamand, Brabant wallon, Flandre-Occidentale, Flandre-Orientale, Hainaut, Liège, Limbourg, Luxembourg et Namur). *[V. aussi carte administrative page 2037.]*

INSTITUTIONS Monarchie constitutionnelle. Constitution de 1831. La révision de la Constitution en 1993 a fait de la Belgique un État fédéral, composé de 3 Communautés et de 3 Régions, dont les pouvoirs ont été renforcés en 2014. Le gouvernement fédéral est présidé par un Premier ministre, responsable devant le Parlement fédéral. Ce dernier est constitué de deux chambres renouvelées tous les 5 ans : la Chambre des représentants (150 membres), élue au suffrage universel direct, et le Sénat (60 membres), dont les membres sont pour la plupart désignés par les Parlements des Communautés et des Régions. L'État fédéral est compétent pour tout ce qui a trait à l'intérêt général (finances, justice, sécurité, etc.). Les Communautés (Communauté française [appellation modifiée en 2011 en Fédération Wallonie-Bruxelles], Communauté flamande et Communauté germanophone) ont chacune un Parlement (Conseil) et un exécutif. Elles sont compétentes pour tout ce qui touche principalement à la langue et à son emploi, à la culture, à l'enseignement, à la santé, au marché du travail. Les Régions s'intéressent en partic. aux secteurs économiques.

GÉOGRAPHIE Pays de dimensions réduites (guère plus étendu que la Bretagne), au relief modéré (s'élevant vers le sud-est, de la plaine de Flandre à l'Ardenne, mais culminant seulement à 694 m), au climat océanique doux et humide, la Belgique est densément peuplée (env. 340 hab. au km², plus du triple de la densité française).

Elle doit cette situation à l'histoire, à une position géographique privilégiée au cœur de la partie la plus dynamique du continent, l'Europe du Nord-Ouest, à l'ouverture sur la mer du Nord. L'ampleur des échanges (les exportations représentent environ la moitié du PIB) tient aussi à l'étroitesse du marché intérieur, surtout au volume et à la nature de la production, et a été facilitée par l'intégration dans le Benelux d'abord, dans l'actuelle Union européenne ensuite.

L'industrie comprend sidérurgie et métallurgie de transformation, textile, chimie et agroalimentaire, mais elle est dans certains secteurs (industrie lourde, textile) et dans certaines régions (Wallonie surtout) en crise. L'agriculture emploie peu d'actifs (2 %), mais est très intensive, associant céréales, plantes industrielles (betterave) et élevage bovin et porcin. Les services, diversifiés (importante infrastructure de transports notamm.), occupent plus des deux tiers des actifs, proportion liée (en grande partie) au taux élevé d'urbanisation, à la densité d'un réseau urbain bien hiérarchisé.

La population stagne aujourd'hui, ce qui n'a pas empêché la montée du chômage, problème majeur, avec l'ampleur de la dette publique et la persistance de l'antagonisme entre Flamands et Wallons, que traduisent l'existence d'une frontière linguistique et la structure fédérale de l'État.

HISTOIRE **Des origines à la domination autrichienne. 57 - 51 av. J.-C. :** la Gaule Belgique, occupée par des Celtes, est conquise par César. Sous l'Empire, elle joue un rôle important dans la stratégie et l'économie romaines. **IVe - VIe s. :** le Nord est envahi par les Francs. **843 :** au traité de Verdun, le pays est divisé entre la Francie occidentale (future France) et la Francie médiane (future Lotharingie, rattachée en 925 au royaume de Germanie), avec l'Escaut pour frontière. **IXe - XVe s. :** des principautés se forment, tandis que les villes deviennent des centres commerciaux importants (draperies flamandes). **XIVe - XVe s. :** les « Pays-Bas », dans lesquels la Belgique est intégrée, se constituent en un ensemble progressivement unifié entre les mains des ducs de Bourgogne.

La domination des Habsbourg. 1477 : le mariage de Marie de Bourgogne avec Maximilien d'Autriche fait passer les Pays-Bas à la maison de Habsbourg. **1555 - 1556 :** Philippe II d'Espagne accède au trône. **1572 :** son absolutisme et les excès du duc d'Albe provoquent la révolte des Pays-Bas. **1579 :** les sept provinces du Nord deviennent indépendantes et forment les Provinces-Unies ; celles du Sud sont maintenues sous l'autorité espagnole. **XVIIe s. :** le cadre territorial de la Belgique se précise, à la suite des guerres menées par Louis XIV. **1713 :** le traité d'Utrecht remet les Pays-Bas espagnols à la maison d'Autriche.

De la révolte à l'indépendance. 1789 : les réformes que veut imposer l'empereur Joseph II provoquent l'insurrection et la proclamation de l'indépendance (1790) des *États belgiques unis*. **1795 - 1815 :** les Français occupent le pays et l'unifient administrativement. **1815 :** les futures provinces belges et les anciennes Provinces-Unies sont réunies en un royaume des Pays-Bas, créé au profit du comte Guillaume d'Orange, Guillaume Ier. **1830 :** la politique maladroite du roi provoque la sécession des provinces belges, qui proclament leur indépendance.

Le royaume de Belgique. 1831 : la conférence de Londres reconnaît l'indépendance de la Belgique, monarchie constitutionnelle et héréditaire, dont Léopold Ier est le premier souverain. **1865 - 1909 :** sous Léopold II, l'essor industriel se double d'une implantation en Afrique. **1908 :** le roi lègue le Congo à la Belgique. **1909 - 1945 :** sous Albert Ier (1909 - 1934) et sous Léopold III (1934 - 1951), la Belgique, État neutre, est occupée par les Allemands pendant les deux guerres mondiales.

La Belgique depuis 1945. 1951 : Léopold III, accusé d'avoir eu une attitude équivoque à l'égard des Allemands, est obligé d'abdiquer en faveur de son fils, Baudouin Ier. Sur le plan international, la Belgique adhère à l'ONU (1945), au Benelux (1948), à l'OTAN (1949) et devient membre de la CEE (1958). **1958 :** la question de l'enseignement, qui oppose l'Église aux libéraux et aux socialistes depuis le XIXe s., est résolue par le pacte scolaire. **1960 :** le Congo belge est proclamé indépendant. **1977 :** sous le gouvernement de Léo Tindemans, le pacte d'Egmont découpe la Belgique en trois Régions : Flandre, Wallonie, Bruxelles. Cette régionalisation est adoptée pour la Flandre et la Wallonie par le Parlement en 1980. **1979 - 1992 :** Wilfried Martens dirige le gouvernement. Il engage un processus de décentralisation donnant davantage de pouvoirs aux Régions et aux Communautés. **1989 :** le statut de Bruxelles est définitivement adopté. **1992 :** Jean-Luc Dehaene devient Premier ministre. **1993 :** la révision constitutionnelle transforme la Belgique unitaire en un État fédéral aux pouvoirs décentralisés. Albert II succède à son frère Baudouin Ier. **1999 :** Guy Verhofstadt devient Premier ministre. **2007 :** les chrétiens-démocrates néerlandophones remportent les élections, mais les divergences entre Flamands et Wallons sur le fédéralisme provoquent une grave crise politique. **2008 :** Yves Leterme devient Premier ministre (mars), sans qu'un accord ait été conclu sur l'avenir de l'État fédéral. Herman Van Rompuy le remplace en déc. **2009 :** ce dernier étant appelé à de hautes fonctions européennes, Y. Leterme redevient Premier ministre. **2010 :** après la démission du gouvernement (avr.), des élections ont lieu (juin), marquées par la victoire des séparatistes flamands et des socialistes francophones. Mais la crise politique s'éternise. **2011 :** à l'issue de dix-huit mois de négociations, la Belgique, après la conclusion d'un accord sur une nouvelle réforme institutionnelle (oct.), se dote en déc. d'un gouvernement de coalition réunissant, sous la conduite du socialiste francophone Elio Di Rupo, six partis (partis socialistes, chrétiens-démocrates et libéraux, tant néerlandophones que francophones). **2013 :** Albert II abdique en faveur de son fils aîné Philippe. **2014 :** le libéral francophone Charles Michel constitue un gouvernement de droite (oct.) comprenant, outre sa formation, trois partis néerlandophones, dont les séparatistes flamands (première participation à un gouvernement fédéral), cinq mois après les bons résultats de ces derniers aux élections (mai). **2016 :** la Belgique renforce son appareil sécuritaire après deux attentats à la bombe à Bruxelles (aéroport et métro [32 morts]), le 22 mars. **2018 :** le départ des séparatistes flamands provoque la chute du gouvernement (déc.), qui continue toutefois d'expédier les affaires courantes.

BELGOROD ou **BIELGOROD,** v. de Russie, au S. de Koursk ; 356 426 hab. Minerai de fer. – Musées.

BELGRADE, en serbe **Beograd,** cap. de la Serbie, au confluent du Danube et de la Save ; 1 181 000 hab. dans l'agglomération *(Belgradois)*. Musées. – Occupée par les Ottomans (1521 - 1867), la ville devient la capitale de la Serbie en 1878, puis celle du royaume des Serbes, Croates et Slovènes (1918), qui prend en 1929 le nom de Yougoslavie. À la tête d'une fédération yougoslave réduite en 1992 à la Serbie et au Monténégro (en 2003 : Serbie-et-Monténégro), elle redevient en 2006 la capitale de la seule Serbie.

BELGRAND (Eugène), *Ervy, Aube, 1810 - Paris 1878*, ingénieur français. Il installa le système d'égouts de la ville de Paris.

BELGRANO (Manuel), *Buenos Aires 1770 - id. 1820*, général et patriote argentin, artisan de l'indépendance sud-américaine.

BÉLIAL, autre nom de la puissance du mal dans la Bible et le judaïsme.

BÉLIER, constellation zodiacale. — **Bélier,** premier signe du zodiaque, dans lequel le Soleil entre à l'équinoxe de printemps.

BELIN (Édouard), *Vesoul 1876 - Territet, canton de Vaud, 1963*, inventeur français. Il inventa un

Belgique
autoroute
voie ferrée
route
aéroport
plus de 100 000 h.
de 50 000 à 100 000 h.
de 10 000 à 50 000 h.
moins de 10 000 h.
site touristique important
limite de province
Bruges chef-lieu de province
0
100
200
500 m
10 km
MER DU NORD
PAYS-BAS
ALLEMAGNE
FRANCE
LUXEMBOURG
ALL.
Flandre
Campine
Hesbaye
Fourons
Hertogenwald
Htes Fagnes
Condroz
Plateau du Condroz
Famenne
Fagne
Plateau ardennais
Ardenne
Gaume
Eifel
Borinage
Vallée de la Semois
BRUXELLES
Anvers
Gand
Bruges
Liège
Namur
Mons
Hasselt
Arlon
Ostende
Courtrai
Roulers
Tournai
Mouscron
Louvain
Malines
St-Nicolas
Alost
Charleroi
La Louvière
Seraing
Verviers
Genk
Ixelles
Schaerbeek
Uccle
Anderlecht
Molenbeek-St-Jean
Zottegem
Knokke-Heist
Zeebrugge
Blankenberge
Middelkerke
Nieuport
Coxyde
La Panne
Furnes
Dixmude
Ypres
Poperinge
Mt Kemmel
Comines-Warneton
Menin
Wevelgem
Harelbeke
Zwevegem
Waregem
Izegem
Tielt
Torhout
Zedelgem
Oostkamp
Maldegem
Eeklo
Zelzate
Evergem
Aalter
Deinze
Laethem-St-Martin
Destelbergen
Merelbeke
Wetteren
Lede
Erpe-Mere
Haaltert
Ninove
Audenarde
Renaix
Grammont
Lessines
Enghien
Ath
Leuze-en-Hainaut
Beloeil
Péruwelz
Bernissart
St-Ghislain
Boussu
Dour
Quaregnon
Frameries
Morlanwelz
Binche
Fontaine-l'Évêque
Thuin
Marcinelle
Châtelet
Gerpinnes
Walcourt
Florennes
Philippeville
Couvin
Chimay
Barrages de l'Eau d'Heure
Fontenoy
Soignies
Braine-le-Comte
Seneffe
Manage
Courcelles
Nivelles
Braine-l'Alleud
Waterloo
Tubize
Hal
Rixensart
Ottignies-Louvain-la-N.
Wavre
Grez-Doiceau
Gembloux
Pont-à-celles
Fleurus
Jemeppe-s.-Sambre
Sambreville
Andenne
Centrale Nucléaire
Huy
Amay
Flémalle
Grâce-Hollogne
Chaudfontaine
Waremme
St-Trond
Tongres
Riemst
Visé
Oupeye
Herstal
Herve
Soumagne
Theux
Spa
Eupen
Bge de la Gileppe
Signal de Botrange 694 m
Malmedy
P. N. GERMANO-BELGE DES HAUTES FAGNES-EIFEL
Stavelot
St-Vith
Vielsalm
Durbuy
Havelange
Érezée
652 m
Ciney
Dinant
Marche-en-Famenne
La Roche-en-Ardenne
Rochefort
Grottes de Han
Bastogne
St-Hubert
Gedinne
Vresse-s.-Semois
Paliseul
Neufchâteau
Bouillon
Florenville
Virton
Aubange
Tirlemont
Leau
Diepenbeek
Lanaken
Maasmechelen
Dilsen-Stokkem
Maaseik
Houthalen-Helchteren
Heusden-Zolder
Beringen
Bourg-Léopold
Lommel
Balen
Mol
Geel
Westerlo
Herentals
Kasterlee
Turnhout
Hoogstraten
Wuustwezel
Kalmthout
Stabroek
Doel
Kapellen
Brecht
Brasschaat
Schoten
Schilde
Ranst
Nijlen
Lierre
Mortsel
Kontich
St-Katelijne W.
Heist-op-den-Berg
Beerse
Aarschot
Diest
Montaigu-Zichem
Herent
Tervuren
Overijse
Zaventem
Auderghem
Vilvorde
Grimbergen
Zemst
Willebroek
Bornem
Tamise
Hamme
Edegem
Termonde
Londerzeel
Zele
Lokeren
Lochristi
Stekene
Beveren
T.G.V.
Flessingue
Escaut occidental
Escaut oriental
Eindhoven
Venlo
Maastricht
Aix-la-Chapelle
Bonn
Dunkerque
Calais
Lille
Roubaix
Lens
Arras
Valenciennes
Maubeuge
Charleville-Mézières
Clervaux
Trèves
LUXEMBOURG
Esch-s.-Alzette
Meuse
Sambre
Ourthe
Amblève
Lesse
Semois
Lys
Escaut
Dendre
Scarpe
Oise
Sûre
Our
Ruhr
Canal d'Aire
Canal de Gand à Bruges
Yser
Aa
Gette
Albert
Régions et provinces
MER DU NORD
PAYS-BAS
ALLEMAGNE
FRANCE
LUX.
RÉGION FLAMANDE
FLANDRE-OCCIDENTALE
FLANDRE-ORIENTALE
ANVERS
LIMBOURG
BRABANT FLAMAND
BRUXELLES-CAPITALE
RÉGION WALLONNE
BRABANT WALLON
HAINAUT
NAMUR
LIÈGE
LUXEMBOURG

appareil de reproduction de documents à distance (bélinographe, 1907) et perfectionna les procédés de transmission des images fixes.

BELINSKI ou **BIELINSKI** (Vissarion Grigorievitch), *Sveaborg, auj. Suomenlinna, 1811 - Saint-Pétersbourg 1848*, critique russe. Il contribua à faire triompher le réalisme dans la littérature russe.

BÉLISAIRE, *en Thrace v. 500 - Constantinople 565*, général byzantin. Sous le règne de Justinien, il fut l'artisan de la reconquête sur les Vandales, en Afrique (533), en Sicile (535) et en Italie, où il combattit aussi les Ostrogoths (537 - 538).

BELITUNG ou **BILLITON,** île d'Indonésie, entre Sumatra et Bornéo. Étain.

BÉLIVEAU (Jean), surnommé **le Gros Bill**, *Trois-Rivières 1931 - Longueuil 2014*, joueur de hockey sur glace canadien. Centre à la fois puissant et rapide, grand marqueur de buts, il remporta, au cours de sa longue carrière avec Le Canadien de Montréal (1953 - 1971 ; capitaine à partir de 1961), dix fois la coupe Stanley.

BELIZE ou **BÉLIZE** n.m., anc. **Honduras britannique,** État d'Amérique centrale, sur la mer des Antilles ; 23 000 km² ; 332 000 hab. *(Béliziens)*. **CAP.** *Belmopan*. **V. PRINC.** *Belize* (78 000 hab.). **LANGUE :** *anglais*. **MONNAIE :** *dollar du Belize*. (V. carte **Guatemala.**) Canne à sucre. – Colonie britannique de 1862 à 1964, devenu le Belize en 1973, le pays a accédé à l'indépendance en 1981.

BELL (Alexander Graham), *Édimbourg 1847 - près de Baddeck, Canada, 1922*, inventeur américain d'origine britannique. Le système téléphonique qu'il mit au point et fit breveter (1876) lui a valu une grande notoriété, mais l'antériorité de l'invention du téléphone par A. Meucci est auj. établie.

BELL (sir Charles), *Édimbourg 1774 - North Hallow 1842*, physiologiste britannique. Il est connu pour ses recherches sur le système nerveux.

BELL (Daniel), *New York 1919 - Cambridge, Massachusetts, 2011*, sociologue américain. Il a analysé et théorisé l'évolution moderne (*Vers la société postindustrielle*, 1973).

BELLAC (87300), ch.-l. d'arrond. de la Haute-Vienne ; 4 371 hab. *(Bellachons)*. Église des XIIe et XIVe s.

BELLANGE (Jacques [**de** ?]), *v. 1575 - Nancy 1616*, graveur et peintre lorrain. Maniériste, il est également brillant dans l'effusion religieuse ou dans le populisme.

BELLARMIN → **ROBERT BELLARMIN** (saint).

BELLARY, v. d'Inde (Karnataka) ; 409 644 hab.

BELLAY (Du) → **DU BELLAY.**

BELLEAU [belo] (Rémi), *Nogent-le-Rotrou 1528 - Paris 1577*, poète français. Membre de la Pléiade, il est l'auteur de poésies pastorales (*la Bergerie*).

Belle au bois dormant (la), personnage d'un conte de Perrault (1697). Cette jeune princesse est plongée par une fée dans un sommeil de cent ans et n'en sera tirée que par le baiser du Prince charmant. – Le personnage a inspiré le ballet de Marius Petipa sur la partition de Tchaïkovski (1890) et, en 1959, un dessin animé produit par les studios Disney.

BELLEDONNE (massif de), massif des Alpes françaises (Isère), dominant le Grésivaudan ; 2 978 m.

Belle et la Bête (la), personnages du conte homonyme de Mme Leprince de Beaumont (1757), déjà présents chez Mme d'Aulnoy (1698) et Mme de Villeneuve (1740). La Bête, prince charmant jadis métamorphosé en monstre par une méchante fée, parvient, à force d'amour et de bonté, à séduire la Belle. À l'instant où la jeune fille accepte de l'épouser, il reprend son apparence initiale. – Le conte a inspiré un film à Jean Cocteau (*la Belle et la Bête*, 1946).

BELLEGAMBE (Jean), *Douai v. 1470 - id. ? 1534/1540*, peintre flamand, auteur du *Polyptyque d'Anchin* (v. 1510) du musée de Douai.

BELLEGARDE-SUR-VALSERINE (01200), bur. centr. de cant. de l'Ain, au confluent du Rhône et de la Valserine ; 12 108 hab. *(Bellegardiens)*.

BELLE-ÎLE, île de Bretagne (Morbihan), en face de Quiberon ; 90 km² ; 5 270 hab. *(Bellilois)*. Ch.-l. *Le Palais*. Tourisme.

BELLE ISLE (détroit de), bras de mer large de 20 km qui sépare le Labrador et le nord de l'île de Terre-Neuve (Canada).

BELLE-ISLE [bɛlil] (Charles **Fouquet, duc de**), *Villefranche-de-Rouergue 1684 - Versailles 1761*, maréchal de France. Petit-fils de Nicolas Fouquet, il participa à la guerre de la Succession d'Autriche et fut ministre de la Guerre (1758 - 1761). [Acad. fr.]

BELLÊME (61130), comm. de l'Orne ; 1 599 hab. *(Bellêmois)*. Forêt. – Monuments anciens.

BELLERIVE-SUR-ALLIER (03700), comm. de l'Allier, en face de Vichy ; 8 861 hab. *(Bellerivois)*.

BELLÉROPHON **MYTH. GR.** Héros corinthien, fils de Poséidon. Il dompta Pégase et tua la Chimère.

BELLEVILLE, v. du Canada (Ontario) ; 50 716 hab.

BELLEVILLE, quartier de Paris (XXe arrond.).

BELLEVILLE (69220), bur. centr. de cant. du Rhône, sur la Saône ; 8 505 hab. *(Bellevillois)*. Église du XIIe s.

BELLEVILLE-SUR-LOIRE (18240), comm. du Cher, au S.-E. de Briare ; 1 084 hab. *(Bellevillois)*. Centrale nucléaire.

BELLEY (01300), ch.-l. d'arrond. de l'Ain ; 9 447 hab. *(Belleysans)*. Évêché *(Belley-Ars)*. Travail du cuir. Anc. cap. du Bugey. – Cathédrale des XVe et XIXe s.

BELLIÈVRE (Pompone **de**), *Lyon 1529 - Paris 1607*, homme d'État français. Surintendant des Finances (1575 - 1588) sous Henri III, il fut chancelier de France (1599 - 1605) sous Henri IV.

BELLINI (Giovanni), *autour de 1430 - Venise 1516*, peintre italien. Il a donné une orientation décisive à l'école vénitienne par un sens nouveau de l'organisation spatiale (en partie empruntée à Mantegna), de la lumière, de la couleur. Son père, **Iacopo** *(v. 1400 - 1470)*, et son frère **Gentile** *(1429 - 1507)* étaient également peintres.

▲ Giovanni **Bellini.** *La Vierge et l'Enfant bénissant*, 1510. (Pinacoteca di Brera, Milan.)

BELLINI (Vincenzo), *Catane 1801 - Puteaux 1835*, compositeur italien. Ses opéras (*la Somnambule*, 1831 ; *Norma*, id.) manifestent son talent pour la mélodie et son goût du lyrisme.

BELLINZONA, v. de Suisse, ch.-l. du canton du Tessin ; 17 373 hab. (51 467 hab. dans l'agglomération). Châteaux forts ; églises médiévales et de la Renaissance.

BELLMAN (Carl Michael), *Stockholm 1740 - id. 1795*, poète suédois. Il est l'auteur de poèmes populaires et idylliques (*Épîtres de Fredman*).

BELLMER (Hans), *Kattowitz, auj. Katowice, 1902 - Paris 1975*, artiste allemand. Son érotisme exacerbé l'a fait reconnaître comme un des leurs par les surréalistes (dessins, gravures, peintures, sculptures et assemblages [*Poupées*], photos).

BELLO (Andrés), *Caracas 1781 - Santiago du Chili 1865*, écrivain et homme politique vénézuélien, naturalisé chilien en 1832. Fondateur de l'université du Chili (1842), il fut l'un des guides spirituels de l'Amérique latine dans la conquête de son indépendance.

BELLONE, déesse italique de la Guerre.

BELLONTE (Maurice), *Méru 1896 - Paris 1984*, aviateur français. Il effectua avec D. Costes la première liaison aérienne Paris-New York (1er - 2 sept. 1930, à bord du Breguet 19 *Point-d'Interrogation*).

BELLOW (Saul), *Lachine, Québec, 1915 - Brookline, Massachusetts, 2005*, écrivain américain. Ses romans font des vicissitudes de la communauté juive nord-américaine un modèle des angoisses et de la destinée humaines (*les Aventures d'Augie March*, 1953 ; *Herzog*, 1964 ; *la Planète de M. Sammler*, 1970 ; *Ravelstein*, 2000). [Prix Nobel 1976.]

BELMONDO (Jean-Paul), *Neuilly-sur-Seine 1933*, acteur français. Fils de Paul Belmondo, lancé par la nouvelle vague (*À bout de souffle*, de J.-L. Godard, 1960 ; *Pierrot le fou*, id., 1965), il a marqué ses rôles par sa désinvolture et sa gouaille. Il s'est voué ensuite de plus en plus au théâtre (*Kean*, 1987).

◀ Jean-Paul **Belmondo** dans *Itinéraire d'un enfant gâté* de C. Lelouch (1988).

BELMONDO (Paul), *Alger 1898 - Ivry-sur-Seine 1982*, sculpteur français. Ses œuvres sont d'un réalisme épuré et serein (*Apollon*, *Jeannette*).

BELMOPAN, cap. du Belize ; 14 472 hab.

BELŒIL, comm. de Belgique (Hainaut) ; 13 790 hab. Somptueux château des princes de Ligne, avec ses jardins.

BELŒIL, v. du Canada (Québec), banlieue est de Montréal ; 22 458 hab. *(Belœillois)*.

BELO HORIZONTE, v. du Brésil, cap. du Minas Gerais ; 2 258 096 hab. (5 406 833 hab. dans l'agglomération). Centre industriel.

BELON ou **BÉLON** n.m., fl. côtier de Bretagne, près de Pont-Aven ; 25 km. Ostréiculture *(belons)*.

BÉLOUTCHISTAN → **BALOUTCHISTAN.**

BELPHÉGOR, divinité moabite. On lui rendait un culte licencieux.

BELSUNCE DE CASTELMORON (Henri François-Xavier **de**), *La Force 1670 - Marseille 1755*, prélat français, évêque de Marseille, célèbre par son dévouement pendant la peste de 1720 - 1721.

BELT (Grand) et Petit **BELT,** détroits : le premier entre les îles de Fionie et de Sjaelland ; le second entre la Fionie et le Jylland. Prolongés par le Cattégat et le Skagerrak, ils réunissent la Baltique à la mer du Nord.

Belvédère (le), corps de bâtiment du Vatican construit sous Innocent VIII et Jules II. Il abrite une collection de sculptures antiques (*Laocoon**, Apollon du Belvédère, Torse du Belvédère).

BELYÏ ou **BIELYÏ** (Boris Nikolaïevitch **Bougaïev**, dit Andreï), *Moscou 1880 - id. 1934*, écrivain russe. Ce poète et romancier symboliste interpréta la révolution d'Octobre comme la résurgence d'une civilisation spécifique, à mi-chemin entre l'Orient et l'Occident (*Symphonies*, *le Pigeon d'argent*, *Pétersbourg*, *Moscou*).

BELZ [bɛls] (56550), comm. du Morbihan, sur la rivière d'Étel ; 3 788 hab. *(Belzois)*. Mégalithes. Chapelle romane sur l'île de Saint-Cado.

BELZÉBUTH ou **BELZÉBUL,** divinité cananéenne, devenue chez les juifs et les chrétiens le prince des démons.

BEŁZEC, v. de Pologne, au S.-E. de Lublin. Camp d'extermination allemand (1942 - 1943), où périrent 550 000 Juifs.

BEMBA, peuple de langue bantoue du nord-est de la Zambie, organisé en royaume.

BEMBO (Pietro), *Venise 1470 - Rome 1547*, cardinal et humaniste italien. Il codifia les règles de la langue littéraire italienne.

BEN (Benjamin **Vautier**, dit), *Naples 1935*, artiste français d'origine suisse. Lié aux mouvements alternatifs (néodadaïsme, figuration libre, Fluxus), illustrant son credo « tout est art » par de multiples performances, il a su façonner une poésie de l'inattendu, notamm. à travers ses aphorismes manuscrits en lettres blanches sur fond noir.

BENABID (Alim-Louis), *La Tronche, près de Grenoble, 1942*, neurochirurgien français. Il a développé les techniques de chirurgie stéréotaxique sur les tumeurs cérébrales et mis au point en 1987, avec Pierre Pollak, la stimulation cérébrale à haute fréquence, dite profonde (électrodes placées dans le cerveau), utilisée à partir de 1993 pour traiter la maladie de Parkinson et étendue ensuite à d'autres applications.

BEN ALI (Zine el-Abidine), en ar. **Zīn al-'Abidīn Bin 'Alī**, *Hammam-Sousse 1936*, général et homme politique tunisien. Nommé Premier ministre en oct. 1987, il devient président de la République après la destitution de Bourguiba en nov. Il est confirmé à la tête de l'État en 1989, puis régulièrement réélu, mais l'autoritarisme grandissant

et la corruption du régime mènent à une révolte populaire qui le chasse du pouvoir en janv. 2011. Exilé en Arabie saoudite, il est condamné à plusieurs reprises par contumace dans son pays.

◄ Zine el-Abidine **Ben Ali**

BÉNARÈS ou **VARANASI,** v. d'Inde (Uttar Pradesh), sur le Gange ; 1 100 748 hab. (1 435 113 hab. dans l'agglomération). L'une des sept villes saintes de l'hindouisme, qui est sacrée aussi pour les bouddhistes, en souvenir des premiers sermons que le Bouddha y prononça.

BENAVENTE (Jacinto), *Madrid 1866 - id. 1954,* auteur dramatique espagnol. Son théâtre de mœurs dut son succès à ses sujets à scandale et à l'habileté de ses intrigues. (Prix Nobel 1922.)

BEN BELLA (Ahmed), *Maghnia 1916 - Alger 2012,* homme politique algérien. L'un des dirigeants de l'insurrection de 1954, interné en France de 1956 à 1962, il fut le premier président de la République algérienne (1963 - 1965). Renversé par Boumediene, il fut emprisonné jusqu'en 1980 puis exilé. Il était rentré dans son pays en 1990.

◄ Ahmed **Ben Bella**

BENDA (Julien), *Paris 1867 - Fontenay-aux-Roses 1956,* essayiste français. Il combattit les tendances de la littérature à l'« engagement » (*la Trahison des clercs,* 1927).

BENDER → **TIGHINA.**

BENDOR, îlot situé en face de Bandol (Var). Centre de tourisme.

BENE (Carmelo), *Campi, Lecce, 1937 - Rome 2002,* homme de théâtre, cinéaste et écrivain italien. Esthétisme baroque et goût de la provocation caractérisèrent son jeu d'acteur et ses adaptations de son œuvre littéraire au cinéma ou au théâtre.

BENEDEK (Ludwig von), *Ödenburg, auj. Sopron, 1804 - Graz 1881,* général autrichien. Il fut vaincu en 1866 à Sadowa.

BENEDETTI MICHELANGELI (Arturo), *Orzinuovi, près de Brescia, 1920 - Lugano 1995,* pianiste italien. Il se distingua par sa recherche de sonorités denses et colorées.

BENEDETTO da Maiano, frère de Giuliano* da Maiano.

Benelux (Belgique, Nederland, Luxembourg), union monétaire et douanière. Signée à Londres en 1943 et 1944, entre la Belgique, les Pays-Bas et le Luxembourg, elle a été élargie en 1958 en union économique.

BENEŠ (Edvard), *Kožlany 1884 - Sezimovo-Ústí 1948,* homme politique tchécoslovaque. Ministre des Affaires étrangères (1918 - 1935), il fut président de la République de 1935 à 1938 puis – après avoir formé (1940) et dirigé un gouvernement en exil à Londres – à nouveau de 1945 à 1948 (prenant notamm., en 1945, les décrets expulsant du pays les minorités allemande [Sudètes] et hongroise).

BÉNÉVENT, en ital. **Benevento,** v. d'Italie (Campanie), ch.-l. de prov. ; 61 692 hab. Pyrrhos II y fut vaincu par les Romains (275 av. J.-C.). – Monuments antiques et médiévaux ; musée.

BÉNÉVENT (prince de) → **TALLEYRAND-PÉRIGORD.**

BÉNEZET (saint), *1165 - 1184,* berger de Provence. Il aurait reçu de Dieu mission de construire, à Avignon, le pont qui porte son nom.

BENFELD (67230), comm. du Bas-Rhin, sur l'Ill ; 5 820 hab. (*Benfeldois*). Matériel électrique. – Hôtel de ville de 1531 et autres monuments.

BENGALE, région de l'est de la péninsule indienne. Elle est partagée entre l'Inde (État du Bengale-Occidental) et le Bangladesh. Ces territoires, surpeuplés, produisent du riz et du jute. – Conquis par les musulmans à la fin du XIIe s., le Bengale passa sous domination britannique après 1757. En 1947, le Bengale-Occidental (Calcutta) fut rattaché à l'Union indienne et le Bengale-Oriental (Dacca) devint le Pakistan oriental, auj. Bangladesh.

▲ **Bénarès** vue depuis le Gange.

BENGALE (golfe du), golfe de l'océan Indien, entre l'Inde, le Bangladesh et la Birmanie.

BENGALE-OCCIDENTAL, État du nord-est de l'Inde ; 88 700 km² ; 91 347 736 hab. ; cap. *Calcutta (Kolkata).*

BENGALIS, population du Bengale, en Inde et au Bangladesh (180 millions). Unis par la langue et la culture, ils se répartissent en hindous et musulmans. Ils ont été les pionniers des luttes pour l'indépendance de l'Inde. Ils parlent le *bengali.*

BENGBU, v. de Chine (Anhui) ; 809 399 hab.

BENGHAZI, v. de Libye, en Cyrénaïque ; 1 180 000 hab. dans l'agglomération. Port.

BENGKULU, v. d'Indonésie, dans le sud-ouest de Sumatra, sur l'océan Indien ; 308 756 hab.

BEN GOURION (David), *Płońsk, Pologne, 1886 - Tel-Aviv 1973,* homme politique israélien. Un des fondateurs de l'État d'Israël, il fut chef du gouvernement de 1948 à 1953 et de 1955 à 1963.

David **Ben Gourion** ►

Ben Gourion, aéroport de Tel-Aviv-Jaffa.

BENGUELA, v. d'Angola, sur l'Atlantique. Port.

BENGUELA (courant de), courant marin froid de l'Atlantique méridional. Il remonte vers l'équateur le long de la côte d'Afrique.

BENI (río), riv. de Bolivie ; 1 600 km. C'est une branche mère du Madeira.

BENIDORM, v. d'Espagne, près d'Alicante (Valence) ; 68 045 hab. Station balnéaire.

BENI MELLAL, v. du Maroc, dans la plaine du Tadla ; 192 676 hab.

BÉNIN, ancien royaume de la côte du golfe de Guinée (Nigeria actuel). Fondé peu avant 1300 par un prince venu d'Ife, il domina entre le XIVe s. et le XVIIe s. la région qui s'étend entre le delta du Niger et Lagos, grâce aux conquêtes de l'oba (roi) Ewuare. Il tira sa fortune du commerce avec les Portugais (esclaves, ivoires). Protectorat britannique en 1892, il fut, en 1897, incorporé dans la colonie anglaise du Nigeria. – Son apogée (XVIIe s.) est attesté notamm. par des bronzes qu'influence l'art d'Ife* et par des ivoires sculptés.

BÉNIN n.m., anc. **Dahomey,** État d'Afrique occidentale, sur le golfe du Bénin ; 113 000 km² ; 10 323 000 hab. *(Béninois).* **CAP.** *Porto-Novo.* **V. PRINC.** *Cotonou.* **LANGUE :** *français.* **MONNAIE :** *franc CFA.*

GÉOGRAPHIE Au Sud, équatorial et partiellement forestier, s'oppose le Nord, tropical et recouvert de savanes. Le manioc est la base de l'alimentation ; l'huile de palme, le coton et l'arachide sont les principaux produits d'exportation passant par le port de Cotonou, principale ville.

HISTOIRE Une migration adja-fon venue de Tado (Togo actuel) est à l'origine de la création du royaume d'Allada (XVIe s. ?) dont sont issus les royaumes de Porto-Novo et d'Abomey. Ce dernier (le Dan Homé ou Dahomey) conquiert vers 1720 le port de Ouidah qui lui donne accès au commerce atlantique. **XIXe s. :** le Dahomey passe de la traite des esclaves au commerce de l'huile de palme. L'influence française s'accroît malgré les efforts du roi Glélé et de son fils Béhanzin, fait prisonnier en 1894. **XXe s. :** le Dahomey, colonie incluse dans l'AOF (1895), territoire d'outre-mer (1946) puis membre de la Communauté (1958), devient indépendant en 1960. Dirigé à partir de 1972 par Mathieu Kérékou, qui met en place un régime marxiste-léniniste, le pays devient en 1975 la République populaire du Bénin. **1990 :** un processus de démocratisation est engagé. **1991 :** Nicéphore Soglo est élu à la tête de l'État. **1996 :** M. Kérékou dirige à nouveau le pays. **2006 :** Thomas Boni Yayi lui succède (réélu en 2011). **2016 :** l'homme d'affaires Patrice Talon devient président de la République.

BÉNIN (golfe du), partie du golfe de Guinée, à l'O. du delta du Niger.

BENIN CITY, v. du sud du Nigeria ; 1 311 012 hab. dans l'agglomération.

BENJAMIN, personnage biblique. Dernier des douze fils de Jacob (le second qu'il eut avec Rachel, sa seconde épouse), il est l'ancêtre éponyme de la tribu des benjaminites, établis dans le sud de la Palestine.

BENJAMIN (George), *Londres 1960,* compositeur britannique. Élève de Messiaen à Paris, il s'impose avec *Ringed by the Flat Horizon* (1980). À l'indépendance d'esprit qui le caractérise, il allie un grand sens poétique (*Antara,* 1987 ; *Three Inventions for Chamber Orchestra,* 1995 ; *Palimpsest,* 2000-2002 ; *Written on Skin,* opéra, 2012). Il est aussi chef d'orchestre.

BENJAMIN (Walter), *Berlin 1892 - près de Port-Bou 1940,* écrivain et philosophe allemand. Il est l'auteur d'essais historiques et esthétiques dans la ligne de l'école de Francfort (*l'Œuvre d'art à l'époque de sa reproductibilité technique,* 1936).

BEN JELLOUN (Tahar), *Fès 1944,* écrivain marocain d'expression française. Son récit autobiographique s'est élargi progressivement à travers des personnages marginaux et déracinés (*la Nuit sacrée,* 1987 ; *Partir,* 2006 ; *le Mariage de plaisir,* 2016).

BEN JONSON → **JONSON** (Ben).

BEN LADEN (Oussama), *Riyad 1957 - Abbottabad, au nord d'Islamabad, 2011,* djihadiste d'origine saoudienne. Issu d'une famille d'entrepreneurs fortunés, il soutient les moudjahidin afghans contre l'occupant soviétique et, en 1988, crée al-Qaida*, réseau terroriste destiné à internationaliser la

guerre sainte. Traqué par les États-Unis après les attentats du 11 septembre* 2001, il est, dix ans plus tard, tué par des forces spéciales américaines au Pakistan, où il vivait caché.

BENN (Gottfried), *Mansfeld 1886 - Berlin 1956*, écrivain allemand. Influencé d'abord par Nietzsche et par le national-socialisme, il chercha dans le lyrisme la solution à ses problèmes d'homme et d'écrivain (*Double Vie, Poèmes statiques*).

BENNETT (James Gordon), *New Mill, Écosse, 1795 - New York 1872*, journaliste américain. Il fonda en 1835 le *New York Herald*, qui deviendra le *New York Herald Tribune* (1924-1966).

BENNETT (Richard Bedford), *Hopewell 1870 - Mickleham 1947*, homme politique canadien. Il fut leader du Parti conservateur (1927 - 1938) et Premier ministre (1930 - 1935).

BEN NEVIS n.m., point culminant de la Grande-Bretagne, en Écosse, dans les Grampians ; 1 344 m.

BÉNODET (29950), comm. du sud du Finistère ; 3 564 hab. (*Bénodetois*). Station balnéaire.

BENOÎT d'Aniane (saint), *v. 750 - 821*, bénédictin français. Fondateur de l'abbaye d'Aniane, il rénova la règle bénédictine.

BENOÎT de Nursie (saint), *Nursie v. 480 - Mont-Cassin v. 547*, père et législateur du monachisme chrétien d'Occident. Élevé dans une famille noble romaine, il se retira dans la solitude de Subiaco puis fonda, v. 529, le monastère du Mont-Cassin, berceau de l'ordre des Bénédictins.

BENOÎT XII (Jacques Fournier), *Saverdun - Avignon 1342*, pape d'Avignon (1334 - 1342). Il chercha à réformer l'Église, à rétablir la paix entre la France et l'Angleterre, et entreprit la construction du palais des Papes. — **Benoît XIII** (Pedro **Martínez de Luna**), *Illueca v. 1328 - Peñíscola 1423*, antipape d'obédience avignonnaise (1394 - 1423). Il refusa d'abdiquer après sa déposition en 1417 et se réfugia en Espagne. — **Benoît XIII** (Pietro Francesco **Orsini**), *Gravina 1649 - Rome 1730*, pape de 1724 à 1730. Il tenta vainement de faire accepter par les jansénistes la bulle *Unigenitus* (1725). — **Benoît XIV** (Prospero **Lambertini**), *Bologne 1675 - Rome 1758*, pape de 1740 à 1758. Sous son pontificat érudit fut fixé le rituel des béatifications et canonisations. — **Benoît XV** (Giacomo **Della Chiesa**), *Gênes 1854 - Rome 1922*, pape de 1914 à 1922. Il intervint sans succès en 1917 pour l'arrêt des hostilités, donna un élan nouveau aux missions et publia le Code du droit canonique (1917). — **Benoît XVI** (Joseph **Ratzinger**), *Marktl am Inn, Bavière, 1927*, pape de 2005 à 2013. Archevêque de Munich et cardinal (1977), préfet de la Congrégation romaine pour la doctrine de la foi (1981 - 2005), il impose le strict respect de la tradition. Proche collaborateur de Jean-Paul II, il lui succède en 2005. Il renonce à sa charge en 2013.

◄ **Benoît XVI**

BENOIT (Pierre), *Albi 1886 - Ciboure 1962*, romancier français. Ses récits mêlent l'exotisme à une intrigue mouvementée (*Kœnigsmark*, 1917-1918 ; *l'Atlantide*, 1919). [Acad. fr.]

BENOÎT de Sainte-Maure, trouvère anglo-normand du XIIe s. Il est l'auteur d'une *Chronique des ducs de Normandie* et du *Roman de Troie*.

BENOÎT-JOSEPH LABRE (saint), *Amettes 1748 - Rome 1783*, pénitent français. Il parcourut l'Europe comme pèlerin mendiant.

BENONI, v. d'Afrique du Sud, près de Johannesburg ; 401 540 hab. Mines d'or.

BÉNOUÉ n.f., riv. du Cameroun et du Nigeria, affl. du Niger (r. g.) ; 1 400 km.

BENQI → **BENXI.**

BENSERADE [bɛ̃srad] (Isaac de), *Lyons-la-Forêt 1612 - Gentilly 1691*, poète français. Poète de salon et de cour, il fut le rival de Voiture. (Acad. fr.)

BENTHAM (Jeremy), *Londres 1748 - id. 1832*, philosophe et jurisconsulte britannique. Sa morale utilitaire repose sur le calcul du plaisir par rapport à la peine. Il est l'auteur d'un important projet concernant l'architecture des prisons.

BENTIVOGLIO, famille princière italienne, souveraine de Bologne aux XVe et XVIe s.

▲ Saint **Benoît de Nursie.** « Dame offrant du pain empoisonné à saint Benoît », détail des fresques (fin du XIIIe s.) du monastère de Subiaco.

BENVENISTE (Émile), *Alep 1902 - Versailles 1976*, linguiste français. Il est l'auteur d'importants travaux consacrés à la linguistique générale et à l'indo-européen.

BENXI ou **BENQI,** v. de Chine (Liaoning) ; 980 069 hab. Métallurgie.

BEN YEHUDA (Eliezer **Perelman**, dit Eliezer), *Louchki, Lituanie, 1858 - Jérusalem 1922*, écrivain et lexicographe. Il est l'initiateur du *Grand Dictionnaire de langue hébraïque ancienne et moderne* qui est à l'origine de la renaissance de l'hébreu.

BENZ (Carl), *Karlsruhe 1844 - Ladenburg 1929*, ingénieur allemand. Il mit au point un moteur à gaz à deux temps (1878) et fit breveter en 1886 sa première voiture, un tricycle mû par un moteur à essence.

BEOGRAD → **BELGRADE.**

BÉOTIE, contrée de la Grèce ancienne, au N.-E. du golfe de Corinthe, dont le centre principal était Thèbes. La Béotie, avec Épaminondas, imposa son hégémonie sur la Grèce de 371 à 362 av. J.-C.

Beowulf, héros légendaire du *Lai de Beowulf*, poème épique anglo-saxon en deux parties (VIIIe-Xe s.). Ce parfait chevalier tue le monstre Grendel et la mère de celui-ci, puis, vieillissant, ne survit pas à sa victoire contre un dragon.

BEQAA ou **BEKAA,** haute plaine aride (mais partiellement irriguée) du Liban, entre le mont Liban et l'Anti-Liban.

BERAIN (Jean), *Saint-Mihiel 1639 - Paris 1711*, ornemaniste français. « Dessinateur de la chambre et du cabinet » de Louis XIV (1674), il fut l'ordonnateur des fêtes de la cour.

BÉRANGER (Pierre Jean de), *Paris 1780 - id. 1857*, chansonnier français. Ses chansons, très populaires, idéalisaient l'épopée napoléonienne (*Parlez-nous de lui, Grand-Mère*) et célébraient les gens du peuple (*le Dieu des bonnes gens*).

BÉRARDE (la), station de sports d'hiver et centre d'alpinisme (alt. 1 740 m) de l'Isère (comm. de Saint-Christophe-en-Oisans).

BERBERA, v. de Somalie. Port.

BERBERATI, v. de la Rép. centrafricaine ; 59 414 hab.

BERBÈRES, populations vivant au Maroc (env. 11 millions), en Algérie (env. 6 millions), au Mali et au Niger [env. 19 millions au total]. Présents dans la région depuis la préhistoire, ils ont depuis le VIIe s. des relations complexes avec les Arabes. Ils comprennent, au Maroc, les Chleuh, les Imazighen, une partie des Rifains ; en Algérie, les Kabyles, les Chaouia, les Berbères du Sud-Oranais, les Mozabites et les Touareg du Hoggar. Ils sont représentés aussi en Tunisie, en Libye, en Égypte (oasis de Siouah), au Burkina, au Mali et au Niger (Touareg). Musulmans, ils parlent le *berbère*, ou *tamazight*.

BERBEROVA (Nina Nikolaïevna), *Saint-Pétersbourg 1901 - Philadelphie 1993*, écrivaine russe naturalisée américaine. Ses romans (*l'Accompagnatrice, le Roseau révolté*) peignent le sort des émigrés russes. Elle a également écrit des biographies (*Tchaïkovski*) et son autobiographie (*C'est moi qui souligne*).

BERCENAY-EN-OTHE (10190), comm. de l'Aube ; 481 hab. Centre de télécommunications spatiales.

BERCHEM (Nicolaes), *Haarlem 1620 - Amsterdam 1683*, peintre néerlandais. Il est surtout célèbre pour ses paysages italianisants, animés de contrastes de lumière.

BERCHEM-SAINTE-AGATHE [bɛrkɛm-], en néerl. **Sint-Agatha-Berchem,** comm. de Belgique (Bruxelles-Capitale), banlieue ouest de Bruxelles ; 23 410 hab.

BERCHTESGADEN, v. d'Allemagne (Bavière), dans les Alpes bavaroises ; 7 577 hab. Maisons anciennes. – Résidence de Hitler (le « nid d'aigle »).

BERCK (62600), bur. centr. de cant. du Pas-de-Calais ; 14 822 hab. (*Berckois*). Station balnéaire et climatique à Berck-Plage.

BERCY, quartier de l'est de Paris, sur la rive droite de la Seine. Autrefois consacré au commerce des vins, le quartier a fait l'objet de grands travaux d'urbanisme (Palais omnisports, ministère de l'Économie et des Finances, parc).

BERD (Banque européenne pour la reconstruction et le développement), organisation bancaire internationale à vocation européenne, créée en 1991 pour favoriser la transition vers une économie de marché des pays de l'Europe centrale et orientale (PECO) et de la CEI. Son champ d'action a été étendu depuis aux pays d'Asie centrale et de la partie méridionale et orientale du Bassin méditerranéen. (Siège : Londres.)

BÉRÉGOVOY (Pierre), *Déville-lès-Rouen 1925 - Pithiviers, au cours de son transfert entre Nevers et Paris, 1993*, homme politique français. Socialiste, ministre des Affaires sociales et de la Solidarité nationale (1982 - 1984), ministre de l'Économie et des Finances (1984 - 1986 et 1988 - 1992), il fut ensuite Premier ministre (1992 - 1993). Il se suicida.

BÉRENGER Ier, *m. à Vérone en 924*, roi d'Italie (888 - 924), empereur d'Occident (915 - 924). Il fut battu près de Plaisance par Rodolphe de Bourgogne. — **Bérenger II**, *m. à Bamberg en 966*, roi d'Italie (950 - 961). Petit-fils de Bérenger Ier, il fut détrôné par Otton Ier le Grand (961).

BÉRENGÈRE, *1181 - 1244*, reine de Castille. Épouse d'Alphonse IX, roi de León, régente (1214), puis reine de Castille (1217), elle abdiqua en faveur de son fils Ferdinand III qu'elle fit reconnaître roi de León à la mort d'Alphonse IX.

BÉRÉNICE, *Ier s. apr. J.-C.*, princesse juive. Titus l'emmena à Rome après la prise de Jérusalem (70), mais renonça à l'épouser pour ne pas déplaire au peuple romain. – Son histoire a inspiré une tragédie à Racine (1670) et à Corneille (*Tite et Bérénice*, 1670).

BERENSON (Bernard), *près de Vilnius 1865 - Settignano, près de Florence, 1959*, expert et écrivain d'art américain, spécialiste de la peinture italienne du XIIIe siècle à la Renaissance.

BEREZINA n.f., riv. de Biélorussie, affl. du Dniepr (r. dr.) ; 613 km. — bataille de la **Berezina** (25 - 29 nov. 1812), bataille de l'Empire. À la fin de la campagne de Russie, les rescapés de la Grande Armée, cernés par trois armées russes, traversèrent la Berezina, dégelée, grâce à des ponts construits par les pontonniers du général Éblé.

BEREZNIKI, v. de Russie, dans l'Oural ; 156 512 hab. Traitement de la potasse.

BERG (duché de), anc. État de l'Allemagne, sur la rive droite du Rhin. Cap. *Düsseldorf*. Créé en 1101, il fut, à partir de 1806, un grand-duché de la Confédération du Rhin avant de devenir une province prussienne (1815).

BERG (Alban), *Vienne 1885 - id. 1935*, compositeur autrichien. Élève de Schoenberg, il est l'un des pionniers du dodécaphonisme sériel et l'auteur des opéras *Wozzeck* (1925) et *Lulu* (inachevé, créée en 1937).

Alban **Berg** ►

BERG (Paul), *New York 1926*, biologiste américain. Pionnier des techniques de génie génétique, il met au point, en 1972, une méthode permettant de combiner l'ADN de deux organismes différents. En

1975, il réclame un moratoire sur les manipulations génétiques (conférence d'Asilomar). [Prix Nobel de chimie 1980.]

BERGAME, en ital. **Bergamo,** v. d'Italie (Lombardie), ch.-l. de prov., en bordure des Alpes ; 115 499 hab. *(Bergamasques).* Église S. Maria Maggiore (XIIe-XVIe s.) et autres monuments. Pinacothèque de l'académie Carrara.

BERGAMÍN (José), *Madrid 1895 - Saint-Sébastien 1983,* écrivain espagnol. À travers essais, poésie et théâtre, il a montré son attachement de catholique à la République espagnole *(El cohete y la estrella, Velado desvelo).*

BERGANZA (Teresa), *Madrid 1935,* mezzo-soprano espagnole. Elle est une interprète remarquable de Mozart, Rossini et de la musique espagnole, celle de M. de Falla notamment.

BERGEN, v. de Norvège, sur l'Atlantique ; 224 941 hab. Port. – Monuments anciens, musées.

Bergen-Belsen (camp de), camp de concentration allemand, ouvert à 65 km de Hanovre en 1943. Il compta jusqu'à 75 000 internés.

BERGEN OP ZOOM, v. des Pays-Bas (Brabant-Septentrional) ; 66 287 hab. Monuments anciens.

BERGER (gouffre), gouffre de l'Isère (Vercors) ; 1 198 m de profondeur.

BERGER (Michel **Hamburger,** dit Michel), *Neuilly-sur-Seine 1947 - Saint-Tropez 1992,* chanteur français. Également parolier et compositeur, pianiste virtuose, il a enrichi la variété française d'une touche pop anglo-saxonne, écrivant en partic. pour son épouse, France Gall. Il a donné naissance à l'opéra rock francophone *(Starmania,* 1978).

BERGERAC (24100), ch.-l. d'arrond. de la Dordogne, sur la Dordogne ; 28 369 hab. *(Bergeracois).* Musée du tabac. – Vestiges d'un village du néolithique récent.

BERGISCH GLADBACH, v. d'Allemagne (Rhénanie-du-Nord-Westphalie) ; 108 878 hab.

BERGIUS (Friedrich), *Goldschmieden, près de Wrocław, 1884 - Buenos Aires 1949,* chimiste allemand. Il réalisa, en 1921, la synthèse industrielle de carburants. (Prix Nobel 1931.)

▲ Ingmar **Bergman.** *Le Septième Sceau* (1957).

BERGMAN (Ingmar), *Uppsala 1918 - île de Fårö, au nord de Gotland, 2007,* cinéaste et metteur en scène de théâtre suédois. Ses portraits de couples posent avec ironie et tendresse la question de la vérité des sentiments, de la peur de l'autre et du réel *(Jeux d'été,* 1951 ; *le Septième Sceau,* 1957 ; *Cris et Chuchotements,* 1972 ; *Fanny et Alexandre,* 1982 ; *Saraband,* 2003).

BERGMAN (Ingrid), *Stockholm 1915 - Londres 1982,* actrice suédoise. Elle s'imposa dans des rôles de jeune première saine et spontanée, puis dans des compositions plus âpres *(Casablanca,* M. Curtiz, 1943 ; *Voyage en Italie,* R. Rossellini, 1954 ; *Sonate d'automne,* Ingmar Bergman, 1978).

◄ Ingrid **Bergman** en 1946.

BERGMAN (Torbern), *Katrineberg 1735 - Medevi 1784,* chimiste et cristallographe suédois. Il jeta les bases de la chimie analytique moderne et développa une théorie réticulaire des cristaux.

BERGOUNIOUX (Pierre), *Brive-la-Gaillarde 1949,* écrivain français. Puisant dans le passé corrézien, la mémoire familiale et son itinéraire personnel, il s'attache, à travers une écriture dense et ciselée, à restituer l'existence soumise aux mutations du temps *(la Maison rose,* 1987 ; *l'Orphelin,* 1992 ; *Miette,* 1994 ; *la Mort de Brune,* 1996 ; *Une chambre en Hollande,* 2009).

BERGSON [bɛrksɔn] (Henri), *Paris 1859 - id. 1941,* philosophe français. Sa philosophie spiritualiste fait de l'intuition le seul moyen de connaissance de la durée et de la vie *(Matière et mémoire,* 1896 ; *l'Évolution créatrice,* 1907). [Prix Nobel de littérature 1927.]

◄ Henri **Bergson.** (Bibliothèque Jacques-Doucet, Paris.)

BERGUES (59380), comm. du Nord ; 3 882 hab. *(Berguois).* Enceinte fortifiée. Musée dans le Mont-de-piété du XVIIe s.

BERIA (Lavrenti Pavlovitch), *Merkheouli, Géorgie, 1899 - Moscou 1953,* homme politique soviétique. Chef du NKVD à partir de 1938, il fut exécuté en 1953, après la mort de Staline.

BÉRING (détroit de), détroit entre l'Asie et l'Amérique, réunissant l'océan Pacifique *(mer de Béring)* à l'océan Arctique. Il doit son nom au navigateur danois Vitus **Bering** *(1681 - 1741).*

BÉRING (mer de), partie nord du Pacifique, entre l'Asie et l'Amérique.

BERINGEN, comm. de Belgique (Limbourg) ; 43 975 hab.

BÉRINGIE, nom donné à l'isthme qui, à plusieurs reprises pendant les glaciations du quaternaire, a réuni l'Asie et l'Amérique, à l'emplacement du détroit de Béring. C'est par là que sont passées les populations venues de Sibérie qui, les premières, ont peuplé l'Amérique du Nord.

BERIO (Luciano), *Oneglia 1925 - Rome 2003,* compositeur italien. Adepte du sérialisme *(Nones,* 1954), il se livra ensuite à des recherches sur les sonorités des instruments et de la voix. Pionnier de la musique électroacoustique en Italie, il a composé de la musique vocale *(Circles,* 1960), instrumentale *(Sequenza I à IX,* 1958-1980 ; *Chemins,* 1965-1975) et théâtrale (opéras : *La Vera Storia,* 1982 ; *Cronaca del luogo,* 1999).

BERKANE, v. du nord-est du Maroc ; 109 237 hab.

BERKELEY, v. des États-Unis (Californie), près de San Francisco ; 118 853 hab. Université.

BERKELEY (George), *près de Kilkenny 1685 - Oxford 1753,* évêque et philosophe irlandais. Philosophe idéaliste, il est opposé à l'empirisme de Locke. Selon lui, la matière n'existe pas en dehors de l'idée que nous en avons.

BERL (Emmanuel), *Le Vésinet 1892 - Paris 1976,* essayiste français. Son hostilité à la pensée bourgeoise et son pacifisme l'ont fait aller de Barbusse à Pétain, avant un nouvel écart anti-vichyssois dès 1940 *(Mort de la morale bourgeoise,* 1930).

BERLAGE (Hendrik), *Amsterdam 1856 - La Haye 1934,* architecte néerlandais, un des premiers adeptes du fonctionnalisme, comme le montre sa Bourse d'Amsterdam (1897).

BERLIER (Jean-Baptiste), *Rive-de-Gier, Loire, 1841 - Deauville 1911,* ingénieur français. Il installa, à Paris, un système de transmission postale par pneumatiques, et conçut le projet d'un tramway souterrain, réalisé depuis par le métro.

BERLIET (Marius), *Lyon 1866 - Cannes 1949,* industriel français. Il créa à Lyon une importante entreprise pour la production de poids lourds.

BERLIN, cap. de l'Allemagne, et cap. du *Land de Berlin,* sur la Spree ; 3 574 830 hab. *(Berlinois).* Centre administratif, industriel (constructions mécaniques et électriques, édition) et commercial. – Monuments des XVIIIe - XXe s. Nombreux musées, dont ceux de l'île de la Spree (Ancien Musée, Nouveau Musée, musée de Pergame, Ancienne Galerie nationale, musée Bode), ceux du Kulturforum, non loin de la Potsdamerplatz (Galerie de peinture, Nouvelle Galerie nationale), ceux du complexe de Dahlem (musée d'Ethnographie, etc.), le Musée juif (architecte : Daniel Libeskind). Foire d'art contemporain. – Festival international du film (« la Berlinale »). – La fortune de Berlin date de son choix comme capitale du Brandebourg (1415). Capitale du royaume de Prusse, elle devient celle de l'Empire allemand (1871) puis celle des IIe et IIIe Reich. Conquise par les troupes soviétiques en 1945, elle est divisée en quatre secteurs d'occupation administrés par les Alliés – États-Unis, France, Grande-Bretagne, URSS (statut quadripartite). Les trois secteurs d'occupation occidentaux sont unifiés en 1948, et l'URSS riposte en entreprenant le blocus de Berlin (jusqu'en 1949). Tandis que le secteur d'occupation soviétique, Berlin-Est, est proclamé capitale de la RDA en 1949, Berlin-Ouest devient une dépendance de fait de la RFA. De 1961 à 1989, le *mur de Berlin** sépare les zones occidentale et orientale de la ville. En 1990, Berlin redevient la capitale de l'Allemagne. Les dernières troupes alliées quittent la ville en 1994. Le Parlement et le gouvernement s'y réinstallent en 1999.

BERLIN, Land d'Allemagne ; 889 km² ; cap. *Berlin.*

Berlin (conférence de) [15 nov. 1884 - 26 févr. 1885], conférence internationale qui se réunit à Berlin, à l'initiative de Bismarck, et qui préluda au partage de l'Afrique par les Européens.

Berlin (congrès de) [13 juin - 13 juill. 1878], congrès réuni à Berlin pour réviser le traité de San* Stefano et qui rétablit l'équilibre européen aux dépens de la Russie.

▲ Mur de **Berlin.** Ouverture du mur en nov. 1989.

Berlin (mur de), ligne fortifiée édifiée en 1961 par la RDA pour isoler Berlin-Est de Berlin-Ouest et enrayer l'exode de ses citoyens. L'ouverture de ce mur, dans la soirée du 9 nov. 1989, permettant le rétablissement de la libre circulation entre les deux parties de la ville, et sa destruction symbolisèrent la disparition de la frontière entre les deux Allemagnes, prélude à la réunification de 1990.

BERLIN (Israel **Baline,** dit Irving), *Temoun ?, Sibérie, 1888 - New York 1989,* compositeur et auteur de chansons américain d'origine russe. Il contribua à l'âge d'or de Broadway, puis au succès de la comédie musicale hollywoodienne *(Easter Parade,* 1948), s'imposant comme l'une des figures majeures de la musique populaire américaine.

BERLIN (sir Isaiah), *Riga 1909 - Oxford 1997,* philosophe britannique. Il a réfléchi sur la liberté de manière à défendre un pluralisme radical évitant les écueils du relativisme *(Éloge de la liberté,* 1969).

Berliner Ensemble, troupe théâtrale fondée par Brecht en 1949 à Berlin-Est.

BERLINGUER (Enrico), *Sassari 1922 - Padoue 1984,* homme politique italien. Secrétaire général du Parti communiste italien après 1972, il préconisa le « compromis historique » avec la Démocratie chrétienne.

BERLIOZ [-oz] (Hector), *La Côte-Saint-André, Isère, 1803 - Paris 1869,* compositeur français. Ses œuvres sont remarquables par la puissance du sentiment dramatique et par la somptuosité de l'écriture orchestrale : la *Symphonie fantastique* (1830), *Harold en Italie* (1834), la *Grande Messe des morts* (1837), *Benvenuto Cellini* (1838), *Roméo et Juliette* (1839), *la Damnation de Faust* (1846), *l'Enfance du Christ* (1854), *les Troyens* (1863). Il a laissé de nombreux écrits sur la musique.

▲ Hector **Berlioz** photographié par P. Petit (1863). [BnF, Paris.]

BERLUSCONI (Silvio), *Milan 1936,* homme d'affaires et homme politique italien. S'appuyant sur un puissant groupe financier et de communication (Fininvest), fondateur et président de

mouvements politiques qui incarnent la droite ultralibérale : Forza Italia [« Allez, l'Italie »] (1994), puis il Popolo della Libertà [« le Peuple de la liberté »] (2008), il a été président du Conseil d'avr. 1994 à janv. 1995 et, à nouveau, de 2001 à 2006 et de 2008 à 2011. En 2013, condamné pour fraude fiscale à une peine de prison ferme (août), commuée en travaux d'intérêt général, et déchu de son siège de sénateur (nov.), il relance Forza Italia, avec ses plus fidèles soutiens. En 2018, il est réhabilité par la justice et à nouveau éligible.

▲ Silvio **Berlusconi** en 2010.

BERMEJO n.m., riv. d'Amérique du Sud, affl. du Paraguay (r. dr.) ; 1 500 km.

BERMEJO (Bartolomé), peintre espagnol. Il fut actif, en Aragon surtout, durant le troisième tiers du xve s. (*Pietà*, Barcelone, 1490).

BERMUDES, en angl. **Bermuda,** archipel britannique de l'Atlantique, au N.-E. des Antilles ; 53 km^{2} ; 64 237 hab. Tourisme. – Découvert v. 1515 par les Espagnols, devenu anglais en 1612, cet archipel bénéficie depuis 1968 d'un régime d'autonomie.

BERNÁCER (Germán), *Alicante 1883 - San Juan de Alicante 1965*, économiste espagnol. On lui doit d'importantes contributions à la science économique, qui annoncent les travaux de Keynes.

BERNADETTE SOUBIROUS [-ru ou -rus] (sainte), *Lourdes 1844 - Nevers 1879*, religieuse française. Ses visions (1858) sont à l'origine du pèlerinage de Lourdes. En 1866, elle entra chez les sœurs de la charité de Nevers.

BERNADOTTE (Jean-Baptiste) → **CHARLES XIV** [Suède].

BERNANOS (Georges), *Paris 1888 - Neuilly-sur-Seine 1948*, écrivain français. Catholique déchiré entre le mysticisme et la révolte, il combat dans

ses romans (*Sous le soleil de Satan*, 1926 ; *le Journal d'un curé de campagne*, 1936), ses essais (*les Grands Cimetières sous la lune*, 1938) et une unique pièce de théâtre (*Dialogues des carmélites*, 1949) la médiocrité et l'indifférence.

◀ Georges **Bernanos**

BERNARD (Claude), *Saint-Julien, Rhône, 1813 - Paris 1878*, physiologiste français. Il démontra la

fonction glycogénique du foie et établit une théorie pathogénique du diabète sucré. Il découvrit l'existence du système nerveux sympathique, indépendant du système nerveux cérébrospinal. Son *Introduction à l'étude de la médecine expérimentale* (1865) définit les principes fondamentaux de la recherche scientifique. (Acad. fr.)

▲ Claude **Bernard**

BERNARD (Émile), *Lille 1868 - Paris 1941*, peintre et écrivain français. Il influença, avec Gauguin, les peintres de l'école de Pont-Aven. Importante correspondance avec Cézanne, Gauguin, Van Gogh.

BERNARD (Jean), *Paris 1907 - id. 2006*, médecin hématologiste français. Auteur de recherches sur les leucémies, il a présidé le Comité consultatif national d'éthique de 1983 à 1992. (Acad. fr.)

BERNARD (Samuel), comte **de Coubert,** *Paris 1651 - id. 1739*, financier français. Il prêta des sommes importantes à Louis XIV et à Louis XV, ce qui lui valut d'être anobli.

BERNARD (Paul, dit Tristan), *Besançon 1866 - Paris 1947*, écrivain français. Ses pièces humoristiques et ses romans sont typiques de l'esprit parisien et boulevardier.

BERNARD de Clairvaux (saint), *Fontaine-lès-Dijon 1090 - Clairvaux 1153*, religieux, théologien et docteur de l'Église. Moine de Cîteaux (1113), berceau des cisterciens, il fonda l'abbaye de

Clairvaux (1115), donna un grand développement à son ordre et prêcha la 2e croisade. Mystique, adversaire d'Abélard, il fut le conseiller des rois et des papes. Il fut canonisé dès 1173.

◀ Saint **Bernard de Clairvaux.** Miniature du xve s. (BnF, Paris.)

BERNARD de Menthon (saint), *Menthon, près d'Annecy - Novare x^{e} ou xie s.*, chanoine régulier, fondateur des hospices du Grand- et du Petit-Saint-Bernard, dans les Alpes. Patron des alpinistes.

BERNARD de Saxe-Weimar → **SAXE-WEIMAR.**

BERNARD de Ventadour, *château de Ventadour v. 1125 - abbaye de Dalon ? fin du xiie s.*, troubadour limousin. Il vécut à la cour d'Aliénor d'Aquitaine et fut l'un des maîtres de la monodie profane au Moyen Âge.

BERNARD GUI, *Royère, Limousin, v. 1261 - Lauroux, Languedoc, 1331*, dominicain français. Inquisiteur de Toulouse (1307 - 1323) et évêque de Lodève, il est l'auteur d'un *Manuel de l'inquisiteur.*

BERNARDIN DE SAINT-PIERRE (Henri), *Le Havre 1737 - Éragny-sur-Oise 1814*, écrivain français. Son roman *Paul* et Virginie*, ses *Études de la nature* (1784), puis ses *Harmonies* sont à la source des thèmes poétiques et des émotions religieuses du romantisme. (Acad. fr.)

BERNARDIN de Sienne (saint), *Massa Marittima 1380 - L'Aquila 1444*, franciscain italien. Il prêcha la réforme des mœurs et, le premier, la dévotion au saint nom de Jésus.

BERNARDIN de Sienne ou **BERNARDINO Ochino,** *Sienne 1487 - Austerlitz 1564*, capucin italien. Prédicateur célèbre, il passa à la Réforme (1542).

BERNAY (27300), ch.-l. d'arrond. de l'Eure, sur la Charentonne ; 11 031 hab. *(Bernayens).* Cosmétiques. – Églises anciennes, dont une ex-abbatiale du xie s.

▲ **Berne.** Le pont de l'Untertor sur l'Aar.

BERNE, en all. **Bern,** cap. de la Suisse, ch.-l. du *canton de Berne*, sur l'Aar ; 124 381 hab. *(Bernois)* [360 127 hab. dans l'agglomération]. Université. Siège de bureaux internationaux (Union postale universelle). – Monuments anciens et musées, dont le musée des Beaux-Arts et le Centre Paul-Klee. – Ville impériale en 1218, elle entra, avec son canton, dans la Confédération suisse en 1353. Elle devint la capitale fédérale en 1848.

BERNE, canton de Suisse ; 5 961 km^{2} ; 979 802 hab. *(Bernois)* ; ch.-l. *Berne.*

BERNERIE-EN-RETZ [-re] (La) [44760], comm. de la Loire-Atlantique ; 2 881 hab. *(Berneriens).* Station balnéaire.

BERNERS-LEE (sir Timothy), *Londres 1955*, informaticien britannique. Spécialiste des logiciels de communication, il est l'inventeur du *World Wide Web*, système hypermédia inauguré en 1990, au Cern, pour faciliter les échanges de documents entre des physiciens du monde entier, puis mis à la disposition des utilisateurs d'Internet en 1991.

BERNHARD (Thomas), *Heerlen 1931 - Gmunden, Autriche, 1989*, écrivain autrichien. Désespoir, autodestruction et haine du monde forment la trame jubilatoire de son œuvre poétique, romanesque (*Maîtres anciens*, 1985) et théâtrale (*le Faiseur de théâtre*, 1984 ; *Place des héros*, 1988).

BERNHARDT [-nar] (Rosine **Bernard,** dite Sarah), *Paris 1844 - id. 1923*, actrice française. Sa « voix d'or » et sa sensibilité dramatique ont marqué l'interprétation du répertoire classique.

BERNI (Francesco), *Lamporecchio v. 1497 - Florence 1535*, poète italien, auteur de poésies satiriques et parodiques.

BERNIER (Étienne), *Daon, Mayenne, 1762 - Paris 1806*, prélat français. Négociateur du Concordat de 1801, il devint évêque d'Orléans (1802).

BERNIER (François), *Joué-Étiau, Maine-et-Loire, 1620 - Paris 1688*, voyageur français. Médecin d'Aurangzeb, il publia le récit de son voyage en Orient.

BERNIN (Gian Lorenzo **Bernini,** dit en fr. **Bernin,** ou le Cavalier), *Naples 1598 - Rome 1680*, sculpteur et architecte italien. Maître du baroque monumental et décoratif, il a réalisé, à Rome, de nombreux travaux pour les églises (baldaquin de St-Pierre, 1624), des fontaines (du Triton, des Quatre-Fleuves…), la double colonnade devant la basilique Saint-Pierre, etc. On lui doit des groupes comme *Apollon et Daphné* (1622-1625, galerie Borghèse) ainsi que des bustes. Louis XIV l'appela en France en 1665, mais ses projets pour la façade du Louvre ne furent pas retenus.

BERNINA n.f., massif des Alpes suisses et italiennes, entre l'Inn et l'Adda ; 4 052 m. Le *col de la Bernina* (2 323 m) relie l'Engadine (Suisse) et la Valteline (Italie).

BERNIS [-nis] (François Joachim **de Pierre de**), *Saint-Marcel-en-Vivarais 1715 - Rome 1794*, prélat français. Protégé par Mme de Pompadour, il fut ministre des Affaires étrangères sous Louis XV (1757), cardinal (1758), archevêque d'Albi, puis ambassadeur à Rome (1768 - 1791).

BERNISSART, comm. de Belgique (Hainaut), à la frontière française ; 11 807 hab.

BERNOULLI, famille de savants, originaire d'Anvers, réfugiée à Bâle vers la fin du xvie s. — **Jacques Ier B.,** *Bâle 1654 - id. 1705*, mathématicien suisse. Il compléta le calcul infinitésimal de Leibniz. Son ouvrage posthume, *Ars conjectandi* (1713), posa les fondements du calcul des probabilités. — **Jean Ier B.,** *Bâle 1667 - id. 1748*, mathématicien suisse. Frère de Jacques, il développa et systématisa les travaux d'analyse de Leibniz. — **Daniel B.,** *Groningue 1700 - Bâle 1782*, physicien suisse. Second fils de Jean, il est l'un des fondateurs de l'hydrodynamique *(théorème de Bernoulli)* et mena des recherches fondamentales en mécanique.

BERNSTEIN (Eduard), *Berlin 1850 - id. 1932*, théoricien politique allemand. Marxiste, il introduisit un courant réformiste au sein de la social-démocratie allemande.

BERNSTEIN (Leonard), *Lawrence, Massachusetts, 1918 - New York 1990*, compositeur et chef d'orchestre américain. Il fut directeur musical de l'Orchestre philharmonique de New York (1958 - 1969) et composa notamment la musique de la comédie musicale *West Side Story* (1957).

BÉROALDE DE VERVILLE (François), *Paris v. 1556 - Tours v. 1626*, écrivain français. Son œuvre multiple culmine avec *le Moyen de parvenir*, dont la construction est d'une audacieuse modernité.

BÉROUL, trouvère anglo-normand du xiie s., auteur d'un roman de *Tristan**.

BERQUE (Jacques), *Molière, Algérie, 1910 - Saint-Julien-en-Born, Landes, 1995*, orientaliste français. Il a apporté une contribution majeure à la connaissance et à la compréhension du monde arabo-islamique (*les Arabes d'hier à demain*, 1960).

▲ Sarah **Bernhardt** photographiée par Nadar (1864).

▲ **Bernin.** Détail de l'autel de la chapelle Cornaro (église S. Maria della Vittoria, Rome), milieu du XVIIe s., avec *l'Extase de sainte Thérèse*, groupe en marbre et bronze doré.

BERR (Henri), *Lunéville 1863 - Paris 1954*, philosophe et historien français. Il fonda la *Revue de synthèse historique* (1900) et la collection l'« Évolution de l'humanité » (1920).

BERRE (étang de), étang des Bouches-du-Rhône. Il communique avec la Méditerranée par le chenal de Caronte. Important complexe de pétrochimie sur ses rives (fermeture de la raffinerie en 2014).

BERRE-L'ÉTANG (13130), bur. centr. de cant. des Bouches-du-Rhône, sur l'*étang de Berre* ; 13 572 hab. (*Berrois* ou *Berratins*). Pétrochimie.

BERRI (Claude Beri **Langmann**, dit Claude), *Paris 1934 - id. 2009*, acteur, cinéaste et producteur français. Il fut l'homme-orchestre du cinéma français, cumulant succès de réalisation (*Tchao pantin*, 1983 ; *Jean de Florette* et *Manon des sources*, 1986 ; *Germinal*, 1993) et de production (*Bienvenue chez les Ch'tis*, D. Boon, 2008).

BERRUGUETE (Pedro), *Paredes de Nava, Vieille-Castille, v. 1450 - id. 1503/1504*, peintre espagnol. Passé par l'Italie, il est l'auteur de portraits d'hommes célèbres (palais d'Urbino et Louvre) et de retables (Ávila ; Prado ; etc.). — **Alonso B.**, *Paredes de Nava v. 1488 - Tolède 1561*, sculpteur et peintre espagnol. Fils de Pedro, il a exprimé sa spiritualité dans les statues en bois polychrome de ses retables, où la véhémence le dispute aux influences italiennes classique et maniériste.

BERRY, région du sud du Bassin parisien (dép. du Cher et de l'Indre), entre la Sologne et le Massif central. (Hab. *Berrichons*.) Elle est formée par la Champagne berrichonne, le Boischaut, la Brenne et le Sancerrois.

BERRY, ancienne prov. de France. Comté indépendant sous les Carolingiens, il retourne à la Couronne au XIIIe s. En 1360, Jean II le Bon l'érige en duché et le donne en apanage à son fils Jean. En 1584, le duché est définitivement réuni à la Couronne. Le titre de *duc de Berry* sera encore porté par plusieurs princes.

BERRY (Jean **de France**, duc **de**), *Vincennes 1340 - Paris 1416*, prince capétien. Troisième fils de Jean II le Bon, il fut associé au gouvernement pendant la minorité de son neveu Charles VI et lorsque celui-ci fut atteint de folie. – La « librairie » de ce prince fastueux contenait quelques-uns des plus beaux manuscrits enluminés du siècle, notamm. les *Très* Riches Heures*, commandées aux frères de Limbourg. — **Charles Ferdinand de Bourbon**, duc **de B.**, *Versailles 1778 - Paris 1820*, prince français. Second fils de Charles X et héritier du trône, il fut assassiné par un fanatique, Louvel. — **Marie-Caroline de Bourbon-Sicile**, duchesse **de B.**, *Palerme 1798 - Brünnsee, Autriche, 1870*. Épouse de Charles Ferdinand de Bourbon, fille de François Ier, roi des Deux-Siciles, elle essaya en vain de soulever la Vendée contre Louis-Philippe (1832). Elle fut la mère du comte de Chambord.

BERRY (Chuck), *Saint-Louis, 1926 - Wentzville, Missouri, 2017*, chanteur américain de rock. Pionnier du genre à partir de 1955, il y inscrivit l'influence de la culture noire du blues et du rhythm and blues. Également guitariste, il écrivit, composa et interpréta toutes ses chansons.

BERRY (Gérard), *Paris 1948*, informaticien français. Titulaire de la première chaire du Collège de France consacrée à l'informatique, il est connu pour son langage de programmation Esterel, qui permet de faire fonctionner et de contrôler en temps réel des systèmes complexes utilisés en partic. dans les avions et les centrales nucléaires.

BERRY (Jules), *Poitiers 1883 - Paris 1951*, acteur français. Après une brillante carrière au Boulevard, il interpréta au cinéma les escrocs cyniques et les personnages diaboliques (*le Crime de M. Lange*, J. Renoir, 1936 ; *les Visiteurs du soir*, M. Carné, 1942).

BERRYER [-rje] (Pierre Antoine), *Paris 1790 - Augerville-la-Rivière, Loiret, 1868*, avocat et homme politique français. Légitimiste célèbre par ses plaidoiries (procès de Ney, Cambronne, La Mennais, Chateaubriand), il soutint pourtant le droit d'association des ouvriers et la liberté des congrégations religieuses. (Acad. fr.)

BERT (Paul), *Auxerre 1833 - Hanoï 1886*, physiologiste et homme politique français. Défenseur de la république radicale et laïque, il fut ministre de l'Instruction publique (nov. 1881 - janv. 1882). – Il étudia la physiologie de la respiration (influence de l'altitude notamment).

BERTAUT (Jean), *Donnay, Calvados, 1552 - Séez, auj. Sées, Orne, 1611*, poète français. Proche de Desportes, il est l'auteur de poésies d'amour raisonneuses et sophistiquées.

Bertelsmann, groupe allemand d'édition et de communication fondé en 1835.

Bertha (de *Bertha* Krupp, fille d'un industriel allemand), surnom donné aux canons lourds allemands qui, à plus de 100 km, tirèrent sur Paris en 1918, par allusion au mortier de 420 mm (*Grosse Bertha*) employé par les Allemands contre Anvers en 1914.

BERTHE ou **BERTRADE,** dite **Berthe au grand pied,** *m. à Choisy-au-Bac en 783*, reine des Francs, épouse de Pépin le Bref, mère de Charlemagne et de Carloman.

BERTHE, *v. 964 - v. 1024*, reine de France. Princesse de Bourgogne, elle épousa Robert II, roi de France, qui fut contraint par l'Église de la répudier pour cause de parenté trop proche.

BERTHELOT (Marcelin ou Marcellin), *Paris 1827 - id. 1907*, chimiste français. Il étudia l'estérification, réalisa de nombreuses synthèses organiques et créa la thermochimie. (Acad. fr.)

BERTHIER (Louis Alexandre), prince **de Neuchâtel, et de Wagram,** *Versailles 1753 - Bamberg 1815*, maréchal de France. Ministre de la Guerre de 1800 à 1807, major général de la Grande Armée de 1805 à 1814, il fut le collaborateur direct de Napoléon Ier.

▲ Duc de **Berry.** Détail d'une miniature des *Très Riches Heures du duc de Berry* des frères de Limbourg ; début du XVe s. (Musée Condé, Chantilly.)

BERTHOLLET (Claude, comte), *Talloires 1748 - Arcueil 1822*, chimiste français. Il découvrit les hypochlorites et les appliqua au blanchiment des toiles ; il mit au point des explosifs chloratés. Il accompagna Bonaparte en Égypte.

BERTHOZ (Alain), *Neuilly-sur-Seine 1939*, ingénieur et neurophysiologiste français. Spécialiste des grands systèmes sensori-moteurs, il a partic. étudié le rôle de l'oreille interne dans l'équilibre, les fonctionnements neuronaux du regard, de la locomotion et de la mémoire de l'espace (*le Sens du mouvement*, 1997).

BERTILLON (Alphonse), *Paris 1853 - id. 1914*, criminologue français. Il créa en 1879 le système d'identification des criminels par leurs mensurations (anthropométrie ou *bertillonnage*).

BERTIN (saint), *Coutances ? - Sithiu, auj. Saint-Omer, v. 698*, moine normand, abbé du monastère de Sithiu (monastère Saint-Bertin), fondé par saint Omer.

BERTIN (Jean), *Druyes-les-Belles-Fontaines, Yonne, 1917 - Neuilly 1975*, ingénieur français. Il a créé, à partir de 1956, une série de véhicules sur coussin d'air (Terraplane, Naviplane, Aérotrain).

BERTIN l'Aîné (Louis François **Bertin**, dit), *Paris 1766 - id. 1841*, journaliste français. Il fit du *Journal des débats* le porte-parole du royalisme constitutionnel, puis de la monarchie de Juillet.

BERTOLUCCI (Bernardo), *Parme 1941 - Rome 2018*, cinéaste italien. Évocation de ses obsessions ou représentation de l'histoire, ses films révèlent un constant souci formel (*le Conformiste*, 1970 ; *le Dernier Tango à Paris*, 1972 ; *1900*, 1976 ; *le Dernier Empereur*, 1987 ; *Un thé au Sahara*, 1990 ; *Little Buddha*, 1993 ; *Moi et toi*, 2012).

BERTRADE DE MONTFORT, *1070 ? - Fontevrault 1117 ?*, reine de France. Philippe Ier l'enleva à son mari, le comte d'Anjou Foulques IV le Réchin, et l'épousa malgré l'opposition de l'Église (1092).

BERTRAN de Born, *v. 1140 - abbaye de Dalon av. 1215*, troubadour périgourdin. Il est l'auteur de poèmes d'inspiration politique et morale.

BERTRAND (saint), *L'Isle-Jourdain v. 1050 - Comminges 1123*, prélat français. Évêque de Comminges, il rebâtit sa cathédrale.

BERTRAND (Louis, dit Aloysius), *Ceva, Piémont, 1807 - Paris 1841*, poète français. Les tableautins ciselés et fantastiques de *Gaspard de la nuit* (1842) font de lui l'initiateur du poème en prose romantique.

BERTRAND (Gabriel), *Paris 1867 - id. 1962*, biochimiste français. Il a mis en lumière le rôle des enzymes oxydantes et celui des oligoéléments, et est l'auteur de travaux sur le venin de serpent.

BERTRAND (Henri, comte), *Châteauroux 1773 - id. 1844*, général français. Aide de camp de Napoléon Ier en 1804, il le suivit à l'île d'Elbe et à Sainte-Hélène, puis, en 1840, organisa le retour de ses cendres.

BERTRAND (Marcel), *Paris 1847 - id. 1907*, géologue français. Fondateur de la tectonique moderne, il a étudié les charriages.

BÉRULLE (Pierre **de**), *Sérilly, Champagne, 1575 - Paris 1629*, théologien français. Prêtre en 1599, cardinal en 1627, il introduisit en France le Carmel (1604) et fonda la congrégation de l'Oratoire. Il est considéré comme le véritable créateur de l'école française de spiritualité.

Pierre de **Bérulle** ▶ par P. de Champaigne. (Coll. priv.)

BERWICK (James **Stuart Fitz-James,** ou en fr. Jacques **Stuart, duc de**) *Moulins 1670 - Philippsburg 1734*, maréchal de France. Fils naturel de Jacques II, roi d'Angleterre, il ne parvint pas à rétablir son père sur le trône (1689) et entra au service de Louis XIV. Maréchal de France (1706), il s'illustra lors de la guerre de la Succession d'Espagne (victoire d'Almansa, 1707).

BERZÉ-LA-VILLE (71960), comm. de Saône-et-Loire ; 673 hab. (*Berzélavilliens*). Chapelle d'un anc. prieuré clunisien (peintures romanes).

BERZELIUS (Jöns Jacob, baron), *Väversunda, Sörgård, 1779 - Stockholm 1848*, chimiste suédois. Un des créateurs de la chimie moderne, il institua la notation chimique par symboles, énonça les lois de l'électrochimie, isola de nombreux corps simples, étudia la catalyse, l'isomérie, etc.

◄ **Berzelius** par J. Way. (Académie royale des sciences, Stockholm.)

BÈS, génie de la mythologie égyptienne. Il est représenté comme un nain grotesque ; il est devenu le protecteur des femmes en couches.

BESANÇON (25000), ch.-l. du dép. du Doubs, sur le Doubs, en bordure du Jura, à 393 km au S.-E. de Paris ; 120 336 hab. *(Bisontins)* [135 808 hab. dans l'agglomération]. Archevêché, académie et université, cour d'appel. Constructions mécaniques et électriques. Pôle biomédical. – Vestiges romains ; édifices de la Renaissance (palais Granvelle : Musée historique) et des XVIIe-XVIIIe s. ; citadelle de Vauban (Musée populaire comtois). Musée des Beaux-Arts et d'Archéologie. – Festival de musique classique.

▲ **Besançon.** La vieille ville, dans un méandre du Doubs.

BESKIDES n.f. pl., massif du nord-ouest des Carpates (Slovaquie et Pologne).

BESSARABIE, région située entre le Prout et le Dniestr, auj. partagée entre la Moldavie et l'Ukraine. Elle fut annexée successivement par l'Empire ottoman (1538), l'Empire russe (1812), la Roumanie (1918), puis par l'URSS (1940).

BESSARION (Jean), *Trébizonde 1403 - Ravenne 1472*, humaniste byzantin. Cardinal, partisan de l'Union des Églises d'Orient et d'Occident, il fut l'un des promoteurs de la renaissance de l'hellénisme dans le monde latin.

BESSE-ET-SAINT-ANASTAISE (63610), comm. du Puy-de-Dôme, dans les monts Dore ; 1 566 hab. *(Bessois)*. Sports d'hiver (1 350 - 1 850 m) à *Superbesse*. – Église à nef romane.

BESSEL (Friedrich Wilhelm), *Minden 1784 - Königsberg 1846*, astronome allemand. Il publia en 1838 la première mesure précise d'une distance stellaire et donna un grand essor à l'astrométrie. Il développa des fonctions mathématiques qui ont de nombreuses applications en physique.

BESSEMER (sir Henry), *Charlton, Hertfordshire, 1813 - Londres 1898*, industriel britannique. Il mit au point un procédé économique de transformation de la fonte en acier (1855) qui s'est imposé.

BESSIÈRES (Jean-Baptiste), **duc d'Istrie**, *Prayssac, près de Cahors, 1768 - Rippach 1813*, maréchal de France. Commandant la cavalerie de la Garde impériale (1809 - 1812), il fut tué la veille de la bataille de Lützen.

BESSIN, région herbagère de la Normandie, dans le Calvados. (Hab. *Bessins*.)

BESSON (Benno), *Yverdon 1922 - Berlin 2006*, metteur en scène de théâtre suisse. D'abord collaborateur de B. Brecht au Berliner Ensemble, il défend, sur les scènes de théâtre et d'opéra européennes, un style associant la féerie et une ironie à portée politique *(Comme il vous plaira, le Cercle de craie caucasien, l'Oiseau vert)*.

BESSON (Colette), *Saint-Georges-de-Didonne 1946 - La Rochelle 2005*, athlète française. Championne olympique du 400 m en 1968 à Mexico, elle détint, avec Nicole Duclos, le record du monde de la distance.

BESSON (Luc), *Paris 1959*, cinéaste et producteur français. Après *Subway* (1985), il signe avec *le Grand Bleu* (1988), sur l'ivresse des profondeurs marines, un film culte pour tout un public jeune ou adolescent dont il aime à capter les émotions (*Nikita*, 1990 ; *Léon*, 1994 ; *le Cinquième Élément*, 1997 ; *Arthur et les Minimoys*, 2006, 2009 et 2010 ; *Valérian et la cité des Mille Planètes* [d'apr. la série de bandes dessinées de P. Christin et J.-C. Mézières], 2017). Il a créé à Saint-Denis un vaste complexe cinématographique (la Cité du cinéma).

BETANCOURT (Rómulo), *Guatire 1908 - New York 1981*, homme politique vénézuélien. Il fut président de la République de 1959 à 1964.

BÉTHANIE, bourg proche de Jérusalem (auj. al-Azariyya). Dans les Évangiles, demeure de Marthe, Marie et Lazare.

BETHE (Hans Albrecht), *Strasbourg 1906 - Ithaca, État de New York, 2005*, physicien américain d'origine allemande. Il a découvert, en 1938, le cycle de transformations thermonucléaires pouvant expliquer l'origine de l'énergie du Soleil et des étoiles. (Prix Nobel 1967.)

BÉTHENCOURT (Jean de), *Grainville-la-Teinturière v. 1360 - id. 1425*, navigateur normand. Il colonisa les Canaries au profit du royaume de Castille.

BETHLÉEM, en ar. **Bayt Laḥm**, v. de Cisjordanie, au S. de Jérusalem ; 25 266 hab. Patrie de David, et, d'après les Évangiles, lieu de naissance de Jésus.

BETHLEHEM, v. des États-Unis (Pennsylvanie) ; 74 982 hab. Centre sidérurgique.

BETHLEN (Gabriel ou Gábor), *Illye 1580 - Gyulafehérvár 1629*, prince de Transylvanie (1613 - 1629). Il intervint dans la guerre de Trente Ans aux côtés des puissances protestantes.

BETHMANN-HOLLWEG (Theobald von), *Hohenfinow, Brandebourg, 1856 - id. 1921*, homme politique allemand. Il fut chancelier de l'Empire allemand (1909 - 1917).

BETHONCOURT (25200), bur. centr. de cant. du Doubs ; 5 739 hab. *(Bethoncourtois)*.

BETHSABÉE, personnage biblique. Elle était la femme d'un général de David, Urie le Hittite. David en tomba amoureux et, pour l'épouser, envoya son mari se faire tuer au combat. Elle lui donna un fils, Salomon.

BÉTHUNE (62400), ch.-l. d'arrond. du Pas-de-Calais ; 25 561 hab. *(Béthunois)* [350 068 hab. dans l'agglomération]. Port fluvial. Constructions mécaniques. Pneumatiques. – Beffroi du XIVe s.

BETI, peuple pahouin du sud du Cameroun.

BETI (Alexandre **Biyidi Awala**, dit Mongo), *Akométam 1932 - Douala 2001*, écrivain camerounais naturalisé français. Ses romans dénoncent le colonialisme (*le Pauvre Christ de Bomba*, 1956 ; *le Roi miraculé*, 1958), puis les nouveaux maîtres de l'Afrique (*la Ruine presque cocasse d'un polichinelle*, 1979 ; *Branle-bas en noir et blanc*, 2000).

BÉTIQUE, prov. romaine d'Espagne créée par Auguste, correspondant à l'actuelle Andalousie.

BÉTIQUES (chaînes) ou cordillères **BÉTIQUES,** massif de l'Espagne méridionale ; 3 478 m au Mulhacén, dans la sierra Nevada.

BETSILÉO, peuple des hautes terres du centre de Madagascar (env. 1,3 million).

BETSIMISARAKA, peuple de la côte est de Madagascar (env. 1,6 million).

BETTEL (Xavier), *Luxembourg 1973*, homme politique luxembourgeois. Député du Parti démocratique (1999 - 2013), bourgmestre de Luxembourg (2011 - 2013), il est Premier ministre depuis 2013.

BETTELHEIM (Bruno), *Vienne 1903 - Silver Spring, Maryland, 1990*, psychanalyste américain d'origine autrichienne. Il s'est consacré au traitement des psychoses infantiles et notamm. à celui de l'autisme (*la Forteresse vide*, 1967).

BETTEMBOURG [betɑ̃bur], v. du Luxembourg, sur l'Alzette ; 9 790 hab. Métallurgie.

BETTIGNIES (Louise de), *près de Saint-Amand-les-Eaux 1880 - Cologne 1918*, héroïne française. À l'origine d'un service de renseignements au service des Alliés, elle fut arrêtée par les Allemands (1915) et mourut en captivité.

BETTON (35830), bur. centr. de cant. d'Ille-et-Vilaine, près de Rennes ; 11 198 hab. *(Bettonnais)*.

BEUVE-MÉRY (Hubert), *Paris 1902 - Fontainebleau 1989*, journaliste français. Fondateur, en décembre 1944, du journal *le Monde*, il en assura la direction jusqu'en décembre 1969.

BEUVRAY (mont) → **BIBRACTE.**

BEUVRY (62660), bur. centr. de cant. du Pas-de-Calais ; 9 746 hab. *(Beuvrygeois)*.

BEUYS (Joseph), *Clèves 1921 - Düsseldorf 1986*, artiste allemand. Protagoniste majeur de l'avant-garde à partir de la fin des années 1950, il a fait appel à des matériaux (feutre, graisse, etc.) et à des modes d'expression (interventions, environnements-actions) non traditionnels.

BEUZEVILLE (27210), bur. centr. de cant. de l'Eure, dans le Lieuvin ; 4 614 hab. *(Beuzevillais)*.

BEVAN (Aneurin), *Tredegar 1897 - Asheridge Farm 1960*, homme politique britannique, l'un des chefs du Parti travailliste.

BEVEREN [bevərən], comm. de Belgique (Flandre-Orientale) ; 46 933 hab. Église des XVe et XVIIe s.

BEVERIDGE (lord William Henry), *Rangpur, Bengale, 1879 - Oxford 1963*, économiste et administrateur britannique. Il a collaboré à l'institution de l'assurance chômage (1911) et de la sécurité sociale en Grande-Bretagne (*plan Beveridge*, 1942).

BEVERLY HILLS, v. des États-Unis (Californie), dans la banlieue de Los Angeles ; 34 109 hab. Résidence de nombreux acteurs de cinéma.

Béveziers (bataille de) → **Beachy Head.**

BEVIN (Ernest), *Winsford 1881 - Londres 1951*, homme politique britannique. Syndicaliste, travailliste, ministre du Travail (1940 - 1945), il fut secrétaire d'État aux Affaires étrangères (1945 - 1951).

BEX [bɛ], comm. de Suisse (Vaud) ; 6 500 hab. *(Bellerins)*. Mines de sel.

BEYLE (Henri) → **STENDHAL.**

BEYNE-HEUSAY, comm. de Belgique (prov. de Liège), banlieue est de Liège ; 12 004 hab.

BEYNES (78650), comm. des Yvelines ; 7 665 hab. *(Beynois)*. Stockage souterrain de gaz.

BEYROUTH [berut], en ar. **Bayrūt**, cap. du Liban, sur la Méditerranée ; 2 179 000 hab. dans l'agglomération *(Beyrouthins)*. Important musée archéologique. – La ville a été ravagée de 1975 à 1990, et à nouveau touchée au cours de l'été 2006, par les divers conflits qui ont affecté le Liban.

▲ **Beyrouth**

BÈZE (Théodore **de**), *Vézelay 1519 - Genève 1605*, écrivain et théologien protestant français. Lieutenant de Calvin, polémiste remarquable, il dirigea la rédaction de l'*Histoire ecclésiastique des Églises réformées du royaume de France* (1580) et fut aussi un promoteur de la Renaissance littéraire.

BÉZIERS [-zje] (34500), ch.-l. d'arrond. de l'Hérault, sur l'Orb et le canal du Midi ; 77 393 hab. *(Biterrois)* [110 850 hab. dans l'agglomération]. Marché viticole. Mécanique. – Cathédrale fortifiée (XIIe-XIVe s.) et autres monuments. Musées. – Pendant la croisade des albigeois, la ville fut saccagée par les troupes de Simon de Montfort (1209).

Beznau, centrale nucléaire de Suisse (Argovie), sur l'Aar.

BEZONS [bəzɔ̃] (95870), comm. du Val-d'Oise, sur la Seine ; 28 930 hab. Mécanique fine pour l'aéronautique et turbocompresseurs pour moteurs Diesel. Services informatiques.

BÉZOUT (Étienne), *Nemours 1730 - Les Basses-Loges, près de Fontainebleau, 1783*, mathématicien français. Il est l'auteur d'une théorie générale des équations algébriques.

BEZWADA → **VIJAYAVADA.**

BHADGAUN ou **BHATGAON,** v. du Népal ; 72 543 hab. Anc. cité fondée au IXe s., et cap. royale du XIIe au XVe s. Monuments du XVe au XVIIIe s.

BHAGALPUR, v. d'Inde (Bihar), sur le Gange ; 340 349 hab.

Bhagavad-Gita → **Mahabharata.**

BHARHUT, site archéologique de l'Inde (Madhya Pradesh). Stupa dont l'archaïque décor sculpté (musée de Calcutta) annonce le style de Sanci.

BHARTRIHARI, poète et grammairien indien du VIIe s., d'expression sanskrite. Ce nom désigne peut-être deux personnes différentes.

BHATGAON → **BHADGAUN.**

BHATPARA, v. d'Inde (Bengale-Occidental) ; 441 956 hab.

BHAVABHUTI, auteur dramatique indien des VIIe-VIIIe s., d'expression sanskrite. Son théâtre est souvent inspiré du *Ramayana**.

BHAVNAGAR, v. d'Inde (Gujerat), dans la presqu'île de Kathiawar ; 510 958 hab. Port.

BHIL, population de l'Inde (Gujerat, Madhya Pradesh, Rajasthan) [env. 6 millions], un des cinq groupes de tribus indiennes.

BHILAINAGAR → **DURG-BHILAINAGAR.**

BHOPAL, v. d'Inde, cap. du Madhya Pradesh ; 1 433 875 hab. (1 883 381 hab. dans l'agglomération). Une fuite de gaz toxique y provoqua la mort de milliers de personnes en 1984.

BHOUTAN n.m., État d'Asie, sur la bordure de l'Himalaya ; 47 000 km² ; 754 000 hab. *(Bhoutanais)*. CAP. *Thimphou.* LANGUE : *tibétain (dzongkha).* MONNAIES : *ngultrum* et *roupie indienne.* (V. carte **Népal.**) Il est en grande partie couvert par la forêt. La population, majoritairement bouddhiste, compte une importante minorité népalaise, hindouiste. – Ce royaume, vassal de l'Inde en 1865, d'abord contrôlé par les Britanniques (1910) puis soumis à un semi-protectorat indien (1949), est indépendant depuis 1971 (rois : Jingme Singye Wangchuk, 1972 - 2006 ; Jingme Khesar Namgyel Wangchuk, depuis 2006). En 2008, le Bhoutan est devenu une monarchie parlementaire.

BHUBANESWAR, v. d'Inde, cap. de l'Odisha ; 647 302 hab. Centre shivaïte depuis le Ve s. – Nombreux temples de type sikhara, à la riche décoration sculptée, dont le plus parfait est le Lingaraja (XIe s.). Intéressant musée.

BHUMIBOL ADULYADEJ, *Cambridge, Massachusetts, 1927 - Bangkok 2016*, roi de Thaïlande, sous le nom de Rama IX, de 1946 (couronné en 1950) à sa mort.

BHUTTO (Zulfikar Ali), *Larkana 1928 - Rawalpindi 1979*, homme politique pakistanais. Fondateur du Parti populaire du Pakistan (PPP) en 1967, président de la République (1971 - 1973), puis Premier ministre jusqu'en 1977, il fut renversé par le général Zia ul-Haq, avant d'être exécuté. — **Benazir B.,** *Karachi 1953 - Rawalpindi 2007*, femme politique pakistanaise. Fille de Zulfikar Ali Bhutto, première femme chef de gouvernement dans un pays musulman, elle est Premier ministre (PPP) de 1988 à 1990, puis de 1993 à 1996. De retour dans son pays en oct. 2007 après huit ans d'exil, elle est tuée dans un attentat (27 déc.). — **Asif Ali Zardari,** *Nawabshah 1955*, homme d'affaires et homme politique pakistanais. Veuf de Benazir Bhutto (épousée en 1987), il a été président de la République (PPP) de 2008 à 2013.

BIACHE-SAINT-VAAST (62118), comm. du Pas-de-Calais ; 4 045 hab. *(Biachois)*. Équipements automobiles. Cimenterie. – Important site d'habitat du paléolithique moyen, daté de 170 000 av. J.-C. ; on y a découvert un crâne humain.

BIAFRA (république du), nom que prit la région sud-est du Nigeria, peuplée majoritairement d'Ibo, en sécession de 1967 à 1970. Cette sécession provoqua la *guerre du Biafra.*

BIALIK (Hayim Nahman), *Rady, Ukraine, 1873 - Vienne 1934*, poète d'expression hébraïque. Il exerça une influence profonde sur le mouvement sioniste (*le Rouleau de feu*, 1905).

BIAŁYSTOK, v. du nord-est de la Pologne, ch.-l. de voïévodie ; 294 001 hab. Palais du XVIIIe s.

BIANCIOTTI (Hector), *Calchín Oeste, prov. de Córdoba, 1930 - Paris 2012*, écrivain argentin naturalisé français. Il est l'auteur de romans à la lisière du fantastique et de récits d'inspiration autobiographique, en espagnol (*les Déserts dorés*, 1967 ; *le Traité des saisons*, 1977) puis en français (*Sans la miséricorde du Christ*, 1985 ; *Ce que la nuit raconte au jour*, 1992 ; *la Nostalgie de la Maison de Dieu*, 2003). [Acad. fr.]

BIARRITZ [-rits] (64200), bur. centr. de cant. des Pyrénées-Atlantiques, sur le golfe de Gascogne ; 25 253 hab. *(Biarrots)*. Aéronautique. Station balnéaire et climatique. – Musée de la Mer. Cité de l'Océan. Musée d'art oriental (Asiatica).

BIARS-SUR-CÈRE (46130), bur. centr. de cant. du Lot ; 2 096 hab. *(Biarnais)*. Agroalimentaire.

BIBANS (chaîne des), massif d'Algérie, dans le sud de la Grande Kabylie ; 1 735 m. Il est percé par le défilé des Portes de Fer.

BIBIENA, surnom des **Galli,** famille d'architectes et de scénographes bolonais (fin XVIIe et XVIIIe s.). Travaillant pour de nombreuses cours d'Europe, ils excellèrent dans le domaine du décor monumental éphémère d'esprit baroque (théâtre, cérémonies religieuses et civiles).

Bible, recueil des livres saints du judaïsme auxquels les chrétiens ont ajouté les leurs sous le nom de Nouveau Testament. La Bible juive (Ancien Testament des chrétiens), dont la langue est l'hébreu (hormis quelques passages en araméen), s'est constituée en un code unifié entre le IIe s. av. J.-C. et la fin du Ier s. apr. J.-C. Elle comprend vingt-quatre livres, distribués sur trois parties (Torah, Prophètes et Hagiographes), dont le récit a trait aux origines et à l'histoire du peuple juif, ainsi qu'à sa religion. Le Nouveau Testament concerne la révélation chrétienne et les origines de l'Église ; il a été écrit principalement en grec. Au IVe s., saint Jérôme a donné une traduction latine de l'Ancien et du Nouveau Testament, dont une grande partie deviendra, sous le nom de Vulgate, la version officielle de l'Église d'Occident.

▲ **Bible** de saint Sulpice.
Lettre ornée avec la vision d'Isaïe. France, XIIe s.
(Bibliothèque municipale, Bourges.)

LA BIBLE

Sauf mention spéciale (catholique, protestant), les livres cités sont acceptés dans les trois canons (juif, catholique, protestant) pour l'Ancien Testament, dans les canons catholique et protestant pour le Nouveau Testament.

▪ ANCIEN TESTAMENT

Pentateuque (ou Torah) :
Genèse
Exode
Lévitique
Nombres
Deutéronome

Livres historiques (premiers prophètes) :
Josué
Juges
I et II Samuel
I et II Rois
I et II Chroniques
Esdras
Néhémie
I et II Maccabées (catholique)

Livres prophétiques (derniers prophètes) :
Isaïe
Jérémie
Lamentations (catholique, protestant)
Baruch (catholique)
Ézéchiel
Daniel (catholique, protestant)
Osée
Joël
Amos
Abdias
Jonas
Michée
Nahum
Habacuc
Sophonie
Aggée
Zacharie
Malachie

Livres poétiques et sapientiaux (hagiographes) :
Psaumes
Proverbes
Job
Cantique des cantiques
Ecclésiaste
Sagesse (catholique)
Ecclésiastique (catholique)
Tobie (catholique)
Judith (catholique)
Esther
Ruth

▪ NOUVEAU TESTAMENT

Évangiles :
Matthieu, Marc, Luc, Jean
Actes des Apôtres
Épîtres de saint Paul :
aux Romains
I et II aux Corinthiens
aux Galates
aux Éphésiens
aux Philippiens
aux Colossiens
I et II aux Thessaloniciens
I et II à Timothée
à Tite
à Philémon
aux Hébreux
Épîtres « catholiques » :
de saint Jacques
I et II de saint Pierre
I, II et III de saint Jean
de saint Jude
Livre prophétique :
Apocalypse de saint Jean

Bibliothèque nationale de France (BnF), établissement public né de la fusion administrative des établissements de la Bibliothèque nationale (BN, rue de Richelieu/rue Vivienne, IIe arrond., Paris) et de la Bibliothèque de France (BDF, créée en 1989, quartier de Tolbiac, XIIIe arrond.). La BnF « Richelieu » (anc. BN), créée en 1926 et dont les origines remontent à Charles V, abrite de riches collections d'estampes, cartes, médailles, manuscrits, etc. Le site accueille également l'Institut national du patrimoine, ainsi que les bibliothèques de l'Institut national d'histoire de l'art et de l'École nationale des chartes. La BnF « François-Mitterrand » comprend, dans un édifice dû à D. Perrault (1989-1995), des espaces accessibles au public (ouverts en 1996) et des espaces réservés aux chercheurs (ouverts en 1998, après le transfert des imprimés – livres et périodiques – conservés auparavant à « Richelieu »). La BnF a notamment en France la gestion du dépôt légal.

BIBRACTE, v. de Gaule, cap. et oppidum des Éduens, sur le mont Beuvray, dans le Morvan. Musée. Temple, habitations, etc., ont livré de nombreux objets (musée d'Autun).

BICH (Marcel), *Turin 1914 - Paris 1994,* industriel français d'origine italienne. Fondateur en 1950 d'un groupe qui porte son nom, il se fit connaître en 1953 avec la diffusion du stylo à bille « Bic ».

BICHAT (Xavier), *Thoirette, Jura, 1771 - Paris 1802,* anatomiste et physiologiste français. Il fonda l'« anatomie générale » et contribua au développement de l'histologie.

◄ Xavier **Bichat.** (Hôpital Bichat, Paris.)

Biélorussie

BICHKEK, de 1925 à 1991 **Frounze,** cap. du Kirghizistan ; 838 606 hab.

BIDACHE (64520), comm. des Pyrénées-Atlantiques ; 1 379 hab. *(Bidachots).* Ruines du château des Gramont (XVe-XVIe s.).

BIDART (64210), comm. des Pyrénées-Atlantiques ; 6 721 hab. *(Bidartars).* Station balnéaire. Technopole Izarbel - Côte basque.

BIDASSOA n.f., fl. côtier de France, dans les Pyrénées-Atlantiques, qui se jette dans le golfe de Gascogne ; 70 km. Elle sépare pendant 12 km la France et l'Espagne.

BIDAULT (Georges), *Moulins 1899 - Cambo-les-Bains 1983,* homme politique français. Président du Conseil national de la Résistance et l'un des fondateurs du MRP, il fut président du Conseil (1949 - 1950) et ministre des Affaires étrangères sous la IVe République. Opposé à la politique algérienne de De Gaulle, il s'exila de 1962 à 1968.

BIDOS (64400), comm. des Pyrénées-Atlantiques ; 1 198 hab. *(Bidosiens).* Industrie aéronautique.

BIDPAI ou **PILPAY,** brahmane hindou (IIIe s. ?). On attribue à ce personnage semi-légendaire un recueil d'apologues en sanskrit dont s'inspira La Fontaine.

Biedermeier, nom donné au style de la peinture et des arts décoratifs s'adressant aux classes moyennes, en Allemagne et en Autriche, dans les années 1815 - 1848.

BIELEFELD, v. d'Allemagne (Rhénanie-du-Nord-Westphalie) ; 326 870 hab. (1 300 000 hab. dans l'agglomération). Métallurgie.

BIELGOROD → **BELGOROD.**

BIELINSKI → **BELINSKI.**

BIELLA, v. d'Italie (Piémont), ch.-l. de prov. ; 43 878 hab. Centre lainier. – Cathédrale en partie gothique, avec baptistère préroman.

BIÉLORUSSIE n.f. ou **BÉLARUS** n.m., en biélorusse **Belarus,** État d'Europe orientale, en bordure de la Pologne ; 208 000 km² ; 9 357 000 hab. (*Biélorusses, Bélarusses* ou *Bélarussiens*). **CAP.** *Minsk.* **LANGUES :** *biélorusse* et *russe.* **MONNAIE :** *rouble biélorusse.*

GÉOGRAPHIE La Biélorussie présente un relief peu contrasté, au climat frais et humide, en partie boisé et marécageux. L'agriculture associe élevage et cultures (pomme de terre, orge, betterave), mais a souffert des suites de l'accident nucléaire de Tchernobyl, qui a aussi pénalisé l'agroalimentaire. L'industrie manque de matières premières. En 2011, le pays a traversé une grave crise financière. Depuis, les liens économiques avec la Russie, déjà importants, se sont encore renforcés. La population compte env. 80 % de Biélorusses de souche, mais encore plus de 10 % de Russes.

HISTOIRE **IXe - XIIe s. :** la région, peuplée de Slaves orientaux, fait partie des États de Kiev. **XIIIe - XIVe s. :** appelée Russie blanche, elle est intégrée dans le grand-duché de Lituanie, uni à la Pologne à partir de 1385. **XIVe - XVIIe s. :** la différenciation entre les trois branches de Slaves orientaux, Biélorusses, Russes et Ukrainiens, se précise. L'influence polonaise devient prépondérante. **1772 - 1793 :** les deux premiers partages de la Pologne donnent la Biélorussie à l'Empire russe. **1919 :** une république socialiste soviétique (RSS) de Biélorussie, indépendante, est proclamée. **1921 :** la partie occidentale de la Biélorussie est rattachée à la Pologne. **1922 :** la RSS de Biélorussie adhère à l'URSS. **1939 :** la Biélorussie occidentale lui est rattachée. **1945 :** la RSS de Biélorussie devient membre de l'ONU. **1991 :** le Soviet suprême proclame l'indépendance du pays (août), qui adhère à la CEI. **1994 :** Aleksandr Loukachenko est élu à la présidence de la République (réélu plusieurs fois). Il exerce un pouvoir autoritaire, soutenu par la Russie.

BIELSKO-BIAŁA, v. de Pologne, en Silésie ; 174 534 hab.

BIELYÏ (Andreï) → **BELYÏ.**

BIENAYMÉ (Jules), *Paris 1796 - id. 1878,* administrateur français. Il appliqua le calcul des probabilités aux mathématiques financières.

BIÊN HOA, v. du Viêt Nam ; 97 044 hab.

BIENNE, en all. **Biel,** v. de Suisse (canton de Berne), sur le *lac de Bienne* ; 51 203 hab. *(Biennois)* [94 021 hab. dans l'agglomération]. Horlogerie. – Noyau médiéval. Nouveau Musée Bienne (archéologie, art, histoire).

BIENNE (lac de), lac de Suisse, dans l'ouest du canton de Berne ; 40 km².

Bien public (ligue du), coalition féodale constituée en 1465 par les grands vassaux du royaume et dirigée contre Louis XI. Elle fut dissoute après la bataille de Montlhéry (juill. 1465).

BIENVENÜE [-ny] (Fulgence), *Uzel 1852 - Paris 1936,* ingénieur français. Il dirigea des travaux d'adduction d'eau de source à Paris ; il conçut puis dirigea la réalisation du métro de Paris.

BIERMANN (Ludwig), *Hamm, Westphalie, 1907 - Munich 1986,* astrophysicien allemand. Auteur de travaux concernant la physique des plasmas, le Soleil et les comètes, il a, le premier, suggéré l'existence du vent solaire (1951).

BIERUT (Bolesław), *près de Lublin 1892 - Moscou 1956,* homme politique polonais. Président du gouvernement provisoire (1945) puis de la République (1947 - 1952), président du Conseil des ministres (1952 - 1954) et secrétaire général du Parti ouvrier unifié polonais (1948 - 1956), il aligna son pays sur le modèle soviétique.

BIESHEIM (68600), comm. du Haut-Rhin, à l'E. de Colmar ; 2 577 hab. *(Biesheimois).* Métallurgie de l'aluminium.

BIÈVRES (91570), comm. de l'Essonne ; 4 677 hab. *(Biévrois).* Musée français de la photographie. Foire internationale à la photo.

BIGEARD (Marcel), *Toul 1916 - id. 2010,* général français. Engagé volontaire en 1940, il combattit en Indochine (1946 - 1954) puis en Algérie (1954 - 1960). Général de corps d'armée en 1974, il fut secrétaire d'État à la Défense nationale (1975 - 1976).

BIGORRE n.f., partie centrale du dép. des Hautes-Pyrénées. Comté constitué dès le IXe s., réuni au Béarn en 1425. – Cap. *Tarbes.* (Hab. *Bigourdans.*)

BIGOT DE PRÉAMENEU (Félix), *Rennes 1747 - Paris 1825,* jurisconsulte français. Conseiller d'État sous le Consulat, il joua un rôle important lors de l'élaboration du Code civil. Il fut ministre des Cultes (1808 - 1814). [Acad. fr.]

BIGUGLIA (20620), bur. centr. de cant. de la Haute-Corse ; 8 102 hab. *(Biguglíais).*

BIHAR, État du nord-est de l'Inde ; 94 150 km² ; 103 804 637 hab. ; cap. *Patna.*

BIHOR ou **BIHAR** → **APUSENI.**

BIISK, v. de Russie, en Sibérie, sur l'Ob ; 210 055 hab. Centre industriel.

BIJAPUR, v. d'Inde (Karnataka) ; 326 360 hab. Monuments indo-musulmans des XVIe et XVIIe s., dont le Gol Gunbadh, célèbre mausolée du XVIIe s.

BIKANER, v. d'Inde (Rajasthan) ; 529 007 hab. Textile. – Forteresse du XVIe s. Musée.

BIKILA (Abebe), *Jato, à 130 km au N.-E. d'Addis-Abeba, 1932 - Addis-Abeba 1973*, athlète éthiopien. Double champion olympique du marathon (1960, à Rome, où se forgea sa légende de « coureur aux pieds nus », et 1964), il inaugura la lignée des grands coureurs de fond est-africains.

BIKINI, îlot du Pacifique (îles Marshall). Théâtre, à partir de 1946, d'expérimentations nucléaires américaines.

BILAL (Enki), *Belgrade 1951*, dessinateur et scénariste de bandes dessinées français d'origine yougoslave. Il mêle dans ses récits au graphisme futuriste politique-fiction et réalisme (*la Trilogie Nikopol*, 1980-1992 ; *la Tétralogie du Monstre*, 1998-2007 ; *Animal'z*, 2009 ; *Bug*, 2017). Il est aussi cinéaste (*Bunker Palace Hôtel*, 1989).

BILASPUR, v. d'Inde (Chhattisgarh) ; 265 178 hab.

BILBAO, v. d'Espagne (Pays basque), ch.-l. de la Biscaye ; 345 110 hab. Port sur le Nervión canalisé, c'est la principale ville du Pays basque. Centre industriel. – Musées (des Beaux-Arts, Guggenheim, etc.).

Bild, anc. **Bild Zeitung**, quotidien populaire allemand, créé en 1952 par A. Springer, et, par son tirage, le plus important quotidien d'Allemagne.

BILL (Max), *Winterthur 1908 - Berlin 1994*, architecte, désigneur, peintre et sculpteur suisse. Il a été le pionnier d'une abstraction rationnelle (« art concret ») et de la synthèse des arts.

BILLAUD-VARENNE (Jean Nicolas), *La Rochelle 1756 - Port-au-Prince 1819*, homme politique français. Membre du Comité de salut public (1793), partisan de Robespierre, il se retourna contre lui au 9 Thermidor. Adversaire de la réaction qui suivit, il fut déporté à Cayenne (1795).

BILLE (Corinna S.), *Veyras 1912 - Lausanne 1979*, écrivaine suisse de langue française. Ses nouvelles et ses romans mêlent des éléments oniriques et fantastiques à un attachement sensuel au Valais (*le Sabot de Vénus*, *la Fraise noire*).

BILLÈRE (64140), bur. centr. de cant. des Pyrénées-Atlantiques ; 13 423 hab. (*Billérois*). Constructions électriques.

BILLETDOUX (François), *Paris 1927 - id. 1991*, auteur dramatique français. Son théâtre, insolite et ironique, présente l'image d'un monde et de personnages bouleversés, au bord de la disparition (*Tchin-Tchin*, *Réveille-toi*, *Philadelphie !*).

BILLITON → **BELITUNG.**

BILLOM [bijɔ̃] (63160), bur. centr. de cant. du Puy-de-Dôme ; 4 846 hab. (*Billomois*). Église avec chœur roman ; maisons anciennes.

BINCHE, v. de Belgique (Hainaut) ; 33 091 hab. (*Binchois*). Carnaval. Musée international du Carnaval et du Masque.

BINCHOIS (Gilles), *Mons v. 1400 - Soignies 1460*, compositeur franco-flamand. Il est l'auteur de chansons et de motets polyphoniques.

BINET (Alfred), *Nice 1857 - Paris 1911*, psychologue français. Il a fondé la psychologie expérimentale en France et créé la méthode des tests de niveau intellectuel (*échelle de Binet-Simon*).

BINET (Léon), *Saint-Martin, Seine-et-Marne, 1891 - Paris 1971*, médecin français. Il a étudié la réanimation et la physiologie du poumon.

BINFORD (Lewis), *Norfolk, Virginie, 1929 ou 1931 - Kirksville, Missouri, 2011*, préhistorien américain. Il étudia les processus d'évolution culturelle.

BINGER (Louis Gustave), *Strasbourg 1856 - L'Isle-Adam 1936*, officier et explorateur français. Il explora la boucle du Niger (1887 - 1889) et la Côte d'Ivoire, dont il fut gouverneur (1893 - 1897).

BINIC-ÉTABLES-SUR-MER, comm. des Côtes-d'Armor ; 7 025 hab. Station balnéaire.

BINNIG (Gerd), *Francfort 1947*, physicien allemand. Il a conçu, avec H. Rohrer, le premier microscope électronique à effet tunnel. (Prix Nobel 1986.)

BINOCHE (Juliette), *Paris 1964*, actrice française. Interprète exigeante et sensible, elle a acquis dans le monde du cinéma un renom international : *les Amants du Pont-Neuf* (L. Carax, 1991), *Trois Couleurs [Bleu]* (K. Kieślowski, 1993), *le Patient anglais* (A. Minghella, 1996) [Oscar de la meilleure actrice dans un second rôle], *Caché* (M. Haneke, 2005), *Copie conforme* (A. Kiarostami, 2010), *Camille Claudel, 1915* (B. Dumont, 2013), *Sils Maria* (O. Assayas, 2014), *Un beau soleil intérieur* (C. Denis, 2017). Elle s'adonne aussi au théâtre (*la Mouette*, 1988), à la danse (*In-I*, avec A. Khan, 2008) et à la peinture.

BIOKO ou **BIOCO**, anc. **Fernando Poo**, île de la Guinée équatoriale ; 2 017 km² ; v. princ. *Malabo*.

BION (Wilfred Ruprecht), *Muttra, auj. Mathura, Inde, 1897 - Oxford 1979*, psychiatre et psychanalyste britannique. Il a étudié le développement de la pensée de l'enfant et ses troubles.

BIOT (06410), comm. des Alpes-Maritimes ; 10 158 hab. (*Biotois*). Artisanat. Cultures florales. – Musée Fernand-Léger.

BIOT (Jean-Baptiste), *Paris 1774 - id. 1862*, astronome et physicien français. Il est l'auteur de recherches en astronomie, en géophysique et, surtout, en physique (électromagnétisme, polarisation de la lumière, etc.). [Acad. fr.]

BIOY CASARES (Adolfo), *Buenos Aires 1914 - id. 1999*, écrivain argentin. Il est l'auteur de récits fantastiques (*l'Invention de Morel*, 1940 ; *Journal de la guerre au cochon*, 1969 ; *Dormir au soleil*, 1973).

BIRAGUE (René de), *Milan 1506 - Paris 1583*, prélat et homme d'État français. Investi de la confiance de Catherine de Médicis, il lui inspira la Saint-Barthélemy, puis prôna une politique de réconciliation (paix de Beaulieu). Le priant de son tombeau, par G. Pilon, est au Louvre.

BIRATNAGAR, v. de l'est du Népal ; 166 674 hab.

BIRD (Banque internationale pour la reconstruction et le développement), organisation internationale faisant partie de la Banque* mondiale.

BIRD (Junius Bouton), *Rye, État de New York, 1907 - New York 1982*, préhistorien américain. Ses travaux sur des sites de chasseurs-cueilleurs en Patagonie ont montré l'ancienneté et l'expansion du peuplement paléo-indien en Amérique du Sud.

Bir Hakeim (bataille de) [1942], bataille de la Seconde Guerre mondiale pendant la campagne de Libye. Encerclés par les Allemands et les Italiens à Bir Hakeim, dans le désert de Libye, les Français du général Kœnig y résistèrent 16 jours, puis réussirent à rejoindre les lignes britanniques.

BIRKENAU, en polon. **Brzezinka**, localité de Pologne, à 3 km au S.-O. d'Auschwitz. Camp allemand d'extermination créé en 1941, dont les victimes furent essentiellement des Juifs.

BIRKENHEAD, v. de Grande-Bretagne (Angleterre), sur l'estuaire de la Mersey ; 83 729 hab. (319 675 hab. dans l'agglomération).

BIRKHOFF (George David), *Overisel, Michigan, 1884 - Cambridge, Massachusetts, 1944*, mathématicien américain. Il développa la théorie générale des systèmes dynamiques, à la suite des travaux de Poincaré.

BIRKIN (Jane), *Londres 1946*, chanteuse britannique et française. Égérie de S. Gainsbourg, elle mêle avec bonheur poésie française et sonorités anglo-saxonnes (*Je t'aime moi non plus*, *Ex-fan des sixties*, *Norma Jean Baker*, *Elisa*). Elle poursuit aussi une carrière d'actrice, au cinéma et au théâtre.

BIRMANIE n.f., officiellement **MYANMAR** n.m. ou **république de l'Union du Myanmar**, en birman **Myanma**, État d'Asie du Sud-Est ; 678 000 km² ; 53 259 000 hab. (*Birmans*). **CAP.** *Nay Pyi Taw*. **LANGUE :** *birman*. **MONNAIE :** *kyat*.

GÉOGRAPHIE Le pays regroupe en une fédération, l'Union du Myanmar, l'ancienne colonie anglaise de Birmanie et sept États « périphériques » peuplés de minorités ethniques, parfois turbulentes, qui représentent 20 à 25 % de la population totale, en très large majorité bouddhiste. Coupée par le tropique et située dans le domaine de la mousson, la Birmanie est un pays presque exclusivement agricole, notable producteur de riz ; la culture en est répandue surtout dans le delta de l'Irrawaddy, au débouché de la grande dépression centrale, qui est le cœur du pays. Les autres cultures, vivrières ou commerciales (coton, arachide, canne à sucre, thé, hévéa), sont secondaires. L'exploitation de la forêt (teck, bambou) est la principale ressource (avec l'opium) des régions du pourtour, montagneuses, entaillées par les vallées de la Chindwin, de l'Irrawaddy et de la Salouen. La Birmanie possède quelques ressources minières ainsi que d'importantes réserves de pétrole et, surtout, de gaz naturel (gisements offshore de Yadana et de Shwe). Un essor du tourisme s'amorce avec la détente politique.

HISTOIRE **Les royaumes des Thaïs (Chan), des Môn et des Birmans.** **832 :** la civilisation très ancienne des Pyu, peuple tibéto-birman, disparaît sous les coups de tribus thaïes. **IXᵉ s. :** les Môn instaurent en Basse-Birmanie le royaume de Pegu, et les Birmans venant du Nord-Est atteignent la Birmanie centrale. **XIᵉ s. :** ils y constituent un État autour de Pagan (fondée en 849), qui tombe aux mains des Sino-Mongols puis des Chan (1287 - 1299). **1347 - 1752 :** les Birmans recréent un royaume dont la capitale est Toungoo. **1539 - 1541 :** ils conquièrent le territoire môn et unifient le pays. **1752 :** les Môn s'emparent d'Ava et mettent fin au royaume de Toungoo. **1752 - 1760 :** Alaungpaya reconstitue l'Empire birman. **1816 - 1824 :** celui-ci s'agrandit du Manipur et de l'Assam, que les Britanniques lui reprennent en 1826.

La domination britannique. **1852 - 1855 :** ces derniers conquièrent Pegu et annexent la Birmanie à l'empire des Indes. **1942 - 1948 :** envahie par les Japonais (1942), reconquise par les Alliés en 1944 - 1945, la Birmanie accède à l'indépendance (1948).

La Birmanie indépendante. **1948 - 1962 :** U Nu, Premier ministre, est confronté à la guerre civile déclenchée par les communistes et à la rébellion des Karen (1949 - 1955). **1962 :** déjà Premier ministre de 1958 à 1960, le général Ne Win revient au pouvoir à la faveur d'un coup d'État. Un régime socialiste et autoritaire est instauré. Mais les rébellions ethniques reprennent et les tensions entre les minorités hindouiste, musulmane, chrétienne et la majorité bouddhiste demeurent. **1981 :** Ne Win est remplacé à la tête de l'État par le général San Yu, mais il conserve, à la tête du parti unique, la réalité du pouvoir. **1988 :** Ne Win et San Yu démissionnent ; l'opposition grandit (création de la Ligue nationale pour la démocratie, ou LND). **1990 :** la LND remporte les élections, mais les militaires gardent le pouvoir. **1992 :** la junte, dirigée par le général Than Shwe, est condamnée à l'unanimité par l'ONU pour sa politique répressive. **1995 :** Aung San Suu Kyi, leader de l'opposition, qui était en résidence surveillée depuis 1989, est libérée (de nouveau placée sous contrôle de 2000 à 2002 et de 2003 à 2010). **1997 :** malgré l'absence d'ouverture politique, le pays est admis au sein de l'ASEAN. **2007 :** nées d'une protestation contre la vie chère, de grandes manifestations d'opposition au régime militaire, conduites par des moines bouddhistes, sont sévèrement réprimées (sept.). **2008 :** alors que le passage du cyclone Nargis provoque un désastre humanitaire, la junte organise un référendum pour faire approuver une Constitution qui pérennise son pouvoir (mai). **2010 :** des élections ont lieu (nov., les premières depuis 1990), sans la participation de l'opposition démocratique (la LND est dissoute pour avoir décidé de boycotter le scrutin). Aung San Suu Kyi est néanmoins libérée juste après les élections. **2011 :** en application de la Constitution de 2008, la junte s'autodissout pour faire place à un nouveau régime, civil mais dominé par d'anciens militaires. Thein Sein, ex-général nommé Premier ministre en 2007, devient président de la République. Cette évolution s'accompagne d'une détente notable de la situation intérieure. **2012 :** la LND d'Aung San Suu Kyi, relégalisée en déc. 2011, entre au Parlement au terme d'élections partielles (avr.). Les sanctions internationales prises à l'encontre de la Birmanie sont progressivement levées. La minorité musulmane établie à l'ouest du pays (Rohingyas) est victime d'un regain de tensions nationalistes. **Depuis 2013 :** un processus de paix est engagé avec les multiples minorités ethniques du pays (cessez-le-feu ratifié par certaines d'entre elles en 2015). **2015 :** la LND remporte une victoire écrasante aux élections législatives (nov.). **2016 :** Htin Kyaw (LND) est élu par le Parlement président de la République (mars ; démissionnaire en 2018, il est remplacé par Win Myint), tandis qu'Aung San Suu Kyi, empêchée d'accéder à la magistrature

Birmanie

200 500 1000 m

★ site touristique important
— route
— voie ferrée
✈ aéroport
● plus de 1 000 000 h.
● de 500 000 à 1 000 000 h.
● de 100 000 à 500 000 h.
● moins de 100 000 h.

suprême par une loi constitutionnelle, cumule les fonctions et dirige de facto le pays. La répression à l'encontre des Rohingyas s'accentue en 2016 et 2017, les poussant à l'exil, ce qui provoque de vives condamnations sur la scène internationale.

Birmanie (route de), route reliant Rangoun à Kunming (Yunnan), construite en 1938. Elle permit aux Alliés, durant la Seconde Guerre mondiale, de ravitailler la Chine (1939 - 1942, 1945).

BIRMINGHAM, v. de Grande-Bretagne (Angleterre), dans les Midlands ; 977 091 hab. (2 273 095 hab. dans l'agglomération). Centre métallurgique. – Grâce à la présence de charbon et de fer, la ville fut, aux XVIIIe et XIXe s., l'un des principaux centres autour desquels se développa l'industrie britannique. – Riche musée.

BIRMINGHAM, v. des États-Unis (Alabama) ; 212 247 hab. (759 306 hab. dans l'agglomération). Métallurgie.

BIROBIDJAN, v. de Russie, ch.-l. de la région autonome des Juifs (l'anc. *Birobidjan*), à l'O. de Khabarovsk ; 75 419 hab.

BIRON, famille française dont le berceau fut le château de Biron (Dordogne). — **Armand de Gontaut,** baron **de B.,** *v. 1524 - Épernay 1592,* maréchal de France. Il mourut en combattant aux côtés d'Henri IV contre les ligueurs. — **Charles de Gontaut,** duc **de B.,** *1562 - Paris 1602,* maréchal de France. Fils d'Armand, il servit Henri IV, puis complota avec le duc de Savoie et l'Espagne contre la France et fut décapité.

BIRUNI (al-), *Kath, Kharezm, v. 973 - Ghazni ? apr. 1050,* savant et encyclopédiste d'origine iranienne. Il voyagea beaucoup, notamm. en Inde avec le sultan Mahmud de Ghazni. Il a laissé de nombreux traités concernant les mathématiques et l'astronomie ainsi que la botanique et la minéralogie. Il fut également un historien des civilisations.

BISAYAN → **VISAYA.**

BISCARROSSE (40600), comm. des Landes, près du *lac,* ou *étang, de Biscarrosse et de Parentis ;* 14 705 hab. *(Biscarrossais).* Station balnéaire à *Biscarrosse-Plage.* – Musée de l'Hydraviation. – Centre d'essais de lancement de missiles (CELM).

BISCAYE [-kaj], en esp. **Vizcaya,** prov. basque d'Espagne ; 1 156 190 hab. ; ch.-l. *Bilbao.*

BISCHHEIM (67800), comm. du Bas-Rhin ; 17 369 hab. *(Bischheimois).*

BISCHWILLER (67240), bur. centr. de cant. du Bas-Rhin ; 12 723 hab. *(Bischwillerois).* Textile. Céramique.

BISKRA, v. d'Algérie, ch.-l. de wilaya, en bordure de l'Aurès ; 205 608 hab. Oasis. Tourisme.

BISMARCK (archipel), archipel de la Mélanésie, dépendance de la Papouasie-Nouvelle-Guinée. L'île principale est la Nouvelle-Bretagne. – Anc. colonie allemande (1884 - 1914).

BISMARCK (Otto, prince von), *Schönhausen 1815 - Friedrichsruh 1898,* homme politique prussien. Appelé à la présidence du Conseil de Prusse par Guillaume Ier (1862), il réalise l'unité allemande au profit de la Prusse de 1864 à 1871. Après avoir battu l'Autriche à Sadowa (1866), il crée la Confédération de l'Allemagne du Nord. Puis, à l'issue de la guerre franco-allemande (1870 - 1871), qui se solde par l'annexion de l'Alsace-Lorraine, il fait proclamer l'Empire allemand, à Versailles, le 18 janv. 1871. Devenu chancelier de cet empire (IIe Reich), il pratique une politique autoritaire, engageant contre les catholiques le *Kulturkampf* (1871 - 1878) et s'efforçant de neutraliser les sociaux-démocrates par la répression et par l'adoption d'une législation sociale avancée. Devant renoncer à l'alliance des Trois Empereurs (Allemagne, Autriche, Russie), il conclut avec l'Italie et l'Autriche la Triplice (1882). Il quitte le pouvoir en 1890, peu après l'avènement de Guillaume II.

▲ **Bismarck** en 1870.

BISSAGOS (îles), archipel de la Guinée-Bissau.

BISSAU ou **BISSAO,** cap. de la Guinée-Bissau ; 473 000 hab. dans l'agglomération *(Bissaliens).* Aéroport.

BISSIÈRE (Roger), *Villeréal 1886 - Boissiérette, Lot, 1964,* peintre français. Il a évolué d'un cubisme modéré à une non-figuration sensible et intime.

BIT (Bureau international du travail), secrétariat permanent de l'Organisation internationale du travail.

BITCHE (57230), bur. centr. de cant. de la Moselle ; 5 381 hab. *(Bitchois).* Camp militaire. – Citadelle (musée).

BITHYNIE, anc. région et royaume du nord-ouest de l'Asie Mineure, en bordure du Pont-Euxin et de la Propontide. Indépendante du IIIe s. à l'an 74 av. J.-C., elle fut annexée par Rome.

BITOLA ou **BITOLJ,** anc. **Monastir,** v. de Macédoine du Nord ; 86 408 hab. Mosquée du XVIe s. Musée archéologique (→ **Monastir**).

BITURIGES (« rois du monde »), peuple de la Gaule, dont les deux principaux groupes avaient pour centres, l'un, Burdigala (Bordeaux), l'autre, Avaricum (Bourges).

BIYA (Paul), *Mvomeka'a, près de Meyomessala, 1933,* homme politique camerounais. Secrétaire général de la présidence (à partir de 1968) puis Premier ministre (à partir de 1975), il succède à A. Ahidjo à la présidence de la République en 1982. Il est régulièrement réélu depuis.

◀ Paul **Biya** en 1985.

BIZERTE, v. de Tunisie ; 113 637 hab. Port. Raffinage du pétrole. – Base navale sur la Méditerranée, au débouché du *lac de Bizerte,* utilisée par la France de 1882 à 1963.

BIZET (Georges), *Paris 1838 - Bougival 1875,* compositeur français. Il écrivit pour le théâtre lyrique des chefs-d'œuvre pleins de vitalité et de pittoresque (*les Pêcheurs de perles,* 1863 ; *l'Arlésienne,* 1872 ; *Carmen,* 1875).

◀ Georges **Bizet**

BJERKNES (Vilhelm), *Christiania, auj. Oslo, 1862 - id. 1951,* géophysicien norvégien. Il est l'auteur de travaux précurseurs en météorologie, où il applique la mécanique des fluides aux mouvements de l'atmosphère et de l'océan.

BJÖRK (Björk Gunðmundsdóttir, dite), *Reykjavík 1965,* chanteuse et auteure-compositrice islandaise. Tant par ses recherches musicales que par ses prouesses vocales, elle contribue au succès du rock alternatif (albums principaux : *Debut,* 1993 ; *Post,* 1995 ; *Homogenic,* 1997 ; *Vulnicura,* 2015).

BJØRNSON (Bjørnstjerne), *Kvikne 1832 - Paris 1910,* écrivain norvégien. L'un des plus grands auteurs dramatiques de son pays (*Une faillite,*

Au-delà des forces), il joua un rôle important dans la séparation de la Norvège et de la Suède. (Prix Nobel 1903.)

BLACK (Joseph), *Bordeaux 1728 - Édimbourg 1799*, physicien et chimiste britannique. Il fut le premier à distinguer nettement température et quantité de chaleur.

BLACKBURN, v. de Grande-Bretagne (Angleterre), au N.-O. de Manchester ; 105 085 hab.

BLACKFOOT → PIEDS-NOIRS.

Black Muslims (« musulmans noirs »), mouvement séparatiste noir nord-américain, fondé en 1930. Se réclamant de l'islam, il est hostile à l'intégration des Noirs dans la société américaine.

Black Panthers (« Panthères noires »), organisation d'autodéfense formée en 1966, aux États-Unis, par des militants noirs révolutionnaires revendiquant le « pouvoir noir » (*black power*).

BLACKPOOL, v. de Grande-Bretagne (Angleterre), sur la mer d'Irlande ; 142 065 hab. (261 088 hab. dans l'agglomération). Station balnéaire.

BLACKSTONE (sir William), *Londres 1723 - id. 1780*, juriste britannique. Ses *Commentaries on the Laws of England* (1765 - 1769) vulgarisèrent le droit anglais et exercèrent une vive influence sur les idées constitutionnelles en Angleterre.

BLAGA (Lucian), *Lancrăm, près de Sibiu, 1895 - Cluj 1961*, auteur dramatique, poète et philosophe roumain. Il a voulu cerner à travers mythes, spiritualité et paysages, l'essence de la culture roumaine (*Poèmes de la lumière, les Pas du Prophète*).

BLAGNAC (31700), bur. centr. de cant. de la Haute-Garonne ; 24 241 hab. (*Blagnacais*). Aéroport de Toulouse. Constructions aéronautiques.

BLAGOVECHTCHENSK, v. de Russie, à la frontière chinoise ; 214 397 hab.

BLAIN (44130), bur. centr. de cant. de la Loire-Atlantique ; 9 832 hab. (*Blinois*). Château fort. Musée des Arts et Traditions populaires.

BLAINVILLE, v. du Canada (Québec), banlieue nord-ouest de Montréal ; 56 863 hab. (*Blainvillois*).

BLAINVILLE (Henri **Ducrotay de**), *Arques 1777 - Paris 1850*, naturaliste français. Il fut l'élève de Cuvier, dont il combattit les idées et à qui il succéda au Muséum d'histoire naturelle.

BLAINVILLE-SUR-ORNE (14550), comm. du Calvados ; 5 687 hab. (*Blainvillais*). Véhicules utilitaires.

BLAIR (Anthony, dit Tony), *Édimbourg 1953*, homme politique britannique. Leader du Parti travailliste (1994 - 2007), il est Premier ministre de 1997 à 2007. Il poursuit la réforme de l'État providence, modernise les institutions du royaume (décentralisation) et œuvre au règlement du conflit nord-irlandais. À l'extérieur, il est pro-européen et se montre un allié fidèle des États-Unis (en partic. dans la guerre en Iraq). De 2007 à 2015, il est le représentant du Quartet pour le Moyen-Orient (États-Unis, UE, ONU, Russie), chargé d'une médiation dans le conflit israélo-palestinien.

▲ Tony **Blair**

BLAIS (Jean-Charles), *Nantes 1956*, artiste français. Proche à ses débuts de la figuration libre, il multiplie les variations autour de la figure humaine, traitée en silhouette, sur des supports allant des matériaux de récupération – affiches en partic. – au numérique (série *De la tête aux pieds*, 1994 ; *Double Vue*, 2002).

BLAIS (Marie-Claire), *Québec 1939*, écrivaine canadienne de langue française. Son œuvre est une critique désabusée des conformismes (*Une saison dans la vie d'Emmanuel*, 1965 ; *Sommeil d'hiver*, 1984 ; *Soifs*, 1995 ; *Naissance de Rebecca à l'ère des tourments*, 2008 ; *Aux jardins des acacias*, 2014).

BLAKE (sir Peter), *Auckland 1948 - Balneário da Fazendinha, au sud de Macapá, 2001*, navigateur néo-zélandais. Détenteur – de 1994 à 1997 – du record du tour du monde à la voile sans escale (trophée Jules-Verne), il remporta en 1995, et conserva en 2000, avec le Défi néo-zélandais, la coupe de l'America.

▲ Mont **Blanc.** Le sommet.

BLAKE (sir Quentin), *Sidcup, banlieue de Londres, 1932*, illustrateur britannique. Entre réalisme poétique et fantastique, ses dessins à l'aquarelle, tremblés et suggestifs, illustrent des romans pour enfants (en partic. ceux de Roald Dahl : *Matilda, Charlie et la chocolaterie*), des classiques de la littérature et ses propres textes (*Clown*, 1995).

BLAKE (Robert), *Bridgwater 1599 - au large de Plymouth 1657*, amiral anglais. Il commanda la flotte sous Cromwell, assurant à l'Angleterre la maîtrise de la Manche.

BLAKE (William), *Londres 1757 - id. 1827*, poète et graveur britannique. Ses poèmes lyriques et épiques (*Chants d'innocence*, 1789 ; *Chants d'expérience*, 1794) unissent l'émerveillement naïf et une mythologie qui renvoie à la fois à la Révolution française et à une métaphysique personnelle. Il a lui-même illustré ses écrits (gravures, aquarelles).

BLAKEY (Art), *Pittsburgh 1919 - New York 1990*, musicien américain de jazz. Batteur et chef d'orchestre, inspirateur de plusieurs générations de jazzmen depuis le be-bop, il a animé le groupe de hard-bop des Jazz Messengers, fondé en 1955.

BLAMONT (Jacques Émile), *Paris 1926*, physicien français. Il a inspiré et dirigé divers programmes de recherche spatiale, découvert la turbopause terrestre, le vent interstellaire, l'enveloppe des comètes, et collaboré à de nombreuses missions d'exploration planétaire (aérostats dans l'atmosphère de Vénus, 1985).

BLANC (cap), cap d'Afrique, en Mauritanie.

BLANC (mont), sommet le plus élevé des Alpes, en France (Haute-Savoie), près de la frontière italienne, dans le *massif du Mont-Blanc* ; 4 810 m env. (niveau du sommet variable selon les conditions climatiques). Il fut gravi pour la première fois en 1786 par le Dr Paccard et le guide Balmat. – Tunnel routier entre Chamonix et Courmayeur (long de 11,6 km, ouvert en 1965).

BLANC (Le) [36300], ch.-l. d'arrond. de l'Indre, sur la Creuse ; 6 859 hab. (*Blancois*). Siège de l'écomusée de la Brenne au château Naillac.

BLANC (Dominique), *Lyon 1956*, comédienne française. Son jeu intense la porte vers des rôles souvent paroxystiques, à la scène (*Une maison de poupée, Phèdre, la Douleur, les Liaisons dangereuses*) comme à l'écran (*Milou en mai*, L. Malle, 1990 ; *Indochine*, R. Wargnier, 1992 ; *Ceux qui m'aiment prendront le train*, P. Chéreau, 1998 ; *Stand-by*, R. Stéphanik, 2000 ; *l'Autre*, P.-M. Bernard et P. Trividic, 2008). Elle a intégré la Comédie-Française en 2016.

BLANC (Georges), *Bourg-en-Bresse 1943*, cuisinier français. Ayant repris en 1968 l'auberge familiale créée en 1872 à Vonnas (Ain), il y perpétue la tradition tout en la revisitant avec une créativité qui sublime des produits de haute qualité (notamm. la volaille de Bresse).

BLANC (Louis), *Madrid 1811 - Cannes 1882*, historien et homme politique français. Gagné aux idées socialistes, il contribua par ses écrits à grossir l'opposition contre la monarchie de Juillet. Membre du Gouvernement provisoire en févr. 1848, il vit son projet d'ateliers sociaux échouer et dut s'exiler après les journées de juin. Rentré en 1870, il fut député d'extrême gauche à l'Assemblée nationale.

BLANCHARD (Jacques), *Paris 1600 - id. 1638*, peintre français, coloriste influencé par Titien (*Vénus et les Grâces surprises par un mortel*, Louvre).

BLANCHARD (Jean-Pierre), *Les Andelys 1753 - Paris 1809*, aéronaute français. Inventeur du parachute, il l'expérimenta avec des animaux ; il fut le premier à traverser la Manche en ballon (1785).

BLANCHARD (Raoul), *Orléans 1877 - Paris 1965*, géographe français, auteur de travaux sur les Alpes et sur le Canada.

Blanche (autoroute), autoroute des Alpes du Nord, menant de Genève vers Chamonix et le tunnel du Mont-Blanc.

BLANCHE (mer), mer formée par l'océan Arctique, au N.-O. de la Russie.

BLANCHE (vallée), haute vallée du massif du Mont-Blanc (France), occupée par un glacier.

BLANCHE (Jacques-Émile), *Paris 1861 - Offranville 1942*, peintre français, célèbre pour ses portraits (M. Proust, M. Cassatt, R. Crevel, J. Cocteau…).

BLANCHE DE CASTILLE, *Palencia 1188 - Paris 1252*, reine de France. Femme de Louis VIII (1200) et mère de Saint Louis. Elle fut régente durant la minorité de son fils (1226 - 1234) et pendant la septième croisade (1248 - 1252).

Blanche-Neige, personnage d'un conte des frères Grimm (1812). Cette jeune princesse, réfugiée dans la maison des sept nains et empoisonnée par sa marâtre, ne se réveillera à la vie qu'après l'arrivée du Prince charmant. Le conte a inspiré à W. Disney *Blanche-Neige et les sept nains* (1937).

BLANCHOT (Maurice), *Quain, comm. de Devrouze, Saône-et-Loire, 1907 - Le Mesnil-Saint-Denis, Yvelines, 2003*, écrivain français. Son œuvre romanesque et critique (*l'Espace littéraire, le Livre à venir*) relie la création littéraire à l'expérience de l'absence et de la mort.

BLANC-MESNIL [-menil] (Le) [93150], bur. centr. de cant. de la Seine-Saint-Denis ; 55 571 hab. (*Blanc-Mesnilois*). Centre résidentiel et industriel (métallurgie, chimie, électronique).

BLANDINE (sainte), *m. en 177*, martyre lyonnaise. Torturée en même temps que saint Pothin, elle fut livrée aux bêtes. Une lettre des chrétiens de Lyon relate son martyre.

BLANKENBERGE [blɑ̃kɛnbɛrg], comm. de Belgique (Flandre-Occidentale) ; 19 682 hab. Station balnéaire. – Église en partie du XIVe s.

BLANQUEFORT (33290), comm. de la Gironde, dans le haut Médoc ; 16 160 hab. (*Blanquefortais*). Vins. Industrie automobile.

BLANQUI (Adolphe), *Nice 1798 - Paris 1854*, économiste français. Il prônait le libéralisme.

BLANQUI (Louis Auguste), *Puget-Théniers 1805 - Paris 1881*, théoricien socialiste et homme politique français. Frère d'Adolphe Blanqui, affilié au carbonarisme (1824), chef de l'opposition républicaine puis socialiste après 1830, il fut un des dirigeants des manifestations ouvrières de févr. à mai 1848 et joua un rôle important lors de la Commune. Ses idées, qui lui valurent de passer 36 années en prison, inspirèrent le syndicalisme révolutionnaire de la fin du siècle (*blanquisme*).

▲ Louis Auguste **Blanqui**

BLANTYRE, v. princ. du Malawi ; 661 444 hab. Centre commercial et industriel.

BLANZY (71450), comm. de Saône-et-Loire, sur la Bourbince ; 6 492 hab. (*Blanzynois*). Pneumatiques.

BLASCO IBÁÑEZ (Vicente), *Valence 1867 - Menton 1928*, écrivain espagnol. Il est l'auteur de romans d'action et de mœurs (*Arènes sanglantes, les Quatre Cavaliers de l'Apocalypse*).

BLASIS (Carlo), *Naples 1795 - Cernobbio, près de Côme, 1878*, danseur et chorégraphe italien. Auteur d'ouvrages sur la danse classique (*Traité élémentaire théorique et pratique de l'art de la danse*, 1820), il enseigna à la Scala de Milan, où il forma quelques-unes des plus grandes ballerines du XIXe siècle.

Blaue Reiter (Der), en fr. **le Cavalier bleu,** mouvement artistique (1911 - 1914) constitué à Munich par Kandinsky, les peintres allemands F. Marc et August Macke (1887 - 1914), le peintre russe Alexei von Jawlensky (1864 - 1941), etc. Son registre esthétique se situait au confluent

▲ Der **Blaue Reiter.** *Cheval rouge et cheval bleu* (1912), par Franz Marc. (Musée Lenbachhaus, Munich.)

du fauvisme, de l'abstraction, d'une spontanéité lyrique et « primitiviste » et de l'expressionnisme. R. Delaunay et P. Klee, notamm., participèrent aux expositions du mouvement (Munich, Berlin).

BLAVATSKY ou **BLAVATSKAÏA** (Elena Petrovna), *Iekaterinoslav, auj. Dnipro, 1831 - Londres 1891,* cofondatrice, avec le colonel H. S. Olcott, de la Société théosophique (1875).

BLAVET n.m., fl. de France, en Bretagne ; 140 km. Son estuaire forme, avec celui du Scorff, la rade de Lorient.

BLAYAIS n.m., région viticole du Bordelais (Gironde), à l'E. de Blaye. Sur l'estuaire de la Gironde, centrale nucléaire.

BLAYE [blaj] (33390), ch.-l. d'arrond. de la Gironde, sur la Gironde ; 5 029 hab. *(Blayais).* Terminal portuaire (vracs liquides et céréales). Vins. – Citadelle de Vauban.

BLED (Édouard), *Saint-Maur-des-Fossés 1899 - Nice 1996,* instituteur français. Il est l'auteur, avec son épouse Odette *(1906 - 1991),* d'un manuel d'orthographe et de grammaire (*Cours d'orthographe,* 1946) devenu un ouvrage de référence dans l'enseignement du français à l'école.

BLEGNY, comm. de Belgique (prov. de Liège), à l'E.-N.-E. de Liège ; 13 082 hab.

Blenheim (bataille de), nom que les Britanniques donnent à la bataille de Höchstädt (13 août 1704).

BLENKINSOP (John), *Leeds 1783 - id. 1831,* ingénieur britannique. Il construisit à partir de 1811 les premières locomotives qui aient effectué un service régulier dans les mines de houille.

BLÉRANCOURT (02300), comm. de l'Aisne ; 1 304 hab. *(Blérancourtois).* Église des XVIe-XVIIe s. Château du XVIIe s. (S. de Brosse) ; musée franco-américain. Maison-musée de Saint-Just (en restauration).

BLÉRÉ (37150), bur. centr. de cant. d'Indre-et-Loire, sur le Cher ; 5 417 hab. *(Blérois).* Église des XIe-XVe s. ; demeures anciennes.

BLÉRIOT (Louis), *Cambrai 1872 - Paris 1936,* aviateur et constructeur d'avions français. Titulaire du premier brevet de pilote délivré par l'Aéro-Club de France (1909), il traversa, le premier, la Manche en avion, de Calais à Douvres (25 juill. 1909), et fut l'un des premiers industriels de l'aviation en France.

◄ Louis **Blériot**

BLÉSOIS n.m., région de France, autour de Blois.

BLEU (fleuve) → **YANGZI JIANG.**

BLEULER (Eugen), *Zollikon, près de Zurich, 1857 - id. 1939,* psychiatre suisse. Il effectua des travaux sur la schizophrénie.

BLEUSTEIN-BLANCHET (Marcel), *Enghien-les-Bains 1906 - Paris 1996,* publicitaire français. Il créa en 1926 la société Publicis, auj. grand groupe de communication, qui joua un rôle pionnier dans la publicité et la distribution (drugstores).

BLIDA, v. d'Algérie, ch.-l. de wilaya, au pied de l'*Atlas de Blida* ; 163 586 hab.

BLIER (Bernard), *Buenos Aires 1916 - Saint-Cloud 1989,* acteur français. Il débute au théâtre avant d'entamer au cinéma une carrière riche en rôles de composition : *Entrée des artistes* (M. Allégret, 1938), *Le jour se lève* (M. Carné, 1939). — **Bertrand B.,** *Boulogne-Billancourt 1939,* cinéaste français, fils de Bernard. Il se fait héritier de la nouvelle vague (*les Valseuses,* 1974 ; *Buffet froid,* 1979 ; *Tenue de soirée,* 1986 ; *Trop belle pour toi,* 1989 ; *le Bruit des glaçons,* 2010).

BLIN (Roger), *Neuilly-sur-Seine 1907 - Évecquemont 1984,* metteur en scène de théâtre et acteur français. Lié à Artaud, puis au théâtre d'avant-garde des années 1950, il interpréta et mit en scène de nombreuses pièces de Beckett et de Genet.

BLIXEN (Karen), *Rungsted 1885 - id. 1962,* écrivaine danoise, auteure de contes (*Sept Contes gothiques,* 1934) et de romans (*la Ferme africaine,* 1937).

Bloc des gauches ou **Bloc républicain,** groupement politique qui unit radicaux et socialistes français de 1899 à 1904.

BLOCH (Ernst), *Ludwigshafen 1885 - Tübingen 1977,* philosophe allemand. Il fit une étude marxiste de l'utopie (*le Principe espérance,* 1954-1959).

BLOCH (Marc), *Lyon 1886 - Saint-Didier-de-Formans, Ain, 1944,* historien français. Son œuvre a exercé une influence décisive sur le renouvellement de la science historique en l'ouvrant aux méthodes des autres sciences sociales. Auteur des *Rois thaumaturges* (1924) et des *Caractères originaux de l'histoire rurale française* (1931), il fonda, avec Lucien Febvre, les *Annales d'histoire économique et sociale* (1929). Il fut fusillé par les Allemands.

Bloc national, groupement des partis de droite qui, de 1919 à 1924, constituèrent la majorité à la Chambre des députés française.

Blocus continental, mesures prises entre 1806 et 1808 par Napoléon Ier pour fermer au commerce de la Grande-Bretagne les ports du continent et ruiner la marine de ce pays. Leur application contribua à faire naître un sentiment antifrançais et à liguer l'Europe contre Napoléon.

BLOEMAERT (Abraham), *Gorinchem 1564 - Utrecht 1651,* peintre hollandais de l'école d'Utrecht. D'abord maniériste, son œuvre est très variée et d'une grande virtuosité. Il influença de nombreux élèves (dont ses fils, graveurs ou peintres), notamment par ses dessins de paysages.

BLOEMFONTEIN, v. d'Afrique du Sud (partie de la municipalité de Mangaung), ch.-l. de l'État libre ; 111 699 hab. (496 000 hab. dans l'agglomération). Centre commercial, industriel et culturel.

BLOIS (41000), ch.-l. du dép. de Loir-et-Cher, sur la Loire, à 177 km au S.-O. de Paris ; 47 548 hab. *(Blésois)* [91 718 hab. dans l'agglomération]. Évêché. Équipements automobiles. Agroalimentaire (chocolaterie). Imprimerie. – Manifestation annuelle « les Rendez-vous de l'histoire ». – Château royal (XIIIe-XVIIe s., très restauré au XIXe s. ; musée des Beaux-Arts). Cathédrale (Xe-XVIIe s.), église St-Nicolas (XIIe-XIIIe s.), hôtels de la Renaissance. Maison de la Magie. – Au XVIe s., Blois fut la résidence favorite des rois de France, qui y réunirent les états généraux en 1576 et 1588. Lors de ces derniers, Henri III fit assassiner le duc de Guise.

▲ **Blois.** L'aile Louis XII du château.

BLOK (Aleksandr Aleksandrovitch), *Saint-Pétersbourg 1880 - id. 1921,* poète russe symboliste (*la Ville, les Douze*).

BLONDEL (François), *Ribemont 1618 - Paris 1686,* ingénieur et architecte français. Il a construit la Corderie royale à Rochefort, la porte St-Denis à Paris, et a publié un *Cours d'architecture* (1675) qui exprime la rigueur de la doctrine classique.

BLONDEL (Jacques François), *Rouen 1705 - Paris 1774,* architecte français. Il a travaillé pour Metz et pour Strasbourg ; il a exercé une grande influence par ses traités, *l'Architecture française* (1752) et le *Cours d'architecture* (1771-1777).

BLONDEL (Maurice), *Dijon 1861 - Aix-en-Provence 1949,* philosophe français. Philosophe chrétien, il repense la métaphysique à partir du concret (*l'Action,* 1893, remaniée en 1936 - 1937).

BLONDIN (Antoine), *Paris 1922 - id. 1991,* écrivain français. Membre des Hussards*, il est l'auteur de romans anticonformistes et impertinents (*l'Europe buissonnière,* 1949 ; *Un singe en hiver,* 1959).

BLOOMFIELD (Leonard), *Chicago 1887 - New Haven, Connecticut, 1949,* linguiste américain. Son livre *le Langage* (1933) est à la base de l'école structuraliste américaine.

BLOTZHEIM (68730), comm. du Haut-Rhin ; 4 581 hab. Aéroport (pour Bâle et Mulhouse).

BLOW (John), *Newark 1648 ou 1649 - Londres 1708,* compositeur anglais. Il écrivit des œuvres religieuses et l'opéra *Vénus et Adonis* (v. 1685).

BLOY [blwa] (Léon), *Périgueux 1846 - Bourg-la-Reine 1917,* écrivain français. Ce catholique intransigeant et révolté est l'auteur de pamphlets, de romans amers et visionnaires (*le Désespéré,* 1886 ; *la Femme pauvre,* 1897) et d'un *Journal* (1892-1920).

BLÜCHER (Gebhard Leberecht), prince **Blücher von Wahlstatt,** *Rostock 1742 - Krieblowitz 1819,* maréchal prussien. Commandant d'armée (1813 - 1815), il contribua à la victoire de Leipzig (1813). Battu par Napoléon à Ligny, il intervint de façon décisive à Waterloo (1815).

BLUE MOUNTAINS n.f. pl., nom donné à plusieurs chaînes de montagnes, notamment en Australie et aux États-Unis (dans les Appalaches).

BLUM (Léon), *Paris 1872 - Jouy-en-Josas 1950,* homme politique français. Membre du Parti socialiste français à partir de 1902, il fit partie, en 1920, au congrès de Tours, de la minorité qui refusa d'adhérer à la IIIe Internationale. Chef de la SFIO, il constitua un gouvernement « de Front populaire » (1936 - 1937) et revint au pouvoir en 1938. Arrêté en 1940, accusé au procès de Riom (1942), déporté en Allemagne (1943), il redevint chef du gouvernement de déc. 1946 à janv. 1947.

▲ Léon **Blum** en 1937.

BLUMENAU, v. du sud-est du Brésil (Santa Catarina) ; 299 159 hab.

BLUNT (Anthony), *Bournemouth 1907 - Londres 1983,* historien d'art britannique. Il fut, notamm., un brillant spécialiste de l'art classique français. La découverte (en 1963, révélée en 1979) de ses activités d'espion au service de l'URSS fit scandale.

BLUNTSCHLI (Johann Kaspar), *Zurich 1808 - Karlsruhe 1881,* jurisconsulte allemand d'origine suisse. Il est un des fondateurs de l'Institut de droit international.

BLYTON (Enid), *Londres 1897 - id. 1968,* romancière britannique. Elle est l'auteure prolifique de séries pour les enfants et jeunes adolescents (*le Club des Cinq,* 1942-1963 ; *le Clan des Sept,* 1949-1963) et pour les tout-petits (*Oui-Oui,* 1949-1963).

BnF, sigle de Bibliothèque* nationale de France.

BOABDIL, nom déformé de **Abu Abd Allah,** roi musulman de Grenade sous le nom de Muhammad XI (1482 - 1483 et 1486 - 1492). Il fut vaincu par les Rois Catholiques.

BOADICÉE → **BOUDICCA.**

BOAL (Augusto Pinto), *Rio de Janeiro 1931 - id. 2009,* metteur en scène et auteur dramatique brésilien. Il a écrit des pièces politiques (*Révolution en Amérique du Sud,* 1960) et expérimenté plusieurs formes de théâtre d'intervention (le « théâtre de l'opprimé », le « théâtre invisible »).

BOAS (Franz), *Minden, Westphalie, 1858 - New York 1942,* anthropologue américain d'origine allemande. Il a étudié sur le terrain de nombreux peuples indiens d'Amérique du Nord, définissant les conditions d'une approche rigoureuse des cultures (*The Mind of Primitive Man*, 1911).

BOBBIO (Norberto), *Turin 1909 - id. 2004*, philosophe italien. Il s'est attaché à définir les conditions d'accomplissement de la démocratie.

BOBÈCHE (Jean-Antoine **Mardelard** ou **Mandelard**, dit), *Paris 1791 - id. v. 1840*, pitre français, célèbre par ses parades sous l'Empire et la Restauration.

BOBET (Louis, dit Louison), *Saint-Méen-le-Grand 1925 - Biarritz 1983*, coureur cycliste français. Triple vainqueur du Tour de France (1953 à 1955), il fut champion du monde (1954).

BOBIGNY (93000), ch.-l. de la Seine-Saint-Denis, à 4 km au N.-E. de Paris ; 52 020 hab. *(Balbyniens)*. Industrie automobile. – Nécropole gauloise des IIIe-IIe s. av. J.-C.

BOBO, peuple d'Afrique de l'Ouest (Burkina surtout et Mali), de langue voltaïque.

BOBO-DIOULASSO, v. du sud-ouest du Burkina ; 435 543 hab.

BOBROUÏSK, v. de Biélorussie, sur la Berezina ; 215 092 hab.

BOCAGE NORMAND, région française située dans l'ouest de la Normandie.

BOCAGE VENDÉEN, région française située dans l'ouest du dép. de la Vendée.

BOCCACE (Giovanni **Boccaccio**, dit), *Florence ou Certaldo 1313 - Certaldo 1375*, écrivain italien. Auteur d'idylles mythologiques, allégoriques (*le Nymphée de Fiesole*, 1344-1346) ou psychologiques (*Fiammetta*, 1343-1344) et du *Décaméron**, il fut le premier grand prosateur italien.

◄ **Boccace.** Détail d'une fresque d'Andrea del Castagno. (Florence.)

BOCCANEGRA (Simone), *m. en 1363*, premier doge de Gênes. Il mourut empoisonné. Il inspira à Verdi l'opéra *Simon Boccanegra* (1857).

BOCCHERINI (Luigi), *Lucques 1743 - Madrid 1805*, compositeur et violoncelliste italien. Il effectua la majeure partie de sa carrière en Espagne et composa notamment quatuors et quintettes à cordes, symphonies et concertos.

BOCCIONI (Umberto), *Reggio di Calabria 1882 - Vérone 1916*, peintre, sculpteur et théoricien italien. Figure majeure du futurisme*, il a emprunté au divisionnisme, à l'arabesque de l'Art nouveau et au cubisme les moyens d'exprimer le mouvement.

BOCELLI (Andrea), *Lajatico, prov. de Pise, 1958*, ténor italien. Célèbre dans le monde entier pour la pureté de sa voix et une présence à laquelle sa cécité confère une force singulière, il sert avec la même intensité l'opéra et la chanson populaire.

BOCHIMANS ou **SAN,** en angl. **Bushmen,** peuples du Botswana (env. 30 000), de Namibie (env. 26 000) et d'Angola (env. 4 000). De petite taille et de peau claire, occupant jadis tout l'intérieur de l'Afrique méridionale, ils ont été refoulés jusqu'au désert de Kalahari. Ils sont de langue khoisan.

BOCHUM, v. d'Allemagne (Rhénanie-du-Nord-Westphalie), dans la Ruhr ; 362 286 hab. Université. Métallurgie.

BOCK (Fedor von), *Küstrin 1880 - Lehnsahn, Holstein, 1945*, maréchal allemand. Il commanda un groupe d'armées en Pologne, en France et en Russie (1939 - 1942). Relevé de son commandement après son échec devant Moscou (1941), il fut écarté définitivement par Hitler.

BÖCKLIN (Arnold), *Bâle 1827 - près de Fiesole 1901*, peintre suisse. Auteur de compositions mythologiques et symboliques, il vécut beaucoup en Italie.

BOCSKAI (Étienne ou István), *Cluj 1557 - Kassa 1606*, prince de Transylvanie (1605 - 1606). Chef de l'insurrection contre les Habsbourg (1604), il obtint la reconnaissance de l'indépendance de la Transylvanie (1606).

BOCUSE (Paul), *Collonges-au-Mont-d'Or, auj. intégrée à la métropole de Lyon, 1926 - id. 2018*, cuisinier français. Descendant d'une lignée de chefs cuisiniers, il fut l'un des rénovateurs, mondialement connu, de l'art culinaire français.

BODEL (Jean) → **JEAN BODEL.**

BODENSEE → **CONSTANCE** (lac de).

BODH-GAYA, site d'Inde (Bihar), le plus important lieu de pèlerinage du bouddhisme. (Shakyamuni y parvint à l'état de bouddha.) Grand temple Mahabodhi fondé v. les IIe-IIIe s., plusieurs fois reconstruit.

BODIN (Jean), *Angers 1530 - Laon 1596*, philosophe et magistrat français. Son traité *la République* (1576) développe les principes d'une monarchie tempérée par les états généraux.

Bodléienne (bibliothèque), bibliothèque d'Oxford organisée par sir Thomas Bodley *(Exeter 1545 - Londres 1613)*. Elle a beaucoup contribué au mouvement intellectuel de la Renaissance anglaise.

BODMER (Johann Jakob), *Greifensee 1698 - Zurich 1783*, écrivain suisse de langue allemande. Il défendit la poésie populaire allemande contre l'influence de la littérature française.

Bodmer (Fondation Martin-), fondation privée instituée en 1971 à Cologny (près de Genève). Elle abrite et prolonge l'œuvre du collectionneur suisse Martin Bodmer *(Zurich 1899 - Genève 1971)*, qui, en 1919, fonda à Zurich une bibliothèque universelle *(Bibliotheca Bodmeriana)* et, en 1921, créa un prix destiné à encourager la création littéraire.

BODONI (Giambattista), *Saluces 1740 - Parme 1813*, imprimeur italien d'ouvrages célèbres par la beauté de leurs caractères.

BOÈCE, *Rome v. 480 - près de Pavie 524*, philosophe et poète latin. Ministre de Théodoric le Grand, il écrivit *De la consolation de la philosophie*.

BOEGNER (Marc), *Épinal 1881 - Paris 1970*, pasteur français. Président de la Fédération protestante de France (1929 - 1961), il prit la défense des Juifs pendant la Seconde Guerre mondiale et devint coprésident du Conseil œcuménique des Églises (1948 - 1954). [Acad. fr.]

Boeing, groupe américain d'industrie aéronautique. Fondé en 1916, il se situe, avec Airbus, au tout premier rang mondial dans son secteur.

BOËLY (Alexandre Pierre François), *Versailles 1785 - Paris 1858*, compositeur français. Également organiste, il renoue dans ses œuvres de clavier avec l'esthétique de Bach, tout en annonçant Franck et Saint-Saëns.

BOERS [bur] (mot néerl. signif. *paysans*), colons de l'Afrique australe, d'origine néerlandaise. Leurs descendants sont les Afrikaners, ou Afrikaanders. La *guerre des Boers* (1899 - 1902) les opposa aux Britanniques, qui, victorieux, annexèrent l'Orange et le Transvaal.

BOESMANS (Philippe), *Tongres 1936*, compositeur belge. D'abord influencé par le courant postsériel, il réhabilite ensuite l'émotion dans ses œuvres pour voix et instruments (*Upon La-Mi*, 1969), concertantes, ou pour orchestre (*Conversions*, 1980), et dans ses opéras créés en collaboration avec Luc Bondy (*Reigen*, 1993 ; *Julie*, 2005 ; *Yvonne, princesse de Bourgogne*, 2009), puis avec Joël Pommerat (*Au monde*, 2014 ; *Pinocchio*, 2017).

BOESSET ou **BOYSSET** (Antoine), *Blois 1586 - Paris 1643*, compositeur français. Il fut surintendant de la Musique de Louis XIII et composa des airs de cour.

BOÉTIE (Étienne de La) → **LA BOÉTIE.**

BOFF (Leonardo), *Concordia, Santa Catarina, 1938*, théologien catholique brésilien. Franciscain, il est l'un des principaux promoteurs de la théologie de la libération. Entré en conflit avec le Vatican, il est condamné au silence pénitentiel en 1984 et quitte l'état religieux en 1992.

BOFFRAND (Germain), *Nantes 1667 - Paris 1754*, architecte français. D'abord sculpteur, puis élève de J. H.-Mansart, il eut une carrière très féconde. Il a notamment travaillé en Lorraine (château de Lunéville) et à Paris (hôtels du faubourg St-Germain ; décors rocaille de l'hôtel de Soubise).

BOFILL (Ricardo), *Barcelone 1939*, architecte espagnol. Fondé à Barcelone en 1963, son « Taller de arquitectura » donne d'abord, en Espagne, des œuvres d'esprit néo-expressionniste. Dans les années 1980, un néoclassicisme monumental caractérise sa période française, en région parisienne et à Montpellier (ensemble *Antigone*). Il travaille ensuite dans le monde entier.

BOGARDE (sir Derek **Van den Bogaerde,** dit Dirk), *Londres 1921 - id. 1999*, acteur britannique. Élégant, impassible, il excelle dans les rôles de personnages troubles (*The Servant*, J. Losey, 1963), poignants (*Mort à Venise*, L. Visconti, 1971) ou raffinés (*Providence*, A. Resnais, 1976).

BOGART (Bram), *Delft 1921 - Saint-Trond 2012*, peintre néerlandais naturalisé belge. À partir de formes élémentaires, ses toiles, abstraites, opèrent une exaltation de la couleur et de la matière.

BOGART (Humphrey), *New York 1899 - Hollywood 1957*, acteur américain. Incarnation du détective privé ou de l'aventurier, il s'imposa en héros caustique et désabusé, mais vulnérable à l'amour (*le Faucon maltais*, J. Huston, 1941 ; *Casablanca*, M. Curtiz, 1943 ; *le Grand Sommeil*, H. Hawks, 1946 ; *African Queen*, J. Huston, 1951).

▲ Humphrey **Bogart** et Lauren Bacall dans *Key Largo* de John Huston (1948).

BOĞAZKÖY, site de Cappadoce, sur l'emplacement de l'anc. Hattousa. Fondée au XXIVe s. av. J.-C., elle fut (1600 - 1200) la cap. des Hittites. Vestiges. Nombreuses tablettes recueillies qui ont permis (1906) son identification.

BOGDAN Ier, prince de Moldavie (1359 - 1365). Il s'émancipa de la suzeraineté hongroise (1359).

BOGNY-SUR-MEUSE (08120), bur. centr. de cant. des Ardennes ; 5 322 hab. *(Bognysiens)*.

BOGOR, anc. **Buitenzorg,** v. d'Indonésie (Java) ; 952 406 hab. Jardin botanique.

BOGOTA ou **SANTA FE DE BOGOTA,** en esp. **Bogotá** ou **Santa Fe de Bogotá,** cap. de la Colombie, dans la Cordillère orientale, à 2 600 m d'altitude ; 7 776 845 hab. (9 558 000 hab. dans l'agglomération). Fondée en 1538, elle fut capitale de la vice-royauté espagnole de Nouvelle-Grenade (1739), puis de la république de Grande-Colombie jusqu'en 1831, et de la Colombie (1886). – Monuments d'époque coloniale. Musée de l'Or (bijoux précolombiens).

BOHAI (golfe du), golfe de Chine, sur la mer Jaune.

BOHAIN-EN-VERMANDOIS (02110), bur. centr. de cant. de l'Aisne ; 5 808 hab. *(Bohainois)*. Textile. Câblerie. – Maison familiale de Matisse.

BOHÊME n.f., région d'Europe centrale qui constitue la partie occidentale de la République tchèque. Elle est formée de massifs hercyniens encadrant un plateau et la plaine (Polabí) drainée par l'Elbe. Cap. *Prague*.

HISTOIRE **La Bohême médiévale. Fin du VIIIe s. - début du Xe s. :** les Slaves, établis dans la région depuis le Ve s., organisent l'empire de Grande-Moravie. **Xe s. :** les princes tchèques přemyslides unifient les diverses tribus slaves de la région. **1212 :** vassaux du Saint Empire, ils obtiennent le titre de roi (Otakar Ier Přemysl). **1278 :** rival de Rodolphe de Habsbourg, Otakar II (1253 - 1278), maître de l'Autriche depuis 1251, est battu par ce dernier. **1306 :** la dynastie přemyslide s'éteint. Depuis le XIIIe s., des colons allemands s'établissent en Bohême. **1310 - 1437 :** la dynastie des Luxembourg parachève le rattachement de la Moravie, de la Silésie et de la Lusace à la couronne de Bohême. Sous Charles IV (1346 - 1378), qui fait de Prague la capitale du Saint Empire, la Bohême médiévale est à son apogée. Après le supplice de Jan Hus, une guerre civile (1420 - 1436) oppose ses partisans, les hussites, aux croisés de Sigismond IV. **1458 - 1526 :** la diète élit roi Georges de Poděbrady (1458 - 1471), à qui succèdent les Jagellons

Vladislav II (1471 - 1516) et Louis II (1516 - 1526), puis appelle Ferdinand Ier de Habsbourg (1526). **La domination des Habsbourg. 1526 - 1648 :** l'union avec l'Autriche, renouvelée à chaque élection royale, est renforcée par la Constitution de 1627, qui donne, à titre héréditaire, la couronne de Bohême aux Habsbourg. Les protestants se révoltent contre leur autorité (défenestration de Prague, 1618) et sont vaincus à la Montagne Blanche (1620). Le pays est ruiné par la guerre de Trente Ans (1618 - 1648). **XIXe s. :** les Tchèques participent à la révolution de 1848. Ils réclament l'égalité avec les Allemands, puis, après le compromis austro-hongrois (1867), un régime analogue à celui de la Hongrie. **1918 :** le pays accède à l'indépendance et forme avec la Slovaquie la Tchécoslovaquie. À partir de 1969, et jusqu'à la partition de 1993, la Bohême constitue avec la Moravie la République tchèque, l'une des deux républiques fédérées de Tchécoslovaquie.

BOHÉMOND Ier, *v. 1050 - Canosa di Puglia 1111,* prince d'Antioche (1098 - 1111). Fils de Robert Guiscard, il fut l'un des chefs de la 1re croisade et fonda la principauté d'Antioche.

BÖHM (Karl), *Graz 1894 - Salzbourg 1981,* chef d'orchestre autrichien. Directeur de l'Opéra de Vienne (1943 - 1945 ; 1954 - 1957), interprète de la *Tétralogie* de Wagner à Bayreuth, il fut aussi un spécialiste de Mozart et de Berg.

BÖHM-BAWERK (Eugen von), *Brünn, auj. Brno, 1851 - Vienne 1914,* économiste autrichien. Il fut un des chefs de l'école marginaliste.

BÖHME (Jakob), *Altseidenberg 1575 - Görlitz 1624,* mystique allemand. Auteur du *Mysterium magnum* (1623), il eut une grande influence sur la pensée moderne en Allemagne.

BOHR (Niels), *Copenhague 1885 - id. 1962,* physicien danois. Dans son Institut de Copenhague, il fut l'un des fondateurs de la physique quantique. Il a élaboré une théorie de la structure de l'atome intégrant le modèle planétaire de Rutherford et le quantum d'action de Planck. Il proposa une interprétation de la mécanique quantique, à laquelle s'opposait Einstein. (Prix Nobel 1922.)

▲ Niels **Bohr.** — **Aage B.,** *Copenhague 1922 - id. 2009,* physicien danois. Fils de Niels, il a contribué à élaborer la théorie de la structure en couches du noyau atomique et de la répartition des nucléons, dite « modèle unifié ». (Prix Nobel 1975.)

BOIARDO (Matteo Maria), *Scandiano 1441 - Reggio nell'Emilia 1494,* poète italien. Son poème épique *Roland amoureux* (1495), inachevé mais poursuivi par l'Arioste *(Roland furieux),* s'inspire de l'épopée carolingienne et des romans bretons.

BOIELDIEU [bɔjɛldjø] (François Adrien), *Rouen 1775 - Jarcy, Essonne, 1834,* compositeur français. Il composa l'opéra *la Dame blanche,* créé en 1825.

BOILEAU (Étienne), *m. à Paris en 1270,* administrateur français. Prévôt de Paris à l'époque de Saint Louis, auteur du *Livre des métiers,* qui codifia les usages corporatifs parisiens.

BOILEAU (Nicolas), dit **Boileau-Despréaux,** *Paris 1636 - id. 1711,* écrivain français. Imitateur d'Horace dans des poèmes satiriques (*Satires,* 1666-1668 ; 1694-1705) ou moraux (*Épîtres,* 1669-1695), chef du parti favorable aux Anciens dans la querelle des Anciens* et des Modernes, il contribua à fixer l'idéal littéraire du classicisme (*Art poétique,* 1674 ; *le Lutrin,* 1674-1683). [Acad. fr.]

▲ **Boileau** par Rigaud. (Château de Versailles.)

BOILEAU-NARCEJAC, nom de plume de deux écrivains français (**Pierre Boileau,** *Paris 1906 - Beaulieu-sur-Mer 1989,* et Pierre Ayraud, dit **Thomas Narcejac,** *Rochefort 1908 - Nice 1998*). Leurs romans empreints de mystère, souvent adaptés au cinéma, ont su renouveler le genre policier classique (*Celle qui n'était plus,* 1952 [*les Diaboliques,* H.-G. Clouzot] ; *D'entre les morts,* 1954 [*Sueurs froides/Vertigo,* A. Hitchcock]).

BOILLY (Louis Léopold), *La Bassée 1761 - Paris 1845,* peintre et lithographe français. Il excelle dans les scènes de genre familières (*l'Arrivée d'une diligence,* 1803, Louvre).

BOISBRIAND, v. du Canada (Québec), banlieue ouest-nord-ouest de Montréal ; 26 884 hab. *(Boisbriannais).*

BOISCHAUT, région de France, dans le sud du Berry. Élevage bovin.

BOIS-COLOMBES (92270), comm. des Hauts-de-Seine ; 28 324 hab. *(Bois-Colombiens).* Industrie aéronautique.

BOIS-D'ARCY (78390), comm. des Yvelines ; 14 462 hab. *(Arcisiens).* Électronique. – Archives du film (CNC).

BOISE, v. des États-Unis, cap. de l'Idaho ; 216 282 hab. (616 561 hab. dans l'agglomération).

BOISGUILBERT ou **BOISGUILLEBERT** (Pierre **Le Pesant,** seigneur **de**), *Rouen 1646 - id. 1714,* économiste français. Il rechercha les causes de la misère et les moyens d'y remédier, notamment par une meilleure répartition des impôts.

BOIS-GUILLAUME (76230), bur. centr. de cant. de la Seine-Maritime ; 13 638 hab.

BOIS-LE-DUC, en néerl. **'s-Hertogenbosch,** v. des Pays-Bas, ch.-l. du Brabant-Septentrional ; 134 645 hab. Cathédrale gothique des XIVe-XVe s. Musée provincial.

BOISMORTIER (Joseph Bodin de), *Thionville 1689 - Roissy-en-Brie 1755,* compositeur français. Il est l'auteur de concerts pour flûte, de sonates et de cantates.

BOISROBERT (François **Le Métel,** seigneur **de**), *Caen 1592 - Paris 1662,* écrivain français. Il joua un rôle important dans la création de l'Académie française, dont il fut un des premiers membres.

BOISSY D'ANGLAS [-as] (François, comte **de**), *Saint-Jean-Chambre, Ardèche, 1756 - Paris 1826,* homme politique français. Président de la Convention après Thermidor, il fit preuve d'une remarquable fermeté face aux émeutiers du 1er prairial an III (20 mai 1795).

BOISSY-SAINT-LÉGER (94470), bur. centr. de cant. du Val-de-Marne ; 16 075 hab. *(Boisséens).*

BOITO (Arrigo), *Padoue 1842 - Milan 1918,* compositeur et écrivain italien. Il a écrit des opéras (*Mefistofele*) et rédigé les livrets de *Falstaff* et d'*Otello* pour Verdi.

BOJADOR (cap), cap du Sahara occidental.

BOJER (Johan), *Orkanger, près de Trondheim, 1872 - Oslo 1959,* écrivain norvégien, auteur de drames et de romans réalistes.

BO JUYI, *Xinzheng 772 - Luoyang 846,* poète chinois. Il réagit contre la poésie érudite, peignant la vie quotidienne (*Chant des regrets éternels,* 806 ; *Ballade du luth,* 816).

BOKARO STEEL CITY, v. d'Inde (Jharkhand) ; 394 173 hab. Aciérie.

BOKASSA (Jean Bédel), *Bobangui 1921 - Bangui 1996,* homme politique centrafricain. Président de la République centrafricaine (1966), il se proclama empereur (1976), mais fut renversé en 1979.

BOKÉ, v. de Guinée ; 61 449 hab. Bauxite.

BOKSBURG, v. d'Afrique du Sud, près de Johannesburg ; 334 693 hab. Mines d'or.

BOLBEC (76210), bur. centr. de cant. de la Seine-Maritime ; 11 851 hab. *(Bolbécais).* Chimie.

Bolchoï (théâtre) [« Grand Théâtre » en russe], théâtre d'État (opéra et ballet), à Moscou. Après plusieurs incendies et reconstructions, édifice actuel dû à Albert Cavos (1856, rénové et agrandi de 2005 à 2011). Célèbre troupe de ballet.

BOLDINI (Giovanni), *Ferrare 1842 - Paris 1931,* peintre italien. Il fut l'un des portraitistes préférés de la société parisienne à partir de 1880.

BOLINGBROKE (Henri **Saint John,** vicomte), *Battersea 1678 - id. 1751,* homme politique britannique. Premier ministre tory en 1714 - 1715, il combattit, à partir de 1723, la politique de Walpole. Ami de Pope et de Swift, il influença Voltaire et Rousseau par son déisme et sa philosophie de l'histoire.

BOLÍVAR (Simón), *Caracas 1783 - Santa Marta, Colombie, 1830,* général et homme politique vénézuélien. Il participa à la guerre d'indépendance dès ses débuts (recevant en 1813 le titre de *Libertador* [« Libérateur »]), parvint à libérer le Venezuela

(1818), la Nouvelle-Grenade (1819) et le royaume de Quito (1822), à partir desquels il forma la Grande-Colombie (1822 - 1830). Il acheva la libération des Andes et donna son nom au Haut-Pérou (Bolivie). Son action politique, visant à une confédération hispano-américaine (congrès de Panama, 1826), se solda par un échec, qui l'amena à se retirer. ▲ Simón **Bolívar** par A. Michelena. (Musée Bolívar, Caracas.)

BOLIVIE n.f., en esp. **Bolivia**, État d'Amérique du Sud ; 1 100 000 km² ; 10 671 000 hab. *(Boliviens)*. **CAP.** *Sucre* (cap. constitutionnelle) et *La Paz* (siège du gouvernement). **LANGUES :** *espagnol* et 36 langues indigènes (dont l'*aymara* et le *quechua*). **MONNAIE :** *boliviano*.

GÉOGRAPHIE L'Est (Oriente), à la population très clairsemée, appartient à l'Amazonie forestière. L'Ouest, andin, région de hauts plateaux (3 000 et 4 000 m), concentre la majeure partie de la population (amérindienne ou métissée) et les principales villes (dont La Paz). L'agriculture associe élevage et cultures (quinoa, pommes de terre, orge, mais aussi coca, source d'une importante économie parallèle). L'industrie minière (étain, argent, tungstène...) et l'exploitation plus récente des gisements de gaz naturel (surtout) et de pétrole génèrent des revenus substantiels, qui ont permis de faire baisser la pauvreté. La Bolivie possède aussi des réserves de lithium.

HISTOIRE **La domination espagnole. 1535 - 1538 :** les conquérants espagnols, sous la conduite de Pizarro, s'établissent dans la région du Haut-Pérou, siège d'importantes cultures depuis les temps préhistoriques, incorporée à l'État inca depuis 1438. **1544 :** la découverte des mines d'argent du Potosí fait de la région la plus riche province de l'Empire espagnol et de Potosí la ville la plus peuplée d'Amérique au XVIIe s. **1776 :** dépendant depuis le XVIe s. de la vice-royauté du Pérou, le Haut-Pérou (Charcas) est rattaché à celle du Río de la Plata.

Le XIXe s. 1824 - 1825 : après la victoire d'Ayacucho, remportée par Sucre sur les partisans de l'Espagne, l'indépendance de la Bolivie est proclamée. Le pays rédige sa première Constitution. **1829 - 1839 :** sous la présidence du maréchal Santa Cruz, le pays s'organise, mais la tentative de fonder un grand État andin (Pérou-Bolivie, 1836 - 1839) se heurte à l'hostilité du Chili et se solde par un échec. **1879 - 1883 :** guerre du Pacifique. La Bolivie perd, au profit du Chili, tout accès à la mer. À partir des années 1870, l'exploitation des richesses minières (argent, puis étain) permet un enrichissement inégal du pays, accompagné d'une relative stabilité.

La Bolivie contemporaine. À partir de 1930, les militaires reviennent sur la scène politique. **1932 - 1935 :** vaincue lors de la guerre meurtrière du Chaco, la Bolivie doit céder cette région au Paraguay. **1936 - 1952 :** des régimes militaires se succèdent, dont certains (présidents Germán Busch et José David Toro) sont attirés par une politique nationale et réformiste. **1952 :** le Mouvement nationaliste révolutionnaire (MNR) parvient au pouvoir par une révolution, nationalise les mines, principale ressource du pays, et entreprend une réforme agraire (Víctor Paz Estenssoro, puis Hernán Siles Zuazo). **1964 - 1982 :** les coups d'État militaires et les régimes d'exception se succèdent – avec, de 1971 à 1978, Hugo Banzer Suárez – jusqu'à l'élection de H. Siles Zuazo à la présidence de la République (1982). **1985 :** V. Paz Estenssoro accède de nouveau à la tête de l'État. **1989 :** Jaime Paz Zamora lui succède. **1993 :** Gonzalo Sánchez de Lozada est élu président de la République. **1997 :** H. Banzer Suárez revient au pouvoir par la voie démocratique. **2001 :** il démissionne pour raisons de santé. **2002 :** G. Sánchez de Lozada est à nouveau président. **2003 :** il démissionne. **2006 :** après une période d'instabilité, Evo Morales devient président (premier Amérindien à accéder à la tête de l'État). Il décrète la nationalisation des hydrocarbures et le lancement d'une réforme agraire. Mais, très vite, les revendications autonomistes de certaines régions et des différends au sujet du projet de nouvelle Constitution (finalement approuvée par référendum en janv. 2009) exacerbent les tensions dans le pays. Evo Morales est toutefois réélu triomphalement à la présidence en 2009 et en 2014.

BÖLL (Heinrich), *Cologne 1917 - Langenbroich, près de Düren, 1985*, écrivain allemand. Marqué par ses convictions catholiques, il a peint l'Allemagne dans l'effondrement de la défaite (*Le train était à l'heure*, 1949), puis dans sa renaissance fondée sur les jouissances matérielles (*Portrait de groupe avec dame*, 1971 ; *l'Honneur perdu de Katharina Blum*, 1974). [Prix Nobel 1972.]

BOLLAND (Adrienne), épouse **Vinchon**, *Arcueil 1895 - Paris 1975*, aviatrice et résistante française. Elle fut la première femme à réussir la traversée de la cordillère des Andes (1921). Ce fut également une pionnière de la voltige aérienne.

BOLLAND (Jean), dit **Bollandus**, *Julémont 1596 - Anvers 1665*, jésuite des Pays-Bas du Sud. Il commença le vaste recueil des *Acta sanctorum*. Ses continuateurs prirent le nom de *bollandistes*.

BOLLÉE, constructeurs automobiles français. **Amédée B.,** *Le Mans 1844 - Paris 1917*. Il réalisa une série de voitures à vapeur (1873 - 1885). **Amédée B.,** *Le Mans 1867 - id. 1926*, et **Léon B.,** *Le Mans 1870 - Neuilly-sur-Seine 1913*. Tous deux fils d'Amédée, ils poursuivirent son œuvre et perfectionnèrent la technique automobile (transmission, graissage, carburateur, etc.).

BOLLÈNE (84500), bur. centr. de cant. de Vaucluse, dans le Comtat ; 13 842 hab. *(Bollénois)*. Centrale hydroélectrique sur une dérivation du Rhône.

Bollywood (de *Bombay* et *Hollywood*), nom donné au centre de l'industrie cinématographique indienne situé à Bombay. On y tourne surtout des films mélodramatiques, musicaux et dansés.

BOLOGNE, v. d'Italie, cap. de l'Émilie-Romagne et ch.-l. de prov. ; 375 935 hab. *(Bolonais* ou *Bolognais)*. Université. Foire du livre. – En 1516, un concordat y fut signé entre François Ier et Léon X, qui accordait au roi de France le droit de nommer les prélats. – Siège d'une importante école de droit aux XIIe et XIIIe s.

BOLOGNE (Jean) → **GIAMBOLOGNA.**

BOLSENA (lac), lac d'Italie, au nord de Viterbe ; 115 km².

BOLSONARO (Jair Messias), *Glicério, État de Sao Paulo, 1955*, homme politique brésilien. D'abord militaire, puis député sous diverses étiquettes (1991 - 2019), il est président de la République depuis 2019.

BOLT (Usain), *Sherwood Content, Trelawny, 1986*, athlète jamaïquain. Il obtient deux titres olympiques (100 m et 200 m, le relais 4 x 100 m ayant été invalidé en 2017) à Pékin en 2008, doublé pour lequel il bat le record du monde, puis trois titres à Londres en 2012 (100 m, 200 m et relais 4 x 100 m [record du monde battu]), exploit qu'il renouvelle à Rio de Janeiro en 2016. Il réalise le même triplé aux championnats du monde de 2009, en pulvérisant ses records mondiaux sur 100 m et 200 m, un doublé à ceux de 2011 (200 m et relais 4 x 100 m [record du monde battu], un faux départ l'ayant privé du 100 m) et deux nouveaux triplés à ceux de 2013 et 2015. Il est l'athlète le plus titré (avec onze médailles d'or) de l'histoire des Mondiaux d'athlétisme.

BOLTANSKI (Christian), *Paris 1944*, artiste français, frère de Luc B. Avec pour matériaux de vieilles photos, des documents et des objets banals, il se livre à une quête méthodique de l'identité des êtres et de la vie, minée par la répétition, le dérisoire, l'oubli (*Personnes*, installation dans la nef du Grand Palais, à Paris, 2010).

BOLTANSKI (Luc), *Paris 1940*, sociologue français, frère de Christian B. Élève puis assistant de P. Bourdieu*, il s'en démarque par l'approche d'une sociologie pragmatique, qui prend en compte les motivations conscientes des individus (*De la justification. Les économies de la grandeur*, avec L. Thévenot, 1991 ; *De la critique. Précis de sociologie de l'émancipation*, 2009).

BOLTON, v. de Grande-Bretagne (Angleterre, dans le Lancashire) ; 139 403 hab. Textile.

BOLTZMANN (Ludwig), *Vienne 1844 - Duino, près de Trieste, 1906*, physicien autrichien. Il est le principal créateur de la théorie cinétique des gaz, qu'il élargit ensuite en une mécanique statistique.

BOLYAI (János), *Kolozsvár, auj. Cluj-Napoca, 1802 - Marosvásárhely 1860*, mathématicien hongrois, auteur d'une géométrie non euclidienne.

BOLZANO, en all. **Bozen,** v. d'Italie (Haut-Adige), ch.-l. de prov. ; 102 869 hab. Centre touristique. Métallurgie. – Monuments médiévaux ; musées.

BOLZANO (Bernard), *Prague 1781 - id. 1848*, mathématicien et logicien tchèque d'origine italienne. Il a élucidé des concepts fondamentaux de la sémantique moderne. Ses travaux sur l'infini sont à l'origine de la théorie des ensembles.

BOMBARD (Alain), *Paris 1924 - Toulon 2005*, médecin et biologiste français. Sa traversée de l'Atlantique en solitaire, à bord d'un canot pneumatique, en 1952, lui permit d'expérimenter les conditions de survie en mer.

BOMBARDIER (Joseph-Armand), *Valcourt, Québec, 1907 - Sherbrooke 1964*, industriel canadien. Inventeur de la motoneige, il a donné son nom à une entreprise de matériel de transport.

▲ **Bombay.** La Porte de l'Inde, arc de triomphe élevé à l'occasion de la venue du roi George V en nov. 1911.

BOMBAY ou **MUMBAI,** v. d'Inde, cap. du Maharashtra, sur l'océan Indien ; 11 914 398 hab. (19 743 613 hab. dans l'agglomération). Port. Industries textiles, mécaniques et chimiques. – Musée. – Au XVIIe s., la ville devint le principal comptoir anglais, puis fut, au XIXe s., l'une des capitales de l'Inde britannique.

BOMBELLI (Raffaele), *Borgo Panigale, près de Bologne, 1526 - Bologne 1572*, mathématicien italien. Il a formulé les règles de calcul des nombres complexes.

BON (cap), cap et péninsule de Tunisie.

BONAIRE, île des Antilles, près de la côte du Venezuela. Anc. partie des Antilles néerlandaises, elle constitue depuis 2010 une commune néerlandaise à statut particulier.

▲ Usain **Bolt** après avoir remporté l'épreuve du 100 m aux JO de Londres (2012).

▲ Maria Letizia **Bonaparte** par F. Gérard. (Château de Malmaison.)

▲ Joseph **Bonaparte** par F. Gérard. (Château de Fontainebleau.)

▲ Lucien **Bonaparte** par F. X. Fabre. (Musée Fabre, Montpellier.)

▲ Élisa **Bonaparte.** (Coll. priv.)

▲ Louis **Bonaparte** par F. Gérard. (Coll. priv.)

▲ Pauline **Bonaparte** par R. Le Fèvre. (Château de Versailles.)

▲ Caroline **Bonaparte** par F. Gérard. (Fondation Dosne-Bibliothèque Thiers, Paris.)

▲ Jérôme **Bonaparte** par F. Gérard. (Château de Fontainebleau.)

BONALD [-ald] (Louis, vicomte de), *près de Millau 1754 - id. 1840,* écrivain politique français. Théoricien contre-révolutionnaire, il aspire à la restauration de l'harmonie qui existait entre le religieux et le social avant la Révolution (*Théorie du pouvoir politique et religieux,* 1796). [Acad. fr.]

BONAMPAK, site maya du Mexique (État de Chiapas). Centre cérémoniel (VIIe-IXe s.) célèbre par ses peintures murales polychromes (VIIIe s.).

BONAPARTE, famille française d'origine italienne dont une branche s'établit en Corse au XVIe s. Du mariage de Charles Marie (Ajaccio 1746 - Montpellier 1785) avec Maria Letizia **Ramolino** (Ajaccio 1750 - Rome 1836), en 1764, est issue une nombreuse descendance. — **Joseph B.,** *Corte 1768 - Florence 1844,* roi de Naples (1806 - 1808), puis roi d'Espagne (1808 - 1813), frère aîné de Napoléon Ier. — **Napoléon B.** → **Napoléon Ier.** — **Napoléon François Charles Joseph B.** → **Napoléon II.** — **Lucien B.,** *Ajaccio 1775 - Viterbe 1840,* prince de Canino. Frère de Napoléon Ier, il joua un rôle décisif lors du coup d'État du 18 brumaire an VIII. — **Maria-Anna,** dite **Élisa B.,** *Ajaccio 1777 - près de Trieste 1820,* princesse de Lucques et Piombino. Sœur de Napoléon Ier, elle fut grande-duchesse de Toscane (1809 - 1814). — **Louis B.,** *Ajaccio 1778 - Livourne 1846,* roi de Hollande (1806 - 1810). Frère de Napoléon Ier, il dut abdiquer sous la pression de ce dernier. — **Charles Louis B.** → **Napoléon III.** — **Eugène Louis Napoléon B.,** *Paris 1856 - Ulundi, Kwazulu, 1879,* prince impérial. Fils de Napoléon III, il fut tué par les Zoulous en Afrique du Sud, où il était attaché à l'état-major de l'armée britannique. — **Marie Paulette,** dite **Pauline B.,** *Ajaccio 1780 - Florence 1825.* Sœur de Napoléon Ier, elle épousa le général Leclerc (1797) puis le prince Camillo Borghèse (1803). — **Marie-Annonciade,** dite **Caroline B.,** *Ajaccio 1782 - Florence 1839.* Sœur de Napoléon Ier, elle épousa Joachim Murat et devint grande-duchesse de Berg et de Clèves (1806) puis reine de Naples (1808 - 1814). — **Jérôme B.,** *Ajaccio 1784 - Villegenis [Massy], Essonne, 1860,* roi de Westphalie (1807 - 1813). Frère de Napoléon Ier, maréchal de France (1850), il fut président du Sénat en 1852. — **Mathilde B.,** *Trieste 1820 - Paris 1904,* fille de Jérôme, princesse Demidov par son mariage, elle tint à Paris un salon brillant.

BONAPARTE (Marie), *Saint-Cloud 1882 - Gassin, Var, 1962,* psychanalyste française. Descendante de Lucien Bonaparte, épouse du prince Georges de Grèce et de Danemark, elle fut une patiente puis une traductrice de S. Freud ; elle favorisa l'essor du mouvement psychanalytique en France et publia elle-même de nombreux travaux.

BONAVENTURE (île), île du Canada (Québec), dans le golfe du Saint-Laurent.

BONAVENTURE (saint), *Bagnorea, auj. Bagnoregio, Toscane, 1221 - Lyon 1274,* théologien italien. Général des franciscains (1257), cardinal-évêque d'Albano (1273), il fut légat du pape au concile de Lyon. Ses nombreux ouvrages de théologie, inspirés par la doctrine de saint Augustin, lui ont valu le nom de « Docteur séraphique ».

BONCHAMP-LÈS-LAVAL (53960), bur. centr. de cant. de la Mayenne ; 6 088 hab. *(Bonchampois).*

BONCHAMPS (Charles, marquis de), *Juvardeil, Maine-et-Loire, 1760 - Saint-Florent-le-Vieil 1793,* chef vendéen. Blessé au combat de Cholet (1793), il mourut le lendemain, après avoir gracié 4 000 prisonniers.

BONCOURT, comm. de Suisse (Jura) ; 1 300 hab. *(Boncourtois).* Horlogerie.

BOND (Edward), *Londres 1934,* auteur dramatique britannique. Son théâtre, souvent inspiré par Shakespeare *(Bingo, Lear),* mêle la poésie à la dénonciation sociale et politique *(Sauvés, Pièces de guerre, le Crime du XXIe siècle, les Gens).*

Bond (James), héros des romans d'espionnage de Ian Fleming (Londres 1908 - Canterbury 1964). Agent secret, séducteur infatigable, il a été popularisé par le cinéma *(James Bond 007 contre Docteur No,* T. Young, 1962 ; *L'espion qui m'aimait,* L. Gilbert, 1977 ; *Casino Royale,* M. Campbell, 2006).

BONDUES (59910), comm. du Nord ; 10 175 hab. *(Bonduois).* Industries alimentaires.

BONDY (93140), bur. centr. de cant. de la Seine-Saint-Denis, sur le canal de l'Ourcq ; 53 686 hab. *(Bondynois).* Industrie automobile.

BONDY (Luc), *Zurich 1948 - id. 2015,* metteur en scène de théâtre et d'opéra suisse. Il montait ses spectacles en France (où il révéla l'œuvre d'Arthur Schnitzler) et surtout dans le monde germanophone. Son style privilégie la liberté et la légèreté, au service d'une approche psychologique très fine des textes. De 2012 jusqu'à sa mort, il dirigea l'Odéon-Théâtre de l'Europe.

BÔNE → **ANNABA.**

BONGO (Albert-Bernard, puis Omar), *Lewai, auj. Bongoville, 1935 - Barcelone, Espagne, 2009,* homme politique gabonais, président de la République de 1967 à sa mort, en 2009. ◀ Omar **Bongo** en 1991. — **Ali B.,** *Brazzaville 1959,* homme politique gabonais. Fils d'Omar, il lui a succédé à la tête de l'État en 2009 (réélu en 2016).

BONG RANGE n.f., massif du Liberia. Fer.

Bonheur de vivre (le), grande toile de Matisse (1905-1906 ; Fondation Barnes, Philadelphie). Ce manifeste d'irréalisme spatial et chromatique annonce la maturité de l'artiste.

BONHOEFFER (Dietrich), *Breslau 1906 - camp de Flossenbürg 1945,* théologien protestant allemand. Après avoir lutté dès 1933 contre le nazisme et aidé des groupes de Juifs à quitter l'Allemagne, il fut arrêté en 1943, puis exécuté. Sa théologie est centrée sur le rôle du chrétien dans un monde radicalement sécularisé *(l'Éthique).*

BONHOMME (col du), col des Vosges (France), entre Saint-Dié-des-Vosges et Colmar ; 949 m.

BONIFACE (**Wynfrith,** en relig. saint), *Kirton, Wessex, v. 675 - près de Dokkum 754,* archevêque de Mayence. Il évangélisa la Germanie et réorganisa le clergé franc.

BONIFACE VIII (Benedetto **Caetani**), *Anagni v. 1235 - Rome 1303,* pape de 1294 à 1303. Convaincu de la supériorité spirituelle et même temporelle du Saint-Siège, il entra en conflit avec Philippe le Bel, qui, en 1303, l'humilia à Anagni. — **Boniface IX** (Pietro **Tomacelli**), *Naples v. 1355 - Rome 1404,* pape de Rome (1389 - 1404) pendant le grand schisme d'Occident. Il retarda la solution du conflit par son intransigeance.

BONIFACIO (20169), comm. de la Corse-du-Sud, au N. des *bouches de Bonifacio* (détroit entre la Corse et la Sardaigne) ; 3 033 hab. *(Bonifaciens).* Port. Tourisme. – Dans la ville haute, citadelle et deux églises médiévales.

BONIN (îles), en jap. **Ogasawara shoto,** archipel japonais du Pacifique, au S.-E. du Japon. À l'E., profonde fosse marine (10 347 m).

BONINGTON (Richard Parkes), *Arnold, près de Nottingham, 1802 - Londres 1828,* peintre britannique. Peintre de genre « troubadour » et excellent aquarelliste, il vécut surtout en France et fut ami de Delacroix.

BONIVARD (François de), *Seyssel 1493 - Genève 1570,* patriote genevois, immortalisé par Byron dans son poème du *Prisonnier de Chillon.*

BONN, v. d'Allemagne (Rhénanie-du-Nord-Westphalie), sur le Rhin ; 305 765 hab. *(Bonnois).* Université. – Monuments anciens. Importants musées. – Elle a été la capitale de la République fédérale d'Allemagne de 1949 à 1990.

BONNAIRE (Sandrine), *Gannat 1967,* actrice française. Rayonnante sous une apparente fragilité, elle émeut par le naturel de son jeu (*À nos amours,* M. Pialat, 1983 ; *Sans toit ni loi,* A. Varda, 1985 ; *Jeanne la Pucelle,* J. Rivette, 1994 ; *la Cérémonie,* C. Chabrol, 1995). Elle a aussi réalisé *Elle s'appelle Sabine* (documentaire sur sa sœur autiste, 2007) et *J'enrage de son absence* (2012).

BONNARD (Pierre), *Fontenay-aux-Roses 1867 - Le Cannet 1947,* peintre et lithographe français. Il fit partie du groupe des nabis, fut influencé par l'estampe japonaise et devint le coloriste postimpressionniste le plus subtil et le plus lyrique *(la Partie de croquet,* musée d'Orsay ; *Place Clichy,* Besançon ; *Intérieur blanc,* Grenoble ; *Nu dans le bain,* Petit Palais, Paris). Villa et musée au Cannet.

BONNAT (Léon), *Bayonne 1833 - Monchy-Saint-Éloi 1922,* peintre français. Il fit une carrière officielle surtout de portraitiste et légua au musée de Bayonne sa collection de dessins et de peintures.

BONNE-ESPÉRANCE (cap de), anc. **cap des Tempêtes,** cap du sud de l'Afrique (Afrique du Sud). Découvert par Bartolomeu Dias en 1488, il fut doublé par Vasco de Gama en 1497.

BONNEFOY (Yves), *Tours 1923 - Paris 2016,* poète français. Sa poésie, orientée par la quête du lieu et le sentiment de la présence *(Du mouvement et de l'immobilité de Douve,* 1953 ; *l'Arrière-pays,* 1972 ; *Dans le leurre du seuil,* 1975 ; *les Planches courbes,* 2001), se double de traductions (Shakespeare) et de réflexions sur l'art *(Alberto Giacometti,* 1991). Son dernier livre, *l'Écharpe rouge* (2016), est un essai autobiographique.

BONNET (Charles), *Genève 1720 - Genthod, près de Genève, 1793,* philosophe et naturaliste suisse. Il a découvert la parthénogenèse naturelle et est l'auteur d'ouvrages sur les insectes, sur la philosophie de la nature et sur la psychologie.

▲ Pierre **Bonnard.** *Le Déjeuner*, 1932. (MAM de la Ville de Paris.)

BONNET (Charles), *Satigny, canton de Genève, 1933*, archéologue suisse. Spécialiste du royaume nubien de Kerma (2500-1500 av. J.-C.), situé auj. au Soudan, il renouvelle l'historiographie de l'Afrique antique par ses découvertes (trois temples à structure ronde sur le site de Dogi [ou Doukki] Gel, près de Kerma, en 2017).

Bonnets (faction des) → **Chapeaux et Bonnets.**

BONNEUIL-SUR-MARNE (94380), comm. du Val-de-Marne, au S.-E. de Paris ; 17 250 hab. *(Bonneuillois)*. Port fluvial. Matériel électrique.

BONNEVAL (28800), comm. d'Eure-et-Loir, sur le Loir ; 5 096 hab. *(Bonnevalais)*. Église du XIIIe s., vestiges d'une abbaye bénédictine.

BONNEVILLE (74130), ch.-l. d'arrond. de la Haute-Savoie, sur l'Arve ; 13 101 hab. *(Bonnevillois)*. Matériel téléphonique. Industrie automobile.

BONNIER (Gaston), *Paris 1853 - id. 1922*, botaniste français. Il est l'auteur de flores réputées.

BONNIÈRES-SUR-SEINE (78270), bur. centr. de cant. des Yvelines ; 4 623 hab. *(Bonniérois)*.

BONNIVET (Guillaume **Gouffier,** seigneur **de**) → **GOUFFIER** (Guillaume).

Bonnot (la bande à), groupe d'anarchistes conduit par Jules Joseph Bonnot *(Pont-de-Roide 1876 - Choisy-le-Roi 1912)*, célèbre par ses attaques de banques accompagnées de meurtres. Ses chefs furent abattus au moment de leur arrestation (1912).

BONPLAND (Aimé **Goujaud,** dit Aimé), *La Rochelle 1773 - Santa Ana, Argentine, 1858*, naturaliste français. Compagnon de A. von Humboldt dans son expédition en Amérique tropicale (1799 - 1804), il recueillit et décrivit plus de 6 000 espèces botaniques nouvelles.

BONTEMPS (Pierre), *v. 1507 - v. 1570*, sculpteur français. Il est l'un des auteurs du tombeau de François Ier à Saint-Denis.

Book of Common Prayer (The) [« le livre des prières communes »], recueil officiel des prières et de la liturgie de l'Église anglicane (1549, révisé en 1552, 1559, 1604 et 1662).

BOOLE (George), *Lincoln 1815 - Ballintemple, près de Cork, 1864*, mathématicien et logicien britannique. Il a posé les fondements de la logique mathématique moderne (l'*algèbre de Boole*).

BOONE (Daniel), *près de Reading, Pennsylvanie, 1734 - près de Saint Charles, Missouri, 1820*, pionnier américain. Il découvrit le Kentucky. Fenimore Cooper l'a immortalisé sous les noms de *Bas-de-Cuir* et de *Longue-Carabine*.

BOORMAN (John), *Shepperton, Surrey, 1933*, cinéaste britannique. Il s'intéresse aux itinéraires spirituels et se livre à une réflexion allégorique sur le devenir des civilisations (*Délivrance*, 1972 ; *Zardoz*, 1974 ; *Excalibur*, 1981 ; *le Général*, 1998). Il réalise aussi des chroniques intimistes aux accents autobiographiques (*Hope and Glory*, 1987, et *Queen and Country*, 2014).

BOOS [bo] (76520), comm. de la Seine-Maritime ; 3 604 hab. Aéroport de Rouen.

BOOTH (William), *Nottingham 1829 - Londres 1912*, prédicateur évangélique britannique. Il fonda en 1865 la Mission chrétienne, qui devint en 1878 l'Armée du salut.

BOOTHIA, péninsule du nord du Canada, séparée de l'île de Baffin par le *golfe de Boothia*.

BOOZ, personnage biblique. Époux de Ruth et ancêtre de Jésus.

BOPHUTHATSWANA, ancien bantoustan d'Afrique du Sud.

BOPP (Franz), *Mayence 1791 - Berlin 1867*, linguiste allemand. Sa *Grammaire comparée des langues indo-européennes* (1833-1852) est à l'origine de la linguistique comparatiste.

BOR, v. de Serbie ; 33 328 hab. Extraction et métallurgie du cuivre.

BORA BORA, île de la Polynésie française ; 8 992 hab. Tombeau d'Alain Gerbault.

BORÅS, v. de Suède ; 107 022 hab.

BORDA (Jean-Charles), *Dax 1733 - Paris 1799*, marin et mathématicien français. Les améliorations qu'il apporta aux instruments de navigation ou de géodésie servirent aux travaux d'établissement du système métrique.

BORDEAUX, ch.-l. de la Région Nouvelle-Aquitaine et du dép. de la Gironde, sur la Garonne, à 557 km au S.-O. de Paris ; 253 812 hab. *(Bordelais)*. Centre d'une métropole regroupant 28 communes (760 933 hab.). Archevêché. Cour d'appel. Académie et université. École nationale de la magistrature. Siège de la zone de défense et de sécurité Sud-Ouest. Port actif (traditionnelles importations de produits tropicaux). Commerce des vins du Bordelais. Industrie aéronautique. Presse. – Monuments médiévaux, dont l'église St-Seurin (XIe-XIVe s.) et la cathédrale (XIIe-XIVe s.). Ensembles classiques, surtout du XVIIIe s. (place de la Bourse par les Gabriel, Grand-Théâtre par V. Louis, hôtels, etc.). Musées (de la préhistoire et de l'époque romaine à l'art contemporain). Cité du vin (musée et centre culturel), au bord du fleuve. – Capitale du duché d'Aquitaine (1032) puis port anglais (1154 - 1453), Bordeaux tira sa prospérité du commerce avec les Antilles au XVIIIe s. (sucre et esclaves). Le gouvernement s'y transporta en 1870, 1914 et 1940.

▲ **Bordeaux.** Le Pont de pierre sur la Garonne (1810-1822).

BORDEAUX (duc de) → **CHAMBORD.**

BORDELAIS, grande région viticole du dép. de la Gironde, autour de Bordeaux. Elle englobe notamment le Médoc, les Graves, le Sauternais et le Saint-Émilionnais.

BORDÈRES-SUR-L'ÉCHEZ (65320), bur. centr. de cant. des Hautes-Pyrénées, banlieue de Tarbes ; 5 165 hab. *(Borderais)*.

BORDES (64320), comm. des Pyrénées-Atlantiques ; 2 855 hab. *(Bordais)*. Industrie aéronautique.

BORDES (Charles), *Vouvray 1863 - Toulon 1909*, compositeur français. Il fut l'un des fondateurs de la *Schola cantorum* et l'un des restaurateurs de la polyphonie du XVIe s.

BORDET (Jules), *Soignies 1870 - Bruxelles 1961*, médecin et microbiologiste belge. Il découvrit le microbe de la coqueluche. (Prix Nobel 1919.)

BORDIGHERA, v. d'Italie (Ligurie), sur la Riviera ; 10 481 hab. Station balnéaire.

BORDJ BOU ARRÉRIDJ, v. d'Algérie, au pied des Bibans ; 168 346 hab.

BORDUAS (Paul-Émile), *Saint-Hilaire, Québec, 1905 - Paris 1960*, peintre canadien. Chef de file des « automatistes » de Montréal (1948), il fut un maître de l'abstraction lyrique.

BORÉE MYTH. GR. Dieu des Vents du nord, fils d'un Titan et de l'Aurore (Éos).

BOREL (Émile), *Saint-Affrique 1871 - Paris 1956*, mathématicien français. Il fut l'un des chefs de file de l'école française de la théorie des fonctions.

BOREL (Pétrus), *Lyon 1809 - Mostaganem 1859*, écrivain français. Ce romantique marginal (*Madame Putiphar*), surnommé *le Lycanthrope*, fut célébré par les surréalistes.

BORG (Björn), *Södertälje, près de Stockholm, 1956*, joueur de tennis suédois. Il a remporté notamment cinq titres à Wimbledon (1976 à 1980) et six à Roland-Garros (1974 et 1975, 1978 à 1981).

BORGES (Jorge Luis), *Buenos Aires 1899 - Genève 1986*, écrivain argentin. Dans ses poèmes (*Cahiers de San Martín*, 1929), ses nouvelles fantastiques (*Fictions*, 1944 ; *le Livre de sable*, 1975) et ses essais (*Histoire universelle de l'infamie*, 1935), il parcourt, en les récrivant, mythologies, cauchemars et labyrinthes d'une bibliothèque réelle et imaginaire.

◀ Jorge Luis **Borges**

BORGHÈSE, famille italienne originaire de Sienne et établie à Rome. Elle donna à l'Église des prélats, dont le pape Paul V (1605). — **Camillo B.,** *Rome 1775 - Florence 1832*, officier de l'armée napoléonienne. Il épousa Pauline Bonaparte, sœur de Napoléon Ier.

Borghèse (villa), grand parc public de Rome. Galerie Borghèse (peinture), musée Borghèse (sculpture), villa Giulia (musée étrusque).

BORGIA, famille italienne d'origine espagnole. — **Alexandre B.** → **Alexandre VI** [saint et papes]. — **César B.,** *Rome v. 1475 - Pampelune 1507*, prince et condottiere italien. Duc de Valentinois, il chercha à se constituer une principauté en Italie centrale ; homme d'État habile et sans scrupule, il est pris comme modèle par Machiavel dans son livre *le Prince*. — **Lucrèce B.,** *Rome 1480 - Ferrare 1519*, duchesse de Ferrare. Sœur de César Borgia, célèbre par sa beauté, protectrice des arts et des lettres, elle fut le jouet de la politique de sa famille plutôt que criminelle, comme le veut sa réputation. — **François B.** → **François Borgia** (saint).

BORGNIS-DESBORDES (Gustave), *Paris 1839 - Biên Hoa 1900*, général français. Initiateur du chemin de fer Niger-Océan, il pacifia le haut Sénégal, puis combattit au Tonkin (1884 - 1890).

BORGO (20290), bur. centr. de cant. de la Haute-Corse ; 8 640 hab. *(Borgolais).*

BORINAGE n.m., anc. région houillère de Belgique (Hainaut).

BORIS Ier, *m. en 907,* khan des Bulgares (852 - 889). Il proclama le christianisme religion d'État (865).

BORIS III, *Sofia 1894 - id. 1943,* roi des Bulgares (1918 - 1943). Fils du prince Ferdinand, il se rapprocha de l'Allemagne durant la Seconde Guerre mondiale. Il fut sans doute assassiné.

BORIS GODOUNOV, *v. 1552 - Moscou 1605,* tsar de Russie (1598 - 1605). Son règne fut marqué par des troubles liés à la famine de 1601 - 1603. – Il a inspiré à Pouchkine une tragédie (1831), d'après laquelle Moussorgski a composé un opéra (*Boris Godounov,* 1874), remarquable par la couleur et le réalisme du récitatif et des chœurs.

BORKOU, région du Tchad, au pied du Tibesti.

BORMANN (Martin), *Halberstadt 1900 - Berlin 1945 ?,* homme politique allemand. Un des chefs du parti nazi, général des SS en 1933 et chef d'état-major de R. Hess, il disparut en 1945 lors des combats de Berlin.

BORMES-LES-MIMOSAS (83230), comm. du Var, dans le massif des Maures ; 8 012 hab. Tourisme.

BORN (Bertran de) → **BERTRAN DE BORN.**

BORN (Max), *Breslau 1882 - Göttingen 1970,* physicien britannique d'origine allemande. Il est à l'origine de l'interprétation probabiliste de la mécanique quantique. (Prix Nobel 1954.)

BORNEM, comm. de Belgique (prov. d'Anvers) ; 20 810 hab.

BORNÉO, île d'Asie, la plus grande et la plus massive de l'Insulinde ; 750 000 km² ; 19 707 787 hab. La majeure partie (540 000 km²), au S. (Kalimantan ; 13 772 543 hab.), appartient à la république d'Indonésie ; le nord de l'île forme deux territoires membres de la Malaisie (Sabah [anc. Bornéo-Septentrional] et Sarawak) et un sultanat indépendant (Brunei). C'est un pays de plateaux, dominés au nord par des chaînes montagneuses et limités au sud par de vastes plaines marécageuses. Traversée par l'équateur, l'île de Bornéo est recouverte par la forêt dense, auj. en danger (déforestation). Gisements de pétrole et de gaz.

BORNES (massif des), massif des Préalpes françaises, entre l'Arve et le lac d'Annecy ; 2 437 m.

BORNHOLM, île du Danemark, dans la Baltique ; 42 563 hab. Pierres runiques ; églises rondes fortifiées.

BORNOU, anc. empire de la zone soudanaise, au sud-ouest du lac Tchad. Il prit au XVIe s. le nom de Kanem-Bornou et fut anéanti lors de la défaite de Rabah devant les Français (1900).

Borobudur → **Barabudur.**

BORODINE (Aleksandr), *Saint-Pétersbourg 1833 - id. 1887,* compositeur russe. Il est l'auteur du *Prince Igor,* achevé par Rimski-Korsakov et Glazounov (1890), de quatuors, de symphonies et de *Dans les steppes de l'Asie centrale* (1880).

Borodino (bataille de) [7 sept. 1812], nom donné par les Russes à la bataille de la Moskova*.

BORORO, tribu amérindienne du centre du Brésil.

BOROTRA (Jean), *Biarritz 1898 - Arbonne 1994,* joueur de tennis français. Vainqueur deux fois à Wimbledon (1924 et 1926) et à Paris (1924 et 1931), il a remporté six coupes Davis (1927 à 1932).

BORRASSÀ (Lluís), *Gérone v. 1360 - Barcelone v. 1425,* peintre catalan. Il est le premier et brillant représentant du « gothique international » à Barcelone, où il installa un important atelier.

BORROMÉE (saint Charles) → **CHARLES BORROMÉE.**

BORROMÉES (îles), groupe de quatre îles pittoresques, situées dans le lac Majeur (Italie) ; 97 hab.

BORROMINI (Francesco), *Bissone 1599 - Rome 1667,* architecte italien. L'un des maîtres du baroque italien, il a construit, à Rome, les églises St-Charles-aux-Quatre-Fontaines, St-Yves, etc.

BORT-LES-ORGUES (19110), bur. centr. de cant. de la Corrèze ; 2 843 hab. *(Bortois).* Barrage sur la Dordogne et centrale hydroélectrique. Colonnades de phonolite, dites *orgues de Bort.*

BORUDJERD, v. de l'Iran, au S.-O. de Téhéran ; 227 547 hab.

BORVO, dieu gaulois des sources thermales.

BORZAGE (Frank), *Salt Lake City 1893 - Hollywood 1962,* cinéaste américain. Ses films exaltent, dans un cadre réaliste, la puissance de l'amour (*l'Heure suprême,* 1927 ; *la Femme au corbeau,* 1929 ; *Ceux de la zone,* 1933).

BOSCH (Carl), *Cologne 1874 - Heidelberg 1940,* chimiste et industriel allemand. Il mit au point avec F. Haber, en 1909, la synthèse industrielle de l'ammoniac. (Prix Nobel 1931.)

BOSCH (Jheronimus **Van Aken,** dit **Jérôme**), *Bois-le-Duc v. 1450 - id. 1516,* peintre brabançon. Il a traité des sujets religieux ou populaires avec un symbolisme étrange et une imagination hors de pair, servis par une haute qualité picturale (*le Jardin* des délices,* Prado ; *la Tentation de saint Antoine,* triptyque, Lisbonne).

▲ Jérôme **Bosch.** Détail du *Portement de Croix,* entre 1500 et 1516. (Musée des Beaux-Arts, Gand.)

BOSCH (Juan), *La Vega 1909 - Saint-Domingue 2001,* homme politique dominicain. Fondateur du Parti révolutionnaire dominicain (1939) et du parti de la Libération dominicaine (1973), il fut président de la République en 1962 - 1963.

BOSCHÈRE ou **BOSSCHÈRE** (Jean de), *Uccle 1878 - Châteauroux, Indre, 1953,* écrivain belge de langue française. Son œuvre poétique et narrative est marquée par le mysticisme et l'ésotérisme.

BOSCO (Henri), *Avignon 1888 - Nice 1976,* romancier français. Il a célébré la Provence dans ses romans (*l'Âne Culotte, le Mas Théotime).*

BOSE (Satyendranath), *Calcutta 1894 - id. 1974,* physicien indien. Il a élaboré une théorie statistique applicable aux photons, qu'Einstein reprendra pour l'appliquer aux bosons.

BOSIO (François Joseph), *Monaco 1768 - Paris 1845,* sculpteur français. Il fut un artiste officiel sous l'Empire et la Restauration (quadrige de l'arc de triomphe du Carrousel, Louis XIV équestre de la place des Victoires, à Paris).

BOSNIE-HERZÉGOVINE n.f., en bosn., croate et serbe **Bosna i Hercegovina,** État de l'Europe balkanique ; 51 100 km² ; 3 829 000 hab. *(Bosniens).* **CAP.** *Sarajevo.* **LANGUES :** *bosniaque, croate* et *serbe.* **MONNAIE :** *mark convertible.*

INSTITUTIONS République fédérale composée de deux entités : la Fédération de Bosnie-et-Herzégovine (croato-musulmane) et la République serbe de Bosnie. Constitution de 1995. Présidence collégiale de 3 membres (un Croate, un Musulman [ou Bosniaque] et un Serbe), élue pour 4 ans (la présidence de la présidence tournant tous les 8 mois entre ces membres). Parlement composé de la Chambre des représentants et de la Chambre des peuples. Chaque entité dispose d'un président et d'un Parlement.

GÉOGRAPHIE Le pays est composé de trois nationalités de tradition religieuse différente : Musulmans ou Bosniaques (44 % en 1991 ; dotés du statut de nationalité en 1969), Serbes (31 % ; orthodoxes) et Croates (17 % ; catholiques). La viabilité du nouvel État (compartimenté par le relief, pratiquement sans accès à la mer) a été compromise par la guerre civile, qui a entraîné destructions, déplacements de population débouchant sur une partition de fait sur des bases ethnico-religieuses.

HISTOIRE La région est conquise par les Ottomans (la Bosnie en 1463, l'Herzégovine en 1482) et islamisée. Administrée par l'Autriche-Hongrie (1878), puis annexée par elle en 1908, elle est intégrée au royaume des Serbes, Croates et Slovènes (1918), puis devient une république de la Yougoslavie (1945 - 1946). **1990 :** le Musulman Alija Izetbegović est élu président de la Bosnie-Herzégovine. Confrontés à l'éclatement de la Fédération yougoslave, Serbes, Musulmans et Croates prennent des positions antagonistes : les

Serbes veulent rester dans la Yougoslavie et se séparer de la Bosnie si celle-ci quitte la Fédération ; les Musulmans souhaitent un État de Bosnie indépendant et multinational ; les Croates sont soit partisans d'un État de Bosnie unitaire, soit favorables à sa partition selon des critères ethniques. **1992 :** après la proclamation de l'indépendance, reconnue par la communauté internationale, une guerre très meurtrière oppose les Serbes (dirigés par Radovan Karadžić et soutenus par la nouvelle république de Yougoslavie), les Musulmans et les Croates. Les Serbes, qui ont unilatéralement proclamé une République serbe de Bosnie-Herzégovine (janv.), occupent la majeure partie du pays, y pratiquant une politique de purification ethnique. Une force de protection de l'ONU (FORPRONU) est établie. **1993 :** des plans successifs de partage ou de découpage sont proposés. Croates et Musulmans s'affrontent. L'ONU déclare zones de sécurité Sarajevo et cinq autres villes assiégées par les Serbes. **1994 :** les États-Unis amènent Croates et Musulmans à former une Fédération croato-musulmane en Bosnie. Les représentants de l'Allemagne, des États-Unis, de la France, de la Grande-Bretagne et de la Russie (groupe de contact) tentent d'imposer un nouveau plan de partage. **1995 :** une force de réaction rapide est créée pour appuyer la FORPRONU (juin). Les Serbes s'emparent des zones de sécurité de Srebrenica et de Zepa (juill.). Une vaste contre-offensive (août-sept.), appuyée par l'armée croate, redonne aux forces croato-musulmanes le contrôle de la moitié du territoire. Un cessez-le-feu est proclamé (oct.). Sous l'égide des États-Unis, un accord est conclu à Dayton (nov., signé en déc. à Paris) entre les présidents de la Serbie – représentant les Serbes de Bosnie –, de la Croatie et de la Bosnie. Il prévoit le maintien d'un État unique de Bosnie-Herzégovine, composé de deux entités : la Fédération croato-musulmane (auj. Fédération de Bosnie-et-Herzégovine) et la République serbe de Bosnie. La FORPRONU est relayée par une force multinationale de mise en application de la paix (IFOR), placée sous le commandement de l'OTAN. Un haut représentant de la communauté internationale est chargé des questions civiles. **1996 :** les premières élections après la fin du conflit voient la victoire des partis nationalistes. L'IFOR est transformée en une force de stabilisation de la paix (SFOR). **1998 :** la suprématie renouvelée des partis nationalistes aux élections (qui se confirme lors des scrutins de 2000 et 2002) traduit les difficultés de la reconstruction politique et civile du pays. **2004 :** une force de maintien de la paix conduite par l'Union européenne (EUFOR) succède à la SFOR. **2006** et **2010 :** les élections sont remportées par des formations plus modérées que les partis nationalistes historiques, mais les divisions perdurent et la question de l'unité du pays reste en débat. Au terme d'une longue traque, les chefs politique et militaire des Serbes de Bosnie inculpés par le TPIY pour leurs crimes au temps de la guerre de 1992 - 1995 sont arrêtés en Serbie : Radovan Karadžić en juill. 2008 (condamné à quarante ans de prison en 2016, il fait appel) et le général Ratko Mladić en mai 2011 (condamné à la réclusion à perpétuité en 2017). **2014 :** les élections sont marquées par une forte abstention et le retour des partis nationalistes (oct.). **2016 :** le pays dépose une demande d'adhésion à l'Union européenne. **2018 :** boudées par près de la moitié de la population, les élections confirment les lignes de fracture du pays (arrivée d'un ultranationaliste serbe à la présidence tournante).

BOSON, *m. en 887,* roi de Provence et de Bourgogne (879 - 887), beau-frère de Charles le Chauve.

BOSPHORE (« Passage du Bœuf »), anc. **détroit de Constantinople,** détroit entre l'Europe et l'Asie, reliant la mer de Marmara et la mer Noire. Il est franchi par trois ponts et deux tunnels (un troisième tunnel est en construction depuis 2015). Sur la rive ouest est établie Istanbul.

BOSPHORE (royaume du) → **CRIMÉE.**

BOSQUET (Anatole **Bisk,** dit Alain), *Odessa 1919 - Paris 1998,* écrivain français. Poète (*Langue morte,* 1953 ; *Sonnets pour une fin de siècle,* 1981 ; *Demain sans moi,* 1994), il a aussi publié de nombreux romans (*la Confession mexicaine,* 1965 ; *Une mère russe,* 1978) et travaux critiques.

BOSSE (Abraham), *Tours 1602 - Paris 1676,* graveur français. Son œuvre d'aquafortiste (1 500 planches) constitue un tableau complet de la société française à l'époque de Louis XIII.

BOSSUET (Jacques Bénigne), *Dijon 1627 - Paris 1704,* écrivain et prélat français. Célèbre dès 1659 pour ses prédications, évêque de Condom (1669), il fut choisi comme précepteur du Dauphin, pour qui il écrivit le *Discours sur l'histoire universelle.* Évêque de Meaux en 1681, il soutint la politique religieuse de Louis XIV en combattant les protestants (*Histoire des variations des Églises protestantes,* 1688), en inspirant en 1682 la déclaration sur les libertés gallicanes et en faisant condamner le quiétisme de Fénelon. Son œuvre oratoire (*Sermons, Oraisons funèbres*) fait de lui un des grands écrivains classiques. (Acad. fr.)

▲ **Bossuet** par H. Rigaud. (Louvre, Paris.)

BOSTON, v. des États-Unis, cap. du Massachusetts ; 655 884 hab. *(Bostoniens)* [4 772 358 hab. dans l'agglomération]. Port. Centre industriel, culturel et financier. – Important musée d'art.

Bosworth (bataille de) [22 août 1485], bataille, à l'O. de Leicester, qui mit fin à la guerre des Deux-Roses. Victoire des armées d'Henri Tudor (futur Henri VII) sur Richard III, qui y trouva la mort.

BOTERO (Fernando), *Medellín 1932,* peintre et sculpteur colombien. Il exagère les formes et les volumes de ses sujets dans un dessein à la fois sensuel et parodique.

BOTEV (pic), point culminant du Balkan, en Bulgarie ; 2 376 m.

BOTEV (Hristo), *Kalofer 1848 - près de Vraca 1876,* écrivain et patriote bulgare, auteur de poésies d'inspiration révolutionnaire et nationale.

BOTHA (Louis), *Greytown 1862 - Pretoria 1919,* général et homme politique sud-africain. Réorganisateur de l'armée boer, adversaire acharné des Anglais, il fut Premier ministre du Transvaal (1907), puis de l'Union sud-africaine (1910).

BOTHA (Pieter Willem), *Paul Roux, État d'Orange, 1916 - Wilderness, prov. du Cap-Ouest, 2006,* homme politique sud-africain. Leader du Parti national, il fut Premier ministre (1978 - 1984), puis président de la République (1984 - 1989).

Botswana-Namibie

★ site touristique important
400 1000 1500 2000 m
autoroute
route
voie ferrée
aéroport
plus de 100 000 h.
de 50 000 à 100 000 h.
de 10 000 à 50 000 h.
moins de 10 000 h.

BOTHE (Walter), *Oranienburg 1891 - Heidelberg 1957,* physicien allemand. Il a obtenu en 1930, par action des rayons alpha sur le béryllium, un rayonnement pénétrant identifié plus tard comme étant des neutrons. (Prix Nobel 1954.)

BOTHWELL (James **Hepburn,** baron de), *1535 ? - Dragsholm, Danemark, 1578,* seigneur écossais. Il fit périr Henry Stuart, comte de Darnley, deuxième époux de Marie Stuart (1567), qu'il épousa, mais il dut s'exiler peu après.

BOTNIE (golfe de), extrémité septentrionale de la Baltique, entre la Suède et la Finlande.

BOTRANGE (signal de), point culminant de la Belgique, dans l'Ardenne ; 694 m.

BOTSWANA n.m., anc. **Bechuanaland,** État d'Afrique australe ; 570 000 km² ; 2 021 000 hab. (*Botswanais* ou *Botswanéens*). **CAP.** *Gaborone.* **LANGUES :** *anglais* et *tswana.* **MONNAIE :** *pula.* S'étendant en majeure partie sur le Kalahari, c'est un pays désertique, domaine d'un élevage bovin extensif. Importante production de diamants. – Devenu protectorat britannique en 1885, le Botswana obtient son indépendance, dans le cadre du Commonwealth, en 1966. Il est présidé par Seretse Khama (1966 - 1980), Quett Masire (1980 - 1998), Festus Mogae (1998 - 2008), Ian Khama (2008 - 2018), puis Mokgweetsi Masisi (depuis 2018).

BOTTA (Mario), *Mendrisio, Tessin, 1943,* architecte suisse. Après s'être illustré, dans son pays, avec des maisons individuelles (dont la Casa Rotonda, à Stabio, 1982), il s'est imposé à l'international (musée d'Art moderne de San Francisco, 1995 ; cathédrale d'Évry, id. ; musée Leeum, Séoul, 2004).

BOTTÉRO (Jean), *Vallauris 1914 - Gif-sur-Yvette 2007,* historien et assyriologue français. Après un long séjour chez les Dominicains (1932 - 1950), où il enseigna la philosophie grecque, l'hébreu et l'exégèse biblique, il se consacra à la civilisation mésopotamienne, acquérant une renommée internationale grâce à des ouvrages (*Mésopotamie : l'écriture, la raison et les dieux,* 1987) et à des traductions (*l'Épopée de Gilgamesh,* 1992) de référence.

BOTTICELLI (Sandro **Filipepi,** dit), *Florence 1445 - id. 1510,* peintre italien. Il est l'auteur d'un grand nombre de madones, de tableaux d'inspiration religieuse ou mythologique (*le Printemps**, *la Naissance de Vénus,* Offices), qu'idéalisent leurs arabesques gracieuses et leur coloris limpide. Une inquiétude spirituelle marque toutefois sa dernière période (*la Calomnie,* Offices ; *Pietà,* Munich).

A B C D E F G H I J K L M N O P Q R S T U V W X Y Z

BOTTIN (Sébastien), *Grimonviller 1764 - Paris 1853*, administrateur et statisticien français. Il a donné son nom à un annuaire du commerce et de l'industrie.

BOTTROP, v. d'Allemagne (Rhénanie-du-Nord-Westphalie), dans la Ruhr ; 117 311 hab. Houille. Chimie.

BOTZARIS ou **BÓTSARIS** (Márkos), *Soúli 1786 - Karpenísion 1823*, un des héros de la guerre de l'Indépendance grecque, défenseur de Missolonghi (1822 - 1823).

BOUAKÉ, v. du centre de la Côte d'Ivoire ; 542 082 hab. Aéroport. Université. Marché. Textile.

BOUBAT (Édouard), *Paris 1923 - id. 1999*, photographe français. Il privilégie un réel serein – paysages et hommes fixés dans leur quotidien –, baigné d'une lumière subtile (*la Survivance*, 1976).

BOUBKA → **BUBKA.**

BOUC-BEL-AIR (13320), comm. des Bouches-du-Rhône ; 14 667 hab. *(Boucains).*

BOUCHARD (Lucien), *Saint-Cœur-de-Marie, Québec, 1938*, homme politique canadien. Fondateur (1991) et chef du Bloc québécois, il dirige l'opposition officielle au Parlement d'Ottawa après les élections fédérales de 1993. Devenu chef du Parti québécois et Premier ministre du Québec en 1996, il démissionne en 2001.

BOUCHARD (Michel Marc), *Saint-Cœur-de-Marie, Québec, 1958*, dramaturge et scénariste canadien d'expression française. Ses pièces (*les Feluettes*, 1987 ; *Tom à la ferme*, 2011) dénoncent les mensonges d'une société répressive et intolérante à l'égard de l'homosexualité.

BOUCHARDON (Edme), *Chaumont 1698 - Paris 1762*, sculpteur français. Artiste officiel de goût classique et réaliste, il s'oppose à la rocaille (*l'Amour se faisant un arc dans la massue d'Hercule*, marbre de 1747-1750, Louvre).

BOUCHER (Denise), *Victoriaville 1935*, écrivaine canadienne de langue française. Son théâtre revisite les archétypes féminins pour une critique du patriarcat et de tous les conformismes (*Les fées ont soif*, 1978). Elle est aussi poétesse (*Grandeur nature*, 1993), parolière et romancière (*Au beau milieu, la fin*, 2011).

BOUCHER (François), *Paris 1703 - id. 1770*, peintre, graveur et décorateur français. Protégé par Mme de Pompadour, il a notamment peint des scènes pastorales ou mythologiques d'une gracieuse

▲ François **Boucher.** *Diane au bain*, 1742. (Louvre, Paris.)

virtuosité (au Louvre : *Vénus demande à Vulcain des armes pour Énée, le Nid, Renaud et Armide, Diane au bain, l'Odalisque brune*...).

BOUCHER (Hélène), *Paris 1908 - Versailles 1934*, aviatrice française. Après un raid Paris-Ramadi (Iraq) en solitaire (1931), elle conquit sept records mondiaux.

BOUCHER (Pierre), *Mortagne 1622 - Boucherville, Canada, 1717*, officier français. Établi à Trois-Rivières, il accomplit en 1661 une mission auprès de Louis XIV, qui fut suivie par le rattachement de la Nouvelle-France au domaine royal (1663).

BOUCHER DE CRÈVECŒUR DE PERTHES (Jacques), *Rethel 1788 - Abbeville 1868*, préhistorien français. Il montra la haute antiquité de l'homme et fut l'un des précurseurs des sciences préhistoriques (*Antiquités celtiques et antédiluviennes*).

BOUCHERVILLE [buʃɛrvil], v. du Canada (Québec), banlieue est de Montréal ; 39 062 hab. *(Bouchervillois).*

BOUCHES-DU-RHÔNE n.f. pl. (13), dép. de la Région Provence-Alpes-Côte d'Azur ; ch.-l. de dép. *Marseille* ; ch.-l. d'arrond. *Aix-en-Provence, Arles, Istres* ; 4 arrond. ; 29 cant. ; 119 comm. ; 5 087 km^2 ; 2 045 149 hab. Le dép. appartient à l'académie d'Aix-Marseille, à la cour d'appel d'Aix-en-Provence, à la zone de défense et de sécurité Sud. Les plaines occidentales (Comtat, Crau, Camargue) s'opposent aux hauteurs calcaires de l'Est (Trévaresse, Sainte-Victoire, Estaque, Sainte-Baume), aérées par des bassins (Aix-en-Provence, Huveaune). L'agriculture (fruits et légumes, riz, vigne, élevage bovin) occupe une place secondaire. Les industries et les services sont concentrés dans l'agglomération de Marseille (et ses annexes : pourtour du golfe de Fos et de l'étang de Berre).

BOUCICAUT (Aristide), *Bellême 1810 - Paris 1877*, négociant français, fondateur du grand magasin « Au Bon Marché » à Paris.

BOUCICAUT (Jean **Le Meingre,** dit), *v. 1366 - Yorkshire 1421*, maréchal de France. Il défendit Constantinople contre les Turcs (1399) et gouverna Gênes (1401 - 1409). Fait prisonnier par les Anglais à Azincourt (1415), il mourut en captivité.

Boucles de la Seine normande (parc naturel régional des), parc naturel couvrant env. 90 000 ha sur les dép. de l'Eure et de la Seine-Maritime.

BOUCLIER CANADIEN, région géologique du Canada, correspondant à un socle raboté par les glaciers et entourant la baie d'Hudson.

BOUCOURECHLIEV (André), *Sofia 1925 - Paris 1997*, compositeur français d'origine bulgare. Il a utilisé tour à tour une instrumentation traditionnelle et les procédés électroacoustiques, ou la combinaison des deux, faisant parfois appel à la musique aléatoire : *Archipels I* à *V, Thrène.*

BOU CRAA, site du Sahara occidental. Gisement de phosphates.

BOUDDHA, nom par lequel on désigne le fondateur du bouddhisme, Siddharta Gautama, appelé aussi Shakyamuni, parce qu'il appartenait à la tribu shakya. Né à Kapilavastu (VIe-Ve s. ? avant notre ère), il prit le nom de Bouddha après qu'il fut parvenu à l'« illumination », ou « éveil » (*bodhi*), à Bodh-Gaya. Sa prédication commença par le Sermon de Bénarès et se poursuivit à travers l'Inde du Nord-Est.

BOUDICCA ou **BOADICÉE,** *m. en 61 apr. J.-C.*, femme d'un roi de l'île de Bretagne. Elle lutta contre les Romains et, vaincue, s'empoisonna.

BOUDIN (Eugène), *Honfleur 1824 - Deauville 1898*, peintre français. Ses marines et ses paysages en font un précurseur de l'impressionnisme (musées du Havre, de Honfleur).

BOUDJEDRA (Rachid), *Aïn Beïda, au S.-E. de Constantine, 1941*, écrivain algérien d'expression française et arabe. Ses romans, résonnant des traumatismes du passé, dénoncent violemment les ambiguïtés de l'histoire et de la société algériennes (*la Répudiation*, 1969 ; *la Prise de Gibraltar*, 1986 ; *Timimoun*, 1994 ; *la Dépossession*, 2017).

▲ **Bouddha** donnant le premier sermon. Art gupta ; Ve s. apr. J.-C. (Musée de Sarnath, Inde.)

BOUDON (Raymond), *Paris 1934 - id. 2013*, sociologue français. Promoteur de l'individualisme* méthodologique (*l'Inégalité des chances*, 1973), il s'opposa au relativisme dans ses travaux de sociologie de la connaissance (*le Juste et le Vrai*, 1995).

BOUÉ DE LAPEYRÈRE (Augustin), *Castéra-Lectourois 1852 - Pau 1924*, amiral français. Il commanda les flottes alliées en Méditerranée (1914 - 1915).

BOUFFLERS [buflɛr] (Louis François, duc **de**), *Cagny, auj. Crillon, Oise, 1644 - Fontainebleau 1711*, maréchal de France. Il défendit Lille (1708) et dirigea la retraite de Malplaquet (1709) durant la guerre de la Succession d'Espagne.

Bouffons (querelle des), polémique esthétique qui opposa les partisans de l'opéra français à ceux de l'opéra italien, parmi lesquels J.-J. Rousseau. Elle débuta avec des représentations données par la troupe des Bouffons en 1752, à Paris.

BOUG, parfois **BUG** ou **BOUG MÉRIDIONAL** n.m., fl. d'Ukraine, qui rejoint la mer Noire ; 806 km.

BOUG, parfois **BUG** ou **BOUG OCCIDENTAL** n.m., riv. de Biélorussie et de Pologne, qui rejoint le Narew (r. g.) ; 810 km.

BOUGAINVILLE (île), la plus grande île de l'archipel des Salomon ; env. 9 000 km^2. Cuivre. Elle appartient depuis 1975 à la Papouasie-Nouvelle-Guinée. – L'île a été découverte par Bougainville en 1768.

BOUGAINVILLE (Louis Antoine **de**), *Paris 1729 - id. 1811*, navigateur et écrivain français. Il a écrit le récit du célèbre *Voyage autour du monde*, qu'il fit de 1766 à 1769.

BOUGIE → **BÉJAÏA.**

BOUGIVAL (78380), comm. des Yvelines, sur la Seine ; 8 941 hab. *(Bougivalais).*

BOUGLIONE, famille d'artistes de cirque française d'origine italienne. Elle dirige depuis 1934 le cirque d'Hiver à Paris.

BOUGON (79800), comm. des Deux-Sèvres ; 186 hab. *(Bougonais).* Vaste ensemble de sépultures mégalithiques du néolithique. Musée des Tumulus de Bougon.

BOUGUENAIS (44340), comm. de la Loire-Atlantique ; 19 376 hab. *(Bouguenaisiens).* Aéronautique. Centre de recherche dédié à la filière composite.

BOUGUER (Pierre), *Le Croisic 1698 - Paris 1758*, savant français. Il participa à la mission qui mesura au Pérou un arc de méridien au niveau de l'équateur et fit à cette occasion des observations gravimétriques. Il a fondé la photométrie.

BOUGUEREAU (William), *La Rochelle 1825 - id. 1905*, peintre français. Académiste épris de Raphaël, il fut une gloire officielle sous le second Empire et au début de la IIIe République.

BOUHOURS (Dominique), *Paris 1628 - id. 1702*, grammairien et jésuite français. Il défendit la doctrine classique et la pureté de la langue (*Entretiens d'Ariste et d'Eugène*, 1671).

BOUILLAUD (Jean-Baptiste), *Garat, Charente, 1796 - Paris 1881*, médecin français. Il a notamment décrit le rhumatisme articulaire aigu *(maladie de Bouillaud).*

BOUILLON, v. de Belgique (prov. de Luxembourg), sur la Semois ; 5 399 hab. Centre touristique. – Château fort, anc. résidence des ducs de Bouillon. Musée ducal.

BOUILLON (Godefroi **de**) → **GODEFROI DE BOUILLON.**

BOUILLON (Henri **de La Tour d'Auvergne,** vicomte **de Turenne,** duc **de**), *Joze 1555 - Sedan 1623*, maréchal de France. Il fut un des chefs du parti protestant et partisan dévoué d'Henri IV.

BOUIN (Jean), *Marseille 1888 - au champ d'honneur 1914*, athlète français, champion de course à pied (fond).

BOUKHARA, v. du centre de l'Ouzbékistan ; 237 361 hab. Tourisme. – Monuments des IXe-XVIe s., dont le mausolée (v. 907) d'Ismaïl Samani.

BOUKHARINE (Nikolaï Ivanovitch), *Moscou 1888 - id. 1938*, économiste et homme politique soviétique. Théoricien du Parti, adepte d'une politique économique modérée, il fut éliminé par Staline de la présidence de l'Internationale communiste (1928), puis condamné et exécuté (1938). Il a été réhabilité en 1988.

BOULAINVILLIERS (Henri, comte **de**), *Saint-Saire, Seine-Maritime, 1658 - Paris 1722*, historien et philosophe français, auteur d'un *Essai sur la noblesse de France* (1732).

BOULANGER (Georges), *Rennes 1837 - Ixelles, Belgique, 1891*, général et homme politique français. Ministre de la Guerre républicain (1886 - 1887) très populaire, il regroupa autour de lui les mécontents allant de l'extrême gauche à une droite dure et nationaliste. Mis à la retraite (1888), il fut élu triomphalement dans plusieurs départements et à Paris. Renonçant à faire un coup d'État (1889), il s'enfuit en Belgique, où il se suicida sur la tombe de sa maîtresse.

▲ Georges **Boulanger** photographié par Nadar.

BOULANGER (Nadia), *Paris 1887 - id. 1979*, compositrice française. Également chef d'orchestre et organiste, elle fut directrice du Conservatoire américain de Fontainebleau.

BOULAY-MOSELLE (57220), bur. centr. de cant. de la Moselle ; 5 699 hab. *(Boulageois).*

BOULAZAC-ISLE-MANOIRE, bur. centr. de cant. de la Dordogne ; 10 104 hab.

Boulder Dam → **Hoover Dam.**

BOULE (Marcellin), *Montsalvy 1861 - id. 1942*, géologue et paléontologue français. Directeur de l'Institut de paléontologie humaine de Paris (1920), auteur d'un traité sur *les Hommes fossiles* (1921), il est le fondateur de l'école française de paléontologie humaine.

BOULEZ (Pierre), *Montbrison 1925 - Baden-Baden 2016*, compositeur et chef d'orchestre français. Héritier de Debussy et de Webern, il poursuivit la tradition du sérialisme (*le Marteau sans maître*, 1955 ; *Pli selon pli*, 1958 et 1984) et aborda la forme* ouverte (*Troisième Sonate* pour piano, 1957). Avec *Répons* (1981), il rendit effectifs les résultats des travaux de l'IRCAM, qu'il dirigea de 1976 à 1991.

▲ Pierre **Boulez**

BOULGAKOV (Mikhaïl Afanassievitch), *Kiev 1891 - Moscou 1940*, écrivain russe. Auteur de récits sur la guerre civile (*la Garde blanche*, 1925) et la NEP, de comédies satiriques et de drames historiques, il a traité le thème de l'artiste condamné au compromis avec le pouvoir politique (*le Maître et Marguerite*, 1928-1940, publié en 1966).

BOULGANINE (Nikolaï Aleksandrovitch), *Nijni Novgorod 1895 - Moscou 1975*, maréchal soviétique. Il fut président du Conseil de 1955 à 1958.

BOULLE (André Charles), *Paris 1642 - id. 1732*, ébéniste français. Il est le créateur d'un type de meubles luxueux recouverts de marqueterie d'écaille et de cuivre, enrichis de bronzes ciselés.

▲ **Boukhara.** Mausolée (v. 907) d'Ismaïl Samani.

Boulle (école), établissement d'enseignement professionnel, fondé à Paris en 1886 sous le nom d'*École municipale d'ameublement*. Elle forme aux métiers d'art (ameublement, bijouterie, joaillerie) et d'arts appliqués (architecture intérieure, design).

BOULLE (Pierre), *Avignon 1912 - Paris 1994*, écrivain français. Il est l'auteur de romans d'aventures (*le Pont de la rivière Kwaï*, 1952) et de science-fiction (*la Planète des singes*, 1963).

BOULLÉE (Étienne Louis), *Paris 1728 - id. 1799*, architecte français. Il est l'auteur de projets utopiques qui tiennent à la fois du néoclassicisme des Lumières et d'un préromantisme visionnaire (cénotaphe, sphérique, pour Newton, 1784).

BOULLONGNE ou **BOULOGNE,** famille de peintres parisiens des XVIIe et XVIIIe s.

BOULMERKA (Hassiba), *Constantine 1968*, athlète algérienne, championne du monde (1991, 1995) et olympique (1992) du 1 500 m.

Boulogne (bois de), parc de l'ouest de Paris, aménagé sous le second Empire sur les vestiges de l'ancienne forêt de Rouvray. Il englobe le parc de Bagatelle, le Jardin d'acclimatation, les hippodromes de Longchamp et d'Auteuil, ainsi que la Fondation d'art contemporain Louis-Vuitton (architecte : Frank Gehry).

Boulogne (camp de), camp établi de 1803 à 1805 par Napoléon Ier à Boulogne-sur-Mer, pour préparer l'invasion de l'Angleterre.

BOULOGNE (Jean) → **GIAMBOLOGNA.**

BOULOGNE (Valentin **de**) → **VALENTIN.**

BOULOGNE-BILLANCOURT (92100), ch.-l. d'arrond. des Hauts-de-Seine, au sud-ouest de Paris ; 119 127 hab. *(Boulonnais).* Quartiers résidentiels en bordure du bois de Boulogne. L'ancien site des usines Renault, sur et face à l'île Seguin, est en cours d'aménagement : La Seine musicale, située à la pointe aval de l'île, a été inaugurée en 2017 (architectes : Shigeru Ban et Jean de Gastines). Aéronautique. – Musée et jardins Albert-Kahn et autres musées (Années 30, Paul-Landowski, Paul-Belmondo).

BOULOGNE-SUR-MER (62200), ch.-l. d'arrond. du Pas-de-Calais, sur la Manche, à l'embouchure de la Liane ; 43 048 hab. *(Boulonnais)* [122 167 hab. dans l'agglomération]. Principal port de pêche français (conserveries). – Enceinte du XIIIe s. autour de la ville haute ; musée dans le château fort. Centre national de la mer (« Nausicaä »).

BOULONNAIS, région de France, dans le Pas-de-Calais ; v. princ. *Boulogne-sur-Mer.* C'est un plateau de craie ouvert par une dépression argileuse, la *fosse du Boulonnais.* Élevage.

BOULOU (Le) [66160], comm. des Pyrénées-Orientales, sur le Tech ; 5 630 hab. *(Boulounencqs).* Station thermale (troubles digestifs). – Église romane.

BOULOURIS (83700), station balnéaire du Var (comm. de Saint-Raphaël), sur le littoral de l'Esterel.

BOUMEDIENE (Muhammad **Bukharruba,** dit Houari), *Héliopolis 1932 - Alger 1978*, militaire et homme politique algérien. Chef d'état-major de l'Armée de libération nationale (1960), il fut président de la République (1965 - 1978).

BOUNINE (Ivan Alekseïevitch), *Voronej 1870 - Paris 1953*, écrivain russe. Fidèle au réalisme classique dans ses romans et ses nouvelles (*le Village*, 1910), il évolua vers une prose plus lyrique et sensuelle (*l'Amour de Mitia*, 1925). [Prix Nobel 1933.]

Bounty, navire britannique dont l'équipage se mutina (1789) et abandonna son capitaine, W. Bligh, dans une chaloupe en pleine mer.

BOUQUET (Michel), *Paris 1925,* acteur français. Grand acteur de théâtre, il campe aussi au cinéma des personnages complexes et énigmatiques (*la Femme infidèle,* C. Chabrol, 1969 ; *Toto le héros,* J. Van Dormael, 1990 ; *Comment j'ai tué mon père,* A. Fontaine, 2001 ; *le Promeneur du Champ-de-Mars,* R. Guédiguian, 2005). Dans *Renoir* (G. Bourdos, 2013), il incarne le peintre à la fin de sa vie.

BOURASSA (Robert), *Montréal 1933 - id. 1996,* homme politique canadien. Chef du Parti libéral, il fut Premier ministre du Québec de 1970 à 1976 et de 1985 à 1994.

BOURBAKI (Charles), *Pau 1816 - Cambo 1897,* général français. Commandant de la Garde impériale en 1870, il fut nommé à la tête de l'armée de l'Est en 1871.

Bourbaki (Nicolas), pseudonyme collectif d'un groupe de mathématiciens. Pour la plupart français, ceux-ci ont entrepris, depuis 1939, l'exposé des mathématiques en les reprenant à leur point de départ logique et en proposant leur systématisation (*Éléments de mathématique*).

BOURBON (île) → **RÉUNION** (La).

BOURBON (Charles III, duc **de**), *1490 - Rome 1527,* connétable de France. Il se distingua à Agnadel (1509) et à Marignan (1515). Louise de Savoie, mère de François Ier, lui ayant réclamé l'héritage bourbonnais, il passa au service de Charles Quint (1523) et fut tué au siège de Rome.

BOURBON (Charles **de**), *La Ferté-sous-Jouarre 1523 - Fontenay-le-Comte 1590,* prélat français. Cardinal, il devint archevêque de Rouen en 1550. La Ligue le proclama roi de France sous le nom de Charles X (1589).

BOURBON (maisons de), maisons souveraines, issues des Capétiens, dont les membres ont régné en France (XVIe-XIXe s.), à Naples, en Sicile, à Parme (XVIIIe-XIXe s.) et règnent en Espagne depuis le XVIIIe s.

La maison féodale. Fondée au Xe s., la maison de Bourbon commence à prospérer après que la seigneurie est passée en 1272 à Robert de France, comte de Clermont, fils de Saint Louis. Le fils de Robert, Louis Ier le Grand, est fait duc de Bourbon en 1327. Huit ducs de Bourbon se succèdent, de Louis Ier à Charles III, connétable de François Ier, dont les biens sont confisqués en 1527. La branche de la *Marche-Vendôme* devient alors la branche aînée de la famille.

Les maisons royales. La maison de Bourbon parvient d'abord au trône de Navarre avec Antoine de Bourbon (1555), dont le frère donne naissance à la branche des Condés. Elle accède ensuite au trône de France avec Henri IV (1589). Le fils de ce dernier, Louis XIII, a deux fils. De la lignée aînée, issue de Louis XIV, fils aîné de Louis XIII, viennent : d'une part, la branche aînée française, héritière du trône de France jusqu'en 1830 et qui s'éteindra avec le comte de Chambord (Henri V) en 1883 ; d'autre part, la branche espagnole, divisée en divers rameaux, principalement le rameau royal d'Espagne, dont le représentant actuel est Philippe VI, le rameau royal des Deux-Siciles et le rameau ducal de Parme.

La lignée cadette, appelée branche d'Orléans, est issue de Philippe, duc d'Orléans, second fils de Louis XIII. Cette branche est parvenue au trône de France avec Louis-Philippe Ier (1830 - 1848), et son chef actuel est Henri d'Orléans*, comte de Paris.

BOURBON (Louis **de**), duc **d'Angoulême** → **ANGOULÊME** (duc d').

BOURBON (Louis **de**), duc **de Penthièvre** → **PENTHIÈVRE** (duc de).

BOURBON (Louis Alexandre **de**) → **TOULOUSE** (comte de).

BOURBON (Louis Auguste **de**) → **MAINE** (duc du).

Bourbon (palais), à Paris, édifice situé sur la rive gauche de la Seine, en face de la place de la Concorde. Construit en 1722 pour la duchesse de Bourbon, très agrandi et modifié aux XVIIIe et XIXe s., il est occupé par l'Assemblée nationale (*Palais-Bourbon*).

▲ Antoine **Bourdelle.** *Héraclès archer.* Détail du plâtre original. (Musée Bourdelle, Paris.)

BOURBON-LANCY (71140), comm. de Saône-et-Loire ; 5 141 hab. (*Bourbonniens*). Industrie automobile. Station thermale (rhumatismes). – Musée dans une anc. église romane.

BOURBON-L'ARCHAMBAULT [-bo] (03160), bur. centr. de cant. de l'Allier ; 2 616 hab. (*Bourbonnais*). Station thermale (rhumatismes). – Anc. cap. de la seigneurie de Bourbon ; château des XIIIe-XIVe s.

BOURBONNAIS, région au N. du Massif central, correspondant approximativement au dép. de l'Allier. Possession des seigneurs de Bourbon, érigé en duché (1327), le Bourbonnais fut réuni à la Couronne en 1531, après la confiscation des domaines du connétable de Bourbon.

BOURBONNE-LES-BAINS (52400), bur. centr. de cant. de l'est de la Haute-Marne ; 2 201 hab. (*Bourbonnais*). Station thermale (rhumatismes).

BOURBOULE (La) [63150], comm. du Puy-de-Dôme, dans les monts Dore ; 1 832 hab. (*Bourbouliens*). Station thermale (voies respiratoires, allergies).

BOURDALOUE (Louis), *Bourges 1632 - Paris 1704,* prédicateur français. Jésuite, il prêcha avec un vif succès devant la cour de 1670 à 1693.

BOURDELLE (Antoine), *Montauban 1861 - Le Vésinet 1929,* sculpteur français. Il est l'auteur de bronzes comme l'*Héraclès archer* (1909), ou l'*Alvear* équestre de Buenos Aires (1913 - 1923), ainsi que des bas-reliefs du Théâtre des Champs-Élysées, à Paris. Musée dans son atelier, à Paris, et jardin-musée à Égreville (Seine-et-Marne).

BOURDICHON (Jean), *Tours ? v. 1457 - id. 1521,* peintre et miniaturiste français. Les *Grandes Heures* d'Anne de Bretagne (v. 1500-1508 ; BnF, Paris) sont son œuvre la plus connue.

BOURDIEU (Pierre), *Denguin, Pyrénées-Atlantiques, 1930 - Paris 2002,* sociologue français. Fondateur d'une sociologie critique de la modernité, il a proposé une approche nouvelle du monde social, accordant une fonction majeure aux structures symboliques dans des domaines comme l'éducation, la culture, l'art, les médias, la politique, etc. (*la Reproduction,* 1970 ; *la Distinction,* 1979 ; *la Misère du monde,* 1993 [ouvrage collectif] ; *les Structures sociales de l'économie,* 2000). Il fut professeur au Collège de France de 1982 à 2001.

BOURDON (Sébastien), *Montpellier 1616 - Paris 1671,* peintre français. Auteur éclectique de scènes de genre, de tableaux religieux et de portraits, il travailla à Rome, à Stockholm et surtout à Paris.

BOUREÏA n.f., riv. de Russie, en Sibérie, affl. de l'Amour (r. g.) ; 623 km. Gisements miniers (fer et houille) dans sa vallée.

BOURGAIN (Jean), *Ostende 1954,* mathématicien belge. Ses travaux portent sur des domaines variés de l'analyse mathématique. (Médaille Fields 1994 ; prix Crafoord 2012.)

BOURGANEUF (23400), bur. centr. de cant. de la Creuse ; 2 990 hab. (*Bourganiauds*). Tour Zizim, reste du château d'un ordre d'hospitaliers.

BOURG-DE-PÉAGE (26300), bur. centr. de cant. de la Drôme, sur l'Isère ; 10 759 hab. (*Péageois*). Travail du cuir.

BOURG-D'OISANS (Le) [38520], comm. de l'Isère ; 3 347 hab. (*Bourcats*). Centre d'excursions.

BOURGELAT (Claude), *Lyon 1712 - id. 1779,* vétérinaire français. Il est le fondateur de la première école vétérinaire au monde, à Lyon en 1761, puis de celle d'Alfort en 1766.

BOURG-EN-BRESSE [burkɑ̃brɛs] (01000), ch.-l. du dép. de l'Ain, à 414 km au S.-E. de Paris ; 42 894 hab. (*Burgiens* ou *Bressans*). Agroalimentaire. Industrie automobile. Câbles. – Collégiale (auj. co-cathédrale) des XVIe-XVIIe s. Anc. monastère de Brou*.

BOURGEOIS (Léon), *Paris 1851 - Oger, Marne, 1925,* homme politique français. Douze fois ministre (1888 - 1917), président du Conseil (1895 - 1896), il fut l'un des promoteurs de la SDN. (Prix Nobel de la paix 1920.)

BOURGEOIS (Louise), *Paris 1911 - New York 2010,* sculptrice américaine d'origine française. En 1938, elle suivit son mari américain à New York, où elle fréquenta le milieu surréaliste. Son œuvre, par formes allusives ou symboliques (mère-araignée et père-phallus notamm.), va au cœur de la vie.

BOURGEOIS (Robert), *Sainte-Marie-aux-Mines 1857 - Paris 1945,* général et savant français. Auteur de travaux géodésiques et topographiques, il devint chef du Service géographique de l'armée en 1911.

Bourgeois gentilhomme (le), comédie-ballet en 5 actes et en prose de Molière, musique de Lully, intermède dansé réglé par Beauchamp (1670). Un marchand drapier parvenu, M. Jourdain, veut être considéré comme un gentilhomme.

BOURGEOYS (Marguerite) → **MARGUERITE BOURGEOYS** (sainte).

BOURGES (18000), ch.-l. du dép. du Cher, à 226 km au S. de Paris ; 68 354 hab. (*Berruyers*) [102 891 hab. dans l'agglomération]. Archevêché. Cour d'appel. Armement. Pneumatiques. – Importante cathédrale gothique (1195-1255 pour l'essentiel ; portails sculptés, vitraux). Hôtel Jacques-Cœur (XVe s.). Musées. – Festival musical (« le Printemps de Bourges »). – Réunie au domaine royal au XIIe s., la ville devint la résidence du « roi de Bourges » (Charles VII) et le centre de la résistance aux Anglais à la fin de la guerre de Cent Ans. Elle s'enrichit au temps de Jacques Cœur. – Écoles militaires (matériel, train et formation logistique).

▲ **Bourges.** L'hôtel Jacques-Cœur (XVe s.).

BOURGES (Élémir), *Manosque 1852 - Paris 1925,* écrivain français. Il est l'auteur de romans symbolistes et d'un drame, *la Nef* (1904-1922).

BOURGET (lac du), lac de Savoie, à 9 km de Chambéry ; 45 km² (long. 18 km). Lamartine l'a chanté en des strophes célèbres (*le Lac*).

BOURGET (Le) [93350], comm. de la Seine-Saint-Denis ; 16 318 hab. (*Bourgetins*). Aéroport. Salon international de l'aéronautique et de l'espace (les années impaires). Musée de l'Air et de l'Espace. Mécanique. Aéronautique.

BOURGET (Ignace), *Lauzon 1799 - Sault-au-Récollet, près de Montréal, 1885,* prélat canadien. Il fut le deuxième évêque de Montréal.

BOURGET (Paul), *Amiens 1852 - Paris 1935,* écrivain français. Adversaire du culte de la science et de l'esthétique naturaliste, il célébra les valeurs traditionnelles dans ses romans psychologiques (*le Disciple*). [Acad. fr.]

BOURGET-DU-LAC (Le) [73370], comm. de la Savoie, près du *lac du Bourget* ; 4 676 hab. Station estivale. – Église (XIe-XVe s.) d'un anc. prieuré.

BOURG-LA-REINE (92340), comm. des Hauts-de-Seine ; 20 635 hab. *(Réginaburgiens).*

BOURG-LÉOPOLD, en néerl. **Leopoldsburg,** comm. de Belgique (Limbourg) ; 15 178 hab.

BOURG-LÈS-VALENCE (26500), comm. de la Drôme ; 20 648 hab. *(Bourcains).* Centrale hydroélectrique sur une dérivation du Rhône. Métallurgie.

BOURG-MADAME (66760), comm. des Pyrénées-Orientales ; 1 313 hab. *(Guinguettois).* Station d'altitude (1 130 m) à la frontière espagnole.

BOURGOGNE n.f., région de l'est de la France, qui est plus une unité historique qu'une unité géographique.

HISTOIRE Faisant d'abord partie de la Gaule puis de l'Empire romain, la Bourgogne doit son nom aux Burgondes, qui l'envahissent au Ve s. apr. J.-C. **534 :** le premier royaume, fondé par les Burgondes, passe dans les possessions mérovingiennes. **561 :** un second royaume bourguignon atteint le littoral méditerranéen. **879 :** Boson se fait proclamer roi en Bourgogne méridionale et en Provence. **888 :** Rodolphe Ier se fait reconnaître roi dans la Bourgogne septentrionale, ou Bourgogne jurane. **934 :** Rodolphe II unit les deux royaumes de Bourgogne provençale et de Bourgogne jurane. **IXe s. :** tandis que le comté de Bourgogne, sur la rive gauche de la Saône, reste impérial (Franche-Comté), le duché de Bourgogne (rive droite) se constitue (IXe s.) avec, comme premier titulaire, Richard le Justicier (m. en 921), frère de Boson. **1002 :** le duché passe au roi Robert II le Pieux, dont le 3e fils, Robert, est la souche de la première maison capétienne de Bourgogne. **1032 :** après la mort de Rodolphe III, l'empereur d'Occident Conrad II, son cousin, se fait couronner roi de Bourgogne. **1361 :** la première maison capétienne s'étant éteinte, Jean II le Bon, roi de France, fils de Jeanne de Bourgogne, hérite du duché. **1363 :** Jean le Bon transmet le duché à son 4e fils, Philippe II le Hardi, fondateur de la seconde maison capétienne de Bourgogne (→ **Bourguignons** [États]).

BOURGOGNE n.f., anc. Région administrative de France (Côte-d'Or, Nièvre, Saône-et-Loire et Yonne) [→ **Bourgogne-Franche-Comté**].

Bourgogne (canal de), canal qui unit le bassin de la Seine à celui du Rhône par les vallées de l'Armançon et de l'Ouche ; 242 km.

BOURGOGNE (dynastie de), première dynastie qui régna au Portugal (1128 - 1383).

Bourgogne (hôtel de), résidence parisienne des ducs de Bourgogne. Il n'en reste aujourd'hui qu'une tour, dite *donjon de Jean sans Peur* (IIe arrond.). Transformé en 1548 par les *Confrères de la Passion* en salle de spectacle, il fut, dès la fin du XVIe s., le premier théâtre régulier de Paris.

BOURGOGNE (Louis, duc de) → **LOUIS DE FRANCE.**

BOURGOGNE (vignoble de), région viticole englobant notamment la côte de Nuits et la côte de Beaune, la côte chalonnaise, la côte mâconnaise et le Beaujolais.

BOURGOGNE-FRANCHE-COMTÉ n.f., Région administrative du centre-est de la France regroupant, depuis 2016, les anc. Régions de Bourgogne et de Franche-Comté ; 47 784 km² ; 2 904 749 hab. ; ch.-l. *Dijon* ; 8 dép. (Territoire de Belfort, Côte-d'Or, Doubs, Jura, Nièvre, Haute-Saône, Saône-et-Loire et Yonne). Les plaines alluviales entourant la Saône et le Doubs séparent le massif du Morvan et le plateau de Langres, à l'ouest, de la Bresse, au sud, et du Jura, du bas pays comtois et de la porte d'Alsace, à l'est. La plaine de la Saône, axe de circulation majeur nord-sud, est une zone économique essentielle avec son célèbre vignoble (Côte-d'Or). La production de viande bovine (Nivernais et Charolais) caractérise l'ouest de la Région, tandis que l'Est est dominé par l'industrie à travers, notamm., la construction automobile (Sochaux et Montbéliard), la construction ferroviaire (Belfort) et le pôle de recherche et d'innovation dans la Plastics Vallée, près d'Oyonnax. Les deux grandes agglomérations de la Région que sont Dijon et Besançon sont limitées, dans leur influence, par le poids qu'exercent Lyon et Paris, ainsi que par la proximité de Bâle (Suisse). La Bourgogne-Franche-Comté reste donc une région de passage autour de l'axe rhodanien (Châlons-sur-Saône, Mâcon, Beaune) et de l'axe rhénan (Besançon, Belfort, Montbéliard).

BOURGOING (François), *Paris 1585 - id. 1662,* théologien catholique français, l'un des fondateurs de l'Oratoire et son troisième général (1641).

BOURGOIN-JALLIEU (38300), bur. centr. de cant. de l'Isère, sur la Bourbre ; 28 236 hab. *(Berjalliens).* Industries mécaniques, textiles et chimiques.

BOURG-SAINT-ANDÉOL (07700), bur. centr. de cant. de l'Ardèche, sur le Rhône ; 7 367 hab. *(Bourguesans).* Église en partie romane.

BOURG-SAINT-MAURICE (73700), bur. centr. de cant. de la Savoie, en Tarentaise, sur l'Isère ; 7 644 hab. *(Borains).* Station d'altitude (840 m).

BOURGUEIL (37140), comm. d'Indre-et-Loire ; 4 003 hab. *(Bourgueillois).* Vins rouges. – Restes d'une anc. abbaye (XIIIe-XVIIIe s.).

BOURGUIBA (Habib ibn Ali), *Monastir 1903 - id. 2000,* homme politique tunisien. Fondateur (1934) du Néo-Destour, moderniste et laïque, il fut le principal artisan de l'indépendance de son pays. Président de la République tunisienne à partir de 1957, élu président à vie en 1975, il fut destitué en 1987.

◄ Habib **Bourguiba**

BOURGUIGNONS (États), États constitués entre 1363 et 1477 autour de la Bourgogne et des Flandres. Formés à partir du duché de Bourgogne par Philippe le Hardi (1363 - 1404) et ses successeurs, ils s'agrandirent, par achats, mariages et héritages, de nombreux territoires (Flandre, Brabant, Hainaut, Hollande, Luxembourg...) qui en firent une des grandes puissances européennes du XVe s. Devenus peu à peu indépendants de la Couronne de France, ils jouèrent un rôle décisif lors de la guerre de Cent Ans. À la mort de Charles le Téméraire (1477), les États bourguignons furent partagés entre la France et la maison d'Autriche.

Bourguignons (faction des), faction qui s'opposa aux Armagnacs durant la guerre de Cent Ans. D'abord dirigée par Jean sans Peur, elle s'allia aux Anglais après l'assassinat de ce dernier (1419), avant de se réconcilier avec Charles VII (1435).

BOURIATES, peuple mongol de Russie (420 000, dont 250 000 en Bouriatie) et de Mongolie (70 000).

BOURIATIE, république de Russie, limitrophe de la Mongolie ; 972 658 hab. (25 % de Bouriates de souche ; env. 70 % de Russes) ; cap. *Oulan-Oude.*

BOURMONT (Louis de Ghaisnes, comte de), *Freigné, Maine-et-Loire, 1773 - id. 1846,* maréchal de France. Après avoir servi Napoléon Ier, il l'abandonna en 1815 et rejoignit Louis XVIII à Gand. Ministre de la Guerre (1829), il commanda l'armée qui, en 1830, prit Alger.

BOURNAZEL (Henri de), *Limoges 1898 - Bou Gafer, Maroc, 1933,* officier français. Il s'illustra dans la lutte contre Abd el-Krim, puis dans la pacification du Tafilalet.

BOURNEMOUTH, v. de Grande-Bretagne (Angleterre), sur la Manche ; 183 491 hab. (383 713 hab. dans l'agglomération). Station balnéaire.

BOURNONVILLE (August), *Copenhague 1805 - id. 1879,* chorégraphe danois. Danseur et pédagogue, héritier de la tradition française, il fut maître du ballet danois. Le Ballet royal danois perpétue son répertoire (*la Sylphide,* 1836 ; *Napoli,* 1842).

BOURRIENNE (Louis Fauvelet de), *Sens 1769 - Caen 1834,* diplomate français. Camarade de Bonaparte à Brienne, il le suivit en Italie. Conseiller d'État, puis diplomate, il se rallia à Louis XVIII en 1814. Il est l'auteur de *Mémoires* (1829-1831).

BOURSAULT (Edme), *Mussy-l'Évêque 1638 - Paris 1701,* écrivain français. Auteur de comédies (*le Mercure galant*) et de *Lettres,* il attaqua violemment Molière.

BOURVIL (André Raimbourg, dit), *Pretot-Vicquemare 1917 - Paris 1970,* acteur et chanteur français. D'abord chanteur d'opérette, il joua au cinéma dans un registre le plus souvent comique (*la Traversée de Paris,* C. Autant-Lara, 1956 ; *la Grande Vadrouille,* G. Oury, 1966 ; *le Cercle rouge,* J.-P. Melville, 1970).

◄ **Bourvil**

BOU SAADA, v. d'Algérie ; 125 573 hab. Oasis.

BOUSCAT (Le) [33110], bur. centr. de cant. de la Gironde, banlieue nord-ouest de Bordeaux ; 24 037 hab. *(Bouscatais).* Métallurgie.

BOUSQUET (Joë), *Narbonne 1897 - Carcassonne 1950,* écrivain français. Paralysé par une blessure de guerre en 1918, ce poète a constitué une œuvre où l'autobiographie traverse érotisme, ésotérisme et tradition occitane *(Traduit du silence).*

BOUSSINGAULT (Jean-Baptiste), *Paris 1802 - id. 1887,* chimiste français, spécialiste de la chimie agricole et de la physiologie végétale.

BOUSSOIS (59168), comm. du Nord ; 3 262 hab. *(Beuxéidiens).* Verrerie.

BOUSSU, comm. de Belgique (Hainaut) ; 19 772 hab. Métallurgie. – Église des XIIIe-XVIe s.

BOUTEFLIKA (Abdelaziz), *Oujda 1937,* homme politique algérien. Ministre des Affaires étrangères de 1963 à 1979, il est président de la République depuis 1999.

◄ Abdelaziz **Bouteflika**

BOUTHOUL (Gaston), *Monastir, Tunisie, 1896 - Paris 1980,* sociologue français. Il s'est consacré à l'étude des guerres, à laquelle il a donné le nom de « polémologie ».

BOUTROS-GHALI (Boutros), *Le Caire 1922 - Gizeh 2016,* juriste, diplomate et homme politique égyptien. Ministre égyptien des Affaires étrangères de 1977 à 1991, il fut secrétaire général de l'ONU de 1992 à 1996 et secrétaire général de l'Organisation internationale de la francophonie de 1998 à 2002.

BOUTS (Dirk ou Dieric), *Haarlem v. 1415 - Louvain 1475,* peintre des anciens Pays-Bas. Émule de Van Eyck et de Van der Weyden, il est l'auteur de sujets religieux intimistes (triptyque de *la Cène,* Louvain).

Bouvard et Pécuchet, roman inachevé de Flaubert (1881). Deux copistes s'essaient sans méthode aux sciences et aux techniques, mais, ne pouvant assimiler que des « idées reçues », ils échouent misérablement.

BOUVERESSE (Jacques), *Épenoy, Doubs, 1940,* philosophe français. Sa réflexion, dans la ligne de la philosophie analytique, le mène à une défense vigoureuse des exigences de la rationalité (*la Parole malheureuse,* 1971 ; *Rationalité et cynisme,* 1984). Il a été professeur au Collège de France de 1995 à 2010.

BOUVET, île volcanique de l'Atlantique sud, dépendance de la Norvège.

BOUVIER (Nicolas), *Genève 1929 - id. 1998,* écrivain suisse de langue française. Également photographe, il mêle dans ses récits de voyages humour distancié et vision ascétique du déracinement *(l'Usage du monde, le Poisson-Scorpion).*

Bouvines (bataille de) [27 juill. 1214], victoire remportée à Bouvines (au S.-E. de Lille) par le roi de France Philippe Auguste, soutenu par les milices communales, sur l'empereur germanique Otton IV et ses alliés, Jean sans Terre et le comte de Flandre. Cette victoire établit la supériorité de la royauté capétienne sur les grands vassaux.

BOUXWILLER [buksvilɛr] (67330), bur. centr. de cant. du Bas-Rhin ; 4 178 hab. *(Bouxwillerois).* Hôtel de ville du XVIIe s. (musée régional).

BOUYGUES (Francis), *Paris 1922 - Saint-Coulomb, Ille-et-Vilaine, 1993,* industriel français. Il créa en 1952 le groupe *Bouygues,* un des leaders mondiaux dans le secteur du bâtiment et des travaux publics, qui s'est auj. diversifié dans l'audiovisuel (principal actionnaire de TF1) et les télécommunications.

BOUZIGUES (34140), comm. de l'Hérault, sur l'étang de Thau ; 1 748 hab. Conchyliculture.

BOUZONVILLE (57320), bur. centr. de cant. de la Moselle ; 4 098 hab. *(Bouzonvillois).* Freins.

BOVET (Daniel), *Neuchâtel 1907 - Rome 1992,* pharmacologue italien d'origine suisse. Ses travaux sur les antihistaminiques et les curarisants de synthèse lui ont valu en 1957 le prix Nobel de physiologie ou de médecine.

BOWEN (Norman Levi), *Kingston, Ontario, 1887 - Washington 1956,* géologue américain d'origine canadienne. Il fut le fondateur de la pétrologie expérimentale moderne.

BOWIE (David Robert **Jones,** dit David), *Londres 1947 - New York 2016,* chanteur britannique de rock. Également guitariste et compositeur, il influença la new wave et développa un « rock décadent », éclectique et mondain (de *Ziggy Stardust,* 1972, à *Blackstar,* 2016).

BOWLBY (John), *Londres 1907 - Skye 1990,* médecin et psychiatre britannique. Il a développé la théorie de l'attachement du nourrisson à sa mère (*Attachement et perte,* 1969).

BOWLES (Paul), *New York 1910 - Tanger 1999,* compositeur et écrivain américain. Romancier (*Un thé au Sahara,* 1949 ; *la Maison de l'Araignée,* 1955) et poète, il marqua particulièrement de son style la Beat* generation.

Boxers ou **Boxeurs,** membres d'une société secrète chinoise qui, à partir de 1895, anima un mouvement xénophobe dirigé contre les Européens établis en Chine. Celui-ci culmina en 1900 avec une émeute qui menaça les légations européennes à Pékin, ce qui provoqua une expédition internationale qui en eut raison.

Boyacá (bataille de) [7 août 1819], bataille de l'indépendance de l'Amérique latine. Victoire de Bolívar sur les Espagnols à Boyacá (Colombie), qui préluda à l'indépendance de la Colombie.

Boyard (fort) → **AIX** (île d').

BOYER (Charles), *Figeac 1899 - Phoenix 1978,* acteur français naturalisé américain. Il incarna le séducteur français : *Back Street* (R. Stevenson, 1941), *Hantise* (G. Cukor, 1944).

BOYLE (Robert), *Lismore Castle 1627 - Londres 1691,* physicien et chimiste irlandais. Il énonça, avant E. Mariotte, la loi de compressibilité des gaz, introduisit la notion moderne d'élément chimique en opposition à la théorie aristotélicienne des éléments et découvrit l'importance de l'oxygène dans la combustion et la respiration.

Boyne (bataille de la) [1er juill. 1690], victoire remportée par Guillaume III de Nassau sur les troupes catholiques de Jacques II sur les rives de la Boyne (Irlande). Elle consacrait le triomphe de la révolution commencée en 1688 en Angleterre.

BOYSSET (Antoine) → **BOESSET.**

BOZEN → **BOLZANO.**

BOZOULS [bozul] (12340), comm. de l'Aveyron ; 2 863 hab. *(Bouzoulais).* Canyon du Dourdou, dit *trou de Bozouls.* – Église romane.

Brabançonne (la), hymne national belge, composé en 1830 par F. Van Campenhout *(1779 - 1848).*

BRABANT n.m., anc. prov. du centre de la Belgique. Il englobait les actuelles provinces du Brabant flamand et du Brabant wallon (créées en 1995) ainsi que la région de Bruxelles-Capitale.

BRABANT, région historique divisée auj. entre la Belgique et les Pays-Bas. Le duché naquit au xie s. de la réunion des comtés de Louvain et de Bruxelles. Il échut en 1430 à Philippe III le Bon, duc de Bourgogne, puis en 1477 à la maison d'Autriche (Habsbourg). En 1609, les Habsbourg d'Espagne durent reconnaître aux Provinces-Unies la possession de sa partie septentrionale.

BRABANT FLAMAND, prov. de Belgique ; 2 119 km^2 ; 1 101 280 hab. ; ch.-l. *Louvain* ; 2 arrond. *(Louvain, Hal-Vilvorde)* ; 65 comm. Il correspond à la partie nord de l'ancien Brabant belge.

BRABANT-SEPTENTRIONAL, prov. du sud des Pays-Bas ; 2 471 011 hab. ; ch.-l. *Bois-le-Duc* ; v. princ. *Eindhoven.*

BRABANT WALLON, prov. de Belgique ; 1 097 km^2 ; 388 526 hab. ; ch.-l. *Wavre* ; 1 arrond. ; 27 comm. Il correspond à la partie sud de l'ancien Brabant belge.

BRABHAM (sir Jack), *Hurstville, banlieue de Sydney, 1926 - Gold Coast, au S. de Brisbane, 2014,* coureur et constructeur automobile australien. Il fut champion du monde des conducteurs en 1959, 1960 et 1966.

BRACHET (Jean), *Bruxelles 1909 - Braine-l'Alleud 1988,* biochimiste belge. Il étudia les acides nucléiques (ARN notamm.) et la différenciation cellulaire.

BRACQUEMOND (Félix), *Paris 1833 - id. 1914,* graveur, peintre et décorateur français. Féru de recherches techniques, il joua un rôle d'animateur, amenant, par ex., Manet à l'eau-forte.

BRADBURY (Ray Douglas), *Waukegan, Illinois, 1920 - Los Angeles 2012,* écrivain américain. Il est l'un des plus grands auteurs de récits de science-fiction (*Chroniques martiennes,* 1950 ; *l'Homme illustré,* 1951 ; *Fahrenheit 451,* 1953).

BRADFORD, v. de Grande-Bretagne (Angleterre) ; 293 717 hab. Textile. Électronique. – Musée national des Médias.

BRADLEY (Francis Herbert), *Clapham, auj. dans Londres, 1846 - Oxford 1924,* philosophe britannique, idéaliste hégélien.

BRADLEY (James), *Sherborne, Gloucestershire, 1693 - Chalford, Gloucestershire, 1762,* astronome britannique. Il a découvert l'aberration de la lumière des étoiles (1727) et la nutation de l'axe de rotation de la Terre (1748).

BRADLEY (Omar), *Clark, Missouri, 1893 - New York 1981,* général américain. Il se distingua en Tunisie et en Sicile (1943) et commanda le 12e groupe d'armées de la Normandie jusqu'à l'Allemagne (1944 - 1945).

BRAGA, v. du Portugal septentrional ; 181 494 hab. Cathédrale des xiie-xviiie s. (œuvres d'art ; trésor) ; sanctuaire du Bom Jesus do Monte, du xviiie s.

BRAGA (Teófilo), *Ponta Delgada 1843 - Lisbonne 1924,* homme politique et écrivain portugais. Président de la République en 1915.

BRAGANCE, v. du Portugal septentrional ; 35 341 hab. Ville haute fortifiée.

BRAGANCE, dynastie royale qui régna sur le Portugal de 1640 à 1910 et sur le Brésil de 1822 à 1889. Elle est issue d'Alphonse Ier, duc de Bragance, fils naturel de Jean Ier, roi de Portugal.

BRAGG (sir William Henry), *Wigton, Cumberland, 1862 - Londres 1942,* physicien britannique. Avec son fils, sir W. L. Bragg, il construisit le premier spectrographe à haute fréquence, découvrant ainsi la structure de nombreux cristaux. (Prix Nobel 1915.) — sir **William Lawrence B.,** *Adélaïde, Australie, 1890 - Ipswich, Suffolk, 1971,* physicien britannique. Il a travaillé avec son père, William Henry, sur la diffraction des rayons X par les cristaux. (Prix Nobel 1915.)

BRAHE (Tycho), *Knudstrup 1546 - Prague 1601,* astronome danois. À partir de 1576, il fit édifier dans l'île de Hveen, dans le Sund, un observatoire astronomique qu'il équipa de grands instruments grâce auxquels il effectua les observations astronomiques les plus précises avant l'invention de la lunette. Ses observations de la planète Mars permirent à Kepler d'énoncer les lois du mouvement des planètes.

◄ Tycho **Brahe**

BRAHIC (André), *Paris 1942 - id. 2016,* astrophysicien français. Spécialiste de planétologie, l'un des découvreurs des anneaux de Neptune, il était aussi un vulgarisateur apprécié (*Enfants du Soleil,* 1999 ; *Lumières d'étoiles,* avec Isabelle Grenier, 2008).

BRAHMA, un des principaux dieux du panthéon hindou. Premier créé et créateur de toute chose, il est souvent représenté avec quatre bras et quatre têtes qui symbolisent son omniscience et son omniprésence.

BRAHMAGUPTA, *v. 598 - v. 665,* mathématicien indien. Il a utilisé, le premier, des nombres négatifs et énoncé les quatre opérations fondamentales.

BRAHMAPOUTRE n.m., fl. d'Asie, né au Tibet et débouchant dans le golfe du Bengale ; 2 900 km ; bassin de 900 000 km^2. Avec le Gange, il a formé un grand delta.

BRAHMS (Johannes), *Hambourg 1833 - Vienne 1897,* compositeur allemand. Il est l'auteur de lieder, de musique de chambre, d'œuvres pour piano, de quatre symphonies d'un émouvant lyrisme, d'ouvertures, de concertos (*Concerto pour violon,* 1879), et d'un *Requiem allemand* (1869).

◄ Johannes **Brahms** par Laurens. (Coll. priv., Bonn.)

BRĂILA, v. de Roumanie, sur le Danube ; 216 929 hab. Port fluvial. Cellulose et papier.

BRAILLE (Louis), *Coupvray, Seine-et-Marne, 1809 - Paris 1852,* inventeur français. Devenu aveugle à 3 ans, il créa pour les aveugles un système d'écriture en points saillants, le *braille**.

BRAINE (02220), comm. de l'Aisne ; 2 291 hab. *(Brainois).* Église gothique St-Yved, anc. abbatiale (autour de 1200).

BRAINE-L'ALLEUD, comm. de Belgique (Brabant wallon) ; 39 250 hab. Souvenirs de la bataille de Waterloo.

BRAINE-LE-COMTE, v. de Belgique (Hainaut) ; 21 408 hab. Église gothique (œuvres d'art).

BRAM (11150), bur. centr. de cant. de l'Aude ; 3 364 hab. *(Bramais).* Maison de l'archéologie (« Eburomagus »).

BRAMAH (Joseph), *Stainborough 1748 - Londres 1814,* industriel britannique. Précurseur dans la construction de machines-outils industrielles, il mit au point notamm. une presse hydraulique et une raboteuse à bois à 28 outils.

BRAMANTE (Donato **d'Angelo,** dit), *près d'Urbino 1444 - Rome 1514,* architecte italien. Il travailla à Milan (abside de S. Maria delle Grazie), puis à Rome, où son œuvre est celle d'un maître du classicisme : *Tempietto* de S. Pietro in Montorio ; à partir de 1505, pour Jules II, cour du Belvédère et premiers travaux de la basilique St-Pierre.

BRAMPTON, v. du Canada (Ontario) ; 593 638 hab. Industrie automobile.

BRANCUSI (Constantin), *Peştişani, Olténie, 1876 - Paris 1957,* sculpteur roumain de l'école de Paris. Il a recherché une essence symbolique de la forme (*la Muse endormie, l'Oiseau dans l'espace,* diverses versions), et renoué avec une veine fruste, archaïque *(le Baiser)* ; ses *Colonnes sans fin* semblent minimalistes avant la lettre. Son atelier parisien est reconstitué à côté du Centre G.-Pompidou.

BRANDEBOURG, en all. **Brandenburg,** Land d'Allemagne ; 29 059 km^2 ; 2 494 648 hab. *(Brandebourgeois)* ; cap. *Potsdam.* Il occupe la partie occidentale du Brandebourg historique (v. princ. Berlin) qui fit partie de la RDA de 1949 à 1990 ; sa partie orientale a été attribuée à la Pologne en 1945. Terre de rencontre entre Slaves et Germains depuis le viie s., le Brandebourg passa aux Ascaniens (xiie s.), puis aux Wittelsbach et aux Luxembourg. En 1356, le margraviat fut érigé en Électorat, qui échut aux Hohenzollern (1415) dont l'héritage s'accrut de la Prusse en 1618 (→ **Prusse**).

BRANDEBOURG, en all. **Brandenburg,** v. d'Allemagne (Brandebourg), sur la Havel, à l'O. de Berlin ; 73 000 hab. *(Brandebourgeois).* Cathédrale des xiie-xve s. et autres monuments.

▲ **Brahma.** Bois sculpté ; Inde ; xviiie s. (Musée de Trivandrum, Inde.)

BRANDES (Georg), *Copenhague 1842 - id. 1927*, critique danois. Il initia les pays scandinaves aux littératures européennes modernes et fit triompher l'esthétique réaliste.

BRANDO (Marlon), *Omaha 1924 - Los Angeles 2004*, acteur américain. Formé à l'Actors Studio, acteur puissant, complexe, excessif, il a joué avec E. Kazan (*Un tramway nommé Désir*, 1951 ; *Sur les quais*, 1954), L. Benedek (*l'Équipée sauvage*, 1954), F. F. Coppola (*le Parrain*, 1972), B. Bertolucci (*le Dernier Tango à Paris*, 1972).

◄ Marlon **Brando**

BRANDON, v. du Canada (Manitoba), sur l'Assiniboine ; 48 859 hab.

BRANDT (Bill), *Londres 1904 - id. 1983*, photographe britannique. Ses photos de corps pétrifiés au sein de perspectives extraordinaires font de lui un novateur du nu féminin. Il a aussi réalisé de poignants reportages sur les Londoniens pendant les attaques aériennes.

BRANDT (Herbert Karl **Frahm**, dit Willy), *Lübeck 1913 - Unkel, près de Bonn, 1992*, homme politique allemand. Président du Parti social-démocrate (1964 - 1987), chancelier de la RFA (1969 - 1974), il orienta la diplomatie allemande vers l'ouverture à l'Est (*Ostpolitik*). [Prix Nobel de la paix 1971.]

◄ Willy **Brandt**

BRANLY (Édouard), *Amiens 1844 - Paris 1940*, physicien français. Il imagina, en 1890, le *cohéreur* à limaille, premier détecteur d'ondes hertziennes. Il conçut le principe de l'antenne émettrice (1891) et fit des expériences de télécommande (1902).

BRANNER (Hans Christian), *Ordrup 1903 - Copenhague 1966*, écrivain danois. Ses romans et son théâtre s'inspirent de la psychanalyse (*le Cavalier*).

BRANT ou **BRANDT** (Sebastian), *Strasbourg v. 1458 - id. 1521*, humaniste alsacien. Il est l'auteur du poème satirique *la Nef des fous* (1494).

BRANTFORD, v. du Canada (Ontario) ; 97 496 hab. Musée (collections iroquoises, etc.).

BRANTING (Hjalmar), *Stockholm 1860 - id. 1925*, homme politique suédois. Fondateur du Parti social-démocrate (1889), il contribua à la séparation pacifique de la Norvège et de la Suède (1905). À la tête de trois gouvernements socialistes entre 1920 et 1925, il pratiqua une politique sociale avancée. (Prix Nobel de la paix 1921, avec le Norvégien C. L. Lange.)

BRANTÔME (Pierre **de Bourdeille**, seigneur **de**), *Bourdeille v. 1540 - ? 1614*, écrivain français. Il est l'auteur des *Vies des hommes illustres et des grands capitaines*, et des *Vies des dames galantes*.

BRANTÔME-EN-PÉRIGORD (24310), bur. centr. de cant. de la Dordogne, sur la Dronne ; 2 221 hab. (*Brantômais*). Anc. abbaye fondée par Charlemagne : bâtiments du XIe au XVIIIe s.

BRAQUE (Georges), *Argenteuil 1882 - Paris 1963*, peintre français. Créateur du cubisme* avec Picasso, il est célèbre pour ses « papiers collés » sévèrement rythmés (1912-1914), ses natures mortes d'une sensualité retenue, ses « Ateliers », ses « Oiseaux », ses illustrations d'Hésiode ou de Reverdy, etc.

BRAS (Michel), *Gabriac, Aveyron, 1946*, cuisinier français. Dans un espace moderne bâti en 1992 au cœur de l'Aubrac, en osmose avec le paysage, au-dessus de Laguiole, il propose une cuisine qui, sublimant les légumes et associant herbes et fleurs des alentours, allie fidélité au terroir familial et créativité gustative et visuelle. Il transmet progressivement son art à son fils Sébastien.

BRASILIA, en port. **Brasília**, cap. du Brésil, sur les plateaux de l'intérieur, à environ 1 100 m d'alt. ; 2 469 489 hab. (*Brasiliens*) [4 074 000 hab. dans l'agglomération]. Ch.-l. du district fédéral (5 814 km²). Centre administratif et commercial. – Construite à partir de 1957, audacieuse création ex nihilo, la ville a pour auteurs principaux l'urbaniste Lucio Costa (*1902 - 1998*) et l'architecte O. Niemeyer*.

BRASILLACH (Robert), *Perpignan 1909 - Montrouge 1945*, écrivain français. Critique, romancier et journaliste politique, il s'engagea pour le fascisme dès 1934, puis pour l'Allemagne nazie, et fut condamné à mort et exécuté à la Libération (*Comme le temps passe*, 1937 ; *Notre avant-guerre*, 1941).

BRAŞOV, v. de Roumanie, en Transylvanie ; 284 596 hab. Constructions mécaniques. – Monuments médiévaux.

BRAS-PANON (97412), comm. de La Réunion ; 13 029 hab. (*Panonnais*).

BRASSAC-LES-MINES (63570), bur. centr. de cant. du Puy-de-Dôme ; 3 474 hab. (*Brassacois*). Musée de la Mine.

BRASSAÏ (Gyula **Halász**, dit), *Braşov 1899 - Nice 1984*, photographe français d'origine hongroise. Un climat fantomatique d'ombre et de lumière amplifie dans son œuvre l'étrange et l'insolite, qui rappellent ses liens avec les surréalistes.

BRASSCHAAT [braskat], comm. de Belgique (prov. d'Anvers) ; 37 286 hab.

BRASSEMPOUY (40330), comm. des Landes ; 285 hab. Gisements paléolithiques, dont la grotte du Pape où fut découverte en 1894 la *Dame à la capuche*, ou *Dame de Brassempouy*, tête féminine en ivoire de mammouth, du gravettien (auj. au musée d'Archéologie nationale de Saint-Germain-en-Laye). [V. ill. partie n. comm. **paléolithique.**]

BRASSENS (Georges), *Sète 1921 - Saint-Gély-du-Fesc 1981*, chanteur français. Également parolier et compositeur, il est l'auteur de chansons poétiques, pleines de verve et de non-conformisme (*Chanson pour l'Auvergnat, le Gorille, Supplique pour être enterré sur la plage de Sète*).

◄ Georges **Brassens** en 1981.

BRASSEUR (Pierre **Espinasse**, dit Pierre), *Paris 1905 - Brunico, Italie, 1972*, acteur français. Sa présence et sa verve l'ont imposé au théâtre (*le Diable et le Bon Dieu*, 1951 ; *Kean*, 1953) et au cinéma, notamm. sous la direction de M. Carné (*le Quai des brumes*, 1938 ; *les Enfants du paradis*, 1945). — Claude **E.**, dit Claude **B.**, *Neuilly-sur-Seine 1936*, acteur français, fils de Pierre. Sa voix chaude et éraillée habite ses rôles, entre bonhomie et roublardise, au théâtre (*À torts et à raisons*, 1999), à la télévision (*les Nouvelles Aventures de Vidocq*) et au cinéma (*Un éléphant ça trompe énormément*, Y. Robert, 1976 ; *la Boum*, C. Pinoteau, 1980 ; *le Souper*, É. Molinaro, 1992).

BRĂTIANU (Ion), *Piteşti 1821 - Florica 1891*, homme politique roumain. Il fut Premier ministre de 1876 à 1888. — **Ion (Ionel) B.**, *Florica 1864 - Bucarest 1927*, homme politique roumain. Fils de Ion Brătianu, il fut Premier ministre, notamm. en 1914 - 1918 et 1922 - 1926.

▲ **Brasilia.** Édifices du palais des Congrès, sur la place des Trois-Pouvoirs (1957-1960 ; architecte : Oscar Niemeyer).

BRATISLAVA, cap. de la Slovaquie, sur le Danube ; 411 228 hab. Centre commercial, culturel et industriel. C'est l'anc. *Presbourg* (en all. *Pressburg*). – Monuments anciens et musées.

BRATSK, v. de Russie, en Sibérie ; 246 348 hab. Grande centrale hydroélectrique sur l'Angara. Industries du bois. Aluminium.

BRATTAIN (Walter Houser), *Amoy, Chine, 1902 - Seattle 1987*, physicien et technicien américain. Il a contribué à la mise au point du transistor à germanium. (Prix Nobel 1956.)

BRAUCHITSCH (Walther **von**), *Berlin 1881 - Hambourg 1948*, maréchal allemand. Commandant en chef de l'armée de terre en 1938, il fut démis de ses fonctions par Hitler en 1941.

BRAUDEL (Fernand), *Luméville-en-Ornois 1902 - Cluses, Haute-Savoie, 1985*, historien français. Il ouvrit l'histoire à l'étude des grands espaces et des phénomènes de longue durée (*la Méditerranée et le monde méditerranéen à l'époque de Philippe II*, 1949) et s'intéressa à l'économie de l'Europe préindustrielle (*Civilisation matérielle, économie et capitalisme, XVe-XVIIIe s.*, 1979). Il est également l'auteur de *l'Identité de la France* (1986, posthume). [Acad. fr.]

▲ Fernand **Braudel**

BRAULT (Michel), *Montréal 1928 - Toronto 2013*, cinéaste canadien. Pionnier du cinéma direct*, il a partagé sa carrière entre le documentaire et la fiction (*Pour la suite du monde* [avec P. Perrault], 1963 ; *Entre la mer et l'eau douce*, 1967 ; *les Ordres*, 1974).

BRAUN (Karl Ferdinand), *Fulda 1850 - New York 1918*, physicien allemand. Il inventa l'oscillographe cathodique. (Prix Nobel 1909.)

BRAUN (Matyáš Bernard), *Oetz, Tyrol, 1684 - Prague 1738*, sculpteur tchèque. Outre quelques statues du pont Charles à Prague, les œuvres les plus célèbres de cet artiste baroque sont les groupes de la forêt de Kuks, en Bohême du Nord.

BRAUN (Wernher **von**), *Wirsitz, auj. Wyrzysk, Pologne, 1912 - Alexandria, Virginie, 1977*, ingénieur allemand, naturalisé américain. Dès 1930, il travailla sur des fusées expérimentales avec Oberth. En 1937, rallié au régime nazi, il devint directeur technique du centre d'essais de fusées de Peenemünde, où il assura la réalisation du V2 (à partir de 1943, alors officier SS, il en supervisa la fabrication, dans des conditions terribles, par des déportés du camp de Dora-Mittelbau*). Emmené aux États-Unis en 1945, il mit au point, à partir de 1950, le premier missile balistique guidé américain, puis devint l'un des principaux artisans du programme spatial des États-Unis : il dirigea ainsi la construction de la fusée Saturn V, qui permit l'envoi d'astronautes sur la Lune.

BRAUNER (Victor), *Piatra Neamţ 1903 - Paris 1966*, artiste français d'origine roumaine, apparenté au surréalisme (*Loup-table*, 1939-1947, MNAM, Paris).

BRAUNSCHWEIG (Stéphane), *Neuilly-sur-Seine 1964*, metteur en scène de théâtre et d'opéra français. Directeur du Centre dramatique national d'Orléans (1993 - 1998), du Théâtre national de Strasbourg (2000 - 2008), du Théâtre national de la Colline (2010 - 2016) et de l'Odéon-Théâtre de l'Europe (depuis 2016), il se livre à travers des scénographies épurées à un décryptage contemporain d'œuvres variées, revisitées à la lumière des sciences humaines.

BRAVAIS (Auguste), *Annonay 1811 - Versailles 1863*, physicien français. Il est l'auteur de l'hypothèse de la structure réticulaire des cristaux.

BRAY (pays de), région de Normandie (Seine-Maritime, France). C'est une dépression argileuse. Élevage bovin (produits laitiers).

BRAY-DUNES (59123), comm. du Nord ; 4 655 hab. (*Bray-Dunois*). Station balnéaire.

BRAZZA (Pierre **Savorgnan de**) → **SAVORGNAN DE BRAZZA.**

BRAZZAVILLE, cap. du Congo, sur le Malebo Pool ; 1 610 760 hab. *(Brazzavillois).* Un chemin de fer (Congo-Océan) relie la ville à l'Atlantique. Université. Aéroport. – Elle fut la capitale de l'AEF de 1910 à 1958.

Brazzaville (conférence de) [30 janv. - 8 févr. 1944], conférence des gouverneurs des colonies organisée par le général de Gaulle et le Comité français de libération nationale d'Alger. Elle établit les principes d'une organisation nouvelle des colonies françaises d'Afrique noire.

BREA, famille de peintres niçois des XVe-XVIe s. Ils ont laissé de nombreux polyptyques dans les églises des régions de Nice et de Gênes.

BRÉAL (Michel), *Landau 1832 - Paris 1915,* linguiste français. Traducteur de F. Bopp, il a introduit en France la linguistique historique.

BREBIÈRES (62117), bur. centr. de cant. du Pas-de-Calais ; 4 961 hab. *(Brebiérois).*

BRECHT [brɛt ou brekt], comm. de Belgique (prov. d'Anvers) ; 28 016 hab. Église gothique.

BRECHT (Bertolt), *Augsbourg 1898 - Berlin-Est 1956,* auteur dramatique allemand. Il a créé, par opposition au théâtre traditionnel, où le spectateur s'identifie au héros, le « théâtre épique », qui invite l'acteur à présenter son personnage sans se confondre avec lui (« effet de distanciation ») et le spectateur à porter sur la pièce le regard critique et objectif qu'il accorde d'habitude à la réalité *(l'Opéra de quat'sous,* 1928 ; *Mère Courage et ses enfants,* 1941 ; *Maître Puntila et son valet Matti,* 1948 ; *le Cercle de craie caucasien,* 1948 ; *la Résistible Ascension d'Arturo Ui,* 1959). Il a fondé en 1949 et dirigé la troupe du Berliner Ensemble.

▲ Bertolt **Brecht** en 1952.

BREDA, v. des Pays-Bas (Brabant-Septentrional) ; 178 140 hab. Château ; Grande Église du XVe s. ; musées. – La ville fut prise par Spinola en 1625. — traité de **Breda** (1667), traité conclu entre l'Angleterre, les Provinces-Unies, la France et le Danemark. Il mit fin au conflit opposant les Anglais aux Provinces-Unies. L'Angleterre accordait aux Provinces-Unies et à la France des avantages territoriaux et commerciaux.

BRÈDE (La) [33650], anc. **Labrède,** bur. centr. de cant. de la Gironde ; 4 583 hab. *(Brédois).* Vignobles. – Château féodal où naquit Montesquieu.

BREENDONK, village de Belgique (prov. d'Anvers) [comm. de Puurs], à l'O. de Malines. Camp de concentration allemand de 1940 à 1944, qui a été transformé en Musée national.

BRÉGANÇON (cap de), cap de Provence (Var). Ancien fort (XVIe s.), devenu résidence d'été des présidents de la République en 1968. Depuis 2014, il est ouvert à la visite en période estivale.

BREGENZ, v. d'Autriche, cap. du Vorarlberg, à l'extrémité sud-est du lac de Constance ; 27 831 hab. Vieille ville haute. Musée du Vorarlberg. Musée d'art. – Tourisme.

BREGUET (Abraham Louis), *Neuchâtel 1747 - Paris 1823,* horloger français. Il fut un spécialiste de l'horlogerie de luxe et de la chronométrie de marine. — **Louis B.,** *Paris 1804 - id. 1883,* constructeur français d'instruments scientifiques. Petit-fils d'Abraham Louis, spécialiste de l'instrumentation de précision, il fabriqua les premiers télégraphes français. — **Louis B.,** *Paris 1880 - Saint-Germain-en-Laye 1955,* industriel français. Petit-fils de Louis, il fut l'un des pionniers de la construction aéronautique en France.

BRÉHAT (22870), île et comm. des Côtes-d'Armor ; 411 hab. *(Bréhatins).* Station balnéaire.

BREJNEV (Leonid Ilitch), *Kamenskoïe, auj. Dnieprodzerjynsk, 1906 - Moscou 1982,* homme politique soviétique. Premier secrétaire du Parti communiste (1964), maréchal (1976), il fut président du Praesidium du Soviet suprême à partir de 1977. Après avoir signé avec Nixon les accords SALT-I (1972) et souscrit aux accords SALT-II (1979), il mit un terme à la détente lors de l'invasion de l'Afghanistan (déc. 1979).

◀ Leonid **Brejnev**

BREL (Jacques), *Schaerbeek 1929 - Bobigny 1978,* chanteur belge. Également parolier et compositeur, il se rendit célèbre pour la qualité de ses textes, poétiques *(le Plat Pays),* passionnés *(Ne me quitte pas)* ou satiriques *(les Bourgeois).* Il fut aussi acteur *(Mon oncle Benjamin,* É. Molinaro, 1969).

◀ Jacques **Brel** dans *les Risques du métier* d'André Cayatte (1967).

BRÊME, en all. **Bremen,** v. d'Allemagne, cap. du *Land de Brême,* sur la Weser ; 547 800 hab. Port. Centre commercial, financier et industriel. – Port de commerce, qui fut l'un des plus actifs de la Hanse (XIIIe s.). Ville libre d'Empire en 1646. – Monuments anciens. Riches musées (peinture ; cultures extra-européennes).

BRÊME, en all. **Bremen,** Land d'Allemagne ; 404 km² ; 678 753 hab. ; cap. *Brême.*

BREMERHAVEN, v. d'Allemagne (Land de Brême), à l'embouchure de la Weser ; 108 156 hab. Musée allemand de la Marine.

BREMOND (abbé Henri), *Aix-en-Provence 1865 - Arthez-d'Asson 1933,* critique et historien français. Il est l'auteur d'une *Histoire littéraire du sentiment religieux en France* et d'essais *(la Poésie pure).* [Acad. fr.]

BRÉMONTIER (Nicolas), *Le Tronquay, Eure, 1738 - Paris 1809,* ingénieur français. Il contribua à fixer les dunes de Gascogne par la mise au point de techniques de plantation et par l'installation d'importantes forêts de pins.

BRENDEL (Alfred), *Loučná nad Desnou, Moravie, 1931,* pianiste autrichien, l'un des plus grands interprètes de Beethoven, de Schubert et de Liszt.

BRENN ou **BRENNUS,** nom de chefs gaulois. La légende romaine en a fait le nom d'un chef des Senones qui, v. 390 av. J.-C., s'emparèrent de Rome.

BRENNE n.f., région humide (étangs) du Berry (Indre), entre la Creuse et la Claise. (Hab. *Brennous.*) Parc naturel régional (env. 183 000 ha).

BRENNER (col du), col des Alpes, à la frontière italo-autrichienne, entre Bolzano et Innsbruck ; 1 370 m. Important passage ferroviaire et routier.

BRENNUS → **BRENN.**

BRENTANO (Bettina) → **ARNIM** (Elisabeth **von**).

BRENTANO (Clemens), *Ehrenbreitstein 1778 - Aschaffenburg 1842,* écrivain allemand. Frère de Bettina von Arnim et collaborateur d'Achim von Arnim* pour *le Cor merveilleux,* il est l'un des principaux représentants du romantisme allemand.

BRENTANO (Franz), *Marienberg 1838 - Zurich 1917,* philosophe et psychologue allemand, neveu de Clemens Brentano. Distinguant la psychologie de la logique, il développa la notion – reprise par Husserl – d'intentionnalité de la conscience *(la Psychologie du point de vue empirique,* 1874).

Brera (palais de), à Milan, palais du XVIIe s. qui abrite une célèbre pinacothèque, une bibliothèque, etc.

BRESCIA, v. d'Italie (Lombardie), ch.-l. de prov. ; 191 465 hab. Monuments (depuis l'époque romaine) et musées.

BRESDIN (Rodolphe), *Montrelais, Loire-Atlantique, 1822 - Sèvres 1885,* aquafortiste et lithographe français. Bohème, méconnu de son vivant, il a laissé des œuvres foisonnantes et visionnaires *(Sainte Famille au bord d'un torrent,* 1853).

BRÉSIL n.m., en port. **Brasil,** État fédéral d'Amérique du Sud ; 8 512 000 km² ; 200 362 000 hab. *(Brésiliens).* **CAP.** *Brasilia.* **V. PRINC.** *Sao Paulo* et *Rio de Janeiro.* **LANGUE :** *portugais.* **MONNAIE :** *real brésilien.*

INSTITUTIONS République fédérale (26 États dotés d'un gouvernement et d'un Parlement ; et un district fédéral). Constitution de 1988, révisée plusieurs fois. Le président de la République est élu pour 4 ans au suffrage universel. Le Congrès est composé de la Chambre des députés, élue pour 4 ans, et du Sénat, élu pour 8 ans.

GÉOGRAPHIE Le Brésil occupe la moitié de la superficie et regroupe une part égale de la population de l'Amérique du Sud. La population brésilienne, dont la croissance s'est ralentie (1,2 % par an), est très composite, mêlant Blancs, Noirs, Indiens, Asiatiques, le plus souvent métissés. Elle se concentre pour environ 85 % dans les villes, dont une quinzaine dépassent le million d'habitants. Dans les grandes villes, où affluent les ruraux alors que sévit le sous-emploi, les bidonvilles se sont multipliés. La population est plus dense sur le littoral. L'intérieur (au N.-O., Amazonie forestière, chaude et humide ; plus à l'E. et au S., plateaux souvent arides et aux sols médiocres) est souvent vide, hors des sites miniers et des fronts de colonisation des routes transamazoniennes, à l'origine de la déforestation progressive de l'Amazonie.

L'agriculture emploie encore plus de 20 % des actifs. Le Brésil est le premier ou deuxième producteur mondial de café, d'agrumes, de sucre, de soja. L'élevage bovin est également développé. L'industrie bénéficie d'abondantes ressources minérales : fer surtout (ayant permis l'essor de la sidérurgie), bauxite, manganèse. L'industrie de transformation (automobile, électronique, chimie, électroménager) connaît un essor notable. Au niveau énergétique, le potentiel hydroélectrique est partiellement aménagé, l'exploitation pétrolière croît (gisements offshore notamm.), et le Brésil développe la production de biocarburants.

Les atouts ne manquent donc pas, et plusieurs handicaps ont été surmontés (hyperinflation, dette extérieure), mais la croissance est freinée par une structure agraire archaïque (grandes propriétés sous-exploitées et masse de paysans sans terre), les irrégularités climatiques aussi, la trop rapide augmentation de la population. Aux inégalités sociales se superposent des contrastes régionaux de développement, notamm. entre le Nordeste, encore pauvre, et les villes du Sud-Est, plus dynamiques.

HISTOIRE **La période coloniale. 1500 :** Pedro Álvares Cabral découvre le Brésil, qui devient possession portugaise. **1532 - 1560 :** les tentatives françaises d'installation se terminent par la victoire des Portugais. **1624 - 1654 :** attirés par la richesse sucrière du pays, les Hollandais fondent quelques établissements sur les côtes, avant d'être chassés. **1720 - 1770 :** la recherche de l'or provoque la création du Brésil intérieur, domaine des métis, qui laissent la côte aux Blancs. Les grandes plantations se développent (culture du coton, du cacao et du tabac) et assurent le renouveau économique du pays. **1775 :** l'esclavage indien est aboli, l'appel de la main-d'œuvre noire est accru. **1808 - 1821 :** la famille royale portugaise, en fuite devant les armées napoléoniennes, s'installe à Rio de Janeiro. **1815 :** Jean VI élève le Brésil au rang de royaume.

L'Empire brésilien. 1822 - 1889 : sous Pierre Ier (1822 - 1831) et Pierre II (1831 - 1889), le Brésil, empire indépendant, connaît un considérable essor démographique (immigration) et économique (café, voies ferrées) ; ses frontières sont rectifiées après la guerre contre le Paraguay. L'abolition de l'esclavage noir mécontente l'aristocratie foncière (1888).

La république des « coronels ». 1889 : Pierre II est renversé par l'armée, et une république fédéraliste est proclamée. La réalité du pouvoir appartient cependant aux oligarchies qui possèdent la terre et les hommes. La culture du café reste prépondérante, assurant la prospérité, mais la production du blé et du caoutchouc se développe. **1917 :** le Brésil déclare la guerre à l'Allemagne.

L'ère Vargas. 1930 : la crise économique entraîne la chute du régime. Getúlio Vargas accède au pouvoir ; élu président en 1934, il instaure en 1937 un régime dictatorial. **1942 :** la participation du Brésil à la Seconde Guerre mondiale aux côtés des Alliés stimule l'essor économique du pays.

Brésil

1945 : Vargas est déposé par les militaires. **1950 :** Vargas est réélu président. Mais l'opposition, liée aux intérêts étrangers, l'accule au suicide (1954).

Les militaires au pouvoir. 1956 - 1964 : des gouvernements réformistes se succèdent, en butte à l'emprise des sociétés multinationales. **1960 :** Brasilia devient la capitale du Brésil. **1964 - 1985 :** à la suite d'un coup d'État militaire, les généraux accèdent au pouvoir (Castello Branco, Costa e Silva, Médici, Geisel, Figueiredo). L'économie est subordonnée à la domination nord-américaine.

Le retour à la démocratie. 1985 : les civils reviennent au pouvoir. Le président José Sarney (1985 - 1990) et son successeur, Fernando Collor de Mello (élu en déc. 1989, pour la première fois au suffrage universel), doivent faire face à une situation économique et financière particulièrement difficile. **1992 :** accusé de corruption, Collor de Mello est suspendu de ses fonctions, et contraint de démissionner. Le vice-président Itamar Franco assure la transition. **1995 :** Fernando Henrique Cardoso accède à la présidence de la République (réélu en 1998). **1999 :** il est confronté, au début de son second mandat, à une grave crise financière (suivie d'une autre en 2001). **2003 :** Luiz Inácio Lula da Silva, leader historique de la gauche brésilienne, devient président (réélu en 2006). Il concilie une orientation sociale plus marquée et le développement des engagements internationaux du Brésil, faisant de son pays un des fleurons du Sud émergent. **2011 :** Dilma Rousseff lui succède (elle est la première femme à diriger le pays) puis, en 2014, est réélue de justesse malgré un premier mandat difficile. Elle doit faire face à un ralentissement économique continu, doublé d'une crise politique majeure (vastes mouvements de contestation, affaires de corruption...). **2016 :** accusée d'avoir masqué l'ampleur du déficit public, D. Rousseff est écartée du pouvoir (mai), puis destituée par le Parlement (août). Son vice-président centriste, Michel Temer, la remplace et accentue le tournant libéral amorcé en 2015, avant d'être à son tour mis en cause dans des affaires de corruption. **2019 :** dans un pays miné par les difficultés économiques, la corruption politique et la violence, un ancien militaire nationaliste et populiste, Jair Bolsonaro (Parti social-libéral), accède à la tête de l'État (élu en oct. 2018).

BRÉSIL (courant du), courant marin chaud. Il se dirige du N. vers le S. le long des côtes du Brésil.

BRESLAU → **WROCŁAW.**

BRESLE n.f., fl. de France, se jetant dans la Manche ; 72 km. Elle sépare la Normandie et la Picardie.

BRESSE n.f., région argileuse de l'est de la France, entre la Saône et le Jura ; hab. *Bressans* ; v. princ. *Bourg-en-Bresse*. Élevage (bovins, volailles).

BRESSE (La) [88250], comm. des Vosges ; 4 388 hab. *(Bressauds)*. Sports d'hiver (alt. 900 - 1 350 m). Équipement électrique.

BRESSON (Robert), *Bromont-Lamothe, Puy-de-Dôme, 1901 - Droue-sur-Drouette, Eure-et-Loir, 1999*, cinéaste français. Ses films explorent, par une rigoureuse économie des gestes, des regards et des voix, l'aventure spirituelle de ses héros (*les Dames du bois de Boulogne*, 1945 ; *le Journal d'un curé de campagne*, 1951 ; *Pickpocket*, 1960 ; *Mouchette*, 1967 ; *l'Argent*, 1983).

BRESSUIRE (79300), ch.-l. d'arrond. des Deux-Sèvres ; 20 406 hab. *(Bressuirais)*. Mobilier. – Forteresse en ruine ; église des XIIe-XVIe s.

BREST (29200), ch.-l. d'arrond. du Finistère, sur la rive nord de la *rade de Brest*, à 580 km à l'O. de Paris ; 142 601 hab. *(Brestois)*. Centre d'une métropole regroupant 8 communes (207 726 hab.). Université. Arsenal. Constructions électriques. Aéronautique. – Château fort des XVe-XVIe s. Musées. – Siège de région maritime. Port militaire de la marine du Ponant. Siège, de 1830 à 1940, de l'École navale, reconstruite en 1961 à Lanvéoc-Poulmic, au sud de la rade ; à l'île Longue, depuis 1968, base des sous-marins nucléaires lance-missiles. Siège du Service hydrographique et océanographique de la marine. Parc de découverte des océans (« Océanopolis »). Fête internationale de la voile traditionnelle (« les Tonnerres de Brest »). – Base sous-marine allemande de 1940 à 1944, Brest a été détruite par les bombardements alliés.

BREST, anc. **Brest-Litovsk,** v. de Biélorussie, à la frontière polonaise ; 309 764 hab.

Brest-Litovsk (traité de) [3 mars 1918], traité de paix signé entre l'Allemagne, l'Autriche-Hongrie, la Bulgarie, l'Empire ottoman et la Russie soviétique, qui renonçait à la Pologne et à une partie des pays Baltes et de la Biélorussie. Ce traité fut annulé par le traité de Versailles.

BRETAGNE, région historique de l'ouest de la France, formée des dép. du Finistère, des Côtes-d'Armor, du Morbihan, d'Ille-et-Vilaine et de la Loire-Atlantique. (Hab. *Bretons*.)

HISTOIRE **Ve s. :** les Bretons de l'île de Bretagne (l'actuelle Grande-Bretagne) émigrent en masse en Armorique, devenue par la suite la Bretagne. **845 :** en battant Charles II le Chauve, Nominoë rend la Bretagne pratiquement indépendante. **939 :** après la défaite des Normands, la Bretagne devient un duché. **1341 - 1365 :** la guerre de la Succession de Bretagne s'achève au profit de Jean de Montfort, qui devient le duc Jean IV. **1365 - 1491 :** sous la dynastie des Montforts, le duché connaît une réelle indépendance. **1491 - 1515 :** la duchesse Anne épouse Charles VIII (1491) puis Louis XII (1499), rois de France, créant un lien personnel entre la France et la Bretagne, tout en sauvegardant l'indépendance du duché. **1532 :** par l'édit d'Union, la Bretagne est indissolublement liée à la France. **1760 - 1770 :** l'opposition parlementaire à la monarchie est incarnée par la lutte entre le procureur général, La Chalotais, et le duc d'Aiguillon. **1793 - 1795 :** la chouannerie agite la région. **XXe s. :** le particularisme breton s'affirme dans des mouvements régionalistes et culturels.

BRETAGNE n.f., Région administrative de France ; 27 208 km² ; 3 392 706 hab. *(Bretons)* ; ch.-l. *Rennes* ; 4 dép. (Côtes-d'Armor, Finistère, Ille-et-Vilaine et Morbihan). La Bretagne est majoritairement formée de collines et de plateaux. À ces reliefs s'ajoutent les hauteurs occidentales (monts d'Arrée, Montagne Noire), les zones basses orientales du bassin de Rennes, les plateaux littoraux du Nord, aux côtes rocheuses très découpées, et les zones méridionales qui descendent plus régulièrement vers l'Atlantique. Les deux piliers de l'économie sont l'agriculture et l'industrie agroalimentaire, étroitement liées, même si le tertiaire représente 75 % des emplois. L'élevage – vaches laitières, porcs (première région productrice de France) et volailles – prédomine. Les productions maraîchères concernent surtout le Nord. C'est aussi la première région française pour la pêche (développée surtout entre Douarnenez et Lorient). L'industrie automobile et le secteur de l'information-communication jouent un rôle important dans l'économie régionale. Le tourisme reste l'activité principale du littoral avec, au nord, des zones bien aménagées sur la Côte de Granite rose et la Côte d'Émeraude, et avec, au sud, le thermalisme et la plaisance. Seule grande ville sans accès à la mer, Rennes a du mal à affirmer son identité de métropole régionale face aux autres villes comme Brest, Quimper, Vannes, Lorient, Saint-Malo ou Saint-Brieuc.

BRETAGNE, en lat. **Britannia,** nom donné par les Romains à la Grande-Bretagne avant les invasions anglo-saxonnes (ve-vie s.).

BRETAGNE (Nouvelle-), principale île de l'archipel Bismarck (Papouasie-Nouvelle-Guinée).

BRETÉCHER (Claire), *Nantes 1940*, dessinatrice et scénariste française de bandes dessinées. Elle se consacre à une chronique douce-amère des milieux bourgeois en dépeignant notamm. les intellectuels parisiens (*les Frustrés*, 1973-1980) et l'adolescence en crise (*Agrippine*, 1988-2009).

BRETEUIL (60120), bur. centr. de cant. de l'Oise ; 4 664 hab. *(Brituliens* ou *Breteuillois)*.

BRETEUIL (Louis Auguste **Le Tonnelier,** baron de), *Azay-le-Ferron, Indre, 1730 - Paris 1807*, diplomate français. Ministre sous Louis XVI, il fut rappelé en 1789 après le renvoi de Necker.

Brétigny (traité de) [8 mai 1360], traité conclu entre la France et l'Angleterre au cours de la guerre de Cent Ans. Signé à Brétigny (Beauce), il délivrait Jean II le Bon, mais donnait le sud-ouest de la France à Édouard III en échange de sa renonciation au trône de France.

BRÉTIGNY-SUR-ORGE (91220), bur. centr. de cant. de l'Essonne ; 26 666 hab. *(Brétignolais)*. Gare de triage.

BRETON (pertuis), détroit entre la côte de Vendée et l'île de Ré.

BRETON (André), *Tinchebray, Orne, 1896 - Paris 1966*, écrivain français. Principal fondateur du surréalisme, il s'efforça de théoriser et de sauvegarder l'originalité de ce mouvement (*Manifestes du surréalisme*, 1924 et 1930), qu'il illustra par son œuvre poétique et narrative (*Nadja*, 1928 ; *l'Amour fou*, 1937).

◄ André **Breton.** (BnF, Paris.)

BRETONNEAU (Pierre), *Saint-Georges-sur-Cher 1778 - Paris 1862*, médecin français. Il identifia la fièvre typhoïde et la diphtérie.

Bretton Woods (accords de), accords financiers internationaux. Conclus en juill. 1944 à Bretton Woods (New Hampshire, États-Unis) entre 44 pays, ils instaurèrent un système monétaire international favorisant le rôle du dollar.

BREUER (Marcel), *Pécs 1902 - New York 1981*, architecte et désigneur américain d'origine hongroise. Ancien membre du Bauhaus, il a construit à Paris la Maison de l'Unesco (1953) avec Nervi et Zehrfuss.

BREUGHEL → BRUEGEL.

BREUIL (abbé Henri), *Mortain 1877 - L'Isle-Adam 1961*, préhistorien français. On lui doit d'innombrables relevés d'œuvres pariétales du paléolithique et plusieurs ouvrages fondamentaux (*les Subdivisions du paléolithique supérieur et leur signification*, 1912 ; *Quatre Cents Siècles d'art pariétal*, 1952).

BREUIL-CERVINIA, station de sports d'hiver (alt. 2 050 m) d'Italie (Val d'Aoste), au pied du Cervin ; 790 hab.

BREWSTER (sir David), *Jedburgh, Écosse, 1781 - Melrose 1868*, physicien britannique. Ses travaux d'optique lui ont permis de découvrir, notamm., les lois de la polarisation par réflexion.

BREYTENBACH (Breyten), *Bonnievale, prov. du Cap, 1939*, écrivain sud-africain naturalisé français, d'expression afrikaans et anglaise. Emprisonné en raison de ses prises de position contre l'apartheid, il témoigne de cette expérience dans ses récits (*Confession véridique d'un terroriste albinos*, 1983) et ses poèmes (*Métamortphase*, 1987).

BRÉZÉ, famille angevine dont plusieurs membres s'illustrèrent dans la guerre et au service de l'État. — **Louis de B.,** *m. à Anet en 1531*, sénéchal de Normandie. Il épousa Diane de Poitiers.

BRGM (Bureau de recherches géologiques et minières), établissement public français à caractère industriel et commercial. Créé en 1959, il intervient dans le domaine des géosciences pour la gestion durable des ressources du sol et du sous-sol. (Siège : Orléans.)

BRI, sigle de Banque* des règlements internationaux.

BRIALMONT (Laurent Mathieu), *Seraing 1789 - Anvers 1885*, général belge. Il fit les campagnes de l'Empire (1805 - 1814), devint aide de camp de Léopold Ier, puis ministre de la Guerre (1850).

BRIALY (Jean-Claude), *Aumale, auj. Sour el-Ghozlan, au sud-est d'Alger, 1933 - Monthyon, Seine-et-Marne, 2007*, acteur français. Révélé par la nouvelle vague (*le Beau Serge*, C. Chabrol, 1958), il mit ses talents d'acteur (*le Genou de Claire*, É. Rohmer, 1970 ; *Monsieur Max*, G. Aghion, 2007) et d'homme de théâtre au service d'une culture française brillante et élégante.

BRIANÇON (05100), ch.-l. d'arrond. des Hautes-Alpes, dans le *Briançonnais*, sur la Durance ; 12 694 hab. *(Briançonnais)*. Station climatique à 1 321 m d'alt. – Fortifications et église de Vauban.

BRIANÇONNAIS, région des Alpes françaises (bassin supérieur de la Durance).

BRIAND (Aristide), *Nantes 1862 - Paris 1932*, homme politique français. Militant socialiste, il fut vingt-cinq fois ministre (en partic. des Affaires étrangères) et onze fois président du Conseil. Ardent pacifiste et partisan d'une politique de réconciliation avec l'Allemagne, il signa l'accord de Locarno (1925) et fut l'un des animateurs de la SDN. (Prix Nobel de la paix 1926.)

◄ Aristide **Briand**

Briand-Kellogg (pacte) [27 août 1928], pacte de renonciation à la guerre, élaboré par A. Briand et F. B. Kellogg, auquel adhérèrent près de 60 États.

BRIANSK, v. de Russie, au S.-O. de Moscou ; 415 640 hab.

BRIARE (45250), comm. du Loiret, sur la Loire ; 5 691 hab. *(Briarois)*. Céramique. Pont-canal par lequel le canal latéral franchit la Loire. Le *canal de Briare* relie la Loire au Loing (56 km).

BRIÇONNET (Guillaume), *Paris 1472 - Esmans, Seine-et-Marne, 1534*, prélat français. Évêque de Meaux (1516 - 1534), marqué par Érasme et par Lefèvre d'Étaples, il favorisa la constitution, autour de ce dernier, d'un groupe d'humanistes et de théologiens (cénacle de Meaux), soucieux de promouvoir une réforme générale de l'Église de France.

BRICQUEBEC-EN-COTENTIN (50260), bur. centr. de cant. de la Manche ; 6 139 hab. *(Bricquebétais)*. Forteresse médiévale.

BRICS (Brazil, Russia, India, China, South Africa), acronyme anglais désignant les cinq principales économies émergentes du monde. L'appellation BRIC, apparue en 2001 en référence à quatre pays (Brésil, Russie, Inde, Chine), s'est transformée en BRICS en 2011 (intégration de l'Afrique du Sud). – En 2014, les BRICS créent leur propre banque de développement (New Development Bank), ouverte l'année suivante. (Siège : Shanghai.)

BRIDES-LES-BAINS (73600), comm. de Savoie ; 529 hab. *(Bridois)*. Station thermale (obésité, rhumatismes).

BRIDGEPORT, v. des États-Unis (Connecticut) ; 147 612 hab. Port.

BRIDGETOWN, cap. de la Barbade ; 121 657 hab. dans l'agglomération.

BRIDGMAN (Percy Williams), *Cambridge, Massachusetts, 1882 - Randolph, New Hampshire, 1961*, physicien américain. Ses recherches ont porté sur les ultrapressions. (Prix Nobel 1946.)

BRIE n.f., région du Bassin parisien, entre la Marne et la Seine ; hab. *Briards*. C'est un plateau argileux, partiellement recouvert de limon, favorable aux cultures (blé, betteraves) et aux prairies (élevage). Les villes se concentrent surtout dans les vallées : Melun, Château-Thierry, Meaux, Coulommiers.

BRIEC (29510), bur. centr. de cant. du Finistère ; 5 797 hab. *(Briecois)*.

BRIE-COMTE-ROBERT (77170), comm. de Seine-et-Marne ; 17 006 hab. *(Briards)*. Église des XIIIe-XVIe s.

BRIENNE, famille champenoise. — **Jean de B.** → **Jean de Brienne.** — **Gautier VI de B.,** *m. à Poitiers en 1356*, duc d'Athènes et gouverneur de Florence (1342 - 1343).

BRIENNE-LE-CHÂTEAU (10500), bur. centr. de cant. de l'Aube ; 2 994 hab. *(Briennois)*. École militaire (1776-1790), où Bonaparte fut élève. Victoire de Napoléon Ier sur les Alliés (29 janv. 1814). – Église des XIVe-XVIe s. ; château du XVIIIe s.

BRIENZ (lac de), lac de Suisse (cant. de Berne), formé par l'Aar ; 30 km^2.

BRIÈRE ou **GRANDE BRIÈRE,** région marécageuse de la Loire-Atlantique, au N. de Saint-Nazaire. (Hab. *Briérons*.) Parc naturel régional (env. 55 000 ha).

BRIÈRE DE L'ISLE (Louis), *Saint-Michel-du-François, Martinique, 1827 - Saint-Leu-Taverny 1896*, général français. Gouverneur du Sénégal (1877), il commanda au Tonkin (1884 - 1885).

Brigades internationales, formations militaires de volontaires étrangers, en majorité communistes, provenant de 50 États, qui combattirent avec les républicains durant la guerre civile espagnole (1936 - 1939).

Brigades rouges, en ital. **Brigate Rosse,** groupe terroriste italien, fondé en 1970 par Renato Curcio et qui, de 1974 à 1980, multiplia les enlèvements et les assassinats, dont celui du leader de la Démocratie chrétienne, Aldo Moro (1978).

BRIGHT (Richard), *Bristol 1789 - Londres 1858*, médecin britannique. Il est connu par ses recherches sur les maladies des reins.

BRIGHTON, v. de Grande-Bretagne (Angleterre), sur la Manche ; 134 293 hab. Station balnéaire. – Ensemble urbain d'époque Regency.

BRIGIDE (sainte), *Fochart v. 455 - Kildare v. 524*, religieuse irlandaise, patronne de l'Irlande. Fondatrice du monastère de Kildare, elle forme avec saint Patrick et saint Colomba la « triade thaumaturge » de l'Irlande.

BRIGITTE (sainte), *Hof Finstad v. 1303 - Rome 1373*, mystique suédoise. Mère de sainte Catherine de Suède, elle écrivit des *Révélations* sur la Passion.

BRIGNAIS (69530), comm. du Rhône ; 11 513 hab.

BRIGNOLES (83170), ch.-l. d'arrond. du Var ; 17 464 hab. *(Brignolais)*. Bauxite. – Musée dans l'anc. palais des comtes de Provence.

BRIGUE (La) [06430], comm. des Alpes-Maritimes ; 716 hab. *(Brigasques)*. Église St-Martin (retables du début du XVe s.) ; aux environs, chapelle N.-D.-des-Fontaines (fresques de la fin du XVe s.).

BRIGUE-GLIS, en all. **Brig-Glis,** comm. de Suisse (Valais), sur le Rhône, à la tête de la route du Simplon ; 12 467 hab. Palais Stockalper, du XVIIe s.

BRIL (Paul ou Paulus), *Anvers 1554 - Rome 1626*, peintre flamand. Paysagiste de la campagne romaine, il annonce Claude Lorrain.

BRILLAT-SAVARIN (Anthelme), *Belley 1755 - Paris 1826*, gastronome français, auteur de la *Physiologie* du goût* (1826).

BRILLET (Alain), *Saint-Germain-en-Laye 1947*, physicien français. Spécialiste de la physique des lasers, il a joué un rôle clé (avec l'Italien Adalberto Giazotto) dans le développement de l'observatoire européen Virgo, qui a contribué à la détection directe des ondes gravitationnelles par l'observatoire américain LIGO, en 2015 (→ T. **Damour,** R. **Weiss**).

BRILLOUIN (Léon), *Sèvres 1889 - New York 1969*, physicien français. Spécialiste de physique quantique et de la théorie des semi-conducteurs, il a aussi montré l'analogie entre information et entropie, créant le concept de « néguentropie ».

BRINDISI, v. d'Italie (Pouilles), ch.-l. de prov., sur l'Adriatique ; 88 986 hab. Port de voyageurs. Pétrochimie. Aéronautique.

BRINK (André Philippus), *Vrede, État libre d'Orange, 1935 - en vol, entre Amsterdam et Le Cap, 2015*, écrivain sud-africain d'expression afrikaans et anglaise. Ses romans mêlent recherche formelle et dénonciation de l'apartheid (*Au plus noir de la nuit*, 1974 ; *Une saison blanche et sèche*, 1979).

BRINVILLIERS (Marie-Madeleine **d'Aubray,** marquise **de**), *Paris 1630 - id. 1676*. Elle fut brûlée en place de Grève pour avoir empoisonné son père et ses frères afin de s'emparer de l'héritage familial. Son procès est à l'origine de l'affaire des Poisons*.

BRIOCHÉ (Pierre **Datelin,** dit), *m. à Paris en 1671*, bateleur français. Célèbre pour ses marionnettes et son singe Fagotin, il exerça à Paris.

BRION (Marcel), *Marseille 1895 - Paris 1984*, écrivain français. Il est l'auteur de récits fantastiques et d'essais sur l'art. (Acad. fr.)

BRIONNE (27800), bur. centr. de cant. de l'Eure, sur la Risle ; 4 498 hab. *(Brionnais)*. Donjon féodal, église gothique St-Martin.

BRIOUDE (43100), ch.-l. d'arrond. de la Haute-Loire, dans la *Limagne de Brioude* ; 7 136 hab. *(Brivadois)*. Imposante église romane St-Julien.

BRISBANE, v. d'Australie, cap. du Queensland ; 2 065 996 hab. Port. Centre industriel.

BRISSAC, famille française. — **Charles Ier de Cossé,** comte **de B.,** *v. 1505 - Paris 1563*, maréchal de France, grand maître et surintendant de l'Artillerie de France (1547). — **Charles II de Cossé,** duc **de B.,** *v. 1550 - Pouancé 1621*, maréchal de France. Fils de Charles Ier de Cossé, rallié à Henri IV, il négocia l'entrée du roi dans Paris (1594).

BRISSOT DE WARVILLE (Jacques Pierre **Brissot,** dit), *Chartres 1754 - Paris 1793*, journaliste et homme politique français. Député à la Législative et à la Convention, partisan de la guerre, il fut un des chefs des Girondins *(brissotins)* ; les Jacobins le firent guillotiner.

BRISTOL, v. de Grande-Bretagne (Angleterre), près du *canal de Bristol* ; 428 234 hab. (551 066 hab. dans l'agglomération). Port. – Cathédrale et église St Mary Redcliffe, gothiques. Musées.

BRISTOL (canal de), bras de mer formé par l'Atlantique, entre le pays de Galles et la Cornouailles.

BRITANNICUS (Tiberius Claudius), *41 apr. J.-C. ? - 55*, prince romain. Fils de Claude et de Messaline, héritier du trône impérial, il fut écarté par Agrippine, et Néron le fit empoisonner. – Son histoire a inspiré une tragédie à Racine (1669), centrée sur l'affrontement entre Néron, « monstre naissant », et Agrippine, sa mère, jalouse du pouvoir.

BRITANNIQUES (îles), ensemble formé par la Grande-Bretagne et ses dépendances et l'Irlande.

British Museum, musée de Londres, créé en 1753. Riches collections d'archéologie du Moyen-Orient, d'art grec (frise du Parthénon) et romain, etc.

BRITTEN (Benjamin), *Lowestoft 1913 - Aldeburgh 1976*, compositeur britannique. Également pianiste et chef d'orchestre, il a écrit des opéras (*Peter Grimes*, 1945 ; *The Turn of the Screw*, 1954) et de la musique religieuse (*War Requiem*, 1962).

BRIVE-LA-GAILLARDE (19100), ch.-l. d'arrond. de la Corrèze, sur la Corrèze ; 48 666 hab. *(Brivistes)*. Mécanique. Électronique. Agroalimentaire. – Foire du livre. – Festival du cinéma (moyen-métrage). – Église des XIIe-XIVe s. Musée Labenche d'Art et d'Histoire. Centre Edmond-Michelet.

BRIZEUX (Auguste), *Lorient 1803 - Montpellier 1858*, poète français, chantre de son pays natal (*les Bretons*).

BRNO, en all. **Brünn,** v. de la République tchèque, en Moravie ; 379 185 hab. Foire internationale. – Monuments du Moyen Âge à l'époque baroque. Musées.

Broadway, grande artère traversant New York, dans Manhattan. Centre de la création théâtrale américaine (salles de spectacles).

BROCA (Paul), *Sainte-Foy-la-Grande 1824 - Paris 1880*, chirurgien et anthropologue français. Il a fondé l'École d'anthropologie et a étudié le cerveau et le langage.

Paul **Broca.** ▶
(Musée Carnavalet, Paris.)

Brocéliande, vaste forêt légendaire bretonne, souvent identifiée à l'actuelle *forêt de Paimpont*. Le cycle d'Arthur* y fait vivre l'enchanteur Merlin*.

BROCH (Hermann), *Vienne 1886 - New Haven, Connecticut, 1951*, écrivain autrichien. Son œuvre romanesque est une méditation sur l'évolution de la société allemande et sur le sens de l'œuvre littéraire (*les Somnambules*, 1931-1932 ; *la Mort de Virgile*, 1945).

BROCKEN n.m., point culminant du Harz (Allemagne) ; 1 142 m. Lieu de la réunion légendaire des sorcières pendant la nuit de Walpurgis (30 avr.-1er mai).

BRODSKY (Joseph), *Leningrad 1940 - New York 1996*, poète américain d'origine soviétique. Condamné en 1964 en URSS pour « parasitisme social », il se fixa aux États-Unis en 1972. Sa poésie nourrie de culture classique mêle le quotidien à la philosophie (*Collines et autres poèmes*, *Urania*). [Prix Nobel 1987.]

BROEDERLAM (Melchior), peintre flamand, cité à Ypres de 1381 à 1409. Il est l'auteur des volets d'un des retables de la chartreuse de Champmol (v. 1394, musée de Dijon).

BROGLIE [brɔj] (ducs **de**), famille française originaire du Piémont. — **Victor François,** duc **de B.,** *1718 - Munster 1804*, maréchal de France. Il se distingua pendant la guerre de Sept Ans et commanda l'armée des émigrés en 1792. — **Victor,** duc **de B.,** *Paris 1785 - id. 1870*, homme politique français. Petit-fils de Victor François, il fut président du Conseil (1835 - 1836). [Acad. fr.] — **Albert,** duc **de B.,** *Paris 1821 - id. 1901*, homme politique français. Fils de Victor, chef de l'opposition monarchique sous la IIIe République, président du Conseil (1873 - 1874 et 1877), il s'efforça d'instaurer un régime d'Ordre moral. (Acad. fr.) — **Maurice,** duc **de B.,** *Paris 1875 - Neuilly-sur-Seine 1960*, physicien français. Petit-fils d'Albert, il s'est consacré à l'étude des spectres de rayons X. En 1921, il a découvert l'effet photoélectrique nucléaire. (Acad. fr.) — **Louis,** duc **de B.,** *Dieppe 1892 - Louveciennes 1987*, physicien français. Frère de Maurice, il a établi une relation traduisant son hypothèse selon laquelle les particules matérielles, comme l'électron, présentent un caractère ondulatoire, ce qui permet de leur associer une longueur d'onde. La mécanique ondulatoire ainsi développée est à l'origine de la mécanique quantique. (Acad. fr. prix Nobel 1929.)

◀ Louis de **Broglie**

BROMFIELD (Louis), *Mansfield 1896 - Columbus 1956*, romancier américain, auteur de *la Mousson* (1937).

BRON (69500), comm. du Rhône, banlieue est de Lyon ; 41 232 hab. *(Brondillants)*. Aéroport.

BRONGNIART (Alexandre Théodore), *Paris 1739 - id. 1813*, architecte français. Néoclassique, il a édifié à Paris divers hôtels, le couvent des capucins (1789, auj. lycée Condorcet) et la Bourse (1807). — **Alexandre B.,** *Paris 1770 - id. 1847*, géologue et administrateur français. Fils d'Alexandre Théodore, il participa à la fondation de la Société géologique de France et dirigea la Manufacture de porcelaine de Sèvres. — **Adolphe B.,** *Paris 1801 - id. 1876*, botaniste français. Fils d'Alexandre, il a créé la paléobotanique.

BRONSON (Charles **Buchinski,** dit Charles), *Ehrenfeld, Pennsylvanie, 1921 - Los Angeles 2003*, acteur américain. Il a joué dans de nombreux films d'action : *les Sept Mercenaires* (J. Sturges, 1960), *Il était une fois dans l'Ouest* (S. Leone, 1968), *Un justicier dans la ville* (M. Winner, 1974).

BRØNSTED (Johannes Nicolaus), *Varde, Jylland, 1879 - Copenhague 1947*, chimiste danois. Il a étudié la cinétique des réactions chimiques, la thermodynamique des solutions et renouvelé la théorie des ions d'Arrhenius

BRONTË (Charlotte), *Thornton 1816 - Haworth 1855*, romancière britannique. Elle évoqua dans ses romans les exigences sociales et passionnelles de la femme (*Jane Eyre*, 1847). — **Emily B.,** *Thornton 1818 - Haworth 1848*, romancière et poète britannique. Sœur de Charlotte, elle est l'auteure du roman lyrique *les Hauts de Hurlevent* (1847). — **Anne B.**, *Thornton 1820 - Scarborough 1849*, romancière britannique. Sœur de Charlotte et d'Emily, elle publia des récits didactiques et moraux *(Agnes Grey)*.

BRONX, quartier (borough) de New York ; 1 385 108 hab.

BRONZINO (Agnolo **Tori**, dit [il]), *Florence 1503 - id. 1572*, peintre italien, auteur de portraits d'apparat maniéristes (*Éléonore de Tolède*, v. 1543, Galerie nationale, Prague).

BROODTHAERS (Marcel), *Bruxelles 1924 - Cologne 1976*, artiste belge. Héritier de dada, il a développé un mode d'expression original, qui mêle humour, absurde et verve critique (objets, dessins, textes, photos, films).

▲ Peter **Brook.** *Le Mahabharata* (1990).

BROOK (Peter), *Londres 1925*, metteur en scène de théâtre, d'opéra et cinéaste britannique. Nourri des idées d'Antonin Artaud en même temps que des formes dramatiques extra-occidentales (Afrique, Asie), il définit sa propre esthétique théâtrale, fondée sur une scène totalement dépouillée, dans son essai *l'Espace vide* (1970), et rénove, entre autres, la vision du répertoire shakespearien. Installé à Paris depuis 1970, il crée ses principaux spectacles au théâtre des Bouffes-du-Nord (qu'il dirige, avec Micheline Rozan, de 1974 à 2010). Il a aussi réalisé des films (*Moderato cantabile*, 1960 ; *le Mahabharata*, 1990 [créé au théâtre en 1985]).

BROOKLYN, quartier (borough) de New York, dans l'ouest de Long Island ; 2 504 700 hab.

BROOKS (Louise), *Cherryvale, Kansas, 1906 - Rochester, État de New York, 1985*, actrice américaine. Elle dut ses grands rôles à G. W. Pabst, qui l'appela en Allemagne (*Loulou*, 1929 ; *Journal d'une fille perdue*, id.).

Louise **Brooks** dans *Loulou* de Pabst (1929). ▶

BROONS [brɔ̃] (22250), bur. centr. de cant. des Côtes-d'Armor ; 2 948 hab. *(Broonais)*.

BROONZY (William Lee Conley **Broonzy**, dit Big Bill), *Scott, Mississippi, 1893 - Chicago 1958*, chanteur et guitariste américain de blues. Il exerça une influence majeure sur l'histoire du blues, notamment grâce à l'éclat et à la puissance de sa voix.

BROQUEVILLE (Charles, comte de), *Postel, prov. d'Anvers, 1860 - Bruxelles 1940*, homme politique belge. Député catholique, plusieurs fois ministre (1911 - 1918, 1932 - 1934), il coordonna l'effort de guerre belge aux côtés des Alliés jusqu'en 1918.

BROSSARD, v. du Canada (Québec), banlieue est de Montréal ; 71 154 hab. *(Brossardois)*.

BROSSE (Salomon de), *Verneuil-en-Halatte v. 1571 - Paris 1626*, architecte français. Parent des Du Cerceau, il a construit plusieurs châteaux, le palais du Luxembourg à Paris et a donné les plans du palais de justice de Rennes.

BROSSES (Charles de), *Dijon 1709 - Paris 1777*, écrivain et magistrat français. Ethnologue, linguiste, il est l'auteur de *Lettres familières* qui racontent un voyage qu'il fit en Italie.

BROSSOLETTE (Pierre), *Paris 1903 - id. 1944*, professeur et journaliste français. Socialiste, résistant de la première heure, il fut arrêté, torturé, et se suicida pour ne pas parler. Ses cendres ont été transférées au Panthéon en 2015.

BROTONNE (forêt de), forêt de la Seine-Maritime, dans un méandre de la Seine.

BROU, faubourg de Bourg-en-Bresse. Anc. monastère reconstruit au début du XVIe s. à la suite d'un vœu de Marguerite d'Autriche : église de style gothique flamboyant (somptueux tombeaux, jubé, vitraux) ; musée municipal de Bourg-en-Bresse.

BROUAGE, bourg de Charente-Maritime, écart de la commune d'Hiers-Brouage. Anc. port et place forte, auj. dans les terres ; enceinte rectangulaire refaite entre 1630 et 1640.

BROUCKÈRE (Charles de), *Bruges 1796 - Bruxelles 1860*, homme politique belge. Il joua un rôle important dans la révolution belge. — **Henri de B.**, *Bruges 1801 - Bruxelles 1891*, homme politique belge, frère de Charles. Libéral, il fut Premier ministre et ministre des Affaires étrangères de 1852 à 1855.

BROUSSAIS (François), *Saint-Malo 1772 - Vitry 1838*, médecin français. Il tenait l'inflammation des tissus pour la cause des maladies, et préconisa l'usage des sangsues.

BROUSSE → **BURSA.**

BROUSSE (Paul), *Montpellier 1844 - Paris 1912*, homme politique français. Il créa le parti socialiste possibiliste, dit « broussiste » (1882), dont l'objectif était la transformation de la société par la voie des réformes et non par la révolution.

BROUSSEL (Pierre), *v. 1576 - Paris 1654*, magistrat français. Il fut conseiller au parlement de Paris et son arrestation sur l'ordre de Mazarin déclencha la Fronde (1648).

BROUSSILOV (Alekseï Alekseïevitch), *Saint-Pétersbourg 1853 - Moscou 1926*, général russe. Célèbre par son offensive victorieuse en Galicie (1916), généralissime après l'abdication de Nicolas II (1917), il se rallia au régime soviétique.

BROUT (Robert) → **HIGGS** (Peter Ware).

BROUWER (Adriaen), *Audenarde 1605/1606 - Anvers 1638*, peintre flamand. Artiste à la vie tumultueuse, il est l'auteur de scènes de taverne et de tabagies d'une grande qualité plastique.

BROUWER (Luitzen Egbertus Jan), *Overschie 1881 - Blaricum 1966*, mathématicien et logicien néerlandais. Il développa une logique, dite « intuitionniste », affirmant que la mathématique ne peut être déduite de la logique.

BROWN (Earle), *Lunenburg, Massachusetts, 1926 - Rye, État de New York, 2002*, compositeur américain. Il fut influencé par John Cage et les théories mathématiques (*Available Forms*, *I* et *II*, 1961-1962).

BROWN (Gordon), *Glasgow 1951*, homme politique britannique. Chancelier de l'Échiquier (1997 - 2007), il succède à T. Blair à la tête du Parti travailliste et au poste de Premier ministre de 2007 à 2010.

BROWN (Herbert Charles), *Londres 1912 - Lafayette, Indiana, 2004*, chimiste américain d'origine britannique. Ses travaux de chimie organique portent sur les hydrures et sur les dérivés du bore comme agents de synthèse. (Prix Nobel 1979.)

BROWN (James), *Barnwell, Caroline du Sud, 1933 ? - Atlanta 2006*, chanteur américain de rhythm and blues. Il a contribué à l'avènement de la soul music et proclamé l'identité noire.

BROWN (John), *Torrington, Connecticut, 1800 - Charlestown, Virginie, 1859*, homme politique américain. Adversaire acharné de l'esclavagisme, il fut exécuté après avoir dirigé un coup de main armé contre un arsenal.

BROWN (Robert), *Montrose, Écosse, 1773 - Londres 1858*, botaniste britannique. Il a décrit la flore australienne et découvert le mouvement appelé depuis *mouvement brownien**.

BROWN (Trisha), *Aberdeen, État de Washington, 1936 - San Antonio 2017*, danseuse et chorégraphe américaine. Cofondatrice du Judson Dance Theater à New York en 1962, elle passa des réalisations expérimentales (*Walking on the Wall*, 1971) à des pièces conçues pour sa compagnie, créée en 1970 (*Glacial Decoy*, 1979 ; *Set and Reset*, 1983 ; *Newark*, 1987 ; *M.O.*, 1995 ; *El Trilogy*, 2000 ; *l'Amour au théâtre*, 2009).

BROWNE (sir Thomas), *Londres 1605 - Norwich 1682*, écrivain et médecin anglais. Une réflexion tolérante, influencée par Montaigne, traverse son célèbre *Religio medici* ainsi que de curieux et subtils essais autobiographiques.

BROWNING (Elizabeth), née **Barrett**, *Coxhoe Hall, près de Durham, 1806 - Florence 1861*, femme de lettres britannique. Elle est l'auteure des *Sonnets portugais* et du roman en vers *Aurora Leigh*. — **Robert B.**, *Camberwell, Londres, 1812 - Venise 1889*, poète britannique, mari d'Elizabeth. Poète romantique (*Sordello*, *l'Anneau et le Livre*), il se fit le prophète de la désillusion au cœur de l'époque victorienne.

BROWNING (Kurt), *Rocky Mountain House, Alberta, 1966*, patineur canadien. Champion du monde en 1989, 1990, 1991 et 1993, il a été le premier à réussir un quadruple saut en compétition.

BROWN-SÉQUARD (Édouard), *Port-Louis, île Maurice, 1817 - Paris 1894*, médecin et physiologiste français. Il étudia la physiologie de la moelle épinière et définit le rôle des glandes endocrines.

BRUANT (Aristide), *Courtenay 1851 - Paris 1925*, chansonnier français. Il créa des chansons réalistes, dans une langue argotique.

BRUANT (Libéral), *Paris 1635 - id. 1697*, architecte français. Il a construit, à Paris, la chapelle de la Salpêtrière, puis l'hôtel des Invalides (1670).

BRUAY-LA-BUISSIÈRE (62700), anc. **Bruay-en-Artois**, bur. centr. de cant. du Pas-de-Calais ; 22 540 hab. *(Bruaysiens)*. Constructions mécaniques. Textile.

BRUAY-SUR-L'ESCAUT (59860), comm. du Nord ; 11 752 hab. *(Bruaisiens)*.

BRUBECK (Dave), *Concord, Californie, 1920 - Norwalk, Connecticut, 2012*, pianiste et compositeur américain de jazz. Devenu célèbre en 1959, avec son quartette, grâce à l'album *Time Out (Take Five, Blue Rondo a la Turk)*, il révolutionna les rythmes et les harmoniques du jazz.

BRUCE, famille normande établie en Écosse, où elle s'illustra. Elle a donné les rois Robert* Ier et David* II.

Brücke (Die), groupe artistique qui fut le creuset de l'expressionnisme* allemand.

BRUCKNER (Anton), *Ansfelden 1824 - Vienne 1896*, compositeur autrichien. Également pédagogue et organiste, il est l'auteur de monumentales symphonies, de motets, de messes, d'une écriture souvent contrapuntique.

BRUCKNER (Theodor **Tagger**, dit Ferdinand), *Vienne 1891 - Berlin 1958*, auteur dramatique autrichien, l'un des animateurs du théâtre d'avant-garde après la Première Guerre mondiale *(les Criminels)*.

BRUEGEL ou **BREUGHEL** (Pieter), dit **Bruegel l'Ancien**, *? v. 1525/1530 - Bruxelles 1569*, peintre flamand. Fixé à Bruxelles en 1563, il est l'auteur de scènes inspirées du folklore brabançon (*les Proverbes*, Berlin ; *Margot l'Enragée*, Anvers), aussi célèbres que ses paysages rustiques (*les Chasseurs* dans la neige*) ou historiques (*le Dénombrement de Bethléem*, Bruxelles), toutes œuvres d'une haute qualité picturale. — **Pieter II B.**, dit **Bruegel d'Enfer**, *Bruxelles 1564 - Anvers 1638*, peintre flamand. Fils de Bruegel l'Ancien, il travailla dans la même veine que celui-ci. — **Jan Ier B.**, dit **Bruegel de Velours**, *Bruxelles 1568 - Anvers 1625*, peintre flamand. Frère de Pieter II, il est l'auteur de tableaux de fleurs et de paysages bibliques ou allégoriques.

BRUFFIÈRE (La) [85530], comm. de la Vendée ; 3 959 hab. (Bruffiériens). Équipements électriques.

BRUGES (33520), comm. de la Gironde, au N.-O. de Bordeaux ; 18 371 hab. *(Brugeais)*. Centre de production maraîchère. Église St-Pierre (XIe-XIIe s.).

BRUGES, en néerl. **Brugge** (« Pont »), v. de Belgique, ch.-l. de la Flandre-Occidentale ; 117 577 hab. *(Brugeois)*. Port relié à Zeebrugge par un canal maritime. Industries mécaniques et textiles. – Centre d'échanges internationaux dès le XIIIe s., indépendante en fait sous les comtes de Flandre, Bruges connut sa plus grande prospérité au XIVe s. Son déclin économique se précipita, au profit d'Anvers, à partir du XVe s. – Elle a gardé des monuments célèbres, surtout des XIIIe-XVIe s. : halles et leur beffroi ; hôtel de ville ; basilique du Saint-Sang ; cathédrale ; église Notre-Dame ; béguinage ; hôpital St-Jean, qui abrite plusieurs chefs-d'œuvre de Memling. Le musée municipal est riche en peintures des primitifs flamands.

BRÜGGEN (Frans), *Amsterdam 1934 - id. 2014*, flûtiste et chef d'orchestre néerlandais. Il mena d'abord une carrière internationale de soliste (répertoires baroque et contemporain), puis fonda l'Orchestre du XVIIIe siècle (1981), avec lequel il interpréta aussi bien Bach et Rameau que Mozart.

BRÜHL, v. d'Allemagne (Rhénanie-du-Nord-Westphalie) ; 43 568 hab. Château rococo d'Augustusburg, résidence des évêques de Cologne, par F. de Cuvilliés et J. B. Neumann (v. 1725-1765) ; beaux jardins. Pavillon du Benediktusheim (1844), abritant depuis 2005 le musée Max-Ernst.

brumaire an VIII (coup d'État du 18) [9 nov. 1799], coup d'État par lequel Bonaparte renversa le régime du Directoire.

BRUMATH (67170), bur. centr. de cant. du Bas-Rhin ; 9 944 hab. *(Brumathois)*. Vestiges gallo-romains.

BRUMMELL (George), *Londres 1778 - Caen 1840*, dandy britannique, surnommé *le Roi de la mode*.

BRUNDTLAND (Gro Harlem), *Oslo 1939*, femme politique norvégienne. Présidente du Parti travailliste (1981 - 1992), elle est Premier ministre en 1981, de 1986 à 1989, et de 1990 à 1996. Ayant animé à l'ONU, dans les années 1980, la Commission mondiale pour l'environnement et le développement *(Commission Brundtland)*, elle est directrice générale de l'OMS de 1998 à 2003.

BRUNE (Guillaume), *Brive-la-Gaillarde 1763 - Avignon 1815*, maréchal de France. Il s'illustra en Hollande (1799) puis à Marengo (1800). Disgracié (1807), il fut assassiné pendant la Terreur blanche.

BRUNEHAUT, *Espagne v. 543 - Renève, Bourgogne, 613*, reine d'Austrasie. Épouse de Sigebert, roi d'Austrasie, elle engagea avec Frédégonde, reine de Neustrie, une lutte qui ensanglanta leurs deux royaumes. Elle fut capturée par Clotaire II, fils de Frédégonde, qui la fit périr.

BRUNEI ou **BRUNÉI** n.m., État d'Asie du Sud-Est, dans l'île de Bornéo ; 5 765 km² ; 418 000 hab. *(Brunéiens)*. **CAP.** *Bandar Seri Begawan*. **LANGUE :** *malais*. **MONNAIE :** *dollar de Brunei*. (V. carte **Malaisie.**) Pétrole et gaz naturel. – Protectorat de la Couronne britannique en 1906, Brunei devient indépendant en 1984 dans le cadre du Commonwealth. Il est dirigé depuis 1967 par le sultan Hassanal Bolkiah.

BRUNEL (sir Marc Isambard), *Hacqueville, Vexin, 1769 - Londres 1849*, ingénieur britannique d'origine française. Il réalisa des machines-outils automatiques et fit percer le premier tunnel sous la Tamise (1824 - 1842). — **Isambard Kingdom B.,** *Portsmouth 1806 - Westminster 1859*, ingénieur britannique. Fils de Marc Isambard, il construisit les premiers grands navires en fer propulsés par hélice : *Great Western* (1837), *Great Britain* (1845) et *Great Eastern*, ou *Leviathan* (1858).

▲ **Bruges.** La vieille ville.

BRUNELLESCHI (Filippo), *Florence 1377 - id. 1446*, architecte italien. D'abord orfèvre, il eut la révélation de l'antique à Rome et devint, à Florence, le grand initiateur de la Renaissance : portique de l'hôpital des Innocents (1419), coupole de S. Maria del Fiore (1420-1436), église et « vieille sacristie » de S. Lorenzo, chapelle des Pazzi (entreprise v. 1430) à S. Croce. Églises S. Lorenzo et S. Spirito.

BRUNER (Jerome), *New York 1915 - id. 2016*, psychologue américain. Il étudia l'acquisition du langage et le développement cognitif de l'enfant (*A Study of Thinking*, 1956 ; *Acts of Meaning*, 1990).

BRUNET (Michel), *Magné, Vienne, 1940*, paléontologue français. Ses fouilles au Tchad ont permis la découverte d'hominidés anciens, offrant un nouveau scénario pour l'apparition de la lignée humaine en Afrique (*D'Abel à Toumaï. Nomade, chercheur d'os*, 2006).

BRUNETIÈRE (Ferdinand), *Toulon 1849 - Paris 1906*, critique français. Il s'opposa violemment au naturalisme. (Acad. fr.)

BRUNHES (Jean), *Toulouse 1869 - Boulogne-Billancourt 1930*, géographe français, auteur de la *Géographie humaine* (1910).

BRÜNING (Heinrich), *Münster 1885 - Norwich, Vermont, 1970*, homme politique allemand. Chef du Centre catholique (1924 - 1929), chancelier du Reich (1930 - 1932), il fut renvoyé par Hindenburg.

BRÜNN → **BRNO.**

BRUNNEN, station touristique de Suisse (canton de Schwyz), sur le lac des Quatre-Cantons.

Brunnen (pacte de) [9 déc. 1315], pacte conclu à Brunnen, renouvelant l'alliance (1291) des trois cantons de la Confédération suisse, Schwyz, Uri et Unterwald.

BRUNO (saint), *Cologne v. 1030 - San Stefano de Bosco, Calabre, 1101*, fondateur de l'ordre contemplatif des Chartreux. En 1084, il s'installa dans le massif de la Chartreuse, près de Grenoble, où il établit son premier monastère.

BRUNO (Giordano), *Nola 1548 - Rome 1600*, philosophe italien. L'un des premiers à rompre avec la conception aristotélicienne d'un univers clos et à défendre la thèse copernicienne (*le Banquet des cendres*, 1584), il aboutit à un humanisme panthéiste. Accusé d'hérésie par l'Inquisition, il fut brûlé vif.

BRUNON ou **BONIFACE de Querfurt** (saint), *Querfurt, Saxe, v. 974 - Sudauen 1009*, religieux camaldule. Il évangélisa la Russie et la Prusse.

BRUNOT (Ferdinand), *Saint-Dié 1860 - Paris 1938*, linguiste français. Il est l'auteur d'une *Histoire de la langue française des origines à 1900*.

BRUNOY (91800), comm. de l'Essonne, sur l'Yerres ; 26 518 hab. *(Brunoyens)*.

BRUNSCHVICG (Léon), *Paris 1869 - Aix-les-Bains 1944*, philosophe français. Il exprima au travers de ses études épistémologiques une philosophie spiritualiste. Il édita les *Pensées* de Pascal.

BRUNSTATT-DIDENHEIM (68350), bur. centr. de cant. du Haut-Rhin ; 8 073 hab

BRUNSWICK, en all. **Braunschweig,** v. d'Allemagne (Basse-Saxe) ; 242 537 hab. Centre industriel. – Cathédrale romane et gothique. Musées. – La ville fut capitale de l'État de Brunswick.

BRUNSWICK (État de), en all. **Braunschweig,** ancien État d'Allemagne. Duché depuis 1235 jusqu'à 1918, puis république, il fut incorporé au IIIe Reich en 1934.

BRUNSWICK (Charles, duc de), *Wolfenbüttel 1735 - Ottensen, près d'Altona, 1806*, général allemand. Chef des armées coalisées en 1792, il lança de Coblence le 25 juillet le manifeste qui, menaçant Paris en cas d'atteinte envers la famille de Louis XVI, provoqua la chute de la royauté. Vaincu à Valmy (1792), il fut blessé mortellement à la bataille d'Auerstedt.

BRUTTIUM, nom antique de la Calabre.

BRUTUS (Lucius Junius), personnage légendaire. Il aurait chassé Tarquin le Superbe, dernier roi de Rome, et serait devenu l'un des deux premiers consuls de la République (509 av. J.-C.).

BRUTUS (Marcus Junius), *Rome v. 85 - 42 av. J.-C.*, homme politique romain. Avec Cassius, il entra dans la conspiration qui amena la mort de César (ides de mars 44). Vaincu par Antoine et Octavien à Philippes, il se tua.

BRUXELLES [brysɛl], en néerl. **Brussel,** cap. de la Belgique, ch.-l. de la Région *Bruxelles-Capitale*, sur la Senne, à 310 km au N.-E. de Paris ; 168 576 hab. *(Bruxellois)* [2 029 000 dans l'agglomération]. Archevêché (avec Malines). Université. Centre administratif, commercial, intellectuel et industriel. – Cathédrale St-Michel, anc. collégiale des XIIIe-XVe s. (vitraux, œuvres d'art) ; magnifique hôtel de ville du XVe s. sur la Grand-Place* ; église N.-D.-du-Sablon (XVe s.) ; église baroque St-Jean-Baptiste-au-Béguinage (XVIIe s.) ; place Royale (XVIIIe s.) ; édifices de V. Horta, etc. Nombreux musées, dont ceux des Beaux-Arts (6) et d'Art et d'Histoire (4). Foire d'art contemporain. – Favorisée par son site et sa situation, Bruxelles connut un essor rapide au XIIIe s. et devint la principale ville des Pays-Bas après la réunion du Brabant aux États bourguignons (1430). S'étant

▲ **Bruegel l'Ancien.** *Danse de paysans.* (Kunsthistorisches Museum, Vienne.)

▲ **Bruxelles.** Partie de la Grand-Place.

révoltée contre le roi Guillaume Ier d'Orange, elle devint la capitale du royaume indépendant de Belgique en 1830. Bruxelles est une des capitales de l'Union européenne et, depuis 1967, le siège du Conseil permanent de l'OTAN.

Bruxelles (traité de) [17 mars 1948], alliance défensive conclue entre la France, la Grande-Bretagne et les pays du Benelux. Étendu en 1954 à l'Allemagne fédérale et à l'Italie par les accords de Paris, il servit de base à l'Union de l'Europe occidentale (UEO), organisation politique et militaire elle-même relayée en 2000 par la politique étrangère et de sécurité commune de l'Union européenne.

BRUXELLES-CAPITALE, Région de la Belgique, à nette majorité francophone, constituée par Bruxelles et son agglomération ; 162 km² ; 1 154 635 hab. ; 19 comm. ; ch.-l. *Bruxelles.*

BRUYÈRES-LE-CHÂTEL (91680), comm. de l'Essonne ; 3 346 hab. *(Bruyérois).* Centre d'études nucléaires (Très Grand Centre de calcul, avec le supercalculateur Curie). – Église des XIIe-XVe s.

BRUZ [bry] (35170), bur. centr. de cant. d'Ille-et-Vilaine ; 18 476 hab. *(Bruzois).* Centre de la Direction générale de l'armement (maîtrise de l'information). – Le bourg fut détruit par un bombardement allié dans la nuit du 7 au 8 mai 1944.

BRYCE-ECHENIQUE (Alfredo), *Lima 1939,* écrivain péruvien. Dans ses romans, il donne de ses contemporains une vision empreinte d'ironie, qui lui confère une place originale dans la littérature sud-américaine (*Un monde pour Julius,* 1970 ; *la Vie exagérée de Martín Romaña,* 1981 ; *Noctambulisme aggravé,* 1997).

BRY-SUR-MARNE (94360), comm. du Val-de-Marne, sur la Marne ; 16 774 hab. *(Bryards).* Hospice. Institut national de l'audiovisuel.

BUACHE (Freddy), *Lausanne 1924,* écrivain suisse de cinéma. Il a fondé en 1948 la Cinémathèque suisse, qu'il dirigea de 1950 à 1996. Il est notamment l'auteur de *Trente Ans de cinéma suisse, 1965 - 1995* (1995).

BUBER (Martin), *Vienne 1878 - Jérusalem 1965,* philosophe israélien d'origine autrichienne. Il a renouvelé l'étude de la tradition juive (*le Je et le Tu,* 1923 ; *Gog et Magog,* 1941).

▲ **Bucarest.** Le palais du Parlement.

BUBKA ou **BOUBKA** (Sergueï), *Vorochilovgrad, auj. Louhansk, 1963,* athlète ukrainien. Champion du monde de saut à la perche à six reprises (1983, 1987, 1991, 1993, 1995 et 1997) et champion olympique en 1988, il a battu 17 fois le record du monde, entre 1984 et 1994, le portant de 5,85 m à 6,14 m (premier perchiste à franchir 6 m, en 1985).

BUC (78530), comm. des Yvelines, sur la Bièvre ; 5 878 hab. *(Bucois).* Équipements électroniques. Matériel médical.

BUCARAMANGA, v. de Colombie ; 527 451 hab. (1 092 197 hab. dans l'agglomération).

BUCAREST, en roum. **București,** cap. de la Roumanie, sur la Dîmbovița, sous-affluent du Danube ; 1 936 600 hab. *(Bucarestois).* Centre administratif et industriel. – Églises d'ascendance byzantine (XVIe-XVIIIe s.). Nombreux musées, dont le musée national d'Art (dans l'anc. palais royal), le musée national d'Art contemporain (dans le palais du Parlement) et le musée du Village (ethnographique). – Centre régional francophone de recherches avancées en sciences sociales (« villa Noël »). – Mentionnée en 1459, la ville devint en 1862 la capitale des Principautés unies de Moldavie et de Valachie. Plusieurs traités y ont été signés (1812, 1913, 1918).

Bucentaure, vaisseau sur lequel le doge de Venise montait le jour de l'Ascension, pour célébrer son mariage symbolique avec la mer.

Bucéphale, nom du cheval d'Alexandre.

BUCER ou **BUTZER** (Martin), *Sélestat 1491 - Cambridge 1551,* réformateur alsacien. Dominicain rallié à Luther, il propagea la Réforme en Alsace et en Angleterre.

BUCHANAN (George), *Killearn 1506 - Édimbourg 1582,* humaniste écossais. Précepteur du futur Jacques Ier d'Angleterre, il prôna une monarchie limitée (*De jure regni apud Scotos,* 1579).

BUCHANAN (James), *Cove Gap, près de Mercersburg, Pennsylvanie, 1791 - Wheatland, Pennsylvanie, 1868,* homme politique américain. Président des États-Unis de 1857 à 1861, il prit des mesures plutôt favorables à l'esclavage.

BUCHANAN (James M.), *Murfreesboro, Tennessee, 1919 - Blacksburg, Virginie, 2013,* économiste américain. Il est l'auteur d'importants travaux sur les choix collectifs et les dépenses publiques. (Prix Nobel 1986.)

BUCHEHR, v. de l'Iran, sur le golfe Persique ; 161 674 hab. Port. Centrale nucléaire.

Buchenwald, camp de concentration allemand (1937 - 1945) à proximité de Weimar.

BUCHEZ (Philippe), *Matagne-la-Petite 1796 - Rodez 1865,* philosophe et homme politique français. Proche du carbonarisme et du saint-simonisme, il fut l'un des inspirateurs du socialisme chrétien.

BUCHNER (Eduard), *Munich 1860 - Focșani, Roumanie, 1917,* chimiste allemand. Il a montré que les ferments agissent par l'intermédiaire des enzymes. (Prix Nobel 1907.)

BÜCHNER (Georg), *Goddelau 1813 - Zurich 1837,* auteur dramatique allemand. Ses drames révolutionnaires et désillusionnés ont sondé « l'abîme qu'est l'homme » et ouvert la voie d'une nouvelle dramaturgie (*la Mort de Danton,* 1835 ; *Woyzeck**).

BUCK (Pearl), *Hillsboro, Virginie, 1892 - Danby, Vermont, 1973,* romancière américaine. Elle est l'auteure de romans sur la Chine (*la Terre chinoise,* 1931 ; *la Famille dispersée,* 1935). [Prix Nobel 1938.]

BUCKINGHAM (George **Villiers,** duc **de**), *Brooksby 1592 - Portsmouth 1628,* homme politique anglais. Favori des rois Jacques Ier et Charles Ier, il s'attira, par ses compromissions, la haine des parlementaires anglais. Il se préparait à secourir les huguenots assiégés à La Rochelle quand il fut assassiné par un officier puritain.

Buckingham Palace, palais de Londres. Construit en 1705 et plusieurs fois remanié, c'est la résidence officielle des souverains de Grande-Bretagne depuis 1837.

BUCKINGHAMSHIRE, comté de Grande-Bretagne, au N.-O. de Londres ; 505 283 hab. ; ch.-l. *Aylesbury.*

Bucoliques ou **Églogues** (les), recueil de dix poésies de Virgile (42 - 39 av. J.-C.), courts dialogues de bergers, imités de Théocrite.

BUCOVINE, région d'Europe partagée entre l'Ukraine et la Roumanie. Partie septentrionale de la Moldavie, elle fut cédée à l'Autriche (1775), puis rattachée à la Roumanie en 1918. La Bucovine du Nord a été annexée par l'URSS en 1947.

BUDAPEST, cap. de la Hongrie, sur le Danube ; 1 729 040 hab. *(Budapestois).* Formée par la réunion (1873) de *Buda* (la Ville haute) et *Óbuda,* sur la rive droite du fleuve, et de *Pest,* sur la rive gauche. Centre administratif, intellectuel, commercial et industriel. – Vestiges romains ; monuments baroques, néoclassiques et éclectiques. Musées, dont celui, très riche, des Beaux-Arts. – Festival musical (« Sziget »). – Buda, qui avait été occupée par les Ottomans de 1541 à 1686, devint la capitale de la Hongrie en 1867.

BUDÉ (Guillaume), *Paris 1467 - id. 1540,* humaniste français. Il propagea en France l'étude du grec et contribua à la création des « lecteurs royaux », le futur Collège de France.

BUEIL (Jean V **de**), *v. 1405 - 1478,* homme de guerre français. Un des meilleurs généraux de Charles VII, amiral de France, il contribua à la reconquête de la Normandie et de la Guyenne.

BUENAVENTURA, v. de Colombie, sur le Pacifique ; 392 054 hab. Port.

BUENOS AIRES, cap. de l'Argentine ; 2 890 151 hab. *(Buenos-Airiens)* [15 024 000 hab. dans l'agglomération]. Port (exportations de céréales et de viande). Centre commercial, industriel et culturel (universités, musée des Beaux-Arts, Opéra). – La ville, fondée au XVIe s., capitale en 1776 de la vice-royauté de La Plata, puis de l'Argentine indépendante (1816), ne s'est développée qu'à partir de la seconde moitié du XIXe s.

BUFFALO, v. des États-Unis (État de New York), sur le lac Érié, près du Niagara ; 258 703 hab. (1 089 978 hab. dans l'agglomération). Université. Port fluvial. Centre industriel. – Musée d'art.

BUFFALO BILL (William Frederick **Cody,** dit), *comté de Scott, Iowa, 1846 - Denver 1917,* pionnier américain. Il participa aux opérations contre les Cheyenne et les Sioux. Célèbre pour son adresse de tireur, il devint directeur de cirque.

BUFFET (Bernard), *Paris 1928 - Tourtour, Var, 1999,* peintre et graveur français. Il est le créateur d'une imagerie percutante, au graphisme nerveux et acéré.

BUFFET (Marie-George), *Sceaux 1949,* femme politique française. Communiste (secrétaire nationale du PCF de 2001 à 2010), elle a été ministre de la Jeunesse et des Sports de 1997 à 2002.

BUFFON (Georges Louis **Leclerc,** comte **de**), *Montbard 1707 - Paris 1788,* naturaliste français. Auteur de l'*Histoire naturelle* (près de 40 volumes, de 1749 à 1804), qui connut un immense succès, il contribua à l'essor du Jardin du roi (futur Muséum d'histoire naturelle de Paris) et fut un grand promoteur de la vulgarisation scientifique. (Acad. fr.)

◄ **Buffon** par V. N. Raverat, 1839. (Château de Versailles.)

BUG → **BOUG.**

BUGANDA ou **BOUGANDA,** ancien et puissant royaume fortement centralisé d'Afrique orientale (actuel Ouganda).

BUGATTI (Ettore), *Milan 1881 - Paris 1947,* industriel italien naturalisé français. Il fut l'un des pionniers de la construction automobile de sport, de course et de grand luxe en France. On lui doit aussi les premiers autorails français (1933). — **Rembrandt B.,** *Milan 1885 - Paris 1916,* sculpteur italien. Frère d'Ettore, il fut un animalier de talent.

BUGEAUD (Thomas), marquis **de la Piconnerie, duc d'Isly,** *Limoges 1784 - Paris 1849,* maréchal de France. Gouverneur général de l'Algérie (1840 - 1847), il allia la conquête militaire aux réalisations administratives. Il battit les Marocains sur l'Isly (1844).

BUGEY n.m., région de France, correspondant à l'extrémité méridionale des monts du Jura (dép. de l'Ain) et divisée en *haut Bugey,* au nord, et *bas Bugey,* au sud. Centrale nucléaire à Saint-Vulbas (Ain). – Le *pays de Bugey* (cap. *Belley*) fut rattaché à la France en 1601.

BUGIS, peuple d'Indonésie (Célèbes) [env. 3 670 000]. Convertis à l'islam au XVIIe s., les Bugis se sont orientés très tôt vers le contrôle et le commerce de produits à haute valeur marchande et sont depuis le XVIIIe s. des navigateurs réputés. Leur langue appartient à la famille malayo-polynésienne.

BUHARI (Muhammadu), *Daura, région de Katsina, 1942,* général et homme politique nigérian. À la suite d'un coup d'État, il dirige le pays de 1983 à 1985. Il est élu président de la République en 2015 (réélu en 2019).

BUISSON (Ferdinand), *Paris 1841 - Thieuloy-Saint-Antoine 1932,* pédagogue et homme politique français. Collaborateur de Jules Ferry, il fut l'un des fondateurs de la Ligue des droits de l'homme. (Prix Nobel de la paix 1927, avec l'Allemand L. Quidde.)

BUISSON-DE-CADOUIN (Le) [24480], comm. de la Dordogne ; 2 054 hab. *(Buissonnais).* Église et cloître d'une anc. abbaye cistercienne. – Aux environs, grotte ornée de Cussac*.

BUJUMBURA, anc. **Usumbura,** cap. du Burundi ; 604 732 hab. *(Bujumburiens).*

BUKAVU, v. de la Rép. dém. du Congo, près du lac Kivu ; 806 940 hab.

BUKOWSKI (Charles), *Andernach, Allemagne, 1920 - Los Angeles 1994,* écrivain américain. Avec noirceur, humour et crudité, ses poèmes, chroniques (*Journal d'un vieux dégueulasse,* 1969), nouvelles (*Contes de la folie ordinaire,* 1972) et romans (*Pulp,* 1994) dépeignent la dépravation de la vie urbaine et l'oppression de la société américaine.

BÜLACH, v. de Suisse (canton de Zurich), au N. de Zurich ; 17 511 hab.

BULAWAYO, v. du Zimbabwe ; 676 787 hab. dans l'agglomération.

BULGARIE n.f., en bulg. **Bălgarija,** État de l'Europe balkanique, sur la mer Noire ; 111 000 km² ; 7 223 000 hab. *(Bulgares).* **CAP.** *Sofia.* **LANGUE :** *bulgare.* **MONNAIE :** *lev bulgare.*

INSTITUTIONS République. Constitution de 1991. Le président de la République est élu au suffrage universel pour 5 ans. L'Assemblée nationale (qui désigne le Premier ministre) est élue au suffrage universel pour 4 ans.

GÉOGRAPHIE La population, qui compte une minorité d'origine turque, se concentre dans des bassins intérieurs (Sofia) et des plaines (partie méridionale de la vallée du Danube et vallée de la Marica), séparées par le Balkan. Le massif du Rhodope occupe le sud du pays. Le climat est continental, avec une tendance à l'aridité.

L'agriculture fournit du blé et du maïs, ainsi que du tabac, des fruits, des roses et des vins, principaux produits d'exportation. À côté des traditionnelles industries textiles et alimentaires se sont développées la sidérurgie, la métallurgie et l'industrie chimique, valorisant notamm. les productions du sous-sol (lignite et cuivre surtout). Le tourisme est actif sur le littoral de la mer Noire.

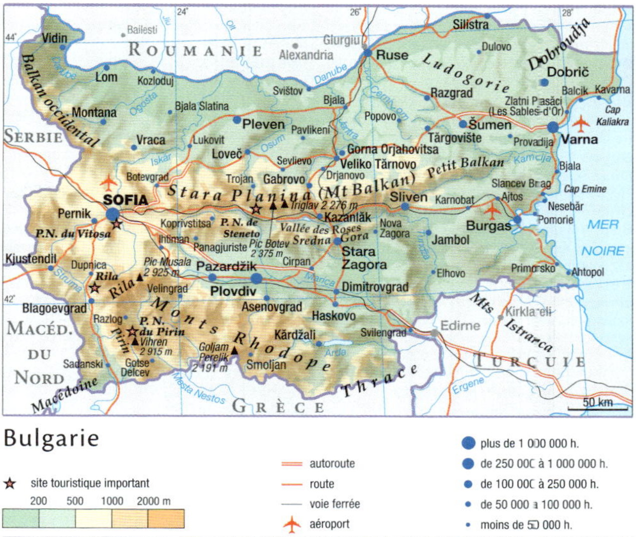

Bulgarie

HISTOIRE **Les origines.** Peuplée de Thraces, la région est conquise puis érigée en provinces (Mésie, Ier s. av. J.-C. ; Thrace, Ier s. apr. J.-C.) par les Romains. Elle appartient ensuite à l'Empire byzantin. Les Slaves s'y établissent à partir du VIe s.

Des Empires bulgares à la domination ottomane. V. 680 : des Bulgares ou Proto-Bulgares, conduits par le khan Asparuh, envahissent le bas Danube et s'y installent. **681 :** les Byzantins, vaincus, leur reconnaissent la possession du territoire : le premier Empire bulgare est fondé. **852 - 889 :** Boris Ier, après sa conversion au christianisme (865), organise une Église nationale de langue slavonne. **893 - 927 :** Siméon Ier le Grand instaure un patriarcat indépendant. **1018 :** les Byzantins vainquent le tsar Samuel et établissent leur domination sur la Bulgarie. **1187 :** fondation du second Empire bulgare. **Milieu du XIVe s. :** menacée par les Mongols, établis à ses frontières depuis 1241, et par les Tatars, la Bulgarie est divisée en plusieurs principautés. **1396 - 1878 :** sous domination ottomane, la Bulgarie est partiellement islamisée. L'Église bulgare, rattachée au patriarcat de Constantinople, obtient la création d'un exarchat indépendant en 1870.

La Bulgarie indépendante. 1878 : à l'issue de la guerre russo-turque (1877 - 1878), le congrès de Berlin décide de créer une Bulgarie autonome et de maintenir l'administration ottomane en Macédoine et en Roumélie-Orientale. **1885 :** cette dernière est rattachée à la Bulgarie. **1908 :** le pays accède à l'indépendance sous Ferdinand Ier de Saxe-Cobourg (1887 - 1918). **1912 :** la Bulgarie entre en guerre contre l'Empire ottoman aux côtés de la Serbie, de la Grèce et du Monténégro. **1913 :** en désaccord avec ses anciens alliés à propos du partage de la Macédoine, elle leur déclare la guerre et est défaite. **1915 :** la Bulgarie s'engage dans la Première Guerre mondiale aux côtés des empires centraux. **1919 :** le traité de Neuilly lui retire l'accès à la mer Égée. **1935 :** le tsar Boris III instaure une dictature personnelle. **1941 :** d'abord neutre dans la Seconde Guerre mondiale, la Bulgarie adhère au pacte tripartite. **1944 :** alors que le pays est occupé par l'Armée rouge, un gouvernement formé au lendemain de l'insurrection du 9 sept. le fait entrer en guerre aux côtés de l'URSS. La république, proclamée en 1946, est dirigée par les communistes Vasil Kolarov et Georgi Dimitrov, qui engagent le pays dans la construction du socialisme (1948). Premiers secrétaires du Parti communiste, Vălko Červenkov (1949 - 1954) puis Todor Živkov (Jivkov) demeurent fidèles à l'alignement sur l'Union soviétique. **1990 :** le Parti renonce à son rôle dirigeant ; il remporte les premières élections libres. Un gouvernement d'union nationale est mis en place. Želju Želev (Jeliou Jelev), porte-parole de l'opposition, devient président de la République. **1991 :** l'opposition démocratique forme un nouveau gouvernement. **1994 :** les socialistes (ex-communistes) remportent les élections législatives. **1995 :** la Bulgarie dépose une demande d'adhésion à l'Union européenne. **1997 :** le leader démocrate Petăr Stojanov devient président de la République. Les élections législatives ramènent au pouvoir l'opposition démocratique. **2001 :** une coalition réunie autour de Siméon de Saxe-Cobourg-Gotha (roi de Bulgarie, sous le nom de Siméon II, de 1943 à 1946) remporte les élections législatives ; ce dernier est nommé Premier ministre. **2002 :** le socialiste Georgi Părvanov accède à la présidence de la République (réélu en 2006). **2004 :** la Bulgarie est intégrée dans l'OTAN. **2005 :** après la courte victoire de son parti aux élections législatives, le socialiste Sergei Stanišev devient Premier ministre. **2007 :** la Bulgarie adhère à l'Union européenne. **2009 :** les élections législatives amènent au pouvoir un gouvernement de centre droit, dirigé par Boïko Borissov. **2012 :** Rosen Plevneliev (centre droit, élu en oct. 2011) devient président de la République. **2013 - 2014 :** confronté à une grogne sociale grandissante, B. Borissov démissionne (mai). Les résultats indécis des élections législatives anticipées et l'accession du socialiste Plamen Orecharski au poste de Premier ministre ne mettent pas fin à la vague de protestations. En juill. 2014, P. Orecharski démissionne à son tour. Un nouveau Parlement est élu (oct.), mais, comme lors du précédent scrutin, aucune majorité claire ne s'en dégage. B. Borissov revient à la tête d'un gouvernement de coalition. **2016 :** Roumen Radev remporte l'élection présidentielle (prise de fonctions en janv. 2017), ce qui provoque la démission de B. Borissov (défaite de sa candidate). **2017 :** après avoir remporté les élections législatives anticipées, B. Borissov est à nouveau Premier ministre.

BULL (Frederik Rosing), *Oslo 1882 - id. 1925,* ingénieur norvégien. Avec sa tabulatrice imprimante et sa trieuse (1922), il développa la mécanographie par cartes perforées.

BULL (John), *Somerset v. 1562 - Anvers 1628,* compositeur anglais. Organiste et joueur de virginal, il est l'auteur de pièces pour clavier.

Bull (John) → **John Bull.**

BULL (Olaf), *Christiania, auj. Oslo, 1883 - id. 1933,* poète norvégien d'inspiration philosophique (*les Étoiles*).

BULLANT (Jean), *Écouen v. 1520 - id. 1578,* architecte français. Il travailla pour les Montmorency (château d'Écouen) et pour Catherine de Médicis (continuation d'œuvres de Delorme, etc.).

A B C D E F G H I J K L M N O P Q R S T U V W X Y Z

Bulle d'or, acte marqué de la capsule d'or du sceau impérial, promulgué en 1356 par Charles IV et qui fixa les règles de l'élection au Saint Empire.

BULLY-LES-MINES (62160), comm. du Pas-de-Calais ; 12 600 hab. *(Bullygeois).*

BÜLOW (Bernhard, prince **von**), *Klein-Flottbek 1849 - Rome 1929,* homme politique allemand. Il fut chancelier de 1900 à 1909.

BÜLOW (Friedrich Wilhelm), *Falkenberg 1755 - Königsberg 1816,* général prussien. Vainqueur de Ney à Dennewitz (1813), il se distingua à Waterloo (1815).

BÜLOW (Karl **von**), *Berlin 1846 - id. 1921,* maréchal allemand. Commandant de la IIe armée, il fut battu à la Marne (1914).

BULTMANN (Rudolf), *Wiefelstede, près d'Oldenburg, 1884 - Marbourg 1976,* exégète et théologien protestant allemand. Son œuvre est fondée sur l'interprétation de l'élément miraculeux dans le Nouveau Testament en vue de dégager le noyau doctrinal de celui-ci (« démythologisation »).

BUNAQ, peuple d'Indonésie (Timor).

Bund ou **Union générale juive des travailleurs de Lituanie, Pologne et Russie,** parti socialiste juif fondé en Russie en 1897, actif en Pologne jusqu'en 1948.

Bundesbank, officiellement **Deutsche Bundesbank,** dite **Buba,** banque fédérale de la République fédérale d'Allemagne. Créée en 1957, elle fait auj. partie du Système européen de banques centrales.

Bundesrat, l'une des assemblées législatives de la Confédération de l'Allemagne du Nord (1867 - 1870), puis de l'Empire allemand (1871 - 1918), et, depuis 1949, de la République fédérale d'Allemagne.

Bundestag, l'une des assemblées législatives de la République fédérale d'Allemagne.

Bundeswehr, nom donné en 1956 aux forces armées de l'Allemagne fédérale.

BUNSEN (Robert Wilhelm), *Göttingen 1811 - Heidelberg 1899,* chimiste et physicien allemand. Il a construit une pile électrique, imaginé un brûleur à gaz et inventé, avec Kirchhoff, l'analyse spectrale.

▲ Luis **Buñuel.** *Nazarin* (1958).

BUÑUEL (Luis), *Calanda, Aragon, 1900 - Mexico 1983,* cinéaste espagnol naturalisé mexicain. Surréaliste, il scrute, sous les masques de la comédie sociale, la vérité aveuglante du rêve et l'irruption du désir (*Un chien andalou,* 1928 ; *l'Âge d'or,* 1930 ; *Los Olvidados,* 1950 ; *Nazarin,* 1958 ; *Belle de jour,* 1967 ; *Cet obscur objet du désir,* 1977).

BUNYAN (John), *Elstow 1628 - Londres 1688,* écrivain anglais. Son allégorie religieuse *le Voyage du pèlerin* (1678-1684) exerça une profonde influence sur le public populaire.

BUONARROTI (Michelangelo) → **MICHEL-ANGE.**

BUONARROTI (Philippe), *Pise 1761 - Paris 1837,* révolutionnaire français d'origine italienne. Il fut le disciple de Babeuf, dont il fit connaître la vie et l'œuvre par son histoire de la *Conspiration pour l'égalité,* dite *de Babeuf* (1828).

BUONTALENTI (Bernardo), *Florence 1536 - id. 1608,* architecte, peintre et sculpteur italien. Maniériste, il fut notamment le décorateur des fêtes de cour des Médicis.

BURAYDA, v. d'Arabie saoudite ; 378 422 hab. Marché de chameaux.

BURBAGE (Richard), *Londres v. 1567 - id. 1619,* acteur anglais, créateur des principaux rôles des drames de Shakespeare.

BURCKHARDT (Jacob), *Bâle 1818 - id. 1897,* historien suisse de langue allemande. Il développa l'histoire de la culture *(Kulturgeschichte)* sous tous ses aspects, notamm. artistique (*le Cicerone,* 1855 ; *la Civilisation de la Renaissance en Italie,* 1860).

BURCKHARDT (Johann Ludwig), *Lausanne 1784 - Le Caire 1817,* explorateur suisse. Il découvrit le site de Pétra (1812) et visita La Mecque (1814).

BURDWAN → **BARDDHAMAN.**

BURE (pic de), un des sommets du Dévoluy, dans les Alpes françaises ; 2 709 m. Observatoire astronomique (NOEMA*) sur le *plateau de Bure.*

BUREAU, nom de deux frères. **Jean B.,** seigneur **de Montglat,** *Paris v. 1390 - id. 1463,* et **Gaspard B.,** *Paris v. 1393 - id. 1469.* Maîtres de l'artillerie sous Charles VII, ils modernisèrent cette arme.

Bureau de recherches géologiques et minières → **BRGM.**

Bureau des longitudes, organisme scientifique français. Créé en 1795 pour améliorer la précision de la détermination des longitudes en mer, il constitue auj. une académie associée à l'Institut* de mécanique céleste et de calcul des éphémérides.

Bureaux arabes, organismes militaires français créés en 1833 en Algérie et organisés par Bugeaud (1844), pour l'administration de certains territoires.

BUREN (Daniel), *Boulogne-sur-Seine 1938,* artiste français. Sa critique sociologique de l'art passe par un travail sur l'environnement : installations structurant l'espace à l'aide de toiles blanches rayées de bandes verticales monochromes (depuis 1966) ; « colonnes » du Palais-Royal, à Paris (*les Deux Plateaux,* 1985-1986) ; jeux de miroirs et cabanes éclatées (*Échos,* Centre Pompidou-Metz, 2011) ; cercles colorés translucides sur piliers fins en acier (*Excentrique(s),* nef du Grand Palais, à Paris, 2012).

BURES-SUR-YVETTE (91440), comm. de l'Essonne ; 9 883 hab. *(Buressois).* Institut des hautes études scientifiques.

BURGAS, v. de Bulgarie, sur la mer Noire ; 200 271 hab. Port. Raffinage du pétrole. Chimie.

BURGDORF, v. de Suisse (canton de Berne) ; 15 374 hab. Château des XIIe-XVIIIe s.

BURGENLAND, prov. d'Autriche, aux confins de la Hongrie ; 285 685 hab. ; ch.-l. *Eisenstadt.*

BÜRGER (Gottfried August), *Molmerswende 1747 - Göttingen 1794,* poète allemand, auteur de ballades *(Lenore).*

BURGESS (Anthony), *Manchester 1917 - Londres 1993,* écrivain britannique. Il a dénoncé dans ses romans la violence moderne (*l'Orange mécanique*) à travers un culte ambigu des héros (*la Symphonie Napoléon*).

BURGKMAIR (Hans), *Augsbourg 1473 - id. 1531,* peintre et graveur allemand. Il se rallia aux conceptions de la Renaissance italienne.

BURGONDES, peuple germanique établi au Ve s. en Gaule et en Germanie. D'abord battus par le général romain Aetius (436), ils conquirent le bassin de la Saône et du Rhône. Soumis par les Francs en 532, ils ont donné leur nom à la Bourgogne.

BURGOS, v. d'Espagne (Castille-León), ch.-l. de prov., dans le nord de la Castille ; 175 623 hab. Tourisme. – Capitale de l'art gothique en Castille : cathédrale entreprise en 1221, monastère de Las Huelgas, chartreuse de Miraflores. Musée. – Cap. de la Castille de 1037 à 1492. Siège du gouvernement nationaliste de 1936 à 1939.

BURGOYNE (John), *Sutton 1722 - Londres 1792,* général britannique. Commandant les renforts britanniques envoyés au Canada contre les insurgés américains, il dut capituler à Saratoga (1777).

BURIDAN (Jean), *Béthune ? v. 1300 - apr. 1358,* philosophe scolastique français. Il se rattache au nominalisme*.

Buridan (âne de), fable faussement attribuée à Buridan, affirmant qu'un âne, également assoiffé et affamé, se laisserait mourir plutôt que de choisir entre un seau d'eau et un picotin d'avoine.

BURKE (Edmund), *Dublin v. 1729 - Beaconsfield 1797,* homme politique et écrivain britannique. Whig, il s'opposa à la politique colonialiste anglaise en Amérique. Son ouvrage *Réflexions sur la Révolution en France* (1790), contre-révolutionnaire, connut un grand succès.

BURKINA ou **BURKINA FASO** n.m., anc. **Haute-Volta,** État d'Afrique occidentale ; 275 000 km² ; 16 935 000 hab. (*Burkinabés* [ou *Burkinabè,* inv.] ou *Burkinais*). **CAP.** *Ouagadougou.* **LANGUE :** *français.* **MONNAIE :** *franc CFA.*

GÉOGRAPHIE Enclavé au cœur du Sahel, c'est un pays pauvre, souvent aride, domaine d'une médiocre agriculture vivrière (sorgho, mil, maïs) avec quelques plantations commerciales (coton, arachide). L'élevage (ovin et bovin) souffre des fréquentes sécheresses. L'industrie minière (or et

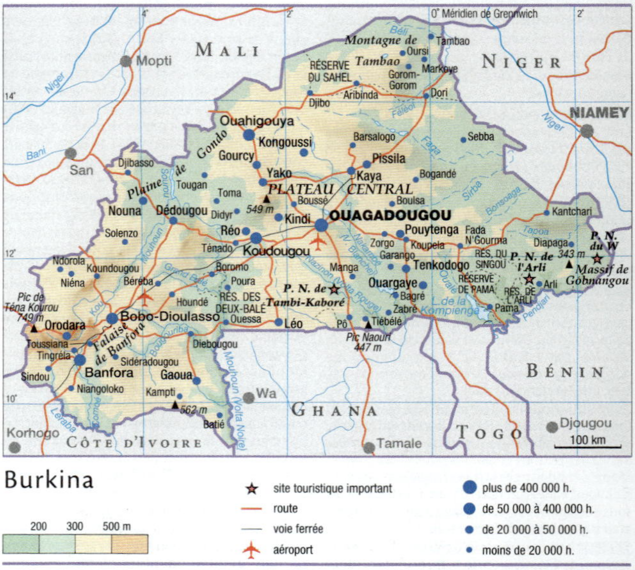

zinc, en partic.) s'est beaucoup développée depuis les années 2000. Les Mossi forment l'ethnie principale d'un pays auj. largement islamisé.

HISTOIRE **La période précoloniale.** **XIIe - XVIe s. :** Gourmantché et Mossi fondent des royaumes guerriers. Les cavaliers Mossi, venus du sud, dominent les agriculteurs autochtones. Ils fondent au XVe s. le royaume de Ouagadougou, d'où sont issus à diverses époques d'autres royaumes mossi. Leur langue, le more, se diffuse largement. Les Mossi résistent longtemps à l'islamisation. **XVIIIe s. :** les Dioula du royaume de Kong (actuelle Côte d'Ivoire) unifient l'ouest du pays en créant le Gwiriko, autour de Bobo-Dioulasso.

La colonisation. **1898 :** après les explorations de Binger (1886 - 1888) et de Monteil (1890 - 1891), la France, victorieuse de Samory Touré, occupe Bobo-Dioulasso. **1919 :** d'abord incluse dans le Haut-Sénégal-Niger (1904), la Haute-Volta devient colonie particulière. **1932 :** elle est partagée entre le Soudan, la Côte d'Ivoire et le Niger. **1947 :** reconstituée, elle voit se développer un mouvement nationaliste mené par Maurice Yaméogo.

L'indépendance. **1960 :** la république indépendante est proclamée (5 août) ; son président est M. Yaméogo. **1966 - 1980 :** le pays est gouverné par le général Aboubacar Sangoulé Lamizana, arrivé au pouvoir par un coup d'État. Il est lui-même renversé. **1983 :** après deux autres coups d'État, le capitaine Thomas Sankara s'empare du pouvoir, et change le nom du pays en Burkina (1984). Il mène une « révolution démocratique et populaire ». **1987 :** T. Sankara est tué lors du coup d'État dirigé par le capitaine Blaise Compaoré, qui lui succède à la tête de l'État. **1991 :** le multipartisme est instauré. Les élections présidentielles de 1991 et 1998, boycottées par l'opposition, et celles de 2005 et 2010 maintiennent B. Compaoré au pouvoir. Mais ce dernier est confronté à une forte contestation (qui s'amplifie à partir du début de 2011). **2014 :** de violentes émeutes provoquent la démission de B. Compaoré (31 oct.) et sa fuite à l'étranger. Dans une grande confusion, le lieutenant-colonel Isaac Yacouba Zida s'autoproclame chef du régime de transition, avant de céder la place à un civil, Michel Kafando, qui le nomme aussitôt Premier ministre. **2015 :** après un coup d'État avorté de partisans de B. Compaoré (sept.), Roch Kaboré est élu président de la République dès le premier tour du scrutin (nov.). Le pays, qui est impliqué dans la lutte contre les djihadistes au Sahel, devient la cible d'attaques meurtrières.

BURLINGTON, v. du Canada (Ontario), sur le lac Ontario ; 183 314 hab.

BURNABY, v. du Canada (Colombie-Britannique), banlieue de Vancouver ; 232 755 hab.

BURNE-JONES (sir Edward), *Birmingham 1833 - Londres 1898,* peintre britannique. Avec ses thèmes issus de la mythologie antique ou de légendes médiévales, ce préraphaélite a influencé le symbolisme européen.

BURNS (Robert), *Alloway 1759 - Dumfries 1796,* poète britannique. Préromantique, il a célébré en dialecte écossais la nature et la vie simple.

BURRI (René), *Zurich 1933 - id. 2014,* photographe suisse. Artiste d'une grande rigueur formelle, il consacra des reportages aux événements et aux conflits importants de la seconde moitié du XXe s. Il réalisa également des portraits célèbres (Che Guevara, Picasso).

BURROUGHS (Edgar Rice), *Chicago 1875 - Encino, Californie, 1950,* romancier américain, créateur de Tarzan*.

BURROUGHS (William), *Saint-Louis 1914 - Lawrence 1997,* écrivain américain. Il fut l'un des principaux représentants de la Beat* generation (*le Festin nu*, 1959 ; *le Ticket qui explosa*, 1962).

BURRUS (Sextus Afranius), *m. en 62 apr. J.-C.,* homme politique romain. Préfet du prétoire, il fut le précepteur et le conseiller de Néron.

BURSA, en fr. **Brousse,** v. de Turquie, au S.-E. de la mer de Marmara ; 1 194 687 hab. (1 659 420 hab. dans l'agglomération). Sources thermales. Industrie automobile. – Capitale de l'Empire ottoman de 1326 à 1402. – Monuments richement décorés, dont le Türbe vert (1414-1424).

Burundi, Rwanda

500 1000 1500 m

route
aéroport
site touristique important
plus de 200 000 h.
de 20 000 à 200 000 h.
moins de 20 000 h.

BURTON (sir Richard Francis), *Torquay 1821 - Trieste 1890,* voyageur britannique. Il découvrit le lac Tanganyika avec Speke (1858).

BURTON (Richard Walter **Jenkins Jr.,** dit Richard), *Pontrhydyfen, pays de Galles, 1925 - Genève 1984,* acteur britannique. Célèbre pour ses mariages orageux avec Liz Taylor et son aisance dans les films historiques, il partagea une carrière inégale entre théâtre et cinéma : *Cléopâtre* (J. L. Mankiewicz, 1963), *la Nuit de l'iguane* (J. Huston, 1964).

BURTON (Robert), *Lindley, Leicestershire, 1577 - Oxford 1640,* humaniste britannique, auteur de *l'Anatomie de la mélancolie* (1621).

BURTON (Timothy William, dit Tim), *Burbank, Californie, 1958,* cinéaste américain. Magicien, poète et provocateur, il rénove par ses fresques fantastiques, burlesques ou inquiétantes le grand spectacle hollywoodien (*Batman*, 1989 ; *Edward aux mains d'argent*, 1990 ; *Ed Wood*, 1994 ; *Charlie et la chocolaterie*, 2005 ; *Alice au pays des merveilles*, 2010 ; *Frankenweenie*, 2012).

BURUNDI n.m., anc. **Urundi,** État d'Afrique centrale ; 28 000 km^2 ; 10 163 000 hab. *(Burundais).* **CAP.** *Bujumbura.* **LANGUES :** *français* et *kirundi.* **MONNAIE :** *franc du Burundi.* C'est un pays de hauts plateaux, exclusivement agricole, densément peuplé (par les Hutu et les Tutsi).

HISTOIRE Royaume africain fondé peut-être à la fin du XVIIe s., le Burundi fait partie de l'Afrique-Orientale allemande de la fin du XIXe s. à 1916. **1923-1962 :** il est, au sein du Ruanda-Urundi, sous mandat, puis sous tutelle belge. **1962 :** le pays accède à l'indépendance. **1966 :** la royauté est abolie au profit de la république. **1976 :** le lieutenant-colonel J.-B. Bagaza devient président de la République. **1987 :** il est renversé par un coup d'État militaire dirigé par le major Pierre Buyoya. La vie politique est dominée par des rivalités (massacres de 1972 et de 1988) qui opposent les Hutu, majoritaires, et les Tutsi, minoritaires mais qui, traditionnellement, détiennent le pouvoir. **À partir de 1988 :** un processus de démocratisation est engagé, qui vise au rééquilibrage du pouvoir entre Tutsi et Hutu. Une nouvelle Constitution (1992), instaurant le multipartisme, permet l'élection, en juin 1993, du premier président hutu, Melchior Ndadaye. Mais l'assassinat de ce dernier (oct.) marque le retour à des affrontements intercommunautaires permanents. **1996 :** P. Buyoya revient au pouvoir à la faveur d'un coup d'État. **2003 :** en application d'un accord, conclu en 2000, d'alternance des communautés à la tête de l'État, P. Buyoya (Tutsi) cède le pouvoir à Domitien Ndayizeye (Hutu). **2005 :** un mouvement hutu dissident remporte les élections. Son leader, Pierre Nkurunziza, accède à la présidence de la République (réélu en 2010). **2015 :** malgré une vague de protestations et une tentative de coup d'État, P. Nkurunziza se fait réélire pour un troisième mandat (juill.), ce qui provoque de nouvelles flambées de violence, suivies d'une répression féroce et déstabilisatrice.

BURY (Pol), *Haine-Saint-Pierre (auj. dans La Louvière) 1922 - Paris 2005,* artiste belge. Ses œuvres, cinétiques, cultivent la magie de l'insolite : sculptures-assemblages à mouvements ultralents, fontaines à éléments mobiles, « cinétisations » d'images, etc.

L'art byzantin

Parfaitement accomplie, la synthèse entre hellénisme, orientalisme et romanité confère à la civilisation byzantine toute son originalité. Essentiellement spirituel, l'art est garant du dogme et propagateur de la foi chrétienne. Architecture et programme iconographique participent du symbolisme religieux. La coupole, évocation du ciel, est réservée au Christ, l'abside à la Vierge de l'Incarnation, alors que l'univers terrestre se déploie le long des parois de la nef.

Sainte-Sophie de Constantinople. VIe s. Un plan inspiré de l'Antiquité, mais une conception novatrice : immense espace central à l'éclairage rayonnant, coupole commandant toutes les structures.

Plaque d'une porte de chœur. Ivoire, VIIIe s. Les gardes assoupis devant le tombeau du Christ, et, en bas, les deux Marie face au Christ ressuscité. (Musée du Castello Sforzesco, Milan.)

Sainte-Sophie de Thessalonique. VIIIe s. Compromis entre plan allongé et plan centré et coupole à peine dégagée annoncent les réussites ultérieures en croix grecque et à coupole sur haut tambour.

Moïse recevant les Tables de la Loi. Miniature du *Psautier de Paris* (1re moitié du Xe s.). Tout ici – composition, style – est souvenir de l'Antiquité et illustre la renaissance du temps des Macédoniens. (BnF, Paris.)

Le thrène, ou déploration du Christ. Fresque (XIIe s.) de l'église Sveti Pantelejmon à Nerezi, près de Skopje. Rythme de la composition, souplesse de la ligne, tendance au réalisme s'allient à une sobre tension dramatique dans ce décor probablement dû à des artistes venus de Constantinople.

Vierge de Vladimir. Cette icône du XIIe s., rapportée de Constantinople par un prince russe et offerte à la cathédrale de Vladimir, a été l'initiatrice des « Vierges de tendresse ». (Galerie Tretiakov, Moscou.)

Église des Saints-Théodore. Mistra, XIIIe s. La lisibilité du plan et l'étagement des volumes bien distincts sont désormais acquis. Montée sur un haut tambour, la coupole, à 16 pans et arcatures, accentue la verticalité et l'impression de légèreté. Le jeu décoratif des pierres et des briques est propre à la tradition grecque.

BUS (César **de**), *Cavaillon 1544 - Avignon 1607*, missionnaire français. Il introduisit en France la congrégation des Pères de la doctrine chrétienne.

BUSH (George Herbert Walker), *Milton, Massachusetts, 1924 - Houston 2018*, homme politique américain. Républicain, vice-président des États-Unis de 1981 à 1989, il est ensuite président de 1989 à 1993. Très actif en politique extérieure, il se montre impuissant à régler les problèmes économiques et sociaux. — **George Walker B.,** *New Haven 1946*, homme politique américain. Fils de George H. W., républicain, gouverneur du Texas (1995 - 2000), il est président des États-Unis de 2001 à 2009. Confronté au traumatisme subi par son pays touché de plein fouet par le terrorisme (attentats du 11 septembre* 2001), il mène une politique très interventionniste (en Afghanistan, à partir de 2001 ; en Iraq, à partir de 2003) et, à l'intérieur, résolument conservatrice. Réélu en 2004, il voit son second mandat s'achever sur une grave crise financière et économique.

▲ George **Bush**

▲ George W. **Bush**

BUSHMEN → **BOCHIMANS.**

BUSHNELL (David), *Saybrook, Connecticut, 1742 - Warrenton, Géorgie, 1824*, inventeur américain. Il fut un précurseur tant pour la réalisation du sous-marin (la *Tortue*, 1775) que pour l'emploi de l'hélice comme moyen de propulsion des navires.

BUSON ou **YOSA BUSON,** *Kema 1716 - Kyoto 1784*, poète et peintre japonais. Il a renouvelé l'art du haïku en y introduisant humour et liberté de ton, et en lui associant la peinture, sous l'inspiration des peintres lettrés de Chine.

BUSONI (Ferruccio Benvenuto), *Empoli 1866 - Berlin 1924*, compositeur, pianiste et théoricien italien. Enfant prodige au piano, il est l'auteur de l'opéra *Doktor Faust* (1925) et de l'essai *Ébauche d'une nouvelle esthétique de la musique* (1907).

BUSSANG [bysɑ̃] (88540), comm. des Vosges, sur la Moselle, près du *col de Bussang* (731 m) ; 1 455 hab. *(Bussenets)*. Sports d'hiver (alt. 620 - 1 220 m). Théâtre du peuple.

BUSSOTTI (Sylvano), *Florence 1931*, compositeur italien. Homme de théâtre, il dirigea le théâtre de la Fenice à Venise (1976 - 1980) et s'imposa avec *la Passion selon Sade* (1965), puis *The Rara Requiem* (1970).

BUSSY (Roger **de Rabutin,** comte **de**), connu sous le nom de **Bussy-Rabutin,** *Épiry, près d'Autun, 1618 - Autun 1693*, écrivain et général français. Cousin de Mme de Sévigné, il est l'auteur de *l'Histoire amoureuse des Gaules*. (Acad. fr.) – Il a commandé le décor peint de son château (XVIe-XVIIe s.) situé près de Bussy-le-Grand (Côte-d'Or).

BUSSY D'AMBOISE (Louis **de Clermont d'Amboise,** dit), *Mognéville v. 1549 - Brain-sur-Allonnes 1579*, homme de guerre français. Gouverneur de l'Anjou, il fut assassiné sur l'ordre du comte de Montsoreau, dont il avait séduit la femme.

BUSSY-SAINT-GEORGES (77600), comm. de Seine-et-Marne, au cœur de Marne-la-Vallée ; 26 649 hab. *(Buxangeorgiens)*. Logistique. Quartier culturel et cultuel en construction.

BUTE (John Stuart, **comte de**), *Édimbourg 1713 - Londres 1792*, homme politique britannique. Premier ministre du roi George III de 1761 à 1763, il négocia le traité de Paris (1763).

BUTENANDT (Adolf), *Lehe 1903 - Munich 1995*, chimiste allemand. Il reçut le prix Nobel (1939) pour ses recherches sur les hormones sexuelles.

BUTLER (Samuel), *Langar 1835 - Londres 1902*, écrivain britannique. Ses romans sont une satire de la société victorienne *(Erewhon, Ainsi va toute chair)*.

BUTOR (Michel), *Mons-en-Barœul 1926 - Contamine-sur-Arve, Haute-Savoie, 2016*, écrivain français. Son œuvre romanesque (*Passage de Milan*, 1954 ; *l'Emploi du temps*, 1956 ; *la Modification*, 1957 ; *Degrés*, 1960), critique (*Essai sur les Essais*, 1968) et poétique (*Une nuit sur le mont Chauve*, en collab. avec M. Barceló, 2013) a expérimenté des formes nouvelles (nouveau* roman) et exploré avec agilité les réseaux de sens de la culture contemporaine.

BUTT (Isaac), *Glenfin 1813 - près de Dundrum 1879*, homme politique irlandais. En 1870, il inaugura le mouvement pour le Home Rule.

BUTUAN, v. des Philippines, dans le nord de Mindanao ; 298 378 hab.

BUXEROLLES (86180), comm. de la Vienne, dans la banlieue nord de Poitiers ; 10 228 hab. *(Buxerollois)*.

BUXTEHUDE (Dietrich), *Oldesloe, Holstein, 1637 - Lübeck 1707*, compositeur danois. Organiste de Lübeck, il fonda dans cette ville des concerts du soir *(Abendmusiken)*. On lui doit des cantates, des pièces pour orgue et pour clavecin.

BUYS-BALLOT (Christophorus Henricus Didericus), *Kloetinge 1817 - Utrecht 1890*, météorologue néerlandais. Organisateur de la météorologie dans son pays et au niveau international, il a établi la règle déterminant l'emplacement du centre d'une dépression d'après l'observation du vent et l'importance du déficit barométrique.

BUYSSE (Cyriel), *Nevele 1859 - Afsnee 1932*, écrivain belge de langue néerlandaise, auteur de romans, de drames et de contes réalistes (*la Vie de Rozeke Van Dalen*, 1906).

BUZANÇAIS (36500), bur. centr. de cant. de l'Indre, sur l'Indre ; 4 545 hab. *(Buzancéens)*.

BUZĂU, v. du sud-est de la Roumanie ; 134 227 hab.

BUZENVAL, écart de la comm. de Rueil-Malmaison. Combat du siège de Paris (19 janv. 1871).

BUZOT (François), *Évreux 1760 - Saint-Magne, Gironde, 1794*, homme politique français. Député girondin à la Convention, ami de Mme Roland, il se suicida.

BUZZATI (Dino), *Belluno 1906 - Milan 1972*, écrivain italien. Comme peintre, romancier (*le Désert des Tartares*, 1940) et conteur (*le K*, 1966), il témoigne de la même inspiration fantastique mêlée au réalisme le plus savoureux.

BVA (Brulé Ville Associés), société française d'études de marché et d'opinion, créée en 1970.

BYBLOS, v. de l'anc. Phénicie, au nord de Beyrouth (auj. Djebail, Liban). Active du IVe au Ier millénaire comme centre commercial lié à l'Égypte, elle fut évincée par Tyr. – On y a découvert le sarcophage d'Ahiram, portant la plus ancienne inscription alphabétique (entre le XIIIe et le Xe s. av. J.-C.). Vestiges antiques et médiévaux.

BYDGOSZCZ, v. de Pologne, ch.-l. de voïévodie, au N.-E. de Poznań ; 363 926 hab. Nœud de communications.

BYNG (George), vicomte **Torrington,** *Wrotham 1663 - Southill 1733*, amiral anglais. Il détruisit la flotte espagnole au large du cap Passero (1718).

BYRD (Richard Evelyn), *Winchester, Virginie, 1888 - Boston 1957*, amiral, aviateur et explorateur américain. Il aurait survolé le pôle Nord en 1926 (exploit auj. mis en doute), puis il survola le pôle Sud en 1929, créant la base de Little America, sur la banquise de Ross. Il explora de nouveau le continent antarctique entre 1933 et 1947.

BYRD (William), *1543 ? - Stondon Massey, Essex, 1623*, compositeur et organiste anglais. Organiste de la Chapelle royale, il a laissé des messes, des motets, des chansons, des pièces pour clavier et pour viole.

BYRON (George **Gordon,** lord), *Londres 1788 - Missolonghi 1824*, poète britannique. Ses poèmes énoncent le mal de vivre (*Pèlerinage de Childe Harold*, 1812) ou exaltent les héros rebelles (*Manfred*, 1817 ; *Don Juan*, 1824). Sa mort au milieu des insurgés grecs combattant pour leur indépendance a fait de lui le type même du héros et de l'écrivain romantiques.

◀ Lord **Byron** par T. Phillips. (National Portrait Gallery, Londres.)

BYTOM, v. de Pologne (Silésie) ; 176 902 hab. Centre minier (houille, plomb, zinc). Sidérurgie. – Églises médiévales ; musée.

BYZANCE, colonie grecque construite au VIIe s. av. J.-C. sur le Bosphore. Sur son site fut créée Constantinople, capitale de l'Empire byzantin puis, sous le nom d'*Istanbul*, de l'Empire ottoman.

BYZANTIN (Empire), nom donné à partir du XVIIe s. (à la suite des travaux de l'humaniste allemand Hieronymus Wolf [1516 - 1580]) à l'Empire romain d'Orient, dont la capitale était Constantinople et qui dura de 395 à 1453. **324 - 330 :** Constantin fonde Constantinople sur le site de Byzance. **395 :** Théodose Ier partage l'Empire romain ; l'Orient échoit à Arcadius. **527 - 565 :** Justinien Ier essaie de rétablir l'Empire romain dans ses anciennes frontières. Mais les Byzantins sont assaillis par les Barbares : Slaves dans les Balkans, Lombards en Italie, Iraniens en Syrie. **610 - 711 :** avec les Héraclides, l'Empire cesse d'être romain pour devenir gréco-oriental. **636 - 642 :** il perd la Syrie et l'Égypte, conquises par les Arabes. **717 - 802 :** sous la dynastie des Isauriens éclate la querelle des images (iconoclasme). Les Byzantins sont éliminés de Ravenne (751). **820 - 867 :** sous la dynastie d'Amorion, le culte des images est définitivement rétabli (843). **867 - 1057 :** l'Empire connaît son apogée sous la dynastie macédonienne. **1054 :** le pape Léon IX et le patriarche Keroularios s'excommunient réciproquement. C'est le schisme d'Orient. **1071 :** les Turcs déferlent en Asie Mineure. **1081 - 1185 :** les Comnènes sont contraints d'accorder des avantages commerciaux à Venise et ne peuvent résister aux Turcs ni aux Normands. **1185 - 1204 :** les Anges ne peuvent remédier à l'effondrement de l'Empire. **1204 :** les croisés prennent Constantinople. Des principautés grecques se forment en Épire, à Trébizonde et à Nicée. **1204 - 1258 :** les Lascaris de Nicée restaurent l'Empire. **1258 - 1453 :** la dynastie des Paléologues, qui a reconquis en 1261 Constantinople, assure la survie de l'Empire. **1453 :** les Turcs prennent Constantinople.

▲ **Byblos.** Le château construit par les croisés au XIIe s.

Cuba Chine Colisée Le Caire, les pyramides

CABALLÉ (Montserrat), *Barcelone 1933 - id. 2018*, soprano espagnole. Elle fut une interprète remarquable de la musique italienne classique et romantique.

CABALLERO (Cecilia **Böhl de Faber**, dite Fernán), *Morges, Suisse, 1796 - Séville 1877*, femme de lettres espagnole, auteure de romans de mœurs (*la Gaviota*, 1849).

CABANATUAN, v. des Philippines (Luçon), au N. de Manille ; 259 267 hab.

CABANIS (Georges), *Cosnac, Corrèze, 1757 - Rueil, Val-d'Oise, 1808*, médecin et philosophe français. Il fut membre du groupe des idéologues. (Acad. fr.)

CABESTANY (66330), comm. des Pyrénées-Orientales, près de Perpignan ; 9 994 hab. (*Cabestanyencs*). À l'église, tympan roman sculpté.

CABET (Étienne), *Dijon 1788 - Saint-Louis, États-Unis, 1856*, théoricien et homme politique français. Pour propager le communisme idéal qu'il décrit dans une utopie, le *Voyage en Icarie* (1842), il comptait sur l'exemple de petites communautés, telles celles qu'il tenta vainement de bâtir en Amérique avec ses disciples.

CABEZA DE VACA (Álvar Núñez), *Jerez de la Frontera 1507 - Séville 1559*, explorateur espagnol. Il explora la Floride (1527), puis le Río de la Plata jusqu'à Asunción (1542).

CABEZÓN (Antonio de), *Castrillo de Matajudíos, près de Burgos, 1510 - Madrid 1566*, compositeur et organiste espagnol. Musicien de Philippe II d'Espagne, il écrivit de nombreuses pièces pour clavier (tientos, variations).

Cabillauds (les), faction politique hollandaise qui soutenait le comte Guillaume V, opposée à celle des *Hameçons*, favorable à sa mère Marguerite de Bavière (XIVe-XVe s.).

CABIMAS, v. du Venezuela, sur le lac de Maracaibo ; 263 056 hab. Pétrole.

CABINDA, territoire de l'Angola, sur l'Atlantique, entre les deux républiques du Congo ; 7 270 km^2 ; 668 285 hab. ; ch.-l. *Cabinda*. Pétrole. – Des mouvements séparatistes y sont très actifs.

Cabochiens (du nom de son chef, Simon *Caboche*, boucher de Paris), faction populaire du parti bourguignon, sous Charles VI.

Cabora Bassa ou **Cahora Bassa,** barrage et centrale de la vallée du Zambèze, au Mozambique.

CABOT (détroit de), bras de mer entre Terre-Neuve et l'île du Cap-Breton.

CABOT (Jean), ou Giovanni **Caboto,** *Gênes ? v. 1450 - en Angleterre v. 1500*, navigateur italien. Il obtint d'Henri VII, roi d'Angleterre, le monopole de la recherche de nouvelles terres et atteignit probablement l'île du Cap-Breton (1497). — **Sébastien C.,** ou Sebastiano **Caboto,** *Venise entre 1476 et 1482 - Londres 1557*, navigateur italien. Fils de Jean, il participa à ses voyages et, au service de Charles Quint, reconnut le Río de la Plata (1527).

CABOURG (14390), bur. centr. de cant. du Calvados, sur la Manche ; 3 707 hab. (*Cabourgeais*). Station balnéaire.

CABRAL (Amilcar), *Bafatá v. 1925 - Conakry 1973*, homme politique guinéen. Il créa en 1956 le parti africain de l'Indépendance de la Guinée portugaise et des îles du Cap-Vert (PAIGC). Il fut assassiné.

CABRAL (Pedro Álvares), *Belmonte v. 1467 - Santarém ? 1520 ou 1526*, navigateur portugais. Il prit possession du Brésil au nom du Portugal en 1500, puis explora les côtes du Mozambique et atteignit les Indes.

CABREL (Francis), *Agen 1953*, chanteur et auteur-compositeur français. À la culture du Sud-Ouest qui l'inspire il apporte la dimension du country rock (*Je l'aime à mourir, l'Encre de tes yeux, Il faudra leur dire, la Cabane du pêcheur*).

CABRERA INFANTE (Guillermo), *Gibara 1929 - Londres 2005*, écrivain cubain naturalisé britannique, d'expression espagnole et anglaise. Partisan et membre du gouvernement castriste, puis dissident exilé, il est marqué par l'influence de Faulkner et explore dans ses romans le pastiche et les jeux de langage (*Trois Tristes Tigres*, 1967 ; *La Havane pour un infante défunt*, 1979).

CABROL (Christian), *Chézy-sur-Marne 1925 - Paris 2017*, chirurgien français. Le premier en Europe, il effectua chez l'homme une transplantation cardiaque (1968) et une greffe cœur-poumons (1982). Il réalisa aussi la première implantation d'un cœur artificiel (1986) en France.

CABU (Jean **Cabut**, dit), *Châlons-sur-Marne 1938 - Paris 2015*, dessinateur et scénariste français de bandes dessinées. Caricaturiste d'actualités, il créa le personnage du *Grand Duduche* (1962) et le type du « beauf » (*Mon beauf*, 1976). Il fut une des victimes de l'attentat contre *Charlie* Hebdo*, le 7 janv. 2015.

CACCINI (Giulio), *Tivoli v. 1550 - Florence 1618*, compositeur et chanteur italien. Également instrumentiste, il contribua à la naissance du style récitatif et à la mise en valeur du texte en musique (*Nuove Musiche*, 1602), et fut l'un des initiateurs de l'opéra florentin (*Euridice*, 1600).

CÁCERES, v. d'Espagne (Estrémadure), ch.-l. de prov. ; 95 917 hab. Enceinte d'origine romaine, palais des XVe-XVIe s., églises.

CACHAN (94230), bur. centr. de cant. du Val-de-Marne, au S. de Paris ; 30 740 hab. (*Cachanais*). Hospices. École normale supérieure.

CACHEMIRE, anc. État de l'Inde, auj. partagé entre la République indienne (État de Jammu-et-Cachemire) et le Pakistan. C'est une région montagneuse (régulièrement touchée par des séismes), ouverte par la Jhelam, qui draine le bassin de Srinagar. – Royaume hindou jusqu'à sa conquête par un aventurier musulman (1346), le Cachemire fut intégré à l'Empire moghol (1586). Peuplé aux trois quarts de musulmans, revendiqué depuis 1947 par l'Inde et le Pakistan, il fut l'enjeu des guerres indo-pakistanaises de 1947 - 1949 et de 1965, et reste un lieu de très fortes tensions.

CACHIN (Marcel), *Paimpol 1869 - Choisy-le-Roi 1958*, homme politique français. Il fut l'un des fondateurs du Parti communiste français (1920) et directeur de *l'Humanité* (1918 - 1958).

CACUS MYTH. ROM. Brigand qui vivait sur l'Aventin. Il déroba à Hercule les bœufs de Géryon en les faisant sortir à reculons. Hercule déjoua la ruse et tua Cacus.

CA' DA MOSTO (Alvise), *Venise 1432 - 1488*, navigateur vénitien. Il explora, pour le compte du Portugal, les côtes du Sénégal et découvrit les îles du Cap-Vert (1456) avec Antonio da Noli.

CADARACHE, site des Bouches-du-Rhône (comm. de Saint-Paul-lès-Durance). Centre d'études nucléaires. Site du futur réacteur ITER*.

CADENET (84160), comm. de Vaucluse, sur le versant S. du Luberon ; 4 238 hab. (*Cadenetiens*). Église des XIIe-XVIe s.

Cadets → **constitutionnel démocrate** (Parti).

CADIX, en esp. **Cádiz,** v. d'Espagne (Andalousie), ch.-l. de prov., sur le *golfe de Cadix* ; 118 048 hab. (*Gaditans*). Port. – Musée archéologique et pinacothèque. – Elle fut occupée par les Français en 1823 (→ **Trocadéro** [bataille de]).

CADIX (golfe de), golfe de l'Atlantique, dans le sud de la péninsule Ibérique.

CADMÉE, citadelle de Thèbes en Béotie (Grèce).

CADMOS MYTH. GR. Phénicien, fondateur légendaire de Thèbes, en Béotie.

CADORNA (Luigi, comte), *Pallanza 1850 - Bordighera 1928*, maréchal italien. Chef d'état-major général en 1914, il fut généralissime de l'armée italienne de 1915 à 1917.

CADOU (René Guy), *Sainte-Reine-de-Bretagne 1920 - Louisfert 1951*, poète français. Il est le principal représentant de l'« école de Rochefort », groupe littéraire formé en 1941 pour affirmer, en pleine Occupation, l'indépendance de la poésie (*la Vie rêvée, Hélène ou le Règne végétal*).

CADOUDAL (Georges), *Kerléano, près d'Auray, 1771 - Paris 1804*, chef chouan. Chef de la chouannerie bretonne, il participa au débarquement de Quiberon (1795) et fut impliqué dans l'attentat de la « machine infernale » contre Bonaparte (1800). Ayant organisé avec Pichegru et Moreau un nouveau complot (1803), il fut arrêté en 1804 et guillotiné.

CAELIUS n.m., une des sept collines de Rome.

CAEM → **Comecon.**

CAEN [kɑ̃], ch.-l. du dép. du Calvados, sur l'Orne, dans la *campagne de Caen*, à 223 km à l'O. de Paris ; 109 400 hab. (*Caennais*) [198 225 hab. dans l'agglomération]. Académie et université ; laboratoires scientifiques (grand accélérateur national d'ions lourds, ou Ganil) ; cour d'appel.

Industrie automobile. Agroalimentaire. Papeterie. Électronique. – Anc. abbayes aux Hommes et aux Dames, fondées par Guillaume le Conquérant et la reine Mathilde (imposantes abbatiales romanes et gothiques) ; autres églises. Musée des Beaux-Arts (avec parc de sculptures) et musée de Normandie dans l'enceinte du château. Mémorial Cité de l'histoire pour la paix (musée).

CAERE → **CERVETERI.**

CAFFIERI, famille d'artistes français d'origine italienne. Sculpteurs ou ciseleurs, ils ont travaillé à Paris, pour la cour et la haute société, d'environ 1660 à 1790.

CAFRERIE ou **PAYS DES CAFRES** (de l'ar. *kāfir,* « infidèle »), dénomination d'origine arabe donnée par les géographes des XVIIe et XVIIIe s. à la partie de l'Afrique située au sud de l'équateur et peuplée de Bantous.

CAGAYAN DE ORO, v. des Philippines, dans le nord de Mindanao ; 553 966 hab. Port.

CAGE (John), *Los Angeles 1912 - New York 1992,* compositeur américain. Élève de Schoenberg, et inventeur des « pianos préparés », il fut l'un des premiers à introduire en musique la notion d'indétermination dans la composition et celle d'aléatoire dans l'exécution. Il créa en 1952 un spectacle qui annonçait les happenings.

CAGLIARI, v. d'Italie, cap. de la Sardaigne et ch.-l. de prov. ; 149 671 hab. Pétrochimie. – Riche musée archéologique.

CAGLIOSTRO [kaljɔstro] (Giuseppe **Balsamo,** dit Alexandre, comte **de**), *Palerme 1743 - prison pontificale de San Leo, près de Saint-Marin, 1795,* aventurier italien. Médecin, adepte de l'occultisme, il fut compromis dans l'affaire du Collier*.

CAGNES-SUR-MER (06800), bur. centr. de cant. des Alpes-Maritimes ; 49 799 hab. *(Cagnois).* Château surtout des XIVe et XVIIe s. (musées). – Station balnéaire et hippodrome au *Cros-de-Cagnes.*

Cagoule, surnom du Comité secret d'action révolutionnaire (CSAR), organisation française clandestine d'extrême droite (1936 - 1941).

CAHOKIA, site archéologique des États-Unis, à l'est de Saint-Louis (Illinois). Vestiges d'un centre cérémoniel des Indiens, florissant au Xe s. Nombreux tumulus (900 - 1050). Parc naturel.

Cahora Bassa → **Cabora Bassa.**

CAHORS [kaɔr] (46000), ch.-l. du dép. du Lot, sur le Lot, à 569 km au S. de Paris ; 20 390 hab. *(Cadurciens).* Évêché. Câbles. – Cathédrale à coupoles remontant au début du XIIe s. ; pont fortifié Valentré (XIVe s.). Musée.

CAÏCOS → **TURKS.**

CAÏD ESSEBSI (Béji), *Sidi Bou Saïd, près de Carthage, 1926,* homme politique tunisien. Plusieurs fois ministre sous H. Bourguiba, il devient Premier ministre de transition au lendemain de la révolution tunisienne (2011). En 2012, il crée un nouveau parti, Nidaa Tounès, puis, en déc. 2014, il est élu président de la République.

CAILLAUX (Joseph), *Le Mans 1863 - Mamers 1944,* homme politique français. Plusieurs fois ministre des Finances entre 1899 et 1926, artisan de l'impôt sur le revenu, il fut président du Conseil (1911 - 1912) et négocia la convention franco-allemande sur le Maroc. Sa femme assassina en 1914 Gaston Calmette, directeur du *Figaro,* qui menait contre lui une campagne de presse. Il fut arrêté en 1917 pour « correspondance avec l'ennemi » puis amnistié.

CAILLEBOTTE (Gustave), *Paris 1848 - Gennevilliers 1894,* peintre français. Membre du groupe impressionniste, il légua à l'État (qui n'accepta que partiellement) une importante collection de tableaux des maîtres de cette école.

CAILLIÉ (René), *Mauzé 1799 - La Baderre 1838,* voyageur français. Il fut le premier Français à visiter Tombouctou (1828).

CAILLOIS (Roger), *Reims 1913 - Paris 1978,* écrivain et anthropologue français. Il est l'auteur de recueils de poèmes et d'essais sur les mythes sociaux et intellectuels, et sur le fantastique naturel (*l'Homme et le Sacré,* 1939 ; *Au cœur du fantastique,* 1965). [Acad. fr.]

CAÏMANS (îles) → **CAYMAN** (îles).

CAÏN, personnage biblique. Fils aîné d'Adam et d'Ève, cultivateur, il tua par jalousie son frère Abel.

CAINE (sir Maurice Joseph **Micklewhite,** dit sir Michael), *Londres 1933,* acteur britannique. Il a interprété des héros récurrents (l'espion Harry Palmer, le majordome de Batman), ainsi que des personnalités d'une troublante dualité (*le Limier,* J. L. Mankiewicz, 1972 ; *Hannah et ses sœurs,* W. Allen, 1986 ; *l'Œuvre de Dieu, la part du Diable,* L. Hallström, 1999 ; *Youth,* P. Sorrentino, 2015).

CAÏPHE, surnom de Joseph, grand prêtre juif (18 - 36), durant le procès de Jésus.

Ça ira, chanson écrite en 1790 par Ladré, sur une musique de Bécourt, et qui devint un cri de ralliement sous la Terreur.

CAIRE (Le), en ar. **al-Qāhira,** cap. de l'Égypte, sur le Nil ; 7 771 617 hab. *(Cairotes)* [18 419 000 hab. dans l'agglomération]. Plus grande ville d'Afrique. Centre commercial, administratif, intellectuel (université) et touristique. – Mosquées anciennes (Ibn Tulun [IXe s.], al-Azhar*, etc.) ; remparts, portes imposantes et citadelle du Moyen Âge ; palais et mausolées. Riches musées, dont le Musée égyptien (antiquités égyptiennes) et le musée d'Art islamique. – La ville, créée par les Fatimides en 969, devint une grande métropole économique et intellectuelle, dont Ismaïl Pacha entreprit la modernisation à la fin du XIXe s. Siège de la Ligue arabe (1945 - 1979 et depuis 1990).

▲ Le **Caire.** La madrasa du sultan Hasan (1356-1363).

CAJAL (Santiago **Ramón y**) → **RAMÓN Y CAJAL** (Santiago).

CAJETAN ou **CAETANO** (Giacomo **de Vio,** en relig. **Tommaso,** dit), *Gaète 1468 - Rome 1533,* théologien italien. Maître général des Dominicains en 1508, cardinal, légat, il fut chargé par le pape Léon X de ramener Luther dans la communion romaine (diète d'Augsbourg, oct. 1518), mais il échoua. Il fut l'un des grands commentateurs de saint Thomas d'Aquin.

CAJUNS, population d'origine française des États-Unis (Louisiane) [1,1 million], ayant partiellement conservé l'usage du français (270 000 locuteurs). Rameau acadien, ils maintinrent leurs traditions et forgèrent leur culture originale à l'abri des bayous, avant d'être victimes d'une lourde répression linguistique.

CAKCHIQUEL, peuple amérindien du Guatemala (env. 500 000). Agriculteurs des hautes plaines, renommés pour leurs étoffes colorées, les Cakchiquel parlent une langue quiché.

Çakuntala → **Shakuntala.**

ÇAKYAMUNI → **BOUDDHA.**

CALABRE, région d'Italie, à l'extrémité méridionale de la péninsule ; 1 965 128 hab. *(Calabrais)* ; cap. *Catanzaro* ; 5 prov. (*Catanzaro, Cosenza, Crotone, Reggio di Calabria* et *Vibo Valentia*). Le duché de Calabre, conquis au XIe s. par les Normands, fut l'un des noyaux du royaume de Sicile.

CALAFERTE (Louis), *Turin 1928 - Dijon 1994,* écrivain français. Ses récits (*Requiem des innocents, Septentrion*), son théâtre (*Pièces intimistes, Pièces baroques*), sa poésie, ses essais et ses carnets mêlent, dans une étonnante diversité de styles, la révolte libertaire au mysticisme.

CALAIS (62100), ch.-l. d'arrond. du Pas-de-Calais, sur le *pas de Calais* ; 76 751 hab. *(Calaisiens).* Premier port français de voyageurs. Industries chimiques, électriques et automobiles. Textile. Télécommunications. – Musée des Beaux-Arts. Cité internationale de la dentelle et de la mode. – Pendant la guerre de Cent Ans, Calais fut prise par les Anglais en 1347 ; la ville fut sauvée par le dévouement d'Eustache de Saint-Pierre et de cinq bourgeois, qui se livrèrent à Édouard III (ils inspirèrent à Rodin le groupe en bronze des *Bourgeois de Calais*) ; elle fut définitivement restituée à la France en 1558. Le vieux Calais fut détruit pendant la Seconde Guerre mondiale.

CALAIS (pas de), détroit entre la France et l'Angleterre, large de 31 km entre Calais et Douvres et long de 185 km. Il est peu profond et unit la Manche à la mer du Nord. Il est franchi par un tunnel ferroviaire.

Calanques (parc national des), parc national couvrant 52 000 ha dans le dép. des Bouches-du-Rhône (une partie, terrestre, à la périphérie de Marseille, Cassis et La Ciotat, et près de 85 % en mer).

Calas [-las] (affaire) [1762 - 1765], affaire judiciaire dont la victime fut Jean **Calas** *(Lacabarède, Tarn, 1698 - Toulouse 1762),* protestant français, négociant à Toulouse. Accusé d'avoir tué son fils pour l'empêcher de se convertir au catholicisme, J. Calas fut supplicié. Voltaire contribua à sa réhabilitation en 1765.

CALATRAVA (Santiago), *Valence 1951,* architecte et ingénieur espagnol. Virtuose de la structure métallique monumentale, travaillant dans l'esprit de l'architecture organique, il a acquis une réputation internationale grâce à ses nombreux ponts (pont de l'Europe, Orléans, 2000) et autres ouvrages : gares, aéroports, complexes sportifs, lieux d'art.

Calatrava (ordre de), ordre religieux et militaire espagnol fondé en 1158 à Calatrava (Nouvelle-Castille) pour lutter contre les Maures.

CALCHAS [-kas] **MYTH. GR.** Devin qui, dans *l'Iliade,* participa à la guerre de Troie. Il ordonna le sacrifice d'Iphigénie et conseilla de construire le cheval de Troie.

CALCUTTA ou **KOLKATA,** v. de l'Inde, cap. du Bengale-Occidental, sur l'Hooghly ; 4 486 679 hab. (14 402 345 hab. dans l'agglomération). Commerce du jute. Industries mécaniques, chimiques et textiles. – Important Indian Museum. – La ville fut fondée en 1690 par les Britanniques, qui en firent la capitale de l'Inde (1772 - 1912).

CALDARA (Antonio), *Venise v. 1670 - Vienne 1736,* compositeur italien. S'étant fixé à Vienne, il fut une personnalité éminente du préclassicisme. Son œuvre, très abondante, paraît avoir influencé Mozart et Haydn.

CALDER (Alexander), *Philadelphie 1898 - New York 1976,* sculpteur américain. Il a exécuté, à l'aide de tôles peintes articulées, les poétiques « mobiles » qu'agite l'air (à partir de 1932 - 1934, à Paris), accompagnés par la suite des structures puissantes des « stabiles ».

CALDERA RODRÍGUEZ (Rafael), *San Felipe 1916 - Caracas 2009,* homme politique et sociologue vénézuélien. Il fut président de la République de 1969 à 1974 et, à nouveau, de 1994 à 1999.

CALDERÓN DE LA BARCA (Pedro), *Madrid 1600 - id. 1681,* poète dramatique espagnol. Il est l'auteur d'autos* sacramentals (*le Grand Théâtre du monde,* 1649) et de pièces à thèmes historiques ou religieux (*La vie est un songe,* v. 1635 ; *le Médecin de son honneur,* 1635 ; *l'Alcade de Zalamea,* 1642).

CALDWELL (Erskine), *White Oak, Géorgie, 1903 - Paradise Valley, Arizona, 1987,* écrivain américain. Ses romans font une peinture réaliste des petits Blancs du sud des États-Unis (*la Route au tabac, le Petit Arpent du Bon Dieu*).

CALÉDONIE, anc. nom de l'Écosse.

CALEPINO (Ambrogio), *Bergame v. 1440 - 1510,* lexicographe italien. Il est l'auteur d'un *Dictionnaire de la langue latine* (1502).

CALET (Raymond Théodore **Barthelmess,** dit Henri), *Paris 1904 - Vence 1956,* écrivain et journaliste français. Ses romans (*la Belle Lurette,* 1935 ; *le Tout sur le tout,* 1948) et ses chroniques (*l'Italie à la paresseuse,* 1950) sont ceux d'un observateur sensible et malicieux des vies ordinaires.

CALGARY, v. du Canada (Alberta), au pied des Rocheuses ; 1 239 220 hab. (1 392 609 hab. dans la Région métropolitaine). Centre ferroviaire, commercial et industriel. – Musée d'Art et d'Ethnologie.

CALI, v. de Colombie, dans la Cordillère occidentale ; 2 344 734 hab. Anc. monastère de S. Francisco.

Caliban, personnage de *la Tempête* de Shakespeare (1611). Fils d'une sorcière, incarnation de la force brute (par opposition à Ariel, esprit de l'air), ce monstre est à la fois soumis par le magicien Prospero et en révolte contre celui-ci. E. Renan (*Caliban*, 1878) et J. Guéhenno (*Caliban parle*, 1928) en ont fait le symbole du peuple opprimé.

CALICUT, auj. **Kozhikode**, v. d'Inde (Kerala), sur la mer d'Oman ; 436 527 hab. Port. Aéroport. La ville a donné son nom aux étoffes de coton dites *calicots*. – Le port, fréquenté par les marchands arabes dès le VIIe s., fut atteint par Vasco de Gama en 1498.

CALIFORNIE, en angl. **California**, État de l'ouest des États-Unis, sur le Pacifique ; 411 000 km² ; 39 536 653 hab. (*Californiens*) ; cap. *Sacramento* ; v. princ. *Los Angeles* et *San Francisco*, *San Diego*. C'est l'État le plus peuplé du pays. De climat chaud et souvent sec (favorisant la répétition d'incendies dévastateurs), la Californie est formée par une longue dépression (Grande Vallée), encadrée par la sierra Nevada à l'est et par de moyennes montagnes à l'ouest (chaînes Côtières [Coast Ranges]), retombant sur le littoral où sont implantées les principales villes. Les riches cultures fruitières et les vignobles sont localisés dans la Grande Vallée. La gamme des industries et des services (tourisme notamm.) est très vaste. – Mexicaine de 1822 à 1848, la Californie entra dans l'Union en 1848 et fut érigée en État en 1850. L'or et la construction du premier chemin de fer transcontinental assurèrent sa prospérité au XIXe s.

CALIFORNIE (Basse-), longue péninsule montagneuse et aride du Mexique au S. de la *Californie* (É-U), entre le Pacifique et le *golfe de Californie*.

CALIFORNIE (courant de), courant marin froid du Pacifique. Il s'écoule vers le sud, le long du littoral de la Californie.

CALIFORNIE (golfe de), golfe du Pacifique, sur la côte ouest du Mexique, limité à l'O. par la *péninsule de Basse-Californie*.

CALIGULA (Gaius Caesar Augustus Germanicus), *Antium 12 apr. J.-C. - Rome 41*, empereur romain (37 - 41). Fils de Germanicus. Déséquilibré mental, il gouverna en tyran et périt assassiné.

CĂLINESCU (George), *Bucarest 1899 - id. 1965*, écrivain roumain. Son œuvre romanesque et critique reflète la crise de conscience des lettres roumaines (*Vie d'Eminescu*, *le Bahut noir*).

CALIXTE Ier ou CALLISTE Ier (saint), *v. 155 - 222*, ancien esclave, pape de 217 à 222. — **Calixte II (Gui de Bourgogne)**, *m. en 1124*, pape de 1119 à 1124. Il régla la querelle des Investitures par le concordat de Worms (1122). — **Calixte III (Alonso Borgia)**, *Játiva 1378 - Rome 1458*, pape de 1455 à 1458. Il échoua dans son projet de croisade contre les Turcs.

CALLAGHAN (James), *Portsmouth 1912 - Ringmer, East Sussex, 2005*, homme politique britannique. Leader du Parti travailliste (1976 - 1980), il fut Premier ministre de 1976 à 1979.

CALLAO (El) ou CALLAO, v. du Pérou, près de Lima ; 438 326 hab. Principal port (pêche et commerce) du Pérou.

CALLAS (María Kalogheropoúlos, dite la), *New York 1923 - Paris 1977*, soprano américaine et grecque. Remarquable par sa virtuosité vocale et son expressivité dramatique, elle s'est notamment illustrée dans les plus grands rôles de l'opéra italien du XIXe s. (Bellini, Verdi).

◄ La **Callas** dans *la Traviata* en 1958.

CALLE (Sophie), *Paris 1953*, artiste française. Photographe, plasticienne, écrivaine et cinéaste, elle mêle images et récits pour capter l'intimité d'autrui et mettre en scène sa propre vie (*les Dormeurs*, 1978 ; *Aveugles*, 1986 ; *Prenez soin de vous*, 2007 ; *Rachel, Monique*, 2012).

Callias (paix de) [449 - 448 av. J.-C.], paix conclue entre Athènes et les Perses, qui mettait fin aux guerres médiques. Elle garantissait l'autonomie des cités grecques d'Asie et assurait l'hégémonie athénienne sur la mer Égée.

CALLICRATÈS, architecte grec du Ve s. av. J.-C. Il collabora avec Phidias et Ictinos au Parthénon.

CALLIÈRES (Louis Hector de), *Torigni-sur-Vire 1648 - Québec 1703*, administrateur français, gouverneur général de la Nouvelle-France (1699 - 1703).

CALLIMAQUE, sculpteur grec actif à Athènes à la fin du Ve s. av. J.-C., disciple de Phidias.

CALLIMAQUE, *Cyrène v. 305 - v. 240 av. J.-C.*, poète et grammairien alexandrin, l'un des principaux représentants de la poésie alexandrine*.

CALLIOPE MYTH. GR. Muse de la Poésie épique et de l'Éloquence.

CALLISTO MYTH. GR. Nymphe d'Arcadie. Aimée de Zeus, elle fut changée en ourse par Héra et tuée à la chasse par Artémis. Zeus fit d'elle une constellation, la Grande Ourse. – Lune de Jupiter.

CALLOT (Jacques), *Nancy 1592 - id. 1635*, graveur et peintre français. Génie hardi et fantasque, il travailla surtout en Italie et en Lorraine. Maître de l'eau-forte, il eut une grande influence sur les graveurs du XVIIe s. Ses suites des *Caprices* (1617), des *Gueux*, des *Misères et Malheurs de la guerre* (1633) sont particulièrement célèbres.

▲ Jacques **Callot.** Frontispice de la suite des *Gueux* (v. 1620-1622), eau-forte.

CALLOWAY (Cabell, dit Cab), *Rochester 1907 - Hockessin, Delaware, 1994*, musicien de jazz américain. Chanteur connu pour sa fantaisie scénique, il fut un virtuose du scat (*Minnie The Moocher*, 1931) et accompagna le mouvement be-bop. Il dirigea plusieurs orchestres.

CALMETTE (Albert), *Nice 1863 - Paris 1933*, médecin et bactériologiste français. Il a découvert, avec Guérin, le vaccin antituberculeux dit *BCG* ([vaccin] bilié de Calmette et Guérin).

CALONNE (Charles Alexandre de), *Douai 1734 - Paris 1802*, homme d'État français. Contrôleur général des Finances (1783 - 1787), il s'efforça de rétablir l'équilibre budgétaire en réformant la gestion des fonds publics et le mode de répartition des impôts. L'Assemblée des notables ayant refusé d'entériner son plan, il fut disgracié.

CALOOCAN, v. des Philippines (Luçon), banlieue de Manille ; 1 378 856 hab.

CALPÉ, une des deux Colonnes* d'Hercule. Anc. nom de Gibraltar.

CALPURNIUS PISON, nom d'une branche de la gens Calpurnia. — **Caius Calpurnius P.,** homme politique romain. Consul en 67 av. J.-C., il fut accusé de détournement par César et défendu par Cicéron. — **Caius Calpurnius P.,** *m. en 65 apr. J.-C.*, homme politique romain. Il organisa la conspiration, dite de Pison, contre Néron.

CALTANISSETTA, v. d'Italie (Sicile), ch.-l. de prov. ; 61 961 hab. Monuments anciens. Musée minéralogique.

CALUIRE-ET-CUIRE (69300), bur. centr. de cant. du Rhône, banlieue nord de Lyon, sur la Saône ; 42 975 hab. (*Caluirards*).

CALUKYA ou CHALUKYA, nom de deux dynasties de l'Inde : les *Calukya occidentaux* (v. 543 - v. 755) et les *Calukya orientaux* (v. 973 - v. 1190).

CALVADOS [-dos] n.m. (14), dép. de la Région Normandie ; ch.-l. de dép. *Caen* ; ch.-l. d'arrond. *Bayeux*, *Lisieux*, *Vire-Normandie* ; 4 arrond. ; 25 cant. ; 537 comm. ; 5 548 km² ; 709 986 hab. (*Calvadosiens*). Le dép. appartient à l'académie et à la cour d'appel de Caen, à la zone de défense et de sécurité Ouest. S'étendant sur le Massif armoricain (Bocage normand) et le Bassin parisien (Bessin, campagne de Caen, pays d'Auge), le dép. est une riche région agricole où domine l'élevage bovin, surtout pour les produits laitiers. L'industrie (automobile, électrique et électronique) est concentrée dans l'agglomération de Caen. Le tourisme anime le littoral (Deauville, Cabourg).

CALVADOS (plateau du), chaîne d'écueils et de petites falaises, sur la Manche.

CALVI (20260), ch.-l. d'arrond. de la Haute-Corse ; 5 457 hab. (*Calvais*). Port de voyageurs. Station balnéaire. – Vieille citadelle.

CALVIN (Jean Cauvin, dit Jean), *Noyon 1509 - Genève 1564*, réformateur français. Partisan avoué des idées luthériennes (1533), il dut quitter Paris et effectua des séjours à Strasbourg, Bâle et Genève, où il se fixa définitivement en 1541. Il voulut faire de cette ville une cité modèle et y instaura une rigoureuse discipline. Son œuvre principale, l'*Institution de la religion chrétienne* (1536), est une affirmation solennelle de la souveraineté de Dieu, seul maître du salut de l'homme par la prédestination.

▲ **Calvin.** (Musée Boymans-Van Beuningen, Rotterdam.)

CALVIN (Melvin), *Saint Paul 1911 - Berkeley 1997*, biochimiste américain. Il a décrit le *cycle de Calvin*, qui assure la photosynthèse des plantes chlorophylliennes. (Prix Nobel de chimie 1961.)

CALVINO (Italo), *Santiago de Las Vegas, Cuba, 1923 - Sienne 1985*, écrivain italien. Ses contes introduisent l'humour et la fantaisie dans l'esthétique néoréaliste (*le Baron perché*, 1957), avant d'atteindre, par une intelligence aiguë des mécanismes formels et textuels, à des recherches de type postmoderne (*les Villes invisibles*, 1972).

CALVISSON (30420), bur. centr. de cant. du Gard ; 5 550 hab. (*Calvissonnais*).

CALVO SOTELO (José), *Tuy 1893 - Madrid 1936*, homme politique espagnol. Il fut le chef du Parti monarchiste. Son assassinat déclencha la guerre civile.

CALYPSO MYTH. GR. Nymphe de l'île d'Ogygie (Ceuta ?). Dans *l'Odyssée*, elle accueillit Ulysse naufragé et le retint sept années.

CAM (Diogo) → **CÃO.**

CAMAGÜEY, v. de Cuba, ch.-l. de prov., dans l'intérieur de l'île ; 303 764 hab. Églises baroques.

CÂMARA (dom Hélder Pessoa), *Fortaleza 1909 - Recife 1999*, prélat brésilien. Archevêque de Recife (1964 - 1985), il se fit le défenseur des pauvres et des opprimés du tiers-monde.

CAMARET-SUR-MER (29570), comm. du Finistère, dans la presqu'île de Crozon ; 2 645 hab. (*Camarétois*). Station balnéaire. Pêche.

CAMARGO (Marie-Anne de Cupis de), *Bruxelles 1710 - Paris 1770*, danseuse française d'origine belge. Elle triompha dans les opéras et opéras-ballets de Rameau et de Campra grâce à son extrême virtuosité technique.

CAMARGUE n.f., région de France, dans les Bouches-du-Rhône et le Gard, comprise entre les deux principaux bras du delta du Rhône ; 60 000 ha (dont près de la moitié en marais et en étangs). [Hab. *Camarguais*.] Le sud, marécageux, est le domaine de l'élevage des taureaux et des chevaux, et des marais salants. Au nord, on cultive le riz, la vigne et les plantes fourragères. Parc naturel régional (env. 135 000 ha, dont 34 000 en mer).

CA MAU (cap), pointe sud de l'Indochine (Viêt Nam).

Calvados

CAMBACÉRÈS (Jean-Jacques **de**), duc **de Parme**, *Montpellier 1753 - Paris 1824*, juriste et homme politique français. Député à la Convention puis sous le Directoire, deuxième consul (1799), il fut l'un des principaux rédacteurs du Code civil (1804). [Acad. fr.]

CAMBAY (golfe de), échancrure de la côte occidentale de l'Inde, sur la mer d'Oman.

CAMBODGE n.m., en khmer **Kampuchéa,** État d'Asie du Sud-Est ; 181 000 km²; 15 135 000 hab. *(Cambodgiens).* **CAP.** *Phnom Penh.* **LANGUE :** *khmer.* **MONNAIE :** *riel.*

GÉOGRAPHIE Le pays, au climat chaud et humide, est formé de plaines ou de plateaux recouverts de forêts ou de savanes, entourant une dépression centrale, où se loge le Tonlé Sap et qui est drainée par le Mékong. C'est dans cette zone que se concentre la population (formée essentiellement de Khmers et en grande majorité bouddhiste). L'agriculture (riz, hévéa...), l'industrie textile et le tourisme constituent les piliers de l'économie.

HISTOIRE **Des origines au protectorat français.** **Ier s. - déb. du IXe s. :** le royaume indianisé du Funan (Ier-VIe s.) est établi sur le delta et le cours moyen du Mékong. Il est conquis au milieu du VIe s. par les Kambuja, ancêtres des Khmers. **Début du IXe s. - 1432 :** Jayavarman II (802 - v. 836) instaure le culte du dieu-roi, d'inspiration shivaïte. Ses successeurs, dont Yashovarman Ier (889 - v. 900), fondateur d'Angkor, créent par leurs conquêtes un empire dont les frontières atteignent la Birmanie et le Viêt Nam actuels. Au XIIIe s., la brillante civilisation du Cambodge décline et le bouddhisme triomphe. Angkor est abandonnée en 1432 au profit de Phnom Penh. **1432 - 1863 :** Ang Chan (1516 - 1566) construit la nouvelle capitale, Lovêk, pillée en 1594 par les Siamois. Déchiré par les querelles de ses princes, le pays perd le delta du Mékong, colonisé au XVIIIe s. par les Vietnamiens, et sert, au milieu du XIXe s., de terrain de batailles entre le Siam et le Viêt Nam. **1863 :** Norodom Ier (1859 - 1904) accepte le protectorat français.

L'indépendance. **1953 :** Norodom Sihanouk, roi depuis 1941, obtient l'indépendance totale du Cambodge. **1955 :** il abdique. **1960 :** Norodom Sihanouk revient à la tête de l'État. Il bénéficie du soutien des pays socialistes et de la France, et entend maintenir une politique de neutralité. **1970 :** il est renversé par un coup d'État militaire, appuyé par les États-Unis, au profit du général Lon Nol. **1975 :** les Khmers rouges prennent le pouvoir. Devenu le Kampuchéa démocratique, le pays est soumis à une dictature meurtrière dirigée par Pol Pot et Khieu Samphan. **1978 - 1979 :** s'appuyant sur les adversaires du régime, l'armée vietnamienne occupe le Cambodge. La République populaire du Kampuchéa est proclamée. **1982 :** Sihanouk regroupe dans un gouvernement de coalition en exil les diverses tendances de la résistance cambodgienne. **1989 :** les troupes vietnamiennes quittent le pays, redevenu l'État du Cambodge. **1990 :** création d'un Conseil national suprême (CNS) composé des différentes factions cambodgiennes, dont les Khmers rouges. **1991 :** retour à Phnom Penh de Norodom Sihanouk, nommé président du CNS. Un accord, signé à Paris, place le pays sous la tutelle de l'ONU jusqu'à la tenue d'élections libres. Parallèlement, le gouvernement du Cambodge, dirigé depuis 1985 par Hun Sen, reste en place. **1993 :** après les élections libres (mai), une nouvelle Constitution (sept.) rétablit la monarchie parlementaire. Norodom Sihanouk redevient roi. Un gouvernement de coalition est mis en place, dirigé conjointement par Norodom Ranariddh, fils de Sihanouk et chef de file des royalistes, et Hun Sen, leader du parti du Peuple cambodgien (PPC). **1997 :** Hun Sen destitue le prince Ranariddh, remplacé par Ung Huot. **1998 :** mort de Pol Pot. Les derniers chefs khmers rouges se rallient au pouvoir ou sont arrêtés. Au terme d'élections remportées par le PPC, Hun Sen dirige seul un nouveau gouvernement de coalition. **1999 :** le Cambodge est admis au sein de l'ASEAN. **2003 :** le PPC gagne largement les élections. Hun Sen est reconduit au poste de Premier ministre (mandat renouvelé après la victoire écrasante du PPC aux élections de 2008). **2004 :** Norodom Sihanouk se retire. Un de ses fils, Norodom Sihamoni, lui succède sur le trône. **2009 :** ouverture des premiers procès des anciens dirigeants du régime khmer rouge. **2013 :** la victoire serrée du PPC aux élections est contestée (manifestations, boycott du nouveau Parlement) par l'opposition dirigée par Sam Rainsy. Hun Sen ne fléchit pas et reste Premier ministre. **2018 :** après la dissolution du principal parti d'opposition (nov. 2017), le PPC remporte l'intégralité des sièges à l'Assemblée nationale (juill.).

CAMBO-LES-BAINS (64250), comm. des Pyrénées-Atlantiques ; 6 857 hab. *(Camboars).* Station thermale. – Église basque typique. Musée E.-Rostand.

CAMBON (Joseph), *Montpellier 1756 - Saint-Josse-ten-Noode, près de Bruxelles, 1820*, homme politique français. Membre de la Convention, président du Comité des finances (1793 - 1795), il fut le créateur du *Grand Livre de la dette publique.*

CAMBON (Paul), *Paris 1843 - id. 1924*, diplomate français. Il fut ambassadeur à Londres de 1898 à 1920. — **Jules C.,** *Paris 1845 - Vevey 1935*, diplomate français. Frère de Paul, il fut ambassadeur à Berlin de 1907 à 1914. [Acad. fr.)

CAMBRAI (59400), ch.-l. d'arrond. du Nord, sur l'Escaut, dans le Cambrésis ; 33 707 hab. *(Cambrésiens).* Archevêché. Industries textiles et alimentaires (confiserie : *bêtises de Cambrai*). – Base aérienne. – Monuments des XVIIe et XVIIIe s. ; musée municipal. – Cambrai fut réunie à la France par Louis XIV (1677). — traité de **Cambrai** ou paix des **Dames** (1529), traité négocié par Louise de Savoie au nom de François Ier et par Marguerite d'Autriche au nom de Charles Quint. François Ier renonçait à l'Italie et Charles Quint, à la Bourgogne.

Cambodge

Cambrai (ligue de) [1508], alliance conclue entre le pape Jules II, l'empereur Maximilien, Louis XII et Ferdinand II le Catholique contre les Vénitiens. Venise fut vaincue par Louis XII à Agnadel (mai 1509), mais parvint à dissocier la coalition (1510).

CAMBRE (bois de la), petit massif forestier aménagé de Belgique, dans le sud de l'agglomération de Bruxelles.

CAMBRÉSIS [kɑ̃brezi] n.m., région de France, occupant essentiellement l'angle sud-ouest du dép. du Nord ; hab. *Cambrésiens* ; v. princ. *Cambrai.* Il fut réuni au royaume après le traité de Nimègue (1678).

CAMBRIDGE, v. des États-Unis (Massachusetts) ; 105 162 hab. Centre intellectuel : université Harvard et ses musées ; Massachusetts Institute of Technology (MIT). Industrie photographique.

CAMBRIDGE, v. de Grande-Bretagne (Angleterre), ch.-l. du *Cambridgeshire,* sur la Cam ; 117 717 hab. dans l'agglomération. Université comptant des collèges célèbres (le premier fut fondé en 1284). – Chapelle de style perpendiculaire (XVe s.) du King's College. Riche musée Fitzwilliam.

CAMBRONNE (Pierre, vicomte), *Nantes 1770 - id. 1842,* général français. Il participa aux campagnes de la Révolution et de l'Empire, et fut nommé général en 1813. Blessé à Waterloo, où il commandait le 1er chasseurs à pied de la Garde, il aurait répondu à la sommation de se rendre par le mot célèbre auquel reste attaché son nom.

CAMBYSE II, roi de Perse achéménide (530 - 522 av. J.-C.). Fils et successeur de Cyrus II le Grand, il conquit l'Égypte (525).

CAMERARIUS (Joachim), en all. **Kammermeister,** *Bamberg 1500 - Leipzig 1574,* humaniste allemand. Il rédigea, avec Melanchthon, la *Confession d'Augsbourg* (1530).

CAMERON (David), *Londres 1966,* homme politique britannique. Leader du Parti conservateur (2005 - 2016), il est Premier ministre de 2010 à 2016. Il mène une politique d'austérité drastique, qui redonne à la Grande-Bretagne une économie dynamique, au prix cependant d'un creusement des inégalités. Son second mandat, qui débute en 2015, s'achève après le vote des Britanniques en faveur de leur sortie de l'Union européenne (23 juin 2016). Initiateur de ce référendum en 2013 et partisan du maintien dans l'UE, il annonce sa démission au lendemain des résultats.

CAMERON (James), *Kapuskasing, Ontario, 1954,* cinéaste canadien. Sa maîtrise des effets spéciaux numériques le conduit à renouveler le genre de la science-fiction (*Terminator,* 1984 ; *Aliens, le Retour,* 1986 ; *Avatar,* 2009) et à privilégier les films à grand spectacle (*True Lies,* 1994 ; *Titanic,* 1997).

▲ James **Cameron.** *Avatar* (2009).

CAMERON (Verney Lovett), *Radipole 1844 - Leighton Buzzard 1894,* explorateur britannique. Parti de Zanzibar (1873), il traversa l'Afrique d'est en ouest et atteignit Benguela (1875).

Camerone (combat de) [30 avr. 1863], bataille de la guerre du Mexique. La Légion étrangère française s'y illustra. Le 30 avril est devenu la fête traditionnelle de ce corps.

CAMEROUN n.m., en angl. **Cameroon,** État d'Afrique centrale, sur le golfe de Guinée ; 475 000 km² ; 22 254 000 hab. (*Camerounais*). **CAP.** *Yaoundé.* **LANGUES :** *français* et *anglais.* **MONNAIE :** *franc CFA.*

GÉOGRAPHIE Le Cameroun est formé de plaines (sur le littoral), de hauteurs volcaniques isolées (mont Cameroun [4 070 m]), de chaînes massives au centre (Adamaoua), de collines et de plateaux aux extrémités sud et nord. Toujours chaud, le climat devient plus sec vers le nord. On passe de la forêt dense (fournissant du bois précieux et trouée par des cultures de cacao et de café) à la savane (domaine de l'élevage bovin et des cultures vivrières [mil, sorgho, manioc]). En dehors des branches alimentaires, l'industrie est représentée par la production d'aluminium (Édéa) et surtout de pétrole. Douala demeure le principal port et la métropole économique du pays.

▲ **Cambridge.** La chapelle (XVe s.) du King's College par F. Mackenzie. (Guildhall Library, Londres.)

HISTOIRE **Avant la colonisation. XIIIe s. :** la première vague d'immigrants bantous arrive du sud (notamm. les Douala), suivie par celle des Fang. Au N. se trouvent des locuteurs de langue soudanaise (Sao, Peuls), venus de la vallée du Niger en deux vagues (XIe et XIXe s.). Au S., les Bamiléké et les Bamoum fondent des chefferies et royaumes. Les Pygmées sont les plus anciens habitants de la forêt.

L'époque coloniale et l'indépendance. 1860 : les Européens (Britanniques, Allemands) interviennent ; des missionnaires arrivent et les premières factoreries s'installent. **1884 :** G. Nachtigal obtient le premier traité de protectorat sur le Cameroun, qui devient colonie allemande. **1911 :** un traité franco-allemand étend les possessions allemandes. **1916 :** les Alliés expulsent les Allemands. **1919** et **1922 :** le Cameroun est divisé en deux zones, sous mandats britannique et français. **1946 :** les mandats sont transformés en tutelles. Les revendications nationales se développent. **1960 :** l'ex-Cameroun français est proclamé indépendant. Ahmadou Ahidjo devient président de la République. **1961 :** après le rattachement du sud de l'ex-Cameroun britannique (le nord est réuni au Nigeria), la république devient fédérale. **1966 :** Ahidjo instaure un régime à parti unique. **1972 :** la fédération devient une république unitaire. **1982 :** Paul Biya succède à Ahidjo (il est régulièrement réélu depuis). **1990 :** le multipartisme est rétabli. **Depuis 1991 :** le pouvoir en place, très contesté, doit faire face à la montée de l'opposition. **1995 :** le Cameroun devient membre du Commonwealth. **Depuis 2013 :** le pays est la cible des attaques de l'organisation islamiste nigériane Boko Haram. **Depuis 2016 :** des mouvements de contestation, aux accents sécessionnistes, agitent les deux régions anglophones de l'ouest du pays.

CAMILLUS (Marcus Furius), *fin du Ve s. - 365 ? av. J.-C.,* général romain. Il s'empara de Véies (396) et aurait libéré Rome des Gaulois (v. 390).

CAMMAS (Franck), *Aix-en-Provence 1972,* navigateur français. Il a remporté les plus prestigieuses compétitions, comme la Transat Jacques-Vabre (2001, 2003, 2007) et la Route du Rhum (2010). Il a aussi battu, en 2010, le record du tour du monde en équipage et sans escale (trophée Jules-Verne).

CAMÕES ou **CAMOENS** (Luís Vaz de), *Lisbonne 1524 ou 1525 - id. 1580,* poète portugais. Il est l'auteur de poèmes dans la tradition médiévale (*redondilhas*) ou pastorale, de sonnets inspirés de la Renaissance italienne, et de l'épopée nationale des *Lusiades* (1572).

Luís de **Camões** (v. 1570). ▶

CAMPAGNE ROMAINE, en ital. **Agro Romano,** région de l'Italie (Latium), autour de Rome.

CAMPAN (Jeanne Louise **Genet,** Mme), *Paris 1752 - Mantes 1822,* éducatrice française. Secrétaire de Marie-Antoinette, puis directrice de la maison de la Légion d'honneur d'Écouen, elle a laissé des *Mémoires.*

CAMPANA (Dino), *Marradi 1885 - Castel Pulci 1932,* poète italien. Il mena jusqu'à la folie une expérience visionnaire (*Chants orphiques,* 1914).

CAMPANELLA (Tommaso), *Stilo, Calabre, 1568 - Paris 1639,* philosophe et dominicain italien. Accusé d'hérésie à plusieurs reprises, il fut jeté en prison, où il resta vingt-sept ans. Libéré, il trouva refuge en France auprès de Richelieu. Il est l'auteur d'une utopie célèbre, *la Cité du soleil.*

CAMPANIE, région d'Italie, sur le versant occidental de l'Apennin ; 5 839 084 hab. (*Campaniens*) ; cap. *Naples* ; 5 prov. (*Avellino, Bénévent, Caserte, Naples* et *Salerne*). Le littoral est formé de plaines séparées par de petits massifs calcaires (péninsule de Sorrente) ou volcaniques (Vésuve, champs Phlégréens). Les sols riches portent des cultures spécialisées (arbres fruitiers, primeurs, vigne).

CAMPBELL-BANNERMAN (sir Henry), *Glasgow 1836 - Londres 1908,* homme politique britannique. Leader des libéraux aux Communes (1899), Premier ministre (1905 - 1908), il amorça d'importantes réformes (nouveau statut des syndicats, préparation de l'autonomie sud-africaine).

Camp David (accords de) [17 sept. 1978], accords-cadres conclus à Washington à l'issue du sommet américano-égypto-israélien. Ils prévoyaient la signature d'un traité de paix israélo-égyptien (signé en mars 1979) et posaient le problème du statut de Gaza et de la Cisjordanie.

Camp du Drap d'or (entrevue du) [7 - 24 juin 1520], rencontre qui eut lieu dans une plaine située entre Guînes et Ardres (Pas-de-Calais), entre François Ier, roi de France, et Henri VIII, roi d'Angleterre. Les deux rois firent assaut de munificence, mais François Ier ne parvint pas à détourner Henri VIII d'une alliance avec Charles Quint.

CAMPECHE (baie de) ou golfe de **CAMPECHE,** partie sud-ouest du golfe du Mexique, sur le littoral mexicain. Hydrocarbures. Sur la côte est se trouve la ville portuaire de *Campeche* (190 813 hab.).

CAMPIDANO, plaine d'Italie, dans le sud de la Sardaigne.

CAMPIN (Robert) → **FLÉMALLE** (Maître de).

CAMPINA GRANDE, v. du nord-est du Brésil ; 383 941 hab.

CAMPINAS, v. du Brésil (État de Sao Paulo) ; 1 024 912 hab. (2 794 150 hab. dans l'agglomération).

CAMPINE, région du nord de la Belgique, entre l'Escaut et la Meuse, et qui se prolonge aux Pays-Bas. Élevage bovin.

CAMPION (Jane), *Wellington 1954,* cinéaste néo-zélandaise. Anthropologue de formation, elle explore dans des fresques au lyrisme feutré, où la nature est omniprésente, le thème de l'émancipation culturelle, sociale et sexuelle de la femme (*Un ange à ma table,* 1990 ; *la Leçon de piano,* 1993 ; *Bright Star,* 2009 ; *Top of the Lake* [série télévisée], 2013).

CAMPOBASSO, v. d'Italie, cap. de la Molise et ch.-l. de prov. ; 48 839 hab.

Campo del Oro, aéroport d'Ajaccio.

Campoformio (traité de) [18 oct. 1797], traité signé près de Campoformio (auj. Campoformido), en Vénétie, entre la France et l'Autriche à l'issue de la campagne de Bonaparte en Italie. L'Autriche cédait à la France la Belgique et le Milanais, lui reconnaissait le droit d'annexion sur la rive gauche du Rhin et recevait la partie orientale de l'ancienne république de Venise.

CAMPO GRANDE, v. du Brésil, cap. du Mato Grosso do Sul ; 766 461 hab.

CAMPOS, v. du Brésil (État de Rio de Janeiro) ; 442 363 hab. Églises des XVIIe et XVIIIe s.

CAMPRA (André), *Aix-en-Provence 1660 - Versailles 1744,* compositeur français. Il fut l'un des créateurs de l'opéra-ballet (*l'Europe galante,* 1697) et de la tragédie lyrique (*les Fêtes vénitiennes,* 1710) et composa de la musique sacrée (motets, messes et psaumes).

CAM RANH, aéroport desservant Nha Trang (Viêt Nam). Anc. base militaire.

CAMUS (Albert), *Mondovi, auj. Deraan, Algérie, 1913 - Villeblevin 1960*, écrivain français. Il a traduit dans ses essais (*le Mythe de Sisyphe*, 1942), ses romans (*l'Étranger*, 1942 ; *la Peste*, 1947 ; *la Chute*, 1956) et son théâtre (*Caligula*, 1945 ; *les Justes*, 1949) le sentiment de l'absurdité du destin humain né du choc de la Seconde Guerre mondiale. (Prix Nobel 1957.)

◄ Albert **Camus** en 1947.

CAMUS (Armand), *Paris 1740 - id. 1804*, homme politique français. Premier conservateur des Archives nationales, il prit une part active à l'élaboration de la Constitution civile du clergé.

CANA, v. de Galilée, où Jésus opéra son premier miracle, en changeant l'eau en vin (Évangile de Jean).

CANAAN, personnage biblique. Fils de Cham et petit-fils de Noé, ancêtre éponyme des Cananéens.

CANAAN (terre de) ou pays de **CANAAN,** nom biblique de la terre promise par Dieu à Moïse, pour son peuple, les Hébreux. Elle désigne l'ensemble de la Syrie-Palestine.

CANADA n.m., État fédéral d'Amérique du Nord ; 9 975 000 km² ; 35 151 728 hab. (*Canadiens*). **CAP.** *Ottawa*. **V. PRINC.** *Montréal, Toronto* et *Vancouver*. **LANGUES :** *anglais* et *français*. **MONNAIE :** *dollar canadien. (V. aussi carte administrative page 2038.)*

INSTITUTIONS État fédéral régi par l'Acte de l'Amérique du Nord britannique de 1867, amendé, entre autres, par la Loi constitutionnelle de 1982. Cette dernière modification soustrait définitivement la Constitution à l'autorité du Parlement britannique. Elle s'accompagne de l'inscription, dans la Constitution, d'une « Charte des droits et libertés » garantissant les mêmes droits à tous les citoyens canadiens. Le gouverneur général, représentant la Couronne britannique, est le chef de l'État. Le Premier ministre, chef de la majorité parlementaire, est responsable devant le Parlement. Celui-ci est composé d'une Chambre des communes (308 membres, élus pour env. 4 ans) et d'un Sénat (105 membres, désignés par le gouverneur général, sur proposition du Premier ministre, restant en fonctions jusqu'à l'âge de 75 ans). Chaque province est dotée d'un Parlement et d'un gouvernement.

GÉOGRAPHIE Le pays est divisé en 10 provinces (Nouvelle-Écosse, Nouveau-Brunswick, Québec, Ontario, Manitoba, Colombie-Britannique, Île-du-Prince-Édouard, Alberta, Saskatchewan, Terre-Neuve-et-Labrador) et 3 territoires (Territoires du Nord-Ouest, Nunavut et Yukon).

Pays le plus vaste du monde après la Russie, le Canada possède une population guère supérieure à la moitié de celle de la France. Le climat, de plus en plus rude vers le N. au-delà du 50e parallèle (sur le Bouclier à l'E., dans les Rocheuses à l'O.), explique la faiblesse de la densité moyenne (3 hab. au km²) et la concentration de la population dans la région du Saint-Laurent et des Grands Lacs (provinces de l'Ontario et du Québec), souvent dans des villes (plus de 80 % de la population sont urbanisés). Parmi celles-ci émergent nettement les métropoles de Toronto et de Montréal. Héritage de l'histoire, cette population (à l'accroissement réduit par le recul du taux de natalité) se caractérise par le dualisme anglophones (globalement largement majoritaires) – francophones (près de 30 % de la population totale, mais plus de 80 % au Québec).

Le Canada est, depuis longtemps, un grand producteur agricole et minier. Il se situe parmi les dix premiers fournisseurs mondiaux de blé, de bois (la forêt couvre environ le tiers du territoire), de gaz naturel, de fer, de plomb et de zinc, de cuivre et de nickel, d'uranium, d'or, de diamants. Aux hydrocarbures (conventionnels, ainsi que non conventionnels, en plein essor) s'ajoute l'électricité nucléaire et surtout hydraulique. Ces productions sont naturellement valorisées par l'industrie : agroalimentaire (lié aussi à l'élevage bovin), industries du bois, métallurgie (également à partir de minerais importés, pour la production d'aluminium essentiellement). Certains secteurs industriels, comme l'automobile ou la chimie, dépendent de capitaux américains et plus des deux tiers du commerce extérieur canadien s'effectuent avec les États-Unis

HISTOIRE **La Nouvelle-France.** Le premier peuplement du Canada est constitué par des tribus amérindiennes. **1534 :** Jacques Cartier prend possession du Canada au nom du roi de France. **1535 - 1536 :** il remonte le Saint-Laurent. **1604 - 1605 :** S. de Champlain entreprend la colonisation de l'Acadie (création de Port-Royal). **1608 :** il fonde Québec. **1627 :** Richelieu crée la Compagnie des Cent-Associés, chargée de coloniser le pays. Mais l'immigration est faible, et les Français et leurs alliés indiens doivent faire face aux incursions des Iroquois. **1663 - 1664 :** Louis XIV réintègre le Canada dans le domaine royal et le dote d'une nouvelle administration. **1665 - 1672 :** sous l'impulsion de l'intendant Jean Talon, la Nouvelle-France connaît un brillant essor et la colonisation se développe le long du Saint-Laurent. **1672 :** les Français sont près de 7 000 au Canada. L'exploration intérieure s'amplifie jusqu'à l'embouchure du Mississippi. Les Anglais, établis sur la côte atlantique (env. 100 000), se sentent menacés. Ils combattent les Français. **1713 :** au traité d'Utrecht, les Français perdent la baie d'Hudson, l'Acadie et l'essentiel de Terre-Neuve. **1745 :** la forteresse de Louisbourg tombe aux mains des Anglais. **1756 - 1763** (guerre de Sept Ans) : les Anglais s'emparent de Québec après la défaite de Montcalm aux plaines d'Abraham (1759) et prennent Montréal (1760). **1763 :** par le traité de Paris, la France cède tout le Canada à la Grande-Bretagne.

Le Canada britannique. **1774 :** les Canadiens recouvrent certains droits par l'Acte de Québec. **1783 :** la signature du traité de Versailles, reconnaissant l'indépendance des États-Unis, provoque l'arrivée massive de loyalistes américains dans les provinces de Québec et de Nouvelle-Écosse (anc. Acadie), qui aboutit à la création de la province du Nouveau-Brunswick (1784) et à la division de la province de Québec en deux colonies : Haut-Canada (auj. l'Ontario), anglophone, et Bas-Canada (auj. le Québec), francophone (1791). **1812 - 1814 :** lors de la guerre entre les États-Unis et la Grande-Bretagne, le Haut- et le Bas-Canada font bloc autour de la Couronne. Les années qui suivent voient le développement d'une opposition conduite par Louis-Joseph Papineau au Bas-Canada, et par William Lyon Mackenzie dans le Haut-Canada, qui exigent un vrai régime parlementaire. **1837 :** le refus de Londres provoque une rébellion dans les deux colonies. **1840 :** la révolte

Canada
autoroute
route
voie ferrée
aéroport
site touristique important
plus de 1 000 000 h.
de 100 000 à 1 000 000 h.
de 50 000 à 100 000 h.
moins de 50 000 h.
limite de province ou de territoire
Victoria capitale de province ou de territoire
glacier
200
500
1000
2000 m
300 km
OCÉAN ARCTIQUE
OCÉAN PACIFIQUE
OCÉAN ATLANTIQUE
RUSSIE
Anadyr
Cercle polaire arctique
Détroit de Béring
Île St-Laurent
Cap Barrow
Barrow
Chaîne de Brooks
Prudhoe Bay
ALASKA (É.-U.)
Yukon
Fairbanks
Denali (Mt McKinley) 6 194 m
Chaîne de l'Alaska
Presqu'île de l'Alaska
Anchorage
Île Kodiak
Golfe d'Alaska
Mt St. Elias 5 489 m
Mt Logan 5 959 m
St. Elias
P. N. Kluane
P. N. Ivvavik
MER DE BEAUFORT
Cap Bathurst
Old Crow
Aklavik
Inuvik
Fort McPherson
YUKON
Dawson
Beaver Creek
Keno Hill
Whitehorse
Mts Ogilvie
Monts Mackenzie
Mts Selwyn
Monts Franklin
Fort Good Hope
Norman Wells
Fort Franklin
Echo Bay
Watson Lake
Juneau
Cassiar
Fort Simpson
Fort Providence
Fort Liard
Fort Nelson
Rae-Edzo
Yellowknife
Grand lac de l'Ours
Grand lac des Esclaves
Hay River
Fort Smith
P. N. Wood Buffalo
Uranium City
TERRITOIRES DU NORD-OUEST
MONTAGNES ROCHEUSES
Chaîne Côtière
COLOMBIE-BRITANNIQUE
Stewart
Ketchikan
Prince Rupert
Haida Gwaii
Fort St. John
Dawson Creek
Lac Williston
Peace River
Grande Prairie
Prince George
Ocean Falls
Mt Waddington 3 994 m
Port McNeill
Île de Vancouver
Powell River
Nanaimo
Vancouver
Victoria
Détroit Juan de Fuca
Seattle
Portland
Columbia
Snake
Kelowna
Cranbrook
Mts Selkirk
Jasper
P. N. de Jasper
Mt Columbia 3 747 m
P. N. de Banff
Edmonton
Red Deer
Calgary
Lethbridge
Medicine Hat
Shaunavon
ALBERTA
Wood Buffalo
Petit lac des Esclaves
de la Paix
L. Athabasca
L. Frobisher
L. Reindeer
Wollaston
North Battleford
Prince Albert
La Ronge
L. La Ronge
Saskatoon
SASKATCHEWAN
Saskatchewan
PRAIRIES
Beaver
Yorkton
Regina
Moose Jaw
Weyburn
Brandon
Winnipeg
Lac Winnipegosis
Lac Winnipeg
The Pas
Lynn Lake
Thompson
MANITOBA
Nelson
Churchill
York Factory
Red Lake
Lac Big Trout
Kenora
Dryden
des Bois
Fort Frances
Missouri
Mississippi
ÉTATS-UNIS
Minneapolis
St. Paul
Chicago
Lac Michigan
Détroit
Lac Érié
Lac Supérieur
Thunder Bay
Nipigon
Lac Nipigon
L. Seul
Albany
Hearst
Cochrane
Timmins
Amos
Matagami
Moosonee
ONTARIO
Sault Ste. Marie
Grand Sudbury
Île Manitoulin
Lac Huron
North Bay
Témiscaming
Rouyn-Noranda
Kingston
OTTAWA
Toronto
Mississauga
Oshawa
St. Catharines
Niagara Falls
Hamilton
London
Lac Ontario
Montréal
Sherbrooke
Trois-Rivières
Shawinigan
La Tuque
R. des Outaouais
Québec
Saguenay
Chibougamau
Lac Mistassini
Lac St-Jean
Rupert
Baie-Comeau
Rimouski
Sept-Îles
Port-Cartier
QUÉBEC
Nord-du-Québec
Chisasibi
La Grande Rivière
Kuujjuarapik
Îles Belcher
Inukjuak
Puvirnituq
Péninsule d'Ungava
Île Akimiski
B. James
Baie d'Hudson
Kuujjuaq
Baie d'Ungava
Labrador City
Réservoir Smallwood
Churchill Falls
Labrador
Nain
Hopedale
Happy Valley-Goose Bay
Battle Harbour
Blanc-Sablon
Natashquan
Havre-St-Pierre
Île d'Anticosti
G. du St-Laurent
Gaspésie
Gaspé
Îles de la Madeleine
Caraquet
NOUVEAU-BRUNSWICK
Fredericton
Saint John
Moncton
Charlottetown
ÎLE-DU-PRINCE-ÉDOUARD
NOUVELLE-ÉCOSSE
Halifax
Annapolis
Lunenbourg
Cap Sable
B. de Fundy
Cape Breton
Détroit de Cabot
P. N. du Cap-Breton
Channel-Port aux Basques
Corner Brook
Gander
St. John's
Terre-Neuve
D. de Belle Isle
Cap Race
St-Pierre-et-Miquelon (Fr.)
TERRE-NEUVE-ET-LABRADOR
Boston
New York
Philadelphie
Cap Chidley
MER DU LABRADOR
Détroit d'Hudson
Salluit
Ivujivik
Île Mansel
Île Coats
Île Southampton
Coral Harbour
Déf. de Foxe
Bassin de Foxe
Péninsule de Melville
NUNAVUT
Naujaat
Baker Lake
Lac Dubawnt
Chesterfield Inlet
Rankin Inlet
Arviat
Kugluktuk
Bathurst Inlet
Cambridge Bay
Île du Roi-Guillaume
Péninsule de Boothia
G. de Boothia
Île Victoria
Péninsule de Wollaston
G. d'Amundsen
Pén. du Prince-Albert
Île Banks
Sachs Harbour
Détroit du McClure
Île Melville
Détroit du Vicomte-Melville
Canal de McClintock
Île du Prince-de-Galles
Île Somerset
Prince Regent
Resolute
Île Cornwallis
Îles Parry
Île Bathurst
Île du Prince-Patrick
Île Borden
Île Mackenzie
Pôle nord magnétique
Îles Élisabeth
Îles Sverdrup de la Reine-
Île Axel-Heiberg
Eureka
Île d'Ellesmere
P. N. de l'île d'Ellesmere
Île Devon
Pass. Lancaster
Arctic Bay
Île de Baffin
Péninsule de Cumberland
B. de Cumberland
Iqaluit
B. de Frobisher
Baie de Baffin
Thulé
Île Disko
Détroit de Davis
Nuuk
Julianehaab
Cap Farewell
GROENLAND (DANEMARK)
Détroit de Danemark
ISLANDE
REYKJAVÍK
60°
180°
170°
160°
150°
140°
130°
120°
110°
100°
90°
80°
70°
60°
50°
40°
30°
20°

écrasée, le gouvernement britannique réunit les deux Canadas sous un même Parlement et impose l'anglais comme langue unique. **1848 :** le français est restauré au rang de langue officielle.

La Confédération canadienne. **1867 :** l'Acte de l'Amérique du Nord britannique crée le dominion du Canada, qui regroupe l'Ontario (anc. Haut-Canada), le Québec (anc. Bas-Canada), la Nouvelle-Écosse et le Nouveau-Brunswick. **1870 - 1905 :** au cours de ces années, la Confédération étend son territoire. **1870 :** après la révolte des métis conduite par Louis Riel, elle crée la province du Manitoba, tandis que la Colombie-Britannique (1871) et l'Île-du-Prince-Édouard (1873) se joignent à elle. **1882 - 1885 :** la construction du Canadian Pacific Railway reliant Vancouver à Montréal contribue à un nouvel essor de la colonisation. **1905 :** les provinces de la Saskatchewan et de l'Alberta sont instituées. **1896 - 1911 :** le Premier ministre Wilfrid Laurier resserre les liens commerciaux avec la Grande-Bretagne tout en renforçant l'autonomie du dominion. **1914 - 1918 :** le Canada accède au rang de puissance internationale par sa participation à la Première Guerre mondiale aux côtés des Alliés. **1921 - 1948 :** William Lyon Mackenzie King, chef du Parti libéral, préside presque sans interruption aux destinées du pays. **1926 :** la Conférence impériale reconnaît l'indépendance du Canada au sein du Commonwealth, sanctionnée par le Statut de Westminster (1931). **1940 - 1945 :** le Canada déclare la guerre à l'Allemagne et développe une puissante industrie de guerre. **1949 :** l'île de Terre-Neuve devient une province canadienne. **1948 - 1984 :** sous la direction des libéraux, qui dominent la vie politique avec les Premiers ministres Louis Saint-Laurent (1948 - 1957), Lester Pearson (1963 - 1968) et Pierre Elliott Trudeau (1968 - 1979 et 1980 - 1984), le Canada pratique une politique de rapprochement de plus en plus étroit avec les États-Unis. Mais, au cours de ces années, la Confédération doit constamment faire face aux revendications autonomistes de la province francophone de Québec, qui trouvent leurs aboutissements dans un référendum sur l'indépendance du Québec (1980). **1982 :** dans la foulée de l'échec des indépendantistes, P. E. Trudeau obtient le rapatriement de la Constitution canadienne, qui pourra être modifiée sans l'autorisation du Parlement britannique. Les autochtones obtiennent d'importantes garanties, tandis que les revendications québécoises sont ignorées. Le Québec refuse d'adhérer à la loi constitutionnelle de 1982. **1984 :** le conservateur Brian Mulroney accède au pouvoir. **1988 :** il est reconduit à la tête du gouvernement après la victoire des conservateurs aux élections qui consacrent l'accord de libre-échange avec les États-Unis. **1989 :** le Canada adhère à l'OEA. **1990 :** l'échec du projet d'accord constitutionnel (dit « du lac Meech »), destiné à satisfaire les demandes minimales du Québec, ouvre une crise politique sans précédent, aggravée par des revendications territoriales amérindiennes. **1992 :** un nouveau projet de réforme constitutionnelle (Charlottetown) comportant, entre autres, un nouveau statut pour les autochtones est rejeté par référendum. **1993 :** après la démission de B. Mulroney, Kim Campbell, élue à la tête du Parti conservateur, lui succède. Lors des élections générales, ce même parti subit une défaite écrasante. Arrivé en deuxième position, le Bloc québécois, parti indépendantiste dirigé (jusqu'en 1996) par Lucien Bouchard, constitue désormais l'opposition officielle. Jean Chrétien, chef des libéraux, devient Premier ministre. **1994 :** l'accord de libre-échange (ALÉNA), négocié en 1992 avec les États-Unis et le Mexique, entre en vigueur. **1995 :** le référendum sur la souveraineté du Québec, qui voit les partisans du maintien de la province dans l'ensemble canadien l'emporter d'extrême justesse sur les indépendantistes, ébranle fortement la Confédération. **1997 :** le Parti libéral de J. Chrétien remporte la majorité absolue aux élections, devant le Parti réformiste (nouvelle opposition officielle). **1999 :** les Territoires du Nord-Ouest voient leur partie orientale se détacher et former le Nunavut, peuplé majoritairement d'Inuits. **2000 :** J. Chrétien est confirmé au pouvoir après la nouvelle et large victoire (majorité absolue) du Parti libéral aux élections. **2003 :** Paul Martin succède à J. Chrétien à la tête du Parti libéral et au poste de Premier ministre. (Il est reconduit dans ses fonctions au terme des élections de 2004.) **2006 :** après la courte victoire des conservateurs aux élections (janv.), leur chef, Stephen Harper, devient Premier ministre. **2008 :** sa reconduction au terme de nouvelles élections (oct.) est suivie d'une grave crise politique. **2011 :** les conservateurs ayant obtenu la majorité absolue aux élections (mai), S. Harper est appelé pour la troisième fois à diriger le gouvernement ; le Nouveau Parti démocratique, formation de gauche, constitue l'opposition officielle. **2015 :** Justin Trudeau (fils de P. E. Trudeau), à la tête du Parti libéral qui obtient la majorité absolue aux élections (oct.), devient Premier ministre.

▲ **Canaletto.** *Le Grand Canal vu de San Vio, à Venise*, v. 1723-1724. (Musée Thyssen-Bornemisza, Madrid.)

Canada-France-Hawaii (télescope) [CFH], télescope franco-canadien de 3,60 m de diamètre, mis en service en 1979 sur le Mauna Kea (Hawaii).

CANADIAN RIVER n.f., riv. des États-Unis, affl. de l'Arkansas (r. dr.) ; 1 544 km.

CANALA, comm. de Nouvelle-Calédonie ; 5 125 hab. *(Canaliens)*. Nickel.

CANALETTO (Giovanni Antonio **Canal,** dit **il**), *Venise 1697 - id. 1768*, peintre et graveur italien. Il a magnifié le genre de la « vue » urbaine *(veduta)* en peignant sa ville natale (canaux et monuments, fêtes) avec un style d'une grande précision, poétisé par des jeux de lumière. Il a aussi travaillé à Londres (v. 1746 - 1754).

Canal + (Canal Plus), chaîne française de télévision à péage. Mise en service en 1984, elle accorde une place importante au cinéma et au sport. Le groupe Canal + joue un rôle de premier plan, au niveau européen, dans la production et la diffusion de films. En 2014, il lance A +, une chaîne de télévision africaine, dans plus de vingt pays du continent.

CANANÉENS, peuples sémitiques installés en Syrie et en Palestine au IIIe millénaire av. J.-C. Leurs cités continentales disparurent aux XIIIe et XIIe s., mais leur civilisation perdura sur le littoral au travers des cités phéniciennes.

CANAQUES → **KANAKS.**

Canard enchaîné (le), hebdomadaire satirique illustré français, fondé à Paris en 1915.

CANARIES (courant des), courant marin froid de l'Atlantique. Il longe vers le S. les côtes du Maroc et de la Mauritanie.

CANARIES (îles), en esp. **Canarias,** archipel de l'Atlantique (constituant une communauté autonome d'Espagne) ; 7 351 km² ; 2 126 769 hab. *(Canariens)* ; cap. *Las Palmas* et *Santa Cruz de Tenerife* ; 2 prov. (*Las Palmas* et *Santa Cruz de Tenerife*). Il comprend la Grande Canarie, Fuerteventura, Lanzarote, Tenerife, Gomera, La Palma et Hierro (île de Fer). Climat chaud et sec en été. Tourisme. – Ces îles, dont le Normand Jean de Béthencourt entama la conquête en 1402, furent reconnues espagnoles en 1479.

CANARIS (Constantin) → **KANÁRIS.**

CANARIS (Wilhelm), *Aplerbeck 1887 - Flossenbürg 1945*, amiral allemand. Chef des services de renseignements de l'armée allemande (1935 - 1944), il fut exécuté sur ordre de Hitler.

CANAVERAL (cap), de 1964 à 1973 **cap Kennedy,** flèche sableuse des États-Unis, sur la côte est de la Floride. Principale base américaine de lancement d'engins spatiaux.

CANBERRA, cap. fédérale de l'Australie, à 250 km au S.-O. de Sydney ; 323 056 hab. (415 000 hab. dans l'agglomération). Université. – Galerie nationale et Musée national d'Australie.

CANCALE (35260), comm. d'Ille-et-Vilaine, sur la Manche ; 5 252 hab. *(Cancalais)*. Station balnéaire. Ostréiculture.

CANCER, constellation zodiacale — **Cancer,** quatrième signe du zodiaque, dans lequel le Soleil entre au solstice d'été.

CANCÚN, station balnéaire du Mexique, au N.-E. de la péninsule du Yucatán.

CANDIAC, v. du Canada (Québec), banlieue sud-est de Montréal ; 21 047 hab. *(Candiacois)*.

Candide ou l'Optimisme, conte de Voltaire (1759). Les souffrances vécues ou observées par Candide se veulent un démenti de l'optimisme philosophique de Leibniz et de Wolff, incarné par le précepteur de Candide, Pangloss, et résumé dans la formule « tout est pour le mieux dans le meilleur des mondes possibles ».

CANDIE, ancien nom de la Crète et de la ville d'Iráklion.

CANDOLLE (Augustin **Pyrame de**), *Genève 1778 - id. 1841*, botaniste suisse. Auteur de la *Théorie élémentaire de la botanique* (1813), il fut un descripteur et classificateur du monde végétal.

CANDRAGUPTA ou **CHANDRAGUPTA,** roi de l'Inde (v. 320 - v. 296 av. J.-C.), fondateur de la dynastie maurya. — **Candragupta Ier,** souverain indien (v. 320 - v. 330 apr. J.-C.), fondateur de la dynastie gupta. — **Candragupta II,** souverain indien (v. 375 - 414) de la dynastie gupta.

Canebière (la), avenue de Marseille, débouchant sur le Vieux-Port.

CANÉE (La) → **KHANIÁ.**

CANET-EN-ROUSSILLON (66140), bur. centr. de cant. des Pyrénées-Orientales ; 12 233 hab. *(Canétois)*. Station balnéaire à *Canet-Plage*.

CANETTI (Elias), *Ruse, Bulgarie, 1905 - Zurich 1994*, écrivain britannique d'expression allemande. Son roman allégorique (*Auto-da-fé*, 1936), ses essais (*Masse et Puissance*, 1960) et son autobiographie (1977-1985) analysent le mécanisme des comportements humains. (Prix Nobel 1981.)

CANGE (Charles **Du Fresne,** seigneur **Du**) → **DU CANGE.**

CANGUILHEM (Georges), *Castelnaudary 1904 - Marly-le-Roi 1995*, philosophe français. Rénovateur de l'épistémologie en France (*Études d'histoire et de philosophie des sciences*, 1968), il s'est particulièrement intéressé aux sciences de la vie (*le Normal et le Pathologique*, 1966).

CANIFF (Milton), *Hillsboro, Ohio, 1907 - New York 1988*, dessinateur et scénariste américain de bandes dessinées. Son style fondé sur les contrastes entre le noir et le blanc a exercé une grande influence (*Steve Canyon*, 1947).

CANIGOU n.m., massif des Pyrénées françaises (Pyrénées-Orientales) ; 2 784 m.

CANISIUS (Pierre) → **PIERRE CANISIUS** (saint).

CANJUERS [kɑ̃ʒɥɛr] (plan de), plateau du sud de la France (Var), au S. des gorges du Verdon, à proximité de Draguignan. Camp militaire.

CANNES, bur. centr. de cant. des Alpes-Maritimes ; 75 226 hab. *(Cannois)*. Station balnéaire et hivernale. Aéronautique. – Festival international de cinéma *(v. liste des lauréats de la Palme d'or page 2025)*. – Musée de la Castre.

Cannes (bataille de) [216 av. J.-C.], bataille de la deuxième guerre punique. Victoire d'Hannibal sur les Romains en Apulie, près de l'Aufidus (auj. Ofanto). Elle reste pour les théoriciens militaires un exemple constamment étudié.

CANNET (Le) [06110], bur. centr. de cant. des Alpes-Maritimes ; 42 016 hab. *(Cannettans)*. Musée Bonnard et villa-atelier de l'artiste (Le Bosquet).

CANNING (George), *Londres 1770 - Chiswick 1827*, homme politique britannique. Tory, ministre des Affaires étrangères (1807 - 1809), il lutta énergiquement contre Napoléon. De retour au Foreign Office (1822 - 1827), Premier ministre (1827), il favorisa les mouvements nationaux et libéraux dans le monde.

CANNIZZARO (Stanislao), *Palerme 1826 - Rome 1910*, chimiste italien. Il introduisit la notion de nombre d'Avogadro (1858) et découvrit les alcools aromatiques.

CANO (Alonso), *Grenade 1601 - id. 1667*, peintre et sculpteur espagnol. Actif à Séville, à Madrid, à Grenade, il est l'auteur de statues polychromes et de tableaux d'église caractérisés par le lyrisme et la recherche d'une beauté idéale.

CANOPE, anc. v. de la Basse-Égypte, dans le delta du Nil. Célèbre dans l'Antiquité pour ses temples (celui de Sérapis a inspiré certaines parties de la villa Hadriana). Osiris était ici vénéré sous la forme d'une cruche, ce qui est à l'origine de la dénomination de *vase canope*.

CANOSSA, village d'Italie (Émilie-Romagne). Le futur empereur germanique Henri IV y fit amende honorable devant le pape Grégoire VII (janv. 1077) durant la querelle des Investitures, d'où l'expression *aller à Canossa*, s'humilier devant son adversaire.

CANOURGUE (La) [48500], bur. centr. de cant. de la Lozère, dans la vallée du Lot ; 2 183 hab. *(Canourguais)*. Village pittoresque avec canaux et demeures anciennes. Église (XIIe-XVe s.).

CANOVA (Antonio), *Possagno, province de Trévise, 1757 - Venise 1822*, sculpteur italien. Principal représentant du néoclassicisme*, il est l'auteur de marbres comme les deux *Amour et Psyché* (Louvre) et comme *Pauline Borghèse* (Rome), etc.

CANROBERT (François Certain), *Saint-Céré 1809 - Paris 1895*, maréchal de France. Il commanda le corps expéditionnaire en Crimée (1855) et se distingua à Saint-Privat (1870).

CANSADO, terminal minéralier (fer) de Mauritanie, près de Nouadhibou.

CANTABRES, anc. peuple d'Espagne, au sud du golfe de Gascogne, soumis par les Romains en 25 - 19 av. J.-C.

CANTABRIQUE, en esp. **Cantabria**, communauté autonome d'Espagne ; 5 289 km^2 ; 592 542 hab. ; cap. *Santander* ; 1 prov. *(Santander)*.

CANTABRIQUES (monts), chaîne du nord-ouest de l'Espagne ; 2 648 m au *picos de Europa*. Prolongement des Pyrénées, le long du golfe de Gascogne.

CANTACUZÈNE, famille de l'aristocratie byzantine. Elle a donné des empereurs à Byzance, des despotes à Mistra et des hospodars aux principautés roumaines.

CANTAL n.m., massif volcanique de France, en Auvergne ; 1 855 m au *plomb du Cantal*. Très démantelé par l'érosion, il est bordé de planèzes basaltiques.

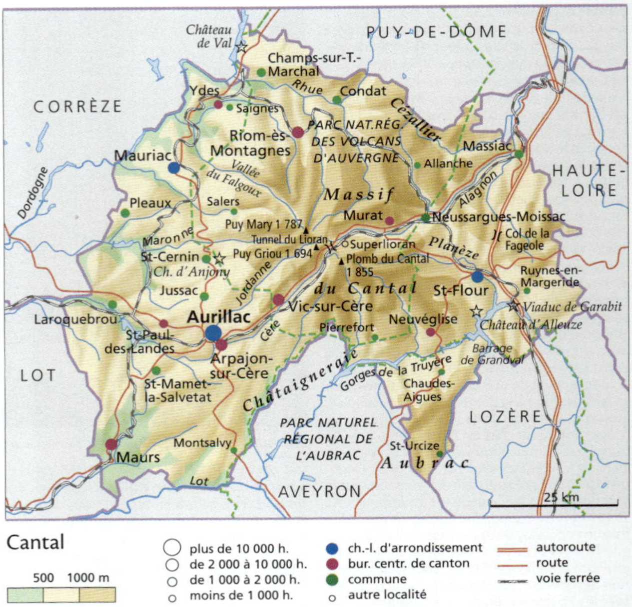

CANTAL n.m. (15), dép. de la Région Auvergne-Rhône-Alpes ; ch.-l. de dép. *Aurillac* ; ch.-l. d'arrond. *Mauriac, Saint-Flour* ; 3 arrond. ; 15 cant. ; 247 comm. ; 5 726 km^2 ; 151 920 hab. *(Cantaliens)*. Le dép. appartient à l'académie de Clermont-Ferrand, à la cour d'appel de Riom, à la zone de défense et de sécurité Sud-Est. Il est formé de terrains volcaniques (massif du Cantal et partie de l'Aubrac) et cristallins (Margeride, Châtaigneraie). C'est un dép. encore rural, où l'élevage bovin pour les produits laitiers (fromages) constitue la ressource essentielle. La faiblesse de l'industrialisation et de l'urbanisation s'accompagne d'un constant dépeuplement, que ne ralentit guère l'activité touristique.

CANTELEU, comm. de la Seine-Maritime, banlieue de Rouen ; 15 319 hab. *(Cantiliens)*.

CANTEMIR (Dimitrie), *Fălciu 1673 - Kharkov 1723*, prince de Moldavie (1693 et 1710 - 1711) et historien. Allié de Pierre le Grand qui fut défait par les Ottomans en 1711, il se réfugia en Russie. – Esprit encyclopédique, remarquable érudit, il mit en avant les origines latines des peuples roumains.

CANTERBURY, en fr. **Cantorbéry**, v. de Grande-Bretagne (Angleterre, Kent) ; 43 552 hab. Siège de l'archevêque primat du royaume. – Importante cathédrale des XIe-XVe s. ; autres monuments et vestiges médiévaux.

CAN THO, v. du Viêt Nam méridional ; 902 366 hab.

CANTILLON (Richard), *v. 1680 - Londres 1734*, banquier, économiste et démographe irlandais. Auteur d'un *Essai sur la nature du commerce en général* (1755), il a inspiré les physiocrates et Adam Smith.

Cantique des cantiques (le), livre biblique (IVe s. av. J.-C.). Recueil de chants d'amour dans lesquels la tradition a vu le symbole de l'union de Dieu et de son peuple.

CANTON, en chin. **Guangzhou**, v. de Chine, cap. du Guangdong, à l'embouchure du Xi Jiang ; 10 848 502 hab. *(Cantonais)*. Centre industriel et commercial (foire internationale). – Monuments anciens ; musées ; jardins. – Centre d'un actif commerce avec l'Inde et l'Empire musulman dès le VIIe s., la ville eut des contacts avec les Occidentaux dès 1514.

CANTONS DE L'EST, partie orientale de la province de Liège (Belgique), principalement de langue allemande.

CANTONS-DE-L'EST → **ESTRIE.**

CANTOR (Georg), *Saint-Pétersbourg 1845 - Halle 1918*, mathématicien allemand. Il est considéré comme le créateur, avec Dedekind, de la théorie des ensembles. Il a étendu ses recherches à la topologie et à la théorie des nombres. Épuisé par son travail, il mourut en asile psychiatrique.

Canuts (révolte des) [nov.-déc. 1831], insurrection des tisseurs de soie de Lyon *(canuts)* afin de faire respecter le tarif minimal qu'ils venaient d'obtenir. Une armée conduite par le maréchal Soult écrasa ce mouvement.

CÃO ou **CAM** (Diogo), *XVe s.*, navigateur portugais. Il reconnut en 1483 l'embouchure du Congo.

CAO BANG, v. du nord du Viêt Nam. Première véritable victoire des forces du Viêt-minh sur les troupes françaises (1950).

CAO CAO, *Pei 155 - Luoyang 220*, poète et homme de guerre chinois. Il ouvrit à la poésie chinoise la voie de l'inspiration personnelle.

CAP (Le), en angl. **Cape Town**, en afrik. **Kaapstad**, cap. (siège du Parlement) de l'Afrique du Sud, ch.-l. de la *prov. du Cap-Ouest* ; 2 893 232 hab. (3 624 000 hab. dans l'agglomération). Port actif à l'extrémité sud du continent africain, sur la baie de la Table, à 50 km du cap de Bonne-Espérance. Centre industriel (agroalimentaire). – Le Cap fut fondé par les Hollandais en 1652 ; la ville devint britannique, avec toute la *province du Cap*, en 1814.

▲ Le **Cap**

CAP (prov. du), anc. prov. d'Afrique du Sud (cap. *Le Cap*). Elle a formé en 1994 les *provinces du Cap-Est* (6 436 763 hab. ; ch.-l. *Bisho*), *du Cap-Nord* (822 727 hab. ; ch.-l. *Kimberley*), *du Cap-Ouest* (4 524 335 hab. ; ch.-l. *Le Cap*) et une partie de la province du Nord-Ouest.

▲ Robert **Capa.** Soldat loyaliste (républicain) tombant lors des premiers combats de la guerre d'Espagne (1936 - 1939).

CAPA (Andrei **Friedmann,** dit Robert), *Budapest 1913 - Thai Binh 1954*, photographe américain d'origine hongroise. De la guerre d'Espagne à celle d'Indochine, où il mourut, il a toujours témoigné non de l'exploit mais de la détresse humaine. Il fut l'un des fondateurs de l'agence Magnum.

CAPAVENIR-VOSGES (88150), comm. des Vosges ; 8 147 hab. Mécanique.

CAPBRETON (40130), comm. des Landes, au N. de Bayonne ; 9 082 hab. *(Capbretonnais).* Station balnéaire.

CAP-BRETON (île du), île du Canada (Nouvelle-Écosse), à l'entrée du golfe du Saint-Laurent (reliée par une route au continent) ; v. princ. *Cape Breton.* Parc national.

CAPCIR, région de France (Pyrénées-Orientales), au pied du Carlitte, dans la vallée supérieure de l'Aude. (Hab. *Capcirais.*)

CAP-D'AIL [kabdaj] (06320), comm. des Alpes-Maritimes ; 4 768 hab. *(Cap-d'Aillois).* Station balnéaire.

CAP-DE-LA-MADELEINE, anc. v. du Canada (Québec), auj. intégrée dans Trois-Rivières.

CAPDENAC-GARE (12700), bur. centr. de cant. de l'Aveyron, sur le Lot, en face de Capdenac (Lot) ; 4 705 hab. *(Capdenacois).*

CAPE BRETON, v. du Canada (Nouvelle-Écosse), sur l'île du Cap-Breton ; 94 285 hab. Port. Tourisme. – Parc historique national sur l'emplacement de la forteresse de Louisbourg, assiégée et détruite par les Anglais à deux reprises (1745, 1758) et partiellement reconstruite.

ČAPEK (Karel), *Malé-Svatoňovice 1890 - Prague 1938*, écrivain tchèque. Ses romans (*la Fabrique d'absolu*, 1922) et ses pièces de théâtre (*R.U.R.* [Rossum's Universal Robots], 1920) dénoncent la soumission de l'homme à ses propres créations scientifiques et techniques.

CAPELLEN, écart de la commune de Mamer, constituant un ch.-l. de cant. du Luxembourg.

CAPESTANG [kapɛstɑ̃] (34310), comm. de l'Hérault, sur le canal du Midi ; 3 206 hab. *(Capestanais).* Église gothique.

CAPESTERRE-BELLE-EAU (97130), bur. centr. de cant. de la Guadeloupe ; 19 153 hab. *(Capesterriens).*

CAPET, surnom d'Hugues Ier (« vêtu d'une cape »), premier roi de France capétien, puis nom de famille attribué par ironie à Louis XVI sous la Révolution française.

CAPÉTIENS, dynastie de rois qui régnèrent sur la France de 987 à 1328. Fondée par Hugues Capet, cette dynastie, dite « des Capétiens directs », succéda aux Carolingiens et eut pour successeurs les Valois, issus d'une branche collatérale.

CAPE TOWN → **CAP** (Le).

CAP-FERRAT → **SAINT-JEAN-CAP-FERRAT.**

CAP-FERRET (33970), station balnéaire de la Gironde (comm. de Lège-Cap-Ferret), en face d'Arcachon.

CAP-HAÏTIEN, v. d'Haïti, sur la côte nord de l'île ; 155 505 hab. Ce fut la cap. de Saint-Domingue jusqu'en 1770. – Aux environs, ruines de la citadelle du roi Christophe.

CAPHARNAÜM [kafarnaɔm], v. de Galilée, au bord du lac de Tibériade, où, selon les Évangiles, Jésus enseigna.

Capital (le), ouvrage de Karl Marx (livre I, 1867), où il s'attache à dégager les lois de fonctionnement du système capitaliste. Les livres II, III et IV parurent après sa mort.

CAPITALE-NATIONALE, région administrative du Québec (Canada), sur la rive nord du Saint-Laurent, incluant Québec, l'île d'Orléans et la côte de Beaupré ; 548 km² ; 729 997 hab. ; v. princ. *Québec.*

CAPITANT (Henri), *Grenoble 1865 - Allinges, Haute-Savoie, 1937*, juriste français. Il est l'auteur de nombreux ouvrages de droit civil (*Introduction à l'étude du droit civil*, 1904).

Capitole, palais de Washington où siègent le Sénat et la Chambre des représentants des États-Unis (première pierre posée en 1793).

CAPITOLE n.m. ou **CAPITOLIN** (mont), une des sept collines de Rome, où, dans l'Antiquité, s'élevait le temple consacré à Jupiter Capitolin, protecteur de la cité, entouré de Junon et de Minerve (« triade capitoline »). L'actuelle place du Capitole a été tracée par Michel-Ange. L'un de ses palais est l'hôtel de ville de Rome, les deux autres sont des musées d'antiques.

CAPLET (André), *Le Havre 1878 - Neuilly-sur-Seine 1925*, compositeur français. Également chef d'orchestre, il fut l'ami de Debussy et composa notamment des œuvres vocales et de la musique religieuse (*le Miroir de Jésus*).

CAP-MARTIN → **ROQUEBRUNE-CAP-MARTIN.**

CAPO D'ISTRIA ou **CAPODISTRIA** (Jean, comte de), *Corfou 1776 - Nauplie 1831*, homme politique grec. Après avoir été au service de la Russie (1809 - 1822), il fut élu président du nouvel État grec (1827), dont il jeta les bases. Il fut assassiné.

CAPONE (Alphonse, dit Al), *Brooklyn 1899 - Miami 1947*, gangster américain. Il fit fortune grâce au commerce clandestin de boissons alcoolisées, qu'il organisa pendant la prohibition.

Caporetto (bataille de) [24 - 28 oct. 1917], bataille de la Première Guerre mondiale. Victoire des Austro-Allemands sur les Italiens à Caporetto, sur l'Isonzo (auj. Kobarid, Slovénie). Cette bataille provoqua un sursaut patriotique en Italie.

CAPOTE (Truman), *La Nouvelle-Orléans 1924 - Los Angeles 1984*, écrivain américain. Il mêla fantaisie et nostalgie dans son œuvre narrative (*Petit Déjeuner chez Tiffany*, 1958) avant d'évoluer vers le « roman-reportage » (*De sang-froid*, 1965).

CAPOUE, en ital. **Capua,** v. d'Italie (Campanie), sur le Volturno ; 19 056 hab. *(Capouans).* Hannibal s'en empara (215 av. J.-C.) ; son armée, affaiblie par le luxe de la ville (*délices de Capoue*), y perdit sa combativité. – Vestiges romains. Musée.

CAPPADOCE n.f., région d'Anatolie (Turquie). Elle fut le centre de l'Empire hittite (IIIe-IIe millénaire av. J.-C.) et devint à la fin du IVe s. un brillant foyer du christianisme. – Nombreuses églises rupestres ornées de peintures (VIe-XIIIe s.).

CAPPIELLO (Leonetto), *Livourne 1875 - Grasse 1942*, affichiste, caricaturiste et peintre français d'origine italienne. Il a su, l'un des premiers, condenser le motif pour augmenter le pouvoir du message publicitaire.

CAPRA (Frank), *Palerme 1897 - Los Angeles 1991*, cinéaste américain. Il incarne la comédie américaine sophistiquée et optimiste : *New York-Miami* (1934), *l'Extravagant M. Deeds* (1936), *Arsenic et vieilles dentelles* (1944), *La vie est belle* (1947).

CAPRARA (Giovanni Battista), comte **Montecuccoli,** *Bologne 1733 - Paris 1810*, prélat italien. Légat de Pie VII en France, il conclut le Concordat de 1801.

CAPRERA, île d'Italie, sur la côte nord de la Sardaigne ; 77 hab. Tourisme. – Maison et tombe de Garibaldi.

CAPRI, île d'Italie, dans le golfe de Naples ; 6 861 hab. Rivages escarpés et creusés de grottes. Grand centre touristique. – Résidence favorite de Tibère (ruines de deux villas).

CAPRICORNE, constellation zodiacale. — **Capricorne,** dixième signe du zodiaque, dans lequel le Soleil entre au solstice d'hiver.

CAPRIVI (Leo von), *Charlottenburg 1831 - Skyren 1899*, général et homme politique allemand. Chef de l'Amirauté (1883 - 1888), puis président du Conseil de Prusse (1890 - 1892), il fut chancelier (1890 - 1894).

CAP-ROUGE, anc. v. du Canada (Québec), auj. intégrée dans Québec.

Caps et Marais d'Opale (parc naturel régional des), parc naturel couvrant env. 136 500 ha sur le dép. du Pas-de-Calais (Boulonnais et Audomarois).

Captivité de Babylone, période (586 - 538 av. J.-C.) pendant laquelle des Hébreux du royaume de Juda déportés par Nabuchodonosor II demeurèrent exilés à Babylone, jusqu'à l'édit de libération de Cyrus II.

CAP-VERT, en port. **Cabo Verde,** État insulaire d'Afrique, à l'O. du Sénégal ; 4 000 km² ; 499 000 hab. *(Cap-Verdiens* ou *Capverdiens).*
CAP. *Praia.* **LANGUE :** *portugais.* **MONNAIE :** *escudo du Cap-Vert.* (V. carte **Sénégal.**) Le pays compte une dizaine d'îles habitées et de nombreux îlots. – Anc. possession portugaise, il est devenu indépendant en 1975.

CAQUOT (Albert), *Vouziers 1881 - Paris 1976*, ingénieur français. Il mit au point le ballon captif à stabilisateur arrière, ou *saucisse* (1914), contribua au perfectionnement des avions militaires pendant la Première Guerre mondiale, et réalisa de nombreux ouvrages en béton (ponts, môles, barrages).

Carabobo (bataille de) [24 juin 1821], victoire de Bolívar sur les Espagnols, qui assura l'indépendance du Venezuela.

CARACALLA (Marcus Aurelius Antoninus Bassianus, surnommé), *Lyon 188 - Carrhae, auj. Harran, 217*, empereur romain (211 - 217). Fils de Septime Sévère, il promulgua la *Constitution antonine*, ou *édit de Caracalla* (212), qui étendit à tout l'Empire le droit de cité romain. Il fit construire à Rome les thermes qui portent son nom.

CARACAS, cap. du Venezuela, à environ 900 m d'alt., près de la mer des Antilles ; 2 912 000 hab. dans l'agglomération *(Caracassiens).* Port à La Guaira. Aéroport à Maiquetía. – Musées.

CARACCIOLO, famille napolitaine connue à partir du Xe s., dont plusieurs membres s'illustrèrent dans l'Église, les armes ou la politique. — **Francesco C.,** *Naples 1752 - id. 1799*, amiral napolitain. Amiral de la république Parthénopéenne, il fut pendu sur l'ordre de Nelson au grand mât de sa frégate.

Caractères (les), recueil de maximes et de portraits de La Bruyère (1688 - 1696). L'auteur observe en moraliste les différents types humains de la société française de son temps.

CARAGIALE (Ion Luca), *Haimanale 1852 - Berlin 1912*, auteur dramatique roumain. Ses comédies font de lui l'un des précurseurs du théâtre de l'absurde* (*Une lettre perdue*, 1884).

CARAÏBE (la) ou les **CARAÏBES,** région géographique regroupant l'ensemble des Antilles et une partie des terres bordant la mer des Antilles.

CARAÏBES → **CARIB.**

CARAÏBES (mer des) ou mer **CARAÏBE,** autres noms de la mer des Antilles.

CARAJÁS (serra dos), hautes terres du Brésil (État de Pará). Minerai de fer.

CARAMANLIS → **KARAMANLÍS**

CARAN D'ACHE (Emmanuel **Poiré,** dit), *Moscou 1858 - Paris 1909*, dessinateur humoristique français. Collaborateur de grands journaux (*la Caricature, le Figaro, Tout-Paris*, etc.), il a donné des « histoires sans paroles » où l'humour de la situation, inspiré de l'actualité, est servi par un graphisme net et sûr.

CARANTEC (29660), comm. du Finistère ; 3 255 hab. *(Carantécois).* Station balnéaire sur la Manche.

CARAQUET, v. du Canada (Nouveau-Brunswick), sur la baie des Chaleurs ; 4 248 hab. Pêche. – Musée acadien et, aux environs, village historique acadien (reconstitution).

CARAVAGE (Michelangelo **Merisi,** dit il **Caravaggio,** en fr. **le**), *Milan ? v. 1571 - Porto Ercole, prov. de Grosseto, 1610*, peintre italien. Artiste au destin tumultueux, il a dramatisé le réalisme de sa vision en recourant à de puissants contrastes d'ombre et de lumière (trois scènes de la vie de saint Matthieu, église St-Louis-des-Français, Rome, v. 1600 ; *les Sept Œuvres de miséricorde*, 1607, Naples ; *Décollation de saint*

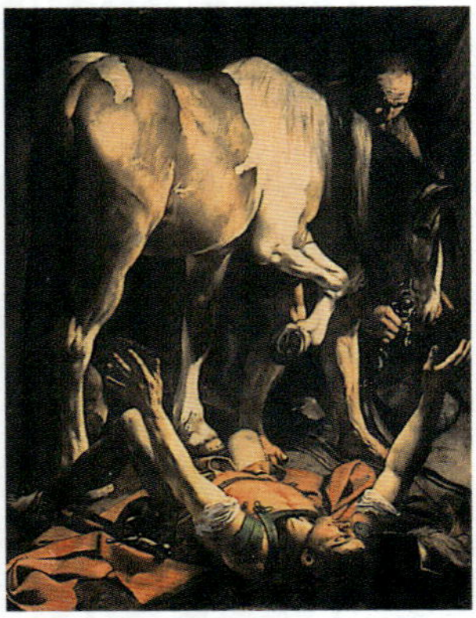

▲ Le **Caravage.** *La Conversion de saint Paul*, 1601. (Église Ste-Marie-du-Peuple, Rome.)

Jean-Baptiste, 1608, cathédrale de La Valette ; etc.). De nombreux peintres *caravagesques* attestent sa postérité européenne.

CARBONNE (31390), comm. de la Haute-Garonne ; 5 619 hab. *(Carbonnais)*. Centrale hydroélectrique sur la Garonne. – Église gothique.

CARBONNIER (Jean), *Libourne 1908 - Paris 2003*, juriste français. Il a apporté d'importantes contributions à la sociologie juridique (*Flexible Droit*, 1969 ; *Sociologie juridique*, 1972).

CARCASSONNE (11000), ch.-l. du dép. de l'Aude, sur l'Aude et le canal du Midi, à 770 km au S. de Paris ; 47 538 hab. *(Carcassonnais)*. La ville est partagée entre la ville basse et la cité. Évêché. – Les murailles qui entourent la cité de Carcassonne forment l'ensemble le plus complet que l'on possède de fortifications du Moyen Âge, très restauré par Viollet-le-Duc ; château comtal ; église St-Nazaire, des XIIe-XIVe s. Monuments de la ville basse. Musées.

CARCO (François **Carcopino-Tusoli,** dit Francis), *Nouméa 1886 - Paris 1958*, écrivain français. Il a évoqué dans son œuvre poétique et romanesque l'univers des mauvais garçons et de la bohème artiste *(Jésus la Caille)*.

CARCOPINO (Jérôme), *Verneuil-sur-Avre 1881 - Paris 1970*, historien français. Spécialiste de l'Antiquité romaine, il est l'auteur de *César* (1936) et de *la Vie quotidienne à Rome à l'apogée de l'Empire* (1939). [Acad. fr.]

CARDAN (Gerolamo **Cardano,** en fr. Jérôme), *Pavie 1501 - Rome 1576*, savant italien. Médecin, il est surtout connu en tant qu'auteur (après Tartaglia) de la formule de résolution de l'équation du 3e degré, et par son exposé d'algèbre qui introduit la théorie des équations. Il a décrit le mode de suspension qui, depuis, porte son nom.

CÁRDENAS (Lázaro), *Jiquilpan 1895 - Mexico 1970*, homme politique mexicain. Il fut président du Mexique de 1934 à 1940.

CARDIFF, v. de Grande-Bretagne, sur la côte sud du pays de Galles ; 346 100 hab. Port. Stade de rugby. – Musée national du pays de Galles.

CARDIJN (Joseph), *Schaerbeek 1882 - Louvain 1967*, prêtre belge. Vicaire d'une paroisse populaire, il jeta les bases de la Jeunesse ouvrière chrétienne (JOC) et devint cardinal en 1965.

CARDIN (Pierre), *Sant'Andrea di Barbarana, Italie, 1922*, couturier français. Il a libéré la mode masculine de la rigueur britannique et, le premier, imposé à la couture ses modèles unisexes et son style futuriste très architecturé.

CARDINALE (Claudia), *Tunis 1938*, actrice italienne. Avec sa voix un peu rauque, elle excelle dans tous les genres : *le Guépard* (L. Visconti, 1963), *la Panthère rose* (B. Edwards, 1964), *la Storia* (L. Comencini, 1986).

CARDOSO (Fernando Henrique), *Rio de Janeiro 1931*, sociologue et homme politique brésilien. Il a été président de la République de 1995 à 2002.

CARDUCCI (Giosuè), *Valdicastello 1835 - Bologne 1907*, écrivain italien. Poète officiel de l'Italie unifiée, il chercha à réaliser la fusion de la ballade romantique et de la prosodie gréco-latine. (Prix Nobel 1906.)

CARÉLIE, région du nord de l'Europe, entre la mer Blanche et le golfe de Finlande, dont la majeure partie appartient à la Russie, le reste faisant partie de la Finlande.

CARÉLIE, république du nord-ouest de la Russie ; 645 205 hab. *(Caréliens)* ; cap. *Petrozavodsk*.

CARÉLIENS, peuple finno-ougrien de Russie (125 000, surtout en république de Carélie) et de Finlande.

CARÊME (Marie-Antoine), *Paris 1784 - id. 1833*, cuisinier français, fondateur de la cuisine française d'apparat et auteur d'ouvrages d'art culinaire.

CARÊME (Maurice), *Wavre 1899 - Anderlecht 1978*, poète belge de langue française, auteur de recueils pour enfants (*la Lanterne magique*).

CARENTAN-LES-MARAIS, bur. centr. de cant. de la Manche ; 8 443 hab. *(Carentanais)*. Église gothique.

CAREY (Henry Charles), *Philadelphie 1793 - id. 1879*, économiste américain. Favorable aux thèses protectionnistes, il soutint, contre Malthus, la thèse du rendement croissant des terres en agriculture.

CAREY (Peter), *Bacchus Marsh, Victoria, 1943*, écrivain australien. Ses romans inventifs, dont l'écriture conjugue hardiesse et fantaisie, jouent volontiers des formes narratives (*Oscar et Lucinda*, 1988 ; *Véritable Histoire du gang Kelly*, 2001) et traitent notamm. de la mystification (*Ma vie d'imposteur*, 2003 ; *Un autre*, 2008).

CARHAIX-PLOUGUER [karɛplugɛr] ou **CARHAIX** (29270), bur. centr. de cant. du Finistère ; 7 900 hab. *(Carhaisiens)*. Maisons anciennes. – Festival musical (« les Vieilles Charrues »).

CARIB, famille linguistique amérindienne représentée dans tout le nord de l'Amérique latine. Ces langues sont issues ou parentes de celles des anciens Carib, ou Caraïbes, qui habitaient la Guyane et les Petites Antilles à l'arrivée des Européens.

CARIBÉENS, nom donné à l'ensemble des sociétés métissées des îles de la région caraïbe. Ces populations, issues d'Amérindiens, d'esclaves noirs et de colonisateurs blancs, sont marquées par leurs anciennes conditions de vie (esclavage, économie de plantation), par la pratique de la religion vaudoue et l'usage du créole.

▲ **Carcassonne.** La cité (ville ancienne) avec son enceinte, élevée aux XIIe-XIIIe s.

CARIBERT ou **CHARIBERT,** roi franc de Paris (561 - 567), de la dynastie mérovingienne.

CARIE, anc. pays du sud-ouest de l'Asie Mineure, sur la mer Égée ; v. princ. *Milet* et *Halicarnasse*. Son souverain le plus célèbre fut Mausole.

Carillon (fort), fort construit par les Français en Nouvelle-France, au sud du lac Champlain (1756). Victoire de Montcalm sur les Anglais (8 juill. 1758).

CARINTHIE, prov. de l'Autriche méridionale ; 556 173 hab. ; ch.-l. *Klagenfurt*.

CARISSIMI (Giacomo), *Marino, près de Rome, 1605 - Rome 1674*, compositeur italien. Il a contribué à fixer la forme de l'oratorio en Italie.

CARJAT (Étienne), *Fareins, Ain, 1828 - Paris 1906*, photographe français. Ses portraits d'écrivains et d'artistes (Baudelaire, Hugo, Rimbaud, Courbet, Bizet, Sarah Bernhardt) privilégient la sobriété du cadre et l'absence de décor. Il fut également caricaturiste et poète.

CARLE (Gilles), *Maniwaki, Québec, 1929 - Granby 2009*, cinéaste canadien. Il est l'auteur de fables réalistes ou utopistes (*les Mâles*, 1970 ; *la Mort d'un bûcheron*, 1973 ; *Maria Chapdelaine*, 1983).

CARLETON (Guy), baron **Dorchester,** *Strabane, Irlande, 1724 - Stubbings 1808*, général britannique. Gouverneur de la province de Québec (1768 - 1778 et 1786 - 1796), il fit adopter l'Acte de Québec (1774).

CARLISLE, v. de Grande-Bretagne (Angleterre), ch.-l. du Cumbria ; 71 773 hab. Cathédrale des XIIe-XIVe s.

CARLITTE ou **CARLIT** (massif du), massif des Pyrénées françaises (Pyrénées-Orientales) ; 2 921 m au *pic Carlitte*.

CARLOMAN, *v. 715 - Vienne, Isère, 754*, maire du palais d'Austrasie (741 - 747), fils aîné de Charles Martel.

CARLOMAN, *v. 751 - Samoussy ou Chaumuzy 771*, roi des Francs (768 - 771), de la dynastie carolingienne. Partageant le pouvoir avec son frère Charlemagne, il se brouilla avec lui (769 - 770). Après sa mort, ce dernier fit cloîtrer ses fils.

CARLOMAN, roi de France (879 - 884), de la dynastie carolingienne. Fils de Louis II le Bègue, il régna conjointement avec son frère Louis III jusqu'en 882.

CARLOS (don) ou **CHARLES DE BOURBON,** *Madrid 1788 - Trieste 1855*, infant d'Espagne, comte de Molina. Revendiquant la succession au trône d'Espagne contre Isabelle II, il provoqua la première guerre carliste (1833 - 1839).

CARLOS (don) ou **CHARLES DE BOURBON,** *Madrid 1818 - Trieste 1861*, prince espagnol, comte de Montemolin. Fils de Charles de Bourbon, comte de Molina, il suscita la deuxième guerre carliste (1846 - 1849).

CARLSBAD, v. des États-Unis (Nouveau-Mexique) ; 26 138 hab. Grottes aux environs. Potasse. Enfouissement de déchets nucléaires.

▲ Magnus **Carlsen** lors du championnat du monde de parties rapides, à Berlin, le 10 octobre 2015.

CARLSEN (Magnus), *Tønsberg, au sud d'Oslo, 1990*, joueur d'échecs norvégien. Jeune prodige, il atteint, en 2014, le classement le plus haut de l'histoire des échecs, devançant G. Kasparov*. Il est champion du monde depuis 2013.

▲ Carolyn **Carlson** dans *Song* (1985).

CARLSON (Carolyn), *Oakland 1943*, danseuse et chorégraphe américaine. Disciple d'Alwin Nikolais, elle se fixe en Europe dès 1971 et y joue un rôle essentiel dans l'essor de la danse moderne. Ses créations, notamm. à Paris et à Venise, expriment une poésie visuelle (*Density 21,5*, 1973 ; *Writings on Water*, 1979 ; *Blue Lady*, 1983 ; *Maa*, 1991 ; *Signes*, 1997 ; *Inanna*, 2005 ; *Now*, 2014). Elle a fondé en 1999 l'Atelier de Paris - Carolyn Carlson et a dirigé de 2004 à 2013 le Centre chorégraphique national Roubaix - Nord-Pas-de-Calais.

CARLSSON (Ingvar), *Borås 1934*, homme politique suédois. Président du Parti social-démocrate (1986 - 1996), il est Premier ministre de 1986 à 1991 et de 1994 à 1996.

CARLU (Jean), *Bonnières-sur-Seine 1900 - Nogent-sur-Marne 1997*, affichiste français, au style synthétique et familier (*Monsavon*, 1925 ; *Perrier-Pschitt*, *Larousse*, etc.).

CARLYLE (Thomas), *Ecclefechan, Écosse, 1795 - Londres 1881*, historien et écrivain britannique. Influencé par l'idéalisme allemand, fasciné par les héros charismatiques, il est l'auteur du puissant roman autobiographique *Sartor Resartus* et d'une importante *Histoire de la Révolution française*.

CARMAGNOLA (Francesco **Bussone**, dit), *Carmagnola v. 1380 - Venise 1432*, condottiere italien. Il fut au service de Milan, puis de Venise. Soupçonné de trahison, il fut décapité.

Carmagnole (la), chant et ronde des sans-culottes, datant de l'époque où Louis XVI était prisonnier au Temple (1792).

CARMAUX (81400), bur. centr. de cant. du Tarn ; 9 713 hab. *(Carmausins)*. Anc. centre houiller. – Musée de la Mine ; parc de loisirs.

CARMEL (mont), montagne d'Israël, au-dessus de Haïfa ; 546 m. Il est considéré comme le berceau de l'ordre du Carmel, un croisé, Berthold, s'y étant retiré au XIIe s., rejoint par de nombreux disciples.

Carmen, personnage d'une nouvelle de P. Mérimée (1845). Cette belle Gitane, sensuelle et passionnée, est le type même de la femme fatale. – La nouvelle a inspiré un opéra-comique (*Carmen*, 1875, livret de H. Meilhac et L. Halévy) à G. Bizet, ainsi que des adaptations chorégraphiques à R. Petit (Londres, 1949), A. Alonso (*Carmen-suite*, Moscou, 1967), A. Gadès (Paris, 1983) et Mats Ek (1992). Au cinéma, E. Lubitsch (1918), C. Saura (1983) et F. Rosi (1984) ont réalisé des films sous ce titre, ainsi que O. Preminger (*Carmen Jones*, 1954).

CARMET (Jean), *Tours 1920 - Sèvres 1994*, acteur français. Au théâtre, à la radio et au cinéma dans de très nombreux films (*Violette Nozière*, C. Chabrol, 1978), il a incarné le « Français moyen ».

CARMONA (António Óscar **de Fragoso**), *Lisbonne 1869 - Lumiar 1951*, maréchal et homme politique portugais. Président de la République de 1928 à sa mort, il choisit Salazar comme président du Conseil (1932).

CARMONTELLE (Louis **Carrogis**, dit), *Paris 1717 - id. 1806*, auteur dramatique et artiste français. Ses portraits, à la plume et à l'aquarelle, sont vivants et spirituels. Il donna vers 1774 sa première forme de jardin anglais à ce qui est devenu le parc Monceau, à Paris. On lui doit également des comédies légères.

CARNAC (56340), comm. du Morbihan, sur la baie de Quiberon ; 4 356 hab. *(Carnacois)*. Station balnéaire. – Alignements mégalithiques (néolithique final, v. 2000 av. J.-C.).

CARNAC → **KARNAK.**

CARNAP (Rudolf), *Ronsdorf, auj. dans Wuppertal, 1891 - Santa Monica 1970*, logicien et philosophe américain d'origine allemande. L'un des promoteurs du cercle de Vienne, il a cherché à formaliser tout langage à partir de l'approche syntaxique des langages de Hilbert (*la Syntaxe logique de la langue*, 1934).

CARNARVON (George Herbert, comte **de**), *château de Highclere, Berkshire, 1866 - Le Caire 1923*, égyptologue britannique. Il découvrit, avec H. Carter, la tombe de Toutankhamon (1922).

CARNATIC, anc. royaume de l'Inde du Sud (États actuels du Tamil Nadu et du Karnataka).

Carnavalet (musée), musée historique de la Ville de Paris, dans le Marais. Il occupe les hôtels Carnavalet, des XVIe et XVIIe s. (sculptures de l'école de J. Goujon), et Le Peletier de Saint-Fargeau. Archéologie ; reconstitutions d'intérieurs parisiens ; peintures, documents graphiques et objets divers ; fonds de l'époque révolutionnaire ; souvenirs de Mme de Sévigné. Le musée est en cours de rénovation.

CARNÉ (Marcel), *Paris 1906 - Clamart 1996*, cinéaste français. Avec la collaboration de Jacques Prévert, scénariste de la plupart de ses films, il fut l'un des chefs de file du réalisme poétique, privilégiant les atmosphères sombres et les dénouements fatals : *Drôle de drame* (1937), *le Quai des brumes* (1938), *Hôtel du Nord* (id.), *Le jour se lève* (1939), *les Visiteurs du soir* (1942), *les Enfants du paradis* (1945), *les Portes de la nuit* (1946).

▲ Marcel **Carné**. *Hôtel du Nord* (1938), avec Louis Jouvet et Arletty.

CARNÉADE, *Cyrène v. 215 av. J.-C. - Athènes v. 129 av. J.-C.*, philosophe grec. Il fonda une école, la Nouvelle Académie, et enseigna une philosophie sceptique, le probabilisme.

CARNEGIE (Andrew), *Dunfermline, Écosse, 1835 - Lenox, Massachusetts, 1919*, industriel américain. Self-made-man, fondateur d'un trust sidérurgique, il amassa une immense fortune et subventionna des fondations charitables ainsi que des instituts scientifiques et culturels.

CARNIOLE, anc. prov. d'Autriche, dont la majeure partie de la population, slovène, entra dans le royaume des Serbes, Croates et Slovènes (1918).

CARNOT (Lazare), *Nolay 1753 - Magdebourg 1823*, homme politique et savant français. Ingénieur militaire, député à la Législative (1791) et à la Convention (1792), membre du Comité de salut public (1793), il organisa les armées de la République et conçut tous les plans de campagne ; il fut surnommé *l'Organisateur de la victoire*. Membre du Directoire (1795), ministre de la Guerre (1800), il s'opposa au pouvoir personnel de Napoléon, mais accepta le portefeuille de l'Intérieur durant les Cent-Jours (1815). Il fut exilé par la Restauration comme régicide. Son œuvre scientifique, importante, concerne la mécanique et les mathématiques ; il est, avec Monge, l'un des créateurs de la géométrie moderne.

◄ Lazare **Carnot** par F. Bouchot. (Dir. du génie, Paris.)

— **Sadi C.,** *Paris 1796 - id. 1832*, physicien français. Fils aîné de Lazare, il est considéré comme le créateur de la thermodynamique ; il énonça, dans sa brochure *Réflexions sur la puissance motrice du feu* (1824), le deuxième principe de la thermodynamique, et on retrouva, dans ses notes, les notions constituant le premier principe. — **Hippolyte C.,** *Saint-Omer 1801 - Paris 1888*, homme politique français. Second fils de Lazare, il fut ministre de l'Instruction publique en 1848. — **Marie François Sadi,** dit **Sadi C.,** *Limoges 1837 - Lyon 1894*, homme politique français. Fils d'Hippolyte, président de la République en 1887, il fut assassiné par l'anarchiste Caserio.

CARNUTES, anc. peuple de la Gaule. Les Carnutes occupaient la future province de l'Orléanais avec deux villes principales, Chartres et Orléans. La *forêt des Carnutes* était le lieu de rassemblement des druides de la Gaule.

CARO (sir Anthony), *New Malden, Surrey, 1924 - Londres 2013*, sculpteur britannique. Après avoir, dans les années 1960, employé le métal sous forme d'assemblages polychromes d'une géométrie économe, il en est venu, travaillant dans des forges industrielles, à une plus grande complexité et au baroquisme.

CAROBERT → **CHARLES Ier ROBERT.**

CAROL → **CHARLES Ier** [Roumanie].

CAROLINE BONAPARTE → **BONAPARTE.**

CAROLINE de Brunswick, *Brunswick 1768 - Londres 1821*, princesse britannique. Elle épousa (1795) le futur roi George IV, qui lui intenta un procès en adultère et la répudia.

CAROLINE DU NORD, État des États-Unis, sur l'Atlantique ; 10 273 419 hab. ; cap. *Raleigh*.

CAROLINE DU SUD, État des États-Unis, sur l'Atlantique ; 5 024 369 hab. ; cap. *Columbia*.

CAROLINES (îles), archipel d'Océanie. D'abord espagnol, puis allemand (1899), enfin japonais (1919), cet archipel a été administré au nom de l'ONU par les États-Unis, à partir de 1947. Sa partie orientale est devenue indépendante en 1979 (États fédérés de Micronésie) ; l'Ouest constitue, depuis 1994, la république des Palaos.

CAROLINGIENS, dynastie franque qui succéda aux Mérovingiens en 751, restaura l'empire d'Occident (800 - 887), régna en Germanie jusqu'en 911 et en France jusqu'en 987. Fondée par Pépin le Bref, elle doit son nom à son représentant le plus illustre, Charlemagne. *(V. carte page suivante.)*

CAROLUS-DURAN (Charles **Durant**, dit), *Lille 1837 - Paris 1917*, peintre français. Il est l'auteur de portraits mondains.

CARON (Antoine), *Beauvais 1521 - id. 1599*, peintre et décorateur français. Artiste de cour, il acquit à Fontainebleau son style italianisant.

CARONÍ (río), riv. du Venezuela, affl. de l'Orénoque (r. dr.) ; 690 km.

CARONTE (chenal de) ou canal de **CARONTE,** passage maritime des Bouches-du-Rhône entre l'étang de Berre et le golfe de Fos.

CAROTHERS (Wallace Hume), *Burlington, Iowa, 1896 - Philadelphie 1937*, chimiste américain. Il a créé le Néoprène (1931) et le Nylon (1937).

CAROUGE, v. de Suisse, banlieue sud de Genève ; 19 756 hab. *(Carougeois)*.

CARPACCIO (Vittore), *Venise autour de 1460 - ? v. 1525*, peintre italien. Narrateur inventif, il a peint notamment, en des séries célèbres, la *Légende de sainte Ursule* (Accademia de Venise), les *Histoires de saint Georges, saint Jérôme et saint Tryphon*, les scènes de la *Vie de saint Étienne*. *(V. ill. page suivante.)*

CARPATES n.f. pl., chaîne de montagnes de l'Europe centrale et du Sud-Est, qui s'étend en arc de cercle sur la Slovaquie, la Pologne, l'Ukraine et surtout la Roumanie. Moins élevées que les Alpes, très boisées, les Carpates culminent à 2 655 m.

▲ **Carpaccio.** *Portrait d'un chevalier*, 1510. (Coll. Thyssen-Bornemisza, Madrid.)

CARPEAUX (Jean-Baptiste), *Valenciennes 1827 - Courbevoie 1875*, sculpteur et peintre français. Interprète du mouvement et de la grâce (*le Triomphe de Flore*, pour une façade du Louvre ; *la Danse*, pour l'Opéra de Paris [original au musée d'Orsay]), il est aussi l'auteur de nombreux bustes.

CARPENTARIE (golfe de), golfe de la côte nord de l'Australie.

CARPENTER (John), *Carthage, État de New York, 1948*, cinéaste américain. Il s'est affirmé comme l'un des réalisateurs les plus efficaces dans les registres de la science-fiction et de l'horreur (*Halloween. La nuit des masques*, 1978 ; *The Thing*, 1982).

CARPENTIER (Alain), *Toulouse 1933*, chirurgien français. Il a inventé et développé de nouvelles techniques en chirurgie cardiaque, notamm. pour la réparation des valves du cœur. Il travaille auj. sur un cœur artificiel totalement implantable.

CARPENTIER (Alejo), *La Havane 1904 - Paris 1980*, écrivain cubain. Ses romans tissent, autour de faits historiques, d'amples fictions qui évoquent le métissage de la civilisation antillaise (*le Royaume de ce monde*, 1949 ; *le Partage des eaux*, 1953).

CARPENTIER (Georges), *Liévin 1894 - Paris 1975*, boxeur français. Il fut champion du monde des poids mi-lourds (1920).

CARPENTRAS [karpɑ̃tra] (84200), ch.-l. d'arrond. de Vaucluse ; 29 678 hab. (*Carpentrassiens*). Marché (truffes). Confiserie (berlingots, fruits confits...). – Monuments de l'époque romaine au XVIIIe s. Musées. Bibliothèque Inguimbertine (manuscrits enluminés, etc.). – Anc. cap. du Comtat Venaissin.

Carpiagne (camp de), camp militaire situé à 10 km à l'E. de Marseille.

CARQUEFOU (44470), bur. centr. de cant. de la Loire-Atlantique ; 19 839 hab. (*Carquefolliens*).

CARQUEIRANNE (83320), comm. du Var, au S.-O. d'Hyères ; 10 165 hab. (*Carqueirannais*). Station balnéaire.

CARRÀ (Carlo), *Quargnento, province d'Alexandrie, 1881 - Milan 1966*, peintre et théoricien italien. Il a participé tour à tour au futurisme, à la tendance « métaphysique », puis au retour à la tradition des années 1920.

CARRACHE, en ital. **Carracci**, peintres italiens. **Louis C.**, en ital. **Ludovico Carracci**, *Bologne 1555 - id. 1619*, et ses cousins, les frères **Augustin C.**, en ital. **Agostino Carracci**, *Bologne 1557 - Parme 1602*, et **Annibal C.**, en ital. **Annibale Carracci**, *Bologne 1560 - Rome 1609*. Ce dernier décora la galerie du palais Farnèse à Rome (voûte avec *les Amours des dieux*, v. 1595-1600). Vers 1585, ils fondèrent dans leur ville natale une académie réputée, où se formèrent G. Reni, l'Albane, le Dominiquin, le Guerchin. Leur doctrine associait l'étude de l'Antiquité, celle des grands maîtres de la Renaissance et l'observation de la nature, la recherche de la vérité expressive, en réaction contre les artifices du maniérisme.

CARRARE, en ital. **Carrara**, v. d'Italie (Toscane), près de la Méditerranée ; 65 005 hab. Carrières de marbre. – Cathédrale romano-gothique.

CARREL (Alexis), *Sainte-Foy-lès-Lyon 1873 - Paris 1944*, chirurgien et biologiste français. Il fut l'auteur d'importantes découvertes sur la culture des tissus. Son œuvre littéraire (*l'Homme, cet inconnu*) est marquée par l'eugénisme. (Prix Nobel 1912.)

CARREL (Armand), *Rouen 1800 - Saint-Mandé 1836*, journaliste français. Il fonda, avec Thiers et Mignet, le quotidien *le National* (1830) et combattit la monarchie de Juillet. Il fut tué en duel par Émile de Girardin.

CARREÑO DE MIRANDA (Juan), *Avilés 1614 - Madrid 1685*, peintre espagnol. Il est l'auteur de tableaux d'autels, comme la *Fondation de l'ordre trinitaire* (Louvre), et de portraits.

CARRERAS (José), *Barcelone 1946*, ténor espagnol. Il mène, depuis ses débuts en 1970 à Barcelone, une brillante carrière internationale, dans le répertoire italien notamment.

L'EMPIRE CAROLINGIEN

- Le royaume des Francs en 771
- Conquêtes de Charlemagne
- Couronnement impérial de Charlemagne en 800
- Peuples et États dépendants en 814

Partage de Verdun (843)

- Royaume de Charles le Chauve (Francia occidentalis)
- Royaume de Lothaire
- Royaume de Louis le Germanique (Francia orientalis)

- Abbayes
- Archevêchés

▲ Annibal **Carrache.** *Le Triomphe de Bacchus et d'Ariane*, fresque à la voûte de la galerie du palais Farnèse (1595 et suiv.).

CARRÈRE (Emmanuel), *Paris 1957*, écrivain français, fils d'Hélène Carrère d'Encausse. Dans ses récits, fictifs (*la Moustache*, 1986 ; *la Classe de neige*, 1995) ou inspirés par le réel (*l'Adversaire*, 1999 ; *D'autres vies que la mienne*, 2009 ; *Limonov*, 2011), il enquête sur des vies minées par le secret, le mensonge ou la douleur. Dans *le Royaume* (2014), il mêle la grande Histoire (récit des débuts de la chrétienté) à son propre parcours spirituel.

CARRÈRE D'ENCAUSSE (Hélène), *Paris 1929*, historienne et politologue française. Spécialiste de l'histoire russe et soviétique, elle est notamm. l'auteure de : *l'Empire éclaté* (1978), *le Grand Frère* (1983), *la Gloire des nations ou la Fin de l'empire soviétique* (1990), *Catherine II* (2002). [Acad. fr.]

CARRERO BLANCO (Luis), *Santoña 1903 - Madrid 1973*, amiral et homme politique espagnol. Ministre de Franco à partir de 1951, président du gouvernement (1973), il fut assassiné par l'ETA.

CARRIER (Jean-Baptiste), *Yolet, Cantal, 1756 - Paris 1794*, homme politique français. Conventionnel, il fut envoyé en mission à Nantes, où il organisa des noyades collectives. Il fut guillotiné.

CARRIERA (Rosalba), souvent dite **Rosalba**, *Venise 1675 - id. 1757*, pastelliste italienne. Elle obtint, comme portraitiste, un grand succès dans plusieurs villes ou capitales d'Europe.

CARRIER-BELLEUSE (Albert), *Anizy-le-Château, Aisne, 1824 - Sèvres 1887*, sculpteur et décorateur français. C'est l'un des meilleurs représentants du style « second Empire ».

CARRIÈRE (Eugène), *Gournay-sur-Marne 1849 - Paris 1906*, peintre et lithographe français. Il a surtout peint des maternités et des portraits, traités dans un camaïeu gris-brun d'où les formes essentielles se dégagent en clair.

CARRIÈRE (Jean-Claude), *Colombières-sur-Orb, Hérault, 1931*, écrivain et scénariste français. Surtout connu comme scénariste (notamm. de tous les films français de L. Buñuel), il est aussi l'auteur fécond de récits, d'essais (*les Années d'utopie*, 2003) et de pièces de théâtre (*l'Aide-mémoire* ; adaptation du *Mahabharata* pour P. Brook).

CARRIÈRES-SOUS-POISSY (78300), comm. des Yvelines ; 16 114 hab. *(Carriérois)*.

CARRIÈRES-SUR-SEINE (78420), comm. des Yvelines ; 15 406 hab. *(Carrillons)*.

CARRILLO (Santiago), *Gijón 1915 - Madrid 2012*, homme politique espagnol. Exilé de 1937 à 1976, il fut de 1960 à 1982 secrétaire général du Parti communiste espagnol, prônant la voie de l'*eurocommunisme* (adaptation du communisme au contexte politique de l'Europe de l'Ouest).

CARROLL (Charles **Dodgson,** dit Lewis), *Daresbury 1832 - Guildford 1898*, mathématicien et écrivain britannique. Il est l'auteur d'œuvres logiques telles que la *Logique symbolique* (1896), adressée aux profanes et aux jeunes. Ses récits unissent sa passion de la logique formelle et sa fascination pour l'imagination enfantine (*Alice* au pays des merveilles* ; *De l'autre côté du miroir*, 1871).

▲ Lewis **Carroll** par H. von Herkomer. (Oxford.)

CARROS (06510), comm. des Alpes-Maritimes ; 12 162 hab. *(Carrossois)*. Pharmacie. Électronique (automates industriels). – Château (Centre international d'art contemporain).

CARROZ-D'ARÂCHES (Les) [74300], station de sports d'hiver (alt. 1 140 - 2 480 m) de la Haute-Savoie (comm. d'Arâches-la-Frasse), entre les vallées de l'Arve et du Giffre.

CARRY-LE-ROUET (13620), comm. des Bouches-du-Rhône ; 6 021 hab. *(Carryens)*. Station balnéaire.

CARSON (Christopher **Carson,** dit Kit), *Madison County, Kentucky, 1809 - Fort Lyon, Colorado, 1868*, pionnier américain. Guide et éclaireur, il participa à partir de 1831 à plusieurs expéditions vers l'Ouest, et prit part aux guerres indiennes.

CARTAGENA, v. de Colombie, sur la mer des Antilles ; 990 179 hab. Monuments anciens.

CARTAGENA, v. d'Espagne (→ **Carthagène**).

CARTAN (Élie), *Dolomieu 1869 - Paris 1951*, mathématicien français. Il approfondit la théorie des groupes. — **Henri C.,** *Nancy 1904 - Paris 2008*, mathématicien français. Fils d'Élie, il étudia surtout les fonctions de variables complexes. Il fut l'un des fondateurs du groupe Nicolas Bourbaki*.

Cartel ou **Cartel des quatre,** groupe formé de 1927 à 1940 par les metteurs en scène G. Baty, C. Dullin, L. Jouvet et G. Pitoëff, pour la défense de leurs intérêts professionnels et moraux.

Cartel des gauches, coalition des partis de l'opposition (socialistes SFIO, républicains socialistes, radicaux-socialistes et gauche radicale) formée lors des élections de 1924 contre la majorité de droite du Bloc national. Sa victoire entraîna la démission du président Millerand (1924). L'hostilité des milieux d'affaires face à la politique du Cartel provoqua la démission d'Édouard Herriot (1926).

CARTELLIER (Pierre), *Paris 1757 - id. 1831*, sculpteur français. Néoclassique, il est l'auteur du relief de *la Victoire sur un quadrige* à la Colonnade du Louvre (1807), d'effigies funéraires, de statues officielles.

CARTER (Elliott), *New York 1908 - id. 2012*, compositeur américain. Il est célèbre notamment pour ses recherches rythmiques (*Symphonie de trois orchestres*, quatuors à cordes).

CARTER (Howard), *Londres 1874 - id. 1939*, égyptologue britannique. Il découvrit, avec lord Carnarvon, la tombe de Toutankhamon (1922).

CARTER (James Earl, dit Jimmy), *Plains, Géorgie, 1924*, homme politique américain. Démocrate, il est président des États-Unis de 1977 à 1981 (artisan des accords de Camp David). Effectuant ensuite de nombreuses missions dans le monde entier, il se montre un ardent défenseur de la paix, des droits de l'homme et de la démocratie. (Prix Nobel de la paix 2002.)

CARTERET (Philip), *m. à Southampton en 1796*, navigateur britannique. Il effectua le tour du monde (1766 - 1769), explorant particulièrement les parties équatoriales du Pacifique.

CARTHAGE, v. d'Afrique du Nord, près de l'actuelle Tunis. Fondée par des colons phéniciens venus de Tyr, conduits selon la légende par Didon (814 av. J.-C.), Carthage devint la capitale d'une république maritime très puissante. Elle se substitua à Tyr en Occident, créa des colonies en Sicile, en Espagne, et envoya des navigateurs dans l'Atlantique nord et sur les côtes occidentales d'Afrique. Elle soutint contre Rome, sa rivale, de longues luttes connues sous le nom de guerres puniques* (264 - 146 av. J.-C.). Vaincue, malgré les efforts d'Hannibal, par Scipion l'Africain (201 av. J.-C.), Carthage fut détruite par Scipion Émilien (146 av. J.-C.). Fondée à nouveau comme colonie romaine (Iᵉʳ s. av. J.-C.), elle devint la capitale de l'Afrique romaine et de l'Afrique chrétienne. Prise en 439 par les Vandales, elle fut anéantie par les Arabes (v. 698). – Ruines antiques

CARTHAGÈNE, en esp. **Cartagena,** v. d'Espagne, région de Murcie, sur la Méditerranée ; 215 757 hab. Port. Métallurgie. Raffinerie de pétrole. – Musée archéologique. – La ville fut fondée par les Carthaginois v. 226 av. J.-C.

CARTIER (sir George-Étienne), *Saint-Antoine-sur-Richelieu, Québec, 1814 - Londres 1873*, homme politique canadien. Il joua un grand rôle dans l'établissement de la Confédération canadienne (1867).

CARTIER (Jacques), *Saint-Malo 1491 ? - id. 1557*, explorateur français. Il prit possession du Canada, à Gaspé, au nom de François Iᵉʳ (24 juill. 1534), et remonta le Saint-Laurent au cours d'un deuxième voyage (1535) ; il revint au Canada en 1541.

CARTIER-BRESSON (Henri), *Chanteloup, Seine-et-Marne, 1908 - Montjustin, Alpes-de-Haute-Provence, 2004*, photographe français. On lui doit quantité de reportages, tous révélateurs de ce qu'il a lui-même défini comme étant « l'instant décisif ». Fondation à Paris.

CARTOUCHE (Louis Dominique), *Paris 1693 - id. 1721*, brigand français. Chef d'une bande de voleurs, il fut roué vif en place de Grève.

CARTWRIGHT (Edmund), *Marnham, Nottinghamshire, 1743 - Hastings 1823*, inventeur britannique. Il créa le premier métier à tisser mécanique moderne (1785) mais échoua dans les applications industrielles.

CARUARU, v. du Brésil, à l'O. de Recife ; 306 788 hab.

CARUSO (Enrico), *Naples 1873 - id. 1921*, ténor italien. Renommé pour la beauté de son timbre et la sensualité de sa voix, il chanta au Metropolitan Opera de 1903 à 1920 et participa à la création de nombreuses œuvres de la jeune école italienne (Cilea, Franchetti, Puccini).

CARVEN (Marie Louise Jeanne Carmen **de Tommaso,** puis **Carven,** dite Mᵐᵉ), *Châtellerault 1909 - Paris 2015*, couturière française. À partir de 1945, elle créa une mode féminine toute en simplicité, associant art des proportions et fraîcheur des matières (coton rayé vert et blanc, vichy rose, imprimés ethniques). Ses parfums (« Ma griffe ») et ses uniformes ont aussi fait son succès.

▲ **Carthage.** La terrasse de la maison de la Volière.

CARVER (Raymond), *Clatskanie, Oregon, 1938 - Port Angeles, Washington, 1988*, écrivain américain. Ses nouvelles campent des personnages de prolétaires qui doivent beaucoup à son expérience personnelle (*Tais-toi, je t'en prie*, 1976 ; *Parlez-moi d'amour*, 1981 ; *les Vitamines du bonheur*, 1983). Son minimalisme désespéré a influencé les écrivains américains des années 1980.

CARVIN (62220), bur. centr. de cant. du Pas-de-Calais ; 17 131 hab. *(Carvinois)*. Église baroque.

CASABLANCA, en ar. **Dar el-Beida,** v. du Maroc, sur l'Atlantique ; 3 359 818 hab. dans l'agglomération *(Casablancais)*. Centre commercial et industriel (dont aéronautique, automobile). Exportation de phosphates. – Mosquée Hasan II. – Théâtre de combats lors du débarquement allié de 1942. Une conférence s'y tint (janv. 1943), entre Churchill et Roosevelt, au cours de laquelle de Gaulle et Giraud se rencontrèrent.

▲ **Casablanca.** La mosquée Hasan II.

Casa de Contratación, organisme espagnol, créé par les Rois Catholiques afin de stimuler et de protéger le commerce avec l'Amérique (1503 - 1790).

CASADESUS (Gisèle), *Paris 1914 - id. 2017*, comédienne française. Fidèle sociétaire de la Comédie-Française (1934 - 1967), elle mena une carrière d'une longévité exceptionnelle, en incarnant à l'écran la femme française élégante, discrète et sensible (*la Tête en friche*, J. Becker, 2010).

CASADESUS (Robert), *Paris 1899 - id. 1972*, pianiste français. Également compositeur, il a fait connaître dans le monde le répertoire français.

CASALS [kazals] (Pablo, ou, en catalan, Pau), *Vendrell, Tarragone, 1876 - San Juan, Porto Rico, 1973*, violoncelliste espagnol. Également compositeur et chef d'orchestre, il joua en trio avec A. Cortot et J. Thibaud, fonda l'Orchestre Pau Casals à Barcelone en 1919 et le Festival de Prades (1950) en France.

CASAMANCE (la), région du sud du Sénégal, entre la Gambie et le *fleuve Casamance* (320 km). Agriculture. Tourisme. – Un mouvement séparatiste s'y est développé à partir des années 1980.

CASANOVA (Giovanni Giacomo Girolamo), dit chevalier **de Seingalt,** *Venise 1725 - Dux, Bohême, 1798*, aventurier et écrivain italien. Il est célèbre par ses exploits romanesques (notamment son évasion des Plombs* de Venise) et galants, qu'il a contés dans ses *Mémoires*.

CASARÈS (Maria), *La Corogne 1922 - La Vergne, comm. d'Alloue, Charente, 1996*, actrice française d'origine espagnole. Elle s'est imposée comme tragédienne au théâtre (*Phèdre*, 1958 ; *les Paravents*, 1966) et au cinéma (*les Enfants du paradis*, M. Carné, 1945 ; *la Chartreuse de Parme*, Christian-Jaque, 1948 ; *le Testament d'Orphée*, J. Cocteau, 1960).

CASAUBON (Isaac), *Genève 1559 - Londres 1614*, helléniste et théologien calviniste français. Il fut surnommé « le Phénix des érudits ».

CASCADES (chaîne des), montagnes de l'ouest des États-Unis et du Canada, en bordure du Pacifique ; 4 391 m au mont Rainier.

Case de l'oncle Tom (la), roman de Harriet Beecher-Stowe contre l'esclavage (1852).

CASERIO (Sante Jeronimo), *Motta Visconti, Lombardie, 1873 - Lyon 1894*, anarchiste italien. Il assassina Sadi Carnot.

CASERTE, en ital. **Caserta,** v. d'Italie (Campanie), ch.-l. de prov., au N. de Naples ; 75 239 hab. Vaste château royal (1752-1773) dû à l'architecte Luigi *Vanvitelli* ; parc, jeux d'eau. – Les forces allemandes d'Italie et d'Autriche y capitulèrent en 1945.

cash and carry (clause), clause (1939) qui modifia la loi de neutralité américaine et autorisa l'exportation du matériel de guerre aux belligérants moyennant paiement comptant *(cash)* et transport *(carry)* par les acheteurs.

CASIMIR (saint), *Cracovie 1458 - Grodno 1484*, prince polonais. Fils du roi Casimir IV. Patron de la Pologne et de la Lituanie.

CASIMIR, nom de cinq ducs et rois de Pologne. — **Casimir III le Grand,** *Kowal 1310 - Cracovie 1370*, roi de Pologne (1333 - 1370) de la dynastie des Piast. Par ses conquêtes, il agrandit la Pologne, et créa l'université de Cracovie. — **Casimir IV Jagellon,** *Cracovie 1427 - Grodno 1492*, grand-duc de Lituanie (1440 - 1492) et roi de Pologne (1445 - 1492). — **Casimir V** → **Jean II Casimir.**

CASIMIR-PERIER (Auguste), *Paris 1811 - id. 1876*, homme politique français. Fils de Casimir Perier, il soutint la politique de Thiers dont il fut ministre de l'Intérieur (1871 - 1872). Il ajouta le prénom de son père à son patronyme en 1874. — **Jean C.-P.,** *Paris 1847 - id. 1907*, homme politique français. Fils d'Auguste, il fut président du Conseil (1893 - 1894) puis président de la République (1894 - 1895), et dut démissionner, devant l'opposition de gauche, dès le 15 janvier 1895.

CASPIENNE (mer), le plus grand lac du monde, aux confins de l'Europe et de l'Asie, entre la Russie, le Kazakhstan, le Turkménistan, l'Iran et l'Azerbaïdjan ; env. 360 000 km². Son principal tributaire est la Volga. Le niveau de la Caspienne se situe à 28 m au-dessous du niveau marin. Son sous-sol recèle des gisements, exploités, de pétrole.

CASSAGNAC (Granier de) → **GRANIER DE CASSAGNAC.**

CASSANDRE MYTH. GR. Héroïne de *l'Iliade*, fille de Priam et d'Hécube. Elle reçut d'Apollon le don de prédire l'avenir, mais elle se refusa à lui, et le dieu décréta que personne ne croirait à ses prédictions.

CASSANDRE, *v. 354 - 297 av. J.-C.*, roi de Macédoine. Fils d'Antipatros, il soumit la Grèce (319 - 317) et épousa Thessalonikê, sœur d'Alexandre le Grand.

CASSANDRE (Adolphe Mouron, dit), *Kharkov 1901 - Paris 1968*, peintre et affichiste français. Auteur d'affiches d'un style hardiment synthétique (*l'Intransigeant*, 1925), il a également donné des décors de théâtre.

CASSARD (Jacques), *Nantes 1679 - Ham 1740*, marin français. Corsaire, il lutta contre les Anglais et les Portugais. Ayant réclamé au gouvernement les sommes qui lui étaient dues, il fut enfermé au fort de Ham où il mourut.

CASSATT (Mary), *Pittsburgh 1843 ou 1844 - Le Mesnil-Thérībus 1926*, peintre et graveuse américaine. Fixée à Paris, elle reçut les conseils de Degas et s'illustra au sein du groupe impressionniste.

CASSAVETES (John), *New York 1929 - Los Angeles 1989*, cinéaste américain. Également acteur (*Rosemary's Baby*, R. Polanski, 1968), il privilégie dans son œuvre de cinéaste en rupture avec Hollywood l'expression des émotions, servie, en particulier, par les interprétations de son épouse Gena **Rowlands** *(Cambria 1930)* : *Faces* (1968), *Une femme sous influence* (1974), *Gloria* (1980).

CASSEL → **KASSEL.**

Casse-Noisette, personnage du ballet *Casse-Noisette et le Roi des souris* (Saint-Pétersbourg, 1892). Défenseur des jouets contre les souris, le casse-noisettes se transforme en prince charmant grâce à l'intervention de Clara contre le roi des souris. Le livret (inspiré d'un conte d'Hoffmann, 1819) est dû à Marius Petipa, la musique à Tchaïkovski et la chorégraphie à L. Ivanov.

CASSIERS (Guy), *Anvers 1960*, metteur en scène belge. Il développe une méthode mêlant disciplines artistiques et nouvelles technologies dans ses adaptations d'œuvres littéraires (*À la recherche du temps perdu*, cycle de 4 pièces, 2002-2004), tout en menant une réflexion morale sur l'histoire européenne (*Rouge décanté*, 2006 ; *Grensgeval [Borderline]*, avec Maud Le Pladec, 2017).

CASSIN (Barbara), *Boulogne-Billancourt 1947*, philologue et philosophe française. Ses essais analysent les rapports entre philosophie et sophistique, rhétorique et politique, mais aussi le pouvoir des mots dans les champs de la psychanalyse et de la traduction (*l'Effet sophistique*, 1995 ; *Vocabulaire européen des philosophies. Dictionnaire des intraduisibles*, dir., 2004). [Acad. fr.]

CASSIN (mont), montagne de l'Italie méridionale, près de Cassino ; 516 m. Saint Benoît y fonda en 529 un monastère bénédictin qui rayonna sur toute la chrétienté au Moyen Âge.

CASSIN (René), *Bayonne 1887 - Paris 1976*, juriste français. Il contribua à la fondation de l'Unesco et fit adopter la Déclaration universelle des droits* de l'homme (1948). Membre du Conseil constitutionnel, il présida la Cour européenne des droits de l'homme (1965). Ses cendres ont été transférées au Panthéon en 1987. (Prix Nobel de la paix 1968.)

CASSINI, famille de savants français, d'origine italienne. — **Jean Dominique C.,** dit **Cassini Ier,** *Perinaldo, Imperia, 1625 - Paris 1712*, astronome français. Il fut appelé en France par Colbert (1669) pour organiser l'Observatoire de Paris et fit progresser par ses observations la connaissance du Système solaire. — **Jacques C.,** *Paris 1677 - Thury, Oise, 1756*, savant français. Fils de Jean Dominique, il est surtout connu pour ses travaux de géodésie. — **César François C. de Thury,** *Thury 1714 - Paris 1784*, astronome et géographe français, fils de Jacques. Il entreprit la plus grande carte de France, appelée *carte de Cassini*, à l'échelle de 1/86 400. — **Jean Dominique C. de Thury,** *Paris 1748 - Thury 1845*, astronome et géographe français, fils de César François. Il termina la carte de France et prit une part active à la division du pays en départements.

Cassino (bataille de) [18 janv.-18 mai 1944], bataille de la Seconde Guerre mondiale. Violents combats entre soldats allemands et forces alliées en Italie, au pied du mont Cassin (point essentiel du dispositif de défense allemand). Le corps expéditionnaire français (avec ses troupes d'Afrique du Nord), sous les ordres du général Juin, s'y distingua.

CASSIODORE, *Scylacium, Calabre, v. 490 - Vivarium v. 580*, homme politique et érudit latin. Préfet du prétoire sous Théodoric. – Son encyclopédie, *Institutions des lettres divines et séculières*, servit de règle à l'enseignement au Moyen Âge.

CASSIRER (Ernst), *Breslau 1874 - New York 1945*, philosophe allemand. Précurseur de l'herméneutique contemporaine, il analysa les mythes, les religions et les symboles (*la Philosophie des formes symboliques*, 1923-1929) dans une perspective kantienne, et fit œuvre d'historien de la philosophie (*Individu et cosmos dans la philosophie de la Renaissance*, 1927).

CASSIS [kasi] (13260), comm. des Bouches-du-Rhône ; 7 325 hab. *(Cassidens)*. Station balnéaire. Vins blancs.

CASSITÉRIDES (îles), nom antique d'un archipel formé peut-être par les actuelles îles Scilly. Étain.

CASSOLA (Carlo), *Rome 1917 - Montecarlo, Toscane, 1987*, écrivain italien. Son œuvre narrative, marquée par un sentiment aigu de l'existence et des relations amoureuses, a pour décor le paysage toscan (*la Coupe de bois*, *la Ragazza*).

CASSOU (Jean), *Deusto, Espagne, 1897 - Paris 1986*, écrivain français. Romancier (*le Bel Automne*) et historien de l'art, il a prolongé une vaste culture en un engagement dans le Front populaire et la Résistance (*Une vie pour la liberté*).

CASTAGNO (Andrea del) → **ANDREA DEL CASTAGNO.**

CASTANET-TOLOSAN (31320), bur. centr. de cant. de la Haute-Garonne ; 13 056 hab. *(Castanéens)*.

CASTELBAJAC (Jean-Charles de), *Casablanca 1949*, créateur français. Marqué par le mouvement punk et le pop art, il propose à partir des années 1970 une mode ludique et colorée, qui détourne images et matières en de mouvants tableaux. Il crée aussi des costumes pour le théâtre et le cinéma, des vêtements liturgiques, etc.

Castel del Monte, château d'Italie, près d'Andria (prov. de Bari). Octogone à cour centrale cantonné de 8 tours, de style gothique primitif assorti de souvenirs antiques, il a été érigé pour Frédéric II de Hohenstaufen (v. 1240-1250).

CASTEL GANDOLFO, comm. d'Italie (Latium), sur le lac d'Albano ; 8 845 hab. Palais, résidence d'été des papes, remontant au XVIIe s. (ouvert au public).

CASTELGINEST (31780), bur. centr. de cant. de la Haute-Garonne ; 10 099 hab. *(Castelginestois).*

CASTELJALOUX (47700), bur. centr. de cant. de Lot-et-Garonne ; 4 762 hab. *(Casteljalousains).* Maisons anciennes.

CASTELLANE (04120), ch.-l. d'arrond. des Alpes-de-Haute-Provence, sur le Verdon, au pied des *Préalpes de Castellane ;* 1 580 hab. *(Castellanais).* Église romano-gothique.

CASTELLET (Le) [83330], comm. du Var ; 3 993 hab. *(Castellans).* Circuit automobile. Aérodrome.

CASTELLION ou **CHATEILLON** (Sébastien), *Saint-Martin-du-Fresne, Ain, v. 1515 - Bâle 1563,* théologien et humaniste français. Devenu protestant, il collabora avec Calvin, puis s'opposa à lui au nom de la tolérance dans l'affaire Servet. Il traduisit la Bible en latin et en français.

CASTELLÓN DE LA PLANA, v. d'Espagne, région de Valence, ch.-l. de prov., près de la Méditerranée ; 169 498 hab. Faïence.

CASTELNAU (Édouard **de Curières de**), *Saint-Affrique 1851 - Montastruc-la-Conseillère 1944,* général français. Il commanda la IIe armée en Lorraine (1914), fut l'adjoint de Joffre (1915 - 1916), puis il prit la tête du groupe d'armées de l'Est (1917 - 1918). Il fut député de l'Aveyron (1919 - 1924).

CASTELNAU (Pierre **de**), *m. près de Saint-Gilles, Gard, en 1208,* cistercien français. Légat du pape Innocent III en Languedoc, il tenta vainement d'endiguer l'hérésie cathare. Son assassinat fut le signal de la croisade des albigeois.

CASTELNAUDARY (11400), bur. centr. de cant. de l'Aude, sur le canal du Midi ; 11 563 hab. *(Chauriens).* Industries alimentaires. – Église gothique.

CASTELNAU-DE-MÉDOC (33480), comm. de la Gironde ; 4 604 hab. *(Castelnaudais).* Vins. – Église du XVe s.

CASTELNAU-LE-LEZ [-lɛz] (34170), comm. de l'Hérault, près de Montpellier ; 19 886 hab.

CASTELNAU-MONTRATIER-SAINTE-ALAUZIE (46170), bur. centr. de cant. du Lot, dans le Quercy ; 1 983 hab. Marché agricole. – Bastide du XIIIe s.

CASTELO BRANCO (Camilo), *Lisbonne 1825 - São Miguel de Ceide, près de Braga, 1890,* écrivain portugais. Il fut l'un des maîtres du récit réaliste dans son pays *(Nouvelles du Minho).*

CASTELSARRASIN (82100), ch.-l. d'arrond. de Tarn-et-Garonne ; 14 393 hab. *(Castelsarrasinois).* Église gothique St-Sauveur (mobilier baroque).

CASTERET (Norbert), *Saint-Martory, Haute-Garonne, 1897 - Toulouse 1987,* spéléologue français. Il a exploré plus de 2 000 grottes et a déterminé la source de la Garonne.

CASTEX (Raoul), *Saint-Omer 1878 - Villeneuve-de-Rivière 1968,* amiral et théoricien militaire français. Il est l'auteur d'ouvrages historiques et stratégiques *(Théories stratégiques).*

Castiglione (bataille de) [5 août 1796], bataille de la campagne d'Italie. Victoire des troupes françaises d'Augereau sur les Autrichiens à Castiglione delle Stiviere, au N.-O. de Mantoue.

CASTIGLIONE (Baldassare), *Casatico, province de Mantoue, 1478 - Tolède 1529,* écrivain et diplomate italien. Son traité du *Courtisan* est un guide du parfait homme de cour sous la Renaissance. – Portrait par Raphaël au Louvre.

CASTIGLIONE (Giovanni Benedetto), *Gênes v. 1610 - Mantoue v. 1665,* peintre et graveur italien. Influencé par le naturalisme flamand et hollandais, actif à Rome, Naples, Gênes, Mantoue, il fut un baroque plein de virtuosité et d'imagination.

CASTILLE, en esp. **Castilla,** région du centre de la péninsule Ibérique. Les sierras de Gredos et de Guadarrama séparent la Vieille-Castille au N., drainée par le Douro, de la Nouvelle-Castille au S., traversée par le Tage et le Guadiana, où se trouve Madrid. La Castille, au climat torride en été et froid l'hiver, est le domaine d'une culture céréalière et d'un élevage ovin extensifs, en dehors de secteurs plus favorisés (vignes) ou irrigués (cultures fruitières et maraîchères). – La Castille forma au IXe s. un comté (cap. Burgos) puis au XIe s. un royaume. Celui-ci occupa progressivement la majeure partie de la péninsule Ibérique, grâce à la Reconquista (prise de Tolède en 1085, Séville en 1248, Grenade en 1492) et à l'union avec le royaume de León (1230) puis avec la Couronne aragonaise (1479).

CASTILLE-LA MANCHE, communauté autonome d'Espagne ; 79 225 km² ; 2 106 331 hab. ; cap. *Tolède ;* 5 prov. (*Albacete, Ciudad Real, Cuenca, Guadalajara* et *Tolède*).

CASTILLE-LEÓN, communauté autonome d'Espagne ; 94 010 km² ; 2 540 188 hab. ; cap. *Valladolid ;* 9 prov. (*Ávila, Burgos, León, Palencia, Salamanque, Ségovie, Soria, Valladolid* et *Zamora*).

Castillon (barrage de), retenue des Alpes-de-Haute-Provence, sur le Verdon, au N. de Castellane.

CASTILLON-LA-BATAILLE (33350), bur. centr. de cant. de la Gironde, sur la Dordogne ; 3 111 hab. *(Castillonnais).* Vins. – Victoire de Charles VII sur les Anglais, qui mit fin à la guerre de Cent Ans (1453).

CASTLEREAGH (Robert **Stewart,** vicomte), *Mount Stewart Down 1769 - North Cray Kent 1822,* homme politique britannique. Secrétaire à la Guerre (1805 - 1809) puis aux Affaires étrangères (1812), il fut l'âme des coalitions contre Napoléon Ier et joua un rôle primordial au congrès de Vienne (1814 - 1815).

CASTOR ET POLLUX, dits **les Dioscures** MYTH. GR. Héros de Sparte, fils jumeaux de Zeus et de Léda. Ils furent identifiés aux Gémeaux. Leur culte fut très populaire à Rome. – Leur légende a fait l'objet d'une tragédie lyrique de Rameau (*Castor et Pollux,* 1737), sur un livret de Gentil-Bernard.

CASTORIADIS (Cornelius), *Constantinople 1922 - Paris 1997,* philosophe et psychanalyste français d'origine grecque. Cofondateur de la revue *Socialisme ou barbarie* (1949-1967), il se livra à une analyse critique du « capitalisme bureaucratique » (*la Société bureaucratique,* 1973) avant d'explorer la notion d'imaginaire social (*l'Institution imaginaire de la société,* 1975).

CASTRES (81100), ch.-l. d'arrond. du Tarn, sur l'Agout ; 43 023 hab. *(Castrais).* Industrie automobile. – Églises baroques St-Benoît et N.-D.-de-la-Platé (œuvres d'art). Musée « Goya » dans l'anc. évêché ; centre national et musée J.-Jaurès.

CASTRIES (34160), comm. de l'Hérault ; 6 162 hab. *(Castriotes).* Château des XVIe et XVIIe s.

CASTRIES [kastr] (Charles **de La Croix,** marquis **de**), *Paris 1727 - Wolfenbüttel 1800,* maréchal de France. Secrétaire d'État à la Marine de 1780 à 1787, il entreprit la construction du port de Cherbourg.

CASTRO (João **de**), *Lisbonne 1500 - Goa 1548,* explorateur et administrateur portugais. Il a été vice-roi des Indes portugaises.

CASTRO (Josué **de**), *Recife 1908 - Paris 1973,* médecin et économiste brésilien. Ses principales études portent sur le problème de la faim dans le monde (*Géographie de la faim,* 1946).

CASTRO RUZ (Fidel), *Birán, district de Mayarí, 1926 - La Havane 2016,* homme politique cubain. Engagé dans la lutte contre Batista (1952), emprisonné (1953 - 1955) puis exilé, il débarqua à Cuba en 1956, organisant une guérilla qui aboutit, en 1959, à la prise du pouvoir. Devenu Premier ministre (1959), il fut ensuite chef de l'État (1976). Leader charismatique, Fidel Castro, alors soutenu par l'URSS, se posa en porte-parole du tiers-monde. Confronté, au début des années 1990, à l'effondrement des pays socialistes partenaires de Cuba, il dut aussi faire face à une contestation intérieure. Malade, il délégua ses pouvoirs à son frère Raúl en 2006, puis renonça à solliciter sa reconduction à la tête de l'État en 2008. Il resta premier secrétaire du Comité central du Parti communiste cubain jusqu'en 2011.

▲ Fidel **Castro Ruz.** — **Raúl C. R.,** *Birán 1931,* général et homme politique cubain. Aux côtés de son frère Fidel dès les débuts de la révolution, ministre de la Défense (1959 - 2008), il a dirigé le pays, d'abord à titre provisoire (à partir de 2006), puis en tant que président du Conseil d'État (2008 - 2018). Il est à la tête du Parti communiste cubain depuis 2011.

CASTRO Y BELLVÍS (Guillén ou Guilhem **de**), *Valence 1569 - Madrid 1631,* auteur dramatique espagnol. Ses *Enfances du Cid* inspirèrent Corneille.

Catalauniques (bataille des champs) [451], victoire des Romains d'Aetius, alliés aux Wisigoths de Théodoric, sur les Huns d'Attila. L'emplacement exact de la bataille, dans les plaines de Champagne, est discuté.

ÇATAL HÖYÜK, site archéologique de Turquie, au sud-est de Konya. Habitats (milieu VIIe millénaire - milieu VIe millénaire) ornés de peintures murales et de reliefs conservés avec les statuettes au musée des Civilisations anatoliennes à Ankara.

CATALOGNE, en esp. **Cataluña,** en catal. **Catalunya,** communauté autonome du nord-est de l'Espagne ; 32 100 km² ; 7 519 843 hab. *(Catalans) ;* cap. *Barcelone ;* 4 prov. (*Barcelone, Gérone, Lérida* et *Tarragone*). La région s'étend sur l'extrémité orientale des Pyrénées, peu peuplée, et sur la partie aval du bassin de l'Èbre. Le littoral est animé par le tourisme estival (Costa Brava). L'agglomération de Barcelone concentre la moitié des habitants et la majeure partie de l'industrie de la Catalogne. – Occupée par les Arabes (717 - 718), reconquise par Charlemagne (801), la Catalogne est le centre du comté de Barcelone (Xe-XIIe s.) qui s'étend sur le midi de la France. Réunie au royaume d'Aragon (1150), elle édifie avec lui un vaste empire méditerranéen. Rattachée à la monarchie espagnole (début du XVIe s.), elle est amputée en 1659 du Roussillon et d'une partie de la Cerdagne. Dotée d'un statut d'autonomie (1931) supprimé sous le franquisme, elle le retrouve en 1979 (élargi en 2006). Elle est dirigée par un gouvernement régional (*Generalitat de Catalunya*), présidé notamm. par Jordi Pujol (1980 - 2003), Artur Mas (2010 - 2016) et Carles Puigdemont (à partir de 2016 ; démis de ses fonctions en 2017). Un courant indépendantiste s'y développe, renforcé, à partir de 2012, par la crise économique espagnole. En 2017, en réponse à un référendum d'autodétermination non autorisé (oct.), suivi par l'adoption d'une déclaration d'indépendance par le Parlement catalan, le gouvernement espagnol met la Catalogne sous tutelle et convoque des élections régionales, remportées à nouveau par les partis indépendantistes (déc.). En juin 2018, la tutelle est levée après l'entrée en fonctions d'un président, Quim Torra, à la tête d'un gouvernement n'incluant aucun indépendantiste en détention ou en exil.

CATANE, en ital. **Catania,** v. d'Italie, sur la côte est de la Sicile, ch.-l. de prov. ; 293 541 hab. Port. – Monuments de l'époque grecque au XVIIIe s.

CATANZARO, v. d'Italie, cap. de la Calabre et ch.-l. de prov. ; 88 813 hab.

CATEAU-CAMBRÉSIS (Le) [59360], bur. centr. de cant. du Nord ; 7 193 hab. *(Catésiens).* Église du XVIIe s. Musée H.-Matisse. – Traités de paix de 1559, l'un, entre la France et l'Angleterre, où Henri II, roi de France, conservait Calais ; l'autre, entre la France et l'Espagne, qui mettait fin aux guerres d'Italie et reconnaissait à la France les Trois-Évêchés (Metz, Toul, Verdun).

CATHELINEAU (Jacques), *Le Fin-en-Mauges 1759 - Saint-Florent-le-Vieil 1793* chef vendéen. Il fut mortellement blessé lors de l'attaque de Nantes. Il est surnommé le Saint de l'Anjou.

SAINTES

CATHERINE d'Alexandrie, martyre légendaire. Adoptée par une longue tradition comme patronne des philosophes et des jeunes filles, elle a été retirée du calendrier romain en 1970 en raison du caractère légendaire de sa biographie.

CATHERINE de Sienne (sainte), *Sienne 1347 - Rome 1380,* religieuse italienne. Membre du tiers ordre de saint Dominique, auteure mystique (*De la doctrine divine*), elle intervint publiquement dans la vie de l'Église en demandant à Grégoire XI de quitter Avignon pour Rome, puis en luttant pour mettre fin au grand schisme d'Occident. Docteur de l'Église (1970).

CATHERINE LABOURÉ (sainte), *Fain-lès-Moutiers 1806 - Paris 1876*, religieuse française. Elle eut à Paris en nov. 1830, chez les Filles de la Charité de la rue du Bac, les visions de la Vierge dite « de la Médaille miraculeuse ».

ANGLETERRE

CATHERINE D'ARAGON, *Alcalá de Henares 1485 - Kimbolton 1536*, reine d'Angleterre. Fille des Rois Catholiques, elle épousa en 1509 Henri VIII, qui la répudia (1533). Ce divorce est à l'origine du schisme anglican. Elle est la mère de Marie Tudor.

CATHERINE HOWARD, *v. 1522 - Londres 1542*, reine d'Angleterre. Cinquième femme d'Henri VIII, elle fut décapitée pour cause d'inconduite.

CATHERINE PARR, *1512 - Sudeley Castle 1548*, reine d'Angleterre. Elle fut la sixième et dernière femme d'Henri VIII (1543).

FRANCE

CATHERINE DE MÉDICIS, *Florence 1519 - Blois 1589*, reine de France. Fille de Laurent II de Médicis, femme d'Henri II, mère de François II, Charles IX et Henri III, elle fut proclamée régente à l'avènement de Charles IX (1560) et devint le principal personnage politique du royaume. Pour pacifier le pays, ravagé par les guerres de Religion, et préserver l'autorité monarchique, elle négocia avec les protestants (paix de Saint-Germain, 1570), mais, hostile à Coligny, fut l'instigatrice du massacre de la Saint-Barthélemy (1572).

▲ **Catherine de Médicis.**
(Musée Carnavalet, Paris.)

RUSSIE

CATHERINE Ire, *Malbork 1684 - Saint-Pétersbourg 1727*, impératrice de Russie (1725 - 1727) de la dynastie des Romanov. Femme de Pierre le Grand, elle lui succéda.

CATHERINE II la Grande, *Stettin 1729 - Tsarskoïe Selo 1796*, impératrice de Russie (1762 - 1796), de la dynastie des Romanov. Femme de Pierre III, qu'elle écarta du pouvoir, elle prétendit régner en souveraine éclairée, correspondant avec Voltaire et recevant Diderot à sa cour. Elle réforma l'administration (1775) et l'économie, mais brisa la révolte de Pougatchev (1773 - 1774) et introduisit le servage en Ukraine. Elle codifia les privilèges de la noblesse et des villes (chartes de 1785). Sous son règne, la Russie s'agrandit aux dépens de l'Empire ottoman (traité de Kutchuk-Kaïnardji, 1774) et de la Pologne (trois partages, 1772, 1793 et 1795).

▲ **Catherine II la Grande** par D. G. Levitski.
(Musée de Petrodvorets.)

CATILINA (Lucius Sergius), *v. 108 - Pistoia 62 av. J.-C.*, homme politique romain. Sa conjuration contre le sénat fut dénoncée par Cicéron dans quatre discours, *les Catilinaires*. Ayant rejoint les rebelles, Catilina fut tué à la bataille de Pistoia.

CATINAT [-na] (Nicolas), *Paris 1637 - Saint-Gratien 1712*, maréchal de France. Il s'illustra, à la tête de l'armée d'Italie, pendant la guerre de la ligue d'Augsbourg (1688 - 1697).

CATON, dit **l'Ancien** ou **le Censeur,** *Tusculum 234 - 149 av. J.-C.*, homme politique romain. Consul en 195 av. J.-C., il incarna la politique conservatrice de l'oligarchie sénatoriale, s'attachant à briser le pouvoir des Scipions et la puissance de Carthage. Censeur en 184 av. J.-C., il lutta contre le luxe et les mœurs grecques à Rome. – Il fut aussi l'un des premiers grands écrivains de langue latine (*De agri cultura*, les *Origines*).

▲ **Caton, dit l'Ancien**

CATON d'Utique, *95 - Utique 46 av. J.-C.*, homme politique romain. Arrière-petit-fils de Caton l'Ancien, tribun de la plèbe (63), puis sénateur, il s'opposa à Pompée puis à César. Il se suicida après la défaite de Thapsus. Il fut à Rome l'un des modèles du stoïcisme.

CATROUX (Georges), *Limoges 1877 - Paris 1969*, général français. Gouverneur général de l'Indochine en 1940, rallié à de Gaulle, il fut haut-commissaire au Levant (1941 - 1942), membre du Comité français de libération nationale à Alger (1943 - 1944), ambassadeur à Moscou (1945 - 1948), puis grand chancelier de la Légion d'honneur (1954 - 1969).

CATTÉGAT ou **KATTEGAT,** bras de mer entre la Suède et le Danemark (Jylland).

CATTELL (James McKeen), *Easton, Californie, 1860 - Lancaster, Pennsylvanie, 1944*, psychologue américain. Il est l'auteur de travaux de psychologie différentielle. Il fut le premier à proposer le terme de « test mental », en 1890.

CATTENOM [katnɔm] (57570), comm. de la Moselle ; 2 773 hab. (*Cattenomois*). Centrale nucléaire près de la Moselle.

CATTERJI → **CHATTERJI.**

CATULLE, *Vérone v. 87 - Rome v. 54 av. J.-C.*, poète latin. Influencé par la poésie alexandrine*, soucieux de la forme, il est l'auteur de poèmes mythologiques (*les Noces de Thétis et de Pélée*), d'élégies et d'épigrammes.

CAUBÈRE (Philippe), *Marseille 1950*, comédien français. Figure du Théâtre du Soleil* (1970 - 1977), premier rôle rare au cinéma (*Molière*, A. Mnouchkine, 1978 ; *la Gloire de mon père*, Y. Robert, 1990), il est l'auteur de seuls en scène autobiographiques formant un témoignage unique sur l'activité théâtrale (*le Roman d'un acteur*, 1986-1993 ; *l'Homme qui danse ou la Vraie Danse du diable*, 2000-2008).

CAUCA n.m., riv. de Colombie, affl. du Magdalena (r. g.) ; 1 250 km.

CAUCASE n.m., chaîne de montagnes, limite conventionnelle entre l'Europe et l'Asie qui s'étend sur 1 250 km entre la mer Noire et la Caspienne ; 5 642 m à l'Elbrous. C'est une haute barrière où l'altitude descend rarement au-dessous de 2 000 m, dominée par de puissants volcans (Elbrous, Kazbek). Difficilement pénétrable, le Caucase a été un refuge de populations et constitue encore une véritable mosaïque ethnique. On étend parfois le nom de « Caucase » aux massifs situés au S. de Tbilissi (appelés encore *Petit Caucase*). La région comprend des républiques de Russie qui forment le Caucase du Nord (celles du Daguestan, de Kabardino-Balkarie, d'Ossétie du Nord-Alanie, de Tchétchénie, d'Ingouchie, des Adygués, des Karatchaïs-Tcherkesses) et les trois républiques de Transcaucasie (Arménie, Azerbaïdjan et Géorgie) appelées fréquemment *pays du Caucase*.

CAUCHON (Pierre), *près de Reims v. 1371 - Rouen 1442*, prélat français. Évêque de Beauvais, il embrassa le parti bourguignon et présida au procès de Jeanne d'Arc.

CAUCHY (Augustin, baron), *Paris 1789 - Sceaux 1857*, mathématicien français. Rénovateur de l'analyse mathématique, il a introduit la rigueur dans l'étude des fonctions élémentaires et des séries. Il est le créateur de la théorie des fonctions d'une variable complexe.

CAUDAN (56850), comm. du Morbihan ; 6 886 hab. (*Caudanais*). Fonderie.

CAUDEBEC-LÈS-ELBEUF (76320), bur. centr. de cant. de la Seine-Maritime ; 10 625 hab. (*Caudebecquais*). Matériel d'éclairage.

CAUDINES (fourches), défilé, dans le Samnium, en Italie centrale. L'armée romaine, vaincue par les Samnites (321 av. J.-C.), dut y passer sous le joug, d'où l'expression *passer sous les fourches Caudines*, subir des conditions humiliantes.

CAUDRON (les frères), ingénieurs et aviateurs français. **Gaston C.,** *Favières, Somme, 1882 - Lyon 1915*, et **René C.,** *Favières, Somme, 1884 - Vron, Somme, 1959*. Ils construisirent, à partir de 1908, de nombreux avions, tant militaires que commerciaux ou de tourisme.

CAUDRY (59540), comm. du Nord ; 15 080 hab. (*Caudrésiens*). Cosmétologie. Dentelle.

CAULAINCOURT (Armand, marquis de), duc de Vicence, *Caulaincourt, Aisne, 1773 - Paris 1827*, général français. Ambassadeur en Russie (1807 - 1811), il fut ministre des Affaires étrangères (1813 - 1814 et 1815).

Caures (bois des), un des hauts lieux de la bataille de Verdun, dans la Meuse, illustré par la défense du colonel Driant en 1916.

CAUS [ko] (Salomon de), *pays de Caux v. 1576 - Paris 1626*, ingénieur français. Il contribua à l'invention de la machine à vapeur en décrivant une machine de pompage de l'eau.

CAUSSADE (82300), bur. centr. de cant. de Tarn-et-Garonne ; 7 144 hab. (*Caussadais*). Marché agricole. Chapellerie.

CAUSSES n.m. pl., plateaux calcaires du sud (*Grands Causses*) et du sud-ouest (*Causses du Quercy*) du Massif central (France). [Hab. *Caussenards*.] Les *Grands Causses* donnent leur nom à un parc naturel régional, d'env. 328 000 ha, dans l'Aveyron. Ils sont entaillés par les gorges du Tarn, de la Jonte et de la Dourbie, et comprennent le *causse de Sauveterre*, le *causse de Sévérac*, le *causse Comtal*, le *causse Méjean*, le *causse Noir* et le *causse du Larzac*. Les *Causses du Quercy* englobent le *causse de Martel*, le *causse de Gramat* et le *causse de Limogne*. Ils donnent leur nom à un parc naturel régional, d'env. 180 000 ha, dans le Lot. Élevage ovin.

CAUTERETS [kotʀɛ] (65110), comm. des Hautes-Pyrénées, sur le *gave de Cauterets* ; 967 hab. (*Cauterésiens*). Station thermale (affections des voies respiratoires et rhumatismes). Sports d'hiver (alt. 1 000 - 2 350 m).

CAUVERY n.f. → **KAVIRI.**

CAUVIN (Raoul), *Antoing, Hainaut, 1938*, scénariste belge de bandes dessinées. Il est l'auteur inventif de séries et histoires courtes, généralement lancées dans le journal *Spirou*, entre gags cocasses et récits au vitriol (*les Tuniques bleues*, albums depuis 1972 ; *l'Agent 212*, depuis 1981 ; *Pierre Tombal*, depuis 1986 ; *Cédric*, depuis 1989).

CAUX [ko] (pays de), région de France (Normandie) en Seine-Maritime, sur la Manche. (Hab. *Cauchois*.) C'est un plateau crayeux recouvert de limon (blé, betterave à sucre, élevage bovin), retombant en de hautes falaises sur le littoral de la Manche, jalonné de ports et de stations balnéaires (Dieppe, Fécamp, Étretat).

CAVACO SILVA (Aníbal António) → **SILVA.**

CAVAFY (Konstandínos **Kaváfis,** dit Constantin), *Alexandrie 1863 - id. 1933*, poète grec. La modernité formelle de son œuvre se fonde sur l'évocation de la Grèce hellénistique.

CAVAIGNAC, famille française dont plusieurs membres s'illustrèrent dans la politique. — **Godefroy C.,** *Paris 1801 - id. 1845*, homme politique français. Il fut un des chefs du Parti républicain sous Charles X et Louis-Philippe. — **Louis Eugène C.,** *Paris 1802 - Ourne, Sarthe, 1857*, général et homme politique français. Frère de Godefroy, gouverneur de l'Algérie puis ministre de la Guerre, il fut investi, en juin 1848, de pouvoirs dictatoriaux qui lui permirent d'écraser l'insurrection ouvrière, puis fut nommé chef du pouvoir exécutif. Candidat à la présidence de la République, il fut battu en déc. par Charles Louis Napoléon, futur Napoléon III.

CAVAILLÉ-COLL (Aristide), *Montpellier 1811 - Paris 1899*, facteur d'orgues français. Descendant d'une illustre famille de facteurs d'orgues, il fut l'un des propagateurs de l'orgue symphonique et construisit notamment l'orgue de Notre-Dame de Paris.

CAVAILLÈS (Jean), *Saint-Maixent 1903 - Arras 1944*, mathématicien et philosophe français. Il est l'auteur d'importants travaux de logique mathématique sur les fondements de la théorie des ensembles. Il fut exécuté par les Allemands pour son activité dans la Résistance.

CAVAILLON [kavajɔ̃] (84300), bur. centr. de cant. de Vaucluse ; 27 188 hab. (*Cavaillonnais*). Marché de fruits (melons) et primeurs. – Arc romain, église en partie romane, synagogue du XVIIIe s. Musée archéologique.

CAVALAIRE-SUR-MER (83240), comm. du Var, sur la côte des Maures, près du *cap Cavalaire* ; 7 244 hab. (*Cavalairois*). Station balnéaire. Port de plaisance.

CAVALCANTI (Guido), *Florence v. 1225 - id. 1300*, poète italien. La poésie de cet ami de Dante exprime sa conception aristocratique de l'amour (*Donna me prega*).

CAVALIER (Alain **Fraissé**, dit Alain), *Vendôme 1931*, cinéaste français. Explorant avec audace autant que pudeur le quotidien et la vie intérieure, il n'a cessé de se renouveler (*le Combat dans l'île*, 1962 ; *la Chamade*, 1968 ; *Thérèse*, 1986 ; *la Rencontre*, 1996 ; *le Filmeur*, 2005 ; *Pater*, 2011).

CAVALIER (Jean), *Ribaute-les-Tavernes 1680 - Chelsea, Jersey, 1740*, chef camisard. Il se soumit en 1704 puis servit l'étranger contre la France et publia ses *Mémoires* (1726).

Cavalier bleu (le) → **Blaue Reiter** (Der).

CAVALIERI (Bonaventura), *Milan 1598 - Bologne 1647*, religieux et mathématicien italien. Précurseur du calcul intégral, ce père jésuite, disciple de Galilée, développa la théorie des indivisibles.

CAVALIERI (Emilio **de'**), *Rome v. 1550 - id. 1602*, compositeur italien. Il fut l'un des créateurs du récitatif accompagné et de l'oratorio (*Rappresentazione di anima e di corpo*, 1600).

Cavaliers, partisans royalistes qui soutinrent Charles Ier pendant la première révolution d'Angleterre (1642 - 1649), par oppos. aux parlementaires, appelés *Têtes rondes*.

CAVALLI (Pier Francesco **Caletti-Bruni,** dit Pier Francesco), *Crema 1602 - Venise 1676*, compositeur italien. Organiste puis maître de chapelle de Venise, il fut l'un des compositeurs d'opéras (*L'Egisto*, 1643 ; *La Calisto*, 1651) les plus remarquables de l'école vénitienne.

CAVALLINI (Pietro), peintre et mosaïste italien, figure majeure de l'école romaine dans les années 1270 - 1330.

Caveau (Société du), groupe de chansonniers et d'écrivains (Crébillon père et fils, Helvétius, Piron, etc.) fondé en 1729. Dispersée puis reconstituée à plusieurs reprises, elle prit un nouveau départ en 1805, avec la création du *Caveau moderne*, où brillèrent Désaugiers et Béranger.

CAVELIER DE LA SALLE (Robert), *Rouen 1643 - au Texas 1687*, voyageur français. Il reconnut la Louisiane et le cours du Mississippi.

CAVELL (Edith), *Swardeston 1865 - Bruxelles 1915*, héroïne britannique. Elle fut fusillée par les Allemands en raison de son activité au service des Alliés en Belgique occupée.

CAVELL (Stanley), *Atlanta 1926 - Boston 2018*, philosophe américain. Professeur d'esthétique à Harvard, il construisit, au carrefour de diverses inspirations dont en particulier celle d'Emerson, une philosophie de l'expérience quotidienne.

CAVENDISH (Henry), *Nice 1731 - Londres 1810*, physicien et chimiste britannique. Il détermina, à l'aide de la balance de torsion, la densité moyenne du globe, fut l'un des créateurs de l'électrostatique, isola l'hydrogène et réalisa la synthèse de l'eau.

CAVENTOU (Joseph Bienaimé), *Saint-Omer 1795 - Paris 1877*, pharmacien français. Avec Pelletier, il isola entre 1818 et 1820 plusieurs alcaloïdes (strychnine, vératrine, quinine).

CAVOUR (Camillo **Benso,** comte **de**), *Turin 1810 - id. 1861*, homme d'État italien. Fondateur du journal *Il Risorgimento* (1847), défenseur des idées libérales, député au Parlement de Turin (1848), ministre piémontais de l'Agriculture et du Commerce (1850), puis des Finances (1851), il devient président du Conseil en 1852 et s'attache à réaliser l'unité italienne. Il négocie avec Napoléon III (entrevue à Plombières, 1858) et obtient son appui armé pour éliminer les Autrichiens de la péninsule. Malgré les victoires des Franco-Piémontais (Magenta, Solferino, 1859), Napoléon III signe l'armistice de Villafranca. Démissionnaire, Cavour revient au pouvoir en 1860 et réalise en grande partie l'unité du pays (Lombardie, Italie centrale). En 1861, le « royaume d'Italie » est créé.

▲ **Cavour** par F. Hayer. (Pinacothèque de Brera, Milan.)

CAWNPORE → **KANPUR.**

CAXIAS DO SUL, v. du sud du Brésil ; 427 664 hab.

CAYATTE (André), *Carcassonne 1909 - Paris 1989*, cinéaste français. D'abord adaptateur d'œuvres littéraires (*les Amants de Vérone*, 1949), il explora ensuite les rouages du monde judiciaire (*Justice est faite*, 1950 ; *Nous sommes tous des assassins*, 1952), questionnant la responsabilité morale (*les Risques du métier*, 1967 ; *Mourir d'aimer*, 1971).

CAYENNE (97300), ch.-l. de la Guyane ; 57 999 hab. (*Cayennais*). Siège de la zone de défense et de sécurité Guyane. Cour d'appel. Université. – Préfecture dans un anc. couvent du XVIIIe s. Musée.

CAYEUX (Lucien), *Semousies 1864 - Mauves-sur-Loire 1944*, géologue français. Il fut l'un des pionniers de l'étude pétrographique des roches sédimentaires à l'aide du microscope polarisant.

CAYEUX-SUR-MER (80410), comm. de la Somme, sur la Manche ; 2 560 hab. (*Cayolais*). Station balnéaire.

CAYLEY (Arthur), *Richmond 1821 - Cambridge 1895*, mathématicien britannique. Créateur du calcul matriciel (1858), il fut un éminent représentant de l'école algébrique britannique du XIXe s.

CAYLEY (sir George), *Scarborough, Yorkshire, 1773 - Brompton 1857*, inventeur britannique. Il fut le premier à exposer le principe de l'avion et détermina toutes les composantes de l'avion moderne, préconisant l'emploi de l'hélice et du moteur à gaz ou à explosion.

CAYLUS (82160), comm. de Tarn-et-Garonne ; 1 465 hab. (*Caylusiens*). Donjon du XIIIe s., église des XIVe-XVe s. – Camp militaire.

CAYLUS (Anne Claude Philippe **de Tubières,** comte **de**), *Paris 1692 - id. 1765*, graveur et archéologue français. Il est notamment l'auteur d'un *Recueil d'antiquités* et d'écrits sur Watteau.

CAYMAN ou **CAÏMANS** (îles), archipel britannique des Antilles, au S. de Cuba ; 260 km² ; 54 878 hab. ; ch.-l. *George Town*.

CAYOLLE (col de la), col des Alpes françaises, entre l'Ubaye et le haut Var ; 2 327 m.

CAYROL (Jean), *Bordeaux 1910 - id. 2005*, écrivain français. Son œuvre poétique et romanesque, d'abord marquée par la déportation (*Poèmes de la nuit et du brouillard*, 1945), s'oriente ensuite vers un art discret et une présence pudique du christianisme (*Histoire d'une prairie*, 1970).

CAZAUX, site de la Gironde (comm. de La Teste-de-Buch) sur le *lac* (ou *étang*) *de Cazaux et de Sanguinet* (env. 5 600 ha). Extraction de pétrole. Base aérienne et centre d'essais en vol.

CAZENEUVE (Bernard), *Senlis 1963*, homme politique français. Socialiste, ministre de l'Intérieur (2014 - 2016), il a été Premier ministre de 2016 à 2017.

CAZÈRES (31220), bur. centr. de cant. de la Haute-Garonne ; 4 928 hab. (*Cazériens*). Église gothique.

CAZOTTE (Jacques), *Dijon 1719 - Paris 1792*, écrivain français, auteur du récit fantastique *le Diable amoureux* (1772).

CAZOULS-LÈS-BÉZIERS (34370), bur. centr. de cant. de l'Hérault ; 5 002 hab. (*Cazoulins*).

CBC/Radio-Canada → **Radio-Canada.**

CBS (Columbia Broadcasting Systems), l'un des trois grands réseaux américains de télévision (avec ABC et NBC), créé en 1927.

CCI (Chambre de commerce internationale), organisation internationale non gouvernementale réunissant des entreprises et des associations économiques. Fondée en 1919, elle représente les entreprises auprès des organisations intergouvernementales. En 1923, elle a créé la Cour internationale d'arbitrage. (Siège : Paris.)

CDU (Christlich-Demokratische Union), en fr. **Union chrétienne-démocrate,** parti politique allemand fondé en 1945. Elle constitue avec la **CSU** (Christlich-Soziale Union, en fr. **Union chrétienne-sociale**), parti bavarois créé la même année, un groupe commun au Bundestag. Au pouvoir en RFA de 1949 à 1969 et de 1982 à 1998, la CDU a joué un rôle majeur dans la réalisation de la réunification de l'Allemagne. Elle dirige à nouveau le gouvernement depuis 2005.

CE (Communauté européenne), organisation internationale à vocation européenne. Ayant pris le relais de la CEE en 1993, elle disparaît lorsque l'Union* européenne est dotée de la personnalité juridique (2009). [V. **Communautés européennes.**]

CEA (Commissariat à l'énergie atomique et aux énergies alternatives), établissement public français. Créé en 1945, il a pour but de poursuivre toute recherche scientifique et technique en vue de l'utilisation de l'énergie nucléaire et d'autres énergies dans les divers domaines de la science, de l'industrie et de la défense nationale.

CEARÁ, État du nord-est du Brésil ; 150 630 km² ; 8 180 087 hab. ; cap. *Fortaleza*.

CEAUȘESCU (Nicolae), *Scornicești 1918 - Tîrgoviște 1989*, homme politique roumain. Secrétaire général du Parti communiste (1965), président du Conseil d'État (1967), président de la République (1974), il établit un régime autoritaire. Renversé par une insurrection en 1989, il est exécuté.

◄ Nicolae **Ceaușescu**

CÉBAZAT (63118), bur. centr. de cant. du Puy-de-Dôme ; 8 048 hab. (*Cébazaires*).

CEBU, île des Philippines ; 3 848 919 hab. ; v. princ. *Cebu* (838 600 hab.).

CECA (Communauté européenne du charbon et de l'acier), organisation internationale à vocation européenne. Créée par le traité du 18 avril 1951, à l'initiative du plan Schuman, et entrée en vigueur en 1952, elle instaura un marché commun du charbon et de l'acier. Après l'unification de ses institutions avec celles de la CEE et de l'Euratom au sein des Communautés européennes (1967), elle constitua – de 1993 à sa disparition, à l'expiration du traité, en 2002 – l'une des composantes de l'Union européenne.

CECCHETTI (Enrico), *Rome 1850 - Milan 1928*, danseur italien. Danseur virtuose, il fit surtout carrière en Russie et fut le professeur de la plupart des étoiles du ballet classique au début du XXe s.

CECH (Thomas Robert), *Chicago 1947*, biochimiste américain. Il a mis en évidence le rôle catalytique que peut jouer l'ARN dans une réaction chimique. (Prix Nobel de chimie 1989.)

CECIL (William), baron **Burghley** ou **Burleigh,** *Bourne 1520 - Londres 1598*, homme d'État anglais. Secrétaire d'État d'Édouard VI de 1550 à 1553, puis de la reine Élisabeth Ire de 1558 à 1572, il fut grand trésorier de 1572 à 1598.

CÉCILE (sainte), *m. v. 232*, vierge et martyre romaine. Mariée au païen Valentinien, qu'elle convertit, elle est la patronne des musiciens.

CÉCROPS, héros mythique grec, premier roi de l'Attique. Il est figuré avec le buste d'un homme et le corps d'un serpent.

CEDAR RAPIDS, v. des États-Unis (Iowa) ; 129 195 hab. (257 940 hab. dans l'agglomération). Électronique.

CÉDRON n.m., riv. de Judée, qui sépare Jérusalem du mont des Oliviers.

CEE (Communauté économique européenne), organisation internationale à vocation européenne. En application du traité de Maastricht (1992), elle devint en 1993 la CE* (Communauté européenne).

CEFALÙ, v. d'Italie (Sicile) ; 14 388 hab. Port. Tourisme. – Cathédrale commencée en 1131 (somptueuses mosaïques byzantines).

CEI (Communauté des États indépendants), organisation créée en déc. 1991 par 11 républiques de l'anc. URSS (Arménie, Azerbaïdjan, Biélorussie, Kazakhstan, Kirghizistan, Moldavie, Ouzbékistan, Russie, Tadjikistan, Turkménistan, Ukraine), rejointes en 1993 par la Géorgie, dans une perspective d'intégration économique et militaire régionale. Le Turkménistan a opté en 2005 pour un statut de simple « membre associé », la Géorgie a quitté l'organisation en 2008 (retrait validé en 2009) et l'Ukraine a annoncé sa sortie en 2014.

CELA (Camilo José), *Padrón, La Corogne, 1916 - Madrid 2002*, écrivain espagnol. Il a évoqué dans ses romans, avec une grande virtuosité formelle, la violence des instincts (*la Famille de Pascal Duarte*, 1942 ; *la Ruche*, 1951). [Prix Nobel 1989.]

CELAN (Paul **Antschel,** dit Paul), *Tchernovtsy 1920 - Paris 1970,* poète roumain de langue allemande, naturalisé français. Marqué par la déportation, déchiré par son rapport à la langue allemande, il a exprimé en un style dépouillé le désespoir de l'homme face à la solitude et à la mort (*la Rose de personne,* 1963).

CELANO (Tommaso **da**) → **THOMAS DE CELANO.**

CELAYA, v. du Mexique, au N.-O. de Mexico ; 468 064 hab. Églises d'époque coloniale.

CELAYA (Rafael **Múgica,** dit Gabriel), *Hernani 1911 - Madrid 1991,* poète espagnol. Antifranquiste, auteur d'une poésie sociale (*Las Cosas como son*), il donna finalement à son œuvre une dimension cosmique (*El Mundo abierto*).

CÉLÈBES ou **SULAWESI,** île d'Indonésie formée de quatre péninsules ; 189 000 km² ; 17 359 398 hab. Découverte en 1512 par les Portugais, devenue hollandaise en 1667, l'île fait partie de la république d'Indonésie depuis 1950.

CÉLÈBES (mer de), mer d'Indonésie comprise entre Célèbes, Bornéo et Mindanao.

CÉLESTIN V (saint) [Pietro **Angeleri**], dit aussi Pietro **del Morrone,** *Isernia 1215 - Castello di Fumone 1296,* pape en 1294. Ermite en Pouille, porté, malgré lui, au pontificat, au moment où l'Église traversait une crise grave, il abdiqua après cinq mois, sous la pression du futur Boniface VIII. Canonisé en 1313 sous le nom de *Pierre Célestin.*

CELIBIDACHE (Sergiu), *Roman, près de Iaşi, 1912 - ? 1996 (enterré à La Neuville-sur-Essonne, Loiret),* chef d'orchestre et compositeur d'origine roumaine. Artiste exigeant, empreint de spiritualité, il servit un vaste répertoire à la tête, notamm., des Orchestres philharmoniques de Berlin (1945 - 1952) et de Munich (1979 - 1996). Il fut aussi un pédagogue de talent.

Célimène, personnage du *Misanthrope** de Molière (1666), jeune coquette spirituelle.

CÉLINE (Louis Ferdinand **Destouches,** dit Louis-Ferdinand), *Courbevoie 1894 - Meudon 1961,* écrivain français. Ses romans (*Voyage au bout de la nuit,* 1932 ; *Mort à crédit,* 1936 ; *D'un château l'autre,* 1957) et ses pamphlets, emportés vers la dénonciation de la société bien-pensante, puis vers la vitupération antisémite sous le régime de Vichy, recréent, dans un flux épique, un parler trivial et quotidien parfois nauséeux.

▲ Louis-Ferdinand **Céline**

CELLAMARE (Antonio **del Giudice,** prince **de**), *Naples 1657 - Séville 1733,* diplomate espagnol. Ambassadeur d'Espagne à la cour de France, il conspira vainement avec le duc et la duchesse du Maine pour mettre Philippe V à la place du Régent (1718).

CELLE, v. d'Allemagne (Basse-Saxe) ; 69 001 hab. Maisons et monuments des XVe-XVIIIe s.

CELLE-SAINT-CLOUD (La) [78170], comm. des Yvelines ; 21 518 hab. (*Cellois*). Château des XVIIe et XVIIIe s.

CELLES-SUR-BELLE (79370), bur. centr. de cant. des Deux-Sèvres ; 3 810 hab. (*Cellois*). Église surtout des XVe et XVIIe s., anc. abbatiale.

CELLINI (Benvenuto), *Florence 1500 - id. 1571,* orfèvre, médailleur et sculpteur italien. François Ier l'attira à sa cour. Ses chefs-d'œuvre sont la *Nymphe de Fontainebleau* (haut-relief en bronze, v. 1543, Louvre) et surtout le *Persée* de la loggia dei Lanzi (Florence, v. 1550). Ses *Mémoires* mêlent aventures réelles et vantardises.

CELSE, en lat. **Aulus Cornelius Celsus,** médecin et érudit contemporain d'Auguste. Il fut l'auteur du *De arte medica* qui donne un tableau de la médecine de son temps.

CELSE, philosophe grec du IIe s. apr. J.-C. Il est connu par Origène, qui réfuta ses attaques contre le christianisme.

CELSIUS (Anders), *Uppsala 1701 - id. 1744,* astronome et physicien suédois. En tant qu'astronome, il fit partie (1737) de l'expédition de Maupertuis en Laponie. Il créa en 1742 l'échelle thermométrique centésimale à laquelle fut donné son nom. (V. partie n. comm. **degré Celsius***.)

CELTES, ensemble de peuples parlant une langue indo-européenne, individualisés vers le IIe millénaire et qui occupèrent une grande partie de l'Europe ancienne. Sans doute issus du sud-ouest de l'Allemagne, les Celtes émigrèrent en Gaule à l'époque de Hallstatt (900 - 450 av. J.-C.) puis en Espagne (*Celtibères*), en Italie, dans les Balkans et en Asie Mineure (sous le nom de *Galates*) à l'époque de La Tène (Ve s.-Ier s. av. J.-C.). Ils s'établirent également, dès le Ier millénaire, dans les îles Britanniques. Les Germains puis les Romains (IIIe-Ier s. av. J.-C.) détruisirent la puissance celtique ; seuls subsistèrent les royaumes d'Irlande. – Dynamisme, schématisation, triomphe de la courbe et de l'entrelacs transfigurant le réel sont les traits majeurs de leur art, connu par l'ornementation des armes, le monnayage et la statuaire religieuse.

▲ Art des **Celtes.** Le chaudron de Gundestrup ; Jylland, Danemark, v. le Ier s. av. J.-C. ; argent repoussé. (Musée national, Copenhague.)

CELTIBÈRES, anc. peuple d'Espagne (VIe s. av. J.-C.), soumis par les Romains au IIe s. av. J.-C.

CELTIQUE, appelée aussi **GAULE CELTIQUE,** partie de la Gaule comprise entre l'Atlantique, la Seine et la Garonne, au temps de César, et qui constitua par la suite une des Trois Gaules.

CEMAL PAŞA → **DJAMAL PACHA.**

Cénacle, groupe de jeunes écrivains romantiques qui se réunirent de 1823 à 1830 chez C. Nodier et chez V. Hugo.

CENCI, famille romaine, célèbre par ses crimes et ses malheurs (XVIe s.). Son histoire a inspiré une tragédie à Shelley (1819), adaptée et mise en scène de façon mémorable par Artaud en 1935, et une nouvelle à Stendhal (1837).

CENDRARS [sɑ̃drar] (Frédéric **Sauser,** dit Blaise), *La Chaux-de-Fonds 1887 - Paris 1961,* écrivain français d'origine suisse. Grand voyageur, il a célébré la passion de l'aventure dans ses poèmes (*la Prose du Transsibérien et de la petite Jehanne de France,* 1913) et ses romans (*l'Or,* 1925 ; *Moravagine,* 1926).

Cendrillon, personnage de contes de fées. Cette jeune fille, persécutée par sa marâtre, triomphe de l'adversité grâce à sa seule beauté et épouse le fils du roi. Elle inspira des écrivains (C. Perrault, 1697 ; Mme d'Aulnoy, 1698 ; les frères Grimm, 1812), des compositeurs (Prokofiev, 1945), des chorégraphes dont E. Cecchetti, L. Ivanov et probablement M. Petipa (1893) sur une partition de B. Schell, M. Marin (1985) et R. Noureïev (1986) sur la partition de Prokofiev. Au cinéma, l'équipe de W. Disney a adapté le conte en 1950.

CENIS [səni] (Mont-), massif des Alpes françaises (Savoie), dominant le *col routier du Mont-Cenis* (2 083 m) et le *lac de barrage du Mont-Cenis* ; 3 610 m. Le col est emprunté par la route de Lyon à Turin.

CENNINI (Cennino), *près de Sienne v. 1370 - Padoue ? début du XVe s.,* peintre et écrivain d'art italien. Son *Libro dell'arte* (« Livre de l'art ») est un précieux traité relatif aux techniques et aux débats artistiques à la veille de la Renaissance.

CENON (33150), bur. centr. de cant. de la Gironde ; 24 945 hab. (*Cenonnais*).

Cent Ans (guerre de), nom donné à la série de conflits qui, de 1337 à 1453, opposèrent la France à l'Angleterre. Deux causes principales les déterminèrent : la revendication du trône de France par Édouard III d'Angleterre, petit-fils, par sa mère, de Philippe IV le Bel, et la volonté du roi d'Angleterre de s'attacher les riches cités flamandes liées au commerce anglais des laines. En 1337, Édouard III rompt avec Philippe VI. Sous le règne de ce dernier, les Français sont battus à Crécy (1346) et perdent Calais (1347). Sous Jean II le Bon, le Prince Noir triomphe près de Poitiers (1356) ; la France, affaiblie par les discordes parisiennes (Étienne Marcel) et dévastée par la Jacquerie, est obligée de signer le désastreux traité de Brétigny (1360), qui accorde à Édouard III le quart sud-ouest de la France. Charles V et Du Guesclin redressent la situation, et, en 1380, les Anglais n'occupent plus que Calais et la Guyenne. Sous Charles VI, la guerre civile (lutte entre Armagnacs, partisans de la famille d'Orléans, et Bourguignons, partisans des ducs de Bourgogne) et la folie du roi favorisent de nouveau les progrès des Anglais, qui gagnent la bataille d'Azincourt (1415) et imposent, avec la complicité d'Isabeau de Bavière, le traité de Troyes, qui consacre la déchéance du roi de France et la régence du roi d'Angleterre (1420). Sous Charles VII, Jeanne d'Arc réveille le patriotisme français ; elle délivre Orléans, fait sacrer le roi à Reims, mais elle est prise à Compiègne et brûlée à Rouen (1431). Cependant, l'impulsion est donnée : les Anglais sont battus à Formigny (1450), à Castillon (1453), et chassés du royaume, sauf de Calais, qu'ils conservent jusqu'en 1558.

Cent-Associés (Compagnie des) ou **Compagnie de la Nouvelle-France,** compagnie fondée en 1627, par Richelieu, pour développer la nouvelle colonie du Canada.

CENTAURE, constellation australe. Ses deux étoiles principales, α (*Rigil Kentarus*) et β (*Agena*), comptent parmi les plus brillantes du ciel. Elle renferme aussi l'étoile la plus proche du Système solaire, *Proxima,* située à 4,2 al.

CENTAURES MYTH. GR. Habitants des montagnes de Thessalie, figurés plus tard comme des monstres fabuleux, moitié hommes, moitié chevaux. Ils furent exterminés par les Lapithes.

Cent-Jours (les) [20 mars-22 juin 1815], période au cours de laquelle Napoléon Ier fut de nouveau au pouvoir. Parti de l'île d'Elbe, Napoléon traversa la France (*le vol de l'Aigle*), et entra à Paris (20 mars). Vaincu à Waterloo par une coalition de puissances européennes (18 juin), il abdiqua (22 juin).

CENTRAFRICAINE (République) ou **CENTRAFRIQUE,** État d'Afrique centrale ; 620 000 km² ; 4 616 000 hab. (*Centrafricains*).

CAP. *Bangui.* **LANGUES :** *français* et *sango.* **MONNAIE :** *franc CFA.*

GÉOGRAPHIE C'est un pays de forêts et de savanes, où, à côté des cultures vivrières (mil, maïs, manioc), quelques plantations (coton, café) et les diamants (principale richesse du sous-sol avec l'uranium) fournissent l'essentiel des exportations. Les chrétiens, majoritaires, cohabitent avec une minorité musulmane (au nord du pays).

HISTOIRE Le pays est peuplé anciennement par des Pygmées et par quelques Bantous puis, massivement au XIXe s., par d'autres Bantous (Baya, Banda) venus du Soudan, du Congo et du Tchad pour fuir la traite esclavagiste. **1877 :** la descente du Congo par Stanley ouvre la voie à l'exploration européenne. **1889 - 1910 :** soucieuse de s'ouvrir les routes du Tchad et du Nil, la France crée le poste de Bangui, renforce son implantation avec la mission Marchand (1896 - 1898), constitue l'Oubangui-Chari en colonie (1905) et l'intègre dans l'AEF. **1946 :** l'Oubangui-Chari devient territoire d'outre-mer. **1950 :** son premier député, Barthélemy Boganda, fonde le Mouvement pour l'évolution sociale de l'Afrique noire (MESAN). **1960 :** la République centrafricaine, proclamée en 1958, devient indépendante avec David Dacko, président à la mort de Boganda (1959). **1966 :** un coup d'État (perpétré dans la nuit du 31 déc. 1965) amène au pouvoir Jean Bédel Bokassa, président à vie (1972), puis empereur (1976). **1979 :** avec l'aide de la France, Dacko renverse Bokassa et rétablit la république. **1981 :** putsch d'André Kolingba. **1991 - 1992 :** le pays s'ouvre au multipartisme. **1993 :** Ange-Félix Patassé est élu à la présidence de la République (réélu en 1999). **À partir de 1996 :** le pays connaît une crise militaire (mutineries) et politique permanente. **2003 :** le général François Bozizé renverse A.-F. Patassé. **2005 :** il est confirmé à la tête de l'État par une élection présidentielle (réélu en 2011). Mais son pouvoir est régulièrement menacé par des rébellions. **2013 :** malgré le soutien du Tchad et l'octroi de certaines concessions (mise en place d'un gouvernement d'union nationale), le président Bozizé est renversé (mars) par les rebelles de la Séléka, dirigés par Michel Djotodia (premier chef de l'État

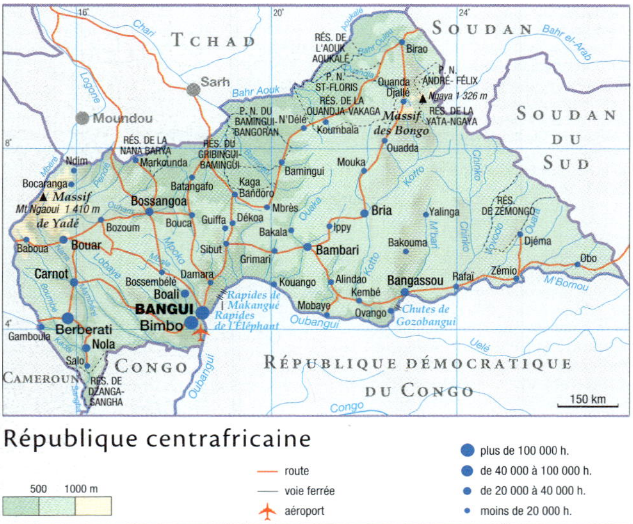

République centrafricaine

musulman). Dès lors, le pays est livré à l'arbitraire (suspension des institutions) et s'enfonce dans le chaos (vives tensions religieuses). La France, avec l'accord de l'ONU, engage des troupes aux côtés des forces africaines – présentes depuis 2002 – afin de rétablir la sécurité (déc. 2013 - oct. 2016). Mais les violences continuent et la communauté musulmane, victime de représailles, se réfugie au nord-est du pays ou dans les États voisins. **2014 :** après la démission, sous la pression internationale, de M. Djotodia, Catherine Samba-Panza est élue présidente par le Parlement provisoire (janv.). En sept., l'ONU met en place une opération de maintien de la paix (Minusca) qui intègre les forces africaines présentes. **Fin 2015 - début 2016 :** après plusieurs reports, un référendum constitutionnel puis des élections générales sont organisés. L'accession de Faustin-Archange Touadéra à la tête de l'État (mars) met un terme au régime transitoire, mais le pays, en ruine, reste profondément divisé.

centrale des arts et manufactures (École), dite aussi **École centrale Paris,** anc. établissement public national d'enseignement supérieur, fondé à Paris en 1829 et destiné à former des ingénieurs hautement qualifiés. Auj., elle constitue avec Supélec (École supérieure d'électricité) CentraleSupélec, établissement créé en 2015 et réparti sur quatre campus (Châtenay-Malabry, Gif-sur-Yvette, Metz et Rennes). D'autres écoles centrales ont ouvert en province et à l'étranger.

CentraleSupélec → **centrale des arts et manufactures** (École).

Central Park, grand parc de New York (Manhattan).

Centre (canal du), canal qui unit la Saône à la Loire ; 114 km. Il dessert les régions industrielles du Creusot et de Montceau-les-Mines.

CENTRE-DU-QUÉBEC, région administrative du Québec (Canada), sur la rive sud du Saint-Laurent ; 6 949 km² ; 242 399 hab. ; v. princ. *Drummondville.*

Centre national d'art et de culture Georges-Pompidou (CNAC G.-P.), établissement public parisien entre les rues Beaubourg et Saint-Martin (IIIe arrond.). Il groupe, dans un édifice des architectes Renzo Piano et Richard Rogers (1977), la Bibliothèque publique d'information (BPI) et le musée national d'Art* moderne (MNAM), auquel se rattache le Centre de création industrielle (CCI). Des locaux contigus abritent l'Institut de recherche et de coordination acoustique-musique (IRCAM). Le Centre possède une antenne à Metz* et s'exporte aussi à l'étranger (Málaga, Bruxelles et Shanghai).

Centre national de la danse (CND), établissement public français, créé en 1998 et implanté à Pantin et à Lyon. Outre son rôle majeur en matière de pédagogie et de formation, il favorise la création et la diffusion des œuvres chorégraphiques.

Centre national de la recherche scientifique → **CNRS.**

Centre national des jeunes agriculteurs (CNJA) → **Jeunes Agriculteurs.**

Centre national d'études spatiales → **CNES.**

Centre national du cinéma et de l'image animée → **CNC.**

CENTRE-VAL DE LOIRE n.m., Région administrative du centre de la France ; 39 151 km² ; 2 647 342 hab. ; ch.-l. *Orléans* ; 6 dép. (Cher, Eure-et-Loir, Indre, Indre-et-Loire, Loir-et-Cher et Loiret). C'est un pays de plaines et de plateaux, structuré autour de trois axes principalement : l'axe ligérien (la Loire et sa vallée), le Nord-Est (Beauce et Orléanais) et le Sud (Sologne, Touraine et Berry), avec les contreforts du Massif central à l'extrême sud. L'économie est dominée par l'agriculture : la Beauce, plus grande région céréalière (blé, orge, maïs) de France ; la Champagne berrichonne, avec ses cultures céréalières et oléagineuses (colza, tournesol) ; le Val de Loire, troisième région viticole française ; le Sancerrois et ses vignobles ; l'Est, dévolu à l'élevage et à la polyculture (betterave à sucre). Le secteur industriel est aussi très présent, notamm. avec la cosmétique et la parfumerie (Cosmetic Valley dans le Loiret), la pharmacie et la chimie. La Région accueille plus de 4 millions de visiteurs par an (le Val de Loire et ses châteaux royaux). Orléans et Tours, sur la Loire, sont à la fois complémentaires et rivales, mais ont du mal à s'imposer avec la proximité de la capitale.

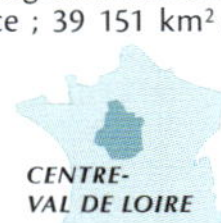

CÉPHALONIE, île de Grèce, la plus grande des îles Ioniennes ; 737 km² ; 39 488 hab.

▲ Le **Centre national d'art et de culture Georges-Pompidou**

CERAM ou **SERAM,** en fr. **Céram,** île d'Indonésie, partie des Moluques.

Céramique (le), quartier de l'Athènes antique, qui tirait son nom de l'activité de ses potiers. Grande nécropole, avec de nombreuses stèles sculptées.

CERBÈRE (66290), comm. des Pyrénées-Orientales, à la frontière espagnole, près du *cap Cerbère* ; 1 367 hab. *(Cerbériens).* Gare internationale. Station balnéaire.

CERBÈRE MYTH. GR. Chien monstrueux à trois têtes, gardien des Enfers.

CERDAGNE, région des Pyrénées françaises (Pyrénées-Orientales) et espagnoles (Catalogne). [Hab. *Cerdans.*] C'est un haut bassin intérieur (vers 1 200 m) drainé vers l'Espagne par la (ou le) Sègre. – Cette région fut partagée entre la France et l'Espagne en 1659 (paix des Pyrénées).

CERDAN (Marcel), *Sidi Bel Abbes 1916 - dans un accident d'avion, au-dessus des Açores, 1949,* boxeur français. Il fut champion du monde des poids moyens (1948).

CÈRE n.f., riv. de France, en Auvergne, affl. de la Dordogne (r. g.) ; 110 km. Gorges.

CÉRÈS MYTH. ROM. Déesse des Moissons. Elle correspond à la *Déméter* grecque.

CÉRÈS, le premier astéroïde à avoir été découvert (1801), auj. classé planète naine. Diamètre : 930 km. De 2015 à 2018, Cérès a été étudié par la sonde américaine Dawn (en orbite).

CÉRET (66400), ch.-l. d'arrond. des Pyrénées-Orientales, sur le Tech ; 7 938 hab. *(Cérétans).* Musée d'Art moderne.

CERF (Vinton Gray), *New Haven, Connecticut, 1943,* informaticien américain. L'un des pères d'Internet, il a notamm. mis au point, avec R. E. Kahn, le protocole de communication à la base de ce réseau mondial (1974).

CERGY, bur. centr. de cant. du Val-d'Oise, sur l'Oise ; 64 030 hab. *(Cergyssois).* Église des XIIe-XIIIe et XVIe s. – Sur le territoire de la commune est établie la préfecture du dép. du Val-d'Oise, noyau de l'agglomération de *Cergy-Pontoise* (ville nouvelle de 1969 à 2002). Université. Mécanique. Électronique.

CERHA (Friedrich), *Vienne 1926,* compositeur et chef d'orchestre autrichien. Fondateur de l'ensemble de musique contemporaine *die Reihe,* il termina l'orchestration de l'opéra *Lulu* de A. Berg.

CERIZAY (79140), bur. centr. de cant. des Deux-Sèvres ; 4 857 hab. *(Cerizéens).*

Cern, Organisation européenne pour la recherche nucléaire ou, communément, Laboratoire européen pour la physique des particules. Appelé, à sa création (1952 - 1954), Conseil européen pour la recherche nucléaire, il est implanté à Meyrin (frontière franco-suisse). Il a construit et exploite un ensemble d'accélérateurs ou de collisionneurs de particules. Prenant la suite d'un grand collisionneur d'électrons-positrons (LEP, 1989 - 2000), un grand collisionneur de hadrons (LHC) est entré en service en 2008 et a permis la découverte – avec une quasi-certitude – du boson de Higgs en 2012. Le Cern a lancé une importante mise à niveau du LHC et projette de réaliser, à plus long terme, un collisionneur circulaire de nouvelle génération. (V. ill. partie n. comm. **accélérateur.**)

CERNAY (68700), bur. centr. de cant. du Haut-Rhin, sur la Thur ; 11 839 hab. *(Cernéens).* Mécanique.

CERNUNNOS, dieu gaulois aux bois de cerf, qui symbolisait la fécondité.

Cernuschi (musée), à Paris, musée municipal consacré à l'art d'Extrême-Orient. Il est installé dans l'hôtel du parc Monceau que le banquier et collectionneur italien Enrico **Cernuschi** *(1821 - 1896)* légua à la Ville à sa mort.

CERRO BOLÍVAR, gisement de fer du Venezuela.

CERRO DE PASCO, v. du Pérou ; 66 860 hab. Centre minier.

CERRO PARANAL → **PARANAL.**

CÉRULAIRE (Michel) → **KEROULARIOS.**

CERVANTÈS, en esp. **Miguel de Cervantes Saavedra,** *Alcalá de Henares 1547 - Madrid 1616,* écrivain espagnol. Sa vie mouvementée (il combattit à Lépante où il perdit un bras, fut

cinq ans prisonnier des pirates barbaresques, puis commissaire aux vivres de l'Invincible Armada, excommunié, emprisonné, avant de devenir familier de la cour de Philippe III) lui inspira l'humour et la satire de ses romans (*Don* Quichotte de la Manche* ; *les Travaux de Persilès et Sigismonde*, 1617), des *Nouvelles exemplaires* (1613) et de ses comédies ou tragédies (*le Siège de Numance*, écrit v. 1582 et publié en 1784).

▲ **Cervantès** par Juan de Jáuregui. (Académie espagnole de Madrid.)

CERVETERI, comm. d'Italie (Latium) ; 35 478 hab. Nécropole étrusque sur le site de *Caere*. – Elle fut l'une des plus puissantes villes étrusques et tomba sous la domination de Rome en 351 av. J.-C.

CERVIN (mont), en all. **Matterhorn,** sommet des Alpes, à la frontière de la Suisse et de l'Italie, dominant la vallée de Zermatt ; 4 478 m. Il fut escaladé par Whymper en 1865.

CERVIONE (20221), comm. de la Haute-Corse ; 1 926 hab. Église baroque ; musée ; aux environs, chapelle S. Cristina (fresques de 1473).

CÉSAIRE (saint), *Chalon-sur-Saône v. 470 - Arles 543*, évêque d'Arles. Il eut une grande influence dans l'Église franque.

CÉSAIRE (Aimé), *Basse-Pointe, Martinique, 1913 - Fort-de-France 2008*, écrivain et homme politique français. Influencé par le surréalisme (*Soleil cou coupé*, 1948), il a cherché à retrouver les sources de la « négritude » (*Cahier d'un retour au pays natal*, édité en revue dès 1939 ; *la Tragédie du roi Christophe*, 1963). Il fut député de la Martinique de 1946 à 1993 et maire de Fort-de-France de 1945 à 2001. La nation l'a honoré par le dépôt d'une plaque au Panthéon en 2011. ▲ A. **Césaire**

CÉSALPIN (Andrea **Cesalpino,** dit en fr. André **de**), *Arezzo 1519 - Rome 1603*, naturaliste et médecin italien. Il reconnut le sexe chez les fleurs.

CÉSAR (César **Baldaccini,** dit), *Marseille 1921 - Paris 1998*, sculpteur français. Apparenté au « nouveau réalisme », il a surtout travaillé les métaux (fer soudé ; « compressions » de voitures, 1960) et les matières plastiques (« expansions », 1967). Son *Pouce* géant date de 1965, son *Centaure*, de 1985.

CÉSAR (Jules), en lat. **Caius Julius Caesar,** *Rome 101 ou 100 - id. 44 av. J.-C.*, homme d'État romain. Patricien, mais lié aux milieux plébéiens (sa tante Julia a épousé Marius), il s'oppose au dictateur Sulla et s'exile en Asie (82 - 78). Il entreprend ensuite une carrière politique, profitant à la fois des milieux d'argent (Licinius Crassus) et des mécontentements populaires (il soutient en sous-main la conjuration de Catilina). Questeur (68), préteur (62) puis propréteur en Espagne, où il mène une campagne facile, il forme un triumvirat avec Pompée et Licinius Crassus (60). Consul en 59 et en 56, il entreprend la conquête des Gaules (58 - 51), qui lui donne la gloire militaire et une armée fidèle, avec laquelle il franchit le Rubicon (49) et marche sur Rome, ce qui déclenche la guerre civile contre Pompée et le sénat : victorieux à Pharsale (48), il installe Cléopâtre sur le trône d'Égypte. Il vainc les derniers pompéiens à Thapsus (46) et à Munda (45), et devient à Rome consul et dictateur à vie (févr. 44). Mais une conspiration (à laquelle prend part son protégé Brutus) se forme contre lui, et il est assassiné en plein sénat aux ides de mars (le 15 mars 44). Il avait adopté son petit-neveu Octave, qui deviendra Auguste. Historien, César a laissé des Mémoires, *Commentaires de la guerre des Gaules* et *De la guerre civile*.

▲ Jules **César.** (Musée dép. Arles antique.)

CÉSARÉE, anc. v. du nord de la Palestine, sur la Méditerranée. Bâtie par Hérode le Grand, elle possédait au IIIe s. une riche bibliothèque.

CÉSARÉE DE CAPPADOCE → **KAYSERI.**

CESARSKY (Catherine), *Ambazac 1943*, astrophysicienne française. Elle a apporté d'importantes contributions à l'étude des rayons cosmiques et des sources célestes de rayonnement infrarouge. Elle a été directrice de l'ESO (1999 - 2007), présidente de l'Union astronomique internationale (2006 - 2009), haut-commissaire à l'énergie atomique et aux énergies alternatives (2009 - 2012) et vice-présidente du Conseil du Cern (2013 - 2015).

CESBRON (Gilbert), *Paris 1913 - id. 1979*, écrivain français. Il est l'auteur de romans d'inspiration catholique (*Les saints vont en enfer*, 1952 ; *Chiens perdus sans collier*, 1954) et de pièces de théâtre (*Il est minuit docteur Schweitzer*, 1952).

CESENA, v. d'Italie (Émilie-Romagne) ; 96 111 hab. Bibliothèque Malatestiana (1452).

ČESKÉ BUDĚJOVICE, v. de la République tchèque, en Bohême, sur la Vltava ; 98 876 hab. Centre industriel. – Monuments anciens.

ČESKÝ KRUMLOV, v. de la République tchèque ; 14 582 hab. Vaste château ; monuments et maisons anciennes (surtout Renaissance).

CESSON-SÉVIGNÉ (35510), comm. d'Ille-et-Vilaine ; 18 095 hab. (*Cessonnais*). École des transmissions. – Musée des Transmissions G. Ferrié.

CESTAS (33610), comm. de la Gironde ; 16 892 hab. (*Cestadais*). Agroalimentaire. Électronique. Centrale solaire photovoltaïque.

CEUTA, v. d'Espagne, située sur la côte d'Afrique du Nord, en face de Gibraltar ; 82 376 hab. Port.

CÉVENNES n.f. pl., partie de la bordure orientale du Massif central (France), entre l'Hérault et l'Ardèche ; 1 699 m au mont Lozère. (Hab. *Cévenols*.) Retombée abrupte sur les plaines rhodaniennes, les Cévennes sont formées de hauts plateaux granitiques, qui cèdent la place, à l'est, à de longues crêtes schisteuses (les serres), allongées entre de profondes vallées. Pays rude, dépeuplé, les Cévennes ont pour ressources essentielles l'élevage ovin et le tourisme (parc national couvrant 93 500 ha sur les dép. de la Lozère, du Gard et de l'Ardèche).

Cévennes (guerre des), nom parfois donné à la guerre des camisards*.

CEYLAN → **SRI LANKA.**

CÉZALLIER n.m., plateau basaltique au N.-E. du massif du Cantal, en Auvergne ; 1 551 m.

CÉZANNE (Paul), *Aix-en-Provence 1839 - id. 1906*, peintre français. Comme ses amis impressionnistes, il pratiqua la peinture sur le motif, mais s'évertua à transposer la sensation visuelle dans une stricte construction plastique. Portraits, figures (*Joueurs de cartes*), natures mortes, paysages (dont ceux de la Sainte-Victoire), baigneurs ou baigneuses en plein air sont ses thèmes principaux. Son influence a été capitale sur certains des grands courants de l'art du XXe s. (fauvisme, cubisme, abstraction).

CFDT (Confédération française démocratique du travail), organisation syndicale française issue, en 1964, de la majorité de la CFTC. Secrétaires généraux : Eugène Descamps (1964 - 1971), Edmond Maire (1971 - 1988), Jean Kaspar (1988 - 1992), Nicole Notat (1992 - 2002), François Chérèque (2002 - 2012), Laurent Berger (depuis 2012).

CFE-CGC (Confédération française de l'encadrement-CGC), organisation syndicale française regroupant agents de maîtrise, VRP, ingénieurs et cadres. Créée en 1944, elle a porté jusqu'en 1981 le nom de Confédération générale des cadres (CGC). Principaux présidents : André Malterre (1956 - 1975), Yvan Charpentié (1975 - 1979), Jean Menu (1979 - 1984), Paul Marchelli (1984 - 1993), Marc Vilbenoît (1993 - 1999), Jean-Luc Cazettes (1999 - 2005), Bernard Van Craeynest (2005 - 2013), Carole Couvert (2013 - 2016), François Hommeril (depuis 2016).

CFTC (Confédération française des travailleurs chrétiens), organisation syndicale française, créée en 1919. Principaux dirigeants : Gaston Tessier (1919 - 1953), Jacques Tessier (1964 - 1981), Jean Bornard (secrétaire général 1970 - 1981, président 1981 - 1990), Guy Drilleaud (secrét. gén. 1981 - 1990, président 1990 - 1993), Alain Deleu (secrét. gén. 1990 - 1993, président 1993 - 2002), Jacques Voisin (secrét. gén. 1993 - 2000, président 2002 - 2011), Philippe Louis (secrét. gén. 2008 - 2011, président depuis 2011).

CGC (Confédération générale des cadres) → **CFE-CGC.**

CGPME → **CPME.**

CGT (Confédération générale du travail), organisation syndicale française, créée en 1895. Après la scission de 1921 (création de la Confédération générale du travail unitaire ou CGTU en 1922), elle ne retrouva son unité qu'en 1936 ; mais, en 1947 - 1948, une nouvelle scission provoqua la création de la CGT-FO. Principaux secrétaires généraux : Léon Jouhaux (1909 - 1947), Benoît Frachon (1936 - 1939 ; 1944 - 1967), Georges Séguy (1967 - 1982), Henri Krasucki (1982 - 1992), Louis Viannet (1992 - 1999), Bernard Thibault (1999 - 2013), Philippe Martinez (depuis 2015).

CGT-FO → **FO.**

CHAALIS [ʃali], site d'une anc. abbaye au S.-E. de Senlis. Ruines de l'église et chapelle du XIIIe s. (fresques de Primatice). Palais abbatial du XVIIIe s., légué par Mme Jacquemart-André à l'Institut de France (collections d'art) ; souvenirs de J.-J. Rousseau.

CHABAN-DELMAS (Jacques), *Paris 1915 - id. 2000*, homme politique français. Gaulliste et résistant (général en 1944), maire de Bordeaux de 1947 à 1995, il fut Premier ministre (1969 - 1972) et plusieurs fois président de l'Assemblée nationale (1958 - 1969, 1978 - 1981 et 1986 - 1988).

CHABANNES, famille du Limousin. — **Antoine de C.,** *Saint-Exupéry, Corrèze, 1408 - 1488*, homme de guerre français. Il se distingua, sous Charles VII, contre les Anglais. — **Jacques de C.** → **La Palice.**

▲ Paul **Cézanne.** *La Montagne Sainte-Victoire*, 1904-1906. (Museum of Art, Philadelphie.)

CHABLAIS n.m., massif des Préalpes françaises (Haute-Savoie), au S. du lac Léman ; 2 464 m. Élevage. Tourisme.

CHABLIS [-bli] (89800), bur. centr. de cant. de l'Yonne ; 2 370 hab. *(Chablisiens).* Vins blancs. – Église du XIIIe s.

CHABOT, famille originaire du Poitou, divisée en plusieurs branches. — **Philippe de C.,** seigneur **de Brion,** *1480 - 1543,* amiral de France. Favori de François Ier, capturé avec lui à Pavie, il dirigea la conquête du Piémont en 1536. Son effigie, demi-couchée, est au Louvre. — **Henri de C.,** *m. en 1655,* fondateur de la branche de Rohan-Chabot. Il devint duc de Rohan par son mariage avec Marguerite, duchesse de Rohan.

CHABRA AL-KHAYMA, v. d'Égypte, banlieue nord du Caire ; 937 000 hab.

CHABRIER (Emmanuel), *Ambert 1841 - Paris 1894,* compositeur français. Pianiste, il est l'auteur d'œuvres pour piano (*Pièces pittoresques,* 1881 ; *Bourrée fantasque,* 1891), pour orchestre (*España,* 1883) et pour le théâtre (*Gwendoline,* 1886).

Chabrol (fort), nom donné au local de la Ligue antisémite, rue de Chabrol, à Paris. Le chef de cette Ligue, Jules Guérin, opposé à la révision du procès Dreyfus (1899), y fut arrêté après un siège de trente-huit jours.

CHABROL (Claude), *Paris 1930 - id. 2010,* cinéaste français. Pionnier de la nouvelle vague (*le Beau Serge,* 1959), il excella à peindre les mœurs bourgeoises avec un humour corrosif (*la Femme infidèle,* 1969 ; *le Boucher,* 1970 ; *Violette Nozière,* 1978 ; *Inspecteur Lavardin,* 1986 ; *Une affaire de femmes,* 1988 ; *la Cérémonie,* 1995 ; *Merci pour le chocolat,* 2000).

CHACO ou, parfois, **GRAN CHACO,** région de steppes, peu peuplée, de l'Amérique du Sud, partagée entre l'Argentine et le Paraguay.

Chaco (guerre du) [1932 - 1935], conflit qui opposa la Bolivie au Paraguay pour la possession du Chaco et dont le Paraguay sortit vainqueur.

CHADLI (Chadli **Ben Djedid,** dit), *Bouteldja, près d'Annaba, 1929 - Alger 2012,* officier et homme politique algérien. Il fut président de la République de 1979 à 1992.

CHADWICK (sir James), *Bollington, Cheshire, 1891 - Cambridge 1974,* physicien britannique. Au cours d'expériences de désintégration nucléaire, il a reconnu, en 1932, la nature du neutron. (Prix Nobel 1935.)

CHAGALL (Marc), *Vitebsk 1887 - Saint-Paul-de-Vence 1985,* peintre et graveur français d'origine russe. Après avoir travaillé à Paris de 1910 à 1914, il s'installa en France en 1923. Avec une verve inventive, il s'est inspiré de la terre russe, du folklore juif, de Paris et de la Provence. On lui doit des illustrations de livres, des vitraux et autres travaux décoratifs. À Nice, un musée national est consacré à son *Message biblique.*

CHAGNY (71150), bur. centr. de cant. de Saône-et-Loire, sur la Dheune ; 5 764 hab. *(Chagnotins).* Église romane et gothique.

CHAGOS (îles), archipel britannique de l'océan Indien.

CHAH DJAHAN, *Lahore 1592 - Agra 1666,* souverain de l'Inde (1628 - 1658) de la dynastie des Grands Moghols. Il fit construire le Tadj Mahall.

CHAHINE (Youssef) ou **CHAHIN** (Yusuf), *Alexandrie 1926 - Le Caire 2008,* cinéaste égyptien. Également interprète, il est l'un des plus importants auteurs du cinéma égyptien (*Gare centrale,* 1958 ; *le Retour de l'enfant prodigue,* 1976 ; *Alexandrie, pourquoi ?,* 1978 ; *Adieu Bonaparte,* 1985 ; *le Sixième Jour,* 1986 ; *le Destin,* 1997).

Chah-namè (*le Livre des rois*), épopée persane de Ferdowsi (Xe s.) chantant l'histoire de l'Iran.

CHÂHPUHR Ier ou **SHÂHPUR Ier,** en lat. **Sapor,** roi sassanide de Perse (241 - 272). Il vainquit et fit prisonnier l'empereur Valérien (260), mais il ne put conquérir la Syrie et l'Asie Mineure. — **Châhpuhr II,** roi sassanide de Perse (310 - 379). Il fut le protecteur du mazdéisme et persécuta le christianisme. Il arracha l'Arménie aux Romains (apr. 338). — **Châhpuhr III,** roi sassanide de Perse (383 - 388). Il signa la paix avec Théodose Ier et reconnut l'indépendance de l'Arménie.

Chaillot (palais de), édifice construit à Paris (XVIe arrond.) pour l'Exposition universelle de 1937. Œuvre des architectes Carlu, Boileau et

▲ Marc **Chagall.** *Double Portrait au verre de vin,* 1917. (MNAM, Paris.)

Azéma (qui ont repris les substructures de l'ancien palais du Trocadéro [1878]), il abrite la Cité* de l'architecture et du patrimoine, le musée national de la Marine (en cours de rénovation), le musée de l'Homme et le Théâtre national de Chaillot.

CHAILLY (Riccardo), *Milan 1953,* chef d'orchestre italien. Il exerce à Berlin (1982 - 1989), à Amsterdam (1988 - 2004), puis à Leipzig (2005 - 2016) et à la Scala de Milan (depuis 2015). Il fait autorité dans l'interprétation tant de Bach ou de l'opéra italien (Rossini, Verdi) que du répertoire du XXe s. (Mahler, Schoenberg, Messiaen, Berio).

CHAIN (sir Ernst Boris), *Berlin 1906 - Castlebar, Irlande, 1979,* biochimiste britannique. Il collabora avec Fleming et Florey à la découverte de la pénicilline. (Prix Nobel de physiologie ou de médecine 1945.)

CHAISE-DIEU (La) [43160], comm. de la Haute-Loire ; 674 hab. *(Casadéens).* Festival de musique. – Anc. abbatiale, reconstruite au milieu du XIVe s. (tombeau de Clément VI ; *Danse macabre,* fresque du XVe s. ; tapisseries).

CHAISSAC (Gaston), *Avallon 1910 - La Roche-sur-Yon 1964,* artiste français. Figure marquante de l'art brut, il a donné des peintures, des objets et des « totems » caractérisés par une rudesse colorée et pleine de verve.

CHAKA, *1787 - 1828,* fondateur de l'empire zoulou en 1816. Surnommé « le Napoléon noir » en raison de ses victoires sur les peuples voisins, il devint maître de l'actuel Natal. Il fut assassiné par ses frères.

CHAKHTY, v. de Russie, dans le Donbass ; 240 152 hab. Houille.

CHALAIS (16210), bur. centr. de cant. de la Charente ; 1 889 hab. *(Chalaisiens).* Église à portail roman ; château des Talleyrand, des XIVe-XVIIIe s.

CHALAIS (Henri **de Talleyrand,** comte **de**), *1599 - Nantes 1626,* favori du roi Louis XIII. Accusé de conspiration contre Richelieu, il fut décapité.

CHALAMOV (Varlam Tikhonovitch), *Vologda 1907 - Moscou 1982,* écrivain soviétique. Ses *Récits de la Kolyma* constituent un témoignage dépouillé et poignant sur le goulag.

CHALCÉDOINE [kal-], anc. v. d'Asie Mineure (Bithynie), sur le Bosphore, en face de Byzance. (auj. *Kadiköy.*) Siège du IVe concile œcuménique (451) qui condamna le monophysisme.

CHALCIDIQUE [kal-], presqu'île grecque formant trois péninsules, dont celle du mont Athos.

CHALCOCONDYLE [kal-] (Démétrios), *Athènes v. 1423 - Milan 1511,* grammairien grec. Réfugié en Italie après 1447, il contribua à la renaissance des études grecques.

CHALDÉE [kal-], nom donné à une partie de la région de Sumer puis à la Babylonie (VIIe-VIe s. av. J.-C.).

CHÂLETTE-SUR-LOING (45120), bur. centr. de cant. du Loiret, banlieue de Montargis ; 13 148 hab.

CHALEURS (baie des), baie du Canada, formée par le golfe du Saint-Laurent, entre la Gaspésie (Québec) et le Nouveau-Brunswick. Découverte en 1534 par Jacques Cartier.

CHALGRIN (Jean), *Paris 1739 - id. 1811,* architecte français. Élève de Servandoni et de Boullée, il est notamment l'auteur, à Paris, de l'église St-Philippe-du-Roule (1774) et des plans (1806) de l'arc de triomphe de l'Étoile.

CHALIAPINE (Fiodor), *Kazan 1873 - Paris 1938,* baryton-basse russe. Il créa le rôle de *Don Quichotte* (Massenet, 1910) et contribua à populariser l'opéra russe grâce à son interprétation de *Boris Godounov* (Moussorgski).

CHALLANS (85300), bur. centr. de cant. de la Vendée ; 20 786 hab. *(Challandais).* Aviculture.

CHALLES-LES-EAUX (73190), comm. de la Savoie ; 5 622 hab. *(Challésiens).* Station thermale (affections respiratoires et gynécologiques).

CHALONNAISE (côte), région viticole de Bourgogne (Saône-et-Loire), à l'O. de Chalon-sur-Saône.

CHALONNES-SUR-LOIRE (49290), bur. centr. de cant. de Maine-et-Loire, au confluent de la Loire et du Layon ; 6 694 hab. *(Chalonnais).* Église St-Maurille, des XIIe-XIIIe s.

CHÂLONS-EN-CHAMPAGNE [-lɔ̃-] (51000), anc. **Châlons-sur-Marne,** ch.-l. du dép. de la Marne, sur la Marne, à 167 km à l'E. de Paris ; 46 618 hab. *(Châlonnais).* Évêché. Constructions mécaniques. Industrie automobile. – Église N.-D.-en-Vaux (XIIe s.) et cathédrale (reconstruite apr. 1230 ; vitraux du XIIe au XVIe s.). Centre national des arts du cirque. – Camp militaire. – Au S.-O., aéroport Paris-Vatry*.

CHALON-SUR-SAÔNE (71100), ch.-l. d'arrond. de Saône-et-Loire, sur la rive droite de la Saône ; 47 129 hab. *(Chalonnais)* [109 816 hab. dans l'agglomération]. Marché vinicole. Constructions mécaniques et électriques, chimie, emballage, logistique. – Festival transnational des artistes de la rue. – Cathédrale surtout des XIIe-XVe s. Musées Denon et Nicéphore-Niépce.

CHALOSSE, région de collines, entre le gave de Pau et l'Adour. Pays de polyculture et d'élevage.

CHAM, personnage biblique. Deuxième fils de Noé, il fut maudit, dans sa descendance (Cananéens), pour son irrévérence envers son père.

CHAM, peuple du sud du Viêt Nam et du Cambodge (env. 100 000). Vraisemblablement d'origine indonésienne, les Cham fondèrent le royaume du Champa. Ils sont musulmans et brahmanistes, et de langue malayo-polynésienne.

CHAM [kam] (Amédée **de Noé,** dit), *Paris 1819 - id. 1879,* caricaturiste français. Il collabora au *Charivari.*

CHAMALIÈRES (63400), bur centr. de cant. du Puy-de-Dôme, banlieue de Clermont-Ferrand ; 18 280 hab. *(Chamaliérois).* Imprimerie de la Banque de France. – Église en partie romane.

CHAMBERLAIN (Joseph), *Londres 1836 - Birmingham 1914,* homme politique britannique. Ministre du Commerce (1880 - 1886), puis des Colonies (1895 - 1903), il fut l'un des promoteurs du mouvement impérialiste et provoqua la scission du Parti libéral, en regroupant dans le Parti libéral unioniste les adversaires du Home Rule en Irlande. — sir **Joseph Austen C.,** *Birmingham 1863 - Londres 1937,* homme politique britannique. Fils de Joseph Chamberlain, chancelier de l'Échiquier (1903 - 1906, 1919 - 1921), chef du Parti libéral unioniste, ministre des Affaires étrangères (1924 - 1929), il pratiqua une politique de détente dans le cadre de la Société des Nations. (Prix Nobel de la paix 1925.) — **Arthur Neville C.,** *près de Birmingham 1869 - Heckfield 1940,* homme politique britannique. Demi-frère de Joseph Austen Chamberlain, député conservateur, il fut chancelier de l'Échiquier (1931 - 1937), puis Premier ministre (1937 - 1940). Il essaya en vain de régler pacifiquement les problèmes posés par la guerre d'Espagne, l'agression italienne contre l'Éthiopie et les revendications allemandes (accords de Munich, 1938), mais dut déclarer la guerre à l'Allemagne en 1939.

▲ **Chambord.** Le château, 1519-1537.

CHAMBERLAIN (Owen), *San Francisco 1920 - Berkeley 2006*, physicien américain. Avec E. Segrè, il a réussi pour la première fois à obtenir des antiprotons, à l'aide du synchrotron de l'université de Berkeley appelé bévatron (1955). [Prix Nobel 1959.]

CHAMBERS (Ephraïm), *Kendal v. 1680 - Islington, près de Londres, 1740*, encyclopédiste britannique. Sa *Cyclopaedia* donna à Diderot l'idée de l'*Encyclopédie**.

CHAMBERS (sir William), *Göteborg 1723 ou 1726 - Londres 1796*, architecte britannique. Il acquit une position officielle en combinant influences françaises et italiennes, néoclassicisme et exotisme (il voyagea jusqu'en Chine). Il est l'auteur, à Londres, de la pagode des jardins de Kew (v. 1760) et de Somerset House (1776).

CHAMBÉRY (73000), ch.-l. du dép. de la Savoie, sur la Leysse, entre les Bauges et la Chartreuse, à 553 km au S.-E. de Paris ; 61 435 hab. *(Chambériens)* [174 833 hab. dans l'agglomération]. Archevêché. Cour d'appel. Université. – Château médiéval restauré, cathédrale des XVe-XVIe s., musées.

CHAMBIGES (Martin), *m. à Beauvais en 1532*, architecte français. Il donna d'harmonieux compléments, gothiques, aux cathédrales de Sens, Troyes, Beauvais. — **Pierre Ier C.**, *m. à Paris en 1544*, architecte français. Fils de Martin C., il se convertit au style de la Renaissance (château Vieux de Saint-Germain-en-Laye, 1539 et suiv.).

CHAMBLY, v. du Canada (Québec), au S.-E. de Montréal ; 29 120 hab. *(Chamblyens)*. Fort du XVIIIe s.

CHAMBOLLE-MUSIGNY (21220), comm. de la Côte-d'Or ; 309 hab. Vins de la côte de Nuits.

CHAMBON-FEUGEROLLES (Le) [42500], comm. de la Loire ; 12 776 hab. *(Chambonnaires)*.

CHAMBONNIÈRES (Jacques Champion de) → **CHAMPION DE CHAMBONNIÈRES.**

CHAMBON-SUR-LIGNON (Le) [43400], bur. centr. de cant. de la Haute-Loire ; 2 633 hab. *(Chambonnais)*.

CHAMBORD (41250), comm. de Loir-et-Cher, en Sologne, sur le Cosson ; 106 hab. *(Chambourdins)*. Imposant château bâti pour François Ier à partir de 1519, chef-d'œuvre de la première Renaissance (escalier à double hélice ; terrasses décorées).

CHAMBORD (Henri de Bourbon, duc de Bordeaux, comte de), *Paris 1820 - Frohsdorf, Autriche, 1883*, prince français, dernier représentant de la branche aînée des Bourbons. Fils posthume du duc de Berry, il devint le prétendant légitimiste (« Henri V ») au trône de France, après la mort de Charles X. En 1873, la restauration de la monarchie à son profit, qui semblait possible, échoua devant l'intransigeance du comte, qui refusa le drapeau tricolore comme emblème national.

CHAMBOURCY (78240), comm. des Yvelines ; 5 870 hab. *(Camboriciens)*. Parc « anglo-chinois » du *Désert de Retz* (fin du XVIIIe s.).

CHAMBRAY-LÈS-TOURS (37170), comm. d'Indre-et-Loire ; 11 385 hab. *(Chambraisiens)*.

Chambre de commerce internationale → **CCI.**

Chambre des communes → **communes.**

Chambre des députés, une des assemblées du Parlement français sous la Restauration, la monarchie de Juillet et la IIIe République. Depuis 1946, on dit « Assemblée nationale ».

Chambre des lords → **lords.**

Chambre introuvable (la), nom donné à la Chambre des députés, dominée par les ultraroyalistes, réunie en octobre 1815 et dissoute par Louis XVIII en septembre 1816.

CHAMFORT (Sébastien Roch **Nicolas,** dit Nicolas **de**), *près de Clermont-Ferrand 1740 - Paris 1794*, écrivain français. Cet esprit tranchant et pessimiste fut républicain dans les salons, accumula les mots d'esprit (*Maximes, pensées, caractères et anecdotes*, 1795, posthume) et se suicida sous la Terreur. (Acad. fr.)

CHAMIL, *Guimry, Daguestan, 1797 - Médine 1871*, héros de l'indépendance du Caucase. Imam du Daguestan (1834 - 1859), il s'opposa à l'avance russe dans le Caucase.

CHAMILLART (Michel de), *Paris 1652 - id. 1721*, homme d'État français, contrôleur des Finances et secrétaire d'État à la Guerre sous Louis XIV.

CHAMISSO DE BONCOURT (Louis Charles Adélaïde **de Chamisso de Boncourt,** dit Adelbert **von**), *château de Boncourt, Champagne, 1781 - Berlin 1838*, écrivain et naturaliste allemand d'origine française. Auteur de la *Merveilleuse Histoire de Peter Schlemihl*, il fut directeur du Jardin botanique de Berlin.

CHAMOISEAU (Patrick), *Fort-de-France 1953*, écrivain français. Ardent polémiste, auteur de romans (*Chronique des sept misères*, 1986 ; *Texaco*, 1992 ; *Biblique des derniers gestes*, 2002 ; *l'Empreinte à Crusoé*, 2012) et de récits autobiographiques (*Une enfance créole*, 3 vol., 1990-2005 ; *la Matière de l'absence*, 2016), il est avec R. Confiant* l'un des grands défenseurs de l'identité créole.

CHAMONIX-MONT-BLANC [-ni] (74400), comm. de la Haute-Savoie, au pied du mont Blanc ; 9 285 hab. *(Chamoniards)*. Superbe vallée de l'Arve, célèbre par ses glaciers. Centre d'alpinisme et de sports d'hiver (alt. 1 037 - 3 842 m).

CHAMORRO (Violeta **Barrios de**), *Rivas 1929*, femme politique nicaraguayenne, présidente de la République de 1990 à 1997.

CHAMOUN (Camille), *Dayr al-Qamar 1900 - Beyrouth 1987*, homme politique libanais. Président de la République (1952 - 1958), il fut l'un des principaux dirigeants maronites.

CHAMPA ou **TCHAMPA,** royaume indianisé de l'Indochine centrale, fondé en 192 dans la région de Huê. Après 1471, il fut peu à peu absorbé par le Viêt Nam, et il disparut en 1822. – Mi Son en fut le principal centre religieux.

CHAMPAGNE, région historique de l'est de la France. Possédée par la maison de Vermandois puis, après le XIe s., par celle de Blois, la Champagne connut, aux XIIe et XIIIe s., une grande prospérité économique liée à ses foires internationales (Provins, Troyes...). La réunion de la Champagne à la France se fit, progressivement, à partir du mariage du futur Philippe IV le Bel avec Jeanne Ire de Navarre (1284). La région connut un nouvel essor, au XVIIe s., grâce au vin mousseux dit « champagne » et, au XIXe s., grâce à l'industrie textile et métallurgique. Batailles importantes en 1915, 1917, 1918.

CHAMPAGNE, région géographique de l'est de la France. (Hab. *Champenois*.) La *Champagne crayeuse* (dite autref. *pouilleuse*), longtemps pauvre et vouée à l'élevage ovin, est aujourd'hui reboisée en pins ou amendée (cultures céréalières et betteravière). Elle sépare le *vignoble champenois*, implanté sur le front de la côte de l'Île-de-France, à l'ouest, de la *Champagne humide*, à l'est, terre argileuse parsemée d'étangs, où l'élevage laitier s'est développé.

CHAMPAGNE (Adonaï **Desparois,** dit Claude), *Montréal 1891 - id. 1965*, compositeur canadien. Influencé par le folklore québécois et par la musique française, il est à la source de l'école canadienne contemporaine.

CHAMPAGNE-ARDENNE n.f., anc. Région administrative de France (Ardennes, Aube, Marne et Haute-Marne) [→ **Grand-Est**].

CHAMPAGNOLE (39300), bur. centr. de cant. du Jura, sur l'Ain ; 8 314 hab. *(Champagnolais)*.

CHAMPAIGNE [-paɲ] (Philippe de), *Bruxelles 1602 - Paris 1674*, peintre français d'origine brabançonne. L'un des grands représentants du classicisme, il est l'auteur de portraits (Richelieu) et de tableaux religieux.

Champ-de-Mars, à Paris, vaste terrain situé entre la façade septentrionale de l'École militaire et la Seine. autref. affecté aux manœuvres et revues militaires, cet emplacement accueillit les Expositions universelles ou internationales de 1867, 1878, 1889 (construction de la tour Eiffel), 1900, 1937. C'est là aussi que fut célébrée la fête de la Fédération, le 14 juillet 1790.

CHAMPDIVERS (Odinette de), *m. apr. 1425*, maîtresse de Charles VI.

CHAMPEAUX (Guillaume de) → **GUILLAUME DE CHAMPEAUX.**

CHAMPFLEURY (Jules **Husson,** dit **Fleury,** puis), *Laon 1821 - Sèvres 1889*, écrivain et critique d'art français. Il défendit l'esthétique réaliste (Le Nain, Daumier, Courbet), qu'il illustra par ses récits *(Chien-Caillou)*.

CHAMPIGNEULLES (54250), comm. de Meurthe-et-Moselle ; 6 896 hab. *(Champigneullais)*. Brasserie.

CHAMPIGNY-SUR-MARNE (94500), bur. centr. de cant. du Val-de-Marne, sur la rive gauche de la Marne ; 77 006 hab. *(Campinois)*. Constructions mécaniques. – Église des XIIe et XIIIe s. Musée de la Résistance nationale.

CHAMPION DE CHAMBONNIÈRES (Jacques de), *Paris ou Chambonnières, Brie, apr. 1601 - Paris 1672*, compositeur et claveciniste français. Il fonda l'école de clavecin en France.

CHAMPLAIN (lac), lac à la frontière du Canada (Québec) et des États-Unis, découvert par Champlain ; 1 269 km². Tourisme.

CHAMPLAIN (Samuel de), *Brouage 1574 ? - Québec 1635*, explorateur et colonisateur français. Il fit un premier voyage en Nouvelle-France (1603), visita l'Acadie et les côtes de la Nouvelle-Angleterre (1604 - 1607), fonda Québec en 1608 et explora une partie des Grands Lacs (1615 - 1616). Après 1620, il se consacra à la mise en valeur de la nouvelle colonie.

◄ Samuel de **Champlain.** (BnF, Paris.)

CHAMPLITTE (70600), comm. de la Haute-Saône ; 1 750 hab. *(Chanitois)*. Château des XVIe-XVIIIe s. (musée d'Arts et Traditions populaires).

CHAMPLITTE (Guillaume de), *Champagne seconde moitié du XIIe s. - 1209*, prince d'Achaïe (1205 - 1209). Il conquit l'Achaïe avec Geoffroi de Villehardouin.

CHAMPMESLÉ (Marie **Desmares,** dite **la**), *Rouen 1642 - Auteuil 1698*, tragédienne française. Elle créa toutes les grandes héroïnes de Racine, de qui elle fut la maîtresse.

Champmol [ʃɑ̃mɔl] (chartreuse de), monastère fondé près de Dijon par Philippe le Hardi (1383) pour servir de nécropole à sa lignée. Rares vestiges, dont le *Puits de Moïse* de Sluter* (auj. dans le centre hospitalier La Chartreuse, à Dijon).

CHAMPOLLION (Jean-François), *Figeac 1790 - Paris 1832*, égyptologue français. Il déchiffra le premier les hiéroglyphes égyptiens (*Précis du système hiéroglyphique*, 1824).

Champollion ► par L. Cogniet. (Louvre, Paris.)

CHAMPSAUR [ʃɑ̃sɔr], région du dép. des Hautes-Alpes, dans la haute vallée du Drac.

CHAMPS ÉLYSÉES ou **ÉLYSÉE** MYTH. GR. Séjour des âmes vertueuses dans l'au-delà.

Champs-Élysées, avenue de Paris, longue de 1 880 m de la place de la Concorde à la place Charles-de-Gaulle (anc. place de l'Étoile).

Champs-Élysées (Théâtre des), complexe théâtral de Paris, avenue Montaigne (VIIIe arrond.). Construit en béton armé par A. Perret (1911-1913), l'édifice a été décoré par Bourdelle, Vuillard, M. Denis. Une annexe de l'hôtel de Drouot (« Drouot Montaigne ») a été aménagée en sous-sol dans les années 1986-1988.

CHAMPS-SUR-MARNE (77420), bur. centr. de cant. de Seine-et-Marne ; 25 263 hab. (*Campésiens* ou *Champesois*). Château du XVIIIe s.

CHAMROUSSE [ʃɑ̃rus] (38410), comm. de l'Isère ; 470 hab. Sports d'hiver (alt. 1 650 - 2 255 m).

CHAMSON (André), *Nîmes 1900 - Paris 1983*, écrivain français. Il a peint dans ses récits la nature et les paysans des Cévennes (*Roux le Bandit, la Superbe*). [Acad. fr.]

CHAN (État des) ou **ÉTAT CHAN,** État de l'est de la Birmanie.

CHANCELADE (24650), comm. de la Dordogne ; 4 438 hab. (*Chanceladais*). Station préhistorique du paléolithique supérieur (sépulture d'un *Homo sapiens* de la fin du magdalénien, découverte en 1888). – Anc. abbaye à l'église des XIIe et XVIIe s., aux bâtiments des XVe-XVIIIe s.

CHANCELLOR (Richard), *m. sur les côtes de l'Écosse en 1556*, navigateur écossais. Il reconnut la mer Blanche.

CHANCHÁN, site archéologique, sur la côte nord du Pérou, près de Trujillo. Vestiges (plus de 20 km²) de l'anc. cap. (XIIe-XVe s.) du royaume chimú ; enceintes de briques enserrant palais, centres cérémoniels, maisons, etc.

CHANDERNAGOR, v. d'Inde (Bengale-Occidental), sur l'Hooghly ; 162 166 hab. Ancien comptoir français (1686 - 1951).

CHANDIGARH, v. d'Inde, cap. du Pendjab et de l'Haryana ; 808 796 hab. (1 025 682 hab. dans l'agglomération). Elle constitue un territoire de l'Inde (114 km²). – Elle a été construite sous la direction de Le Corbusier à partir de 1951.

CHANDLER (Raymond Thornton), *Chicago 1888 - La Jolla, Californie, 1959*, écrivain américain. Ses romans noirs (*le Grand Sommeil, Adieu ma jolie*) mettent en scène le détective privé Philip Marlowe.

CHANDOS (sir John), *XIVe s.*, homme de guerre anglais. Connétable de Guyenne (1362) et sénéchal de Poitou, il fut mortellement blessé à Lussac-les-Châteaux en 1370.

CHANDRAGUPTA → **CANDRAGUPTA.**

CHANDRASEKHAR (Subrahmanyan), *Lahore 1910 - Chicago 1995*, astrophysicien américain d'origine indienne. Auteur de travaux sur le transfert d'énergie dans les étoiles et l'évolution stellaire, il a établi que les naines blanches ne peuvent avoir une masse supérieure à 1,4 fois celle du Soleil. (Prix Nobel 1983.)

▲ Coco **Chanel**

CHANEL (Gabrielle **Chasnel,** dite Coco), *Saumur 1883 - Paris 1971*, couturière française. Elle donna à la mode, dès 1916, un tour nouveau en empruntant des vêtements masculins comme le tailleur, en travaillant le jersey et en prenant pour règle de l'élégance une extrême simplicité.

CHANGAN, ancien nom de Xi'an*.

CHANGARNIER (Nicolas), *Autun 1793 - Paris 1877*, général et homme politique français. Il fut gouverneur de l'Algérie en 1848.

CHANGCHUN, v. de la Chine du Nord-Est, cap. du Jilin ; 3 225 557 hab. Centre industriel.

CHANGÉ (72560), bur. centr. de cant. de la Sarthe ; 6 648 hab. (*Changéens*).

CHANGEUX (Jean-Pierre), *Domont 1936*, biologiste français. Il a étudié le développement du système nerveux et a fait découvrir les neurosciences à un large public (*l'Homme neuronal*, 1983). Il a été président du Comité consultatif national d'éthique de 1992 à 1999.

CHANG-HAI → **SHANGHAI.**

CHANGHUA, v. de Taïwan ; 227 715 hab.

CHANGSHA, v. de Chine, cap. du Hunan ; 2 122 873 hab. Centre industriel. – Vestiges de la nécropole de cette anc. cap. du royaume de Chu sous les Royaumes combattants (V^e-IIIe s. av. J.-C.) au musée local.

CHANGZHOU, v. de Chine (Jiangsu) ; 1 081 845 hab. (2 322 650 hab. dans l'agglomération).

CHANNEL (the), nom angl. de la *Manche*.

Chanson de Roland (la), la plus ancienne et la plus célèbre des chansons de geste françaises (fin XIe s.). Composée en décasyllabes groupés en laisses assonancées, elle fait le récit des guerres de Charlemagne contre les Maures, et notamment de la résistance héroïque de Roland à Roncevaux.

Chant des partisans (le), hymne de la Résistance française créé en 1943. Paroles de J. Kessel et M. Druon, musique d'Anna Marly (*1917 - 2006*). Son motif simple et répétitif devint sur les ondes de la BBC le thème (sifflé pour déjouer le brouillage ennemi) de la France libre s'adressant à la France occupée.

Chant du départ (le), chant patriotique français créé en 1794. Paroles de M.-J. [de] Chénier, musique de Méhul.

CHANTELOUP-LES-VIGNES (78570), comm. des Yvelines, au N. de Poissy ; 10 518 hab.

CHANTEMESSE (André), *Le Puy 1851 - Paris 1919*, médecin et bactériologiste français. Il inventa, avec F. Widal, le vaccin contre la typhoïde (1888).

CHANTEPIE (35135), comm. d'Ille-et-Vilaine, dans la banlieue sud-est de Rennes ; 10 766 hab. (*Cantepiens*).

CHANTILLY (60500), bur. centr. de cant. de l'Oise, en bordure de la *forêt de Chantilly* (6 300 ha) ; 11 100 hab. (*Cantiliens*). Hippodrome. – Château des Montmorency et des Condés, reconstruit au XIXe s., sauf le petit château (de J. Bullant, v. 1560) et les somptueuses écuries (œuvre de Jean Aubert, v. 1720 ; auj. Musée vivant du Cheval) ; il a été légué (1886) par le duc d'Aumale à l'Institut de France, avec ses riches collections d'art (musée Condé : peintures anciennes, porcelaine, etc.).

CHANTONNAY (85110), bur. centr. de cant. de la Vendée ; 8 699 hab. (*Chantonnaisiens*).

CHANZY (Alfred), *Nouart 1823 - Châlons-sur-Marne 1883*, général français. Il commanda la IIe armée de la Loire en 1871, puis il fut gouverneur de l'Algérie (1873) et ambassadeur en Russie (1879).

CHAO PHRAYA n.f., parfois **MÉNAM** n.m., principal fl. de Thaïlande ; 1 200 km. Elle passe à Bangkok et rejoint le golfe de Thaïlande.

CHAOUIA, population berbère d'Algérie (env. 1,6 million), qui vit dans l'Aurès.

CHAOUÏA n.f., plaine du Maroc atlantique, arrière-pays de Casablanca.

CHAOURCE (10210), comm. du sud de l'Aube ; 1 093 hab. (*Chaourçois*). Dans l'église, groupe de la *Mise au tombeau*, de 1515.

CHAPAIS (Thomas), *Saint-Denis, Kamouraska, 1858 - id. 1946*, homme politique et historien canadien. Il est l'auteur d'un *Cours d'histoire du Canada* (1919-1934).

CHAPALA (lac), lac du Mexique central ; 1 080 km².

Chapeaux et Bonnets, nom des deux factions qui se disputèrent le pouvoir aux diètes suédoises de 1738 à 1772. Les Bonnets étaient partisans d'une politique pacifiste, ménageant la Russie, tandis que les Chapeaux désiraient reprendre les territoires conquis par les Russes. Les deux factions furent éliminées par Gustave III (1772).

CHAPEL (Alain), *Lyon 1937 - Saint-Rémy-de-Provence 1990*, cuisinier français. À partir de 1969, à Mionnay (Ain), il relance le restaurant familial, où s'allient tradition et harmonie des saveurs nouvelles, et acquiert une notoriété internationale.

CHAPELAIN (Jean), *Paris 1595 - id. 1674*, écrivain français. Poète médiocre, raillé par Boileau, il joua un rôle important dans la création de l'Académie* française et la formation de la doctrine classique.

CHAPELLE-AUX-SAINTS (La) [19120], comm. de la Corrèze ; 265 hab. (*Capeloux*). Station préhistorique ; sépulture ayant livré un squelette de type néandertalien, associé à des outils en silex moustériens. Musée de l'Homme de Neandertal.

CHAPELLE-DE-GUINCHAY (La) [71570], bur. centr. de cant. de Saône-et-Loire ; 4 117 hab. Vins.

CHAPELLE-LEZ-HERLAIMONT, comm. de Belgique (Hainaut), à l'E. de La Louvière ; 14 650 hab.

CHAPELLE-SAINT-LUC (La) [10600], comm. de l'Aube, banlieue nord-ouest de Troyes ; 12 550 hab. (*Chapelains*). Pneumatiques.

CHAPELLE-SUR-ERDRE (La) [44240], bur. centr. de cant. de la Loire-Atlantique ; 19 722 hab. (*Chapelains*). Château de la Gâcherie (XVe s.).

▲ Charlie **Chaplin** incarnant Charlot dans le film *le Kid* (1921).

CHAPLIN (sir Charles Spencer **Chaplin,** dit Charlie), *Londres 1889 - Corsier-sur-Vevey, Suisse, 1977*, acteur et cinéaste britannique. Longtemps fixé aux États-Unis, créateur du personnage universellement célèbre de Charlot*, cet auteur complet s'est imposé comme l'un des plus authentiques artistes du siècle, conjuguant burlesque, satire et émotion : *la Ruée vers l'or* (1925), *les Lumières de la ville* (1931), *les Temps modernes* (1936), *le Dictateur* (1940), *les Feux de la rampe* (1952), *la Comtesse de Hong Kong* (1967).

CHAPOCHNIKOV (Boris Mikhaïlovitch), *Zlatooust 1882 - Moscou 1945*, maréchal soviétique. Chef d'état-major de l'Armée rouge de 1937 à 1942, il fut conseiller militaire de Staline.

CHAPPAZ (Maurice), *Lausanne 1916 - Martigny 2009*, écrivain suisse de langue française. Bien que grand voyageur, il a surtout célébré avec lyrisme son Valais ancestral (*les Grandes Journées de printemps*, 1944 ; *Portrait des Valaisans*, 1965).

CHAPPE (Claude), *Brûlon, Sarthe, 1763 - Paris 1805*, ingénieur français. Il créa la télégraphie aérienne, dont il installa la première ligne en 1794, entre Paris et Lille.

CHAPTAL (Jean), comte **de Chanteloup,** *Nojaret, commune de Badaroux, Lozère, 1756 - Paris 1832*, chimiste et homme politique français. Il mit au point la *chaptalisation* des vins et développa l'industrie chimique en France, notamm. en diffusant des méthodes de teinture et de blanchiment. Il fut ministre de l'Intérieur sous Napoléon Ier.

CHAR (René), *L'Isle-sur-la-Sorgue 1907 - Paris 1988*, poète français. Son œuvre, marquée par le surréalisme (*le Marteau sans maître*) puis par son engagement dans la Résistance (*Feuillets d'Hypnos*), cherche l'accord entre forces naturelles et aspirations humaines (*Fureur et Mystère, la Parole en archipel, Chants de la Balandrane*).

CHARAVINES (38850), comm. de l'Isère, près du lac de Paladru ; 1 951 hab. Vestiges d'un village (2400 - 2300 av. J.-C.) installé sur les bords du lac, qui ont permis de reconstituer tous les aspects de la vie au néolithique récent. Musée.

CHARCOT (Jean-Martin), *Paris 1825 - près du lac des Settons 1893*, médecin français. Fondateur d'une école de neurologie, il donna des cours célèbres fréquentés par de futurs savants français et étrangers (dont Freud). — **Jean-Baptiste C.,** *Neuilly-sur-Seine 1867 - en mer 1936*, médecin, naturaliste et explorateur français. Fils de Jean-Martin, il est l'auteur de campagnes et de travaux océanographiques dans les régions polaires. Son bateau, le *Pourquoi-Pas ?*, fit naufrage.

CHARDIN (Jean), *Paris 1643 - près de Londres 1713*, voyageur français. Auteur d'un *Voyage en Perse et aux Indes orientales* (1686).

CHARDIN (Jean Siméon), *Paris 1699 - id. 1779*, peintre français. Auteur de natures mortes et de scènes de genre (au Louvre : *le Bénédicité, la Pourvoyeuse*, etc.), il traduit en technicien hors pair l'intensité de « vie silencieuse » du sujet choisi.

▲ J. S. **Chardin.** *Autoportrait* dit *au chevalet*, pastel, v. 1775. (Louvre, Paris.)

CHARDJA, l'un des Émirats arabes unis ; 724 859 hab. Pétrole.

CHARDONNE (Jacques **Boutelleau,** dit Jacques), *Barbezieux 1884 - La Frette-sur-Seine 1968*, écrivain français. Ses romans *(l'Épithalame)* et ses essais célèbrent le couple et l'amour conjugal.

CHAREAU (Pierre), *Le Havre 1883 - New York 1950*, architecte et désigneur français. Il a construit la première maison française en acier apparent et verre (rue Saint-Guillaume, Paris VIe, 1928).

CHARENTE n.f., fl. de l'ouest de la France, né dans le Limousin et qui rejoint l'Atlantique par un estuaire envasé ; 360 km. Elle passe à Angoulême, Cognac, Saintes et Rochefort.

CHARENTE n.f. (16), dép. de la Région Nouvelle-Aquitaine ; ch.-l. de dép. *Angoulême* ; ch.-l. d'arrond. *Cognac, Confolens* ; 3 arrond. ; 19 cant. ; 381 comm. ; 5 956 km^2 ; 366 289 hab. *(Charentais)*. Le dép. appartient à l'académie de Poitiers, à la cour d'appel de Bordeaux, à la zone de défense et de sécurité Sud-Ouest. Il s'étend sur le Confolentais et l'Angoumois, où l'élevage bovin et la culture du blé constituent les ressources principales. Le vignoble est localisé surtout autour de Cognac (Champagne) et fournit une eau-de-vie réputée (cognac). L'industrie, en dehors des activités dispersées liées au vignoble et surtout à l'élevage, est localisée principalement à Angoulême.

CHARENTE-MARITIME n.f. (17), dép. de la Région Nouvelle-Aquitaine ; ch.-l. de dép. *La Rochelle* ; ch.-l. d'arrond. *Jonzac, Rochefort, Saintes, Saint-Jean-d'Angély* ; 5 arrond. ; 27 cant. ; 466 comm. ; 6 864 km^2 ; 658 529 hab. *(Charentais-Maritimes)*. Le dép. appartient à l'académie et à la cour d'appel de Poitiers, à la zone de défense et de sécurité Sud-Ouest. Il est formé de plaines et de bas plateaux, surtout calcaires, où l'élevage bovin pour les produits laitiers a progressé aux dépens des cultures (blé) ; la production de cognac se maintient à l'E. de Saintes. Le littoral, en partie marécageux (Marais poitevin, marais de Rochefort et de Brouage), est animé par l'ostréiculture (Marennes), la mytiliculture, le tourisme estival (Royan, îles de Ré et d'Oléron) et la pêche (La Rochelle). La Rochelle (avec son avant-port, La Pallice) et Rochefort concentrent l'essentiel de l'industrie, en dehors de l'agroalimentaire.

CHARENTON-LE-PONT (94220), bur. centr. de cant. du Val-de-Marne, au confluent de la Seine et de la Marne ; 31 050 hab. *(Charentonnais)*. Industries et services bancaires.

CHARÈS [karɛs], *v. 400 - 330 av. J.-C.*, général athénien. Il fut vaincu à Chéronée (338) par Philippe de Macédoine.

CHAREST (Jean), *Sherbrooke 1958*, homme politique canadien. Chef du Parti libéral du Québec (1998 - 2012), il a été Premier ministre du Québec de 2003 à 2012.

CHARETTE DE LA CONTRIE (François de), *Couffé 1763 - Nantes 1796*, chef vendéen. Vainqueur à Machecoul (1793), il fut ensuite capturé par Hoche et fusillé.

CHARI n.m., fl. d'Afrique, qui rejoint le lac Tchad ; 1 200 km. Il reçoit le Logone (r. g.) à Ndjamena.

CHARIATI (Ali), *dans le Khorasan 1933 - Londres 1977*, philosophe iranien. Il a renouvelé le chiisme.

CHARIBERT → **CARIBERT.**

CHARISSE (Tula Ellice **Finklea,** dite Cyd), *Amarillo, Texas, 1921 - Los Angeles 2008*, danseuse et actrice américaine. Elle fut sur scène et à l'écran l'une des vedettes de la comédie musicale américaine et la partenaire privilégiée de G. Kelly (*Chantons sous la pluie*, S. Donen, G. Kelly, 1952) et de F. Astaire (*Tous en scène*, V. Minnelli, 1953).

CHARITES [ka-] (les), nom grec des Grâces.

CHARITÉ-SUR-LOIRE (La) [58400], bur. centr. de cant. de la Nièvre ; 5 043 hab. *(Charitois)*. Église romane d'une anc. abbaye clunisienne ; musée.

Charivari (le), journal satirique illustré français (1832-1937), fondé à Paris. Les caricaturistes Daumier, Grandville et Gavarni y collaborèrent.

CHARLEBOIS (Robert), *Montréal 1944*, chanteur canadien de langue française. Également parolier et compositeur, il utilise à ses débuts le joual, puis marie le vocabulaire québécois à des sonorités rock *(Lindberg, California, Ordinaire)*.

CHARLEMAGNE ou **CHARLES Ier le Grand,** *742 ou 747 - Aix-la-Chapelle 814*, roi des Francs (768 - 814) et des Lombards (774 - 814), empereur d'Occident (800 - 814), de la dynastie carolingienne. Fils aîné de Pépin le Bref, il règne seul (771) à la mort de son frère Carloman. Vainqueur des Lombards, il devient le maître du nord de l'Italie (774). Il crée le royaume d'Aquitaine, vassalise la Bavière, soumet les Frisons (785), les Avars de Pannonie (796) et les Saxons (804), au terme d'une lutte de plus de trente ans. Ayant échoué dans la conquête de l'Espagne musulmane, il crée une zone de sécurité au sud des Pyrénées, la marche d'Espagne ; de même, il établit une marche de Bretagne (789 - 790). Le jour de Noël 800, il est couronné empereur des Romains par le pape. D'Aix-la-Chapelle, où il réside habituellement, il contrôle l'administration des comtes et des évêques par l'intermédiaire des *missi dominici* et de l'assemblée annuelle des notables. Ses ordres s'expriment en des *capitulaires*. Animateur d'une véritable renaissance culturelle, il fait appel à des lettrés (Alcuin) et crée une école du palais. Il multiplie les ateliers d'art dans les monastères. En même temps qu'il veille au développement du christianisme, il rétablit des contacts commerciaux avec l'Orient. En 813, il fait couronner son fils Louis le Pieux. Personnage vite devenu légendaire, Charlemagne est le héros de nombreuses chansons de geste.

▲ **Charlemagne.** Représentation présumée (v. 1350) ; chef reliquaire en argent doré. (Cathédrale d'Aix-la-Chapelle.)

CHARLEROI, v. de Belgique, ch.-l. d'arrond. du Hainaut, sur la Sambre ; 203 753 hab. *(Carolorégiens)*. Centre industriel. – Musées (du Verre, de la Photographie). – Au cours de la Première Guerre mondiale, victoire des Allemands sur les armées françaises (21 - 23 août 1914).

SAINTS

CHARLES BORROMÉE (saint), *Arona 1538 - Milan 1584*, prélat italien. Archevêque de Milan, cardinal, il contribua puissamment à la Réforme catholique, en restaurant la discipline ecclésiastique par les visites pastorales régulières, la tenue de synodes, l'organisation de séminaires et l'enseignement du catéchisme.

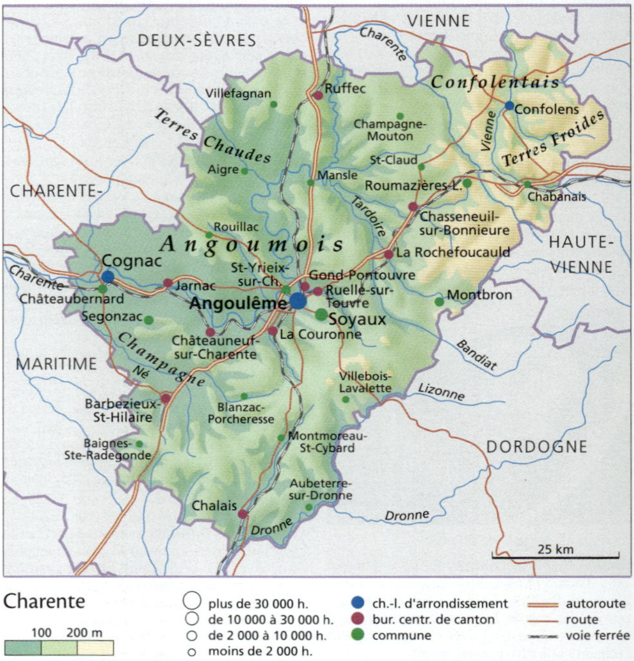

CHARLES GARNIER (saint), un des Martyrs* canadiens.

EMPIRE CAROLINGIEN

CHARLES Ier → CHARLEMAGNE.

CHARLES II → CHARLES II LE CHAUVE [France].

CHARLES III le Gros, *Neidingen 839 - id. 888*, empereur d'Occident (881 - 887), roi de Germanie (882 - 887), roi de France (884 - 887), de la dynastie carolingienne. Fils cadet de Louis le Germanique, il reconstitua en théorie l'empire de Charlemagne, mais sa faiblesse devant les féodaux et les Normands lui valut d'être déposé à la diète de Tribur en 887.

SAINT EMPIRE

CHARLES IV DE LUXEMBOURG, *Prague 1316 - id. 1378*, roi de Germanie (1346 - 1378), roi de Bohême (Charles Ier) [1346 - 1378], empereur germanique (1355 - 1378). Fils de Jean Ier de Luxembourg, il promulgua la *Bulle d'or* (1356) et fit de Prague, qu'il dota d'une université (1348), le centre culturel de l'Empire.

CHARLES V, dit **Charles Quint,** *Gand 1500 - Yuste, Estrémadure, 1558*, empereur germanique (1519 - 1556), roi d'Espagne (Charles Ier) [1516 - 1556], roi de Sicile (Charles IV) [1516 - 1556], de la dynastie des Habsbourg. Fils de Philippe le Beau, archiduc d'Autriche, et de Jeanne la Folle, reine de Castille, il reçoit en 1515 le gouvernement des Pays-Bas et hérite, à la mort de Ferdinand le Catholique (1516), des couronnes de Castille, d'Aragon, de Naples et de Sicile, dont dépendent de vastes colonies en Amérique. Élu à la tête du Saint Empire (1519), il gouverne un immense territoire sur lequel « jamais le soleil ne se couche ». Rival de François Ier, qui avait brigué la couronne impériale, il mène contre lui trois guerres (1521 - 1529, 1536 - 1538, 1539 - 1544), marquées par le désastre de Pavie (1525) et le sac de Rome (1527). Il lutte contre l'expansion ottomane sous Soliman le Magnifique, assiégeant victorieusement Tunis (1535) et échouant devant Alger (1541). Puis il poursuit la guerre contre la France sous Henri II (1547 - 1556). À l'intérieur, il se heurte à la Réforme, en Allemagne, et doit accepter la paix d'Augsbourg (1555). Il abdique en 1556 et se retire au couvent de Yuste.

▲ **Charles Quint** par Titien. (Ancienne Pinacothèque, Munich.)

CHARLES VI, *Vienne 1685 - id. 1740*, empereur germanique (1711 - 1740), roi de Hongrie (Charles III) [1711 - 1740] et de Sicile (Charles VI) [1714 - 1734], de la dynastie des Habsbourg. Deuxième fils de Léopold Ier de Habsbourg, il dut renoncer à ses prétentions sur l'Espagne (traité de Rastatt, 1714). Il s'employa à faire accepter par l'Europe la *Pragmatique Sanction* de 1713, par laquelle il garantissait à sa fille Marie-Thérèse la succession d'Autriche. Il perdit définitivement Naples et la Sicile en 1738.

CHARLES VII ALBERT, *Bruxelles 1697 - Munich 1745*, Électeur de Bavière (1726 - 1745), empereur germanique (1742 - 1745). Il fut le compétiteur de Marie-Thérèse à la succession d'Autriche.

ANGLETERRE

CHARLES Ier, *Dunfermline 1600 - Londres 1649*, roi d'Angleterre, d'Écosse et d'Irlande (1625 - 1649), de la dynastie des Stuarts. Fils de Jacques Ier, poussé dans la voie du despotisme par ses ministres Buckingham, Strafford, l'évêque Laud, ainsi que par sa femme, Henriette-Marie de France, il soulève une violente opposition parlementaire ; la *Pétition de droit* (1628) le conduit à renvoyer le Parlement (1629) et à gouverner seul. Mais une révolte écossaise le contraint à convoquer, en 1640, le Parlement (*Court*, puis *Long Parlement*), qui envoie Strafford, puis Laud à la mort. Ces exécutions, auxquelles il n'a pas le courage de s'opposer, et les complaisances du souverain envers les catholiques provoquent la rupture entre le roi et le Parlement (1642). Éclate alors la guerre civile entre les partisans du roi et l'armée du Parlement, alliée aux Écossais. L'armée royale est vaincue à Naseby (1645). Charles Ier se rend aux Écossais, qui le livrent au Parlement. Son évasion (1647) provoque une seconde guerre civile et la victoire de l'armée de Cromwell. Ce dernier obtient du Parlement épuré (« Parlement croupion ») la condamnation à mort du roi, qui est décapité à Whitehall.

▲ **Charles Ier d'Angleterre** par Van Dyck. (Louvre, Paris.)

CHARLES II, *Londres 1630 - id. 1685*, roi d'Angleterre, d'Écosse et d'Irlande (1660 - 1685), de la dynastie des Stuarts. Fils de Charles Ier et d'Henriette-Marie de France, il s'exile après la victoire de Cromwell. Son retour en Angleterre (1660) est facilité par le ralliement du général Monck. Il blesse le sentiment national anglais en s'alliant avec la France contre la Hollande pour s'assurer les subsides de Louis XIV (1664 - 1667) et en pratiquant la tolérance à l'égard des catholiques. Il affronte ainsi l'opposition du Parlement, favorable à l'anglicanisme, et doit accepter le *Test Act* (1673) puis l'*habeas corpus* (1679). En 1681, il dissout le Parlement qui avait tenté d'écarter de la succession royale le futur Jacques II.

AUTRICHE

CHARLES DE HABSBOURG, *Florence 1771 - Vienne 1847*, archiduc d'Autriche. Troisième fils de Léopold II, ministre de la Guerre à partir de 1805 et feld-maréchal, il combattit Napoléon à Essling (mai 1809) et fut défait à Wagram (juill.).

CHARLES Ier, *Persenbeug 1887 - Funchal, Madère, 1922*, empereur d'Autriche et roi de Hongrie (Charles IV) [1916 - 1918], de la maison des Habsbourg-Lorraine. Petit-neveu et successeur de François-Joseph Ier, il entreprit en 1917 des négociations secrètes avec l'Entente. Après la proclamation de la république en Autriche (1918), il tenta de reprendre le pouvoir en Hongrie (1921). Il a été béatifié en 2004.

BELGIQUE

CHARLES DE BELGIQUE, *Bruxelles 1903 - Ostende 1983*, comte de Flandre. Second fils d'Albert Ier, il fut régent de Belgique de 1944 à 1950.

BOURGOGNE

CHARLES LE TÉMÉRAIRE, *Dijon 1433 - devant Nancy 1477*, duc de Bourgogne (1467 - 1477). Fils de Philippe le Bon, il essaie de se constituer une principauté puissante aux dépens de la monarchie capétienne. Chef de la ligue du Bien public, il obtient de Louis XI la restitution des villes de la Somme (traités de Conflans et de Saint-Maur), après la bataille indécise de Montlhéry (1465). Puis, Louis XI appuyant la révolte de Liège, il le retient prisonnier à Péronne (1468) et réprime la rébellion. Il soumet la Lorraine, mais est vaincu par les Suisses à Grandson et à Morat (1476). Lorsqu'il meurt, en combattant le duc de Lorraine, la puissance des États bourguignons s'écroule.

▲ **Charles le Téméraire.** Portrait attribué à Van der Weyden. (Galerie de peinture de Berlin.)

ESPAGNE

CHARLES Ier → CHARLES V [Saint Empire].

CHARLES II, *Madrid 1661 - id. 1700*, roi d'Espagne et de Sicile (Charles V) [1665 - 1700], le dernier des Habsbourg d'Espagne. Fils de Philippe IV, il désigna comme successeur Philippe d'Anjou, petit-fils de Louis XIV, ce qui provoqua la guerre de la Succession d'Espagne.

CHARLES III, *Madrid 1716 - id. 1788*, roi d'Espagne (1759 - 1788), duc de Parme (1731 - 1735), roi de Naples et de Sicile (Charles VII) [1734 - 1759], de la dynastie des Bourbons. Fils de Philippe V, il conclut avec la France le pacte de Famille (1761), qui l'entraîna dans la guerre de Sept Ans. Tenant du despotisme éclairé, il s'efforça de rénover le pays avec l'aide de ses ministres Aranda et Floridablanca.

Charles III (ordre de), ordre fondé en Espagne par Charles III en 1771. Il constitue la plus haute distinction espagnole.

CHARLES IV, *Portici 1748 - Rome 1819*, roi d'Espagne (1788 - 1808), de la dynastie des Bourbons. Fils de Charles III, il fut soumis à l'influence de son épouse, Marie-Louise de Parme, et du favori de celle-ci, Godoy. Entraîné par la France dans sa lutte contre l'Empire britannique depuis 1796, il fut contraint d'abdiquer en 1808 en faveur de son fils Ferdinand VII, puis il s'en remit à Napoléon Ier, qui donna la couronne d'Espagne à son frère Joseph.

CHARLES DE BOURBON → **CARLOS** (don).

FRANCE

CHARLES Ier → **CHARLEMAGNE.**

CHARLES II le Chauve, *Francfort-sur-le-Main 823 - Avrieux, dans les Alpes, 877*, roi de France (843 - 877) et empereur d'Occident (875 - 877), de la dynastie carolingienne. Fils de Louis Ier le Pieux et de Judith de Bavière, il vainc, à Fontenoy-en-Puisaye (841), son frère Lothaire, avec l'appui de son autre frère Louis le Germanique (alliance confirmée par les *Serments de Strasbourg*, 842). Il signe avec eux le traité de Verdun (843), qui le fait roi de la *Francia occidentalis*. Son règne est marqué par les invasions normandes, les guerres franco-germaniques et le progrès de la féodalité. À la mort de l'empereur Louis II (875), il reçoit la couronne impériale et acquiert la Provence.

CHARLES III le Simple, *879 - Péronne 929*, roi de France (898 - 923), de la dynastie carolingienne. Fils posthume de Louis II le Bègue, il partagea le trône avec le comte de Paris, Eudes, en 893, devenant seul roi de France à la mort de ce dernier (898). Il donna la Normandie à Rollon au traité de Saint-Clair-sur-Epte (911). Il fut vaincu par Hugues le Grand à Soissons, et détrôné en 923.

CHARLES IV le Bel, *v. 1295 - Vincennes 1328*, roi de France et de Navarre (Charles Ier) [1322 - 1328], le dernier des Capétiens directs. Il est le troisième fils de Philippe IV le Bel et de Jeanne Ire de Navarre.

CHARLES V le Sage, *Vincennes 1338 - Nogent-sur-Marne 1380*, roi de France (1364 - 1380), de la dynastie des Valois. Fils de Jean II le Bon, il assume le gouvernement du royaume pendant la captivité de son père (1356 - 1360). Il doit faire face aux intrigues de Charles II le Mauvais, roi de Navarre, et assiste impuissant aux troubles qui se produisent à Paris sous la direction d'Étienne Marcel ainsi qu'à la Jacquerie qui ravage le nord du royaume. Avec l'Angleterre, il négocie le traité de Brétigny (1360). Devenu roi, il impose la paix à Charles le Mauvais, débarrasse le royaume des Grandes Compagnies et reprend à l'Angleterre presque toutes les provinces conquises. Ces succès sont dus à sa prudente politique et à l'action militaire de Du Guesclin. Charles V est à l'origine d'heureuses réformes financières, de l'extension des privilèges de l'Université, de la construction ou de l'embellissement de plusieurs palais (hôtel Saint-Pol, Louvre, etc.), ainsi que de la réunion d'une importante collection de manuscrits.

▲ **Charles V le Sage.** (Louvre, Paris.)

CHARLES VI le Bien-Aimé, *Paris 1368 - id. 1422*, roi de France (1380 - 1422), de la dynastie des Valois. Fils de Charles V, il gouverne d'abord sous la tutelle de ses oncles, qui dilapident le Trésor et provoquent des révoltes (*Maillotins*) par la levée de nouveaux impôts. Il défait les Flamands à Rozebeke (1382) et, en 1388, renvoie ses oncles pour les remplacer par les *Marmousets*, anciens conseillers de son père. Mais, en 1392, il commence à sombrer dans la folie, et son royaume, déchiré par la rivalité des *Bourguignons* et des *Armagnacs*, est livré à l'anarchie. Sous la tutelle de la reine Isabeau de Bavière, il doit signer le traité de Troyes (1420) en faveur du roi d'Angleterre Henri V.

CHARLES VII, *Paris 1403 - Mehun-sur-Yèvre 1461*, roi de France (1422 - 1461), de la dynastie des Valois. Fils de Charles VI et d'Isabeau de Bavière, il est d'abord appelé « le Roi de Bourges », son autorité n'étant reconnue, à son avènement, qu'au sud de la Loire. Après plusieurs échecs contre les Anglais, il reçoit le secours de Jeanne d'Arc, qui le fait sacrer roi à Reims (1429). Réconcilié avec le duc de Bourgogne (traité d'Arras, 1435), il reconquiert son royaume sur les Anglais, battus à Formigny (1450) et à Castillon (1453). À l'intérieur, Charles VII réforme le gouvernement, les finances et l'armée (qui devient permanente avec l'institution des francs archers et des compagnies d'ordonnance) ; il donne à l'Église de France une charte, la *Pragmatique Sanction de Bourges* (1438), qui l'assujettit à la royauté, et triomphe de la Praguerie, révolte des seigneurs, que son propre fils, le futur Louis XI, soutenait.

▲ **Charles VII** par J. Fouquet. (Louvre, Paris.)

CHARLES VIII, *Amboise 1470 - id. 1498*, roi de France (1483 - 1498), de la dynastie des Valois. Fils de Louis XI et de Charlotte de Savoie, il règne jusqu'en 1494 sous la tutelle de sa sœur, Anne, nommée régente, et du mari de celle-ci, Pierre de Beaujeu, qui réunissent les états généraux à Tours (1484), et matent la Guerre folle des grands seigneurs (1488). Le roi est marié à Anne de Bretagne (1491) pour préparer l'annexion de ce pays à la France. Le rôle personnel de Charles VIII se borne à la politique extérieure : pour agir librement au royaume de Naples, qu'il convoitait, il cède le Roussillon et la Cerdagne à l'Espagne, l'Artois et la Franche-Comté à l'Autriche, mais son expédition en Italie (1495 - 1497) échoue totalement.

CHARLES IX, *Saint-Germain-en-Laye 1550 - Vincennes 1574*, roi de France (1560 - 1574), de la dynastie des Valois. Fils d'Henri II et de Catherine de Médicis, il resta sous l'influence de sa mère, qui exerça le pouvoir réel. Après la paix de Saint-Germain (1570), il accorda sa confiance au protestant Coligny, mais ne s'opposa pas au massacre de la Saint-Barthélemy (1572), au cours duquel celui-ci fut assassiné.

CHARLES X, *Versailles 1757 - Görz, auj. Gorizia, 1836*, roi de France (1824 - 1830), de la dynastie des Bourbons. Dernier fils de Louis, Dauphin de France, et de Marie-Josèphe de Saxe ; petit-fils de Louis XV, frère de Louis XVI et de Louis XVIII, il est, pendant la Révolution, l'un des chefs des émigrés. À la tête du Parti ultraroyaliste durant le règne de Louis XVIII (1814 - 1824), il devient roi à la mort de ce dernier. Le ministère autoritaire et réactionnaire de Villèle (1824 - 1828) lui vaut une impopularité qui ne diminue pas sous celui, plus libéral, de Martignac (1828). La Chambre, ayant refusé la confiance au cabinet Polignac, formé en 1829, est dissoute, mais les élections s'avèrent favorables à l'opposition. Malgré le succès de l'expédition d'Alger (4 juill.), les ordonnances du 25 juillet 1830, dissolvant la Chambre, non encore réunie, restreignant le droit de vote et supprimant la liberté de la presse, provoquent la révolution de juillet 1830 et l'abdication de Charles X (2 août).

▲ **Charles X** par H. Vernet.
(Musée des Beaux-Arts, Dunkerque.)

HONGRIE

CHARLES Ier ROBERT, dit **Carobert,** *Naples 1288 - Visegrád 1342*, roi de Hongrie (1301 - 1342), de la maison d'Anjou.

CHARLES II → **CHARLES III** [Sicile et Naples].

CHARLES III → **CHARLES VI** [Saint Empire].

CHARLES IV → **CHARLES Ier** [Autriche].

NAVARRE

CHARLES Ier → **CHARLES IV LE BEL** [France].

CHARLES II le Mauvais, *Évreux 1332 - 1387*, roi de Navarre (1349 - 1387). Petit-fils de Louis X, roi de France, il lutta contre Jean II le Bon, puis contre Charles V, et fut battu à Cocherel par Du Guesclin (1364).

CHARLES III le Noble, *Mantes 1361 - Olite 1425*, roi de Navarre (1387 - 1425), fils de Charles II le Mauvais.

ROUMANIE

CHARLES Ier ou **CAROL Ier,** *Sigmaringen 1839 - Sinaia 1914*, prince (1866 - 1881), puis roi (1881 - 1914) de Roumanie, de la maison des Hohenzollern. Sous son règne, la Roumanie proclama son indépendance (1878).

CHARLES II ou **CAROL II,** *Sinaia 1893 - Estoril, Portugal, 1953*, roi de Roumanie (1930 - 1940). Fils de Ferdinand Ier, il dut renoncer au trône en faveur de son fils Michel (1926). Il s'imposa comme roi en 1930 mais dut abdiquer en 1940.

SICILE ET NAPLES

CHARLES Ier D'ANJOU, *1226 - Foggia 1285*, prince capétien, comte d'Anjou, du Maine et de Provence (1246 - 1285), roi de Sicile (1266 - 1285). Frère de Saint Louis, il voulut faire de la Sicile le centre d'un empire méditerranéen s'étendant jusqu'à l'Orient. Ainsi, il fut un moment roi d'Albanie (1272) et roi de Jérusalem (1277). La révolte des Vêpres siciliennes (1282) le priva de l'île de Sicile et provoqua la formation de deux royaumes de Sicile, l'un insulaire, l'autre péninsulaire.

CHARLES II le Boiteux, *v. 1248 - Naples 1309*, roi de Sicile péninsulaire (Naples) [1285 - 1309], fils de Charles Ier d'Anjou.

CHARLES III, *1345 - Buda 1386*, roi de Naples (1381 - 1386), roi de Hongrie (Charles II) [1385 - 1386].

CHARLES IV → **CHARLES V** [Saint Empire].

CHARLES V → **CHARLES II** [Espagne].

CHARLES VI → **CHARLES VI** [Saint Empire].

CHARLES VII → **CHARLES III** [Espagne].

SUÈDE

CHARLES IX, *Stockholm 1550 - Nyköping 1611*, régent (1595) puis roi de Suède (1607 - 1611). Troisième fils de Gustave Vasa et père de Gustave II Adolphe, il assura l'unité politique et religieuse du royaume.

CHARLES X GUSTAVE, *Nyköping 1622 - Göteborg 1660*, roi de Suède (1654 - 1660). Succédant à Christine, il imposa au Danemark la paix de Roskilde (1658), qui lui accorda notamment la Scanie.

CHARLES XI, *Stockholm 1655 - id. 1697*, roi de Suède (1660 - 1697). Fils et successeur de Charles X Gustave, il fut l'allié de la France en 1675 contre les Provinces-Unies et instaura la monarchie absolue.

CHARLES XII, *Stockholm 1682 - Fredrikshald, auj. Halden, Norvège, 1718*, roi de Suède (1697 - 1718). Fils de Charles XI, il engage son pays dans la guerre du Nord (1700 - 1721). Vainqueur des Danois à Copenhague puis des Russes à Narva (1700), il envahit la Pologne et détrône Auguste II (1704). Mais il ne peut triompher de Pierre le Grand à Poltava (1709) et doit se réfugier auprès des Turcs, qui le gardent prisonnier. En 1715, il regagne son pays, attaque la Norvège, et est tué au siège de Fredrikshald.

CHARLES XIII, *Stockholm 1748 - id. 1818*, roi de Suède (1809 - 1818) et de Norvège (1814 - 1818). Il céda la Finlande à la Russie, et reçut en 1814 la couronne de Norvège. Il adopta comme successeur Bernadotte.

CHARLES XIV ou **CHARLES-JEAN** (Jean-Baptiste **Bernadotte**), *Pau 1763 - Stockholm 1844*, maréchal de France, roi de Suède et de Norvège (1818 - 1844). Il se distingua dans les guerres de la Révolution et de l'Empire, fut fait maréchal d'Empire en 1804 et prince de Pontecorvo en 1806. Devenu prince héritier de Suède (1810), il combattit Napoléon lors de la campagne de Russie et à Leipzig ; en 1818, il succéda à Charles XIII, fondant ainsi la dynastie actuelle de Suède.

CHARLES XV, *Stockholm 1826 - Malmö 1872*, roi de Suède et de Norvège (1859 - 1872). Fils aîné d'Oscar Ier, il favorisa la démocratisation de la Suède.

CHARLES XVI GUSTAVE, *château de Haga, Stockholm, 1946*, roi de Suède depuis 1973. Il a succédé à son grand-père Gustave VI Adolphe.

CHARLES (Jacques), *Beaugency 1746 - Paris 1823*, physicien français. Le premier, il utilisa l'hydrogène pour gonfler les aérostats. Il étudia la variation de la pression des gaz à volume constant.

CHARLES (**Ray Charles Robinson,** dit **Ray**), *Albany, Géorgie, 1930 - Beverly Hills 2004*, chanteur et pianiste américain. Aveugle à six ans, composi-

teur, arrangeur et chef d'orchestre, il connaît le succès, dès 1954, dans un registre intermédiaire entre le jazz, le rhythm and blues et le rock and roll naissant, et est l'un des artisans de la naissance de la soul (*Yes Indeed*, 1956 ; *What'd I Say*, 1959).

◀ Ray **Charles** en 1999.

CHARLES-ALBERT, *Turin 1798 - Porto, Portugal, 1849*, roi de Sardaigne (1831 - 1849). Il promulgua le *Statut fondamental* (1848), qui établissait une monarchie constitutionnelle. Il voulut libérer la Lombardie, mais fut vaincu par les Autrichiens à Custoza en 1848, puis à Novare en 1849, et dut abdiquer en faveur de son fils Victor-Emmanuel II.

CHARLESBOURG, anc. v. du Canada (Québec), auj. intégrée dans Québec.

Charles-de-Gaulle (aéroport), aéroport de la région parisienne, près de Roissy-en-France.

Charles-de-Gaulle (place), jusqu'en 1970 **place de l'Étoile,** grande place de l'ouest de Paris, occupée en son centre par l'Arc* de Triomphe et d'où divergent douze avenues.

CHARLES-EMMANUEL Ier, *Rivoli 1562 - Savigliano 1630*, duc de Savoie (1580 - 1630).

CHARLES-EMMANUEL II, *Turin 1634 - id. 1675*, duc de Savoie (1638 - 1675).

CHARLES-EMMANUEL III, *Turin 1701 - id. 1773*, duc de Savoie et roi de Sardaigne (1730 - 1773).

CHARLES-EMMANUEL IV, *Turin 1751 - Rome 1819*, roi de Sardaigne (1796 - 1802). Chassé par les Français de ses États continentaux, il abdiqua en faveur de son frère Victor-Emmanuel Ier.

CHARLES-FÉLIX, *Turin 1765 - id. 1831*, roi de Sardaigne (1821 - 1831).

CHARLES MARTEL, *v. 688 - Quierzy 741*, maire du palais d'Austrasie et de Neustrie. Fils de Pépin de Herstal, il vainquit les Arabes à Poitiers en 732 puis soumit l'Aquitaine, la Provence et la Bourgogne, restaurant ainsi l'unité du royaume franc, qu'il partagea entre ses fils Carloman et Pépin le Bref.

CHARLESTON, v. des États-Unis (Caroline du Sud), sur l'Atlantique ; 120 083 hab. (664 607 hab. dans l'agglomération). Port et centre industriel (pétrochimie, aéronautique). Tourisme.

CHARLESTON, v. des États-Unis, cap. de la Virginie-Occidentale ; 51 400 hab. (304 284 hab. dans l'agglomération). Belles demeures (XVIIIe-XIXe s.) de la vieille ville.

CHARLEVILLE-MÉZIÈRES (08000), ch.-l. du dép. des Ardennes, sur la Meuse, à 239 km au N.-E. de Paris ; 49 620 hab. (*Carolomacériens*). Industries automobile et électrique. – Capitale de la marionnette (festival mondial des théâtres de marionnettes, biennal). – Place Ducale (1611) de Charleville. Musée de l'Ardenne et musée Rimbaud.

CHARLEVOIX, municipalité régionale de comté du Canada, dans le Québec (région de Québec) ; 3 799 km² ; 12 997 hab.

CHARLEVOIX (le P. François Xavier **de**), *Saint-Quentin 1682 - La Flèche 1761*, jésuite français. Il explora le Mississippi. Ses voyages sont consignés notamment dans une *Histoire et description générale de la Nouvelle-France*.

Charlie Hebdo, hebdomadaire satirique illustré français, fondé en 1970 par l'équipe du journal *Hara Kiri* après son interdiction. Le 7 janv. 2015, son siège à Paris est la cible d'un attentat (fusillade) qui fait 12 morts, dont les dessinateurs Cabu*, Stéphane Charbonnier, dit Charb *(1967 - 2015)*, directeur de la publication, Philippe Honoré, dit Honoré *(1941 - 2015)*, Bernard Verlhac, dit Tignous *(1957 - 2015)*, et G. Wolinski*.

CHARLIER (Jean-Michel), *Liège 1924 - Saint-Cloud 1989*, scénariste belge de bandes dessinées. Il a créé de nombreuses séries d'aventures pour les revues *Spirou* et *Pilote* (*Buck Danny*, 1947 ; *Tanguy et Laverdure*, 1959 ; *Blueberry*, 1963).

Charlot, personnage créé par Charlie Chaplin* au cinéma. Frondeur, sentimental et obstiné, il incarne, avec sa canne, ses godillots et son chapeau melon, un héros solitaire en butte à l'hostilité de la société mais aspirant à s'y intégrer. Présent dès les premiers courts-métrages muets (1914), il apparut dans env. 75 films.

CHARLOTTE, v. des États-Unis (Caroline du Nord) ; 809 958 hab. (1 087 977 hab. dans l'agglomération). Textile. Chimie.

CHARLOTTE, *Laeken 1840 - château de Bouchout, près de Bruxelles, 1927*, princesse de Saxe-Cobourg-Gotha et de Belgique. Fille de Léopold Ier, roi des Belges, elle épousa (1857) l'archiduc Maximilien, devenu en 1864 empereur du Mexique, et perdit la raison après l'exécution de son mari.

CHARLOTTE DE NASSAU, *château de Berg 1896 - château de Fischbach 1985*, grande-duchesse de Luxembourg (1919 - 1964). Elle abdiqua en faveur de son fils aîné, Jean, en 1964.

CHARLOTTE-ÉLISABETH de Bavière, *Heidelberg 1652 - Saint-Cloud 1722*, princesse palatine. Fille de Charles-Louis, Électeur palatin, elle fut la seconde femme du duc Philippe d'Orléans, frère de Louis XIV, et mère de Philippe d'Orléans, le futur Régent. Sa correspondance est un document sur les mœurs du règne de Louis XIV.

CHARLOTTESVILLE, v. des États-Unis (Virginie) ; 43 475 hab. (201 559 hab. dans l'agglomération). Thomas Jefferson a donné les plans, néoclassiques, de l'université de Virginie, fondée par lui en 1819, comme, auparavant, ceux de sa demeure personnelle à Monticello.

CHARLOTTETOWN, v. du Canada, cap. de la prov. de l'Île-du-Prince-Édouard ; 36 094 hab. Université. Pêche.

CHARMES (88130), bur. centr. de cant. des Vosges, sur la Moselle ; 4 759 hab. (*Carpiniens*).

CHARMETTES (les), hameau de Savoie (comm. de Chambéry). J.-J. Rousseau y séjourna chez Mme de Warens. Musée.

CHARNEY (Jule Gregory), *San Francisco 1917 - Boston 1981*, météorologue américain. Il fut (avec J. von Neumann) le pionnier de l'utilisation des ordinateurs pour la prévision météorologique.

CHAROLAIS ou **CHAROLLAIS,** région de plateaux de la bordure nord-est du Massif central. Élevage bovin.

CHAROLLES (71120), ch.-l. d'arrond. de Saône-et-Loire ; 3 167 hab. (*Charollais*).

CHARON [ka-] **MYTH. GR.** Nocher des Enfers, qui faisait passer aux morts les fleuves infernaux, moyennant une obole.

Charonne (affaire de la station de métro) [8 févr. 1962], bousculade tragique survenue à la station de métro Charonne, à Paris (XIe arrond.), et qui fit au total neuf morts parmi des manifestants contre la guerre d'Algérie qui tentaient de fuir la répression policière. Ce drame souleva une vive émotion.

CHARONTON ou **CHARRETON** (Enguerrand) → **QUARTON.**

CHARPAK (Georges), *Dąbrowica, Pologne, auj. Ukraine, 1924 - Paris 2010*, physicien français d'origine polonaise. Chercheur au Cern, il y conçut de nombreux détecteurs de particules. Ses appareils sont également utilisés en biologie et en médecine. Il fut, par ailleurs, l'initiateur de la Fondation La main à la pâte, destinée à améliorer la qualité de l'enseignement des sciences à l'école primaire et au collège. (Prix Nobel de physique 1992.)

CHARPENTIER (Emmanuelle), *Juvisy-sur-Orge 1968*, microbiologiste, généticienne et biochimiste française. S'inspirant d'un système moléculaire bactérien, elle a mis au point, avec l'Américaine Jennifer Doudna *(née en 1964)*, une technique de génie génétique (nommée CRISPR-Cas9) permettant de modifier facilement le génome des êtres vivants.

CHARPENTIER (Gustave), *Dieuze 1860 - Paris 1956*, compositeur français. Il est l'auteur du roman musical *Louise* (1900).

CHARPENTIER (Jacques), *Rueil-Malmaison 1881 - Paris 1974*, avocat français. Bâtonnier du barreau de Paris en 1938, contraint à la clandestinité en 1943, il s'est illustré lors de grands procès financiers et politiques.

CHARPENTIER (Jacques), *Paris 1933 - Lézignan-Corbières 2017*, compositeur et organiste français. Influencé par l'Inde (*Soixante-Douze Études karnatiques*, 1957-1983), il composa également un *Livre d'orgue* (1973).

CHARPENTIER (Marc Antoine), *Paris 1643 - id. 1704*, compositeur français. Élève de Carissimi, il fut maître de chapelle du collège des jésuites (1684) et de la Sainte-Chapelle (1698). Auteur de motets, de messes, d'oratorios (*Histoires sacrées*), d'un opéra (*Médée*, 1693) et de divertissements (*les Arts florissants*), il fut l'un des créateurs en France de la cantate profane (*Orphée*, v. 1683).

CHARRAT (Janine), *Grenoble 1924 - Paris 2017*, danseuse et chorégraphe française. Ses créations (*les Algues*, 1953 ; *les Liens*, 1957) l'imposèrent comme l'une des figures marquantes du ballet néoclassique.

CHARRIER, écart de la comm. de Laprugne (Allier). Eau minérale.

CHARRON (Pierre), *Paris 1541 - id. 1603*, écrivain français. Son *De la sagesse* reprend les idées des *Essais* de Montaigne sous une forme systématique.

Charte (la Grande), en lat. **Magna Carta,** charte accordée en juin 1215 par le roi Jean sans Terre aux barons anglais révoltés. Ses 63 articles énuméraient les privilèges des barons et limitaient l'arbitraire royal. Les débats parlementaires du XVIIe s. en firent le symbole des libertés fondamentales de l'Angleterre.

chartes (École nationale des), établissement français d'enseignement supérieur, à Paris, fondé en 1821. Au service de l'histoire et du patrimoine, l'École délivre notamm. un diplôme d'archiviste-paléographe et prépare aux métiers de conservateur d'archives ou des bibliothèques.

CHARTIER (Alain), *Bayeux v. 1385 - v. 1435*, écrivain français. Secrétaire de Charles VII, il a laissé des écrits politiques (*le Quadrilogue invectif*) et des poésies (*la Belle Dame sans merci*).

CHARTRES (28000), ch.-l. du dép. d'Eure-et-Loir, sur l'Eure, à 96 km au S.-O. de Paris ; 40 299 hab. (*Chartrains*). Évêché. Parfumerie et cosmétiques. Industrie automobile. Produits pharmaceutiques. – Cathédrale reconstruite pour l'essentiel de 1194 à 1260, chef-d'œuvre de l'art gothique dans sa première maturité ; crypte (XIe s.) ; portails sculptés (façade ouest, avec le « portail royal » : 1134-1150 ; façades du transept : v. 1200-1250) ; ensemble de vitraux (XIIe-XIIIe s.). Maisons anciennes. Musées des Beaux-Arts et de l'Agriculture (« le Compa »). Maison Picassiette (art brut).

▲ **Chartres.** Statues de saints (XIIIe s.) ornant l'ébrasement du portail sud de la cathédrale.

Chartres (école de), école philosophique et théologique. Fondée à la fin du Xe s. par l'évêque Fulbert, elle connut son plein épanouissement au XIIe s. ; elle fut fréquentée par Guillaume de Conches et Gilbert de la Porrée.

CHARTRES-DE-BRETAGNE (35131), comm. d'Ille-et-Vilaine, près de Rennes ; 7 529 hab. (*Chartrains*). Construction automobile.

CHARTREUSE ou **GRANDE-CHARTREUSE** (massif de la), massif des Préalpes françaises (Isère et Savoie), dominant le Grésivaudan ; 2 082 m. Parc naturel régional (env. 77 000 ha).

Chartreuse (la Grande-), monastère fondé au cœur du *massif de la Chartreuse*, en 1084, par saint Bruno. Les bâtiments actuels datent des XIVe-XVIIe s.

CHARVIEU-CHAVAGNEUX (38230), bur. centr. de cant. de l'Isère ; 8 964 hab. *(Charvieulands).*

CHARYBDE [ka-] **MYTH.** Tourbillon redouté du détroit de Messine. Si on l'évitait, on touchait souvent le récif de Scylla, tout proche. De là le proverbe : *Tomber de Charybde en Scylla*, c'est-à-dire quitter un mal pour un autre pire encore.

CHARYN (Jerome), *New York 1937*, écrivain américain. Son cycle policier d'Isaac Sidel et ses romans plus expérimentaux évoquent avec la même verve les immigrés juifs du Bronx et les coulisses du pouvoir (*Zyeux-Bleus*, 1973 ; *Cris de guerre Avenue C*, 1985 ; *Sous l'œil de Dieu*, 2012).

CHASE (James Hadley), *Londres 1906 - Corseaux, canton de Vaud, Suisse, 1985*, romancier britannique. Ses romans noirs sont dominés par la violence et la sexualité *(Pas d'orchidées pour miss Blandish).*

CHASLES [ʃal] (Michel), *Épernon 1793 - Paris 1880*, mathématicien français. Ses travaux de géométrie supérieure marquent un retour à la géométrie pure.

CHASSAGNE-MONTRACHET (21190), comm. de la Côte-d'Or ; 322 hab. *(Chassagnais).* Vins blancs et rouges de la côte de Beaune.

CHASSELOUP-LAUBAT (François, marquis **de**), *Saint-Sornin, près de Marennes, 1754 - Paris 1833*, général et ingénieur français. Il commanda en chef le génie de la Grande Armée. — **Justin de C.-L.,** *Alexandrie, Italie, 1805 - Versailles 1873*, homme politique français. Fils de François, il fut ministre de la Marine (1851 et 1860 - 1867) et fit approuver par Napoléon III l'installation de la France en Cochinchine et au Cambodge.

CHASSENEUIL-DU-POITOU (86360), bur. centr. de cant. de la Vienne ; 4 799 hab. *(Chasseneuillais).*

CHASSENEUIL-SUR-BONNIEURE (16260), bur. centr. de cant. de la Charente ; 3 308 hab. *(Chasseneuillais).* Mémorial de la Résistance.

CHASSÉRIAU (Théodore), *Santa Barbara de Samaná, République dominicaine, 1819 - Paris 1856*, peintre français. Élève d'Ingres, il a laissé une œuvre d'une tonalité nostalgique (portrait de *Lacordaire*, *la Toilette d'Esther*, *le Tepidarium* ; restes de peintures de l'anc. Cour des comptes).

Chasseurs dans la neige (les), peinture sur bois de Bruegel l'Ancien (1565), un des tableaux de « saisons » de l'artiste, exemple de paysage composite auquel s'intègre une scène paysanne.

CHASSIGNET (Jean-Baptiste), *Besançon 1571 - Gray 1635*, poète français. Son *Mépris de la vie et consolation contre la mort* (1594) est une méditation baroque et violente sur la vanité d'un monde en perpétuelle pourriture.

CHASTEL (André), *Paris 1912 - id. 1990*, historien d'art français. Auteur d'ouvrages fondamentaux sur la Renaissance italienne et sur l'art français, il milita en faveur des études d'histoire de l'art et de la sauvegarde du patrimoine.

CHASTELLAIN [ʃatlɛ̃] (Georges), *comté d'Alost 1415 - Valenciennes 1475*, écrivain français. Il est l'auteur de poèmes et d'une chronique de la cour de Bourgogne.

▲ Les **Chasseurs dans la neige.** Tableau de Bruegel l'Ancien, 1565. (Kunsthistorisches Museum, Vienne.)

Chat botté (le), conte de Perrault (1697). Un chat ingénieux, chaussé de bottes magiques, fait la fortune de son maître.

CHÂTEAU-ARNOUX-SAINT-AUBAN (04160), comm. des Alpes-de-Haute-Provence, sur la Durance ; 5 308 hab. *(Jarlandins).* Industrie chimique.

Château-Bougon, anc. appellation de l'aéroport de Nantes Atlantique.

CHATEAUBRIAND (François René, vicomte **de**), *Saint-Malo 1768 - Paris 1848*, écrivain français. Dernier-né d'un hobereau breton, sous-lieutenant attiré par les hommes de lettres, il assiste aux débuts de la Révolution, avant de chercher en Amérique la gloire de l'explorateur et la fortune du pionnier (*Voyage en Amérique*, écrit en 1791 et publié en 1827). Blessé dans l'armée des émigrés, exilé en Angleterre où il connaît la misère, il juge son époque et sa propre vie (*Essai sur les révolutions*, 1797), et rentre en France pour contribuer à la fois à l'annonce du « mal du siècle » (*Atala*, 1801 ; *René**) et à la restauration de l'ordre moral (*Génie du christianisme*, 1802). Il rompt avec Bonaparte après l'assassinat du duc d'Enghien et illustre sa conception de l'épopée chrétienne (*les Martyrs*, 1809). Déçu par la Restauration (qui l'a fait ambassadeur à Londres et ministre des Affaires étrangères) mais légitimiste par fidélité, il groupe autour de lui la jeunesse romantique (*les Natchez*, 1826) et libérale (par opposition à Louis-Philippe), avant de se consacrer au poème nostalgique de sa vie et de son temps (*Mémoires* d'outre-tombe*, 1848-1850). [Acad. fr.]

▲ **Chateaubriand** par Girodet-Trioson. (Château de Versailles.)

CHÂTEAUBRIANT (44110), ch.-l. d'arrond. de la Loire-Atlantique ; 12 626 hab. *(Castelbriantais).* Restes du Vieux-Château (XIe-XVe s.) et Château-Neuf (v. 1535). Église de Béré, du XIe s.

CHÂTEAU-CHINON (VILLE) [58120], ch.-l. d'arrond. de la Nièvre, dans le Morvan ; 2 442 hab. *(Château-Chinonais).* Musée du Septennat (de F. Mitterrand).

CHÂTEAU-D'OLÉRON (Le) [17480], comm. de la Charente-Maritime, dans l'*île d'Oléron* ; 4 188 hab. Citadelle du XVIIe s.

CHÂTEAU-D'OLONNE (85180), comm. de Vendée ; 14 284 hab. *(Castelolonnais).*

CHÂTEAUDUN (28200), ch.-l. d'arrond. d'Eure-et-Loir, sur le Loir ; 13 331 hab. *(Dunois).* Industrie automobile. – Château des XVe et XVIe s., avec donjon du XIIe (sculptures, tapisseries) ; églises médiévales. Musée.

Château-d'Yquem [-kɛm], vignoble bordelais (vins blancs) du pays de Sauternes.

Château-Gaillard, forteresse en ruine, dominant la Seine aux Andelys. Construite par Richard Cœur de Lion (1196), prise par Philippe Auguste (1204), elle fut démantelée par Henri IV (1603).

CHÂTEAUGIRON (35410), bur. centr. de cant. d'Ille-et-Vilaine ; 9 809 hab. *(Castelgironnais).*

CHÂTEAU-GONTIER (53200), ch.-l. d'arrond. de la Mayenne, sur la Mayenne ; 12 298 hab. *(Castrogontériens).* Marché du bétail. – Église St-Jean, avec restes de peintures romanes et gothiques. Musée.

CHÂTEAUGUAY n.f., riv. des États-Unis et du Canada, affl. du Saint-Laurent (r. dr.) ; 81 km. Victoire des Canadiens sur les Américains (1813).

CHÂTEAUGUAY, v. du Canada (Québec), banlieue sud de Montréal ; 47 906 hab. *(Châteauguois).*

Château-Lafite, vignoble du Médoc (Gironde).

CHÂTEAU-LANDON (77570), comm. de Seine-et-Marne ; 3 105 hab. *(Châteaulandonnais).* Monuments médiévaux.

Château-Latour, vignoble du Médoc (Gironde).

CHÂTEAULIN (29150), ch.-l. d'arrond. du Finistère, dans le *bassin de Châteaulin*, sur l'Aulne ; 5 790 hab. *(Castellinois* ou *Châteaulinois).* Agroalimentaire. – Église Notre-Dame, des XVe-XVIe s.

Château-Margaux → Margaux.

CHÂTEAUMEILLANT (18370), bur. centr. de cant. du Cher ; 1 958 hab. Vins. – Église romane à chœur de plan bénédictin. Musée archéologique.

CHÂTEAUNEUF-DU-FAOU [-fu] (29520), comm. du Finistère, sur l'Aulne ; 3 792 hab. *(Châteauneuviens).* Agroalimentaire.

CHÂTEAUNEUF-DU-PAPE (84230), comm. de Vaucluse, dans le Comtat ; 2 257 hab. Vins.

CHÂTEAUNEUF-LES-BAINS (63390), comm. du Puy-de-Dôme ; 304 hab. *(Castelneuvois).* Station thermale (rhumatismes).

CHÂTEAUNEUF-LES-MARTIGUES (13220), comm. des Bouches-du-Rhône ; 15 149 hab. *(Châteauneuvais).* Raffinage du pétrole.

CHÂTEAUNEUF-SUR-LOIRE (45110), bur. centr. de cant. du Loiret ; 8 153 hab. *(Castelneuviens).* Vestiges et parc d'un château du XVIIe s. ; musée de la Marine de Loire.

CHÂTEAU-QUEYRAS, site touristique des Hautes-Alpes, dans le Queyras, au-dessus du Guil. Donjon féodal ; fortifications de Vauban.

CHÂTEAURENARD (13160), bur. centr. de cant. des Bouches-du-Rhône ; 15 833 hab. *(Châteaurenardais).* Marché de fruits et légumes.

CHÂTEAU-RENAULT [-no] (37110), bur. centr. de cant. d'Indre-et-Loire, sur la Brenne ; 5 137 hab. *(Renaudins).* Château des XIIe-XVIIIe s. ; musée de la Tannerie.

CHÂTEAUROUX (36000), ch.-l. du dép. de l'Indre, sur l'Indre, à 251 km au S. de Paris ; 45 496 hab. *(Castelroussins).* Centre ferroviaire et industriel. Forêt. – Anc. couvent des Cordeliers, du XIIIe s. (centre culturel). Musée dans l'hôtel Bertrand.

CHÂTEAUROUX (Marie-Anne **de Mailly-Nesle,** duchesse **de**), *Paris 1717 - id. 1744*, favorite de Louis XV.

CHÂTEAU-SALINS (57170), ch.-l. d'arrond. de la Moselle, sur la Petite Seille ; 2 684 hab. *(Castelsalinois).*

CHÂTEAU-THIERRY (02400), ch.-l. d'arrond. de l'Aisne, sur la Marne ; 15 011 hab. *(Castelthéodoriciens* ou *Castrothéodoriciens).* Biscuiterie. – Église des XVe-XVIe s. Maison natale de La Fontaine.

CHÂTEAUVALLON → OLLIOULES.

CHATEILLON (Sébastien) **→ CASTELLION.**

CHÂTEL (Jean), *1575 - Paris 1594*, fanatique qui tenta d'assassiner Henri IV (1594) peu après son entrée à Paris. Il fut écartelé.

CHÂTELAILLON-PLAGE (17340), comm. de la Charente-Maritime ; 6 104 hab. *(Châtelaillonnais).* Station balnéaire. Ostréiculture.

CHÂTELET, v. de Belgique (Hainaut), sur la Sambre ; 36 319 hab. Métallurgie.

Châtelet, nom donné à deux forteresses de Paris, le *Grand* et le *Petit Châtelet*. Le premier, situé sur la rive droite de la Seine, en face du Pont-au-Change, fut démoli en 1802. C'était le siège de la juridiction criminelle de la vicomté et prévôté de Paris. Le second, sur la rive gauche, démoli en 1782, servait de prison.

CHÂTEL-GUYON [-gɥijɔ̃] (63140), comm. du Puy-de-Dôme ; 6 357 hab. *(Châtel-Guyonnais).* Station thermale (troubles digestifs).

CHÂTELLERAULT (86100), ch.-l. d'arrond. de la Vienne, sur la Vienne ; 32 614 hab. *(Châtelleraudais).* Constructions mécaniques et électroniques. Armement. – Beau pont Henri-IV ; musées, dont celui de l'Automobile.

CHÂTENAY-MALABRY (92290), bur. centr. de cant. des Hauts-de-Seine, dans la banlieue sud de Paris ; 33 757 hab. *(Châtenaisiens).* Pôle pharmaceutique. Laboratoire national de dépistage du dopage. – Église surtout du XIIIe s. Maison de Chateaubriand (musée) à la Vallée-aux-Loups.

CHATHAM (îles), archipel néo-zélandais d'Océanie, à l'E. de la Nouvelle-Zélande.

CHATHAM (comtes de) → **PITT.**

CHATHAM-KENT, v. du Canada (Ontario) ; 101 647 hab.

CHÂTILLON (92320), bur. centr. de cant. des Hauts-de-Seine, au S. de Paris ; 37 531 hab. *(Châtillonnais).* Armement.

CHÂTILLON (Renaud **de**) → **RENAUD DE CHÂTILLON.**

CHÂTILLON-COLIGNY (45230), comm. du Loiret, sur le Loing ; 1 968 hab. *(Châtillonnais).* Donjon du XIIe s. Patrie des Coligny.

CHÂTILLON-SUR-CHALARONNE (01400), bur. centr. de cant. de l'Ain ; 5 128 hab. *(Châtillonnais).* Industrie pharmaceutique.

CHÂTILLON-SUR-SEINE (21400), bur. centr. de cant. du nord de la Côte-d'Or ; 5 813 hab. *(Châtillonnais).* Église St-Vorles, remontant à 980 ; musée (trésor de Vix* ; archéologie gallo-romaine).

CHATOU (78400), bur. centr. de cant. des Yvelines, sur la Seine ; 31 616 hab. *(Catoviens).* Centre résidentiel et industriel. Laboratoire national d'hydraulique et environnement d'EDF. – Sur l'« île des impressionnistes », célèbre guinguette de la Maison Fournaise et Maison Levanneur (Centre national de l'estampe et de l'art imprimé).

CHÂTRE (La) [36400], ch.-l. d'arrond. de l'Indre, sur l'Indre ; 4 389 hab. *(Castrais).* Marché. Confection. – Musée George-Sand.

CHATRIAN → **ERCKMANN-CHATRIAN.**

CHATT AL-ARAB n.m., fl. du Moyen-Orient, formé en Iraq par la réunion du Tigre et de l'Euphrate, et qui se jette dans le golfe Persique ; 200 km. Il passe à Bassora et à Abadan. Grande palmeraie sur ses rives.

CHATTANOOGA, v. des États-Unis (Tennessee), dans les Appalaches ; 173 778 hab. (528 143 hab. dans l'agglomération). Victoire du général Grant sur les sudistes (1863), pendant la guerre de Sécession.

CHATTERJI (Bankim Chandra), *Kantalpara 1838 - Calcutta 1894,* écrivain indien d'expression bengalie, auteur de romans populaires *(Rajani).*

CHATTERTON (Thomas), *Bristol 1752 - Londres 1770,* poète britannique. Auteur de poèmes imités du Moyen Âge, il mit fin à ses jours en s'empoisonnant. Son destin de « poète martyr » a inspiré à Vigny le drame de *Chatterton* (1835).

CHATTISGARH → **CHHATTISGARH.**

CHATUZANGE-LE-GOUBET (26300), bur. centr. de cant. de la Drôme ; 5 437 hab. *(Goubétois).*

CHAUCER (Geoffrey), *Londres v. 1340 - id. 1400,* poète anglais. Il traduisit le *Roman de la Rose* et imita les poètes italiens. Ses *Contes* de Cantorbéry* ont contribué à fixer la grammaire et la langue anglaises.

CHAUDES-AIGUES (15110), comm. du Cantal ; 918 hab. *(Caldaguès).* Station thermale (rhumatismes) aux eaux de 66 à 82 °C (les plus chaudes d'Europe continentale). – Église du XVe s.

CHAUDET (Antoine Denis), *Paris 1763 - id. 1810,* sculpteur français. C'est un néoclassique de ton élégiaque (*l'Amour,* 1802-1817, marbre achevé par P. Cartellier, Louvre).

CHAUDFONTAINE [ʃofɔ̃tɛn], comm. de Belgique (prov. de Liège), sur la Vesdre ; 21 059 hab. *(Calidifontains).*

CHAUDIÈRE n.f., riv. du Canada (Québec), affl. du Saint-Laurent (r. dr.), qu'elle rejoint dans la banlieue de Québec ; env. 200 km.

CHAUDIÈRE-APPALACHES, région administrative du Québec (Canada), sur la rive sud du Saint-Laurent, en face de Québec ; 15 027 km^2 ; 420 082 hab. ; v. princ. *Lévis.*

CHAUMETTE (Pierre Gaspard), *Nevers 1763 - Paris 1794,* révolutionnaire français. Membre de la Commune de Paris en 1792, il fut l'un des instigateurs du culte de la Raison. Arrêté avec Hébert, il fut guillotiné.

CHAUMONT (52000), ch.-l. du dép. de la Haute-Marne, sur la Marne, à 252 km au S.-E. de Paris ; 23 661 hab. *(Chaumontais).* Église des XIIIe-XVIe s. ; musée. Festival de l'affiche et du graphisme.

CHAUMONT-SUR-LOIRE (41150), comm. de Loir-et-Cher ; 1 100 hab. Château reconstruit de 1465 à 1510 env. ; parc. Festival international des jardins.

CHAUNU (Pierre), *Belleville, Meuse, 1923 - Caen 2009,* historien français. Un des créateurs de l'histoire quantitative (basée princip. sur les statistiques) et de l'histoire de la longue durée, il a consacré sa thèse au commerce espagnol vers l'Amérique : *Séville et l'Atlantique, 1504 - 1650* (1955-1959).

CHAUNY (02300), bur. centr. de cant. de l'Aisne, sur l'Oise et le canal de Saint-Quentin ; 12 282 hab. *(Chaunois).* Constructions électriques.

CHAURAY (79180), bur. centr. de cant. des Deux-Sèvres ; 7 070 hab. *(Chauraisiens).*

CHAUSEY (îles), îlots français, au large du Cotentin, dépendant de la comm. de Granville (Manche).

CHAUSSÉE DES GÉANTS, site du nord de l'Irlande. Elle est formée de colonnes basaltiques érodées par la mer.

CHAUSSON (Ernest), *Paris 1855 - Limay, près de Mantes-la-Jolie, 1899,* compositeur français. Il est l'auteur du *Roi Arthus,* du *Concert* (1891), de mélodies *(Chanson perpétuelle),* d'un *Poème* pour violon et orchestre (1896).

CHAUTEMPS (Camille), *Paris 1885 - Washington 1963,* homme politique français. Député radical-socialiste, il fut président du Conseil (1930, 1933 - 1934, 1937 - 1938). Membre du cabinet P. Reynaud, il se déclara en faveur de l'armistice (1940) mais gagna peu après les États-Unis.

CHAUVEAU (Auguste), *Villeneuve-la-Guyard, Yonne, 1827 - Paris 1917,* vétérinaire français. Auteur d'un traité d'anatomie comparée des animaux domestiques, il établit avant Pasteur la nature corpusculaire des germes infectieux et pressentit l'intérêt prophylactique des vaccins.

CHAUVEAU (Pierre-Joseph-Olivier), *Québec 1820 - id. 1890,* écrivain et homme politique canadien, Premier ministre du Québec (1867 - 1873).

CHAUVEAU-LAGARDE (Claude), *Chartres 1756 - Paris 1841,* avocat français. Il défendit Marie-Antoinette, Madame Élisabeth et Charlotte Corday devant le Tribunal révolutionnaire.

CHAUVELIN (Germain Louis **de**), *Paris 1685 - id. 1762,* homme d'État français. Secrétaire d'État aux Affaires étrangères (1727), il engagea la France dans la guerre de la Succession de Pologne et fut écarté par le cardinal Fleury, hostile à sa politique antiautrichienne (1737).

CHAUVET-PONT-D'ARC (grotte), grotte ornée située sur la comm. de Vallon-Pont-d'Arc (Ardèche). Découverte en 1994 par Jean-Marie Chauvet et deux autres spéléologues, elle abrite des peintures rupestres remarquables, qui comptent parmi les plus anciennes connues (– 33 000 à – 25 000). Pour le public, une réplique de la grotte a été ouverte en 2015, à proximité du site.

CHAUVIGNY (86300), bur. centr. de cant. de la Vienne, sur la Vienne ; 7 223 hab. *(Chauvinois).* Ruines féodales ; centre d'Archéologie industrielle dans le donjon de Gouzon. Église romane St-Pierre (chapiteaux historiés).

CHAUVIN (Yves), *Menin, Belgique, 1930 - Tours 2015,* chimiste français. Auteur de travaux relatifs à la catalyse et à la polymérisation, il jeta les bases théoriques de la métathèse, une méthode de synthèse organique appliquée à présent dans l'industrie, notamm. pour la production de médicaments et de matériaux plastiques. (Prix Nobel 2005, avec R. H. Grubbs et R. R. Schrock.)

CHAUVIRÉ (Yvette), *Paris 1917 - id. 2016,* danseuse française. Étoile de l'Opéra de Paris (1942 - 1972), elle fut une inoubliable Giselle, et l'interprète inspirée du chorégraphe S. Lifar.

CHAUX (forêt de), massif forestier de France (Jura), entre le Doubs et la Loue.

CHAUX-DE-FONDS [ʃotfɔ̃] (La), v. de Suisse, (canton de Neuchâtel) ; 37 504 hab. *(Chaux-de-Fonniers).* Industrie horlogère. – Musées de l'Horlogerie et des Beaux-Arts.

CHAVAL (Yvan **Le Louarn,** dit), *Bordeaux 1915 - Paris 1968,* dessinateur d'humour français. Usant d'un graphisme incisif et de gags percutants, il a dressé, en misanthrope tendre, un constat de la bêtise et de l'absurde.

CHAVÉE (Achille), *Charleroi 1906 - Mons 1969,* poète belge de langue française. Engagé à gauche, auteur d'une œuvre mêlant jeux de mots et lyrisme bouillonnant (*le Cendrier de chair, De vie et de mort naturelles*), il fut l'un des principaux représentants du surréalisme en Belgique.

CHÁVEZ FRÍAS (Hugo), *Sabaneta, État de Barinas, 1954 - Caracas 2013,* colonel et homme politique vénézuélien. Auteur d'une tentative de coup d'État contre le président C. A. Pérez Rodriguez (1992), il fut emprisonné jusqu'en 1994. Président de la République de 1999 à sa mort, il mit en œuvre dans son pays une « révolution bolivarienne » d'idéologie socialiste et tenta de fédérer, à l'échelle latino-américaine, un front d'opposition au leadership des États-Unis.

▲ Hugo **Chávez** en 2007.

CHAVILLE (92370), comm. des Hauts-de-Seine, au S.-O. de Paris ; 20 308 hab. *(Chavillois).*

CHAVÍN DE HUANTAR, site archéologique dans le nord du Pérou. Il est éponyme de la première des hautes cultures andines (IXe-IIe s. av. J.-C.), au large rayonnement économique et artistique (thème du félin). Ruines en granite d'un complexe sacrificiel.

▲ **Chavín de Huantar.** Monolithe gravé (VIIIe-VIe s. av. J.-C.).

CHAZAL (Malcolm **de**), *Vaccas 1902 - Eau coulée, près de Curepipe, 1981,* écrivain mauricien de langue française. Proche du surréalisme, sa poésie sensuelle et raffinée développe, à partir des analogies de sensations, une cosmogonie fabuleuse (*Sens plastique,* 1948).

CHAZELLES-SUR-LYON (42140), comm. de la Loire ; 5 314 hab. *(Chazellois).* Musée du Chapeau.

CHÉBÉLI n.m., fl. d'Éthiopie et de Somalie, qui rejoint l'océan Indien ; 1 900 km env.

CHEBIN EL-KOM, v. d'Égypte, ch.-l. de prov. ; 177 112 hab.

CHEDID (Andrée), *Le Caire 1920 - Paris 2011,* écrivaine française et égyptienne, d'origine libanaise. Sa poésie (*Visage premier,* 1971), mais aussi ses romans (*le Sixième Jour,* 1960 ; *l'Enfant multiple,* 1989 ; *le Message,* 2000), ses nouvelles et son théâtre, nourris de culture moyen-orientale, sont empreints d'un humanisme profond. — **Louis C.,** *Ismaïlia, Égypte, 1948,* chanteur et auteur-compositeur français, fils d'Andrée. Dans ses chansons au tempo dansant, il porte sur son époque un regard tour à tour tendre ou féroce (*T'as beau pas être beau,* 1978 ; *le Soldat rose,* 2006). — **Matthieu C.,** *Boulogne-Billancourt 1971,* chanteur et auteur-compositeur français, fils de Louis. Guitariste mariant les rythmes et les sonorités du rock et du funk, il a créé un personnage insolite, -M-, conçu comme son double scénique (*Je dis aime*, 1999 ; *Qui de nous deux ?*, 2003).

CHEF-BOUTONNE (79110), comm. des Deux-Sèvres ; 2 259 hab. Château de Javarzay.

CHEJU, île de la Corée du Sud, séparée du continent par le *détroit de Cheju* ; 1 820 km².

CHELIFF ou **CHÉLIF** → **CHLEF.**

CHELLES, bur. centr. de cant. de Seine-et-Marne, sur la Marne ; 54 311 hab. *(Chellois)*. Anc. abbaye, fondée au VIIe s. (trésors au musée Alfred-Bonno). – Station paléolithique.

CHEŁMNO, en all. **Kulmhof,** village de Pologne, à 80 km à l'O. de Łódź. Camp d'extermination allemand (1941 - 1945) où périrent 200 000 Juifs.

CHELSEA, quartier de l'ouest de Londres, sur la Tamise. Au XVIIIe s., manufacture de porcelaine.

CHELTENHAM, v. de Grande-Bretagne (Angleterre, dans le Gloucestershire) ; 98 875 hab. Station thermale.

CHEMETOV (Paul), *Paris 1928*, architecte français. Cofondateur de l'Atelier d'urbanisme et d'architecture en 1961, il a réalisé de nombreux logements et équipements sociaux. Associé à Borja Huidobro, il est aussi l'auteur, notamment, du ministère de l'Économie et des Finances à Paris (1982-1989).

CHEMILLÉ-EN-ANJOU, bur. centr. de cant. de Maine-et-Loire ; 22 111 hab. *(Chemillois)*. Anc. église Notre-Dame, romane. Jardin de plantes médicinales.

Chemin des Dames (le), route courant sur les crêtes entre l'Aisne et l'Ailette et que la tradition locale disait avoir été empruntée au XVIIIe s. par les filles de Louis XV (« Dames de France »). Violents combats lors de l'offensive française du général Nivelle (1917) et lors de la percée allemande sur Château-Thierry (1918).

CHEMNITZ, de 1953 à 1990 **Karl-Marx-Stadt,** v. d'Allemagne (Saxe) ; 240 253 hab. Métallurgie. Textile. – Église du château, gothique ; musées.

CHEMULPO → **INCHON.**

CHENAB n.f., riv. de l'Inde et du Pakistan ; 1 210 km. L'une des cinq grandes rivières du Pendjab.

CHENG (François), *Nanchang 1929*, écrivain français d'origine chinoise. Spécialiste de l'art graphique chinois (*Vide et plein : le langage pictural chinois*, 1979 ; *Cinq Méditations sur la beauté*, 2006) et calligraphe lui-même, poète (*Double Chant*, 1998) et romancier (*le Dit de Tianyi*, 1998 ; *Quand reviennent les âmes errantes*, 2012), il mène une quête spirituelle et esthétique marquée par sa double culture. (Acad. fr.)

CHENGDU, v. de Chine, cap. du Sichuan ; 4 333 541 hab. Centre commercial et industriel (aéronautique, électronique). – Anc. cap. des Tang ; vieux quartiers pittoresques. Musées.

CHÉNIER (André [de]), *Constantinople 1762 - Paris 1794*, poète français. Mêlé d'abord au mouvement révolutionnaire, il protesta contre les excès de la Terreur et mourut sur l'échafaud. Lyrique élégiaque *(la Jeune Captive)*, il a donné avec les *Ïambes* un des chefs-d'œuvre de la satire politique. — **Marie-Joseph [de] C.,** *Constantinople 1764 - Paris 1811*, auteur dramatique français, frère d'André. On lui doit la tragédie *Charles IX ou l'École des rois* et les paroles du *Chant* du départ*. Il fut membre de la Convention. (Acad. fr.)

CHENNAI → **MADRAS.**

CHENNEVIÈRES-SUR-MARNE (94430), comm. du Val-de-Marne, au S.-E. de Paris ; 18 365 hab. *(Canavérois)*. Église du XIIIe s.

CHENONCEAUX (37150), comm. d'Indre-et-Loire, sur le Cher ; 354 hab. Élégant *château de Chenonceau*, avec aile formant pont sur le Cher (v. 1515 - v. 1580 ; mobilier, tapisseries, peintures).

CHENÔVE (21300), bur. centr. de cant. de la Côte-d'Or, banlieue de Dijon ; 14 205 hab. *(Cheneveliers)*. Équipements automobiles.

CHENU (Marie Dominique), *Soisy-sur-Seine 1895 - Paris 1990*, dominicain et théologien français. Spécialiste de la théologie médiévale et du thomisme, il s'imposa aussi par sa réflexion sur les nouvelles orientations apostoliques exigées par les mutations de la société.

CHÉOPS → **KHEOPS.**

CHÉPHREN → **KHEPHREN.**

CHER n.m., riv. de France, née dans la Combraille, affl. de la Loire (r. g.) ; 350 km. Il passe à Montluçon, Vierzon et Tours.

CHER n.m. (18), dép. de la Région Centre-Val de Loire ; ch.-l. de dép. *Bourges* ; ch.-l. d'arrond. *Saint-Amand-Montrond, Vierzon* ; 3 arrond. ; 19 cant. ; 290 comm. ; 7 235 km² ; 317 101 hab. *(Berrichons)*. Le dép. appartient à l'académie d'Orléans-Tours, à la cour d'appel de Bourges, à la zone de défense et de sécurité Ouest. S'étendant sur la majeure partie du Berry et sur une partie de la Sologne, il se consacre aux cultures du blé (Champagne berrichonne) et de la vigne (Sancerrois), ainsi qu'à l'élevage bovin (Boischaut, vallée de Germigny). L'industrie (métallurgie surtout) est de tradition ancienne à Bourges et à Vierzon. Centrale nucléaire à Belleville-sur-Loire.

CHERBOURG-EN-COTENTIN, ch.-l. d'arrond. de la Manche ; 83 375 hab. *(Cherbourgeois)*. Port militaire. Constructions mécaniques. – Arsenal (sous-marins) et École des applications militaires de l'énergie atomique. Complexe international de découverte du monde sous-marin (Cité de la mer). – Basilique de la Trinité (XVe s.) ; musée Thomas-Henry (peintures surtout).

CHERBULIEZ [-lje] (Victor), *Genève 1829 - Combs-la-Ville 1899*, écrivain suisse naturalisé français. Il est l'auteur de romans et d'essais politiques. (Acad. fr.)

CHERCHELL, v. d'Algérie, sur la Méditerranée ; 48 056 hab. Emplacement de *Césarée* de Mauritanie. – Ruines ; musée d'antiques.

CHÉREAU (Patrice), *Lézigné, Maine-et-Loire, 1944 - Clichy 2013*, metteur en scène de théâtre, d'opéra et cinéaste français. Directeur, de 1972 à 1981, du Théâtre national populaire (avec R. Planchon et R. Gilbert) et, de 1982 à 1990, du Théâtre des Amandiers, à Nanterre, où il monta notamm. l'œuvre de B.-M. Koltès, il conjuguait dans ses mises en scène recherche plastique et perspective politique. Au cinéma, il réalisa entre autres *la Chair de l'orchidée* (1975), *l'Homme blessé* (1983), *la Reine Margot* (1994), *Ceux qui m'aiment prendront le train* (1998), *Intimité* (2001), *Persécution* (2009).

▲ Patrice **Chéreau** en 1991.

Cheremetievo, aéroport international de Moscou.

CHÉRET (Jules), *Paris 1836 - Nice 1932*, peintre et affichiste français. Grâce à la chromolithographie, il a, durant le dernier tiers du XIXe s., lancé la production des affiches en couleurs, leur donnant un style dynamique et primesautier.

CHERGUI (chott ech-), dépression marécageuse de l'ouest de l'Algérie.

CHERKAOUI (Sidi Larbi), *Anvers 1976*, danseur et chorégraphe belge. Nourrie de la rencontre des cultures, sa danse, viscérale, explore l'identité – culturelle, ethnique, religieuse, sexuelle – dans des créations qui allient quête de la spiritualité et frénésie des imaginaires contemporains (hip-hop, manga...) [*Rien de rien*, 2000 ; *Foi*, 2003 ; *Zero Degrees*, 2005 ; *Babel (Words)*, 2010 ; *Milonga*, 2013].

CHERMANN (Jean-Claude), *Paris 1939*, biologiste français. Spécialiste des rétrovirus, il a découvert en 1983, avec L. Montagnier et F. Barré-Sinoussi, le virus responsable du sida, mais n'a pas été associé au prix Nobel de médecine attribué en 2008 à ses deux collègues de l'Institut Pasteur.

CHEROKEE, peuple amérindien des États-Unis (réserves dans l'Oklahoma et la Caroline du Nord) [env. 70 000], de la famille iroquoienne.

Chéronée [ke-] (bataille de) [338 av. J.-C.], victoire de Philippe de Macédoine sur les Athéniens et les Thébains à Chéronée (Béotie). Elle ouvrait la voie à la domination macédonienne sur l'ensemble de la Grèce. — bataille de **Chéronée** (86 av. J.-C.), victoire de l'armée romaine de Sulla sur les troupes de Mithridate VI, roi du Pont.

CHERRAPUNJI ou **TCHERRAPOUNDJI,** localité du nord-est de l'Inde (Meghalaya). C'est l'une des stations les plus arrosées du globe (plus de 10 m de précipitations par an).

CHERSONÈSE [ker-] (du gr. *khersos*, continent, et *nêsos*, île), nom que les Grecs donnaient à plusieurs péninsules, dont la *Chersonèse de Thrace* (auj. presqu'île de Gallipoli) et la *Chersonèse Taurique* (auj. la Crimée).

Chérubin, personnage du *Mariage de Figaro*, de Beaumarchais (1784), type de l'adolescent qui s'éveille à l'amour.

CHERUBINI (Luigi), *Florence 1760 - Paris 1842*, compositeur italien. Il dirigea le Conservatoire de Paris. On lui doit des messes, deux requiem, des opéras (*Médée*, 1797), des sonates et des quatuors.

CHÉRUSQUES, anc. peuple de la Germanie. Leur chef Arminius battit les Romains (9 apr. J.-C.) avant d'être vaincu par Germanicus (16).

CHESAPEAKE (baie de), baie des États-Unis (Maryland et Virginie), sur l'Atlantique. Elle est franchie par un système de ponts et de tunnels. Site de Baltimore.

CHESHIRE, comté de Grande-Bretagne, dans le nord-ouest de l'Angleterre ; 699 700 hab. ; ch.-l. *Chester*.

CHESNAY [ʃɛnɛ] (Le) [78150], bur. centr. de cant. des Yvelines, banlieue de Versailles ; 29 085 hab. (*Chesnaysiens*).

CHESSEX (Jacques), *Payerne 1934 - Yverdon-les-Bains 2009*, écrivain suisse de langue française. Il est l'auteur de romans et de récits au style truculent (*l'Ogre*, 1973 ; *Jonas*, 1987 ; *le Vampire de Ropraz*, 2007 ; *Un Juif pour l'exemple*, 2009 ; *Hosanna* [posthume], 2013), de poèmes et d'essais.

CHESTER, v. de Grande-Bretagne (Angleterre), ch.-l. du *Cheshire*, au S. de Liverpool ; 80 121 hab. (90 925 hab. dans l'agglomération). Fromages. – Murailles d'origine romaine ; cathédrale romane et gothique ; quartiers médiévaux.

CHESTERFIELD (Philip **Stanhope,** comte **de**), *Londres 1694 - id. 1773*, homme politique et écrivain britannique. Ses *Letters to His Son* (1774) ont marqué l'âge d'or de la prose anglaise.

CHESTERTON (Gilbert Keith), *Londres 1874 - Beaconsfield, Buckinghamshire, 1936*, écrivain britannique. Ses essais, ses romans et ses nouvelles policières (*les Enquêtes du Père Brown*) mêlent l'inspiration catholique à la verve satirique.

CHEVAL (Ferdinand), auteur du *Palais* idéal*.

CHEVAL-BLANC (84460), bur. centr. de cant. de Vaucluse ; 4 233 hab. (*Chevalblanais*).

CHEVALIER (Maurice), *Paris 1888 - Marnes-la-Coquette, Hauts-de-Seine, 1972*, chanteur et acteur de cinéma français. Célèbre pour sa gouaille et sa silhouette (canotier, smoking, nœud papillon), il interpréta des chansons restées populaires (*Valentine*, *Prosper*).

Maurice **Chevalier** ▶

CHEVALIER (Michel), *Limoges 1806 - Lodève 1879*, économiste français. Saint-simonien, libre-échangiste, il fut l'un des artisans du traité de commerce franco-anglais de 1860 qui baissa les droits de douane entre ces deux pays.

CHEVALLEY (Claude), *Johannesburg 1909 - Paris 1984*, mathématicien français. Ses travaux concernent l'algèbre. Il participa à la fondation du groupe Nicolas Bourbaki*.

CHEVARDNADZE (Edouard), *Mamati 1928 - Tbilissi 2014*, homme politique géorgien. Ministre des Affaires étrangères de l'URSS (1985 - 1990 et nov.-déc. 1991), il fut élu, en Géorgie, président du Conseil d'État (mars 1992), puis du Parlement (oct.), exerçant de fait la fonction de chef de l'État. Élu président de la République en 1995 (réélu en 2000), il fut contraint à la démission en 2003.

CHEVELUE (Gaule), en lat. **Gallia comata,** partie de la Gaule demeurée indépendante jusqu'à la conquête de César (par opposition à la Gaule Narbonnaise).

CHEVÈNEMENT (Jean-Pierre), *Belfort 1939*, homme politique français. Maire de Belfort (1983 - 1997 et 2001 - 2007), plusieurs fois ministre (Recherche et Technologie, 1981 - 1983 ; Éducation nationale, 1984 - 1986 ; Défense, 1988 - 1991 ; Intérieur, 1997 - 2000), il fonde en 1992 - 1993 le Mouvement des citoyens (MDC, gauche républicaine), dissous en 2002 et relayé en 2003 par le Mouvement républicain et citoyen (MRC), qu'il préside jusqu'en 2010 (président d'honneur jusqu'en 2015).

Cheverny (château de), château de Loir-et-Cher, au S.-E. de Blois. Édifice homogène de la première moitié du XVIIe s., avec peintures de Jean Mosnier, de Blois, et tapisseries de Vouet.

CHEVIGNY-SAINT-SAUVEUR (21800), comm. de la Côte-d'Or, au S.-E. de Dijon ; 11 819 hab. (*Chevignois*). Zone industrielle.

CHEVILLY-LARUE (94550), comm. du Val-de-Marne ; 19 269 hab. (*Chevillais*).

CHEVIOT n.m. pl., hautes collines de Grande-Bretagne, aux confins de l'Angleterre et de l'Écosse ; 815 m au *mont Cheviot*. Élevage ovin. Parc national.

CHEVREUL (Eugène), *Angers 1786 - Paris 1889*, chimiste français. On lui doit des travaux de chimie organique, notamm. l'analyse des corps gras, ainsi qu'une théorie des couleurs dont s'inspirèrent les peintres néo-impressionnistes.

CHEVREUSE (78460), comm. des Yvelines, sur l'Yvette ; 5 800 hab. (*Chevrotins*). Ruines d'un château des XIIe-XVe s.

CHEVREUSE (vallée de), vallée de l'Yvette (Yvelines), de part et d'autre de Chevreuse. Sites pittoresques dans le *parc naturel régional de la Haute-Vallée de Chevreuse* (env. 63 000 ha).

CHEVREUSE (Charles Honoré **d'Albert, duc de Luynes, de Chaulnes,** et **de**), *1646 - Paris 1712*, gentilhomme français. Petit-fils de la duchesse de Chevreuse, gendre de Colbert et ami de Fénelon, il fut le conseiller privé de Louis XIV.

CHEVREUSE (Marie **de Rohan-Montbazon,** duchesse **de**), *1600 - Gagny 1679*, aristocrate française. Veuve d'Albert de Luynes, elle épousa Claude de Lorraine, duc de Chevreuse. Intrigante inlassable, elle conspira contre Richelieu, Mazarin, puis prit part à la Fronde.

CHEVROLET (Louis Joseph), *La Chaux-de-Fonds 1878 - Détroit 1941*, constructeur automobile américain d'origine suisse. Émigré aux États-Unis en 1900, il y travailla d'abord pour Renault et de Dion-Bouton, puis créa sa propre usine.

CHEVTCHENKO → **AKTAOU.**

CHEVTCHENKO (Tarass Grigorievitch), *Morintsy, auj. Zvenigorod, 1814 - Saint-Pétersbourg 1861*, poète ukrainien. Animateur des idées démocratiques dans son pays, il est considéré comme le père de la littérature nationale ukrainienne.

CHEYENNE, v. des États-Unis, cap. du Wyoming ; 59 466 hab. (91 738 hab. dans l'agglomération). Musées.

CHEYENNE, peuple amérindien des plaines des États-Unis (réserves dans le Montana et l'Oklahoma) [11 500], de la famille algonquienne. Chasseurs de bisons, victimes de massacres commis par l'armée américaine (1864, 1868), les Cheyenne furent parmi les vainqueurs de Custer à la bataille de Little Big Horn (1876).

CHEYLARD (Le) [07160], bur. centr. de cant. de l'Ardèche ; 3 189 hab. (*Cheylarois*).

CHEYNEY (Peter **Southouse-Cheyney,** dit Peter), *Londres 1896 - id. 1951*, écrivain britannique. Ses romans policiers remplacèrent le détective traditionnel par un type d'aventurier séducteur et brutal (*la Môme Vert-de-gris*).

CHHATTISGARH ou **CHATTISGARH,** État du centre de l'Inde ; 135 100 km^2 ; 25 540 196 hab. ; cap. *Raipur*.

CHIANG CHIN-KUO → **JIANG JINGGUO.**

CHIANGMAI, v. de Thaïlande ; 167 776 hab. Anc. cap. au XIIIe s. Nombreux monuments et pagodes intra- et extra-muros, caractéristiques de l'art de la Thaïlande septentrionale (XIIIe-XXe s.) ; musée.

CHIANTI [kjɑ̃ti], région viticole d'Italie (Toscane, prov. de Sienne).

CHIAPAS, État du Mexique, sur le Pacifique ; 4 793 406 hab. ; cap. *Tuxtla Gutiérrez*. Hydrocarbures.

CHIASSO [kjaso], comm. de Suisse (Tessin) ; 7 737 hab. Gare, à la frontière italienne, sur la ligne du Saint-Gothard.

CHIAYI, v. de Taïwan ; 266 126 hab.

CHIBA, v. du Japon (Honshu), sur la baie de Tokyo ; 962 130 hab. Port et centre industriel.

CHIBCHA, famille linguistique de l'Amérique centrale et du nord de l'Amérique du Sud. Elle correspond aux langues que parlaient autrefois les Muisca et les Tairona, et regroupe les langues encore parlées par de nombreuses populations autochtones.

CHIBOUGAMAU, v. du Canada (Québec) ; 7 504 hab. (*Chibougamois*). Cuivre. Elle est près du *lac Chibougamau* (206 km^2). Réserve naturelle.

CHICAGO, v. des États-Unis (Illinois), dans la région des Grands Lacs, sur le lac Michigan ; 2 722 389 hab. (9 676 418 hab. dans l'agglomération). Port actif et grand centre industriel (sidérurgie, constructions mécaniques, industries alimentaires), commercial (Bourses des matières premières) et culturel. – Foyer de l'architecture moderne v. 1880 - 1900 et à l'époque contemporaine. Grands musées (art, science).

CHIC-CHOCS (monts), massif du Canada (Québec), en Gaspésie, dominant l'estuaire du Saint-Laurent ; 1 268 m au mont Jacques-Cartier.

CHICHÉN ITZÁ, cité maya (Mexique, nord du Yucatán). Abandonnée au XVe s., elle associe traditions architecturales mayas et toltèques.

▲ **Chichén Itzá.** Le temple pyramide de Kukulkán, dit aussi « le Castillo » (950-1500).

CHICHIMÈQUES, anciens chasseurs-cueilleurs nomades du nord du Mexique. Ce sont les Aztèques qui donnèrent ce nom générique à des populations parmi lesquelles se trouvaient ceux qui allaient devenir les Apaches.

CHICLAYO, v. du Pérou, près du Pacifique ; 524 442 hab.

CHICOUTIMI, anc. v. du Canada (Québec), au confluent de la *rivière Chicoutimi* et du Saguenay, auj. intégrée dans Saguenay.

CHIETI, v. d'Italie (Abruzzes), ch.-l. de prov. ; 51 600 hab. Musée d'archéologie.

CHIGASAKI, v. du Japon (Honshu), banlieue sud-ouest de Yokohama ; 235 140 hab.

CHIGI, famille de mécènes italiens (XVIe-XVIIe s.). — **Agostino C.,** *Sienne 1465 - Rome 1520*, banquier italien. Il fit construire la villa Farnésine*. — **Fabio C.,** pape sous le nom d'Alexandre* VII. Le *palais Chigi* de Rome, du XVIe s., lui appartint.

CHIHUAHUA, v. du Mexique septentrional ; 818 987 hab. Centre minier.

CHIKAMATSU MONZAEMON (**Sugimori Nobumori,** dit), *Kyoto 1653 - Osaka 1724*, auteur dramatique japonais. Il écrivit pour le théâtre de marionnettes (*bunraku*) près de 170 pièces : drames réalistes (*Double Suicide par amour à Sonezaki*, 1703) ou historiques (*les Batailles de Coxinga*, 1715).

CHILDE (Vere Gordon), *Sydney 1892 - Mount Victoria 1957*, préhistorien australien, auteur de travaux sur l'économie et sur les courants culturels du IIIe et du IIe millénaire av. J.-C.

CHILDEBERT Ier, *m. en 558*, roi franc (511 - 558), de la dynastie mérovingienne. Fils de Clovis et de Clotilde, il régna sur un royaume englobant Paris. — **Childebert II,** *570 - 595*, roi d'Austrasie (575 - 595), de Bourgogne et d'Orléans (592 - 595), de la dynastie mérovingienne, fils de Sigebert Ier et de Brunehaut. Sous son règne fut signé le traité d'Andelot. — **Childebert III,** *683 - 711,* roi de Neustrie et de Bourgogne (695 - 711), de la dynastie mérovingienne. Fils de Thierry III, il régna sous la tutelle de Pépin de Herstal.

CHILDÉRIC Ier, *v. 436 - v. 481,* roi des Francs Saliens (457 - v. 481), de la dynastie mérovingienne, fils de Mérovée et père de Clovis. — **Childéric II,** *v. 650 - 675,* roi d'Austrasie (662 - 675), de la dynastie mérovingienne, fils de Clovis II et de Bathilde. — **Childéric III,** *m. à Sithiu, auj. dans Saint-Omer, en 754,* roi des Francs (743 - 751), le dernier de la dynastie mérovingienne. Fils de Chilpéric II, il fut déposé par Pépin le Bref.

CHILDS (Lucinda), *New York 1940,* danseuse et chorégraphe américaine. Adepte du style répétitif, elle contribue à la diffusion de la danse postmoderne (*Dance,* 1979 ; *Commencement,* 1995) et collabore fréquemment avec des metteurs en scène de théâtre (B. Wilson, L. Bondy, P. Stein).

CHILI n.m., en esp. **Chile,** État d'Amérique du Sud ; 757 000 km² ; 17 620 000 hab. *(Chiliens).* CAP. *Santiago.* LANGUE : *espagnol.* MONNAIE : *peso chilien.*

INSTITUTIONS République à régime présidentiel. Constitution de 1980, entrée en vigueur en 1981 et plusieurs fois révisée. Président de la République élu au suffrage universel direct pour 4 ans, à la fois chef de l'État et chef du gouvernement. Congrès national : Chambre des députés, élue pour 4 ans, et Sénat, élu pour 8 ans.

GÉOGRAPHIE Étiré sur plus de 4 000 km du nord au sud, large seulement de 100 à 200 km en moyenne, le Chili est formé d'une dépression centrale discontinue, entre les Andes proprement dites, à l'est, et une chaîne côtière, à l'ouest. La situation du littoral à la frontière de deux plaques tectoniques génère une activité sismique intense. L'extension en latitude explique la succession des climats et des paysages végétaux : désert de l'Atacama au nord ; climat méditerranéen de la région de Santiago, océanique vers Osorno, froid et humide plus au sud, où la forêt disparaît progressivement. La population est fortement urbanisée, la moitié se concentrant dans la conurbation constituée par Santiago, Valparaíso et Viña del Mar. L'agriculture juxtapose blé, vignoble et élevage (bovin et ovin). La pêche et la pisciculture (saumon) sont actives. Le sous-sol fournit du fer, du lithium et surtout du cuivre (premier rang mondial), base des exportations. L'économie chilienne a connu un réel essor depuis le milieu des années 1980.

HISTOIRE **La période coloniale.** Le Chili précolombien est peuplé de groupes ethniques qui résistent à la conquête inca, puis, pendant trois siècles, à la conquête espagnole. **1541 :** Pedro de Valdivia fonde Santiago. **1553 :** il est vaincu et tué par les Araucans. **1778 :** le Chili, qui dépendait de la vice-royauté du Pérou, devient capitainerie générale.

L'indépendance et le XIXe s. 1810 : une junte patriotique se forme à Santiago. **1814 :** les insurgés chiliens, commandés par Bernardo O'Higgins et José Miguel Carrera, sont vaincus par les Espagnols à Rancagua. **1817 :** San Martín bat les Espagnols à Chacabuco ; O'Higgins reçoit le titre de directeur suprême du Chili. **1818 :** la victoire de Maipú libère définitivement le pays. La république est instaurée. **1823 - 1831 :** une période d'anarchie succède à la dictature de O'Higgins. **1831 - 1871 :** les conservateurs sont au pouvoir et promulguent une Constitution (1833). **1871 - 1891 :** une coalition de libéraux et de radicaux dirige le pays et engage la guerre du Pacifique (1879 - 1884) contre le Pérou et la Bolivie ; vainqueur, le Chili s'empare de toute la façade maritime de la Bolivie et des provinces de Tarapacá, Tacna et Arica, appartenant au Pérou.

Le Chili contemporain. 1891 - 1925 : la guerre civile de 1891 aboutit au triomphe du régime parlementaire sur le régime présidentiel. Pendant la Première Guerre mondiale, le Chili connaît une période de prospérité due à l'exploitation de ses richesses minières (cuivre, nitrates). **1925 :** l'armée rétablit le régime présidentiel. **1938 - 1952 :** l'entrée dans la vie politique des classes moyennes amène au pouvoir des gouvernements de front populaire, puis de centre gauche. **1964 - 1970 :** à la réaction oligarchique menée par le conservateur Jorge Alessandri (1958 - 1964) succède la présidence du démocrate-chrétien Eduardo Frei Montalva. **1970 :** le candidat de la gauche, Salvador Allende, remporte les élections présidentielles. Il entreprend la nationalisation des mines et des banques. **1973 :** il est éliminé par une junte militaire. Le général Pinochet, « chef suprême de la nation », instaure un régime d'exception. **1980 :** une nouvelle Constitution confirme le caractère autoritaire du régime, confronté à une contestation grandissante. **1988 :** Pinochet organise un plébiscite visant à assurer la reconduction du régime en place. Le « non » l'emporte, mais Pinochet décide de rester à la tête de l'État jusqu'en 1990, terme légal de son mandat. **1990 :** le démocrate-chrétien Patricio Aylwin (élu en 1989) succède à Pinochet. **1994 :** le démocrate-chrétien Eduardo Frei Ruíz-Tagle (fils du président E. Frei Montalva) devient président de la République. **1998 :** l'arrestation et la détention (jusqu'en 2000), à Londres, du général Pinochet relancent le débat intérieur sur les années 1970 - 1980. **2000 :** le socialiste Ricardo Lagos accède à la tête de l'État. **2004 :** l'État chilien reconnaît officiellement ses responsabilités dans les exactions commises lors de la dictature militaire. **2006 :** la socialiste Michelle Bachelet est élue à la présidence de la République. **2010 :** Sebastián Piñera lui succède, marquant le retour au pouvoir de la droite. **2014 :** M. Bachelet revient à la tête de l'État. **2018 :** le Chili connaît une nouvelle alternance avec la victoire de S. Piñera (déc. 2017).

Chili

CHILLÁN, v. du Chili central ; 146 701 hab.

CHILLIDA (Eduardo), *Saint-Sébastien 1924 - id. 2002,* sculpteur espagnol. Il est le créateur de formes non figuratives sobres et puissantes. Musée à Hernani, près de Saint-Sébastien.

Chillon, château fort de Suisse (XIIIe s.), sur le lac Léman, près de Montreux. Résidence des comtes et ducs de Savoie. Bonivard y fut emprisonné.

CHILLY-MAZARIN (91380), comm. de l'Essonne ; 20 445 hab. *(Chiroquois).*

CHILOÉ, île du Chili méridional.

CHILPÉRIC Ier, *539 - Chelles 584,* roi de Neustrie (561 - 584), de la dynastie mérovingienne. Fils de Clotaire Ier et époux de Frédégonde, il fut assassiné. — **Chilpéric II,** *670 - 721,* roi de Neustrie (715 - 721), de la dynastie mérovingienne.

CHIMAY, v. de Belgique (Hainaut) ; 9 836 hab. *(Chimaciens).* Brasserie. – Berceau d'une famille princière. – Château ; collégiale des XIIIe-XVIe s.

CHIMBORAZO, volcan des Andes (Équateur) ; 6 310 m.

CHIMBOTE, v. du Pérou septentrional ; 334 568 hab. Port. Sidérurgie. Pêche.

Chimène, personnage du *Cid**, de Corneille, type de l'héroïne cornélienne.

CHIMÚ, peuple ancien du Pérou, qui, vers 1200, succéda à celui de la vallée de Moche sur la côte nord. Florissant au XIVe s., l'empire des Chimú (cap. *Chanchán*) fut soumis (v. 1470) par les Incas. Ils ont produit de remarquables orfèvreries.

CHINARD (Joseph), *Lyon 1756 - id. 1813,* sculpteur français. Il esquisse en 1794 une *Liberté couronnant le peuple* (terre cuite, musée Carnavalet, Paris), puis devient portraitiste : la famille impériale, Mme Récamier (marbre, 1806, Lyon).

CHINDWIN ou **CHINDWINN** n.m., riv. de Birmanie, principal affl. de l'Irrawaddy (r. dr.) ; 800 km.

CHINE n.f., en chin. **Zhongguo,** État d'Asie, sur le Pacifique ; 9 600 000 km² ; 1 386 800 000 hab. *(Chinois).* CAP. *Pékin.* V. PRINC. *Shanghai, Hongkong, Tianjin, Shenyang, Wuhan* et *Canton.* LANGUE : *chinois.* MONNAIE : *yuan.*

(V. carte et planche pages 1396-1397.)

INSTITUTIONS Nom officiel : République populaire de Chine. La Chine est constituée de 23 provinces, de 5 régions autonomes, de 4 municipalités autonomes et de 2 régions administratives spéciales (Hongkong et Macao). La Constitution date de 1982 (amendée plusieurs fois). Le président de la République est élu pour 5 ans par l'Assemblée populaire nationale, qui nomme également le Premier ministre. L'Assemblée populaire nationale, organe suprême, compte environ 3 000 délégués, élus pour 5 ans par les représentants des provinces, des régions, des municipalités et de l'armée populaire. Les membres du Parti communiste chinois (PCC) détiennent les principaux postes à l'échelon national et régional.

GÉOGRAPHIE La Chine regroupe plus du cinquième de la population mondiale (plus de 20 fois celle de la France). De 1979 à 2015, la politique antinataliste (dite « de l'enfant unique ») a réduit la croissance démographique (0,7 % par an). Auj., la Chine doit faire face au vieillissement de sa population.

L'Ouest, juxtaposant chaînes montagneuses et hauts plateaux (Tibet ou Mongolie) au climat rude et cuvettes arides (Xinjiang), est souvent vide, peuplé surtout par des minorités ethniques (Tibétains, Mongols, etc.) qui ne constituent toutefois guère plus de 5 % de la population totale. Celle-ci est essentiellement formée des Han, les Chinois proprement dits, concentrés dans la Chine orientale. Ici, sous un climat de plus en plus clément vers le sud, dans un paysage de collines, de plaines et de vallées (dont celles du Huang He et du Yangzi Jiang), sur 15 % seulement du territoire, s'entassent 90 % de la population. Près de la moitié des Chinois sont encore des ruraux, mais l'urbanisation a beaucoup progressé depuis 1949. Auj., une centaine de villes dépassent le million d'habitants. Shanghai, Pékin, Hongkong, Tianjin et Wuhan comptent parmi les grandes métropoles mondiales.

L'agriculture a été développée, d'abord dans un cadre collectivisé (communes populaires), dorénavant souvent familial. La Chine est le premier producteur mondial de blé et surtout de riz. Elle se situe encore aux premiers rangs mondiaux pour le coton, le tabac, le maïs, les oléagineux, le thé, le sucre, l'élevage (porcins et volailles notamment) et la pêche. L'industrie a connu une progression spectaculaire pour les branches lourdes (extraction de charbon surtout et d'hydrocarbures, sidérurgie), plus récente dans des domaines plus élaborés (chimie, métallurgie de transformation, informatique, électronique, automobile, aéronautique, énergies renouvelables) s'ajoutant au traditionnel textile.

La progression des échanges internationaux, l'appel aux capitaux et à la technologie de l'étranger, le desserrement de l'emprise de l'État ont été à la fois cause et effet d'une croissance exponentielle de la production, qui fait du pays le premier exportateur et la deuxième puissance économique du monde (première en parité de pouvoir d'achat, devant les États-Unis), ainsi qu'un acteur financier de premier ordre. Mais cet essor a eu pour rançon le creusement des inégalités sociales et régionales, une dégradation sensible de l'environnement (ainsi que des défaillances en matière de sécurité industrielle et alimentaire) et une forte dépendance par rapport à la conjoncture économique internationale. La Chine assiste depuis fin 2011 à un ralentissement de sa croissance et à une envolée de sa dette.

HISTOIRE L'existence de la dynastie légendaire des Xia, entre le XXIe et le XVIIIe s. av. J.-C., est attestée par l'archéologie. La civilisation du bronze, née sous les Shang (XVIIIe s. - v. 1025 av. J.-C.), se perpétue sous les Zhou (v. 1025 - 256 av. J.-C.). **Ve - IIIe s. :** période des Royaumes combattants, marquée par la désunion politique et par l'épanouissement de la culture antique avec Confucius.

La Chine impériale jusqu'à la conquête mongole. 221 - 206 av. J.-C. : l'empire Qin est fondé par Qin Shi Huangdi, qui unifie l'ensemble des royaumes chinois, de la Mandchourie au nord de l'actuel Viêt Nam. **206 av. J.-C. - 220 apr. J.-C. :** dynastie des Han, qui étendent leur empire en Mandchourie, en Corée, en Mongolie, au Viêt Nam et en Asie centrale. Ils fondent le mandarinat et remettent à l'honneur le confucianisme. Ils contrôlent la route de la soie et s'ouvrent aux influences étrangères, notamm. au bouddhisme. **220 - 581 :** période de morcellement territorial et de guerres. L'influence du bouddhisme se développe. À la période des Trois Royaumes (220 - 265) succède celle des dynasties du Nord et du Sud (317 - 589). **581 - 618 :** la dynastie Sui réunifie le pays et fait construire le Grand Canal. **618 - 907 :** dynastie des Tang. La Chine connaît une administration remarquable et poursuit son expansion militaire avec les empereurs Tang Taizong (627 - 649) et Tang Gaozong (650 - 683). **907 - 960 :** elle est à nouveau morcelée pendant la période des Cinq Dynasties. **960 - 1279 :** dynastie des Song, qui gouvernent un territoire beaucoup moins étendu que celui des Tang depuis que les « barbares du Nord » ont créé les empires Liao (947 - 1124) et Jin (1115 - 1234). La civilisation scientifique et technique chinoise est très en avance sur celle de l'Occident. Repliés dans le Sud à partir de 1127, les Song sont éliminés par les Mongols, qui conquièrent le pays. **1279 - 1368 :** la dynastie mongole des Yuan gouverne la Chine, qui se soulève sous la conduite de Zhu Yuanzhang (Hongwu), fondateur de la dynastie Ming.

La Chine des Ming et des Qing. 1368 - 1644 : dynastie des Ming. Ses empereurs renouent avec la tradition nationale mais instaurent des pratiques autocratiques. Yongle (1403 - 1424) conquiert la Mandchourie. **1573 - 1620 :** règne de Wanli, sous lequel commence le déclin des Ming. **1644 :** les Mandchous, qui ont envahi le pays, fondent la dynastie Qing, laquelle régnera jusqu'en 1911. Les Qing, avec les empereurs Kangxi (1662 - 1722), Yongzheng (1723 - 1736) et Qianlong (1736 - 1796), établissent leur domination sur un territoire plus étendu que jamais (protectorat sur le Tibet, 1751 ; progression en Mongolie et en Asie centrale).

Le XIXe s. Affaiblie par des problèmes économiques et sociaux, la Chine, militairement fragile, doit céder aux Occidentaux sa souveraineté sur des ports. **1839 - 1842 :** guerre de l'opium. **1851 - 1864 :** insurrection des Taiping. **1875 - 1908 :** l'impératrice Cixi détient le pouvoir. Vaincue par le Japon (1894 - 1895), la Chine doit céder à ce dernier le Liaodong et Taïwan (anc. Formose). La Russie, l'Allemagne, la Grande-Bretagne et la France se partagent le pays en zones d'influence. **1900 :** la révolte des Boxers est réprimée.

La république de Chine. 1911 - 1937 : la république, instaurée en 1911, est présidée par Yuan Shikai (1913 - 1916). Les nationalistes du Guomindang, dirigés par Sun Yat-sen puis, après 1925, par Jiang Jieshi (Tchang Kaï-chek), rompent avec les communistes en 1927. Ceux-ci gagnent le Nord au terme de la « Longue Marche » (1934 - 1935). **1937 - 1945 :** le Japon, qui occupe la Chine du Nord depuis 1937, progresse vers le Sud en 1944. **1945 - 1949 :** après la capitulation japonaise, la guerre civile oppose nationalistes et communistes.

La République populaire de Chine jusqu'en 1976. 1949 : création de la République populaire de Chine. Mao Zedong en assure la direction. Zhou Enlai est Premier ministre et ministre des Affaires étrangères. Les nationalistes se sont repliés à Taïwan. **1956 :** devant les résistances et les difficultés économiques, Mao lance la campagne des « Cent Fleurs », grand débat d'idées. **1958 :** Mao impose lors du « Grand Bond en avant » la collectivisation des terres et la création des communes populaires ; c'est un échec économique. **1960 :** l'URSS rappelle ses experts et provoque l'arrêt des grands projets industriels. **1966 :** Mao lance la « Grande Révolution culturelle prolétarienne ». Au cours de dix années de troubles (1966 - 1976), les responsables du Parti communiste sont éliminés par les étudiants, organisés en gardes rouges, et par l'armée, dirigée jusqu'en 1971 par Lin Biao. **1969 :** la détérioration des relations avec l'URSS aboutit à des incidents frontaliers. **1971 :** admission de la Rép. populaire de Chine à l'ONU, où elle remplace Taïwan. Rapprochement avec les États-Unis.

Les nouvelles orientations. 1976 : mort de Mao Zedong ; arrestation de la Bande* des Quatre. **1977 :** Hua Guofeng, à la tête du Parti et du gouvernement, et Deng Xiaoping, réhabilité pour la seconde fois, mènent une politique de réformes économiques, d'ouverture sur l'étranger et de révision du maoïsme. **1979 :** un conflit armé oppose la Chine au Viêt Nam. **1980 - 1987 :** Hua Guofeng est remplacé à la tête du gouvernement par Zhao Ziyang. Hu Yaobang, secrétaire général du Parti, poursuit les réformes, tandis que Li Xiannian devient président de la République en 1983. Le développement du secteur privé, engendrant corruption et fortes hausses des prix, provoque, à partir de 1986, une grave crise sociale. **1987 :** Zhao Ziyang est nommé à la tête du Parti. Il cède la direction du gouvernement à Li Peng. **1988 :** Yang Shangkun est élu à la présidence de la République. **1989 :** la visite de Gorbatchev à Pékin consacre la normalisation des relations avec l'URSS. Les étudiants et la population réclament la libéralisation du régime. Deng Xiaoping fait intervenir l'armée contre les manifestants, qui sont victimes d'une répression sanglante (juin, notamm. à Pékin, place Tian'anmen). Zhao Ziyang, limogé, est remplacé par Jiang Zemin. **1991 :** la Chine normalise ses relations avec le Viêt Nam. **1992 :** les conservateurs, opposés aux options économiques de Deng Xiaoping, sont écartés. Le Parti communiste se rallie officiellement à l'économie de marché socialiste. **1993 :** Jiang Zemin succède à Yang Shangkun à la tête de l'État. **1997 :** mort de Deng Xiaoping. La Grande-Bretagne rétrocède Hongkong à la Chine (juill.). **1998 :** Zhu Rongji remplace Li Peng au poste de Premier ministre. **1999 :** le Portugal rétrocède Macao à la Chine (déc.). **2001 :** la Chine voit sa position confortée sur la scène internationale (attribution des jeux Olympiques de 2008 à Pékin ; adhésion à l'OMC). **2003 :** une nouvelle génération de dirigeants est mise en place. Hu Jintao, après avoir remplacé Jiang Zemin en 2002 au poste de secrétaire général du Parti, lui succède à la présidence de la République. Wen Jiabao devient Premier ministre. **2008 :** la Chine offre au monde une image contrastée, entre répression des émeutes au Tibet (mars) et organisation grandiose des JO de Pékin (août). **Depuis 2012 :** les tensions avec le Japon et des pays d'Asie du Sud-Est s'exacerbent autour de questions de souveraineté sur quelques îlots de la mer de Chine. **2013 :** les plus hautes instances du pays sont renouvelées : Xi Jinping, déjà élu à la tête du Parti en nov. 2012, devient président de la République, tandis que Li Keqiang est choisi pour diriger le gouvernement. Tout en consolidant son pouvoir par le biais d'une implacable croisade anticorruption, Xi Jinping s'emploie à renforcer l'influence de la Chine, tant sur le plan économique (création d'une banque asiatique d'investissement et investissements massifs, sur tous les continents, notamm. dans le cadre des « nouvelles routes de la soie ») que sur le plan militaire. **2018 :** Xi Jinping confirme son emprise sur le pays par une réforme des institutions (entre autres, levée de la limitation à deux mandats pour le président).

CHINE (mer de), partie de l'océan Pacifique, s'étendant le long des côtes de la Chine et de l'Indochine. Elle comprend la *mer de Chine orientale* (entre la Corée, les Ryukyu et Taïwan) et la *mer de Chine méridionale* (limitée à l'E. par les Philippines et Bornéo).

Chine nouvelle, en chin. **Xinhua,** agence de presse officielle chinoise, créée en 1931.

CHINJU, v. de Corée du Sud, sur le Naktong ; 329 886 hab.

CHINON (37500), ch.-l. d'arrond. d'Indre-et-Loire, sur la Vienne ; 8 527 hab. (*Chinonais*). Forêt. Centrale nucléaire à Avoine. – Forteresse en partie ruinée, avec trois châteaux (Xe-XVe s.), dont celui où Jeanne d'Arc rencontra Charles VII en 1429.

CHIO [kjo], île grecque de la mer Égée ; 51 320 hab. ; ch.-l. *Chio* (23 779 hab.). Vins. Fruits. – Église de la Néa Moni (1045) : mosaïques.

CHIOGGIA, v. d'Italie (Vénétie) ; 49 793 hab.

CHIPPENDALE (Thomas), *Otley, Yorkshire, 1718 - Londres 1779,* ébéniste britannique. Il a publié en 1754 un recueil de modèles qui combine avec fantaisie les styles rocaille, « gothique », « chinois », etc.

CHIPPEWA → OJIBWA.

CHIRAC (Jacques), *Paris 1932,* homme politique français. Premier ministre (1974 - 1976), président du RPR (1976 - 1994), maire de Paris (1977 - 1995), il est de nouveau Premier ministre de 1986 à 1988, appelé à diriger, sous la présidence de F. Mitterrand, le premier gouvernement de cohabitation de la Ve République. Élu président de la République en 1995, il doit cohabiter de 1997 à 2002 avec un gouvernement de gauche. Il est réélu en 2002 (pour un mandat de cinq ans, qui s'achève en 2007).

▲ Jacques **Chirac** en 1998.

Chine
plus de 5 000 000 h.
de 1 000 000 à 5 000 000 h.
de 100 000 à 1 000 000 h.
moins de 100 000 h.
route
voie ferrée
aéroport
site touristique important
limite de région autonome ou de province
Tianjin capitale de région autonome ou de province
200 1000 2000 4000 m
250 km
RUSSIE
MONGOLIE
KAZAKHSTAN
KIRGHIZISTAN
TADJ.
PAK.
INDE
NÉPAL
BHOUTAN
BANGLADESH
BIRMANIE
THAÏLANDE
LAOS
VIÊT NAM
PHILIPPINES
CORÉE DU NORD
CORÉE DU SUD
JAPON
PÉKIN
OULAN-BATOR
PYONGYANG
SÉOUL
TOKYO
HANOI
VIENTIANE
KATMANDOU
THIMPHOU
DACCA
NAY PYI TAW
MER DU JAPON
MER JAUNE
MER DE CHINE ORIENTALE
MER DE CHINE MÉRIDIONALE
Golfe du Bengale
Désert de Gobi
Plateau Mongol
Grand Khingan
Petit Khingan
Mandchourie
Altaï Mongol
Tian Shan
Kunlun Shan
Altun Shan
Qilian Shan
Himalaya
Karakorum
Pamir
Plateau du Tibet
Désert du Takla-Makan
Bassin du Tarim
Dépression de Dzoungarie
Dépression de Tourfan
Bassin du Tsaidam
Ordos
Désert de Tengri
Désert de Badain Jaran
Monts Bayan Har
Monts Hengduan
Monts Daxue
Monts Wuliang
Qinling
Bassin Rouge
Everest 8 848 m
Shanghai
Tianjin
Chongqing
Wuhan
Canton
Shenzhen
Hongkong
Macao
Taipei
Kaohsiung
Haikou
Hainan
Kunming
Chengdu
Lanzhou
Xi'an
Lhassa
Ourumtsi (Wulumuqi)
Kachgar (Kashi)
Harbin
Changchun
Shenyang
Dalian
Qingdao
Nankin
Hangzhou
Fuzhou
Xiamen
Nanning
Guiyang
Changsha
Nanchang
Hefei
Zhengzhou
Jinan
Shijiazhuang
Taiyuan
Houhehot
Yinchuan
Xining
Grande Muraille
Palais du Potala
Ligne de cessez-le-feu
Tropique du Cancer

L'art de la Chine traditionnelle

Parfaitement codifiés dès le xe s. av. J.-C., sous les Zhou, les principes fondamentaux de l'urbanisme sont régis par la cosmogonie traditionnelle, qui privilégie l'harmonie et la symétrie de mondes clos imbriqués. Au long des millénaires, symbolique et valeur rituelle confèrent aux sculptures de jade et aux céramiques une importance majeure. Mais ce sont les « arts de pinceaux » (calligraphie et peinture), auxquels s'associe souvent la création littéraire, qui représentent en Chine la quintessence de l'expression artistique.

Vase tripode. Il est destiné à chauffer les liquides lors du culte des ancêtres. Bronze, époque Shang de Zhengzhou ; xvie-xve s. av. J.-C. (République populaire de Chine.)

Disque « bi » orné de dragons. Symbole céleste et objet rituel, il fait partie du mobilier funéraire depuis le néolithique. Jade, époque des Royaumes combattants. (The Nelson-Atkins Museum of Art, Kansas City.)

Tour céramique funéraire. Ces offrandes funéraires de modèles réduits nous renseignent sur l'architecture. Terre cuite vernissée (1,23 m ; détail), époque Han. (Musée Cernuschi, Paris.)

Temple principal du monastère de la Joie solitaire. Édifié à Jixian (Hebei), dédié à Guanyin (l'incarnation d'Avalokiteshvara en Chine), c'est l'un des plus anciens exemples conservés de cette architecture de bois sans murs porteurs et dont les toitures incurvées sont supportées par la charpente.

La pagode des Oies sauvages, à Xi'an (Shaanxi). La forme de la pagode chinoise est inspirée de l'ancienne tour de guet de l'époque Han et elle a la même fonction que le stupa en Inde.

Huang Gongwang. *Habiter dans les monts Fuchun.* Composition solide et rythmée, transparence de l'air, complexité des jeux d'encre et vision grandiose et sensible de la nature font de ce peintre l'un des rénovateurs du paysage. Encre sur papier, détail d'un rouleau (6,36 m), xive s. (National Palace Museum, Taipei.)

Plat de porcelaine blanche. Traités en émaux lumineux, narcisses du bonheur, rose de bon augure et champignons de la longévité illustrent les vœux du Nouvel An. Dynastie Qing. (Musée Guimet, Paris.)

CHIRAZ, v. d'Iran (Fars), ch.-l. de prov., dans le Zagros ; 367 878 hab. (1 204 882 hab. dans l'agglomération). Jardins célèbres. Tapis.

CHIRIAEFF (Ludmilla), *Riga 1924 - Montréal 1996*, danseuse et chorégraphe canadienne. Elle travailla avec Fokine et Massine, puis se fixa au Québec (1952). Fondatrice en 1955 des Ballets Chiriaeff, devenus Grands Ballets canadiens en 1957, elle en assura la direction artistique (jusqu'en 1974) avant d'en diriger l'école de danse (jusqu'en 1991).

CHIRICO (Giorgio De) → **DE CHIRICO.**

CHIRON MYTH. GR. Centaure éducateur d'Achille.

CHISASIBI, village cri du Canada (Québec), près de l'embouchure de la Grande Rivière, dans la baie James ; 4 872 hab.

CHIŞINĂU, anc. **Kichinev,** cap. de la Moldavie ; 721 000 hab. dans l'agglomération. Musées.

CHISSANO (Joaquim Alberto), *Malehice, district de Chibuto, 1939*, homme politique mozambicain. Il a été président de la République de 1986 à 2005.

CHITTAGONG, v. du Bangladesh ; 2 592 439 hab. (4 119 026 hab. dans l'agglomération). Deuxième ville et principal port du pays. Exportation de jute.

CHIUSI, anc. **Clusium,** v. d'Italie (Toscane) ; 8 868 hab. Nécropole étrusque. Musée national étrusque.

CHKLOVSKI (Viktor Borissovitch), *Saint-Pétersbourg 1893 - Moscou 1984*, critique et écrivain soviétique. Théoricien du formalisme russe, il a livré de nombreuses études sur la littérature et la littérarité* (*Théorie de la prose*, 1925). Il a aussi écrit des scénarios et des essais sur le cinéma.

CHLEF, anc. **Cheliff** ou **Chélif,** le plus long fl. d'Algérie, tributaire de la Méditerranée ; 700 km.

CHLEF, anc. **Orléansville,** puis **El-Asnam,** v. d'Algérie, ch.-l. de wilaya ; 178 616 hab. La ville a été ravagée par deux séismes (1954 et 1980).

CHLEUH, tribus berbères du Maroc (env. 6 millions). Peuplant la plaine du Sous, le Haut Atlas et l'Anti-Atlas, les Chleuh constituent l'essentiel de l'émigration marocaine en Europe.

CHLODION ou **CLODION,** dit **le Chevelu,** *m. v. 460*, chef de la tribu des Francs Saliens. Il serait l'ancêtre des Mérovingiens.

CHOCANO (José Santos), *Lima 1875 - Santiago du Chili 1934*, poète péruvien. Contemporain du modernisme, il se fit le chantre de l'identité et de la nature latino-américaines.

CHODERLOS DE LACLOS (Pierre), *Amiens 1741 - Tarente 1803*, écrivain français, auteur des *Liaisons dangereuses* (1782), chef-d'œuvre du roman épistolaire et de la stratégie libertine.

◀ Pierre **Choderlos de Laclos.** (Musée de Picardie, Amiens.)

Choéphores (les), tragédie d'Eschyle appartenant à la trilogie de *l'Orestie**.

CHOISEUL (César, duc de), comte **du Plessis-Praslin,** *Paris 1598 - id. 1675*, maréchal de France. Il se distingua au siège de La Rochelle (1627 - 1628) et lors de la Fronde.

CHOISEUL (César Gabriel **de**), comte **de Chevigny,** duc **de Praslin** → **PRASLIN** (duc de).

CHOISEUL (Étienne François, duc **de**), *Nancy 1719 - Paris 1785*, homme d'État français. Protégé par Mme de Pompadour, il fut ambassadeur à Rome (1754 - 1757), puis à Vienne (1757 - 1758). Secrétaire d'État aux Affaires étrangères (1758 - 1761 et 1766 - 1770), puis à la Guerre (1761 - 1770) et à la Marine (1761 - 1766), il conclut le pacte de Famille* (1761). En 1763, il dut signer le traité de Paris mettant fin à la guerre de Sept Ans, mais parvint à réunir la Lorraine (1766) et la Corse (1768) à la France.

▲ **Choiseul** par Roslin. (Château de Versailles.)

CHOISY (François Timoléon, abbé **de**), *Paris 1644 - id. 1724*, écrivain français. Son *Journal du voyage de Siam* et ses *Mémoires* lui ont valu une notoriété pimentée par son goût du travestissement féminin. (Acad. fr.)

CHOISY-LE-ROI (94600), bur. centr. de cant. du Val-de-Marne, au S. de Paris, sur la Seine ; 44 198 hab. *(Choisyens)*. Construction automobile. Imprimerie. – Vestiges d'un château où Louis XV recevait ses favorites ; église de 1748-1760, auj. cathédrale.

CHOKWE ou **TSHOKWE,** peuple du nord-est de l'Angola et du sud de la Rép. dém. du Congo (env. 1 million). Leur art plastique est réputé. Ils parlent une langue bantoue.

CHOL, groupe linguistique de la famille maya, représenté au Guatemala et au Honduras.

CHOLEM ALEICHEM (Cholom Rabinovitch, dit), *Pereïaslav, Ukraine, 1859 - New York 1916*, écrivain de langue yiddish, auteur de récits sur la vie des ghettos d'Europe centrale (*Tévié le laitier*).

CHOLET (49300), ch.-l. d'arrond. de Maine-et-Loire, dans les Mauges (ou *Choletais*) ; 55 850 hab. *(Choletais)*. Marché et centre industriel (pneumatiques, confection, plastiques). – Luttes sanglantes pendant les guerres de Vendée (1793). – Musées.

CHOLOKHOV (Mikhaïl Aleksandrovitch), *Vechenskaïa, Ukraine, 1905 - id. 1984*, écrivain soviétique de langue russe. Il est l'auteur du *Don paisible* et de *Terres défrichées*, romans épiques de la révolution russe et de la collectivisation. (Prix Nobel 1965.)

CHO LON, banlieue de Hô Chi Minh-Ville (Viêt Nam), auj. intégrée à la ville.

CHOLTITZ (Dietrich von), *Schloss Wiese, Silésie, 1894 - Baden-Baden 1966*, général allemand. Commandant la garnison allemande de Paris en 1944, il éluda l'ordre de Hitler de détruire la capitale et se rendit au général Leclerc.

CHOMEDEY DE MAISONNEUVE (Paul **de**), *Neuville-sur-Vanne, Aube, 1612 - Paris 1676*, gentilhomme français. En 1642, au Canada, il fonda avec Jeanne Mance une colonie missionnaire, Ville-Marie, la future Montréal, dont il fut le premier gouverneur.

CHOMSKY (Noam), *Philadelphie 1928*, linguiste américain. Il a proposé un nouveau modèle de description du langage : la grammaire générative (*Structures syntaxiques*, 1957 ; *Aspects de la théorie syntaxique*, 1965).

CHONGJIN, v. de Corée du Nord, sur la mer du Japon ; 614 892 hab. Port.

CHONGJU, v. de Corée du Sud ; 531 376 hab.

CHONGQING, v. de Chine, sur le Yangzi Jiang ; 9 691 901 hab. Municipalité dépendant du pouvoir central. Centre industriel. – Vieux quartier. Musée. – Siège du gouvernement nationaliste (1938 - 1946).

CHONJU, v. de Corée du Sud ; 563 153 hab.

CHO OYU n.m., sommet de l'Himalaya, aux confins du Népal et de la Chine (Tibet) ; 8 154 m.

CHOOZ [ʃo] (08600), comm. des Ardennes ; 763 hab. *(Calcéens)*. Centrale nucléaire sur la Meuse.

CHOPIN (Frédéric), *Żelazowa Wola 1810 - Paris 1849*, pianiste et compositeur polonais. Ses compositions (mazurkas, valses, nocturnes, polonaises, préludes, etc.), d'un caractère romantique tendre ou passionné, souvent mélancolique, ont rénové le style du piano dans le domaine de l'harmonie et de l'ornementation. Il eut une longue liaison avec George Sand (1837 - 1848).

▲ Frédéric **Chopin** photographié par L. A. Bisson (1849).

CHOPINOT (Régine), *Fort-de-l'Eau, auj. Bordj El-Kiffan, près d'Alger, 1952*, danseuse et chorégraphe française. Figure majeure de la nouvelle danse française (directrice du Centre chorégraphique national Poitou-Charentes – devenu Ballet Atlantique - R. Chopinot en 1993 –, à La Rochelle, de 1986 à 2008), elle est passée de pièces joyeuses et impertinentes à un art plus épuré, voire expérimental (*le Défilé*, 1985 ; *K.O.K.*, 1988 ; *Végétal*, 1995 ; *W.H.A.*, 2004).

CHORS, peuple turco-mongol de Russie.

CHORTI, peuple amérindien du sud-ouest du Guatemala et du nord-ouest du Honduras (env. 60 000), du groupe linguistique chol.

CHORZÓW, v. de Pologne, en haute Silésie ; 111 692 hab. Houille. Sidérurgie. Chimie.

CHOSROÊS Ier → **KHOSRÔ Ier.**

CHOSTAKOVITCH (Dmitri), *Saint-Pétersbourg 1906 - Moscou 1975*, compositeur soviétique. Il a écrit des œuvres de circonstance et d'inspiration nationale, des musiques de film, quinze symphonies, de la musique de piano et de chambre et des opéras (*Lady Macbeth de Mzensk*).

chouannerie, insurrection paysanne née dans le bas Maine en 1793, sous l'influence de Jean Cottereau (dit Jean *Chouan*) et de ses frères. Elle gagna la Normandie et la Bretagne, et prit fin en 1800.

CHOUART DES GROSEILLIERS (Médard), *Charly-sur-Marne 1618 - v. 1696*, explorateur français. Il parcourut le Canada depuis les Grands Lacs jusqu'à la baie d'Hudson.

CHOU EN-LAI → **ZHOU ENLAI.**

CHOUF, région du Liban, au S. de Beyrouth.

CHOUINARD (Marie), *Québec 1955*, danseuse et chorégraphe canadienne. Auteure de pièces expérimentales, les *solos-performances*, puis directrice de compagnie à Montréal (depuis 1990), elle y crée un répertoire iconoclaste où désir, animalité, voire infirmité servent à révéler l'essence de la vie (*les Trous du ciel*, 1991 ; *Body Remix/les Variations Goldberg*, 2005 ; *Soft Virtuosity, Still Humid, on the Edge*, 2015).

CHOUÏSKI, famille noble russe (XVe-XVIIe s.), qui fut écartée du pouvoir par Ivan IV, et donna à la Russie un tsar : Vassili* Chouïski.

CHRAÏBI (Driss), *Mazagan, auj. El-Jadida, 1926 - Valence, Drôme, 2007*, écrivain marocain d'expression française. Critique envers la société marocaine traditionnelle (*le Passé simple*, 1954) et l'exil en France, son œuvre romanesque s'est ensuite tournée vers la mémoire berbère et marocaine (*Une enquête au pays*, 1981).

CHRÉTIEN (Jean), *Shawinigan 1934*, homme politique canadien. Chef du Parti libéral (1990 - 2003), il a été Premier ministre du Canada de 1993 à 2003.

CHRÉTIEN (Jean-Loup), *La Rochelle 1938*, général et spationaute français. Pilote de chasse, puis pilote d'essais, il est le premier Français à avoir effectué un vol spatial (mission franco-soviétique Premier Vol habité, 24 juin - 2 juill. 1982). Il a participé à deux vols ultérieurs à destination de la station Mir, en 1988 (avec un véhicule spatial soviétique) et en 1997 (avec la navette américaine). Il a aussi été astronaute à la NASA de 1999 à 2001.

▲ Jean-Loup **Chrétien** en 1997.

CHRÉTIEN (Michel), *Shawinigan 1936*, médecin et endocrinologue canadien, frère de J. Chrétien. Il explique, en 1967, le processus de fabrication de certaines hormones (théorie des prohormones), puis il codécouvre, en 1990, les enzymes qui les activent (appelées « convertases »), précisant ainsi sa première théorie.

CHRÉTIEN DE TROYES, *v. 1135 - v. 1183*, poète français. Auteur de romans de chevalerie où mythe et folklore s'unissent pour former des récits de quête, il est l'initiateur de la littérature courtoise en France : *Érec et Énide, Cligès, Lancelot* ou le Chevalier de la charrette, Yvain* ou le Chevalier au lion, Perceval* ou le Conte du Graal.*

Christ (ordre du), ordre de chevalerie fondé en 1319 par le roi de Portugal Denis Ier pour accueillir les templiers, dont l'ordre avait été dissous.

CHRISTALLER (Walter), *Berneck 1893 - Königstein 1969*, géographe allemand, initiateur des recherches sur la théorie des lieux centraux (villes, marchés).

CHRISTCHURCH, v. de Nouvelle-Zélande ; 341 469 hab. La plus grande ville de l'île du Sud, endommagée par des séismes en 2010 et 2011. Laine. – Monuments néogothiques.

CHRISTIAN Ier, *1426 - Copenhague 1481*, roi de Danemark (1448), de Norvège (1450 - 1481) et de Suède (1457 - 1464). En 1460, il devint duc de

Slesvig et comte de Holstein. Il a fondé l'université de Copenhague (1479). — **Christian II,** *Nyborg 1481 - Kalundborg 1559,* roi de Danemark et de Norvège (1513 - 1523) et de Suède (1520 - 1523). La révolte de Gustave Vasa lui enleva la couronne de Suède (1523). — **Christian III,** *Gottorp 1503 - Kolding 1559,* roi de Danemark et de Norvège (1534 - 1559). Il établit le luthéranisme dans ses États. — **Christian IV,** *Frederiksborg 1577 - Copenhague 1648,* roi de Danemark et de Norvège (1588 - 1648). Il prit part à la guerre de Trente Ans et fut battu par Tilly (1629). — **Christian V,** *Flensborg 1646 - Copenhague 1699,* roi de Danemark et de Norvège (1670 - 1699). Premier roi héréditaire du Danemark, il s'allia aux Provinces-Unies contre la Suède et Louis XIV, mais dut restituer ses conquêtes en 1679. — **Christian VI,** *Copenhague 1699 - Hørsholm 1746,* roi de Danemark et de Norvège (1730 - 1746). Il encouragea le commerce et l'industrie. — **Christian VII,** *Copenhague 1749 - Rendsborg 1808,* roi de Danemark et de Norvège (1766 - 1808). Il laissa gouverner ses favoris, notamment Struensee. — **Christian VIII,** *Copenhague 1786 - Amalienborg 1848,* roi de Danemark (1839 - 1848). Élu roi de Norvège en 1814, il fut contraint par les grandes puissances à renoncer à cette couronne. — **Christian IX,** *Gottorp 1818 - Copenhague 1906,* roi de Danemark (1863 - 1906). À son avènement au trône, il adopta, contre son gré, la nouvelle Constitution incorporant le Slesvig au Danemark, ce qui provoqua l'intervention de la Prusse et de l'Autriche (1864) qui lui enlevèrent le Slesvig et le Holstein. — **Christian X,** *Charlottenlund 1870 - Copenhague 1947,* roi de Danemark (1912 - 1947) et d'Islande (1918 - 1944). En 1919, il récupéra le Slesvig septentrional. Lors de l'occupation allemande (1940 - 1944), il résista de tout son pouvoir à l'envahisseur.

CHRISTIAN (Charles, dit Charlie), *Bonham, Texas, 1916 - New York 1942,* guitariste américain de jazz. Il participa aux premières expériences du be-bop et fut un brillant soliste à la guitare électrique (*Star Dust,* 1939 ; *From Swing to Bop,* 1941).

CHRISTIANIA, nom d'Oslo de 1624 à 1924.

CHRISTIAN-JAQUE (Christian **Maudet,** dit), *Paris 1904 - id. 1994,* cinéaste français. Son brio et sa verve lui ont valu de grands succès : *les Disparus de Saint-Agil* (1938), *Boule de Suif* (1945), *Fanfan la Tulipe* (1952).

CHRISTIE (dame Agatha), *Torquay 1890 - Wallingford 1976,* écrivaine britannique. Ses romans policiers à énigme (*le Meurtre de Roger Ackroyd,* 1926 ; *le Crime de l'Orient-Express,* 1934 ; *Dix Petits Nègres,* 1939) mettent en scène miss Marple et Hercule Poirot*.

CHRISTIE (William), *Buffalo, État de New York, 1944,* claveciniste et chef d'orchestre américain et français. Spécialiste de la musique baroque, française en particulier, il a fondé en 1979 l'ensemble instrumental et vocal les Arts florissants.

Christie's, la plus ancienne maison de ventes aux enchères, et l'une des plus importantes dans le monde, fondée à Londres en 1766.

CHRISTINE, *Stockholm 1626 - Rome 1689,* reine de Suède (1632 - 1654). Fille de Gustave II Adolphe, elle hâta les négociations des traités de Westphalie (1648). Ayant fait de sa cour un foyer d'humanisme, elle y reçut Descartes. Elle abdiqua en 1654 en faveur de son cousin Charles X Gustave et se convertit au catholicisme. Elle visita une partie de l'Europe et s'installa à Rome.

CHRISTINE DE FRANCE, *Paris 1606 - Turin 1663,* duchesse de Savoie. Fille d'Henri IV et de Marie de Médicis, elle épousa Victor-Amédée Ier, duc de Savoie.

CHRISTINE DE PISAN, *Venise v. 1365 - v. 1430,* femme de lettres française. Son œuvre poétique (*Ditié de Jeanne d'Arc*) et ses écrits historiques (*Livre des faits et bonnes mœurs du sage roi Charles V*) prennent la défense de la femme.

Christlich-Demokratische Union → **CDU.**

CHRISTMAS (île), île de l'océan Indien, dépendance de l'Australie ; 135 km² ; 2 072 hab. Phosphates.

CHRISTMAS (île) → **KIRITIMATI.**

CHRISTO ET JEANNE-CLAUDE, artistes américains (**Christo Javacheff,** *Gabrovo 1935,* d'origine bulgare, et **Jeanne-Claude Denat de Guillebon,** *Casablanca 1935 - New York 2009,* d'origine française). Ils créent des installations éphémères en utilisant de la toile (« empaquetages » de monuments : le Pont-Neuf, Paris, 1985 ; le Reichstag, Berlin, 1995 ; installations : *The Gates,* Central Park, 2005 ; interventions sur des paysages : *Surrounded Islands,* Biscayne Bay, Miami, 1983 ; *Floating Piers,* lac d'Iseo, Italie, 2016).

CHRISTOFLE (Charles), *Paris 1805 - Brunoy 1863,* industriel français. Il créa l'entreprise d'orfèvrerie qui porte son nom.

CHRISTOPHE (saint), martyr légendaire. Il aurait porté l'Enfant Jésus sur ses épaules pour passer une rivière. Patron des voyageurs et des automobilistes, écarté du calendrier romain en 1970.

CHRISTOPHE (Georges **Colomb,** dit), *Lure 1856 - Nyons 1945,* écrivain et dessinateur français. Il fut l'un des pionniers de la bande dessinée (*la Famille Fenouillard,* 1889-1893 ; *les Facéties du sapeur Camember,* 1890-1896).

CHRISTOPHE (Henri), *île de Grenade 1767 - Port-au-Prince 1820,* roi d'Haïti (1811 - 1820). Esclave affranchi, lieutenant de Toussaint Louverture, il servit sous Dessalines. Président de la république d'Haïti (1807), il fut proclamé roi dans le nord de l'île en 1811.

◄ Henri **Christophe**

CHRISTUS (Petrus), *m. en 1472 ou 1473,* peintre flamand. Maître à Bruges en 1444, il s'inspira de J. Van Eyck, puis de R. Van der Weyden.

CHRODEGANG ou **ROTGANG** (saint), *712 - 766,* évêque de Metz. Il fut l'un des organisateurs de l'Église franque.

Chroniques (livres des), livre de la Bible, divisé en deux parties. Écrites entre 350 et 300 av. J.-C., les *Chroniques* retracent dans l'esprit du judaïsme d'après l'Exil l'histoire du peuple juif jusqu'à la prise de Jérusalem (587 av. J.-C.).

Chroniques de Saint-Denis ou **Grandes Chroniques de France,** histoire officielle des rois de France, des origines à la fin du XVe s. Elles furent rédigées à l'abbaye de Saint-Denis, d'abord en latin puis en français, et imprimées à la fin du XVe s. – Il en existe un résumé manuscrit enluminé par Jean Fouquet (BnF, Paris).

CHRYSIPPE, *Soli, Cilicie, v. 281 - Athènes v. 205 av. J.-C.,* philosophe grec. Il donna au système stoïcien (notamm. pour la physique et la logique) toute sa cohérence.

CHRYSOSTOME → **JEAN CHRYSOSTOME.**

CHU (Steven), *Saint-Louis, Missouri, 1948,* physicien américain. Spécialiste de spectroscopie laser, il réussit, en 1985, à immobiliser des atomes de sodium dans une mélasse optique, à une température très proche du zéro absolu. Il est secrétaire (ministre) à l'Énergie de 2009 à 2013. (Prix Nobel 1997.)

CHUNG MYUNG-WHUN, *Séoul 1953,* pianiste et chef d'orchestre sud-coréen. Directeur musical de l'Opéra de la Bastille (1989 - 1994), chef principal de l'orchestre de l'académie Sainte-Cécile à Rome (1997 - 2005), il a assuré la direction musicale de l'Orchestre philharmonique de Radio France de 2000 à 2015. Il est spécialiste des répertoires italien et français, et l'un des grands interprètes de Messiaen.

CHUQUET (Nicolas), *Paris v. 1445 - 1500,* mathématicien français. Il est l'auteur du plus ancien traité d'algèbre écrit par un Français (1484).

CHUQUICAMATA, v. du Chili septentrional ; 10 465 hab. Extraction et métallurgie du cuivre.

CHUQUISACA → **SUCRE.**

CHUR, nom allemand de Coire*.

CHURCH (Alonzo), *Washington 1903 - Hudson, Ohio, 1995,* mathématicien et logicien américain. Il a démontré l'indécidabilité du calcul des prédicats du premier ordre et étudié les critères de calculabilité.

CHURCHILL n.m., fl. du Canada, qui se jette dans la baie d'Hudson ; 1 609 km. À son embouchure se trouve le port de Churchill (813 hab.).

CHURCHILL, anc. **Hamilton,** fl. de l'est du Canada, dans le Labrador, qui rejoint l'Atlantique ; 856 km. Hydroélectricité (*Churchill Falls*).

CHURCHILL (sir Winston Leonard **Spencer**), *Blenheim Palace 1874 - Londres 1965,* homme politique britannique. Député conservateur en 1900, plusieurs fois ministre libéral de 1906 à 1911, il est Premier lord de l'Amirauté (1911 - 1915). Inquiet de l'émergence du communisme, il se rallie aux conservateurs (1924) et devient chancelier de l'Échiquier dans le cabinet Baldwin (1924 - 1929). Succédant à Chamberlain au poste de Premier ministre (1940 - 1945), il sait très vite galvaniser l'effort de guerre britannique (bataille d'Angleterre, 1940) et est l'un des artisans de la victoire alliée sur l'Axe. Il joue un rôle prépondérant dans le règlement du conflit (conférence de Yalta, 1945). Battu aux élections de 1945, il redevient Premier ministre de 1951 à 1955. Il est auteur de *Mémoires de guerre* (1948-1954). [Prix Nobel de littérature 1953.]

▲ Sir Winston **Churchill**

CHURRIGUERA, famille d'artistes espagnols. Dans leur œuvre, c'est surtout à ces retables sculptés exubérants, à colonnes torses, que s'applique le qualificatif de *churrigueresque.* — **José Benito de C.,** *Madrid 1665 - id. 1725,* sculpteur et architecte. Il créa en 1709 la petite ville de Nuevo Baztán, près de Madrid. — **Joaquín de C.,** *Madrid 1674 - Salamanque ? v. 1724,* sculpteur et architecte, frère de José Benito et d'Alberto. Il est l'auteur du collège de Calatrava à Salamanque (1717). — **Alberto de C.,** *Madrid 1676 - Orgaz ? v. 1740,* architecte et sculpteur, frère de José Benito et de Joaquín. Il édifia notamment, à partir de 1729, l'harmonieuse Plaza Mayor de Salamanque.

CHYMKENT, anc. **Tchimkent,** v. du sud du Kazakhstan ; 603 499 hab. Centre industriel.

CHYPRE n.f., en gr. **Kýpros** en turc **Kıbrıs,** État insulaire d'Asie, dans la Méditerranée orientale ; 9 251 km² ; 1 141 000 hab. (*Chypriotes* ou *Cypriotes*). **CAP.** *Nicosie.* **LANGUES :** *grec* et *turc.* **MONNAIE :** *euro.*

INSTITUTIONS République. Constitution de 1960. Le président de la République et la Chambre des représentants sont élus au suffrage universel pour 5 ans. La Constitution prévoit une répartition des postes entre les communautés grecque et turque. Mais, depuis les troubles de 1963, les sièges des députés chypriotes turcs restent vacants.

GÉOGRAPHIE Deux chaînes de montagnes séparent une dépression centrale, site de Nicosie. L'économie, à dominante agricole (agrumes, vigne, céréales), et le tourisme ont souffert de la partition de fait de l'île entre communautés grecque (env. 80 % de la population totale) et turque. Important gisement de gaz offshore encore inexploité. En 2012, Chypre a connu une grave crise financière, l'amenant à solliciter l'aide de l'Union européenne, mais, après trois années d'austérité, elle a réussi à renouer avec la croissance.

HISTOIRE **L'Antiquité.** Peuplée dès le VIIe millénaire, l'île de Chypre, convoitée pour sa richesse en cuivre, est colonisée par les Grecs, puis par les Phéniciens. **IIIe - Ier s. av. J.-C. :** l'île passe sous la domination des Ptolémées. **58 av. J.-C. :** Chypre devient une province romaine. **395 apr. J.-C. :** elle est englobée dans l'Empire byzantin.

Le Moyen Âge et l'époque moderne. **1191 - 1489 :** conquise par Richard Cœur de Lion, passée aux mains des Lusignan (1192) qui en font un royaume latin (1197), l'île est une des bases d'attaque des croisés et le principal centre latin d'Orient après la chute de Saint-Jean-d'Acre (1291). **1489 :** elle devient vénitienne. **1570 - 1571 :** elle est conquise par les Turcs.

L'époque contemporaine. **1878 :** l'île passe sous administration britannique, tout en demeurant sous la souveraineté ottomane. **1925 :** annexée par la Grande-Bretagne, sitôt l'entrée en guerre de la Turquie (1914), elle devient colonie britannique, malgré les protestations de la Grèce. **1955 - 1959 :**

les Chypriotes grecs luttent contre la domination britannique et réclament l'union avec la Grèce (l'*Enôsis*). **1959 :** l'indépendance est accordée dans le cadre du Commonwealth. **1960 :** la république est proclamée, avec un président grec (Mgr Makários) et un vice-président turc. **1974 :** un coup d'État favorable à l'*Enôsis* provoque un débarquement turc dans le nord de l'île. **1977 :** Spýros Kyprianoú remplace Mgr Makários, décédé. **1983 :** proclamation unilatérale d'une « République turque de Chypre du Nord » (RTCN), dirigée par Rauf Denktaş, que la communauté internationale refuse de reconnaître. **1988 :** Gheórghios Vassilíou succède à S. Kyprianoú. **1993 :** Ghláfkos Kliridhis (Glafcos Clérides) devient président. **2003 :** Tássos Papadhópoulos lui succède. **2004 :** après le rejet, par référendum, d'un plan de réunification de l'île, la République (grecque) de Chypre adhère à l'Union européenne. **2005 :** Mehmet Ali Talat succède à R. Denktaş à la tête de la RTCN. **2008 :** Dhimítris Khristófias (Demetris Christofias) est élu à la présidence de la République. **2010 :** l'accession du nationaliste Derviş Eroğlu à la présidence de la RTCN fragilise le dialogue engagé entre les communautés grecque et turque de l'île. **2013 :** Níkos Anastasiádis (Nicos Anastasiades) devient président (réélu en 2018). **2015 :** un partisan de la réconciliation, Mustafa Akinci, est élu à la tête de la RTCN.

CIA (Central Intelligence Agency), service d'espionnage et de contre-espionnage des États-Unis. Créée en 1946 par le président Truman, institutionnalisée en 1947, elle est placée sous l'autorité du président des États-Unis. Elle dispose d'unités militaires spéciales, les *bérets verts*.

CIAMPI (Carlo Azeglio), *Livourne 1920 - Rome 2016*, homme politique italien. Gouverneur de la Banque d'Italie (1979 - 1993), président du Conseil (1993 - 1994) puis ministre du Trésor et du Budget (1996 - 1999), il fut président de la République de 1999 à 2006.

CIANO (Galeazzo), comte **de Cortellazzo,** *Livourne 1903 - Vérone 1944*, homme politique italien. Gendre de Mussolini, ministre des Affaires étrangères (1936), puis ambassadeur auprès du Saint-Siège (1943), il s'opposa à la poursuite de la guerre et fut exécuté sur l'ordre du Parti fasciste.

CIBOURE (64500), comm. des Pyrénées-Atlantiques ; 6 647 hab. *(Cibouriens)*. Station balnéaire. Pêche. – Église des XVIe et XVIIe s.

CICÉRON, en lat. **Marcus Tullius Cicero,** *Arpinum 106 - Formies 43 av. J.-C.*, homme politique et orateur romain. Issu d'une famille plébéienne entrée dans l'ordre équestre, avocat, il débute dans la carrière politique en attaquant Sulla à travers un de ses affranchis *(Pro Roscio Amerino)*, puis en défendant les Siciliens contre les exactions de leur gouverneur Verrès *(les Verrines)*. Consul (63), il déjoue la conjuration de Catilina et fait exécuter ses complices *(Catilinaires)*. Il embrasse le parti de Pompée, mais, après Pharsale (48 av. J.-C.), se rallie à César. À la mort de ce dernier, il attaque vivement Antoine et lui oppose Octavien. Proscrit par le second triumvirat, il est assassiné. S'il fut un politique médiocre, Cicéron a porté l'éloquence latine à son apogée : ses plaidoyers et ses discours ont servi de modèle à toute la rhétorique latine *(De oratore)*. Il est l'auteur de traités *(De finibus, De officiis)* qui ont intégré la philosophie grecque à la littérature latine. On a conservé une grande part de sa correspondance *(Lettres à Atticus)*.

▲ **Cicéron.** (Offices, Florence.)

Cid (le), tragi-comédie de P. Corneille (1637), inspirée des *Enfances du Cid* de Guillén de Castro. Rodrigue (le Cid) est obligé, pour venger l'honneur de son propre père, de tuer le père de Chimène, sa fiancée. Celle-ci poursuit le meurtrier, sans cesser pour cela de l'aimer, l'accomplissement du devoir exacerbant l'amour liant ces deux âmes généreuses. Accueilli avec enthousiasme par le public, *le Cid* fut critiqué par l'Académie sous prétexte que les règles de la tragédie n'y étaient pas observées (→ **Cid Campeador**).

CIDAMBARAM, v. d'Inde (Tamil Nadu) ; 58 968 hab. Centre de pèlerinage autour, notamm., du grand temple de Shiva (Xe-XVIIe s.).

CID CAMPEADOR (Rodrigo **Díaz de Vivar,** dit **le**), *Vivar v. 1043 - Valence 1099*, chevalier espagnol. Banni par le roi Alphonse VI de Castille (1081), il se mit au service de l'émir de Saragosse, puis s'empara de Valence (1094), où il régna jusqu'à sa mort. – Le Cid est le héros d'un grand nombre d'œuvres littéraires (*Chanson de mon Cid*, v. 1140 ; *Romancero espagnol*, 1612 ; *les Enfances du Cid*, de Guillén de Castro, 1618 ; *le Cid**, de Corneille).

CIÉNAGA, v. de Colombie, sur la mer des Antilles ; 104 060 hab. Port.

CIENFUEGOS, v. de Cuba, sur la côte méridionale ; 161 432 hab.

CILAOS (97413), comm. de La Réunion, dans le *cirque de Cilaos* ; 5 438 hab. *(Cilaosiens)*.

CILICIE, région du sud de la Turquie d'Asie ; v. princ. *Adana* et *Tarsus*.

CIMA (Giovanni Battista), *Conegliano, prov. de Trévise, v. 1459 - id. 1517/1518*, peintre italien. Influencé, à Venise, par Giovanni Bellini, il a donné d'harmonieuses compositions religieuses sur fonds de paysages (*Madone à l'oranger*, v. 1495, Accademia de Venise).

CIMABUE (Cenni di Pepo, dit), peintre italien mentionné à Rome en 1272, à Pise en 1301. Il a sans doute été le maître de Giotto et a, le premier, affranchi son art des conventions byzantines. On lui attribue notamment, à Florence, le *Crucifix* de S. Croce et la *Maestà* (Vierge en majesté) de S. Trinità (Offices), et, à Assise, d'importantes fresques.

CIMAROSA (Domenico), *Aversa 1749 - Venise 1801*, compositeur italien, auteur d'opéras (*le Mariage secret*, 1792), d'œuvres religieuses, de sonates et de symphonies.

CIMBRES, anc. peuple germanique établi sur la rive droite de l'Elbe et qui, avec les Teutons, envahit la Gaule au IIe s. av. J.-C. Ils furent vaincus par Marius à Verceil (101 av. J.-C.).

CIMINO (Michael), *New York 1939 - Los Angeles 2016*, cinéaste américain. Après *Voyage au bout de l'enfer* (1978), premier film marquant sur la guerre du Viêt Nam, il réalisa notamm. *la Porte du paradis* (1980) et *l'Année du dragon* (1985), qui renouvellent les codes du western et du film d'action.

CIMMÉRIENS, anc. peuple nomade d'origine thrace, qui envahit l'Asie Mineure du VIIIe au VIe s. av. J.-C.

CIMON, *v. 510 - 450 av. J.-C.*, stratège athénien. Fils de Miltiade, il consolida la ligue de Délos et combattit les Perses (victoire de l'Eurymédon, 468 av. J.-C.).

CINCINNATI, v. des États-Unis (Ohio), sur l'Ohio ; 298 165 hab. (1 756 287 hab. dans l'agglomération). Centre industriel. – Musées.

CINCINNATUS (Lucius Quinctius), *né v. 519 av. J.-C.*, homme politique romain. Consul en 460 av. J.-C., il fut deux fois dictateur (458 et 439), mais retourna finalement au travail de la terre. L'austérité de ses mœurs était réputée.

Cinecittà, complexe cinématographique situé au S.-E. de Rome. Édifié en 1936-1937, il comprend des studios et des laboratoires.

Cinémathèque française, association fondée pour la sauvegarde, la conservation et la promotion du répertoire cinématographique. Créée à Paris en 1936 par H. Langlois, G. Franju et P. A. Harlé, elle est auj. installée rue de Bercy (anc. American Center de F. Gehry), XIIe arrond.

CINEY, v. de Belgique (prov. de Namur) ; 15 852 hab. *(Cinaciens)*. Anc. cap. du Condroz. – Église des XIIe-XIIIe et XVIIe s.

CINGHALAIS, population majoritaire (plus de 70 %) du Sri Lanka, en majorité bouddhiste.

CINGRIA (Charles-Albert), *Genève 1883 - id. 1954*, écrivain suisse de langue française. Cosmopolite et vagabond, il tire d'anecdotes minuscules ou de trouvailles érudites des chroniques d'une poésie imprévisible (*Bois sec, bois vert*, 1948).

CINNA (Cneius Cornelius), homme politique romain. Arrière-petit-fils de Pompée, il fut traité avec clémence par Auguste, contre lequel il avait conspiré et qui le nomma consul en 5 apr. J.-C. – Son histoire a inspiré une tragédie à P. Corneille (*Cinna ou la Clémence d'Auguste*, 1642).

CINNA (Lucius Cornelius), *m. à Ancône en 84 av. J.-C.*, général romain. Chef du parti populaire après la mort de Marius, il tyrannisa l'Italie (86 - 84 av. J.-C.).

CINO DA PISTOIA, *Pistoia 1270 - v. 1337*, poète et jurisconsulte italien. Ami de Dante, il est l'auteur de poèmes d'inspiration amoureuse et de textes juridiques *(Lectura in codicem)*.

Cinq (groupe des), cénacle de musiciens russes. Créé en 1857 par Balakirev, il regroupe jusqu'en 1872 env. Cui et Moussorgski, rejoints plus tard par Rimski-Korsakov puis Borodine. Partageant l'idéal d'une musique fondée sur le folklore de leurs pays, ces artistes furent à l'origine du renouveau de l'école russe.

Cinq-Cents (Conseil des), assemblée qui, sous le Directoire (1795 - 1799), constituait, avec le Conseil des Anciens, le corps législatif. Composé de cinq cents députés élus au suffrage censitaire à deux degrés, il élaborait les lois, ensuite soumises à l'approbation du Conseil des Anciens.

CINQ-MARS [sɛ̃mar] (Henri **Coeffier de Ruzé,** marquis **de**), *1620 - Lyon 1642*, favori de Louis XIII. Grand écuyer de France, il fut décapité, avec de Thou, pour avoir conspiré contre Richelieu.

CINQ-NATIONS (les), nom donné à la confédération que formèrent les Iroquois.

Cinquante-Trois Relais du Tokaido → **Tokaido.**

CINTO [tʃinto] (monte), point culminant de la Corse (Haute-Corse) ; 2 710 m.

CIO → **AFL-CIO.**

CIO, sigle de Comité international olympique*.

Ciompi, les artisans pauvres, à Florence, au XIVe s. Privés de tout droit politique, ils déclenchèrent la *révolte des Ciompi* (1378 - 1382).

CIORAN (Émile Michel), *Răşinari 1911 - Paris 1995*, essayiste et moraliste français d'origine roumaine. Il a développé une philosophie pessimiste sous forme d'aphorismes (*Précis de décomposition*, 1949 ; *Aveux et Anathèmes*, 1987).

CIOTAT (La) [13600], bur. centr. de cant. des Bouches-du-Rhône ; 35 994 hab. *(Ciotadens)*. Station balnéaire. Réparation et entretien navals.

CIPRIANI (Amilcare), *Anzio 1844 - Paris 1918*, homme politique italien. Lieutenant de Garibaldi, il prit part à la fondation de la Ire Internationale (1864) et fut l'un des chefs de la Commune de Paris (1871).

CIRCASSIE, anc. nom de la contrée située sur le versant nord du Caucase.

CIRCÉ MYTH. GR. Personnage de *l'Odyssée*. Magicienne, elle métamorphosa les compagnons d'Ulysse en pourceaux.

CIREBON ou **TJIREBON,** v. d'Indonésie, sur la côte nord de Java ; 298 224 hab. Port.

Cirque du Soleil, cirque canadien fondé en 1984 par Guy Laliberté et basé à Montréal. Il renouvelle le spectacle de cirque (sans animaux) par une mise en scène théâtrale et féerique.

CIRTA, anc. cap. de la Numidie, auj. *Constantine*.

CISALPINE (Gaule), nom que les Romains donnaient à la partie septentrionale de l'Italie, qui, pour eux, était située en deçà des Alpes.

CISALPINE (république), État formé en Italie du Nord par Bonaparte (1797), et constitué en royaume d'Italie en 1805.

CISJORDANIE, région de Palestine, à l'ouest du Jourdain ; env. 6 000 km^2 ; 2 054 036 hab. (V. carte **Jordanie.**)

HISTOIRE **1949 :** la Cisjordanie est annexée par le royaume hachémite de Jordanie. **À partir de 1967** (guerre des Six-Jours) **:** elle est occupée et administrée militairement, sous le nom de Judée-Samarie, par Israël qui y favorise l'implantation de colonies juives. **À partir de 1987 :** cette occupation se heurte à un soulèvement populaire palestinien (Intifada). **1988 :** le roi Husayn rompt les liens légaux et administratifs entre son pays et la Cisjordanie. **1994 :** un statut d'autonomie est instauré dans la zone de Jéricho, conformément à l'accord israélo-palestinien de Washington. **1995 :** un nouvel accord consacre l'extension de l'autonomie aux grandes villes arabes de Cisjordanie (Djenin, Naplouse, Tulkarem, Qalqilya, Ramallah, Bethléem et en partie Hébron). **2000 :** la région connaît une nouvelle explosion de violence opposant Israéliens et Palestiniens. **2002 :** Israël engage la construction d'un « mur de sécurité » le long de sa frontière avec la Cisjordanie.

CISKEI, ancien bantoustan d'Afrique du Sud.

CISLEITHANIE, partie autrichienne de l'Autriche-Hongrie (1867 - 1918), qui était séparée de la Transleithanie hongroise par la Leitha.

CISNEROS (Francisco **Jiménez de**), *Torrelaguna, Castille, 1436 - Roa 1517*, prélat espagnol. Franciscain, confesseur de la reine Isabelle Ire la Catholique (1492), il devint archevêque de Tolède (1495), cardinal, puis grand inquisiteur de Castille (1507 - 1516). Fondateur de l'université d'Alcalá de Henares, il fit entreprendre la Bible polyglotte et fut favorable à l'humanisme.

CISPADANE (Gaule), nom romain de la partie de la Gaule Cisalpine située au sud du Pô.

CISPADANE (république), république organisée par Bonaparte en 1796 au sud du Pô, unie dès 1797 à la république Cisalpine.

CISSÉ (Souleymane), *Bamako 1940*, cinéaste malien. Inspiré par l'Afrique et ses civilisations, il pose un regard critique sur la société et le pouvoir : *Den Mousso* (la Fille), 1975 ; *Finyé* (le Vent), 1982 ; *Yeelen* (la Lumière), 1987 ; *Waati* (le Temps), 1995.

CITÉ (île de la), île de la Seine, à Paris, qui fut le berceau de la ville. C'est dans la Cité que se trouvent la cathédrale Notre-Dame* et le Palais de Justice. Celui-ci est un développement moderne du siège médiéval de la royauté, dont subsistent la Conciergerie* et la Sainte-Chapelle*.

Cité antique (la), ouvrage historique de Fustel de Coulanges (1864). Il y étudie le gouvernement et l'évolution des cités de la Grèce et de Rome.

Cîteaux (abbaye de), monastère (auj. à Saint-Nicolas-lès-Cîteaux en Côte-d'Or) fondé en 1098 par Robert de Molesmes pour y abriter une branche réformée du monachisme bénédictin, l'ordre cistercien. Saint Bernard y fit profession en 1113.

Cité de Dieu (la), ouvrage de saint Augustin (413 - 426). Cette œuvre majeure est une défense des chrétiens que les païens accusaient d'être responsables de la chute de Rome (410). L'auteur y oppose la cité temporelle et la cité mystique, domaine des âmes prédestinées.

Cité de la musique → **Villette** (parc de la).

Cité de l'architecture et du patrimoine, établissement public français, situé dans le palais de Chaillot, à Paris. Ouverte en 2007, elle comprend l'Institut français d'architecture, le musée des Monuments français (moulages d'édifices français, civils ou religieux ; copies de peintures murales ; panorama de l'architecture moderne et contemporaine) et l'École de Chaillot.

Cité des étoiles, nom donné au centre russe de préparation des cosmonautes, à 35 km au N.-E. de Moscou.

Cité des sciences et de l'industrie, établissement public de vulgarisation des sciences et des techniques, situé dans la partie nord du parc de la Villette à Paris, ouvert depuis 1986. Elle comprend, notamm., des espaces d'exposition, un planétarium, une médiathèque et une salle de cinéma hémisphérique, la *Géode*.

▲ La **Cité interdite** (élevée en 1406, restaurée du XVIIe au XIXe s.) à Pékin.

Cité interdite, palais impérial de Pékin (ou Gugong). Ce domaine réservé de l'empereur et de sa cour, édifié en 1406, a été restauré du XVIIe au XIXe s. Musée.

CITLALTÉPETL n.m. → **ORIZABA.**

CITROËN (André), *Paris 1878 - id. 1935*, ingénieur et industriel français. Fondateur d'une importante entreprise de construction automobile (auj. groupe PSA Peugeot Citroën), il introduisit en France la fabrication de voitures en grande série (1919). Il organisa la première traversée de l'Afrique en automobile (« Croisière noire », 1924 - 1925) et une traversée de l'Asie centrale (« Croisière jaune », 1931 - 1932).

CITY (la), quartier financier du centre de Londres.

CIUDAD BOLÍVAR, v. du Venezuela, sur l'Orénoque ; 335 208 hab. Métallurgie.

CIUDAD DEL ESTE, v. du Paraguay ; 223 350 hab. (333 535 hab. dans l'agglomération).

CIUDAD GUAYANA, v. du Venezuela, au confluent de l'Orénoque et du Caroní ; 672 651 hab. Centre métallurgique.

CIUDAD JUÁREZ, v. du Mexique, sur la frontière américaine ; 1 328 017 hab.

CIUDAD OBREGÓN, v. du nord-ouest du Mexique ; 534 289 hab.

CIUDAD REAL, v. d'Espagne (Castille-La Manche), ch.-l. de prov. ; 74 641 hab. Monuments anciens ; musées.

CIUDAD TRUJILLO → **SAINT-DOMINGUE.**

CIUDAD VICTORIA, v. du nord-est du Mexique ; 321 685 hab.

ÇIVA → **SHIVA.**

CIVAUX (86320), comm. de la Vienne, sur la Vienne ; 1 214 hab. (*Civausiens* ou *Civaliens*). Centrale nucléaire. – Nécropole mérovingienne.

CIVILIS (Claudius Julius), *Ier s. apr. J.-C.*, chef batave. Il se révolta en 69 contre les Romains ; vaincu, il dut accepter le statut d'allié de Rome (70).

CIVITAVECCHIA, v. d'Italie (Latium), au N. de Rome ; 51 331 hab. Port.

CIVRAY (86400), bur. centr. de cant. de la Vienne ; 2 805 hab. (*Civraisiens*). Église romane à façade historiée.

CIXI ou **TS'EU-HI,** *Pékin 1835 - id. 1908*, impératrice de Chine. Elle domina la vie politique de la Chine de 1875 à 1908, confisquant le pouvoir à son profit en opposant modernistes et conservateurs.

CIXOUS (Hélène), *Oran 1937*, écrivaine française. L'écriture de ses romans (*La*, 1976) est une déconstruction de la dominante masculine de la littérature. Elle écrit également pour le théâtre (*l'Histoire terrible mais inachevée de Norodom Sihanouk, roi du Cambodge*, 1985 ; *Tambours sur la digue*, 1999), collaborant régulièrement avec A. Mnouchkine.

CLAIN n.m., riv. de France, dans le Poitou, affl. de la Vienne (r. g.) ; 125 km. Il passe à Poitiers.

CLAIR (René **Chomette**, dit René), *Paris 1898 - id. 1981*, cinéaste français. Il a marqué les années 1920 et 1930 par des films empreints de fantaisie poétique et d'ironie joyeuse (*Entr'acte*, 1924 ; *Sous les toits de Paris*, 1930 ; *À nous la liberté*, 1931 ; *Le silence est d'or*, 1947 ; *les Grandes Manœuvres*, 1955 ; *Porte des Lilas*, 1957). [Acad. fr.]

CLAIRAUT (Alexis), *Paris 1713 - id. 1765*, mathématicien français. Reçu à l'Académie des sciences à 18 ans, il fut envoyé, en 1736, avec Maupertuis en Laponie pour y déterminer la longueur d'un degré de méridien. Il contribua à faire accepter en France la théorie newtonienne de la gravitation. Auteur de travaux de mécanique céleste, il fit progresser la théorie des équations différentielles.

CLAIRE (sainte), *Assise v. 1193 - id. 1253*, fondatrice des clarisses, religieuses de l'ordre de Saint-François-d'Assise.

CLAIREFONTAINE-EN-YVELINES (78120), comm. des Yvelines, dans la forêt de Rambouillet ; 903 hab. Centre technique national Fernand-Sastre (de la Fédération française de football).

CLAIRON (Claire Josèphe **Leris,** dite Mlle), *Condé-sur-l'Escaut 1723 - Paris 1803*, actrice française, interprète des tragédies de Voltaire.

Clairvaux (abbaye de), restes d'une abbaye (comm. de Ville-sous-la-Ferté, Aube) fondée par l'abbé de Cîteaux en 1115. C'est à partir de ce monastère que saint Bernard, son premier abbé, donna à l'ordre cistercien un essor considérable.

CLAMART (92140), bur. centr. de cant. des Hauts-de-Seine ; 53 153 hab. (*Clamartois*). Centre industriel.

CLAMECY (58500), ch.-l. d'arrond. de la Nièvre, sur l'Yonne ; 4 141 hab. (*Clamecycois*). Église des XIIIe-XVIe s. ; musée Romain-Rolland.

CLAPARÈDE (Édouard), *Genève 1873 - id. 1940*, psychologue et pédagogue suisse. Pionnier des études sur l'intelligence s'opposant à l'associationnisme, il créa l'Institut J.-J. Rousseau (1912), voué aux recherches en psychologie de l'enfant (*Psychologie de l'enfant et pédagogie expérimentale*, 1909).

CLAPEYRON (Émile), *Paris 1799 - id. 1864*, physicien français. Un des fondateurs de la thermodynamique, il sauva de l'oubli la brochure de Carnot sur la « puissance motrice du feu ».

CLAPPERTON (Hugh), *Annan, comté de Dumfries, Écosse, 1788 - près de Sokoto, Nigeria, 1827*, voyageur britannique. Il fut le premier Européen à atteindre le lac Tchad (1823) et visita le nord de l'actuel Nigeria.

CLAPTON (Eric), *Ripley 1945*, guitariste et chanteur britannique de pop. Également compositeur, il est fortement influencé par la tradition du blues noir américain. Il a contribué à l'émergence du blues rock anglais avec le groupe The Yardbirds.

CLARENCE (George, duc de), *Dublin 1449 - Londres 1478*, seigneur anglais. Il complota contre son frère Édouard IV et fut exécuté.

Clarendon (Constitutions de) [1164], statuts des rapports de l'Église et de l'État que le roi d'Angleterre Henri II présenta à Clarendon Park (Wiltshire). Visant à replacer l'Église anglaise sous le contrôle monarchique, ces statuts furent violemment dénoncés par Thomas* Becket.

CLARENDON (Edward **Hyde,** comte **de**), *Dinton 1609 - Rouen 1674*, homme d'État anglais. Partisan de Charles Ier lors de la première révolution d'Angleterre (1642 - 1649), il fut, de 1660 à 1667, Premier ministre de Charles II.

CLARENS [klarɑ̃], quartier de la comm. de Montreux (Suisse), sur le lac Léman, rendu célèbre par *Julie ou la Nouvelle Héloïse* de J.-J. Rousseau.

CLARÍN (Leopoldo **Alas y Ureña,** dit), *Zamora 1852 - Oviedo 1901*, écrivain et critique espagnol. Son œuvre narrative allie la peinture satirique et grotesque de la société asturienne à une exploration de l'intériorité humaine (*la Régente*, 1885).

CLARINGTON, v. du Canada (Ontario), sur le lac Ontario ; 92 013 hab.

CLARK (Helen), *Hamilton 1950*, femme politique néo-zélandaise. Leader du Parti travailliste (1993 - 2008), elle a été Premier ministre – et ministre de la Culture et du Patrimoine – de 1999 à 2008.

CLARK (lord Kenneth), *Londres 1903 - id. 1983*, historien d'art britannique (*Léonard de Vinci*, 1939 ; *Piero della Francesca*, 1951 ; *le Nu*, 1955 ; série télévisée *Civilisation*, 1969 - 1970).

CLARK (Mark Wayne), *Madison Barracks 1896 - Charleston 1984*, général américain. Il se distingua en Tunisie et en Italie (1943 - 1945), puis en Corée (1952 - 1953), en tant que commandant en chef des forces des Nations unies et des forces américaines d'Extrême-Orient.

CLARKE (sir Arthur Charles, dit Arthur C.), *Minehead, Somerset, 1917 - Colombo, Sri Lanka, 2008*, écrivain britannique. Scientifique reconnu (précurseur du concept des satellites géostationnaires), il doit sa notoriété à ses récits de science-fiction (*la Sentinelle*, 1951, nouvelle adaptée au cinéma par S. Kubrick sous le titre *2001 : l'Odyssée de l'espace* ; *les Enfants d'Icare*, 1953 ; *Rendez-vous avec Rama*, 1973).

CLARKE (Henri), comte **d'Hunebourg,** duc **de Feltre,** *Landrecies 1765 - Neuwiller 1818*, maréchal de France. Ministre de la Guerre de Napoléon Ier (1807 - 1814), il se rallia à Louis XVIII pendant les Cent-Jours.

CLARKE (Kenneth **Spearman,** dit Kenny), *Pittsburgh 1914 - Montreuil-sous-Bois 1985*, batteur américain de jazz. Il fit partie des inventeurs du bop et participa à la création du Modern Jazz Quartet (1952).

CLARKE (Samuel), *Norwich 1675 - Leicestershire 1729*, philosophe et théologien anglais. Il s'est attaché à réfuter l'athéisme et a été un disciple de Newton, dont il a défendu les thèses relatives à l'espace et au temps dans une correspondance avec Leibniz (1715-1716).

CLAROS, v. de Lydie. Elle abritait l'un des plus anciens sanctuaires d'Apollon ; ruines importantes.

CLAUDE (saint), évêque de Besançon au VIIe s.

CLAUDE Ier, en lat. **Tiberius Claudius Caesar Augustus Germanicus,** *Lyon 10 av. J.-C. - Rome 54 apr. J.-C.*, empereur romain (41 - 54). Il eut pour femmes Messaline, puis Agrippine. Il développa l'administration centrale et s'illustra dans la conquête de la Bretagne (l'actuelle Grande-Bretagne) [43]. Cultivé, mais faible, il se laissa dominer par Agrippine, qui l'empoisonna. — **Claude II le Gothique,** *v. 214 - Sirmium 270*, empereur romain (268 - 270). Il combattit les Alamans et les Goths.

CLAUDE (Georges), *Paris 1870 - Saint-Cloud 1960*, physicien et industriel français. Il est l'auteur de nombreuses inventions, aux conséquences pratiques très importantes : procédé de liquéfaction de l'air (1902), tubes luminescents au néon (1910), etc. ; il fit aussi des recherches sur l'énergie thermique des mers (1926).

CLAUDE (Jean), *La Sauvetat-du-Dropt 1619 - La Haye 1687*, pasteur protestant français. Il eut de vives polémiques avec Bossuet et émigra lors de la révocation de l'édit de Nantes.

CLAUDE DE FRANCE, *Romorantin 1499 - Blois 1524*, reine de France. Fille de Louis XII et d'Anne de Bretagne, elle fut la première femme de François Ier, lui apportant en dot le duché de Bretagne.

CLAUDEL (Camille), *Fère-en-Tardenois 1864 - Montfavet, comm. d'Avignon, 1943*, sculptrice française. Sœur de P. Claudel, elle fut une artiste de talent, collaboratrice et maîtresse de Rodin d'environ 1883 à 1898. Elle fut internée en 1913 dans un asile. Musée à Nogent-sur-Seine.

CLAUDEL (Paul), *Villeneuve-sur-Fère 1868 - Paris 1955*, écrivain et diplomate français. Poète (*Connaissance de l'Est*, 1895-1905 ; *Cinq Grandes Odes*, 1900-1908), il montra dans ses drames que les aspirations contradictoires de l'homme, le conflit entre la chair et l'esprit ne peuvent être résolus que grâce à un dépassement de soi-même et par la reconnaissance de l'amour sauveur de Dieu (*Tête d'or*, 1890 ; *Partage de midi*, 1905 ; *l'Annonce faite à Marie*, 1912 ; *le Soulier de satin*, 1943). [Acad. fr.]

◀ Paul **Claudel**

CLAUDEL (Philippe), *Dombasle-sur-Meurthe 1962*, écrivain français. Entre enquête et parabole, ses romans sondent l'âme humaine et s'attaquent aux tabous du passé (*les Âmes grises*, 2003 ; *le Rapport de Brodeck*, 2007 ; *Inhumaines*, 2017). Il est aussi réalisateur (*Il y a longtemps que je t'aime*, 2008).

CLAUDIEN, *Alexandrie, Égypte, v. 370 - Rome v. 404*, un des derniers poètes latins.

CLAUDIUS CAECUS (Appius), *IVe - IIIe s. av. J.-C.*, homme politique romain. Deux fois consul (307 et 296 av. J.-C.), dictateur et censeur, il fit construire la via Appia et le premier aqueduc pour Rome.

CLAUDIUS MARCELLUS (Marcus) → **MARCELLUS** (Marcus Claudius).

CLAUS (Hugo), *Bruges 1929 - Anvers 2008*, écrivain belge de langue néerlandaise. Les traditions réaliste et expressionniste s'unissent dans ses poèmes (*Monsieur Sanglier*, 1970), ses romans (*le Chagrin des Belges*, 1983) et ses drames (*Sucre*, 1958).

CLAUSEL ou **CLAUZEL** (Bertrand, comte), *Mirepoix 1772 - Secourrieu, Haute-Garonne, 1842*, maréchal de France. Commandant l'armée d'Afrique, il devint en 1835 gouverneur de l'Algérie. Ses troupes échouèrent devant Constantine (1836).

CLAUSEWITZ (Carl von), *Burg 1780 - Breslau 1831*, général et théoricien militaire prussien. Après avoir lutté contre Napoléon, il devint en 1818 directeur de l'École générale de guerre de Berlin. Son traité *De la guerre** eut une grande influence.

CLAUSIUS (Rudolf), *Köslin, Poméranie, 1822 - Bonn 1888*, physicien allemand. Il introduisit l'entropie en thermodynamique (1850) et développa la théorie cinétique des gaz.

CLAVEL (Bernard), *Lons-le-Saunier 1923 - Chambéry 2010*, écrivain français. Ses fresques populaires, qui exaltent la vie des humbles (*l'Espagnol*, 1959 ; *Malataverne*, 1960 ; *les Fruits de l'hiver*, 1968 [cycle de *la Grande Patience*]) ou la fraternité et la nature (*les Colonnes du ciel*, 1976-1981 ; *le Royaume du Nord*, 1983-1989), ont été souvent adaptées au cinéma et à la télévision.

CLAY (Henry), *Hanover County, Virginie, 1777 - Washington 1852*, homme politique américain. Il fut président du Congrès (1811 - 1821) et l'un des partisans du protectionnisme.

CLAYE-SOUILLY (77410), bur. centr. de cant. de Seine-et-Marne ; 12 419 hab. (*Clayois*). Automobiles.

CLAYES-SOUS-BOIS (Les) [78340], comm. des Yvelines, près de Versailles ; 17 918 hab. (*Clétiens*).

▲ Camille **Claudel.** *L'Abandon* (ou *Çacountala* ou *Vertumne et Pomone*). Marbre, 1888. (Musée Rodin, Paris.)

CLEMENCEAU (Georges), *Mouilleron-en-Pareds 1841 - Paris 1929*, homme politique français. Député à partir de 1876, chef de la gauche radicale, d'une éloquence passionnée, il combat la politique coloniale de Jules Ferry. Compromis un moment dans le scandale de Panama, il publie dans *l'Aurore* le « J'accuse » de Zola en faveur de Dreyfus (1898). Ministre de l'Intérieur puis président du Conseil (1906 - 1909), il crée le ministère du Travail mais réprime violemment les grèves et rompt avec les socialistes. De nouveau au pouvoir en 1917, il se consacre à la poursuite de la guerre et se rend populaire (*le Tigre*). Il négocie le traité de Versailles (1919), mais est battu à l'élection présidentielle de 1920. (Acad. fr.)

▲ Georges **Clemenceau** en 1917.

CLÉMENT Ier (saint), *m. en 97*, pape de 88 à 97. Auteur d'une importante lettre à l'Église de Corinthe. — **Clément IV** (Gui **Foulques**), *Saint-Gilles, Gard, fin du XIIe s. - Viterbe 1268*, pape de 1265 à 1268. Il soutint Charles d'Anjou en Sicile, contre Manfred et Conradin. — **Clément V** (Bertrand **de Got**), *Villandraut ? - Roquemaure 1314*, pape d'Avignon (1305 - 1314). Ancien archevêque de Bordeaux, c'est lui qui transporta le Saint-Siège à Avignon. Il abolit l'ordre des Templiers au concile de Vienne (1311 - 1312). — **Clément VI** (Pierre **Roger**), *Maumont 1291 - Avignon 1352*, pape d'Avignon (1342 - 1352). Il fit de sa résidence à Avignon un palais magnifique et protégea les arts. — **Clément VII** (Robert **de Genève**), *Genève 1342 - Avignon 1394*, pape d'Avignon (1378 - 1394). Son élection par les cardinaux qui avaient cessé de reconnaître Urbain VI ouvrit le Grand Schisme. — **Clément VII** (Jules **de Médicis**), *Florence 1478 - Rome 1534*, pape de 1523 à 1534. Célèbre pour ses démêlés avec Charles Quint, il fut fait prisonnier dans Rome par les troupes impériales (sac de Rome, 1527) et refusa d'autoriser le divorce d'Henri VIII, ce qui amena le schisme anglican. — **Clément XI** (Giovanni Francesco **Albani**), *Urbino 1649 - Rome 1721*, pape de 1700 à 1721. Il publia la bulle *Unigenitus* contre les jansénistes (1713). — **Clément XIV** (Giovanni Vincenzo **Ganganelli**), *Sant'Arcangelo di Romagna 1705 - Rome 1774*, pape de 1769 à 1774. Il supprima la Compagnie de Jésus.

CLÉMENT (Jacques), *Serbonnes v. 1567 - Saint-Cloud 1589*, dominicain français. Ligueur fanatique, il assassina Henri III.

CLÉMENT (Jean-Baptiste), *Boulogne-sur-Seine 1836 - Paris 1903*, chansonnier français. Militant socialiste, il participa activement à la Commune de Paris (1871). Il est l'auteur de célèbres chansons républicaines (*le Temps des cerises*, 1867 ; *la Chanson du semeur*, 1882 ; *la Grève*, 1893).

CLÉMENT (René), *Bordeaux 1913 - Monte-Carlo 1996*, cinéaste français. Un style rigoureux et un réalisme souvent pessimiste caractérisent ses films (*la Bataille du rail*, 1946 ; *Jeux interdits*, 1952 ; *Monsieur Ripois*, 1954 ; *le Passager de la pluie*, 1969).

CLÉMENT d'Alexandrie, *Athènes v. 150 - entre 211 et 216*, Père de l'Église grecque. Il fut le premier philosophe chrétien à considérer la pensée antique comme une préparation à l'Évangile (« Platon éclairé par l'Écriture »).

CLEMENTI (Muzio), *Rome 1752 - Evesham, Angleterre, 1832*, compositeur italien. Également pianiste, chef d'orchestre et facteur de pianos, il fut l'un des maîtres de l'école moderne du piano et écrivit des sonates et des symphonies.

CLÉOMÈNE III, *m. à Alexandrie en 219 av. J.-C.*, roi de Sparte (235 - 222 av. J.-C.). Il essaya de restaurer la puissance spartiate, mais fut vaincu par la coalition de la ligue Achéenne et de la Macédoine.

CLÉON (76410), comm. de la Seine-Maritime, sur la Seine ; 5 135 hab. Industrie automobile.

CLÉOPÂTRE, nom de sept reines d'Égypte. — **Cléopâtre VII,** *Alexandrie 69 - id. 30 av. J.-C.*, reine d'Égypte (51 - 30 av. J.-C.). Aimée de César, puis d'Antoine, elle régna sur la Méditerranée orientale. Vaincus par Octavien à Actium (31 av.

J.-C.), Antoine et Cléopâtre s'enfuirent en Égypte, où ils se suicidèrent (elle se serait fait mordre par une vipère). Avec Cléopâtre finirent les Lagides et l'indépendance de l'Égypte hellénistique.

◂ **Cléopâtre VII.** (British Museum, Londres.)

CLÉRAMBAULT (Louis Nicolas), *Paris 1676 - id. 1749*, compositeur et organiste français. Il fut l'un des maîtres de la cantate.

CLERC (Paul-Alain **Leclerc,** dit Julien), *Paris 1947*, chanteur et auteur-compositeur français. Après la comédie musicale *Hair* (1969), il se consacre à un répertoire à la fois romantique et moderne, mêlé de rythmes antillais (*la Cavalerie, la Californie, This Melody, Femmes... je vous aime, Mélissa).*

CLÈRES (76690), comm. de la Seine-Maritime ; 1 390 hab. (*Clérois*). Parc zoologique.

CLERMONT (60600), ch.-l. d'arrond. de l'Oise ; 10 817 hab. (*Clermontois*). Chimie. – Hôtel de ville du XIVe s. ; œuvres d'art dans l'église.

CLERMONT (Robert, comte **de**), *1256 - Vincennes 1318*, prince français, sixième fils de Saint Louis, fondateur de la troisième maison de Bourbon par son mariage avec Béatrice de Bourbon.

CLERMONT-FERRAND, ch.-l. du dép. du Puy-de-Dôme, à 401 m d'alt., à 388 km au S. de Paris ; 144 784 hab. (*Clermontois*). Centre d'une métropole regroupant 21 communes (284 672 hab.). Académie et université. Archevêché. Pneumatiques. Armement. – Cathédrale gothique achevée par Viollet-le-Duc ; église romane N.-D.-du-Port (XIIe s.) ; hôtels gothiques et Renaissance. Musées, dont le musée d'art Roger-Quilliot. – Festival international du court-métrage. – En 1095, le pape Urbain II présida à Clermont le concile où fut décidée la 1re croisade. La ville passa au domaine royal en 1551 et fut réunie en 1630 à Montferrand.

CLERMONT-L'HÉRAULT (34800), bur. centr. de cant. de l'Hérault ; 8 833 hab. (*Clermontais*). Église gothique fortifiée.

CLERMONT-TONNERRE, famille comtale française dont plusieurs membres s'illustrèrent dans l'armée, l'Église et la politique. — **Stanislas Marie Adélaïde de C.-T.,** *Hamonville, Meurthe-et-Moselle, 1757 - Paris 1792*, homme politique français. Député de la noblesse aux États généraux, il se prononça pour l'abolition des privilèges (*nuit du 4 août*). Rallié aux monarchiens, il fut assassiné le 10 août 1792 par des émeutiers.

CLERVAUX, v. du nord du Luxembourg, ch.-l. de cant. ; 14 787 hab. Château féodal très restauré.

CLÉRY-SAINT-ANDRÉ (45370), comm. du Loiret ; 3 542 hab. Basilique Notre-Dame, reconstruite par Louis XI, qui s'y fit enterrer.

CLEVELAND, v. des États-Unis (Ohio), sur le lac Érié ; 389 521 hab. (2 022 462 hab. dans l'agglomération). Centre industriel. – Musée d'art. Musée du rock and roll.

CLEVELAND (Stephen Grover), *Caldwell, New Jersey, 1837 - Princeton 1908*, homme politique américain. Démocrate, il fut président des États-Unis de 1885 à 1889 et de 1893 à 1897.

CLÈVES, en all. **Kleve,** v. d'Allemagne (Rhénanie-du-Nord-Westphalie) ; 47 438 hab. Capitale d'un ancien duché.

CLICHY (92110), bur. centr. de cant. des Hauts-de-Seine, au N.-O. de Paris ; 60 819 hab. (*Clichois*). Hôpital Beaujon. Centre industriel. – Musée.

CLICHY-SOUS-BOIS (93390), comm. de la Seine-Saint-Denis, au N.-E. de Paris ; 30 249 hab. (*Clichois*). Mairie dans un château des XVIIe-XIXe s.

CLICQUOT, famille française de facteurs d'orgues (XVIIe-XVIIIe s.), originaire de Reims.

CLIFF (André **Imberechts,** dit William), *Gembloux 1940*, poète belge de langue française. Sa poésie narrative et lyrique évoque les rencontres homosexuelles, l'expérience du voyage et le quotidien (*Homo sum*, 1973 ; *l'État belge*, 2000 ; *Immense Existence*, 2007 ; *Amour perdu*, 2015).

CLINTON (William Jefferson, dit Bill), *Hope, Arkansas, 1946*, homme politique américain. Démocrate, gouverneur de l'Arkansas (1979 - 1981 et 1983 - 1992), il devient président des États-Unis en 1993. Développant une diplomatie active (Moyen-Orient, Bosnie), et bénéficiant d'une conjoncture économique favorable, il est réélu en 1996. Un moment déstabilisé par l'affaire Monica Lewinsky (soumis à une procédure d'impeachment en 1998, il est acquitté par le Sénat en 1999), il retrouve ensuite une popularité certaine, dans un contexte de croissance, jusqu'à la fin de son second mandat (2001). ▴ Bill **Clinton.** — **Hillary C.,** née **Rodham,** *Chicago 1947*, femme politique américaine. Avocate, épouse (depuis 1975) de Bill Clinton, elle est, après la présidence de son mari, sénatrice de New York (2001 - 2009). Candidate à l'investiture démocrate pour l'élection présidentielle de 2008 (battue par B. Obama), elle est secrétaire d'État de 2009 à 2013. Investie cette fois-ci par le Parti démocrate, elle perd face à D. Trump lors du scrutin de 2016.

CLIO MYTH. GR. Muse de l'Histoire.

CLIPPERTON, îlot inhabité du Pacifique, français depuis 1931, à 1 300 km du Mexique ; 2 km^2.

CLISSON (44190), bur. centr. de cant. de la Loire-Atlantique, sur la Sèvre nantaise ; 7 169 hab. (*Clissonnais*). Château fort des XIIIe-XVIe s. ; parc romantique de la Garenne-Lemot. – Festival musical heavy metal et rock extrême (« Hellfest »).

CLISSON (Olivier, sire **de**), *Clisson 1336 - Josselin 1407*, connétable de France. Il lutta contre les Anglais aux côtés de Du Guesclin et devint connétable en 1380 (victoire de Rozebeke*, 1382).

CLISTHÈNE, *seconde moitié du VIe s. av. J.-C.*, homme d'État athénien. Il démocratisa les institutions d'Athènes, après avoir mis en place de nouvelles divisions territoriales de façon à renforcer, par le brassage des citoyens, l'unité de la cité.

CLIVE (Robert), baron **Clive of Plassey,** *Styche 1725 - Londres 1774*, général et administrateur britannique. Gouverneur du Bengale (1765), il fonda la puissance britannique dans l'Inde. Accusé de concussion, il se tua.

CLODION (Claude **Michel,** dit), *Nancy 1738 - Paris 1814*, sculpteur français. Élève de son oncle L. S. Adam, il connut le succès avec ses gracieuses terres cuites de bacchantes ou de faunesses.

CLODION le Chevelu → **CHLODION.**

CLODIUS (Publius Appius), *v. 93 - 52 av. J.-C.*, agitateur romain. Tribun de la plèbe (58 av. J.-C.), célèbre par ses violences, il fit bannir Cicéron et fut tué par Milon.

CLODOMIR, *v. 495 - Vézeronce, Isère, 524*, roi d'Orléans (511 - 524), mérovingien. Fils de Clovis et de Clotilde, il fut tué en combattant les Burgondes.

CLOONEY (George), *Lexington 1961*, acteur et cinéaste américain. Révélé par la série télévisée *Urgences*, il marque ses compositions de son charme et de sa générosité (*O' Brother*, J. et E. Coen, 2000 ; *Ocean's Eleven*, S. Soderbergh, 2001 ; *Michael Clayton*, T. Gilroy, 2007 ; *The Descendants*, A. Payne, 2011). Les films qu'il réalise reflètent son engagement (*Good Night, and Good Luck.*, 2005 ; *les Marches du pouvoir*, 2011 ; *The Monuments Men*, 2014).

CLOOTS [klots] (Jean-Baptiste **du Val de Grâce,** baron **de**), surnommé **Anacharsis Cloots,** *Gnadenthal 1755 - Paris 1794*, homme politique français, d'origine prussienne. Député à la Convention (1792), partisan de la déchristianisation, il fut guillotiné avec les hébertistes.

CLOSTERMANN (Pierre), *Curitiba, Brésil, 1921 - Montesquieu-des-Albères, Pyrénées-Orientales, 2006*, aviateur français. Premier as français de la Seconde Guerre mondiale (33 victoires homologuées), plusieurs fois député de 1946 à 1969, il est l'auteur du *Grand Cirque* (1948).

Clos-Vougeot, vignoble de la Bourgogne, dans la côte de Nuits (Côte-d'Or). Vins rouges.

CLOTAIRE Ier, *v. 497 - 561*, roi franc (511 - 561), de la dynastie mérovingienne. Fils de Clovis, il fit périr, avec Childebert Ier, les fils de leur frère Clodomir. — **Clotaire II,** *584 - 629*, roi de Neustrie (584 - 629), de la dynastie mérovingienne. Fils de Chilpéric Ier et de Frédégonde, il devint le seul maître du royaume franc en 613. Il fit périr Brunehaut. — **Clotaire III,** *m. en 673*, roi de Neustrie (657 - 673), de la dynastie mérovingienne, fils de Clovis II. — **Clotaire IV,** *m. en 719*, roi d'Austrasie (718 - 719), de la dynastie mérovingienne. Il fut imposé par Charles Martel, qui l'opposa à Chilpéric II.

CLOTILDE (sainte), *v. 475 - Tours 545*, reine des Francs. Fille de Chilpéric, roi des Burgondes, et femme de Clovis Ier, elle contribua à la conversion de son mari au catholicisme.

CLOTTES (Jean), *Espéraza, Aude, 1933*, préhistorien français. Spécialiste du paléolithique supérieur, il a notamm. étudié la grotte de Niaux et les grottes Cosquer et Chauvet-Pont-d'Arc, et proposé les rites chamaniques comme cadre d'interprétation de l'art pariétal (*les Chamanes de la préhistoire*, avec D. Lewis-Williams, 1996).

CLOUD [klu] ou **CLODOALD** (saint), *v. 522 - Novigentum, auj. Saint-Cloud, v. 560*, prince mérovingien. Fils de Clodomir, il échappa au massacre de sa famille par ses oncles Childebert et Clotaire et fonda près de Paris le monastère qui prit son nom.

CLOUET (Jean), *v. 1485 ? - Paris 1540/1541*, peintre et dessinateur français d'origine flamande. Artiste de cour, au service de François Ier à partir de 1516, il est l'auteur de portraits précis, peints ou dessinés aux deux ou trois crayons (pierre noire, sanguine, craie). — **François C.,** *Tours v. 1510/1515 - Paris 1572*, peintre français, fils de Jean. Continuateur de son père, avec un métier plus complexe, il travailla pour François Ier et pour ses successeurs. Quelques scènes de genre ou tableaux mythologiques (*Diane au bain*, Rouen) montrent ses affinités avec l'école de Fontainebleau.

CLOUZOT (Henri-Georges), *Niort 1907 - Paris 1977*, cinéaste français. Maître du suspense et des atmosphères troubles, il a réalisé *L'assassin habite au 21* (1942), *le Corbeau* (1943), *Quai des Orfèvres* (1947), *le Salaire de la peur* (1953), *les Diaboliques* (1955), *la Vérité* (1960), *la Prisonnière* (1968).

CLOVIS, site des États-Unis (Nouveau-Mexique). Il est éponyme d'une culture préhistorique caractérisée par des pointes de projectile à cannelures, finement retouchées (v. 10000 av. J.-C.).

CLOVIS Ier, *v. 465 - Paris 511*, roi des Francs (481/482 - 511), mérovingien. Il devient roi des Francs Saliens de Tournai à la mort de son père Childéric Ier (481 ou 482), vainc Syagrius (Soissons, 486), les Alamans (v. 495 et/ou 505 - 506), les Burgondes (500) et les Wisigoths (Vouillé, 507). Fondateur de la monarchie franque et seul roi de toute la Gaule, il reçoit de l'empereur d'Orient le titre de *patrice*, protège le catholicisme et réunit un concile à Orléans en 511. Il avait reçu le baptême des mains de saint Remi à Reims (v. 498), devenant le premier roi barbare chrétien. Après sa mort, son royaume est partagé entre ses quatre fils. — **Clovis II,** *635 - 657*, roi de Neustrie et de Bourgogne (639 - 657), mérovingien. Fils de Dagobert Ier, il épousa Bathilde. — **Clovis III,** *m. v. 676*, roi des Francs (675), mérovingien. — **Clovis IV,** *v. 681 - 695*, roi des Francs (v. 691 - 695), mérovingien. Sous son règne, le vrai maître du royaume fut Pépin de Herstal.

Club de Paris, groupe informel de pays réunissant les créanciers publics des pays en développement. Il a été constitué en 1956 pour rééchelonner la dette des pays en développement lorsque celle-ci est susceptible d'une renégociation.

Club de Rome, groupe rassemblant des économistes et des scientifiques préoccupés par les problèmes de l'avenir de l'humanité. La première rencontre eut lieu à Rome en 1968.

CLUJ-NAPOCA, anc. **Cluj,** en hongr. **Kolozsvár,** v. de Roumanie, en Transylvanie ; 317 953 hab. Centre industriel et universitaire. – Monuments gothiques et baroques. Musées.

CLUNY (71250), bur. centr. de cant. de Saône-et-Loire ; 5 156 hab. (*Clunysois*). L'abbatiale romane entreprise en 1088 (« Cluny II »), le plus vaste monument de l'Occident médiéval, a été presque entièrement démolie au début du XIXe s. ; bâtiments divers du XIIIe au XVIIIe s. ; musée Ochier.

Cluny (abbaye de), abbaye fondée par des moines bénédictins sur une terre donnée en 910 par Guillaume, duc d'Aquitaine. Elle devint très tôt,

A B C D E F G H I J K L M N O P Q R S T U V W X Y Z

sous la conduite de ses premiers abbés (Odon, Odilon, Hugues, Pierre le Vénérable), le centre d'un mouvement monastique, de spiritualité, de culture et d'art, dont l'influence s'étendit à toute la chrétienté. À son apogée, au début du XIIe s., l'ordre clunisien comptait plus de 1 000 monastères. – Festivals musicaux.

Cluny (hôtel et musée de), à Paris, hôtel du XVe s. situé rue du Sommerard (Ve arrond.). Ils communiquent avec les importants restes de thermes gallo-romains. L'ensemble abrite le musée national du Moyen Âge, prolongement du Louvre.

Clusaz [-za] (La) [74220], comm. de la Haute-Savoie, dans le massif des Aravis ; 1 831 hab. Station de sports d'hiver (alt. 1 100 - 2 600 m).

Cluses (74300), bur. centr. de cant. de la Haute-Savoie, sur l'Arve ; 17 942 hab. *(Clusiens)*. Industrie mécanique (décolletage). Équipement électrique. – Musée de l'Horlogerie et du Décolletage.

Clyde n.f., fl. de Grande-Bretagne, en Écosse, qui se jette dans la mer d'Irlande ; 170 km. Il passe à Glasgow.

Clytemnestre MYTH. GR. Fille de Léda et de Tyndare, roi mythique de Sparte, ou de Zeus, selon d'autres versions de la légende. Épouse d'Agamemnon, mère d'Oreste, d'Électre et d'Iphigénie, elle ne put pardonner le sacrifice de celle-ci et tua son mari à son retour de Troie avec la complicité d'Égisthe, son amant. Tous deux furent tués par son fils Oreste.

CNAC ou **CNAC G.-P.,** sigle de Centre* national d'art et de culture Georges-Pompidou.

CNAM, sigle de Conservatoire* national des arts et métiers.

CNC (Centre national du cinéma et de l'image animée), établissement public français fondé en 1946. Il est chargé de concevoir et de mettre en œuvre la politique de l'État dans les domaines du cinéma et des autres arts et industries de l'image animée (audiovisuel, vidéo et multimédia).

CNES (Centre national d'études spatiales), agence française de l'espace, créée en 1961.

Cnide, anc. v. de Carie. Elle est célèbre pour son temple d'Aphrodite abritant la statue de la déesse, chef-d'œuvre de Praxitèle, auj. connu par des copies antiques.

CNIL, sigle de Commission nationale de l'informatique* et des libertés.

CNJA (Centre national des jeunes agriculteurs) → **Jeunes Agriculteurs.**

CNN (Cable News Network), chaîne américaine de télévision par câble, créée en 1980. Elle diffuse 24 h sur 24 un programme d'informations dans le monde entier.

Cnossos ou **Knossós,** principale cité de la Crète antique (résidence du légendaire roi Minos), occupée par les Mycéniens au XVe s. av. J.-C. Des fouilles, commencées par Evans, ont mis au jour un vaste complexe palatial, plusieurs fois reconstruit entre le IIe millénaire et 1600 av. J.-C., date à laquelle apparaissent les premières peintures murales.

CNPF (Conseil national du patronat français) → **Medef.**

CNR → **Conseil national de la Résistance.**

CNRS (Centre national de la recherche scientifique), établissement public français chargé de développer et de coordonner les recherches scientifiques de tous ordres.

CNUCED (Conférence des Nations unies pour le commerce et le développement), organe subsidiaire permanent de l'ONU, créé en 1964. Elle a pour objectif de favoriser l'essor du commerce international en tenant compte des intérêts spécifiques des pays en voie de développement.

Cnut → **Knud.**

Côa (vallée du), vallée parcourue par le *Côa*, affl. du Douro, dans le nord-est du Portugal. On y a découvert, dans les années 1990, le plus grand complexe d'art rupestre paléolithique en plein air connu à ce jour (*Foz Côa*, 22000 - 10000 av. J.-C.).

Coalitions (les), alliances militaires et politiques conclues par des États européens contre la France. Sous Louis XIV, la *première coalition* (1673 - 1674) se forme pendant la guerre de Hollande*, la *deuxième coalition* (1689 - 1690) pendant la guerre de la ligue d'Augsbourg*, la *troisième coalition* (1701) pendant la guerre de la Succession* d'Espagne. Pendant la Révolution et l'Empire, sept coalitions regroupèrent les principaux pays d'Europe, particulièrement la Grande-Bretagne, l'Autriche (qui ne prit pas part à la quatrième) et la Russie (qui ne prit pas part à la cinquième). La *première coalition* (1793 - 1797) se disloqua après la campagne de Bonaparte en Italie et le traité de Campoformio. La *deuxième coalition* (1799 - 1802) s'acheva par la paix de Lunéville avec l'Autriche et par celle d'Amiens avec la Grande-Bretagne. La *troisième coalition* se forma en 1805 (victoire d'Austerlitz ; traité de Presbourg), la *quatrième coalition* en 1806 - 1807 (victoires d'Iéna, d'Eylau, de Friedland ; traités de Tilsit), la *cinquième coalition* en 1809 (victoire de Wagram ; paix de Vienne). La *sixième coalition* (1813 - 1814) contraignit Napoléon Ier à abdiquer une première fois. La *septième coalition* (1815), qui se termina par la bataille de Waterloo, aboutit à la seconde abdication de l'Empereur.

▲ **Cnossos.** *L'Oiseau bleu* (v. 1500 av. J.-C.). Détail d'une fresque provenant de la « Maison des fresques ». (Musée d'Iráklion.)

Coase (Ronald), *Willesden 1910 - Chicago 2013*, économiste britannique. Il a été l'un des premiers, en 1937, à mettre l'accent sur l'importance des coûts dans le processus de production et sur la recherche du prix pertinent. (Prix Nobel 1991.)

Coast Ranges → **Côtières** (chaînes).

Coatzacoalcos, v. du Mexique, sur le golfe du Mexique ; 347 223 hab. dans l'agglomération. Port pétrolier. Raffinage.

Cobbett (William), *Farnham 1762 - Guildford 1835*, homme politique et journaliste britannique. Il fut un des chefs de file du radicalisme anglais.

Cobden (Richard), *Dunford Farm 1804 - Londres 1865*, économiste et homme politique britannique. Libre-échangiste, il obtint, dès 1846, la suppression des Corn* Laws (lois sur le blé). Il négocia le traité de commerce franco-britannique de 1860, qui abaissait les barrières douanières entre les deux pays.

Coblence, en all. **Koblenz,** v. d'Allemagne (Rhénanie-Palatinat), à la confluence du Rhin et de la Moselle ; 107 825 hab. Église St-Castor (XIIe et XVe s.) ; musée du Rhin moyen. – Ce fut, en 1792, le lieu de ralliement des émigrés français.

Cobourg (Frédéric **Josias,** prince de **Saxe-Cobourg,** dit), *Cobourg 1737 - id. 1815*, maréchal autrichien. Vainqueur de Dumouriez à Neerwinden, il fut vaincu par Jourdan à Fleurus (1794).

Cobra (de *CO*penhague, *BR*uxelles, *A*msterdam), mouvement artistique européen, dont l'existence organisée concerne les années 1948 - 1951. Il a exercé une forte et durable influence en exaltant toutes les formes de création spontanée (arts primitifs et populaires, art brut, dessins d'enfants). Le poète belge Christian Dotremont*, les peintres Asger Jorn* (danois), Pierre Alechinsky* (belge), Karel Appel (néerlandais, *Amsterdam 1921 - Zurich 2006*) en firent partie.

Cocanada → **Kakinada.**

Cochabamba, v. de Bolivie, au S.-E. de La Paz, à plus de 2 500 m d'alt. ; 630 587 hab. Noyau urbain d'époque coloniale.

Cochereau (Pierre), *Saint-Mandé 1924 - Lyon 1984*, organiste français. Grand virtuose et improvisateur, mais aussi compositeur, il fut titulaire des grandes orgues de Notre-Dame de Paris.

Cochet (Henri), *Villeurbanne 1901 - Saint-Germain-en-Laye 1987*, joueur de tennis français. Deux fois vainqueur à Wimbledon (1927 et 1929) et cinq fois à Paris (1922, 1926, 1928, 1930 et 1932), il a remporté six fois la coupe Davis (1927 à 1932).

Cochin, v. d'Inde (Kerala), sur la côte de Malabar ; 596 473 hab. (2 117 990 hab. dans l'agglomération). Port. Centre touristique et pôle industriel diversifié. – Anc. comptoir portugais (1502 - 1663) puis néerlandais (1663 - 1795).

Cochin (Charles Nicolas), dit **le Fils** ou **le Jeune,** *Paris 1715 - id. 1790*, artiste français, membre le plus connu d'une famille de graveurs des XVIIe et XVIIIe s. Dessinateur et graveur des fêtes de la cour, artiste officiel et théoricien, il contribua à détourner l'art français du goût rocaille.

Cochinchine, partie méridionale du Viêt Nam, qui s'étend surtout sur le cours inférieur et sur le delta du Mékong. Conquise par les Français de 1859 à 1867, colonie entrée dans l'Union indochinoise en 1887, elle fut rattachée au Viêt Nam en 1949.

Cochise, *m. en Arizona en 1874*, chef apache de la tribu des Chiricahua. Il opposa une farouche résistance aux incursions des Blancs dans l'Arizona et ne se rendit qu'après la création, dans cet État, d'une réserve pour son peuple.

Cochran (Jacqueline), *Pensacola ?, Floride, v. 1906 - Indio, Californie, 1980*, aviatrice américaine. Première femme pilote à franchir le mur du son (1953), elle battit de nombreux records féminins de vitesse, d'altitude et de distance.

Cockcroft (sir John Douglas), *Todmorden 1897 - Cambridge 1967*, physicien britannique. Avec E. T. S. **Walton** *(Waterford, Irlande, 1903 - Belfast 1995)*, il réalisa la première transmutation d'atomes au moyen de particules artificiellement accélérées. (Prix Nobel 1951.)

Cocker (John Robert, dit Joe), *Sheffield 1944 - Crawford, Colorado, 2014*, chanteur britannique. Doué d'une exceptionnelle voix rauque, héros de la génération Woodstock *(With A Little Help From My Friends, The Letter)*, il fut un grand interprète du rhythm and blues.

Cockerill (John), *Haslington, Lancashire, 1790 - Varsovie 1840*, ingénieur et industriel belge d'origine britannique. Sa société installa le premier haut-fourneau à coke du continent (1830).

Coconnat ou **Coconnas** (Annibal, comte **de**), *v. 1535 - Paris 1574*, gentilhomme piémontais. Il complota en faveur du duc François d'Alençon contre le futur Henri III et fut décapité avec son complice La Mole.

Cocos ou **Keeling** (îles), archipel australien de l'océan Indien, au S.-O. de Java.

Cocteau (Jean), *Maisons-Laffitte 1889 - Milly-la-Forêt 1963*, écrivain et cinéaste français. Sa virtuosité, sa vivacité brillante se sont exprimées dans des poèmes, des romans (*les Enfants terribles*, 1929), des drames (*les Parents terribles*, 1938), des scénarios et des films (*le Sang d'un poète*, 1931 ; *la Belle et la Bête*, 1946 ; *Orphée*, 1950), ainsi que dans de nombreux dessins. Maison à Milly-la-Forêt. Œuvres et musée à Menton. (Acad. fr.)

▲ Jean **Cocteau**

Cocyte n.m. MYTH. GR. Un des fleuves des Enfers.

Cod (presqu'île du cap), péninsule des États-Unis (Massachusetts). Tourisme. Parc national.

Coe (Jonathan), *Lickey, banlieue de Birmingham, 1961*, écrivain britannique. Ses romans à plusieurs narrateurs et aux intrigues entremêlées sont une satire sociale et politique de l'Angleterre thatchérienne (*Testament à l'anglaise*, 1994 ; *la Maison du sommeil*, 1997) ou plus actuelle (*la Vie très privée de Mr Sim*, 2010 ; *Numéro 11*, 2015).

Coecke (Pieter), dit **Van Aelst,** *Alost 1502 - Bruxelles 1550*, peintre et décorateur flamand. Ses peintures, ses dessins, ses cartons de tapisseries évoluent du maniérisme gothique à l'italianisme (contacts avec Van Orley, séjour en Italie). Il fut aussi le traducteur de Vitruve (1539) puis de Serlio.

COELHO (Pedro Passos), *Coimbra 1964*, homme politique portugais. Président du Parti social-démocrate (depuis 2010), il a été Premier ministre de 2011 à 2015.

COEN (les frères), cinéastes américains. **Joel C.,** *St. Louis Park, Minnesota, 1954*, et **Ethan C.,** *id. 1957*. Leurs films sont le fruit d'un habile dosage de cynisme, de violence et de dérision (*Barton Fink*, 1991 ; *Fargo*, 1996 ; *The Big Lebowski*, 1998 ; *The Barber*, 2001 ; *No Country for Old Men*, 2007 ; *A Serious Man*, 2009 ; *Inside Llewyn Davis*, 2013).

Coëtquidan, camp militaire (Morbihan, comm. de Guer). Écoles de Saint-Cyr Coëtquidan : École spéciale militaire (ou Saint-Cyr), École militaire interarmes et École d'administration militaire.

COETZEE (John Michael [puis Maxwell], dit J. M.), *Le Cap 1940*, romancier sud-africain de langue anglaise. Il fait de la société de son pays une description aux dimensions métaphysiques (*En attendant les barbares*, 1980 ; *Michael K, sa vie, son temps*, 1983 ; *Disgrâce*, 1999 ; *l'Abattoir de verre*, 2017). [Prix Nobel 2003.]

CŒUR (Jacques), *Bourges v. 1395 - Chio 1456*, marchand et financier français. Enrichi par la spéculation sur les métaux précieux, il est à la tête d'un empire commercial fondé sur les échanges avec le Levant lorsqu'il devient (1439) argentier de Charles VII : il rétablit la confiance dans la monnaie, est chargé de missions diplomatiques et anobli (1441). Mais, créancier du roi et des grands seigneurs, il est craint et jalousé. Accusé d'avoir empoisonné Agnès Sorel, arrêté en 1451, il s'enfuit en 1454 et trouve refuge auprès du pape. – Son hôtel, à Bourges* (v. 1445), est un riche spécimen de l'architecture civile du temps.

▲ Jacques **Cœur.** (Mairie de Bourges.)

COËVRONS (les), hauteurs parfois boisées de la Mayenne ; 357 m.

COGNAC (16100), ch.-l. d'arrond. de la Charente, sur la Charente ; 19 356 hab. (*Cognaçais*). Centre de la commercialisation du cognac. Verrerie. – Monuments anciens ; musée.

COGOLIN (83310), comm. du Var ; 12 542 hab. (*Cogolinois*). Station balnéaire.

COHEN (Albert), *Corfou 1895 - Genève 1981*, écrivain suisse de langue française. Haut fonctionnaire à la SDN puis à l'ONU, il est l'auteur de romans (*Mangeclous*, 1938 ; *Belle du Seigneur*, 1968) et de souvenirs (*le Livre de ma mère*, 1954).

COHEN (Daniel), *Tunis 1951*, généticien français. Fondateur avec J. Dausset (1984) du Centre d'étude du polymorphisme humain (CEPH, auj. Fondation Jean Dausset-CEPH), il a été l'un des promoteurs du séquençage du génome humain (première carte physique de l'ensemble du génome, 1993).

COHEN (Hermann), *Coswig 1842 - Berlin 1918*, philosophe allemand. Fondateur de l'école de Marburg, il a commenté la pensée de Kant et mené une réflexion sur le judaïsme.

COHEN (Leonard), *Westmount, sur l'île de Montréal, 1934 - Los Angeles 2016*, écrivain et chanteur canadien de langue anglaise. Poète (*Des fleurs pour Hitler*, 1964), romancier (*les Perdants magnifiques*, 1966), compositeur, il interpréta ses textes intimistes dans la lignée d'un folksong urbain mélancolique et parfois contestataire (*Suzanne* ; *So Long, Marianne*).

COHEN (Paul), *Long Branch, New Jersey, 1934 - Stanford, Californie, 2007*, mathématicien américain. Il a démontré que l'hypothèse du continu, conjecturée par G. Cantor, est indécidable. (Médaille Fields 1966.)

COHEN-TANNOUDJI (Claude), *Constantine 1933*, physicien français. Spécialiste de physique atomique, il développe la théorie du refroidissement et du piégeage d'atomes par laser. Il interprète les expériences de S. Chu et W. D. Phillips et met au point une procédure pour atteindre des températures très proches du zéro absolu. (Prix Nobel 1997.)

COHL (Émile Courtet, dit Émile), *Paris 1857 - Villejuif 1938*, cinéaste français d'animation. Il fut l'un des pionniers du dessin animé (*le Cauchemar du fantoche*, 1908 ; *Fantasmagorie*, 1908 ; *les Chaussures matrimoniales*, 1909).

COHN-BENDIT (Daniel), *Montauban 1945*, homme politique allemand et français. Figure du mouvement étudiant au cœur des événements de mai 1968, il est expulsé de France et s'installe en Allemagne, où il rejoint en 1984 les Verts. Il a été député européen de 1994 à 2014 (élu tantôt sur les listes allemandes [1994, 2004], tantôt sur les listes françaises [1999, 2009]).

COIMBATORE, v. d'Inde (Tamil Nadu) ; 923 085 hab. (2 151 466 hab. dans l'agglomération).

COIMBRA, v. du Portugal, sur le Mondego ; 143 396 hab. Université. – Cathédrale ancienne du XIIe s., monastère de S. Cruz, manuélin, bâtiments de l'université et autres monuments. Musée.

Cointrin, aéroport de Genève (Suisse).

COIRE, en all. **Chur,** v. de Suisse, ch.-l. des Grisons, sur le Rhin ; 33 756 hab. (71 093 hab. dans l'agglomération). Noyau médiéval (cathédrale) ; musées.

COIRON n.m. ou **COIRONS** n.m. pl., plateau basaltique de l'Ardèche ; 1 061 m.

COLA, dynastie d'Inde du Sud (VIIe-XIIIe s.). Elle fut à son apogée lorsqu'elle domina Ceylan, aux Xe-XIe s.

COLA DI RIENZO, *Rome 1313 ou 1314 - id. 1354*, homme politique italien. Féru de l'Antiquité, il voulut restaurer la grandeur romaine et se fit proclamer tribun et libérateur de l'État romain (1347) ; il fut massacré au cours d'une révolte.

COLAS (Alain), *Clamecy 1943 - en mer, au large des Açores, 1978*, navigateur français. Vainqueur de la Transat en solitaire en 1972 (sur *Pen Duick IV*), il boucla en 1974 le premier tour du monde en multicoque à bord du même trimaran, rebaptisé *Manureva*. Il disparut lors de la première édition de la Route du Rhum.

COLBERT (Charles) → **CROISSY** (marquis de).

COLBERT (Jean-Baptiste), *Reims 1619 - Paris 1683*, homme d'État français. Recommandé à Louis XIV par Mazarin, dont il était l'homme de confiance, il contribue à la chute de Fouquet, devient surintendant des Bâtiments (1664), contrôleur des Finances (1665), puis secrétaire d'État à la Maison du roi (1668) et à la Marine (1669). Il exerce peu à peu son activité dans tous les domaines de l'administration publique. Par des mesures protectionnistes et s'appuyant sur les théories mercantilistes, il favorise l'industrie et le commerce, fait venir en France des artisans de l'étranger, multiplie les manufactures d'État (tapisseries des Gobelins, d'Aubusson), réorganise les finances, la justice, la marine, crée le régime de l'inscription maritime et la caisse des invalides, fonde des compagnies de commerce (des Indes orientales et occidentales, 1664 ; du Levant, 1670 ; du Sénégal, 1673) et favorise la « peuplade » du Canada. Membre de l'Académie française, il constitue en 1663 un « conseil », noyau de la future Académie des inscriptions, fonde en 1666 l'Académie des sciences, crée l'Observatoire en 1667, patronne Le Brun. Il publie une série d'ordonnances destinées à uniformiser et à rationaliser la législation selon les principes de la centralisation monarchique. À partir de 1671, il tente de lutter contre les dépenses royales, mais son influence diminue au profit de Louvois.

▲ **Colbert** par R. Nanteuil. (Château de Versailles.)

COLBERT (Jean-Baptiste) → **SEIGNELAY** (marquis de).

COLBERT (Jean-Baptiste) → **TORCY** (marquis de).

COLCHESTER, v. de Grande-Bretagne (Angleterre, dans l'Essex) ; 104 390 hab. Université. – Vestiges romains ; musées.

COLCHIDE, ancien pays de l'Asie Mineure (partie de l'actuelle Géorgie), sur la côte orientale du Pont-Euxin. Les Argonautes allèrent y conquérir la Toison d'or.

COLE (Jack), *New Brunswick 1913 - Los Angeles 1974*, danseur et chorégraphe américain. Il fut l'un des maîtres de la danse jazz, travaillant notamm. pour Broadway et Hollywood (*Les hommes préfèrent les blondes*, H. Hawks, 1953 ; *Kismet*, V. Minnelli, 1955 ; *Les Girls*, G. Cukor, 1957).

COLE (Nathaniel Adams **Coles,** dit Nat King), *Montgomery 1919 - Santa Monica 1965*, chanteur et pianiste américain de jazz et de rhythm and blues. Ce pianiste virtuose, devenu célèbre grâce à sa voix suave, est l'un des crooners noirs les plus en vogue des années 1950 (*Unforgettable, Mona Lisa, Too Young*).

COLEMAN (Ornette), *Fort Worth 1930 - New York 2015*, compositeur et saxophoniste américain de jazz. Il devint l'un des chefs de file du free-jazz en bouleversant, au début des années 1960, les principes d'improvisation traditionnels (*Free Jazz*, 1960).

COLERIDGE (Samuel Taylor), *Ottery Saint Mary, Devon, 1772 - Londres 1834*, poète britannique. Ses poèmes lumineux et visionnaires s'accordent avec une philosophie de l'imagination créatrice. Ses *Ballades lyriques*, écrites avec Wordsworth (1798), marquent l'avènement du romantisme.

COLET (Louise), *Aix-en-Provence 1810 - Paris 1876*, femme de lettres française, auteure de poèmes et de romans, amie et correspondante de Flaubert.

COLETTE (sainte), *Corbie 1381 - Gand 1447*, religieuse d'origine picarde. Elle réforma l'ordre des Clarisses.

COLETTE (Sidonie Gabrielle), *Saint-Sauveur-en-Puisaye, Yonne, 1873 - Paris 1954*, écrivaine française. Dans son œuvre narrative, souvent autobiographique, la sensualité féminine s'étend à la description charnelle des choses et des paysages bourguignons (*Claudine*, 1900-1903 ; *le Blé en herbe*, 1923 ; *Sido*, 1930). Maison et musée à Saint-Sauveur-en-Puisaye.

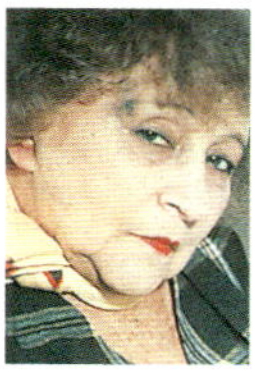

▲ **Colette**

COLFONTAINE, comm. de Belgique (Hainaut) ; 20 494 hab.

COLI (François), *Marseille 1881 - Atlantique nord 1927*, aviateur français. Il disparut le 8 mai 1927, avec C. Nungesser, à bord de *L'Oiseau Blanc*, en tentant de relier Paris à New York sans escale.

COLIGNY, famille française qui s'illustra dans l'armée ou dans l'Église. — **Odet de C.,** dit le cardinal **de Châtillon,** *Châtillon-sur-Loing, aujourd'hui Châtillon-Coligny, 1517 - Canterbury 1571*, prélat français. Cardinal-archevêque de Toulouse, puis évêque de Beauvais, il se convertit au calvinisme. — **Gaspard de C.,** dit l'amiral **de Coligny,** *Châtillon-sur-Loing, aujourd'hui Châtillon-Coligny, 1519 - Paris 1572*, gentilhomme français. Frère d'Odet, attaché au service de Henri II, il défendit Saint-Quentin contre les Espagnols (1557), puis se convertit au calvinisme (1559) et devint l'un des chefs du parti protestant. Il prit un moment un ascendant considérable sur Charles IX ; Catherine de Médicis le fit éliminer lors du massacre de la Saint-Barthélemy.

▲ L'amiral de **Coligny.** (Louvre, Paris.) — **François de C.,** seigneur **d'Andelot,** *Châtillon-sur-Loing, aujourd'hui Châtillon-Coligny, 1521 - Saintes 1569*, homme de guerre français. Frère de Gaspard, il fut le premier à embrasser la religion calviniste.

COLIN (Paul), *Nancy 1892 - Nogent-sur-Marne 1985*, peintre et décorateur français. Il est surtout célèbre pour les affiches d'un style ramassé, très plastique, qu'il produisit en grand nombre depuis celle de la *Revue nègre* (1925).

▲ Le **Colisée,** à Rome, Iᵉʳ s. apr. J.-C.

Colisée, amphithéâtre de Rome. Il a été construit à la fin du Iᵉʳ s. apr. J.-C. sous les Flaviens. Ses proportions grandioses (50 000 spectateurs y tiennent à l'aise) et l'ordonnance de la façade, présentant les trois ordres, ont profondément influencé les architectes de la Renaissance.

Collège de France, établissement public d'enseignement et de recherche, à Paris. Il ne décerne aucun diplôme et ses cours, ouverts à tous, sont assurés par des professeurs, nommés sur liste par le chef de l'État, qui fixent librement leur programme. Il a été créé en 1530 par François Iᵉʳ, sur les conseils de G. Budé, pour dispenser des enseignements non encore admis par l'Université. Il comporte une cinquantaine de chaires, ainsi que des laboratoires de recherche.

Collège de sociologie, groupe d'écrivains et de penseurs fondé en 1937 par G. Bataille, R. Caillois et M. Leiris. Les conférences qu'il organisa jusqu'en 1939 tentaient de définir une nouvelle voie qui refuserait à la fois stalinisme et nazisme.

COLLEONI (Bartolomeo), *Solza 1400 - Malpaga 1475,* condottiere italien. Il servit indifféremment Venise et Milan, en guerre l'une contre l'autre. – Sa statue équestre, à Venise, est un chef-d'œuvre de Verrocchio.

COLLE-SUR-LOUP (La) [06480], comm. des Alpes-Maritimes ; 8 049 hab. *(Collois).* Centre de séjour.

Collier (affaire du) [1785 - 1786], scandale qui éclata en France à la suite d'une escroquerie montée par la comtesse de La Motte aidée de Cagliostro. Ils convainquirent le cardinal de Rohan d'acheter pour la reine un collier, qu'il ne put jamais rembourser. La réputation de Marie-Antoinette, pourtant innocente, en fut ternie.

COLLIN D'HARLEVILLE (Jean-François), *Maintenon 1755 - Paris 1806,* écrivain français, auteur de comédies moralisatrices *(le Vieux Célibataire).* [Acad. fr.]

COLLINS (Michael), *Clonakilty 1890 - Bandon 1922,* homme politique et chef militaire irlandais. Un des chefs du Sinn Féin, il fut président du gouvernement provisoire de l'État libre d'Irlande (1921), mais il ne put empêcher la guerre civile, au cours de laquelle il fut tué.

COLLINS (Wilkie), *Londres 1824 - id. 1889,* romancier britannique. Ses romans à suspense *(la Pierre de lune)* jettent les bases du roman policier.

COLLINS (William), *Chichester 1721 - id. 1759,* poète britannique. Ses *Odes* font de lui un précurseur du romantisme.

COLLIOURE (66190), comm. des Pyrénées-Orientales ; 2 874 hab. *(Colliourencs).* Station balnéaire. – Anc. ville forte. Château des XIIIᵉ-XVIIᵉ s. Retables baroques dans l'église.

COLLOT D'HERBOIS (Jean-Marie), *Paris 1750 - Sinnamary, Guyane, 1796,* homme politique français. Membre de la Convention, il réprima avec violence l'insurrection royaliste de Lyon (1793), contribua à la chute de Robespierre le 9 thermidor, mais fut déporté en 1795.

COLMAR (68000), ch.-l. du dép. du Haut-Rhin, sur la Lauch, affluent de l'Ill, à 444 km à l'est de Paris ; 71 781 hab. *(Colmariens).* Cour d'appel. Industries mécaniques et textiles. – Festival international de musique classique. – Anc. ville de la Décapole. – Églises et maisons médiévales. Musée Unterlinden (retable de Schongauer et célèbre retable d'Issenheim de Grünewald).

COLOCOTRONIS → **KOLOKOTRÓNIS.**

COLOGNE, en all. **Köln,** v. d'Allemagne (Rhénanie-du-Nord-Westphalie), sur le Rhin ; 1 005 775 hab. Centre administratif, intellectuel, financier, commercial et industriel (chimie, mécanique). – Importantes églises, très restaurées, des époques ottonienne et romane ; cathédrale gothique grandiose (XIIIᵉ-XIXᵉ s.) ; riches musées (Romano-germanique, Schnütgen, Ludwig). Carnaval. Foire d'art contemporain (Art Cologne). – Camp romain (Iᵉʳ s. apr. J.-C.), capitale des Francs du Rhin (Vᵉ s.), archevêché (785), Cologne devint au XIIIᵉ s. une ville libre impériale dont l'archevêque était Électeur du Saint Empire. La ville fut très endommagée par les bombardements alliés pendant la Seconde Guerre mondiale.

COLOMB (Christophe), *Gênes 1450 ou 1451 - Valladolid 1506,* navigateur génois, découvreur de l'Amérique. Fils d'un tisserand, il se fixe au Portugal en 1476 ou 1477, après avoir effectué des voyages demeurés mal connus. Persuadé de pouvoir atteindre l'Orient en traversant l'océan Atlantique, il ne parvient pas à convaincre le roi Jean II de Portugal de soutenir son projet et se rend en Espagne (1485). En 1492, il gagne à sa cause les souverains Ferdinand II et Isabelle Iʳᵉ la Catholique, qui lui accordent le titre de vice-roi sur les terres qu'il pourrait découvrir. L'expédition, composée de trois navires (la *Santa María,* la *Pinta* et la *Niña*), quitte Palos de Moguer le 3 août 1492. Colomb aperçoit la terre le 12 oct. : probablement une île des Bahamas ; il aborde ensuite à Cuba et à Haïti, qu'il appelle Hispaniola, puis revient en Espagne (1493). Dans un deuxième voyage (1493 - 1496), il reconnaît la Dominique, la Guadeloupe, et poursuit l'exploration de Cuba. Dans un troisième voyage (1498), après avoir découvert la Trinité, il atteint le continent et longe la côte de l'Amérique méridionale à l'est de l'Orénoque. Mais il ne peut maîtriser une rébellion des premiers colons d'Hispaniola. Dans un quatrième voyage (1502 - 1504), il explore la côte de l'Amérique centrale, du Honduras au golfe de Darién.

▲ Christophe **Colomb.** (Musée de Cluny, Paris.)

COLOMBA (saint), *comté de Donegal v. 521 - île d'Iona, Hébrides, 597,* moine irlandais. Abbé d'Iona, il évangélisa l'Écosse.

COLOMBAN (saint), *province de Leinster v. 540 - Bobbio 615,* moine irlandais. Il fonda de nombreux monastères (Luxeuil, v. 590 ; Bobbio, Italie, 614) sur le continent.

COLOMB-BÉCHAR → **BÉCHAR.**

COLOMBE (Michel), *Berry ou Bourbonnais v. 1430 - Tours v. 1513,* sculpteur français. C'est un maître du style apaisé de la fin du gothique dans les pays de la Loire (tombeau de François II de Bretagne à la cathédrale de Nantes, œuvre touchée par l'italianisme [1502 - 1507]).

COLOMBES (92700), bur. centr. de cant. des Hauts-de-Seine, sur la Seine ; 85 951 hab. *(Colombiens).* Stade. Constructions électriques. Armement.

COLOMBEY-LES-DEUX-ÉGLISES (52330), comm. de la Haute-Marne ; 762 hab. Demeure familiale (La Boisserie) et tombe du général de Gaulle ; Mémorial Charles-de-Gaulle et croix de Lorraine.

▲ **Colmar.** Le quartier de « la Petite Venise ».

COLOMBIE n.f., en esp. **Colombia,** État d'Amérique du Sud ; 1 140 000 km² ; 48 321 000 hab. *(Colombiens).*

CAP. *Bogota.* **LANGUE :** *espagnol.* **MONNAIE :** *peso colombien.*

INSTITUTIONS Régime présidentiel. Constitution de 1991. Président de la République élu au suffrage universel pour 4 ans. Vice-président élu simultanément. Parlement bicaméral (Congrès), composé du Sénat et d'une Chambre des représentants, élus pour 4 ans.

GÉOGRAPHIE Le nord des Andes, entaillé par le Cauca et le Magdalena, qui délimitent de hauts plateaux, sépare le littoral, marécageux et insalubre, de l'Est amazonien, couvert de forêts et de savanes. La population en accroissement rapide, où les métis dominent, se concentre dans la région andine, partie vitale du pays. L'agriculture s'étage ici en fonction de l'altitude : coton, canne à sucre, riz et café (principal produit d'exportation), au-dessous de 2 000 m ; céréales et élevage bovin jusqu'à plus de 3 000 m. Grâce notamm. aux richesses de son sous-sol (pétrole, charbon, nickel, or…), la Colombie bénéficie d'une forte croissance et consolide sa place de pays émergent. Elle réalise une part notable de son commerce extérieur avec les États-Unis, par les ports de Barranquilla, Buenaventura et Cartagena. Les principaux handicaps de son économie restent la pauvreté (en recul cependant), ainsi que la production et le trafic de drogue.

HISTOIRE **La colonisation. 1500 :** les Espagnols entreprennent la conquête du pays, habité par les Indiens Muisca (Chibcha). **1538 :** Gonzalo Jiménez de Quesada fonde Bogota. **1739 :** la vice-royauté de Nouvelle-Grenade est créée. La colonie connaît une certaine prospérité grâce à l'exportation de produits miniers vers la métropole.

L'indépendance. 1810 - 1815 : l'insurrection pour l'indépendance est réprimée par les Espagnols. **1817 - 1819 :** Bolívar reprend la lutte et remporte la victoire de Boyacá (1819), ce qui lui permet, au congrès d'Angostura (déc.), de proclamer la république de Grande-Colombie (Venezuela et Nouvelle-Grenade), à laquelle il annexe l'Équateur en 1822. **1830 :** à la mort de Bolívar, le Venezuela et l'Équateur font sécession.

Libéraux et conservateurs au pouvoir. 1833 - 1849 : après la présidence autoritaire de Santander (1833 - 1837), les conservateurs, centralistes, exercent le pouvoir. **1849 - 1852 :** les libéraux, fédéralistes et anticléricaux, accomplissent un certain nombre de réformes. **1861 - 1864 :** sous la présidence de T. C. Mosquera, les biens du clergé sont confisqués, une Constitution fédérale est adoptée (1863). **1880 - 1888 :** le président Núñez renoue avec l'Église (concordat de 1883) et dote le pays d'une Constitution unitaire (1886). **1899 - 1903 :** la « guerre des Mille Jours » ravage le pays.

La Colombie contemporaine. 1903 : la Colombie abandonne Panama, sous la pression des États-Unis. **1904 - 1930 :** la stabilité politique accompagne l'expansion économique (café, pétrole). **1930 - 1948 :** les libéraux reviennent au pouvoir et tentent une politique réformiste. **1948 - 1958 :** l'assassinat du libéral Gaitán est suivi d'une guerre civile larvée. **1958 - 1970 :** libéraux et conservateurs constituent un Front national et alternent au pouvoir, tandis qu'apparaissent des mouvements de guérilla (dont les Forces armées révolutionnaires de Colombie [FARC], d'inspiration castriste). **1978 :** l'aggravation de la situation provoque l'adoption de lois d'exception. **À partir de 1982 :** Belisario Betancur, élu président, promulgue une loi d'amnistie. Ses successeurs, Virgilio Barco (1986 - 1990), César Gaviria (1990 - 1994), Ernesto Samper (1994 - 1998), Andrés Pastrana (1998 - 2002), Álvaro Uribe (2002 - 2010), Juan Manuel Santos (2010 - 2018) et Iván Duque (depuis 2018), doivent faire face à la violence liée aux tensions politiques – prises d'otages par les guérillas ; exactions de groupes paramilitaires – et au trafic de drogue. Engagées en 2012 par J. M. Santos, les négociations avec les FARC aboutissent en 2016 à un accord de paix ratifié par le Congrès.

Colombie-Britannique, prov. de l'ouest du Canada, en bordure du Pacifique ; 950 000 km² ; 4 648 055 hab. ; cap. *Victoria* ; v. princ. *Vancouver.* L'exploitation de la forêt et du sous-sol (charbon, hydrocarbures, cuivre, zinc), les aménagements hydroélectriques, favorisés par le relief montagneux, alimentent une industrie (papeterie, électrométallurgie et électrochimie, etc.) représentée surtout à Vancouver, dont l'agglomération regroupe la moitié de la population provinciale.

Colombine, personnage de la commedia dell'arte, type de la soubrette à l'esprit vif.

Colombo ou **Kolamba,** cap. commerciale du Sri Lanka, sur la côte ouest de l'île ; 693 470 hab. (1 221 904 hab. dans l'agglomération). Port. Elle partage le titre de capitale avec Sri Jayawardenepura Kotte depuis 1982.

Colomiers [-mje] (31770), comm. de la Haute-Garonne, banlieue de Toulouse ; 39 266 hab. *(Columérins).* Constructions aéronautiques.

Colón, v. du Panama, à l'extrémité du canal de Panama, sur l'Atlantique ; 34 655 hab. Port.

Colonia del Sacramento, v. de l'Uruguay, sur le río de la Plata ; 26 231 hab. Beaux monuments et centre pittoresque d'époque coloniale.

Colonna, famille romaine qui a donné un pape (Martin V), des cardinaux, des condottieres, du XIIIe au XVIIe s.

Colonne (Édouard), *Bordeaux 1838 - Paris 1910,* chef d'orchestre français. Il fonda le Concert national (1873), qui portera son nom.

Colonnes d'Hercule ou **d'Héraklès,** nom donné dans l'Antiquité au mont Calpé (Europe) et au promontoire d'Abyla (Afrique), situés de chaque côté du détroit de Gibraltar.

Colorado (rio), fl. des États-Unis, qui naît dans les Rocheuses et qui rejoint le golfe de Californie, au Mexique ; 2 250 km. Il traverse les plateaux arides du Colorado puis entaille de profonds canyons dans l'Arizona.

Colorado (rio), fl. des États-Unis (Texas), qui rejoint le golfe du Mexique ; 1 560 km.

Colorado (río), fl. d'Argentine, né dans les Andes et qui rejoint l'Atlantique ; 1 300 km.

Colorado, État des États-Unis, dans les Rocheuses ; 270 000 km² ; 5 607 154 hab. ; cap. *Denver.*

Colorado Springs, v. des États-Unis (Colorado) ; 445 830 hab. (645 613 hab. dans l'agglomération). Centre touristique. – École et base de l'armée de l'air américaine.

Colot, famille de chirurgiens français, illustres au XVIe et au XVIIe s.

Coltrane (John William), *Hamlet, Caroline du Nord, 1926 - Huntington, État de New York, 1967,* compositeur et saxophoniste américain de jazz. Improvisateur audacieux, il fonda son propre quartette en 1960 et influença, par son style incantatoire, les meilleurs représentants du free-jazz (*Giant Steps,* 1959 ; l'album *A Love Supreme,* 1964).

Coluche (Michel **Colucci,** dit), *Paris 1944 - Opio, Alpes-Maritimes, 1986,* artiste comique et acteur français. Il dénonçait, dans ses sketches, les stéréotypes de la société contemporaine. Au cinéma, il a interprété des rôles comiques et parfois dramatiques (*Tchao pantin,* C. Berri, 1983). Il a lancé en 1985 les Restaurants du cœur pour venir en aide aux plus démunis. ◄ **Coluche**

Columbia, fl. d'Amérique du Nord, né dans les Rocheuses canadiennes et qui rejoint le Pacifique en aval de Portland ; 1 930 km. Il entaille le *plateau de la Columbia.* Hydroélectricité.

Columbia, v. des États-Unis, cap. de la Caroline du Sud ; 132 067 hab. (767 598 hab. dans l'agglomération). Université. – Musée.

Columbia (district de), district fédéral des États-Unis ; 175 km² ; 693 972 hab. ; cap. *Washington.* Il correspond à la seule ville de Washington, dont l'agglomération dépasse largement ce cadre.

Colombie

☆ site touristique important

400 1000 2000 3000 m

route

voie ferrée

aéroport

plus de 1 000 000 h.

de 250 000 à 1 000 000 h.

de 100 000 à 250 000 h.

moins de 100 000 h.

Columbia (université), université située à New York. Prenant la suite du King's College créé en 1754, elle fut fondée en 1912.

Columbus, v. des États-Unis (Géorgie) ; 200 887 hab. (294 865 hab. dans l'agglomération).

Columbus, v. des États-Unis, cap. de l'Ohio ; 835 957 hab. (1 368 599 hab. dans l'agglomération). Musées.

Columelle, *Cadix Ier s. apr. J.-C.,* écrivain latin, auteur d'un traité d'agronomie.

Comanche, peuple amérindien des plaines du sud des États-Unis (auj. réserve dans l'Oklahoma) [11 400]. Apparentés aux Shoshone, cavaliers remarquables, les Comanche chassaient les bisons.

Comaneci (Nadia), *Gheorghe Gheorghiu-Dej, auj. Onești, 1961,* gymnaste roumaine et américaine. Triple championne olympique en 1976, à quatorze ans, elle entre dans la légende de son sport. Elle remporte encore deux titres aux JO de 1980.

Combarelles (les), grotte de la comm. des Eyzies-de-Tayac-Sireuil (Dordogne). Important ensemble de gravures pariétales du magdalénien.

Combas (Robert), *Lyon 1957,* peintre français. Représentant de la figuration libre, il manipule les images de la vie quotidienne, tout en y mêlant références historiques et mythologiques. Cultivant un style inspiré de la bande dessinée et du graff, il crée une peinture tantôt désinvolte et humoristique, tantôt violente et sensuelle.

Combes (Émile), *Roquecourbe 1835 - Pons 1921,* homme politique français. Président du Conseil de 1902 à 1905, violemment anticlérical, il s'attaqua aux congrégations religieuses et prépara la loi qui aboutit à la séparation des Églises et de l'État.

Combourg (35270), bur. centr. de cant. d'Ille-et-Vilaine ; 6 010 hab. *(Combourgeois).* Château (XIe-XVe s.) où Chateaubriand passa son enfance.

Combraille ou **Combrailles** n.f., plateau du nord du Massif central. Forêts. Élevage.

Combs-la-Ville [kɔ̃b-] (77380), bur. centr. de cant. de Seine-et-Marne, sur l'Yerres ; 22 341 hab.

Côme, en ital. **Como,** v. d'Italie (Lombardie), ch.-l. de prov., sur le *lac de Côme* (146 km²) ; 82 037 hab. Églises romanes ; cathédrale des XIVe-XVIIIe s. ; musées.

Côme (ou **Cosme**) et **Damien** (saints), *m. à Cyr, Syrie, v. 295 ?,* frères martyrs sous Dioclétien. Patrons des médecins et des chirurgiens.

Comecon (Council for Mutual Economic Assistance), en fr. **CAEM** (Conseil d'assistance [ou d'aide] économique mutuelle), organisme de coopération économique créé en 1949 et dissous en 1991, qui regroupait l'URSS, l'Albanie (1949 - 1961), la RDA (1950 - 1990), la Bulgarie, la Hongrie, la Pologne, la Roumanie, la Tchécoslovaquie ainsi que la Mongolie, Cuba et le Viêt Nam.

Comédie-Française, société de comédiens français, née de la fusion, ordonnée par Louis XIV en 1680, de la troupe de Molière avec les acteurs du Marais et de l'Hôtel de Bourgogne. Dissoute en 1792, reconstituée en 1804 et organisée en 1812, elle est installée depuis lors rue de Richelieu, dans une dépendance du Palais-Royal, devenue le Théâtre-Français. Subventionnée par l'État, la Comédie-Française se consacre essentiellement au répertoire classique. Elle dispose toutefois de deux autres salles largement ouvertes au répertoire contemporain : le théâtre du Vieux-Colombier (VIe arrond.) et le Studio-Théâtre (galerie du Carrousel du Louvre).

Comédie humaine (la), titre sous lequel Balzac a réuni ses romans à partir de l'édition de 1842.

Comédie-Italienne, nom donné aux troupes d'acteurs italiens venues à Paris du XVIe au XVIIIe s.

pour faire connaître la commedia dell'arte. Ces acteurs s'associèrent en 1762 à l'Opéra-Comique, avant d'être expulsés en 1779.

COMENCINI (Luigi), *Salo, province de Brescia, 1916 - Rome 2007*, cinéaste italien. Dans un registre à la fois grave et comique, il a réalisé *la Grande Pagaille* (1960), *l'Incompris* (1967), *Casanova, un adolescent à Venise* (1969), *l'Argent de la vieille* (1972), *la Storia* (1986), *la Bohème* (1988).

COMENIUS, nom latin de Jan Ámos **Komenský**, *Nivnice, Moravie, 1592 - Amsterdam 1670*, humaniste tchèque. Évêque des Frères moraves, il dut s'exiler en Pologne. C'est un des précurseurs de la pédagogie moderne.

COMINES (59560), comm. du Nord, sur la Lys ; 12 491 hab. *(Cominois).*

COMINES (Philippe de) → **COMMYNES.**

COMINES-WARNETON, comm. de Belgique (Hainaut) ; 18 005 hab. Elle est située sur la Lys, qui la sépare de la comm. française de Comines.

Comité de salut public, organisme institué par la Convention le 6 avr. 1793. Créé pour prendre, dans les circonstances urgentes, des mesures de défense générale intérieure et extérieure, il devint, sous l'influence de Robespierre, l'instrument principal de la Terreur. Il disparut en oct. 1795.

Comité de sûreté générale, organisme créé par la Convention en 1792 pour diriger la police révolutionnaire. Il fut supprimé lors de l'installation du Directoire (1795).

Comité secret d'action révolutionnaire → Cagoule.

COMMAGÈNE, anc. pays du nord-est de la Syrie. Royaume indépendant au IIe s. av. J.-C., il devint un protectorat romain en 64 av. J.-C.

COMMANDEUR (îles du), archipel russe du Pacifique, à l'E. du Kamtchatka.

Commentaires, mémoires historiques de Jules César sur la guerre des Gaules et sur la guerre civile (Ier s. av. J.-C.).

COMMENTRY (03600), bur. centr. de cant. de l'Allier ; 6 522 hab. *(Commentryens).* Chimie.

COMMERCY (55200), ch.-l. d'arrond. de la Meuse, sur la Meuse ; 6 084 hab. *(Commerciens).* Spécialité de madeleines. – Château (musée).

COMMINES (Philippe de) → **COMMYNES.**

COMMINGES n.m., anc. pays de France, entre l'Armagnac et les Pyrénées, réuni à la Couronne en 1454.

Commissariat à l'énergie atomique et aux énergies alternatives → CEA.

Commission européenne, institution de l'Union européenne. Elle représente l'intérêt commun de l'UE. Gardienne des traités, elle dispose d'un droit d'initiative quasi exclusif dans le domaine législatif et est chargée de l'exécution des politiques communautaires. Elle est composée de 28 commissaires (27, sans la Grande-Bretagne), nommés pour 5 ans.

COMMODE, en lat. **Marcus Aurelius Commodus**, *Lanuvium 161 - Rome 192*, empereur romain (180 - 192). Fils de Marc Aurèle, il abandonna la politique militaire de son père. Extravagant (il s'identifia à Hercule) et cruel, il fut assassiné.

Commonwealth, association d'anciennes possessions de l'Empire britannique (Mozambique et Rwanda exceptés) devenues des États indépendants et ayant établi entre elles une certaine solidarité, plus morale que juridique. Ces États sont unis par une commune et libre allégeance à la Couronne britannique ou, à défaut, par la reconnaissance du souverain de Grande-Bretagne comme chef symbolique. Le Commonwealth s'est substitué au *British Commonwealth of Nations* (1931 - 1946). Outre le Royaume-Uni, les membres du Commonwealth sont : l'Afrique du Sud, Antigua-et-Barbuda, l'Australie, les Bahamas, le Bangladesh, la Barbade, le Belize, le Botswana, Brunei, le Cameroun, le Canada, Chypre, la Dominique, l'Eswatini, les Fidji, le Ghana, Grenade, le Guyana, l'Inde, la Jamaïque, le Kenya, Kiribati, le Lesotho, la Malaisie, le Malawi, Malte, Maurice, le Mozambique, la Namibie, Nauru, le Nigeria, la Nouvelle-Zélande, l'Ouganda, le Pakistan, la Papouasie-Nouvelle-Guinée, le Rwanda, Sainte-Lucie, Saint-Kitts-et-Nevis, Saint-Vincent-et-les-Grenadines, les Salomon, les Samoa, les Seychelles, la Sierra Leone, Singapour, le Sri Lanka, la Tanzanie, les Tonga, Trinité-et-Tobago, Tuvalu, Vanuatu, la Zambie.

Communauté, association remplaçant l'Union française, formée en 1958 par la France, les DOM-TOM et divers États d'Afrique, anc. dépendances françaises. Elle devint caduque dès 1960.

Communauté des États indépendants → CEI.

Communautés européennes, ensemble des organisations (CECA [jusqu'en 2002], CEE, Euratom) créées entre plusieurs pays d'Europe occidentale et méditerranéenne, et tendant à l'intégration progressive des économies de ces pays. Leur unification institutionnelle, décidée en 1965, avait été réalisée en 1967. Le traité de Maastricht avait fait de la CEE, devenue CE, ou « Communauté européenne », le cadre institutionnel unique de l'Union européenne, désormais largement ouverte à l'Europe centrale et orientale. Avec le traité de Lisbonne, entré en vigueur en 2009, l'Union européenne, désormais dotée de la personnalité juridique, se substitue et succède à la Communauté européenne.

Commune de Paris, gouvernement municipal de Paris (1789 - 1795). À la commune légale, élue par les sections de Paris, se substitua, le 10 août 1792, une commune insurrectionnelle sur laquelle s'appuyèrent les Jacobins.

Commune de Paris (la) [18 mars - 27 mai 1871], gouvernement insurrectionnel français. La Commune, formée à Paris après la levée du siège de la ville par les Prussiens et l'installation de l'Assemblée à Versailles, fut l'œuvre de socialistes et d'ouvriers qui cherchèrent à gérer les affaires publiques sans recours à l'État. Elle fut renversée au cours de la « semaine sanglante » (21 - 27 mai). L'entrée des troupes de Thiers dans Paris fut suivie par l'incendie des bâtiments publics (Tuileries, Hôtel de Ville), et aux massacres des Parisiens par les « Versaillais » les communards répondirent par l'exécution d'otages (dont Mgr Darboy). Les derniers combats se déroulèrent au Père-Lachaise (mur des Fédérés*) et la répression fut très dure, avec de nombreuses condamnations à mort et à la déportation.

communes (Chambre des) ou **Communes,** chambre basse du Parlement britannique. Elle est élue au suffrage universel direct pour 5 ans et élit un président *(speaker).* Elle contrôle l'action gouvernementale et exerce l'essentiel du pouvoir législatif.

COMMUNISME (pic du) → **SAMANI** (pic Ismaïl-).

communiste chinois (Parti), parti unique de la Rép. pop. de Chine, fondé en 1921. Son bureau politique exerce en fait le pouvoir dans le pays.

communiste de l'Union soviétique (Parti) ou **PCUS,** parti politique de l'URSS. Héritier du POSDR, il est fondé en Russie en 1918. Étendu à l'URSS en 1925, il en est le parti unique jusqu'en 1990. Suspendu en 1991, il donne naissance à divers partis dans les États issus de l'URSS.

communiste français (Parti) ou **PCF,** parti politique français né de la scission du parti socialiste (SFIO) au congrès de Tours (1920). Dominé par la personnalité de Maurice Thorez de 1930 à 1964, le PCF est dirigé ensuite par Waldeck Rochet (secrétaire général de 1964 à 1972), Georges Marchais (secrétaire général de 1972 à 1994), Robert Hue (secrétaire national de 1994 à 2001 et président de 2001 à 2003), Marie-George Buffet (secrétaire nationale de 2001 à 2010), Pierre Laurent (secrétaire national de 2010 à 2018), puis Fabien Roussel (secrétaire national depuis 2018).

communiste italien (Parti) ou **PCI,** parti politique italien fondé en 1921. Transformé en 1991 en Parti démocrate de gauche (PDS), renommé en 1998 Démocrates de gauche (DS), il a fusionné en 2007 avec La Marguerite-Démocratie et Liberté (issue de l'aile gauche de l'anc. Démocratie chrétienne) pour constituer le Parti démocrate.

COMMYNES, COMMINES ou **COMINES** (Philippe de), *Renescure, près d'Hazebrouck ?, 1447 - Argenton 1511*, chroniqueur français, auteur de *Mémoires* sur les règnes de Louis XI et de Charles VIII (1464 - 1498).

COMNÈNE, famille byzantine qui a donné de nombreux dignitaires byzantins et six empereurs : Isaac Ier, Alexis Ier, Jean II, Manuel Ier, Alexis II (1180 - 1183), Andronic Ier.

COMODORO RIVADAVIA, v. d'Argentine, en Patagonie ; 186 583 hab. Centre pétrolier.

COMOÉ n.f., fl. du Burkina et de Côte d'Ivoire, qui rejoint le golfe de Guinée ; 1 000 km.

COMORES n.f. pl., en ar. **Qumr**, État insulaire d'Afrique, dans l'océan Indien, au N.-O. de Madagascar ; 1 900 km^2 ; 735 000 hab. *(Comoriens).* **CAP.** *Moroni.* **LANGUES :** *arabe, français* et *comorien.* **MONNAIE :** *franc comorien.* (V. carte **Madagascar.**) Le pays comprend les îles de Ngazidja (anc. *Grande Comore*), de Moili (anc. Mohéli) et de Ndzouani (anc. Anjouan). La quatrième île de l'archipel, Mayotte, a choisi, en 1974 et 1976, le maintien dans le cadre français. La population, d'origines ethniques variées, est musulmane. Production de vanille, de girofle, d'huiles essentielles. – Sous protectorat français à partir de 1886, les Comores forment un territoire français d'outre-mer de 1958 à 1975. En 1978, une république fédérale islamique est proclamée mais, en 2001, répondant aux mouvements séparatistes, une nouvelle Constitution instaure l'Union des Comores, fédération dans laquelle chaque île est dotée d'une large autonomie (réduite par la révision constitutionnelle de 2009).

COMORIN (cap), cap du sud de l'Inde.

Compagnie de Jésus → Jésus (Compagnie de).

Compagnie du Saint-Sacrement → Saint-Sacrement (Compagnie du).

Compagnies (Grandes), bandes de soldats mercenaires qui, entre les principaux épisodes de la guerre de Cent Ans, ravageaient la France. Du Guesclin en débarrassa le royaume en les emmenant combattre en Espagne (1366).

COMPAORÉ (Blaise), *Ouagadougou 1951*, officier et homme politique burkinabé. Après sa prise de pouvoir par un coup d'État en 1987, il a été président du Burkina pendant vingt-sept ans. Le 31 oct. 2014, au lendemain de violentes manifestations contre son maintien au pouvoir, il démissionne et se réfugie en Côte d'Ivoire, où il obtient sa naturalisation en 2016.

COMPIÈGNE (60200), ch.-l. d'arrond. de l'Oise, sur l'Oise ; 41 622 hab. *(Compiégnois).* Produits d'hygiène et d'entretien. Pharmacie. Parfums. Équipement automobile. Université de technologie. – Le château, reconstruit pour Louis XV sur plans de J. A. Gabriel, fut la résidence préférée de Napoléon III ; beaux appartements, musée du Second Empire et musée national de la Voiture et du Tourisme. Autres monuments et musées (dont celui de la Figurine historique). – Jeanne d'Arc y fut faite prisonnière par les Bourguignons en 1430. Entre 1941 et 1944, les Allemands installèrent près de Compiègne un camp de transit d'où partirent de nombreux déportés vers les camps de concentration (camp de Royallieu ; auj. Mémorial de l'internement et de la déportation). — forêt de **Compiègne,** forêt domaniale entre les vallées de l'Aisne, de l'Oise et de l'Automne (env. 14 500 ha).

COMPOSTELLE (Saint-Jacques-de-) → **SAINT-JACQUES-DE-COMPOSTELLE.**

COMPTON (Arthur Holly), *Wooster, Ohio, 1892 - Berkeley 1962*, physicien américain. Il a découvert en 1923 l'accroissement de longueur d'onde des rayons X diffusés par des atomes légers *(effet Compton).* [Prix Nobel 1927.]

COMPTON-BURNETT (Ivy), *Pinner 1884 - Londres 1969*, romancière britannique. Son œuvre, fondée sur l'art du dialogue, offre une vision noire de la haute société à la fin de l'ère victorienne *(Frères et sœurs).*

COMTAT VENAISSIN ou **COMTAT,** anc. pays de France, dans le Vaucluse. Il appartint aux papes, avec Avignon, de 1274 à 1791.

COMTE (Auguste), *Montpellier 1798 - Paris 1857*, philosophe français. Son *Cours de philosophie positive* (1830-1842) est à l'origine du positivisme. Il est considéré comme l'un des fondateurs de la sociologie.

Auguste **Comte** ▶ par Etex. (Maison Auguste-Comte, Paris.)

CONAKRY, cap. de la Guinée, sur l'Atlantique ; 1 886 000 hab. dans l'agglomération.

CONAN, nom d'un comte et de trois ducs de Bretagne au Moyen Âge (Xe-XIIe s.).

CONAN (Félicité **Angers,** dite Laure), *La Malbaie 1845 - Sillery 1924*, écrivaine canadienne de langue française. Elle a donné au Canada français son premier roman psychologique (*Angéline de Montbrun*, 1884).

CONCARNEAU (29900), bur. centr. de cant. du Finistère ; 19 990 hab. *(Concarnois)*. Pêche et conserveries. Station balnéaire. – Remparts de la Ville close, surtout des XVIe-XVIIe s. Musée de la Pêche.

CONCEPCIÓN, v. du Chili central ; 212 003 hab. (757 600 hab. dans l'agglomération).

Concertos brandebourgeois ou **Concerts brandebourgeois,** série des six *Concerts pour plusieurs instruments* de J. S. Bach. Ils furent dédiés en 1721 à Christian Ludwig de Brandebourg.

CONCHE (Marcel), *Altillac, Corrèze, 1922*, philosophe et helléniste français. Traducteur des présocratiques (Héraclite, Parménide), il développe une morale universaliste et une métaphysique naturaliste fondées sur le scepticisme et la sagesse (*la Mort et la Pensée*, 1973 ; *Temps et Destin*, 1980 ; *Présence de la nature*, 2001 ; *Métaphysique*, 2012).

CONCHES-EN-OUCHE (27190), bur. centr. de cant. de l'Eure ; 5 148 hab. *(Conchois)*. Église Ste-Foy, des XVe et XVIe s. (vitraux).

Conciergerie, partie médiévale du Palais de Justice de Paris. Prison à partir de 1392, elle fut le lieu de nombreuses incarcérations en 1793 - 1794.

CONCINI (Concino), *Florence v. 1575 - Paris 1617*, aventurier italien au service de la France. Avec sa femme, Leonora Galigaï, il exerça une grande influence sur Marie de Médicis, qui le fit marquis d'Ancre et maréchal de France. Il fut assassiné sur ordre de Louis XIII, conseillé par de Luynes ; son épouse, accusée de sorcellerie, fut décapitée et brûlée.

Concordat (15 juill. 1801), concordat signé par les représentants du pape Pie VII et de Bonaparte. Il reconnaît que la religion catholique est celle de la « majorité des Français » (et non de l'État) et donne au chef de l'État le droit de nommer les évêques, auxquels le pape accorde l'institution canonique.

Concorde, avion de ligne supersonique franco-britannique. Son premier vol d'essai, piloté par André Turcat, eut lieu en 1969, et il fut en service commercial de 1976 à 2003 (avec une suspension d'exploitation de plus d'un an après l'accident survenu le 25 juill. 2000).

Concorde (place de la), à Paris, anc. place Louis-XV et place de la Révolution de 1792 à 1795, entre le jardin des Tuileries et les Champs-Élysées. Les deux édifices jumeaux qui la bordent au nord sont l'œuvre de J. A. Gabriel. Un obélisque provenant de Louqsor y a été érigé en 1836 (présent de Méhémet-Ali).

CONDAT-SUR-VIENNE (87920), bur. centr. de cant. de la Haute-Vienne ; 5 174 hab. *(Condatois)*.

CONDÉ (maison princière de), branche collatérale de la maison de Bourbon. — **Louis Ier de Bourbon,** 1er prince **de C.,** *Vendôme 1530 - Jarnac 1569*, prince français. Frère d'Antoine de Bourbon et chef des calvinistes, il fut assassiné. — **Henri Ier de Bourbon,** 2e prince **de C.,** *La Ferté-sous-Jouarre 1552 - Saint-Jean-d'Angély 1588*, prince français. Fils de Louis Ier de Condé, il fut, à la mort de son père, le chef du parti protestant avec le roi de Navarre Henri III. — **Louis II de Bourbon,** 4e prince **de C.,** dit **le Grand Condé,** *Paris 1621 - Fontainebleau 1686*, prince français. Petit-fils d'Henri Ier de Condé, duc d'Enghien jusqu'en 1646, il s'illustra par la victoire de Rocroi (1643) sur les Espagnols et par celles de Fribourg (1644), Nördlingen (1645) et Lens (1648) sur le Saint Empire. Chargé par Mazarin de mettre fin à la Fronde parlementaire, il prit ensuite la tête de la Fronde des princes. Passé au service de l'Espagne (1652), il se soumit à Louis XIV en 1659 et se distingua durant les guerres de Dévolution et de Hollande. — **Louis Joseph de Bourbon,** 8e prince **de C.,** *Paris 1736 - id. 1818*, prince français. Un des premiers nobles à avoir émigré (dès 1789), il organisa en 1791 l'armée contre-révolutionnaire, dite « armée de Condé ». — **Louis Antoine Henri de C.,** duc **d'Enghien** → **Enghien** (duc d').

◄ Le Grand **Condé** par Teniers le Jeune. (Musée Condé, Chantilly.)

CONDÉ (Alpha), *Boké 1938*, homme politique guinéen. Figure historique de l'opposition, ce qui lui valut de longues années d'exil en France (1970 - 1991) et un séjour en prison (1998 - 2001), et leader du Rassemblement du peuple de Guinée (RPG), il est président de la République depuis 2010.

CONDÉ (Maryse), *Pointe-à-Pitre 1937*, écrivaine française. Dans le courant de la négritude, elle s'efforce de rapprocher la culture antillaise de ses origines africaines, évoquant dans ses romans le présent (*Heremakhonon*, 1976 ; *le Fabuleux et Triste Destin d'Ivan et Ivana*, 2017) et le passé (*Ségou*, 1984-1985 ; *Célanire cou-coupé*, 2000) du continent noir et de la Caraïbe.

CONDÉ-EN-NORMANDIE, bur. centr. de cant. du Calvados ; 7 113 hab. *(Condéens)*. Mécanique.

CONDÉ-SUR-L'ESCAUT (59163), comm. du Nord ; 9 693 hab. *(Condéens)*. Monuments des XVe-XVIIIe s.

CONDÉ-SUR-VIRE, bur. centr. de cant. de la Manche ; 4 230 hab. *(Condéens)*. Agroalimentaire.

CONDILLAC (Étienne **Bonnot de**), *Grenoble 1714 - Flux, près de Beaugency, 1780*, philosophe français. Son empirisme radical (*Traité des sensations*, 1754), qualifié de sensualisme, accorde une place importante au langage. (Acad. fr.)

CONDOM [kɔ̃dɔ̃] (32100), ch.-l. d'arrond. du Gers, sur la Baïse ; 6 969 hab. *(Condomois)*. Eaux-de-vie (armagnac). – Cathédrale gothique du XVIe s. ; hôtels des XVIIe et XVIIIe s.

Condor (légion), unité formée de volontaires allemands, qui participèrent aux côtés des troupes nationalistes de Franco à la guerre civile d'Espagne (1936 - 1939).

CONDORCET (Marie Jean Antoine **Caritat,** marquis **de**), *Ribemont 1743 - Bourg-la-Reine 1794*, savant et homme politique français. Député à l'Assemblée législative (1791), puis à la Convention (1792), il présenta un plan grandiose d'instruction publique. Accusé comme Girondin, il se cacha pendant huit mois, composant l'*Esquisse d'un tableau historique des progrès de l'esprit humain* ; arrêté, il s'empoisonna. Il est l'auteur de nombreux écrits scientifiques et philosophiques, et collabora à l'*Encyclopédie*. Ses cendres ont été transférées au Panthéon en 1989. (Acad. fr.)

▲ **Condorcet,** peinture de l'école de Greuze. (Château de Versailles.)

CONDROZ [-dro] n.m., région de Belgique, entre la Meuse et l'Ourthe. (Hab. *Condrusiens*.)

Confédération athénienne (première) [477 - 404 av. J.-C.] → **Délos** (ligue de).

Confédération athénienne (seconde) [378 - 338 av. J.-C.], organisation groupant des cités grecques sous la direction d'Athènes. Fondée initialement contre Sparte, elle fut dissoute après la victoire de Philippe II à Chéronée.

Confédération de l'Allemagne du Nord, union politique créée par Bismarck qui groupa, de 1867 à 1870, 22 États allemands au nord du Main.

Confédération des petites et moyennes entreprises → **CPME.**

Confédération du Rhin, union politique de certains États allemands (1806 - 1813). Placée sous la protection de Napoléon Ier, elle regroupait en 1808 l'ensemble de l'Allemagne, à l'exception de la Prusse. Elle se désagrégea après la bataille de Leipzig (oct. 1813).

Confédération européenne des syndicats (CES), organisation syndicale européenne créée en 1973. Elle regroupe des syndicats nationaux et des fédérations professionnelles européennes.

Confédération française de l'encadrement → **CFE-CGC.**

Confédération française démocratique du travail → **CFDT.**

Confédération française des travailleurs chrétiens → **CFTC.**

Confédération générale du travail → **CGT.**

Confédération générale du travail-Force ouvrière (CGT-FO) → **FO.**

Confédération germanique, union politique des États allemands (1815 - 1866). Instaurée par le congrès de Vienne (1815), et regroupant 34 États souverains et 4 villes libres sous la présidence de l'empereur d'Autriche, elle fut le théâtre d'une opposition grandissante entre l'Autriche et la Prusse. La victoire prussienne de Sadowa (1866) entraîna sa dissolution.

Confédération paysanne, organisation syndicale française créée en 1987. Elle défend une agriculture paysanne et citoyenne et participe (notamm. avec José Bové) au mouvement altermondialiste.

Confédération suisse, nom officiel de la Suisse (qui, cependant, constitue depuis 1848 un véritable État fédéral).

Confédération syndicale internationale (CSI), organisation syndicale internationale créée en 2006. Issue de la fusion de la Confédération internationale des syndicats libres (CISL, formée en 1949) et de la Confédération mondiale du travail (CMT, fondée en 1920), elle vise à unifier le syndicalisme face à la mondialisation.

Confession d'Augsbourg → **Augsbourg.**

CONFIANT (Raphaël), *Le Lorrain, Martinique, 1951*, écrivain français. Cofondateur, avec P. Chamoiseau et J. Bernabé, du mouvement de la créolité (*Éloge de la créolité*, 1989), il publie des romans qui se font l'écho de sa double culture (*Kòd Yanm [le Gouverneur des dés]*, écrit en créole, 1986 ; *le Nègre et l'Amiral*, 1988 ; *l'Allée des Soupirs*, 1994 ; *Madame St-Clair, reine de Harlem*, 2015).

Conflans (traité de) [oct. 1465], traité signé à Conflans-l'Archevêque (auj. dans la comm. de Charenton-le-Pont, Val-de-Marne), qui mit fin à la ligue du Bien public dirigée contre Louis XI.

CONFLANS-SAINTE-HONORINE (78700), bur. centr. de cant. des Yvelines, au confluent de l'Oise et de la Seine ; 35 686 hab. *(Conflanais)*. Musée de la Batellerie. – Câbles électriques.

CONFLENT n.m., région des Pyrénées-Orientales (vallée de la Têt, entre Mont-Louis et Prades).

Confrérie de la Passion, association consacrée, au Moyen Âge, à la représentation des mystères.

CONFUCIUS, en chin. **Kongzi** ou **Kongfuzi,** *v. 551 - 479 av. J.-C.*, lettré et philosophe chinois. Sa philosophie est morale et politique. Sa préoccupation majeure est de faire régner l'ordre dans l'État en formant des hommes qui vivent en conformité avec la vertu. Son œuvre est à l'origine du confucianisme*.

◄ **Confucius.** Aquarelle, *Portraits des Chinois célèbres*, XVIIe s. (BnF, Paris.)

CONGAR (Yves), *Sedan 1904 - Paris 1995*, théologien et dominicain français. Auteur d'une œuvre importante sur l'œcuménisme et l'ecclésiologie, nommé cardinal peu avant sa mort, il fut l'un des grands experts du concile Vatican II.

CONGO n.m., fl. d'Afrique centrale, né sur le plateau du Katanga, qui se jette dans l'Atlantique ; 4 700 km ; bassin de 3 800 000 km². Il porte le nom de *Lualaba* jusqu'à Kisangani. Il reçoit l'Oubangui et le Kasaï avant de déboucher dans le Malebo Pool, site de Kinshasa et de Brazzaville. Vers l'aval, Matadi est accessible aux navires de haute mer. Navigable par biefs, le Congo a un régime assez régulier. La pêche est active.

CONGO n.m., État d'Afrique centrale, sur l'Atlantique ; 342 000 km^2 ; 4 448 000 hab. *(Congolais).* **CAP.** *Brazzaville.* **LANGUES :** officielle *français*, nationales *lingala* et *kituba.* **MONNAIE :** *franc CFA.*

GÉOGRAPHIE Chevauchant l'équateur, le pays est en grande partie recouvert par la forêt dense, localement exploitée. Le manioc est la base de l'alimentation. Le pétrole est la principale source d'exportations. Le port de Pointe-Noire est, avec la capitale, la seule grande ville.

HISTOIRE **Avant l'indépendance.** **XVe - XVIIIe s. :** deux royaumes existent, celui des Téké, dans le Nord ; celui du Loango, dans le Sud. La forêt est occupée par les Pygmées (Binga). **1875 :** le Français P. Savorgnan de Brazza explore la région. **1910 :** la colonie du Moyen-Congo, créée dans le cadre du Congo français (1891), est intégrée dans l'AEF (capitale Brazzaville). **1926 - 1942 :** un mouvement syncrétiste, le matswanisme, mené par André Matswa (m. en 1942), provoque des troubles. **1944 :** à Brazzaville, où le gouverneur général Félix Éboué a choisi la France libre dès 1940, le général de Gaulle jette les bases de l'Union française. **1946 :** le Congo devient territoire d'outre-mer. **1956 :** l'abbé Fulbert Youlou crée l'Union démocratique de défense des intérêts africains (UDDIA).

La république du Congo. **1958 :** le Congo devient république autonome. **1959 :** F. Youlou est élu président. **1960 :** la république du Congo, dite « Congo-Brazzaville », accède à l'indépendance. **1963 :** F. Youlou est écarté du pouvoir par Alphonse Massamba-Débat, qui engage le pays dans la voie socialiste. **1969 - 1977 :** dirigé par Marien Ngouabi, le pays devient la République populaire du Congo et resserre ses liens avec la Chine et les pays du pacte de Varsovie. **1977 :** M. Ngouabi est assassiné. **1979 :** Denis Sassou-Nguesso devient président de la République. **1990 :** un processus de démocratisation est engagé (retour au multipartisme). **1992 :** une nouvelle Constitution est approuvée par référendum. Pascal Lissouba, un des leaders de l'opposition démocratique, est élu à la tête de l'État. **1997 :** de violents combats opposent les partisans de P. Lissouba à ceux de son prédécesseur, D. Sassou-Nguesso. Ce dernier l'emporte et se fait proclamer président. **2002, 2009, 2016 :** il est reconduit trois fois à la tête du pays au terme d'élections présidentielles boycottées par l'opposition ou contestées.

CONGO (République démocratique du), anc. **Congo belge,** et, de 1971 à 1997, **Zaïre,** État d'Afrique centrale ; 2 345 000 km^2 ; 67 514 000 hab. *(Congolais).* **CAP.** *Kinshasa.* **LANGUES :** officielle *français*, nationales *kikongo, lingala, swahili* et *tshiluba.* **MONNAIE :** *franc congolais.*

GÉOGRAPHIE Traversé par l'équateur, le pays s'étend sur la cuvette forestière humide et chaude qui correspond à la majeure partie du bassin du fleuve Congo et sur les plateaux ou hauteurs de l'Est. La population (plus de 500 ethnies), très inégalement répartie, connaît une forte croissance ; l'exode rural a gonflé les villes (notamm. Kinshasa). Le secteur agricole, toujours dominant, est surtout vivrier (manioc, maïs, banane plantain). Des plantations fournissent huile de palme, palmistes, café et cacao. Les ressources minières sont abondantes et variées (cuivre, cobalt et diamants à usage industriel notamm.). Le potentiel hydroélectrique, un des plus puissants du monde, est sous-utilisé. L'exploitation de gisements pétrolifères, encore modeste, semble prometteuse. Kinshasa, Lubumbashi et Kisangani concentrent les quelques activités industrielles. La désintégration du pouvoir politique a entraîné celle de l'économie, qui relève auj. très largement du secteur informel.

HISTOIRE **Les origines et l'époque coloniale.** La région est occupée par les Pygmées et les Bantous. **XVIIe - XVIIIe s. :** le royaume kuba est créé sur la rivière Kasaï, tandis qu'au Katanga le royaume luba est à son apogée ; le royaume lunda s'en détache v. 1750. **1876 :** le roi des Belges Léopold II crée l'Association internationale africaine (AIA), bientôt transformée en Association internationale du Congo. **1885 :** l'État indépendant du Congo reçoit à Berlin une consécration internationale. Son union avec la Belgique est purement personnelle, le Congo étant propriété du souverain Léopold II. **1908 :** la Belgique assume l'héritage de Léopold II (Congo belge). **1918 - 1939 :** le développement économique est poussé activement.

L'indépendance. **1960 :** après quatre années d'effervescence nationaliste, le Congo belge accède à l'indépendance sous le nom de république du Congo, dite « Congo-Kinshasa ». P. Lumumba devient Premier ministre, Joseph Kasavubu est président de la République. Le Katanga, avec Moïse Tschombé, fait sécession. **1961 - 1965 :** les troubles continuent, marqués notamm. par l'assassinat de Lumumba (1961), l'intervention des Casques bleus de l'ONU (1961 - 1963), qui réduisent la sécession au Katanga, et celle des parachutistes belges (1964) pour mater une rébellion d'obédience lumumbiste. **Nov. 1965 :** l'accession à la présidence de la République de Sese Seko Mobutu, à la suite d'un coup d'État, inaugure une ère de relative stabilité. **1970 :** l'autoritarisme se renforce, avec l'instauration d'un régime de parti unique (Mouvement populaire de la révolution). **1971 :** la république du Congo prend le nom de Zaïre. **1977 - 1978 :** Mobutu fait appel à la France pour contenir de nouvelles rébellions (Kolwezi*). **À partir de 1990 :** confronté à une opposition croissante, Mobutu est acculé à certaines concessions (ouverture au multipartisme, mise en place d'un pouvoir de transition) mais refuse la démocratisation complète des institutions. **1994 :** la crise politique se double du problème de l'afflux massif de réfugiés rwandais. **1997 :** des troupes rebelles, progressant d'est en ouest, prennent le contrôle du pays et contraignent Mobutu à abandonner le pouvoir. Leur chef, Laurent-Désiré Kabila, se fait proclamer à la tête de l'État, rebaptisé République démocratique du Congo. **1998 :** le soulèvement d'anciens alliés de L.-D. Kabila, appuyés par le Rwanda et l'Ouganda, contre le pouvoir central entraîne à nouveau le pays dans la guerre. **2001 :** L.-D. Kabila est assassiné. Son fils, Joseph Kabila, est porté à la tête de l'État. **2003 :** après la conclusion de plusieurs accords de paix avec les rebelles, un gouvernement d'union nationale est mis en place. **2006 :** une nouvelle Constitution est promulguée. J. Kabila est confirmé à la présidence par une élection au suffrage universel (réélu en 2011). Mais la situation sur le terrain reste très précaire, en partic. dans le nord-est du pays (Nord- et Sud-Kivu, Ituri), où les rébellions sont récurrentes, attisées par des ingérences étrangères, notamm. rwandaises (nouveaux troubles depuis 2012). **2016 :** le report répété de l'élection présidentielle provoque de violentes manifestations anti-Kabila. Afin de désamorcer la crise, le pouvoir et l'opposition signent un fragile compromis qui prévoit la formation d'un gouvernement d'union nationale, dans l'attente d'un processus électoral. **2019 :** l'opposant Félix Tshisekedi est déclaré vainqueur de l'élection présidentielle (déc. 2018), mais la coalition favorable à J. Kabila, majoritaire au Parlement, reste très influente.

CONGO (royaume du) → **KONGO.**

CONGO BELGE, nom porté par l'ancienne colonie belge d'Afrique centrale, de 1908 à la proclamation de l'indépendance en 1960 (→ **Congo** [République démocratique du]).

CONGO-OCÉAN, ligne de chemin de fer (plus de 500 km) reliant Brazzaville à Pointe-Noire.

Congrès (bibliothèque du), bibliothèque du Parlement américain, fondée en 1800 à Washington. Bibliothèque nationale des États-Unis, elle recense la production imprimée mondiale.

Congo

200 400 600 800 m

route
voie ferrée
aéroport
plus de 1 000 000 h.
de 100 000 à 1 000 000 h.
de 50 000 à 100 000 h.
moins de 50 000 h.

République démocratique du Congo

★ site touristique important — route — voie ferrée — aéroport
500 1000 2000 m
● plus de 1 000 000 h. ● de 500 000 à 1 000 000 h. ● de 100 000 à 500 000 h. ● moins de 100 000 h.

Congrès (parti du), mouvement puis parti politique indien. Fondé en 1885, il lutte à partir de 1929 pour l'indépendance de l'Inde. Il a été au pouvoir de 1947 à 1977, de 1980 à 1989, de 1991 à 1996 et de 2004 à 2014.

CONGREVE (William), *Bardsey, près de Leeds, 1670 - Londres 1729,* auteur dramatique britannique. Ses comédies *(Ainsi va le monde)* réagissent contre l'austérité puritaine.

CONGREVE (sir William), *Londres 1772 - Toulouse 1828,* officier britannique. Il inventa en 1804 des fusées qui portent son nom, utilisées contre le camp de Boulogne (1806).

CONI → **CUNEO.**

CONNACHT ou **CONNAUGHT,** prov. d'Irlande ; 542 547 hab.

CONNECTICUT n.m., fl. de l'est des États-Unis, qui rejoint la baie de Long Island ; 650 km.

CONNECTICUT n.m., État du nord-est des États-Unis ; 13 000 km² ; 3 588 184 hab. ; cap. *Hartford.*

CONNELLY (Michael), *Philadelphie 1956,* écrivain américain. À travers les enquêtes de l'inspecteur Harry Bosch, solitaire et désabusé, ou d'autres récits, ses romans noirs au réalisme minutieux sondent l'envers du décor californien *(les Égouts de Los Angeles,* 1992 ; *le Poète,* 1996 ; *Créance de sang,* 1998 ; *la Défense Lincoln,* 2005).

CONNEMARA n.m., région de l'ouest de l'Irlande.

CONNERY (sir Thomas, dit Sean), *Édimbourg 1930,* acteur britannique. Devenu célèbre grâce à *James Bond 007 contre Docteur No* (1962), il a cultivé son art de la composition notamm. dans *Pas de printemps pour Marnie* (1964), *l'Homme qui voulut être roi* (1975), *le Nom de la rose* (1986).

CONNES (Alain), *Draguignan 1947,* mathématicien français. Après avoir ouvert de nouvelles voies dans le domaine des algèbres d'opérateurs, il a fondé la géométrie non commutative, utilisée notamment en physique quantique. (Médaille Fields 1982 ; prix Crafoord 2001.)

CONON, *v. 444 - 390 av. J.-C.,* général athénien. Vaincu à l'Aigos-Potamos (405), il battit la flotte spartiate près de Cnide (394 av. J.-C.).

CONON de Béthune, *v. 1150 - 1219,* trouvère picard. Chevalier et poète, il composa des chansons courtoises et de croisade.

CONQUES-EN-ROUERGUE (12320), comm. de l'Aveyron, au N.-O. de Rodez ; 1 715 hab. Grande abbatiale romane Ste-Foy, reconstruite au milieu du XIe s. ; tympan du *Jugement dernier* ; trésor (rares orfèvreries du Moyen Âge) ; vitraux de P. Soulages.

CONRAD Ier, *m. en 1192,* marquis de Montferrat (1188 - 1192), seigneur de Tyr et roi de Jérusalem (1192). Il défendit avec succès Tyr, assiégée par Saladin, et fut tué par les ismaéliens.

CONRAD II le Salique, *v. 990 - Utrecht 1039,* empereur germanique (1027 - 1039). Il fut élu roi de Germanie en 1024, roi d'Italie en 1026. Fondateur de la dynastie franconienne, il rattacha la Bourgogne à l'Empire (1032). — **Conrad III de Hohenstaufen,** *v. 1093 - Bamberg 1152,* roi des Romains (1138 - 1152). — **Conrad IV de Hohenstaufen,** *Andria 1228 - Lavello 1254,* roi des Romains (1250 - 1254). Il régna aussi sur la Sicile (1250 - 1254) et fut roi titulaire de Jérusalem (1228 - 1254). — **Conrad V** ou **Conradin,** *Wolfstein 1252 - Naples 1268,* roi titulaire de Jérusalem (1254 - 1268). Fils de Conrad IV et dernier des Hohenstaufen, il fut vaincu en 1268 par Charles Ier d'Anjou et exécuté.

CONRAD (Józef Konrad **Korzeniowski,** dit Joseph), *Berditchev 1857 - Bishopsbourne 1924,* romancier britannique d'origine polonaise. Ses romans d'aventures et histoires de marins, remarquables par la maîtrise esthétique d'une langue d'adoption, explorent la solitude humaine *(Lord Jim,* 1900 ; *Au cœur des ténèbres,* 1902).

CONRAD VON HÖTZENDORF (Franz, comte), *Penzing 1852 - Bad Mergentheim 1925,* maréchal autrichien. Il fut chef de l'état-major austro-hongrois de 1906 à 1911, puis de 1912 à 1917.

CONRART (Valentin), *Paris 1603 - id. 1675,* écrivain français. Il fut le premier secrétaire perpétuel de l'Académie française.

CONSALVI (Ercole), *Rome 1757 - Anzio 1824,* prélat italien. Cardinal, secrétaire d'État de Pie VII, il négocia le Concordat avec Bonaparte (1801).

CONSCIENCE (Hendrik), *Anvers 1812 - Bruxelles 1883,* écrivain belge de langue néerlandaise, auteur de romans de mœurs et de récits historiques *(le Lion de Flandre,* 1838).

Conseil constitutionnel, organe juridictionnel français, créé en 1958. Composé de 9 membres nommés pour neuf ans (avec un renouvellement par tiers tous les trois ans) et des anciens présidents de la République, membres de droit, il siège dans l'aile Montpensier du Palais-Royal, à Paris. Il a deux attributions principales : le contrôle de la constitutionnalité des lois et celui de la régularité des élections et des référendums. Le contrôle de la conformité des lois à la Constitution peut s'exercer soit a priori, directement après le vote de la loi, sur saisine du président de la République, du Premier ministre, du président du Sénat ou de l'Assemblée nationale, ou de soixante députés ou sénateurs ; soit – depuis 2010 – a posteriori, à l'occasion de l'application de la loi et dans le cadre d'un procès en cours, par le biais d'une question prioritaire de constitutionnalité (QPC*) posée par le justiciable.

Conseil de la République, seconde chambre du Parlement français sous la IVe République. Il ne disposait que d'un pouvoir législatif consultatif. En 1948, ses membres prirent le nom de sénateurs.

Conseil de l'Europe, organisation de coopération européenne. Créé en 1949, il réunit aujourd'hui 47 États. Le respect de la Convention européenne de sauvegarde des droits de l'homme et des libertés fondamentales (1950), qu'il a établie, est assuré par la Cour européenne des droits de l'homme. (Siège : Strasbourg.)

Conseil de l'Union européenne ou **Conseil,** institution de l'Union européenne. Constitué par les ministres des États membres de l'UE, qui se réunissent par domaine de compétences, il est un des organes majeurs de la politique communautaire, exerçant conjointement avec le Parlement européen les fonctions législative et budgétaire. Sa présidence est confiée à tour de rôle pour six mois à chaque État membre de l'Union.

Conseil des Anciens → **Anciens.**

Conseil des Cinq-Cents → **Cinq-Cents.**

Conseil de sécurité, organe permanent de l'Organisation des Nations unies. Parmi les 15 membres qui le composent, 5 sont permanents (Chine, France, Royaume-Uni, Russie, États-Unis) et disposent du « droit de veto », les autres sont élus pour deux ans. Le Conseil assume la responsabilité principale du maintien de la paix.

Conseil d'État, instance consultative et juridictionnelle suprême de l'administration française. Créé par la Constitution de l'an VIII (1799), il est réorganisé en 1872. Le Conseil d'État (7 sections, 300 membres) est juge d'appel ou de cassation de certaines décisions des juridictions administratives. En tant qu'instance consultative, il donne obligatoirement un avis préalable sur les ordonnances, les projets de loi et certains décrets.

Conseil économique, social et environnemental (CESE), jusqu'en 2008 **Conseil économique et social,** assemblée consultative française, créée en 1958. Composé de représentants du gouvernement et des principales activités économiques, sociales et environnementales de la nation, il donne son avis sur les textes ou les questions touchant à ces activités. Ses 233 membres sont désignés pour cinq ans.

Conseil européen, institution de l'Union européenne chargée de la définition des orientations politiques générales. Créé en 1974 sous la forme d'une réunion périodique des chefs d'État et de gouvernement de la CEE et du président de la Commission européenne, il a été institutionnalisé en 1986. Après avoir longtemps fonctionné avec une présidence tournante (exercée pour six mois par chaque État membre), il est doté depuis 2009 d'un président permanent (investi d'un mandat de deux ans et demi, renouvelable une fois).

Conseil français du culte musulman (CFCM), instance représentative de l'islam en France, créée en 2003.

Conseil national de la Résistance (CNR), organisme fédérateur des organisations de la Résistance française, créé en 1943 sous la présidence de J. Moulin.

Conseil œcuménique des Églises (COE), organisme créé en 1948 à Amsterdam en vue de coordonner l'action de la plupart des confessions protestantes et des orthodoxes orientaux (env. 350 Églises auj.). Son siège est à Genève. Des observateurs catholiques participent à ses réunions.

A B C D E F G H I J K L M N O P Q R S T U V W X Y Z

Conseil supérieur de la magistrature (CSM), organe constitutionnel français chargé de garantir l'indépendance de l'autorité judiciaire. Il intervient dans la nomination des magistrats du siège et du parquet, ainsi que dans les sanctions disciplinaires à l'encontre des magistrats.

conservateur (Parti), parti politique britannique. Le terme « conservateur » fut officiellement substitué à celui de « tory » après la réforme électorale de 1832. Traditionnellement aristocratique, ce parti a progressivement atteint les classes moyennes. Principaux leaders : R. Peel, B. Disraeli, lord Salisbury, W. Churchill, A. Eden, H. Macmillan, E. Heath, M. Thatcher, J. Major, D. Cameron et T. May.

Conservatoire de l'espace littoral et des rivages lacustres, établissement public administratif français créé en 1975, chargé d'acquérir les espaces naturels fragiles ou menacés, en bord de mer et sur les rives des grands lacs, pour en assurer la protection définitive.

Conservatoire national des arts et métiers (CNAM), grand établissement public relevant du ministère chargé de l'Enseignement supérieur. Il a pour missions principales la formation professionnelle des adultes, la recherche technologique et l'innovation, et la diffusion de la culture scientifique et technique. Fondé sur un rapport de l'abbé Grégoire en 1794, il fut installé en 1798 dans l'ancien prieuré de St-Martin-des-Champs, à Paris. Un musée des Arts et Métiers lui est annexé.

Conservatoire national supérieur d'art dramatique, établissement d'enseignement supérieur destiné à la formation de comédiens et de metteurs en scène, à Paris. Il a été séparé en 1946 du Conservatoire national supérieur de musique.

Conservatoire national supérieur de musique et de danse de Paris (CNSMDP), établissement qui assure la formation d'artistes professionnels. Créé à Paris en 1795, il a, depuis 1979, son homologue à Lyon.

CONSIDÉRANT (Victor), *Salins, Jura, 1808 - Paris 1893,* théoricien et homme politique français. Disciple de Fourier, il précisa la notion de droit au travail (*Théorie du droit de propriété et du droit au travail,* 1845), une des idées-forces de la révolution de 1848, à laquelle il participa activement. Il adhéra plus tard à la Ire Internationale (1871) et se rallia à la Commune.

Conspiration des poudres (1605), complot organisé par des catholiques anglais. Ceux-ci projetèrent d'éliminer le gouvernement en faisant sauter le Parlement le jour où ses membres devaient y accueillir le roi Jacques Ier, accompagné de ses ministres. Le gouvernement, averti, fit mettre à mort la plupart des conjurés.

CONSTABLE (John), *East Bergholt, Suffolk, 1776 - Londres 1837,* peintre britannique. Romantique et réaliste, il est un des grands initiateurs du paysage moderne (*Scène de rivière au moulin de Flatford,* 1816-1817, Tate Britain).

▲ John **Constable.** *La Charrette à foin,* 1821. (National Gallery, Londres.)

CONSTANCE, en all. **Konstanz,** v. d'Allemagne (Bade-Wurtemberg), sur le *lac de Constance* ; 89 834 hab. Cathédrale des XIe-XVIIe s. – Concile œcuménique (1414 - 1418) qui mit fin au grand schisme d'Occident ; Jan Hus y fut condamné.

CONSTANCE (lac de), en all. **Bodensee,** lac formé par le Rhin, entre la Suisse, l'Autriche et l'Allemagne ; 540 km^2.

CONSTANCE Ier CHLORE, en lat. **Marcus Flavius Valerius Constantius,** *v. 225 - Eboracum, auj. York, 306,* empereur romain de la tétrarchie (305 - 306). Père de Constantin Ier, il reconquit la Bretagne (l'actuelle Angleterre).

CONSTANCE II, *317 - 361,* empereur romain (337 - 361). Fils de Constantin Ier, il régna seul à partir de 351. Il favorisa le christianisme dans l'Empire mais protégea les ariens et renforça le despotisme impérial. Il mourut en se portant contre Julien l'Apostat, que l'armée des Gaules avait nommé empereur.

CONSTANT Ier, *320 - 350,* empereur romain (337 - 350).

CONSTANT (Benjamin Henri **Constant de Rebecque,** dit Benjamin), *Lausanne 1767 - Paris 1830,* homme politique et écrivain français. Ami de Mme de Staël, il est célèbre pour son roman psychologique *Adolphe* (1816). Hostile au despotisme, il rédigea cependant l'Acte additionnel lors des Cent-Jours (1815), siégea dans les rangs de l'opposition libérale sous la Restauration et se rallia à Louis-Philippe en 1830.

CONSTANT (Marius), *Bucarest 1925 - Ivry-sur-Seine 2004,* compositeur et chef d'orchestre français. Auteur de *24 Préludes pour orchestre* (1959), il s'est orienté vers la musique aléatoire (*les Chants de Maldoror,* 1962). Il a aussi écrit ou adapté des musiques de scène pour R. Petit (*Nana,* 1976) ou P. Brook (*la Tragédie de Carmen,* 1981).

CONSTANȚA, v. de Roumanie, sur la mer Noire ; 310 471 hab. Port. Centre industriel. – Vestiges grecs et romains ; musée archéologique.

CONSTANTIN Ier le Grand, en lat. **Caius Flavius Valerius Aurelius Constantinus,** *Naissus, auj. Niš, entre 270 et 288 - Nicomédie 337,* empereur romain (306 - 337). Fils de Constance Chlore, il fut proclamé empereur à la mort de son père. Sa victoire contre Maxence sous les murs de Rome, en 312, décida du triomphe du christianisme ; en 313, l'édit de Milan établit la liberté religieuse. En 324, Constantin vainquit Licinius, qui régnait sur l'Orient, rétablissant ainsi l'unité impériale. L'année suivante, il convoqua un concile œcuménique à Nicée : considérant l'Église comme un des principaux soutiens de l'État, il intervint directement dans les questions religieuses. En 324 - 330, pour mieux surveiller la frontière du Danube et les Perses, il fonda une nouvelle Rome, Constantinople. Sous son règne, l'Empire prit la forme d'une monarchie de droit divin, centralisée, s'appuyant sur une société très hiérarchisée.

▲ **Constantin Ier le Grand.** (Musée des Conservateurs, Rome.)

— **Constantin II le Jeune,** *317 - Aquilée 340,* empereur romain (337 - 340), fils de Constantin Ier. — **Constantin III Héraclius,** *612 - Chalcédoine 641,* empereur byzantin (641), père de Théodose. — **Constantin IV,** *654 - 685,* empereur byzantin (668 - 685). Il brisa définitivement l'avance arabe en Orient. — **Constantin V,** *718 - 775,* empereur byzantin (741 - 775). Il combattit le culte des images. — **Constantin VI,** *771 - v. 800,* empereur byzantin (780 - 797). Fils de Léon IV et d'Irène, il fut battu par les Bulgares (792) et par les Arabes (797). Sa mère l'écarta du pouvoir. — **Constantin VII Porphyrogénète,** *905 - 959,* empereur byzantin (913 - 959). Après avoir régné sous la tutelle de sa mère Zoé, il subit l'autorité de son beau-père Romain Ier Lécapène et des fils de celui-ci. Il régna seul après 945. — **Constantin VIII,** *v. 960 - 1028,* empereur byzantin (961 - 1028). D'abord associé à Basile II de 961 à 1025, il régna seul de 1025 à 1028. — **Constantin IX Monomaque,** *m. en 1055,* empereur byzantin (1042 - 1055). Son règne fut marqué par le schisme entre Rome et Byzance (1054). — **Constantin X Doukas,** *m. en 1067,* empereur byzantin (1059 - 1067). Sous son règne, les Seldjoukides pénétrèrent en Cappadoce. — **Constantin XII Paléologue** ou **Constantin XI,** surnommé **Dragasès,** *1403 - Constantinople 1453,* empereur byzantin (1449 - 1453). Il fut tué en défendant Constantinople contre Mehmed II.

CONSTANTIN Ier, *Athènes 1868 - Palerme 1923,* roi de Grèce (1913 - 1917 ; 1920 - 1922). Fils et successeur de Georges Ier, il fut contraint par les Alliés et Venizélos d'abdiquer en 1917. Revenu au pouvoir (1920), il dut abdiquer une seconde fois après la défaite devant les Turcs.

CONSTANTIN II, *Psykhikón 1940,* roi de Grèce (1964 - 1973). Fils et successeur de Paul Ier, il s'exila en 1967 à la suite du « coup d'État des colonels ».

CONSTANTIN Pavlovitch, *Tsarskoïe Selo 1779 - Vitebsk 1831,* grand-duc de Russie. Fils de Paul Ier, il fut commandant en chef de l'armée du royaume de Pologne (1815 - 1830). Il céda ses droits au trône de Russie à son frère Nicolas Ier.

CONSTANTINE ou **QACENTINA,** v. d'Algérie, ch.-l. de wilaya, au-dessus des gorges du Rummel ; 448 374 hab. (*Constantinois*). Université. – Musée national *Cirta* (du nom de la ville antique). – À 20 km au S.-E., aménagement en cours de la ville nouvelle d'Ali Mendjeli.

CONSTANTINOIS, région orientale de l'Algérie.

CONSTANTINOPLE, nom donné par Constantin Ier le Grand à l'ancienne Byzance, appelée plus tard par les Turcs *Istanbul**. Construite par Constantin en 324 - 336 et inaugurée en 330, résidence de l'empereur, siège du patriarcat d'Orient depuis 451, Constantinople devint rapidement la capitale politique, religieuse, intellectuelle de l'Empire byzantin. Port actif, elle attira de nombreuses colonies étrangères, surtout italiennes. Capitale de l'Empire latin de 1204 à 1261, elle résista aux Barbares, aux Arabes, aux Russes et aux Bulgares, mais tomba, le 29 mai 1453, aux mains des Turcs Ottomans, qui en firent leur capitale. – Quatre conciles œcuméniques s'y tinrent (381, 553, 680 - 681, 869 - 870).

Constituante ou **Assemblée nationale constituante,** nom que prirent les États généraux le 9 juill. 1789. À cette assemblée succéda la Législative (1er oct. 1791).

Constitution civile du clergé, décret qui organisait le clergé séculier, voté par la Constituante le 12 juill. 1790 et sanctionné par Louis XVI le 24 août. Élus par des assemblées, les évêques ne recevaient plus l'investiture du pape et devenaient des fonctionnaires. La condamnation de cette réforme par Pie VI (1791) provoqua dans l'Église de France un schisme de fait entre prêtres *constitutionnels* et prêtres *réfractaires.*

constitutionnel démocrate (Parti), dit **KD** ou **Cadets,** parti libéral russe (1905 - 1917).

Consulat (9 - 10 nov. 1799 - 18 mai 1804), régime politique de la France issu du coup d'État du 18 brumaire an VIII. Il prit fin lorsque Napoléon Bonaparte, alors Premier consul, se fit proclamer empereur.

CONTAMINES-MONTJOIE (Les) [74170], comm. de la Haute-Savoie, dans le massif du Mont-Blanc ; 1 238 hab. (*Contaminards*). Station de sports d'hiver (alt. 1 165 - 2 500 m).

CONTARINI, famille de Venise, qui a donné huit doges à la République (XIe-XVIIe s.).

CONTE (Giuseppe), *Volturara Appula, près de Foggia, 1964,* juriste et homme politique italien. Il est président du Conseil depuis 2018.

CONTÉ (Lansana), *Moussayah Loumbaya, région de Dubréka, 1934 - Conakry 2008,* général et homme politique guinéen. Arrivé au pouvoir au terme du putsch de 1984, il a été président de la République jusqu'à sa mort, en 2008.

CONTÉ (Nicolas Jacques), *près de Sées, Orne, 1755 - Paris 1805,* savant français. Il inventa les crayons à mine de graphite et eut l'idée d'utiliser les aérostats dans les opérations militaires.

CONTES (06390), bur. centr. de cant. des Alpes-Maritimes ; 7 520 hab. (*Contois*). Église des XVIe et XVIIe s. (importants polyptyques).

Contes, recueil de contes d'Andersen (1835-1872). L'auteur s'inspire de thèmes folkloriques, de légendes scandinaves, de sources littéraires ou de souvenirs personnels (*le Vilain Petit Canard, la Petite Sirène, la Bergère et le Ramoneur, la Petite Fille aux allumettes, les Nouveaux Habits de l'empereur*).

Contes, recueil de contes posthume de C. Perrault (1781). Il rassemble huit contes en prose, publiés en 1697 sous le titre *Contes de ma mère l'Oye* (*la Belle* au bois dormant, le Petit* Chaperon rouge, Barbe-Bleue*, le Chat* botté, les*

Fées, Cendrillon, Riquet* à la houppe, le Petit* Poucet*), et trois contes en vers (*Grisélidis, les Souhaits ridicules, Peau* d'âne*).

Contes de Cantorbéry, recueil de contes en vers et en prose de Chaucer (écrit v. 1390 et édité v. 1478). En route vers la tombe de saint Thomas Becket, 31 pèlerins racontent chacun une histoire, l'ensemble constituant un brillant panorama de la société et des genres littéraires médiévaux.

Contes de Noël, recueil de contes de C. Dickens (1843-1848). Ces récits populaires allient l'humour et l'émotion (*le Chant de Noël, le Grillon du foyer*).

Contes des frères Sérapion, recueil de contes de E. T. A. Hoffmann (1819 - 1821). L'auteur allie une inspiration fantastique à un réalisme minutieux (*Casse-Noisette et le Roi des rats, les Mines de Falun*).

Contes du chat perché, recueil de contes de M. Aymé (1934), complété par les *Autres Contes du chat perché* (1950) et les *Derniers Contes du chat perché* (1958). Les héroïnes en sont deux fillettes, Delphine et Marinette, qui ont pour amis les animaux de la ferme de leurs parents.

Contes du lundi, recueil de contes de A. Daudet (1873), inspirés, pour la plupart, par la guerre de 1870.

CONTI ou **CONTY** (maison de), branche cadette de la maison de Condé, elle-même issue de la maison de Bourbon. — **Armand de Bourbon,** prince **de C.**, *Paris 1629 - Pézenas 1666*, prince français. Frère du Grand Condé, il prit part à la Fronde et épousa une nièce de Mazarin.

contrat social (Du) ou **Principes du droit politique,** traité de J.-J. Rousseau (1762). L'auteur y explique que l'abandon réciproque et simultané de leurs droits naturels par les individus est le seul fondement concevable de la liberté civile, et place la notion de volonté générale au cœur de sa conception de la démocratie.

Contre-Réforme → Réforme catholique.

CONTREXÉVILLE (88140), comm. des Vosges, près de Vittel ; 3 501 hab. Eaux minérales et station thermale (affections urinaires, goutte).

Convention nationale, assemblée qui succéda à la Législative le 21 sept. 1792 et gouverna la France jusqu'au 26 oct. 1795 (4 brumaire an IV).

COOK (détroit de), bras de mer séparant les deux îles principales de la Nouvelle-Zélande.

COOK (îles), archipel d'Océanie, entre les îles Tonga et Tahiti, à 1 600 km au N.-E. de la Nouvelle-Zélande, dont il constitue un territoire associé ; 241 km² ; 17 791 hab. ; ch.-l. *Avarua* (Rarotonga).

COOK (mont) → **AORAKI** (mont).

COOK (James), *Marton-in-Cleveland 1728 - baie de Kealakekua, îles Hawaii, 1779*, navigateur britannique. Lors d'un premier voyage, il découvrit les îles de la Société et explora la Nouvelle-Zélande (1768 - 1771). Un deuxième voyage le mena dans l'océan Antarctique (1772 - 1775). Reparti en 1776, il découvrit les îles Sandwich (Hawaii) [1778], où il fut tué par les indigènes.

COOK (Thomas), *Melbourne, Derbyshire, 1808 - Leicester 1892*, homme d'affaires britannique. Initiateur, en 1841, du premier « voyage organisé » entre Leicester et Loughborough, il fonda les agences de voyage qui portent son nom.

COOLIDGE (Calvin), *Plymouth, Vermont, 1872 - Northampton, Massachusetts, 1933*, homme politique américain. Il fut président républicain des États-Unis (1923 - 1929).

COOLIDGE (William David), *Hudson 1873 - Schenectady 1975*, physicien américain, inventeur du tube à rayons X à cathode incandescente (1913).

COOPER (David), *Le Cap 1931 - Paris 1986*, psychiatre britannique. Il fonda, avec R. Laing, l'antipsychiatrie (*Mort de la famille*, 1971).

COOPER (Gary), *Helena, Montana, 1901 - Los Angeles 1961*, acteur américain. Il fut l'incarnation de l'Américain viril, réservé et loyal : *l'Extravagant M. Deeds* (F. Capra, 1936), *Le train sifflera trois fois* (F. Zinnemann, 1952).

◄ Gary **Cooper** dans *Sergent York* de Howard Hawks (1941).

COOPER (James Fenimore), *Burlington 1789 - Cooperstown 1851*, romancier américain. Ses récits évoquent, à travers des personnages d'Indiens peu réalistes, le conflit entre la civilisation et la culture primitive (*le Dernier des Mohicans*, 1826).

COOPER (Leon Neil), *New York 1930*, physicien américain. Il a travaillé, avec J. Bardeen et J. R. Schrieffer, à une théorie de la supraconductivité, dite *théorie BCS*. (Prix Nobel 1972.)

COPACABANA, quartier de Rio de Janeiro. Station balnéaire.

COPÁN, cité maya du Honduras. Elle appartient à la période classique (250 - 950) ; imposants vestiges, glyphes et décor sculpté.

COPEAU (Jacques), *Paris 1879 - Beaune 1949*, acteur, metteur en scène de théâtre et écrivain français. L'un des fondateurs de *la Nouvelle* Revue française*, il créa le théâtre du Vieux-Colombier, où il renouvela la technique dramatique. Il tenta, en Bourgogne, de retrouver les sources d'un théâtre populaire avec un groupe de disciples, les *Copiaux*.

COPENHAGUE, en dan. **København,** cap. du Danemark, sur la côte est de l'île de Sjaelland, sur le Sund ; 501 158 hab. (*Copenhaguois*) [1 255 000 hab. dans l'agglomération]. Principal port et aéroport (Kastrup), centre politique, intellectuel et industriel du pays. – Monuments, notamm. des XVIIe-XIXe s. et contemporains (dont les réalisations de l'architecte Henning Larsen). Sur un rocher, dans le port, statue en bronze de *la Petite Sirène* d'Andersen, par Edvard Eriksen (1913). Importants musées. – Copenhague devint la capitale danoise en 1443. Maîtresse du commerce balte, elle connut une grande prospérité aux XVIIe et XVIIIe s. En 1801 et 1807, la ville fut bombardée par les Anglais.

COPERNIC (Nicolas), en polon. **Mikołaj Kopernik,** *Toruń 1473 - Frauenburg, auj. Frombork, 1543*, astronome polonais. Au terme de longues années d'études et de réflexion, il fait l'hypothèse du mouvement de la Terre et des autres planètes autour du Soleil. Publiée en 1543 dans un traité intitulé *De revolutionibus orbium coelestium libri VI*, cette conception rend compte des principaux phénomènes astronomiques connus à l'époque, de façon bien plus simple que le système de Ptolémée admis jusque-là. Mais, déniant à la Terre tout rôle privilégié dans l'Univers, elle soulève de nombreuses critiques, notamment au sein de l'Église. Ce n'est qu'après l'invention de la lunette, au XVIIe s., que sa validité est définitivement reconnue. En rompant avec la conception géocentrique du monde, l'œuvre de Copernic a marqué un tournant dans l'histoire de la pensée et du progrès scientifique.

▲ **Copernic.** (Université de Cracovie.)

COPI (Raúl Damonte, dit), *Buenos Aires 1939 - Paris 1987*, auteur dramatique et humoriste argentin. Dans ses dessins (*la Femme assise*) et son théâtre (*Eva Perón, Une visite inopportune*), il traite de la difficulté d'être contemporaine en utilisant l'humour, la provocation et l'insolite.

COPLAND (Aaron), *Brooklyn 1900 - North Tarrytown, État de New York, 1990*, compositeur américain. Il s'exprime dans un langage néoclassique (*El Salón México*, pour orchestre, 1936 ; *Appalachian Spring*, ballet, 1944).

COPPÉE (François), *Paris 1842 - id. 1908*, poète français. Il s'est fait le peintre sentimental des choses communes et de la vie du petit peuple (*les Humbles*, 1872). [Acad. fr.]

Coppélia, personnage du ballet-pantomime *Coppélia ou la Fille aux yeux d'émail* (Paris, 1870). Cette poupée-automate animée est inspirée par le personnage d'Olympia du *Marchand de sable* (*Contes* des frères Sérapion*) de E. T. A. Hoffmann. Le livret du ballet est dû à C. Nuitter et A. Saint-Léon, la musique à L. Delibes, la chorégraphie à A. Saint-Léon.

COPPENS (Yves), *Vannes 1934*, paléontologue français. Il a proposé une interprétation environnementale de l'apparition des premiers hominidés (australopithèques) en Afrique de l'Est (*le Singe, l'Afrique et l'homme*, 1983 ; *le Genou de Lucy*, 1999). En 2018, il a publié ses Mémoires (*Origines de l'homme, origines d'un homme*). Il a été professeur au Collège de France de 1983 à 2005.

COPPET, comm. de Suisse (Vaud), sur le lac Léman ; 3 099 hab. (*Coppétans*). Le château de Coppet a appartenu à Necker, puis à sa fille, Mme de Staël, qui y réunit, durant le premier Empire, une société intellectuelle cosmopolite.

COPPI (Angelo Fausto), *Castellania, prov. d'Alexandrie, 1919 - Tortona, id., 1960*, coureur cycliste italien. Recordman du monde de l'heure et champion du monde sur route (1953), il a remporté deux fois le Tour de France (1949 et 1952) et cinq fois le Tour d'Italie (entre 1940 et 1953).

COPPOLA (Francis Ford), *Détroit 1939*, cinéaste et producteur américain. Ses œuvres spectaculaires, ses recherches techniques ont fait de lui l'incarnation de la nouvelle génération hollywoodienne : *le Parrain* (1972), *Conversation secrète* (1974), *Apocalypse Now* (1979), *Rusty James* (1983), *Cotton Club* (1984), *l'Idéaliste* (1997). Viennent ensuite des films plus personnels : *l'Homme sans âge* (2007), *Tetro* (2009), *Twixt* (2011).

COPTES, membres de l'Église chrétienne orthodoxe d'Égypte, qui fait partie du rameau monophysite opposé aux décisions christologiques du concile de Chalcédoine (451) et qui, après avoir gagné l'ensemble du pays, fut submergée par l'islam. Comptant auj. 7 millions de fidèles, elle a pour chef le patriarche d'Alexandrie, qui réside au Caire, et elle suit le rite copte (en langue copte). Le terme, qui désigna d'abord un peuple, sa langue et sa culture, puis exclusivement sa religion, a été étendu de façon abusive à l'Église orthodoxe éthiopienne, qui appartient, elle aussi, à la tradition monophysite et qui, avec 14 millions de fidèles en Éthiopie et en Érythrée, a adopté le rite copte, mais en langue guèze ou en amharique.

COQUELIN (Constant), dit **Coquelin Aîné,** *Boulogne-sur-mer 1841 - Couilly-Saint-Germain, auj. Couilly-Pont-aux-Dames, 1909*, comédien français. Longtemps à la Comédie-Française (1860 - 1887), il est célèbre pour avoir créé *Cyrano de Bergerac* en 1897.

COQUELLES (62231), comm. du Pas-de-Calais, près de Calais ; 2 557 hab. (*Coquellois*). Terminal du tunnel sous la Manche. Textiles chimiques.

COQUILHATVILLE → MBANDAKA.

COQUIMBO, v. du Chili septentrional ; 148 438 hab.

CORAÏ ou **KORAÍS** (Adhamándios), *Smyrne 1748 - Paris 1833*, écrivain grec. Il préconisa l'usage d'une langue mi-populaire, mi-savante.

CORAIL (mer de), partie de l'océan Pacifique, entre l'Australie et la Mélanésie.

Corail (bataille de la mer de) [4 - 8 mai 1942], bataille aéronavale de la Seconde Guerre mondiale, pendant la guerre du Pacifique. Victoire américaine sur les Japonais, qui durent renoncer à débarquer en Nouvelle-Guinée.

CORALLI PERACINI (Jean), *Paris 1779 - id. 1854*, danseur et chorégraphe français. Il fut l'auteur, en collaboration avec Jules Perrot, du ballet *Giselle* ou les Wilis* (1841).

▲ Une page du **Coran.** (BnF, Paris.)

Coran (de l'ar. *al-qur'ān*, lecture, récitation), livre sacré des musulmans. Il contient la révélation que le Dieu unique, Allah, a transmise à Mahomet par l'intermédiaire de l'ange Gabriel de 612 à 632, à La Mecque puis à Médine. Rédigé en arabe et composé de 114 chapitres, ou sourates, le Coran traite notamm. de l'unicité de Dieu, de la purification et de la vie de la communauté musulmane. Il est le fondement de celle-ci, la source du dogme et (avec les hadiths) de la Loi de l'islam (charia).

CORBAS (69960), comm. du Rhône, au S.-E. de Lyon ; 11 122 hab. *(Corbasiens)*. Abattoir.

CORBEIL-ESSONNES (91100), bur. centr. de cant. de l'Essonne, au confluent de l'Essonne et de la Seine ; 51 060 hab. *(Corbeillessonnois)*. Centre industriel (imprimerie, électronique). – Église St-Spire, des XIIe-XVe s., auj. cathédrale.

CORBIE (80800), bur. centr. de cant. de la Somme, sur la Somme ; 6 372 hab. *(Corbéens)*. Église gothique (XVIe-XVIIIe s.), un des vestiges d'une puissante abbaye du VIIe s.

CORBIÈRE (Édouard Joachim, dit Tristan), *près de Morlaix 1845 - Morlaix 1875*, poète français. « Poète maudit » révélé par Verlaine, il est l'auteur des *Amours jaunes* (1873).

CORBIÈRES n.f. pl., bordure des Pyrénées françaises, surtout dans le sud de l'Aude ; 1 230 m. Vignobles.

CORBIN (Alain), *Lonlay-l'Abbaye, Orne, 1936*, historien français. Spécialiste de l'évolution des sens et des sensibilités (*le Miasme et la Jonquille*, 1982 ; *l'Harmonie des plaisirs*, 2007 ; *la Douceur de l'ombre*, 2013), il a élargi le champ et les méthodes de l'investigation historique (*le Monde retrouvé de Louis-François Pinagot. Sur les traces d'un inconnu [1798 - 1876]*, 1998).

CORCYRE → **CORFOU.**

CORDAY (Charlotte **de Corday d'Armont**, dite Charlotte), *Saint-Saturnin-des-Ligneries, près de Vimoutiers, 1768 - Paris 1793*, révolutionnaire française. Pour venger les Girondins, elle poignarda Marat dans son bain et fut guillotinée.

Cordeliers (club des), club révolutionnaire fondé à Paris en avril 1790. Ses chefs étaient Danton, Marat, Desmoulins, Hébert, Chaumette. Il perdit toute influence politique en mars 1794, lors de l'élimination des hébertistes.

CORDES-SUR-CIEL (81170), anc. **Cordes**, comm. du nord du Tarn ; 1 004 hab. *(Cordais)*. Anc. bastide conservant portes fortifiées, église, halle et demeures gothiques ; petits musées.

CORDIER (Louis), *Abbeville 1777 - Paris 1861*, géologue français. Inspecteur des mines, il fut l'un des premiers à appliquer des méthodes physicochimiques à la pétrologie.

CÓRDOBA, v. d'Argentine, au pied de la *sierra de Córdoba* ; 1 329 604 hab. (1 532 246 hab. dans l'agglomération). Deuxième ville et centre industriel du pays. – Églises baroques ; musées.

CORDOUAN, rocher au large de l'estuaire de la Gironde. Phare des XVIe et XVIIIe s.

▲ **Cordoue.** Double étagement d'arcs de brique et de pierre, dans la nef de la Grande Mosquée (VIIIe-Xe s.).

CORDOUE, en esp. **Córdoba,** v. d'Espagne (Andalousie), ch.-l. de prov., sur le Guadalquivir ; 328 326 hab. *(Cordouans)*. Colonie romaine (169 av. J.-C.), conquise par les Arabes en 711, Cordoue fut le siège d'un émirat (756) puis d'un califat (929). Elle fut reconquise en 1236. – Grande Mosquée (785-987), chef-d'œuvre de l'architecture omeyyade, convertie en cathédrale sous Charles Quint. Églises mudéjares, gothiques et baroques. Musées. La ville fut célèbre pour ses cuirs décorés.

CORDOUE (Gonzalve de) → **GONZALVE.**

CORÉ → **PERSÉPHONE.**

Corée du Sud

CORÉE, péninsule comprise entre la mer du Japon (dite ici mer de l'Est) et la mer Jaune, partagée en deux unités politiques : la *Corée du Nord (République populaire démocratique de Corée)* et la *Corée du Sud (république de Corée)*.

HISTOIRE Les Chinois établissent des commanderies en Corée au Ier s. av. J.-C. **57 av. J.-C. - 935 apr. J.-C. :** le pays, d'abord partagé entre les royaumes de Silla (57 av. J.-C. - 935), Koguryo (37 av. J.-C. - 668) et Paikche (18 av. J.-C. - 660), est unifié par Silla en 735. **935 - 1392 :** sous la dynastie Koryo, la Corée est envahie par les Mongols (1231). **1392 - 1910 :** la dynastie Choson (dite aussi dynastie Li, ou Yi) adopte le confucianisme et interdit le bouddhisme. Elle repousse les Japonais (1592, 1597) mais doit reconnaître en 1637 la suzeraineté des Mandchous (dynastie des Qing de Chine). **1910 :** le Japon, qui a éliminé les Qing de Corée en 1895, annexe le pays. **1945 :** occupation par les troupes soviétiques et américaines. **1948 :** le gouvernement de la république de Corée est établi à Séoul ; la République populaire démocratique de Corée est proclamée à Pyongyang. **1953 :** à l'issue de la guerre de Corée (1950 - 1953), la division du pays est maintenue.

CORÉE (détroit de), détroit reliant la mer du Japon et la mer de Chine orientale, entre la Corée et le Japon.

Corée (guerre de) [juin 1950 - juill. 1953], conflit qui opposa la Corée du Sud, soutenue par les forces de l'ONU (fournies surtout par les États-Unis, puis par la France, la Grande-Bretagne, le Benelux et la Turquie), à la Corée du Nord, appuyée à partir de 1951 par les troupes de la Chine populaire. Cette guerre marque le point culminant de la guerre froide entre l'Est et l'Ouest. Elle aboutit à la reconnaissance des deux États coréens par les États-Unis et l'URSS.

CORÉE (république de) ou **CORÉE DU SUD** n.f., État d'Asie orientale, occupant la partie sud de la péninsule coréenne ; 99 000 km² ; 49 263 000 hab. *(Sud-Coréens)*. **CAP.** *Séoul.* **V. PRINC.** *Pusan.* **LANGUE :** *coréen.* **MONNAIE :** *won.*

GÉOGRAPHIE Moins étendu que la Corée du Nord, cet État est beaucoup plus peuplé. L'extension des plaines et des collines et un climat plus doux expliquent la prédominance de la culture du riz. La pêche est aussi active. Palliant la pauvreté du sous-sol, l'abondance de la main-d'œuvre et les capitaux étrangers ont stimulé l'industrie (textile, chimie, sidérurgie et surtout construction navale et automobile, constructions électriques et électroniques). Cette industrie, représentée notamm. dans les grandes villes de Pusan (débouché maritime) et de Séoul, est largement exportatrice. Après avoir connu une phase de croissance spectaculaire, l'économie sud-coréenne s'est trouvée fragilisée par plusieurs crises (régionale en 1997 - 1998, mondiale en 2007 - 2008), mais elle a retrouvé depuis son dynamisme.

HISTOIRE Présidée par Syngman Rhee (1948 - 1960), auquel ont succédé Park Chung-hee (1963 - 1979) puis Chun Doo-hwan (1980 - 1988), la république de Corée est soumise à un régime autoritaire, mais un processus de démocratisation s'engage en

1987. **1988 :** Roh Tae-woo devient président de la République (élu au suffrage universel, déc. 1987). **1991 :** les deux Corées entrent à l'ONU et signent un accord de réconciliation. **1993 :** Kim Young-sam accède à la tête de l'État. **1998 :** Kim Dae-jung, leader historique de l'opposition, devient président de la République. **2000 :** un dialogue s'engage entre les deux Corées (rencontre historique des deux chefs d'État, en juin, à Pyongyang, renouvelée en oct. 2007). **2003 :** Roh Moo-hyun est président de la République. **2008 :** Lee Myung-bak lui succède. **Depuis 2010 :** les relations entre les deux Corées connaissent de nouveaux pics de tension (2010, 2013 et 2016 - 2017). **2013 :** élue en déc. 2012, Park Geun-hye, fille de l'anc. président Park Chung-hee, accède à la tête de l'État. **2016 - 2017 :** compromise dans un scandale d'abus de pouvoir, de corruption et détournement de fonds, à l'origine de grandes manifestations de protestation, la présidente est suspendue de ses fonctions par le Parlement (déc.), puis destituée par la Cour constitutionnelle (mars 2017). Moon Jae-in remporte l'élection présidentielle (mai). **2018 :** à la faveur des JO d'hiver de Pyeongchang (févr.), le dialogue avec la Corée du Nord reprend.

CORÉE (République populaire démocratique de) ou **CORÉE DU NORD** n.f., État d'Asie orientale, occupant la partie nord de la péninsule coréenne ; 120 500 km² ; 24 895 000 hab. *(Nord-Coréens).* **CAP.** *Pyongyang.* **LANGUE :** *coréen.* **MONNAIE :** *won nord-coréen.*

GÉOGRAPHIE C'est un pays montagneux, au climat rude, où le riz, le maïs et le blé constituent, avec les produits de la pêche, les bases de l'alimentation. La présence de charbon surtout et de fer, les aménagements hydroélectriques (sur le Yalu) ont favorisé le développement de l'industrie de base (sidérurgie, chimie), dans le cadre d'une économie collectiviste et peu ouverte sur l'extérieur. Confrontée à partir des années 1980 - 1990 à un effondrement de sa production agricole (avec des périodes de famine) et à la faillite générale de son économie, la Corée du Nord doit avoir recours à l'aide internationale et compter en partic. sur le soutien de la Chine pour survivre. Auj., un timide redressement se fait toutefois sentir.

HISTOIRE Kim Il-sung assume la direction du pays dès la création de la République (1948). Il instaure un régime socialiste à parti unique (parti du Travail), inspiré du modèle soviétique. **1991 :** les deux Corées entrent à l'ONU et signent un accord de réconciliation. **1994 :** mort de Kim Il-sung. **1998 :** son fils Kim Jong-il, son successeur désigné, est officiellement porté à la tête de l'État. **2000 :** amorce d'une détente avec la Corée du Sud (sommets intercoréens de 2000 et 2007). **Depuis 2002 :** les relations entre la Corée du Nord et la communauté internationale connaissent un regain de tension, en partic. sur la question du nucléaire (des crises aiguës – notamm. après les essais nucléaires nord-coréens [oct. 2006, mai 2009, févr. 2013, janv. et sept. 2016, sept. 2017] – alternant avec des phases de négociations et de compromis). **2010 :** une réunion exceptionnelle du parti du Travail ouvre un processus de succession au profit de Kim Jong-un, le fils cadet de Kim Jong-il. **2011 :** mort de Kim Jong-il (déc.) ; Kim Jong-un lui succède. Ce dernier assoit son pouvoir, fin 2013, par une vague de purges politiques. **2018 :** après une année de fortes tensions avec les États-Unis, Kim Jong-un rencontre D. Trump, lors d'un sommet historique, à Singapour (juin).

CORÉENS, peuple vivant en Corée du Nord et en Corée du Sud, avec une importante diaspora (env. 70 millions au total). Ils sont majoritairement bouddhistes. Ils parlent le *coréen.*

CORELLI (Arcangelo), *Fusignano 1653 - Rome 1713,* compositeur et violoniste italien. Auteur de sonates d'église et de chambre et de concertos grossos, il fonda l'école classique du violon.

COREY (Elias James), *Methuen, Massachusetts, 1928,* chimiste américain. Il a trouvé une méthode simple et systématique de synthèse des molécules organiques, appelée « analyse rétrosynthétique* ». (Prix Nobel 1990.)

CORFOU, en gr. **Kérkyra,** anc. **Corcyre,** une des îles Ioniennes (Grèce) ; 101 080 hab. ; ch.-l. *Corfou* (33 886 hab.). Port. Tourisme. – Musée (fronton du temple d'Artémis, v. 600 av. J.-C.). – L'île fut colonisée par les Corinthiens dès la fin du VIIIe s. av. J.-C.

CORI (Carl Ferdinand), *Prague 1896 - Cambridge, Massachusetts, 1984,* biologiste américain. Avec sa femme, Gerty Theresa *(Prague 1896 - Saint-Louis, Missouri, 1957),* il obtint en 1947 le prix Nobel de médecine pour leurs travaux sur le métabolisme des glucides.

CORINTH (Lovis), *Tapiau, Prusse-Orientale, 1858 - Zandwoort, Pays-Bas, 1925,* peintre et graveur allemand. Il est l'auteur de paysages, de portraits et de compositions religieuses d'une nervosité proche de l'expressionnisme.

CORINTHE, en gr. **Kórinthos,** v. de Grèce, sur le *golfe de Corinthe* ; 58 192 hab. *(Corinthiens).* Port, à proximité du *canal de Corinthe* (6,3 km), percé à travers l'isthme du même nom, qui relie le Péloponnèse au reste de la Grèce (les deux rives étant reliées depuis 2004 par le pont de Rion-Antirion). – Musée. Vaste ensemble de ruines grecques et romaines. – Rivale d'Athènes et de Sparte, Corinthe fut une cité marchande et industrielle très prospère aux VIIe et VIe s. av. J.-C. Elle fonda de nombreuses colonies en Grèce d'Occident. Elle fut détruite en 146 av. J.-C. par les Romains, avant de devenir la capitale de la province d'Achaïe.

CORIOLAN, en lat. **Gnaeus Marcius Coriolanus,** général romain du Ve s. av. J.-C., semi-légendaire. Vainqueur des Volsques (493 av. J.-C.), exilé pour avoir attenté aux droits de la plèbe, il assiégea Rome. Seules les prières de sa mère et de son épouse l'arrêtèrent dans son désir de vengeance.

CORIOLIS (Gaspard), *Paris 1792 - id. 1843,* physicien français. Il a mis en évidence la force de déviation due à la rotation d'un repère (la Terre, par exemple) et s'exerçant sur les corps en mouvement à la surface de celui-ci.

CORK, en gaél. **Corcaigh,** v. d'Irlande, sur la côte sud de l'île ; 119 230 hab. Port.

CORMACK (Allan MacLeod), *Johannesburg 1924 - Winchester, Massachusetts, 1998,* physicien américain d'origine sud-africaine. Avec G. N. Hounsfield, il a développé le scanner. (Prix Nobel de médecine 1979.)

CORMEILLES-EN-PARISIS (95240), comm. du Val-d'Oise ; 23 901 hab. *(Cormeillais).* Cimenterie. – Église des XIIe-XVe s.

CORMELLES-LE-ROYAL (14123), comm. du Calvados, près de Caen ; 4 883 hab. *(Cormellois).* Industrie automobile.

CORNARO ou **CORNER** (Catherine), *Venise 1454 - id. 1510,* reine de Chypre. Femme de Jacques II de Lusignan, roi de Chypre, elle gouverna l'île à la mort de son mari (1473) mais dut abdiquer en faveur de Venise (1489).

CORNEAU (Alain), *Meung-sur-Loire 1943 - Paris 2010,* cinéaste français. Revisitant surtout les thèmes du film noir *(Police Python 357,* 1976 ; *Série noire,* 1979 ; *le Choix des armes,* 1981), il adapta aussi avec finesse plusieurs œuvres littéraires *(Fort Saganne,* 1984 ; *Nocturne indien,* 1989 ; *Tous les matins du monde,* 1991).

CORNE DE L'AFRIQUE, extrémité orientale de l'Afrique, sur l'océan Indien, autour du cap Guardafui (Somalie). L'expression s'applique parfois à l'ensemble régional formé par la Somalie, l'Éthiopie, Djibouti et l'Érythrée.

CORNE D'OR (la), baie du Bosphore, à Istanbul.

CORNEILLE (saint), *m. en 253,* pape de 251 à 253. Il combattit le schisme de Novatien. Mort en exil, il est honoré par l'Église comme martyr.

CORNEILLE, famille de peintres et de graveurs français actifs à Paris au XVIIe s.

CORNEILLE (Pierre), *Rouen 1606 - Paris 1684,* poète dramatique français. Avocat, il débute au théâtre par des comédies *(Mélite,* 1629 ; *la Galerie du Palais,* 1632-1633 ; *la Place Royale,* 1633-1634 ; *l'Illusion comique,* 1635-1636) et devient célèbre avec une tragi-comédie, *le Cid** (1637), qui provoque une querelle littéraire. Sensible aux critiques, il se consacre alors à la tragédie « régulière » *(Horace,* 1640 ; *Cinna,* 1642 ; *Polyeucte,* 1643), sans abandonner la comédie à la mode espagnole *(le Menteur,* 1643 ; *Don Sanche d'Aragon,* 1650) et les divertissements de cour *(Andromède,* 1650). Évoluant vers une utilisation systématique du pathétique et des intrigues plus complexes *(la Mort de Pompée,* 1643 ; *Rodogune,* 1644-1645 ; *Nicomède,* 1651), il connaît avec *Pertharite* (1651)

Corée du Nord

un échec qui l'éloigne du théâtre pendant sept ans. Il traduit en vers l'*Imitation de Jésus-Christ* (1651-1656) et s'occupe de l'édition de son théâtre, dont il définit les principes dans les *Examens* de ses pièces et trois *Discours* (1660). Revenu à la scène (*Œdipe*, 1659 ; *Sertorius*, 1662 ; *Sophonisbe*, 1663 ; *Attila*, 1667), il voit le public lui préférer Racine (*Tite et Bérénice*, 1670). Corneille peint des héros « généreux » pour qui l'honneur et la gloire méritent tous les sacrifices. Le drame cornélien atteint le « sublime », mais refuse le « tragique », puisqu'il est le fait d'êtres libres qui décident toujours de leur destin. (Acad. fr.)

▲ Pierre **Corneille** (anonyme, XVIIe s.).
[Château de Versailles.]

CORNEILLE (Thomas), *Rouen 1625 - Les Andelys 1709*, poète dramatique français, frère de Pierre Corneille. Il est l'auteur de tragédies (*Timocrate*), de comédies et de travaux lexicographiques. (Acad. fr.)

CORNEILLE de Lyon ou **de La Haye,** *m. v. 1574*, peintre français d'origine hollandaise, établi à Lyon v. 1533. Il est l'auteur de petits portraits d'une facture fine et précieuse, où le visage se détache en clair sur un fond bleu ou vert.

CORNELIA, *v. 189 - v. 110 av. J.-C.*, fille de Scipion l'Africain et mère des Gracques. Elle incarna le type idéal de la femme romaine.

CORNELIUS NEPOS, *Gaule Cisalpine v. 99 - v. 24 av. J.-C.*, historien latin, auteur du *De excellentibus ducibus* (*Vie des grands capitaines*).

CORNER BROOK, v. du Canada (prov. de Terre-Neuve-et-Labrador) ; 19 806 hab. Papier.

CORNFORTH (sir John Warcup), *Sydney 1917 - région du Sussex 2013*, chimiste australien. Ses travaux concernent la stéréochimie des processus enzymatiques et, partic., la biosynthèse des stérols et des terpénoïdes. (Prix Nobel 1975.)

Corn Laws (*lois sur le blé*), législation britannique protectionniste concernant la production céréalière. En vigueur dès 1815, ces lois suscitèrent à partir de 1838 un mouvement de protestations autour de l'*Anti Corn Law League* fondée par R. Cobden, qui obtint leur abolition en 1846.

CORNOUAILLE n.f., région de France (Finistère) ; hab. *Cornouaillais* ; v. princ. *Quimper*.

CORNOUAILLES n.f., en angl. **Cornwall,** extrémité sud-ouest de l'Angleterre. Longue péninsule aux côtes découpées.

CORNWALL, v. du Canada (Ontario), sur le Saint-Laurent ; 46 589 hab. Électrochimie.

CORNWALLIS (Charles), *Londres 1738 - Ghazipur, Uttar Pradesh, 1805*, général et administrateur britannique. Il dut capituler devant les Américains à Yorktown (1781). Commandant en chef pour l'Inde, il soumit Tippoo Sahib (1792). Vice-roi d'Irlande, il y réprima la rébellion (1798).

CORO, v. du nord-ouest du Venezuela ; 258 264 hab. Édifices d'époque coloniale.

COROGNE (La), en esp. **La Coruña,** v. d'Espagne (Galice), ch.-l. de prov., sur l'Atlantique ; 244 099 hab. Port.

COROMANDEL (côte de), côte orientale de l'Inde, sur le golfe du Bengale. Centre d'exportation vers l'Europe, aux XVIIe et XVIIIe s., de laques chinois.

COROT (Jean-Baptiste Camille), *Paris 1796 - id. 1875*, peintre et graveur français. Traducteur subtil des valeurs lumineuses et atmosphériques dans ses paysages d'Italie et de France, auteur également de paysages « historiques » ou « composés », ainsi que de figures féminines fermes et sensibles, il continue la tradition classique en la nourrissant tour à tour de réalisme et de lyrisme contenu. Nombreux tableaux au Louvre.

CORPUS CHRISTI, v. des États-Unis (Texas) ; 320 434 hab. (428 185 hab. dans l'agglomération). Port. Raffinage du pétrole.

CORRÈGE (Antonio **Allegri,** dit **il Correggio,** en fr. **[le]**), *Correggio, près de Parme, v. 1489 - id. 1534*, peintre italien. Il a laissé à Parme des décors aux effets illusionnistes d'une virtuosité novatrice (église St-Jean-l'Évangéliste et cathédrale : coupoles). Le luminisme, la fluidité, la grâce sensuelle de ses tableaux d'autel (*Madone de saint Jérôme*, Parme) et de ses compositions mythologiques (*Io* et *Ganymède*, Vienne) eurent également un grand écho dans l'art européen.

▲ Le **Corrège.** *Jupiter et Io*, 1530.
(Kunsthistorisches Museum, Vienne.)

Correspondance littéraire, chronique adressée de Paris (1753 - 1794), puis de Zurich (1794 - 1813), à des souverains de l'Europe des Lumières pour les renseigner sur la vie culturelle en France. Commencée par l'abbé Raynal, elle fut continuée par M. de Grimm, assisté notamment par Diderot et Mme d'Épinay, puis par J.-H. Meister (*1744 - 1826*).

CORRÈZE n.f., riv. de France, dans le Massif central, qui rejoint la Vézère (r. g.) ; 85 km. Elle traverse le dép. de la Corrèze, passe à Tulle et à Brive-la-Gaillarde.

CORRÈZE n.f. (19), dép. de la Région Nouvelle-Aquitaine ; ch.-l. de dép. *Tulle* ; ch.-l. d'arrond. *Brive-la-Gaillarde, Ussel* ; 3 arrond. ; 19 cant. ; 283 comm. ; 5 857 km² ; 250 077 hab. (*Corréziens*). Le dép. appartient à l'académie et à la cour d'appel de Limoges, à la zone de défense et de sécurité Sud-Ouest. S'étendant sur la partie méridionale du Limousin, peu peuplé, le dép. se consacre surtout à l'élevage. Les cultures sont concentrées dans les vallées (Vézère, Corrèze, Dordogne), qui sont aussi les sites d'aménagements hydroélectriques (Dordogne surtout) et des principales villes (Brive-la-Gaillarde et Tulle). L'industrie, modeste, est représentée par les constructions mécaniques et électriques et par l'agroalimentaire.

CORRIENTES, v. du nord de l'Argentine, ch.-l. de prov., sur le Paraná ; 358 223 hab.

Corriere della Sera, quotidien milanais de tendance libérale progressiste, fondé en 1876.

CORSE n.f., île et collectivité de France, dans la Méditerranée ; 8 680 km² ; 332 723 hab. (*Corses*) ; ch.-l. *Ajaccio* ; 2 dép. (Corse-du-Sud et Haute-Corse).

GÉOGRAPHIE En dehors de la plus grande partie de sa façade orientale, la Corse est une île montagneuse, ouverte par quelques bassins (Corte). Le climat méditerranéen est influencé par l'insularité et l'altitude (augmentation des précipitations, étagement d'une végétation où domine le maquis). Le tourisme, plus développé sur les côtes (un parc naturel régional, couvrant env. 350 000 ha, englobe aussi les principaux massifs de l'intérieur), l'élevage ovin (pour la production des fromages), la vigne et les cultures fruitières et maraîchères (plaine orientale) constituent les ressources essentielles.

Près de 80 % de la population active appartient au secteur tertiaire, représenté surtout dans les deux principales villes, Ajaccio et Bastia. La faiblesse de l'industrie tient à des causes naturelles et humaines difficiles à combattre (pauvreté du sous-sol, problèmes dus à l'insularité, faiblesse du peuplement) ; elle contribue à expliquer le taux de chômage élevé et la traditionnelle émigration (auj. réduite) vers la France continentale.

HISTOIRE Les origines. IIIe millénaire : la civilisation est celle du mégalithisme. La population est formée de descendants des Celto-Ligures et

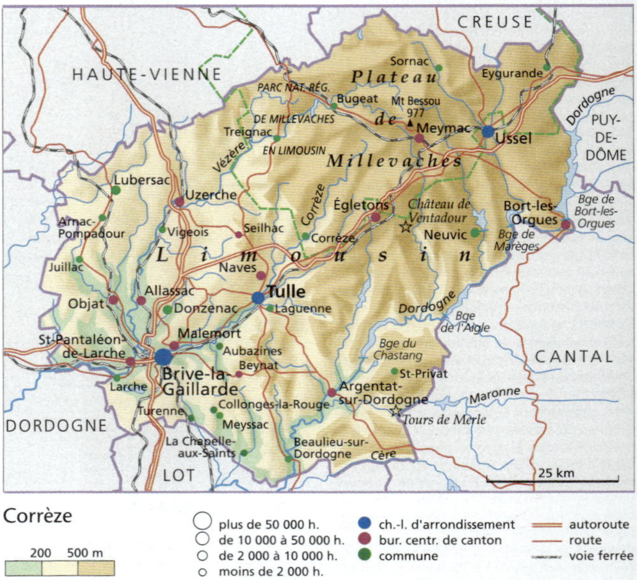

des Ibères. **XIVe - XIIe s. av. J.-C. :** des envahisseurs, les Torréens, leur succèdent. **V. 565 :** les Phocéens fondent Alalia (auj. Aléria). **535 :** les Étrusques, puis les Carthaginois leur succèdent. **238 - 162 av. J.-C. :** Rome domine l'île.

Le Moyen Âge. VIe - VIIe s. : Byzance est maîtresse de la Corse. **IXe s. :** le pape accroît son influence sur l'île. **1077 :** il en confie l'administration à Pise. **XIIe s. :** Gênes relaie l'influence pisane. **1284 :** elle impose définitivement sa domination après sa victoire navale de la Meloria. **XIVe s. :** la résistance corse contre Gênes culmine lors de la révolte populaire de 1347.

Entre la France et l'Italie. 1559 : la Corse, aux mains de la France depuis 1553, redevient génoise (traité du Cateau-Cambrésis). **1755 :** Pascal Paoli organise la révolte contre la domination génoise. **1768 :** Gênes cède l'île à la France. **1769 :** Paoli, vaincu à Ponte-Novo, doit quitter l'île. **1789 :** la Corse est proclamée partie intégrante de la France. **1793 - 1796 :** Paoli poursuit la résistance, appuyé par l'Angleterre ; il est vaincu par Bonaparte.

La Corse française. XIXe s. et première moitié du XXe s. : sans ressources industrielles, avec une agriculture retardataire, la Corse subit une grave crise économique qui provoque le départ d'une partie de sa population. **1942 - 1943 :** les troupes italiennes puis allemandes occupent l'île, qui est libérée par la Résistance soutenue par des forces venues d'Algérie. **À partir des années 1970 :** à la suite, notamm., d'événements violents (Aléria, 1975), les tendances autonomistes et indépendantistes se développent et se radicalisent. **1982 :** dans le cadre de la loi sur la décentralisation, un nouveau statut érige la Corse en Région. **1991 :** l'île devient une collectivité territoriale à statut particulier. **1998 :** l'assassinat du préfet de Corse, Claude Érignac, à Ajaccio (6 févr.), pose avec une acuité accrue le problème de la garantie de l'État de droit dans l'île et contribue au discrédit de la mouvance indépendantiste extrémiste. **Depuis 2000 :** les initiatives prises par les gouvernements successifs pour rétablir un dialogue avec les élus de tous les partis présents en Corse (processus de Matignon, voulu par L. Jospin, 2000 - 2002 ; réforme institutionnelle proposée par N. Sarkozy, alors ministre de l'Intérieur, 2003) ont toutes tourné court. L'île connaît alors une escalade de la violence, sur fond de grand banditisme et d'affairisme. Pendant ce temps, l'influence des indépendantistes s'est érodée, les menant à annoncer leur démilitarisation (2014), tandis que celle des autonomistes, engagés dans la seule voie électorale, n'a cessé de s'accroître. **Depuis 2015 :** après avoir remporté les élections (déc. ; puis large victoire en déc. 2017), les nationalistes (alliance des autonomistes et des indépendantistes) prennent la tête des institutions corses. **2018 :** la Corse devient une collectivité unique, dotée d'un statut particulier.

CORSE (cap), péninsule formant la partie nord de l'île de Corse.

CORSE (Haute-) [2B], dép. de la Corse ; ch.-l. de dép. *Bastia* ; ch.-l. d'arrond. *Calvi*, *Corte* ; 3 arrond. ; 15 cant. ; 236 comm. ; 4 666 km² ; 177 438 hab. Le dép. appartient à l'académie d'Ajaccio, à la cour d'appel de Bastia, à la zone de défense et de sécurité Sud.

CORSE-DU-SUD (2A), dép. de la Corse ; ch.-l. de dép. *Ajaccio* ; ch.-l. d'arrond. *Sartène* ; 2 arrond. ; 11 cant. ; 124 comm. ; 4 014 km² ; 155 285 hab. Le dép. appartient à l'académie d'Ajaccio, à la cour d'appel de Bastia, à la zone de défense et de sécurité Sud.

CORTÁZAR (Julio), *Bruxelles 1914 - Paris 1984*, écrivain argentin naturalisé français. Ses nouvelles (*Bestiaire*, 1951 ; *Octaèdre*, 1974) et ses romans (*les Gagnants*, 1949 ; *Marelle*, 1963) mêlent le réalisme social et politique à l'inspiration fantastique.

CORTE [-te] (20250), ch.-l. d'arrond. de la Haute-Corse, dans le centre de l'île ; 7 463 hab. (*Cortenais*). Université. – Citadelle remontant au XVe s. ; musée de la Corse (anthropologie de la Corse).

CORTÉS (Hernán), *Medellín 1485 - Castilleja de la Cuesta 1547*, conquistador espagnol. En 1519, il partit à la conquête du Mexique, détruisit l'Empire aztèque (1521) et devint gouverneur et capitaine général de la Nouvelle-Espagne (1522). Rentré en Espagne (1540), il tomba en disgrâce.

Corse

CORTI (Piero) → **TEASDALE** (Lucille).

CORTINA D'AMPEZZO, v. d'Italie (Vénétie) ; 5 921 hab. Station de sports d'hiver des Dolomites (alt. 1 224 - 3 243 m).

CORTONE (Pierre de) → **PIERRE DE CORTONE.**

CORTOT (Alfred), *Nyon, Suisse, 1877 - Lausanne 1962*, pianiste français. Chef d'orchestre et professeur, il fonda, avec A. Mangeot, l'École normale de musique. Il est célèbre pour ses interprétations de Chopin et de Schumann.

CORVIN (Mathias) → **MATHIAS Ier CORVIN.**

CORVISART (Jean, baron), *Dricourt, Ardennes, 1755 - Paris 1821*, médecin français. Premier médecin de Napoléon Ier, il améliora le diagnostic des affections cardiaques et pulmonaires.

COS, en gr. **Kós,** île grecque du Dodécanèse ; ch.-l. *Cos*. Ruines antiques.

COSAQUES, population de Russie (région du Don, nord du Caucase, Oural, Sibérie) et d'Ukraine (env. 2 millions). À l'origine, ils formaient des communautés de paysans libres, installés (XVe s.) dans les steppes de la Russie méridionale. Soumis à la Russie en 1654, ils perdirent leur autonomie au XVIIIe s. Ils eurent une fonction militaire mais aussi répressive. En majorité hostiles au pouvoir soviétique, ils furent décimés dans les années 1930. Ils ont été réhabilités officiellement en 1992.

COSENZA, v. d'Italie (Calabre), ch.-l. de prov. ; 70 004 hab. Vieille ville ; musée (archéologie).

COSEY (Bernard **Cosendai**, dit), *Lausanne 1950*, dessinateur et scénariste suisse de bandes dessinées. Il porte sur le monde un regard documenté et humaniste à travers les aventures tibétaines de son héros Jonathan (série homonyme, depuis 1977) et ses autres albums (*À la recherche de Peter Pan*, 1984-1985 ; *Saigon-Hanoï*, 1992 ; *Calypso*, 2017).

COSGRAVE (William Thomas), *Dublin 1880 - id. 1965*, homme politique irlandais. Chef de la fraction modérée du Sinn Féin, président du Conseil exécutif de l'État libre (1922 - 1932), il conserva jusqu'en 1944 la direction de son parti, devenu le Fine Gael.

Costa Rica

☆ site touristique important

200 500 1500 3000 m

route — voie ferrée — P.N. parc naturel — limite de province — Limón capitale de province — volcan — aéroport

plus de 100 000 h. — de 30 000 à 100 000 h. — de 10 000 à 30 000 h. — moins de 10 000 h.

COSIMO (Piero di) → **PIERO DI COSIMO.**

COSMA (Vladimir), *Bucarest 1940*, compositeur et chef d'orchestre français d'origine roumaine. La qualité émotionnelle et rythmique de ses mélodies a fait de lui l'un des créateurs les plus populaires de musiques de film (*le Grand Blond avec une chaussure noire, les Aventures de Rabbi Jacob, Diva, la Boum, le Bal*) et de série télévisée (*Michel Strogoff, Châteauvallon*).

COSME (saint) → **CÔME.**

COSNE-COURS-SUR-LOIRE [kon-] (58200), ch.-l. d'arrond. de la Nièvre, sur la Loire ; 10 737 hab. (*Cosnois*). Imprimerie. – Deux églises médiévales.

COSQUER (grotte), grotte sous-marine du cap Morgiou, à 12 km au S.-E. de Marseille. Découverte en 1991 par le scaphandrier Henri Cosquer, elle est située à 37 m sous le niveau de la mer et abrite des peintures pariétales paléolithiques (28000 av. J.-C.).

COSSA (Francesco **del**), *Ferrare v. 1436 - Bologne 1478*, peintre italien. Influencé, notamm., par C. Tura, il travailla à Ferrare (fresques des *Mois* au palais Schifanoia), puis à Bologne.

COSSÉ-BRISSAC → **BRISSAC.**

COSSERY (Albert), *Le Caire 1913 - Paris 2008*, écrivain égyptien d'expression française. Il met en scène le petit peuple d'Égypte pour fustiger les nantis avec un art très personnel de la dérision (*les Hommes oubliés de Dieu*, 1941 ; *Mendiants et Orgueilleux*, 1955 ; *les Couleurs de l'infamie*, 1999).

COSSIGA (Francesco), *Sassari 1928 - Rome 2010*, homme politique italien. Démocrate-chrétien, il fut président de la République de 1985 à 1992.

COSTA (António Luís **Santos da**), *Lisbonne 1961*, homme politique portugais. Plusieurs fois ministre, maire de Lisbonne (2007 - 2015), chef des socialistes (depuis 2014), il devient Premier ministre en 2015.

COSTA BRAVA, littoral de l'Espagne (Catalogne), sur la Méditerranée, au N. de l'embouchure du río Tordera. Tourisme.

COSTA DEL SOL, littoral de l'Espagne, sur la Méditerranée, de part et d'autre de Málaga.

COSTA-GAVRAS (Konstandínos **Gavrás**, dit), *Athènes 1933*, cinéaste français d'origine grecque. Sa réflexion sur le pouvoir, s'inspirant d'événements contemporains, en a fait un spécialiste du thriller politique : *Z* (1969), *l'Aveu* (1970), *Missing* (1982), *Amen.* (2002).

COSTA RICA n.m., État d'Amérique centrale ; 51 000 km² ; 4 872 000 hab. (*Costaricains* ou *Costariciens*). **CAP.** *San José.* **LANGUE :** *espagnol.* **MONNAIE :** *colón costaricain.*

GÉOGRAPHIE C'est un pays en partie forestier, montagneux au centre (foyer de peuplement), formé de plaines en bordure de la mer des Antilles. Basées traditionnellement sur les produits agricoles (café, banane, sucre), les exportations se sont diversifiées (matériels électriques et électroniques), avec la création de zones franches. Les États-Unis sont le premier partenaire commercial du pays. L'écotourisme se développe.

HISTOIRE **1502 :** le Costa Rica est découvert par Christophe Colomb. **1569 :** il est rattaché à la capitainerie générale du Guatemala. **1822 - 1823 :** sans insurrection, le pays accède à l'indépendance. **1824 - 1838 :** il devient l'une des cinq républiques des Provinces-Unies de l'Amérique centrale, avant d'être un État souverain (1839). **1840 :** l'expansion de la culture du café apporte la prospérité économique et permet une vie démocratique durable. **1857 :** le Costa Rica repousse l'armée de l'aventurier américain William Walker. **1871 :** installation de l'United Fruit Company, qui développe la culture du bananier ; le pays passe sous la dépendance économique des États-Unis. **1948 - 1974 :** la vie politique est dominée par la personnalité de José Figueres. **1986 :** Oscar Arias devient président de la République. À son initiative, des accords visant à rétablir la paix en Amérique centrale sont signés par le Costa Rica, le Guatemala, le Honduras, le Nicaragua et le Salvador (1987, 1989). Viennent ensuite à la tête de l'État : Rafael Ángel Calderón (1990 - 1994), José María Figueres, fils du président J. Figueres (1994 - 1998), Miguel Ángel Rodríguez (1998 - 2002), Abel Pacheco (2002 - 2006). **2006 :** O. Arias est à nouveau élu à la présidence de la République. **2010 :** Laura Chinchilla devient la première femme à diriger le pays. **2014 :** Luis Guillermo Solís lui succède. **2018 :** Carlos Alvarado Quesada est élu président de la République.

COSTELEY (Guillaume), *Fontanges ? v. 1530 - Évreux 1606*, compositeur et organiste français. Certaines chansons de son recueil *Musique* (1570) sont écrites sur des textes de Ronsard.

COSTES (Dieudonné), *Septfonds, Tarn-et-Garonne, 1892 - Paris 1973*, aviateur français. Il effectua un tour du monde aérien avec J. Le Brix (1927 - 1928) et réussit, avec M. Bellonte, la première liaison Paris-New York sans escale à bord du Breguet 19 *Point-d'Interrogation* (1er - 2 sept. 1930).

Côte d'Ivoire

☆ site touristique important

200 300 400 500 m

autoroute — route — voie ferrée — aéroport

plus de 2 000 000 h. — de 100 000 à 2 000 000 h. — de 50 000 à 100 000 h. — moins de 50 000 h.

COTEAU (Le) [42120], bur. centr. de cant. de la Loire ; 7 004 hab. *(Costellois).*

CÔTE D'AMOUR, littoral atlantique de la région de La Baule-Escoublac.

CÔTE D'ARGENT, littoral atlantique, entre l'embouchure de la Gironde et celle de la Bidassoa, à la frontière espagnole.

CÔTE D'AZUR, partie orientale du littoral français, sur la Méditerranée, de Cassis à Menton. Stations estivales et hivernales.

CÔTE-DE-BEAUPRÉ, région du Canada (Québec), sur la rive nord du Saint-Laurent, en aval de Québec.

CÔTE-DE-L'OR, en angl. **Gold Coast,** anc. nom du Ghana*.

CÔTE D'ÉMERAUDE, littoral de la Manche, vers Dinard et Saint-Malo.

CÔTE D'IVOIRE, État d'Afrique occidentale, sur le golfe de Guinée ; 322 000 km^2 ; 22 671 331 hab. *(Ivoiriens).* **CAP.** *Yamoussoukro.* **V. PRINC.** *Abidjan.* **LANGUE :** *français.* **MONNAIE :** *franc CFA.*

INSTITUTIONS République. Constitution de 2016. Président de la République élu au suffrage universel pour 5 ans, qui nomme le Premier ministre. Assemblée nationale élue pour 5 ans.

GÉOGRAPHIE En arrière de la région littorale, bordée par des lagunes et occupée partiellement par la forêt dense, des plateaux recouverts par la savane apparaissent au nord. La Côte d'Ivoire associe les cultures commerciales (fruits, coton, café et surtout cacao [premier rang mondial]) et vivrières (manioc, riz) à l'exploitation forestière (acajou). Dépendante des cours des matières premières, l'économie connaît cependant une notable expansion grâce au retour de la stabilité politique et aux investissements publics (infrastructures). Abidjan demeure la seule grande ville et le débouché maritime du pays.

HISTOIRE **Avant l'indépendance.** Les plus anciennes populations sont les Kru (au sud-ouest), puis les Sénoufo (au nord-est). Vers le XVe s., les Kru se replient sous la poussée des Mandé, qui fonderont le royaume de Kong. Les Akan (Agni, Baoulé), implantés au début du XVIIIe s., fondent des chefferies ou royaumes (sud-est). **1842 :** les Français s'emparent de la zone lagunaire. **1895 - 1896 :** la colonie de Côte d'Ivoire, créée en 1893, est rattachée à l'AOF. **1908 - 1915 :** le gouverneur Angoulvant (1872 - 1932) conquiert militairement le pays. **1934 :** après Grand-Bassam puis Bingerville, Abidjan devient capitale. Le pays vit des plantations de cacao et de café et de l'exploitation de la forêt, facilitée par la construction de la voie ferrée Abidjan-Niger, menant jusqu'à la frontière de la Haute-Volta (en partie rattachée à la Côte d'Ivoire de 1932 à 1947).

La république. 1958 : territoire d'outre-mer depuis 1946, la Côte d'Ivoire devient république autonome. **1960 :** elle accède à l'indépendance, avec pour président Félix Houphouët-Boigny, fidèle à la coopération avec la France. **1990 :** une grave crise politique et sociale conduit le pouvoir à ouvrir le pays au multipartisme. **1993 :** après la mort d'Houphouët-Boigny, Henri Konan Bédié lui succède (confirmé à la tête de l'État en 1995). **1999 :** il est destitué par des militaires dirigés par le général Robert Gueï. **2000 :** Laurent Gbagbo, leader historique de l'opposition, est élu à la présidence de la République, face à R. Gueï. Mais le scrutin, d'où ont été écartés la majorité des candidats (notamm. l'anc. Premier ministre Alassane Ouattara), ravive les tensions ethniques et religieuses. **À partir de 2002 :** d'importantes rébellions se développent, prenant le contrôle de plus de la moitié – nord et ouest – du pays (envoi de troupes françaises d'interposition, qui sont épaulées à partir de 2004 par des forces de l'ONU). **2003 :** un cessez-le-feu est proclamé et la mise en place d'un gouvernement d'union nationale, décidée. Mais les affrontements se poursuivent. **2004 :** la communauté française est la cible de violentes attaques (nov.). **À partir de 2005 :** le mandat du président Gbagbo est prorogé, tandis qu'un gouvernement de transition est chargé de préparer les élections. **2007 :** un accord est conclu entre le pouvoir et les rebelles (dont le chef, Guillaume Soro, est nommé Premier ministre). **2010 :** après de nombreux atermoiements et reports du scrutin, une élection présidentielle a finalement lieu (oct.-nov.). Alassane Ouattara est déclaré vainqueur par la Commission électorale indépendante (et reconnu comme chef de l'État par l'ONU, l'Union africaine et la grande majorité de la communauté internationale), mais le Conseil constitutionnel ivoirien invalide ce résultat et proclame la réélection de L. Gbagbo. Dès lors, deux pouvoirs se font face et un bras de fer politique et économique s'engage, qui ne tarde pas à dégénérer en conflit. **2011 :** les forces armées qui soutiennent A. Ouattara (ex-rebelles du Nord et de l'Ouest pour l'essentiel) parviennent, au terme d'une offensive éclair, jusqu'à Abidjan (mars) ; avec l'appui des forces de l'ONU et de la force française Licorne, elles prennent le contrôle de la capitale et donnent l'assaut à la résidence de L. Gbagbo, qui est arrêté (11 avr.), inculpé et incarcéré à La Haye (acquitté en janv. 2019). A. Ouattara est officiellement investi président de la République en mai. **2015 :** premières condamnations par la justice ivoirienne de proches de L. Gbagbo pour les violences post-électorales de 2010 (vaste amnistie en 2018). A. Ouattara est réélu à la tête de l'État (oct.).

CÔTE D'OPALE, partie du littoral français, de la baie de Somme à Dunkerque.

CÔTE D'OR, ligne de hauteurs de Bourgogne, dominant la plaine de la Saône. Vignobles réputés.

CÔTE-D'OR (21), dép. de la Région Bourgogne-Franche-Comté ; ch.-l. de dép. *Dijon* ; ch.-l. d'arrond. *Beaune, Montbard* ; 3 arrond. ; 23 cant. ; 704 comm. ; 8 765 km^2 ; 546 601 hab. *(Côte-d'Oriens).* Le dép. appartient à l'académie et à la cour d'appel de Dijon, à la zone de défense et de sécurité Est. Le dép. est formé de régions naturelles variées (Châtillonnais, plateau de Langres, Auxois, partie du Morvan, plaine de la Saône). Sa partie vitale correspond à la *Côte d'Or,* couverte de vignobles aux vins réputés. Les villes (grands carrefours de circulation) se sont établies au pied ou près de la Côte : Dijon et Beaune, marché des vins. Dijon concentre près de la moitié de la population du dép. et possède l'essentiel des industries et des services.

CÔTE-NORD, région administrative du Québec (Canada), sur la rive nord de l'estuaire et du golfe du Saint-Laurent ; 196 058 km^2 ; 92 518 hab. *(Nord-Côtiers)* ; v. princ. *Sept-Îles.*

COTENTIN n.m., presqu'île de France, en Normandie occidentale (dép. de la Manche). Élevage bovin. Industrie nucléaire (Flamanville, la Hague).

CÔTE-SAINT-ANDRÉ (La) [38260], bur. centr. de cant. de l'Isère, dans le bas Dauphiné ; 5 081 hab. *(Côtois).* Maison natale de Berlioz (musée). Festival musical.

CÔTE-SAINT-LUC, v. du Canada (Québec), près de Montréal ; 32 448 hab. *(Côte-Saint-Luçois).*

CÔTES-D'ARMOR (22), dép. de la Région Bretagne ; ch.-l. de dép. *Saint-Brieuc* ; ch.-l. d'arrond. *Dinan, Guingamp, Lannion* ; 4 arrond. ; 27 cant. ; 355 comm. ; 6 878 km^2 ; 618 156 hab. *(Costarmoricains).* Le dép. appartient à l'académie et à la cour d'appel de Rennes, à la zone de défense et de sécurité Ouest. Il a porté jusqu'en 1990 le nom de *Côtes-du-Nord.* C'est un pays de collines, plus élevées dans le sud (extrémité orientale des monts d'Arrée, landes du Mené), limitées au N. par une côte à rias, surtout rocheuse, où alternent saillants (Trégorrois) et rentrants (baie de Saint-Brieuc). L'agriculture demeure importante. Les cultures céréalières et fourragères, parfois légumières (Trégorrois), sont juxtaposées à l'élevage (bovins, porcins, volailles). La pêche, bien qu'en recul, et le tourisme estival animent le littoral. La faiblesse de l'industrialisation, malgré des réalisations spectaculaires (à Lannion), explique l'émigration, cependant ralentie. *(V. carte page suivante.)*

CÔTE VERMEILLE, littoral français de la Méditerranée, de Collioure à Cerbère.

CÔTIÈRES (chaînes) n.f. pl., en angl. **Coast Ranges,** montagnes du Canada et des États-Unis, bordant le Pacifique. Elles s'étendent de la Colombie-Britannique à la Californie.

Côtes-d'Armor

200 m

- plus de 20 000 h.
- de 5 000 à 20 000 h.
- de 2 000 à 5 000 h.
- moins de 2 000 h.
- ch.-l. d'arrondissement
- bur. centr. de canton
- commune
- autre localité
- autoroute
- route
- voie ferrée

COTILLARD (Marion), *Paris 1975*, actrice française. Remarquée dans des films tant français (*Un long dimanche de fiançailles*, J.-P. Jeunet, 2004 ; *les Petits Mouchoirs*, G. Canet, 2010 ; *De rouille et d'os*, J. Audiard, 2012) qu'étrangers (*Big Fish*, T. Burton, 2003 ; *The Immigrant*, J. Gray, 2013 ; *Deux jours, une nuit*, les frères Dardenne, 2014), elle a obtenu en 2008 l'Oscar de la meilleure actrice pour le rôle d'Édith Piaf dans *la Môme* (O. Dahan, 2007).

COTON (le Père Pierre), *près de Néronde 1564 - Paris 1626*, jésuite français. Confesseur d'Henri IV puis de Louis XIII, il fut disgracié après la mort de Concini (1617).

COTONOU, v. du Bénin ; 923 923 hab. *(Cotonois)*. Plus grande ville et débouché maritime du pays.

COTOPAXI, volcan actif des Andes (Équateur) ; 5 897 m.

COTTBUS, v. d'Allemagne (Brandebourg), sur la Spree ; 99 984 hab. Textile. – Monuments anciens.

COTTE (Robert de), *Paris 1656 - id. 1735*, architecte français. Disciple de J. H.-Mansart, architecte du roi (1689), puis premier architecte (1708), il fut un des créateurs du style « Régence » (hôtels à Paris ; château des Rohan à Strasbourg ; nombreux projets pour l'Allemagne).

COTTEREAU (les quatre frères) ou frères **CHOUAN,** chefs de l'insurrection dite chouannerie*. Les trois aînés (Pierre, Jean et François) moururent au combat ou guillotinés ; le plus jeune, René, survécut (1764 - 1846).

COTTON (Aimé), *Bourg-en-Bresse 1869 - Sèvres 1951*, physicien français. Ses travaux concernent l'optique, le magnétisme et certains phénomènes reliant ces deux domaines. Il inventa la balance pour la mesure des champs magnétiques.

COTY (René), *Le Havre 1882 - id. 1962*, homme politique français. Il fut président de la République (1954 - 1959).

COUBERTIN (Pierre de), *Paris 1863 - Genève 1937*, éducateur français. Il a rénové les jeux Olympiques.

COUCY-LE-CHÂTEAU-AUFFRIQUE (02380), comm. de l'Aisne ; 1 085 hab. *(Coucyssois)*. Restes d'un château fort du XIIIe s., chef-d'œuvre de l'architecture militaire (le donjon avait 60 m de hauteur), détruit par les Allemands en 1917.

COUDEKERQUE-BRANCHE (59210), bur. centr. de cant. du Nord, banlieue de Dunkerque ; 21 676 hab. *(Coudekerquois)*.

COUDENHOVE-KALERGI (comte Richard), *Tokyo 1894 - Schruns, Autriche, 1972*, diplomate autrichien. Promoteur de l'unité européenne dès les années 1920, il prépara la création du Conseil de l'Europe (1949).

COUDRES (île aux), île du Canada (Québec), dans l'estuaire du Saint-Laurent. (Hab. *Coudriens*.)

COUËRON (44220), comm. de la Loire-Atlantique, sur l'estuaire de la Loire, en aval de Nantes ; 20 819 hab. *(Couëronnais)*. Métallurgie.

COUESNON [kwenɔ̃] n.m., fl. de France, qui rejoint la baie du Mont-Saint-Michel ; 90 km. Il sépare la Normandie et la Bretagne.

COUILLARD (Philippe), *Outremont 1957*, homme politique canadien, de nationalité franco-canadienne. Ministre de la Santé et des Services sociaux (2003 - 2008), à la tête du Parti libéral du Québec (2013 - 2018), il a été Premier ministre du Québec (2014 - 2018).

COULOMB (Charles de), *Angoulême 1736 - Paris 1806*, physicien français. Il établit les lois expérimentales et théoriques du magnétisme et de l'électrostatique, introduisant les notions de moment magnétique et de polarisation.

COULOMMIERS (77120), bur. centr. de cant. de Seine-et-Marne, sur le Grand Morin ; 15 476 hab. *(Columériens)*. Fromages. – Restes d'une commanderie de Templiers (XIIIe-XVIe s.) et d'un château (XVIIe s.).

COULOUNIEIX-CHAMIERS (24660), bur. centr. de cant. de la Dordogne ; 8 640 hab. *(Colomniérois)*.

COUMANS, peuple turc qui occupa les steppes entre le Dniepr et la Volga à partir du XIe s.

Counaxa ou **Cunaxa** (bataille de) [401 av. J.-C.], victoire, près de Babylone, de l'armée perse d'Artaxerxès II sur celle de son frère Cyrus le Jeune, qui y trouva la mort. Les mercenaires grecs au service de ce dernier entamèrent alors la retraite des Dix* Mille.

COUPER (Archibald Scott), *Kirkintilloch, près de Glasgow, 1831 - id. 1892*, chimiste britannique. Il découvrit, parallèlement à Kekulé, la tétravalence du carbone et fut l'un des fondateurs de la chimie organique moderne (1858).

COUPERIN, famille de musiciens français. — **Louis C.,** *Chaumes-en-Brie 1626 - Paris 1661*, violiste et organiste français. Il fut nommé titulaire de l'orgue de Saint-Gervais en 1653 et est l'auteur de nombreuses pièces de clavier. — **François C.,** dit **le Grand,** *Paris 1668 - id. 1733*, compositeur français. Neveu de Louis, il fut le plus grand maître français du clavecin (quatre livres de 27 séries, ou « ordres », de pièces) et composa motets, sonates, concerts royaux, leçons de ténèbres et pièces de violes.

◀ François **Couperin** (gravure de 1735).

COUPERUS (Louis), *La Haye 1863 - De Steeg 1923*, écrivain néerlandais. Ses romans historiques (*la Montagne de lumière*) et ses récits symboliques (*Fidessa*) mêlent inspiration naturaliste et esthétisme décadent.

Coupole du Rocher (la), en ar. **Qubbat al-Ṣakhra,** mosquée de Jérusalem. Érigé en 691 sur le rocher sacré lié au sacrifice d'Abraham et au voyage céleste de Mahomet, l'édifice, par son plan octogonal surmonté d'une coupole sur tambour et son décor de mosaïque, reste imprégné par la tradition byzantine.

Cour (Haute), en France, instance formée par la réunion des deux chambres du Parlement, ayant à se prononcer sur la destitution du président de la République en cas de manquement à ses devoirs manifestement incompatible avec la poursuite de l'exercice de son mandat.

COURBET (Amédée Anatole), *Abbeville 1827 - Les Pescadores 1885*, amiral français. Il établit le protectorat français sur l'Annam (1883) et combattit les Pavillons-Noirs et les Chinois.

COURBET (Gustave), *Ornans 1819 - La Tour-de-Peilz, Suisse, 1877*, peintre français. Ami de Proudhon, il devint le chef de l'école réaliste, avec des toiles d'une expression monumentale et d'une riche matière : *Un enterrement à Ornans* (1850, Orsay) ; *la Rencontre* ou *Bonjour, monsieur Courbet !* (1854, Montpellier) ; *l'Atelier du peintre* (1855, Orsay) ; *le Rut du printemps, combat de cerfs* (1861, Orsay) ; *le Sommeil* (1866, Petit Palais) ; *la Falaise d'Étretat après l'orage* (1869, Orsay).

COURBEVOIE (92400), ch.-l. de cant. des Hauts-de-Seine, sur la Seine, au N.-O. de Paris ; 83 756 hab. *(Courbevoisiens)*. Centre industriel et de services (quartier de la Défense).

COURCELLES, comm. de Belgique (Hainaut), banlieue nord-ouest de Charleroi, sur le canal de Charleroi à Bruxelles ; 30 708 hab.

COURCHEVEL (73120), comm. de la Savoie ; 2 376 hab. Station de sports d'hiver (alt. 1 100 - 2 700 m), dans la Vanoise.

COURÇON (Robert de) → **ROBERT DE COURÇON.**

COURCOURONNES (91080), comm. de l'Essonne ; 13 495 hab. *(Courcouronnais)*.

Cour de cassation, juridiction suprême de l'ordre judiciaire français. Statuant sur les pourvois formés contre les décisions qui lui sont déférées en dernier ressort, la Cour juge les questions de droit et non les faits. Elle assure le respect de l'exacte application des lois.

Cour de discipline budgétaire et financière, juridiction administrative française. Créée en 1948, elle sanctionne les ordonnateurs de fonds publics dont les comptes sont irréguliers.

Cour de justice de la République, juridiction répressive d'exception chargée, en France, de juger les ministres pour les crimes et délits commis dans l'exercice de leurs fonctions. Instituée en 1993, elle est composée de parlementaires et de magistrats de la Cour de cassation.

Cour de justice de l'Union européenne, juridiction européenne. Elle contrôle la légalité des actes pris par les institutions de l'Union européenne et le respect par les États membres du droit européen. Elle est assistée d'un tribunal depuis 1989 (renforcé en 2016). Le tribunal de la fonction publique (créé en 2004) a été dissous en 2016. (Siège : Luxembourg.)

Cour des comptes, juridiction administrative française. Créée en 1807, elle contrôle l'exécution des opérations financières de l'État et l'usage qui est fait des deniers publics.

Cour européenne des droits de l'homme, juridiction internationale créée en 1959 pour être l'organe judiciaire du Conseil de l'Europe. Elle est composée d'autant de juges que d'États membres de ce Conseil. (Siège : Strasbourg.)

COURIER (Paul-Louis), *Paris 1772 - Véretz 1825*, écrivain français. Il lança de brillants pamphlets contre la Restauration.

Cour internationale de justice, organe juridictionnel des Nations unies. Ayant pris, en 1946, la suite de la Cour permanente de justice internationale (1922), elle juge les différends entre les États. (Siège : La Haye.)

▲ Gustave **Courbet.** *L'Atelier du peintre*, 1855. (Musée d'Orsay, Paris.)

COURLANDE, en lett. **Kurzeme,** anc. région de la Lettonie, à l'O. du golfe de Riga.

COURMAYEUR [-majœr], comm. d'Italie (Val d'Aoste), sur la Doire Baltée, au pied du mont Blanc ; 2 825 hab. Station de sports d'hiver (alt. 1 224 - 3 456 m) et centre d'alpinisme, près du débouché du tunnel du Mont-Blanc.

COURNAND (André), *Paris 1895 - Great Barrington, Massachusetts, 1988*, médecin américain d'origine française. Il reçut le prix Nobel en 1956 pour ses travaux sur l'insuffisance cardiaque.

COURNEUVE (La) [93120], bur. centr. de cant. de la Seine-Saint-Denis ; 41 956 hab. *(Courneuviens)*. Industrie aéronautique. Parc départemental. Centre des Archives diplomatiques.

COURNON-D'AUVERGNE (63800), bur. centr. de cant. du Puy-de-Dôme ; 20 179 hab. *(Cournonnais)*. Église romane.

COURNOT (Antoine Augustin), *Gray 1801 - Paris 1877*, économiste, mathématicien et philosophe français. Il fut un précurseur de l'école mathématique en économie. En philosophie, il chercha à appliquer les résultats de ses réflexions sur le calcul des probabilités.

COURONNE (La) [16400], bur. centr. de cant. de la Charente ; 8 186 hab. *(Couronnais)*. Papeteries. – Restes (XIIe-XVIIIe s.) d'une abbaye.

Couronne de chêne (ordre de la), ordre luxembourgeois, créé en 1841.

Couronnement de la Vierge (le), grand retable d'Enguerrand Quarton (1454, musée de Villeneuve-lès-Avignon). Il témoigne de l'impact des modèles flamands et italiens sur une sensibilité française gothique, pour aboutir à un langage plastique spécifique du XVe s. provençal.

Cour pénale internationale (CPI), juridiction internationale. Créée par le Statut de Rome (1998) et mise en place en 2002, elle est chargée de juger les personnes poursuivies notamm. pour génocide, crimes de guerre ou crimes contre l'humanité. Elle a vocation à intervenir, pour éviter toute impunité, lorsqu'un État ayant adhéré au Statut de Rome (auj. 123 membres ; retrait du Burundi en 2017) ne peut ou ne veut pas engager des poursuites. (Siège : La Haye.)

Cour permanente d'arbitrage, organisme juridictionnel international. Créée à La Haye en 1899, elle a pour mission de favoriser l'arbitrage des différends internationaux.

COURPIÈRE (63120), bur. centr. de cant. du Puy-de-Dôme, sur la Dore ; 4 394 hab. *(Courpiérois)*. Église romane de style auvergnat.

COURRÈGES (André), *Pau 1923 - Neuilly-sur-Seine 2016*, couturier français. Il lança la minijupe en France en 1965, et révolutionna la haute couture avec un style court, très structuré, privilégiant le blanc pur.

COURRIÈRES (62710), comm. du Pas-de-Calais ; 10 800 hab. En 1906, une terrible catastrophe fit 1 200 victimes dans une mine de houille.

COURSAN (11110), bur. centr. de cant. de l'Aude, sur l'Aude ; 5 948 hab. *(Coursannais)*. Vins. – Église gothique.

Cours de linguistique générale, livre posthume rédigé d'après les notes de cours de F. de Saussure (1916). Cet ouvrage, dans lequel sont définis les concepts fondamentaux de la linguistique structurale, a influencé l'ensemble des sciences humaines.

Cours de philosophie positive, œuvre de A. Comte (1830-1842), où il expose la loi des trois états du développement de l'esprit humain et propose sa classification des sciences.

COURSEULLES-SUR-MER (14470), comm. du Calvados ; 4 183 hab. *(Courseullais)*. Station balnéaire. Ostréiculture. – Débarquement canadien, le 6 juin 1944.

Cour supérieure d'arbitrage, juridiction française d'exception. Créée en 1938, réorganisée en 1950, elle est chargée d'examiner les sentences arbitrales qui lui sont déférées pour excès de pouvoir ou violation de la loi.

Cour suprême des États-Unis, juridiction fédérale américaine la plus élevée. Composée de 9 juges nommés à vie par le président des États-Unis, elle contrôle la constitutionnalité des lois des États et des lois fédérales.

COURTELINE (Georges **Moinaux,** dit Georges), *Tours 1858 - Paris 1929*, écrivain français. Ses récits *(le Train de 8 h 47, Messieurs les ronds-de-cuir)* et ses comédies *(Boubouroche, la Paix chez soi)* présentent avec ironie l'absurdité de la vie bourgeoise et administrative.

COURTENAY (45320), bur. centr. de cant. du Loiret, dans le Gâtinais ; 4 147 hab. *(Curtiniens)*. Église reconstruite au XVIe s.

COURTENAY (maison **de**), famille française issue du frère cadet du roi de France Louis VII. Elle a donné des comtes à Édesse lors des croisades et trois empereurs latins de Constantinople : Pierre II, Robert et Baudouin II.

COURTOIS (Jacques), dit **il Borgognone,** *Saint-Hippolyte 1621 - Rome 1675*, peintre français. Fixé à Rome vers 1640, il s'y fit une brillante réputation de peintre de batailles.

COURTRAI, en néerl. **Kortrijk,** v. de Belgique, ch.-l. d'arrond. de la Flandre-Occidentale, sur la Lys ; 75 120 hab. Textile. – Monuments des XIIIe-XVIIe s. ; musées.

Courtrai (bataille de) [11 juill. 1302], victoire des milices flamandes sur les troupes du roi de France Philippe IV le Bel, commandées par Robert II le Noble, comte d'Artois. On l'appelle aussi « bataille des Éperons d'or ».

COUSERANS [kuzrɑ̃] n.m., région des Pyrénées centrales (Ariège), dans le bassin supérieur du Salat.

COUSIN (Jean), dit **le Père,** *Sens v. 1490 - Paris ? v. 1560*, peintre français. Pratiquant un art élégant et monumental, il a donné des cartons de vitraux et de tapisseries (cathédrale de Langres : deux pièces de la *Vie de saint Mammès*), des dessins, gravures, peintures (*Eva Prima Pandora*, Louvre) ainsi que des traités théoriques (*Livre de perspective*, 1560). — **Jean C.,** dit **le Fils,** *Sens v. 1522 - Paris v. 1594*, peintre français. Surtout connu pour ses dessins, il prolonge l'œuvre de son père avec plus de maniérisme.

COUSIN (Victor), *Paris 1792 - Cannes 1867*, philosophe et homme politique français. Il introduisit la philosophie allemande en France, fonda l'histoire de la philosophie et se fit le promoteur d'un éclectisme spiritualiste (*Du vrai, du beau et du bien*, 1853). [Acad. fr.]

COUSINET (Roger), *Arcueil 1881 - Paris 1973*, pédagogue français. Il fut le promoteur d'une pédagogie fondée sur la psychologie de l'enfant et libérée de la tutelle magistrale.

COUSIN-MONTAUBAN (Charles), comte **de Palikao,** *Paris 1796 - Versailles 1878*, général français. Vainqueur en Chine à Palikao (1860), il présida en 1870 le dernier ministère de Napoléon III.

COUSTEAU (Jacques-Yves), *Saint-André-de-Cubzac, Gironde, 1910 - Paris 1997*, océanographe français. Inventeur d'équipements nouveaux (notamment du scaphandre autonome avec E. Gagnan), il a conduit plusieurs campagnes à bord de la *Calypso* et a réalisé de nombreux films (*le Monde du silence*, 1955, avec L. Malle) et ouvrages sur le monde sous-marin. Il milita activement pour la protection de l'environnement. (Acad. fr.)

▲ Le commandant **Cousteau**

COUSTOU (Nicolas), *Lyon 1658 - Paris 1733*, sculpteur français. Il est notamm. l'auteur d'une *Pietà* à Notre-Dame de Paris. — **Guillaume Ier C.,** *Lyon 1677 - Paris 1746*, sculpteur français, frère de Nicolas. On lui doit les deux fougueux *Chevaux de Marly* (entre 1740 et 1745, moulages place de la Concorde à Paris, originaux au Louvre). — **Guillaume II C.,** *Paris 1716 - id. 1777*, sculpteur français, fils de Guillaume Ier. Il est l'auteur du mausolée du Dauphin, à Sens.

COUTANCES (50200), ch.-l. d'arrond. de la Manche, dans le Bocage normand, au S.-O. de Saint-Lô ; 9 960 hab. *(Coutançais)*. Évêché. Marché. Agroalimentaire. Équipements électriques. – Cathédrale de style gothique normand avec tour-lanterne (XIIIe s.) ; musée.

COUTHON (Georges), *Orcet, Puy-de-Dôme, 1755 - Paris 1794*, homme politique français. Il forma avec Robespierre et Saint-Just une sorte de triumvirat, réprima l'insurrection de Lyon (1793) et fit voter la loi du 22 prairial (10 juin 1794) instituant la « Grande Terreur ». Il fut guillotiné le 10 thermidor.

COUTRAS [-tra] (33230), bur. centr. de cant. de la Gironde, sur la Dronne ; 8 705 hab. *(Coutrasiens)*. Dans la région, uranium.

COUTURE (Thomas), *Senlis 1815 - Villiers-le-Bel 1879*, peintre français. Académiste éclectique (*les Romains de la décadence*, 1847, musée d'Orsay), il forma de nombreux élèves, dont Manet.

COUVE DE MURVILLE (Maurice), *Reims 1907 - Paris 1999*, homme politique français. Ministre des Affaires étrangères (1958 - 1968), il fut Premier ministre en 1968 - 1969.

COUVIN, comm. de Belgique, dans le sud de la prov. de Namur ; 13 952 hab.

COUZEIX (87270), bur. centr. de cant. de la Haute-Vienne ; 9 236 hab. *(Couzeixois)*.

Covenanters (de l'angl. *covenant*, pacte), presbytériens écossais qui s'opposèrent au XVIIe s. à l'introduction de l'anglicanisme en Écosse, après avoir proclamé le *National Covenant* de 1638.

COVENTRY, v. de Grande-Bretagne (Angleterre), dans les Midlands ; 303 475 hab. Université. Constructions mécaniques. – Cathédrale reconstruite après la Seconde Guerre mondiale. – La ville fut violemment bombardée durant la bataille d'Angleterre.

COVILHÃ (Pêro **da**), *Covilhã - en Éthiopie apr. 1545*, voyageur portugais. Chargé par Jean II, roi de Portugal, de trouver la route des Indes, il atteignit les côtes du Deccan puis gagna l'Éthiopie (1490).

COWANSVILLE, v. du Canada (Québec), près de la frontière américaine ; 13 656 hab. *(Cowansvillois)*. Industrie textile. Plastiques.

COWARD (sir Noel), *Teddington 1899 - Jamaïque 1973*, auteur dramatique britannique. Acteur, compositeur et metteur en scène, il a élaboré un théâtre brillant qui s'étend de la farce au drame (*le Vortex, les Amants terribles, Projet de vie*).

COWES, v. de Grande-Bretagne (Angleterre), dans l'île de Wight ; 9 663 hab. Port. Régates internationales.

COWLEY (Abraham), *Londres 1618 - Chertsey 1667*, écrivain anglais, auteur d'essais (*Essai sur moi-même*) et de poésies (*l'Amant*) dans la manière d'Anacréon et de Pindare.

COWPER (William), *Great Berkhamsted 1731 - East Dereham 1800*, poète britannique, peintre de la campagne et du foyer (*la Tâche*).

COXYDE, en néerl. **Koksijde,** comm. de Belgique (Flandre-Occidentale) ; 22 286 hab.

COYPEL [kwapɛl] (Noël), *Paris 1628 - id. 1707*, peintre français. Il exécuta des décorations d'esprit classique au parlement de Rennes, aux Tuileries, à Versailles. — **Antoine C.,** *Paris 1661 - id. 1722*, peintre français, fils de Noël. Influencé par le baroque romain et par Rubens, il fut peintre d'histoire et grand décorateur, au service des ducs d'Orléans et du roi (voûte de la chapelle du château de Versailles, 1709 ; grands tableaux inspirés de *l'Énéide*, pour le Palais-Royal, 1714 - 1717). Directeur de l'Académie, premier peintre du roi (1716), il a publié des *Discours* sur son art. — **Noël Nicolas C.,** *Paris 1690 - id. 1734*, peintre français, frère d'Antoine. Il est considéré comme un précurseur de F. Boucher. — **Charles Antoine C.,** *Paris 1694 - id. 1752*, peintre français, fils d'Antoine. Il s'attacha à l'expression des passions sous l'influence du théâtre ; il a donné des cartons de tapisserie pour les Gobelins (tenture de *Don Quichotte*).

COYZEVOX ou **COYSEVOX** [kwazvo] (Antoine), *Lyon 1640 - Paris 1720*, sculpteur français. Il travailla pour Versailles, pour Marly (deux *Chevaux ailés*, auj. au Louvre, copies aux Tuileries), donna des tombeaux et des bustes et fut le portraitiste de Louis XIV.

COZES (17120), comm. de la Charente-Maritime ; 2 166 hab. (*Cozillons*). Festival des arts et cultures d'Afrique (« Plein Sud »). – Église des XIIe-XIIIe s.

CPI → Cour pénale internationale.

CPME (Confédération des petites et moyennes entreprises), organisation syndicale française. Créée en 1944, elle a porté jusqu'en 2017 le nom de Confédération générale des petites et moyennes entreprises et du patronat réel (CGPME). Sa mission est de représenter et de défendre les intérêts des PME. Présidents : Léon Gingembre (fondateur et président jusqu'en 1978), René Bernasconi (1978 - 1990), Lucien Rebuffel (1990 - 2000), Jacques Freidel (2000 - 2002), Jean-François Roubaud (2002 - 2015), François Asselin (depuis 2015).

CRABBE (George), *Aldeburgh 1754 - Trowbridge 1832*, poète britannique, peintre de la vie des paysans et des pêcheurs (*le Village*).

CRACOVIE, en polon. **Kraków,** v. du sud de la Pologne, ch.-l. de voïévodie, sur la Vistule ; 757 611 hab. Université. Archevêché. Chimie. Textile. – Église Notre-Dame (XIIIe-XVe s.) ; halles et beffroi (XIVe-XVIIe s.) ; forteresse de la Barbacane (XVe s.) ; cathédrale (XIIe-XIVe s.) et château royal du Wawel, etc. Musées. – Cracovie, siège d'un évêché à partir du XIe s. et d'une université en 1364, fut la capitale de la Pologne de 1320 à 1596.

▲ **Cracovie.** La cathédrale du Wawel.

Crafoord (prix) [de Anna-Greta et Holger *Crafoord*], prix scientifique décerné par l'Académie royale des sciences de Suède. Il est attribué tous les ans, depuis 1982, dans l'un des domaines suivants : mathématiques, sciences de la vie, astronomie, sciences de la Terre.

▲ Lucas **Cranach l'Ancien.** *La Mélancolie*, 1532. (Statens Museum for Kunst, Copenhague.)

CRAGG (Anthony, dit Tony), *Liverpool 1949*, sculpteur britannique. Dans l'esprit de la nouvelle sculpture anglaise qui cherche à modifier le rapport à l'objet, il transfigure des rebuts de la société de consommation en mosaïques colorées ou en empilements, avant d'explorer les variations infinies du jeu des axes et des volumes.

CRAIG (Edward Gordon), *Stevenage 1872 - Vence, France, 1966*, metteur en scène de théâtre britannique. Par ses mises en scène, ses écrits théoriques et son enseignement à l'école de comédiens qu'il créa à Florence, il s'efforça d'illustrer sa conception d'un « théâtre total ».

CRAIOVA, v. de la Roumanie méridionale ; 302 601 hab.

CRAM (Donald James), *Chester, Vermont, 1919 - Palm Desert, Californie, 2001*, chimiste américain. Ses recherches portent sur les complexes stables d'ions alcalins liés à des molécules organiques. (Prix Nobel 1987.)

CRAMANT (51200), comm. de la Marne ; 896 hab. (*Cramantais*). Vins de Champagne.

CRAMER (Gabriel), *Genève 1704 - Bagnols-sur-Cèze 1752*, mathématicien suisse. Il est l'auteur de travaux d'algèbre linéaire.

CRAMPTON (Thomas Russell), *Broadstairs 1816 - Londres 1888*, ingénieur britannique. Il réalisa un type de locomotive à grande vitesse qui fut très utilisée en Europe et construisit, en 1855, le réseau hydraulique de Berlin.

CRANACH (Lucas), dit **l'Ancien,** *Kronach, Franconie, 1472 - Weimar 1553*, peintre et graveur allemand. Fixé à partir de 1505 à la cour de Saxe, à Wittenberg, il a pratiqué tous les genres : compositions religieuses ou mythologiques, portraits (Luther), nus féminins d'un charme subtil. — **Lucas C.,** dit **le Jeune,** *Wittenberg 1515 - Weimar 1586*, peintre allemand. Fils de Lucas l'Ancien, il dirigea après lui l'atelier familial.

CRANE (Hart), *Garettsville, Ohio, 1899 - golfe du Mexique 1932*, poète américain. Il tenta de réconcilier la poésie et la civilisation industrielle américaine (*le Pont*).

CRANE (Stephen), *Newark, New Jersey, 1871 - Badenweiler, Allemagne, 1900*, écrivain américain. Il est l'un des créateurs de la nouvelle américaine contemporaine (*la Conquête du courage*, 1895).

CRANKO (John), *Rustenburg, Transvaal, 1927 - en vol, au-dessus de Dublin, 1973*, danseur et chorégraphe britannique. Directeur artistique du Ballet de Stuttgart (1961 - 1973), il s'illustra dans de grandes compositions dramatiques (*Roméo et Juliette*, 1962 ; *Onéguine*, 1965).

CRANMER (Thomas), *Aslacton, Nottinghamshire, 1489 - Oxford 1556*, théologien anglican et archevêque de Canterbury. Il joua un rôle important dans l'établissement de la Réforme en Angleterre et fut mis à mort sous Marie Ire Tudor.

CRANS-SUR-SIERRE [krɑ̃syrsjɛr], station de sports d'hiver (alt. 1 500 - 3 000 m) de Suisse (Valais).

CRAON [krɑ̃] (53400), comm. de la Mayenne ; 4 694 hab. (*Craonnais*). Hippodrome. Agroalimentaire. Forêt. – Maisons anciennes ; château de la fin du XVIIIe s. (parc).

CRAONNE [kran] (02160), comm. de l'Aisne ; 80 hab. (*Craonnais*). Victoire de Napoléon sur Blücher en 1814. Combats en 1917 et 1918.

CRAPONNE (69290), comm. du Rhône, au pied des monts du Lyonnais ; 11 183 hab. (*Craponnois*). Musée de la Blanchisserie. Restes d'un aqueduc antique.

CRASHAW (Richard), *Londres v. 1613 - Loreto 1649*, poète anglais, d'inspiration métaphysique.

CRASSUS, en lat. **Marcus Licinius Crassus Dives** (le Riche), *Rome 115 - Carres 53 av. J.-C.*, homme politique romain. Consul en 70, il fit partie, avec César et Pompée, du premier triumvirat (60). Consul en 55 av. J.-C., il gouverna la Syrie et fut tué lors de la guerre contre les Parthes.

CRAU n.f., plaine du bas Rhône, à l'E. de la Camargue. Anc. delta de la Durance, devenu un désert de pierres (*coussouls*), auj. en partie fertilisé par l'irrigation. Foin. Fruits et légumes.

CRAU (La) [83260], bur. centr. de cant. du Var ; 17 663 hab. (*Craurois*).

CRAWFORD (Lucille **Le Sueur,** dite Joan), *San Antonio 1904 - New York 1977*, actrice américaine. Star dès l'époque du muet, elle mena une longue carrière cinématographique (*Poupées de théâtre*, E. Goulding, 1925 ; *Mannequin*, F. Borzage, 1938 ; *Johnny Guitare*, N. Ray, 1954).

CRAWLEY, v. de Grande-Bretagne (Angleterre), au S. de Londres ; 100 547 hab. Ville nouvelle.

CRAXI (Bettino), *Milan 1934 - Hammamet, Tunisie, 2000*, homme politique italien. Secrétaire général du Parti socialiste italien (1976 - 1993), il fut président du Conseil de 1983 à 1987.

Création d'Adam (la), fresque de Michel-Ange dans la chapelle Sixtine*, au Vatican, v. 1511. C'est l'une des 9 compositions sur des thèmes de la Genèse disposées perpendiculairement à l'axe de la voûte de cet édifice, formant la zone supérieure d'un complexe dispositif architectonique et iconographique.

CRÉBILLON (Prosper **Jolyot,** sieur **de Crais-Billon,** dit), *Dijon 1674 - Paris 1762*, poète dramatique français. Ses tragédies multiplient les effets pathétiques et les coups de théâtre (*Rhadamiste et Zénobie*). [Acad. fr.] — **Claude Jolyot,** sieur **de Crais-Billon,** dit **C. fils,** *Paris 1707 - id. 1777*, écrivain français, fils de Prosper. On lui doit des romans de mœurs (*les Égarements du cœur et de l'esprit*) et des contes licencieux (*le Sopha*).

CRÉCY-EN-PONTHIEU (80150), comm. de la Somme ; 1 504 hab. (*Crécéens*). Église des XVe-XVIe s. – Forêt. — bataille de **Crécy** (26 août 1346), bataille de la guerre de Cent Ans. Victoire d'Édouard III sur Philippe VI et la chevalerie française, obtenue grâce aux archers anglais.

CRÉCY-LA-CHAPELLE (77580), comm. de Seine-et-Marne, sur le Grand Morin ; 4 360 hab. (*Créçois*). Collégiale gothique à La Chapelle-sous-Crécy.

CREES → Cris.

CREIL [krɛj] (60100), bur. centr. de cant. de l'Oise, sur l'Oise ; 35 952 hab. (*Creillois*). Centre ferroviaire. – Maison-musée Gallé-Juillet (mobilier, faïences).

CRÉMAZIE (Octave), *Québec 1827 - Le Havre 1879*, écrivain canadien de langue française. Il est l'auteur de poèmes d'inspiration patriotique (*le Drapeau de Carillon*).

CRÉMIEU (38460), comm. de l'Isère, en bordure de l'*île* ou *plateau Crémieu* ; 3 373 hab. Vieilles maisons et monuments des XIVe-XVIIe s.

CRÉMIEUX (Adolphe), *Nîmes 1796 - Paris 1880*, avocat et homme politique français. Ministre de la Justice en 1848 et en 1870, il fit adopter le décret qui conféra la qualité de citoyens français aux Juifs d'Algérie (*décret Crémieux*, 24 oct. 1870).

CRÉMONE, en ital. **Cremona,** v. d'Italie (Lombardie), ch.-l. de prov. ; 69 154 hab. Renommée pour la fabrication de violons, elle fut la patrie de célèbres luthiers (Amati, Guarneri, Stradivari). – Cathédrale médiévale, avec campanile haut de 115 m. Musée municipal ; musée Stradivarius.

CRENNE (Marguerite **Briet**, dite Hélisenne **de**), *v. 1510 - ? apr. 1552*, femme de lettres française. Son récit indirectement autobiographique (*les Angoisses douloureuses qui procèdent d'amours*, 1538) est le premier roman d'inspiration personnelle de la littérature française.

CRÉON (33670), bur. centr. de cant. de la Gironde ; 4 653 hab. Vins. – Bastide du XIVe s. Aux environs, ruines de l'abbatiale romane de la Sauve.

CRÉON MYTH. GR. Roi de Thèbes dans le mythe d'Œdipe.

CRÉPIN et **CRÉPINIEN** (saints), frères d'origine romaine, martyrisés, peut-être à Soissons sous Maximien. Patrons des cordonniers.

Crépuscule des dieux (le), opéra de Wagner, dernière partie de la *Tétralogie**.

CRÉPY-EN-VALOIS (60800), bur. centr. de cant. de l'Oise ; 15 283 hab. (*Crépynois*). Chimie. – Ville pittoresque ; musée du Valois et de l'Archerie.

CRÉQUI ou **CRÉQUY** (Charles **de**), *v. 1578 - Crema 1638*, maréchal de France. Il prit Pignerol (1630) et devint ambassadeur à Rome (1633), puis à Venise (1634). — **François de C.,** *1629 - Paris 1687*, maréchal de France, petit-fils de Charles.

CRÈS (Le) [34920], bur. centr. de cant. de l'Hérault ; 9 343 hab. (*Cressois*).

CRESPI (Giuseppe Maria), *Bologne 1665 - id. 1747*, peintre et graveur italien. C'est un maître du naturalisme (*la Foire de Poggio a Caiano*, 1709, musée des Offices).

CRESPIN [krɛpɛ̃] (59154), comm. du Nord ; 4 496 hab. (*Crespinois*). Matériel ferroviaire.

CRESPIN (Régine), *Marseille 1927 - Paris 2007*, soprano française. Elle interpréta notamment R. Wagner, R. Strauss et F. Poulenc.

CRESSENT (Charles), *Amiens 1685 - Paris 1768*, ébéniste français. Il exécuta pour la famille d'Orléans de précieux meubles ornés de marqueteries et de bronzes, d'un style rocaille mesuré.

CRESSIER, comm. de Suisse (canton de Neuchâtel) ; 1 901 hab. (*Cressiacois*). Raffinerie de pétrole.

CRESSON (Édith), *Boulogne-Billancourt 1934*, femme politique française. Socialiste, ministre de l'Agriculture (1981 - 1983), du Commerce extérieur (1983 - 1986), puis des Affaires européennes (1988 - 1990), elle est la première femme, en France, à accéder au poste de Premier ministre (1991 - 1992).

CREST [krɛ] (26400), bur. centr. de cant. de la Drôme, sur la Drôme ; 8 575 hab. (*Crestois*). Donjon du XIIe s.

CRÉSUS, dernier roi de Lydie (v. 560 - 546 av. J.-C.). Il devait sa légendaire richesse aux mines d'or et au trafic commercial de son royaume. Il fut vaincu, condamné à mort et gracié par Cyrus.

CRÈTE, en gr. **Kríti,** anc. **Candie,** île grecque de la Méditerranée ; 8 336 km² ; 621 340 hab. (*Crétois*) ; v. princ. *Iráklion* et *Khaniá*. C'est une île allongée d'ouest en est, formée de chaînes calcaires ouvertes par des plaines (blé, vigne, agrumes et oliviers). Tourisme.

HISTOIRE L'île connaît aux IIIe-IIe millénaires une brillante civilisation dite « minoenne », dont témoignent les palais de Cnossos, Malia et Phaistos. **XVe - XIIe s. av. J.-C. :** la Crète, sous la domination partielle des Mycéniens, décline irrémédiablement lors de l'invasion dorienne (XIIe s.). **Ve - Ier s. av. J.-C. :** l'île devient un marché de mercenaires, entretenu par les guerres qui opposent les villes crétoises. **67 av. J.-C. :** les Romains conquièrent l'île. **395 - 1204 :** possession byzantine, la Crète est occupée par les

▲ **Crète.** Acrobates et taureaux. Fresque du vestibule du palais de Cnossos (v. 1550 av. J.-C.). [Musée d'Iráklion.]

musulmans de 827 - 828 à 960 - 961. **1204 - 1669 :** l'île appartient aux Vénitiens, qui ne peuvent résister à la conquête turque, commencée en 1645. **1669 - 1913 :** sous domination ottomane, elle obtient, après plusieurs soulèvements, son autonomie (1898), proclame son union avec la Grèce (1908) et se libère totalement du joug ottoman (1913).

CRÉTEIL (94000), ch.-l. du dép. du Val-de-Marne, sur la Marne, au S.-E. de Paris ; 91 451 hab. (*Cristoliens*). Académie et université. Évêché. Centre hospitalier.

CREUS (cap), cap du nord-est de l'Espagne, en Catalogne.

CREUSE n.f., riv. de France, dans le Limousin et le Berry, affl. de la Vienne (r. dr.) ; 255 km.

CREUSE n.f. (23), dép. de la Région Nouvelle-Aquitaine ; ch.-l. de dép. *Guéret* ; ch.-l. d'arrond. *Aubusson* ; 2 arrond. ; 15 cant. ; 258 comm. ; 5 565 km² ; 124 569 hab. (*Creusois*). Le dép. appartient à l'académie et à la cour d'appel de Limoges, à la zone de défense et de sécurité Sud-Ouest. S'étendant sur les plateaux de la Marche et de la Combraille, s'élevant vers le sud-est, de part et d'autre de la vallée encaissée de la Creuse, le dép. est surtout rural (orienté vers l'élevage bovin). La faiblesse de l'industrialisation et celle de l'urbanisation (Guéret est la seule ville dépassant 10 000 hab.) expliquent que, depuis le début du siècle, la Creuse ait perdu la moitié de sa population.

CREUSOT (Le) [71200], bur. centr. de cant. de Saône-et-Loire ; 22 296 hab. (*Creusotins*). Centre, avec Montceau-les-Mines, d'une communauté urbaine (*Le Creusot-Montceau*) regroupant 19 communes (97 344 hab.). Métallurgie. – Écomusée et centre culturel au château de la Verrerie.

CREUTZWALD (57150), comm. de la Moselle ; 13 523 hab. (*Creutzwaldois*). Anc. centre houiller. Téléviseurs. Industrie automobile.

CREVAUX (Jules), *Lorquin, Moselle, 1847 - dans le Chaco 1882*, explorateur français. Il explora les bassins de l'Amazone et de l'Orénoque et fut tué par les Indiens.

CRÈVECŒUR (Philippe **de**), *v. 1418 - L'Arbresle 1494*, maréchal de France. Il servit Charles le Téméraire, Louis XI puis Charles VIII.

CREVEL (René), *Paris 1900 - id. 1935*, écrivain français. Pur et tourmenté, tiraillé entre sa fidélité au surréalisme et son engagement communiste, il est l'auteur d'une œuvre éparse et poignante (*Détours*, 1924 ; *Êtes-vous fous ?*, 1929). Il se suicida.

Creys-Malville, centrale nucléaire équipée du surgénérateur Super-Phénix, sur la comm. de Creys-et-Pusignieu (Isère), sur le Rhône. En butte à une succession d'incidents techniques, la centrale, entrée en service en 1986, n'a jamais fonctionné à régime optimal. Son arrêt définitif et son démantèlement ont été décidés en 1997 - 1998.

CRF, sigle de Croix-Rouge* française.

CRICK (sir Francis Harry **Compton**), *Northampton 1916 - La Jolla, Californie, 2004*, biologiste britannique. Avec J. D. Watson, et s'appuyant notamm. sur les clichés de R. Franklin, il a élucidé la structure en double hélice de l'ADN (1953), qui sera ensuite confirmée par les travaux de M. Wilkins. (Prix Nobel 1962.)

CRIEL-SUR-MER (76910), comm. de la Seine-Maritime ; 2 777 hab. (*Criellois*). Station balnéaire. – Château du XVIe s. (mairie).

CRIF (Conseil représentatif des institutions juives de France), organisme créé en 1943 et représentant env. soixante organisations.

CRILLON (Louis **de Berton de**), *Murs, Vaucluse, 1541 ou 1543 - Avignon 1615*, homme de guerre français. Il prit part aux guerres de Religion dans l'armée royale, défendit Henri III contre les ligueurs et se rallia à Henri IV.

CRIMÉE, off. presqu'île de l'Ukraine – rattachée de facto à la Russie, en 2014, en tant que république (non reconnue par la communauté internationale) –, qui sépare la mer Noire de la mer d'Azov. Les montagnes de sa partie méridionale (1 545 m) dominent une côte pittoresque bordée de stations balnéaires, dont Yalta.

HISTOIRE Peuplée par les Cimmériens, puis par les Scythes, la région est colonisée par les Grecs à partir du VIIe s. av. J.-C. **Ve s. av. J.-C. :** création du royaume du Bosphore. **63 av. J.-C. :** celui-ci passe sous protectorat romain. **IIIe - IVe s. apr. J.-C. :** il est envahi par les Goths et les Huns. **VIIIe - XIIIe s. :** des peuples d'origine turque (Khazars, Coumans) puis les Mongols (XIIIe s.) occupent la presqu'île. Les Vénitiens et les Génois animent les comptoirs de Caffa (1266 - 1475) et de Tana. **XVIe s. :** les princes mongols (khans) reconnaissent la suzeraineté des Ottomans. **1783 :** la Crimée est annexée par la Russie. **1945 :** les Tatars de Crimée sont déportés et leur république autonome (créée en 1921) est supprimée. **1954 :** la Crimée, peuplée majoritairement de Russes, est rattachée à l'Ukraine. **1991 :** l'accession de l'Ukraine à l'indépendance réactive les revendications séparatistes des russophones de Crimée, partisans de la souveraineté ou d'un rattachement à la Russie. **1992 :** la Crimée devient république autonome au sein de l'Ukraine. **2014 :** dans le contexte de la crise ukrainienne (→ **Ukraine**), la tension s'accroît en Crimée, en présence de troupes russes qui y sont stationnées. En mars, la presqu'île fait sécession, puis proclame son rattachement à la Russie, entériné, à la hâte, lors d'un référendum.

Crimée (guerre de) [1854 - 1855], conflit qui opposa la France, la Grande-Bretagne, l'Empire ottoman et le Piémont à la Russie. Illustrée par les batailles de l'Alma et de Sébastopol, elle se termina par la défaite de la Russie, consacrée par le traité de Paris (1856).

CRIMP (Martin), *Dartford, Kent, 1956,* dramaturge britannique. Cultivant l'énigme comme ressort dramatique, son œuvre cruelle et ambiguë opère la lente mise à nu de l'altruisme de façade pratiqué par les individus et les institutions (*le Traitement*, 1993 ; *la Campagne*, 2000 ; *la Ville*, 2008).

CRIPPS (sir Stafford), *Londres 1889 - Zurich 1952,* homme politique britannique. Travailliste, ministre de l'Économie et chancelier de l'Échiquier (1947 - 1950), il mit en place un efficace programme d'austérité.

CRIS ou **CREES,** peuple amérindien du Canada (Ontario, Alberta, Québec) [env. 51 000]. Occupant un immense territoire au sud et à l'est de la baie d'Hudson et autour de la baie James, ils ont pris après l'arrivée des Européens une part importante dans le commerce des fourrures. Ils se sont vu reconnaître d'importants droits territoriaux. Ils parlent le *cri*, langue algonquienne.

CRIȘ n.m., en hongr. **Körös,** nom de trois rivières d'Europe orientale, nées en Roumanie (Transylvanie) et qui confluent en Hongrie, avant de rejoindre la Tisza (r. g.).

CRISPI (Francesco), *Ribera, Sicile, 1818 - Naples 1901,* homme politique italien. Compagnon de Garibaldi, président du Conseil (1887 - 1891 ; 1893 - 1896), il renouvela avec l'Allemagne et l'Autriche la Triple-Alliance (1887) et engagea l'Italie dans la voie de l'expansion coloniale ; il démissionna après le désastre d'Adoua (1896).

CRISTAL (monts de), massif de l'Afrique équatoriale (Gabon), au N. de l'Ogooué.

CRISTOFORI (Bartolomeo), *Padoue 1655 - Florence 1731,* facteur italien d'instruments à clavier. Très apprécié pour ses clavecins, il fut l'un des inventeurs du pianoforte.

CRITIAS, *450 - 404 av. J.-C.,* homme politique athénien. Élève de Socrate et oncle de Platon, l'un des Trente, il fut tué en essayant de reprendre Le Pirée à Thrasybule.

Critique de la faculté de juger, œuvre de Kant (1790), dans laquelle il traite du jugement esthétique et du jugement téléologique.

Critique de la raison pratique, œuvre de Kant (1788). Kant cherche comment la moralité comme impératif catégorique, c'est-à-dire comme loi a priori, peut constituer le principe déterminant de l'action d'une personne.

Critique de la raison pure, œuvre de Kant (1781, 2e éd. 1787). Kant analyse le pouvoir de la raison en général en déterminant son étendue et ses limites à partir de principes a priori afin de répondre à la question « que puis-je savoir ? ».

CRIVELLI (Carlo), *Venise v. 1430/1435 - Ascoli Piceno av. 1501,* peintre italien. Il a exécuté, dans les Marches, des polyptyques d'autel d'un graphisme nerveux, d'un coloris vif et précieux.

CRNA GORA → **MONTÉNÉGRO.**

CROATIE n.f., en croate **Hrvatska,** État de l'Europe balkanique, sur l'Adriatique ; 56 500 km² ; 4 290 000 hab. *(Croates).* **CAP.** *Zagreb.* **LANGUE :** *croate.* **MONNAIE :** *kuna.*

INSTITUTIONS République à régime parlementaire. Constitution de 1990, révisée en 2001. Le président de la République est élu au suffrage universel direct pour 5 ans. Il nomme le Premier ministre. L'Assemblée *(Sabor)* est élue au suffrage universel direct pour 4 ans.

GÉOGRAPHIE Étirée en forme de croissant, du Danube à l'Adriatique, la Croatie est formée de collines et de plaines dans le Nord et l'Est, de reliefs (Alpes dinariques) dominant la côte dalmate à l'ouest. En 1991, le territoire était peuplé à 75 % de Croates de souche, catholiques, mais comptait plus de 10 % de Serbes, orthodoxes. L'agriculture domine à l'est en Slavonie, l'industrie autour de Zagreb, et le littoral est une grande région touristique (vers Split et Dubrovnik).

HISTOIRE Peuplée d'Illyriens, la région appartient à partir de 6 - 9 apr. J.-C. à l'Empire romain et est envahie par les Slaves au VIe s. **925 :** Tomislav (910 - 928) réunit sous son autorité les Croaties pannonienne et dalmate et prend le titre de roi. **1102 :** le roi de Hongrie est reconnu roi de la Croatie. **1526 - 1527 :** une partie du pays tombe sous la domination des Ottomans, le reste est intégré aux possessions de la maison d'Autriche. **1867 - 1868 :** le compromis austro-hongrois rattache la Croatie à la Hongrie, avec laquelle est conclu le compromis hungaro-croate. **1918 - 1941 :** la Croatie adhère au royaume des Serbes, Croates et Slovènes, qui devient la Yougoslavie en 1929. Les Croates s'opposent au centralisme serbe ; des opposants créent la société secrète Oustacha (1929) et recourent au terrorisme. **1941 - 1945 :** l'État indépendant croate, contrôlé par les Allemands et les Italiens, est gouverné par A. Pavelić. **1945 :** la Croatie devient une des six républiques de la République populaire fédérative de Yougoslavie, mais le mouvement national croate persiste. **1990 :** les premières élections libres sont remportées par l'Union démocratique croate (HDZ), dirigée par Franjo Tudjman, qui devient président. **1991 :** la Croatie déclare son indépendance (juin). De violents combats opposent les Croates aux Serbes de Croatie et à l'armée fédérale. **1992 :** l'indépendance est reconnue par la communauté internationale (janv.). La Croatie accepte le plan de paix proposé par l'ONU et le déploiement d'une force de protection (FORPRONU), tout en affirmant sa volonté de restaurer son autorité sur la totalité du territoire (y compris la Krajina, où les Serbes ont proclamé une république en 1991). **1995 :** l'armée croate reconquiert la Krajina (août) et appuie la contre-offensive des forces croato-musulmanes en Bosnie. Le président Tudjman cosigne l'accord de paix sur la Bosnie-Herzégovine. **1999 :** F. Tudjman, qui avait été réélu à la tête de l'État en 1997, meurt. **2000 :** l'opposition remporte les élections législatives (grave échec de la HDZ). Un de ses leaders, le centriste Stjepan (dit Stipe) Mesić, est élu à la présidence de la République (réélu en 2005). **2003 :** la Croatie dépose une demande d'adhésion à l'Union européenne. Les élections législatives marquent le retour au pouvoir de la HDZ et de ses alliés (confirmés au terme des élections de 2007). **2009 :** la Croatie est intégrée dans l'OTAN. **2010 :** le social-démocrate Ivo Josipović est élu président. **2011 :** la coalition de centre gauche conduite par Zoran Milanović (social-démocrate) obtient la majorité absolue aux élections législatives, face à la HDZ. **2013 :** la Croatie adhère à l'Union européenne. **2015 :** Kolinda Grabar-Kitarović (HDZ) est la première femme à accéder à la tête de l'État. **2016 :** la HDZ revient au pouvoir au sein d'un gouvernement de coalition, nationaliste et controversé, qui vole en éclats cinq mois plus tard, avec, pour conséquence, la dissolution du Parlement. La HDZ remporte le nouveau scrutin et Andrej Plenković, un modéré, devient Premier ministre.

CROCE (Benedetto), *Pescasseroli 1866 - Naples 1952,* philosophe, historien et homme politique italien. Sa pensée historiciste et spiritualiste, inspirée par Vico et par Hegel, suppose l'identité

Croatie

de l'histoire et de la philosophie et accorde à l'art un intérêt privilégié (*Bréviaire d'esthétique*, 1913 ; *l'Histoire comme pensée et action*, 1938). Antifasciste, il fut président du Parti libéral en 1947.

CROCKETT (David, dit Davy), *Rogersville, Tennessee, 1786 - Fort Alamo, Texas, 1836*, pionnier américain. Trappeur, député du Tennessee, il est célèbre par sa participation héroïque à la résistance de Fort Alamo, face aux Mexicains (1836), où il trouva la mort.

Croisade des enfants (1212), croisade de jeunes pèlerins, appelés à tort « enfants », qui, de France et d'Allemagne, partirent pour les Lieux saints.

Croisade des pastoureaux, mouvement de paysans qui, v. 1250, formèrent des bandes afin de partir pour la croisade et de délivrer Louis IX. Leur action dégénéra en brigandage et en tueries.

croisades, expéditions militaires entreprises du XIe au XIIIe s. par l'Europe chrétienne sous l'impulsion de la papauté. Leur but était de porter secours aux chrétiens d'Orient, de reprendre les Lieux saints (en particulier le Saint-Sépulcre) aux musulmans, puis de défendre les États latins* du Levant fondés en Syrie et en Palestine.

CROISIC (Le) [44490], comm. de la Loire-Atlantique, sur la *pointe du Croisic* ; 4 122 hab. *(Croisicais)*. Port. Station balnéaire. Grand aquarium (« Océarium »). – Église de style gothique flamboyant.

Croissant-Rouge (le), organisation humanitaire ayant, dans les pays musulmans, les mêmes fonctions que la Croix-Rouge*.

CROISSY (Charles **Colbert,** marquis **de**), *Reims 1629 - Versailles 1696*, homme d'État français. Frère de Colbert, il fut secrétaire d'État aux Affaires étrangères (1679).

CROISSY-SUR-SEINE (78290), comm. des Yvelines ; 10 442 hab. *(Croissillons)*. Laboratoire pharmaceutique. – Chapelle du XIIIe s. Château du XVIIIe s.

CROIX (59170), comm. du Nord, au N.-E. de Lille ; 21 535 hab. *(Croisiens)*. Matériel agricole. Vente par correspondance. – Villa Cavrois (Mallet-Stevens).

Croix (la), quotidien catholique français. Fondé en 1883 par les assomptionnistes, il est devenu le principal organe de la presse catholique.

Croix-de-Feu (les), organisation française d'anciens combattants fondée en 1927 par l'écrivain Maurice Hanot et présidée à partir de 1932 par le lieutenant-colonel de La Rocque. Nationalistes et anticommunistes, elles furent dissoutes en juin 1936 par le Front populaire.

CROIX DU SUD, constellation australe. Ses quatre étoiles les plus brillantes forment une croix dont la grande branche est orientée vers le pôle Sud et qui servait jadis de repère d'orientation aux navigateurs.

Croix-Rouge (la), organisation internationale à vocation humanitaire. Fondée par Henry Dunant, à Genève, en 1863, pour venir en aide aux blessés et aux victimes de la guerre, elle fut reconnue par la Convention de Genève du 22 août 1864, qui adopta l'emblème de la croix rouge sur fond blanc (celui d'un croissant rouge fut reconnu en 1949 et celui d'un cristal rouge, en 2005). En temps de paix, la Croix-Rouge participe à un grand nombre d'actions humanitaires. Depuis 1986, la Croix-Rouge internationale a pour dénomination *Mouvement international de la Croix-Rouge et du Croissant-Rouge*. (Prix Nobel de la paix 1917, 1944 et 1963.)

CROIZAT (Ambroise), *Notre-Dame-de-Briançon, 1901 - Suresnes 1951*, homme politique français. Communiste, ministre du Travail de 1945 à 1947, il mit en œuvre les grandes réformes sociales de la Libération (sécurité sociale, mais aussi retraites, comités d'entreprise, etc.).

CROLLES (38920), comm. de l'Isère, au N.-E. de Grenoble ; 8 605 hab. *(Crollois)*. Composants électroniques. Agroalimentaire.

CROLLIUS (Oswaldus) ou **CROLL** (Oswald), *Wetter, Hesse, 1580 - Prague ? 1609*, alchimiste et chimiste allemand. Son *Basilica chymica* (1608) postule l'analogie parfaite entre le microcosme (l'homme) et le macrocosme (le monde).

CRO-MAGNON, site de la Dordogne (comm. des Eyzies-de-Tayac-Sireuil). Il a livré en 1868 les premiers restes fossiles d'une population d'*Homo sapiens* qui peuplait l'Europe occidentale et centrale au paléolithique supérieur.

LES HUIT CROISADES

■ 1re CROISADE (1096 - 1099)

Ordonnateur : Urbain II au concile de Clermont.

Conduite par Pierre l'Ermite et Gautier Sans Avoir, la croisade populaire est défaite par les Turcs. Ensuite, la croisade des seigneurs conquiert Antioche, Édesse puis Jérusalem (1099). Elle aboutit à la création des États latins du Levant (ou d'Orient) : la principauté d'Antioche, le comté d'Édesse, le royaume de Jérusalem (confié à Godefroi de Bouillon) et le comté de Tripoli.

■ 2e CROISADE (1147 - 1149)

Prédicateur : Bernard de Clairvaux pour Eugène III.

Conduite par Conrad III de Hohenstaufen et Louis VII, elle assiège en vain Damas et ne délivre pas Édesse tombée aux mains des Turcs.

■ 3e CROISADE (1189 - 1192)

Conduite par Frédéric Barberousse, Philippe Auguste et Richard Cœur de Lion, elle a pour but la délivrance de Jérusalem reconquise par Saladin en 1187 et n'aboutit qu'à la prise de Chypre et de Saint-Jean-d'Acre.

■ 4e CROISADE (1202 - 1204)

Ordonnateur : Innocent III.

Conduite par Boniface Ier de Montferrat et Baudouin IX de Flandre, elle est détournée par les Vénitiens de son but initial (l'Égypte) pour se diriger sur Constantinople, pillée en 1204. L'Empire latin de Constantinople est fondé, et les Vénitiens obtiennent d'énormes avantages commerciaux et territoriaux.

■ 5e CROISADE (1217 - 1219)

Ordonnateur : Innocent III.

La croisade est proclamée en 1215 par le IVe concile du Latran. Conduite par André II, roi de Hongrie, puis par Jean de Brienne, roi de Jérusalem, elle ne peut libérer le mont Thabor aux mains des musulmans et conquiert temporairement Damiette, en Égypte (1219 - 1221).

■ 6e CROISADE (1228 - 1229)

Ordonnateur : Honorius III.

Elle est dirigée par Frédéric II de Hohenstaufen, qui négocie avec les musulmans la restitution de Jérusalem, Bethléem et Nazareth.

■ 7e CROISADE (1248 - 1254)

Ordonnateur : Innocent IV.

Sous la conduite de Louis IX (Saint Louis), elle tente de conquérir l'Égypte, qui contrôle les Lieux saints. Elle s'empare de Damiette puis est défaite à Mansourah et abandonne l'Égypte.

■ 8e CROISADE (1270)

Organisée par Louis IX et Charles Ier d'Anjou, elle se dirige vers Tunis, où le roi de France trouve la mort.

croix rouge — croissant rouge — cristal rouge

▲ Les emblèmes du Mouvement international de la **Croix-Rouge** et du **Croissant-Rouge.**

CROMMELYNCK (Fernand), *Paris 1886 - Saint-Germain-en-Laye 1970*, auteur dramatique belge de langue française. Il a écrit des comédies *(le Cocu magnifique)*.

CROMWELL (Oliver), *Huntingdon 1599 - Londres 1658*, homme d'État anglais. Gentilhomme puritain, il est élu député à la Chambre des communes (1640) et devient le chef de l'opposition à l'arbitraire royal et à l'épiscopat anglican. Lors de la première guerre civile (1642 - 1646), il bat les troupes royales à Marston Moor (1644), puis à Naseby (1645) avec ses « Côtes de fer ». En fait plutôt modéré, opposé aux niveleurs, il ne devient un adversaire décidé de Charles Ier que lorsque celui-ci déchaîne la seconde guerre civile (1648). Après avoir épuré le Parlement, appelé alors « Parlement croupion », il élimine la Chambre des lords et fait condamner le roi à mort (1649). L'État anglais prend le nom de Commonwealth. Véritable maître, Cromwell soumet par la force l'Irlande puis l'Écosse (1650 - 1651). En faisant voter l'Acte de navigation (1651), il se trouve entraîné dans une guerre contre les Provinces-Unies (1652 - 1654), qui contribua à faire de l'Angleterre une grande puissance navale. Devenu lord-protecteur (1653), il partage d'abord les pouvoirs avec un Conseil d'État, puis, durcissant le régime en 1655, agit en véritable souverain.

▲ Oliver **Cromwell** par S. Cooper. (Coll. priv.) — **Richard C.,** *Huntingdon 1626 - Cheshunt 1712*, homme d'État anglais. Fils d'Oliver, il succéda à son père à la mort de celui-ci, mais démissionna dès 1659.

CROMWELL (Thomas), comte **d'Essex,** *Putney v. 1485 - Londres 1540*, homme d'État anglais. Chancelier de l'Échiquier (1533) et secrétaire du roi Henri VIII, artisan de la Réforme en Angleterre, il fut décapité.

CRONENBERG (David), *Toronto 1943*, cinéaste canadien. Maître du fantastique et du paranormal (*la Mouche*, 1986 ; *Faux-semblants*, 1988 ; *eXistenZ*, 1999), il s'intéresse également aux dérèglements du corps social (*A History of Violence*, 2005 ; *Maps to the Stars*, 2014).

CRONOS ou **KRONOS** **MYTH. GR.** Dieu personnifiant le Temps. Il est le Titan qui mutila son père Ouranos et dévora ses enfants, à l'exception de Zeus, qui le détrôna. Il fut assimilé par les Romains à Saturne.

CRONQUIST (Arthur John), *San Jose, Californie, 1919 - Provo, Utah, 1992*, botaniste américain. Connu pour ses travaux sur la taxinomie et l'évolution des végétaux, il est l'auteur d'une classification des plantes à fleurs.

CRONSTADT → **KRONCHTADT.**

CROOKES (sir William), *Londres 1832 - id. 1919*, chimiste et physicien britannique. Il découvrit le thallium (1861), inventa un tube électronique (1872) et montra que les rayons cathodiques sont des particules électrisées (1878).

CROS (Charles), *Fabrezan 1842 - Paris 1888*, inventeur et écrivain français. Il découvrit un procédé indirect de photographie des couleurs en 1869 (en même temps que Ducos du Hauron) et conçut en 1877 (indépendamment d'Edison) un dispositif d'enregistrement et de reproduction des sons. – Humaniste et poète *(le Coffret de santal)*, il fut célébré après 1920 par les surréalistes comme un de leurs inspirateurs.

▲ Charles **Cros** par Nadar.

CROTONE, v. d'Italie (Calabre) ; 59 050 hab. Elle est proche de l'anc. Crotone, qui fut la résidence de Pythagore et la patrie de l'athlète Milon.

CROTOY (Le) [80550], comm. de la Somme, sur la baie de Somme ; 2 107 hab. *(Crotellois)*. Station balnéaire.

CROW, peuple amérindien des plaines centrales des États-Unis (Montana, Wyoming) [env. 5 000], de la famille des Sioux.

CROZET (îles) ou archipel **CROZET,** archipel de l'océan Indien méridional, au S. de Madagascar ; partie des terres Australes* et Antarctiques françaises ; env. 500 km². Réserve d'oiseaux de mer. Base scientifique.

CROZIER (Michel), *Sainte-Ménehould 1922 - Paris 2013*, sociologue français. Il développa l'étude des organisations (syndicats, administrations, entreprises, etc.), mettant l'accent sur les facteurs de résistance au changement (*le Phénomène bureaucratique*, 1964 ; *l'Acteur et le Système*, avec E. Friedberg, 1977).

CROZON (29160), bur. centr. de cant. du Finistère, dans la *presqu'île de Crozon* ; 7 874 hab. *(Crozonnais).*

CRUAS [kryas] (07350), comm. de l'Ardèche ; 3 049 hab. *(Cruassiens).* Centrale nucléaire en bordure du Rhône. – Anc. abbatiale (mosaïque de pavement de 1098).

CRUIKSHANK (George), *Londres 1792 - id. 1878*, caricaturiste et illustrateur britannique. Virulent dans la satire politique, il triompha avec ses chroniques de la vie populaire.

CRUISE (Thomas, dit Tom), *Syracuse, État de New York, 1962*, acteur américain. Alternant film d'auteur et cinéma d'action, il incarne des personnages doués d'un dynamisme combatif ou d'une psychologie complexe (*Top Gun*, T. Scott, 1986 ; *Mission impossible*, B. R. De Palma, 1996 ; *Eyes Wide Shut*, S. Kubrick, 1999 ; *Magnolia*, P. T. Anderson, id. ; *Minority Report*, S. Spielberg, 2002).

CRUMB (Robert), *Philadelphie 1943*, dessinateur et scénariste américain de bandes dessinées. Figure du mouvement underground, il pourfend les conventions sociales tout en se faisant le chroniqueur féroce de ses fantasmes et de ses psychoses (*Fritz the Cat*, 1965 ; *Mister Natural*, 1970 ; *la Genèse*, 2009).

CRUYFF ou **CRUIJFF** (Hendrik Johannes, dit Johan), *Amsterdam 1947 - Barcelone 2016*, footballeur néerlandais. Stratège et buteur, il remporta trois fois la Coupe d'Europe des clubs champions avec l'Ajax d'Amsterdam (1971 - 1973). Il fut aussi entraîneur (Ajax d'Amsterdam, FC Barcelone).

CRUZ (Juana Inés **de Asbaje [Asuaje],** dite sor Juana Inés **de la**), *San Miguel de Nepantla 1651 - Mexico 1695*, poétesse et religieuse mexicaine. Auteure de comédies et d'autos sacramentales *(El divino Narciso)*, elle mêle dans sa poésie religieuse ou profane virtuosité baroque, profondeur des sentiments et curiosité scientifique.

CRUZ (Penélope), *Alcobendas, communauté autonome de Madrid, 1974*, actrice espagnole. Sa sensualité et sa pétulance en font une icône du cinéma espagnol (*Jambon, jambon*, J. J. Bigas Luna, 1992 ; *Tout sur ma mère*, P. Almodóvar, 1999 ; *Volver*, id., 2006) et international (*Vicky Cristina Barcelona*, W. Allen, 2008).

▲ Penélope **Cruz.**
Affiche de *Volver* de Pedro Almodóvar (2006).

CRUZ (Ramón **de la**), *Madrid 1731 - id. 1794*, auteur dramatique espagnol. Ses saynètes peignent avec réalisme le peuple de Madrid.

CSA (Conseil supérieur de l'audiovisuel), autorité publique indépendante qui assure la liberté et qui contrôle l'exercice de la communication audiovisuelle en France. Institué par la loi du 17 janvier 1989, il est auj. composé de sept membres.

CSCE (Conférence sur la sécurité et la coopération en Europe) → **OSCE.**

CSOKONAI VITÉZ (Mihály), *Debrecen 1773 - id. 1805*, poète hongrois, auteur de poèmes lyriques et philosophiques.

CSU → **CDU.**

CTÉSIAS, *Cnide ve s. av. J.-C.*, historien grec. Auteur d'ouvrages sur la Perse et sur l'Inde.

CTÉSIPHON, anc. ville parthe au S.-E. de Bagdad, résidence des Arsacides et des Sassanides. Ruines du palais de Châhpuhr Ier.

CUANZA ou **KWANZA** n.m., fl. d'Angola ; 1 000 km.

CUAUHTÉMOC, *v. 1495 ou v. 1502 - Izancanac 1525*, dernier souverain aztèque. Il fut pendu par ordre de Cortés.

CUBA n.f., État des Antilles, au sud de la Floride ; 111 000 km² ; 11 266 000 hab. *(Cubains).* **CAP.** *La Havane.* **LANGUE :** *espagnol.* **MONNAIES :** *peso cubain* et *peso convertible.*

GÉOGRAPHIE Le pays, au climat tropical (avec des cyclones fréquents), est formé de plaines et de plateaux calcaires, en dehors du S.-E., qui est montagneux. Cuba a longtemps été un important producteur de sucre (secteur auj. en crise) et fournit aussi du tabac et des fruits tropicaux. Le sous-sol recèle surtout du nickel. L'industrie est peu développée (agroalimentaire). La Havane constitue le principal débouché maritime. Affectée par l'effondrement de l'URSS, puis par la crise au Venezuela (son principal soutien), l'économie cubaine, qui a entamé une timide libéralisation, ne parvient pas à décoller, malgré le renouveau du tourisme. Les conditions de vie de la population restent difficiles, rendant primordiaux les subsides versés par les nombreux Cubains émigrés (en partic. aux États-Unis).

HISTOIRE **La période coloniale. 1492 :** peuplée à l'origine par les Indiens Arawak, l'île est découverte par Christophe Colomb. **1511 - 1513 :** Cuba est conquise par Diego Velázquez. Dès les premiers temps de la colonisation, les esclaves noirs remplacent les Indiens, exterminés. **XVIIIe s. :** riche colonie de plantation (tabac), l'île devient grand producteur de canne à sucre. **1818 :** les Cubains obtiennent la liberté générale du commerce. Redoutant une révolte des esclaves noirs, l'élite créole reste fidèle à l'Espagne. **1868 - 1878 :** les abus de l'administration coloniale provoquent une insurrection générale. L'île obtient une autonomie relative. **1880 :** l'esclavage est aboli. **1895 :** à l'instigation du poète Martí et des généraux Máximo Gómez et Antonio Maceo, la guerre d'indépendance est déclenchée. **1898 :** à la suite de l'explosion de leur cuirassé *Maine* en rade de La Havane, les États-Unis entrent en guerre contre l'Espagne, qui doit renoncer à Cuba (traité de Paris). **1898 - 1901 :** un gouvernement militaire américain s'installe dans l'île.

L'indépendance. 1901 : la République cubaine reçoit une Constitution de type présidentiel, mais reste étroitement dépendante des États-Unis, qui interviennent dans l'île en 1906, 1912 et 1917, en renforçant leur domination économique. **1925 - 1933 :** le pays est gouverné par un dictateur, Gerardo Machado, qui est renversé par l'armée. **1933 - 1944 :** le général Batista, protégé par les États-Unis, exerce la réalité du pouvoir jusqu'en 1940, puis devient président. **1952 :** revenu au pouvoir à la suite d'un coup d'État, Batista suspend la Constitution. **1953 :** après l'échec d'une première rébellion, Fidel Castro est emprisonné, puis s'exile. **1956 :** Castro débarque à Cuba et prend le maquis dans la sierra Maestra. **1959 :** l'offensive générale des guérilleros aboutit au départ de Batista. Manuel Urrutia est proclamé président de la République.

Le régime castriste. Devenu Premier ministre, Fidel Castro entreprend une politique de nationalisations qui provoque l'embargo des États-Unis sur le commerce cubain, tandis que l'URSS apporte son soutien au nouveau régime. **1961 :** une tentative de débarquement de Cubains anticastristes, soutenue par les États-Unis, est repoussée (baie des Cochons). **1962 :** l'installation de fusées soviétiques dans l'île provoque une crise internationale. **1965 - 1972 :** le durcissement du régime (nationalisation du commerce privé ; entraînement militaire dans les écoles) s'accompagne d'une émigration massive ; Cuba

Cuba

adhère au Comecon et s'aligne sur la politique de l'URSS. **1976 :** F. Castro devient président du Conseil d'État et concentre en ses mains tous les pouvoirs. Cuba intervient militairement en Afrique (Angola, 1975 ; Éthiopie, 1977). **1979 :** Cuba accède à la présidence du mouvement des pays non alignés. **1980 :** détente avec les États-Unis et nouvelle émigration de Cubains en Floride. **1989 - 1990 :** Cuba se désengage du continent africain (retrait d'Éthiopie et d'Angola). **1994 :** une nouvelle vague d'émigration de Cubains vers la Floride provoque des tensions avec les États-Unis. Affaibli par l'effondrement des pays de l'Est et par la désintégration de l'URSS, le régime persiste dans l'orthodoxie marxiste, malgré quelques concessions à l'économie de marché. **1998 :** la visite du pape Jean-Paul II dans l'île est l'occasion d'une éphémère détente intérieure et internationale. **À partir de 1999 :** le régime se durcit à nouveau (vague d'arrestations de dissidents en 2003 ; abandon à partir de 2004 de la relative libéralisation économique engagée dans les années 1990). Cuba développe une collaboration très étroite avec le Venezuela. **2006 :** Fidel Castro, malade, délègue provisoirement le pouvoir à son frère Raúl (juill.). **2008 :** il renonce à solliciter le renouvellement de son mandat à la présidence du Conseil d'État ; Raúl Castro lui succède (reconduit en 2013). **2010 - 2011 :** un certain nombre de dissidents emprisonnés sont libérés à la faveur d'une médiation de l'Église catholique, mais la pression sur les opposants reste forte. **2011 :** confronté à de graves difficultés budgétaires, l'État réoriente l'économie en engageant une réduction drastique du secteur public. R. Castro est élu à la tête du Parti communiste cubain. **2013 :** les restrictions sur les possibilités de voyager sont en partie levées. **Depuis fin 2014 :** après avoir annoncé leur volonté de normaliser leurs relations, Cuba et les États-Unis ont entamé un rapprochement par étapes (réouverture des ambassades, allégement de l'embargo), lequel est remis en cause, à partir de 2017, par le nouveau président américain, D. Trump. **2018 :** Miguel Díaz-Canel succède à R. Castro à la présidence du Conseil d'État.

Cuba (crise de) [oct.-nov. 1962], crise qui opposa les États-Unis et l'URSS à propos de l'installation de fusées soviétiques à Cuba. Kennedy décida le blocus des armes livrées à Cuba par les cargos soviétiques. La crise se dénoua après les propositions de Khrouchtchev prévoyant le retrait des missiles soviétiques sous contrôle de l'ONU, l'engagement de Cuba de ne pas accepter d'armes offensives et celui des États-Unis de ne pas envahir Cuba.

CÚCUTA ou **SAN JOSÉ DE CÚCUTA,** v. du nord de la Colombie ; 643 666 hab. (774 617 hab. dans l'agglomération). Café. Tabac.

CUDDAPAH, v. de l'Inde, au N.-O. de Madras ; 125 725 hab.

CUELLO, site archéologique maya du nord du Belize. Il est daté du préclassique (v. 1000 av. J.-C.). On y a retrouvé les plus anciennes manifestations culturelles de la civilisation maya.

CUENCA, v. de l'Équateur, dans les Andes, à plus de 2 500 m d'alt. ; 331 888 hab. Églises d'époque coloniale ; musée.

CUENCA, v. d'Espagne (Castille-La Manche), ch.-l. de prov. ; 54 876 hab. Cathédrale du XIIIᵉ s. Musée d'Art abstrait espagnol.

CUÉNOT (Lucien), *Paris 1866 - Nancy 1951,* biologiste français. Il a étudié l'hérédité chez les animaux (démontrant l'existence de caractères létaux), ainsi que l'adaptation, l'évolution et l'écologie.

CUERNAVACA, v. du Mexique, au S. de Mexico ; 364 778 hab. (875 598 hab. dans l'agglomération). Université. – Palais de Cortés (Musée archéologique).

CUERS [kyɛr] (83390), comm. du Var ; 10 975 hab. *(Cuersois).* Armement.

CUES (Nicolas **de**) → **NICOLAS DE CUES.**

CUEVAS (George **de Piedrablanca de Guana,** marquis **de**), *Santiago du Chili 1885 - Cannes 1961,* mécène américain d'origine chilienne. Il se consacra à partir de 1944 à la danse et à la compagnie de ballet qui porta son nom.

▲ Merce **Cunningham** (à droite) et Erick Hawkins dans *Deaths and Entrances* (1943) de Martha Graham (au fond).

CUGNAUX (31270), comm. de la Haute-Garonne ; 17 841 hab. *(Cugnalais).*

CUGNOT (Joseph), *Void, Lorraine, 1725 - Paris 1804,* ingénieur français. Il réalisa en 1769 la première voiture automobile à vapeur et, en 1771, un second modèle, appelé « fardier », pour le transport des pièces d'artillerie.

CUI (César), *Vilna, auj. Vilnius, 1835 - Petrograd 1918,* compositeur russe. Cofondateur du groupe des Cinq, il est l'auteur d'opéras (*le Prisonnier du Caucase,* 1883) et de nombreuses mélodies.

CUIABÁ, v. du Brésil, cap. du Mato Grosso ; 530 308 hab. (788 594 hab. dans l'agglomération). Tourisme.

CUIRY-LÈS-CHAUDARDES (02160), comm. de l'Aisne, sur l'Aisne ; 77 hab. *(Cuiryens).* Vestiges d'un village du néolithique ancien rubané (v. 4800 av. J.-C. pour le plus ancien stade d'occupation).

CUJAS (Jacques), *Toulouse 1522 - Bourges 1590,* jurisconsulte français. Il a été le représentant le plus brillant de l'école historique de droit romain.

CUKOR (George), *New York 1899 - Los Angeles 1983,* cinéaste américain. Son talent s'épanouit dans des comédies à la fois caustiques et sentimentales : *David Copperfield* (1935), *Hantise* (1944), *Une étoile est née* (1954), *le Milliardaire* (1960), *My Fair Lady* (1964).

CULIACÁN, v. du Mexique, au pied de la sierra Madre occidentale ; 858 631 hab.

CULLBERG (Birgit Ragnhild), *Nyköping 1908 - Stockholm 1999,* danseuse et chorégraphe suédoise. Elle fonda en 1967 le Ballet Cullberg. On peut citer notamment parmi ses chorégraphies : *Mademoiselle Julie,* 1950 ; *Révolte,* 1973.

CULLMANN (Oscar), *Strasbourg 1902 - Chamonix 1999,* théologien protestant français, auteur de travaux sur l'exégèse du Nouveau Testament et le christianisme primitif.

Culloden (bataille de) [16 avr. 1746], défaite du prétendant Stuart, Charles Édouard, devant le duc de Cumberland, non loin d'Inverness (Écosse). Elle marqua définitivement la ruine des ambitions des Stuarts sur le royaume britannique.

CULOZ [-loz] (01350), comm. de l'Ain ; 3 128 hab. *(Culoziens).* Nœud ferroviaire. Matériel thermique.

CUMANÁ, v. du Venezuela, cap. de l'État de Sucre ; 310 763 hab.

CUMBERLAND (William Augustus, duc **de**), *Londres 1721 - id. 1765,* prince et général britannique. Fils de George II, vaincu à Fontenoy (1745) et à Lawfeld (1747) par les Français, il battit le prétendant Charles Édouard à Culloden (1746).

CUMBRIA, comté du nord-ouest de l'Angleterre, s'étendant sur le massif du Cumberland (1 070 m) ; 499 858 hab. ; ch.-l. *Carlisle.* Tourisme (Lake District).

CUMES, en lat. **Cumae,** v. de Campanie, anc. colonie grecque. Elle était célèbre pour sa sibylle, dont l'antre impressionnant existe toujours ; autres vestiges antiques.

CUMMINGS (Edward **Estlin,** dit E. E.), *Cambridge, Massachusetts, 1894 - North Conway, New Hampshire, 1962,* écrivain américain. Romancier de la Génération* perdue (*l'Énorme Chambrée*), dramaturge et peintre, il est l'auteur d'une poésie fraîche et intense, marquée par l'innovation formelle (*Tulipes et Cheminées*).

CUMONT (Franz), *Alost 1868 - Bruxelles 1947,* philologue et archéologue belge. Il étudia la vie religieuse dans le monde romain (*les Religions orientales dans le paganisme romain,* 1929).

CUNA → **KUNA.**

CUNAULT, village de Maine-et-Loire (comm. de Chênehutte-Trèves-Cunault). Majestueuse église romane d'un anc. prieuré (chapiteaux). Aux environs, dolmens, amphithéâtre et églises (avec vestiges préromans) de Gennes.

CUNEO, en fr. **Coni,** v. d'Italie (Piémont), ch.-l. de prov. ; 54 698 hab. Textile. – Monuments du XVIIIᵉ s.

CUNHA (Tristão ou Tristan **da**), *Lisbonne 1460 - en mer 1540,* navigateur portugais. Il découvrit plusieurs îles de l'Atlantique austral, dont *Tristan da Cunha,* et reconnut Madagascar.

CUNNINGHAM (Merce), *Centralia, État de Washington, 1919 - New York 2009,* danseur et chorégraphe américain. Interprète de M. Graham, il collabora avec J. Cage et fonda sa compagnie en 1953. Il conçut la danse indépendamment de supports narratifs ou psychologiques et de sources d'inspiration musicales (*Suite for Five,* 1956 ; *Walkaround Time,* 1968 ; *Roaratorio,* 1983 ; *Biped,* 1999 ; *Interscape,* 2000 ; *Xover,* 2007). Sa compagnie s'autodissout à la fin de 2011.

CUNY (Alain), *Saint-Malo 1908 - Paris 1994,* comédien français. D'une beauté hiératique, il fut un grand interprète du théâtre de P. Claudel (*Tête d'or, la Ville, l'Annonce faite à Marie,* dont il réalisa lui-même l'adaptation filmée en 1991) et incarna, au cinéma, des figures symboliques ou en rupture avec la société (*les Visiteurs du soir,* M. Carné, 1942 ; *la Dolce Vita,* F. Fellini, 1960).

CUPIDON MYTH. ROM. Dieu de l'Amour. Il correspond à l'Éros grec.

CURAÇAO [kyraso], île des Antilles, près de la côte du Venezuela ; 149 679 hab. ; cap. *Willemstad.* Oranges (liqueur). Raffinage du pétrole. – Anc. partie des Antilles néerlandaises, l'île est dotée depuis 2010 du statut d'État autonome au sein du royaume des Pays-Bas.

CURIACES → **HORACES** (les trois).

CURIE (Marie), née **Skłodowska,** *Varsovie 1867 - Passy, Haute-Savoie, 1934,* physicienne française d'origine polonaise. Arrivée à Paris en 1892, elle épouse P. Curie en 1895. Première femme titulaire d'une chaire à la Sorbonne, elle découvre la radioactivité du thorium, identifie, avec son mari, le polonium en 1898 et, avec A. Debierne, isole le radium en 1910. Son laboratoire a été transformé en musée. Ses cendres ont été transférées au Panthéon, avec celles de P. Curie, en 1995. (Prix Nobel de physique 1903, de chimie 1911.)

▲ Marie **Curie**

CURIE (Pierre), *Paris 1859 - id. 1906,* physicien français. Il découvre avec son frère Jacques la piézo-électricité (1880) ; il étudie aussi le magnétisme des corps en fonction de la température et en déduit le « principe de symétrie » (1894) : les éléments de symétrie des causes d'un phénomène physique doivent se retrouver dans les effets produits. Enfin, il se consacre, avec sa femme, à l'étude des phénomènes radioactifs. (Prix Nobel 1903.)

▲ Pierre **Curie**

CURIEN (Hubert), *Cornimont, Vosges, 1924 - Loury, Loiret, 2005,* physicien français. Ses travaux concernent la minéralogie et la cristallographie. Directeur général du CNRS, délégué général à la Recherche scientifique et technique, président du CNES, puis ministre de la Recherche (1984 - 1986 et 1988 - 1993), il a notablement contribué au développement de la recherche publique en France.

Curiosités esthétiques, volume posthume (1868) regroupant une partie des textes de critique d'art de Baudelaire. L'écrivain s'y affirme théoricien du romantisme (Delacroix) et chantre de la « modernité » (Guys).

CURITIBA, v. du Brésil, cap. du Paraná ; 1 678 965 hab. (3 118 137 hab. dans l'agglomération). Université. Constructions mécaniques et électriques. Industrie automobile. – Musée Oscar-Niemeyer.

CURNONSKY (Maurice Edmond **Sailland,** dit), *Angers 1872 - Paris 1956,* journaliste et écrivain français. Élu en 1927 « prince des gastronomes », il fut un ardent défenseur de la cuisine du terroir.

CURTIUS (Ernst Robert), *Thann 1886 - Rome 1956,* critique littéraire allemand. Il a défini les thèmes permanents de la littérature européenne (*la Littérature européenne et le Moyen Âge latin,* 1948).

CURTIZ (Mihály **Kertész,** dit Michael), *Budapest 1888 - Hollywood 1962,* cinéaste américain d'origine hongroise. Prolifique et populaire, il a abordé tous les genres : *Capitaine Blood* (1935), *la Charge de la brigade légère* (1936), *Casablanca* (1943).

Curzon (ligne), ligne proposée en 1919 par les Alliés comme frontière orientale de la Pologne, sur la suggestion de lord Curzon. Elle correspond à peu près à la frontière soviéto-polonaise de 1945.

CURZON OF KEDLESTON (George Nathaniel **Curzon,** marquis), *Kedleston Hall 1859 - Londres 1925,* homme politique britannique. Secrétaire d'État aux Affaires étrangères de 1919 à 1924, il prit une part importante aux négociations de paix et fut le grand artisan du traité de Lausanne (1923).

CUSHING (Harvey), *Cleveland 1869 - New Haven 1939,* chirurgien américain. Il est considéré comme le créateur de la neurochirurgie.

Cussac (grotte de), grotte ornée de la comm. du Buisson-de-Cadouin (Dordogne). On y a découvert en 2000 un important ensemble de gravures pariétales – animaux et silhouettes féminines – du paléolithique supérieur (gravettien).

CUSSET (03300), bur. centr. de cant. de l'Allier, banlieue de Vichy ; 13 453 hab. (*Cussétois*).

CUSTER (George Armstrong), *New Rumley, Ohio, 1839 - près de Hardin, Montana, 1876,* général de cavalerie américain. Grande figure (nordiste) de la guerre de Sécession, il trouva la mort lors de la bataille de Little Big Horn contre les Sioux. Le cinéma a fait de lui un héros de westerns.

CUSTINE (Adam Philippe, comte **de**), *Metz 1740 - Paris 1793,* général français. Il prit Spire et Mayence en 1792. Commandant l'armée du Nord en 1793, il fut guillotiné pour avoir perdu Mayence. — **Astolphe,** marquis **de C.,** *Niederwiller 1790 - Paris 1857,* écrivain français, petit-fils d'Adam Philippe. Auteur de lettres lucides, *la Russie en 1839,* il a exprimé son instabilité romantique et son désir d'absolu dans un roman autobiographique (*Aloys*).

Custoza ou **Custozza** (bataille de) [24 juin 1866], bataille de la guerre austro-prussienne. Victoire des Autrichiens sur l'armée italienne, près de Custoza (Vénétie).

CUTTACK, v. d'Inde (Odisha), dans le delta de la Mahanadi ; 535 139 hab.

CUVIER (Georges, baron), *Montbéliard 1769 - Paris 1832,* zoologiste et paléontologue français. Fondateur de l'anatomie comparée et de la paléontologie des vertébrés, il énonça les lois de subordination des organes et de corrélation des formes, reconstitua le squelette de mammifères fossiles à partir de quelques os, mais s'opposa aux doctrines évolutionnistes (*Recherches sur les ossements fossiles,* 1812-1825 ; *le Règne animal,* 1817). ▲ Georges **Cuvier.** — **Frédéric C.,** *Montbéliard 1773 - Strasbourg 1838,* zoologiste français, frère de Georges. Il entreprit avec Geoffroy Saint-Hilaire une *Histoire des mammifères* après avoir écrit une *Histoire des cétacés.*

CUVILLIÉS (François **de**), *Soignies 1695 - Munich 1768,* architecte et ornemaniste allemand originaire du Hainaut. Il fut le maître de l'art rococo à la cour de Munich (pavillon d'Amalienburg, théâtre de la Résidence).

CUYP (Albert), *Dordrecht 1620 - id. 1691,* peintre néerlandais. Ses scènes agrestes des bords de Meuse sont baignées d'une lumière poétique.

CUZA ou **COUZA** (Alexandre-Jean Ier), *Galați 1820 - Heidelberg 1873,* prince des principautés de Moldavie et de Valachie (1859 - 1866). Son programme de réformes suscita une coalition qui l'obligea à abdiquer en 1866.

CUZCO, v. du Pérou, dans les Andes, à env. 3 500 m d'alt. ; 348 935 hab. Tourisme (point de départ pour le Machu Picchu). – Anc. cap. des Incas et grand centre de l'Amérique espagnole. – Édifices coloniaux, parfois sur soubassement de constructions incas : forteresse de Sacsahuamán (XVe s.), cathédrale (XVIe-XVIIe s.) ; musées.

CYAXARE, premier roi connu des Mèdes (v. 625 - 585 av. J.-C.). Il mit fin à l'empire d'Assyrie en détruisant Ninive (612 av. J.-C.).

CYBÈLE, déesse phrygienne de la Fertilité. Son culte, lié à celui d'Attis et comportant des cérémonies initiatiques, se répandit au IIIe s. av. J.-C. dans le monde gréco-romain (ce fut la première religion orientale officiellement introduite à Rome).

CYCLADES, en gr. **Kykládhes,** archipel grec de la mer Égée, formant un cercle (gr. *kuklos*) autour de l'île de Délos ; 112 615 hab. Les principales autres îles sont : *Andros, Náxos, Páros, Santorin, Sýros, Milo, Mýkonos.* – Foyer, dès le IIIe millénaire, d'une brillante civilisation (des idoles de marbre au schématisme géométrique, entre autres).

▲ Art des **Cyclades.** Figure féminine, marbre, IIIe millénaire. (Walters Art Museum, Baltimore.)

CYCLOPES MYTH. GR. Géants forgerons et bâtisseurs n'ayant qu'un œil au milieu du front.

CYNEWULF, poète anglo-saxon de la seconde moitié du VIIIe s., auteur de poèmes religieux.

Cynoscéphales (bataille de) [197 av. J.-C.], victoire de l'armée romaine du consul Flaminius sur Philippe V de Macédoine, en Thessalie. Elle marqua la supériorité de la légion romaine sur la phalange macédonienne.

CYPRIEN (saint), *Carthage début du IIIe s. - id. 258,* Père de l'Église latine. Évêque de Carthage (249 - 258), il se montra modéré face au phénomène des *lapsi,* mais dénonça comme invalides les baptêmes conférés par les hérétiques. Il mourut martyr lors de la persécution de Valérien.

CYPSÉLOS, tyran de Corinthe (657 - 627 av. J.-C.), père de Périandre.

CYRANO DE BERGERAC (Savinien **de**), *Paris 1619 - id. 1655,* écrivain français. Auteur de comédies (*le Pédant joué*) et d'une tragédie (*la Mort d'Agrippine*), il a exprimé sa philosophie matérialiste dans des récits de voyages imaginaires (*Histoire comique des États et Empires de la Lune, Histoire comique des États et Empires du Soleil*). E. Rostand, dans sa comédie *Cyrano de Bergerac* (1897), en a fait un personnage picaresque et généreux qui a inspiré des cinéastes comme A. Gance (*Cyrano et d'Artagnan,* 1963) ou J.-P. Rappeneau (*Cyrano de Bergerac,* 1990).

CYRÉNAÏQUE, partie nord-est de la Libye ; v. princ. *Benghazi.* Pétrole.

CYRÈNE, ville principale de la Cyrénaïque antique (Libye). Importantes ruines (agora, temple

▲ **Cuzco.** Au premier plan, les enceintes en appareil cyclopéen de la forteresse de Sacsahuamán, XVe s.

d'Apollon, thermes). Elle fut le centre de l'école philosophique des cyrénaïques.

CYRILLE (saint), *Jérusalem v. 315 - id. 386,* évêque de Jérusalem et docteur de l'Église. Adversaire de l'arianisme, il joua un rôle prépondérant au premier concile de Constantinople (381).

CYRILLE (saint), *Alexandrie v. 380 - id. 444,* patriarche d'Alexandrie et Père de l'Église grecque. Il combattit le nestorianisme, qu'il fit condamner au concile d'Éphèse (431).

CYRILLE et **MÉTHODE** (saints), évangélisateurs des Slaves. **Cyrille,** *Thessalonique v. 827 - Rome 869,* et son frère **Méthode,** *Thessalonique v. 825 - 885.* Ils traduisirent la Bible et les livres liturgiques en langue slave. Cyrille créa, selon la Tradition, un alphabet approprié dit « glagolitique », qui, simplifié, devint l'alphabet cyrillique.

CYRULNIK (Boris), *Bordeaux 1937,* neurologue, psychiatre et psychanalyste français. Spécialiste en éthologie humaine (*Mémoire de singe et paroles d'homme,* 1983), il est connu en particulier pour avoir développé et vulgarisé la notion de résilience (*Un merveilleux malheur,* 1999 ; *Sauve-toi, la vie t'appelle,* récit autobiographique, 2012).

CYRUS II le Grand, *m. v. 530 av. J.-C.,* roi de Perse achéménide (v. 556 - 530 av. J.-C.). Fils de Cambyse Ier, il renversa le roi des Mèdes Astyage (550 av. J.-C.), vainquit Crésus (546), prit Babylone (539) et se trouva maître de toute l'Asie occidentale. Il eut une politique religieuse de tolérance et permit aux Juifs de rentrer à Jérusalem. Il périt en combattant les Massagètes.

CYRUS le Jeune, *v. 424 - Counaxa 401 av. J.-C.,* prince perse achéménide. Il fut tué à Counaxa à la tête des mercenaires grecs et asiatiques qu'il avait réunis contre son frère Artaxerxès II.

CYTHÈRE, île de Grèce, dans la mer Égée, entre le Péloponnèse et la Crète. Célèbre sanctuaire d'Aphrodite. – Watteau a évoqué cette patrie mythique de l'amour avec son *Pèlerinage* à l'île de Cythère.*

CYZIQUE, anc. ville de Phrygie, sur la Propontide.

CZARTORYSKI, famille princière polonaise qui joua un rôle éminent en Pologne aux XVIIIe-XIXe s. — **Adam Jerzy C.,** *Varsovie 1770 - Montfermeil 1861,* homme politique polonais. Ami d'Alexandre Ier, il obtint, en 1815, la restauration du royaume de Pologne et fut, en 1831, président du gouvernement national, issu de la révolution de 1830.

CZERNY (Karl), *Vienne 1791 - id. 1857,* pianiste et compositeur autrichien, auteur d'ouvrages fondamentaux pour l'enseignement du piano.

CZĘSTOCHOWA, v. de la Pologne méridionale, en Silésie ; 236 796 hab. Pèlerinage marial (Vierge noire) très fréquenté.

CZIFFRA (Georges), *Budapest 1921 - Longpont-sur-Orge, Essonne, 1994,* pianiste hongrois naturalisé français. Virtuose exceptionnel, il fut un grand interprète de Liszt, Chopin et Schumann.

DABADIE (Jean-Loup), *Paris 1938*, écrivain français. Parolier fécond, très lié à M. Polnareff et à J. Clerc, auteur de sketchs (G. Bedos), il est aussi l'un des plus grands scénaristes et dialoguistes du cinéma français (*César et Rosalie*, C. Sautet, 1972 ; *Nous irons tous au paradis*, Y. Robert, 1977). [Acad. fr.]

DABIT (Eugène), *Mers, Somme, 1898 - Sébastopol 1936*, écrivain français, auteur du roman populiste *Hôtel du Nord* (1929).

DĄBROWSKA ou **DOMBROWSKA** (Maria), *Russów 1889 - Varsovie 1965*, écrivaine polonaise. Ses romans peignent avec réalisme la vie paysanne et la société polonaise traditionnelle (*Gens de là-bas*).

DĄBROWSKI ou **DOMBROWSKI** (Jan Henryk), *Pierzchowice, près de Cracovie, 1755 - Winnogóra 1818*, général polonais. Il commanda les légions polonaises au service de la France (1797 - 1814).

DAC (André **Isaac**, devenu Pierre), *Châlons-sur-Marne 1893 - Paris 1975*, artiste comique français. Il s'est imposé comme un humoriste loufoque, adepte du non-sens et de l'aphorisme incongru.

DACCA ou **DHAKA,** cap. du Bangladesh, sur le delta du Gange ; 7 423 137 hab. (16 982 000 hab. dans l'agglomération). Centre administratif et commercial. – Édifices de L. I. Kahn.

DACHAU, v. d'Allemagne (Bavière) ; 45 621 hab. Premier camp de concentration allemand (1933 - 1945).

DACIE, anc. pays de l'Europe, correspondant à l'actuelle Roumanie. Ses habitants (*Daces*) furent soumis par Trajan (101 - 107 apr. J.-C.). Peuplée de colons romains, la Dacie fut aussi exploitée pour ses mines d'or. Elle fut abandonnée aux Goths par Aurélien (271).

DACIER (Anne **Lefebvre,** Mme), *Preuilly 1647 - Paris 1720*, femme de lettres française. Traductrice d'Homère, elle fut, dans la querelle des Anciens* et des Modernes, une adversaire passionnée des Modernes.

DADANT (Charles), *Vaux-sous-Aubigny, Haute-Marne, 1817 - Hamilton, Illinois, 1902*, pionnier de l'apiculture moderne. Il créa le modèle de ruche « Dadant », toujours utilisé, développa une importante production industrielle de matériel apicole et écrivit de nombreux ouvrages d'apiculture.

DADDAH (Moktar Mohamedoun **Ould**), *Boutilimit 1924 - Paris 2003*, homme politique mauritanien. Il fut Premier ministre (1958 - 1961), puis président de la République de 1961 à 1978.

DADIÉ (Bernard Binlin), *Assinie 1916*, écrivain et homme politique ivoirien. Son œuvre romanesque (*Climbié*) et théâtrale (*Monsieur Thôgo-Gnini*), plongeant dans le passé culturel africain, traite avec générosité des rapports des Noirs et des Blancs en Afrique et en Occident.

DADRA-ET-NAGAR HAVELI, territoire de l'Inde, aux confins du Gujerat et du Maharashtra ; 491 km² ; 342 853 hab. ; ch.-l. *Silvassa.* Il est issu de la réunion de deux anc. territoires portugais.

Daech → **État islamique** (organisation).

DAENINCKX (Didier), *Saint-Denis 1949*, écrivain français. Maître du roman noir (*Meurtres pour mémoire*, 1983), il ancre ses récits dans une réalité politique prégnante, exhumant un passé souvent douloureux pour mieux dénoncer les falsifications de l'histoire (*La mort n'oublie personne*, 1989 ; *Itinéraire d'un salaud ordinaire*, 2006 ; *Galadio*, 2010 ; *l'Espoir en contrebande*, 2012).

DAGERMAN (Stig), *Älvkarleby 1923 - Enebyberg 1954*, écrivain suédois. Ses romans sont marqués par l'influence de Kafka et par la Seconde Guerre mondiale (*le Serpent, l'Enfant brûlé*).

DAGHESTAN → **DAGUESTAN.**

DAGO → **HIIUMAA.**

DAGOBERT Ier, *début du VIIe s. - Saint-Denis v. 638*, roi des Francs (629 - 638), de la dynastie mérovingienne. Fils de Clotaire II, il fut secondé par son ministre saint Éloi dans la réorganisation et la réunification du royaume. Il accorda d'importants privilèges à l'abbaye de Saint-Denis.

◄ **Dagobert Ier.** (BnF, Paris.)

— **Dagobert II,** *m. en 679*, roi d'Austrasie (676 - 679), de la dynastie mérovingienne. Petit-fils de Dagobert Ier, il fut assassiné. — **Dagobert III,** *m. en 715*, roi des Francs (711 - 715), de la dynastie mérovingienne. Fils de Childebert III, il régna sous la tutelle de Pépin de Herstal.

▲ Louis **Daguerre.** Le pavillon de Flore (Louvre) et le pont Royal à Paris. Daguerréotype de 1839. (Musée des Arts et Métiers, Paris.)

DAGUERRE (Louis Jacques), *Cormeilles-en-Parisis 1787 - Bry-sur-Marne 1851*, inventeur français. Associé à Nicéphore Niépce, puis seul, il perfectionna la photographie et obtint, en 1837, les premiers *daguerréotypes* (publiés en 1839).

DAGUESTAN ou **DAGHESTAN,** république de Russie, sur la Caspienne ; 2 977 419 hab. ; cap. *Makhatchkala.*

DAHCHOUR, site d'Égypte, près de Saqqarah. Ses nécropoles comprennent en partic. la pyramide rhomboïdale et la pyramide rouge du roi Snefrou (IVe dynastie, 2600 av. J.-C.), considérées comme les premières du genre, ainsi que trois pyramides de la XIIe dynastie.

DAHL (Roald), *Llandaff 1916 - Oxford 1990*, écrivain britannique. Il est l'auteur de romans pour enfants teintés d'humour (*les Gremlins*, 1943 ; *Charlie et la chocolaterie*, 1964).

DAHO (Étienne), *Oran 1956*, chanteur et auteur-compositeur français. Issu de la scène rock rennaise des années 1980, influencé par la musique anglo-saxonne, il devient une icône de la pop française (*Week-end à Rome, Tombé pour la France, Duel au soleil, Des heures hindoues*). Il a aussi produit des albums écrit et chanté avec plusieurs générations d'artistes.

DAHOMEY → **BÉNIN.**

Daily Express, quotidien britannique. Fondé en 1900 par Arthur Pearson, il a été le premier dans le Royaume-Uni à imiter les journaux américains.

Daily Mail, quotidien britannique. Fondé en 1896 par les frères Alfred (lord Northcliffe) et Harold Harmsworth, il a été par son tirage le premier quotidien du monde entre 1920 et 1930.

Daily Mirror, quotidien britannique. Fondé en 1903 par Alfred Harmsworth (lord Northcliffe), comme journal féminin, il devint le premier quotidien d'information illustré.

Daily Telegraph (The), quotidien britannique. Fondé en 1855 par Arthur B. Sleigh sous le titre *Daily Telegraph and Courrier*, il absorba, en 1937, le *Morning Post.*

DAIMLER (Gottlieb), *Schorndorf, Wurtemberg, 1834 - Cannstatt, auj. Stuttgart-Bad Cannstatt, 1900*, ingénieur allemand. Avec son compatriote W. Maybach, il réalisa, à partir de 1883, les premiers moteurs à essence légers à haute vitesse de rotation, ouvrant ainsi la voie à leur emploi sur les véhicules automobiles. Les deux associés fondèrent en 1890 une firme de construction automobile, puis s'allièrent en 1926 à celle créée par C. Benz en 1883 pour fonder la firme Daimler-Benz, devenue auj. le groupe Daimler (marques Mercedes-Benz et Smart, notamm.).

DAIREN → **DALIAN.**

Daishimizu, tunnel ferroviaire du Japon, dans l'ouest de Honshu (long de 22,2 km, ouvert en 1982).

▲ **Dahchour.** La pyramide rhomboïdale.

DAISNE (Herman **Thiery,** dit Johan), *Gand 1912 - id. 1978,* écrivain belge de langue néerlandaise. Ses romans (*l'Homme au crâne rasé,* 1948), ses poèmes et ses pièces de théâtre explorent le monde magique caché derrière la réalité quotidienne (« réalisme magique »).

DAKAR, cap. du Sénégal, sur l'Atlantique ; 955 987 hab. (*Dakarois*) [3 393 000 hab. dans l'agglomération]. Université. Port. Aéroport international. Centre commercial et industriel. – Institut fondamental d'Afrique noire Cheikh-Anta-Diop (IFAN), avec le musée Théodore-Monod d'art africain. Musée des Civilisations noires. Sur la colline des Mamelles, au nord de la ville, monument de la Renaissance africaine. – Elle fut la capitale de l'AOF de 1902 à 1958.

▲ **Dakar.** Minaret de la Grande Mosquée.

DAKOTA DU NORD, État des États-Unis, dans les Grandes Plaines ; 755 393 hab. ; cap. *Bismarck.* Il tire son nom d'un groupe d'Indiens.

DAKOTA DU SUD, État des États-Unis, dans les Grandes Plaines ; 869 666 hab. ; cap. *Pierre.* Il tire son nom d'un groupe d'Indiens.

DALADIER (Édouard), *Carpentras 1884 - Paris 1970,* homme politique français. Député (1919), président du Parti radical-socialiste (1927), président du Conseil en 1933 puis en 1934, il doit démissionner après l'émeute du 6 février. Ministre de la Défense nationale du Front populaire (1936 - 1937), il revient à la présidence du Conseil en 1938 : il signe alors les accords de Munich (1938), mais doit déclarer la guerre à l'Allemagne (1939). Démissionnaire en mars 1940, il fait partie du cabinet Paul Reynaud. Déporté de 1943 à 1945, il préside le Parti radical en 1957 - 1958. ▲ Édouard **Daladier**

DALAT, v. du Viêt Nam, dans la région des plateaux moï ; 184 755 hab. Station climatique. – Trois conférences franco-vietnamiennes y eurent lieu (mai 1946 ; août 1946 ; 1953).

DALBERG (Karl Theodor, **baron von**), *Herrnsheim 1744 - Ratisbonne 1817,* prélat et homme politique allemand. Dernier archevêque-électeur de Mayence, il fut fait par Napoléon Ier archichancelier de la Confédération du Rhin (1806 - 1813).

DALE (sir Henry Hallett), *Londres 1875 - Cambridge 1968,* médecin britannique. Il reçut le prix Nobel (1936) pour ses travaux de pharmacologie sur le mécanisme des échanges chimiques dans le système nerveux.

DALÉCARLIE, région de la Suède centrale.

DALHOUSIE (James **Ramsay,** marquis de), *Dalhousie Castle, Écosse, 1812 - id. 1860,* homme politique britannique. Gouverneur de l'Inde (1848 - 1856), il annexa le Pendjab et réforma l'administration, mais sa politique, contraire aux traditions du pays, prépara la révolte des cipayes (1857).

DALÍ (Salvador), *Figueras, prov. de Gérone, 1904 - id. 1989,* peintre et graveur espagnol. Il fut à Paris, à partir de 1929, le plus étonnant créateur d'images oniriques du surréalisme, visions fondées sur la « méthode paranoïaque critique », « libre interprétation des associations délirantes » (*Persistance de la mémoire,* avec la montre molle, 1931, MoMA, New York ; *Six Images de Lénine sur un piano,* 1933, MNAM, Paris ; *Construction molle avec haricots bouillis,* dite *Prémonition de la guerre civile,* 1936, Philadelphie ; *le Christ de saint Jean de la Croix,* 1951, Glasgow).

DALIAN, anc. **Dairen,** v. de Chine (Liaoning) ; 3 245 191 hab. Port et centre industriel.

DALIDA (Yolanda **Gigliotti,** dite), *Le Caire 1933 - Paris 1987,* chanteuse française d'origine italienne. Symbole de la variété glamour, elle a incarné un exotisme tout méditerranéen avec des succès comme *Bambino* (1956), *Il venait d'avoir 18 ans* (1973) ou *Gigi l'Amoroso* (1974).

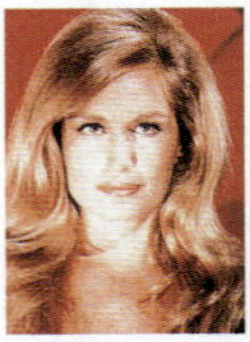

◀ **Dalida** en 1985.

DALILA, personnage biblique. Philistine, elle livra son époux Samson à ses compatriotes en lui coupant les cheveux, où résidait sa force.

DALLAPICCOLA (Luigi), *Pisino d'Istria 1904 - Florence 1975,* compositeur italien. Marquée d'abord par la tradition italienne, son écriture, toujours très lyrique, s'imprégna de dodécaphonisme. Son œuvre, en majeure partie vocale (dont ses opéras : *Il Prigioniero,* 1950 ; *Ulisse,* 1968), traduit son engagement contre le totalitarisme.

DALLAS, v. des États-Unis (Texas) ; 1 281 047 hab. (5 142 701 hab. dans l'agglomération). Nœud de communications. Aéroport (Dallas-Fort Worth, commun à ces deux villes). Centre industriel. – Musées. – Le président Kennedy y fut assassiné en 1963.

DALLOZ [-loz] (Désiré), *Septmoncel, Jura, 1795 - Paris 1869,* avocat et homme politique français. Il publie un répertoire, puis un *Recueil périodique de jurisprudence générale* et fonde en 1824 avec son frère Armand (1797 - 1867) une maison d'édition de publications juridiques.

DALMATIE, région de la Croatie, sur la côte de l'Adriatique, bordée par de nombreuses îles (*archipel Dalmate*). Tourisme. – Elle fut incorporée à la Croatie (xe-xie s.), puis son littoral fut occupé par Venise (1420 - 1797). Annexée par l'Autriche (1797), elle fut attribuée en 1920 au royaume des Serbes, Croates et Slovènes, devenu la Yougoslavie en 1929.

DALOA, v. de Côte d'Ivoire, ch.-l. de dép., à l'O. de Yamoussoukro ; 266 324 hab.

DALOU (Jules), *Paris 1838 - id. 1902,* sculpteur français. Il est l'auteur du *Triomphe de la République* (bronze, 1879-1899), place de la Nation, à Paris, et d'esquisses pour un *Monument aux travailleurs.*

DALTON (John), *Eaglesfield, Cumberland, 1766 - Manchester 1844,* physicien et chimiste britannique. Il donna les premières bases scientifiques à la théorie atomique. Il énonça la loi des proportions multiples et celle du mélange des gaz. Il étudia sur lui-même l'anomalie de la perception des couleurs, appelée, depuis, *daltonisme.*

DAM (Henrik), *Copenhague 1895 - id. 1976,* biochimiste danois. Il partagea le prix Nobel de physiologie ou médecine (1943) avec Edward Doisy (*1883 - 1986*) pour la découverte et la synthèse de la vitamine K.

DAMAN ou **DAMÃO,** v. d'Inde, au N. de Bombay ; 35 743 hab. Port. – Ancien comptoir portugais (1558 - 1961).

DAMAN-ET-DIU, territoire de l'Inde ; 112 km² ; 242 911 hab. ; ch.-l. *Daman.*

DAMANHOUR ou **DAMANHUR,** v. d'Égypte, près d'Alexandrie ; 244 043 hab.

DAMAS [damas], cap. de la Syrie, dans une oasis irriguée par le Barada ; 1 552 161 hab. (*Damascènes*) [2 574 000 hab. dans l'agglomération]. Grande Mosquée des Omeyyades (commencée en 705), première grande réalisation architecturale de l'islam. – Musées. Nombreux édifices médiévaux. – Capitale d'un important royaume araméen (xie-viiie s. av. J.-C.), conquise par les Romains en 64 av. J.-C., Damas fut un important centre chrétien. Prise par les Arabes en 635, elle fut la résidence des califes omeyyades (661 - 750), puis le centre de principautés ou de provinces plus ou moins autonomes. Après la domination ottomane (1516 - 1918), elle devint le foyer du nationalisme arabe.

▲ **Damas.** Cour de la Grande Mosquée des Omeyyades (fondée en 705).

DAMAS (Léon Gontran), *Cayenne 1912 - Washington 1978,* écrivain français. Avec A. Césaire et L. S. Senghor, il a contribué par ses textes poétiques (*Pigments,* 1937) et politiques (*Retour de Guyane,* 1938) à définir la négritude.

DAMASE Ier (saint), *m. en 384,* pape de 366 à 384. Il chargea saint Jérôme de la révision des traductions latines de la Bible, qui aboutit à la Vulgate*.

DAMASKINOS ou **DHAMASKINÓS** (Dhimítrios Papandhréou), *Dhorvitsa 1890 - près d'Athènes 1949,* prélat et homme politique grec. Archevêque d'Athènes, il s'opposa à l'occupation allemande et fut régent de 1944 à 1946.

Dame à la licorne (la), ensemble de six tapisseries de la fin du xve s. (musée de Cluny, Paris). La symbolique de cinq d'entre elles se rapporte aux sens ; la 6e a pour devise : « À mon seul désir ».

Dame aux camélias (la), roman (1848) et drame en 5 actes (1852) d'Alexandre Dumas fils. Ils ont pour sujet les amours malheureuses d'une courtisane, Marguerite Gautier (la Dame

▲ Salvador **Dalí.** *Métamorphose de Narcisse,* 1937. (Tate Modern, Londres.)

aux camélias), et d'un jeune homme de bonne famille, Armand Duval. Le drame a inspiré l'opéra de G. Verdi *la Traviata* (1853, sur un livret de Piave).

Dames (paix des) → **Cambrai** (traité de).

DAMIA (Louise Marie **Damien**, dite), *Paris 1889 - La Celle-Saint-Cloud 1978*, chanteuse française. Elle interpréta des chansons dramatiques (*Sombre Dimanche, le Grand Frisé*) et institua, au Concert Mayol à Paris, le tour de chant.

DAMIEN (saint) → **CÔME ET DAMIEN.**

DAMIEN (saint **Pierre**) → **PIERRE DAMIEN.**

DAMIEN (Jozef **De Veuster**, le Père), *Tremelo 1840 - Molokai, Hawaii, 1889*, missionnaire catholique belge. Aux Hawaii, il se consacra aux malades atteints de la lèpre, et mourut de cette maladie. Béatifié en 1995.

DAMIENS (Robert François), *La Tieuloy, auj. La Thieuloye, Pas-de-Calais, 1715 - Paris 1757*, domestique français. Il frappa Louis XV d'un coup de canif et fut écartelé.

DAMIETTE, v. d'Égypte, près de la Méditerranée ; 206 664 hab. Port. – Lors de la septième croisade, Saint Louis la prit (1249) puis, capturé, la rendit en guise de rançon.

DAMIGNY (61250), bur. centr. de cant. de l'Orne ; 2 851 hab. (*Damigniens*). Pôle universitaire.

DAMMAM, v. d'Arabie saoudite, ch.-l. de la prov. Est, dans le Hasa, sur le golfe Persique ; 744 321 hab. Port.

DAMMARIE-LES-LYS [damari-] (77190), comm. de Seine-et-Marne, banlieue de Melun ; 21 915 hab. (*Dammariens*). Ruines d'une abbaye du XIIIe s.

DAMMARTIN-EN-GOËLE [damartɛ̃ɑ̃gwal] (77230), comm. de Seine-et-Marne ; 9 435 hab. Église Notre-Dame, des XIIIe et XVe s.

DAMOCLÈS, *IVe s. av. J.-C.*, familier du tyran de Syracuse, Denys l'Ancien. Pour lui faire comprendre combien le bonheur des rois est fragile, Denys, au cours d'un banquet, fit suspendre au-dessus de la tête de Damoclès une lourde épée, attachée à un crin de cheval.

DAMODAR n.f., riv. de l'Inde, qui rejoint l'estuaire de l'Hooghly ; 545 km. Sa moyenne vallée constitue la principale région indienne d'industrie lourde.

DAMOUR (Thibault), *Lyon 1951*, physicien français. Spécialiste de la relativité générale, de la théorie des cordes et des trous noirs, il a mené des travaux précurseurs, qui ont permis d'identifier et d'analyser les ondes gravitationnelles, détectées pour la première fois par l'observatoire américain LIGO, en 2015, puis par l'observatoire européen Virgo, en 2017 (→ A. **Brillet**, R. **Weiss**).

DAMPIER (William), *East Coker 1652 - Londres 1715*, navigateur anglais. Corsaire, il ravagea les établissements espagnols d'Amérique (1678 - 1691). Il explora le Pacifique et découvrit l'archipel et le détroit qui portent son nom.

DAMPIERRE (Auguste **Picot**, marquis **de**), *Paris 1756 - Valenciennes 1793*, général français. Commandant l'armée de Belgique en 1793, après la désertion de Dumouriez, il fut tué en tentant de dégager Condé.

DAMPIERRE (Gui de) → **GUI DE DAMPIERRE.**

DAMPIERRE-EN-BURLY (45570), comm. du Loiret ; 1 455 hab. Centrale nucléaire sur la Loire.

DAN, peuple mandé de l'ouest de la Côte d'Ivoire.

DANA (James Dwight), *Utica 1813 - New Haven, Connecticut, 1895*, naturaliste américain. Il a donné la première description de nombreux minéraux.

DANAÉ MYTH. GR. Fille du roi d'Argos. Celui-ci l'enferma dans une tour, où Zeus la féconda sous la forme d'une pluie d'or. De cette union naquit Persée.

DANAÏDES MYTH. GR. Nom des cinquante filles du roi d'Argos, Danaos, qui, toutes, à l'exception d'Hypermnestre, tuèrent leurs époux la nuit de leurs noces. Elles furent condamnées, dans les Enfers, à remplir d'eau un tonneau sans fond.

DANAKIL → **AFAR.**

DA NANG, anc. **Tourane,** v. du Viêt Nam ; 805 376 hab. Port.

DANBY (Thomas **Osborne**, lord), *Kiveton 1632 - Easton 1712*, homme d'État anglais. Favorable au futur Guillaume III, il fut l'un des principaux artisans de la révolution de 1688 et fut, de fait, Premier ministre de 1690 à 1696.

DANCOURT (Florent **Carton**, sieur **d'Ancourt**, dit), *Fontainebleau 1661 - Courcelles-le-Roi 1725*, auteur dramatique et acteur français, auteur de comédies de mœurs (*le Chevalier à la mode*).

DANDOLO, famille de Venise qui a donné plusieurs doges à la République. — **Enrico D.,** *Venise v. 1107 - Constantinople 1205*, doge de Venise (1192 - 1205). Il contribua au détournement vers Constantinople de la 4e croisade et obtint pour Venise, aux dépens de l'Empire byzantin, Candie, certaines îles Ioniennes et les ports de la Morée. — **Andrea D.,** *Venise v. 1307 - id. 1354*, doge de Venise (1343 - 1354). Après avoir combattu les Turcs, il mena une guerre implacable contre Gênes.

DANDONG, v. de Chine, à la frontière nord-coréenne ; 780 414 hab. Zones franches.

DANDRIEU (Jean François), *Paris 1682 - id. 1738*, compositeur et organiste français. Il a composé des pièces pour clavecin et pour orgue, et des sonates.

DANEMARK n.m., en dan. **Danmark,** État d'Europe du Nord ; 43 000 km² ; 5 619 000 hab. (*Danois*). CAP. *Copenhague*. LANGUE : *danois*. MONNAIE : *krone (couronne danoise)*.

INSTITUTIONS Monarchie constitutionnelle. Constitution de 1953. Le roi nomme le Premier ministre au sein du Parlement (*Folketing*), élu au suffrage universel direct pour 4 ans.

GÉOGRAPHIE Pays plat, culminant à 173 m, le Danemark est un État continental (presqu'île du Jylland) et insulaire (Sjaelland, Fyn, Lolland, etc.), au climat doux et assez humide. L'extension des plaines a favorisé l'essor des cultures céréalières (orge et blé) et fourragères. Celles-ci alimentent, partiellement, un important élevage bovin et porcin, dont les produits (lait, beurre, viande) forment l'une des bases des exportations. La pêche est aussi développée. Outre l'agroalimentaire, les branches industrielles les mieux représentées sont les constructions mécaniques et navales, le matériel électrique et la chimie. Le pétrole et le gaz naturel de la mer du Nord permettent auj. de couvrir les besoins en énergie du pays, qui investit par ailleurs dans les énergies renouvelables (éolien en partic., avec de vastes parcs offshore, comme au large d'Esbjerg). Le niveau de vie est élevé.

HISTOIRE **Les origines et la formation du royaume.** Peuplé dès le néolithique, le pays connaît à l'âge du bronze une culture très élaborée. **IXe s. :** les Danois participent aux expéditions vikings qui ravagent les côtes de l'Europe occidentale. **Xe s. :** la dynastie du Jylland unifie le pays, qui se christianise peu à peu. **XIe s. :** Svend Ier (v. 986 - 1014) s'empare de l'Angleterre. Son fils, Knud Ier le Grand, règne sur l'Angleterre, le Danemark et une partie de la Scandinavie. **1042 :** l'Angleterre s'affranchit du Danemark.

Le Moyen Âge chrétien. **XIIe s. :** le régime féodal s'implante, tandis que l'influence de l'Église romaine se renforce, multipliant églises et monastères. **1167 :** l'évêque Absalon (1128 - 1201) fonde Copenhague. **1157 - 1241 :** « l'ère des Valdemar » marque l'apogée de la civilisation médiévale du Danemark. **XIIIe s. :** cette période est suivie d'un affaiblissement politique et économique, les villes hanséatiques concurrençant le commerce danois. **XIVe s. :** le redressement s'opère avec Valdemar IV (1340 - 1375) et surtout avec sa fille, Marguerite Valdemarsdotter, qui réalise l'union des trois royaumes scandinaves sous la domination danoise (Union de Kalmar, 1397).

L'époque de la Réforme. Le XVIe s. est caractérisé par l'hégémonie culturelle allemande et l'affermissement d'une bourgeoisie commerçante prospère dans les ports. **1523 :** l'Union de Kalmar est définitivement rompue avec l'élection de Gustave Vasa au trône de Suède. **1536 :** le luthéranisme devient religion d'État. **1563 - 1570 :** la guerre dano-suédoise pour la possession des détroits (Sund) consacre la suprématie du Danemark sur la Baltique.

La lutte avec la Suède. **1625 - 1629 :** le Danemark participe à la guerre de Trente Ans ; c'est un échec. **1645 :** attaqué et vaincu par les Suédois, il doit renoncer à percevoir de la Suède les péages du Sund et des Belts (paix de Brömsebro). **1658 :** la paix de Roskilde attribue la Scanie à la Suède. **1720 :** au traité de Frederiksborg, le Danemark obtient le sud du Slesvig. **XVIIIe s. :** il connaît une période d'expansion économique et commerciale. **1770 - 1772 :** Christian VII laisse le pouvoir à Struensee, qui gouverne en despote éclairé.

Le XIXe s. **1801 :** le Danemark entre dans la ligue des Neutres contre la Grande-Bretagne, mais la pression anglaise (bombardements de Copenhague en 1801 et 1807) le fait basculer dans le camp français. **1814 :** à la paix de Kiel, le Danemark perd la Norvège, mais reçoit le Lauenburg. **1849 :** Frédéric VII promulgue une constitution démocratique. **1864 :** à la suite de la guerre des Duchés, le Danemark doit céder le Slesvig, le Holstein et le Lauenburg à la Prusse et à l'Autriche.

La première moitié du XXe s. **1901 :** la formation d'une classe ouvrière fortement syndicalisée contribue à l'arrivée au pouvoir d'une majorité radicale et socialiste. **1918 :** l'Islande devient indépendante, mais reste unie au royaume par la personne du roi. **1920 :** un plébiscite restitue le nord du Slesvig au Danemark, resté neutre pendant la Première Guerre mondiale. **1924 - 1940 :** le pouvoir est presque constamment aux mains des sociaux-démocrates, qui introduisent d'importantes réformes sociales. **1940 - 1945 :** le Danemark est occupé par les Allemands. Le roi Christian X reste au pouvoir tout en encourageant la résistance. **1944 :** l'Islande se détache complètement du Danemark.

Le Danemark contemporain. **1945 - 1972 :** le Parti social-démocrate, dirigé par J. O. Krag, domine la scène politique et restitue sa prospérité au pays. **1972 :** la reine Marguerite II succède à son père, Frédéric IX. **1973 :** le Danemark entre dans le Marché commun. **1982 :** les conservateurs arrivent au pouvoir avec Poul Schlüter. **1993 :** après sa démission, le leader du Parti social-démocrate, Poul Nyrup Rasmussen, forme un nouveau gouvernement. Les Danois approuvent la ratification du traité de Maastricht, repoussée lors d'un premier référendum en 1992. **2001 :** après la victoire d'une coalition de centre droit aux élections, le libéral Anders Fogh Rasmussen devient Premier ministre (il est reconduit dans ses fonctions au terme des élections de 2005 et de 2007). **2009 :** Lars Løkke Rasmussen (Parti libéral) lui succède. **2011 :** l'opposition de centre gauche remporte de justesse les élections ; la présidente du Parti social-démocrate, Helle Thorning-Schmidt, est nommée Premier ministre. **2015 :** L. L. Rasmussen revient à la tête d'un gouvernement minoritaire soutenu par l'extrême droite (désormais premier parti à droite).

DANGEAU (Philippe **de Courcillon,** marquis **de**), *Chartres 1638 - Paris 1720,* mémorialiste français. Son *Journal* (1684-1720) fut une source précieuse pour les *Mémoires* de Saint-Simon. (Acad. fr.) — **Louis de Courcillon,** abbé **de D.,** *Paris 1643 - id. 1723,* érudit français, frère de Philippe. Il est l'auteur d'ouvrages de religion et de grammaire. (Acad. fr.)

DANICAN-PHILIDOR → **PHILIDOR.**

DANIEL, héros du livre biblique qui porte son nom et qui fut composé v. 165 av. J.-C., au temps de la révolte des Maccabées. Ce livre raconte l'histoire d'un Juif exilé à Babylone qui, sous le règne de Nabuchodonosor II, exerce une grande influence sur ses compatriotes résistants. Jeté dans une fosse aux lions, Daniel en sort miraculeusement vivant.

DANIEL (Arnaut) → **ARNAUT DANIEL.**

DANIELE da Volterra (Daniele **Ricciarelli,** dit), *Volterra 1509 - Rome 1566,* peintre italien. Il travailla, à Rome, sous l'influence de Michel-Ange et de Raphaël.

DANIELL (John Frederic), *Londres 1790 - id. 1845,* physicien britannique. Il inventa une pile électrique à deux liquides qui porte son nom.

DANIÉLOU (Jean), *Neuilly-sur-Seine 1905 - Paris 1974,* historien et théologien catholique français. Jésuite, cardinal (1969), il étudia notamment les influences helléniques et juives sur le christianisme primitif. (Acad. fr.)

DANIEL-ROPS (Henri **Petiot,** dit), *Épinal 1901 - Chambéry 1965,* écrivain et historien français, auteur d'ouvrages d'histoire religieuse (*Jésus en son temps,* 1945). [Acad. fr.]

DANJON (André), *Caen 1890 - Suresnes 1967,* astronome français. Directeur de l'Observatoire de Paris de 1945 à 1963, il a été le principal artisan du renouveau de l'astronomie en France après la Seconde Guerre mondiale. Il a perfectionné l'astrolabe (1951) en le rendant insensible aux erreurs de mesure introduites par l'observateur.

DANNEMARIE (68210), comm. du Haut-Rhin, dans le Sundgau ; 2 280 hab. (*Dannemariens*). Port de plaisance fluvial. Métallurgie.

D'ANNUNZIO (Gabriele), *Pescara 1863 - Gardone Riviera 1938,* écrivain italien. Ses poésies, ses pièces de théâtre et ses romans (*l'Enfant de volupté, le Feu*) mêlent le culte de la beauté, hérité de Carducci, et le raffinement symboliste appliqué aussi bien à la vie (D'Annunzio se composa un personnage de dandy et de héros pendant la Première Guerre mondiale) qu'à l'œuvre d'art.

Danone, groupe agroalimentaire français. Créé en 1919, il a fusionné en 1973 avec le groupe verrier BSN (Boussois-Souchon-Neuvesel), l'ensemble prenant le nom de *Danone* en 1994. Le groupe est l'un des leaders mondiaux dans son secteur (produits laitiers frais, eau, alimentation infantile et médicale).

Danse (la), grande toile de Matisse (1910, Ermitage, Saint-Pétersbourg). Elle a fait date par son style épuré, sa densité chromatique et son unité rythmique (pendant : *la Musique*). Autres décors de Matisse, postérieurs, sur le même thème.

DANSEREAU (Pierre), *Outremont 1911 - Montréal 2011,* environnementaliste canadien. Pionnier de l'écologie au Québec, attaché aux valeurs de l'humanisme et de l'éthique, il a apporté d'importantes contributions à la biogéographie et à l'écologie humaine, tout en se faisant apprécier comme pédagogue.

DANTE ALIGHIERI, *Florence 1265 - Ravenne 1321,* écrivain italien. Il joua un rôle politique dans sa ville natale, qui le chargea de diverses missions diplomatiques et dont il fut un des six prieurs (hauts magistrats) ; mais, appartenant au parti des guelfes « blancs » (modérés), il fut exilé par les « noirs » en 1302 et finit sa vie à Ravenne. Dès sa jeunesse, il avait composé des sonnets amoureux et des canzones où il célébrait sa passion idéale pour Béatrice* Portinari. C'est cette aventure amoureuse qu'il transforma en expérience littéraire et philosophique dans la *Vita nuova* (écrite probablement entre 1292 et 1294). Pendant son exil, il écrivit un traité de philosophie (*le Banquet*), des essais portant sur des problèmes scientifiques, linguistiques (*De vulgari eloquentia*) et politiques (*De monarchia*). Mais il est surtout l'auteur de *la Divine* Comédie*, expression parfaite de l'humanisme chrétien médiéval, qui fait de lui le père de la poésie italienne.

▲ **Dante Alighieri.** Détail du *Paradis*, v. 1336, fresque de l'atelier de Giotto.
(Musée national du Bargello, Florence.)

DANTON (Georges Jacques), *Arcis-sur-Aube 1759 - Paris 1794,* homme politique français. Avocat, il fonde, en 1790, le club des Cordeliers. Membre de la Commune puis du directoire du département de Paris (1791), il est le principal artisan de la journée du 10 août 1792. Ministre de la Justice et membre du Conseil exécutif provisoire, où il exerce le rôle de chef du gouvernement, il est ensuite député de Paris à la Convention. Orateur d'exception, il siège à la Montagne et est le principal organisateur de la défense nationale. Membre du Comité de salut public, il est jugé trop modéré et en est éliminé en 1793. Il réclame la fin du régime de la Terreur et entreprend des négociations secrètes avec l'étranger. Accusé de malversation et de trahison par Robespierre, il est guillotiné avec Camille Desmoulins.

▲ **Danton** par C. Charpentier.
(Musée Carnavalet, Paris.)

DANTZIG ou **DANZIG,** anc. nom de Gdańsk*.

DANUBE n.m., en all. **die Donau,** fl. d'Europe, né en Allemagne, dans la Forêt-Noire, et qui se termine par un vaste delta (extrémité orientale de la Roumanie) sur la mer Noire ; 2 850 km ; bassin de plus de 800 000 km^{2}. C'est le deuxième fleuve d'Europe (après la Volga) pour sa longueur et la superficie de son bassin. Il traverse ou longe l'Allemagne, l'Autriche, la Slovaquie, la Hongrie, la Croatie, la Serbie, la Bulgarie, la Roumanie, la Moldavie et l'Ukraine. Il passe notamm. à Vienne, Bratislava, Budapest et Belgrade, franchit le défilé des Portes de Fer (entre les Carpates et le mont Balkan). De régime complexe, il est utilisé pour la navigation, l'hydroélectricité et l'irrigation.

DAO (**Nguyên Thien Dao,** dit), *Hanoï 1940 - Paris 2015,* compositeur français d'origine vietnamienne. Il était influencé à la fois par Messiaen, la musique électroacoustique et la tradition orientale (*Écouter-mourir,* 1980).

DAPHNÉ MYTH. GR. Nymphe aimée d'Apollon et métamorphosée en laurier.

Daphnis et Chloé, personnages principaux du roman pastoral homonyme de Longus (IIIe s. apr. J.-C.), couple idéal de jeunes amoureux beaux et purs. Le roman a inspiré à M. Fokine une symphonie chorégraphique créée en 1912 par les Ballets russes sur une musique de Ravel.

DA PONTE (Emanuele **Conegliano,** dit Lorenzo), *Ceneda, auj. Vittorio Veneto, 1749 - New York 1838,* librettiste italien. Il a écrit de nombreux livrets pour Salieri et Mozart (*les Noces de Figaro, Don Giovanni, Così fan tutte*).

DAQING, v. de la Chine du Nord-Est (Heilongjiang) ; 1 380 051 hab. Centre pétrolier.

DAQUIN ou **D'AQUIN** (Louis Claude), *Paris 1694 - id. 1772,* compositeur et organiste français, auteur de pièces de clavecin et de noëls pour orgue.

DARBHANGA, v. d'Inde (Bihar) ; 266 834 hab.

DARBOUX (Gaston), *Nîmes 1842 - Paris 1917,* mathématicien français. Son œuvre est consacrée à la géométrie infinitésimale.

DARD (Frédéric), *Jallieu, Isère, 1921 - Bonnefontaine, canton de Fribourg, 2000,* écrivain français. Il est l'auteur de romans policiers au style humoristique, remplis de créations verbales, animés par le célèbre commissaire San-Antonio*.

DARDANELLES (détroit des), détroit de Turquie entre l'Europe (péninsule des Balkans) et l'Asie (Anatolie). Il unit la mer Égée à la mer de Marmara. — expédition des **Dardanelles** (1915), expédition franco-britannique entreprise dans le dessein de conquérir les Détroits pour obliger la Turquie à sortir de la guerre. Elle échoua devant la résistance de l'armée turque.

DARDANOS MYTH. GR. Fondateur mythique de Troie.

DARDENNE (les frères), cinéastes belges. **Jean-Pierre D.,** *Engis, prov. de Liège, 1951,* et **Luc D.,** *Les Awirs, prov. de Liège, 1954.* Venus du documentaire, ils portent – en suivant au plus près avec leur caméra les visages et les corps – un regard neuf sur les conflits familiaux et sociaux (*la Promesse,* 1996 ; *Rosetta,* 1999 ; *le Fils,* 2002 ; *l'Enfant,* 2005 ; *le Silence de Lorna,* 2008 ; *le Gamin au vélo,* 2011).

DAR EL-BEIDA, anc. **Maison-Blanche,** v. d'Algérie ; 80 033 hab. Aéroport d'Alger.

DAR EL-BEIDA → **CASABLANCA.**

DAREMBERG (Charles), *Dijon 1817 - Le Mesnil-le-Roi 1872,* médecin et érudit français. Il est l'auteur, avec l'archéologue Edmond **Saglio** *(1828 - 1911),* d'un *Dictionnaire des antiquités grecques et romaines.*

DAR ES SALAM ou **DAR ES-SALAAM,** cap. de la Tanzanie, sur l'océan Indien ; 3 349 000 hab.

DARFOUR n.m., région montagneuse de l'ouest du Soudan. Depuis 2003, des milices locales (les *janjawid*), appuyées par l'armée soudanaise, soumettent les populations entrées en rébellion contre le pouvoir central à une répression meurtrière.

DARGOMYJSKI (Aleksandr Sergueïevitch), *Troïtskoïe 1813 - Saint-Pétersbourg 1869,* compositeur russe. Il est l'un des fondateurs de l'école russe moderne (*le Convive de pierre,* 1860, créé en 1929).

DARGUINES, peuple caucasien de Russie (centre du Daguestan principalement) [env. 365 000].

▲ Le **Danube.** La boucle de Schlögen.

DARIEN (Georges **Adrien,** dit Georges), *Paris 1862 - id. 1921*, écrivain français. Anarchiste, il a dénoncé les bataillons disciplinaires *(Biribi)* et écrit le roman d'un voleur professionnel *(le Voleur)*.

DARIÉN (golfe de), golfe de la mer des Antilles (Panama et Colombie).

DARÍO (Félix Rubén **García Sarmiento,** dit Rubén), *Metapa, auj. Ciudad-Darío, 1867 - León 1916*, poète nicaraguayen. Il est à l'origine du mouvement moderniste en Amérique latine (*Azur*, 1888 ; *Chants de vie et d'espérance*).

DARIOS Ier ou **DARIUS Ier**, *m. en 486 av. J.-C.*, roi de Perse achéménide (522 - 486 av. J.-C.). Il reconstitua l'empire de Cyrus II, conquit le Pendjab à l'est et, à l'ouest, la Thrace et la Macédoine, mais fut vaincu par les Grecs à Marathon (490 av. J.-C.). Il divisa l'Empire en satrapies et fit construire Persépolis. — **Darios III Codoman,** *m. en 330 av. J.-C.*, roi de Perse achéménide (336 - 330 av. J.-C.). Vaincu par Alexandre le Grand à Issos et près d'Arbèles, il fut tué par un de ses satrapes.

DARJEELING ou **DARJILING,** v. d'Inde (Bengale-Occidental), en bordure de l'Himalaya, à 2 185 m d'alt. ; 107 530 hab. Célèbres jardins de théiers.

DARKHAN, v. de Mongolie.

DARLAN (François), *Nérac 1881 - Alger 1942*, amiral et homme politique français. Commandant de la flotte (1939 - 1940), ministre de la Marine, puis vice-président du Conseil et successeur désigné de Pétain (1940 - 1942), il mena une politique active de collaboration avec l'Allemagne. Se trouvant en Afrique du Nord lors du débarquement allié de 1942, il signa un accord avec les Américains. Il fut assassiné le 24 décembre 1942.

DARLING n.m., riv. d'Australie, principal affl. du Murray (r. dr.) ; 2 700 km.

DARLINGTON, v. de Grande-Bretagne (Angleterre) ; 105 564 hab. Église des XIIe-XIIIe s.

DARMSTADT, v. d'Allemagne (Hesse) ; 143 499 hab. Monuments Art nouveau de la Mathildenhöhe ; musées.

DARNAND (Joseph), *Coligny, Ain, 1897 - Châtillon, Hauts-de-Seine, 1945*, homme politique français. Chef de la Milice en 1943, secrétaire général au Maintien de l'ordre (1944) dans le gouvernement de Vichy, il fut condamné à mort et exécuté.

DARNÉTAL (76160), bur. centr. de cant. de la Seine-Maritime ; 9 652 hab. *(Darnétalais)*.

DARNLEY (Henry **Stuart,** baron), comte **de Ross,** et duc **d'Albany,** *Temple Newsam 1545 - Édimbourg 1567*, prince écossais. Petit-neveu d'Henri VIII, il fut le deuxième époux de Marie Ire Stuart, dont il eut un fils, le futur Jacques Ier d'Angleterre. Il fut assassiné avec la complicité de Bothwell, amant de la reine.

DARRACQ (Alexandre), *Bordeaux 1855 - Monaco 1931*, industriel français. Pionnier de l'industrie du cycle et de l'automobile, il préconisa le premier la construction en série.

DARRIEUSSECQ (Marie), *Bayonne 1969*, écrivaine française. Dans ses romans, elle dépeint avec malice et cruauté des femmes prisonnières de leur corps, de leur rôle de mère ou des conventions (*Truismes*, 1996 ; *Clèves*, 2011 ; *Être ici est une splendeur. Vie de Paula M. Becker*, 2016).

DARRIEUX (Danielle), *Bordeaux 1917 - Bois-le-Roi, Eure, 2017*, actrice française. Elle s'imposa très jeune au cinéma, passant avec aisance des comédies légères à des rôles plus graves : *Mayerling* (A. Litvak, 1936), *Premier Rendez-vous* (H. Decoin, 1941), *Madame de...* (M. Ophuls, 1953). Elle mena aussi une brillante carrière au théâtre, sans cesser de tourner (*Huit Femmes*, F. Ozon, 2002).

DARROUSSIN (Jean-Pierre), *Courbevoie 1953*, acteur français. Affectionnant les comédies satiriques au théâtre (*Un air de famille*, J.-P. Bacri et A. Jaoui, 1994 ; *« Art »*, Y. Reza, 2018), acteur emblématique du cinéma social de R. Guédiguian (*les Neiges du Kilimandjaro*, 2011), il excelle dans l'art d'exprimer souffrance ou profondeur sous une apparente simplicité (*le Bureau des légendes*, É. Rochant, depuis 2015 [série télévisée]).

DARROZE (Hélène), *Mont-de-Marsan 1967*, cuisinière française. Sélectionnant des produits du Sud-Ouest, dans la lignée des restaurateurs de sa famille et d'Alain Ducasse*, qui la fit débuter, elle innove en les travaillant sous une forme inattendue, et par l'ajout de notes exotiques.

DARTMOUTH, anc. v. du Canada (Nouvelle-Écosse), auj. intégrée dans Halifax.

DARU (Pierre, comte), *Montpellier 1767 - Bécheville 1829*, administrateur et historien français. Intendant général de la Grande Armée (1806), ministre secrétaire d'État (1811), il a laissé des ouvrages d'histoire. (Acad. fr.)

DARWICH (Mahmoud), *al-Birwah, près d'Acre, 1941 - Houston 2008*, poète palestinien. Il a voué toute la puissance de son lyrisme à la célébration de sa terre et de son peuple en souffrance (*Une mémoire pour l'oubli*, 1987 ; *Pourquoi as-tu laissé le cheval à sa solitude ?*, 1995 ; *Murale*, 2000).

DARWIN, v. d'Australie, cap. du Territoire du Nord ; 72 930 hab.

DARWIN (Charles), *Shrewsbury 1809 - Down, Kent, 1882*, naturaliste britannique. Ayant recueilli au cours d'une croisière autour du monde sur le *Beagle* (1831 - 1836) d'innombrables observations sur la variabilité des espèces, il fut conduit à élaborer la doctrine évolutionniste, appelée depuis lors « darwinisme », qu'il fit connaître dans son ouvrage majeur : *De l'origine des espèces par voie de sélection naturelle* (1859). [→ A. R. **Wallace.**]

▲ Charles **Darwin**

DASSAULT (Marcel **Bloch,** puis), *Paris 1892 - Neuilly-sur-Seine 1986*, constructeur d'avions français. Inventeur d'un type d'hélice adopté par l'aviation de chasse française durant la Première Guerre mondiale, il a forgé, après la Seconde Guerre mondiale, un puissant holding industriel, commercial et financier. Ce dernier comprend une importante société de constructions aéronautiques (Dassault Aviation), qui a produit de nombreux types d'appareils, civils et militaires (Falcon, Mirage, Jaguar, Super-Étendard, Alphajet, Rafale).

DASSIN (Joseph, dit Joe), *New York 1938 - Papeete 1980*, chanteur américain et français, fils de Jules Dassin. Il a réalisé la parfaite fusion entre folklore américain et chanson fantaisiste ou sentimentale à la française (*les Dalton, Siffler sur la colline, les Champs-Élysées, l'Amérique, l'Été indien*).

DASSIN (Jules), *Middletown, Connecticut, 1911 - Athènes 2008*, cinéaste et acteur américain et grec. Réalisateur fécond, il alterna films noirs (*les Forbans de la nuit*, 1950 ; *Du rififi chez les hommes*, 1955) et films dionysiaques (*Jamais le dimanche*, 1960, et *Topkapi*, 1964, avec l'actrice Melina Mercouri *[1920 - 1994]*, qu'il épousa).

DASTÉ (Jean), *Paris 1904 - Saint-Priest-en-Jarez, Loire, 1994*, acteur, metteur en scène et directeur de théâtre français. Fondateur de la Comédie de Saint-Étienne, qu'il dirigea de 1947 à 1970, il fut l'un des pionniers de la décentralisation théâtrale.

▲ Honoré **Daumier.** *La Blanchisseuse*, v. 1863. (Musée d'Orsay, Paris.)

Au cinéma, il se distingua notamm. chez J. Vigo (*l'Atalante*, 1934), J. Renoir (*la Grande Illusion*, 1937) et F. Truffaut (*la Chambre verte*, 1978).

DATAR (Délégation interministérielle à l'aménagement du territoire et à l'attractivité régionale), administration française créée en 1963, chargée de préparer et de coordonner les politiques d'aménagement du territoire menées par l'État en partenariat avec les collectivités territoriales et les différents acteurs du développement local.

DATONG, v. de Chine (Shanxi) ; 1 526 744 hab. Vieille ville en partie d'époque Ming et vestiges de monastères fondés aux VIIIe et XIe s. : belle statuaire et vaste temple bouddhique du XIe s.

DAUBECHIES (baronne Ingrid), *Houthalen 1954*, mathématicienne et physicienne belge, naturalisée américaine. En développant une famille de fonctions appelées « ondelettes », elle a mis au point une technique efficace de compression d'images.

DAUBENTON (Louis), *Montbard 1716 - Paris 1800*, naturaliste français. Il s'occupa de zoologie, de minéralogie, d'économie rurale et collabora à l'*Histoire naturelle* de Buffon pour l'anatomie des mammifères.

DAUBERVAL (Jean **Bercher,** dit Jean), *Montpellier 1742 - Tours 1806*, danseur et chorégraphe français. Assistant de Noverre et de M. Gardel, il est l'auteur de la première version de *la Fille mal gardée* (1789).

DAUBIGNY (Charles François), *Paris 1817 - id. 1878*, peintre et graveur français. Paysagiste, ami de Corot, il fait la liaison entre l'école de Barbizon et l'impressionnisme. Son fils Karl *(1846 - 1886)* fut également peintre.

DAUDET (Alphonse), *Nîmes 1840 - Paris 1897*, écrivain français. Bien que rattachés à l'école naturaliste, ses contes et nouvelles (*Lettres* de mon moulin, Contes* du lundi*) et ses romans (*le Petit Chose*, 1868 ; *Tartarin* de Tarascon* ; *Sapho*, 1884) mêlent la fantaisie à la peinture réaliste de la vie quotidienne. — **Léon D.,** *Paris 1867 - Saint-Rémy-de-Provence 1942*, écrivain et homme politique français. Fils d'Alphonse, il dirigea le journal *l'Action* française* avec Charles Maurras.

◄ A. **Daudet** par Carjat.

DAUGAVPILS, v. de Lettonie, sur la Daugava, ou Dvina occidentale ; 93 223 hab.

DAUM, lignée de verriers et de cristalliers français. L'Alsacien Jean Daum *(1825 - 1885)* installe une usine de verrerie à Nancy en 1875. La production de la maison Daum devient artistique vers 1890 (Art nouveau) ; à partir de 1945, cristal et « pâte de verre » prédominent. Collections exposées au musée des Beaux-Arts de Nancy.

Antonin **Daum.** ► Vase en balustre à décor de libellules et de renoncules 1904. (Musée des Beaux-Arts, Nancy.)

DAUMAL (René), *Boulzicourt, Ardennes, 1908 - Paris 1944*, écrivain français. L'un des fondateurs de la revue *le Grand Jeu*, il évolua du surréalisme à la mystique orientale et tenta de joindre révolution et révélation.

DAUMESNIL (Pierre), *Périgueux 1776 - Vincennes 1832*, général français. Il fit les campagnes d'Italie et d'Égypte et défendit Vincennes contre les Alliés en 1814.

DAUMIER (Honoré), *Marseille 1808 - Valmondois, Val-d'Oise, 1879*, peintre et lithographe français. Célèbre par ses caricatures politiques et sociales, parues dans *la Caricature* ou *le Charivari*, il est aussi l'auteur de peintures (*le Wagon de 3e classe*, v. 1862, New York ; série des *Don Quichotte*) et de quelques sculptures, œuvres remarquablement traitées par masses synthétiques.

DAUNOU (Pierre Claude François), *Boulogne-sur-Mer 1761 - Paris 1840*, homme politique et érudit français. Prêtre constitutionnel, député à la Convention (1792), il contribua à organiser l'instruction publique, puis l'Institut de France, et devint archiviste de l'Empire en 1804.

DAUPHINÉ n.m., région de France (dép. de l'Isère, des Hautes-Alpes et de la Drôme), associant partie alpestre *(haut Dauphiné)* et plaines (entre Isère et Rhône, correspondant au *bas Dauphiné*) ; hab. *Dauphinois* ; v. princ. *Grenoble*. En 1349, la province du Dauphiné fut cédée au roi de France Philippe VI à la condition qu'elle devienne l'apanage du fils aîné de la famille royale, dès lors appelé *Dauphin*. Les réformes réclamées par les états du Dauphiné en 1788 furent à l'origine de la réunion des États généraux de 1789.

Dauphiné libéré (le), quotidien régional français. Il a été créé en 1945 à Grenoble.

DAURAT (Didier), *Montreuil-sous-Bois 1891 - Toulouse 1969*, aviateur français. Pilote de chasse en 1914 - 1918, il fut, chez Latécoère, puis à l'Aéropostale, un pionnier de l'aviation commerciale.

DAUSSET (Jean), *Toulouse 1916 - Palma de Majorque 2009*, médecin français. Spécialiste d'hématologie et d'immunologie, il découvrit le système d'antigènes HLA (1958), autorisant notamm. d'importants progrès dans les greffes d'organes. Il fonda aussi en 1984, avec D. Cohen, le Centre d'étude du polymorphisme humain (CEPH, auj. Fondation Jean Dausset-CEPH). [Prix Nobel 1980.]

DAUTRY (Raoul), *Montluçon 1880 - Lourmarin 1951*, homme politique français. Ministre de la Reconstruction et de l'Urbanisme (1944 - 1945), il fut administrateur général du CEA (1946).

DAVANGERE, v. d'Inde (Karnataka) ; 435 128 hab.

DAVAO, v. des Philippines (Mindanao), sur le *golfe de Davao* ; 1 363 337 hab. Port.

DAVEL (Jean Daniel Abraham), *Morrens 1670 - Vidy 1723*, patriote vaudois. Désireux d'affranchir le canton de Vaud de la domination de Berne, il chercha à déclencher une insurrection à Lausanne, et fut exécuté.

DAVES (Delmer), *San Francisco 1904 - La Jolla 1977*, cinéaste américain. Scénariste et réalisateur, il fut l'auteur de westerns célèbres : *la Flèche brisée* (1950) ; *la Colline des potences* (1959).

DAVID, v. de l'ouest du Panama, ch.-l. de prov. ; 82 907 hab.

DAVID, deuxième roi des Hébreux (v. 1010 - v. 970 av. J.-C.), selon la Bible. Il succéda à Saül, dont il apaisait la mélancolie en jouant de la harpe. Vainqueur des Philistins, il prit Jérusalem, et en fit sa capitale. On lui attribue la composition de chants religieux et de psaumes. – Son combat avec le géant philistin Goliath a suscité une abondante iconographie.

David, statue colossale (plus de 4 m) de Michel-Ange (marbre, 1501-1504, auj. à l'Académie de Florence ; copie sur la place de la Signoria). Par ses qualités techniques et esthétiques jointes à un contenu symbolique (l'idéal du citoyen-guerrier), l'œuvre fit du jeune sculpteur l'artiste le plus en vue de Florence.

DAVID Ier, *1084 - Carlisle 1153*, roi d'Écosse (1124 - 1153). Il consolida l'unité de son royaume. — **David II** ou **David Bruce**, *Dunfermline 1324 - Édimbourg 1371*, roi d'Écosse (1329 - 1371). Il ne put empêcher l'Angleterre d'établir sa tutelle.

DAVID (Félicien), *Cadenet 1810 - Saint-Germain-en-Laye 1876*, compositeur français. Auteur de l'ode symphonique *le Désert* (1844), il est l'un des représentants de l'exotisme musical.

DAVID (Gerard), *Oudewater, Hollande, v. 1460 - Bruges 1523*, peintre des anciens Pays-Bas. Installé à Bruges, il a été le dernier des grands « primitifs » de cette ville.

DAVID (Louis), *Paris 1748 - Bruxelles 1825*, peintre français. Il fut membre de la Convention et, sous l'Empire, peintre de Napoléon. Prix de Rome, chef de l'école néoclassique, il domina la peinture française de 1785 à sa mort, en exil (*le Serment des Horaces*, 1784, Louvre ; *Marat assassiné*, 1793, Bruxelles ; *les Sabines*, 1799, Louvre ; *le Sacre de l'empereur Napoléon Ier*, 1806-1807, ibid. ; *Léonidas aux Thermopyles*, 1814, ibid. ; *l'Amour et Psyché*, 1817, Cleveland, etc. ; nombreux portraits).

DAVID (Pierre Jean), dit **David d'Angers**, *Angers 1788 - Paris 1856*, sculpteur français. Il est l'auteur du fronton du Panthéon (Paris), de statues, de nombreux bustes et de plus de 500 portraits en médaillon. Musée à Angers.

David Copperfield, roman autobiographique de C. Dickens (1849-1850), histoire d'un orphelin.

DAVID-NÉEL (Alexandra), *Saint-Mandé 1868 - Digne 1969*, exploratrice française. Première Européenne à pénétrer à Lhassa (1924), elle publia des ouvrages sur le bouddhisme, l'Inde, le Tibet et la Chine (*Voyage d'une Parisienne à Lhassa*, 1927 [première éd. : 1925, en Chine]).

◀ Alexandra **David-Néel.** (Maison Alexandra-David-Néel, Digne-les-Bains.)

DAVIDSON (Donald), *Springfield, Massachusetts, 1917 - Berkeley 2003*, philosophe américain. Sa réflexion, menée dans la ligne de la philosophie analytique, porte sur les rapports entre le langage et la réalité et sur les fondements de l'action morale (*Essais sur les actions et les événements*, 1980).

DAVIES (Robertson), *Thamesville, Ontario, 1913 - Orangeville, Ontario, 1995*, écrivain canadien de langue anglaise. Journaliste et dramaturge (*Fortune My Foe*), il a fait dans ses romans (*le Monde des merveilles, les Anges rebelles*) une peinture ironique des petites villes canadiennes.

DAVILER ou **D'AVILER** (Augustin Charles), *Paris 1653 - Montpellier 1701*, architecte français. Auteur du palais archiépiscopal de Toulouse, il a publié un important *Cours d'architecture*.

Davis (coupe), épreuve internationale annuelle de tennis. Créée en 1900 par l'Américain Dwight Filley Davis (*1879 - 1945*), elle oppose des équipes nationales (de 4 joueurs au plus). Depuis 2019, l'épreuve comprend deux simples et un double (au lieu de quatre simples et un double) et se déroule en deux phases (févr. et nov.) [au lieu de quatre phases]. Son équivalent féminin est la *Fed Cup*, créée en 1963 et réformée aussi en 2019.

DAVIS (détroit de), bras de mer de l'Atlantique, entre le Groenland et le Canada (île de Baffin).

DAVIS (Angela), *Birmingham, Alabama, 1944*, philosophe américaine. Marxiste et féministe, membre des Black Panthers et universitaire, elle milite pour les droits civiques des Afro-Américains aux États-Unis, ainsi que contre la guerre et la peine de mort (*Autobiographie*, 1974 ; *Femmes, race et classe*, 1981).

◀ Angela **Davis** en 1975.

▲ Louis **David.** *Marat assassiné*, 1793. (Musées royaux, Bruxelles.)

DAVIS (Ruth Elizabeth, dite Bette), *Lowell, Massachusetts, 1908 - Neuilly-sur-Seine 1989*, actrice américaine. Elle fut l'une des grandes comédiennes d'Hollywood (*l'Insoumise*, W. Wyler, 1938 ; *la Vipère*, id., 1941 ; *Ève*, J. L. Mankiewicz, 1950 ; *l'Argent de la vieille*, L. Comencini, 1972).

DAVIS (sir Colin), *Weybridge, Surrey, 1927 - Londres 2013*, chef d'orchestre britannique. À la tête de l'Orchestre symphonique de la BBC (1967 - 1971), il devint directeur musical de l'Opéra royal de Covent Garden (1971 - 1986) puis dirigea l'Orchestre symphonique de la Radiodiffusion bavaroise (1983 - 1992) et l'Orchestre symphonique de Londres (1995 - 2006), dont il assura ensuite la présidence de 2007 à sa mort. Il s'illustra surtout dans le répertoire lyrique.

DAVIS (Jefferson), *Fairview, Todd County, Kentucky, 1808 - La Nouvelle-Orléans 1889*, officier et homme politique américain. Il fut président des États confédérés du Sud pendant la guerre de Sécession (1861 - 1865).

DAVIS (John), *Sandridge v. 1550 - dans le détroit de Malacca 1605*, navigateur anglais. Il découvrit en 1585 le détroit qui porte son nom.

DAVIS (Miles), *Alton, Illinois, 1926 - Santa Monica 1991*, compositeur et trompettiste de jazz américain. Il fut l'un des plus grands solistes et improvisateurs à la trompette, et l'un des pionniers du jazz cool et du jazz-rock (*Walkin'*, 1954 ; *Bye Bye Blackbird*, 1956).

DAVIS (William Morris), *Philadelphie 1850 - Pasadena 1934*, géographe américain. Il fut l'un des fondateurs de la géographie physique, notamment de la géomorphologie.

DAVISSON (Clinton Joseph), *Bloomington, Illinois, 1881 - Charlottesville 1958*, physicien américain. Sa découverte de la diffraction des électrons par les cristaux (1927) confirma la mécanique ondulatoire de L. de Broglie. (Prix Nobel 1937.)

DAVOS [davɔs], comm. de Suisse (Grisons) ; 11 166 hab. Sports d'hiver (alt. 1 560 - 2 844 m). Forum économique mondial, annuel.

DAVOUT (Louis Nicolas), duc **d'Auerstaedt**, prince **d'Eckmühl**, *Annoux 1770 - Paris 1823*, maréchal de France. Vainqueur des Prussiens en 1806 et des Autrichiens en 1809, il fut l'un des meilleurs lieutenants de Napoléon Ier.

DAVY (sir Humphry), *Penzance 1778 - Genève 1829*, chimiste et physicien britannique. Il découvrit l'arc électrique, les propriétés catalytiques du platine, et isola les métaux alcalins grâce à l'électrolyse.

DAWEI → **TAVOY.**

DAWES (Charles Gates), *Marietta, Ohio, 1865 - Evanston, Illinois, 1951*, financier et homme politique américain. Il présida la commission des réparations (1923) qui élabora le *plan Dawes*, puis fut vice-président des États-Unis de 1925 à 1929. (Prix Nobel de la paix 1925.)

Dawes (plan) [1923], plan destiné à résoudre le problème des réparations dues par l'Allemagne à ses adversaires de la Première Guerre mondiale, en préservant l'équilibre économique du pays. Il fut relayé en 1930 par le plan Young.

DAWSON, anc. **Dawson City,** village du Canada ; 1 375 hab. Anc. cap. du Yukon et anc. centre aurifère.

DAX (40100), ch.-l. d'arrond. des Landes, sur l'Adour ; 21 651 hab. *(Dacquois)*. Station thermale. Évêché (avec Aire-sur-l'Adour). – École d'aviation légère de l'armée de terre. – Cathédrale surtout du XVIIe s. ; musée.

DAYAK, ensemble des populations non islamisées de Bornéo et, plus précisément, celles qui pratiquent l'agriculture (plus de 3 millions). Vivant en petites communautés le long des cours d'eau, en majorité christianisés, ils parlent des langues de la famille malayo-polynésienne de l'Ouest.

DAYAN (Moshe), *Deganya 1915 - Ramat Gan 1981*, général et homme politique israélien. Chef d'état-major de l'armée (1953 - 1958), il fut ministre de la Défense (1967, 1969 - 1974) puis des Affaires étrangères (1977 - 1979).

DAY-LEWIS (sir Daniel), *Londres 1957*, acteur britannique et irlandais. Révélé en 1985 dans *My Beautiful Laundrette* et *Chambre avec vue*, il s'immerge totalement dans l'univers de ses personnages, donnant à ses compositions une intensité particulière (*My Left Foot*, J. Sheridan, 1989 ; *There Will Be Blood*, P. T. Anderson, 2007 ; *Lincoln*, S. Spielberg, 2012 ; *Phantom Thread*, P. T. Anderson, 2017).

DAYTON, v. des États-Unis (Ohio) ; 141 527 hab. (834 520 hab. dans l'agglomération). À proximité, base militaire où fut conclu, le 21 nov. 1995, l'accord de paix sur l'ex-Yougoslavie (→ **Bosnie-Herzégovine**).

DAYTONA BEACH, v. des États-Unis (Floride) ; 61 005 hab. (494 593 hab. dans l'agglomération). Station balnéaire. Circuit automobile.

DCRI (Direction centrale du renseignement intérieur) → **DGSI.**

DEÁK (Ferenc), *Söjtör 1803 - Pest 1876*, homme politique hongrois. Il fut l'un des principaux artisans du compromis austro-hongrois de 1867.

DE AMICIS (Edmondo), *Oneglia 1846 - Bordighera 1908*, écrivain italien, auteur de romans sentimentaux et moralisateurs (*Cuore*).

DEAN (James), *Marion, Indiana, 1931 - Paso Robles, Californie, 1955*, acteur américain. Trois films (*À l'est d'Eden*, E. Kazan, 1955 ; *la Fureur de vivre*, N. Ray, 1955 ; *Géant*, G. Stevens, 1956) et sa mort brutale firent de lui l'incarnation mythique d'une jeunesse inquiète et rebelle.

◄ James **Dean** dans *À l'est d'Eden* d'Elia Kazan (1955).

DEARBORN, v. des États-Unis (Michigan) ; 98 153 hab. Automobiles.

DÉAT (Marcel), *Guérigny 1894 - San Vito, près de Turin, 1955*, homme politique français. Fondateur du Parti socialiste de France (PSF) en 1933, dissidence autoritaire et pacifiste de la SFIO, il prôna la collaboration avec l'Allemagne et fut secrétaire d'État au Travail dans le gouvernement de Vichy (1944). Condamné à mort par contumace après la Libération, il vécut en exil en Italie.

DEATH VALLEY, nom anglais de la Vallée de la Mort*.

DEAUVILLE (14800), comm. du Calvados ; 3 783 hab. Station balnéaire. Hippodrome. Casino. – Festival du cinéma américain.

DEBIERNE (André Louis), *Paris 1874 - id. 1949*, chimiste français. Il a isolé le radium, avec Marie Curie, et découvert l'actinium.

DÉBORAH ou **DEBORA,** prophétesse et Juge d'Israël. Elle célébra la victoire des Israélites sur les Cananéens dans un cantique du livre des Juges.

DEBORD (Guy), *Paris 1931 - Bellevue-la-Montagne 1994*, écrivain et cinéaste français. Membre du lettrisme, puis principal animateur de l'Internationale situationniste (1957), il élabore dans des essais (*la Société du spectacle*, 1967) et des films d'avant-garde une critique radicale et prémonitoire de la société contemporaine, marquée par l'imbrication du capitalisme et des médias. Il se suicida.

DEBRAY (Régis), *Paris 1940*, philosophe français. Ancien militant des mouvements révolutionnaires en Amérique latine, romancier (*La neige brûle*, 1977), il est auj. acteur du débat d'idées, notamm. comme analyste du fait religieux et comme créateur de la médiologie.

DEBRÉ (Jean-Louis), *Toulouse 1944*, homme politique français, fils de Michel Debré. Membre du RPR puis de l'UMP (auj. Les Républicains), ministre de l'Intérieur (1995 - 1997), président de l'Assemblée nationale (2002 - 2007), il a été président du Conseil constitutionnel de 2007 à 2016.

DEBRÉ (Michel), *Paris 1912 - Montlouis-sur-Loire 1996*, homme politique français, fils de Robert Debré. Garde des Sceaux en 1958, il joua un rôle prépondérant dans la préparation de la Constitution. Il fut Premier ministre (1959 - 1962), ministre des Affaires étrangères (1968 - 1969), puis de la Défense nationale (1969 - 1973). [Acad. fr.]

DEBRÉ (Olivier), *Paris 1920 - id. 1999*, peintre français, fils de Robert Debré. D'une abstraction solidement construite dans les années 1950, sa peinture a évolué ensuite vers une ample respiration qui évoque le spectacle décanté de la nature.

DEBRÉ (Robert), *Sedan 1882 - Le Kremlin-Bicêtre 1978*, médecin français. Il a contribué aux progrès de la pédiatrie et à la protection de l'enfance.

DEBRECEN, v. de l'est de la Hongrie ; 196 858 hab. Université. Pharmacie. – Monuments du XVIIIe s.

DEBREU (Gerard), *Calais 1921 - Paris 2004*, économiste américain d'origine française. Spécialiste de l'économie mathématique et de l'économétrie, il a étudié la théorie de l'équilibre général. (Prix Nobel 1983.)

DEBUCOURT (Philibert Louis), *Paris 1755 - Belleville 1832*, peintre et graveur français. Ses aquatintes en couleurs sur la société de son temps sont particulièrement estimées.

DEBURAU (Jean Gaspard, dit Jean-Baptiste), *Kolín, Bohême, 1796 - Paris 1846*, mime français, interprète de Pierrot.

DEBUSSY (Claude), *Saint-Germain-en-Laye 1862 - Paris 1918*, compositeur français. Échappant par son indépendance d'esprit à l'influence wagnérienne dans l'opéra, il créa un style de récitatif (*Pelléas et Mélisande*, 1902) et proposa un nouveau raffinement sonore dans ses œuvres pour piano (*Préludes*, *Études*) et pour orchestre (*Prélude à l'après-midi d'un faune*, 1894 ; *la Mer*, 1905).

◄ Claude **Debussy**

DÉBY (Idriss), *Berdoba, Borkou-Ennedi-Tibesti, 1952*, général et homme politique tchadien. Ayant renversé Hissène Habré en 1990, il est président de la République depuis 1991.

DEBYE (Peter), *Maastricht 1884 - Ithaca, État de New York, 1966*, physicien et chimiste américain d'origine néerlandaise. Il étudia l'état solide aux basses températures et détermina par interférence des rayons X les dimensions des molécules gazeuses. (Prix Nobel de chimie 1936.)

Décaméron, recueil de nouvelles de Boccace (1349 - 1351), peintures des mœurs au XIVe s., dont le style a contribué à fixer la prose italienne.

DECAMPS (Alexandre), *Paris 1803 - Fontainebleau 1860*, peintre français. Il fut le plus populaire des orientalistes romantiques (*Enfants turcs près d'une fontaine*, Chantilly).

DÉCAPOLE, confédération de dix villes palestiniennes situées à l'est du Jourdain (Ier s. av. J.-C. - IIe s. apr. J.-C.). — **Décapole,** ligue de dix villes d'Alsace fondée en 1353 - 1354. Elle ne fut totalement intégrée à la France que sous la Révolution.

DECAUX (Alain), *Lille 1925 - Paris 2016*, historien français. Créateur d'émissions radiophoniques et télévisées populaires consacrées à l'histoire, il fut ministre délégué à la Francophonie (1988 - 1991). [Acad. fr.]

DECAZES ET DE GLÜCKSBERG (Élie, duc), *Saint-Martin-de-Laye, Gironde, 1780 - Paris 1860*, homme politique français. Ministre de la Police (1815), puis président du Conseil (1819) sous Louis XVIII, il dut démissionner après l'assassinat du duc de Berry (1820). — **Louis,** duc **Decazes et de G.,** *Paris 1819 - château de la Grave, Gironde, 1886*, homme politique français, fils d'Élie. Ministre des Affaires étrangères (1873 - 1877), il chercha l'apaisement avec l'Allemagne de Bismarck.

DECAZEVILLE (12300), bur. centr. de cant. de l'Aveyron ; 5 725 hab. (*Decazevillois*). Anc. centre houiller et sidérurgique. La cité dut son développement (XIXe s.) au duc Élie Decazes.

DECCAN ou **DEKKAN,** partie péninsulaire de l'Inde. C'est un plateau dont les bordures, escarpées, forment les Ghats.

DÉCÉBALE, nom donné au roi des Daces. Le plus connu anéantit une armée romaine (87) puis, vaincu par Trajan, se donna la mort (106).

décembre 1851 (coup d'État du 2), coup d'État par lequel Louis Napoléon Bonaparte, alors président de la République, élimina l'opposition parlementaire, rendant ainsi possible le rétablissement de l'Empire.

DÉCHELETTE (Joseph), *Roanne 1862 - Nouvron-Vingré, Aisne, 1914*, archéologue français. Il est l'auteur d'un *Manuel d'archéologie préhistorique, celtique et gallo-romaine*.

DE CHIRICO (Giorgio), *Vólos, Grèce, 1888 - Rome 1978*, peintre italien. Inventeur à Paris, v. 1911 - 1914, d'une peinture qu'on appellera « métaphysique », précurseur du surréalisme, il évolua vers une sorte de pastiche de l'art classique.

DÉCINES-CHARPIEU (69150), comm. du Rhône, banlieue de Lyon ; 27 776 hab.

DECIUS (Caius Messius Quintus Valerianus Trajanus), en fr. **Dèce,** *Budalia, Pannonie, 201 - Abryttos, Mésie, 251*, empereur romain (249 - 251). Il persécuta les chrétiens (250).

DECIZE (58300), bur. centr. de cant. de la Nièvre, sur la Loire ; 5 851 hab. (*Decizois*). Pneumatiques. – Église (chœur roman et crypte mérovingienne).

Déclaration des droits de l'homme et du citoyen → droits de l'homme et du citoyen.

Déclaration du clergé de France ou **Déclaration des Quatre Articles,** déclaration rédigée par Bossuet et acceptée, le 19 mars 1682, par l'assemblée du clergé de France. Elle constitua la charte de l'Église gallicane.

Déclaration universelle des droits de l'homme → droits de l'homme.

Décorations (affaire des) [nov. 1887], scandale né d'un trafic de décorations dans lequel était impliqué Daniel Wilson, le gendre du président de la République J. Grévy. Ce dernier dut démissionner.

DE COSTER (Charles), *Munich 1827 - Ixelles 1879*, écrivain belge de langue française, auteur de *la Légende et les aventures d'Ulenspiegel et de Lamme Goedzak*.

DE COSTER (Roger), *Bruxelles 1944*, coureur motocycliste belge, champion du monde de motocross (500 cm³) en 1971, 1972, 1973, 1975 et 1976.

DECOUFLÉ (Philippe), *Paris 1961*, danseur, chorégraphe et metteur en scène français. À la tête, depuis 1983, de sa propre compagnie (DCA), il popularise une danse contemporaine ludique (*Codex*, 1986 ; cérémonies des JO d'hiver d'Albertville, 1992 ; *Petites Pièces montées*, 1993 ; *Shazam !*, 1997 ; *Octopus*, 2010), dont il propose un condensé dans *Panorama* (2012). *Contact* (2014) et *Paramour* (2016 ; avec le Cirque du Soleil) sont des hommages à la comédie musicale.

Découverte (palais de la) → **palais de la Découverte.**

DECOUX (Jean), *Bordeaux 1884 - Paris 1963*, amiral français. Gouverneur général de l'Indochine en 1940, il dut négocier avec les Japonais, mais il maintint la souveraineté de la France jusqu'en 1945.

DE CRAYER (Gaspar), *Anvers 1582 - Gand 1669*, peintre flamand, disciple de Rubens et auteur prolifique de tableaux d'autel.

DECROLY (Ovide), *Renaix 1871 - Uccle 1932*, médecin et pédagogue belge. Il fut le promoteur d'une pédagogie fondée sur la notion de centre d'intérêt.

DÉCUMATES (champs), anc. territoires entre Rhin et haut Danube. Annexés par Domitien, ils furent protégés par un *limes* que les Alamans forcèrent en 260.

DÉDALE MYTH. GR. Architecte et sculpteur, constructeur du Labyrinthe de Crète, dans lequel fut enfermé le Minotaure. Il y fut emprisonné lui-même par ordre de Minos, mais s'échappa avec son fils Icare en se faisant des ailes de plumes et de cire.

DEDEKIND (Richard), *Brunswick 1831 - id. 1916*, mathématicien allemand. Ses travaux sur les idéaux et la divisibilité dans les corps de nombres algébriques ont fourni (avec ceux de Cantor) les premières bases de la théorie des ensembles.

DEE (John), *Londres 1527 - Mortlake 1608*, mathématicien et occultiste anglais. Savant de renom, astrologue consulté par Élisabeth Ire, il forma après 1581, avec un certain Edward Kelley (*1555 - 1597*), le premier duo médiumnique répertorié.

DÉFENSE (quartier de la), quartier d'affaires, à l'O. de Paris (comm. de Puteaux, Courbevoie et Nanterre). Construit pour l'essentiel, avec sa dalle piétonnière, entre 1957 et 1989, il comprend de multiples tours de bureaux (sièges de grandes entreprises), le CNIT (auj. Centre des nouvelles industries et technologies) à la voûte de béton audacieuse (1958) et la Grande Arche*.

Défense et illustration de la langue française, ouvrage de Du Bellay (1549), manifeste de l'école de Ronsard (la future Pléiade*) pour le renouvellement de la langue et des genres poétiques.

Défense nationale (gouvernement de la), gouvernement qui succéda au second Empire et proclama la république le 4 sept. 1870. Il remit ses pouvoirs à l'Assemblée nationale le 12 février 1871.

DEFFAND → **DU DEFFAND**.

DEFFERRE (Gaston), *Marsillargues, Hérault, 1910 - Marseille 1986*, homme politique français. Maire socialiste de Marseille (1944 - 1945 ; 1953 - 1986), il fut ministre de la France d'outre-mer (1956 - 1957) et ministre de l'Intérieur et de la Décentralisation (1981 - 1984).

DE FILIPPO (Eduardo), *Naples 1900 - Rome 1984*, auteur dramatique, cinéaste et acteur italien. Ses pièces, souvent écrites en dialecte napolitain (*la Grande Magie*), et ses films (*Naples millionnaire*) présentent le conflit entre les individus et la société.

DEFOE ou **DE FOE** (Daniel), *Londres v. 1660 - id. 1731*, écrivain britannique. Aventurier, commerçant, agent politique, il connut la célébrité par un roman d'aventures (*Robinson* Crusoé*) et une série de récits réalistes (*Moll Flanders*).

◀ Daniel **Defoe.** (London Library.)

DE FOREST (Lee), *Council Bluffs, Iowa, 1873 - Hollywood 1961*, ingénieur américain. Il est l'inventeur de la triode (1906).

DEFORGES (Régine), *Montmorillon 1935 - Paris 2014*, écrivaine française. Longtemps en butte à la censure comme éditrice de classiques érotiques, elle connut un immense succès avec son roman *la Bicyclette bleue*, premier titre d'une saga en 10 volumes (1981-2007).

DEGAS (Edgar), *Paris 1834 - id. 1917*, peintre, graveur et sculpteur français. L'un des impressionnistes, issu d'un milieu bourgeois cultivé, influencé par Ingres, par Delacroix et tenté par le naturalisme, il est parvenu à une manière très nouvelle de synthétiser espace, lumière, formes, mouvement (thèmes des courses de chevaux, des danseuses, des femmes à leur toilette, etc.).

▲ Edgar **Degas.** *La Classe de danse*, 1873-1876. (Musée d'Orsay, Paris.)

DE GASPERI (Alcide), *Pieve Tesino 1881 - Sella di Valsugana 1954*, homme politique italien. Chef de la Démocratie chrétienne, président du Conseil (1945 - 1953), il redonna à son pays sa place en Europe et amorça son redressement économique.

DE GEER (Louis, baron), *Finspång 1818 - Truedstorp 1896*, homme politique suédois. Il fut Premier ministre de 1858 à 1870 et de 1876 à 1880.

DE GRAAF (Reinier), *Schoonhoven, près d'Utrecht, 1641 - Delft 1673*, médecin et physiologiste néerlandais. Il réalisa les premiers travaux sur le pancréas et découvrit les follicules de l'ovaire.

▲ Le **Déjeuner sur l'herbe.** Peinture de Manet, 1863. (Musée d'Orsay, Paris.)

DEGRELLE (Léon), *Bouillon 1906 - Málaga 1994*, homme politique belge. Fondateur du rexisme, il prôna la collaboration avec l'Allemagne après la défaite de 1940. Il s'exila en 1944.

DEGUY (Michel), *Paris 1930*, poète français. Sa poésie, doublée d'une critique de la société de consommation culturelle, est passée d'un arpentage des sites naturels (*Fragments du cadastre*, 1960) à un collage moderniste, rapide et aigu (*Jumelages*, 1978 ; *l'Énergie du désespoir*, 1998).

DEHAENE (Jean-Luc), *Montpellier 1940 - Quimper 2014*, homme politique belge. Social-chrétien flamand, il fut Premier ministre de 1992 à 1999.

DEHAENE (Stanislas), *Roubaix 1965*, psychologue français. Ses travaux sur le fonctionnement du cerveau lors, notamm., du calcul et de la lecture mettent en lumière l'activation d'aires et de circuits spécifiques ainsi que le modelage cérébral au cours de l'apprentissage. Il est professeur au Collège de France depuis 2005 et président du Conseil scientifique de l'Éducation nationale, créé en 2018.

DE HAVILLAND (sir Geoffrey), *Haslemere, Surrey, 1882 - Londres 1965*, constructeur d'avions britannique. De 1909 à 1954, il réalisa cent douze types d'appareils civils et militaires, notamment le premier avion commercial à réaction (*Comet*, mis en service en 1952).

DEHMELT (Hans Georg), *Görlitz 1922 - Seattle 2017*, physicien américain d'origine allemande. Grâce à ses travaux sur la spectroscopie atomique de précision, il put observer un électron isolé. (Prix Nobel 1989.)

DE HOOCH, DE HOOGHE ou **DE HOOGH** (Pieter), *Rotterdam 1629 - Amsterdam v. 1684*, peintre néerlandais. Il est l'auteur de scènes d'intérieur d'un réalisme poétisé (notamm. celles de sa période d'installation à Delft : 1654 - 1662).

DEHRA DUN, v. d'Inde, cap. de l'Uttarakhand ; 447 808 hab.

DEINZE [dɛ̃z], v. de Belgique (Flandre-Orientale), sur la Lys ; 29 815 hab. Textile. – Église gothique.

DEIR EL-BAHARI, site archéologique d'Égypte, près de Thèbes. Remarquables ensembles funéraires de Montouhotep Ier, de Thoutmosis III et surtout de la reine Hatshepsout (temple grandiose, en partie creusé dans la falaise qui le domine).

DEIR EZ-ZOR, v. de Syrie, sur l'Euphrate ; 239 196 hab. À proximité, gisement de pétrole.

DÉJANIRE MYTH. GR. Épouse d'Héraclès, dont elle causa la mort en lui donnant la tunique de Nessos*.

Déjeuner sur l'herbe (le), grande toile de Manet (1863, musée d'Orsay). Sa modernité (malgré ses sources : Raphaël, Giorgione...) fit scandale au « Salon des refusés » de 1863.

DE KEERSMAEKER (Anne Teresa), *Malines 1960*, danseuse et chorégraphe belge. Formée à Bruxelles (Béjart) et à New York, elle fonde en 1983 sa compagnie (Rosas), en résidence au Théâtre de la Monnaie de Bruxelles de 1992 à 2007 (*Fase*, 1982 ; *Rosas danst rosas*, 1983 ; *Mozart Concert Arias*, 1992 ; *Just Before*, 1997 ; *Rain*, 2001 ; *D'un soir, un jour*, 2006 ; *En atendant*, 2010 ; *Vortex Temporum*, 2013).

DEKKAN → **DECCAN**.

DEKKER (Thomas), *Londres v. 1572 - id. v. 1632*, écrivain anglais. Ses pièces de théâtre (*le Jour de fête des cordonniers*) et ses chroniques décrivent avec verve le peuple londonien.

DE KLERK (Frederik Willem), *Johannesburg 1936*, homme politique sud-africain. Leader du Parti national (1989 - 1997), président de la République de 1989 à 1994, il est, avec Nelson Mandela, l'initiateur de l'abolition de l'apartheid et du processus de démocratisation en Afrique du Sud. Nommé deuxième vice-président après la victoire de l'ANC aux élections multiraciales de 1994, il démissionne en 1996. (Prix Nobel de la paix 1993.)

▲ Frederik **De Klerk** en 1991.

DE KOONING (Willem), *Rotterdam 1904 - East Hampton, Long Island, État de New York, 1997*, peintre américain d'origine néerlandaise. Parti pour New York en 1926, il s'est affirmé à la fin des années 1940 comme un des maîtres de l'expressionnisme, abstrait ou figuratif (thème de la *Femme*, disloquée et recomposée).

DELACROIX (Eugène), *Charenton-Saint-Maurice, auj. Saint-Maurice, 1798 - Paris 1863*, peintre français. Grand coloriste et novateur réfléchi, il fut le chef de l'école romantique. Il est l'auteur de vastes peintures murales à Paris (bibliothèques

▲ Eugène **Delacroix.** *Jeune Orpheline au cimetière*, v. 1824. (Musée du Louvre, Paris.)

du Palais-Bourbon et du Sénat ; plafond de la galerie d'Apollon au Louvre, 1850-1851 ; chapelle des Saints-Anges à l'église St-Sulpice, 1850-1861). Parmi ses tableaux célèbres, citons, au Louvre : *Dante et Virgile aux Enfers* (1822), *Scènes des massacres de Scio* (1824), *Mort de Sardanapale* (1827), *la Liberté* guidant le peuple* (1830), *Femmes d'Alger dans leur appartement* (1834), *Entrée des croisés à Constantinople* (1840). Il a illustré de lithographies le *Faust* de Goethe. Son *Journal* est d'un grand intérêt.

DELAGE (Louis), *Cognac 1874 - Le Pecq 1947*, ingénieur et industriel français. Pionnier de l'industrie automobile, il se spécialisa dans la voiture de grand luxe, puis mit au point des voitures de course à moteur surcomprimé.

DELAGE (Yves), *Avignon 1854 - Sceaux 1920*, zoologiste français. Il est notamm. l'auteur de travaux sur la parthénogenèse expérimentale.

DELAGOA (baie), baie de l'océan Indien, au Mozambique.

DELAHAYE (Émile), *Tours 1843 - Saint-Raphaël 1905*, ingénieur et industriel français. Pionnier de la construction automobile (1894), il inventa notamment l'accélérateur et fonda, avec plusieurs associés, une société portant son nom qui fabriqua, outre des automobiles réputées pour leur solidité, des véhicules utilitaires, des moteurs et du matériel de lutte contre l'incendie.

DELALANDE (Michel Richard), *Paris 1657 - Versailles 1726*, compositeur français. Il accumula les charges à la cour et laissa 71 grands motets, chefs-d'œuvre du genre, et des *Symphonies pour les soupers du Roy*.

DE LA MARE (Walter), *Charlton, Kent, 1873 - Twickenham, Middlesex, 1956*, écrivain britannique. Son œuvre narrative (*À première vue*) et poétique (*Chants de l'enfance*) mêle aux souvenirs d'enfance hallucinations et rêveries.

DELAMARE-DEBOUTTEVILLE (Édouard), *Rouen 1856 - Montgrimont, Seine-Maritime, 1901*, industriel et inventeur français. Avec l'aide du chef mécanicien de sa filature, Léon Malandin, il réalisa la première voiture automobile qui, actionnée par un moteur à explosion, ait roulé sur une route (1883).

DELAMBRE (Jean-Baptiste, chevalier), *Amiens 1749 - Paris 1822*, astronome et géodésien français. Après l'instauration du système métrique, il mesura, avec P. Méchain, l'arc de méridien compris entre Dunkerque et Barcelone (1792 - 1799) pour déterminer l'étalon de longueur. Directeur de l'Observatoire de Paris de 1804 à sa mort, il a laissé une *Histoire de l'astronomie*.

DELANNOY (Jean), *Noisy-le-Sec 1908 - Guainville, Eure-et-Loir, 2008*, cinéaste français. Il est l'auteur de films dramatiques et psychologiques (*l'Éternel Retour*, 1943 ; *la Symphonie pastorale*, 1946 ; *la Princesse de Clèves*, 1961).

DELANOË (Pierre **Leroyer**, dit Pierre), *Paris 1918 - Guainville, Eure-et-Loir, 2006*, parolier français. Il a servi le talent d'artistes aussi divers que G. Bécaud (*Et maintenant*), Michel Fugain (*Une belle histoire*), Joe Dassin (*l'Amérique*), M. Polnareff (*le Bal des Laze*), Nicoletta (*Il est mort le soleil*) ou M. Sardou (*le France*).

DELAROCHE (Hippolyte, dit Paul), *Paris 1797 - id. 1856*, peintre français. Éclectique, il tenta de concilier classicisme et romantisme dans des sujets d'histoire au caractère théâtral.

DELAUNAY (Louis), *Corbeil 1843 - Cannes 1912*, ingénieur et industriel français. Il réalisa de nombreux modèles de luxe d'automobiles à moteur à essence.

DELAUNAY (Robert), *Paris 1885 - Montpellier 1941*, peintre français. Sous la dénomination d'orphisme, due à Apollinaire, il a apporté au cubisme un jeu de contrastes chromatiques et lumineux brisant et recomposant les formes (séries des « Tours Eiffel », 1909-1910, des « Fenêtres », 1912), pour aboutir dans certaines de ses œuvres à l'abstraction (« Formes circulaires », « Rythmes », etc.). — **Sonia D.**, *Odessa 1885 - Paris 1979*, peintre française d'origine russe, femme de Robert. Elle a mené les mêmes recherches que son mari sur la couleur pure et les rythmes (*Prismes électriques*, 1914, MNAM, Paris) et les a appliquées aux arts graphiques et décoratifs, aux tissus, à la mode.

DELAUNE (Étienne), *Orléans ? v. 1518 - ? 1583*, graveur, orfèvre et ornemaniste français. Il a diffusé le style de l'école de Fontainebleau.

DE LAVAL (Gustaf), *Orsa, Dalécarlie, 1845 - Stockholm 1913*, ingénieur suédois. Il est l'inventeur de la turbine à vapeur qui porte son nom (1883).

DELAVIGNE (Casimir), *Le Havre 1793 - Lyon 1843*, écrivain français, auteur de tragédies (*les Vêpres siciliennes*) et d'élégies patriotiques. (Acad. fr.)

DELAWARE n.f., fl. des États-Unis, qui rejoint la *baie de la Delaware* sur l'Atlantique ; 400 km. Elle passe à Philadelphie.

DELAWARE, État des États-Unis, sur l'Atlantique ; 961 939 hab. ; cap. *Dover*.

DELAWARES, peuple amérindien des États-Unis (Oklahoma, Missouri, Kansas) et du Canada (Ontario), de la famille algonquienne.

DELAY (Jean), *Bayonne 1907 - Paris 1987*, psychiatre français. Il a étudié les troubles de la mémoire et les effets des psychotropes. (Acad. fr.)

DELBRÜCK (Max), *Berlin 1906 - Pasadena 1981*, biophysicien américain d'origine allemande. Il a reçu en 1969 le prix Nobel de physiologie ou médecine pour ses travaux de biologie moléculaire sur l'ADN et son rôle génétique.

DELCASSÉ (Théophile), *Pamiers 1852 - Nice 1923*, homme politique français. Ministre des Affaires étrangères (1898 - 1905), il resserra l'alliance franco-russe (1900) et fut l'artisan de l'Entente cordiale avec la Grande-Bretagne (1904).

DELEDDA (Grazia), *Nuoro 1871 - Rome 1936*, romancière italienne. Son œuvre est une peinture des mœurs sardes. (Prix Nobel 1926.)

DELÉMONT, v. de Suisse, ch.-l. du canton du Jura ; 11 639 hab. Monuments des XVIe-XVIIIe s. ; Musée jurassien.

DELERM (Philippe), *Auvers-sur-Oise 1950*, écrivain français. Ses romans (*Sundborn ou les Jours de lumière*, 1996 ; *la Bulle de Tiepolo*, 2005) et ses recueils de textes courts (*la Première Gorgée de bière et autres plaisirs minuscules*, 1997 ; *les Eaux troubles du mojito*, 2015) célèbrent la quintessence du quotidien avec une légèreté tout épicurienne.

◀ Philippe **Delerm** en 2010.

DELERUE (Georges), *Roubaix 1925 - Los Angeles 1992*, compositeur français. Il est connu pour ses musiques de film (*Hiroshima mon amour*, A. Resnais, 1959 ; *la Peau douce*, F. Truffaut, 1964 ; *Diên Biên Phu*, P. Schoendoerffer, 1992).

DELESCLUZE (Charles), *Dreux 1809 - Paris 1871*, journaliste et homme politique français. Membre de la Commune, il fut tué sur les barricades.

DELESSERT (Benjamin, baron), *Lyon 1773 - Paris 1847*, industriel, financier et philanthrope français. Régent de la Banque de France, il fonda en 1818 la première caisse d'épargne.

▲ Robert **Delaunay.** *La Fenêtre*, 1912. (Musée de Grenoble.)

DELESTRAINT (Charles), *Biache-Saint-Vaast 1879 - Dachau 1945*, général français. Chef de l'armée secrète dans la Résistance, il fut arrêté en 1943, déporté au Struthof en 1944, puis à Dachau, où il fut fusillé.

DELEUZE (Gilles), *Paris 1925 - id. 1995*, philosophe français. Penseur de la « différence », il a défendu contre les institutions les droits du désir et de la production inconsciente (*l'Anti-Œdipe*, 1972 ; *Mille Plateaux*, 1980 ; *Qu'est-ce que la philosophie ?*, 1991, tous en collab. avec F. Guattari). Historien de la philosophie (*Nietzsche et la philosophie*, 1962), il s'est également intéressé au cinéma et à la peinture.

DELFT, v. des Pays-Bas (Hollande-Méridionale) ; 99 097 hab. Centre de faïencerie, dont l'apogée se situe aux XVIIe et XVIIIe s. – Monuments des XIIIe-XVIIe s. ; musées.

DELGADO (cap), cap du Mozambique, sur l'océan Indien.

▲ **Delhi.** Le mausolée d'Humayun (v. 1564).

DELHI, v. d'Inde, cap. du *territoire de Delhi*, sur la Yamuna ; 11 034 555 hab. (24 953 000 hab. dans l'agglomération, 16 753 235 hab. pour le territoire). Englobant *New Delhi*, capitale fédérale de l'Inde, c'est la troisième ville du pays. – Nombreux monuments : colonne de fer (IVe s.), remarquables édifices de style « indo-musulman » des XIIIe-XVIe s., dont le Qutb minar (v. 1229) ; haut lieu de l'architecture moghole (mausolée d'Humayun, v. 1564 ; Fort-Rouge, 1639-1647 ; Grande Mosquée, 1644-1658). – Ancienne ville hindoue, elle fut du XIIIe au XIXe s. la capitale des États musulmans de l'Inde du Nord.

DELIBES (Léo), *Saint-Germain-du-Val, auj. dans La Flèche, 1836 - Paris 1891*, compositeur français. Il est l'auteur de musiques de ballets (*Coppélia*, 1870 ; *Sylvia*, 1876) et d'opéras-comiques (*Lakmé*, 1883).

DELIGNE (Pierre), *Etterbeek 1944*, mathématicien belge. Ses travaux portent sur la géométrie algébrique. (Médaille Fields 1978 ; prix Crafoord 1988 ; prix Abel 2013.)

DELILLE (abbé Jacques), *Clermont-Ferrand 1738 - Paris 1813*, poète français. Traducteur de Virgile, il est l'auteur de poèmes didactiques et descriptifs (*les Jardins*). [Acad. fr.]

DELILLO (Don), *New York 1936*, écrivain américain. Son œuvre romanesque sonde avec acuité et virtuosité les ambivalences, les obsessions et les peurs de l'Amérique contemporaine (*Joueurs*, 1977 ; *Bruit de fond*, 1985 ; *Libra*, 1988 ; *Outremonde*, 1997 ; *Zero K*, 2016).

DELLA FRANCESCA → **PIERO DELLA FRANCESCA.**

DELLA PORTA (Giacomo), *en Lombardie ? v. 1540 - Rome 1602*, architecte italien. Il a terminé, à Rome, des édifices entrepris par Michel-Ange (dôme de St-Pierre, v. 1585-1590). La façade qu'il a donnée au Gesù de Vignole est typique du style de la Contre-Réforme.

DELLA PORTA (Giambattista) *Naples 1535 - id. 1615*, humaniste et physicien italien. Promoteur de la magie naturelle (*Magiae naturalis*, 1558), il contribua à fonder la science sur l'observation.

DELLA QUERCIA → **JACOPO DELLA QUERCIA.**

DELLA ROBBIA (Luca), *Florence 1400 - id. 1482*, sculpteur et céramiste italien. Il participa à la décoration de la cathédrale de Florence (tribune des chantres, 1431-1438) et fut le promoteur de la sculpture en terre cuite émaillée. — **Andrea Della R.,** *Florence 1435 - id. 1525,* sculpteur et céramiste italien, neveu de Luca. Il continua l'œuvre de son oncle ; de même firent ses fils.

DELLA ROVERE, famille italienne originaire de Savone, dont sont issus les papes Sixte IV et Jules II. Elle détint le duché d'Urbino de 1508 à 1631.

DELLA SCALA ou SCALIGERI, famille italienne dont certains membres, appartenant au parti gibelin, furent seigneurs ou podestats de Vérone. — **Cangrande Ier Della S.,** *Vérone 1291 - Trévise 1329,* seigneur de Vérone (1311 - 1329). Chef des gibelins de Lombardie, il offrit un asile à Dante.

DELLE (90100), bur. centr. de cant. du Territoire de Belfort ; 5 847 hab. *(Dellois).* Équipements électriques. Fonderie.

DELLER (Alfred), *Margate 1912 - Bologne 1979,* haute-contre britannique. Fondateur du Deller Consort, il contribua à la redécouverte de l'interprétation vocale des répertoires anglais de la Renaissance (Dowland) et du Baroque (Purcell).

DELLUC (Louis), *Cadouin, Dordogne, 1890 - Paris 1924,* écrivain et cinéaste français. Il fut l'un des fondateurs des ciné-clubs et un pionnier de la critique cinématographique (un prix portant son nom est décerné depuis 1937). Il tourna notamm. *la Femme de nulle part* (1922) et *l'Inondation* (1924).

DEL MONACO (Mario), *Florence 1915 - Mestre 1982,* ténor italien, célèbre pour ses interprétations d'opéras italiens (de Verdi, notamment).

DELON (Alain), *Sceaux 1935,* acteur français. L'une des vedettes les plus populaires du cinéma français, il a joué notamment pour R. Clément (*Plein Soleil,* 1960), L. Visconti (*Rocco et ses frères,* id.), J.-P. Melville (*le Samouraï,* 1967), J. Losey (*M. Klein,* 1976), J.-L. Godard (*Nouvelle Vague,* 1990).

◄ Alain **Delon**

DELORME ou DE L'ORME (Philibert), *Lyon 1514 - Paris 1570,* architecte français. Bâtisseur, artiste et théoricien, il est le représentant majeur de la seconde Renaissance (château d'Anet, 1547-1555 ; travaux divers sous Henri II ; château des Tuileries, 1564 et suiv.).

DELORS (Jacques), *Paris 1925,* économiste et homme politique français. Socialiste, ministre de l'Économie et des Finances (1981 - 1984), il a été ensuite président de la Commission européenne de 1985 à 1995.

DÉLOS, île de Grèce, la plus petite des Cyclades. Elle abrita le grand sanctuaire d'Apollon et fut, au Ve s. av. J.-C., le siège de la ligue de Délos. Elle fut ruinée par Mithridate VI Eupator (88 av. J.-C.). – Ensemble archéologique parmi les plus complets (sanctuaires, théâtre, quartiers d'habitations aux belles mosaïques, ports, etc.).

Délos (ligue de) ou **première Confédération athénienne** (477 - 404 av. J.-C.), alliance unissant de nombreuses cités grecques sous l'autorité d'Athènes. Formée contre les Perses après les guerres médiques, elle fut en fait l'instrument de la domination athénienne sur la mer Égée.

DELPHES, v. de l'anc. Grèce, en Phocide, sur le versant sud-ouest du Parnasse. Elle abritait un temple dédié à Apollon, qui y rendait des oracles par la bouche de la pythie. Important centre religieux, siège des jeux Pythiques, Delphes rayonna sur tout le monde antique du VIIe s. av. J.-C. à l'époque romaine. – Des fouilles entreprises par l'école française d'Athènes depuis 1860 sur l'emplacement de l'anc. village de Kastri ont mis au jour les temples d'Apollon et d'Athéna, les trésors (dont celui de la cité d'Athènes, Ve s. av. J.-C.), le théâtre, le stade. Très riche musée.

DEL PONTE (Carla), *Lugano 1947,* magistrate suisse. Procureure dans le Tessin puis, de 1994 à 1999, procureure générale de la Confédération suisse, réputée pour son engagement dans la lutte contre la corruption et la Mafia, elle a été procureure des tribunaux pénaux internationaux pour l'ex-Yougoslavie (1999 - 2007) et pour le Rwanda (1999 - 2003).

DELSARTE (François), *Solesmes, Nord, 1811 - Paris 1871,* pédagogue français. Il est à l'origine du renouveau pédagogique de l'expression corporelle et de la danse.

DELSARTE (Jean), *Fourmies 1903 - Nancy 1968,* mathématicien français. Il est l'un des membres fondateurs du groupe Nicolas Bourbaki*. Ses travaux portent notamm. sur la théorie des nombres.

Delta (plan), nom donné à l'ensemble des travaux réalisés entre 1958 et 1986 pour relier par des digues les îles de la Hollande-Méridionale et de la Zélande aux Pays-Bas, et destinés surtout à lutter contre les inondations.

DELTEIL (Joseph), *Villar-en-Val, Aude, 1894 - Grabels, Hérault, 1978,* écrivain français. Surréaliste à l'origine (*Sur le fleuve Amour,* 1922) et volontiers provocatrice (*Choléra,* 1923 ; *Jeanne d'Arc,* 1925 ; *Don Juan,* 1930), son œuvre est imprégnée d'une verve toute méridionale.

DELUC (Jean-André), *Genève 1727 - Windsor 1817,* naturaliste suisse. Il fut le premier à utiliser le mot « géologie » et étudia aussi l'atmosphère.

DE LUCA (Erri), *Naples 1950,* écrivain italien. Ses récits à l'écriture limpide et poétique, évoquant la ville de son enfance, l'apprentissage de la vie et les luttes ouvrières (*Acide, arc-en-ciel,* 1992 ; *Trois Chevaux,* 1999 ; *Montedidio,* 2001 ; *le Jour avant le bonheur,* 2009), sont ceux d'un humaniste engagé (*le Tort du soldat,* 2012 ; *la Nature exposée,* 2016).

DELUMEAU (Jean), *Nantes 1923,* historien français. Il s'est attaché à l'étude des mentalités (*la Peur en Occident [XIVe-XVIIIe siècles] : une cité assiégée,* 1978 ; *Rassurer et protéger : le sentiment de sécurité dans l'Occident d'autrefois,* 1989 ; *Une histoire du paradis,* 3 vol., 1992, 1995 et 2000).

DELVAUX (André), *Heverlee, près de Louvain, 1926 - Valence, Espagne, 2002,* cinéaste belge. Le réel et le rêve se conjuguent dans l'univers envoûtant et raffiné de ses films : *Un soir, un train* (1968) ; *Rendez-vous à Bray* (1971) ; *l'Œuvre au noir* (1988).

DELVAUX (Paul), *Antheit, prov. de Liège, 1897 - Furnes 1994,* peintre belge. D'une facture classique, ses toiles se rattachent à un surréalisme onirique (*Pygmalion,* 1939, MAM, Bruxelles ; *Trains du soir,* 1957, ibid.). Un musée lui est consacré à Saint-Idesbald (comm. de Coxyde).

DELVOYE (Wim), *Wervik 1965,* artiste belge. Ses installations anticonformistes, alliant ancien et moderne (*Gas Canisters,* motifs de faïences de Delft apposés sur des bonbonnes de gaz, 1988), prosaïque et sacré (*Goals,* vitraux dans des cages de handball, 1990), relèvent du détournement ironique (série des *Cloaca,* 2000-2009).

DE MAN (Henri), *Anvers 1885 - Morat 1953,* théoricien et homme politique belge. Vice-président du Parti ouvrier belge (1933), il fut après 1940 favorable à la collaboration avec l'Allemagne et dut se réfugier en Suisse. Son œuvre est à la fois une critique et un effort de dépassement du marxisme (*Au-delà du marxisme,* 1929).

DEMANGEON (Albert), *Cormeilles, Eure, 1872 - Paris 1940,* géographe français, l'un des fondateurs de la géographie humaine.

DEMAVEND n.m., volcan formant le point culminant de l'Elbourz et de l'Iran, au N.-E. de Téhéran ; 5 671 m.

DÉMÉTER MYTH. GR. Déesse de la Fertilité, divinisation de la terre nourricière. Identifiée avec la Cérès romaine, elle est la mère de Perséphone. On célébrait ses mystères à Éleusis.

▲ **Delphes.** Vestiges de la tholos, IVe s. av. J.-C.

▲ Les **Demoiselles d'Avignon.** Peinture de Picasso, 1906-1907. (MoMA, New York.)

DÉMÉTRIOS Ier Poliorcète (« Preneur de villes »), *336 - 282 av. J.-C.,* roi antigonide de Macédoine (294 - 287 av. J.-C.). Fils d'Antigonos Ier Monophthalmos, il fut, avec son père, maître du monde égéen jusqu'à sa défaite à Ipsos (301 av. J.-C.). Séleucos Ier le fit prisonnier en 285.

DÉMÉTRIOS Ier Sôter (« Sauveur »), *m. en 150 av. J.-C.,* roi séleucide de Syrie (162 - 150 av. J.-C.), petit-fils d'Antiochos III Mégas.

DÉMÉTRIOS de Phalère, *Phalère v. 350 - Haute-Égypte v. 283 av. J.-C.,* homme politique et orateur athénien. Il gouverna Athènes au nom du Macédonien Cassandre.

DEMIDOV ou DEMIDOF, famille d'industriels russes, anoblie en 1720, dont plusieurs membres furent proches de la Cour au XIXe s. — **Nikita D.,** *Toula 1656 - id. 1725,* industriel russe. Maître de forges à Toula, il développa ses activités dans l'Oural, sous Pierre le Grand. — **Anatoli Nikolaïevitch D.,** prince **de San Donato,** *Florence 1812 - Paris 1870,* époux de Mathilde Bonaparte.

DE MILLE (Agnes), *New York 1905 - id. 1993,* danseuse et chorégraphe américaine. Nièce de Cecil B. De Mille, elle contribua à donner un style propre au ballet américain et à faire découvrir les sources du folklore des États-Unis.

DE MILLE (Cecil Blount), *Ashfield, Massachusetts, 1881 - Hollywood 1959,* cinéaste américain. Spécialiste des reconstitutions historiques à grand spectacle, il a réalisé : *Forfaiture* (1915), *les Dix Commandements* (1923, 1956), *Cléopâtre* (1934), *Sous le plus grand chapiteau du monde* (1952).

DEMIREL (Süleyman), *Islâmköy, près d'Isparta, 1924 - Ankara 2015,* homme politique turc. Plusieurs fois Premier ministre (1965 - 1971 ; 1975 - 1978 ; 1979 - 1980), il fut emprisonné à deux reprises après le coup d'État de 1980. Redevenu chef du gouvernement en 1991, il fut président de la République de 1993 à 2000.

démocrate (Parti), le plus ancien des deux grands partis qui dominent la vie politique des États-Unis. Partisan, à l'origine, d'une politique en faveur des agriculteurs et d'un gouvernement décentralisé, il prit le nom de « démocrate » sous la présidence de Jackson (1829 - 1837). Avec la crise de 1929, il prôna l'intervention des pouvoirs publics dans la vie économique et sociale. Il a depuis lors donné plusieurs présidents aux États-Unis : F. D. Roosevelt, H. Truman, J. Kennedy, L. Johnson, J. Carter, B. Clinton, B. Obama.

Démocratie chrétienne ou **DC,** parti politique italien fondé en 1942, dans la ligne du Parti populaire italien (PPI) créé en 1919. Elle a dominé la vie politique italienne de 1944 au début des années 1990, avant d'éclater en 1994 en plusieurs formations.

démocratie en Amérique (De la), œuvre de A. de Tocqueville (1835 - 1840), analysant la société américaine et l'évolution des démocraties.

Démocratie libérale, parti politique français, issu en 1997 du Parti républicain (lui-même formé en 1977 par les Républicains indépendants). Cette formation a été, de 1978 à 1998, une des composantes de l'UDF et a cessé d'exister en 2002 pour se fondre dans l'UMP.

DÉMOCRITE, *Abdère v. 460 - v. 370 av. J.-C.,* philosophe grec présocratique. Prolongeant Leucippe, il réduit la nature à un jeu d'atomes en évolution dans un vide infini, et propose une morale empreinte de modération et de quiétude. Il influença l'épicurisme.

Demoiselles d'Avignon (les), grande toile manifeste de Picasso (1906-1907, MoMA, New York), qui a préludé au cubisme.

DEMOLDER (Eugène), *Bruxelles 1862 - Essonnes 1919,* écrivain belge de langue française. Ses récits s'inspirent de la vie et de l'œuvre des peintres anciens *(la Route d'émeraude).*

DEMOLON (Albert), *Lille 1881 - Paris 1954,* agronome et biologiste français, auteur de recherches en pédologie et en physiologie végétale.

DE MOMPER (Joos), *Anvers 1564 - id. 1635,* peintre flamand, auteur de paysages de montagne aux vastes panoramas pittoresques.

DE MORGAN (Augustus), *Madura, auj. Madurai, 1806 - Londres 1871,* mathématicien et logicien britannique. Il a fondé, en même temps que Boole, la logique des classes et des relations.

DÉMOSTHÈNE, *Athènes 384 - Calaurie 322 av. J.-C.,* homme politique et orateur athénien. Il réussit à surmonter ses difficultés d'élocution et emploie son talent oratoire d'abord comme avocat, puis, en politique, contre Philippe de Macédoine *(Olynthiennes, Philippiques).* De 340 à 338, il domine la vie politique de la cité et obtient l'alliance de Thèbes, mais les Athéniens et les Thébains sont écrasés par Philippe à Chéronée (338 av. J.-C.). Exilé, il encourage la révolte des Grecs, après la mort d'Alexandre le Grand, mais s'empoisonne après leur défaite.

DEMPSEY (William **Harrison Dempsey,** dit Jack), *Manassa, Colorado, 1895 - New York 1983,* boxeur américain. Il a été champion du monde des poids lourds (1919 - 1926).

DEMY (Jacques), *Pontchâteau 1931 - Paris 1990,* cinéaste français. Ses films, à la fois tendres et amers, entre réalisme et onirisme *(Lola,* 1961 ; *Peau d'âne,* 1970), sont parfois chantés *(les Parapluies de Cherbourg,* 1964 ; *les Demoiselles de Rochefort,* 1967 ; *Une chambre en ville,* 1982).

DENAIN (59220), bur. centr. de cant. du Nord, sur l'Escaut ; 20 075 hab. *(Denaisiens).* — bataille de **Denain** (24 juill. 1712), bataille de la guerre de la Succession d'Espagne. Victoire de Villars sur le Prince Eugène, qui mit fin au conflit.

DENDÉRAH, village de Haute-Égypte. Temple ptolémaïque consacré à Hathor, bien conservé.

DENDERLEEUW [dendərlew], comm. de Belgique (Flandre-Orientale) ; 19 206 hab.

DENDERMONDE → **TERMONDE.**

DENEUVE (Catherine **Dorléac,** dite Catherine), *Paris 1943,* actrice française. Remarquée dans *les Parapluies de Cherbourg* (J. Demy, 1964), elle s'est imposée notamm. dans *Belle de jour* (L. Buñuel, 1967), *Liza* (M. Ferreri, 1972), *le Dernier Métro* (F. Truffaut, 1980), *Indochine* (R. Wargnier, 1992), *Ma saison préférée* (A. Téchiné, 1993), *Généalogies d'un crime* (R. Ruiz, 1997), *Un conte de Noël* (A. Desplechin, 2008), *Elle s'en va* (E. Bercot, 2013).

▲ Catherine **Deneuve**

DENFERT-ROCHEREAU (Pierre Philippe), *Saint-Maixent 1823 - Versailles 1878,* colonel français. Gouverneur de Belfort, il participa à la défense héroïque de la place en 1870 - 1871.

DENG XIAOPING, *Guang'an 1904 - Pékin 1997,* homme politique chinois. Secrétaire général du PCC à partir de 1956, il fut limogé lors de la Révolution culturelle (1966). Principal responsable des orientations nouvelles de la politique chinoise à partir de 1977, il se retira officiellement en 1987, tout en restant très influent.

◄ **Deng Xiaoping**

DEN HAAG → **HAYE (La).**

DENIKINE (Anton Ivanovitch), *près de Varsovie 1872 - Ann Arbor 1947,* général russe. L'un des chefs des Russes blancs, il lutta contre les bolcheviks, notamment en Ukraine, en 1919.

DE NIRO (Robert), *New York 1943,* acteur américain. Inventif, il signe de grands rôles de composition, sous la direction de M. Scorsese *(Taxi Driver,* 1976 ; *Raging Bull,* 1980 ; *les Affranchis,* 1990 ; *Casino,* 1995) ou d'autres grands cinéastes *(le Parrain II,* F. F. Coppola, 1974 ; *le Dernier Nabab,* E. Kazan, 1976 ; *Jackie Brown,* Q. Tarantino, 1997). Il est aussi réalisateur *(Raisons d'État,* 2007).

DENIS ou **DENYS** (saint), *IIIe s.,* premier évêque de Paris. Il aurait été décapité sur la colline de Montmartre. Dagobert lui dédia une abbaye célèbre (auj. basilique de Saint-Denis).

DENIS Ier le Libéral, *Lisbonne 1261 - Odivelas 1325,* roi de Portugal (1279 - 1325), de la dynastie de Bourgogne. Il favorisa la mise en valeur du pays et fonda l'université de Coimbra (1308).

DENIS (Maurice), *Granville 1870 - Paris 1943,* peintre français. Il participa au mouvement nabi, dont il fut un théoricien, et fonda en 1919 les « Ateliers d'art sacré ». Sa demeure à Saint-Germain-en-Laye, *le Prieuré,* est auj. un musée.

DENISOVA (grotte de), site paléontologique de Russie, dans l'Altaï, en Sibérie. Des fragments de squelettes y ont été mis au jour en 2008, enrichissant la lignée humaine d'un nouveau membre, l'*homme de Denisova* (400 000 à 30 000 av. J.-C.). Des analyses génétiques ultérieures ont montré que ce dernier a eu des descendants à la fois avec *Homo sapiens* et l'*homme de Neandertal.*

DENIZLI, v. du sud-ouest de la Turquie ; 275 480 hab.

DENNERY puis **D'ENNERY** (Adolphe **Philippe,** dit), *Paris 1811 - id. 1899,* auteur dramatique français. Il écrivit de nombreux mélodrames *(les Deux Orphelines)* et des livrets d'opéras. – Il a légué à l'État une collection d'objets d'art d'Extrême-Orient (musée d'Ennery, à Paris).

DENON (Dominique Vivant, baron), *Givry 1747 - Paris 1825,* graveur, administrateur et écrivain français. Aquafortiste, il accompagna Bonaparte en Égypte *(Description de l'Égypte),* fut nommé en 1802 directeur général des musées et s'occupa de l'organisation du Louvre. – Il est l'auteur du récit libertin *Point de lendemain* (1777).

DENPASAR, v. d'Indonésie (Bali) ; 788 445 hab.

DENVER, v. des États-Unis, cap. du Colorado, au pied des Rocheuses ; 663 862 hab. (2 491 521 hab. dans l'agglomération). Aéronautique. – Musée d'art.

DENYS l'Aréopagite (saint), *Ier s. apr. J.-C.,* premier évêque d'Athènes, selon la Tradition. Membre de l'Aréopage, converti par saint Paul, il fut considéré comme l'auteur de plusieurs œuvres théologiques du Ve s. qui eurent une grande influence sur la scolastique.

DENYS d'Halicarnasse, *m. apr. 7 av. J.-C.,* historien grec. Ses *Antiquités romaines* retracent l'histoire de Rome des origines à la deuxième guerre punique.

DENYS l'Ancien, *Syracuse v. 430 - id. 367 av. J.-C.,* tyran de Syracuse (405 - 367 av. J.-C.). Il chassa les Carthaginois de Sicile et fonda des comptoirs en Italie. Il protégea les lettres (Platon) et fit de Syracuse un important centre économique.

DENYS le Jeune, *v. 397 - 344 av. J.-C.,* tyran de Syracuse. Fils et successeur de Denys l'Ancien en 367 av. J.-C., il fut chassé de Syracuse en 356 puis, de nouveau, en 344 et dut s'exiler à Corinthe.

DENYS le Petit, *en Scythie ou en Arménie à la fin du Ve s. - v. 540,* écrivain ecclésiastique. Ses travaux pour tenter de fixer la date de naissance de Jésus sont à la base de notre calendrier.

DÉOLS [deɔl] (36130), comm. de l'Indre, banlieue de Châteauroux ; 7 785 hab. *(Déolois).* Aéroport de fret. – Clocher roman d'une anc. abbaye.

DÉON (Édouard **Michel,** puis Michel), *Paris 1919 - Galway, Irlande, 2016,* écrivain français. Ses romans témoignent d'une conception aristocratique de la vie et des sentiments *(les Poneys sauvages,* 1970 ; *Un taxi mauve,* 1973 ; *le Jeune Homme vert,* 1975). [Acad. fr.]

▲ Maurice **Denis.** *Les Muses,* 1893. (Musée d'Orsay, Paris.)

DE PALMA (Brian Russell), *Newark 1940,* cinéaste américain. D'abord adepte du genre fantastique *(Phantom of the Paradise,* 1974), il réalise ensuite des thrillers psychologiques, conjuguant violence et action *(Scarface,* 1983 ; *les Incorruptibles,* 1987 ; *l'Impasse,* 1993 ; *le Dahlia noir,* 2006).

DEPARDIEU (Gérard), *Châteauroux 1948,* acteur français et (depuis 2013) russe. Révélée par *les Valseuses* (B. Blier, 1974), sa personnalité puissante l'a imposé au cinéma *(le Dernier Métro,* F. Truffaut, 1980 ; *Danton,* A. Wajda, 1983 ; *Sous le soleil de Satan,* M. Pialat, 1987 ; *Cyrano de Bergerac,* J.-P. Rappeneau, 1990 ; *Hélas pour moi,* J.-L. Godard, 1993 ; *le Colonel Chabert,* Y. Angelo, 1994 ; *Astérix et Obélix contre César,* C. Zidi, 1999 ; *Quand j'étais chanteur,* X. Giannoli, 2006 ; *Mammuth,* B. Delépine et G. Kervern, 2010 ; *Valley of Love,* G. Nicloux, 2015). Il tourne aussi beaucoup pour la télévision *(le Comte de Monte-Cristo, Balzac, les Misérables).*

▲ Gérard **Depardieu**

DEPARDON (Raymond), *Villefranche-sur-Saône 1942,* photographe et cinéaste français. Refus de l'esthétisme, dévoilement du réel et écoute de l'autre caractérisent son œuvre de reporter-photographe *(Tchad,* 1978 ; *la France de Raymond Depardon,* 2010) et de documentariste *(Reporters,* 1981 ; *Urgences,* 1988 ; *Délits flagrants,* 1994 ; *Profils paysans,* trilogie, 2001-2008).

Dépêche du Midi (la), quotidien régional français. Fondée à Toulouse sous le titre *la Dépêche* (1870-1947), elle était alors un organe d'opposition républicaine.

DEPESTRE (René), *Jacmel 1926,* écrivain haïtien. Exilé à Cuba puis en France, il a donné à la négritude une dimension universelle dans ses poèmes *(Étincelles,* 1945 ; *Minerai noir,* 1956 ; *Un arc-en-ciel pour l'Occident chrétien,* 1967), ses nouvelles *(Alléluia pour une femme-jardin,* 1980) et ses romans *(Hadriana dans tous mes rêves,* 1988 ; *Popa Singer,* 2016).

dépôts et consignations (Caisse des), établissement public français créé en 1816. À côté de ses rôles traditionnels (gestion des consignations et dépôts réglementés, centralisation et gestion de l'épargne sur livrets défiscalisés, financement du logement social et des collectivités locales), elle a des activités directes de services et est un acteur important des marchés financiers français.

DEPP (Johnny), *Owensboro, Kentucky, 1963,* acteur américain. Charmeur, fragile ou violent, il est le miroir de sa génération *(Arizona Dream,* E. Kusturica, 1993 ; *Dead Man,* J. Jarmusch, 1995) et l'acteur fétiche de T. Burton *(Edward aux mains d'argent,* 1990 ; *Alice au pays des merveilles,* 2010). Il est aussi le capitaine Jack Sparrow, héros de *Pirates des Caraïbes* (depuis 2003).

DEPRETIS (Agostino), *Mezzana Corti, près de Pavie, 1813 - Stradella 1887*, homme politique italien. Président du Conseil (1876 - 1878 ; 1878 - 1879 ; 1881 - 1887), il conclut la Triple-Alliance (1882).

DE QUINCEY (Thomas), *Manchester 1785 - Édimbourg 1859*, écrivain britannique. Il est surtout célèbre par ses *Confessions d'un mangeur d'opium anglais* (1821) et par son essai *De l'assassinat considéré comme un des beaux-arts* (1827).

DER [dɛr] n.m., région de la Champagne, au S.-O. de Saint-Dizier, englobant la *forêt du Der* (env. 12 000 ha) et le *lac du Der-Chantecoq* (ou réservoir Marne) [env. 4 800 ha].

DERAIN (André), *Chatou 1880 - Garches 1954*, peintre français. Un des plus brillants créateurs du fauvisme, il y renonça au profit d'un style cézannien, puis archaïsant (période « gothique » ou « byzantine », v. 1910 - 1914), et pratiqua ensuite un classicisme personnel. Il a donné des décors et costumes pour le ballet, a illustré Pétrone, Ovide, Rabelais.

DERBY, v. de Grande-Bretagne (Angleterre, dans le Derbyshire) ; 248 752 hab dans l'agglomération. Construction aéronautique. Matériel ferroviaire. – Musées.

DERBY (Edward **Stanley,** 14e comte **de**), *Knowsley 1799 - id. 1869*, homme politique britannique. L'un des chefs du Parti conservateur, Premier ministre (1852 ; 1858 ; 1866 - 1868), il fut un protectionniste acharné. — **Edward Stanley,** 15e comte **de D.,** *Knowsley 1826 - id. 1893*, homme politique britannique. Fils du 14e comte de Derby, ministre des Affaires étrangères (1866 - 1868, 1874 - 1878), il s'opposa à l'impérialisme de Disraeli.

DERIB (Claude **de Ribaupierre,** dit), *La Tour-de-Peilz 1944*, dessinateur et scénariste suisse de bandes dessinées. Il est l'auteur de séries humanistes où s'exprime notamm. sa passion pour les Indiens d'Amérique (*Yakari*, pour la jeunesse [depuis 1973], scénario de Job jusqu'en 2016, puis de J. Chamblain ; *Buddy Longway*, 1974-2006).

DERJAVINE (Gavrila Romanovitch), *gouvernement de Kazan 1743 - Zvanka, Novgorod, 1816*, poète russe. Ses odes *(Felitsa)* illustrent le classicisme.

Dernières Nouvelles d'Alsace (les), quotidien régional français créé en 1877 à Strasbourg.

DÉROULÈDE (Paul), *Paris 1846 - Nice 1914*, écrivain et homme politique français. Fondateur (1882) et président de la ligue des Patriotes, auteur de chants patriotiques (les *Chants du soldat*), il fut un boulangiste ardent. Élu député, il tenta d'entraîner l'armée contre l'Élysée (1899). Il fut banni de 1900 à 1905.

DERRIDA (Jacques), *El-Biar, Algérie, 1930 - Paris 2004*, philosophe français. Il a poursuivi une démarche de « déconstruction » des textes et des pensées, allant de la redéfinition des rapports de la littérature et de la philosophie (*l'Écriture et la différence*, 1967) à la généralisation d'exercices d'interprétation critique (*Marges de la philosophie*, 1972 ; *Glas*, 1974 ; *la Carte postale, de Socrate à Freud et au-delà*, 1980).

DÉRY (Tibor), *Budapest 1894 - id. 1977*, écrivain hongrois. Ses romans sont passés d'une peinture réaliste de la société à une évocation ironique des illusions humaines *(Cher Beau-Père)*.

DÈS (Henri **Destraz,** dit Henri), *Renens 1940*, chanteur et auteur-compositeur suisse. Ses chansons courtes et rythmées, qui captent et restituent avec justesse l'univers de l'enfance, ont fait de lui un baladin très populaire parmi le jeune public francophone (*la Petite Charlotte, les Bêtises à l'école, le Beau Tambour, Gâteau*).

DES ADRETS (François **de Beaumont,** baron), *La Frette 1513 - id. 1587*, capitaine dauphinois. Il abjura le catholicisme en 1562, dévasta le midi de la France, puis revint au catholicisme, et combattit les protestants.

DESAILLY (Jean), *Paris 1920 - id. 2008*, comédien français. Indissociable de sa femme, la comédienne Simone **Valère** *(1921 - 2010)*, il œuvra tant comme interprète que comme directeur de grandes scènes parisiennes pour un théâtre classique et élégant. Au cinéma, il évolua de l'adolescent romantique au bourgeois ambigu (*les Grandes Familles*, D. de La Patellière, 1958 ; *la Mort de Belle*, É. Molinaro, 1961 ; *la Peau douce*, F. Truffaut, 1964).

DESAIX [dəsɛ] (Louis Charles Antoine **Des Aix,** dit), *château d'Ayat, près de Riom, 1768 - Marengo 1800*, général français. Il se distingua à l'armée du Rhin (1796) et en Égypte (1798). Son intervention décida de la victoire de Marengo (1800).

DESANTI (Jean Toussaint), *Ajaccio 1914 - Paris 2002*, philosophe français. Il a apporté une contribution décisive à l'épistémologie des mathématiques (*les Idéalités mathématiques*, 1968).

DESARGUES (Girard), *Lyon 1591 - id. 1661*, mathématicien et architecte français. Il fut l'un des fondateurs de la géométrie projective et publia des traités sur la perspective.

DÉSAUGIERS (Marc Antoine), *Fréjus 1772 - Paris 1827*, chansonnier français, auteur de vaudevilles.

DES AUTELS (Guillaume), *Montcenis ? 1529 - 1581*, poète français. Son imitation de Pétrarque et de Ronsard l'apparente à la Pléiade.

DESBORDES-VALMORE (Marceline), *Douai 1786 - Paris 1859*, femme de lettres française, auteur de contes pour enfants, et poète sincère et bouleversant de l'amour et de ses souffrances.

DESCARTES [dekart] (37160), bur. centr. de cant. d'Indre-et-Loire ; 3 672 hab. *(Descartois)*. Fonderie. Patrie de Descartes (petit musée).

DESCARTES (René), *La Haye, auj. Descartes, Indre-et-Loire, 1596 - Stockholm 1650*, philosophe, mathématicien et physicien français. Après des études au collège de La Flèche, tenu par les jésuites, il se fit militaire et parcourut l'Europe. À partir de 1629, il vécut essentiellement en Hollande. Tôt convaincu de l'unité fondamentale de la science, et, de ce fait, en rupture avec la pensée aristotélicienne et scolastique, Descartes s'attache à définir une méthode déductive, ayant l'évidence pour critère, et permettant la reconstruction de tout l'édifice du savoir. En quête d'une assise métaphysique, il fixe dès le *Discours de la méthode* (1637) les étapes d'un cheminement qui va du doute hyperbolique à la position de la première certitude absolue (le « cogito ») et, de là, à la distinction des deux substances (pensée et étendue), aux démonstrations de l'existence de Dieu et à la déduction de l'existence du monde. Cette démarche, développée dans les *Méditations métaphysiques* (1641) et à nouveau exposée dans les *Principes de la philosophie* (1644), lui permet de jeter les bases d'une éthique nouvelle (*les Passions de l'âme*, 1649), propre à relayer celles de la morale provisoire jusqu'alors admise par défaut. Sur le plan scientifique, Descartes a simplifié l'écriture mathématique et fondé la géométrie analytique. Il a dégagé les lois de la réfraction de la lumière et découvert la notion de travail. Sa physique mécaniste et sa théorie des animaux-machines sont des jalons significatifs des débuts de la science moderne (*Dioptrique*, 1637 ; *Géométrie*, id.).

▲ **Descartes** d'après Frans Hals. (Louvre, Paris.)

DESCHAMPS (Didier), *Bayonne 1968*, footballeur français. Milieu de terrain défensif, il devient successivement champion du monde (1998) et champion d'Europe (2000), puis, en 2018, il est à nouveau champion du monde, cette fois comme entraîneur de l'équipe de France (depuis 2012).

▲ Didier **Deschamps** (à dr.) et Kylian Mbappé, le jeune attaquant de l'équipe de France, posant avec la coupe du monde (sept. 2018).

DESCHAMPS (Émile **Deschamps de Saint-Amand,** dit Émile), *Bourges 1791 - Versailles 1871*, écrivain français, l'un des premiers représentants du romantisme. — **Antoine Deschamps de Saint-Amand,** dit **Antony D.,** *Paris 1800 - id. 1869*, écrivain français, frère d'Émile. Sa poésie est marquée par la montée de la folie (*Dernières Paroles*).

DESCHAMPS (Eustache), *Vertus v. 1346 - v. 1407*, poète français. Il est l'auteur de poèmes (lais, ballades, rondeaux) et du premier art poétique français (*Art de dictier*).

DESCHAMPS (Jean), architecte français de la seconde moitié du XIIIe s. Il contribua à introduire le gothique du Nord dans le sud de la France (cathédrales de Clermont[-Ferrand], Narbonne).

DESCHAMPS (Jérôme), *Neuilly-sur-Seine 1947*, acteur et metteur en scène de théâtre français. Au théâtre (*la Veillée, Lapin-chasseur, la Cour des grands*) et à la télévision (*les Deschiens*), ses spectacles comiques populaires, conçus avec Macha Makeïeff, reposent sur la satire du quotidien. Il a dirigé le théâtre de l'Opéra-Comique de 2007 à 2015.

DESCHAMPS (Yvon), *Montréal 1935*, humoriste canadien. Dans des monologues pleins de finesse, il met en scène les petits travers quotidiens de ses contemporains.

DESCHANEL (Paul), *Schaerbeek 1855 - Paris 1922*, homme politique français. Président de la République (févr.-sept. 1920), il dut démissionner en raison de son état de santé. (Acad. fr.)

DESCOLA (Philippe), *Paris 1949*, anthropologue français. Sa thèse sur les Achuar d'Amazonie (dir. par C. Lévi-Strauss) initie ses recherches sur les relations des sociétés humaines avec le monde non humain – illustrées, en partic., par la vision spécifiquement occidentale que constitue la dualité nature-culture (*Par-delà nature et culture*, 2005).

DES FORÊTS (Louis-René), *Paris 1918 - id. 2000*, écrivain français. Ses récits sont un parcours laconique et obstiné de la vanité des mots et de l'irréalité ambiguë des images de soi (*le Bavard*, 1946 ; *Ostinato*, 1997).

DESHOULIÈRES [dezu-] (Antoinette **du Ligier de La Garde,** Mme), *Paris 1637 - id. 1694*, poétesse française, auteur de poésies pastorales.

DE SICA (Vittorio), *Sora 1901 - Paris 1974*, acteur et cinéaste italien. Il fut l'un des chefs de file du néoréalisme : *Sciuscia* (1946), *le Voleur de bicyclette* (1948), *Miracle à Milan* (1951), *Umberto D* (1952), *Mariage à l'italienne* (1964), *le Jardin des Finzi Contini* (1970).

DÉSIRADE (La) [97127], une des Antilles françaises, dépendant de la Guadeloupe ; 1 535 hab. ; ch.-l. *Grande-Anse*.

DÉSIRÉE, *Marseille 1777 - Stockholm 1860*, reine de Suède. Fille du négociant François Clary, elle épousa (1798) le général Bernadotte, qui devint roi de Suède en 1818.

DE SITTER (Willem), *Sneek 1872 - Leyde 1934*, astronome et mathématicien néerlandais. L'un des premiers à appliquer la théorie de la relativité à la cosmologie, il a montré en 1917 que le modèle statique d'univers proposé par Einstein n'était pas le seul concevable.

DESJARDINS (Alphonse), *Lévis, Québec, 1854 - id. 1920*, journaliste et fonctionnaire canadien. Il créa la Caisse populaire de Lévis (1900), point de départ du Mouvement coopératif Desjardins, vaste réseau d'institutions financières.

DESJARDINS (Martin **Van den Bogaert,** dit), *Breda 1640 - Paris 1694*, sculpteur français d'origine néerlandaise. Il fit à Paris une carrière officielle brillante (académicien en 1671).

DESJARDINS (Richard), *Rouyn-Noranda 1948*, chanteur et auteur-compositeur canadien. Poète et pamphlétaire s'exprimant dans une langue sans tabous, il compte parmi les créateurs les plus originaux de la chanson québécoise d'aujourd'hui (albums *les Derniers Humains, Tu m'aimes-tu, Boom Boom, Kanasuta, l'Existoire*). Il coréalise aussi des documentaires avec R. Monderie (*l'Erreur boréale*, 1999).

DESJOYEAUX (Michel), *Concarneau 1965*, navigateur français. Spécialiste des grandes courses en solitaire, il a remporté le Vendée Globe (2001 et 2009), la Route du Rhum (2002) et la course transatlantique anglaise (2004), ainsi que la Solitaire du Figaro (1992, 1998 et 2007).

DESLANDRES (Henri), *Paris 1853 - id. 1948*, astrophysicien français. Spécialiste du Soleil, il inventa le spectrohéliographe, indépendamment de G. Hale. Il est aussi le premier à avoir prévu l'existence du rayonnement radioélectrique solaire.

DESMARETS (Nicolas), seigneur **de Maillebois**, *Paris 1648 - id. 1721*, homme d'État français. Neveu de Colbert, il fut contrôleur général des Finances (1708 - 1715).

DESMARETS DE SAINT-SORLIN (Jean), *Paris 1595 - id. 1676*, écrivain français. Auteur de la comédie *les Visionnaires*, il fut l'adversaire des jansénistes. (Acad. fr.)

DES MOINES, v. des États-Unis, cap. de l'Iowa, sur la *rivière Des Moines*, affl. du Mississippi (r. dr.) ; 209 220 hab. (569 633 hab. dans l'agglomération). Musées.

DESMOULINS [demulɛ̃] (Camille), *Guise 1760 - Paris 1794*, journaliste et homme politique français. Avocat républicain, il appela aux armes la foule réunie dans les jardins du Palais-Royal, le 12 juill. 1789. Membre du club des Cordeliers, il participa au mouvement révolutionnaire avec son journal, *les Révolutions de France et de Brabant* (1789-1791). Adversaire des hébertistes, qu'il attaqua dans son nouveau journal, *le Vieux Cordelier* (1793), il fut guillotiné avec Danton. — **Lucile D.,** *Paris 1771 - id. 1794*, femme de Camille, elle fut guillotinée pour avoir protesté auprès de Robespierre contre l'exécution de son mari.

DESNOS [desnɔs] (Robert), *Paris 1900 - Terezín, République tchèque, 1945*, poète français. Il évolua du surréalisme, où il fut le meilleur explorateur du rêve, le praticien du jeu verbal et de l'humour (*Corps et biens*, 1930), vers un lyrisme familier (*Domaine public*, 1953).

DES PÉRIERS (Bonaventure), *Arnay-le-Duc v. 1500 - v. 1543*, écrivain français. Il est l'auteur du *Cymbalum mundi*, satire de la religion chrétienne, et des *Nouvelles Récréations et joyeux devis*, peinture réaliste des mœurs du temps.

DESPIAU [despjo] (Charles), *Mont-de-Marsan 1874 - Paris 1946*, sculpteur français. Il est l'auteur de bas-reliefs, de statues et surtout de bustes d'un modelé délicat et d'une grande vérité psychologique.

DESPLAT (Alexandre), *Paris 1961*, compositeur français. Musicien de formation classique, il est reconnu mondialement pour ses musiques de film intimistes ou grandioses, primées à plusieurs reprises (*De battre mon cœur s'est arrêté*, J. Audiard, 2005 ; *The Ghost Writer*, R. Polanski, 2010 ; *The Grand Budapest Hotel*, W. Anderson, 2014 ; *la Forme de l'eau*, G. del Toro, 2017).

DESPLECHIN (Arnaud), *Roubaix 1960*, cinéaste français. Ses films, nourris d'éléments autobiographiques et fourmillant de références cinéphiliques et culturelles, explorent des thèmes comme la famille, la mort, la culpabilité, en superposant trame narrative et lecture psychanalytique (*Comment je me suis disputé... [ma vie sexuelle]*, 1996 ; *Rois et Reine*, 2004 ; *Un conte de Noël*, 2008 ; *Trois Souvenirs de ma jeunesse*, 2015). Au théâtre, il signe une mise en scène remarquée de *Père* de A. Strindberg (2015).

DESPORTES (François), *Champigneulle, Ardennes, 1661 - Paris 1743*, peintre français. Peintre des chasses et des chenils royaux, il a aussi donné de riches natures mortes, les cartons des *Nouvelles Indes* pour les Gobelins et une série d'esquisses de paysages d'Île-de-France (Louvre, musées de Gien et de Senlis, château de Compiègne...).

DESPORTES (Philippe), *Chartres 1546 - abbaye de Bonport, Normandie, 1606*, poète français. Rival heureux de Ronsard comme poète de cour, il fut critiqué par Malherbe.

DES PRÉS (Josquin) → **JOSQUIN DES PRÉS.**

DESPROGES (Pierre), *Pantin 1939 - Paris 1988*, humoriste français. À la radio (*le Tribunal des flagrants délires*) et à la télévision (*la Minute nécessaire de Monsieur Cyclopède*), sur scène ou dans ses livres (*Chroniques de la haine ordinaire*, 1987), il cultiva avec irrévérence humour noir et sens de l'aphorisme loufoque.

DESROCHES NOBLECOURT (Christiane), *Paris 1913 - Épernay 2011*, égyptologue française. Elle participa à de nombreux chantiers de fouilles et contribua activement à la sauvegarde des monuments de Nubie menacés par les eaux du barrage d'Assouan. Conservateur en chef des Antiquités égyptiennes du Louvre de 1974 à 1981, elle a publié de nombreux ouvrages (*Toutankhamon*, 1963).

▲ J.-F. **De Troy.** *Le Déjeuner d'huîtres*, 1735. (Musée Condé, Chantilly.)

DESSALINES (Jean-Jacques), *Cormiers ?, Grande-Rivière-du-Nord, v. 1758 - Pont-Rouge, au nord de Port-au-Prince, 1806*, empereur d'Haïti. Esclave noir, lieutenant de Toussaint-Louverture, il proclama l'indépendance d'Haïti et prit le titre d'empereur (1804) sous le nom de Jacques Ier. Il fut assassiné par Christophe et Pétion.

DESSAU, v. d'Allemagne (Saxe-Anhalt), au S.-O. de Berlin ; 86 030 hab. Matériel ferroviaire.

DESSAY (Natalie), *Lyon 1965*, soprano française. Sa voix de colorature et ses talents de comédienne lui permettent d'exceller dans des rôles tels que : Olympia (*les Contes d'Hoffmann*, Offenbach), la Reine de la nuit (*la Flûte enchantée*, Mozart), Zerbinetta (*Ariane à Naxos*, R. Strauss), Lucia (*Lucia di Lammermoor*, Donizetti) ou Manon Lescaut (*Manon*, Massenet). En 2013, elle annonce qu'elle met fin à sa carrière de chanteuse lyrique pour explorer d'autres domaines artistiques (chanson, théâtre).

DESTELBERGEN, comm. de Belgique (Flandre-Orientale), à l'E. de Gand ; 17 772 hab.

DESTOUCHES (Philippe **Néricault,** dit), *Tours 1680 - Villiers-en-Bière 1754*, auteur dramatique français. Il a écrit des comédies moralisatrices (*le Glorieux*). [Acad. fr.]

Destour (de l'ar. *dustūr*, Constitution), parti politique tunisien fondé en 1920. Il se scinda en 1934 en un *Vieux Destour* et un *Néo-Destour*, qui, dirigé par Bourguiba, réclama l'indépendance. Parti présidentiel à partir de 1957, il prit le nom de *Parti socialiste destourien* (1964 - 1988), puis de *Rassemblement constitutionnel démocratique* jusqu'à sa dissolution, en 2011.

DESTRÉE (Jules), *Marcinelle 1863 - Bruxelles 1936*, homme politique belge. Député socialiste (1894), il fut l'un des promoteurs du mouvement intellectuel et politique wallon, fondant l'Académie* royale de langue et de littérature françaises.

DESTUTT DE TRACY (Antoine, comte), *Paris 1754 - id. 1836*, philosophe français. Chef de file des idéologues, il a développé son matérialisme sensualiste dans les *Éléments d'idéologie* (1803-1815). [Acad. fr.]

DESVRES [devr] (62240), bur. centr. de cant. du Pas-de-Calais ; 5 075 hab. (*Desvrois*). Faïenceries. – Musée de la Céramique.

DETIENNE (Marcel), *Liège 1935*, helléniste français d'origine belge. Ses travaux portent sur l'analyse anthropologique et comparée des mythes et des sociétés (*les Maîtres de vérité dans la Grèce archaïque*, 1967 ; *Apollon le couteau à la main*, 1998, éd. augm., 2009 ; *les Grecs et nous*, 2005).

DÉTROIT, en angl. **Detroit,** v. des États-Unis (Michigan), sur la *rivière de Détroit* unissant les lacs Érié et Saint Clair ; 680 250 hab. (4 364 429 hab. dans l'agglomération). Construction automobile. La ville a été marquée par des années de crise économique (désindustrialisation et chute démographique). – Musée d'art. Opéra.

DÉTROITS (les), ensemble formé par le Bosphore* et les Dardanelles*, reliant la Méditerranée et la mer Noire.

DÉTROITS (établissement des) ou **STRAITS SETTLEMENTS,** anc. colonie britannique de la péninsule malaise (1867 - 1946), qui comprenait notamment Penang, Singapour et Malacca.

DE TROY [-trwa], famille de peintres français. — **François De T.,** *Toulouse 1645 - Paris 1730*. Il fut un portraitiste de l'aristocratie parisienne et des artistes de son temps. — **Jean-François De T.,** *Paris 1679 - Rome 1752*, fils de François. Peintre d'histoire et de genre à la carrière officielle, il possède un style aisé et brillant (7 toiles de *l'Histoire d'Esther*, pour la tapisserie, 1737 et suiv., Louvre).

DEUCALION MYTH. GR. Fils de Prométhée et mari de Pyrrha. Seuls survivants d'un déluge déclenché par Zeus, Deucalion et Pyrrha repeuplèrent le monde en jetant des pierres qui se transformèrent en hommes et en femmes.

DEUIL-LA-BARRE (95170), comm. du Val-d'Oise ; 22 325 hab. (*Deuillois*).

DEÛLE n.f., riv. du nord de la France, affl. de la Lys (r. dr.) ; 68 km. Partiellement canalisée, elle passe à Lens et à Lille. Ses rives sont aménagées en un espace naturel et paysager (*parc de la Deûle*).

Deutéronome, cinquième livre du Pentateuque, code de lois civiles et religieuses.

Deutschlandlied, hymne national de la République fédérale d'Allemagne, d'après une strophe du chant populaire nationaliste allemand, *Deutschland über alles*, écrit en 1841.

DEUX-ALPES (les) [38860], station de sports d'hiver (alt. 1 650 - 3 600 m) de l'Isère (comm. de Vénosc et de Mont-de-Lans), en bordure de l'Oisans.

Deux-Mers (canal des) → **Midi** (canal du).

DEUX-MONTAGNES, v. du Canada (Québec), au N.-E. du *lac des Deux-Montagnes* ; 17 496 hab. (*Deux-Montagnais*).

DEUX-PONTS, en all. **Zweibrücken,** v. d'Allemagne (Rhénanie-Palatinat) ; 34 200 hab. Ancien chef-lieu d'un duché cédé à la France en 1801, puis partagé en 1816 entre la Bavière et la Prusse.

Deux-Roses (guerre des) [1455 - 1485], conflit qui opposa deux branches des Plantagenêts, les maisons d'York (rose blanche) et de Lancastre (rose rouge) pour la possession de la Couronne d'Angleterre. Elle se termina par le triomphe d'Henri Tudor, dernier représentant des Lancastres, qui, devenu roi (Henri VII), épousa Élisabeth d'York.

DEUX-SICILES (royaume des), ancien royaume de l'Italie méridionale (1442 - 1458 et 1816 - 1861), formé du royaume de Sicile (insulaire) et du royaume de Naples (Sicile péninsulaire).

DE VALERA (Eamon), *New York 1882 - Dublin 1975*, homme politique irlandais. Leader du mouvement nationaliste Sinn Féin, chef du gouvernement révolutionnaire irlandais (1918), il fonda le Fianna Fáil et fut président du Conseil exécutif de l'État libre (1932 - 1937). Rompant tout lien avec la Grande-Bretagne, il fit voter en 1937 la nouvelle Constitution de l'Irlande, dont il fut Premier ministre (1937 - 1948 ; 1951 - 1954 ; 1957 - 1959), puis devint président de la République (1959 - 1973).

DE VALOIS ou **DEVALOIS** (Edris **Stannus,** dite dame Ninette), *Blessington, Irlande, 1898 - Londres 2001*, danseuse et chorégraphe britannique. Figure emblématique du ballet britannique, elle créa le Sadler's Wells Ballet (1931), devenu le Royal Ballet (1956).

DEVAUX (Paul), *Bruges 1801 - Bruxelles 1880*, homme politique belge. Il fut l'un des négociateurs du traité de Londres (1830 - 1831) qui consacra l'indépendance de la Belgique.

DEVENTER, v. des Pays-Bas (Overijssel) ; 98 581 hab. Monuments du Moyen Âge au XVIIe s.

DEVEREUX (Georges), *Lugos, auj. Lugoj, 1908 - Paris 1985*, anthropologue et psychiatre américain d'origine hongroise, fondateur de l'ethnopsychiatrie (*Essai d'ethnopsychiatrie générale*, 1970).

DEVÉRIA (Achille), *Paris 1800 - id. 1857*, dessinateur et lithographe français. Il est l'auteur, grâce à la lithographie, de portraits de célébrités romantiques ainsi que de scènes de la vie élégante du temps. — **Eugène D.**, *Paris 1805 - Pau 1865*, peintre d'histoire français, frère d'Achille.

DEVILLE (Michel), *Boulogne-Billancourt 1931*, cinéaste français. En marge de la nouvelle vague, il débute avec une série de comédies ou variations sentimentales (*Adorable Menteuse*, 1962 ; *Benjamin ou les Mémoires d'un puceau*, 1967 ; *Raphaël ou le Débauché*, 1971), avant d'explorer un registre plus audacieux (*le Dossier 51*, 1978 ; *Péril en la demeure*, 1985 ; *la Lectrice*, 1988 ; *la Maladie de Sachs*, 1999).

DÉVILLE-LÈS-ROUEN (76250), comm. de la Seine-Maritime ; 10 473 hab. (*Dévillois*). Télécommunications. Métallurgie.

DE VISSCHER (Charles), *Gand 1884 - Bruxelles 1973*, juriste belge. Membre de la Cour permanente d'arbitrage (1923), juge en 1937 à la Cour permanente de justice internationale (future Cour internationale de justice), il a écrit un ouvrage fondamental : *Théories et réalités en droit international public* (1953, 1955, 1960).

Devoir (le), quotidien canadien de langue française. Il a été fondé en 1910 à Montréal par **Henri Bourassa** (*Montréal 1868 - Outremont 1952*), journaliste et homme politique.

Dévolution (guerre de) [1667 - 1668], conflit qui opposa la France à l'Espagne. À la mort de Philippe IV d'Espagne, Louis XIV réclama les Pays-Bas au nom de sa femme, Marie-Thérèse d'Autriche, fille du roi défunt. Il fit envahir la Flandre par Turenne (1667) et la Franche-Comté par le Grand Condé (1668). Au traité d'Aix-la-Chapelle (1668), la France conserva les douze places flamandes conquises par Turenne (dont Lille et Douai).

DÉVOLUY n.m., massif des Alpes françaises, au S. de la haute vallée du Drac ; 2 790 m à l'Obiou.

DEVON (île), île de l'archipel Arctique canadien.

DEVON ou **DEVONSHIRE**, comté du sud-ouest de la Grande-Bretagne ; 746 399 hab. ; ch.-l. *Exeter* ; v. princ. *Plymouth*.

DE VOS (Cornelis), *Hulst 1584 - Anvers 1651*, peintre flamand. Il est, après Van Dyck, le plus célèbre portraitiste du XVIIe s. flamand (enfants, groupes familiaux). — **Paul De V.**, *v. 1595 - 1678*, peintre flamand. Frère de Cornelis, beau-frère de Snijders, il fut surtout un peintre de scènes de chasse et de natures mortes animalières.

DE VOS (Maarten), *Anvers 1532 - id. 1603*, peintre flamand, maniériste éclectique, élève de F. Floris.

DEVOS (Raymond), *Mouscron, Belgique, 1922 - Saint-Rémy-lès-Chevreuse, Yvelines, 2006*, artiste comique et acteur français. Son sens de l'absurde anime ses monologues, où, à travers calembours, non-sens et gags verbaux, le personnage principal est toujours le langage.

◄ Raymond **Devos**

Devotio moderna ou **Dévotion moderne**, mouvement ascétique et mystique né à la fin du XIVe s. aux Pays-Bas. Elle cherchait à promouvoir une spiritualité accessible à tous, appuyée sur la méditation de la Passion du Christ. Elle a été illustrée par l'*Imitation* de Jésus-Christ*.

DE VRIES (Hugo), *Haarlem 1848 - Lunteren 1935*, botaniste néerlandais. On lui doit la découverte des mutations, qu'il considérait comme le seul moteur de l'évolution (mutationnisme).

DEWAERE (Patrick **Bourdeaux**, dit Patrick), *Saint-Brieuc 1947 - Paris 1982*, acteur français. Formé au café-théâtre, il a marqué de sa forte personnalité la génération des années 1970 (*les Valseuses*, B. Blier, 1974 ; *Lily aime-moi*, M. Dugowson, 1975 ; *la Meilleure Façon de marcher*, C. Miller, 1976 ; *le Juge Fayard dit « le Shérif »*, Y. Boisset, 1977 ; *Série noire*, A. Corneau, 1979 ; *Un mauvais fils*, C. Sautet, 1980 ; *Hôtel des Amériques*, A. Téchiné, 1981).

DE WAILLY (Charles), un des architectes de l'Odéon*, à Paris.

DEWAR (sir James), *Kincardine-on-Forth, Écosse, 1842 - Londres 1923*, chimiste et physicien britannique. Il liquéfia l'hydrogène et le fluor et inventa le récipient isolant (*vase de [d'Arsonval-]Dewar*) pour la conservation des gaz liquéfiés.

DEWEY (John), *Burlington, Vermont, 1859 - New York 1952*, philosophe et pédagogue américain. Sa pédagogie est fondée sur sa doctrine, l'*instrumentalisme*, dérivant du pragmatisme.

DEWEY (Melvil), *Adams Center, État de New York, 1851 - Lake Placid 1931*, bibliographe américain. Il a inventé le système de classification décimale des livres utilisé dans les bibliothèques.

DE WITTE (Emmanuel), *Alkmaar v. 1615 - Amsterdam 1691 ou 1692*, peintre néerlandais. Il est admiré notamment pour le rendu spatial et l'animation de ses intérieurs d'églises.

DEWOITINE (Émile), *Crépy-en-Laonnois, Aisne, 1892 - Toulouse 1979*, constructeur d'avions français. À partir de 1920, il implanta à Toulouse d'importantes usines et réalisa plus de 50 types d'avions.

DEZFUL, v. d'Iran, dans le Khuzestan ; 228 507 hab.

DGSE (Direction générale de la sécurité extérieure), appellation, depuis 1982, des services d'espionnage et de contre-espionnage français (autref. SDECE). La DGSE relève directement du ministère de la Défense.

DGSI (Direction générale de la sécurité intérieure), direction du ministère de l'Intérieur qui réunit la majorité des services de renseignement français. Elle remplace, depuis 2014, la DCRI (Direction centrale du renseignement intérieur), direction de la Police nationale, née en 2008 de la réunion des services de renseignement français (Direction de la surveillance du territoire [DST] et partie des Renseignements généraux [RG]). Agissant sur le territoire français, elle a pour missions principales : le contre-espionnage, l'antiterrorisme, la surveillance des individus (ou groupes) radicaux, l'intelligence économique, la lutte contre la criminalité liée aux technologies de l'information et de la communication. (Siège : Levallois-Perret.)

DHAHRAN, v. de l'est de l'Arabie saoudite. Base aérienne. Pétrochimie.

DHAKA → **DACCA.**

DHAMASKINÓS → **DAMASKINOS.**

DHANBAD, v. d'Inde (Jharkhand) ; 198 963 hab. (1 195 298 hab. dans l'agglomération). Extraction du charbon.

DHAULAGIRI n.m., sommet de l'Himalaya, au Népal ; 8 172 m.

DHORME (Édouard), *Armentières 1881 - Roquebrune-Cap-Martin 1966*, orientaliste français. Professeur au Collège de France (1945 - 1951), il est l'auteur d'une traduction de l'Ancien Testament.

DHÔTEL (André), *Attigny 1900 - Paris 1991*, écrivain français. Ses récits enveloppent les paysages ardennais dans le rêve et le merveilleux (*le Pays où l'on n'arrive jamais*).

DHULIA, v. d'Inde (Maharashtra) ; 376 093 hab.

DIABLERETS (les), massif de Suisse, dominant la vallée du Rhône ; 3 210 m. Sports d'hiver.

DIACRE (Paul) → **PAUL DIACRE.**

DIAGHILEV (Serge de), *Nijni Novgorod 1872 - Venise 1929*, directeur de troupe russe. Il créa et anima les célèbres Ballets russes (1909 - 1929).

DIANE MYTH. ROM. Déesse de la Nature sauvage et de la Chasse. Elle correspond à l'Artémis grecque.

DIANE DE POITIERS, *1499 - Anet 1566*, favorite d'Henri II. Le roi fit construire pour elle le château d'Anet. Elle était la veuve de Louis II de Brézé.

DIANE DE VALOIS ou **DE FRANCE**, *en Piémont 1538 - Paris 1619*, princesse française. Fille naturelle d'Henri II, elle fut mariée à Orazio Farnèse, duc de Castro, puis au maréchal François de Montmorency. Elle contribua à réconcilier Henri III et le futur Henri IV.

DIAS (Bartolomeu), *en Algarve v. 1450 - au large du cap de Bonne-Espérance 1500*, navigateur portugais. Il fut le premier Européen à doubler le cap de Bonne-Espérance (1488).

Diaspora, ensemble des communautés juives établies hors de Palestine, surtout après l'Exil (VIe s.), ou qui demeurent en dehors d'Israël depuis la création de cet État.

DÍAZ (Porfirio), *Oaxaca 1830 - Paris 1915*, général et homme politique mexicain. Président de la République (1876 - 1880 et 1884 - 1911), il établit un régime autoritaire et modernisa l'économie.

DÍAZ-CANEL (Miguel), *Santa Clara 1960*, homme politique cubain. Premier vice-président (2013 - 2018), il succède à R. Castro à la présidence du Conseil d'État en 2018.

DIB (Mohammed), *Tlemcen 1920 - La Celle-Saint-Cloud 2003*, écrivain algérien d'expression française. Ses romans (*l'Incendie*, *le Maître de chasse*) et ses poèmes mêlent description de la réalité algérienne et interrogation sur les pouvoirs du langage.

DIBANGO (Emmanuel, dit Manu), *Douala 1933*, saxophoniste, chanteur et compositeur camerounais. Avec *Soul Makossa* (1972), il contribue à l'explosion de la world music. Il incarne également toute la modernité de la musique africaine, qu'il associe au jazz, au reggae ou au rap.

DICAPRIO (Leonardo), *Hollywood 1974*, acteur américain. Talent précoce (*Gilbert Grape*, L. Hallström, 1993), il acquiert un renom international avec *Titanic* (J. Cameron, 1997). Puis il devient l'interprète de scripts ambitieux sur la violence de nos sociétés modernes (*Blood Diamond*, E. Zwick, 2006 ; *les Infiltrés*, M. Scorsese, id. ; *le Loup de Wall Street*, id., 2013 ; *The Revenant*, A. G. Iñárritu, 2015) ou incarne des figures mythiques (*Aviator*, M. Scorsese, 2004 ; *Gatsby le Magnifique*, B. Luhrmann, 2013).

DICK (Philip K.), *Chicago 1928 - Santa Ana 1982*, écrivain américain. Auteur de science-fiction, il construit des univers subjectifs emboîtés – souvent transposés au cinéma – qui jettent le doute sur la réalité de notre monde (*The Minority Report*, 1956 ; *le Maître du Haut Château*, 1962 ; *le Dieu venu du Centaure*, 1965 ; *Les androïdes rêvent-ils de moutons électriques ?* [*Blade Runner*, au cinéma], 1968 ; *Ubik*, 1969 ; *le Prisme du néant*, 1974).

DICKENS (Charles), *Landport, auj. dans Portsmouth, 1812 - Gadshill, près de Rochester, 1870*, écrivain britannique. De sa jeunesse malheureuse, il tira la matière de romans sensibles et humoristiques, où la générosité de la pensée, dénonçant les fléaux sociaux et les valeurs victoriennes, s'accorde avec un réalisme poétique (*les Aventures de M. Pickwick** ; *Oliver* Twist* ; *Contes* de Noël* ; *David* Copperfield* ; *les Grandes Espérances*, 1861).

▲ Charles **Dickens** en 1839 par D. Maclise. (Tate Britain, Londres.)

DICKINSON (Emily), *Amherst, Massachusetts, 1830 - id. 1886*, poétesse américaine. Ses brefs poèmes introspectifs, publiés pour la plupart après sa mort, exercèrent une grande influence sur la poésie américaine.

DIDELOT (Charles Louis), *Stockholm 1767 - Kiev 1837*, danseur et chorégraphe français. Maître de ballet au Théâtre-Impérial de Saint-Pétersbourg, il est l'auteur de *Flore et Zéphyre* (1796) et du *Prisonnier du Caucase* (1823).

DIDEROT (Denis), *Langres 1713 - Paris 1784*, écrivain et philosophe français. Considéré par son époque comme « le philosophe » par excellence, il crée la critique d'art (*Salons*, 1759-1781), une nouvelle forme romanesque (*Jacques* le Fataliste*), clarifie le rapport entre science et métaphysique (*Lettre* sur les aveugles*), définit une nouvelle esthétique dramatique (le *Paradoxe sur le comédien*, 1830), illustrée notamm. par ses « drames bourgeois » (*le Fils naturel*, 1757), brosse le portrait tumultueux de sa vie et de son art (*le Neveu* de Rameau*). Mais il doit sa gloire à l'*Encyclopédie**, qu'il anima pendant vingt ans.

▲ **Diderot** par L. M. Van Loo. (Louvre, Paris.)

DIDIER, *m. apr. 774,* dernier roi des Lombards (756 - 774). Couronné par le pape Étienne II, il fut pris dans Pavie et détrôné par Charlemagne.

DIDON ou **ÉLISSA,** princesse tyrienne, fondatrice légendaire de Carthage (v. 814 av. J.-C.). Selon *l'Énéide* de Virgile, Énée, fugitif, fut aimé de Didon, mais dut l'abandonner sur l'ordre de Jupiter ; celle-ci se donna la mort. – Cet épisode a inspiré un opéra à Purcell (*Didon et Énée,* 1689).

DIDOT (François Ambroise), *Paris 1730 - id. 1804,* éditeur et imprimeur français. Il est à l'origine d'un caractère typographique et d'une mesure, le *point Didot* ; il introduisit en France la fabrication du papier vélin. — **Firmin D.,** *Paris 1764 - Mesnil-sur-l'Estrée, Eure, 1836,* fils de François Ambroise. Il fut un grand graveur et fondeur de caractères et inventa la stéréotypie.

DIDYMES, en gr. **Diduma,** v. d'Asie Mineure (auj. en Turquie), près de Milet, en Ionie. Vestiges de l'immense sanctuaire d'Apollon, fondé à l'époque archaïque et reconstruit en 313 av. J.-C. et au début du Ier s. de notre ère.

DIE (26150), ch.-l. d'arrond. de la Drôme, sur la Drôme ; 4 828 hab. *(Diois).* Vins blancs (clairette). – Vestiges gallo-romains ; cathédrale romane.

DIEFENBAKER (John George), *Newstadt, Ontario, 1895 - Ottawa 1979,* homme politique canadien. Président du Parti conservateur, il fut Premier ministre du Canada (1957 - 1963).

DIEGO GARCIA, île de l'archipel britannique des Chagos (océan Indien). Bases militaires britannique et américaine.

DIÉGO-SUAREZ → **ANTSIRANANA.**

DIEKIRCH, v. du Luxembourg, ch.-l. de cant., sur la Sûre ; 6 318 hab. Église paléochrétienne et gothique ; musée (mosaïques romaines).

DIELS (Otto), *Hambourg 1876 - Kiel 1954,* chimiste allemand. Avec son élève Kurt Alder, il mit au point, en 1928, la *synthèse diénique,* procédé de condensation des composés organiques comportant un certain nombre de doubles liaisons. (Prix Nobel 1950.)

DIÊM → **NGÔ DINH DIÊM.**

Diên Biên Phu (bataille de) [13 mars - 7 mai 1954], bataille décisive de la première guerre d'Indochine. Cette défaite des forces françaises du général Navarre par les troupes viêt-minh du général Võ Nguyên Giáp dans le haut Tonkin marqua la fin de la première guerre d'Indochine.

DIENTZENHOFER (Kilian Ignaz), *Prague 1689 - id. 1751,* architecte germano-tchèque. Le plus célèbre d'une nombreuse famille d'architectes d'origine bavaroise, il a construit à Prague et en Bohême des églises baroques aux plans très variés, aux effets souvent théâtraux.

DIEPENBEEK [dipənbek], comm. de Belgique (Limbourg) ; 18 542 hab.

DIEPPE (76200), ch.-l. d'arrond. de la Seine-Maritime, sur la Manche ; 30 946 hab. *(Dieppois).* Station balnéaire. Port de voyageurs et de commerce. Industrie automobile. Alimentation. – Festival international de cerf-volant. – Château surtout du XVe s. (musée) ; deux églises anciennes.

DIERX (Léon), *île de La Réunion 1838 - Paris 1912,* poète français de l'école parnassienne.

DIESEL (Rudolf), *Paris 1858 - en mer 1913,* ingénieur allemand. Il conçut (1893) et réalisa (1897) le moteur à combustion interne auquel son nom est resté attaché.

DIEST [dist], v. de Belgique (Brabant flamand) ; 23 271 hab. Béguinage (église du XIVe s.), autres monuments et maisons anciennes.

DIETERLEN (Germaine), *Valleraugue, Gard, 1903 - Paris 1999,* ethnologue française. Elle est l'auteure de nombreux travaux sur les Bamanan, les Malinké, les Dogon et les Soninké, et a contribué à une meilleure connaissance des grands rituels des sociétés d'initiation (*Essai sur la religion bambara,* 1951 ; *le Renard pâle,* avec M. Griaule, 1965).

DIETIKON, comm. de Suisse (canton de Zurich), dans la vallée de la Limmat ; 23 624 hab.

DIETRICH (Marie Magdalene, dite Marlene), *Berlin 1901 - Paris 1992,* actrice et chanteuse américaine d'origine allemande. Incarnation de la femme fatale, mystérieuse et sophistiquée, elle s'imposa dans les films de J. von Sternberg (*l'Ange bleu,* 1930 ; *Cœurs brûlés,* id. ; *Shanghai Express,* 1932 ; *l'Impératrice rouge,* 1934). Elle fit aussi carrière dans le music-hall (*Lili Marleen*).

◄ Marlene **Dietrich**

DIETRICH (Philippe Frédéric, baron **de**), *Strasbourg 1748 - Paris 1793,* homme politique français, maire de Strasbourg. C'est chez lui que Rouget de Lisle chanta pour la première fois *la Marseillaise* (1792).

DIEUDONNÉ (Jean), *Lille 1906 - Paris 1992,* mathématicien français. Auteur de travaux d'analyse, d'algèbre et de topologie, il fut l'un des fondateurs du groupe Nicolas Bourbaki*, dont il supervisa la rédaction du traité *Éléments de mathématique.*

DIEULEFIT (26220), bur. centr. de cant. de la Drôme ; 3 246 hab. *(Dieulefitois).* Poteries.

DIEULOUARD (54380), bur. centr. de cant. de Meurthe-et-Moselle ; 4 739 hab. *(Déicustodiens).* Église de 1504.

DIEZ (Friedrich), *Giessen 1794 - Bonn 1876,* linguiste allemand. Spécialiste des langues romanes, il leur appliqua les principes de la grammaire comparée.

DIFFERDANGE, v. du Luxembourg ; 21 935 hab. Métallurgie.

DIGNE-LES-BAINS (04000), ch.-l. du dép. des Alpes-de-Haute-Provence, au pied des *Préalpes de Digne,* à 745 km au S.-E. de Paris ; 17 075 hab. *(Dignois).* Évêché. Commerce (lavande). – Anc. et nouvelle cathédrales (v. 1200 et XVe s.) ; musées.

DIGOIN (71160), bur. centr. de cant. de Saône-et-Loire, sur la Loire ; 8 173 hab. *(Digoinais).* Céramique sanitaire. Pont-canal par lequel le canal latéral franchit la Loire. – Musée de la Céramique. Maison de la Loire (« Observaloire »).

DIJON (21000), ch.-l. de la Région Bourgogne-Franche-Comté et du dép. de la Côte-d'Or, sur l'Ouche et le canal de Bourgogne, à 310 km au S.-E. de Paris ; 159 168 hab. *(Dijonnais).* Centre d'une métropole regroupant 24 communes (249 845 hab.). Académie et université. Cour d'appel. Archevêché. Centre ferroviaire et industriel (constructions automobiles et électriques, agroalimentaire [pain d'épices, moutarde...], optique). – Festival international du film d'aventures (« les Écrans de l'aventure »). – Cathédrale St-Bénigne (XIIIe-XIVe s., crypte du XIe s.) ; églises Notre-Dame (XIIIe s.) et St-Michel (XVIe s.) ; restes de l'anc. palais ducal, devenu palais des États au XVIIe s. (auj. hôtel de ville et riche musée des Beaux-Arts) ; palais de justice, anc. parlement (XVIe s.) ; demeures anciennes ; restes de la chartreuse de Champmol. Musées, dont le musée Magnin. Centre d'art contemporain (« le Consortium »).

▲ **Dijon.** L'hôtel de Vogüé (XVIIe s.).

DIKSMUIDE → **DIXMUDE.**

DIKTONIUS (Elmer), *Helsinki 1896 - id. 1961,* poète finlandais d'expression finnoise et suédoise. Sa poésie dynamique est marquée par les idées socialistes (*Chansons dures, Herbe et granit*).

DILBEEK [dilbek], comm. de Belgique (Brabant flamand) ; 40 737 hab. Église des XIIIe-XVe s.

DILI, cap. du Timor oriental ; 228 000 hab. dans l'agglomération.

DILLON (John), *Blackrock, près de Dublin, 1851 - Londres 1927,* homme politique irlandais. Il devint chef du Parti national irlandais en 1918.

DILSEN-STOKKEM [dilsənstokəm], comm. de Belgique (Limbourg) ; 19 929 hab.

DILTHEY (Wilhelm), *Biebrich, auj. dans Wiesbaden, 1833 - Seis, Tyrol, 1911,* philosophe allemand. Il est le premier auteur qui ait assigné un statut autonome aux sciences humaines.

dimanche après-midi à l'île de la Grande Jatte (Un), grande toile de Seurat (1884-1885, Art Institute de Chicago), premier chef-d'œuvre de l'artiste exécuté selon la technique pointilliste.

DIMITRI DONSKOÏ, *Moscou 1350 - id. 1389,* grand-prince de Moscou (1362 - 1389). Il remporta la bataille de Koulikovo sur les Mongols (1380).

DIMITROV (Georgi), *Kovačevci, près de Pernik, 1882 - Moscou 1949,* homme politique bulgare. Secrétaire général du Komintern (1935 - 1943), il fut président du Conseil de 1946 à 1949.

DIMITROVO → **PERNIK.**

DINAN (22100), ch.-l. d'arrond. des Côtes-d'Armor, sur la Rance ; 11 515 hab. *(Dinannais).* Télécommunications. – Constructions médiévales, dont les remparts et le château (musée).

DINANT, v. de Belgique (prov. de Namur), sur la Meuse ; 13 668 hab. Chaudronneries dites « dinanderies ». – Citadelle reconstruite du XVIe au XIXe s. ; collégiale Notre-Dame, surtout du XIIIe s.

DINARD (35800), comm. d'Ille-et-Vilaine, sur la Manche ; 10 560 hab. *(Dinardais).* Station balnéaire. Casino. – Festival du film britannique.

DINARIQUES (Alpes) ou chaînes **DINARIQUES,** massif des Balkans entre les Alpes de Slovénie et le massif du Rhodope (Bulgarie).

DINKA, peuple du Soudan du Sud (env. 2 millions). Éleveurs de bovins, apparentés aux Nuer, ils ont été comme ces derniers victimes de la guerre civile. Ils parlent une langue nilotique.

DIOCLÉTIEN, en lat. **Caius Aurelius Valerius Diocles Diocletianus,** *près de Salone, Dalmatie, 245 - id. 313,* empereur romain (284 - 305). Proclamé empereur en 284, il s'associa Maximien (286) et lui confia l'Occident, tandis qu'il gardait l'Orient. En 293, pour mieux défendre l'Empire, il établit la tétrarchie : deux « césars » (Constance Chlore et Galère) furent adjoints aux empereurs (les deux « augustes »), avec droit de succession. Dioclétien entreprit alors une vaste réforme administrative (regroupement des provinces en diocèses), militaire, judiciaire et monétaire. Il persécuta les chrétiens à partir de 303 et se retira près de Salone.

▲ **Dioclétien.** (Musée archéologique, Izmir.)

DIODORE de Sicile, *Agyrion, Sicile, v. 90 - fin du Ier s. av. J.-C.,* historien grec. Il est l'auteur d'une *Bibliothèque historique,* histoire universelle des origines à 58 av. J.-C.

DIOGÈNE Laërce ou **de Laërte,** *Laërte, Cilicie, IIIe s. apr. J.-C.,* écrivain grec. Son panorama biographique des écoles philosophiques contient des citations de nombreux ouvrages perdus.

DIOGÈNE le Cynique, *Sinope v. 410 - v. 323 av. J.-C.,* philosophe grec, le plus illustre représentant de l'école cynique. Élève d'Antisthène, il poussa à l'extrême le mépris des richesses et des conventions sociales (il demeurait dans un tonneau).

DIOIS n.m., massif des Préalpes françaises, drainé par la Drôme ; 2 041 m.

DIOLA, peuple du Sénégal (Casamance du Sud).

DIOMÈDE MYTH. GR. Roi fabuleux de la Thrace. Héraclès le fit dévorer par ses propres juments, qu'il nourrissait de chair humaine.

DIOMÈDE MYTH. GR. Personnage de *l'Iliade*, un des héros argiens de la guerre de Troie, renommé pour son courage.

DION (Albert, marquis **de**), *Nantes 1856 - Paris 1946*, industriel français. Associé en 1881 avec les constructeurs de moteurs à vapeur Bouton et Trépardoux, il fut l'un des pionniers de l'automobile. Il eut l'idée de la voiture militaire blindée (1905).

DION (Céline), *Charlemagne, Québec, 1968*, chanteuse canadienne. L'une des plus grandes voix des années 1990 et 2000, elle est une vedette mondialement connue (*Pour que tu m'aimes encore* ; *My Heart Will Go on*, chanson du film *Titanic* de James Cameron).

DION CASSIUS, *Nicée v. 155 - id. v. 235*, historien grec. Auteur d'une *Histoire romaine*, qu'il mène jusqu'à 229 apr. J.-C.

DION CHRYSOSTOME, *Prousa, Bithynie, v. 30 - Rome 117*, rhéteur grec. Il popularisa les enseignements des philosophes stoïciens.

DION de Syracuse, *Syracuse 409 - id. 354 av. J.-C.*, homme politique syracusain. Appuyé par Carthage, il fut tyran de Syracuse de 357 à 354 av. J.-C.

DIONYSOS MYTH. GR. Dieu de la Végétation, en particulier de la Vigne et du Vin, fils de Zeus et de Sémélé. Appelé aussi *Bakkhos*, il devint *Bacchus* chez les Romains. Le culte de Dionysos a contribué au développement de la tragédie et de l'art lyrique.

DIOP (Birago), *Ouakam, près de Dakar, 1906 - Dakar 1989*, écrivain sénégalais. Il a inscrit la tradition orale dans ses contes (*les Contes d'Amadou Koumba*) et insufflé à ses poèmes (*Leurres et lueurs*) un animisme ancestral.

DIOPHANTE, *entre le IIe s. av. J.-C. et le IVe s. apr. J.-C.*, mathématicien grec. Membre de l'école d'Alexandrie, il a écrit *les Arithmétiques*, apogée de l'algèbre grecque, qui a influencé considérablement les mathématiques arabes et inspiré les algébristes de la Renaissance.

DIOR (Christian), *Granville 1905 - Montecatini, Italie, 1957*, couturier français. En 1947, dès sa première collection, son succès a été immédiat avec le style « new-look » marqué par le retour au faste, à la guêpière et aux jupes longues et amples.

DIORI (Hamani), *Soudouré 1916 - Rabat 1989*, homme politique nigérien. Il fut président de la république du Niger (1960 - 1974).

DIOSCURES (« Enfants de Zeus ») MYTH. GR. Surnom des jumeaux Castor et Pollux.

DIOUF (Abdou), *Louga 1935*, homme politique sénégalais. Premier ministre (1970 - 1980), il a succédé à Senghor à la présidence de la République (1981 - 2000). Il a aussi été secrétaire général de l'Organisation internationale de la francophonie de 2003 à 2014.

DIOULA, groupe social mandé (surtout malinké) représenté principalement en Côte d'Ivoire et au Burkina. Son nom est celui de sa profession (« colporteur ») ; sa langue est le *dioula*.

DIRAC (Paul), *Bristol 1902 - Tallahassee 1984*, physicien britannique. L'un des fondateurs de la théorie quantique relativiste, il introduisit un formalisme mathématique qui lui permit de prévoir l'existence de l'électron positif, ou positron. Il contribua également à l'élaboration d'une statistique, dite *de Fermi-Dirac*, du comportement des particules. (Prix Nobel 1933.)

◄ Paul **Dirac**

Directoire, conseil de cinq membres chargé, en France, du pouvoir exécutif de 1795 à 1799 ; par ext., le régime politique de cette période.

DIRÉDAOUA, v. d'Éthiopie ; 232 854 hab.

DIRICHLET (Peter Gustav **Lejeune-**), *Düren 1805 - Göttingen 1859*, mathématicien allemand. Auteur de recherches sur les séries trigonométriques et la théorie des nombres, il a défini le concept de fonction dans son sens moderne de correspondance.

DI ROSA (Hervé), *Sète 1959*, peintre français. Artiste voyageur, représentant de la figuration libre, il défend le concept d' « art modeste », en pratiquant un art à la fois populaire et subjectif, influencé par les traditions décoratives du monde entier (célèbre série de laques vietnamiens). Il est à l'origine de la création du Musée international des Arts modestes (MIAM), à Sète.

DI RUPO (Elio), *Morlanwelz 1951*, homme politique belge. Docteur en chimie, plusieurs fois ministre à partir de 1992, ministre-président de la Wallonie (1999 - 2000, 2005 - 2007), président du Parti socialiste francophone (1999 - 2011 et depuis 2014), il a été Premier ministre de déc. 2011 à oct. 2014.

Discobole (le), statue en bronze de Myron. Réalisée aux env. de 450 av. J.-C., elle représente un lanceur de disque. Connue par des répliques antiques (Musée national, Rome), l'œuvre est annonciatrice de la perfection classique grecque dans l'évocation du mouvement.

Discours de la méthode pour bien conduire sa raison et chercher la vérité dans les sciences, œuvre de Descartes (1637). L'auteur y propose la méthode à laquelle il entend désormais se conformer ; ensuite, après avoir confié la conduite de sa vie à une morale provisoire, il se soumet à l'épreuve d'un doute radical, auquel seule s'avère résister l'existence du sujet comme pure pensée (le « cogito ») ; sur cette base, il prouve l'existence de Dieu, s'assure de la vérité des mathématiques, passe à la description des corps et anticipe une possible maîtrise de la nature (grâce à la mécanique et à la médecine).

Discours sur les sciences et les arts, première œuvre publiée par J.-J. Rousseau (1750), où il dresse un réquisitoire contre la civilisation, dont les progrès favorisent l'immoralité.

Discours sur l'origine et les fondements de l'inégalité parmi les hommes, œuvre de J.-J. Rousseau (1755). L'auteur s'y efforce, de manière hypothétique, de rendre compte de la dénaturation progressive de l'être humain au fur et à mesure de son développement, qu'il lie au passage d'un état de nature caractérisé par l'isolement et la bonté des individus, à un état social gouverné par les inégalités et l'amour-propre.

▲ Walt **Disney**

DISNEY (Walter Elias, dit Walt), *Chicago 1901 - Burbank, Los Angeles, 1966*, dessinateur, cinéaste et producteur américain. Pionnier du dessin animé, il s'imposa dans le monde entier avec la série des *Mickey*, puis avec *Blanche-Neige et les sept nains* (1937), *Fantasia* (1940), *Bambi* (1942), *Alice au pays des merveilles* (1951) et fonda un empire commercial (production de films et parcs de loisirs Disneyland*). Musée à San Francisco.

Disneyland, parc de loisirs. Situé près d'Anaheim (Californie) et inauguré en 1955, il est le premier des parcs à thèmes de la société Walt Disney : Walt Disney World Resort (près d'Orlando, Floride, 1971) ; Tokyo Disney Resort (Japon, 1983) ; Disneyland Paris (Marne-la-Vallée, 1992 et 2002) ; Hongkong Disneyland Resort (Chine, 2005) ; Shanghai Disney Resort (Chine, 2016).

DISON, comm. de Belgique (prov. de Liège), banlieue nord de Verviers ; 15 020 hab.

DISRAELI (Benjamin), comte **de Beaconsfield,** *Londres 1804 - id. 1881*, homme politique et écrivain britannique. Député conservateur en 1837, défenseur du protectionnisme, il s'imposa comme le chef de son parti. Chancelier de l'Échiquier (1852, 1858, 1866 - 1868), il fut Premier ministre en 1868, puis de 1874 à 1880. Tout en réalisant d'importantes réformes sociales, il mena à l'extérieur une politique de prestige et d'expansion : en 1876, il fit proclamer la reine Victoria impératrice des Indes. En 1878, au congrès de Berlin, il mit en échec l'expansion russe dans les Balkans.

▲ **Disraeli** par J. E. Millais.
(National Portrait Gallery, Londres.)

DI STEFANO (Alfredo), *Buenos Aires 1926 - Madrid 2014*, footballeur espagnol d'origine argentine. Avant-centre, stratège et buteur, il fut notamm. cinq fois champion d'Europe des clubs (1956 - 1960) avec le Real Madrid.

Distinguished Service Order (abrév. DSO [en français « ordre du Service distingué »]), ordre militaire britannique créé en 1886.

DIU, île d'Inde, au N.-O. de Bombay, partie du territoire de *Daman-et-Diu* ; 40 km^2 ; 39 485 hab. ; v. princ. *Diu* (21 576 hab.). Ancien comptoir portugais (1535 - 1670 ; 1717 - 1961).

DIVES-SUR-MER (14160), comm. du Calvados, à l'embouchure de la *Dives* ; 5 919 hab. *(Divais)*. Église des XIVe-XVe s. Maison bleue d'Euclides Da Costa (art brut).

Divine Comédie (la), poème de Dante Alighieri (écrit v. 1307-1321). Elle se compose d'un prologue et de trois parties (*l'Enfer, le Purgatoire, le Paradis*) de trente-trois chants chacune. L'auteur y rapporte une vision qu'il eut en 1300, durant la semaine sainte. Guidé par Virgile, il traverse les neuf cercles de l'Enfer et, au sommet de la montagne du Purgatoire, rencontre Béatrice*, qui le conduit au Paradis.

DIVISIA (François), *Tizi Ouzou, Algérie, 1889 - Paris 1964*, économiste français. Considéré comme un des fondateurs de l'économétrie, il a surtout étudié les problèmes de la monnaie.

division du travail social (De la), œuvre de É. Durkheim (1893). L'auteur fonde sa typologie des sociétés sur les diverses conceptions qu'elles ont de la solidarité sociale.

DIVONNE-LES-BAINS (01220), comm. de l'Ain, dans le pays de Gex ; 9 509 hab. *(Divonnais)*. Station thermale. Casino.

Dix (Conseil des), conseil secret créé à Venise en 1310. Il étendit progressivement ses attributions et fut, du XVIe s. à 1797, le véritable pouvoir exécutif de la République.

DIX (Otto), *près de Gera 1891 - Singen, près de Constance, 1969*, peintre et graveur allemand. Influencé par l'expressionnisme, puis lié à dada, il fut dans les années 1920 l'un des maîtres du courant de la « nouvelle objectivité ».

Dix Mille (retraite des) [401 av. J.-C.], retraite effectuée à travers l'Arménie par les mercenaires grecs de Cyrus le Jeune après la mort de leur chef à Counaxa. Xénophon, qui conduisit cette retraite, l'a décrite dans *l'Anabase*.

DIXMUDE, en néerl. **Diksmuide,** v. de Belgique (Flandre-Occidentale), sur l'Yser ; 16 520 hab.

DIYARBAKIR, v. de Turquie, sur le Tigre ; 545 983 hab. Enceinte (XIe-XIIIe s.) et Grande Mosquée en partie du XIe s.

DJABIR → **GEBER.**

DJAHIZ (Abu Uthman al-Basri **al-**), *Bassora v. 776 - id. 868 ou 869*, écrivain et théologien arabe, l'un des créateurs de la prose littéraire arabe.

DJAKARTA → **JAKARTA.**

DJALAL AL-DIN RUMI, *Balkh, Khorasan, 1207 - Konya 1273*, poète persan de religion musulmane, fondateur des derviches tourneurs et principal interprète du soufisme.

DJAMAL AL-DIN AL-AFGHANI, *Asadabad 1838 - Istanbul 1897*, penseur musulman d'origine persane. Il fut l'un des principaux artisans du renouveau de l'islam au XIXe s.

DJAMAL PACHA (Ahmad) ou **CEMAL PAŞA** (Ahmed), *Mytilène 1872 - Tiflis 1922*, général et homme politique ottoman. Il fut un des chefs des Jeunes-Turcs qui s'emparèrent du pouvoir en 1913 et engagèrent l'Empire ottoman aux côtés de l'Allemagne dans la Première Guerre mondiale. Il fut assassiné.

DJAMBOUL → **TARAZ.**

DJAMI (Abd al-Rahman), *Khardjird, Khorasan, 1414 - Harat 1492*, écrivain persan, auteur de l'épopée courtoise *Yusuf et Zulaykha.*

DJARIR, *m. à Uthayfiyya v. 729*, poète arabe, auteur de poèmes satiriques et de panégyriques.

DJEBAR (Assia), *Cherchell 1936 - Paris 2015*, romancière algérienne d'expression française. Également cinéaste (*la Nouba des femmes du Mont Chenoua*, 1978), elle s'interrogea sur le statut de la femme algérienne et sur sa propre histoire, reflet des cultures berbère, arabe et française (*la Soif*, 1957 ; *les Enfants du nouveau monde*, 1962 ; *l'Amour, la Fantasia*, 1985 ; *Ces voix qui m'assiègent*, 1999). [Acad. fr.]

DJEDDA, v. d'Arabie saoudite, sur la mer Rouge ; 2 801 481 hab. Aéroport et port des villes saintes de La Mecque et de Médine. Centre diplomatique.

DJELFA, v. d'Algérie, ch.-l. de wilaya ; 164 126 hab.

DJEM (el-), localité de Tunisie, entre Sousse et Sfax. Vestiges de Thysdrus (amphithéâtre), l'une des principales cités romaines des IIe-IIIe s.

DJEMILA, v. d'Algérie, au N.-E. de Sétif ; 24 145 hab. Ruines de la ville antique de Cuicul, à son apogée au IIIe s. C'est un bel exemple de l'urbanisme romain. Musée (mosaïques).

DJENNÉ, v. du Mali. Important carrefour commercial et centre musulman du XVIe au XVIIIe s. – Mosquée de fondation très ancienne, plusieurs fois restaurée.

DJERACH → **GERASA.**

DJERASSI (Carl), *Vienne 1923 - San Francisco 2015*, chimiste américain d'origine autrichienne. Ses travaux ont porté sur la chimie des substances naturelles (stéroïdes tels que la cortisone ou la progestérone), sur leur synthèse et sur leur production industrielle, notamm. celle du contraceptif oral (pilule).

DJERBA, île de Tunisie (reliée au continent par une route), à l'entrée du golfe de Gabès. Pêche. Tourisme.

DJÉRID (chott el-), dépression de la Tunisie méridionale, en bordure du Sahara, occupée par des lagunes plus ou moins asséchées.

DJÉZIREH, région du Proche-Orient, comprenant le nord et le centre de l'anc. Mésopotamie (Iraq et Syrie).

DJIAN (Philippe), *Paris 1949*, romancier français. Empruntant à la langue parlée sa liberté de ton, il met en scène des personnages cyniques et désabusés, hantés par l'autodestruction (*Bleu comme l'enfer*, 1982 ; *37°2 le matin*, 1985 ; *Assassins*, 1994 ; *Doggy Bag*, 6 vol., 2005-2008 ; *Incidences*, 2010 ; *"Oh…"*, 2012 ; *Marlène*, 2017).

DJIBOUTI, cap. de la république de Djibouti ; 522 000 hab. dans l'agglomération (*Djiboutiens*). Port et tête de ligne du chemin de fer de Djibouti à Addis-Abeba.

DJIBOUTI (république de), État d'Afrique orientale, sur l'océan Indien ; 23 000 km^2 ; 873 000 hab. (*Djiboutiens*). **CAP.** *Djibouti.* **LANGUES :** *arabe* et *français.* **MONNAIE :** *franc de Djibouti.* (V. carte **Éthiopie.**) Territoire aride, la région offre surtout un intérêt stratégique par sa situation à l'entrée de la mer Rouge. La population, juxtaposant deux ethnies dominantes (Afar, Issa), islamisées, vit surtout de l'élevage ovin dans l'intérieur. Mais plus de la moitié des habitants se concentrent à Djibouti. – Créée en 1896, la « Côte française des Somalis » reçoit le statut de territoire d'outre-mer en 1946. Celui-ci devient en 1967 le Territoire français des Afars et des Issas. Il accède à l'indépendance en 1977 et prend le nom de république de Djibouti, présidée par Hassan Gouled Aptidon (1916 - 2006, à la tête de l'État de 1977 à 1999), puis par Ismaïl Omar Guelleh (depuis 1999).

DJIDJELLI → **JIJEL.**

DJOFRA (al-), oasis de la Libye.

DJOKOVIĆ (Novak), *Belgrade 1987*, joueur de tennis serbe. Il a remporté quinze titres du Grand Chelem : aux Internationaux d'Australie (2008, 2011, 2012, 2013, 2015, 2016, 2019), à Wimbledon (2011, 2014, 2015, 2018), à Flushing Meadow (2011, 2015, 2018) et à Roland-Garros (2016).

DJOSER, souverain égyptien, fondateur de la IIIe dynastie (v. 2800 av. J.-C.). Il fit construire à Saqqarah la première pyramide à degrés.

DJOUBA n.m., fl. d'Éthiopie et de Somalie, qui se jette dans l'océan Indien ; 880 km.

DJOUBA ou **JUBA,** cap. du Soudan du Sud ; 115 000 hab.

DJOUNGARIE → **DZOUNGARIE.**

DJUBRAN KHALIL DJUBRAN ou **GIBRAN** (Khalil), *Bcharré 1883 - New York 1931*, écrivain libanais de langues arabe et anglaise. Son œuvre allie un romantisme quasi mystique à une aspiration au changement social (*le Prophète*).

DJUKANOVIĆ (Milo), *Nikšić 1962*, homme politique monténégrin. Figure centrale de l'émancipation de son pays par rapport à la Serbie, il a été de manière quasi continue Premier ministre (1991 - 1998, 2003 - 2006, 2008 - 2010 et 2012 - 2016) ou président de la République (1998 - 2002 et depuis 2018).

DJURDJURA ou **DJURJURA** n.m., massif d'Algérie, sur la bordure méridionale de la Grande Kabylie ; 2 308 m. Parc national.

DMOWSKI (Roman), *Kanionek, près de Varsovie, 1864 - Drozdowo 1939*, homme politique polonais. Fondateur du Parti national-démocrate (1897) qui lutta pour l'indépendance de la Pologne, il dirigea avec Paderewski la délégation polonaise à la conférence de la Paix, à Paris (1919).

DNIEPR ou **DNIPRO** n.m., fl. de Russie, de Biélorussie et d'Ukraine, né dans le Valdaï et qui rejoint la mer Noire ; 2 200 km. Il passe à Kiev. Aménagements hydroélectriques.

DNIESTR n.m., fl. de Moldavie et d'Ukraine, né dans les Carpates et qui rejoint la mer Noire en Ukraine ; 1 352 km.

DNIPRO, anc. **Dnipropetrovsk,** v. d'Ukraine, dans la boucle du Dniepr ; 1 065 008 hab. Port fluvial et centre industriel.

DNIPRODZERJYNSK → **KAMIANSKE.**

DÖBLIN (Alfred), *Stettin 1878 - Emmendingen 1957*, écrivain allemand naturalisé français. Ses romans réalisent la synthèse entre expressionnisme et futurisme (*Berlin Alexanderplatz*).

DOBRIČ, v. de Bulgarie, au N. de Varna ; 91 030 hab. Centre commercial et industriel.

DOBRO POLJE n.m., sommet de Macédoine du Nord, à l'E. de Bitola.

DOBROUDJA n.f., en roum. **Dobrogea,** en bulg. **Dobrudža,** région de Roumanie (en grande partie) et de Bulgarie, comprise entre la mer Noire et le Danube. En 1878, le nord de la Dobroudja fut réuni à la Roumanie ; le sud, attribué alors à la Bulgarie, fut annexé en 1913 par la Roumanie, qui dut le lui restituer en 1940.

DOBZHANSKY (Theodosius), *Nemirov, Ukraine, 1900 - Davis, Californie, 1975*, généticien américain d'origine russe. Spécialiste de la génétique des populations, il a apporté une contribution majeure au développement du néodarwinisme.

Docteur Jekyll et Mister Hyde, roman fantastique de R. L. Stevenson (1886). Un médecin (*Dr Jekyll*) découvre une mixture qui libère ses pulsions négatives et le fait se transformer en un monstre de laideur et de cruauté (*M. Hyde*).

Docteur Jivago (le), roman de B. Pasternak (1957). C'est l'odyssée d'un médecin pendant la Première Guerre mondiale et les premières années de la révolution russe. Le roman a inspiré à David Lean le film *Docteur Jivago* (1965).

DODDS (Alfred), *Saint-Louis, Sénégal, 1842 - Paris 1922*, général français. Il conquit le Dahomey (1892 - 1893) sur le roi Béhanzin.

DODDS (Johnny), *La Nouvelle-Orléans 1892 - Chicago 1940*, clarinettiste de jazz américain. L'un des pionniers du jazz Nouvelle-Orléans* (*High Society Rag*, 1923), il rejoint King Oliver à Chicago et dirige des orchestres (*Weary City*, 1928).

DODÉCANÈSE n.m., archipel grec de la mer Égée, au large de la Turquie et dont Rhodes est l'île principale ; 190 071 hab. Sous domination ottomane, puis occupé en 1912 par les Italiens, il fut rattaché à la Grèce en 1947 - 1948.

DODERER (Heimito von), *Weidlingau, près de Vienne, 1896 - Vienne 1966*, écrivain autrichien. Ses romans peignent la fin de la société austro-hongroise (*le Secret de l'Empire, les Démons*).

DODOMA, v. de Tanzanie ; 226 139 hab. (*Dodomais*). Capitale désignée du pays.

DODONE, anc. v. d'Épire où se trouvait un très ancien sanctuaire de Zeus. Le dieu y rendait ses oracles par le bruissement du feuillage des chênes du bois sacré.

Doel [dul], centrale nucléaire de Belgique, sur l'Escaut, en aval d'Anvers.

DOGON, peuple du centre du Mali et du nord du Burkina (env. 500 000). Agriculteurs vivant notamment au pied des falaises de Bandiagara, les Dogon sont célèbres pour leur art austère et dépouillé (masques, statuaire) et pour leur cosmogonie complexe. Leur langue forme un isolat au sein du groupe nigéro-congolais.

DOHA, en ar. **al-Dawha,** cap. du Qatar, sur le golfe Persique ; 699 000 hab. dans l'agglomération. Port. Centre financier et culturel (Cité de l'éducation ; musées d'Art islamique et Mathaf [art moderne]).

DOILLON (Jacques), *Paris 1944*, cinéaste français. Il filme les passions jusqu'au paroxysme : *les Doigts dans la tête* (1974), *la Drôlesse* (1979), *la Pirate* (1984), *le Petit Criminel* (1990), *Ponette* (1996), *le Premier Venu* (2008), *Rodin* (2017).

DOIRE n.f., en ital. **Dora,** nom de deux riv. piémontaises, issues des Alpes, affl. du Pô (r. g.). La *Doire Baltée* (160 km) passe à Aoste ; la *Doire Ripaire* (125 km) rejoint le Pô à Turin.

▲ Robert **Doisneau.** *La Récréation, rue Buffon, à Paris* (1959).

DOISNEAU (Robert), *Gentilly 1912 - Paris 1994*, photographe français. Paris et sa banlieue lui inspirèrent quantité d'images, où verve et humour s'allient à une chaleureuse complicité.

DOKOUTCHAÏEV (Vassili Vassilievitch), *Milioukovo, région de Smolensk, 1846 - Saint-Pétersbourg 1903*, géographe et naturaliste russe. Il a découvert la disposition zonale des sols, prône l'analyse synthétique des milieux et créé la pédologie moderne.

DOLAN (Xavier), *Montréal 1989*, cinéaste canadien. Dans ses films, qui traitent de manière paroxystique de l'identité sexuelle et de la relation mère-enfant, il peint avec acuité et causticité les relations intimes et les mutations sociales (*J'ai tué ma mère*, 2009 ; *Tom à la ferme*, 2013 ; *Mommy*, 2014 ; *Juste la fin du monde*, d'apr. J.-L. Lagarce, 2016).

▲ Xavier **Dolan** au Festival de Cannes en 2014.

DOL-DE-BRETAGNE (35120), bur. centr. de cant. d'Ille-et-Vilaine ; 5 943 hab. (*Dolois*). Cathédrale des XIIIe-XIVe s. ; Musée historique.

DOLE (39100), ch.-l. d'arrond. du Jura, sur le Doubs et le canal du Rhône au Rhin ; 24 415 hab. *(Dolois).* Constructions électriques. – Monuments des XVIe et XVIIe s. ; musée ; maison natale de Pasteur.

DÔLE n.f., sommet du Jura suisse (Vaud) ; 1 680 m. Panorama.

DOLET (Étienne), *Orléans 1509 - Paris 1546,* imprimeur et humaniste français. Esprit libre accusé d'hérésie et d'athéisme, il fut brûlé.

DOLGANES, peuple de Russie (presqu'île de Taïmyr, rép. de Sakha) [env. 7 000]. Issus d'un métissage des Evenks avec des Iakoutes, des Nenets, des Enets et des Russes, ils sont éleveurs de rennes, chasseurs et pêcheurs. Leur langue, le *dolgane,* est un dialecte du iakoute.

DOLGOROUKOV ou **DOLGOROUKI,** famille princière russe qui joua un rôle de premier plan sous Pierre le Grand, Catherine Ire et Pierre II (1727 - 1730).

DOLIN (Patrick **Healey-Kay,** dit Anton), *Slinford, Sussex, 1904 - Neuilly-sur-Seine 1983,* danseur et chorégraphe britannique. Il s'imposa comme le plus grand danseur anglais de la première moitié du XXe s. et fonda avec A. Markova la compagnie Markova-Dolin (1935) et le Festival Ballet (1950), devenu English National Ballet.

DOLLARD-DES-ORMEAUX, v. du Canada (Québec), près de Montréal ; 48 930 hab.

DOLLARD DES ORMEAUX (Adam), *en Île-de-France 1635 - Long-Sault, Canada, 1660,* officier français. Il fut tué avec seize compagnons en luttant contre les Iroquois.

DOLLFUSS (Engelbert), *Texing 1892 - Vienne 1934,* homme politique autrichien. Chancelier (1932 - 1934), il réorganisa l'État sur la base de principes autoritaires et corporatifs. Hostile à l'Anschluss, il fut assassiné par les nazis.

DÖLLINGER (Johann Ignaz von), *Bamberg 1799 - Munich 1890,* prêtre et historien allemand. Pour s'être opposé au dogme de l'infaillibilité du pape, il fut excommunié (1871) et devint le chef des « vieux-catholiques ».

DOLNÍ VĚSTONICE, site préhistorique de la République tchèque, près de Břeclav. Campements de chasseurs du paléolithique supérieur qui ont notamm. livré des statuettes féminines (v. 25000 av. J.-C.).

DOLOMIEU (Dieudonné ou Déodat **de Gratet de**), *Dolomieu, Isère, 1750 - Châteauneuf, Saône-et-Loire, 1801,* géologue français. Grand voyageur, auteur d'études sur les séismes et les volcans, il a identifié et décrit nombre de minéraux et de roches, dont la *dolomite* et la *dolomie.* Il participa à l'expédition d'Égypte.

DOLOMITES ou **ALPES DOLOMITIQUES** n.f. pl., massif des Alpes, en Italie, entre l'Adige et la Piave ; 3 342 m à la Marmolada. Elles furent nommées ainsi en 1876 en hommage à D. de *Dolomieu.*

DOLTO (Françoise), *Paris 1908 - id. 1988,* psychiatre et psychanalyste française. Elle s'est intéressée principalement à la psychanalyse des enfants (*Psychanalyse et Pédiatrie,* 1939 ; *le Cas Dominique,* 1971).

◀ Françoise **Dolto**

DOMAGK (Gerhard), *Lagow, Brandebourg oriental, auj. Łagów, Pologne, 1895 - Burgberg, Forêt-Noire, 1964,* médecin allemand. Il a découvert le premier sulfamide utilisé en thérapeutique, ouvrant ainsi la voie à la chimiothérapie anti-infectieuse. (Prix Nobel 1939.)

DOMAT (Jean), *Clermont, auj. Clermont-Ferrand, 1625 - Paris 1696,* jurisconsulte français. Dans *les Lois civiles dans leur ordre naturel* (1689-1694), il affirma la prééminence du droit romain. Son œuvre prépara l'unification du droit.

DOMBASLE (Christophe Joseph **Mathieu de**), *Nancy 1777 - id. 1843,* agronome français. Il inventa un modèle de charrue, perfectionna la culture (chaulage) et développa l'enseignement agricole.

▲ **Saint Dominique méditant**
par Fra Angelico. (Couvent San Marco, Florence.)

DOMBASLE-SUR-MEURTHE [dɔ̃bal-] (54110), comm. de Meurthe-et-Moselle ; 10 029 hab. *(Dombaslois).* Mine de sel. Soude. Chaussures. – Église gothique (XVe s.) de Varangéville.

DOMBES n.f. ou n.f. pl., région argileuse du dép. de l'Ain. Parsemée d'étangs (pisciculture), la Dombes est aussi une terre d'élevage et de chasse. (Hab. Dombistes.) – Anc. principauté réunie à la Couronne en 1762 (cap. *Trévoux*).

DOMBROWSKA → **DĄBROWSKA.**

DOMBROWSKI (Jan Henryk) → **DĄBROWSKI.**

DÔME (monts) → **PUYS** (chaîne des).

DOMENICO VENEZIANO, *Venise ? début du XVe s. - Florence 1461,* peintre italien. Poète de la couleur et de l'espace, il eut Piero della Francesca pour élève.

Domesday Book (*Livre du Jugement dernier*), recueil cadastral donnant la situation de toutes les terres anglaises à la fin du XIe s. Il fut réalisé sur l'ordre de Guillaume le Conquérant.

DOMFRONT-EN-POIRAIE (61700), bur. centr. de cant. de l'Orne ; 3 811 hab. *(Domfrontais).* Ruines féodales ; église Notre-Dame-sur-l'Eau, du XIe s.

DOMINGO (Plácido), *Madrid 1941,* ténor espagnol. Il chante le répertoire de Händel à Wagner et participe à de nombreux films d'opéras (*la Traviata,* F. Zeffirelli, 1983 ; *Carmen,* F. Rosi, 1984). Il est aussi chef d'orchestre.

DOMINICAINE (République), État des Antilles, occupant la partie orientale de l'île d'Haïti ; 48 400 km² ; 10 056 000 hab. *(Dominicains).* **CAP.** *Saint-Domingue.* **LANGUE :** *espagnol.* **MONNAIE :** *peso dominicain.* (V. carte **Haïti.**)

GÉOGRAPHIE À l'Ouest, montagneux, ouvert par des fossés d'effondrement, s'oppose l'Est, formé surtout de plaines et de collines, domaines de la canne à sucre, de la banane, du riz, du café, du cacao et du tabac. Le tourisme, l'exploitation minière (or) et les zones franches (textile) sont en plein essor. La population (dont Saint-Domingue concentre un peu plus de 20 %) s'accroît rapidement et est largement métissée.

HISTOIRE **La période coloniale. 1492 :** Christophe Colomb atteint l'île d'Haïti, qu'il baptise Hispaniola. **XVIe - XVIIIe s. :** la première colonisation espagnole entraîne la disparition des populations autochtones (Indiens Arawak). **1697 :** l'île est partagée entre la France (Haïti) et l'Espagne au traité de Ryswick. **1795 :** la colonie espagnole est cédée à la France lors du traité de Bâle.

Le XIXe s. 1809 : les Dominicains se libèrent des troupes françaises. **1822 - 1844 :** l'ensemble de l'île est sous domination haïtienne. **1844 :** à la suite d'une révolte contre les Haïtiens, la République dominicaine est proclamée. **1861 :** pour parer la menace haïtienne, le président Pedro Santana déclare le retour de la république à l'Espagne. **1865 :** le pays accède définitivement à l'indépendance. **1870 - 1916 :** secoué par de multiples coups d'État, il finit par tomber sous la coupe des États-Unis.

Depuis 1916. 1916 - 1924 : en raison de ses dettes, le pays est occupé militairement par les États-Unis, qui favorisent l'arrivée au pouvoir de Rafael Trujillo. **1930 - 1961 :** celui-ci exerce une dictature absolue. Il est assassiné en 1961. **1962 - 1963 :** Juan Bosch, élu président, est renversé par les militaires. **1965 :** craignant la contagion castriste, les États-Unis interviennent militairement. **1966 - 1978 :** Joaquín Balaguer se maintient au pouvoir en s'appuyant sur l'armée. **1978 :** Antonio Guzmán devient président. **1982 :** Jorge Blanco lui succède. **1986 - 1996 :** J. Balaguer dirige de nouveau le pays. **1996 :** Leonel Fernández est élu président de la République. **2000 :** Hipólito Mejía lui succède. **2004 :** L. Fernández redevient président (réélu en 2008). **2012 :** Danilo Medina accède à la tête de l'État (réélu en 2016).

DOMINIQUE n.f., État des Petites Antilles ; 751 km² ; 72 000 hab. *(Dominiquais).* **CAP.** *Roseau* (14 725 hab.). **LANGUE :** *anglais.* **MONNAIE :** *dollar des Caraïbes orientales.* (V. carte **Petites Antilles*.**) État indépendant, dans le cadre du Commonwealth, depuis 1978.

DOMINIQUE (saint), *Caleruega v. 1170 - Bologne 1221,* religieux castillan. Il fonda l'ordre des Dominicains, ou Frères prêcheurs, confirmé par Honorius III en 1216, prêcha auprès des cathares dans la région de Toulouse et fut canonisé en 1234.

DOMINIQUIN (Domenico **Zampieri,** dit **il Domenichino,** en fr. **le**), *Bologne 1581 - Naples 1641,* peintre italien. Disciple des Carrache, il a exécuté, à Rome, des fresques dans les églises St-Louis-des-Français et S. Andrea della Valle ; sa *Chasse de Diane* est à la galerie Borghèse.

DOMITIEN, en lat. **Titus Flavius Domitianus,** *Rome 51 - id. 96 apr. J.-C.,* empereur romain (81 - 96). Frère et successeur de Titus, il releva Rome des ruines (incendies de 64 et de 80) et couvrit la frontière danubienne d'un limes fortifié. Il instaura un régime absolutiste, persécuta le sénat et mourut assassiné.

Dom Juan → **Don Juan.**

Domodedovo, l'un des aéroports de Moscou.

DOMODOSSOLA, v. d'Italie (Piémont), au débouché du tunnel du Simplon ; 18 184 hab. Gare frontière.

DOMONT (95330), bur. centr. de cant. du Val-d'Oise ; 15 565 hab. *(Domontois).*

DOMPIERRE-SUR-BESBRE [-bɛbr] (03290), bur. centr. de cant. de l'Allier ; 3 141 hab. *(Dompierrois).* Automobiles. Aux environs, à Saint-Pourçain-sur-Besbre, parc de loisirs et parc zoologique (le PAL).

DOMRÉMY-LA-PUCELLE [dɔ̃remi-] (88630), comm. des Vosges, en Lorraine, sur la Meuse ; 127 hab. *(Domrémois).* Patrie de Jeanne d'Arc.

DOM-TOM, abrév. de départements et territoires d'outre-mer. (Cette appellation, officiellement obsolète depuis 2003 [v. partie n. comm. **département** et **territoire**], demeure couramment employée pour désigner l'ensemble des territoires français situés outre-mer.)

DON n.m., fl. de Russie, né au S. de Moscou et qui rejoint la mer d'Azov en aval de Rostov ; 1 870 km. Il est relié à la Volga par un canal.

DONAT, *v. 270 - en Gaule ou en Espagne v. 355,* évêque de Casae Nigrae, en Numidie. Refusant toute indulgence aux chrétiens qui avaient renié leur foi sous Dioclétien (lapsi), il créa un schisme, le *donatisme,* combattu par saint Augustin.

DONAT, en lat. **Aelius Donatus,** grammairien latin du IVe s., précepteur de saint Jérôme.

DONATELLO (Donato **di Betto Bardi,** dit), *Florence 1386 - id. 1466,* sculpteur italien. Formé par l'étude de l'art antique, il a associé à la monumentalité de celui-ci le réalisme et l'esprit religieux du Moyen Âge. Citons, outre de puissants bas-reliefs : à Florence, le *Saint Georges* en marbre d'Orsammichele (v. 1417, auj. au musée de l'Œuvre de la cathédrale), les prophètes du Campanile (*Jérémie, Habacuc,* auj. au Bargello) ; à Padoue, la statue équestre du *Gattamelata* (v. 1450).

Donation de Constantin, document utilisé pendant tout le Moyen Âge pour justifier l'autorité spirituelle et temporelle de la papauté, que Constantin aurait reconnue au pape Sylvestre Ier. Écrit en fait au VIIIe s., il fut dénoncé comme un faux en 1440.

DONAU (die), nom allemand du Danube*.

Donaueschingen (Festival de), festival de musique contemporaine, fondé en Allemagne (Bade-Wurtemberg) en 1921.

DONBASS, bassin houiller et région industrielle, aux confins de l'Ukraine et de la Russie, de part et d'autre du Donets ; v. princ. *Donetsk*. Depuis 2014, dans le contexte de la crise ukrainienne (→ **Ukraine**), le Donbass est le théâtre d'une insurrection armée déclenchée par des séparatistes russophones.

DONCASTER, v. de Grande-Bretagne (Angleterre), près de Sheffield ; 67 977 hab.

DONEN (Stanley), *Columbia 1924 - New York 2019*, cinéaste américain. D'abord danseur et chorégraphe, il réalisa de brillantes comédies musicales, souvent en collaboration avec G. Kelly (*Chantons sous la pluie*, 1952 ; *les Sept Femmes de Barberousse*, 1954), ainsi que des comédies (*Charade*, 1963 ; *Arabesque*, 1966).

DONETS n.m., riv. d'Ukraine et de Russie, affl. du Don (r. dr.) ; 1 016 km. Il borde le Donbass.

DONETSK, de 1924 à 1961 **Stalino,** v. d'Ukraine, dans le Donbass ; 1 016 194 hab. Métallurgie. Chimie. – Musée des Beaux-Arts.

DONG, peuple de Chine (Hunan, Guizhou) [env. 1,5 million], dont la langue se rattache au thaï.

DONGES (44480), comm. de la Loire-Atlantique, sur l'estuaire de la Loire ; 7 910 hab. *(Dongeois)*. Raffinerie de pétrole. Pétrochimie.

DONGGUAN, v. de Chine, entre Canton et Hongkong ; 7 159 504 hab.

DONG QICHANG, *env. de Shanghai 1555 - ? 1636*, calligraphe et peintre chinois. Il a défini les dogmes de la peinture lettrée et est à l'origine de la théorie opposant paysagistes de l'école du Nord à ceux de l'école du Sud.

DÔNG SON, village du Viêt Nam, au nord-est de Thanh Hoa. Site éponyme de la phase finale (500 - 250 av. J.-C.) et la plus brillante d'une culture de l'âge du bronze du Sud-Est asiatique, célèbre, entre autres, pour ses tambours de bronze.

DONGTING (lac), grand lac de la Chine centrale (Hunan) ; env. 5 000 km².

DONGYING, v. de Chine, près de l'embouchure du Huang He ; 788 844 hab.

DONG YUAN ou **TONG YUAN,** *Zhongling, auj. Nankin*,, peintre chinois actif entre 932 et 976. Il est le père du grand paysage chinois et ses œuvres deviendront les modèles des peintres lettrés.

DONIAMBO (pointe), cap de la Nouvelle-Calédonie. Fonderie de nickel.

DÖNITZ (Karl), *Berlin 1891 - Aumühle 1980*, amiral allemand. Commandant la flotte sous-marine (1935 - 1942), qui menaça un temps les flottes alliées, il devint commandant en chef de la marine allemande (1943 - 1945) et succéda à Hitler en mai 1945. Il endossa la capitulation du Reich.

DONIZETTI (Gaetano), *Bergame 1797 - id. 1848*, compositeur italien. Il est l'auteur d'œuvres lyriques : *Lucia di Lammermoor*, 1835 ; *la Favorite*, 1840 ; *Don Pasquale*, 1843.

▲ **Donatello.** *David*, bronze, entre 1430 et 1440. (Musée national du Bargello, Florence.)

▲ The **Doors** : Jim Morrison [à droite], Robbie Krieger (né en 1946), Ray Manzarek (1939 - 2013) et John Densmore (né en 1944) [de haut en bas].

Don Juan, personnage légendaire d'origine espagnole. Séducteur impie et cruel, il apparaît dans *le Trompeur de Séville et le Convive de pierre* (v. 1625) de Tirso de Molina. Il a inspiré ensuite d'innombrables œuvres littéraires et artistiques : la comédie *Dom Juan* de Molière (1665), l'opéra de Mozart *Don Giovanni* (1787, sur un livret de L. Da Ponte), le poème symphonique de R. Strauss *Don Juan* (1887), et des films.

DONNE (John), *Londres 1572 - id. 1631*, poète et prêtre anglais. Sa poésie « métaphysique » est marquée par l'obsession de la mort.

DONNEAU DE VISÉ (Jean), *Paris 1638 - id. 1710*, écrivain français, fondateur de la revue *le Mercure galant* (1672).

DONON n.m., sommet des Vosges (France), dominant le *col du Donon* (727 m) ; 1 009 m.

DONOSO (José), *Santiago 1924 - id. 1996*, romancier chilien. L'atmosphère étouffante et ambiguë de ses récits *(Ce lieu sans limites, l'Obscène Oiseau de la nuit)* se renforce d'un désespoir issu de la situation de son pays *(la Désespérance)*.

Don Quichotte de la Manche, héros du roman homonyme de Cervantès (1605-1615), vieil hidalgo idéaliste et généreux, à la maigre silhouette et à l'imagination chimérique. Ce personnage parodique est toujours accompagné de Sancho* Pança et est amoureux de Dulcinée*. L'œuvre de Cervantès marque l'apparition du roman moderne. – Le roman de Cervantès sert de thème au ballet de M. Petipa, créé au théâtre Bolchoï de Moscou en 1869, sur une musique de L. Minkus.

DONSKOÏ (Mark), *Odessa 1901 - Moscou 1981*, cinéaste soviétique. Célèbre pour ses adaptations de Gorki, dont il rejoint les préoccupations humanistes (*l'Enfance de Gorki*, 1938 ; *En gagnant mon pain*, 1939 ; *Mes universités*, 1940), il réalisa aussi *l'Arc-en-ciel* (1944) et *le Cheval qui pleure* (1958).

DONZÈRE (26290), comm. de la Drôme, près du Rhône ; 5 645 hab. *(Donzérois)*. En aval du *défilé de Donzère*, canal de dérivation du Rhône alimentant la centrale de Bollène.

Doon de Mayence (geste de), cycle épique français du Moyen Âge. Les principales chansons (*Raoul de Cambrai, Renaud de Montauban, Girart de Roussillon*) peignent des féodaux révoltés contre leur suzerain.

DOORS (The), groupe américain de rock formé à partir de 1965 et dissous en 1973. **Jim Morrison,** *Melbourne 1943 - Paris 1971*, en était le chanteur. Musique psychédélique, textes contestataires, désespérés, violemment érotiques et mises en scène provocantes caractérisent le groupe.

DOPPLER (Christian), *Salzbourg 1803 - Venise 1853*, physicien autrichien. Il découvrit la variation de fréquence du son perçu lorsqu'une source sonore se déplace par rapport à un observateur *(effet Doppler[-Fizeau])*.

Dora-Mittelbau, camp de concentration créé par les Allemands en 1943 près de Nordhausen, dans le massif du Harz (Thuringe).

DORAT (Le) [87210], comm. de la Haute-Vienne ; 1 772 hab. *(Dorachons)*. Importante église romane du XIIᵉ s. (crypte du XIᵉ s.).

DORAT (Jean **Dinemandi,** dit), *Limoges 1508 - Paris 1588*, poète et humaniste français. Maître de Ronsard et de Du Bellay, il fit partie de la Pléiade*.

D'ORBAY (François), *Paris 1631 ou 1634 - id. 1697*, architecte français. Il semble avoir remplacé à Versailles, en 1670, son maître Le Vau. Il a participé aux grands travaux parisiens de l'époque, de la Colonnade du Louvre au collège des Quatre-Nations.

DORCHESTER (Guy **Carleton,** baron) → **CARLETON.**

DORDOGNE n.f., riv. du sud-ouest de la France, née au pied du Sancy et qui rejoint la Garonne au bec d'Ambès ; 472 km. Elle s'écoule vers l'O., reçoit successivement la Cère, la Vézère et l'Isle, passe à Bergerac et à Libourne. Aménagements hydroélectriques sur son cours supérieur (Bort-les-Orgues, Marèges, l'Aigle, Chastang).

DORDOGNE n.f. (24), dép. de la Région Nouvelle-Aquitaine ; ch.-l. de dép. *Périgueux* ; ch.-l. d'arrond. *Bergerac, Nontron, Sarlat-la-Canéda* ; 4 arrond. ; 25 cant. ; 520 comm. ; 9 060 km² ; 427 579 hab. *(Périgourdins)*. Le dép. appartient à l'académie et à la cour d'appel de Bordeaux, à la zone de défense et de sécurité Sud-Ouest. La majeure partie du dép. s'étend sur le Périgord, où les cultures (céréales, fruits, primeurs, vigne, tabac) et l'élevage bovin se concentrent dans les vallées (Isle, Vézère, Dordogne), jalonnées par les principales villes (Périgueux et Bergerac). La faiblesse de l'industrie (agroalimentaire surtout) et du secteur tertiaire explique la persistance de l'exode rural, malgré l'essor du tourisme. *(V. carte page suivante.)*

DORDRECHT, v. des Pays-Bas (Hollande-Méridionale), à l'embouchure de la Meuse ; 118 466 hab. Port. – Ville ancienne et pittoresque (église des XIVᵉ-XVᵉ s.) ; musées – Importante place commerciale au XIVᵉ s. En 1618 - 1619 y fut tenu un grand synode, dont les décisions régissent encore l'Église réformée de Hollande.

DORE n.f., riv. de France, en Auvergne, affl. de l'Allier (r. dr.) ; 140 km.

DORE (monts) ou parfois **MASSIF DU MONT-DORE,** massif volcanique de France, en Auvergne ; 1 885 m au puy de Sancy. Élevage et tourisme.

▲ Gustave **Doré.** Illustration pour l'édition de 1873 du *Pantagruel* de Rabelais.

DORÉ (Gustave), *Strasbourg 1832 - Paris 1883*, dessinateur et peintre français. Il a illustré, avec une faconde qui prolonge le romantisme, Rabelais, C. Perrault, Balzac, Dante, Cervantès, etc.

DORGELÈS (Rolland **Lécavelé,** puis Rolland **Dorgelès,** dit Roland), *Amiens 1885 - Paris 1973*, écrivain français. Il est l'auteur du roman *les Croix de bois* (1919).

DORIA, famille noble de Gênes qui, au Moyen Âge, fut à la tête de la faction gibeline de la ville. — **Andrea D.,** *Oneglia 1466 - Gênes 1560*, condottiere génois. Il commanda les flottes de François Iᵉʳ et de Charles Quint avant d'instaurer à Gênes (1528) une « république aristocratique ».

DORIDE, anc. région de la Grèce centrale.

DORIDE, anc. région de la côte sud-ouest de l'Asie Mineure.

DORIENS, peuple indo-européen qui envahit la Grèce à la fin du IIe millénaire av. J.-C. Apparentés aux Achéens, qu'ils refoulèrent, les Doriens envahirent la Thessalie, le Péloponnèse, la Crète, les Cyclades et colonisèrent le sud-ouest de l'Asie Mineure. Ils étaient organisés en société guerrière, dont Sparte s'est beaucoup inspirée.

DORIOT (Jacques), *Bresles, Oise, 1898 - Menningen, Bade, 1945,* homme politique français. Secrétaire général des Jeunesses communistes, membre du Comité central du Parti (1923), il protesta contre l'influence soviétique. Exclu du PCF (1934), il fonda (1936) le Parti populaire français (PPF), de tendance fasciste. Pendant l'Occupation, il collabora avec l'Allemagne et combattit sous l'uniforme allemand.

DORIS MYTH. GR. Fille d'Océanos et de Téthys. Elle épousa Nérée, dont elle eut cinquante filles, les Néréides.

DORMANS (51700), bur. centr. de cant. de la Marne, sur la Marne ; 2 990 hab. Chapelle commémorant les victoires de la Marne (1914 et 1918).

DORNIER (Claude, dit Claudius), *Kempten, Bavière, 1884 - Zoug, Suisse, 1969,* constructeur d'avions allemand. Fondateur, en 1922, de la firme qui porte son nom, il a réalisé 150 types d'avions de toutes catégories.

DOROTHÉE (sainte), vierge et martyre du IVe s. Elle serait morte décapitée. Elle est la patronne des jardiniers. Son nom a été supprimé du calendrier romain.

DORPAT → TARTU.

DORSALE GUINÉENNE, hauteurs du sud-est de la Guinée. Minerai de fer.

DORSALE TUNISIENNE, chaîne montagneuse du nord de la Tunisie.

DORSET, comté de Grande-Bretagne, sur la Manche ; 412 905 hab. ; ch.-l. *Dorchester.*

DORSET (culture de), culture préhistorique de l'Arctique central et oriental. Elle s'est développée il y a 3 500 ans et son déclin s'est amorcé vers le Xe s. apr. J.-C. Elle est caractérisée par de gros villages semi-enterrés, une industrie lithique de microlames et diverses manifestations artistiques.

DORST (Jean), *Brunstatt, Haut-Rhin, 1924 - Paris 2001,* zoologiste français. Ornithologue, directeur du Muséum national d'histoire naturelle (1976 - 1985), il a contribué au développement de la pensée écologiste (*Avant que la nature meure,* 1965).

DORTMUND, v. d'Allemagne (Rhénanie-du-Nord-Westphalie), dans la Ruhr ; 571 143 hab. Port fluvial. Centre industriel. – Églises médiévales, musées. — canal **Dortmund-Ems,** canal qui relie la Ruhr à la mer du Nord (269 km).

DORVAL, v. du Canada (Québec), au S.-O. de Montréal ; 18 088 hab. Aéroport international de Montréal-Pierre-Elliott-Trudeau (passagers).

DORVAL (Marie **Delaunay,** dite Mme), *Lorient 1798 - Paris 1849,* actrice française. Elle interpréta les héroïnes romantiques et fut aimée d'Alfred de Vigny.

DOS PASSOS (John Roderigo), *Chicago 1896 - Baltimore 1970,* écrivain américain. Romancier de la Génération* perdue (*Manhattan Transfer, la Grosse Galette*), il cherche à donner une peinture totale et critique de la société américaine par la juxtaposition d'écritures diverses (reportage, poésie, chansons).

◀ John **Dos Passos**

DOS SANTOS (José Eduardo), *Luanda 1942,* homme politique angolais. Il a été président de la République de 1979 à 2017.

DOSSO DOSSI (Giovanni **Luteri,** dit), *v. 1480 - Ferrare v. 1542,* peintre italien de l'école de Ferrare. Il est l'auteur de compositions religieuses ou mythologiques d'un maniérisme imaginatif.

DOSTOÏEVSKI (Fiodor Mikhaïlovitch), *Moscou 1821 - Saint-Pétersbourg 1881,* écrivain russe. Fils d'un père tyrannique qui sera assassiné par ses paysans, il est encouragé dans la voie de la littérature (*les Pauvres Gens*) par Nekrassov et Belinski, mais ses premiers échecs auprès de la critique (*le Double ; la Logeuse ; les Nuits blanches,* 1848) le poussent vers les cercles politiques libéraux. Condamné à mort et gracié sur le lieu de l'exécution, il est déporté en Sibérie. Cette épreuve (*Souvenirs de la maison des morts,* 1862), jointe à l'instabilité de sa vie après son retour du bagne (ses mariages, ses crises d'épilepsie, la mort de sa fille, sa passion du jeu), lui fait voir dans la souffrance et l'humiliation la raison même de l'existence (*Humiliés et Offensés ; Mémoires écrits dans un souterrain ; Crime et Châtiment,* 1866 ; *le Joueur,* 1867 ; *l'Idiot** ; *les Démons* [ou *les Possédés*], 1872 ; *l'Adolescent*), qui ne peut trouver son équilibre, sur le plan individuel, que dans la charité (*les Frères* Karamazov*) et, sur le plan collectif, dans la synthèse des cultures orientale et occidentale réalisée par le peuple russe (*Journal d'un écrivain*).

▲ **Dostoïevski** par V. G. Perov. (Galerie Tretiakov, Moscou.)

DOTREMONT (Christian), *Tervuren 1922 - Bruxelles 1979,* poète et dessinateur belge de langue française. Fondateur du mouvement Cobra*, il est l'auteur de « logogrammes », manuscrits spontanés qui mêlent mots et traces picturales.

DOU (Gerard), *Leyde 1613 - id. 1675,* peintre néerlandais. Élève de Rembrandt, il donne des scènes de genre de la vie bourgeoise d'une facture lisse et froide, d'une minutie extrême.

DOUAI (59500), ch.-l. d'arrond. du Nord, sur la Scarpe ; 41 172 hab. (*Douaisiens*) [Douai forme avec Lens une vaste aire urbaine]. Cour d'appel. Métallurgie. Construction automobile. Logistique. Matériel ferroviaire. Imprimerie nationale. – Beffroi des XIVe-XVe s. et autres monuments ; musée dans l'anc. chartreuse.

DOUALA, v. du Cameroun, sur l'estuaire du Wouri ; 2 348 046 hab. dans l'agglomération. Port. Centre industriel (aluminium, papier, textile). Aéroport.

DOUARNENEZ (29100), bur. centr. de cant. du Finistère, sur la *baie de Douarnenez* ; 14 644 hab. (*Douarnenistes*). Pêche. Télécommunications. Le Port-musée (anc. musée du Bateau).

DOUAUMONT (55100), comm. de la Meuse, sur les Hauts de Meuse ; 8 hab. (*Douaumontois*). Le fort (388 m) fut, en 1916, un des hauts lieux de la bataille de Verdun*. Ossuaire abritant les restes d'env. 300 000 soldats français tombés à Verdun.

DOUBS [du] n.m., riv. de France et de Suisse, née dans le Jura français, affl. de la Saône (r. g.) ; 430 km. Il traverse les lacs de Saint-Point et de Chaillexon (d'où il sort par le *saut du Doubs*) et passe en Suisse avant de traverser Besançon et Dole.

DOUBS [du] n.m. (25), dép. de la Région Bourgogne-Franche-Comté ; ch.-l. de dép. *Besançon* ; ch.-l. d'arrond. *Montbéliard, Pontarlier* ; 3 arrond. ; 19 cant. ; 576 comm. ; 5 234 km² ; 551 143 hab. (*Doubiens*). Le dép. appartient à l'académie et à la cour d'appel de Besançon, à la zone de défense et de sécurité Est. L'élevage bovin (fromages) et l'exploitation forestière du Jura central et septentrional s'opposent à la polyculture des collines situées entre le Doubs et l'Ognon. L'industrie (constructions mécaniques et automobiles) est localisée essentiellement à Besançon et dans l'agglomération de Montbéliard (Sochaux).

DOUCHANBÉ, de 1929 à 1961 **Stalinabad,** cap. du Tadjikistan ; 801 000 hab. dans l'agglomération.

DOUCHY-LES-MINES (59282), comm. du Nord ; 10 850 hab. (*Douchynois*).

DOUDART DE LAGRÉE (Ernest), *Saint-Vincent-de-Mercuze, Isère, 1823 - Dongchuan, Yunnan, 1868,* officier de marine français. Il représenta la France auprès du roi du Cambodge (1862) et reconnut le cours du Mékong en 1866.

DOUÉ-EN-ANJOU (49700), bur. centr. de cant. de Maine-et-Loire ; 11 429 hab. *(Douessins)*. « Arènes », anc. carrière ; maisons troglodytiques ; musée des Vieux Commerces. – Parc zoologique. – Combats pendant la guerre de Vendée.

DOUGGA, village de Tunisie septentrionale, près de Téboursouk. Nombreux vestiges de l'antique cité de *Thugga*, résidence des princes numides, prospère aux IIe et IIIe s. sous les Romains.

DOUGLAS, v. de Grande-Bretagne, ch.-l. de l'île de Man ; 27 935 hab.

DOUGLAS, famille d'Écosse qui joua un rôle important du XIVe au XVIe s., par sa résistance aux Anglais et sa rivalité avec les Stuarts.

DOUGLAS (Donalds Wills), *New York 1892 - Palm Springs, Californie, 1981*, constructeur aéronautique américain. La firme qu'il fonda (1920) a produit de nombreux avions de transport, notamment le célèbre DC-3 (premier vol en 1935).

DOUGLAS (Issur Danielovitch **Demsky,** puis Kirk), *Amsterdam, État de New York, 1916*, acteur américain. Il a joué des héros vulnérables, obstinés et tragiques (*le Gouffre aux chimères*, B. Wilder, 1951 ; *la Vie passionnée de Vincent Van Gogh*, V. Minnelli, 1956 ; *le Reptile*, J. Mankiewicz, 1970).

DOUGLAS-HOME (sir Alexander Frederick), *Londres 1903 - Coldstream, Berwickshire, 1995*, homme politique britannique. Successeur de MacMillan aux postes de Premier ministre (1963 - 1964) et de leader du Parti conservateur (1963 - 1965), il fut aussi secrétaire aux Affaires étrangères (1960 - 1963 et 1970 - 1974).

DOUGLASS (Frederick), *Tuckahoe, Maryland, v. 1817 - Washington 1895*, homme politique américain. Abolitionniste, il fut le conseiller de Lincoln pendant la guerre de Sécession et le premier citoyen noir à occuper de hautes fonctions.

DOUHET (Giulio), *Caserte 1869 - Rome 1930*, général italien. Il commanda en 1912 le premier bataillon d'aviation italien. Son œuvre a servi de référence aux stratégies aériennes de la Seconde Guerre mondiale (*Il Dominio dell'aria*, 1921).

DOUILLET (David), *Rouen 1969*, judoka français. Triple champion du monde (1993, 1995, 1997) et double champion olympique (1996, 2000) en catégorie lourds, il a été – en 1995 – le premier non-Japonais à remporter le titre mondial à la fois en lourds et en toutes catégories. S'étant engagé en politique (UMP, auj. Les Républicains) en 2009, il participe au gouvernement en 2011 - 2012 (secrétaire d'État chargé des Français de l'étranger, 2011 ; puis ministre des Sports, 2011 - 2012).

DOUKAS, famille byzantine dont sont issus plusieurs empereurs, notamment Constantin X et Michel VII.

DOULLENS [dulɑ̃] (80600), bur. centr. de cant. de la Somme, sur l'Authie ; 6 682 hab. *(Doullennais)*. Citadelle et autres monuments anciens. — conférence de **Doullens** (26 mars 1918), conférence franco-britannique lors de laquelle le commandement unique des armées fut confié à Foch.

DOUMER (Paul), *Aurillac 1857 - Paris 1932*, homme politique français. Gouverneur général de l'Indochine (1897 - 1902), plusieurs fois ministre des Finances, président du Sénat (1927) et président de la République (1931), il mourut assassiné.

DOUMERGUE (Gaston), *Aigues-Vives, Gard, 1863 - id. 1937*, homme politique français. Député, puis sénateur radical-socialiste, il fut président du Conseil (1913 - 1914), du Sénat (1923) et président de la République (1924 - 1931). Rappelé au lendemain du 6 février 1934, il constitua un gouvernement d'« Union nationale », qui démissionna le 8 nov. suivant.

DOUNGANES → **HUI.**

DOUR, comm. de Belgique (Hainaut) ; 16 974 hab.

DOURA-EUROPOS, anc. ville de Syrie, fondée sur l'Euphrate au IIIe s. av. J.-C. par les Séleucides. Elle fut détruite par Châhpuhr Ier (256 apr. J.-C.). – Vestiges antiques. Synagogue et maison chrétienne avec baptistère, ornées de fresques du IIIe s.

DOURDAN (91410), bur. centr. de cant. de l'Essonne ; 10 843 hab. *(Dourdanais* ou *Dourdannais)*. Anc. cap. du Hurepoix. – Château (donjon du XIIIe s.). – Forêt.

DOURO n.m., en esp. **Duero,** fl. d'Espagne et du Portugal, né en Vieille-Castille et qui rejoint l'Atlantique près de Porto ; 850 km. Gorges. Aménagements hydrauliques.

DOUR-SHARROUKÊN → **KHURSABAD.**

D'où venons-nous ? Que sommes-nous ? Où allons-nous ?, grande toile tahitienne de Gauguin (1897, musée de Boston). C'est à la fois une sorte de testament artistique et un témoignage d'inquiétude spirituelle.

DOUVRES, en angl. **Dover,** v. de Grande-Bretagne (Angleterre), dans le Kent, sur le pas de Calais ; 34 087 hab. Port de voyageurs. – Puissante forteresse remontant au XIIe s.

DOUVRES-LA-DÉLIVRANDE (14440), comm. du Calvados ; 5 474 hab. *(Douvrais)*. Pèlerinage.

DOUVRIN (62138), bur. centr. de cant. du Pas-de-Calais ; 5 182 hab. *(Douvrinois)*. Industrie automobile.

DOUWES DEKKER (Eduard) → **MULTATULI.**

Douze Tables (loi des), première législation écrite des Romains, inscrite sur douze tables de bronze (v. 451 av. J.-C.).

DOVJENKO (Aleksandr Petrovitch), *Sosnitsa, Ukraine, 1894 - Moscou 1956*, cinéaste soviétique. Sa terre natale lui a inspiré de vastes fresques lyriques, qui exaltent la fusion de l'homme et de la nature au sein d'un socialisme cosmique : *Zvenigora* (1928), *Arsenal* (1929), *la Terre* (1930), *Aerograd* (1935).

DOWDING (sir Hugh), *Moffat, Écosse, 1882 - Tunbridge Wells 1970*, maréchal de l'air britannique. Il commanda la chasse britannique et joua un rôle décisif dans l'échec allemand durant la bataille d'Angleterre (août-oct. 1940).

DOWLAND (John), *Londres 1563 - id. 1626*, compositeur et luthiste anglais. Ses airs à une ou plusieurs voix, ses fantaisies pour luth ou ses pièces pour ensemble de violes figurent parmi les sommets de la musique élisabéthaine.

Downing Street, rue de Londres. Au no 10, résidence du Premier ministre britannique.

DOWNS n.f. pl., lignes de coteaux calcaires du sud du bassin de Londres, qui encadrent la dépression humide du Weald.

DOYLE (sir Arthur Conan), *Édimbourg 1859 - Crowborough, Sussex, 1930*, romancier britannique. Ses romans policiers ont pour héros Sherlock Holmes*.

DRAA ou **DRA** (oued) n.m., fl. de l'Afrique du Nord-Ouest (Algérie et surtout Maroc), né dans le Haut Atlas, tributaire de l'Atlantique ; 1 000 km env. Il est jalonné de nombreuses oasis.

DRAC n.m., riv. de France, dans les Alpes, affl. de l'Isère (r. g.) ; 150 km. Hydroélectricité.

DRACHMANN (Holger), *Copenhague 1846 - Hornbaek, Sjaelland, 1908*, écrivain danois. Ses poèmes et ses romans témoignent d'une inspiration tour à tour sociale et romantique.

DRACON, *VIIe s. av. J.-C.*, législateur d'Athènes. Le code qu'il rédigea v. 621 av. J.-C. est resté célèbre par sa sévérité.

Dracula, personnage éponyme du roman (1897) de l'écrivain irlandais Abraham, dit Bram Stoker *(Clontarf, banlieue nord de Dublin, 1847 - Londres 1912)*, inspiré d'un prince de Transylvanie du XVe s. Archétype du vampire, il inspira de nombreux films : F. W. Murnau, *Nosferatu le vampire*, 1922 ; T. Browning, *Dracula*, 1931 ; T. Fisher, *le Cauchemar de Dracula*, 1958, et *Dracula, prince des ténèbres*, 1966 ; F. F. Coppola, *Dracula*, 1992.

DRAGHI (Mario), *Rome 1947*, économiste et banquier italien. Il est président de la Banque centrale européenne depuis 2011.

Dragoon (opération) → **Provence** (débarquement de).

DRAGUIGNAN (83300), ch.-l. d'arrond. du Var ; 41 149 hab. *(Dracénois)*. La ville fut le ch.-l. du Var de 1797 à 1974. – École d'artillerie et École d'infanterie. – Restes de fortifications ; musée-bibliothèque dans un anc. couvent du XVIIe s.

DRAIS (Karl Friedrich), baron **von Sauerbronn,** *Karlsruhe 1785 - id. 1851*, ingénieur badois. Il est l'inventeur de la *draisienne* (1816), ancêtre de la bicyclette.

DRAKE (détroit de), large bras de mer séparant la Terre de Feu et l'Antarctique et reliant l'Atlantique au Pacifique.

DRAKE (Edwin Laurentine, dit le Colonel), *Greenville, État de New York, 1819 - Bethlehem 1880*, industriel américain. Il réalisa la première exploitation de pétrole (1859), à Titusville (Pennsylvanie).

DRAKE (sir Francis), *près de Tavistock v. 1540 - au large de Portobelo 1596*, marin et corsaire anglais. Il lutta avec succès contre les Espagnols, détruisant leur flotte à Cadix (1587), et prit une part importante à la défaite de l'Invincible Armada (1588). Il a réalisé le premier voyage anglais de circumnavigation.

DRAKENSBERG n.m., massif de l'Afrique australe (Afrique du Sud et Lesotho) ; 3 482 m.

DRANCY (93700), bur. centr. de cant. de la Seine-Saint-Denis ; 70 206 hab. *(Drancéens)*. Mécanique. Logistique. – Camp de transit pour les détenus juifs, de 1941 à 1944. Mémorial de la Shoah.

DRANEM (Armand **Ménard,** dit), *Paris 1869 - id. 1935*, fantaisiste et chanteur français. Il lança au café-concert le genre du comique niais et malicieux.

DRAPER (Henry), *Prince Edward County, Virginie, 1837 - New York 1882*, astrophysicien américain. Il fut un pionnier de la spectrographie stellaire.

DRAVE n.f., riv. d'Europe, née dans les Alpes italiennes, affl. du Danube (r. dr.) ; 700 km. Elle coule en Autriche et en Slovénie, puis sépare la Hongrie de la Croatie après avoir reçu la Mur.

DRAVEIL (91210), bur. centr. de cant. de l'Essonne ; 29 575 hab. *(Draveillois)*.

DRAVIDIENS, ensemble de populations du sud du sous-continent indien (env. 200 millions). Le terme était autrefois appliqué aux aborigènes de l'Inde refoulés dans le Sud par les invasions indo-européennes, selon une thèse de la différenciation par conquête largement révisée par les anthropologues. Il désigne auj. à la fois des groupes linguistiques (Tamoul, Telougou, Kannara, Malayalam) et des sociétés de castes du sud de l'Inde.

DRAYTON (Michael), *Hartshill, Warwickshire, 1563 - Londres 1631*, poète anglais. Il est l'auteur de poèmes lyriques et historiques, ainsi que d'une géographie poétique de l'Angleterre *(Poly-Olbion)*.

DREES (Willem), *Amsterdam 1886 - La Haye 1988*, homme politique néerlandais. Chef du Parti socialiste, il dirigea le gouvernement de 1948 à 1958.

DREIFUSS (Ruth), *Saint-Gall 1940*, femme politique suisse. Chef du département de l'Intérieur au sein du Conseil fédéral (1993 - 2002), elle est la première femme présidente de la Confédération (en 1999).

DREISER (Theodore), *Terre Haute, Indiana, 1871 - Hollywood 1945*, écrivain américain. Ses romans font de lui l'initiateur du naturalisme dans son pays *(Sœur Carrie, Jennie Gerhardt, Une tragédie américaine)*.

DRENTHE, prov. du nord-est des Pays-Bas ; 489 918 hab. ; ch.-l. *Assen*.

DRESDE, en all. **Dresden,** v. d'Allemagne, cap. de la Saxe, sur l'Elbe ; 512 354 hab. Centre industriel. – Palais baroque du Zwinger (v. 1720, très restauré), œuvre de M. D. Pöppelmann, abritant une riche galerie de peinture ; autres monuments (Frauenkirche, opéra Semper) et musées. – La ville fut le théâtre d'une bataille remportée par Napoléon sur les Autrichiens (26 - 27 août 1813). Lors de la Seconde Guerre mondiale, elle fut détruite en février 1945 par les bombardements aériens alliés (au moins 35 000 morts).

DREUX (28100), ch.-l. d'arrond. d'Eure-et-Loir ; 31 431 hab. *(Drouais)*. Produits pharmaceutiques. Électronique. – Église des XIIIe-XVIe s., beffroi du XVIe s. ; chapelle royale St-Louis (1816).

DREUX-BRÉZÉ (Henri Évrard, marquis **de**), *Paris 1766 - id. 1829*, gentilhomme français. Maître du cérémonial des États généraux de 1789, il fut chargé par Louis XVI de congédier le tiers état à l'issue de la séance royale du 23 juin.

DREYER (Carl Theodor), *Copenhague 1889 - id. 1968*, cinéaste danois. Il explora l'intériorité dans un style dépouillé, fondé sur la beauté plastique du noir et blanc, le rythme et l'expressivité des visages (*le Maître du logis*, 1925 ; *la Passion de Jeanne d'Arc*, 1928 ; *Dies Irae*, 1943 ; *Ordet*, 1955 ; *Gertrud*, 1964).

DREYER (Johan), *Copenhague 1852 - Oxford 1926*, astronome danois. Son catalogue, connu par les initiales NGC (1888), donne la position de plusieurs milliers de nébuleuses, d'amas stellaires et de galaxies observés visuellement.

▲ Affaire **Dreyfus.** « Le traître – Dégradation d'Alfred Dreyfus », gravure du *Petit Journal* du 13 janv. 1895. (Bibliothèque de l'Arsenal, Paris.)

Dreyfus (affaire), scandale judiciaire et politique qui divisa l'opinion française de 1894 à 1906 et préluda à la formation du Bloc des gauches et de l'Action française. En 1894, Alfred **Dreyfus** *(Mulhouse 1859 - Paris 1935)*, officier français de confession israélite, est condamné (à tort) pour espionnage au profit de l'Allemagne. La campagne de révision du procès (1897 - 1899), au cours de laquelle É. Zola publie un violent réquisitoire contre l'état-major (« J'accuse », 1898), oppose les *dreyfusards*, antimilitaristes groupés autour de la Ligue des droits de l'homme, et les *antidreyfusards*, antisémites ou ultranationalistes, que rassemblent la Ligue de la patrie française puis le comité de l'Action française. Alfred Dreyfus est gracié en 1899 et réhabilité en 1906.

DRIANT (Émile), *Neufchâtel-sur-Aisne 1855 - bois des Caures 1916*, officier français. Gendre du général Boulanger, il s'illustra dans la défense du bois des Caures au début de la bataille de Verdun.

DRIESCH (Hans), *Bad Kreuznach 1867 - Leipzig 1941*, biologiste et philosophe allemand. Il construisit une ample théorie vitaliste (*la Philosophie de l'organisme*, 1909), qui est à l'origine d'un courant de pensée, le néovitalisme.

DRIEU LA ROCHELLE (Pierre), *Paris 1893 - id. 1945*, écrivain français. Romancier (*le Feu follet*, *Gilles*), influencé par le fascisme, il fut directeur de *la Nouvelle Revue française* sous l'occupation allemande. Il se suicida.

Drôme

DROGHEDA, en gaél. **Droichead Átha,** v. d'Irlande, sur la mer d'Irlande ; 28 894 hab. Port. – Centre de la résistance royaliste, la ville fut prise par Cromwell (1649), qui massacra ses habitants. – Vestiges médiévaux. Aux environs, tumulus de Newgrange (2500 av. J.-C. ?).

droits (Déclaration des) *[Bill of Rights]*, texte constitutionnel anglais élaboré en 1689 par le Parlement. Cette déclaration prononçait l'abdication de Jacques II et rappelait les libertés et les droits fondamentaux du royaume.

droits de l'homme (Déclaration universelle des), texte proclamant les droits civils, politiques, économiques, sociaux et culturels de « tous les membres de la famille humaine ». Adopté le 10 déc. 1948 par l'Assemblée générale des Nations unies, ce texte a été complété en 1966 par deux pactes internationaux à caractère obligatoire sur la garantie des droits (l'un relatif aux droits économiques, sociaux et culturels, l'autre aux droits civils et politiques).

droits de l'homme (Ligue des), association française ayant pour but de défendre les principes de liberté, d'égalité et de justice énoncés dans les Déclarations des droits de l'homme de 1789, de 1793 et dans la Déclaration universelle de 1948. La ligue fut fondée en févr. 1898, à l'occasion de l'affaire Dreyfus, sur l'initiative du sénateur Ludovic Trarieux.

droits de l'homme et des libertés fondamentales (Convention européenne de sauvegarde des), convention établie par le Conseil de l'Europe (Rome, 4 nov. 1950) et qui a pour but d'organiser une garantie juridictionnelle des libertés individuelles. Entrée en vigueur en 1953, elle a été ratifiée par la France en 1974.

droits de l'homme et du citoyen (Déclaration des), texte solennel voté le 26 août 1789 par l'Assemblée nationale constituante et placé en tête de la Constitution française de 1791. La Déclaration, précédée d'un préambule, énumère, en ses 17 articles, les droits de l'homme et ceux de la nation. Les principes qu'elle affirme, appelés parfois « principes de 1789 », sont : égalité politique et sociale de tous les citoyens ; respect de la propriété ; souveraineté de la nation ; admissibilité de tous les citoyens aux emplois publics ; obligation imposée à chaque homme d'obéir à la loi, expression de la volonté générale ; respect des opinions et des croyances ; liberté de la parole et de la presse ; répartition équitable des impôts consentis librement par les représentants du pays.

DRÔME n.f., riv. de France, née dans les Alpes, affl. du Rhône (r. g.) ; 110 km. Elle passe à Die.

DRÔME n.f. (26), dép. de la Région Auvergne-Rhône-Alpes ; ch.-l. de dép. *Valence* ; ch.-l. d'arrond. *Die, Nyons* ; 3 arrond. ; 19 cant. ; 367 comm. ; 6 530 km² ; 519 264 hab. *(Drômois)*. Le dép. appartient à l'académie et à la cour d'appel de Grenoble, à la zone de défense et de sécurité Sud-Est. Il s'étend, à l'est, sur une partie des Préalpes (Vercors, pays forestier voué à l'élevage bovin ; Diois [élevage ovin] ; Baronnies [cultures fruitières]) et, à l'ouest, sur les plaines du Rhône moyen (grand axe de circulation où s'est concentrée la population) consacrées aux cultures maraîchères et fruitières et à la vigne. L'industrie est représentée par les constructions mécaniques, le travail du cuir, l'agroalimentaire et la production d'électricité, hydraulique et nucléaire.

DROSTE-HÜLSHOFF (Annette, baronne **von**), *Hülshoff, près de Münster, 1797 - château de Meersburg 1848*, poétesse allemande, auteure de poésies épiques ou d'inspiration religieuse.

DROUAIS (François Hubert), *Paris 1727 - id. 1775*, peintre français. Académicien en 1758, il fut un portraitiste très en honneur à la Cour. — **Jean Germain D.,** *Paris 1763 - Rome 1788*, peintre français, fils de François Hubert. Élève favori de David, il est l'auteur de tableaux d'histoire.

DROUET (Jean-Baptiste), *Sainte-Ménehould 1763 - Mâcon 1824*, homme politique français. Maître de poste de Sainte-Ménehould, il reconnut Louis XVI lors de sa fuite et le fit arrêter à Varennes (1791). Il fut membre de la Convention.

DROUET (Jean-Baptiste), comte **d'Erlon,** *Reims 1765 - Paris 1844*, maréchal de France. Il participa aux campagnes de la Révolution et de l'Empire et fut gouverneur de l'Algérie en 1834 - 1835.

DROUET (Julienne **Gauvain,** dite **Juliette**), *Fougères 1806 - Paris 1883*, actrice française, maîtresse et inspiratrice de V. Hugo à partir de 1833.

DROUOT (Antoine, comte), *Nancy 1774 - id. 1847*, général français. Surnommé « le Sage de la Grande Armée », il accompagna Napoléon à l'île d'Elbe.

Drouot (hôtel), hôtel des commissaires-priseurs de Paris, rue Drouot (IXe arrond.), où se tiennent la plupart des ventes mobilières aux enchères.

DRU (aiguille du), sommet des Alpes françaises, dans le massif du Mont-Blanc ; 3 754 m.

DRUILLET (Philippe), *Toulouse 1944*, dessinateur et scénariste français de bandes dessinées. Créateur du personnage de Lone Sloane (*le Mystère des abîmes*, 1966 ; *les Six Voyages de Lone Sloane*, 1972 ; etc.), il explore la veine fantastique tout en faisant évoluer la bande dessinée dans sa conception et son graphisme (*la Nuit*, 1976 ; *Salammbô*, 1980, 1982 et 1986).

DRUMEV (Vasil), *Šumen v. 1838 - Tărnovo 1901*, écrivain et prélat bulgare. Métropolite de Tărnovo sous le nom de Clément, il est l'auteur de nouvelles *(la Famille malheureuse)* et d'un drame historique *(Ivanko)*.

DRUMMONDVILLE [drɔmɔndvil], v. du Canada (Québec), sur le Saint-François ; 75 423 hab. *(Drummondvillois)*. Festival de folklore (« Mondial des cultures »). – Musée populaire de la Photographie.

DRUMONT (Édouard), *Paris 1844 - id. 1917*, homme politique et journaliste français. Antisémite, auteur de *la France juive, essai d'histoire contemporaine* (1886), il fonda *la Libre Parole* (1892-1910), journal nationaliste antidreyfusard.

DRUON (Maurice), *Paris 1918 - id. 2009*, écrivain français. Il composa, avec son oncle Joseph Kessel, les paroles du *Chant des partisans* (1943). Peintre de la société française de l'entre-deux-guerres (*les Grandes Familles*, 1948), auteur de romans historiques (*les Rois maudits*, 7 vol., 1955-1977) et de pièces de théâtre, il fut ministre des Affaires culturelles (1973 - 1974). [Acad. fr.]

DRUZE (djebel), massif volcanique du sud de la Syrie ; 1 801 m.

DRUZES, population du Proche-Orient (Liban, Syrie, Israël) [env. 300 000], qui pratique depuis le XIe s. une religion initiatique issue du chiisme ismaélien des Fatimides. Les Druzes jouèrent un grand rôle politique dans le Liban du XVIIe s. au XIXe s.

DRYDEN (John), *Aldwinkle, Northamptonshire, 1631 - Londres 1700*, écrivain anglais classique, auteur de tragédies, de satires politiques *(Absalon et Achitophel)*, de *Fables* et de poèmes.

DST (Direction de la surveillance du territoire) → **DGSI.**

DUARTE (José Napoleón), *San Salvador 1925 - id. 1990*, homme politique salvadorien, président de la République de 1980 à 1982 et de 1984 à 1989.

DUATO (Juan Ignacio **Duato Bárcia,** dit **Nacho**), *Valence 1957*, danseur et chorégraphe espagnol. Son style emprunte au folklore et aux recherches contemporaines (*Duende*, 1991 ; *Multiplicidad, Formas de Silencio y Vacío*, 1999 ; *Alas*, 2006). Il est directeur artistique de la Compagnie nationale [espagnole] de danse de 1990 à 2010, du Ballet du théâtre Mikhaïlovski, à Saint-Pétersbourg, de 2011 à 2014, et du Ballet d'État, à Berlin, depuis 2014.

DUBAI ou **DUBAYY,** l'un des Émirats arabes unis, sur le golfe Persique ; 1 722 000 hab. ; cap. *Dubai* (1 567 000 *hab.*). Port et zone franche. Tourisme. – Musées. Foire d'art contemporain. – Tour de 828 m (Burj Khalifa).

DU BARRY (Jeanne **Bécu,** comtesse), *Vaucouleurs 1743 - Paris 1793*, favorite de Louis XV. Elle succéda à la marquise de Pompadour comme favorite en titre (1769). Elle fut guillotinée sous la Terreur.

DU BARTAS [-as] (Guillaume **de Salluste,** seigneur), *Montfort, près d'Auch, 1544 - Condom 1590*, poète français. Protestant et disciple de Ronsard, il est l'auteur de *la Semaine*, poème d'inspiration biblique et encyclopédique.

DUBČEK (Alexander), *Uhrovec, Slovaquie, 1921 - Prague 1992*, homme politique tchécoslovaque. Premier secrétaire du Parti communiste (janv. 1968), il prend la tête du mouvement de libéralisation du régime (le « printemps de Prague »), qui est brisé par l'intervention militaire soviétique (août). Il est remplacé en avr. 1969 par Husák. Après la révolution de 1989, il devient président de l'Assemblée fédérale (déc. 1989 - 1992).

◄ Alexander **Dubček** en 1968.

DU BELLAY (Guillaume), seigneur **de Langey,** *Glatigny 1491 - Saint-Symphorien-de-Lay 1543*, homme de guerre et écrivain français. Général de François Ier, il laissa des *Mémoires*. — **Jean Du B.,** *Glatigny 1492 ou 1498 - Rome 1560*, cardinal français, frère de Guillaume, protecteur de Rabelais. — **Joachim Du B.,** *près de Liré 1522 - Paris 1560*, poète français, cousin de Jean. Ami et collaborateur de Ronsard, il rédigea le manifeste de la Pléiade, *Défense* et illustration de la langue française*. De son séjour à Rome comme secrétaire de son cousin, il rapporta deux recueils : *les Antiquités de Rome* et *les Regrets* (1558), qui expriment ses déceptions et ses nostalgies.

▲ Joachim **Du Bellay.** (BnF, Paris.)

DÜBENDORF, comm. de Suisse (canton de Zurich) ; 24 831 hab. Aéroport militaire.

DUBERNARD (Jean-Michel), *Lyon 1941*, chirurgien français. Urologue de formation (inventeur du lithotriteur extracorporel à ondes de choc et repérage par ultrasons), il a joué un rôle pionnier dans la chirurgie de la transplantation, notamm. pancréatique, rénale et de tissus composites (première allogreffe de la main en 1998, des deux mains en 2000 ; première allogreffe de visage, en association avec Bernard Devauchelle, en 2005).

DUBILLARD (Roland), *Paris 1923 - Vert-le-Grand, Essonne, 2011*, homme de théâtre français. Auteur et acteur de sketches et de monologues pleins d'humour et de dérision (*Crégoire et Amédée*, 1953 ; *Diablogues*, 1975), il a porté à la scène l'absurde quotidien (*Naïves Hirondelles*).

DUBLIN, en irland. **Baile Átha Cliath,** cap. de l'Irlande, sur la mer d'Irlande ; 527 612 hab. *(Dublinois)* [1 155 000 hab. dans l'agglomération]. Port. Universités. Textile. Chimie. Informatique. Pharmacie. Finance. – Monuments surtout néoclassiques. Riches musées (archéologie celtique ; manuscrits enluminés des VIe-VIIIe s. ; peinture).

▲ **Dublin.** Le O'Connel Bridge sur la Liffey.

DUBOC (Odile), *Versailles 1941 - Paris 2010*, danseuse et chorégraphe française. Directrice du Centre chorégraphique national de Franche-Comté, à Belfort (1990 - 2008), elle a mené de fructueuses recherches en matière de gestuelle et de scénographie (*Insurrection*, 1989 ; *Projet de la matière*, 1993 ; *Trois Boléros*, 1996 ; *Rien ne laisse présager de l'état de l'eau*, 2005).

DUBOIS (Guillaume), *Brive-la-Gaillarde 1656 - Versailles 1723,* prélat et homme d'État français. Ministre des Affaires étrangères (1718), archevêque de Cambrai (1720), cardinal (1721), puis Premier ministre (1722), il fut l'artisan de la Quadruple-Alliance (1718). [Acad. fr.]

DU BOIS (William Edward Burghardt), *Great Barrington, Massachusetts, 1869 - Accra 1963,* écrivain américain naturalisé ghanéen. Descendant d'esclaves, il prit la défense des Noirs aux États-Unis et fut l'un des fondateurs du panafricanisme.

DUBOIS DE CRANCÉ ou **DUBOIS-CRANCÉ** (Edmond Louis Alexis), *Charleville 1747 - Rethel 1814,* général et homme politique français. Il réforma le régime militaire et consolida la cohésion des armées républicaines.

DU BOS [-bɔs] (Charles), *Paris 1882 - La Celle-Saint-Cloud 1939,* écrivain français. Auteur d'essais critiques *(Approximations)* et d'un *Journal,* il correspondit avec André Gide.

DUBOS ou **DU BOS** (Jean-Baptiste, abbé), *Beauvais 1670 - Paris 1742,* historien français. Il est l'auteur de *Réflexions critiques sur la poésie et la peinture* (1719), qui mettent en cause le dogmatisme des « Anciens », et d'une *Histoire critique de l'établissement de la monarchie française dans les Gaules* (1734). [Acad. fr.]

DUBOS (René Jules), *Saint-Brice-sous-Forêt 1901 - New York 1982,* biochimiste et bactériologiste américain d'origine française. Il est l'auteur de travaux sur les micro-organismes, les antibiotiques et sur l'écologie appliquée à l'homme.

DU BOUCHET (André), *Paris 1924 - Truinas, Drôme, 2001,* poète français. Sa poésie âpre et exigeante, cernée par le vide, affronte la nudité abrupte de la matière (*Dans la chaleur vacante,* 1961).

DU BOURG (Anne), *Riom v. 1520 - Paris 1559,* magistrat français. Conseiller au parlement de Paris, il fut brûlé comme hérétique pour avoir prôné la clémence envers les protestants.

DUBOUT (Albert), *Marseille 1905 - Saint-Aunès, Hérault, 1976,* dessinateur humoriste français. Ses scènes à nombreux personnages ont un caractère minutieusement burlesque. Il a illustré notamment Rabelais et Villon.

DUBREUIL (Hyacinthe), *Bérou-la-Mulotière, Eure-et-Loir, 1883 - Paris 1971,* économiste français. Il est partisan de la réforme sociale de l'entreprise, sur la base d'une division en groupes autonomes et du travail en équipes semi-autonomes.

DUBROVNIK, anc. **Raguse,** v. de Croatie ; 28 113 hab. Port. Centre touristique sur la côte dalmate. – Nombreux monuments, de l'époque préromane au baroque. Musées. – Fondée au VIIe s., la ville passa sous la suzeraineté de Venise (1205 - 1358), de la Hongrie (1358 - 1526), des Ottomans (1526 - 1806), puis sous celle des Habsbourg (1815 - 1918). Devenue aux XVe-XVIe s. une véritable « république », elle connut une intense activité commerciale et culturelle.

DUBUFFET (Jean), *Le Havre 1901 - Paris 1985,* peintre et sculpteur français. Théoricien de l'art brut*, il s'est inspiré des graffitis et du dessin d'enfants (séries « Métro », 1943, « Portraits », 1947 et suiv.), a réalisé des textures matiéristes à l'aide de graviers, mastic, goudron (série « Mirobolus, Macadam et Cie », 1944) avant d'entamer le cycle de l'« Hourloupe » (1962-1974 : peintures ; sculptures en plastique peint ; petites architectures). Les séries finales (« Théâtres de mémoire », « Non-lieux », etc.) redoublent de liberté.

▲ **Duchamp-Villon.** *Le Cheval,* 1914, bronze. (MNAM, Paris.)

DUBY (Georges), *Paris 1919 - Aix-en-Provence 1996,* historien français. Professeur au Collège de France (1970 - 1991), il est l'auteur d'ouvrages fondamentaux sur la période féodale (*le Temps des cathédrales, 980 - 1420,* 1976 ; *les Trois Ordres, ou l'Imaginaire du féodalisme,* 1978 ; *le Chevalier, la Femme et le Prêtre,* 1981 ; *Dames du XIIe siècle,* 3 vol., 1995-1996). [Acad. fr.]

DU CAMP (Maxime), *Paris 1822 - Baden-Baden 1894,* écrivain français. Ami de Flaubert, il est l'auteur de récits de voyages, de recueils de souvenirs et l'un des premiers grands reporters photographes. (Acad. fr.)

DU CANGE (Charles **Du Fresne,** seigneur), *Amiens 1610 - Paris 1688,* érudit français. Auteur d'ouvrages sur Byzance et l'Orient latin, et de glossaires sur le latin et le grec non classiques.

DUCASSE (Alain), *Orthez 1956,* cuisinier monégasque d'origine française. Son exigence de qualité et sa grande créativité ont fait la renommée de son art, notamment dans ses trois plus prestigieux restaurants, à Monte Carlo, Paris et New York.

DU CAURROY (Eustache), *Gerberoy, près de Beauvais, 1549 - Paris 1609,* compositeur français. Sous-maître de la Chapelle du roi, il a composé des œuvres polyphoniques, des chansons mesurées, des fantaisies instrumentales.

DUCCIO di Buoninsegna, *Sienne v. 1260 - id. 1318 ou 1319,* peintre italien. Son chef-d'œuvre est le grand retable de la Vierge *(Maestà)* de la cathédrale de Sienne, où il s'affranchit de la tradition byzantine (1308-1311).

DU CERCEAU (Jacques Ier **Androuet**), *Paris ? v. 1510 - Annecy v. 1585,* architecte, théoricien et graveur français. Représentant d'une seconde Renaissance encore pleine de fantaisie, baroquisante, il eut une grande influence par ses publications gravées (dont *les Plus Excellents Bâtiments de France,* 1576-1579), par son œuvre bâtie (château de Verneuil-en-Halatte, auj. détruit), ainsi qu'au travers des réalisations de ses descendants, parmi lesquels son petit-neveu S. de Brosse.

DUCHAMP (Marcel), *Blainville, Seine-Maritime, 1887 - Neuilly-sur-Seine 1968,* artiste français naturalisé américain. Il côtoie le futurisme avec une toile comme le *Nu descendant un escalier* (1912, musée de Philadelphie), puis s'écarte de la peinture vers 1913 - 1915 avec les premiers *ready-mades,* objets usuels ironiquement promus œuvres d'art. À New York, à partir de 1915, il est un des précurseurs de dada*, courant auquel se rattache son œuvre la plus complexe, *la Mariée* mise à nu par ses célibataires, même.* Le happening, le pop art, Fluxus, l'art conceptuel, etc., ont fait de fréquents emprunts aux pratiques et aux attitudes « anti-art » de Duchamp.

DUCHAMP-VILLON (Raymond **Duchamp,** dit), *Damville 1876 - Cannes 1918,* sculpteur français, frère de M. Duchamp et de J. Villon. Les principes du cubisme et du futurisme ont concouru à l'élaboration de son célèbre *Cheval* (1914).

DUCHARME (Réjean), *Saint-Félix-de-Valois, Québec, 1941 - Montréal 2017,* écrivain canadien de langue française. Ses romans (*l'Avalée des avalés,* 1966 ; *Dévadé,* 1990), d'une grande invention langagière, mêlent l'humour à l'onirisme.

DUCHÂTEL ou **DU CHASTEL** (Tanneguy), *Trémazan v. 1368 - Beaucaire 1458,* homme de guerre breton. Il fut l'un des chefs des Armagnacs et participa au meurtre de Jean sans Peur.

DU CHÂTELET (Émilie **Le Tonnelier de Breteuil,** marquise), *Paris 1706 - Lunéville 1749,* femme de lettres et de sciences française. Elle fut l'amie et l'inspiratrice de Voltaire, et traduisit les travaux de Newton, qu'elle fit connaître en France.

DUCHENNE de Boulogne (Guillaume), *Boulogne-sur-Mer 1806 - Paris 1875,* médecin français. Il étudia les maladies du système nerveux.

Duchés (guerre des) [1864], conflit qui opposa le Danemark à la Prusse et à l'Autriche pour la possession des duchés de Slesvig, de Holstein et de Lauenburg. Vaincu par la Prusse et l'Autriche, le Danemark dut céder à ces puissances l'administration des duchés.

DUCHESNE (Ernest), *Paris 1874 - Amélie-les-Bains 1912,* médecin militaire français. Il a étudié en 1897 l'activité antimicrobienne des moisissures et il est l'initiateur de la thérapeutique antibiotique.

DUCHESNE (Louis), *Saint-Servan 1843 - Rome 1922,* historien et ecclésiastique français. Il fut l'un des premiers à étudier les origines du christianisme selon les méthodes de la critique historique. (Acad. fr.)

DUCLAIR (76480), comm. de la Seine-Maritime, sur la Seine ; 4 272 hab. *(Duclairois).* Église des XIe-XVIe s. (œuvres d'art).

DUCLAUX (Émile), *Aurillac 1840 - Paris 1904,* biochimiste français. Successeur de Pasteur, il étudia les fermentations et les maladies microbiennes.

DUCLOS (Charles **Pinot**), *Dinan 1704 - Paris 1772,* écrivain français. Il est l'auteur de romans et d'essais *(Considérations sur les mœurs de ce siècle).* [Acad. fr.]

DUCLOS (Jacques), *Louey, Hautes-Pyrénées, 1896 - Montreuil 1975,* homme politique français. Il fut, de 1926 à sa mort, l'un des principaux dirigeants du Parti communiste français.

DUCOMMUN (Élie), *Genève 1833 - Berne 1906,* journaliste suisse. Il milita en faveur de la paix internationale et de la création des États-Unis d'Europe. (Prix Nobel de la paix 1902, avec son compatriote Charles Albert Gobat.)

DUCOS [dyko] (97224), comm. de la Martinique ; 18 125 hab. *(Ducosais).*

DUCOS (Roger), *Dax 1747 - près d'Ulm 1816,* homme politique français. Député à la Convention (1792), membre du Directoire, il fut consul provisoire après le 18 brumaire an VIII.

DUCOS DU HAURON (Louis), *Langon 1837 - Agen 1920,* physicien français, inventeur du procédé trichrome pour la photographie en couleurs.

DUCRAY-DUMINIL (François Guillaume), *Paris 1761 - Ville-d'Avray 1819,* écrivain français. Ses romans populaires fournirent la matière de nombreux mélodrames.

DUCRETET (Eugène), *Paris 1844 - id. 1915,* industriel et inventeur français. Il conçut et réalisa le premier dispositif français de télégraphie sans fil d'emploi pratique (1897) et fut un pionnier des radiocommunications.

DU DEFFAND (Marie **de Vichy-Chamrond,** marquise), *château de Chamrond, Bourgogne, 1697 - Paris 1780,* femme de lettres française. Son salon fut fréquenté par les écrivains et les philosophes.

DUDELANGE, v. du sud du Luxembourg ; 18 781 hab. Sidérurgie.

▲ Jean **Dubuffet.** *Le Train de pendules,* 1965, une des peintures du cycle de l'« Hourloupe ». (MNAM, Paris.)

▲ Raoul **Dufy.** *Jardin et maison de Dufy au Havre,* 1915. (MAM de la Ville de Paris.)

DUDLEY, v. de Grande-Bretagne (Angleterre), près de Birmingham ; 305 164 hab. Musées.

DUDLEY (John), comte **de Warwick,** duc **de Northumberland,** *1502 ? - Londres 1553,* homme d'État anglais. Grand maréchal d'Angleterre, il prit un fort ascendant sur Édouard VI, orientant l'Église anglaise vers le protestantisme. Beau-père de Jeanne Grey (1553), il fut exécuté à l'avènement de Marie Tudor. — **Robert D.,** comte **de Leicester,** *v. 1532 - Cornbury 1588,* fils de John Dudley, favori de la reine Élisabeth Ire.

DUERO → **DOURO.**

DU FAIL [faj] (Noël), seigneur **de La Hérissaye,** *Château-Letard, près de Rennes, v. 1520 - Rennes 1591,* jurisconsulte et écrivain français, auteur de contes *(Propos rustiques).*

DU FAY (Charles François **de Cisternay**), *Paris 1698 - id. 1739,* savant français. Il reconnut l'existence de deux types d'électricité.

DUFAY (Guillaume), *v. 1400 - Cambrai 1474,* compositeur de l'école franco-flamande. Il est l'auteur de messes, de motets, de chansons polyphoniques.

DUFFEL, comm. de Belgique (prov. d'Anvers), au N. de Malines ; 17 037 hab.

DUFILHO (Jacques), *Bègles 1914 - Ponsampère, Gers, 2005,* comédien français. Personnage aux traits anguleux et à la diction grave, il sut s'imposer au théâtre (*le Gardien,* H. Pinter, 1969 ; *Je ne suis pas Rappaport,* H. Gardner, 1988) et tint à l'écran des premiers et seconds rôles marquants (*le Cheval d'orgueil,* C. Chabrol, 1980 ; *Un mauvais fils,* C. Sautet, id. ; *Pétain,* J. Marbœuf, 1993).

DUFLO (Esther), *Paris 1972,* économiste franco-américaine. Ses travaux portent sur l'économie du développement, notamm. la santé, l'éducation, l'accès au crédit et la lutte contre la corruption. Elle est pionnière, pour sa discipline, dans la méthode des évaluations aléatoires.

DUFOUR (pointe), point culminant du massif du Mont-Rose et de la Suisse, à la frontière italienne ; 4 634 m.

DUFOUR (Guillaume Henri), *Constance 1787 - Les Contamines 1875,* général suisse. Il maîtrisa la révolte des cantons catholiques du Sonderbund (1847). Il présida la conférence d'où sortit la Convention de Genève (1864). Il avait dirigé de 1833 à 1864 les travaux de la carte topographique suisse.

DUFOURT (Hugues), *Lyon 1943,* compositeur français. Théoricien, il cherche à concilier dans ses compositions, inscrites dans le sillage de la musique spectrale* (*Antiphysis,* 1978), lutherie traditionnelle et électronique (*Saturne,* 1979) et réfléchit sur le temps en musique (cycle des *Hivers,* 1992-2001).

DUFRESNE (Diane), *Montréal 1944,* chanteuse canadienne de langue française. Depuis 1969, elle s'impose par sa voix unique et ses prestations scéniques (*J'ai rencontré l'homme de ma vie,* 1972).

DU FU, *Duling, Shaanxi, 712 - Leiyang, Hunan, 770,* poète chinois. Ami de Li Bo, surnommé « le Sage de la poésie », il a puisé dans la guerre civile et dans sa misère personnelle la matière de ses poèmes.

DUFY (Raoul), *Le Havre 1877 - Forcalquier 1953,* peintre et décorateur français. Coloriste d'une grande fraîcheur, un moment apparenté au fauvisme, il n'est pas moins remarquable par le charme elliptique de son dessin (musée du Havre, MAM de la Ville de Paris, MNAM).

DUGHET (Gaspard), dit **le Guaspre Poussin,** *Rome 1615 - id. 1675,* peintre français. Beau-frère de Poussin, qu'il avait accueilli à Rome, il fit œuvre de paysagiste tantôt sous l'influence de celui-ci, tantôt sous celle de Claude Lorrain.

DUGNY (93440), comm. de la Seine-Saint-Denis ; 10 539 hab. *(Dugnysiens).*

DUGOMMIER (Jacques François **Coquille,** dit), *La Basse-Terre, Guadeloupe, 1736 ou 1738 - fort de Bellegarde, Pyrénées-Orientales, 1794,* général français. Député à la Convention, il commanda l'armée assiégeant Toulon (1793).

DUGUAY-TROUIN (René), *Saint-Malo 1673 - Paris 1736,* corsaire français. Il s'illustra pendant les guerres de Louis XIV contre la flotte portugaise (1707), s'empara de Rio de Janeiro (1711), devint chef d'escadre (1715) et lieutenant général (1728).

◄ **Duguay-Trouin.** (Musée municipal, Saint-Malo.)

DU GUESCLIN (Bertrand), *La Motte-Broons, près de Dinan, v. 1320 - Châteauneuf-de-Randon 1380,* homme de guerre français. Il combattit pour Charles de Blois, duc de Bretagne, puis passa au service du roi de France, battit à Cocherel (1364) les troupes de Charles II le Mauvais, mais fut fait prisonnier à la bataille d'Auray. Charles V paya sa rançon et le chargea de débarrasser le pays des Grandes Compagnies*, qu'il conduisit en Espagne, où il assura le triomphe d'Henri de Trastamare, le futur Henri II le Magnifique (1369). Nommé connétable de France (1370), il mena contre les Anglais une efficace guerre de harcèlement. Il fut enterré à Saint-Denis.

DU GUILLET (Pernette), *Lyon v. 1520 - id. 1545,* poétesse française. Amie et inspiratrice de M. Scève, elle est l'auteur de *Rimes* vives et hardies, d'une ingénuité qui ne va pas sans désir.

DUGUIT (Léon), *Libourne 1859 - Bordeaux 1928,* juriste français. Il s'est fait le défenseur d'une conception purement positiviste du droit. Son *Traité de droit constitutionnel* (1911) a marqué la pensée juridique du XXe s.

DUHAMEL (Georges), *Paris 1884 - Valmondois, Val-d'Oise, 1966,* écrivain français. Il se montre sensible, dans ses cycles romanesques (*Vie et aventures de Salavin, Chronique des Pasquier*) et ses essais, aux transformations et aux souffrances de la société moderne. (Acad. fr.)

DUHAMEL DU MONCEAU (Henri-Louis), *Paris 1700 - id. 1782,* ingénieur et savant français. Auteur de nombreux ouvrages scientifiques ou techniques (*Traité de la culture des terres,* 1750-1761 ; *Traité général des forêts,* 1755-1767), il fut l'un des pères de l'agronomie et de la sylviculture modernes.

DUHEM (Pierre), *Paris 1861 - Cabrespine, Aude, 1916,* philosophe et physicien français. Il se fit le promoteur d'une épistémologie fondée sur l'histoire des sciences.

DUISBURG, v. d'Allemagne (Rhénanie-du-Nord-Westphalie), sur le Rhin ; 488 468 hab. Port fluvial, débouché du bassin de la Ruhr et centre industriel. – Musée W.-Lehmbruck (art moderne).

DUJARDIN (Félix), *Tours 1801 - Rennes 1860,* naturaliste français. Il a décrit le cytoplasme cellulaire.

DUJARDIN (Jean), *Rueil-Malmaison 1972,* acteur français. Révélé par la télévision (série *Un gars, une fille,* avec A. Lamy, 1999-2003), il s'illustre dans un registre comique et parodique (*Brice de Nice,* J. Huth, 2005 ; *OSS 117 : Le Caire, nid d'espions,* M. Hazanavicius, 2006) tout en proposant des compositions plus fouillées (*le Bruit des glaçons,* B. Blier, 2010 ; *I feel good,* B. Delépine et G. Kervern, 2018). Son rôle muet dans *The Artist* (M. Hazanavicius, 2011) lui vaut l'Oscar du meilleur acteur en 2012.

DUJARDIN (Karel), *Amsterdam v. 1622 - Venise 1678,* peintre et graveur néerlandais. Influencé par l'Italie, il est l'auteur de paysages lumineux agrémentés de figures, ainsi que de compositions religieuses ou mythologiques.

DUKAS (Paul), *Paris 1865 - id. 1935,* compositeur français. Il est l'auteur de *l'Apprenti sorcier* (scherzo symphonique d'après Goethe, 1897), *Ariane et Barbe-Bleue* (1907), *la Péri* (1912). C'est un des maîtres de l'orchestration.

DUKOU, v. de Chine (Sichuan) ; 690 739 hab. Sidérurgie.

DULAC (Germaine **Saisset-Schneider,** Mme Germaine), *Amiens 1882 - Paris 1942,* cinéaste française. Réalisatrice et théoricienne d'avant-garde, passionnée de recherches esthétiques, elle a réalisé *la Fête espagnole* (1920), *la Souriante Madame Beudet* (1923), *la Coquille et le Clergyman* (1927).

Dulcinée, personnage de *Don* Quichotte de la Manche,* de Cervantès, paysanne dont le héros fait la « dame de ses pensées ».

DULLES (John Foster), *Washington 1888 - id. 1959,* homme politique américain. Secrétaire d'État aux Affaires étrangères (1953 - 1959) à l'époque de la guerre froide, il tenta de contenir l'expansion du communisme dans le monde.

DULLIN (Charles), *Yenne, Savoie, 1885 - Paris 1949,* acteur et metteur en scène de théâtre français. Fondateur du théâtre de l'Atelier, l'un des animateurs du Cartel*, il a renouvelé par ses mises en scène l'interprétation des répertoires classique et moderne.

DULONG (Pierre Louis), *Rouen 1785 - Paris 1838,* chimiste et physicien français. Il est l'auteur de travaux sur les chaleurs spécifiques, sur les dilatations et les indices de réfraction des gaz.

DULUTH, v. des États-Unis (Minnesota), sur le lac Supérieur ; 86 265 hab. (279 771 hab. dans l'agglomération). Port actif (fer). Métallurgie. – Musées.

DUMARSAIS (César **Chesneau**), *Marseille 1676 - Paris 1756,* grammairien français. Il est l'auteur d'un *Traité des tropes* (1730) et de nombreux articles de l'*Encyclopédie* sur la grammaire.

DUMAS (Alexandre **Davy de La Pailleterie,** dit), *Jérémie, Saint-Domingue, 1762 - Villers-Cotterêts 1806,* général français. Il s'illustra à l'armée des Pyrénées, puis en Italie et en Égypte où il commanda la cavalerie de Bonaparte. — **Alexandre D.,** dit **Dumas père,** *Villers-Cotterêts 1802 - Puys, près de Dieppe, 1870,* écrivain français, fils d'Alexandre Davy de La Pailleterie. Aidé de plusieurs collaborateurs, il signa près de trois cents ouvrages et fut le plus populaire des écrivains de l'époque romantique avec ses drames (*Henri III et sa cour, Antony, la Tour de Nesle, Kean**) et ses romans (*les Trois* Mousquetaires, Vingt Ans après, le Vicomte de Bragelonne, le Comte de Monte-Cristo, la Reine Margot, la Dame de Monsoreau, les Quarante-Cinq*). Ses cendres ont été transférées au Panthéon en 2002.

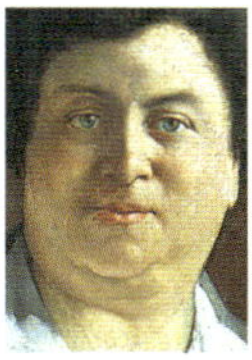

▲ **Dumas père** par A. Bellay. (Château de Versailles.)

— **Alexandre D.,** dit **Dumas fils,** *Paris 1824 - Marly-le-Roi 1895,* écrivain français, fils naturel d'Alexandre Dumas. Il se fit l'apôtre d'un « théâtre utile » d'inspiration sociale (*la Dame* aux camélias, le Demi-Monde, la Question d'argent, le Fils naturel*). [Acad. fr.]

DUMAS (Jean-Baptiste), *Alès 1800 - Cannes 1884,* chimiste français. Il a déterminé la masse atomique d'un grand nombre d'éléments, utilisé systématiquement les équations chimiques et découvert la notion de fonction chimique. (Acad. fr.)

DU MAURIER (Daphné), *Londres 1907 - Par, Cornouailles, 1989,* écrivaine britannique, auteure de romans populaires (*l'Auberge de la Jamaïque,* 1936 ; *Rebecca,* 1938).

Dumbarton Oaks (plan de) [1944], projet qui servit de base à la Charte des Nations unies. Il fut élaboré à Dumbarton Oaks, près de Washington, par des délégués américains, britanniques, chinois et soviétiques.

DUMÉZIL (Georges), *Paris 1898 - id. 1986*, historien français. Il fut le spécialiste de l'étude comparée des mythologies et de l'organisation sociale des peuples indo-européens (*l'Idéologie tripartie des Indo-Européens*, 1958 ; *Mythe et épopée*, 1968-1973). [Acad. fr.]

DUMONSTIER, DUMOUSTIER ou **DUMOÛTIER,** famille de peintres, miniaturistes et dessinateurs portraitistes français des XVIe-XVIIe s.

DU MONT (Henry **de Thier,** dit), *Villers-l'Évêque, près de Liège, 1610 - Paris 1684*, compositeur et organiste wallon. Établi à Paris en 1638, il devint maître de musique de la Chapelle royale ; il fut l'un des créateurs du grand motet concertant.

DUMONT (Fernand), *Montmorency, Québec, 1927 - Sillery 1997*, sociologue canadien. Il a publié de nombreux essais (*le Lieu de l'homme*, 1968 ; *les Idéologies*, 1974).

DUMONT (Louis), *Thessalonique 1911 - Paris 1998*, anthropologue français. Il a comparé les hiérarchies de valeurs des sociétés traditionnelles et des sociétés modernes à partir de l'étude de la société de castes en Inde (*Homo hierarchicus*, 1966 ; *Homo aequalis*, 1977 ; *Essais sur l'individualisme*, 1983).

DUMONT (René), *Cambrai 1904 - Fontenay-sous-Bois 2001*, agronome français. Spécialiste de l'agriculture et des économies du tiers-monde (*L'Afrique noire est mal partie*, 1962), il s'engagea politiquement dans la défense de l'environnement.

DUMONT D'URVILLE (Jules), *Condé-sur-Noireau 1790 - Meudon 1842*, marin français. Parti à bord de *l'Astrolabe*, il explora les côtes de Nouvelle-Zélande et de Nouvelle-Guinée, retrouva en Mélanésie les restes de l'expédition Lapérouse (1828), puis découvrit dans l'Antarctique la terre Adélie (1840).

◄ **Dumont d'Urville** par J. Cartellier. (Château de Versailles.)

DUMOULIN (Charles), *Paris 1500 - id. 1566*, jurisconsulte français. Par ses études sur le droit coutumier, il est l'un des plus grands juristes français du XVIe s. Il a préparé l'unité du droit.

DUMOURIEZ (Charles François **Du Périer,** dit), *Cambrai 1739 - Turville-Park, Angleterre, 1823*, général français. Ministre girondin des Affaires étrangères en 1792, puis commandant de l'armée du Nord, il fut vainqueur à Valmy puis à Jemmapes et conquit la Belgique. Battu à Neerwinden (1793) et relevé de son commandement, il passa dans les rangs autrichiens.

DUNA, nom hongrois du Danube*.

DUNANT (Henry ou Henri), *Genève 1828 - Heiden 1910*, philanthrope suisse naturalisé français. Pionnier de l'action humanitaire, il fit adopter la Convention de Genève (1864) et fut le principal fondateur de la Croix-Rouge. (Prix Nobel de la paix 1901.)

Henry **Dunant** ►

DUNAÚJVÁROS, v. de Hongrie, au S. de Budapest ; 46 508 hab. Sidérurgie.

DUNCAN Ier, *m. près d'Elgin en 1040*, roi d'Écosse (1034 - 1040). Il fut assassiné par Macbeth.

DUNCAN (Isadora), *San Francisco 1878 - Nice 1927*, danseuse et chorégraphe américaine. En refusant les contraintes de la technique classique et en prônant une « danse libre », elle a ouvert la voie à la modern dance américaine.

Isadora **Duncan** ►

DUNDEE, v. de Grande-Bretagne (Écosse), sur l'estuaire du Tay ; 147 268 hab. Port. – Église Ste-Marie, avec tour du XVe s. Musées.

DUNEDIN, v. de Nouvelle-Zélande, dans l'île du Sud ; 120 246 hab. Port. Université.

Dunes (bataille des) [14 juin 1658], victoire remportée par l'armée française de Turenne sur l'armée espagnole commandée par le Grand Condé, près de Dunkerque.

DUNGENESS (cap), pointe de la côte sud-est de l'Angleterre (Kent). Centrale nucléaire.

DUNHAM (Katherine), *Chicago 1909 - New York 2006*, danseuse et chorégraphe américaine. Spécialiste des danses afro-américaines, l'une des premières figures de la danse noire, elle influença la danse jazz par son enseignement et sa création (*Tropical Revue*, 1943).

DUNHUANG, v. de Chine (Gansu), aux confins du désert de Gobi. Grand centre caravanier, étape importante sur la route de la soie*. Aux env., à Mogao, monastère rupestre bouddhique florissant du IVe au Xe s., dont certaines des 492 grottes constituent un ensemble unique de peintures murales. La bibliothèque et un précieux trésor de bannières votives peintes sur soie (musée Guimet et British Museum) ont été retrouvés dans une caverne murée depuis le XIe s.

DUNKERQUE, ch.-l. d'arrond. du Nord ; 90 341 hab. (avec les comm. associées de Fort-Mardyck et Saint-Pol-sur-Mer) *[Dunkerquois]*. Centre d'une communauté urbaine regroupant 17 communes (203 718 hab.). Port actif sur la mer du Nord, relié à l'agglomération de Valenciennes par un canal à grand gabarit. Métallurgie. Industrie chimique. Université. – Musée des Beaux-Arts, Lieu d'Art et Action contemporaine (LAAC), et Musée portuaire. Carnaval. – Enjeu d'une violente bataille en 1940, qui permit le rembarquement pour l'Angleterre de près de 340 000 soldats alliés.

DUN LAOGHAIRE, anc. **Kingstown,** v. d'Irlande ; 23 818 hab. Station balnéaire et avant-port de Dublin.

DUNLOP (John Boyd), *Dreghorn, comté de Ayr, 1840 - Dublin 1921*, inventeur britannique. Il a réalisé le premier pneumatique (1887) et fondé l'entreprise portant son nom (1889).

DUNOIS (Jean **d'Orléans, comte de**), dit **le Bâtard d'Orléans,** *Paris 1403 - L'Hay, près de Bourg-la-Reine, 1468*, prince capétien. Fils naturel de Louis Ier, duc d'Orléans, il combattit l'Angleterre aux côtés de Jeanne d'Arc, puis contribua à la soumission de la Normandie et de la Guyenne (1449 - 1451).

DUNOYER DE SEGONZAC (André), *Boussy-Saint-Antoine 1884 - Paris 1974*, peintre et graveur français. Il est l'auteur de paysages de l'Île-de-France et de Provence, ainsi que de figures et de natures mortes. Aquafortiste, il a illustré notamm. *les Géorgiques*.

DUNS SCOT (John), *Maxton, Écosse, v. 1266 - Cologne 1308*, philosophe et théologien écossais. Il s'attacha à penser l'univocité de l'Être, et défendit au nom de la foi le réalisme de la connaissance qui part du monde sensible pour atteindre Dieu. Franciscain, il fut surnommé « le docteur subtil » ; il a été béatifié en 1993.

DUNSTABLE (John), *v. 1385 - Londres 1453*, compositeur anglais. Il est l'auteur d'œuvres polyphoniques, surtout religieuses.

DUNSTAN (saint), *près de Glastonbury 924 - Canterbury 988*, archevêque de Canterbury. Il favorisa le développement du monachisme anglais et travailla à la réforme de l'Église.

DUN-SUR-AURON (18130), bur. centr. de cant. du Cher ; 4 038 hab. *(Dunois)*. Importante église en partie romane.

DUPANLOUP (Félix), *Saint-Félix, Haute-Savoie, 1802 - château de La Combe-de-Lancey, Isère, 1878*, prélat français. Évêque d'Orléans (1849), il défendit la liberté de l'enseignement et fut l'un des chefs du catholicisme libéral. (Acad. fr.)

DUPARC (Henri **Fouques-**), *Paris 1848 - Mont-de-Marsan 1933*, compositeur français. Il est l'auteur de mélodies sur des poèmes de Baudelaire (*l'Invitation au voyage* ; *la Vie antérieure*), de Leconte de Lisle (*Phidylé*) ou de F. Coppée (*la Vague et la Cloche*).

DU PARC (Thérèse **de Gorle, dite la**), *Paris 1633 - id. 1668*, actrice française. Elle quitta la troupe de Molière pour aller jouer la tragédie à l'Hôtel de Bourgogne, où elle créa *Andromaque*. Elle fut la maîtresse de Racine.

DUPERRÉ (Victor Guy, baron), *La Rochelle 1775 - Paris 1846*, amiral français. Il commanda l'expédition d'Alger en 1830 et fut ministre de la Marine (1834 - 1843).

DU PERRON (Jacques Davy), *1556 - Paris 1618*, prélat français. Premier aumônier d'Henri IV, il s'illustra par de nombreuses controverses avec les protestants. Cardinal (1604), il entra au Conseil de régence (1610).

Dupes (journée des) [10 nov. 1630], journée marquée par l'échec des Dévots (partisans de la paix et des réformes intérieures), groupés autour de Marie de Médicis et de Michel de Marillac et hostiles à la politique de Richelieu, dont ils crurent avoir obtenu le renvoi. Rentré en grâce auprès du roi, le cardinal fit exiler ses adversaires.

DUPETIT-THOUARS (Abel **Aubert**), *près de Saumur 1793 - Paris 1864*, amiral français. Il établit en 1843 le protectorat de la France sur Tahiti.

DUPIN (André), dit **Dupin aîné,** *Varzy 1783 - Paris 1865*, magistrat et homme politique français. Député libéral, président de la Chambre des députés (1832 - 1840) puis de l'Assemblée législative (1849 - 1851), il se rallia au bonapartisme. (Acad. fr.) — **Charles,** baron **D.,** *Varzy 1784 - Paris 1873*, mathématicien français, frère d'André. Il étudia la courbure des surfaces et contribua à la création des services statistiques français.

DUPIN (Jacques), *Privas 1927 - Paris 2012*, poète et critique d'art français. Sa poésie exprime la souffrance du poète dans sa montée vers la lumière (*Gravir*, 1963 ; *l'Embrasure*, 1969 ; *Dehors*, 1975) et se double d'importantes études sur l'art contemporain (notamm. sur Miró et Giacometti).

DUPLEIX [-plɛks] (Joseph François), *Landrecies 1696 - Paris 1763*, administrateur français. Gouverneur général des Établissements français dans l'Inde (1742), il obligea l'Angleterre à lever le siège de Pondichéry (1748) et acquit pour la France un vaste empire comprenant le Carnatic et les six provinces du Deccan. Désavoué par la Compagnie des Indes et par le roi, il revint en France (1755) après les victoires anglaises du baron Clive et ne put obtenir le remboursement des sommes qu'il avait prêtées à la Compagnie.

▲ **Dupleix** par Mme de Cernel, d'après Sergent. (BnF, Paris.)

DUPLESSIS (Jean), **sieur d'Ossonville,** *m. à la Guadeloupe en 1635*, voyageur français. Il colonisa la Guadeloupe.

DUPLESSIS (Maurice **Le Noblet**), *Trois-Rivières 1890 - Schefferville 1959*, homme politique canadien. Leader des conservateurs québécois (1933), fondateur de l'Union nationale (1935), il fut Premier ministre du Québec (1936 - 1939, 1944 - 1959).

DUPLESSIS-MORNAY → **MORNAY.**

Duplice (7 oct. 1879), alliance conclue à Vienne entre l'Autriche-Hongrie et l'Allemagne.

DUPOND (Patrick), *Paris 1959*, danseur français. Danseur étoile à l'Opéra de Paris, il a été directeur de la danse de cet établissement de 1990 à 1995. Il a également assuré la direction artistique du Ballet de Nancy (1988 - 1990).

◄ Patrick **Dupond** en 2000.

DUPONT (Aurélie), *Paris 1973*, danseuse française. Danseuse étoile à l'Opéra de Paris (1998 - 2015), puis directrice de la danse depuis 2016, elle s'est illustrée dans les grands rôles du répertoire par un style alliant virtuosité technique et qualités d'interprétation.

DUPONT (Pierre), *Lyon 1821 - id. 1870*, poète et chansonnier français. Il est l'auteur du *Chant des ouvriers* (1846) et de chansons rustiques *(les Bœufs)*.

DUPONT de l'Étang (Pierre Antoine, comte), *Chabanais 1765 - Paris 1840*, général français. Il capitula à Bailén (1808) et fut ministre de la Guerre de Louis XVIII en 1814.

DUPONT de l'Eure (Jacques Charles), *Le Neubourg 1767 - Rouge-Perriers, Eure, 1855*, homme politique français. Député libéral sous la Restauration, ministre de la Justice sous la monarchie de Juillet, il fut président du gouvernement provisoire en 1848.

DUPONT de Nemours (Pierre Samuel), *Paris 1739 - Eleutherian Mills, Delaware, 1817*, économiste français. Disciple de Quesnay, il inspira les principales réformes financières de la fin de l'Ancien Régime. — **Éleuthère Irénée Du Pont de Nemours**, *Paris 1771 - Philadelphie 1834*, chimiste et industriel français, fils de Pierre Samuel. Il étudia la fabrication de la poudre avec Lavoisier et fonda aux États-Unis une poudrerie, origine de la firme *Du Pont de Nemours*, auj. groupe *Du Pont* (produits chimiques et biotechnologies).

DUPONT-SOMMER (André), *Marnes-la-Coquette 1900 - Paris 1983*, orientaliste français. Auteur de travaux sur la civilisation araméenne, éminent paléographe et épigraphiste, il fut l'un des premiers à déchiffrer et commenter les manuscrits de la mer Morte.

DU PORT ou **DUPORT** (Adrien), *Paris 1759 - dans l'Appenzell 1798*, homme politique français. Député à l'Assemblée constituante, il forma avec Barnave et Lameth un triumvirat qui se distingua dans la réorganisation de la justice. Il fonda le club des Feuillants et s'exila après le 10 août 1792.

DUPRAT (Antoine), *Issoire 1463 - Nantouillet 1535*, cardinal et homme politique français. Chancelier de France sous François Ier, il fut le principal auteur du concordat de Bologne (1516).

DUPRÉ (Jules), *Nantes 1811 - L'Isle-Adam 1889*, peintre français, paysagiste apparenté à l'école de Barbizon.

DUPRÉ (Louis), *Rouen 1697 - ? 1774*, danseur français. Il fut surnommé, avant G. Vestris, le « dieu de la danse » et créa, à partir de 1733, tous les ballets de Rameau.

DUPRÉ (Marcel), *Rouen 1886 - Meudon 1971*, compositeur et organiste français. Il composa des pièces pour orgue.

DUPUY DE LÔME (Henri), *Ploemeur, Morbihan, 1816 - Paris 1885*, ingénieur militaire français. Il construisit le premier vaisseau de guerre utilisant la vapeur, le *Napoléon* (1848 - 1852), puis la première frégate cuirassée, *la Gloire* (1858 - 1859).

DUPUYTREN [-trɛ̃] (Guillaume, baron), *Pierre-Buffière, Haute-Vienne, 1777 - Paris 1835*, chirurgien français. Chirurgien de Louis XVIII (1823) puis de Charles X, il fut l'un des fondateurs de l'anatomie pathologique.

DUQUE DE CAXIAS, v. du Brésil, banlieue de Rio de Janeiro ; 818 432 hab.

DUQUESNE [-kɛn] (Abraham), marquis **du Bouchet**, *Dieppe 1610 - Paris 1688*, marin français. Après avoir participé à la guerre de Trente Ans, il remporta, en Sicile, de brillantes victoires contre M. A. de Ruyter (1676) et fit plusieurs expéditions contre les États barbaresques (Alger, 1682). Calviniste, il refusa d'abjurer et ne put être amiral.

DUQUESNOY (François), dit Francesco **Fiammingo**, *Bruxelles 1597 - Livourne 1643*, sculpteur des Pays-Bas du Sud. Il vécut principalement à Rome, où sa statue de *Sainte Suzanne* (1633, église S. Maria di Loreto), d'esprit classique, le rendit célèbre. Il était le fils de **Jérôme Duquesnoy le Vieux**, auteur du célèbre *Manneken-Pis* de Bruxelles (1619), et **Jérôme le Jeune** était son frère cadet.

DURAN (Carolus-) → **CAROLUS-DURAN.**

DURANCE n.f., riv. de France, dans les Alpes du Sud, née près du col de Montgenèvre, affl. du Rhône (r. g.) ; 305 km. Elle passe à Briançon, Embrun, Sisteron. Son aménagement, en aval de Serre-Ponçon (barrages avec centrales hydrauliques et canaux d'irrigation), a entraîné la dérivation de la plus grande partie de ses eaux, à partir de Mallemort, vers l'étang de Berre et la Méditerranée.

▲ **Durance.** Sisteron, le rocher de la Baume et la Durance.

Durandal → **Durendal.**

DURAND-RUEL (Paul), *Paris 1831 - id. 1922*, marchand de tableaux français. Il soutint les impressionnistes, accueillant notamm. dans sa galerie leur deuxième manifestation (1876) et les faisant connaître aux États-Unis.

DURANGO, v. du Mexique, au pied de la sierra Madre occidentale ; 582 018 hab. Cathédrale baroque (XVIIIe s.).

DURANTY (Louis Edmond), *Paris 1833 - id. 1880*, écrivain français. Critique d'art, défenseur des impressionnistes, il publia des romans réalistes *(le Malheur d'Henriette Gérard)*.

DURÃO (José de Santa Rita), *Cata Preta, Minas Gerais, 1722 - Lisbonne 1784*, poète brésilien, auteur de l'épopée nationale *Caramuru*.

DURÃO BARROSO (José Manuel) → **BARROSO.**

DURAS (Marguerite **Donnadieu**, dite Marguerite), *Gia Dinh, Cochinchine, 1914 - Paris 1996*, écrivaine et cinéaste française. Ses romans (*Un barrage contre le Pacifique*, 1950 ; *Moderato cantabile*, 1958 ; *l'Amant*, 1984), son théâtre (*Savannah Bay*, 1982), ses scénarios (*Hiroshima mon amour*, A. Resnais, 1959) et ses films (*India Song*, 1975) amènent les souvenirs obsédants de l'enfance et la violence de l'amour aux limites de l'extrême dépouillement.

▲ Marguerite **Duras**

DURAZZO → **DURRËS.**

DURBAN, v. d'Afrique du Sud (partie de la municipalité métropolitaine de eThekwini, Kwazulu-Natal), sur l'océan Indien ; 598 133 hab. (2 879 000 hab. dans l'agglomération). Port. Centre industriel.

DURBUY, comm. de Belgique (prov. du Luxembourg) ; 11 238 hab. Maisons et monuments anciens.

DÜREN, v. d'Allemagne (Rhénanie-du-Nord-Westphalie) ; 88 789 hab. Métallurgie.

Durendal ou **Durandal**, nom de l'épée de Roland* dans *la Chanson* de Roland*.

DÜRER (Albrecht), *Nuremberg 1471 - id. 1528*, peintre et graveur allemand. Il fit un tour de compagnon par Colmar, Bâle, Strasbourg, séjourna deux fois à Venise, mais effectua l'essentiel de sa carrière à Nuremberg. Il a manifesté son génie dans la peinture à l'huile (*la Fête du rosaire*, 1506, Prague ; portraits...), dans le dessin et l'aquarelle (coll. de l'Albertina, Vienne) et dans son œuvre gravé, d'emblée célèbre en Europe (xylographies, d'un graphisme bouillonnant, encore médiéval : l'*Apocalypse* [15 planches, 1498], la *Grande Passion*, etc. ; burins, plus italianisants et reflétant l'influence des humanistes : *Némésis*, v. 1500, *le Chevalier, la Mort et le Diable*, *Saint Jérôme* et *la Mélancolie [Melencolia]*, 1514). Il se passionna pour les principes mathématiques et optiques de la perspective et publia plusieurs ouvrages théoriques et techniques à la fin de sa vie, dont un *Traité des proportions du corps humain*.

DURGA, une des formes principales de la déesse hindoue Shakti, épouse de Shiva. Elle est représentée sous les traits d'une guerrière féroce.

DURGAPUR, v. d'Inde (Bengale-Occidental) ; 581 409 hab. Centre industriel.

DURG-BHILAINAGAR, agglomération d'Inde (Chhattisgarh) ; 553 837 hab. (1 064 077 hab. dans l'agglomération). Sidérurgie.

DURHAM, v. des États-Unis (Caroline du Nord) ; 251 893 hab.

DURHAM, v. de Grande-Bretagne (Angleterre), ch.-l. du *comté de Durham* ; 42 939 hab. Remarquable ensemble médiéval : cathédrale romane du premier tiers du XIIe s. ; château des XIe-XVIIe s.

DURHAM (John George **Lambton**, comte **de**), *Londres 1792 - Cowes 1840*, homme politique britannique. Gouverneur du Canada (1838), il publia un rapport qui préconisait l'union du Haut- et du Bas-Canada.

DURKHEIM (Émile), *Épinal 1858 - Paris 1917*, sociologue français. Un des fondateurs de la sociologie, il ramène les faits moraux aux faits sociaux, qu'il considère comme indépendants des consciences individuelles (*De la division* du travail social*, 1893 ; *les Règles de la méthode sociologique*, 1895 ; *le Suicide*, 1897).

◄ Émile **Durkheim**

DUROC (Géraud Christophe Michel), duc **de Frioul**, *Pont-à-Mousson 1772 - Markersdorf, Silésie, 1813*, général français. Grand maréchal du palais sous l'Empire (1805), il participa aux campagnes d'Autriche, de Prusse et de Pologne.

DUROSELLE (Jean-Baptiste), *Paris 1917 - Arradon, Morbihan, 1994*, historien français. Dans le sillage de son maître P. Renouvin*, il fut un des pères de l'histoire des relations internationales en France (*Histoire diplomatique de 1919 à nos jours*, 1953 ; *Introduction à l'histoire des relations internationales*, avec P. Renouvin, 1964 ; *les Relations internationales de 1968 à nos jours*, 1978).

▲ **Dürer.** *La Grande Touffe d'herbe*, 1503, aquarelle et gouache. (Albertina, Vienne.)

DURRELL (Lawrence), *Jullundur, Inde, 1912 - Sommières, France, 1990*, écrivain britannique. Ses romans mêlent expérimentation littéraire et célébration de la beauté des paysages méditerranéens (*le Quatuor d'Alexandrie*).

DÜRRENMATT (Friedrich), *Konolfingen, près de Berne, 1921 - Neuchâtel 1990*, écrivain suisse de langue allemande. Sa conscience de protestant et son humour baroque s'unissent dans son théâtre (*la Visite de la vieille dame*, 1956) en une critique des illusions et oppressions humaines. Centre Dürrenmatt à Neuchâtel.

DURRËS, en ital. **Durazzo,** v. d'Albanie, sur l'Adriatique ; 115 550 hab. Port. – Vestiges antiques (anc. *Epidamnos*, puis *Dyrrachium*).

DURRUTI (Buenaventura), *prov. de León 1896 - Madrid 1936*, anarchiste espagnol. Il organisa la *Colonne Durruti* qui, pendant la guerre civile espagnole, tenta vainement de libérer Saragosse occupée par les franquistes, puis participa à la défense de Madrid, où il trouva la mort.

DURUFLÉ (Maurice), *Louviers 1902 - Louveciennes 1986*, compositeur et organiste français. Liturgiste, il a beaucoup utilisé les thèmes grégoriens (*Requiem*, 1947).

DURUY (Victor), *Paris 1811 - id. 1894*, historien et homme politique français. Ministre de l'Instruction publique (1863 - 1869), il développa l'instruction primaire, créa un enseignement secondaire pour jeunes filles et l'École pratique des hautes études (1868). [Acad. fr.]

DU RYER (Pierre), *Paris 1605 - id. 1658*, écrivain français. Il est l'auteur de tragi-comédies romanesques. (Acad. fr.)

DUSAPIN (Pascal), *Nancy 1955*, compositeur français. Se réclamant de Varèse et de Xenakis, il explore les ressources tant de la musique vocale (*Anacoluthe, Canto*) et instrumentale (5 quatuors à cordes, nombreuses pièces pour solistes) que de l'opéra, dont il est auj. l'un des principaux représentants (*Roméo et Juliette* ; *Medeamaterial* ; *To Be Sung* ; *Faustus, the Last Night* ; *Penthesilea*).

DUSE (Eleonora), *Vigevano 1858 - Pittsburgh, Pennsylvanie, 1924*, actrice italienne, interprète de Dumas fils, d'Ibsen et de D'Annunzio.

DÜSSELDORF, v. d'Allemagne, cap. de la Rhénanie-du-Nord-Westphalie, sur le Rhin ; 586 291 hab. Centre commercial et financier. Métallurgie. Chimie. – Églises de la vieille ville ; musées.

DUSSOLLIER (André), *Annecy 1946*, acteur français. Son personnage à l'élégance discrète et au charme subtil s'impose au théâtre (*Novecento*, A. Baricco, 2014) comme au cinéma (*Une belle fille comme moi*, F. Truffaut, 1972 ; *Trois Hommes et un couffin*, C. Serreau, 1985 ; *Un cœur en hiver*, C. Sautet, 1992 ; *On connaît la chanson*, A. Resnais, 1997 ; *la Chambre des officiers*, F. Dupeyron, 2001 ; *Mon petit doigt m'a dit*, P. Thomas, 2005).

DUST MOHAMMAD, *1793 - 1863*, souverain d'Afghanistan. Reconnu émir à Kaboul en 1834, évincé par les Britanniques (1839), il reprit le pouvoir en 1843.

DUTEIL (Yves), *Neuilly-sur-Seine 1949*, chanteur et auteur-compositeur français. Sur des mélodies joyeuses, il écrit des textes qui magnifient la langue française (*Tarentelle, le Petit Pont de bois, Prendre un enfant par la main, la Langue de chez nous*).

DUTERT (Ferdinand), *Douai 1845 - Paris 1906*, architecte français. Virtuose du fer, il construisit à Paris l'immense Galerie des machines de l'Exposition de 1889 et les « nouvelles galeries » du Muséum national d'histoire naturelle.

DUTILLEUX (Henri), *Angers 1916 - Paris 2013*, compositeur français. Héritier de Debussy et Ravel, il a développé un langage musical riche et coloré, dans une orchestration raffinée (*Métaboles*, 1964 ; *Tout un monde lointain*, 1970 ; *Timbres, Espace, Mouvement*, 1977 ; *Mystère de l'instant*, 1989 ; *The Shadows of Time*, 1997 ; *Correspondances*, 2003 ; *le Temps l'horloge*, 2007-2009).

DUTOURD (Jean), *Paris 1920 - id. 2011*, écrivain français. Son œuvre de romancier (*Au bon beurre*, 1952 ; *les Taxis de la Marne*, 1956) et de pamphlétaire anticonformiste de droite dénonce avec verve la médiocrité et les idées reçues. (Acad. fr.)

DUTROCHET (René), *château de Néons, Poitou, 1776 - Paris 1847*, biologiste français. L'un des fondateurs de la biologie cellulaire, il est l'auteur de travaux capitaux sur l'osmose, la diapédèse, la structure cellulaire des végétaux, l'embryologie des oiseaux, etc.

DUTRONC (Jacques), *Paris 1943*, chanteur et acteur français. Également compositeur, il a contribué, dans les années 1960, au renouveau de la chanson française (*Et moi et moi et moi* ; *les Play-Boys* ; *Il est 5 heures, Paris s'éveille*). On lui doit, au cinéma, de grandes compositions (*Van Gogh*, M. Pialat, 1991).

DUTTON (Clarence Edward), *Wallingford, Connecticut, 1841 - Englewood, New Jersey, 1912*, géologue américain. Il a été le promoteur de la théorie de l'*isostasie* (1892), qu'il appliqua à la formation des montagnes.

DUUN (Olav), *dans le Nord-Trøndelag 1876 - Tønsberg 1939*, romancier norvégien. Ses romans peignent la nature et les habitants des fjords (*Gens de Juvik*).

DU VAIR (Guillaume), *Paris 1556 - Tonneins 1621*, homme politique et philosophe français. Garde des Sceaux (1615), évêque de Lisieux (1616), il a cherché dans ses discours et ses traités une conciliation entre le christianisme et le stoïcisme.

DUVAL (Émile Victor **Duval,** dit le général), *Paris 1840 - Clamart 1871*, un des chefs militaires de la Commune de 1871. Il fut fusillé.

DUVALIER (François), dit **Papa Doc,** *Port-au-Prince 1907 - id. 1971*, homme politique haïtien. Président de la République en 1957, président à vie à partir de 1964, il exerça un pouvoir dictatorial. — **Jean-Claude D.,** dit **Baby Doc** ou **Bébé Doc,** *Port-au-Prince 1951 - id. 2014*, homme politique haïtien. Successeur de son père François Duvalier en 1971, il fut chassé du pouvoir en 1986. Après un long exil en France, il revint dans son pays en 2011.

DUVE (Christian de), *Thames Ditton, Surrey, Grande-Bretagne, 1917 - Nethen, comm. de Grez-Doiceau, 2013*, médecin et biochimiste belge. Auteur de travaux sur l'organisation structurelle et fonctionnelle des cellules, il a découvert les lysosomes et étudié leur mode d'action. (Prix Nobel de physiologie ou de médecine 1974.)

DUVERGER (Maurice), *Angoulême 1917 - Paris 2014*, juriste français. Il dégagea une théorie nouvelle des cycles constitutionnels (*les Régimes politiques*, 1948). Il contribua aussi à l'essor de la sociologie électorale (*l'Influence des systèmes électoraux sur la vie politique*, 1950) et établit une typologie originale des partis (*les Partis politiques*, 1951).

DU VERGIER DE HAURANNE (Jean), dit **Saint-Cyran,** *Bayonne 1581 - Paris 1643*, théologien français. Ami et disciple de Jansénius, abbé de Saint-Cyran (1620) puis directeur spirituel du monastère de Port-Royal (1636), il encourut l'hostilité de Richelieu, qui le fit emprisonner (1638).

DUVERNOY (Georges), *Montbéliard 1777 - Paris 1855*, zoologiste et anatomiste français. Élève de Cuvier, il continua son œuvre.

DUVEYRIER (Henri), *Paris 1840 - Sèvres 1892*, voyageur français. Il visita le nord du Sahara (1859 - 1861) et publia *Exploration du Sahara, les Touareg du Nord* (1864).

DUVIVIER (Julien), *Lille 1896 - Paris 1967*, cinéaste français. Auteur prolifique et varié, brillant technicien, il a réalisé *la Bandera* (1935), *la Belle Équipe* (1936), *Pépé le Moko* (1937), *Un carnet de bal* (id.), *Panique* (1947), *le Petit Monde de Don Camillo* (1952).

DVINA OCCIDENTALE n.f., en lett. **Daugava,** fl. d'Europe orientale qui traverse la Russie, la Biélorussie et la Lettonie, et qui se jette dans le golfe de Riga ; 1 020 km.

DVINA SEPTENTRIONALE n.f., fl. de Russie, qui se jette dans la mer Blanche à Arkhangelsk ; 744 km.

DVOŘÁK (Antonín), *Nelahozeves, Bohême, 1841 - Prague 1904*, compositeur tchèque. Il dirigea les conservatoires de New York, puis de Prague, et composa notamm. 9 symphonies (*la Symphonie du Nouveau Monde*, 1893), des concertos, des poèmes symphoniques et des quatuors.

DYLAN (Robert **Zimmerman,** puis Bob), *Duluth 1941*, compositeur et chanteur américain de folk et de rock. Également parolier et guitariste, il fut le porte-parole de la génération contestataire des années 1960 (*Blowin' in the Wind, The Times They Are a-Changin', Like a Rolling Stone*), passant de la chanson folk et engagée au rock et à une poésie plus libre. (Prix Nobel de littérature 2016.)

◀ Bob **Dylan**

DYLE n.f., riv. de Belgique, qui se joint à la Nèthe pour former le Rupel ; 86 km. Elle passe à Louvain et à Malines.

DYOLOF (royaume), un des grands royaumes de la Sénégambie médiévale (XIVe-XVIe s.).

DZERJINSK, v. de Russie, à l'O. de Nijni Novgorod ; 240 762 hab.

DZERJINSKI (Feliks Edmoundovitch), *Dzerjinovo, auj. en Biélorussie, 1877 - Moscou 1926*, homme politique soviétique. Révolutionnaire actif en Lituanie et en Pologne à partir de 1895, il fut l'un des organisateurs de l'insurrection d'oct.-nov. 1917. Il dirigea la Tcheka (1917 - 1922), puis le Guépéou (1922 - 1926).

DZOUNGARIE ou **DJOUNGARIE,** région de la Chine occidentale (Xinjiang), entre l'Altaï mongol et le Tian Shan. C'est une vaste dépression qui conduit, par la *porte de Dzoungarie*, au Kazakhstan. – La région fut aux XVIIe-XVIIIe s. le centre d'un Empire mongol, anéanti par les Chinois (1754 - 1756).

EADS → **Airbus.**

EAMES (Charles), *Saint-Louis 1907 - id. 1978*, architecte et désigneur américain. Pionnier du design moderne, il a innové tant dans les techniques de fabrication que dans les formes.

EANES (António **Dos Santos Ramalho**), *Alcains 1935*, général et homme politique portugais. L'un des instigateurs du coup d'État du 25 avr. 1974, il fut président de la République de 1976 à 1986.

ÉAQUE MYTH. GR. L'un des trois juges des Enfers, avec Minos et Rhadamanthe.

EARHART (Amelia), *Atchison, Kansas, 1897 - dans l'océan Pacifique 1937*, aviatrice américaine. Première femme à traverser l'Atlantique nord comme passagère (1928), puis comme pilote, en solitaire (1932), spécialiste des vols rapides à longue distance, elle disparut lors d'une tentative de tour du monde d'ouest en est.

EAST ANGLIA, royaume fondé par les Angles au VIe s. et annexé au VIIIe s. par Offa, roi de Mercie.

EASTBOURNE, v. de Grande-Bretagne (Angleterre), sur la Manche ; 106 562 hab. Station balnéaire du Sussex.

EAST KILBRIDE, v. de Grande-Bretagne (Écosse), près de Glasgow ; 73 796 hab.

EAST LONDON, v. d'Afrique du Sud (partie de la municipalité métropolitaine de Buffalo City, prov. du Cap-Est), sur l'océan Indien ; 328 687 hab. Port.

EASTMAIN, village cri du Canada (Québec), près de l'embouchure de la *rivière Eastmain*, dans la baie James ; 866 hab. Anc. centre de la traite des fourrures.

EASTMAN (George), *Waterville, État de New York, 1854 - Rochester 1932*, industriel américain. Il inventa le film photographique transparent de nitrocellulose (1889) et organisa la Eastman Kodak Company (1892).

EASTWOOD (Clint), *San Francisco 1930*, acteur et cinéaste américain. Il s'impose dans des westerns (*le Bon, la Brute et le Truand*, S. Leone, 1966) et des films d'action (*l'Inspecteur Harry*, D. Siegel, 1971) puis, devenu réalisateur, réussit dans les genres les plus divers : *Pale Rider* (1985), *Bird* (1988), *Impitoyable* (1992), *Sur la route de Madison* (1995), *Mystic River* (2003), *Million Dollar Baby* (2004), *Gran Torino* (2009), *J. Edgar* (2011), *Sully* (2016), *la Mule* (2018).

▲ Clint **Eastwood** en 2008.

EAUBONNE (95600), comm. du Val-d'Oise ; 24 984 hab. (*Eaubonnais*).

EAU D'HEURE (barrages de l'), plans d'eau de Belgique (Hainaut et prov. de Namur) sur l'*Eau d'Heure*, affl. de la Sambre.

EAUX-BONNES (64440), comm. des Pyrénées-Atlantiques ; 346 hab. Station thermale.

EAUX-CHAUDES, station thermale des Pyrénées-Atlantiques (comm. de Laruns).

EAUZE [eoz] (32800), bur. centr. de cant. du Gers, dans l'Armagnac ; 3 948 hab. (*Élusates*). Eau-de-vie. Conserverie. – C'est l'*Elusa* gallo-romaine. Église gothique d'env. 1500 ; musée.

EBADI (Chirin), *Hamadan 1947*, avocate iranienne. Elle est la première femme, en 1974, à exercer les fonctions de juge en Iran. Devenue avocate, elle milite pour la défense des droits de l'homme (en partic. des femmes et des enfants). En butte à la répression dans son pays, elle vit en exil depuis 2009. (Prix Nobel de la paix 2003.)

EBBINGHAUS (Hermann), *Barmen, auj. dans Wuppertal, 1850 - Halle 1909*, psychologue allemand. Ses travaux sur la mémoire (*De la mémoire*, 1885) font de lui l'un des fondateurs de la psychologie expérimentale.

EBBON, *v. 778 - Hildesheim 851*, archevêque de Reims. Il joua un rôle politique majeur sous Louis le Pieux et Lothaire Ier. – *L'Évangéliaire d'Ebbon* est un célèbre manuscrit enluminé carolingien dédié à ce prélat et produit dans l'atelier de l'abbaye de Hautvillers, près d'Épernay.

▲ L'Évangéliaire d'**Ebbon.** Peinture en pleine page représentant saint Jean, Ier quart du IXe s. (Bibliothèque municipale, Épernay.)

EBERT (Friedrich), *Heidelberg 1871 - Berlin 1925*, homme politique allemand. Président du Parti social-démocrate allemand (1913), il contribua à la chute de Guillaume II (1918). Chancelier, il réduisit le spartakisme ; il fut le premier président de la République allemande (1919 - 1925).

EBERTH (Karl), *Würzburg 1835 - Berlin 1926*, bactériologiste allemand. Il découvrit le bacille de la fièvre typhoïde.

EBLA, cité antique de Syrie (auj. Tell Mardikh), à 70 km au S.-O. d'Alep. Au IIIe millénaire le royaume d'Ebla était l'un des plus grands centres de l'Asie antérieure. Vestiges et importantes archives sur tablettes.

ÉBLÉ (Jean-Baptiste, comte), *Saint-Jean-Rohrbach, Moselle, 1758 - Königsberg 1812*, général français. En 1812, il assura le passage de la Berezina à la Grande Armée en retraite.

ÉBOUÉ (Félix), *Cayenne 1884 - Le Caire 1944*, administrateur français. Il fut le premier Noir gouverneur des colonies, d'abord à la Guadeloupe (1936), puis au Tchad (1938), territoire qu'il rallia à la France libre (1940). Ses cendres ont été transférées au Panthéon en 1949.

ÈBRE n.m., en esp. **Ebro,** fl. d'Espagne, né dans les monts Cantabriques et qui se jette dans la Méditerranée ; 928 km. Il passe à Saragosse. Aménagements pour la production d'électricité et surtout l'irrigation.

ÉBREUIL (03450), comm. de l'Allier ; 1 277 hab. Église, anc. abbatiale des XIe-XIIe s., avec beau clocher-porche et peintures murales.

ÉBROÏN [ebrɔɛ̃], *m. v. 683*, maire du palais de Neustrie sous Clotaire III et Thierry III. Il fit tuer son adversaire saint Léger et battit les Austrasiens à Latofao, près de Laon (680). Il périt assassiné.

ÉBURONS, anc. peuple germanique de la Gaule Belgique, établi entre la Meuse et le Rhin. César les vainquit.

EÇA DE QUEIRÓS → **QUEIRÓS.**

ECATEPEC DE MORELOS, v. du Mexique, banlieue nord de Mexico ; 1 658 806 hab.

ECBATANE, cap. des Mèdes (v. 612 - 550 av. J.-C.), puis résidence royale des dynasties iraniennes (auj. *Hamadan*). Vestiges antiques.

Ecclésiaste (livre de l'), livre biblique (IIIe s. av. J.-C.) qui souligne le caractère précaire de la vie : « tout est vanité ».

Ecclésiastique (livre de l') ou le **Siracide,** livre biblique (v. 200 av. J.-C.), recueil de maximes et de sentences.

ECEVIT (Bülent), *Istanbul 1925 - Ankara 2006*, homme politique turc. Premier ministre en 1974, 1977 et 1978 - 1979, il fut emprisonné à plusieurs reprises après le coup d'État militaire de 1980. Leader du parti de la Gauche démocratique (1987 - 2004), il revint à la tête du gouvernement de 1999 à 2002.

ECHEGARAY (José), *Madrid 1832 - id. 1916*, auteur dramatique espagnol. Professeur de mathématiques, vulgarisateur scientifique et homme politique, il est l'auteur du *Grand Galeoto*. (Prix Nobel 1904.)

ECHENOZ (Jean), *Orange 1947*, écrivain français. Réinterprétant les genres traditionnels avec une intention parodique, il affectionne dans ses romans, à l'écriture très inventive, les glissements imperceptibles du réel au fantastique (*le Méridien de Greenwich*, 1979 ; *Cherokee*, 1983 ; *Lac*, 1989 ; *Je m'en vais*, 1999 ; *Ravel*, 2006 ; *Envoyée spéciale*, 2016).

ECHEVERRÍA ÁLVAREZ (Luis), *Mexico 1922*, homme politique mexicain. Il fut président de la République de 1970 à 1976.

ÉCHIROLLES (38130), bur. centr. de cant. de l'Isère, banlieue sud de Grenoble ; 35 966 hab. (*Échirollois*). Cité résidentielle et industrielle.

ÉCHO MYTH. GR. Nymphe des sources et des forêts, personnification de l'écho.

Échos (les), journal économique français, créé en 1908, devenu quotidien en 1928.

ECHTERNACH, v. du Luxembourg, ch.-l. de cant., sur la Sûre ; 5 336 hab. Basilique (époques diverses) d'une anc. abbaye fondée en 698. – Célèbre pèlerinage dansant.

ÉCIJA, v. d'Espagne, en Andalousie, prov. de Séville ; 40 630 hab. Ensemble urbain et monumental typiquement andalou.

ECK (Johann **Maier,** dit Johann), *Egg an der Günz, Souabe, 1486 - Ingolstadt 1543*, théologien catholique allemand. Adversaire de Luther, il fut un ardent défenseur de l'Église romaine.

ECKART ou **ECKHART** (Johannes **Eckhart,** dit Maître), *Hochheim 1260 - Avignon ou Cologne v. 1328*, théologien et philosophe allemand. Dominicain, il enseigna à Paris et à Cologne. Son œuvre, composée de traités et de sermons, est à l'origine du courant mystique rhénan et se propose d'élever le savoir théologique au rang d'une sagesse véritable. Plusieurs de ses thèses furent condamnées par le pape Jean XXII.

ECKERSBERG (Christoffer Wilhelm), *Blåkrog 1783 - Copenhague 1853*, peintre danois. Son style net, clair et élégant est caractéristique de l'« âge d'or » de la peinture danoise.

ECKERT (John), *Philadelphie 1919 - Bryn Mawr, Pennsylvanie, 1995*, ingénieur américain. Avec John William **Mauchly** (*Cincinnati 1907 - Ambler, Pennsylvanie, 1980*), il a construit le premier ordinateur entièrement électronique, l'ENIAC (*Electronic Numerical Integrator And Calculator*) [1946] et créé une firme à l'origine du premier ordinateur de gestion, l'*Univac* (1952).

Eckmühl (bataille d') [22 avr. 1809], bataille de l'Empire. Victoire de Napoléon Ier et de Davout sur les Autrichiens de l'archiduc Charles, à 20 km au S. de Ratisbonne.

ÉCLARON-BRAUCOURT-SAINTE-LIVIÈRE (52290), comm. de la Haute-Marne, sur la rive orientale du lac de Der-Chantecoq ; 2 108 hab. (*Éclaronnais*). Loisirs nautiques.

Écluse (bataille de L') [1340], bataille de la guerre de Cent Ans. Victoire de la flotte anglaise d'Édouard III sur la flotte française, au large de la ville néerlandaise de L'Écluse (en néerl. *Sluis*).

ECO (Umberto), *Alexandrie, Piémont, 1932 - Milan 2016*, sémiologue et écrivain italien. Il est l'auteur d'études sémiotiques sur les rapports de la création artistique et des moyens de communication de masse (*l'Œuvre ouverte*, 1962), et de romans érudits et foisonnants (*le Nom de la rose*, 1980 ; *le Pendule de Foucault*, 1988 ; *Baudolino*, 2000 ; *le Cimetière de Prague*, 2010 ; *Numéro zéro*, 2015).

École d'Athènes (l'), grande fresque de Raphaël (1509-1510), dans la « chambre de la Signature » au Vatican. À cette œuvre, qui exalte la recherche rationnelle des philosophes, fait face *la Dispute du saint sacrement*, consacrée à la « vérité révélée ».

École de l'air, école de formation des officiers de l'armée de l'air. Fondée en 1935 à Versailles, elle est implantée depuis 1937 à Salon-de-Provence.

École militaire, édifice élevé de 1752 à 1774, à Paris, par J. A. Gabriel, pour y recevoir des élèves officiers. Ouverte en 1760, elle servit de caserne après 1787 et abrite auj. des établissements d'enseignement militaire supérieur.

École navale, école de formation des officiers de la Marine nationale, fondée à Brest en 1830 et installée depuis 1945 à Lanvéoc-Poulmic.

ÉCOMMOY (72220), bur. centr. de cant. de la Sarthe ; 4 715 hab. (*Écomméens*).

ÉCOSSE, en angl. **Scotland,** partie nord de la Grande-Bretagne ; 78 800 km^2 ; 5 295 403 hab. (*Écossais*) ; cap. *Édimbourg* ; v. princ. *Glasgow*. C'est un pays de hautes terres, surtout au N. (Grampians et Highlands), mais la population se concentre principalement dans les Lowlands.

HISTOIRE **La naissance de l'Écosse. Ier s. apr. J.-C. :** les Romains entreprennent la conquête de l'Écosse, alors occupée par les Pictes, qui résistent victorieusement. **Ve - VIe s. :** Scots, Bretons et Angles s'établissent dans le pays, repoussant les Pictes vers le nord. **VIe - IXe s. :** l'évangélisation de l'Écosse (v. 563, par saint Colomba) puis les raids scandinaves (VIIIe-IXe s.) accélèrent la fusion de tous ces peuples. **843 :** le roi scot Kenneth MacAlpin règne sur les Scots et sur les Pictes. **1005 - 1034 :** Malcolm II réalise l'unité écossaise.

L'essor de la monarchie écossaise. 1124 - 1153 : avec David Ier, l'Écosse s'anglicise et la féodalité se développe. **1286 :** la mort sans héritier d'Alexandre III permet l'intervention d'Édouard Ier d'Angleterre, qui impose un protectorat sur le pays (1292), avant de l'annexer (1296). Wallace, puis Robert Ier Bruce s'opposent à cette conquête. **1314 :** la victoire de Bannockburn assure le triomphe de la cause écossaise. **1328 :** l'indépendance du pays est reconnue par le traité de Northampton.

L'Écosse des Stuarts. XIVe - XVe s. : au cours de la guerre de Cent Ans, l'Écosse s'engage avec les Stuarts dans l'alliance française. Le pays entre dans une longue période de convulsions internes. **XVIe s. :** la réforme religieuse de John Knox fait de nombreux adeptes dans l'aristocratie qui s'oppose alors à la monarchie, demeurée catholique. **1567 :** la reine Marie Stuart doit abdiquer en faveur de son fils Jacques VI. **1603 :** à la mort d'Élisabeth Ire, celui-ci devient roi d'Angleterre sous le nom de Jacques Ier. **1707 :** l'Acte d'union réalise la fusion des royaumes d'Écosse et d'Angleterre.

L'Écosse contemporaine. 1997 : le gouvernement britannique accorde à l'Écosse un statut d'autonomie (élection, en 1999, d'un Parlement régional aux pouvoirs étendus). **2011 :** le parti indépendantiste remporte une victoire écrasante aux élections régionales. **2014 :** les Écossais votent contre leur indépendance (55 % des voix), lors d'un référendum historique, mais obtiennent du gouvernement britannique de nouveaux transferts de compétences (mars 2016).

ÉCOUEN [ekwɑ̃] (95440), comm. du Val-d'Oise ; 7 336 hab. (*Écouennais*). Important château construit d'env. 1538 à 1555 pour le connétable Anne de Montmorency ; il abrite le musée national de la Renaissance.

ÉCOUFLANT (49000), comm. de Maine-et-Loire, au N.-E. d'Angers ; 4 051 hab. (*Écouflantais*). Équipements automobiles.

ÉCOUVES (forêt d'), forêt de Normandie (Orne) ; 15 000 ha. Elle porte l'un des points culminants du Massif armoricain (417 m).

ÉCRINS (massif des), anc. **massif du Pelvoux,** massif des Alpes françaises (Isère et Hautes-Alpes) ; 4 102 m à la *barre des Écrins*. Parc national (env. 92 000 ha).

ÉCULLY (69130), comm. du Rhône, banlieue de Lyon ; 18 279 hab. (*Écullois*).

Edda, nom donné à deux recueils islandais des traditions mythologiques et légendaires des anciens peuples scandinaves. L'*Edda poétique* est un ensemble de poèmes anonymes, rédigés probablement au XIIe s. L'*Edda prosaïque* est l'œuvre de Snorri Sturluson (v. 1220).

EDDINGTON (sir Arthur Stanley), *Kendal 1882 - Cambridge 1944*, astrophysicien britannique. Pionnier de l'astrophysique stellaire, il développa la théorie de l'équilibre radiatif des étoiles (1916 - 1924), qui lui permit d'élaborer, le premier, un modèle de leur structure interne ; il découvrit en 1924 qu'il existe une relation entre la masse et la luminosité des étoiles.

EDDY (Mary **Baker**), *Bow, New Hampshire, 1821 - Chestnut Hill, Massachusetts, 1910*, réformatrice américaine, fondatrice du mouvement de la *Science chrétienne* (1883).

EDE, v. du sud-ouest du Nigeria ; 142 363 hab.

EDE, v. des Pays-Bas (Gueldre) ; 109 823 hab.

ÉDÉA, v. du Cameroun, sur la Sanaga ; 66 581 hab. Usine d'aluminium.

EDEGEM [edəgɛm], comm. de Belgique (prov. d'Anvers), banlieue d'Anvers ; 21 159 hab.

ÉDEN (mot hébreu signif. *Délices*), lieu où la Bible (Genèse) situe le paradis terrestre.

EDEN (Anthony), comte **d'Avon,** *Windlestone Hall 1897 - Alvediston 1977*, homme politique britannique. Conservateur, il fut plusieurs fois ministre des Affaires étrangères à partir de 1935, puis Premier ministre de 1955 à 1957.

ÉDESSE, ville et cité caravanière de Mésopotamie (auj. Urfa, Turquie), qui fut du IIe s. au Xe s. un important centre intellectuel de langue syriaque. Elle fut la capitale d'un État latin du Levant, le *comté d'Édesse* (1098 - 1144), fondé par Baudouin Ier de Boulogne.

EDFOU ou **IDFU,** v. d'Égypte, sur le Nil. Temple ptolémaïque d'Horus, l'un des mieux conservés d'Égypte.

EDGAR le Pacifique, *944 - 975*, roi des Anglo-Saxons (959 - 975). Il renforça la monarchie par ses réformes administratives.

EDGAR ATHELING ou **AETHELING,** *v. 1050 - v. 1125*, prince anglo-saxon. Il s'opposa vainement à Harold II en 1066, puis à Guillaume le Conquérant pour la possession du trône d'Angleterre.

EDIACARA, site paléontologique d'Australie méridionale, au nord d'Adélaïde. Il a livré d'exceptionnels fossiles d'animaux à corps mou du précambrien (600 millions d'années), dont certains ne peuvent être reliés à aucun groupe connu.

ÉDIMBOURG, en angl. **Edinburgh,** v. de Grande-Bretagne, cap. de l'Écosse, sur l'estuaire du Forth ; 476 626 hab. (*Édimbourgeois*). Centre

▲ **L'École d'Athènes.** Fresque de Raphaël au Vatican, 1509-1510.

administratif (Parlement écossais), financier, commercial et universitaire. Tourisme. – Dans la vieille ville, château avec parties médiévales, cathédrale gothique et palais de Holyrood, du XVIIe s. Ensemble classique (XVIIIe-XIXe s.) de la « ville neuve ». Musées, dont la National Gallery of Scotland et le Museum of Scotland. – Festival annuel (musique, ballet, théâtre).

EDIRNE, anc. **Andrinople,** v. de la Turquie d'Europe ; 119 298 hab. Lieu de résidence des sultans ottomans : mosquée Selimiye (1569 - 1574), chef-d'œuvre de Sinan*.

EDISON (Thomas), *Milan, Ohio, 1847 - West Orange, New Jersey, 1931,* inventeur américain. Parmi ses nombreuses inventions figurent notamm. le télégraphe duplex (1864), le phonographe et le microtéléphone (1877), la lampe à incandescence (1878). Il découvrit l'émission d'électrons par un filament conducteur chauffé à haute température dans le vide (1883), à la base du fonctionnement des tubes électroniques.

▲ Thomas **Edison** et son phonographe. (Coll. G. Sirot.)

EDMOND Ier, *921 - Pucklechurch, Gloucestershire, 946,* roi des Anglo-Saxons (939 - 946). Il soumit Malcolm Ier, roi d'Écosse (945).

EDMOND RICH (saint), *Abingdon v. 1170 - Soisy 1240,* prélat anglais. Archevêque de Canterbury, il s'opposa au roi d'Angleterre Henri III à propos de la collation des bénéfices ecclésiastiques et s'exila en France.

EDMONTON, v. du Canada, cap. de l'Alberta ; 932 546 hab. (1 321 426 hab. dans l'agglomération). Centre commercial et industriel (raffinage du pétrole et chimie). Université.

EDMUNDSTON, v. du Canada (Nouveau-Brunswick), sur la rivière Saint-Jean ; 16 580 hab.

EDO, peuple du sud-ouest du Nigeria. Les Edo créèrent le royaume du Bénin et ont été longtemps assimilés à une branche de la nation yoruba. Ils parlent une langue kwa.

EDO ou **YEDO,** cap. de la dynastie shogunale des Tokugawa. En 1868, elle prit le nom de Tokyo.

ÉDOM ou **IDUMÉE,** région au sud de la Palestine, habitée jadis par les Édomites.

ÉDOMITES ou **IDUMÉENS,** tribus sémitiques établies au sud-est de la mer Morte (Édom) et soumises par David (Xe s. av. J.-C.). Le nom d'*Iduméens* fut utilisé à l'époque gréco-romaine.

ÉDOUARD (lac), lac de l'Afrique équatoriale, entre l'Ouganda et la Rép. dém. du Congo ; 2 150 km².

ANGLETERRE ET GRANDE-BRETAGNE

ÉDOUARD l'Ancien, *m. à Farndon en 924,* roi des Anglo-Saxons (899 - 924). Fils et successeur d'Alfred le Grand, il refoula les Danois jusqu'au Humber et reçut leur hommage.

ÉDOUARD le Confesseur (saint), *Islip v. 1003 - Londres 1066,* roi d'Angleterre (1042 - 1066). Il restaura la monarchie anglo-saxonne.

ÉDOUARD Ier, *Westminster 1239 - Burgh by Sands 1307,* roi d'Angleterre (1272 - 1307), de la dynastie des Plantagenêts. Fils et successeur d'Henri III, il soumit les Gallois (1282 - 1284) et fit reconnaître sa suzeraineté par l'Écosse (1292), avant d'en entreprendre la conquête (1296). Il établit une importante législation et restaura l'autorité royale. — **Édouard II,** *Caernarvon 1284 - Berkeley 1327,* roi d'Angleterre (1307 - 1327), de la dynastie des Plantagenêts. Fils d'Édouard Ier, il ne put soumettre l'Écosse (Bannockburn, 1314) ; après de longues luttes contre la grande aristocratie britannique, il fut trahi par sa femme Isabelle de France, déposé, puis assassiné. — **Édouard III,** *Windsor 1312 - Sheen 1377,* roi d'Angleterre (1327 - 1377), de la dynastie des Plantagenêts. Fils d'Édouard II et d'Isabelle de France, revendiquant comme petit-fils de Philippe IV le Bel le trône capétien, il entreprit contre la France la guerre de Cent Ans ; vainqueur à Crécy (1346), il prit Calais (1347), puis imposa à Jean le Bon la paix de Brétigny (1360). Il institua l'ordre de la Jarretière. — **Édouard IV,** *Rouen 1442 - Westminster 1483,* roi d'Angleterre (1461 - 1483), de la maison d'York. Fils de Richard, duc d'York, il signa avec la France le traité de Picquigny (1475), qui mit fin à la guerre de Cent Ans. — **Édouard V,** *Westminster 1470 - Tour de Londres 1483,* roi d'Angleterre (1483), de la maison d'York. Fils et successeur d'Édouard IV, il fut séquestré et assassiné en même temps que son frère Richard par leur oncle, le futur Richard III. — **Édouard VI,** *Hampton Court 1537 - Greenwich 1553,* roi d'Angleterre et d'Irlande (1547 - 1553), de la dynastie des Tudors. Fils d'Henri VIII et de Jeanne Seymour, il laissa gouverner son oncle, Edward Seymour, duc de Somerset, puis John Dudley. Il favorisa la propagation du protestantisme dans son royaume. — **Édouard VII,** *Londres 1841 - id. 1910,* roi de Grande-Bretagne et d'Irlande (1901 - 1910), de la dynastie de Hanovre. Fils de la reine Victoria, il s'intéressa surtout à la politique extérieure et fut l'initiateur de l'Entente cordiale avec la France (1904). — **Édouard VIII,** *Richmond, auj. Richmond upon Thames, 1894 - Paris 1972,* roi de Grande-Bretagne et d'Irlande du Nord en 1936, de la dynastie de Windsor. Fils aîné de George V, il abdiqua dès 1936 afin d'épouser une Américaine divorcée, Mrs. Simpson, et reçut alors le titre de duc de Windsor.

▲ **Édouard VI** enfant.

▲ **Édouard VII**

ÉDOUARD, le Prince Noir, *Woodstock 1330 - Westminster 1376,* prince de Galles. Fils aîné d'Édouard III, il gagna la bataille de Poitiers, où il fit prisonnier Jean le Bon (1356). Prince d'Aquitaine (1362 - 1372), il combattit en Castille Henri II le Magnifique (bataille de Nájera, 1367).

PORTUGAL

ÉDOUARD, en port. **Duarte,** *Lisbonne 1391 - Tomar 1438,* roi de Portugal (1433 - 1438), de la dynastie d'Aviz. Fils de Jean Ier, il codifia les lois portugaises.

EDRISI (el-) → **IDRISI** (al-).

ÉDUENS, anc. peuple de la Gaule Celtique, établi dans les départements actuels de Saône-et-Loire et de la Nièvre. Bibracte était leur ville principale. Alliés des Romains, ils se rallièrent un temps à Vercingétorix.

Edwards (base), base de l'US Air Force, dans le désert Mohave, au N. de Los Angeles. Centre d'essais en vol de la NASA et piste d'atterrissage de la navette spatiale américaine.

EDWARDS (William Blake **McEdwards,** dit Blake), *Tulsa, Oklahoma, 1922 - Santa Monica 2010,* cinéaste américain. Il est plus connu pour la série de films commencée avec *la Panthère rose* (1964) que pour la richesse et la diversité de son cinéma burlesque (*Opération jupons,* 1959 ; *Diamants sur canapé,* 1961 ; *Victor Victoria,* 1982).

EDWARDS (sir Gareth), *Gwaun-Cae-Gurwen, au nord de Swansea, 1947,* joueur de rugby gallois. Demi de mêlée, il a remporté, avec l'équipe nationale, sept tournois des Cinq-Nations (auj. Six-Nations) entre 1969 et 1978.

EDWARDS (sir Robert Geoffrey), *Batley, Yorkshire, 1925 - Cambridge 2013,* biologiste britannique. Spécialiste de biologie et de médecine de la reproduction humaine, il joua un rôle pionnier dans le développement de la fécondation in vitro (permettant, en collab. avec Patrick Steptoe *[1913 - 1988]*, la naissance du premier bébé-éprouvette, Louise Brown, le 25 juill. 1978). [Prix Nobel 2010.]

EEE, sigle de Espace* économique européen.

EEKHOUD (Georges), *Anvers 1854 - Bruxelles 1927,* écrivain belge de langue française. Ses romans font une peinture réaliste du peuple de la Campine (*Kees Doorik,* 1883 ; *Kermesses,* 1885 ; *la Nouvelle Carthage,* 1888).

EEKLO [eklo], v. de Belgique, ch.-l. d'arrond. de la Flandre-Orientale ; 20 329 hab.

EELV ou **EE-LV,** sigle de Europe Écologie - Les Verts*.

ÉFATÉ, île de l'archipel de Vanuatu, où se trouve la capitale, Port-Vila ; 915 km².

EFFEL (François **Lejeune,** dit Jean), *Paris 1908 - id. 1982,* dessinateur français. Il est l'auteur de recueils d'un humour poétique (*la Création du monde,* à partir de 1951) et de caricatures.

EFFIAT (Antoine **Coeffier de Ruzé,** marquis **d'**), *Effiat 1581 - Lutzelbourg, Moselle, 1632,* maréchal de France. Surintendant des Finances, il était le père de Cinq-Mars.

EGAS (Enrique), architecte espagnol du 1er tiers du XVIe s., d'ascendance flamande. Il a construit dans le style plateresque l'hôpital royal de Saint-Jacques-de-Compostelle (1501-1512) et a travaillé à la cathédrale de Grenade.

Égates ou **Ægates** (bataille des îles) [241 av. J.-C.], bataille navale qui mit fin à la première guerre punique par la victoire des Romains, au large de la Sicile, sur les Carthaginois.

Égaux (conjuration des) [1796 - 1797], conspiration contre le Directoire, dirigée par Babeuf. Elle fut dénoncée par l'un des conjurés et ses instigateurs guillotinés.

EGBERT, *v. 775 - 839,* roi de Wessex (802 - 839). Il réunit sous sa domination l'heptarchie anglo-saxonne (829 - 830) et combattit les invasions scandinaves.

EGEDE (Hans), *Hinnøy, Norvège, 1686 - Stubbekøbing, Falster, 1758,* pasteur luthérien norvégien, évangélisateur du Groenland.

ÉGÉE MYTH. GR. Roi d'Athènes. Croyant que son fils Thésée avait été dévoré par le Minotaure, il se noya dans la mer qui porte son nom.

ÉGÉE (mer), partie de la Méditerranée entre la Grèce et la Turquie.

EGER → **OHŘE.**

EGER, v. de Hongrie, au pied des monts Mátra ; 52 788 hab. Monuments gothiques et baroques.

ÉGÉRIE MYTH. ROM. Nymphe qui était censée conseiller en secret le roi Numa Pompilius.

EGHEZÉE, comm. de Belgique (prov. de Namur), au N. de Namur ; 15 455 hab.

ÉGINE, île de la Grèce, dans le *golfe d'Égine,* entre le Péloponnèse et l'Attique ; 13 190 hab. (*Éginètes*), dont 4 548 dans la ville homonyme. La ville fut du VIIIe au Ve s. av. J.-C. une riche et puissante cité qui imposa son système monétaire au monde grec. Elle tomba sous la domination athénienne au Ve s. av. J.-C. – Temple d'Athéna Aphaia (500-490) [à la glyptothèque de Munich, décoration sculptée].

ÉGINHARD ou **EINHARD,** *Maingau, Franconie, v. 770 - Seligenstadt 840,* chroniqueur franc. L'un des principaux représentants de la renaissance carolingienne, il est l'auteur d'une *Vie de Charlemagne* (v. 830).

ÉGISTHE MYTH. GR. Roi de Mycènes, de la famille des Atrides. Amant de Clytemnestre et meurtrier d'Agamemnon, il fut tué par Oreste.

ÉGLETONS (19300), bur. centr. de cant. de la Corrèze ; 5 066 hab. (*Égletonnais*). Marché. Agroalimentaire. École des métiers des travaux publics.

Église catholique ou **Église romaine,** Église chrétienne, qui reconnaît le magistère suprême du pape, évêque de Rome.

Églises orientales → **Orient** (Églises chrétiennes d').

Églises protestantes, ensemble des Églises issues de la Réforme. Elles se sont organisées autour de trois courants principaux, le luthéranisme, le calvinisme et l'anglicanisme, qui ont donné naissance à de nombreuses autres Églises.

EGMONT (Lamoral, comte **d'**), prince **de Gavre**, *La Hamaide 1522 - Bruxelles 1568*, gentilhomme du Hainaut. Capitaine général des Flandres et conseiller d'État, il fut décapité avec le comte de Hornes à la suite d'une révolte des Pays-Bas contre Philippe II. – Son histoire a inspiré à Goethe une tragédie (1788), pour laquelle Beethoven composa une musique de scène (1810).

EGOLZWIL, site archéologique de Suisse, près de Lucerne. Vestiges d'un village d'agriculteurs itinérants du néolithique moyen suisse (première moitié du IVe millénaire).

ÉGYPTE n.f., en ar. **Miṣr**, État de l'Afrique du Nord-Est, sur la Méditerranée ; 1 000 000 km² ; 82 056 000 hab. *(Égyptiens)*. **CAP.** *Le Caire*. **V. PRINC.** *Alexandrie*. **LANGUE :** *arabe*. **MONNAIE :** *livre égyptienne*.

INSTITUTIONS République. Constitution de 2014. La charia est la principale source de la législation. Le président de la République est élu au suffrage universel direct pour 4 ans (mandat renouvelable une seule fois). Il nomme le Premier ministre. Le Parlement comprend la Chambre des représentants, élue au suffrage universel direct pour 5 ans, et le Sénat, élu pour l'essentiel au suffrage universel direct pour 6 ans (une minorité de ses membres étant désignée par le président de la République).

GÉOGRAPHIE La quasi-totalité de la population se concentre dans la vallée du Nil, qui représente moins de 5 % de la superficie du pays, dont le reste est formé de déserts parsemés d'oasis. La construction de barrages-réservoirs (dont le « haut barrage » d'Assouan) a permis une irrigation, auj. indépendante de la crue saisonnière du Nil, qui a rendu possible le développement des cultures commerciales (canne à sucre et surtout coton), à côté des traditionnelles cultures céréalières (blé, maïs, riz). L'industrie (textile surtout) est peu développée, malgré la présence du pétrole. La population a un niveau de vie d'autant plus faible qu'elle s'accroît toujours rapidement. Le problème du surpeuplement est grave, notamm. au Caire, une des plus grandes villes d'Afrique. Les envois des émigrés, les revenus du canal de Suez et du tourisme (soumis aux menaces du terrorisme islamiste et aux aléas de la situation politique en général) ne comblent pas le lourd déficit commercial. Plongé dans un profond marasme, le pays s'est lancé dans une politique de grands travaux (agrandissement du canal de Suez, nouvelle capitale...) grâce à l'aide internationale.

HISTOIRE **VIIe - Ve millénaire av. J.-C.** Néolithisation et, vers 5500, civilisation fondée sur l'économie villageoise associée aux premières nécropoles. Vers 4500 apparaît le prédynastique ancien : préfiguration des caractéristiques de la civilisation pharaonique (rituel et mobilier funéraires).

L'Égypte des pharaons. **3200 - 2700 av. J.-C.** (époque thinite, Ire et IIe dynasties) : Narmer (ou Ménès) unifie l'Égypte. Apparition du relief (palette de Narmer) et de l'écriture hiéroglyphique. **2700 - 2190** (Ancien Empire, IIIe-VIe dynastie) : Memphis devient capitale de l'Égypte. Temps des pyramides : pyramide à degrés de Djoser à Saqqarah (IIIe dynastie) ; pyramides de Kheops, Khephren et Mykerinus à Gizeh (IVe dynastie). Nécropoles des dignitaires aux mastabas ornés de reliefs polychromes. **V. 2160 - v. 2060** (première période intermédiaire, VIIe ?-XIe dynastie) : période de troubles politiques et sociaux. **V. 2060 - 1785** (Moyen Empire, ou premier Empire thébain, fin de la XIe-XIIe dynastie) : l'Égypte conquiert la Syrie et la Nubie. La XIIe dynastie favorise le culte d'Amon. Constructions du complexe funéraire de Deir el-Bahari, mise en valeur du Fayoum. **V. 1780 - v. 1550** (seconde période intermédiaire, XIIIe-XVIIe dynastie) : invasion des Hyksos venus d'Asie. Utilisation du cheval attelé. **V. 1580 - 1085** (Nouvel Empire, ou second Empire thébain, XVIIIe-XXe dynastie) : avec Thèbes pour capitale, l'Égypte est une des grandes puissances du Proche-Orient. Sous les règnes de Thoutmosis III, d'Aménophis IV, initiateur du culte d'Aton (sous le nom d'Akhenaton), et de Ramsès II, elle connaît un épanouissement artistique inégalé avec la construction de grands ensembles architecturaux : Karnak, temples funéraires d'Hatshepsout, de Ramsès II et de Ramsès III à Deir el-Bahari, hypogées royaux de la Vallée des Rois ; aboutissement architectural du temple divin (Louqsor). La peinture murale est à son apogée. Réalisme et sensualité caractérisent la sculpture du règne d'Akhenaton (buste de Néfertiti, colosses d'Akhenaton). **1085 - VIe s. av. J.-C.** (Basse Époque, XXe-XXVIe dynastie) : 1085 marque la fin de l'unité égyptienne. Des dynasties étrangères ou nationales alternent au pouvoir (XXIe-XXVe dynastie, dynastie saïte) ; grande activité architecturale (Philae, Dendérah, Edfou). Le pays subit l'invasion assyrienne. En 525, le roi perse Cambyse conquiert l'Égypte. **VIe - IVe s. av. J.-C.** (XXVIIe-XXXe dynastie) : des rois perses et indigènes se succèdent.

L'Égypte hellénistique, romaine et byzantine. **332 :** Alexandre Ier le Grand s'empare de l'Égypte. **305 - 30 :** les Lagides, dynastie grecque, règnent sur le pays. **30 av. J.-C. - 395 apr. J.-C. :** l'Égypte est dans la dépendance romaine. Le christianisme se développe. **395 - 639 :** l'Égypte est dans la mouvance byzantine. Les chrétiens forment l'Église copte.

L'Égypte musulmane jusqu'à Méhémet-Ali. **640 - 642 :** les troupes arabes de Amr conquièrent le pays. **642 - 868 :** intégrée à l'Empire musulman des Omeyyades puis des Abbassides, l'Égypte est islamisée. Les Coptes ne représentent plus qu'un quart de la population en 750. **868 - 905 :** les Tulunides, affranchis de la tutelle abbasside, gouvernent le pays. **969 - 1171 :** les Fatimides, dynastie chiite ismaélienne, fondent Le Caire et l'université d'al-Azhar (973). **1171 :** Saladin prend le pouvoir. **1171 - 1250 :** la dynastie ayyubide fondée par Saladin s'empare de la quasi-totalité des États latins du Levant et restaure le sunnisme. **1250 - 1517 :** la caste militaire des Mamelouks domine le pays et y instaure une administration efficace. **1517 - 1805 :** l'Égypte est une province ottomane. Elle est occupée par les troupes françaises commandées par Bonaparte (1798 - 1801).

L'Égypte moderne. **1805 - 1848 :** Méhémet-Ali, qui s'est déclaré pacha à vie, massacre les Mamelouks (1811) et modernise le pays. Il conquiert le Soudan (1820). **1867 :** Ismaïl Pacha obtient le titre de khédive (vice-roi). **1869 :** le canal de Suez est inauguré. L'Égypte, ne pouvant plus assurer le paiement des dettes qu'elle a contractées, doit accepter que les postes clés du gouvernement soient confiés à des Français et à des Britanniques, puis à ces derniers seulement, qui établissent une domination de fait sur le pays dès 1882. **1914 - 1922 :** mettant fin à la suzeraineté ottomane, le protectorat britannique est établi. **1922 :** il est supprimé, et l'Égypte devient un royaume. **1922 - 1936 :** sous Fuad Ier, le parti nationaliste Wafd lutte pour une indépendance effective. **1936 :** le traité anglo-égyptien confirme l'indépendance de l'Égypte, qui accepte le stationnement de troupes britanniques sur son territoire. **1936 - 1952 :** sous Farouk Ier, les Frères musulmans radicalisent le mouvement nationaliste, qui se renforce encore après la défaite infligée aux armées arabes par Israël (1948 - 1949).

L'Égypte républicaine. **1952 :** les « officiers libres » dirigés par Néguib et Nasser prennent le pouvoir. **1953 :** la république est proclamée. **1954 :** Nasser devient le seul maître du pays. **1956 :** il obtient des Soviétiques le financement du haut barrage d'Assouan et nationalise le canal de Suez, ce qui provoque un conflit avec Israël et l'intervention militaire franco-britannique. **1958 - 1961 :** l'Égypte et la Syrie forment la République arabe unie, présidée par Nasser. **1967 :** la guerre des « Six-Jours » entraîne la fermeture du canal de Suez et l'occupation du Sinaï par Israël. **1970 :** Sadate succède à Nasser. **1973 :** « guerre du Kippour » : l'Égypte récupère le contrôle du canal de Suez. **1976 :** l'Égypte rompt ses relations avec l'URSS et expulse les derniers conseillers soviétiques. **1979 :** le traité de paix avec Israël est signé à Washington conformément aux accords de Camp David. **1981 :** Sadate est assassiné par des extrémistes islamistes. Hosni Moubarak devient président de la République. **1982 :** l'Égypte récupère le Sinaï. Après la signature de la paix avec Israël, elle est mise au ban du monde arabe, puis s'en rapproche à partir de 1983 - 1984. Sous la pression des fondamentalistes musulmans, elle procède à une certaine islamisation des lois, de la Constitution et de l'enseignement. **1989 :** l'Égypte est réintégrée au sein de la Ligue arabe. **1991 :** lors de la guerre du Golfe, elle participe à la force multinationale contre l'Iraq. **À partir de 1993 :** le gouvernement exerce une sévère répression contre les islamistes, qui multiplient les attentats. **2005 :** au terme d'une révision constitutionnelle, le président Moubarak est, pour la première fois, réélu au suffrage universel. Les Frères musulmans font une percée aux élections législatives. **2010 :** les élections législatives redonnent au parti présidentiel une position hégémonique.

L'art de l'Égypte pharaonique

Alors qu'il semble centré sur le réel et le pittoresque du quotidien, l'art de l'Égypte pharaonique est essentiellement funéraire. Et, au-delà des apparences, c'est l'une des symboliques religieuses les plus élaborées qui guide le défunt, à travers les rites de passage, vers l'accès à l'éternité.

La nécropole de Gizeh. Les pyramides ont été élevées sous la IVe dynastie pour les pharaons : Kheops à l'arrière-plan, Khephren au centre et Mykerinus, la moins haute des trois, précédant celles, plus petites, des reines.

La palette de Narmer. Commémorative d'une victoire du roi, elle est le plus ancien document attestant l'unification de l'Égypte. Schiste, époque thinite, v. 3200 av. J.-C. (Musée égyptien, Le Caire.)

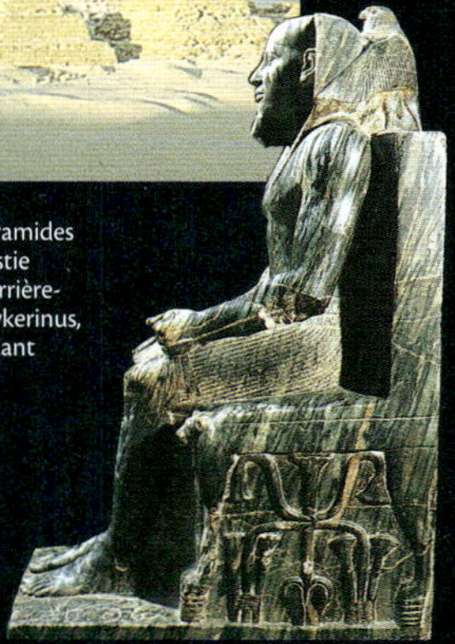

Khephren protégé par le faucon du dieu Horus. Le roi est assis sur un trône orné de plantes emblématiques de la Haute- et de la Basse-Égypte. Diorite, IVe dynastie. (Musée égyptien, Le Caire.)

Mastaba de Ti. Reliefs de la chapelle : le passage du gué. Tout dans le tombeau – architecture, décor, offrandes – est voué à la survie du défunt. Saqqarah, IVe dynastie.

Hypogée de Nakht. Plus de mille ans après Ti, les plaisirs terrestres animent toujours la survie. Ici, les participantes au banquet sont parées de bijoux et de cônes parfumés sur la perruque. Vallée des Nobles, à Thèbes, XVIIIe dynastie.

Le scribe Nebmertouf. Protégé par le babouin du dieu Thot, le scribe (qui vivait v. 1400 av. J.-C.) demeure l'image emblématique de l'Égypte. Schiste, XVIIIe dynastie. (Louvre, Paris.)

Cuiller à fard. La symbolique de cet objet rituel est très élaborée : signe de vie pour la forme, plantes aquatiques du renouveau pour le décor. Bois, XVIIIe dynastie. (Louvre, Paris.)

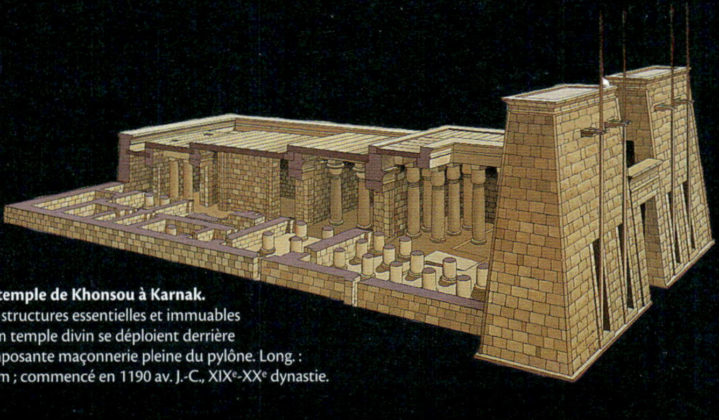

Le temple de Khonsou à Karnak. Les structures essentielles et immuables d'un temple divin se déploient derrière l'imposante maçonnerie pleine du pylône. Long. : 75 m ; commencé en 1190 av. J.-C., XIXe-XXe dynastie.

2011 - 2012 : sous la pression de grandes manifestations populaires, fer de lance des révolutions* arabes, H. Moubarak doit démissionner (févr. 2011). Le Conseil suprême des forces armées (CSFA) est chargé d'assurer la transition jusqu'à la tenue d'élections démocratiques. Alors que le pouvoir exercé par l'armée, liée à l'ancien régime, soulève un mécontentement croissant, les élections législatives (nov. 2011 - janv. 2012) sont largement remportées par les islamistes du parti de la Liberté et de la Justice (Frères musulmans), en tête, et par les salafistes. L'élection présidentielle (juin 2012) voit la victoire du candidat des Frères musulmans, Mohamed Morsi. Ce dernier s'impose dans le bras de fer engagé avec les militaires (mise à l'écart des principaux dirigeants du CSFA en août), mais sa tentative d'étendre par décret ses prérogatives (nov.), faisant craindre une dérive autoritaire, et l'adoption précipitée d'une Constitution contestée pour son inspiration trop islamiste (approuvée par référendum en déc.) génèrent à nouveau de vives tensions. **2013 :** des manifestations réclamant la démission du président se déroulent dans les principales villes du pays (juin). S'appuyant sur cette très forte mobilisation populaire, l'armée reprend la main : en juill., sous la conduite du général Abdel Fattah al-Sissi (nommé ministre de la Défense en août 2012), elle destitue le président Morsi, opère des arrestations massives parmi ses partisans et suspend la Constitution. Le président de la Haute Cour constitutionnelle, Adli Mansour, est désigné chef de l'État par intérim. Mais des violences récurrentes éclatent entre pro- et anti-Morsi, révélant une société très divisée, et le nouveau pouvoir peine à venir à bout de la résistance islamiste. **Depuis 2014 :** A. F. al-Sissi assoit son pouvoir en faisant adopter par référendum une Constitution qui renforce le rôle de l'armée (janv.), puis en s'octroyant une légitimité populaire par son élection à la présidence (mai ; réélu en 2018), tout en continuant à museler les voix dissidentes, Frères musulmans (procès de masse ; dissolution de l'aile politique de la confrérie ; condamnation à mort de M. Morsi [juin 2015], annulée par la Cour de cassation en 2016) et opposants de gauche. Confrontée à des attaques meurtrières, en partic. dans le nord du Sinaï, l'Égypte fait de la lutte contre le terrorisme islamiste un axe majeur de sa politique intérieure et extérieure.

Égypte (campagne ou expédition d') [1798 - 1801], action engagée par Bonaparte dans le but de s'assurer une base d'opérations contre la domination britannique en Inde. Marquée par l'écrasement des Mamelouks à la bataille des Pyramides (1798) et par l'anéantissement de la flotte française à Aboukir (1798), elle permit aussi une meilleure connaissance de l'Égypte ancienne (fondation de l'Institut d'Égypte). Bonaparte fut remplacé par Kléber (1799), puis par Menou, qui capitula et signa une convention d'évacuation avec les Anglais (1801).

EHRENBOURG (Ilia Grigorievitch), *Kiev 1891 - Moscou 1967*, écrivain soviétique. Auteur de récits sociaux et patriotiques (*la Tempête*, 1947), il fut l'un des premiers à dénoncer le climat moral du stalinisme (*le Dégel*, 1954). *Le Livre noir*, composé avec V. Grossman*, témoigne de la barbarie nazie.

EHRENFELS (Christian, baron von), *Rodaun, près de Vienne, 1859 - Lichtenau 1932*, psychologue autrichien. Ses travaux sur la perception font de lui l'un des fondateurs de la théorie de la forme.

EHRLICH (Paul), *Strehlen, Silésie, 1854 - Bad Homburg 1915*, médecin allemand. Il découvrit l'action de certaines molécules sur la syphilis. (Prix Nobel 1908.)

EICHENDORFF (Joseph, baron von), *château de Lubowitz, Haute-Silésie, 1788 - Neisse, auj. Nysa, 1857*, écrivain allemand. Son œuvre poétique et narrative (*Scènes de la vie d'un propre à rien*) exprime un romantisme marqué par une tendance au mysticisme.

EICHER (Stephan), *Münchenbuchsee, canton de Berne, 1960*, chanteur et auteur-compositeur suisse. Il interprète de sa voix mélancolique un rock mélodique, auquel P. Djian apporte fréquemment son talent de parolier (*Engelberg*, 1991 ; *Carcassonne*, 1993 ; *Louanges*, 1999 ; *Eldorado*, 2007 ; *l'Envolée*, 2012).

EICHMANN (Adolf), *Solingen 1906 - Ramla, Israël, 1962*, officier allemand. Membre du parti nazi puis de la SS, il joua, à partir de 1938, un rôle capital dans la déportation et l'extermination des Juifs. Il se réfugia après la guerre en Argentine, où il fut enlevé par les services secrets israéliens en 1960, condamné à mort et exécuté.

EIFEL, massif boisé d'Allemagne (Rhénanie-Palatinat) ; 747 m.

EIFFEL ([Alexandre] Gustave **Bonickhausen**, dit **Eiffel**, puis [Alexandre] Gustave), *Dijon 1832 - Paris 1923*, ingénieur français. L'un des meilleurs spécialistes mondiaux de la construction métallique, il édifia de nombreux ouvrages d'art (ponts, viaducs, notamm. celui de Garabit*) et la tour qui porte son nom. Il mit également au point l'ossature de la statue de la Liberté, à New York.

Eiffel (tour), monument métallique, érigé par G. Eiffel sur le Champ-de-Mars, à Paris*, pour l'Exposition universelle de 1889 ; sa hauteur est de 324 m hors tout (300 m à l'origine).

EIGEN (Manfred), *Bochum 1927*, physico-chimiste allemand. Il a déterminé le mécanisme de réactions chimiques extrêmement rapides. (Prix Nobel de chimie 1967.)

EIGER n.m., sommet des Alpes bernoises (Suisse) ; 3 970 m. Première ascension en 1858 par C. Barrington, C. Almer et P. Bohren.

EIJKMAN (Christiaan), *Nijkerk 1858 - Utrecht 1930*, physiologiste néerlandais. Ses travaux sur le béribéri (1896) ont permis la découverte des vitamines. (Prix Nobel 1929.)

EILAT, v. d'Israël, sur la mer Rouge, au fond du golfe d'Aqaba ; 50 100 hab. Port et station balnéaire.

EINAUDI (Luigi), *Carru, Piémont, 1874 - Rome 1961*, économiste et homme politique italien. Il fut président de la République de 1948 à 1955.

EINDHOVEN, v. du sud des Pays-Bas ; 218 433 hab. Constructions électriques et électroniques. – Musée d'Art moderne et musée des Sciences et Techniques.

EINHARD → **ÉGINHARD.**

EINSIEDELN, v. de Suisse (canton de Schwyz) ; 14 385 hab. Abbaye reconstruite fastueusement au début du XVIIIe s. – Pèlerinage.

EINSTEIN (Albert), *Ulm 1879 - Princeton 1955*, physicien d'origine allemande naturalisé suisse, puis américain. Il établit la théorie du mouvement brownien et, appliquant la théorie des quanta à l'énergie rayonnante, aboutit au concept de photon. Il est surtout l'auteur des théories de la relativité (*relativité restreinte*, 1905 ; *relativité générale*, 1916), qui ont marqué la science moderne, dans lesquelles il révise profondément les notions physiques d'espace et de temps, et établit l'équivalence de la masse et de l'énergie ($E = mc^2$). Épris de justice et de paix, il cosigna la lettre au président Roosevelt qui, devant la menace allemande, lança les recherches sur l'arme nucléaire. Mais, après la guerre, il lutta activement contre la prolifération de cette arme, notamm. avec B. Russell. (Prix Nobel 1921.)

▲ Albert **Einstein**

EINTHOVEN (Willem), *Semarang, Java, 1860 - Leyde 1927*, physiologiste néerlandais. Il a inventé l'électrocardiographie. (Prix Nobel 1924.)

ÉIRE, nom gaélique de l'Irlande, adopté par l'État libre en 1937.

EISENACH, v. d'Allemagne (Thuringe) ; 41 753 hab. Industrie automobile. – Château de la Wartburg*. Musée de la Thuringe ; maisons-musées de Luther et de Bach.

EISENHOWER (Dwight David), *Denison, Texas, 1890 - Washington 1969*, général et homme politique américain. Il dirigea les débarquements alliés en Afrique du Nord (1942), en Italie (1943), puis en Normandie (1944). Commandant en chef des forces alliées, il reçut la capitulation de l'Allemagne à Reims, le 7 mai 1945. Nommé en 1950 à la tête des forces du Pacte atlantique en Europe, il fut président républicain des États-Unis de 1953 à 1961.

◄ **Eisenhower**

EISENHÜTTENSTADT, anc. **Stalinstadt**, v. d'Allemagne (Brandebourg), sur l'Oder ; 28 219 hab. Sidérurgie.

EISENSTADT, v. d'Autriche, cap. du Burgenland ; 13 101 hab. Château Esterházy, surtout du XVIIe s. ; musée.

EISENSTEIN (Sergueï Mikhaïlovitch), *Riga 1898 - Moscou 1948*, cinéaste soviétique. Son rôle est fondamental dans l'histoire du cinéma, par ses écrits et par ses fresques épiques associant inspiration révolutionnaire et recherche esthétique : *la Grève* (1925), *le Cuirassé « Potemkine »* (id.), *Octobre* (1927), *Que viva Mexico !* (1931, inachevé), *Alexandre Nevski* (1938), *Ivan le Terrible* (en deux parties, 1942-1946).

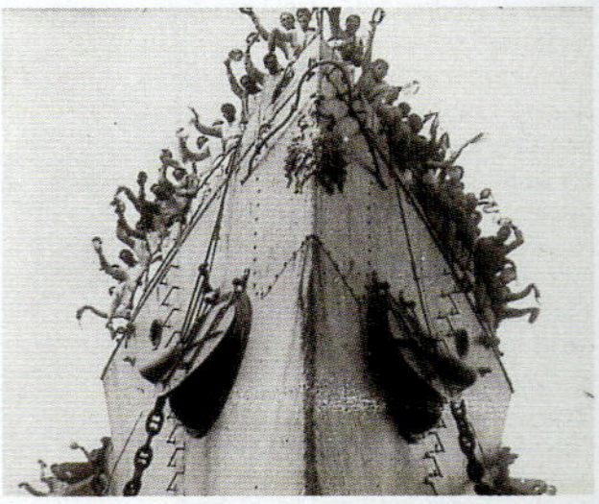

▲ **Eisenstein.** *Le Cuirassé « Potemkine »* (1925).

EISNER (William Erwin, dit Will), *New York 1917 - Lauderdale Lakes, Floride, 2005*, dessinateur et scénariste américain de bandes dessinées. Créateur du Spirit, personnage de justicier masqué (*le Spirit*, 1940-1952), il inventa et théorisa ensuite le roman graphique (*Un pacte avec Dieu*, 1978 ; *New York : The Big City*, 1981 ; *le Complot*, 2005).

EITOKU → **KANO.**

EK (Mats), *Malmö 1945*, danseur et chorégraphe suédois. Codirecteur (1980 - 1985) puis directeur (1985 - 1993) du Ballet fondé par sa mère, Birgit Cullberg, il poursuit ensuite une carrière indépendante. Créateur de pièces fortes (*Soweto*, 1977), il se rend célèbre par ses relectures de ballets classiques (*Giselle*, 1982 ; *le Lac des cygnes*, 1987 ; *la Belle au bois dormant*, 1996 ; *Juliette et Roméo*, 2013). Il met fin à sa carrière en 2016.

EKATERINBOURG → **IEKATERINBOURG.**

EKELÖF (Gunnar), *Stockholm 1907 - Sigtuna 1968*, poète suédois. Il unit les recherches surréalistes aux thèmes lyriques traditionnels.

EKELUND (Vilhelm), *Stehag 1880 - Saltsjöbaden 1949*, poète suédois. Influencé par les symbolistes français, il est l'un des précurseurs de la poésie moderne suédoise.

Ekofisk, gisement d'hydrocarbures de la mer du Nord, dans la zone exploitée par la Norvège.

ÉLAGABAL ou **HÉLIOGABAL** (Marcus Aurelius Antoninus, dit), *204 - Rome 222*, empereur romain (218 - 222). Grand prêtre du Baal solaire d'Émèse (Syrie), qu'il proclama dieu suprême de l'Empire, il fut assassiné par les prétoriens.

ÉLAM n.m., anc. État situé dans le sud-ouest de l'Iran actuel (la *Susiane* des Grecs). Siège d'une grande civilisation dès le Ve millénaire, l'Élam (cap. *Suse*) devint aux XIIIe-XIIe s. av. J.-C. un puissant empire. Suse fut détruite par Assourbanipal v. 646 av. J.-C. ; les Élamites furent incorporés à l'Empire mède (612), puis à l'Empire perse.

ÉLANCOURT (78990), comm. des Yvelines ; 25 828 hab. (*Élancourtois*). Télécommunications. Optronique. Aéronautique. – Centre culturel dans l'ancienne commanderie des Templiers de la Villedieu (fondée en 1180).

ELAZIĞ, v. de la Turquie orientale ; 266 495 hab.

ELBASAN, v. de l'Albanie centrale ; 79 810 hab. Sidérurgie.

ELBE n.f., en tch. **Labe**, fl. de la République tchèque et d'Allemagne, né en Bohême et qui rejoint la mer du Nord ; 1 165 km. Elle passe à Dresde, à Magdebourg et à Hambourg (à la tête de l'estuaire).

ELBE (île d'), île italienne de la Méditerranée, à l'E. de la Corse ; 31 543 hab. Napoléon Ier y régna après sa première abdication (3 mai 1814 - 26 févr. 1815).

ELBÉE (Maurice **Gigost d'**), *Dresde 1752 - Noirmoutier 1794*, général vendéen. Il succéda en 1793 à Cathelineau comme généralissime de l'« armée catholique et royale ».

ELBEUF (76500), bur. centr. de cant. de la Seine-Maritime, sur la Seine ; 16 809 hab. *(Elbeuviens)*. Textile. – Deux églises des XVIe-XVIIe s.

ELBLĄG, v. de Pologne, près de la Baltique ; 124 668 hab.

ELBOURZ n.m., massif de l'Iran, au S. de la Caspienne ; 5 671 m au Demavend.

ELBROUS ou **ELBROUZ** n.m., point culminant du Caucase, en Russie ; 5 642 m. Il est formé par un volcan éteint.

ELCANO (Juan Sebastián), *Guetaria v. 1476 - dans l'océan Pacifique 1526*, navigateur espagnol. Il participa au voyage de Magellan et ramena en Europe le dernier navire de l'expédition, en 1522. Il est le premier marin à avoir fait le tour du monde.

ELCHE, v. d'Espagne, dans la région de Valence, prov. d'Alicante ; 227 417 hab. Palmeraie. – Le buste de la *Dame d'Elche* (musée archéologique de Madrid) y a été découvert en 1897. On situe l'œuvre entre le Ve et le IIIe s. av. J.-C. et on y reconnaît l'influence de la Grèce.

Elchingen (bataille d') [14 oct. 1805], bataille de l'Empire. Victoire de Ney sur les Autrichiens en Bavière, qui entraîna la capitulation d'Ulm.

ELDORADO n.m. (mot espagnol signifiant « le Doré »), pays fabuleux d'Amérique, riche en or, que les conquistadors plaçaient entre l'Amazone et l'Orénoque.

ÉLECTRE MYTH. GR. Fille d'Agamemnon et de Clytemnestre. Pour venger son père, elle poussa son frère Oreste à tuer Égisthe et Clytemnestre. – La vengeance d'Électre a inspiré une tragédie à Eschyle (*les Choéphores*, 458 av. J.-C.), à Sophocle (v. 415 av. J.-C.), à Euripide (v. 413 av. J.-C.), et un drame à J. Giraudoux (1937).

ÉLÉE, anc. v. d'Italie (Lucanie), en Grande-Grèce. Colonie des Phocéens et siège de l'*école éléate* (v. partie n. comm. **éléate**).

ELEKTROSTAL, v. de Russie, à l'E. de Moscou ; 155 324 hab.

Éléments, traité d'Euclide, synthèse des mathématiques de son temps. Ce texte fut une référence tout au long de l'histoire des mathématiques.

Éléments de mathématique, traité collectif du groupe Nicolas Bourbaki*, publié depuis la fin des années 1930. Cette œuvre monumentale, partagée en dix livres, procède d'un souci de formalisation complète des mathématiques.

ÉLÉONORE DE HABSBOURG, *Louvain 1498 - Talavera 1558*, archiduchesse d'Autriche, reine de Portugal, puis reine de France. Fille de Philippe Ier le Beau, roi de Castille et archiduc d'Autriche, elle épousa en 1518 Manuel Ier le Grand, roi de Portugal, puis, en 1530, François Ier, roi de France.

Éléphant (ordre de l'), ordre danois, créé en 1462 par le roi Christian Ier et réorganisé en 1808.

ELEPHANTA, île indienne au centre du golfe de Bombay. L'un des hauts lieux du shivaïsme, célèbre pour son ensemble de grottes ornées du VIIe s. (relief de la *Descente du Gange sur la terre*, buste colossal de Shiva tricéphale).

ÉLÉPHANTINE (île), île du Nil, en face d'Assouan. Place forte et point de départ des expéditions vers le Soudan à l'époque pharaonique. – Ruines ; musée.

ÉLEUSIS, v. de Grèce (Attique), au N.-E. d'Athènes ; 25 863 hab. Sidérurgie. – Dans l'Antiquité, on y célébrait des mystères liés au culte de Déméter. – Ruines importantes (du VIIe s. av. J.-C. à l'époque romaine), qui ont livré, entre autres, la *Mission de Triptolème*, relief originaire de l'atelier de Phidias (Athènes, Musée national).

ELGAR (sir Edward), *Broadheath 1857 - Worcester 1934*, compositeur britannique. Directeur de la musique du roi, il est notamment l'auteur d'oratorios (*The Dream of Gerontius*, 1900), de symphonies, de concertos et des fameuses *Pomp and Circumstance Marches*.

ELGIN (Thomas **Bruce**, 7e comte **d'**), *1766 - Paris 1841*, diplomate britannique. Ambassadeur en Turquie (1799 - 1802), il fit transporter au British Museum une partie des sculptures du Parthénon. — **James Bruce,** 8e comte **d'E.,** *Londres 1811 - Dharmsala 1863*, homme politique britannique. Fils du 7e comte d'Elgin, il fut gouverneur du Canada de 1846 à 1854 et vice-roi des Indes (1862).

EL-HADJ OMAR, *près de Podor v. 1797 - près de Bandiagara, Mali, 1864*, chef musulman toucouleur. Il tenta par une guerre sainte, lancée en 1854, de constituer un empire dans la région du Sénégal et du Mali actuels, et conquit l'empire peul du Macina (1862). À sa mort, ses fils régnèrent sur ses territoires, qui furent conquis par les Français.

ELIADE (Mircea), *Bucarest 1907 - Chicago 1986*, historien des religions et écrivain roumain. Son œuvre porte essentiellement sur l'histoire comparée des religions et des mythes (*Traité d'histoire des religions*, 1949).

ELIAS (Norbert), *Breslau 1897 - Amsterdam 1990*, sociologue allemand. Il s'est attaché à éclairer sur le long terme le processus de formation de la civilisation européenne (*la Civilisation des mœurs et la Dynamique de l'Occident*, 1939), élargissant son étude à l'humanité dans son ensemble (*Sur le temps*, 1985) et développant une réflexion épistémologique (*Engagement et détachement*, 1987).

ÉLIDE n.f., pays de la Grèce ancienne, sur la côte ouest du Péloponnèse. Dans sa principale ville, Olympie, on célébrait les jeux Olympiques.

ÉLIE, prophète biblique (IXe s. av. J.-C.). Il exerça son ministère dans le royaume d'Israël et lutta contre les cultes idolâtriques cananéens.

ÉLIE d'Assise ou **FRÈRE ÉLIE,** *Castel Britti 1171 - Cortone 1253*, franciscain italien, ministre général des frères mineurs après saint François (1232).

ÉLIE DE BEAUMONT (Léonce), *Canon, Calvados, 1798 - id. 1874*, géologue français. Ses travaux sur l'orogenèse ont marqué la géologie au XIXe s. Il a travaillé à la cartographie du sous-sol français au 1/500 000.

ELIOT (Mary Ann **Evans,** dite **George**), *Chilvers Coton, Warwickshire, 1819 - Londres 1880*, femme de lettres britannique. Ses romans réalistes peignent la vie rurale et provinciale anglaise (*Adam Bede, le Moulin sur la Floss, Silas Marner*).

ELIOT (John), *Widford, Hertfordshire, 1604 - Roxbury, Massachusetts, 1690*, missionnaire protestant anglais. Fervent puritain, il évangélisa la Nouvelle-Angleterre.

ELIOT (Thomas Stearns), *Saint-Louis 1888 - Londres 1965*, écrivain britannique d'origine américaine. Poète, essayiste et auteur dramatique, il évolua d'une critique de la société moderne à travers les mythes antiques (*la Terre Gaste*, 1922) vers un catholicisme mystique (*Meurtre dans la cathédrale*, 1935). [Prix Nobel 1948.]

ÉLISABETH (sainte), mère de Jean-Baptiste, femme du prêtre Zacharie et parente de Marie.

ÉLISABETH (sainte), *Sáxospatak 1207 - Marburg 1231*, princesse hongroise, fille d'André II, roi de Hongrie.

AUTRICHE

ÉLISABETH DE WITTELSBACH, dite **Sissi,** *Munich 1837 - Genève 1898*, impératrice d'Autriche. Femme de François-Joseph Ier, elle fut assassinée par un anarchiste italien.

BELGIQUE

ÉLISABETH, *Possenhofen, Bavière, 1876 - Bruxelles 1965*, reine des Belges. Fille du duc de Bavière Charles-Théodore, femme d'Albert Ier.

ESPAGNE

ÉLISABETH DE FRANCE, *Fontainebleau 1545 - Madrid 1568*, reine d'Espagne. Fille d'Henri II et de Catherine de Médicis, elle épousa Philippe II en 1559.

ÉLISABETH DE FRANCE, *Fontainebleau 1602 - Madrid 1644*, reine d'Espagne. Fille d'Henri IV et de Marie de Médicis, elle épousa le futur Philippe IV (1615) et fut la mère de Marie-Thérèse, femme de Louis XIV.

ÉLISABETH FARNÈSE, *Parme 1692 - Madrid 1766*, reine d'Espagne. Seconde épouse (1714) de Philippe V, elle contribua à rétablir la domination espagnole sur l'Italie.

FRANCE

ÉLISABETH D'AUTRICHE, *Vienne 1554 - id. 1592*, reine de France. Fille de l'empereur Maximilien II, elle épousa (1570) Charles IX.

ÉLISABETH DE FRANCE (Philippine Marie Hélène, Madame), *Versailles 1764 - Paris 1794*, sœur de Louis XVI. Elle fut guillotinée.

GRANDE-BRETAGNE

ÉLISABETH Ire ou **ELIZABETH I,** *Greenwich 1533 - Richmond 1603*, reine d'Angleterre et d'Irlande (1558 - 1603), la dernière des Tudors. Fille d'Henri VIII et d'Anne Boleyn, souveraine énergique et autoritaire, elle fut la véritable « instauratrice » de l'Église anglicane, considérée comme « voie moyenne » entre catholicisme et protestantisme (Acte de suprematie et Acte d'uniformité [1559], Trente-Neuf Articles [1563]). Ainsi, elle se heurta à l'opposition des puritains, qu'elle pourchassa, et des catholiques, qu'elle frappa dans la personne de leur protectrice, sa cousine Marie Stuart, qu'elle fit décapiter (1587). Cette exécution déclencha les hostilités entre l'Angleterre et l'Espagne, dont l'Invincible Armada fut dispersée (1588). Cette lutte consacra la suprématie maritime de l'Angleterre et encouragea son expansionnisme (fondation de la Compagnie des Indes orientales, 1600). La période élisabéthaine fut aussi marquée par un grand essor culturel et artistique, notamm. au théâtre (Marlowe, Shakespeare) et en musique.

▲ **Élisabeth Ire** par M. Gheeraerts.
(National Maritime Museum, Greenwich.)

ÉLISABETH II ou **ELIZABETH II,** *Londres 1926*, reine du Royaume-Uni de Grande-Bretagne et d'Irlande du Nord et chef du Commonwealth depuis 1952, de la dynastie de Windsor. Fille de George VI, elle épouse en 1947 Philip, duc d'Édimbourg, et a quatre enfants : Charles (prince de Galles), Anne, Andrew et Edward.

◄ **Élisabeth II**

RUSSIE

ÉLISABETH, *Kolomenskoïe 1709 - Saint-Pétersbourg 1762*, impératrice de Russie (1741 - 1762), de la dynastie des Romanov. Fille de Pierre le Grand et de Catherine Ire, elle favorisa l'influence française et engagea la Russie aux côtés de la France et de l'Autriche dans la guerre de Sept Ans (1756 - 1763).

ÉLISABETHVILLE → **LUBUMBASHI.**

ÉLISÉE, prophète biblique, successeur d'Élie (IXe s. av. J.-C.).

ELISTA, v. de Russie, cap. de la Kalmoukie, à l'O. d'Astrakhan ; 103 728 hab.

ELIZABETH, v. des États-Unis (New Jersey) ; 128 705 hab. Port.

ELLESMERE (île d'), île de l'archipel Arctique canadien (Nunavut). Elle est en grande partie englacée.

ELLICE → **TUVALU.**

ELLINGTON (Edward Kennedy **Ellington,** dit **Duke**), *Washington 1899 - New York 1974*, compositeur et chef d'orchestre américain de jazz. Il prit la tête de l'orchestre des Washingtonians, devenu Duke Ellington Orchestra, et fut la vedette du Cotton Club de Harlem (1927 - 1932), où il développa le style dit « jungle ». Également pianiste, il fut l'un des grands créateurs du jazz, cherchant à concilier forme musicale composée et improvisation (*Mood Indigo*, 1930 ; *Satin Doll*, 1958).

▲ Duke **Ellington**

ELLORA, site archéologique d'Inde, au nord-ouest d'Aurangabad. Plus d'une trentaine de temples rupestres ou excavés du VIe au IXe s., dont le Kailasa

(VIIIᵉ s.), relèvent du bouddhisme, du brahmanisme et du jaïnisme ; décoration sculptée en haut relief.

ELLORE → **ELURU.**

ELLROY (Lee Earle, dit James), *Los Angeles 1948*, écrivain américain. Figure éminente et singulière du roman noir, il fait évoluer dans les bas-fonds corrompus de sa ville natale des individus hors norme, en quête de rédemption (*le Dahlia noir*, 1987 ; *L.A. Confidential*, 1990 ; *American Tabloid*, 1995 ; *Underworld USA*, 2009). L'image de sa mère, assassinée, hante ses récits autobiographiques (*Ma part d'ombre*, 1996 ; *la Malédiction Hilliker*, 2010).

ELLUL (Jacques), *Bordeaux 1912 - id. 1994*, sociologue français. Il a étudié la part croissante prise par la technique dans la société contemporaine (*Propagandes*, 1962 ; *le Système technicien*, 1977).

ELNE (66200), bur. centr. de cant. des Pyrénées-Orientales, près du Tech ; 8 764 hab. *(Illibériens)*. Cathédrale en partie romane ; cloître des XIIᵉ-XIVᵉ s.

Éloge de la folie, ouvrage en latin d'Érasme (1511), dans lequel l'auteur se livre à une satire sociale visant notamment le clergé.

ÉLOI (saint), *près de Limoges v. 588 - 660*, évêque de Noyon. Orfèvre et trésorier de Clotaire II, puis de Dagobert Iᵉʳ, il succéda à saint Médard comme évêque de Noyon-Tournai (641). Patron des orfèvres et des métallurgistes.

EL PASO, v. des États-Unis (Texas), sur le Rio Grande ; 679 036 hab. (813 255 hab. dans l'agglomération). Musées.

ELSENE → **IXELLES.**

ELSENEUR, en dan. **Helsingør,** v. du Danemark, sur le Sund ; 61 143 hab. Port. – Château de Kronborg (XVIᵉ s.), où Shakespeare situa l'action de *Hamlet**. Ensemble de maisons des XVIIᵉ-XVIIIᵉ s.

ELSHEIMER (Adam), *Francfort-sur-le-Main 1578 - Rome 1610*, peintre et graveur allemand. Il pratiqua l'un des premiers, en petit format, le genre du paysage historique.

ELSKAMP (Max), *Anvers 1862 - id. 1931*, poète belge de langue française. Sa poésie s'inspire des traditions populaires et de la pensée extrême-orientale.

ELSSLER (Franziska, dite Fanny), *Gumpendorf, auj. dans Vienne, 1810 - Vienne 1884*, danseuse autrichienne. Rivale de Marie Taglioni, elle fut l'une des plus grandes ballerines romantiques.

ELSTER BLANCHE, riv. d'Allemagne (Saxe), affl. de la Saale (r. dr.) ; 257 km. Elle passe à Leipzig.

ELSTER NOIRE, riv. d'Allemagne (Saxe), affl. de l'Elbe (r. dr.) ; 188 km.

ELTSINE → **IELTSINE.**

ÉLUARD (Eugène **Grindel,** dit Paul), *Saint-Denis 1895 - Charenton-le-Pont 1952*, poète français. Il passa du surréalisme (*Capitale de la douleur*, 1926) à l'engagement dans la Résistance (*Poésie et Vérité*, 1942), puis au Parti communiste, restant toujours fidèle à l'exaltation de l'amour et des sensations immédiates (*la Vie immédiate*, 1932).

◄ Paul **Éluard**

ELURU ou **ELLORE,** v. d'Inde (Andhra Pradesh) ; 189 772 hab.

ELVEN [ɛlvɛ̃] (56250), comm. du Morbihan ; 5 895 hab. *(Elvinois)*. Vestiges, dits « tours d'Elven », de la forteresse de Largoët (XIIIᵉ-XVᵉ s.).

ELY, v. de Grande-Bretagne (Angleterre), au N.-E. de Cambridge ; 13 954 hab. Majestueuse cathédrale dont les styles s'échelonnent du roman normand au gothique perpendiculaire.

ÉLYSÉE → **CHAMPS ÉLYSÉES.**

Élysée (palais de l'), résidence parisienne, située à l'angle de la rue du Faubourg-Saint-Honoré et de l'avenue de Marigny (VIIIᵉ arrond.). Construit en 1718 par l'architecte Claude Mollet pour le comte d'Évreux, l'édifice servit de résidence à Mᵐᵉ de Pompadour, aux ambassadeurs extraordinaires, à la duchesse de Bourbon (1787), à la princesse Caroline Murat, à Napoléon Iᵉʳ, puis fut affecté, en 1848 et à partir de 1873, à la présidence de la République. Il a été souvent remanié.

ELÝTIS (Odhysséas **Alepoudhélis,** dit Odhysséas), *Iráklion, Crète, 1911 - Athènes 1996*, poète grec. Sa poésie, marquée par le surréalisme, mêle évocation émerveillée de la lumière de la Grèce et inspiration politique et sociale (*Soleil, le premier*, 1943 ; *Axion Esti* [« Loué soit... »], 1959 ; *Six et Un Remords pour le ciel*, 1960). [Prix Nobel 1979.]

ELZÉVIR, ELZEVIER ou **ELSEVIER,** imprimeurs et libraires hollandais des XVIᵉ et XVIIᵉ s. Établis à Leyde, à La Haye, à Utrecht et à Amsterdam, ils éditèrent des ouvrages considérés comme des modèles d'élégance typographique.

EMBA n.m., fl. du Kazakhstan, qui rejoint la Caspienne ; 712 km. Il donne son nom à une région pétrolifère entre l'Oural et la Caspienne.

EMBIEZ (îles des), petit archipel de la côte varoise. Tourisme.

EMBRUN (05200), bur. centr. de cant. des Hautes-Alpes, dans l'*Embrunais*, sur la Durance ; 6 602 hab. *(Embrunais)*. Tourisme. – Cathédrale du XIIᵉ s. (trésor) ; maisons anciennes.

EMDEN, v. d'Allemagne (Basse-Saxe), à l'embouchure de l'Ems ; 49 787 hab. Port.

EMERSON (Ralph Waldo), *Boston 1803 - Concord, Massachusetts, 1882*, philosophe américain. Il est le fondateur d'un système idéaliste, mystique et panthéiste, le transcendantalisme.

ÉMERY (Jacques André), *Gex 1732 - Issy-les-Moulineaux 1811*, prêtre français. Supérieur de la Compagnie de Saint-Sulpice (1782), il prit la tête des prêtres réfractaires pendant la Révolution puis défendit les droits du pape contre Napoléon Iᵉʳ.

ÉMERY (Michel **Particelli,** seigneur d') → **PARTICELLI.**

Émile ou De l'éducation, roman pédagogique de J.-J. Rousseau (1762). L'auteur y développe en 5 livres le programme d'une éducation menée à l'écart de la corruption sociale, dans le but de former l'homme sans trahir sa bonté naturelle. L'enfant reçoit une éducation sensorielle, puis manuelle et, enfin, à la puberté, intellectuelle, morale et religieuse (célèbre « Profession de foi du vicaire savoyard »). L'ouvrage a largement inspiré la pédagogie moderne.

ÉMILIE-ROMAGNE, région d'Italie, au S. du Pô, sur l'Adriatique ; 4 448 841 hab. ; cap. *Bologne* ; 9 prov. (*Bologne, Ferrare, Forli-Cesena, Modène, Parme, Plaisance, Ravenne, Reggio nell'Emilia* et *Rimini*).

EMINESCU (Mihai), *Ipoteşti 1850 - Bucarest 1889*, écrivain roumain. Sa poésie lyrique, d'inspiration tour à tour philosophique, sociale et érotique, fait de lui le grand poète national de la Roumanie.

ÉMIRATS ARABES UNIS n.m. pl., État fédéral d'Asie, dans le nord-est de la péninsule d'Arabie, sur le golfe Persique ; 80 000 km² ; 9 346 000 hab. (*Émiriens* ou *Émiratis*). **CAP.** *Abu Dhabi.* **LANGUE :** *arabe.* **MONNAIE :** *dirham des Émirats arabes unis.* (V. carte **Arabie saoudite.**)

Le pays regroupe 7 émirats (Abu Dhabi, Dubai, Chardja, Fudjayra, Adjman, Umm al-Qaywayn et Ras al-Khayma). Cette région désertique, peuplée d'une majorité d'immigrés, est un important producteur de pétrole ; elle développe aussi ses activités industrielles (aluminium, sidérurgie, aéronautique) et tertiaires (surtout services financiers et tourisme). – Les « États de la Trêve » (Trucial States), du nom du traité de paix perpétuelle signé en 1853 avec la Grande-Bretagne, furent sous protectorat britannique de 1892 à 1971. En 1971 - 1972, ils forment la fédération indépendante des Émirats arabes unis, dirigée par l'émir Zayid ibn Sultan al-Nahyan (1971 - 2004), puis par son fils l'émir Khalifa ibn Zayid al-Nahyan (à partir de 2004 ; il est victime d'une attaque cérébrale en 2014 [depuis, le prince héritier Mohammed ibn Zayid al-Nahyan, son frère, gouverne de facto le pays]).

EMMANUEL (Noël **Mathieu,** puis Noël **Pierre-Emmanuel,** dit Pierre), *Gan, Pyrénées-Atlantiques, 1916 - Paris 1984*, écrivain français. Dans des essais et des recueils poétiques (*Évangéliaire*, 1961 ; *Sophia*, 1973), il a confronté sa foi chrétienne aux problèmes du monde et de la culture modernes. (Acad. fr.)

EMMANUELLE (Madeleine **Cinquin,** en relig. sœur), *Bruxelles 1908 - Callian, Var, 2008*, religieuse belge, française et égyptienne. Membre de la congrégation Notre-Dame-de-Sion, elle se consacra à l'enseignement puis, à l'âge de la retraite, partit partager la vie des chiffonniers des bidonvilles du Caire (1971 - 1993), s'attachant en partic. à améliorer le sort des enfants déshérités.

EMMANUEL-PHILIBERT Tête de Fer, *Chambéry 1528 - Turin 1580*, duc de Savoie (1553 - 1580). Il servit Charles Quint, puis Philippe II, et s'efforça, avec l'aide de saint François de Sales, de restaurer le catholicisme dans ses États.

EMMAÜS, bourg de Palestine, près de Jérusalem. D'après l'Évangile de Luc, Jésus y apparut à deux disciples après sa résurrection.

EMMEN, v. des Pays-Bas (Drenthe) ; 108 392 hab. Textile.

EMMEN, comm. de Suisse (canton de Lucerne) ; 28 031 hab.

EMMENTAL ou **EMMENTHAL,** vallée suisse (canton de Berne). Fromages.

Émosson, barrage-réservoir de Suisse (Valais), à la frontière française, qui alimente une centrale française et une centrale suisse.

EMPÉDOCLE, *Agrigente v. 490 - v. 435 av. J.-C.*, philosophe grec présocratique. La sagesse qu'il enseigna repose sur une cosmogonie assimilant le devenir du monde à un cycle, où les rapports des quatre éléments sont régis par l'Amour qui unit et la Haine qui divise. Il aurait choisi de mourir en se jetant dans l'Etna.

EMPEREUR (Jean-Yves), *Le Mans 1952*, archéologue français. Fondateur (1990) et directeur du Centre d'études alexandrines, il supervise les nombreuses fouilles d'Alexandrie (notamm. celles du phare antique et de la Nécropolis, cimetière occidental de la cité).

Empire (premier), régime politique de la France de mai 1804 à avril 1814. Établi par Napoléon Iᵉʳ, il succéda au Consulat et prit fin avec l'abdication de l'Empereur. Il fut momentanément restauré, sous une forme plus libérale, durant les Cent-Jours (mars-juin 1815).

Empire (second), régime politique de la France de déc. 1852 à sept. 1870. Établi par Napoléon III, après le coup d'État du 2 décembre 1851, il succéda à la IIᵉ République et prit fin avec la défaite de la France lors de la guerre franco-allemande.

EMS n.m., fl. d'Allemagne, qui rejoint la mer du Nord ; 371 km.

EMS, auj. **Bad Ems,** v. d'Allemagne (Rhénanie-Palatinat), près de Coblence ; 9 153 hab. Station thermale. – On appelle *dépêche d'Ems* la version, publiée par Bismarck le 13 juill. 1870, des informations que l'empereur Guillaume Iᵉʳ lui avait télégraphiées d'Ems. Ce dernier refusait de recevoir l'ambassadeur de France pour lui confirmer le retrait de la candidature d'un Hohenzollern au trône d'Espagne. Cette dépêche est à l'origine du déclenchement de la guerre franco-allemande.

ENA (École nationale d'administration), établissement public créé en 1945, chargé de recruter sur concours et de former les cadres supérieurs de l'administration française. Longtemps installée à Paris, l'ENA a été transférée progressivement (entre 1993 et 2005) à Strasbourg.

Encelade, satellite naturel de Saturne, découvert par W. Herschel* en 1789. Étudiée par la sonde américaine Cassini entre 2005 et 2017, cette petite lune abriterait un océan chaud et salé sous sa croûte de glace, ainsi qu'une activité hydrothermale (geysers) propice à la vie.

ENCINA (Juan del), *Encinas, près de Salamanque, 1469 - León v. 1529*, poète et compositeur espagnol. Ses poèmes dramatiques *(Églogues)*, qui s'achevaient par des chants polyphoniques, sont caractéristiques du passage de la dramaturgie médiévale à celle de la Renaissance.

Encyclopédie ou Dictionnaire raisonné des sciences, des arts et des métiers, publication inspirée par un ouvrage similaire de Chambers (1728), et dirigée par Diderot, comprenant 35 volumes, dont 11 de planches (1751-1772). Elle visait à rendre compte du progrès humain dans tous les domaines, une place majeure étant accordée aux techniques. L'ouvrage eut 150 collaborateurs (outre Voltaire, Montesquieu, Rousseau, Condillac, Jaucourt, etc., de nombreux spécialistes, médecins ou ingénieurs). La publication, à laquelle s'opposèrent le clergé et la noblesse de cour, fut menée à terme grâce au sens des affaires du libraire Le Breton et à l'énergie de Diderot. Précédée du *Discours préliminaire* de d'Alembert, l'*Encyclopédie* imposa l'idée du progrès économique et, dans sa prétention à favoriser en tout la raison contre les préjugés, annonça un nouvel ordre des choses.

ENDYMION MYTH. GR. Berger aimé de Séléné, qui obtint de Zeus de conserver sa beauté dans un sommeil éternel.

ÉNÉE MYTH. GR. Prince troyen dont Virgile a fait le héros de son *Énéide*.

Énéide (l'), poème épique de Virgile, en 12 chants (écrit de 29 à 19 av. J.-C.). Inspirée de *l'Iliade* et de *l'Odyssée*, cette épopée nationale raconte les pérégrinations d'Énée après l'incendie de Troie, l'établissement des Troyens en Italie, et annonce la fondation de Rome. Elle a inspiré à H. Berlioz un opéra *(les Troyens)* en 5 actes et en 2 parties créé intégralement en 1890.

ENESCO ou **ENESCU** (George), *Liveni 1881 - Paris 1955*, compositeur et violoniste roumain. Il est l'auteur de *Rhapsodies roumaines* (1901), de trois sonates pour violon et piano, de deux symphonies et de l'opéra *Œdipe* (1936).

ENFANTIN (Barthélemy Prosper), dit **le Père Enfantin,** *Paris 1796 - id. 1864*, ingénieur et économiste français. Avec Saint-Amand Bazard, il transforma le mouvement saint-simonien en Église (1828 - 1832).

Enfant prodigue (parabole de l'), parabole de l'Évangile, illustration de la mansuétude divine. Un fils ayant quitté son père pour courir l'aventure est reçu à bras ouverts lorsqu'il revient chez lui dans la misère. (Luc, XV.)

ENFERS MYTH. Séjour des morts.

ENGADINE n.f., partie suisse (Grisons) de la vallée de l'Inn. Tourisme.

ENGELBERG, comm. de Suisse (Unterwald), au pied du Titlis ; 3 903 hab. Station de sports d'hiver (alt. 1 050 - 3 020 m). – Église au riche décor baroque.

ENGELS → **POKROVSK.**

ENGELS (Friedrich), *Barmen, auj. dans Wuppertal, 1820 - Londres 1895*, théoricien socialiste et homme politique allemand. Il rédigea en commun avec K. Marx, dont il fut l'ami et le soutien, plusieurs des textes fondateurs du marxisme, dont *l'Idéologie allemande* (1845-1846) et le *Manifeste du parti communiste* (1848) ; il assura la publication posthume des deuxième et troisième tomes du *Capital*. Son apport personnel à l'élaboration du matérialisme historique et dialectique fut également considérable (*la Situation de la classe laborieuse en Angleterre*, 1845 ; *Anti-Dühring*, 1878 ; *l'Origine de la famille, de la propriété privée et de l'État*, 1884), de même que son activité militante ; il fut au centre de la création de la IIe Internationale.

▲ Friedrich **Engels**

ENGHIEN [ɑ̃gjɛ̃], en néerl. **Edingen,** v. de Belgique (Hainaut) ; 13 286 hab. Deux églises anciennes (œuvres d'art) ; parc du domaine des ducs d'Arenberg.

ENGHIEN [ɑ̃gɛ̃] (Louis Antoine Henri **de Bourbon-Condé, duc d'**), *Chantilly 1772 - Vincennes 1804*, dernier héritier des Condés. Fils de Louis Joseph, prince de Condé, il émigra en 1789. Bonaparte le fit enlever en territoire allemand, transférer à Vincennes et fusiller dans les fossés du château pour briser tout espoir de restauration des Bourbons.

ENGHIEN-LES-BAINS [ɑ̃gɛ̃-] (95880), comm. du Val-d'Oise, sur le *lac d'Enghien* ; 11 564 hab. *(Enghiennois).* Station thermale (affections respiratoires et articulaires). Casino. Au N.-O., hippodrome. – Centre des arts. Festival international des arts numériques (« Bains numériques »).

ENGILBERT (saint) → **ANGILBERT.**

ENGLAND, nom anglais de l'Angleterre.

ENGLERT (François) → **HIGGS** (Peter Ware).

ENGÓMI ou **ENKOMI,** site archéologique de Chypre. Situé à l'emplacement probable de la cap. du royaume d'Alashiya, c'est l'un des principaux centres urbains de l'île à l'époque du bronze récent (XIVe-XIIIe s. av. J.-C.).

▲ James **Ensor.** *Masques singuliers*, 1892. (Musées royaux des Beaux-Arts, Bruxelles.)

ENKI, dieu mésopotamien des eaux profondes sur lesquelles repose la Terre. Il est aussi le maître de la magie.

ENLIL, dieu mésopotamien, maître de la terre ferme.

ENNA, v. d'Italie (Sicile), ch.-l. de prov. ; 27 842 hab. Restes du château médiéval, dominant un magnifique panorama.

Ennéades (les), recueil des œuvres de Plotin, édité par Porphyre (IIIe s. apr. J.-C.), où se développe la thématique du néoplatonisme.

ENNEZAT [ɛnza] (63720), comm. du Puy-de-Dôme ; 2 566 hab. *(Nazadaires).* Agroalimentaire. – Église des XIe-XIIIe s. (peintures murales du XVe s.).

ENNIUS (Quintus), *Rudiae, Calabre, 239 - Rome 169 av. J.-C.*, poète latin. Il est l'auteur de poésies philosophiques et morales *(Saturae)* et d'une épopée à la gloire de Rome, les *Annales*.

ENNS n.m., riv. d'Autriche, dans les Alpes, affl. du Danube (r. dr.) ; 254 km.

ÉNOCH → **HÉNOCH.**

ENQUIST (Per Olov), *Hjoggböle, près de Skellefteå, 1934*, écrivain suédois. Mêlant réalité et fiction, il explore dans ses romans la part d'ombre des individus et des sociétés, et conte leur inexorable déclin (*Hess*, 1966 ; *l'Extradition des Baltes*, 1968 ; *l'Ange déchu*, 1985 ; *le Médecin personnel du roi*, 1999 ; *Blanche et Marie*, 2004). Il est aussi un auteur de théâtre (*la Nuit des tribades*, 1975).

ENS, sigle de École(s) normale(s)* supérieure(s).

ENSAD (École nationale supérieure des arts décoratifs), établissement d'enseignement supérieur, situé à Paris, rue d'Ulm, qui a pour mission de former des créateurs aptes à concevoir et développer toute réalisation dans les domaines des arts décoratifs.

ENSAM (École nationale supérieure d'arts et métiers), dite aussi **Arts et Métiers ParisTech,** établissement d'enseignement technique supérieur, qui forme des ingénieurs hautement qualifiés, à caractère polyvalent, dans 8 centres (Aix-en-Provence, Angers, Bordeaux, Châlons-en-Champagne, Cluny, Lille, Metz et Paris).

ENSBA, sigle de École nationale supérieure des beaux-arts*.

ENSCHEDE, v. des Pays-Bas (Overijssel) ; 158 627 hab.

Enseigne de Gersaint (l'), grande toile de Watteau (1720, château de Charlottenburg, Berlin). Elle évoque la boutique du marchand de tableaux parisien Edme Gersaint.

enseignement et de l'éducation permanente (Ligue française de l'), association fondée en 1866 par J. Macé (Ligue française de l'enseignement) pour favoriser la diffusion de l'instruction dans les classes populaires.

ENSENADA, v. du Mexique, sur le Pacifique ; 466 727 hab. Port.

ENSÉRUNE (montagne d'), plateau du sud-ouest de la France, dans le bas Languedoc, entre l'Orb et l'Aude. Site archéologique préromain (VIe-Ier s. av. J.-C.), sur l'emplacement d'un oppidum qui évolua d'une tradition ibère vers une occupation gauloise. Musée.

ENSISHEIM [ɛnzisɛm] (68190), bur. centr. de cant. du Haut-Rhin ; 7 491 hab. *(Ensisheimois).* Hôtel de ville du XVIe s. – Météorite tombée le 7 nov. 1492 (127 kg à l'origine).

ENSOR (James), *Ostende 1860 - id. 1949*, peintre et graveur belge. Tour à tour réaliste, expressionniste et visionnaire, il est considéré comme un des grands précurseurs de l'art moderne (*le Chou*, 1880, Bruxelles ; *l'Entrée du Christ à Bruxelles*, 1888, musée J. Paul Getty, Los Angeles ; *l'Étonnement du masque Wouse*, 1890, Anvers).

ENTEBBE, v. d'Ouganda, sur le lac Victoria ; 57 518 hab. Anc. capitale. Aéroport.

Entente (Petite-), alliance élaborée en 1920 - 1921 entre le royaume des Serbes, Croates et Slovènes, la Tchécoslovaquie et la Roumanie pour le maintien des frontières fixées en 1919 - 1920. Patronnée par la France, elle s'effondra en 1938.

Entente (Triple-), système d'alliance fondé sur les accords bilatéraux conclus à partir de 1907 entre la France, la Grande-Bretagne et la Russie en vue de contrebalancer la Triple-Alliance.

Entente cordiale, nom donné aux bons rapports qui existèrent sous Louis-Philippe entre la France et la Grande-Bretagne, et qui fut repris en 1904 pour qualifier le nouveau rapprochement entre les deux pays, concrétisé par la signature d'accords (avr.) réglant les questions coloniales en litige.

enterrement à Ornans (Un), immense toile de Courbet (1849, musée d'Orsay). Exposée au Salon de 1850 - 1851, cette œuvre scandalisa par son réalisme et fit du peintre un chef d'école.

Enterrement du comte d'Orgaz (l'), grande toile du Greco (1586, église S. Tomé, Tolède), sur un thème légendaire médiéval.

▲ L'**Enterrement du comte d'Orgaz.** Peinture du Greco, 1586. (Église S. Tomé, Tolède.)

ENTRAGUES (Henriette **de Balzac d'**) marquise **de Verneuil,** *Orléans 1579 - Paris 1633*, favorite d'Henri IV de 1599 à 1608.

ENTRECASTEAUX (Antoine **Bruny,** chevalier **d'**), *Aix, Provence, 1737 - en mer, près de Java, 1793*, marin français, mort en recherchant Lapérouse.

ENTRE-DEUX-MERS, région viticole du Bordelais, entre la Garonne et la Dordogne.

ENTREMONT, vallée de la Suisse (Valais), au pied du Grand-Saint-Bernard.

ENTREMONT (plateau d'), site archéologique de Provence, au nord d'Aix-en-Provence, où s'élevait la capitale d'une peuplade ligure. La tradition celtique s'y allie avec l'art méditerranéen (IIIe s. av. J.-C. - Ier s. apr. J.-C.). [Ensemble de grande statuaire au musée Granet, à Aix-en-Provence.]

ENTREVAUX (04320), comm. des Alpes-de-Haute-Provence ; 889 hab. Anc. citadelle et fortifications ; cathédrale du XVIIe s., encore gothique.

ENTZHEIM [ɛntsɛm] (67960), comm. du Bas-Rhin ; 2 216 hab. *(Entzheimois).* Aéroport de Strasbourg.

ENUGU, v. du Nigeria oriental ; 407 756 hab.

ENVALIRA (col) ou port d'**ENVALIRA,** col des Pyrénées, en Andorre ; 2 407 m.

ENVER PAŞA, *Istanbul 1881 - près de Douchanbé 1922,* général et homme politique ottoman. Ministre de la Guerre, il fit entrer l'Empire ottoman dans la Première Guerre mondiale aux côtés de l'Allemagne. Il rejoignit en 1921 les insurgés musulmans d'Asie centrale et mourut au combat.

ENZENSBERGER (Hans Magnus), *Kaufbeuren 1929,* écrivain allemand. Ses essais (*Culture ou mise en condition ?,* 1962), ses poèmes (*Défense des loups*) et ses romans constituent une critique virulente de la société bourgeoise allemande et de l'impérialisme américain. Avec *Hammerstein ou l'intransigeance* (2008), il compose une puissante fresque de l'Allemagne, à travers la vie d'une famille de la fin du XIXe s. à la chute du nazisme.

ENZO, ENZIO ou **HEINZ,** *Palerme v. 1220 - Bologne 1272,* roi de Sardaigne. Fils naturel de l'empereur Frédéric II de Hohenstaufen, il fut le meilleur lieutenant de son père en Italie.

ÉOLE MYTH. GR. ET ROM. Dieu des Vents.

ÉOLIE ou **ÉOLIDE** n.f., anc. contrée du nord-ouest de l'Asie Mineure.

ÉOLIENNES ou **LIPARI** (îles), archipel italien de la mer Tyrrhénienne, au N. de la Sicile, englobant les îles Lipari, Vulcano et Stromboli ; 14 141 hab.

ÉON (Charles de Beaumont, chevalier d'), *Tonnerre 1728 - Londres 1810,* officier et agent secret de Louis XV. Chargé de mission à la cour de Russie, puis à Londres, il est célèbre pour ses Mémoires (*Loisirs du chevalier d'Éon,* 1774) et pour le mystère qu'il laissa planer quant à son sexe (il portait souvent des habits de femme).

EÖTVÖS (Loránd, baron), *Pest 1848 - Budapest 1919,* physicien hongrois. Il a montré l'identité des deux concepts de masse (inerte et gravitationnelle), résultat d'une importance théorique fondamentale dans la théorie de la relativité d'Einstein.

EÖTVÖS (Peter), *Székelyudvarhely, Transylvanie, 1944,* compositeur et chef d'orchestre hongrois naturalisé allemand. Proche de Stockhausen puis de Boulez, il multiplie dans ses créations les recherches sonores (*Atlantis,* 1995 ; *Shadows,* 1996, œuvres orchestrales ; *les Trois Sœurs,* opéra, 1998).

ÉPAMINONDAS, *Thèbes v. 418 - Mantinée 362 av. J.-C.,* général et homme politique béotien. Un des chefs du parti démocratique à Thèbes, il écrasa les Spartiates à Leuctres (371). Sa mort mit fin à l'hégémonie de Thèbes.

ÉPARGES (Les) [55160], comm. de la Meuse ; 71 hab. Violents combats en 1914 - 1915.

ÉPÉE (Charles Michel, abbé **de L'**) → **L'ÉPÉE.**

ÉPERNAY (51200), ch.-l. d'arrond. de la Marne, sur la Marne ; 23 692 hab. (*Sparnaciens*). Vins de Champagne. Musées.

ÉPERNON (28230), comm. d'Eure-et-Loir ; 5 629 hab. (*Sparnoniens*). Plastiques. – « Les Pressoirs », anc. cellier du XIIIe s.

ÉPERNON (Jean-Louis **de Nogaret de La Valette,** duc d'), *Caumont 1554 - Loches 1642,* gentilhomme français. Favori d'Henri III, amiral de France (1587), il incita le parlement à donner la régence à Marie de Médicis en 1610.

Éperons (journée des) → **Guinegatte.**

Éperons d'or (bataille des) → **Courtrai** (bataille de).

ÉPHÈSE, anc. ville d'Ionie, sur la mer Égée. Grand centre commercial dès le VIIIe s. av. J.-C., elle fut célèbre par son temple d'Artémis, considéré comme une des Sept Merveilles* du monde antique. L'apôtre Paul l'évangélisa ; la tradition y fait mourir la Vierge. Le *concile d'Éphèse* (431) condamna le nestorianisme. – Vestiges hellénistiques, romains et byzantins.

ÉPHIALTE, *Athènes v. 495 - id. v. 461 av. J.-C.,* homme politique athénien. Il fut le chef du parti démocratique avant Périclès.

ÉPHRAÏM, personnage biblique. Second fils de Joseph, il est l'ancêtre éponyme d'une tribu d'Israël.

ÉPHREM (saint), *Nisibis v. 306 - Édesse 373,* diacre et docteur de l'Église. Grand théologien de l'Église syriaque, il a jeté les bases de l'école d'Édesse.

ÉPHRUSSI (Boris), *Moscou 1901 - Gif-sur-Yvette 1979,* généticien français d'origine russe. Il fut l'un des fondateurs de la génétique moléculaire.

ÉPICTÈTE, *Hiérapolis, Phrygie, v. 50 - Nicopolis, Épire, v. 125,* philosophe grec, un des principaux représentants du stoïcisme latin. Esclave à Rome, il fut affranchi, puis banni. Il tend à réduire le stoïcisme à une prédication morale fondée sur la différence entre ce qui dépend de l'individu et ce qui n'en dépend pas ; ses *Entretiens* et son *Manuel,* qui ont largement modelé la compréhension ultérieure du stoïcisme, ont été rédigés par son disciple Arrien.

ÉPICURE, *Samos ou Athènes 341 - Athènes 270 av. J.-C.,* philosophe grec. Il fonda à Athènes une école, le Jardin. En quête de la tranquillité de l'âme, il fut l'initiateur d'un des courants majeurs de la pensée antique (l'*épicurisme*). De son œuvre abondante il ne reste que trois lettres (*Lettre à Pythoclès, Lettre à Hérodote, Lettre à Ménécée*).

ÉPIDAURE, anc. ville d'Argolide, célèbre par son sanctuaire d'Asclépios et par les guérisons qui s'y opéraient. Importantes ruines, dont le mieux conservé des théâtres grecs (fin du IVe s. av. J.-C.).

▲ **Épidaure.** Le théâtre (IVe s. av. J.-C.).

ÉPIMÉTHÉE MYTH. GR. Titan, frère de Prométhée. Il eut l'imprudence d'accueillir Pandore.

ÉPINAL (88000), ch.-l. du dép. des Vosges, sur la Moselle, à 372 km à l'E. de Paris ; 33 894 hab. (*Spinaliens*). Industrie du bois. – Basilique romane et gothique. Entreprise d'imagerie populaire depuis la fin du XVIIIe s. Musée départemental d'Art ancien et contemporain et musée de l'Image.

ÉPINAY (Louise **Tardieu d'Esclavelles,** marquise **d'**), *Valenciennes 1726 - Paris 1783,* femme de lettres française. Un moment protectrice de J.-J. Rousseau, elle a laissé des Mémoires, des essais de morale et des ouvrages d'éducation.

ÉPINAY-SOUS-SÉNART (91860), bur. centr. de cant. de l'Essonne ; 12 691 hab. (*Spinoliens*).

ÉPINAY-SUR-SEINE (93800), bur. centr. de cant. de la Seine-Saint-Denis ; 55 008 hab. (*Spinassiens*).

ÉPINE (L') [51460], anc. **Lépine,** comm. de la Marne ; 617 hab. Église N.-D.-de-l'Épine (XVe-XVIe s.), à façade flamboyante. – Pèlerinage.

Épinicies, nom générique donné à 4 livres d'odes de Pindare (Ve s. av. J.-C.), poésies lyriques dédiées aux athlètes vainqueurs.

ÉPIPHANE (saint), *près d'Éleuthéropolis, Palestine, v. 315 - en mer 403,* écrivain grec chrétien. Il fut un défenseur farouche de l'orthodoxie, notamment contre Arius et Origène.

ÉPIRE n.f., région de la Grèce, aux confins de l'Albanie ; 353 820 hab. ; v. princ. *Ioánnina.* Le *royaume d'Épire,* érigé à la fin du Ve s. av. J.-C., connut son apogée avec Pyrrhos II (295 - 272). Soumise par les Romains en 168 av. J.-C., la région constitua, dans l'Empire byzantin, un *despotat d'Épire* (1204 - 1318) au profit des Comnènes.

Épîtres du Nouveau Testament ou **Épîtres des Apôtres,** lettres des Apôtres insérées dans le canon du Nouveau Testament. Elles comprennent 14 épîtres de Paul et 7 épîtres dites « catholiques » (celles de Jacques, de Pierre [2], de Jean [3] et de Jude). L'authenticité de certaines est parfois mise en doute.

ÉPONA, déesse gauloise des Chevaux et des Cavaliers, protectrice des voyageurs.

EPSOM, v. de Grande-Bretagne (Angleterre), au S. de Londres ; 64 493 hab. Célèbre course de chevaux (le *Derby*), depuis 1780.

EPSTEIN (sir Jacob), *New York 1880 - Londres 1959,* sculpteur britannique d'origine russo-polonaise. Influencée par Rodin, par les arts primitifs et par l'avant-garde parisienne, son œuvre contribua, initialement, au recul de l'académisme dans la sculpture anglaise (rapports, v. 1913 - 1915, avec le « vorticisme », mouvement fondé par le peintre Percy Wyndham Lewis).

EPSTEIN (Jean), *Varsovie 1897 - Paris 1953,* cinéaste français. Il fut l'un des principaux théoriciens de l'avant-garde et l'auteur de *Cœur fidèle* (1923), *la Chute de la maison Usher* (1928), *Finis Terrae* (1929).

EPTE n.f., riv. de France, affl. de la Seine (r. dr.) ; 101 km. Elle sépare le Vexin français et le Vexin normand.

ÉQUATEUR n.m., en esp. **Ecuador,** État d'Amérique du Sud, sur le Pacifique ; 270 670 km² ; 15 738 000 hab. (*Équatoriens*). CAP. *Quito.* V. PRINC. *Guayaquil.* LANGUES : *espagnol* et (dans certaines régions) *quechua* et *shuar (jivaro).* MONNAIE : *dollar des États-Unis.*

GÉOGRAPHIE Les Andes forment de hauts plateaux dominés par des volcans et séparent la plaine côtière, plus large et plus humide au nord, de la région orientale, amazonienne, recouverte par la forêt dense. La population, augmentant rapidement et urbanisée environ aux deux tiers, est composée pour 80 % de métis et d'Amérindiens. Le riz et le maïs sont les principales cultures vivrières ; le cacao, le café et, surtout, la banane représentent les plus importantes cultures commerciales. Mais le pétrole est devenu la ressource essentielle et constitue la base des exportations.

HISTOIRE **La colonisation et l'indépendance. 1534 :** annexé par les Incas au XVe s., le pays est conquis par un lieutenant de Pizarro, Sebastián de Belalcázar. **1563 :** les Espagnols créent l'*audiencia* de Quito, rattachée à la vice-royauté du Pérou, puis à celle de Nouvelle-Grenade (1739). **1822 :** le général Sucre libère le pays des forces espagnoles. **1830 :** intégré par Bolívar à la Grande-Colombie, l'Équateur redevient indépendant.

La fin du XIXe s. 1830 - 1845 : le général Juan Flores dirige autoritairement le pays. **1845 - 1859 :** les libéraux accèdent au pouvoir. **1861 - 1875 :** le conservateur Gabriel García Moreno s'efforce de moderniser le pays en s'appuyant sur l'Église. **1875 - 1895 :** après l'assassinat de ce dernier, les conservateurs dominent la vie politique.

L'Équateur contemporain. 1895 - 1930 : de retour au pouvoir, les libéraux laïcisent l'État (Constitutions de 1897 et de 1906). L'Équateur devient le premier producteur mondial de cacao. **1934 :** incarnant les aspirations des classes populaires, José María Velasco Ibarra est élu président. Porté cinq fois au pouvoir, il dominera la vie politique jusqu'en 1972. **1941 - 1942 :** la guerre contre le Pérou fait perdre à l'Équateur sa province amazonienne. **1972 :** le général Guillermo Rodríguez Lara devient chef de l'État. **1976 :** une junte militaire le renverse. **1979 :** candidat de la gauche modérée, Jaime Roldós est élu président de la République. **1981 :** après la mort accidentelle de J. Roldós, Osvaldo Hurtado pratique une politique d'austérité. **1984 :** le conservateur León Febres Cordero lui succède. **1988 :** le social-démocrate Rodrigo Borja est élu à la présidence. **1992 :** le conservateur Sixto Durán Ballén hérite d'une situation économique difficile. Parallèlement, la contestation des mouvements indiens ne cesse de croître. **À partir de 1996 :** le pays connaît une succession de présidents rapidement destitués (Abdalá Bucaram, 1996 - 1997 ; Jamil Mahuad, 1998 - 2000 ; Lucio Gutiérrez, 2003 - 2005). **1998 :** un accord règle le litige frontalier opposant depuis plusieurs décennies l'Équateur au Pérou. **2007 :** après l'intérim d'Alfredo Palacio, le nationaliste de gauche Rafael Correa accède à la tête de l'État (élu en 2006, réélu en 2009 et 2013). **2017 :** ancien vice-président de R. Correa, Lenín Moreno est élu président de la République.

Équipe (l'), quotidien sportif français créé en 1946.

ÉRAGNY (95610), comm. du Val-d'Oise, près de Pontoise ; 16 773 hab. (*Éragniens*). Armement.

ÉRARD (Sébastien), *Strasbourg 1752 - Passy 1831,* facteur d'instruments de musique français. Il a perfectionné la mécanique du piano et celle de la harpe.

ÉRASME, en lat. **Desiderius Erasmus Roterodamus,** *Rotterdam v. 1469 - Bâle 1536,* humaniste hollandais d'expression latine. Esprit indépendant et satirique (*Éloge* de la folie,*

Équateur

Colloques), il chercha à définir un humanisme chrétien (*Institution du prince chrétien*, 1515), à la lumière de ses travaux critiques sur le Nouveau Testament, en préconisant l'entente entre catholiques et réformés.

Erasmus (en référence à Érasme et acronyme de *European Community Action Scheme for the Mobility of University Students*), programme d'éducation de l'Union européenne, lancé en 1987. Il vise à développer la mobilité des étudiants, enseignants et personnels universitaires, ainsi que la coopération entre établissements d'enseignement supérieur, au sein de l'espace européen, puis étendu – pour certaines actions – aux pays du monde entier.

ÉRATO MYTH. GR. Muse de la Poésie lyrique.

ÉRATOSTHÈNE, *Cyrène v. 284 - Alexandrie v. 192 av. J.-C.*, savant et philosophe grec de l'école d'Alexandrie. Grâce à la mesure ingénieuse d'un arc de méridien, il fut le premier à évaluer correctement la circonférence de la Terre. On lui doit aussi une méthode permettant de trouver les nombres premiers *(crible d'Ératosthène)*.

ERBIL → **ARBIL.**

ERCILLA Y ZÚÑIGA (Alonso de), *Madrid 1533 - id. 1594*, poète espagnol. Il prit part à une expédition au Chili, qui inspira son poème épique *La Araucana* (→ **Mapuche**).

ERCKMANN-CHATRIAN, nom sous lequel ont publié leurs œuvres deux écrivains français, **Émile Erckmann,** *Phalsbourg 1822 - Lunéville 1899*, et **Alexandre Chatrian,** *Abreschviller, Moselle, 1826 - Villemomble 1890*. Ils ont écrit ensemble un grand nombre de contes, de romans *(l'Ami Fritz, Histoire d'un conscrit de 1813)* et de pièces de théâtre *(les Rantzau)*, qui forment une sorte d'épopée populaire de l'ancienne Alsace.

ERDOĞAN (Recep Tayyip), *Istanbul 1954*, homme politique turc. Cofondateur puis président (2001 - 2014 et depuis 2017) du parti de la Justice et du Développement (AKP), parti islamiste modéré, il a été Premier ministre de 2003 à 2014, avant d'être élu président de la République au suffrage universel direct (réélu en 2018).

▲ R.T. **Erdoğan**

ERDRE n.f., riv. de France, affl. de la Loire (r. dr.), à Nantes ; 105 km.

EREBUS, volcan actif de l'Antarctique, dans l'île de Ross ; 3 794 m.

Érechthéion, temple grec d'Athènes. Dédié à Athéna et à Poséidon, associé aux héros mythiques Érechthée et Cécrops, il a été élevé sur l'Acropole entre 421 et 406 av. J.-C. Ce chef-d'œuvre du style ionique comprend trois portiques, dont celui des Caryatides au sud.

EREVAN ou **ERIVAN,** cap. de l'Arménie, à 1 040 m d'alt. ; 1 060 138 hab. *(Érévanais)*. Centre d'une région de riches cultures. Industries. – Musées. Matenadaran (« bibliothèque ») ou Institut Machtots de recherches sur les manuscrits.

ERFURT, v. d'Allemagne, cap. de la Thuringe, sur la Gera ; 200 868 hab. Centre industriel. – Cathédrale gothique et autres monuments. – Napoléon y eut avec Alexandre Ier une entrevue (27 sept. - 14 oct. 1808), au cours de laquelle fut renouvelée l'alliance avec la Russie conclue à Tilsit.

ERHARD (Ludwig), *Fürth 1897 - Bonn 1977*, homme politique allemand. Chrétien-démocrate, ministre de l'Économie de la RFA (1949 - 1963) puis chancelier (1963 - 1966), il présida au redressement économique de l'Allemagne.

ERICE, v. d'Italie (Sicile) ; 28 143 hab. Anc. *Eryx*, célèbre dans l'Antiquité pour son temple, dédié à la déesse méditerranéenne de la Fécondité (successivement Ashtart, Aphrodite et Vénus).

ÉRIDOU, site archéologique d'Iraq, près d'Our. Il abrite les vestiges de l'une des plus anc. cités (IVe millénaire) de la région. Important centre religieux dès le VIe millénaire.

ÉRIÉ (lac), l'un des cinq Grands Lacs nord-américains, entre les lacs Huron et Ontario ; 25 900 km².

ÉRIÉ, v. des États-Unis (Pennsylvanie), sur le *lac Érié* ; 99 452 hab. (280 566 hab. dans l'agglomération). Port.

ÉRIÉ (canal de l'), canal reliant le *lac Érié* (Buffalo) à l'Hudson (Albany) ; 590 km.

ÉRIGÈNE (Jean Scot) → **SCOT ÉRIGÈNE.**

ERIK ou **ERIC,** nom de quatorze rois de Suède et de sept rois de Danemark. — **Erik Jedvardsson,** dit **le Saint,** *m. à Uppsala en 1160*, roi de Suède (1156 - 1160), fondateur de la dynastie des Erik. — **Erik de Poméranie,** *1382 - Rügenwalde, auj. Darłowo, Pologne, 1459*, roi de Norvège (1389 - 1442), de Danemark et de Suède (Erik XIII) [1396 - 1439]. Petit-neveu de Marguerite Ire, il fut couronné roi des trois pays lors de la diète de Kalmar (1397). — **Erik XIV,** *Stockholm 1533 - Orbyhus 1577*, roi de Suède (1560 - 1568). Fils de Gustave Vasa, il dut lutter contre le Danemark, la Pologne et Lübeck (1563 - 1570).

ERIK le Rouge, *Jaeren v. 940 - v. 1010*, explorateur norvégien. Il découvrit le Groenland vers 985 et y installa des colons en 938.

ERIKSON (Erik), *Francfort-sur-le-Main 1902 - Harwich, Massachusetts, 1994*, psychanalyste américain. Il s'est particulièrement intéressé aux problèmes de l'adolescence.

ÉRIN, nom poétique de l'Irlande.

ÉRINYES (les) MYTH. GR. Les trois déesses de la Vengeance (Alecto, Tisiphoné et Mégère). Appelées aussi *les Euménides*, elles furent assimilées par les Romains aux Furies.

ERIVAN → **EREVAN.**

ERLANGEN, v. d'Allemagne (Bavière) ; 103 719 hab. Université. Constructions électriques. – Monuments des XVIIe et XVIIIe s.

ERLANGER (Joseph), *San Francisco 1874 - Saint-Louis 1965*, physiologiste américain. Il réalisa des études sur la différenciation fonctionnelle des fibres nerveuses. (Prix Nobel 1944.)

ERMENONVILLE (60950), comm. de l'Oise ; 1 036 hab. *(Ermenonvillois)*. J.-J. Rousseau y mourut dans le domaine du marquis de Girardin (parc paysager). – Curieux site du *désert d'Ermenonville*. Parc de loisirs (la Mer de sable).

Ermitage (l'), chalet de la vallée de Montmorency, propriété de Mme d'Épinay. J.-J. Rousseau y résida en 1756 - 1757.

Ermitage (l'), musée de Saint-Pétersbourg. Aux palais construits pour abriter les collections de la tsarine Catherine II fut adjoint le palais d'Hiver, l'ensemble constituant un des musées les plus importants du monde (archéologie, arts décoratifs, riche galerie de peinture occidentale).

ERMONT (95120), bur. centr. de cant. du Val-d'Oise ; 29 142 hab. *(Ermontois)*.

ERNAUX (Annie), *Lillebonne 1940*, écrivaine française. Ses récits minutieux et dépouillés – dont *Écrire la vie* (2012) constitue une anthologie – évoquent, à partir d'un matériau autobiographique, le poids des différences sociales, les blessures de l'âge adulte ou le tourment amoureux (*la Place*, 1983 ; *Passion simple*, 1991 ; *l'Événement*, 2000 ; *les Années*, 2008 ; *Mémoire de fille*, 2016).

ERNE, fl. d'Irlande, qui se jette dans l'Atlantique ; 115 km. Il traverse les deux *lacs d'Erne*.

ERNÉE (53500), bur. centr. de cant. du nord-ouest de la Mayenne, sur l'*Ernée* ; 5 872 hab. *(Ernéens)*.

ERNEST-AUGUSTE de Brunswick-Lunebourg, *Herzberg 1629 - Herrenhausen 1698*, premier Électeur de Hanovre. Il participa aux guerres contre Louis XIV. Son fils Georges devint roi d'Angleterre (George Ier).

ERNI (Hans), *Lucerne 1909 - id. 2015*, peintre suisse. Également sculpteur, céramiste, lithographe, il mit son talent multiforme au service d'un engagement en faveur de la « complète harmonie entre le sensible et le rationnel ».

ERNST (Max), *Brühl 1891 - Paris 1976*, peintre allemand naturalisé français. Les collages de son époque dadaïste (1919) le firent remarquer par les surréalistes, auxquels il se joignit à Paris en 1922. Également graveur, sculpteur, écrivain, il a apporté au surréalisme une contribution poétique et technique de première importance (toiles exploitant des procédés de « frottage », « grattage », « décalcomanie » ; « romans-collages » comme *la Femme 100 têtes*). Musée à Brühl. *(V. ill. page suivante.)*

ERNST (Richard), *Winterthur 1933*, chimiste suisse. Il a perfectionné la spectroscopie de résonance magnétique nucléaire, en faisant une puissante technique d'analyse de la structure des molécules. (Prix Nobel 1991.)

ERODE, v. d'Inde (Tamil Nadu) ; 151 184 hab.

ÉROS MYTH. GR. Dieu de l'Amour. Considéré comme le plus jeune des dieux, il fut ensuite représenté sous les traits d'un enfant qui blesse les cœurs de ses flèches. Il fut assimilé par les Romains à Cupidon.

ÉROSTRATE, Éphésien qui, voulant se rendre immortel par un exploit mémorable, incendia le temple d'Artémis à Éphèse (356 av. J.-C.).

ERPE-MÈRE, comm. de Belgique (Flandre-Orientale) ; 19 472 hab.

▲ Max **Ernst.** *L'Ange du foyer, ou le Triomphe du surréalisme,* 1937. (Coll. part.)

ERQUY (22430), comm. des Côtes-d'Armor ; 3 976 hab. *(Réginéens).* Pêche. Station balnéaire.

ERRÓ (Guðmundur **Guðmunsson,** dit), *Ólafsvík 1932,* peintre islandais. Ses « peintures-collages » dénoncent la société contemporaine par le jeu d'accumulations, de détournements et de collages picturaux (comics, illustrations de journaux, photographies, emprunts aux œuvres de maîtres, etc.).

ERSHAD (Hussain Mohammed), *Rangpur 1930,* général et homme politique bangladais. Porté au pouvoir par l'armée en 1982, il fut président de la République de 1983 à 1990.

ERSTEIN [ɛrstɛn ou ɛrʃtɛn] (67150), bur. centr. de cant. du Bas-Rhin, sur l'Ill ; 11 119 hab. *(Ersteinois).* Musée Würth (art moderne et contemporain).

ERTA ALE, volcan actif du nord-est de l'Éthiopie ; 613 m. Son cratère renferme souvent un lac de lave.

ERTÉ (Romain **de Tirtoff,** dit), *Saint-Pétersbourg 1892 - Paris 1990,* peintre, décorateur et dessinateur russe naturalisé français. Il s'est forgé un style personnel, proche de l'Art déco, dans le dessin de mode comme dans les décors et costumes de théâtre ou de cinéma (à Hollywood).

ERWIN, dit **de Steinbach,** *v. 1244 - Strasbourg 1318,* architecte alsacien. Il a participé à la construction de la cathédrale de Strasbourg.

ÉRYMANTHE MYTH. GR. Montagne d'Arcadie, repaire d'un sanglier redoutable capturé par Héraclès.

ÉRYTHRÉE n.f., en tigrigna **Értra,** en ar. **Irītriyā,** État d'Afrique orientale, sur la mer Rouge ; 120 000 km² ; 6 333 000 hab. *(Érythréens).* CAP. *Asmara.* LANGUES : *tigrigna* et *arabe.* MONNAIE : *nakfa.*

GÉOGRAPHIE Une étroite plaine côtière, aride, est dominée par un plateau, plus arrosé, associant maigres cultures et élevage extensif, parfois encore nomade. La population juxtapose musulmans (sunnites) et chrétiens (monophysites).

HISTOIRE L'Érythrée a longtemps constitué la seule province maritime de l'Éthiopie. **1890 :** elle devient une colonie italienne. **1941 - 1952 :** les Britanniques occupent la région, puis l'administrent après la guerre. **1952 :** l'Érythrée est réunie à l'Éthiopie avec le statut d'État fédéré. **1962 :** devenue une province de l'Éthiopie, elle s'oppose à la politique autoritaire du gouvernement d'Addis-Abeba, contre lequel se bat le Front populaire de libération de l'Érythrée (FPLE), fondé en 1970. **1991 :** après la chute de Mengistu, le nouveau régime éthiopien accepte le principe d'un référendum d'autodétermination. **1993 :** le pays accède à l'indépendance. Le chef du FPLE, Issayas Afeworki, est élu président ; il instaure un régime de parti unique, autoritaire et de plus en plus répressif. **1998 - 2000 :** un conflit frontalier oppose l'Érythrée à l'Éthiopie. **Depuis 2008 :** un autre litige frontalier provoque de fortes tensions avec Djibouti. L'Érythrée est régulièrement accusée par la communauté internationale de soutenir les insurgés islamistes en Somalie et de jouer un rôle déstabilisateur dans la région. **2018 :** début d'une normalisation des relations avec l'Éthiopie.

ÉRYTHRÉE (mer), nom donné par les Anciens à la mer Rouge, au golfe Persique et à la partie nord-ouest de l'océan Indien.

ERZBERGER (Matthias), *Buttenhausen 1875 - près de Griesbach 1921,* homme politique allemand. Principal négociateur de l'armistice du 11 nov. 1918, puis ministre des Finances (1919), il fut assassiné par des nationalistes.

ERZGEBIRGE n.m., en fr. **monts Métallifères,** en tch. **Krušné Hory,** massif des confins de l'Allemagne et de la République tchèque ; 1 244 m. Anc. exploitations minières (plomb, zinc, cuivre, argent).

ERZURUM, v. de la Turquie orientale, à 1 800 m d'alt. ; 361 235 hab. Monuments divers, dont la grande madrasa de Çifteminare (1253), chef-d'œuvre de l'époque seldjoukide, auj. musée.

ESA (European Space Agency), agence spatiale européenne, créée en 1975. (Siège : Paris.)

ÉSAÏE → **ISAÏE.**

ESAKI LEO, *Osaka 1925,* physicien japonais. Il fut le premier à obtenir, en 1957, l'effet tunnel des électrons dans un semi-conducteur. (Prix Nobel 1973.)

ÉSAÜ, personnage biblique. Fils d'Isaac et de Rébecca, et frère aîné de Jacob, il vendit à ce dernier son droit d'aînesse pour un plat de lentilles.

ESBJERG, v. du Danemark (Jylland) ; 115 114 hab. Port. Pêche. Conserveries. Important parc éolien offshore (Horns Rev). – Musées.

ESBO → **ESPOO.**

ESCALQUENS (31750), bur. centr. de cant. de la Haute-Garonne ; 6 563 hab. *(Escalquinois).*

ESCAUT n.m., en néerl. **Schelde,** fl. de France, de Belgique et des Pays-Bas, né dans le dép. de l'Aisne et qui rejoint la mer du Nord ; 430 km. Il passe à Cambrai, Valenciennes, Tournai, Gand et Anvers (à la tête d'un long estuaire qui est une importante voie navigable).

ESCHINE, *v. 390 - 314 av. J.-C.,* orateur athénien. D'abord adversaire de Philippe de Macédoine, il devint partisan de la paix, s'opposant ainsi à Démosthène. Il dut s'exiler à la suite du procès de la Couronne qu'il intenta contre Démosthène et qu'il perdit (330 av. J.-C.). – Ses discours *(Sur l'ambassade, Contre Ctésiphon)* sont des exemples d'élégance attique.

ESCH-SUR-ALZETTE, v. du Luxembourg, ch.-l. de cant. ; 30 125 hab. Métallurgie.

ESCHYLE, *Éleusis v. 525 - Gela, Sicile, 456 av. J.-C.,* poète tragique grec. Ses œuvres, inspirées des légendes thébaines et anciennes *(les Sept contre Thèbes,* 467 ; *l'Orestie* ; les Suppliantes,* v. 463), des mythes traditionnels *(Prométhée enchaîné)* ou des exploits des guerres médiques *(les Perses,* 472), font de lui le créateur de la tragédie antique.

ESCLAVES (côte des), anc. dénomination du littoral du Bénin et du Nigeria occidental.

ESCLAVES (Grand lac des), lac du Canada (Territoires du Nord-Ouest), alimenté par la *rivière des Esclaves,* section du fleuve Mackenzie ; 28 930 km².

ESCOFFIER (Auguste), *Villeneuve-Loubet 1846 - Monte-Carlo 1935,* cuisinier français. Ses écrits font toujours référence. Il est notamm. le créateur de la pêche Melba.

ESCRIVÁ DE BALAGUER (saint Josemaría ou José María), *Barbastro 1902 - Rome 1975,* prélat espagnol. Fondateur de l'Opus Dei (1928), il fut béatifié en 1992 et canonisé en 2002.

ESCUDERO (Vicente), *Valladolid 1892 - Barcelone 1980,* danseur et professeur espagnol. Il fut le partenaire de la Argentina, avec laquelle il créa *l'Amour sorcier* (1925).

ESCULAPE MYTH. ROM. Dieu de la Médecine. Il correspond à l'Asclépios grec.

Escurial (l'), en esp. **el Escorial,** palais et monastère d'Espagne, au pied de la sierra de Guadarrama, au N.-O. de Madrid. Accomplissement d'un vœu de Philippe II après sa prise de Saint-Quentin, conçu comme nécropole royale et centre d'études au service de la Contre-Réforme, il fut élevé de 1563 à 1584 par Juan Bautista de Toledo, l'Italien Giambattista Castello et Juan

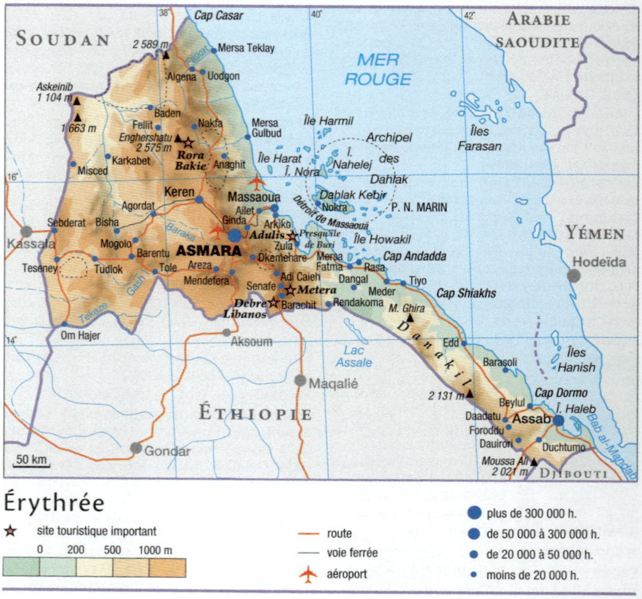

▲ L'**Escurial,** ancien palais-monastère (XVIe s.), à 45 km au N.-O. de Madrid.

de Herrera dans un style classique sévère. Nombreuses œuvres d'art : bronzes des Leoni père et fils (Leone et Pompeo), peintures de primitifs flamands, de Titien, du Greco, de Ribera, de Velázquez, fresques de L. Giordano, tapisseries de Goya, etc.

ESDRAS ou **EZRA,** *Ve s. av. J.-C.*, prêtre juif. Il restaura la religion juive et le Temple après l'exil de Babylone.

ESHKOL (Levi), *Oratov, Ukraine, 1895 - Jérusalem 1969*, homme politique israélien. Il fut Premier ministre de 1963 à 1969.

ESKILSTUNA, v. de Suède, près du lac Mälaren ; 93 343 hab. Métallurgie. – Musées.

ESKIŞEHIR, v. de Turquie, à l'O. d'Ankara ; 482 793 hab.

ESMEIN (Adhémar), *Touvérac, Charente, 1848 - Paris 1913*, juriste français. Remarquable historien du droit, il est l'auteur d'importants travaux sur le droit public et le droit canon.

Esméralda (la), personnage du roman de V. Hugo *Notre-Dame de Paris* (1831-1832), qui est une jeune et belle bohémienne.

ESMERALDAS, v. de l'Équateur ; 161 868 hab. Port.

ESNAULT-PELTERIE (Robert), *Paris 1881 - Nice 1957*, ingénieur français. Il est l'inventeur du moteur d'avion en étoile à nombre impair de cylindres et du dispositif de commande d'avion appelé « manche à balai » (1906). Il fut aussi l'un des théoriciens de la navigation interplanétaire au moyen de fusées.

ESNÈH ou **ISNA,** v. d'Égypte (Haute-Égypte), sur le Nil. Vestiges de la salle hypostyle du temple ptolémaïque (colonnes gravées d'importants textes relatifs au mythe de la création).

ESNEUX, comm. de Belgique (prov. de Liège), sur l'Ourthe ; 13 237 hab.

ESO (European Southern Observatory), organisation européenne de recherches astronomiques dans l'hémisphère Sud, créée en 1962. Au Chili, l'ESO dispose d'un observatoire, sur le mont La Silla, et d'un très grand télescope (VLT*), sur le Cerro Paranal. En 2014, un projet de nouveau télescope (*European Extremely Large Telescope* [E-ELT]) est lancé. (Siège : Garching [Allemagne].)

ÉSOPE, *VIIe s. - VIe s. av. J.-C.*, fabuliste grec. On attribue à ce personnage à demi légendaire un ensemble de *Fables*, connues dès la fin du Ve s. av. J.-C., qui exercèrent une grande influence, notamm. sur La Fontaine.

Espace économique européen (EEE), zone de libre-échange en Europe. Institué par le traité de Porto (1992) et entré en vigueur le 1er janvier 1994, l'EEE comprend 31 États (30) : les 28 membres de l'Union européenne (27, sans la Grande-Bretagne) et 3 pays de l'AELE (la Suisse ne faisant pas partie de l'EEE).

ESPAGNE n.f., en esp. **España,** État du sud-ouest de l'Europe ; 505 000 km² (y compris les Canaries ; 497 500 km² en les excluant) ; 46 927 000 hab. *(Espagnols)*. **CAP.** *Madrid.* **V. PRINC.** *Barcelone.* **LANGUE :** *espagnol.* **MONNAIE :** *euro.*

INSTITUTIONS Monarchie parlementaire. Constitution de 1978. Le pouvoir exécutif est confié au roi et à un gouvernement (responsable devant le Congrès des députés) dirigé par un président du gouvernement. Le pouvoir législatif appartient à un Parlement bicaméral, les *Cortes*, constitué du Congrès des députés et du Sénat, tous deux élus pour 4 ans au scrutin direct. La Constitution espagnole instaure un système semi-fédéral d'administration des régions, l'élément de base étant la communauté autonome. En 1983, à l'issue du processus d'autonomie des régions, l'Espagne est divisée en 17 communautés autonomes – chacune d'elles étant dotée d'un Parlement élu au suffrage universel et d'un gouvernement régional –, auxquelles s'ajoutent Ceuta et Melilla. Les 17 communautés autonomes sont les suivantes : Andalousie, Aragón, Asturies, Baléares, Pays basque, Canaries, Cantabrique, Castille-La Manche, Castille-León, Catalogne, Estrémadure, Galice, Madrid, Murcie, Navarre, La Rioja, Valence.

GÉOGRAPHIE L'Espagne appartient à la frange méditerranéenne de l'Europe. Le poids de l'agriculture, traditionnellement important, s'est auj. estompé au profit du développement de l'industrie et surtout des services. La population se caractérise par un particularisme souvent affirmé (au Pays basque et en Catalogne notamm.) et un taux d'urbanisation élevé (près de 80 %), avec quelques grandes villes (six dépassant 500 000 habitants, dont les pôles majeurs de Madrid et Barcelone).

Les cultures, souvent extensives, du blé, parfois de la vigne, et l'élevage ovin dominent sur la Meseta, vaste plateau intérieur, au climat assez sec, chaud en été, rude en hiver. Les fruits (agrumes) et les légumes sont cultivés dans les huertas, sur un littoral au climat méditerranéen et dans les périmètres irrigués par les grands fleuves (Tage et Èbre). L'élevage bovin est présent dans le Nord-Ouest, frais et humide. L'industrie, implantée notamm. dans le Pays basque et les Asturies, ainsi que dans la région de Barcelone, est représentée princip. par la métallurgie, la chimie, le bâtiment, l'automobile, le textile et l'agroalimentaire. Les services emploient plus de 60 % des actifs, poids partiellement lié à l'essor du tourisme, surtout balnéaire (Baléares et littoral méditerranéen).

L'entrée dans l'Union européenne a considérablement accéléré la modernisation de l'économie. L'Espagne, tout en restant confrontée aux inégalités sociales et régionales, a connu une croissance soutenue, portée surtout par les secteurs du bâtiment et des services (tourisme), et une amélioration spectaculaire de la situation de l'emploi. Mais cet élan a été brisé à partir de 2007 - 2008 par la crise financière et économique mondiale, doublée ensuite, au niveau national, d'une crise bancaire liée à l'éclatement de la bulle immobilière. Cette nouvelle conjoncture a entraîné une brusque et importante remontée du chômage (qui touche auj. près d'un quart de la population active), et obligé le pays à multiplier, à partir de 2010, les plans d'austérité et à solliciter, en 2012, l'aide de ses partenaires de l'UE. Depuis fin 2013, l'Espagne enregistre une reprise de son économie.

HISTOIRE **Les premiers temps.** L'Espagne est peuplée dès le paléolithique. Ses premiers habitants historiquement connus sont les Ibères. À la fin du IIe millénaire, Phéniciens et Grecs fondent des comptoirs sur les côtes. **VIe s. av. J.-C. :** les Celtes fusionnent avec les Ibères pour former les Celtibères. **IIIe - IIe s. av. J.-C. :** enjeu des guerres puniques, l'Espagne est sous la domination de Carthage (à l'est du pays) puis de Rome (201 av. J.-C.). **19 av. J.-C. :** elle est totalement soumise par Rome. **Ve s. apr. J.-C. :** les Vandales envahissent le pays. **412 :** les Wisigoths pénètrent en Espagne. Ils y établissent une monarchie brillante, catholique à partir du roi Reccared Ier (587).

L'islam et la Reconquista. **711 :** début de la conquête arabe. **756 :** l'émirat omeyyade de Cordoue se déclare indépendant. Califat en 929, il se maintient jusqu'en 1031. Son émiettement favorise ensuite la *Reconquista* (Reconquête) depuis le Nord, où subsistaient des États chrétiens (Castille, León, Aragon...). **1085 :** prise de Tolède par Alphonse VI. **1212 :** les Arabes sont vaincus à Las Navas de Tolosa. **1248 :** prise de Séville par Ferdinand III. Les musulmans refoulés dans le Sud sont réduits au royaume de Grenade. **1492 :** ils en sont chassés par les « Rois Catholiques », Ferdinand d'Aragon et Isabelle de Castille, mariés en 1469.

L'âge d'or. **XVIe s. :** outre ses conquêtes coloniales d'Amérique, Charles Ier (1516 - 1556), devenu l'empereur Charles Quint en 1519, incorpore à ses domaines les territoires autrichiens des Habsbourg. Philippe II (1556 - 1598) hérite du Portugal (1580), et son règne inaugure le « Siècle d'or » des arts et des lettres. Mais la défaite de l'Invincible Armada (1588) contre l'Angleterre prélude au déclin.

Le déclin. **1640 :** le Portugal se détache de l'Espagne. **1700 :** l'extinction de la maison de Habsbourg permet l'avènement de Philippe V de Bourbon, petit-fils de Louis XIV : c'est la guerre de la Succession d'Espagne (1701 - 1714). **1759 - 1788 :** Charles III, despote éclairé, s'efforce de redresser le pays. **1808 :** Napoléon Ier impose comme roi son frère Joseph. Une émeute sanglante (*Dos de Mayo*, 2 mai) puis une répression (*Tres de Mayo*) marquent le début de la guerre d'indépendance. **1814 :** les Bourbons sont restaurés. **1814 - 1833 :** Ferdinand VII, aidé par l'intervention française en 1823, établit une monarchie absolue et perd les colonies d'Amérique.

Des guerres fratricides. **1833 - 1868 :** la reine Isabelle II doit lutter contre les carlistes, partisans de son oncle don Carlos, et est finalement renversée. **1874 :** retour des Bourbons après une éphémère république. Alphonse XII (1874 - 1885) est proclamé roi. **1885 - 1931 :** la régence de Marie-Christine (jusqu'en 1902) puis le règne d'Alphonse XIII sont marqués par des troubles. Au terme de la guerre contre les États-Unis (1898), l'Espagne perd Cuba, les Philippines et Porto Rico. À l'intérieur du pays, anarchie et mouvements nationalistes (basque, catalan) se développent. **1923 - 1930 :** Primo de Rivera met en place une première dictature. **1931 :** après la victoire républicaine aux élections, Alphonse XIII quitte l'Espagne et la république est proclamée. **1936 :** en février, le Front populaire gagne les élections. En juillet, le soulèvement du général Franco marque le début de la guerre civile (→ **Espagne** [guerre civile d']).

Le régime franquiste. **1939 - 1975 :** Franco, « caudillo », chef d'État à vie, gouverne avec un parti unique et organise un État autoritaire. Pendant la Seconde Guerre mondiale, l'Espagne, favorable à l'Axe, reste en position de non-belligérance. **1947 :** la loi de succession réaffirme le principe de la monarchie. **1955 :** l'Espagne entre à l'ONU. Elle connaît, dès la fin des années 1960, une modernisation économique rapide. **1969 :** Franco choisit Juan Carlos comme successeur.

L'Espagne démocratique. **1975 :** Franco meurt. Juan Carlos Ier devient roi d'Espagne. Il entreprend la démocratisation du régime, aidé par le gouvernement centriste d'Adolfo Suárez (1976 - 1981). **1978 :** la nouvelle Constitution rétablit les institutions représentatives et crée des gouvernements autonomes dans les dix-sept régions du pays. **1982 :** le socialiste Felipe González devient président du gouvernement. L'Espagne adhère à l'OTAN. **1986 :** elle entre dans la CEE. **1996 :** le Parti populaire (droite) remporte les élections ; son leader, José María Aznar, devient président du gouvernement. **2000 :** le pouvoir de ce dernier est conforté par la nouvelle et large victoire (majorité absolue) du Parti populaire aux élections. Mais le pays doit faire face à une vague d'attentats de l'ETA. **2003 :** le gouvernement de J. M. Aznar apporte son soutien à l'offensive américano-britannique en Iraq, en dépit de l'opposition de la majorité des Espagnols à cette guerre. **2004 :** le 11 mars, Madrid est frappée par des attentats attribués à la mouvance islamiste : l'explosion de plusieurs bombes placées dans des trains fait environ 200 morts. Trois jours après, les socialistes gagnent les élections ; José Luis Rodríguez Zapatero devient président du gouvernement. **2008 :** au sortir de dossiers politiques délicats (statut d'autonomie élargi pour les communautés ; échec d'une tentative de dialogue avec l'ETA), il est confirmé à son poste après une courte victoire des socialistes aux élections. Mais il doit faire face à un grave retournement de la conjoncture économique et imposer au pays, à partir de 2010, un sévère programme d'austérité. **2011 :** le pouvoir est confronté, à partir de mai, à une fronde sociale et citoyenne d'un genre nouveau (mouvement des « indignés »). L'ETA annonce la fin de son action armée (oct.). Des élections anticipées ont lieu en nov. (J. L. Rodríguez Zapatero ayant renoncé à briguer un troisième mandat) : le Parti populaire remporte la majorité absolue et

Espagne
200
500
1000
1500 m
autoroute
route
voie ferrée
aéroport
limite de communauté autonome
Valence capitale de communauté autonome
Oviedo chef-lieu de province
plus de 1 000 000 h.
de 500 000 à 1 000 000 h.
de 100 000 à 500 000 h.
de 50 000 à 100 000 h.
moins de 50 000 h.
site touristique important
50 km
OCÉAN
ATLANTIQUE
Golfe de Gascogne
(Golfe de Biscaye)
Golfe du Lion
MER
MÉDITERRANÉE
FRANCE
PORTUGAL
ANDORRE
Cap Ortegal
Cap Finisterre
El Ferrol
La Corogne
Carballo
Vivero
Villalba
Betanzos
Lugo
GALICE
Outes
Muros
Boiro
St-Jacques-de-Compostelle
Villagarcía
Arosa
Pontevedra
Vigo
Orense
Avilés
Gijón
Luarca
Oviedo
Tineo
ASTURIES
Pola de Siero
Langreo
Mieres
Santander
Altamira
Torrelavega
CANTABRIQUE
Mt. Castillo
Picos de Europa 2 648 m
Monts Cantabriques
Ponferrada
León
CASTILLE-LEÓN
Mts du León
El Teleno 2 188 m
Sahagún
Benavente
Palencia
Burgos
Laredo
Baracaldo
Bilbao
Guernica
Eibar
PAYS BASQUE
Fontarabie
Irún
St-Sébastien
Bayonne
Vitoria
NAVARRE
Pampelune
Roncevaux
Tafalla
Logroño
LA RIOJA
Tudela
Pau
Tarbes
Toulouse
Perpignan
Montpellier
Marseille
Vignemale 3 298 m
Mte Perdido (Mt Perdu) 3 355 m
Massif de la Maladeta
Pic d'Aneto 3 404 m
Val d'Aran
Pyrénées
Jaca
Huesca
Monzón
Lérida
Puigcerdà
Seo de Urgel
Llivia
Ripoll
Vich
Gérone
Figueras
Port-Bou
Cap Creus
Ampurias
Lloret de Mar
COSTA BRAVA
Manresa
Igualada
Montserrat
Terrasa
Sabadell
Mataró
Badalona
Barcelone
L'Hospitalet de Llobregat
Gavà
Viladecans
Poblet
CATALOGNE
Reus
Tarragone
Golfe de San Jorge
COSTA DAURADA
Cap de Tortosa
Tortosa
Vinaroz
Saragosse
Bujaraloz
Emb. de Mequinenza
ARAGÓN
Alcañiz
Montalban
Sra de Gúdar
Teruel
Calatayud
Tarazona
Soria
Chaînes Ibériques
Atienza
Sigüenza
Albarracín
Sra de Cuenca
Cuenca
Ebre
Duero
1 415 m
1 991 m
Porto
Douro
Coimbra
Zezere
Sabor
Emb. de Esla
Emb. de Almendra
Meseta
Tordesillas
Zamora
Valladolid
Medina del Campo
Ségovie
Septentrionale
Salamanque
Cordillère Centrale
Sierra de Guadarrama
MADRID
El Escorial
Barajas
Madrid
Guadalajara
Alcalá de Henares
Alorcón
Leganes
Getafe
Mostoles
Aranjuez
Tarancón
Ávila
Sra de Gredos
Sra de Gata
Ciudad Rodrigo
Béjar
Tormes
Plasencia
Coria
Talavera de la Reina
Navalmoral de la Mata
Tage
Tolède
Alcántara
Emb. de Alcántara
Emb. de Valdecañas
Cáceres
Sra de San Pedro
Sra de Guadalupe
Guadalupe
Mts de Tolède
CASTILLE-LA MANCHE
Alburquerque
Montijo
Mérida
Badajoz
Villanueva de la Serena
Don Benito
Emb. de García de Sota
Almadén
Puertollano
Ciudad Real
Manzanares
Valdepeñas
Alcázar de S. Juan
Tomelloso
La Roda
Albacete
Júcar
Meseta
Méridionale
ESTRÉMADURE
LISBONNE
Setúbal
Cap de Espichel
Évora
Sado
Zafra
Azuaga
Jerez de los Caballeros
Peñarroya-Pueblonuevo
Sierra Morena
Bailén
Andújar
Linares
Cordoue
Jaén
Guadiana
Guadalquivir
Minas de Riótinto
Río Tinto
Séville
Dos Hermanas
Utrera
Écija
Osuna
Puente-Genil
Baeza
Huelva
Golfe de Cadix
Faro
C. St-Vincent
Sanlúcar de Barrameda
Jerez de la Frontera
Cadix
El Puerto de Sta María
San Fernando
Cap Trafalgar
ANDALOUSIE
Antequera
Ronda
Torremolinos
Marbella
Málaga
Vélez Málaga
Motril
Chaînes Bétiques
Mulhacén 3 478 m
Sra Nevada
Grenade
Loja
S. Roque
La Línea
Gibraltar (G.-B.)
Algésiras
Détroit de Gibraltar
Ceuta (Esp.)
COSTA DEL SOL
Almería
Roquetas de Mar
C. de Gata
Huercal-Overa
Baza
Sra de Segura
MURCIE
Murcie
Lorca
Águilas
Carthagène (Cartagena)
C. de Palos
COSTA CALIDA
Cieza
Orihuela
Elche
Elda
Alicante
Alcoy
Benidorm
COSTA BLANCA
Sra de Alcaraz
Almenara 1 797 m
Molatón 1 242 m
Requena
Utiel
Alcira
Albufera
Gandía
Dénia
C. de la Nao
Valence
Paterna
Burjasot
Sagonte
Segorbe
VALENCE
Onda
Almazora
Burriana
Castellón de la Plana
Golfe de Valence
ÎLES BALÉARES
C. de Formentor
Pollensa
Artà
1 445 m
Palma
Majorque
Minorque
Mahón
Î. de Cabrera
Ibiza
Formentera
ÎLES CANARIES
La Palma
La Laguna
Sta. Cruz de Tenerife
Pto de la Cruz
Tenerife
Gomera
Hierro
Las Palmas
Grande Canarie
Fuerteventura
Puerto del Rosario
Lanzarote
Arrecife
OCÉAN ATLANTIQUE
50 km

son leader, Mariano Rajoy, devient président du gouvernement. Ce dernier doit gérer une situation économique et sociale particulièrement difficile. **2014 :** soucieux de préserver la monarchie fragilisée par un scandale financier, Juan Carlos Ier abdique en faveur de son fils Philippe (Philippe VI). **2015 :** les élections sont marquées par la forte poussée des jeunes partis, Podemos (gauche radicale), issu du mouvement des « indignés », et Ciudadanos (centre). Les deux principaux partis (Parti populaire, arrivé en tête, et Parti socialiste), en perte de vitesse, ne peuvent plus gouverner seuls. **2016 :** l'échec des tractations pour trouver une majorité gouvernementale conduit à un nouveau scrutin (juin), remporté à nouveau par le Parti populaire. En oct., M. Rajoy est finalement reconduit à la tête d'un gouvernement minoritaire grâce à l'abstention des socialistes. **À partir de 2017 :** le rapport de force se durcit entre Madrid et les indépendantistes à la tête de la communauté autonome de Catalogne*. **2018 :** M. Rajoy est renversé par une motion de censure, après la condamnation du Parti populaire pour corruption. Le socialiste Pedro Sánchez forme un gouvernement soutenu par Podemos et des partis nationalistes.

Espagne (guerre civile d') [1936 - 1939], conflit qui opposa le gouvernement républicain du Front populaire espagnol à une insurrection militaire et nationaliste dirigée par Franco. Les nationalistes, aidés par l'Allemagne hitlérienne et l'Italie fasciste, l'emportèrent finalement sur les républicains aux côtés desquels luttèrent les Brigades internationales, regroupant des volontaires venus de plus de 50 pays. Cette guerre fit plus de 600 000 victimes.

ESPALION (12500), bur. centr. de cant. de l'Aveyron, sur le Lot ; 4 669 hab. *(Espalionnais)*. Bourg pittoresque ; deux musées. Aux environs, église romane de Perse, en grès rouge.

ESPARTERO (Baldomero), duc **de la Victoire**, *Granátula 1793 - Logroño 1879*, général et homme politique espagnol. Partisan d'Isabelle II, il remporta sur les carlistes la victoire de Luchana (1836). Il fut régent de 1840 à 1843.

ESPELETTE (64250), comm. des Pyrénées-Atlantiques ; 2 135 hab. *(Espelettards)*. Piment. – Église et maisons basques typiques.

ESPINEL (Vicente), *Ronda 1550 - Madrid 1624*, écrivain espagnol. Poète et compositeur, il est l'auteur du roman d'aventures *Marcos de Obregón* (1618), dont A. R. Lesage s'est inspiré dans son *Gil* Blas de Santillane*.

ESPINOUSE (monts de l'), hauts plateaux du sud du Massif central (France) ; 1 124 m.

ESPÍRITO SANTO, État du Brésil, sur l'Atlantique ; 3 392 775 hab. ; cap. *Vitória*.

ESPOO ou **ESBO,** v. de Finlande, grande banlieue ouest d'Helsinki ; 260 902 hab. Équipements en téléphonie mobile. Services informatiques.

esprit des lois (De l'), œuvre de Montesquieu (1748). L'auteur y montre les rapports qu'entretiennent les lois avec la constitution des États, les mœurs, la religion, le commerce, le climat et la nature des sols des pays. Il prône la séparation des pouvoirs et se déclare favorable à la monarchie constitutionnelle.

ESPRIU (Salvador), *Santa Coloma de Farnés 1913 - Barcelone 1985*, écrivain espagnol d'expression catalane. Ses poèmes et ses nouvelles évoquent, sur le mode élégiaque ou satirique, le destin du peuple catalan.

ESPRONCEDA (José de), *Almendralejo 1808 - Madrid 1842*, poète romantique espagnol (*le Diable-Monde*, 1841).

ESQUILIN (mont), une des sept collines de Rome, dans l'est de la ville.

ESQUIMAUX, nom donné à un ensemble de peuples de l'Arctique (Groenland, Canada, Alaska, Sibérie), regroupés en deux familles linguistiques (Inuits* d'une part, Yu'pit* d'autre part). Venus de Sibérie en Amérique entre 10 000 et 4 000 ans avant notre ère, leurs ancêtres se sont répandus vers l'est à travers toute la zone arctique américaine, pour atteindre le Groenland vers 2 000 ans avant notre ère. Leur mode de vie traditionnel, basé sur la chasse aux mammifères marins et rendu possible par une remarquable faculté d'adaptation (construction d'igloos, invention, entre autres, du kayak), allait de pair avec une riche culture (chamanisme) ; il a été remis en cause par le contact avec la civilisation occidentale (alcoolisme et autres pathologies sociales). Les Esquimaux luttent désormais pour la survie de leur société et se sont dotés d'organisations de défense.

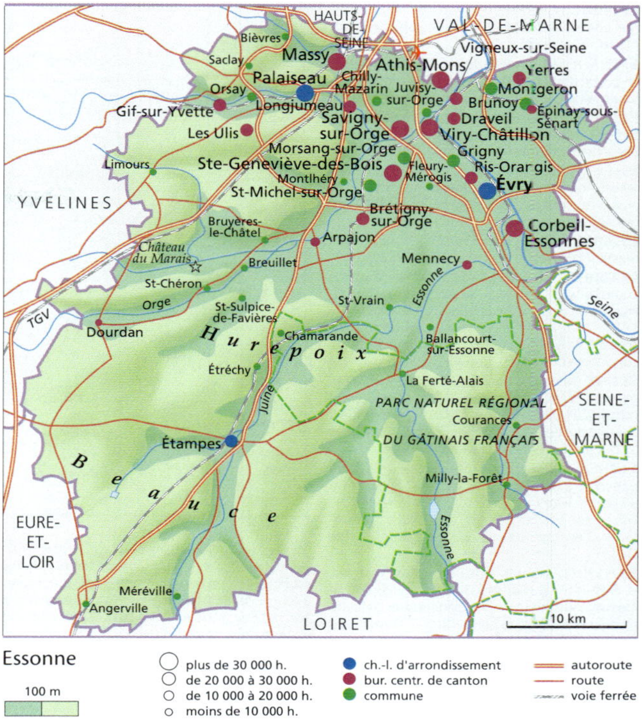

ESQUIROL (Jean Étienne Dominique), *Toulouse 1772 - Paris 1840*, médecin français. L'un des fondateurs de la clinique et de la nosographie psychiatriques, il est à l'origine de la mise en place des institutions psychiatriques en France.

Essais philosophiques sur l'entendement humain, œuvre de Hume (1748), ultérieurement rééditée sous le titre d'*Enquête sur l'entendement humain*. L'auteur y expose ses conceptions empiristes et développe notamment sa très importante théorie de la causalité.

ESSAOUIRA, anc. **Mogador,** v. du Maroc, sur l'Atlantique ; 77 966 hab. Pêche. Station balnéaire. – Festival musical (« Gnaoua et Musiques du monde »). – Fortifications surtout du XVIIIe s.

ESSARTS-EN-BOCAGE (85140), comm. de la Vendée ; 5 330 hab. *(Essartais)*. Restes du château ; crypte romane de l'église.

ESSEN, v. d'Allemagne (Rhénanie-du-Nord-Westphalie), sur la Ruhr ; 566 201 hab. Centre industriel (métallurgie lourde et de transformation surtout) et tertiaire. – Cathédrale, anc. abbatiale remontant au XIe s. Musée Folkwang (art des XIXe et XXe s. ; département de photographie).

ESSENINE → **IESSENINE.**

ESSEQUIBO n.m., fl. du Guyana ; 1 000 km env. Bauxite dans son bassin.

ESSEX, comté d'Angleterre, sur l'estuaire de la Tamise ; 1 393 587 hab. ; ch.-l. *Chelmsford*. Anc. royaume saxon fondé au VIe s., réuni au Wessex en 825, et dont la capitale était *Lunden* (Londres).

ESSEX (Robert Devereux, 2e comte **d'**), *Netherwood 1566 ou 1567 - Londres 1601*, soldat et courtisan anglais. Favori d'Élisabeth Ire, disgracié (1600), il conspira contre la reine et fut exécuté. — **Robert Devereux,** 3e comte **d'E.,** *Londres 1591 - id. 1646*, gentilhomme anglais. Fils du 2e comte d'Essex, il commanda l'armée parlementaire pendant la guerre civile.

Essling (bataille d') [21 - 22 mai 1809], bataille de l'Empire. Difficile victoire des Français sur les Autrichiens de l'archiduc Charles de Habsbourg, non loin de Vienne.

ESSLINGEN, v. d'Allemagne (Bade-Wurtemberg), sur le Neckar, près de Stuttgart ; 85 885 hab. Centre industriel (mécanique). – Monuments médiévaux.

ESSONNE n.f., riv. de France, affl. de la Seine (r. g.), qu'elle rejoint à Corbeil-Essonnes ; 90 km.

ESSONNE n.f. (91), dép. de la Région Île-de-France ; ch.-l. de dép. *Évry* ; ch.-l. d'arrond. *Étampes, Palaiseau* ; 3 arrond. ; 21 cant. ; 196 comm. ; 1 804 km² ; 1 294 240 hab. *(Essonniens)*. Le dép. appartient à l'académie de Versailles, à la cour d'appel et à la zone de défense et de sécurité de Paris. Le Nord, banlieue de Paris, est fortement urbanisé et localement industrialisé dans la vallée de la Seine, autour d'Évry et de Corbeil-Essonnes, ainsi qu'au nord-ouest, autour de Massy, Palaiseau et Saclay (le plateau de Saclay constituant l'un des pôles de la recherche française). Le Sud est encore surtout rural. Les cultures fruitières et maraîchères s'étendent dans les vallées du Hurepoix, dont les plateaux sont souvent le domaine de la grande culture céréalière, que l'on retrouve, au-delà d'Étampes, dans l'extrémité septentrionale de la Beauce.

Est (autoroute de l'), autoroute reliant Paris à Strasbourg par Reims et Metz.

ESTAING (Charles Henri, comte d'), *Ravel, Puy-de-Dôme, 1729 - Paris 1794*, amiral français. Il servit aux Indes et se distingua dans la guerre de l'Indépendance américaine, puis commanda la Garde nationale à Versailles (1789). Il fut guillotiné.

ESTANGUET (Tony), *Pau 1978*, canoéiste français. Seul Français sacré champion olympique dans trois JO (2000, 2004 et 2012), dans l'épreuve de slalom en canoë monoplace, il a aussi été triple champion d'Europe (2000, 2006, 2011) et du monde (2006, 2009, 2010) dans cette discipline. Depuis 2017, il est président du comité d'organisation des jeux Olympiques de Paris 2024.

ESTAQUE n.f., chaînon du sud de la France, au N.-O. de Marseille, fermant au S. l'étang de Berre ; 279 m.

ESTE, v. d'Italie (Vénétie) ; 16 587 hab. Château en partie du XIVe s. ; Musée archéologique. – Ce fut un centre important des Vénètes.

ESTE, famille princière d'Italie qui gouverna longtemps Ferrare, Modène et Reggio. Elle protégea des artistes comme l'Arioste et le Tasse.

Este (villa d'), résidence du XVIe s., à Tivoli. Avec ses célèbres jardins étagés qu'animent de multiples jeux d'eau, elle est l'œuvre (à partir de 1550) de l'architecte et décorateur Pirro Ligorio.

ESTEREL [ɛstərɛl] ou **ESTÉREL** [ɛsterɛl] n.m., massif de Provence ; 618 m au mont Vinaigre.

ESTERHÁZY ou **ESZTERHÁZY,** famille d'aristocrates hongrois (XVIIe-XIXe s.) qui œuvra à la consolidation du pouvoir des Habsbourg. — **Miklós E.,** *1714 - Vienne 1790,* aristocrate hongrois. Il construisit le château d'Esterháza (auj. Fertöd), considéré comme le « Versailles hongrois ».

ESTÈVE (Maurice), *Culan, Cher, 1904 - id. 2001,* peintre français. La vivacité expressive du coloris s'allie dans ses toiles à la souplesse et à la complexité de structures non figuratives. Musée à Bourges (hôtel des Échevins).

ESTHER, personnage biblique, jeune Juive déportée à Babylone (Ve s. av. J.-C.). Elle devint, d'après le livre qui porte son nom (env. IIe s. av. J.-C.), reine des Perses et sauva les Juifs du massacre. – Son histoire a inspiré une tragédie à Racine (1689).

ESTIENNE, famille d'humanistes français. — **Robert Ier E.,** *Paris 1503 - Genève 1559,* imprimeur et éditeur français. Ses dictionnaires bilingues de latin et de français firent date. — **Henri II E.,** *Paris 1528 ? - Lyon 1598,* imprimeur et éditeur français, fils de Robert Ier. Cet helléniste éminent, auteur d'un *Thesaurus graecae linguae,* défendit l'emploi de la langue nationale dans son *Projet du livre intitulé : « De la précellence du langage françois ».*

ESTIENNE (Jean-Baptiste), *Condé-en-Barrois 1860 - Paris 1936,* général français. Il fut, en 1916 - 1917, le créateur des chars d'assaut français, utilisés à partir de 1917.

ESTIENNE D'ORVES (Honoré d'), *Verrières-le-Buisson 1901 - mont Valérien 1941,* officier de marine français. Résistant de la première heure, il fut fusillé par les Allemands.

ESTONIE n.f., en eston. **Eesti,** État d'Europe orientale, sur la Baltique ; 45 000 km² ; 1 287 000 hab. *(Estoniens).* **CAP.** *Tallinn.* **LANGUE :** *estonien.* **MONNAIE :** *euro.*

INSTITUTIONS République à régime parlementaire. Constitution de 1992. Le président de la République est élu par le Parlement pour 5 ans. Il nomme le Premier ministre avec l'accord de ce dernier. Le Parlement *(Riigikogu)* est élu au suffrage universel direct pour 4 ans.

GÉOGRAPHIE C'est un pays plat, au climat frais, plus favorable à l'élevage qu'aux cultures. L'agroalimentaire, le textile, la chimie, les constructions mécaniques et électroniques sont les grandes branches industrielles, alors que les schistes bitumineux constituent la ressource essentielle du sous-sol. La population, urbanisée, compte un peu plus de 60 % d'Estoniens de souche, mais aussi près d'un tiers de Russes.

HISTOIRE D'origine finno-ougrienne, les Estoniens s'unissent contre les envahisseurs vikings (IXe s.), russes (XIe-XIIe s.), puis sont écrasés en 1217 par les Danois et les chevaliers allemands (Porte-Glaive). **1346 - 1561 :** la région est gouvernée par les chevaliers Porte-Glaive. **1629 :** elle passe sous domination suédoise. **1721 :** elle est intégrée à l'Empire russe. **1920 :** la Russie soviétique reconnaît son indépendance. **1940 :** conformément au pacte germano-soviétique, l'Estonie est annexée par l'URSS. **1941 - 1944 :** elle est occupée par les Allemands. **1944 :** elle redevient une république soviétique. **1991 :** l'indépendance restaurée est reconnue par la communauté internationale (sept.). **1992 :** Lennart Meri accède à la présidence de la République. **1994 :** les troupes russes achèvent leur retrait du pays. **2001 :** Arnold Rüütel

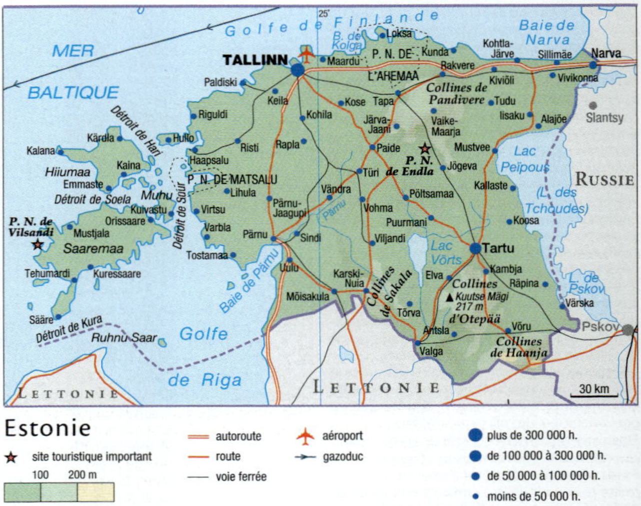

Estonie

(président du Soviet suprême de 1990 à 1992) devient président de la République. **2004 :** l'Estonie est intégrée dans l'OTAN et adhère à l'Union européenne. **2006 :** Toomas Hendrik Ilves accède à la tête de l'État (réélu en 2011). **2016 :** Kersti Kaljulaid est élue présidente de la République.

ESTORIL, station balnéaire et touristique du Portugal, dans l'ouest de l'agglomération de Lisbonne. Circuit automobile.

ESTRÉES [etre] (maison d'), famille française qui compta notamment plusieurs maréchaux. — **Gabrielle d'E.,** *Cœuvres, Aisne, 1571 - Paris 1599,* favorite d'Henri IV, qui la fit duchesse de Beaufort. Elle eut avec lui trois enfants légitimés, dont César, duc de Vendôme.

ESTRELA (serra da), massif du Portugal, portant le point culminant du pays ; 1 991 m.

ESTRÉMADURE n.f., région de la péninsule Ibérique (Espagne et Portugal).

ESTRÉMADURE, en esp. **Extremadura,** communauté autonome d'Espagne ; 41 602 km² ; 1 104 499 hab. ; cap. *Mérida* ; 2 prov. *(Badajoz* et *Cáceres).*

ESTRÉMADURE, en port. **Estremadura,** région du Portugal. Elle correspond partiellement aux districts de Leiria, Santarém et Lisbonne.

Est républicain (l'), quotidien régional français. Il fut créé, en 1889, à Nancy par un groupe de républicains hostiles au boulangisme.

ESTRIE, anc. **Cantons-de-l'Est,** région administrative du Québec (Canada), à l'E. de Montréal, limitrophe des États-Unis ; 10 698 km² ; 319 004 hab. *(Estriens)* ; v. princ. *Sherbrooke.*

ÉSUS, un des grands dieux gaulois (avec Taranis et Teutatès), dieu de la Force et de l'Éloquence.

ESWATINI ou **ESWATINI** n.m., de 1968 à 2018 **Swaziland,** État d'Afrique australe ; 17 363 km² ; 1 250 000 hab. *(Swazis).* **CAP.** *Mbabane.* **LANGUES :** *swati* et *anglais.* **MONNAIE :** *lilangeni.* (V. carte **Mozambique.**) Ce pays enclavé, peuplé très majoritairement par l'ethnie swazie, est presque exclusivement agricole et dépend économiquement et financièrement de l'Afrique du Sud. – Royaume bantou fondé en 1815, le Swaziland passa en 1902 sous protectorat britannique. Il devint indépendant en 1968. À Sobhuza II, proclamé roi en 1921, reconnu par la Grande-Bretagne en 1967 et décédé en 1982, ont succédé la reine Ntombi (1983 - 1986) puis Mswati III (depuis 1986).

ESZTERGOM, v. de Hongrie, sur le Danube ; 28 255 hab. Archevêché, siège du primat de Hongrie. – Monuments du XVIIIe s. et immense cathédrale néoclassique du XIXe s. ; musées.

ETA (Euskadi ta Askatasuna, en fr. Pays basque et liberté), organisation révolutionnaire clandestine issue en 1959 de l'aile extrémiste du mouvement nationaliste basque. Revendiquant l'indépendance du Pays basque, elle mène de nombreuses actions violentes (attentats) avant d'annoncer, en 2011, qu'elle renonce à la lutte armée.

établissement (Acte d') [en angl. Act of Settlement], loi votée en 1701 par le Parlement anglais, qui assurait une succession protestante au trône d'Angleterre.

Établissements de Saint Louis, recueil des coutumes de Touraine, d'Anjou et d'Orléanais, contenant une ordonnance de Saint Louis (v. 1272 - 1273), qui eut une grande influence dans l'ouest du royaume.

ÉTABLISSEMENTS FRANÇAIS DANS L'INDE, ensemble de territoires situés sur les côtes de l'Inde et formant une colonie française, dont la capitale était Pondichéry. Formée de comptoirs et d'établissements créés entre 1668 et 1739, cette colonie fut étendue par Dupleix, dont l'œuvre fut annihilée par le traité de Paris (1763). Les cinq comptoirs que la France conserva furent rattachés à l'Union indienne : Chandernagor en 1951, Karikal, Mahé, Pondichéry et Yanaon en 1954.

ÉTAIX (Pierre), *Roanne 1928 - Paris 2016,* cinéaste et acteur français. Gagman de J. Tati *(Mon oncle,* 1958), clown, il alliait dans ses films le burlesque et l'émotion *(le Soupirant,* 1963 ; *Yoyo,* 1965). Il fonda, avec A. Fratellini*, l'École nationale du cirque.

ÉTAMPES (91150), ch.-l. d'arrond. de l'Essonne, à l'extrémité nord-est de la Beauce ; 24 621 hab. *(Étampois).* Quatre églises médiévales : XIe-XVIe s. ; anc. donjon royal, quadrilobé, du XIIe s.

ÉTAMPES (Anne de Pisseleu, duchesse d'), *Fontaine-Lavaganne, Oise, 1508 - Heilly, Somme, 1580,* favorite de François Ier.

ÉTANG-SALÉ (L') [97427], comm. de La Réunion ; 14 549 hab. Port de pêche. Usine à sucre.

ÉTAPLES (62630), bur. centr. de cant. du Pas-de-Calais, sur la Canche ; 11 306 hab. *(Étaplois).* Port de pêche. Industrie automobile. – Musée archéologique et musée de la Marine. – Traité entre Charles VIII et Henri VII d'Angleterre (1492).

État français, régime politique de la France de juill. 1940 à août 1944. Établi par le maréchal Pétain après la défaite de juin 1940, il prit fin à la Libération (→ **Vichy** [gouvernement de]).

État islamique (organisation) ou **Daech** [*Da'ech* : acronyme ar. d'État islamique en Iraq et au Levant, EIIL], organisation terroriste islamiste dirigée par Abu Bakr al-Baghdadi. Née, en 2006, de la réunion de groupes djihadistes, apparus lors de la guerre en Iraq de 2003, et de la branche locale d'al-Qaida*, dont elle s'affranchit progressivement, cette organisation prend le nom d'État islamique en Iraq et au Levant en 2013, à la faveur de son extension en Syrie. Le 29 juin 2014, après une vaste opération de conquêtes en Iraq, l'organisation État islamique restaure le « califat » sur les territoires irakiens et syriens sous son contrôle. À partir de 2016, combattue, entre autres, par une large coalition menée par les États-Unis (depuis août 2014), puis par les Russes (sept. 2015), elle perd progressivement le terrain acquis. En parallèle, elle internationalise ses actions, en revendiquant des attentats sur tous les continents. Avec l'allégeance de nombreux groupes djihadistes, elle est aussi présente en Afrique, dans le Caucase, ainsi qu'en Asie du Sud et du Sud-Est.

ÉTAT LIBRE, anc. **État libre d'Orange,** prov. d'Afrique du Sud ; 2 745 590 hab. ; ch.-l. *Bloemfontein*. Or, uranium et charbon. – Fondée par des Boers vers 1836, la colonie fut intégrée à la Couronne britannique (1902) à l'issue de la guerre des Boers et entra dans l'Union sud-africaine en 1910.

ÉTATS DE L'ÉGLISE ou **ÉTATS PONTIFICAUX,** nom donné à la partie centrale de l'Italie tant qu'elle fut sous la domination des papes (756 - 1870). Le noyau primitif de ces États, qui comprenait le « Patrimoine de Saint-Pierre » constitué par Grégoire Ier le Grand, fut concédé par les Lombards à la papauté sous la pression de Pépin le Bref. Les États de l'Église furent annexés au royaume d'Italie en 1870. Les accords du Latran (1929) ont créé le petit État du Vatican.

ÉTATS-UNIS n.m. pl., en angl. **United States of America,** en abrégé **USA,** État fédéral d'Amérique du Nord ; 9 364 000 km² (sans les territoires extérieurs) ; 325 719 178 hab. [*Américains, États-Uniens* ou *Étatsuniens*]. **CAP.** *Washington*. **V. PRINC.** *New York, Los Angeles* et *Chicago*. **LANGUE :** *anglais*. **MONNAIE :** *dollar des États-Unis*. Le pays groupe 50 États avec l'Alaska et les îles Hawaii, auxquels il faut joindre le district fédéral de Columbia et les territoires extérieurs : Porto Rico et divers îles ou archipels du Pacifique.

INSTITUTIONS La Constitution de 1787, entrée en vigueur en 1789 et amendée plusieurs fois, crée un État fédéral et institue un régime présidentiel. Le président, chef de l'État et chef du gouvernement, est élu pour 4 ans par un collège de grands électeurs issu d'élections au suffrage universel ; il est rééligible une fois. Un vice-président, élu en même temps que le président *(ticket)*, le remplace en cas de décès, de démission ou d'empêchement majeur. Le Parlement *(Congrès)* est composé de la Chambre des représentants (435 membres, élus pour 2 ans) et du Sénat (100 membres, 2 par État, élus pour 6 ans et renouvelables par tiers). Chaque État membre établit librement sa Constitution. Un gouverneur élu joue au niveau local un rôle équivalent à celui du président fédéral. Dans presque tous les États, le pouvoir législatif est confié à une Chambre des représentants et à un Sénat.

GÉOGRAPHIE Au troisième rang mondial pour la population et au quatrième pour la superficie, les États-Unis constituent la première puissance économique du monde (la deuxième en parité de pouvoir d'achat, derrière la Chine).

Cette prépondérance s'appuie d'abord sur un support spatial à l'échelle d'un continent. D'E. en O. se succèdent une étroite plaine sur l'Atlantique, les hauteurs des Appalaches, le Midwest (région des Grandes Plaines, drainée en majeure partie par le Mississippi) et le système montagneux des Rocheuses. Les climats et les paysages varient considérablement : la pluviosité est plus réduite à l'O. du Mississippi, en dehors de la façade pacifique ; le Nord (en bordure des Grands Lacs et du Canada) est beaucoup plus froid que le Sud, chaud et humide en bordure du golfe du Mexique.

La population se caractérise par une inégale répartition, une forte urbanisation et une hétérogénéité ethnique notable. L'Est et la région des Grands Lacs demeurent les régions les plus densément peuplées, malgré le rapide accroissement de la Californie et du Sud-Ouest. La population compte env. 80 % de citadins, dont les deux tiers se concentrent dans plus d'une quarantaine d'agglomérations millionnaires, parmi lesquelles émergent New York, Los Angeles et Chicago. Les Noirs représentent 13,6 % du total, beaucoup plus que d'autres minorités (Indiens, Asiatiques) ; les Hispaniques, ou *Latinos*, sont auj. plus nombreux (16,3 %, avec une notable immigration clandestine, en partic. à partir du Mexique).

Les services occupent plus des trois quarts des actifs, l'industrie 20 %, et l'agriculture 2 % seulement. Les États-Unis se situent parmi les trois premiers producteurs mondiaux dans de nombreux domaines : pétrole, gaz, charbon et électricité ; céréales (blé, maïs) et soja, fruits tropicaux, élevage ; cultures industrielles (coton, tabac) ; sidérurgie et métallurgie des non-ferreux (aluminium) ; construction automobile et aéronautique ; chimie et électronique. Le traditionnel déficit du secteur énergétique en hydrocarbures est auj. résorbé avec la baisse de la consommation et, surtout, la relance spectaculaire de la production (des avancées technologiques permettant l'extraction d'hydrocarbures non conventionnels, comme le pétrole et le gaz de schiste, et la mise en valeur de gisements réputés jusque-là trop difficiles à exploiter). Mais la concurrence au niveau mondial apparaît de plus en plus vive, le solde de la balance commerciale est lourdement négatif et le déficit budgétaire s'est creusé. Née en 2007 de la crise financière des *subprimes* (crédits immobiliers à risque), une crise majeure a touché l'économie américaine, s'aggravant encore en 2008, avant de s'étendre à toute l'économie mondiale. Elle a ébranlé des secteurs entiers (comme l'automobile) et a eu pour effets une forte hausse du chômage et un endettement exponentiel. Depuis 2010, la reprise économique s'est traduite par une augmentation de la précarité (bas salaires et temps partiels) et, en conséquence, par un accroissement des inégalités.

HISTOIRE **L'époque coloniale et l'indépendance.** **À partir du XVIe s. :** le territoire, occupé par des Amérindiens semi-nomades, est exploré par des navigateurs français, espagnols puis anglais. **XVIIe s. :** les Anglais y émigrent en masse, fuyant les bouleversements politiques et religieux de leur pays. Ils s'installent sur la côte est, alors que les Français poursuivent leur expansion le long du Mississippi, fondant la Louisiane. Par fondations successives ou par annexion des territoires hollandais sont créées treize colonies britanniques. Le Sud (Virginie, Maryland), dominé par une société de planteurs propriétaires de grands domaines, exploités à l'aide d'esclaves noirs, s'oppose au Nord (Nouvelle-Angleterre), bourgeois et mercantile, d'un puritanisme rigoureux. **XVIIIe s. :** colonies et métropole sont unies dans la lutte contre les Indiens et, surtout, contre la France. **1763 :** le traité de Paris écarte définitivement la menace française et ouvre l'Ouest aux colons anglais. **1763 - 1773 :** les colonies supportent mal l'autorité de la Grande-Bretagne et se révoltent contre les monopoles commerciaux de la métropole. **1774 :** un premier congrès continental se réunit à Philadelphie. **1775 :** le blocus de Boston inaugure la guerre de l'Indépendance, marquée par l'alliance avec la France. **4 juill. 1776 :** le Congrès proclame l'indépendance des États-Unis. **1783 :** la paix de Paris reconnaît l'existence de la République fédérée des États-Unis.

Démocratisation et expansionnisme. **1787 :** une Constitution fédérale, toujours en vigueur, est élaborée par la convention de Philadelphie. **1789 - 1797 :** George Washington devient le premier président des États-Unis. L'application de la Constitution suscite deux tendances politiques : les fédéralistes, partisans d'un pouvoir central fort, et les républicains, soucieux de préserver les libertés locales. **1803 :** les États-Unis achètent la Louisiane à la France. **1812 - 1815 :** les Américains sortent victorieux de la seconde guerre de l'Indépendance, suscitée par la Grande-Bretagne. **1819 :** la Floride est achetée aux Espagnols. **1823 :** le républicain James Monroe (1817 - 1825) réaffirme la volonté de neutralité des États-Unis et leur opposition à toute ingérence européenne dans le continent américain. **1829 - 1837 :** la présidence d'Andrew Jackson marque une nouvelle étape de l'évolution démocratique des institutions. **1846 - 1848 :** à l'issue de la guerre contre le Mexique, les États-Unis annexent le Texas, le Nouveau-Mexique et la Californie. **1853 - 1861 :** l'antagonisme entre le Sud, agricole et libre-échangiste, et le Nord, en voie d'industrialisation et protectionniste, est aggravé par le problème de l'esclavage, désavoué par le Nord. **1854 :** un parti républicain, antiesclavagiste, est créé.

La sécession du Sud et la reconstruction. **1860 :** le républicain Abraham Lincoln est élu à la présidence. Les sudistes font alors sécession et se constituent en États confédérés d'Amérique. **1861 - 1865 :** les nordistes l'emportent dans la guerre de Sécession et abolissent l'esclavage. Lincoln est assassiné. **1867 - 1874 :** les États sudistes sont privés de leurs institutions. L'égalité civique des Noirs et des Blancs leur est imposée.

L'essor des États-Unis. **1867 :** l'Alaska est acheté à la Russie. **1869 - 1877 :** Ulysses Grant devient président de l'Union. **1870 - 1900 :** les États-Unis entrent dans « l'âge doré ». La population passe de 40 millions à plus de 75 millions d'habitants, tandis que le produit national brut est quadruplé. Le développement du réseau ferré joue un rôle capital dans la progression vers l'ouest. L'essor du grand capitalisme provoque par contrecoup une grave crise populiste qui contribue à former et à fortifier le syndicalisme. **1890 :** massacre des Sioux par l'armée américaine, à Wounded Knee. Fin des « guerres indiennes », au cours desquelles les Indiens, pendant la seconde moitié du XIXe s., se sont opposés à la conquête systématique de leur territoire par les Blancs. **1898 :** les États-Unis aident Cuba à accéder à l'indépendance, mais lui imposent leur tutelle et annexent Guam, Porto Rico et les Philippines. **1901 - 1909 :** le républicain Theodore Roosevelt radicalise l'action contre les trusts. Le Panama naît sous la tutelle des États-Unis, qui se font céder la zone du canal (achevé en 1914). **1913 - 1921 :** sous la présidence du démocrate Thomas W. Wilson, les États-Unis interviennent au Mexique (1914) et à Haïti (1915).

D'une guerre à l'autre. **1917 :** la guerre est déclarée à l'Allemagne. **1919 :** Wilson ne peut faire ratifier par le Sénat les traités de paix et l'entrée des États-Unis à la SDN. **1921 - 1933 :** les présidents républicains Warren Harding, Calvin Coolidge et Herbert Clark Hoover se succèdent au pouvoir et renforcent le protectionnisme. L'absence de toute régulation économique conduit à la surproduction et à la spéculation, tandis que la prohibition de l'alcool (1919) favorise le gangstérisme. **1929 :** le krach boursier de Wall Street (« jeudi noir ») inaugure une crise économique et sociale sans précédent. **1933 - 1945 :** le démocrate Franklin D. Roosevelt accède à la présidence. Sa politique de New Deal (« Nouvelle Donne ») s'efforce de porter remède par des mesures dirigistes aux maux de l'économie américaine. **1941 - 1945 :** les États-Unis entrent dans la Seconde Guerre mondiale et accomplissent un formidable effort économique et militaire. **1945 :** ils ratifient la charte de l'ONU.

Les États-Unis depuis 1945. **1945 - 1953 :** sous la présidence du démocrate Harry S. Truman, les États-Unis affirment leur volonté de s'opposer à l'expansion soviétique. C'est le début de la guerre froide. **1948 :** un plan d'aide économique à l'Europe (plan Marshall) est adopté. **1949 :** la signature du traité de l'Atlantique Nord (OTAN) renforce l'alliance des puissances occidentales. **1950 - 1953 :** guerre de Corée. **1953 - 1961 :** présidence du républicain Dwight David Eisenhower. **1961 - 1969 :** les démocrates John F. Kennedy (assassiné en 1963) et Lyndon B. Johnson s'efforcent de lutter contre la pauvreté et la ségrégation raciale. **1962 :** crise de Cuba. **1964 :** les États-Unis interviennent directement au Viêt Nam. **1969 - 1974 :** le républicain Richard Nixon se rapproche de la Chine (voyage à Pékin) et améliore ses relations avec l'URSS (accords SALT). **1973 :** il retire les troupes américaines du Viêt Nam, mais le scandale du Watergate l'oblige à démissionner. **1974 - 1977 :** le vice-président Gerald Ford lui succède **1977 - 1981 :** les démocrates reviennent au pouvoir avec Jimmy Carter. **1979 :** la prise d'otages à l'ambassade américaine de Téhéran souligne la faiblesse de la politique du président. **1981 - 1984 :** le républicain Ronald Reagan redonne une allure offensive à la politique étrangère (intervention militaire à la Grenade, 1983) et commerciale des États-Unis ; il parvient à relancer l'économie américaine, ce qui lui vaut d'être triomphalement réélu (1984).

Île de Vancouver
Détroit de Juan de Fuca
Vancouver
Edmonton
Calgary
Saskatoon
Regina
Winnipeg
CANADA
MONTAGNES ROCHEUSES
Grandes Plaines
Seattle
Tacoma
Olympia
Mt Rainier 4 392 m
Mt Saint Helens 2 549 m
Portland
Salem
Eugene
Chaîne des Cascades
Barr. de Grand Coulee
Grand Coulee
Spokane
WASHINGTON
Columbia
P. N. des Glaciers
Havre
Milk
Glasgow
Lac Sakakawea
Minot
Grand Forks
MINNESOTA
Duluth
Lewiston
Missoula
Great Falls
Missouri
Helena
Butte
MONTANA
DAKOTA DU NORD
Bismarck
Fargo
Côteau du Missouri
Blue Mountains
Baker
OREGON
Bassin Harney
IDAHO
Boise
Snake
Yellowstone
Billings
P. N. de Yellowstone
West Yellowstone
Sheridan
Mts Big Horn
Little Missouri
Plateau de la Columbia
Lac Goose
Eureka
Cap Mendocino
Mts Sta Rosa
Idaho Falls
Pocatello
Twin Falls
P. N. de Grand Teton
Black Hills
Rapid City
Pierre
Cheyenne
DAKOTA DU SUD
Minneapolis
St Pa
Sioux Falls
Rochester
Mississippi
Sacramento
Squaw Valley
Grand lac Salé
Logan
Ogden
WYOMING
Casper
Reno
Carson City
Grand Bassin
Désert du Grand lac Salé
Salt Lake City
Provo
L. Utah
Monts Wasatch
Sand Hills
Niobrara
NEBRASKA
IOWA
Cedar Rapids
Napa Valley
Santa Rosa
Berkeley
Oakland
San Francisco
Palo Alto
San Jose
Silicon Valley
Salinas
Sacramento
P. N. du Yosemite
Stockton
Modesto
Fresno
Sierra Nevada
Chaînes Côtières
CALIFORNIE
NEVADA
Fort Collins
Cheyenne
North Platte
South Platte
Platte
Grand Island
Omaha
Des Moines
Lincoln
St-Joseph
Mt Elbert 4 399 m
Denver
Lakewood
Colorado Springs
Pueblo
COLORADO
UTAH
Lac Powell
Mt Whitney 4 418 m
Vallée de la Mort
Las Vegas
Plateaux du Colorado
Grand Canyon
P. N. du Grand Canyon
Mts San Juan
Salina
Topeka
Kansas City
Jefferson City
KANSAS
MISSOU
Wichita
Springfield
Bakersfield
Santa Barbara
Glendale
Sta Monica
Los Angeles
Désert Mohave
Barrage Hoover
Pasadena
San Bernardino
Torrance
Long Beach
Anaheim
Santa Ana
Huntington Beach
Oceanside
Mt Palomar (Observatoire)
San Diego
Tijuana
Mexicali
Yuma
Flagstaff
Los Alamos
Santa Fe
Mts Sangre de Cristo
Gallup
Albuquerque
ARIZONA
Phoenix
Mesa
Tempe
Désert de Sonora
Tucson
NOUVEAU-MEXIQUE
Roswell
Carlsbad
Canadian
Amarillo
OKLAHOMA
Oklahoma City
Tulsa
Plateau Ozark
ARKANSAS
Little Rock
Mts Ovachita
Red River
Llano Estacado
Lubbock
Wichita Falls
Fort Worth
Arlington
Dallas
Mesquite
Shreveport
LOUISIAN
El Paso
Ciudad Juarez
Midland
Odessa
Abilene
TEXAS
Waco
Plateau d'Edwards
Pecos
Rio Grande
Austin
San Antonio
Houston
Beaumont
Port Arthur
Pasadena
Galveston
OCÉAN PACIFIQUE
Péninsule de Basse-Californie
Golfe de Californie
Hermosillo
MEXIQUE
Chihuahua
Rio Bravo del Norte
Laredo
Nuevo Laredo
Corpus Christi
Brownsville
Monterrey
Sierra Madre Orientale
Ciudad Victoria
Tampico
MEXICO
Veracruz
Acapulco
MEXIQUE
OCÉAN ARCTIQUE
MER DES TCHOUKTCHES
Pte Barrow
Barrow
Wainwright
Prudhoe Bay
Point Hope
Colville
Mt Doonerak 3 060 m
Chaîne de Brooks
Inuvik
Cercle polaire arctique
RUSSIE
Golfe de l'Anadyr
Détroit de Béring
Péninsule Seward
Teller
Nome
ALASKA
Porcupine
Fort Yukon
Circle
Mackenzie
CANADA
Yukon
Tanana
Fairbanks
Dawson
Île St-Laurent
Norton Sound
St. Michael
Denali (Mont McKinley) 6 194 m
MER DE BÉRING
Bethel
Kuskokwim
Île St-Matthew
Chaîne de l'Alaska
Mt St Elias 6 050 m
Valdez
Cordova
Île Nunivak
Lac Iliamna
Anchorage
Seward
Golfe de l'Alaska
Juneau
Archipel Alexandre
Îles Pribilof
Baie de Bristol
Kodiak
Île Kodiak
Sitka
Ketchikan
Îles Aléoutiennes
Île Unimak
Fort Rendall
Chaîne des Aléoutiennes
Péninsule de l'Alaska
Îles Shumagin
Île Unalaska
OCÉAN PACIFIQUE
Haida Gwaii
300 km

1985 - 1986 : il renoue le dialogue avec l'URSS. **1986 - 1987 :** le scandale de l'« Irangate » (vente secrète d'armes à l'Iran) crée de profonds remous dans l'opinion. Signature à Washington par Reagan et Gorbatchev d'un accord sur le démantèlement des missiles à moyenne portée en Europe (déc.). **1989 - 1993 :** prolongeant la ligne politique de Reagan, le républicain George Bush mène, à l'extérieur, une politique d'ouverture (dialogue avec l'URSS) et de fermeté (intervention militaire au Panama, 1989). À l'intérieur, cependant, il n'arrive pas à régler les problèmes économiques et sociaux. **1991 :** les États-Unis s'engagent dans la guerre du Golfe. **1993 :** le démocrate Bill Clinton devient président. **1994 :** l'accord de libre-échange avec le Canada et le Mexique (ALÉNA) entre en vigueur (janv.). Les États-Unis soutiennent l'effort de paix au Proche-Orient et interviennent à Haïti (sept.) pour restaurer J.-B. Aristide. **1995 :** les États-Unis s'emploient à faire signer l'accord de paix sur la Bosnie-Herzégovine. À l'intérieur, le pays connaît une embellie économique, qui contribue largement à la réélection de B. Clinton (1996). Le second mandat du président est toutefois perturbé par une succession d'affaires (en partic. l'affaire Monica Lewinsky, 1998 - 1999). **1999 :** les États-Unis jouent un rôle de premier plan dans l'intervention militaire de l'OTAN en Yougoslavie (conflit du Kosovo). Ils restituent comme prévu au Panama la zone du canal. **2001 :** le républicain George W. Bush devient président. Le 11 septembre, les États-Unis sont frappés au cœur même de leur territoire par des attentats spectaculaires et meurtriers, ayant pour cibles les tours jumelles du World Trade Center (qui sont détruites), à New York, et le Pentagone, à Washington (→ **septembre 2001** [attentats du 11]). Ces attaques, imputées à l'homme d'affaires saoudien Oussama Ben Laden, réfugié en Afghanistan, et à son réseau terroriste islamiste al-Qaida, provoquent un grave traumatisme dans le pays. Les États-Unis ripostent notamment par une intervention militaire en Afghanistan. **2003 :** les États-Unis, appuyés principalement par la Grande-Bretagne, mènent en Iraq*, sans avoir obtenu l'aval de l'ONU, une offensive militaire qui conduit à l'effondrement du régime de Saddam Husayn. **2004 :** G. W. Bush est réélu. **2005 :** les victimes et les dégâts causés par le passage des cyclones (en partic. à La Nouvelle-Orléans) sont un nouveau choc pour le pays. **2006 :** les élections de mi-mandat constituent un grave revers pour G. W. Bush (désormais obligé de composer avec un Congrès à majorité démocrate). **À partir de 2007 :** les États-Unis connaissent une grave crise financière, économique et sociale. **2009 :** dans ce contexte très difficile, l'accession à la présidence du démocrate Barack Obama (élu en nov. 2008 et premier Afro-Américain à parvenir à la fonction suprême dans l'histoire de ce pays) suscite beaucoup d'espoirs. Mais ce dernier, s'il apporte un nouvel état d'esprit, d'ouverture, est confronté à des défis majeurs, à l'intérieur comme à l'extérieur. **2010 :** en dépit d'un bilan non négligeable (réforme de l'assurance-maladie et régulation des institutions financières, poursuite du retrait des troupes en Iraq), le camp présidentiel – à qui est reprochée en partic. l'insuffisance de la reprise économique – est sanctionné lors des élections de mi-mandat (les républicains prenant largement le contrôle de la Chambre des représentants). **2011 :** l'armée américaine (dont des forces spéciales parviennent, en mai, à tuer Oussama Ben Laden, réfugié au Pakistan) achève son retrait d'Iraq et commence à réduire ses effectifs en Afghanistan. À l'intérieur, un bras de fer s'instaure entre le président et l'opposition républicaine. **2012 :** B. Obama est réélu. Le Congrès garde la même configuration (Chambre des représentants dominée par les républicains et Sénat majoritairement démocrate). **2013 :** le début du second mandat du président Obama s'avère difficile, notamm. du fait de l'obstruction persistante pratiquée par le camp républicain (sur la question du budget et du relèvement du plafond de la dette, en partic.) et des révélations sur l'ampleur de la surveillance électronique effectuée par les services américains. **2014 :** à partir d'août, les États-Unis mettent sur pied une vaste coalition internationale destinée à soutenir – par

Éthiopie, Djibouti

★ site touristique important

0 500 1000 2000 3000 m

route
voie ferrée
aéroport

plus de 2 000 000 h.
de 100 000 à 2 000 000 h.
de 50 000 à 100 000 h.
moins de 50 000 h.

des frappes aériennes, notamm. – l'État irakien, mais aussi les Kurdes, dans leur combat contre les islamistes (en partic. l'organisation État* islamique) en Iraq et en Syrie. À l'intérieur, B. Obama essuie une défaite sévère lors des élections de mi-mandat (le Congrès passant sous contrôle républicain). **2015 :** B. Obama obtient des résultats sur plusieurs grands dossiers de politique étrangère (début d'une normalisation avec Cuba, accord sur le nucléaire avec l'Iran et traité de libre-échange avec l'Asie). **2017 :** l'homme d'affaires médiatique Donald Trump, candidat du Parti républicain, devient président des États-Unis ; il dispose d'une majorité au Congrès pour appliquer son programme de rupture avec la présidence Obama, mais son début de mandat est perturbé par des soupçons de collusion entre son équipe de campagne et la Russie, la mise en place chaotique de son administration et une stratégie de communication controversée. Rencontrant des résistances notamm. sur les questions de la santé et de l'immigration, il parvient néanmoins à lancer un plan de baisse massive des impôts, tandis qu'il multiplie à l'international les décisions unilatérales (retrait annoncé du traité de Paris*, reconnaissance de Jérusalem comme capitale d'Israël…) et les mesures protectionnistes. **2018 :** les démocrates reprennent le contrôle de la Chambre des représentants lors des élections de mi-mandat (les républicains conservent le Sénat).

ETCHMIADZINE, v. d'Arménie ; 46 540 hab. Siège du primat de l'Église arménienne ; pèlerinage.

ÉTEL (56410), comm. du Morbihan, sur la *rivière d'Étel* ; 2 125 hab. *(Étellois).* Port. Station balnéaire.

ÉTÉOCLE **MYTH. GR.** Fils d'Œdipe et de Jocaste. Il disputa Thèbes à son frère Polynice ; les deux frères s'entre-tuèrent.

ÉTHIOPIE n.f., en amh. **Ityop'iya,** État d'Afrique orientale ; 1 100 000 km² ; 95 045 679 hab. *(Éthiopiens).* **CAP.** *Addis-Abeba.* **LANGUE :** *amharique.* **MONNAIE :** *birr éthiopien.*

GÉOGRAPHIE En dehors des plateaux de l'Est (Ogaden) et du désert Danakil, plus au nord, domaines de l'élevage nomade, l'Éthiopie est un pays montagneux (ce qui lui vaut, à cette latitude, de ne pas être désertique), où l'économie rurale s'étage en fonction de l'altitude. Au-dessous de 1 800 m, quelques cultures de coton, de maïs et de tabac trouent la forêt tropicale ; au-dessus de 2 500 m, les conditions n'autorisent que l'orge et l'élevage. Entre 1 800 et 2 500 m se situe la zone la plus riche : céréales, légumes, fruits, fleurs et café (exportation). L'Éthiopie est composée de nombreux peuples, dont les deux principaux sont les Oromo et les Amhara ; elle est partagée entre chrétiens monophysites et musulmans. Ravagé localement par la guerre civile (Tigré, Ogaden) et les sécheresses, le pays connaît à partir des années 1970 des famines et d'importants mouvements de population. Sans accès direct à la mer après la sécession de l'Érythrée, il reste pauvre et tributaire de l'aide internationale mais enregistre une forte croissance, s'efforçant notamm. de développer ses secteurs agricole et textile, ainsi que son potentiel énergétique (construction d'un immense barrage sur le Nil Bleu).

HISTOIRE **Le royaume d'Aksoum. Ier - IXe s. apr. J.-C. :** le royaume d'Aksoum, dont le chef porte le titre de « roi des rois » (négus), étend sa domination jusqu'au Nil Bleu. Christianisé par l'Église égyptienne (copte) au IVe s., il connaît sa période la plus brillante au VIe s.

L'apogée médiéval et la lutte contre l'islam. Xe s. : le royaume d'Aksoum s'effondre sous les coups de l'islam. **V. 1140 - 1270 :** une dynastie Zagoué s'établit à l'est du lac Tana, avec pour capitale Roha (actuelle Lalibela). **1270 - 1285 :** Yekouno Amlak tente de restaurer le royaume d'Aksoum, renversant les Zagoué. **XVIe s. :** les Portugais découvrent le pays, l'identifient au royaume fabuleux du « Prêtre Jean » et le libèrent (1543) de l'occupation musulmane imposée en 1527. **XVIIe - XVIIIe s. :** le pays est pénétré par des populations païennes, les Galla, et sombre bientôt dans des luttes entre seigneurs féodaux, les « ras ».

L'Éthiopie contemporaine. 1855 - 1868 : Théodoros II brise la puissance des seigneurs et se fait proclamer « roi des rois ». **1885 :** les Italiens s'installent à Massaoua. **1889 - 1909 :** Ménélik II, « ras » du Choa, devient « roi des rois », bat les Italiens à Adoua (1896) et fait d'Addis-Abeba sa capitale. **1917 :** les Européens, maîtres des côtes, imposent Tafari comme régent. **1930 :** Tafari, négus depuis 1928, devient empereur (Hailé Sélassié Ier). **1931 :** il promulgue une Constitution de type occidental. **1935 - 1936 :** guerre contre l'Italie. Vaincue, l'Éthiopie constitue, avec l'Érythrée et la Somalie, l'Afrique-Orientale italienne. **1941 :** les troupes franco-anglaises libèrent l'Éthiopie et rétablissent le négus sur le trône. **1962 :** l'Érythrée, réunie à l'Éthiopie en 1952 avec le statut d'État fédéré, forme alors une province. La rébellion s'y développe. **1963 :** Addis-Abeba devient le siège de l'OUA (Organisation de l'unité africaine, auj. Union africaine, ou UA). **1974 :** des officiers réformistes renversent le négus. L'Éthiopie s'engage dans la voie d'un socialisme autoritaire. **1977 :** Mengistu Hailé Mariam devient chef de l'État. Il renforce ses liens avec l'URSS et Cuba, qui le soutiennent dans le conflit érythréen et la lutte contre la Somalie à propos de l'Ogaden. **1987 :** une nouvelle Constitution fait de l'Éthiopie une république populaire et démocratique, à parti unique (créé en 1984). **1988 :** un accord de paix intervient entre l'Éthiopie et la Somalie. **1989 - 1990 :** le désengagement de l'URSS affaiblit le régime, confronté à la montée de la guerre civile. **1991 :** Mengistu doit abandonner le pouvoir. Meles Zenawi, leader du Front démocratique révolutionnaire du peuple éthiopien (FDRPE), est élu à la tête de l'État. **1993 :** l'Érythrée accède à l'indépendance. **1994 :** une nouvelle Constitution fait de l'Éthiopie un État fédéral (9 régions, formées sur des bases ethniques). **1995 :** le FDRPE remporte les premières élections pluralistes (de même que toutes les élections depuis). M. Zenawi quitte la présidence pour devenir Premier ministre. **1998 - 2000 :** un conflit frontalier oppose l'Éthiopie à l'Érythrée. **Déc. 2006 - début 2009 :** l'Éthiopie est engagée militairement en Somalie. **2012 :** M. Zenawi, homme fort du pays depuis plus de vingt ans, meurt. Hailemariam Desalegn lui succède à la tête de la toute-puissante coalition au pouvoir. **2018 :** dans un contexte de vives tensions (politiques, sociales, intercommunautaires), Abiy Ahmed remplace H. Desalegn, démissionnaire. Il entame une libéralisation politique et économique du pays et initie un processus de normalisation avec l'Érythrée.

Éthique (l'), œuvre maîtresse de Spinoza, en latin, publiée en 1677, peu après sa mort. Le philosophe expose son système en procédant par axiomes, définitions et démonstrations, selon un parcours en cinq parties qui mène de la caractérisation de Dieu, immanent au monde, à l'examen des conditions de la liberté humaine : l'accès à la connaissance vraie doit conduire le sage à la béatitude.

Éthique à Nicomaque, traité d'Aristote. L'auteur y fait du bonheur la fin suprême de l'activité humaine et expose sa conception des vertus, juste milieu entre les extrêmes.

ÉTIEMBLE (René), *Mayenne 1909 - Vigny, comm. de Marville-Moutiers-Brûlé, Eure-et-Loir, 2002,* écrivain français. Comparatiste, critique *(Mythe de Rimbaud),* essayiste épris d'une « hygiène des lettres », il a exercé notamment sa verve de polémiste contre les anglicismes dans la langue française *(Parlez-vous franglais ?)* et s'est employé à mieux faire connaître la Chine *(l'Europe chinoise).*

ÉTIENNE (saint), *m. à Jérusalem v. 35,* diacre de la première communauté chrétienne de Jérusalem. Accusé de donner la primauté à la foi sur la loi, il fut lapidé.

ÉTIENNE II, *Rome ? - id. 757,* pape de 752 à 757. Il reçut de Pépin le Bref l'exarchat de Ravenne, origine du pouvoir temporel des papes.

ANGLETERRE

ÉTIENNE de Blois, *v. 1097 - Douvres 1154,* roi d'Angleterre (1135 - 1154). Petit-fils de Guillaume le Conquérant, il usurpa le trône aux dépens de Mathilde et s'opposa à celle-ci au cours d'une longue guerre civile.

HONGRIE

ÉTIENNE Ier (saint), *v. 970 - Esztergom 1038,* duc (997 - 1000), puis roi (1000 - 1038) de Hongrie. Il fit évangéliser la Hongrie et fut couronné roi par le pape Sylvestre II en l'an 1000. Il s'allia avec Byzance contre les Bulgares.

MOLDAVIE

ÉTIENNE III le Grand, *Borzeşti 1433 - Suceava 1504,* prince de Moldavie (1457 - 1504). Vainqueur des Hongrois puis des Turcs, il porta la Moldavie à son apogée.

POLOGNE
ÉTIENNE Ier BÁTHORY, *Szilágysomlyó 1533 - Grodno 1586*, prince de Transylvanie (1571 - 1576), roi de Pologne (1576 - 1586). Il battit Ivan le Terrible (1581) et favorisa l'essor de l'humanisme.

SERBIE
ÉTIENNE NEMANJA, *Ribnica 1114 - mont Athos 1200*, prince de Serbie (v. 1170 - v. 1196), fondateur de la dynastie des Nemanjić. — **Étienne Ier Nemanjić,** *m. en 1228*, prince (1196 - 1217), puis roi (1217 - 1227) de Serbie. Second fils d'Étienne Nemanja, il créa l'Église serbe indépendante. — **Étienne IX Uroš IV Dušan,** *1308 - 1355*, roi (1331 - 1346), puis tsar (1346 - 1355) de Serbie. Il conquit la Thessalie et l'Épire, créa le patriarcat de Peć (1346) et promulgua un Code en 1349.

ÉTIENNE (Jean-Louis), *Vielmur-sur-Agout, Tarn, 1946*, médecin et explorateur français. Premier homme à atteindre le pôle Nord à pied et en solitaire (1986), il a traversé l'Antarctique en traîneau (1989 - 1990) et mené plusieurs expéditions contribuant aux recherches sur l'environnement polaire et la biodiversité.

ÉTIENNE-MARTIN (Étienne Martin, dit), *Loriol-sur-Drôme 1913 - Paris 1995*, sculpteur français. Ses « Demeures », en bois ou en bronze, évoquent un fond primitif de l'être et de la civilisation (au MNAM, Paris : *Nuit ouvrante*, 1945-1955 ; *le Manteau [Demeure 5]*, matériaux textiles, 1962).

ÉTIOLLES (91450), comm. de l'Essonne, près de Corbeil-Essonnes ; 3 322 hab. *(Étiollais)*. Site préhistorique de plein air, occupé, vers 11000 av. J.-C., par des chasseurs magdaléniens.

ETNA, volcan actif d'Italie, le plus grand volcan d'Europe, dans le nord-est de la Sicile ; 3 345 m.

ETOBICOKE, anc. v. du Canada (Ontario), auj. intégrée dans Toronto.

Étoile (ordre de l'), ordre de chevalerie français, fondé par Jean II le Bon en 1351.

Étoile (place de l') → **Charles-de-Gaulle** (place).

ÉTOLIE n.f., région de la Grèce, au N. du golfe de Corinthe. À partir du IVe s. av. J.-C., ses cités s'unirent en une *Ligue étolienne* qui mit en échec la Macédoine. Rome la vainquit en 189 av. J.-C.

ETON, v. de Grande-Bretagne (Angleterre), sur la Tamise ; 4 980 hab. Collège fondé en 1440.

ÉTRÉCHY (91580), comm. de l'Essonne ; 6 616 hab. *(Strépiniacois)*. Église des XIIe-XIIIe s.

Être et le Néant (l'), ouvrage de J.-P. Sartre (1943), où il fonde sa philosophie existentialiste.

Être et Temps, ouvrage de Heidegger (1927). L'auteur y procède à une critique radicale de la possibilité de connaître l'être, distingué des êtres ou *étants*, accessibles à la connaissance.

ÉTRÉPAGNY (27150), comm. de l'Eure, dans le Vexin normand ; 3 958 hab. *(Sterpinaciens)*. Église du XVe s.

ÉTRETAT (76790), comm. de la Seine-Maritime, sur la Manche ; 1 415 hab. *(Étretatais)*. Station balnéaire. Falaises. – Église romane et gothique.

ÉTRURIE, anc. région de l'Italie, correspondant approximativement à l'actuelle Toscane. Elle fut le foyer de la civilisation des Étrusques. Le royaume d'Étrurie, créé par Bonaparte au profit du duc de Parme (1801 - 1808), fut réuni à l'Empire français et érigé en grand-duché de Toscane au profit d'Élisa Bonaparte (1809 - 1814).

ÉTRUSQUES, peuple qui apparut à la fin du VIIIe s. av. J.-C. en Toscane et dont l'origine est controversée. Les Étrusques fondèrent de puissantes et riches cités *(lucumonies)*, groupées en confédérations, gouvernées par des rois, puis, vers la fin du VIe s. av. J.-C., par des oligarchies. Du VIIe au VIe s. av. J.-C., ils étendirent leur domination jusqu'à la Campanie et à la plaine du Pô et s'installèrent à Rome (règnes de Servius Tullius et des Tarquins). Le particularisme des cités les rendit vulnérables face aux Grecs, aux Samnites, aux Gaulois et, surtout, aux Romains, qui, à partir du IVe s. av. J.-C., s'emparèrent de la totalité de la Toscane. La civilisation étrusque, qui survécut à ces défaites, influença profondément la religion et les institutions romaines. – L'évolution artistique s'échelonne sur près de sept siècles et son apogée (610 - 460 av. J.-C.) correspond à la période dite archaïque, qui laisse, entre autres, de vastes nécropoles (Cerveteri, Chiusi, Tarquinia, Volterra, etc.) aux chambres funéraires ornées de peintures murales.

L'art des Étrusques

La moitié nord de l'Italie est, du VIIIe au IVe s. av. J.-C, le berceau d'une fascinante civilisation. Excellents navigateurs et métallurgistes de talent, les Étrusques commercent avec toute la Méditerranée, voire, au-delà, jusqu'en pays celte. Au gré de ces échanges, leurs objets et leurs techniques se diffusent, et leur propre expression artistique s'enrichit. Les œuvres découvertes dans des tombeaux sous tumulus sont les principaux témoignages de cette civilisation qui a fortement inspiré Rome.

▲ **Cerveteri, la nécropole à tumulus.** Véritables villes des morts, les nécropoles s'organisent à l'exemple de l'habitat des vivants, comme à Cerveteri (VIIe-VIe s. av. J.-C.).

▲ **Pendentif à tête du dieu fluvial Achéloos.** Orfèvres réputés, les Étrusques – avec la technique de la granulation – ont atteint la perfection, et le mobilier funéraire des VIIe-VIe s. reflète l'apogée économique. Or, VIe s. av. J.-C. (Louvre, Paris.)

▲ **Statuette votive.** C'est par l'intermédiaire des Étrusques que l'armement et la stratégie des hoplites grecs parvinrent aux Romains. Bronze, début du IVe s. av. J.-C. (Musée archéologique, Florence.)

▲ **Tarquinia, tombe du Triclinium.** Tarquinia possédait une véritable école de peinture funéraire : les fresques des tombes souterraines offrent des scènes très vivantes de banquets, de musiques et de danses. Fresque, vers 470 av. J.-C. ; détail : le joueur de flûte double. (Musée archéologique national, Tarquinia.)

▲ **Sarcophage des Amazones.** Le calcaire poli de ce sarcophage (Tarquinia, IVe s. av. J.-C.) est orné de peintures d'influence grecque, où alternent les scènes de combats entre guerriers et amazones. (Musée archéologique, Florence.)

ETTERBEEK [etərbɛk], comm. de Belgique (Bruxelles-Capitale), banlieue sud-est de Bruxelles ; 46 228 hab. Parc et palais du Cinquantenaire (musées royaux d'Art et d'Histoire). Maison Cauchie (Art nouveau).

ETZIONI (Amitai Werner), *Cologne 1929*, sociologue américain. Spécialiste des organisations (*les Organisations modernes*, 1971), il est un représentant majeur du communautarisme américain.

EU (76260), bur. centr. de cant. de la Seine-Maritime, sur la Bresle ; 7 334 hab. *(Eudois)*. Électronique. – Église gothique ; château des princes de Guise puis d'Orléans, en partie de la fin du XVIe s. (musée Louis-Philippe) ; collège de la même époque. – Forêt.

EUBÉE, île grecque de la mer Égée ; 210 210 hab. *(Eubéens)*. Dans l'Antiquité, les cités de l'Eubée (surtout Chalcis et Érétrie) fondèrent de nombreuses colonies. Au Moyen Âge, l'île, appelée *Nègrepont*, fut occupée par les croisés.

EUCLIDE, *Alexandrie ? IIIe s. av. J.-C.*, mathématicien grec. Son œuvre est couronnée par les *Éléments**, où de quelques définitions, postulats et axiomes il déduit des propositions de plus en plus complexes. On y trouve, en particulier, le postulat (dit *axiome d'Euclide*) selon lequel par un point du plan on ne peut mener qu'une parallèle à une droite donnée.

EUDES ou **EUDE,** *v. 860 - La Fère 898*, comte de Paris, puis roi de France (888 - 898), de la dynastie des Robertiens. Fils de Robert le Fort, il défendit victorieusement Paris contre les Normands (885 - 886) et fut élu roi. Vainqueur des Normands à Montfaucon-d'Argonne, il combattit Charles le Simple à partir de 893, mais le reconnut finalement pour successeur.

EUDES (saint Jean) → **JEAN EUDES** (saint).

EUDOXE de Cnide, *Cnide v. 406 - 355 av. J.-C.*, savant grec. Il imagina un système cosmologique (sphères homocentriques) pour rendre compte des mouvements célestes observés, au moyen d'une combinaison de mouvements circulaires uniformes, conformément aux idées de Platon.

EUDOXIE, *m. à Constantinople en 404*, impératrice d'Orient. Femme d'Arcadius, ambitieuse, elle fit condamner à l'exil saint Jean Chrysostome.

EUDOXIE, *Athènes - Jérusalem 460*, impératrice d'Orient. Femme de Théodose II, elle contribua au progrès de l'hellénisme dans l'empire d'Orient.

EUGENE, v. des États-Unis (Oregon) ; 160 561 hab. (351 715 hab. dans l'agglomération).

EUGÈNE II, *Rome ? - id. 827*, pape de 824 à 827. Il conclut alliance avec l'empereur Louis le Pieux et réorganisa l'État pontifical. — bienheureux **Eugène III** (Bernardo **Paganelli di Montemagno**), *Pise - Tivoli 1153*, pape de 1145 à 1153. Grâce à l'appui de saint Bernard, ce cistercien poursuivit l'œuvre réformatrice de Grégoire VII. — **Eugène IV** (Gabriele **Condulmer**), *Venise 1383 - Rome 1447*, pape de 1431 à 1447. Au concile de Florence (1439), il réalisa l'union (toute formelle) de Rome et des Églises d'Orient.

EUGÈNE DE BEAUHARNAIS → **BEAUHARNAIS.**

EUGÈNE DE SAVOIE-CARIGNAN, dit **le Prince Eugène,** *Paris 1663 - Vienne 1736*, homme de guerre au service de l'Autriche. Lors de la guerre de la Succession d'Espagne, il vainquit l'armée de Louis XIV à Malplaquet (1709), mais fut battu à Denain par Villars (1712). En 1717, il enleva Belgrade aux Turcs.

EUGÉNIE (Eugenia María de Montijo de Guzmán), *Grenade 1826 - Madrid 1920*, impératrice des Français. Elle épousa Napoléon III (1853) et eut une grande influence sur lui.

L'impératrice **Eugénie** ▶ par Winterhalter. (Château de Compiègne.)

EULALIE (sainte), vierge martyrisée à Mérida (IIIe s.). Sa passion a fait l'objet de la *Cantilène* ou *Séquence de sainte Eulalie* (v. 880), le plus ancien poème en langue d'oïl conservé.

EULER (Leonhard), *Bâle 1707 - Saint-Pétersbourg 1783*, mathématicien suisse. Il fut, au XVIIIe s., le principal artisan de l'essor de l'analyse, qu'il réorganisa autour du concept fondamental de fonction. Il exerça son inventivité dans de nombreux domaines de la physique mathématique.

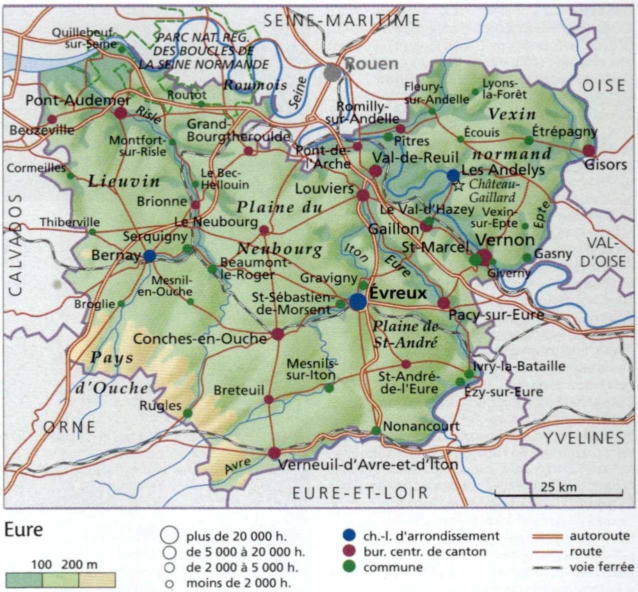

EUMENÊS II, roi de Pergame (197 - 159 av. J.-C.). Allié des Romains, il reçut à la paix d'Apamée (188 av. J.-C.) une partie de l'Asie Mineure.

Euménides (les), troisième pièce de l'*Orestie**.

EUPEN [øpɛn], comm. de Belgique (prov. de Liège), sur la Vesdre ; 18 892 hab. Église du XVIIIe s.

EUPHRATE n.m., fl. d'Asie, qui naît en Arménie turque, traverse la Syrie et rejoint le Tigre en Iraq pour former le Chatt al-Arab ; 2 780 km.

EUPHRONIOS, peintre de vases et céramiste athénien, actif fin VIe s. - début du Ve s. av. J.-C. Il est le meilleur représentant du « style sévère » à figures rouges.

EURAFRIQUE, nom parfois donné à l'ensemble de l'Europe et de l'Afrique.

EURASIE, nom parfois donné à l'ensemble de l'Europe et de l'Asie.

Euratom autre nom de la **Communauté européenne de l'énergie atomique** (CEEA), organisation internationale à vocation européenne. Elle fut créée en 1957 (en même temps que la CEE) pour contribuer à la formation et à la croissance d'une industrie nucléaire européenne.

EURE n.f., riv. de France, née dans le Perche, affl. de la Seine (r. g.) ; 225 km. Elle passe à Chartres.

EURE n.f. (27), dép. de la Région Normandie ; ch.-l. de dép. *Évreux* ; ch.-l. d'arrond. *Les Andelys, Bernay* ; 3 arrond. ; 23 cant. ; 596 comm. ; 6 040 km² ; 619 392 hab. *(Eurois)*. Le dép. appartient à l'académie et à la cour d'appel de Rouen, à la zone de défense et de sécurité Ouest. Le dép. est formé de plaines et de plateaux calcaires, souvent crayeux, où des placages limoneux ont favorisé l'essor des cultures du blé, de la betterave à sucre et des plantes fourragères (Vexin normand, plaines du Neubourg et de Saint-André). L'élevage domine dans l'Ouest (Lieuvin et Roumois, pays d'Ouche). L'industrie, en dehors de l'agroalimentaire, est surtout représentée par les constructions mécaniques et électriques, et le textile. La proximité et l'accessibilité de Paris expliquent un développement récent.

EURE-ET-LOIR n.m. (28), dép. de la Région Centre-Val de Loire ; ch.-l. de dép. *Chartres* ; ch.-l. d'arrond. *Châteaudun, Dreux, Nogent-le-Rotrou* ; 4 arrond. ; 15 cant. ; 373 comm. ; 5 880 km² ; 445 361 hab. *(Euréliens)*. Le dép. appartient à l'académie d'Orléans-Tours, à la cour d'appel de Versailles, à la zone de défense et de sécurité Ouest. L'Ouest et le Nord (Thymerais, collines du Perche), humides et souvent bocagers, consacrés plutôt à l'élevage bovin, s'opposent à l'Est, constitué par la plaine dénudée de la Beauce, riche région agricole, productrice de blé surtout, de betterave à sucre et de maïs. L'industrialisation (constructions mécaniques et électriques, pharmacie, parfumerie), stimulée par la proximité de Paris (décentralisation), rapidement atteinte par la route et le rail, s'est développée, surtout dans les villes de l'Est et du Nord (Chartres et Dreux). Elle explique partiellement l'accroissement démographique récent.

Eurêka, programme européen d'activités de recherche et de développement dans des secteurs technologiques de pointe. Il a été élaboré, en 1985, à l'initiative de la France.

EURIPE, chenal étroit entre l'île d'Eubée et la Béotie, aux courants violents.

EURIPIDE, *Salamine 480 - Pella 406 av. J.-C.*, poète tragique grec. Si ses tragédies, marquées par les troubles de la guerre du Péloponnèse, déconcertèrent ses contemporains (*Alceste*, 438 ; *Médée*, 431 ; *Hippolyte*, 428 ; *Andromaque*, v. 425 ; *Hécube*, v. 424 ; *les Suppliantes*, v. 423 ; *Électre*, v. 416 ; *Iphigénie en Tauride*, v. 413 ; *Hélène*, 412 ; *les Phéniciennes*, v. 410 ; *les Bacchantes*, apr. 406), ses innovations dramatiques (importance de l'analyse psychologique, rajeunissement des mythes, indépendance des chœurs par rapport à l'action) devaient influencer profondément les écrivains classiques français. Il est également l'auteur du drame satyrique *le Cyclope*.

Eurocorps, corps d'armée européen créé, en 1992, à l'initiative de la France et de l'Allemagne, et opérationnel depuis 1995.

Eurogroupe, assemblée informelle des ministres des Finances de la zone euro, créée en 1997 et baptisée « Eurogroupe » en 2009. Son objectif est de garantir la stabilité et la cohérence de la zone euro.

Euronews, chaîne européenne de télévision d'informations en continu. Créée par les États membres de l'UER (Union européenne de radiotélévision) et lancée en 1993, elle émet en plusieurs langues. En 2016, Africanews, sa filiale dédiée à l'Afrique, voit le jour.

EUROPA, îlot français de l'océan Indien, à l'O. de Madagascar, partie des terres Australes* et Antarctiques françaises. Station météorologique.

EUROPE, une des cinq parties du monde, comprise entre l'océan Arctique au N., l'océan Atlantique à l'O., la Méditerranée et ses annexes,

ainsi que, traditionnellement, la chaîne du Caucase au S., la mer Caspienne et l'Oural à l'E. ; env. 10 500 000 km²; 745 000 000 hab. *(Européens)*. La géologie et le relief distinguent une Europe septentrionale, formée de vastes plaines (plaine nord-européenne) et de vieux socles (massifs calédoniens et hercyniens), souvent rajeunis (Scandinavie), d'une Europe méridionale, occupée par des chaînes tertiaires (Pyrénées, Alpes, Carpates), enserrant des régions basses, souvent peu étendues. L'Europe appartient à la zone de climat tempéré, mais le plus ou moins grand éloignement de l'Océan surtout, la latitude et la disposition des reliefs introduisent des nuances thermiques et pluviométriques permettant de différencier une Europe océanique à l'O., continentale à l'E., méditerranéenne au S. À chacune d'elles correspond une formation végétale (feuillus à l'O., conifères à l'E. et dans l'extrémité nord, maquis et garrigues provenant de la dégradation de la forêt méditerranéenne au S.).
La position de l'Europe dans la zone tempérée, au centre des terres émergées de l'hémisphère boréal, sa profonde pénétration par les mers ont facilité son peuplement, expliquant son ancienneté (paléolithique), sa densité et sa variété. L'Europe groupe, sur moins de 10 % des terres émergées, 11 % de la population mondiale (part qui diminue cependant en raison de la faiblesse de la natalité), mais ne possède aucune unité religieuse ou linguistique (le christianisme et les langues indo-européennes dominent toutefois largement).
L'Union* européenne a permis la réalisation d'une unification économique et monétaire (concrétisée par l'adoption majoritaire d'une monnaie unique, l'euro, à partir de 1999) et, regroupant déjà les États les plus riches du continent (à l'exception de la Suisse et de la Norvège), s'est ouvert de nouvelles perspectives avec l'intégration, lors des élargissements de 2004, 2007 et 2013, de plusieurs pays d'Europe centrale et orientale. L'Europe continue cependant d'offrir un tableau contrasté, les différences de développement entre l'Ouest et l'ancien bloc de l'Est, notamm., n'ayant pas encore disparu. En outre, à partir de 2010, le « Vieux Continent » a été fragilisé économiquement (crise grecque et crise de la dette souveraine dans de nombreux pays, déstabilisant l'ensemble de la zone euro) et le retour à la croissance s'est fait au prix de lourds sacrifices. Enfin, il se trouve confronté auj. à de nouveaux défis : crise migratoire, crise sécuritaire, crise du projet européen, crise des valeurs avec l'accession au pouvoir de partis populistes, fragilisation des relations transatlantiques. *(V. cartes pages 1480-1481 et 1482.)*

EUROPE **MYTH. GR.** Mortelle aimée de Zeus. Celui-ci, métamorphosé en taureau blanc, l'enleva et la conduisit en Crète, où elle devint mère de Minos. – Lune de Jupiter.

Europe 1 Communication, société de radiodiffusion et de communication. Fondée en 1949, elle a lancé en 1954 la station Europe 1.

Europe Écologie - Les Verts (EELV ou EE-LV) → **Verts** (Les).

EUROPOORT, avant-port de Rotterdam (Pays-Bas). Raffinage du pétrole et pétrochimie.

Eurostar, service de trains à grande vitesse reliant Paris ou Bruxelles à Londres, en passant par Lille et en empruntant le tunnel sous la Manche. Des liaisons directes sont ouvertes entre Londres et les Alpes françaises, en hiver, ainsi que le sud de la France.

EUROTAS n.m., fl. de Grèce, en Laconie ; 80 km. Sparte fut bâtie sur ses bords.

Eurovision, organisme international chargé, au sein de l'UER (Union européenne de radiotélévision), de coordonner les échanges de programmes de télévision entre les pays d'Europe occidentale et du Bassin méditerranéen. (Siège : Genève.)

EURVILLE-BIENVILLE (52410), bur. centr. de cant. de la Haute-Marne ; 2 159 hab. *(Eurvillois-Bienvillois)*. Centrale hydroélectrique.

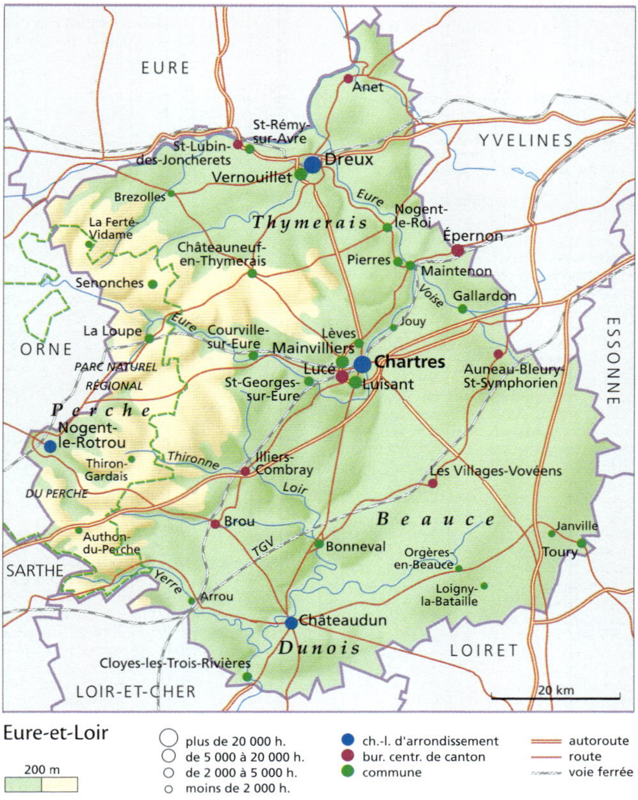

Eure-et-Loir

EURYDICE **MYTH. GR.** Épouse d'Orphée.

EURYMÉDON n.m., fl. de Pamphylie (auj. *Köprü*, Turquie). À son embouchure, Cimon vainquit les Perses en 468 av. J.-C.

EURYSTHÉE **MYTH. GR.** Roi de Mycènes et de Tirynthe. Il imposa à Héraclès les « douze travaux » afin de se débarrasser de lui.

EUSÈBE de Césarée, *Palestine v. 265 - id. 340,* écrivain et prélat grec. Évêque de Césarée, mêlé aux controverses sur l'arianisme, il est l'auteur d'une *Histoire ecclésiastique* (des origines à Constantin).

EUSKALDUNAK, nom que se donnent les Basques dans leur langue.

EUSKEMEN, anc. **Oust-Kamenogorsk,** v. de l'est du Kazakhstan ; 303 720 hab. Métallurgie.

EUSTACHE (saint), martyr. Selon la légende, il fut converti par la rencontre d'un cerf portant entre ses bois une croix lumineuse. Patron des chasseurs (conjointement à saint Hubert). Son nom a été supprimé du calendrier romain

EUSTACHE (Jean), *Pessac 1938 - Paris 1981,* cinéaste français. La force de la parole et la franchise du regard caractérisent une œuvre majeure des années 1970 : *la Rosière de Pessac* (1969 ; nouvelle version 1979), *la Maman et la Putain* (1973), *Mes petites amoureuses* (1974).

EUSTACHE DE SAINT-PIERRE, *Saint-Pierre-lès-Calais v. 1287 - 1371,* un des six bourgeois de Calais qui se livrèrent au roi d'Angleterre Édouard III pour sauver leur ville (1347).

EUTERPE **MYTH. GR.** Muse de la Musique.

EUTYCHÈS, *av. 378 - v. 454,* moine byzantin. Défenseur du monophysisme, il fut condamné au concile de Chalcédoine (451)

Évadés (médaille des), décoration française, créée en 1926 et modifiée en 1946, pour les prisonniers de guerre évadés.

Évangiles, écrits du Nouveau Testament où sont consignés la vie et le message de Jésus. Au nombre de quatre, ils sont attribués à Matthieu, Marc, Luc et Jean. Leur rédaction se situe entre 70 et 80 env. pour les trois premiers et v. l'an 100 pour le quatrième.

EVANS (sir Arthur John), *Nash Mills 1851 - Youlbury 1941,* archéologue britannique. Ses découvertes faites à Cnossos, en Crète, à partir de 1900, ont révélé la civilisation minoenne.

EVANS (William John, dit Bill), *Plainfield, New Jersey, 1929 - New York 1980,* pianiste et compositeur américain de jazz. Marqué par le bop de Bud Powell, fondateur d'un trio de jazz au début des années 1960, il développa d'importantes innovations harmoniques (*Waltz for Debby*, 1956 ; *Peace Piece*, 1958).

EVANS (Oliver), *près de Newport, Delaware, 1755 - New York 1819,* ingénieur américain. Il développa des machines à vapeur à haute pression.

EVANS (Walker), *Saint-Louis 1903 - New Haven 1975,* photographe américain. Sa vision statique et brutale de la réalité (reportages [1935-1940] sur la misère rurale aux États-Unis), son écriture, exemplaire du style documentaire, ont influencé fortement le langage photographique. *(V. ill. page 1483.)*

EVANS-PRITCHARD (sir Edward), *Crowborough, Sussex, 1902 - Oxford 1973,* anthropologue britannique. Il a fait ressortir la complémentarité des liens existant entre l'organisation lignagère et politique des sociétés africaines et leur milieu écologique (*les Nuer*, 1940).

EVANSVILLE, v. des États-Unis (Indiana), sur l'Ohio ; 120 346 hab. (358 676 hab. dans l'agglomération). Matériel agricole.

ÉVARISTE (saint), *m. en 105,* pape de 97 à 105 et peut-être martyr.

ÉVAUX-LES-BAINS (23110), bur. centr. de cant. de la Creuse ; 1 430 hab. *(Évahoniens)*. Station thermale. – Église romane et gothique.

ÈVE, nom donné par la Bible à la première femme, épouse d'Adam et mère du genre humain.

ÉVÊCHÉS (les Trois-) → **TROIS-ÉVÊCHÉS** (les).

EVÈNES ou **LAMOUTES,** peuple de Russie (bord de la mer d'Okhotsk, nord-est de la rép. de Sakha) [env. 17 000]. Traditionnellement éleveurs nomades de rennes, ils ont conservé l'essentiel de leur culture. On les a regroupés avec les Evenks sous l'appellation de Toungouses*.

L'EUROPE MÉDIÉVALE FIN DU XIIe SIÈCLE-DÉBUT DU XIIIe SIÈCLE

Capétiens et Plantagenêts

- Possessions d'Henri II Plantagenêt 1154-1189
- Possessions anglaises en France à la fin du règne de Philippe Auguste

Lutte du Sacerdoce et de l'Empire

- Saint Empire romain germanique
- Villes de la Ligue lombarde en 1167

Chrétiens et musulmans

- Reconquête chrétienne en Espagne
- Conquête musulmane au Moyen-Orient
- Limites de l'Empire byzantin en 1180
- Croisades
- Venise et ses possessions

L'EUROPE DU CONGRÈS DE VIENNE 1814-1815

Acquisitions

- du Royaume-Uni
- de l'Autriche
- de la Prusse
- de la Russie
- de la Suède
- du Piémont

- Confédération germanique
- Traités de Paris (1814 et 1815)
- Congrès de Vienne (juin 1814-juin 1815)
- Frontières de 1815

1 ROY. LOMBARDO-VÉNITIEN
2 ROY. DE PIÉMONT-SARDAIGNE

NOUVELLES FRONTIÈRES EN EUROPE 1918-1923
Frontières des empires allemand, austro-hongrois et russe en 1914
Traités de paix
Frontières des États en 1923
Capitales des États
États nouveaux
Extension de la Roumanie
Territoires conquis sur la Grèce par la nouvelle Turquie 1920-1922
Villes libres
Oslo
NORVÈGE
Stockholm
SUÈDE
Tallinn
ESTONIE
Petrograd
RUSSIE
Riga, 1921
LETTONIE
Moscou
DANEMARK
Copenhague
SCHLESVIG DU NORD
Klaïpeda (Memel) 1923
LITUANIE
Kaunas
Wilno
URSS
Dantzig
Königsberg
PRUSSE ORALE
Minsk
BIÉLORUSSIE
Amsterdam
Londres
PAYS-BAS
Berlin
Varsovie
Brest-Litovsk 1918
Bruxelles
RUHR
BELGIQUE
Eupen
Malmédy
ALLEMAGNE
Weimar
POLOGNE
Kiev
Paris
LUX.
SARRE
Prague
Versailles 1919
ALSACE-LORRAINE
Strasbourg
TCHÉCOSLOVAQUIE
RUTHÉNIE SUBCARPATIQUE
UKRAINE
FRANCE
Bratislava
Vienne
Lausanne 1923
Berne
SUISSE
Budapest
Genève
AUTRICHE
Trente
HONGRIE
Cluj
BESSARABIE
Odessa
ROUMANIE
CRIMÉE
Trieste
Fiume
Gênes
ROY. DES SERBES CROATES ET SLOVÈNES
Rapallo 1920, 1922
Belgrade
Bucarest
Zara Ital.
ITALIE
BULGARIE
Sofia
Lagosta Ital.
Rome
Istanbul (Constantinople)
ALBANIE
Tirana
MACÉDOINE
THRACE
Bosphore
Ankara
Dardanelles
GRÈCE
TURQUIE
Izmir (Smyrne)
Athènes
Antalya
DODÉCANÈSE Ital.
500 km

NOUVELLES FRONTIÈRES EN EUROPE 1945-1949
Frontières des États en 1947
Limites des républiques fédérées
Capitales des États
Gains territoriaux de l'URSS
Partage de l'Allemagne
République fédérale d'Allemagne (1949)
République démocratique allemande (1949)
Division de Berlin en Berlin-Ouest et Berlin-Est
Territoires sous administration
soviétique
polonaise
de 1945 jusqu'aux traités germano-soviétique et germano-polonais
Ligne Oder-Neisse
Territoire libre de Trieste 1947-1954
Oslo
NORVÈGE
Tallinn
Leningrad
Stockholm
ESTONIE
RUSSIE
SUÈDE
LETTONIE
Riga
Moscou
DANEMARK
Copenhague
LITUANIE
Kaliningrad
Vilnious
URSS
Minsk
Gdansk
Szczecin
Amsterdam
Berlin
Londres
PAYS-BAS
Conférence de Potsdam 1945
POLOGNE
BIÉLORUSSIE
Varsovie
Bruxelles
RUHR
Brest
BELGIQUE
Bonn
RDA
Kiev
Paris
Wroclaw
Traités de Paris, 1947
LUX.
SARRE 1957
Prague
UKRAINE
RFA
TCHÉCOSLOVAQUIE
RUTHÉNIE SUBCARPATIQUE
BUCOVINE
FRANCE
Bratislava
Berne
Vienne
MOLDAVIE
BESSARABIE
SUISSE
AUTRICHE
Budapest
HONGRIE
Cluj
CRIMÉE
Trieste
1
Zagreb
ROUMANIE
Conférence de Yalta, 1945
CROATIE
Belgrade
Tende
Bucarest
Rijeka
YOUGOSLAVIE
Zadar
DOBROUDJA MÉRIDIONALE 1940
2
SERBIE
ITALIE
3
BULGARIE
Lastovo
Sofia
Istanbul
Rome
4
Tirana
ALBANIE
Ankara
GRÈCE
TURQUIE
Athènes
1 Slovénie
2 Bosnie-Herzégovine
3 Monténégro
4 Macédoine
500 km

Europe

200 | 500 | 1000 | 2000 | 4000 m

- plus de 5 000 000 h.
- de 1 000 000 à 5 000 000 h.
- de 100 000 à 1 000 000 h.
- moins de 100 000 h.

Crimée* : annexion à la Russie, non reconnue par la communauté internationale.

▲ Walker **Evans.** *Floyd Burroughs and Tengle children, Hale County, Alabama,* 1936. (Bibliothèque du Congrès, Washington.)

EVENKS, peuple de Russie (bassin de la Toungouska inférieure, env. 30 000), de Chine (env. 20 000) et de Mongolie. Ils restent pour la plupart chasseurs et éleveurs nomades de rennes. Leur désignation comme Toungouses* est vieillie.

EVERE [evɛr], comm. de Belgique (Bruxelles-Capitale), banlieue nord de Bruxelles ; 37 364 hab.

EVEREST (mont) [du nom de sir George *Everest*, colonel et géodésien britannique, 1790 - 1866], point culminant du monde, dans l'Himalaya, à la frontière du Népal et de la Chine (Tibet) ; 8 848 m (alt. traditionnellement admise ; d'autres mesures ont été effectuées : 8 846 m en 1993, 8 850 m en 1999). Son nom tibétain est *Chomo Lungma* (« Déesse mère du Monde »). Son sommet a été atteint en 1953 par le Néo-Zélandais E. Hillary* et le sherpa Tenzing Norgay *(1914 - 1986)*.

EVERGEM [evərgɛm], comm. de Belgique (Flandre-Orientale) ; 33 961 hab.

EVERGLADES (les), région marécageuse des États-Unis, dans le sud de la Floride. Parc national.

EVERT (Chris), *Fort Lauderdale, Floride, 1954*, joueuse de tennis américaine. Elle a remporté sept titres à Roland-Garros (1974, 1975, 1979, 1980, 1983, 1985 et 1986), trois à Wimbledon (1974, 1976 et 1981), six à Forest Hills et à Flushing Meadow (1975 à 1978, 1980 et 1982) et deux en Australie (1982 et 1984).

ÉVHÉMÈRE, *v. 340 - v. 260 av. J.-C.*, écrivain grec. Selon lui, les dieux de la mythologie étaient des rois d'une époque reculée qui furent divinisés après leur mort. Cette interprétation fut reprise, surtout au XVIIIe et au XIXe s., par certains historiens des religions sous le nom d'*évhémérisme*.

ÉVIAN-LES-BAINS (74500), bur. centr. de cant. de la Haute-Savoie, sur le lac Léman ; 9 217 hab. *(Évianais)*. Station thermale. Eaux minérales. Casino. – Les accords signés en mars 1962 à Évian entre la France et le FLN mirent fin à la guerre d'Algérie.

Évolution créatrice (l'), œuvre de Bergson (1907). L'auteur y rend compte de l'évolution de la vie par sa théorie de l'élan vital et développe les thèmes fondateurs (distinction de l'instinct et de l'intelligence, opposition de l'intuition à cette dernière, etc.) d'un spiritualisme renouvelé.

ÉVORA, v. du Portugal (Alentejo) ; 56 596 hab. Temple romain du IIe s., cathédrale des XIIe-XIIIe s. (trésor ; cloître gothique du XIVe s.) et nombreux autres monuments. Musée.

EVORA (Cesaria), *Mindelo, São Vincente, 1941 - id. 2011*, chanteuse cap-verdienne. Elle fit connaître dans le monde la *morna*, chanson intimiste, marquée par les accents nostalgiques du fado.

ÉVREUX (27000), ch.-l. du dép. de l'Eure, sur l'Iton, à 102 km à l'O. de Paris ; 52 168 hab. *(Ébroïciens)*. Évêché. Base aérienne. Électronique. Équipements automobiles. Pharmacie. – Cathédrale des XIIe-XVIIe s., aux vitraux des XIVe et XVe s. ; musée.

ÉVRON (53600), bur. centr. de cant. de la Mayenne ; 7 479 hab. *(Évronnais)*. Agroalimentaire. – Église romane et gothique, anc. abbatiale (mobilier, vitraux, œuvres d'art).

ÉVRY (91000), anc. **Évry-Petit-Bourg**, ch.-l. du dép. de l'Essonne, sur la Seine, à 27 km au S. de Paris ; 54 603 hab. *(Évryens)*. Noyau d'une agglomération (ville nouvelle de 1969 à 2000). Évêché. Aéronautique. Métallurgie. Agroalimentaire. Université. Pôle de recherches sur le génome et ses applications. – Cathédrale (1995) par M. Botta.

EVTOUCHENKO → **IEVTOUCHENKO.**

EWE, peuple du sud-est du Ghana et du sud du Togo (env. 4 millions), de langue kwa.

EWING (sir James), *Dundee, Écosse, 1855 - Cambridge 1935*, physicien britannique. Il découvrit, en même temps que l'Allemand Emil Warburg, l'hystérésis magnétique (1882).

EXÉKIAS, peintre de vases et céramiste athénien, actif à la fin du VIe s. av. J.-C. Il est l'un des créateurs les plus inventifs du style attique à figures noires.

EXELMANS [-mɑ̃s] (Remy Isidore, comte), *Bar-le-Duc 1775 - Sèvres 1852*, maréchal de France. Volontaire en 1792, général après Eylau (1807), il participa aux campagnes de 1812 - 1813. Il fut fait maréchal en 1851.

EXETER, v. de Grande-Bretagne (Angleterre), ch.-l. du Devon ; 106 772 hab. Port. – Cathédrale des XIIe-XIVe s.

Exil → **Captivité de Babylone.**

Exode (l'), sortie d'Égypte des Hébreux sous la conduite de Moïse. Cet épisode biblique est relaté dans le livre de l'Exode.

Exodus, navire chargé de 4 500 émigrants juifs, que la marine britannique empêcha en juill. 1947 d'atteindre la côte palestinienne. Ses passagers furent débarqués à Hambourg.

Expansion (l'), magazine mensuel français, créé à Paris en 1967 par Jean-Louis Servan-Schreiber et Jean Boissonnat.

Express (l'), magazine hebdomadaire français, créé à Paris en 1953 par Jean-Jacques Servan-Schreiber et Françoise Giroud.

EXTRÊME-ORIENT, ensemble des pays de l'Asie orientale (Chine, Japon, Corée, États de l'Indochine et de l'Insulinde, extrémité orientale de la Russie).

EY (Henri), *Banyuls-dels-Aspres 1900 - id. 1977*, psychiatre français. Concevant les maladies mentales comme des modalités de désorganisation de la conscience, il élabora un modèle « organodynamique » visant à dépasser la psychanalyse sans en revenir au mécanisme du XIXe s.

EYADEMA (Étienne Eyadema **Gnassingbé,** dit Gnassingbé), *Pya 1935 - au-dessus de la Tunisie, au cours d'un transfert sanitaire par avion vers l'étranger, 2005*, général et homme politique togolais. Arrivé au pouvoir au terme du coup d'État de 1967, il resta président de la République jusqu'à sa mort.

▲ Gnassingbé **Eyadema.**

— **Faure Gnassingbé,** *Afagnan 1966*, homme politique togolais. Fils du général Eyadema, il lui a succédé en 2005.

EYBENS [ebɛ̃s] (38320), comm. de l'Isère ; 10 389 hab. *(Eybinois)*. Équipements électroniques.

Eylau (bataille d') [8 févr. 1807], bataille de l'Empire. Difficile victoire de Napoléon Ier contre les Russes à Eylau (auj. Bagrationovsk, près de Kaliningrad, Russie).

EYMOUTIERS (87120), bur. centr. de cant. de la Haute-Vienne, sur la Vienne ; 2 081 hab. *(Pelauds)*. Église romane et gothique (vitraux) ; musée Rebeyrolle.

EYRE ou **LEYRE** n.f., fl. côtier de France, dans les Landes, formé de la *Grande Leyre* et de la *Petite Leyre* et qui rejoint l'Atlantique dans le bassin d'Arcachon.

EYRE (lac), grande lagune salée d'Australie (Australie-Méridionale), au N. de la *péninsule d'Eyre* ; env. 10 000 km².

EYRING (Henry), *Colonia Juárez, Chihuahua, 1901 - Salt Lake City 1981*, physico-chimiste américain d'origine mexicaine. Il a élaboré une théorie des états de transition permettant, notamm., de prévoir les vitesses de réaction.

EYSENCK (Hans Jürgen), *Berlin 1916 - Londres 1997*, psychologue britannique d'origine allemande. Il s'est intéressé à la pathologie de la personnalité et aux névroses.

EYSINES (33320), comm. de la Gironde ; 23 295 hab. *(Eysinais)*.

EYSKENS (Gaston), *Lierre 1905 - Louvain 1988*, homme politique belge. Social-chrétien, trois fois Premier ministre (1949 - 1950, 1958 - 1961 et 1968 - 1973), il s'efforça de régler les problèmes communautaires entre Wallons et Flamands.

EYZIES-DE-TAYAC-SIREUIL (Les) [24620], comm. de la Dordogne, sur la Vézère ; 828 hab. *(Eyzicois)*. Nombreuses stations préhistoriques dans la région (la Micoque, Laugerie-Haute, Cro-Magnon, l'abri Pataud, les Combarelles, Font-de-Gaume, etc.). Musée national de Préhistoire.

ÈZE (06360), comm. des Alpes-Maritimes, sur la Côte d'Azur ; 2 403 hab. *(Ézasques)*. Bourg médiéval perché sur un rocher ; chapelle du XVIIe s. ; jardin exotique. – En contrebas, station balnéaire à *Èze-sur-Mer*.

ÉZÉCHIEL, prophète biblique du VIe s. av. J.-C. Déporté à Babylone avec ses compatriotes, il soutint l'espérance des exilés en la restauration du peuple élu. Visionnaire, il eut une grande influence sur l'orientation du judaïsme après l'Exil.

EZRA → **ESDRAS.**

▲ L'**Everest,** le « toit du monde ».

FAAA, comm. de la Polynésie française (Tahiti) ; 30 019 hab. Aéroport de Papeete.

FABERGÉ (Carl), *Saint-Pétersbourg 1846 - Lausanne 1920*, orfèvre et joaillier russe. Il a excellé dans la production de bijoux et de bibelots, utilisant des pierres dures et l'émaillerie sur or ou argent (œufs de Pâques pour la cour des tsars).

Fabian Society, association socialiste britannique fondée à Londres en 1884, qui joua un rôle notable dans la naissance du Parti travailliste.

FABIEN (saint), *m. à Rome en 250*, pape de 236 à 250. Il divisa la Rome chrétienne en sept régions et mourut victime de la persécution de Decius.

FABIOLA DE MORA Y DE ARAGÓN, *Madrid 1928 - Bruxelles 2014*, reine des Belges. Elle épousa en 1960 Baudouin Ier.

FABIUS (Laurent), *Paris 1946*, homme politique français. Socialiste (premier secrétaire du PS en 1992 - 1993), ministre du Budget (1981 - 1983) puis de l'Industrie et de la Recherche (1983 - 1984), il est Premier ministre de 1984 à 1986. Il est ensuite président de l'Assemblée nationale (1988 - 1992 et 1997 - 2000) et ministre de l'Économie, des Finances et de l'Industrie (2000 - 2002). Après un retour au gouvernement comme ministre des Affaires étrangères (2012 - 2016), il devient président du Conseil constitutionnel.

FABIUS MAXIMUS RULLIANUS (Quintus), homme politique romain. Cinq fois consul, il fut dictateur en 315 av. J.-C. et vainquit en 295 av. J.-C. les Samnites, les Étrusques et les Gaulois coalisés à Sentinum.

FABIUS MAXIMUS VERRUCOSUS (Quintus), dit **Cunctator** (« le Temporisateur »), *v. 275 - 203 av. J.-C.*, homme politique romain. Cinq fois consul, nommé dictateur après la défaite de Trasimène (217 av. J.-C.), il arrêta un moment les progrès d'Hannibal par sa tactique prudente.

FABIUS PICTOR (Quintus), *v. 260 av. J.-C.*, un des plus anciens historiens latins.

Fables, recueil de fables en vers de La Fontaine. Inspirées des *Fables* attribuées à Ésope, elles se divisent en douze livres (I à VI, 1668 ; VII et VIII, 1678 ; IX à XI, 1679 ; XII, 1694) : d'abord brefs apologues proches de la tradition (*la Cigale et la Fourmi, le Corbeau et le Renard, le Loup et l'Agneau, le Chêne et le Roseau*, I ; *le Lion et le Moucheron*, II ; *le Renard et le Bouc, le Meunier, son Fils et l'Âne*, III ; *l'Alouette et ses Petits*, IV ; *le Laboureur et ses Enfants, la Poule aux œufs d'or*, V ; *le Lièvre et la Tortue*, VI), elles s'assouplissent ensuite et prennent de l'ampleur pour accueillir toutes les inspirations – satirique (*Un animal dans la lune*, VII, 17), pastorale (*Tircis et Amarante*, VIII, 13), élégiaque (*les Deux Pigeons*, IX, 2), politique (*le Paysan du Danube*, XI, 7) – et tous les rythmes. Parfois représentés directement, les comportements humains et sociaux y sont le plus souvent transposés dans le monde animal.

FABRE (Ferdinand), *Bédarieux 1827 - Paris 1898*, écrivain français. Ses romans sont une peinture de la vie cévenole (*l'Abbé Tigrane*).

FABRE (Henri), *Marseille 1882 - Le Touvet 1984*, ingénieur et industriel français. Il réussit le premier vol en hydravion (28 mars 1910), sur l'étang de Berre.

FABRE (Jan), *Anvers 1958*, plasticien et metteur en scène belge. Auteur de pièces où s'imbriquent théâtre et chorégraphie, il ne renonce à aucune audace scénique pour abolir les clichés relatifs à l'image du corps (*Da un'altra faccia del tempo*, 1993 ; *Je suis sang*, 2001 ; *l'Histoire des larmes*, 2005 ; *l'Orgie de la tolérance*, 2009 ; *Mont Olympe*, 2015).

FABRE (Jean Henri), *Saint-Léons, Aveyron, 1823 - Sérignan-du-Comtat 1915*, entomologiste français. Il est surtout connu pour ses *Souvenirs entomologiques* (10 vol.), qui ont conquis le grand public.

FABRE D'ÉGLANTINE (Philippe **Fabre**, dit), *Carcassonne 1750 - Paris 1794*, écrivain et homme politique français. Auteur de pièces de théâtre et de la célèbre chanson *Il pleut, il pleut, bergère*, il donna leurs noms aux mois du calendrier républicain et fut guillotiné avec les partisans de Danton.

FABRE D'OLIVET (Antoine), *Ganges 1767 - Paris 1825*, écrivain et érudit français. Poète en langue d'oc, romancier initiateur de la mode troubadour, il a surtout été un théosophe.

FABRY (Charles), *Marseille 1867 - Paris 1945*, physicien français. Spécialiste d'optique, il inventa avec A. Perot un interféromètre qui lui permit, notamm., de découvrir l'ozone de la haute atmosphère (1913).

Facebook, réseau social sur Internet, créé en 2004 par Mark Zuckerberg. Conçu à l'origine pour permettre aux étudiants de l'université Harvard d'échanger entre eux des informations personnelles, il s'est rapidement étendu au monde entier.

FACHES-THUMESNIL (59155), comm. du Nord ; 17 486 hab. (*Faches-Thumesnilois*).

Fachoda (affaire de) [1898], incident qui mit face à face à Fachoda (auj. *Kodok*, Soudan du Sud) la mission française de J.-B. Marchand et l'expédition britannique de Kitchener. Sommée d'évacuer la ville, la France s'inclina et dut reconnaître l'autorité britannique sur la totalité du bassin du Nil (1899).

FACTURE, écart de la comm. de Biganos (Gironde), dans les Landes. Papeterie.

FADEÏEV (Aleksandr Aleksandrovitch), *Kimry 1901 - Moscou 1956*, écrivain soviétique. Ses romans célèbrent la révolution soviétique (*la Défaite*).

FAENZA, v. d'Italie (Émilie-Romagne) ; 57 790 hab. Dès le XIVe s., la ville fut un centre important de la majolique (devenue, en fr., la *faïence*). – Cathédrale du XVe s. ; musée international de la Céramique ; pinacothèque.

FAGNES (Hautes), plateau de l'Ardenne belge, portant le point culminant de la Belgique ; 694 m au signal de Botrange. Parc naturel se prolongeant en Allemagne.

FAHD, *Riyad 1923 - id. 2005*, roi d'Arabie saoudite (1982 - 2005).

FAHRENHEIT (Daniel Gabriel), *Dantzig 1686 - La Haye 1736*, physicien allemand. Il construisit des aréomètres et des thermomètres pour lesquels il imagina la graduation qui porte son nom (v. partie n. comm. **degré Fahrenheit***).

FAIDHERBE (Louis), *Lille 1818 - Paris 1889*, général français. Gouverneur du Sénégal (1854 - 1861 et 1863 - 1865), il créa le port de Dakar (1857). Sa résistance à la tête de l'armée du Nord en 1870 épargna l'occupation allemande aux départements du Nord et du Pas-de-Calais.

FAIL → DU FAIL.

FAIRBANKS (Douglas Elton **Ullman**, dit Douglas), *Denver 1883 - Santa Monica 1939*, acteur américain, incarnation du jeune premier sportif et optimiste (*le Signe de Zorro*, F. Niblo, 1920 ; *Robin des bois*, A. Dwan, 1922 ; *le Voleur de Bagdad*, R. Walsh, 1924).

FAIRFAX (Thomas, baron), *Denton 1612 - Nunappleton 1671*, général anglais. Chef des troupes parlementaires pendant la guerre civile, il battit Charles Ier à Naseby (1645). Il favorisa ensuite la restauration de Charles II.

FAIROUZ ou **FAYROUZ** (Nouhad **Haddad**, dite), *Liban 1934*, chanteuse libanaise. Ses chansons, portées par une voix grave et très pure, bouleversent les codes de la chanson orientale, en mêlant musique traditionnelle libanaise et musique occidentale.

FAISALABAD, anc. **Lyallpur,** v. du Pakistan (Pendjab) ; 2 008 861 hab. (2 947 029 hab. dans l'agglomération). Textile.

FAISANS (île des), île au milieu de la Bidassoa, où fut conclu le traité des Pyrénées (1659).

FAIZANT (Jacques), *Laroquebrou, Cantal, 1918 - Suresnes 2006*, dessinateur satirique français. Ses dessins politiques (publiés dans *le Figaro* de 1967 à 2005 et dans *le Point* de 1973 à 1996) allient causticité du trait et pertinence du mot.

FAKHR AL-DIN ou **FICARDIN,** *v. 1572 - Istanbul 1635*, émir druze du Liban (1585 - 1633). S'alliant aux maronites, il devint le maître d'une grande partie du Liban et fut le premier à unifier le pays. Réfugié à la cour des Médicis de 1614 à 1618, il fut vaincu par les Ottomans (1633), qui l'exécutèrent.

FALACHAS ou **FALASHAS,** peuple noir du nord de l'Éthiopie. Agriculteurs de langue sémitique et de religion juive, descendants supposés des Dan (une des tribus perdues d'Israël), ils ont massivement rejoint Israël dans les années 1980 et 1990.

FALAISE (14700), bur. centr. de cant. du Calvados ; 8 571 hab. (*Falaisiens*). Château ducal des XIe-XIIIe s. et autres monuments. – Violents combats en 1944.

FALCONET (Étienne), *Paris 1716 - id. 1791*, sculpteur français. Il travailla pour Mme de

Pompadour et fournit à la manufacture de Sèvres les modèles de nombreux petits groupes. Son œuvre maîtresse est la statue équestre de Pierre le Grand, qu'il érigea à Saint-Pétersbourg (bronze, 1767-1778).

FALÉMÉ n.f., riv. d'Afrique occidentale, affl. du fleuve Sénégal (r. g.) ; 650 km env. Elle sépare le Sénégal et le Mali.

FALÉRIES, anc. v. d'Étrurie, sur le Tibre, à 40 km en amont de Rome. Nécropoles et ruines antiques. (Auj. *Civita Castellana*.)

FALIER ou **FALIERO** (Marino), *Venise 1274 - id. 1355*, doge de Venise (1354 - 1355). Il fut décapité pour avoir conspiré contre le gouvernement patricien de la ville.

FALKENHAYN (Erich **von**), *Burg Belchau 1861 - près de Potsdam 1922*, général allemand. Chef du grand état-major général de 1914 à 1916, il commanda ensuite en Roumanie (1916) puis en Palestine (1917 - 1918).

FALKLAND (îles), en fr. **Malouines,** en esp. **Malvinas,** archipel de l'Atlantique, au large de l'Argentine ; 2 955 hab. Occupées par l'Angleterre depuis 1832, elles sont revendiquées par l'Argentine, qui a tenté de s'en emparer au cours d'un bref conflit armé avec la Grande-Bretagne (avr.-juin 1982).

Falkland (bataille navale des) [8 déc. 1914], bataille de la Première Guerre mondiale. Victoire de la flotte britannique sur l'escadre allemande de von Spee.

FALKLAND (courant des), courant marin froid de l'océan Atlantique. Il se dirige du S. au N. le long des côtes de l'Argentine.

FALLA (Manuel **de**), *Cadix 1876 - Alta Gracia, Argentine, 1946*, compositeur espagnol. Il est l'auteur de l'opéra *la Vie brève* (1913), de la musique des ballets *l'Amour sorcier* (1915) et *le Tricorne* (1919), de mélodies et de musique de chambre (*Concerto* pour clavecin et cinq instruments, 1926).

FALLADA (Rudolf **Ditzen,** dit Hans), *Greifswald 1893 - Berlin 1947*, écrivain allemand. Ses romans décrivent la vie des petites gens (*Paysans, bonzes et bombes*, 1931 ; *Seul dans Berlin*, 1947).

FALLIÈRES (Armand), *Mézin 1841 - id. 1931*, homme politique français. Plusieurs fois ministre entre 1882 et 1892, il fut président de la République de 1906 à 1913.

FALLOPE (Gabriel), en ital. Gabriele **Falloppio** ou **Falloppia,** *Modène 1523 - Padoue 1562*, chirurgien et anatomiste italien. Il a laissé son nom à des éléments anatomiques importants (*aqueduc de Fallope*, dans l'oreille interne, et surtout *trompe de Fallope* [trompe utérine]).

FALLOUX (Frédéric Alfred Pierre, comte **de**), *Angers 1811 - id. 1886*, homme politique français. Ministre de l'Instruction publique (1848 - 1849), il élabora la loi scolaire, votée en 1850, qui porte son nom. Cette loi soumettait les instituteurs aux autorités religieuses et favorisait les collèges et institutions ecclésiastiques. (Acad. fr.)

Falstaff, personnage de poltron vantard et truculent qui apparaît dans *Henri IV* (1597 - 1598) et *les Joyeuses Commères de Windsor* (v. 1600) de Shakespeare. Il a inspiré à Verdi une comédie lyrique, *Falstaff* (1893, sur un livret de A. Boito), et à O. Welles un film dramatique (*Falstaff*, 1966).

FALSTER, île danoise de la Baltique, au S. de Sjaelland ; ch.-l. *Nykøbing Falster.*

FAMAGOUSTE, v. de la côte est de Chypre. Port. – Monuments gothiques.

FAMECK (57290), bur. centr. de cant. de la Moselle ; 13 980 hab. *(Fameckois).*

FAMENNE n.f., petite région de Belgique, entre l'Ardenne et le Condroz.

Famille (pacte de) [1761], traité conclu par Choiseul, pendant la guerre de Sept Ans, entre les Bourbons de France, d'Espagne, de Parme et de Naples pour résister à la puissance navale britannique.

Famine (pacte de), contrat conclu en 1765 entre le gouvernement de Louis XV et des marchands de grains chargés du ravitaillement de Paris. Il fut dénoncé par la rumeur publique comme un complot visant à affamer le peuple.

FANFANI (Amintore), *Pieve Santo Stefano, prov. d'Arezzo, 1908 - Rome 1999*, homme politique italien. Figure importante de la Démocratie chrétienne, il fut plusieurs fois président du Conseil (1954, 1958 - 1959, 1960 - 1963, 1982 - 1983, 1987).

Fanfan la Tulipe, personnage de soldat fougueux, généreux et aimant le vin et les femmes. Héros d'une chanson populaire (1819) de Paul Émile Debraux, il a inspiré aussi plusieurs pièces de théâtre et des films.

FANG, peuple du sud-ouest du Cameroun, du nord-est du Gabon et de Guinée équatoriale (env. 400 000), constitutif, entre autres, des Pahouins. Ils sont réputés pour leurs masques et leurs statues d'ancêtres placées au sommet de reliquaires.

FANGATAUFA, atoll de la Polynésie française, dans l'archipel des Tuamotu. Site de la première explosion thermonucléaire française (24 août 1968) et, de 1975 à 1996, d'explosions nucléaires souterraines.

FANGIO (Juan Manuel), *Balcarce 1911 - Buenos Aires 1995*, coureur automobile argentin. Il a été cinq fois champion du monde des conducteurs (1951, 1954, 1955, 1956 et 1957).

FAN KUAN, *milieu du Xᵉ s. - début du XIᵉ s.*, peintre chinois. Ascète taoïste, il est l'un des grands paysagistes au style sévère de l'école des Song du Nord.

▲ **Fan Kuan.** *Voyageurs sur un chemin de montagne*, encre sur soie. (Musée de Taipei, Taïwan.)

FANON (Frantz), *Fort-de-France 1925 - Bethesda, Maryland, 1961*, psychiatre et théoricien politique français. Médecin à Blida, en Algérie, il quitta son poste en 1956 pour rejoindre le FLN et s'affirma comme l'un des principaux idéologues de l'anticolonialisme (*Peau noire, masques blancs*, 1952 ; *les Damnés de la terre*, 1961).

FANTE (John), *Boulder, Colorado, 1909 - Malibu 1983*, écrivain américain. Précurseur de la Beat generation, il peint la communauté italo-américaine à laquelle il appartient (*Bandini*, 1938). Chantre de Los Angeles (*Demande à la poussière*, 1939), il livre aussi ses expériences de scénariste hollywoodien (*Rêves de Bunker Hill*, 1982).

FANTI ou **FANTE,** peuple akan du sud du Ghana.

FANTIN-LATOUR (Henri), *Grenoble 1836 - Buré, Orne, 1904*, peintre et lithographe français. Il est l'auteur de portraits individuels ou collectifs (*l'Atelier des Batignolles*, hommage à Manet, 1870, musée d'Orsay), de natures mortes, de tableaux de fleurs ou inspirés par la musique.

Fantômas, personnage du roman-feuilleton homonyme de Marcel Allain et Pierre Souvestre (1911), bandit virtuose et insaisissable. Le roman inspira à Louis Feuillade un film en 5 épisodes (*Fantômas*, 1913-1914).

FAO (Food and Agriculture Organization, en fr. Organisation pour l'alimentation et l'agriculture), institution spécialisée de l'ONU. Créée en 1945, elle a pour but de mener une action internationale contre la faim et pour l'amélioration des conditions de vie. (Siège : Rome.)

FAOUËT (Le) [56320], comm. du Morbihan ; 2 883 hab. *(Faouëtais).* Halles de la fin du XVᵉ s. ; aux environs, chapelles St-Fiacre (jubé) et Ste-Barbe, de la même époque.

FARABI (Abu **al-**), *Wasidj, Turkestan, v. 870 - Damas 950*, philosophe musulman. Commentateur d'Aristote et de Platon, dont il s'efforça de démontrer l'accord profond, il bâtit un système unissant métaphysique et politique et concordant avec le Coran (*Opinions des habitants de la cité vertueuse*). Maître d'Avicenne, il exerça une forte influence sur Avempace et Averroès, ainsi que sur la philosophie juive.

FARADAY (Michael), *Newington, Surrey, 1791 - Hampton Court 1867*, chimiste et physicien britannique. Après avoir découvert le benzène et liquéfié presque tous les gaz connus à son époque, il donna le principe du moteur électrique. Il découvrit l'induction électromagnétique (qui le mènera à l'invention de la dynamo) et établit la théorie de l'électrolyse. Il donna aussi la théorie de l'électrisation par influence et montra qu'un conducteur creux (*cage de Faraday*) forme écran pour les actions électrostatiques.

▲ Michael **Faraday** par S. W. Staincase. (Science Museum, Londres.)

FARAZDAQ (al-), *Yamama v. 641 - Bassora v. 728 ou 730*, poète arabe. Représentant de la poésie des nomades d'Arabie orientale, il fut le rival de Djarir.

Farce de Maître Pathelin (la), farce française d'auteur inconnu, composée v. 1464. L'avocat Pathelin, qui a extorqué une pièce de drap à un marchand, est berné à son tour par un berger.

FARCIENNES, comm. de Belgique (Hainaut), banlieue est de Charleroi ; 11 177 hab.

FAREL (Guillaume), *Les Fareaux, près de Gap, 1489 - Neuchâtel 1565*, réformateur français. Il propagea la Réforme en Suisse francophone, notamment à Genève (où il obtint que Calvin se fixe) et à Neuchâtel.

FARÈS (Nabile), *Collo 1940 - Paris 2016*, écrivain algérien d'expression française. Son œuvre poétique et romanesque (*le Champ des oliviers, Mémoire de l'absent*) est marquée par l'arrachement de l'exil.

FARET (Nicolas), *Bourg-en-Bresse v. 1596 - Paris 1646*, écrivain français. Avec son *Honnête homme ou l'Art de plaire à la cour*, il contribua à fixer les règles de la politesse mondaine et courtisane. (Acad. fr.)

FAREWELL, cap du sud du Groenland.

FARGUE (Léon-Paul), *Paris 1876 - id. 1947*, poète français. Son œuvre nostalgique et ironique est centrée sur le parcours inlassable d'un Paris insolite (*le Piéton de Paris*, 1939).

FARIDABAD, v. d'Inde, au S.-E. de Delhi ; 1 404 653 hab. (1 510 000 hab. dans l'agglomération).

FARINA (Giovanni Maria), *Santa Maria Maggiore, province de Novare, 1685 - Cologne 1766*, chimiste italien. Il s'établit à Cologne, où il fabriqua la célèbre *eau de Cologne.*

FARINELLI (Carlo **Broschi,** dit), *Andria 1705 - Bologne 1782*, castrat soprano italien. Il débuta à Naples en 1720 et, en 1750, persuada le roi Ferdinand VI de fonder un Opéra italien à Madrid.

Farines (guerre des) [1775], troubles qui, en France, suivirent la flambée du prix du pain et la promulgation, par Turgot, d'un édit sur la liberté de commerce des grains.

FARMAN (Henry), *Paris 1874 - id. 1958*, aviateur et constructeur d'avions français. Il effectua, en 1908, le premier kilomètre aérien en circuit fermé et le premier vol avec passager, puis battit divers records de vitesse et d'altitude (1910). — **Maurice F.,** *Paris 1877 - id. 1964*, aviateur français. Frère d'Henry, également titulaire de plusieurs records aéronautiques, il fonda avec lui l'entreprise de construction aéronautique à laquelle ils donnèrent leur nom.

FARNBOROUGH, v. de Grande-Bretagne (Angleterre), au S.-O. de Londres ; 57 147 hab. Salon aéronautique international, biennal (les années paires, en alternance avec le Salon du Bourget).

FARNÈSE, famille romaine originaire des environs d'Orvieto, qui régna sur le duché de Parme et Plaisance de 1545 à 1731. Ses membres les plus célèbres sont le pape Paul* III, Alexandre* Farnèse et Élisabeth* Farnèse.

Farnèse (palais), palais du XVIe s., à Rome. Ce vaste édifice fut construit, en plusieurs étapes, par Sangallo le Jeune, Michel-Ange, G. Della Porta ; décors des Carrache. Il est le siège de l'ambassade de France et de l'École française de Rome (histoire et archéologie).

Farnésine (villa), villa du XVIe s., à Rome. Construite v. 1510 par Peruzzi, décorée par Raphaël et ses élèves, elle abrite auj. le Cabinet national italien des estampes.

FARO, v. du Portugal, dans l'Algarve ; 64 560 hab. Port. Aéroport. Tourisme.

FARON (mont), sommet calcaire du sud de la France, dominant Toulon ; 542 m. Mémorial du débarquement de 1944.

FAROUK ou **FARUQ,** *Le Caire 1920 - Rome 1965,* roi d'Égypte (1937 - 1952). Fils et successeur de Fuad Ier, il abdiqua en 1952 après le coup d'État de Neguib et de Nasser.

FARQUHAR (George), *Londonderry, Irlande, 1678 - Londres 1707,* auteur dramatique britannique. Il a écrit des comédies *(le Stratagème des petits-maîtres).*

FARRAGUT (David), *près de Knoxville 1801 - Portsmouth, New Hampshire, 1870,* amiral américain. Il se distingua avec les forces nordistes et commanda l'escadre de l'Atlantique (1867).

FARRELL (Suzanne Ficker, dite Suzanne), *Cincinnati 1945,* danseuse américaine. Danseuse étoile du New York City Ballet, elle fut la muse de G. Balanchine, dont elle créa de nombreuses œuvres, et travailla également avec M. Béjart.

FARS, région du sud de l'Iran ; v. princ. *Chiraz.*

FAR WEST n.m. (mots angl. signif. « Ouest lointain »), nom donné aux États-Unis, pendant le XIXe s., aux territoires situés au-delà du Mississippi.

FASSBINDER (Rainer Werner), *Bad Wörishofen 1945 - Munich 1982,* cinéaste et metteur en scène de théâtre allemand. Il fut l'un des principaux chefs de file du renouveau du cinéma allemand : *les Larmes amères de Petra von Kant* (1972), *le Mariage de Maria Braun* (1979), *Querelle* (1982).

FASTNET, îlot de la côte sud-ouest de l'Irlande. Il a donné son nom à une grande compétition de yachting.

Fatah, en ar. **al-Fatah** ou **al-Fath** (« conquête », acronyme inversé de Mouvement de libération nationale de la Palestine), organisation palestinienne créée dans la clandestinité en 1959. Le Fatah est la principale composante de l'OLP.

FATHPUR-SIKRI, v. d'Inde (Uttar Pradesh), à 38 km d'Agra. Capitale (1569 - 1586) d'Akbar, elle est une parfaite réussite de l'art des Grands Moghols et de leur syncrétisme architectural.

FÁTIMA, v. du Portugal, au N.-E. de Lisbonne ; 11 596 hab. Lieu de pèlerinage depuis que trois jeunes bergers affirmèrent, en 1917, y avoir été les témoins de six apparitions de la Vierge.

FATIMA, *La Mecque v. 616 - Médine 633,* fille de Mahomet et de Khadidja. Épouse d'Ali et mère de Hasan et de Husayn, elle est vénérée par l'ensemble des musulmans.

FATIMIDES, dynastie chiite ismaélienne qui régna en Afrique du Nord-Est aux Xe-XIe s., puis en Égypte de 969 à 1171. Fondée par Ubayd Allah à Kairouan (909 - 910), elle conquit l'Égypte (969), créa Le Caire et s'y établit (973). Le dernier calife fatimide fut renversé par Saladin (1171).

FAUCHER (César et Constantin), connus sous le nom de **Jumeaux de La Réole,** *La Réole 1760 - Bordeaux 1815,* généraux français. Généraux pendant les guerres de Vendée, ils furent accusés sous la Restauration d'avoir constitué un dépôt d'armes et furent fusillés.

FAUCIGNY n.m., région des Préalpes drainée par l'Arve et le Giffre.

FAUCILLE (col de la), col du Jura français, entre Gex et Morez ; 1 320 m. Sports d'hiver.

FAULKNER (William Harrison Falkner, dit William), *New Albany 1897 - Oxford, Mississippi, 1962,* écrivain américain. Ses romans psychologiques et symboliques *(le Bruit et la Fureur,* 1929 ; *Sanctuaire,* 1931 ; *Lumière d'août,* 1932 ; *Absalon ! Absalon !,* 1936) ont pour cadre le sud des États-Unis et passent du cocasse et de l'humour au sordide et à la sauvagerie tragique. (Prix Nobel 1949.)

▲ William **Faulkner** en 1954.

FAULQUEMONT (57380), bur. centr. de cant. de la Moselle ; 5 476 hab. *(Faulquinois).*

FAURE (Edgar), *Béziers 1908 - Paris 1988,* homme politique français. Il fut président du Conseil (1952 et 1955 - 1956) et président de l'Assemblée nationale (1973 - 1978). [Acad. fr.]

FAURE (Élie), *Sainte-Foy-la-Grande 1873 - Paris 1937,* historien d'art et essayiste français. Il est l'auteur d'une vibrante *Histoire de l'art* (1919-1921) et de *l'Esprit des formes* (1927).

FAURE (Félix), *Paris 1841 - id. 1899,* homme politique français. Président de la République (1895 - 1899), il contribua au renforcement de l'alliance franco-russe.

FAURÉ (Gabriel), *Pamiers 1845 - Paris 1924,* compositeur français. Également organiste, il fut directeur du Conservatoire de Paris (1905 - 1920). Il composa 3 recueils de mélodies, de la musique de chambre, des pièces pour piano, un *Requiem* (1900), des œuvres lyriques *(Prométhée,* 1900 ; *Pénélope,* 1913). Son langage séduit par la richesse de l'harmonie.

▲ Gabriel **Fauré** par J. S. Sargent. (Coll. priv.)

FAURE (Olivier), *La Tronche, Isère, 1968,* homme politique français. Député socialiste à partir de 2012, il devient premier secrétaire du PS en 2018.

Faust, héros de nombreuses œuvres littéraires, musicales, plastiques et cinématographiques. Il y aurait, à l'origine de sa légende, un J. Faust, médecin et astrologue *(Knittlingen, Wurtemberg, v. 1480 - Staufen v. 1540).* La première version du thème parut en 1587 à Francfort-sur-le-Main : le magicien Faust vend son âme au démon Méphistophélès en échange du savoir et des biens terrestres. Marlowe *(la Tragique Histoire du docteur Faust,* v. 1590) puis Goethe (1808, 1832) prirent Faust comme héros, inspirant par la suite le cinéaste Murnau *(Faust,* 1926). Le drame de Goethe a inspiré *la Damnation de Faust,* de H. Berlioz, créée à Paris en 1846, et l'opéra *Faust* de C. Gounod (première version, 1859), sur un livret de M. Carré et J. Barbier.

FAUSTIN Ier → SOULOUQUE.

FAUTRIER (Jean), *Paris 1898 - Châtenay-Malabry 1964,* peintre français. Artiste raffiné, il est passé d'un réalisme sombre à l'informel et au matiérisme (série des « Otages », 1943-1945).

FAVART (Charles Simon), *Paris 1710 - Belleville 1792,* auteur dramatique français. Il écrivit des comédies *(la Chercheuse d'esprit)* et fut directeur de l'Opéra-Comique. — **Justine Du Ronceray, Mme F.,** *Avignon 1727 - Paris 1772,* actrice et cantatrice française, épouse de Charles Simon Favart. Elle excella dans le répertoire de l'opéra-comique, à la Comédie-Italienne notamment.

FAVERGES-SEYTHENEX (74210), bur. centr. de cant. de la Haute-Savoie ; 7 869 hab. Constructions mécaniques. Briquets et stylos. – Église en partie romane. Musée archéologique.

FAVIER (Jean), *Paris 1932 - id. 2014,* historien français. Spécialiste du Moyen Âge, de son histoire économique et financière *(les Finances pontificales à l'époque du grand schisme d'Occident,* 1966 ; *François Villon,* 1982 ; *De l'or et des épices,* 1987 ; *Dictionnaire de la France médiévale,* 1993 ; *Louis XI,* 2001), il dirigea les Archives nationales (1975 - 1994) et présida la BnF (1994 - 1997).

FAVRE (Jules), *Lyon 1809 - Versailles 1880,* homme politique et avocat français. Ministre des Affaires étrangères dans le gouvernement de la Défense nationale puis dans celui de Thiers, il négocia avec Bismarck l'armistice du 28 janv. 1871 et le traité de Francfort (10 mai).

FAWCETT (dame Millicent), née **Garrett,** *Aldeburgh, Suffolk, 1847 - Londres 1929,* réformatrice britannique. Elle s'est battue pour le droit de vote des femmes (lois de 1918 et 1928).

FAYA-LARGEAU, v. du nord du Tchad, ch.-l. de la préfecture Borkou-Ennedi-Tibesti ; 9 867 hab.

FAYDHERBE ou **FAYD'HERBE (Luc),** *Malines 1617 - id. 1697,* sculpteur et architecte flamand. Les sculptures de ce disciple de Rubens ornent les églises de Malines, où il a construit et décoré N.-D.-de-Hanswijk (1663-1681).

FAYET (Le) [74190], station thermale de la Haute-Savoie (comm. de Saint-Gervais-les-Bains). Centrale hydroélectrique.

FAYMANN (Werner), *Vienne 1960,* homme politique autrichien. Il a été président du Parti socialiste (SPÖ) et chancelier (2008 - 2016).

FAYOL (Henri), *Istanbul 1841 - Paris 1925,* ingénieur français. Il élabora une doctrine de gestion de l'entreprise mettant en valeur la fonction administrative.

FAYOLLE (Émile), *Le Puy 1852 - Paris 1928,* maréchal de France. Il se distingua sur la Somme (1916) et en Italie (1917), après la défaite de Caporetto, et commanda un groupe d'armées dans les offensives finales de 1918.

FAYOUM n.m., prov. d'Égypte, au S.-O. du Caire. Il est célèbre pour ses gisements paléontologiques (éocène et oligocène) et ses vestiges archéologiques : système d'irrigation, temples, etc., de la XIIe dynastie, villes ptolémaïques et, surtout, nécropoles qui ont livré de nombreux portraits funéraires (Ier-IVe s.), peints sur bois ou sur lin, remplaçant l'ancien masque des momies.

▲ **Fayoum.** *Jeune Femme en vêtement rose,* détail d'un sarcophage (IIe s. apr. J.-C.). [Kunsthistorisches Museum, Vienne.]

FAYSAL ou **FAYÇAL,** *Riyad 1906 - id. 1975,* roi d'Arabie saoudite (1964 - 1975). Premier ministre (1958 - 1960 ; 1962 - 1964) durant le règne de son frère Saud, il fit déposer celui-ci en 1964 et entreprit une politique d'assainissement financier et d'alliance islamique. Il fut assassiné.

◄ **Faysal** en 1965.

FAYSAL Ier ou **FAYÇAL Ier,** *Taif, Arabie saoudite, 1883 - Berne 1933,* roi d'Iraq (1921 - 1933), de la dynastie hachémite. Il dirigea la révolte arabe contre les Ottomans (1916) et devint roi de Syrie (1920). Expulsé de Damas par les Français, il devint roi d'Iraq (1921) avec l'appui de la Grande-Bretagne. — **Faysal II,** *Bagdad 1935 - id. 1958,* roi d'Iraq (1939 - 1958), de la dynastie hachémite. Petit-fils de Faysal Ier, il fut assassiné lors de la révolution de 1958.

FBI (Federal Bureau of Investigation, en fr. Bureau fédéral d'enquêtes), service chargé, aux États-Unis, de la police fédérale.

F'DERICK, anc. **Fort-Gouraud,** v. de Mauritanie, dans la région de la Kedia d'Idjil ; 4 431 hab. Minerai de fer. Voie ferrée vers Nouadhibou.

FEBVRE [fɛvr] **(Lucien),** *Nancy 1878 - Saint-Amour, Jura, 1956,* historien français. Fondateur avec Marc Bloch des *Annales d'histoire économique et sociale* (1929), il est notamment l'auteur du *Problème de l'incroyance au* XVI*e s., la religion de Rabelais* (1942).

FÉCAMP (76400), bur. centr. de cant. de la Seine-Maritime ; 19 591 hab. *(Fécampois).* Port de pêche. Liqueurs. Électronique. Station balnéaire. – Église de la Trinité, anc. abbatiale bénédictine de la fin du XIIe s. ; musées.

FECHNER (Gustav Theodor), *Gross-Särchen, Lusace, 1801 - Leipzig 1887,* physiologiste et philosophe allemand. Un des fondateurs de la psychophysique, il formula la loi dite *de Weber-Fechner,* selon laquelle « la sensation varie comme le logarithme de l'excitation ».

Federal Reserve Bank (Fed), banque centrale des États-Unis. Subdivisée en 12 banques locales, elle est chargée de conduire la politique monétaire élaborée par le *Federal Reserve Board.* Ce dernier gouverne le système monétaire et bancaire *(Federal Reserve System)* mis en place par le *Federal Reserve Act* de 1913.

fédéralistes (Insurrections), soulèvements qui éclatèrent dans plusieurs départements français pendant la Révolution. Elles furent fomentées après le 2 juin 1793 par les Girondins, hostiles à la prédominance politique de Paris et à la conception centralisatrice de la République.

Fédération de l'Éducation nationale (FEN) → **UNSA[-Éducation].**

Fédération nationale des syndicats d'exploitants agricoles → **FNSEA.**

Fédération protestante de France (FPF), organisation religieuse française. Créée en 1905, elle regroupe la plupart des Églises (appartenant à toutes les sensibilités : luthérienne, réformée, évangélique, baptiste, pentecôtiste, charismatique...) et des associations protestantes de France.

Fédération syndicale mondiale (FSM), organisation syndicale internationale fondée en 1945.

FEDERER (Roger), *Bâle 1981,* joueur de tennis suisse. Ayant remporté huit titres à Wimbledon (2003 à 2007, 2009, 2012, 2017), six aux Internationaux d'Australie (2004, 2006, 2007, 2010, 2017, 2018), cinq à Flushing Meadow (2004 à 2008) et un à Roland-Garros (2009), il détient le record du nombre de victoires en tournois du Grand Chelem (20). Il possède aussi, avec six titres (2003, 2004, 2006, 2007, 2010, 2011), le record du nombre de victoires aux « Masters », compétition opposant, à chaque fin de saison, les meilleurs joueurs du circuit.

▲ Roger **Federer** en 2010.

Fédérés (mur des), mur du cimetière du Père-Lachaise, à Paris, devant lequel furent exécutés les derniers défenseurs de la Commune (mai 1871).

FEDINE (Konstantine Aleksandrovitch), *Saratov 1892 - Moscou 1977,* écrivain soviétique. Il est l'auteur de romans sociaux et psychologiques *(Cités et Années, le Bûcher).*

FÉDOR ou **FIODOR,** nom de trois tsars de Russie. — **Fédor Ier,** *Moscou 1557 - id. 1598,* tsar de Russie (1584 - 1598), de la dynastie des Riourikides. Fils d'Ivan IV le Terrible, il fut assisté par un conseil de régence dominé par Boris Godounov (1587).

FEGERSHEIM (67640), comm. du Bas-Rhin, sur l'Andlau ; 5 567 hab. *(Fegersheimois).* Industrie pharmaceutique.

FEIGNIES (59750), comm. du Nord ; 7 096 hab. *(Finésiens).* Métallurgie.

FEININGER (Lyonel), *New York 1871 - id. 1956,* peintre américain d'origine allemande. Il dirigea l'atelier de gravure du Bauhaus de 1919 à 1933. Sa peinture associe schématisme aigu des formes et subtile transparence des couleurs.

FEIRA DE SANTANA, v. du Brésil (État de Bahia) ; 542 476 hab.

FÉLIBIEN (André), *Chartres 1619 - id. 1695,* architecte, théoricien et historien de l'art français. Défenseur des principes académiques, admirateur de Poussin, il a notamm. publié des *Entretiens* sur la vie et les œuvres des grands peintres et un volume relatif aux *Principes* des différents arts (1676, accompagné d'un *Dictionnaire*).

FÉLICITÉ (sainte), *m. à Carthage en 203,* martyre africaine. Elle fut livrée aux bêtes en même temps que plusieurs compagnons, parmi lesquels la matrone Perpétue.

Félix le Chat, personnage de dessin animé créé en 1919 par Pat Sullivan *(1887 - 1933)* et Otto Messmer *(1892 - 1983).* Repris en bande dessinée en 1923, il incarne un matou doté d'un esprit logique et d'un tempérament irritable.

FELLETIN (23500), bur. centr. de cant. de la Creuse ; 1 928 hab. *(Felletinois).* Deux églises médiévales. Centre de tapisserie depuis le début du XVe s.

▲ Federico **Fellini.** Anita Ekberg et Marcello Mastroianni dans *La Dolce Vita* (1960).

FELLINI (Federico), *Rimini 1920 - Rome 1993,* cinéaste italien. Visionnaire et ironique, créateur de fresques baroques où s'exprime tout un univers de fantasmes et de réminiscences, il peignit la solitude de l'homme face à une société en décadence : *les Vitelloni* (1953), *La Strada* (1954), *La Dolce Vita* (1960), *Huit et demi* (1963), *Satyricon* (1969), *Roma* (1972), *Amarcord* (1973), *la Cité des femmes* (1980), *Et vogue le navire* (1983), *Ginger et Fred* (1986), *La Voce della luna* (1990).

Femina (prix), prix littéraire fondé en 1904 et décerné chaque année par un groupe de femmes de lettres à une œuvre d'imagination de langue française. Le même jury couronne également une œuvre étrangère et un essai.

FEMIS (Fondation européenne des métiers de l'image et du son, auj. École nationale supérieure des métiers de l'image et du son), établissement public formant aux métiers du cinéma et de l'audiovisuel. Créée en 1986 à Paris, la FEMIS a pris le relais de l'IDHEC (Institut des hautes études cinématographiques), fondé en 1943.

FÉNELON (François de Salignac de La Mothe-), *château de Fénelon, Périgord, 1651 - Cambrai 1715,* prélat et écrivain français. Il écrivit pour le duc de Bourgogne, dont il fut le précepteur, des *Fables* en prose (1701), les *Dialogues des morts* (1712) et les *Aventures de Télémaque* (1699). Cet ouvrage, plein de critiques indirectes contre la politique de Louis XIV, lui valut la disgrâce. En même temps, son *Explication des maximes des saints* (1697), favorable à la doctrine quiétiste, fut condamnée par l'Église (1699). Fénelon acheva sa vie dans son évêché de Cambrai, tout en poursuivant sa réflexion politique *(l'Examen de conscience d'un roi)* et esthétique *(Lettre sur les occupations de l'Académie française,* 1716), qui annonce l'esprit du XVIIIe s. (Acad. fr.)

▲ **Fénelon.** (Coll. priv.)

FÉNÉON (Félix), *Turin 1861 - Châtenay-Malabry 1944,* journaliste et critique français. Directeur de *la Revue blanche* de 1893 à 1905, il soutint les poètes symbolistes et les peintres baptisés par lui « néo-impressionnistes ».

FENOGLIO (Beppe), *Alba 1922 - id. 1963,* romancier italien. Entre réalisme et expérimentation littéraire, son œuvre est une vaste chronique de la Résistance italienne *(la Guerre sur les collines)* et de la vie paysanne *(le Mauvais Sort).*

FER (île de), en esp. **Hierro,** île la plus occidentale des îles Canaries (Espagne) ; 8 682 hab.

fer (Croix de), ordre militaire prussien, fondé par Frédéric-Guillaume III en 1813, reconnu en 1956 par le gouvernement fédéral allemand.

FERAOUN (Mouloud), *Tizi Hibel, Grande Kabylie, 1913 - El-Biar 1962,* écrivain algérien d'expression française. Instituteur, humaniste, il a décrit dans ses romans *(le Fils du pauvre, la Terre et le Sang)* le monde kabyle en crise. Il est mort assassiné par l'OAS.

SAINT EMPIRE

FERDINAND Ier DE HABSBOURG, *Alcalá de Henares 1503 - Vienne 1564,* roi de Bohême et de Hongrie (1526), roi des Romains (1531), empereur germanique (1556 - 1564). Frère cadet de Charles Quint, qui lui confia les possessions héréditaires des Habsbourg en Autriche (1521), il lutta contre les Ottomans et s'efforça de préserver la paix religieuse (paix d'Augsbourg, 1555). Il succéda à Charles Quint à la tête de l'Empire après l'abdication de ce dernier (1556). — **Ferdinand II de Habsbourg,** *Graz 1578 - Vienne 1637,* roi de Bohême (1617) et de Hongrie (1618), empereur germanique (1619 - 1637). Cousin et successeur de Mathias, champion de la Réforme catholique et partisan de l'absolutisme, il mena contre les armées protestantes la guerre de Trente Ans (1618 - 1648). — **Ferdinand III de Habsbourg,** *Graz 1608 - Vienne 1657,* roi de Hongrie (1625) et de Bohême (1627), empereur germanique (1637 - 1657). Fils de Ferdinand II, il poursuivit sa politique et dut signer en 1648 les traités de Westphalie.

ARAGON

FERDINAND Ier DE ANTEQUERA, *Medina del Campo 1380 - Ignalada 1416,* roi d'Aragon et de Sicile (1412 - 1416). — **Ferdinand II le Catholique,** *Sos, Saragosse, 1452 - Madrigalejo 1516,* roi de Sicile (1468 - 1516), roi d'Aragon (1479 - 1516), roi de Castille (Ferdinand V) [1474 - 1504], puis de Naples (ou de Sicile péninsulaire, Ferdinand III) [1504 - 1516]. Par son mariage avec Isabelle de Castille (1469), il prépara l'unité espagnole. Avec elle, il renforça l'autorité monarchique, acheva la Reconquista (prise de Grenade, 1492) et œuvra pour l'unité religieuse du royaume (renforcement de l'Inquisition, expulsion des Juifs). À l'extérieur, il combattit Louis XII dans le Milanais.

AUTRICHE

FERDINAND Ier, *Vienne 1793 - Prague 1875,* empereur d'Autriche (1835 - 1848), roi de Bohême et de Hongrie (1830 - 1848), de la maison des Habsbourg-Lorraine. Il dut abdiquer lors de la révolution de 1848.

BULGARIE

FERDINAND, prince de Saxe-Cobourg-Gotha, *Vienne 1861 - Cobourg 1948,* prince (1887 - 1908), puis tsar de Bulgarie (1908 - 1918). Il proclama l'indépendance de la Bulgarie (1908), puis, à l'issue de la première guerre balkanique (1912), il attaqua les Serbes et les Grecs (1913) et fut défait. Il s'allia aux empires centraux (1915) et abdiqua en 1918.

CASTILLE ET ESPAGNE

FERDINAND Ier le Grand, *m. à León en 1065,* roi de Castille (1035 - 1065) et de León (1037 - 1065). Il s'illustra dans la lutte contre les musulmans et annexa une partie de la Navarre (1054). — **Ferdinand III le Saint,** *v. 1201 - Séville 1252,* roi de Castille (1217 - 1252) et de León (1230 - 1252). Il fit faire à la Reconquista des progrès décisifs. — **Ferdinand V → Ferdinand II le Catholique** [Aragon]. — **Ferdinand VI,** *Madrid 1713 - Villaviciosa de Odón 1759,* roi d'Espagne (1746 - 1759), de la dynastie des Bourbons. Fils de Philippe V, il conclut le traité d'Aix-la-Chapelle (1748), qui mit fin à la guerre de la Succession d'Autriche. — **Ferdinand VII,** *Escurial 1784 - Madrid 1833,* roi d'Espagne (1808 et 1814 - 1833), de la dynastie des Bourbons. Fils de Charles IV, il fut, en 1808, relégué par Napoléon Ier au château de Valençay, mais fut rétabli en 1814. Sa politique absolutiste provoqua une révolution, réprimée grâce à l'intervention de Louis XVIII (1823). Il ne put s'opposer à l'émancipation des colonies d'Amérique.

FLANDRE

FERDINAND DE PORTUGAL, dit **Ferrand,** *1186 - 1233,* comte de Flandre et de Hainaut (1211 - 1233). Fils de Sanche Ier, roi de Portugal, et époux de Jeanne de Flandre, il s'allia à Otton IV et à Jean sans Terre, auquel il prêta hommage, contre son ancien suzerain Philippe Auguste.

ROUMANIE

FERDINAND Ier, *Sigmaringen 1865 - Sinaia 1927,* roi de Roumanie (1914 - 1927). Il s'allia en 1916 aux puissances de l'Entente.

SICILE PÉNINSULAIRE (NAPLES)

FERDINAND Ier ou **FERRANTE,** *v. 1431 - 1494,* roi de Sicile péninsulaire (1458 - 1494). — **Ferdinand III → Ferdinand II le Catholique** [Aragon]. — **Ferdinand IV → Ferdinand Ier de Bourbon** [Deux-Siciles].

DEUX-SICILES

FERDINAND Ier DE BOURBON, *Naples 1751 - id. 1825,* roi des Deux-Siciles (1816 - 1825). Roi de Sicile (Ferdinand III) et de Sicile péninsulaire (Naples) [Ferdinand IV] à partir de 1759, il fut dépossédé du royaume de Naples à plusieurs reprises. Rétabli en 1815, il réunit ses deux États en un « royaume des Deux-Siciles » et prit le nom de Ferdinand Ier (1816). — **Ferdinand II de Bourbon,** *Palerme 1810 - Caserte 1859,* roi des Deux-Siciles (1830 - 1859).

TOSCANE

FERDINAND Ier → Médicis. — **Ferdinand II → Médicis.** — **Ferdinand III,** *Florence 1769 - id. 1824,* grand-duc de Toscane (1790). Il fut chassé par les Français en 1799 et en 1801, puis rétabli en 1814.

FERDOWSI ou **FIRDUSI,** *près de Tus, Khorasan, v. 932 - id. 1020,* poète persan, auteur du *Chahnamè**.

FÈRE (La) [02800], comm. de l'Aisne, au confluent de la Serre et de l'Oise ; 3 007 hab. *(Laférois).* Église des XIIe-XVe s. ; musée (peintures).

FÈRE-CHAMPENOISE (51230), comm. de la Marne ; 2 242 hab. *(Fertons).* Combats pendant la bataille de la Marne (1914).

FERENCZI (Sándor), *Miskolc 1873 - Budapest 1933,* médecin et psychanalyste hongrois. Après s'être séparé de Freud (1923), il a proposé une nouvelle thérapeutique et étendu la théorie psychanalytique à la biologie.

FERGANA, v. d'Ouzbékistan, dans le *bassin de Fergana* ; 183 037 hab.

FERGANA ou **FERGHANA** n.m., région partagée entre l'Ouzbékistan, le Kirghizistan et le Tadjikistan, dans le bassin du Syr-Daria ; v. princ. *Fergana.* Pétrole, coton, vergers.

FERMAT (Pierre de), *Beaumont-de-Lomagne 1601 - Castres 1665,* mathématicien français. Précurseur dans le calcul différentiel, la géométrie analytique, la théorie des nombres et le calcul des probabilités, il est l'auteur d'une célèbre conjecture sur les nombres, ou « grand théorème de Fermat », qui n'a été démontrée qu'en 1993 - 1994.

FERMI (Enrico), *Rome 1901 - Chicago 1954,* physicien italien. Il créa, en 1927, conjointement à Dirac, une théorie permettant d'expliquer le comportement des électrons et des nucléons *(statistique de Fermi-Dirac).* Il construisit en 1942, à Chicago, la première pile atomique à uranium et joua un rôle majeur dans la mise au point des armes nucléaires. Il fut l'un des initiateurs de la physique des particules. (Prix Nobel 1938.)

▲ Enrico **Fermi**

FERMO, v. d'Italie (Marches), ch.-l. de prov. ; 37 874 hab. Centre médiéval.

FERNANDEL (Fernand **Contandin,** dit), *Marseille 1903 - Paris 1971,* acteur français. Il débuta au café-concert avant de devenir un des comiques les plus populaires de l'écran : *Angèle* (M. Pagnol, 1934), la série des Don Camillo (J. Duvivier, 1952-1955, inaugurée avec *le Petit Monde de Don Camillo*), *la Vache et le Prisonnier* (H. Verneuil, 1959).

▲ **Fernandel** dans *Topaze* de M. Pagnol (1951). [Les Films Marcel Pagnol.]

FERNANDEZ (Dominique), *Neuilly-sur-Seine 1929,* écrivain et critique français. Grand voyageur, spécialiste de l'Italie (*Mère Méditerranée,* 1965), il est l'auteur d'une œuvre vaste, inséparable de la revendication homosexuelle (*Porporino ou les Mystères de Naples,* 1974 ; *Dans la main de l'ange,* 1982 ; *la Société du mystère,* 2017) et hantée par la figure incomprise du père (*Ramon,* 2008). [Acad. fr.]

FERNÁNDEZ (Gregorio) **→ HERNÁNDEZ.**

FERNANDO POO → BIOKO.

FERNEY-VOLTAIRE (01210), comm. de l'Ain ; 9 702 hab. *(Ferneysiens).* Électronique. – Voltaire y résida de 1759 à 1778.

FÉROÉ, en dan. **Færøerne,** archipel danois, au N. de l'Écosse ; 48 308 hab. *(Féroïens* ou *Féringiens)* ; ch.-l. *Tórshavn.* Pêche. – Autonome depuis 1948.

FERRAND (Richard), *Rodez 1962,* homme politique français. Député du Finistère depuis 2012 (socialiste, puis réélu sous l'étiquette La République en marche en 2017), il est président de l'Assemblée nationale depuis 2018.

FERRANTE → FERDINAND Ier [Sicile péninsulaire (Naples)].

FERRARE, v. d'Italie (Émilie-Romagne), ch.-l. de prov., sur le Pô ; 133 005 hab. *(Ferrarais).* Cathédrale des XIIe-XVIe s., avec musée de l'Œuvre (peintures de C. Tura) ; château d'Este, des XIVe-XVIe s. ; palais Schifanoia (fresques de F. del Cossa et E. de' Roberti ; musée), palais de Ludovic le More (Musée gréco-étrusque), des Diamants (pinacothèque). – Concile en 1438, transféré à Florence en 1439. – Ferrare, brillante aux XVe et XVIe s. sous les princes d'Este, érigée en duché en 1471, fut rattachée aux États de l'Église de 1598 à 1796.

FERRARI (Enzo), *Modène 1898 - id. 1988,* pilote et constructeur automobile italien. Il est célèbre autant pour ses voitures de course que pour ses prestigieux modèles de tourisme.

FERRARI (Gaudenzio), *Valduggia, Piémont, v. 1475 - Milan 1546,* peintre et sculpteur italien. Maniériste éclectique, il est l'auteur de fresques pleines d'invention à Varallo (prov. de Verceil), à Verceil, à Saronno (prov. de Varese).

FERRARI (Luc), *Paris 1929 - Arezzo, Italie, 2005,* compositeur français. Il a cherché à abolir les frontières entre artiste et public (*Und so weiter,* 1966 ; *Cellule 75,* 1975 ; *Bonjour, comment ça va ?,* 1979).

FERRASSIE (la), grotte et abris-sous-roche de la comm. de Savignac-de-Miremont (24260). Important site préhistorique occupé depuis le moustérien (paléolithique moyen) jusqu'au périgordien (paléolithique supérieur).

FERRAT (Jean **Tenenbaum,** dit Jean), *Vaucresson 1930 - Aubenas 2010,* chanteur français. Il a écrit, composé et interprété des chansons poétiques et engagées (*Nuit et brouillard,* 1963 ; *C'est beau, la vie,* id. ; *la Montagne,* 1964 ; *Potemkine,* 1965). Il a mis en musique de nombreux poèmes d'Aragon (*Que serais-je sans toi,* 1964).

◀ Jean **Ferrat** en 1988.

FERRÉ, dit **le Grand Ferré,** paysan de Rivecourt (Oise) qui, pendant la guerre de Cent Ans, se distingua contre les Anglais (1358).

FERRÉ (Léo), *Monte-Carlo 1916 - Castellina in Chianti, Italie, 1993,* chanteur français. Également parolier et compositeur, il a interprété des chansons poétiques ou de tonalité anarchiste, mêlant lyrisme et argot (*Jolie Môme,* 1960 ; *Paname,* id. ; *Ni dieu, ni maître,* 1965 ; *C'est extra,* 1968 ; *Avec le temps,* 1970). Il a aussi mis en musique de nombreux poètes.

◀ Léo **Ferré** en 1984.

FERREIRA (Vergílio), *Melo, Serra da Estrela, 1916 - près de Sintra 1996,* écrivain portugais. Ses romans *(Apparition, Au nom de la terre)* élaborent une réflexion sur le destin de l'homme dans la société contemporaine.

FERRER GUARDIA (Francisco), *Alella 1859 - Barcelone 1909,* anarchiste et pédagogue espagnol. Il fonda en 1901 à Barcelone une école d'inspiration libertaire. Jugé responsable d'une insurrection anticolonialiste, il fut jugé et exécuté.

FERRERI (Marco), *Milan 1928 - Paris 1997,* cinéaste italien. Ironiques et provocateurs, ses films sont autant d'allégories sur l'aliénation de l'homme moderne (*Dillinger est mort,* 1969 ; *la Grande Bouffe,* 1973 ; *Y'a bon les Blancs,* 1988 ; *la Chair,* 1991).

FERRET (val), nom de deux vallées de Suisse et d'Italie, au pied du massif du Mont-Blanc.

FERRI (Enrico), *San Benedetto Po 1856 - Rome 1929,* criminaliste italien. Il est considéré comme l'un des fondateurs de la criminologie moderne (*Sociologie criminelle,* 1929).

FERRIÉ (Gustave), *Saint-Michel-de-Maurienne 1868 - Paris 1932,* officier et ingénieur français. Il contribua à l'essor des radiocommunications et fut à l'origine de l'utilisation de la tour Eiffel comme émetteur à longue portée (1903).

FERRIER (Kathleen), *Higher Walton 1912 - Londres 1953,* contralto britannique. Elle s'est illustrée, par la chaleur du timbre de sa voix, dans un large répertoire, notamm. dans Gluck, Mahler et Britten (création du *Viol de Lucrèce,* en 1946).

FERRIÈRE (Adolphe), *Genève 1879 - id. 1960,* pédagogue suisse. Il fut un pionnier de l'éducation nouvelle et des méthodes actives.

FERRIÈRES-EN-GÂTINAIS (45210), anc. **Ferrières,** comm. du Loiret ; 3 736 hab. *(Ferriérois).* Église des XIIe-XIIIe s.

FERRO (Marc), *Paris 1924,* historien et résistant français. Spécialiste de la révolution russe (*la Révolution de 1917,* 1967 ; *Nicolas II,* 1990), il est à l'origine de plusieurs grandes recherches historiques (*la Grande Guerre,* 1968 ; *le Livre noir du colonialisme,* dir., 2003) et s'intéresse aux relations de l'histoire avec d'autres disciplines (cinéma…). Il a aussi animé une émission de télévision (*Histoire parallèle,* 1989-2001), qui a contribué à populariser les images d'archives.

FERROL (El), v. d'Espagne (Galice), sur l'Atlantique ; 71 690 hab. Port. Chantiers navals.

FERRON (Jacques), *Louiseville 1921 - Longueuil 1985,* écrivain canadien de langue française. Avec un réalisme mêlé d'humour et de fantaisie, il a brossé dans ses romans *(Cotnoir),* ses contes *(Contes du pays incertain)* et son théâtre *(les Grands Soleils)* un tableau savoureux et mordant du Canada contemporain.

FERRY (Jules), *Saint-Dié 1832 - Paris 1893*, avocat et homme politique français. Député républicain à la fin de l'Empire (1869), membre du gouvernement de la Défense nationale et maire de Paris (1870), ministre de l'Instruction publique (1879 - 1883), président du Conseil (1880 - 1881, 1883 - 1885), il fit voter les lois relatives à la liberté de réunion, de la presse et des syndicats, et attacha son nom à une législation scolaire : obligation, gratuité et laïcité de l'enseignement primaire. Sa politique coloniale (conquête du Tonkin) provoqua sa chute.

▲ Jules **Ferry** par J. Robert.

FERSEN (Hans Axel, comte de), *Stockholm 1755 - id. 1810*, maréchal suédois. Officier, il séjourna longtemps à la cour de France. Très attaché à Marie-Antoinette, il aida la famille royale à fuir en 1791.

FERT (Albert), *Carcassonne 1938*, physicien français. Il a découvert la magnétorésistance géante (1988), indépendamment de P. Grünberg, et contribué au développement de l'électronique de spin. (Prix Nobel 2007.)

FERTÉ-ALAIS (La) [91590], comm. de l'Essonne ; 3 968 hab. *(Fertois)*. Église du premier art gothique (XIIe s.). À proximité, « musée volant » de l'aérodrome de Cerny.

FERTÉ-BERNARD (La) [72400], bur. centr. de cant. de la Sarthe ; 9 221 hab. *(Fertois)*. Agroalimentaire. – Église des XVe-XVIe s. (chœur Renaissance, avec vitraux) et autres témoignages du passé.

FERTÉ-MACÉ (La) [61600], bur. centr. de cant. de l'Orne ; 6 129 hab. *(Fertois)*.

FERTÉ-MILON (La) [02460], comm. de l'Aisne ; 2 280 hab. *(Milonais)*. Restes d'un puissant château inachevé de Louis Ier d'Orléans (autour de 1400) ; église St-Nicolas (vitraux Renaissance). Petit musée Jean-Racine.

FERTÉ-SAINT-AUBIN (La) [45240], bur. centr. de cant. du Loiret, en Sologne ; 7 495 hab. *(Fertésiens)*. Armement. – Château du milieu du XVIIe s.

FERTÉ-SOUS-JOUARRE (La) [77260], bur. centr. de cant. de Seine-et-Marne ; 9 854 hab. *(Fertois)*. Armement.

FERTÖ (lac) → **NEUSIEDL (lac de)**.

FÈS, v. du Maroc, sur l'*oued Fès*, affluent du Sebou ; 1 150 131 hab. dans l'agglomération. Centre religieux, touristique et universitaire. Artisanat dans la pittoresque médina. – La ville a été fondée par les Idrisides à la charnière des VIIIe et IXe s. – Nombreux monuments, dont la mosquée Qarawiyyin (IXe-XIIe s.) et, à l'intérieur de l'enceinte percée de portes monumentales, quelques-uns des plus beaux exemples de l'art musulman du Maghreb (madrasa Bu-Inaniyya, 1350-1357).

FESCH (Joseph), *Ajaccio 1763 - Rome 1839*, prélat français. Oncle de Napoléon Ier, il fut archevêque de Lyon (1802), cardinal (1803) et grand aumônier de l'Empire.

FESSENHEIM (68740), comm. du Haut-Rhin ; 2 425 hab. *(Fessenheimois)*. Centrale hydraulique et centrale nucléaire sur le grand canal d'Alsace.

FESTINGER (Leon), *New York 1919 - id. 1989*, psychosociologue américain. Il est l'auteur de la théorie de la dissonance cognitive.

FÉTIS (François Joseph), *Mons 1784 - Bruxelles 1871*, musicologue belge. Il est l'auteur d'une *Biographie universelle des musiciens et bibliographie générale de la musique* (8 vol., 1835-1844).

FEUERBACH (Ludwig), *Landshut 1804 - Rechenberg, près de Nuremberg, 1872*, philosophe allemand, fils de Paul Johann Anselm von Feuerbach. Il se détacha de l'idéalisme hégélien et développa le matérialisme à partir d'une critique de l'idée de Dieu et de la religion (*l'Essence du christianisme*, 1841).

FEUERBACH (Paul Johann Anselm von), *Hainichen, près d'Iéna, 1775 - Francfort-sur-le-Main 1833*, criminaliste allemand. Auteur du Code pénal bavarois (1813), il est également l'auteur de la théorie de la contrainte psychologique.

FEUILLADE (Louis), *Lunel 1873 - Nice 1925*, cinéaste français. Il fut l'un des maîtres du film à épisodes : *Fantômas* (1913-1914), *les Vampires* (1915), *Judex* (1917).

FEUILLANTS (club des), club révolutionnaire (1791 - 1792), fréquenté par des partisans de la monarchie constitutionnelle (La Fayette, Barnave, Du Port…). Il siégeait à Paris, dans l'ancien couvent des Feuillants, près des Tuileries.

FEUILLÈRE (Edwige **Cunati**, Mme Edwige), *Vesoul 1907 - Paris 1998*, actrice française. Interprète de Giraudoux (*Sodome et Gomorrhe*, 1943), Claudel et Cocteau, elle a aussi joué dans des films (*la Duchesse de Langeais*, de J. de Baroncelli, 1942).

FEUILLET (Raoul Auger), *v. 1660 - v. 1710*, chorégraphe et pédagogue français. Il est l'auteur d'un système d'écriture de la danse (1700).

FEURS [fœr] (42110), bur. centr. de cant. de la Loire, sur la Loire ; 8 260 hab. *(Foréziens)*. Anc. cap. du Forez. Métallurgie. Agroalimentaire. – Musée gallo-romain.

FÉVAL (Paul), *Rennes 1816 - Paris 1887*, écrivain français. Ses romans-feuilletons mélodramatiques, ses récits de cape et d'épée (*le Bossu*, 1858, adapté au théâtre en 1862) opposent la noirceur sociale et l'innocence persécutée.

février 1848 (journées des 22, 23 et 24), journées qui amenèrent la chute de Louis-Philippe (→ **révolution française de 1848**).

février 1934 (le 6), journée d'émeutes provoquée par l'affaire Stavisky et dont le prétexte fut la mutation du préfet de police Chiappe. Cette journée opposa aux forces de l'ordre les ligues de droite et les associations d'anciens combattants, hostiles à un régime parlementaire affaibli par les scandales et l'instabilité ministérielle. Faisant 20 morts et 2 000 blessés, l'émeute amena la chute du gouvernement Daladier et encouragea la gauche à s'unir.

FEYDEAU (Georges), *Paris 1862 - Rueil 1921*, auteur dramatique français. Ses vaudevilles d'une savoureuse vérité sont fondés sur le comique de situation (*Un fil à la patte*, 1894 ; *le Dindon*, 1896 ; *la Dame de chez Maxim*, 1899 ; *Occupe-toi d'Amélie !*, 1908 ; *On purge bébé*, 1910).

FEYDER (Jacques **Frédérix**, dit Jacques), *Ixelles 1885 - Rives-de-Prangins, Suisse, 1948*, cinéaste français d'origine belge. Un des précurseurs du réalisme poétique, il a réalisé notamment *le Grand Jeu* (1934) et *la Kermesse héroïque* (1935).

FEYERABEND (Paul), *Vienne 1924 - Genolier, Suisse, 1994*, philosophe autrichien. Promoteur d'une épistémologie « anarchiste », il s'oppose au positivisme, incrimine la compromission de la recherche avec le pouvoir d'État (*Contre la méthode*, 1975) et, plus généralement, remet en question tout le rationalisme occidental (*Adieu la Raison*, 1987).

FEYNMAN (Richard P.), *New York 1918 - Los Angeles 1988*, physicien américain. Ses travaux ont porté sur la théorie des interactions entre électrons et photons (*électrodynamique quantique*) et sur la physique de la matière condensée. (Prix Nobel 1965.)

▲ **Fès.** Intérieur de la mosquée Qarawiyyin (IXe-XIIe s.).

FEYZIN (69320), comm. du Rhône ; 9 800 hab. *(Feyzinois)*. Raffinage du pétrole. Pétrochimie.

FEZZAN n.m., région désertique du sud-ouest de la Libye, parsemée d'oasis (palmeraies) ; v. princ. *Sebha*. Conquis par les Italiens en 1913 - 1914 puis en 1929 - 1930, occupé par les Français de Leclerc en 1941 - 1942, il fut évacué par la France en 1955.

FFI → **FORCES FRANÇAISES DE L'INTÉRIEUR.**

FFL → **FORCES FRANÇAISES LIBRES.**

FIACRE (saint), *v. 610 - v. 670*, ermite scot venu en Gaule. Patron des jardiniers, invoqué aussi pour les hémorroïdes (mal de saint Fiacre).

FIANARANTSOA, v. du sud-est de Madagascar ; 165 220 hab. dans l'agglomération.

FIANNA FÁIL (« Soldats de la destinée »), parti politique irlandais, fondé en 1926 par De Valera. Il domine, en alternance avec le Fine Gael, la vie politique du pays depuis 1932.

Fiat (Fabbrica Italiana di Automobili Torino), société italienne de construction automobile, fondée à Turin en 1899 et développée par la famille Agnelli.

FIBONACCI (Leonardo), *Pise v. 1175 - id. apr. 1240*, mathématicien italien. Dans son *Liber abbaci* (1202), qui diffuse en Occident la science mathématique des Arabes et des Grecs, il utilise les chiffres arabes avec le zéro et introduit la suite dans laquelle chaque terme est égal à la somme des deux termes précédents.

FICHES (affaire des) [1900 - 1904], scandale qui éclata à propos d'un système établi par le général André (1838 - 1913), ministre de la Guerre. L'avancement des officiers était subordonné à leurs opinions politiques et religieuses, consignées sur des *fiches* (les catholiques et les conservateurs étaient dénoncés).

FICHTE (Johann Gottlieb), *Rammenau, Saxe, 1762 - Berlin 1814*, philosophe allemand. Disciple émancipé de Kant, il conçut un idéalisme absolu où le moi justifie l'existence du monde et son sens (*Théorie de la science*, 1801-1804). Son influence sur Schelling et Hegel fut importante. Il convia les Allemands au sursaut national (*Discours à la nation allemande*, 1807).

FICIN (Marsile), en ital. **Marsilio Ficino**, *Figline Valdarno, Toscane, 1433 - Careggi, près de Florence, 1499*, humaniste italien. Prêtre, il traduisit et commenta Platon et les néoplatoniciens, développant une thématique spiritualiste dont l'élan, porté par l'Académie platonicienne de Florence qu'il anima, se propagea dans toute l'Europe.

FIDJI n.f. pl., en angl. **Fiji**, en fidj. **Viti**, État d'Océanie ; 18 300 km² ; 881 000 hab. *(Fidjiens)*. **CAP.** *Suva*. **LANGUES :** *anglais, fidjien et hindoustani*. **MONNAIE :** *dollar fidjien*. (V. carte **Océanie**.) Le pays est formé par un archipel de plus de 300 îles, dont les principales sont Viti Levu et Vanua Levu. Canne à sucre. Tourisme. Or. – Annexées par les Britanniques en 1874, les îles Fidji sont devenues indépendantes en 1970 dans le cadre du Commonwealth.

FIDJIENS, terme désignant soit l'ensemble de la population des Fidji, soit sa partie autochtone (env. la moitié). Cette dernière, évangélisée depuis 1835 par des missionnaires méthodistes, reste organisée en ordres sociaux réunis sous l'égide de chefferies territoriales. Elle est de langue malayo-polynésienne.

FIELD (Cyrus West), *Stockbridge, Massachusetts, 1819 - New York 1892*, industriel américain. Il établit le premier câble sous-marin reliant l'Amérique à l'Europe (1858 - 1866).

FIELD (John), *Dublin 1782 - Moscou 1837*, compositeur et pianiste irlandais. Interprète virtuose, il composa notamment de nombreux nocturnes.

FIELDING (Henry), *Sharpham Park, Somerset, 1707 - Lisbonne 1754*, écrivain britannique. Ses comédies (*l'Amour sous plusieurs masques*, *la Tragédie de Tom Pouce le Grand*) et ses romans réalistes (*Histoire de Tom Jones, enfant trouvé*) confrontent avec truculence l'innocence de l'honnête homme et les vices et hypocrisies de la société.

FIELDS (médaille), récompense internationale de mathématiques, créée par le mathématicien canadien John Charles *Fields* (Hamilton 1863 - Toronto 1932). Aussi prestigieuse qu'un prix Nobel, elle est attribuée tous les quatre ans, depuis 1936, à des mathématiciens âgés de moins de 40 ans. *(V. liste des lauréats page 2024.)*

FIELDS (William Claude **Dukinfield,** dit W. C.), *Philadelphie 1879 - Pasadena 1946*, acteur américain. Vedette de music-hall, il fut l'un des artistes les plus inventifs du cinéma burlesque (*les Joies de la famille*, 1935 ; *Passez muscade*, 1941).

FIESCHI (Giuseppe), *Murato 1790 - Paris 1836*, conspirateur corse. Ayant attenté à la vie de Louis-Philippe au moyen d'une machine infernale (1835), il fut exécuté.

FIESOLE, v. d'Italie (Toscane) ; 14 038 hab. Vestiges étrusques et romains ; cathédrale romane et autres monuments ; petits musées.

FIESQUE, en ital. **Fieschi,** famille génoise qui, aux XIIIe-XIVe s., appartint au parti guelfe et dont sont issus deux papes, Innocent IV et Adrien V. — **Jean-Louis F.,** en ital. **Gian Luigi Fieschi,** *Gênes v. 1522 - id. 1547*, noble génois. Il conspira contre Andrea Doria (1547). Cette conjuration, racontée par le cardinal de Retz, inspira un drame à Schiller (1783).

FIGALLI (Alessio), *Rome 1984*, mathématicien italien. Expert en analyse mathématique, il a mené des travaux sur le calcul des variations (optimisation d'une solution à un problème) et notamm. sur le problème du « transport optimal », qui concerne de nombreux domaines (mécanique des fluides, finance...). [Médaille Fields 2018.]

FIGARI (20114), comm. de la Corse-du-Sud ; 1 473 hab. *(Figarais)*. Aéroport.

Figaro, personnage de la trilogie dramatique de Beaumarchais, composée du *Barbier de Séville* (1775), du *Mariage de Figaro* (1784) et de *la Mère coupable* (1792). Barbier passé au service du comte Almaviva, spirituel et intrigant, il apparaît comme un homme du peuple révolté par les abus de l'Ancien Régime. *Le Barbier de Séville* a inspiré à Rossini un opéra (1816) et *le Mariage de Figaro* a inspiré à Mozart *les Noces de Figaro* (1786), opéra-bouffe en 4 actes, sur un livret de Lorenzo Da Ponte.

Figaro (le), quotidien français. Hebdomadaire satirique à ses débuts (1826-1833 et à partir de 1854), il ne prit sa forme actuelle qu'en 1866. Dénonçant le nazisme, il cessa de paraître entre 1942 et 1944.

FIGEAC (46100), ch.-l. d'arrond. du Lot, sur le Célé ; 10 527 hab. *(Figeacois)*. Aéronautique. – Musée de l'hôtel de la Monnaie (XIIIe s.) ; musée Champollion-les Écritures du monde.

FIGL (Leopold), *Rust 1902 - Vienne 1965*, homme politique autrichien. Membre du Parti populaire, il fut chancelier de 1945 à 1953.

FIGUERAS (Montserrat) → **SAVALL** (Jordi).

FIGUIG, oasis du Sahara marocain.

FILARETE (Antonio **Averlino,** dit **il**), en fr. **[le] Filarète,** *Florence v. 1400 - Rome ? v. 1469*, architecte et sculpteur italien. Auteur notamm. d'une porte de bronze pour St-Pierre de Rome et des plans de l'hôpital Majeur de Milan (1456), il a composé un original *Traité d'architecture* comprenant la vision d'une cité idéale, la « Sforzinda ».

FILITOSA, site archéologique de la Corse, dans la vallée du Taravo. Statues-menhirs témoins d'une culture mégalithique qui s'y est développée à partir du IIIe millénaire.

FILLASTRE (Guillaume), *La Suze-sur-Sarthe v. 1348 - Rome 1428*, prélat et humaniste français. Cardinal et archevêque, il siégea aux conciles de Pise (1409) et de Constance (1414 - 1418).

FILLIÈRE, comm. de la Haute-Savoie ; 9 153 hab. Château médiéval (souvenirs de saint François de Sales).

FILLIOZAT (Jean), *Paris 1906 - id. 1982*, indianiste français. Il est à l'origine d'un renouveau des connaissances sur la civilisation indienne.

FILLON (François), *Le Mans 1954*, homme politique français. Membre du RPR puis de l'UMP (auj. Les Républicains), successivement ministre de l'Enseignement supérieur et de la Recherche (1993 - 1995), de la Poste, des Télécommunications et de l'Espace (1995 - 1997), des Affaires sociales, du Travail et de la Solidarité (2002 - 2004), puis de l'Éducation nationale, de l'Enseignement supérieur et de la Recherche (2004 - 2005), il a été Premier ministre de 2007 à 2012. Longtemps élu de la Sarthe (député à partir de 1981), il a été aussi député de Paris (2012 - 2017) et candidat du parti Les Républicains à l'élection présidentielle de 2017.

Findel, aéroport de la ville de Luxembourg.

Fine Gael (« Famille gaélique »), parti politique irlandais, fondé en 1923 (sous le nom de Communauté des Gaels) par W. T. Cosgrave. Depuis 1948, il gouverne en alternance avec le Fianna Fáil.

FINI (Leonor), *Buenos Aires 1908 - Paris 1996*, peintre italienne. Créatrice de figures oniriques ambiguës et délicates, elle a aussi donné des illustrations de livres, des costumes et décors pour la scène.

FINIGUERRA (Maso), *Florence v. 1426 - id. 1464*, orfèvre italien. Il a parfois tiré de ses nielles des estampages sur papier, ce pour quoi Vasari lui attribua, à tort, l'invention de la gravure en taille-douce.

FINISTÈRE n.m. (29), dép. de la Région Bretagne ; ch.-l. de dép. *Quimper* ; ch.-l. d'arrond. *Brest, Châteaulin, Morlaix* ; 4 arrond. ; 27 cant. ; 279 comm. ; 6 733 km² ; 936 478 hab. *(Finistériens)*. Le dép. appartient à l'académie et à la cour d'appel de Rennes, à la zone de défense et de sécurité Ouest. Deux lignes de hauteurs (monts d'Arrée et Montagne Noire) encadrent le bassin de Châteaulin (polyculture, élevage des bovins, porcs, volailles). Elles dominent le promontoire du Léon, qui porte de riches cultures de primeurs, et la Cornouaille, où l'élevage (bovins et porcs) est associé aux cultures et aux vergers (pommiers). La pêche est active d'Audierne à Concarneau et le tourisme demeure important sur l'ensemble de la côte. L'industrie (en dehors de l'agroalimentaire, présent un peu partout) est surtout représentée à Brest, la principale ville.

FINISTERRE (cap), promontoire situé à l'extrémité nord-ouest de l'Espagne.

FINLANDE n.f., en finn. **Suomi,** en suéd. **Finland,** État d'Europe du Nord, sur la Baltique ; 338 000 km² ; 5 426 000 hab. *(Finlandais)*. **CAP.** *Helsinki*. **LANGUES :** *finnois* et *suédois*. **MONNAIE :** *euro*.

INSTITUTIONS République. Constitution de 1999, entrée en vigueur en 2000. Le pouvoir exécutif appartient à un président élu pour 6 ans au suffrage universel direct. Premier ministre désigné par le Parlement *(Eduskunta)*, élu au suffrage universel direct pour 4 ans.

GÉOGRAPHIE La Finlande est un vaste plateau de roches anciennes, parsemé de dépôts morainiques et troué de milliers de lacs. En dehors du Nord, domaine de la toundra, le pays est couvert par la forêt de conifères, dont l'exploitation (scieries, pâte à papier, papier) constitue une de ses principales ressources. Les cultures (orge, pomme de terre) et l'élevage (bovins pour le lait et le beurre) sont développés dans le Sud, au climat plus clément. L'électricité, en partie d'origine hydraulique et nucléaire, fournit de l'énergie aux industries métallurgiques, textiles et chimiques, activités rejointes récemment par des industries à forte valeur ajoutée (technologies de l'information et des télécommunications). Mais l'économie a été fortement affectée par la crise mondiale apparue en 2007 - 2008, puis par les turbulences dans la zone euro à partir de 2010 (reprise depuis 2016, au prix de mesures d'austérité).

HISTOIRE **La période suédoise. Ier s. av. J.-C. - Ier s. apr. J.-C. :** les Finnois occupent progressivement le sol finlandais. **1157 :** le roi de Suède Erik IX organise une croisade contre la Finlande. **1323 :** la Russie reconnaît la possession de la Finlande à la Suède, qui fait de celle-ci un duché (1353). **XVIe s. :** la réforme luthérienne s'établit en Finlande. **1550 :** Gustave Vasa fonde Helsinki. Les guerres reprennent entre la Suède et la Russie. **1595 :** la paix de Täyssinä fixe les frontières orientales de la Finlande. **1710 - 1721 :** les armées de Pierre le Grand ravagent le pays, qui perd la Carélie à la paix de Nystad (1721).

La période russe. 1809 : la Finlande devient un grand-duché de l'Empire russe, doté d'une certaine autonomie. Sous le règne d'Alexandre III et de Nicolas II, la russification s'intensifie, tandis que se développe la résistance nationale (assassinat du gouverneur Bobrikov en 1904).

L'indépendance. 1917 : à la suite de la révolution russe, la Finlande proclame son indépendance. **1918 :** une guerre civile oppose les partisans du régime soviétique à la garde civique de Carl Gustaf Mannerheim, qui l'emporte. **1920 :** la Russie soviétique reconnaît la nouvelle république de Finlande. **1939 - 1940 :** après une lutte héroïque contre l'Armée rouge, la Finlande doit accepter les conditions de Staline, qui annexe la Carélie. **1941 - 1944 :** la Finlande combat l'URSS aux côtés du Reich. **1944 - 1946 :** C. G. Mannerheim est président de la République. **1946 - 1956 :** sous la présidence de Juho Kusti Paasikivi, la paix avec les Alliés est signée à Paris (1947). **1948 :** la Finlande signe un traité d'assistance mutuelle avec l'URSS (renouvelé en 1970 et en 1983). **1956 - 1982 :** le président Urho Kekkonen poursuit une politique d'entente avec ses voisins. **1982 :** Mauno Koivisto est élu à la présidence de la République. **1994 :** Martti Ahtisaari lui succède. **1995 :** la Finlande adhère à l'Union européenne. **2000 :** Tarja Halonen est élue présidente (réélue en 2006). **2012 :** Sauli Niinistö lui succède (réélu en 2018).

FINLANDE (golfe de), golfe formé par la Baltique, entre la Finlande, la Russie et l'Estonie, sur lequel sont établies Helsinki, Tallinn et Saint-Pétersbourg.

FINLAY (Carlos Juan), *Puerto Príncipe, auj. Camagüey, 1833 - La Havane 1915*, médecin cubain. Il étudia la transmission de la fièvre jaune par les moustiques.

FINNBOGADÓTTIR (Vigdís), *Reykjavík 1930*, femme politique islandaise. Présidente de la République de 1980 à 1996, elle a été la première femme au monde élue chef de l'État au suffrage universel.

FINNMARK n.m., région de la Norvège septentrionale.

FINSEN (Niels), *Tórshavn, îles Féroé, 1860 - Copenhague 1904*, médecin et biologiste danois. Il reçut le prix Nobel en 1903 pour ses recherches sur les applications thérapeutiques de la lumière et de ses rayons ultraviolets.

FINSTERAARHORN n.m., sommet des Alpes bernoises (Suisse) ; 4 274 m.

FIODOR → **FÉDOR.**

FIONIE → **FYN.**

FIRDUSI → **FERDOWSI.**

FIRMINY (42700), bur. centr. de cant. de la Loire ; 17 051 hab. *(Appelous)*. Édifices de Le Corbusier.

FIROZABAD, v. d'Inde (Uttar Pradesh) ; 603 797 hab.

FIRTH (sir Raymond William), *Auckland, Nouvelle-Zélande, 1901 - Londres 2002*, anthropologue britannique. Ses études ont porté sur l'organisation socio-économique des sociétés non industrielles, notamment en Polynésie chez les Maoris.

FIS (Front islamique du salut), parti politique algérien fondé en 1989. Principal parti islamiste, il a été dissous en 1992 après l'annulation des élections législatives, dont il avait remporté le premier tour (déc. 1991).

FISCHART (Johann), *Strasbourg v. 1546 - Forbach 1590*, écrivain allemand. Il est l'auteur de pamphlets contre le catholicisme et d'une adaptation du *Gargantua* de Rabelais.

FISCHER (Emil), *Euskirchen 1852 - Berlin 1919*, chimiste allemand. Il a établi un lien entre la chimie organique, la stéréochimie et la biologie. Il a réalisé la synthèse de nombreux sucres. (Prix Nobel 1902.)

FISCHER (Ernst Otto), *Munich 1918 - id. 2007*, chimiste allemand. Ses travaux concernent la chimie des complexes organométalliques des métaux de transition, notamm. ceux dits « à structure sandwich ». (Prix Nobel 1973.)

FISCHER (Hans), *Höchst am Main 1881 - Munich 1945*, chimiste allemand. Il précisa la composition de l'hémoglobine, réalisa la synthèse de l'hématine (1929) et étudia la constitution de la chlorophylle. (Prix Nobel 1930.)

FISCHER (Johann Michael), *Burglengenfeld, Haut-Palatinat, 1692 - Munich 1766*, architecte allemand. Il a diffusé en Bavière et en Souabe un style rococo riche et lumineux (abbatiales de Zwiefalten [v. 1740-1750], d'Ottobeuren*, etc.).

FISCHER-DIESKAU (Dietrich), *Berlin 1925 - Berg am Starnberger See, Bavière, 2012*, baryton allemand. Il a chanté Bach et a été un grand spécialiste du lied et de l'opéra romantiques ainsi que du répertoire vocal du XXe s.

Finlande

FISCHER VON ERLACH (Johann Bernhard), *Graz 1656 - Vienne 1723*, architecte autrichien. Dans un style qui associe le baroque à une tendance classique majestueuse, il a construit à Salzbourg (églises), à Prague (palais) et surtout à Vienne (église St-Charles-Borromée, 1716 et suiv. ; Bibliothèque impériale, 1723 et suiv.).

FISHER (Irving), *Saugerties, État de New York, 1867 - New York 1947*, mathématicien et économiste américain. Il a établi une relation entre la quantité de monnaie en circulation, la vitesse où celle-ci circule et le niveau des prix.

FISHER OF KILVERSTONE (John Arbuthnot Fisher, baron), *Ramboda, Sri Lanka, 1841 - Londres 1920*, amiral britannique. Créateur du dreadnought, il fut à la tête de la flotte de son pays de 1904 à 1909 et en 1914 - 1915.

FISMES [fim] (51170), bur. centr. de cant. de la Marne ; 5 534 hab. *(Fismois)*.

FITZGERALD (Ella), *Newport News, Virginie, 1917 - Beverly Hills 1996*, chanteuse de jazz américaine. Elle interpréta et enregistra des ballades et des romances, mais aussi des pièces de swing et des dialogues en scat avec les meilleurs solistes instrumentaux ou vocaux.

◂ Ella **Fitzgerald**

FITZGERALD (Francis Scott), *Saint Paul, Minnesota, 1896 - Hollywood 1940*, écrivain américain. Ses romans expriment le désenchantement de la Génération* perdue (*Gatsby le Magnifique*, 1925 ; *Tendre est la nuit*, 1934 ; *le Dernier Nabab*, 1941).

◂ Francis Scott **Fitzgerald**

FITZ-JAMES, famille française d'origine anglaise. Son premier membre, fils naturel de Jacques II, se fit naturaliser français et devint le maréchal de Berwick*.

FITZROY (Robert), *Ampton Hall, Suffolk, 1805 - Norwood, Surrey, 1865*, officier de marine et météorologue britannique. À bord du *Beagle*, il dirigea une mission d'exploration des côtes d'Amérique du Sud (1831 - 1836), à laquelle participa C. Darwin. Il fut un pionnier de l'établissement des cartes météorologiques.

FIUME → **RIJEKA.**

Fiumicino, aéroport de Rome.

FIZEAU (Hippolyte), *Paris 1819 - près de La Ferté-sous-Jouarre 1896*, physicien français. Il effectua la première mesure directe de la vitesse de la lumière (1849), étudia sa polarisation ainsi que le spectre infrarouge. Il découvrit, indépendamment de Doppler, l'effet de déplacement des fréquences d'une source de vibrations en mouvement *(effet Doppler-Fizeau)*. Il montra que la propagation de l'électricité n'est pas instantanée.

FLACHAT (Eugène), *Paris 1802 - Arcachon 1873*, ingénieur français. Il construisit avec son demi-frère Stéphane Mony le premier chemin de fer français à vapeur, de Paris à Saint-Germain-en-Laye (1835 - 1837).

FLAGSTAD (Kirsten), *Hamar 1895 - Oslo 1962*, soprano norvégienne, brillante interprète de Wagner.

FLAHAUT DE LA BILLARDERIE (Auguste, comte de), *Paris 1785 - id. 1870*, général et diplomate français. Sans doute le fils naturel de Talleyrand, il fut aide de camp de Napoléon Ier (1813) et eut avec la reine Hortense un fils, le duc de Morny*.

FLAHERTY (Robert), *Iron Mountain, Michigan, 1884 - Dummerston, Vermont, 1951*, cinéaste américain. Véritable créateur du genre documentaire, il réalisa *Nanouk l'Esquimau* (1922), *Moana* (1926), *l'Homme d'Aran* (1934), *Louisiana Story* (1948) et, en collaboration avec F. W. Murnau, *Tabou* (1931).

FLAINE (74300), station de sports d'hiver (alt. 1 575 - 2 500 m) de la Haute-Savoie (comm. d'Arâches-la-Frasse et de Magland). Sculptures, œuvres d'art contemporaines.

FLAMANVILLE (50340), comm. de la Manche ; 1 748 hab. Centrale nucléaire sur le littoral du Cotentin. Réacteur nucléaire EPR en construction.

FLAMEL (Nicolas), *Pontoise v. 1330 - Paris 1418*, écrivain public français. Alimentée par ses nombreuses largesses, la légende veut que, secondé par Pernelle, riche veuve épousée en 1360, il soit parvenu à tirer d'un texte kabbalistique le secret de la pierre philosophale.

FLAMININUS (Titus Quinctius), *228 - 174 av. J.-C.*, général romain. Consul en 198 av. J.-C., il battit à Cynoscéphales Philippe V de Macédoine (197) et libéra la Grèce de la domination macédonienne.

FLAMMARION (Camille), *Montigny-le-Roi, Haute-Marne, 1842 - Juvisy-sur-Orge 1925*, astronome français. Il est l'auteur de nombreux ouvrages de vulgarisation, parmi lesquels une célèbre *Astronomie populaire*, publiée en 1879 par la maison d'édition (Flammarion) créée en 1876 par son frère Ernest *(1846 - 1936)*. Il a aussi fondé la Société astronomique de France (1887).

FLAMSTEED (John), *Denby 1646 - Greenwich 1719*, astronome anglais. Premier astronome royal (1675), il organisa l'observatoire de Greenwich, perfectionna les instruments et les méthodes d'observation des positions stellaires et réalisa un catalogue d'étoiles.

FLANAGAN (Barry), *Prestatyn, pays de Galles, 1941 - Ibiza, Espagne, 2009*, sculpteur britannique. Ayant travaillé les matériaux les plus divers (sable, corde, feutre, pierre, tôle) avant de passer au bronze, il est célèbre notamment pour sa statuaire originale d'animaux familiers, souvent traités dans un esprit parodique (série des *Lièvres*, commencée en 1979).

FLANDRE n.f. ou **FLANDRES** n.f. pl., plaine de l'Europe (France, Belgique et Pays-Bas), sur la mer du Nord, entre les collines de l'Artois et l'embouchure de l'Escaut. (Hab. *Flamands.*)

GÉOGRAPHIE La Flandre s'élève insensiblement vers l'intérieur et est accidentée de buttes sableuses (*monts de* ou *des Flandres*). Elle porte des cultures céréalières, fourragères, maraîchères et industrielles (betterave, lin, houblon) mais est aussi une importante région industrielle (textile, métallurgie), fortement peuplée et urbanisée (Anvers, Bruges et Gand, agglomération de Lille). Le littoral, bordé de dunes, est jalonné par quelques ports et stations balnéaires (Dunkerque, Ostende).

HISTOIRE **Les origines. Ier s. av. J.-C. :** peuplé dès le néolithique, le pays est conquis par César et intégré à la province romaine de Belgique. **Ve s. :** les Francs Saliens occupent la région et la germanisent. **VIe - VIIe s. :** la Flandre est évangélisée (fondation de l'abbaye de Saint-Omer). **VIIe - Xe s. :** essor économique lié à l'industrie drapière.

Constitution et évolution du comté. 879 - 918 : Baudouin II crée véritablement le comté de Flandre en occupant le Boulonnais, l'Artois et le Ternois. **XIe s. :** ses successeurs dotent le comté de nombreuses institutions. L'industrie drapière se développe. Le mouvement communal se renforce. **XIIe s. :** les grandes cités (Arras, Bruges, Douai, etc.) obtiennent des chartes d'affranchissement. **1297 :** Philippe le Bel fait occuper la Flandre. **1302 :** les troupes royales sont vaincues par les milices communales à Courtrai.

Déclin et renouveau. 1384 : le duc de Bourgogne Philippe le Hardi hérite du comté. **1477 :** après la mort de Charles le Téméraire, le pays devient un domaine des Habsbourg d'Autriche, puis d'Espagne. **XVIIe s. :** un certain nombre de villes sont annexées par Louis XIV. **1713 :** l'ancienne Flandre espagnole est transférée à l'Autriche. **1794 :** la Flandre est annexée par la France. **XIXe s. :** province des Pays-Bas (1815) puis de la Belgique (1830), la Flandre connaît un puissant réveil industriel et culturel. **1898 :** le néerlandais est reconnu langue officielle de la Belgique au même titre que le français. **1970 :** la Flandre devient une région partiellement autonome. **1993 :** elle devient l'une des trois Régions de l'État fédéral de Belgique.

FLANDRE ou **RÉGION FLAMANDE,** Région néerlandophone de la Belgique ; 13 523 km^2 ; 6 381 859 hab. *(Flamands)* ; 5 prov. *(Anvers, Brabant flamand, Flandre-Occidentale, Flandre-Orientale, Limbourg).*

FLANDRE-OCCIDENTALE, prov. de Belgique, correspondant à la partie nord-ouest de la Flandre, sur la mer du Nord ; 3 134 km^2 ; 1 173 019 hab. ; ch.-l. *Bruges* ; 8 arrond. *(Bruges, Courtrai, Dixmude, Furnes, Ostende, Roulers, Tielt, Ypres)* ; 64 comm.

▲ Le Maître de **Flémalle.** *La Nativité*, huile sur bois, v. 1425. (Musée des Beaux-Arts, Dijon.)

FLANDRE-ORIENTALE, prov. de Belgique, traversée par l'Escaut ; 2 982 km^2 ; 1 460 944 hab. ; ch.-l. *Gand* ; 6 arrond. *(Alost, Audenarde, Eeklo, Gand, Saint-Nicolas, Termonde)* ; 65 comm.

FLANDRIN (Hippolyte), *Lyon 1809 - Rome 1864*, peintre français. Élève d'Ingres, il est l'auteur de peintures murales religieuses (église St-Germain-des-Prés, Paris) et de portraits.

FLATTERS (Paul), *Paris 1832 - Bir el-Gharama 1881*, officier français. Chef de deux missions destinées à reconnaître le tracé d'un chemin de fer transsaharien (1880 - 1881), il fut tué lors de la seconde par les Touareg.

FLAUBERT (Gustave), *Rouen 1821 - Croisset, près de Rouen, 1880*, écrivain français. Son œuvre, qui s'imposa par un succès de scandale (*Madame* Bovary*, 1857), compose, dans son double parti pris de réalisme désenchanté et d'extrême rigueur stylistique, une tentative pour dominer à la fois la bêtise d'une époque bourgeoise qu'il exécra et la tentation romantique qui ne cessa de l'obséder (*Salammbô*, 1862 ; *l'Éducation sentimentale*, 1869 ; *la Tentation de saint Antoine*, 1874 ; *Trois* Contes* ; *Bouvard* et Pécuchet*).

▲ **Flaubert** par E. Giraud. (Château de Versailles.)

FLAVIEN (saint), *v. 390 - v. 449*, patriarche de Constantinople (446 - 449). Adversaire d'Eutychès, il fut déposé et exilé à l'instigation de celui-ci.

FLAVIENS, dynastie romaine qui gouverna l'Empire de 69 à 96 avec Vespasien, Titus et Domitien.

FLAVIN (Dan), *New York 1933 - Riverhead, État de New York, 1996*, artiste américain. Figure majeure de l'art minimal, il interroge la perception de l'espace par des assemblages de tubes fluorescents inspirés du constructivisme (*la Diagonale de l'extase personnelle*, 1963 ; illumination de la Hamburger Bahnhof [musée d'Art contemporain], à Berlin, 1996).

FLAVIUS JOSÈPHE, *Jérusalem v. 37 apr. J.-C. - apr. 100*, historien juif. Commandant de la Galilée durant la guerre contre les Romains, il finit par s'installer à Rome, où il rédigea *la Guerre des Juifs* et *les Antiquités judaïques.*

FLAXMAN (John), *York 1755 - Londres 1826*, sculpteur et dessinateur britannique. Néoclassique, il a fourni des modèles à la manufacture de porcelaine de Wedgwood, illustré *l'Iliade* et *l'Odyssée* de dessins linéaires (v. 1690, à Rome) et exécuté de nombreux monuments, tel celui à Nelson (St Paul de Londres).

FLAYOSC (83780), bur. centr. de cant. du Var ; 4 442 hab. *(Flayoscais).*

FLÈCHE (La) [72200], ch.-l. d'arrond. de la Sarthe, sur le Loir ; 16 256 hab. *(Fléchois).* Emballage. – Prytanée militaire (1808) installé dans l'anc. collège des jésuites fondé par Henri IV (chapelle de 1607-1622).

FLÉCHIER (Esprit), *Pernes-les-Fontaines 1632 - Nîmes 1710*, prédicateur et prélat français. Évêque de Nîmes, il est l'auteur des *Mémoires sur les Grands Jours d'Auvergne* et d'oraisons funèbres, dont celle de Turenne (1676). [Acad. fr.]

FLÉMALLE, comm. de Belgique (prov. de Liège) ; 25 781 hab. Port fluvial. Métallurgie.

FLÉMALLE (Maître de), *1er tiers du XVe s.*, nom de commodité donné à un peintre des Pays-Bas du Sud auquel sont attribués divers panneaux religieux conservés à Francfort, New York, Londres, Dijon (*la Nativité*). L'ampleur novatrice du style, la vigueur de l'expression réaliste caractérisent cet artiste, que l'on tend à identifier à **Robert Campin,** maître à Tournai en 1406 et m. en 1444.

FLEMING (sir Alexander), *Darvel, Ayrshire, 1881 - Londres 1955*, médecin britannique. Il découvrit la pénicilline en 1928. (Prix Nobel 1945.)

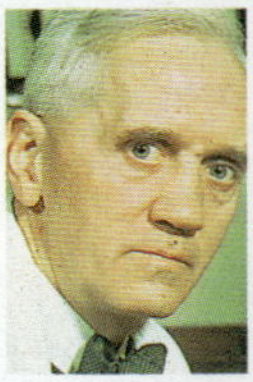

Sir Alexander **Fleming.** ► (Imperial War Museum, Londres.)

FLEMING (sir John Ambrose), *Lancaster 1849 - Sidmouth 1945*, ingénieur britannique. Il est l'inventeur de la diode (1904).

FLEMING (Renée), *Indiana, Pennsylvanie, 1959*, soprano américaine. Après ses premiers grands rôles dans les opéras de Mozart, elle a étendu son répertoire à Rossini, Cherubini, Verdi, R. Strauss et Massenet, dont elle est l'une des interprètes les plus remarquables.

FLEMING (Victor), *Pasadena, Californie, 1883 - Phoenix, Arizona, 1949*, cinéaste américain. Réalisateur du film à succès *Autant en emporte le vent* (1939), il fut aussi l'auteur de *l'Île au trésor* (1934) et du *Magicien d'Oz* (1939).

FLENSBURG, v. d'Allemagne (Schleswig-Holstein), sur la Baltique ; 82 258 hab. Port. – Vieil ensemble monumental ; musées.

FLÉRON, comm. de Belgique (prov. de Liège) ; 16 329 hab.

FLERS [flɛr] (61100), bur. centr. de cant. de l'Orne ; 15 272 hab. *(Flériens).* Industrie automobile. Agroalimentaire. – Château des XVIe-XVIIIe s. (musée).

FLERS-EN-ESCREBIEUX [flɛrs-] (59128), comm. du Nord ; 5 941 hab. Imprimerie nationale.

FLESSEL-COLOVIĆ (Laura), *Pointe-à-Pitre 1971*, escrimeuse française. Première et double championne olympique à l'épée (en individuel et par équipe) en 1996, elle a aussi remporté six titres de championne du monde (dont deux en individuel : 1998, 1999) et un de championne d'Europe (2007). Elle a été ministre des Sports (2017 - 2018) dans le gouvernement de É. Philippe.

FLESSELLES (Jacques de), *Paris 1721 - id. 1789*, prévôt des marchands de Paris, massacré par le peuple le jour de la prise de la Bastille.

FLESSINGUE, en néerl. **Vlissingen,** v. des Pays-Bas (Zélande) ; 45 199 hab. Port et centre industriel (chantiers navals, raffinerie de pétrole, chimie). Station balnéaire.

FLETCHER (John), *Rye, Sussex, 1579 - Londres 1625*, auteur dramatique anglais. Seul ou avec F. Beaumont, puis notamm. P. Massinger, il a écrit de nombreuses pièces qui firent de lui un rival, souvent heureux, de Shakespeare (*la Bergère fidèle*).

FLEURANCE (32500), bur. centr. de cant. du Gers ; 6 307 hab. *(Fleurantins).* Produits d'hygiène et de beauté. – Église des XIVe-XVIe s. (vitraux).

FLEURUS [flørys], comm. de Belgique (Hainaut), près de la Sambre ; 22 666 hab. — bataille de **Fleurus** (26 juin 1794), victoire de l'armée de Sambre-et-Meuse commandée par Jourdan sur les troupes anglo-hollandaises.

FLEURY (André Hercule, cardinal de), *Lodève 1653 - Issy-les-Moulineaux 1743*, prélat et homme d'État français. Aumônier de la reine (1675) puis du roi (1678), évêque de Fréjus (1698), précepteur de Louis XV (1716), ministre d'État (1726) et cardinal la même année, il gouverna avec autorité, restaura les finances et apaisa la querelle janséniste. Il fut entraîné dans la guerre de la Succession de Pologne (1733) et dans celle de la Succession d'Autriche (1740). [Acad. fr.]

FLEURY (Claude), *Paris 1640 - id. 1723*, prêtre français. Confesseur de Louis XV et auteur d'une *Histoire ecclésiastique*. (Acad. fr.)

FLEURY-LES-AUBRAIS (45400), bur. centr. de cant. du Loiret, banlieue nord d'Orléans ; 21 371 hab. *(Fleuryssois)*. Nœud ferroviaire. Matériel agricole.

FLEURY-MÉROGIS (91700), comm. de l'Essonne ; 10 214 hab. *(Floriacumois)*. Prison.

FLEVOLAND, prov. des Pays-Bas ; 398 441 hab. ; ch.-l. *Lelystad*.

FLIMS, en romanche **Flem,** comm. de Suisse (Grisons), au pied du *Flimserstein* ; 2 660 hab. Station de sports d'hiver (alt. 1 150 - 2 800 m).

FLINS-SUR-SEINE (78410), comm. des Yvelines ; 2 388 hab. *(Flinois)*. Industrie automobile.

FLINT, v. des États-Unis (Michigan), près de Détroit ; 99 002 hab. Industrie automobile.

FLIXECOURT (80420), bur. centr. de cant. de la Somme ; 3 272 hab. *(Flixecourtois)*. Agroalimentaire.

FLN (Front de libération nationale), mouvement nationaliste, puis parti politique algérien. Formé en 1954, il encadra l'insurrection algérienne pendant la guerre d'Algérie (1954 - 1962) avant de constituer une composante majeure de la vie politique de ce pays (parti unique de 1963 à 1989).

FLODOARD, *Épernay 894 - Reims 966*, chroniqueur et hagiographe français. Il est l'auteur d'une *Histoire de l'église de Reims* et d'*Annales*.

FLOIRAC (33270), comm. de la Gironde, banlieue de Bordeaux ; 17 142 hab. *(Floiracais)*.

FLON (Suzanne), *Le Kremlin-Bicêtre 1918 - Paris 2005*, comédienne française. Venue au théâtre en incarnant de jeunes héroïnes révoltées *(Le mal court, l'Alouette)*, elle ne quitta jamais la scène *(Léopold le bien-aimé, la Chambre d'amis)*. Au cinéma, elle campa avec une grâce fragile des personnages populaires (*Moulin Rouge*, J. Huston, 1952 ; *le Procès*, O. Welles, 1962 ; *l'Été meurtrier*, Jean Becker, 1983 ; *les Enfants du marais*, id., 1999).

FLOQUET (Charles), *Saint-Jean-Pied-de-Port 1828 - Paris 1896*, homme politique français. Président du Conseil (1888), il combattit le boulangisme.

FLORAC-TROIS-RIVIÈRES (48400), ch.-l. d'arrond. du sud de la Lozère ; 2 136 hab. *(Floracois)*. Château (XVIIe s.).

FLORANGE (57190), comm. de la Moselle ; 12 023 hab. *(Florangeois)*. Métallurgie.

FLORE, déesse italique des Fleurs et des Jardins. On célébrait en son honneur les *floralies*.

FLORENCE, en ital. **Firenze,** v. d'Italie, cap. de la Toscane et ch.-l. de prov., sur l'Arno ; 355 342 hab. *(Florentins)* [778 000 hab. dans l'agglomération]. Grand centre touristique. – Dès le XIIIe s., Florence fut une des villes les plus actives de l'Italie ; en 1406, elle conquit Pise et devint une puissance maritime ; la compagnie des Médicis domina la ville du XIVe au XVIIe s. Le *concile de Florence* (1439 - 1443) continua les travaux des conciles de Bâle et de Ferrare sur l'union avec les Grecs. En 1569, Florence devint la capitale du grand-duché de Toscane puis, de 1865 à 1870, celle du royaume d'Italie. – La ville est célèbre par son école de peinture et de sculpture, particulièrement novatrice du XIVe au XVIe s. (de Giotto à Michel-Ange), ses palais (Palazzo Vecchio, palais Médicis, Strozzi, Pitti, etc.), ses églises (cathédrale S. Maria del Fiore, S. Croce, S. Maria Novella, Orsammichele, S. Lorenzo…), ses couvents (S. Marco), possédant de nombreuses œuvres d'art, ses bibliothèques, ses riches musées (Offices*, Bargello*, Pitti*, galerie de l'Académie, Musée archéologique).

FLORENNES, comm. de Belgique (prov. de Namur), au S.-E. de Charleroi ; 11 181 hab.

FLORENSAC (34510), comm. de l'Hérault ; 5 035 hab. *(Florensacois)*. Vins.

FLORES, île de l'Indonésie, séparée de Célèbes par la *mer de Flores*. En 2003, on y a découvert les restes fossiles d'un très petit (env. 1 m) hominidé : *Homo floresiensis*, cousin d'*Homo sapiens*.

FLOREY (baron Howard), *Adélaïde, Australie, 1898 - Oxford 1968*, médecin britannique. Il partagea le prix Nobel en 1945 avec Chain et Fleming pour ses travaux sur la fabrication de la pénicilline.

FLORIAN (Jean-Pierre **Claris de**), *Sauve 1755 - Sceaux 1794*, écrivain français. Il est l'auteur de *Fables*, de chansons *(Plaisir d'amour)*, de pastorales et de comédies pour le Théâtre-Italien. (Acad. fr.)

FLORIANÓPOLIS, v. du Brésil, cap. de l'État de Santa Catarina ; 404 224 hab. (1 010 091 hab. dans l'agglomération). Monuments anciens.

FLORIDABLANCA (José Moñino, comte **de**), *Murcie 1728 - Séville 1808*, homme d'État espagnol. Premier ministre de Charles III puis de Charles IV (1777 - 1792), il se montra partisan du despotisme éclairé.

FLORIDE, État du sud-est des États-Unis ; 20 984 400 hab. ; cap. *Tallahassee* ; v. princ. *Miami*. La Floride est formée par une péninsule séparée de Cuba par le *détroit de Floride*. Agrumes. Phosphates. Tourisme (Miami, Palm Beach, parc des Everglades). – Découverte en 1513 par les Espagnols, la Floride fut achetée en 1819 par les États-Unis et devint État de l'Union en 1845.

FLORIOT (René), *Paris 1902 - Neuilly 1975*, avocat français. Il acquit sa notoriété lors de grands procès criminels (Petiot, Jaccoud).

FLORIS DE VRIENDT (Cornelis), *Anvers 1514 - id. 1575*, architecte et sculpteur flamand. Averti de l'art italien, il est l'auteur notamm. de l'hôtel de ville d'Anvers (1561) et du jubé de la cathédrale de Tournai (v. 1570). — **Frans F. de Vriendt,** *Anvers v. 1516/1520 - id. 1570*, peintre flamand, frère de Cornelis. Admirateur de Michel-Ange, il fut un chef de file de la peinture romaniste.

FLORY (Paul John), *Sterling, Illinois, 1910 - Big Sur, Californie, 1985*, chimiste américain. Ses travaux ont porté sur les macromolécules entrant dans la fabrication des plastiques. (Prix Nobel 1974.)

Flossenbürg (camp de), camp de concentration allemand (1938 - 1945), situé à Flossenbürg, près de la frontière tchèque.

FLOTE ou **FLOTTE** (Pierre), *en Dauphiné ? - Courtrai 1302*, légiste français. Chancelier de Philippe le Bel, il s'opposa au pape Boniface VIII.

FLOURENS (Pierre), *Maureilhan 1794 - Montgeron 1867*, physiologiste français, auteur de travaux sur le système nerveux. (Acad. fr.)

FLOURNOY (Théodore), *Genève 1854 - id. 1920*, philosophe et psychologue suisse. Il a prouvé que certains phénomènes de médiumnité spirite sont des productions de l'inconscient.

Flushing Meadow Park, site des championnats internationaux de tennis des États-Unis, à New York (Queens).

▲ **Florence.** Au centre, la cathédrale S. Maria del Fiore (XIVe-XVe s., dôme de Brunelleschi).

Fluxus, mouvement artistique qui s'est développé aux États-Unis et en Europe à partir des années 1960. En liaison avec le courant du happening, opposant à la sacralisation de l'art un esprit de contestation ludique, il s'est manifesté par des concerts (avec J. Cage, T. Riley…), des environnements, des interventions variées. Citons notamm. les Américains George Maciunas *(1931 - 1978)*, George Brecht *(1926 - 2008)*, Dick Higgins *(1938 - 1998)* et N. J. Paik, les Allemands J. Beuys et Wolf Vostell *(1932 - 1998)*, et les Français Robert Filliou *(1926 - 1987)* et Benjamin Vautier, dit Ben.

FLYNN (Errol), *Hobart, Tasmanie, 1909 - Los Angeles 1959*, acteur américain. Il tint surtout des rôles d'aventurier, notamm. dans les films de M. Curtiz (*Capitaine Blood*, 1935) et de R. Walsh (*Gentleman Jim*, 1942).

FMI (Fonds monétaire international), organisme international de coopération monétaire et financière. Créé en 1945 en application des accords de Bretton Woods (1944), le FMI a pour objectif principal de maintenir la stabilité du système monétaire international (avec, en vue, une croissance économique durable, une amélioration des niveaux de vie et une réduction de la pauvreté) et de prévenir et gérer les crises susceptibles d'affecter ce système. Il examine les politiques économiques des pays et l'évolution de l'économie à l'échelle nationale, régionale et mondiale (mission de surveillance), prodigue des conseils et gère l'octroi de crédits aux pays en difficulté. Siégeant à Washington, il regroupe auj. 189 États.

FN → **RASSEMBLEMENT NATIONAL.**

FNSEA (Fédération nationale des syndicats d'exploitants agricoles), organisation syndicale française. Constituée en 1946, elle a pour objectif de représenter et de défendre les intérêts de la profession agricole. L'organisation Jeunes Agriculteurs (anc. Centre national des jeunes agriculteurs, ou CNJA) lui est rattachée organiquement, bien que juridiquement autonome.

FO (Force ouvrière), appellation courante de la Confédération générale du travail-Force ouvrière, issue d'une scission de la CGT en 1948, dont Léon Jouhaux fut à l'origine. Secrétaires généraux : Robert Bothereau (1954 - 1963), André Bergeron (1963 - 1989), Marc Blondel (1989 - 2004), Jean-Claude Mailly (2004 - 2018), Pascal Pavageau (2018), Yves Veyrier (depuis 2018).

FO (Dario), *Sangiano, Varèse, 1926 - Milan 2016*, homme de théâtre et écrivain italien. Il écrivit et interpréta un théâtre comique et engagé, inspiré de la culture médiévale et des formes de spectacle populaire (*Mystère Bouffe*, 1969 ; *Mort accidentelle d'un anarchiste*, 1970 ; *Faut pas payer !*, 1974). [Prix Nobel 1997.]

FOCH (Ferdinand), *Tarbes 1851 - Paris 1929*, maréchal de France. Il commanda l'École de guerre (1907), se distingua pendant la Première Guerre mondiale à la Marne et dans les Flandres (1914), dirigea la bataille de la Somme (1916), puis commanda en chef les troupes alliées (1918), qu'il conduisit à la victoire. Maréchal de France en 1918, il se vit confier la même dignité par la Grande-Bretagne et la Pologne. (Acad. fr.)

▲ Le maréchal **Foch** en 1919 par Calderé. (Musée de l'Armée, Paris.)

FOCILLON (Henri), *Dijon 1881 - New Haven 1943*, historien de l'art français. Son enseignement et ses écrits (*l'Art des sculpteurs romans*, 1931 ; *Vie des formes*, 1934 ; *Art d'Occident*, 1938 ; etc.) ont exercé une grande influence.

FOGAZZARO (Antonio), *Vicence 1842 - id. 1911*, écrivain italien. Ses romans *(Petit Monde d'autrefois, le Saint)* et ses poèmes d'inspiration catholique oscillent entre le mysticisme et l'attirance pour la sensualité.

FOGGIA, v. d'Italie (Pouilles), ch.-l. de prov. ; 146 904 hab. Cathédrale des XIIe-XVIIIe s.

FOIX (09000), ch.-l. du dép. de l'Ariège, sur l'Ariège, à 761 km au S. de Paris ; 10 213 hab. *(Fuxéens)*. Château fort (musée de l'Ariège).

FOIX (comté de), ancien fief qui correspond approximativement au dép. de l'Ariège. Ch.-l. *Foix*. Érigé au début du XIe s., il fut réuni à la Couronne en 1607 par le dernier comte de Foix, Henri IV.

FOKINE (Michel), *Saint-Pétersbourg 1880 - New York 1942*, danseur et chorégraphe russe. Il fut le collaborateur de Diaghilev, pour qui il créa ses chefs-d'œuvre (*le Spectre de la rose*, 1911 ; *Petrouchka*, id.), et fit évoluer le ballet classique vers le néoclassicisme, en favorisant l'expressivité.

▲ Michel **Fokine** dans *Schéhérazade* (1910).

FOKKER (Anthony), *Kediri, Java, 1890 - New York 1939*, aviateur et constructeur d'avions néerlandais. Il créa l'une des firmes les plus importantes de l'industrie aéronautique allemande, réalisant notamm. des avions de chasse réputés. Après la Première Guerre mondiale, il implanta ses usines aux Pays-Bas, puis aux États-Unis et réalisa de nombreux avions commerciaux.

FOLENGO (Teofilo), connu aussi sous le nom de Merlin **Cocai**, *Mantoue 1491 - Bassano 1544*, poète italien, auteur de poésies macaroniques (*Baldus*).

FOLGOËT (Le) [29260], comm. du Finistère ; 3 233 hab. (*Folgoatiens*). Belle église de style gothique flamboyant (XVe s.). Pardon. Musée de la Basilique et de la Piété populaire.

FOLKESTONE, v. de Grande-Bretagne (Angleterre) ; 45 273 hab. Port de voyageurs sur le pas de Calais. Station balnéaire. À proximité, terminal du tunnel sous la Manche.

FOLLAIN (Jean), *Canisy 1903 - Paris 1971*, écrivain français. Ses poèmes (*Usage du temps*, 1943 ; *Chef-lieu*, 1950 ; *Espaces d'instant*, 1971) et ses proses, imprégnés d'un mysticisme personnel, évoquent le réel quotidien et la vivante présence des choses, ainsi que la beauté lumineuse du pays normand.

FOLLEREAU (Raoul), *Nevers 1903 - Paris 1977*, journaliste et avocat français, fondateur, en 1966, de la Fédération internationale des associations de lutte contre la lèpre.

FOLON (Jean-Michel), *Uccle 1934 - Monaco 2005*, artiste belge. Son univers graphique et plastique (aquarelle, affiche, film...), au chromatisme délicat, prend pour ressorts principaux l'absurde et la menace d'un monde déshumanisé. Fondation à La Hulpe (Brabant wallon).

FOLSCHVILLER [fɔlʃvilɛr] (57730), comm. de la Moselle ; 4 152 hab. Anc. centre houiller.

FON, peuple du sud du Bénin (env. 3 millions). Ils créèrent au XVIIe s. le royaume de Dahomey, ou Dan Homé. Ils parlent une langue kwa.

FONCK (René), *Saulcy-sur-Meurthe 1894 - Paris 1953*, officier aviateur français. Il fut le premier as français de la Première Guerre mondiale (75 victoires homologuées).

FONDA (Henry), *Grand Island, Nebraska, 1905 - Los Angeles 1982*, acteur américain. Personnification de l'homme fort et intègre, il joua notamm. avec F. Lang (*J'ai le droit de vivre*, 1937) et J. Ford (*les Raisins de la colère*, 1940).

FONDETTES (37230), comm. d'Indre-et-Loire ; 10 954 hab. (*Fondettois*). Châteaux du XVe et du XIXe s. Prieuré du XIIe s.

Fonds monétaire international → **FMI.**

FONSECA (golfe de), golfe formé par le Pacifique, sur les côtes du Salvador, du Honduras et du Nicaragua.

FONSECA (Pedro da), *Cortiçada, près de Crato, 1528 - Lisbonne 1599*, philosophe portugais. Jésuite, auteur de *Commentaires* d'Aristote, il conçut la doctrine de la « science moyenne », conciliant libre arbitre humain et prédestination divine, qui fut reprise par Molina.

FONTAINE (38600), bur. centr. de cant. de l'Isère ; 22 789 hab. (*Fontainois*).

FONTAINE (Just), *Marrakech 1933*, footballeur français. Avant-centre, champion de France avec l'OGC Nice (1956) et le Stade de Reims (1958, 1960, 1962), vainqueur de la Coupe de France avec ces mêmes clubs (respectivement en 1954 et 1958), il a été le meilleur buteur de la Coupe du monde en 1958 (13 buts, record à ce jour inégalé du nombre de buts marqués en une seule Coupe du monde).

FONTAINE (Pierre), *Pontoise 1762 - Paris 1853*, architecte français. Il fut en faveur à la cour de Napoléon Ier (associé avec Percier), sous la Restauration et sous Louis-Philippe. On lui doit à Paris l'ouverture de la rue de Rivoli, l'arc de triomphe du Carrousel, la Chapelle expiatoire.

FONTAINEBLEAU (77300), ch.-l. d'arrond. de Seine-et-Marne ; 15 529 hab. (*Bellifontains*). Tradition équestre (stade équestre du Grand Parquet, hippodrome de la Solle...). – Château royal d'origine médiévale reconstruit à partir de 1528 pour François Ier, qui en fit le centre de son mécénat, puis augmenté depuis Henri II jusqu'au second Empire ; beaux décors Renaissance ; musées, dont le musée Napoléon Ier. – Napoléon Ier y signa sa première abdication (1814). — forêt de **Fontainebleau,** grande forêt de chênes, de hêtres et de résineux (17 000 ha).

Fontainebleau (école de), ensemble d'artistes actifs en France au XVIe s. Animée par les Italiens que François Ier fit venir à partir de 1530 pour décorer le château de Fontainebleau (Rosso, Primatice, N. dell'Abate...), cette école influença de nombreux Français, tels J. Goujon, les Cousin, A. Caron. – Une seconde école se situe sous le règne d'Henri IV, avec les peintres Ambrosius Bosschaert, dit Ambroise Dubois (d'Anvers), Toussaint Dubreuil et Martin Fréminet.

FONTAINE-LÈS-DIJON (21121), bur. centr. de cant. de la Côte-d'Or ; 9 065 hab. (*Fontenois* ou *Fontainois*). Pharmacie. – Église de la fin du XIVe s.

FONTAINE-L'ÉVÊQUE, v. de Belgique (Hainaut) ; 17 395 hab. Église et château (auj. hôtel de ville), tous deux des XIIIe-XVIe s.

FONTANA (Carlo), *Brusata 1634 - Rome 1714*, architecte originaire du Tessin. Assistant de Bernin, à Rome, pendant dix ans, il prolongea l'art de celui-ci en l'infléchissant dans un sens classique. Il fut un maître influent.

FONTANA (Domenico), *Melide 1543 - Naples 1607*, architecte originaire du Tessin. Appelé à Rome, il construisit notamm. le palais du Latran (1587) mais fut surtout le grand ordonnateur d'un renouveau urbaniste.

FONTANA (Lucio), *Rosario, Argentine, 1899 - Comabbio, prov. de Varèse, 1968*, peintre, sculpteur et théoricien italien. Non-figuratif, il a influencé l'avant-garde européenne par ses œuvres des années 1950 et 1960, toutes intitulées *Concept spatial* (monochromes ponctués de perforations, lacérés, évidés, sculptures informelles).

FONTANE (Theodor), *Neuruppin, Brandebourg, 1819 - Berlin 1898*, écrivain allemand. Ses romans traitent avec humour des problèmes sociaux (*Madame Jenny Treibel*).

FONTANES (Louis de), *Niort 1757 - Paris 1821*, homme politique et écrivain français. Il fut grand maître de l'Université sous l'Empire (1808). [Acad. fr.]

FONTARABIE, en esp. **Fuenterrabía,** v. d'Espagne (Pays basque), sur la Bidassoa, en face d'Hendaye ; 16 391 hab.

FONT-DE-GAUME, site de la comm. des Eyzies-de-Tayac-Sireuil (Dordogne). Grotte ornée d'un remarquable ensemble de peintures et gravures du magdalénien supérieur.

FONTENAY, hameau de la Côte-d'Or (comm. de Marmagne), près de Montbard. Anc. abbaye, fondée par saint Bernard en 1119. C'est un des exemples les plus complets de l'architecture cistercienne (église couverte en berceau brisé, cloître aux arcades géminées, salle capitulaire, etc.).

FONTENAY-AUX-ROSES (92260), comm. des Hauts-de-Seine ; 24 238 hab. (*Fontenaisiens*). Pôle de recherche et d'innovation pour l'imagerie et les technologies biomédicales.

FONTENAY-LE-COMTE (85200), ch.-l. d'arrond. de la Vendée, sur la Vendée ; 14 317 hab. (*Fontenaisiens*). Constructions mécaniques. – Église Notre-Dame (XVe - XVIe s.), autres monuments et demeures anciennes ; château de Terre-Neuve (fin XVIe et XIXe s.) ; Musée vendéen.

FONTENAY-LE-FLEURY (78330), comm. des Yvelines, près de Versailles ; 13 513 hab. (*Fontenaysiens*).

FONTENAY-SOUS-BOIS (94120), bur. centr. de cant. du Val-de-Marne, à l'E. de Paris ; 54 249 hab. (*Fontenaysiens*). Industries et services bancaires.

FONTENAY-TRÉSIGNY (77610), bur. centr. de cant. de Seine-et-Marne ; 5 434 hab. (*Trésifontains*).

FONTENELLE (Bernard **Le Bovier de**), *Rouen 1657 - Paris 1757*, écrivain français. Neveu de Corneille, il dut sa célébrité à ses traités de vulgarisation scientifique, qui annoncent l'esprit philosophique du XVIIIe s. (*Entretiens sur la pluralité des mondes*). [Acad. fr.]

Fontenoy (bataille de) [11 mai 1745], bataille de la guerre de la Succession d'Autriche, à Fontenoy (au S.-E. de Tournai). Victoire des Français, commandés par le maréchal de Saxe et en présence de Louis XV, sur les troupes anglo-hollandaises. Cette victoire préluda à la conquête des Pays-Bas par les Français.

FONTEVRAUD-L'ABBAYE (49590), comm. de Maine-et-Loire ; 1 558 hab. (*Fontevristes*). Une abbaye double (hommes, femmes), dont la direction était confiée à une abbesse, y fut fondée en 1101 par Robert d'Arbrissel. – L'ensemble monastique est en grande partie conservé : église romane à quatre coupoles (gisants des Plantagenêts), cloître gothique et Renaissance, cuisines monumentales de la seconde moitié du XIIe s.

FONTEYN (Margaret **Hookham**, dame Margot), *Reigate, Surrey, 1919 - Panama 1991*, danseuse britannique. Elle créa la plupart des œuvres que F. Ashton composa pour elle (*Symphonic Variations*, 1946 ; *Ondine*, 1958) et fut une interprète d'exception du répertoire classique (*Giselle*, *la Belle au bois dormant*, *le Lac des cygnes*).

Fontfroide, anc. abbaye bénédictine puis cistercienne fondée à la fin du XIe s. sur le versant nord des Corbières (Aude), au S.-O. de Narbonne. Église romane (XIIe s.), cloître gothique (XIIIe s.) et autres bâtiments, restaurés. – Festival de musique.

▲ **Fontainebleau.** La cour du Cheval-Blanc ou « des Adieux » du château (édifiée sous François Ier, remaniée ultérieurement).

FONT-ROMEU-ODEILLO-VIA (66120), comm. des Pyrénées-Orientales, à 1 800 m d'alt. ; 2 177 hab. *(Romeufontains)*. Centre touristique. Lycée climatique. Centre d'entraînement sportif en altitude. Four et centrale solaires à Odeillo.

FONTVIEILLE (13990), comm. des Bouches-du-Rhône ; 3 732 hab. *(Fontvieillois)*. Moulin dit « d'Alphonse Daudet ». Carrières de pierre de taille.

FONVIZINE (Denis Ivanovitch), *Moscou 1745 - Saint-Pétersbourg 1792*, auteur dramatique russe. Il est à l'origine du théâtre russe (*le Mineur*, 1782).

FOOTIT (Tudor **Hall**, dit George), *Manchester 1864 - Paris 1921*, artiste de cirque et comédien d'origine britannique. Ce célèbre clown blanc imposa, avec son partenaire cubain Rafael Padilla, dit **Chocolat** *(La Havane 1868 - Bordeaux 1917)*, le principe de dualité entre clown et auguste.

FOPPA (Vincenzo), *Brescia v. 1427 - id. v. 1515*, peintre italien. Premier représentant de la Renaissance lombarde, il manifeste un sentiment naturaliste et une poésie très personnels (fresques de S. Eustorgio, Milan, v. 1467).

FORAIN (Jean-Louis), *Reims 1852 - Paris 1931*, peintre, dessinateur et graveur français, auteur de dessins satiriques mordants et au trait précis.

FORBACH [-bak] (57600), ch.-l. d'arrond. de la Moselle ; 21 994 hab. *(Forbachois)*. Anc. centre houiller. – Défaite française le 6 août 1870 lors de la guerre franco-allemande.

FORBIN (Claude, comte **de**), *Gardanne 1656 - château de Saint-Marcel, près de Marseille, 1733*, marin français. Capitaine de vaisseau puis chef d'escadre sous Louis XIV, il se distingua, lors de la guerre de la ligue d'Augsbourg, aux batailles de Beachy Head (1690) et de Barfleur (1692).

FORCALQUIER (04300), ch.-l. d'arrond. des Alpes-de-Haute-Provence ; 5 082 hab. *(Forcalquiérens)*. Église romane et gothique ; musée.

Force (la), anc. prison de Paris, dans le Marais. Elle fut utilisée pendant la Révolution et fut détruite en 1845.

Force ouvrière → **FO.**

Forces françaises de l'intérieur (FFI), nom donné en 1944 à l'ensemble des formations militaires de la Résistance engagées dans les combats de la Libération.

Forces françaises libres (FFL), ensemble des formations militaires qui, après l'armistice de 1940, continuèrent, sous les ordres du général de Gaulle, à combattre l'Allemagne et l'Italie.

FORCLAZ [-kla] (la), col des Alpes suisses (Valais), entre Chamonix et Martigny ; 1 527 m.

FORD (Gerald), *Omaha 1913 - Rancho Mirage, Californie, 2006*, homme politique américain. Républicain, il fut, après la démission de Nixon, président des États-Unis (1974 - 1977).

FORD (Harrison), *Chicago 1942*, acteur américain. Héros de films d'aventures, notamm. sous la direction de S. Spielberg (*les Aventuriers de l'arche perdue*, 1981, et les *Indiana Jones*, 1984, 1989 et 2008), il manifeste la diversité de ses talents dans *American Graffiti* (1973), *Blade Runner* (1982).

FORD (Henry), *Wayne County, près de Dearborn, 1863 - Dearborn 1947*, industriel américain. Pionnier de l'industrie automobile américaine, il lança la construction en série et imagina la standardisation des pièces composant un ensemble. On lui doit une théorie des hauts salaires ainsi qu'une théorie d'action industrielle, le *fordisme*.

▲ Henry **Ford**

FORD (John), *Ilsington, Devon, 1586 - Devon apr. 1639*, auteur dramatique anglais. Ses tragédies spectaculaires font de lui l'un des plus originaux continuateurs du théâtre élisabéthain (*Dommage qu'elle soit une putain, le Cœur brisé*).

FORD (Sean Aloysius **O'Feeney** ou **O'Fearna**, dit John), *Cape Elizabeth, Maine, 1895 - Palm Desert, Californie, 1973*, cinéaste américain. Il a réalisé plus de cent films, des westerns notamm., exaltant l'héroïsme et la noblesse des humbles : *la Chevauchée fantastique* (1939) ; *les Raisins de la colère* (1940) ; *Le soleil brille pour tout le monde* (1953) ; *Frontière chinoise* (1966).

▲ John **Ford.** *La Chevauchée fantastique* (1939).

FORD (Richard), *Jackson, Mississippi, 1944*, écrivain américain. Ses personnages sans attaches promènent un regard caustique et désenchanté sur la réalité de l'Amérique contemporaine (*Un week-end dans le Michigan*, 1986 ; *Une saison ardente*, 1990 ; *Indépendance*, 1995 ; *Canada*, 2012 ; *Entre eux*, récit autobiographique, 2017).

Foreign Office, ministère britannique des Affaires étrangères.

FOREL (François), *Morges 1841 - id. 1912*, médecin et naturaliste suisse. Fondateur de l'étude scientifique des lacs (limnologie), il a également étudié le mouvement des glaciers. — **Auguste F.,** *La Gracieuse, près de Morges, 1848 - Yvorne 1931*, psychiatre et entomologiste suisse. Cousin de François, il fut un grand spécialiste des fourmis (près de 3 500 genres et espèces décrits).

FOREST [fɔrɛ], en néerl. **Vorst,** comm. de Belgique (Bruxelles-Capitale), banlieue sud de Bruxelles ; 54 024 hab.

FOREST (Fernand), *Clermont-Ferrand 1851 - Monaco 1914*, inventeur français, précurseur de l'automobile par ses travaux sur le moteur à combustion interne. On lui devrait les premiers moteurs à quatre cylindres en ligne (1891).

Forêt d'Orient (parc naturel régional de la), parc naturel (Aube), à l'E. de Troyes ; env. 82 000 ha. Entre la Seine et l'Aube, un grand massif forestier (qui a donné son nom au parc) englobe les lacs d'Orient et du Temple, créés pour atténuer les crues de la Seine.

FORÊT-FOUESNANT [-fwɛnɑ̃] (La) [29940], comm. du Finistère ; 3 410 hab. *(Forestois)*. Station balnéaire. – Église de style flamboyant (XVIᵉ s.).

FORÊT-NOIRE n.f., en all. **Schwarzwald,** massif d'Allemagne, en face des Vosges, dont il est séparé par la plaine du Rhin ; 1 493 m au Feldberg.

FOREZ [-rɛ] n.m., région du Massif central, qui comprend les *monts du Forez*, à l'est de la Dore, et la *plaine*, ou *bassin, du Forez*, traversée par la Loire. Cap. *Feurs*, puis *Montbrison*. Parc naturel régional *(Livradois-Forez)*, couvrant env. 300 000 ha.

FORGES-LES-EAUX (76440), comm. de la Seine-Maritime ; 4 134 hab. *(Forgions)*. Casino.

Forillon (parc national de), parc national du Canada (Québec), dans l'est de la Gaspésie ; env. 245 km².

FORLI, v. d'Italie (Émilie-Romagne), ch.-l. de prov. ; 115 855 hab. Monuments anciens et musées.

FORMAN (Miloš), *Čáslav 1932 - Danbury, Connecticut, 2018*, cinéaste américain d'origine tchèque. Mêlant humour et mélancolie, il réalisa ses premiers films dans son pays natal (*l'As de pique*, 1963 ; *les Amours d'une blonde*, 1965) puis poursuivit sa carrière aux États-Unis (*Taking off*, 1971 ; *Vol au-dessus d'un nid de coucou*, 1975 ; *Amadeus*, 1984 ; *Larry Flynt*, 1996 ; *Man on the Moon*, 2000) et en France (*Valmont*, 1989).

FORMENTERA, île des Baléares, au S. d'Ibiza.

Formigny (bataille de) [1450], bataille de la guerre de Cent Ans. Victoire du connétable de Richemont sur les Anglais, à Formigny (auj. Formigny-la-Bataille, Calvados), qui assurait aux Français la reprise de la Normandie.

FORMOSE → **TAÏWAN.**

FORRESTER (Maureen), *Montréal 1930 - Toronto 2010*, contralto canadienne. Elle s'est illustrée, grâce à un timbre de voix très riche et personnel, dans le lied (Mahler) et l'opéra (de Monteverdi à Menotti).

FORSYTHE (William), *New York 1949*, chorégraphe américain. Directeur du Ballet de Francfort (1984 - 2004), puis de sa propre troupe (The Forsythe Company [Dresden Frankfurt Dance Company depuis 2015]) de 2005 – date de sa création – à 2015, il se fonde sur le langage de la danse classique pour explorer les limites du mouvement des corps (*Artifact*, 1984 ; *Impressing the Czar*, 1988 [incluant *In the Middle, Somewhat Elevated*, créé en 1987] ; *Pas./Parts*, 1999 ; *Three Atmospheric Studies*, 2005 ; *Study # 3*, 2012).

FORT (Paul), *Reims 1872 - domaine d'Argenlieu, comm. de Montlhéry, 1960*, poète français. Ses *Ballades françaises*, simples et familières, chantent la joie de vivre.

FORTALEZA, v. du Brésil, cap. de l'État de Ceará ; 2 315 116 hab. (3 519 526 hab. dans l'agglomération). Port.

FORT-ARCHAMBAULT → **SARH.**

FORT-DE-FRANCE, ch.-l. de la Martinique ; 83 530 hab. *(Foyalais)* [130 822 hab. dans l'agglomération]. Cour d'appel. Siège de la zone de défense et de sécurité Antilles. – Musée départemental (anciennes cultures arawak et caraïbe).

FORT-GOURAUD → **F'DERICK.**

FORTH n.m., fl. de Grande-Bretagne, en Écosse, qui se jette dans le *Firth of Forth* (mer du Nord) ; 186 km.

FORT-LAMY → **NDJAMENA.**

FORT LAUDERDALE, v. des États-Unis (Floride), au N. de Miami, sur l'Atlantique ; 175 013 hab.

FORT MCMURRAY, anc. v. du Canada (Alberta), auj. intégrée dans Wood Buffalo.

FORT-MAHON-PLAGE (80790), comm. de la Somme ; 1 199 hab. Station balnéaire.

FORTON (Louis), *Sées 1879 - Saint-Germain-en-Laye 1934*, dessinateur et scénariste français de bandes dessinées. Avec *les Pieds Nickelés* (1908) puis *Bibi Fricotin* (1924), séries poursuivies après sa mort, il offrit à la bande dessinée française ses premiers héros, anarchistes et débrouillards.

FORTUNAT (saint Venance) → **VENANCE FORTUNAT** (saint).

FORTUNE MYTH. ROM. Divinité du Destin.

FORTUNÉES (îles), anc. nom des îles Canaries.

FORT WAYNE, v. des États-Unis (Indiana) ; 258 522 hab. (416 257 hab. dans l'agglomération).

FORT WORTH, v. des États-Unis (Texas), près de Dallas ; 812 238 hab. (1 702 625 hab. dans l'agglomération). Aéronautique. Exploitation de gaz de schiste. – Musées.

FOS [fɔs] (golfe de), golfe de France (Bouches-du-Rhône), près de Marseille. Ses rives constituent une grande zone industrielle (→ **Fos-sur-Mer**).

FOSCARI (Francesco), *Venise 1373 - id. 1457*, doge de Venise. Doge à partir de 1423, il prit Bergame aux Milanais (1427 - 1428). Sous son règne, son fils Jacopo, accusé de trahison, fut banni.

FOSCOLO (Ugo), *Zante 1778 - Turnham Green, près de Londres, 1827*, écrivain italien. Son œuvre poétique (*les Tombeaux*) et romanesque (*Dernières Lettres de Jacopo Ortis*) mêle sensibilité romantique et patriotisme.

FOSHAN, v. de Chine (Guangdong) ; 768 656 hab. (6 207 756 hab. dans l'agglomération). Temple fondé au Xᵉ s.

FOSSE (Robert Louis, dit Bob), *Chicago 1927 - Washington 1987*, danseur, chorégraphe et cinéaste américain. Spécialiste des claquettes et de la danse jazz, il a fait carrière à Broadway et à Hollywood en mettant en scène et en filmant des comédies musicales (*Sweet Charity, Cabaret, Dancin', All That Jazz*).

FOSSE (Jon), *Haugesund, près de Bergen, 1959*, auteur dramatique norvégien. Développant une esthétique minimaliste, entre intrigue simple, personnages esquissés et dialogues feutrés, il place le spectateur au cœur des tensions humaines (*Quelqu'un va venir*, 1996 ; *Rêve d'automne*, 1999 ; *Variations sur la mort*, 2001 ; *Je suis le vent*, 2007).

FOSSEY (Dian), *San Francisco 1932 - Karisoke, Rwanda, 1985,* éthologiste et primatologue américaine. Elle étudia le comportement social des gorilles de montagne, au Rwanda, et lutta pour leur protection.

FOS-SUR-MER [fɔs-] (13270), comm. des Bouches-du-Rhône, sur le golfe de Fos ; 16 242 hab. Port pétrolier et minéralier. Terminaux méthaniers. Raffinage du pétrole. Chimie. Sidérurgie.

FOSTER (Harold), *Halifax, Nouvelle-Écosse, 1892 - Spring Hill, Floride, 1982,* dessinateur et scénariste américain de bandes dessinées. Il est l'auteur d'un *Tarzan** et de la série *Prince Valiant* (1937).

FOSTER (Norman), lord **Foster of Thames Bank,** *Manchester 1935,* architecte britannique. Il s'est spécialisé dans une architecture métallique à hautes performances (Centre Sainsbury pour les arts visuels, à Norwich, 1974-1978 ; Carré d'art, à Nîmes*, 1984-1993 ; aéroport Chek Lap Kok, à Hongkong, 1992-1998 ; viaduc de Millau, 2001-2004 ; stade de Wembley, 2002-2007). [Prix Pritzker 1999.]

FOUAD Ier → **FUAD Ier.**

FOUCAULD (Charles, vicomte, puis Père **de**), *Strasbourg 1858 - Tamanrasset 1916,* explorateur et missionnaire français. Officier converti et devenu prêtre (1901), il s'installa dans le Sud algérien, puis (1905) à Tamanrasset, où il étudia la langue des Touareg. Il fut tué par des pillards senousis. Son influence a été très grande sur la spiritualité chrétienne du milieu du XXe s. Il a été béatifié en 2005.

◄ Charles de **Foucauld**

FOUCAULT (Léon), *Paris 1819 - id. 1868,* physicien français. Il démontra, grâce au pendule, le mouvement de rotation de la Terre (1851). Il découvrit les courants induits dans les masses métalliques (*courants de Foucault*), détermina la vitesse de la lumière dans différents milieux (1850) et inventa le gyroscope (1852).

◄ Léon **Foucault.** (BnF, Paris.)

FOUCAULT (Michel), *Poitiers 1926 - Paris 1984,* philosophe français. Son analyse des institutions répressives (l'asile, la prison) est étayée par une conception nouvelle de l'histoire, marquée selon lui par des « coupures épistémologiques », et une critique radicale des sciences humaines (*les Mots et les Choses,* 1966).

◄ Michel **Foucault** en 1977.

FOUCHÉ (Joseph), **duc d'Otrante,** *Le Pellerin, près de Nantes, 1759 - Trieste 1820,* homme politique français. Conventionnel montagnard, chargé de mission dans les départements du Centre, il réprima brutalement l'insurrection de Lyon (1793) et mena une politique de déchristianisation et d'action révolutionnaire. Ministre de la Police sous le Directoire, le Consulat puis l'Empire (jusqu'en 1810), il retrouva son poste lors des Cent-Jours et le conserva à la Restauration jusqu'en 1816.

▲ J. **Fouché** par E. L. Dubufe. (Château de Versailles.)

FOUESNANT [fwenɑ̃] (29170), bur. centr. de cant. du Finistère ; 10 008 hab. *(Fouesnantais).* Église en partie romane. – Station balnéaire à Beg-Meil.

FOUGÈRES (35300), ch.-l. d'arrond. d'Ille-et-Vilaine ; 21 064 hab. *(Fougerais).* Composants électroniques. Chaussures. – Château fort des XIIe-XVe s., aux treize tours. Église gothique St-Sulpice.

FOUGEROLLES (70220), comm. de la Haute-Saône ; 3 832 hab. *(Fougerollais).* Eaux-de-vie.

FOUJITA (**Fujita Tsuguharu,** baptisé Léonard), *Tokyo 1886 - Zurich 1968,* peintre et graveur japonais naturalisé français. Il a connu le succès, à Paris, dès 1915, avec une peinture qui allie réalisme et poésie, technique occidentale et souvenirs d'une tradition orientale raffinée.

FOULANI ou **FOULBÉ** → **PEULS.**

FOULD (Achille), *Paris 1800 - Laloubère, Hautes-Pyrénées, 1867,* homme d'affaires et homme politique français. Ministre des Finances (1849 - 1852 et 1861 - 1867), il se montra partisan du libre-échange. Adepte du saint-simonisme, il fonda, avec les frères Pereire, le Crédit mobilier (1852).

FOULLON (Joseph François), *Saumur 1715 - Paris 1789,* administrateur français. Contrôleur des Finances, après Necker, il fut pendu par le peuple après la prise de la Bastille.

FOULQUES ou **FOULQUE,** *v. 840 - 900,* prélat français. Archevêque de Reims (883), il permit l'accession de Charles III le Simple au trône de France et devint son chancelier (898). Baudouin, comte de Flandre, le fit assassiner.

FOULQUES III Nerra ou **le Noir,** *972 - Metz v. 1040,* comte d'Anjou. Il vainquit les Bretons et le comte de Rennes, Conan Ier. — **Foulques IV le Réchin,** *Château-Landon 1043 - Angers 1109,* comte d'Anjou. Compétiteur de Guillaume le Conquérant pour le comté du Maine, il fut quitté par sa femme, Bertrade de Montfort, qui épousa Philippe Ier, roi de France. — **Foulques V le Jeune,** *1095 - dans le royaume de Jérusalem 1143,* comte d'Anjou, roi de Jérusalem (1131 - 1143).

FOULQUES de Neuilly, *m. à Neuilly-sur-Marne en 1202,* prédicateur français. Innocent III lui fit prêcher la 4e croisade (1198).

FOUQUE (Antoinette), *Marseille 1936 - Paris 2014,* psychanalyste, philosophe et femme politique française. Figure emblématique du féminisme – vocable auquel elle préférait celui de *féminologie* –, cofondatrice du MLF (1970), elle mit en avant l'importance de la procréation (*Il y a deux sexes,* 1995 ; *Gravidanza,* 2007). Elle créa la première maison d'édition des femmes (1974).

FOUQUÉ (Ferdinand André), *Mortain, Manche, 1828 - Paris 1904,* géologue français. Il a contribué à dresser un tableau de classification des roches qui est à la base des classements modernes.

FOUQUET (Jean), *Tours v. 1415/1420 - id. entre 1478 et 1481,* peintre français. Il s'initia aux nouveautés de la Renaissance italienne lors d'un séjour prolongé à Rome (v. 1445). La maturité de son style, monumental et sensible, apparaît dans le diptyque, auj. démembré, comprenant *la Vierge* (musée d'Anvers) et *Étienne Chevalier avec saint Étienne* (Berlin), ainsi que dans des miniatures comme celles des *Heures d'É. Chevalier* (av. 1460, Chantilly) ou des *Antiquités judaïques* (v. 1470, BnF). Il est aussi l'auteur des portraits de *Charles VII* et de *Juvénal des Ursins* (Louvre) et, sans doute, de la *Pietà* de l'église de Nouans (Indre-et-Loire).

▲ Jean **Fouquet.** *Étienne Chevalier avec saint Étienne,* volet gauche du *Diptyque de Melun,* v. 1452. (Galerie de peinture de Berlin.)

FOUQUET ou **FOUCQUET** (Nicolas), **vicomte de Vaux,** *Paris 1615 - Pignerol 1680,* homme d'État français. Procureur général au parlement de Paris (1650), puis surintendant général des Finances (1653), il employa son immense fortune au mécénat des artistes et des écrivains (Molière, La Fontaine, Pellisson), construisit le château de Vaux, suscitant ainsi la jalousie de Louis XIV. Colbert établit le dossier qui permit au roi de faire arrêter puis condamner (1664) Fouquet à l'exil, peine qui fut transformée en une détention rigoureuse au fort de Pignerol (auj. dans le Piémont).

FOUQUIER-TINVILLE (Antoine Quentin), *Hérouel, Picardie, 1746 - Paris 1795,* magistrat et homme politique français. Accusateur public du Tribunal révolutionnaire dès 1793, il se montra impitoyable sous la Terreur et fut guillotiné lors de la réaction thermidorienne.

FOURAS (17450), comm. de la Charente-Maritime ; 4 144 hab. *(Fourasins).* Station balnéaire.

FOURASTIÉ (Jean), *Saint-Bénin, Nièvre, 1907 - Douelle, Lot, 1990,* économiste français. Il vit dans le progrès technique le moteur essentiel des progrès économique et social (*le Grand Espoir du XXe siècle,* 1949 ; *les Trente Glorieuses ou la Révolution invisible,* 1979).

FOURCADE (Martin), *Céret 1988,* biathlète français. Avec cinq titres olympiques (deux en 2014, puis trois en 2018), il est le Français le plus titré de l'histoire des JO. Il a aussi remporté onze médailles d'or (dont dix en épreuves individuelles) en championnat du monde de 2011 à 2017.

FOURCHAMBAULT (58600), bur. centr. de cant. de la Nièvre ; 4 430 hab. *(Fourchambaultais).*

FOURCHES CAUDINES → **CAUDINES.**

FOURCROY (Antoine François, comte **de**), *Paris 1755 - id. 1809,* chimiste français. Avec Guyton de Morveau, Berthollet et Lavoisier, il fut l'un des auteurs de la nomenclature chimique rationnelle (1787) et participa à l'organisation de l'enseignement public.

FOUREAU (Fernand), *Saint-Barbant, Haute-Vienne, 1850 - Paris 1914,* explorateur français. Il dirigea avec le commandant Lamy une mission qui partit d'Ouargla (Algérie), traversa le Hoggar et l'Aïr, atteignit le lac Tchad puis remonta le Chari pour rejoindre la mission Gentil.

FOURIER (saint Pierre) → **PIERRE FOURIER.**

FOURIER (Charles), *Besançon 1772 - Paris 1837,* théoricien socialiste français. Il préconisa une organisation sociale fondée sur de petites unités autonomes, les phalanstères*. Il en fit la théorie dans *le Nouveau Monde industriel et sociétaire* (1829) et, à partir de 1832, dans la revue *la Réforme industrielle ou le Phalanstère,* devenue *la Phalange.*

◄ Charles **Fourier** par J. Gigoux. (Musée Granvelle, Besançon.)

FOURIER (Joseph, baron), *Auxerre 1768 - Paris 1830,* mathématicien français. En étudiant la propagation de la chaleur, il découvrit les séries trigonométriques dites « séries de Fourier », puissant instrument mathématique utilisé en physique. (Acad. fr.)

FOURMIES (59610), comm. du Nord, sur l'Helpe Mineure ; 12 626 hab. *(Fourmisiens).* Le 1er mai 1891, la troupe y réprima dans le sang une grève ouvrière. – Musée du Textile et de la Vie sociale.

FOURNAISE (piton de la), volcan actif du sud-est de La Réunion ; 2 631 m.

FOURNEAU (Ernest), *Biarritz 1872 - Paris 1949,* pharmacologue français. Il fut l'un des pionniers de la chimiothérapie et l'auteur de travaux sur les sulfamides et les antipaludéens de synthèse.

FOURNEYRON (Benoît), *Saint-Étienne 1802 - Paris 1867,* ingénieur français. Il réalisa la première turbine hydraulique moderne (1827), utilisée industriellement à partir de 1832.

FOURNIER (Alain-) → **ALAIN-FOURNIER.**

FOURNIER (Pierre), *Paris 1906 - Genève 1986,* violoncelliste français. Il enseigna au Conservatoire de Paris (1941 - 1949) et se fit le défenseur de la musique contemporaine.

FOURONS, en néerl. **Voeren,** comm. de Belgique (Limbourg) ; 4 121 hab. Située au N. de la prov. de Liège et séparée du reste du Limbourg, elle est en majorité francophone. C'est un terrain privilégié de la querelle linguistique entre Wallons et Flamands.

FOURVIÈRE, colline de Lyon, dominant la Saône. Vestiges de Lugdunum (théâtre, odéon) et musée de la Civilisation gallo-romaine. Basilique de pèlerinage Notre-Dame de Fourvière, élevée après 1870 à l'emplacement de sanctuaires antérieurs.

FOUTA-DJALON n.m., massif de Guinée ; 1 515 m.

FOVEAUX (détroit de), détroit de Nouvelle-Zélande, entre l'île du Sud et l'île Stewart.

FOWLER (William Alfred), *Pittsburgh 1911 - Pasadena 1995*, astrophysicien américain. Il a étudié les processus qui permettent la formation, au sein des étoiles, des éléments chimiques plus lourds que l'hydrogène (nucléosynthèse stellaire). [Prix Nobel de physique 1983.]

FOX (Charles), *Londres 1749 - Chiswick 1806*, homme politique britannique. Chef du parti whig et adversaire de Pitt, il tenta en vain de conclure la paix avec Napoléon et prépara l'abolition de la traite des Noirs.

FOX (George), *Drayton 1624 - Londres 1691*, mystique anglais, fondateur des quakers (1652).

FOY ou **FOI** (sainte), *m. à Agen au IIIe s. ?*, vierge et martyre. Son culte fut très populaire au Moyen Âge.

FOY (Maximilien), *Ham 1775 - Paris 1825*, général français. Il couvrit la retraite de l'armée d'Espagne en 1814 et devint député libéral en 1819. Ses obsèques furent l'occasion d'une manifestation contre le régime de Charles X.

FOZ CÔA → **CÔA** (vallée du).

FRA ANGELICO → **ANGELICO.**

FRAC (Fonds régional d'art contemporain), nom, dans les 22 anc. Régions administratives de la France métropolitaine – dont la collectivité territoriale de Corse – et à La Réunion, de l'organisme ayant pour mission l'achat d'œuvres à des artistes contemporains et la gestion de la collection ainsi constituée. Mis en place à partir de 1982, les 23 FRAC disposent de fonds alloués, dans des proportions variables, par la Région et par l'État.

FRACHON (Benoît), *Le Chambon-Feugerolles, Loire, 1893 - Les Bordes, Loiret, 1975*, syndicaliste français. Il joua un rôle déterminant lors des *accords Matignon* puis dans l'organisation de la CGT, dont il fut secrétaire général (1936 - 1939, 1944 - 1967) puis président (1967 - 1975).

Fraction Armée rouge → **Baader** (la bande à).

FRAENKEL (Adolf Abraham), *Munich 1891 - Jérusalem 1965*, mathématicien israélien d'origine allemande. Il a révisé en 1922 l'axiomatisation de la théorie des ensembles, proposée par Zermelo.

▲ **Fragonard.** Figure de fantaisie : *Portrait d'un jeune artiste*, v. 1769. (Louvre, Paris.)

FRAGONARD (Jean Honoré), *Grasse 1732 - Paris 1806*, peintre et graveur français. Il est l'auteur de scènes galantes (série des *Progrès de l'amour*, coll. Frick, New York), de scènes de genre et de portraits où la fougue, la saveur s'allient à la grâce. Un de ses chefs-d'œuvre est *la Fête à Saint-Cloud* (Banque de France, Paris). — **Évariste F.,** *Grasse 1780 - Paris 1850*, fils de Jean Honoré, fut un peintre de style troubadour.

FRAISSE (Paul), *Saint-Étienne 1911 - Châtenay-Malabry 1996*, psychologue français. Il s'est consacré à l'étude du temps (*les Structures rythmiques*, 1956 ; *Psychologie du temps*, 1957).

FRAMERIES, comm. de Belgique (Hainaut) ; 21 568 hab.

FRANCASTEL (Pierre), *Paris 1900 - id. 1970*, historien de l'art français. Professeur de sociologie de l'art, il a étudié la peinture comme système figuratif exprimant de façon autonome, à chaque époque, un certain état de civilisation (*Peinture et société*, 1952 ; *la Réalité figurative*, 1965 ; etc.).

FRANCE n.f., État d'Europe occidentale, baigné à l'ouest par l'Atlantique et au sud par la Méditerranée ; 549 000 km² (France métropolitaine) ; 66 993 000 hab. (64 812 000 hab. en métropole) *[Français]*. **CAP.** *Paris*. **V. PRINC.** *Marseille* et *Lyon*. **LANGUE :** *français*. **MONNAIE :** *euro*. *(V. aussi cartes administratives de la France métropolitaine pages 2030-2033 et cartes de la France d'outre-mer pages 2034-2035.)*

INSTITUTIONS **Constitution.** En 1958, un référendum a approuvé une nouvel e Constitution préparée par le gouvernement du général de Gaulle, entrée en vigueur le 4 oct. 1958 et révisée en 1960 puis, plus fondamentalement à la suite d'un référendum, par la loi du 6 novembre 1962. Par la suite, la Constitution a été modifiée à différentes reprises : en 1963 (sessions parlementaires), en 1974 (saisine du Conseil constitutionnel), en 1976 (remplacement du président de la République), en 1992 (en vue de la ratification

LES DÉPARTEMENTS FRANÇAIS

nom	code	Région
Ain	1	1
Aisne	2	7
Allier	3	1
Alpes-de-Haute-Provence	4	13
Alpes (Hautes-)	5	13
Alpes-Maritimes	6	13
Ardèche	7	1
Ardennes	8	6
Ariège	9	11
Aube	10	6
Aude	11	11
Aveyron	12	11
Belfort (Territoire de)	90	2
Bouches-du-Rhône	13	13
Calvados	14	9
Cantal	15	1
Charente	16	10
Charente-Maritime	17	10
Cher	18	4
Corrèze	19	10
Corse-du-Sud	2A	5
Corse (Haute-)	2B	5
Côte-d'Or	21	2
Côtes-d'Armor	22	3
Creuse	23	10
Dordogne	24	10
Doubs	25	2
Drôme	26	1
Essonne	91	8
Eure	27	9
Eure-et-Loir	28	4
Finistère	29	3
Gard	30	11
Garonne (Haute-)	31	11
Gers	32	11
Gironde	33	10
Hauts-de-Seine	92	8
Hérault	34	11
Ille-et-Vilaine	35	3
Indre	36	4
Indre-et-Loire	37	4
Isère	38	1
Jura	39	2
Landes	40	10
Loir-et-Cher	41	4
Loire	42	1
Loire (Haute-)	43	1
Loire-Atlantique	44	12
Loiret	45	4
Lot	46	11
Lot-et-Garonne	47	10
Lozère	48	11
Maine-et-Loire	49	12

nom	code	Région
Manche	50	9
Marne	51	6
Marne (Haute-)	52	6
Mayenne	53	12
Meurthe-et-Moselle	54	6
Meuse	55	6
Morbihan	56	3
Moselle	57	6
Nièvre	58	2
Nord	59	7
Oise	60	7
Orne	61	9
Paris (Ville de) [collectivité unique]	75	8
Pas-de-Calais	62	7
Puy-de-Dôme	63	1
Pyrénées-Atlantiques	64	10
Pyrénées (Hautes-)	65	11
Pyrénées-Orientales	66	11
Rhin (Bas-)	67	6
Rhin (Haut-)	68	6
Rhône	69	1
Saône (Haute-)	70	2
Saône-et-Loire	71	2
Sarthe	72	12
Savoie	73	1
Savoie (Haute-)	74	1
Seine-Maritime	76	9
Seine-et-Marne	77	8
Seine-Saint-Denis	93	8
Sèvres (Deux-)	79	10
Somme	80	7
Tarn	81	11
Tarn-et-Garonne	82	11
Val-de-Marne	94	8
Val-d'Oise	95	8
Var	83	13
Vaucluse	84	13
Vendée	85	12
Vienne	86	10
Vienne (Haute-)	87	10
Vosges	88	6
Yonne	89	2
Yvelines	78	8
Guadeloupe	971	
Martinique	972	
Guyane	973	
La Réunion	974	
Mayotte	976	

LES RÉGIONS FRANÇAISES

1	Auvergne-Rhône-Alpes
2	Bourgogne-Franche-Comté
3	Bretagne
4	Centre-Val de Loire
5	Corse (collectivité unique)
6	Grand-Est
7	Hauts-de-France
8	Île-de-France
9	Normandie
10	Nouvelle-Aquitaine
11	Occitanie
12	Pays de la Loire
13	Provence-Alpes-Côte d'Azur

La Guadeloupe, la Martinique, la Guyane, La Réunion et Mayotte sont des collectivités territoriales (statut des départements et des Régions [monodépartementales]), avec chacune leurs spécificités.

A B C D E F G H I J K L M N O P Q R S T U V W X Y Z

du traité de Maastricht), en 1993 (réformes du Conseil supérieur de la magistrature et de la Haute Cour de justice [remplacée en 2007 par la Haute Cour] avec création de la Cour de justice de la République ; révision du droit d'asile), en 1995 (session parlementaire unique ; extension du champ du référendum), en 1996 (Sécurité sociale), en 1998 (statut de la Nouvelle-Calédonie), en 1999 (en vue de la ratification du traité d'Amsterdam ; en vue de la ratification du traité créant la Cour pénale internationale ; parité hommes-femmes en politique), en 2000 (réduction du mandat présidentiel de 7 à 5 ans), en 2003 (mandat d'arrêt européen ; décentralisation), en 2005 (en vue de la ratification du traité sur la Constitution européenne ; Charte de l'environnement), en 2007 (composition du corps électoral en Nouvelle-Calédonie ; réforme du statut pénal du président de la République ; inscription de l'abolition de la peine de mort dans la Constitution), en 2008 (en vue de la ratification du traité européen de Lisbonne ; modernisation des institutions).

Le président de la République, élu pour cinq ans au suffrage universel direct, nomme le Premier ministre et, sur la proposition de celui-ci, les membres du gouvernement ; il promulgue les lois et peut soumettre au référendum certains projets de loi (organisation des pouvoirs publics, ratification d'un traité ayant des incidences sur les institutions, réforme de la politique économique et sociale) ; il peut prononcer la dissolution de l'Assemblée nationale ; dans certains cas graves (art. 16), il prend les mesures exigées par les circonstances après consultation du Premier ministre, des présidents des Assemblées et du Conseil constitutionnel. Le gouvernement est responsable devant l'Assemblée nationale. Le Parlement, qui comprend l'Assemblée nationale (élue pour cinq ans au suffrage direct) et le Sénat (élu pour six ans avec renouvellement triennal au suffrage indirect), exerce le pouvoir législatif. La Constitution définit la composition et les pouvoirs du Conseil constitutionnel, du Conseil supérieur de la magistrature, de la Haute Cour, de la Cour de justice de la République et du Conseil économique, social et environnemental.

Administration. Le territoire est divisé en 13 Régions, dont une collectivité unique, la Corse, entre lesquelles sont répartis les 96 départements métropolitains, dont une collectivité unique, la Ville de Paris, et la métropole de Lyon. La République compte également 5 départements et Régions d'outre-mer (la Guadeloupe, La Réunion ; ainsi que Mayotte, la Guyane et la Martinique [sous la forme de collectivités uniques]), 5 collectivités d'outre-mer (la Polynésie française, Saint-Barthélemy, Saint-Martin [partie française], Saint-Pierre-et-Miquelon, Wallis-et-Futuna), les terres Australes et Antarctiques françaises et la Nouvelle-Calédonie. Chaque département est divisé en arrondissements, subdivisés en cantons et en communes. Avant la loi du 2 mars 1982 sur la décentralisation, le préfet était nommé par le gouvernement à la tête du département. Depuis, il n'est plus que le représentant de l'État dans le département.

COURS D'EAU, ÎLES, LACS, SOMMETS FRANÇAIS

■ COURS D'EAU	longueur en km
Rhin (190 km sur la frontière française)	1 320
Loire	1 020
Meuse (450 km en France)	950
Rhône (522 km en France)	812
Seine	776
Garonne	650
Moselle	550
Marne	525
Lot	480
Saône	480
Dordogne	472
Doubs	430
Allier	410
Tarn	375
Charente	360
Cher	350
Vienne	350
Adour	335
Loir	311
Durance	305
Oise	302
Yonne	293
Isère	290
Sarthe	285
Aisne	280
Indre	265
Creuse	255
Aveyron	250
Aube	248
Somme	245
Eure	225
Vilaine	225
Aude	220
Ill	208

■ LACS	superficie en km²
Lac Léman (partagé avec la Suisse)	582
Lac d'Hourtin-Carcans	57
Lac de Cazaux et de Sanguinet	55
Lac du Der-Chantecoq	48
Lac du Bourget	45
Lac de Grand-Lieu	37

■ ÎLES	superficie en km²
Corse	8 620
Oléron	175
Belle-Île	90
Ré	85
Noirmoutier	48

■ SOMMETS	altitude en m
Alpes	
Mont Blanc	4 810
Dôme du Goûter	4 304
Grandes Jorasses	4 208
Aiguille Verte	4 122
Barre des Écrins	4 102
Aiguille du Géant	4 013
Meije	3 983
Mont Pelvoux	3 946
Grande Casse	3 852
Ventoux	1 909
Luberon	1 125
Pyrénées	
Pic de Vignemale	3 298
Pic du Marboré	3 253
Pic de Néouvielle	3 091
Pic Carlitte	2 921
Pic du Midi d'Ossau	2 884
Pic du Midi de Bigorre	2 872
Pic du Canigou	2 784
Pic d'Anie	2 504
Jura	
Crêt de la Neige	1 718
Grand Colombier	1 531
Massif central	
Puy de Sancy	1 885
Plomb du Cantal	1 855
Puy Mary	1 787
Mézenc	1 753
Aigoual	1 565
Puy de Dôme	1 465
Vosges	
Grand Ballon	1 424
Hohneck	1 362
Ballon d'Alsace	1 247
Corse	
Monte Cinto	2 710

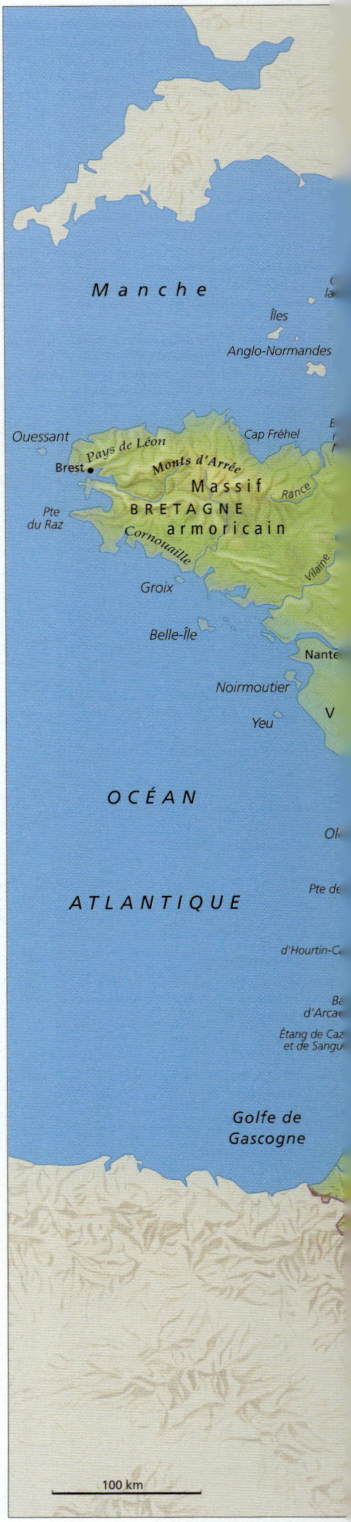

Mer du Nord
Pas de Calais
Cap Gris-Nez
Plaine de Flandre
Aa
Lys
Lille
Artois
Escaut
Sambre
Pays de Bray
Somme
Amiens
Pte de Barfleur
Cap d'Antifer
Pays de Caux
Le Havre
Rouen
PICARDIE
Ardenne
Oise
Aisne
Bassin
Reims
Marne
Champagne crayeuse
Argonne
Côtes de Meuse
Moselle
Metz
Plateau lorrain
Sarre
Nancy
Strasbourg
Plaine d'Alsace
Rhin
Meurthe
Risle
Seine
NORMANDIE
Collines de Normandie
Orne
Collines du Perche
Paris
Brie
Eure
parisien
Collines du Maine
Champagne humide
Aube
Meuse
Seine
Beauce
Loing
Sarthe
Mayenne
Loir
Orléans
Vosges
Grand Ballon 1 424 m
Ballon d'Alsace 1 247 m
Yonne
Plateau de Langres
ANJOU
Loire
Sologne
Tours
Cher
TOURAINE
Dijon
Saône
Doubs
Besançon
Morvan
Côte d'Or
Indre
BERRY
Sancerrois
Hauteurs de Gâtine
Creuse
Vienne
Sologne bourbonnaise
Bresse
Lac Léman
Crêt de la Neige 1 718 m
Jura
Chablais
Mâconnais
Beaujolais
Allier
Combraille
Mts de la Marche
AUNIS
Mts de la Madeleine
Mts du Lyonnais
Bornes
Lac d'Annecy
Mont Blanc 4 810 m
Ain
Charente
Limoges
Puy de Dôme 1 465 m
Clermont-Ferrand
Lyon
Lac du Bourget
Bauges
Grande Casse 3 852 m
SAINTONGE
Gironde
Plateau de Millevaches
Monts Dore
Puy de Sancy 1 885 m
Mts du Forez
Livradois
Loire
Vivarais
Chartreuse
Vanoise
Arc
Belledonne
Alpes
Médoc
Isle
Vézère
Massif
Grenoble
Isère
Plomb du Cantal 1 855 m
Oisans
Barre des Écrins 4 102 m
Bordeaux
PÉRIGORD
Dordogne
Margeride
Mézenc 1 753 m
Vercors
Dévoluy
Garonne
QUERCY
Aubrac
Diois
Rhône
central
Lac de Serre-Ponçon
Lot
Aveyron
Cévennes
Landes
Ventoux 1 909 m
Bassin
Baïse
Algoual 1 565 m
Gard
Var
aquitain
Gers
Garonne
Tarn
Luberon 1 125 m
Durance
Verdon
Mts de Lacaune
LANGUEDOC
Nice
Chalosse
Armagnac
Adour
Agout
Montpellier
Hérault
PROVENCE
Argens
Estérel
Toulouse
Camargue
Étang de Berre
Gave de Pau
Plateau de Lannemezan
Mgne Noire
Aude
Étang de Thau
Marseille
Maures
Golfe du Lion
Ariège
Îles d'Hyères
Cap Corse
Pic d'Anie 2 504 m
Pyrénées
Corbières
Étang de Leucate
Pic de Vignemale 3 298 m
Pic Carlitte 2 921 m
Pic du Canigou 2 784 m
Monte Cinto 2 710 m
CORSE
Mer Méditerranée
Ajaccio

France

☆ site touristique important

200 | 500 | 1000 | 2000 m

autoroute et voie express

route

voie ferrée

aéroport

limite de Région

Orléans chef-lieu de Région

Grenoble chef-lieu de département

plus de 1 000 000 h.

de 500 000 à 1 000 000 h.

de 100 000 à 500 000 h.

moins de 100 000 h.

Le président du conseil départemental, assisté de conseillers départementaux élus au suffrage universel, est l'organe exécutif du département. Le président du conseil régional, assisté de conseillers régionaux élus au suffrage universel, est l'organe exécutif de la Région. La Corse a un statut particulier (Assemblée de Corse, Conseil exécutif; les deux départements ne sont plus des collectivités territoriales depuis 2018). Chaque commune est administrée par un maire, assisté d'un conseil municipal élu au suffrage universel. À l'échelle de l'intercommunalité, la gestion de la communauté de communes est assurée par le conseil communautaire, élu par et parmi les conseillers municipaux des communes membres. Il existe en France, début 2018, 333 arrondissements (321 en métropole), 2 054 cantons (1 995) et 35 357 communes (35 228).

Justice. En France, la justice entre les particuliers est rendue par les tribunaux d'instance (tribunaux de police pour les contraventions) et les tribunaux de grande instance (tribunaux correctionnels pour les délits) [au moins un par département]. Certains litiges sont portés devant d'autres tribunaux : tribunal de commerce, conseil de prud'hommes, etc. Les affaires d'une certaine importance peuvent être jugées une seconde fois par l'une des 36 cours d'appel (par le tribunal supérieur d'appel à Saint-Pierre-et-Miquelon). La Cour de cassation, juridiction suprême de l'ordre judiciaire, qui siège à Paris, juge en droit et non en fait, c'est-à-dire qu'elle juge les arrêts ou jugements et les casse, s'il y a lieu, pour non-conformité à la loi ; elle juge également les pourvois en révision. Les cours d'assises, composées de magistrats professionnels et d'un jury, jugent les crimes en premier ressort (6 jurés) et en appel (9 jurés). La justice administrative est rendue par des tribunaux administratifs et, en appel, par des cours administratives d'appel et/ou par le Conseil d'État, juridiction suprême de l'ordre administratif. Le Tribunal des conflits tranche les conflits de compétence entre tribunaux judiciaires et administratifs. La Cour des comptes juge les comptes des comptables publics et des chambres régionales des comptes.

Structures religieuses. L'administration de l'Église catholique romaine, dont l'ensemble des fidèles baptisés représente entre 65 et 70 % de la population, est divisée, dans la métropole, en 93 diocèses territoriaux (dont la plupart correspondent à des départements), regroupés en 15 provinces ecclésiastiques. Les protestants (env. 1,7 million de fidèles) se répartissent en plusieurs communautés (l'Église protestante unie de France, issue du regroupement en 2013 de l'Église réformée de France et de l'Église évangélique luthérienne de France ; l'Union des Églises protestantes d'Alsace et de Lorraine [UEPAL] ; et les Églises formant le courant dit évangélique [baptistes, pentecôtistes, charismatiques]), regroupées essentiellement dans la Fédération protestante de France. L'islam, devenu la deuxième religion du pays avec 4 à 5 millions de fidèles, est divisé entre différents courants, en partie représentés au sein du Conseil français du culte musulman. Les communautés juives (un peu moins de 500 000 fidèles) se partagent entre les deux grandes traditions ashkénaze et séfarade, mais n'ont pas d'administration religieuse centralisée et hiérarchisée ; le Consistoire central de France, créé par Napoléon en 1808, et le Conseil représentatif des institutions juives de France (CRIF) n'ont qu'un rôle de représentation ou de défense des communautés.

LA GAULE VERS 60 AV. J.-C.

ARVERNES : Peuple celte
Burdigala : Nom ancien
Bordeaux : Nom moderne
● Principaux sites archéologiques préromains

GÉOGRAPHIE Puissance moyenne, comptant à peine 1 % de la population mondiale, la France appartient cependant au groupe restreint des pays développés et conserve d'un passé prestigieux un rayonnement politique et surtout culturel particulier.

Le milieu naturel est caractérisé par l'extension des plaines et des bas plateaux (plus des deux tiers du territoire sont au-dessous de 250 m) ; la montagne elle-même est souvent bordée ou pénétrée par des vallées, voies de circulation et de peuplement. La latitude, la proximité de l'Atlantique et aussi la disposition du relief expliquent la dominante océanique du climat, caractérisé par l'instabilité des types de temps, la faiblesse des écarts de température, la relative abondance des précipitations. La rigueur de l'hiver s'accroît cependant vers l'intérieur, alors que la frange méridionale connaît un climat de type méditerranéen, chaud et sec en été.

L'ancienneté et la relative densité du peuplement, l'étendue des cultures expliquent la quasi-disparition de la végétation naturelle, mais la forêt occupe environ le quart du territoire. La population s'accroît à un rythme d'environ 0,3 % par an, grâce à l'excédent des naissances sur les décès (la France restant auj. encore l'un des pays les plus féconds d'Europe) plutôt qu'au solde migratoire. La population vieillit : 18,3 % de moins de 15 ans et 20 % de 65 ans et plus. Les immigrés représentent environ 9 % de la population totale. Environ 78 % des Français vivent dans les villes, dont une quarantaine dépassent 100 000 hab. L'agglomération parisienne concentre un sixième des Français (loin devant Lyon et Marseille).

La population active représente 29,6 millions de personnes (15,4 millions d'hommes et 14,2 millions de femmes), parmi lesquelles entre 9 et 10 % sont à la recherche d'un emploi. L'agriculture occupe auj. un peu moins de 3 % des actifs ; l'industrie, environ 21 % ; le tertiaire emploie donc plus des trois quarts des Français.

L'industrie, dans le cadre de la mondialisation des échanges, de la division internationale du travail, a connu des fortunes diverses. Des branches anciennement développées ont souffert, comme le textile ou la sidérurgie. Des régions ont été très touchées, comme le Nord et la Lorraine, précocement industrialisés. Des branches plus élaborées, comme la construction mécanique (aéronautique surtout) et électrique, la chimie, les produits pharmaceutiques, les cosmétiques et les produits de luxe, ont mieux résisté, de même que l'agroalimentaire. Dans le domaine énergétique, le nucléaire a partiellement compensé le déclin – auj. achevé – du charbon et le recul, plus récent, du pétrole (presque totalement importé) et fournit environ les trois quarts de la production totale d'électricité ; la part des énergies renouvelables est en constante augmentation. La modernisation du réseau de transport est permanente dans le domaine ferroviaire (TGV) et routier (plus de 9 000 km de voies autoroutières), tandis que le réseau aérien intérieur s'est densifié. La France demeure, et de loin, la première puissance agricole de l'Union européenne.

La France exporte auj. environ 20 % de sa production totale (principalement vers ses partenaires de l'UE), vendant surtout des produits industriels (avions, matériel ferroviaire, etc.) ainsi que des excédents agricoles. Les achats de matières premières minérales et énergétiques (pétrole notamm.) pèsent sur la balance commerciale, auj. largement déficitaire. La situation de la balance des paiements est améliorée par l'excédent du solde du tourisme, mais le pays est très endetté. La compétitivité industrielle s'est nettement dégradée (entraînant des délocalisations). L'emploi et le maintien du pouvoir d'achat constituent des préoccupations majeures, amplifiées par les effets de plusieurs crises : crise économique mondiale (à partir de 2007 - 2008), doublée en 2010 d'une crise de la dette souveraine dans les pays européens. Après des années d'atonie, l'économie française connaît une lente reprise, mais le chômage reste élevé.

HISTOIRE **La préhistoire.** **1 million d'années - 90000** (paléolithique inférieur ou ancien) **:** arrivée probable des premiers habitants et éclosion des industries lithiques (galets aménagés, acheuléen). **90000 - 40000** (paléolithique moyen) **:** l'outillage se diversifie (moustérien) ; l'homme de Neandertal a un habitat organisé et pratique le culte des morts. Les principaux gisements sont ceux de La Chapelle-aux-Saints, du Moustier, de la Ferrassie, d'Arcy-sur-Cure et de Biache-Saint-Vaast. **40000 - 8000** (paléolithique supérieur) **:** *Homo sapiens* fait son apparition ; l'industrie lithique comporte le débitage laminaire (périgordien, aurignacien, solutréen, magdalénien), naissance de l'industrie osseuse ; des formes d'art sont attestées (peintures rupestres de Lascaux,

LA FRANCE DE PHILIPPE AUGUSTE

- Le domaine royal en 1180
- Acquisitions de Philippe Auguste
- Fiefs de la Couronne
- Seigneuries ecclésiastiques
- Dépendances du roi d'Angleterre en 1223

LA FRANCE DE LOUIS XI

- Le domaine royal en 1461
- Acquisitions de Louis XI
- Fiefs de la Couronne
- Calais, possession anglaise

Font-de-Gaume, Niaux, art mobilier des Eyzies, la Madeleine, etc.). **8000 - Ve millénaire** (mésolithique ou épipaléolithique) **:** sous l'effet de l'adoucissement du climat (fin de la glaciation de würm), les chasseurs-cueilleurs évoluent vers une économie de production. Le travail de la pierre est renouvelé par la création d'industries microlithiques. **Ve millénaire - début du IIIe millénaire** (néolithique) **:** des communautés villageoises pratiquent l'agriculture, chassent à l'arc et aux flèches, inventent de nouvelles formes de pêche et multiplient les innovations techniques. C'est l'époque du mégalithisme. **IIIe millénaire** (chalcolithique ou énéolithique) **:** la métallurgie fait ses débuts, avec l'usage du cuivre. Ce qui sera la France compte peut-être 2 millions d'habitants. **IIe millénaire** (âge du bronze) **:** une civilisation aux fonctions plus diversifiées s'organise, avec des guerriers et des marchands, agents d'un commerce à la recherche de métaux (cuivre et surtout étain, en provenance de Bretagne et de Grande-Bretagne). **Ier millénaire** (âge du fer) **:** les civilisations de Hallstatt, de La Tène témoignent d'une métallurgie de qualité, d'un art funéraire évolué en ce qui concerne les sépultures des chefs (chars d'apparat, très beau mobilier funéraire, attesté notamm. à Vix). Cette époque, celle du passage à l'histoire, est aussi marquée par l'installation des Celtes, dont la civilisation s'organise autour d'*oppida* (tel Ensérune) contenant des sanctuaires (Entremont, Roquepertuse).

La Gaule romaine. 58 - 51 av. J.-C. - Ve s. apr. J.-C. : de la conquête par Jules César aux invasions barbares, après les résistances initiales (Vercingétorix), une brillante culture, gallo-romaine, se développe. (→ **Gaule.**)

Francs et Mérovingiens. Ve s. : les grandes invasions mettent fin à la domination romaine : Vandales, Wisigoths traversent le pays. Les Huns sont arrêtés aux champs Catalauniques. Les Francs, avec Clovis, se rendent maîtres de la plus grande partie du territoire. **511 :** à la mort de Clovis se forment les trois royaumes mérovingiens d'Austrasie, de Neustrie et de Bourgogne, qui se combattent. **Milieu du VIIe s. - milieu du VIIIe s. :** les derniers rois mérovingiens perdent l'Aquitaine et l'Armorique ; la réalité du pouvoir appartient à l'aristocratie et en partie aux maires du palais. Le plus important, Pépin de Herstal, se rend maître des trois royaumes (687) et son fils, Charles Martel, écrase les Sarrasins à Poitiers (732).

Les Carolingiens. 751 : Pépin le Bref dépose le dernier Mérovingien et se fait couronner roi, fondant ainsi la dynastie carolingienne. **768 - 814 :** Charlemagne, protecteur de la papauté, couronné empereur à Rome par Léon III (800), crée un empire allant de l'Èbre à l'Elbe et favorise un renouveau culturel et artistique. **814 - 840 :** Louis Ier le Pieux se heurte à la révolte de ses fils. **843 :** au traité de Verdun, l'Empire est partagé en trois royaumes. **843 - 987 :** Charles le Chauve, premier roi de France, et ses successeurs doivent faire face aux invasions vikings en Normandie (911 notamm.) tandis que naît le régime féodal.

La force des Capétiens. 987 : Hugues Capet, élu roi, fonde la dynastie capétienne. Il fait sacrer son fils de son vivant pour assurer le principe dynastique. **987 - 1108 :** Hugues et ses trois successeurs (Robert II, Henri Ier et Philippe Ier) ne dominent réellement qu'un petit domaine autour de Paris. **XIIe s. :** Louis VI le Gros et Louis VII le Jeune agrandissent ce domaine et affermissent leur pouvoir face aux féodaux. Un puissant réveil religieux (Cluny, chevalerie, croisades), économique et urbain, la constitution d'une bourgeoisie, le développement culturel et artistique (passage de l'art roman à l'art gothique) marquent ces règnes, malgré la menace que fait peser sur la France le renforcement de l'« Empire angevin » des rois d'Angleterre (Plantagenêts). **1180 - 1223 :** Philippe Auguste donne à la monarchie son caractère national par sa lutte contre la coalition formée par l'Angleterre, la Flandre et l'Empire (victoire de Bouvines, 1214). **1226 - 1270 :** règne de Louis IX (Saint Louis). **1285 - 1314 :** s'appuyant sur le droit romain, Philippe IV le Bel renforce l'appareil administratif de la royauté et affermit son indépendance face au pouvoir temporel de l'Église. **1328 :** Charles IV le Bel meurt sans fils. La couronne passe à un Valois, Philippe VI.

La fin du Moyen Âge. 1337 - 1453 : la guerre de Cent Ans oppose Français et Anglais. La Peste noire fait des ravages (1348 - 1349). Charles V, avec Du Guesclin, rétablit la situation (1364 - 1380). Celle-ci se détériore de nouveau sous Charles VI (1380 - 1422) : la monarchie ne peut résister à l'alliance du duché de Bourgogne et de l'Angleterre et, après la défaite d'Azincourt (1415), le traité de Troyes (1420) rend l'Angleterre maîtresse du pays. Charles VII (1422 - 1461), le « roi de Bourges », a plus de succès, grâce, d'abord, à l'aide de Jeanne d'Arc (délivrance d'Orléans en 1429). Les Anglais sont « boutés hors de France », les finances restaurées (Jacques Cœur), une armée permanente est organisée ; l'autorité royale s'étend même à l'Église nationale (pragmatique sanction de Bourges, 1438). **1461 - 1483 :** le redressement se confirme sous Louis XI, qui triomphe des féodaux, recueille l'héritage de la maison d'Anjou et, par sa victoire sur Charles le Téméraire, acquiert le duché de Bourgogne (1477) ; mais il voit se constituer la formidable puissance des Habsbourg.

La Renaissance. 1483 - 1515 : Charles VIII (qui épouse l'héritière de la Bretagne) et Louis XII engagent les guerres d'Italie. **1515 - 1547 :** François Ier poursuit la politique italienne, conquiert le Milanais (Marignan, 1515), signe la *paix perpétuelle* avec les cantons suisses (1516), fait alliance avec le pape et les Ottomans contre les Habsbourg, mais ne peut éviter l'alliance de ceux-ci avec l'Angleterre ; il renforce la monarchie, à l'intérieur, et favorise la Renaissance. **1547 - 1589 :** sous Henri II (1547 - 1559), la lutte continue contre les Habsbourg et l'Angleterre ; le développement du calvinisme provoque les guerres de Religion, qui, culminant en 1572 avec la Saint-Barthélemy, ruinent le pays et affaibliront l'autorité royale sous François II, Charles IX et Henri III.

Le temps des Bourbons. 1589 - 1610 : Henri de Navarre (Henri IV), gendre d'Henri II, hérite de la couronne. Il pacifie et reconstitue la France, assure la liberté de culte aux protestants (édit de Nantes, 1598), restaure, avec Sully, les finances et l'économie. **1610 - 1643 :** Louis XIII, aidé de Richelieu, soumet les protestants et les nobles, développe l'absolutisme. Il crée le premier empire colonial (Canada), mais engage la France dans la guerre de Trente Ans. **1643 - 1715 :** pendant la minorité de Louis XIV, les troubles de la Fronde menacent l'autorité royale. La France triomphe de l'Espagne au traité des Pyrénées (1659) ; elle y gagne l'Artois et le Roussillon. Après 1661 (mort de Mazarin), Louis XIV gouverne en maître absolu. Chef de l'Église de France, le roi exige la même soumission générale (condamnation du jansénisme, lutte contre les protestants [révocation de l'édit de Nantes, 1685]). À l'extérieur, aux victoires et aux conquêtes des débuts (Flandre, Franche-Comté, Alsace ; guerres de Dévolution, 1667 - 1668, et de Hollande, 1672 - 1678) succèdent des revers (guerre de la ligue d'Augsbourg, 1688 - 1697 ; guerre de la Succession d'Espagne, 1701 - 1714), qui s'accompagnent de misère. **1715 - 1774 :** le règne de Louis XV commence par la régence de Philippe d'Orléans (1715 - 1723), qui prend le contre-pied de la politique de Louis XIV dans le domaine des alliances (rapprochement avec

LA FRANCE DEPUIS 1610

- Limites de la France en 1610
- Acquisitions de 1610 à 1789
- La France en 1789
- Les provinces-gouvernements en 1789
- Capitales de provinces
- Acquisitions territoriales après 1789
- Territoires perdus en 1815
- Territoires perdus en 1871 et recouvrés en 1919
- T Tende et La Brigue, acquisitions de 1947
- Frontières actuelles

l'Angleterre). À sa majorité, Louis XV confie le gouvernement de l'État au cardinal Fleury et ne prend en main les affaires qu'après 1743. L'expansion démographique et commerciale ne compense pas les difficultés financières grandissantes, tandis que le mouvement philosophique menace l'autorité de l'Église et celle du roi. Aux victoires de la guerre de la Succession d'Autriche (Fontenoy, 1745) succèdent les désastres de la guerre de Sept Ans et la perte de la plus grande partie de l'empire colonial au profit de l'Angleterre (traité de Paris, 1763). **1774 - 1789 :** Louis XVI est impuissant à résoudre la crise financière, économique et sociale ; les réformateurs (Turgot, Necker) se heurtent aux privilèges nobiliaires. À l'extérieur, l'intervention française assure l'indépendance américaine (traité de Versailles, 1783).

La Révolution. 1789 : les États généraux convoqués en mai se proclament dès juin Assemblée nationale constituante. Privilèges et droits féodaux sont abolis, une Déclaration des droits de l'homme est publiée (août) ; les biens du clergé, déclarés biens nationaux, sont vendus (nov.). **1790 :** la proclamation de la Constitution civile du clergé déclenche un schisme au sein de l'Église française. Le pays est divisé en départements. **1791 :** la Constitution de septembre instaure une monarchie constitutionnelle et censitaire avec assemblée unique. **Oct. 1791 - sept. 1792 :** l'Assemblée constituante est remplacée par la Législative. Les désastres extérieurs, les erreurs du roi (fuite à Varennes) provoquent la chute de la monarchie (10 août). **Sept. 1792 - oct. 1795 :** la Convention nationale remplace la Législative. Les victoires se multiplient (Valmy, Jemmapes) : la Savoie et la Belgique sont annexées. La Ire République est proclamée (21 sept. 1792). Le roi est exécuté (21 janv. 1793). Un gouvernement révolutionnaire est institué (juin 1793 - juill. 1794) : il instaure la Terreur et repousse la coalition ennemie. La chute de son chef, Robespierre, est suivie de la réaction thermidorienne (juill. 1794 - oct. 1795). La rive gauche du Rhin est annexée ; la Constitution de l'an III est proclamée. **Oct. 1795 - sept. 1799 :** le Directoire* succède à la Convention. À l'extérieur, Bonaparte remporte les victoires d'Italie (1796 - 1797) puis d'Égypte. **1799 :** de retour en France, Bonaparte installe le Consulat* (coup d'État du 18 brumaire an VIII).

Le Consulat et l'Empire. 1799 - 1804 : Premier consul, Bonaparte pacifie le pays (Concordat, 1801) et jette les bases d'un État fort et centralisé (préfets, Banque de France, lycées, Code civil, etc.). **1804 - 1814 :** l'Empire succède au Consulat. Bonaparte, devenu Napoléon Ier, instaure un régime de plus en plus autoritaire et constitue un vaste empire. **1814 :** Napoléon abdique. Les Bourbons sont restaurés. Louis XVIII octroie une Charte constitutionnelle. **1815 :** le retour de Napoléon (mars) marque le début des Cent-Jours, qui s'achèvent à Waterloo (18 juin). Napoléon abdique une seconde fois (22 juin). Le pays est envahi et occupé.

La Restauration et la IIe République. 1815 - 1830 : la seconde Restauration a pour souverains Louis XVIII, puis, à partir de 1824, Charles X. La révolution de juillet 1830 (les Trois Glorieuses) instaure la monarchie de Juillet*. **1830 - 1848 :** Louis-Philippe Ier devient « roi des Français ». Son règne est marqué par l'essor de la bourgeoisie possédante. **1848 :** les journées de février fondent la IIe République. **1848 - 1851 :** d'abord fraternelle et démocratique (instauration du suffrage universel, liberté de presse et de réunion), la IIe République évolue, après l'insurrection ouvrière de juin 1848, vers le conservatisme, ce qui favorise l'ambition de Louis Napoléon Bonaparte, triomphalement élu président le 10 déc. 1848. Le 2 déc. 1851, par un coup d'État qu'entérine un plébiscite, il institue un régime présidentiel autoritaire.

Le second Empire. 1852 - 1870 : devenu l'empereur Napoléon III (2 déc. 1852), Louis Napoléon consolide son pouvoir. **1860 :** après la guerre d'Italie, cession à la France de Nice et de la Savoie. Le régime se libéralise.

La IIIe République. 4 sept. 1870 : après la défaite de l'Empire lors de la guerre franco-allemande, la IIIe République est proclamée. **1871 :** une assemblée nationale, à majorité monarchiste, est élue. Les préliminaires de paix (1er mars) enlèvent à la France l'Alsace et une partie de la Lorraine ; la Commune de Paris (18 mars - 28 mai) est réprimée dans le sang. Le traité de Francfort (10 mai) ratifie les préliminaires de paix. **1871 - 1873 :** Thiers, chef du pouvoir exécutif puis président de la République, travaille au redressement de la France et à sa libération anticipée. **24 mai 1873 :** il est renversé par la majorité monarchique de l'Assemblée, qui lui substitue le légitimiste MacMahon. Mise en œuvre d'une politique d'« Ordre moral ». **1873 - 1875 :** la restauration monarchique échoue ; vote des lois constitutionnelles de la IIIe République ; l'Assemblée nationale se sépare (déc. 1875). **1877 :** la crise du 16 mai, épreuve de force entre le président de la République et les républicains, aboutit au succès de ces derniers aux élections d'oct. **Janv. 1879 :** les élections sénatoriales donnent la majorité aux républicains : MacMahon démissionne ; Jules Grévy lui succède. **1879 - 1885 :** organisation de la république par le vote de lois fondamentales établissant les libertés publiques (Gambetta, Ferry). La conquête coloniale reprend en Afrique et en Asie tandis qu'à l'intérieur sévit une dépression économique. **1885 - 1899 :** une série de crises et de scandales menacent la république (boulangisme, 1885 - 1889 ; Panama, 1888 - 1893 ; attentats anarchistes, 1894). L'affaire Dreyfus (1894 - 1899) divise profondément l'opinion. Elle a pour conséquence le développement d'une agitation nationaliste et antisémite, auquel répond la formation du Bloc des gauches. **1899 - 1905 :** le Bloc des gauches (É. Combes, 1902 - 1905) pratique une politique résolument anticléricale. La séparation de l'Église et de l'État est proclamée (1905). **1906 - 1914 :** rupture du Bloc des gauches. Les difficultés économiques entretiennent une agitation sociale endémique, tandis que la croissance démographique ralentit. À l'extérieur, la menace allemande se précise (crise d'Agadir, 1911) ; le nationalisme français s'en trouve renforcé. R. Poincaré est élu président de la République (1913). **1914 - 1918 :** Première Guerre mondiale : la France sort du conflit victorieuse mais très affaiblie. **1919 :** au traité de Versailles (28 juin), la France retrouve l'Alsace-Lorraine. **1919 - 1929 :** face à l'Allemagne endettée, la France engage une politique de force, mais n'est pas suivie par ses alliés. Le redressement économique, effectif, est grevé par l'inflation (jusqu'à la stabilisation du franc, en 1928) et l'accroissement de la dette publique. Le socialisme progresse (création du Parti communiste français, 1920). Un Cartel des gauches se constitue (1924 - 1926), auquel succède le gouvernement d'union nationale de Poincaré (1926 - 1929), qui doit dévaluer le franc (25 juin 1928). **1929 - 1936 :** la France est touchée par la crise économique, à laquelle s'ajoutent instabilité ministérielle et scandales financiers et politiques (affaire Stavisky). Émeutes (6 févr. 1934) et grèves se succèdent. Victoire électorale du Front populaire. **1936 - 1938 :** L. Blum, à la tête de deux des cabinets de Front populaire, met en œuvre d'importantes réformes sociales. **1938 - 1939 :** le gouvernement Daladier essaie en vain de détourner le danger de guerre (accords de Munich avec l'Allemagne nazie). **1939 - 1940 :** début de la Seconde Guerre mondiale. La « drôle de guerre » se termine par les désastres de mai-juin et l'occupation allemande.

L'Occupation et la Libération. 1940 : le 18 juin, depuis Londres, le général de Gaulle lance un appel pour la poursuite de la guerre. Le 22 juin est signé l'armistice qui établit l'occupation par l'Allemagne des trois cinquièmes du territoire, le gouvernement français restant maître de la zone libre. Le maréchal Pétain y instaure le régime de Vichy. Tandis que la collaboration avec l'Allemagne s'organise, une résistance intérieure se développe. **1942 :** les Allemands occupent la zone libre. **1944 :** les Alliés débarquent en Normandie

TABLEAU CHRONOLOGIQUE DES SOUVERAINS, RÉGIMES ET CHEFS D'ÉTAT DE LA FRANCE

■ MÉROVINGIENS

Chlodion (ou Clodion)	v. 428-v. 447
Mérovée	v. 447-v. 457
Childéric Ier	v. 457-481 ou 482
Clovis	481 ou 482-511
Premier partage (511)	
Austrasie	
Thierry Ier	511-v. 534
Théodebert Ier ou Thibert	534-547/548
Théodebald ou Thibaud	547/548-555
Orléans	
Clodomir	511-524
Paris	
Childebert Ier	511-558
Neustrie	
Clotaire Ier (seul roi de 558 à 561)	511-561
Deuxième partage (561)	
Paris	
Caribert	561-567
Orléans et Bourgogne	
Gontran	561-592
Neustrie	
Chilpéric Ier	561-584
Clotaire II (seul roi de 613 à 629)	584-629
Dagobert Ier (seul roi de 629 à 634)	629-v. 638
Austrasie	
Sigebert Ier	561-575
Childebert II	575-595
Thibert ou Théodebert II	595-612
Sigebert II	613
Bourgogne	
Thierry II	595/596-613
Austrasie	
Sigebert III	634-656
Childéric II	662-675
Dagobert II	676-679
Neustrie et Bourgogne	
Clovis II	639-657
Clotaire III	657-673
Thierry III	673-690 ou 691
Clovis III	675
Clovis IV	691-695
Childebert III	695-711
Dagobert III	711-715
Chilpéric II, désigné par les Neustriens	715-721
Clotaire IV, désigné par Charles Martel	718-719
Thierry IV	721-737
Interrègne	737-743
Childéric III	743-751

■ CAROLINGIENS

Pépin le Bref	751-768
Charlemagne (avec Carloman jusqu'en 771)	768-814
Louis Ier le Pieux ou le Débonnaire	814-840
Charles II le Chauve	843-877
Louis II le Bègue	877-879
Louis III et Carloman	879-882
Carloman seul	882-884
Charles le Gros	884-887
Eudes (famille capétienne)	888-898
Charles III le Simple (Il partagea le trône avec Eudes de 893 à 898.)	893-923
Robert Ier (famille capétienne) : opposé à Charles le Simple	922-923
Raoul	923-936
Louis IV d'Outremer	936-954
Lothaire	954-986
Louis V	986-987

■ CAPÉTIENS DIRECTS

Hugues Capet	987-996
Robert II le Pieux	996-1031
Henri Ier	1031-1060
Philippe Ier	1060-1108
Louis VI le Gros	1108-1137
Louis VII le Jeune	1137-1180
Philippe II Auguste	1180-1223
Louis VIII	1223-1226
Louis IX (Saint Louis)	1226-1270
Philippe III le Hardi	1270-1285
Philippe IV le Bel	1285-1314
Louis X le Hutin	1314-1316
Jean Ier (posthume)	1316
Philippe V le Long	1316-1322
Charles IV le Bel	1322-1328

■ VALOIS

Valois directs *(issus de Charles de Valois, frère de Philippe le Bel)*	
Philippe VI de Valois	1328-1350
Jean II le Bon	1350-1364
Charles V le Sage	1364-1380
Charles VI	1380-1422
Charles VII	1422-1461
Louis XI	1461-1483
Charles VIII	1483-1498
Valois-Orléans *(issus du 1er fils de Louis d'Orléans, frère de Charles VI)*	
Louis XII	1498-1515
Valois-Angoulême *(issus du 3e fils de Louis d'Orléans)*	
François Ier	1515-1547
Henri II	1547-1559
François II	1559-1560
Charles IX	1560-1574
Henri III	1574-1589

■ BOURBONS

(issus de Robert, comte de Clermont, 6e fils de Saint Louis)

Henri IV	1589-1610
Louis XIII	1610-1643
Louis XIV	1643-1715
Louis XV	1715-1774
Louis XVI	1774-1792

■ Ire RÉPUBLIQUE

Convention	1792-1795
Directoire	1795-1799
Consulat	1799-1804

■ PREMIER EMPIRE

Napoléon Ier, empereur	1804-1814
Les Cent-Jours	1815

■ RESTAURATION (Bourbons)

Louis XVIII	1814-1824
Charles X	1824-1830

■ MONARCHIE DE JUILLET (Bourbons-Orléans)

Louis-Philippe Ier	1830-1848

■ IIe RÉPUBLIQUE

Louis Napoléon Bonaparte	1848-1852

■ SECOND EMPIRE

Napoléon III, empereur	1852-1870

■ IIIe RÉPUBLIQUE

Adolphe Thiers	1871-1873
Mac-Mahon	1873-1879
Jules Grévy	1879-1887
Sadi Carnot	1887-1894
Casimir-Perier	1894-1895
Félix Faure	1895-1899
Émile Loubet	1899-1906
Armand Fallières	1906-1913
Raymond Poincaré	1913-1920
Paul Deschanel	(févr.-sept.) 1920
Alexandre Millerand	1920-1924
Gaston Doumergue	1924-1931
Paul Doumer	1931-1932
Albert Lebrun	1932-1940

■ ÉTAT FRANÇAIS

Philippe Pétain	1940-1944

■ GOUVERNEMENT PROVISOIRE DE LA RÉPUBLIQUE

Charles de Gaulle	1944-1946
Félix Gouin, Georges Bidault, Léon Blum	1946-1947

■ IVe RÉPUBLIQUE

Vincent Auriol	1947-1954
René Coty	1954-1959

■ Ve RÉPUBLIQUE

Charles de Gaulle	1959-1969
Georges Pompidou	1969-1974
Valéry Giscard d'Estaing	1974-1981
François Mitterrand	1981-1995
Jacques Chirac	1995-2007
Nicolas Sarkozy	2007-2012
François Hollande	2012-2017
Emmanuel Macron	2017-

et le Gouvernement provisoire de la République française, formé à Alger et présidé par de Gaulle, s'installe à Paris.

La IVe République. 1946 - 1958 : la IVe République entreprend un redressement économique, favorisé par le plan Marshall, et adopte une importante législation sociale. **1951 :** la France adhère à la CECA. Les guerres d'Indochine, puis d'Algérie, et l'instabilité ministérielle minent le régime.

La Ve République. 1958 : la crise algérienne ramène Charles de Gaulle au pouvoir. Il met en place la Ve République, dont la Constitution renforce les pouvoirs de l'exécutif. La France devient membre de la CEE. **1959 - 1968 :** président de la République, Charles de Gaulle redonne confiance au pays, qui amorce sa grande mutation économique. Après la guerre d'Algérie (1954 - 1962), une forte opposition de gauche se reconstitue (1963 - 1967). **1968 :** la crise qui éclate en mai met en cause non seulement le régime mais encore les bases de la société. La conjonction du mouvement ouvrier et du mouvement étudiant explique son ampleur. De Gaulle parvient néanmoins à maîtriser la situation. **1969 :** le 28 avr., le général de Gaulle démissionne, après l'échec du référendum sur la régionalisation et le Sénat. **1969 - 1974 :** Georges Pompidou, deuxième président de la Ve République, se donne comme objectif prioritaire l'expansion industrielle et commerciale. **1974 - 1981 :** élu en 1974, le président Valéry Giscard d'Estaing mène une politique plus ouvertement européenne que celle de ses prédécesseurs ; il se heurte aux réticences des gaullistes de stricte obédience (RPR) et à une opposition de gauche rassemblée depuis 1972 autour d'un « Programme commun de gouvernement ». **1981 :** l'élection de F. Mitterrand à la présidence de la République marque un tournant. La gauche revient au pouvoir après un quart de siècle d'absence et des ministres communistes participent au gouvernement. Un programme de réformes est mis en œuvre (abolition de la peine de mort, régionalisation, nationalisations). **1983 :** les difficultés économiques (inflation, déficit commercial) obligent le gouvernement à mettre en place un plan de rigueur. **1984 :** les ministres communistes se retirent du gouvernement. **1986 - 1988 :** la victoire de l'opposition aux élections législatives et régionales (mars 1986) crée une situation inédite dans l'histoire de la Ve République, la « cohabitation » d'un président de gauche et d'un

LES PRÉSIDENTS DE LA RÉPUBLIQUE ET LES PREMIERS MINISTRES SOUS LA Ve RÉPUBLIQUE

Charles DE GAULLE	**[président 1959-1969]**	Édith Cresson	1991-1992
Michel Debré	1959-1962	Pierre Bérégovoy	1992-1993
Georges Pompidou	1962-1968	Édouard Balladur (cohabitation)	1993-1995
Maurice Couve de Murville	1968-1969	**Jacques CHIRAC**	**[président 1995-2007]**
Georges POMPIDOU	**[président 1969-1974]**	Alain Juppé	1995-1997
Jacques Chaban-Delmas	1969-1972	Lionel Jospin (cohabitation)	1997-2002
Pierre Messmer	1972-1974	Jean-Pierre Raffarin	2002-2005
Valéry GISCARD D'ESTAING	**[président 1974-1981]**	Dominique de Villepin	2005-2007
Jacques Chirac	1974-1976	**Nicolas SARKOZY**	**[président 2007-2012]**
Raymond Barre	1976-1981	François Fillon	2007-2012
François MITTERRAND	**[président 1981-1995]**	**François HOLLANDE**	**[président 2012-2017]**
Pierre Mauroy	1981-1984	Jean-Marc Ayrault	2012-2014
Laurent Fabius	1984-1986	Manuel Valls	2014-2016
Jacques Chirac (cohabitation)	1986-1988	Bernard Cazeneuve	2016-2017
Michel Rocard	1988-1991	**Emmanuel MACRON**	**[président 2017-]**
		Édouard Philippe	2017-

LES PRÉSIDENTS DE L'ASSEMBLÉE NATIONALE ET DU SÉNAT SOUS LA Ve RÉPUBLIQUE

■ **LES PRÉSIDENTS DE L'ASSEMBLÉE NATIONALE**

Jacques Chaban-Delmas	1958-1969
Achille Peretti	1969-1973
Edgar Faure	1973-1978
Jacques Chaban-Delmas	1978-1981
Louis Mermaz	1981-1986
Jacques Chaban-Delmas	1986-1988
Laurent Fabius	1988-1992
Henri Emmanuelli	1992-1993
Philippe Séguin	1993-1997
Laurent Fabius	1997-2000
Raymond Forni	2000-2002
Jean-Louis Debré	2002-2007
Patrick Ollier	2007
Bernard Accoyer	2007-2012
Claude Bartolone	2012-2017
François de Rugy	2017-2018
Richard Ferrand	2018-

■ **LES PRÉSIDENTS DU SÉNAT**

Gaston Monnerville	1958-1968
Alain Poher	1968-1992
René Monory	1992-1998
Christian Poncelet	1998-2008
Gérard Larcher	2008-2011
Jean-Pierre Bel	2011-2014
Gérard Larcher	2014-

Premier ministre de droite (J. Chirac). Le nouveau gouvernement met en œuvre une politique d'inspiration libérale (privatisations). **1988 :** François Mitterrand est réélu à la présidence de la République. **1991 :** la France participe militairement à la guerre du Golfe. **1992 :** les Français approuvent par référendum la ratification du traité de Maastricht (20 sept.). **1993 - 1995 :** la victoire écrasante de l'opposition de droite aux élections législatives (mars 1993) est suivie d'une deuxième période de cohabitation, avec la nomination de É. Balladur au poste de Premier ministre. **1995 :** Jacques Chirac est élu à la présidence de la République. Le gouvernement, après s'être fixé comme objectif la réduction de la « fracture sociale », revient à une politique de rigueur qui suscite (notamm. lors de l'annonce du plan de réforme de la Sécurité sociale) un vaste mouvement de protestation. **1997 :** la gauche gagne très largement les élections législatives organisées à la suite de la dissolution, par J. Chirac, de l'Assemblée nationale. L. Jospin, Premier ministre d'une nouvelle cohabitation, forme un gouvernement à majorité socialiste, avec une participation des communistes et des écologistes (gauche « plurielle »). Le gouvernement, tout en poursuivant la libéralisation économique, cherche à innover en matière de traitement du chômage et des inégalités sociales (lois sur les 35 heures, couverture maladie universelle) ; il engage également des réformes sur des problèmes de société (pacs). **1999 :** la France participe à l'intervention militaire au Kosovo. **2001 :** après les attentats du 11 septembre, elle s'engage dans les opérations menées en Afghanistan. **2002 :** Jacques Chirac est réélu à la présidence de la République avec plus de 80 % des voix (la présence, au second tour, de J.-M. Le Pen ayant amené la gauche à appeler à un « vote républicain »). La droite gagne très largement les élections législatives. Le nouveau gouvernement s'applique au renforcement de la sécurité et engage des réformes politiques et sociales de fond (décentralisation, retraites, modernisation de l'État, etc.). **2005 :** le non l'emporte lors du référendum sur le projet de traité constitutionnel de l'Union européenne (29 mai). Un nouveau gouvernement se fixe comme priorité absolue la lutte contre le chômage. Le pays connaît une vague de violences urbaines (« crise des banlieues », oct.-nov.). **2006 :** la création, à l'initiative du gouvernement, d'un nouveau contrat de travail destiné aux jeunes (contrat première embauche, ou CPE) soulève une forte contestation, jusqu'à son abandon (janv.-avr.). **2007 :** Nicolas Sarkozy est élu à la présidence de la République. La droite l'emporte aux élections législatives. Le nouveau gouvernement est placé sous le signe de l'« ouverture » (nomination de personnalités de gauche, représentation plus large des femmes et de la diversité culturelle). Sous l'impulsion d'une présidence omniprésente sont lancées de nombreuses réformes : mesures destinées à relancer la croissance et le pouvoir d'achat, autonomie des universités, Grenelle de l'environnement, réforme des cartes judiciaire et militaire, modernisation du marché du travail, des institutions, etc. **2008 :** la France ratifie le traité européen de Lisbonne par voie parlementaire (févr.). La gauche gagne largement les élections municipales et cantonales (mars). Le pays est confronté aux effets de la crise financière et économique mondiale. **2010 :** le tournant de la rigueur budgétaire, l'inflexion sécuritaire de la politique intérieure et la nouvelle réforme des retraites suscitent mécontentements et tensions sociales. Un nouveau gouvernement est formé (sans changement de Premier ministre), recentré sur le noyau dur de la majorité (nov.). **2011 :** forte déjà d'un large succès aux élections régionales de 2010, la gauche remporte les élections cantonales (mars) et, pour la première fois depuis 1958, conquiert la majorité absolue au Sénat (sept.). La France joue un rôle de premier plan sur plusieurs champs d'opérations extérieurs (Côte d'Ivoire, Libye). Elle doit infléchir encore sa gestion vers plus de rigueur pour faire face à la crise de la dette dans la zone euro. **2012 - 2013 :** François Hollande est élu à la présidence de la République. La gauche gagne largement les élections législatives (le PS obtenant à lui seul la majorité absolue). Un gouvernement essentiellement socialiste est formé, dans le strict respect de la parité hommes-femmes. Le nouveau pouvoir prend rapidement des mesures à forte portée symbolique (baisse des salaires du président, des ministres et des patrons de grandes entreprises publiques ; retour de la retraite à 60 ans pour les carrières longues ; etc.) mais, confronté à une situation économique très difficile et à ses engagements de réduction de la dette, il doit imposer un effort historique de rigueur fiscale et budgétaire tout en s'employant à favoriser l'emploi (emplois d'avenir, contrats de génération) et à relancer la croissance (pactes de compétitivité, puis de responsabilité). Il s'engage également sur des questions de société (loi ouvrant le mariage aux couples de personnes de même sexe, dite loi sur le « mariage pour tous »). À l'extérieur, la France intervient au Mali à partir de janv. 2013, ainsi qu'en Centrafrique à partir de déc. **2014 :** la sévère défaite des socialistes aux élections municipales (mars), puis la victoire du Front national, auj. Rassemblement national (25 % des voix), aux européennes (juin) provoquent un séisme pour la classe politique traditionnelle. F. Hollande accentue son tournant social-libéral, incarné par un nouveau Premier ministre (mars) à la tête d'un gouvernement resserré (absence des écologistes, puis départ de l'aile gauche du PS), mais son assise est désormais fragile (majorité relative à l'Assemblée et minorité au Sénat, à partir de sept.). L'armée française participe à la coalition internationale mise en place par les États-Unis contre l'organisation État* islamique en Iraq et en Syrie (sept.). **2015 - 2016 :** les attaques perpétrées notamm. à Paris et dans sa proche banlieue, entre les 7 et 9 janv. (*Charlie* Hebdo*, supermarché kasher... [17 morts]), puis le 13 nov. (concert, restaurants, Stade de France [130 morts]), et à Nice, le 14 juill. 2016 (promenade des Anglais [86 morts]), ramènent la question sécuritaire au centre du débat et de l'action politiques (loi sur le renseignement, état d'urgence...). Une importante réforme territoriale (création des métropoles ; nouvelle carte de France à 13 Régions ; etc.) est progressivement mise en place. **2017 :** Emmanuel Macron est élu président et son parti, La République* en marche, remporte la majorité absolue des sièges à l'Assemblée nationale (mais reste minoritaire au Sénat, en sept.). Ces élections marquent un profond renouvellement de la classe politique (trois quarts de nouveaux députés) et une redéfinition du clivage traditionnel droite-gauche (défaite des Républicains et effondrement du PS ; montée du Front national [auj. Rassemblement national] et de La France* insoumise). Un gouvernement transpartisan, dominé par des « experts », est chargé d'une mise en œuvre rapide du programme présidentiel (moralisation de la vie publique, réforme du Code du travail par ordonnances, réforme fiscale, réforme de l'enseignement supérieur...). E. Macron, qui entend réaffirmer le rôle de la France à l'international, multiplie les initiatives (projet européen, médiations pour la Libye, le Liban...). **À partir de fin 2018 :** la hausse annoncée des taxes sur les carburants (nov. ; annulée en déc.) déclenche un mouvement de protestation (dit des « gilets jaunes »), dont le durcissement des actions et la multiplicité des revendications ébranlent l'exécutif.

France (campagne de) [janv.-mars 1814], opérations qui opposèrent, à la fin de l'Empire, Napoléon Ier aux armées alliées. L'ultime bataille devant Paris contraignit l'Empereur à abdiquer.

France (campagne de) [10 mai-25 juin 1940], opérations qui opposèrent pendant la Seconde Guerre mondiale les armées françaises et alliées (britanniques, belges, néerlandaises) aux forces allemandes. La chute de Dunkerque (4 juin) et les percées allemandes sur la Somme (5 juin) et sur l'Aisne (10 juin) amenèrent la France à demander (17 juin) l'armistice (signé le 22).

FRANCE (île de), anc. nom de l'île Maurice*.

FRANCE (Anatole François **Thibault**, dit Anatole), *Paris 1844 - La Béchellerie, Saint-Cyr-sur-Loire, 1924*, écrivain français. Ses romans historiques ou de mœurs (*le Crime de Sylvestre Bonnard*, 1881 ; *la Rôtisserie de la reine Pédauque*, 1893 ; *le Lys rouge*, 1894 ; *Les dieux ont soif*, 1912) sont empreints d'ironie et de scepticisme. (Prix Nobel 1921.) [Acad. fr.]

FRANCE (Cécile de), *Namur 1975*, actrice belge. Incarnant à ses débuts un type de femme positive et séduisante, elle élargit ensuite son registre avec des personnages plus sombres ou ambigus (*l'Auberge espagnole*, C. Klapisch, 2002 ; *Un secret*, C. Miller, 2007 ; *Au-delà*, C. Eastwood, 2010 ; *le Gamin au vélo*, les frères Dardenne, 2011 ; *Mademoiselle de Joncquières*, E. Mouret, 2018).

FRANCE (Henri de), *Paris 1911 - id. 1986*, ingénieur français. Il est l'inventeur du procédé SECAM de télévision en couleurs (1956), adopté notamm. en France (1966).

France 2, chaîne nationale de télévision française généraliste. Ses origines remontent à la mise en service de la 2e chaîne, en 1964, puis à la constitution, en 1974, de la société nationale Antenne 2. Son nom actuel date de 1992.

France 3, chaîne nationale de télévision française à vocation régionale. Ses origines remontent à la mise en service de la 3e chaîne, en 1973, puis à la création, en 1974, de la société nationale France Régions 3 (FR3). Son nom actuel date de 1992.

France 4, chaîne nationale de télévision française, créée en 2005. Ciblant la jeunesse et les jeunes adultes, elle est dédiée au divertissement, à la culture et aux événements en direct.

France 5, chaîne nationale de télévision française à vocation éducative. Constituée en 1994 et diffusée à partir de 1995 sous le nom de La Cinquième, elle a reçu sa dénomination actuelle en 2002.

France 24, chaîne de télévision française d'information internationale en continu, créée en 2006.

France Info, offre publique française d'information. Créée en 2016, elle regroupe notamm. une chaîne de télévision d'information en continu, née en 2016 et supervisée par France Télévisions, et la radio homonyme de Radio France (1987).

France insoumise (La) [LFI], parti politique français. Il est créé, en 2016, par des membres du Parti de gauche et de la gauche antilibérale pour soutenir la candidature de J.-L. Mélenchon* à la présidentielle de 2017.

France libre (la), nom donné au mouvement lancé en 1940 par le général de Gaulle. Il fut d'abord appliqué aux volontaires qui répondirent à l'appel du 18 juin 1940, puis à toutes les troupes et à tous les territoires qui continuèrent la lutte contre l'Allemagne malgré l'armistice. Le 14 juillet 1942, de Gaulle changea le nom de « France libre » en « France combattante ».

France Ô, chaîne nationale de télévision française, créée en 2005. Héritière de RFO SAT (Réseau* outre-mer 1ère), elle est consacrée à l'outre-mer et au métissage des cultures. D'abord diffusée uniquement en métropole, elle est aussi accessible outre-mer depuis 2010.

FRANCESCA (Piero della) → **PIERO DELLA FRANCESCA.**

FRANCESCO DI GIORGIO MARTINI, *Sienne 1439 - id. 1501*, architecte, peintre, sculpteur et théoricien italien. Représentant du caractère universel de la culture renaissante toscane, il fut au service, notamm., de la cour d'Urbino.

France-Soir, quotidien français. Fondé en 1941, il fut dirigé par P. Lazareff de 1945 à 1972. N'existant plus que sous la forme d'une édition électronique à partir de déc. 2011 (arrêt de la version papier), le journal disparaît en 2012. La marque continue d'être exploitée en version numérique.

France Télévisions, groupe audiovisuel français, créé en 2000 et rassemblant auj. six chaînes nationales métropolitaines de télévision (France 2, France 3, France 4, France 5, France Info [télévision] et France Ô [accessible également outre-mer]) ainsi qu'un réseau ultramarin (Réseau* outre-mer 1ère).

FRANCEVILLE ou **MASUKU,** v. du sud-est du Gabon ; 103 840 hab.

FRANCFORT ou **FRANCFORT-SUR-LE-MAIN,** en all. **Frankfurt am Main,** v. d'Allemagne (Hesse), sur le Main ; 667 925 hab. Centre financier (Bourse, Bundesbank, Banque centrale européenne) et industriel. Université. Aéroport. Foire internationale du livre. – Cathédrale des XIIIe-XVe s. et maisons gothiques, très restaurées. Nombreux musées, dont ceux des Beaux-Arts (Institut Städel) et des Arts décoratifs. Maison de Goethe. – Déjà occupée par les Romains, la ville fut fréquemment le lieu de l'élection impériale à partir du XIIe s. puis devint celui du couronnement de l'empereur (1562 - 1792). Capitale de la Confédération du Rhin (1806 - 1813) puis de la Confédération germanique (1815 - 1866), elle fut annexée par la Prusse en 1866.

Francfort (école de), école philosophique allemande. À partir de 1923, avec Horkheimer et Marcuse, puis de 1950, avec Adorno et Habermas, elle tenta de repenser un marxisme indépendant des partis politiques à partir de la théorie critique et de la psychanalyse.

Francfort (traité de) [10 mai 1871], traité signé entre la France et l'Empire allemand, mettant fin à la guerre franco-allemande. Il cédait à l'Allemagne l'Alsace et le nord-est du Plateau lorrain, et prévoyait le versement par la France d'une indemnité de 5 milliards de francs-or.

FRANCFORT-SUR-L'ODER, en all. **Frankfurt an der Oder,** v. d'Allemagne (Brandebourg), sur la rive gauche de l'Oder, à la frontière polonaise ; 59 140 hab. Anc. ville hanséatique. Musées.

FRANCHE-COMTÉ, anc. prov. de l'est de la France. (Hab. *Francs-Comtois.*) Attribuée à la Lotharingie au traité de Verdun (843), la région revient au royaume de Bourgogne en 879. Érigée en comté de Bourgogne au XIe s., elle devient terre du Saint Empire. Rattachée au duché de Bourgogne en 1384, elle se trouve, dès la fin du XVe s., disputée entre la France et le Saint Empire, passe en 1556 aux Habsbourg d'Espagne puis est cédée à la France au traité de Nimègue (1678).

FRANCHE-COMTÉ n.f., anc. Région administrative de France (Territoire de Belfort, Doubs, Jura et Haute-Saône) [→ **Bourgogne-Franche-Comté**].

FRANCHET D'ESPÈREY (Louis), *Mostaganem 1856 - château de Saint-Amancet, Tarn, 1942*, maréchal de France. Il servit au Maroc sous Lyautey (1912), et se distingua sur la Marne (1914). Commandant en chef des troupes alliées en Macédoine (1918), il contraignit la Bulgarie à cesser le combat.

FRANCHEVILLE (69340), comm. du Rhône ; 14 683 hab. (*Franchevillois*).

FRANCIS (James Bicheno), *Southleigh, Devon, 1815 - Lowell, Massachusetts, 1892*, ingénieur américain d'origine britannique. Il a réalisé la turbine hydraulique à réaction qui porte son nom (1849).

FRANCIS (Sam), *San Mateo, Californie, 1923 - Santa Monica 1994*, peintre américain. Tachiste, maître de la couleur et de la modulation spatiale, il a travaillé à Paris dans les années 1950.

FRANCK (César), *Liège 1822 - Paris 1890*, compositeur et organiste français d'origine belge. Par l'emploi de la forme cyclique, du chromatisme, d'une ample mélodie, il a rénové le style français dans le contexte d'une esthétique germanique : *Prélude, choral et fugue*, pour piano (1885), *Sonate pour piano et violon* (1887), *Symphonie en « ré » mineur* (1889), *Trois Chorals*, pour orgue (1890).

FRANCK (James), *Hambourg 1882 - Göttingen 1964*, physicien américain d'origine allemande. Il étudia l'excitation des atomes et proposa une théorie de la luminescence en introduisant la notion de niveaux d'énergie. (Prix Nobel 1925.)

FRANCO (Francisco), *El Ferrol 1892 - Madrid 1975*, général et homme politique espagnol. Il combattit de 1921 à 1927 à la tête de la légion étrangère (*Tercio*) au Maroc et, en 1936, prit la tête du mouvement nationaliste après la mort du général José Sanjurjo. Nommé chef de gouvernement et généralissime des armées, il participa activement à la guerre civile (1936 - 1939). Proclamé Caudillo puis chef de l'État, du gouvernement et de l'armée (1938), il instaura à l'issue de la guerre un régime dictatorial. Il assouplit les institutions en 1966 et désigna (1969) pour lui succéder don Juan Carlos de Bourbon.

▲ Francisco **Franco**

franco-allemande (guerre) [1870 - 1871], conflit qui opposa la Prusse et l'ensemble des États allemands à la France. Recherchée par Bismarck pour réaliser l'unité allemande après la guerre des Duchés (1864) et le conflit austro-prussien (1866), cette guerre eut pour occasion la candidature d'un Hohenzollern au trône d'Espagne. Provoquée par la dépêche d'Ems, la guerre tourna très vite au désavantage de l'armée française, mal préparée et mal commandée, face à une armée prussienne très bien organisée et dirigée par un état-major compétent. La chute du second Empire français survint après une série de défaites en Alsace et en Lorraine et la reddition de Napoléon III à Sedan (2 sept. 1870). Les efforts du gouvernement de la Défense nationale (Gambetta) ne purent empêcher les capitulations de Strasbourg, Metz et Paris (28 janv. 1871). Le traité de Francfort (10 mai 1871) consacra la victoire de l'Empire allemand, proclamé à Versailles le 18 janv. 1871, et la défaite de la France, qui perdait l'Alsace (moins Belfort) et une partie de la Lorraine.

FRANÇOIS (Le) [97240], comm. de l'est de la Martinique ; 17 901 hab. (*Franciscains*). Fondation Clément (art moderne et contemporain).

SAINTS

FRANÇOIS BORGIA (saint), *Gandia 1510 - Rome 1572*, jésuite d'origine espagnole. Vice-roi de Catalogne, veuf en 1546, il entra en 1551 chez les jésuites, dont il fut le troisième général.

▲ Saint François d'Assise recevant les stigmates.
Partie d'un retable de Giotto. (Louvre, Paris.)

FRANÇOIS D'ASSISE (saint), *Assise v. 1182 - id. 1226*, fondateur de l'ordre des Franciscains. Fils d'un riche marchand, il rompt avec sa jeunesse dorée (1206) et s'entoure de disciples, qui se vouent comme lui à la pauvreté évangélique : les Frères mineurs (1209), ordre religieux auquel s'ajoute, en 1212, un ordre de femmes, les Pauvres Dames, ou clarisses, dont la cofondatrice fut Claire d'Assise. Après avoir voyagé au Maroc et en Égypte, pour tâcher de convertir les musulmans, François reçoit les stigmates de la Passion (1224). – Son idéal de pureté et de joie évangélique s'est exprimé dans le *Cantique du soleil* ou *Cantique des créatures*, un des premiers textes de la littérature italienne. – Sa légende revit dans les *Fioretti* et dans les fresques attribuées à Giotto et à son atelier, à Assise.

FRANÇOIS DE PAULE (saint), *Paola 1416 - Plessis-lez-Tours 1507*, religieux italien, fondateur de l'ordre des Minimes. En 1482, Louis XI le fit venir en Touraine dans l'espoir que ses dons de thaumaturge lui prolongeraient la vie.

FRANÇOIS DE SALES (saint), *manoir familial proche du château de Thorens, auj. Thorens-Glières, 1567 - Lyon 1622*, prélat et théologien savoyard. Évêque de Genève-Annecy (1602), il s'attacha à promouvoir le renouveau spirituel des catholiques dans l'esprit de la Contre-Réforme. Avec sainte Jeanne de Chantal, il fonda l'ordre de la Visitation. Il est l'auteur de l'*Introduction à la vie dévote* (1609), où il développe une spiritualité adaptée aux gens du monde, et du *Traité de l'amour de Dieu* (1616).

FRANÇOIS RÉGIS (saint) → **JEAN FRANÇOIS RÉGIS** (saint).

FRANÇOIS XAVIER (Francisco **de Jaso**, dit [saint]), *Javier, Navarre, 1506 - Chine 1552*, jésuite et missionnaire espagnol. Un des premiers membres de la Compagnie de Jésus, il évangélisa l'Inde portugaise et le Japon.

PAPE

FRANÇOIS (Jorge Mario **Bergoglio**), *Buenos Aires 1936*, pape depuis 2013. Jésuite, archevêque de Buenos Aires (à partir de 1998), nommé cardinal en 2001, il devient pape après la renonciation de Benoît XVI à sa charge. Premier pape latino-américain, il entreprend de réformer la curie romaine et s'attache à faire évoluer l'image de l'Église.

◄ Le pape **François** en 2013.

SAINT EMPIRE

FRANÇOIS Ier de Habsbourg-Lorraine, *Nancy 1708 - Innsbruck 1765*, empereur germanique (1745 - 1765), duc de Lorraine (François III) [1729 - 1736], grand-duc de Toscane (1737 - 1765), fondateur de la maison des Habsbourg-Lorraine. Il épousa Marie-Thérèse d'Autriche en 1736. — **François II,** *Florence 1768 - Vienne 1835*, empereur germanique (1792 - 1806) puis empereur héréditaire d'Autriche (François Ier) [1804 - 1835] de la maison des Habsbourg-Lorraine. Il lutta sans succès contre la Révolution française et contre Napoléon Ier, qui, en supprimant le Saint Empire (1806), le réduisit au rang d'empereur d'Autriche et à qui il dut accorder la main de sa fille Marie-Louise (1810). Conseillé par Metternich, il rejoignit en 1813 la coalition antifrançaise. Président de la Confédération germanique (1815), il réprima les mouvements libéraux en Allemagne et en Italie.

BRETAGNE

FRANÇOIS Ier, *Vannes 1414 - Plaisance, près de Vannes, 1450*, duc de Bretagne (1442 - 1450). Il soutint Charles VII dans sa lutte contre l'Angleterre. — **François II,** *1435 - Couëron, près de Nantes, 1488*, duc de Bretagne (1458 - 1488). Il participa à la ligue du Bien public contre Louis XI puis à la Guerre folle contre Anne de Beaujeu.

DEUX-SICILES

FRANÇOIS Ier, *Naples 1777 - id. 1830*, roi des Deux-Siciles (1825 - 1830). Il réprima sévèrement les révoltes libérales. — **François II,** *Naples 1836 - Arco 1894*, roi des Deux-Siciles (1859 - 1860). Il ne put empêcher les Mille de Garibaldi d'occuper la Sicile et Naples (1860).

FRANCE

FRANÇOIS Ier, *Cognac 1494 - Rambouillet 1547*, roi de France (1515 - 1547) de la dynastie des Valois. Fils de Charles d'Orléans, comte d'Angoulême, et de Louise de Savoie, il est d'abord comte d'Angoulême et duc de Valois, et succède à son cousin Louis XII, dont il a épousé la fille, Claude de France. Dès son avènement, il reprend la politique italienne de ses prédécesseurs, passe les Alpes et remporte sur les Suisses la victoire de Marignan (1515), qui lui livre le Milanais. Il tente alors, sans succès, de se faire élire empereur contre Charles Ier d'Espagne (le futur Charles Quint). Pour vaincre ce rival, il essaie en vain d'obtenir l'alliance anglaise (entrevue du Camp du Drap d'or, avec Henri VIII, 1520). La lutte contre la maison d'Autriche occupe dès lors son règne ; elle est marquée au début par la trahison du connétable de Bourbon, la défaite de Pavie (1525) et le traité de Madrid (1526). Puis, allié au pape Clément VII, François Ier reprend la guerre contre Charles Quint, mais doit renoncer à ses prétentions italiennes au traité de Cambrai (1529). Veuf, il épouse Éléonore, fille de Philippe Ier d'Espagne (1530). Il se tourne ensuite vers les pays du Saint Empire et s'allie, contre les Habsbourg d'Autriche, aux princes protestants d'Allemagne et aux Turcs de Soliman le Magnifique. La guerre reprend, marquée par l'invasion de la Provence par les impériaux. Elle aboutit à la paix de Crépy (1544). François Ier abandonne la Savoie et le Piémont, renonce à ses prétentions sur la Flandre, l'Artois et Naples. De son côté, Charles Quint cède la Bourgogne. Ainsi prennent fin les guerres d'Italie. Par l'ordonnance de Villers-Cotterêts (1539), François Ier substitue le français au latin dans les jugements, actes notariés et registres d'état civil. Il encourage les lettres et les arts, secondant le mouvement de la Renaissance française, attirant à la cour poètes et peintres (Léonard de Vinci et les Italiens qui constituent la première école de Fontainebleau*), fondant les futurs Collège de France et Imprimerie nationale, promenant une cour brillante dans les châteaux royaux de l'Île-de-France ou de la vallée de la Loire. D'abord tolérant envers la Réforme, il choisit la répression après l'affaire des Placards (1534). – Le tombeau du roi et de sa femme, conçu par P. Delorme, avec gisants et reliefs de P. Bontemps, est à Saint-Denis (v. 1548-1560).

▲ **François Ier** d'après J. Clouet. (Louvre, Paris.)

FRANÇOIS II, *Fontainebleau 1544 - Orléans 1560*, roi de France (1559 - 1560) de la dynastie des Valois. Fils aîné d'Henri II et de Catherine de Médicis, époux de Marie Ire Stuart, nièce des Guises, il subit l'influence de ces derniers, qui persécutèrent les protestants et réprimèrent avec cruauté la conjuration d'Amboise (mars 1560).

FRANÇOIS (André **Farkas**, dit André), *Timişoara 1915 - Grisy-les-Plâtres, Val-d'Oise, 2005*, peintre et dessinateur français d'origine roumaine. Ses dessins d'humour, ses illustrations, ses affiches créent un monde d'absurdité goguenarde, où l'imaginaire se mêle au quotidien.

FRANÇOIS (Claude), *Ismaïlia, Égypte, 1939 - Paris 1978*, chanteur français. Également parolier, il connut le succès à partir de 1962 avec la vague yé-yé (*Belles, belles, belles ; Comme d'habitude ; Le téléphone pleure ; Alexandrie, Alexandra*).

FRANÇOIS (Samson), *Francfort-sur-le-Main 1924 - Paris 1970*, pianiste français. Également compositeur (*Concerto pour piano et orchestre*, 1951), il s'est imposé comme l'un des grands pianistes de sa génération, en particulier dans le répertoire français (Fauré, Debussy, Ravel).

FRANÇOIS DE NEUFCHÂTEAU (Nicolas, comte **François**, dit), *Saffais, Meurthe-et-Moselle, 1750 - Paris 1828*, homme politique français. Membre du Directoire (1797) et ministre de l'Intérieur (1797 - 1799), il prit d'importantes initiatives en matière d'instruction et d'assistance publiques.

FRANÇOISE ROMAINE (sainte), *Rome 1384 - id. 1440*, religieuse italienne, fondatrice de la congrégation des Oblates bénédictines (1433).

FRANÇOIS-FERDINAND de Habsbourg, *Graz 1863 - Sarajevo 1914*, archiduc d'Autriche. Il était le neveu de l'empereur François-Joseph, héritier du trône depuis 1889. Son assassinat, à Sarajevo, le 28 juin 1914, préluda à la Première Guerre mondiale.

FRANÇOIS-JOSEPH (archipel), archipel russe de l'Arctique, à l'E. du Svalbard.

FRANÇOIS-JOSEPH Ier, *Schönbrunn 1830 - Vienne 1916*, empereur d'Autriche (1848 - 1916) et roi de Hongrie (1867 - 1916), de la dynastie des Habsbourg. Neveu et successeur de Ferdinand Ier, il établit d'abord un régime autoritaire avec l'appui de l'armée. Mais la perte de la Lombardie (1859) l'oriente vers une politique plus libérale. En guerre contre la Prusse (1866), battu à Sadowa, il accepte le compromis austro-hongrois (1867) mettant le royaume de Hongrie sur un pied d'égalité avec l'empire d'Autriche, mais ne parvient pas à enrayer les passions nationales. Il s'allie avec les empereurs de Russie et d'Allemagne (1873), conclut avec l'Allemagne la Duplice (1879) et annexe la Bosnie-Herzegovine (1908). En 1914, il déclare la guerre à la Serbie, déclenchant la Première Guerre mondiale.

▲ **François-Joseph Ier** par H. Wassmuth. (Hofburg, Vienne.)

FRANÇON (Alain), *Saint-Étienne 1945*, metteur en scène français. Attaché à la description délicate des destins individuels, il excelle dans le registre des œuvres classiques (Tchekhov, Goldoni) et donne une vision violente de notre société quand il met en scène des auteurs contemporains (E. Bond, M. Vinaver, B. Strauss).

FRANCONIE, en all. **Franken,** région d'Allemagne, dont la plus grande partie appartient auj. à la Bavière. La Franconie fut l'un des premiers duchés du Saint Empire romain germanique.

FRANCONVILLE (95130), bur. centr. de cant. du Val-d'Oise ; 35 177 hab. (*Franconvillois*).

francophonie (Organisation internationale de la) → **Organisation internationale de la francophonie.**

Francorchamps → **Spa.**

franco-russe (alliance), alliance entre la France et la Russie, élaborée entre 1891 et 1894 et demeurée en vigueur jusqu'en 1917. La France y obtenait des garanties militaires pour sa défense, tandis que la Russie plaçait sur le marché français les emprunts d'État pour le financement de son industrialisation.

FRANCS, peuple germanique qui donna son nom à la France. Établis au IIIe s. sur le Rhin inférieur, ils participent alors aux incursions barbares dans la Gaule romaine. Ils forment deux grands groupes : les *Francs Saliens*, établis dans l'actuel Brabant en 358, au service de l'Empire romain ; les *Francs du Rhin*, qui vivent sur les rives du Rhin et de la Moselle (auxquels on a longtemps donné à tort le nom de *Francs Ripuaires*). Les Francs, unifiés par Clovis, conquièrent la Gaule aux Ve et VIe s. et la gouvernent (Mérovingiens, puis Carolingiens).

Francs-tireurs et partisans (FTP), formations de combat créées en 1942, à l'initiative du Parti communiste français, et qui, dans le cadre des Forces françaises de l'intérieur, jouèrent un rôle important dans la Résistance.

FRANGIÉ (Soleiman), *Zghorta 1910 - Beyrouth 1992*, homme politique libanais. Président de la République (1970 - 1976), il soutint l'intervention syrienne en 1976.

FRANJU (Georges), *Fougères 1912 - Paris 1987*, cinéaste français. Il est l'auteur de documentaires (*le Sang des bêtes*, 1949) et de longs métrages (*la Tête contre les murs*, 1959 ; *Thérèse Desqueyroux*, 1962), où se mêlent violence et poésie.

FRANK (Anne), *Francfort-sur-le-Main 1929 - Bergen-Belsen 1945*, auteur d'un célèbre *Journal*. Petite fille juive allemande émigrée avec sa famille aux Pays-Bas en 1933, elle a laissé par ce livre, écrit entre 1942 et 1944, un témoignage émouvant sur la clandestinité sous l'occupation hitlérienne.

FRANK (Robert), *Zurich 1924*, photographe et cinéaste américain d'origine suisse. Regard subjectif sur le banal quotidien et écriture à dominante de gris, privilégiant l'espace, parfois le flou, font de lui l'un des initiateurs de la photographie contemporaine (*les Américains*, 1958).

Frankenstein, personnage de savant fou du roman de Mary Shelley *Frankenstein ou le Prométhée moderne* (1818). Il a inspiré de nombreux films.

FRANKÉTIENNE (Franck **Étienne**, dit), *Ravine-Sèche, dép. de l'Artibonite, 1936*, écrivain haïtien. Créateur de la *spirale* (esthétique du chaos et de la vie en mouvement), il fait résonner l'âme de son pays dans une œuvre portée par l'énergie d'une écriture qui mêle français, créole et inventions verbales multiples (*Ultravocal*, 1972 ; *Dézafi*, 1975 ; *Kaselezo*, 1985 ; *l'Oiseau schizophone*, 1993 ; *H'Eros-chimères*, 2002). Il est aussi peintre.

Frankfurter Allgemeine Zeitung, quotidien conservateur allemand fondé en 1949.

FRANKLAND (sir Edward), *Churchtown, près de Lancaster, 1825 - Golaa, Norvège, 1899,* chimiste britannique. Il découvrit, en même temps que H. Kolbe, les composés organométalliques (1849), fut l'un des créateurs du concept de valence chimique et prédit, parallèlement à J. N. Lockyer, l'existence de l'hélium dans l'atmosphère solaire.

FRANKLIN (Aretha), *Memphis 1942 - Détroit 2018,* chanteuse américaine de rhythm and blues. Sa voix expressive porte la tradition du gospel aussi bien que l'innovation de la musique soul dans les années 1960 (*Respect* d'Otis Redding ; *Chain of Fools* de Don Covay).

FRANKLIN (Benjamin), *Boston 1706 - Philadelphie 1790,* homme politique, physicien et publiciste américain. Partisan des Lumières, député au premier Congrès américain (1774), il rédigea avec Jefferson et John Adams la Déclaration d'indépendance (1776) et vint à Versailles négocier l'alliance française, effective en 1778. – Il a découvert la nature électrique de l'éclair et le pouvoir des pointes, ce qui l'a conduit à l'invention du paratonnerre (1752).

▲ B. **Franklin.** (National Portrait Gallery, Londres.)

FRANKLIN (sir John), *Spilsby 1786 - île du Roi-Guillaume 1847,* navigateur britannique. Il explora les côtes arctiques du Canada, fut gouverneur de la Tasmanie (1836 - 1843) et périt en tentant de découvrir le passage du Nord-Ouest.

FRANKLIN (Rosalind Elsie), *Londres 1920 - id. 1958,* biophysicienne britannique. Ses images de l'ADN obtenues par diffraction des rayons X ont joué un rôle déterminant dans l'élucidation de la structure de cette molécule par J. D. Watson et F. Crick.

FRANQUIN (André), *Bruxelles 1924 - Saint-Laurent-du-Var 1997,* dessinateur et scénariste belge de bandes dessinées. Collaborateur du journal *Spirou* (il y dessina les aventures de *Spirou et Fantasio* de 1946 à 1968), il a créé notamm. les personnages du *Marsupilami* (1952) et de *Gaston Lagaffe* (1957).

FRANTZ (Joseph), *Beaujeu 1890 - Paris 1979,* aviateur français. Au cours de la Première Guerre mondiale, il remporta, avec son mécanicien Quénault, la première victoire en combat aérien de l'histoire (5 oct. 1914).

FRASCATI, v. d'Italie (Latium), près de Rome ; 20 408 hab. Vins. Centre de recherches nucléaires. – C'est l'antique *Tusculum.* Villas du XVIe s., dans un site remarquable.

FRASER n.m., fl. du Canada, né dans les Rocheuses et qui se jette dans le Pacifique ; 1 200 km. Gorges.

FRASER (Dawn), *Sydney 1937,* nageuse australienne. Triple championne olympique (1956, 1960 et 1964) du 100 m nage libre, elle fut la première à nager cette distance en moins de 1 min (1962).

FRASER-PRYCE (Shelly-Ann), *Kingston 1986,* athlète jamaïquaine. Elle est la femme la plus titrée de l'histoire du 100 m, avec trois victoires aux championnats du monde (2009, 2013 et 2015) et deux aux jeux Olympiques (2008 et 2012). Elle est aussi championne du monde du relais 4 × 100 m (2009, 2013 et 2015) et du 200 m (2013).

FRASNES-LEZ-ANVAING, comm. de Belgique (Hainaut), à l'O.-N.-O. d'Ath ; 11 511 hab.

FRATELLINI, famille d'artistes de cirque d'origine italienne, dont trois membres formèrent, de 1920 à 1940, un célèbre trio de clowns : **Paul F.,** *Catane 1877 - Le Perreux-sur-Marne 1940,* **François F.,** *Paris 1879 - id. 1951,* et **Albert F.,** *Moscou 1885 - Épinay-sur-Seine 1961.*

FRATELLINI (Annie), *Alger 1932 - Paris 1997,* artiste de cirque française, petite-fille de Paul Fratellini. Clown de renom, elle fonda en 1972, avec P. Étaix, l'École nationale du cirque, à Paris (devenue en 2003 l'Académie Fratellini, à Saint-Denis).

Fraternité républicaine irlandaise, mouvement révolutionnaire irlandais fondé en 1858 aux États-Unis. Ses membres, les Fenians, luttaient pour l'indépendance de l'Irlande.

FRAUENFELD, v. de Suisse, ch.-l. du canton de Thurgovie, sur la Murg ; 23 298 hab. Monuments anciens, musée.

FRAUNHOFER (Joseph von), *Straubing, Bavière, 1787 - Munich 1826,* opticien et physicien allemand. Il inventa le spectroscope, avec lequel il repéra les raies du spectre solaire (1814).

FRAYSSINOUS (Denis, comte de), *Salles-la-Source, Aveyron, 1765 - Saint-Geniez-d'Olt, Aveyron, 1841,* prélat français. Grand maître de l'Université (1822 - 1824), il fut ministre de l'Instruction publique et des Cultes (1824 - 1828). [Acad. fr.]

FRAZER (sir James George), *Glasgow 1854 - Cambridge 1941,* anthropologue britannique. Ses travaux ont porté sur les sociétés de l'Antiquité grecque et latine, sur les croyances totémiques, sur l'évolution qui mène selon lui de la magie à la religion et enfin sur l'Ancien Testament (*le Rameau d'or,* 1890-1915).

FREARS (Stephen), *Leicester 1941,* cinéaste britannique. Il a contribué à l'émergence d'un nouveau cinéma anglais, auquel il a donné une tonalité proche de la critique sociale ou du film noir (*My Beautiful Laundrette,* 1985 ; *les Liaisons dangereuses,* 1988 ; *les Arnaqueurs,* 1990 ; *The Hi-Lo Country,* 1999 ; *Dirty Pretty Things,* 2002 ; *The Queen,* 2006 ; *Philomena,* 2013).

FRÉCHETTE (Louis), *Lévis 1839 - Montréal 1908,* écrivain canadien de langue française, auteur de l'épopée nationale *la Légende d'un peuple* (1887).

FRED (Othon **Aristides,** dit), *Paris 1931 - Eaubonne 2013,* dessinateur et scénariste français de bandes dessinées. Avec *le Petit Cirque* et *Philémon,* publiés à l'origine respectivement dans *Hara-Kiri* et dans *Pilote,* il a créé un univers fantastique et poétique ouvrant de nouvelles voies à la bande dessinée.

FRÉDÉGONDE, *545 - 597,* reine de Neustrie. Femme de Chilpéric Ier, qu'elle épousa après avoir fait étrangler sa femme Galswinthe, elle lutta contre la sœur de Galswinthe, Brunehaut, dont elle fit tuer l'époux, Sigebert (575).

SAINT EMPIRE

FRÉDÉRIC Ier Barberousse, *Waiblingen 1122 - dans le Cydnos 1190,* empereur germanique (1155 - 1190), de la dynastie des Hohenstaufen. Il voulut restaurer l'autorité impériale mais se heurta en Italie à la Ligue lombarde, qui le défit à Legnano (1176) et lui imposa la paix. Il se noya en Cilicie pendant la 3e croisade. À partir du XVIe s., il devint le symbole des espérances populaires et nationales du peuple allemand.

FRÉDÉRIC II, *Iesi 1194 - château de Fiorentino, Foggia, 1250,* roi de Sicile (Frédéric Ier) [1197 - 1250], empereur germanique (1220 - 1250) de la dynastie des Hohenstaufen. Maître de l'Allemagne après la bataille de Bouvines (1214), il fut en lutte presque constante avec la papauté. Excommunié (1227), il prit part à une croisade qu'il mena en diplomate et obtint la cession de Jérusalem (1229). Réconcilié avec le pape (1230), il reprit le combat avec la Ligue lombarde et se fit à nouveau excommunier (1239), puis déposer (1245). Il fit de Palerme une somptueuse capitale, y attirant artistes et lettrés.

FRÉDÉRIC III de Styrie, *Innsbruck 1415 - Linz 1493,* roi des Romains (1440), empereur germanique (1452 - 1493) de la dynastie des Habsbourg.

DANEMARK ET NORVÈGE

FRÉDÉRIC Ier, *Copenhague 1471 - Gottorp 1533,* roi de Danemark et de Norvège (1523 - 1533). Il favorisa les progrès de la Réforme. — **Frédéric II,** *Haderslev 1534 - Antvorskov 1588,* roi de Danemark et de Norvège (1559 - 1588). Il lutta contre la Suède (1563 - 1570). — **Frédéric III,** *Haderslev 1609 - Copenhague 1670,* roi de Danemark et de Norvège (1648 - 1670). Il rétablit le caractère absolu du pouvoir royal. — **Frédéric IV,** *Copenhague 1671 - Odense 1730,* roi de Danemark et de Norvège (1699 - 1730). Ennemi de Charles XII de Suède, il obtint finalement la partie sud du Slesvig (1720). — **Frédéric V,** *Copenhague 1723 - id. 1766,* roi de Danemark et de Norvège (1746 - 1766). Il accomplit de profondes réformes. — **Frédéric VI,** *Copenhague 1768 - id. 1839,* roi de Danemark (1808 - 1839) et de Norvège (1808 - 1814). Allié à la France (1807), il dut céder la Norvège à la Suède (1814). — **Frédéric VII,** *Copenhague 1808 - Glücksburg 1863,* roi de Danemark (1848 - 1863). C'est sous son règne qu'éclata l'affaire des Duchés*. — **Frédéric VIII,** *Copenhague 1843 - Hambourg 1912,* roi de Danemark (1906 - 1912). — **Frédéric IX,** *château de Sorgenfri 1899 - Copenhague 1972,* roi de Danemark (1947 - 1972). Sa fille, Marguerite II, lui a succédé.

ÉLECTEUR PALATIN

FRÉDÉRIC V, *Amberg 1596 - Mayence 1632,* Électeur palatin (1610 - 1623) et roi de Bohême (1619 - 1620). Chef du parti protestant (l'Union évangélique) pendant la guerre de Trente Ans, il fut vaincu à la Montagne Blanche (1620) par Ferdinand II de Habsbourg.

PRUSSE

FRÉDÉRIC Ier, *Königsberg 1657 - Berlin 1713,* Électeur de Brandebourg (1688), premier roi en Prusse (1701 - 1713) de la dynastie des Hohenzollern. Il était le fils de Frédéric-Guillaume, le Grand Électeur.

FRÉDÉRIC II le Grand, *Berlin 1712 - Potsdam 1786,* roi de Prusse (1740 - 1786) de la dynastie des Hohenzollern. À l'issue des deux guerres de Silésie (1740 - 1742 ; 1744 - 1745), il réussit, en dépit des graves revers essuyés pendant la guerre de Sept Ans (1756 - 1763), à conserver cette région. Au premier partage de la Pologne (1772), il reçut la Prusse occidentale. Il réorganisa ses États, les dotant d'une administration moderne, colonisant des terres et forgeant une armée qui deviendra la meilleure d'Europe. Il expérimenta l'ordre oblique, qui permettait à l'infanterie d'effectuer la manœuvre sur ses ailes, jusqu'alors réservée à la cavalerie. Ami des lettres, grand collectionneur d'art français, auteur d'un *Anti-Machiavel* (1739), compositeur de pièces pour flûte, il attira en Prusse, autour de sa résidence de Sans-Souci, Voltaire et de nombreux savants français, devenant ainsi le modèle du despote éclairé.

▲ **Frédéric II le Grand** par J.-G. Ziesenis. (Kurpfälzisches Museum, Heidelberg.)

FRÉDÉRIC III, *Potsdam 1831 - id. 1888,* roi de Prusse et empereur d'Allemagne (1888). Fils et successeur de Guillaume Ier, il ne régna que quelques mois.

SAXE

FRÉDÉRIC III le Sage, *Torgau 1463 - Lochau 1525,* duc-électeur de Saxe (1486 - 1525). Il soutint Luther contre le pape et Charles Quint.

SICILE

FRÉDÉRIC Ier → **FRÉDÉRIC II** [Saint Empire].

FRÉDÉRIC II, *1272 - Palerme 1337,* roi de Sicile (1296 - 1337). — **Frédéric III,** dit **le Simple,** *Catane 1342 - Messine 1377,* roi de Sicile et duc d'Athènes de 1355 à 1377.

FRÉDÉRIC Ier, *Naples 1452 - Tours 1504,* roi de Sicile péninsulaire (Naples) de 1496 à 1501. Il dut céder son royaume au roi de France Louis XII et obtint en échange le comté du Maine.

SUÈDE

FRÉDÉRIC Ier, *Kassel 1676 - Stockholm 1751,* roi de Suède (1720 - 1751). Beau-frère de Charles XII, il succéda à sa femme Ulrique Éléonore, reine de Suède de 1718 à 1720.

FRÉDÉRIC-AUGUSTE Ier le Juste, *Dresde 1750 - id. 1827,* roi de Saxe (1806 - 1827). Il fut l'allié fidèle de Napoléon, qui, au traité de Tilsit, lui donna le grand-duché de Varsovie (1807).

FRÉDÉRIC-CHARLES, *Berlin 1828 - Potsdam 1885,* général et prince prussien. Neveu de Guillaume Ier, il combattit à Sadowa (1866) et commanda la IIe armée pendant la guerre de 1870 - 1871.

FRÉDÉRIC-GUILLAUME, dit **le Grand Électeur,** *Berlin 1620 - Potsdam 1688,* Électeur de Brandebourg et duc de Prusse de la dynastie des Hohenzollern. Il monta sur le trône en 1640 et, après la signature des traités de Westphalie (1648), s'efforça de relever le Brandebourg. Chef de l'opposition calviniste aux impériaux, il accueillit les protestants français après la révocation de l'édit de Nantes (1685).

FRÉDÉRIC-GUILLAUME Ier, surnommé **le Roi-Sergent,** *Berlin 1688 - Potsdam 1740,* roi de Prusse (1713 - 1740), de la dynastie des Hohenzollern. Fils de Frédéric Ier, il poursuivit l'œuvre de centralisation et de développement économique de ses prédécesseurs et légua à son fils, Frédéric II, un royaume puissant. — **Frédéric-Guillaume II,** *Berlin 1744 - id. 1797,* roi de Prusse (1786 - 1797) de la dynastie des Hohenzollern. Neveu et successeur de Frédéric II, il participa aux coalitions contre la France révolutionnaire, mais, à la paix de Bâle (1795), dut lui céder la rive gauche du Rhin. Il participa aux deuxième et troisième partages de la Pologne (1793 - 1795). — **Frédéric-Guillaume III,** *Potsdam 1770 - Berlin 1840,* roi de Prusse (1797 - 1840) de la dynastie des Hohenzollern. Après l'effondrement prussien devant Napoléon (1806 - 1807), il réussit avec le concours de Stein, Hardenberg, Scharnhorst, Gneisenau et Clausewitz à redresser le pays et à lui redonner son rang de grande puissance au congrès de Vienne (1815). — **Frédéric-Guillaume IV,** *Berlin 1795 - château de Sans-Souci 1861,* roi de Prusse (1840 - 1861) de la dynastie des Hohenzollern. Il dut accorder à son peuple une Constitution en 1848. Atteint de troubles mentaux, il abandonna la régence à son frère, Guillaume Ier, en 1858.

FRÉDÉRIC-HENRI, *Delft 1584 - La Haye 1647,* prince d'Orange-Nassau. Stathouder des Provinces-Unies (1625 - 1647), il lutta contre les Espagnols pendant la guerre de Trente Ans.

FREDERICTON, v. du Canada, cap. du Nouveau-Brunswick ; 58 220 hab. Université.

FREDERIKSBERG, v. du Danemark, banlieue de Copenhague ; 96 718 hab.

Frederiksborg, château royal du Danemark (XVIIe et XIXe s.) à Hillerød, au N.-O. de Copenhague. Musée national d'histoire.

FREEMAN (Morgan), *Memphis 1937,* acteur américain. Fidèle à l'univers de C. Eastwood (*Impitoyable,* 1992 ; *Million Dollar Baby,* 2004 ; *Invictus,* 2009), il incarne avec sobriété des personnages pleins de sagesse ou engagés (*Miss Daisy et son chauffeur,* B. Beresford, 1989 ; *les Évadés,* F. Darabont, 1994 ; *Seven,* D. Fincher, 1995).

FREETOWN, cap. de la Sierra Leone ; 940 683 hab. Port. Raffinerie de pétrole.

FREGE (Gottlob), *Wismar 1848 - Bad Kleinen, Mecklembourg, 1925,* logicien et mathématicien allemand. Il est à l'origine de la formalisation des mathématiques et de la doctrine logiciste du fondement des mathématiques.

FREGOLI (Leopoldo), *Rome 1867 - Viareggio 1936,* artiste de variétés italien. Sur la scène des music-halls européens, il se fit une spécialité d'interpréter tour à tour de nombreux personnages en changeant rapidement de costume, art dont se réclamèrent plus tard les transformistes.

FRÉHEL (cap), cap de la Bretagne, fermant au nord-est la baie de Saint-Brieuc.

FRÉHEL (Marguerite **Boulch,** dite), *Paris 1891 - id. 1951,* chanteuse française. Également actrice (*Pépé le Moko,* J. Duvivier, 1937), elle chanta un répertoire populaire, réaliste et gouailleur (*Tel qu'il est, il me plaît* ; *la Java bleue* ; *Où sont mes amants ?*).

FREIBERG, v. d'Allemagne (Saxe), au S.-O. de Dresde ; 39 825 hab. Métallurgie. – Cathédrale des XIIe-XVIe s., autres monuments et musées.

FREILIGRATH (Ferdinand), *Detmold 1810 - Stuttgart 1876,* poète allemand. Auteur de ballades romantiques, il se tourna ensuite vers une poésie politique (*Profession de foi,* 1844).

FREI MONTALVA (Eduardo), *Santiago 1911 - id. 1982,* homme politique chilien. Chef de la Démocratie chrétienne, il fut président de la République de 1964 à 1970. Il serait mort empoisonné par la police secrète de Pinochet. — **Eduardo Frei Ruíz-Tagle,** *Santiago 1942,* homme politique chilien. Fils d'Eduardo Frei Montalva, démocrate-chrétien, il a été président de la République de 1994 à 2000.

FREINET (Célestin), *Gars, Alpes-Maritimes, 1896 - Vence 1966,* pédagogue français. Il a développé une pédagogie fondée sur les groupes coopératifs au service de l'expression libre des enfants (création, impression de texte) et de la formation personnelle (*l'Éducation du travail,* 1947).

FREIRE (Paulo), *Recife 1921 - Sao Paulo 1997,* pédagogue brésilien. Il est l'auteur d'une méthode d'alphabétisation qui repose sur la prise de conscience de sa condition sociale par celui qui apprend (*Pédagogie des opprimés,* 1969).

FRÉJUS [freʒys] (83600), bur. centr. de cant. du Var, en bordure du massif de l'Esterel ; 53 734 hab. (*Fréjusiens*). Évêché. Station balnéaire. – Vestiges romains ; cathédrale et cloître romans et gothiques, avec baptistère du Ve s.

FRÉJUS (col du) ou col de **FRÉJUS,** col des Alpes, à la frontière entre la France (Savoie) et l'Italie ; 2 542 m. À proximité, tunnels ferroviaire (dit parfois « du Mont-Cenis », long de 13,5 km, ouvert en 1871) et routier (long de 12,9 km, ouvert en 1980).

FRÉMIET (Emmanuel), *Paris 1824 - id. 1910,* sculpteur français. Neveu et élève de Rude, il est l'auteur de la *Jeanne d'Arc* équestre de la place des Pyramides, à Paris (bronze doré, 1874).

FRÉNAUD (André), *Montceau-les-Mines 1907 - Paris 1993,* poète français. Sa nostalgie et sa rêverie d'une terre lourde, paysanne sont souvent rompues par une ironie rageuse et une amertume pessimiste (*les Rois mages, Il n'y a pas de paradis*).

FRENAY (Henri), *Lyon 1905 - Porto-Vecchio 1988,* officier et homme politique français. Chef du mouvement de résistance « Combat », fondateur du journal éponyme, organisateur de l'armée secrète, membre du Comité français de libération nationale (nov. 1943), il fut ministre dans le Gouvernement provisoire.

FRENCH (John), *Ripple, Kent, 1852 - Deal Castle, Kent, 1925,* maréchal britannique. Chef d'état-major impérial en 1913, il commanda les troupes britanniques en France en 1914 et en 1915.

FREPPEL (Charles), *Obernai 1827 - Angers 1891,* prélat et homme politique français. Évêque d'Angers (1869), il y fonda les facultés catholiques et fut député conservateur de Brest (1880).

FRÈRE (Aubert), *Grévillers, Pas-de-Calais, 1881 - Struthof 1944,* général français. Commandant la VIIe armée en 1940, il devint en 1942 chef de l'Organisation de résistance de l'armée (ORA), fut arrêté en 1943 par la Gestapo et mourut en déportation.

FRÈRE-ORBAN (Walthère), *Liège 1812 - Bruxelles 1896,* homme politique belge. Chef du Parti libéral, président du Conseil (1878 - 1884), il établit la neutralité confessionnelle de l'école publique (1879), déchaînant la « guerre scolaire ».

Frères Karamazov (les), roman de Dostoïevski (1879-1880). Trois frères (Ivan, froid raisonneur en révolte contre Dieu ; Mitia, sensuel et violent ; Smerdiakov, l'enfant naturel), soupçonnés d'avoir tué leur père, découvrent leur vérité profonde à travers les épreuves et les entretiens avec leur benjamin, l'innocent et pur Aliocha.

Frères musulmans, mouvement politico-religieux sunnite militant pour l'instauration de régimes conformes à la Loi canonique (charia). Fondé en Égypte en 1927 - 1928, le mouvement a essaimé dans les années 1940 en Syrie et en Palestine. Souvent réprimé par les régimes en place, il a vu son poids politique s'accroître (parfois jusqu'à arriver au sommet de l'État, comme en Égypte [2012 - 2013]) à la suite des révolutions* arabes de 2011, avant de connaître un nouveau repli.

FRÉRON (Élie), *Quimper 1718 - Montrouge 1776,* critique français. Adversaire de Voltaire et des philosophes, il fonda en 1754 la revue *l'Année littéraire.* — **Stanislas F.,** *Paris 1754 - Saint-Domingue 1802,* homme politique français. Fils d'Élie, député à la Convention (1792), il réprima les insurrections girondines et royalistes à Marseille et à Toulon avant de conduire la réaction thermidorienne.

FRESCOBALDI (Girolamo), *Ferrare 1583 - Rome 1643,* compositeur italien. Organiste de Saint-Pierre de Rome, à partir de 1608, il innova dans la musique d'orgue et de clavecin (*Fiori musicali,* 1635).

FRESNAY (Pierre **Laudenbach,** dit Pierre), *Paris 1897 - Neuilly-sur-Seine 1975,* acteur français. Comédien fin et racé, il s'affirma au théâtre comme au cinéma (*Marius, Fanny, César,* M. Pagnol, 1931-1936 ; *la Grande Illusion,* J. Renoir, 1937 ; *le Corbeau,* H.-G. Clouzot, 1943).

FRESNAY-SUR-SARTHE (72130), comm. de la Sarthe ; 2 049 hab. (*Fresnois*). Électroménager. – Restes d'un château du Xe s. et fortifications, église du XIIe s., vieilles maisons.

FRESNEAU (François), *Marennes 1703 - id. 1770,* ingénieur français. Il découvrit en Guyane l'hévéa et ses propriétés, ainsi que celles du caoutchouc, cultiva la pomme de terre et en vanta les qualités bien avant Parmentier (1762).

FRESNEL (Augustin), *Chambrais, auj. Broglie, 1788 - Ville-d'Avray 1827,* physicien français. Il développa l'optique ondulatoire, créa l'optique cristalline, expliqua la polarisation de la lumière et inventa les lentilles à échelons pour phares.

FRESNES [frɛn] (94260), comm. du Val-de-Marne, dans la banlieue sud de Paris ; 27 323 hab. (*Fresnois*). Écomusée (histoire, ethnologie). – Prison, que les Allemands transformèrent en camp de détenus politiques pendant la Seconde Guerre mondiale.

FRESNO, v. des États-Unis (Californie) ; 515 986 hab. (930 450 hab. dans l'agglomération).

FRESNOY-LE-GRAND (02230), comm. de l'Aisne ; 3 017 hab. (*Fresnoysiens*). Bonneterie.

FREUD (Anna), *Vienne 1895 - Londres 1982,* psychanalyste britannique d'origine autrichienne, fille de S. Freud. Elle s'est intéressée à la psychanalyse des enfants.

FREUD (Lucian), *Berlin 1922 - Londres 2011,* peintre britannique, petit-fils de Sigmund Freud. La matière somptueuse de ce figuratif sert une vision implacable : essentiellement nus (*Benefits Supervisor Sleeping,* 1995) et portraits.

FREUD (Sigmund), *Freiberg, auj. Příbor, Moravie, 1856 - Londres 1939,* médecin autrichien, fondateur de la psychanalyse. Spécialisé en neurologie, il se consacre notamm. à l'étude de l'hystérie et s'écarte, résolument à partir de 1896, des conceptions et méthodes de la psychologie et de la psychiatrie traditionnelles. À l'origine des troubles névrotiques se trouvent selon lui des désirs refoulés en rapport avec le complexe d'Œdipe, qui subsistent dans l'inconscient et ne peuvent faire irruption dans la conscience que de manière déguisée. C'est ainsi que, outre les symptômes névrotiques, se forment les rêves et les actes manqués (*l'Interprétation des rêves,* 1900 ; *Trois Essais sur la théorie de la sexualité,* 1905 ; *Totem et tabou,* 1912). À partir de 1920, avec la publication d'*Au-delà du principe de plaisir,* Freud oppose pulsion de vie et pulsion de mort et remplace sa première « topique » (inconscient, préconscient, conscient) par une seconde (ça, moi, surmoi). Il étend l'inspiration psychanalytique à l'étude des grands problèmes de la civilisation (*l'Avenir d'une illusion,* 1927 ; *Malaise dans la civilisation* [ou *le Malaise dans la culture*], 1930 ; *Moïse et le monothéisme,* 1939). Freud a présidé à l'institutionnalisation de la psychanalyse, fondant en 1910 l'International Psychoanalytical Association (IPA).

▲ Sigmund **Freud**

FREUND (Gisèle), *Berlin 1912 - Paris 2000,* photographe française d'origine allemande. De nombreux portraits d'écrivains témoignent de son regard à la fois perspicace et retenu.

FREY (Sami **Frei,** dit Sami), *Paris 1937,* comédien français. Sa voix et son jeu, mélange de virilité raffinée et de séduction distante l'ont imposé au cinéma (*la Vérité,* H.-G. Clouzot, 1960 ; *Bande à part,* J.-L. Godard, 1964 ; *César et Rosalie,* C. Sautet, 1972) comme au théâtre, au service notamm. de S. Beckett, N. Sarraute, M. Duras, H. Pinter, G. Perec.

FREYCINET (Charles **de Saulces de**), *Foix 1828 - Paris 1923,* ingénieur et homme politique français. Ministre des Travaux publics, quatre fois président du Conseil entre 1879 et 1892, il attacha son nom à la réalisation de grands travaux (ports, canaux, chemins de fer). [Acad. fr.]

FREYMING-MERLEBACH [-bak] (57800), bur. centr. de cant. de la Moselle ; 13 272 hab. (*Freyming-Merlebachois*). Anc. centre houiller.

FREYR, dieu nord-germanique de la Fertilité, de la famille des Vanes.

FREYSSINET (Eugène), *Objat, Corrèze, 1879 - Saint-Martin-Vésubie 1962,* ingénieur français. Son apport à la technologie du béton est de première importance : béton *vibré* (1917) et, surtout, béton *précontraint* (1928) et préfabrication intégrale.

FRIA, v. de Guinée, près du Konkouré ; 61 691 hab. Usine d'alumine.

FRIBOURG, v. de Suisse, ch.-l. du *canton de Fribourg*, sur la Sarine ; 34 897 hab. *(Fribourgeois)* [109 717 hab. dans l'agglomération]. Université catholique. Mécanique. Agroalimentaire. – Cathédrale des XIIIe-XVe s. (mobilier, œuvres d'art) et autres monuments. Musée d'Art et d'Histoire.

FRIBOURG (canton de), canton de Suisse ; 1 671 km^2 ; 278 493 hab. *(Fribourgeois)* ; ch.-l. *Fribourg*. Il entra dans la Confédération en 1481.

FRIBOURG-EN-BRISGAU, en all. **Freiburg im Breisgau,** v. d'Allemagne (Bade-Wurtemberg) ; 209 628 hab. Université. – Cathédrale des XIIIe-XVIe s. (retable de H. Baldung). Musée dans un anc. couvent d'augustins.

FRIDMAN ou **FRIEDMANN (Aleksandr Aleksandrovitch),** *Saint-Pétersbourg 1888 - id. 1925*, astronome et mathématicien russe. Il a développé, en 1922, des modèles d'univers isotrope, dont la densité moyenne et le rayon varient au cours du temps, et qui sont à la base de la cosmologie moderne.

FRIEDEL (Charles), *Strasbourg 1832 - Montauban 1899*, chimiste et minéralogiste français. Auteur, avec l'Américain James M. Crafts, d'une méthode de synthèse organique *(réaction de Friedel-Crafts)*, il fut l'un des premiers partisans français de la théorie atomique.

Friedland (bataille de) [14 juin 1807], bataille de l'Empire. Victoire de Napoléon Ier sur l'armée russe en Prusse-Orientale (auj. Pravdinsk, en Russie). Cette victoire préluda aux traités de Tilsit.

Friedlingen (bataille de) [14 oct. 1702], bataille de la guerre de la Succession d'Espagne. Victoire de Villars sur les armées coalisées (Autriche, Angleterre, Provinces-Unies), à Friedlingen (Allemagne), en face de Huningue.

FRIEDMAN (Jerome Isaac), *Chicago 1930*, physicien américain. Il a participé aux recherches (1967 - 1973) ayant abouti à la mise en évidence expérimentale des quarks. (Prix Nobel 1990.)

FRIEDMAN (Milton), *New York 1912 - San Francisco 2006*, économiste américain. Chef de l'école monétariste dite « de Chicago », il défendit une politique stricte de contrôle de la croissance de la masse monétaire. (Prix Nobel 1976.)

FRIEDMANN (Georges), *Paris 1902 - id. 1977*, sociologue français. Il a étudié les problèmes humains du travail dans la société industrielle (*Où va le travail humain ?*, 1950 ; *le Travail en miettes*, 1956).

FRIEDRICH (Caspar David), *Greifswald, près de Stralsund, 1774 - Dresde 1840*, peintre allemand. Il a traité le thème romantique de l'homme solitaire face aux grands espaces et aux forces de la nature.

FRIEDRICHSHAFEN, v. d'Allemagne (Bade-Wurtemberg), sur le lac de Constance ; 56 937 hab. Église du Château, baroque.

FRIGG ou **FRIGGA,** déesse nord-germanique de l'Érotisme et du Mariage, ainsi que de la Terre habitée.

Frileuse, camp militaire des Yvelines, à 20 km env. à l'ouest-nord-ouest de Versailles.

FRIOUL-VÉNÉTIE JULIENNE, région autonome du nord-est de l'Italie ; 1 220 078 hab. ; cap. *Trieste* ; 4 prov. (*Gorizia, Trieste, Udine* et *Pordenone*). Pays de l'anc. Vénétie, le Frioul fut annexé au royaume d'Italie en 1866, sauf la province de Gorizia, autrichienne jusqu'en 1919.

FRISCH (Karl von), *Vienne 1886 - Munich 1982*, zoologiste et éthologiste autrichien. Il a découvert le « langage » des abeilles, qui s'exprime par l'orientation de leur « danse », et a aussi étudié les organes des sens et l'univers sensoriel des invertébrés. (Prix Nobel 1973.)

FRISCH (Max), *Zurich 1911 - id. 1991*, écrivain suisse de langue allemande. Son œuvre romanesque *(Homo faber)* et théâtrale (*Biedermann et les incendiaires* ; *Andorra*) est marquée par l'influence de Brecht et de l'existentialisme.

FRISCH (Ragnar), *Oslo 1895 - id. 1973*, économiste norvégien. L'un des fondateurs de l'économétrie (1931), il a partagé avec J. Tinbergen le premier prix Nobel de sciences économiques (1969).

FRISE, en néerl. et all. **Friesland,** région des Pays-Bas (dont elle forme une province ; 644 811 hab. ; ch.-l. Leeuwarden) et d'Allemagne (anc. *Frise-Orientale*), sur la mer du Nord. Elle est précédée d'îles *(archipel frison)*.

FRISON-ROCHE (Roger), *Paris 1906 - Chamonix 1999*, alpiniste et écrivain français. Ses romans disent son amour de la montagne et de la nature sauvage (*Premier de cordée*, 1941).

FRIVILLE-ESCARBOTIN (80130), bur. centr. de cant. de la Somme ; 4 855 hab. *(Frivillois)*. Musée des Industries du Vimeu.

FRÖBEL (Friedrich), *Oberweissbach, Thuringe, 1782 - Marienthal 1852*, pédagogue allemand. Il fonda, en 1837, le premier jardin d'enfants et mit au point un des premiers systèmes de jeux éducatifs.

FROBENIUS (Leo), *Berlin 1873 - Biganzolo, lac Majeur, 1938*, anthropologue allemand. Il a attribué une origine commune aux cultures de l'Océanie et de l'Afrique et prôné une explication des cultures par le diffusionnisme.

FROBERGER (Johann Jakob), *Stuttgart 1616 - Héricourt, Haute-Saône, 1667*, compositeur et organiste allemand. Il est l'auteur de pièces pour clavier.

FROBISHER (baie de), golfe du Canada, sur la côte est de l'île de Baffin. Elle abrite notamm. Iqaluit, cap. du Nunavut.

FROBISHER (sir Martin), *Altofts v. 1535 - Plymouth 1594*, navigateur anglais. Il a exploré le Groenland et l'île de Baffin.

FROISSART (Jean), *Valenciennes v. 1337 - Chimay apr. 1404*, chroniqueur français. Ses *Chroniques* forment une peinture vivante du monde féodal entre 1325 et 1400.

FROMANGER (Gérard), *Jouars-Pontchartrain, Yvelines, 1939*, peintre français. Issu de la « nouvelle figuration », il est l'auteur de séries qui prennent pour objet soit la peinture elle-même (*le Tableau en question*, 1966), soit l'univers urbain (*Souffles*, demi-sphères en Altuglas exposées en divers lieux de Paris, 1968, recréées en 2005).

FROMENT (Nicolas), *m. à Avignon en 1483/1484*, peintre français, sans doute originaire du nord de la France. Installé à Uzès, puis à Avignon, il fut au service du roi René (triptyque du *Buisson ardent*, 1476, cathédrale d'Aix-en-Provence).

FROMENTIN (Eugène), *La Rochelle 1820 - id. 1876*, peintre et écrivain français. Orientaliste, il a représenté des scènes et des paysages observés en Afrique du Nord. Ses *Maîtres d'autrefois* (1876) sont une importante étude sur la peinture flamande et hollandaise. – Son *Dominique* (1863) est un chef-d'œuvre du roman psychologique.

FROMENTINE (goulet de), détroit de France séparant l'île de Noirmoutier du continent et enjambé par un pont routier.

FROMENT-MEURICE (François Désiré), *Paris 1802 - id. 1855*, orfèvre français. Adulé comme un nouveau Cellini par Hugo, Gautier, Balzac, il s'est beaucoup inspiré de la Renaissance. — **Émile F.-M.,** *Paris 1837 - id. 1913*, orfèvre français. Fils de François Désiré, il poursuivit l'activité de l'atelier familial sous le second Empire, créant des pièces exceptionnelles pour une clientèle riche.

FROMM (Erich), *Francfort-sur-le-Main 1900 - Muralto, Tessin, 1980*, psychanalyste américain d'origine allemande. Il prôna l'adaptation de la psychanalyse à la dynamique sociale à partir d'une lecture humaniste de Marx (*la Peur de la liberté*, 1941 ; *l'Art d'aimer*, 1956).

Fronde (la) [1648 - 1653], troubles qui éclatèrent en France pendant la minorité de Louis XIV. Dirigée contre le cardinal Mazarin, impopulaire en raison de sa politique fiscale, la Fronde eut deux phases. La *Fronde parlementaire* (1648 - 1649) fut marquée par l'arrestation du conseiller Broussel, l'édification de barricades par le peuple de Paris, les intrigues du cardinal de Retz et la retraite de la Cour à Saint-Germain. Dans la *Fronde des princes*, Condé, Beaufort et Mme de Longueville, avec l'appui secret de l'Espagne, engagèrent une véritable campagne contre les troupes royales, que Turenne commandait. La révolte échoua, et la royauté et Mazarin sortirent affermis de cette période troublée.

FRONSAC (33126), comm. de la Gironde, sur la Dordogne ; 1 235 hab. *(Fronsadais)*. Vins.

Front de gauche, alliance électorale créée à l'occasion des européennes de 2009 et rassemblant plusieurs partis de la gauche antilibérale française, dont le Parti communiste* français et le Parti de gauche (cofondé par J.-L. Mélenchon*).

Front de libération nationale → FLN.

Front islamique du salut → FIS.

Front national, mouvement de résistance français créé en mai 1941 à l'instigation du Parti communiste.

Front national → Rassemblement national.

Front Polisario → Polisario.

Front populaire (mai 1936 - avr. 1938), période pendant laquelle la France fut gouvernée par une coalition de partis de gauche. Formé par l'alliance du Parti communiste, de la SFIO et du Parti radical, le Front populaire remporte les élections de mai 1936 et arrive au pouvoir avec Léon Blum. Il réalise d'importantes réformes sociales (semaine de quarante heures, relèvement des salaires, congés payés, conventions collectives, délégués ouvriers) dans le cadre des accords Matignon. Sous la pression des événements extérieurs (guerre d'Espagne), le Front populaire se disloque (démission du premier cabinet Blum, juin 1937) et prend fin en avril 1938, lors de l'accession au pouvoir d'Édouard Daladier.

▲ **Front populaire.** Léon Blum, Maurice Thorez, Roger Salengro (de gauche à droite), lors de la manifestation du 14 juillet 1936, place de la Nation à Paris.

FRONTENAC (33119), comm. de la Gironde ; 767 hab. Vins blancs de l'Entre-deux-Mers.

FRONTENAC (Louis de Buade, comte de), *Saint-Germain-en-Laye v. 1620 - Québec 1698*, administrateur français. Il fut gouverneur de la Nouvelle-France (1672 - 1682 et 1689 - 1698).

FRONTIGNAN (34110), bur. centr. de cant. de l'Hérault ; 23 014 hab. *(Frontignanais)*. Vins muscats.

FRONTON (31620), comm. de la Haute-Garonne ; 6 056 hab. *(Frontonnais)*. Vins.

FROSINONE, v. d'Italie (Latium), ch.-l. de prov. ; 46 800 hab.

FROST (Robert Lee), *San Francisco 1874 - Boston 1963*, poète américain. Son œuvre, inspirée des paysages de la Nouvelle-Angleterre, mêle réalisme sobre et rigueur formelle.

FROT (Catherine), *Paris 1956*, actrice française. Tour à tour drôle et émouvante, elle excelle dans les rôles de bourgeoise habitée par la fantaisie et le goût de l'insolite, à la scène (*Un air de famille*, J.-P. Bacri et A. Jaoui, 1994) comme à l'écran (*Marguerite*, X. Giannoli, 2015).

FROUDE (William), *Dartington, Devon, 1810 - Simonstown, Afrique du Sud, 1879*, ingénieur britannique. Auteur de travaux en mécanique des fluides, il créa le premier bassin pour essais de modèles.

FROUNZE → BICHKEK.

FROUNZE (Mikhaïl Vassilievitch), *Bichkek 1885 - Moscou 1925*, général soviétique. Il fut l'un des organisateurs des forces bolcheviques en Biélorussie. Chef d'état-major général (1924), il fut nommé la même année commandant de l'académie militaire de Moscou, qui porte son nom.

fructidor an V (coup d'État du 18) [4 sept. 1797], coup de force réalisé sous le Directoire par les anciens Directeurs républicains (Barras, La Révellière-Lépaux, Rewbell) contre le Conseil des Anciens et la nouvelle majorité des Cinq-Cents après les élections d'avr. 1797, favorables aux royalistes.

FRY (Christopher Harris, dit Christopher), *Bristol 1907 - Chichester 2005*, auteur dramatique britannique. Ses drames poétiques s'inspirent d'une vision cosmique de la nature (*La dame ne brûlera pas*, 1948).

FRYDMAN (René), *Soumoulou, Pyrénées-Atlantiques, 1943*, médecin français. Gynécologue, spécialiste de la procréation médicalement assistée, il est, avec J. Testart, à l'origine de la naissance du premier bébé français conçu par fécondation in vitro (1982). Il est une figure majeure de la bioéthique (*Dieu, la médecine et l'embryon*, 1997).

FSU (Fédération syndicale unitaire), organisation syndicale de personnels de l'enseignement issue de l'éclatement de la FEN en 1993. Elle est auj., en France, la principale organisation syndicale du monde enseignant.

FTP → **Francs-tireurs et partisans.**

FUAD Ier ou **FOUAD Ier,** *Le Caire 1868 - id. 1936*, sultan (1917 - 1922), puis roi (1922 - 1936) d'Égypte.

FUALDÈS (Antoine), *Mur-de-Barrez 1761 - Rodez 1817*, magistrat français. Son assassinat donna lieu à un procès retentissant.

FUÉGIENS, ensemble des peuples nomades qui habitaient l'extrême sud du continent américain (de la Terre de Feu à la Patagonie), et qui comprenait les Yaghan, les Alakaluf et les Ona. Ils sont désormais éteints ou assimilés.

FUENTES (Carlos), *Panama 1928 - Mexico 2012*, écrivain mexicain. Ses romans, ancrés dans la réalité latino-américaine, témoignent d'un grand souci de recherches formelles (*la Plus Limpide Région*, 1958 ; *la Mort d'Artemio Cruz*, 1962 ; *Terra nostra*, 1975 ; *le Vieux Gringo*, 1985 ; *les Années avec Laura Diaz*, 1999).

FUERTEVENTURA, l'une des îles Canaries.

FUGGER, famille de banquiers d'Augsbourg, qui accorda son appui aux Habsbourg (XVe-XVIe s.).

FUJI, v. du Japon (Honshu) ; 254 049 hab. Centre industriel.

FUJI (mont) ou **FUJI-YAMA,** en jap. **FUJISAN,** volcan constituant le point culminant du Japon (Honshu) ; 3 776 m.

FUJIAN, prov. du sud-est de la Chine ; 38 390 000 hab. ; cap. *Fuzhou*. Zone franche.

FUJIMORI (Alberto), *Lima 1938*, homme politique japonais et péruvien. Il a été président de la république du Pérou de 1990 à 2000 (destitué). Exilé jusqu'en 2007, il est, de retour dans ce pays, lourdement condamné et emprisonné à l'issue de plusieurs procès pour violation des droits de l'homme et corruption. Sa grâce, obtenue en 2017, est annulée l'année suivante.

FUJISAWA, v. du Japon (Honshu) ; 409 734 hab.

FUJIWARA, famille aristocratique japonaise qui usurpa pratiquement le pouvoir aux empereurs du Milieu du IXe au XIIe s.

FUKUI, v. du Japon (Honshu) ; 266 831 hab.

FUKUI KENICHI, *dans la préf. de Nara 1918 - Kyoto 1998*, chimiste japonais. Il a contribué à introduire en chimie les résultats de la physique quantique. (Prix Nobel 1981.)

FUKUOKA, v. du Japon (Kyushu), sur le détroit de Corée ; 1 463 826 hab. (2 844 999 hab. dans l'agglomération). Temple (XIIe s.) ; musées. – Port.

FUKUSHIMA, v. du Japon, dans le nord de Honshu ; 292 280 hab.

Fukushima (centrales de), nom de deux centrales nucléaires du Japon, installées en bordure du Pacifique, à 60 km au S.-E. de Fukushima. La détérioration du système de refroidissement de l'une d'elles (*Fukushima-Daiichi*, dite *Fukushima I*) à la suite du séisme et du tsunami du 11 mars 2011 a entraîné un accident nucléaire majeur.

FUKUYAMA, v. du Japon (Honshu) ; 461 471 hab. Monastère Myoo-in (IXe s.). – Sidérurgie.

FULBERT, *en Italie v. 960 - Chartres 1028*, philosophe et théologien français. Évêque de Chartres, il tint dans cette ville une école célèbre.

FULDA, v. d'Allemagne (Hesse), sur la *Fulda* (branche-mère de la Weser) ; 64 414 hab. Anc. abbaye bénédictine fondée en 744, foyer religieux et culturel au Moyen Âge. – Église St-Michel, avec rotonde du IXe s. ; cathédrale baroque ; musées.

FULGENCE (saint), *Telepte, près de Gafsa, 467 - Ruspe, près de Sfax, 533*, prélat et théologien africain. Évêque de Ruspe, il fut en théologie un disciple de saint Augustin.

▲ Le mont **Fuji**

FULLER (Marie-Louise **Fuller,** dite Loïe), *Fullersburg, près de Chicago, 1862 - Paris 1928*, danseuse américaine. Elle acquit sa célébrité au music-hall, employant jeux de lumière et voiles ondoyants.

FULLER (Richard Buckminster), *Milton, Massachusetts, 1895 - Los Angeles 1983*, ingénieur américain. Il a conçu des « dômes géodésiques », constructions hémisphériques faites d'un réseau tridimensionnel de tiges d'acier, qui trouvent des applications en cartographie (*projection de Fuller*).

FULLER (Samuel), *Worcester, Massachusetts, 1911 - Hollywood 1997*, cinéaste américain. Également écrivain, il est l'auteur anticonformiste et éclectique de films violents (*le Jugement des flèches*, 1957 ; *Shock Corridor*, 1963 ; *Au-delà de la gloire*, 1979).

FULTON (Robert), *Little Britain, auj. Fulton, Pennsylvanie, 1765 - New York 1815*, mécanicien américain. Il construisit le premier sous-marin à hélice, le *Nautulus* (plus tard *Nautilus*) [1800], et réalisa industriellement la propulsion des navires par la vapeur (1807).

FUMAROLI (Marc), *Marseille 1932*, universitaire français. Spécialiste de l'histoire de la rhétorique et du XVIIe s. français (*le Poète et le Roi. Jean de La Fontaine en son siècle*, 1997), il est aussi essayiste (*Exercices de lecture. De Rabelais à Paul Valéry*, 2006). [Acad. fr.]

FUMEL (47500), bur. centr. de cant. de Lot-et-Garonne ; 5 001 hab. (*Fumélois*). Métallurgie. Travail du bois.

FUNABASHI, v. du Japon (Honshu) ; 609 081 hab.

FUNCHAL, cap. de Madère ; 112 362 hab. Port. – Cathédrale manuéline et baroque ; autres monuments ; beaux jardins ; musées.

FUNDY (baie de), baie du Canada et des États-Unis, sur l'Atlantique. Marées d'une grande amplitude.

FUNÈS (Louis de), *Courbevoie 1914 - Nantes 1983*, acteur français. Révélé par *la Traversée de Paris* (C. Autant-Lara, 1956), il fit ensuite une exceptionnelle carrière d'acteur comique, aux mimiques très étudiées, dominée par *le Corniaud* (1964) et *la Grande Vadrouille* (1966) de G. Oury et *le Gendarme de Saint-Tropez* (1964) de J. Girault.

◄ Louis de **Funès**

FURET (François), *Paris 1927 - Toulouse 1997*, historien français. Directeur d'études à l'École des hautes études en sciences sociales (à partir de 1966), il est l'auteur d'ouvrages sur la Révolution (*Penser la Révolution française*, 1978 ; *Dictionnaire critique de la Révolution française* [dir. avec M. Ozouf], 1988). [Acad. fr.]

FURETIÈRE (Antoine), *Paris 1619 - id. 1688*, écrivain français, auteur du *Roman* bourgeois*. Son *Essai d'un dictionnaire universel* (1684) le fit exclure de l'Académie française. Son *Dictionnaire universel*, publié en Hollande en 1690, constitue une source précieuse pour l'étude du vocabulaire du XVIIe s.

FURGLER (Kurt), *Saint-Gall 1924 - id. 2008*, homme politique suisse. Démocrate-chrétien, membre du Conseil fédéral de 1972 à 1986 (départements de la Justice puis de l'Économie politique), il assuma trois fois la présidence de la Confédération (1977, 1981, 1985).

FURIES → **ÉRINYES.**

FURIUS CAMILLUS (Marcus) — **CAMILLUS.**

FURKA n.f., col des Alpes suisses ; 2 431 m. Le Rhône prend sa source à proximité.

FURNES, en néerl. **Veurne,** v. de Belgique, ch.-l. d'arrond. de la Flandre-Occidentale ; 11 363 hab. Monuments anciens de la Grand-Place.

FÜRST (Walter), héros de l'indépendance suisse. Compagnon de Guillaume Tell, il aurait juré, au nom du canton d'Uri, le serment du Rütli (1291).

FÜRSTENBERG, famille allemande, originaire de Souabe. — **Wilhelm Egon von F.,** *Heiligenberg 1629 - Paris 1704*, prélat allemand. Évêque de Strasbourg (1682) et cardinal (1686), il favorisa la politique de Louis XIV en Alsace.

FURTADO (Celso), *Pombal, État de Paraíba, 1920 - Rio de Janeiro 2004*, économiste brésilien. Spécialiste des problèmes du développement, ministre d'État pour le Développement économique (1962 - 1963), il a joué un grand rôle dans le développement du Nordeste (1959 - 1964).

FÜRTH, v. d'Allemagne (Bavière) ; 112 786 hab. Constructions électriques. Électronique. Vente par correspondance.

FURTWÄNGLER (Wilhelm), *Berlin 1886 - Ebersteinburg, auj. dans Baden-Baden, 1954*, chef d'orchestre allemand. Également compositeur, il dirigea les orchestres philharmoniques de Vienne et de Berlin et sut conférer une intensité émotionnelle exceptionnelle aux œuvres de Beethoven, de Brahms et de Bruckner, notamment.

FUSHUN, v. de Chine (Liaoning) ; 1 434 447 hab. Centre minier (charbon et schistes bitumineux). Métallurgie. Raffinerie de pétrole.

FÜSSLI (Johann Heinrich), en angl. **Henry Fuseli,** *Zurich 1741 - Londres 1825*, peintre suisse installé en Angleterre en 1779. Son goût du fantastique, joint à des sujets et à des effets théâtraux, fait déjà de lui un romantique.

FUST (Johann), *Mayence v. 1400 - Paris 1466*, imprimeur allemand. Associé avec Gutenberg jusqu'en 1455, il publia avec P. Schöffer le *Psautier* de Mayence (1457), premier livre imprimé portant une date.

FÜST (Milán), *Budapest 1888 - id. 1967*, écrivain hongrois. L'un des fondateurs de la revue *Nyugat* (*Occident*), il a laissé une œuvre de poète (*Rue des fantômes*), de romancier et d'auteur dramatique (*les Malheureux*), marquée par ses préoccupations philosophiques.

FUSTEL DE COULANGES (Numa Denis), *Paris 1830 - Massy 1889*, historien français. Il est l'auteur de *la Cité antique* (1864) et de *l'Histoire des institutions de l'ancienne France* (1875-1892). Sa méthode accordait la priorité à l'exploitation rigoureuse des documents écrits.

FUTUNA, île française de la Mélanésie ; 3 848 hab. Avec Wallis, elle forme une collectivité d'outre-mer.

Futuroscope, parc d'attractions et de loisirs ouvert en 1987 près de Poitiers*, sur les comm. de Jaunay-Marigny et de Chasseneuil-du-Poitou. Il présente les techniques audiovisuelles du futur.

FUXIN, v. de Chine (Liaoning) ; 821 488 hab. Houille. Sidérurgie.

FUZHOU, v. de Chine, cap. du Fujian ; 2 124 435 hab. (2 799 438 hab. dans l'agglomération). Musée. – Centre industriel et commercial.

FUZULI (Mehmed bin Süleyman), *Karbala ? 1480 - id. 1556*, poète turc d'origine kurde. Il composa trois *Divans*, d'abord en turc, puis en arabe et en persan.

FYN, en fr. **Fionie,** île du Danemark, séparée du Jylland par le Petit-Belt, de Sjaelland par le Grand-Belt ; v. princ. *Odense*.

FYT ou **FIJT** (Jan), *Anvers 1611 - id. 1661*, peintre flamand. Ses natures mortes, ses animaux et ses fleurs sont remarquables par leur qualité proprement plastique et leur lyrisme intime.

A B C D E F G H I J K L M N O P Q R S T U V W X Y Z

G7 (Groupe des 7), groupe réunissant les sept pays les plus industrialisés du monde (Allemagne, Canada, États-Unis, France, Grande-Bretagne, Italie et Japon). Il organise, depuis 1975, des sommets annuels, consacrés essentiellement aux questions économiques. À partir de 1997, la Russie (suspendue depuis 2014) est souvent associée à ses travaux ; on parle alors de **G8** (Groupe des 8).

G20 (Groupe des 20), forum économique rassemblant depuis 1999 les pays industrialisés du G8, 10 pays émergents (Afrique du Sud, Arabie saoudite, Argentine, Brésil, Chine, Corée du Sud, Inde, Indonésie, Mexique, Turquie), l'Australie et l'Union européenne, afin de favoriser le dialogue entre les acteurs de l'économie mondiale et d'assurer la stabilité du système financier et économique global.

G77 (Groupe des 77), groupe formé en 1964 lors de la première réunion de la Conférence des Nations unies sur le commerce et le développement (CNUCED), à Genève, réunissant à l'origine 77 États pour la défense des intérêts du Sud. Le groupe s'est élargi depuis à de nombreux autres pays en développement, comptant auj. plus de 130 membres.

GABART (François), *Saint-Michel, Charente, 1983*, navigateur français. En quelques années, il s'est construit un palmarès exceptionnel avec le Vendée Globe (2012 - 2013) et la Route du Rhum (2014), en monocoque, puis avec la Transat Jacques-Vabre (2015) et la course transatlantique anglaise (2016), en multicoque. En 2017, il établit un nouveau record du tour du monde en solitaire.

GABČÍKOVO, v. de Slovaquie, proche du Danube. Aménagement hydroélectrique sur le fleuve.

GABÈS, v. de Tunisie, sur le *golfe de Gabès* ; 145 787 hab. Port. Palmeraie. Engrais.

GABIN (Jean Alexis **Moncorgé,** dit Jean), *Paris 1904 - Neuilly-sur-Seine 1976*, acteur français. Il imposa dans près de cent films son personnage de cabochard au grand cœur puis de vieil homme bougon et autoritaire : *la Bandera* (J. Duvivier, 1935) ; *la Grande Illusion* (J. Renoir, 1937) ; *le Quai des brumes* (M. Carné, 1938) ; *Le jour se lève* (id., 1939) ; *le Chat* (P. Granier-Deferre, 1971).

▲ Jean **Gabin** dans *le Désordre et la Nuit* de G. Grangier (1958).

GABLE (Clark), *Cadiz, Ohio, 1901 - Hollywood 1960*, acteur américain. Incarnation de l'aventurier séducteur, parfois cynique, il fut l'une des grandes stars d'Hollywood : *New York-Miami* (F. Capra, 1934) ; *les Révoltés du « Bounty »* (F. Lloyd, 1935) ; *Autant en emporte le vent* (V. Fleming, 1939) ; *les Misfits* (J. Huston, 1961).

GABO (Naoum **Pevsner,** dit Naum) → **PEVSNER.**

GABON n.m., estuaire de la côte d'Afrique, sur l'Atlantique. Il a donné son nom à la rép. du Gabon.

GABON n.m., État de l'Afrique centrale, sur l'Atlantique ; 268 000 km² ; 1 672 000 hab. *(Gabonais)*. **CAP.** *Libreville.* **LANGUE :** *français.* **MONNAIE :** *franc CFA.*

GÉOGRAPHIE Correspondant au bassin de l'Ogooué, le Gabon est un pays peu peuplé, au climat équatorial, chaud et humide. Il est recouvert par la forêt dense, dont l'exploitation constitue une ressource importante, à côté des industries extractives (uranium, manganèse, fer et, surtout, pétrole, base des exportations, mais auj. en déclin).

HISTOIRE **La colonie.** Les premiers habitants sont probablement les Pygmées, vivant dans l'arrière-pays. Le groupe bantou le plus nombreux est celui des Fang, au nord ; au sud, les groupes bantous (Nzabi, Pounou, Myene) sont plus réduits. **1471 ou 1473 :** les Portugais arrivent sur les côtes. **XVIIe - début du XIXe s. :** les Européens pratiquent la traite des Noirs, en même temps que le commerce de l'ivoire et de l'ébène. **1843 :** la France s'établit définitivement au Gabon, d'où les Fang venus du nord-est refoulent les populations locales. **1849 :** Libreville est fondée avec des esclaves libérés. **1875 :** Savorgnan de Brazza explore l'Ogooué. **1886 :** le Gabon devient colonie française. Il fusionne avec le Congo (1888 - 1904), puis est intégré dans l'AEF (1910).

L'indépendance. 1956 : la colonie devient autonome. **1958 :** la République gabonaise est proclamée. **1960 :** elle accède à l'indépendance. **1961 :** Léon M'Ba devient président de la République. **1967 :** à la mort de ce dernier, Albert-Bernard Bongo – Omar Bongo après sa conversion à l'islam, en 1973 – prend la direction du pays. **1990 :** après plus de vingt ans de régime de parti unique, il doit, sous la pression de manifestations populaires, instaurer le multipartisme. (Mais les résultats des élections présidentielles pluralistes qui, en 1993, 1998 et 2005, lui permettent de se maintenir au pouvoir sont fortement contestés par l'opposition.) **2009 :** O. Bongo meurt (juin). Son fils Ali Bongo, vainqueur de l'élection présidentielle (août), lui succède à la tête de l'État. **2016 :** sa réélection provoque de vives tensions.

GABOR (Dennis), *Budapest 1900 - Londres 1979*, physicien britannique d'origine hongroise. Il inventa l'holographie en 1948. (Prix Nobel 1971.)

GABORIAU (Émile), *Saujon 1832 - Paris 1873*, romancier français, précurseur du roman policier en France (*l'Affaire Lerouge*, 1866).

GABORONE, cap. du Botswana ; 227 333 hab. *(Gaboronais)*.

GABRIEL, ange des traditions juive, chrétienne et islamique. Dans l'Évangile, Gabriel annonce la naissance de Jean-Baptiste et de Jésus. La littérature postérieure en fait un archange. Dans l'islam, il est celui qui transmet le message de Dieu à Mahomet.

GABRIEL, famille d'architectes français, maîtres de l'art classique. — **Jacques V G.,** *Paris 1667 - id. 1742*, architecte français. Il a travaillé à Paris, Orléans, Blois, Dijon, Rennes (hôtel de ville), Bordeaux (place Royale, auj. de la Bourse). — **Jacques Ange G.,** *Paris 1698 - id. 1782*, architecte français, fils de Jacques V. Ses chefs-d'œuvre sont, à Versailles, l'Opéra du château et le Petit Trianon (1764), à Paris, la place Louis-XV (auj. place de la Concorde, 1754-1772) et l'École* militaire.

GABRIELI (Andrea), *Venise v. 1510 - id. 1586*, compositeur et organiste italien. Il composa surtout de la musique religieuse et fut à l'origine du style concertant, employant souvent deux chœurs, voire davantage. — **Giovanni G.,** *Venise v. 1557 - id. 1612*, compositeur et organiste italien. Neveu d'Andrea, il fut l'un des précurseurs de l'orchestration, évoluant vers des œuvres de plus en plus concertantes (*Sacrae symphoniae*, 1597 ; *Canzoni e Sonate*, 1615).

GABRIEL LALEMANT (saint), un des Martyrs* canadiens.

GABROVO, v. de Bulgarie, au pied du Balkan ; 58 950 hab. Musée de plein air (artisanat, industrie).

GACÉ (61230), comm. de l'Orne ; 1 961 hab. *(Gacéens)*. Mécanique. Agroalimentaire. – Château (musée de la Dame aux camélias).

GACILLY (La) [56200], comm. du Morbihan ; 4 037 hab. *(Gaciliens)*. Produits d'hygiène et de beauté. Artisanat d'art.

GADAMER (Hans Georg), *Marburg 1900 - Heidelberg 2002*, philosophe allemand. Il a été le promoteur de l'herméneutique moderne, au travers d'une exploration de l'expérience du langage et de la communication artistique (*Vérité et Méthode*, 1960).

GADDA (Carlo Emilio), *Milan 1893 - Rome 1973*, écrivain italien. Ses recherches verbales et narratives l'ont placé à l'avant-garde du roman italien (*l'Adalgisa*, *l'Affreux Pastis de la rue des Merles*, *la Connaissance de la douleur*).

GADDI, peintres florentins, dont les principaux sont : **Taddeo G.,** *documenté de 1327 à 1366*, élève de Giotto, et **Agnolo G.,** *documenté de 1369 à 1396*, fils de Taddeo. Tous deux sont les auteurs, à cinquante ans de distance, de fresques dans l'église S. Croce de Florence, celles du second étant d'un style plus pittoresque.

GADES ou **GADÈS,** ancien nom de Cadix*.

GADES (Antonio **Esteve Ródenas,** dit Antonio), *Elda 1936 - Madrid 2004*, danseur et chorégraphe espagnol. À la tête de sa troupe, fondée en 1964, il a popularisé un ballet flamenco moderne, rigoureux et flamboyant (*Noces de sang*, 1979 ; *Carmen*, 1983).

GAËLS, peuple celtique établi en Irlande et en Écosse vers la fin du Ier millénaire av. J.-C.

GAÉTAN DE THIENE (saint), *Vicence 1480 - Naples 1547*, religieux italien, fondateur de l'ordre des Clercs réguliers dits « théatins » (1524).

Gabon, Guinée équatoriale

200 – 500 – 1000 m	route	plus de 400 000 h.
	voie ferrée	de 50 000 à 400 000 h.
	oléoduc	de 20 000 à 50 000 h.
	aéroport	moins de 20 000 h.
	marais	

GAÈTE, en ital. **Gaeta,** v. d'Italie (Latium), sur la mer Tyrrhénienne ; 20 848 hab. Port. – Mausolée romain du mont Orlando et autres monuments.

GAFAM (Google, Apple, Facebook, Amazon, Microsoft) [orig. GAFA, auquel a été ajouté Microsoft], acronyme désignant les cinq sociétés américaines dominant le Web et l'économie numérique.

GAFFIOT (Félix), *Liesle, Doubs, 1870 - Besançon 1937,* latiniste français. Il est l'auteur, avec l'aide de plusieurs collaborateurs, d'un *Dictionnaire illustré latin-français* (commandé en 1923 par les éditions Hachette), qui a paru en 1934 et fait toujours référence.

GAFSA, v. de la Tunisie méridionale ; 95 242 hab. Phosphates.

GAGAOUZES, peuple turc vivant principalement dans le sud de la Moldavie (avec un statut d'autonomie) et de l'Ukraine. Christianisés, ils ont émigré des Balkans vers la Bessarabie aux XVIIIe et XIXe s.

GAGARINE (Iouri Alekseïevitch), *Klouchino, près de Gjatsk (auj. Gagarine), région de Smolensk, 1934 - région de Vladimir 1968,* pilote militaire et cosmonaute soviétique. Il fut le premier homme à effectuer un vol spatial (12 avril 1961, à bord du vaisseau Vostok 1).

◄ Iouri **Gagarine** en 1961.

GAGNAIRE (Pierre), *Apinac, Loire, 1950,* cuisinier français. D'abord à Saint-Étienne, à Paris depuis 1996, puis de par le monde – partic. en Asie – et dans d'autres régions françaises, il signe une cuisine qui mêle innovation et maîtrise technique, sens artistique et fantaisie.

GAGNOA, v. de Côte d'Ivoire ; 167 900 hab.

GAGNY (93220), bur. centr. de cant. de la Seine-Saint-Denis ; 39 843 hab. *(Gabiniens).*

GAIA ou **GÊ** MYTH. GR. Divinité personnifiant la Terre mère. Unie à Ouranos, elle donna naissance aux Titans, aux Cyclopes et aux monstres marins.

Gaia (satellite), télescope spatial européen lancé en 2013, chargé de cartographier 1 milliard d'étoiles de la Voie lactée et de décrire divers éléments de la Galaxie.

GAIGNIÈRES (Roger de), *Entrains-sur-Nohain, Nièvre, 1642 - Paris 1715,* érudit et collectionneur français. Il légua à la bibliothèque du roi sa collection de dessins d'iconographie, de topographie et d'archéologie (auj. à la BnF, Paris).

GAILLAC (81600), bur. centr. de cant. du Tarn, sur le Tarn ; 15 760 hab. *(Gaillacois).* Vins. – Deux églises médiévales ; château du XVIIe s. (petit musée, jardins).

GAILLARD (74240), comm. de la Haute-Savoie, près de l'Arve ; 11 711 hab. *(Gaillardins).*

GAILLON (27600), bur. centr. de cant. de l'Eure, sur la Seine ; 7 194 hab. *(Gaillonnais).* Plastiques. – Château (restauré) du cardinal G. d'Amboise.

GAINSBOROUGH (Thomas), *Sudbury, Suffolk, 1727 - Londres 1788,* peintre britannique. Il est l'auteur de portraits aristocratiques ou familiers, d'un charme frémissant, ainsi que d'amples paysages, qu'admirèrent les impressionnistes.

GAINSBOURG (Charlotte), *Londres 1971,* actrice française et britannique, fille de Serge Gainsbourg et de Jane Birkin. Elle émeut par un jeu empreint d'une douceur pudique et fragile, qui n'exclut pas l'audace (*l'Effrontée,* C. Miller, 1985 ; *la Bûche,* D. Thompson, 1999 ; *Ma femme est une actrice,* Y. Attal, 2001 ; *Antichrist,* L. von Trier, 2009 ; *Trois Cœurs,* B. Jacquot, 2014). Elle est aussi chanteuse.

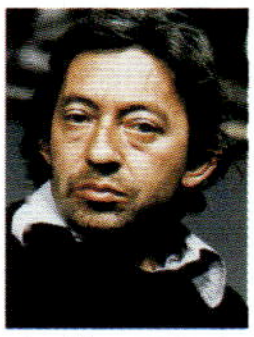

GAINSBOURG (Lucien Ginsburg, dit Serge), *Paris 1928 - id. 1991,* chanteur français. Également acteur et cinéaste, il a écrit et composé de nombreuses chansons, riches en jeux de mots et en innovations musicales, grinçantes et désenchantées, cultivant ainsi son image provocatrice (*le Poinçonneur des Lilas,* 1958 ; *la Javanaise,* 1962). ▲ Serge **Gainsbourg** en 1975.

Gaîté Lyrique, salle de spectacle parisienne (IIIe arrond.). Temple de l'opérette, sous le nom de *théâtre de la Gaîté-Lyrique,* du XIXe s. jusqu'au début des années 1960, elle est depuis 2011 dédiée aux cultures numériques sous toutes leurs formes.

GAIUS, *IIe s. apr. J.-C.,* juriste romain. Ses quatre livres d'*Institutiones* ont inspiré Justinien.

GALABRU (Michel), *Safi, Maroc, 1922 - Paris 2016,* acteur français. Personnage truculent à la voix rocailleuse, il affichait au cinéma – tout en menant une carrière théâtrale – un puissant tempérament comique (*le Gendarme de Saint-Tropez,* J. Girault, 1964 ; *le Viager,* P. Tchernia, 1972) auquel il savait ajouter une profondeur sensible (*le Juge et l'Assassin,* B. Tavernier, 1976 ; *Uranus,* C. Berri, 1990).

GALÁPAGOS (îles), archipel du Pacifique, à l'O. de l'Équateur, dont il dépend (1832) ; 8 010 km² ; 22 770 hab. Réserve de faune rare (parc national).

GALATA, quartier d'Istanbul.

GALATÉE MYTH. GR. Divinité marine. Elle fit changer en fleuve son amant, le berger Acis, victime de la jalousie du Cyclope Polyphème.

GALAȚI, v. de Roumanie, sur le Danube ; 298 861 hab. Port. Sidérurgie. Nœud ferroviaire.

GALATIE, anc. région du centre de l'Asie Mineure. Des populations d'origine celtique (en gr. *Galatai,* Gaulois) s'y installèrent au IIIe s. av. J.-C. Province romaine en 25 av. J.-C., la Galatie fut évangélisée par saint Paul (Épître aux Galates).

GALAXIE (la), galaxie dans laquelle est situé le Système solaire. (V. partie n. comm.)

GALBA (Servius Sulpicius), *Terracina v. 3 av. J.-C. - Rome 69 apr. J.-C.,* empereur romain (68 - 69). Successeur de Néron, il fut assassiné par les partisans d'Othon.

GALBRAITH (John Kenneth), *Iona Station, Ontario, 1908 - Cambridge, Massachusetts, 2006,* économiste américain. Collaborateur de Roosevelt, il a analysé la société de consommation (*l'Ère de l'opulence,* 1958) et le phénomène du « management » (*le Nouvel État industriel,* 1967).

GALDÓS (Benito Pérez) → **PÉREZ GALDÓS.**

GALÈRE, en lat. **Caius Galerius Valerius Maximianus,** *Illyrie v. 250 - Nicomédie 311,* empereur romain de la tétrarchie. César en 293, gendre de Dioclétien, il devint auguste après l'abdication de ce dernier (305). Peu avant sa mort, il promulgua un édit de tolérance vis-à-vis des chrétiens.

GALIBI → **KALIÑA.**

GALIBIER n.m., col routier des Alpes françaises, entre Briançon et la Maurienne ; 2 645 m.

GALICE, communauté autonome du nord-ouest de l'Espagne ; 29 734 km² ; 2 772 928 hab. *(Galiciens)* ; cap. *Saint-Jacques-de-Compostelle* ; 4 prov. (*La Corogne, Lugo, Orense* et *Pontevedra*).

GALICIE, région de l'Europe centrale, au nord des Carpates, partagée entre la Pologne (Cracovie) et l'Ukraine (Lviv). Principauté de la Russie kievienne, indépendante du XIIe au XIVe s., elle appartint ensuite à la Pologne, puis à l'Autriche (1772 - 1918). La Galicie orientale, attribuée à la Pologne en 1923, fut annexée par l'URSS en 1939.

GALIEN (Claude), *Pergame v. 131 - Rome ou Pergame v. 201,* médecin grec. Il fit d'importantes découvertes en anatomie. Son œuvre, qui reposait sur l'existence hypothétique des « humeurs », a joui jusqu'à la Renaissance d'un grand prestige.

A B C D E F G H I J K L M N O P Q R S T U V W X Y Z

GALIGAÏ (Leonora **Dori**, dite Leonora), *Florence v. 1571 - Paris 1617*, aventurière italienne. Épouse de Concini, favorite de Marie de Médicis, elle partagea la disgrâce de son mari et fut exécutée pour sorcellerie.

GALILÉE, province du nord de la Palestine. (Hab. *Galiléens.*) Les Évangiles mentionnent souvent les cités de cette région, Nazareth, Tibériade, Cana et Capharnaüm, où Jésus passa son enfance et exerça une grande partie de son ministère.

GALILÉE (Galileo **Galilei**, dit en fr.), *Pise 1564 - Arcetri 1642*, savant et écrivain italien. En introduisant l'emploi de la lunette en astronomie (1609), il a été à l'origine d'une révolution dans l'observation de l'Univers. Il découvrit, en particulier, le relief de la Lune, les principaux satellites de Jupiter, les phases de Vénus et la présence d'étoiles dans la Voie lactée. Rallié au système héliocentrique de Copernic, dont l'œuvre venait d'être mise à l'Index (1616), Galilée fut déféré, après la publication du *Dialogue sur les deux grands systèmes du monde*, devant le tribunal de l'Inquisition, qui le condamna et l'obligea à se rétracter (1633) ; l'Église l'a réhabilité en 1992. Galilée fut aussi l'un des fondateurs de la mécanique moderne (*Discours concernant deux sciences nouvelles*) et joua un rôle majeur dans l'introduction des mathématiques pour l'explication des lois physiques. Il établit notamm. la loi de la chute des corps dans le vide et donna une première formulation du principe de relativité.

Galileo, sonde spatiale automatique américaine. Lancée en 1989, elle est parvenue près de Jupiter en déc. 1995 (envoyant un module dans l'atmosphère de la planète avant de se mettre en orbite) et en a permis une étude approfondie, ainsi que de ses quatre principaux satellites, jusqu'en 2003.

Galileo, système civil européen de navigation et de localisation par satellites. Il comportera dans sa configuration définitive, à l'horizon 2020, 30 satellites en orbite à 23 000 km env. d'altitude (les deux premiers ont été lancés en oct. 2011). Il a commencé à être opérationnel fin 2016.

GALITZINE → **GOLITSYNE.**

GALL (Franz Josef), *Tiefenbronn, Bade-Wurtemberg, 1758 - Montrouge 1828*, médecin allemand. Il fut le créateur de la phrénologie.

GALLA → **OROMO.**

GALLANT (Mavis), *Montréal 1922 - Paris 2014*, écrivaine canadienne de langue anglaise. Elle s'attache dans ses récits (*Ciel vert, ciel d'eau*, 1959) et ses nouvelles (*De l'autre côté du pont*, 1993 ; *Poisson d'avril*, 1995), d'une précision ironique, à peindre les menus événements de la vie quotidienne.

GALLA PLACIDIA, *389 ou 392 - Rome 450*, princesse romaine. Fille de Théodose Ier, femme d'Athaulf (414), puis (417) de Constance III, mère de Valentinien III. – Son mausolée, à Ravenne, est célèbre pour ses mosaïques.

GALLE, v. du Sri Lanka ; 90 270 hab. Port.

GALLE (Johann), *Pabsthaus 1812 - Potsdam 1910*, astronome allemand. En 1846, il découvrit la planète Neptune, dont Le Verrier avait prévu l'existence et la position par le calcul.

GALLÉ (Émile), *Nancy 1846 - id. 1904*, verrier, céramiste et ébéniste français. Animateur de l'école de Nancy (Art nouveau), il a orienté les arts décoratifs vers un symbolisme poétique.

Gallé. Vase à col festonné ► « clair de lune », v. 1880-1884. (Musée d'Orsay, Paris.)

GALLEGOS (Rómulo), *Caracas 1884 - id. 1969*, écrivain et homme politique vénézuélien. Ses romans sont une peinture de la société et des paysages de son pays (*Doña Bárbara, Canaima*). – Il fut président de la République en 1948.

GALLES (pays de), en angl. **Wales,** région de l'ouest de la Grande-Bretagne ; 20 800 km² ; 3 063 456 hab. (*Gallois*) ; cap. *Cardiff.* Dans cette région de plateaux, au climat océanique, l'agriculture (élevage surtout) tient une place secondaire, mais l'industrie (métallurgie), née de la houille et implantée dans les villes qui jalonnent le canal de Bristol (Swansea, Port Talbot, Cardiff, Newport), a beaucoup décliné.

HISTOIRE **Le pays de Galles jusqu'à la conquête normande. Ier s. av. J.-C. - Ve s. apr. J.-C. :** la population galloise adopte la langue celtique et la religion druidique. **Ier - Ve s. apr. J.-C. :** l'occupation romaine marque peu le pays. **VIIe s. :** les Gallois repoussent les Anglo-Saxons, qui envahissent l'Angleterre. **IXe - XIe s. :** malgré sa division en plusieurs royaumes, le pays contient les raids scandinaves.

La conquête anglaise. 1066 - 1139 : tout le sud du pays de Galles tombe aux mains des Anglo-Normands, mais la résistance reste vive. **XIIIe s. :** les rois Llewelyn ap Iorwerth (1194 - 1240) et Llewelyn ap Gruffydd (1246 - 1282) entravent la volonté de conquête des rois anglais. **1282 - 1284 :** Édouard Ier soumet le pays. **1536 - 1542 :** le pays de Galles est incorporé à l'Angleterre sous Henri VIII.

Le pays de Galles contemporain. 1997 : le gouvernement britannique accorde au pays de Galles un statut d'autonomie (élection, en 1999, d'une Assemblée régionale), renforcé en 2016.

Galles (prince de), titre britannique créé en 1301 et porté par le fils aîné du souverain.

GALLIANO (Richard), *Le Cannet 1950*, accordéoniste et compositeur français. Créateur du style « new musette », qui associe le musette au jazz, il a également ouvert son instrument aux musiques du monde (*Blow up*, 1997 ; *Luz Negra*, 2007).

GALLIEN, en lat. **Publius Licinius Egnatius Gallienus,** *v. 218 - Milan 268*, empereur romain (253 - 268). D'abord associé à son père Valérien (253 - 260), il défendit l'Italie contre les Alamans et les Goths, laissant plusieurs provinces (Gaule, Palmyre) se donner des souverains particuliers.

GALLIENI (Joseph), *Saint-Béat 1849 - Versailles 1916*, maréchal de France. Après avoir servi au Soudan et au Tonkin, il pacifia et organisa Madagascar (1896 - 1905). Gouverneur de Paris en 1914, il participa à la victoire de la Marne. Ministre de la Guerre en 1915 - 1916, il fut fait maréchal à titre posthume en 1921.

◄ Le maréchal **Gallieni** par Calderé. (Musée de l'Armée, Paris.)

GALLIFFET (Gaston de), *Paris 1830 - id. 1909*, général français. Il se distingua pendant la guerre du Mexique, puis réprima durement la Commune. Gouverneur de Paris (1880), il devint, à la suite de l'affaire Dreyfus, ministre de la Guerre (1899 - 1900).

GALLIMARD (Gaston), *Paris 1881 - Neuilly-sur-Seine 1975*, éditeur français. Il fonda en 1911 les Éditions Gallimard, dont la raison sociale fut jusqu'en 1919 « Éditions de la Nouvelle Revue française ». Celles-ci jouent depuis leur création un rôle prépondérant dans la publication d'auteurs contemporains, français et étrangers.

GALLIPOLI, en turc **Gelibolu,** v. de la Turquie d'Europe, sur la rive est de la *péninsule de Gallipoli*, dominant les Dardanelles ; 28 989 hab. L'un des objectifs de l'expédition des Dardanelles*, en 1915.

GALLOTTA (Jean-Claude), *Grenoble 1950*, danseur et chorégraphe français. Créateur (1979) du Groupe Émile Dubois, devenu en 1984 le Centre chorégraphique national de Grenoble, il s'affirme comme une figure majeure de la nouvelle danse française (*Mammame*, 1985 ; *Docteur Labus*, 1988 ; *les Variations d'Ulysse*, 1995 ; *Nosferatu*, 2001 ; *l'Homme à tête de chou*, 2009).

GALLUP (George Horace), *Jefferson, Iowa, 1901 - Tschingel, canton de Berne, 1984*, statisticien américain. Il a créé, en 1935, un important institut de sondages d'opinion.

GALOIS (Évariste), *Bourg-la-Reine 1811 - Paris 1832*, mathématicien français. La nuit précédant sa mort (au cours d'un duel pour une banale intrigue), il rassembla dans une lettre ses principales idées sur le rôle des groupes dans la résolution des équations algébriques. Ces notes se sont révélées d'une exceptionnelle fécondité.

◄ Évariste **Galois.** (Académie des sciences, Paris.)

GALSWINTHE, *v. 540 - 568*, reine de Neustrie. Sœur aînée de Brunehaut et deuxième femme de Chilpéric Ier, elle fut étranglée à l'instigation de Frédégonde.

GALSWORTHY (John), *Coombe, auj. dans Londres, 1867 - Londres 1933*, écrivain britannique. Son œuvre romanesque (*la Saga des Forsyte*) et théâtrale (*Justice*) offre une vision critique de la haute bourgeoisie et des conventions sociales. (Prix Nobel 1932.)

GALTON (sir Francis), *Sparkbrook, près de Birmingham, 1822 - Haslemere, Surrey, 1911*, physiologiste britannique. Cousin de C. Darwin, il fut l'un des fondateurs de l'eugénisme, de la méthode statistique et de la psychologie différentielle. Il établit l'unicité et l'inaltérabilité des empreintes digitales et préconisa leur emploi comme moyen d'identification des personnes (1892). Il s'intéressa aussi à la météorologie et inventa le concept d'anticyclone (1862).

GALVANI (Luigi), *Bologne 1737 - id. 1798*, médecin italien. Professeur d'anatomie, il remarqua, par hasard, en 1786, que les muscles d'une grenouille écorchée au contact d'un scalpel se contractaient et attribua ce phénomène à une forme d'électricité animale. Cette interprétation fut démentie, avec raison, par A. Volta et fut à l'origine de la découverte, par ce dernier, de la pile électrique.

GALWAY, en gaél. **Gaillimh,** v. d'Irlande, ch.-l. de comté, sur la *baie de Galway* ; 75 729 hab. Port. – Belles demeures du XVIIe s.

▲ Vasco de **Gama.** Détail d'une miniature du XVIIe s. (BnF, Paris.)

GAMA (Vasco de), *Sines v. 1469 - Cochin 1524*, navigateur portugais. Il découvrit la route des Indes par le cap de Bonne-Espérance (nov. 1497), fit escale à Mozambique et atteignit Calicut (1498), dont le souverain lui accorda un traité de commerce. Reparti en 1502, il fonda les établissements de Mozambique puis de Cochin (Inde), premier comptoir portugais d'Asie. Revenu en 1503, il ne fut nommé vice-roi des Indes portugaises qu'en 1524.

GAMBETTA (Léon), *Cahors 1838 - Ville-d'Avray 1882*, avocat et homme politique français. Avocat libéral, il fut député républicain de Belleville (1869). Après la défaite de Sedan, il proclama la république (4 sept. 1870). Il quitta en ballon Paris assiégée, pour s'installer à Tours, où, ministre de la Guerre dans le gouvernement provisoire, il organisa la Défense nationale. Député de Belleville (1871 - 1875), il défendit la république contre ceux qui espéraient une restauration de la monarchie, et contribua à l'adoption des lois constitutionnelles fondant la république (1875). Président de la Chambre après la démission de Mac-Mahon (1879), il dut affronter l'hostilité de Jules Grévy et des radicaux : le « grand ministère » qu'il présida ne dura que de nov. 1881 à janv. 1882.

▲ Léon **Gambetta** par L. Bonnat. (Château de Versailles.)

GAMBIE n.f., fl. de Guinée, du Sénégal et de Gambie, qui se jette dans l'Atlantique ; 1 100 km.

GAMBIE n.f., en angl. **Gambia,** État d'Afrique, sur l'Atlantique, s'étendant de part et d'autre du cours inférieur de la *Gambie* ; 11 300 km² ; 1 849 000 hab. *(Gambiens).* **CAP.** *Banjul.* **LANGUE :** *arabe.* **MONNAIE :** *dalasi.* (V. carte **Sénégal.**) Le plus petit pays d'Afrique continentale, la Gambie est presque entièrement islamisée et vit surtout de la culture de l'arachide et, localement, du tourisme.

HISTOIRE **XIIIe - XVIIe s. :** vassale du Mali, l'actuelle Gambie est découverte par les Portugais en 1455 - 1456. **XVIIe s. :** les marchands européens d'esclaves s'y installent. **XIXe s. :** la Grande-Bretagne acquiert le contrôle exclusif du pays, où elle fonde le poste de Bathurst (1815). **1888 :** elle transforme la zone côtière en colonie et l'intérieur en protectorat. **1965 :** la Gambie passe de l'autonomie à l'indépendance, dans le cadre du Commonwealth. **1970 :** la république est proclamée, avec Dawda Jawara pour président. **1982 :** Gambie et Sénégal s'unissent en une confédération (la Sénégambie). **1989 :** la Sénégambie est suspendue. **1994 :** un coup d'État militaire conduit par Yahya Jammeh renverse D. Jawara. **1996 :** Y. Jammeh remporte l'élection présidentielle (réélu en 2001, 2006 et 2011). **2013 :** la Gambie se retire du Commonwealth. **2017 :** l'accession d'Adama Barrow au sommet de l'État (élu en déc. 2016) met fin au long régime autoritaire de Y. Jammeh.

GAMBIER (îles), archipel de la Polynésie française ; 1 337 hab. Découvert en 1797 par les Britanniques, cet archipel devint français de fait en 1844, en droit en 1881.

GAMELIN (Maurice), *Paris 1872 - id. 1958*, général français. Collaborateur de Joffre (1914 - 1915), chef d'état-major de la Défense nationale en 1938, il commanda les forces franco-britanniques de septembre 1939 au 19 mai 1940.

GAMOW (George Anthony), *Odessa 1904 - Boulder, Colorado, 1968*, physicien et astrophysicien américain d'origine russe. Il a donné son nom à la barrière de potentiel défendant l'accès du noyau d'un atome. En cosmologie, il a repris et développé l'hypothèse selon laquelle l'Univers, actuellement en expansion, aurait connu une explosion primordiale (1948).

GANCE (Abel), *Paris 1889 - id. 1981*, cinéaste français. Inventeur de plusieurs procédés techniques (triple écran), auteur ambitieux et inspiré (*J'accuse*, 1919 ; *la Roue*, 1923 ; *Napoléon*, 1927), il fut un pionnier du langage cinématographique.

▲ **Gand.** Le « quai aux Herbes », le long de la Lys.

GAND, en néerl. **Gent,** v. de Belgique, ch.-l. de la Flandre-Orientale, au confluent de l'Escaut et de la Lys ; 248 813 hab. *(Gantois).* Centre textile, métallurgique et chimique. Port relié à la mer du Nord par le canal de Terneuzen. Université. – Château des comtes (XIIe-XIIIe s., très restauré), cathédrale Saint-Bavon (XIIe-XVIe s. ; retable de *l'Agneau mystique* des Van Eyck), beffroi (XIVe s.), nombreux autres monuments et maisons anciennes. Importants musées, dont celui des Beaux-Arts. – Au IXe s., la ville se constitue autour des abbayes de St-Bavon et de St-Pierre, et devient au XIIIe s. la première ville drapière d'Europe. La charte de 1277 marque la prépondérance du patriciat gantois, qui, allié aux rois de France, perd en 1302 le gouvernement de la ville au profit des gens de métier. Le XIVe s. est caractérisé par des révoltes populaires ; J. Van Artevelde s'allie aux Anglais. Au XVe s., Gand, ville bourguignonne, tente en vain de reconquérir son autonomie communale ; l'industrie drapière entre en décadence. Annexée par la France en 1794 et intégrée à la Belgique en 1830, Gand redevient au XIXe s. un grand centre textile.

Gand (traité de) [24 déc. 1814], traité qui mit fin à la seconde guerre de l'Indépendance entre la Grande-Bretagne et les États-Unis (1812 - 1814). La frontière entre le Canada et les États-Unis fut fixée sur le 49e parallèle.

GANDA, peuple du centre de l'Ouganda, de langue bantoue. On les dénomme encore parfois *Baganda.*

GANDER, v. du Canada (Terre-Neuve-et-Labrador) ; 11 688 hab. Base aérienne.

GANDHARA, prov. de l'Inde ancienne (actuel district de Peshawar, Pakistan). Elle fut le centre d'une école artistique (appelée autref. gréco-bouddhique), florissante entre le Ier et le IVe s. et célèbre pour ses représentations sculptées de Bouddha.

GANDHI (Indira), *Allahabad 1917 - Delhi 1984*, femme politique indienne. Fille de Nehru, plusieurs fois chef du gouvernement (1966 - 1977 ; 1980 - 1984), elle fut assassinée par des extrémistes sikhs. ◄ Indira **Gandhi.** — **Rajiv G.,** *Bombay 1944 - Sriperumbudur, au S.-O. de Madras, 1991*, homme politique indien. Fils d'Indira, il lui succéda à la tête du parti du Congrès et, de 1984 à 1989, à la tête du gouvernement. Il fut lui-même assassiné. — **Sonia G.,** née **Maino,** *Orbassano, près de Turin, 1946*, femme politique indienne d'origine italienne. Épouse (1968) de Rajiv, elle devient, quelques années après la mort de ce dernier, présidente du parti du Congrès (1998).

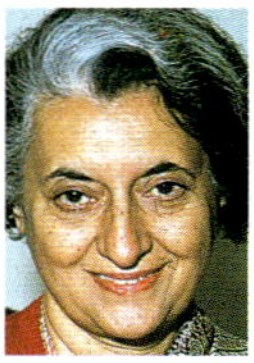

GANDHI (Mohandas Karamchand), surnommé **le Mahatma,** *Porbandar 1869 - Delhi 1948*, apôtre national et religieux de l'Inde. Avocat, il défend, au cours de séjours en Afrique du Sud (entre 1893 et 1914), les Indiens contre les discriminations raciales et élabore sa doctrine de l'action non violente. De retour en Inde, il s'engage dans la lutte contre les Britanniques, qui l'emprisonnent à plusieurs reprises. Leader du mouvement national à partir de 1920, il en laisse la direction à J. Nehru en 1928. Il se consacre alors à l'éducation du peuple et aux problèmes des intouchables, et intervient comme caution morale pour soutenir les actions de masse (désobéissance civile de 1930 ; Quit India [« Quittez l'Inde »], 1942) ou pour calmer des violences entre hindous et musulmans (1946 - 1947). Il est assassiné en 1948 par un extrémiste hindou.

▲ Le Mahatma **Gandhi**

GANDJA, de 1804 à 1918 **Ielizavetpol,** de 1935 à 1990 **Kirovabad,** v. d'Azerbaïdjan ; 313 300 hab.

GANESHA ou **GANAPATI,** dieu hindou à tête d'éléphant, avec quatre bras et monté sur un rat. Il est le dieu du Savoir et de l'Intelligence.

GANGE n.m., fl. de l'Inde, né dans l'Himalaya et qui se jette dans le golfe du Bengale par un vaste delta couvert de rizières ; 3 090 km. Il passe à Kanpur, Bénarès et Patna. – C'est dans ce fleuve sacré que se baignent les pèlerins.

GANIVET (Ángel), *Grenade 1865 - Riga, Lettonie, 1898*, écrivain espagnol. Ses romans réalistes et son *Idearium español* préparèrent le renouveau des lettres espagnoles au tournant du siècle.

GANNAT (03800), bur. centr. de cant. de l'Allier ; 6 050 hab. *(Gannatois).* Festival de folklore (« les Cultures du monde »). – Église romane et gothique ; restes d'un château fort (musée).

GANSHOREN [gansorən], comm. de Belgique (Bruxelles-Capitale), banlieue nord-ouest de Bruxelles ; 23 664 hab.

GANSU, prov. de la Chine du Nord ; 26 000 000 hab. ; cap. *Lanzhou.*

GANTT (Henry Laurence), *Calvert County, Maryland, 1861 - Pine Island, État de New York, 1919*, ingénieur américain. Il prolongea l'action de Taylor en développant l'aspect social de l'organisation du travail.

GANYMÈDE **MYTH. GR.** Prince de Troie. Zeus, ayant pris la forme d'un aigle, l'enleva et fit de lui l'échanson des dieux. – Lune de Jupiter.

GANZ (Bruno), *Zurich 1941 - Au, comm. de Wädenswil, 2019*, acteur suisse. Il éclaire par sa présence énigmatique et son jeu exigeant quelques œuvres marquantes du théâtre (*l'Ignorant et le fou*, 1972 ; *Faust*, 2000 ; *le Retour*, 2012) et du cinéma européens (*la Marquise d'O.*, É. Rohmer, 1976 ; *les Ailes du désir*, W. Wenders, 1987 ; *l'Éternité et un jour*, T. Angelopoulos, 1998 ; *la Chute*, O. Hirschbiegel, 2004).

GANZHOU, v. de Chine (Jiangxi) ; 494 600 hab.

GAO, v. du Mali, sur le Niger ; 52 201 hab. Fondée v. le VIIIe s., elle fut la cap. de l'Empire songhaï (1464 - 1591). – Mosquée (XIVe s.) et nécropole princière.

GAO XINGJIAN, *Ganzhou 1940*, écrivain et peintre français d'origine chinoise. Figure de proue du modernisme, en butte à l'hostilité des autorités de Pékin, il se réfugie en France en 1988. Essayiste, dramaturge et romancier (*la Montagne de l'âme*, 1995), il se consacre aussi à la peinture – encre et lavis – dans la tradition des lettrés. (Prix Nobel de littérature 2000.)

GAP (05000), ch.-l. du dép. des Hautes-Alpes, à 733 m d'alt., à 668 km au S.-E. de Paris ; 42 592 hab. *(Gapençais).* Évêché. Centre administratif et commercial. – Musée.

Garabit (viaduc de), pont-rail métallique, au-dessus de la Truyère (Cantal). Construit de 1882 à 1884 par Eiffel, il a 564 m de long ; la portée de l'arche centrale est de 165 m.

GARAMONT ou **GARAMOND** (Claude), *Paris 1499 - id. 1561*, graveur et fondeur français. On lui doit la création de divers caractères typographiques, dont l'un porte son nom.

GARBO (Greta Lovisa **Gustafsson,** dite Greta), *Stockholm 1905 - New York 1990*, actrice suédoise naturalisée américaine. Surnommée « la Divine », elle fut par sa beauté légendaire et sa personnalité secrète l'archétype de la star : *la Reine Christine* (R. Mamoulian, 1933), *Anna Karenine* (C. Brown, 1935), *Ninotchka* (E. Lubitsch, 1939).

◄ Greta **Garbo** dans *la Reine Christine* de Rouben Mamoulian (1933).

GARBORG (Arne), *Time 1851 - Asker 1924*, écrivain norvégien. Propagandiste du parler populaire, il défendit dans ses romans la libre pensée.

GARCHES (92380), comm. des Hauts-de-Seine ; 18 197 hab. *(Garchois).* Centre hospitalier.

GARCIA (Nicole), *Oran 1946*, actrice et cinéaste française. Femme de tête et séductrice dans ses rôles (*le Cavaleur*, P. de Broca, 1979 ; *Mon oncle d'Amérique*, A. Resnais, 1980 ; *Péril en la demeure*, M. Deville, 1985), elle privilégie dans les films qu'elle réalise (*le Fils préféré*, 1994 *Place Vendôme*, 1998 ; *l'Adversaire*, 2002) un registre dramatique mêlant problèmes de société et conflits intimes.

GARCÍA CALDERÓN (Ventura), *Paris 1886 - id. 1959*, diplomate et écrivain péruvien, auteur de contes et de nouvelles (*la Vengeance du condor*).

GARCÍA GUTIÉRREZ (Antonio), *Chiclana de la Frontera 1813 - Madrid 1884*, auteur dramatique espagnol. Ses drames sont marqués par un romantisme sombre (*le Trouvère*).

GARCÍA LORCA (Federico), *Fuente Vaqueros 1898 - Víznar 1936*, écrivain espagnol. Auteur de poèmes lyriques et généreux (*Romancero gitan*, 1928 ; *le Poète à New York*, 1940) et de pièces de théâtre (*Noces de sang*, 1933 ; *Yerma*, 1934 ; *la Maison de Bernarda Alba*, 1936), il fut fusillé par les franquistes au début de la guerre civile.

◄ Federico **García Lorca** par G. Prieto.

GARCÍA MÁRQUEZ (Gabriel), *Aracataca 1928 - Mexico 2014*, écrivain colombien. Son œuvre

romanesque compose, dans une prose luxuriante, une chronique à la fois réaliste, fantastique et baroque de l'Amérique latine (*Cent Ans de solitude*, 1967). [Prix Nobel 1982.]

◄ Gabriel **García Márquez**

GARCÍA PÉREZ (Alan), *Lima 1949*, homme politique péruvien. Leader de l'APRA, il a été président de la République de 1985 à 1990 et à nouveau de 2006 à 2011.

GARCILASO DE LA VEGA, *Tolède 1501 ou 1503 - Nice 1536*, homme de guerre et poète espagnol, auteur de poèmes lyriques et pastoraux.

GARCILASO DE LA VEGA (Sebastián), *Badajoz 1495 - Cuzco 1559*, conquistador espagnol. Il participa à la conquête du Pérou. Gouverneur de Cuzco (1548), il se fit remarquer par son humanité à l'égard des indigènes. — **Garcilaso de la Vega,** dit **l'Inca,** *Cuzco 1539 - Cordoue 1616*, écrivain péruvien. Fils de Sebastián et d'une princesse inca, il s'établit en Espagne à partir de 1560. Ses *Comentarios reales* (1609) influencèrent pendant des siècles la vision que l'on avait de l'Empire inca.

GARÇON (Maurice), *Lille 1889 - Paris 1967*, avocat et écrivain français. Il s'illustra lors de procès criminels et littéraires. (Acad. fr.)

GARD ou **GARDON** n.m., riv. de France, formée de la réunion du *Gardon d'Alès* et du *Gardon d'Anduze*, affl. du Rhône (r. dr.) ; 71 km. Un aqueduc romain (*pont du Gard*), haut de 49 m, le franchit.

GARD n.m. (30), dép. de la Région Occitanie ; ch.-l. de dép. *Nîmes* ; ch.-l. d'arrond. *Alès*, *Le Vigan* ; 3 arrond. ; 23 cant. ; 353 comm. ; 5 853 km² ; 754 170 hab. (*Gardois*). Le dép. appartient à l'académie de Montpellier, à la cour d'appel de Nîmes, à la zone de défense et de sécurité Sud. Les arides plateaux calcaires des Garrigues séparent l'extrémité méridionale des Cévennes de la partie orientale de la plaine languedocienne, qui porte des vignobles, et, grâce à l'irrigation, des cultures fruitières et légumières. Au sud, la Petite Camargue est une région marécageuse. L'industrie est présente principalement à Nîmes et près du Rhône.

Gard (pont du), pont-aqueduc romain (commune de Vers, au S.-O. d'Uzès), du Iᵉʳ s. apr. J.-C. Formé de trois rangs d'arcades superposées, il est long de 275 m et haut de 49 m. Au XVIIIᵉ s., un pont routier lui a été accolé.

GARDAFUI (cap) → **GUARDAFUI** (cap).

GARDANNE (13120), bur. centr. de cant. des Bouches-du-Rhône ; 20 126 hab. (*Gardannais*). Anc. mine de lignite. Centrale thermique. Alumine.

GARDE (La) [83130], bur. centr. de cant. du Var, banlieue est de Toulon ; 25 433 hab. (*Gardéens*). Centre universitaire. Son noyau est un vieux village fortifié.

GARDE (lac de), grand lac de l'Italie du Nord, traversé par le Mincio ; 370 km². Tourisme.

GARDEL (Charles **Gardés,** dit Carlos), *Toulouse 1890 - Medellín, Colombie, 1935*, chanteur de tango argentin, d'origine française. Il a écrit, composé et interprété de sa voix vibrante des pièces qui ont popularisé le tango dans le monde entier (*Mano a mano, Amor*).

GARDEL (Maximilien), dit **Gardel l'Aîné,** *Mannheim 1741 - Paris 1787*, danseur et chorégraphe français. Maître de ballet à l'Opéra de Paris (1773 - 1787), il y favorisa le développement du ballet-pantomime. — **Pierre G.,** *Nancy 1758 - Paris 1840*, danseur et chorégraphe français, frère de Gardel l'Aîné, à qui il succéda à l'Opéra (1787 - 1820).

GARDINER (sir John Eliot), *Fontmell Magna, Dorset, 1943*, chef d'orchestre britannique. Il contribue largement à la renaissance de la musique baroque, fondant les ensembles du Monteverdi Choir (1964) et des English Baroque Soloists (1978). Il élargit ensuite son répertoire, avec la création, en 1990, de l'Orchestre révolutionnaire et romantique.

GARDINER (Stephen), *Bury Saint Edmunds v. 1482 - Londres 1555*, prélat et homme d'État anglais. Il soutint Henri VIII contre le pape en 1533. Devenu lord-chancelier sous Marie Tudor (1553), il combattit les protestants.

GARDNER (Ava), *Smithfield, Caroline du Nord, 1922 - Londres 1990*, actrice américaine, l'une des grandes stars d'Hollywood (*Pandora*, A. Lewin, 1951 ; *la Comtesse aux pieds nus*, J. Mankiewicz, 1954 ; *la Nuit de l'iguane*, J. Huston, 1964).

GARENNE-COLOMBES (La) [92250], comm. des Hauts-de-Seine ; 29 963 hab. (*Garennois*). Industrie automobile.

GARÉOULT (83136), bur. centr. de cant. du Var ; 5 453 hab. (*Garéoultais*).

GARGALLO (Pablo), *Maella, Saragosse, 1881 - Reus 1934*, sculpteur espagnol. Parti de l'analyse cubiste, il a utilisé notamm. le fer pour créer des figures d'un baroquisme élégant.

GARGANO, promontoire calcaire de l'Italie péninsulaire, sur l'Adriatique ; 1 056 m.

Gargantua (Vie inestimable du grand), roman de Rabelais (1534). Écrit après *Pantagruel*, l'ouvrage sera placé en tête des œuvres complètes, Gargantua étant le père de Pantagruel. Les principaux épisodes du livre sont la guerre contre Picrochole et la fondation de l'abbaye de Thélème pour le frère Jean des Entommeures.

GARGES-LÈS-GONESSE (95140), bur. centr. de cant. du Val-d'Oise ; 42 775 hab. (*Gargeois*).

GARGILESSE-DAMPIERRE (36190), comm. de l'Indre ; 308 hab. (*Gargilessois*). Village pittoresque, célébré par G. Sand. Église romane (chapiteaux historiés, peintures murales gothiques).

GARIBALDI (Giuseppe), *Nice 1807 - Caprera 1882*, patriote italien. Il lutta pour l'unification de l'Italie. Après avoir tenté de défendre à Rome la république (1849), il s'exila. De retour en Italie (1854), il combattit d'abord contre l'Autriche, puis contre le royaume des Deux-Siciles (expédition des Mille, 1860) et contre la papauté ; il combattit pour la France en 1870 - 1871.

▲ Giuseppe **Garibaldi**

GARIFUNA, population de la côte caraïbe de l'Amérique centrale, du Nicaragua au Belize (env. 250 000).

GARIGLIANO n.m., fl. d'Italie, entre le Latium et la Campanie ; 38 km. Sur ses bords, Gonzalve de Cordoue battit les Français (1503), malgré les exploits du chevalier Bayard qui défendit seul un des ponts. – Victoire du corps expéditionnaire français, commandé par Juin (mai 1944).

Garin de Monglane (geste de), cycle de chansons de geste français (XIIᵉ-XIVᵉ s.). Elle relate l'histoire de Garin, petit seigneur féodal, et de ses descendants, dont Guillaume d'Orange, « au Court Nez », inspiré de saint Guillaume le Grand.

GARIZIM (mont), montagne de Palestine, au sud de Sichem. Haut lieu des Samaritains.

GARLAND (Frances **Gumm,** dite Judy), *Grand Rapids, Minnesota, 1922 - Londres 1969*, actrice américaine. Révélée dans *le Magicien d'Oz* (V. Fleming, 1939), elle chanta dans des comédies musicales et fut l'héroïne de nombreux films : *le Chant du Missouri* (V. Minnelli, 1944), *le Pirate* (id., 1948), *Une étoile est née* (G. Cukor, 1954).

GARMISCH-PARTENKIRCHEN, v. d'Allemagne (Bavière) ; 25 581 hab. Station de sports d'hiver (alt. 708 - 2 963 m). – Églises anciennes.

GARNEAU (François-Xavier), *Québec 1809 - id. 1866*, historien canadien, auteur d'une *Histoire du Canada* (1845 - 1852).

GARNEAU (Hector **de Saint-Denys**), *Montréal 1912 - Sainte-Catherine-de-la-Jacques-Cartier 1943*, écrivain canadien de langue française. Il a laissé des recueils lyriques (*Regards et jeux dans l'espace*) et un *Journal*.

GARNER (Erroll), *Pittsburgh 1921 - Los Angeles 1977*, pianiste américain de jazz. Issu du courant bop, il fut, à la tête de son trio ou en soliste, l'un des plus grands improvisateurs du jazz, développant un style très mélodique, fondé sur un swing original.

GARNERIN (André), *Paris 1770 - id. 1823*, aéronaute français. Il réussit, à partir d'un ballon, la première descente en parachute (Paris, 22 oct. 1797). — **Jeanne Labrosse,** *1775 - 1847*, aéronaute française. Épouse de A. Garnerin, elle fut la première femme aéronaute et parachutiste.

GARNIER (Charles), *Paris 1825 - id. 1898*, architecte français. Prix de Rome, fasciné par l'Italie, il a donné son chef-d'œuvre avec l'Opéra de Paris (1862-1874), à la fois rationnel dans ses dispositions et d'un éclectisme exubérant dans le décor.

GARNIER (Marie Joseph François, dit Francis), *Saint-Étienne 1839 - Hanoï 1873*, officier de marine français. Il explora le Mékong (1866 - 1868) avec

Gard

Haute-Garonne

Doudart de Lagrée, puis la haute vallée du Yangzi Jiang, mais fut tué par les Pavillons-Noirs.

GARNIER (Robert), *La Ferté-Bernard 1544 ou 1545 - Le Mans 1590*, poète français. Ses tragédies *(les Juives)* et sa tragi-comédie *(Bradamante)* imitent le pathétique de Sénèque.

GARNIER (Tony), *Lyon 1869 - Carnoux, comm. de Roquefort-la-Bédoule, Bouches-du-Rhône, 1948*, architecte français. Prix de Rome, auteur d'un projet novateur de *Cité industrielle* (1901-1917), il a surtout construit à Lyon.

GARNIER-PAGÈS (Étienne), *Marseille 1801 - Paris 1841*, homme politique français, l'un des chefs du Parti républicain sous Louis-Philippe. — **Louis Antoine G.-P.**, *Marseille 1803 - Paris 1878*, homme politique français. Frère d'Étienne, membre du gouvernement provisoire et maire de Paris (1848), membre du gouvernement de la Défense nationale (1870), il est l'auteur d'une *Histoire de la révolution de 1848* (1861-1872).

GARO, population tribale de l'Inde (Meghalaya) [env. 600 000]. Agriculteurs sur brûlis, les Garo parlent le *boro*, de la famille tibéto-birmane.

GARONNE n.f., fl. du sud-ouest de la France, né en Espagne (val d'Aran), à 1 870 m d'alt., et qui, avec la Dordogne, forme la Gironde ; 650 km (575 en excluant la Gironde). Elle entre en France au Pont-du-Roi et sort des Pyrénées en aval de Saint-Gaudens. Elle reçoit alors l'Ariège, traverse Toulouse et reçoit le Tarn et le Lot, avant d'atteindre Bordeaux, un peu en amont de l'estuaire. Fleuve aux crues fréquentes (de l'automne au printemps) sur son cours supérieur, la Garonne a un rôle économique médiocre.

Garonne (canal latéral à la), canal longeant la Garonne, de Toulouse à Castets-en-Dorthe (près de Langon) ; 193 km.

GARONNE (Haute-) [31], dép. de la Région Occitanie ; ch.-l. de dép. *Toulouse* ; ch.-l. d'arrond. *Muret, Saint-Gaudens* ; 3 arrond. ; 27 cant. ; 587 comm. ; 6 309 km² ; 1 361 286 hab. *(Haut-Garonnais)*. Le dép. appartient à l'académie et à la cour d'appel de Toulouse, à la zone de défense et de sécurité Sud-Ouest. Les Pyrénées (élevage bovin, tourisme, électrochimie liée à l'hydroélectricité) et les plaines alluviales de la Garonne (céréales, vigne, fruits et légumes, bovins et petit bétail) constituent les deux principales régions du département. Son pouvoir d'attraction est lié au poids de Toulouse, dont l'agglomération concentre 70 % de la population du département.

GAROUA, v. du nord du Cameroun, sur la Bénoué ; 235 996 hab.

GAROUSTE (Gérard), *Paris 1946*, peintre français. Un des chefs de file du postmodernisme, il traite de thèmes bibliques ou mythiques, ou s'inspire de grands textes, dans des compositions baroquisantes, aux tonalités souvent assourdies (*Orion le classique, Orion l'Indien*, 1981, MNAM).

GARRETT (João Baptista **de Almeida**), *Porto 1799 - Lisbonne 1854*, écrivain et homme politique portugais. Il est l'auteur d'un théâtre nationaliste et romantique (*Um auto de Gil Vicente*, 1841 ; *Frei Luís de Sousa*, 1844).

GARRICK (David), *Hereford 1717 - Londres 1779*, acteur et auteur dramatique britannique. Interprète de Shakespeare et auteur de comédies, il a réformé la tradition scénique anglaise.

GARRIGUES n.f. pl., plateaux arides du Languedoc, au pied des Cévennes. Camp militaire (près de Nîmes). Élevage des moutons.

GARROS (Roland), *Saint-Denis, La Réunion, 1888 - près de Vouziers 1918*, aviateur et officier français. Détenteur à plusieurs reprises du record du monde d'altitude, il réussit la première traversée de la Méditerranée (1913) et perfectionna le procédé de tir à travers l'hélice. Il fut tué en combat aérien.

GARY, v. des États-Unis (Indiana), sur le lac Michigan ; 80 294 hab. Sidérurgie.

GARY (Roman **Kacew**, dit **Romain**), *Vilna, auj. Vilnius, 1914 - Paris 1980*, écrivain français. Romancier des mensonges du monde moderne *(les Racines du ciel)* et de l'angoisse face au vieillissement et à la mort (*Au-delà de cette limite votre ticket n'est plus valable*), il se suicida. Il s'était inventé un double littéraire (Émile Ajar*).

GASCOGNE, duché français qui s'étendait entre Pyrénées, Atlantique et Garonne (en aval de Toulouse) ; cap. *Auch*. Érigée en duché v. 852, la Gascogne fit partie de la Guyenne sous domination anglaise du XIIe au XVe s. Elle fut rattachée au domaine royal par Henri IV en 1607.

GASCOGNE (golfe de), golfe de l'Atlantique, entre la France et l'Espagne.

GASCOIGNE (George), *Cardington v. 1525 - Bernack 1577*, écrivain anglais. Il fut le premier dans son pays à rédiger un art poétique.

GASHERBRUM n.m., massif du Karakorum, aux confins de la Chine et du Pakistan ; 8 068 m au Hidden Peak, ou *Gasherbrum 1*.

GASPAR ou **GASPARD,** nom donné par une tradition tardive à l'un des trois Rois mages.

GASPARIN (Adrien, **comte de**), *Orange 1783 - id. 1862*, agronome et homme politique français. Il contribua à l'application des sciences à l'agriculture et analysa l'économie rurale.

GASPÉ, v. du Canada (Québec), au fond de la *baie de Gaspé*, à l'extrémité est de la *Gaspésie* ; 14 568 hab. *(Gaspésiens)*. Pêche. Pisciculture. – Musée de la Gaspésie. – Jacques Cartier y débarqua en 1534.

GASPERI (Alcide **de**) → **DE GASPERI.**

GASPÉSIE, péninsule du Canada (Québec), entre le golfe du Saint-Laurent et la baie des Chaleurs. Parc de conservation (802 km²).

GASPÉSIE–ÎLES-DE-LA-MADELEINE, région administrative du Québec (Canada), extrémité sud-est de la province ; 21 096 km² ; 90 311 hab. ; v. princ. *Gaspé*.

GASSENDI (Pierre **Gassend**, dit), *Champtercier, près de Digne, 1592 - Paris 1655*, philosophe français. Auteur de travaux en mathématiques, en acoustique et en astronomie, critique de Descartes, il chercha à concilier l'atomisme antique et la morale épicurienne avec le christianisme.

GASSER (Herbert), *Platteville, Wisconsin, 1888 - New York 1963*, physiologiste américain. Il réalisa des recherches sur les fibres nerveuses. (Prix Nobel 1944.)

GASSION (Jean **de**), *Pau 1609 - Arras 1647*, maréchal de France. Il combattit sous les ordres de Gustave II Adolphe (1630), se distingua à Rocroi (1643), mais fut blessé mortellement devant Lens.

GASSMAN (Vittorio), *Gênes 1922 - Rome 2000*, acteur italien. Il s'est imposé au théâtre et surtout au cinéma : *Riz amer* (G. De Santis, 1949), *le Fanfaron* (D. Risi, 1962), *Parfum de femme* (id., 1974).

GASTAUT (Henri), *Monaco 1915 - Marseille 1995*, médecin français. Ses travaux portent sur l'épilepsie et la neurophysiologie.

GASTON III DE FOIX, dit **Phébus**, *1331 - Orthez 1391*, comte de Foix (1343 - 1391). Il lutta contre l'Armagnac. Fin lettré, auteur d'un *Livre de la chasse*, il entretint à Orthez une cour fastueuse. Il légua ses biens au roi de France.

GATES (William, **dit Bill**), *Seattle 1955*, informaticien et industriel américain. Il a fondé en 1975 avec Paul Allen *(1953 - 2018)* la société d'informatique Microsoft*.

GÂTINAIS, région de France, au S. de Paris (Loiret, Essonne, Seine-et-Marne et Yonne), traversée par le Loing. Parc naturel régional *(Gâtinais français)*, couvrant env. 76 600 ha sur les dép. de l'Essonne et de la Seine-et-Marne.

GÂTINE n.f., nom de deux régions de France, l'une occupant le nord de l'Indre-et-Loire *(Gâtine tourangelle)*, l'autre les confins des Deux-Sèvres et de la Vendée *(Gâtine vendéenne ou de Parthenay)*.

GATINEAU, v. du Canada (Québec), en face d'Ottawa, sur la rivière des Outaouais et traversée par la *Gatineau*, affluent de l'Outaouais (r. g.) ; 276 245 hab. *(Gatinois)*. Papier journal. Chimie. Centre universitaire. – Musée canadien des Civilisations (cultures amérindiennes notamment).

GATT (General Agreement on Tariffs and Trade, en fr. accord général sur les tarifs douaniers et le commerce), accord, signé en 1947 à Genève, qui a fourni le cadre des grandes négociations

A B C D E F G H I J K L M N O P Q R S T U V W X Y Z

commerciales internationales, mises en œuvre, depuis 1995, par l'Organisation mondiale du commerce (OMC).

GATTAMELATA (le), *Narni v. 1370 - Padoue 1443*, condottiere italien. Statue équestre à Padoue, chef-d'œuvre de Donatello (v. 1446-1453).

GATTI (Dante, dit Armand), *Monaco 1924 - Saint-Mandé 2017*, homme de théâtre français. Journaliste à ses débuts et cinéaste, auteur de pièces politiques (*la Vie imaginaire de l'éboueur Auguste Geai, la Passion du général Franco*), il place le thème du langage au cœur d'une œuvre à l'écriture poétique.

Gatwick, l'un des aéroports de Londres, à 40 km au S. de la ville.

GAUCHET (Marcel), *Poilley, Manche, 1946*, historien et philosophe français. Analyste de la modernité dans la lignée de Max Weber, il rend compte des mutations idéologiques et religieuses (*le Désenchantement du monde*, 1985 ; *l'Avènement de la démocratie*, 3 vol., 2007-2010).

GAUCK (Joachim), *Rostock 1940*, homme politique allemand. Pasteur luthérien, opposant au régime communiste en Allemagne de l'Est, il a dirigé après la réunification la commission chargée de l'ouverture des archives de la Stasi (1990 - 2000). Il a été président de la République (2012 - 2017).

▲ Antoni **Gaudí.** La basilique de la Sagrada Familia, à Barcelone.

GAUDÍ (Antoni ou Antonio), *Reus 1852 - Barcelone 1926*, architecte et sculpteur espagnol. Il s'est inspiré de l'art gothique pour pratiquer, au sein du « modernisme catalan », une architecture audacieuse et singulière. À Barcelone : basilique de la Sagrada Familia (commencée en 1883, consacrée en 2010, encore inachevée) ; casa Milá dite *la Pedrera*, siège d'un « Espace Gaudí » ; parc Güell.

GAUDIN (Martin Charles), duc **de Gaète,** *Saint-Denis 1756 - Gennevilliers 1841*, financier français. Ministre des Finances (1799 - 1814), il réorganisa l'administration financière, fit établir un cadastre (1802 - 1807) et créa la Cour des comptes (1807).

GAUDRY (Albert), *Saint-Germain-en-Laye 1827 - Paris 1908*, paléontologue français. Spécialiste des vertébrés fossiles, il contribua au développement de la théorie évolutionniste.

GAUGUIN (Paul), *Paris 1848 - Atuona, îles Marquises, 1903*, peintre français. Issu de l'impressionnisme, il a réagi contre celui-ci en procédant par larges aplats de couleurs sur un dessin également résumé. Il a voulu aussi, en symboliste, conférer à ses tableaux un sens spirituel. Anxieux de remonter aux sources de la création, il séjourne en Bretagne, à partir de 1886, avec É. Bernard et quelques autres (école de Pont-Aven, naissance du synthétisme), rejoint un moment à Arles son ami Van Gogh, puis, en 1891, s'installe en Polynésie (Tahiti, Hiva-Oa). Il a fortement influencé les nabis et les fauves. (*La Vision après le sermon*, 1888, Édimbourg ; *D'où* venons-nous ? Que sommes-nous ?* [...], Boston ; *Cavaliers sur la plage*, 1902, Essen.)

▲ Paul **Gauguin.** *Femmes de Tahiti*, 1891. (Musée d'Orsay, Paris.)

GAUHATI, v. d'Inde (Assam), sur le Brahmapoutre ; 968 549 hab. dans l'agglomération.

GAULE n.f., nom donné dans l'Antiquité aux régions comprises entre le Rhin, les Alpes, la Méditerranée, les Pyrénées et l'Atlantique. Appelée par les Romains *Gaule Transalpine* (ou *Lyonnaise*, ou *Ultérieure*) par oppos. à la *Gaule Cisalpine* (Italie continentale), elle comprenait, v. 60 av. J.-C., d'une part la *Gaule Chevelue* (ou *Trois Gaules*), composée de la *Gaule Belgique*, de la *Gaule Celtique* et de l'*Aquitaine*, et d'autre part la *Province (Provincia)*, ou *Narbonnaise*, soumise à Rome. *(V. carte page 1501.)*

HISTOIRE La Gaule indépendante. V. 1100 - 150 av. J.-C. : les Celtes s'installent dans la région. La Gaule est divisée en 90 peuples *(civitates)*, dirigés par une aristocratie de grands propriétaires qui partagent le pouvoir avec les druides, dont le rôle dépasse les limites de la religion. **IIIe s. av. J.-C. :** les monnaies gauloises commencent à circuler. **125 - 121 av. J.-C. :** les Romains fondent une province *(Provincia)* dans le sud de la Gaule, avec Narbonne pour capitale.

La Gaule romaine. 58 - 51 av. J.-C. : Jules César entreprend la conquête du pays. **52 av. J.-C. :** Vercingétorix capitule à Alésia. **27 av. J.-C. :** la Gaule est divisée en quatre provinces, la Narbonnaise (anc. Provincia), l'Aquitaine, la Celtique, ou Lyonnaise, et la Belgique. **Ier - IIIe s. apr. J.-C. :** la création d'un réseau routier, les défrichements et le développement de l'artisanat favorisent l'expansion économique. Le latin supplante les dialectes gaulois, tandis que le druidisme disparaît. La Gaule adopte la civilisation des Romains (arènes et Maison carrée de Nîmes, théâtre d'Orange, pont du Gard, villes de Glanum, Vaison-la-Romaine, Vienne, Lyon [Fourvière], etc.). Grandes villas (Montmaurin, etc.). Abondante production de céramique sigillée (La Graufesenque, Lezoux, etc.). Coexistence des religions : sur certains monuments (pilier des Nautes à Paris, musée de Cluny), les divinités autochtones sont associées aux dieux officiels. Le christianisme pénètre dans les campagnes. **IIIe s. :** premières invasions germaniques. **481 - 511 :** Clovis, roi des Francs, conquiert la Gaule et restaure l'unité territoriale.

GAULLE (Charles de), *Lille 1890 - Colombey-les-Deux-Églises 1970*, général et homme politique

français. Sorti de Saint-Cyr en 1912 comme officier d'infanterie, il écrit après la Première Guerre mondiale plusieurs ouvrages de stratégie et de réflexion politique et militaire (*le Fil de l'épée*, 1932 ; *Vers l'armée de métier*, 1934 ; *la France et son armée*, 1938), où il préconise l'utilisation des blindés. Nommé général de brigade, sous-secrétaire d'État à la Défense nationale dans le cabinet Reynaud en juin 1940, il refuse l'armistice et lance, de Londres, le 18 juin, un appel à la résistance. S'imposant, non sans difficultés, comme le chef de la France libre, il préside ensuite à Alger en 1943 le Comité français de libération nationale, devenu en juin 1944 Gouvernement provisoire de la République française, qui s'installe en France après la libération de Paris (août 1944). Décidé à rendre à la France son rang, mais hostile aux « jeux des partis », il démissionne en janv. 1946. Fondateur et chef du Rassemblement du peuple français (RPF) [1947 - 1953], il se retire ensuite de la vie politique et se consacre à la rédaction de ses *Mémoires de guerre* (1954-1959). Rappelé au pouvoir à la faveur de la crise algérienne (mai 1958), il fait approuver une nouvelle Constitution, qui fonde la Ve République. Président de la République (1959), il met fin, non sans drames (barricades d'Alger en janv.-févr. 1960, putsch des généraux en avr. 1961), à la guerre d'Algérie et renforce l'autorité présidentielle par l'élection du président au suffrage universel (1962). Il mène une politique de réconciliation avec l'Allemagne (traité franco-allemand, 1963). Réélu en 1965, il développe une politique étrangère d'indépendance nationale (réalisation d'une force nucléaire, retrait de l'OTAN en 1966). Un an après la crise de mai 1968, son projet de régionalisation et de réforme du Sénat étant repoussé par référendum, il démissionne (28 avr. 1969). – Maison natale (musée) à Lille. Demeure familiale (La Boisserie), Mémorial Charles-de-Gaulle avec grande croix de Lorraine et tombe du général à Colombey-les-Deux-Églises. Historial Charles-de-Gaulle au musée de l'Armée de l'hôtel des Invalides, à Paris.

▲ Charles de **Gaulle** en 1965.

GAULLE-ANTHONIOZ (Geneviève **de**), *Saint-Jean-de-Valériscle, Gard, 1920 - Paris 2002*, résistante et militante française, nièce du précédent. Rescapée de Ravensbrück, elle s'engagea dans le combat pour la dignité de l'homme et contre l'exclusion. Elle fut, de 1964 à 1998, présidente d'ATD Quart Monde. Ses cendres ont été transférées au Panthéon en 2015.

GAULTIER (Jean-Paul), *Arcueil 1952*, couturier français. Humour, détournement d'objets et caractère provocateur de ses vêtements s'allient à une inventivité et à un talent inspirés par la variété des courants socio-ethniques et par la plastique du corps humain.

GAUME n.f., partie de la Lorraine belge (prov. du Luxembourg), autour de Florenville et de Virton. (Hab. *Gaumais.*)

GAUMONT (Léon), *Paris 1863 - Sainte-Maxime 1946*, inventeur et industriel français. Il fut l'un des promoteurs de l'industrie cinématographique. On lui doit les premiers procédés de cinéma parlant (1902) et de cinéma en couleurs (1912).

GAUSS (Carl Friedrich), *Brunswick 1777 - Göttingen 1855*, astronome, physicien et

mathématicien allemand. Ses nombreux et importants travaux concernent notamm. la mécanique céleste, la géodésie, le magnétisme, l'électromagnétisme ou l'optique. Sa conception moderne de la nature abstraite des mathématiques lui permit d'étendre le champ de la théorie des nombres. Convaincu que l'axiome d'Euclide sur les parallèles est indémontrable, il eut l'intuition des géométries non euclidiennes.

▲ Carl Friedrich **Gauss** par C. A. Jensen. (Observatoire de Göttingen.)

GAUSSEN (Henri), *Cabrières-d'Aigues, Vaucluse, 1891 - Toulouse 1981*, botaniste français. Il est l'auteur de travaux de géographie et de cartographie sur les associations végétales.

GAUTENG, anc. **Pretoria-Witwatersrand-Vereeniging** (partie de l'anc. Transvaal), prov. d'Afrique du Sud ; 12 272 263 hab. ; ch.-l. *Johannesburg.*

GAUTIER (Marthe), *Montenils, Seine-et-Marne, 1925*, pédiatre française. Directrice de recherches à l'INSERM (1967 - 1990), pionnière en France de la culture cellulaire, elle a initié la découverte de la trisomie 21, annoncée en 1959 par R. Turpin* et J. Lejeune*.

GAUTIER (Théophile), *Tarbes 1811 - Neuilly 1872*,

écrivain français. Partisan du romantisme à la bataille d'Hernani*, critique d'art et de théâtre, auteur de récits de voyage (*Tra los montes*, 1843), de nouvelles fantas-

◄ Théophile **Gautier** par A. de Châtillon. (Musée Carnavalet, Paris.)

tiques et de romans (*Mademoiselle de Maupin*, 1835 ; *le Capitaine Fracasse*, 1863), il a défendu en poésie « l'art pour l'art » (*Émaux et Camées*, 1852).

GAUTIER de Coincy, *Coincy 1177 - Soissons 1236*, poète français, auteur des *Miracles de Notre-Dame*.

GAUTIER Sans Avoir, *Boissy-Sans-Avoir ? - Civitot 1096 ou 1097*, chef croisé. Il dirigea l'avant-garde de la 1re croisade et périt près de Nicée.

GAVARNI (Sulpice Guillaume **Chevalier,** dit Paul), *Paris 1804 - id. 1866*, dessinateur et lithographe français. Collaborateur, notamm., du *Charivari*, il a décrit avec esprit les mœurs de la bourgeoisie, des étudiants et des lorettes.

GAVARNIE (cirque de), site touristique des Pyrénées françaises (Hautes-Pyrénées), au pied du Marboré, où naît le gave de Pau.

GÄVLE, v. de Suède, sur le golfe de Botnie ; 98 314 hab. Port.

GAVRINIS, île de Bretagne, dans le golfe du Morbihan. Vaste dolmen à couloir, aux monolithes ornés de gravures en relief, remontant au IVe millénaire.

Gavroche, personnage des *Misérables**, de V. Hugo. Gamin de Paris railleur, il meurt sur les barricades de l'insurrection de 1832 en chantant « la faute à Voltaire, la faute à Rousseau ».

GAXOTTE (Pierre), *Revigny, Meuse, 1895 - Paris 1982*, historien et journaliste français. Il écrivit pour la presse de droite dans l'entre-deux-guerres et publia divers ouvrages sur l'histoire de la France et de l'Allemagne. (Acad. fr.)

GAY (Francisque), *Roanne 1885 - Paris 1963*, homme politique français. Un des fondateurs du MRP, il participa aux premiers gouvernements de l'après-guerre (1945 - 1946).

GAY (John), *Barnstaple 1685 - Londres 1732*, écrivain anglais. Son *Opéra du gueux* (1728) inspira B. Brecht et K. Weill pour l'*Opéra* de quat'sous*.

GAYA, v. d'Inde (Bihar) ; 383 197 hab. Dans les env., Bodh-Gaya*, grand centre de pèlerinage.

GAYE (Marvin Pentz **Gay Jr**, dit Marvin), *Washington 1939 - Los Angeles 1984*, chanteur américain. Batteur réputé, il fut surtout un maître de la soul (*How Sweet It Is To Be Loved By You*, 1965). Son chef-d'œuvre *What's Going On* (1971) est un manifeste pour les droits des Noirs.

GAY-LUSSAC (Louis Joseph), *Saint-Léonard-de-Noblat 1778 - Paris 1850*, physicien et chimiste français. Il établit, en 1802, la loi de la dilatation des gaz. En 1804, lors de deux ascensions en ballon, il étudia le magnétisme terrestre et montra la constance de la composition de l'air. Il énonça les lois de la combinaison des gaz en volume (1805). Avec L. J. Thenard, il montra que le chlore est un corps simple. Il découvrit le bore, étudia l'iode et, en chimie industrielle, perfectionna les procédés d'affinage des métaux précieux.

▲ Louis Joseph **Gay-Lussac**

GAZA, v. et territoire de Palestine (dit aussi *bande de Gaza*) ; 363 km² ; 1 389 789 hab. Contesté entre Israël et l'Égypte, Gaza a vécu sous administration égyptienne (1948 - 1962), puis sous contrôle israélien (1967 - 1994), lequel a favorisé l'implantation de colonies juives. Théâtre, notamm. à partir de 1987, d'un soulèvement populaire palestinien, Gaza est doté, en 1994, d'un statut d'autonomie selon le plan prévu par l'accord israélo-palestinien de 1993. À partir de 2000, le territoire connaît une nouvelle phase d'affrontements violents avec Israël. Mais, en 2004, le gouvernement israélien adopte unilatéralement un plan de retrait de la bande de Gaza (évacuation achevée en août 2005). À partir de 2006, Gaza est au cœur du conflit interpalestinien opposant le Hamas de Ismaïl Haniyah (Ismaël Haniyeh) au Fatah de Mahmud Abbas ; en juin 2007, le Hamas prend par les armes le contrôle du territoire, qui se trouve dès lors totalement isolé. Du 27 déc. 2008 au 18 janv. 2009, Israël – avec pour objectif déclaré de faire cesser les tirs de roquettes qui affectent la sécurité du sud de son territoire – mène une vaste opération militaire, meurtrière, dans la bande de Gaza. En 2010, l'attaque par des forces israéliennes d'une flottille tentant de briser le blocus du territoire ravive les tensions. Tandis que les accords de réconciliation scellés en 2011 et 2012 entre le Hamas et le Fatah restent sans effet, le Hamas reçoit le soutien diplomatique et financier du Qatar (oct. 2012), et une nouvelle crise aiguë entre Israël et Gaza se solde par une trêve conclue sous l'égide de l'Égypte (nov. 2012). Les difficultés d'approvisionnement s'accroissent après la chute des Frères musulmans en Égypte (juill. 2013), entraînant la fermeture de tunnels de contrebande entre les deux territoires. En réponse à un nouveau pic de tension (juin 2014), Israël intervient militairement dans la bande de Gaza du 8 juill. au 26 août, ciblant les infrastructures militaires et les responsables du Hamas. Ce conflit partic. meurtrier (plus de 2 000 victimes palestiniennes) laisse Gaza en ruine. Début 2017, Yahya Sinouar prend la tête du Hamas à Gaza. En 2018, l'échec d'un nouvel accord de réconciliation entre le Hamas et le Fatah (oct. 2017), les tensions à la frontière avec Israël et le gel partiel de l'aide américaine aggravent la situation à Gaza.

Gazette (la), journal français, fondé par Théophraste Renaudot en 1631. Hebdomadaire à l'origine, elle devint quotidienne en 1792. Elle fut au XIXe s. l'un des principaux organes royalistes. Elle cessa de paraître en 1914.

GAZIANTEP, v. de Turquie, au N. d'Alep ; 853 513 hab. (1 159 732 hab. dans l'agglomération).

GAZLI, v. d'Ouzbékistan. Gaz naturel.

GBAGBO (Laurent), *Gagnoa 1945*, homme politique ivoirien. Leader de l'opposition à Houphouët-Boigny, fondateur du Front populaire ivoirien, il devient président de la République en 2000. Ayant vu son mandat prorogé à plusieurs reprises à partir de 2005 (faute de la tenue d'élections), il se porte candidat à la présidentielle de 2010 mais refuse de reconnaître sa défaite face à A. Ouattara. Il est finalement arrêté en avr. 2011 et, inculpé par la Cour pénale internationale de crimes contre l'humanité pour sa responsabilité dans des atrocités commises fin 2010 - début 2011, il est transféré et incarcéré à La Haye en nov. Son procès (2016 - 2019) s'est achevé sur son acquittement.

GDAŃSK, en all. **Danzig,** en fr. **Dantzig,** v. de Pologne, ch.-l. de voïévodie, sur la *baie de Gdańsk*, près de l'embouchure de la Vistule ; 460 276 hab. (854 000 hab. dans l'agglomération). Port. Constructions navales. – Nombreux monuments restaurés ; Musée poméranien. – Membre de la Hanse (1361), la ville jouit, sous les rois de Pologne, d'une quasi-autonomie (XVe-XVIIIe s.) ; elle fut annexée par la Prusse en 1793. Sous contrôle français (1807 - 1815), elle devint le chef-lieu de la Prusse-Occidentale (1815 - 1919), puis fut érigée en ville libre. Son incorporation au Reich le 1er sept. 1939 servit de prétexte au déclenchement de la Seconde Guerre mondiale. Dantzig fut rattachée à la Pologne en 1945. Théâtre, en 1980, de grèves massives, Gdańsk fut le berceau de Solidarność.

GDYNIA, v. de Pologne, sur la Baltique, au N.-O. de Gdańsk ; 249 139 hab. Port.

GÉ, famille ethnolinguistique d'Amérique du Sud (surtout centre du Brésil et nord du Paraguay).

GÊ → **GAIA.**

GÉANTS MYTH. GR. Êtres divins, bien que mortels, nés de Gaia et du sang d'Ouranos mutilé.

GÉANTS (monts des) → **KARKONOSZE.**

GEBER ou **DJABIR** (**Abu Musa Djabir ibn Hayyan,** dit), *Kufa, sur l'Euphrate*, alchimiste arabe. Il vécut v. 800. Son œuvre a exercé une influence considérable sur les alchimistes du Moyen Âge.

GÉBRÉSÉLASSIÉ (Hailé), *Assella, État d'Oromia, 1973*, athlète éthiopien. Il a brillé du 1 500 m au marathon, dominant en particulier le 10 000 m avec deux titres olympiques (1996 et 2000) et quatre titres mondiaux (1993, 1995, 1997 et 1999), et a détenu de nombreux records du monde.

GÉDÉON, *XIIe s. ou XIe s. av. J.-C.*, Juge d'Israël. Il vainquit la tribu palestinienne des Madianites.

GÉDYMIN, *m. à Wielona, sur le Niémen, en 1341*, grand-duc de Lituanie (1316 - 1341). Il est le véritable fondateur de l'État lituanien.

GEEL [gel], comm. de Belgique (prov. d'Anvers) ; 38 101 hab. Constructions électriques. – Église gothique Ste-Dimphne (XVe s.).

GEELONG, v. d'Australie (Victoria) ; 173 452 hab. Raffinage du pétrole. Aluminium. Automobiles.

GEFFROY (Gustave), *Paris 1855 - id. 1926*, écrivain et critique d'art français. Il soutint l'esthétique naturaliste ainsi que les impressionnistes. Il fut directeur des Gobelins et l'un des dix premiers membres de l'Académie* des Goncourt.

GEHRY (Frank), *Toronto 1929*, architecte et designeur américano-canadien. Le baroque formel le dispute dans son œuvre à la polychromie et au détournement des matériaux (American Center [auj. Cinémathèque française], Paris, 1994 ; musée Guggenheim, Bilbao, 1997 ; Walt Disney Concert Hall, Los Angeles, 2003 ; Fondation Louis-Vuitton, Paris, 2014). [Prix Pritzker 1989.]

▲ Frank **Gehry.** Le musée Guggenheim à Bilbao.

GEIGER (Hans), *Neustadt an der Weinstrasse 1882 - Potsdam 1945*, physicien allemand. Après des recherches en physique nucléaire, avec Rutherford, il inventa, en 1913, le compteur de particules qui porte son nom.

GEISÉRIC ou **GENSÉRIC,** *m. en 477*, premier roi vandale d'Afrique (428 - 477). Il fonda en Afrique et dans les îles de la Méditerranée occidentale un État puissant. Il prit et pilla Rome en 455.

GEISPOLSHEIM [gɛspɔlsɛm] (67118), comm. du Bas-Rhin ; 7 558 hab. Village pittoresque.

GELA, v. d'Italie (Sicile) ; 75 448 hab. Port. Pétrochimie. – Fondée au VIIe s. par les Grecs, la ville antique fut détruite au IIIe s. av. J.-C. Une ville neuve, *Terranova*, fondée en 1230, a repris son nom en 1927. – Musée archéologique.

GÉLASE Ier (saint), *m. à Rome en 496*, pape (492 - 496), originaire d'Afrique. Il combattit le manichéisme, le pélagianisme et l'arianisme.

GÉLIMER, dernier roi des Vandales d'Afrique (530 - 534). Il fut vaincu par Bélisaire en 534.

GÉLINIER (Octave), *Corbigny 1916 - Levallois-Perret 2004*, économiste français. On lui doit d'importantes contributions à l'économie d'entreprise.

GELLÉE (Claude) → **LORRAIN.**

GELL-MANN (Murray), *New York 1929*, physicien américain. Il a contribué aux classifications des particules à interactions fortes (*hadrons*), introduisant la notion d'*étrangeté* (charge conservée au cours des interactions fortes). Il a postulé l'existence des constituants élémentaires des hadrons, les *quarks*. (Prix Nobel 1969.)

GÉLON, *Gela 540 - Syracuse 478 av. J.-C.*, tyran de Gela (491 - 485) et de Syracuse (485 - 478). Il vainquit les Carthaginois à Himère (480).

GELSENKIRCHEN, v. d'Allemagne (Rhénanie-du-Nord-Westphalie), dans la Ruhr ; 258 766 hab. Raffinerie de pétrole. Chimie.

GELUCK (Philippe), *Bruxelles 1954*, dessinateur et auteur belge de bandes dessinées. Ses paradoxes, calembours, gags visuels et détournements d'images témoignent d'un sens de l'absurde qui s'inscrit dans la lignée du surréalisme belge (*le Chat*, depuis 1983 ; *le Docteur G.*, depuis 1990 ; *Encyclopédie universelle*, depuis 1992).

GEMAYEL (Pierre), *Mansourah 1905 - Bikfaya 1984*, homme politique libanais. Maronite, fondateur des Phalanges libanaises (1936), il lutta contre les nationalistes arabes en 1958 et contre les Palestiniens à partir de 1975. — **Amine G.,** *Bikfaya 1942*, homme politique libanais. Fils de Pierre, président de la République de 1982 à 1988, il chercha à préserver les positions politiques des chrétiens.

GEMBLOUX [ʒɑ̃blu], comm. de Belgique (prov. de Namur) ; 24 451 hab. Faculté des sciences agronomiques, dans une anc. abbaye des XIIe-XVIIIe s.

GÉMEAUX, constellation zodiacale. Ses deux étoiles les plus brillantes sont *Castor* et *Pollux*. — **Gémeaux,** troisième signe du zodiaque, que le Soleil quitte au solstice de juin.

GÉMENOS (13420), comm. des Bouches-du-Rhône ; 6 496 hab. *(Gémenosiens)*. Électronique.

GÉMIER (Firmin **Tonnerre,** dit **Firmin**), *Aubervilliers 1869 - Paris 1933*, acteur et directeur de théâtre français. Metteur en scène, directeur de l'Odéon (1922 - 1930), il fonda le Théâtre national populaire (1920), qu'il dirigea jusqu'en 1933.

GÉMISTE PLÉTHON (Georges), *Constantinople v. 1355 - dans le Péloponnèse v. 1450*, philosophe et humaniste byzantin. Par son rôle dans la diffusion en Italie de la pensée de Platon, il exerça une influence notable sur la Renaissance.

GENAPPE, comm. de Belgique (Brabant wallon), à l'E. de Nivelles ; 15 160 hab.

GENAS (69740), comm. du Rhône, à l'E. de Lyon ; 12 985 hab. *(Genassiens)*. Zone industrielle. Nécropole gauloise. Vestiges d'un château féodal.

General Motors, société américaine de construction automobile, fondée en 1908.

GENERAL SANTOS, v. des Philippines, sur la côte sud de Mindanao ; 529 542 hab.

Génération perdue, nom donné aux écrivains américains (Dos Passos, Fitzgerald, Hemingway, Cummings) qui, au lendemain de la Première Guerre mondiale, cherchèrent un remède à leur désarroi intellectuel dans l'Europe des Années folles, le voyage ou le socialisme.

GÊNES, en ital. **Genova,** v. d'Italie, cap. de la Ligurie et ch.-l. de prov., sur le *golfe de Gênes* (que forme la Méditerranée) ; 591 790 hab. *(Génois)* [847 000 hab. dans l'agglomération]. Principal port italien. Centre industriel (raffinerie de pétrole). – Cathédrale et nombreuses églises, du Moyen Âge à l'époque baroque ; riches palais Rosso, Bianco et Spinola, auj. galeries d'art (peintures, notamm. de l'école génoise des XVIIe-XVIIIe s.). – Dotée à partir du XIe s. d'une flotte puissante, Gênes participa à la première croisade (1097), au cours de laquelle elle jeta les bases de son empire maritime, malgré la concurrence de Pise puis la rivalité de Venise (XIIIe s.). En 1339, elle se donna un doge ; aux XIVe et XVe s., son empire fut détruit par Venise et par les Turcs. En 1768, elle céda la Corse à la France. Capitale de la république Ligurienne en 1797, elle fut annexée à l'Empire français (1805), puis au royaume de Sardaigne (1815).

GÊNES (golfe de), golfe de la Méditerranée, sur la côte nord-ouest de l'Italie.

GENÈS ou **GENEST** (saint), martyr romain dont la légende a été appliquée à Genès d'Arles, martyr au début du IVe s. Il a inspiré la tragédie de Rotrou *le Véritable Saint Genest* (1647).

GÉNÉSARETH (lac de), nom donné par les Évangiles au lac de Tibériade.

Genèse, le premier livre de la Bible et donc le premier des cinq écrits du Pentateuque. Ce livre est consacré aux origines de l'humanité et à l'histoire d'Abraham, d'Isaac et de Jacob.

GENET (Jean), *Paris 1910 - id. 1986*, écrivain français. Dans ses romans (*Notre-Dame-des-Fleurs*, 1944 ; *Miracle de la rose*, 1946), ses poèmes et son théâtre (*les Bonnes*, 1947 ; *le Balcon*, 1957 ; *les Paravents*, 1961), ce chantre du désir homosexuel, des voleurs (*Journal du voleur*, 1949) et des marginaux a évoqué sa jeunesse abandonnée et délinquante et fustigé les hypocrisies du monde contemporain.

▲ Jean **Genet** en 1981.

GENETTE (Gérard), *Paris 1930 - ? 2018*, critique français. Il développa, notamm. dans la série des *Figures* (*I - V*, 1966-2002), une analyse du récit (« narratologie ») et une théorie du texte, en relation de transformation avec des textes antérieurs.

GENÈVE, v. de Suisse, ch.-l. du *canton de Genève*, à l'extrémité sud-ouest du lac Léman, à 526 km au S.-E. de Paris ; 187 470 hab. *(Genevois)* [533 529 hab. dans l'agglomération]. Université fondée par Calvin. Centre bancaire et commercial. Horlogerie et mécanique de précision. – Cathédrale St-Pierre, remontant aux XIIe-XIIIe s., autres monuments et belles demeures de la vieille ville ; nombreux musées, dont le musée d'Art et d'Histoire et le musée d'Art moderne et contemporain (Mamco). – Intégrée au royaume de Bourgogne puis au Saint Empire (1032), la ville se heurta, à partir de 1290, à la puissance des comtes puis des ducs de Savoie. Elle devint après 1536 le principal foyer du calvinisme puis la capitale du protestantisme. Elle entra dans la Confédération suisse en 1814 et fut, de 1920 à 1947, le siège de la Société des Nations ; elle est encore celui de la Croix-Rouge et de différentes organisations internationales.

GENÈVE (canton de), canton de Suisse ; 282 km^2 ; 457 715 hab. *(Genevois)*.

GENÈVE (lac de), nom parfois donné à l'extrémité sud-ouest du lac Léman.

Genève (accords de) [juill. 1954], accords qui mirent fin à la guerre d'Indochine. Ils firent suite à la conférence internationale qui réunit, à Genève, les représentants des deux blocs (occidental et communiste) et des pays non alignés et qui aboutit à un cessez-le-feu en Indochine et au partage du Viêt Nam en deux zones de part et d'autre du 17e parallèle.

Genève (conventions de), ensemble de conventions internationales conclues dans le souci d'améliorer la protection des personnes (blessés de guerre, prisonniers de guerre, personnes civiles) en temps de guerre (1864, 1907, 1929 et 1949).

GENEVIÈVE (sainte), *Nanterre v. 422 - Paris v. 502*, patronne de Paris. Elle soutint la lutte des habitants de Paris lors de l'invasion d'Attila (451).

Geneviève de Brabant, héroïne d'une légende populaire du Moyen Âge, dont la première transcription se trouve dans *la Légende* dorée*. Épouse injustement punie, elle ne voit sa vertu reconnue qu'après une longue épreuve.

GENEVOIX (Maurice), *Decize 1890 - Alsudia-Cansades, Alicante, 1980*, écrivain français. Il est l'auteur de souvenirs de guerre (*Ceux de 14*, 1949) et de récits sur le monde rural (*Raboliot*, 1925) et animal (*Tendre Bestiaire*, 1969). [Acad. fr.]

GENGIS KHAN, *Delün Boldaq v. 1167 - Qingshui, Gansu, 1227*, titre de Temüdjin, fondateur de l'Empire mongol. Reconnu comme khan suprême par les Mongols (1206), il conquit la Chine du Nord (1211 - 1216), la Transoxiane (1219 - 1221), l'Afghanistan et l'Iran oriental (1221 - 1222).

◀ **Gengis Khan.** Détail d'une peinture sur soie ; Chine, époque Yuan. (Coll. priv.)

GENIL n.m., riv. d'Espagne, affl. du Guadalquivir (r. g.) ; 358 km. Il passe à Grenade.

Génissiat, barrage et centrale hydroélectrique de l'Ain (comm. d'Injoux-Génissiat), sur le Rhône.

Genji monogatari ou **le Dit du Genji,** roman de Murasaki Shikibu (début du XIe s.). Ce classique de la littérature japonaise peint la vie de la cour de Kyoto aux environs de l'an mille.

GENK [gɛnk], comm. de Belgique (Limbourg) ; 65 224 hab. Métallurgie.

GENLIS (21110), bur. centr. de cant. de la Côte-d'Or ; 5 435 hab. *(Genlissiens)*. Électronique.

GENLIS (Stéphanie Félicité **Du Crest,** comtesse **de**), *Champcéri, près d'Autun, 1746 - Paris 1830*, femme de lettres française. Gouvernante des enfants du duc d'Orléans Philippe Égalité, elle a laissé des ouvrages sur l'éducation et des *Mémoires*.

GENNES (Pierre-Gilles **de**), *Paris 1932 - Orsay 2007*, physicien français. Spécialiste de la physique de la matière condensée, il a fourni des contributions théoriques marquantes dans des domaines très variés : semi-conducteurs, supraconductivité, cristaux liquides, polymères, etc. (Prix Nobel 1991.)

GENNES-VAL-DE-LOIRE, comm. de Maine-et-Loire, sur la Loire ; 2 304 hab. *(Gennois)*. Dolmens et menhir. Amphithéâtre gallo-romain.

GENNEVILLIERS (92230), bur. centr. de cant. des Hauts-de-Seine ; 44 843 hab. *(Gennevillois)*. Port sur la Seine. Industrie automobile et aéronautique.

GENSCHER (Hans Dietrich), *Reideburg, près de Halle, 1927 - Wachtberg, près de Bonn, 2016*, homme politique allemand. Président du parti libéral de la RFA (1974 - 1985), il fut ministre des Affaires étrangères de 1974 à 1992.

gens de lettres (Société des) [SGDL], association fondée en 1838 pour défendre les intérêts des écrivains. La SGDL a créé la Société civile des auteurs multimédia (SCAM) pour l'exploitation audiovisuelle des œuvres.

GENSÉRIC → **GEISÉRIC.**

GENSONNÉ (Armand), *Bordeaux 1758 - Paris 1793*, homme politique français. Député à l'Assemblée législative, puis à la Convention, il fut l'un des chefs girondins. Il mourut sur l'échafaud.

GENT → **GAND.**

GENTIL (Émile), *Volmunster 1866 - Bordeaux 1914*, explorateur et administrateur français. Il explora le Chari (1896 - 1898), accula l'émir Rabah à capituler (1900), rejoignit la mission Foureau-Lamy et devint administrateur de la région du Congo.

GENTILE (Giovanni), *Castelvetrano, Sicile, 1875 - Florence 1944*, philosophe et homme politique italien. Il développa une philosophie d'inspiration hégélienne, *l'actualisme*, qui réduit toute réalité à de purs actes de l'esprit. Ministre de l'Instruction publique sous Mussolini, il fut exécuté par les partisans.

GENTILE da Fabriano, *Fabriano, province d'Ancône, v. 1370 - Rome 1427*, peintre italien. Maître du style gothique international, héritier des miniaturistes, il travailla à Venise, Brescia, Florence (*Adoration des mages*, 1423, Offices) et Rome.

GENTILESCHI (Orazio **Lomi,** dit), *Pise 1563 - Londres 1639*, peintre italien. Il se constitua à Rome, à partir de l'exemple du Caravage, une manière personnelle, élégante et nuancée, travailla dans les Marches (v. 1615), à Gênes, à Paris (1624), puis à Londres. — **Artemisia G.,** *Rome 1597 - Naples apr. 1651*, peintre italienne, fille d'Orazio. Elle travailla à Florence et à Naples principalement, dans un style caravagesque assez violent.

GENTILLY (94250), comm. du Val-de-Marne ; 17 083 hab. Église des XIIIe et XVIe s.

GENTZEN (Gerhard), *Greifswald 1909 - Prague 1945*, logicien allemand. Il a proposé un système de logique non axiomatique.

GÉNY (François), *Baccarat 1861 - Nancy 1959*, juriste français. Spécialiste de la philosophie du droit, il reconnaît au juge la faculté de combler les lacunes de la loi à l'aide d'un raisonnement logique.

GEOFFRIN (Marie-Thérèse **Rodet,** Mme), *Paris 1699 - id. 1777*, mécène française, célèbre pour son salon fréquenté par les écrivains et les artistes.

GEOFFROI, nom porté par six comtes d'Anjou. — **Geoffroi V le Bel,** surnommé **Plantagenêt,** *1113 - Le Mans 1151*, comte d'Anjou et du Maine (1129 - 1151), duc de Normandie (1135/1144 - 1150). Il était le gendre d'Henri Ier, roi d'Angleterre, et le père du futur Henri II.

GEOFFROY SAINT-HILAIRE (Étienne), *Étampes 1772 - Paris 1844*, naturaliste français. Professeur de zoologie au Muséum, il créa la ménagerie du Jardin des Plantes. Ses travaux tendent à démontrer l'unité de composition organique des animaux, dans une perspective transformiste.

Géographie universelle, ouvrage publié sous la direction de Vidal de La Blache et Gallois (1927 - 1948, 23 vol.).

GEORGE Ier, *Osnabrück 1660 - id. 1727*, Électeur de Hanovre (1698 - 1727), roi de Grande-Bretagne et d'Irlande (1714 - 1727). Il succéda à Anne Stuart en vertu de l'Acte d'établissement (1701). S'appuyant sur les whigs, il laissa le pouvoir réel à ses ministres Stanhope (1717 - 1721) et Walpole (1715 - 1717 et à partir de 1721). — **George II,** *Herrenhausen 1683 - Kensington 1760*, roi de Grande-Bretagne et d'Irlande, et Électeur de Hanovre (1727 - 1760). Fils de George Ier, il conserva sa confiance à Walpole, qui jeta les fondements de l'Empire britannique. — **George III,** *Londres 1738 - Windsor 1820*, roi de Grande-Bretagne et d'Irlande (1760 - 1820),

Électeur (1760 - 1815) puis roi (1815 - 1820) de Hanovre. Petit-fils de George II, il perdit les colonies anglaises de l'Amérique et lutta contre la Révolution française. Il fut le premier des Hanovre à s'intéresser à l'Angleterre. — **George IV,** *Londres 1762 - Windsor 1830,* roi de Grande-Bretagne et d'Irlande, et roi de Hanovre (1820 - 1830). Fils aîné de George III, il émancipa les catholiques d'Irlande. — **George V,** *Londres 1865 - Sandringham 1936,* roi de Grande-Bretagne et d'Irlande, et empereur des Indes (1910 - 1936), de la dynastie des Hanovre. Fils d'Édouard VII, son règne fut marqué par la participation victorieuse de l'Empire à la Première Guerre mondiale. Il changea (1917) le nom de la dynastie de Hanovre-Saxe-Cobourg-Gotha en celui de Windsor. — **George VI,** *Sandringham 1895 - id. 1952,* roi de Grande-Bretagne et d'Irlande du Nord (1936 - 1952), et empereur des Indes (1936 - 1947), de la dynastie des Windsor. Deuxième fils de George V, il épousa en 1923 Elizabeth Bowes-Lyon (*Londres 1900 - id. 2002,* appelée à la fin de sa vie « Queen Mum »), avec qui il eut deux filles : Elizabeth (la reine Élisabeth II) et Margaret. Il succéda à Édouard VIII. Sous son règne, la Grande-Bretagne participa victorieusement à la Seconde Guerre mondiale.

GEORGE (Lloyd) → **LLOYD GEORGE.**

GEORGE (Pierre), *Paris 1909 - Châtenay-Malabry 2006,* géographe français. Exerçant sa réflexion dans tous les domaines de la géographie humaine (géographie de la population [avec A. Sauvy], géographie économique, géographie urbaine et rurale, etc.), il est l'auteur de nombreux ouvrages.

GEORGE (Stefan), *Büdesheim, Rhénanie, 1868 - Minusio, près de Locarno, 1933,* poète allemand. Influencé par les symbolistes français, il donna ensuite une dimension prophétique à sa poésie (*l'Étoile d'alliance, le Nouveau Règne*).

George Cross, décoration britannique créée en 1940 par le roi George VI.

GEORGES (saint), martyr du IVe s. Sa légende en fait un saint combattant, qui terrassa un dragon pour délivrer une princesse. Il est le patron de l'Angleterre.

GEORGES Ier, *Copenhague 1845 - Thessalonique 1913,* roi de Grèce (1863 - 1913). Choisi par les puissances protectrices de la Grèce (Grande-Bretagne, France, Russie) pour succéder à Otton, il fut assassiné. — **Georges II,** *Tatóï 1890 - Athènes 1947,* roi de Grèce (1922 - 1924 et 1935 - 1947). Fils de Constantin Ier, lors de l'invasion allemande (1941), il se réfugia en Crète, puis au Caire et à Londres, et fut rétabli sur son trône en 1946.

GEORGES DE PODĚBRADY, *Poděbrady 1420 - Prague 1471,* roi de Bohême (1458 - 1471). Excommunié par Paul II, il se maintint à Prague bien que les nobles catholiques aient élu Mathias Corvin roi de Bohême (1469).

GEORGETOWN, cap. du Guyana ; 118 363 hab. Port sur l'Atlantique. Exportation de bauxite.

GEORGE TOWN, v. de Malaisie, cap. de l'État de Penang ; 198 298 hab. Port. Électronique. Textile.

GÉORGIE n.f., en géorgien **Sakartvelo,** État d'Asie, dans le Caucase ; 70 000 km² ; 3 718 200 hab. (*Géorgiens*). **CAP.** *Tbilissi.* **LANGUE :** *géorgien.* **MONNAIE :** *lari.*

GÉOGRAPHIE Le pays est peuplé à 70 % de Géorgiens de souche (minorités d'Arméniens, de Russes, d'Abkhazes, d'Ossètes, d'Adjars, etc.). Au S. du Grand Caucase, il possède un climat subtropical, au moins dans la plaine du Rioni et sur le littoral (animé par le tourisme). Il produit agrumes, thé, vins. Le sous-sol recèle surtout du manganèse.

HISTOIRE Colonisée par les Grecs et les Romains (Colchide) puis dominée par les Sassanides (Ibérie), la région est conquise par les Arabes (v. 650). **IXe - XIIIe s. :** elle connaît une remarquable renaissance, atteint son apogée sous la reine Thamar (1184 - 1213), puis est ravagée par les Mongols. **XVIe - XVIIIe s. :** la Géorgie perd des territoires au profit de l'Iran et de l'Empire ottoman et se place sous la protection de la Russie (1783). **1801 :** elle est annexée par la Russie. **1918 :** une république indépendante est proclamée. **1921 :** l'Armée rouge intervient et un régime soviétique est instauré. **1922 :** la Géorgie, à laquelle sont rattachées les républiques autonomes d'Abkhazie et d'Adjarie ainsi que la région autonome d'Ossétie du Sud, est intégrée à l'URSS. **1936 :** elle devient une république fédérée. **1990 :** les indépendantistes remportent les premières élections libres. **1991 :** la Géorgie accède à l'indépendance. **1992 :** E. Chevardnadze prend la direction du nouvel État, qui doit faire face aux mouvements séparatistes en Ossétie du Sud et en Abkhazie. **1993 :** confronté à de graves troubles intérieurs, Chevardnadze fait appel aux forces armées russes et, en contrepartie, accepte de rejoindre la CEI. **1995 :** après l'adoption d'une nouvelle Constitution, il est élu président de la République au suffrage universel (réélu en 2000). **2003 :** sous la pression d'importantes manifestations, E. Chevardnadze doit démissionner (nov.). **2004 :** Mikhaïl Saakachvili, leader de l'opposition réformatrice, est élu triomphalement à la présidence de la République. **2008 :** après une grave crise politique (nov. 2007), il est reconduit à la tête de l'État lors d'une élection présidentielle anticipée (janv.). Au lendemain d'une offensive déclenchée par Tbilissi en Ossétie du Sud pour y restaurer son autorité, la Russie mène une guerre éclair en territoire géorgien (8-12 août) et reconnaît l'indépendance des républiques séparatistes d'Ossétie du Sud et d'Abkhazie. Un cessez-le-feu intervient au terme d'une médiation européenne, mais le pouvoir central géorgien reste de facto privé de souveraineté sur ces deux territoires. **2010 :** un amendement constitutionnel restreint le pouvoir du président (à compter de 2013). **2012 :** la victoire de l'opposition, emmenée par l'homme d'affaires Bidzina Ivanichvili (qui devient Premier ministre), aux élections législatives expose le président Saakachvili à une cohabitation délicate. **2013 :** Gueorgui Margvelachvili, un proche de B. Ivanichvili, accède à la tête de l'État. Ce dernier démissionne du poste de Premier ministre et désigne son successeur, Irakli Garibachvili. **2014 :** signature d'un accord d'association avec l'Union européenne. **2015 :** Gueorgui Kvirikachvili prend la tête du gouvernement après la démission de I. Garibachvili. **2018 :** Mamuka Bakhtadze succède à G. Kvirikachvili, démissionnaire. Salomé Zourabichvili, anc. diplomate franco-géorgienne, est élue présidente de la République.

GÉORGIE, en angl. **Georgia,** État des États-Unis, sur l'Atlantique ; 10 429 379 hab. ; cap. *Atlanta.*

GÉORGIE (détroit de), bras de mer du Pacifique séparant l'île de Vancouver du littoral continental canadien.

GÉORGIE DU SUD, île britannique de l'Atlantique sud, dépendance des Falkland.

GEORGIENNE (baie), baie du Canada formée par le lac Huron.

GÉORGIENS, peuple caucasien vivant en Géorgie et comprenant des communautés dans l'ex-URSS, en Turquie et en Iran (env. 4 millions). Ils sont majoritairement chrétiens orthodoxes (patriarcat de Tbilissi) et parlent le *géorgien.* Ils se donnent le nom de *Kartveli.*

Géorgiques (les), poème didactique en quatre chants de Virgile (39-29 av. J.-C.). Cette épopée des rapports de l'homme et de la nature mêle développements techniques et digressions poétiques.

GERA, v. d'Allemagne (Thuringe), sur l'Elster blanche ; 96 067 hab. Monuments des XVIe-XVIIIe s.

GERAARDSBERGEN → **GRAMMONT.**

GÉRALDY (Paul Lefèvre, puis **Lefèvre-Géraldy,** dit Paul), *Paris 1885 - Neuilly-sur-Seine 1983,* écrivain français. Sa poésie sentimentale (*Toi et Moi,* 1912) et son théâtre psychologique (*les Noces d'argent,* 1917) s'attachent à dépeindre la vie de couple et les relations familiales.

GÉRARD (François, baron), *Rome 1770 - Paris 1837,* peintre français. Auteur d'un *Ossian* pour Malmaison, il fut surtout, sous la Restauration comme sous l'Empire, un portraitiste couvert d'honneurs.

GÉRARD (Maurice Étienne, comte), *Damvillers 1773 - Paris 1852,* maréchal de France. Il se distingua à Ligny (1815). Fait maréchal par Louis-Philippe, il dirigea le siège d'Anvers (1832).

GÉRARDMER [ʒerarme] (88400), bur. centr. de cant. des Vosges ; 9 007 hab. (*Géromois*). Centre touristique. – Festival du film fantastique. – À l'O. se trouve le *lac de Gérardmer* (115 ha).

GERASA, anc. ville de Palestine. C'est l'actuelle *Djerach,* en Jordanie. Nombreux vestiges romains et surtout chrétiens des Ve-VIe s.

GERBAULT (Alain), *Laval 1893 - Dili, île de Timor, 1941,* navigateur français. Sur *Firecrest,* un petit cotre de 11 m, il réalisa le tour du monde en solitaire (1923 - 1929).

GERBERT d'Aurillac → **SYLVESTRE II.**

GERBIER-DE-JONC n.m., mont du sud de la France (Ardèche), dans le Vivarais ; 1 551 m. La Loire y prend sa source.

GERDT (Pavel Andreïevitch), *près de Saint-Pétersbourg 1844 - Vommola, Finlande, 1917,* danseur russe. Il créa de nombreux rôles dans les ballets de M. Petipa et fut le professeur de A. Pavlova, V. Nijinski et M. Fokine.

GERGOVIE, oppidum gaulois, au S. de Clermont-Ferrand, dans le pays des Arvernes (Puy-de-Dôme). Vercingétorix le défendit avec succès contre César (52 av. J.-C.). – Vestiges historiques.

GERHARDT (Charles), *Strasbourg 1816 - id. 1856,* chimiste français. Il fut l'un des créateurs de la notation atomique et introduisit la notion de « fonction » en chimie organique.

GÉRICAULT (Théodore), *Rouen 1791 - Paris 1824,* peintre et lithographe français. Artiste à la carrière fulgurante, il fut le premier des romantiques, mais aussi un précurseur du réalisme (au Louvre : *Officier de chasseurs à cheval* [...], 1812 ; *Course de chevaux libres à Rome,* 1817 ; *le Radeau* de la Méduse ; le Four à plâtre,* 1822). *[V. ill. page suivante.]*

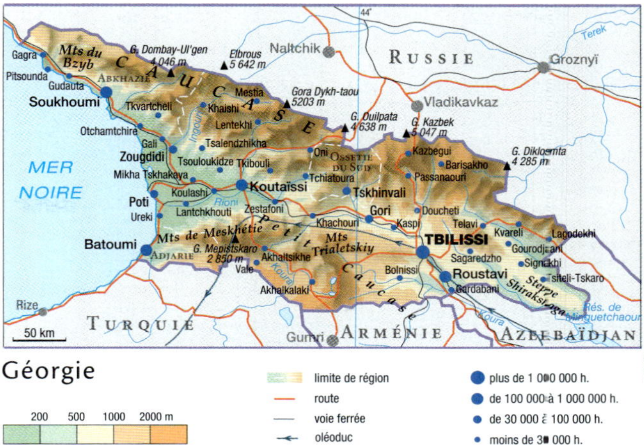

Géorgie

A B C D E F G H I J K L M N O P Q R S T U V W X Y Z

▲ Théodore **Géricault.** *Derby d'Epsom*, 1821. (Louvre, Paris.)

GERLACH (Walther), *Biebrich, auj. dans Wiesbaden, 1889 - Munich 1979*, physicien allemand. Auteur de travaux sur la structure de l'atome, il a déterminé, en 1921, avec O. Stern, le moment magnétique élémentaire, ou *magnéton*.

GERLACHE DE GOMERY (Adrien de), *Hasselt 1866 - Bruxelles 1934*, explorateur belge. Il dirigea l'expédition à bord du *Belgica* en Antarctique, où il réalisa le premier hivernage (1897 - 1899).

GERLACHOVSKY (pic), point culminant des Carpates, en Slovaquie ; 2 655 m.

GERMAIN (saint), *près d'Autun v. 496 - Paris v. 576*, évêque de Paris.

GERMAIN d'Auxerre (saint), *Auxerre v. 378 - Ravenne 448*, évêque d'Auxerre. Il fut envoyé en Grande-Bretagne combattre les pélagiens.

GERMAIN, famille d'orfèvres parisiens, fournisseurs de la cour, dont les plus célèbres sont : **Pierre G.**, *v. 1645 - 1684*, **Thomas G.**, *1673 - 1748*, dont Voltaire a vanté la « main divine », et **François Thomas G.**, *1726 - 1791*.

GERMAIN (Sophie), *Paris 1776 - id. 1831*, mathématicienne française. En physique mathématique, elle est l'auteure d'importants travaux sur la théorie de l'élasticité.

GERMAIN (Sylvie), *Châteauroux 1954*, écrivaine française. Ses romans disent les soubresauts récents de l'Europe comme les blessures intimes, en fouillant l'imaginaire dans une quête métaphysique et mystique (*le Livre des nuits*, 1984 ; *Jours de colère*, 1989 ; *Tobie des marais*, 1998 ; *Magnus*, 2005 ; *le Monde sans vous*, 2011).

GERMAINE (Germaine **Cousin**, sainte), *Pibrac, près de Toulouse, v. 1579 - id. 1601*, mystique française. Bergère infirme et maltraitée, elle offrit ses souffrances pour la réparation des sacrilèges attribués aux protestants.

GERMAINS, peuple indo-européen, issu de la Scandinavie méridionale et qui migra au Ier millénaire av. J.-C. vers la grande plaine européenne. Les Germains (Goths, Vandales, Burgondes, Suèves, Francs, etc.) se stabilisèrent aux Ier et IIe s. apr. J.-C. au centre et au nord de l'Europe, établissant des rapports avec Rome, à laquelle ils fournirent esclaves et mercenaires. Au milieu du IIe s., ils envahirent le nord de l'Italie et des Balkans ; ce fut le prélude à plusieurs siècles d'invasions en Occident, où ils finirent par former plusieurs royaumes (Ve s.).

GERMANICUS (Julius Caesar), *Rome 15 av. J.-C. - Antioche 19 apr. J.-C.*, général romain. Petit-neveu d'Auguste, adopté par Tibère, il fut vainqueur d'Arminius en Germanie (16 apr. J.-C.). Il mourut en Orient, peut-être empoisonné.

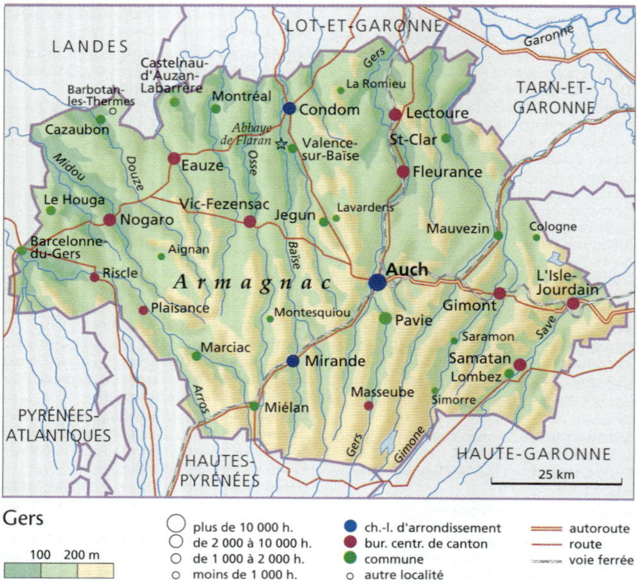

GERMANIE, ancienne contrée de l'Europe centrale, entre le Rhin et la Vistule, peuplée au cours du Ier millénaire av. J.-C. par les Germains.

GERMANIE (royaume de), État formé en 843 (traité de Verdun) d'une partie de l'Empire carolingien et attribué à Louis le Germanique. Le titre de *roi de Germanie* fut porté (jusqu'au XVe s.) par les empereurs du Saint Empire élus, mais non encore couronnés par le pape.

germano-soviétique (pacte) [23 août 1939], traité de non-agression conclu entre l'Allemagne et l'URSS. Signé à Moscou par Ribbentrop et Molotov, il était accompagné d'un protocole secret qui prévoyait l'établissement des zones d'influence soviétique et allemande, et notamm. le partage de la Pologne.

GERMER (Lester Halbert), *Chicago 1896 - Gardiner, État de New York, 1971*, physicien américain. Il a mis en évidence, avec C. J. Davisson, la diffraction des électrons par un cristal, vérifiant ainsi la théorie de la mécanique ondulatoire (1927).

germinal an III (journée du 12) [1er avr. 1795], soulèvement des faubourgs parisiens contre la Convention.

GERMISTON, v. d'Afrique du Sud (partie de la municipalité métropolitaine de Ekurhuleni), près de Johannesburg ; 186 701 hab. Raffinerie d'or.

GERNSBACK (Hugo), *Luxembourg 1884 - New York 1967*, ingénieur et écrivain américain. Pionnier de la radio et de la télévision, il fut le premier à énoncer le principe du radar (1911). On lui doit aussi le terme « science-fiction ».

GÉRÔME (Jean Léon), *Vesoul 1824 - Paris 1904*, peintre et sculpteur français. Artiste officiel, professeur, amoureux du fini et du détail objectif, il a cultivé la scène de genre antique, moderne ou orientale.

GÉRONE, en esp. **Gerona,** v. d'Espagne (Catalogne), ch.-l. de prov. ; 99 013 hab. Cathédrale gothique à nef unique majestueuse (trésor) et autres monuments ; musée d'art.

GERONIMO, *No-Doyohn Canyon, auj. Clifton, Arizona, 1829 - Fort Sill, Oklahoma, 1909*, chef apache. Il mena des opérations de guérilla dans le sud-ouest des États-Unis (1882 - 1885) et obtint pour sa tribu un territoire dans l'Oklahoma.

Géronte, personnage de la comédie classique, type du vieillard dupé et ridicule. On le trouve notamm. chez Molière (*le Médecin malgré lui*, *les Fourberies de Scapin*).

GERPINNES, comm. de Belgique (Hainaut), au S.-S.-E. de Charleroi ; 12 365 hab. Église des XIIe-XVIIIe s.

GERS [ʒɛr] n.m., riv. de France, dans le Bassin aquitain, affl. de la Garonne (r. g.) ; 178 km. Il passe à Auch.

GERS [ʒɛr] n.m. (32), dép. de la Région Occitanie ; ch.-l. de dép. *Auch* ; ch.-l. d'arrond. *Condom, Mirande* ; 3 arrond. ; 17 cant. ; 462 comm. ; 6 257 km² ; 198 213 hab. (*Gersois*). Le dép. appartient à l'académie de Toulouse, à la cour d'appel d'Agen, à la zone de défense et de sécurité Sud-Ouest. Au cœur de la Gascogne, formé d'un plateau découpé par les vallées divergentes des affluents de la Garonne (Baïse, Gers, Arrats, Gimone, Save), le dép. est surtout rural. L'agriculture (céréales ; vignobles, fournissant l'armagnac) est associée à l'élevage (porcs et volailles). La faiblesse de l'industrie et celle de l'urbanisation (seule Auch dépasse 10 000 hab.) ont contribué à son dépeuplement.

GERSHWIN (George), *Brooklyn 1898 - Hollywood 1937*, compositeur et pianiste américain. Il est l'auteur de *Rhapsody in Blue* (1924), *Concerto en « fa »*, pour piano (1925), *An American in Paris* (1928), *Porgy and Bess*, dans lesquels il mêle le jazz et la musique post-romantique.

▲ George **Gershwin**

GERSON (Jean **Charlier**, dit Jean de), *Gerson, Ardennes, 1363 - Lyon 1429*, philosophe et théologien français. Chancelier de l'Université de Paris, un des grands mystiques de son temps, il travailla à mettre fin au Grand Schisme et anima le concile de Constance (1414 - 1418).

GERSONIDES (Levi ben Gerson, dit), *Bagnols-sur-Cèze 1288 - Perpignan v. 1344*, philosophe et savant juif. Il tenta une synthèse entre l'aristotélisme, la philosophie de Maimonide et le judaïsme. Il est aussi l'auteur d'un traité de trigonométrie.

GERTRUDE la Grande (sainte), *Eisleben 1256 - Helfta, Saxe, v. 1302*, moniale et mystique allemande.

GERVAIS ET PROTAIS (saints), frères martyrs, à la vie inconnue. Leurs reliques firent l'objet d'un culte important au Moyen Âge en Occident.

GÉRYON MYTH. GR. Géant à trois troncs et trois têtes, tué par Héraclès.

GERZAT (63360), bur. centr. de cant. du Puy-de-Dôme, banlieue de Clermont-Ferrand ; 10 539 hab. *(Gerzatois)*.

GESELL (Arnold), *Alma, Wisconsin, 1880 - New Haven, Connecticut, 1961*, psychologue américain. Ses travaux ont porté sur la psychologie de l'enfant, notamm. sur la maturation neuropsychologique.

GESNER (Conrad), *Zurich 1516 - id. 1565*, médecin et naturaliste suisse. Parmi ses nombreux écrits figure une *Histoire des animaux* (1551), considérée comme l'une des bases de la zoologie moderne.

GESSNER (Salomon), *Zurich 1730 - id. 1788*, poète et artiste suisse de langue allemande. Ses *Idylles* (1756 et 1772), qu'il illustra de gravures, annoncent le romantisme.

Gestapo (abrév. de *Geheime Staatspolizei*, police secrète d'État), police politique de l'Allemagne nazie. Section de la police de sûreté du IIIe Reich, elle fut de 1936 à 1945 l'instrument le plus redoutable du régime policier hitlérien.

GESUALDO (Carlo), prince **de Venosa**, *Naples v. 1560 - id. v. 1614*, compositeur italien. Il est l'auteur de madrigaux d'un art très recherché.

GETA (Publius Septimius), *189 - 212*, empereur romain (211 - 212). Second fils de Septime Sévère, il partagea le pouvoir avec son frère Caracalla, qui le fit assassiner.

Gethsémani, jardin près de Jérusalem, au pied du mont des Oliviers, où, selon les Évangiles, Jésus pria la nuit précédant son arrestation.

GETTY (Jean Paul), *Minneapolis 1892 - Sutton Place, Surrey, 1976*, industriel et collectionneur américain. Les bénéfices de l'industrie pétrolière lui ont permis de constituer d'importantes collections d'antiquités grecques et romaines, d'objets d'art et de peintures, installées en 1974 dans un musée construit à Malibu (Californie) sur les plans de la villa des papyrus à Herculanum ; ces collections – hormis les antiquités – ont été transférées en 1997 dans le musée du Centre J. Paul Getty à Los Angeles (édifice dû à R. Meier). La fondation qui porte son nom continue à enrichir cet ensemble et exerce un mécénat dans le domaine des études et publications d'histoire de l'art.

GETTYSBURG, v. des États-Unis (Pennsylvanie) ; 7 620 hab. Victoire des nordistes pendant la guerre de Sécession (1er-3 juill. 1863).

GÉTULES, ancien peuple berbère nomade, vivant en bordure du Sahara. Ils furent les alliés de Jugurtha contre les Romains.

GETZ (Stanley, dit Stan), *Philadelphie 1927 - Malibu 1991*, saxophoniste ténor américain de jazz. Personnalité importante de l'esthétique cool à la fin des années 1940, il fut l'initiateur de la rencontre entre le jazz et la bossa-nova. Grand improvisateur et virtuose, il émeut par une expression alliant intériorité rêveuse et véhémence.

GÉVAUDAN, anc. comté français entre la Margeride et l'Aubrac (dép. de la Lozère). [Hab. *Gabalitains*.] Dans ses forêts apparut, vers 1765, la fameuse *bête du Gévaudan* (probablement un loup de très grande taille).

GEVREY-CHAMBERTIN (21220), comm. de la Côte-d'Or ; 3 127 hab. *(Gibriaçois)*. Vins de la côte de Nuits. Gare de triage. Matériel électrique. – Église et château du Moyen Âge.

GEX [ʒɛks] (01170), ch.-l. d'arrond. de l'Ain, au pied oriental du Jura ; 11 949 hab. *(Gexois)*. Le *pays de Gex*, dépendance de la Bourgogne, fut rattaché à la France en 1601. – Isolé du reste de la France, il constitue une « zone franche », dont l'économie est liée à celle de la Suisse.

GEZELLE (Guido), *Bruges 1830 - id. 1899*, poète belge de langue néerlandaise. Il pratiqua un art impressionniste qui préfigure la poésie moderne *(Couronne du temps)*.

GEZIREH n.f., région agricole du Soudan, partie vitale du pays, entre le Nil Blanc et le Nil Bleu.

GHAB ou **RHAB,** dépression de la Syrie, drainée par l'Oronte.

GHADAMÈS ou **RHADAMÈS,** oasis de l'ouest de la Libye.

GHALIB (Mirza Asadullah Khan, dit), *Agra 1797 - Delhi 1869*, écrivain indien de langue persane et ourdou. Il est le dernier poète classique persan et le premier prosateur moderne en ourdou.

GHANA, anc. royaume du Soudan occidental (Ve-XIe s.), en pays soninké, aux confins de la Mauritanie et du Mali actuels. Situé en plein Sahel et tirant sa richesse du commerce transsaharien (sel et or), il connut son apogée au XIe s. et fut détruit en 1076 par les Almoravides.

GHANA n.m., État d'Afrique occidentale, sur l'Atlantique ; 240 000 km² ; 25 905 000 hab. *(Ghanéens)*. CAP. *Accra*. LANGUE : *anglais*. MONNAIE : *cedi*.

GÉOGRAPHIE Au Sud, recouvert par la forêt dense, trouée par les plantations de cacaoyers, s'oppose le Nord, pays de savanes. Le sous-sol fournit de l'or, mais aussi un peu de diamants, de manganèse et de bauxite (la production d'aluminium étant liée à l'aménagement hydraulique d'Akosombo). À partir des années 1990, le pays a connu un décollage de son économie soutenu, depuis 2011, par l'exploitation de gisements de pétrole (dont celui de Jubilee), dans le golfe de Guinée.

HISTOIRE **L'époque coloniale. 1471 :** les Portugais atteignent la côte du futur Ghana, qui recevra ensuite le nom de Côte-de-l'Or ou Gold Coast. Ils y construisent le fort d'Elmina et parviennent à garder pendant un siècle et demi le monopole du commerce de l'or. **XVIIe - XVIIIe s. :** ils sont évincés par les Hollandais, qui se partagent le littoral avec les Britanniques et d'autres marchands européens. À partir du milieu du XVIIe s., le commerce de l'or est supplanté par celui des esclaves. À l'intérieur s'édifient de puissants États akan : en 1701 à l'hégémonie denkyéra succède celle des Ashanti. **XIXe s. :** nombreuses guerres entre les Ashanti et les Britanniques, auxquels les Fanti se sont ralliés (conquête de Kumasi par les Britanniques, 1896). La Grande-Bretagne domine seule le pays, qui passe petit à petit sous son protectorat. La traite étant abolie depuis 1807, l'expansion économique, remarquable, s'appuie sur les ressources minières et le cacao.

Le Ghana indépendant. 1949 : K. Nkrumah crée le Convention People's Party (CPP), qui réclame l'autonomie immédiate. **1952 :** il devient Premier ministre d'un gouvernement auquel est accordée une autonomie toujours plus large. **1957 :** la Gold Coast devient indépendante, sous le nom de Ghana, dans le cadre du Commonwealth. **1960 :** le nouvel État adopte une Constitution républicaine. Son président oriente le régime dans un sens socialiste. **1966 :** un coup d'État évince Nkrumah et les relations avec l'Occident sont rétablies. Des gouvernements civils se succèdent. **1972 :** un nouveau coup d'État instaure le régime autoritaire du général I. Acheampong, renversé à son tour en 1978. **1981 :** après plusieurs coups d'État, le capitaine Jerry Rawlings prend le pouvoir. **1992 :** une nouvelle Constitution restaure le multipartisme. J. Rawlings est confirmé à la tête de l'État lors d'une élection présidentielle au suffrage universel (réélu en 1996). **2001 :** John Kufuor, leader de l'opposition, devient président de la République. **2009 :** John Atta Mills, un proche de J. Rawlings, lui succède (nouvelle alternance démocratique). **2012 :** il meurt en cours de mandat (juill.). Le vice-président, John Dramani Mahama, assure l'intérim à la tête de l'État, puis est élu président de la République (déc.). **2017 :** le chef de file de l'opposition, Nana Akufo-Addo, accède au sommet de l'État (élu en déc. 2016).

GHANI (Ashraf), *province du Lôgar, est de l'Afghanistan, 1949*, homme politique afghan. À partir de 1991, il est anthropologue à la Banque mondiale, avant de revenir en Afghanistan en 2001. D'ethnie pachtoune, il est président de la République depuis 2014.

GHARB ou **RHARB,** plaine du Maroc, sur l'Atlantique, drainée par l'oued Sebou.

GHARDAÏA, oasis du Sahara algérien ; 93 423 hab.

GHATS n.m. pl., escarpements montagneux de l'Inde, dans le Deccan, dominant la côte de Malabar et la côte de Coromandel.

GHAZALI ou **RHAZALI (al-),** *Tus, Khorasan, 1058 - id. 1111*, philosophe et théologien de l'islam. Tôt orienté vers le soufisme, il rédigea, outre des traités de droit, une somme du savoir islamique (*Ihya ulum al-din*, « Reviviscence des sciences de la religion ») et marqua de son conservatisme doctrinal les évolutions ultérieures. Il est l'*Algazel* du Moyen Âge chrétien.

GHAZIABAD, v. d'Inde, dans la grande banlieue est de Delhi ; 968 521 hab. (2 358 525 hab. dans l'agglomération).

GHAZNÉVIDES ou **RHAZNÉVIDES,** dynastie turque qui régna sur l'Afghanistan, sur une partie de l'Iran et sur le Pendjab aux Xe-XIIIe s.

GHELDERODE (Michel de), *Ixelles 1898 - Schaerbeek 1962*, auteur dramatique belge de langue française. Son théâtre expressionniste unit la farce de carnaval au mysticisme des autos sacramentales (*Barrabas, Fastes d'enfer, Mademoiselle Jaïre*).

GHEORGHIU-DEJ (Gheorghe), *Bîrlad 1901 - Bucarest 1965*, homme politique roumain. Secrétaire général du Parti communiste à partir de 1945, il fut président du Conseil (1952 - 1955), puis chef de l'État (1961 - 1965).

GHERARDESCA (Ugolino della), *m. en 1288 ou 1289*, podestat pisan. S'étant allié aux guelfes pour s'emparer du gouvernement de Pise, il fut accusé de trahison par les gibelins, qui l'enfermèrent dans une tour avec ses enfants, pour les y laisser mourir de faim. – Son supplice inspira à Dante un des épisodes de sa *Divine Comédie*.

GHIBERTI (Lorenzo), *Florence 1378 - id. 1455*, sculpteur, orfèvre et architecte italien. Informé de l'antique, mais fidèle à la culture médiévale, il a donné ses chefs-d'œuvre avec les deuxième et troisième portes de bronze du baptistère de Florence, garnies de reliefs narratifs (la troisième, achevée en 1452, fut qualifiée par Michel-Ange de « porte du Paradis »). Il a rédigé trois livres de *Commentaires*, dont l'un constitue une histoire de l'art italien moderne, depuis Giotto.

▲ Lorenzo **Ghiberti.** *Joseph vendu par ses frères*, un des reliefs de la « porte du Paradis » (bronze doré, 1425-1452) du baptistère de Florence.

GHILIZANE → **RELIZANE.**

GHIRLANDAIO (Domenico Bigordi, dit Domenico), *Florence 1449 - id. 1494*, peintre italien. Il a participé à la décoration de la chapelle Sixtine et, dans ses compositions religieuses pour les églises de Florence (*Vie de la Vierge* à S. Maria Novella), a donné aux personnages de l'histoire sainte l'apparence des bourgeois de la ville, ses clients. Ses frères **David** *(1452 - 1523)* et **Benedetto** *(1458 - 1497)* le secondèrent. Son fils **Ridolfo** *(1483 - 1561)* fut un bon portraitiste.

GHISONACCIA (20240), comm. de la Haute-Corse, dans la plaine d'Aléria ; 4 194 hab. (*Ghisonacciais*).

GHOR n.m., dépression allongée de Palestine, occupée par la vallée du Jourdain, le lac de Tibériade et la mer Morte.

GHURIDES ou **RHURIDES,** dynastie d'origine iranienne qui domina l'Afghanistan et le nord de l'Inde (XIIe s.-début du XIIIe s.).

GIACOMETTI (Alberto), *Stampa, Grisons, 1901 - Coire 1966*, sculpteur et peintre suisse, installé à Paris. Une période surréaliste (1930 - 1935) montre ses dons de visionnaire. Plus tard, il est l'auteur, expressionniste, de sculptures caractérisées par un allongement extrême, figures de bronze au modelé vibrant baigné d'espace.

GIA LONG, *Huê 1762 - id. 1820*, empereur du Viêt Nam (1802 - 1820). Avant de se proclamer empereur (1802), le prince Nguyên Anh reconquit ses États sur les rebelles Tây Son avec l'aide de la France et leur donna le nom de Viêt Nam.

GIAMBOLOGNA (Jean Boulogne ou Bologne, dit), *Douai 1529 - Florence 1608*, sculpteur flamand de l'école italienne. Après avoir séjourné à Rome, il fit à Florence l'essentiel de sa carrière de maniériste (*Vénus* des jardins Boboli, v. 1573 ; *l'Enlèvement d'une Sabine*, 1582). Il eut pour disciples le Florentin Pietro Tacca, le Néerlandais de Prague Adriaen De Vries, le Français Pierre Francheville.

GIÁP (Võ Nguyên) → **VÕ NGUYÊN GIÁP.**

GIAUQUE (William Francis), *Niagara Falls, Canada, 1895 - Oakland 1982*, physicien et chimiste américain d'origine canadienne. Il préconisa, en 1924, en même temps que P. Debye, la méthode de production du froid fondée sur la désaimantation adiabatique, ce qui permit de réaliser les plus basses températures obtenues à l'époque. (Prix Nobel de chimie 1949.)

GIBBON (Edward), *Putney, Londres, 1737 - Londres 1794*, historien britannique. Par son *Histoire de la décadence et de la chute de l'Empire romain* (1776-1788), il fut et demeure un des historiens majeurs du déclin de la civilisation romaine.

GIBBONS (Orlando), *Oxford 1583 - Canterbury 1625*, compositeur anglais. L'un des grands représentants de la musique élisabéthaine, il composa des madrigaux, des motets et des pièces instrumentales.

GIBBS (James), *près d'Aberdeen 1682 - Londres 1754*, architecte britannique. Disciple de C. Fontana et de Wren, il a construit des églises à Londres et la bibliothèque Radcliffe à Oxford.

GIBBS (Willard), *New Haven, Connecticut, 1839 - id. 1903*, physicien américain. Il fonda la chimie physique en étendant la thermodynamique à la chimie. Il perfectionna la mécanique statistique de Boltzmann et énonça la *loi des phases*, base d'étude des équilibres physico-chimiques.

Willard **Gibbs** ▶

GIBRALTAR, territoire britannique, sur le détroit du même nom, à l'extrémité méridionale de la péninsule Ibérique ; 6 km² ; 29 000 hab. Célèbre dès l'Antiquité (Colonnes* d'Hercule), Gibraltar fut le premier point de la conquête musulmane en Espagne (711) [*djabal al-Tariq*, du nom du chef berbère Tariq ibn Ziyad, a donné *Gibraltar*].

▲ **Gibraltar.** Le Rocher vu de l'Espagne.

Pris en 1704 par les Anglais, à qui il est reconnu (traité d'Utrecht, 1713), devenu une puissante base aéronavale, Gibraltar est toujours revendiqué par l'Espagne.

GIBRALTAR (détroit de), détroit entre l'Espagne et le Maroc, unissant la Méditerranée et l'Atlantique (15 km de large).

GIBRAN (Khalil) → **DJUBRAN KHALIL DJUBRAN.**

GIBSON (Ralph), *Los Angeles 1939*, photographe américain. Sa technique rigoureuse et ses tirages qu'il exécute lui-même s'allient à une vision glacée, mais essentiellement subjective, de fragments du réel (*The Somnambulist*, 1970).

GIDE (André), *Paris 1869 - id. 1951*, écrivain français. Son œuvre, animée par la passion de la liberté (*les Nourritures terrestres*, 1897) et de la sincérité (*l'Immoraliste*, 1902), et marquée par la volonté d'engagement (*Voyage au Congo*, 1927 ; *Retour de l'U.R.S.S.*, 1936), cherche à définir un humanisme moderne conciliant la lucidité de l'intelligence et la vitalité des instincts (*les Caves du Vatican*, 1914 ; *la Symphonie pastorale*, 1919 ; *les Faux-Monnayeurs*, 1926 ; *Journal*, publié essentiellement à partir de 1939). [Prix Nobel 1947.]

▲ André **Gide**

GIDE (Charles), *Uzès 1847 - Paris 1932*, économiste français. Il a développé le principe du coopératisme.

GIEC (Groupe d'experts intergouvernemental sur l'évolution du climat), organisme créé en 1988 au sein de l'ONU et chargé d'étudier les changements climatiques (liés notamm. aux activités humaines), d'en évaluer les impacts potentiels et de proposer des mesures pour s'y adapter ou les atténuer. (Prix Nobel de la paix 2007.)

GIELGUD (sir Arthur John), *Londres 1904 - Wotton Underwood, près d'Aylesbury, Buckinghamshire, 2000*, metteur en scène de théâtre et acteur britannique. Grand interprète de Shakespeare (Hamlet, Roméo, Lear), il joua aussi les pièces d'auteurs contemporains (T. Williams, E. Bond, H. Pinter) et se distingua au cinéma (*Providence*, A. Resnais, 1977 ; *le Chef d'orchestre*, A. Wajda, 1980).

GIEN [ʒjɛ̃] (45500), bur. centr. de cant. du Loiret, sur la Loire ; 15 092 hab. (*Giennois*). Pharmacie. Ascenseurs. Faïencerie. Industrie papetière. – Dans le château d'Anne de Beaujeu (XVe s.), musée international de la Chasse.

GIENS [ʒjɛ̃] (presqu'île de), presqu'île de France (Var), entre le *golfe de Giens* et la rade d'Hyères.

GIEREK (Edward), *Porąbka 1913 - Cieszyn 2001*, homme politique polonais. Il succéda à Gomułka à la tête du Parti ouvrier unifié (1970 - 1980).

GIERS (Nikolaï Karlovitch de), *Radzivilov 1820 - Saint-Pétersbourg 1895*, diplomate et homme politique russe. Ministre des Affaires étrangères (1882 - 1895), il renouvela l'alliance avec l'Allemagne (1884, 1887), puis se résolut en 1891 à l'alliance avec la France.

GIESEKING (Walter), *Lyon 1895 - Londres 1956*, pianiste allemand. Il interpréta en virtuose Mozart, Debussy et Ravel.

GIF-SUR-YVETTE (91190), bur. centr. de cant. de l'Essonne ; 21 745 hab. (*Giffois*). Laboratoires de recherche scientifique. École CentraleSupélec.

GIFU, v. du Japon (Honshu) ; 413 239 hab.

GIGER (Hans Ruedi), *Coire 1940 - Zurich 2014*, artiste suisse. Inspirées de Gustave Moreau et du surréalisme, ses fantasmagories graphiques et plastiques croisent l'organique, le minéral et le mécanique. Il a collaboré à plusieurs films fantastiques, dont *Alien, le huitième passager* (R. Scott, 1979).

GIGN (Groupe d'intervention de la gendarmerie nationale), unité d'élite de la gendarmerie nationale française, créée en 1974 (réformée en 2007). Ses missions principales sont l'intervention pour neutraliser des individus dangereux (prises d'otages, retranchements de forcenés, arrestations à hauts risques, etc.), la lutte antiterroriste, la protection de personnalités et de sites sensibles.

GIGNAC (34150), bur. centr. de cant. de l'Hérault ; 6 056 hab. *(Gignacois)*. Monuments anciens.

GIGONDAS [ʒigɔ̃das] (84190), comm. de Vaucluse ; 548 hab. *(Gigondassiens)*. Vins.

GIJÓN, v. d'Espagne (Asturies), sur l'Atlantique ; 276 969 hab. Port (pêche). Métallurgie.

GIL (Gilberto **Passos Gil Moreira,** dit Gilberto), *Salvador, Bahia, 1942*, chanteur brésilien. Il allie dans sa musique tradition africaine, modernité anglo-saxonne et sensualité des mélopées brésiliennes (*Refavela*, 1977). Il a été ministre de la Culture de 2003 à 2008.

GILBERT (îles) → **KIRIBATI.**

GILBERT (Kenneth), *Montréal 1931*, claveciniste et organiste canadien. Spécialiste du répertoire de clavecin français (Couperin, Rameau), il a contribué à la diffusion de la musique baroque.

GILBERT (Nicolas Joseph Florent), *Fontenoy-le-Château, Vosges, 1750 - Paris 1780*, poète français, auteur de satires et de poèmes élégiaques.

GILBERT (Walter), *Boston 1932*, biochimiste américain. Il a isolé la protéine qui joue le rôle de répresseur dans le contrôle génétique (1966) et travaillé sur le séquençage des bases de l'ADN. (Prix Nobel de chimie 1980.)

GILBERT (William), *Colchester 1544 - Londres ou Colchester 1603*, physicien anglais. Médecin à la cour d'Angleterre, il effectua les premières expériences relatives à l'électrostatique et au magnétisme, et émit l'hypothèse du géomagnétisme.

GILBERT & GEORGE, artistes britanniques (**Gilbert Proesch,** *San Martino in Badia, Italie, 1943*, et **George Passmore,** *Plymouth 1942*). Reconnus dès les années 1970 pour leurs performances de « sculptures vivantes », ils poursuivent la mise en scène de leur couple excentrique dans de grands photomontages empruntant à l'affiche et au vitrail et souvent saturés de couleurs primaires, qui abordent tous les thèmes sans tabous.

GILBERTO (João), *Juázeiro, Bahia, 1931*, guitariste, chanteur et compositeur brésilien. Principal créateur de la bossa-nova avec le compositeur António Carlos (Tom) **Jobim** *(1927 - 1994)*, il a une façon très personnelle de détacher son phrasé murmuré et sensuel d'un jeu de guitare inventif (*Chega de saudade*, 1958 ; *Desafinado*, id. ; *A Garota de Ipanema*, 1962).

Gil Blas de Santillane (Histoire de), roman de A. R. Lesage (1715-1735). C'est le récit des multiples péripéties qui ponctuent la difficile ascension sociale du fils d'un écuyer.

GILBRETH (Frank Bunker), *Fairfield, Maine, 1868 - Montclair, New Jersey, 1924*, ingénieur américain. Collaborateur de Taylor, il fut un pionnier de l'organisation du travail, établissant les principes de la simplification des mouvements, en vue de réduire leur durée et la fatigue.

GILDAS (saint), **le Sage,** *Dumbarton v. 500 - île d'Houat 570*, missionnaire britannique. Il réorganisa l'Église celte et fonda le monastère de Rhuys.

Gileppe (barrage de la), plan d'eau de Belgique (prov. de Liège), à l'E. de Verviers.

Gilgamesh, roi légendaire d'Ourouk, héros de poèmes épiques mésopotamiens, rassemblés en un récit unique vers le XVIIIe s. av. J.-C.

GILL (Louis André **Gosset de Guines,** dit André), *Paris 1840 - Charenton 1885*, dessinateur et peintre français. Fondateur des hebdomadaires satiriques *la Lune* et *l'Éclipse*, il est célèbre pour ses portraits-charges.

Gilles, personnage de la comédie bouffonne, type du niais.

GILLES (saint), *fin VIIe s. - début VIIIe s. ?*, moine d'origine athénienne, fondateur de l'abbaye et de la ville de Saint-Gilles, dans le Gard. Il fut popularisé au Moyen Âge par de nombreuses légendes.

GILLES (Jean), *Tarascon 1668 - Toulouse 1705*, compositeur français. Il est l'auteur de motets et d'une célèbre *Messe des morts*.

GILLESPIE (John Birks, dit Dizzy), *Cheraw, Caroline du Sud, 1917 - Englewood, New Jersey, 1993*, musicien américain de jazz. Compositeur, trompettiste et chanteur, il fut avec Charlie Parker l'un des créateurs du style be-bop, dirigea plusieurs orchestres et introduisit alors les rythmes afro-cubains dans le jazz (*A Night in Tunisia*, 1946 ; *Manteca*, 1947).

GILLIAM (Terry), *Minneapolis 1940*, cinéaste britannique d'origine américaine. Coréalisateur de films burlesques avec les Monty* Python, il a élaboré par la suite une œuvre personnelle, souvent futuriste, où prédomine une vision sombre du monde et qui célèbre le pouvoir de l'imagination (*Brazil*, 1985 ; *l'Armée des douze singes*, 1995 ; *l'Homme qui tua Don Quichotte*, 2018).

GILLINGHAM, v. de Grande-Bretagne (Angleterre), sur la mer du Nord ; 98 403 hab. Port.

GILLON (Michaël), *Liège 1974*, astrophysicien belge. Il consacre ses recherches à la détection d'exoplanètes (système de Trappist-1, notamm.) et à leur caractérisation physico-chimique dans le but de découvrir des formes de vie extraterrestres.

GILLOT (Marie-Agnès), *Caen 1975*, danseuse et chorégraphe française. Danseuse étoile de l'Opéra de Paris (2004 - 2018), elle ajoute à une grâce naturelle une dimension athlétique qui sied au répertoire classique et aux chorégraphies contemporaines (*Orphée et Eurydice*, P. Bausch, 2005).

GILLRAY (James), *Chelsea 1756 - Londres 1815*, graveur et caricaturiste britannique. Il s'attaqua sur un mode grotesque et féroce à la Révolution française, puis à Napoléon.

GILSON (Étienne), *Paris 1884 - Auxerre 1978*, philosophe français. Il a renouvelé l'étude de la philosophie médiévale et, particulièrement, du thomisme. (Acad. fr.)

GINSBERG (Allen), *Newark 1926 - New York 1997*, poète américain. Sa poésie libertaire et incantatoire est marquée par l'influence de W. Whitman, la culture de la Beat* generation et l'affirmation homosexuelle (*Howl, Kaddish*).

GIOBERTI (Vincenzo), *Turin 1801 - Paris 1852*, homme politique italien. Prêtre, l'un des chefs du *Risorgimento*, partisan avant 1848 d'une fédération italienne dont le pape serait le président, il dirigea le gouvernement piémontais en 1848 - 1849.

GIOLITTI (Giovanni), *Mondovi 1842 - Cavour 1928*, homme politique italien. Président du Conseil de nombreuses fois entre 1892 et 1921, il redressa les finances du pays, pratiqua une large politique sociale et instaura le suffrage universel (1912). Il annexa la Tripolitaine (1912).

GIONO (Jean), *Manosque 1895 - id. 1970*, écrivain français. Romancier de la haute Provence (*Colline*, 1929 ; *Regain*, 1930), apôtre d'un idéal de vie naturelle et rustique (*le Chant du monde*, 1934 ; *Que ma joie demeure*, 1935), il évolua vers une philosophie et un art plus sombres (*Un roi sans divertissement*, 1947 ; *le Hussard sur le toit*, 1951).

◄ Jean **Giono**

GIORDANO (Luca), *Naples 1634 - id. 1705*, peintre italien. Il est l'auteur de célèbres plafonds au palais Médicis (Florence) et à l'Escurial. Sa virtuosité dans le baroque et sa rapidité lui valurent le surnom de *Luca Fapresto*.

GIORGIONE (Giorgio **da Castelfranco,** dit), *Castelfranco Veneto v. 1477 - Venise 1510*, peintre italien. Peut-être formé dans l'atelier de Giovanni Bellini, il est l'auteur de compositions où la lumière diffuse et la suavité du coloris créent une atmosphère de lyrisme discret et de recueillement (*la Tempête*, Venise ; *les Trois Philosophes*, Vienne). Il influença notamm. Titien, qui aurait terminé sa *Vénus endormie* (Dresde).

GIOTTO di Bondone, *Colle di Vespignano, dans le Mugello, 1266 - Florence 1337*, peintre et architecte italien. Peut-être élève de Cimabue, et auteur probable du cycle de la *Vie de saint François* à Assise (basilique supérieure), il a exécuté les fresques de la *Vie de la Vierge et du Christ* à la chapelle des Scrovegni de Padoue (v. 1303-1305), des fresques à S. Croce de Florence, etc. Par l'ampleur de sa vision, par ses recherches de volume et d'espace, il apparaît comme un des principaux créateurs de la peinture occidentale moderne. Il commença la construction du campanile de la cathédrale de Florence.

▲ **Giotto.** *Présentation de la Vierge au Temple*, fresque de la *Vie de la Vierge et du Christ*, à Padoue.

GIOVANNETTI (Matteo), peintre italien originaire de Viterbe, mentionné à Avignon de 1343 à 1367 (fresques du palais des Papes : chapelle St-Martial [1344-1345] ; fragment à la Grande Audience), ensuite à Rome.

GIOVANNI da Udine, *Udine 1487 - Rome v. 1564*, peintre et stucateur italien. Collaborateur de Raphaël à Rome (Loges du Vatican), de J. Romain à Mantoue, il s'inspira des décors antiques découverts dans les « grottes » de l'Esquilin, créant ainsi les *grotesques*.

GIOVANNI PISANO, fils de Nicola Pisano*.

GIR → **GIRAUD** (Jean).

GIRARD (René), *Avignon 1923 - Stanford, Californie, 2015*, essayiste français. À partir de l'analyse littéraire, il chercha à créer une nouvelle anthropologie, décelant au fondement de toute culture la violence, à laquelle il opposa l'irréductibilité du message évangélique (*la Violence et le Sacré*, 1972 ; *le Bouc émissaire*, 1982 ; *Je vois Satan tomber comme l'éclair*, 1999). [Acad. fr.]

GIRARDET (Alfred, dit Fredy), *Lausanne 1936*, cuisinier suisse. Héritier d'une auberge familiale à Crissier (Vaud), il en fait un haut lieu de la gastronomie. Philippe Rochat (1996) puis Benoît Violier (2012 - 2016) lui ont notamm. succédé.

GIRARDIN (Émile **de**), *Paris 1806 - id. 1881*, journaliste français. Il lança la presse à bon marché (*la Presse*, 1836) ayant recours à la publicité. — **Delphine Gay, Mme de G.,** *Aix-la-Chapelle 1804 - Paris 1855*, femme de lettres française, épouse d'Émile de Girardin. On lui doit des poèmes, des romans et des chroniques (*Lettres parisiennes*).

▲ **Giorgione.** *La Tempête*, ou *l'Orage*. (Accademia, Venise.)

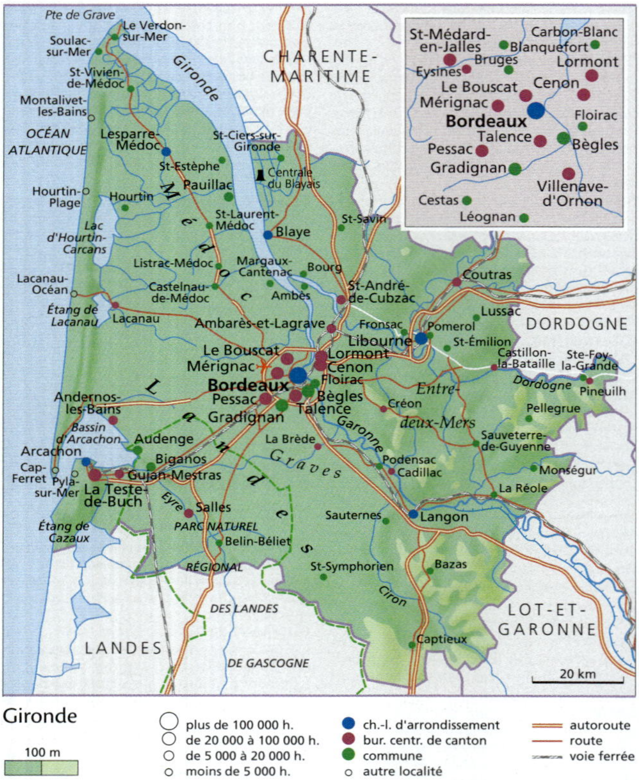

GIRARDON (François), *Troyes 1628 - Paris 1715*, sculpteur français. Représentant par excellence du classicisme fastueux de Versailles, il a notamm. donné, pour le parc du château, les groupes d'*Apollon servi par les nymphes* (1666-1673) et de *l'Enlèvement de Proserpine*.

GIRARDOT (Annie), *Paris 1931 - id. 2011*, actrice française. Elle s'affirma au théâtre (*Madame Marguerite*) comme au cinéma, où elle alterna films d'auteur et œuvres plus populaires : *Rocco et ses frères* (L. Visconti, 1960), *Mourir d'aimer* (A. Cayatte, 1971), *la Vieille Fille* (J.-P. Blanc, id.), *Docteur Françoise Gailland* (J.-L. Bertucelli, 1976), *Tendre Poulet* (P. de Broca, 1977), *la Pianiste* (M. Haneke, 2001).

GIRAUD (Henri), *Paris 1879 - Dijon 1949*, général français. Commandant la VIIe armée en 1940, il est fait prisonnier, mais s'évade (1942). Passé à Alger en nov. 1942, il assume, à la mort de Darlan, le commandement en chef civil et militaire de l'Afrique française. Coprésident du Comité français de libération nationale avec de Gaulle, il s'efface devant ce dernier (1943).

GIRAUD (Jean), *Nogent-sur-Marne 1938 - Montrouge 2012*, dessinateur et scénariste français de bandes dessinées. Sous le pseudonyme de **Gir**, il a dessiné les aventures du *Lieutenant Blueberry* (à partir de 1963) et, sous celui de **Moebius**, de nombreuses séries de science-fiction où s'affirme un style dépouillé (*l'Incal*, *le Monde d'Edena*).

GIRAUDOUX (Jean), *Bellac 1882 - Paris 1944*, écrivain français. Ses romans (*Siegfried et le Limousin*, *Bella*) et ses pièces de théâtre (*Amphitryon 38*, 1929 ; *Intermezzo*, 1933 ; *La guerre de Troie n'aura pas lieu*, 1935 ; *Électre*, 1937 ; *Ondine*, 1939 ; *la Folle de Chaillot*, 1945) mêlent les grands thèmes classiques et les préoccupations contemporaines dans un univers précieux, fait d'humour et de fantaisie.

Jean **Giraudoux** ▶

GIRAUD-SOULAVIE (Jean-Louis), *Largentière 1752 - Paris 1813*, naturaliste français. Il fut, dès 1780, un des précurseurs du transformisme et le fondateur de la paléontologie stratigraphique. Combattu par Buffon, il imagina, le premier, que la durée des temps géologiques puisse s'élever à des centaines de millions d'années.

Giro (le), tour cycliste d'Italie.

GIRODET-TRIOSON (Anne Louis **Girodet de Roucy**, dit), *Montargis 1767 - Paris 1824*, peintre français. Il est néoclassique de style, romantique d'inspiration (*Ossian* ou *l'Apothéose des héros français*, 1801, Malmaison).

GIRONDE n.f., estuaire de France, sur l'Atlantique, formé par la confluence de la Garonne et de la Dordogne ; 75 km.

GIRONDE n.f. (33), dép. de la Région Nouvelle-Aquitaine ; ch.-l. de dép. *Bordeaux* ; ch.-l. d'arrond. *Arcachon, Blaye, Langon, Lesparre-Médoc, Libourne* ; 6 arrond. ; 33 cant. ; 538 comm. ; 10 000 km^2 ; 1 578 386 hab. (*Girondins*). Le dép. appartient à l'académie et à la cour d'appel de Bordeaux, à la zone de défense et de sécurité Sud-Ouest. L'extrémité occidentale du dép. (le plus vaste de France) se rattache à la plaine forestière des Landes, bordée par un littoral rectiligne, ouvert seulement par le bassin d'Arcachon (centres balnéaires et ostréicoles). Le Bordelais, occupant le reste du dép., est une grande région viticole (Médoc, Graves, Sauternes, Entre-deux-Mers, Saint-Émilion, Pomerol). L'industrie est concentrée dans l'agglomération de Bordeaux, qui rassemble près des deux tiers de la population totale.

Girondins, groupe politique pendant la Révolution française. Formé en 1791 autour de Brissot (d'où son autre nom de *brissotins*), il réunit plusieurs députés de la Gironde à l'Assemblée législative, puis à la Convention (Vergniaud, Guadet, Gensonné, etc.). Défenseurs d'une bourgeoisie éclairée contre la vague populaire, acquis au fédéralisme, les Girondins se heurtèrent à la Commune de Paris, qui finit par les éliminer (mai-oct. 1793).

GIROUD (France **Gourdji**, puis Françoise), *Genève 1916 - Neuilly-sur-Seine 2003*, journaliste et femme politique française. Directrice de la rédaction du magazine *Elle* (1946 - 1953), elle fonda en 1953 avec J.-J. Servan-Schreiber *l'Express*, qu'elle dirigea jusqu'en 1974. Elle fut secrétaire d'État à la Condition féminine (1974 - 1976), puis à la Culture (1976 - 1977). Auteure notamm. de *la Comédie du pouvoir* (1977) et de plusieurs biographies.

GIRSOU, auj. **Tello**, site archéologique d'Iraq, près du bas Tigre. Vestiges de la ville d'un État du pays de Sumer au IIIe millénaire, qui avait Lagash pour capitale. Objets d'art (statues de Goudéa, Louvre).

GISCARD D'ESTAING (Valéry), *Coblence 1926*, homme politique français. Président de la Fédération nationale des Républicains indépendants (1966 - 1974), ministre des Finances (1962 - 1966, 1969 - 1974), il est président de la République de 1974 à 1981 (mandat relaté dans ses Mémoires : *le Pouvoir et la Vie*, 3 vol., 1988-2006). À l'origine de la création de l'UDF en 1978, il en est le président de 1988 à 1996. Il préside la Convention sur l'avenir de l'Europe (2002 - 2003) chargée d'élaborer un projet de Constitution européenne. (Acad. fr.)

▲ Valéry **Giscard d'Estaing**

Giselle, personnage du ballet fantastique *Giselle* ou *les Wilis* (Paris, 1841). Paysanne courtisée par un prince déjà fiancé, elle meurt et est métamorphosée en wili, créature ailée et immatérielle qui danse la nuit. L'argument est dû à T. Gautier, J. Coralli et J. H. Vernoy de Saint-Georges, d'après une ballade de H. Heine ; la chorégraphie est de J. Coralli et J. Perrot, la musique, de A. Adam.

GISH (Lillian), *Springfield, Ohio, 1896 - New York 1993*, actrice américaine. Avec sa sœur Dorothy, puis seule, elle fut l'héroïne enfantine et poignante des chefs-d'œuvre de Griffith : *le Lys brisé* (1919) ; *les Deux Orphelines* (1922). Elle joua également dans *Duel au soleil* (K. Vidor, 1947), *la Nuit du chasseur* (C. Laughton, 1955).

GISLEBERTUS, sculpteur de la 1re moitié du XIIe s. Son nom est gravé sur le tympan du portail de la cathédrale d'Autun, dont on lui attribue la plupart des chapiteaux historiés (v. 1130-1145).

GISORS (27140), bur. centr. de cant. de l'Eure, sur l'Epte ; 12 135 hab. (*Gisorsiens*). Restes de la forteresse des XIe-XIIIe s. ; église des XIIIe-XVIe s.

GITAI (Amos), *Haïfa 1950*, cinéaste israélien. Alternant le documentaire (*Journal de campagne*, 1982 ; *Rabin, le dernier jour*, 2015) et la fiction (*Kadosh*, 1999 ; *Kippour*, 2000 ; *Kedma*, 2002 ; *Free Zone*, 2005 ; *Désengagement*, 2007), il poursuit une réflexion politique sur la perte d'identité et de liberté dans les sociétés israélienne et occidentales.

GITANS, population tsigane vivant principalement en Espagne, au Portugal et dans le sud de la France (env. 800 000). Leur arrivée dans la péninsule Ibérique remonte au XVIe s. Ils se sont massivement sédentarisés, tout en perpétuant une culture originale (influente en Andalousie au travers du flamenco) ; ils sont chrétiens (catholiques, évangélistes) et ont pour langue d'origine le *calo*.

GITLIS (Ivry), *Haïfa 1922*, violoniste israélien. Artiste très précoce, il s'est imposé rapidement comme l'un des interprètes les plus virtuoses de sa génération. Il s'est aussi beaucoup investi dans un engagement humaniste.

GIULIANO da Maiano, *Maiano, près de Fiesole, 1432 - Naples 1490*, architecte et sculpteur italien. Continuateur de Brunelleschi et de Michelozzo, il contribua à diffuser les principes de la nouvelle architecture florentine (cathédrale de Faenza,

1474 et suiv.). — **Benedetto da Maiano,** *Maiano 1442 - Florence 1497,* sculpteur et architecte italien, frère de Giuliano. Il collabora avec celui-ci, à l'église de Lorette notamm., et entreprit le palais Strozzi à Florence ; sculpteur marbrier, proche de A. Rossellino, il est l'auteur de bustes, de l'autel de sainte Fine à la cathédrale de S. Gimignano, de la chaire de S. Croce (Florence), etc.

GIULINI (Carlo Maria), *Barletta 1914 - Brescia 2005,* chef d'orchestre italien. Il fut l'un des plus grands chefs d'opéra, travaillant notamm. avec Maria Callas *(la Traviata)* et le metteur en scène L. Visconti *(Don Carlos)* avant de se consacrer, à partir de 1967, au répertoire symphonique.

GIULIO ROMANO → **ROMAIN** (Jules).

GIVENCHY (comte Hubert **Taffin de**), *Beauvais 1927 - Neuilly-sur-Seine 2018,* couturier français. Héritier de C. Balenciaga, il fonda sa maison en 1952 et habilla les célébrités (en partic. son égérie, A. Hepburn) dans un style dont le classicisme élégant est bousculé par d'originaux imprimés (en trompe-l'œil, par ex.) ou de nouvelles formes de vêtements (robe-chemise).

GIVERNY (27200), comm. de l'Eure ; 526 hab. *(Givernois).* Maison et important jardin du peintre Monet ; musée des Impressionnismes.

GIVET (08600), bur. centr. de cant. des Ardennes, sur la Meuse ; 6 865 hab. *(Givetois).* Port fluvial. Métallurgie. – Fort reconstruit par Vauban.

GIVORS (69700), comm. du Rhône, sur le Rhône ; 19 501 hab. *(Givordins).* Verrerie.

GIVRY (71640), bur. centr. de cant. de Saône-et-Loire ; 3 843 hab. *(Givrotins).* Vins. – Église de 1770.

GIZEH ou **GUIZÈH,** v. d'Égypte, ch.-l. de prov., banlieue du Caire, sur le Nil ; 2 572 581 hab. Production de films. – Immense nécropole et complexes funéraires, dont le Sphinx et les pyramides des pharaons Kheops, Khephren et Mykerinus (une des Sept Merveilles* du monde antique).

▲ **Gizeh.** Le Sphinx et la pyramide de Kheops.

GJELLERUP (Karl), *Roholte 1857 - Klotzsche, près de Dresde, 1919,* écrivain danois. Il évolua du naturalisme au spiritualisme dans son théâtre et ses romans *(le Moulin).* [Prix Nobel 1917.]

GLABER (Raoul), *Bourgogne v. la fin du Xe s. - ? v. 1050,* chroniqueur français. Il est l'auteur d'une *Chronique* en cinq livres, qui va de 900 à 1046.

GLACE (mer de), glacier des Alpes françaises, dans le massif du Mont-Blanc, au N.-E. de Chamonix.

GLACE BAY, anc. v. du Canada (Nouvelle-Écosse), auj. intégrée dans Cape Breton.

GLADSTONE (William Ewart), *Liverpool 1809 - Hawarden 1898,* homme politique britannique. Chef du Parti libéral à partir de 1865, trois fois Premier ministre (1868 - 1874, 1880 - 1885, 1892 - 1894), il accomplit de nombreuses réformes. Sa campagne en faveur du Home Rule (1886) en Irlande provoqua la sécession des unionistes du Parti libéral.

◄ **Gladstone** par J. E. Millais. (National Portrait Gallery, Londres.)

GLÅMA ou **GLOMMA** n.m., le plus long fl. de Norvège, qui se jette dans le Skagerrak ; 570 km.

GLAMORGAN, anc. comté de Grande-Bretagne (Galles), sur le canal de Bristol.

GLANUM, ville gallo-romaine, près de Saint-Rémy-de-Provence (Bouches-du-Rhône). Bâti sur un ancien établissement hellénistique, le site devient une ville « à la romaine » à partir du Ier s. av. J.-C. Importants vestiges comprenant édifices publics et maisons ornées de peintures et de mosaïques.

GLAOUI ou **GLAWI** (al-Hadjdj Thami **al-Glawi**, dit **le**), *Telonet v. 1875 - Marrakech 1956,* pacha de Marrakech. Il soutint la politique française au Maroc et prit la tête d'un mouvement qui provoqua la déposition du sultan Muhammad V.

GLARIS, en all. **Glarus,** comm. de Suisse, ch.-l. du canton de ce nom, dans les *Alpes de Glaris,* sur la Linth ; 5 877 hab.

GLARIS (canton de), canton de Suisse ; 685 km² ; 38 608 hab. *(Glaronnais)* ; ch.-l. *Glaris.* Il entra dans la Confédération en 1352.

GLASER (Donald Arthur), *Cleveland 1926 - Berkeley 2013,* physicien américain. Il inventa la chambre à bulles, dérivant de la chambre de Wilson et permettant de détecter les particules de haute énergie. (Prix Nobel 1960.)

GLASGOW, v. de Grande-Bretagne (Écosse), sur la Clyde ; 593 245 hab. (1 140 326 hab. dans l'agglomération). Université. Aéroport. Métropole commerciale et industrielle de l'Écosse. – Cathédrale des XIIIe-XVe s. Foyer artistique à l'époque de C. R. Mackintosh. Musées.

GLASHOW (Sheldon Lee), *New York 1932,* physicien américain. Il proposa en 1960 la première théorie unifiée de l'interaction électromagnétique et de l'interaction faible. (Prix Nobel 1979.)

GLASS (Philip), *Baltimore 1937,* compositeur américain. Inspiré par la musique de l'Inde, il illustre le courant de la musique dite répétitive. Parallèlement à une importante œuvre instrumentale, il contribue au renouveau de l'opéra *(Einstein on the Beach,* 1976 ; *Waiting for the Barbarians,* 2005).

GLAZOUNOV (Aleksandr Konstantinovitch), *Saint-Pétersbourg 1865 - Paris 1936,* compositeur russe. Directeur du conservatoire de Saint-Pétersbourg (1905 - 1928), il est l'auteur de symphonies et de musique de chambre.

GLEIZÉ (69400), bur. centr. de cant. du Rhône ; 7 820 hab. *(Gleizéens).*

GLEIZES (Albert), *Paris 1881 - Saint-Rémy-de-Provence 1953,* peintre français. Il participa aux premières manifestations du cubisme, publia avec Jean **Metzinger** *(Nantes 1883 - Paris 1956)* le traité *Du cubisme* (1912), puis se consacra à l'art sacré.

GLÉLÉ, auparavant **Badohou,** *m. en 1889,* roi du Dahomey (1858 - 1889). Il s'opposa à la domination française, mais dut céder Cotonou (1868).

GLÉNAN (îles de), petit archipel, au large de la côte sud du Finistère. École de voile (Les Glénans). Centre international de plongée.

GLENDALE, v. des États-Unis (Californie), banlieue de Los Angeles ; 200 167 hab. Aéronautique.

GLEN MORE, dépression du nord de l'Écosse, partiellement occupée par le loch Ness et suivie par le canal Calédonien.

GLENN (John Herschel), *Cambridge, Ohio, 1921 - Columbus, Ohio, 2016,* astronaute américain. Premier Américain ayant effectué un vol orbital (20 févr. 1962, à bord d'une cabine *Mercury*), il devint le vétéran des astronautes en volant à bord de la navette spatiale en 1998.

◄ John **Glenn** en 1998.

GLIER (Reïngold Moritsevitch), *Kiev 1875 - Moscou 1956,* compositeur russe. Il écrivit des opéras, des ballets (dont le célèbre *Pavot rouge,* 1927), de la musique symphonique et des concertos.

GLIÈRES (plateau des), plateau du massif des Bornes (France) ; 1 400 m. Théâtre, en 1944, de la lutte héroïque d'un groupe de maquisards contre les troupes allemandes et la Milice.

GLINKA (Mikhaïl Ivanovitch), *Novospasskoïe 1804 - Berlin 1857,* compositeur russe. Il fut le fondateur de l'école musicale russe moderne et composa notamment deux opéras *(la Vie pour le tsar,* 1836 ; *Rouslan et Lioudmila,* 1842).

GLISSANT (Édouard), *Sainte-Marie, Martinique, 1928 - Paris 2011,* écrivain français. Poète *(le Sel noir,* 1959), romancier *(la Lézarde,* 1958 ; *le Quatrième Siècle,* 1964 ; *la Case du commandeur,* 1981 ; *Tout-Monde,* 1993) et essayiste *(le Discours antillais,* 1981 ; *Poétique, I-V,* 1956-2005), il a, dans une langue riche et inventive, intégré la réflexion sur la créativité créole à une vision cosmique du métissage culturel.

GLIWICE, v. de Pologne ; 187 474 hab. Houille. Industrie automobile.

Globe and Mail (The), quotidien canadien. Né, en 1936, de la fusion des journaux *The Globe* (1844) et *The Mail and Empire* (1872), il a une couverture nationale et internationale.

Globo, groupe de communication brésilien comprenant le quotidien *O Globo* et le réseau de télévision *Rede Globo,* célèbre pour ses « telenovelas », feuilletons populaires télévisés.

GLOMMA → **GLÅMA.**

GLORIEUSES (îles), petit archipel français de l'océan Indien, au N. de Madagascar, partie des terres Australes* et Antarctiques françaises.

Glorieuses (les Trois) [27, 28, 29 juill. 1830], journées de la révolution de 1830 qui mirent fin au règne de Charles X.

GLOUCESTER, v. de Grande-Bretagne (Angleterre), ch.-l. du Gloucestershire, sur la Severn ; 123 205 hab. Constructions aéronautiques. – Cathédrale romane et gothique.

GLOUCHKO (Valentine Petrovitch), *Odessa 1908 - Moscou 1989,* ingénieur soviétique. Il a mis au point les moteurs de la plupart des fusées et missiles de l'ex-URSS.

GLOZEL, hameau de la comm. de Ferrières-sur-Sichon (Allier). Découvertes préhistoriques qui, depuis leur mise au jour en 1924, sont l'objet de controverses quant à leur authenticité.

GLUBB (sir John Bagot), dit **Glubb Pacha,** *Preston 1897 - Mayfield, Sussex, 1986,* général britannique. Il commanda la Légion arabe (armée bédouine de Transjordanie [1939 - 1946]), puis l'armée de Jordanie (jusqu'en 1956).

GLUCK (Christoph Willibald, chevalier **von**), *Erasbach, auj. dans Berching, Haut-Palatinat, 1714 - Vienne 1787,* compositeur allemand. Avec son librettiste R. Calzabigi, il réforma l'opéra, cherchant, loin des influences italiennes, le naturel et la simplicité : *Orphée et Eurydice* (1762 ; version française, 1774), *Alceste* (1767 ; version française, 1776), *Iphigénie en Tauride* (1779).

Glyndebourne (Festival de), festival d'opéra annuel (Sussex), fondé en 1934 par J. Christie.

GMELIN (Leopold), *Göttingen 1788 - Heidelberg 1853,* chimiste et physiologiste allemand. Il étudia la chimie de la digestion et fit d'importantes découvertes en chimie organique.

GNASSINGBÉ (Faure) → **EYADEMA.**

GNEISENAU (August, comte **Neidhardt von**), *Schildau 1760 - Posen, auj. Poznań, 1831,* maréchal prussien. Avec l'aide de Scharnhorst, il reconstitua l'armée prussienne (1808) et fut chef d'état-major de Blücher (1813 - 1814 et 1815).

GNIEZNO, v. de Pologne, au N.-E. de Poznań ; 70 322 hab. Siège des primats de Pologne. – Cathédrale gothique sur des substructures des Xe-XIe s.

GOA, État de la côte occidentale de l'Inde ; 3 700 km² ; 1 457 723 hab. ; cap. *Panaji.* Il fut occupé par les Portugais de 1510 à 1961 - 1962.

GOAJIRO → **GUAJIRO.**

Gobelins (les), manufacture parisienne royale, puis nationale, installée à l'origine dans les ateliers des teinturiers *Gobelins,* au bord de la rivière Bièvre. Créée et dirigée par des tapissiers flamands, sous l'impulsion d'Henri IV (début du XVIIe s.), la manufacture connaît son grand essor sous Louis XIV : Colbert lui donne le titre de *manufacture royale des meubles de la Couronne* en 1667. Le Brun dirige alors les ateliers de cartons de tapisseries, mais aussi des ateliers d'orfèvrerie, d'ébénisterie et de sculpture. Les Gobelins sont auj. manufacture nationale de tapisserie ; les mêmes locaux (XIIIe arrond.) abritent les manufactures de Beauvais (tapisseries) et de la Savonnerie (tapis). Exposition des collections et créations des manufactures et du Mobilier national dans la *Galerie des Gobelins*.

GOBI n.m., désert d'Asie (Mongolie et Chine).

GOBINEAU (Joseph Arthur, comte **de**), *Ville-d'Avray 1816 - Turin 1882*, écrivain et diplomate français. Romancier *(les Pléiades)* et nouvelliste *(Nouvelles asiatiques)* en désaccord avec son siècle, il prétend, dans l'*Essai sur l'inégalité des races humaines* (1853-1855), retracer et expliquer par le processus historique du métissage la marche de l'humanité vers un déclin inéluctable. Les théoriciens du racisme germanique se réclamèrent de lui non sans travestir ses thèses.

GODARD (Eugène), *Clichy 1827 - Bruxelles 1890*, aéronaute français. Il exécuta plus de 2 500 ascensions, dont une, à bord du *Géant*, avec Nadar (1863), et organisa la poste aérienne pendant le siège de Paris (1870 - 1871).

▲ Jean-Luc **Godard.** Jean-Paul Belmondo et Jean Seberg dans *À bout de souffle* (1960).

GODARD (Jean-Luc), *Paris 1930*, cinéaste français et suisse. Pionnier de la nouvelle vague, il a remis en question les codes idéologiques et esthétiques pour explorer de nouvelles relations entre le spectateur et le film : *À bout de souffle* (1960), *le Mépris* (1963), *Pierrot le Fou* (1965), *la Chinoise* (1967), *Sauve qui peut (la vie)* [1980], *Prénom Carmen* (1983), *Adieu au langage* (2014). Dans *Histoire(s) du cinéma*, à la fois livre (4 vol., 1998) et ensemble d'émissions pour la télévision, il donne à voir toute la force du septième art.

GODAVARI n.f., fl. d'Inde, qui rejoint le golfe du Bengale ; 1 500 km. Un des fleuves sacrés de l'Inde.

GODBOUT (Adélard), *Saint-Éloi 1892 - Montréal 1956*, agronome et homme politique canadien. Libéral, il fut Premier ministre du Québec en 1936 et de 1939 à 1944.

GODBOUT (Jacques), *Montréal 1933*, écrivain et cinéaste canadien de langue française. Son œuvre poétique et romanesque *(l'Aquarium ; Salut Galarneau ! ; D'amour, P.Q. ; Une histoire américaine)* compose une quête de son identité d'homme et d'écrivain.

GODDARD (Marion **Levy**, dite Paulette), *Great Neck, État de New York, 1905 - Ronco, Suisse, 1990*, actrice américaine. Sa beauté et son talent se mêlèrent notamm. dans les films de C. Chaplin, dont elle fut l'épouse de 1936 à 1942 (*les Temps modernes*, C. Chaplin, 1936 ; *le Dictateur*, id., 1940 ; *le Journal d'une femme de chambre*, J. Renoir, 1946 ; *la Folle Enquête*, K. Vidor, 1948).

GODDARD (Robert Hutchings), *Worcester, Massachusetts, 1882 - Baltimore 1945*, ingénieur américain. Précurseur de l'astronautique, il lança, en 1926, la première fusée à ergols liquides.

GODEFROI DE BOUILLON, *Baisy v. 1061 - Jérusalem 1100*, duc de Basse-Lorraine. Un des chefs de la première croisade, il fonda le royaume de Jérusalem (1099) et le gouverna avec le titre d'« avoué du Saint-Sépulcre ».

GÖDEL (Kurt), *Brünn, auj. Brno, 1906 - Princeton 1978*, logicien et mathématicien américain d'origine autrichienne. Il est l'auteur de deux théorèmes (1931) selon lesquels une arithmétique non contradictoire ne saurait former un système complet, car la non-contradiction constitue dans ce système un énoncé indécidable.

GODELIER (Maurice), *Cambrai 1934*, anthropologue français. Spécialiste des sociétés océaniennes, il a exploré plusieurs notions essentielles pour le développement des sciences sociales *(la Production des Grands Hommes. Pouvoir et domination masculine chez les Baruya de Nouvelle-Guinée*, 1982 ; *l'Énigme du don*, 1996 ; *Métamorphoses de la parenté*, 2004 ; *Au fondement des sociétés humaines*, 2007).

GODOUNOV (Boris) → **BORIS GODOUNOV.**

GODOY ÁLVAREZ DE FARIA (Manuel), *Badajoz 1767 - Paris 1851*, homme d'État espagnol. Ministre de Charles IV d'Espagne et favori de la reine Marie-Louise, il fut Premier ministre de 1792 à 1798 et de 1800 à 1808, et joua un rôle important à l'époque de la Révolution française et de l'Empire.

God save the King [the Queen] *(Que Dieu protège le roi [la reine])*, hymne national britannique.

GODTHÅB → **NUUK.**

GODWIN (William), *Wisbech 1756 - Londres 1836*, écrivain britannique. Il est l'auteur d'essais et de romans d'inspiration sociale *(les Aventures de Caleb Williams)*.

GOEBBELS (Joseph Paul), *Rheydt 1897 - Berlin 1945*, homme politique allemand. Journaliste national-socialiste, ministre de la Propagande et de l'Information (1933 - 1945), il fut chargé par Hitler de la direction de la guerre totale (1944) ; il se suicida avec toute sa famille.

GOEPPERT-MAYER (Maria), *Kattowitz, auj. Katowice, 1906 - San Diego 1972*, physicienne américaine d'origine allemande. Elle a proposé, indépendamment de H. D. Jensen, une théorie relative à la structure du noyau de l'atome qui permet d'en expliquer diverses propriétés. (Prix Nobel 1963.)

GOERING (Hermann) → **GÖRING.**

GOETHE (Johann Wolfgang **von**), *Francfort-sur-le-Main 1749 - Weimar 1832*, écrivain allemand. L'un des chefs de file du Sturm* und Drang avec son roman *les Souffrances du jeune Werther** et son drame *Götz von Berlichingen* (1774), il évolua, à travers son expérience de l'Italie (*Torquato Tasso*, composé en 1789), de la Révolution française et de la politique (il fut ministre du grand-duc de Weimar), de son amitié avec Schiller (*Xénies*, 1796) et de ses recherches scientifiques (*la Théorie des couleurs*, 1810), vers un art plus classique (*Wilhelm* Meister* ; *Hermann et Dorothée*, 1797 ; *les Affinités électives*, 1809), qui prit une forme autobiographique (*Poésie et vérité*, 1811-1833) et symbolique (*Divan occidental et oriental*, 1819 ; *Faust**).

▲ **Goethe** par J. von Egloffstein. (Musée Goethe, Francfort-sur-le-Main.)

GOFFETTE (Guy), *Jamoigne, Gaume, 1947*, écrivain belge de langue française. Sa poésie (*Éloge pour une cuisine de province*, 1988) et ses récits au lyrisme musical (*Elle, par bonheur et toujours nue*, 1998 ; *Un été autour du cou*, 2001 ; *Une enfance lingère*, 2006) disent l'émerveillement du quotidien ainsi que la mélancolie du souvenir.

GOFFMAN (Erving), *Manville, Alberta, 1922 - Philadelphie 1982*, sociologue canadien. Il s'est intéressé aux interactions sociales et aux éléments non codifiés des conduites (*Asiles*, 1961 ; *les Rites d'interaction*, 1967).

GOG ET MAGOG, dans les littératures juive, chrétienne et musulmane, personnification des forces du mal.

GOGOL (Nikolaï Vassilievitch), *Sorotchintsy 1809 - Moscou 1852*, écrivain russe. Auteur de récits (*Tarass* Boulba*, *le Journal d'un fou*, 1835), de pièces de théâtre (*le Revizor*, 1836), il créa le roman moderne russe avec *les Âmes mortes*, œuvre inachevée (première partie publiée en 1842), foisonnante et cocasse, où les détails réalistes se mêlent à l'absurde et au fantastique.

▲ **Gogol**

GOGUEL (François), *Paris 1909 - id. 1999*, juriste et politologue français. Membre du Conseil constitutionnel (1971 - 1980), il a marqué l'étude scientifique de la vie politique française et le développement de la sociologie électorale.

GOIÂNIA, v. du Brésil central, cap. de l'État de Goiás ; 1 256 514 hab. (2 048 878 hab. dans l'agglomération).

GOIÁS, État du Brésil ; 5 849 105 hab. ; cap. *Goiânia.*

Gois (passage du), route praticable à marée basse, entre Noirmoutier et le continent.

GOITSCHEL (Christine), *Sallanches 1944*, skieuse française. Elle a été championne olympique et championne du monde de slalom spécial en 1964. — **Marielle G.,** *Sainte-Maxime 1945*, skieuse française. Sœur de Christine, elle a été championne du monde de combiné en 1962, double championne du monde (slalom géant, combiné) en 1964, triple championne du monde (descente, slalom géant, combiné) en 1966 et championne du monde de slalom spécial en 1968. Elle a aussi remporté deux titres olympiques, en 1964 (slalom géant) et 1968 (slalom spécial). Ce palmarès et le duo des deux sœurs – deux doublés médailles d'or et d'argent aux JO d'Innsbruck en 1964 – ont marqué l'histoire du ski alpin français.

GOLAN (plateau du), plateau du sud-ouest de la Syrie, dominant le Jourdain. Occupé par Israël en 1967, théâtre de combats en 1973, il est annexé par Israël sur décision de la Knesset en 1981.

GOLBEY (88190), comm. des Vosges ; 8 745 hab. *(Golbéens)*. Matériel de climatisation. Papeterie. Isolants à base végétale. Fils pour pneumatiques.

GOLCONDE, forteresse et ville ruinée de l'Inde (Telangana). Capitale depuis 1518 d'un sultanat musulman du Deccan, aux trésors légendaires, elle fut détruite par Aurangzeb en 1687. Vestiges (XVIe s.-début du XVIIe s.), dont les mausolées à dômes bulbeux de la nécropole.

GOLDBACH (Christian), *Königsberg 1690 - Moscou 1764*, mathématicien d'origine allemande. Il passa la majeure partie de sa vie en Russie. Connu par ses travaux d'arithmétique, il est l'auteur d'une conjecture qui porte son nom (tout entier pair est la somme de deux nombres premiers).

GOLD COAST → **GHANA.**

GOLDIN (Nan), *Washington 1953*, photographe américaine. Pratiquant un art sans tabous, elle renouvelle le genre du portrait documentaire (*la Ballade de la dépendance sexuelle*, 1986 ; *Sœurs, Saintes et Sibylles*, 2004).

GOLDING (sir William), *Saint Columb Minor, Cornouailles, 1911 - Perranarworthal, près de Falmouth, Cornouailles, 1993*, écrivain britannique. Son œuvre romanesque montre l'homme toujours prêt à revenir à sa barbarie primitive (*Sa Majesté des Mouches*, 1954 ; *Rites de passage*, 1980). [Prix Nobel 1983.]

GOLDMAN (Jean-Jacques), *Paris 1951*, chanteur et auteur-compositeur français. Influencé par le rock, il a contribué au renouveau de la chanson française (*Quand la musique est bonne, Au bout de mes rêves*), tout en mettant son talent au service d'artistes les plus divers (J. Hallyday, C. Dion).

GOLDMANN (Nahum), *Wisznewo, Lituanie, 1895 - Bad Reichenhall 1982*, leader sioniste. Fondateur (1936) et président du Congrès juif mondial, président de l'Organisation mondiale sioniste (1956 - 1968), il prit successivement les nationalités allemande, américaine (1940), israélienne (1962) et suisse (1968). Il demanda la restitution par Israël des territoires conquis en 1967 et l'octroi à Israël du statut d'État neutre.

GOLDONI (Carlo), *Venise 1707 - Paris 1793*, auteur dramatique italien. Aux bouffonneries de la commedia dell'arte, il substitua la peinture critique des mœurs et la représentation de personnages populaires dans des comédies écrites en italien (*La Locandiera*, 1753 ; *la Villégiature*, 1761), puis en français (*le Bourru bienfaisant*, 1771). Il a laissé des *Mémoires* en français.

GOLDSCHMIDT (Victor Moritz), *Zurich 1888 - Oslo 1947*, géologue norvégien d'origine suisse. À l'origine de la géochimie moderne, il a créé une classification des éléments chimiques selon leurs affinités.

GOLDSMITH (Oliver), *comté de Westmeath, Irlande, v. 1730 - Londres 1774*, écrivain britannique. Il est l'auteur de romans *(le Vicaire de Wakefield)*, de poèmes sentimentaux *(le Village abandonné)* et de pièces de théâtre *(Elle s'abaisse pour triompher)*.

GOLDSTEIN (Kurt), *Kattowitz, auj. Katowice, 1878 - New York 1965*, neurologue américain d'origine allemande. Instigateur d'une conception unitaire et globaliste de la neurologie, issue de la théorie de la forme, il a étudié en particulier l'aphasie.

GOLDSWORTHY (Andy), *comté du Cheshire 1956*, artiste britannique. Figure majeure du land art, il réalise des installations à base de glace, feuilles, branches, argile ou pierres sèches en harmonie poétique avec la nature (*Refuges d'art*, Digne-les-Bains, 1999 ; parc historique de Chaumont-sur-Loire, 2016).

GOLÉA (El-) → **MENIAA (El-)**.

Golestan ou **Gulistan** (« Jardin des roses »), recueil de récits en prose et en vers de Sadi (v. 1258). Il contient, selon son auteur, tous les préceptes nécessaires à la conduite de la vie.

Golfe → **Persique** (golfe).

Golfe (guerre du) [août 1990 - février 1991], conflit déclenché par l'invasion du Koweït par l'Iraq (1er-2 août 1990) et ayant opposé à ce pays une coalition d'une trentaine d'États conduite par les États-Unis. L'ONU ayant condamné l'annexion du Koweït, puis autorisé l'emploi de tous les moyens pour y mettre fin, une force multinationale à prépondérance américaine et à participation arabe (Égypte et Syrie notamm.), déployée dans le golfe Persique et en Arabie saoudite, intervint contre l'Iraq (17 janv. 1991) et libéra le Koweït (28 févr.).

GOLFECH (82400), comm. de Tarn-et-Garonne, sur la Garonne ; 998 hab. *(Golféchois)*. Centrale hydroélectrique et centrale nucléaire.

GOLFE-JUAN (06220), station balnéaire des Alpes-Maritimes (comm. de Vallauris), sur la Méditerranée. Napoléon y débarqua en 1815, à son retour de l'île d'Elbe.

GOLGI (Camillo), *Corteno, près de Brescia, 1843 - Pavie 1926*, médecin et histologiste italien. Il a étudié le système nerveux et mis en évidence un organite fondamental de la cellule *(appareil de Golgi)*. [Prix Nobel 1906.]

Golgotha, nom araméen du *Calvaire*, où Jésus fut crucifié.

GOLIATH, personnage biblique. Géant philistin, il fut vaincu en combat singulier par David.

GOLITSYNE ou **GALITZINE** ou **GALLITZIN**, famille princière qui donna à la Russie, à la fin du XVIIe s. et au XVIIIe s., des hommes d'État et des chefs militaires.

GOLTZIUS (Hendrick), *Mühlbracht, Limbourg, 1558 - Haarlem 1617*, graveur et peintre néerlandais. Maniériste brillant, il fut le cofondateur d'une académie d'art à Haarlem.

GOMAR (François) ou **GOMARUS**, *Bruges 1563 - Groningue 1641*, théologien protestant néerlandais. Adversaire d'Arminius, il donna à la doctrine de Calvin sur la prédestination l'interprétation la plus rigoriste. Ses partisans, les *gomaristes*, provoquèrent des troubles graves aux Pays-Bas.

GOMBERVILLE (Marin Le Roy de), *Paris ou Étampes 1600 - Paris 1674*, écrivain français, auteur de romans précieux *(Polexandre)*. [Acad. fr.]

gombette (loi), loi burgonde rédigée en latin v. 501 - 515 sur l'ordre du roi Gondebaud pour tenir la balance égale entre les sujets burgondes et les sujets gallo-romains.

GOMBRICH (sir Ernst Hans), *Vienne 1909 - Londres 2001*, historien de l'art britannique d'origine autrichienne. Son *Histoire de l'art* est une somme parue en 1950 ; *l'Art et l'Illusion* (1960) analyse les aspects techniques de la création et, chez le spectateur, le rôle de la psychologie de la perception.

GOMBROWICZ (Witold), *Małoszyce 1904 - Vence, France, 1969*, écrivain polonais. Ses romans *(Ferdydurke, la Pornographie)*, son théâtre *(Yvonne, princesse de Bourgogne)* et son *Journal* cherchent à saisir la réalité intime des êtres à travers les stéréotypes sociaux et culturels.

GOMEL, v. du sud-est de la Biélorussie ; 482 652 hab. Constructions mécaniques.

GÓMEZ DE LA SERNA (Ramón), *Madrid 1888 - Buenos Aires 1963*, écrivain espagnol. Romancier *(le Rastro)*, il a créé le genre des *greguerías*, brèves et piquantes observations d'un monde moderne perçu comme discontinu et hétéroclite.

GOMORRHE, anc. cité cananéenne détruite avec Sodome*.

GOMPERS (Samuel), *Londres 1850 - San Antonio, Texas, 1924*, syndicaliste américain. Il fit triompher un syndicalisme réformiste au sein de l'American Federation of Labor, qu'il fonda en 1886.

GOMUŁKA (Władysław), *Krosno, Galicie, 1905 - Varsovie 1982*, homme politique polonais. Secrétaire général du Parti ouvrier (1943 - 1948), défenseur d'une « voie polonaise vers le socialisme », il est exclu par les staliniens en 1948 - 1949. Appelé à la tête du Parti et de l'État (oct. 1956) après les émeutes de Poznań, il est destitué en 1970.

GONÂVE (île de la), dépendance d'Haïti, dans le *golfe de Gonaïves*.

GONÇALVES (Nuno), peintre portugais nommé peintre du roi Alphonse V en 1450. On lui attribue le monumental *Polyptyque de São Vicente* du musée de Lisbonne (v. 1465), portrait vigoureux et d'un humanisme pénétrant des types divers de la société de l'époque.

GONÇALVES DIAS (Antônio), *Caxias 1823 - dans un naufrage 1864*, poète brésilien, fondateur de l'école indianiste (*Primeiros cantos*, 1846).

GONCELIN (38570), comm. de l'Isère, sur l'Isère ; 2 385 hab. *(Goncelinois)*. Traitement des métaux.

GONCOURT (les), écrivains français. **Edmond Huot de G.**, *Nancy 1822 - Champrosay, Essonne, 1896*, et **Jules Huot de G.**, *Paris 1830 - id. 1870*. Peintres de la vie saisie dans ses états de crise, ces deux frères usèrent dans leur œuvre commune d'une écriture « artiste » qui évolua du naturalisme (*Renée Mauperin*, 1864 ; *Madame Gervaisais*, 1869) vers un impressionnisme raffiné influencé par leur passion de l'art du XVIIIe s. français et de la civilisation japonaise *(Journal)*. Edmond réunit dans son hôtel d'Auteuil un cercle d'amis au sein duquel naquit l'idée de fonder l'Académie* des Goncourt.

GÖNCZ (Árpád), *Budapest 1922 - id. 2015*, écrivain et homme politique hongrois. Opposant au régime communiste, emprisonné de 1957 à 1963, il fut président de la République de 1990 à 2000.

GOND, groupe tribal du centre de l'Inde (env. 7 millions). Les Gond ont joué un rôle historique comme soutien des petites royautés hindoues. Ils utilisent des langues indiennes régionales, une minorité parlant leur langue d'origine, le *gondi*.

GONDAR, v. d'Éthiopie, au N. du lac Tana ; 206 987 hab. Palais et églises des XVIIe-XVIIIe s.

GONDEBAUD ou **GONDOBALD**, *m. à Genève en 516*, roi des Burgondes (v. 480 - 516). Il promulgua la *loi gombette**.

GONDI, famille originaire de Florence, à laquelle appartenait Paul de Gondi, cardinal de Retz*.

GOND-PONTOUVRE (16160), bur. centr. de cant. de la Charente ; 6 134 hab. *(Gonpontoliens)*.

GONDWANA n.m., région de l'Inde, dans le Deccan, habitée par les *Gond*. Il a donné son nom à deux continents successifs : l'un à l'ère primaire, dont la réunion avec d'autres a formé la Pangée ; l'autre issu de la fragmentation de la Pangée au début de l'ère secondaire, qui s'est ensuite divisé pour former l'Afrique, l'Amérique du Sud, l'Antarctique, l'Australie et l'Inde.

GONESSE (95500), comm. du Val-d'Oise ; 26 385 hab. *(Gonessiens)*. Église des XIIe et XIIIe s.

GONFREVILLE-L'ORCHER (76700), comm. de la Seine-Maritime, sur le canal de Tancarville ; 10 004 hab. *(Gonfrevillais)*. Raffinage du pétrole. Pétrochimie. Aéronautique.

GÓNGORA Y ARGOTE (Luis de), *Cordoue 1561 - id. 1627*, poète espagnol. Son style obscur, sa poésie hermétique et éclatante *(la Fable de Polyphème et Galatée, les Solitudes)* ont fait école sous le nom de *gongorisme*, ou *cultisme*.

GÖNNERSDORF, site préhistorique de plein air en Allemagne (Rhénanie-Palatinat), près de Neuwied. Des chasseurs magdaléniens y ont laissé, parmi plusieurs structures d'habitat, nombre de statuettes féminines stylisées et des gravures animalières sur schiste (v. 12000 av. J.-C.).

GONTCHAROV (Ivan Aleksandrovitch), *Simbirsk 1812 - Saint-Pétersbourg 1891*, romancier russe, peintre de la décadence de la noblesse *(Oblomov)*.

GONTCHAROVA (Natalia Sergueïevna), *près de Toula 1881 - Paris 1962*, peintre russe naturalisée française. Auteure, notamm., d'audacieux décors et costumes pour les Ballets russes de Diaghilev, elle était la femme de Larionov.

GONTRAN (saint), *v. 545 - Chalon-sur-Saône 592*, roi de Bourgogne (561 - 592), de la dynastie mérovingienne. Fils de Clotaire Ier, il favorisa la diffusion du christianisme dans ses États.

GONZAGUE, famille princière italienne, qui a régné sur Mantoue du XIVe au XVIIIe s. et sur le duché de Nevers (XVIe-XVIIe s.).

GONZAGUE (Anne de) → **ANNE DE GONZAGUE**.

GONZÁLEZ (Julio), *Barcelone 1876 - Arcueil 1942*, sculpteur espagnol. Installé à Paris, il a utilisé librement le fer soudé, à partir de 1927.

GONZÁLEZ MÁRQUEZ (Felipe), *Séville 1942*, homme politique espagnol. Secrétaire général du Parti socialiste ouvrier (1974 - 1997), il est président du gouvernement de 1982 à 1996.

GONZALVE DE CORDOUE, *Montilla 1453 - Grenade 1515*, général espagnol. Il vainquit les troupes de Louis XII et conquit le royaume de Naples, dont il devint vice-roi (1504 - 1507).

GOODALL (Jane), *Londres 1934*, éthologiste et primatologue britannique. Elle a étudié le comportement des chimpanzés dans leur milieu naturel, en Tanzanie, et révélé la complexité de leur vie sociale. Elle lutte activement pour leur protection.

GOODMAN (Benjamin David, dit Benny), *Chicago 1909 - New York 1986*, clarinettiste et chef d'orchestre américain de jazz. Il fut l'un des premiers musiciens blancs à intégrer des jazzmen noirs dans son orchestre, fondé en 1934.

GOODYEAR (Charles), *New Haven 1800 - New York 1860*, inventeur américain. Il a découvert la vulcanisation du caoutchouc (1839).

Google, moteur de recherche sur Internet, le plus utilisé au monde, conçu par la société américaine d'informatique du même nom, fondée en 1998. La société, réorganisée et rebaptisée « Alphabet » en 2015, développe aussi de nombreux sites Web (Google Earth, Google Maps, YouTube...) et multiplie des projets originaux (domaine de la santé, objets connectés, projets futuristes...).

GORAKHPUR, v. d'Inde (Uttar Pradesh), au N. de Bénarès ; 624 570 hab.

GORBATCHEV (Mikhaïl Sergueïevitch), *Privolnoïe, région de Stavropol, 1931*, homme politique russe. Secrétaire général du Parti communiste de l'Union soviétique (mars 1985 - août 1991), président du Praesidium du Soviet suprême (oct. 1988 - mars 1990), il met en œuvre un programme de réformes économiques et politiques (la « perestroïka ») et adopte, en politique internationale, des positions résolument nouvelles (traité de désarmement de Washington, 1987). En mars 1990, il est élu à la présidence de l'URSS. Après le putsch d'août 1991 qui tente de le renverser, il ne peut empêcher la désintégration de l'URSS. Il démissionne en décembre. (Prix Nobel de la paix 1990.)

▲ Mikhaïl **Gorbatchev**

GORCHKOV (Sergueï Gueorguievitch), *Kamenets-Podolski 1910 - Moscou 1988*, amiral soviétique. Il présida à l'essor de la marine de guerre, dont il fut le commandant en chef de 1956 à 1985.

GORDES (84220), comm. de Vaucluse ; 2 026 hab. *(Gordiens)*. Bourg perché pittoresque, au château des XIIe-XVIe s. À 4 km, abbaye de Sénanque*.

GORDIEN III le Pieux, en lat. Marcus Antonius **Gordianus**, *Rome 225 ? - près de Doura-Europos 244*, empereur romain (238 - 244). Il reprit aux Perses la ville d'Antioche (242).

GORDIMER (Nadine), *Springs 1923 - Johannesburg 2014*, romancière sud-africaine de langue anglaise. Ses romans reflètent son engagement contre l'apartheid (*Un monde d'étrangers*, 1958 ; *Ceux de July*, 1981). [Prix Nobel 1991.]

GORDION, anc. ville d'Asie Mineure, cap. des rois de Phrygie (auj. *Yassıhöyük*). Dans le temple de Zeus, Alexandre le Grand trancha d'un coup d'épée le *nœud gordien.* Un oracle avait prédit que celui qui le dénouerait deviendrait le maître de l'Asie.

GORDON (Charles), appelé **Gordon Pacha,** *Woolwich 1833 - Khartoum 1885,* officier et administrateur britannique. Gouverneur du Soudan (1877 - 1880), il périt lors de la prise de Khartoum par le Mahdi.

GORE (Albert Arnold, dit Al), *Washington 1948,* homme politique américain. Démocrate, vice-président des États-Unis (1993 - 2001), il se voue ensuite à la lutte contre les effets du réchauffement climatique (campagnes de sensibilisation autour de documentaires comme *Une vérité qui dérange,* 2006). [Prix Nobel de la paix 2007.]

GORÉE, île des côtes du Sénégal, en face de Dakar. Elle fut découverte au XVe s. par les Portugais et devint un des principaux centres de la traite des esclaves. Musée historique.

GORETTA (Claude), *Genève 1929 - id. 2019,* cinéaste suisse. Dans ses films (*l'Invitation,* 1973 ; *la Dentellière,* 1977 ; *Si le soleil ne revenait pas,* 1987) comme dans ses téléfilms (*Thérèse et Léon,* 2001 ; *Sartre, l'âge des passions,* 2006), il conjugue portraits intimistes et fresques sociales.

GORGAN, v. du nord de l'Iran ; 269 226 hab.

GORGES-DU-TARN-CAUSSES, comm. de la Lozère ; 1 015 hab. Site des gorges du Tarn.

GORGONES MYTH. GR. Monstres ailés au corps de femme et à la chevelure de serpents, dont le regard changeait en pierre celui qui les contemplait. Elles étaient trois sœurs : Méduse, Euryale et Sthéno.

GORGONZOLA, v. d'Italie (Lombardie) ; 19 428 hab. Fromages.

GÖRING ou **GOERING** (Hermann), *Rosenheim 1893 - Nuremberg 1946,* maréchal et homme politique allemand. Aviateur, commandant de l'escadrille Richthofen (1918), membre du parti nazi dès 1922 et familier de Hitler, il fut président du Reichstag (1932). Il se consacra à la création de la *Luftwaffe.* Successeur désigné de Hitler (1939), qui le désavoua en 1945, il fut condamné à mort à Nuremberg (1946) et se suicida.

GORIZIA, v. d'Italie (Frioul-Vénétie Julienne), ch.-l. de prov., sur l'Isonzo, à la frontière slovène ; 35 291 hab. Château des XIIe-XVIe s. ; musées.

GORKI → **NIJNI NOVGOROD.**

GORKI (Alekseï Maksimovitch **Pechkov,** dit Maksim, en fr. Maxime), *Nijni Novgorod 1868 - Moscou 1936,* écrivain russe. Romancier et auteur dramatique, peintre réaliste de son enfance difficile (*Enfance,* 1913-1914 ; *En gagnant mon pain,* 1915-1916), des vagabonds et des déracinés (*les Bas-fonds,* 1902), il est le créateur de la littérature sociale soviétique (*la Mère,* 1906 ; *la Vie de Klim Samguine,* 1925-1936).

▲ Maxime **Gorki.** (Coll. G. Sirot.)

GORKY (Vosdanig **Adoian,** dit Arshile), *Hayotz Dzore 1904 - Sherman, Connecticut, 1948,* peintre américain d'origine arménienne. Il a tiré de l'automatisme surréaliste, dans les années 1940, une brillante abstraction biomorphique (*Le foie est la crête du coq,* 1944, Buffalo).

GÖRLITZ, v. d'Allemagne (Saxe), sur la Neisse ; 54 441 hab. Églises et maisons anciennes.

GORLOVKA → **HORLIVKA.**

GÖRRES (Joseph von), *Coblence 1776 - Munich 1848,* écrivain et publiciste allemand. L'un des animateurs du mouvement romantique et nationaliste, il est l'auteur d'une importante *Mystique chrétienne* (1836-1842).

GORT (John **Vereker,** vicomte), *Londres 1886 - id. 1946,* maréchal britannique. Commandant le corps expéditionnaire britannique en France (1939 - 1940), puis gouverneur de Malte (1942 - 1943), il fut haut-commissaire en Palestine (1944 - 1945).

GORTCHAKOV (Aleksandr Mikhaïlovitch, prince), *Haspal 1798 - Baden-Baden 1883,* homme d'État russe. Ministre des Affaires étrangères (1856 - 1882), il redressa la situation diplomatique de son pays après la guerre de Crimée.

GORTYNE, anc. ville de Crète centrale. Les *lois de Gortyne* sont une longue inscription juridique gravée dans la pierre, datée du Ve s. av. J.-C., essentielle pour la connaissance de la société grecque archaïque. – Vestiges grecs et romains.

GORZ (Gérard **Horst,** dit André), *Vienne, Autriche, 1923 - Vosnon, Aube, 2007,* journaliste et philosophe français. Prônant l'autonomie de l'individu, il tenta de fonder une morale qui allie l'existentialisme husserlien et le marxisme (*Fondements pour une morale,* 1977), puis prit ses distances avec ce dernier (*Adieux au prolétariat,* 1980). Il fut un théoricien de l'écologie politique (*Écologie et Politique,* 1975 ; *Écologica,* posthume, 2008).

GORZÓW WIELKOPOLSKI, v. de Pologne, ch.-l. de voïévodie, sur la Warta ; 124 534 hab.

GOSAINTHAN → **XIXABANGMA.**

GOSCINNY (René), *Paris 1926 - id. 1977,* scénariste français de bandes dessinées. Maître du scénario d'humour avec *Lucky* Luke, le Petit Nicolas* (1955, dessin de Sempé), *Astérix*, Iznogoud* (1962, dessin de Jean Tabary *[1930 - 2011]*), il a renouvelé en profondeur la bande dessinée.

GOSIER (Le) [97190], bur. centr. de cant. de la Guadeloupe ; 27 437 hab. (*Gosiériens*). Station balnéaire.

GOSLAR, v. d'Allemagne (Basse-Saxe), au pied du Harz ; 40 844 hab. Remarquable ensemble médiéval de la vieille ville.

GOSPORT, v. de Grande-Bretagne (Angleterre), sur la baie de Portsmouth ; 69 348 hab. Port.

GOSSART (Jean) ou **GOSSAERT** (Jan), dit **Mabuse,** *Maubeuge ? v. 1478 - Middelburg ou Anvers 1532,* peintre des anc. Pays-Bas. Sa production, complexe, est l'une de celles qui introduisirent l'italianisme (il alla à Rome en 1508) et les concepts de la Renaissance dans l'art du Nord.

GOSSAU, v. de Suisse (canton de Saint-Gall), à l'O. de Saint-Gall ; 17 763 hab.

GOSSEC (François Joseph **Gossé,** dit), *Vergnies, Hainaut, 1734 - Paris 1829,* compositeur français. Il est l'un des créateurs de la symphonie, l'auteur d'hymnes révolutionnaires et l'un des fondateurs du Conservatoire.

GÖTALAND, partie sud de la Suède.

GÖTEBORG, v. de Suède, sur le Göta Älv ; 493 502 hab. (827 000 hab. dans l'agglomération). Port. Centre industriel. Université. – Musées.

GOTHA, v. d'Allemagne (Thuringe), au pied du Thüringerwald ; 44 322 hab. Édition. – Musée dans le château. – Le *programme de Gotha,* élaboré lors du congrès de Gotha (mai 1875), marqua la création du Parti social-démocrate allemand.

Gotha (Almanach de), annuaire généalogique et diplomatique, publié à *Gotha,* en français et en allemand, de 1763 à 1944.

GOTHS [gɔ], anc. peuple germanique. Venus de Scandinavie et établis au Ier s. av. J.-C. sur la basse Vistule, ils s'installèrent au IIIe s. au nord-ouest de la mer Noire. Au IVe s., l'évêque Ulfilas les convertit à l'arianisme et les dota d'une écriture et d'une langue littéraire. Sous la poussée des Huns (v. 375), leur empire se dissocia et les deux rameaux, Wisigoths* et Ostrogoths*, eurent leur histoire propre.

GOTLAND, île de Suède, dans la Baltique ; 57 122 hab. ; ch.-l. *Visby.* Vestiges médiévaux.

GOTLIB (Marcel **Gotlieb,** dit), *Paris 1934 - Le Vésinet 2016,* dessinateur et scénariste français de bandes dessinées. Auteur des séries humoristiques *Gai-Luron* (1964), *Dingodossiers* (1965, avec Goscinny), *la Rubrique-à-brac* (1968), il développa la bande dessinée pour adultes en créant les revues *l'Écho des savanes* (1972) et *Fluide glacial* (1975).

GOTTFRIED de Strasbourg, *fin du XIIe s. - début du XIIIe s.,* poète allemand, auteur d'un *Tristan.*

GÖTTINGEN, v. d'Allemagne (Basse-Saxe), au S.-O. du Harz ; 115 843 hab. Université. Constructions mécaniques. – Églises et maisons du Moyen Âge.

GOTTSCHALK ou **GODESCALC D'ORBAIS,** *près de Mayence v. 805 - Hautvillers, Marne, v. 868,* théologien allemand. Il fut condamné par le concile de Mayence pour ses idées sur la prédestination (848), et emprisonné.

GOTTSCHED (Johann Christoph), *Juditten, auj. dans Kaliningrad, 1700 - Leipzig 1766,* écrivain allemand, partisan de l'imitation du classicisme français.

GOTTWALD (Klement), *Dědice 1896 - Prague 1953,* homme politique tchécoslovaque. Secrétaire général du Parti communiste à partir de 1929, président du Conseil (1946 - 1948), il élimina du gouvernement les ministres non communistes (« coup de Prague », févr. 1948) et devint président de la République (1948 - 1953).

GOTTWALDOV → **ZLÍN.**

GOUBERT (Pierre), *Saumur 1915 - Issy-les-Moulineaux 2012,* historien français. Il est l'auteur de recherches sur l'histoire économique et sociale de la France de l'Ancien Régime (*Beauvais et le Beauvaisis de 1600 à 1730,* 1960).

GOUDA, v. des Pays-Bas, sur l'IJssel ; 70 904 hab. Céramique. Fromages. – Hôtel de ville du XVe s., église du XVIe (vitraux).

GOUDE (Jean-Paul), *Saint-Mandé 1940,* graphiste, photographe et cinéaste français. Sa fantaisie joyeuse, exotique et colorée, et son esthétisme aigu ont fait le succès de ses photomontages (célébrant notamm. le corps sculptural de la chanteuse Grace Jones), de ses films publicitaires et de ses spectacles (bicentenaire de la Révolution, 1989).

GOUDÉA, prince sumérien de Lagash (XXIIe s. av. J.-C.). Le Louvre conserve de lui douze statues en diorite, recueillies à Girsou.

GOUDIMEL (Claude), *Besançon v. 1520 - Lyon 1572,* compositeur français. L'un des compositeurs les plus représentatifs de la Réforme (messes, motets, chansons), il harmonisa les traductions de psaumes dues à C. Marot et T. de Bèze. Il fut tué lors de la Saint-Barthélemy.

GOUDSMIT (Samuel Abraham), *La Haye 1902 - Reno, Nevada, 1978,* physicien américain d'origine néerlandaise. Avec G. E. Uhlenbeck, il a créé en 1925 la théorie du spin de l'électron.

GOUFFÉ (Jules), *Paris 1807 - Neuilly-sur-Seine 1877,* cuisinier français. Il est l'auteur d'un *Livre de cuisine* (1867) célèbre.

GOUFFIER (Guillaume), seigneur **de Bonnivet,** *v. 1488 - Pavie 1525,* amiral de France. Conseiller de François Ier, il soutint en Allemagne la candidature du roi à l'Empire et fut tué à Pavie.

GOUGES (Marie **Gouze,** dite Olympe **de**), *Montauban 1748 - Paris 1793,* femme de lettres et révolutionnaire française. Elle réclama l'émancipation des femmes dans une *Déclaration des droits de la femme et de la citoyenne* et mourut guillotinée pour avoir pris la défense de Louis XVI.

GOUIN (Félix), *Peypin, Bouches-du-Rhône, 1884 - Nice 1977,* homme politique français. Député socialiste (1924 - 1958), il rejoignit la « France libre » en 1942 et fut chef du Gouvernement provisoire de janv. à juin 1946.

GOUJON (Jean), *en Normandie ? v. 1510 - Bologne v. 1566,* sculpteur français. Il est à Rouen en 1541, à Paris en 1544, participe à l'illustration de la première traduction de Vitruve en 1547, aux décors de l'« entrée » d'Henri II en 1549 (fontaine des Innocents, avec les célèbres *Nymphes*), puis collabore avec Lescot au nouveau Louvre (façade, tribune des Caryatides). Son maniérisme raffiné tend à la pureté classique.

GOULD (Glenn), *Toronto 1932 - id. 1982,* pianiste canadien. Il débuta en 1955 et renonça à tout concert public à partir de 1964 pour se consacrer à l'enregistrement (Bach, Beethoven, Schoenberg).

GOULD (Stephen Jay), *New York 1941 - id. 2002,* paléontologue américain. Auteur, avec l'Américain Niles Eldredge, de la théorie des équilibres ponctués, alternative au modèle classique d'évolution graduelle des espèces défini par le néodarwinisme, il a largement popularisé les thèses évolutionnistes.

GOULETTE (La), auj. **Halq el-Oued,** v. de Tunisie ; 45 711 hab. Avant-port de Tunis et station balnéaire.

GOUNOD (Charles), *Paris 1818 - Saint-Cloud 1893,* compositeur français. Il est l'auteur d'opéras (*Faust,* 1859 ; *Mireille,* 1864 ; *Roméo et Juliette,* 1867) et de compositions religieuses (*Mors et Vita,* 1885).

GOURAUD (Henri Eugène), *Paris 1867 - id. 1946,* général français. Il captura Samory Touré au Soudan (1898) et fut adjoint de Lyautey au Maroc (1911). Commandant les forces françaises d'Orient (1915), puis la IVe armée en Champagne, il fut haut-commissaire en Syrie (1919 - 1923), puis gouverneur de Paris (1923 - 1937).

GOURDON (46300), ch.-l. d'arrond. du Lot ; 4 450 hab. *(Gourdonnais)*. Église gothique à large nef unique.

GOURGAUD (Gaspard, baron), *Versailles 1783 - Paris 1852*, général français. Il accompagna à Sainte-Hélène Napoléon Ier, qui lui dicta ses *Mémoires*.

GOURIEV → **ATYRAOU.**

GOURIN (56110), bur. centr. de cant. du Morbihan ; 4 140 hab. *(Gourinois)*. Église gothique du XVIIe s.

GOURMET (Olivier), *Namur 1963*, acteur belge. Dans le cinéma social des frères Dardenne, il incarne la figure idéale de l'homme du peuple (*la Promesse*, 1996 ; *le Fils*, 2002). Il excelle également dans d'autres genres, notamm. policier (*Sur mes lèvres*, J. Audiard, 2001) et politique (*l'Exercice de l'État*, P. Schoeller, 2011).

GOURMONT (Remy **de**), *Bazoches-au-Houlme, Orne, 1858 - Paris 1915*, écrivain français. Critique littéraire proche des symbolistes, il illustra l'esthétique décadente dans *Sixtine, roman de la vie cérébrale* (1890).

GOURNAY (Marie **Le Jars de**), *Paris 1566 - id. 1645*, femme de lettres française. Éditrice des *Essais* de Montaigne (1595), elle est aussi reconnue comme féministe et comme analyste de la langue *(l'Ombre de la demoiselle de Gournay)*.

GOURNAY (Vincent **de**), *Saint-Malo 1712 - Cadix 1759*, économiste français. Intendant du commerce en 1751, il se montra partisan de la liberté de l'industrie et de la suppression des règlements et des monopoles.

GOURNAY-EN-BRAY (76220), bur. centr. de cant. de la Seine-Maritime, sur l'Epte ; 6 425 hab. *(Gournaisiens)*. Église romane et gothique.

GOURO, peuple akan du centre de la Côte d'Ivoire.

GOUSSAINVILLE (95190), bur. centr. de cant. du Val-d'Oise ; 31 288 hab. *(Goussainvillois)*. Église des XIIe et XVIe s.

GOUTHIÈRE (Pierre), *Bar-sur-Aube 1732 - Paris 1813/14*, fondeur et ciseleur français. Il est, pour le bronze doré d'ameublement, le représentant parfait du style Louis XVI « à la grecque ».

Gouvernement provisoire de la République française (GPRF [juin 1944 - octobre 1946]), gouvernement qui se substitua, en juin 1944, à Alger, au Comité français de libération nationale et qui, installé à Paris à partir d'août, assura la transition entre l'État français et la IVe République.

GOUVION-SAINT-CYR (Laurent, marquis **de**), *Toul 1764 - Hyères 1830*, maréchal de France. Ministre de la Guerre de Louis XVIII en 1815 et 1817, il est l'auteur de la loi qui, en 1818, réorganisa le recrutement de l'armée.

GOVERNADOR VALADARES, v. du Brésil, au N.-E. de Belo Horizonte ; 255 475 hab.

GOYA Y LUCIENTES (Francisco **de**), *Fuendetodos, Saragosse, 1746 - Bordeaux 1828*, peintre et graveur espagnol. Illustrateur de la vie populaire (cartons de tapisseries) et portraitiste brillant, premier peintre du roi Charles IV (1789), il acquiert, après une maladie qui le rend sourd (1793), un style incisif et sensuel, parfois brutal ou visionnaire, d'une liberté et d'une efficacité rares. Ses eaux-fortes des *Caprices* stigmatisent l'éternelle misère humaine, celles des *Désastres de la guerre* dénoncent la guerre napoléonienne. En 1824, fuyant l'absolutisme de Ferdinand VII, Goya s'établit à Bordeaux. Le musée du Prado montre un incomparable panorama de sa peinture (*la Pradera de San Isidro, la Maja vestida* et *la Maja desnuda*, les *Dos* et *Tres de mayo*, les « peintures noires », *la Laitière de Bordeaux*...), dont l'influence fut grande sur l'art français du XIXe s., du romantisme à l'impressionnisme.

GOYIGAMA, nom générique donné aux agriculteurs des hautes terres centrales du Sri Lanka (env. 10 millions). Ils représentent plus de la moitié de la population de l'île et sont de religion bouddhiste.

GOYTISOLO (Juan), *Barcelone 1931 - Marrakech 2017*, écrivain espagnol. Essayiste, il passa dans son œuvre narrative d'une esthétique réaliste (*Jeux de mains*, 1954) à des techniques proches du nouveau* roman français (*Don Julián*, 1970).

GOZO, île de la Méditerranée, près de Malte, dont elle dépend. Important sanctuaire mégalithique de Ggantija (IIIe millénaire av. J.-C.).

GOZZI (Carlo), *Venise 1720 - id. 1806*, écrivain italien. Défenseur, contre Goldoni, de la tradition théâtrale italienne, il composa des comédies féeriques *(l'Amour des trois oranges, Turandot)*.

GOZZOLI (Benozzo **di Lese,** dit Benozzo), *Florence 1420 - Pistoia 1497*, peintre italien. Son style est d'un coloriste clair, d'un décorateur brillant et pittoresque : *le Cortège des Rois mages*, v. 1460 (palais Médicis, à Florence).

GPS (global positioning system), système américain de navigation et de localisation par satellites. Il est pleinement opérationnel depuis 1992.

GRAAF (Reinier **De**) → **DE GRAAF.**

Graal [gral] ou **Saint-Graal** (le), vase qui aurait servi à Jésus-Christ pour la Cène et dans lequel Joseph d'Arimathie aurait recueilli le sang qui coula de son flanc lors de la Crucifixion. Aux XIIe et XIIIe s., de nombreux romans de chevalerie (*Perceval**) racontent la « quête » (recherche) du Graal par les chevaliers du roi Arthur.

GRACCHUS (Tiberius et Caius) → **GRACQUES.**

GRÂCE-HOLLOGNE, comm. de Belgique (prov. de Liège) ; 21 988 hab.

GRÂCES (les), en gr. **Charites,** divinités gréco-romaines de la Beauté. Elles sont trois : Aglaé, Thalie, Euphrosyne.

GRACIÁN Y MORALES (Baltasar), *Belmonte de Calatayud 1601 - Tarazona 1658*, jésuite et écrivain espagnol. Moraliste marqué par le conceptisme* *(le Héros, l'Homme de cour, l'Homme détrompé)*, il est l'auteur d'un code de la vie littéraire et mondaine *(Finesse et art du bel esprit)*.

GRACQ (Louis **Poirier,** dit Julien), *Saint-Florent-le-Vieil 1910 - Angers 2007*, écrivain français. Marqué par le surréalisme, il est l'auteur de romans à l'atmosphère mystérieuse et onirique (*Au château d'Argol*, 1938 ; *Un beau ténébreux*, 1945 ; *le Rivage des Syrtes*, 1951 ; *Un balcon en forêt*, 1958) et de vigoureux essais critiques (*la Littérature à l'estomac*, 1950).

◄ Julien **Gracq**

GRACQUES (les), nom donné à deux frères, tribuns de la plèbe romains : **Tiberius Sempronius Gracchus,** *Rome 162 - id. 133 av. J.-C.*, et **Caius Sempronius Gracchus,** *Rome 154 - id. 121 av. J.-C.* Ils tentèrent de réaliser à Rome une réforme agraire visant à redistribuer aux citoyens les plus pauvres les terres accaparées par l'aristocratie. Tous deux furent massacrés, victimes de l'opposition des grands propriétaires.

▲ **Goya.** *La Lettre*, ou *les Jeunes*, v. 1814 ? (Palais des Beaux-Arts, Lille.)

GRADIGNAN (33170), comm. de la Gironde, banlieue de Bordeaux ; 25 719 hab. *(Gradignanais)*.

GRAF (Steffi), *Brühl 1969*, joueuse de tennis allemande. Vainqueur à Roland-Garros (1987, 1988, 1993, 1995, 1996 et 1999), aux Internationaux d'Australie (1988, 1989, 1990 et 1994), à Wimbledon (1988, 1989, 1991, 1992, 1993, 1995 et 1996) et à Flushing Meadow (1988, 1989, 1993, 1995 et 1996), elle a été championne olympique en 1988 (année où elle a réalisé le Grand Chelem).

GRAF (Urs), *Soleure v. 1485 - Bâle v. 1527*, graveur, peintre et lansquenet suisse. Son œuvre, notamm. gravé, reflète avec une verve souvent morbide ou érotique son expérience d'aventurier et de soldat.

GRAFFENSTADEN → **ILLKIRCH-GRAFFENSTADEN.**

GRAHAM (terre **de**), péninsule de l'Antarctique, au S. de l'Amérique du Sud. Elle est appelée *péninsule de Palmer* ou *terre de O'Higgins*.

▲ Martha **Graham** en 1930.

GRAHAM (Martha), *Allegheny, près de Pittsburgh, Pennsylvanie, 1894 - New York 1991*, danseuse et chorégraphe américaine. À la tête de sa propre compagnie (Martha Graham Dance Company, créée en 1926, à New York), elle fut l'une des principales figures de la modern dance : on lui doit une technique chorégraphique (fondée sur la respiration, la contraction et la détente du corps) et une œuvre considérable (*Lamentation*, 1930 ; *Cave of the Heart*, 1946 ; *The Rite of Spring*, 1984).

GRAHAM (Thomas), *Glasgow 1805 - Londres 1869*, chimiste britannique. Il étudia la diffusion des gaz, les colloïdes et introduisit la notion de polyacide (1833).

GRAILLY (Jean III **de**), *1343 - Paris 1377*, captal (chef de guerre) de Buch, près d'Arcachon. Il se distingua aux côtés du Prince Noir contre Du Guesclin pendant la guerre de Cent Ans.

GRAINVILLE (Patrick), *Villers-sur-Mer 1947*, écrivain français. Entre réalisme, onirisme et fantastique, ses romans au style lyrique et foisonnant évoquent le tumulte des mégapoles, la nature luxuriante, la chair sublimée par l'érotisme (*les Flamboyants*, 1976 ; *l'Orgie, la Neige*, 1990 ; *Lumière du rat*, 2008 ; *Falaise des fous*, 2018). [Acad. fr.]

GRAMAT (46500), bur. centr. de cant. du Lot, sur le *causse de Gramat* ; 3 721 hab. *(Gramatois)*. Centre de recherches du CEA. Parc animalier.

GRAMME (Zénobe), *Jehay-Bodegnée 1826 - Bois-Colombes 1901*, inventeur belge. Il mit au point le collecteur, qui permit la réalisation de machines électriques à courant continu, et construisit la première dynamo industrielle (1871).

GRAMMONT, en néerl. **Geraardsbergen,** v. de Belgique (Flandre-Orientale) ; 32 852 hab. Monuments anciens et musées.

GRAMMONT (Jacques **Delmas de**), *La Sauvetat 1796 - Miramont 1862*, général et homme politique français. Il fit voter la première loi protectrice des animaux (1850).

GRAMONT (Antoine, duc **de**), *Hagetmau 1604 - Bayonne 1678*, maréchal de France. Il prit part à la guerre de Trente Ans et laissa des *Mémoires*.

GRAMONT (Antoine Agénor, duc **de**), *Paris 1819 - id. 1880*, diplomate français. Ministre des Affaires étrangères en mai 1870, il joua un rôle important dans la déclaration de guerre à la Prusse (juill.).

GRAMPIANS n.m. pl., massif de Grande-Bretagne, en Écosse, entre la dépression du Glen More et la mer du Nord ; 1 344 m au Ben Nevis.

GRAMSCI (Antonio), *Ales, Sardaigne, 1891 - Rome 1937*, philosophe et homme politique italien.

Avec Togliatti, il créa le journal *L'Ordine nuovo* (1919). Secrétaire du Parti communiste italien (1924), il fut arrêté en 1926 et mourut quelques jours après sa libération. Dans ses *Cahiers de prison*, rédigés entre 1929 et 1935, il a substitué au concept de « dictature du prolétariat » celui d'« hégémonie du prolétariat », qui met l'accent sur la direction intellectuelle et morale plus que sur la domination d'État. ▲ Antonio **Gramsci**

GRANADOS Y CAMPIÑA (Enrique), *Lérida 1867 - en mer 1916*, compositeur et pianiste espagnol. Il est l'auteur de pièces pour piano (*Danses espagnoles*, *Goyescas*, 1911), d'opéras et de zarzuelas.

GRANBY, v. du Canada (Québec), à l'E. de Montréal ; 66 222 hab. *(Granbyens)*. Parc zoologique.

GRAN CHACO → **CHACO.**

GRAND (88350), comm. de l'ouest des Vosges ; 391 hab. Vestiges gallo-romains d'un important sanctuaire des eaux, avec ses canalisations, ses édifices publics, dont une basilique (mosaïque) et un très grand amphithéâtre.

GRAND BALLON n.m., anc. **ballon de Guebwiller**, point culminant du massif des Vosges (France) ; 1 424 m.

GRAND BASSIN n.m., hautes plaines désertiques de l'ouest des États-Unis, entre la sierra Nevada et les monts Wasatch.

GRANDBOIS (Alain), *Saint-Casimir, Portneuf, 1900 - Québec 1975*, écrivain canadien de langue française, auteur de nouvelles et de recueils lyriques (*l'Étoile pourpre*).

GRAND-BORNAND (Le) [74450], comm. de la Haute-Savoie ; 2 202 hab. *(Bornandins)*. Station de sports d'hiver (alt. 1 000 - 2 100 m).

GRAND-BOURG (97112), bur. centr. de cant. de la Guadeloupe ; 5 409 hab.

Grand Canal ou **Canal impérial**, voie navigable de Chine, commencée au ve s. et terminée au xiiie s., unissant Pékin à Hangzhou (Zhejiang).

GRAND CANYON n.m., gorges du Colorado, aux États-Unis (Arizona). Parc national.

▲ Le **Grand Canyon** du Colorado, en Arizona.

GRAND-CHAMP (56390), bur. centr. de cant. du Morbihan ; 5 445 hab. *(Grégamistes)*. Église romane et gothique.

GRAND-COMBE (La) [30110], bur. centr. de cant. du Gard ; 5 236 hab. *(Grand-Combiens)*.

GRAND COULEE, v. des États-Unis (État de Washington) ; 988 hab. Aménagement hydroélectrique sur la Columbia.

GRAND-COURONNE (76530), comm. de la Seine-Maritime ; 9 954 hab. *(Couronnais)*. Construction automobile. Papeterie.

GRANDE (Rio) → **RIO GRANDE.**

GRANDE (rio), riv. du Brésil ; 1 500 km. L'une des branches mères du Paraná. Hydroélectricité.

GRANDE-BRETAGNE ET D'IRLANDE DU NORD (Royaume-Uni de), État d'Europe occidentale ; 253 500 km² (230 000 km² pour la Grande-Bretagne proprement dite : Angleterre, Écosse, Galles) ; 63 136 000 hab. *(Britanniques)*. **CAP.** *Londres*. **LANGUE :** *anglais*. **MONNAIE :** *livre sterling*. Le Royaume-Uni comprend quatre parties principales : l'Angleterre proprement dite, le pays de Galles, l'Écosse et l'Irlande du Nord (avec l'Irlande du Sud, ou république d'Irlande, ces régions forment les îles Britanniques).

INSTITUTIONS Monarchie parlementaire. Il n'y a pas de Constitution mais des textes considérés comme de valeur constitutionnelle, la Grande Charte* *(Magna Carta)* de 1215 et plusieurs lois fondamentales. Le souverain détient théoriquement le pouvoir exécutif, mais il n'a qu'une autorité symbolique. Le Premier ministre, chef de la majorité parlementaire, est responsable devant la Chambre des communes. Le Parlement est composé de la Chambre des communes* et de la Chambre des lords*.

GÉOGRAPHIE Exposées aux dépressions venues de l'ouest, les hautes terres, dans le nord et l'ouest, sont plus arrosées que les plaines, qui occupent le sud-est du pays (bassin de Londres). Les températures moyennes sont fraîches toute l'année. Les forêts occupent 12 % des terres et l'élevage devance les cultures dans les revenus agricoles.

La croissance de la population est majoritairement due à l'immigration. Celle-ci, qui se faisait à partir des anciennes colonies (Asie méridionale, Antilles, Afrique), s'est auj. très fortement accrue de l'apport des nouveaux pays de l'Union européenne. L'émigration, traditionnelle (à la base de l'Empire), n'a cependant pas complètement disparu. L'urbanisation est ancienne et forte : 90 % de la population vit dans les villes. Londres domine de loin le réseau urbain, entraînant la croissance des villes moyennes de tout le sud de l'Angleterre. Économiquement, le pays a payé la rançon de la précocité de son essor industriel. Certaines branches (sidérurgie, construction navale, textile, extraction houillère, automobile) et certaines régions (estuaire de la Clyde, Lancashire, Midlands, pays de Galles) ont beaucoup souffert. D'autres (chimie, électronique, sud-est de Londres) ont mieux résisté ou même prospéré. Mais, globalement, l'industrie a considérablement reculé, malgré l'atout des gisements d'hydrocarbures de la mer du Nord, dont la production commence à baisser. Londres concentre une grande part des services (courtage, assurances, transport maritime et aérien, tourisme), qui occupent plus de 70 % des actifs. En 2007 - 2008, la crise mondiale a très vite atteint les secteurs financier et bancaire, et entraîné une dégradation de l'emploi (déjà marqué par une précarité importante). Sous l'effet d'une sévère politique de rigueur, le pays renoue avec la croissance, mais sa sortie programmée de l'Union européenne pèse sur l'avenir.

HISTOIRE **Avant le XVIIe s. → Angleterre, Écosse, Galles** (pays de) et **Irlande.**

Des premiers Stuarts à la Grande-Bretagne. **1603 :** Jacques VI, roi d'Écosse, succède à Élisabeth Ire, morte sans héritier, et devient roi d'Angleterre sous le nom de Jacques Ier, réunissant à titre personnel les Couronnes des deux royaumes. Son autoritarisme en matière religieuse et en politique le rend très impopulaire. **1625 :** son fils Charles Ier lui succède. Très vite, le roi se heurte au Parlement, où s'organise l'opposition puritaine. **1629 - 1639 :** Charles Ier gouverne sans Parlement avec les deux ministres Strafford et Laud. **1639 :** la politique religieuse de ce dernier, favorable à l'anglicanisme, provoque le soulèvement de l'Écosse presbytérienne. **1640 :** pour obtenir des subsides, le roi est obligé de convoquer le Long Parlement. **1642 - 1649 :** la révolte du Parlement aboutit à une véritable guerre civile, remportée par l'armée puritaine, dirigée par Oliver Cromwell. **1649 :** Charles Ier est exécuté. **1649 - 1658 :** Cromwell instaure le régime personnel du Protectorat, ou Commonwealth (1653), et triomphe des Provinces-Unies et de l'Espagne. **1658 - 1659 :** son fils, Richard Cromwell, lui succède, mais démissionne peu après. **1660 - 1688 :** la dynastie Stuart est restaurée. Les règnes de Charles II (1660 - 1685) et de Jacques II (1685 - 1688) sont de nouveau marqués par des conflits avec le Parlement, ce qui suscite l'intervention de Guillaume d'Orange. **1688 :** Jacques II s'enfuit en France. **1689 - 1701 :** le Parlement offre la Couronne à Marie II Stuart et à son mari Guillaume d'Orange (Guillaume III). **1689 :** Déclaration des droits. Les libertés traditionnelles sont consolidées, tandis que les tendances protestantes s'accentuent. **1701 :** l'Acte d'établissement exclut les Stuarts de la succession au profit des Hanovre. **1702 - 1714 :** sous le règne d'Anne Stuart, la guerre de la Succession d'Espagne renforce la puissance maritime anglaise. **1707 :** l'Acte d'union lie définitivement les royaumes d'Écosse et d'Angleterre.

La montée de la prépondérance britannique. **1714 :** le pays passe sous la souveraineté des Hanovre. **1714 - 1760 :** les règnes de George Ier (1714 - 1727) et de George II (1727 - 1760), rois plus allemands qu'anglais, renforcent le rôle du Premier ministre tel Robert Walpole et celui du Parlement. Les whigs dominent la vie politique. **1756 - 1763 :** à la suite de la guerre de Sept Ans, la Grande-Bretagne obtient au traité de Paris (1763) des gains territoriaux considérables (Canada, Inde). **1760 - 1820 :** George III essaie de restaurer la prérogative royale. La première révolution industrielle fait de la Grande-Bretagne la première puissance économique mondiale. **1775 - 1783 :** le soulèvement des colonies américaines aboutit à la reconnaissance des États-Unis d'Amérique. **1793 - 1815 :** la Grande-Bretagne lutte victorieusement contre la France révolutionnaire et napoléonienne. **1800 :** formation du Royaume-Uni par l'union de la Grande-Bretagne et de l'Irlande.

L'hégémonie britannique. **1820 - 1830 :** sous le règne de George IV, l'émancipation des catholiques est votée (1829). **1830 - 1837 :** après l'avènement de Guillaume IV, le retour des whigs permet une réforme électorale (1832) et l'adoption de mesures sociales (abolition de l'esclavage, 1833 ; loi sur les pauvres, 1834). **1837 :** avènement de la reine Victoria ; l'Angleterre affirme son hégémonie par une diplomatie d'intimidation face aux puissances rivales et par des opérations militaires (guerre de Crimée, 1854 - 1856). À l'intérieur, le mouvement réformiste élargit peu à peu la place des classes moyennes, tandis que le chartisme permet au syndicalisme de se développer (Trade Union Act, 1871). **1874 - 1880 :** le ministère du conservateur Benjamin Disraeli donne une vigueur nouvelle aux ambitions coloniales. **1876 :** Victoria est proclamée impératrice des Indes. **1880 - 1894 :** William Gladstone, leader des libéraux, dirige une politique favorable aux trade-unions et au libre-échange. **1885 :** la réforme électorale accorde pratiquement le suffrage universel. **1886 :** partisan du Home Rule en Irlande, Gladstone se heurte à l'hostilité des libéraux unionistes, dirigés par Joseph Chamberlain. **1895 :** ces derniers gouvernent avec les conservateurs jusqu'en 1905. Mais leur politique impérialiste ne va pas sans créer de multiples litiges internationaux (Fachoda, 1898 ; guerre des Boers, 1899 - 1902). **1901 - 1910 :** Édouard VII, successeur de Victoria, s'attache à promouvoir l'Entente cordiale franco-anglaise (1904). **1905 - 1914 :** les libéraux reviennent au pouvoir ; les élections de 1906 font entrer le Labour Party (travaillistes) au Parlement. **1910 :** avènement de George V.

D'une guerre à l'autre. **1914 - 1918 :** la Grande-Bretagne participe activement à la Première Guerre mondiale, dont elle sort économiquement affaiblie. **1921 :** le problème irlandais trouve sa solution dans la reconnaissance de l'État libre d'Irlande (Éire). Le pays prend le nom de Royaume-Uni de Grande-Bretagne et d'Irlande du Nord. **1924 - 1925 :** pour la première fois, les travaillistes, appuyés par les libéraux, accèdent au pouvoir (MacDonald). **1929 :** revenus au pouvoir, ils se trouvent confrontés à la crise mondiale. **1931 :** création du Commonwealth. **1936 :** Édouard VIII succède à George V, mais il abdique presque aussitôt au profit de son frère George VI. **1935 - 1940 :** les conservateurs cherchent, en vain, à sauvegarder la paix (accords de Munich, 1938).

Grande-Bretagne

100	200	400 m

autoroute — route — voie ferrée — aéroport — limite de région — site touristique important

plus de 1 000 000 h. — de 500 000 à 1 000 000 h. — de 100 000 à 500 000 h. — moins de 100 000 h.

1939 - 1945 : au cours de la Seconde Guerre mondiale, la Grande-Bretagne fournit un exceptionnel effort, sous la conduite du conservateur Winston Churchill (Premier ministre depuis 1940), qui mène le pays jusqu'à la victoire.

La Grande-Bretagne depuis 1945. 1945 - 1951 : le travailliste Clement Attlee obtient d'importants progrès sociaux et fait adhérer la Grande-Bretagne à l'OTAN. **1951 - 1964 :** les conservateurs sont confrontés aux structures vieillies de l'économie britannique. **1952 :** Élisabeth II succède à son père, George VI. **1964 - 1970 :** le retour au pouvoir des travaillistes ne peut résoudre la crise économique. **1970 - 1974 :** les conservateurs parviennent à rétablir la balance des paiements. **1973 :** entrée de la Grande-Bretagne dans le Marché commun. **1974 - 1979 :** les travaillistes, avec Harold Wilson puis (1976) James Callaghan, ne parviennent pas à juguler le chômage et l'inflation. **1979 :** le Premier ministre conservateur Margaret Thatcher développe une politique de libéralisme strict, de dénationalisations et de restauration monétaire. **1982 :** elle repousse la tentative de conquête des îles Falkland par l'Argentine. **1985 :** un accord est signé entre la Grande-Bretagne et la république d'Irlande sur la gestion des affaires de l'Ulster. **1987 :** les conservateurs remportent les élections ; M. Thatcher est pour la troisième fois Premier ministre. **1990 :** après la démission de M. Thatcher, John Major, nouveau leader des conservateurs, lui succède. **1991 :** la Grande-Bretagne participe militairement à la guerre du Golfe. **1992 :** les conservateurs gagnent les élections. John Major est reconduit dans ses fonctions. **1993 :** le traité de Maastricht est ratifié, en dépit d'une forte opposition à l'intégration européenne. Le processus de paix en Irlande du Nord est relancé. **1997 :** les travaillistes remportent les élections ; leur leader, Tony Blair, devient Premier ministre. L'Écosse et le pays de Galles se voient accorder un statut de plus grande autonomie. Le territoire de Hongkong est rétrocédé à la Chine. **1999 :** la Grande-Bretagne participe à l'intervention militaire de l'OTAN puis à la force multinationale de maintien de la paix au Kosovo. Conformément à l'accord conclu en 1998, un gouvernement semi-autonome est installé en Irlande du Nord. **2001 :** après la large victoire des travaillistes aux élections, T. Blair est reconduit dans ses fonctions. **2003 :** la Grande-Bretagne appuie les États-Unis en Iraq, dans l'offensive militaire qui renverse le régime de S. Husayn. **2005 :** les travaillistes gagnent les élections ; T. Blair se voit confier pour la troisième fois le poste de Premier ministre. Le 7 juillet, Londres est frappée par des attentats terroristes perpétrés dans plusieurs rames du métro et dans un bus, attribués à al-Qaida (plus de 50 morts). **2007 :** Gordon Brown succède à T. Blair à la tête du Parti travailliste et du gouvernement. **2010 :** les conservateurs remportent les élections. Leur leader, David Cameron, devient Premier ministre et forme un gouvernement de coalition avec les libéraux-démocrates, conduits par Nick Clegg. Le nouveau pouvoir soumet le pays à une cure d'austérité drastique. **2011 :** graves émeutes de la jeunesse dans plusieurs villes et banlieues (août). La Grande-Bretagne tend à se démarquer de la politique (en partic. économique) de l'Union européenne confrontée à la crise de la dette. **2014 :** l'Écosse choisit par voie référendaire de rester au sein de la Grande-Bretagne, tout en obtenant la promesse de nouveaux transferts de compétences. **2015 :** la victoire des conservateurs aux élections conforte D. Cameron, qui forme un gouvernement sans les libéraux-démocrates. **2016 :** lors d'un référendum (initié par le Premier ministre en 2013), les Britanniques se prononcent en faveur de leur sortie de l'Union européenne (juin). Ayant fait campagne pour le maintien dans l'UE, D. Cameron démissionne ; il est remplacé par Theresa May (juill.). **2017 :** T. May sort affaiblie des élections anticipées qu'elle avait convoquées. Un accord passé avec les unionistes d'Irlande du Nord lui permet toutefois de rester au pouvoir et d'entamer les négociations de rupture avec Bruxelles. **Début 2019 :** l'accord de retrait négocié avec Bruxelles (nov. 2018) est rejeté par le Parlement britannique (janv.), ce qui plonge le pays dans l'incertitude.

GRANDE-GRÈCE, nom donné aux terres de l'Italie du Sud et de la Sicile colonisées par les Grecs à partir du VIIIe s. av. J.-C. *(V. carte page suivante.)*

GRANDE MADEMOISELLE (la) → MONTPENSIER (duchesse de).

GRANDE-MOTTE (La) [34280], comm. de l'Hérault, sur la Méditerranée ; 8 916 hab. *(Grand-Mottois).* Station balnéaire et port de plaisance (immeubles-pyramides par Jean Balladur).

GRANDE RIVIÈRE n.f., riv. du Canada (Québec), qui rejoint la baie James à Chisasibi ; 893 km. Importants aménagements hydroélectriques.

Grandes Baigneuses (les), chacune des trois grandes toiles de la fin de la carrière de Cézanne (v. 1894-1906) peintes sur le thème des baigneuses dans le paysage : National Gallery de Londres, Fondation Barnes et musée d'Art de Philadelphie.

GRANDES PLAINES, région des États-Unis constituant la partie occidentale du Midwest, entre le Mississippi et les Rocheuses.

GRAND-EST n.m., Région administrative du nord-est de la France regroupant, depuis 2016, les anc. Régions d'Alsace, de Champagne-Ardenne et de Lorraine ; 57 433 km² ; 5 680 632 hab. ; ch.-l. *Strasbourg* ; 10 dép. (Ardennes, Aube, Marne, Haute-Marne, Meurthe-et-Moselle, Meuse, Moselle, Bas-Rhin, Haut-Rhin et Vosges). La Région s'étend, à l'ouest, sur la Champagne, formée de larges plaines alluviales et de plateaux qui s'appuient sur le Massif ancien ardennais au nord et qui se prolongent vers le centre en s'élevant vers l'est vosgien. À l'extrême est, le massif des Vosges, largement forestier, sert de rempart naturel aux collines vosgiennes, avec ses coteaux couverts de vignobles, puis à la plaine d'Alsace, étagée en terrasses parfois couvertes de lœss (blé, maïs, houblon, tabac, cultures fruitières et maraîchères), parfois sableuses (forêts de la Hardt, de Haguenau). Grande région transfrontalière (limitrophe de la Belgique, du Luxembourg, de l'Allemagne et de la Suisse), le Grand-Est constitue un carrefour européen, doté d'importantes infrastructures fluviales (Rhin), aéroportuaires (Euroairport) et ferroviaires. L'ouest de la Région est majoritairement dédié à l'agriculture tandis que le Centre reste marqué par la fin progressive des anciennes industries (charbon, puis sidérurgie et fer, enfin textile). Le tissu urbain est valorisé par de grandes villes européennes comme Strasbourg, Nancy et Metz, à dominante tertiaire, ainsi que Mulhouse (automobile), Troyes (textile) et Reims (agroalimentaire), plus industrielles.

GRANDE-SYNTHE (59760), bur. centr. de cant. du Nord, banlieue de Dunkerque ; 23 878 hab. *(Grand-Synthois).* Gare de triage. Métallurgie. Chimie. – Ville investie dans le développement durable (« capitale française de la biodiversité » en 2010).

GRANDE-TERRE, île basse formant la partie est de la Guadeloupe.

GRAND-FOUGERAY (35390), comm. d'Ille-et-Vilaine ; 2 502 hab. Donjon médiéval.

GRANDIER (Urbain), *près de Sablé 1590 - Loudun 1634*, curé de Loudun. Accusé d'avoir jeté dans la possession démoniaque les religieuses de Loudun, il fut brûlé vif.

GRAND LAC SALÉ, en angl. **Great Salt Lake,** marécage salé des États-Unis (Utah), près de Salt Lake City.

GRAND-LIEU (lac de), lac de France, situé au S.-O. de Nantes.

GRAND-MÈRE, anc. v. du Canada (Québec), sur le Saint-Maurice, auj. intégrée dans Shawinigan.

GRAND PARADIS, massif des Alpes italiennes, proche de la Savoie ; 4 061 m. Parc national.

Grand-Place, à Bruxelles, place d'origine médiévale, au cœur de la ville ancienne. Les maisons de corporations qui l'entourent ont été reconstruites dans un style baroque très orné après le bombardement français de 1695 ; le côté S.-O. comprend le splendide hôtel de ville gothique (1402-1454, très restauré) au beffroi de 91 m.

GRAND-PRÉ, village et parc historique de Nouvelle-Écosse (Canada), sur la baie de Fundy. Établissement acadien remontant au XVIIe s.

GRAND-PRESSIGNY (Le) [37350], comm. d'Indre-et-Loire ; 958 hab. *(Pressignois).* Gisement préhistorique d'une industrie lithique du néolithique massivement exportée de la Bretagne à la Suisse (musée dans l'anc. château).

GRANDPUITS-BAILLY-CARROIS (77720), comm. de Seine-et-Marne ; 1 026 hab. *(Grandiputéens).* Raffinerie de pétrole.

GRAND-QUEVILLY (Le) [76120], bur. centr. de cant. de Seine-Maritime ; 25 933 hab. *(Grand-Quevillais).* Chimie. Métallurgie.

GRAND RAPIDS, v. des États-Unis (Michigan) ; 193 792 hab. (774 160 hab. dans l'agglomération).

GRANDS LACS (Les), les cinq grands lacs nord-américains : Supérieur, Michigan, Huron, Érié, Ontario.

GRANDS LACS (Les), ensemble de grands lacs de l'Afrique orientale (en partic. Tanganyika, Victoria, Édouard, Albert). Ils donnent leur nom à la *région des Grands Lacs*, couvrant le Burundi, la Rép. dém. du Congo, l'Ouganda et le Rwanda.

Grandson ou **Granson** (bataille de) [2 mars 1476], victoire des Suisses, alliés à Louis XI, sur l'armée bourguignonne de Charles le Téméraire à Grandson (canton de Vaud).

GRAND SUDBURY, anc. **Sudbury,** v. du Canada (Ontario) ; 161 531 hab. Centre minier (nickel et cuivre). Université.

GRANDVILLE (Jean Ignace Isidore **Gérard,** dit), *Nancy 1803 - Vanves 1847*, dessinateur français. Sa fantaisie imaginative (homme métamorphosé en animal ou en végétal), dans ses illustrations des *Fables de La Fontaine* (1838) ou d'*Un autre monde* (1844), a été célébrée par les surréalistes.

GRANET (François), *Aix-en-Provence 1775 - id. 1849*, peintre français. Il fréquenta à Paris l'atelier de David et travailla à Rome de 1802 à 1819. Son œuvre comporte des vues intérieures d'édifices religieux, des scènes de genre et d'admirables paysages à l'aquarelle. Il légua ses collections à sa ville natale *(musée Granet).*

GRANET (Marcel), *Luc-en-Diois, Drôme, 1884 - Paris 1940*, anthropologue français. Il a ouvert les études chinoises à l'anthropologie sociale (*la Civilisation chinoise*, 1929 ; *la Pensée chinoise*, 1934). Sa méthode a inspiré les travaux de G. Dumézil sur les cultures indo-européennes.

GRANGEMOUTH, v. de Grande-Bretagne (Écosse), au fond du Firth of Forth ; 17 771 hab. Port. Terminal pétrolier. Raffinage.

GRANGES → GRENCHEN.

GRANIER DE CASSAGNAC (Bernard), *Avéron-Bergelle, Gers, 1806 - château de Coulaumé, Gers, 1880*, journaliste et député français, défenseur des idées bonapartistes. — **Paul G. de Cassagnac,** *Paris 1843 - Saint-Viâtre 1904*, journaliste et député français, fils de Bernard, fut un des chefs du parti impérialiste et du mouvement boulangiste.

Granique (bataille du) [334 av. J.-C.], victoire d'Alexandre sur Darios III, remportée sur les bords du Granique, fl. côtier d'Asie Mineure.

Granja (La), résidence royale d'Espagne (bourg de San Ildefonso, près de Ségovie). Palais construit à partir de 1721 pour Philippe V dans un style baroque pittoresque ; jardins à la française.

GRAN SASSO D'ITALIA n.m., massif des Abruzzes (Italie), point culminant des Apennins ; 2 914 m au Corno Grande. Double tunnel routier (long de 10,2 km, ouvert en 1984 et 1995). Laboratoire souterrain de physique des particules.

GRANT (Archibald Alexander **Leach,** dit Cary), *Bristol 1904 - Davenport, Iowa, 1986*, acteur américain d'origine britannique. Son charme et son talent firent de lui l'interprète idéal de la comédie américaine (*l'Impossible Monsieur Bébé*, H. Hawks, 1938 ; *Arsenic et vieilles dentelles*, F. Capra, 1944). Il fut aussi l'un des acteurs favoris d'Hitchcock (*la Mort aux trousses*, 1959).

GRANT (James Augustus), *Nairn, Écosse, 1827 - id. 1892*, officier et explorateur britannique. Il explora avec J. H. Speke la région des sources du Nil (1860 - 1863).

GRANT (Ulysses), *Point Pleasant, Ohio, 1822 - Mount McGregor, État de New York, 1885*, général et homme politique américain. Commandant les forces fédérales à la fin de la guerre de Sécession (1864 - 1865), il fut président des États-Unis de 1869 à 1877.

GRANVELLE (Nicolas **Perrenot de**), *Ornans 1486 - Augsbourg 1550*, homme d'État franc-comtois. Conseiller de Charles Quint à partir de 1530, il joua un grand rôle dans les affaires politiques et religieuses de l'Empire. — **Antoine Perrenot de G.,** *Besançon 1517 - Madrid 1586*, prélat et homme d'État au service de l'Espagne. Fils de Nicolas, cardinal, il défendit dans les Pays-Bas la politique catholique et absolutiste de Philippe II (1569 - 1564). Il fut vice-roi de Naples (1571 - 1575) et archevêque de Besançon (1584).

GRANVILLE (50400), bur. centr. de cant. de la Manche ; 13 963 hab. *(Granvillais)*. Station balnéaire. – Ville haute fortifiée ; musées.

GRAPPELLI (Stéphane), *Paris 1908 - id. 1997*, violoniste de jazz français. Après avoir créé en 1934 avec le guitariste Django Reinhardt le quintette à cordes du Hot Club de France, il s'imposa comme un improvisateur virtuose et lyrique.

GRASS (Günter), *Dantzig 1927 - Lübeck 2015*, écrivain allemand. Essayiste engagé, peintre satirique du monde contemporain, il mêlait le réalisme et le fantastique dans ses romans (*le Tambour*, 1959 ; *le Turbot*, 1977 ; *la Ratte*, 1986 ; *Toute une histoire*, 1995 ; *En crabe*, 2002) et son théâtre. (Prix Nobel 1999.)

◄ Günter **Grass**

GRASSE (06130), ch.-l. d'arrond. des Alpes-Maritimes ; 51 994 hab. *(Grassois)*. Culture de fleurs. Parfumerie. Station hivernale. – Cathédrale du XIIe s. ; musées (d'Art et d'Histoire de Provence, Fragonard, de la Parfumerie, de la Marine).

GRASSE (François Joseph Paul, **comte de**), *Le Bar, Provence, 1722 - Paris 1788*, marin français. Il s'illustra pendant la guerre de l'Indépendance américaine.

GRASSÉ (Pierre Paul), *Périgueux 1895 - Carlux 1985*, biologiste français. Il est l'auteur de travaux importants sur les protistes, les termites, sur la zoologie générale, et d'un *Traité de zoologie*.

GRASSET (Bernard), *Chambéry 1881 - Paris 1955*, éditeur français. Fondateur des Éditions Grasset (1907), il publia les jeunes écrivains de l'entre-deux-guerres.

GRASSET (Eugène), *Lausanne 1845 - Sceaux 1917*, artiste français d'origine suisse. Un des précurseurs de l'Art nouveau, il a donné des affiches, des illustrations, des cartons de vitraux, des modèles de meubles, de papiers peints, etc., ainsi qu'un type de caractères d'imprimerie.

▲ E. **Grasset.** Détail du vitrail *le Printemps* (1894). [Musée des Arts décoratifs, Paris.]

GRASSMANN (Hermann), *Stettin 1809 - id. 1877*, mathématicien et linguiste allemand. Il fut l'un des fondateurs des algèbres multilinéaires et des géométries à plusieurs dimensions. Ses études de linguistique portent notamm. sur le sanskrit.

GRATIEN, en lat. **Flavius Gratianus,** *Sirmium, Pannonie, 359 - Lyon 383*, empereur romain (375 - 383). Il partagea l'empire d'Occident avec son frère Valentinien II. Son règne (avec celui de Théodose en Orient) marqua la fin du paganisme comme religion d'État.

GRATIEN, *Chiusi fin XIe s. - Bologne v. 1160*, canoniste et moine camaldule italien. Son œuvre principale est le *Décret* (v. 1140), qui pose les fondements de la science du droit canonique.

GRATRY (Alphonse), *Lille 1805 - Montreux, Suisse, 1872*, prêtre et philosophe français. Il restaura l'Oratoire de France (1852). [Acad. fr.]

GRAUBÜNDEN, nom allemand des Grisons*.

GRAU-DU-ROI (Le) [30240], comm. du Gard, sur la Méditerranée ; 8 508 hab. *(Graulens)*. Pêche. Station balnéaire.

GRAUFESENQUE (la), site de la comm. de Millau (Aveyron). Vestiges d'ateliers de céramique sigillée gallo-romaine.

GRAULHET [groje] (81300), bur. centr. de cant. du Tarn, sur le Dadou ; 12 765 hab. *(Graulhetois)*. Mégisserie. Maroquinerie.

GRAUNT (John), *Londres 1620 - id. 1674*, statisticien anglais. Auteur de travaux statistiques sur la population londonienne, il est considéré comme le fondateur de la démographie.

GRAVE (La) [05320], comm. des Hautes-Alpes, sur la Romanche, à 1 526 m d'alt. ; 495 hab. *(Graverots)*. Tourisme.

GRAVE (pointe de), cap à l'embouchure de la Gironde.

GRAVELINES (59820), comm. du Nord, sur l'Aa ; 11 812 hab. *(Gravelinois)*. Centrale nucléaire. – Enceinte à la Vauban, église de style flamboyant. Musée du Dessin et de l'Estampe originale.

GRAVELOTTE (57130), comm. de la Moselle ; 843 hab. *(Gravelottins)*. Violente bataille de la guerre franco-allemande où fut utilisé le canon à balles de Reffye, précurseur de la mitrailleuse (16 et 18 août 1870). Musée de la guerre de 1870 et de l'Annexion.

GRAVENHAGE ('s-) → **HAYE (La).**

Graves (les), vignobles du Bordelais (Gironde), sur la rive gauche de la Garonne.

GRAY (70100), bur. centr. de cant. de la Haute-Saône, sur la Saône ; 5 872 hab. *(Graylois)*. Électronique. – Hôtel de ville Renaissance ; musée dans le château.

GRAY (Eileen), *Enniscorthy, Irlande, 1878 - Paris 1976*, décoratrice d'intérieur, désigneuse et architecte irlandaise. Après avoir excellé dans l'art du laque, elle renouvelle le mobilier par l'usage du tube en acier (fauteuil *Bibendum*, 1925) et propose, avec Jean **Badovici** *(1893 - 1956)*, une interprétation intimiste des principes de Le* Corbusier (villa E-1027, 1926-1929).

GRAY (Stephen), *v. 1670 - Londres 1736*, physicien anglais. Il montra la possibilité d'électriser les conducteurs isolés et découvrit l'électrisation par influence.

GRAY (Thomas), *Londres 1716 - Cambridge 1771*, poète britannique. Sa poésie annonce la mélancolie romantique (*Élégie écrite dans un cimetière de campagne*, 1751).

GRAZ, v. d'Autriche, cap. de la Styrie, sur la Mur ; 261 726 hab. Design. – Monuments anciens ; musées.

GRAZIANI (Rodolfo), *Filettino 1882 - Rome 1955*, maréchal italien. Vice-roi d'Éthiopie (1936 - 1937). Il fut ministre de la Guerre dans le gouvernement républicain de Mussolini (1943 - 1945).

GREAT YARMOUTH ou **YARMOUTH,** v. de Grande-Bretagne (Angleterre), sur la mer du Nord ; 58 032 hab. (66 788 hab. dans l'agglomération). Port et station balnéaire.

GRÉBAN (Arnoul), *Le Mans v. 1420 - id. 1471*, poète dramatique français, auteur d'un *Mystère de la Passion*.

GRÈCE n.f., en gr. **Ellás** ou **Hellas,** État du sud-est de l'Europe ; 132 000 km² ; 11 128 000 hab. *(Grecs)*. CAP. *Athènes*. LANGUE : *grec*. MONNAIE : *euro*.

INSTITUTIONS République à régime parlementaire. Constitution de 1975. Le président de la République, élu par la Chambre des députés pour 5 ans, nomme le Premier ministre. La Chambre des députés (300 membres) est élue au suffrage universel direct pour 4 ans.

GÉOGRAPHIE Continentale, péninsulaire (Péloponnèse) et insulaire (îles Ioniennes, Cyclades, Sporades, Crète), la Grèce est un pays montagneux (2 917 m à l'Olympe), au relief fragmenté. Le climat est méditerranéen dans le Sud, dans les îles et sur l'ensemble du littoral, mais il se dégrade vers le nord, où les hivers peuvent être rudes. Malgré l'exiguïté des surfaces cultivables, en rapport avec la faible étendue des bassins et des plaines (Thrace, Macédoine, Thessalie, Attique), l'agriculture demeure une ressource essentielle. Fondée sur la trilogie méditerranéenne classique blé-vigne-olivier, elle fournit aussi du tabac, des agrumes. L'élevage ovin est surtout montagnard. Athènes et son port, Le Pirée, regroupent près du tiers de la population. Avec Thessalonique, ces villes concentrent l'essentiel des industries de transformation, partiellement fondées sur quelques activités extractives (lignite, bauxite, nickel). Le lourd déficit commercial est partiellement compensé par les revenus du tourisme et de la flotte marchande. Le chômage est élevé (et l'économie souterraine, importante). En 2010, l'ampleur du déficit budgétaire et de l'endettement public, devenue critique après avoir été longtemps masquée dans les chiffres officiels, a contraint la Grèce à engager la mise en œuvre de programmes d'austérité drastiques – responsables de fortes tensions sociales et de réactions de désespoir – et à faire appel à l'aide de ses partenaires de l'Union européenne et du FMI. Soutenu par trois plans de sauvetage successifs, le pays renoue avec la croissance à partir de 2017.

HISTOIRE **La période achéenne et mycénienne.**

VIIe millénaire : les premiers établissements humains apparaissent. **V. 3000 - 2000 av. J.-C. :** épanouissement de l'art cycladique. Au début du IIe millénaire, les Achéens s'installent dans la région. **2000 - 1500 :** la Crète minoenne domine le monde égéen. Architecture palatiale (Cnossos, Phaistos, Malia). **V. 1600 av. J.-C. :** la civilisation mycénienne se développe et de petits royaumes se créent : Mycènes, Tirynthe, Pýlos.

Le « Moyen Âge » grec (XIIe - VIIIe s. av. J.-C.). Les invasions doriennes (XIIe s.) marquent le début du « Moyen Âge » grec, période obscure connue surtout par les poèmes homériques, rédigés aux XIe-VIIIe s. Extension de l'usage du fer. Les Doriens poussent les anciens habitants de la Grèce continentale vers les côtes d'Asie Mineure.

Les temps archaïques. **VIIIe - VIe s. av. J.-C. :** dans les cités, le régime oligarchique se substitue aux régimes monarchiques. L'expansion de la colonisation progresse vers l'Occident, le nord de l'Égée et la mer Noire. **776 :** les jeux Olympiques sont créés. **V. 657 :** le tyran Cypsélos prend le pouvoir à Corinthe. **V. 594 :** Solon devient archonte à Athènes et engage des réformes institutionnelles. **560 - 510 :** Pisistrate et ses fils établissent leur tyrannie sur Athènes. La société est désormais assez organisée pour construire de grands édifices religieux. À partir du VIe s. s'élaborent les ordres dorique (Delphes) puis ionique (Didymes, Éphèse) ; deux types de statuaire différents sont créés : le kouros et la korê. En céramique, la peinture de vase, d'abord à figures noires (Amasis), voit apparaître au VIe s. la technique des figures rouges (Euphronios).

LA GRANDE-GRÈCE

Zones sous influence

- grecque
- punique
- étrusque

- Cités grecques
- Cités siciliennes hellénisées
- OSQUES Populations indigènes

La Grèce classique. 507 av. J.-C. : Clisthène dote Athènes d'institutions démocratiques. **490 - 479 :** les guerres médiques opposent les Grecs et les Perses, qui doivent se retirer en Asie Mineure. **476 :** la ligue de Délos, dirigée par Athènes, est créée pour chasser les Perses de la mer Égée. **449 - 448 :** la paix de Callias met fin aux hostilités avec les Perses. **443 - 429 :** la civilisation grecque s'épanouit dans l'Athènes de Périclès. Ictinos et Callicratès édifient le Parthénon d'Athènes, orné notamm. des sculptures de Phidias. La statuaire classique (*Doryphore* de Polyclète, *Discobole* de Myron) s'exprime surtout en bronze (*Aurige* de Delphes). **431 - 404 :** la guerre du Péloponnèse oppose Sparte et Athènes, qui capitule en 404. **404 - 371 :** hégémonie de Sparte. **371 :** Sparte est battue à Leuctres par les Thébains. **371 - 362 :** Thèbes établit son hégémonie sur la Grèce continentale. **Début du IVe s. :** naissance de l'architecture civile et de l'urbanisme (Priène, Épidaure, Pella). Temples d'Apollon, tholos de Delphes. La sculpture évolue avec Praxitèle, Lysippe ; terres cuites de Tanagra.

L'époque hellénistique. 359 - 336 av. J.-C. : Philippe II de Macédoine, victorieux à Chéronée (338), étend progressivement sa domination sur les cités grecques. **336 - 323 :** Alexandre le Grand, maître de la Grèce, conquiert l'Empire perse. **323 - 168 :** après le partage de l'empire d'Alexandre, la Grèce revient aux rois antigonides de Macédoine. **216 - 168 :** la Macédoine lutte contre Rome ; Philippe V est battu aux Cynoscéphales (197). **196 - 146 :** la Grèce retrouve une semi-indépendance sous contrôle romain. La libération des cités grecques d'Asie Mineure par Alexandre a amené la création d'un nouvel urbanisme (Pergame, Priène, Milet) où dominent l'ordre corinthien, la construction de grands temples (Pergame, Éphèse) et de nombreux bâtiments civils (bibliothèque d'Alexandrie [Égypte], théâtre de Pergame). Cet art a exercé une grande influence sur l'art romain.

La domination romaine. 146 : les cités grecques coalisées sont vaincues par Rome ; Corinthe est détruite. La Grèce devient une province romaine. **88 - 84 :** la tentative de Mithridate de libérer l'Asie Mineure (alors sous domination romaine) et la Grèce se solde par un échec. **Ier s. av. J.-C. - IVe s. apr. J.-C. :** le rayonnement culturel de la Grèce influence le monde romain. **330 :** fondation de Constantinople. **395 :** à la mort de Théodose, le partage définitif de l'Empire romain est réalisé. La Grèce est intégrée à l'Empire romain d'Orient.

La Grèce byzantine. V. 630 : Héraclius adopte le grec comme langue officielle de l'Empire byzantin. **VIe - VIIe s. :** des Slaves s'installent en Grèce, alors que les anciens habitants refluent vers les côtes et les îles. **Xe - XIe s. :** les Bulgares font de nombreuses incursions. **1204 :** la quatrième croisade aboutit à la création de l'Empire latin de Constantinople, du royaume de Thessalonique, de la principauté d'Achaïe (ou Morée) et de divers duchés. **XIVe - XVe s. :** Vénitiens, Génois et Catalans se disputent la possession de la Grèce, tandis que les Ottomans occupent la Thrace, la Thessalie et la Macédoine dans la seconde moitié du XIVe s. **1456 :** les Ottomans conquièrent Athènes et le Péloponnèse.

La Grèce moderne. Les Grecs commerçants forment une bourgeoisie influente au sein de l'Empire ottoman après la signature des capitulations. Le sentiment national se développe au XVIIIe s. en réaction contre la décadence turque et la volonté hégémonique de la Russie de prendre sous sa protection tous les orthodoxes. **Fin du XVIIIe s. :** le philhellénisme est entretenu par les Grecs émigrés en Occident (Coraï, Rîghas Feraíos, qui milite à Vienne). **1814 :** A. Ypsilanti fonde l'Hétairie à Odessa. **1821 - 1822 :** l'insurrection éclate ; après la prise de Trípolis, le congrès d'Épidaure proclame l'indépendance de la Grèce (1822). Les Turcs réagissent par des

Grèce

200 400 1000 m

autoroute · route · voie ferrée · site touristique important · aéroport · limite de région · **Patras** capitale de région · plus de 1 000 000 h. · de 100 000 à 1 000 000 h. · de 30 000 à 100 000 h. · moins de 30 000 h.

L'art grec

Dès l'Antiquité, colons, marchands, puis légions armées propagent l'art grec, qui marque le décor des palais achéménides ou la statuaire bouddhique du Gandhara. Étrusques et surtout Romains ont transmis l'héritage grec. Qu'il s'agisse de l'ordonnancement de son architecture ou du langage si varié de ses sculpteurs, la Grèce, par son empreinte, s'est perpétuée jusqu'au XXIe s., en passant par la Renaissance et le néoclassicisme.

La porte des Lionnes, à Mycènes. Bien que le thème décoratif des animaux affrontés soit originaire de Mésopotamie, ce haut-relief du XIVe s. av. J.-C. est la première sculpture monumentale des Grecs, qui innovent également en construisant ces palais forteresses.

Euphronios. Face B du cratère d'Héraclès et Antée : « le concours musical », v. 515 av. J.-C. Désormais la ligne n'est plus incisée, mais peinte : elle devient fluide. L'artiste s'attache à rendre les volumes et s'approprie l'espace. (Louvre, Paris.)

Kouros de Kroiros. Marbre provenant d'Anávyssos, v. 525 av. J.-C. Statues votives dressées en plein air près du sanctuaire ou offrandes funéraires marquant la tombe – Kroiros était soldat –, les kouros vont devenir un thème de prédilection de la grande sculpture en marbre. (Musée national, Athènes.)

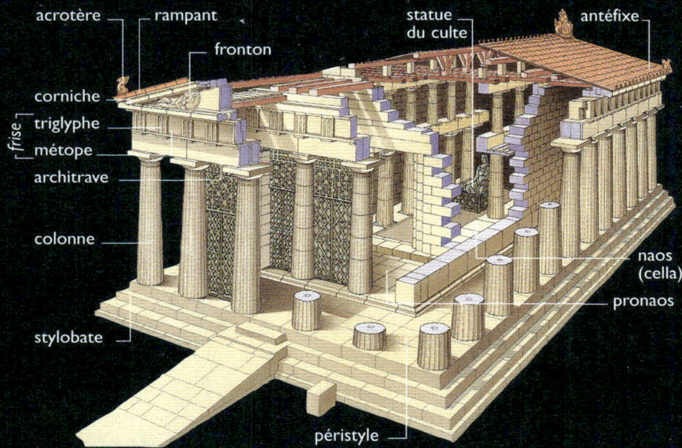

Temple d'Athéna Aphaia, à Égine. 500-490 av. J.-C., reconstitution. De plan rectangulaire, souvent périptère, le temple grec – ici régi par l'ordre dorique – a pour fonction d'abriter la statue du culte dans le naos. Cette salle centrale a, dans le cas présent, conservé sa colonnade intérieure à deux niveaux.

Le grand autel de Zeus, à Pergame. Détail de la Gigantomachie, frise est, 180-160 av. J.-C. Inspirée par la *Théogonie* d'Hésiode, cette colossale mêlée témoigne du souffle épique et des derniers feux de la sculpture grecque, ainsi que de la volonté de la Grèce d'Asie d'être l'héritière d'Athènes. (Staatliche Museen, Berlin.)

Praxitèle. *Hermès portant Dionysos enfant* ; marbre, v. 350-330 av. J.-C. (réplique antique). Ligne sinueuse, volupté... ici seules sensibilité et intériorité importent. Voilà un dieu adolescent bien différent de ceux – virils et héroïques ou sereins et graves – des siècles précédents. (Musée d'Olympie.)

LA GRÈCE AU Ve S. AV. J.-C.

massacres (dont celui de Chio). **1826 - 1827 :** les Turcs reprennent Missolonghi et Athènes. **1827 :** la Grande-Bretagne, la France et la Russie interviennent et battent les Ottomans et la flotte d'Ibrahim Pacha à Navarin. **1828 - 1829 :** la Russie entre en guerre contre les Ottomans et obtient l'autonomie de la Grèce (traité d'Andrinople). **1830 :** le traité de Londres stipule la création d'un État grec indépendant sous la protection de la Grande-Bretagne, de la France et de la Russie. **1832 - 1862 :** le royaume de Grèce est confié à Otton Ier. **1862 :** Otton Ier est déchu. **1863 - 1913 :** Georges Ier, imposé par la Grande-Bretagne, qui cède à la Grèce les îles Ioniennes (1864), tente de récupérer les régions peuplées de Grecs mais est défait par les Ottomans (1897) et se heurte aux aspirations des autres nations balkaniques. **1912 - 1913 :** à l'issue des guerres balkaniques, la Grèce obtient la plus grande partie de la Macédoine, le sud de l'Épire, la Crète et les îles de Samos, Chio, Mytilène et Lemnos. **1913 :** Constantin Ier succède à son père, Georges Ier, assassiné. **1914 - 1918 :** le gouvernement grec se partage entre germanophiles, groupés autour de Constantin Ier, et partisans des Alliés, dirigés par Venizélos, qui organise à Thessalonique un gouvernement républicain (1916). **1917 :** Constantin Ier abdique au profit d'Alexandre Ier (1917 - 1920). La Grèce entre en guerre aux côtés des Alliés. **1919 - 1920 :** elle obtient la Thrace et la région de Smyrne (traités de Neuilly et de Sèvres). **1921 - 1922 :** la guerre gréco-turque se solde par l'écrasement des Grecs. Constantin Ier, revenu au pouvoir, doit laisser la couronne à son fils, Georges II. **1923 :** le traité de Lausanne attribue la région de Smyrne et la Thrace orientale à la Turquie. **1924 :** la république est proclamée. **1924 - 1935 :** elle ne peut éviter l'anarchie, que veulent combattre divers coups d'État, dont le dernier réussit. **1935 :** Georges II revient en Grèce et Venizélos s'exile. **1936 - 1941 :** le pays est soumis à la dictature de Métaxás. **1940 - 1944 :** la Grèce est envahie par l'Italie (1940), puis par l'Allemagne (1941). Un puissant mouvement de résistance se développe. **1947 :** Paul Ier devient roi. **1946 - 1949 :** le pays est en proie à la guerre civile, qui se termine par la défaite des insurgés communistes. **1952 :** la Grèce est admise à l'OTAN. **1964 :** Constantin II devient roi. **1965 :** la crise de Chypre provoque la démission du Premier ministre Gheórghios Papandhréou et une grave crise interne. **1967 :** une junte d'officiers instaure le « régime des colonels », dominé par Papadhópoulos ; le roi s'exile. **1973 :** la république est proclamée. **1974 :** fin du régime dictatorial des colonels ; Konstandínos Karamanlís restaure les libertés. **1980 :** succédant à Konstandínos Tsátsos (1975 - 1980), il est élu président de la République. **1981 :** son parti, la Nouvelle Démocratie, perd les élections au profit du Mouvement panhellénique socialiste (PASOK), présidé par Andhréas Papandhréou, qui devient Premier ministre. La Grèce adhère à la CEE. **1985 :** le socialiste Khrístos Sárdzetakis est élu à la présidence de la République. **1989 :** après la victoire de la Nouvelle Démocratie aux élections, Papandhréou démissionne. Des gouvernements de coalition se succèdent. **1990 :** des élections donnent la majorité à la Nouvelle Démocratie. Konstandínos Mitsotákis forme le nouveau gouvernement et K. Karamanlís retrouve la présidence de la République. **À partir de 1992 :** la vie politique se cristallise autour de l'affirmation de l'hellénisme et de l'opposition à la constitution d'un État indépendant portant le nom de Macédoine. **1993 :** le PASOK remporte les élections. A. Papandhréou redevient Premier ministre. **1995 :** Kostís Stefanópoulos est élu président (réélu en 2000). **1996 :** A. Papandhréou démissionne. Kóstas Simítis lui succède à la tête du gouvernement, puis du PASOK (qui gagne les élections, sept. ; succès confirmé, de justesse, en 2000). **2004 :** la Nouvelle Démocratie remporte les élections ; Kóstas Karamanlís devient Premier ministre. **2005 :** Károlos Papoúlias (PASOK) est élu président de la République (réélu en 2010). **2007 :** en dépit des critiques émises à l'encontre du gouvernement lors des incendies meurtriers de l'été, la Nouvelle Démocratie gagne encore les élections. **2008 :** grave révolte de la jeunesse (déc.). **2009 :** le PASOK obtient la majorité absolue aux élections ; Gheórghios Papandhréou devient Premier ministre. Il doit, à partir de 2010, faire face à une grave crise financière, économique et sociale. **2011 :** en butte à de grandes manifestations populaires, de plus en plus isolé au sein de son propre parti et ayant échoué à maîtriser la gestion internationale de cette crise, G. Papandhréou démissionne (nov.). Un gouvernement intérimaire d'union nationale, présidé par Loukás Papadhímos (Lucas Papadémos), anc. vice-président de la BCE, est mis en place. **2012 :** des élections sont organisées (mai), qui traduisent le rejet des partis traditionnels (au profit de la gauche radicale et de l'extrême droite) et de leurs politiques d'austérité. Une situation d'impasse politique conduit à la convocation rapide de nouvelles élections (juin), à l'issue desquelles la Nouvelle Démocratie l'emporte de justesse devant la gauche radicale. Son leader, Antónis Samarás, est nommé Premier ministre et forme un gouvernement qui tente, sous l'étroit contrôle des instances européennes, d'imposer les mesures susceptibles d'endiguer une crise majeure à l'issue incertaine. Mais, devant l'ampleur du programme d'assainissement (fonction publique, en partic.), la fronde sociale s'amplifie. **2015 :** la dissolution de la Chambre des députés, qui n'est pas parvenue à élire un nouveau président de la République (déc. 2014), entraîne des élections législatives anticipées (janv.). Après des années d'austérité, les Grecs expriment leur désir de changement en octroyant une nette victoire à la gauche radicale (Syriza) d'Aléxis Tsípras, qui devient Premier ministre. En févr., Prokópis Pavlópoulos (Nouvelle Démocratie) est élu président de la République (prise de fonctions en mars). Mais, sous la menace d'une sortie de la Grèce de la zone euro, A. Tsípras donne son accord pour de nouvelles réformes drastiques (juill.). Désavoué par l'aile gauche de son parti lors du vote de ce programme au Parlement (août), il démissionne, ce qui entraîne des élections, remportées par Syriza (sept.). Il revient à la tête d'un gouvernement de fidèles.

GRÈCE D'ASIE, îles et terres de la côte orientale de la mer Égée, peuplées par les Grecs au Ier millénaire av. J.-C.

▲ Le **Greco.** *La Sainte Famille avec sainte Anne et l'enfant Jean-Baptiste,* 1595-1600. (National Gallery of Art, Washington.)

GRECO (Dhomínikos **Theotokópoulos,** dit El, en fr. **le**), *Candie 1541 - Tolède 1614,* peintre espagnol d'origine crétoise. Il passa quelques années à Venise, voyagea en Italie, subit l'influence de Bassano et du Tintoret, et travailla dans l'atelier de Titien avant de s'installer définitivement à Tolède (1577). Son style, maniériste et expressionniste, est caractérisé par l'élongation des figures, l'étrangeté de l'éclairage, l'irréalité de la composition, qui traduisent une exaltation mystique. Avec Velázquez et Goya, il domine la peinture espagnole (*Martyre de saint Maurice,* Escurial ; *l'Enterrement* du comte d'Orgaz,* église S. Tomé, Tolède ; *le Christ au jardin des Oliviers,* diverses versions ; *Laocoon,* Washington ; *l'Adoration des bergers,* Prado).

GRÉCO (Juliette), *Montpellier 1927,* chanteuse et actrice française. Sensuelle, mystérieuse, grave ou insolente, elle fut surnommée la « muse de Saint-Germain-des-Prés » (*Si tu t'imagines,* texte de R. Queneau, 1950 ; *Dans la rue des Blancs-Manteaux,* J.-P. Sartre, id. ; *Jolie Môme,* 1961 ; *Déshabillez-moi,* 1967).

◄ Juliette **Gréco** en 1961.

GREEN [grin] (Julien), *Paris 1900 - id. 1998,* écrivain américain d'expression française. Ses romans (*Adrienne Mesurat*, 1927 ; *Moïra*, 1950 ; *les Pays lointains*, 1987), son théâtre (*Sud*, 1953) et son *Journal* expriment une constante angoisse métaphysique. (Acad. fr.)

◂ Julien **Green**

GREENE (Graham), *Berkhamsted 1904 - Vevey 1991,* écrivain britannique. Ses romans évoquent avec ironie l'impuissance tragique de la foi face à l'absurdité de la déchéance (*la Puissance et la Gloire*, 1940 ; *le Troisième Homme*, 1949 [scénario] et 1950 [roman] ; *Voyages avec ma tante*, 1969).

◂ Graham **Greene**

GREENOCK, v. de Grande-Bretagne (Écosse), sur l'estuaire de la Clyde ; 45 467 hab. Port.

Greenpeace, mouvement écologiste et pacifiste, fondé à Vancouver en 1971.

GREENSBORO, v. des États-Unis (Caroline du Nord) ; 282 586 hab. (723 801 hab. dans l'agglomération).

Greenwich, faubourg de Londres, sur la Tamise. Anc. observatoire royal ; son méridien a été pris pour méridien origine. – Musée national de la Marine dans Queen's House, œuvre de I. Jones.

GREG (Michel **Régnier,** dit), *Ixelles 1931 - Neuilly-sur-Seine 1999,* dessinateur et scénariste de bandes dessinées belge. Auteur prolifique de séries humoristiques pour la jeunesse, il excella dans l'écriture des dialogues (*Achille Talon*, 1963).

GRÉGOIRE DE NAZIANZE (saint), *Arianze, près de Nazianze, v. 330 - id. v. 390,* Père de l'Église grecque. Évêque de Constantinople (379 - 381), il combattit l'arianisme avec ses amis Basile et Grégoire de Nysse.

GRÉGOIRE DE NYSSE (saint), *Césarée de Cappadoce v. 335 - Nysse v. 394,* Père de l'Église grecque. Frère cadet de Basile et évêque de Nysse, grand théologien mystique, il lutta contre l'arianisme.

GRÉGOIRE DE TOURS (saint), *Clermont-Ferrand v. 538 - Tours v. 594,* prélat et historien français. Évêque de Tours (573 - 594), il joua un grand rôle dans la vie politique de la Gaule. Il est célèbre par son *Histoire des Francs*, chronique du haut Moyen Âge mérovingien.

GRÉGOIRE Ier le Grand (saint), *Rome v. 540 - id. 604,* pape de 590 à 604. Patricien préfet de Rome (572 - 574), il se fit moine. Ambassadeur du pape à Constantinople (579 - 585), il fut élu pape par acclamation du clergé et du peuple de Rome. Il réforma la liturgie et organisa l'évangélisation de l'Angleterre. Ses commentaires du Livre de Job furent un des livres de base de la morale et de la culture chrétiennes au Moyen Âge. — saint **Grégoire VII (Hildebrand),** *Soana, Toscane, v. 1020 - Salerne 1085,* pape de 1073 à 1085. Il se rendit célèbre par ses luttes contre l'empereur Henri IV, qu'il humilia à Canossa (1077) mais qui le contraignit finalement à l'exil. Par ses nombreuses mesures de discipline ecclésiastique, il mena à bien la réforme dite « grégorienne ». — **Grégoire IX** (Ugolino **di Segni**), *Anagni v. 1170 - Rome 1241,* pape de 1227 à 1241. Ses *Décrétales* forment une partie essentielle du droit canonique. — **Grégoire XII** (Angelo **Correr**), *Venise v. 1325 - Recanati 1417,* pape de 1406 à 1415. Sa démission au concile de Constance contribua à la fin du Schisme d'Occident. — **Grégoire XIII** (Ugo **Boncompagni**), *Bologne 1502 - Rome 1585,* pape de 1572 à 1585. Il travailla à la mise en œuvre des décrets du concile de Trente. Son nom reste attaché à la réforme du calendrier dit « grégorien ». — **Grégoire XV** (Alessandro **Ludovisi**), *Bologne 1554 - Rome 1623,* pape de 1621 à 1623. Il fonda la congrégation de la Propagation de la foi, protégea les jésuites et favorisa le catholicisme en Europe centrale. — **Grégoire XVI** (Bartolomeo Alberto **Cappellari,** dit Fra **Mauro**), *Belluno 1765 - Rome 1846,* pape de 1831 à 1846. Il combattit les idées de La Mennais (encyclique *Mirari vos*, 1832).

GRÉGOIRE Ier l'Illuminateur, *v. 240 - v. 326,* apôtre et premier patriarche de l'Église chrétienne d'Arménie.

GRÉGOIRE (Henri, dit l'abbé), *Vého, près de Lunéville, 1750 - Paris 1831,* ecclésiastique et homme politique français. Il prêta serment à la Constitution civile du clergé (1790) et fut à l'origine de l'émancipation des Juifs français. Évêque constitutionnel de Loir-et-Cher (1791) et député à la Convention, il fit voter l'abolition de l'esclavage. Sénateur en 1802, il s'opposa au despotisme napoléonien. Ses cendres ont été transférées au Panthéon en 1989.

GRÉGOIRE PALAMAS → **PALAMAS** (Grégoire).

GREGORY (James), *Drumoak, près d'Aberdeen, 1638 - Édimbourg 1675,* mathématicien et astronome écossais. Il conçut un télescope à miroir secondaire concave (1663), participa à l'élaboration des méthodes de calcul infinitésimal des aires et des volumes et fut un précurseur de Newton dans l'étude des développements en série.

GREIMAS (Algirdas Julien), *Toula, Russie, 1917 - Paris 1992,* linguiste et sémioticien français d'origine lituanienne. Il a bâti une théorie générale du sens dans une perspective structuraliste (*Sémantique structurale*, 1966).

GRÉMILLON (Jean), *Bayeux 1901 - Paris 1959,* cinéaste français. Ses films rigoureux et sensibles s'inscrivent dans la réalité quotidienne et sociale : *Gueule d'amour* (1937), *Remorques* (1941), *Lumière d'été* (1943), *Le ciel est à vous* (1944).

▲ **Grenade.** L'Alhambra (XIVe-XVe s.).

GRENADE, en esp. **Granada,** v. d'Espagne (Andalousie), ch.-l. de prov., au pied de la sierra Nevada ; 232 770 hab. (*Grenadins*). Palais arabe de l'Alhambra* et jardins du Generalife, cathédrale par E. Egas et D. de Siloé, chartreuse [décors baroques] et nombreux autres monuments. Musées. – Capitale du royaume arabe de Grenade, fondé au XIe s., Grenade fut prise en 1492 par les Rois Catholiques à l'issue de la Reconquista.

GRENADE (31330), comm. de la Haute-Garonne ; 8 785 hab. Bastide de la fin du XIIIe s.

GRENADE n.f., État des Petites Antilles ; 344 km² ; 106 000 hab. (*Grenadiens*). **CAP.** *Saint-Georges (Saint George's)* [41 054 hab. dans l'agglomération]. **LANGUE :** *anglais.* **MONNAIE :** *dollar des Caraïbes orientales.* (V. carte **Petites Antilles***.) L'État est formé de l'île de la Grenade et d'îles des Grenadines (dont Carriacou). Cultures (noix de muscade, bananes, cacao) et pêche. Tourisme. En 1983, l'intervention militaire des États-Unis mit fin à un régime placé dans l'orbite de Cuba.

GRENADINES, îles et îlots des Petites Antilles, dépendances de la Grenade et de l'État de Saint-Vincent-et-les-Grenadines.

GRENCHEN, en fr. **Granges,** comm. de Suisse (canton de Soleure) ; 15 928 hab. Horlogerie.

Grenelle (accords de), accords sur le travail négociés pendant les événements de mai 1968 entre le gouvernement, le patronat et les organisations syndicales, au siège du ministère des Affaires sociales (rue de Grenelle, à Paris). Par ext., le terme désigne de grandes négociations sur des sujets majeurs (le Grenelle de l'environnement, 2007).

GRENOBLE, ch.-l. du dép. de l'Isère, sur l'Isère, à 569 km au S.-E. de Paris ; 163 357 hab. (*Grenoblois*). Centre d'une métropole regroupant 49 communes (444 078 hab.). Cour d'appel. Académie et université. Évêché. Centre industriel (constructions mécaniques et électriques, électronique) et scientifique (Institut Laue-Langevin [recherche sur les neutrons], synchrotron européen, pôle consacré aux nanotechnologies). – Oratoire des Ve-VIIIe s. sous l'église St-Laurent ; palais de justice, anc. parlement, gothique et Renaissance. Musée dauphinois, musée Stendhal, musée de Grenoble (beaux-arts), Le Magasin (centre national d'art contemporain, dans une halle des ateliers Eiffel) ; Muséum d'histoire naturelle ; maison de la culture (A. Wogenscky, 1968).

GRENVILLE (George), *1712 - Londres 1770,* homme politique britannique. Premier ministre de 1763 à 1765, il mécontenta les colonies américaines par sa politique de taxation (loi du timbre, 1765). — **William G.,** *1759 - Dropmore 1834,* homme politique britannique. Fils de George, député tory, ministre des Affaires étrangères de 1791 à 1801, Premier ministre (1806 - 1807), il fit abolir la traite des Noirs (1807).

GRÉOUX-LES-BAINS (04800), comm. des Alpes-de-Haute-Provence ; 2 673 hab. (*Gryséliens*). Station thermale. Barrage sur le Verdon.

GRÈS (Germaine **Czerefkow,** dite Mme), *Paris 1903 - La Valette-du-Var 1993,* couturière française, célèbre pour son art du drapé sculptural.

GRESHAM (sir Thomas), *Londres v. 1519 - id. 1579,* financier anglais. Créateur de la Bourse de Londres (« Royal Exchange », terminé en 1571), il a surtout attaché son nom à la loi économique « la mauvaise monnaie chasse la bonne » : la monnaie sûre, thésaurisée, tend à disparaître de la circulation lorsqu'elle est en concurrence avec une monnaie considérée comme moins bonne.

GRÉSIVAUDAN n.m., large vallée formée par l'Isère, entre le confluent de l'Arc et Grenoble. Partie du Sillon alpin, le Grésivaudan sépare les Préalpes des massifs centraux. Riche agriculture (vigne, arbres fruitiers) ; élevage (prairies).

GRETCHKO (Andreï Antonovitch), *Golodaïevsk 1910 - Moscou 1976,* maréchal soviétique. Commandant les forces du pacte de Varsovie (1960), il fut ministre de la Défense (1967 - 1976).

GRÉTRY (André Ernest Modeste), *Liège 1741 - Ermitage de Montmorency 1813,* compositeur français d'origine liégeoise. Il a développé les possibilités expressives de l'opéra-comique (*Zémire et Azor*, 1771 ; *Richard Cœur de Lion*, 1784).

GRETZKY (Wayne), surnommé **la Merveille,** *Brantford, Ontario, 1961,* joueur de hockey sur glace canadien. Excellent marqueur de buts, il détient le plus grand nombre de records individuels dans son sport.

GREUZE (Jean-Baptiste), *Tournus 1725 - Paris 1805,* peintre français. Il est l'auteur, célébré par Diderot, de compositions habiles sur des sujets propres à « élever l'âme » du spectateur (au Louvre : *l'Accordée de village*, *le Fils ingrat*, etc.) ainsi que de portraits. L'allusion sensuelle n'est pas rare (*la Cruche cassée*, Louvre).

Grève (place de), place de Paris devenue en 1806 place de l'Hôtel-de-Ville. Les ouvriers y venaient chercher de l'embauche. De 1310 à la Révolution, elle fut le lieu des exécutions capitales.

GREVENMACHER, v. du Luxembourg, ch.-l. du *cant. de Grevenmacher* ; 4 368 hab. Port sur la Moselle. – Beffroi et restes de fortifications.

Grévin (musée), galerie de figures de cire, à Paris, boulevard Montmartre, créée en 1882 par le journaliste Arthur Meyer (*1844 - 1924*) et le dessinateur Alfred Grévin (*1827 - 1892*). Des succursales ont ouvert à Montréal, à Prague et à Séoul.

GREVISSE (Maurice), *Rulles 1895 - La Louvière 1980,* grammairien belge. Son *Bon Usage* (1936, nombreuses rééditions), fondé sur l'observation du français écrit, s'inscrit dans la lignée de Vaugelas et fait largement autorité.

GRÉVY (Jules), *Mont-sous-Vaudrey, Jura, 1807 - id. 1891,* homme politique français. Il remplaça Mac-Mahon comme président de la République (1879).

Réélu en 1885, il démissionna dès 1887 à la suite du scandale des décorations, où était impliqué son gendre Wilson.

GREY (Charles, comte), *Fallodon 1764 - Howick House 1845*, homme politique britannique. Chef du parti whig à la Chambre des lords, Premier ministre de 1830 à 1834, il fit voter en 1832, malgré les Lords, la première grande réforme électorale.

GREY (Edward, vicomte), *Londres 1862 - Fallodon 1933*, homme politique britannique. Ministre des Affaires étrangères (1905 - 1916), favorable à l'Entente cordiale, il fut l'artisan de l'accord avec la Russie (1907).

GREZ-DOICEAU, comm. de Belgique (Brabant wallon), au N.-E. de Wavre ; 12 876 hab. Église de 1782 avec tour romane.

GRIAULE (Marcel), *Aisy-sur-Armançon, Yonne, 1898 - Paris 1956*, ethnologue français. Après avoir travaillé en Éthiopie (dont il fut le représentant à la SDN) et organisé la mission scientifique Dakar-Djibouti (1931 - 1933), il a étudié les rites et les systèmes de pensée des Dogon et des Bamanan (*Masques dogons*, 1938).

GRIBEAUVAL (Jean-Baptiste **Vaquette de**), *Amiens 1715 - Paris 1789*, général et ingénieur militaire français. Premier inspecteur de l'artillerie (1776), il créa un nouveau système distinguant l'*artillerie de campagne* et l'*artillerie de siège*, employé avec succès de 1792 à 1815.

GRIBOÏEDOV (Aleksandr Sergueïevitch), *Moscou 1795 - Téhéran 1829*, auteur dramatique russe. Il a écrit la comédie satirique *le Malheur d'avoir trop d'esprit*.

GRIEG (Edvard), *Bergen 1843 - id. 1907*, compositeur norvégien. Célèbre pour la musique de scène (1876) du drame d'Ibsen *Peer Gynt* et pour son *Concerto pour piano et orchestre* en *la* mineur (1868), il est aussi l'auteur de pièces pour piano et de lieder.

GRIERSON (John), *Kilmadock, comté de Stirling, 1898 - Bath 1972*, cinéaste et producteur britannique. Il fut le créateur et l'animateur de l'école documentariste anglaise (*Drifters*, 1929).

GRIFFITH (Arthur), *Dublin 1872 - id. 1922*, homme politique irlandais. Fondateur du mouvement Sinn Féin (1902), vice-président de la république d'Irlande (1918), il signa le traité de Londres (1921) reconnaissant l'État libre d'Irlande.

GRIFFITH (David Wark), *Floydsfork, Kentucky, 1875 - Hollywood 1948*, cinéaste américain. Il élabora la plupart des principes fondamentaux de l'expression cinématographique : gros plan, travelling, flash-back, montage parallèle. Il tourna notamment *la Naissance d'une nation* (1915), *Intolérance* (1916), *le Lys brisé* (1919).

GRIGNAN (26230), bur. centr. de cant. de la Drôme ; 1 576 hab. (*Grignanais*). Important château de la Renaissance (complété au XVIIe s.) où mourut Mme de Sévigné ; église des mêmes époques.

GRIGNARD (Victor), *Cherbourg 1871 - Lyon 1935*, chimiste français. Il découvrit les composés organomagnésiens, sources de nombreuses synthèses en chimie organique. (Prix Nobel 1912.)

GRIGNION DE MONTFORT (saint Louis-Marie) → **LOUIS-MARIE GRIGNION DE MONTFORT** (saint).

GRIGNON, hameau de la comm. de *Thiverval-Grignon* (Yvelines), où se trouve l'une des implantations d'AgroParisTech (Institut des sciences et industries du vivant et de l'environnement).

GRIGNON (Claude-Henri), *Sainte-Adèle, Québec, 1894 - id. 1976*, écrivain canadien de langue française. Il est l'auteur du roman de mœurs *Un homme et son péché*.

GRIGNY (91350), comm. de l'Essonne, sur la Seine ; 28 618 hab. (*Grignois*).

GRIGNY (Nicolas de), *Reims 1672 - id. 1703*, compositeur et organiste français. Il est l'auteur d'un *Livre d'orgue* (1699), que recopia Bach.

GRIGORESCU (Nicolae), *Pitaru 1838 - Câmpina 1907*, peintre roumain. Passé par Barbizon (1861), ce fondateur de l'école roumaine moderne a été le chantre de la vie paysanne de la Munténie.

GRIGOROVITCH (Iouri Nikolaïevitch), *Leningrad 1927*, danseur et chorégraphe russe. Chef chorégraphe et directeur artistique du ballet au théâtre Bolchoï de Moscou (1964 - 1995), il est l'auteur d'œuvres à grande mise en scène : *Spartacus*, 1968 (nouvelle version en collab. avec M. Liepa) ; *Ivan le Terrible*, 1975.

GRILLPARZER (Franz), *Vienne 1791 - id. 1872*, écrivain autrichien, auteur de drames historiques et mythologiques.

GRIMAL (Pierre), *Paris 1912 - id. 1996*, latiniste français. Philologue, traducteur, spécialiste de la littérature et de la civilisation romaines, comme de la mythologie antique, il milita pour le maintien de l'enseignement des humanités au collège (*Dictionnaire de la mythologie grecque et romaine*, 1951 ; *le Siècle d'Auguste*, 1965 ; *Virgile*, 1985).

GRIMALDI (maison de), famille noble d'origine génoise, qui établit son autorité sur Monaco au XVe s. La troisième *maison de Grimaldi* a été fondée par Rainier III, petit-fils de Louis II, l'ultime représentant de la deuxième maison de Grimaldi, celle de Goyon-Matignon, fondée au XVIIIe s.

Grimaldi (ordre de), ordre monégasque créé en 1954.

GRIMAUD (83310), comm. du Var ; 4 355 hab. (*Grimaudois*). Station balnéaire à *Port-Grimaud*. – Bourg pittoresque, avec église romane et ruines du château féodal.

GRIMAULT (Paul), *Neuilly-sur-Seine 1905 - Le Mesnil-Saint-Denis 1994*, cinéaste français d'animation. Il est l'auteur de dessins animés poétiques (*la Bergère et le Ramoneur*, en collab. avec J. Prévert, 1953 [repris sous le titre *le Roi et l'Oiseau*, 1980] ; *la Table tournante*, 1988).

GRIMBERGEN [grimbɛrgən], comm. de Belgique (Brabant flamand), banlieue nord de Bruxelles ; 36 188 hab. Brasserie. – Abbatiale baroque du XVIIe s. (beau mobilier).

GRIMM, nom de deux frères, linguistes et écrivains allemands : **Jacob G.,** *Hanau 1785 - Berlin 1863*, fondateur de la philologie allemande, et **Wilhelm G.,** *Hanau 1786 - Berlin 1859*. Ils réunirent de nombreux contes populaires germaniques (*Contes d'enfants et du foyer*).

GRIMM (Melchior, baron de), *Ratisbonne 1723 - Gotha 1807*, critique allemand d'expression française. Il succéda à l'abbé Raynal comme rédacteur de la *Correspondance* littéraire*.

GRIMMELSHAUSEN (Hans Jakob Christoffel von), *Gelnhausen v. 1622 - Renchen, Bade, 1676*, romancier allemand, auteur de *la Vie de l'aventurier Simplicius* Simplicissimus*.

GRIMOD DE LA REYNIÈRE (Alexandre Balthasar Laurent), *Paris 1758 - Villiers-sur-Orge, Essonne, 1838*, gastronome français. Avec son fameux *Almanach des gourmands* (1803-1812), il est l'initiateur de la presse gastronomique.

GRIMSBY, v. de Grande-Bretagne (Angleterre), sur la mer du Nord ; 87 574 hab. Port. Pêche.

GRIMSEL n.m., col des Alpes bernoises (Suisse), entre les vallées du Rhône et de l'Aar ; 2 165 m.

GRÍMSSON (Ólafur Ragnar), *Ísafjörður, nord-ouest de l'Islande, 1943*, homme politique islandais. Il a été président de la République de 1996 à 2016.

GRINDELWALD, comm. de Suisse (canton de Berne) ; 3 809 hab. Station d'été et d'hiver (alt. 1 050 - 3 454 m).

GRINGORE ou **GRINGOIRE** (Pierre), *Thury-Harcourt v. 1475 - en Lorraine v. 1539*, écrivain français. Il soutint la politique de Louis XII à l'égard du pape Jules II dans sa sottie du *Jeu du prince des sots* (1512). V. Hugo a fait de lui l'un des personnages de *Notre-Dame de Paris*.

GRIPARI (Pierre), *Paris 1925 - id. 1990*, écrivain français. Une veine fantastique, facétieuse, caustique traverse son œuvre abondante, et notamm. ses récits pour la jeunesse (*Contes de la rue Broca*, 1967 ; *les Contes de la folie Méricourt*, 1983).

GRIS (Victoriano **González**, dit **Juan**), *Madrid 1887 - Boulogne-sur-Seine 1927*, peintre espagnol. Il s'installa à Paris en 1906. Son œuvre, cubiste à partir de 1911, manifeste une grande rigueur de composition et de structure (collages et peintures synthétiques v. 1913-1917).

GRISI (Carlotta), *Visinada 1819 - Saint-Jean, près de Genève, 1899*, danseuse italienne. Grande interprète romantique, elle créa le rôle-titre du ballet *Giselle* (1841).

GRIS-NEZ (cap), promontoire à l'entrée du pas de Calais, limite traditionnelle entre la Manche et le détroit. Phare.

GRISONS, en all. **Graubünden,** canton de Suisse ; 7 106 km^2 ; 192 621 hab. (*Grisons*) ; ch.-l. *Coire*. Grande région touristique (Saint-Moritz, Davos, etc.). – Les Grisons, qui ont appartenu au Saint Empire de 916 à 1648, sont entrés dans la Confédération suisse en 1803.

GROCK (Adrien **Wettach,** dit), *Reconvilier, canton de Berne, 1880 - Imperia, Italie, 1959*, artiste de cirque suisse. Il fut l'un des premiers augustes à se passer de la présence d'un clown blanc.

GRODDECK (Georg Walther), *Bad Kösen 1866 - Zurich 1934*, médecin allemand. Il a montré l'importance des facteurs psychiques dans les maladies organiques (*le Livre du ça*, 1923).

GRODNO, v. de l'ouest de la Biélorussie ; 327 540 hab.

GROENLAND, île dépendant du Danemark, située au N.-E. de l'Amérique ; 2 186 000 km^2 ; 56 462 hab. (*Groenlandais*) ; cap. *Nuuk*. (V. carte **Arctique.**) Elle est en grande partie recouverte de glace (soumise à une fonte accélérée) et possède un sous-sol riche (or, diamant, uranium, zinc, plomb, bauxite, fer, terres rares…). Bases aériennes. – Le Groenland fut découvert v. 985 par Erik le Rouge et redécouvert au XVIe s. par Davis. Les Danois le colonisèrent à partir de 1721. Département danois depuis 1953, doté depuis 1979 d'un statut d'autonomie interne (notablement élargie en 2009), le Groenland s'est retiré de la CEE en 1985.

▲ Paysage du **Groenland.**

GROENLAND (courant du), courant marin froid. Il se dirige du nord vers le sud le long de la côte est du Groenland.

GROIX (île de) [56590], île de l'Atlantique, constituant une commune et un canton du Morbihan ; 15 km^2 ; 2 296 hab. (*Groisillons*).

GROMAIRE (Marcel), *Noyelles-sur-Sambre 1892 - Paris 1971*, peintre, graveur et cartonnier de tapisserie français. Son art est à la fois expressionniste et d'une stabilité classique (*la Guerre*, 1925, MAM de la Ville de Paris).

GROMOV (Mikhaïl [Mikhaël] Leonidovitch), *Boksitogorsk 1943*, mathématicien français d'origine russe. Il a apporté des contributions très novatrices dans différents domaines des mathématiques, notamment en géométrie et en topologie. (Prix Abel 2009.)

GROMYKO (Andreï Andreïevitch), *Starye Gromyki, Biélorussie, 1909 - Moscou 1989*, homme politique soviétique. Ministre des Affaires étrangères (1957 - 1985), il a présidé le Praesidium du Soviet suprême de 1985 à 1988.

GRONINGUE, en néerl. **Groningen,** prov. du nord des Pays-Bas ; 581 705 hab. ; ch.-l. *Groningue*.

GRONINGUE, en néerl. **Groningen,** v. des Pays-Bas, ch.-l. de la *prov. de Groningue* ; 195 418 hab. Importantes exploitations de gaz naturel dans la région. – Église St-Martin, des XIIIe-XVe s. ; musées.

GROOTE (Geert), dit **Gérard le Grand,** *Deventer 1340 - id. 1384*, mystique néerlandais. Il fut l'initiateur du renouveau spirituel de la *Devotio moderna*.

GROPIUS (Walter), *Berlin 1883 - Boston 1969*, architecte et théoricien allemand naturalisé américain. Fondateur du Bauhaus à Weimar en 1919, il participa à la genèse de l'architecture moderne (locaux du Bauhaus à Dessau, 1925). Il émigra en 1937 aux États-Unis, où il enseigna à Harvard et fonda l'agence d'architecture TAC.

Gros (Antoine, baron), *Paris 1771 - Meudon 1835,* peintre français. Élève de David, il est l'auteur de grandes compositions qui préludent au romantisme : *les Pestiférés de Jaffa* (1804, Louvre), *la Bataille d'Aboukir* (1807, Versailles), *le Champ de bataille d'Eylau* (1808, Louvre).

Grosjean (Jean), *Paris 1912 - Versailles 2006,* poète français. Traducteur de la Bible et du Coran, il exprime dans sa poésie (*la Gloire,* 1969 ; *la Rumeur des cortèges,* 2005) et ses récits (*Adam et Ève,* 1997) la recherche de la présence divine et de l'intensité du présent.

Gros-Morne (97213), comm. de la Martinique ; 10 205 hab. *(Gros-Mornais).*

Grosse Bertha → **Bertha.**

Grosse-Île (La), île du Saint-Laurent, à 50 km env. en aval de Québec. Lieu de quarantaine pour le contrôle sanitaire des immigrants de 1832 à 1937.

Grosseto, v. d'Italie (Toscane), ch.-l. de prov. ; 78 910 hab. Cathédrale de la fin du XIIIe s.

Grossglockner n.m., point culminant de l'Autriche, dans les Hohe Tauern ; 3 796 m. Route touristique jusqu'à 2 571 m.

Grossman (Vassili), *Berditchev, auj. Berdytchiv, Ukraine, 1905 - Moscou 1964,* écrivain soviétique. Son œuvre, qui dénonce les totalitarismes nazi et soviétique et fut longtemps interdite, est une réflexion implacable sur le mal absolu (*le Livre noir,* avec I. Ehrenbourg, 1941-1945, publié intégralement en 1993 ; *Vie et destin,* 1961, publié en 1980 ; *Tout passe,* 1963, publié en 1970).

Gross Rosen, camp de concentration allemand (1940 - 1945), près de Rogoźnica (Silésie, auj. en Pologne).

Grosz (Georg), *Berlin 1893 - id. 1959,* dessinateur et peintre allemand naturalisé américain. Proche de la « nouvelle objectivité », il a donné une critique sociale mordante par son style et son contenu.

Grotewohl (Otto), *Brunswick 1894 - Berlin 1964,* homme politique allemand. Fondateur (1946) du Parti socialiste unifié (SED), il a été chef du gouvernement de la RDA (1949 - 1964).

Grothendieck (Alexander), *Berlin 1928 - Saint-Girons 2014,* mathématicien français d'origine allemande. Ses travaux concernent surtout la géométrie algébrique. (Médaille Fields 1966 ; prix Crafoord 1988.)

Grotius (Hugo **de Groot,** dit), *Delft 1583 - Rostock 1645,* jurisconsulte et diplomate hollandais. Dans le *De jure belli ac pacis* (1625), il combat l'esclavage et s'efforce de prévenir et de réglementer les guerres. Cet ouvrage, véritable code de droit international public, a valu à son auteur le titre de « Père du droit des gens ».

Grotowski (Jerzy), *Rzeszów 1933 - Pontedera, prov. de Pise, 1999,* metteur en scène et directeur de théâtre polonais naturalisé français. Animateur du théâtre-laboratoire de Wrocław (1965 - 1985), puis d'un centre de travail près de Pontedera, en Italie (1986), il prôna un « théâtre pauvre », centré sur l'acteur et sur la relation au spectateur.

Grouchy (Emmanuel, **marquis de**), *Paris 1766 - Saint-Étienne 1847,* maréchal de France. Il ne put empêcher la jonction entre Prussiens et Anglais à Waterloo (1815).

Groult (Benoîte et Flora), écrivaines françaises (**Benoîte G.,** *Paris 1920 - Hyères 2016,* et sa sœur **Flora G.,** *Paris 1924 - id. 2001*). Leurs romans en commun les ont imposées en figures du féminisme (*Journal à quatre mains,* 1962 ; *le Féminin pluriel,* 1965). Benoîte G. poursuivit son engagement dans des essais (*Ainsi soit-elle,* 1975), sans renoncer à la fiction (*la Touche étoile,* 2006).

Groupe 47, cercle littéraire (1947 - 1977), créé à l'initiative de H. W. Richter pour rassembler les écrivains de langue allemande d'Allemagne, de Suisse et d'Autriche dans la défense des libertés littéraire et politique.

Grousset (René), *Aubais, Gard, 1885 - Paris 1952,* historien français. Il est l'auteur de travaux sur l'Asie et les croisades (Acad. fr.).

Groznyï, v. de Russie, cap. de la Tchétchénie, dans le Caucase ; 271 596 hab. Bombardée par les forces russes à partir de 1994, la ville subit de graves dégâts, puis est reconstruite à partir de 2006 - 2007.

Gruber (Francis), *Nancy 1912 - Paris 1948,* peintre français. Fils du peintre verrier Jacques Gruber, il a produit une œuvre d'un expressionnisme angoissé, parfois qualifié de « misérabiliste ».

Grüber (Klaus Michael), *Neckarelz, auj. rattachée à Mosbach, 1941 - Le Palais, Belle-Île, 2008,* metteur en scène de théâtre et d'opéra allemand. En Allemagne ou en France, ses spectacles, privilégiant l'intériorité, tendaient souvent vers un dépouillement minimaliste (*Faust, le Récit de la servante Zerline, Iphigénie en Tauride*).

Grudziądz, v. de Pologne, sur la Vistule ; 98 726 hab. Métallurgie.

Gruissan (11430), comm. de l'Aude ; 5 060 hab. *(Gruissanais).* Station balnéaire.

Grumberg (Jean-Claude), *Paris 1939,* auteur dramatique français. Mêlant drôlerie et gravité, il dénonce l'antisémitisme de même que toute forme de racisme (*l'Atelier,* 1979 ; *Zone libre,* 1990 ; *Iq et Ox,* 2004 ; *Vers toi Terre promise,* 2008). Il est aussi scénariste pour la télévision et le cinéma (*Amen.,* Costa-Gavras, 2002).

Grünberg (Peter), *Pilsen 1939 - Juliers 2018,* physicien allemand. Il découvrit la magnétorésistance géante (1988), indépendamment de A. Fert, et contribua au développement de l'électronique de spin. (Prix Nobel 2007.)

Grundtvig (Nikolai), *Udby 1783 - Copenhague 1872,* écrivain danois. Pasteur, puis évêque luthérien, poète (*le Lys de Pâques*) et essayiste, il fut le rénovateur de l'esprit national et religieux.

Grünewald (**Mathis Nithart** ou **Gothart,** dit Matthias), *Würzburg ? v. 1475/1480 - sans doute m. à Halle en 1528,* peintre allemand. Son chef-d'œuvre est la partie peinte du retable des Antonins d'Issenheim (1512-1516), d'un art expressionniste et visionnaire.

Grunwald ou **Tannenberg** (bataille de) [15 juill. 1410], victoire du roi de Pologne Ladislas II Jagellon et du grand-duc de Lituanie Vytautas sur les chevaliers Teutoniques.

Gruss, famille française d'artistes de cirque. À travers de nombreuses enseignes (Radio-Circus, Médrano voyageur, le Grand Cirque de France), elle a marqué l'histoire du cirque depuis 1945. — **Alexis G. Junior,** *Bart, Doubs, 1944,* artiste et directeur de cirque français. Il a créé en 1974 le Cirque à l'ancienne, devenu le Cirque national Alexis Gruss en 1983.

Grütli → **Rütli.**

Gruyères, comm. de Suisse (canton de Fribourg), dans la *Gruyère* (région célèbre par ses fromages) ; 1 789 hab. (*Gruériens* ou *Gruyériens*). Château des XIIe-XVe s.

Gryphius (Andreas **Greif,** dit), *Glogau, Silésie, 1616 - id. 1664,* écrivain allemand. Son œuvre poétique et dramatique (*Catherine de Géorgie,* 1651 ; *Cardenio et Célinde,* 1657) est empreinte d'un puissant lyrisme religieux.

Gsell (Stéphane), *Paris 1864 - id. 1932,* archéologue et historien français, spécialiste d'archéologie étrusque et algérienne.

Gstaad, station estivale et de sports d'hiver (alt. 1 100 - 3 000 m) de Suisse (canton de Berne). Festivals de musique classique.

Guadalajara, v. d'Espagne (Castille-La Manche), ch.-l. de prov. ; 84 145 hab. Palais gothico-mudéjar des ducs de l'Infantado (fin du XVe s.). – Défaite en mars 1937 des milices italiennes engagées avec les troupes de Franco.

Guadalajara, v. du Mexique ; 1 494 134 hab. (4 134 252 hab. dans l'agglomération). Aéroport. Université. Métallurgie. – Urbanisme d'époque coloniale, avec une cathédrale des XVIe-XVIIe s. ; musées.

Guadalcanal, île volcanique de l'archipel des Salomon. Occupée par les Japonais en juill. 1942, l'île fut reconquise par les Américains en févr. 1943, après six mois de durs combats.

Guadalquivir n.m., fl. d'Espagne, qui rejoint l'Atlantique ; 680 km. Il passe à Cordoue et Séville.

▲ Matthias **Grünewald.** *Visite de saint Antoine à saint Paul l'Ermite au désert,* partie du retable d'Issenheim. (Musée Unterlinden, Colmar.)

Guadalupe, v. d'Espagne (Estrémadure), dans la *sierra de Guadalupe* ; 2 026 hab. Célèbre monastère, fondation royale du XIVe s. (tableaux de Zurbarán et autres œuvres d'art).

Guadalupe, v. du Mexique banlieue est de Monterrey ; 669 842 hab.

Guadalupe (Notre-Dame de), basilique érigée à Guadalupe Hidalgo (district fédéral de Mexico). Pèlerinage sur le lieu où, en 1531, l'Indien Juan Diego Cuauhtlatoatzin (canonisé en 2002) affirma avoir eu plusieurs apparitions de la Vierge.

Guadalupe (sierra de), chaîne de montagnes du centre de l'Espagne ; 1 740 m.

Guadarrama (sierra de), chaîne de montagnes d'Espagne, entre le Tage et le Douro ; 2 430 m. Elle sépare la Vieille-Castille et la Nouvelle-Castille. La montagne est le domaine de l'élevage. Sur le versant sud, centres de villégiature estivale.

Guadeloupe [gwa-] n.f. (971), dép. et Région français d'outre-mer, regroupant une des Petites Antilles et des dépendances ; ch.-l. de dép. *Basse-Terre* ; ch.-l. d'arrond. *Pointe-à-Pitre* ; 2 arrond. ; 21 cant. ; 32 comm. ; 1 703 km^2 ; 404 542 hab. *(Guadeloupéens).* Le dép. appartient à l'académie de la Guadeloupe, à la cour d'appel de Basse-Terre, à la zone de défense et de sécurité Antilles. La Guadeloupe est formée de deux îles, Basse-Terre et Grande-Terre, séparées par un bras de mer, la rivière Salée. Malgré son nom, Basse-Terre est la plus élevée (volcan de la Soufrière, 1 467 m) ; Grande-Terre est un plateau qui dépasse à peine 100 m. Plusieurs îles (la Désirade, les Saintes, Marie-Galante) dépendent de la Guadeloupe. En dehors du tourisme, les principales ressources sont la canne à sucre, le rhum, les bananes, insuffisantes pour équilibrer les importations et pour enrayer le sous-emploi (malgré l'émigration). Parc national sur Basse-Terre (22 100 ha). – Découverte par Christophe Colomb en 1493, l'île est colonisée par la France dès 1635 et rattachée à la Couronne en 1674. L'esclavage y est aboli en 1848. Département d'outre-mer depuis 1946, la Guadeloupe est dotée également, en 1982, du statut de Région. En 2007, les îles de Saint-Barthélemy et de Saint-Martin (partie française) cessent d'y être rattachées pour devenir des collectivités d'outre-mer. *(V. carte page suivante.)*

Guadet (Marguerite Élie), *Saint-Émilion 1758 - Bordeaux 1794,* homme politique français. Député girondin à l'Assemblée législative (1791) puis à la Convention (1792), il fut décapité.

Guadiana n.m., fl. d'Espagne et de Portugal, qui se jette dans l'Atlantique ; 744 km. Il sert (partiellement) de frontière entre les deux pays.

Guaira (La), v. du Venezuela ; 19 162 hab. Port de Caracas.

Guajiro ou **Goajiro,** peuple amérindien de la péninsule de la Guajira (Colombie, Venezuela) [env. 90 000]. Éleveurs semi-nomades, les Guajiro parlent une langue de la famille arawak.

Guadeloupe, Saint-Barthélemy et Saint-Martin

200 500 1000 m
ch.-l. ou ch.-l. d'arrondissement
bur. centr. de canton
commune
route
aéroport
plus de 20 000 h.
de 10 000 à 20 000 h.
de 5 000 à 10 000 h.
moins de 5 000 h.

GUAM, île principale de l'archipel des Mariannes, en Micronésie ; 159 358 hab. ; ch.-l. *Agana* (ou *Hagåtña*). Occupée par les Japonais de 1941 à 1944, Guam est devenue une puissante base militaire américaine.

GUANAJUATO, v. du Mexique, au N.-O. de Mexico ; 171 623 hab. Ville pittoresque, aux monuments de style baroque colonial.

GUANGDONG, prov. de la Chine du Sud ; 108 490 000 hab. ; cap. *Canton.* Zone franche.

GUANGXI, région autonome de la Chine du Sud ; 47 960 000 hab. ; cap. *Nanning.*

GUANGZHOU → CANTON.

GUAN HANQING, *Pékin v. 1210 - v. 1298,* le plus grand dramaturge des Yuan.

GUANTÁNAMO, v. de Cuba, près de la *baie de Guantánamo* ; 219 095 hab. Sur la baie, base navale concédée aux États-Unis en 1903 (lieu de détention, depuis 2001, de personnes soupçonnées de terrorisme par les autorités américaines).

GUAPORÉ n.m., riv. d'Amérique du Sud, affl. du Mamoré (r. dr.) ; 1 750 km. Il sépare le Brésil et la Bolivie.

GUARANI, groupe amérindien du Brésil (bassin du Paraná) et du Paraguay (env. 7 000). Les Guarani furent en partie rassemblés au XVIIe s. et au XVIIIe s. par les jésuites dans des « réductions », où ils prospérèrent. Après l'expulsion de leurs protecteurs, ils furent victimes de massacres et durent se disperser. Ils comprennent notamment les Mbya, les Kaiova et les Ñandeva. Leurs langues appartiennent à la famille tupi-guarani.

GUARDAFUI ou **GARDAFUI** (cap), cap de l'extrémité est de l'Afrique, à l'entrée du golfe d'Aden.

GUARDI (Francesco), *Venise 1712 - id. 1793,* peintre italien. Il débuta dans l'atelier de son frère aîné Giovanni Antonio *(1699 - 1760).* Maître d'un style nerveux et scintillant, il a représenté Venise, ses monuments, ses fêtes ainsi que les jeux changeants de son ciel et de ses eaux.

Guardia (La), l'un des aéroports de New York, dans la partie est de la ville (Queens).

Guardian (The), quotidien britannique libéral. Fondé comme hebdomadaire en 1821, il devient quotidien en 1855 et prend son titre actuel en 1960. Il a une large audience internationale.

GUARINI (Giovan Battista), *Ferrare 1538 - Venise 1612,* écrivain italien, auteur de la tragi-comédie pastorale *Il Pastor fido.*

GUARINI (Guarino), *Modène 1624 - Milan 1683,* architecte italien. Moine théatin, philosophe et mathématicien, influencé par Borromini, il a donné à Turin ses œuvres les plus célèbres, dont l'église à plan central S. Lorenzo.

GUARNERI (Giuseppe Antonio), dit **GUARNERIUS,** *Crémone 1698 - id. 1744,* luthier italien. Rival de Stradivarius, surnommé « Giuseppe del Gesù », il fut le membre le plus célèbre d'une famille de luthiers réputée (XVIIe-XVIIIe s.).

GUARRAZAR, localité d'Espagne, près de Tolède. On y a mis au jour (1853) un riche trésor de couronnes votives wisigothiques, auj. au Musée archéologique de Madrid.

GUARULHOS, v. du Brésil, près de Sao Paulo ; 1 176 804 hab.

GUATEMALA ou **GUATÉMALA** n.m., État d'Amérique centrale ; 109 000 km² ; 15 468 000 hab. *(Guatémaltèques).* **CAP.** *Guatemala.* **LANGUE :** *espagnol.* **MONNAIE :** *quetzal.*

GÉOGRAPHIE Pays de montagnes, en partie volcaniques, au sud, de bas plateaux au nord, le Guatemala est l'État le plus peuplé d'Amérique centrale. La population, encore majoritairement indienne, augmente rapidement. Les produits agricoles (café, sucre) et la filière textile fournissent l'essentiel des exportations, dirigées surtout vers les États-Unis.

HISTOIRE **La colonisation et le XIXe s. 1524 :** habité par divers peuples mayas, dont les Quiché, le Guatemala est conquis par Pedro de Alvarado. **1544 :** la région devient capitainerie générale dépendant du vice-roi de Mexico. **1821 - 1823 :** le Guatemala s'unit au Mexique sous l'autorité d'Agustín de Iturbide. **1824 - 1839 :** il fait partie des Provinces-Unies de l'Amérique centrale. **1839 :** le pays reprend son indépendance. **1840 - 1865 :** Rafael Carrera gouverne autoritairement jusqu'à sa mort. **1873 - 1885 :** libéral et positiviste, Justo Rufino Barrios modernise le pays ; la culture du caféier se développe.

Le Guatemala contemporain. 1898 - 1920 : son successeur, Manuel Estrada, poursuit son œuvre, tandis que se constitue l'empire bananier de United Fruit. **1931 - 1944 :** dictature du général Jorge Ubico. **1951 - 1954 :** la tentative de réforme agraire entreprise par le colonel Jacobo Arbenz lui vaut d'être renversé par des généraux appuyés par les États-Unis. **1960 :** début d'une opposition insurrectionnelle. **1970 - 1982 :** le pays, ravagé en 1976 par des tremblements de terre, est confronté à une guerre civile larvée qu'animent des guérilleros de type castriste ou sandiniste. **1982 - 1983 :** coup d'État du général Efraín Ríos Montt. **1983 :** coup d'État du général Óscar Mejía. **1986 :** le démocrate-chrétien Vinicio Cerezo accède à la présidence de la République. À partir de 1987, le Guatemala participe à l'effort de paix en Amérique centrale (signature d'accords en 1987 et en 1989 avec le Costa Rica, le Honduras, le Nicaragua et le Salvador). **1989 :** des négociations de paix s'engagent avec la guérilla. **1991 :** Jorge Serrano est élu à la présidence de la République. **1993 :** il est destitué. Le Parlement désigne pour lui succéder Ramiro de León Carpio. **1996 :** Álvaro Arzú accède à la tête de l'État. Un accord de paix est conclu entre le pouvoir central et la guérilla, mettant fin à plus de 35 ans de conflit. **2000 :** Alfonso Portillo devient président de la République. **2004 :** Óscar Berger lui succède. **2008 :** Álvaro Colom accède à la tête de l'État. **2012 :** Otto Pérez, général à la retraite, devient président de la République. **2015 :** après la démission de O. Pérez, Jimmy Morales est élu à la tête de l'État (prise de fonctions en janv. 2016).

GUATEMALA ou **GUATÉMALA,** cap. du Guatemala ; 1 168 420 hab. *(Guatémaliens).*

GUATTARI (Félix), *Villeneuve-lès-Sablons, Oise, 1930 - La Borde, comm. de Cour-Cheverny, Loir-et-Cher, 1992,* psychanalyste français. Ses travaux marquent un tournant dans la critique de la psychanalyse. Il est l'auteur, avec G. Deleuze, de *l'Anti-Œdipe* (1972), de *Mille Plateaux* (1980) et de *Qu'est-ce que la philosophie ?* (1991).

GUAYAQUIL, v. de l'Équateur, sur le Pacifique ; 2 291 158 hab. Principale ville et métropole économique du pays. Port.

GUAYASAMÍN (Oswaldo), *Quito 1919 - Baltimore, États-Unis, 1999,* peintre équatorien. Sa série « l'Âge de la colère » (1962-1971) est d'une expression violente et austère.

GUAYMI, peuple amérindien du Panama et du Costa Rica (env. 125 000). Agriculteurs et éleveurs, ils parlent le *ngobere.*

GUBBIO, v. d'Italie (Ombrie) ; 32 543 hab. C'est l'anc. ville étrusque et romaine d'*Iguvium.* – Monuments, surtout médiévaux. Centre de production de majolique au XVIe s.

GUDERIAN (Heinz), *Kulm, auj. Chełmno, 1888 - Schwangau, Bavière, 1954,* général allemand. Créateur de l'arme blindée allemande (1935 - 1939), il fut chef d'état-major de l'armée de terre (1944 - 1945).

GUDULE (sainte), *en Brabant VIIe s. - Hamme 712,* patronne de Bruxelles.

GUEBWILLER [gɛbvilɛr] (68500), bur. centr. de cant. du Haut-Rhin ; 11 665 hab. *(Guebwillerois).* Textile. Constructions mécaniques. – Églises St-Léger (XIIe-XIVe s.), des Dominicains (XIVe s.) et Notre-Dame (XVIIIe s.) ; musée du Florival.

GUEBWILLER (ballon de) **→ GRAND BALLON.**

GUÉDIGUIAN (Robert), *Marseille 1953,* cinéaste français. Parallèlement à son goût pour l'histoire (*l'Armée du crime,* 2009 ; *Une histoire de fou,* 2015), il dresse, film après film, le portrait d'un Marseille populaire où transparaissent sa quête hédoniste de l'amour et sa lutte contre les inégalités sociales (*Marius et Jeannette,* 1997 ; *les Neiges du Kilimandjaro,* 2011 ; *la Villa,* 2017).

GUÉHENNO (Jean), *Fougères 1890 - Paris 1978,* écrivain français. Issu d'un milieu modeste, humaniste engagé dans les mouvements antifascistes, il est l'auteur d'essais *(Caliban parle),* de journaux *(Journal d'un homme de quarante ans)* et de Mémoires *(Changer la vie).* [Acad. fr.]

GUELDRE, en néerl. **Gelderland,** prov. des Pays-Bas ; 2 015 791 hab. ; ch.-l. *Arnhem.* Comté (1079), puis duché (1339), la Gueldre fut acquise par Charles Quint en 1543. En 1578, le nord du pays fut rattaché aux Provinces-Unies ; le sud, partagé entre l'Autriche et la Prusse, ne fut incorporé aux Provinces-Unies qu'en 1814.

GUELMA, v. de l'est de l'Algérie, ch.-l. de wilaya ; 120 847 hab. Vestiges romains.

GUELPH, v. du Canada (Ontario), au S.-O. de Toronto ; 131 794 hab. Université.

GUÉMENÉ-PENFAO [gemenepɛ̃fo] (44290), bur. centr. de cant. de la Loire-Atlantique ; 5 311 hab.

GUÉNON (René), *Blois 1886 - Le Caire 1951,* philosophe ésotérique français. L'étude de l'Orient nourrit sa condamnation du matérialisme du monde moderne (*Introduction générale à l'étude des doctrines hindoues,* 1922). Il se convertit à l'islam.

Guépéou (GPU), administration politique chargée de la sécurité de l'État soviétique

(1922 - 1934). Succédant à la Tcheka* et préludant au NKVD*, il joua un grand rôle dans le régime stalinien après 1929.

GUÉPRATTE (Émile), *Granville 1856 - Brest 1939*, amiral français. Il se distingua en 1915 à la tête de la division navale française aux Dardanelles.

GUER [gɛr] (56380), bur. centr. de cant. du Morbihan ; 6 572 hab. *(Guérois)*. Camp de Coëtquidan*.

GUÉRANDE (44350), bur. centr. de cant. de la Loire-Atlantique ; 16 914 hab. *(Guérandais)*. Enceinte du XVe s. (musée dans la porte St-Michel), collégiale des XIIe-XVe s., maisons anciennes. – Aux env., marais salants. — traité de **Guérande** (12 avr. 1365), traité entre Charles V et le fils de Jean de Montfort, reconnu duc de Bretagne (Jean IV), qui mit fin à la guerre de la Succession de Bretagne.

GUÉRANGER (dom Prosper), *Sablé 1805 - Solesmes 1875*, religieux français. Restaurateur de l'ordre bénédictin en France (1837) et premier abbé de Solesmes, il initia le renouveau de la liturgie romaine.

GUÉRARD (Michel), *Vétheuil, Val-d'Oise, 1933*, cuisinier français. D'abord pâtissier, puis pionnier de la nouvelle cuisine, créateur de plats fameux (homard à la cheminée) et de desserts d'anthologie (soufflé au citron), il développe ses propres recherches diététiques sous le nom de « cuisine minceur ».

GUERCHE-DE-BRETAGNE (La) [35130], bur. centr. de cant. d'Ille-et-Vilaine ; 4 419 hab. *(Guerchais)*. Collégiale des XVe-XVIe s., maisons anciennes.

GUERCHE-SUR-L'AUBOIS (La) [18150], bur. centr. de cant. du Cher ; 3 371 hab. *(Guerchois)*. Église romane et gothique.

GUERCHIN (Giovanni Francesco **Barbieri**, dit **il Guercino**, en fr. **le**), *Cento, près de Ferrare, 1591 - Bologne 1666*, peintre italien. Il fut influencé par les Vénitiens, les Bolonais, le Caravage (plafond de *l'Aurore* au casino Ludovisi, à Rome, 1621 ; *Mariage mystique de sainte Catherine*, 1650, pinacothèque de Modène).

GUÉRET (23000), ch.-l. du dép. de la Creuse, à 327 km au S. de Paris ; 14 236 hab. *(Guérétois)*. Centre administratif et commercial. – Musée d'art et d'archéologie (émaillerie limousine, notamm.).

▲ **Guernica.** Peinture de Picasso, 1937. (Musée national Centre d'art Reina Sofía, Madrid.)

GUERGUIEV (Valeri), *Moscou 1953*, chef d'orchestre russe. Grand admirateur des compositeurs russes, qu'il interprète avec fougue, il s'ouvre aussi aux répertoires les plus divers. À la tête du théâtre Mariinski de Saint-Pétersbourg depuis 1996, chef principal de l'Orchestre symphonique de Londres (2007 - 2015), il est directeur musical de l'Orchestre philharmonique de Munich depuis 2015.

GUERICKE (Otto von), *Magdebourg 1602 - Hambourg 1686*, physicien allemand. Lors d'expériences sur les effets du vide, il réalisa notamm., en 1654, celle des *hémisphères de Magdebourg*, destinée à mettre en évidence la pression atmosphérique. Il inventa la première machine électrostatique et la machine pneumatique.

GUÉRIN (Camille), *Poitiers 1872 - Paris 1961*, vétérinaire et microbiologiste français. Chef de service à l'Institut Pasteur (à Lille, puis à Paris), il est, avec Calmette, l'inventeur du BCG.

GUÉRIN (Eugénie de), *château du Cayla, près d'Albi, 1805 - id. 1848*, femme de lettres française, auteure de *Lettres* et d'un *Journal*. — **Maurice de G.**, *château du Cayla 1810 - id. 1839*, écrivain français, frère d'Eugénie. Influencé par La Mennais, il est l'auteur du poème en prose *le Centaure*.

GUÉRIN (Pierre Narcisse, baron), *Paris 1774 - Rome 1833*, peintre français. Il est un des meilleurs artistes de la seconde génération néoclassique (*Retour de Marcus Sextus*, 1799, Louvre).

GUERINI (Stanislas), *Paris 1982*, homme politique français. Élu député en 2017, il est délégué général de La République en marche depuis 2018.

GUERLÉDAN, barrage et lac de la Bretagne centrale.

GUERNESEY, l'une des îles Anglo-Normandes ; 63 km² ; 59 807 hab. *(Guernesiais)* ; ch.-l. *Saint-Pierre*. Fruits, légumes et fleurs. Tourisme.

GUERNICA Y LUNO, v. d'Espagne, dans le Pays basque ; 16 727 hab. La ville fut détruite par l'aviation allemande au service des franquistes pendant la guerre civile (1937). — **Guernica,** toile monumentale de Picasso, inspirée par cet événement. Elle fut peinte pour l'Exposition internationale de Paris de la même année 1937 (auj. au musée national Centre d'art Reina Sofía, Madrid).

guerre (croix de), nom donné dans divers pays à des décorations commémorant les citations. En France : *croix de guerre 1914 - 1918 ; croix de guerre 1939 - 1945 ; croix de guerre des théâtres d'opérations extérieurs (TOE)*, créée en 1921.

guerre (De la), œuvre de C. von Clausewitz. Composée entre 1816 et 1830, et publiée en 1832-1834, elle fait de la guerre un élément fondamental du jeu politique entre nations.

guerre de 1870 - 1871 → **franco-allemande** (guerre).

Guerre folle (1485 - 1488), révolte des grands seigneurs contre le gouvernement d'Anne de Beaujeu, fille de Louis XI et régente de France pendant la minorité de son frère Charles VIII.

guerre froide, état de tension qui opposa, de 1945 à 1990, les États-Unis, l'URSS et leurs alliés respectifs, qui formaient deux blocs dotés de moyens militaires considérables et défendant des systèmes idéologiques et économiques antinomiques. Aux années 1948 - 1962, conflictuelles, succédèrent une phase de détente (1963 - 1978) puis une nouvelle intensification des tensions (1979 - 1985), après l'intervention militaire soviétique en Afghanistan. Elle prit fin avec l'effondrement du système communiste en Europe.

Guerre mondiale (Première), conflit qui, de 1914 à 1918, opposa l'Allemagne et l'Autriche-Hongrie, rejointes par l'Empire ottoman (1914) et la Bulgarie (1915), à la Serbie, à la France, à la Russie, à la Belgique et à la Grande-Bretagne, alliées au Japon (1914), à l'Italie (1915), à la Roumanie et au Portugal (1916), enfin aux États-Unis, à la Grèce, à la Chine et à plusieurs États sud-américains (1917).

[V. planches pages 1544-1547 et cartes page 1548.]

Causes. La politique mondiale de l'Allemagne, son expansion économique et navale, notamm. dans le Proche-Orient, l'antagonisme germano-slave dans les Balkans et la course aux armements conduite par les deux blocs de la Triple-Alliance (Allemagne, Autriche-Hongrie, Italie) et de la Triple-Entente (France, Grande-Bretagne, Russie) créent en Europe, au lendemain des guerres balkaniques (1912 - 1913), un état de tension que le moindre incident peut transformer en conflit armé. L'assassinat par un étudiant serbe, le 28 juin 1914 à Sarajevo, de l'archiduc héritier François-Ferdinand d'Autriche fait office de détonateur.

(Suite page 1554.)

Guatemala, Belize

★ site touristique important — 200 500 1500 3000 m — route — voie ferrée — aéroport — plus de 500 000 h. — de 100 000 à 500 000 h. — de 10 000 à 100 000 h. — moins de 10 000 h.

Les mots de la Grande Guerre

Vocabulaire militaire ou argot issu du comique troupier, en ce début de xxe s. la langue française s'enrichit de nombreux mots et expressions liés à la guerre. Voici une sélection de mots-clés incontournables pour mieux comprendre cette étape de l'histoire.

Alsace-Lorraine : territoire allemand depuis la guerre de 1870-1871. En 1914, environ 250 000 Alsaciens-Lorrains sont mobilisés dans l'armée allemande ; 17 000 engagés volontaires rejoignent les troupes françaises et seront ensuite suivis par de nombreux déserteurs.

Arditi : créés en juillet 1917 par Giuseppe Bassi, les *arditi* (« hardis ») reçoivent un entraînement intensif et deviennent les troupes d'assaut de l'armée italienne, l'équivalent des *Sturmtruppen* allemandes. Après la guerre, les *arditi* sont dissous : certains d'entre eux participent aux Faisceaux de combat de Mussolini, autrement connus sous le nom de Chemises noires.

Aviation : en 1914, l'aéronautique militaire n'en est qu'à ses balbutiements. La principale mission des avions est, dans un premier temps, l'observation puis le bombardement. Mais les progrès techniques (puissance des moteurs, tir synchronisé de la mitrailleuse entre les pales de l'hélice) vont mettre en avant l'aviation de combat – la chasse – avec ses « as » et ses légendes comme l'Allemand von Richthofen, surnommé le « Baron rouge ».

Barbelé : placé devant les tranchées de première ligne afin d'entraver ou de ralentir l'avance des troupes adverses, le fil barbelé est déployé en plusieurs lignes successives appelées « réseaux ». La mise en place et la réparation des barbelés, laborieuses et longues, sont généralement effectuées de nuit.

Bertha : pièces d'artillerie lourde employées par les Allemands en Belgique dès 1914, les « grosses Bertha » (*Dicke Bertha*) utilisent des mortiers de 420 mm. Ce surnom évocateur est également donné aux canons lourds qui, à plus de 100 km, tirent sur Paris en 1918, bien que ces modèles soient très différents.

Bidasse : « Avec l'ami Bidasse / On n'se quitte jamais / Attendu qu'on est / Tous deux natifs d'Arras / Chef-lieu du Pas-d'Calais »… La chanson de Charles-Joseph Pasquier, dit Bach (1882-1953), est un archétype du comique troupier, alors à son apogée.

Bleuet, coquelicot : pour les poilus, le bleuet persistant à fleurir dans la boue des tranchées devient le symbole de leur guerre ; les Canadiens feront du coquelicot, rouge comme le sang des soldats, le symbole du souvenir des morts.

Course à la mer : après la bataille de la Marne, les armées française et allemande sont immobilisées dans un affrontement linéaire. Le seul espace libre pour une guerre de mouvement est la zone de l'Oise à la mer. Les deux adversaires tentent de déborder leurs ailes – droite pour les Allemands, gauche pour les Français –, et les armées alliées, coordonnées par le maréchal Foch, livrent deux batailles défensives pour arrêter la poussée stratégique allemande vers la côte.

Crapouillot : ce surnom, donné sous le second Empire à un petit mortier en bronze, trapu et massif, évoquant un crapaud, désigne en 1914 le mortier de tranchée français bricolé avec des pièces de récupération. En 1915, c'est le nom d'un journal fondé par Jean Galtier-Boissière (1891-1966) dans une tranchée de l'Artois, qui va devenir, en 1919, une revue littéraire et artistique d'avant-garde.

***Croix de bois (les)* :** roman de Roland Dorgelès (1919) dans lequel la présence permanente de la mort dans la routine quotidienne de la guerre constitue le thème principal. Il échoua au prix Goncourt contre *À l'ombre des jeunes filles en fleurs* de Proust.

Demoiselles au pompon rouge : le 7 août 1914, les fusiliers disponibles au dépôt de Lorient sont constitués en une brigade, placée sous le commandement du contre-amiral Ronarc'h avec pour mission de protéger la capitale. Surpris par la jeunesse de certains d'entre eux, les Parisiens les surnomment les « Demoiselles au pompon rouge » ou les « Demoiselles de Ronarc'h ».

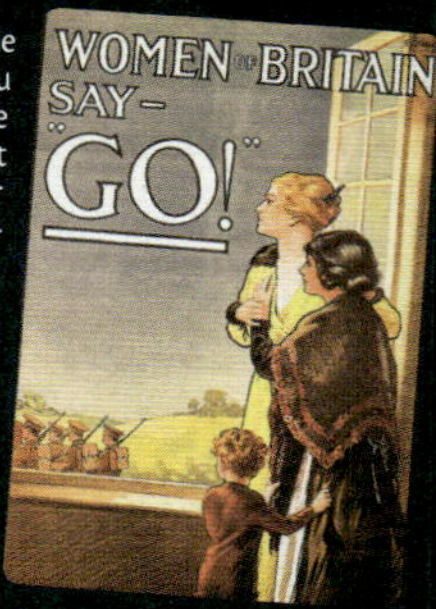

Der des der (la) : expression née dans l'après-guerre pour désigner la guerre de 1914-1918, dont on espérait qu'elle serait la dernière.

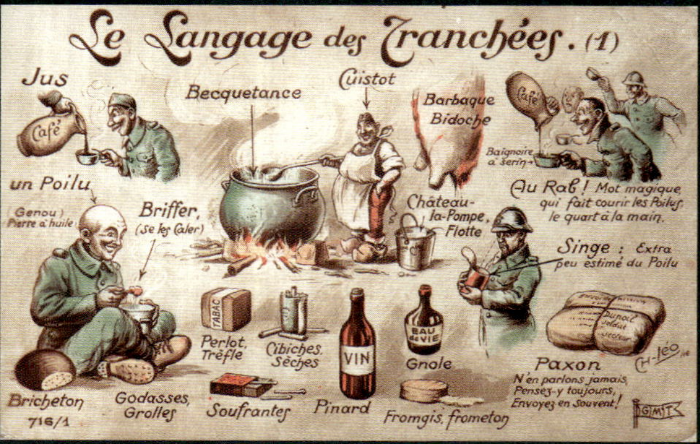

Embusqué : terme injurieux pour désigner un soldat occupant un poste loin du front ; planqué.

Fleur au fusil : expression illustrant l'enthousiasme avec lequel la majorité des hommes en âge de se battre accueillirent la Grande Guerre : les Anglais, les Allemands et les Français sont certainement les plus allants, mais les Russes, en attente de la Révolution, et les Italiens, rêvant de rejoindre l'Amérique, le sont moins.

Forts de Liège (le café « liégeois ») : au début du conflit, la résistance de la ceinture des forts liégeois ralentit l'avancée allemande et permet aux Alliés de s'organiser ; en hommage, le « café viennois » fut rebaptisé « café liégeois ».

Grippe espagnole : épidémie de grippe qui sévit entre 1918 et 1920, la plus importante pandémie grippale connue dans l'histoire de l'humanité. En avril 1918, une première vague épidémique touche l'Europe après l'arrivée de troupes américaines à Bordeaux. Elle atteint les tranchées dès la mi-avril, puis frappe l'ensemble de l'Espagne. En mai, une deuxième vague se développe à partir du port de Brest ; le pic est atteint en juillet et l'hécatombe précipite l'issue de la guerre. On évoque aujourd'hui 50 à 100 millions de victimes, dont beaucoup d'adultes jeunes.

Gueules cassées : expression forgée par le général Picot, lui-même grièvement blessé au visage en janvier 1917. Face à des dizaines de milliers d'hommes défigurés, les chirurgiens militaires mettent au point de nombreuses techniques qui donneront naissance à la chirurgie maxillo-faciale réparatrice moderne.

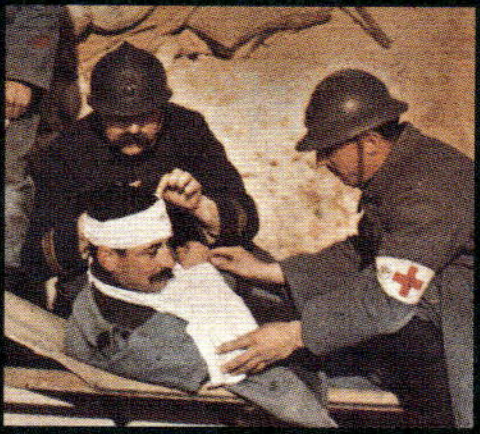

Ligne bleue des Vosges : expression empruntée au testament de Jules Ferry et associée à la reconquête de l'Alsace-Lorraine. Le député et sénateur des Vosges demande à être enterré dans sa ville natale de Saint-Dié, « *en face de cette ligne bleue des Vosges d'où monte jusqu'à mon cœur fidèle la plainte touchante des vaincus* » (1893).

Limoger : mécontent de la tournure des événements d'août 1914, le général Joffre relève un grand nombre de généraux de leur commandement et les affecte vers l'intérieur, à Limoges notamment. Le verbe « limoger », synonyme de renvoyer, fait alors son apparition.

Marmite : obus de gros calibre, pendant la Première Guerre mondiale.

Obusite : nom donné aux traumatismes psychiques et physiques fréquents chez les soldats des tranchées et consécutifs à l'onde de choc des explosions. Se manifestant par divers symptômes tels que contractures, paralysie, tremblements et vomissements, l'obusite est appelée *shell-shock* en anglais.

Poilu : avant de désigner le soldat français de la Première Guerre mondiale, « poilu » signifiait en langage familier un homme vigoureux ou vaillant. Mais l'usage de ce mot appliqué à un soldat particulièrement brave remonterait au moins aux guerres napoléoniennes.

Sammies, tommies : surnoms donnés aux soldats américains et britanniques lors de la Première Guerre mondiale : sammies, tiré de Sam, et Tommy, diminutif de Tom, abrégé de Thomas, Thomas Atkins étant le nom générique du simple soldat britannique depuis 1815.

Saucisse (*Drachen* en all.) : ballon captif servant à l'observation ou à la protection antiaérienne. Déployées sur les lignes de front, les saucisses surveillent les mouvements de l'ennemi et permettent d'ajuster les tirs d'artillerie.

Schlieffen (plan) : plan de campagne élaboré en 1905 par le chef de l'état-major allemand du même nom ; appliqué par l'Allemagne en 1914, il consiste à concentrer ses efforts à l'extrême droite du front occidental, par la Belgique, menaçant toute l'armée française, déployée à l'est, d'une gigantesque manœuvre d'encerclement.

Soldat inconnu : l'idée de rendre hommage à tous les soldats disparus et morts sans sépulture en inhumant un « déshérité de la mort » ne s'est pas réalisée sans problèmes : désaccords à propos du lieu d'inhumation – les Invalides, le Panthéon ou l'Arc de Triomphe –, recours à une famille fictive pour accompagner le cercueil, travaux pour réaliser le tombeau. Le Soldat inconnu ne fut inhumé que le 28 janvier 1921.

▲ Le maréchal Lyautey se recueillant sur la tombe du Soldat inconnu en 1921.

Tirailleurs : entre 1914 et 1918, les soldats originaires de l'Empire colonial français se battent dans les rangs de l'armée française. Près de 158 000 viennent d'Afrique du Nord et 134 000 d'Afrique noire. 72 000 d'entre eux tombent sur le champ de bataille.

U-Boot : abréviation de *Unterseeboot*, sous-marin allemand.

Ypérite : également appelé « gaz moutarde », ce liquide huileux (sulfure d'éthyle deux fois chloré) a une action suffocante et provoque des cloques sur les muqueuses et les parties externes du corps. Les risques encourus par leurs propres troupes lors de changements de direction du vent poussent les Allemands à y renoncer.

Zeppelin : construit par l'ingénieur allemand Ferdinand von Zeppelin et utilisé dans l'aviation civile à partir de 1909, ce dirigeable rigide bombarde pendant la guerre Bruxelles, Paris, Londres et Bucarest. Devenus à partir de 1916 la cible des avions, en raison de leur taille et de leur lenteur, les zeppelins doivent prendre de l'altitude, ce qui réduit la précision de leurs bombardements.

LE BILAN DE LA GUERRE

Cette guerre fit plus de 8 millions de morts, dont :

- **France :** 1 400 000
- **Allemagne :** 1 800 000
- **Autriche-Hongrie :** env. 950 000
- **Belgique :** 45 000
- **Canada :** 62 000
- **États-Unis :** 114 000
- **Grande-Bretagne :** 780 000
- **Italie :** 530 000
- **Russie :** 1 700 000
- **Empire ottoman (Turquie) :** 400 000

LA DER DES DER ?

Le traité de Versailles porte en lui les germes de bien des maux du XXe s. : dans le camp des vaincus, il génère des frustrations qui alimenteront le second conflit mondial.

La Première Guerre mondiale

Première guerre « totale », la Grande Guerre oppose la plupart des nations européennes, réparties en deux systèmes d'alliances (Triple-Alliance : Allemagne, Autriche-Hongrie, Italie, et Triple-Entente : Grande-Bretagne, France, Russie), auxquelles viennent se joindre les États-Unis, la Chine, le Japon et plusieurs États sud-américains.

Le contexte politique international. Au lendemain des guerres balkaniques (1912-1913), l'Europe est une véritable poudrière : l'Allemagne s'oriente vers un pangermanisme qui voit les Slaves comme une menace et ses conquêtes au Proche-Orient inquiètent l'Empire britannique. La perte de l'Alsace-Lorraine par la France à l'issue du conflit de 1870-1871 a généré de vieilles rancœurs. Les alliances et la course aux armements conduisent à un dangereux état de tension.

Les conséquences de l'attentat de Sarajevo. Soupçonnant les services secrets serbes, l'Autriche-Hongrie lance un ultimatum à la Serbie. Le « frère russe » prend la défense de la Serbie et mobilise ses troupes tandis que l'Allemagne soutient l'Autriche. L'engrenage fatal est en marche.

1914

28 juin
L'archiduc François-Ferdinand est assassiné par un jeune nationaliste serbe à Sarajevo.

28 juillet
L'Autriche-Hongrie déclare la guerre à la Serbie.

30 juillet
Nicolas II décrète la mobilisation générale en Russie.

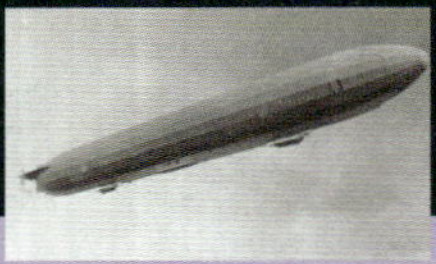

Les gaz de combat. Les Allemands sont les premiers à utiliser des gaz de combat à grande échelle : vagues de chlore en avril 1915 et ypérite en juillet 1917.

1915

19 janvier
Premiers raids aériens par zeppelins sur l'Angleterre.

19 février
Expédition des Dardanelles : la flotte alliée ne parvient pas à franchir les Détroits.

22 avril
Premier emploi des gaz asphyxiants par les Allemands en Flandre.

24 avril
Déportation des Arméniens et début du génocide.

La bataille de Verdun. Enfer dès le premier jour, Verdun mobilise l'armée presque entière : sur les 95 divisions françaises, 70 participent à la « reine des batailles » ; pour ne pas épuiser ses troupes, Pétain obtient qu'on les relève constamment.

1916

21 février
Début de la bataille de Verdun : les Allemands ne passent pas.

16 mai
Accord secret Sykes-Picot : Paris et Londres se partagent d'avance l'Empire ottoman.

31 mai
Bataille navale du Jütland : les Britanniques restent maîtres des mers.

10 juin
Soutenu par les Anglais, le cheikh de La Mecque lance la « révolte arabe ».

La guerre sous-marine. Dès 1914, les flottes anglaise et allemande se livrent à une guerre de position en mer du Nord grâce aux sous-marins modernes : torpilles, périscopes, navigation en plongée…

Le Chemin des Dames. L'attaque brutale préconisée par Nivelle vire au massacre côté français : 35 000 morts en une semaine. Cloués au sol, les survivants vivent un calvaire qui va durer des semaines.

1917

3 février
L'Allemagne reprend la guerre sous-marine : rupture des relations entre Washington et Berlin.

2 avril
Les États-Unis déclarent la guerre à l'Allemagne.

16 avril
Début de l'offensive du Chemin des Dames.

La seconde bataille de la Marne. Soutenue par les nouveaux chars FT17, la contre-offensive conduite par Foch pour reprendre la poche de Château-Thierry oblige les troupes de Ludendorff à un repli général.

1918

3 mars
Paix de Brest-Litovsk entre la Russie bolchevique et les empires centraux.

23 mars
Paris est bombardée par un canon à longue portée situé à Crépy-en-Laonnois.

14 avril
Foch devient général en chef des forces alliées en France.

mai-juillet
Seconde bataille de la Marne : début du recul allemand.

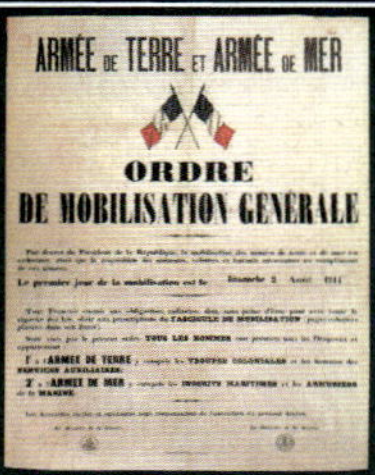

La mobilisation générale. Pour chaque nation, l'enjeu de la guerre est pleinement accepté et le risque apparaît limité : chacun est persuadé que la guerre sera courte.

L'Union sacrée. Dans son message au Parlement, R. Poincaré appelle au rassemblement de tous les Français dans la « même foi patriotique ».

Bataille de la Marne. Fin août, les troupes allemandes menacent Paris. Gallieni réquisitionne les taxis de la capitale pour amener 5 000 soldats sur le front ; le 9 septembre, les Allemands battent en retraite ; Paris est sauvée.

Les premières tranchées. À partir de novembre 1914, apparaissent les premières tranchées : les armées ennemies vont s'enterrer face à face pendant près de trois années.

1er août Mobilisation générale en France et en Allemagne.

4 août Invasion de la Belgique. Entrée en guerre de la Grande-Bretagne. Union sacrée en France.

15-24 août Les Français perdent la bataille des frontières en Alsace-Lorraine et à Charleroi.

26-29 août Victoire des Allemands à Tannenberg sur la IIe armée russe de Samsonov.

6-13 septembre Bataille de la Marne : les Allemands sont repoussés.

1er novembre L'Empire ottoman entre en guerre aux côtés des puissances centrales.

Le *Lusitania*. Sur les 2 000 passagers de ce transatlantique anglais, la moitié se noie. On sait depuis 1972 que le *Lusitania* transportait aussi des munitions achetées à la neutre Amérique.

Champagne et Artois. La tentative de libération du territoire en Champagne impose un sanglant martyre à l'infanterie (Mesnil-lès-Hurlus, Tahure...). En Artois, les Franco-Britanniques lancent en vain une nouvelle et épuisante offensive.

7 mai Torpillage du *Lusitania* par un sous-marin allemand.

mai-juin Échec de l'offensive française d'Artois.

5 août Prise de Varsovie par les Allemands.

septembre Campagnes combinées en Champagne et en Artois.

5 octobre Entrée en guerre de la Bulgarie.

9 octobre Prise de Belgrade par les Autrichiens.

La bataille de la Somme. Après 6 jours d'intenses bombardements des positions allemandes (1 million d'obus tirés), les fantassins franco-britanniques tombent fauchés sous les mitrailleuses de l'ennemi. Un carnage.

1er juillet Début de la bataille de la Somme.

27 août La Roumanie entre en guerre contre les puissances centrales.

28 août Le maréchal Hindenburg devient général en chef sur le front ouest.

10 décembre Le Britannique Lloyd George prend la tête d'un cabinet de coalition.

25 décembre Joffre, promu maréchal de France, est remplacé par Nivelle qui devient commandant en chef des armées.

15 mai Pétain remplace Nivelle.

mai-juin Une vague de mutineries secoue l'armée française.

15 octobre Exécution de l'espionne Mata-Hari à Vincennes.

octobre Révolution bolchevique en Russie.

24 oct.-9 nov. Bataille de Caporetto : défaite italienne face aux Austro-Allemands.

16 novembre Clemenceau devient président du Conseil.

L'armistice. Après d'âpres négociations entre les Alliés, les conditions de l'armistice sont acceptées par l'Allemagne : signé à 5 h 10, le cessez-le-feu prend effet à 11 heures.

Le traité de Versailles. Le traité de Versailles redéfinit certaines frontières (Alsace-Lorraine, couloir de Dantzig en Pologne, etc.) et impose des réparations qui génèrent des frustrations dans le camp des vaincus. En revanche, les États-Unis et le Japon sortent bénéficiaires de la Grande Guerre.

15 septembre Offensive alliée en Macédoine.

11 novembre L'Allemagne signe l'armistice à Rethondes avec les Alliés.

1919

6-15 janvier Répression de l'insurrection spartakiste à Berlin.

28 avril Création de la SDN.

28 juin Signature du traité de Versailles.

La Première Guerre mondiale

En 1914, l'Europe est divisée en deux principaux blocs antagonistes. Les états-majors croient à une décision rapide, mais les fronts se stabilisent et commence dès lors une guerre d'usure (1915 - 1916). L'entrée en guerre des États-Unis en 1917, qui donne très rapidement aux puissances alliées la supériorité matérielle sur les Empires centraux, permet la victoire de la France et de ses alliés en 1918.

L'EUROPE EN 1914

Triple-Entente — Triple-Alliance

FRONTS OCCIDENTAUX

- Frontières de 1914
- Dispositif allemand (août 1914)
- Extrême avance allemande (5 sept. 1914)
- Offensive alliée en sept. 1914 (bataille de la Marne)
- Course à la mer (sept.-nov. 1914) : Alliés, Allemands

Batailles : 1915, 1916, 1917

- Fronts après les offensives de Ludendorff (1918)
- Fronts après les contre-offensives de Foch (1918) : 20 sept., 11 nov.

FRONTS D'EUROPE ET DU MOYEN-ORIENT

Offensives ou mouvements (Alliés / Empires centraux) : 1914, 1915, 1916, 1917, 1918

Opérations ou combats : 1914, 1915, 1916, 1917, 1918

Positions :
- Front après les opérations de Pologne (déc. 1914-févr. 1915)
- 1917
- 1918

Frontières de 1914

1916-1917-1918 : Alliés, Empires centraux, Neutres, Territoires occupés par les Empires centraux

La Seconde Guerre mondiale

La Seconde Guerre mondiale débute en Europe par une série d'opérations militaires qui permettent à l'Allemagne de conquérir un certain nombre de pays. C'est la guerre-éclair. À partir de 1941, le conflit devient mondial, avec l'entrée en guerre de l'URSS, du Japon puis des États-Unis.

À partir de 1943, les forces alliées reprennent l'initiative et la direction du conflit : refoulant systématiquement le Japon dans le Pacifique et débarquant en Europe, elles contraindront d'abord l'Italie (1943), puis l'Allemagne et le Japon (1945) à la capitulation. (*V. aussi cartes : campagnes du* ***Pacifique****.*)

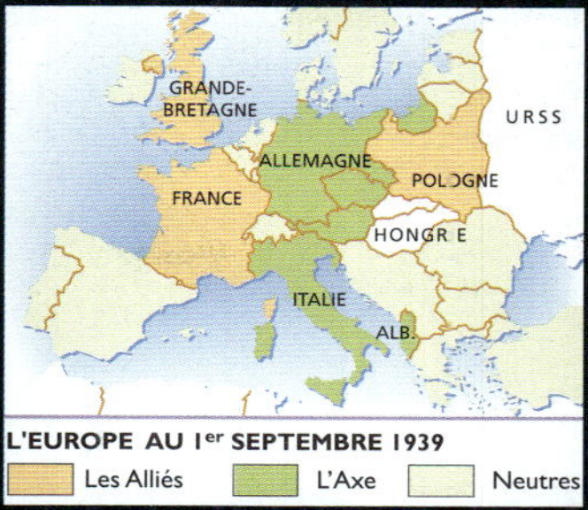

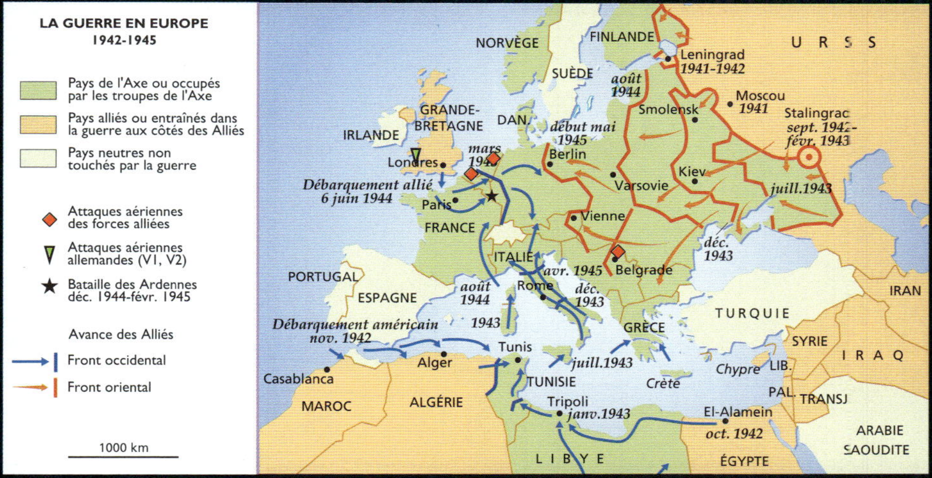

Les mots de la Seconde Guerre mondiale

Le conflit mondialisé de 1940 introduit de nombreux mots d'origine étrangère et, dans la France occupée, le vocabulaire lié aux restrictions et aux horreurs de la guerre témoigne du quotidien des Français.

Boîte à lait : nom donné par la verve populaire parisienne au masque à gaz que chacun porte en sautoir ou en bretelle, dans un étui métallique ou dans une musette. On l'appelle aussi « équipement de zingueur ».

Cocktail Molotov : nom donné par les soldats finlandais aux projectiles incendiaires qu'ils lancent contre les chars de l'Armée rouge : une façon de remercier le commissaire aux Affaires étrangères qui, se défendant de bombarder la Finlande (« les paniers pique-nique de Molotov »), prétend que l'aviation soviétique largue des vivres aux Finlandais affamés.

***Dictateur (le)* :** rompant pour la première fois avec le muet, Chaplin dénonce dans ce film sorti en 1940 le fascisme et dresse le portrait grotesque du Führer et de sa mégalomanie ; prophétique (le scénario est écrit dès 1938) et profondément humaniste, cette satire d'une stupéfiante audace précède aux États-Unis *Chasse à l'homme* (1941) de Fritz Lang et *To be or not to be* (1942) de Lubitsch.

« Drôle de guerre » : Roland Dorgelès a revendiqué la paternité de cette expression pour qualifier la trêve de 8 mois qui s'étend du 3 septembre 1939, déclaration de guerre de la Grande-Bretagne et de la France à l'Allemagne, au 10 mai 1940, invasion de la Belgique et des Pays-Bas par la Wehrmacht. Elle pourrait aussi provenir d'un contresens phonétique transformant en *funny war* l'expression anglaise *phoney war* : guerre « bidon ».

« Du sang, de la sueur et des larmes » : paroles extraites du discours prononcé par Winston Churchill devant la Chambre des communes, le 13 mai 1940, afin de galvaniser l'opinion publique anglaise et de la préparer à un combat long et difficile contre l'Allemagne.

Einsatzgruppen : groupes d'action mobile créés en 1941 pour liquider les responsables communistes et les Juifs, à l'arrière des armées allemandes progressant en Union soviétique. Composés de petites unités de SS et de policiers, les Einsatzgruppen opèrent avec le concours de polices auxiliaires locales, dont les membres sont recrutés parmi les Lituaniens, les Estoniens, les Lettons et les Ukrainiens.

Enigma : machine à chiffres allemande réputée inviolable et dont le nombre de clés est de l'ordre de 10^{20}. À la suite des découvertes du Polonais Marian Rejewski au milieu des années 1930, le mathématicien anglais Alan Turing entre en possession, dès la fin de l'été 1940, du code Enigma, que Churchill appelle sa « source miracle ». Durant toute la guerre, le déchiffrement de plus de 18 000 messages par jour permet aux Alliés de connaître les intentions de l'Allemagne.

Ersatz : la France occupée connaît bien ce mot allemand qui signifie « succédané » : le café est en majeure partie constitué d'orge grillée, le chocolat est un bloc de pâte saccharine revêtu d'une mince pellicule de chocolat, le rutabaga remplace la pomme de terre, les semelles de bois le cuir contingenté, la rayonne et la fibranne les fibres naturelles, et les automobiles roulent au gazogène.

Espace vital (calque de l'allemand *Lebensraum*) : concept allemand créé à la fin du XIXe siècle, qui, repris par Hitler, devient un des thèmes essentiels de *Mein Kampf*. Selon lui, l'Allemagne, victime de l'humiliant traité de Versailles, doit conquérir par la force, voire par la guerre, des « colonies limitrophes » comme l'Ukraine ou la Pologne, lui permettant de vivre normalement.

Fleur de cerisier : traduction du japonais Okha, bombe volante pilotée par un homme jusqu'à l'impact final et utilisée pour la première fois à Okinawa (mars-avril 1945).

Gleiwitz (incident de) : pour justifier l'invasion de la Pologne le 1er septembre 1939, les Allemands montent un faux incident : des SS déguisés en soldats polonais attaquent un poste émetteur allemand à Gleiwitz (Gliwice), près de la frontière.

Hérisson tchèque : assemblage de portions de rails entrecroisées et munies de socles en béton pour assurer leur stabilité dans le sable, ce dispositif antichar à l'origine constitue, placé en grand nombre sur les plages, un moyen efficace de stopper la progression des barges de débarquement.

Hurricane : premier chasseur monoplan de la Royal Air Force, le Hurricane, conçu par la firme Hawker, est surtout utilisé en raison de sa maniabilité et de sa robustesse contre les redoutables Messerschmitt BF 109 de la Luftwaffe, lors de la bataille d'Angleterre (août-octobre 1940). Équipé de quatre canons de 20 mm et de leur bombe, il sème la terreur dans les colonnes blindées de l'Axe et devient alors le Hurribomber.

Israël et Sarah : deuxième prénom que doivent faire figurer tous les Juifs du Reich sur leurs documents officiels après la Nuit de cristal (9-10 novembre 1938).

***Je suis partout* :** titre d'un hebdomadaire animé de 1937 à 1943 par Robert Brasillach, qui en fait un organe ultracollaborationniste.

En page 4 : AMOUR SÉNILE, par Abel Manouvriez

JE SUIS PARTOUT

Défense de l'Occident ? Non : Destruction de Lorient.

LA SECCOTINE colle... et répare TOUT

Le Grand Hebdomadaire Politique et Littéraire

De la débâcle de Wall Street au règne de Franklin Roosevelt

LIBÉREZ-NOUS DES CUISTRES

Choses vues par P.-A. Cousteau

par Robert Brasillach

« **Le Juif et la France** » : titre de l'exposition ouverte le 5 septembre 1941 au palais Berlitz, à Paris, et organisée par les Allemands, avec le concours de l'Institut d'étude des questions juives ; le but était de préparer la population de la zone occupée à une radicalisation des mesures antijuives.

Lili Marleen : en 1939, Norbert Schultze, un jeune compositeur allemand, met en musique un poème sentimental écrit en 1915 par Hans Leip. Diffusée le 18 août 1941 par la radio militaire allemande de Belgrade, la chanson séduit les soldats de la Wehrmacht. Interprétée par Marlene Dietrich en 1944 dans une version plus langoureuse, elle connaît un grand succès au-delà des frontières allemandes.

Malgré-nous : nom donné aux Alsaciens-Lorrains enrôlés de force dans l'armée allemande et envoyés sur le front de l'Est.

Maquis : en Europe, les plus importants maquis se développent en Yougoslavie, dans la Russie occupée et en Pologne. En France, on observe un grand éparpillement, avec des zones où l'activité des maquis est plus soutenue, comme le Jura, l'Auvergne, le Limousin, le Morvan, la Savoie et le Dauphiné.

Maréchal, nous voilà : chanson d'André Montagnard et de Charles Courtioux, chantée par André Dassary : elle devient presque l'hymne officiel de Vichy.

Marinettes : groupe d'une dizaine d'ambulancières de la Marine, volontaires pour s'occuper des blessés de la 2e DB du général Leclerc et rattachées au Régiment blindé de fusiliers marins, le RBFM, qui les surnomme « Marinettes ».

Mechelen-sur-Meuse : le 10 janvier 1940, une fouille sur le passager d'un monoplan allemand ayant atterri près de Mechelen, à cause du brouillard, permet aux Belges de s'emparer des plans de l'offensive allemande sur le front de l'Ouest.

Mourir pour Dantzig ? : titre d'un retentissant article de Marcel Déat, partisan d'une politique de compromis avec l'Allemagne, paru dans *l'Œuvre* du 4 mai 1939, journal dont il fait, après en avoir pris la direction en juillet 1940, un des principaux organes de la collaboration.

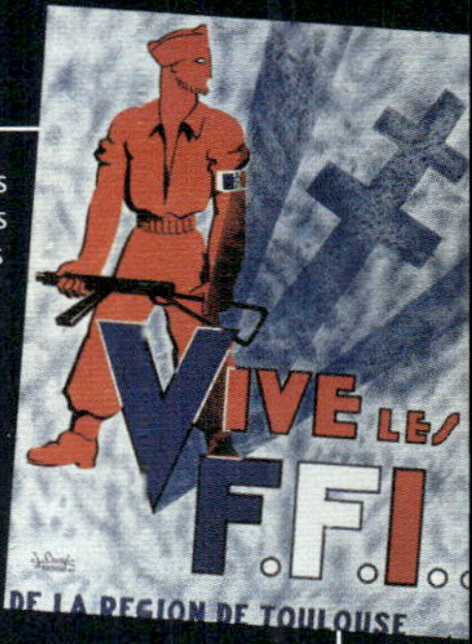

Rochambelles : surnom donné par les soldats de la 2e DB, où elles sont intégrées à la quinzaine de volontaires françaises du groupe Rochambeau, fondé en 1941 par l'Américaine Florence Conrad. Débarquées en Afrique du Nord avec 19 ambulances Dodge WC54, les Rochambelles rejoignent l'Angleterre en mai 1944, débarquent à Utah Beach en août, participent à la campagne de Normandie, puis à la Libération de Paris, et vont jusqu'en Allemagne.

Spitfire : conçu par Reginald Mitchell, ce « cracheur de feu » devient le plus célèbre chasseur britannique de la Seconde Guerre mondiale grâce à ses remarquables performances : grande maniabilité, alliée à une puissance de feu lui donnant une importante capacité de destruction.

Tokyo Express : surnom utilisé par les Américains pour qualifier la très grande régularité avec laquelle les convois japonais ravitaillent, de nuit, leurs garnisons sur l'île de Guadalcanal.

Verdun du Pacifique : surnom donné à l'île de Guadalcanal en raison du nombre de pertes matérielles (une cinquantaine de navires de part et d'autre) et humaines subies par les Américains (1 600 morts) et les Japonais (24 000 morts).

« Yvette aime les grosses carottes » : en langage clair : parachutage d'armes ; un des messages secrets de Radio Londres, programme de langue française diffusé du 6 septembre 1940 au 22 novembre 1944 par la BBC.

Zazous : surnom emprunté à une chanson de Cab Calloway (*Zah Zuh Zaz*) par un petit nombre de jeunes Parisiens non conformistes, qui, pour exprimer leur rejet du régime de Vichy et de sa propagande zélée, arborent des tenues excentriques et swinguent joyeusement sur les dernières nouveautés de jazz en provenance des États-Unis.

LE BILAN DE LA GUERRE

Cette guerre fit entre 40 et 60 millions de morts, dont :

- **Allemagne** : 4,5 millions
- **Belgique** : 89 000
- **Canada** : 41 000
- **Chine** : entre 10 et 20 millions
- **États-Unis** : 300 000
- **Finlande** : 90 000
- **France** : env. 535 000
- **Grande-Bretagne** : 390 000
- **Grèce** : env. 500 000
- **Hongrie** : env. 450 000
- **Italie** : 310 000
- **Japon** : env. 3 millions
- **Pays-Bas** : env. 210 000
- **Pologne** : env. 6 millions
- **Roumanie** : env. 460 000
- **URSS** : env. 20 millions
- **Yougoslavie** : 1,5 million
- La déportation et les massacres firent environ 6 millions de victimes juives.

UN MONDE DIVISÉ

Les séquelles de cette immense conflagration engendrent d'inextricables conflits entre le monde occidental et le monde soviétique. Outre la guerre froide qui se profile, les poussées anticolonialistes se précisent.

La Seconde Guerre mondiale

Conflit planétaire, la Seconde Guerre mondiale oppose les puissances alliées (Pologne, Grande-Bretagne et Commonwealth, France et colonies, Danemark, Norvège, Pays-Bas, Belgique, Yougoslavie, Grèce, puis URSS, États-Unis, Chine et la plupart des pays de l'Amérique latine) aux puissances totalitaires de l'Axe (Allemagne, Italie, Japon et leurs satellites, Hongrie, Slovaquie, etc.).

Les origines du conflit. Le régime de Hitler veut affranchir l'Allemagne du traité de Versailles de 1919 et dominer l'Europe. L'épuisement économique et démographique des vainqueurs de 1918, leurs divisions (et notamment la crainte de l'Angleterre de voir la France trop puissante), l'éclatement de l'Europe danubienne en de nouveaux États aux frontières contestables et contestées, l'impuissance d'une Société des Nations imposée mais aussitôt refusée par les États-Unis, la crise économique mondiale de 1929, enfin, constituent autant de facteurs accentuant la fragilité du nouvel équilibre international.

1939

15 mars
Création d'un protectorat de Bohême-Moravie ; entrée des troupes allemandes à Prague.

22 mai
Pacte d'Acier entre l'Allemagne et l'Italie.

23 août
Signature d'un pacte de non-agression entre l'Allemagne et la Russie soviétique à Moscou.

1er septembre
L'Allemagne déclenche la guerre en envahissant la Pologne. La guerre éclair *(Blitzkrieg)*, cette tactique audacieuse menée par le couple char-avion, fut expérimentée de 1936 à 1939 lors de la guerre civile d'Espagne et lors des invasions de l'Autriche et de la Tchécoslovaquie.

3 septembre
La France et la Grande-Bretagne déclarent la guerre à l'Allemagne.

30 novembre
L'Armée rouge envahit la Finlande. Malgré la résistance farouche des Finlandais, la ligne Mannerheim est enfoncée le 11 février 1940.

1940

Avril-mai
Campagne de Norvège. Les Alliés, qui voulaient empêcher le transport de minerai de fer suédois vers l'Allemagne, sont pris de vitesse par la Wehrmacht (9-13 avril).

10 mai
Lancement de l'offensive à l'Ouest : la Wehrmacht envahit les Pays-Bas, la Belgique, le Luxembourg et perce le front français entre Sedan et Namur. L'Italie déclare la guerre à la France.

18 juin
À Londres, le général de Gaulle appelle le peuple français à résister.

22 juin
Le maréchal Pétain signe l'armistice à Rethondes. La France est divisée en une zone occupée (Nord) et une zone libre (Sud). Pétain installe son gouvernement à Vichy.

13 août
Début de la bataille d'Angleterre. L'offensive aérienne de la Luftwaffe se heurte à une telle réaction de la Royal Air Force que Hitler devra renoncer au débarquement prévu.

27 septembre
Tokyo rejoint l'Axe Rome-Berlin. Le Japon obtient une vaste zone d'influence comprenant la Mandchourie, la Chine, l'Inde, le Sud-Est asiatique (y compris l'Australie) et le Pacifique.

1941

2 mars
Entrée des troupes allemandes en Bulgarie.

2 avril
Offensive de Rommel en Libye. Hitler, inquiet de la déroute de Graziani en Libye, envoie Rommel et l'Afrikakorps, qui reconquièrent la Cyrénaïque et assiègent Tobrouk.

6-30 avril
Campagne des Balkans. Alors que les troupes italiennes sont aux prises avec l'armée grecque, la Wehrmacht, appuyée par les armées hongroise et bulgare, envahit brutalement la Yougoslavie et la Grèce.

22 juin
Début de l'opération Barbarossa : brisant le pacte germano-soviétique de 1939, l'Allemagne lance une gigantesque armée (Allemands, Finlandais, Roumains, Italiens, Hongrois) à l'assaut de l'URSS.

14 août
Proclamation de la *Charte de l'Atlantique* par Roosevelt et Churchill.

25 août
L'Iran, pro-allemand, est occupé par les Britanniques et les Soviétiques.

19 septembre
Port obligatoire de l'étoile jaune pour tous les Juifs en Allemagne.

6 décembre
Contre-attaque soviétique devant Moscou. La Wehrmacht, à bout de souffle, est incapable de résister aux rigueurs de l'hiver.

7 décembre
Pearl Harbor. Le Japon frappe par surprise la base navale américaine du Pacifique, détruisant le gros de sa flotte, et provoque l'entrée en guerre des États-Unis, puis celle de la Chine. Le conflit devient mondial.

Décembre 1941 - mars 1942
Les Japonais s'emparent de Wake, de Guam, de Hongkong, de Singapour, des Philippines, de la Birmanie et de l'Indonésie.

1942

20 janvier
Conférence de Wannsee : la « solution finale » est décrétée. En Pologne, six camps d'extermination auront pour unique but de perpétrer des meurtres de masse.

4-5 juin
Bataille de Midway : la victoire américaine stoppe l'expansion nippone dans le Pacifique.

7 juin
Port obligatoire de l'étoile jaune pour les Juifs en zone occupée.

10 juin
Massacre de Lidice, à 20 km à l'ouest de Prague. En représailles à l'attentat perpétré contre Reinhard Heydrich, le 27 mai 1942, par des résistants tchèques, la ville est entièrement rasée.

22 juin
Laval se déclare en faveur de la collaboration totale avec l'occupant allemand.

16-17 juillet
Rafle du Vél'd'Hiv à Paris.

17 août
Les Allemands pénètrent dans le Caucase, mais se heurtent à la résistance sous-estimée de l'Armée rouge.

4 novembre Montgomery défait Rommel à El-Alamein.

8 novembre
Débarquement anglo-américain déclenché par Eisenhower en Afrique du Nord. En représailles, la Wehrmacht envahit la zone libre de la France.

1943

2 février
Capitulation de la Wehrmacht devant Stalingrad. Cette première grande défaite allemande marque un tournant dans la guerre.

9 février
Les Japonais évacuent Guadalcanal.

16 février
Laval institue le STO.

13 avril
Découverte des charniers de Katyń (URSS).

19 avril - 16 mai
Soulèvement du ghetto de Varsovie. Après quatre semaines de combats acharnés, 7 000 Juifs sont exécutés et les survivants sont déportés.

21 juin
Arrestation de Jean Moulin à Caluire.

10 juillet
Débarquement allié en Sicile. Mussolini est destitué (24-25 juillet). Badoglio signe un armistice avec les Alliés (3 septembre).

28 nov. - 2 déc.
Conférence de Téhéran (Roosevelt, Churchill, Staline). Sont évoqués la question du débarquement en Europe, ainsi que les problèmes de l'après-guerre.

1944

6 avril
Rafle des enfants d'Izieu (France).

4 juin
Prise de Rome par les Alliés.

6 juin
Débarquement de Normandie.

10 juin
Massacre d'Oradour-sur-Glane. Débarquement américain aux îles Mariannes (Pacifique).

22 juin
Vaste offensive soviétique sur le front de l'Est. Le 30, l'Armée rouge est aux portes de Berlin.

20 juillet
Attentat manqué contre Hitler.

15 août - 17 septembre
Débarquement de Provence. Les forces franco-américaines de de Lattre de Tassigny libèrent Toulon, Marseille et Lyon.

25 août
Le général de Gaulle entre dans Paris libéré.

2 octobre
L'insurrection de Varsovie est écrasée. Après une héroïque résistance, la ville est totalement rasée, sa population déportée, sans que les troupes soviétiques soient intervenues.

23-26 octobre
Victoire de Mac Arthur sur l'île de Leyte (Philippines). C'est un coup fatal pour la marine japonaise, qui a employé pour la première fois ses avions suicides (kamikazes).

1945

9 janvier
Débarquement américain sur l'île de Luçon (Philippines).

13-14 février
Bombardement de Dresde par les Alliés. La ville est anéantie.

19 février
Les Américains débarquent à Iwo Jima (Japon).

4-11 février
Conférence de Yalta (Staline, Roosevelt, Churchill). Envenimée par d'âpres discussions, elle reflète les rapports de force sur le terrain, rapports qui vont inéluctablement conduire à la guerre froide.

25 avril
Les Alliés font leur jonction sur l'Elbe.

30 avril
Suicide d'Adolf Hitler à Berlin.

8 mai
Capitulation du Reich : la guerre en Europe est finie.

6 août
Largage d'une bombe atomique sur Hiroshima, suivi, le 9, d'une seconde bombe sur Nagasaki.

2 septembre
Capitulation du Japon à bord du cuirassé *Missouri*.

(Suite de la page 1543.) Le 28 juill., l'Autriche-Hongrie, poussée par Guillaume II, qui lui a accordé dès le 15 juill. un « chèque en blanc », déclare la guerre à la Serbie. Le système des alliances entre alors en jeu et, en quelques semaines, les pays des deux camps antagonistes se trouvent en guerre, à l'exception de l'Italie, qui proclame sa neutralité.
Conséquences. L'étendue et l'importance des destructions, les difficultés de ravitaillement, la hausse des prix et l'incertitude de la monnaie concernent à des degrés divers vainqueurs et vaincus. L'écroulement des empires russe, austro-hongrois, ottoman et du IIe Reich permet l'épanouissement de minorités nationales jusque-là brimées. L'Allemagne abandonne 70 000 km^2, soit 7 millions d'habitants et le huitième de son territoire, diminué de l'Alsace-Lorraine, de la Prusse-Occidentale et de la Posnanie. La Prusse-Orientale est désormais coupée de l'ensemble du Reich par le « couloir » qui donne à la Pologne un accès à la mer, tandis que Dantzig est érigée en ville libre sous contrôle de la SDN. L'Empire britannique se transforme en une confédération de peuples alors que l'Empire colonial français pose, dans l'immédiat, moins de problèmes politiques. En définitive, deux nations, les États-Unis et le Japon, seront les principales bénéficiaires des difficultés de l'Europe de l'après-guerre.

Guerre mondiale (Seconde), conflit qui, de 1939 à 1945, opposa les puissances alliées (Pologne, Grande-Bretagne et Commonwealth, France, Danemark, Norvège, Pays-Bas, Belgique, Yougoslavie, Grèce, puis URSS, États-Unis, Chine et la plupart des pays de l'Amérique latine) aux puissances totalitaires de l'Axe (Allemagne, Italie, Japon et leurs satellites, Hongrie, Slovaquie, etc.). *[V. planches pages 1550-1553 et cartes pages 1549 et 1771.]*
Causes. L'origine du conflit réside essentiellement dans la volonté de Hitler d'affranchir le IIIe Reich du « diktat » de Versailles (1919) et de dominer l'Europe. Après avoir rétabli le service militaire obligatoire (1935) pour disposer d'une puissante armée (la Wehrmacht), Hitler remilitarise la rive gauche du Rhin (1936), puis annexe l'Autriche et une partie de la Tchécoslovaquie (1938). La reconnaissance du fait accompli à Munich (1938) par la France et la Grande-Bretagne l'encourage à poursuivre cette politique de force. Hitler s'empare alors du reste de la Tchécoslovaquie (mars 1939), s'assure l'appui italien (mai) et obtient la neutralité bienveillante de l'URSS avec son accord pour un partage de la Pologne (accord germano-soviétique du 23 août). L'affaire de Dantzig peut alors servir de prétexte au déclenchement d'un conflit qui, à l'origine européen, embrase finalement le monde avec l'entrée en guerre du Japon et des États-Unis dès 1941.
Conséquences. À l'exception des États-Unis, les adversaires sortent du conflit épuisés et ruinés. Au plan politique, la fin de la Seconde Guerre mondiale voit l'ébranlement des empires coloniaux britannique, français et hollandais. Seule, parmi les grandes nations, l'URSS obtient un accroissement territorial important, par le retour des anciennes dépendances de l'Empire tsariste. Si la Première Guerre mondiale a eu une liquidation rapide – dans les deux années qui suivirent l'effondrement des empires centraux, les traités refirent la carte de l'Europe –, il en va autrement après 1945. Le sort de l'Allemagne et du Japon, les deux principaux vaincus, reste en suspens. En effet, presque aussitôt se révèle un antagonisme entre les démocraties occidentales et l'Union soviétique. Celle-ci prend sous son égide les pays de l'Europe orientale en les dotant (coup de Prague, 1948) d'un régime politique et social calqué sur le sien. La fin de la Seconde Guerre mondiale est aussi le début de la « guerre froide ».

GUERROUJ (Hicham **el-**), *Berkane 1974*, athlète marocain. Grande figure du demi-fond, détenteur de plusieurs records du monde, il est surtout un spécialiste du 1 500 m, distance sur laquelle il a obtenu 4 titres successifs de champion du monde (1997, 1999, 2001, 2003) et un titre de champion olympique (en 2004, à Athènes, où il a réalisé un doublé, l'emportant également sur 5 000 m).

GUERVILLE (78930), comm. des Yvelines, au S. de Mantes-la-Jolie ; 2 172 hab. *(Guervillois)*. Cimenterie.

GUESCLIN (Bertrand **Du**) → **DU GUESCLIN.**

GUESDE (Jules **Basile**, dit Jules), *Paris 1845 - Saint-Mandé 1922*, homme politique français. Il introduisit les thèses marxistes au sein du mouvement ouvrier français et fit accepter (1879) la création d'un parti ouvrier. Hostile, au contraire de Jaurès et de Millerand, à la collaboration avec les partis bourgeois, il fit triompher ses idées au congrès d'Amsterdam (1904). Il accepta toutefois, en 1914, d'être ministre d'État.

GUEUGNON (71130), bur. centr. de cant. de Saône-et-Loire, sur l'Arroux ; 7 404 hab. *(Gueugnonnais)*. Métallurgie.

GUEVARA (Ernesto **Guevara de la Serna**, dit Che), *Rosario 1928 - La Higuera, région de Valle Grande, Bolivie, 1967*, révolutionnaire cubain d'origine argentine. Médecin, il participa à la révolution cubaine aux côtés de Fidel Castro (1956 - 1959) et chercha à développer des foyers révolutionnaires en Amérique latine. Il organisa et dirigea la guérilla bolivienne (1966 - 1967) mais, capturé au cours de celle-ci, il fut exécuté. Ses restes ont été rapatriés à Cuba (Santa Clara) en 1997.

▲ Che **Guevara**

GUÈVREMONT (Germaine), *Saint-Jérôme 1893 - Montréal 1968*, écrivaine canadienne de langue française, auteure de contes *(En pleine terre)* et de romans paysans *(le Survenant)*.

GUGGENHEIM (Solomon R.), *Philadelphie 1861 - New York 1949*, industriel et collectionneur américain. Le musée qui abrite ses collections d'art du XXe s., à New York, est installé dans un édifice hélicoïdal dû à F. L. Wright. La fondation qui porte son nom gère aussi, notamm., le musée Peggy-Guggenheim à Venise (collection d'art contemporain constituée par sa nièce [1898 - 1979]) et les musées Guggenheim de Bilbao et d'Abu Dhabi.

Gugong, nom chinois de la Cité interdite à Pékin.

GUI ou **GUY** (saint), *IVe s. ?*, martyr. Son culte était très populaire au Moyen Âge ; on l'invoquait contre l'épilepsie et certaines maladies nerveuses (la « danse de Saint-Gui »).

GUI ou **GUIDO d'Arezzo,** *Arezzo v. 990 - apr. 1033*, bénédictin italien. Théoricien de la musique (avec, notamm., son traité *Micrologus*), il donna leur nom aux notes de la gamme.

GUI DE DAMPIERRE, *1225 - Pontoise 1305*, comte de Flandre (1278 - 1305). Vassal de Philippe le Bel, il se révolta en 1297. Mal soutenu par l'Angleterre, il se constitua prisonnier en 1300 et passa le reste de ses jours en captivité.

GUI DE LUSIGNAN, *Lusignan v. 1129 - Nicosie 1194*, roi de Jérusalem (1186 - 1192), seigneur de Chypre (1192 - 1194). Vaincu par Saladin en 1187 à Hattin, il fut dépouillé du royaume de Jérusalem par Conrad Ier, marquis de Montferrat (1192).

GUIBERT (François **Apolline**, comte **de**), *Romans 1744 - Paris 1790*, général et stratège français. Son *Essai général de tactique* (1773), préconisant une guerre de mouvement, complété par sa *Défense du système de la guerre moderne* (1779), eut une influence sur la pensée militaire de Napoléon Ier.

GUIBERT (Hervé), *Saint-Cloud 1955 - Clamart 1991*, écrivain et photographe français. Fantasmes, amours masculines, portraits de famille et lutte contre le sida sont la matière de ses récits autobiographiques crus et drolatiques (*Des aveugles*, 1985 ; *Mes parents*, 1986 ; *À l'ami qui ne m'a pas sauvé la vie*, 1990).

GUIBERT de Nogent, *Clermont, Oise, 1053 - Nogent-sous-Coucy v. 1130*, bénédictin et historien français, auteur d'une histoire des croisades, *Gesta Dei per Francos*.

GUICHARDIN (François), en ital. Francesco **Guicciardini,** *Florence 1483 - Arcetri 1540*, historien italien. Il servit les papes Léon X et Clément VII, et les Médicis. Il écrivit une *Histoire de l'Italie* (1537-1540), de 1492 à la mort de Clément VII.

GUICHEN [giʃɛ̃] (35580), bur. centr. de cant. d'Ille-et-Vilaine ; 8 424 hab. *(Guichenais)*.

GUIDE (le) → **RENI** (Guido).

GUIDEL (56520), comm. du Morbihan, au N.-O. de Lorient ; 11 807 hab. *(Guidélois)*. Station balnéaire. – Sites mégalithiques. Fort du XVIIIe s.

Guignol, personnage du théâtre de marionnettes français. Originaire d'Italie, il fut introduit à Lyon à la fin du XVIIIe s. par Laurent Mourguet (1769 - 1844). Guignol et son ami Gnafron symbolisent l'esprit frondeur du peuple.

GUIL n.m., riv. des Hautes-Alpes drainant le Queyras, et affl. de la Durance (r. g.) ; 56 km.

GUILBERT (Yvette), *Paris 1867 - Aix-en-Provence 1944*, chanteuse française. Son nom reste attaché au music-hall et à deux de ses succès : *le Fiacre* et *Madame Arthur*.

GUILDFORD, v. de Grande-Bretagne (Angleterre), au S.-O. de Londres ; 69 400 hab. Demeures et monuments anciens.

GUILFORD (Joy Paul), *Marquette, Nebraska, 1897 - Los Angeles 1987*, psychologue américain. Sa théorie de l'intelligence a servi de base à la conception de nombreux tests.

GUILHERAND-GRANGES [gijərɑ̃-] (07500), comm. de l'Ardèche ; 11 134 hab. *(Guilherandais-Grangeois)*.

GUILIN, v. de Chine (Guangxi) ; 804 571 hab. Très beau paysage de collines bordant le fleuve, avec falaises gravées de calligraphies datant des époques Tang, Song et Ming, et grottes abritant des bouddhas sculptés.

GUILLAIN (Simon), *Paris 1581 - id. 1658*, sculpteur français. Son chef-d'œuvre était, à Paris, le monument du Pont-au-Change (1647), avec les statues en bronze (auj. au Louvre) de Louis XIII, d'Anne d'Autriche et du jeune Louis XIV.

GUILLAUMAT (Louis), *Bourgneuf, Charente-Maritime, 1863 - Nantes 1940*, général français. Il se distingua à la tête de la IIe armée à Verdun (1916) et commanda les troupes alliées d'Orient (1917 - 1918), puis les forces d'occupation en Allemagne (1924 - 1930).

GUILLAUME le Grand (saint), *v. 755 - Gellone, Languedoc, 812*, comte de Toulouse et duc d'Aquitaine. Après avoir arrêté les Arabes, il se retira dans l'abbaye de Gellone, qu'il avait fondée et qui devint Saint-Guilhem-le-Désert. – Il est le héros d'un cycle de chansons médiévales sous le nom de « Guillaume d'Orange » ou de « Guillaume au Court Nez ».

ACHAIE

GUILLAUME II DE VILLEHARDOUIN → **VILLEHARDOUIN.**

ALLEMAGNE

GUILLAUME Ier, *Berlin 1797 - id. 1888*, roi de Prusse (1861 - 1888), empereur d'Allemagne (1871 - 1888), de la dynastie des Hohenzollern. Fils de Frédéric-Guillaume III, il gouverne comme régent à la place de son frère Frédéric-Guillaume IV, atteint de maladie mentale (1858), puis lui succède (1861). Ne pouvant obtenir les crédits militaires pour la réforme de Moltke, il appelle à la présidence du Conseil Bismarck (1862), qui exerce dès lors le pouvoir réel. À l'issue de la guerre franco-allemande (1870 - 1871), Guillaume est proclamé empereur allemand au château de Versailles, le 18 janv. 1871.

GUILLAUME II, *château de Potsdam 1859 - Doorn, Pays-Bas, 1941*, roi de Prusse et empereur d'Allemagne (1888 - 1918), de la dynastie des Hohenzollern. Petit-fils de Guillaume Ier et fils de Frédéric III, il renvoie Bismarck en 1890 et conduit lui-même les affaires, en s'appuyant sur le camp conservateur. Il lance à partir de 1898 un programme de construction navale afin de rivaliser avec la Grande-Bretagne, tente contre la France une politique d'intimidation (Tanger, 1905 ; Agadir, 1911) et développe l'influence allemande dans l'Empire ottoman. Après la conclusion de la Triple-Entente (1907), il renforce ses liens avec l'Autriche et se lance en août 1914 dans la Première Guerre mondiale. Vaincu (1918), il abdique et s'exile.

▲ **Guillaume II**

ANGLETERRE ET GRANDE-BRETAGNE

GUILLAUME Ier le Conquérant ou **le Bâtard,** *Falaise ? v. 1028 - Rouen 1087,* duc de Normandie (1035 - 1087), roi d'Angleterre (1066 - 1087). En 1066, revendiquant la couronne anglaise que lui avait promise Édouard le Confesseur, il conquit l'Angleterre sur le roi Harold II, défait et tué près de Hastings (1066), et sut organiser son nouveau royaume en constituant une noblesse militaire très fortement hiérarchisée. Il fit rédiger, en 1085, le « Domesday* Book ».

▲ **Guillaume Ier le Conquérant.** — **Guillaume II le Roux,** *v. 1056 - près de Lyndhurst 1100,* roi d'Angleterre (1087 - 1100). Fils de Guillaume Ier le Conquérant, il lutta avec succès contre les Gallois et les Écossais (1093).

GUILLAUME III, dit Guillaume **d'Orange,** *La Haye 1650 - Kensington 1702,* stathouder des Provinces-Unies (1672 - 1702), roi d'Angleterre, d'Écosse et d'Irlande (1689 - 1702), de la dynastie des Stuarts. Fils posthume de Guillaume II de Nassau et de Marie, fille de Charles Ier, il devient stathouder en 1672. Il sauve sa patrie de l'invasion française en ouvrant les écluses afin d'inonder le pays, préserve l'intégrité du territoire néerlandais au traité de Nimègue (1678) et dirige une coalition européenne contre Louis XIV. Défenseur du protestantisme, il détrône le roi d'Angleterre Jacques II, son beau-père, et est proclamé roi en 1689, conjointement à son épouse, Marie II Stuart. Louis XIV reconnaît son autorité au traité de Ryswick (1697).

GUILLAUME IV, *Londres 1765 - Windsor 1837,* roi de Grande-Bretagne, d'Irlande et de Hanovre (1830 - 1837), fils de George III.

ÉCOSSE

GUILLAUME le Lion, *1143 - Stirling 1214,* roi d'Écosse (1165 - 1214). Il dota son pays d'une solide organisation administrative et judiciaire.

HOLLANDE ET PAYS-BAS

GUILLAUME Ier DE NASSAU, dit **le Taciturne,** prince **d'Orange,** *château de Dillenburg 1533 - Delft 1584,* stathouder de Hollande (1559 - 1567, 1572 - 1584). Opposé à la politique absolutiste de Philippe II, il organisa le soulèvement de la Hollande et de la Zélande contre l'Espagne (1572), puis fut reconnu stathouder des dix-sept provinces (1576). Il ne put néanmoins empêcher les provinces méridionales, catholiques, de se replacer sous l'autorité des Espagnols (1579), qui le firent assassiner. — **Guillaume II de Nassau,** prince **d'Orange,** *La Haye 1626 - id. 1650,* stathouder de Hollande (1647 - 1650). Fils et successeur de Frédéric-Henri, il fit reconnaître l'indépendance des Provinces-Unies à la paix de Westphalie (1648). Sa mort prématurée permit au parti républicain de reprendre le pouvoir. — **Guillaume III de Nassau → Guillaume III** [Angleterre et Grande-Bretagne].

GUILLAUME Ier, *La Haye 1772 - Berlin 1843,* roi des Pays-Bas et grand-duc de Luxembourg (1815 - 1840). Désigné comme roi par le congrès de Vienne, il perdit la Belgique en 1830 ; il abdiqua en 1840. — **Guillaume II,** *La Haye 1792 - Tilburg 1849,* roi des Pays-Bas et grand-duc de Luxembourg (1840 - 1849). Fils de Guillaume Ier, il dut accorder une constitution parlementaire (1848). — **Guillaume III,** *Bruxelles 1817 - château de Loo 1890,* roi des Pays-Bas et grand-duc de Luxembourg (1849 - 1890), fils de Guillaume II.

GUILLAUME de Champeaux, *Champeaux, près de Melun, milieu XIe s. - v. 1121,* philosophe et théologien français. Évêque de Châlons (Champagne) [1113 - 1121], il s'opposa à son disciple Abélard dans la querelle des universaux.

GUILLAUME DE CHAMPLITTE → CHAMPLITTE.

GUILLAUME de Conches, *Conches fin du XIe s. - v. 1154,* théologien et philosophe français, membre éminent de l'école de Chartres.

GUILLAUME de Lorris, *Lorris-en-Gâtinais v. 1200/1210 - apr. 1240,* poète français, auteur de la première partie du *Roman* de la Rose.*

▲ **Guillaume de Machaut.** Enluminure d'un manuscrit du XIVe s. des *Nouveaux Dits amoureux.* (BnF, Paris.)

GUILLAUME de Machaut ou **de Machault,** *Machault, près de Reims, v. 1300 - Reims 1377,* poète et compositeur français. Chanoine de Reims, il fut l'un des créateurs de l'école polyphonique française par ses motets, ses ballades et sa *Messe Notre-Dame.* Il a fixé les règles musicales et littéraires de l'art lyrique pour le lai, le virelai, la ballade et le rondeau.

GUILLAUME de Nangis, *m. en 1300,* chroniqueur français. Moine de Saint-Denis, il est l'auteur d'une *Chronique universelle.*

GUILLAUME DE RUBROEK → RUBROEK.

GUILLAUME DE SAINT-AMOUR, *Saint-Amour, Franche-Comté, 1202 - id. 1272,* théologien français. Professeur à Paris, il fut l'animateur de la polémique contre les ordres mendiants, mais fut condamné par Rome.

GUILLAUME de Tyr, *Syrie v. 1130 - v. 1185,* historien des croisades. Archevêque de Tyr, il a laissé une chronique de l'Orient latin au XIIe s.

GUILLAUME d'Occam ou **d'Ockham,** *Ockham, Surrey, v. 1285 - Munich v. 1349,* théologien et philosophe anglais. Franciscain, excommunié, il fut l'un des principaux défenseurs du nominalisme, détruisant – grâce à une logique axée sur la critique du langage – la croyance en la réalité de substances universelles et remettant en cause le caractère scientifique de la théologie.

Guillaume Tell, héros légendaire helvétique (XIVe s.). Guillaume Tell ayant refusé de saluer le chapeau de Gessler, bailli des Habsbourg, celui-ci le fit arrêter et, le sachant très habile arbalétrier, le condamna à traverser d'une flèche une pomme placée sur la tête de son jeune fils. Guillaume Tell sortit victorieux de l'épreuve. Il fut cependant emprisonné, s'échappa et tua Gessler. – Son histoire a inspiré un drame à Schiller (1804), dont Rossini a tiré un opéra en 4 actes (1829).

GUILLAUME (Charles Édouard), *Fleurier 1861 - Sèvres 1938,* physicien suisse. Il a étudié les aciers au nickel, découvrant notamm. l'Invar et l'Élinvar. (Prix Nobel 1920.)

GUILLAUME (Gustave), *Paris 1883 - id. 1960,* linguiste français. Sa « psychosystématique » établit des rapports entre la structure de la langue et la structure de la pensée, saisie notamm. à travers la conception du temps (*Temps et verbe,* 1929).

GUILLAUME (Paul), *Chaumont 1878 - Lannes, Haute-Marne, 1962,* psychologue français. Il a développé en France la psychologie de la forme.

GUILLAUME-ALEXANDRE ou **WILLEM-ALEXANDER,** *Utrecht 1967,* roi des Pays-Bas depuis 2013. Époux, depuis 2002, de Máxima Zorreguieta (d'origine argentine), il accède au trône à la suite de l'abdication de sa mère, Béatrice.

◀ **Guillaume-Alexandre,** roi des Pays-Bas, pendant son investiture (2013).

GUILLAUMET (Henri), *Bouy, Marne, 1902 - disparu en Méditerranée 1940,* aviateur français. Il s'illustra comme pilote de l'Aéropostale et fut un des pionniers de la traversée de l'Atlantique sud. Il effectua en 1938 la première traversée commerciale de l'Atlantique nord.

GUILLAUMIN (Armand), *Paris 1841 - id. 1927,* peintre français. Impressionniste au coloris intense, il a donné des paysages de la région parisienne, de l'Esterel, de la Creuse.

GUILLEM (Sylvie), *Paris 1965,* danseuse française. Danseuse classique à la technique exceptionnelle (*le Lac des cygnes*), elle interprète aussi des œuvres contemporaines réglées pour elle (*In the Middle, Somewhat Elevated,* W. Forsythe, 1987 ; *Épisodes,* M. Béjart, 1992 ; *Push,* R. Maliphant, 2005 ; *Bye,* M. Ek, 2010). En 1998, elle aborde la chorégraphie avec *Giselle* (tenant le rôle-titre).

▲ Sylvie **Guillem** dans *La Luna* de Maurice Béjart (1988).

GUILLEMIN (Roger), *Dijon 1924,* médecin américain d'origine française. Il a déterminé la structure des hormones de l'hypothalamus et isolé les endorphines. (Prix Nobel 1977.)

GUILLÉN (Jorge), *Valladolid 1893 - Málaga 1984,* poète espagnol. Il combine l'influence de Góngora et celle de Valéry en un lyrisme d'une impeccable pureté (*Cantique*).

GUILLÉN (Nicolás), *Camagüey 1902 - La Havane 1989,* poète cubain. Poète national, chantre de la cause afro-cubaine, il est l'auteur de recueils d'inspiration politique et sociale (*Sóngoro Cosongo, le Grand Zoo*).

GUILLEVIC (Eugène), *Carnac 1907 - Paris 1997,* poète français. Son œuvre est marquée par son origine bretonne et son engagement social et politique (*Terraqué, Carnac, Euclidiennes*).

GUILLOTIN (Joseph Ignace), *Saintes 1738 - Paris 1814,* médecin et homme politique français. Député, il fit adopter par l'Assemblée (1789) l'instrument auquel fut donné son nom, la *guillotine.*

GUILLOUX (Louis), *Saint-Brieuc 1899 - id. 1980,* écrivain français. L'humiliation, la dignité et la révolte du peuple donnent un accent fraternel à ses romans (*le Sang noir, le Jeu de patience*).

GUILVINEC (29115), comm. du Finistère ; 2 774 hab. (*Guilvinistes*). Port de pêche. Conserveries. Station balnéaire.

GUIMARÃES, v. du nord du Portugal ; 158 124 hab. Château fort remontant au Xe s., palais des ducs de Bragance (XVe s.) et autres monuments ; musées.

GUIMARÃES ROSA (João), *Cordisburgo 1908 - Rio de Janeiro 1967,* écrivain brésilien. Ses romans sont une peinture du Nordeste (*Diadorim*).

GUIMARD (Hector), *Lyon 1867 - New York 1942,* architecte français. Rationaliste, mais aussi décorateur maniant l'arabesque végétale avec énergie et liberté, il fut, jusqu'en 1914, un des meilleurs représentants de l'Art nouveau (« castel Béranger », Paris, 1894 ; entrées du métro).

Guimet (musée), département des arts asiatiques des Musées nationaux depuis 1945. Fondé à Lyon en 1879, par Émile Guimet *(1836 - 1918),* il a été transféré à Paris en 1885.

GUINÉE n.f., État d'Afrique occidentale, sur l'Atlantique ; 250 000 km² ; 11 745 000 hab. (*Guinéens*). **CAP.** *Conakry.* **LANGUE :** *français.* **MONNAIE :** *franc guinéen.*

GÉOGRAPHIE Le massif du Fouta-Djalon est le domaine de l'élevage bovin. Il sépare une plaine côtière, humide, densément peuplée, possédant des cultures de riz et des plantations de palmiers à huile et de bananiers, de la partie orientale, pays plat (sauf l'extrémité sud-est), plus sec, fournissant surtout du mil et du manioc. La bauxite, dont la Guinée est l'un des grands producteurs mondiaux, transformée en partie sur place en alumine, assure l'essentiel des exportations, qui passent par Conakry, la seule ville importante. Malgré son sous-sol riche (contenant aussi du fer, de l'or et des diamants), le pays est l'un des plus pauvres du monde.

Guinée, Guinée-Bissau

HISTOIRE **Avant la colonisation.** **XIIe s. :** la haute Guinée, peuplée de Malinké, appartient en partie à l'empire du Mali. Le commerce est le monopole de colporteurs musulmans, les dioulas. **1461 - 1462 :** l'arrivée des Portugais inaugure la traite des Noirs, qui persistera au-delà de 1850. **XVIIIe s. :** les Peuls, venus au XVIe s. des régions périphériques, instituent dans le centre du pays un État théocratique, le Fouta-Djalon. Les Soussou, rejetés vers la côte, soumettent les populations locales. **Seconde moitié du XIXe s. :** des conquérants musulmans, comme Samory Touré, deviennent maîtres du pays, où l'islam s'impose.

La colonisation. La France entreprend la conquête de la région. **1889 - 1893 :** la Guinée devient colonie française. **1895 :** elle est englobée dans l'AOF. **1898 :** elle est rattachée au Soudan français. **1904 :** la Grande-Bretagne cède à la France les îles de Los, face à Conakry.

L'indépendance. **1952 :** le syndicaliste Sékou Touré prend la tête du mouvement nationaliste. **1958 :** la Guinée opte pour l'indépendance immédiate, rompant tout lien avec la France. **1961 :** pour vaincre son isolement, la Guinée forme avec le Ghana et le Mali l'Union des États africains. **1958 - 1974 :** Sékou Touré exerce un pouvoir dictatorial ; nombreux complots et procès. **1975 - 1978 :** rapprochement avec la France. **1984 :** mort de Sékou Touré. Le colonel Lansana Conté devient le nouveau chef de l'État. **1990 :** une nouvelle Constitution met fin au régime militaire et introduit le multipartisme. **1993 :** L. Conté est confirmé à la tête de l'État lors de la première élection présidentielle pluraliste (réélu en 1998 et 2003). Mais le pays est déstabilisé par l'impact des conflits régionaux (afflux de réfugiés du Liberia et de la Sierra Leone) et connaît des crises sociales et politiques récurrentes. **2008 :** la mort du président L. Conté (déc.) est immédiatement suivie d'un coup d'État militaire dirigé par le capitaine Moussa Dadis Camara. La dérive violente du nouveau pouvoir (sept. 2009) et la tentative d'assassinat de son chef (déc.) plongent un peu plus la Guinée dans la confusion. **2010 :** Alpha Condé, figure historique de l'opposition, est élu à la présidence de la République (réélu en 2015), mais les tensions interethniques restent vives. **2013 :** le parti de A. Condé remporte les premières élections législatives organisées depuis l'indépendance. **2014 :** une épidémie due au virus Ebola provoque une crise humanitaire (plus de 2 500 morts) et économique majeure.

GUINÉE (golfe de), golfe de l'Atlantique, sur la côte occidentale de l'Afrique, au N. de l'équateur.

GUINÉE (Nouvelle-) → NOUVELLE-GUINÉE.

GUINÉE-BISSAU ou **GUINÉE-BISSAO** n.f., anc. **Guinée portugaise,** État d'Afrique occidentale, sur l'Atlantique ; 36 125 km² ; 1 704 000 hab. *(Bissau-Guinéens, Bissauguinéens, Bissao-Guinéens* ou *Bissaoguinéens).* **CAP.** *Bissau (Bissao).* **LANGUE :** *portugais.* **MONNAIE :** *franc CFA.* Arachides et riz.

HISTOIRE **1446 :** les Portugais découvrent le pays, peuplé de Mandingues musulmans et de populations animistes. **Fin du XVIe s. :** ils y installent des comptoirs. **1879 :** la Guinée portugaise devient une colonie, détachée administrativement du Cap-Vert. **1941 :** Bissau devient le chef-lieu de la colonie. **1956 :** Amilcar Cabral prend la tête du mouvement nationaliste. **1962 :** guérilla antiportugaise. **1973 :** la république de Guinée-Bissau est proclamée par Luís de Almeida Cabral, frère d'Amilcar, lequel vient d'être assassiné. **1974 :** l'indépendance du pays est reconnue par le Portugal. **1980 :** L. Cabral est renversé par un coup d'État. Le commandant João Bernardo Vieira lui succède. **1991 :** le multipartisme est instauré. **1994 :** la première élection présidentielle pluraliste confirme J. B. Vieira à la tête de l'État. **1999 :** l'armée le chasse du pouvoir. **2000 :** le leader de l'opposition, Kumba Ialá, est élu à la présidence. **2003 :** il est renversé par un nouveau putsch. Henrique Rosa assure l'intérim. **2005 :** J. B. Vieira, vainqueur de l'élection présidentielle, revient à la tête de l'État. **2009 :** il est tué par des militaires. Malam Bacai Sanhá, déjà président de transition en 1999 - 2000, est élu pour lui succéder. **2012 :** il meurt en cours de mandat. Une élection présidentielle est organisée, mais son déroulement est interrompu entre les deux tours par une tentative de coup d'État. Dans un contexte de grande confusion, un pouvoir intérimaire est mis en place pour un an. **2014 :** l'élection de José Mário Vaz à la tête de l'État met fin à la période de transition.

GUINÉE ÉQUATORIALE n.f., anc. **Guinée espagnole,** État d'Afrique centrale, sur le golfe de Guinée ; 28 100 km² ; 757 000 hab. *(Équato-Guinéens* ou *Équatoguinéens).* **CAP.** *Malabo.* **V. PRINC.** *Bata.* **LANGUES :** *espagnol, français* et *portugais.* **MONNAIE :** *franc CFA.* (V. carte **Gabon.**) Une partie du pays regroupe diverses îles, dont Bioko et Annobón ; l'autre partie correspond au territoire oriental du Mbini (anc. Río Muni), entre le Cameroun et le Gabon. Bois, cacao et café. Grâce à la manne pétrolière (gisements dans le golfe de Guinée), le pays se dote d'infrastructures et se développe.

HISTOIRE **1777 - 1778 :** noyau de la Guinée équatoriale, les îles d'Annobón et de Fernando Poo sont cédées à l'Espagne par le Portugal, qui les occupait depuis le XVe s. **XIXe s. :** à partir de 1840, la province continentale (le Río Muni) est convoitée par la France et l'Espagne. **1900 :** les frontières du pays sont définitivement fixées ; l'intérieur du Río Muni n'est occupé qu'en 1926. **1959 :** la colonie devient une province espagnole. **1968 :** l'indépendance est proclamée. Francisco Macías Nguema établit un régime despotique. **1979 :** son neveu, le colonel Teodoro Obiang Nguema Mbasogo, le renverse et rétablit des relations avec l'Espagne et l'Occident. **1992 :** le multipartisme est institué, mais le président, régulièrement réélu, exerce un pouvoir autocratique.

Guinegatte (bataille de) [16 août 1513], victoire des armées d'Henri VIII d'Angleterre et de Maximilien d'Autriche sur les troupes de Louis XII à Guinegatte (auj. *Enguinegatte,* Pas-de-Calais). Elle fut appelée aussi « journée des Éperons », car les chevaliers français firent plus usage de leurs éperons que de leurs armes.

GUÎNES (62340), comm. du Pas-de-Calais ; 5 757 hab. *(Guînois).* Au S., *forêt de Guînes.*

GUINGAMP (22200), ch.-l. d'arrond. des Côtes-d'Armor ; 7 684 hab. *(Guingampais).* Agroalimentaire. – Basilique des XIVe-XVIe s.

GUINIZELLI (Guido), *Bologne v. 1235 - Monselice 1276,* poète italien, précurseur de Dante.

GUINNESS (sir Alec), *Londres 1914 - Midhurst, Sussex, 2000,* acteur britannique. Remarquable dans les rôles de composition, plein d'humour, il servit le répertoire shakespearien à l'Old Vic Theatre et joua dans de nombreux films *(Noblesse oblige,* R. Hamer, 1949 ; *le Pont de la rivière Kwaï,* D. Lean, 1957).

GUIPAVAS [gipavas] (29490), bur. centr. de cant. du Finistère ; 14 702 hab. *(Guipavasiens).* Aéroport de *Brest-Guipavas.*

GUIPÚZCOA, prov. basque d'Espagne ; 708 425 hab. ; ch.-l. *Saint-Sébastien.*

GUIRY-EN-VEXIN (95450), comm. du Val-d'Oise ; 179 hab. *(Guériciens).* Église des XVe-XVIe s., château du XVIIe. Musée archéologique du Val-d'Oise (statues gallo-romaines du sanctuaire de Genainville).

GUISAN (Henri), *Mézières, canton de Vaud, 1874 - Pully 1960,* général suisse. Il commanda l'armée suisse de 1939 à 1945.

GUISCARD → ROBERT GUISCARD.

GUISE [gɥiz] (02120), bur. centr. de cant. de l'Aisne, sur l'Oise ; 5 046 hab. *(Guisards).* Forteresse des XIIe et XVIe s. ; anc. *Familistère* de Jean-Baptiste Godin.

GUISE [giz ou gɥiz] **(famille de),** branche cadette des ducs de Lorraine, qui acquit en 1504 le comté de Guise, en Thiérache, élevé en duché en 1528. En 1688, le duché passa aux Condés et, en 1832, à la maison d'Orléans. — **Claude Ier de G.,** *Condé-Northen, Moselle, 1496 - Joinville 1550,* premier duc et pair de Guise. Il servit François Ier contre Charles Quint. — **François Ier de G.,** *Bar-le-Duc 1519 - Saint-Mesmin 1563,* prince français. Fils de Claude Ier de Guise, il défendit Metz contre Charles Quint et, lieutenant général du royaume, reprit Calais aux Anglais (1558). Chef des troupes catholiques, au début des guerres de Religion, il fut assassiné par un protestant. — **Henri Ier de G.,** dit **le Balafré,** *1549 - Blois 1588,* prince français. Fils aîné de François Ier de Guise, il fut l'un des instigateurs de la Saint-Barthélemy et devint le chef de la Ligue catholique (1576). Très populaire, maître de Paris après la journée des Barricades (12 mai 1588), il fut assassiné, sur l'ordre d'Henri III, aux états généraux de Blois. — **Louis II de G.,** *Dampierre 1555 - Blois 1588,* cardinal de Lorraine. Frère d'Henri Ier de Guise, il fut assassiné en même temps que lui.

GUITRY (Sacha), *Saint-Pétersbourg 1885 - Paris 1957,* acteur, auteur dramatique et cinéaste français, fils du comédien Lucien **Guitry** *(Paris 1860 - id. 1925).* Ses comédies *(Mon père avait raison,* 1919) et ses films *(le Roman d'un tricheur,* 1936) incarnent un certain esprit parisien, brillant et caustique.

GUITTON (Jean), *Saint-Étienne 1901 - Paris 1999,* philosophe français. Il est l'auteur d'ouvrages consacrés à la pensée catholique *(la Pensée moderne et le catholicisme,* 1930-1955). [Acad. fr.]

GUITTONE d'Arezzo, *Arezzo v. 1235 - Florence 1294,* écrivain italien, auteur de *Lettres* et de poésies morales et religieuses.

GUIYANG, v. de Chine, cap. du Guizhou ; 2 985 105 hab.

GUIZÈH → **GIZEH.**

GUIZHOU, prov. de la Chine du Sud ; 35 300 000 hab. ; cap. *Guiyang.*

GUIZOT (François), *Nîmes 1787 - Val-Richer, Calvados, 1874,* homme politique et historien français. Protestant, professeur d'histoire moderne en Sorbonne (1812), il s'oppose à la politique réactionnaire de Charles X et contribue à l'établissement de la monarchie de Juillet (1830). Membre du parti de la Résistance, ministre de l'Instruction publique (1832 - 1837), il fait voter une loi organisant l'enseignement primaire (*loi Guizot,* 1833). Ministre des Affaires étrangères (1840 - 1847), puis président du Conseil (1847 - 1848), il est, de 1840 à 1848, le véritable maître du pays, pratiquant une politique favorable à la bourgeoisie. Sa chute, le 23 févr. 1848, provoquée par son refus de toute réforme électorale et son conservatisme social, entraîne celle du régime. Il a écrit de nombreux ouvrages historiques, notamm. l'*Histoire de la révolution d'Angleterre* (1826-1827). [Acad. fr.]

▲ François **Guizot** par J. G. Vibert. (Château de Versailles.)

GUJAN-MESTRAS [gyʒɑ̃mɛstras] (33470), comm. de la Gironde, sur le bassin d'Arcachon ; 21 300 hab. *(Gujanais).* Station climatique. Ostréiculture.

GUJERAT, État du nord-ouest de l'Inde ; 196 000 km² ; 60 383 628 hab. ; cap. *Gandhinagar.*

GUJRANWALA, v. du Pakistan, au N. de Lahore ; 1 042 509 hab. (1 712 483 hab. dans l'agglomération).

GU KAIZHI, *Wuxi v. 345 - v. 406,* peintre chinois. Il est le premier dont le nom reste attaché à une œuvre connue par une copie ancienne et fidèle, le rouleau *Conseils de la monitrice aux dames de la cour* (British Museum).

GULBARGA, v. d'Inde (Karnataka) ; 427 929 hab. Mosquée (XIVᵉ s.).

GULBENKIAN (Calouste Sarkis), *Istanbul 1869 - Lisbonne 1955,* homme d'affaires britannique d'origine arménienne. Il contribua à l'exploitation du pétrole du nord de l'Iraq et constitua une importante collection de tableaux et d'objets d'art, transférée à Lisbonne en 1960 (musée Calouste-Gulbenkian).

GULDBERG (Cato), *Christiania 1836 - id. 1902,* chimiste norvégien. Avec P. Waage, il a donné une forme quantitative à la loi d'action de masse (1864).

GULF STREAM (« Courant du Golfe »), courant marin chaud de l'Atlantique. Il résulte de la réunion du courant des Antilles et du courant de Floride, franchit le détroit de Floride et remonte jusqu'au sud de Terre-Neuve, en s'étalant et en déviant vers l'est. Devenu *courant nord-atlantique,* il se divise en branches multiples et se transforme en dérive diffuse. Il adoucit les climats littoraux de l'Europe du Nord-Ouest.

Gulistan → **Golestan.**

Gulliver, personnage principal du roman satirique et fantastique de J. Swift, *les Voyages de Gulliver* (1726). Gulliver visite des contrées imaginaires : Lilliput* ; Brobdingnag, où vivent des géants ; Laputa, île volante habitée par des savants maniaques ; le pays des Houyhnhnms, chevaux intelligents et bons qui ont domestiqué les Yahoos, humains dégénérés.

GUMRI, de 1837 à 1924 **Aleksandropol** et de 1924 à 1991 **Leninakan,** v. d'Arménie ; 121 976 hab.

GUNDULIĆ (Ivan), en ital. Giovanni **Gondola,** *Raguse v. 1589 - id. 1638,* poète croate. Son œuvre poétique *(Osman)* et théâtrale *(Dubravka)* marque l'apogée de la littérature dalmate.

GÜNTHER (Ignaz), *Altmannstein, Haut-Palatinat, 1725 - Munich 1775,* sculpteur allemand, maître du rococo dans les églises d'Allemagne du Sud.

GÜNTHÖR (Werner), *Uttwil, Thurgovie, 1961,* athlète suisse. Il a été champion du monde du lancer du poids en 1987, 1991 et 1993.

GUNTUR, v. d'Inde (Andhra Pradesh) ; 514 707 hab.

Guomindang, Kuomintang ou **Kouo-min-tang** (« parti nationaliste »), parti politique chinois fondé en 1912 par Sun Yat-sen et dirigé par Jiang Jieshi (Tchang Kaï-chek) à partir de 1925. Le Parti communiste chinois l'évinça en 1949, réduisant son influence à la seule Taïwan.

GUO MORUO, *au Sichuan 1892 - Pékin 1978,* écrivain et homme politique chinois. Auteur de poèmes, de pièces de théâtre et de travaux historiques, il occupa d'importantes fonctions politiques de 1949 à 1966.

GUO XI, *Wenxian, Henan, actif entre 1020 et 1090,* peintre chinois. L'un des grands paysagistes de la dynastie des Song du Nord (*Printemps précoce,* 1072, musée de Taipei).

GUPTA, dynastie indienne (v. 270 ? - 550) qui affermit son pouvoir sur l'Inde du Nord sous Candragupta Iᵉʳ et atteignit son apogée à la charnière des IVᵉ et Vᵉ s.

Guri, aménagement hydroélectrique du Venezuela, sur le Caroní.

GURKHA, population composite de l'Inde. D'origine népalaise, les Gurkha sont connus pour leurs traditions martiales, qui les firent retenir pour la composition de régiments d'élite de l'armée britannique. Improprement considérés comme une caste, ils réunissent des hindous et des tribus (Gurung, Magaba, Rai, Tamang et Limbu).

GURSKY (Andreas), *Leipzig 1955,* photographe allemand. Entre réalisme spectaculaire et montages vertigineux, ses images de très grand format transfigurent les lieux et les foules emblématiques du monde contemporain (*Tokyo Stock Exchange,* 1990 ; *99 Cent II Diptychon,* 2001 ; *Bahreïn I,* 2005 ; *Pyongyang IV,* 2007 ; *Qatar,* 2012).

GURUNG, population tribale du Népal. Agriculteurs et pasteurs des vallées centrales de l'ouest du pays, les Gurung se répartissent en clans hiérarchisés. Ils parlent une langue tibéto-birmane.

GURVITCH (Georges), *Novorossiisk, Russie, 1894 - Paris 1965,* sociologue français. Il a préconisé une analyse des faits sociaux dans leur totalité (*Morale théorique et science des mœurs,* 1937).

GUSMÃO (José Alexandre, dit Xanana), *Laleia, district de Manatuto, 1946,* homme politique est-timorais. Leader du FRETILIN et figure emblématique de la résistance à la domination indonésienne, il est de 2002 à 2007 le premier président du Timor oriental indépendant. À la tête d'un nouveau parti, il est ensuite Premier ministre de 2007 à 2015.

GUSTAVE Iᵉʳ VASA, *Lindholm 1496 - Stockholm 1560,* roi de Suède (1523 - 1560), fondateur de la dynastie des Vasa. Après avoir rompu l'Union de Kalmar, il fut proclamé roi. Il favorisa le luthéranisme, mit la main sur les domaines du clergé et développa l'économie du pays, qu'il transforma en une puissance de premier plan.

◄ **Gustave Iᵉʳ Vasa** par W. Boy. (Château de Gripsholm.)

GUSTAVE II ADOLPHE, *Stockholm 1594 - Lützen 1632,* roi de Suède (1611 - 1632). Petit-fils de Gustave Iᵉʳ Vasa, il réforma l'État avec l'aide du chancelier Oxenstierna. Il modernisa l'économie, développa l'enseignement et réorganisa l'armée suédoise, avec laquelle il acheva la guerre contre les Danois (1613), puis enleva l'Estonie, l'Ingrie et la Carélie orientale à la Russie (1617). Devenu maître de la Baltique, il intervint en Allemagne, avec l'aide de Richelieu, pour soutenir les protestants pendant la guerre de Trente Ans ; il triompha des impériaux à Breitenfeld (1631) et au Lech (1632), mais fut tué au cours de son combat victorieux à Lützen.

▲ **Gustave II Adolphe.** (Galerie palatine, Florence.)

GUSTAVE III, *Stockholm 1746 - id. 1792,* roi de Suède (1771 - 1792). Despote éclairé, il favorisa des mesures libérales, mais de graves troubles agraires et la guerre contre les Danois et les Russes l'incitèrent à revenir, à partir de 1788, à l'autoritarisme. Il fut assassiné par un fanatique.

GUSTAVE IV ADOLPHE, *Stockholm 1778 - Saint-Gall, Suisse, 1837,* roi de Suède (1792 - 1809). Il lutta contre la France et dut abandonner la Finlande aux Russes (1808) ; les États le déchurent alors au profit de Charles XIII.

GUSTAVE V, *château de Drottningholm 1858 - id. 1950,* roi de Suède (1907 - 1950). Fils d'Oscar II, il observa une stricte neutralité durant les deux guerres mondiales. — **Gustave VI Adolphe,** *Stockholm 1882 - Helsingborg 1973,* roi de Suède (1950 - 1973), fils de Gustave V.

GUSTAVIA, ch.-l. de l'île de Saint-Barthélemy. Port franc.

GUTENBERG (Johannes **Gensfleisch,** dit), *Mayence entre 1397 et 1400 - id. 1468,* imprimeur allemand. Vers 1440, il mit au point à Strasbourg le procédé de composition en caractères mobiles fondus en alliage d'imprimerie, ou typographie. Établi à Mayence, il s'associa en 1450 avec J. Fust et fut le maître d'œuvre de la Bible dite « à quarante-deux lignes », publiée en 1455.

▲ **Gutenberg**

GUTERRES (António Manuel **de Oliveira**), *Lisbonne 1949,* homme politique portugais. Secrétaire général du Parti socialiste (1992 - 2002), il a été Premier ministre de 1995 à 2002. Il est ensuite haut-commissaire des Nations unies aux réfugiés (HCR), de 2005 à 2015, puis secrétaire général de l'ONU, depuis 2017.

GÜTERSLOH, v. d'Allemagne (Rhénanie-du-Nord-Westphalie), près de Bielefeld ; 94 172 hab. Édition.

GUTLAND, partie méridionale du Luxembourg.

GUTTMAN (Louis), *New York 1916 - Minneapolis 1987,* psychologue américain. Il a contribué à la mise au point d'un modèle d'analyse mathématique des attitudes *(analyse hiérarchique).*

GUTZKOW (Karl), *Berlin 1811 - Sachsenhausen 1878,* écrivain allemand. Animateur du mouvement intellectuel libéral « Jeune-Allemagne », il est l'auteur de romans et de pièces de théâtre *(Uriel Acosta).*

GUY → **GUI** (saint).

GUYANA n.m., anc. **Guyane britannique,** État d'Amérique du Sud, sur l'Atlantique ; 215 000 km² ; 747 884 hab. *(Guyaniens).* **CAP.** *Georgetown.* **LANGUE :** *anglais.* **MONNAIE :** *dollar du Guyana.*

GÉOGRAPHIE Peuplé principalement de descendants d'immigrés indiens et de Noirs (amenés pour travailler dans les plantations), le pays, au climat chaud et humide, est en grande partie forestier. Il vit de quelques cultures (riz et canne à sucre notamm.) et de l'extraction de la bauxite.

HISTOIRE **1621 - 1791 :** la Compagnie des Indes occidentales, hollandaise, assure le développement du pays (canne à sucre, coton). **1814 :** les Britanniques, qui occupaient la région depuis 1796, reçoivent la partie occidentale des Guyanes, baptisée British Guiana en 1831. Zone de cultures tropicales, la région se peuple de Noirs, d'hindous et de Blancs. **1953 :** un statut d'autonomie lui est accordé. **1961 - 1964 :** le Premier ministre Cheddi Jagan (Parti progressiste populaire, ou PPP) gouverne en s'appuyant sur les citoyens originaires de l'Inde (50 % de la population). Il doit affronter les Blancs de l'United Force et, surtout, les Noirs (35 % de la population) représentés par le Congrès national populaire, ou PNC, de Forbes Burnham. **1966 :** le pays devient indépendant. **1970 :** il constitue, dans le cadre du Commonwealth, une « république coopérative ». **1980 - 1985 :** F. Burnham est président du Guyana. **1985 :** à sa mort, le Premier ministre Hugh Desmond Hoyte (appartenant aussi au PNC) lui succède. **1992 :** Cheddi Jagan est élu à la présidence de la République. **1997 :**

il meurt en cours de mandat. Sa femme, Janet Jagan, est élue à la tête de l'État. **1999 :** cette dernière ayant démissionné pour raison de santé, Bharrat Jagdeo (PPP) devient président de la République (confirmé à la tête du pays par une élection en 2001 et réélu en 2006). **2011 :** Donald Ramotar (PPP) lui succède. **2015 :** David Granger, à la tête d'une coalition de partis d'opposition, accède au sommet de l'État.

GUYANCOURT (78280), comm. des Yvelines, au S.-O. de Versailles ; 28 268 hab. *(Guyancourtois)*. Électronique. Industrie automobile.

GUYANE n.f. ou **GUYANES** n.f. pl., région de l'Amérique du Sud, en bordure de l'Atlantique, entre l'Orénoque et l'Amazone. Elle est partagée entre le Venezuela, le Guyana, le Suriname, la Guyane (française) et le Brésil.

GUYANE (973), dép. et Région français d'outre-mer, entre le Suriname et le Brésil ; ch.-l. *Cayenne* ; ch.-l. d'arrond. *Cayenne, Saint-Laurent-du-Maroni* ; 2 arrond. ; 22 comm. ; 91 000 km² ; 262 381 hab. *(Guyanais)*. La collectivité territoriale appartient à l'académie de la Guyane, à la cour d'appel de Cayenne, à la zone de défense et de sécurité Guyane. C'est une région couverte en grande partie par la forêt (biotope équatorial unique, menacé par l'exploitation anarchique de gisements aurifères [pollution au mercure]). Parc national *(Parc amazonien de Guyane)*. Parc naturel régional. Pêche à la crevette. Tourisme. La moitié de la population (dont une part est employée à la base spatiale de Kourou) est concentrée dans l'agglomération de Cayenne.

HISTOIRE **1643 :** Cayenne est fondée par une compagnie normande. **1663 :** Colbert organise systématiquement la colonisation de la Guyane. **1794 - 1805 :** la région sert de lieu de déportation politique (« guillotine sèche »). **1809 - 1817 :** occupé par la Grande-Bretagne, convoité par le Portugal, le pays est rendu à la France par les traités de 1814 et de 1817. La Guyane française, ruinée par l'abolition de l'esclavage (1848), est déconsidérée par l'établissement d'un bagne à Cayenne (1852 - 1946). **1946 :** la Guyane devient un département d'outre-mer. **1968 :** une base de lancement de fusées est installée à Kourou. **1982 :** la Guyane est dotée également du statut de Région. **Déc. 2015 :** la Guyane, tout en conservant son statut, prend la forme d'une collectivité unique.

Guyane

aéroport
ch.-l. d'arrond.
commune
plus de 20 000 h.
de 10 000 à 20 000 h.
de 2 000 à 10 000 h.
moins de 2 000 h.
100 200 m

GUYE (Charles Eugène), *Saint-Christophe, Vaud, 1866 - Genève 1942*, physicien suisse. Il a vérifié, sur des électrons très rapides, la formule relativiste de variation de la masse avec la vitesse (1913).

Guyana, Suriname

100 200 500 1000 m
route
aéroport
plus de 200 000 h.
de 10 000 à 200 000 h.
moins de 10 000 h.

GUYENNE, autre nom donné à la province d'Aquitaine, notamm. quand elle fut anglaise, de 1259 à 1453. Devenu, en 1469, apanage de Charles, frère de Louis XI, le duché de Guyenne revint définitivement à la Couronne en 1472.

GUYNEMER (Georges), *Paris 1894 - région de Poelkapelle, Belgique, 1917*, aviateur français. Commandant de l'escadrille des « Cigognes » pendant la Première Guerre mondiale, titulaire de 53 victoires, il est une figure légendaire de l'aviation française.

GUYON (Félix), *Saint-Denis, La Réunion, 1831 - Paris 1920*, chirurgien français. Il a été le maître de l'école urologique française.

GUYON DU CHESNOY (Jeanne-Marie **Bouvier de La Motte,** Mme), *Montargis 1648 - Blois 1717*, mystique française. Soutenue par Fénelon, elle fut la figure centrale de la querelle du quiétisme (*Moyen court et très facile pour l'oraison*, 1685).

GUYOTAT (Pierre), *Bourg-Argental 1940*, écrivain français. Son œuvre puissamment transgressive, hantée par la violence et la sexualité (*Tombeau pour cinq cent mille soldats*, 1967 ; *Éden, Éden, Éden*, 1970 ; *Joyeux Animaux de la misère*, 2014), tend vers une réinvention radicale de la langue (*Prostitution*, 1975 ; *Progénitures*, 2000). Des récits autobiographiques la complètent (dont *Coma*, 2006 ; *Idiotie*, 2018).

GUYS [gis] (Constantin), *Flessingue 1802 - Paris 1892*, dessinateur et aquarelliste français. Il travailla pour les journaux illustrés anglais et français. Chroniqueur élégant du second Empire, il fut surnommé par Baudelaire « le Peintre de la vie moderne ».

GUYTON DE MORVEAU (Louis Bernard, baron), *Dijon 1737 - Paris 1816*, chimiste français. Il réalisa la liquéfaction du gaz ammoniac par l'action d'un mélange réfrigérant et participa, avec Lavoisier, Berthollet et de Fourcroy, à l'élaboration d'une nomenclature chimique (1782). Il soutint la Révolution.

▲ Georges **Guynemer** en 1917.

GUZMÁN (Martín Luis), *Chihuahua 1887 - Mexico 1976*, romancier mexicain. Son œuvre évoque la révolution mexicaine (*l'Aigle et le Serpent*, 1928 ; *l'Ombre du caudillo*, 1929).

GWALIOR, v. d'Inde (Madhya Pradesh) ; 826 919 hab. (1 101 981 hab. dans l'agglomération). Temples des IXe et XIe s. ; reliefs rupestres jaina du XVe s. ; palais et mausolées de l'époque moghole.

GWERU, v. du Zimbabwe ; 157 865 hab. Raffinerie de chrome.

GYGÈS, *m. v. 644 av. J.-C.*, roi de Lydie. La légende lui attribue la possession d'un anneau qui le rendait invisible.

GYLLENSTEN (Lars), *Stockholm 1921 - Solna, près de Stockholm, 2006*, écrivain suédois. Ses romans (*Infantilia*, 1952 ; *Senilia*, 1956 ; *Juvenilia*, 1965) sont une peinture pessimiste et ironique de la nature humaine.

GYŐR, en all. **Raab,** v. du nord-ouest de la Hongrie, sur le Danube ; 121 042 hab. Métallurgie. – Monuments du XIIe s. à l'époque baroque ; musée d'Archéologie romaine.

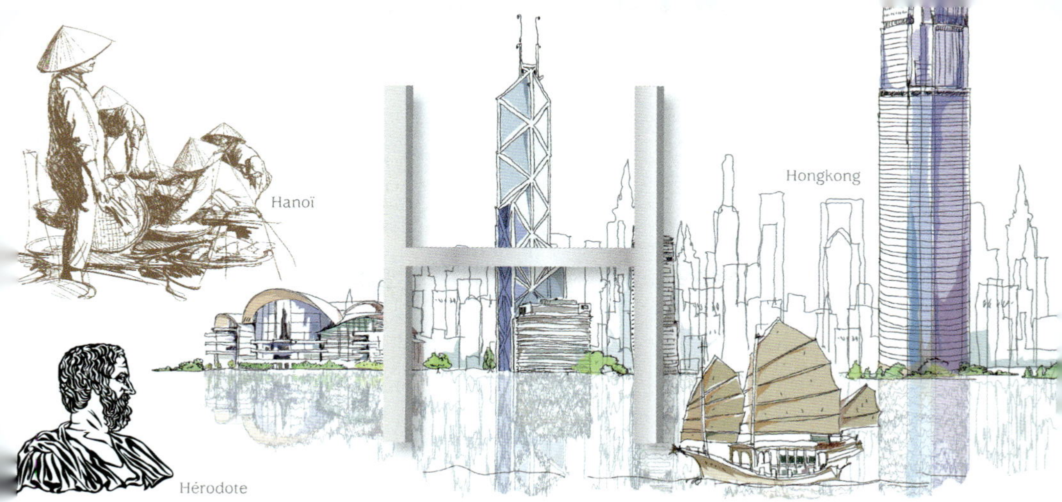

HAAKON, nom de plusieurs rois de Norvège. — **Haakon IV,** *près de Skarpsborg 1204 - Kirkwall, Orcades, 1263,* roi de Norvège (1217/1223 - 1263). Il établit sa souveraineté sur l'Islande et le Groenland. — **Haakon VII,** *Charlottenlund 1872 - Oslo 1957,* roi de Norvège (1905 - 1957). Fils cadet du roi de Danemark Frédéric VIII, il fut élu roi après la séparation de la Suède et de la Norvège.

HAALTERT [altɛrt], comm. de Belgique (Flandre-Orientale) ; 17 797 hab.

HAARLEM, v. des Pays-Bas, ch.-l. de la Hollande-Septentrionale ; 153 093 hab. Monuments anciens du Grote Markt, dont la Grande Église des XIVe-XVIe s. ; musée Frans-Hals dans l'hospice des vieillards, du XVIIe s. – La ville soutint un long siège contre le duc d'Albe, qui s'en empara en 1573.

HAAVELMO (Trygve), *Skedsmo 1911 - Eiksmarka, près d'Oslo, 1999,* économiste et statisticien norvégien. Il est considéré comme un des pères fondateurs de l'économétrie. Son théorème sur les effets multiplicateurs d'un budget en équilibre tend à favoriser les politiques de relance par la dépense publique. (Prix Nobel 1989.)

HABACUC, prophète biblique (v. 600 av. J.-C.). Son livre pose le problème du mal dans l'histoire du peuple d'Israël.

HABENECK (François), *Mézières 1781 - Paris 1849,* violoniste et chef d'orchestre français. Directeur de la Société des concerts du Conservatoire (1828), il révéla aux Français les symphonies de Beethoven.

HABER (Fritz), *Breslau 1868 - Bâle 1934,* physico-chimiste allemand. Il a réalisé la synthèse industrielle de l'ammoniac et étudié la thermodynamique des réactions en phase gazeuse. Il dut s'exiler à cause de la politique nazie. (Prix Nobel de chimie 1918.)

HABERMAS (Jürgen), *Düsseldorf 1929,* philosophe allemand. Il se rattache à l'école de Francfort et analyse les rapports de la technique, du pouvoir et de la communication (*la Technique et la Science comme idéologie,* 1968 ; *Théorie de l'agir communicationnel,* 1981 ; *Vérité et Justification,* 1999).

HABRÉ (Hissène), *Faya-Largeau 1942,* homme politique tchadien. Il participe à partir de 1972 à la rébellion du nord du Tchad, devient Premier ministre (1978), puis président de la République (1982), après l'avoir emporté sur Goukouni Oueddeï. En 1990, il est renversé par Idriss Déby. Réfugié au Sénégal, il est reconnu coupable, en 2016, notamm. de crimes contre l'humanité et condamné à la réclusion à perpétuité par une Chambre africaine extraordinaire (jugement confirmé en appel).

HABSBOURG, maison qui régna sur le Saint Empire romain germanique (1273 - 1291 ; 1298 - 1308 ; 1437 - 1740 ; 1765 - 1806), l'Autriche (1278 - 1918), l'Espagne (1516 - 1700), ainsi que sur la Bohême et la Hongrie (1526 - 1918). Ayant acquis au XIIe s. des territoires considérables en Suisse et en Alsace, les Habsbourg durent leur fortune à l'élection de Rodolphe Ier comme roi des Romains (1273). Ils s'approprièrent la basse Autriche et la Styrie (1278), le Tyrol (1363), et prirent au XVe s. le nom de maison d'Autriche. Par le jeu des mariages et des héritages, celle-ci obtint de 1477 à 1526 les Pays-Bas, la Castille, l'Aragon, la Bohême et la Hongrie. À l'abdication de Charles Quint (1556), l'Empire fut partagé entre son fils Philippe II (1556 - 1598), fondateur de la branche espagnole (qui s'éteignit en 1700), et son frère Ferdinand Ier (1556 - 1564), fondateur de la branche allemande. Avec Charles VI (1711 - 1740) s'éteignit la maison de Habsbourg, dont l'héritière, Marie-Thérèse (1740 - 1780), épousa en 1736 François de Lorraine, fondateur de la maison des Habsbourg-Lorraine ; cette dernière régna sur l'Autriche, la Bohême et la Hongrie jusqu'en 1918.

HACHÉMITES ou **HACHIMITES,** dynastie issue de Hachim, l'arrière-grand-père de Mahomet. Ils se sont illustrés par plusieurs lignées de chérifs, souverains de La Mecque du Xe s. à 1924, et par les émirs ou rois qu'ils donnèrent au XXe s. au Hedjaz (1908 - 1924), à l'Iraq (1921 - 1958) et à la Transjordanie (1921 - 1949), puis à la Jordanie (depuis 1949).

HACHETTE (Jeanne **Laisné** ou **Fourquet,** dite Jeanne), *Beauvais 1456 - id. ?,* héroïne française. Elle défendit Beauvais, assiégée par Charles le Téméraire en 1472.

HACHETTE (Louis), *Rethel 1800 - Le Plessis-Piquet, auj. Le Plessis-Robinson, 1864,* éditeur français. À partir du fonds de la Librairie Brédif, acheté en 1826, il créa sa propre maison d'édition, la Librairie Hachette (puis Hachette), dont les activités (édition et distribution de livres et de presse, audiovisuel) s'exercent auj. au sein du groupe Lagardère.

HACHINOHE, v. du Japon, dans le nord de Honshu ; 237 473 hab. Port de pêche.

HACHIOJI, v. du Japon (Honshu), banlieue industrielle à l'O. de Tokyo ; 579 799 hab.

HADAMARD (Jacques), *Versailles 1865 - Paris 1963,* mathématicien français. Figure de proue de l'école française de la théorie des fonctions, il joua un rôle fondamental dans la création de l'analyse fonctionnelle.

HADÈS MYTH. GR. Dieu des Enfers. Il fut identifié par les Romains à Pluton.

HADID (dame Zaha), *Bagdad 1950 - Miami 2016,* architecte britannique d'origine irakienne. Ses réalisations novatrices, servies par les technologies les plus avancées, organisent des espaces aussi déconcertants que somptueux en mariant l'angle et la courbe (usine BMW, à Leipzig, 2005 ; Pavillon-Pont, à Saragosse, 2008 ; musée MAXXI, à Rome, 2010 ; Cité « Pierresvives », à Montpellier, 2012 ; complexe Dongdaemun Design Plaza, à Séoul, 2014). [Prix Pritzker 2004.]

HADJAR (El-), v. d'Algérie, près d'Annaba ; 37 364 hab. Sidérurgie.

HADRAMAOUT, région de l'Arabie (Yémen), sur le golfe d'Aden et la mer d'Oman.

Hadriana (villa), maison de plaisance de l'empereur Hadrien à Tibur (auj. Tivoli), près de Rome. Elle fut élevée entre 117 et 138 ; ses vestiges témoignent de l'éclectisme architectural de l'époque et du syncrétisme de l'empereur.

HADRIEN, en lat. **Publius Aelius Hadrianus,** *Italica, Bétique, 76 - Baïes 138,* empereur romain (117 - 138). Successeur de Trajan, qui l'avait adopté, il fit du Conseil du prince un organe de gouvernement, tendit à unifier la législation (Édit perpétuel, 131), et protégea l'Empire contre les Barbares au moyen de fortifications continues. Lettré, grand voyageur, il aménagea près de Rome la vaste villa qui porte son nom. Son mausolée est devenu le château Saint-Ange, à Rome.

▲ **Hadrien.** (Musée des Thermes, Rome.)

HADRUMÈTE, colonie phénicienne d'Afrique. Ruines près de Sousse (Tunisie).

HAEBERLIN, famille de cuisiniers français. **Paul H.,** *Illhaeusern, Haut-Rhin, 1923 - id. 2008,* son frère **Jean-Pierre H.,** *Illhaeusern, Haut-Rhin, 1925 - id. 2014,* et leur fils et neveu **Marc H.,** *Colmar 1954.* Ils ont hérité d'une auberge familiale à Illhaeusern, qu'ils ont hissée au rang des meilleures tables françaises, alliant modernité et tradition culinaire alsacienne.

HAECKEL (Ernst), *Potsdam 1834 - Iéna 1919,* zoologiste et embryologiste allemand. Il donna des travaux majeurs en embryologie comparée. Défenseur de Darwin, il proposa une *loi biogénétique fondamentale* (1866) : « L'ontogenèse est une courte récapitulation de la phylogenèse. »

HAEJU, v. de Corée du Nord ; 241 599 hab.

HAENDEL → **HÄNDEL.**

HAFEZ ou **HAFIZ,** *Chiraz v. 1325 - id. 1390,* poète persan, auteur de poésies lyriques d'inspiration amoureuse et mystique.

HAFFKINE (Waldemar), *Odessa 1860 - Lausanne 1930,* médecin et bactériologiste britannique d'origine russe. À l'Institut Pasteur, il mit au point le premier vaccin efficace contre le choléra (1892), qu'il utilisa ensuite en Inde.

HAFIZ (Mulay), *Fès v. 1875 - Enghien-les-Bains 1937,* sultan du Maroc (1908 - 1912), de la dynastie des Alawites.

HAFSIDES, dynastie musulmane qui régna en Afrique du Nord de 1229 à 1574 (cap. *Tunis*).

Haganah (mot hébr. signif. *défense*), organisation paramilitaire juive de Palestine. Engagée aux côtés de la Grande-Bretagne pendant la Seconde Guerre mondiale, elle constitua en 1948 le noyau de l'armée du nouvel État d'Israël.

HAGEDORN (Friedrich von), *Hambourg 1708 - id. 1754*, poète allemand, auteur de *Fables et Contes* inspirés de La Fontaine.

HAGÈGE (Claude), *Carthage 1936*, linguiste français. S'appuyant sur une conscience aiguë de la variété du fait linguistique, il s'attache à élaborer un modèle anthropologique théorisant la relation de l'homme avec le langage (*l'Homme de paroles*, 1985 ; *Dictionnaire amoureux des langues*, 2009).

HAGEN, v. d'Allemagne (Rhénanie-du-Nord-Westphalie), dans la Ruhr ; 187 944 hab. Centre industriel. – Musées (E. Schumacher, Osthaus, de l'Artisanat et des Techniques [en plein air]).

HAGETMAU [-ʒɛt-] (40700), bur. centr. de cant. des Landes ; 4 756 hab. Crypte romane de St-Girons.

HAGONDANGE (57300), comm. de la Moselle ; 9 379 hab. (*Hagondangeois*). Métallurgie.

HAGUE (la), péninsule et cap de la Manche, extrémité nord-ouest du Cotentin.

HAGUE (La), comm. de la Manche ; 12 219 hab. (*Haguais*). Usine de retraitement de combustibles nucléaires irradiés.

HAGUENAU (67500), ch.-l. d'arrond. du Bas-Rhin, sur la Moder, au S. de la *forêt de Haguenau* (13 400 ha) ; 35 406 hab. (*Haguenoviens*). Mécanique. Confiserie. – Église St-Georges, des XIIe-XVIIe s. Musée alsacien et Musée historique.

HAHN (Otto), *Francfort-sur-le-Main 1879 - Göttingen 1968*, chimiste et physicien allemand. Avec L. Meitner, il a découvert le protactinium (1917) et le phénomène d'isomérie nucléaire. Avec Fritz Strassmann, il a mis en évidence, en 1938, la fission de l'uranium. (Prix Nobel de chimie 1944.)

HAHN (Reynaldo), *Caracas 1875 - Paris 1947*, compositeur vénézuélien naturalisé français, auteur de mélodies et d'œuvres lyriques (*Ciboulette*, 1923).

HAHNEMANN (Christian Friedrich Samuel), *Meissen 1755 - Paris 1843*, médecin allemand. Fondateur de la doctrine homéopathique, accueillie avec hostilité en Allemagne, il s'installa à Paris en 1835 et y connut le succès.

HAICHENG, v. de Chine (Liaoning) ; 1 181 130 hab.

HAIDA GWAII, anc. **îles de la Reine-Charlotte,** archipel canadien (Colombie-Britannique) du Pacifique.

HAÏFA ou **HAIFFA,** v. d'Israël, sur la Méditerranée ; 279 600 hab. (1 043 860 hab. dans l'agglomération). Port. Raffinage du pétrole.

HAIG (Alexander), *Philadelphie 1924 - Baltimore 2010*, général américain. Collaborateur de Nixon et de Kissinger lors du cessez-le-feu au Viêt Nam (1972 - 1973), commandant des forces du Pacte atlantique en Europe (1974 - 1979), il fut secrétaire d'État en 1981 - 1982.

HAIG (Douglas **Haig,** comte), *Édimbourg 1861 - Londres 1928*, maréchal britannique. De 1915 à 1918, il commanda les troupes britanniques engagées sur le front français.

HAIGNERÉ (Claudie **André-Deshays,** auj. Claudie), *Le Creusot 1957*, médecin et spationaute française. Première Française à avoir accompli un vol spatial (séjour à bord de la station Mir, 1996), elle participe en 2001 à une nouvelle mission franco-russe (à bord de la Station spatiale internationale). Elle est ensuite ministre déléguée à la Recherche et aux Nouvelles Technologies (2002 - 2004), puis aux Affaires européennes (2004 - 2005). Elle a aussi présidé l'établissement public regroupant le palais de la Découverte et la Cité des sciences et de l'industrie (2010 - 2015).

▲ Claudie et Jean-Pierre **Haigneré** en 1993.

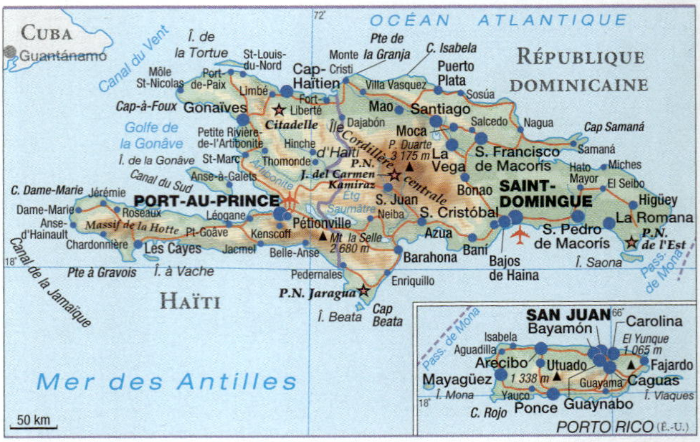

Haïti, République dominicaine

HAIGNERÉ (Jean-Pierre), *Paris 1948*, officier et spationaute français. Il a effectué deux vols spatiaux à bord de la station Mir (1993, 1999), le second ayant été (jusqu'en 2015) le plus long vol spatial accompli par un Européen (188 j 20 h 16 min).

HAI HE n.m., fl. de Chine, qui se jette dans le golfe du Bohai ; 450 km. Il passe près de Pékin et à Tianjin.

HAIKOU, v. du Chine, ch.-l. de la prov. du Hainan ; 1 586 663 hab.

HAILÉ SÉLASSIÉ Ier, *Harar 1892 - Addis-Abeba 1975*, empereur d'Éthiopie (1930 - 1974). Régent et héritier de l'Empire (1916), le ras Tafari Makonnen fut proclamé roi (négus) en 1928 et devint empereur, en 1930, sous le nom d'Hailé Sélassié Ier. Lors de l'invasion italienne, il s'exila (1936) et gagna la Grande-Bretagne. Il revint en Éthiopie en 1941 avec les troupes alliées. L'armée le renversa en 1974.

▲ **Hailé Sélassié Ier** en 1970.

HAILLAN (Le) [33160], comm. de la Gironde ; 11 062 hab. (*Haillanais*). Industrie aérospatiale.

HAINAN, île et province de la Chine du Sud ; 34 000 km² ; 9 110 000 hab. ; cap. *Haikou*. Zone économique spéciale. Tourisme.

HAINAUT, région historique, située partie en France, partie en Belgique. Comté de l'Empire germanique, fondé au IXe s., le Hainaut passa à la maison de Flandre en 1055, puis à la maison d'Avesnes en 1256. Il fut annexé en 1428 aux États bourguignons, dont il suivit le sort. La partie méridionale du Hainaut (cap. Valenciennes) devint française en 1678 (traité de Nimègue).

HAINAUT, prov. de la Belgique méridionale ; 3 787 km² ; 1 328 760 hab. (*Hainuyers* ou *Hennuyers*) ; ch.-l. *Mons* ; 7 arrond. (*Ath, Charleroi, Mons, Mouscron, Soignies, Thuin, Tournai*) ; 69 comm. Le Hainaut juxtapose une partie fortement urbanisée (Mons, Charleroi) et encore industrialisée (l'ancien pays noir), et une région occidentale largement agricole.

HAINING, v. de Chine (Zhejiang) ; 666 080 hab.

HAIPHONG, v. du nord du Viêt Nam ; 888 963 hab. dans l'agglomération. Port et centre industriel.

HAISNES (62138), comm. du Pas-de-Calais ; 4 396 hab. (*Haisnois*). Moteurs automobiles.

HAÏTI ou **HISPANIOLA,** l'une des Grandes Antilles, à l'E. de Cuba, divisée en deux États indépendants : la République dominicaine* et Haïti.

HAÏTI n.m., État des Antilles, occupant l'ouest de l'île du même nom ; 27 750 km² ; 10 317 000 hab. (*Haïtiens*). **CAP.** *Port-au-Prince*.

LANGUES : *créole haïtien* et *français*. **MONNAIES :** *gourde* et *dollar des États-Unis*.

GÉOGRAPHIE État peuplé en majorité de Noirs, la république d'Haïti est un pays au climat tropical (fréquemment touché par des cyclones), formé de chaînons montagneux séparés par des terres plus basses, qui produisent du café, des bananes et de la canne à sucre. Le sous-sol recèle de la bauxite. Le niveau de vie est très bas, et les tensions sociales demeurent vives dans ce pays surpeuplé, sous-industrialisé et endetté, frappé de surcroît le 12 janv. 2010 par un séisme meurtrier et dévastateur dans la région de Port-au-Prince. Haïti doit compter sur les fonds versés par la diaspora et sur l'aide internationale pour survivre.

HISTOIRE **L'époque coloniale. 1492 :** peuplée d'Indiens Arawak, l'île est découverte par Christophe Colomb, qui lui donne le nom d'Hispaniola. **1697 :** l'occupation par la France de sa partie occidentale est reconnue par le traité de Ryswick. **XVIIIe s. :** la région devient la plus prospère des colonies françaises grâce à la production de sucre et de café. Elle est peuplée à 90 % d'esclaves noirs, d'affranchis et de mulâtres. **1791 :** Toussaint Louverture dirige la révolte des esclaves. **1795 :** l'Espagne cède la partie orientale de l'île à la France (traité de Bâle).

Le XIXe s. 1804 : après avoir expulsé les Français, le Noir Jean-Jacques Dessalines se proclame empereur d'Haïti. **1806 - 1818 :** tandis que l'Espagne réoccupe l'est de l'île, une sécession oppose le royaume du Nord (Henri Christophe) à la république du Sud (Alexandre Pétion). **1822 :** réunification de l'île. **1844 :** la partie orientale reprend sa liberté pour former la République dominicaine. **1849 - 1859 :** Faustin Ier est empereur. **1859 - 1910 :** les mulâtres dominent la vie politique.

La période contemporaine. 1915 - 1934 : endettement extérieur et crise politique entraînent l'intervention des États-Unis, qui occupent le pays. **1934 - 1957 :** le départ des Américains ouvre une nouvelle période d'instabilité. **1957 - 1971 :** François Duvalier, président à vie (1964), exerce un pouvoir dictatorial. **1971 - 1986 :** lui succède son fils, Jean-Claude Duvalier. Une grave crise politique oblige ce dernier à s'exiler. **1986 - 1990 :** les militaires (Henri Namphy, Prosper Avril) sont au pouvoir de façon presque ininterrompue. **1990 :** le père Jean-Bertrand Aristide, apôtre de la théologie de la libération, est élu à la présidence de la République. **1991 :** entré en fonctions en févr., il est renversé par un nouveau coup d'État militaire (sept.), et doit s'exiler. **1994 :** une intervention militaire américaine rétablit J.-B. Aristide. **1996 :**

René Préval devient président de la République. **2001 :** J.-B. Aristide revient à la tête de l'État. Mais la dérive autoritaire du régime plonge le pays dans une crise politique permanente, qui dégénère progressivement en guerre civile. **2004 :** sous la pression de l'opposition démocratique, d'une rébellion armée et de la communauté internationale, le président Aristide démissionne. Des forces internationales, puis de l'ONU, sont déployées pour sécuriser le pays. **2006 :** R. Préval est de nouveau élu à la tête de l'État. Il dirige un pays en proie à une situation périlleuse, que le séisme de 2010 fait basculer dans le chaos (plus tard aggravé par une épidémie de choléra et des inondations). **2011 :** à l'issue d'une élection à rebondissements, marquée par des conditions d'organisation difficiles et des fraudes multiples, le chanteur populaire Michel Martelly est élu à la présidence de la République. Mais le nouveau pouvoir, confronté à un Parlement hostile, peine à s'imposer et la reconstruction du pays reste en panne. **2015 - 2016 :** le déroulement chaotique des élections générales (oct. 2015 - janv. 2016) entraîne le pays dans une nouvelle crise politique et institutionnelle. En févr. 2016, un président provisoire, Jocelerme Privert, est élu par le Parlement. Après un ultime report du scrutin dû au passage d'un ouragan (oct.), Jovenel Moïse est élu à la tête de l'État (prise de fonctions en févr. 2017).

HAITINK (Bernard), *Amsterdam 1929*, chef d'orchestre néerlandais. Directeur musical du Concertgebouw d'Amsterdam (1964 - 1988) et de Covent Garden (1987 - 2002), il a enregistré les intégrales des symphonies de Bruckner et Mahler, et contribué à la redécouverte des œuvres de Liszt et de Chostakovitch.

HAKIM (al-), *985 - 1021*, sixième calife fatimide (996 - 1021). Il consentit à la proclamation de sa propre divinité (1017). Il est vénéré par les Druzes.

HAKIM (Tawfiq **al-**), *Alexandrie ? 1898 - Le Caire 1987*, écrivain égyptien. Auteur de romans (*Journal d'un substitut de campagne*), il est surtout célèbre comme dramaturge (*Toi qui montes à l'arbre !*).

HAKODATE, v. du Japon (Hokkaido) ; 279 110 hab. Port.

HAL, en néerl. **Halle,** v. de Belgique, ch.-l. d'arrond. (avec Vilvorde) du Brabant flamand ; 37 104 hab. Basilique du XIVe s. (œuvres d'art).

HALBWACHS (Maurice), *Reims 1877 - Buchenwald 1945*, sociologue français. Élève de Durkheim, il fut l'un des premiers à utiliser les statistiques (*Morphologie sociale*, 1938).

HALDANE (John), *Oxford 1892 - Bhubaneswar 1964*, biologiste et mathématicien indien d'origine britannique. Il est l'un des créateurs de la théorie synthétique de l'évolution (néodarwinisme).

HALDAS (Georges), *Genève 1917 - Lausanne 2010*, écrivain suisse de langue française. Sa poésie et ses chroniques de la vie quotidienne s'élargissent en réflexion métaphysique (*Boulevard des philosophes*, 1966 ; *Chronique de la rue Saint-Ours*, 1973 ; *l'État de poésie [Carnets]*, 1977-2009).

HALDE (Haute Autorité de lutte contre les discriminations et pour l'égalité), autorité administrative française indépendante. Instituée en 2004, elle était chargée d'identifier et de combattre les pratiques discriminatoires et de promouvoir l'égalité de traitement des citoyens. Ses activités ont été reprises en 2011 par le défenseur* des droits.

HALE (George), *Chicago 1868 - Pasadena 1938*, astrophysicien américain. L'un des fondateurs de l'astronomie solaire moderne, il inventa le spectrohéliographe (1891), indépendamment de H. Deslandres. Il fut notamm. à l'origine de la construction du télescope du mont Palomar.

HALES (Stephen), *Bekesbourne, Kent, 1677 - Teddington, près de Londres, 1761*, chimiste et naturaliste anglais. Il a étudié de nombreux gaz et mesuré la pression sanguine.

HALÉVY (Ludovic), *Paris 1834 - id. 1908*, écrivain et librettiste français. Il écrivit avec Meilhac les livrets des principales œuvres lyriques d'Offenbach (*la Belle Hélène*, 1864 ; *la Vie parisienne*, 1866), puis se consacra au roman de mœurs. (Acad. fr.)

HALEY (Bill), *Highland Park, Michigan, 1925 - Harlingen, Texas, 1981*, chanteur et guitariste américain de rock. Pionnier du rock and roll, il enregistra avec son groupe, The Comets, le premier grand succès du genre, *Rock Around the Clock* (1954).

HALFFTER (Cristóbal), *Madrid 1930*, compositeur espagnol. Il fut l'un des chefs de file de la musique postsérielle (*Requiem por la libertad imaginada*, pour grand orchestre, 1971).

HALICARNASSE, colonie grecque de Carie, en Asie Mineure (auj. *Bodrum*). Elle fut embellie par Mausole et Artémise II (IVe s. av. J.-C.). – Fragments sculptés du « Mausolée » (auquel participèrent Scopas et Léocharès), une des Sept Merveilles* du monde antique, au British Museum.

HALIFAX, v. du Canada, cap. de la Nouvelle-Écosse, sur l'océan Atlantique ; 403 131 hab. Port. Universités. Archevêché.

HALIFAX, v. de Grande-Bretagne (Angleterre) ; 83 570 hab. Anc. halle aux draps du XVIIIe s.

HALIFAX (Edward Frederick Lindley **Wood,** comte **de**), *Powderham Castle 1881 - Garrowby Hall 1959*, homme politique britannique. Il fut vice-roi des Indes (1925 - 1931), secrétaire aux Affaires étrangères (1938 - 1940), ambassadeur aux États-Unis (1941 - 1946).

HALIMI (Zeiza Gisèle Élise, dite Gisèle), née **Taïeb**, *La Goulette, Tunisie, 1927*, avocate, militante et femme politique franco-tunisienne. D'abord engagée dans le combat anticolonial (Tunisie, Algérie...), elle devient, par ses plaidoiries et son action politique (députée de 1981 à 1984), une figure de la lutte pour les droits des femmes et contribue à la dépénalisation de l'avortement (loi Veil, 1975). Elle est l'auteure de *la Cause des femmes* (1973).

HALL (Edwin Herbert), *Gorham, Maine, 1855 - Cambridge, Massachusetts, 1938*, physicien américain. Auteur de travaux sur les conductivités thermique et électrique de l'acier, il a découvert, en 1880, l'effet qui porte son nom.

HALL (Granville Stanley), *Ashfield, Massachusetts, 1844 - Worcester 1924*, psychologue américain. Pionnier de la psychologie expérimentale aux États-Unis, il travailla sur le développement de l'enfant et de l'adolescent (*Adolescence*, 1904).

HALLADJ (Abu al-Mughith al-Husayn **al-**), *Tur, Fars, v. 858 - Bagdad 922*, théologien, mystique et martyr musulman. Il fut exécuté sous les Abbassides. Son œuvre est à l'origine d'un grand courant du soufisme.

HALLE, v. d'Allemagne (Saxe-Anhalt), sur la Saale ; 229 153 hab. Université. Métallurgie. – Églises des XIVe-XVIe s. ; musées ; maison natale de Händel.

HALLE, nom néerlandais de Hal*.

HALLÉ (Francis), *Seine-Port, Seine-et-Marne, 1938*, botaniste français. Spécialiste et défenseur des forêts tropicales primaires, il initie (avec l'architecte Gilles Ebersolt et l'aéronaute Dany Cleyet-Marrel) l'exploration de la canopée grâce à des structures légères aéroportées, telles que le *Radeau des cimes* (1985).

HALLES (les), quartier du Ier arrond. de Paris où étaient concentrés, jusqu'en 1969, les commerces alimentaires de gros, transférés ensuite à Rungis. Sur l'espace libéré par la démolition des halles de Baltard* ont été réalisés un centre commercial (*Forum des Halles*, 1979 et suiv.) et divers locaux et équipements souterrains. Le site, très fréquenté, a été restructuré et rénové de 2011 à 2018.

HALLEY (Edmond), *Haggerston, près de Londres, 1656 - Greenwich 1742*, astronome britannique. Auteur de nombreuses recherches concernant la géophysique, la météorologie et l'astronomie, il reste surtout connu pour avoir étudié le mouvement des comètes (1705) et pour avoir le premier prédit par le calcul le retour près du Soleil de l'une d'entre elles, qui porte à présent son nom. En 1720, il fut nommé astronome royal.

▲ Edmond **Halley** par R. Phillips. (National Portrait Gallery, Londres.)

HALLEY (comète de), comète dont E. Halley découvrit les retours périodiques près du Soleil tous les 76 ans environ (le dernier a eu lieu en 1986, le prochain est attendu en 2061).

HALLSTATT ou **HALLSTADT,** bourg d'Autriche, dans le Salzkammergut. Salines déjà exploitées durant la préhistoire. La découverte (1846) d'une vaste nécropole en a fait la station éponyme du premier âge du fer (900 - 450 av. J.-C.) ; musée.

HALLUIN (59250), comm. du Nord ; 20 822 hab. (*Halluinois*).

HALLYDAY (Jean-Philippe **Smet,** dit Johnny), *Paris 1943 - Marnes-la-Coquette, Hauts-de-Seine, 2017*, chanteur français. Pionnier du rock and roll en France dans les années 1960, il bâtit sa légende sur sa voix, qui lui permit de s'adapter à tous les styles musicaux (*Souvenirs, souvenirs*, *Retiens la nuit*, *l'Idole des jeunes*, *Noir, c'est noir*, *Que je t'aime*, *Quelque chose de Tennessee*), sur sa présence scénique et sur son exceptionnelle longévité. Il poursuivit par ailleurs une carrière d'acteur au cinéma (*Détective*, J.-L. Godard, 1985 ; *l'Homme du train*, P. Leconte, 2002) et, plus tard, au théâtre (*le Paradis sur terre* de T. Williams, 2011).

▲ Johnny **Hallyday** en 2000.

HALMAHERA, île des Moluques (Indonésie).

HALMSTAD, v. de Suède, sur le Cattégat ; 95 532 hab. Port. – Église gothique St-Nicolas.

HALONEN (Tarja), *Helsinki 1943*, femme politique finlandaise. Sociale-démocrate, plusieurs fois ministre (Affaires sociales, 1987 - 1990, et Affaires étrangères, 1995 - 2000, notamm.), elle a été présidente de la République de 2000 à 2012.

HALS (Frans), *Anvers v. 1580/1585 - Haarlem 1666*, peintre néerlandais. Auteur de portraits et de sujets de genre, il vécut à Haarlem, où sont conservés ses chefs-d'œuvre (musée Frans-Hals), du jovial *Banquet du corps des archers de Saint-Georges* (1616) aux *Régents* et *Régentes [de l'hospice des vieillards]*, d'une causticité vengeresse (1664). Sa technique audacieuse, d'une liberté de touche inédite, a influencé des artistes du XIXe s., tel Manet.

▲ Frans **Hals.** *Le Bouffon au luth*, v. 1623-1624. (Louvre, Paris.)

HALTER (Marek), *Varsovie 1936*, écrivain français. Fervent lecteur de la Bible (*la Reine de Saba*, 2008), il témoigne inlassablement dans ses romans de la nécessité de défendre les droits de l'homme et la paix (*le Fou et les Rois*, 1976 ; *la Mémoire d'Abraham*, 1983 ; *l'Inconnue de Birobidjan*, 2012 ; *Ève*, 2016). Il est aussi peintre.

HAM [am] (80400), bur. centr. de cant. de la Somme, sur la Somme ; 4 848 hab. (*Hamois*). Agroalimentaire. Chimie. – Anc. abbatiale des XIIe-XVIIe s. – Charles Louis Napoléon Bonaparte (futur Napoléon III), enfermé au fort de Ham en 1840, s'en échappa en 1846.

HAMA, v. du nord de la Syrie, sur l'Oronte ; 467 807 hab.

HAMADAN, v. d'Iran, au S.-O. de Téhéran ; 473 149 hab. Mausolée seldjoukide. – C'est l'anc. *Ecbatane*.

HAMAMATSU, v. du Japon (Honshu) ; 800 912 hab.

HAMANN (Johann Georg), *Königsberg 1730 - Münster 1788*, écrivain et philosophe allemand. Ses tendances mystiques ont influencé le mouvement du Sturm* und Drang (*Métacritique du purisme de la raison pure*, 1784).

Hamas, acronyme de l'ar. **Ḥarakat al-Muqāwama al-Islāmiyya** (Mouvement de la résistance islamique), organisation islamique palestinienne issue des Frères musulmans, fondée en 1987. Revendiquant la libération de la Palestine, le Hamas, acteur majeur de l'Intifada, mène une lutte armée (attentats) contre Israël. Arrivé au premier plan de la vie politique palestinienne (victoire aux élections législatives de janv. 2006), il s'oppose rapidement au Fatah, le parti de M. Abbas, prenant par la force le contrôle de la bande de Gaza en juin 2007. Des accords de réconciliation sont conclus en 2011 et 2012, sans effet immédiat, puis en 2014, avec la mise en place d'un gouvernement d'union (juin 2014 - juin 2015), et enfin en 2017, de nouveau sans effet.

HAMBACH (57910), comm. de la Moselle, au S. de Sarreguemines ; 2 861 hab. *(Hambachois).* Pôle industriel (construction automobile).

HAMBOURG, en all. **Hamburg,** Land d'Allemagne ; 753 km² ; 1 810 438 hab. ; cap. *Hambourg.*

HAMBOURG, en all. **Hamburg,** v. d'Allemagne, dont elle constitue un Land, sur l'Elbe ; 1 810 438 hab. *(Hambourgeois).* Hambourg est le principal débouché maritime de l'Allemagne et demeure l'un des plus grands ports européens. Liée à l'activité portuaire, la fonction industrielle est très développée : métallurgie, chimie, agroalimentaire. – Musées, dont la Kunsthalle (riche galerie de peinture). – Dotée d'une charte et de privilèges de navigation (1189), Hambourg participa à la Hanse, pour s'imposer grâce à elle sur les marchés étrangers, et supplanta Lübeck au XVIe s. Elle fut occupée (1806), puis annexée (1810) par Napoléon Ier. Entrée, comme ville libre et souveraine, dans la Confédération germanique (1815), incorporée à l'Empire allemand (1871), elle obtint le statut de port franc (1881). Elle fut bombardée par les Alliés en 1943.

HAMBURGER (Jean), *Paris 1909 - id. 1992,* médecin néphrologue français. Auteur de travaux sur l'hémodialyse et le rein artificiel, il a réalisé en 1959 la première greffe de rein entre faux jumeaux. (Acad. fr.)

HAMELIN (Marc-André), *Montréal 1961,* pianiste et compositeur canadien. Réputé pour sa virtuosité, l'extrême liberté de ses interprétations et l'étendue de son répertoire (Haydn, Liszt, Reger, Busoni), il a aussi contribué à faire redécouvrir des compositeurs méconnus des XIXe et XXe s. (Leo Ornstein).

HAMERLING (Rupert **Hammerling,** dit Robert), *Kirchberg am Walde 1830 - Graz 1889,* écrivain autrichien, auteur de poèmes épiques *(Ahasvérus à Rome)* et de romans *(Aspasie).*

HAMHUNG, v. de Corée du Nord ; 614 198 hab. Chimie. Métallurgie.

HAMILCAR, surnommé **Barca** (« la Foudre »), *v. 290 - Elche 229 av. J.-C.,* chef carthaginois. Après avoir combattu les Romains en Sicile, il réprima la révolte des mercenaires de Carthage (240 - 238) et conquit l'Espagne méridionale (237 - 229). Il est le père d'Hannibal.

HAMILTON → **CHURCHILL** [fl.].

HAMILTON, v. du Canada (Ontario), à l'extrémité ouest du lac Ontario ; 536 917 hab. (747 545 hab. dans l'agglomération). Université. Port. Sidérurgie. Constructions mécaniques et électriques.

HAMILTON, v. de Nouvelle-Zélande, dans l'île du Nord ; 141 615 hab. (170 900 hab. dans l'agglomération).

HAMILTON (Alexander), *Nevis, Antilles, 1757 - New York 1804,* homme politique américain. Aide de camp de Washington (1777), il fut l'un des rédacteurs de la Constitution américaine et le fondateur du Parti fédéraliste. Secrétaire au Trésor (1789 - 1795), il organisa la Banque nationale.

HAMILTON (Anthony, en fr. Antoine), *Roscrea, Irlande, 1646 - Saint-Germain-en-Laye 1720,* écrivain irlandais d'expression française. Il suivit les Stuarts en exil, se fixa à Paris et consacra à son beau-frère les spirituels *Mémoires de la vie du comte de Gramont* (1713).

HAMILTON (Lewis), *Stevenage 1985,* coureur automobile britannique. Il est cinq fois champion du monde des conducteurs (2008, 2014, 2015, 2017 et 2018).

HAMILTON (sir William Rowan), *Dublin 1805 - id. 1865,* mathématicien et physicien irlandais. Il inventa, en 1843, les *quaternions,* premier exemple d'ensemble dans lequel la multiplication n'est pas commutative. Sa théorie de l'optique, transposée à la dynamique, fit progresser le calcul des variations et la résolution des équations différentielles.

Hamlet, personnage principal du drame de Shakespeare (v. 1600), inspiré d'un prince danois devenu légendaire. Mélancolique, tenté par le néant, Hamlet se sent écrasé par le rôle que lui assigne la fatalité : pour venger son père, dont le spectre lui a appris l'assassinat, il doit tuer son oncle. Il simule la démence et délaisse sa fiancée, Ophélie, qui devient folle et se noie. Il finit par accomplir sa vengeance en y laissant sa propre vie. Le monologue d'Hamlet (*To be or not to be...*, « Être ou ne pas être... ») est célèbre.

HAMM, v. d'Allemagne (Rhénanie-du-Nord-Westphalie), dans la Ruhr ; 176 037 hab. Métallurgie.

HAMMADIDES, dynastie berbère, fondée par Hammad ibn Buluqqin, qui régna sur le Maghreb central de 1015 à 1152.

Hammaguir, site du Sahara algérien, au sud de Béchar. Base spatiale française de 1961 à 1967.

HAMMAMET, v. de Tunisie, sur le *golfe d'Hammamet* ; 73 236 hab. Station balnéaire.

HAMMAM-LIF, v. de Tunisie, près de Tunis ; 42 518 hab. Station balnéaire.

HAMMARSKJÖLD (Dag), *Jönköping 1905 - Ndola, Zambie, 1961,* homme politique suédois. Il fut secrétaire général de l'ONU de 1953 à 1961. (Prix Nobel de la paix 1961.)

HAMME [am], comm. de Belgique (Flandre-Orientale) ; 24 543 hab.

HAMMERFEST, v. de Norvège, la plus septentrionale d'Europe ; 6 549 hab. Port. Gaz et pétrole (offshore). Usine marémotrice sous-marine.

HAMMETT (Dashiell), *Saint Mary's County, Maryland, 1894 - New York 1961,* romancier américain. Il fut le créateur du roman policier noir, dans lequel il imposa le personnage du détective privé dur et obstiné (*le Faucon maltais*, 1930).

HAMMOURABI ou **HAMMOU-RAPI,** roi de Babylone (1793 - 1750 av. J.-C.). Il fonda le premier Empire babylonien et fit rédiger un code (le *Code d'Hammourabi*), recueil de lois ou de décisions de justice, gravé sur une stèle de basalte retrouvée à Suse en 1901 - 1902 (musée du Louvre).

HAMPDEN (John), *Londres 1594 - Thame 1643,* homme politique anglais. Adversaire de l'arbitraire royal, lieutenant de Pym, il fut l'un des chefs des républicains pendant la guerre civile.

HAMPI → **VIJAYANAGAR.**

HAMPSHIRE, comté du sud de l'Angleterre, sur la Manche ; 1 317 788 hab. ; ch.-l. *Winchester* ; v. princ. *Southampton.*

HAMPTON (Lionel), *Louisville 1909 - New York 2002,* musicien américain de jazz. Premier utilisateur du vibraphone pour le jazz, batteur et grand improvisateur, il fut l'une des grandes figures du middle jazz et fonda son propre big band en 1940.

Hampton Court, résidence royale d'Angleterre, dans la banlieue S.-O. de Londres (XVIe-XVIIe s. ; galerie de tableaux).

Hampton Roads, rade des États-Unis (Virginie), à l'entrée de la baie de Chesapeake. Site des ports de Newport News, Norfolk, Portsmouth et *Hampton.*

HAMSUN (Knut **Pedersen,** dit Knut), *Garmostraeet, près de Lom, 1859 - Nörholm 1952,* écrivain norvégien. Ses romans exaltent le sentiment de la nature et la libération de l'homme de toutes les entraves sociales (*la Faim*, 1890 ; *Pan* ; *Sous l'étoile d'automne*). [Prix Nobel 1920.]

HAM-SUR-HEURE-NALINNES, comm. de Belgique (Hainaut), sur l'Eau d'Heure ; 13 580 hab. Château des XVe-XVIIIe s., chapelle St-Roch, du XVIIIe s.

HAN, dynastie impériale chinoise (206 av. J.-C. - 220 apr. J.-C.). Fondée par Han Gaozu (206 - 195 av. J.-C.), elle affermit le pouvoir central et présida à un essor économique sans précédent ainsi qu'à l'expansion chinoise en Mandchourie, en Corée, en Mongolie, au Viêt Nam et en Asie centrale. Elle fut à son apogée sous Han Wudi (140 - 87 av. J.-C.). L'usurpateur Wang Mang (9 - 23) ne parvint pas à résoudre la crise agraire, et, après 23, les empereurs tentèrent également de limiter la puissance des grands propriétaires.

HAN, population majoritaire de la Chine, représentant environ 95 % des habitants de ce pays.

HAN (grottes de), grottes de Belgique (prov. de Namur), près de l'anc. comm. de Han-sur-Lesse, dues à la perte de la Lesse dans le calcaire.

HANAU, v. d'Allemagne (Hesse), sur le Main ; 86 803 hab.

HANCOCK (Herbert Jeffrey, dit Herbie), *Chicago 1940,* pianiste et compositeur américain de jazz. Ayant joué dans les années 1960 avec les plus grands (dont Miles Davis), il innove en associant le jazz à la soul, au rock, au funk et au disco (*Watermelon Man*, 1962 ; *Rockit*, 1983).

HANDAN, v. de Chine (Hebei) ; 1 250 308 hab.

HÄNDEL ou **HAENDEL** (Georg Friedrich), *Halle 1685 - Londres 1759,* compositeur allemand naturalisé britannique. Son langage musical, fait de grandeur et de lyrisme, offre une synthèse magistrale des styles italien, français, germanique et anglais. Il a écrit des opéras (*Rinaldo*, 1711), des sonates, des concerts et des suites *(Water Music)*, et surtout des oratorios (*Israël en Égypte*, 1739 ; *le Messie*, 1742 ; *Judas Macchabée*, 1747).

▲ **Händel** par T. Hudson.
(National Portrait Gallery, Londres.)

HANDKE (Peter), *Griffen, Carinthie, 1942,* écrivain autrichien. Son œuvre romanesque (*l'Angoisse du gardien de but au moment du penalty*, 1970 ; *la Femme gauchère*, 1976 ; *Toujours la tempête*, 2010) et dramatique (*la Chevauchée sur le lac de Constance*, 1971 ; *Par les villages*, 1981 ; *les Beaux Jours d'Aranjuez*, 2012) traduit l'angoisse de la solitude et de l'incommunicabilité.

◄ Peter **Handke**

Haneda, principal aéroport de Tokyo, au S. de la ville, sur la baie de Tokyo.

HANEKE (Michael), *Munich 1942,* cinéaste et metteur en scène d'opéra autrichien. Ses films, d'une fascinante tension glaciale, restituent la violence des sociétés modernes et traitent de sujets qui interpellent les consciences (*Funny Games*, 1997 ; *la Pianiste*, 2001 ; *le Temps du loup*, 2003 ; *Caché*, 2005 ; *le Ruban blanc*, 2009 ; *Amour*, 2012 ; *Happy End*, 2017).

HANGZHOU, v. de Chine, cap. du Zhejiang ; 2 451 319 hab. (5 189 275 hab. dans l'agglomération). Centre culturel (université) et industriel. – Anc. capitale de la Chine, sous les Song du Sud (1127 - 1276). – Pagode des Six Harmonies, fondée en 970 ; célèbres jardins.

HANKOU, partie de la conurbation de Wuhan (Chine).

HANKS (Thomas J., dit Tom), *Concord, Californie, 1956,* acteur américain. Il incarne un nouveau type d'acteur hollywoodien, qui exprime la vérité de ses personnages par un jeu d'une grande sobriété (*Philadelphia*, J. Demme, 1993 ; *Forrest Gump*, R. Zemeckis, 1994 ; *Il faut sauver le soldat Ryan*, S. Spielberg, 1998 ; *Seul au monde*, R. Zemeckis, 2000 ; *Da Vinci Code*, R. Howard, 2006 ; *Sully*, C. Eastwood, 2016).

HANNIBAL, *247 - Bithynie 183 av. J.-C.,* général et homme d'État carthaginois. Fils d'Hamilcar Barca, il est proclamé chef par l'armée en 221 av. J.-C. et accepté par le sénat de Carthage. En 219 av. J.-C., il attaque Sagonte (Espagne), alliée de Rome, déclenchant ainsi la deuxième guerre punique. À l'aide d'une forte armée comprenant des éléphants, il gagne l'Italie après une difficile traversée des Pyrénées et des Alpes. Il bat les Romains au lac Trasimène (217) et à Cannes (216),

mais ne peut prendre Rome. Rappelé à Carthage (203), il est vaincu à Zama (202) par Scipion l'Africain. Il s'exile en Orient, où il s'empoisonne pour échapper aux Romains.

◂ **Hannibal.** Buste antique ; marbre. (Musée archéologique, Naples.)

HANNON, navigateur carthaginois. Il aurait, vers 450 av. J.-C., longé les côtes atlantiques du continent africain, jusqu'à la Guinée.

HANNOUNI (Assia El-), *Dijon 1981*, athlète française. Malvoyante, elle a remporté huit médailles d'or aux jeux Paralympiques : quatre en 2004 (100 m, 200 m, 400 m et 800 m), deux en 2008 (200 m et 400 m) et deux en 2012 (200 m et 400 m), assorties de nombreux records du monde.

HANNUT, comm. de Belgique (prov. de Liège), à l'O. de Liège ; 15 766 hab.

HANOÏ ou **HANOI,** cap. du Viêt Nam, sur le fleuve Rouge, à la tête du delta du Tonkin ; 2 955 130 hab. dans l'agglomération. Centre industriel, commercial et culturel. – Monuments ; riches musées. – Principale ville du Tonkin sous domination chinoise au VIe s., Hanoï fut la capitale de la Rép. démocratique du Viêt Nam (1954) avant de devenir celle du pays réunifié (1975).

HANOTAUX (Gabriel), *Beaurevoir, Aisne, 1853 - Paris 1944*, historien et homme politique français. Ministre des Affaires étrangères (1894 - 1898), il fut l'un des principaux artisans de l'alliance franco-russe. (Acad. fr.)

HANOVRE, en all. **Hannover,** anc. État allemand. Duché, puis électorat (1692), le Hanovre fut érigé en royaume (1814) et annexé par la Prusse (1866).

HANOVRE, en all. **Hannover,** v. d'Allemagne, cap. de la Basse-Saxe, sur la Leine ; 516 300 hab. *(Hanovriens)* [1 283 000 hab. dans l'agglomération]. Centre industriel. Foire internationale. – Musées de Basse-Saxe et autres. – La ville adhéra à la Hanse en 1386 et fut à partir de 1636 la résidence des ducs, puis des rois de Hanovre.

HANOVRE (dynastie de), dynastie qui a régné sur l'électorat de Hanovre à partir de 1692 et conjointement sur la Grande-Bretagne à partir de 1714. L'Électeur de Hanovre, arrière-petit-fils par sa mère de Jacques Ier Stuart, devint alors roi de Grande-Bretagne sous le nom de George Ier.

HANRIOT (François), *Nanterre 1761 - Paris 1794*, révolutionnaire français. Commandant provisoire de la Garde nationale (mai 1793), il assiégea la Convention pour que celle-ci livrât les Girondins. N'ayant pu sauver Robespierre le 9 Thermidor, il fut guillotiné comme lui le lendemain.

Hanse ou **Hanse teutonique** (la), association des cités marchandes de la Baltique et de la mer du Nord (XIIe-XVIIe s.). Constituée d'abord par les marchands de Lübeck, Hambourg et Cologne, elle regroupait au XIVe s. 70 à 80 villes. Elle avait en outre des comptoirs à Novgorod, Bergen, Londres et Bruges. Son déclin s'accéléra après la défaite infligée à Lübeck par le Danemark (1534 - 1535).

HANSEN (Gerhard Armauer), *Bergen 1841 - id. 1912*, médecin norvégien. Il découvrit le bacille de la lèpre en 1874.

HANSEN (James Edward), *Denison, Iowa, 1941*, climatologue américain. Pionnier des sciences du climat, à la NASA notamm., il est le premier scientifique à alerter le public, dès 1988, sur le changement climatique dû à l'activité humaine.

HAN SHUI n.m., riv. de Chine, affl. du Yangzi Jiang (r. g.), à Wuhan ; 1 700 km.

HANSI (Jean-Jacques **Waltz,** dit), *Colmar 1873 - id. 1951*, écrivain, dessinateur et caricaturiste français. Il eut un grand succès avec les albums *le Professeur Knatschke* (1896), *l'Histoire d'Alsace racontée aux petits enfants* (1912), *l'Alsace heureuse* (1919).

HANSON (Duane), *Alexandria, Minnesota, 1925 - Boca Raton, Floride, 1996*, sculpteur américain. Ses figures grandeur nature, portant habits et accessoires, sont une des manifestations de l'hyperréalisme (*Touristes*, 1970 et 1988).

HANTAÏ (Simon), *Bia, auj. Biatorbágy, près de Budapest, 1922 - Paris 2008*, peintre français d'origine hongroise. Surréaliste, puis abstrait gestuel, il a, l'un des premiers, envisagé l'œuvre sous l'angle de sa seule matérialité (toiles réalisées, à partir du début des années 1960, par froissage-pliage/mise en couleurs/dépliage).

▲ **Hanoï.** Une rue de la ville, avec, à l'arrière-plan, le théâtre.

HAN WUDI, empereur de Chine (140 - 87 av. J.-C.), de la dynastie Han. Il poursuivit l'expansion en Asie centrale et protégea les arts et la poésie.

HAN YU, *Nanyang 768 - Changan 824*, écrivain chinois. Auteur de mémoires contre le bouddhisme, il prôna le retour à une prose épurée.

HAOUSSA, peuple du nord-ouest du Nigeria et du sud du Niger (env. 30 millions). À partir du XIVe s., les Haoussa fondèrent une série d'États indépendants ; ils furent ultérieurement islamisés. En 1804, Ousmane dan Fodio créa l'empire peul du Sokoto. Auj. les pasteurs peuls demeurent la classe dominante. L'*haoussa*, de la famille tchadienne, est une importante langue de relation.

HAOUZ n.m., région du Maroc méridional ; v. princ. *Marrakech*.

HARALD, nom de plusieurs rois de Danemark, de Suède et de Norvège, du IXe au XIIe s. — **Harald Ier,** *m. v. 863*, roi de Danemark. Il introduisit le christianisme dans son royaume. — **Harald Ier Hårfager** (« À la belle chevelure »), *v. 850 - v. 933*, roi de Norvège (872 - 933). Selon la tradition, il fut le premier souverain à unifier la Norvège. — **Harald Blåtand** (« Dent bleue »), *v. 910 - v. 986*, roi de Danemark (v. 940 - v. 986). Il implanta définitivement le christianisme dans son pays. — **Harald III Hårdråde** (« le Sévère »), *v. 1015 - Stamford Bridge 1066*, roi de Norvège (1047 - 1066). Il tenta vainement de conquérir l'Angleterre, mais fut vaincu et tué par Harold II.

HARALD V, *Asker, banlieue d'Oslo, 1937*, roi de Norvège. Il a succédé à son père Olav V en 1991.

HARAR, v. d'Éthiopie, ch.-l. de prov. ; 99 321 hab.

HARARE, anc. **Salisbury,** cap. du Zimbabwe, à 1 470 m d'alt. ; 1 541 570 hab. *(Hararais).*

HARAT ou **HERAT,** v. d'Afghanistan, sur le Hari Rud ; 177 300 hab. Monuments élevés sous la renaissance timuride du XVe s.

HARBIN ou **KHARBIN,** v. de Chine, cap. du Heilongjiang ; 3 481 504 hab. (5 496 375 hab. dans l'agglomération). Centre industriel.

HARDENBERG (Karl August, prince **von**), *Essenrode 1750 - Gênes 1822*, homme d'État prussien. Ministre des Affaires étrangères (1804 - 1806), puis chancelier (1810 - 1822), il fut l'un des principaux artisans du redressement de la Prusse après les défaites que lui infligea Napoléon Ier en 1806.

HARDING (Warren), *près de Blooming Grove, Ohio, 1865 - San Francisco 1923*, homme politique américain. Président républicain des États-Unis (1921 - 1923), il fut isolationniste et protectionniste.

HARDOUIN-MANSART (Jules) → **MANSART.**

HARDT n.f., massif boisé de France et d'Allemagne, au N. des Vosges.

HARDT ou **HARTH** n.f., région, en majeure partie forestière, de la plaine d'Alsace, dans le Haut-Rhin.

HARDY (Alexandre), *Paris v. 1570 - v. 1632*, poète dramatique français. Son théâtre unit la violence baroque à l'humanisme *(la Gigantomachie).*

HARDY (Françoise), *Paris 1944*, chanteuse et auteure-compositrice française. Icône de la génération yé-yé (*Tous les garçons et les filles*, 1962 ; *le Temps de l'amour* [musique de J. Dutronc, avec qui elle forme un couple célèbre], id. ; *Mon amie la rose*, 1964 ; *Comment te dire adieu*, 1968), elle a su perpétuer son mythe (*l'Amour fou*, 2012).

HARDY (Thomas), *Upper Bockhampton 1840 - Dorchester, Dorset, 1928*, écrivain britannique. Ses poèmes et ses romans évoquent les mœurs provinciales à travers des êtres soumis à un implacable destin *(Tess d'Urberville, Jude l'Obscur).*

HARELBEKE, comm. de Belgique (Flandre-Occidentale), sur la Lys ; 27 103 hab. Église du XVIIIe s.

HARFLEUR (76700), comm. de la Seine-Maritime ; 8 415 hab. *(Harfleurais).* Raffinerie de pétrole. Aéronautique. – Église des XIVe-XVIe s.

HARGEISA, v. du nord de la Somalie.

HARING (Keith), *Reading, Pennsylvanie, 1958 - New York 1990*, artiste américain. Dans l'esprit du pop art, il privilégie les graffitis, sur supports multiples, en adoptant un graphisme stylisé et coloré. Ses peintures, dessins et sculptures (sur la guerre, le sida, la drogue) ont un caractère engagé.

HARIRI (al-), *près de Bassora 1054 - id. 1122*, écrivain arabe, célèbre pour ses tableaux de la vie arabe *(Maqamat).*

HARIRI (Rafic), *Sayda 1944 - Beyrouth 2005*, homme d'affaires et homme politique libanais. Il fut Premier ministre de 1992 à 1998 et à nouveau de 2000 à 2004. Il fut tué dans un attentat. — **Saad H.,** *Riyad, Arabie saoudite, 1970*, homme d'affaires et homme politique libanais. Fils de Rafic, il est Premier ministre de 2009 à 2011, puis à nouveau depuis 2016.

HARI RUD n.m., fl. d'Afghanistan, d'Iran et du Turkménistan, qui disparaît par épuisement dans le sud du Karakoum ; 1 100 km env.

HARLAY (Achille de), comte **de Beaumont,** *Paris 1536 - id. 1619*, magistrat français. Président du parlement de Paris, il se signala pendant la Ligue par sa résistance au duc de Guise et par son dévouement à la royauté.

HARLAY DE CHAMPVALLON (François **de**), *Paris 1625 - Conflans 1695*, prélat français. Archevêque de Paris, il eut une grande part dans la révocation de l'édit de Nantes et dans les persécutions contre Port-Royal. (Acad. fr.)

HARLEM → **HAARLEM.**

HARLEM, quartier de New York, habité par une importante communauté noire.

HARLEY (Robert), comte **d'Oxford,** *Londres 1661 - id. 1724*, homme politique anglais. Secrétaire d'État (1704 - 1708), puis chef du gouvernement (1710 - 1714), il joua un rôle capital dans la conclusion du traité d'Utrecht (1713).

HARLOW, v. de Grande-Bretagne (Angleterre), au N. de Londres ; 88 296 hab.

HARLOW (Harry Frederick), *Fairfield, Iowa, 1905 - Tucson 1981*, psychologue américain. Il a mis en évidence l'importance du lien précoce de l'enfant à sa mère (*Learning to Love*, 1971).

HARNACK (Adolf **von**), *Dorpat 1851 - Heidelberg 1930*, théologien luthérien allemand. Adoptant une attitude critique vis-à-vis des dogmes, il a insisté sur la primauté de la foi et de la piété.

HARNES (62440), bur. centr. de cant. du Pas-de-Calais ; 12 691 hab. *(Harnésiens).* Agroalimentaire.

HARNONCOURT (Nikolaus), *Berlin 1929 - Sankt Georgen im Attergau, près de Salzbourg, 2016*, chef d'orchestre et violoncelliste autrichien. Il fonda le Concentus Musicus de Vienne (1953), et dirigea des orchestres traditionnels ainsi que des ensembles sur instruments d'époque.

HAROCHE (Serge), *Casablanca 1944*, physicien français. Il est un spécialiste de la physique atomique et de l'optique quantique. Ses recherches, portant sur la manipulation de systèmes simples d'atomes et de photons, ont permis de tester certains postulats de la mécanique quantique et de réaliser des prototypes de systèmes de traitement quantique de l'information. (Prix Nobel 2012, avec l'Américain David Jeffrey Wineland.)

HAROLD II, *v. 1020 - Hastings 1066*, roi des Anglo-Saxons (1066). Vainqueur du roi de Norvège Harald III Hårdråde, il fut vaincu et tué par les troupes de Guillaume le Conquérant (1066).

HAROUN AL-RACHID → HARUN AL-RACHID.

Harpagon, personnage principal de *l'Avare**.

HARPER (Stephen), *Toronto 1959,* homme politique canadien. Chef du Parti conservateur (2004 - 2015), il a été Premier ministre du Canada de 2006 à 2015.

HARPIES ou **HARPYES** MYTH. GR. Divinités représentées avec une tête de femme et un corps d'oiseau, pourvoyeuses des Enfers.

HARPIGNIES (Henri), *Valenciennes 1819 - Saint-Privé, Yonne, 1916,* peintre français, auteur de peintures et d'aquarelles sur des sites d'Italie, du centre de la France, de la Côte d'Azur.

HARPMAN (Jacqueline), *Etterbeek 1929 - Uccle 2012,* écrivaine belge de langue française. Également psychanalyste, elle a exploré dans son œuvre romanesque les ressorts les plus complexes et les plus troubles de l'âme humaine (*Brève Arcadie,* 1959 ; *la Plage d'Ostende,* 1991 ; *Orlanda,* 1996 ; *la Dormition des amants,* 2002 ; *Du côté d'Ostende,* 2006).

HARRACH (El-), v. d'Algérie, banlieue d'Alger ; 48 869 hab.

HARRIMAN (William Averell), *New York 1891 - Yorktown Heights, État de New York, 1986,* financier et homme politique américain. Secrétaire au Commerce (1946), chargé de mission en Europe (1948 - 1950), il fut l'ambassadeur du plan Marshall.

HARRIS (Zellig), *Balta, Ukraine, 1909 - New York 1992,* linguiste américain. Théoricien de la linguistique distributionnelle (*Methods in Structural Linguistics,* 1951), il a également proposé une méthode d'analyse du discours.

HARRISBURG, v. des États-Unis, cap. de la Pennsylvanie ; 49 528 hab. (549 475 hab. dans l'agglomération).

HARRISON (Benjamin), *North Bend, Ohio, 1833 - Indianapolis 1901,* homme politique américain. Républicain, il fut président des États-Unis de 1889 à 1893.

HARRISON (Jim), *Grayling, Michigan, 1937 - Patagonia, Arizona, 2016,* écrivain américain. Chantre des grands espaces de l'Ouest américain, il met en scène dans ses romans, ses nouvelles et ses poèmes l'éternel conflit entre société et nature rédemptrice (*Un bon jour pour mourir,* 1973 ; *Légendes d'automne,* 1979 ; *Dalva,* 1988 ; *Grand Maître,* 2011 ; *Nageur de rivière,* 2013 ; *le Vieux Saltimbanque,* 2016).

HARRISON (John), *Foulby, Yorkshire, 1693 - Londres 1776,* horloger britannique. Il fut le premier à réaliser un chronomètre de marine permettant la détermination des longitudes (1735).

HARROGATE, v. de Grande-Bretagne, dans le nord de l'Angleterre ; 85 128 hab. Station thermale.

Harry Potter, personnage de roman pour la jeunesse créé par J. K. Rowling. Les aventures du jeune apprenti sorcier (7 vol.) ont été publiées de 1997 (*Harry Potter à l'école des sorciers*) à 2007 (*Harry Potter et les Reliques de la mort*) et adaptées au cinéma (2001-2011).

HARSHA, *v. 590 - 647,* roi de l'Inde (v. 606 - 647) qui domina le nord du pays. Bana fit son éloge dans la *Geste de Harsha.*

HARTFORD, v. des États-Unis, cap. du Connecticut, sur le Connecticut ; 124 705 hab. (982 316 hab. dans l'agglomération). Centre financier. – Musée d'art.

HARTH → HARDT.

HARTLEPOOL, v. de Grande-Bretagne (Angleterre), sur la mer du Nord ; 92 028 hab. Port. – Église Ste-Hilda, de la fin du XIIe s.

HÄRTLING (Peter), *Chemnitz 1933 - Rüsselsheim 2017,* écrivain allemand. Son œuvre romanesque est animée par un temps qui confond passé et présent dans l'incertitude des souvenirs (*Niembsch ou l'Immobilité*).

HARTMANN (Nicolai), *Riga 1882 - Göttingen 1950,* philosophe allemand. Sa métaphysique procède du néokantisme et de la phénoménologie de Husserl.

HARTMANN VON AUE, *en Souabe v. 1160 - v. 1215,* premier poète courtois de la littérature allemande.

HARTMANNSWILLERKOPF n.m., fam. **Vieil-Armand,** sommet des Vosges, dominant les vallées de la Thur et de la Lauch ; 956 m. Violents combats lors de la Première Guerre mondiale (1915).

HARTUNG (Hans), *Leipzig 1904 - Antibes 1989,* peintre français d'origine allemande. Installé à Paris en 1935, pionnier de l'abstraction, il se révèle à partir des années 1950. Son œuvre conjugue spontanéité lyrique et strict contrôle intellectuel.

HARTZENBUSCH (Juan Eugenio), *Madrid 1806 - id. 1880,* auteur dramatique espagnol, qui a donné des drames romantiques (*les Amants de Teruel*).

HARUN AL-RACHID, *Rey, Iran, 766 - Tus, Khorasan, 809,* calife abbasside (786 - 809). Jusqu'en 803, il confia le pouvoir à ses vizirs, de la dynastie des Barmakides. Il se rendit populaire par ses guerres contre les Byzantins et par ses nombreux pèlerinages. Personnage légendaire des *Mille et Une Nuits,* il entretint, à Bagdad, une cour fastueuse.

HARUNOBU SUZUKI, *Edo 1725 - id. 1770,* graveur japonais. Peintre de la femme, il est l'auteur d'estampes aux couleurs raffinées.

Harvard (université), la plus ancienne université privée américaine, fondée en 1636 à Cambridge (Massachusetts) et portant le nom de son premier bienfaiteur, John Harvard.

HARVEY (William), *Folkestone 1578 - Londres 1657,* médecin anglais. Chirurgien des rois Jacques Ier et Charles Ier, il découvrit la circulation du sang. On lui doit le principe *Omne vivum ex ovo* (Tout être vivant provient d'un germe).

◀ William **Harvey** par Robert Hannah. (Royal College of Physicians, Londres.)

HARYANA, État du nord de l'Inde ; 44 200 km² ; 25 353 081 hab. ; cap. *Chandigarh.*

HARZ n.m., massif du centre de l'Allemagne ; 1 142 m au Brocken.

HASA, région d'Arabie saoudite, sur le golfe Persique.

HASAN ou **HASSAN,** *v. 624 - Médine 669,* second imam des chiites. Fils d'Ali et de Fatima, il renonça au califat au profit de Muawiya (661).

HASAN II ou **HASSAN II,** *Rabat 1929 - id. 1999,* roi du Maroc (1961 - 1999), de la dynastie des Alawites. Fils et successeur de Muhammad V, il parvient, après un début de règne tendu (émeutes, complots), à renforcer le consensus autour du trône en organisant la « Marche verte » (1975) pour récupérer une partie de l'ex-Sahara espagnol. Dans une pratique autoritaire du pouvoir, il tend à concilier la tradition islamique (il est « Commandeur des croyants ») et la transition vers une certaine modernité. Proche allié de l'Occident et comptant parmi les dirigeants arabes modérés, il appuie les efforts de paix au Proche-Orient et prône la coopération entre les pays du Maghreb.

▲ **Hasan II**

HASDRUBAL, dit **le Beau,** *v. 270 - 221 av. J.-C.,* général carthaginois. Gendre d'Hamilcar, il fonda Carthagène, en Espagne. — **Hasdrubal Barca,** *v. 245 - 207 av. J.-C.,* général carthaginois. Frère d'Hannibal, il fut vaincu et tué en Italie sur le Métaure, et ne put donc rejoindre son frère, à qui il amenait des renforts.

HAŠEK (Jaroslav), *Prague 1883 - Lipnice nad Sázavou 1923,* écrivain tchèque. Il est l'auteur du roman *le Brave Soldat Chvéïk* (1921-1923), dont le personnage incarne le type même de l'antihéros.

HASKIL (Clara), *Bucarest 1895 - Bruxelles 1960,* pianiste suisse d'origine roumaine. Elle excella dans l'interprétation des œuvres de Mozart, Schubert et Schumann.

HASKOVO, v. de Bulgarie, dans la vallée de la Marica ; 76 397 hab.

HASPARREN [asparɛn] (64240), comm. des Pyrénées-Atlantiques ; 6 845 hab. (*Hazpandars*). Chaussures.

HASSAN → HASAN.

HASSE (Johann Adolf), *Bergedorf 1699 - Venise 1783,* compositeur allemand, l'un des maîtres de l'*opera seria* (*Arminio,* 1745 ; *Il Re pastore,* 1755).

HASSELT, v. de Belgique, ch.-l. du Limbourg ; 75 579 hab. Monuments anciens ; musées.

Hassi Messaoud, gisement pétrolifère du Sahara algérien, au S.-E. de Ouargla.

Hassi Rmel, gisement de gaz naturel du Sahara algérien, au S. de Laghouat.

HASTINGS, v. de Grande-Bretagne (Angleterre), sur la Manche ; 73 245 hab. Port et station balnéaire.

Hastings (bataille d') [14 oct. 1066], victoire de Guillaume le Conquérant sur Harold II, qui livra l'Angleterre aux Normands.

HASTINGS (Warren), *Churchill, près de Daylesford, Oxfordshire, 1732 - Daylesford 1818,* administrateur britannique. Gouverneur général de l'Inde (1774 - 1785), il y accomplit une grande œuvre d'organisation en s'appuyant sur les traditions indigènes.

HATHOR, déesse égyptienne de la Joie et de l'Amour, représentée sous l'aspect d'une vache (ou d'une femme à la tête coiffée de grandes cornes de vache enserrant le disque solaire). Elle fut identifiée par les Grecs à Aphrodite.

HATRA, cité antique de Mésopotamie (auj. al-Hadr, nord de l'Iraq). Cette importante cité arabe était sous influence des Parthes. Ses imposants vestiges du Ier-IIe s. apr. J.-C. (temples entourés d'une enceinte sacrée ; fortifications) ont été redécouverts au début du XXe s. En 2015, le site a été la cible des exactions de l'organisation État* islamique.

HATSHEPSOUT, reine d'Égypte, de la XVIIIe dynastie (1520 - 1484 av. J.-C.). Épouse de Thoutmosis II, elle usurpa le pouvoir durant la minorité de son beau-fils Thoutmosis III. Temple funéraire à Deir el-Bahari.

HATTERAS (cap), cap des États-Unis (Caroline du Nord).

HATTI, nom ancien (IIIe-IIe millénaire av. J.-C.) d'une région d'Anatolie centrale et du peuple qui l'habitait.

HATTOUSA → BOĞAZKÖY.

HAUBOURDIN (59320), comm. du Nord, sur la Deûle ; 14 935 hab. (*Haubourdinois*).

HAUG (Émile), *Drusenheim 1861 - Niederbronn 1927,* géologue français. Auteur d'un *Traité de géologie,* il fut le premier à opposer les aires continentales à celles où se forment les futures chaînes de montagnes.

HAUPTMAN (Herbert Aaron), *New York 1917 - Buffalo 2011,* mathématicien et cristallographe américain. Il élabora des modèles mathématiques permettant de définir la structure de composés chimiques à partir des figures de diffraction X de leurs cristaux. (Prix Nobel de chimie 1985, avec S. Karle.)

HAUPTMANN (Gerhart), *Obersalzbrunn, auj. Bad Salzbrunn, 1862 - Agnetendorf 1946,* écrivain allemand. Il est l'auteur de drames réalistes (*les Tisserands, le Roulier Henschel*), de romans et de poèmes épiques. (Prix Nobel 1912.)

HAURIOU (Maurice), *Ladiville 1856 - Toulouse 1929,* juriste français. Il est l'auteur d'une œuvre importante et originale en droit public, notamm. sur la théorie de l'institution.

HAUSDORFF (Felix), *Breslau 1868 - Bonn 1942,* mathématicien allemand. Auteur de travaux sur les espaces abstraits, il a fondé la théorie des espaces topologiques et métriques sur la notion de voisinage.

HAUSEN (Harald zur), *Gelsenkirchen 1936,* médecin allemand. Il a découvert les papillomavirus humains responsables du cancer du col de l'utérus. (Prix Nobel 2008.)

HAUSER (Kaspar), *v. 1812 - Ansbach 1833,* personnage énigmatique allemand. Apparu en 1828, vêtu en paysan, il est généralement identifié au fils abandonné du grand-duc Charles de Bade.

HAUSSMANN (Georges, baron), *Paris 1809 - id. 1891,* administrateur français. Préfet de la Seine (1853 - 1870), il dirigea les grands travaux qui transformèrent Paris.

Haut-Brion (château), domaine de la comm. de Pessac (Gironde). Grands vins rouges.

Haut-Commissariat des Nations unies pour les réfugiés → **HCR.**

Hautecombe, ancienne abbaye cistercienne (XIIe s.), puis bénédictine (1922), située sur le lac du Bourget. Tombeaux et cénotaphes des princes de la maison de Savoie.

HAUTEFORT (24390), comm. de la Dordogne ; 1 020 hab. *(Hautefortais)*. Château du XVIIe s.

hautes études (École pratique des) [EPHE], établissement public d'enseignement supérieur créé à Paris en 1868 par V. Duruy. Elle est divisée auj. en trois sections (sciences de la vie et de la Terre, sciences historiques et philologiques, sciences religieuses) et délivre des diplômes nationaux de troisième cycle et des diplômes spécifiques.

hautes études en sciences sociales (École des) [EHESS], établissement public d'enseignement supérieur issu, en 1975, de la VIe section de l'EPHE, et dont le siège est à Paris, avec des antennes à Marseille, Toulouse et Lyon. Elle délivre des diplômes nationaux de troisième cycle ainsi qu'un diplôme spécifique.

HAUTEVILLE-LOMPNES [-lɔ̃pnɛs ou -lɔn] (01110), bur. centr. de cant. de l'Ain, dans le Bugey ; 3 854 hab. *(Hautevillois)*. Station climatique.

HAUTE-VOLTA → **BURKINA.**

Haut-Kœnigsbourg, château fort du Bas-Rhin, sur un piton vosgien à l'O. de Sélestat. Édifice du XVe s. ruiné au XVIIe, il a été reconstruit de 1900 à 1908 par l'architecte Bodo Ebhardt.

HAUTMONT (59330), comm. du Nord, sur la Sambre ; 14 801 hab. *(Hautmontois)*.

HAUTS-DE-BIENNE (39400), bur. centr. de cant. du Jura, sur la Bienne ; 5 218 hab. Lunetterie.

HAUTS-DE-FRANCE n.m.pl., Région administrative du nord de la France regroupant, depuis 2016, les anc. Régions de Picardie et de Nord-Pas-de-Calais ; 31 813 km² ; 6 115 829 hab. ; ch.-l. *Lille* ; 5 dép. (Aisne, Nord, Oise, Pas-de-Calais et Somme). Constituant le nord du Bassin parisien, les plateaux (Sancerre), les vallées (Somme, Oise, Aisne) et les forêts dominent le sud de la Région. Plus au nord, le relief s'accentue avec les collines de l'Artois pour redescendre vers le littoral (Boulonnais, Flandre) et vers le Cambrésis. Les riches cultures (blé, betterave à sucre, pomme de terre) des plateaux picards sont associées à une importante industrie agroalimentaire. Le secteur industriel est en pleine mutation (automobile, industrie ferroviaire, textiles innovants, agroressources, biotechnologie, pôle scientifique et technologique). Dunkerque, Calais et Boulogne-sur-Mer, situées sur la façade maritime du nord de l'Europe *(Northern Range)*, qui s'étend de Rotterdam au Havre, bénéficient de la voie maritime la plus dense du monde. Dunkerque et Calais sont les 3e et 4e ports de France pour le fret ; Boulogne-sur-Mer se développe autour de ses activités traditionnelles (pêche et commerce maritime). Au tissu urbain dense de la conurbation de Lille-Roubaix-Tourcoing, qui domine le nord de la Région, s'opposent les espaces majoritairement ruraux du Pas-de-Calais, de la Somme et de l'Aisne.

HAUTS-DE-SEINE n.m. pl. (92), dép. de la Région Île-de-France ; ch.-l. de dép. *Nanterre* ; ch.-l. d'arrond. *Antony, Boulogne-Billancourt* ; 3 arrond. ; 23 cant. ; 36 comm. ; 176 km² ; 1 620 776 hab. *(Alto-Séquanais* ou *Haut-Seinais)*. Le dép. appartient à l'académie et à la cour d'appel de Versailles, à la zone de défense et de sécurité de Paris. Presque totalement urbanisé, il comprend des banlieues qui sont des centres d'industries et de services (la Défense), et d'autres, souvent résidentielles. Les premières sont situées en bordure de Paris, le long de la Seine (Boulogne-Billancourt, Levallois, Clichy, Gennevilliers [port fluvial], Colombes). Les secondes, coupées d'espaces verts et souvent localisées en bordure des Yvelines et de l'Essonne, dominent dans l'ouest (Rueil-Malmaison) et le sud du dép. (Sèvres, Chaville, Meudon, Sceaux).

HAÜY [aɥi] (abbé René Just), *Saint-Just-en-Chaussée, Oise, 1743 - Paris 1822*, cristallographe français. Il a découvert l'anisotropie des cristaux ainsi que l'existence d'éléments de symétrie ; il est considéré comme le créateur de la cristallographie. — **Valentin H.,** *Saint-Just-en-Chaussée, Oise, 1745 - Paris 1822*, pédagogue français, frère de René Just. Il inventa les caractères en relief à l'usage des aveugles, pour qui il fonda un premier établissement (devenu l'Institut national des jeunes aveugles) à Paris, en 1784, puis un second à Saint-Pétersbourg. Il fut un des chefs de la théophilanthropie.

HAVANE (La), en esp. **La Habana,** cap. de Cuba ; 2 146 000 hab. dans l'agglomération *(Havanais)*. Principal port et métropole économique de Cuba et la plus grande ville des Antilles. – Monuments surtout du XVIIIe s. ; musées. – Fondée en 1519 par le conquistador Diego Velázquez, la ville a été pour l'Espagne, du XVIe au XIXe s., une place forte et un entrepôt, lien avec ses colonies d'Amérique.

▲ **La Havane**

HAVAS (Charles Louis), *Rouen 1783 - Bougival 1858*, publiciste français. Il créa en 1832 un bureau de traduction de dépêches étrangères, qui devint en 1835 l'Agence Havas. Tandis que la branche information allait donner naissance à l'AFP*, le groupe Havas se diversifiait dans la publicité, le tourisme, l'édition et l'audiovisuel (activités intégrées ensuite dans diverses autres sociétés au fil de restructurations).

HAVEL n.f., riv. d'Allemagne, affl. de l'Elbe (r. dr.) ; 341 km.

HAVEL (Václav), *Prague 1936 - Hrádeček, près de Trutnov, 2011*, auteur dramatique et homme politique tchèque. Opposant au régime communiste, notamm. à travers son théâtre *(Audience, Vernissage, Pétition*, 1979-1981), il fut condamné à plusieurs reprises pour délit d'opinion. En 1989, il prit la tête du mouvement de contestation et fut élu à la présidence de la République tchécoslovaque. Il démissionna de ses fonctions en 1992. Après la partition de la Tchécoslovaquie, il fut président de la République tchèque de 1993 à 2003.

▲ Václav **Havel**

HAVRE (Le), ch.-l. d'arrond. de la Seine-Maritime, à l'embouchure de la Seine ; 174 911 hab. *(Havrais)* [244 745 hab. dans l'agglomération]. Évêché. Université. Port de voyageurs et, surtout, de commerce (conteneurs, importation de pétrole). – Musées, dont celui des Beaux-Arts André-Malraux ; théâtre-maison de la culture (« Le Volcan ») par O. Niemeyer. – Fondée en 1517, très endommagée pendant la Seconde Guerre mondiale, la ville a été reconstruite sur les plans de A. Perret.

Hauts-de-Seine

plus de 100 000 h. · de 50 000 à 100 000 h. · de 20 000 à 50 000 h. · moins de 20 000 h.

ch.-l. d'arrondissement · bur. centr. de canton · commune · autre localité

autoroute · route · voie ferrée

HAWAII ou **HAWAÏ** (îles), archipel volcanique de la Polynésie (Océanie), constituant le 50ᵉ État des États-Unis ; 16 600 km² ; 1 427 538 hab. (*Hawaïens* ou *Hawaiiens*) ; cap. *Honolulu*, dans l'île d'Oahu. Production de canne à sucre, surtout, et d'ananas. Tourisme. *L'île d'Hawaii* (185 079 hab.) est la plus grande (10 400 km²) ; v. princ. *Hilo*.

HISTOIRE Originaires de Tahiti, les Hawaïens arrivent dans l'archipel vers l'an 1000. **1778 :** Cook débarque dans les îles, qu'il baptise îles Sandwich. **1820 :** des missionnaires protestants commencent l'évangélisation du pays. **1849 :** les États-Unis obtiennent le libre accès des ports hawaïens, puis (1875) un traité de réciprocité commerciale. **1887 :** Pearl Harbor leur est concédé. **1893 :** un groupe de planteurs américains renverse la monarchie indigène. **1898 :** l'archipel est annexé par les États-Unis. **1959 :** Hawaii devient le 50ᵉ État de l'Union.

HAWKE (Robert, dit Bob), *Bordertown, Australie-Méridionale, 1929*, homme politique australien. Leader du Parti travailliste, il a été Premier ministre de 1983 à 1991.

HAWKES (John), *Stamford 1925 - Providence 1998*, écrivain américain. Ses romans et ses nouvelles dénoncent l'absurdité et la cruauté du monde moderne (*le Cannibale*, 1949 ; *Gluau*, 1961 ; *les Oranges de sang*, 1971).

HAWKING (Stephen William), *Oxford 1942 - Cambridge 2018*, physicien et mathématicien britannique. Il est l'auteur de recherches théoriques sur la physique quantique, la relativité, la cosmologie et les trous noirs, qu'il a vulgarisées (*Une brève histoire du temps*, 1988 ; *l'Univers dans une coquille de noix*, 2001).

HAWKINS (Coleman), *Saint Joseph, Missouri, 1904 - New York 1969*, saxophoniste américain de jazz. Par ses improvisations inspirées (deux chorus de *Body and Soul*, 1939), il fut le plus important des saxophonistes ténors du middle jazz.

HAWKINS ou **HAWKYNS** (sir John), *Plymouth 1532 - au large de Porto Rico 1595*, amiral anglais. Il fut le premier Anglais à pratiquer la traite des Noirs entre l'Afrique et les colonies d'Amérique (1562), et combattit, en 1588, l'Invincible Armada.

HAWKS (Howard), *Goshen, Indiana, 1896 - Palm Springs 1977*, cinéaste américain. Il filme l'intelligence ou les difficultés des hommes aux prises avec la nature : *Scarface* (1932), *l'Impossible Monsieur Bébé* (1938), *le Grand Sommeil* (1946), *Rio Bravo* (1959).

HAWORTH (sir Walter Norman), *Chorley 1883 - Birmingham 1950*, chimiste britannique. Il a établi la constitution de la vitamine C et en a réalisé la synthèse en 1933. (Prix Nobel 1937.)

HAWTHORNE (Nathaniel), *Salem 1804 - Plymouth 1864*, écrivain américain. Ses contes (*Contes racontés deux fois*) et ses romans (*la Lettre écarlate*, 1850 ; *la Maison aux sept pignons*, 1851) évoquent une nature humaine culpabilisée par la société puritaine.

HAWTREY (sir Ralph George), *Slough, Buckinghamshire, 1879 - Londres 1975*, économiste britannique. Il a mis en lumière la notion de vitesse de circulation de la monnaie et expliqué les fluctuations économiques par le fonctionnement du système bancaire.

HAXO (François Benoît), *Lunéville 1774 - Paris 1838*, général et ingénieur français. Il dirigea en 1832 le siège d'Anvers (alors occupée par les Néerlandais).

HAYANGE (57700), bur. centr. de cant. de la Moselle, sur la Fensch ; 15 833 hab. (*Hayangeois*). Métallurgie.

HAYDAR ALI, *Dodballapur 1721 - près de Chittoor 1782*, fondateur (1761) de la dynastie musulmane du Mysore. Soutenu par les Français, il lutta contre les Marathes, le Carnatic et les Britanniques.

HAYDN (Joseph), *Rohrau, Basse-Autriche, 1732 - Vienne 1809*, compositeur autrichien. Sa longue carrière le mena de la fin de l'ère baroque aux débuts du romantisme. Il contribua à fixer la structure classique de la symphonie (six symphonies dites « parisiennes », douze symphonies dites « londoniennes ») et du quatuor. S'il reste surtout célèbre par ses oratorios (*la Création*, 1798 ; *les Saisons*, 1801), il a couvert dans son œuvre l'ensemble des genres classiques, dans la musique de chambre, l'opéra et la musique religieuse.

Joseph **Haydn** ▶

HAYE (La), en néerl. **Den Haag** ou **'s-Gravenhage,** v. des Pays-Bas, près de la mer du Nord, ch.-l. de la Hollande-Méridionale ; 505 856 hab. (646 000 hab. dans l'agglomération). Siège du pouvoir politique (cour royale, gouvernement, Parlement, ambassades). Ville surtout résidentielle. Palais de la Paix (abritant la Cour permanente d'arbitrage et la Cour internationale de justice). Tribunal pénal international pour l'ex-Yougoslavie. Cour pénale internationale. – Monuments du XIIIᵉ au XVIIIᵉ s. ; musées, dont le Musée royal de peinture du Mauritshuis (palais du XVIIᵉ s.).

▲ **La Haye.** Le Mauritshuis (à gauche) et le Binnenhof (ancien palais des comtes).

HAYEK (Friedrich August von), *Vienne 1899 - Fribourg-en-Brisgau 1992*, économiste britannique d'origine autrichienne. Anti-keynésien, il a étudié les crises et défendu le monétarisme. (Prix Nobel 1974, avec K. G. Myrdal.)

HAYEK (Nicolas), *Beyrouth 1928 - Bienne 2010*, entrepreneur suisse d'origine libanaise. Actif dans de nombreux secteurs, il s'illustra en partic. en revitalisant l'industrie horlogère suisse avec la création, dans les années 1980, du groupe Swatch et en lançant un nouveau concept d'automobile devenu, en collab. avec Mercedes-Benz, la Smart.

HAYES (Rutherford Birchard), *Delaware, Ohio, 1822 - Fremont, Ohio, 1893*, homme politique américain. Républicain, il fut président des États-Unis de 1877 à 1881.

HAYKAL (Muhammad Husayn), *Tanta 1888 - Le Caire 1956*, écrivain égyptien, auteur du premier roman arabe moderne (*Zaynab*, 1914).

HAŸ-LES-ROSES [laj-] (L') [94240], ch.-l. d'arrond. du Val-de-Marne ; 30 964 hab. Roseraie.

HAYWORTH (Margarita Carmen **Cansino,** dite Rita), *New York 1918 - id. 1987*, actrice américaine. Rendue célèbre par le film *Gilda* (Charles Vidor, 1946), elle fut immortalisée par O. Welles dans *la Dame de Shanghai* (1948).

HAZARA, peuple vivant principalement dans le centre de l'Afghanistan et au Baloutchistan (Pakistan, Iran). Les Hazara se considèrent comme les descendants de Gengis Khan. Agriculteurs et éleveurs, ils émigrent nombreux vers les villes. Ils sont musulmans chiites et parlent le persan.

HAZARD (Paul), *Noordpeene, Nord, 1878 - Paris 1944*, critique et historien français. Comparatiste, il a écrit *la Crise de la conscience européenne, 1680 - 1715* (1935). [Acad. fr.]

HAZEBROUCK (59190), bur. centr. de cant. du Nord ; 22 275 hab. (*Hazebrouckois*). Église-halle gothique ; musée (ethnologie et arts flamands).

HCR (Haut-Commissariat des Nations unies pour les réfugiés), organisation internationale à caractère humanitaire chargée d'assurer la protection des réfugiés. Créé en 1951, il a son siège à Genève. (Prix Nobel de la paix en 1954 et en 1981.)

HEAD (sir Henry), *Londres 1861 - Reading 1940*, neurophysiologiste britannique. Il a étudié le mécanisme des sensations cutanées et les troubles du langage.

HEANEY (Seamus), *Mossbawn, près de Dawson, comté de Derry, 1939 - Dublin 2013*, poète irlandais. Ses poèmes brefs évoquent le paysage rural de son enfance, dans une langue dense et souvent poignante (*Mort d'un naturaliste*, 1966 ; *North*, 1975). [Prix Nobel 1995.]

HEARST (William Randolph), *San Francisco 1863 - Beverly Hills 1951*, homme d'affaires américain. Propriétaire d'une chaîne de journaux, il développa les procédés de la presse à sensation.

HEATH (Edward), *Broadstairs, Kent, 1916 - Salisbury 2005*, homme politique britannique. Leader du Parti conservateur (1965 - 1975), Premier ministre (1970 - 1974), il fit entrer la Grande-Bretagne dans le Marché commun (1973).

Heathrow, principal aéroport de Londres, à l'O. de la ville.

HEAVISIDE (Oliver), *Londres 1850 - Torquay 1925*, mathématicien et physicien britannique. Il a traduit en termes vectoriels la théorie de l'électromagnétisme de Maxwell et a découvert la couche atmosphérique ionisée à laquelle son nom a été donné.

HEBBEL (Friedrich), *Wesselburen 1813 - Vienne 1863*, auteur dramatique allemand. On lui doit des drames romantiques (*Judith*) et une trilogie des *Nibelungen*.

HEBEI, prov. de la Chine du Nord, sur le golfe de Bohai ; 74 250 000 hab. ; cap. *Shijiazhuang*.

HÉBERT (Anne), *Sainte-Catherine-de-la-Jacques-Cartier 1916 - Montréal 2000*, écrivaine canadienne de langue française. Elle est l'auteure de recueils lyriques (*le Tombeau des rois*, 1953) et de romans (*Kamouraska*, 1970 ; *les Fous de Bassan*, 1982 ; *Un habit de lumière*, 1999).

HÉBERT (Georges), *Paris 1875 - Deauville 1957*, éducateur français. Il fut le promoteur d'une méthode d'éducation physique « naturelle » (dite couramment *hébertisme*), opposée à la gymnastique suédoise et à la spécialisation sportive.

HÉBERT (Jacques), *Alençon 1757 - Paris 1794*, journaliste et homme politique français. Fondateur (1790) et directeur du journal *le Père Duchesne*, substitut du procureur de la Commune de Paris (1792), il mena une lutte acharnée contre les Girondins et les modérés (1793), et engagea la Convention dans la voie de la Terreur. Arrêté avec son groupe (les *hébertistes*) par Robespierre, il fut guillotiné.

▲ Jacques **Hébert.** (Musée Lambinet, Versailles.)

HÉBERT (Louis), *Paris v. 1575 - Québec 1627*, apothicaire français. Établi à Québec en 1617, il est un pionnier de la présence française au Canada.

HÉBREUX, peuple sémitique de l'Orient ancien, dont la Bible retrace les origines et l'histoire. Si, jusqu'au VIIIᵉ s. av. J.-C., son historicité n'est pas avérée, le récit biblique contient néanmoins des informations précieuses pour les archéologues et les historiens. **2000 - 1770 av. J.-C. :** issus des tribus semi-nomades de la bordure orientale du désert syrien, les Hébreux s'établissent dans le pays de Canaan. C'est l'ère des patriarches bibliques, Abraham, Isaac et Jacob. **1770 - 1560 :** ils immigrent dans le delta du Nil à l'époque de la domination des Hyksos. **V. 1250 - règne de Ramsès II :** les Hébreux quittent l'Égypte, devenue hostile, sous la conduite de Moïse ; c'est l'Exode biblique. **1220 - 1200 :** ils s'installent en Palestine, pacifiquement ou par la guerre. **V. 1200 - v. 1030 :** pendant la période « des Juges », ils forment une fédération de tribus. **V. 1030 - 931 :** l'unité nationale s'achève ; c'est la période monarchique, marquée par les règnes de Saül, David et Salomon. **931 :** création de deux royaumes, correspondant aux tribus du Nord (royaume d'Israël, jusqu'en 721) et aux tribus du Sud (royaume de Juda, jusqu'en 587). Ces royaumes disparaissent sous les coups des Assyriens pour l'un, des Babyloniens pour l'autre. **587 - 538 :** suit une déportation massive, l'exil de Babylone. **538 - 332 :** la domination perse permet le retour des déportés et la restauration de Jérusalem. **323 :** la mort d'Alexandre fait passer la Palestine sous la domination des Lagides, puis des Séleucides. **142 :** la révolte des Maccabées assure aux Hébreux une indépendance que maintient la dynastie des Asmonéens (134 - 37). **63 av. J.-C. :** l'État juif devient vassal de Rome. Le dernier grand règne est celui d'Hérode Ier (37 - 4 av. J.-C.). **70 apr. J.-C. :** avec la destruction de Jérusalem par Titus s'achève l'histoire ancienne d'Israël.

HÉBRIDES (îles), archipel de Grande-Bretagne, à l'O. de l'Écosse. Principales îles : Lewis et Skye.

HÉBRON, auj. **al-Khalil,** v. de Cisjordanie, au S. de Jérusalem ; 163 146 hab. La tradition, qui y situe le tombeau d'Abraham, en fait un lieu saint pour les juifs, les chrétiens et les musulmans.

HEC (École des hautes études commerciales) ou **HEC Paris,** école d'enseignement supérieur, gérée par la chambre de commerce et d'industrie de Paris. Fondée à Paris en 1881 et installée depuis 1964 à Jouy-en-Josas, elle assure une formation de haut niveau au management.

HÉCATE MYTH. GR. Déesse lunaire et infernale de la génération des Titans. Elle préside à la Magie.

HÉCATÉE de Milet, *VIe s. av. J.-C.*, historien et géographe d'Ionie (Grèce). Il parcourut l'Empire perse et fut le premier à rédiger en prose des informations historiques et géographiques.

HECQ (Christian), *Nivelles 1964*, acteur belge. Doté de dons singuliers d'acteur comique et de clown, il est entré en 2008 à la Comédie-Française, où il donne aux rôles du répertoire une drôlerie loufoque (*La main passe*, G. Feydeau, 2000 ; *Un fil à la patte*, id., 2010) que met également en valeur le cinéma (*Neuf Mois ferme*, A. Dupontel, 2013).

HECTOR MYTH. GR. Personnage de *l'Iliade*, fils de Priam, époux d'Andromaque et père d'Astyanax. Chef de l'armée troyenne, il tua Patrocle et fut tué par Achille.

HÉCUBE MYTH. GR. Personnage de *l'Iliade*, épouse de Priam.

HEDA (Willem Claesz.), *Haarlem 1594 - id. v. 1680*, peintre néerlandais. Il est, avec Pieter Claesz., un maître de l'école de la nature morte de Haarlem.

HEDAYAT (Sadeq), *Téhéran 1903 - Paris 1951*, écrivain iranien. Il nourrit ses récits (*la Chouette aveugle*) de la tradition persane autant que de son angoisse personnelle.

HEDIN (Sven), *Stockholm 1865 - id. 1952*, explorateur suédois. De 1893 à 1935, il parcourut l'Asie centrale, effectuant des découvertes archéologiques importantes dans les déserts du Takla-Makan et de Gobi.

HEDJAZ n.m., région d'Arabie saoudite, le long de la mer Rouge ; v. princ. *La Mecque*, *Djedda* et *Médine*. Lieu de naissance de Mahomet et terre sainte des musulmans, le Hedjaz fut érigé en royaume indépendant en 1916 et devint une province de l'Arabie saoudite en 1932.

HEDWIG (Johannes), *Kronstadt (auj. Braşov), Roumanie, 1730 - Leipzig 1799*, botaniste allemand, considéré comme le fondateur de la cryptogamie.

HEERLEN, v. des Pays-Bas (Limbourg) ; 88 747 hab. Musée des Thermes romains.

HEFEI, v. de Chine, cap. de la prov. d'Anhui ; 1 659 075 hab. (2 829 545 hab. dans l'agglomération). Riche musée.

HEGANG, v. de Chine, près de la frontière russe ; 694 640 hab.

HEGEL (Friedrich), *Stuttgart 1770 - Berlin 1831*, philosophe allemand. Professeur à Iéna, Heidelberg et Berlin, il s'imposa par l'ampleur et le caractère définitif d'un projet qui rend compte de tous les devenirs et vise, à travers la résolution de l'opposition entre le réel et la pensée, à l'accomplissement humain. Logique, philosophie de la nature et philosophie de l'esprit sont les trois moments du développement dialectique (procédant par contradictions surmontées) d'un seul principe, l'Idée, qui, au terme du parcours, atteint l'Absolu (*la Phénoménologie de l'esprit*, 1807 ; *la Science de la logique*, 1812-1816 ; *Principes de la philosophie du droit*, 1821).

▲ Friedrich **Hegel**

HEIBERG (Peter Andreas), *Vordingborg 1758 - Paris 1841*, écrivain danois, auteur de romans et de comédies satiriques. — **Johan Ludvig H.,** *Copenhague 1791 - Bonderup 1860*, écrivain danois, fils de Peter Andreas. Auteur de drames et de comédies romantiques (*la Colline aux elfes*), il fut un maître à penser de la littérature danoise.

HEIDEGGER (Martin), *Messkirch, Bade, 1889 - id. 1976*, philosophe allemand. Élève de Husserl, il enseigna à Fribourg-en-Brisgau. Il s'est attaché à reprendre la question de l'Être, selon lui abordée par les présocratiques puis délaissée par la métaphysique occidentale, en liaison avec une approche phénoménologique de la condition humaine (« être-là », ou *dasein*) dans son essentielle finitude (*Être et Temps*, 1927 ; *Introduction à la métaphysique*, 1952). Son attitude à l'égard du pouvoir nazi a fait l'objet de vives controverses, ravivées lors de la publication des *Cahiers noirs*, en 2014.

▲ Martin **Heidegger**

HEIDELBERG, v. d'Allemagne (Bade-Wurtemberg), sur le Neckar ; 146 751 hab. Université. Tourisme. – Château des XIVe-XVIIe s. et autres monuments ; musées.

HEIFETZ (Jascha), *Vilnius 1899 - Los Angeles 1987*, violoniste américain d'origine lituanienne. Il commença sa carrière en 1911 et quitta la Russie pour les États-Unis en 1917. Il mit son exceptionnelle virtuosité et la légendaire vivacité de son jeu au service d'un répertoire surtout romantique.

HEILBRONN, v. d'Allemagne (Bade-Wurtemberg), sur le Neckar ; 116 059 hab. Port fluvial. – Église St-Kilian, des XIIIe-XVIe s.

HEILIGENBLUT, comm. d'Autriche, proche du Grossglockner ; 1 079 hab. Centre touristique. – Église du XVe s. (œuvres d'art).

HEILLECOURT (54180), comm. de Meurthe-et-Moselle, banlieue de Nancy ; 5 695 hab. (*Heillecourtois*). Édition.

HEILONGJIANG, prov. de la Chine du Nord-Est, séparée de la Russie par l'Amour et l'Oussouri ; 38 120 000 hab. ; cap. *Harbin*.

HEIM (Roger), *Paris 1900 - id. 1979*, botaniste et mycologue français. Auteur d'importants travaux sur les champignons (systématique, phylogénie, espèces hallucinogènes), il a aussi beaucoup œuvré pour la protection de la nature.

HEINE (Heinrich), *Düsseldorf 1797 - Paris 1856*, écrivain allemand. Auteur de poésies, où l'inspiration romantique prend une tonalité politique ou ironique (*Intermezzo lyrique*, 1823 ; *le Livre des chants*, 1827-1844), et de récits de voyages (*Tableaux de voyage*, 1826-1831), il fut un intermédiaire culturel entre la France et l'Allemagne.

▲ Heinrich **Heine** par M. Oppenheim. (Musée de Hambourg.)

HEINEMANN (Gustav), *Schwelm, Westphalie, 1899 - Essen 1976*, homme politique allemand. Il joua un rôle important au sein de l'aile antinazie de l'Église évangélique allemande. Social-démocrate, il fut président de la RFA de 1969 à 1974.

HEINKEL (Ernst Heinrich), *Grunbach, Wurtemberg, 1888 - Stuttgart 1958*, ingénieur et industriel allemand. Il fonda à Warnemünde (1922) une firme de construction aéronautique. Après 1945, il se consacra à la construction d'engrenages de transmission et de moteurs pour automobiles.

HEINSIUS (Anthonie), *Delft 1641 - La Haye 1720*, homme politique néerlandais. Grand pensionnaire de Hollande (1689 - 1720), ennemi implacable de Louis XIV, il fut l'un des auteurs de la grande alliance de La Haye (1701), qui préluda à la guerre de la Succession d'Espagne.

HEISENBERG (Werner), *Würzburg 1901 - Munich 1976*, physicien allemand. L'un des fondateurs de la théorie quantique, il en a donné un formalisme matriciel. Il a formulé, en 1927, les inégalités qui stipulent qu'il est impossible de mesurer simultanément la position et la vitesse d'un objet quantique. (Prix Nobel 1932.)

◀ Werner **Heisenberg**

HEIST-OP-DEN-BERG, comm. de Belgique (prov. d'Anvers) ; 40 915 hab.

HEKLA, volcan actif d'Islande ; 1 491 m.

HELDER (Le), v. des Pays-Bas (Hollande-Septentrionale) ; 56 947 hab. Port.

HÉLÈNE MYTH. GR. Héroïne de *l'Iliade*, fille de Léda et sœur des Dioscures. Épouse de Ménélas, elle fut enlevée par Pâris, ce qui provoqua la guerre de Troie.

HÉLÈNE (sainte), *Drepanum, Bithynie, milieu IIIe s. - Nicomédie ? v. 335 ?*, mère de l'empereur Constantin. Elle exerça sur son fils une influence considérable, défendant la cause des chrétiens. Une tradition tardive lui attribue la découverte de la croix du Christ.

HELGOLAND, anc. **Héligoland,** île allemande de la mer du Nord, au large des estuaires de l'Elbe et de la Weser. Tourisme. – Danoise en 1714, anglaise en 1814, elle fut cédée, contre Zanzibar, en 1890, aux Allemands, qui en firent une base navale, démantelée en 1947.

HÉLI, personnage biblique, juge et grand prêtre des Hébreux (XIe s. av. J.-C.).

HÉLIAS (Pierre Jakez), *Pouldreuzic, Finistère, 1914 - Quimper 1995*, écrivain français. Les souvenirs d'enfance de ce conteur breton (*le Cheval d'orgueil*) eurent un grand succès.

HÉLICON n.m., mont de la Grèce (Béotie) ; 1 748 m. Les Muses étaient censées y résider.

Héliée, tribunal populaire d'Athènes, dont les membres (*héliastes*) étaient tirés au sort chaque année.

▲ Willem Claesz. **Heda.** *La Tourte aux cassis.* (Musée des Beaux-Arts, Strasbourg.)

HÉLINAND de Froidmont, *v. 1160 - v. 1230,* moine picard. Il composa vers 1195 un poème didactique, les *Vers de la mort.*

HÉLIODORE, *Émèse IIIe s. apr. J.-C.,* romancier grec. Ses *Éthiopiques* exercèrent une grande influence sur la littérature européenne des XVIe et XVIIe s.

HÉLIOGABALE → ÉLAGABAL.

HÉLION (Jean), *Couterne, Orne, 1904 - Paris 1987,* peintre français. Abstrait dans les années 1930 - 1938, il est revenu au naturalisme selon divers modes originaux (*À rebours,* 1947, MNAM).

HÉLIOPOLIS, ville de l'Égypte ancienne, à l'extrémité sud du delta du Nil. Elle eut un grand rayonnement religieux et politique, grâce à la puissance du clergé desservant le temple du dieu Rê. – Obélisque de Sésostris Ier.

HÉLIOPOLIS → BAALBEK.

HÉLIOS ou **HÊLIOS** MYTH. GR. Dieu du Soleil et de la Lumière.

HELLADE, en gr. **Hellas,** le centre de la Grèce antique, par oppos. au Péloponnèse, et, plus tard, la Grèce entière.

HELLENS (Frédéric **Van Ermenghem,** dit Franz), *Bruxelles 1881 - id. 1972,* écrivain belge de langue française. Il est l'auteur de récits fantastiques et oniriques *(Mélusine),* d'essais et de poèmes.

HELLESPONT, anc. nom des Dardanelles*.

HELMAND ou **HILMAND** n.m., fl. d'Afghanistan, qui se perd dans la cuvette du Sistan ; 1 200 km.

HELMHOLTZ (Hermann von), *Potsdam 1821 - Charlottenburg 1894,* physicien et physiologiste allemand. Il a introduit la notion d'énergie potentielle (1847) et énoncé le principe de conservation de l'énergie. Il découvrit aussi le rôle des harmoniques dans le timbre des sons. Ses travaux sur la vue et l'ouïe le conduisirent à mesurer la vitesse de l'influx nerveux (1850).

HELMOND, v. des Pays-Bas (Brabant-Septentrional) ; 89 023 hab.

HELMONT (Jan Baptist Van) → **VAN HELMONT.**

HÉLOÏSE, *Paris 1101 - couvent du Paraclet 1164,* épouse d'Abélard. Nièce du chanoine Fulbert, elle devint l'élève d'Abélard, l'épousa secrètement, puis, séparée de lui, entra au couvent. Devenue abbesse du Paraclet, elle échangea avec Abélard une correspondance où se mêlent piété, discussions scolastiques et passion amoureuse.

HÉLOUÂN ou **HILWAN,** v. d'Égypte, banlieue du Caire. Station thermale. Sidérurgie.

HELSINGBORG, v. de Suède ; 135 344 hab. Port.

HELSINGØR → ELSENEUR.

HELSINKI, en suéd. **Helsingfors,** cap. de la Finlande, sur le golfe de Finlande ; 613 407 hab. *(Helsinkiens)* [1 170 000 hab. dans l'agglomération]. Principal port et centre industriel du pays. Urbanisme moderne, notamm. aux environs (Tapiola, Otaniemi). – Musées. – Fondée en 1550 par les Suédois, Helsinki devint en 1812 la capitale du grand-duché de Finlande et, en 1918, celle de la République finlandaise. En 1975, la CSCE y adopta l'Acte final de son premier sommet.

▲ **Helsinki.** Vue du port et de la cathédrale St-Nicolas.

HELVÈTES, peuple celtique qui habitait l'Helvétie au Ier s. av. J.-C.

HELVÉTIE, partie orientale de la Gaule, comprenant à peu près le territoire occupé auj. par la Suisse.

HELVÉTIUS (Claude Adrien), *Paris 1715 - id. 1771,* philosophe français. Fermier général, il collabora à l'*Encyclopédie* et développa une pensée matérialiste, à la fois sensualiste et athée (*De l'esprit,* 1758).

HEM [ɛm] (59510), comm. du Nord ; 19 206 hab. *(Hémois).* Chapelle de 1958 (vitraux de Manessier).

HEMEL HEMPSTEAD, v. de Grande-Bretagne (Angleterre), près de Londres ; 83 118 hab.

HEMIKSEM, comm. de Belgique (prov. d'Anvers), sur l'Escaut ; 10 765 hab. Métallurgie.

HEMINGWAY (Ernest Miller), *Oak Park, Illinois, 1899 - Ketchum, Idaho, 1961,* écrivain américain. Romancier, nouvelliste, poète et journaliste, il mêle dans ses récits le désenchantement de la Génération* perdue à une glorification de la force morale de l'homme, qui se mesure au monde et aux êtres (*Le soleil se lève aussi,* 1926 ; *l'Adieu aux armes,* 1929 ; *Pour qui sonne le glas,* 1940 ; *le Vieil Homme et la mer,* 1952). Il se suicida. (Prix Nobel 1954.)

▲ Ernest **Hemingway**

HÉMON (Louis), *Brest 1880 - Chapleau, Canada, 1913,* romancier français, auteur de *Maria* Chapdelaine.*

HENAN, prov. de Chine ; 94 800 000 hab. ; cap. *Zhengzhou.*

HENCH (Philip Showalter), *Pittsburgh 1896 - Ocho Rios, Jamaïque, 1965,* médecin américain. Prix Nobel de médecine, en 1950, pour ses travaux sur l'utilisation de la cortisone en thérapeutique.

HENDAYE [ɑ̃daj] (64700), bur. centr. de cant. des Pyrénées-Atlantiques, sur la Bidassoa ; 16 727 hab. *(Hendayais).* Gare internationale. Station balnéaire.

HENDERSON (James Fletcher), *Cuthbert, Géorgie, 1898 - New York 1952,* chef d'orchestre américain de jazz. Également arrangeur, compositeur et pianiste, il dirigea l'un des premiers big bands de jazz, au sein duquel il accueillit notamm. Louis Armstrong (1924 - 1925).

HENDRICKS (Barbara), *Stephens, Arkansas, 1948,* soprano américaine naturalisée suédoise. Depuis ses débuts en 1974, elle s'est illustrée sur toutes les grandes scènes d'opéra du monde. Elle est aussi une éminente concertiste, avec un répertoire allant des lieder à la musique contemporaine.

HENDRIX (James **Marshall,** dit Jimi), *Seattle 1942 - Londres 1970,* guitariste américain de rock. Guitariste virtuose, chanteur, il expérimenta dans ses compositions des sonorités qui révolutionnèrent le blues et le rock (*Electric Ladyland,* album, 1968).

◀ Jimi **Hendrix**

HENGELO, v. des Pays-Bas (Overijssel) ; 80 952 hab.

HENGYANG, v. de Chine (Hunan) ; 1 099 223 hab.

HENIE (Sonja), *Oslo 1912 - en avion, entre Paris et Oslo, 1969,* patineuse norvégienne. Elle fut dix fois championne du monde et trois fois championne olympique (1928, 1932 et 1936).

HENIN (Justine), *Liège 1982,* joueuse de tennis belge. Elle a notamment remporté sept victoires dans les tournois du Grand Chelem : quatre à Roland-Garros (2003, 2005, 2006 et 2007), deux à Flushing Meadow (2003 et 2007) et une aux Internationaux d'Australie (2004). Elle a aussi été championne olympique en 2004.

HÉNIN-BEAUMONT (62110), bur. centr. de cant. du Pas-de-Calais ; 26 768 hab. *(Héninois).* Mécanique.

HENLEIN (Konrad), *Maffersdorf 1898 - Pilsen 1945,* homme politique allemand. Il prépara le rattachement des Sudètes au Reich (1938).

HENLEY-ON-THAMES, v. de Grande-Bretagne (Angleterre), sur la Tamise ; 10 513 hab. Régates.

HENNEBIQUE (François), *Neuville-Saint-Vaast 1841 - Paris 1921,* ingénieur français. Pionnier de la construction industrielle en béton armé, il résolut le problème de la répartition des contraintes entre les armatures métalliques tendues et le béton comprimé par l'emploi d'étriers.

HENNEBONT (56700), bur. centr. de cant. du Morbihan ; 15 891 hab. *(Hennebontais).* Enceinte médiévale ; église gothique du XVIe s.

HENNIG (Willi), *Dürrhennersdorf, près de Löbau, haute Lusace, 1913 - Ludwigsburg 1976,* biologiste et entomologiste allemand. Il a fondé le cladisme, méthode de classification des êtres vivants qui a profondément modifié la systématique moderne.

HÉNOCH ou **ÉNOCH,** patriarche biblique, père de Mathusalem. Le judaïsme des IIe-Ier s. av. J.-C. a groupé sous son nom un ensemble d'écrits apocalyptiques.

SAINT EMPIRE

HENRI Ier l'Oiseleur, *v. 875 - Memleben 936,* roi de Germanie (919 - 936). Il acquit la Lorraine (925) et lutta avec succès contre les Slaves et les Hongrois. — **Henri II le Boiteux** ou **le Saint,** *Abbach, Bavière, 973 - Grone, auj. dans Göttingen, 1024,* empereur germanique (1014 - 1024). Duc de Bavière (995), élu roi de Germanie en 1002, il fut canonisé en 1146. — **Henri III,** *1017 - Bodfeld, Harz, 1056,* empereur germanique (1046 - 1056). Roi de Germanie à partir de 1039, il s'imposa en Italie après avoir déposé les papes Grégoire VI, Sylvestre III et Benoît IX, et favorisé l'élection de Clément II. — **Henri IV,** *Goslar ? 1050 - Liège 1106,* empereur germanique (1084 - 1105/1106). Fils d'Henri III, il devint roi de Germanie en 1056. Engagé contre Grégoire VII dans la querelle des Investitures, il fut excommunié après avoir destitué le pape, puis fut contraint par les princes allemands d'obtenir l'absolution de celui-ci à Canossa (1077). À la suite d'un nouveau conflit, il s'empara de Rome (1084), s'y fit couronner, mais son fils le força à abdiquer. — **Henri V,** *1081 ou 1086 - Utrecht 1125,* empereur germanique (1111 - 1125). Fils d'Henri IV, il fut contraint de signer avec Calixte II le concordat de Worms (1122). — **Henri VI le Sévère** ou **le Cruel,** *Nimègue 1165 - Messine 1197,* empereur germanique (1191 - 1197), de la dynastie des Hohenstaufen. Fils de Frédéric Ier Barberousse, il se fit reconnaître roi de Sicile (1194). — **Henri VII de Luxembourg,** *Valenciennes ? v. 1274 - Buonconvento, près de Sienne, 1313,* empereur germanique (1312 - 1313).

▲ **Henri IV,** empereur germanique, agenouillé devant Mathilde de Toscane, à Canossa en 1077. Miniature du XIIe s. (Bibliothèque Vaticane.)

DIVERS

HENRI DE FLANDRE ET HAINAUT, *Valenciennes 1174 - Thessalonique 1216,* empereur latin de Constantinople (1206 - 1216). Il participa à la 4e croisade et succéda à son frère Baudouin Ier.

ANGLETERRE

HENRI Ier Beauclerc, *Selby, Yorkshire, 1069 - Lyons-la-Forêt 1135,* roi d'Angleterre (1100 - 1135) et duc de Normandie (1106 - 1135). Quatrième fils de Guillaume le Conquérant, il réussit à maintenir l'unité des États anglo-normands. — **Henri II Plantagenêt,** *Le Mans 1133 - Chinon 1189,* roi d'Angleterre (1154 - 1189), duc de Normandie (1150 - 1189), comte d'Anjou (1151 - 1189) et duc d'Aquitaine (1152 - 1189) par son mariage avec Aliénor. Il restaura l'autorité monarchique et réorganisa l'administration anglo-normande, se heurtant ainsi à l'opposition des barons et de l'Église (Thomas Becket, assassiné sur ordre du roi en 1170). Il lutta avec succès contre le roi de France Louis VII et consolida son domaine français. La fin de sa vie fut assombrie par les révoltes de ses fils, soutenus à partir de 1183 par Philippe Auguste. — **Henri III,** *Winchester 1207 - Westminster 1272,* roi d'Angleterre (1216 - 1272), de la dynastie des Plantagenêts. Son refus de signer les provisions d'Oxford provoqua une longue guerre civile (1258 - 1265). Il perdit, au profit de la France, le Poitou, la Saintonge et l'Auvergne (1259). — **Henri IV,** *Bolingbroke 1366 - Westminster 1413,* roi d'Angleterre (1399 - 1413), de la maison de Lancastre. Il obligea Richard II à abdiquer (1399) et lui succéda. Il dut affronter le soulèvement des Gallois (1400 - 1408). — **Henri V,** *Monmouth 1387 - Vincennes 1422,* roi d'Angleterre (1413 - 1422), de la maison de Lancastre. Il vainquit les Français à Azincourt (1415) et obtint par le traité de Troyes (1420) la régence du royaume, avec la promesse de succession pour le fils né de son mariage avec Catherine de France, fille de Charles VI.

◄ **Henri V,** roi d'Angleterre. Huile, fin XVIe ou début XVIIe s. (National Portrait Gallery, Londres.)

— **Henri VI,** *Windsor 1421 - Londres 1471,* roi d'Angleterre (1422 - 1461 et 1470 - 1471), de la maison de Lancastre. Fils d'Henri V et de Catherine de France, il fut proclamé roi de France à la mort de Charles VI (1422). Il perdit la totalité des possessions anglaises en France et, déconsidéré, vit ses droits à la couronne d'Angleterre contestés ; ainsi éclata la guerre des Deux-Roses. — **Henri VII,** *château de Pembroke 1457 - Richmond, Londres, 1509,* roi d'Angleterre (1485 - 1509), le premier de la dynastie des Tudors. Il vainquit le dernier York, Richard III, à Bosworth (1485). Descendant des Lancastres, il épousa l'héritière des Yorks, mettant fin à la guerre des Deux-Roses, et il restaura l'autorité royale. — **Henri VIII,** *Greenwich 1491 - Westminster 1547,* roi d'Angleterre (1509 - 1547) et d'Irlande (1541 - 1547), de la dynastie des Tudors. Fils d'Henri VII, il pratiqua une politique d'équilibre entre François Ier et Charles Quint. À l'origine très attaché au catholicisme, il provoqua le schisme avec Rome lorsque le pape lui refusa l'annulation de son mariage avec Catherine d'Aragon (mère de Marie Tudor). Ayant répudié celle-ci (1533), il épousa Anne Boleyn et se proclama chef suprême de l'Église d'Angleterre (Acte de suprématie, 1534), pourchassant aussi bien catholiques que protestants. Après Catherine d'Aragon et Anne Boleyn (mère d'Élisabeth Ire), qui fut décapitée en 1536, il épousa Jeanne Seymour (mère du futur Édouard VI), Anne de Clèves, Catherine Howard (exécutée en 1542) et Catherine Parr. Son règne centralisateur affermit le pouvoir royal.

▲ **Henri VIII,** roi d'Angleterre, par Holbein le Jeune. (Galerie nationale d'Art ancien, Rome.)

BAVIÈRE ET SAXE

HENRI le Lion, *Ravensburg 1129 - Brunswick 1195,* duc de Saxe (1142 - 1180) et de Bavière (1156 - 1180). Mis au ban de l'Empire par Frédéric Ier Barberousse, il fut privé de ses possessions (1180).

CASTILLE ET LEÓN

HENRI II le Magnifique, *Séville 1333 ou 1334 - Santo Domingo de la Calzada 1379,* comte de Trastamare, roi de Castille et de León (1369 - 1379). Il se maintint sur le trône grâce à Charles V et à Du Guesclin, qui l'aidèrent à triompher de son demi-frère Pierre Ier le Cruel. — **Henri III le Maladif,** *Burgos 1379 - Tolède 1406,* roi de Castille et de León (1390 - 1406). Il poursuivit une politique d'expansion. — **Henri IV l'Impuissant,** *Valladolid 1425 - Madrid 1474,* roi de Castille et de León (1454 - 1474). Époux de Jeanne de Portugal, il reconnut comme héritière sa sœur Isabelle (future Isabelle Ire la Catholique).

FRANCE

HENRI Ier, *v. 1008 - Vitry-aux-Loges 1060,* roi de France (1031 - 1060), de la dynastie capétienne. Fils de Robert II le Pieux, il dut céder à son frère Robert le duché de Bourgogne (1032). Il lutta contre le duc de Normandie, le futur Guillaume le Conquérant, qui le vainquit. Il épousa en secondes noces Anne, fille de Iaroslav, grand-duc de Kiev.

HENRI II, *Saint-Germain-en-Laye 1519 - Paris 1559,* roi de France (1547 - 1559), de la dynastie des Valois. Fils de François Ier et de Claude de France, il épouse Catherine de Médicis en 1533 et est partagé entre l'influence de l'entourage italien de sa femme et les intrigues des Guises, des Coligny et de Diane de Poitiers, sa maîtresse. Il poursuit la lutte contre Charles Quint, et son union avec les protestants allemands lui permet de s'emparer des Trois-Évêchés : Metz, Toul et Verdun (1552). Battu par Philippe II à Saint-Quentin (1557), mais victorieux de l'Angleterre à Calais (1558), il met fin aux guerres d'Italie par le traité du Cateau-Cambrésis (1559). Il est mortellement blessé dans un des derniers grands tournois. – Le tombeau du roi et de sa femme, conçu par Primatice, avec gisants et statues de G. Pilon, est à Saint-Denis (v. 1560-1570).

▲ **Henri II,** roi de France. (Château de Versailles.)

HENRI III, *Fontainebleau 1551 - Saint-Cloud 1589,* roi de France (1574 - 1589), le dernier des Valois. Troisième fils d'Henri II, il vient d'être élu roi de Pologne lorsque la mort de son frère Charles IX le rappelle en France. Critiqué pour ses goûts efféminés et les faveurs qu'il accorde à ses « mignons », il hésite longtemps entre les protestants, soutenus par Henri de Navarre, et la Ligue catholique, dirigée par les Guises. Humilié par ces derniers, obligé de s'enfuir de Paris (journée des Barricades, 12 mai 1588), le roi convoque les états généraux à Blois, où il fait assassiner Henri de Guise et son frère, le cardinal de Lorraine (déc. 1588). Il se réconcilie avec Henri de Navarre et entreprend le siège de Paris, au cours duquel il est poignardé par le moine Jacques Clément.

HENRI IV, *Pau 1553 - Paris 1610,* roi de Navarre (Henri III, 1572 - 1610), roi de France (1589 - 1610), de la dynastie des Bourbons. Fils d'Antoine de Bourbon et de Jeanne III d'Albret, il épouse en 1572 Marguerite de Valois, fille d'Henri II, puis en 1600 Marie de Médicis. Un des chefs du parti calviniste, il échappe à la Saint-Barthélemy en abjurant une première fois le protestantisme. Reconnu par le roi Henri III comme son héritier légitime, il prend le nom d'Henri IV (1589), mais n'est alors accepté que par une minorité de Français. Ayant vaincu les ligueurs à Arques (1589), puis à Ivry (1590), il abjure définitivement le protestantisme (1593), se fait sacrer à Chartres et entre dans Paris (1594). Par le traité de Vervins, il rétablit la paix extérieure et, par l'édit de Nantes, la paix religieuse (1598). Très populaire, il entreprend de restaurer l'autorité royale et de réorganiser la France. Sully, son principal ministre, parvient à assainir les finances ; grâce à Olivier de Serres, la production agricole s'améliore ; l'industrie est rénovée (création de manufactures) par l'action de Laffemas. Champlain jette les bases de la Nouvelle-France en fondant Québec, en 1608. Une courte guerre contre la Savoie permet à Henri IV d'annexer la Bresse, le Bugey, le Valromey et le pays de Gex (1601). Contre les prétentions des Habsbourg, le roi s'allie aux protestants allemands, ce qui réveille le fanatisme de certains ligueurs ; il prépare une guerre contre l'Empire et l'Espagne, lorsqu'il est assassiné par Ravaillac.

▲ **Henri IV,** roi de France. (Château de Versailles.)

HENRI V → **CHAMBORD** (comte de).

LUXEMBOURG

HENRI, *château de Betzdorf 1955,* grand-duc de Luxembourg. Fils aîné du grand-duc Jean, il lui a succédé en 2000.

PORTUGAL

HENRI DE BOURGOGNE, *Dijon v. 1057 - Astorga v. 1112,* comte de Portugal (1097 - v. 1112). Petit-fils de Robert Ier, duc de Bourgogne, il reçut de son beau-père, Alphonse VI, le comté de Portugal, qu'il rendit indépendant à la mort de ce dernier.

HENRI le Navigateur, *Porto 1394 - Sagres 1460,* prince portugais. Fils de Jean Ier le Grand, il fut l'instigateur de voyages d'exploration sur les côtes africaines, favorisant notamm. la découverte de Madère, des Açores et du Sénégal.

HENRIETTE-ANNE STUART, dite **Henriette d'Angleterre,** *Exeter 1644 - Saint-Cloud 1670,* duchesse d'Orléans. Fille du roi d'Angleterre Charles Ier et d'Henriette-Marie de France, elle épousa (1661) Philippe d'Orléans, frère de Louis XIV. Elle contribua à la conclusion du traité de Douvres (1670) qui scellait l'alliance franco-anglaise contre les Provinces-Unies. – Son oraison funèbre, prononcée par Bossuet, est célèbre (« Madame se meurt. Madame est morte ! »).

HENRIETTE-MARIE DE FRANCE, *Paris 1609 - Colombes 1669,* reine d'Angleterre. Fille du roi Henri IV et de Marie de Médicis, elle épousa (1625) Charles Ier, roi d'Angleterre. – Son oraison funèbre fut prononcée par Bossuet.

HENRIOT (Philippe), *Reims 1889 - Paris 1944,* homme politique français. Partisan à outrance de la collaboration, ministre de l'Information et de la Propagande dans le gouvernement de Laval (janv.-juin 1944), il fut abattu par des résistants le 28 juin 1944.

HENRY (Joseph), *Albany 1797 - Washington 1878,* physicien américain. Il découvrit l'auto-induction (1832), fondamentale en électromagnétisme.

HENRY (Michel), *Haiphong 1922 - Albi 2002,* philosophe français. Il est l'auteur d'une œuvre phénoménologique originale, centrée sur l'expérience du corps (*Phénoménologie matérielle,* 1990) et sur la pensée de la vie (*Incarnation. Une philosophie de la chair,* 2000).

HENRY (O.) → **O. HENRY.**

HENRY (Pierre), *Paris 1927 - id. 2017,* compositeur français. Représentant de la musique concrète, puis électroacoustique, il travailla avec P. Schaeffer (*Symphonie pour un homme seul,* 1950) et avec M. Béjart (*Variations pour une porte et un soupir,* 1963 ; *Messe pour le temps présent,* 1967). Il évolua ensuite vers des œuvres de vastes dimensions (*l'Apocalypse de Jean,* oratorio, 1968 ; *Hugosymphonie,* 1985 ; *Intérieur/Extérieur,* 1996 ; *l'Art de la fugue odyssée,* 2011) ou plus personnelles (*le Fil de la vie,* 2012).

HENZADA, v. de Birmanie, sur l'Irrawaddy.

HENZE (Hans Werner), *Gütersloh 1926 - Dresde 2012,* compositeur allemand. Après une période sérielle, il a composé des opéras (*El Cimarrón,* 1970 ; *El Rey de Harlem,* 1980 ; *l'Upupa,* 2003), des ballets, une dizaine de symphonies d'un lyrisme plus personnel et des musiques de film (*Muriel,* A. Resnais, 1963 ; *l'Honneur perdu de Katharina Blum,* V. Schlöndorff, 1975).

HEPBURN (Audrey), *Ixelles 1929 - Tolochenaz, Suisse, 1993,* actrice britannique. Danseuse puis comédienne de théâtre, elle conquit Hollywood et le monde entier en incarnant le type de la femme-enfant, notamm. dans *Vacances romaines* (W. Wyler, 1953), *Charade* (S. Donen, 1963), *My Fair Lady* (G. Cukor, 1964). Elle se distingua aussi par son engagement humanitaire.

HEPBURN (Katharine), *Hartford 1907 - Old Saybrook, Connecticut, 2003,* actrice américaine. Elle allia, au théâtre comme au cinéma, distinction, esprit et modernité du jeu. Elle a été notamm. l'interprète de G. Cukor (*Sylvia Scarlett,* 1935), H. Hawks (*l'Impossible Monsieur Bébé,* 1938), J. Huston (*African Queen,* 1951).

HÉPHAÏSTOS MYTH. GR. Dieu du Feu et de la Métallurgie. Il fut assimilé par les Romains à Vulcain.

HEPPLEWHITE (George), *m. à Londres en 1786,* ébéniste britannique. Sa renommée est due à la parution posthume (1788) d'un recueil de modèles de meubles, dont le style se situe entre le rococo de Chippendale et le néoclassicisme des Adam.

Hérault

100 500 m

plus de 100 000 h.
de 20 000 à 100 000 h.
de 2 000 à 20 000 h.
moins de 2 000 h.
autre localité
ch.-l. d'arrondissement
bur. centr. de canton
commune
autoroute
route
voie ferrée

Heptaméron (l'), recueil de nouvelles de Marguerite d'Angoulême (1559), imitées du *Décaméron**.

HEPTARCHIE, ensemble des sept royaumes anglo-saxons de Kent, Sussex, Wessex, Essex, Northumbrie, East-Anglia et Mercie (VIe-IXe s.).

HÉRA MYTH. GR. Déesse du Mariage, épouse de Zeus. Elle fut assimilée par les Romains à Junon.

HÉRACLÈS, héros grec, demi-dieu personnifiant la Force, assimilé par les Romains à Hercule. Il est le fils de Zeus et d'Alcmène. Pour expier le meurtre de sa première épouse, Mégara, et de ses enfants, il dut exécuter les douze travaux (travaux d'Hercule) imposés par le roi de Mycènes et de Tirynthe, Eurysthée. Ainsi : 1° Héraclès étouffa le lion de Némée ; 2° il tua l'Hydre de Lerne ; 3° il prit vivant le sanglier d'Érymanthe ; 4° il atteignit à la course la biche de Cérynie aux pieds d'airain ; 5° il tua à coups de flèches les oiseaux du lac Stymphale ; 6° il dompta le taureau de l'île de Crète, envoyé par Poséidon contre Minos ; 7° il tua Diomède, roi de Thrace, qui nourrissait ses chevaux de chair humaine ; 8° il vainquit les Amazones ; 9° il nettoya les écuries d'Augias ; 10° il combattit et tua Géryon, auquel il enleva ses troupeaux ; 11° il cueillit les pommes d'or du jardin des Hespérides ; 12° enfin, il enchaîna Cerbère. Dévoré par les souffrances provoquées par la tunique empoisonnée de Nessos*, que son épouse Déjanire lui avait remise, Héraclès se jeta dans les flammes d'un bûcher sur le mont Œta.

HÉRACLIDES MYTH. GR. Descendants d'Héraclès.

HÉRACLIDES, famille d'origine arménienne qui donna, aux VIIe et VIIIe s., six empereurs à Byzance, dont Héraclius Ier.

HÉRACLITE, *Éphèse v. 550 - v. 480 av. J.-C.*, philosophe grec. Présocratique de l'école ionienne, il fait du Feu, qu'il désigne aussi comme l'Un, ou le Logos, le principe d'un Univers en perpétuel devenir, notion clé à travers laquelle il pense la lutte et l'unité des contraires. Seuls quelques fragments de son œuvre nous sont parvenus.

HÉRACLIUS Ier, *en Cappadoce v. 575 - 641*, empereur byzantin (610 - 641). Il réorganisa l'administration et fit du grec la langue officielle de l'Empire. Vainqueur des Perses, il ne put contenir les Arabes, qui conquirent la Syrie et l'Égypte.

HÉRAKLION → **IRÁKLION.**

HERAT → **HARAT.**

HÉRAULT n.m., fl. de France (Languedoc), issu de l'Aigoual et qui rejoint la Méditerranée en aval d'Agde ; 160 km.

HÉRAULT n.m. (34), dép. de la Région Occitanie ; ch.-l. de dép. *Montpellier* ; ch.-l. d'arrond. *Béziers, Lodève* ; 3 arrond. ; 25 cant. ; 343 comm. ; 6 101 km² ; 1 140 030 hab. *(Héraultais).* Le dép. appartient à l'académie et à la cour d'appel de Montpellier, à la zone de défense et de sécurité Sud. Il s'étend à l'O. et au N. sur l'extrémité méridionale du Massif central et sur une partie de l'aride plateau des Garrigues, régions dépeuplées. Au S., en retrait d'un littoral bas et sablonneux, bordé d'étangs, il occupe la majeure partie de la plaine du Languedoc, grande région viticole. Grâce à l'irrigation, les cultures fruitières et légumières ont progressé. En dehors des activités liées aux produits du sol, l'industrie est représentée par la chimie et l'électronique. L'importance du tertiaire tient à celle de l'urbanisation (Montpellier regroupe plus du tiers de la population du dép.) et s'est accrue avec le développement de stations balnéaires (dont La Grande-Motte).

HERBART (Johann Friedrich), *Oldenburg 1776 - Göttingen 1841*, philosophe et pédagogue allemand. Sa réflexion sur l'éducation, influencée par Pestalozzi, accorde une place centrale à la transmission des valeurs.

HERBERT (Frank), *Tacoma 1920 - Madison 1986*, écrivain américain, auteur de romans (*Dune*, 1965-1985) et de nouvelles de science-fiction.

HERBERT (George), *Montgomery, pays de Galles, 1593 - Bemerton, Wiltshire, 1633*, poète anglais, auteur de poésies religieuses (*le Temple*).

HERBIERS (Les) [85500], bur. centr. de cant. de la Vendée ; 16 460 hab. *(Herbretais).* Bateaux de plaisance. Textile. – Église du XVe s. (clocher du XIIe s.) et autres monuments anciens.

HERBIGNAC (44410), comm. de la Loire-Atlantique ; 6 704 hab. Château (XIIIe-XVIIe s.).

HERBIN (Auguste), *Quiévy, Nord, 1882 - Paris 1960*, peintre et théoricien français. Membre fondateur d'Abstraction-Création, il a élaboré un répertoire de formes géométriques rigoureuses, aux aplats de couleur contrastés.

HERBLAY (95220), comm. du Val-d'Oise, sur la Seine ; 28 911 hab. *(Herblaysiens).* Église des XIe-XVIe s.

HERCULANO (Alexandre), *Lisbonne 1810 - Vale de Lobos 1877*, écrivain et historien portugais, auteur d'une *Histoire du Portugal* (1846-1853).

HERCULANUM, v. de l'Italie ancienne (Campanie). Elle fut ensevelie sous les cendres du Vésuve en 79. Le site, découvert en 1709, a été étudié scientifiquement à partir de 1927. Dans les maisons, de nombreuses œuvres d'art et peintures murales (musée de Naples) ont été recueillies.

▲ **Herculanum.** Mosaïque de la maison de Neptune et d'Amphitrite, Ier s. apr. J.-C.

HERCULE, héros romain identifié à l'Héraclès* grec. Divinité tutélaire de l'Agriculture, du Négoce et des Armées.

HERDER (Johann Gottfried von), *Mohrungen 1744 - Weimar 1803*, écrivain et philosophe allemand. Un des initiateurs du Sturm* und Drang, auteur des *Idées sur la philosophie de l'histoire de l'humanité* (1784-1791), il a exalté la littérature nationale à travers des recueils de chansons populaires.

HÉRÉ (Emmanuel), *Nancy 1705 - Lunéville 1763*, architecte français. Élève de Boffrand, il métamorphosa la ville de Nancy (places Stanislas et de la Carrière, v. 1750-1760).

HEREDIA (José Maria de), *La Fortuna Cafeyere, Cuba, 1842 - château de Bourdonné, Seine-et-Oise, 1905*, poète français. Ses *Trophées* (1893) sont une parfaite expression de l'esthétique parnassienne. (Acad. fr.)

HERENT [erənt], comm. de Belgique (Brabant flamand) ; 20 800 hab. Église romane et gothique.

HERENTALS [erɑntals], comm. de Belgique (prov. d'Anvers), sur le canal Albert ; 27 438 hab. Église des XIVe-XVe s. et autres monuments.

HERERO, peuple du nord-est de la Namibie, de langue bantoue.

HERGÉ (Georges **Remi,** dit), *Etterbeek 1907 - Bruxelles 1983,* dessinateur et scénariste belge de bandes dessinées. Les aventures de *Tintin* et Milou,* qui commencèrent à paraître en 1929, ont fait de lui l'un des maîtres de la ligne claire, et il fut l'un des premiers en Europe à utiliser la bulle. Son influence a été considérable. Musée à Louvain-la-Neuve.

HÉRICOURT (70400), comm. de la Haute-Saône ; 10 407 hab. *(Héricourtois).*

HÉRIMONCOURT (25310), comm. du Doubs ; 3 698 hab. *(Hérimoncourtois).* Constructions mécaniques.

HERISAU, v. de Suisse, ch.-l. du canton des Rhodes-Extérieures (Appenzell) ; 15 236 hab. Église gothique, maisons anciennes, musée.

HÉRITIER (Françoise), *Veauche 1933 - Paris 2017,* anthropologue française. Spécialiste des sociétés africaines, elle renouvela les théories sur les systèmes de parenté, sur les représentations symboliques du corps et sur la différence sociale et sexuelle (*les Deux Sœurs et leur mère. Anthropologie de l'inceste,* 1994 ; *Masculin/Féminin,* 2 vol., 1996-2002). Elle fut professeure au Collège de France de 1982 à 1999.

HERMANN → ARMINIUS.

HERMANN (Hermann **Huppen,** dit), *Bévercé, Malmedy, 1938,* dessinateur et scénariste belge de bandes dessinées. Un style dynamique et réaliste marque ses séries d'aventures et ses sagas historiques (*Bernard Prince,* 1966-1977, et *Comanche,* 1972-1983, scénarios de Greg ; *Jeremiah,* depuis 1979 ; *les Tours de Bois-Maury* [*Bois-Maury* à partir de 1998], 1984-2012, scénario de son fils Yves H. à partir de 2001).

HERMANVILLE-SUR-MER (14880), comm. du Calvados ; 3 064 hab. Station balnéaire.

HERMAPHRODITE MYTH. GR. Enfant d'Hermès et d'Aphrodite. Les dieux unirent son corps à celui d'une nymphe qu'il avait tenté de repousser, donnant naissance à un être à la fois mâle et femelle.

HERMÉ (Pierre), *Colmar 1961,* pâtissier français. Formé chez Gaston Lenôtre, il est célèbre pour ses étonnantes associations de goûts (gâteau « ispahan » rose-litchi, macaron huile d'olive-vanille) et ses variations sur le chocolat.

HERMÈS MYTH. GR. Dieu des Voyageurs, des Marchands et des Voleurs, messager des dieux, conducteur des âmes, identifié au Mercure romain. À l'époque hellénistique, les Grecs l'ont assimilé au dieu égyptien Thot, dont on fit, à partir du IIIe s. apr. J.-C., sous le nom d'*Hermès Trismégiste* (« trois fois grand »), l'auteur de plusieurs livres secrets relatifs à la magie et à l'alchimie.

HERMIONE MYTH. GR. Fille unique de Ménélas et d'Hélène, femme de Néoptolème (fils d'Achille), puis d'Oreste.

HERMITE (Charles), *Dieuze 1822 - Paris 1901,* mathématicien français. Auteur d'une théorie générale des fonctions elliptiques et abéliennes, il a aussi établi la transcendance du nombre e.

HERMLIN (Stephan), *Chemnitz 1915 - Berlin 1997,* écrivain allemand. Poète, nouvelliste et essayiste, il a été en RDA un important lien entre le monde des lettres et le pouvoir communiste.

HERMON (mont), massif situé aux confins du Liban et de la Syrie ; 2 814 m.

HERMOPOLIS, nom grec des villes de l'anc. Égypte où le dieu Thot (Hermès) était révéré.

HERMOSILLO, v. du Mexique, cap. de l'État de Sonora ; 784 322 hab. Industrie automobile.

HERNÁNDEZ ou **FERNÁNDEZ** (Gregorio), *en Galice v. 1576 - Valladolid 1636,* sculpteur espagnol. Il s'imposa à Valladolid comme un des maîtres de la sculpture religieuse polychrome, à la fois réaliste et théâtrale.

HERNÁNDEZ (José), *San Martín 1834 - Buenos Aires 1886,* poète argentin. Son poème *Martín Fierro* (1872-1879) est une épopée de la pampa et des gauchos.

HERNÁNDEZ (Miguel), *Orihuela 1910 - Alicante 1942,* écrivain espagnol. Son œuvre poétique (*Vent du peuple*) et théâtrale est animée d'une force vitale, sensuelle et terrienne. Républicain, il mourut dans les prisons franquistes.

Hernani (bataille d'), célèbre querelle entre classiques et romantiques, qui eut lieu au Théâtre-Français à l'occasion de la première du drame éponyme de V. Hugo (1830).

HERNE, v. d'Allemagne (Rhénanie-du-Nord-Westphalie), dans la Ruhr ; 155 160 hab. Métallurgie. – Château des XVIe-XVIIe s.

HÉRODE Ier le Grand, *Ascalon 73 - Jéricho 4 av. J.-C.,* roi des Juifs (37 - 4 av. J.-C.). Il imposa son pouvoir, qu'il tenait des Romains, avec une brutale énergie. Il fit reconstruire le Temple de Jérusalem. Les Évangiles lui attribuent le massacre des Innocents*. — **Hérode Antipas,** *v. 22 av. J.-C. - 39 apr. J.-C.,* tétrarque de Galilée et de Pérée (4 av. J.-C. - 39 apr. J.-C.). Il construisit Tibériade et fit décapiter Jean-Baptiste. C'est devant lui que comparut Jésus lors de son procès. — **Hérode Agrippa Ier,** *10 av. J.-C. - 44 apr. J.-C.,* roi des Juifs (41 - 44), petit-fils d'Hérode le Grand et père de Bérénice. — **Hérode Agrippa II,** *v. 27 - Rome v. 93 ou 100,* roi des Juifs (50 - v. 93 ou 100). Fils d'Hérode Agrippa Ier, il dut affronter la révolte juive (66 - 70).

HÉRODIADE ou **HÉRODIAS,** *7 av. J.-C. - 39 apr. J.-C.,* princesse juive. Petite-fille d'Hérode Ier le Grand, elle épousa successivement deux de ses oncles, Hérode Philippe (dont elle eut Salomé) et Hérode Antipas. Les Évangiles font d'elle l'instigatrice du meurtre de Jean-Baptiste.

HÉRODOTE, *Halicarnasse v. 484 - Thourioi v. 420 av. J.-C.,* historien grec. À Athènes, il fut l'ami de Périclès et de Sophocle. Ses *Histoires,* qui sont la source principale pour l'étude des guerres médiques, mettent en lumière l'opposition du monde barbare (Égyptiens, Mèdes, Perses) et de la civilisation grecque.

HÉROLD (Louis Joseph Ferdinand), *Paris 1791 - id. 1833,* compositeur français. Il fut l'auteur de musiques de ballets (*la Fille mal gardée,* 1828) et d'opéras-comiques (*Zampa,* 1831 ; *le Pré-aux-Clercs,* 1832).

HÉRON l'Ancien ou **d'Alexandrie,** *Alexandrie Ier s. apr. J.-C.,* savant grec. On lui attribue l'invention de nombreuses machines et de plusieurs instruments de mesure. En optique, il a établi la loi de la réflexion de la lumière.

HÉROULT (Paul), *Thury-Harcourt, Calvados, 1863 - baie d'Antibes 1914,* métallurgiste français. On lui doit l'électrométallurgie de l'aluminium (1886) et le four électrique pour l'acier qui porte son nom (1907).

HÉROUVILLE-SAINT-CLAIR (14200), bur. centr. de cant. du Calvados, banlieue de Caen ; 22 793 hab. *(Hérouvillais).* Château et domaine de Beauregard.

HERRADE DE LANDSBERG, *v. 1125 - Sainte-Odile 1195,* abbesse et érudite allemande. Elle a écrit un traité, le *Jardin des délices,* destiné à l'instruction des novices.

HERRERA (Fernando **de**), *Séville 1534 - id. 1597,* poète espagnol. Auteur de poésies lyriques et patriotiques, il contribua à fixer et à enrichir le vocabulaire espagnol.

HERRERA (Francisco), dit **le Vieux,** *Séville v. 1585/1590 - Madrid 1656,* peintre espagnol. Il s'affirma entre 1625 et 1640 environ, dans ses peintures religieuses, par une certaine âpreté réaliste et une grande puissance expressive (*Saint Basile dictant sa doctrine,* Louvre). — **Francisco H.,** dit **le Jeune,** *Séville 1622 - Madrid 1685,* peintre et architecte espagnol, fils de Francisco le Vieux. Maître d'un baroque mouvementé appris en Italie. Peintre du roi, il a, d'autre part, fourni les plans primitifs de la basilique du Pilar, à Saragosse.

HERRERA (Juan **de**), *Mobellán, Santander, v. 1530 - Madrid 1597,* architecte espagnol. Il a travaillé notamm., dans le même style dépouillé, à l'Escurial*, à l'alcazar de Tolède, à la cathédrale de Valladolid, à la Bourse de Séville.

HERREWEGHE (Philippe), *Gand 1947,* chef de chœur et chef d'orchestre belge. Explorant la musique chorale baroque de Monteverdi à Bach, il fonde le Collegium Vocale de Gand (1969), puis l'ensemble vocal et orchestral La Chapelle royale (1977), et élargit son répertoire jusqu'à la musique du XXe siècle, notamm. à la tête de l'Orchestre des Champs-Élysées.

HERRICK (Robert), *Londres 1591 - Dean Prior 1674,* poète anglais. Ses *Hespérides* chantent l'amour, la nature et la foi chrétienne.

HERRIOT (Édouard), *Troyes 1872 - Saint-Genis-Laval 1957,* homme politique français. Maire de Lyon (1905 - 1957), sénateur (1912), puis député (1919) du Rhône, il fut président du Parti radical (1919 - 1926 ; 1931 - 1935 ; 1945 - 1957). Après la victoire du Cartel des gauches, il fut président du Conseil, et, chargé du portefeuille des Affaires étrangères (1924 - 1925), il fit évacuer la Ruhr et reconnaître l'URSS. Mais sa politique financière échoua. Il présida la Chambre des députés (1936 - 1940), puis l'Assemblée nationale (1947 - 1955). [Acad. fr.]

▲ Édouard **Herriot**

HERRMANN (Bernard), *New York 1911 - Hollywood 1975,* compositeur américain. Il débuta au cinéma en signant la partition de *Citizen Kane* (O. Welles, 1940) et écrivit la musique des films d'Hitchcock (1955 - 1964).

HERSANT (Philippe), *Rome 1948,* compositeur français. Ses œuvres de musique de chambre (*Quatuor à cordes n° 1,* 1985-1986), symphonique (*Concerto n° 1 pour violoncelle,* 1989), vocale ou lyrique (opéra *le Château des Carpathes,* 1989-1991), souvent inspirées par des textes poétiques, comme ses créations pour la scène ou le cinéma, explorent sans cesse la question de la mémoire.

HERSANT (Robert), *Vertou 1920 - Paris 1996,* patron de presse français. Il fonda en 1950 – et dirigea jusqu'à sa mort – un groupe de presse ayant concentré une grande partie des quotidiens nationaux (dont *le Figaro*) et régionaux.

HERSCHBACH (Dudley Robert), *San Jose, Californie, 1932,* chimiste américain. Il a mis au point une technique permettant d'étudier les molécules d'une réaction chimique en les portant à des vitesses supersoniques. (Prix Nobel 1986.)

HERSCHEL (sir William), *Hanovre 1738 - Slough 1822,* organiste et astronome britannique d'origine allemande. Il réalisa, en amateur, de nombreux télescopes et découvrit la planète Uranus (1781) ainsi que deux de ses satellites (1787), puis deux satellites de Saturne (1789). Fondateur de l'astronomie stellaire, il fut le premier à étudier systématiquement les étoiles doubles. Vers 1800, il découvrit les effets thermiques du rayonnement infrarouge.

▲ Sir William **Herschel.** (National Portrait Gallery, Londres.)

HERSERANGE (54440), comm. de Meurthe-et-Moselle, au N.-E. de Longwy ; 4 523 hab. *(Herserangeois).* Anc. centre sidérurgique. – Musée de la Faïencerie Saint-Jean-l'Aigle.

HERSTAL [ɛrstal], comm. de Belgique (prov. de Liège), sur la Meuse ; 38 997 hab. Armurerie. – Musée d'Archéologie industrielle. – Domaine de Pépin, bisaïeul de Charlemagne, Herstal fut une des résidences préférées des Carolingiens.

HERTEL (Rodolphe **Dubé,** dit François), *Rivière-Ouelle 1905 - Montréal 1985,* écrivain canadien de langue française. Ses poèmes, romans, essais analysent la crise spirituelle de sa génération.

HERTFORDSHIRE, comté d'Angleterre, au N. de Londres ; 1 116 062 hab. ; ch.-l. *Hertford.*

HERTOGENWALD, forêt de Belgique (prov. de Liège), en bordure des Hautes Fagnes.

HERTWIG (Oskar), *Friedberg, Hesse, 1849 - Berlin 1922,* biologiste allemand. Il a précisé la nature de la fécondation chez les animaux (amphimixie). — **Richard H.,** *Friedberg 1850 - Schlederloh, au sud de Munich, 1937,* biologiste allemand, frère d'Oskar. Il est l'auteur de découvertes importantes en biologie cellulaire.

HERTZ (Heinrich), *Hambourg 1857 - Bonn 1894*, physicien allemand. Grâce à un oscillateur de sa conception, il a produit des ondes électromagnétiques (1887) et montré qu'elles étaient de même nature que la lumière, ouvrant la voie à la télégraphie sans fil par ondes dites « hertziennes ». Il observa aussi l'effet photoélectrique et le passage des électrons à travers la matière.

▲Heinrich **Hertz.** (Coll. Mansell, Londres.)

— **Gustav H.,** *Hambourg 1887 - Berlin-Est 1975*, physicien allemand. Neveu de Heinrich, il élucida le phénomène de fluorescence et proposa une théorie de l'émission lumineuse. (Prix Nobel 1925.)

HERTZSPRUNG (Ejnar), *Frederiksberg 1873 - Tølløse 1967*, astrophysicien danois. Il distingua les étoiles géantes des étoiles naines et, indépendamment de Russell, découvrit qu'il existe une relation entre la luminosité et la température des étoiles.

HÉRULES, anc. peuple germanique. Leur roi Odoacre envahit l'Italie et mit fin à l'empire d'Occident en 476. Ils disparurent au VIe s.

HERVE [ɛrv], v. de Belgique (prov. de Liège), sur le *plateau de Herve* ; 17 224 hab. Monuments et demeures surtout des XVIIe et XVIIIe s.

HERVIEU (Dominique) → **Montalvo-Hervieu** (Compagnie).

HERZBERG (Gerhard), *Hambourg 1904 - Ottawa 1999*, physico-chimiste canadien d'origine allemande. Il a déterminé la structure électronique et la géométrie d'atomes, de molécules ou de radicaux libres dont il a mis en évidence l'existence dans l'espace extraterrestre. (Prix Nobel de chimie 1971.)

HERZÉGOVINE, région des Balkans, faisant partie de la Bosnie-Herzégovine.

HERZELE, comm. de Belgique (Flandre-Orientale) ; 17 384 hab.

HERZEN ou **GUERTSEN** (Aleksandr Ivanovitch), *Moscou 1812 - Paris 1870*, écrivain et théoricien politique russe. Opposant au régime tsariste, il publia en exil la revue politique et littéraire *Kolokol (la Cloche)*.

HERZL (Theodor), *Budapest 1860 - Edlach, Autriche, 1904*, écrivain hongrois, fondateur du sionisme* politique (*l'État juif*, 1896).

HERZLIYA, v. d'Israël, banlieue de Tel-Aviv-Jaffa ; 86 300 hab. Centre de hautes technologies.

HERZOG (Maurice), *Lyon 1919 - Neuilly-sur-Seine 2012*, alpiniste et homme politique français. Il vainquit l'Annapurna en 1950, avec Louis Lachenal (1921 - 1955). Il fut haut-commissaire puis secrétaire d'État à la Jeunesse et aux Sports (1958 - 1966).

HERZOG (Werner Herzog **Stipetić,** dit Werner), *Munich 1942*, cinéaste allemand. Souffle apocalyptique et curiosité éclectique donnent à ses fictions (*Aguirre, la colère de Dieu*, 1972 ; *l'Énigme de Kaspar Hauser*, 1974 ; *Fitzcarraldo*, 1982) et à ses documentaires (*Ennemis intimes*, sur sa relation avec son acteur fétiche Klaus Kinski *[1926 - 1991]*, 1999 ; *Grizzly Man*, 2005 ; *Into the Abyss*, 2011) une puissance inédite.

HERZOG ET DE MEURON, architectes suisses associés en agence depuis 1978 (**Jacques Herzog,** *Bâle 1950*, et **Pierre de Meuron,** *Bâle 1950*). Ils sont les promoteurs d'une architecture sobre, voire minimaliste, soucieuse de s'intégrer dans les environnements existants (poste d'aiguillage de la gare de Bâle, 1995 ; Tate Modern, à Londres, 2000 et 2016 ; espace d'art contemporain Schaulager, à Münchenstein [près de Bâle], 2003 ; stade national de Pékin, 2008 ; Pérez Art Museum Miami, 2013 ; Elbphilharmonie, à Hambourg, 2017). [Prix Pritzker 2001.]

HESBAYE [ɛsbɛ] n.f., plaine de Belgique, au S.-E. de la Campine. (Hab. *Hesbignons.*)

HESDIN [edɛ̃] (62140), comm. du Pas-de-Calais ; 2 265 hab. (*Hesdinois*). Église du XVIe s., hôtel de ville du XVIIe s.

HÉSIODE, *Ascra, Béotie, milieu du VIIIe s. av. J.-C.*, poète grec. Auteur de poèmes mythologiques (*la Théogonie**), il est le créateur de la poésie didactique (*les Travaux* et les Jours*).

HESPÉRIDES MYTH. GR. Nymphes gardiennes du jardin des dieux, dont les arbres produisaient des pommes d'or qui assuraient l'immortalité.

HESPÉRIDES, îles mythiques de l'Atlantique, identifiées aux Canaries.

HESS (Harry Hammond), *New York 1906 - Woods Hole, Massachusetts, 1969*, géologue américain. Sa théorie de l'expansion des fonds océaniques préfigure celle de la tectonique des plaques.

HESS (Rudolf), *Alexandrie, Égypte, 1894 - Berlin 1987*, homme politique allemand. L'un des principaux collaborateurs de Hitler, il s'enfuit en Écosse en 1941. Déclaré irresponsable par le tribunal de Nuremberg, il fut incarcéré de 1946 à sa mort (suicide).

HESS (Victor), *Waldstein, Styrie, 1883 - Mount Vernon 1964*, physicien américain d'origine autrichienne. Il découvrit les rayons cosmiques (1912) lors d'ascensions en ballon. (Prix Nobel 1936.)

HESS (Walter Rudolf), *Frauenfeld 1881 - Locarno 1973*, physiologiste suisse. Il travailla sur le système nerveux et la neurochirurgie. (Prix Nobel 1949.)

HESSE, en all. **Hessen,** Land d'Allemagne ; 21 114 km^2 ; 6 213 088 hab. ; cap. *Wiesbaden* ; v. princ. *Francfort-sur-le-Main.* La Hesse, voie de passage entre la Rhénanie et l'Allemagne du Nord, est composée de plateaux boisés, de massifs volcaniques (Vogelsberg, Rhön) et de petites plaines fertiles. – La Hesse constitua à partir de 1292 un landgraviat ayant rang de principauté d'Empire. Elle fut divisée après 1567 en deux principautés : la Hesse-Kassel, annexée par la Prusse (1866), qui l'incorpora à la Hesse-Nassau (1868), et la Hesse-Darmstadt, qui devint un grand-duché (1806) et fut annexée par la Prusse (1866). Le Land de Hesse fut formé en 1945.

HESSE (Hermann), *Calw, Wurtemberg, 1877 - Montagnola, Tessin, 1962*, romancier suisse d'origine allemande. Il entreprit de bâtir une nouvelle sagesse à la lumière de sa révolte personnelle (*Peter Camenzind*, 1904) et de sa rencontre avec la pensée orientale (*Siddharta*, 1922 ; *le Loup des steppes*, 1927 ; *Narcisse et Goldmund*, 1930 ; *le Jeu des perles de verre*, 1943). [Prix Nobel 1946.]

HESSEL (Stéphane), *Berlin 1917 - Paris 2013*, résistant et diplomate français d'origine allemande. Déporté en 1944 à Buchenwald puis à Dora-Mittelbau, il entra dans la carrière diplomatique à la fin de la guerre et, en poste à l'ONU, fut un témoin privilégié de la rédaction de la Déclaration universelle des droits* de l'homme (1948). Il ne cessa jamais, par ses multiples engagements, d'œuvrer en faveur de la liberté, de la justice et de la paix. Son opuscule *Indignez-vous !* (2010) eut un retentissement international.

HESTIA MYTH. GR. Divinité du Foyer. Elle fut assimilée par les Romains à Vesta.

HESTON (Charlton), *Evanston 1923 - Beverley Hills 2008*, acteur américain. Il a surtout joué, au cinéma, dans des films à grand spectacle : *les Dix Commandements* (C. B. De Mille, 1956), *Ben Hur* (B. Wyler, 1959), *le Cid* (A. Mann, 1960).

Hétairie, société grecque fondée à Odessa en 1814, dirigée par A. Ypsilanti. En 1821, elle déclencha la révolution en Moldavie, en Valachie et en Grèce.

HETZEL (Jules), *Chartres 1814 - Monte Carlo 1886*, éditeur et romancier français. Il publia Balzac, Sand, Hugo, J. Verne, et développa les ouvrages pour la jeunesse et les éditions illustrées.

HEUSDEN-ZOLDER, comm. de Belgique (Limbourg) ; 32 132 hab. Musée (folklore, histoire).

HEUSS (Theodor), *Brackenheim 1884 - Stuttgart 1963*, homme politique allemand. L'un des fondateurs du Parti libéral, il présida la République fédérale (1949 - 1959).

HEUYER (Georges), *Pacy-sur-Eure 1884 - Paris 1977*, psychiatre français. Il fut l'un des promoteurs de la psychiatrie infantile en France et étudia la délinquance juvénile et la schizophrénie.

HEVELIUS (Johannes **Havelke** ou **Hevel,** dit), *Dantzig 1611 - id. 1687*, astronome polonais. Il étudia les taches solaires et publia la première carte détaillée de la Lune (1647) ainsi qu'un traité sur les comètes (1668).

HEVESY (George Charles **de**), *Budapest 1885 - Fribourg-en-Brisgau 1966*, chimiste suédois d'origine hongroise. Il est à l'origine de l'utilisation des marqueurs isotopiques et a découvert le hafnium. (Prix Nobel 1943.)

HEWISH (Antony), *Fowey, Cornouailles, 1924*, radioastronome britannique. Avec son élève Jocelyn Bell, il a découvert les pulsars (1967). [Prix Nobel de physique 1974.]

HEYDRICH (Reinhard), *Halle 1904 - Prague 1942*, homme politique allemand. Membre du parti nazi et de la SS à partir de 1931, il fit carrière dans le sillage de Himmler et fut l'un des planificateurs de l'extermination des Juifs. « Protecteur adjoint du Reich » en Bohême et en Moravie (1941), il fut abattu par des patriotes tchèques.

HEYERDAHL (Thor), *Larvik 1914 - Colla Michari, Italie, 2002*, explorateur norvégien. Il mena à bord de fragiles embarcations des expéditions restées célèbres (dont celle du *Kon-Tiki*, à travers le Pacifique [du Pérou à la Polynésie], en 1947) pour tenter de prouver la possibilité de telles migrations pour des populations anciennes. Mais ses théories furent, pour l'essentiel, récusées par les scientifiques.

HEYMANS (Cornelius), *Gand 1892 - Knokke-le-Zoute 1968*, médecin belge. Il reçut le prix Nobel en 1938 pour ses travaux sur la respiration et le système circulatoire.

HEYTING (Arend), *Amsterdam 1898 - Lugano 1980*, logicien néerlandais. Il est l'auteur d'une axiomatisation de la logique intuitionniste.

Hezbollah, en ar. **ḥizb Allāh** (« parti de Dieu »), organisation islamique libanaise fondée en 1982 avec le soutien de militants chiites iraniens regroupés dans le mouvement iranien également appelé *Hezbollah*. Après avoir combattu l'occupation israélienne d'une partie du Liban-Sud, le Hezbollah, tout en continuant à mener des opérations armées contre Israël, constitue aussi un parti politique, représenté au Parlement et participant au gouvernement. En 2013, il s'engage massivement aux côtés de Bachar al-Asad dans le conflit syrien, puis, en 2015, en Iraq, dans le combat contre l'organisation État islamique.

HICKS (sir John Richard), *Leamington Spa, Warwickshire, 1904 - Blockley, Gloucestershire, 1989*, économiste britannique. S'inspirant de la théorie keynésienne, il a mis au point, avec A. H. Hansen *(1887 - 1975)*, un schéma des relations entre la politique monétaire et la politique budgétaire. (Prix Nobel 1972, avec K. Arrow.)

HIDALGO Y COSTILLA (Miguel), *San Diego, Corralejo, 1753 - Chihuahua 1811*, prêtre mexicain. Il donna en 1810 le signal des luttes pour l'indépendance du Mexique. Il fut fusillé par les Espagnols.

HIDDEN PEAK n.m., sommet du Karakorum (Pakistan), point culminant du Gasherbrum ; 8 068 m.

HIDEYOSHI → **TOYOTOMI HIDEYOSHI.**

HIÉRAPOLIS → **PAMUKKALE.**

HIÉRON II, *Syracuse v. 306 - 215 av. J.-C.*, roi de Syracuse (265 - 215 av. J.-C.). Il se rallia aux Romains durant la première guerre punique.

HIGASHIOSAKA, v. du Japon (Honshu) ; 509 632 hab.

HIGELIN (Jacques), *Brou-sur-Chantereine, Seine-et-Marne, 1940 - Paris 2018*, chanteur et auteur-compositeur français. Il marqua la scène française par son esprit libertaire et réussit une brillante fusion entre la chanson et le rock (albums *BBH 75*, 1974 ; *Illicite*, 1991 ; *Amor Doloroso*, 2006 ; *Beau Repaire*, 2013 ; *Higelin 75*, 2016).

HIGGINS (Michael Daniel), *Limerick 1941*, homme politique irlandais. Désigné par le Parti travailliste, il est élu président de la république d'Irlande en 2011 (réélu en 2018). Il est aussi poète et essayiste.

HIGGINS CLARK (Mary), *New York 1929*, écrivaine américaine. Ses thrillers connaissent un succès mondial (*la Nuit du renard, la Clinique du docteur H., Un cri dans la nuit*).

HIGGS (Peter Ware), *Newcastle upon Tyne 1929*, physicien britannique. Il a proposé au milieu des

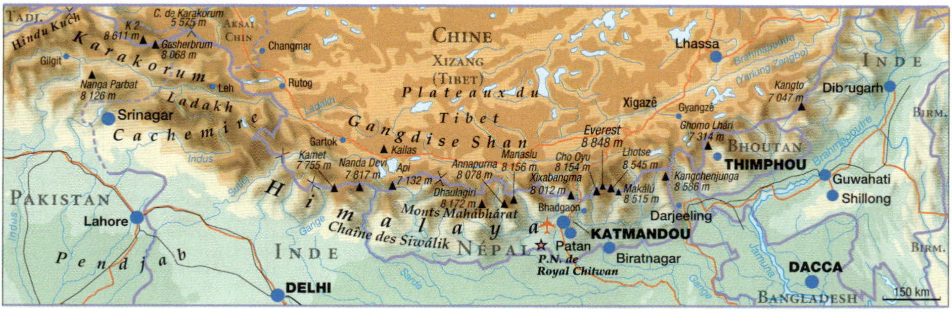

Himalaya

années 1960, en même temps que plusieurs autres chercheurs, dont les physiciens belges Robert **Brout** *(New York 1928 - Linkebeek, banlieue sud de Bruxelles, 2011)* et François **Englert** *(Etterbeek 1932)*, un mécanisme capable d'expliquer l'origine de la masse des particules, postulant notamm. l'existence d'un nouveau boson (dit *boson de Higgs* ou *de Brout-Englert-Higgs*). La découverte quasi certaine de ce boson faite dans le LHC du Cern, en 2012, validerait le modèle standard de la physique des particules. (Prix Nobel 2013, avec F. Englert.)

HIGHLANDS n.m. pl. (« Hautes Terres »), région montagneuse de Grande-Bretagne, dans le nord de l'Écosse.

HIGHSMITH (Patricia), *Fort Worth 1921 - Locarno 1995*, écrivaine américaine. Les romans policiers de ce maître du suspense et de l'angoisse sont centrés sur la psychologie du coupable (*l'Inconnu du Nord-Express*, 1950 ; *Monsieur Ripley*, 1955).

HIIUMAA, en russe **Dago,** île estonienne de la Baltique.

HIKMET (Nazim), *Salonique 1902 - Moscou 1963*, écrivain turc. Sa vie, sa poésie (*Paysages humains*) et ses romans sont marqués par son engagement communiste.

HILAIRE (saint), *Poitiers v. 315 - id. v. 367*, Père de l'Église latine. Évêque de Poitiers v. 350, il fut le principal adversaire de l'arianisme en Occident.

HILAL (Banu) ou **HILALIENS,** tribu d'Arabie centrale qui émigra en Égypte au VIIIe s. et envahit le Maghreb au XIe s.

HILARION (saint), *Tabatha, près de Gaza, v. 291 - Chypre v. 371*, fondateur de la vie monastique en Palestine.

HILBERT (David), *Königsberg 1862 - Göttingen 1943*, mathématicien allemand. Représentant du courant formaliste, il fut l'un des fondateurs de la méthode axiomatique. Il a relancé les recherches sur les fondements des mathématiques en présentant, en 1900, 23 problèmes à résoudre.

HILDEBRAND → **GRÉGOIRE VII** (saint).

HILDEBRAND (Adolf von), *Marburg 1847 - Munich 1921*, sculpteur allemand. Il est l'auteur de la fontaine des Wittelsbach (1894) à Munich, d'un art classique et allégorique.

HILDEBRANDT (Lukas von), *Gênes 1668 - Vienne 1745*, architecte autrichien. Auteur, baroque, des deux palais du Belvédère (1714-1723) à Vienne.

HILDEGARDE (sainte), *Bermersheim 1098 - Rupertsberg 1179*, mystique allemande. Abbesse et fondatrice de plusieurs monastères bénédictins, dont celui de Rupertsberg, près de Bingen, elle est célèbre pour ses visions et ses écrits mystiques.

HILDESHEIM, v. d'Allemagne (Basse-Saxe) ; 99 554 hab. Églises romanes, dont S. Michael (XIe et XIIe s.) ; musée Pelizaeus (antiquités égyptiennes).

HILFERDING (Rudolf), *Vienne 1877 - Paris 1941*, homme politique allemand d'origine autrichienne. Théoricien du marxisme (*le Capital financier*, 1910), il fut député social-démocrate (1924 - 1933).

HILLA, v. d'Iraq ; 268 834 hab.

HILLARY (sir Edmund), *Auckland 1919 - id. 2008*, alpiniste néo-zélandais. Avec le sherpa Tenzing Norgay, il conquit le sommet de l'Everest en 1953.

HILLEL, *en Babylonie v. 70 av. J.-C. - Jérusalem v. 10 apr. J.-C.*, docteur juif, chef d'une école rabbinique qui interprétait la Loi d'une manière libérale.

HILMAND → **HELMAND.**

HILSZ (Marie Antoinette, dite Maryse), *Levallois-Perret 1901 - dans un accident d'avion, Bény, près de Bourg-en-Bresse, 1946*, aviatrice française. Elle s'est rendue célèbre par ses raids à longue distance et ses records d'altitude.

HILTY (Carl), *Werdenberg, canton de Saint-Gall, 1833 - Clarens 1909*, juriste et philosophe suisse. Il siégea au Conseil national de 1890 à 1909 et publia des ouvrages de droit constitutionnel, de politique et de philosophie.

HILVERSUM, v. des Pays-Bas, au S.-E. d'Amsterdam ; 86 017 hab. Station de radiodiffusion. – Hôtel de ville (1928) par Willem Marinus Dudok.

HIMACHAL PRADESH, État du nord de l'Inde ; 55 700 km^2 ; 6 856 509 hab. ; cap. *Simla*.

HIMALAYA n.m., la plus haute chaîne de montagnes du monde, en Asie ; 8 848 m à l'Everest. Il s'étend sur 2 800 km, de l'Indus au Brahmapoutre, et est large en moyenne de 300 km entre le Tibet et la plaine indo-gangétique. – On y distingue, du sud au nord : une zone couverte d'une jungle épaisse (le *terai*) ; une zone de collines et de moyennes montagnes (les Siwalik) ; au-dessus de 5 000 m, la zone des glaciers et des neiges éternelles qui forme l'Himalaya proprement dit, limité par les hautes vallées de l'Indus et du Brahmapoutre ; celle-ci est dominée au N. par le Transhimalaya, qui borde les plateaux du Tibet. Chaîne plissée, d'âge alpin, l'Himalaya est une importante barrière climatique et humaine. C'est aussi un haut lieu de l'alpinisme mondial.

HIMEJI, v. du Japon, dans le sud de Honshu ; 536 338 hab. Vieux centre historique ; célèbre forteresse féodale dite château « du Héron blanc » (XIVe-XVe s.). – Sidérurgie. Textile.

HIMÈRE, anc. ville de la Sicile. En 480 av. J.-C., Gélon vainquit les Carthaginois qui l'assiégeaient. En 409 av. J.-C., ceux-ci détruisirent la ville.

HIMES (Chester), *Jefferson City 1909 - Benisa, province d'Alicante, 1984*, écrivain américain, auteur de romans policiers (*la Reine des pommes*, 1957 ; *l'Aveugle au pistolet*, 1969).

HIMILCON, *vers 450 av. J.-C.*, navigateur carthaginois. Il explora les côtes de l'Europe occidentale, atteignit peut-être la Cornouailles et l'Irlande.

HIMMLER (Heinrich), *Munich 1900 - Lüneburg 1945*, homme politique allemand. Chef de la Gestapo (1934) et de la police du Reich (1938), puis ministre de l'Intérieur (1943), il dirigea la répression contre les adversaires du régime nazi et organisa les camps de concentration. Arrêté, il se suicida.

HINAULT (Bernard), *Yffiniac, Côtes-d'Armor, 1954*, coureur cycliste français. Cinq fois vainqueur du Tour de France (1978 et 1979, 1981 et 1982, 1985), il fut champion du monde en 1980.

HINCMAR, *v. 806 - Épernay 882*, prélat et théologien français. Archevêque de Reims (845) et principal conseiller de Charles le Chauve, il est l'auteur d'ouvrages doctrinaux et historiques (*Vie de saint Remi*).

HINDEMITH (Paul), *Hanau 1895 - Francfort-sur-le-Main 1963*, compositeur allemand. Il fut l'un des chefs de l'école allemande entre les deux guerres, tout en restant attaché à un certain esprit classique. Parmi ses œuvres, un cycle de lieder (*Das Marienleben*), les opéras *Cardillac* (1926) et *Mathis le peintre* (1938), *Kammermusiken* pour diverses formations, des concertos et sonates.

▲ Le dirigeable **Hindenburg** en feu, le 6 mai 1937.

Hindenburg (LZ 129), dirigeable allemand mis en service en 1936, pour assurer des liaisons transatlantiques régulières. Gonflé au dihydrogène, ce dirigeable commercial, le plus grand jamais réalisé, s'embrasa le 6 mai 1937, alors qu'il s'apprêtait à atterrir, en plein orage, à Lakehurst (New Jersey).

HINDENBURG (Paul von), *Posen, auj. Poznań, 1847 - Neudeck, près de Gdańsk, 1934*, maréchal allemand. Vainqueur des Russes à Tannenberg (1914), chef d'état-major général (1916), il dirigea, avec Ludendorff, la stratégie allemande jusqu'à la fin de la guerre. Président de la république de Weimar en 1925, réélu en 1932, il nomma Hitler chancelier (1933).

◄ Le maréchal **Hindenburg.** (Musée de l'Armée, Paris.)

HINDOUSTAN, région de l'Inde, correspondant à la plaine indo-gangétique.

HINDU KUCH n.m., massif de l'Asie centrale (Pakistan et surtout Afghanistan).

HINTIKKA (Jaakko), *Vantaa 1929 - Porvoo, à l'est d'Helsinki, 2015*, philosophe finlandais. Il s'intéressa à l'étude sémantique des propositions logiques ainsi qu'à la philosophie du langage (*Connaissance et croyance*, 1962).

HIPPARQUE, *m. en 514 av. J.-C.*, tyran d'Athènes (527 - 514 av. J.-C.). Fils de Pisistrate, il gouverna Athènes avec son frère Hippias ; il fut assassiné.

HIPPARQUE, astronome grec du IIe s. av. J.-C. Il peut être considéré comme le fondateur de l'astronomie de position. Il découvrit la précession des équinoxes et réalisa le premier catalogue d'étoiles, classant celles-ci par « grandeurs » d'après leur éclat apparent. Il jeta aussi les bases de la trigonométrie, inventa la projection stéréographique et proposa la première méthode scientifique de détermination des longitudes.

HIPPIAS, *m. en 490 av. J.-C.*, tyran d'Athènes (527 - 510 av. J.-C.). Fils de Pisistrate, il partagea le pouvoir avec son frère Hipparque, puis lui succéda. Son despotisme le fit chasser d'Athènes en 510. Il se réfugia en Perse.

HIPPOCRATE, *île de Cos v. 460 - Larissa, Thessalie, v. 377 av. J.-C.*, médecin grec. Il fut le plus grand médecin de l'Antiquité. Son éthique est à l'origine du serment que prêtent les médecins (*serment d'Hippocrate*).

HIPPOLYTE MYTH. GR. Fils du héros athénien Thésée. Aimé de Phèdre, épouse de son père, il en repoussa les avances. Pour se venger, cette dernière l'accusa d'avoir voulu attenter à son honneur, et Thésée invoqua Poséidon, qui fit périr Hippolyte. – Hippolyte et son amour pour Aricie inspirèrent à Rameau l'opéra *Hippolyte et Aricie* (1733), sur un livret de l'abbé Pellegrin.

HIPPOLYTE (saint), *v. 170 - en Sardaigne 235*, prêtre romain et martyr. Il est l'auteur d'une *Réfutation de toutes les hérésies*.

HIPPONE, anc. v. de Numidie, près d'Annaba. Évêché dont saint Augustin fut titulaire. – Ruines romaines.

HIRAKATA, v. du Japon (Honshu) ; 407 997 hab.

HIRAM Ier, roi de Tyr (v. 969 - v. 935 av. J.-C.). Il fournit à Salomon des matériaux et des artisans pour la construction du Temple de Jérusalem, ainsi que des marins pour des expéditions en mer Rouge.

HIRATSUKA, v. du Japon (Honshu) ; 260 776 hab.

HIROHITO, nom posthume Showa tenno, *Tokyo 1901 - id. 1989*, empereur du Japon (1926 - 1989). Monarque absolu, il dut renoncer à ses prérogatives « divines » après la capitulation du Japon (1945) et accepter l'établissement d'une monarchie constitutionnelle.

◂ **Hirohito**

HIROSHIGE, *Edo, auj. Tokyo, 1797 - id. 1858*, dessinateur, graveur et peintre japonais. Les variations d'atmosphère de ses paysages (*Cinquante-Trois Relais du Tokaido**) émerveillèrent les impressionnistes, influençant ainsi l'art occidental.

HIROSHIMA, v. du Japon (Honshu), sur la mer Intérieure ; 1 174 209 hab. (2 103 497 hab. dans l'agglomération). Port. Centre industriel. – Musées. – Les Américains y lancèrent, le 6 août 1945, la première bombe atomique, qui fit environ 140 000 victimes (décédées en 1945).

▲ **Hiroshima** après l'explosion de la bombe atomique, en 1945.

HIRSCH (Robert), *L'Isle-Adam 1925 - Paris 2017*, comédien français. À la Comédie-Française de 1948 à 1973, il joua surtout Shakespeare, Molière, Marivaux, Dostoïevski, Feydeau, donnant à tous ses rôles une extraordinaire intensité névrotique, tantôt tragique, tantôt comique. Il servit aussi le répertoire contemporain (*le Gardien*, H. Pinter, 2006 ; *le Père*, F. Zeller, 2012). Au cinéma, il fut notamm. la figure centrale de *Martin soldat* (M. Deville, 1966).

HIRSCHMAN (Albert), *Berlin 1915 - Ewing Township, New Jersey, 2012*, économiste américain. Ses travaux, à la frontière de l'économie, de la sociologie et de la science politique, portent sur l'analyse des comportements individuels, notamm. les conditions du passage à l'action collective (*Face au déclin des entreprises et des institutions*, 1970 ; republié, en 1995, sous le titre *Défection et prise de parole*).

HIRSON (02500), bur. centr. de cant. de l'Aisne, sur l'Oise ; 9 511 hab. (*Hirsonnais*).

HIRST (Damien), *Bristol 1965*, plasticien britannique. Inspirées des vanités classiques, des illustrations anatomiques et autres éléments d'histoire naturelle (animaux naturalisés), ses peintures, sculptures et installations font dialoguer l'art, la vie et la mort (*The Physical Impossibility of Death in the Mind of Someone Living*, 1991 ; *For the Love of God*, 2007 ; *Spot Paintings*, 1986-2011).

HISPANIE, nom anc. de la péninsule Ibérique.

HISPANIOLA, nom donné par Christophe Colomb à l'île d'Haïti.

hispano-américaine (guerre) [1898], conflit qui opposa les États-Unis à l'Espagne, en lutte contre ses colonies révoltées. L'Espagne perdit Cuba, devenue indépendante, et céda aux États-Unis Porto Rico, les Philippines et l'île de Guam.

Histoire de France, œuvre magistrale de Michelet (1833-1867), allant des origines de la France à la Révolution française.

Histoire de France, œuvre publiée sous la direction d'Ernest Lavisse. Elle comprend une *Histoire de France depuis les origines jusqu'à la Révolution* (1900-1912) et une *Histoire de la France contemporaine depuis la Révolution jusqu'à la paix de 1919* (1920-1922).

Histoire naturelle, ouvrage rédigé par Buffon et ses collaborateurs (1749-1789 ; 36 vol.). Recension magistrale du monde vivant, cette œuvre a passionné le grand public et ouvert la voie à l'évolutionnisme.

Histoires, ouvrage d'Hérodote (Ve s. av. J.-C.). Ce sont des *enquêtes* (premier sens du mot *historiai*) sur les guerres médiques et les peuples qui s'y sont trouvés mêlés.

Histoires, ouvrage de Tacite (106-109 apr. J.-C. ?). Histoire des empereurs romains, allant de la mort de Galba (69) à l'avènement de Nerva (96), la suite chronologique des *Annales*.

HITACHI, v. du Japon (Honshu), sur le Pacifique ; 193 129 hab. Constructions électriques.

▲ Alfred **Hitchcock** pendant le tournage de son film *les Oiseaux* (1963).

HITCHCOCK (Alfred), *Londres 1899 - Hollywood 1980*, cinéaste britannique naturalisé américain. Il réalisa surtout des films de mystère et d'aventures policières, s'imposant comme le maître du suspense et de l'angoisse (*Une femme disparaît*, 1938 ; *l'Inconnu du Nord-Express*, 1951 ; *la Mort aux trousses*, 1959 ; *Psychose*, 1960).

HITLER (Adolf), *Braunau, Haute-Autriche, 1889 - Berlin 1945*, homme politique allemand. Issu d'une famille de la petite bourgeoisie autrichienne, combattant pendant la Première Guerre mondiale dans l'armée bavaroise, il devient en 1921 le chef du Parti ouvrier allemand national-socialiste (NSDAP). Il crée les sections d'assaut (SA) en 1921 puis tente à Munich, en 1923, un putsch, qui échoue. Détenu, il rédige *Mein Kampf*, où est exposée la doctrine ultranationaliste et antisémite du nazisme. À partir de 1925, il renforce son parti en créant les SS et de nombreuses organisations d'encadrement. Développant une propagande efficace dans une Allemagne humiliée par la défaite de 1918 et le traité de Versailles, et fortement atteinte par la crise de 1929, il accède en 1933 au poste de chancelier. Les communistes mis hors la loi à la suite de l'incendie du Reichstag (févr.), Hitler se fait attribuer les pleins pouvoirs par la chambre (mars). Inquiet du pouvoir que prennent les SA, il en fait éliminer les chefs lors de la « Nuit des longs couteaux » (30 juin 1934). Président à la mort d'Hindenburg (août), puis « Führer », il se trouve à la tête d'un État dictatorial soutenu par une police redoutable (Gestapo) et fondé sur le parti unique, l'élimination des opposants et le racisme. Sa politique d'expansion en Rhénanie (1936), en Autriche (1938), en Tchécoslovaquie (1938) et en Pologne (1939) provoque la Seconde Guerre mondiale (1939), au cours de laquelle est entreprise l'extermination des Juifs. Vaincu, Hitler se suicide le 30 avril 1945.

▲ Adolf **Hitler** v. 1938-1939.

▲ **Hittites.** La porte des Sphinx de la forteresse d'Alacahöyük (Anatolie), XIVe s. av. J.-C.

HITTITES, peuple indo-européen, apparu au XXe s. av. J.-C., qui constitua un puissant empire en Anatolie centrale, entre les XVIIe et XIIe s. av. J.-C., dont la capitale était Hattousa (auj. *Boğazköy*). La puissance hittite, éclipsée au XVe s. par le Mitanni, atteignit son apogée aux XIVe-XIIIe s., quand elle équilibra celle de l'Égypte (bataille de Qadesh). L'Empire hittite disparut au XIIe s. av. J.-C. avec l'invasion des Peuples de la Mer.

HITTORF (Wilhelm), *Bonn 1824 - Münster 1914*, physicien allemand. Il a découvert les rayons cathodiques (1869) et observé leur déviation par les champs magnétiques.

HITTORFF (Jacques), *Cologne 1792 - Paris 1867*, architecte français d'origine allemande. Élève de Percier, rationaliste et éclectique, il a construit à Paris la gare du Nord (1861, halle métallique), a travaillé aux Champs-Élysées, aux places de la Concorde et de l'Étoile, au bois de Boulogne.

HJELMSLEV (Louis Trolle), *Copenhague 1899 - id. 1965*, linguiste danois. Dans la lignée de Saussure, sa théorie, la glossématique, tente une formalisation rigoureuse des structures linguistiques (*Prolégomènes à une théorie du langage*, 1943).

HO, population tribale de l'Inde (sud du Bihar) [env. 1,3 million]. Les Ho sont connus pour leurs traditions funéraires et entretiennent une relation étroite avec le polythéisme hindou. Ils sont de langue munda.

HOBART, v. d'Australie, cap. et principal port de l'île de Tasmanie ; 191 169 hab. Université. Métallurgie. – Musée et galerie d'Art tasmanien, musée d'Art ancien et contemporain (MONA).

HOBBEMA (Meindert), *Amsterdam 1638 - id. 1709*, peintre néerlandais. Il est l'auteur de paysages minutieux baignés d'une fine lumière.

HOBBES (Thomas), *Wesport, Wiltshire, 1588 - Hardwick Hall 1679*, philosophe anglais. Partisan d'un matérialisme mécaniste, il décrit l'homme comme naturellement mû par le désir et la

crainte (« L'homme est un loup pour l'homme ») ; pour vivre en société, l'homme doit renoncer à ses droits au profit d'un souverain absolu qui fait régner l'ordre, l'État (*le Léviathan**, 1651).

◄ Thomas **Hobbes** par J. M. Wright. (National Portrait Gallery, Londres.)

HOBSBAWM (Eric), *Alexandrie, Égypte, 1917 - Londres 2012*, historien britannique. Spécialiste d'histoire économique et sociale, il est l'auteur d'ouvrages de référence d'inspiration marxiste (*l'Ère des révolutions, 1789 - 1848*, 1962 ; *l'Ère du capital, 1848 - 1875*, 1975 ; *l'Ère des empires, 1875 - 1914*, 1987 ; *Nations et nationalisme depuis 1780*, 1990 ; *l'Âge des extrêmes, 1914 - 1991*, 1994).

HOBSON (John Atkinson), *Derby 1858 - Hampstead 1940*, économiste britannique. Il a vu dans l'impérialisme l'aboutissement du capitalisme et a annoncé Keynes en éclairant le rôle des pouvoirs publics dans l'économie.

HOCART (Arthur Maurice), *Etterbeek, Bruxelles, 1883 - Le Caire 1939*, anthropologue britannique d'origine française. À travers l'étude comparée de différentes sociétés (Océanie, Inde, Ceylan, Égypte), il a montré que l'organisation rituelle est à l'origine de la séparation des fonctions entre gouvernement et administration (*Rois et courtisans*, 1936 ; *le Mythe sorcier*, 1952).

HOCEIMA (Al-), en esp. **Alhucemas,** v. du Maroc, sur la Méditerranée ; 56 716 hab. Pêche. Centre administratif et touristique. La région a été touchée par un séisme en 2004.

HOCHDORF (sépulture de), sépulture princière du VIe s. av. J.-C., découverte en 1978 à Hochdorf, quartier d'Eberdingen, près de Stuttgart. Appartenant à la culture de Hallstatt, elle a fourni un riche mobilier funéraire, dont un divan en bronze doré.

HOCHE (Lazare), *Versailles 1768 - Wetzlar, Prusse, 1797*, général français. Engagé à 16 ans, commandant l'armée de Moselle en 1793, il fut emprisonné comme suspect jusqu'au 9 Thermidor. Il écrasa les émigrés débarqués à Quiberon (1795) et pacifia la Vendée. Il fut ministre de la Guerre en 1797.

HÔ CHI MINH (**Nguyên Sinh Cung**, dit **Nguyên Ai Quôc** ou), *Kim Liên 1890 - Hanoï 1969*, homme politique vietnamien. Fondateur du Parti communiste indochinois (1930), puis du Viêt-minh (1941), président de la République démocratique du Viêt Nam, proclamée en 1945, il mena la lutte contre la France jusqu'à la défaite française de Diên Biên Phu (1954). Devenu chef d'un État réduit à la moitié nord du pays, il joua un rôle essentiel dans la guerre contre le Viêt Nam du Sud et les États-Unis, à partir de 1960.

▲ **Hô Chi Minh** en 1969.

HÔ CHI MINH-VILLE, jusqu'en 1975 **Saigon,** v. du sud du Viêt Nam, sur la rivière de Saigon ; 6 189 423 hab. dans l'agglomération. Centre commercial et industriel. – Saigon fut la résidence de Gia Long (1788 - 1802), puis, après 1859, le siège du gouvernement de la Cochinchine française et la capitale du Viêt Nam du Sud de 1954 à 1975.

Höchstädt (bataille de) [20 sept. 1703], bataille de la guerre de la Succession d'Espagne. Victoire de Villars sur les Autrichiens à Höchstädt (au N.-O. d'Augsbourg). — bataille de **Höchstädt** ou bataille de **Blenheim** (13 août 1704), bataille de la guerre de la Succession d'Espagne. Victoire du Prince Eugène et du duc de Marlborough sur les troupes françaises.

HOCKNEY (David), *Bradford 1937*, peintre britannique. Un des créateurs du pop art au début des années 1960, il a fait preuve, depuis, d'un talent original et multiforme dans la figuration (série des « Piscines », natures mortes, portraits...).

HOCQUART (Gilles), *Mortagne 1694 - Paris 1783*, administrateur français, intendant de la Nouvelle-France de 1731 à 1748.

HODEÏDA, v. du Yémen, sur la mer Rouge ; 780 000 hab. Port.

HODENG-AU-BOSC (76340), comm. de la Seine-Maritime, sur la Bresle ; 579 hab. (*Hodengeois*). Verrerie (flaconnage pour parfums).

HODGKIN (Dorothy Mary **Crowfoot**), *Le Caire 1910 - Shipston-on-Stour, Warwickshire, 1994*, chimiste britannique. Elle a déterminé la structure de nombreuses substances, dont la pénicilline, la vitamine B12 et l'insuline. (Prix Nobel 1964.)

HODJA (Enver) → **HOXHA.**

HODLER (Ferdinand), *Berne 1853 - Genève 1918*, peintre suisse. Il est l'auteur de compositions historiques ou symboliques et de paysages alpestres fermement construits (*la Retraite de Marignan*, 1900, Musée national suisse, Zurich).

HODNA (chott el-), dépression marécageuse des hautes plaines de l'Algérie orientale, dominée au nord par les *monts du Hodna* (1 890 m).

HŒNHEIM (67800), comm. du Bas-Rhin ; 11 328 hab. (*Hœnheimois*).

HOFFMAN (Dustin), *Los Angeles 1937*, acteur américain. Il incarne avec succès les personnages les plus divers : *le Lauréat* (M. Nichols, 1967), *Macadam Cowboy* (J. Schlesinger, 1969), *Little Big Man* (A. Penn, 1970), *Kramer contre Kramer* (R. Benton, 1979), *Rain Man* (B. Levinson, 1988), *Mad City* (Costa-Gavras, 1997).

HOFFMANN (Ernst Theodor Wilhelm, dit Ernst Theodor Amadeus), *Königsberg 1776 - Berlin 1822*, écrivain et compositeur allemand. Auteur d'opéras, il est surtout connu pour ses récits, qui mêlent le fantastique et l'ironie (*Fantaisies à la manière de Callot, Contes* des frères Sérapion, le Chat Murr, la Princesse Brambilla*).

◄ E. T. A. **Hoffmann**

HOFFMANN (Josef), *Pirnitz, Moravie, 1870 - Vienne 1956*, architecte autrichien. Élève de O. Wagner et fondateur, en 1903, des « Ateliers viennois » d'arts décoratifs, il brille par une sobre élégance (palais Stoclet, Bruxelles, 1905).

HOFFMANN (Jules), *Echternach 1941*, biologiste français d'origine luxembourgeoise. Les travaux qu'il a menés avec ses collaborateurs sur les mécanismes de défense antimicrobienne chez la drosophile ont permis des avancées majeures dans la connaissance de l'immunité innée, y compris chez l'homme. (Prix Nobel de physiologie ou médecine 2011, avec Bruce A. Beutler et Ralph M. Steinman.) [Acad. fr.]

HOFFMANN (Roald), *Złoczów, auj. Zolotchev, 1937*, chimiste américain d'origine polonaise. Il a formulé, avec R. B. Woodward, des règles fondées sur la symétrie des orbitales, qui permettent de comprendre d'importants mécanismes réactionnels. (Prix Nobel 1981.)

HOFMANN (August Wilhelm **von**), *Giessen 1818 - Berlin 1892*, chimiste allemand. Il a isolé le benzène, préparé l'aniline et trouvé un mode général de préparation des amines.

HOFMANNSTHAL (Hugo von), *Vienne 1874 - Rodaun 1929*, écrivain autrichien. Ses drames baroques et symbolistes analysent les problèmes du monde moderne à la lumière des mythes antiques et médiévaux (*Jedermann*). Il a écrit des livrets d'opéra pour Richard Strauss (*le Chevalier à la rose, Ariane à Naxos*).

HOFSTADTER (Robert), *New York 1915 - Stanford 1990*, physicien américain. Il a étudié la répartition des charges dans les noyaux atomiques. (Prix Nobel 1961.)

HOGARTH (Burne), *Chicago 1911 - Paris 1996*, dessinateur de bandes dessinées américain. Dessinateur de *Tarzan** (1937), il a imprimé à cette série son style expressionniste et tourmenté.

HOGARTH (William), *Londres 1697 - id. 1764*, peintre et graveur britannique. Son œuvre inaugure l'âge d'or de la peinture anglaise : portraits spontanés et vigoureux, séries d'études de mœurs où la verve s'allie au souci moralisateur (*Rake's Progress [la Carrière du roué]*, 1735).

HOGGAR n.m., massif volcanique du Sahara algérien ; 2 918 m. v. princ. : *Tamanrasset*. Moins aride, en raison de son altitude, que le reste du désert, il est habité par les Touareg.

Hohenlinden (bataille de) [3 déc. 1800], victoire de l'armée française, commandée par Moreau, sur l'armée austro-bavaroise, à Hohenlinden, à l'E. de Munich. Cette victoire ouvrait aux Français la route de Vienne.

HOHENLOHE (Chlodwig, prince **de**), *Rotenburg 1819 - Ragaz, Suisse, 1901*, homme politique allemand. Statthalter d'Alsace-Lorraine (1885 - 1894), il fut chancelier de l'Empire allemand (1894 - 1900).

HOHENSTAUFEN, dynastie germanique issue des ducs de Souabe, qui régna sur le Saint Empire de 1138 à 1254. Les Hohenstaufen furent représentés par Conrad III, Frédéric Ier Barberousse, Henri VI, Frédéric II, Conrad IV et son fils Conradin.

HOHENZOLLERN, famille qui régna sur la Prusse (1701 - 1918), sur l'empire d'Allemagne (1871 - 1918) et sur la Roumanie (1866 - 1947). Descendant de Frédéric, comte de Zollern (m. v. 1201), cette famille se divisa en deux branches. La branche de Souabe se subdivisa elle-même en plusieurs rameaux, dont celui de Sigmaringen qui donna à la Roumanie sa maison princière puis royale. La branche franconienne dut sa fortune à Frédéric VI (m. v. 1440), qui acquit l'Électorat de Brandebourg (1417). Ayant hérité de la Prusse (1618), les Hohenzollern en devinrent les rois (1701) et acquirent la dignité impériale en 1871 avec Guillaume Ier. Leur dernier représentant, Guillaume II, abdiqua en 1918.

HOHNECK n.m., sommet de France, aux confins du Haut-Rhin et des Vosges, à l'O. de Munster ; 1 362 m.

HOHOKAM (culture), culture préhistorique d'un groupe d'Indiens du sud-ouest des États-Unis (Arizona). La phase la plus ancienne est située v. 300 av. notre ère et l'apogée, entre 800 et 1000. Les villages sont nombreux, ainsi que les installations hydrauliques. On note des ressemblances avec les civilisations de Méso-Amérique.

HOKKAIDO, île du nord du Japon ; 78 500 km^2 ; 5 507 456 hab. ; v. princ. *Sapporo*.

HOKUSAI, *Edo, auj. Tokyo, 1760 - id. 1849*, dessinateur et graveur japonais. Grand maître de l'estampe japonaise, surnommé « le fou du dessin », il a introduit dans cette discipline le paysage en tant que genre (vues du mont Fuji) et a laissé une œuvre étonnante de diversité (la *Manga**), où s'allient humour et sûreté du trait.

▲ **Hokusai.** *Pluie d'orage*, estampe des *Trente-Six Vues du mont Fuji*, v. 1831. (Musée Guimet, Paris.)

HOLAN (Vladimir), *Prague 1905 - id. 1980*, poète tchèque. Il mêle l'influence de Rilke et de Mallarmé à l'ouverture au monde contemporain (*l'Éventail chimérique*).

HOLBACH [-bak] (Paul Henri **Thiry,** baron **d'**), *Edesheim, Palatinat, 1723 - Paris 1789*, philosophe français d'origine allemande. Collaborateur de l'*Encyclopédie**, matérialiste, athée, il attaqua l'Église et la monarchie de droit divin.

HOLBEIN l'Ancien ou **le Vieux** (Hans), *Augsbourg v. 1465 - Issenheim, Alsace, v. 1524*, peintre et dessinateur allemand. Influencé par l'art flamand, il est l'auteur de retables et de portraits.

HOLBEIN le Jeune (Hans), *Augsbourg 1497/1498 - Londres 1543*, peintre et dessinateur allemand, un des fils de Holbein l'Ancien. Attiré par l'humanisme, il s'installe à Bâle vers 1515 et manifeste, notamm. dans ses œuvres religieuses, une part de classicisme d'influence italienne (*Retable Gerster*, Soleure). Un réalisme sobre et

▲ Hans **Holbein le Jeune.** *Portrait du marchand Georg Gisze*, 1532. (Galerie de peinture de Berlin.)

pénétrant marque ses portraits, exécutés à Bâle (*Érasme*, diverses versions), puis en Angleterre, où il se fixe en 1532 et devient peintre de la cour (*les Ambassadeurs*, National Gallery).

HOLBERG (Ludvig, baron), *Bergen 1684 - Copenhague 1754*, écrivain danois d'origine norvégienne. Auteur de poèmes héroï-comiques et de récits de voyages imaginaires (*le Voyage souterrain de Nils Klim*), il mêla dans ses comédies l'influence de Molière et la description de la réalité danoise.

HÖLDERLIN (Friedrich), *Lauffen 1770 - Tübingen 1843*, poète allemand. Son roman (*Hypérion*, 1797-1799), ses odes et ses hymnes élèvent vers le sacré le lyrisme romantique et la mission du poète.

HOLGUÍN, v. de l'est de Cuba ; 295 350 hab.

HOLIDAY (Billie), surnommée **Lady Day**, *Baltimore 1915 - New York 1959*, chanteuse américaine de jazz. Elle débuta dans les années 1930 et fut l'une des plus grandes interprètes du jazz, enregistrant notamm. avec Lester Young (*Strange Fruit*, 1939 ; *Lover Man*, 1944).

HOLLANDE, région la plus riche et la plus peuplée des actuels Pays-Bas. Le *comté de Hollande*, érigé v. 1015, passa à la maison d'Avesnes (1299), puis à la maison de Bavière (1345), enfin au duché de Bourgogne (1428) et à la maison de Habsbourg (1477). Le stathouder de Hollande Guillaume Ier de Nassau, prince d'Orange, fit aboutir la sécession et l'indépendance de la république des Provinces-Unies (Union d'Utrecht, 1579), au sein de laquelle la Hollande joua un rôle prépondérant.

HOLLANDE (François), *Rouen 1954*, homme politique français. Socialiste, député de la Corrèze (1988 - 1993 et 1997 - 2012), maire de Tulle (2001 - 2008) et président du conseil général de la Corrèze (2008 - 2012), il a été premier secrétaire du PS de 1997 à 2008. Président de la République de 2012 à 2017, il a renoncé à briguer un second mandat, six mois avant le scrutin de 2017.

▲ François **Hollande**

Hollande (guerre de) [1672 - 1679], conflit qui opposa la France aux Provinces-Unies et aux alliés de celles-ci, le Saint Empire et l'Espagne. Entreprise par Louis XIV à l'instigation de Colbert, gêné par la puissance économique hollandaise, cette guerre se termina par les traités de Nimègue (1678, 1679).

HOLLANDE (royaume de), royaume créé en 1806 par Napoléon Ier pour son frère Louis. Il fut supprimé dès 1810 et annexé à l'Empire français.

HOLLANDE-MÉRIDIONALE, prov. des Pays-Bas ; 3 563 935 hab. ; ch.-l. *La Haye* ; v. princ. *Rotterdam*.

HOLLANDE-SEPTENTRIONALE, prov. des Pays-Bas ; 2 724 300 hab. ; ch.-l. *Haarlem* ; v. princ. *Amsterdam*.

HOLLERITH (Herman), *Buffalo 1860 - Washington 1929*, ingénieur américain. Il inventa les machines à statistiques à cartes perforées (1880) et fonda la Tabulating Machine Corporation (1896), qui deviendra IBM.

HOLLYWOOD, quartier de Los Angeles, principal centre de l'industrie cinématographique et de la télévision aux États-Unis.

HOLM (Johanna **Eckert**, dite Hanya), *Worms 1898 - New York 1992*, danseuse et chorégraphe d'origine allemande, naturalisée américaine (1939). Disciple de M. Wigman, elle contribua à l'essor de la danse moderne, notamm. grâce à l'école qu'elle dirigea à New York.

Holmes (Sherlock), personnage principal des romans (1887 - 1927) de Conan Doyle, type du détective amateur et perspicace.

Holocauste (l'), génocide des Juifs d'Europe perpétré par les nazis et leurs auxiliaires de 1939 à 1945, dans les territoires occupés par le Reich hitlérien. On dit plus couramment *Shoah*.

HOLON, v. d'Israël, banlieue de Tel-Aviv-Jaffa ; 190 800 hab.

HOLOPHERNE, personnage biblique, général assyrien décapité par Judith.

HOLSTEIN, anc. principauté allemande. Érigé en comté en 1110, annexé, avec le Schleswig, à titre personnel par le roi de Danemark (1460), le Holstein fut attribué en 1864, à la suite de la guerre des Duchés, à l'Autriche et, après Sadowa (1866), à la Prusse. auj., il forme avec le sud du Schleswig le *Land de Schleswig-Holstein**.

Homais (Monsieur), personnage de *Madame* Bovary*. Ce pharmacien de province personnifie la sottise d'une certaine bourgeoisie du XIXe siècle, anticléricale et scientiste.

HOMBOURG-HAUT (57470), comm. de la Moselle ; 6 874 hab. (*Hombourgeois*). Collégiale gothique St-Étienne.

HOME (sir Alexander **Douglas**) → **DOUGLAS-HOME.**

HOMÈRE, *VIIIe s. av. J.-C. ?*, poète épique grec, considéré comme l'auteur de *l'Iliade** et de *l'Odyssée**, et dont l'existence fut entourée de légendes dès le VIe s. av. J.-C. Hérodote pensait qu'il était originaire d'Asie Mineure. La tradition le représentait vieux et aveugle, errant de ville en ville et déclamant ses vers. Les poèmes homériques, récités aux fêtes solennelles et enseignés aux enfants, ont exercé dans l'Antiquité une profonde influence sur les philosophes, les écrivains et l'éducation. Ils occupent une place importante dans la culture classique européenne.

Home Rule (de l'angl. *home*, chez soi, et *rule*, gouvernement), régime d'autonomie revendiqué par les Irlandais à partir de 1870. Voté par les Communes en 1912, il prit force de loi en 1914, mais ne put jamais être appliqué.

Homme (musée de l'), musée créé à Paris en 1937 au palais de Chaillot et consacré à l'anthropologie. Également institution de recherche comparative en préhistoire, archéologie, ethnologie et anthropologie sociale, il dépend statutairement du Muséum national d'histoire naturelle.

HOMS, v. de Syrie, près de l'Oronte ; 750 501 hab. (1 320 506 hab. dans l'aggl.). Centre commercial et industriel. – Théâtre de violents combats, de 2011 à 2014, entre l'armée syrienne et la rébellion.

HONDO → **HONSHU.**

HONDSCHOOTE [-skɔt] (59122), comm. du Nord ; 4 199 hab. (*Hondschootois*). Bel hôtel de ville et église du XVIe s. – Victoire de Houchard sur les forces alliées du duc d'York (6 - 8 sept. 1793).

HONDURAS n.m., État d'Amérique centrale ; 112 000 km² ; 8 098 000 hab. (*Honduriens*). **CAP.** *Tegucigalpa*. **LANGUE :** *espagnol*. **MONNAIE :** *lempira*.

GÉOGRAPHIE C'est un pays souvent montagneux et forestier, au climat tropical, dont le café et la banane constituent les ressources essentielles. Le maïs est la base de l'alimentation. La population, métissée, s'accroît rapidement. L'économie a été dévastée par le passage d'un cyclone en 1998.

HISTOIRE **1502 :** Christophe Colomb reconnaît la côte du Honduras. **1523 :** peuplé d'Amérindiens Lenca, le pays est conquis par Pedro de Alvarado. **1544 :** il est rattaché à la capitainerie générale du Guatemala. **1821 :** le Honduras est incorporé au Mexique d'Iturbide. **1824 - 1838 :** le pays fait partie des Provinces-Unies d'Amérique centrale. **1838 :** devenu indépendant, il voit son intégrité menacée par la présence britannique. **Fin du XIXe - début du XXe s. :** le Honduras est divisé entre des oligarchies locales rivales. Il subit l'emprise de l'United Fruit Company, propriétaire des grandes plantations de bananiers. **1932 - 1948 :** dictature de Tiburcio Carías Andino. **1957 - 1963 :** Ramón Villeda Morales engage une tentative de réforme agraire. **1963 - 1971** et **1972 - 1975 :** à la faveur de deux coups d'État, le colonel (puis général) Osvaldo López Arellano détient le pouvoir. **1969 - 1970 :** la « guerre du football » avec le Salvador favorise l'agitation politique intérieure. **1981 :** le libéral Roberto Suazo Córdova est élu président de la République. **1986 :** le libéral José Simón Azcona lui succède. En 1987 et 1989, le Honduras signe avec le Costa Rica, le Guatemala, le Nicaragua et le Salvador des accords visant à rétablir la paix dans la région. **1990 - 2008 :** les conservateurs du Parti national (Rafael Callejas, 1990 - 1994 ; Ricardo Maduro, 2002 - 2006) et les libéraux (Carlos Roberto Reina, 1994 - 1998 ; Carlos Roberto Flores, 1998 - 2002 ; Manuel Zelaya, 2006 - 2009) alternent à la présidence de la République. **2009 :** M. Zelaya est renversé par un coup d'État militaro-civil (juin). Après des mois de crise politique, une élection controversée (nov.) porte à la tête du pays Porfirio Lobo (Parti national) ; ce dernier prend ses fonctions en janv. 2010. **2014 :** Juan Orlando Hernández (Parti national) lui succède (scrutin, contesté, de nov. 2013). **2018 :** il reste au pouvoir après une élection controversée (nov. 2017), suivie de violences.

HONDURAS (golfe du), échancrure du littoral de l'Amérique centrale sur la mer des Antilles.

Honduras, Salvador

▲ Hongkong

HONDURAS BRITANNIQUE n.m., ancien nom du Belize*.

HONECKER (Erich), *Neunkirchen, Sarre, 1912 - Santiago, Chili, 1994*, homme politique allemand. Secrétaire général du Parti socialiste unifié (SED) à partir de 1971 et président du Conseil d'État de la RDA à partir de 1976, il démissionne de ces deux fonctions en oct. 1989.

HONEGGER (Arthur), *Le Havre 1892 - Paris 1955*, compositeur suisse. Son lyrisme s'exprime notamm. dans des œuvres pour orchestre (*Pacific 231*, 1923 ; 5 symphonies) et dans des oratorios (*le Roi David*, 2e version, 1924 ; *Jeanne d'Arc au bûcher*, 1938). Également auteur de musiques de ballet et de film, il fit partie du groupe des Six.

HONFLEUR (14600), bur. centr. de cant. du Calvados ; 7 686 hab. *(Honfleurais)*. Tourisme. – Port de commerce important aux XVIe et XVIIe s. – Monuments des XVe-XVIIe s. ; musée Eugène-Boudin, maison Erik-Satie.

HONGKONG ou **HONG KONG**, région administrative spéciale de la Chine, au S.-E. de Canton, englobant notamm. la petite *île de Hongkong* ; 1 077 km² ; 7 260 000 hab. Important port de transit, centre financier et industriel. L'île fut cédée à la Grande-Bretagne en 1842. Conformément à l'accord sino-britannique de 1984, le territoire a été rétrocédé à la Chine en 1997. En 2014, un mouvement de désobéissance civile réclame le respect des règles relatives à l'élection du chef de l'exécutif, telles que prévues dans les accords de 1997, mais remises en question par Pékin. Depuis, les tensions persistent avec le pouvoir central chinois. – Musée d'Art. Foire d'art contemporain. – Sur l'île de Lantau, aéroport de Chek Lap Kok (N. Foster).

HONGRIE n.f., en hongr. **Magyarország,** État d'Europe orientale ; 93 000 km² ; 9 955 000 hab. *(Hongrois)*. **CAP.** *Budapest*. **LANGUE :** *hongrois*. **MONNAIE :** *forint*.

INSTITUTIONS République à régime parlementaire. Constitution de 2011 (entrée en vigueur en 2012). Le président de la République est élu pour 5 ans par l'Assemblée nationale, qui désigne aussi le Premier ministre, sur proposition du président. L'Assemblée nationale *(Orszaggyules)* est élue au suffrage universel direct pour 4 ans.

GÉOGRAPHIE La Hongrie est un pays de plaines à l'E. du Danube (l'anc. Puszta*), de collines ou de moyennes montagnes dans l'extrémité nord-est et surtout à l'O. du Danube (la Transdanubie). Les hivers sont rigoureux, les étés, souvent chauds et humides. Budapest concentre 20 % d'une population ethniquement homogène mais auj. déclinante (taux de natalité bas). L'agriculture demeure importante (blé et maïs, betterave à sucre, vigne, élevage bovin et porcin). Le sous-sol recèle un peu de lignite, de gaz naturel et de bauxite. Aux branches industrielles traditionnelles (agroalimentaire, chimie, métallurgie) s'ajoutent auj. l'informatique, l'électronique, la pharmacie. Après avoir connu de graves difficultés financières, le pays se redresse lentement.

HISTOIRE **Les origines. V. 500 av. J.-C. :** la région est peuplée par des Illyriens et des Thraces. **35 av. J.-C. - 9 apr. J.-C. :** elle est conquise par Rome, qui en fait la province de Pannonie. **IVe - VIe s. :** elle est envahie par les Huns, les Ostrogoths, les Lombards, puis par les Avars (568). **896 :** les Hongrois (ou Magyars) arrivent dans la plaine danubienne, sous la conduite de leur chef Árpád. **V. 904 - 1301 :** la dynastie des Árpád gouverne la Hongrie, la Slovaquie (ou Haute-Hongrie) et la Ruthénie subcarpatique, annexée au début du XIe s. **955 :** la victoire d'Otton Ier au Lechfeld met fin aux raids des Hongrois en Occident.

Le royaume de Hongrie. 1000 : Étienne Ier (997 - 1038) devient roi. Il impose le christianisme à ses sujets. Se déclarant vassal du Saint-Siège, il maintient son royaume hors du Saint Empire. **1095 - 1116 :** Kálmán (Coloman) obtient le rattachement de la Croatie et de la Slavonie au royaume. **1172 - 1196 :** sous Béla III, la Hongrie médiévale est à son apogée. **1235 - 1270 :** Béla IV reconstruit le pays ruiné par l'invasion mongole (1241 - 1242). **1308 - 1342 :** Charles Ier Robert, de la maison d'Anjou, organise l'exploitation des mines d'argent, de cuivre et d'or de Slovaquie et de Transylvanie. **1342 - 1382 :** Louis Ier d'Anjou lui succède et poursuit son œuvre. **1387 - 1437 :** son gendre, Sigismond de Luxembourg, est élu à la tête du Saint Empire. **1456 :** Jean Hunyadi arrête les Turcs devant Belgrade. **1458 - 1490 :** son fils, Mathias Corvin, conquiert la Moravie et la Silésie, et s'installe à Vienne (1485). Il favorise la diffusion de la Renaissance italienne. **1490 - 1516 :** Vladislav II Jagellon règne sur le pays. **1526 :** les Ottomans remportent la victoire de Mohács, où meurt Louis II Jagellon. Ferdinand Ier de Habsbourg (1526 - 1564) est élu par la Diète roi de Hongrie. Il a pour rival Jean Zápolya, maître du Centre et de l'Est, qui est soutenu par les Ottomans. **1540 :** les Turcs occupent Buda et la plaine danubienne.

1540 - 1699 : la Hongrie est divisée en trois : la Hongrie royale (capitale : Presbourg), gouvernée par la maison d'Autriche, la Hongrie turque et la Transylvanie, vassale des Ottomans depuis 1568. La Diète de Hongrie doit reconnaître la monarchie héréditaire des Habsbourg (1687) et la Transylvanie est annexée par la maison d'Autriche (1691). La noblesse hongroise obtient le maintien du pluralisme religieux. **1699 :** les Habsbourg reconquièrent sur les Turcs la plaine hongroise (paix de Karlowitz). **1703 - 1711 :** Férenc (François II) Rákóczi dirige l'insurrection contre les Habsbourg. **1711 :** la paix de Szatmár reconnaît l'autonomie de l'État hongrois au sein de la monarchie autrichienne. **1740 - 1780 :** Marie-Thérèse s'appuie sur les magnats et poursuit le repeuplement du pays. **1780 - 1790 :** Joseph II tente d'imposer un régime centralisé. **1848 :** après l'insurrection de mars, l'Assemblée nationale hongroise rompt avec l'Autriche. **1849 :** Kossuth proclame la déchéance des Habsbourg. Les insurgés sont défaits à Világos (août) par les Russes, appelés par François-Joseph Ier. **1849 - 1867 :** le gouvernement autrichien pratique une politique de centralisation et de germanisation. **1867 :** après la défaite de l'Autriche devant la Prusse (Sadowa, 1866), le compromis austro-hongrois instaure le dualisme. Au sein de l'Autriche-Hongrie, la Hongrie est à nouveau un État autonome ; elle récupère la Croatie, la Slavonie et la Transylvanie. **1875 - 1905 :** le Parti libéral assure la direction du pays ; Kálmán Tisza est président du Conseil de 1875 à 1890. **1914 :** la Hongrie déclare la guerre à la Serbie.

La Hongrie depuis 1918. La défaite des empires centraux entraîne la dissolution de l'Autriche-Hongrie. **1918 :** Mihály Károlyi proclame l'indépendance de la Hongrie. Les Roumains occupent la Transylvanie ; les Tchèques, la Slovaquie. **1919 :** les communistes, dirigés par Béla Kun, instaurent la « république des Conseils », renversée par l'amiral Miklós Horthy. **1920 :** Horthy est élu régent. Il signe le traité de Trianon, qui enlève à la Hongrie la Slovaquie, la Ruthénie, la Transylvanie, le Banat et la Croatie. **1938 :** la Hongrie annexe une partie de la Slovaquie. **1939 :** elle adhère au pacte Antikomintern. **1940 :** elle occupe le nord de la Transylvanie et signe le pacte tripartite. **1941 :** elle entre en guerre contre l'URSS. **1943 :** elle cherche à signer une paix séparée avec les Alliés. **1944 :** Hitler fait occuper le pays et le parti fasciste des Croix-Fléchées prend le pouvoir, éliminant Horthy. **1944 - 1945 :** l'armée soviétique occupe le pays. **1946 - 1947 :** le traité de Paris rétablit les frontières du traité de Trianon. **1949 :** le Parti communiste démantèle le Parti agrarien, majoritaire ; Mátyás Rákosi proclame la république populaire hongroise et impose un

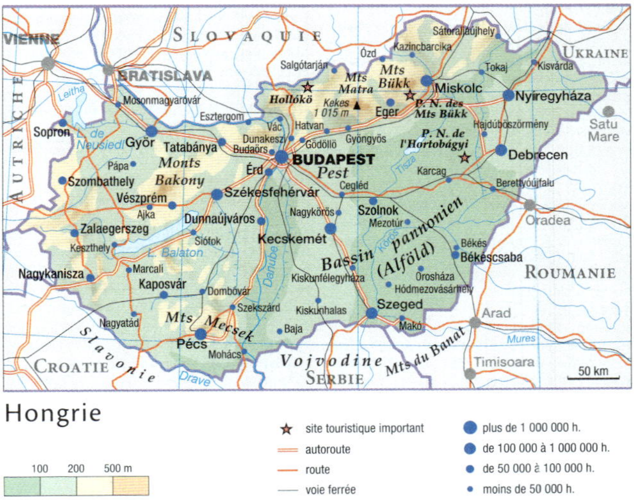

Hongrie

régime stalinien. **1953 - 1955 :** Imre Nagy, chef du gouvernement, amorce la déstalinisation. **Oct.-nov. 1956 :** insurrection pour la libéralisation du régime et la révision des relations avec l'URSS (*insurrection de Budapest*). I. Nagy proclame la neutralité de la Hongrie. Les troupes soviétiques appuient un nouveau gouvernement dirigé par János Kádár, et brisent la résistance de la population. **1961 - 1988 :** tout en restant fidèle à l'alignement sur l'URSS, le gouvernement, dirigé notamm. par J. Kádár (1961 - 1965), Jenö Fock (1967 - 1975), György Lázár (1975 - 1987) et Károly Grósz (1987 - 1988), améliore le fonctionnement du système économique et développe le secteur privé. **1989 :** la Hongrie ouvre sa frontière avec l'Autriche (mai). Le Parti abandonne toute référence au marxisme-léninisme et renonce à son rôle dirigeant. La république populaire hongroise devient officiellement la république de Hongrie (oct.). **1990 :** les premières élections parlementaires libres (mars-avr.) sont remportées par le Forum démocratique hongrois, parti de centre droit dont le leader, József Antall, devient Premier ministre. Le Parlement élit Árpád Göncz à la présidence de la République. **1991 :** les troupes soviétiques achèvent leur retrait du pays. **1993 :** après la mort de J. Antall, Péter Boross lui succède. **1994 :** les socialistes (ex-communistes réformateurs) remportent les élections législatives ; Gyula Horn devient Premier ministre. **1998 :** après la victoire d'une formation de droite aux élections législatives, Viktor Orbán dirige le gouvernement. **1999 :** la Hongrie est intégrée dans l'OTAN. **2000 :** Ferenc Mádl est élu président. **2002 :** les élections législatives ramènent les socialistes au pouvoir ; Péter Medgyessy est Premier ministre. **2004 :** la Hongrie adhère à l'Union européenne. Ferenc Gyurcsány succède à P. Medgyessy à la tête du gouvernement (confirmé dans ses fonctions au terme des élections de 2006). **2005 :** László Sólyom est élu à la présidence de la République. **2009 :** F. Gyurcsány démissionne ; l'économiste Gordon Bajnai (sans étiquette) accède au poste de Premier ministre. **2010 :** la droite gagne largement les élections législatives ; V. Orbán redevient chef du gouvernement et prône une « révolution nationale ». Pál Schmitt est élu président. **2012 :** la Constitution ultraconservatrice adoptée en 2011 entre en vigueur ; elle suscite, en même temps que plusieurs autres lois nouvellement votées, de vives polémiques à l'intérieur du pays et au sein de l'Union européenne. Succédant à P. Schmitt, démissionnaire, János Áder devient président. **2014 et 2018 :** V. Orbán est conforté à la tête du gouvernement par les résultats des élections législatives. **Depuis 2015 :** les sujets de tension (immigration, questions de société) avec les institutions européennes se multiplient.

HONGROIS ou **MAGYARS,** peuple ougrien vivant en Hongrie et constituant d'importantes minorités en Roumanie (1,6 million), en Slovaquie (600 000), en Serbie et en Ukraine (env. 16 millions au total). Les Hongrois sont chrétiens, en grande majorité catholiques ; ils parlent le *hongrois**.

HONGWU, empereur de Chine (1368 - 1398). Fondateur de la dynastie Ming, il repoussa les Mongols dans les steppes du Nord.

HONOLULU, cap. des Hawaii, dans l'île d'Oahu ; 337 256 hab. Musées. – Port. Centre touristique.

HONORAT (saint), *Gaule Belgique v. 350 - v. 430,* évêque d'Arles. Il fonda l'abbaye de Lérins (v. 410).

HONORIUS (Flavius), *Constantinople 384 - Ravenne 423,* premier empereur d'Occident (395 - 423). D'abord dominé par Stilicon, qu'il fit assassiner en 408, il ne put défendre l'Italie des invasions barbares.

HONORIUS II (Lamberto **Scannabecchi**), *Fagnano - Rome 1130,* pape de 1124 à 1130. Il négocia le concordat de Worms (1122) avant de succéder à Calixte II. — **Honorius III** (Cencio **Savelli**), *Rome - 1227,* pape de 1216 à 1227. Il soutint la 5e croisade, couronna Frédéric II empereur et encouragea la lutte contre les cathares.

HONSHU, anc. **Hondo,** île du Japon, la plus grande et la plus peuplée ; 230 000 km² ; 103 974 388 hab. ; v. princ. *Tokyo, Osaka, Yokohama, Kyoto* et *Kobe.*

HOOCH, HOOGHE ou **HOOGH** (Pieter **de**) → **DE HOOCH.**

▲ Edward **Hopper.** *Hotel Room,* 1931. (Musée Thyssen-Bornemisza, Madrid.)

HOOFT (Pieter Cornelisz.), *Amsterdam 1581 - La Haye 1647,* écrivain hollandais. Poète élégiaque, auteur de pièces de théâtre et prosateur, il a contribué à former la langue classique néerlandaise (*Histoire des Pays-Bas,* 27 vol.).

HOOGHLY ou **HUGLI** n.m., bras occidental du delta du Gange, en Inde ; 250 km.

HOOGSTRATEN, comm. de Belgique (prov. d'Anvers) ; 20 549 hab. Église de style gothique flamboyant construite sur plans de R. Keldermans.

HOOKE (Robert), *Freshwater, île de Wight, 1635 - Londres 1703,* savant anglais. Astronome, mathématicien et physicien, il énonça la loi de la proportionnalité entre les déformations élastiques d'un corps et les efforts auxquels il est soumis.

HOOKER (John Lee), *Clarksdale, Mississippi, 1917 - Los Altos, Californie, 2001,* chanteur et guitariste américain de blues. Il fut l'un des premiers à utiliser la guitare électrique dans le blues et fut l'un des précurseurs du rock, s'imposant grâce à son jeu de guitare dépouillé et à sa voix grave et expressive (*Boogie Chillen,* 1948 ; *Shake It Baby,* 1968).

HOOKER (sir Joseph), *Halesworth 1817 - Sunningdale 1911,* botaniste et explorateur britannique. Il participa à l'expédition de Ross en Antarctique, explora l'Inde, le Tibet et l'Himalaya, et établit une remarquable classification des plantes.

HOOVER (Herbert Clark), *West Branch, Iowa, 1874 - New York 1964,* homme politique américain. Il fut président républicain des États-Unis de 1929 à 1933.

HOOVER (John Edgar), *Washington 1895 - id. 1972,* administrateur américain. Il fut directeur du FBI de 1924 à sa mort.

Hoover Dam, anc. **Boulder Dam,** important barrage des États-Unis, sur le Colorado. Centrale hydroélectrique.

HOPEWELL, site éponyme d'une culture préhistorique de l'est des États-Unis. Cette culture, plus élaborée que celle d'Adena, se développa entre 500 av. J.-C. et 750 de notre ère (vastes tumulus).

HOPI, peuple amérindien du sud-ouest des États-Unis (réserve en Arizona) [env. 7 000], faisant partie de l'ensemble Pueblo*.

HOPKINS (sir Anthony), *Port Talbot, pays de Galles, 1937,* acteur britannique et américain. Après des débuts au théâtre, il incarne au cinéma une série de compositions très marquantes : *Un lion en hiver* (A. Harvey, 1968), *Elephant Man* (D. Lynch, 1980), *le Silence des agneaux* (J. Demme, 1991), *Retour à Howards End* (J. Ivory, id.), *Nixon* (O. Stone, 1995), *Hannibal* (R. Scott, 2001).

HOPKINS (sir Frederick Gowland), *Eastbourne 1861 - Cambridge 1947,* biochimiste britannique. Il comprit le premier l'importance des « facteurs nutritionnels accessoires », appelés depuis « vitamines ». (Prix Nobel de médecine 1929.)

HOPKINS (Gerard Manley), *Stratford 1844 - Dublin 1889,* poète britannique et jésuite. La violence abrupte de sa prosodie et sa vision intériorisée de l'essence de chaque réalité font de lui l'un des initiateurs du lyrisme moderne.

HOPKINS (Sam, dit « Lightnin' »), *Centerville, Texas, 1912 - Houston 1982,* chanteur et guitariste américain de blues. Grâce à sa voix expressive, à ses récits typiques et à son jeu de guitare incisif, il s'imposa comme l'un des maîtres du blues rural (*Slavery,* 1967).

HOPPER (Edward), *Nyack, État de New York, 1882 - New York 1967,* peintre et graveur américain. Par l'intensité des moyens plastiques, son réalisme épuré confère, notamm., une dimension angoissante à l'univers urbain.

HORACE, en lat. **Quintus Horatius Flaccus,** *Venusia 65 - 8 av. J.-C.,* poète latin. Ami de Virgile et de Mécène, protégé d'Auguste, il a laissé une poésie à la fois familière, nationale et religieuse, marquée par la morale épicurienne (*Satires, Odes*). Il fut tenu par les humanistes puis par les classiques français pour le modèle des vertus poétiques d'équilibre et de mesure, notamm. exposées dans l'*Épître aux Pisons* (*Épîtres*).

Horace, tragédie de P. Corneille (1640). Au patriotisme du vieil Horace, type du père noble, et de son fils, s'opposent le courage plus humain de Curiace et l'amour exclusif de Camille, sœur d'Horace.

HORACES (les trois), frères et héros romains légendaires (VIIe s. av. J.-C.). Sous le règne de Tullus Hostilius, ils combattirent pour Rome contre les trois Curiaces, champions de la ville d'Albe, afin de décider lequel des deux peuples commanderait à l'autre. Un seul Horace survécut et tua séparément les trois Curiaces blessés, assurant ainsi le triomphe de sa patrie.

HORATIUS Cocles (le Borgne), héros romain légendaire. Il défendit seul l'entrée du pont Sublicius, à Rome, contre l'armée du roi étrusque Porsenna. Il perdit un œil dans la bataille.

HORDE D'OR, État mongol fondé au XIIIe s. par Batu Khan, petit-fils de Gengis Khan. Cet État s'étendait sur la Sibérie méridionale, le sud de la Russie et la Crimée. Il fut détruit en 1502 par les Tatars de Crimée.

HOREB, autre nom du Sinaï dans la Bible.

HORGEN, comm. de Suisse (canton de Zurich) ; 18 942 hab.

HORKHEIMER (Max), *Stuttgart 1895 - Nuremberg 1973*, philosophe et sociologue allemand. Il est à l'origine de l'école de Francfort, dont il formula le programme (la « théorie critique ») en 1937. Sa réflexion s'infléchit ensuite en une critique de la raison moderne (*Dialectique de la raison*, avec Adorno, 1947 ; *Société en mutation*, 1972).

HORLIVKA, anc. **Gorlovka,** v. d'Ukraine, dans le Donbass ; 292 250 hab. Métallurgie.

HORMUZ → **ORMUZ.**

HORN (cap), cap situé à l'extrémité sud de la Terre de Feu (Chili).

HORNES ou **HOORNE** (Philippe de Montmorency, comte de), *Nevele 1518 ou 1524 - Bruxelles 1568*, seigneur des Pays-Bas. Gouverneur de la Gueldre sous Charles Quint, il fut décapité avec le comte d'Egmont, par ordre du duc d'Albe, pour s'être opposé à l'autoritarisme espagnol.

HORNEY (Karen), *Hambourg 1885 - New York 1952*, psychanalyste américaine d'origine allemande. Elle s'est attachée à montrer l'importance des facteurs culturels dans la genèse des névroses (*le Complexe de virilité des femmes*, 1927).

HORNU, écart de la comm. de Boussu (Belgique, Hainaut). Ensemble d'archéologie industrielle, avec logements ouvriers, du *Grand-Hornu* ; centre culturel, musée des Arts contemporains (MAC's).

HOROWITZ (Vladimir), *Kiev 1904 - New York 1989*, pianiste d'origine russe naturalisé américain (1944). Également compositeur, il s'illustra par son jeu précis, notamm. dans Chopin et Liszt.

HORTA (Victor, baron), *Gand 1861 - Bruxelles 1947*, architecte belge. Pionnier de l'Art* nouveau, épris de la ligne « coup de fouet » et du plan libre, il a utilisé en virtuose la pierre, le fer et le béton (à Bruxelles : hôtels Tassel [1893], Solvay, Aubecq, maison Horta [1898, auj. musée], palais des Beaux-Arts [1922-1929]).

HORTENSE DE BEAUHARNAIS, *Paris 1783 - Arenenberg, Suisse, 1837*, reine de Hollande. Fille du vicomte de Beauharnais et de Joséphine Tascher de La Pagerie, elle fut l'épouse de Louis Bonaparte, roi de Hollande, et la mère de Napoléon III.

◄ **Hortense de Beauharnais.** (Château de Versailles.)

HORTHY DE NAGYBÁNYA (Miklós), *Kenderes 1868 - Estoril, Portugal, 1957*, amiral et homme politique hongrois. Ministre de la Guerre dans le gouvernement contre-révolutionnaire de Szeged, il lutta, en 1919, contre Béla Kun. Élu régent (1920), il institua un régime autoritaire et conservateur. Allié de l'Italie et de l'Allemagne, il annexa le sud de la Slovaquie, l'Ukraine subcarpatique et une partie de la Transylvanie (1938 - 1940). Il tenta de négocier un armistice séparé avec l'URSS, mais fut renversé par le parti fasciste des Croix-Fléchées (oct. 1944).

▲ Amiral **Horthy de Nagybánya**

HORTON (Lester), *Indianapolis 1906 - Los Angeles 1953*, chorégraphe américain. Il créa une technique et un style. Son enseignement influença des danseurs tels que Alvin Ailey, Bella Lewitsky, Carmen De Lavallade.

HORUS, dieu solaire de l'ancienne Égypte, souverain du Ciel. Il est symbolisé par un faucon ou par un soleil ailé. Dans la légende d'Osiris, il est le fils de celui-ci et d'Isis, sous le nom d'*Horus l'enfant*.

HORVÁTH (Ödön von), *Fiume 1901 - Paris 1938*, écrivain autrichien. Ses romans et ses drames, comédies et « pièces populaires » (*Légendes de la forêt viennoise*) offrent une vision féroce, à la fois réaliste et grotesque, des préjugés et du langage petits-bourgeois.

Horyu-ji, sanctuaire bouddhique construit près de Nara, au Japon, au début du VIIe s. Certains de ses bâtiments sont les plus anciens exemples de l'architecture de bois d'Extrême-Orient.

HOSPITALET DE LLOBREGAT (L'), v. d'Espagne (Catalogne), banlieue de Barcelone ; 256 509 hab.

HOSSEGOR (40150), station balnéaire des Landes (comm. de Soorts-Hossegor), sur l'Atlantique, près de l'*étang d'Hossegor*. Surf. Golf.

HOSSEIN (Robert Hosseinhoff, dit Robert), *Paris 1927*, acteur, metteur en scène de théâtre et cinéaste français. Il s'est spécialisé dans les mises en scène théâtrales à grand spectacle (*Notre-Dame de Paris*, 1978 ; *C'était Bonaparte*, 2002).

HOTAN → **KHOTAN.**

HOTMAN, HOTMANUS ou **HOTEMANUS** (François), sieur **de Villiers Saint-Paul,** *Paris 1524 - Bâle 1590*, jurisconsulte français. De religion réformée, il s'opposa à l'absolutisme royal.

HOTTENTOTS ou **KHOÏ,** peuple de Namibie, du Botswana et d'Afrique du Sud. Moins de 20 000 d'entre eux restent attachés au mode de vie nomade et pastoral qui était le leur autrefois. Ils parlent une langue du groupe khoisan.

HÖTZENDORF (Conrad von) → **CONRAD VON HÖTZENDORF.**

HOUAT [wat] (56170), île et comm. du Morbihan ; 257 hab.

HOUCHARD (Jean Nicolas), *Forbach 1738 - Paris 1793*, général français. Il vainquit les Anglais à Hondschoote (1793), mais ne les poursuivit pas : accusé de ménagements envers l'ennemi, il fut guillotiné.

HOUCHES (Les) [74310], comm. de la Haute-Savoie, dans la vallée de Chamonix ; 3 014 hab. (*Houchards*). Station de sports d'hiver (alt. 1 010 - 1 900 m).

HOUDAIN (62150), comm. du Pas-de-Calais ; 7 429 hab. (*Houdinois*). Église des XIIe-XVIIIe s.

HOUDAN (78550), comm. des Yvelines ; 3 593 hab. (*Houdanais*). Donjon du XIIe s., église des XVe-XVIe s., maisons à pans de bois.

▲ Jean Antoine **Houdon.** Mausolée du cœur de Victor Charpentier, comte d'Ennery (1781), marbre. (Louvre, Paris.)

HOUDON (Jean Antoine), *Versailles 1741 - Paris 1828*, sculpteur français. Auteur de tombeaux et de figures mythologiques, il est plus célèbre encore pour ses portraits d'enfants et pour ses bustes et statues des célébrités de son temps (J.-J. Rousseau, Voltaire, Diderot, B. Franklin, Washington), d'une vérité saisissante.

HOUELLEBECQ (Michel **Thomas,** dit Michel), *Saint-Pierre, La Réunion, 1956 ou 1958*, écrivain français. Ses romans au pessimisme corrosif brossent le tableau prophétique et désenchanté d'un monde en perdition (*Extension du domaine de la lutte*, 1994 ; *les Particules élémentaires*, 1998 ; *Plateforme*, 2001 ; *la Possibilité d'une île*, 2005 ; *la Carte et le territoire*, 2010 ; *Sérotonine*, 2019). Il est aussi poète (*Configuration du dernier rivage*, 2013).

Hougue (bataille de la) [29 mai 1692], bataille de la guerre de la ligue d'Augsbourg. Victoire navale de la flotte anglo-hollandaise sur la flotte française de Tourville, au large de *Saint-Vaast-la-Hougue*. Après ce désastre, Louis XIV renonça à son projet de débarquement en Angleterre.

HOUHEHOT ou **HOHHOT,** v. de Chine, cap. de la Mongolie-Intérieure ; 1 406 955 hab.

HOU HSIAO-HSIEN, *Meixian, Guangdong, 1947*, cinéaste chinois. Chef de file du nouveau cinéma taïwanais, il explore les liens entre passé et présent dans un style d'une lenteur sensuelle (*Un temps pour vivre, un temps pour mourir*, 1985 ; *la Cité des douleurs*, 1989 ; *le Maître des marionnettes*, 1993 ; *Three Times*, 2005 ; *The Assassin*, 2015).

HOUILLES (78800), bur. centr. de cant. des Yvelines ; 32 345 hab. (*Ovillois*).

HOULGATE (14510), comm. du Calvados, sur la Manche ; 1 990 hab. (*Houlgatais*). Station balnéaire.

HOUNSFIELD (sir Godfrey Newbold), *Newark 1919 - Kingston-upon-Thames, Surrey, 2004*, ingénieur britannique. Il a contribué, avec A. M. Cormack, au développement du scanner. (Prix Nobel de médecine 1979.)

HOUPHOUËT-BOIGNY (Félix), *Yamoussoukro 1905 - id. 1993*, homme politique ivoirien. Fondateur du Rassemblement démocratique africain (1946), plusieurs fois ministre du gouvernement français, de 1956 à 1959, il devint président de la Côte d'Ivoire lors de l'indépendance (1960). Régulièrement réélu jusqu'à sa mort, il a entretenu avec la France des relations privilégiées.

◄ F. **Houphouët-Boigny**

HOURRITES, anc. peuple attesté en Anatolie, en haute Mésopotamie et en Syrie. Au XVIe s. av. J.-C., ils fondèrent le royaume du Mitanni*.

HOURTIN (33990), comm. de la Gironde, à l'E. du *lac d'Hourtin-Carcans* ; 3 539 hab. (*Hourtinais*). Phare.

HOUSSAY (Bernardo), *Buenos Aires 1887 - id. 1971*, médecin argentin. Il reçut le prix Nobel en 1947 pour ses travaux sur les glandes endocrines, concernant notamm. le rôle de l'hypophyse dans le métabolisme des glucides.

HOUSTON, v. des États-Unis (Texas), sur la baie de Galveston ; 2 339 558 hab. (4 784 745 hab. dans l'agglomération). Port. Centre spatial. Raffinage du pétrole et pétrochimie. Métallurgie. – Musées.

HOUTHALEN-HELCHTEREN, comm. de Belgique (Limbourg) ; 30 515 hab.

HOVA, terme malgache qui, après avoir parfois désigné l'ensemble des Merina, fut réservé, chez ceux-ci, à la catégorie des hommes libres.

HOVE, v. de Grande-Bretagne (Angleterre), près de Brighton ; 72 335 hab. Station balnéaire.

HOWARD, puissante famille anglaise sous les Tudors, à laquelle appartenait la cinquième femme d'Henri VIII, Catherine* Howard.

HOWARD (John), *Earlwood, Sydney, 1939*, homme politique australien. Leader du Parti libéral, il a été Premier ministre de 1996 à 2007.

HOWRAH, v. d'Inde, sur le delta du Gange, banlieue de Calcutta ; 1 008 704 hab.

HOXHA ou **HODJA** (Enver), *Gjirokastër 1908 - Tirana 1985*, homme politique albanais. Fondateur du Parti communiste d'Albanie (1941) et président du Conseil (1945 - 1954), il fut, de 1948 à sa mort, secrétaire général du parti (devenu parti du Travail d'Albanie).

HOYLE (sir Fred), *Bingley, Yorkshire, 1915 - Bournemouth 2001*, astrophysicien britannique. L'un des pionniers de l'astrophysique nucléaire, il s'est efforcé de développer des théories cosmologiques alternatives à celle du big bang (qui lui doit son nom). Il est aussi connu comme vulgarisateur scientifique et comme auteur de science-fiction. (Prix Crafoord 1997.)

HOYOS (Cristina), *Séville 1946*, danseuse et chorégraphe espagnole. Interprète favorite de A. Gades, elle incarne, dans ses chorégraphies également (*Caminos andaluces*, 1993), la danse flamenca moderne.

HOZIER (Pierre d'), seigneur **de la Garde,** *Marseille 1592 - Paris 1660*, généalogiste français. On lui doit une *Généalogie des principales familles de France* (150 vol. manuscrits).

HRABAL (Bohumil), *Brno 1914 - Prague 1997*, écrivain tchèque. Ses récits évoquent, avec une liberté subversive (qui lui valut la censure sous le régime communiste) et une écriture colorée et baroque, l'univers populaire de Prague (*Trains étroitement surveillés, Moi qui ai servi le roi d'Angleterre, les Noces dans la maison*).

HRADEC KRÁLOVÉ, v. de la République tchèque, en Bohême ; 98 163 hab. Cathédrale du XIVe s., monuments baroques et architecture moderniste du début du XXe s.

HSINCHU, v. de la côte nord-ouest de Taïwan ; 395 746 hab.

HUA GUOFENG, *Jiaocheng, Shanxi, 1921 ou 1922 - Pékin 2008,* homme politique chinois. Premier ministre (1976 - 1980), président du Parti (1976 - 1981), il fut écarté des affaires par le courant novateur animé par Deng Xiaoping.

HUAI n.f., fl. de la Chine centrale, qui se jette dans la mer Jaune ; 1 080 km.

HUAINAN, v. de Chine, sur la Huai ; 1 357 228 hab.

HUAMBO, anc. **Nova Lisboa,** v. de l'Angola central ; 1 038 581 hab. dans l'agglomération.

HUANCAYO, v. du Pérou, à 3 350 m d'alt. ; 323 054 hab.

HUANG GONGWANG, *Changshou 1269 - 1354,* peintre chinois. Lettré, doyen des quatre grands maîtres yuan, il eut, par son extrême simplicité de moyens, une influence durable.

HUANG HE n.m., en fr. **fleuve Jaune,** fl. de la Chine du Nord, né au Qinghai et qui se jette dans le golfe de Bohai ; 4 845 km ; bassin de 745 000 km^2. Importants aménagements hydrauliques.

HUASCARÁN n.m., point culminant des Andes du Pérou ; 6 768 m.

HUAXTÈQUES, peuple indien du nord de l'anc. Mexique (golfe du Mexique). Leur civilisation atteignit son apogée vers le Xe s. (stèles ornementées, nacre gravée, céramique aux formes originales). Ils eurent probablement des liens avec les civilisations des Indiens du bassin du Mississippi.

HUBBLE (Edwin Powell), *Marshfield, Missouri, 1889 - San Marino, Californie, 1953,* astrophysicien américain. Il établit l'existence de galaxies extérieures à celle qui abrite le Système solaire (1923 - 1924). Puis, se fondant sur le rougissement systématique du spectre des galaxies, qu'il interpréta comme un effet Doppler-Fizeau, il formula, en 1929, une loi empirique selon laquelle les galaxies s'éloignent les unes des autres à une vitesse proportionnelle à leur distance (loi de Hubble-Lemaître), confortant ainsi la théorie de l'expansion de l'Univers. (→ **G. Lemaître.**)

▲ Edwin Powell **Hubble** en 1947.

Hubble (télescope spatial), télescope américano-européen de 2,40 m de diamètre, mis en orbite autour de la Terre en 1990 et réparé dans l'espace à cinq reprises (1993 – correction d'un défaut initial de son miroir –, 1997, 1999, 2002, 2009).

▲ Le télescope spatial **Hubble.**

HUBEI, prov. du centre-est de la Chine ; 58 520 000 hab. ; cap. *Wuhan.*

HUBER (Robert), *Munich 1937,* biochimiste allemand. Avec l'analyse moléculaire par diffraction des rayons X, il réalisa la détermination exhaustive de la structure d'une protéine photosynthétique. (Prix Nobel de chimie 1988.)

HUBERT (saint), *m. à Liège en 727,* évêque de Tongres, Maastricht et Liège. Il évangélisa la Belgique orientale. On lui attribue la même vision qu'à saint Eustache, celle d'un cerf portant une croix entre ses bois. Patron des chasseurs.

Hubertsbourg (traité d') [15 févr. 1763], traité qui mit fin à la guerre de Sept Ans pour l'Autriche et la Prusse.

HUBLI, v. d'Inde (Karnataka) ; 943 857 hab.

HUDDERSFIELD, v. de Grande-Bretagne (Angleterre), près de Leeds ; 146 234 hab.

HUDSON n.m., fl. des États-Unis, qui se jette dans l'Atlantique à New York ; 500 km.

HUDSON (baie d'), vaste mer intérieure du Canada (env. 1 million de km^2), ouverte sur l'Atlantique par le *détroit d'Hudson.* Elle est prise par les glaces sept mois par an.

Hudson (Compagnie de la baie d'), compagnie commerciale anglaise créée en 1670 par Charles II, et qui joua un grand rôle dans la colonisation des régions septentrionales du Canada.

HUDSON (Henry), *milieu XVIe s. - près de la baie d'Hudson ? 1611,* navigateur anglais. Il découvrit, en 1610, le fleuve, le détroit et la baie qui portent son nom.

HUE (Robert), *Cormeilles-en-Parisis 1946,* homme politique français. Il a été secrétaire national (1994 - 2001), puis président (2001 - 2003) du Parti communiste français. Il lance en 2009 une nouvelle formation, le Mouvement unitaire progressiste.

HUÊ, v. du Viêt Nam ; 302 983 hab. Elle fut la capitale du Viêt Nam unifié par Gia Long en 1802 (tombeaux des empereurs, dont le mausolée de Tu Duc [XIXe s.] avec jardin, palais et temples).

HUELGOAT [-gwat] (29690), comm. du Finistère ; 1 575 hab. (*Huelgoatains*). Forêt. – Église et chapelle gothiques du XVIe s.

HUELVA, v. d'Espagne (Andalousie), ch.-l. de prov., à l'embouchure du río Tinto ; 145 115 hab. Port. Chimie. Pêche.

HUESCA, v. d'Espagne (Aragon), ch.-l. de prov. ; 52 223 hab. Cathédrale des XIVe-XVIe s. et autres monuments ; musée.

HUET, patronyme de plusieurs peintres français. — **Paul H.,** *Paris 1803 - id. 1869,* peintre et graveur français. C'est un paysagiste romantique, ami de Delacroix.

HUFUF (al-), v. d'Arabie saoudite, à l'E. de Riyad ; 287 841 hab.

HUGHES (David), *Londres 1831 - id. 1900,* ingénieur américain d'origine britannique. Il est l'inventeur d'un appareil télégraphique imprimeur (1854) et du microphone (1878).

HUGHES (Howard Robard), *Houston 1905 - en avion, entre Acapulco et Houston, 1976,* homme d'affaires américain. Riche héritier, flamboyant et séducteur, il s'investit avec succès dans le cinéma (production surtout) et l'industrie aéronautique. Il fut lui-même un aviateur hors pair, réalisant notamm. en 1938 un tour du monde en 3 jours, 19 heures et 14 minutes. Il finit sa vie reclus.

HUGLI → HOOGHLY.

HUGO (Victor), *Besançon 1802 - Paris 1885,* écrivain français. Fils d'un général de l'Empire, il est d'abord un poète classique et monarchiste (*Odes,* 1822). Mais la publication de la Préface de son drame historique *Cromwell* (1827) et des *Orientales* (1829), puis la représentation d'*Hernani** font de lui la meilleure incarnation du romantisme en poésie (*les Feuilles d'automne,* 1831 ; *les Chants du crépuscule,* 1835 ; *les Voix intérieures,* 1837 ; *les Rayons et les Ombres,* 1840), au théâtre (*Marion de Lorme,* 1831 ; *Le roi s'amuse,* 1832 ; *Marie Tudor,* 1833 ; *Ruy* Blas,* 1838) et dans ses romans historiques (*Notre-Dame de Paris,* 1831), tandis qu'il évolue vers les idées libérales et le culte napoléonien. Après l'échec de sa trilogie dramatique des *Burgraves* (1843) et la mort de sa fille Léopoldine, il se consacre à la politique (il est pair de France en 1845). Député en 1848, il s'exile à Jersey, puis à Guernesey, après le coup d'État du 2 décembre 1851. C'est alors qu'il donne les poèmes satiriques des *Châtiments* (1853), dirigés contre Napoléon III, le recueil lyrique des *Contemplations* (1856), histoire de l'âme du poète dédiée à Léopoldine, l'épopée de *la Légende des siècles* (édition définitive : 1883), ainsi que des romans (*les Misérables** ; *les Travailleurs de la mer,* 1866 ; *l'Homme qui rit,* 1869). Rentré en France en 1870, partisan des idées républicaines, il est un personnage honoré et officiel, et, à sa mort, ses cendres sont transférées au Panthéon. – Son œuvre dessiné (sépia, encre de Chine) est celui d'un visionnaire. (Acad. fr.)

▲ Victor **Hugo** par L. Bonnat. (Château de Versailles.)

HUGUES de Cluny (saint), *Semur-en-Brionnais 1024 - Cluny 1109,* moine bénédictin français. À la tête de l'abbaye de Cluny de 1049 à 1109, il favorisa le développement de son ordre et travailla à la réforme de l'Église.

HUGUES Ier Capet, *v. 941 - 996,* roi de France (987 - 996), le premier de la dynastie capétienne. Fils d'Hugues le Grand et duc de France (956 - 987), il ne parvint pas, lorsqu'il fut roi, à abaisser les prétentions de ses vassaux, mais accrut le domaine royal. En faisant sacrer son fils, le futur Robert II le Pieux, de son vivant, il assura l'hérédité de sa maison.

HUGUES le Grand ou le Blanc, *v. 897 - Dourdan 956,* comte de Paris, duc des Francs. Il est le fils du roi Robert Ier. Sa puissance, sous les derniers rois carolingiens, facilita l'avènement au trône de France de son fils Hugues Capet.

HUGUES de Payns ou de Pains, *Pains, près de Troyes, v. 1070 - Palestine 1136,* chevalier français. Il fonda l'ordre des Templiers (1119).

HUGUES de Saint-Victor, *près d'Ypres fin XIe s. - Paris 1141,* théologien français. Auteur de plusieurs traités didactiques, il compte parmi les maîtres de l'abbaye parisienne de Saint-Victor.

HUGUET (Jaume), *Valls, Catalogne, v. 1415 - Barcelone 1492,* peintre catalan. Ses retables à fond d'or valent par la recherche stylistique.

HUI, minorité nationale de Chine (env. 10 millions), dont sont issues des communautés installées au Kirghizistan, au Kazakhstan et en Ouzbékistan (env. 70 000). Originaires du Gansu et du Shanxi, ils se convertirent à l'islam sunnite à la faveur de leur métissage avec des nomades turcs.

HUICHOL, peuple amérindien de l'ouest du Mexique (États de Jalisco et de Nayarit) [env. 60 000]. Ils sont connus pour leur consommation rituelle de peyotl. Ils parlent le *nahua.*

HUISNE [ɥin] n.f., riv. de France, affl. de la Sarthe (r. g.), qu'elle rejoint au Mans ; 130 km.

HUISSERIE (L') [53970], bur. centr. de cant. de la Mayenne ; 4 328 hab. (*L'Huissériens*).

HUIZINGA (Johan), *Groningue 1872 - De Steeg 1945,* historien néerlandais, auteur d'une étude sur le Moyen Âge tardif (*le Déclin du Moyen Âge,* 1919).

HU JINTAO, *Jixi, Anhui, 1942,* homme politique chinois. Secrétaire général du Parti communiste chinois (2002 - 2012), président de la République (2003 - 2013) ainsi que président de la Commission militaire centrale du Parti (2004 - 2012) et de l'État (2005 - 2013), il a pendant une décennie concentré entre ses mains l'essentiel du pouvoir politique dans son pays.

HULAGU, *v. 1217 - Maragha 1265,* premier souverain mongol de l'Iran (1256 - 1265). Petit-fils de Gengis Khan, il prit Bagdad et mit fin au califat abbasside (1258).

HULL → KINGSTON-UPON-HULL.

HULL, anc. v. du Canada (Québec), sur l'Outaouais, auj. intégrée dans Gatineau.

HULL (Clark Leonard), *Akron, État de New York, 1884 - New Haven, Connecticut, 1952,* psychologue américain. Il a étudié les processus d'apprentissage (*Principes du comportement*, 1943).

HULL (Cordell), *Olympus, Tennessee, 1871 - Bethesda, Maryland, 1955*, homme politique américain. Démocrate, secrétaire d'État aux Affaires étrangères (1933 - 1944), il fut l'un des créateurs de l'ONU. (Prix Nobel de la paix 1945.)

HULSE (Russell), *New York 1950*, astrophysicien américain. Avec J. Taylor, il a découvert le premier pulsar binaire (1974) et a pu, en l'étudiant, établir l'existence des ondes gravitationnelles. (Prix Nobel de physique 1993.)

HUMAIR (Daniel), *Genève 1938*, musicien de jazz suisse. Batteur pratiquement ambidextre, également compositeur, il s'illustre par un jeu fondé sur la maîtrise rythmique et la diversité des timbres (*Dermaplastic* [avec M. Solal], 1960 ; *Usual Confusion*, 1994 ; *Full Contact*, 2008). Il est aussi peintre.

Humanité (l'), quotidien français fondé en 1904 par Jean Jaurès. D'abord organe du Parti socialiste, il devient en 1920 celui du Parti communiste.

Human Rights Watch, ONG internationale dont les origines remontent à 1978 (son nom et sa configuration actuels datant de 1988) et qui se consacre à la défense des droits de l'homme dans le monde entier.

HUMBER n.m., estuaire sur la côte est de la Grande-Bretagne, en Angleterre, formé par l'Ouse et la Trent.

HUMBERT II, *1313 - Clermont 1355*, dernier dauphin de Viennois. Sans héritier direct, il vendit le Dauphiné au roi de France (1349).

HUMBERT Ier, *Turin 1844 - Monza 1900*, roi d'Italie (1878 - 1900). Fils de Victor-Emmanuel II, il favorisa la politique germanophile de Crispi. Il fut assassiné par un anarchiste.

HUMBERT II, *Racconigi 1904 - Genève 1983*, roi d'Italie (9 mai - 2 juin 1946). Fils de Victor-Emmanuel III, il abdiqua après un référendum favorable à la république.

HUMBOLDT (Wilhelm, baron **von**), *Potsdam 1767 - Tegel 1835*, linguiste et homme politique allemand. Partant de l'étude de langues très diverses, il chercha à dépasser la grammaire comparée pour constituer une anthropologie générale, qui examinerait les rapports entre le langage et la pensée, les langues et les cultures. — **Alexander,** baron **von H.,** *Berlin 1769 - Potsdam 1859*, naturaliste et voyageur allemand. Frère de Wilhelm, il explora l'Amérique tropicale et l'Asie centrale. Ses travaux contribuèrent au développement de la climatologie, de l'océanographie, de la biogéographie, de la géologie (volcanologie) ou du géomagnétisme.

HUMBOLDT (courant de), courant marin froid de l'océan Pacifique. Il longe du S. vers le N. les côtes du Pérou et du Chili. On le désigne parfois avec le nom de ces deux pays.

HUME (David), *Édimbourg 1711 - id. 1776*, philosophe britannique. Un des représentants majeurs de l'empirisme, il a étudié la nature humaine (*Traité de la nature humaine*, 1739-1740 ; *Enquête sur l'entendement humain*, 1748). Dégageant les principes de l'association des idées et procédant à une critique radicale de l'idée de causalité, il parvient à un scepticisme modéré qui imprègne également sa conception de la vie sociale (*Essais moraux et politiques*, 1741-1742).

HUME (John), *Londonderry 1937*, homme politique nord-irlandais. Catholique modéré, leader du Social Democratic and Labour Party (SDLP, 1979 - 2001), il fut un ardent défenseur d'un règlement négocié du problème de l'Irlande du Nord et contribua largement à l'accord institutionnel conclu en 1998. (Prix Nobel de la paix 1998.)

HUMMEL (Johann Nepomuk), *Presbourg 1778 - Weimar 1837*, compositeur et pianiste autrichien. Élève de Mozart et de Salieri, il est l'auteur de sonates et de concertos.

HUMPHREY (Doris), *Oak Park, Illinois, 1895 - New York 1958*, danseuse et chorégraphe américaine. Par sa technique et son enseignement, elle a joué un rôle essentiel dans le développement de la modern dance (trilogie [1935-1936] *New Dance, Theatre Piece, With my Red Fires*).

HUNAN, prov. de la Chine du Sud ; 67 830 000 hab. ; cap. *Changsha*.

HUNDERTWASSER (Friedrich **Stowasser,** dit Friedensreich), *Vienne 1928 - en mer, à bord du Queen Elizabeth II, 2000*, peintre autrichien. Ingénuité idéaliste, sens du merveilleux et automatisme sont à l'origine de ses labyrinthes peuplés de figures, brillamment enluminés.

HUNEDOARA, v. de Roumanie, en Transylvanie ; 71 380 hab. Centre sidérurgique. – Important château médiéval.

HUNGNAM, v. de Corée du Nord ; 99 994 hab. Port.

HUNINGUE (68330), comm. du Haut-Rhin, près de Bâle ; 7 230 hab. (*Huninguois*). Port fluvial. Chimie.

HUNJIANG, v. de Chine, en Mandchourie, près de la frontière nord-coréenne ; 335 400 hab.

HUNS, ancien peuple nomade originaire des steppes du sud de la Sibérie, qui, à partir de la fin du IVe s., pénétra en Europe et en Asie occidentale. Vers 370, la poussée des Huns vers l'Europe joua un rôle décisif dans le déclenchement des grandes invasions. Les Huns formèrent un État hunnique dans la plaine du Danube, qui se disloqua à la mort d'Attila (453), et ils disparurent de l'histoire européenne avant la fin du Ve s. Une autre branche des Huns, les Huns Blancs ou Hephthalites, se dirigea vers l'est et ébranla au Ve-VIe s. les grands empires de l'Iran et de l'Inde.

HUN SEN, *Stung Trang, prov. de Kompong Cham, 1951*, homme politique cambodgien. Ministre des Affaires étrangères de 1979 à 1990, il est Premier ministre depuis 1985 (codirigeant le gouvernement, avec le titre de second Premier ministre, de 1993 à 1998).

HUNSRÜCK n.m., partie du Massif schisteux rhénan (Allemagne), sur la r. g. du Rhin.

HUNT (William Holman), *Londres 1827 - id. 1910*, peintre britannique. Il est l'un des membres fondateurs de la confrérie préraphaélite (*la Lumière du monde*, v. 1853, Oxford).

HUNTINGTON BEACH, v. des États-Unis (Californie) ; 200 809 hab. Pétrole.

HUNTSVILLE, v. des États-Unis (Alabama) ; 188 226 hab. (417 593 hab. dans l'agglomération). Centre d'études spatiales.

HUNTZIGER (Charles), *Lesneven 1880 - près du Vigan 1941*, général français. Commandant la IIe armée à Sedan en 1940, il signa les armistices avec l'Allemagne et l'Italie, puis fut ministre de la Guerre dans le gouvernement de Vichy.

HUNYADI, famille qui donna à la Hongrie des chefs militaires et un roi : Mathias* Ier Corvin. — **János [Jean] H.,** *en Transylvanie v. 1407 - Zimony 1456*, voïévode de Transylvanie, régent de Hongrie (1446 - 1453). Il défit les Ottomans qui assiégeaient Belgrade (1456).

HUNZA, région du Cachemire pakistanais ; ch.-l. *Baltit* (ou *Hunza*).

Huon de Bordeaux, chanson de geste française du début du XIIIe s. Suite à un crime qu'il a commis pour défendre sa vie, Huon est condamné par Charlemagne à des épreuves surhumaines, qu'il traversera avec l'aide du nain Oberon*.

HUPPERT (Isabelle), *Paris 1953*, actrice française. Elle a su composer des personnages denses au cinéma (*la Dentellière*, C. Goretta, 1977 ; *Violette Nozière*, C. Chabrol, 1978 ; *la Porte du paradis*, M. Cimino, 1980 ; *la Cérémonie*, C. Chabrol, 1995 ; *la Pianiste*, M. Haneke, 2001 ; *Villa Amalia*, B. Jacquot, 2009 ; *In Another Country*, Hong Sang-soo, 2012 ; *Elle*, P. Verhoeven, 2016) et au théâtre (*Jeanne au bûcher, Orlando, Médée, Hedda Gabler, le Dieu du carnage, Tramway*).

▲ Isabelle **Huppert** en 2000.

HURAULT (Louis), *Attray, Loiret, 1886 - Vincennes 1973*, général français. Directeur du Service de géographie de l'armée (1937), il présida, en 1940, à sa transformation en Institut géographique national, organisme qu'il dirigea jusqu'en 1956.

HUREPOIX n.m., région de l'Île-de-France, entre la Beauce et la Brie, ouverte par les vallées de l'Orge, de l'Essonne et de l'Yvette.

HURON (lac), l'un des cinq Grands Lacs nord-américains, entre le Canada et les États-Unis ; 59 800 km^2.

HURONS, peuple amérindien du Canada (Québec) [env. 2 700], de la famille linguistique iroquoienne. Vivant à l'origine entre les lacs Huron et Ontario, partenaires au XVIIe s. des Français, qu'ils fournissaient en fourrures, ils furent chassés de leur territoire (la « Huronie ») par les Iroquois, leurs ennemis, et se réfugièrent pour la plupart près de Québec, où ils forment une collectivité urbanisée. Ils se donnent le nom de *wendat*.

HURTADO DE MENDOZA (Diego), *Grenade 1503 - Madrid 1575*, écrivain et diplomate espagnol. On lui attribue parfois le *Lazarillo de Tormes* (1554), premier roman picaresque.

▲ Jan **Hus** condamné au bûcher en 1415. Détail d'un manuscrit du XVe s. (Université de Prague.)

HUS (Jan), *Husinec, Bohême, v. 1370 - Constance 1415*, réformateur tchèque. Recteur de l'université de Prague, influencé par les idées de Wycliffe, il lutta contre la simonie et les abus de la hiérarchie, et prit parti contre l'antipape Jean XXIII. Excommunié en 1411, puis en 1412, il fut condamné par le concile de Constance (1414), puis arrêté et brûlé comme hérétique. Il sera vénéré en Bohême comme un martyr.

HUSÁK (Gustáv), *Bratislava 1913 - id. 1991*, homme politique tchécoslovaque. Président du gouvernement autonome de Slovaquie (1946 - 1950), il fut arrêté en 1951, libéré en 1960, réhabilité en 1963. Il fut premier secrétaire du Parti communiste (1969 - 1987) et président de la République (1975 - 1989).

HUSAYN ou **HUSSEIN,** *Médine 626 - Karbala 680*, troisième imam des chiites. Fils d'Ali et de Fatima, il fit valoir ses droits au califat et fut tué par les troupes omeyyades. Il est particulièrement vénéré, comme martyr, par les chiites.

HUSAYN ou **HUSSEIN,** *Amman 1935 - id. 1999*, roi de Jordanie (1952 - 1999), de la dynastie hachémite. Il engage la Jordanie dans la troisième guerre israélo-arabe (1967), qui entraîne l'occupation de la Cisjordanie par Israël, et, en 1970 - 1971, il élimine les bases de la résistance palestinienne installées dans son pays. Mais, convaincu de la nécessité de parvenir à un règlement négocié de la question palestinienne et des antagonismes régionaux, il renonce en 1988 à toute revendication sur la Cisjordanie et conclut en 1994 un traité de paix avec Israël.

▲ **Husayn de Jordanie**

HUSAYN ou **HUSSEIN** (Saddam), *al-Awdjah, près de Tikrit, 1937 - Bagdad 2006*, homme politique irakien. Président de la République, à la tête du Conseil de commandement de la révolution, du parti Baath et de l'armée à partir de 1979, il mène une politique hégémonique

◀ Saddam **Husayn** en 1987.

A B C D E F G H I J K L M N O P Q R S T U V W X Y Z

(attaque de l'Iran, 1980; invasion du Koweït, 1990). Chassé du pouvoir par une intervention militaire américano-britannique en avr. 2003, il est arrêté en décembre de la même année. Condamné à mort par le Haut Tribunal pénal irakien, il est exécuté par pendaison le 30 déc. 2006.

HUSAYN ou **HUSSEIN** (Taha), *Maghagha 1889 - Le Caire 1973*, écrivain égyptien. Aveugle, il publia des romans (*le Livre des jours*) et des essais, et fut notamm. ministre de l'Éducation (1950 - 1952).

HUSAYN IBN AL-HUSAYN, *Smyrne v. 1765 - Alexandrie 1838*, dernier dey d'Alger (1818 - 1830). Après le débarquement français (1830), il signa la capitulation et s'exila.

HUSAYN IBN ALI, *Istanbul v. 1856 - Amman 1931*, roi du Hedjaz (1916 - 1924). Chérif de La Mecque, soutenu par la Grande-Bretagne, il proclama en 1916 la « révolte arabe » contre les Ottomans. Il fut renversé par Ibn Saud en 1924.

HU SHI, *Shanghai 1891 - Taipei 1962*, homme de lettres chinois. Il imposa l'emploi de la langue parlée dans la littérature chinoise.

Hussards (les), groupe d'écrivains français (A. Blondin, M. Déon, J. Laurent et, à leur tête, R. Nimier) qui, contre la littérature engagée prônée par Sartre, ont voulu exprimer, en cultivant l'humour, l'insolence et la désinvolture, le désespoir lucide d'une génération.

HUSSEIN → **HUSAYN.**

HUSSEIN DEY, localité d'Algérie, banlieue d'Alger; 40 698 hab.

HUSSERL (Edmund), *Prossnitz, auj. Prostějov, Moravie, 1859 - Fribourg-en-Brisgau 1938*, philosophe allemand. Il fut à l'origine de la phénoménologie, qu'il voulut constituer comme science rigoureuse et comme théorie de la connaissance au service des autres sciences (*Recherches logiques*, 1900-1901 ; *Idées directrices pour une phénoménologie*, 1913 ; *Méditations cartésiennes*, 1931). Il a proposé une critique féconde de la logique contemporaine (*Logique formelle et logique transcendantale*, 1929).

HUSTER (Francis), *Neuilly-sur-Seine 1947*, comédien et metteur en scène français. Longtemps jeune premier romantique, il cherche, à la scène (*le Cid*, 1977 ; *la Peste*, 1989) comme à l'écran (*J'ai épousé une ombre*, R. Davis, 1983 ; *Jean Moulin, une affaire française* [pour la télévision], P. Aknine, 2003), à confronter les mythes du passé aux réalités d'aujourd'hui.

HUSTON (John), *Nevada, Missouri, 1906 - Middletown, Rhode Island, 1987*, cinéaste américain. Célébration de l'effort et de l'entreprise humaine, ses films révèlent un grand art du récit et un humour tonique (*le Faucon maltais*, 1941 ; *le Trésor de la Sierra Madre*, 1948 ; *Quand la ville dort*, 1950 ; *African Queen*, 1951 ; *les Misfits*, 1961 ; *l'Homme qui voulut être roi*, 1975 ; *Gens de Dublin*, 1987).

HUSTON (Nancy), *Calgary 1953*, écrivaine française d'origine canadienne. Son œuvre, écrite en français et en anglais, fait alterner romans polyphoniques (*les Variations Goldberg*, 1981 ; *Cantique des plaines*, 1993 ; *Instruments des ténèbres*, 1996 ; *Lignes de faille*, 2006 ; *Lèvres de pierre*, 2018) et essais (*Nord perdu*, 1999 ; *l'Espèce fabulatrice*, 2008).

HUTTEN (Ulrich von), *château de Steckelberg, près de Fulda, 1488 - île d'Ufenau, sur le lac de Zurich, 1523*, chevalier et humaniste allemand. Il se rendit célèbre par ses virulentes attaques, au début de la Réforme, contre les princes allemands et l'Église romaine.

HUTTON (James), *Édimbourg 1726 - id. 1797*, géologue britannique. Dans sa *Théorie de la Terre*, il soutint, contre A. G. Werner, la thèse plutoniste selon laquelle les roches résultent de l'activité des volcans. Il est l'un des fondateurs de la géologie moderne.

HUTU, population vivant au Rwanda*, au Burundi* et dans la partie la plus orientale de la Rép. dém. du Congo, et parlant des langues bantoues. Les Hutu sont depuis la fin des années 1950 en état d'hostilité avec les Tutsi*.

HUXLEY (Thomas), *Ealing 1825 - Londres 1895*, naturaliste et zoologiste britannique. Ami de Darwin et défenseur ardent du transformisme, il étudia les invertébrés marins et s'attacha à démontrer les affinités de l'homme avec les grands singes. — sir **Julian H.,** *Londres 1887 - id. 1975*, biologiste britannique. Petit-fils de Thomas, il fut l'un des fondateurs de la théorie synthétique de l'évolution et effectua également des recherches sur la génétique. Il fut le premier directeur de l'Unesco (1946). — **Aldous H.,** *Godalming 1894 - Hollywood 1963*, écrivain britannique, frère de Julian. Ses romans font une peinture satirique du monde moderne, notamm. par le biais de la science-fiction (*le Meilleur des mondes*, 1932).

◄ Aldous **Huxley**

HUY, v. de Belgique (prov. de Liège), sur la Meuse ; 21 346 hab. (*Hutois*). Collégiale gothique Notre-Dame et autres monuments ; musée. Centre, du XIIe au XVIe s. surtout, du travail de l'étain et de la fonderie mosane. – Centrale nucléaire de Tihange.

HU YAOBANG, *dans le Hunan v. 1915 - Pékin 1989*, homme politique chinois. Il fut secrétaire général du Parti communiste (1980 - 1987).

HUYGENS (Christiaan), *La Haye 1629 - id. 1695*, savant néerlandais. Un des premiers représentants de l'esprit scientifique moderne, à la fois expérimentateur et théoricien, il a donné un large développement à l'usage des mathématiques. Huygens composa le premier traité complet sur le calcul des probabilités. Grâce à des instruments de sa fabrication, il découvrit l'anneau de Saturne et le satellite Titan. En mécanique, il établit la théorie du pendule, qu'il utilisa comme régulateur du mouvement des horloges, et donna une solution correcte du problème du choc par la conservation de la quantité de mouvement. En optique, il expliqua la réflexion et la réfraction au moyen d'une théorie ondulatoire.

▲ Christiaan **Huygens.**
Gravure d'après C. Netscher.

HUYGHE (Pierre), *Paris 1962*, artiste français. Ses photographies, vidéos, installations, environnements ou dispositifs plus complexes interrogent la fiction cinématographique, la notion de temps, les rituels sociaux et la vie des écosystèmes (*Dubbing*, 1996 ; *l'Expédition scintillante*, 2002 ; *Celebration Park*, 2006 ; *Untilled*, 2011-2012).

HUYGHE (René), *Arras 1906 - Paris 1997*, historien de l'art et esthéticien français. Conservateur au Louvre, puis professeur au Collège de France (psychologie de l'art), il est l'auteur d'importants essais et a dirigé plusieurs ouvrages de synthèse, dont *l'Art et l'Homme* (1957-1961). [Acad. fr.]

HUYSMANS (Camille), *Bilzen 1871 - Anvers 1968*, homme politique belge. Député socialiste (1910), président de l'Internationale socialiste (1940), il fonda un nouveau parti en 1966, rompant avec le Parti socialiste belge.

HUYSMANS (Georges Charles, dit Joris-Karl), *Paris 1848 - id. 1907*, écrivain français. Ses récits ont évolué du naturalisme (*les Sœurs Vatard*, 1879) à l'esthétisme décadent (*À rebours*, 1884), puis à une mystique nourrie par la beauté de l'art médiéval (*Là-bas*, 1891 ; *la Cathédrale*, 1898 ; *l'Oblat*, 1903).

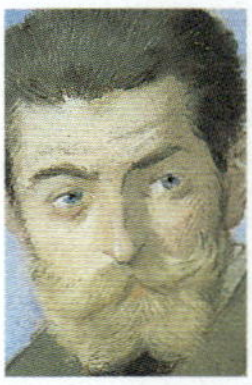

◄ Joris-Karl **Huysmans**
par J.-L. Forain.
(Château de Versailles.)

HUZHOU, v. de Chine, au N. de Hangzhou ; 789 776 hab.

HVAR, île croate de l'Adriatique. Cultures fruitières. Tourisme.

HYACINTHE (saint), *Kamień, Silésie, 1183 - Cracovie 1257*, religieux polonais. Dominicain, il introduisit son ordre en Pologne (1221).

Hyde Park, vaste parc du centre-ouest de Londres.

HYDERABAD, v. d'Inde (Telangana), cap. du Telangana et, jusqu'en 2024, de l'Andhra Pradesh ; 3 449 878 hab. (7 749 334 hab. dans l'agglomération). Informatique. – Monuments des XVIe-XVIIe s. Musées. À 8 km au N., vestiges de Golconde.

HYDERABAD, v. du Pakistan, dans le Sind ; 1 166 894 hab. (1 648 032 hab. dans l'agglomération).

HYDRA, île de Grèce, dans la mer Égée, en face de l'Argolide ; ch.-l. *Hydra*.

HYDRE DE LERNE MYTH. GR. Serpent monstrueux dont chacune des sept têtes repoussait aussitôt qu'elle était tranchée, et dont Hercule triompha en les tranchant toutes d'un seul coup.

HYÈRES (83400), bur. centr. de cant. du Var ; 57 578 hab. (*Hyérois*). Salines. – Restes d'enceinte et monuments médiévaux de la vieille ville ; musée ; jardin d'acclimatation. Villa Noailles (R. Mallet-Stevens) ; centre culturel. Dans le quartier de l'Almanarre, site gréco-romain d'*Olbia*.

▲ **Hyères.** L'île de Port-Cros.

HYÈRES (îles d'), petit archipel de France (Var), dans la Méditerranée, comprenant Porquerolles, Port-Cros, l'île du Levant et deux îlots (comm. d'Hyères). Stations touristiques et centre naturiste (à l'île du Levant).

HYKSOS, envahisseurs sémites qui conquirent l'Égypte et y fondèrent les XVe et XVIe dynasties (1730 - 1580 av. J.-C.). Ils furent chassés par les princes de Thèbes (XVIIe et XVIIIe dynasties).

HYMETTE (mont), montagne de Grèce, dans l'Attique, au S. d'Athènes. Elle était renommée pour son miel et son marbre.

HYPATIE, *Alexandrie v. 370 - id. 415*, mathématicienne et philosophe grecque, fille de Théon d'Alexandrie. À la tête de l'école néoplatonicienne, elle fut assassinée lors d'une émeute chrétienne.

HYPÉRIDE, *Athènes v. 390 - Cleonai ?, Péloponnèse, 322 av. J.-C.*, orateur et homme politique athénien. Contemporain et émule de Démosthène, il fut mis à mort sur ordre d'Antipatros après la défaite de la guerre lamiaque.

HYRCAN Ier ou **JEAN HYRCAN,** *m. en 104 av. J.-C.*, grand prêtre et ethnarque des Juifs (134 - 104 av. J.-C.). Il rendit l'indépendance à son pays, la Judée, qu'il agrandit. — **Hyrcan II,** *110 - 30 av. J.-C.*, grand prêtre (76 - 67, 63 - 40 av. J.-C.) et ethnarque des Juifs (47 - 41 av. J.-C.). Dépossédé de toute autorité réelle, il fut mis à mort par Hérode.

HYRCANIE, contrée de l'ancienne Perse, au sud-est de la mer Caspienne.

IABLONOVYÏ (monts), massif de Russie, dans le sud de la Sibérie ; 1 680 m.

IAKOUTES ou **YAKOUTES,** peuple de Russie (principalement dans la république de Sakha) [env. 380 000]. Issus du mélange de migrants turco-mongols avec les éléments autochtones (à partir du XIIIe s.), sédentarisés au XIXe s., les Iakoutes se sont constamment affirmés face à la colonisation russe. Ils parlent le *iakoute*, langue turque. Ils se reconnaissent sous le nom de *Sakha*.

IAKOUTIE → **SAKHA.**

IANOUKOVYTCH (Viktor Fedorovytch), *Ienakiieve, région de Donetsk, 1950*, homme politique ukrainien. Membre du parti des Régions, prorusse, Premier ministre (2002 - 2005 et 2006 - 2007), il a été président de la République de 2010 jusqu'à sa destitution, en 2014.

IAPYGES, peuplades illyriennes qui se fixèrent au Ve s. av. J.-C. en Apulie.

IAROSLAV le Sage, *v. 978 - Kiev 1054*, grand-prince de Kiev (1019 - 1054). Grand bâtisseur et législateur, il obtint des Byzantins que Kiev devienne le siège d'un métropolite de Russie.

IAROSLAVL, v. de Russie, sur la Volga supérieure ; 591 486 hab. Textile. Mécanique. Chimie. – Églises à cinq bulbes du XVIIe s. ; musées.

IAŞI, v. de Roumanie, en Moldavie ; 320 888 hab. Université. Centre industriel. – Deux églises d'un style byzantin original (XVIIe s.) ; musées.

IATMUL, société de Papouasie-Nouvelle-Guinée (vallée du Sepik). Elle est célèbre pour son organisation sociale analysée dès 1936 par G. Bateson.

IAXARTE n.m., anc. nom du Syr-Daria*.

IBADAN, v. du sud-ouest du Nigeria ; 2 854 984 hab. dans l'agglomération. Université.

IBAGUÉ, v. de Colombie ; 548 209 hab.

IBAN, peuple de Bornéo (env. 550 000), groupe le plus nombreux parmi les Dayak. Très attachés à leur habitat traditionnel en « longues maisons », agriculteurs sur essarts, réputés pour leur tissage, les Iban furent des chasseurs de têtes redoutés. Aujourd'hui, ils sont partiellement christianisés. Leur langue est proche du malais.

IBÁRRURI (Dolorès), dite **la Pasionaria,** *Gallarta, Biscaye, 1895 - Madrid 1989*, femme politique espagnole. Communiste, elle devint, grâce à sa fougue oratoire, l'un des leaders des républicains pendant la guerre civile (1936 - 1939). Elle revint en Espagne en 1977 et fut élue aux Cortes.

◀ Dolorès **Ibárruri**

IBÈRES, peuple, peut-être originaire du Sahara, qui occupa à la fin du néolithique la plus grande partie de la péninsule Ibérique. Au contact des Grecs et des Carthaginois, leur brillante civilisation s'épanouit du VIe s. av. J.-C. à la conquête romaine.

IBÉRIE, mot qui, dans l'Antiquité, a désigné l'Espagne, mais aussi ce qui est l'actuelle Géorgie.

IBÉRIQUE (péninsule), partie sud-ouest de l'Europe, partagée entre l'Espagne et le Portugal.

IBÉRIQUES (chaînes) ou monts **IBÉRIQUES,** massif d'Espagne, séparant la Castille et le bassin de l'Èbre ; 2 393 m.

IBERT (Jacques), *Paris 1890 - id. 1962*, compositeur français. Il dirigea la Villa Médicis à Rome (1937 - 1940 ; 1946 - 1960).

IBERVILLE (Pierre Le Moyne d') → **LE MOYNE D'IBERVILLE.**

IBIBIO, peuple du sud-est du Nigeria.

IBIZA, une des îles Baléares (Espagne), au S.-O. de Majorque ; 134 460 hab. ; ch.-l. *Ibiza* (48 550 hab.). Tourisme.

IBN AL-HAYTHAM ou **ALHAZEN,** *Bassora 965 - Le Caire 1039*, savant arabe. Auteur de nombreux ouvrages de mathématiques, d'optique et d'astronomie, grand connaisseur des auteurs grecs, de Ptolémée en particulier, il inspira les savants de la Renaissance.

IBN AL-MUQAFFA (Abd Allah), *Djur, auj. Firuzabad, v. 720 - v. 757*, écrivain arabe d'origine iranienne. Son *Livre de Kalila et Dimna*, qui serait une traduction revue et augmentée d'un ouvrage persan d'origine indienne, est l'un des chefs-d'œuvre de la littérature arabe classique.

IBN ARABI (Muhyi al-Din), *Murcie 1165 - Damas 1240*, philosophe et mystique musulman. Influencé par le néoplatonisme et la pensée gnostique, il est l'auteur d'une œuvre immense centrée sur le Coran, où il développe le thème de l'unicité de Dieu et assimile la vie humaine à un voyage vers Dieu et en Dieu (*les Illuminations mecquoises, la Sagesse des prophètes*). Le soufisme le reconnaît comme « le plus grand des maîtres ».

IBN BADJDJA → **AVEMPACE.**

IBN BATTUTA, *Tanger 1304 - au Maroc entre 1368 et 1377*, voyageur et géographe arabe. Il visita le Moyen- et l'Extrême-Orient ainsi que le Sahara, le Soudan et le Niger, et écrivit un *Journal de route*.

IBN KHALDUN (Abd al-Rahman), *Tunis 1332 - Le Caire 1406*, historien et philosophe arabe. Il a laissé une *Chronique universelle*, précédée de *Prolégomènes* où il expose sa philosophie de l'histoire.

IBN SAUD ou **IBN SÉOUD** → **ABD AL-AZIZ III IBN SAUD.**

IBN SINA → **AVICENNE.**

IBN TUFAYL, *Wadi Ach, auj. Guadix, Andalousie, début du XIIe s. - Marrakech 1185*, philosophe et savant arabe. Ami d'Averroès, il fut vizir, médecin, s'intéressa à l'astronomie et écrivit un roman empreint de philosophie mystique, *le Vivant, fils du Vigilant*. Il est connu au Moyen Âge chrétien sous le nom d'Abubacer.

IBO ou **IGBO,** peuple du sud-est du Nigeria (env. 16 millions). Leur tentative de sécession en 1967 provoqua la guerre du Biafra*. Agriculteurs, patrilinéaires, les Ibo parlent une langue kwa.

IBRAHIM Ier, *m. à Kairouan en 812*, fondateur de la dynastie des Aghlabides.

IBRAHIM PACHA, *Kavála 1789 - Le Caire 1848*, vice-roi d'Égypte (1848), fils de Méhémet-Ali. Il reconquit le Péloponnèse pour le compte des Ottomans (1824 - 1827). Puis, ayant vaincu le sultan Mahmud II, il domina la Syrie (1832 - 1840).

IBSEN (Henrik), *Skien 1828 - Christiania 1906*, auteur dramatique norvégien. Ses drames d'inspiration philosophique et sociale dénoncent la médiocrité et le conformisme (*Brand*, 1866 ; *Peer* Gynt* ; *Maison de poupée*, 1879 ; *les Revenants*, 1881 ; *le Canard sauvage*, 1884 ; *Hedda Gabler*, 1890).

◀ Henrik **Ibsen**
par E. Werenskiold.
(Nasjonalgalleriet, Oslo.)

ICA, v. du Pérou ; 219 856 hab. Vins (pisco). – Musée (momies précolombiennes). Séisme en 2007.

Ican (International Campaign to Abolish Nuclear Weapons, en fr. Campagne internationale pour abolir les armes nucléaires), groupement international d'ONG militant pour le désarmement nucléaire et l'interdiction de ce type d'armes, créé en 2007. (Prix Nobel de la paix 2017.)

ICARE MYTH. GR. Fils de Dédale. Il s'enfuit du Labyrinthe avec son père au moyen d'ailes faites de plumes et fixées avec de la cire. La chaleur du soleil fit fondre la cire, et Icare tomba dans la mer.

ICARIE ou **IKARÍA,** île de Grèce, dans la mer Égée, à l'O. de Samos.

ICAZA (Jorge), *Quito 1906 - id. 1978*, écrivain équatorien. Ses romans réalistes dénoncent l'exploitation des Indiens (*la Fosse aux Indiens*).

ICE n.m. (nom déposé ; acronyme de *Intercity-Express*), train à grande vitesse conçu par la Deutsche Bahn, entreprise ferroviaire nationale allemande, et mis en service en 1991.

ICHIHARA, v. du Japon (Honshu), près de Tokyo ; 279 601 hab. Sidérurgie. Chimie.

ICHIKAWA, v. du Japon (Honshu) ; 474 926 hab. Métallurgie.

ICHIM n.m., riv. de Russie, en Sibérie, affl. de l'Irtych (r. g.) ; 2 450 km.

ICHINOMIYA, v. du Japon (Honshu) ; 375 621 hab.

ICKX (Jacky), *Bruxelles 1945*, coureur automobile belge. Très complet, il s'est illustré en formule 1, en rallye (Paris-Dakar en 1983) et en endurance (six victoires aux Vingt-Quatre Heures du Mans : 1969, 1975, 1976, 1977, 1981, 1982).

ICTINOS, *milieu du Ve s. av. J.-C.,* architecte grec. Il seconda Phidias au Parthénon et travailla à Éleusis (grande salle des mystères).

IDA (mont), nom grec de deux montagnes, l'une en Asie Mineure (Turquie), au S.-E. de Troie, l'autre en Crète (Grèce).

IDAHO, État des États-Unis, dans les Rocheuses ; 1 716 943 hab. ; cap. *Boise*.

Idéologie allemande (l'), œuvre de K. Marx et F. Engels (1845-1846), posant les bases du matérialisme historique.

Idiot (l'), roman de Dostoïevski (1868), dont la figure centrale est le jeune prince Mychkine, être pur et bon, à l'image du Christ, mais que son épilepsie et sa candeur font passer pour idiot.

IDJIL (Kedia d'), massif de Mauritanie. Minerai de fer.

IDOMÉNÉE MYTH. GR. Roi de Crète, petit-fils de Minos et héros de la guerre de Troie. Un vœu l'obligea à sacrifier son propre fils à Poséidon.

IDRIS Ier, *Djaraboub 1890 - Le Caire 1983,* roi de Libye (1951 - 1969). Chef de la confrérie des Senousis en 1917, roi de la Fédération libyenne (1951), il fut renversé par Kadhafi (1969).

IDRISI ou **EDRISI** (Abu Abd Allah Muhammad al-), *Ceuta v. 1100 - Sicile entre 1165 et 1186,* géographe arabe. Ses cartes servirent de base aux travaux ultérieurs.

IDRISIDES, dynastie alide du Maroc (789 - 985). Fondée par Idris Ier (m. en 791), elle déclina après la mort d'Idris II (828).

IDUMÉE → **ÉDOM.**

IDUMÉENS → **ÉDOMITES.**

IEKATERINBOURG ou **EKATERINBOURG,** de 1924 à 1991 **Sverdlovsk,** v. de Russie, dans l'Oural ; 1 350 136 hab. Centre industriel. – Nicolas II et sa famille y furent exécutés en juill. 1918.

IELTSINE ou **ELTSINE** (Boris Nikolaïevitch), *Sverdlovsk 1931 - Moscou 2007,* homme politique russe. Dirigeant de l'opposition démocratique, président du Soviet suprême de Russie (1990), il est élu président de la république fédérative de Russie au suffrage universel en juin 1991. Après s'être opposé à la tentative de putsch contre Gorbatchev (août), il participe à la dissolution de l'URSS en déc. 1991. Président de la Russie, il est confronté à une forte opposition ; en 1993, il brise la résistance du Parlement et fait adopter une Constitution renforçant les pouvoirs présidentiels. Il est réélu en 1996, mais son action politique est affectée par des problèmes de santé. Il démissionne le 31 déc. 1999.

▲ Boris **Ieltsine**

IÉNA, en all. **Jena,** v. d'Allemagne (Thuringe), sur la Saale ; 105 739 hab. Instruments de précision et d'optique. Université fondée en 1557.

Iéna (bataille d') [14 oct. 1806], bataille de l'Empire. Victoire de Napoléon sur les Prussiens, qui eut lieu le même jour que celle d'Auerstedt et qui ouvrit à l'Empereur les portes de Berlin.

IENISSEÏ n.m., fl. d'Asie, qui rejoint l'océan Arctique (mer de Kara) ; 3 354 km ; bassin de 2 600 000 km². Né en Mongolie, il coule surtout en Russie, séparant la Sibérie occidentale et la Sibérie centrale. Centrales hydroélectriques.

IEPER → **YPRES.**

IESSENINE ou **ESSENINE** (Sergueï Aleksandrovitch), *Konstantinovo 1895 - Leningrad 1925,* poète soviétique. L'un des chefs de file de l'école « imaginiste », poète d'inspiration tantôt paysanne et nostalgique *(Radounitsa),* tantôt urbaine et désespérée *(la Confession d'un voyou),* il célébra la révolution d'Octobre au nom d'un messianisme ambigu *(le Pays d'ailleurs).* Il sombra dans l'alcoolisme et se suicida.

IEVTOUCHENKO ou **EVTOUCHENKO** (Ievgueni Aleksandrovitch), *Zima, Sibérie, 1933 - Tulsa, Oklahoma, 2017,* écrivain russe. Sa poésie se fait l'écho du désir de liberté de la jeunesse après la période stalinienne *(la Troisième Neige, Babi Iar).*

IEYASU → **TOKUGAWA IEYASU.**

IF, îlot de la Méditerranée, à 2 km de Marseille. Château fort bâti sous François Ier et qui servit de prison d'État.

IFE, v. du sud-ouest du Nigeria ; 186 856 hab. (408 284 hab. dans l'agglomération). Anc. capitale spirituelle des Yoruba et foyer d'une civilisation florissante au XIIIe s. Musée.

IFNI, anc. territoire espagnol du sud du Maroc, sur l'Atlantique. Attribué aux Espagnols en 1860, occupé effectivement en 1934, l'Ifni devint province espagnole en 1958 ; il fut rétrocédé au Maroc en 1969.

IFOP (Institut français d'opinion publique), institut français de sondages, créé en 1938 par J. Stoetzel*.

Ifremer (Institut français de recherche pour l'exploitation de la mer), établissement public français à caractère industriel et commercial, créé en 1984. Ses activités concernent la recherche océanique, la gestion des ressources marines et celle de l'environnement littoral. (Siège : Issy-les-Moulineaux.)

IFRIQIYA, anc. nom arabe de la Tunisie et de l'Algérie orientale.

IFS (14123), bur. centr. de cant. du Calvados ; 11 801 hab. *(Ifois).*

IGARKA, v. de Russie, sur le bas Ienisseï, dans l'Arctique. Port.

IGLS, village d'Autriche (Tyrol), près d'Innsbruck. Station de sports d'hiver (alt. 870 - 1 951 m). – Église gothique et baroque.

IGN (Institut national de l'information géographique et forestière), établissement public fondé en 1940 sous le nom d'Institut géographique national (prenant la suite du Service géographique de l'armée) et qui a acquis sa dénomination actuelle en 2012, lors de sa fusion avec l'Inventaire forestier national. Il est chargé princip. de décrire la surface du territoire national et l'occupation de son sol (réalisation et diffusion de cartes de la France, fourniture de données géographiques sur les thèmes les plus divers...), ainsi que d'élaborer et d'actualiser l'inventaire permanent des ressources forestières nationales. (Siège : Saint-Mandé.)

IGNACE (saint), *Ier s. apr. J.-C. - Rome v. 107,* martyr. Évêque d'Antioche, il a écrit sept *Épîtres,* témoignages importants sur l'Église ancienne.

IGNACE de Loyola (saint), *près d'Azpeitia 1491 - Rome 1556,* religieux espagnol, fondateur de la Compagnie de Jésus. Gentilhomme blessé à la guerre, il se livra à une retraite mystique et fonda, à Paris avec sept compagnons, un groupe qui se mit au service du pape (1534) et que Paul III transforma en ordre, les jésuites, en 1540. Il a laissé un guide de méditations systématiques, les *Exercices spirituels.*

▲ Saint **Ignace de Loyola.** (Coll. priv.)

IGNY (91430), comm. de l'Essonne, sur la Bièvre ; 10 425 hab. *(Ignissois).* Lycée horticole.

IGPN (Inspection générale de la police nationale), organe chargé du contrôle, au niveau national, de l'ensemble des services de la police française (fam. « la police des polices »). L'IGS (Inspection générale des services), direction de la préfecture de police de Paris compétente pour Paris et les trois dép. de la petite couronne, a été intégrée en 2013 à l'IGPN en tant que délégation régionale (Paris).

IGUAÇU n.m., en esp. **Iguazú,** riv. d'Amérique du Sud, affl. du Paraná (r. g.) ; 1 045 km. Il naît au Brésil et son cours aval sépare ce pays de l'Argentine. Chutes spectaculaires.

IJEVSK, v. de Russie, cap. de l'Oudmourtie ; 628 116 hab. Métallurgie. Armement.

IJMUIDEN, port des Pays-Bas (partie de Velsen), sur la mer du Nord. Métallurgie.

IJSSEL n.f., bras nord du delta du Rhin, aux Pays-Bas, qui se jette dans l'IJsselmeer ; 116 km.

IJSSELMEER ou lac d'**IJSSEL,** lac des Pays-Bas, formé par la partie du Zuiderzee non asséchée. Pêche.

IKE NO TAIGA, *Kyoto 1723 - id. 1776,* peintre japonais. Interprète original de la peinture lettrée chinoise, il transmet dans ses paysages un lyrisme proprement japonais. Il a collaboré avec son ami Yosa Buson à l'illustration d'albums de haïkaï.

IKERE, v. du sud-ouest du Nigeria.

ILA, v. du sud-ouest du Nigeria.

ILAHABAD → **ALLAHABAD.**

ILDEFONSE (saint), *Tolède v. 607 - id. 667,* théologien et prélat espagnol. Archevêque de Tolède et auteur de plusieurs traités de théologie, il est un des saints les plus populaires d'Espagne.

ÎLE-AUX-MOINES (L') [56780], comm. du Morbihan, formée par la principale île du golfe du Morbihan ; 616 hab. Cromlech.

ÎLE-DE-FRANCE n.f., anc. région de France (cap. *Paris*). Centre du domaine royal capétien, elle fut constituée en gouvernement au XVIe s.

ÎLE-DE-FRANCE n.f., Région administrative de France ; 12 012 km² ; 12 228 726 hab. *(Franciliens)* ; ch.-l. *Paris* ; 8 dép. : Essonne, Hauts-de-Seine, Paris (Ville de) [collectivité unique], Seine-et-Marne, Seine-Saint-Denis, Val-de-Marne, Val-d'Oise et Yvelines. La Région se caractérise par un relief peu contrasté, formé de plaines et de bas plateaux entaillés de larges vallées. L'agriculture associe la grande exploitation céréalière (blé, maïs) et betteravière, sur les plateaux de la Beauce, de la Brie, du Vexin, et l'élevage, la polyculture et la petite exploitation maraîchère et fruitière, dans les vallées. L'Île-de-France est la première région industrielle française (haute technologie, électronique, numérique...), mais c'est le secteur tertiaire qui domine (quartier d'affaires européen, grands pôles d'enseignement et de recherche, administrations publiques). Dotée d'excellentes structures autoroutières et ferroviaires à grande vitesse, d'une plateforme aéroportuaire et fluviale classée au deuxième rang européen, l'Île-de-France est auj. au cœur des échanges européens et mondiaux. L'exceptionnelle richesse de son patrimoine et ses structures de loisirs en font enfin la première destination mondiale pour le tourisme. L'importance de la Région (18 % de la population française sur 2,1 % du territoire national) tient naturellement au poids de l'agglomération parisienne, qui concentre environ 88 % de la population régionale.

ÎLE-DU-PRINCE-ÉDOUARD → **PRINCE-ÉDOUARD** (île du).

ÎLE-D'YEU (L') [85350] → **YEU** (île d').

ÎLE-ROUSSE (L') [20220], bur. centr. de cant. de la Haute-Corse ; 3 238 hab. *(Isolani).* Port. Tourisme.

ÎLES-DE-LA-MADELEINE (Les) → **MADELEINE** (îles de la).

ILESHA, v. du sud-ouest du Nigeria ; 139 445 hab.

ILI n.m., en chin. **Yili,** riv. d'Asie (Chine et Kazakhstan), qui se jette dans le lac Balkhach ; 1 439 km.

Iliade (l'), poème épique en vingt-quatre chants (VIIIe s. av. J.-C.), attribué à Homère. C'est le récit d'un épisode de la guerre de Troie : Achille, qui s'était retiré sous sa tente après une querelle avec Agamemnon, revient au combat pour venger son ami Patrocle, tué par Hector. Après avoir vaincu Hector, Achille traîne son cadavre autour du tombeau de Patrocle, puis le rend à son père, Priam. Poème guerrier, *l'Iliade* contient aussi des scènes grandioses (funérailles de Patrocle) et émouvantes (adieux d'Hector et d'Andromaque).

ILIESCU (Ion), *Olteniţa 1930,* homme politique roumain. Exclu du Comité central du Parti communiste en 1984, il dirige, après le renversement de N. Ceauşescu (déc. 1989), le Conseil du Front de salut national puis est président de la République de 1990 à 1996 et, à nouveau, de 2000 à 2004. Depuis 2015, il est poursuivi pour crimes contre l'humanité par la justice de son pays, qui l'accuse notamm. d'être responsable de la violente répression de manifestations en juin 1990.

ILIGAN, v. des Philippines, dans l'île de Mindanao, sur la *baie d'Iligan* ; 308 046 hab.

ILION, un des noms de Troie*.

ILIOUCHINE (Sergueï Vladimirovitch), *Dilialevo, près de Vologda, 1894 - Moscou 1977,* ingénieur et constructeur d'avions soviétique. Fondateur de la firme qui porte son nom, il a créé plus de 50 modèles d'appareils militaires et commerciaux.

Ille-et-Vilaine

ILL n.m., riv. de France, en Alsace, née dans le Jura septentrional, affl. du Rhin (r. g.) ; 208 km. Il passe à Mulhouse et à Strasbourg.

ILLAMPU n.m., sommet des Andes de Bolivie ; 6 421 m.

ILLE n.f., riv. de France, en Bretagne, confluant avec la Vilaine (r. dr.), à Rennes ; 45 km.

ILLE-ET-VILAINE n.f. (35), dép. de la Région Bretagne ; ch.-l. de dép. *Rennes* ; ch.-l. d'arrond. *Fougères, Redon, Saint-Malo* ; 4 arrond. ; 27 cant. ; 345 comm. ; 6 775 km² ; 1 070 462 hab. Le dép. appartient à l'académie et à la cour d'appel de Rennes, à la zone de défense et de sécurité Ouest. Partie orientale de la Bretagne, ouverte sur la Manche, l'Ille-et-Vilaine est toutefois le moins maritime des dép. bretons. L'agriculture est fondée sur l'élevage (porcins et surtout bovins), loin devant les céréales et les cultures légumières. L'industrie est implantée en priorité à Rennes, dont l'agglomération regroupe environ le tiers de la population totale. Plus que la pêche et l'ostréiculture (Cancale), le tourisme estival anime les villes de la Côte d'Émeraude : Dinard et Saint-Malo.

ILLIERS-COMBRAY (28120), bur. centr. de cant. d'Eure-et-Loir ; 3 400 hab. *(Islériens)*. Église gothique. – C'est le Combray de Marcel Proust.

ILLIMANI n.m., sommet des Andes de Bolivie, dominant La Paz ; 6 458 m.

ILLINOIS, État des États-Unis, entre le Mississippi et le lac Michigan ; 12 802 023 hab. ; cap. *Springfield* ; v. princ. *Chicago*.

ILLKIRCH-GRAFFENSTADEN (67400), bur. centr. de cant. du Bas-Rhin ; 27 334 hab. *(Illkirchois)*. Télécommunications.

ILLYÉS (Gyula), *Rácegres 1902 - Budapest 1983*, écrivain hongrois. Poète, essayiste *(Ceux des pusztas)*, auteur dramatique, il unit l'influence surréaliste aux traditions du terroir.

ILLYRIE, région montagneuse de la côte orientale de l'Adriatique, de l'Istrie aux bouches de Kotor. Colonisée par les Grecs (VIIᵉ s. av. J.-C.), elle fut soumise à Rome à partir de la fin du IIIᵉ s. av. J.-C. Sous le premier Empire, les *Provinces Illyriennes* constituèrent, de 1809 à 1813, un gouvernement de l'Empire français.

ILLZACH [ilzak] (68110), comm. du Haut-Rhin ; 14 839 hab. *(Illzachois)*.

ILMEN (lac), lac de Russie, près de Veliki Novgorod ; 982 km².

ILOILO, v. des Philippines ; 418 710 hab. Port.

ILORIN, v. du sud-ouest du Nigeria ; 788 187 hab. dans l'agglomération.

IMA → **INSTITUT DU MONDE ARABE.**

IMABARI, v. du Japon (Shikoku) ; 166 532 hab. Port.

IMAMURA SHOHEI, *Tokyo 1926 - id. 2006*, cinéaste japonais. Esthète et provocant, il cherche la beauté jusque dans l'horreur et la répulsion (*la Femme insecte*, 1963 ; *la Ballade de Narayama*, 1983 ; *Pluie noire*, 1989 ; *l'Anguille*, 1996 ; *De l'eau tiède sous un pont rouge*, 2001).

ÍMBROS → **IMROZ.**

IMERINA, partie du plateau central de Madagascar. Elle est habitée par les Merina.

IMHOTEP, lettré, savant et architecte égyptien, actif v. 2778 av. J.-C. Il fut conseiller du pharaon Djoser, pour qui il édifia le complexe funéraire de Saqqarah. Il est à l'origine en Égypte de l'architecture en pierre appareillée et des premières pyramides.

Imitation de Jésus-Christ, ouvrage anonyme du XVᵉ s., attribué à Thomas a Kempis. Ce guide spirituel, inspiré de la *Devotio moderna*, eut une très grande influence dans l'Église latine.

IMOLA, v. d'Italie (Émilie-Romagne) ; 67 971 hab. Circuit automobile. – Monuments anciens, musées.

IMPERATRIZ, v. du nord-est du Brésil ; 245 509 hab.

IMPERIA, v. d'Italie (Ligurie), sur le golfe de Gênes ; 41 782 hab. Centre touristique.

IMPHAL, v. d'Inde, cap. de l'État de Manipur ; 217 275 hab.

IMPHY (58160), bur. centr. de cant. de la Nièvre, au S.-E. de Nevers, sur la Loire ; 3 556 hab. *(Imphycois)*. Aciers spéciaux.

Imprimerie nationale, société nationale chargée en France des travaux d'impression demandés par l'État ou par les collectivités territoriales (actes administratifs, documents divers, ouvrages), ainsi que par toute personne physique ou morale. Son origine remonte à la désignation d'un « imprimeur du Roy » par François Iᵉʳ, en 1538, et à la création d'un petit atelier typographique au Louvre, par Louis XIII, en 1620.

IMROZ, en gr. **Ímbros,** île de Turquie, dans la mer Égée, près des Dardanelles.

INA (Institut national de l'audiovisuel), établissement public industriel et commercial français. Créé en 1974, il est chargé de la conservation des archives de la radiodiffusion et de la télévision, des recherches de création audiovisuelle et de la formation professionnelle.

INALCO (Institut national des langues et civilisations orientales), établissement public d'enseignement supérieur et de recherche, appelé communément « Langues O' », dont l'origine remonte à 1669. Situé à Paris, il dispense un enseignement centré sur une centaine de langues vivantes et de civilisations des cinq continents.

INARI (lac), lac de Finlande, en Laponie ; 1 085 km².

IÑÁRRITU (Alejandro González), *Mexico 1963*, cinéaste mexicain. Révélé avec *Amours chiennes* (2000), qui portait en germe la violence de l'œuvre à venir, il renouvelle le film hollywoodien et se distingue par une mise en image exacerbée du mal et de la rédemption (*21 Grammes*, 2003 ; *Babel*, 2006 ; *Birdman*, 2014 ; *The Revenant*, 2015).

INC (Institut national de la consommation), établissement public industriel et commercial français, créé en 1966, qui a pour objet l'information et la protection des consommateurs. Il publie le mensuel *60 Millions de consommateurs*.

INCA (Empire), empire de l'Amérique précolombienne constitué dans la région andine et dont le centre était Cuzco. L'autorité de l'Inca Fils du Soleil était absolue et s'appuyait sur la caste dirigeante des nobles et des prêtres. Héritier de traditions artistiques antérieures (céramique, orfèvrerie, tissage), l'Empire inca connut son apogée au XVᵉ s. Affaibli par les maladies apportées par les Européens, il s'écroula en 1532 sous les coups de Francisco Pizarro. Il a laissé les vestiges d'une architecture remarquable (Cuzco, forteresse de Sacsahuamán, Machu Picchu).

▲ Empire **inca.** Le quartier sacré de la cité inca de Písac, au Pérou (1400-1532).

INCE (Thomas Harper), *Newport 1882 - en mer, près de Hollywood, 1924,* cinéaste et producteur américain. Il réalisa de nombreux films (*Civilization*, 1916) et est considéré, avec Griffith, comme l'un des fondateurs de la dramaturgie du film.

INCHON, anc. **Chemulpo,** v. de Corée du Sud, sur la mer Jaune ; 2 638 000 hab. Port. Centre industriel.

Inconnus (les), groupe d'humoristes français formé en 1984, composé de Didier Bourdon, de Bernard Campan et de Pascal Légitimus (Smaïn et Seymour Brussel quittant très tôt le groupe). À travers ses sketches et ses spectacles qui revisitent des faits de société, ce trio a dynamisé le genre comique grâce à son sens aigu de la parodie.

INDE n.f., en hindi **Bharat,** État fédéral d'Asie méridionale ; 3 268 000 km²; 1 352 600 000 hab. (*Indiens*). **CAP.** *New Delhi.* **LANGUES :** *hindi* et *anglais.* **MONNAIE :** *roupie indienne.* (*V. planche page 1588.*)

INSTITUTIONS République fédérale, membre du Commonwealth, constituée de 29 États (Andhra Pradesh, Arunachal Pradesh, Assam, Bengale-Occidental, Bihar, Chhattisgarh, Goa, Gujerat, Haryana, Himachal Pradesh, Jammu-et-Cachemire, Jharkhand, Karnataka, Kerala, Madhya Pradesh, Maharashtra, Manipur, Meghalaya, Mizoram, Nagaland, Odisha, Pendjab, Rajasthan, Sikkim, Tamil Nadu, Telangana, Tripura, Uttarakhand, Uttar Pradesh) et de 7 territoires fédéraux. La Constitution date de 1950. Le président de la République est élu par le Parlement pour 5 ans. Le Premier ministre, désigné par le parti majoritaire à la Chambre du peuple, est responsable devant le Parlement. Ce dernier comprend une Chambre du peuple, élue au suffrage universel direct pour 5 ans, et un Conseil des États, élu par les assemblées législatives des États pour 6 ans.

GÉOGRAPHIE L'Inde se situe au deuxième rang mondial pour la population (celle-ci s'accroît d'environ 1,5 million par mois). L'agriculture emploie encore plus de la moitié des actifs et demeure à base céréalière (blé et surtout riz), malgré l'importance, régionale, des cultures de plantation (thé, arachides, canne à sucre, coton, tabac, jute), souvent héritées de la colonisation. Elle est en partie rythmée par la mousson, qui apporte des pluies de mai à septembre, notamm. sur la façade occidentale du Deccan et dans le Nord-Est. Les contrastes de températures sont moins importants que l'opposition saison sèche-saison humide. L'énorme troupeau bovin est peu productif. L'industrie bénéficie de notables ressources énergétiques (hydroélectricité, pétrole et surtout charbon) et minérales (fer et bauxite, en partic.). Mais elle pâtit dans ses secteurs traditionnels (métallurgie, textile) d'une productivité souvent médiocre.

L'exode rural et la forte natalité ont gonflé les villes, qui regroupent déjà près du tiers de la population totale, souvent dans des agglomérations surpeuplées : Calcutta (Kolkata), Bombay (Mumbai), Delhi, Madras (Chennai), Bangalore et Hyderabad sont les plus importantes parmi la quarantaine qui dépassent le million d'habitants. Les principales villes sont des ports sur la côte de la péninsule du Deccan (région de plateaux plutôt aride) ou se sont développées au pied de l'Himalaya, dans la vaste plaine drainée par le Gange.

La pression démographique sur la terre est énorme (peu ou pas de champs pour des paysans souvent endettés) et les inégalités régionales et sociales, les tensions religieuses (surtout entre hindouistes, plus nombreux, et musulmans), les problèmes ethniques demeurent. Le sous-emploi est important. Le déficit commercial persiste et n'est pas comblé par les revenus du tourisme. Toutefois, le développement des services (en partic. informatiques) et de certaines industries (automobile, sidérurgie, produits pharmaceutiques), ainsi que l'engagement de réformes structurelles, a entraîné le réveil économique de l'Inde et son accession au statut de puissance à l'échelle mondiale.

HISTOIRE **Les origines. 2500 - 1800 av. J.-C. :** la civilisation de l'Indus (Mohenjo-Daro) est à son apogée. **IIe millénaire av. J.-C. :** les Aryens arrivent d'Asie centrale et colonisent l'Inde du Nord, qui adopte leur langue, le sanskrit, leur religion védique (à la base de l'hindouisme) et leur conception de la hiérarchie sociale (système des castes). **Entre 1000 et 900 av. J.-C. :** apparition du fer.

L'Inde ancienne. V. 560 - 480 av. J.-C. : l'Inde entre dans l'histoire à l'époque de la vie du Bouddha, contemporain de Mahavira, fondateur du jaïnisme. **V. 327 - 325 av. J.-C. :** Alexandre le Grand atteint l'Indus et y établit des colonies grecques. **V. 320 - 176 av. J.-C. :** l'Empire maurya est porté à son apogée par Ashoka (v. 269 - 232 av. J.-C.), qui étend sa domination de l'Afghanistan au Deccan et envoie des missions bouddhiques en Inde du Sud et à Ceylan. **Ier s. apr. J.-C. :** l'Inde, morcelée, subit les invasions des Kushana. **320 - 550 :** les Gupta favorisent la renaissance de l'hindouisme. **606 - 647 :** le roi Harsha parvient à réunifier le pays. **VIIe - XIIe s. :** l'Inde est à nouveau morcelée. Établis en Inde du Sud, les Pallava (VIIIe - IXe s.) puis les Cola (Xe - XIIe s.) exportent la civilisation indienne en Asie du Sud-Est. Le Sind est dominé par les Arabes (VIIIe s.), et la vallée de l'Indus tombe aux mains des Ghaznévides (XIe s.).

L'Inde musulmane. 1206 - 1414 : le sultanat de Delhi est créé ; il s'étend de la vallée du Gange au Deccan ; l'Inde est placée pour cinq siècles et demi sous l'hégémonie musulmane. **XIVe - XVIe s. :** des sultanats autonomes sont créés au Bengale, au Deccan et au Gujerat ; l'empire de Vijayanagar, au Sud, se mobilise pour la défense politique de l'hindouisme. **1497 - 1498 :** le Portugais Vasco de Gama découvre la route des Indes. **1526 :** Baber fonde la dynastie des Grands Moghols. **1526 - 1857 :** ces derniers dominent l'Inde grâce à leur armée, à leur administration efficace et à leur attitude conciliante à l'égard de la majorité hindoue. Après les brillants règnes d'Akbar (1556 - 1605) et de Chah Djahan (1628 - 1658), celui d'Aurangzeb (1658 - 1707) prélude au déclin. **1600 :** la Compagnie anglaise des Indes orientales est créée. **1664 :** la Compagnie française des Indes orientales est fondée. **1674 :** les Marathes, profitant du déclin moghol, constituent un royaume hindou, puis se rendent maîtres de l'Inde dans la première moitié du XVIIIe s. **1742 - 1754 :** Dupleix soumet à l'influence française le Carnatic et six provinces du Deccan. **1757 :** Clive remporte la victoire de Plassey sur le nabab du Bengale. **1763 :** le traité de Paris réduit l'Inde française à cinq comptoirs ; les Britanniques conservent Bombay, Madras et le Bengale.

La domination britannique. 1772 - 1785 : W. Hastings organise la colonisation du Bengale. **1799 - 1819 :** la Grande-Bretagne conquiert l'Inde du Sud, la vallée du Gange, Delhi, et bat les Marathes. **1849 :** elle annexe le royaume sikh du Pendjab. **1857 - 1858 :** révolte des cipayes. **1858 :** la Compagnie anglaise des Indes orientales est supprimée et l'Inde rattachée à la Couronne britannique. **1876 :** Victoria est couronnée impératrice des Indes. **1885 :** fondation du parti du Congrès. **1906 :** la Ligue musulmane est créée. **1920 - 1922 :** Gandhi lance une campagne de désobéissance civile. **1929 :** J. Nehru devient président du Congrès. **1935 :** le *Government of India Act* accorde l'autonomie aux provinces.

L'Inde indépendante. 1947 : l'indépendance est proclamée et l'Inde est divisée en deux États : l'Union indienne, à majorité hindoue, et le Pakistan, à majorité musulmane. Cette partition s'accompagne de massacres (de 300 000 à 500 000 victimes) et du déplacement de dix à quinze millions de personnes. **1947 - 1964 :** J. Nehru, Premier ministre et président du Congrès, met en œuvre un programme de développement et prône le non-alignement. **1947 - 1948 :** une guerre oppose l'Inde et le Pakistan pour le contrôle du Cachemire. **1948 :** Gandhi est assassiné. **1950 :** la Constitution fait de l'Inde un État fédéral, laïque et parlementaire, composé d'États organisés sur des bases ethniques et linguistiques. **1962 :** un conflit oppose la Chine et l'Inde au Ladakh. **1965 :** une deuxième guerre indo-pakistanaise éclate à propos du Cachemire. L'Inde se rapproche de l'URSS. **1966 :** Indira Gandhi arrive au pouvoir. **1971 :** une troisième guerre indo-pakistanaise est provoquée par la sécession du Bangladesh. **1977 - 1980 :** le Congrès doit céder le pouvoir au Janata, coalition de divers partis. **1980 :** I. Gandhi revient au pouvoir. **1984 :** elle est assassinée par des extrémistes sikhs. Son fils R. Gandhi lui succède. **1989 :** après l'échec du parti du Congrès aux élections, R. Gandhi démissionne, et une coalition de partis de l'opposition accède au pouvoir. Après l'assassinat de R. Gandhi, P. V. Narasimha Rao, élu à la tête du parti du Congrès, forme le nouveau gouvernement. **1992 :** la destruction de la mosquée d'Ayodhya (Uttar Pradesh) par des militants nationalistes hindous entraîne de graves affrontements intercommunautaires. **1996 :** le parti du Peuple indien (BJP, droite hindouiste nationaliste) remporte les élections mais ne parvient pas à former un gouvernement. De fragiles coalitions de centre gauche se succèdent, qui ne survivent pas au retrait du soutien du parti du Congrès. **1998 :** le BJP gagne à nouveau les élections. Son leader, Atal Bihari Vajpayee, devient Premier ministre. L'Inde procède à une série de tirs nucléaires, qui génère des tensions dans la région (notamm. avec le Pakistan) et avec la communauté internationale. **1999 :** le gouvernement est renversé mais, après une nouvelle victoire du BJP et de ses alliés aux élections, A. B. Vajpayee est reconduit dans ses fonctions. **2004 :** les élections ramènent au pouvoir le parti du Congrès, dirigé par Sonia Gandhi ; Manmohan Singh est Premier ministre. Il est confronté à un certain nombre de difficultés : tsunami meurtrier dans le sud du pays (26 déc. 2004), actes terroristes (attentats à Bombay, déc. 2008), effets de la crise économique mondiale. **2009 :** le parti du Congrès gagne largement les élections. M. Singh est reconduit à la tête du gouvernement. Mais son autorité pâtit d'une atonie économique persistante, de l'existence d'inégalités de plus en plus criantes et de la multiplication d'affaires de corruption. **2012 :** le viol collectif d'une étudiante dans un bus de New Delhi (suivi de son décès) soulève une vague de protestation et un débat de société sans précédent dans le pays (déc.). **2014 :** le BJP obtient la majorité absolue des sièges à la Chambre du peuple ; son leader, Narendra Modi, devient Premier ministre. Il lance un programme de modernisation économique et s'emploie à réaffirmer l'influence de l'Inde face à la Chine.

INDE FRANÇAISE → **ÉTABLISSEMENTS FRANÇAIS DANS L'INDE.**

indépendance américaine (Déclaration d') [4 juill. 1776], déclaration adoptée par le Congrès continental réuni à Philadelphie. Rédigée par Thomas Jefferson, la déclaration proclame l'indépendance des 13 colonies vis-à-vis de la Grande-Bretagne, au nom des « droits naturels ».

Indépendance américaine (guerre de l') [1775 - 1782], conflit qui opposa les colonies anglaises de l'Amérique du Nord et la Grande-Bretagne. Cette guerre aboutit à la fondation des États-Unis.

Indépendant (l'), quotidien régional français créé en 1846 à Perpignan.

Indes (Compagnie française des), compagnie fondée par la fusion, en 1719, de la Compagnie d'Occident de Law avec l'ancienne Compagnie des Indes orientales, organisée par Colbert. Elle lutta, sous Dupleix et La Bourdonnais, contre l'influence anglaise en Inde, mais disparut en 1794.

Indes (Conseil des), organisme espagnol (1511 - 1834), chargé d'administrer le Nouveau Monde.

INDES (empire des), ensemble des possessions britanniques de l'Inde rattachées à la Couronne (1858 - 1947).

INDES OCCIDENTALES, nom donné à l'Amérique par Christophe Colomb, qui croyait avoir atteint l'Asie.

INDES-OCCIDENTALES (Fédération des), en angl. **West Indies,** fédération constituée, de 1958 à 1962, par les Antilles britanniques.

INDES ORIENTALES, anc. colonies néerlandaises constituant auj. l'Indonésie.

Indes orientales (Compagnie anglaise des), compagnie fondée par Élisabeth Ire en 1600 pour le commerce avec les pays de l'océan Indien, puis avec l'Inde seule. Ses pouvoirs furent transférés à la Couronne en 1858.

Indes orientales (Compagnie hollandaise des), compagnie fondée aux Provinces-Unies en 1602 pour arracher au Portugal le monopole des mers des Indes. Prospère au XVIIe s., elle disparut en 1799.

Inde
plus de 5 000 000 h.
de 1 000 000 à 5 000 000 h.
de 500 000 à 1 000 000 h.
de 100 000 à 500 000 h.
moins de 100 000 h.
site touristique important
route
voie ferrée
aéroport
200 500 1000 2000 3000 m
Karakorum
Himalaya
Siwalik
Pakistan
Chine
Népal
Bhoutan
Bangladesh
Birmanie
Tibet
Ladakh
Cachemire
Srinagar
Jammu
Lahore
Amritsar
Jullundur
Ludhiana
Simla
Chandigarh
Dehra Dun
Nanda Devi 7 817 m
Pendjab
Moga
Patiala
Saharanpur
Ganganagar
Bahawalpur
Meerut
Rohtak
Bhiwani
Delhi
NEW DELHI
Moradabad
Rampur
Bareilly
Ghaziabad
Faridabad
Aligarh
Mathura
Agra
Shahjahanpur
Sitapur
Lucknow
Désert de Thar
Bikaner
Jaisalmer
Jodhpur
Ajmer
Jaipur
Tonk
Beawar
Firozabad
Kanpur
Bhind
Gwalior
Fatehpur
Faizabad
Gorakhpur
Bénarès (Varanasi)
Allahabad
Mirzapur
Patna
Arrah
Chhapra
Muzaffarpur
Darbhanga
Bhagalpur
Gaya
Bodh-Gaya
Annapurna 8 078 m
Everest 8 848 m
Kangchenjunga 8 586 m
KATMANDOU
THIMPHOU
Gangtok
Darjeeling
Siliguri
Gauhati
Hyderabad
Barmer
Mont Abu
Bhilwara
Mts Aravalli
Udaipur
Kota
Shivpuri
Jhansi
Khajuraho
Satna
Rewa
Guna
Deesa
Bann de Kutch
Patan
Mahesana
Gandhinagar
Ratlam
Ujjain
Sanci
Sagar
Mts Vindhya
Bhopal
Ahmedabad
Dewas
Indore
Jabalpur
Plateau du Chota Nagpur
Gondwana
Bokaro Steel City
Ranchi
Jamshedpur
Dhanbad
Asansol
Durgapur
Bardhaman
Bhatpara
Chandernagor
Howrah
Calcutta (Kolkata)
South Suburban
Kharagpur
P. N. des Sundarbans
Bouches du Gange
Hooghly
Bengale
Tropique du Cancer
Golfe de Kutch
Jamnagar
Rajkot
Péninsule de Kathiawar
Bhavnagar
Godhra
Vadodara
Porbandar
Veraval
Diu
Golfe de Cambay
Surat
Dhulia
Mts Satpura
Narbada
Tapti
Bilaspur
Korba
Raurkela
Sambalpur
Baleshwar
Gondia
Raipur
Bhilai Nagar
Nagpur
Amravati
Jalgaon
Malegaon
Daman
Nasik
Mts Ajanta
Ellora
Akola
Wardha
Silvassa
Ulhasnagar
Thane
Elephanta
Bombay (Mumbai)
Aurangabad
Jalna
Yavatmal
Chandrapur
Bhawanipatna
Rayagara
Jagdalpur
Jeypore
Cuttack
Bhubaneswar
Puri
Berhampur
Mahanadi
Ahmadnagar
Parbhani
Nanded-Waghala
Nizamabad
Karimnagar
Godavari
Indravati
Pune
Deccan
Warangal
Khammam
Kottagudem
Vizianagaram
Visakhapatnam
Rajahmundry
Kakinada
Ghats Orientaux
GOLFE DU BENGALE
MER D'OMAN
Ratnagiri
Konkan
Sholapur
Bhima
Sangli
Kolhapur
Gulbarga
Hyderabad
Bijapur
Raichur
Krishna
Eluru
Amaravati
Vijayavada
Guntur
Ongole
Goa
Panaji
Belgaum
Hubli-Dharwad
Adoni
Kurnool
Bellary
Nandyal
Proddatur
Cuddapah
Davanagere
Anantapur
Shimoga
Bhadravati
Ghats Occidentaux
Nellore
Madras (Chennai)
Tirupati
Udupi
Mangalore
Bangalore
Kolar
Vellore
Kolar Gold Fields
Kanchipuram
Mandya
Mysore
Mts Nilgiri
Salem
Pondichéry (Puducherry)
Cuddalore
Chidambaram
Karikal
Mahé
Kozhikode (Calicut)
2 633 m
Erode
Tiruppur
Coimbatore
Kaveri
Thanjavur
Tiruchirapalli
Dindigul
Côte de Coromandel
Îles Laquedives
Kavaratti
LAKSHADWEEP (Inde)
MER DES LAQUEDIVES
Trichur
Cochin
Alleppey
Quilon
Trivandrum
Côte de Malabar
Mts des Cardamomes
Madurai
Tirunelveli
Tuticorin
Nagercoil
C. Comorin
Détroit de Palk
Jaffna
Trincomalee
Anuradhapura
Golfe de Mannar
Ceylan
Kandy
COLOMBO
SRI JAYAWARDENEPURA KOTTE
SRI LANKA (CEYLAN)
MALDIVES
OCÉAN INDIEN
150 km
Lhassa
Brahmapoutre (Tsangpo)
Kangto 7 047 m
Dibrugarh
Digboi
Itanagar
Jorhât
Alipur Duar
Brahmapoutre
Dispur
Gauhati
Shillong
Mts Khasi
Cherrapunji
Mts Naga
Kohima
Myitkyina
Chindwin
Silchar
Imphal
DACCA
Agartala
Aijal
Chittagong
Mandalay
Padma
Chambal
Betwa
Gange
Son
Damodar
Sutlej
Chenab
Indus
Ravi
Yamuna
États et Territoires
Cachemire sous administration militaire pakistanaise
Territoire administré par la Chine mais revendiqué par l'Inde
Ligne de contrôle
Afgh.
Jammu-et-Cachemire
Himachal Pradesh
Pendjab
Haryana
Uttarakhand
Uttar Pradesh
Rajasthan
Gujarat
Madhya Pradesh
Chhattisgarh
Bihar
Jharkhand
Bengale occidental
Odisha
Maharashtra
Telangana
Andhra Pradesh
Karnataka
Kerala
Tamil Nadu
Sikkim
Arunachal Pradesh
Assam
Lakshadweep
Îles Andaman
Andaman-et-Nicobar
Port-Blair
Îles Nicobar
1-Dadra-et-Nagar Haveli
2-Manipur
3-Meghalaya
4-Mizoram
5-Nagaland
6-Pondichéry
7-Tripura
8-Goa, Daman-et-Diu
9-Delhi
Kerala État
Delhi Territoire
* Hyderabad est la capitale du Telangana et reste celle de l'Andhra Pradesh jusqu'en 2024

L'art de l'Inde ancienne

Au fil des millénaires, et du nord au sud, la pensée religieuse a été le suppo et la source d'inspiration essentielle de l'expression artistique. Dans ce pay à la dimension d'un continent – jamais unifié dans les temps anciens –, création, tout en restant profondément originale, n'a cessé de s'enrichir de apports culturels soit des innombrables dynasties locales, soit des envahisseur

anci. Le stupa principal (ou n° 1), fondé au e s. av. J.-C. C'est entre la base du dôme et la alustrade qu'est pratiquée la circumambulation ituelle bouddhique. Ici, l'agencement de a balustrade *(vedika)* est encore influencé ar l'architecture du bois, de même que les ortiques *(torana)* ouverts aux quatre points ardinaux.

Amaravati. *Vénération de Bouddha*, haut-relief du IIe s. apr. J.-C. Dans l'art bouddhique des origines, Bouddha est suggéré par des symboles, comme ici par l'empreinte de ses pas. (Musée de Madras.)

Gandhara. Bodhisattva provenant du monastère de Shahbaz-Garhi, au Pakistan. Schiste gris du IIe s. (Musée Guimet, Paris.)

Mahabalipuram. Encore inspirés pour certains (ici au second plan) par la hutte de chaume, les « ratha » de forme pyramidale évoquent la montagne cosmique, demeure de Shiva, et vont donner sa forme au *vimana* d proportions grandioses au XIIe s., comme à Thanjavur.

.e mariage de Shiva et Parvati. ronze Cola du début du XIe s. C'est pendant l'apogée (XIe-XIIIe s.) le la dynastie des Cola que l'art du ronze – fondu à la cire perdue – tteint la perfection.

Bhubaneswar. Le temple Mukteshvara (Xe s.). Cette cité du shivaïsme présente les plus beaux exemples d'architecture de l'Inde du Nord, dans laquelle la tour-sanctuaire à arêtes curvilignes *(shikhara)* possède la toiture la plus haute.

ikandra. Le mausolée d'Akbar. Commencé sous le règne du souverain t achevé en 1613 sous celui de Djahangir, ce monument, régi par des onceptions à la fois hindouistes et bouddhiques (élévation pyramidale, rdonnancement intérieur, choix du grès rouge), illustre le syncrétisme ligieux de l'époque.

Madurai. Le temple Minaksi (XVIIe s.). Trois enceintes successives, jalonnées de tours-porches *(gopura)*, dont les plu hautes sont à l'extérieur, ainsi que des salles hypostyles et des bassins sacrés enchâssent le sanctuaire central et constituent une véritable cité religieuse typique de l'Inde du Sud.

Indonésie, Timor oriental

200 500 1000 m — route — aéroport — volcan — site touristique important

- plus de 7 000 000 h.
- de 1 000 000 à 7 000 000 h.
- de 100 000 à 1 000 000 h.
- moins de 100 000 h.

Index, catalogue des livres prohibés par l'autorité religieuse catholique. Cette censure, créée au XVIe s., a été abolie par Paul VI en 1965.

INDIANA, État des États-Unis, entre la rivière Ohio et le lac Michigan ; 6 666 818 hab. ; cap. *Indianapolis*.

INDIANAPOLIS, v. des États-Unis, cap. de l'Indiana ; 848 788 hab. (1 552 364 hab. dans l'agglomération). Université. – Musée d'art. – Circuit pour courses automobiles.

INDIEN (océan), océan situé entre l'Afrique, l'Asie et l'Australie ; env. 75 000 000 km².

INDIENS, nom donné, d'une part, aux habitants de l'Inde et, d'autre part, aux premiers habitants du Nouveau Continent (peuples de l'Arctique exceptés), auj. plutôt appelés Amérindiens*.

INDIGUIRKA n.f., fl. de Russie, en Sibérie, qui se jette dans l'océan Arctique ; 1 726 km.

INDOCHINE, péninsule de l'Asie, entre l'Inde et la Chine, limitée au sud par le golfe du Bengale, le détroit de Malacca et la mer de Chine méridionale. Elle comprend la Birmanie, la Thaïlande, la Malaisie occidentale, Singapour, le Cambodge, le Laos et le Viêt Nam.

Indochine (guerres d') [1946 - 1975], conflits qui eurent lieu au Viêt Nam, au Laos, en Thaïlande et au Cambodge, opposant la France au Viêt-minh (1946 - 1954), puis les États-Unis, engagés aux côtés du Viêt Nam du Sud, au Viêt Nam du Nord (1954 - 1975). En 1945, le départ des troupes japonaises provoqua l'insurrection des nationalistes vietnamiens (Viêt-minh), hostiles au retour de la colonisation française. Le conflit s'étendit bientôt à l'ensemble du Tonkin. À l'issue de la défaite française de Diên Biên Phu (1954), le Viêt Nam est divisé en deux zones, de part et d'autre du 17e parallèle (accords de Genève), avec, au nord, un pouvoir communiste et, au sud, une république soutenue par les États-Unis. Ainsi, dès 1956, débute un nouveau conflit. Après une période de guérilla marquée par l'infiltration progressive des forces nord-vietnamiennes au sud, combattant aux côtés du Viêt-cong, le conflit se radicalise entre le Viêt Nam du Nord, soutenu par l'URSS et la Chine populaire, et le Viêt Nam du Sud, appuyé à partir de 1962 de façon massive par les États-Unis. Un accord de cessez-le-feu au Viêt Nam et au Laos est suivi par le retrait des forces américaines (1973). En 1975, tandis que les Khmers rouges l'emportent au Cambodge, les troupes du Viêt Nam du Nord entrent à Saigon (avr. 1975), préludant à l'unification, en 1976, des deux États vietnamiens.

INDOCHINE FRANÇAISE, anc. ensemble des colonies et protectorats français de la péninsule indochinoise. L'Indochine française comprenait en 1887 le Cambodge et l'actuel Viêt Nam (Cochinchine, Tonkin, Annam). Elle absorba le Laos en 1893. Elle disparut après les accords d'indépendance (1949 - 1950).

INDO-GANGÉTIQUE (plaine), région d'Asie (Inde et Pakistan) formée par les plaines de l'Indus et du Gange.

INDONÉSIE n.f., en indon. **Indonesia,** État d'Asie du Sud-Est ; 1 885 000 km² ; 249 866 000 hab. *(Indonésiens).* **CAP.** *Jakarta.* **LANGUE :** *indonésien.* **MONNAIE :** *rupiah (roupie indonésienne).*

GÉOGRAPHIE Au quatrième rang mondial pour la population et correspondant à la majeure partie de l'Insulinde, l'Indonésie est un État insulaire (plus de 13 000 îles, dont moins de la moitié est habitée), s'étendant sur 5 000 km d'O. en E. et sur 2 000 km du N. au S. C'est un pays souvent montagneux et volcanique, ravagé périodiquement par des séismes (suivis de tsunamis). Proche de l'équateur, doté d'un climat chaud et humide, il est en grande partie couvert d'une forêt dense (en constante régression et régulièrement touchée par de gigantesques incendies).
La population, islamisée (l'Indonésie est le premier pays musulman), se regroupe pour près des deux tiers à Java. Moins vaste que Sumatra, Célèbes ou les parties indonésiennes de Bornéo (Kalimantan) et de la Nouvelle-Guinée (Papouasie [occidentale]), Java possède cependant les trois plus grandes villes (Jakarta, Surabaya, Bandung).
Le riz constitue la base de l'alimentation. De la période coloniale résulte l'importance des plantations : caoutchouc, café, oléagineux, tabac. Sont également développées la pêche et l'exploitation du bois. Le pétrole et le gaz naturel, ainsi que le charbon et les minerais (nickel, or, étain...), fournissent encore les ressources essentielles, mais marquent le pas. L'économie est conditionnée par leurs cours, mais aussi par l'endettement, par la faiblesse de l'infrastructure (transports) et par l'accroissement de la population, qui pose localement (Java) le problème du surpeuplement. Néanmoins, le pays, qui bénéficie d'un tourisme florissant (malgré les aléas de la nature et les violences du terrorisme islamiste), s'affirme, en dépit de crises financières et économiques (régionale en 1997 - 1998 et mondiale à partir de 2007 - 2008), comme la puissance montante de l'Asie du Sud-Est.

HISTOIRE **Des origines aux Indes néerlandaises.** D'abord morcelée en petits royaumes de culture indianisée, l'Indonésie est dominée du VIIe au XIVe s. par le royaume bouddhiste de Srivijaya. **XIIIe - XVIe s. :** l'islamisation gagne tout l'archipel, à l'exception de Bali, qui reste fidèle à l'hindouisme ; l'empire de Majapahit règne sur l'archipel aux XIVe-XVe s. **1511 :** les Portugais prennent Malacca. **1521 :** ils arrivent aux Moluques. **1602 :** la Compagnie hollandaise des Indes orientales est fondée. Elle intervient dans les affaires intérieures des sultanats javanais (Banten, Mataram). **1641 :** les Hollandais prennent Malacca. **1799 :** la Compagnie perd son privilège et les Néerlandais pratiquent la colonisation directe. **1830 - 1860 :** le « système des cultures », introduit par J. Van den Bosch, et reposant sur le travail forcé des autochtones, enrichit la métropole. **Début du XXe s. :** la pacification des Indes néerlandaises est réalisée. **1911 - 1927 :** des partis politiques s'organisent : Sarekat Islam (1911), Parti communiste (1920), Parti national (1927), animé par Sukarno. **1942 - 1945 :** le Japon occupe l'archipel.

L'Indonésie indépendante. 1945 : Sukarno proclame l'indépendance de l'Indonésie. **1949 :** les Pays-Bas reconnaissent le nouveau statut. **1950 - 1967 :** Sukarno tente d'instituer un socialisme « à l'indonésienne » et est confronté à divers mouvements séparatistes. **1955 :** la conférence de Bandung consacre le rôle de l'Indonésie dans le tiers-monde. **1963 - 1966 :** l'Indonésie s'oppose à la formation de la Malaisie. **1963 - 1969 :** la Nouvelle-Guinée occidentale est rétrocédée par les Pays-Bas et rattachée à l'Indonésie. **1966 - 1967 :** Sukarno est éliminé au profit de Suharto. Régulièrement réélu à partir de 1968, Suharto applique une politique anticommuniste et se rapproche de l'Occident. **1975 - 1976 :** l'annexion du Timor oriental déclenche une guérilla. **Depuis les années 1980 :** l'islam fondamentaliste se propage. **1998 :** sous la pression d'une opposition renforcée par la crise économique, Suharto démissionne. Le vice-président, Bacharuddin Jusuf Habibie, lui succède à la tête de l'État. **1999 :** l'opposition démocratique, dirigée par Megawati Sukarnoputri (fille de Sukarno), remporte les élections législatives. Après le déchaînement de violences ayant suivi, au Timor oriental, le référendum en faveur de l'indépendance, le leader musulman modéré Abdurrahman Wahid est élu à la présidence de la République indonésienne. Mais le pays est en proie à une situation économique délicate et à la multiplication des troubles séparatistes et interconfessionnels (Aceh, Irian Jaya [Papouasie (occidentale)], Moluques). **2001 :** A. Wahid est destitué par le Parlement. La vice-présidente, Megawati Sukarnoputri, lui succède à la tête de l'État. **2002 :** l'indépendance du Timor oriental est proclamée. Les autorités s'engagent résolument dans la lutte contre le terrorisme islamiste, après les attentats de Bali (oct. ; 202 morts). **2004 :** Susilo Bambang Yudhoyono devient président de la République (réélu en 2009). Le pays est touché par un tremblement de terre suivi d'un tsunami meurtrier (déc. ; près de 170 000 morts ou disparus, essentiellement dans le nord de Sumatra [Aceh]). **2005 :** le gouvernement conclut un accord de paix avec les séparatistes de la région d'Aceh. **2014 :** Joko Widodo (« Jokowi »), un homme du peuple incarnant la rupture avec la classe dirigeante, est élu à la tête de l'État.

INDORE, v. d'Inde (Madhya Pradesh) ; 1 597 441 hab. (2 167 447 hab. dans l'agglomération). Chimie.

INDRA, le plus grand des dieux de l'Inde à l'époque védique. Il détient la puissance, symbolisée par le foudre avec lequel il détruit les démons. Monté sur l'éléphant Airavata, il est adoré par les guerriers.

INDRE n.f., riv. de France, affl. de la Loire (r. g.) ; 265 km. Elle passe à Châteauroux.

INDRE n.f. (36), dép. de la Région Centre-Val de Loire ; ch.-l. de dép. *Châteauroux* ; ch.-l. d'arrond. *Le Blanc, La Châtre, Issoudun* ; 4 arrond. ; 13 cant. ; 243 comm. ; 6 791 km² ; 230 546 hab. *(Indriens)*. Le dép. appartient à l'académie d'Orléans-Tours, à la cour d'appel de Bourges, à la zone de défense et de sécurité Ouest. Le dép. occupe la partie occidentale du Berry, découpée par les vallées de la Creuse et de l'Indre. L'agriculture est fondée sur les cultures céréalières et l'élevage (bovins, surtout). L'industrie joue un rôle peu important ; elle est représentée principalement à Châteauroux, la seule ville notable, et à Issoudun.

INDRE (44610), comm. de la Loire-Atlantique, sur la Loire ; 3 982 hab. À *Basse-Indre*, métallurgie.

INDRE-ET-LOIRE n.f. (37), dép. de la Région Centre-Val de Loire ; ch.-l. de dép. *Tours* ; ch.-l. d'arrond. *Chinon, Loches* ; 3 arrond. ; 19 cant. ; 272 comm. ; 6 127 km² ; 619 651 hab. Le dép. appartient à l'académie d'Orléans-Tours, à la cour d'appel d'Orléans, à la zone de défense et de sécurité Ouest. La vallée de la Loire et les basses vallées du Cher, de l'Indre et de la Vienne constituent les secteurs vitaux du dép. Elles portent de riches cultures fruitières et légumières, des vignobles (Vouvray, Bourgueil), et sont jalonnées de châteaux (à Amboise, Azay-le-Rideau, Chenonceaux, Chinon), hauts lieux touristiques. Les plateaux, crayeux ou siliceux, dominant ces vallées sont le domaine d'une agriculture moins intensive (céréales ou élevage bovin). L'industrie est surtout représentée dans l'agglomération de Tours, qui regroupe plus de la moitié de la population.

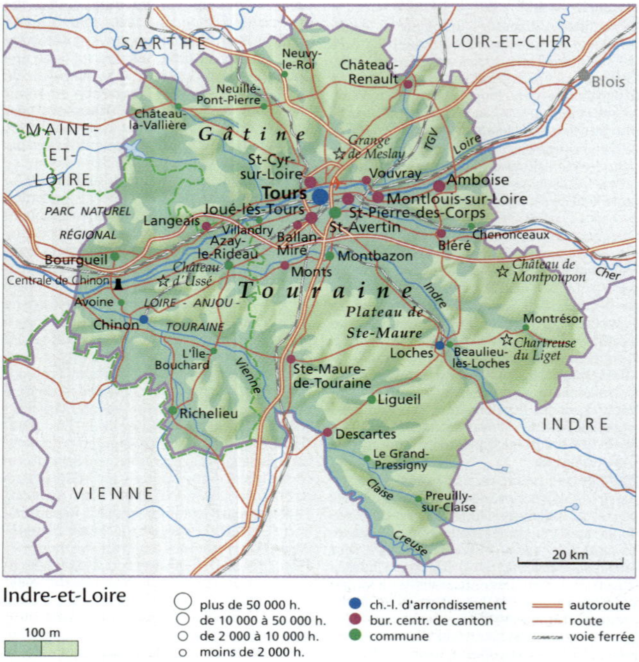

Indulgences (querelle des), conflit religieux qui préluda à la Réforme luthérienne. En 1515, le pape Léon X promulgua une indulgence pour tous ceux qui versaient des aumônes destinées à l'achèvement de Saint-Pierre de Rome. Il s'ensuivit une campagne de prédication, menée en Allemagne par le dominicain Tetzel, pour le compte de l'archevêque Albert de Brandebourg appuyé par les banquiers Fugger. Cette campagne provoqua l'indignation de Luther, qui résuma dans un écrit ses attaques contre les indulgences ; ce sont les 95 thèses, affichées en 1517 sur les portes de l'église de Wittenberg et condamnées par Rome en 1519.

INDURÁIN (Miguel), *Villava, Navarre, 1964*, coureur cycliste espagnol. Il a remporté cinq Tours de France consécutifs (1991 à 1995) et deux Tours d'Italie (1992 et 1993).

INDUS n.m., en sanskr. **Sindhu**, fl. d'Asie, né au Tibet, qui se jette dans la mer d'Oman en formant un vaste delta ; 3 040 km. Il traverse le Cachemire et le Pakistan. Ses eaux sont utilisées pour l'irrigation. – Les bords de l'Indus connurent une civilisation non indo-européenne probablement née à Mehrgarh, florissante au IIIe millénaire av. J.-C., qui s'éteignit au milieu du IIe millénaire av. J.-C. Cette civilisation est notamm. caractérisée par une architecture urbaine (Mohenjo-Daro [Sind], Harappa [Pendjab], etc.) et par une écriture pictographique qui n'a pas encore été déchiffrée.

▲ Civilisation de l'**Indus.** Tête sculptée de Mohenjo-Daro, Sind (Pakistan), IIIe millénaire. (Musée de New Delhi.)

INDY (Vincent d'), *Paris 1851 - id. 1931*, compositeur français. Auteur d'opéras (*Fervaal*, 1897 ; *l'Étranger*, 1903) et de la *Symphonie sur un chant montagnard français*, dite « cévenole » (1886), il fut aussi théoricien, et cofonda la Schola cantorum.

INED (Institut national d'études démographiques), organisme public français, fondé en 1945, chargé de l'étude des problèmes de population.

INÉS DE CASTRO, *en Castille v. 1320 - Coimbra 1355*, héroïne espagnole. Ayant épousé secrètement l'infant Pierre de Portugal, elle fut assassinée sur l'ordre du roi Alphonse IV. – Son histoire inspira notamm. un drame à Montherlant (*la Reine morte*, 1942).

informatique et des libertés (Commission nationale de l') [CNIL], autorité administrative française indépendante, instituée en 1978 pour protéger la vie privée et les libertés individuelles et publiques face aux dangers que peut présenter l'informatique.

Inga, aménagement hydroélectrique de la Rép. dém. du Congo, dans les gorges du fleuve Congo.

INGEN-HOUSZ (Johannes), *Breda 1730 - Bowood, Wiltshire, 1799,* physicien néerlandais. Il étudia la conductibilité calorifique des métaux ainsi que la nutrition des végétaux, et découvrit la photosynthèse.

INGOLSTADT, v. d'Allemagne (Bavière), sur le Danube ; 124 927 hab. Industrie automobile. Chimie. – Château (XVe-XVIe s.) et églises (du gothique au rococo).

INGOUCHES, peuple caucasien de Russie (Tchétchénie, Ingouchie et Ossétie du Nord-Alanie) [env. 240 000]. Apparentés aux Tchétchènes, ils se convertirent à l'islam sunnite à partir du XVIIIe s. Ils entrèrent en conflit avec les colonisateurs russes (Cosaques) à la fin du XIXe s. ; comme les Tchétchènes, ils furent déportés en Asie centrale sous un fallacieux prétexte de collaboration (1943 - 1944) ; les survivants furent autorisés à revenir chez eux après 1957. Ils parlent l'*ingouche* (ou *galgay*).

INGOUCHIE, république de Russie, au N. du Caucase ; 412 997 hab. ; cap. *Magas.*

INGRES (Jean Auguste Dominique), *Montauban 1780 - Paris 1867,* peintre français. Élève de David, grand prix de Rome en 1801, il se distingua par la pureté et le raffinement de son dessin. Professeur, devenu le chef de l'école classique face au romantisme, il a transcendé les règles académiques par un génie souvent étrange (*la Grande Odalisque,* 1814 ; *Roger délivrant Angélique,* 1819, Louvre ; *le Vœu de Louis XIII,* 1824, cathédrale de Montauban ; *l'Apothéose d'Homère,* 1827, Louvre ; *Stratonice,* 1840, Chantilly ; *le Bain turc,* 1859-1863, Louvre). Ses portraits, peints ou dessinés, sont d'une exceptionnelle qualité.

INGWILLER (67340), bur. centr. de cant. du Bas-Rhin ; 4 144 hab. *(Ingwillerois).*

INHELDER (Bärbel), *Saint-Gall 1913 - Ausserberg, Valais, 1997,* psychologue suisse. Elle a contribué avec J. Piaget à construire une théorie du développement de l'intelligence.

Inkatha (« Liberté de la nation »), mouvement puis parti politique zoulou, fondé en 1975 par Mangosuthu Gatsha Buthelezi, sur la base d'une organisation culturelle créée dans les années 1920. Il est fortement implanté au Kwazulu-Natal.

INN n.m., riv. d'Europe centrale (Suisse, Autriche et Allemagne), affl. du Danube (r. dr.), rejoint à Passau ; 510 km. Né dans les Grisons, où sa haute vallée constitue l'Engadine, il traverse le Tyrol, passant à Innsbruck.

INNOCENT III (Giovanni **Lotario di Segni**), *Anagni 1160 - Rome 1216,* pape de 1198 à 1216. Il lutta contre Philippe Auguste et contre Jean sans Terre, prit l'initiative de la 4e croisade et celle de l'expédition contre les albigeois après l'échec de la prédication de saint Dominique. Il imposa sa tutelle à Frédéric II. Le quatrième concile du Latran marqua le sommet de son pontificat et de la théocratie papale.

▲ **Innocent III.** Fresque du XIIIe s. (Monastère de Subiaco.) — **Innocent IV** (Sinibaldo **Fieschi**), *Gênes v. 1195 - Naples 1254,* pape de 1243 à 1254. Il lutta contre Frédéric II, qu'il fit déposer au Ier concile de Lyon (1245). — **Innocent X** (Giovanni Battista **Pamphili**), *Rome 1574 - id. 1655,* pape de 1644 à 1655. Élu contre la volonté de Mazarin, il entra en conflit avec celui-ci pendant son pontificat. Il condamna cinq propositions tirées de l'*Augustinus* de Jansénius et perfectionna l'organisation administrative pontificale. — bienheureux **Innocent XI** (Benedetto **Odescalchi**), *Côme 1611 - Rome 1689,* pape de 1676 à 1689. Il lutta contre la simonie et eut de vifs démêlés avec Louis XIV, en partie au sujet de la régale. — **Innocent XII** (Antonio **Pignatelli**), *Spinazzola 1615 - Rome 1700,* pape de 1691 à 1700. Il mit fin à la querelle de la régale et obtint la restitution d'Avignon, confisquée sous le pontificat d'Innocent XI.

Innocents (cimetière, marché et fontaine des), ancien ensemble urbain de Paris (Ier arrond.). Le vieux cimetière des Innocents (1186 - 1786) fut remplacé par un marché (1788 - 1858), au centre duquel fut reconstruite en forme d'édicule indépendant la fontaine des Innocents, pariétale à l'origine, de Lescot et Goujon (sculptures complémentaires de Pajou). Puis un square prit la place du marché ; square et fontaine sont auj. compris dans l'aménagement du quartier des Halles.

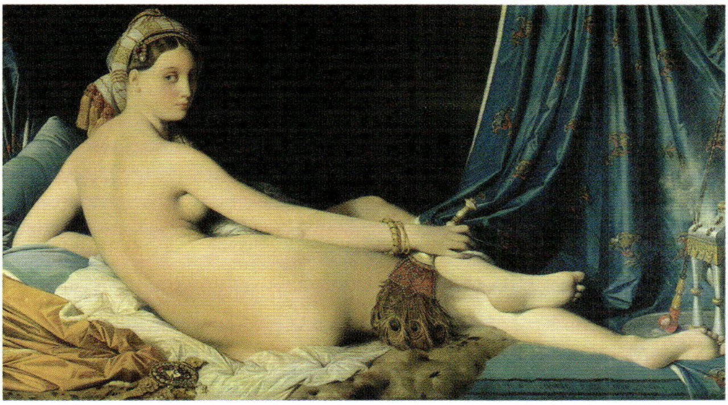

▲ **Ingres.** *La Grande Odalisque,* 1814. (Louvre, Paris.)

Innocents (massacre des), meurtre des enfants de moins de deux ans, qui fut ordonné par Hérode le Grand par crainte de la rivalité d'un futur Messie (évangile de Matthieu).

INNSBRUCK, v. d'Autriche, ch.-l. du Tyrol, sur l'Inn ; 119 617 hab. Station touristique et de sports d'hiver. Université. – Hofburg, château de Maximilien Ier, puis de l'impératrice Marie-Thérèse ; Hofkirche, ou église des Franciscains ; autres monuments (XVIe-XVIIIe s.). Musées du Tyrol.

INNUS, anc. **MONTAGNAIS,** peuple amérindien du Canada (Québec, Labrador) [env. 15 000], de langue algonquienne.

INO MYTH. GR. Déesse marine. Elle servit de nourrice à Dionysos.

INÖNÜ (Mustafa Ismet, dit Ismet), *Izmir 1884 - Ankara 1973,* général et homme politique turc. Collaborateur de Mustafa Kemal, il fut victorieux des Grecs à Inönü (1921) et devint Premier ministre (1923 - 1937), puis président de la République (1938 - 1950) et du parti républicain du Peuple (1938 - 1972).

INOUE YASUSHI, *Asahikawa 1907 - Tokyo 1991,* écrivain japonais. Il est l'auteur de récits (*Combat de taureaux,* 1947 ; *le Fusil de chasse,* 1949) et de romans historiques (*le Loup bleu,* 1960).

Inquisition, tribunal spécial institué par la papauté pour lutter contre les hérésies au moyen d'une procédure particulière, l'enquête (*inquisitio*). Introduite devant les tribunaux ecclésiastiques par Innocent III (1199), la procédure inquisitoriale (interrogatoire, torture, châtiments) fut confiée aux dominicains (XIIIe s.) pour lutter contre les albigeois dans le midi de la France. Très active jusque dans l'Espagne du XVIe s. (contre les musulmans et les juifs), l'Inquisition a été officiellement supprimée au début du XVIIIe s.

INRA (Institut national de la recherche agronomique), établissement public français à caractère scientifique et technologique, créé en 1946. Il a pour mission d'effectuer des travaux de recherche scientifique intéressant l'agriculture, l'alimentation, la valorisation des territoires et l'environnement.

INRI, initiales des mots latins : *Iesus Nazarenus Rex Iudaeorum* (Jésus, le Nazaréen, roi des Juifs). C'est le motif de la condamnation de Jésus, qui, selon la coutume romaine, fut inscrit sur une tablette fixée à la croix ; l'iconographie a réduit cette mention à des initiales.

INRIA (Institut national de recherche en informatique et en automatique), établissement public français à caractère scientifique et technologique, qui a succédé en 1979 à l'IRIA (Institut de recherche en informatique et en automatique), créé en 1967. Il a pour mission d'entreprendre des recherches intéressant les sciences et technologies de l'information et de la communication.

IN SALAH, oasis du Sahara algérien ; 32 518 hab. Gisement de gaz naturel.

INSEE (Institut national de la statistique et des études économiques), organisme public français chargé de la publication des statistiques et de diverses enquêtes et études, notamm. de conjoncture économique. Il a pris en 1946 la suite du Service national des statistiques, créé en 1941.

INSERM (Institut national de la santé et de la recherche médicale), organisme français créé en 1964, chargé de l'étude des problèmes sanitaires et de l'orientation de la recherche médicale.

Institut (palais de l'), édifice parisien, situé sur la rive gauche de la Seine, en face du Louvre. C'est l'ancien collège des Quatre-Nations, élevé sous la direction de Le Vau à partir de 1663. Affecté à l'Institut de France depuis 1806, il accueille dans sa chapelle à coupole les séances publiques des Académies ; bibliothèque Mazarine.

Institut catholique de Paris, établissement libre d'enseignement supérieur, créé en 1875.

Institut de France, ensemble des 5 Académies : française, des inscriptions et belles-lettres, des sciences, des beaux-arts, des sciences morales et politiques.

Institut de mécanique céleste et de calcul des éphémérides, laboratoire de recherche en astronomie fondamentale et service public de calcul et de diffusion d'éphémérides astronomiques. Créé en 1998, il est rattaché à l'Observatoire de Paris.

Institut de recherche pour le développement → **IRD.**

Institut d'études politiques, établissement public d'enseignement supérieur, qui délivre une formation en sciences politiques, économiques et sociales, et qui prépare notamm. aux responsabilités dans le secteur privé, comme dans la haute administration, la politique et la recherche. L'Institut d'études politiques de Paris (IEP Paris), ou « Sciences Po » Paris, a succédé en 1945 à l'École libre des sciences politiques, créée en 1872. D'autres IEP existent en province, sur ce modèle.

Institut du monde arabe (IMA), fondation visant au développement de la connaissance du monde arabo-islamique en France. Il est installé à Paris (Ve arrond.), dans un édifice de J. Nouvel et Architecture-Studio ; bibliothèque, musée. Il possède une antenne à Tourcoing.

Institutes, exposé systématique du droit romain rédigé sur l'ordre de Justinien, en 533, inspiré des *Institutes* de Gaius (IIe s. apr. J.-C. ?).

Institution de la religion chrétienne, livre rédigé par Calvin entre 1533 et 1535. Imprimé en latin à Bâle en 1536, puis en français en 1541, cet ouvrage constitue le premier et le plus important exposé de la doctrine réformée.

Institut national de la recherche agronomique → **INRA.**

Institut national de la santé et de la recherche médicale → **INSERM.**

Institut national de la statistique et des études économiques → **INSEE.**

Institut national de l'information géographique et forestière → **IGN.**

Institut national des langues et civilisations orientales → **INALCO.**

Institut national d'études démographiques → **INED.**

Institut Pasteur → **Pasteur** (Institut).

INSULINDE, partie insulaire de l'Asie du Sud-Est (Indonésie et Philippines essentiellement).

Intelligence Service (IS), ensemble d'organismes chargés, en Grande-Bretagne, du recueil des renseignements intéressant le gouvernement et du contre-espionnage.

Intelsat, société internationale de télécommunications par satellites. Créée en 1964 sous l'impulsion des États-Unis, elle a mis en place et gère un réseau mondial de satellites géostationnaires (le premier, Intelsat 1 ou *Early Bird,* en 1965 ; une cinquantaine en service auj.). Longtemps organisation intergouvernementale, elle est, depuis 2001, une société privée. (Siège : Washington.)

INTÉRIEURE (mer), en jap. **Seto Naikai,** partie du Pacifique située entre les îles japonaises de Honshu, Shikoku et Kyushu.

INTERLAKEN, comm. de Suisse (canton de Berne), entre les lacs de Thoune et de Brienz ; 5 429 hab. Centre touristique.

Internationale, association internationale rassemblant les travailleurs en vue d'une action visant à transformer la société. La *Ire Internationale,* ou *Association internationale des travailleurs (AIT),* fondée à Londres en 1864, disparut après 1876 du fait de l'opposition entre marxistes et anarchistes ; la *IIe Internationale,* fondée à Paris en 1889, adopta le 1er mai comme date de la fête socialiste internationale, resta fidèle à la social-démocratie et disparut en 1923. En sont issues : l'*Internationale ouvrière socialiste* (1923 - 1940), regroupant les partis qui avaient refusé d'adhérer à la IIIe Internationale, puis l'*Internationale socialiste,* organisée en 1951. La *IIIe Internationale,* ou *Internationale communiste (IC),* ou *Komintern,* fondée à Moscou en 1919, rassembla autour de la Russie soviétique puis de l'URSS la plupart des partis communistes. Elle fut supprimée par Staline en 1943. La « IVe Internationale », d'obédience trotskiste, naquit en 1938.

Internationale (l'), chant révolutionnaire sur un poème de E. Pottier (1871) et une musique de P. Degeyter.

International Herald Tribune → **International New York Times.**

International New York Times, quotidien international de langue anglaise, publié à Paris. Issu en 1887 du *New York Herald,* puis coédité à partir de 1967 par le *New York Times* et le *Washington Post* sous le titre de *International Herald Tribune,* il passe en 2003 sous l'actionnariat unique du *NYT* et prend son nom actuel en 2013.

Internet ou **l'Internet,** réseau télématique international. (V. partie n. comm.)

Interpol, dénomination de l'Organisation internationale de police criminelle (OIPC), créée en 1923. Son siège est à Lyon depuis 1989.

Interprétation des rêves (l'), ouvrage de S. Freud (1900). Dans cet ouvrage fondateur, Freud fait du rêve, production psychique assurant la réalisation déguisée d'un désir refoulé, la voie royale d'accès à l'inconscient.

Interrègne (le Grand) [1250 - 1273], période durant laquelle le trône du Saint Empire fut vacant.

Intifada n.f. (de l'arabe *intifāḍa,* soulèvement), soulèvement populaire palestinien, déclenché en 1987 dans les territoires occupés par Israël. Ayant connu une longue accalmie à la suite de la conclusion de l'accord israélo-palestinien de 1993, elle reprend, avec une violence accrue, en 2000.

Intranet, réseau télématique interne à une entreprise. (V. partie n. comm.)

Introduction à l'étude de la médecine expérimentale, ouvrage de Claude Bernard (1865). L'auteur y définit les règles de la recherche expérimentale en biologie et manifeste sa foi dans le déterminisme.

INUITS, nom sous lequel se reconnaissent les Esquimaux du Groenland et ceux du nord et de l'est du Canada (env. 150 000 au total). Le terme *Inuits,* officiel au Canada, tend même à remplacer celui d'« Esquimaux », estimé péjoratif. Les Inuits du Canada habitent essentiellement le Nunavut, les Territoires du Nord-Ouest, le Nunavik (dans le nord du Québec) et le Labrador. Leur langue est l'*inuktitut.* La sculpture inuite est réputée, faite surtout de stéatite, mais aussi de pierre de l'Arctique, d'os de baleine, d'ivoire ou de bois de cervidés.

INUKJUAK, village inuit du Canada (Québec), sur la baie d'Hudson ; 1 757 hab. *(Inukjuamiuts).* Musée nordique.

INUVIK, v. du Canada (Territoires du Nord-Ouest), près de la mer de Beaufort ; 3 243 hab.

Invalides (hôtel des), édifice parisien (VIIe arrond.). Ce vaste ensemble fut construit à partir de 1670 par L. Bruant pour abriter l'institution destinée par Louis XIV à recueillir des militaires invalides. Dans la chapelle Saint-Louis (par J. H.-Mansart, 1680), surmontée d'un célèbre dôme, ont été déposées en 1840 les cendres de Napoléon Ier ; on y trouve aussi les tombeaux de son fils (depuis 1940) et de plusieurs maréchaux (dont Foch et Lyautey). L'édifice comporte une autre église et abrite le musée de l'Armée et le musée des Plans-Reliefs.

INVERNESS, v. de Grande-Bretagne (Écosse), sur la mer du Nord ; 40 949 hab. Port.

Investitures (querelle des) [1075 - 1122], conflit qui opposa la papauté et le Saint Empire au sujet de la collation des titres ecclésiastiques. Aigu, surtout sous le pontificat de Grégoire VII et sous le règne de l'empereur Henri IV, ce conflit aboutit, après l'humiliation de celui-ci à Canossa (1077), au concordat de Worms (1122), qui établit le principe de la séparation des pouvoirs spirituel et temporel.

IO MYTH. GR. Prêtresse d'Héra. Elle fut aimée par Zeus, qui la changea en génisse afin de la soustraire à la jalousie d'Héra. – Lune de Jupiter.

IOÁNNINA ou **JANNINA,** v. de Grèce, en Épire, sur le *lac de Ioánnina* ; 112 486 hab. Anc. mosquée du XVIIe s. dans la citadelle ; musées.

IOCHKAR-OLA, v. de Russie, cap. de la république des Maris, au N.-O. de Kazan ; 248 688 hab.

IOLE MYTH. GR. Héroïne légendaire, enlevée par Héraclès, qui l'épousa. Elle éveilla la jalousie de Déjanire et causa la mort d'Héraclès.

IONESCO (Eugène), *Slatina 1909 - Paris 1994,* écrivain français d'origine roumaine. Son théâtre dénonce l'absurdité de l'existence et des rapports sociaux à travers un univers parodique et symbolique (*la Cantatrice chauve,* 1950 ; *la Leçon,* 1951 ; *les Chaises,* 1952 ; *Rhinocéros,* 1960 ; *Le roi se meurt,* 1962). [Acad. fr.]

◄ Eugène **Ionesco**

IONIE, ancien nom de la région côtière de l'Asie Mineure. V. princ. *Éphèse, Milet, Phocée.* Les *Ioniens* ont été parmi les premiers peuples indo-européens qui occupèrent la Grèce au début du IIe millénaire. Chassés par les Doriens, ils s'installèrent en Asie Mineure. Leur civilisation a connu sa plus brillante période aux VIIe-VIe s. av. J.-C.

IONIENNE (mer), partie de la Méditerranée entre l'Italie du Sud et la Grèce.

IONIENNES (îles), archipel de Grèce, dans la mer Ionienne ; 212 984 hab. Les principales îles sont Corfou, Leucade, Ithaque, Céphalonie, Zante et Cythère. Conquises successivement à partir du XIe s. par les Normands de Sicile, par les rois de Naples et par Venise, elles furent occupées par la France (1797 - 1799), puis par la Grande-Bretagne (1809). Passées sous protectorat britannique (1815), elles revinrent à la Grèce en 1864.

IORGA (Nicolae), *Botoşani 1871 - Strejnicu 1940,* homme politique et historien roumain. Président du Conseil (1931 - 1932), il fut assassiné par des membres de la Garde de fer. Il a publié une *Histoire des Roumains* (1936-1939).

ÍOS ou **NIÓS,** île de Grèce, dans la mer Égée (Cyclades) ; 105 km² ; 2 030 hab. Tourisme. La tradition y fait mourir Homère.

IOUJNO-SAKHALINSK, v. de Russie, dans l'île de Sakhaline ; 181 727 hab.

IOWA, État du centre des États-Unis, entre les cours du Mississippi et du Missouri ; 3 145 711 hab. ; cap. *Des Moines.*

IPATINGA, v. du Brésil (Minas Gerais) ; 224 636 hab. Sidérurgie.

IPHIGÉNIE MYTH. GR. Fille d'Agamemnon et de Clytemnestre. Son père la sacrifia à Artémis afin de fléchir les dieux, qui retenaient par des vents contraires la flotte grecque à Aulis. Suivant une autre tradition, Artémis substitua une biche à Iphigénie, qui devint ensuite sa prêtresse en Tauride. – Sa légende a notamm. inspiré des tragédies à Euripide (*Iphigénie en Tauride,* v. 413 av. J.-C. ; *Iphigénie à Aulis,* apr. 406 av. J.-C.), à Racine (*Iphigénie en Aulide,* 1674), et un drame à Goethe (*Iphigénie en Tauride,* 1779-1787). Au XVIIIe s., Gluck a écrit la musique d'*Iphigénie en Aulide* (1774) et d'*Iphigénie en Tauride* (1779).

IPOH, v. du nord de la Malaisie ; 434 204 hab. À proximité, gisements d'étain.

IPOUSTEGUY (Jean Robert), *Dun-sur-Meuse 1920 - id. 2006,* sculpteur et dessinateur français. Il est le maître d'un expressionnisme angoissé, figuratif par des voies personnelles (*Ecbatane,* 1965 ; *la Mort du père,* 1968 ; *Val de Grâce,* 1977).

Ipsos, société française d'études, spécialisée dans les sondages d'opinion, fondée en 1975.

Ipsos (bataille d') ou bataille des **rois** (301 av. J.-C.), bataille où le général macédonien Antigonos Monophtalmos fut vaincu par les diadoques, successeurs d'Alexandre le Grand, à Ipsos (Phrygie).

IPSWICH, v. de Grande-Bretagne (Angleterre), ch.-l. du Suffolk ; 138 718 hab. Port. – Monuments anciens, musées.

IQALUIT, anc. **Frobisher Bay,** v. du Canada, cap. du Nunavut, dans une échancrure de l'île de Baffin (baie de Frobisher) ; 7 740 hab.

IQBAL (sir Mohammad), *Sialkot v. 1876 - Lahore 1938,* écrivain indien d'expressions ourdou et persane. Poète et rénovateur de la pensée islamique, il a exercé une profonde influence sur les créateurs de l'État pakistanais.

IQUIQUE, v. du Chili septentrional ; 164 396 hab. Port.

IQUITOS, v. du Pérou, sur le Marañón ; 370 962 hab.

IRA (Irish Republican Army, en fr. Armée républicaine irlandaise), force paramilitaire irlandaise. Formée en 1919 pour mener la guerre d'indépendance contre les Anglais, l'IRA se réduit, après le traité anglo-irlandais de 1921, à une poignée d'irréductibles. Réactivée en 1969, elle mène une lutte armée pour défendre la minorité catholique de l'Irlande du Nord et obtenir la réunification de l'île. À partir de 1994 (cessez-le-feu), elle s'engage, à travers le Sinn* Féin, dans une logique de négociations. Après l'accord de 1998, suivi de longs atermoiements, son désarmement intervient en 2005.

IRAK → **IRAQ.**

IRÁKLION ou **HÉRAKLION,** anc. **Candie,** v. de Grèce ; 173 993 hab. Port. Principale ville de la Crète. – Très riche musée.

IRAN n.m., État d'Asie, entre la Caspienne et l'océan Indien ; 1 650 000 km² ; 77 447 000 hab. *(Iraniens).* CAP. *Téhéran.* LANGUE : *persan.* MONNAIE : *rial iranien.*

GÉOGRAPHIE L'Iran est un pays de hautes plaines steppiques et désertiques, au climat contrasté (chaud en été, froid en hiver). Ces plaines sont cernées par des montagnes (Elbourz, Zagros), dont le piémont est jalonné de villes (Téhéran, Ispahan, Chiraz), souvent centres d'oasis où sont cultivés le blé, l'orge, le coton, les arbres fruitiers. L'élevage (ovins et caprins) est, avec une culture céréalière extensive, la seule forme d'exploitation du Centre-Est. Le pays demeure l'un des grands fournisseurs de pétrole et aussi de gaz naturel (avec d'importantes réserves), mais son économie pâtit des fluctuations de leurs cours, d'un contexte politique intérieur perturbé et des sanctions internationales. La population, presque entièrement islamisée (princip. chiite), est formée pour moitié de Persans, mais compte d'importantes minorités, surtout dans le Nord-Ouest (Azéris et Kurdes).

L'art de l'Iran

Raffinement de l'offrande funéraire de la Suse chalcolithique du IVe millénaire, vigueur des montagnards bronziers du Lorestan, somptuosité des arts auliques des Achéménides et des Sassanides, ou encore génie architectural et décoratif déployé sous les dynasties islamiques : l'art en Iran n'a cessé de s'épanouir dans son extrême diversité.

Persépolis : le palais de Darios Ier. Au premier plan, l'escalier d'accès à la terrasse ; à l'arrière-plan, les colonnes de l'apadana (VIe s. av. J.-C.).

Lorestan : plaque gauche d'un mors de cheval. Ce bronze du VIIIe s. av. J.-C. montre la virtuosité du travail métallurgique. (Louvre, Paris.)

Naqsh-i Roustem. Le triomphe du roi sassanide Châhpuhr Ier sur l'empereur Valérien lors de la bataille d'Édesse ; relief rupestre du IIIe s. apr. J.-C. Les plus anciennes traditions orientales et achéménides sont le ferment de la renaissance sassanide.

Suse : boisseau en terre cuite peinte. Vers 4000 av. J.-C. Extrême stylisation et souplesse des lignes s'allient dans ce décor d'échassiers, de sloughis et de bouquetins. (Louvre, Paris.)

Suse : dieu élamite. Bronze et or, v. 1800-1700 av. J.-C. À l'origine, cette statuette était recouverte d'or. C'est l'un des exemples de la statuaire de Suse au IIe millénaire av. J.-C.

Ispahan : la Grande Mosquée du vendredi. La cour centrale et l'iwan ouest (XIe s., restauré au XVe s.). C'est la salle voûtée ouverte des Sassanides qui est à l'origine de l'iwan et du plan canonique de la mosquée iranienne à quatre iwans.

Behzad : le roi Dara et le gardien du troupeau royal. Miniature (v. 1488) extraite du *Bostan*, le poème de Saadi. (BnF, Paris.)

Ispahan : le pont Khadju. Édifié par Chah Abbas II au XVIIe s., ce pont-barrage illustre les derniers flamboiements du génie architectural iranien, qui s'épanouit sous la dynastie séfévide.

Iran

HISTOIRE **L'Iran ancien.** **IIe millénaire :** les Aryens progressent du N.-E. à l'O. de l'Iran. **IXe s. av. J.-C. :** leurs descendants, les Perses et les Mèdes, atteignent le Zagros. **V. 612 - 550 :** après l'effondrement de l'Assyrie, les Mèdes posent les bases de la puissance iranienne. **550 :** l'Achéménide Cyrus II détruit l'Empire mède et fonde l'Empire perse, qui domine l'ensemble de l'Iran et une partie de l'Asie centrale. **490 - 479 :** les guerres médiques entreprises par Darios Ier (522 - 486), puis par Xerxès Ier (486 - 465), se soldent par la défaite des Achéménides. **330 :** après la mort de Darios III, Alexandre le Grand est le maître de l'Empire perse. **312 av. J.-C. :** Séleucos, lieutenant d'Alexandre, fonde la dynastie séleucide. **IIIe s. av. J.-C. :** les Séleucides perdent le contrôle de l'Iran. **250 av. J.-C. - 224 apr. J.-C. :** la dynastie parthe des Arsacides règne sur les régions iraniennes. **224 :** les Sassanides renversent les Arsacides. **224 - 651 :** l'Empire sassanide, fortement centralisé, s'étend des confins de l'Inde à ceux de l'Arabie. **V. 226 - 272 :** Ardacher (v. 226 - 241) et Châhpuhr Ier (241 - 272) font du mazdéisme la religion d'État. **310 - 628 :** les Sassanides opposent une résistance efficace à Rome, sous Châhpuhr II (310 - 379), puis à Byzance, sous Khosrô Ier (531 - 579) et Khosrô II (590 - 628).

L'Iran musulman. **642 :** conquête arabe. **661 :** l'Iran est intégré à l'empire musulman des Omeyyades, puis (750) à celui des Abbassides. Il est islamisé. **874 - 999 :** les Samanides développent une brillante civilisation au Khorasan et en Asie centrale. **999 - 1055 :** les Turcs deviennent les maîtres du Khorasan (Ghaznévides), puis déferlent à travers l'Iran jusqu'à Bagdad (Seldjoukides). Assimilant la culture iranienne, ils en deviennent les véhicules en Asie Mineure et en Inde (XIIe-XIIIe s.). **1073 - 1092 :** l'Iran seldjoukide est à son apogée sous Malik Chah. **1220 - 1221 :** Gengis Khan dévaste le pays. **1256 - 1335 :** conquis par Hulagu, l'Iran est sous la domination mongole (Ilkhans). **1381 - 1404 :** Timur Lang (Tamerlan) lance des campagnes dévastatrices. **1501 :** le Séfévide Ismaïl Ier (1501 - 1524) se fait proclamer chah. Il fait du chiisme duodécimain la religion d'État. **1587 - 1629 :** règne d'Abbas Ier. **1722 :** les Afghans s'emparent d'Ispahan et les dignitaires chiites s'établissent dans les villes saintes d'Iraq (Nadjaf, Karbala). **1736 - 1747 :** Nader Chah chasse les Afghans et entreprend de nombreuses conquêtes.

L'Iran contemporain. **1796 :** la dynastie qadjar (1796 - 1925) accède au pouvoir. **1813 - 1828 :** l'Iran perd les provinces de la Caspienne, annexées par l'Empire russe. **1856 :** la Grande-Bretagne contraint l'Iran à reconnaître l'indépendance de l'Afghanistan. **1906 :** l'opposition nationaliste, libérale et religieuse obtient l'octroi d'une constitution. **1907 :** un accord anglo-russe divise l'Iran en deux zones d'influence. **1921 :** Reza Khan prend le pouvoir. **1925 :** il se proclame chah et fonde la dynastie Pahlavi. Il impose la modernisation, l'occidentalisation et la sécularisation du pays. **1941 :** Soviétiques et Britanniques occupent une partie de l'Iran. Reza Chah abdique en faveur de son fils Mohammad Reza. **1951 :** Mossadegh, Premier ministre, nationalise le pétrole. **1953 :** il est destitué par le chah. **1955 :** l'Iran adhère au pacte de Bagdad. **1963 :** le chah lance un programme de modernisation, la « révolution blanche ». **1979 :** l'opposition l'oblige à quitter le pays. Une république islamique est instaurée, dirigée par l'ayatollah Khomeyni, défendue par la milice des gardiens de la révolution *(pasdaran)* ; crise avec les États-Unis (prise d'otages à l'ambassade américaine de Téhéran). **1980 :** Bani Sadr est élu président laïque de la République ; début de la guerre avec l'Iraq. **1981 :** Bani Sadr est destitué. Le pays connaît des vagues de terrorisme. L'Iran s'érige en guide de la « révolution islamique » à travers le monde, notamm. au Liban. **1988 :** un cessez-le-feu intervient entre l'Iran et l'Iraq. **1989 :** après la mort de Khomeyni, Ali Khamenei lui succède avec le titre de « guide de la révolution islamique ». Hachemi Rafsandjani est élu à la présidence de la République. Il tente de relancer l'économie, ruinée par la guerre avec l'Iraq, mais se heurte à l'hostilité des pays qui dénoncent son soutien au terrorisme international. **1997 :** Mohammad Khatami, représentant du courant réformateur, est élu à la présidence de la République. **2001 :** il est réélu triomphalement. Mais les conservateurs continuent de contrôler la vie politique. **2005 :** l'accession de l'ultraconservateur Mahmud Ahmadinejad à la présidence de la République est suivie d'une radicalisation du régime à l'intérieur et à l'international (fortes tensions, notamm., sur le dossier nucléaire). **2009 :** sa réélection (juin), au terme d'un scrutin dont les résultats sont contestés par ses adversaires (Mir Hossein Moussavi et Mehdi Karoubi en tête), est suivie de manifestations d'opposition de grande ampleur, sévèrement réprimées. Dès lors, le pouvoir en place voit sa légitimité largement entamée. **2012 :** le sommet de l'État est en proie à de vives luttes internes, opposant en partic. A. Khamenei – dont les partisans dominent le Parlement nouvellement élu – à M. Ahmadinejad. Il s'emploie à sortir l'Iran de son isolement (intensification des négociations sur le dossier du nucléaire). **2013 :** le conservateur modéré Hassan Rohani – élu dès le premier tour (juin ; réélu largement en mai 2017) – succède à M. Ahmadinejad à la présidence de la République (août). **Depuis 2013 - 2014 :** l'Iran appuie l'armée de B. al-Asad en Syrie et combat l'organisation État* islamique en Iraq, parallèlement à la coalition internationale menée par les États-Unis. **2015 :** en juill. est signé, à Vienne, l'accord final (après un accord « intérimaire » en 2013) sur la levée progressive des sanctions internationales, en échange de l'encadrement du programme nucléaire iranien. Mais, dès 2018, l'accord se trouve considérablement affaibli par le retrait des États-Unis (mai).

Iran-Iraq (guerre), guerre qui opposa l'Iran et l'Iraq de 1980 à 1988. L'Iraq attaqua pour récupérer le contrôle du Chatt al-Arab et annexer le Khuzestan, mais, devant la résistance iranienne, proposa un cessez-le-feu, refusé par l'Iran (1982). Les combats s'intensifièrent et le conflit s'internationalisa. Un cessez-le-feu entra en vigueur en août 1988. En 1990, l'Iraq accepta l'accord d'Alger de 1975 fixant la frontière avec l'Iran.

IRAPUATO, v. du Mexique ; 529 379 hab.

IRAQ ou **IRAK** n.m., État d'Asie, ouvert sur le golfe Persique ; 434 000 km² ; 33 765 000 hab. (*Irakiens* ou *Iraquiens*). **CAP.** *Bagdad.* **LANGUES :** *arabe* et *kurde.* **MONNAIE :** *dinar irakien.*

GÉOGRAPHIE Occupant la majeure partie de la Mésopotamie, entre le Tigre et l'Euphrate, l'Iraq est un pays au relief monotone, semi-désertique, avec des étés torrides. Il n'est que très partiellement mis en valeur par l'irrigation (blé, riz, dattes, coton). L'élevage (ovins) est la seule ressource des steppes. L'économie, qui repose sur le pétrole (dont la production retrouve auj. un haut niveau), a été perturbée par un embargo de 1990 à 2003, puis dévastée par la guerre de 2003 et ses suites. La population est musulmane (dont 65 % de chiites env.), avec une petite communauté chrétienne, auj. en danger. Au nord dominent les Kurdes (plus de 10 %), pour la plupart sunnites (minorités chiite, yazidi...), et les Turkmènes.

HISTOIRE L'Iraq actuel est constitué par l'ancienne Mésopotamie, berceau des civilisations de Sumer, d'Akkad, de Babylone et de l'Assyrie. **224 - 633 :** les Sassanides dominent le pays où est située leur capitale, Ctésiphon. **633 - 642 :** les Arabes le conquièrent. **661 - 750 :** sous les Omeyyades, l'Iraq, islamisé, est le théâtre des luttes de ces derniers contre les Alides (mort de Husayn à Karbala, en 680). **750 - 1258 :** les Abbassides règnent sur l'Empire musulman. **762 :** ils fondent Bagdad. **1055 :** les Turcs Seldjoukides s'emparent de Bagdad. **1258 :** les Mongols de Hulagu détruisent Bagdad. **1258 - 1515 :** le pays, ruiné, est dominé par des dynasties mongoles ou turkmènes. **1401 :** Bagdad est mise à sac par Timur Lang (Tamerlan). **1515 - 1546 :** les Ottomans conquièrent l'Iraq. **1914 - 1918 :** la Grande-Bretagne occupe le pays. **1920 :** elle obtient un mandat de la SDN. **1921 :** l'émir hachémite Faysal devient roi d'Iraq (1921 - 1933). **1925 :** la province de Mossoul est attribuée à l'Iraq. **1927 :** l'exploitation du pétrole est confiée à l'Iraq Petroleum Company (IPC). **1930 :** le traité anglo-irakien accorde une indépendance nominale à l'Iraq. **1941 :** la Grande-Bretagne occupe le pays, qui entre en guerre aux côtés des Alliés. **1958 :** le général Kassem dirige un coup d'État et proclame la république. **1961 :** la rébellion kurde éclate. **1963 :** Kassem est renversé. Abdul Salam Aref s'empare du pouvoir. **1966 :** après sa mort accidentelle, son frère Abdul Rahman Aref accède à la tête de l'État. **1968 :** putsch militaire ; le Baath prend le pouvoir et Ahmad Hasan al-Bakr devient président de la République. **1972 :** l'Iraq Petroleum Company est nationalisée. **1975 :** un accord avec l'Iran entraîne l'arrêt de la rébellion kurde. **1979 :** Saddam Husayn devient président de la République. **1980 :** l'Iraq attaque l'Iran (guerre Iran-Iraq*). **1988 :** un cessez-le-feu intervient. **1990 :** l'Iraq envahit puis annexe le Koweït (août) et refuse de s'en retirer malgré la condamnation de l'ONU. **1991 :** à l'expiration de l'ultimatum fixé par l'ONU, une force multinationale, à prépondérance américaine, attaque l'Iraq (guerre du Golfe*). Les révoltes des chiites et des Kurdes sont violemment réprimées. Une zone d'exclusion aérienne est mise en place, au nord du pays, pour protéger les Kurdes. **1992 :** une autre zone est instaurée, au sud, pour protéger les chiites de la région des marais. Le pouvoir central se trouve ainsi privé, de facto, de son autorité sur la moitié du territoire. **1995 :** après une grave crise politique intérieure, S. Husayn fait approuver par référendum son maintien à la tête de l'État. **1996 :** l'ONU autorise une levée partielle de l'embargo sur le pétrole pour atténuer les pénuries frappant la population. **1998 :** invoquant le non-respect par l'Iraq des engagements pris vis-à-vis de la mission chargée de contrôler son désarmement, les États-Unis, assistés de la Grande-Bretagne, soumettent le pays à de nouveaux bombardements (déc.), prolongés par des interventions ponctuelles. **2003 :** une offensive militaire américano-britannique (lancée dans la nuit du 19 au 20 mars) – contestée par une grande partie de la communauté internationale – conduit à l'effondrement du régime de S. Husayn (9 avr.). Les États-Unis assurent l'administration provisoire du pays. Par ailleurs, un gouvernement intérimaire irakien est mis en place. **2005 :** alors que l'Iraq reste en proie à une insécurité permanente (attentats quotidiens), à de fortes tensions – ethniques, religieuses, politiques – et aux difficultés de la reconstruction, plusieurs scrutins se succèdent, qui suscitent une forte mobilisation. Les élections législatives (janv. et, à nouveau, déc.) comme le référendum approuvant la nouvelle Constitution (oct.) marquent la prééminence des partis chiites, devant les partis kurdes (les partis sunnites restant le plus souvent en retrait). Djalal Talabani devient président et un gouvernement est installé (dirigé, à partir de 2006, par Nuri al-Maliki). **2006 :** les antagonismes entre communautés s'aggravent (notamm. la lutte opposant sunnites et chiites, exacerbée par l'exécution, en déc., de S. Husayn). Le pays connaît un climat de guerre civile. À la fin de 2007, la situation sécuritaire s'améliore. **2009 :** le début de repli de l'armée américaine et le départ des autres contingents étrangers s'accompagnent d'un regain de violence (visant en partic. la communauté chiite et les chrétiens). **2010 :** les élections législatives (mars) sont marquées par le retour des sunnites dans le jeu politique et par le recul global du fondamentalisme religieux ; au terme de longues tractations, D. Talabani est réélu président et N. al-Maliki (dont la formation était arrivée en deuxième position) est reconduit au poste de Premier ministre (nov.). **2011 :** les troupes américaines achèvent leur retrait du pays. Ce départ est immédiatement suivi d'une recrudescence des attentats (en partic. à Bagdad), sur fond de crise politique entre chiites et sunnites. **2013 :** le pays connaît une nouvelle flambée de violence entre les deux communautés, dont la radicalisation est alimentée par le conflit syrien (notamm., retour en Iraq des djihadistes sunnites). **2014 :** la formation de N. al-Maliki remporte une victoire relative aux législatives (avr.). Fuad Masum remplace D. Talabani à la présidence (juill.), puis, après une difficile mise à l'écart de N. al-Maliki – accusé d'avoir attisé les tensions confessionnelles –, Haïdar al-Abadi est appelé à former un gouvernement d'union nationale (sept.). Pendant ce temps, à la suite d'une offensive éclair (prise de Mossoul le 10 juin), les djihadistes de l'organisation État* islamique (EI) s'assurent le contrôle d'un vaste territoire à l'ouest et au nord-ouest du pays, à dominante sunnite, puis annoncent l'établissement d'un « califat » dans les régions conquises en Iraq et en Syrie (29 juin). Des centaines de milliers de personnes fuient les combats et la terreur instaurée par les djihadistes, trouvant refuge en territoire kurde. À partir d'août, les États-Unis forment contre les islamistes une large coalition internationale, qui appuie, par des frappes aériennes notamm., l'armée irakienne, mais aussi les Kurdes. La situation sur le terrain est rendue encore plus complexe par la présence de milices chiites soutenues par l'Iran et de sunnites aidés par la coalition internationale mais marginalisés par le gouvernement irakien. **2016 :** H. al-Abadi est affaibli par une crise politique qui conduit au blocage des institutions. **2017 :** la bataille de Mossoul (oct. 2016 - juin 2017) marque une étape décisive dans la reconquête du territoire sur l'organisation État islamique, entamée à la fin de 2015 et considérée comme achevée en déc. **2018 :** à la faveur d'un compromis entre les vainqueurs des élections législatives (mai), l'économiste Adel Abdel Mahdi devient Premier ministre (sept.), tandis que Barham Saleh accède à la présidence.

Iraq

autoroute — route — voie ferrée — aéroport — site touristique important — puits de pétrole — oléoduc

plus de 1 000 000 h. — de 100 000 à 1 000 000 h. — de 50 000 à 100 000 h. — moins de 50 000 h.

100 — 200 — 500 — 1000 m

IRBID, v. de Jordanie, à l'E. du Jourdain, près de la frontière syrienne ; 530 213 hab.

IRCAM (Institut de recherche et de coordination acoustique-musique), organisme de recherche, de création et de diffusion musicales, créé en 1976 et appartenant au CNAC Georges-Pompidou.

IRD (Institut de recherche pour le développement), établissement public français à caractère scientifique et technologique. Il a pour mission d'étudier les relations entre l'homme et son environnement dans les régions tropicales, en vue de favoriser le développement. Issu de l'ORSTOM (Office de la recherche scientifique et technique outre-mer), créé en 1944 et devenu en 1984 l'Institut français de recherche scientifique pour le développement en coopération, il a pris son nom actuel en 1998. (Siège : Marseille.)

IRÈNE, *Athènes v. 752 - Lesbos 803*, impératrice byzantine (797 - 802). Régente de son fils Constantin VI (780 - 790), elle se débarrassa de celui-ci (797). Elle réunit le concile de Nicée (787) qui rétablit le culte des images.

IRÉNÉE (saint), *Smyrne ? v. 130 - Lyon v. 202*, Père de l'Église grecque. Grec d'origine, il devint évêque de Lyon en 178. Il a laissé notamm. *Contre les hérésies*, traité contre les gnostiques.

Irgoun, organisation militaire clandestine juive, fondée en Palestine en 1937. Elle lutta contre les Arabes palestiniens et les Britanniques, jusqu'à la proclamation de l'État d'Israël (1948).

IRIAN, nom donné à la Nouvelle-Guinée par l'Indonésie, qui en possède la moitié occidentale (anc. *Irian Jaya*, depuis 2001 Papouasie* ou Papouasie occidentale).

IRIGNY (69540), comm. du Rhône ; 8 711 hab. (*Irignois*). Décolletage.

IRIS MYTH. GR. Messagère ailée des dieux, personnification de l'arc-en-ciel.

IRKOUTSK, v. de Russie, en Sibérie, sur l'Angara, près du lac Baïkal ; 587 225 hab. Centrale hydroélectrique. Aluminium. Chimie. – Musées.

IRLANDE, la plus occidentale des îles Britanniques (84 000 km²), divisée en *Irlande du Nord*, partie du Royaume-Uni, et en *république d'Irlande*, ou Éire.

HISTOIRE **Les origines. IVᵉ s. av. J.-C. :** une population celtique, les Gaëls, s'implante sur le sol irlandais. Les nombreux petits royaumes qui se fondent s'agrègent en cinq grandes unités politiques : Ulster, Connacht, Leinster du Nord (ou Meath), Leinster du Sud, Munster. **IIᵉ s. apr. J.-C. :** les rois de Connacht affirment leur prééminence. **432 - 461 :** saint Patrick évangélise l'Irlande. **VIᵉ - VIIᵉ s. :** le pays connaît un vaste épanouissement culturel et religieux. Les moines irlandais, comme saint Colomban (m. en 615), créent d'importantes abbayes sur le continent. **Fin du VIIIᵉ s. - début du XIᵉ s. :** l'Irlande est envahie par les Scandinaves. **1014 :** l'expansion de ces derniers est stoppée par Brian Boru (victoire de Clontarf).

La domination anglaise. 1171 : la division politique de l'île favorise l'incursion des Anglo-Normands. **1175 :** Henri II d'Angleterre impose sa souveraineté à l'Irlande. **XIIIᵉ s. :** la féodalité anglaise implantée dans le pays est peu à peu assimilée. **1541 :** Henri VIII prend le titre de roi d'Irlande.

Sa réforme religieuse provoque la révolte des Irlandais, attachés à la foi catholique. Il réplique en redistribuant les terres irlandaises à des Anglais. Les confiscations se poursuivent sous Édouard VI et Élisabeth Ire. **XVIIe - XVIIIe s. :** les Irlandais multiplient les révoltes en s'appuyant sur les adversaires de l'Angleterre : Espagnols et Français. **1649 :** Oliver Cromwell mène une sanglante répression contre les Irlandais, qui ont pris le parti des Stuarts (massacre de Drogheda). Cette répression est suivie d'une spoliation générale des terres. **1690 :** Jacques II est défait à la Boyne par Guillaume III. Le pays est désormais complètement dominé par l'aristocratie anglaise. **1702 - 1782 :** Londres applique de terribles lois pénales et limite les importations irlandaises. **1782 - 1783 :** l'Irlande acquiert son autonomie législative. **1796 - 1798 :** les Irlandais se révoltent sous l'influence des révolutions américaine et française.

L'union entre l'Irlande et l'Angleterre. **1800 :** le gouvernement britannique choisit la voie de l'intégration. Pitt fait proclamer l'union de l'Irlande et de l'Angleterre. **1829 :** Daniel O'Connell obtient l'émancipation des catholiques. **1846 - 1848 :** une effroyable crise alimentaire (Grande Famine) plonge l'île dans la misère ; une énorme émigration (notamm. vers les États-Unis) dépeuple le pays. **1858 :** naissance de la Fraternité républicaine irlandaise, dont les membres prennent le nom de *fenians*. **1870 :** Isaac Butt fonde l'association pour le Home Rule (l'autonomie), dont Charles Parnell devient le chef populaire. **1902 :** Arthur Griffith fonde le Sinn Féin, partisan de l'indépendance. **1916 :** une insurrection nationaliste est durement réprimée. **1921 :** le traité de Londres donne naissance à l'État libre d'Irlande et maintient le nord-est du pays au sein du Royaume-Uni (Irlande du Nord).

IRLANDE n.f., en angl. **Ireland,** en gaél. **Éire,** État d'Europe occidentale ; 70 000 km² ; 4 627 000 hab. (*Irlandais*). **CAP.** *Dublin.* **LANGUES :** *anglais* et *gaélique.* **MONNAIE :** *euro.*

INSTITUTIONS République à régime parlementaire. Constitution de 1937. Le président de la République est élu au suffrage universel direct pour 7 ans. Le Premier ministre est choisi par la Chambre des représentants (et responsable devant elle) mais nommé par le président. Le Parlement est composé de la Chambre des représentants, élue au suffrage universel pour 5 ans, et du Sénat, en partie nommé par le Premier ministre et pour le reste élu au suffrage indirect pour 5 ans.

GÉOGRAPHIE L'Irlande, au climat doux et humide, est formée à la périphérie de hautes collines et de moyennes montagnes, et, au centre, d'une vaste plaine tourbeuse, parsemée de lacs, difficilement drainée par le Shannon. L'élevage (bovins, ovins, porcins) est une ressource essentielle du pays, qui produit aussi du blé, de l'avoine, de l'orge (pour la bière), et des pommes de terre. Bénéficiant d'aides européennes et d'investissements étrangers importants, l'industrie (constructions mécaniques et électriques, électronique, chimie, pharmacie, informatique) s'est développée, ainsi que les services (assurances, tourisme). Le pays connaît à partir des années 1990 une forte croissance, mise à mal par la crise financière et économique mondiale apparue en 2007. En 2010, l'explosion du déficit consécutive aux efforts consentis pour sauver le secteur bancaire contraint l'Irlande à solliciter l'aide de ses partenaires de l'UE et du FMI et à adopter un programme d'austérité drastique. Depuis, tirée par les exportations, l'économie s'est redressée (l'Irlande est le premier pays à être sorti du plan d'aide de l'UE et du FMI).

HISTOIRE **1921 :** le traité de Londres donne naissance à l'État libre d'Irlande, membre du Commonwealth. **1922 :** une véritable guerre civile oppose le gouvernement provisoire à ceux qui refusent la partition de l'Irlande. **1922 - 1932 :** le gouvernement de William Thomas Cosgrave rétablit le calme et favorise une certaine amélioration agricole. **1932 :** le Fianna Fáil gagne les élections et porte Eamon De Valera au pouvoir. Celui-ci rompt avec la Grande-Bretagne et mène contre elle une guerre économique. **1937 :** une nouvelle Constitution est adoptée et l'Irlande prend le nom d'Éire. **1948 :** l'Éire devient la république d'Irlande et rompt avec le Commonwealth. **Depuis 1948 :** la vie politique est dominée par l'alternance au pouvoir du Fine Gael (avec, pour Premiers ministres : John Costello, 1948 - 1951 et 1954 - 1957 ; Liam Cosgrave, 1973 - 1977 ; Garret Fitzgerald, 1981 - 1982 et 1982 - 1987 ; John Bruton, 1994 - 1997 ; Enda Kenny, 2011 - 2017 ; Leo Varadkar, depuis 2017) et du Fianna Fáil (E. De Valera, 1951 - 1954 et 1957 - 1959 ; Sean Lemass, 1959 - 1966 ; Jack Lynch, 1966 - 1973 et 1977 - 1979 ; Charles Haughey, 1979 - 1981, 1982 et 1987 - 1992 ; Albert Reynolds, 1992 - 1994 ; Bertie Ahern, 1997 - 2008 ; Brian Cowen, 2008 - 2011), qui dirigent auj. des gouvernements de coalition avec d'autres partis. **1959 - 1973 :** E. De Valera est président de la République. **1973 :** l'Irlande entre dans la CEE. **1976 :** Patrick Hillery (Fianna Fáil) devient président. **1985 :** un accord est signé entre Dublin et Londres sur la gestion des affaires de l'Irlande du Nord. **1990 :** Mary Robinson (travailliste) est élue à la présidence de la République. **1993 - 1994 :** le processus de paix en Irlande du Nord est relancé. **1997 :** Mary McAleese (Fianna Fáil) accède à la tête de l'État (investie d'un nouveau mandat en 2004). **1999 :** conformément à l'accord conclu en 1998, des institutions semi-autonomes sont mises en place en Irlande du Nord. **2011 :** Michael Daniel Higgins (travailliste) est élu à la présidence de la République (réélu en 2018).

IRLANDE (mer d'), partie de l'Atlantique, entre la Grande-Bretagne et l'Irlande.

IRLANDE DU NORD, partie du Royaume-Uni, dans le nord-est de l'île d'Irlande ; 14 000 km² ; 1 810 863 hab. ; cap. *Belfast.* La population est en majorité protestante, mais compte près de 45 % de catholiques.

HISTOIRE **1921 :** les six comtés du nord de l'Ulster sont maintenus au sein du Royaume-Uni et bénéficient d'un régime d'autonomie interne. La minorité catholique, sous-représentée, est en position d'infériorité face aux protestants. **1969 :** le mécontentement des catholiques entretient une agitation endémique, réprimée par l'armée britannique. **1972 :** le 30 janv., cette dernière tire sur des manifestants catholiques pacifiques à Londonderry, faisant 14 victimes (*Bloody Sunday*). Le gouvernement de Londres prend en main l'administration de la province. L'IRA multiplie les attentats. **1985 :** le Sinn Féin fait son entrée dans les institutions locales. **1994 :** le processus de paix, amorcé en 1993, se poursuit : proclamation du cessez-le-feu par l'IRA (août) et par les loyalistes protestants (oct.). La situation reste cependant précaire (reprise des attentats en 1996 - 1997). **1998 :** un accord sur l'avenir institutionnel de l'Irlande du Nord, dit « accord de Stormont », est conclu à Belfast entre toutes les parties concernées par le conflit irlandais (avr.) et largement approuvé par référendum en Irlande du Nord et en république d'Irlande. Les partis protestants et catholiques modérés l'emportent lors de l'élection de la première Assemblée, semi-autonome, d'Irlande du Nord. **1999 :** un gouvernement semi-autonome, biconfessionnel, est mis en place (déc.), dirigé par le protestant David Trimble. Mais les tensions entre communautés protestante et catholique restent vives, tant sur le terrain qu'au niveau des institutions, qui sont périodiquement suspendues (plus de gouvernement à partir d'oct. 2002). **2005 :** l'IRA renonce officiellement à la lutte armée. **2006 :** au terme de difficiles négociations, protestants et catholiques s'accordent, à Saint Andrews, sur un nouveau compromis (oct.). **2007 :** vainqueurs, comme en 2003, des élections à l'Assemblée d'Irlande du Nord, les éléments radicaux des deux camps (protestants du Parti unioniste démocrate [DUP] et catholiques du Sinn Féin) acceptent de gouverner ensemble. Ian Paisley (leader historique du DUP) devient Premier ministre. **2008 :** I. Paisley se retire ; Peter Robinson, un modéré, lui succède à la tête du DUP et du gouvernement. L'Irlande du Nord reste régulièrement troublée par des affrontements ponctuels entre communautés. **2016 :** Arlene Foster devient Premier ministre (chef du DUP depuis déc. 2015). **2017 :** le Sinn

Féin provoque la chute du gouvernement de A. Foster et la dissolution de l'Assemblée (janv.). Les élections anticipées sont marquées par une forte poussée du Sinn Féin, au coude-à-coude avec le DUP (mars). Le refus des deux partis de reconduire leur alliance aboutit à une longue vacance du pouvoir.

IROISE (mer d'), partie de l'Atlantique s'étendant au large de la Bretagne occidentale (Finistère). Parc naturel marin (couvrant env. 3 550 km^2). Observatoire sous-marin.

IROQUOIS, nom historiquement donné à un ensemble de peuples amérindiens des États-Unis (État de New York) et du Canada (Québec) [env. 50 000]. Occupant les rives des lacs Érié, Huron, Ontario et du fleuve Saint-Laurent, ils étaient organisés en une Ligue dite des Cinq-, puis des Six-Nations (Mohawks*, Oneida, Onondaga, Cayuga, Seneca, puis Tuscarora). Ils jouèrent un rôle stratégique dans la conquête européenne de l'Amérique, en étant le plus souvent les alliés de l'Angleterre contre la France et ses divers soutiens amérindiens (Hurons, Abénaquis, etc.). Leurs langues appartiennent à la famille iroquoienne.

IRRAWADDY ou **AYEYARWADY** n.m., principal fl. de Birmanie, qui rejoint l'océan Indien ; 2 100 km. Il traverse du nord au sud le pays, dont il est l'axe vital, et s'achève par un delta (importante région rizicole).

IRTYCH n.m., riv. de Russie, en Sibérie, affl. de l'Ob (r. g.) ; 4 248 km ; bassin de 1 643 000 km^2.

IRÚN, v. d'Espagne (Pays basque), sur la Bidassoa, en face d'Hendaye ; 60 747 hab.

IRVING (John), *Exeter, New Hampshire, 1942,* romancier américain. Conjuguant burlesque et tragique, ses romans pourfendent les conformismes et proposent la vision d'un monde chaotique et tendre (*le Monde selon Garp*, 1976 ; *l'Œuvre de Dieu, la part du Diable*, 1985 ; *Une prière pour Owen*, 1989 ; *Une veuve de papier*, 1998 ; *Avenue des mystères*, 2015).

IRVING (Washington), *New York 1783 - Sunnyside 1859,* écrivain américain. Il est connu pour son *Histoire de New York par Diedrich Knickerbocker* (1809) et ses contes fantastiques (*Esquisses*, 1819).

ISAAC, patriarche biblique. Fils d'Abraham et de Sara, père de Jacob et d'Ésaü, il fut sur le point d'être sacrifié par Abraham, dont Dieu voulait ainsi éprouver la foi.

ISAAC JOGUES (saint), un des Martyrs* canadiens.

ISAAC Ier COMNÈNE, *v. 1005 - Stoudios 1061,* empereur byzantin (1057 - 1059). Il abdiqua en faveur de Constantin X Doukas.

ISAAC II ANGE, *v. 1155 - 1204,* empereur byzantin (1185 - 1195 et 1203 - 1204). Détrôné par son frère Alexis III en 1195, rétabli en 1203 par les Vénitiens, renversé de nouveau, il fut assassiné avec son fils Alexis IV (1204).

ISAAC (Jules), *Rennes 1877 - Aix-en-Provence 1963,* historien français. Il étudia les origines chrétiennes de l'antisémitisme et dirigea le manuel d'histoire dit « Malet-Isaac » (7 vol., 1923-1930).

ISAAK (Heinrich), *v. 1450 - Florence 1517,* compositeur flamand. Également organiste, il est l'auteur d'œuvres polyphoniques.

ISABEAU DE BAVIÈRE ou **ISABELLE DE BAVIÈRE,** *Munich 1371 - Paris 1435,* reine de France. Mariée en 1385 à Charles VI, elle dirigea le Conseil de régence après la folie du roi. Elle passa des Armagnacs aux Bourguignons, favorables au parti anglais, et reconnut le roi d'Angleterre Henri V comme héritier du trône de France, au détriment de son fils Charles (traité de Troyes, 1420).

ISABELLE DE FRANCE (bienheureuse), *Paris 1225 - Longchamp 1270,* sœur de Saint Louis, fondatrice du monastère des clarisses de Longchamp.

ANGLETERRE

ISABELLE D'ANGOULÊME, *1186 - Fontevraud 1246,* reine d'Angleterre. Elle épousa (1200) Jean sans Terre, roi d'Angleterre, puis (1217) Hugues X de Lusignan, comte de la Marche.

ISABELLE DE FRANCE, *Paris 1292 - Hertford 1358,* reine d'Angleterre. Fille de Philippe IV le Bel, elle épousa en 1308 Édouard II et fut régente (1327 - 1330) au nom de son fils Édouard III, qui la fit arrêter et emprisonner.

ESPAGNE

ISABELLE Ire la Catholique, *Madrigal de las Altas Torres 1451 - Medina del Campo 1504,* reine de Castille (1474 - 1504). Son mariage (1469) avec Ferdinand II, héritier d'Aragon, permit la réunion sous le même sceptre des couronnes d'Aragon et de Castille (1479), et facilita l'unité de l'Espagne, qui fut complétée, à la fin de la Reconquista, par la chute du royaume de Grenade (1492). La reine favorisa l'établissement de l'Inquisition (1478) et soutint son ministre Jiménez de Cisneros ainsi que Christophe Colomb.

▲ **Isabelle Ire la Catholique** par Juan de Flandres. (Académie d'histoire, Madrid.)

ISABELLE II, *Madrid 1830 - Paris 1904,* reine d'Espagne (1833 - 1868), de la dynastie des Bourbons. Elle était la fille de Ferdinand VII. Son accession au trône en 1833 fut à l'origine des guerres carlistes. Après la régence de sa mère, Marie-Christine (1833 - 1840), puis d'Espartero (1840 - 1843), elle gouverna seule. Contrainte de s'exiler (1868), elle abdiqua en faveur de son fils, Alphonse XII (1870).

FRANCE

ISABELLE DE HAINAUT, *Lille 1170 - 1190,* reine de France. Mariée en 1180 à Philippe II Auguste, elle fut la mère de Louis VIII.

Isabelle-la-Catholique (ordre royal d'), ordre espagnol créé en 1815 par le roi Ferdinand VII.

ISABEY (Jean-Baptiste), *Nancy 1767 - Paris 1855,* peintre et lithographe français. Ses miniatures sur ivoire eurent une grande vogue (portraits de Napoléon Ier, etc.). — **Eugène I.,** *Paris 1804 - Montévrain 1886,* peintre et lithographe français, fils de Jean-Baptiste. Il est l'auteur de marines romantiques, de paysages et de scènes de genre.

ISAÏE ou **ÉSAÏE,** *VIIIe s. - VIIe s. av. J.-C.,* prophète biblique. Il exerça son ministère dans le royaume de Juda entre 740 et 687 av. J.-C. Il est le prophète de l'espérance messianique.

ISAR n.m., riv. d'Autriche et d'Allemagne, affl. du Danube (r. dr.) ; 263 km. Il passe à Munich.

ISBERGUES (62330), comm. du Pas-de-Calais ; 9 138 hab. *(Isberguois).* Métallurgie. – Église du XVe s. – Pèlerinage.

ISCARIOTE, surnom de l'apôtre Judas.

ISCHIA, île volcanique d'Italie, à l'entrée du golfe de Naples ; 18 795 hab. Tourisme.

ISE (baie d'), baie des côtes de Honshu (Japon), sur laquelle se trouve Nagoya et près de laquelle est située la ville d'*Ise* (130 228 hab.). Sanctuaires shintoïstes, parmi les plus anciens, dont la reconstruction rituelle tous les vingt ans perpétue l'architecture prébouddhique.

ISÉE, *Chalcis ?, Eubée, v. 420 av. J.-C. - v. 340 av. J.-C.,* orateur grec. Il fut le maître de Démosthène.

ISEO (lac d'), lac d'Italie (Lombardie), traversé par l'Oglio.

ISERAN n.m., col routier des Alpes françaises (Savoie), entre les hautes vallées de l'Arc (Maurienne) et de l'Isère (Tarentaise) ; 2 762 m.

ISÈRE n.f., riv. de France, dans les Alpes du Nord, née au pied de l'Iseran, affl. du Rhône (r. g.) ; 290 km. Elle draine la Tarentaise et la majeure partie du Sillon alpin, passe à Grenoble et à Romans. Aménagements hydroélectriques.

ISÈRE n.f. (38), dép. de la Région Auvergne-Rhône-Alpes ; ch.-l. de dép. *Grenoble* ; ch.-l. d'arrond. *La Tour-du-Pin, Vienne* ; 3 arrond. ; 29 cant. ; 521 comm. ; 7 431 km^2 ; 1 278 347 hab. *(Isérois).* Le dép. appartient à l'académie et à la cour d'appel de Grenoble, à la zone de défense et de sécurité Sud-Est. Le sud-est du dép., formé par une partie des Alpes du Nord, s'oppose au nord-ouest, constitué par les collines et les plateaux du bas Dauphiné. L'élevage bovin et l'exploitation forestière dominent dans la Chartreuse et le Vercors, les cultures de la vigne et des arbres fruitiers dans la vallée du Rhône, en aval de Lyon et dans le Grésivaudan, où elles sont associées aux céréales, au tabac et à l'élevage bovin. L'industrie, développée et partiellement liée à l'hydroélectricité dans les Alpes, est surtout représentée par l'électrochimie et l'électrométallurgie. Elle est

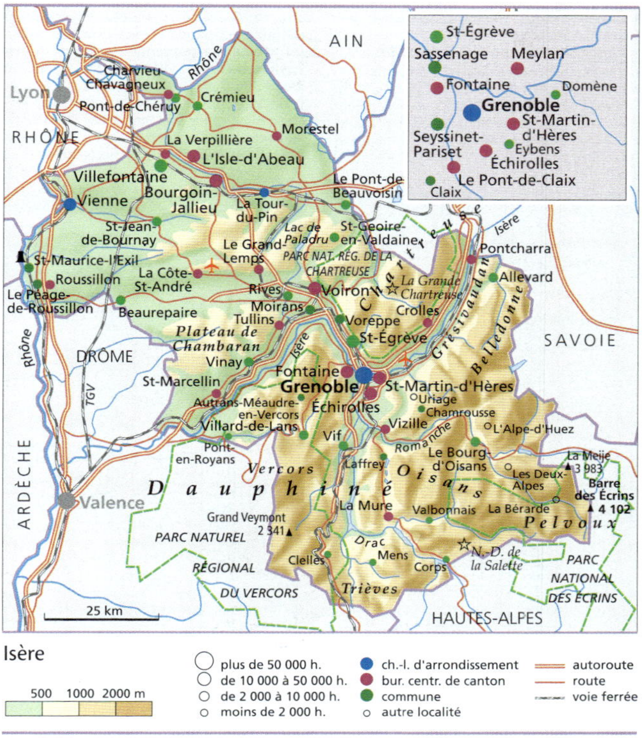

principalement implantée dans l'agglomération de Grenoble, qui concentre près de la moitié de la population. Le tourisme anime la montagne (l'Alpe-d'Huez, Chamrousse, Autrans, les Deux-Alpes, Villard-de-Lans, etc.).

Iseut, nom de deux personnages de la légende de *Tristan* et Iseut*. Tristan épouse sans l'aimer *Iseut aux blanches mains* pour tenter d'oublier sa passion pour *Iseut la Blonde*.

ISHIGURO KAZUO, *Nagasaki 1954*, écrivain britannique d'origine japonaise. Réalistes ou teintés de fantastique, ses romans à l'écriture musicale auscultent le refoulé des mémoires intimes et collectives (*Un artiste du monde flottant*, 1986 ; *les Vestiges du jour*, 1989 ; *Auprès de moi toujours*, 2005 ; *le Géant enfoui*, 2015). [Prix Nobel 2017.]

ISHTAR ou **ASHTART** ou **ASTARTÉ,** divinité féminine la plus importante de la Mésopotamie. Déesse de l'Amour et du Désir, mais aussi des combats guerriers, elle fut honorée ensuite en Assyrie et en Syrie sous le nom d'Ashtart. Les Grecs, l'assimilant à Aphrodite, en firent Astarté.

ISIDORE DE SÉVILLE (saint), *Carthagène v. 560 - Séville 636*, archevêque de Séville et dernier Père de l'Église latine. Son traité, *les Étymologies*, ou *Origines*, est une encyclopédie du savoir profane et religieux de son temps.

ISIGNY-SUR-MER (14230), comm. du Calvados, sur l'Aure ; 3 723 hab. Beurre. Confiserie.

ISIS, déesse égyptienne. Sœur et femme d'Osiris, mère d'Horus, elle est le modèle de l'amour conjugal et du dévouement maternel. Son culte connut dans le monde gréco-romain une grande fortune (mystères *isiaques*).

ISKĂR n.m., riv. de Bulgarie, affl. du Danube (r. dr.) ; 370 km. Il passe à Sofia.

ISKENDERUN, anc. **Alexandrette**, v. du sud-est de la Turquie ; 190 279 hab. Port.

ISLAMABAD, cap. du Pakistan, dans le nord du pays ; 1 297 000 hab. dans l'agglomération.

ISLANDE n.f., en island. **Island,** État insulaire d'Europe, dans l'Atlantique nord ; 103 000 km^2 ; 330 000 hab. (*Islandais*). **CAP.** *Reykjavík*. **LANGUE :** *islandais*. **MONNAIE :** *krona (couronne islandaise)*.

GÉOGRAPHIE Pays de glaciers et de volcans, bordé par le cercle polaire, mais avec un climat plus humide que réellement froid, l'Islande vit de l'élevage des moutons et, surtout, de la pêche et du tourisme. Les ressources géothermiques et hydroélectriques alimentent des cultures sous serre et quelques industries (aluminium).

▲ **Isis** allaitant Horus. Bronze, VIIe s. av. J.-C. (Walters Art Museum, Baltimore.)

Touchée de plein fouet par la crise financière mondiale apparue en 2007, l'économie islandaise s'est trouvée un temps en grande difficulté, mais connaît auj. un redressement spectaculaire. Reykjavík regroupe près de la moitié de la population du pays.

HISTOIRE **IXe s. :** les Scandinaves commencent la colonisation de l'Islande. **930 :** l'Althing, assemblée des hommes libres, est constituée. **1056 :** le premier évêché autonome est créé. **1262 :** Haakon IV de Norvège soumet l'île à son pouvoir. **1380 :** l'Islande et la Norvège tombent sous l'autorité du Danemark. **1550 :** Christian III impose la réforme luthérienne. **1602 :** le monopole commercial est conféré aux Danois. **XVIIIe s. :** la variole, des éruptions volcaniques et une terrible famine déciment la population. **1903 :** l'île devient autonome. **1918 :** elle est indépendante tout en conservant le même roi que le Danemark. **1944 :** la République islandaise est proclamée. Sveinn Bjørnsson en est le premier président. Ásgeir Ásgeirsson (1952 - 1968) et Kristjan Eldjárn (1968 - 1980) lui succèdent. **1958 - 1961 :** un conflit de pêche (« guerre de la morue ») oppose l'Islande à la Grande-Bretagne. **1980 - 1996 :** Vigdís Finnbogadóttir est présidente de la République. **1996 :** Ólafur Ragnar Grímsson accède à la tête de l'État (réélu en 2000, 2004, 2008 et 2012). **2009 :** fragilisée par une grave crise économique, l'Islande dépose une demande d'adhésion à l'Union européenne, dont elle demande la suspension en 2013 (confirmée en 2015). **2016 :** Guðni Jóhannesson est élu président de la République.

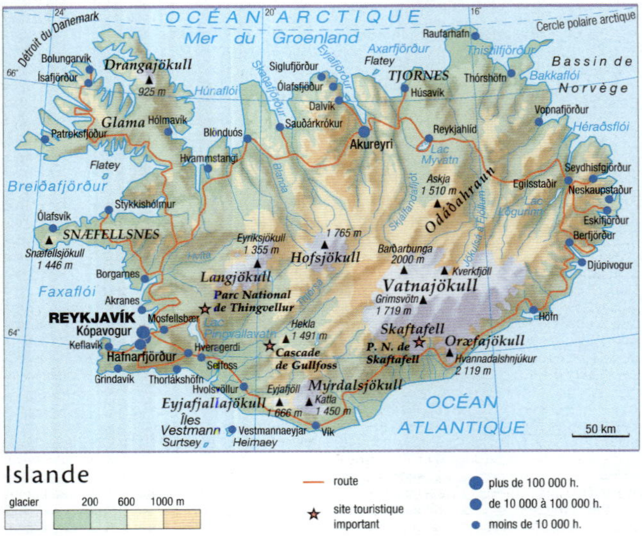

ISLE n.f., riv. de France, affl. de la Dordogne (r. dr.) ; 235 km. Elle passe à Périgueux.

ISLE-ADAM (L') [95290], bur. centr. de cant. du Val-d'Oise, sur l'Oise ; 12 453 hab. (*Adamois*). Forêt. – Église des XVe et XVIe s. Musée d'art et d'histoire Louis-Senlecq et Centre d'art Jacques-Henri-Lartigue.

ISLE-D'ABEAU (L') [38080], comm. de l'Isère, au N.-O. de Bourgoin-Jallieu ; 16 616 hab. (*Lilots*). Elle a donné son nom à une ville nouvelle entre Lyon, Grenoble et Chambéry.

ISLE-D'ESPAGNAC (L') [16340], comm. de la Charente ; 5 687 hab. (*Spaniaciens*). Électronique.

ISLE-EN-DODON (L') [31230], comm. de la Haute-Garonne ; 1 700 hab. (*L'Islois*). Bastide avec église fortifiée du XIVe s. (vitraux du XVIe).

ISLE-JOURDAIN (L') [32600], bur. centr. de cant. du Gers ; 8 810 hab. (*Lislois*). Église du XVIIIe s. Musée d'Art campanaire.

ISLE-SUR-LA-SORGUE (L') [84800], bur. centr. de cant. de Vaucluse ; 19 987 hab. (*L'Islois*). Église du XVIIe s. aux riches décors baroques. Centre d'art dans l'hôtel Donadéï de Campredon (XVIIIe s.).

Isly (bataille de l') [14 août 1844], bataille de la conquête de l'Algérie. Victoire de Bugeaud sur les Marocains commandés par Abd el-Kader, près de l'oued Isly, à l'ouest d'Oujda (Maroc).

ISMAËL, personnage biblique. Fils d'Abraham et de sa servante Agar, il est considéré par les traditions biblique et coranique comme l'ancêtre des Arabes.

ISMAÏL, *m. à Médine v. 760*, septième et dernier imam pour les ismaéliens.

ISMAÏL Ier, *Ardabil 1487 - id. 1524*, chah d'Iran (1501 - 1524). Fondateur des Séfévides, il imposa le chiisme duodécimain comme religion d'État.

ISMAÏLIA, v. d'Égypte, sur le lac Timsah et le canal de Suez ; 293 184 hab.

ISMAÏL PACHA, *Le Caire 1830 - Istanbul 1895*, vice-roi (1863 - 1867), puis khédive d'Égypte (1867 - 1879). Il inaugura le canal de Suez (1869), mais les difficultés financières l'obligèrent à accepter la mainmise franco-anglaise sur l'Égypte (1878).

ISMÈNE **MYTH. GR.** Fille d'Œdipe, sœur d'Antigone.

ISO (International Organization for Standardization, en fr. Organisation internationale de normalisation), organisation internationale créée en 1947, chargée d'élaborer les normes à l'échelle mondiale. (Siège : Genève.)

ISOCRATE, *Athènes 436 - id. 338 av. J.-C.*, orateur grec. Il prôna l'union des Grecs et des Macédoniens contre la Perse.

ISOLA 2000 (06420), station de sports d'hiver (alt. 1 800 - 2 610 m) des Alpes-Maritimes (comm. d'Isola).

ISONZO n.m., fl. de Slovénie et d'Italie, qui rejoint le golfe de Trieste ; 138 km. Nombreux combats entre Italiens et Austro-Allemands de 1915 à 1917.

ISOU (Isou-Isidor **Goldstein,** dit Isidore), *Botoşani 1925 - Paris 2007*, poète français d'origine roumaine, fondateur du lettrisme*.

ISPAHAN, v. d'Iran, au S. de Téhéran ; 1 266 072 hab. (1 583 609 hab. dans l'agglomération). Monuments du XIe au XVIIIe s., dont la Grande Mosquée (XIe-XVIIIe s.) ; remarquables exemples d'architecture séfévide (pavillon d'Ali Qapu, mosquée du cheikh Lotfollah, mosquée du Roi [devenue mosquée de l'Imam], etc.).

ISRAËL, autre nom de Jacob dans la Bible. Par ext., nom donné au peuple juif, descendant d'Israël.

ISRAËL n.m., État d'Asie, sur la Méditerranée ; 21 000 km^2 ; 8 680 000 hab. (*Israéliens*). **CAP.** *Jérusalem* (selon la Knesset). **V. PRINC.** *Tel-Aviv-Jaffa*. **LANGUES :** *hébreu (off.)* et *arabe (statut spécial)*. **MONNAIE :** *shekel*.

INSTITUTIONS République à régime parlementaire. Pas de Constitution proprement dite mais lois fondamentales édictées progressivement à partir de 1958. Le président de l'État d'Israël est élu pour 7 ans par l'Assemblée nationale (*Knesset*). Le Premier ministre est désigné par le président ; il est responsable devant la Knesset, élue au suffrage universel direct pour 4 ans.

GÉOGRAPHIE Résultant du partage de l'ancienne Palestine, Israël s'étend sur des régions de climat méditerranéen au nord, désertique au sud (Néguev). Grâce à l'irrigation, l'agriculture fournit du blé, du coton, de l'huile d'olive et surtout divers fruits (agrumes, avocats). La pauvreté du sous-sol (recelant cependant des phosphates) explique l'absence d'industries lourdes. Mais des branches spécialisées se sont implantées à Tel-Aviv-Jaffa et à Haïfa, favorisées par la présence de capitaux et la qualité de la main-d'œuvre (aéronautique, électronique, informatique, pharmacie, biotechnologies, etc.). La balance commerciale reste lourdement déficitaire. L'économie souffre d'un endettement lié notamm. au budget de la défense et au coût de l'intégration des immigrés (venus nombreux de l'ex-URSS à partir de 1990). L'économie israélienne a bien résisté à la crise mondiale de 2008 et la croissance, un temps ralentie, a repris. Mais les inégalités restent fortes et génèrent des tensions sociales. Les Juifs représentent env. 75 % de la population, qui compte une notable minorité arabe, islamisée (env. 20 %).

HISTOIRE **29 nov. 1947 :** l'Assemblée générale de l'ONU adopte une résolution sur un « plan de partage » de la Palestine, qui est rejeté par les nations arabes limitrophes. **14 mai 1948 :** l'État d'Israël est créé. Ben Gourion dirige le gouvernement provisoire. **1948 - 1949 :** Israël agrandit son territoire à l'issue de la première guerre israélo-arabe. **1949 - 1969 :** le Parti socialiste (Mapai) est au pouvoir avec Ben Gourion (1948 - 1953, 1955 - 1961, 1961 - 1963) puis Levi Eshkol (1963 - 1969). **1950 - 1960 :** l'essor économique repose sur l'exploitation collective des terres (kibboutz), le développement d'un fort secteur étatisé, les capitaux étrangers et l'aide américaine. **1956 :** la deuxième guerre israélo-arabe est provoquée par la nationalisation par l'Égypte du canal de Suez et le blocage du golfe d'Eilat. **1967 :** au cours de la troisième guerre israélo-arabe (guerre des Six-Jours), Israël occupe le Sinaï, Gaza, la Cisjordanie et le Golan. **1969 - 1974 :** Golda Meir est Premier ministre. **À partir de 1970 :** Israël favorise l'implantation de colonies de peuplement juif dans les territoires occupés. **1973 :** quatrième guerre israélo-arabe (guerre du Kippour). **1974 - 1977 :** Yitzhak Rabin succède à G. Meir. **1977 :** Menahem Begin, Premier ministre, engage des pourparlers de paix avec l'Égypte. **1979 :** aux termes du traité de Washington, l'Égypte reconnaît une frontière définitive avec Israël, qui lui restitue (en 1982) le Sinaï. **1980 :** Jérusalem réunifiée est proclamée capitale par la Knesset. **1981 :** annexion du Golan. **1982 - 1983 :** Israël occupe le Liban jusqu'à Beyrouth puis se retire dans le sud du pays. **1984 :** un gouvernement d'union nationale est formé. Shimon Peres détient pour deux ans le poste de Premier ministre. **1986 :** conformément à l'alternance prévue, Yitzhak Shamir lui succède. **À partir de 1987 :** les territoires occupés (Cisjordanie et Gaza) sont le théâtre d'un soulèvement populaire palestinien (Intifada). **1988 :** un nouveau gouvernement d'union nationale est formé. Y. Shamir reste Premier ministre. **1990 :** après l'éclatement de ce gouvernement, Y. Shamir forme un cabinet de coalition avec les partis religieux et l'extrême droite. **1991 :** lors de la guerre du Golfe, le pays, non belligérant, est la cible des missiles irakiens. Israël participe, avec les pays arabes et les Palestiniens, à la conférence de paix sur le Proche-Orient, ouverte à Madrid en octobre. **1992 :** les travaillistes reviennent au pouvoir et Y. Rabin redevient Premier ministre. **1993 :** la reconnaissance mutuelle d'Israël et de l'OLP est suivie par la signature (sept.) de l'accord israélo-palestinien de Washington. **1994 :** conformément à cet accord, un régime d'autonomie est mis en place à Gaza et à Jéricho. Parallèlement, Israël signe un traité de paix avec la Jordanie (oct.) et engage des pourparlers avec la Syrie. La poursuite du processus de paix est obérée par le problème des colonies de peuplement israéliennes et par les attentats des extrémistes palestiniens. **1995 :** l'autonomie est étendue aux grandes villes arabes de Cisjordanie.

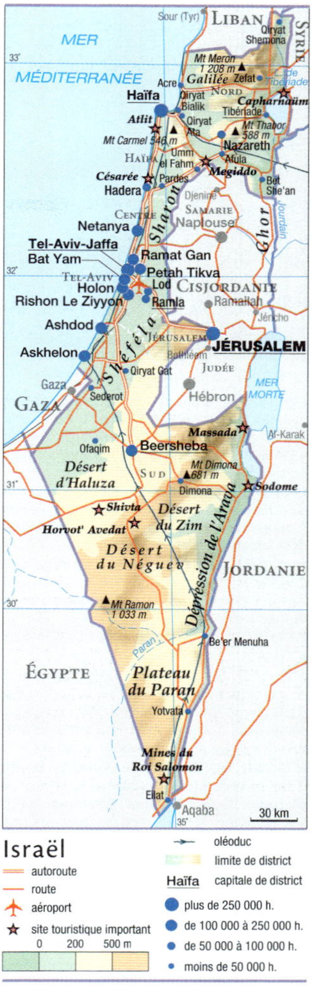

Y. Rabin est assassiné par un extrémiste israélien. S. Peres lui succède au poste de Premier ministre. **1996 :** Benyamin Netanyahou, leader du Likoud, est élu Premier ministre. Le raidissement de la politique israélienne entraîne un blocage du processus de paix avec les Palestiniens, que l'accord conclu entre les deux parties à Wye River (É.-U.) en oct. 1998 ne permet pas de surmonter. **1999 :** Ehoud Barak, leader du Parti travailliste, est élu Premier ministre. Les négociations avec les Palestiniens et avec la Syrie sont relancées. **2000 :** l'armée israélienne se retire du Liban-Sud. Les relations israélo-palestiniennes connaissent un brusque et grave regain de tension (reprise de l'Intifada, sept.). **2001 :** Ariel Sharon, leader du Likoud, est élu Premier ministre ; il forme un gouvernement d'union nationale. La confrontation entre Israéliens et Palestiniens ne cesse de se radicaliser, évoluant vers une véritable situation de guerre. **2002 :** Israël, invoquant la nécessité de se protéger des incursions de terroristes palestiniens sur son territoire, entame la construction d'un « mur de sécurité » à sa frontière avec la Cisjordanie. **2003 :** après le départ des travaillistes du gouvernement (oct. 2002), de nouvelles élections sont organisées (janv.), largement remportées par le Likoud de A. Sharon. Le conflit israélo-palestinien demeure aigu et meurtrier, en dépit de la multiplication des initiatives de paix. **2005 :** A. Sharon forme un nouveau gouvernement d'union nationale (janv.) qui, passant outre aux oppositions intérieures, met en œuvre l'évacuation de la bande de Gaza décidée unilatéralement en 2004 (qui s'achève en août). Après ce retrait et malgré l'amorce d'un dialogue avec le nouveau président de l'Autorité palestinienne, M. Abbas, le processus de paix reste dans l'impasse. En nov., les travaillistes se retirent du gouvernement et A. Sharon quitte le Likoud pour fonder un parti centriste, Kadima (« En avant »). **2006 :** un grave accident de santé écarte A. Sharon de la vie politique (janv.). Le vice-Premier ministre, Ehoud Olmert, le remplace à la tête du gouvernement et du parti Kadima et, après la victoire de ce parti aux élections (mars), forme un gouvernement de coalition avec les travaillistes. Au cours de l'été, Israël riposte à une attaque du Hezbollah contre ses soldats à la frontière israélo-libanaise par une intervention militaire au Liban (12 juill. - 14 août), mais l'échec de cette opération entame gravement la crédibilité du gouvernement et de l'armée. **2007 :** S. Peres devient président d'Israël (jusqu'en 2014). Une relance du processus de paix avec les Palestiniens est tentée, sous l'égide des États-Unis (conférence d'Annapolis, Maryland, nov.). **2008 :** fragilisé par des accusations de corruption, E. Olmert renonce à diriger le parti Kadima (désormais présidé par Tzipi Livni) et le gouvernement (continuant toutefois d'expédier les affaires courantes). Du 27 déc. 2008 au 18 janv. 2009, Israël – déclarant vouloir mettre un terme aux tirs de roquettes sur le sud de son territoire – mène une vaste offensive militaire dans la bande de Gaza. **2009 :** les élections, remportées de justesse par le parti Kadima devant le Likoud de B. Netanyahou (qui redevient Premier ministre), inaugurent un infléchissement à droite de la politique israélienne. **2010 :** l'assaut mené par des commandos israéliens contre une flottille tentant de briser le blocus de Gaza (31 mai), qui fait une dizaine de victimes, est largement condamné et accentue l'isolement d'Israël sur la scène internationale. La relance de pourparlers directs avec les Palestiniens sous l'impulsion de Washington (sept.) bute rapidement sur une reprise de la colonisation israélienne en Cisjordanie et à Jérusalem-Est. **2011 :** en plus des crispations extérieures (poursuite des tensions avec les Palestiniens, qui cherchent à obtenir la reconnaissance internationale d'un État pour leur peuple, mais aussi dégradation des relations avec la Jordanie, l'Égypte et surtout la Turquie), le gouvernement de B. Netanyahou doit affronter un important mouvement social contre la vie chère. Le caporal franco-israélien Gilad Shalit, détenu à Gaza depuis 2006, est libéré en échange de plus de 1 000 prisonniers palestiniens (oct.). **2012 :** Israël édifie une clôture continue le long de sa frontière avec l'Égypte. Le parti Kadima rallie, puis quitte le gouvernement. **2013 :** la coalition menée par B. Netanyahou obtient une courte victoire aux élections (janv.), marquées en outre par l'émergence d'un nouveau parti centriste, qui rentre au gouvernement au détriment des ultraorthodoxes. **2014 :** alors que les relations israélo-palestiniennes sont très dégradées (échec en avr. des négociations entamées en août 2013), une nouvelle escalade de violences atteint son paroxysme en Cisjordanie (juin). Du 8 juill. au 26 août, Israël intervient militairement dans la bande de Gaza, visant les infrastructures militaires et les responsables du Hamas (plus de 2 000 victimes palestiniennes, en grande majorité civiles). En déc., B. Netanyahou limoge ses ministres centristes, provoquant la dissolution de la Knesset. **2015 :** après la large victoire du Likoud aux élections anticipées (mars), B. Netanyahou forme un gouvernement très à droite (retour des ultraorthodoxes). Succédant à des mois de vives tensions, des attaques isolées sont perpétrées, à partir d'oct., contre des Juifs en Cisjordanie et en Israël, en partic. à Jérusalem (le contrôle et l'accès à l'esplanade des Mosquées [le mont du Temple pour les Juifs] étant au cœur de cette crise), et réprimées par l'armée israélienne (nouvel accès de violences en juill. 2017). **2016 :** l'extrême droite revient au sein du gouvernement. En déc., une résolution condamnant la colonisation israélienne en Cisjordanie et à Jérusalem-Est est adoptée par le Conseil de sécurité de l'ONU. **2018 :** B. Netanyahou, conforté par l'alignement des États-Unis sur sa politique (reconnaissance

▲ **Istanbul.** La mosquée Süleymaniye (œuvre de Sinan), au-dessus de la Corne d'Or.

de Jérusalem comme capitale d'Israël [déc. 2017], etc.), fait adopter une loi fondamentale (« Israël, État-nation du peuple juif »), qui fragilise le droit des minorités (juill.). À partir de mars, Israël fait face à un mouvement populaire à Gaza, ponctué de violences. En difficulté après le départ de l'extrême droite (nov.), la coalition gouvernementale dissout la Knesset (déc.) et convoque des élections anticipées.

ISRAËL (royaume d'), dans la Bible, royaume regroupant les tribus du nord de la Palestine, après la scission du royaume hébreu, à la mort de Salomon v. 931 av. J.-C. (cap. *Samarie*). Miné par son instabilité politique et ses rivalités fratricides avec le royaume de Juda, il succomba sous les coups des Assyriens (v. 721 av. J.-C.), qui déportèrent sa population. Il est aussi appelé *royaume de Samarie* par les historiens.

israélo-arabes (guerres) [1948 - 1973], les quatre conflits ouverts qui, depuis 1948, ont opposé l'État d'Israël à divers États arabes. La création en 1948 de l'État d'Israël, conformément au plan de partage de la Palestine adopté par l'ONU en 1947, n'est pas acceptée par les États arabes. Il en résulte une tension permanente qui aboutit à plusieurs conflits armés. La première guerre (mai 1948 - janv. 1949) s'achève par la défaite des États arabes. Des conventions d'armistice sont signées qui font des lignes de cessez-le-feu les nouvelles frontières d'Israël. La deuxième (oct.-nov. 1956) oppose Israël à l'Égypte dans le Sinaï, parallèlement à l'expédition franco-britannique sur le canal de Suez. L'ONU rétablit la ligne d'armistice de 1949. La troisième (*guerre des Six-Jours*, juin 1967) se solde par une sévère défaite arabe et l'occupation par Israël de la Cisjordanie, de Gaza, du Golan et du Sinaï. La quatrième guerre (*guerre du Kippour*, oct. 1973) tourne, après des succès initiaux de l'Égypte et de la Syrie, à la faveur d'Israël. Le statu quo est maintenu. Un cinquième conflit se déroule en 1982 - 1983 au Liban, que l'armée israélienne envahit et dont elle chasse les combattants palestiniens. La résistance des chiites l'oblige à évacuer le pays à l'exception d'une zone dans le sud. Mais une dynamique de paix s'engage, qui aboutit au traité de Washington (1979) entre Israël et l'Égypte, à laquelle est restitué le Sinaï en 1982, et à l'accord de Washington (1993) entre Israël et l'OLP.

ISSA, peuple somali de Djibouti et des régions limitrophes de l'Éthiopie et de la Somalie (env. 5 millions).

ISSAMBRES (Les), station balnéaire du Var (comm. de Roquebrune-sur-Argens), sur la côte des Maures. Port de plaisance.

Issenheim (retable d') ou polyptyque d'Issenheim, chef-d'œuvre de Grünewald*, peint pour l'anc. couvent des Antonins d'Issenheim, près de Guebwiller.

ISSOIRE (63500), ch.-l. d'arrond. du Puy-de-Dôme, dans la *Limagne d'Issoire* ; 15 099 hab. *(Issoiriens)*. Métallurgie. Industrie automobile. – Église de style roman auvergnat (XIIe s.).

Issos ou Issus (bataille d') [333 av. J.-C.], victoire d'Alexandre le Grand sur le roi perse Darios III à Issos (Cilicie, Asie Mineure).

ISSOUDUN (36100), ch.-l. d'arrond. de l'Indre, dans la Champagne berrichonne, sur la Théols ; 12 399 hab. *(Issoldunois)*. Industrie aéronautique. – Donjon de la fin du XIIe s. ; musée dans l'anc. hospice St-Roch (XIIIe-XVIe s.).

ISSOUFOU (Mahamadou), *Dandadji, région de Tahoua, 1952,* homme politique nigérien. Premier ministre (1993 - 1994), il est président de la République depuis 2011.

IS-SUR-TILLE (21120), bur. centr. de cant. de la Côte-d'Or, au N. de Dijon ; 4 475 hab. *(Issois)*. Appareils ménagers. Centre d'études nucléaires de Valduc.

ISSYK-KOUL, lac du Kirghizistan, à 1 608 m d'alt. ; 6 236 km².

ISSY-LES-MOULINEAUX (92130), bur. centr. de cant. des Hauts-de-Seine, au S.-O. de Paris ; 69 941 hab. *(Isséens)*. L'héliport dit « d'Issy-les-Moulineaux » est sur le territoire de la Ville de Paris. – Église St-Étienne, du XVIIe s. ; musée.

ISTANBUL, anc. **Byzance,** puis **Constantinople,** v. de Turquie, sur le Bosphore et la mer de Marmara ; 8 803 468 hab. *(Istanbuliotes* ou *Stambouliotes)* [11 253 297 hab. dans l'agglomération]. Principale ville et port du pays. Université. – Musées. La ville est située de part et d'autre de la Corne d'Or, petite baie profonde de la rive européenne. Au sud sont situés les principaux monuments (Ste-Sophie, mosquée du Sultan Ahmet, et plusieurs chefs-d'œuvre de Sinan, dont la mosquée Süleymaniye). Au nord s'étend la ville commerçante et cosmopolite (Beyoğlu) et, au-delà, de nouveaux quartiers d'affaires ont vu le jour (Etiler-Levent-Maslak). Des faubourgs asiatiques (Üsküdar) longent le Bosphore, franchi par trois ponts et deux tunnels. – Succédant à Constantinople*, Istanbul fut la capitale de l'Empire ottoman de 1453 à 1923 et conserva un peuplement cosmopolite (Grecs, Arméniens, Juifs).

Istiqlal, parti nationaliste marocain fondé en 1944. Il milita pour l'indépendance du Maroc, entra dans l'opposition en 1963 et se rallia au régime dans les années 1980.

ISTRATI (Panaït), *Brăila 1884 - Bucarest 1935,* écrivain roumain d'expression française. Ses romans, à la fois lyriques et réalistes, évoquent son existence errante *(la Vie d'Adrien Zograffi)*.

ISTRES (13800), ch.-l. d'arrond. des Bouches-du-Rhône, sur l'étang de Berre ; 44 514 hab. *(Istréens)*. Base aérienne militaire et centre d'essais en vol. Industrie aéronautique. – Musée du Vieil Istres.

ISTRIE, région de Slovénie et surtout de Croatie, en face de Venise, sur l'Adriatique. Vénitienne du XIe s. à 1797 (traité de Campoformio), autrichienne de 1797 à 1805 puis à nouveau à partir de 1815, elle fut revendiquée comme « province irrédente » par l'Italie, qui l'annexa en 1920. En 1947, l'Istrie devint yougoslave, Trieste gardant un statut particulier.

Itaipú, barrage construit sur le Paraná par le Brésil et le Paraguay.

ITALIE n.f., en ital. **Italia,** État d'Europe, sur la Méditerranée ; 301 000 km² ; 60 990 000 hab. *(Italiens)*. CAP. *Rome.* LANGUE : *italien.* MONNAIE : *euro.*

INSTITUTIONS République à régime parlementaire. Constitution de 1947, entrée en vigueur en 1948. Le président de la République est élu pour 7 ans par un collège composé des membres du Parlement et de représentants régionaux. Le président du Conseil est responsable devant le Parlement, formé de la Chambre des députés et du Sénat, élus au suffrage universel pour 5 ans. L'Italie est constituée de 20 régions : Abruzzes, Aoste (Val d'), Basilicate, Calabre, Campanie, Émilie-Romagne, Frioul-Vénétie Julienne, Latium, Ligurie, Lombardie, Marches, Molise, Ombrie, Piémont, Pouilles, Sardaigne, Sicile, Toscane, Trentin-Haut-Adige, Vénétie.

GÉOGRAPHIE Membre du G7, l'Italie est le plus développé des États méditerranéens, grâce à une renaissance rapide (le « miracle italien ») après la Seconde Guerre mondiale. Aujourd'hui, environ les deux tiers des Italiens vivent dans des villes et quatre agglomérations (Rome, Milan, Naples et Turin) dépassent le million d'habitants. Mais cette population ne s'accroît plus, en raison de la chute de la natalité.

L'agriculture n'occupe plus guère que 4 % des actifs. Cependant, la production reste importante, notamment pour les céréales (blé et maïs), les fruits (olives pour l'huile et surtout agrumes) et la vigne. La nature des productions est à relier à un climat partout chaud l'été, mais froid l'hiver dans le Nord (plaine du Pô et arc alpin de la Méditerranée au Frioul) et particulièrement sec l'été dans la partie péninsulaire (dont l'Apennin constitue l'ossature) et insulaire (Sicile et Sardaigne). Ce climat mais aussi un riche patrimoine culturel expliquent l'importance du tourisme.

L'industrie emploie moins du tiers des actifs. Elle a longtemps comporté un important secteur d'État (auj. en phase de réduction drastique, du fait des privatisations), quelques très grandes firmes et de très nombreuses petites entreprises. Elle est implantée surtout dans le Nord, la moitié méridionale (le Mezzogiorno) n'ayant pas rattrapé son retard. La production est diversifiée, dominée toutefois par les constructions mécaniques (automobile) et la chimie. Dans quelques branches (textile, travail du cuir), un apport notable provient de l'économie souterraine. Cet état de fait, déjà ancien, atténue la signification de l'officiel taux de chômage et contribue à expliquer la grande souplesse de l'économie. Mais le pays est lourdement endetté et contraint d'adopter, à partir de 2011, des plans d'austérité rigoureux et de mettre en œuvre des réformes structurelles. À partir de 2015, l'Italie renoue très progressivement avec la croissance.

HISTOIRE **L'Antiquité. IIIe millénaire :** l'Italie est peuplée par des populations méditerranéennes qui se maintiennent ensuite sous les noms de Ligures (dans la péninsule) ou de Sicules (en Sicile). **IIe millénaire :** les migrations indo-européennes aboutissent à l'installation d'une civilisation spécifique, dite « des terramares », dans la plaine du Pô ; les derniers venus, les Villanoviens, pratiquent l'incinération et font usage du fer. **V. 1000 :** deux groupes italiques (ou italiotes) forment l'essentiel de la population de l'Italie. **VIIIe s. av. J.-C. :** les Étrusques s'installent entre Pô et Campanie ; les Grecs établissent des comptoirs sur les côtes méridionales. **IVe s. :** les Celtes occupent la plaine du Pô. **IVe - IIe s. :** Rome (fondée en 753, selon la légende) profite des dissensions entre ces différents peuples pour conquérir progressivement l'ensemble de la péninsule, en même temps que, après sa victoire sur Carthage, elle domine l'ensemble de la Méditerranée occidentale. Le latin, langue du vainqueur, s'impose dans toute l'Italie. **91 - 89 av. J.-C. :** la « guerre sociale » contraint Rome à donner aux villes italiennes le droit de cité. **58 - 51 av. J.-C. :** avec César, l'Italie devient maîtresse de la Gaule. **42 av. J.-C. :** Octave incorpore la Gaule Cisalpine à l'Italie, dont la frontière est ainsi repoussée vers le nord. **27 av. J.-C. - Ve s. apr. J.-C. :** à partir d'Auguste, l'Italie est le centre d'un vaste empire, qu'elle dirige et qui la nourrit.

Italie

- ▲ volcan
- 200 — 400 — 1000 — 2000 m
- autoroute
- route
- voie ferrée
- aéroport
- ☆ site touristique important
- limite de région
- **Milan** capitale de région
- Urbino chef-lieu de province
- plus de 1 000 000 h.
- de 500 000 à 1 000 000 h.
- de 100 000 à 500 000 h.
- moins de 100 000 h.

Le christianisme, introduit au Ier s., longtemps persécuté, triomphe au IVe s. à Rome, qui devient le siège de la papauté.

Le Moyen Âge. Ve s. : les invasions barbares réduisent l'empire d'Occident à l'Italie, qui n'est pas elle-même épargnée (sacs de Rome, 410 et 476). **VIe s. :** après les tentatives de rétablissement de Théodoric et de Justinien, l'Italie se développe autour de trois pôles : Milan, centre du royaume lombard ; Ravenne, sous domination byzantine ; le territoire pontifical, autour de Rome. **VIIIe s. :** contre les progrès lombards, le pape fait appel aux Francs ; Charlemagne devient roi des Lombards (774), avant d'être couronné empereur (800). **IXe s. :** les raids sarrasins et normands dans le Sud, le morcellement féodal créent une situation d'anarchie. **Xe s. :** le roi de Germanie Otton Ier est couronné empereur à Rome (962) et l'Italie est intégrée dans le Saint Empire romain germanique. **1075 - 1122 :** la querelle des Investitures s'achève par la victoire de la papauté sur l'Empire. Appuyés par Rome, les Normands de Robert Guiscard créent un royaume en Italie du Sud. **1122 - 1250 :** une nouvelle force se constitue, celle des cités, érigées en communes et que la croissance économique enrichit (Pise, Gênes, Florence, Milan, Venise). Lorsque le conflit entre Rome et l'Empire rebondit, avec la lutte du Sacerdoce et de l'Empire (1154 - 1250) qui permet à l'empereur Frédéric Barberousse de conquérir le royaume normand, les cités sont forcées de s'y engager, et se déchirent entre guelfes (partisans du pape) et gibelins (qui soutiennent l'empereur). **1266 - 1417 :** l'Italie du Sud échoit à Charles d'Anjou, la Sicile passe aux mains de l'Aragon, ce qui met un terme aux prétentions impériales sur l'Italie. La papauté doit quitter Rome pour Avignon (1309 - 1376) ; elle est affaiblie par le Grand Schisme d'Occident (1378 - 1417). **XVe s. :** une nouvelle puissance naît dans le Nord, le duché de Savoie ; les cités, où des familles princières s'imposent contre le régime républicain, voient l'apogée de la Renaissance (Florence).

Du déclin du XVIe s. au Risorgimento. 1494 - 1559 : les guerres d'Italie s'achèvent, au détriment des ambitions françaises, par l'établissement de la prépondérance espagnole sur une large partie de la péninsule. **1559 - 1718 :** l'Italie, centre de la Contre-Réforme, décline sur le plan culturel et économique. **XVIIIe s. :** le traité d'Utrecht (1713) fait passer le pays sous la domination des Habsbourg d'Autriche. En Toscane, dans le royaume de Naples qui, avec Parme, revient aux mains des Bourbons d'Espagne après 1734, une politique réformiste et éclairée est mise en place. **1792 - 1799 :** l'Italie passe sous l'influence de la France qui annexe la Savoie et Nice, occupe la république de Gênes. D'éphémères « républiques sœurs » sont instituées. **1802 - 1804 :** Bonaparte conquiert l'ensemble de la péninsule, et constitue le Nord en une « République italienne ». **1805 - 1814 :** celle-ci, devenue royaume d'Italie, a pour souverain Napoléon ; le royaume de Naples, occupé en 1806, est confié à Joseph puis (1808) à Murat. **1814 :** l'Italie revient à sa division antérieure (douze États). La domination autrichienne est restaurée dans le Nord et le Centre. **1820 - 1821 :** des sociétés secrètes (*carbonari*) complotent contre le retour de l'absolutisme ; elles sont durement réprimées. **1831 - 1833 :** de nouvelles révoltes éclatent, inspirées par le républicain Mazzini, fondateur du mouvement « Jeune-Italie ». **1846 - 1849 :** l'entreprise de libération nationale, le *Risorgimento* (Renaissance), échoue devant la résistance autrichienne ; mais le Piémont, avec Charles-Albert puis Victor-Emmanuel II et son ministre Cavour, s'impose à sa tête, et obtient en sa faveur l'appui de la France. **1859 :** les troupes franco-piémontaises sont victorieuses de l'Autriche (campagne d'Italie), qui doit quitter la Lombardie. **1860 :** la Savoie et Nice reviennent à la France. Des mouvements révolutionnaires, en Italie centrale et dans le royaume de Naples conquis par Garibaldi, aboutissent à l'union de ces régions avec le Piémont. **1861 :** le royaume d'Italie est proclamé, avec pour souverain Victor-Emmanuel et pour capitale Turin (à partir de 1865, Florence). **1866 :** il s'agrandit de la Vénétie grâce à l'aide prussienne. **1870 :** Rome devient capitale.

Le royaume d'Italie et l'époque mussolinienne. 1870 - 1876 : des gouvernements de droite se succèdent, tandis que le Mezzogiorno s'enfonce dans la pauvreté et que l'émigration se développe. **1876 - 1900 :** des gouvernements de gauche les remplacent avec Crispi, anticlérical et hostile à la France, qui tente vainement de coloniser l'Éthiopie. À Victor-Emmanuel II succèdent en 1878 Humbert Ier, assassiné en 1900, puis Victor-Emmanuel III. **1903 - 1914 :** G. Giolitti, président du Conseil, rétablit l'ordre et l'équilibre économique. La politique extérieure, dominée par les revendications irrédentistes, aboutit au conflit italo-turc (1911 - 1912) et à l'annexion de la Tripolitaine et du Dodécanèse. **1915 - 1918 :** l'Italie participe à la Première Guerre mondiale aux côtés des Alliés. **1919 :** une partie seulement de ses ambitions est satisfaite (annexion du Trentin, du Haut-Adige et de Fiume). **1922 :** Mussolini est appelé au pouvoir par le roi après la « marche sur Rome » de ses Chemises noires. **1922 - 1943 :** Mussolini, le *duce*, instaure un régime fasciste. **1929 :** accords du Latran. **1935 - 1936 :** conquête de l'Éthiopie. **1940 :** l'Italie, qui a signé le pacte d'Acier avec le IIIe Reich l'année précédente, entre en guerre aux côtés de l'Allemagne. **1943 :** le débarquement anglo-américain en Sicile provoque la chute de Mussolini, qui se réfugie dans le Nord où il constitue la république de Salo ; le maréchal Badoglio signe un armistice avec les Alliés. **1944 :** Victor-Emmanuel III abdique et son fils Humbert II devient lieutenant général du royaume. **1945 :** Mussolini est arrêté et fusillé.

L'Italie contemporaine. 1946 : la république est proclamée après référendum ; le démocrate-chrétien A. De Gasperi, président du Conseil (1945 - 1953), entreprend la reconstruction du pays, en s'appuyant sur l'alliance avec les États-Unis. **1958 :** l'Italie entre dans la CEE. **1958 - 1968 :** les démocrates-chrétiens, aux affaires avec A. Fanfani, puis A. Moro, sont les auteurs d'un « miracle » économique qui n'empêche pas l'avancée électorale de la gauche. **1968 - 1972 :** l'instabilité politique fait se succéder à un rythme rapide les gouvernements. La classe politique, jugée corrompue, est de plus en plus coupée du reste de la société. **1972 - 1981 :** pour rétablir l'ordre, les partis politiques cherchent à réaliser la plus grande alliance possible ; ils y parviennent avec le « compromis historique », entre 1976 et 1979, lorsque sont unis au pouvoir communistes et démocrates-chrétiens. Cependant, la société italienne est troublée par le développement du terrorisme de droite ou de gauche, notamment des Brigades rouges (assassinat de A. Moro, 1978). **1981 - 1982 :** Giovanni Spadolini (Parti républicain) est le premier chef de gouvernement n'appartenant pas à la Démocratie chrétienne. **1983 - 1987 :** le socialiste B. Craxi est président du Conseil. **1987 - 1992 :** après sa démission, les démocrates-chrétiens (Giovanni Goria [1987] ; Ciriaco De Mita [1988] ; G. Andreotti [1989]) retrouvent la présidence du Conseil. **1992 :** démission du président F. Cossiga, remplacé par Oscar Luigi Scalfaro. Les élections législatives sont marquées par l'échec des grands partis traditionnels et par l'émergence des Ligues (mouvements régionalistes et populistes) en Italie du Nord. Le socialiste Giuliano Amato forme un gouvernement de coalition qui engage une politique d'austérité, de révision des institutions et de lutte contre la Mafia et la corruption. **1993 :** cette politique est poursuivie par Carlo Azeglio Ciampi, gouverneur de la Banque centrale, qui dirige le nouveau gouvernement. Une réforme du système politique est mise en œuvre, touchant en particulier le fonctionnement des partis et les lois électorales. **1994 :** après la victoire, lors des élections législatives, d'une coalition de droite et d'extrême droite, Silvio Berlusconi est nommé président du Conseil (avr.). Il doit cependant démissionner quelques mois plus tard (déc. ; il expédie les affaires courantes jusqu'en janv. 1995). **1995 - 1996 :** Lamberto Dini dirige un gouvernement de techniciens. **1996 :** après la victoire d'une coalition de centre gauche aux élections législatives, Romano Prodi devient président du Conseil. **1998 :** Massimo D'Alema, leader des Démocrates de gauche (DS, parti héritier de l'anc. Parti communiste italien), lui succède à la tête du gouvernement. **1999 :** l'Italie participe à l'intervention militaire de l'OTAN puis à la force multinationale de maintien de la paix au Kosovo. C. A. Ciampi est élu à la tête de l'État. **2000 :** au lendemain de l'échec du centre gauche aux élections régionales, M. D'Alema démissionne. G. Amato le remplace. **2001 :** les élections législatives sont remportées par une coalition de droite dirigée par S. Berlusconi ; ce dernier retrouve la présidence du Conseil. **2006 :** après la courte victoire, aux élections législatives, de la coalition de centre gauche qu'il conduit, R. Prodi dirige à nouveau le gouvernement. Giorgio Napolitano est élu à la présidence de la République. **2008 :** au terme de vingt mois d'un mandat émaillé de crises politiques, R. Prodi démissionne. La droite gagne les élections législatives (avr.) et S. Berlusconi revient au pouvoir. Mais l'autorité du président du Conseil est entamée par une série de scandales d'ordre privé et par des dissensions au sein de son propre camp (rupture, en 2010, avec Gianfranco Fini, l'un de ses principaux alliés). **2011 :** totalement discrédité et incapable d'imposer les mesures nécessaires pour enrayer la crise de la dette dans son pays, S. Berlusconi est acculé à la démission (nov.). Un gouvernement d'experts, dirigé par Mario Monti, est mis en place, qui s'efforce de stabiliser une situation économique préoccupante. **2013 :** après la démission de M. Monti (déc. 2012), aucune majorité claire – malgré une légère avance de la gauche – ne se dégage des élections législatives (févr.), marquées par la percée du Mouvement 5 étoiles, parti protestataire fondé par l'humoriste populiste Beppe Grillo. Au terme de plusieurs semaines de tentatives infructueuses pour sortir de l'impasse politique, G. Napolitano accepte d'être reconduit à la tête de l'État (avr.) ; il nomme à la présidence du Conseil Enrico Letta, vice-secrétaire du Parti démocrate, qui parvient à former un gouvernement de grande coalition (rassemblant la gauche, la droite de S. Berlusconi et le centre). **2014 :** Matteo Renzi, secrétaire du Parti démocrate (déc. 2013), succède à E. Letta, démissionnaire après un vote de défiance du parti (févr.). **2015 :** après la démission de G. Napolitano, Sergio Mattarella est élu président de la République (janv.). **2016 :** M. Renzi quitte la présidence du Conseil après l'échec du référendum (déc.) sur la grande réforme institutionnelle qu'il avait initiée en 2014. Paolo Gentiloni le remplace. **2018 :** les élections législatives sont marquées par une nouvelle poussée des partis protestataires (mars). Après des mois de tractations, le Mouvement 5 étoiles de Luigi Di Maio et la Ligue (extrême droite) de Matteo Salvini signent une alliance, ouvrant la voie à la formation d'un gouvernement dirigé par Giuseppe Conte, avec M. Salvini et L. Di Maio comme vice-présidents du Conseil (juin).

Italie (campagne d') [1796 - 1797], ensemble des opérations menées en Italie par Bonaparte contre l'Autriche, le Piémont et leurs alliés. Elle s'acheva par le traité de Campoformio (oct. 1797). — campagne d'**Italie** (mai-juin 1800), ensemble des opérations menées au Piémont et en Lombardie par Bonaparte, pour reprendre aux Autrichiens le terrain perdu depuis 1799. Elle s'acheva par le traité de Lunéville (9 févr. 1800).

Italie (campagne d') [1859], campagne menée par Napoléon III pour libérer l'Italie du Nord de la domination autrichienne.

Italie (campagne d') [juill. 1943 - mai 1945], campagne de la Seconde Guerre mondiale. Ensemble des opérations menées par les Alliés contre les forces germano-italiennes, de la Sicile à la plaine du Pô.

Italie (guerres d') [1494 - 1559], conflits déclenchés par les expéditions militaires des rois de France en Italie. Dans une première période (1494 - 1516), les rois de France guerroient en Italie pour la succession du royaume de Naples (Charles VIII), et du Milanais (Louis XII et François Ier). Ils ont pour adversaires le roi d'Aragon puis le pape ; les villes italiennes changent de camp au gré de leurs intérêts. Signé après la victoire française de Marignan (1515), le traité de Noyon donne le royaume de Naples à l'Espagne et le Milanais à la France. Dans une seconde période, l'Italie n'est plus qu'un enjeu d'une lutte plus générale (opposition entre Valois et Habsbourg), à laquelle participe l'Angleterre. Les traités du Cateau-Cambrésis (1559) puis de Vervins (1598) mettent fin aux prétentions françaises en Italie, où l'Espagne sera désormais prépondérante.

ITALIE (royaume d'), royaume créé par Napoléon Ier en 1805, pour remplacer la République italienne, et dont il fut le souverain, la vice-royauté étant exercée par Eugène de Beauharnais. Il disparut en 1814.

Italien (Théâtre-) → **Comédie-Italienne.**

ITAMI, v. du Japon (Honshu) ; 196 160 hab. Aéroport.

ITARD (Jean Marc Gaspard), *Oraison 1774 - Paris 1838*, médecin et pédagogue français. Médecin à l'Institut des sourds-muets à Paris, il fut l'un des premiers à s'intéresser à l'éducation des enfants présentant des psychopathologies lourdes.

ITAR-Tass (Information Telegraph Agency of Russia-Tass), agence de presse russe. Elle est issue de la fusion, en 1992, de l'agence Tass (Telegrafnoïe Aguentstvo Sovietskovo Soïouza), agence de presse officielle de l'URSS (1925 - 1991), avec RIA-Novosti (Russian Information Agency-Novosti), prolongement de l'agence Novosti créée en 1961.

ITELMÈNES, peuple paléosibérien de Russie (Kamtchatka et région de Magadan) [env. 2 500]. Ils se sont métissés à partir de la fin du XVIIe s. avec les Cosaques envoyés pour les soumettre. Leur nom russe de « Kamtchadales » est vieilli.

ITER (International Thermonuclear Experimental Reactor), projet de réacteur expérimental destiné à la production d'énergie par fusion thermonucléaire, associant l'Union européenne, les États-Unis, la Russie, le Japon, la Chine, la Corée du Sud et l'Inde. Il est en cours de construction à Cadarache.

ITHAQUE, île de Grèce, une des îles Ioniennes ; 3 180 hab. On l'identifie à l'Ithaque d'Homère, patrie d'Ulysse.

ITON n.m., riv. de France, affl. de l'Eure (r. g.) ; 118 km. Il passe à Évreux.

ITO TOYO, *Séoul 1941*, architecte japonais. Légèreté, transparence, fluidité et évolutivité caractérisent ses réalisations où dominent le verre et l'aluminium (médiathèque de Sendai, 2001 ; hôtel Porta Fira, L'Hospitalet de Llobregat, 2009 ; hôpital Cognacq-Jay, Paris, 2005). [Prix Pritzker 2013.]

ITURBIDE (Agustín de), *Valladolid, auj. Morelia, Mexique, 1783 - Padilla 1824*, général mexicain. Général de l'armée espagnole, il combattit d'abord les insurgés Hidalgo et Morelos (1810 - 1815), puis imposa à l'Espagne le traité de Córdoba, qui reconnut l'indépendance du Mexique (1821). Proclamé empereur en 1822, il dut abdiquer (1823) devant le soulèvement de Santa Anna et fut fusillé.

IULE ou **ASCAGNE** MYTH. GR. Fils d'Énée. Il lui succéda comme roi de Lavinium et fonda Albe la Longue. César prétendait descendre de lui.

IVAJLO, *m. en 1280*, tsar usurpateur de Bulgarie (1278 - 1280). Porcher, il organisa la défense du pays contre les Mongols et se fit proclamer tsar.

IVAN Ier Kalita, *m. en 1340*, prince de Moscou (1325 - 1340) et grand-prince de Vladimir (1328 - 1340). Il obtint des Mongols le privilège de réunir le tribut dû à la Horde d'Or. — **Ivan III le Grand,** *1440 - Moscou 1505*, grand-prince de Vladimir et de Moscou (1462 - 1505). Il se libéra de la suzeraineté mongole (1480), adopta le titre d'autocrate et se voulut l'héritier de Byzance. — **Ivan IV le Terrible,** *Kolomenskoïe 1530 - Moscou 1584*, grand-prince (1533 - 1547) puis tsar (1547 - 1584) de Russie, de la dynastie des Riourikides. Il prit le premier le titre de tsar, annexa les khanats de Kazan (1552) et d'Astrakhan (1556) et se lança dans la guerre de Livonie (1558 - 1583). Il instaura à la fin de son règne un régime de terreur en créant un territoire réservé pour ses fidèles (l'*opritchnina*, 1565 - 1572).

▲ **Ivan IV le Terrible.**
(Musée historique d'État, Moscou.)

Ivanhoé, roman historique de W. Scott (1819). Ivanhoé, guerrier valeureux et bon, seconde Richard Ier Cœur de Lion pendant la 3e croisade, puis dans sa lutte contre Jean sans Terre.

IVANO-FRANKIVSK, anc. **Ivano-Frankovsk,** v. d'Ukraine, au S.-E. de Lviv ; 218 359 hab.

IVANOV (Lev Ivanovitch), *Moscou 1834 - Saint-Pétersbourg 1901*, danseur et chorégraphe russe. Assistant de M. Petipa, il signa la chorégraphie de *Casse-Noisette* (1892) et celle des actes II et III du *Lac des cygnes* (1895).

IVANOVO, v. de Russie, au N.-E. de Moscou ; 409 277 hab. Centre textile.

IVES (Charles), *Danbury, Connecticut, 1874 - New York 1954*, compositeur américain. Également organiste, il fut un pionnier du nouveau langage musical (*The Unanswered Question*, 1906 ; *Concord Sonata*, pour piano, 1915).

IVORY (James), *Berkeley 1928*, cinéaste américain. Captivé par les civilisations qui meurent, ce disciple de Henry James est un des maîtres du cinéma romanesque (*Shakespeare Wallah*, 1965 ; *les Européens*, 1979 ; *Chaleur et poussière*, 1983 ; *Chambre avec vue*, 1985 ; *les Vestiges du jour*, 1993 ; *la Coupe d'or*, 2000).

IVRÉE, en ital. **Ivrea,** v. d'Italie (Piémont), sur la Doire Baltée ; 23 798 hab. Bureautique.

IVRY-LA-BATAILLE (27540), comm. de l'Eure, sur l'Eure ; 2 784 hab. (*Ivryens*). Église des XVe-XVIe s. – Henri IV y vainquit Mayenne et les ligueurs, le 14 mars 1590.

IVRY-SUR-SEINE (94200), bur. centr. de cant. du Val-de-Marne, sur la Seine ; 59 915 hab. (*Ivryens*). Centre industriel. – Centre d'art contemporain (Crédac) dans les bâtiments de la manufacture des Œillets.

IVUJIVIK, village inuit du Canada, le plus septentrional du Québec ; 414 hab. (*Ivujivimmiuts*).

IWAKI, v. du Japon (Honshu) ; 342 198 hab.

IWASZKIEWICZ (Jarosław), *Kalnik, Ukraine, 1894 - Varsovie 1980*, écrivain polonais. Poète et essayiste, il unit dans son œuvre narrative (*les Demoiselles de Wilko, les Boucliers rouges, Mère Jeanne des Anges*) le fantastique au réalisme psychologique.

IWO, v. du sud-ouest du Nigeria ; 125 645 hab.

IWO JIMA, île japonaise du Pacifique, au N. des Mariannes. Elle fut conquise par les Américains sur les Japonais en février 1945.

IXELLES [iksɛl], en néerl. **Elsene,** comm. de Belgique (Bruxelles-Capitale), banlieue sud de Bruxelles ; 84 216 hab. Anc. abbaye de la Cambre. Musées.

IXION MYTH. GR. Roi des Lapithes, ancêtre des Centaures. Zeus, pour le punir de son attitude sacrilège envers Héra, le précipita aux Enfers, lié à une roue enflammée tournant éternellement.

IZANAGI ET IZANAMI, couple créateur des montagnes, des champs et des éléments dans la religion shintoïste.

IZEGEM, comm. de Belgique (Flandre-Occidentale) ; 27 354 hab.

IZERNORE (01580), comm. de l'Ain, au N. du Bugey ; 2 338 hab. (*Izernois*). Matières plastiques. – Temple gallo-romain. Musée archéologique. – Aux environs, gorge du Val d'Enfer.

IZETBEGOVIĆ (Alija), *Bosanski Šamac 1925 - Sarajevo 2003*, homme politique bosnien. Élu président de la Bosnie-Herzégovine en 1990, il s'opposa à la partition ethnique du pays et œuvra pour le respect des droits des Musulmans (ou Bosniaques). Cosignataire de l'accord de paix de 1995, il fut de 1996 à 2000 membre de la présidence collégiale de la nouvelle fédération de Bosnie-Herzégovine (qu'il présida de 1996 à 1998 et en 2000). — Son fils **Bakir** (*né en 1956*) a été de 2010 à 2018 membre (représentant les Musulmans/Bosniaques) de la présidence collégiale de Bosnie-Herzégovine (qu'il a présidée en 2012, 2014, 2016 et 2018).

IZIEU (01300), comm. de l'Ain, dans le Bugey ; 241 hab. (*Izieulants*). Le 6 avril 1944, au cours d'une rafle de la Gestapo de Lyon, 44 enfants juifs, réfugiés dans une maison d'accueil, ainsi que leurs 7 éducateurs, furent arrêtés. Excepté une adulte, qui put s'échapper, ils furent déportés et exterminés à Auschwitz et à Reval. Musée-mémorial.

IZMIR, anc. **Smyrne,** v. de Turquie, sur la mer Égée ; 2 232 265 hab. (2 841 907 hab. dans l'agglomération). Port. Foire internationale. – Musée archéologique. – Annexée à l'Empire ottoman en 1424, elle fut occupée par les Grecs en 1919 et reprise par les Turcs en 1922.

IZMIT, anc. **Nicomédie,** v. de Turquie, sur la mer de Marmara ; 198 200 hab. Port militaire. Pétrochimie. Séisme en 1999.

IZNIK, nom actuel de Nicée* [Turquie].

IZOARD (col de l'), col routier des Alpes françaises (Hautes-Alpes), entre le Queyras et le Briançonnais ; 2 361 m.

IZUMO, sanctuaire shintoïste fondé v. le VIe s. au bord de la mer du Japon (préf. de Shimane). Il a été fidèlement reconstruit (1874) ; c'est l'un des exemples de l'architecture préboudhique au Japon. Célèbre lieu de pèlerinage.

Izvestia (« les Nouvelles »), quotidien russe fondé en 1917 à Petrograd. Il a été l'organe des soviets des députés du peuple de l'URSS.

▲ **Izmir.** La tour de l'Horloge (quartier de Konak), dans le centre.

JABALPUR ou **JUBBULPORE,** v. de l'Inde centrale (Madhya Pradesh) ; 951 469 hab. (1 267 564 hab. dans l'agglomération).

JABÈS (Edmond), *Le Caire 1912 - Paris 1991*, poète français d'origine égyptienne. Sa poésie (*Je bâtis ma demeure*, 1959) comme ses méditations (*le Livre des questions*, 1963-1973 ; *le Livre des ressemblances*, 1976-1980) interrogent les relations entre le judaïsme, l'écriture et l'exil.

JACCOTTET (Philippe), *Moudon, canton de Vaud, 1925*, écrivain suisse de langue française. Traducteur (Homère, R. M. Rilke, G. Ungaretti), poète lyrique discret (*Airs*, *À la lumière d'hiver*, *Ce peu de bruits*), il oppose dans ses carnets (*la Semaison*) la beauté des paysages à la hantise de la mort.

JACKSON, v. des États-Unis, cap. du Mississippi ; 171 155 hab. (539 057 hab. dans l'agglomération).

JACKSON (Andrew), *Waxhaw, Caroline du Sud, 1767 - Hermitage, Tennessee, 1845*, homme politique américain. Démocrate, président des États-Unis de 1829 à 1837, il marqua son époque (« ère de Jackson ») en accroissant l'autorité présidentielle et en renforçant la démocratie américaine.

JACKSON (John Hughlings), *Green Hammerton, Yorkshire, 1835 - Londres 1911*, neurologue britannique. L'un des fondateurs de la neurologie, il étudia notamm. l'épilepsie.

JACKSON (Mahalia), *La Nouvelle-Orléans 1911 - Chicago 1972*, chanteuse américaine. L'une des plus grandes interprètes de negro spirituals et de gospels, elle connut le succès à partir de 1946.

JACKSON (Michael), *Gary, Indiana, 1958 - Los Angeles 2009*, chanteur de pop américain. Avant-dernier-né des cinq frères qui composèrent le groupe de rhythm and blues Jackson Five, il poursuivit en solo à partir des années 1970 une des plus grandes carrières de la scène pop internationale (albums *Off The Wall*, 1979 ; *Thriller*, 1982 ; *Bad*, 1987). Il fut aussi un danseur spectaculaire (breakdance).

◄ Michael **Jackson**

JACKSONVILLE, v. des États-Unis (Floride) ; 853 382 hab. (1 066 440 hab. dans l'agglomération). Tourisme.

JACOB, le dernier des patriarches bibliques. Fils d'Isaac, il apprit par un songe que ses douze fils seraient les ancêtres des douze tribus d'Israël.

JACOB (André), *Paris 1921*, philosophe français. Il interroge, dans une œuvre humaniste, les thèmes du temps, du langage, de l'éthique et du mal (*Temps et langage*, 1967 ; *l'Homme et le Mal*, 1998 ; *Esquisse d'une anthropo-logique*, 2011). Il a dirigé l'*Encyclopédie philosophique universelle* (4 vol., 1980-1998).

JACOB (François), *Nancy 1920 - Paris 2013*, médecin, biologiste et biochimiste français. Sa découverte de l'ARN messager et des mécanismes de régulation de l'expression des gènes lui valut, avec A. Lwoff et J. Monod, le prix Nobel (1965). Il est l'auteur, notamm., de *la Logique du vivant* (1970). [Acad. fr.]

JACOB (Georges), *Cheny, Yonne, 1739 - Paris 1814*, menuisier et ébéniste français. Maître à Paris en 1765, créateur de sièges originaux, il est le grand représentant du style « à la grecque » ; il a utilisé l'acajou à l'imitation de l'Angleterre. — **François Honoré J.**, *Paris 1770 - id. 1841*, menuisier et ébéniste français, fils de Georges. Il fonda une fabrique (*Jacob-Desmalter*) dont l'œuvre au service de l'Empire fut immense (pour remeubler les anciens palais royaux).

JACOB (Max), *Quimper 1876 - camp de Drancy 1944*, écrivain et peintre français. Ses poèmes (*le Cornet à dés*, *le Laboratoire central*) et ses récits oscillent du burlesque au mystique, de la parodie aux méditations religieuses.

◄ Max **Jacob** par Christopher Wood, 1929. (Musée des Beaux-Arts, Quimper.)

JACOBI (Carl), *Potsdam 1804 - Berlin 1851*, mathématicien allemand. Auteur de travaux fondamentaux sur les fonctions elliptiques, il ouvrit la voie à la théorie des fonctions doublement périodiques.

Jacobins (club des), société politique sous la Révolution française (1789 - 1799). Créé à Versailles par des députés bretons, il accueillit très vite des représentants d'autres provinces, puis s'installa à Paris, dans l'ancien couvent des Jacobins. D'abord modéré, le club prit une allure plus révolutionnaire avec Pétion et surtout Robespierre, qui l'anima à partir de 1792. Fermé après Thermidor (1794), il fut reconstitué sous le Directoire, aux Tuileries puis à Saint-Thomas-d'Aquin.

JACOBS (Edgar Pierre), *Bruxelles 1904 - Lasne 1987*, dessinateur et scénariste belge de bandes dessinées, créateur de la série d'aventures *Blake et Mortimer* (1946).

JACOBS (René), *Gand 1946*, haute-contre et chef d'orchestre belge. Ses activités de chanteur et de chef lyrique (notamm. à la tête du Concerto Vocale, ensemble baroque qu'il a fondé en 1977), mais aussi de musicologue et de pédagogue, l'ont imposé comme une figure majeure du renouveau de l'interprétation de la musique ancienne.

JACOBSEN (Arne), *Copenhague 1902 - id. 1971*, architecte et désigneur danois. Il est notamm. l'auteur d'usines d'une grande qualité plastique.

JACOBSEN (Jens Peter), *Thisted 1847 - id. 1885*, écrivain danois. Ses romans intimistes mettent en scène l'inconscient et la rêverie aux prises avec le réel (*Madame Marie Grubbe*, *Niels Lyhne*).

JACOPO DELLA QUERCIA, *Sienne v. 1374 - ? 1438*, sculpteur italien. Il a travaillé, dans un style monumental, à Lucques, Sienne (fontaine Gaia), Bologne (reliefs du portail de S. Petronio).

JACOPONE DA TODI (Jacopo **dei Benedetti**, dit), *Todi v. 1230 - Collazzone 1306*, poète italien. Les *Laudes* de ce franciscain ébauchent, par leurs dialogues, une forme de théâtre religieux.

JACQUARD (Albert), *Lyon 1925 - Paris 2013*, généticien et essayiste français. Scientifique et vulgarisateur reconnu (*Structure génétique des populations*, 1970 ; *Éloge de la différence*, 1978 ; *Moi et les autres*, 1983), il est aussi réputé pour la ferveur de ses engagements humanistes (*Mon utopie*, 2006).

JACQUARD (Joseph Marie), *Lyon 1752 - Oullins, Rhône, 1834*, inventeur français. Peu après 1800, s'inspirant notamm. des travaux de Vaucanson, il donna sa forme définitive au métier à tisser qui porte son nom, équipé d'un mécanisme qui permet la sélection des fils de chaîne par un programme inscrit sur des cartons perforés.

JACQUELINE DE BAVIÈRE, *Le Quesnoy 1401 - Teilingen 1436*, duchesse de Bavière, comtesse de Hainaut, de Hollande, de Frise et de Zélande. En 1428, elle dut faire de Philippe III le Bon, duc de Bourgogne, l'héritier de ses États.

JACQUEMART de Hesdin, miniaturiste français au service du duc de Berry de 1384 à 1409. Il est l'auteur d'une partie des images, très élégantes, des *Petites Heures* de ce prince (BnF, Paris).

Jacquerie, insurrection paysanne contre les nobles pendant la captivité de Jean II le Bon (1358). Partie du Beauvaisis, elle se répandit en Picardie, dans le nord de l'Île-de-France et en Champagne. Elle fut réduite par les troupes de Charles II le Mauvais.

SAINTS

JACQUES (saint), dit **le Majeur**, *Bethsaïde, Galilée - Jérusalem 44*, apôtre de Jésus, fils de Zébédée, frère de Jean l'Évangéliste. Une légende en fait l'apôtre de l'Espagne. Ses reliques, à Compostelle, devinrent le but, à partir du Xe s., d'un célèbre pèlerinage.

JACQUES (saint), dit **le Mineur**, disciple de Jésus. Apparenté à celui-ci, il devint le chef de la communauté judéo-chrétienne de Jérusalem. Selon Flavius Josèphe, il fut lapidé vers 62. La tradition le confond avec le second apôtre Jacques, fils d'Alphée, mentionné dans les Évangiles.

ANGLETERRE ET IRLANDE

JACQUES Ier, *Édimbourg 1566 - Theobalds Park, Hertfordshire, 1625*, roi d'Angleterre et d'Irlande (1603 - 1625) et, sous le nom de Jacques VI, roi d'Écosse (1567 - 1625), de la dynastie des Stuarts. Fils de Marie Stuart, il succéda, en 1603, à Élisabeth Ire sur le trône d'Angleterre. Adversaire des catholiques, il échappa à la Conspiration des poudres (1605) ; persécuteur des puritains, il accéléra leur émigration vers l'Amérique. Négligeant le Parlement, il donna sa confiance à Buckingham, et s'attira l'hostilité des Anglais. — **Jacques II,** *Londres 1633 - Saint-Germain-en-Laye 1701,* roi d'Angleterre, d'Irlande et, sous le nom de Jacques VII, roi d'Écosse (1685 - 1688), de la dynastie des Stuarts. Frère de Charles II, il se convertit au catholicisme, et, malgré le *Test Act*, il succéda à son frère en 1685. Mais son mépris du Parlement et la naissance d'un fils, héritier catholique, Jacques Édouard (1688), provoquèrent l'opposition whig, qui fit appel au gendre de Jacques II, Guillaume d'Orange. En débarquant en Angleterre, celui-ci obligea Jacques II à s'enfuir en France. Une tentative de restauration échoua après la défaite de Jacques II à la Boyne, en Irlande (1690).

▲ **Jacques II** par G. Kneller.
(National Portrait Gallery, Londres.)

ARAGON

JACQUES Ier le Conquérant, *Montpellier v. 1207 - Valence 1276,* roi d'Aragon (1213 - 1276). Il conquit les Baléares, les royaumes de Valence et de Murcie. — **Jacques II le Juste,** *Valence v. 1267 - Barcelone 1327,* roi d'Aragon (1291 - 1327) et de Sicile (1285 - 1295). Il obtint du pape la Corse et la Sardaigne (1324).

ÉCOSSE

JACQUES Ier STUART, *Dunfermline 1394 - Perth 1437,* roi d'Écosse (1406/1424 - 1437). Après 19 ans de captivité en Angleterre, il écrasa l'opposition féodale et, face aux Anglais, se rapprocha de la France. — **Jacques II,** *Édimbourg 1430 - Roxburgh Castle 1460,* roi d'Écosse (1437 - 1460), de la dynastie des Stuarts. Il profita de la guerre des Deux-Roses pour tenter de reprendre les dernières possessions anglaises en Écosse. — **Jacques III,** *1452 - près de Stirling 1488,* roi d'Écosse (1460 - 1488), de la dynastie des Stuarts. Son mariage avec Marguerite (1469), fille de Christian Ier de Danemark, lui apporta les îles Orcades et Shetland. — **Jacques IV,** *1473 - Flodden 1513,* roi d'Écosse (1488 - 1513), de la dynastie des Stuarts. La guerre ayant repris contre l'Angleterre (1513), il trouva la mort dans le désastre de Flodden. — **Jacques V,** *Linlithgow 1512 - Falkland 1542,* roi d'Écosse (1513 - 1542), de la dynastie des Stuarts. Père de Marie Ire Stuart, il se signala par la fidélité de son alliance avec la France. — **Jacques VI → Jacques Ier** [Angleterre]. — **Jacques VII → Jacques II** [Angleterre].

JACQUES (Yves), *Québec 1956,* acteur canadien. Interprète des spectacles de R. Lepage au théâtre (*le Projet Andersen*, 2005), il compose au cinéma une galerie de personnages à la présence riche et secrète (*le Déclin de l'empire américain*, D. Arcand, 1986 ; *Aviator*, M. Scorsese, 2004 ; *Thérèse Desqueyroux*, C. Miller, 2012).

JACQUES BARADAÏ ou **JACQUES BARADÉE** → **BARADÉE.**

JACQUES de Voragine (bienheureux), *Varazze, Ligurie, v. 1228 - Gênes 1298,* hagiographe italien, auteur d'une vie des saints, la *Légende* dorée*.

JACQUES ÉDOUARD STUART, connu sous le nom du **Prétendant** ou du **Chevalier de Saint-Georges,** *Londres 1688 - Rome 1766,* fils de Jacques II, roi d'Angleterre. Reconnu roi par Louis XIV à la mort de son père (1701), il échoua, malgré le soutien de ses partisans, les jacobites, dans ses tentatives pour recouvrer son trône.

Jacques le Fataliste et son maître, roman de Diderot, publié dans sa version intégrale en 1796. Ce dialogue entre un valet raisonneur, éloquent et déterministe et son maître est ponctué de multiples récits, aventures et digressions.

JACQUOT (Benoît), *Paris 1947,* cinéaste français. Volontiers expérimentateur, il s'illustre dans le documentaire (sur J. Lacan, en 1974) comme dans la fiction (*les Ailes de la colombe*, 1981 ; *l'École de la chair*, 1998 ; *Princesse Marie* [pour la télévision], 2003 ; *Villa Amalia*, 2009 ; *les Adieux à la reine*, 2012).

JADE (golfe du), golfe de la côte d'Allemagne, sur la mer du Nord.

JADIDA (El-), anc. **Mazagan,** v. du Maroc, sur l'Atlantique ; 194 934 hab. Port. – Monuments anciens.

JAÉN, v. d'Espagne (Andalousie), ch.-l. de prov. ; 114 238 hab. Cathédrale reconstruite à partir de 1548, dans un style classique majestueux, par Andrés de Vandelvira (disciple de D. de Siloé) ; autres monuments, certains de style mudéjar.

JAFFA ou **YAFO,** partie de Tel-Aviv-Jaffa (Israël).

JAFFNA, v. du nord du Sri Lanka ; 129 000 hab. Port.

JAGELLONS, dynastie d'origine lituanienne qui régna en Pologne (1386 - 1572), sur le grand-duché de Lituanie (1377 - 1401 et 1440 - 1572), en Hongrie (1440 - 1444, 1490 - 1526), en Bohême (1471 - 1526).

JAHVÉ → YAHVÉ.

JAIPUR, v. d'Inde, cap. du Rajasthan ; 3 073 350 hab. Université. – Anc. capitale des Rajput au XVIIIe s. : nombreux palais et observatoire.

JAKARTA ou **DJAKARTA,** anc. **Batavia,** cap. de l'Indonésie, dans l'ouest de Java ; 9 588 198 hab. (*Jakartanais*). Riche musée national. – Plus grande ville de l'Asie du Sud-Est. Muraille marine (35 km) en construction pour protéger la ville de la mer.

JAKOBSON (Roman), *Moscou 1896 - Boston 1982,* linguiste américain d'origine russe. Après avoir participé aux travaux du cercle de Prague, il s'établit en 1941 aux États-Unis. Ses recherches ont porté sur la phonologie, la psycholinguistique, la théorie de la communication, l'étude du langage poétique (*Essais de linguistique générale*, 1963-1973).

JALAPA ou **JALAPA ENRÍQUEZ,** v. du Mexique, cap. de l'État de Veracruz ; 457 614 hab. (666 268 hab. dans l'agglomération). Musée archéologique (culture olmèque) ; serres et jardins.

JALGAON, v. d'Inde (Maharashtra) ; 460 468 hab. Textile.

JALISCO, État du Mexique ; 7 350 355 hab. ; cap. *Guadalajara*.

JAMAÏQUE n.f., en angl. **Jamaica,** État des Antilles, au S. de Cuba ; 11 425 km² ; 2 784 000 hab. (*Jamaïquains* ou *Jamaïcains*).

CAP. *Kingston.* **LANGUE :** *anglais.* **MONNAIE :** *dollar de la Jamaïque.*

GÉOGRAPHIE Peuplée en majorité de Noirs, c'est une île au climat tropical, en partie montagneuse, qui possède d'importantes cultures de plantation (canne à sucre, bananes, agrumes, épices, fleurs). La Jamaïque est aussi un grand producteur de bauxite et accueille de nombreux touristes. Le pays connaît néanmoins de graves problèmes d'endettement et pâtit d'un climat de violence lié au trafic de drogue dans la région.

HISTOIRE **1494 :** l'île est découverte par Christophe Colomb. **1655 :** faiblement colonisée par les Espagnols, elle est conquise par les Anglais, qui développent la culture de la canne à sucre. **XVIIIe s. :** la Jamaïque devient le centre du trafic des esclaves noirs pour l'Amérique du Sud. **1833 :** l'abolition de l'esclavage et des privilèges douaniers (1846) ruine les grandes plantations. **1866 - 1884 :** l'île est placée sous l'administration directe de la Couronne. **1870 :** la culture de la banane est introduite tandis qu'apparaissent de grandes compagnies étrangères (*United Fruit Company*). **1938 - 1940 :** le mouvement autonomiste se développe. **1962 :** la Jamaïque devient indépendante dans le cadre du Commonwealth. **1972 :** après dix ans de gouvernement travailliste, Michael Norman Manley (Parti national populaire, ou PNP) devient Premier ministre. **1980 :** les travaillistes reviennent au pouvoir sous la conduite d'Edward Seaga. **1989 :** M. N. Manley est à nouveau Premier ministre. Lui succèdent, toujours sous les couleurs du PNP, en 1992 Percival Patterson, puis en 2006 Portia Simpson Miller. **2007 :** les travaillistes retrouvent la direction du gouvernement avec Bruce Golding. **2011 :** Andrew Holness, nouveau leader des travaillistes, devient Premier ministre (oct.), mais son parti est battu par le PNP lors des élections de décembre. **2012 :** P. Simpson Miller reprend la tête du gouvernement. **2016 :** la victoire des travaillistes aux élections signe le retour de A. Holness comme Premier ministre.

JAMAL (Frederick Russell **Jones,** puis Ahmad), *Pittsburgh 1930,* pianiste et compositeur américain de jazz. Portées par la structure du trio (piano, contrebasse, batterie), ses compositions minimalistes et élégantes (*Ahmad's Blues*, 1951 ; *The Awakening*, 1970) ont influencé nombre de jazzmans.

JAMBI, v. d'Indonésie, ch.-l. de prov., dans l'est de Sumatra ; 529 118 hab.

JAMBLIQUE, *Chalcis, Cœlésyrie, v. 250 - 330,* philosophe grec néoplatonicien. Il tenta de faire du néoplatonisme, enrichi par un appel au fonds ésotérique, pythagoricien notamment, une religion rationnelle propre à contrer le christianisme.

JAMBOL, v. de Bulgarie, sur la Tundža ; 74 132 hab.

JAMBYL → TARAZ.

JAMES (baie), vaste baie dans le prolongement de la baie d'Hudson (Canada). Aménagement hydroélectrique de ses tributaires québécois.

JAMES (Phyllis Dorothy, dite P. D.), baronne **James of Holland Park,** *Oxford 1920 - id. 2014,* écrivaine britannique. Ses romans policiers allient enquêtes complexes, descriptions raffinées et portraits psychologiques subtils (*À visage couvert*, 1962 ; *Un certain goût pour la mort*, 1986 ; *le Phare*, 2005 ; *La mort s'invite à Pemberley*, 2011).

JAMES (William), *New York 1842 - Chocorua, New Hampshire, 1910,* philosophe américain. Il s'intéressa à la psychologie (*Principes de psychologie*, 1890), fondant à Harvard le premier laboratoire américain de psychologie expérimentale (1876), avant de promouvoir le pragmatisme (*l'Idée de vérité*, 1909). — **Henry J.,** *New York 1843 - Londres 1916,* écrivain américain naturalisé britannique, frère de William. Ses romans psychologiques évoquent souvent l'opposition

entre les cultures américaine et européenne (*le Tour d'écrou*, 1898 ; *les Ailes de la colombe*, 1902 ; *les Ambassadeurs*, 1903 ; *la Coupe d'or*, 1904).

JAMESTOWN, ch.-l. de Sainte-Hélène ; 673 hab.

JAMISON (Judith), *Philadelphie 1944*, danseuse américaine. Principale interprète des créations d'Alvin Ailey entre 1965 et 1980 (*Cry*, 1971), elle poursuit l'œuvre de ce dernier comme directrice artistique de sa compagnie, de sa mort, en 1989, à 2011. Elle est aussi chorégraphe (*Divining*, 1984).

JAMMES (Francis), *Tournay, Hautes-Pyrénées, 1868 - Hasparren 1938*, écrivain français. Ses romans (*Clara d'Ellébeuse*) et ses poésies (*les Géorgiques chrétiennes*) chantent la nature et la foi catholique.

JAMMU, v. d'Inde, cap. (avec Srinagar) de l'État de Jammu-et-Cachemire ; 378 431 hab.

JAMMU-ET-CACHEMIRE, État le plus septentrional de l'Inde ; 101 000 km² ; 12 548 926 hab. ; cap. *Jammu* et *Srinagar*.

JAMNA → **YAMUNA.**

JAMNAGAR, v. d'Inde (Gujerat) ; 447 734 hab. Chimie.

JAMOT (Eugène), *Saint-Sulpice-les-Champs, Creuse, 1879 - Sardent, Creuse, 1937*, médecin militaire français. Son nom est attaché à la lutte contre la maladie du sommeil en Afrique.

JAMSHEDPUR, v. d'Inde (Jharkhand), à l'O. de Calcutta ; 1 337 131 hab. dans l'agglomération. Sidérurgie.

JANÁČEK (Leoš), *Hukvaldy, près de Sklenov, 1854 - Moravská Ostrava 1928*, compositeur tchèque. Inspiré par le folklore, il a laissé des opéras (*Jenůfa*, 1916 ; *la Petite Renarde rusée*, 1924), une *Messe glagolitique*, des œuvres pour orchestre et de la musique de chambre.

JANCSÓ (Miklós), *Vác 1921 - Budapest 2014*, cinéaste hongrois. Ses films, dépouillés et allégoriques, s'enracinent dans l'histoire hongroise (*les Sans-Espoir*, 1966 ; *Rouges et Blancs*, 1967 ; *Silence et cri*, 1968 ; *Psaume rouge*, 1972 ; *la Saison des monstres*, 1987).

JANEQUIN (Clément), *Châtellerault ? v. 1485 - Paris 1558*, compositeur français, l'un des maîtres de la chanson polyphonique parisienne (*la Guerre* [dite *la Bataille de Marignan*], *le Chant des oiseaux, les Cris de Paris*, etc.).

JANET (Pierre), *Paris 1859 - id. 1947*, psychologue et psychiatre français, fondateur de la psychologie clinique. Il tenta, avant Freud, d'expliquer les troubles psychiques par des mécanismes psychologiques (*Névroses et idées fixes*, 1898 ; *les Obsessions et la Psychasthénie*, 1903 ; *la Médecine psychologique*, 1923 ; *De l'angoisse à l'extase*, 1927-1928). [Acad. fr.]

JANICULE n.m., colline de Rome, sur la rive droite du Tibre. Elle était consacrée à Janus.

JANIN (Jules), *Saint-Étienne 1804 - Paris 1874*, écrivain français. Auteur de romans et de contes, il fut, au *Journal* des débats*, un critique dramatique influent. (Acad. fr.)

JANKÉLÉVITCH (Vladimir), *Bourges 1903 - Paris 1985*, philosophe français. Sa réflexion, à portée existentielle, est marquée par de nombreuses publications (*Traité des vertus*, 1949 ; *le Je-ne-sais-quoi et le Presque-rien*, 1957 et 1980). Il s'est aussi intéressé à la musique (*Ravel*, 1939).

JAN MAYEN (île), île norvégienne de l'Arctique, au N.-E. de l'Islande.

JANNINA → **IOÁNNINA.**

JANSÉNIUS (Cornelius **Jansen**, dit), *Acquoy, près de Leerdam, 1585 - Ypres 1638*, théologien néerlandais. À l'université de Louvain, il se lia avec Du Vergier de Hauranne (Saint-Cyran). Encouragé par celui-ci, Jansénius, devenu évêque d'Ypres (1635), travailla à l'*Augustinus**, ouvrage à l'origine de la querelle janséniste.

▲ **Jansénius** par L. Dutielt. (Château de Versailles.)

JANSKY (Karl Guthe), *Norman, Oklahoma, 1905 - Red Bank, New Jersey, 1950*, ingénieur américain. Il découvrit l'émission radioélectrique du centre de la Galaxie (1931), ouvrant ainsi l'ère de la radioastronomie.

JANSSEN (Jules), *Paris 1824 - Meudon 1907*, astronome français. Pratiquant l'analyse spectrale et la photographie, il fut un pionnier de l'astrophysique solaire. En 1876, il fonda l'observatoire de Meudon.

JANUS MYTH. ROM. L'un des plus anciens dieux, gardien des portes dont il surveille les entrées et les sorties. Il est représenté avec deux visages opposés (*Janus bifrons*), telles les deux faces d'une porte.

JANVIER (saint), *Naples ou Bénévent v. 250 - Pouzzoles 305*, évêque de Bénévent. Le « miracle de saint Janvier » (liquéfaction, à jours fixes, de son sang coagulé) est célèbre à Naples.

JANZÉ (35150), bur. centr. de cant. d'Ille-et-Vilaine ; 8 441 hab. (*Janzéens*).

JAOUI (Agnès), *Antony 1964*, actrice, scénariste et cinéaste française. Elle écrit avec J.-P. Bacri des pièces (*Cuisine et dépendances, Un air de famille* [adaptés par la suite au cinéma]) qui distillent une ironie douce-amère, également présente dans ses propres films (*le Goût des autres*, 2000 ; *Comme une image*, 2004 ; *Au bout du conte*, 2013).

JAPHET, personnage biblique, troisième fils de Noé, un des ancêtres de l'humanité d'après le Déluge, selon la Bible.

JAPON n.m., en jap. **Nippon** (pays du Soleil-Levant), État d'Asie orientale ; 373 000 km² ; 127 144 000 hab. (*Japonais*). CAP. *Tokyo*. LANGUE : *japonais*. MONNAIE : *yen*.

INSTITUTIONS Monarchie constitutionnelle. Constitution de 1946, entrée en vigueur en 1947. L'empereur n'a qu'une autorité symbolique. Le Premier ministre est élu par le Parlement (*Diète*) formé de la Chambre des représentants, élue au suffrage universel direct pour 4 ans, et de la Chambre des conseillers, élue pour 6 ans.

GÉOGRAPHIE Le pays est formé essentiellement de quatre îles (Honshu, Hokkaido, Shikoku et Kyushu). De dimension moyenne (environ les deux tiers de la superficie de la France), mais densément peuplé (plus du double de la population française), le Japon est la troisième puissance économique mondiale. Le milieu naturel n'est pourtant guère favorable. La montagne domine et la forêt couvre plus de la moitié du territoire ; le volcanisme est parfois actif, alors que les séismes sont souvent accompagnés de raz de marée. L'hiver est rigoureux dans le Nord ; la majeure partie de l'archipel, dans le domaine de la mousson, connaît un été doux et humide.

Le développement économique s'explique essentiellement par des conditions historiques, l'ouverture du Japon à l'Occident avec l'ère Meiji (1868). L'urbanisation croissante a abouti à la formation de quelques mégalopoles dont les centres sont Tokyo, Osaka, Yokohama et Nagoya. À la fin des années 2000, la population a commencé à décroître en raison de la chute du taux de natalité et de la hausse de la mortalité (liée au vieillissement de la population). L'industrie est devenue l'une des plus puissantes du monde grâce notamment à la concentration structurelle et financière, à l'agressivité commerciale aussi. Le Japon se situe aux premiers rangs mondiaux pour de nombreuses productions (acier, navires, automobiles et motos, plastiques, téléviseurs, appareils photographiques, etc.), dont une part notable est exportée. Aussi la balance commerciale est-elle régulièrement excédentaire en dépit de lourdes importations d'énergie, encore accrues après la fermeture des centrales nucléaires en 2011, et des achats dans le domaine alimentaire (malgré l'importance de la flotte de pêche et le difficile maintien de la production de riz).

Ruiné à l'issue de la Seconde Guerre mondiale, le Japon a connu une croissance exceptionnellement rapide ensuite. Il y a eu cependant quelques contreparties : une dépendance vis-à-vis des marchés extérieurs (avec une concurrence accrue de pays récemment industrialisés et la périodique menace de protectionnisme des autres pays développés), une certaine négligence de l'environnement (pollution urbaine et industrielle), un malaise social (le traditionnel sacrifice de l'individu à l'entreprise ou à la nation étant moins bien supporté). En outre, l'économie japonaise a subi les effets de plusieurs crises (crise financière asiatique de 1997 - 1998, crise économique mondiale à partir de 2007 - 2008) qui, combinées à une capacité d'innovation technologique moindre, ont généré stagnation ou récession. Enfin, elle a dû surmonter les conséquences de la catastrophe majeure (séisme, tsunami et accident nucléaire) ayant affecté le pays en 2011, dans un contexte d'affaiblissement du système politique. Après de longues années de stagnation, le Japon a renoué avec la croissance en 2016.

HISTOIRE **Les origines. IXe millénaire :** peuplement par des populations paléolithiques venues du continent nord-asiatique. **VIIe millénaire** (période pré-Jomon) **:** culture précéramique en voie de néolithisation. **VIe millénaire - IIIe s. av. J.-C.** (période Jomon) **:** poteries décorées, outillage lithique poli, mortiers en pierre. **IIIe s. av. J.-C. - IIIe s. apr. J.-C.** (période Yayoi) **:** culture du riz, métallurgie du bronze et du fer, tissage et tour de potier. Dans le même temps arrivent, dans l'extrême nord des îles, des populations venues de Sibérie, les Aïnous. **IIIe - VIe s.** (période des kofuns) **:** grands tumulus à chambre funéraire et décor mural évoquant la vie quotidienne ; autour, haniwa en terre cuite en forme d'animaux, de guerriers. Architecture religieuse shintoïste : Ise et Izumo.

L'État antique. Ve - VIe s. : l'État de Yamato bénéficie de l'influence chinoise, qui lui parvient à travers les relais coréens. **V. 538 :** introduction du bouddhisme, venu de Corée. **600 - 622 :** le régent Shotoku Taishi crée le sanctuaire d'Horyu-ji. **645 :** le clan des Nakatomi élimine celui des Soga et établit un gouvernement imité de celui de la Chine des Tang. **710 - 794** (période de Nara) **:** six sectes bouddhistes imposent leurs conceptions à la Cour, établie à Nara. **794 :** la nouvelle capitale, Heiankyo (Kyoto), est fondée. **794 - 1185** (période de Heian) **:** des colons-guerriers s'établissent dans le nord de Honshu. **858 - milieu du XIIe s. :** les Fujiwara détiennent le pouvoir. **1185 :** les Taira sont vaincus par les Minamoto.

Le shogunat. 1192 : le chef du clan Minamoto, Yoritomo, est nommé général (*shogun*). Désormais, il y a un double pouvoir central : celui de l'empereur (*tenno*) et de la Cour, et celui du shogun et de son gouvernement (*bakufu*). **1185/1192 - 1333** (période de Kamakura) **:** le bakufu, établi à Kamakura, est dominé par Yoritomo et ses fils, puis par les Hojo. **1274 - 1281 :** les tentatives d'invasion mongoles sont repoussées. **1338 - 1573** (période de Muromachi) **:** les shoguns Ashikaga sont établis à Kyoto. Des guerres civiles ensanglantent le pays : guerre des Deux Cours (1336 - 1392), puis d'incessants conflits entre seigneurs (*daimyo*). Cependant, des marchands portugais pénètrent au Japon (1542), que François Xavier, arrivé en 1549, commence à évangéliser. **1582 :** après neuf ans de luttes, Oda Nobunaga écarte les Ashikaga. **1585 - 1598 :** Toyotomi Hideyoshi, Premier ministre de l'empereur, unifie le Japon en soumettant les daimyo indépendants. **1603 - 1616 :** Tokugawa Ieyasu s'installe à Edo (Tokyo), se déclare shogun héréditaire et établit des institutions stables. **1616 - 1867** (période d'Edo ou des Tokugawa) **:** le pays est fermé aux étrangers (sauf aux Chinois et aux Néerlandais) après la rébellion de 1637. La classe des marchands et les villes se développent. **1854 - 1864 :** les Occidentaux obligent militairement le Japon à s'ouvrir au commerce international.

Le Japon contemporain. 1867 : le dernier shogun, Yoshinobu, démissionne et l'empereur Mutsuhito (ère Meiji) s'installe à Tokyo. Les techniques et les institutions occidentales sont adoptées (Constitution de 1889) afin de faire du Japon une grande puissance économique et politique. C'est une période d'expansion extérieure : au terme de la guerre sino-japonaise (1894 - 1895), le Japon acquiert Formose ; sorti vainqueur de la guerre russo-japonaise (1905), il s'impose en Mandchourie et en Corée, qu'il annexe en 1910. **1912 - 1926 :** pendant le règne de Yoshihito (ère Taisho), le Japon entre dans la Première Guerre mondiale aux côtés des Alliés et obtient les possessions allemandes du Pacifique. **1926 :** Hirohito succède à son père, ouvrant l'ère Showa. **1931 :** l'extrême droite nationaliste au pouvoir fait occuper la Mandchourie. **1937 - 1938 :** le Japon occupe le nord-est de la Chine. **1940 :** il signe un traité tripartite avec l'Allemagne et l'Italie.

Japon

200	1000	2000 m

- route et autoroute
- voie ferrée
- aéroport
- site touristique important
- plus de 5 000 000 h.
- de 1 000 000 à 5 000 000 h.
- de 500 000 à 1 000 000 h.
- de 100 000 à 500 000 h.
- moins de 100 000 h.

L'art du Japon ancien

Selon la force des courants d'influence, le pays et son expression artistique ont été, à des époques diverses, plus ou moins marqués par la Corée et par la Chine. Mais la puissance d'assimilation des apports culturels extérieurs et le syncrétisme entre confucianisme, bouddhisme et shintoïsme – la religion nationale, préservée – ont contribué à l'épanouissement d'un art original typiquement japonais.

Le bouddha Amida. Bois laqué et doré, 1053. Commandée au sculpteur Jocho par le régent Fujiwara no Yorimichi pour le Byodo-in à Uji – où elle est encore conservée –, l'œuvre a été le modèle absolu de la représentation d'Amida pour des générations d'artistes japonais.

Figure funéraire (haniwa). Terre cuite, ve s. Entourant le tumulus des chefs locaux, les haniwa (ici un guerrier) évoquent le cortège qui suit le défunt lors de l'inhumation, pratiquée selon le rituel chamanique.

Le pavillon du Phénix à Uji. Édifié en 1053 au sein du temple du Byodo-in. Alors que la forme évoque le phénix immortel aux ailes déployées, le décor intérieur et le paysage recréé se veulent à l'image du paradis bouddhique, séjour de la béatitude éternelle. L'influence chinoise demeure perceptible, mais le souci d'intégration à la nature environnante reste propre au Japon.

La pagode du Yakushi-ji à Nara. Élevée en 698, elle fut peu après – lors du changement de capitale – reconstruite à Nara. Légèreté des supports, toits espacés et prolongés par des auvents en font une œuvre typique de l'architecture du pays.

Le prince Genji au temple de Sumiyoshi. Paravent peint par Sotatsu, 1630. C'est pendant la période de Heian (794 - 1185) que l'illustration de romans écrits en japonais confirme un art de peindre profane et national, le *yamato-e*. Sotatsu s'inspire de ces longs rouleaux antiques, tant par les thèmes que par le refus de la perspective et les couleurs traitées en larges aplats. Privilégiant la diagonale, il obtient le mouvement ; sa puissance de stylisation et son audace en font l'initiateur de l'art de Korin et de son école. (Fondation Seikado, Tokyo.)

Plateau en forme d'éventail. Céramique polychrome de Kenzan, début du xviiie s. Son association à la cérémonie du thé fait de la céramique un art majeur, ici marqué par la spontanéité du trait voulue par l'esprit zen. (Seattle Art Museum.)

Un acteur de kabuki. Estampe polychrome à fond micacé, fin du xviiie s. Sharaku a su immortaliser par un trait vif et acéré l'extraordinaire mobilité expressive des acteurs de kabuki. (Musée Guimet, Paris.)

Déc. 1941 : l'aviation japonaise attaque la flotte américaine à Pearl Harbor. **1942 :** le Japon occupe la majeure partie de l'Asie du Sud-Est et le Pacifique. **Août 1945 :** il capitule après les bombardements atomiques d'Hiroshima et de Nagasaki. **1946 :** une nouvelle Constitution instaure une monarchie constitutionnelle. **1951 :** le traité de paix de San Francisco restaure la souveraineté du Japon. Dès lors, la vie politique est dominée par le Parti libéral-démocrate (PLD). **1960 :** un traité d'alliance militaire avec les États-Unis est signé. **1960 - 1970 :** le Japon devient une des premières puissances économiques du monde. **1978 :** il signe avec la Chine un traité de paix et d'amitié. **1982 :** Nakasone Yasuhiro est nommé Premier ministre. **1987 :** Takeshita Noboru lui succède. **1989 :** à la mort d'Hirohito, son fils Akihito lui succède (ère Heisei). Des scandales politico-financiers entraînent la démission de Takeshita Noboru. **1993 :** lors des élections législatives, le PLD perd la majorité absolue. Un gouvernement de coalition, regroupant plusieurs partis de l'opposition, est formé sous la direction d'Hosokawa Morihiro. **1994 :** un socialiste, Murayama Tomiichi, dirige un nouveau gouvernement de coalition, dominé par le PLD. **1996 :** la coalition est reconduite avec pour Premier ministre le président du PLD Hashimoto Ryutaro (janv.). À la suite des élections (oct.), le PLD retrouve sa position dominante. **1998 :** Hashimoto Ryutaro démissionne. Obuchi Keizo lui succède. **2000 :** victime d'un accident cérébral, Obuchi Keizo est remplacé par Mori Yoshiro. **2001 :** Koizumi Junichiro devient président du PLD et Premier ministre (reconduit au terme des élections législatives de 2003 et 2005). **2006 :** il quitte le pouvoir. Se succèdent alors à la tête du PLD et du gouvernement : Abe Shinzo (2006 - 2007), Fukuda Yasuo (2007 - 2008) et Aso Taro (2008 - 2009). **2009 :** lors des élections législatives, le PLD est laminé par le Parti démocrate du Japon (PDJ, centre gauche), dont le leader, Hatoyama Yukio, devient Premier ministre. **2010 :** Kan Naoto accède à la direction du PDJ et du gouvernement. **2011 :** le nord-est du pays est frappé (11 mars) par un très violent séisme, suivi d'un tsunami dévastateur, faisant près de 20 000 morts ou disparus et entraînant un accident nucléaire majeur dans la centrale de Fukushima-Daiichi. Déjà impopulaire, Kan Naoto est critiqué pour la mauvaise gestion de cette catastrophe, et est remplacé à la présidence du PDJ et au poste de Premier ministre par Noda Yoshihiko (sept.). **2012 :** lors des élections législatives anticipées (déc.), le PLD, partisan de la fermeté vis-à-vis de Pékin, remporte la majorité absolue tandis que le PDJ s'effondre. Abe Shinzo, à nouveau chef du parti, retrouve la direction du gouvernement. Il lance un vaste programme de réformes économiques (« Abenomics »). Depuis 2012, le Japon connaît de fortes tensions avec la Chine, qui lui conteste la souveraineté sur quelques îlots de la mer de Chine orientale (îles Senkaku, ou Diaoyu pour les Chinois). **2014 et 2017 :** à deux reprises, Abe Shinzo convoque des élections législatives anticipées, qu'il remporte, confortant ainsi son assise. **2015 :** rompant avec la doctrine pacifiste d'après-guerre, le Japon adopte une législation qui l'autorise à intervenir militairement à l'étranger, sous conditions (entrée en vigueur en 2016).

JAPON (mer du), aussi appelée **mer de l'Est,** dépendance de l'océan Pacifique, entre la Russie, la Corée et le Japon.

JAPURÁ ou **YAPURÁ** n.m., riv. de Colombie et du Brésil, affl. de l'Amazone (r. g.) ; 1 945 km.

JAQUES-DALCROZE (Émile), *Vienne 1865 - Genève 1950*, compositeur et pédagogue suisse. Auteur de mélodies populaires, il fut l'inventeur de la gymnastique rythmique.

Jardin des délices (triptyque dit du), grand retable de J. Bosch (v. 1500-1505 ?). L'œuvre, qui appartint au roi d'Espagne Philippe II, est l'une des plus énigmatiques du peintre.

Jardin des Plantes, ensemble de jardins publics entourant les laboratoires et les divers services du Muséum national d'histoire naturelle, à Paris.

▲ Le **Jardin des délices,** de J. Bosch. (Prado, Madrid.)

JARGEAU (45150), comm. du Loiret, sur la Loire ; 4 625 hab. *(Gergoliens).* Église des Xᵉ, XIIᵉ et XVIᵉ s. – Victoire de Jeanne d'Arc sur les Anglais (1429).

JARMUSCH (Jim), *Akron 1953*, cinéaste américain. Nouvelle icône du cinéma indépendant, il témoigne d'une liberté réjouissante dans des films au charme doux-amer (*Stranger than Paradise*, 1984 ; *Down by Law*, 1985 ; *Mystery Train*, 1989 ; *Dead Man*, 1995 ; *Broken Flowers*, 2005 ; *Only Lovers left alive*, 2013 ; *Paterson*, 2016).

JARNAC (16200), bur. centr. de cant. de la Charente, sur la Charente ; 4 646 hab. *(Jarnacais).* Eau-de-vie. – Église romane et gothique ; musée.

JARNAC (Guy **Chabot,** baron **de**), *1509 - apr. 1584*, gentilhomme français. En 1547, il vainquit en duel François de Vivonne, seigneur de La Châtaigneraie, par un coup imprévu au jarret, d'où l'expression *coup de Jarnac*, coup décisif et surtout inattendu.

JARNY (54800), bur. centr. de cant. de Meurthe-et-Moselle ; 8 484 hab. *(Jarnisiens).*

JAROUSSKY (Philippe), *Maisons-Laffitte 1978*, contre-ténor français. Un timbre de voix très pur et une grande maîtrise technique lui ont permis d'aborder avec nuances l'ensemble du répertoire baroque. Il s'est aussi essayé à d'autres genres (musique contemporaine, mélodie française).

JARRE (Maurice), *Lyon 1924 - Malibu 2009*, compositeur français. Directeur de la musique au TNP, il a composé des musiques de film (*Docteur Jivago*, D. Lean, 1965). — **Jean-Michel J.**, *Lyon 1948*, compositeur français, fils de Maurice. Sa musique électronique et ses spectacles audiovisuels sont destinés à un large public (*Oxygène*, 1976).

Jarretière (très noble ordre de la), ordre de chevalerie anglais, institué par Édouard III en 1348. (Devise : « Honni soit qui mal y pense ».)

JARRETT (Keith), *Allentown 1945*, pianiste et compositeur américain de jazz. Fidèle à la tradition du piano jazz acoustique, il manifeste son génie musical à la fois dans des œuvres solo (*Solo Concerts, The Köln Concert*) et en formation (quartette ou trio).

JARRIE (38560), comm. de l'Isère ; 3 810 hab. *(Jarrois).* Chimie.

JARRY (Alfred), *Laval 1873 - Paris 1907*, écrivain français. Auteur dramatique, romancier (*le Surmâle*) et poète, créateur du personnage d'Ubu (*Ubu* roi, Ubu enchaîné, Ubu cocu*) et de la pataphysique (*Gestes et opinions du docteur Faustroll, pataphysicien*), il est l'un des ancêtres du surréalisme.

◀ Alfred **Jarry** par F. A. Cazals.

JARUZELSKI (Wojciech), *Kurów, près de Lublin, 1923 - Varsovie 2014*, général et homme politique polonais. Premier ministre (1981 - 1985) et premier secrétaire du Parti ouvrier unifié polonais (1981 - 1989), il instaura l'« état de guerre » (déc. 1981 - déc. 1982) et mit hors la loi le syndicat Solidarność (1982). Président du Conseil d'État à partir de 1985, il fut président de la République de juill. 1989 à déc. 1990.

JARVILLE-LA-MALGRANGE (54140), bur. centr. de cant. de Meurthe-et-Moselle ; 9 565 hab. *(Jarvillois).* Triage ferroviaire. Industrie automobile. – Musée de l'Histoire du fer.

JASMIN (Claude), *Montréal 1930*, écrivain canadien d'expression française. Chroniqueur et scénariste pour la radio et la télévision, il livre, dans un langage coloré, des romans et des récits vibrants d'authenticité (*Éthel et le terroriste*, 1964 ; *Pleure pas, Germaine*, 1965 ; *la Petite Patrie*, 1972 ; *la Sablière*, 1979).

JASMIN (Jacques **Boé,** dit), *Agen 1798 - id. 1864*, poète français d'expression occitane, l'un des précurseurs de la renaissance de l'occitan.

JASON MYTH. GR. Héros thessalien. Il organisa l'expédition des Argonautes* pour conquérir la Toison d'or, en Colchide, et réussit grâce aux sortilèges de Médée.

JASPAR (Henri), *Schaerbeek 1870 - Uccle 1939*, homme politique belge. Premier ministre de 1926 à 1931, il stabilisa le franc et fit voter l'enseignement en flamand à l'université de Gand (1930).

Jasper (parc national de), site touristique des Rocheuses canadiennes (Alberta).

JASPERS (Karl), *Oldenburg 1883 - Bâle 1969*, philosophe et psychiatre allemand. Il est l'un des principaux représentants de l'existentialisme chrétien.

JASTRZĘBIE-ZDRÓJ, v. de Pologne, en Silésie ; 92 465 hab.

JAT, peuple du Pakistan et du nord de l'Inde (env. 13 millions). Ils seraient apparentés aux Tsiganes. Ils sont nomades, et considérés comme « impurs ».

JAUBERT (Maurice), *Nice 1900 - Azerailles 1940*, compositeur français. Il composa des mélodies, de la musique de chambre et la musique de certains chefs-d'œuvre du cinéma français (*l'Atalante*, J. Vigo, 1934 ; *Drôle de drame* et *Hôtel du Nord*, M. Carné, 1937 et 1938).

JAUCOURT (Louis, chevalier **de**), *Paris 1704 - Compiègne 1780*, érudit français, l'un des principaux collaborateurs de l'*Encyclopédie**.

JAUFFRET (Régis), *Marseille 1955*, écrivain français. Ses *Microfictions* (2007, 2018) et ses romans, souvent inspirés de faits divers, explorent les rapports de domination, le désir refoulé et la violence individuelle ou sociale (*Univers, univers*, 2003 ; *Asiles de fous*, 2005 ; *Claustria*, 2012).

JAUFRÉ RUDEL, prince **de Blaye,** troubadour occitan du XIIᵉ s. Sa chanson d'un « amor de lonh » (amour lointain) est restée célèbre.

JAUNAY-MARIGNY, bur. centr. de cant. de la Vienne ; 7 611 hab.

JAUNE (fleuve) → **HUANG HE.**

JAUNE (mer), dépendance de l'océan Pacifique, entre la Chine et la Corée.

JAURÉGUIBERRY (Jean Bernard), *Bayonne 1815 - Paris 1887*, amiral français. Membre du gouvernement de Tours en 1870, il fut ministre de la Marine en 1879 et 1882.

JAURÈS (Jean), *Castres 1859 - Paris 1914*, homme politique français. Brillant universitaire, journaliste et député républicain (1885 - 1889), il fut député socialiste de 1893 à 1898 puis de 1902 à sa mort. Fondateur (1904) de *l'Humanité*,

historien (*Histoire socialiste [1789 - 1900]*, 1901-1908), Jaurès fut le véritable leader du socialisme français, surtout après la création de la SFIO en 1905. Pacifiste militant, il s'attira l'hostilité des milieux nationalistes. Il fut assassiné, le 31 juill. 1914, à la veille de la Première Guerre mondiale. Ses cendres furent transférées au Panthéon en 1924.

▲ Jean **Jaurès** par J.-F. Batut. (Musée Jean-Jaurès, Castres.)

JAVA, île d'Indonésie ; 130 000 km^2 ; 136 563 142 hab. *(Javanais)*. Cette île allongée, au climat équatorial, formée de plaines et de plateaux dominés par une longue chaîne montagneuse volcanique, concentre plus de la moitié de la population indonésienne (et les principales villes : Jakarta, Bandung, Surabaya). L'agriculture y est intensive (riz, canne à sucre, tabac). – Temples bouddhiques, dont Barabudur*, et hindouistes, dont le Prambanan (xe s.).

JAVA (mer de), dépendance du Pacifique, entre Java, Sumatra et Bornéo.

JAVANAIS, peuple le plus nombreux d'Indonésie (centre et est de Java) [env. 68 millions]. Indianisés (ve-xive s.) puis islamisés à partir du xve s., ils se partagent entre *santri*, musulmans orthodoxes, et *abangan*, musulmans « nominaux » restés attachés aux cultes locaux. Leur langue appartient à la famille malayo-polynésienne.

JAVARI ou **YAVARI** n.m., riv. d'Amérique du Sud, affl. de l'Amazone (r. dr.) ; 1 000 km env. Il sépare le Pérou et le Brésil.

JAY (John), *New York 1745 - Bedford, État de New York, 1829*, homme politique américain. Il joua un rôle capital dans l'indépendance des États-Unis, et présida la Cour suprême (1789 - 1795), négociant, en 1794, un traité *(traité Jay)* destiné à régler le contentieux avec la Grande-Bretagne.

JAYADEVA, poète indien du xiie s., auteur du poème religieux et érotique *Gita Govinda*.

JAYAPURA, anc. **Hollandia,** v. d'Indonésie, ch.-l. de la Papouasie (occidentale) ; 261 776 hab.

JAYAWARDENE (Junius Richard), *Colombo 1906 - id. 1996*, homme politique sri lankais. Il fut Premier ministre en 1977 et président de la République de 1978 à 1989.

Jazira (al-), chaîne de télévision du Qatar, créée en 1996 et diffusant des informations en continu (en arabe, en anglais depuis 2006, en serbo-croate [pour des émissions en Bosnie-Herzégovine] depuis 2011 et en turc depuis 2014). Elle connaît auj. une large audience internationale. Le groupe al-Jazira a aussi lancé en 2012 les chaînes sportives beIN SPORT.

JAZY (Michel), *Oignies 1936*, athlète français. Deuxième du 1 500 m olympique de Rome (1960), il a détenu les records du monde du mile, du 2 000 m, du 3 000 m, du 2 miles et du 4 × 1 500 m.

JDANOV → **MARIOUPOL.**

JDANOV (Andreï Aleksandrovitch), *Marioupol 1896 - Moscou 1948*, homme politique soviétique. Membre du Politburo (1939), il dirigea la politique culturelle de l'ère stalinienne et fixa les normes du réalisme socialiste.

SAINTS

JEAN ou **JEAN l'Évangéliste** (saint), *m. à Éphèse v. 100*, apôtre de Jésus. Frère de Jacques le Majeur, il fut l'un des premiers disciples du Christ et évangélisa l'Asie Mineure. La tradition fait de lui l'auteur de l'Apocalypse, de trois Épîtres et du quatrième Évangile. Il est représenté accompagné d'un aigle.

JEAN BERCHMANS (saint), *Diest, Brabant, 1599 - Rome 1621*, scolastique jésuite. Il est l'un des patrons de la jeunesse.

JEAN BOSCO (saint), *Becchi, province d'Asti, 1815 - Turin 1888*, prêtre italien. Il fonda les congrégations des salésiens (1859) et des salésiennes (1872).

JEAN Chrysostome (saint), *Antioche v. 344 - près de Comana de Cappadoce 407*, Père de l'Église grecque. Évêque de Constantinople, il fut appelé Chrysostome (« Bouche d'or ») pour son éloquence. Sa rigueur et son zèle réformateur le firent envoyer en exil, où il mourut.

JEAN DE BRÉBEUF (saint), un des Martyrs* canadiens.

JEAN de Capistran (saint), *Capestrano 1386 - Villacum, Croatie, 1456*, franciscain italien. Il réorganisa son ordre et évangélisa l'Europe centrale.

JEAN de Damas ou **Damascène** (saint), *Damas v. 650 - Saint-Sabas, près de Jérusalem, v. 749*, Père de l'Église grecque. Il défendit le culte des images. Son œuvre a marqué la théologie et l'hymnologie byzantines.

JEAN de Dieu (saint), *Montemor-o-Novo 1495 - Grenade 1550*, religieux portugais. Il fonda l'ordre des Frères hospitaliers, dit « de Saint-Jean-de-Dieu » (1537).

JEAN de la Croix (saint), *Fontiveros, province d'Ávila, 1542 - Ubeda 1591*, religieux et mystique espagnol, docteur de l'Église. Il réforma l'ordre des Carmes. Ses poèmes et ses traités *(le Cantique spirituel, la Nuit obscure)* en font l'un des grands mystiques chrétiens.

JEAN DE LA LANDE (saint), un des Martyrs* canadiens.

JEAN DE MATHA (saint), *Faucon, Provence, 1160 - Rome 1213*, fondateur, avec l'ermite Félix de Valois, de l'ordre des Trinitaires (1198).

JEAN EUDES (saint), *Ri, Orne, 1601 - Caen 1680*, prêtre français. Il fonda la Congrégation de Jésus-et-Marie *(eudistes)*.

JEAN FISHER (saint), *Beverley 1469 - Londres 1535*, prélat anglais. Brillant humaniste, ami d'Érasme, il fut décapité sous le règne d'Henri VIII pour s'être opposé au divorce du roi.

JEAN GUALBERT (saint), *Petroio, près de Florence, v. 995 - Passignano 1073*, moine italien. Il fonda à Vallombreuse (Toscane) une congrégation inspirée des bénédictins, mais avec une règle plus sévère.

PAPES

JEAN Ier (saint), *en Toscane 470 ? - Ravenne 526*, pape de 523 à 526. Envoyé en mission par Théodoric auprès de l'empereur byzantin Justin Ier, il couronna celui-ci, et fut jeté en prison à son retour. — **Jean XII (Ottaviano),** *Rome 937 - id. 964*, pape de 955 à 964. Élu pape à 18 ans, il fut surtout un pape politique, et couronna empereur Otton Ier (962), qui chercha néanmoins à le faire remplacer. — **Jean XXII** (Jacques **Duèse** ou **d'Euze**), *Cahors 1245 - Avignon 1334*, pape d'Avignon (1316 - 1334). Il travailla à la centralisation de l'administration pontificale, s'attirant l'hostilité des franciscains spirituels et celle de l'empereur, qui lui opposa un antipape. — **Jean XXIII** (Baldassare **Cossa**), *Naples v. 1370 - Florence 1419*, antipape à Pise à l'époque du Grand Schisme. — saint **Jean XXIII** (Angelo Giuseppe **Roncalli**), *Sotto il Monte, près de Bergame, 1881 - Rome 1963*, pape de 1958 à 1963. Nonce à Paris puis patriarche de Venise et cardinal, il marqua son court pontificat par l'*aggiornamento* (mise à jour) de l'Église romaine et par la convocation du deuxième concile du Vatican (1962). Il a promulgué plusieurs encycliques majeures (*Pacem in terris*, 1963). Il a été béatifié en 2000 et canonisé en 2014.

◄ Jean XXIII

ANGLETERRE

JEAN sans Terre, *Oxford 1167 - Newark, Nottinghamshire, 1216*, roi d'Angleterre (1199 - 1216), de la dynastie des Plantagenêts. Cinquième fils d'Henri II, frère et successeur de Richard Cœur de Lion, il est cité par Philippe Auguste devant la Cour des pairs pour avoir enlevé Isabelle d'Angoulême. Déchu de ses fiefs français (1202), il perd la Normandie et la Touraine. En 1214, ses alliés, dont l'empereur germanique Otton IV, sont battus à Bouvines, et il est lui-même défait à La Roche-aux-Moines par Philippe Auguste. L'année précédente, il avait dû inféoder son royaume au pape. Ces échecs provoquent une vive opposition en Angleterre, et la révolte des barons le contraint à accepter la Grande Charte (1215).

ARAGON ET NAVARRE

JEAN II, *Medina del Campo 1397 - Barcelone 1479*, roi de Navarre (1425 - 1479) et d'Aragon (1458 - 1479). Fils cadet de Ferdinand Ier, il s'empara du pouvoir en Navarre après la mort de sa femme (1441) et prépara le règne de son fils Ferdinand II, à qui il fit épouser Isabelle de Castille.

BOHÊME

JEAN Ier DE LUXEMBOURG, l'Aveugle, *1296 - Crécy 1346*, roi de Bohême. Fils de l'empereur Henri VII, il fut tué dans les rangs français à la bataille de Crécy où, malgré sa cécité, il avait vaillamment combattu.

BOURGOGNE

JEAN sans Peur, *Dijon 1371 - Montereau 1419*, duc de Bourgogne (1404 - 1419). Fils et successeur de Philippe II le Hardi, il entra en lutte contre Louis Ier, duc d'Orléans, chef des Armagnacs, qu'il fit assassiner en 1407. Chef du parti bourguignon, il s'empara de Paris après Azincourt (1418). Inquiet des succès anglais, il cherchait à se rapprocher de Charles VI quand il fut assassiné par Tanneguy Duchâtel.

BRETAGNE

JEAN DE MONTFORT, *1295 - Hennebont 1345*, duc de Bretagne. Il conquit le duché contre sa nièce Jeanne de Penthièvre, mais se heurta à l'opposition du roi de France, Philippe VI.

BYZANCE

JEAN Ier TZIMISKÈS, *Hiérapolis, Arménie, 925 - Constantinople 976*, empereur byzantin (969 - 976). Il annexa la Bulgarie orientale. — **Jean II Comnène,** *1087 - Taurus 1143*, empereur byzantin (1118 - 1143). Il pacifia les Balkans et rétablit la suzeraineté byzantine sur les Francs de Syrie. — **Jean III Doukas Vatatzès,** *Didymotique, Thrace, 1193 - Nymphaion, auj. Kemalpaşa, 1254*, empereur byzantin de Nicée (1222 - 1254). Il ne parvint pas à reprendre Constantinople. — **Jean V Paléologue,** *1332 - 1391*, empereur byzantin (1341 - 1354 ; 1355 - 1376 ; 1379 - 1391). Sa minorité fut troublée par l'action de Jean VI Cantacuzène. — **Jean VI Cantacuzène,** *Constantinople v. 1293 - Mistra 1383*, empereur byzantin (1341 - 1355). Tuteur de Jean V Paléologue, il fut associé au jeune empereur ; contraint d'abdiquer, il se retira dans un monastère, où il rédigea son *Histoire*, qui couvre les années 1320 - 1356. — **Jean VIII Paléologue,** *1390 - Constantinople 1448*, empereur byzantin (1425 - 1448). Il chercha secours en Occident et conclut avec le pape l'union des Églises (concile de Florence, 1439), mais le désastre de Varna (1444) livra l'Empire aux Turcs (1446).

EMPIRE LATIN DE CONSTANTINOPLE

JEAN DE BRIENNE, *v. 1148 - Constantinople 1237*, roi de Jérusalem (1210 - 1225), empereur latin de Constantinople (1231 - 1237).

FRANCE

JEAN Ier le Posthume, roi de France et de Navarre (1316), de la dynastie capétienne. Fils posthume de Louis X le Hutin, il ne vécut que quelques jours. Son oncle Philippe V lui succéda.

JEAN II le Bon, *château du Gué de Maulny, près du Mans, 1319 - Londres 1364*, roi de France (1350 - 1364), de la dynastie des Valois. Fils et successeur de Philippe VI, son règne est marqué au début par ses démêlés avec Charles le Mauvais, roi de Navarre, et par des embarras financiers nécessitant plusieurs convocations d'états généraux. Vaincu à Poitiers par le Prince Noir (1356), il est emmené à Londres. Après avoir signé les préliminaires de Brétigny et le traité de Calais (1360), il revient en France, laissant deux de ses fils en otage. Il donne en apanage à son fils Philippe II le Hardi le duché de Bourgogne, fondant ainsi la seconde maison de Bourgogne. Il meurt prisonnier des Anglais, ayant repris la place de son fils Louis d'Anjou, qui s'était évadé.

LUXEMBOURG

JEAN, *château de Berg 1921*, grand-duc de Luxembourg (1964 - 2000). Successeur de sa mère, la grande-duchesse Charlotte, il a abdiqué en faveur de son fils aîné, Henri, en 2000.

POLOGNE

JEAN II CASIMIR ou **CASIMIR V,** *Cracovie 1609 - Nevers 1672*, roi de Pologne (1648 - 1668). Il ne put éviter la perte de l'Ukraine orientale et l'invasion suédoise (1655) et abdiqua.

JEAN III SOBIESKI, *Olesko, Galicie, 1629 - Wilanów 1696*, roi de Pologne (1674 - 1696). Grand capitaine, il vainquit les Ottomans à Chocim (auj. Khotine) en 1673, puis les contraignit à lever le siège de Vienne (1683).

PORTUGAL

JEAN Ier le Grand, *Lisbonne 1357 - id. 1433*, roi de Portugal (1385 - 1433), de la dynastie d'Aviz. Fils naturel de Pierre Ier le Justicier, il vainquit le roi de Castille à Aljubarrota (1385), consacrant ainsi l'indépendance du Portugal. — **Jean II le Parfait,** *Lisbonne 1455 - Alvor 1495*, roi de Portugal (1481 - 1495), de la dynastie d'Aviz. Il conclut le traité de Tordesillas (1494). — **Jean III le Pieux,** *Lisbonne 1502 - id. 1557*, roi de Portugal (1521 - 1557), de la dynastie d'Aviz. Il introduisit l'Inquisition au Portugal (1536). — **Jean IV le Fortuné,** *Vila Viçosa 1604 - Lisbonne 1656*, roi de Portugal (1640 - 1656), de la maison de Bragance. Il fut proclamé roi à la suite du soulèvement qui mit fin à la domination espagnole. — **Jean VI le Clément,** *Lisbonne 1767 - id. 1826*, roi de Portugal (1816 - 1826), de la maison de Bragance. Régent (1792 - 1816), il s'enfuit au Brésil lors de l'invasion française (1807). Revenu en 1821, il inaugura le régime constitutionnel (1822).

JEAN (le Prêtre), personnage fabuleux du Moyen Âge, chef d'un État chrétien. Il fut identifié soit au khan des Mongols, soit au négus.

JEAN de Leyde (Jan **Beukelsz.**, dit), *Leyde 1509 - Münster 1536*, chef anabaptiste. Il fonda à Münster un royaume théocratique ; après la prise de la ville par les troupes épiscopales, il mourut dans les supplices.

JEAN de Meung [mœ̃] ou **JEAN de Meun,** *Meung-sur-Loire v. 1240 - Paris v. 1305*, écrivain français. Il est l'auteur de la seconde partie du *Roman* de la Rose*.

JEAN d'Outremeuse, *Liège 1338 - id. 1400*, chroniqueur wallon. Il est l'auteur d'une chronique en vers de l'histoire de sa ville natale *(la Geste de Liège)* et d'une sorte d'histoire universelle en prose *(Miroir historial)*.

JEAN-BAPTISTE ou **JEAN** (saint), chef d'une secte juive (Ier s.), considéré par la tradition chrétienne comme le précurseur du Messie. Contemporain de Jésus, fils d'Élisabeth, il gagna le désert dès son enfance, prêcha sur les bords du Jourdain un message de pénitence et pratiqua un baptême de purification pour la venue du Royaume de Dieu. Il fut décapité v. 28 sur l'ordre d'Hérode Antipas.

JEAN-BAPTISTE DE LA SALLE (saint), *Reims 1651 - Rouen 1719*, prêtre français. Il fonda, en 1682, l'institut des Frères des écoles chrétiennes, voué à l'éducation des enfants pauvres. Ses ouvrages en font l'un des précurseurs de la pédagogie moderne.

JEAN BODEL, *m. v. 1210*, trouvère de la région d'Arras. Il est l'auteur du *Jeu* de saint Nicolas* et d'un poème épique, *la Chanson des Saisnes*.

JEANBON SAINT-ANDRÉ (André **Jeanbon**, dit), *Montauban 1749 - Mayence 1813*, homme politique français. Député à la Convention (1792), il fut membre du Comité de salut public (1793).

JEAN FRANÇOIS RÉGIS (saint), surnommé **l'Apôtre du Vivarais,** *Fontcouverte, Aude, 1597 - Lalouvesc, Ardèche, 1640*, jésuite français. Il évangélisa le Vivarais et le Velay.

JEAN HYRCAN → **HYRCAN Ier.**

JEAN-MARIE VIANNEY (saint), *Dardilly, près de Lyon, 1786 - Ars-sur-Formans 1859*, prêtre français. Curé d'Ars durant quarante et un ans, il attira les foules par sa sainteté.

SAINTES

JEANNE D'ARC (sainte), dite **la Pucelle d'Orléans,** *Domrémy 1412 - Rouen 1431*, héroïne française. Fille d'un laboureur aisé de Domrémy, très pieuse, elle entend à treize ans des voix l'engageant à délivrer Orléans, assiégée par les Anglais. En 1429, elle parvient à convaincre le capitaine Robert de Baudricourt de la faire conduire auprès

▲ **Jeanne d'Arc** par Ingres. (Louvre, Paris.)

de Charles VII, à Chinon, afin de le faire sacrer légitime roi de France. Après avoir été reçue par le roi, elle est mise à la tête d'une petite armée puis joue un rôle décisif dans la délivrance d'Orléans (mai). Plusieurs victoires sur les armées anglo-bourguignonnes (dont celle de Patay) lui permettent de conduire Charles VII à Reims, où elle le fait sacrer (17 juill.), mais elle échoue devant Paris. Tentant de sauver Compiègne en 1430, elle y est capturée et remise aux Anglais. Déférée au tribunal d'Inquisition de Rouen, présidé par l'évêque de Beauvais, Pierre Cauchon, elle subit, sans défenseur, un procès pour hérésie. Déclarée hérétique et relapse, elle est brûlée vive en 1431. À la suite d'une enquête voulue par Charles VII, elle est réhabilitée en 1456. Jeanne a été béatifiée en 1909 et canonisée en 1920. – Jeanne d'Arc a inspiré de nombreuses œuvres, parmi lesquelles : le poème de Christine de Pisan (*Ditié de Jeanne d'Arc*, 1429), la tragédie de Schiller (*la Pucelle d'Orléans*, 1801), la trilogie dramatique *Jeanne d'Arc* de C. Péguy (1897), le drame de G. B. Shaw (1923), la pièce de J. Anouilh (*l'Alouette*, 1953), l'oratorio de P. Claudel, sur une musique d'A. Honegger (*Jeanne d'Arc au bûcher*, 1938), les films de C. T. Dreyer (*la Passion de Jeanne d'Arc*, 1928), de R. Bresson (*le Procès de Jeanne d'Arc*, 1962), de J. Rivette (*Jeanne la Pucelle*, 1994) et de L. Besson (*Jeanne d'Arc*, 1999).

JEANNE DE FRANCE ou **DE VALOIS** (sainte), *Nogent-le-Roi 1464 - Bourges 1505*, seconde fille de Louis XI. Elle épousa le futur Louis XII, qui la répudia (1498). Conseillée par son confesseur, le Père Gabriel-Maria, franciscain, elle fonda l'ordre de l'Annonciade de Bourges. Canonisée en 1950.

ANGLETERRE

JEANNE GREY, lady **Dudley**, *Bradgate, Leicestershire, v. 1537 - Londres 1554*, reine d'Angleterre (1553). Petite-nièce d'Henri VIII, elle succéda à Édouard VI grâce aux intrigues de John Dudley, mais fut rapidement détrônée par Marie Ire Tudor, qui la fit décapiter.

JEANNE SEYMOUR, *1509 - Hampton Court 1537*, reine d'Angleterre. Troisième femme d'Henri VIII, roi d'Angleterre, et mère du futur Édouard VI.

BRETAGNE

JEANNE DE PENTHIÈVRE, dite **la Boiteuse,** *1319 - 1384*, duchesse de Bretagne (1341 - 1365). Elle lutta contre Jean de Montfort puis contre le fils de celui-ci, Jean IV (v. 1340 - 1399), à qui elle céda ses droits par le traité de Guérande (1365).

CASTILLE

JEANNE la Folle, *Tolède 1479 - Tordesillas 1555*, reine de Castille (1504 - 1555). Épouse de l'archiduc d'Autriche Philippe le Beau et mère de Charles Quint, elle perdit la raison à la mort de son mari (1506).

FRANCE

JEANNE Ire DE NAVARRE, *Bar-sur-Seine v. 1273 - Vincennes 1305*, reine de Navarre et de France, épouse du roi Philippe IV le Bel.

NAPLES

JEANNE Ire D'ANJOU, *Naples 1326 - Aversa, Campanie, 1382*, reine de Naples (1343 - 1382). Elle se maria quatre fois et fut assassinée sur l'ordre de son cousin et héritier Charles de Durazzo. — **Jeanne II,** *Naples v. 1371 - id. 1435*, reine de Naples (1414 - 1435). Elle désigna pour lui succéder René d'Anjou (le futur René Ier le Bon), qu'elle avait adopté.

NAVARRE

JEANNE III D'ALBRET, *Saint-Germain-en-Laye 1528 - Paris 1572*, reine de Navarre (1555 - 1572). Femme d'Antoine de Bourbon et mère d'Henri IV, roi de France, elle fit du calvinisme la religion officielle de son royaume.

JEANNE (la Papesse), femme qui, selon une légende répandue au XIIIe s., aurait exercé le pontificat sous le nom de Jean l'Anglais, pendant les deux années qui suivirent la mort de Léon IV (855).

JEANNE-FRANÇOISE FRÉMYOT DE CHANTAL (sainte), *Dijon 1572 - Moulins 1641*, religieuse française. Elle fonda avec saint François de Sales l'ordre de la Visitation. – Elle était la grand-mère de Mme de Sévigné.

JEANNENEY (Jean-Noël), *Grenoble 1942*, historien français. Fils et petit-fils de ministres, il se spécialise dans l'histoire politique, culturelle et des médias (*Une histoire des médias des origines à nos jours*, 1996) et s'emploie à la vulgarisation de sa discipline (documentaires, émission…). En parallèle, il mène une carrière publique : président de Radio France (1982 - 1986), de la mission du Bicentenaire de la Révolution française (1988 - 1990), secrétaire d'État au Commerce extérieur puis à la Communication (1991 - 1993), président de la Bibliothèque nationale de France (2002 - 2007).

JEANNIN (Pierre), dit **le Président Jeannin,** *Autun 1540 - Paris v. 1622*, magistrat et diplomate français. Conseiller d'État, il signa l'alliance entre la France et la Hollande (1608), et la trêve de Douze Ans entre les Pays-Bas et l'Espagne (1609).

JEAN PAUL → **RICHTER** (Johann Paul Friedrich).

JEAN-PAUL Ier (Albino **Luciani**), *Canale d'Agordo 1912 - Rome 1978*, pape en 1978. Patriarche de Venise (1969), il ne fut pape que pendant 33 jours.

JEAN-PAUL II (saint) [Karol **Wojtyła**], *Wadowice, Pologne, 1920 - Rome 2005*, pape de 1978 à 2005.

Archevêque de Cracovie (1964), il fut le premier pape non italien depuis Adrien VI (1522 - 1523). Par ses liens avec le peuple polonais, il contribua à la chute du communisme en Europe de l'Est. Son action pastorale et doctrinale s'imposa par la publication de plusieurs encycliques et d'un nouveau catéchisme et par de très nombreux voyages à travers le monde. Son pontificat a été l'un des plus longs de l'histoire de la papauté. Il a été béatifié en 2011 et canonisé en 2014. ▲ **Jean-Paul II**

JEANS (sir James Hopwood), *Londres 1877 - Dorking, Surrey, 1946*, astronome, mathématicien et physicien britannique. Il est l'auteur de travaux de dynamique stellaire et d'une théorie, à présent abandonnée, de la formation des planètes.

JÉBUSÉENS, peuple préisraélite de la région de Jérusalem, soumis par David.

JEFFERSON (Thomas), *Shadwell, Virginie, 1743 - Monticello, Virginie, 1826*, homme politique

américain. Principal auteur de la Déclaration d'indépendance des États-Unis (1776), fondateur du Parti antifédéraliste (1797), il prôna une politique inspirée par la physiocratie, qui ferait des États-Unis une république très décentralisée. Vice-président (1797), puis président des États-Unis (1801 - 1809), il acheta la Louisiane à la France. – Architecte amateur (à Charlottesville), il propagea le néoclassicisme.

▲ Thomas **Jefferson** par C. W. Peale. (Hall de l'Indépendance, Philadelphie.)

JEHOL ou **REHE,** anc. province de la Chine septentrionale, partagée entre le Hebei et le Liaoning.

JÉHOVAH, prononciation déformée du nom de Yahvé, par l'introduction des voyelles du mot « Adonaï ».

Jéhovah (Témoins de), groupe religieux fondé aux États-Unis, vers 1874, par C. Taze Russell. Attachés à une interprétation très littérale de la Bible et connus pour leur prosélytisme, ils professent des croyances millénaristes.

JÉHU, roi d'Israël (841 - 814 av. J.-C.).

JELAČIĆ ou **JELATCHITCH** (Josip), *Peterwardein, auj. Petrovaradin, 1801 - Zagreb 1859,* ban de Croatie. Il participa à la répression de la révolution en Hongrie en 1848.

JELENIA GÓRA, v. de Pologne, en Basse-Silésie ; 83 860 hab. Monuments anciens.

JELGAVA, anc. **Mitau,** v. de Lettonie ; 59 449 hab. Anc. cap. du duché de Courlande (1561 - 1725).

JELINEK (Elfriede), *Mürzzuschlag, Styrie, 1946,* romancière et dramaturge autrichienne. Ses romans (*les Exclus,* 1980 ; *la Pianiste,* 1983 ; *Lust,* 1989 ; *Enfants des morts,* 1995) et son théâtre (*Ce qui arriva quand Nora quitta son mari,* 1979 ; *Burgtheater,* 1985 ; *Ombre [Eurydice parle],* 2013) dénoncent l'oppression de la femme et une société autrichienne qu'elle juge répressive et imprégnée de son passé nazi. (Prix Nobel 2004.)

JELLICOE (John, comte), *Southampton 1859 - Londres 1935,* amiral britannique. Commandant la flotte de haute mer britannique (*Grand Fleet*) [1914 - 1916], il livra la bataille du Jütland. Chef de l'Amirauté (1916 - 1917), il dirigea la lutte contre les sous-marins allemands.

JEMEPPE-SUR-SAMBRE, comm. de Belgique (prov. de Namur) ; 18 772 hab.

Jemmapes ou **Jemappes** (bataille de) [6 nov. 1792], victoire remportée près de Mons (Belgique) par Dumouriez sur les Autrichiens. Cette bataille fit naître en France l'idée de levée en masse.

JENA → **IÉNA.**

JENNER (Edward), *Berkeley 1749 - id. 1823,* médecin britannique. Il réalisa la première vaccination en découvrant que l'inoculation de l'exsudat des lésions de la vaccine (maladie bénigne) conférait l'immunité contre la variole.

JENSEN (Hans Daniel), *Hambourg 1907 - Heidelberg 1973,* physicien allemand. Il a proposé, indépendamment de M. Goeppert-Mayer, une théorie relative à la structure du noyau atomique, qui permet d'expliquer, notamm., l'existence des *nombres magiques.* (Prix Nobel 1963.)

JENSEN (Johannes Vilhelm), *Farsø 1873 - Copenhague 1950,* écrivain danois. Romancier, poète et essayiste, il élabora une sorte de mystique païenne de l'évolution humaine (*le Long Voyage*), marquée par une glorification trouble des races « gothiques ». (Prix Nobel 1944.)

JEPHTÉ, *XII*e *s. av. J.-C.,* Juge d'Israël. Vainqueur des Ammonites, il fut contraint, à la suite d'un vœu imprudent, de sacrifier sa fille.

JÉRÉMIE, *Anatot v. 650/645 av. J.-C. - en Égypte v. 580 av. J.-C.,* prophète biblique. Il fut le témoin de la fin du royaume de Juda et de la chute de Jérusalem (587). Sa prédication a préparé le peuple juif à traverser l'épreuve de l'Exil en conservant sa cohésion et son âme. Les *Lamentations de Jérémie* sont une suite de complaintes sur Jérusalem dévastée ; leur attribution à Jérémie est sans fondement historique.

JEREZ DE LA FRONTERA, anc. **Xeres,** v. d'Espagne (Andalousie) ; 211 784 hab. Vins. – Monuments de l'époque arabe au baroque.

JÉRICHO, en ar. **Arīḥā,** v. de Palestine ; 18 346 hab. Habitée dès le IXe millénaire, elle fut, selon la Bible, un des premiers sites dont s'emparèrent les Hébreux au XIIIe s. av. J.-C. : leurs trompettes auraient fait s'écrouler les murs de la ville. – À proximité : vestiges de la ville biblique. Palais d'Hicham (ou Hisham), d'époque omeyyade (mosaïque d'env. 850 m², remarquablement conservée). – Occupée par Israël à partir de 1967, comme le reste de la Cisjordanie, Jéricho est dotée en 1994 d'un régime d'autonomie, conformément au plan fixé par l'accord israélo-palestinien de 1993.

JÉROBOAM Ier, *m. en 910 av. J.-C.,* fondateur et premier souverain du royaume d'Israël (931 - 910 av. J.-C.). — **Jéroboam II,** *m. en 743 av. J.-C.,* roi d'Israël (783 - 743 av. J.-C.). Son long règne fut une période de prospérité.

JÉRÔME (saint), *Stridon, Dalmatie, v. 347 - Bethléem 419 ou 420,* Père de l'Église latine. Il se consacra principalement à l'étude de la Bible, dont il donna une traduction en latin (Vulgate) et dont il fit de nombreux commentaires. Il fut aussi un propagateur de l'idéal monastique. On le représente comme pénitent au désert ou retirant une épine de la patte d'un lion.

JERSEY, la plus grande et la plus peuplée des îles Anglo-Normandes ; 116 km² ; 97 857 hab. ; ch.-l. *Saint-Hélier.* Tourisme. Place financière. Cultures maraîchères et florales.

JERSEY CITY, v. des États-Unis (New Jersey), sur l'Hudson, en face de New York ; 262 146 hab.

JÉRUSALEM, v. de Palestine ; 882 700 hab. (*Hiérosolymitains* ou *Hiérosolymites*). Ville sainte pour le judaïsme, le christianisme et l'islam, Jérusalem est considérée par Israël comme sa capitale (« loi de Jérusalem » adoptée par la Knesset en 1980), malgré l'absence d'accord international sur le statut de cette ville. – Selon le récit biblique, elle fut conquise par David (Xe s. av. J.-C.), qui en fait sa capitale et le centre religieux des Hébreux, célèbre par la somptuosité du Temple édifié par Salomon (v. 969 - v. 962 av. J.-C.). D'après certains archéologues, Jérusalem n'est devenue une grande cité qu'au VIIIe s. av. J.-C. Elle est détruite par Nabuchodonosor (587 av. J.-C.) puis par les Romains (70, 135 apr. J.-C.). Passée aux mains des Arabes (638), elle est reconquise par les croisés et devient la capitale d'un royaume chrétien (1099 - 1187 puis 1229 - 1244), avant de repasser sous la domination musulmane (Mamelouks, de 1260 à 1517, puis Ottomans de 1517 à 1917). Siège de l'administration de la Palestine placée en 1922 sous mandat britannique, la ville est partagée en 1948 entre le nouvel État d'Israël et la Transjordanie. Lors de la guerre des Six-Jours, en 1967, l'armée israélienne s'empare des quartiers arabes qui constituaient la « Vieille Ville ». – Monuments célèbres : « Mur des lamentations » ; Coupole du Rocher, le plus ancien monument de l'islam (VIIe s.) ; mosquée al-Aqsa (XIe s.) ; édifices de l'époque des croisades. Musée national d'Israël.

▲ **Jérusalem.** Le « Mur des lamentations » et la Coupole du Rocher (VIIe s.).

JÉRUSALEM (royaume latin de), État latin du Levant, fondé en 1099 par les croisés et détruit en 1291 par les Mamelouks.

Jérusalem délivrée (la), poème épique du Tasse (1581). Il greffe des épisodes romanesques et amoureux sur le récit de la prise de Jérusalem par Godefroi de Bouillon.

JESPERSEN (Otto), *Randers 1860 - Copenhague 1943,* linguiste danois. Ses travaux ont porté sur la grammaire anglaise, la phonétique, la pédagogie des langues, la théorie linguistique (*Langage,* 1922 ; *Philosophie de la grammaire,* 1924).

JESSORE, v. du sud-ouest du Bangladesh, près de la frontière indienne ; 237 478 hab.

▲ **Jésus.** *Le Lavement des pieds,* fresque de Giotto. (Chapelle des Scrovegni, Padoue.)

JÉSUS ou **JÉSUS-CHRIST,** Juif de Palestine, fondateur du christianisme, dont la naissance correspond théoriquement avec le début de l'ère chrétienne. Pour les chrétiens, il est le Messie, fils de Dieu né de la Vierge Marie, et rédempteur de l'humanité. En mettant en regard les données des Évangiles et les rares documents non chrétiens qui le mentionnent au Ier s., on peut établir le schéma chronologique suivant : naissance de Jésus sous Hérode, avant l'an 8 ou 7 précédant notre ère ; début de l'activité apostolique v. 28 ; passion et mort, en avr. 30. La prédication de Jésus eut d'abord pour cadre la Galilée, d'où il était originaire. Au terme de cette période, Jésus se heurta définitivement à l'incompréhension de ses contemporains ; les deux principaux partis juifs, pharisiens et sadducéens, voyaient dans son message d'instauration du Royaume de Dieu un ferment sacrilège de dangereuse agitation. Après la venue de Jésus à Jérusalem pour la Pâque, l'atmosphère se tendit ; à l'instigation des éléments dirigeants juifs, Jésus fut arrêté, condamné à mort et crucifié sur l'ordre du procurateur romain Ponce Pilate. Le témoignage des apôtres proclame qu'il est ressuscité trois jours après. La résurrection de Jésus, tenue par les chrétiens pour un fait historique et un dogme, transcende en réalité le domaine de l'histoire pour atteindre à celui de la foi.

Jésus (Compagnie de) ou Société de **Jésus,** ordre religieux fondé par Ignace de Loyola en 1540. D'abord société missionnaire, la Compagnie de Jésus opta très tôt pour le ministère de l'enseignement, rendu indispensable par les nécessités de la Réforme catholique. Lors de la querelle avec les jansénistes, on lui reprocha son lien direct avec la papauté (vœu spécial d'obéissance) et le laxisme de certains de ses casuistes. Supprimée dans la plupart des pays catholiques dans l'Europe des Lumières entre 1762 et 1767, puis par le pape Clément XIV en 1773, la Compagnie fut rétablie par Pie VII en 1814.

JETTE [ʒɛt], comm. de Belgique (Bruxelles-Capitale), banlieue nord-ouest de Bruxelles ; 49 411 hab.

Jeu d'Adam, drame semi-liturgique en vers (seconde moitié du XIIe s.). Il représente la faute d'Adam et Ève, le meurtre d'Abel par Caïn, puis le défilé des prophètes annonçant la venue du Messie.

Jeu de la feuillée, œuvre dramatique d'Adam de la Halle (1276). D'inspiration autobiographique, satirique et féerique, il annonce le genre de la sottie.

Jeu de paume (serment du) [20 juin 1789], serment que prêtèrent les députés du tiers état « de ne pas se séparer avant d'avoir donné une Constitution à la France ». Le roi leur ayant interdit l'accès de la salle des Menus-Plaisirs à Versailles, où ils délibéraient habituellement, ils s'étaient transportés dans celle du Jeu de paume.

Jeu de Robin et Marion, pastorale dramatique d'Adam de la Halle (v. 1283), mêlée de danses et de chansons. Il évoque avec poésie et humour les mœurs des paysans et des bergers.

Jeu de saint Nicolas, œuvre dramatique de Jean Bodel (v. 1200). La pièce mêle l'évocation des interventions miraculeuses de saint Nicolas lors d'une guerre contre les Sarrasins à des scènes comiques, marquant le passage d'un théâtre sacré à un théâtre profane.

JEUMONT (59460), comm. du Nord, sur la Sambre ; 10 218 hab. *(Jeumontois)*. Gare de triage. Constructions mécaniques.

Jeunes Agriculteurs, organisation syndicale française créée en 1957. Les membres de cette organisation, appelée de 1961 à 2002 Centre national des jeunes agriculteurs (CNJA) et liée à la FNSEA, sont âgés de 18 à 35 ans.

Jeunes Gens en colère *(Angry Young Men)*, mouvement littéraire animé par J. Osborne et fondé sur une critique des valeurs traditionnelles de la société britannique, qui se développa en Grande-Bretagne dans les années 1955 - 1965.

JEUNESSE (île de la), anc. **île des Pins,** île de Cuba ; 2 199 km^2 ; 86 559 hab.

Jeunesse ouvrière chrétienne → JOC.

Jeunesses musicales de France → JMF.

Jeunes-Turcs, groupe d'intellectuels et d'officiers ottomans, à l'origine libéraux et réformateurs. Prenant le pouvoir en 1908, ils firent restaurer la Constitution et contraignirent Abdülhamid II à abdiquer (1909). Évoluant vers un régime autoritaire et ultranationaliste, ils établirent en 1913 une dictature, qui fut renversée en 1918.

jeux Floraux, concours poétique annuel institué à Toulouse en 1323 par un groupe de poètes (Consistoire du Gai Savoir) désireux de maintenir les traditions du lyrisme courtois et de la culture occitane. Ce concours récompense aujourd'hui encore des œuvres en français et en occitan.

JEVONS (William Stanley), *Liverpool 1835 - Bexhill, près de Hastings, 1882,* économiste britannique, cofondateur du marginalisme*. On lui doit également des travaux de logique.

JÉZABEL, *IXe s. av. J.-C.,* épouse d'Achab, roi d'Israël, et mère d'Athalie. Son action religieuse fut stigmatisée par le prophète Élie.

JHANSI, v. d'Inde (Uttar Pradesh) ; 383 248 hab.

JHARKHAND, État du nord-est de l'Inde ; 79 700 km^2 ; 32 966 238 hab. ; cap. *Ranchi*.

JHELAM ou **JHELUM** n.f., riv. de l'Inde et du Pakistan, affl. de la Chenab (r. dr.) ; 725 km. Elle traverse le Cachemire et le Pendjab.

JIAMUSI, v. de Chine (Heilongjiang) ; 817 067 hab.

JIANG JIESHI ou **TCHANG KAÏ-CHEK,** *dans le Zhejiang 1887 - Taipei 1975,* généralissime et homme politique chinois. Il prend part à la révolution de 1911, dirige après 1926 l'armée du Guomindang et, rompant avec les communistes (1927), établit un gouvernement nationaliste à Nankin. Il lutte contre le PCC, qu'il contraint à la Longue Marche (1934) avant de former avec lui un front commun contre le Japon (1936). Il combat pendant la guerre civile (1946 - 1949), puis s'enfuit à Taïwan, où il préside le gouvernement jusqu'à sa mort. ▲ **Jiang Jieshi.** — **Chiang Chin-kuo** ou **Jiang Jingguo,** *dans le Zhejiang 1910 - Taipei 1988,* homme politique taïwanais. Fils de Jiang Jieshi, il lui succéda à la tête du Guomindang (1975) et fut président de la République de Taïwan de 1978 à sa mort.

JIANG QING, *Zhucheng, Shandong, 1914 - Pékin 1991,* femme politique chinoise. Femme de Mao Zedong, elle joua un rôle actif pendant la Révolution culturelle et devint membre du Comité central du Parti communiste chinois (1969). Membre de la Bande* des Quatre, arrêtée (1976) et condamnée à mort (1980), elle vit sa peine commuée en détention à perpétuité.

JIANGSU, prov. de la Chine centrale ; 100 000 km^2 ; 79 760 000 hab. ; cap. *Nankin*.

JIANGXI, prov. de la Chine méridionale ; 164 800 km^2 ; 45 660 000 hab. ; cap. *Nanchang*.

JIANG ZEMIN, *Yangzhou 1926,* homme politique chinois. Secrétaire général du Parti communiste chinois (1989 - 2002), président de la Commission militaire centrale (1990 - 2005) et président de la République (1993 - 2003), il a dominé la vie politique de son pays, en particulier après la mort de Deng Xiaoping (1997).

JIAXING, v. de Chine, entre Shanghai et Hangzhou ; 881 923 hab.

JIA ZHANGKE, *Fenyang, Shanxi, 1970,* cinéaste chinois. Entre fiction et documentaire, ses films s'inspirent de faits de société (*Still Life*, 2006 ; *24 City*, 2008) et dénoncent la violence générée par l'exclusion (*A Touch of Sin*, 2013 ; *les Éternels*, 2018), donnant une vision sombre et subversive de la Chine moderne.

JIJÉ (Joseph **Gillain,** dit), *Gedinne 1914 - Versailles 1980,* dessinateur et scénariste belge de bandes dessinées, auteur de séries humoristiques (*Blondin et Cirage*) et réalistes (*Jerry Spring*).

JIJEL, anc. **Djidjelli,** v. d'Algérie, ch.-l. de wilaya ; 134 839 hab.

JILIN, prov. de la Chine du Nord-Est ; 27 530 000 hab. ; cap. *Changchun*.

JIMÉNEZ (Juan Ramón), *Moguer 1881 - San Juan, Porto Rico, 1958,* poète espagnol. D'inspiration symboliste (*Âmes de violette, Éternités*), il est l'auteur du recueil de proses poétiques *Platero et moi* (1914). [Prix Nobel 1956.]

JINA → MAHAVIRA.

JINAN, v. de Chine, cap. du Shandong, sur le Huang He ; 2 999 934 hab. Centre industriel. – Riche musée provincial du Shandong.

JINGDEZHEN, v. de Chine, à l'E. du lac Poyang ; 444 720 hab. Musée (porcelaines).

JINGMEN, v. de Chine, au N.-O. de Wuhan ; 583 373 hab.

JINHUA, v. de Chine, au S. de Hangzhou ; 424 859 hab.

JINJA, v. d'Ouganda, sur le lac Victoria ; 72 931 hab. dans l'agglomération. Port et petit centre industriel.

JINNAH (Muhammad Ali), *Karachi 1876 - id. 1948,* homme politique pakistanais. Il milita au sein de la Ligue musulmane pour la création du Pakistan, dont il devint le premier chef d'État (1947 - 1948).

JINZHOU, v. de Chine (Liaoning) ; 1 177 150 hab.

JITOMIR → JYTOMYR.

Jiuquan, centre de lancement d'engins spatiaux chinois situé en Mongolie-Intérieure, à l'orée du désert de Gobi.

JIVARO ou **SHUAR,** groupe amérindien des forêts tropicales de la haute Amazone, en Équateur et au Pérou (env. 50 000). Les Jivaro employaient des sarbacanes qui lançaient des dards empoisonnés et tranchaient puis réduisaient les têtes de leurs adversaires tués au cours de raids. Leur langue et celles de groupes apparentés constituent la famille *jivaro*.

JIVKOV (Todor) → **ŽIVKOV.**

JIXI, v. de Chine (Heilongjiang) ; 1 042 534 hab.

JMF (Jeunesses musicales de France), association française, fondée en 1940 par R. Nicoly pour favoriser la propagation de la culture musicale.

JMJ (Journées mondiales de la jeunesse), manifestation organisée par l'Église catholique, qui rassemble des jeunes catholiques du monde entier.

JOACHIM, selon la tradition chrétienne, époux de sainte Anne et père de la Vierge Marie.

JOACHIM DE FLORE, en ital. Gioacchino da Fiore, *Celico, Calabre, v. 1130 - San Martino di Giove, Canale, Piémont, 1202,* mystique italien. Abbé cistercien, il rompit avec son ordre pour fonder une congrégation nouvelle. Révolté par les abus ecclésiastiques, il élabora une doctrine qui annonçait le règne de l'Esprit et qui, accordant un rôle privilégié aux humbles, influença bientôt les spirituels.

JOAD ou **JOIADA,** *fin du IXe s. - VIIIe s. av. J.-C.,* chef des prêtres de Jérusalem. Il organisa un coup d'État contre Athalie et plaça sur le trône le jeune Joas.

JOANNE (Adolphe), *Dijon 1813 - Paris 1881,* géographe français, auteur de *Guides* et d'un *Dictionnaire géographique et administratif de la France*.

JOÃO PESSOA, v. du Brésil, cap. du Paraíba, sur le Paraíba ; 716 042 hab. (1 066 628 hab. dans l'agglomération). Centre industriel. Université. – Monuments du XVIe s.

JOB, personnage du livre biblique rédigé vers le Ve s. av. J.-C. et qui porte son nom. Riche et puissant, il tombe dans une affreuse misère. Son histoire pose le problème du mal qui, s'attaquant au juste, l'invite à s'incliner devant la volonté de Dieu.

Jobim (António Carlos), aéroport international de Rio de Janeiro (du nom du compositeur brésilien qui inventa, avec João Gilberto*, la bossa-nova).

JOBS (Steven Paul, dit Steve), *San Francisco 1955 - Palo Alto 2011,* informaticien et industriel américain. Fondateur, avec Steve Wozniak (*né en 1950*), de la société d'informatique Apple* (1976), il fut un acteur visionnaire du développement des nouvelles technologies.

JOC (Jeunesse ouvrière chrétienne), mouvement d'action catholique, tourné vers le monde ouvrier, fondé en 1925 par le prêtre belge J. Cardijn. Introduite en France en 1926 par l'abbé Guérin et par Georges Quiclet, la JOC est, depuis, représentée dans le monde entier.

JOCASTE MYTH. GR. Femme de Laïos, roi de Thèbes, et mère d'Œdipe. Elle épousa ce dernier sans savoir qu'il était son fils ; apprenant la vérité, elle se tua.

JOCHO, *m. en 1057,* sculpteur japonais. Il est le créateur d'un style national dégagé de l'influence chinoise (bouddha Amida, bois laqué et doré, dans le pavillon du Phénix au Byodo-in d'Uji).

▲ La **Joconde.** Peinture de Léonard de Vinci, v. 1503-1506. (Louvre, Paris.)

Joconde (la), surnom d'un tableau de Léonard de Vinci, acheté à l'artiste par François Ier (Louvre). Il s'agit du portrait, peint sur bois v. 1503-1506, de Lisa Gherardini (dite Monna Lisa), épouse du marchand d'étoffes florentin Francesco del Giocondo.

JODELLE (Étienne), *Paris 1532 - id. 1573,* poète français, membre de la Pléiade*. Sa tragédie *Cléopâtre captive* (1553) marque le point de départ d'une forme dramatique nouvelle, d'où sortira la tragédie classique.

JODHPUR, v. d'Inde (Rajasthan) ; 846 408 hab. Forteresse et enceinte du XVIe s.

JODL (Alfred), *Würzburg 1890 - Nuremberg 1946,* général allemand. Chef du bureau des opérations de la Wehrmacht de 1938 à 1945, il signa à Reims, le 7 mai 1945, l'acte de reddition des armées allemandes. Condamné à mort comme criminel de guerre à Nuremberg, il fut exécuté.

JODOROWSKY (Alejandro), *Tocopilla, au nord d'Antofagasta, 1929,* cinéaste, acteur et écrivain franco-chilien. Cofondateur du groupe Panique (1962), scénariste de bandes dessinées (série *l'Incal,* avec Moebius, 1981-1988), il laisse libre cours à sa passion pour l'ésotérisme et le symbolisme dans ses livres, ses pièces et ses films (*El Topo,* 1970 ; *la Montagne sacrée,* 1973).

JOËL, le dernier des prophètes bibliques (IVe s. av. J.-C.).

JOERGENSEN ou **JØRGENSEN** (Anker), *Copenhague 1922 - id. 2016,* homme politique danois. Social-démocrate, il fut chef du gouvernement (1972 - 1973 et 1975 - 1982).

JŒUF (54240), bur. centr. de cant. de Meurthe-et-Moselle ; 6 620 hab. (*Joviciens*).

JOFFRE (Joseph), *Rivesaltes 1852 - Paris 1931,* maréchal de France. Après s'être distingué au Tonkin (1885), au Soudan (1892), puis à Madagascar (1900), il devint en 1911 chef d'état-major général. Commandant en chef des armées du Nord et du Nord-Est en 1914, il remporta la victoire décisive de la Marne ; commandant en chef des armées françaises (déc. 1915), il livra la bataille de la Somme ; il fut remplacé par Nivelle (déc. 1916) et promu maréchal. (Acad. fr.) ▲ Le maréchal **Joffre** par H. Jacquier. (Château de Versailles.)

JOGJAKARTA → **YOGYAKARTA.**

JOHANNESBURG, v. d'Afrique du Sud, ch.-l. de la prov. du Gauteng ; 922 613 hab. (4 434 827 hab. dans l'agglomération). C'est la plus grande ville et le principal centre industriel et commercial du pays. Zoo.

JOHANNOT (Tony), *Offenbach, Hesse, 1803 - Paris 1852,* peintre et graveur français, un des maîtres de l'illustration romantique.

JOHN (sir Elton), *Pinner, Middlesex, 1947,* compositeur et chanteur britannique. Pianiste de talent, associé au parolier Bernie Taupin, il est une des figures majeures de la pop britannique (*Candle in the Wind, Nikita*).

John Bull, sobriquet donné au peuple anglais. Personnage franc, bourru et querelleur, il est inspiré d'une série de pamphlets (1712) de John Arbuthnot (*1667 - 1735*).

JOHNS (Jasper), *Augusta, Géorgie, 1930,* peintre américain. À partir de 1955 (série des *Drapeaux américains*), il devint, à côté de Rauschenberg, un représentant majeur du « néodadaïsme ».

JOHNSON (Andrew), *Raleigh 1808 - Carter's Station, Tennessee, 1875,* homme politique américain. Républicain, il fut président des États-Unis (1865 - 1869), après l'assassinat de Lincoln. Pour s'être opposé de fait à l'égalité raciale, il fut traduit devant le Sénat pour trahison, et acquitté.

JOHNSON (Daniel), *Danville, prov. de Québec, 1915 - Manic 5, prov. de Québec, 1968,* homme politique canadien. Chef de l'Union nationale (1961), il fut Premier ministre du Québec de 1966 à sa mort. — **Daniel J.,** *Montréal 1944,* homme politique canadien. Fils de Daniel, chef du Parti libéral, il succéda à R. Bourassa à la tête du gouvernement québécois (janv.-sept. 1994). — **Pierre Marc J.,** *Montréal 1946,* homme politique canadien. Également fils de Daniel, il succéda à René Lévesque à la tête du Parti québécois (1985 - 1987) et au poste de Premier ministre du Québec (oct.-déc. 1985).

JOHNSON (Earvin, dit « Magic »), *Lansing, Michigan, 1959,* joueur de basket-ball américain. Champion olympique (1992), il a été 5 fois champion des États-Unis avec les Los Angeles Lakers.

JOHNSON (Lyndon Baines), *Stonewall, Texas, 1908 - Johnson City, près d'Austin, Texas, 1973,* homme politique américain. Démocrate, vice-président des États-Unis (1961), il devint président à la suite de l'assassinat de J. F. Kennedy (1963), puis fut président élu (1964 - 1969). Il dut faire face à l'extension de la guerre du Viêt Nam. ◄ Lyndon Baines **Johnson** en 1964.

JOHNSON (Michael), *Oak Cliff, Dallas, 1967,* athlète américain. Détenteur de neuf titres de champion du monde : deux sur 200 m (1991, 1995), quatre sur 400 m (1993, 1995, 1997, 1999) et trois dans le relais 4 × 400 m (1993, 1995, 1999), il a été champion olympique du relais 4 × 400 m en 1992, du 200 m et du 400 m (distance sur laquelle il détient encore le record du monde) en 1996, du 400 m et du relais 4 × 400 m en 2000.

JOHNSON (Philip), *Cleveland 1906 - New Canaan, Connecticut, 2005,* architecte américain. Il est passé du style international à une sorte de néoclassicisme (théâtre du Lincoln Center, New York, 1962), voire au postmodernisme. (Prix Pritzker 1979.)

JOHNSON (Samuel), *Lichfield 1709 - Londres 1784,* écrivain britannique. Auteur d'un *Dictionnaire de la langue anglaise,* il a défendu et illustré l'esthétique classique dans ses œuvres.

JOHNSON (Uwe), *Cammin, Poméranie, 1934 - Sheerness, Kent, 1984,* écrivain allemand. Son œuvre narrative est dominée par la division de l'Allemagne en deux États et deux modes de pensée (*la Frontière*).

JOHNSON SIRLEAF (Ellen), *Monrovia 1938,* économiste et femme politique du Liberia. Première femme à avoir été élue – en nov. 2005 – à la tête d'un État africain, elle a été présidente de la République de 2006 à 2018. (Prix Nobel de la paix 2011, avec sa compatriote Leymah Gbowee et la Yéménite Tawakkul Karman.)

JOHORE BAHARU, v. de Malaisie, proche de Singapour ; 424 648 hab.

JOIGNY (89300), bur. centr. de cant. de l'Yonne, sur l'Yonne ; 9 997 hab. (*Joviniens*). Trois églises des XIVe-XVIe s.

JOINVILLE, v. du Brésil, au S.-E. de Curitiba ; 509 293 hab. Centre industriel.

JOINVILLE (52300), bur. centr. de cant. de la Haute-Marne ; 3 366 hab. (*Joinvillois*). Château Renaissance du Grand Jardin (centre culturel).

JOINVILLE (François **d'Orléans,** prince **de**), *Neuilly-sur-Seine 1818 - Paris 1900,* prince français. Troisième fils de Louis-Philippe, vice-amiral, il ramena en France les restes de Napoléon (1840).

JOINVILLE (Jean, sire **de**), *v. 1224 - 1317,* chroniqueur français. Sénéchal de Champagne, il participa avec Saint Louis, dont il était devenu l'ami, à la septième croisade. Son *Livre des saintes paroles et des bons faits de notre roi Louis* (v. 1309) est une source précieuse pour l'histoire de ce roi.

JOINVILLE-LE-PONT (94340), comm. du Val-de-Marne, sur la Marne ; 19 002 hab. (*Joinvillais*).

JÓKAI (Mór), *Komárom 1825 - Budapest 1904,* écrivain et publiciste hongrois, auteur fécond de romans d'inspiration romantique (*le Nabab hongrois,* 1853).

JOLAS (Betsy), *Paris 1926,* compositrice française et américaine. Sous l'influence de O. Messiaen, elle est partie du sérialisme pour se consacrer ensuite à une œuvre qui met la voix – présente ou évoquée par les instruments – au premier plan (*Quatuor II,* pour soprano colorature et trio à cordes, 1964 ; *Schliemann,* opéra, 1982-1993).

JOLIETTE, v. du Canada (Québec), sur l'Assomption ; 20 484 hab. (*Joliettains*). Papeterie. Confection. – Musée d'art.

JOLIOT-CURIE (Irène), *Paris 1897 - id. 1956,* physicienne française, fille de Pierre et de Marie Curie. Seule ou en collaboration avec son mari, Jean Frédéric Joliot, elle effectua des travaux de physique nucléaire et des recherches sur la structure de l'atome qui conduisirent à la découverte du neutron (Chadwick, 1932) et de la radioactivité artificielle (1934). Elle fut sous-secrétaire d'État à la Recherche scientifique en 1936. (Prix Nobel de chimie 1935.)

▲ Irène **Joliot-Curie** en 1935.

JOLIOT-CURIE (Jean Frédéric **Joliot,** dit), *Paris 1900 - id. 1958,* physicien français. En collaboration avec sa femme, Irène Curie, il découvrit la radioactivité artificielle (1934). Il apporta une preuve physique du phénomène de fission, puis étudia les réactions en chaîne et les conditions de réalisation d'une pile atomique, Zoé, qui fut construite en 1948. Il fut le premier haut-commissaire à l'Énergie atomique (1946 - 1950). [Prix Nobel de chimie 1935.]

▲ Jean Frédéric **Joliot-Curie** en 1935.

JOLIVET (André), *Paris 1905 - id. 1974,* compositeur français. On lui doit des œuvres pour piano (*Mana,* 1935 ; *Cinq Danses rituelles,* avec orchestre, 1939), des concertos et des symphonies.

JOLLIET ou **JOLIET** (Louis), *région de Québec 1645 - Canada 1700,* explorateur français. Avec le père Marquette, il reconnut le cours du Mississippi (1672).

JOMINI (Henri, baron **de**), *Payerne 1779 - Paris 1869,* général et théoricien militaire suisse. Au service de la France (1804 - 1813), puis de la Russie (1813 - 1843), où il créa une académie militaire, il est l'auteur d'un ouvrage majeur, le *Précis de l'art de la guerre* (1837). Son influence fut considérable dans la seconde moitié du XIXe s., notamm. dans les écoles de guerre américaines.

JONA, v. de Suisse (canton de Saint-Gall), au S.-E. de Zurich ; 26 212 hab.

JONAS, prophète biblique et personnage principal du livre qui porte son nom (vers le IVe s. av. J.-C.). Dans le livre de Jonas, admis parmi les livres prophétiques, il est puni par Dieu pour lui avoir désobéi et passe trois jours dans le ventre d'une baleine.

JONAS (Hans), *Mönchengladbach 1903 - New Rochelle, État de New York, 1993,* philosophe allemand installé aux États-Unis. Il analysa les conséquences du progrès scientifique et proposa une éthique de la responsabilité envers les générations futures et envers la nature.

JONASZ (Michel), *Drancy 1947,* chanteur, auteur-compositeur et acteur français. Il a introduit dans la chanson française le rhythm and blues, au service d'une poésie mélancolique (*Joueurs de blues, la Boîte de jazz*), et a fait des apparitions remarquées au cinéma (*Qu'est-ce qui fait courir David ?,* É. Chouraqui, 1982).

JONES (William Tass, dit Bill T.), *Bunnell, Floride, 1952,* danseur et chorégraphe américain. Afro-Américain, à la tête de la compagnie fondée en 1982 avec son ami Arnie Zane (*1947 - 1988*), il délivre un message engagé, souvent d'inspiration homosexuelle (*Last Supper at Uncle Tom's Cabin/The Promised Land,* 1990 ; *Still/Here,* 1994 ; *Serenade/The Proposition,* 2008). Il a écrit et mis en scène la comédie musicale *Fela* (2008).

JONES (Ernest), *Gowerton, Glamorgan, 1879 - Londres 1958,* médecin et psychanalyste britannique. Il fut le principal artisan de la diffusion de la psychanalyse dans le monde anglo-saxon et le biographe de S. Freud.

JONES (Everett LeRoi), *Newark 1934 - id. 2014,* écrivain américain. Auteur dramatique, romancier et poète, il revendiqua pour les Noirs l'autonomie culturelle et politique (*le Métro fantôme,* 1964).

JONES (Inigo), *Londres 1573 - id. 1652,* architecte anglais. Intendant des bâtiments royaux après avoir été un décorateur des fêtes de la Cour, il voyagea en Italie (1613) et introduisit le palladianisme en Angleterre (Banqueting House, Londres, v. 1620).

JONGEN (Joseph), *Liège 1873 - Sart-lès-Spa 1953,* compositeur et organiste belge. Son œuvre s'apparente à l'école française de Debussy et aborde tous les genres.

JONGKIND (Johan Barthold), *Lattrop 1819 - Grenoble 1891,* peintre et graveur néerlandais. Paysagiste, installé en France, il est un des précurseurs de l'impressionnisme.

JÖNKÖPING, v. de Suède, sur le lac Vättern ; 132 140 hab. Allumettes. – Monuments du XVIIe s. ; musée provincial.

JONQUÈRES D'ORIOLA (Pierre), *Corneilla-del-Vercol, Pyrénées-Orientales, 1920 - id. 2011,* cavalier français. Il fut double champion olympique (1952 et 1964) et champion du monde (1966) de saut d'obstacles.

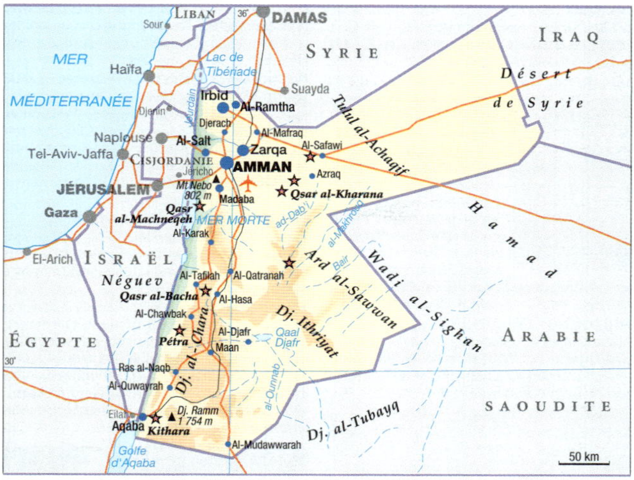

Jordanie

★ site touristique important
200 500 1000 m

route
voie ferrée
aéroport

plus de 1 000 000 h.
de 100 000 à 1 000 000 h.
de 50 000 à 100 000 h.
moins de 50 000 h.

JONQUET (Thierry), *Paris 1954 - id. 2009*, écrivain français. Dans des romans noirs d'une vigueur et d'une causticité extrêmes, il brosse le portrait d'une société contemporaine où la violence est omniprésente (*Mygale*, 1984 ; *les Orpailleurs*, 1993 ; *Moloch*, 1998 ; *Ad vitam aeternam*, 2002).

JONQUIÈRE, anc. v. du Canada (Québec), auj. intégrée dans Saguenay.

JONSON (Ben), *Westminster 1572 ? - Londres 1637*, auteur dramatique anglais. Ami et rival de Shakespeare, il a écrit des comédies (*Volpone* ou le Renard*) et des tragédies.

JONZAC (17500), ch.-l. d'arrond. de la Charente-Maritime, sur la Seugne ; 3 784 hab. *(Jonzacais)*. Eau-de-vie. – Château des XIVe-XVIIe s. ; centre culturel dans un anc. couvent.

JOOSS (Kurt), *Wasseralfingen, Wurtemberg, 1901 - Heilbronn 1979*, danseur et chorégraphe allemand naturalisé britannique. Disciple de R. von Laban, il joua, notamm. par son enseignement à la Folkwangschule d'Essen, un rôle essentiel dans l'essor de la danse expressionniste (*la Table verte*, 1932 ; *la Grande Ville*, 1re version 1932, 2e version 1935).

JOPLIN (Janis), *Port Arthur 1943 - Hollywood 1970*, chanteuse américaine. Elle chantait d'une voix bouleversante la violence du rock et le désespoir du blues (*Try* ; *Summertime*).

JOPLIN (Scott), *Texarkana, Texas, 1868 - New York 1917*, compositeur et pianiste américain de ragtime. Il connut le succès avec *Maple Leaf Rag* (1899) et fit du ragtime, préfiguration du jazz, un style accompli.

JORASSES (Grandes), sommets du massif du Mont-Blanc (France) ; 4 208 m à la pointe Walker.

JORAT, partie sud-ouest du plateau suisse, dominant le lac Léman.

JORDAENS (Jacob), *Anvers 1593 - id. 1678*, peintre flamand. Influencé par Rubens et par le caravagisme, il devint dans sa maturité le représentant le plus populaire du naturalisme flamand (*le Satyre et le Paysan*, *Le roi boit*, diverses versions).

JORDAN (Armin), *Lucerne 1932 - Zurich 2006*, chef d'orchestre suisse. Artisan du renouveau de l'Orchestre de chambre de Lausanne (1973 - 1985), puis de l'Orchestre de la Suisse romande (1985 - 1997), chef invité principal de l'Ensemble orchestral de Paris (1986 - 1993), il a dirigé dans le monde entier des interprétations marquantes des opéras de Mozart, Wagner, Debussy. — **Philippe J.,** *Zurich 1974*, chef d'orchestre suisse, fils d'Armin. Il est directeur musical de l'Orchestre de l'Opéra national de Paris depuis 2009 et de l'Orchestre symphonique de Vienne depuis 2014.

JORDAN (Camille), *Lyon 1838 - Paris 1922*, mathématicien français. Il fut l'un des fondateurs de la théorie des groupes, dans laquelle il reprit et développa les idées de É. Galois.

JORDAN (Michael), *New York 1963*, joueur de basket-ball américain. Deux fois champion olympique (1984 et 1992), il a remporté six fois (1991, 1992, 1993, 1996, 1997 et 1998), avec l'équipe des Chicago Bulls, le championnat des États-Unis.

JORDANIE n.f., État d'Asie, dans le Moyen-Orient ; 92 000 km² ; 7 274 000 hab. *(Jordaniens)*. **CAP.** *Amman*. **LANGUE :** *arabe*. **MONNAIE :** *dinar jordanien*.

INSTITUTIONS Monarchie constitutionnelle. Constitution de 1952. Le roi est assisté par un Premier ministre, chef du gouvernement. Le Parlement est composé d'une Chambre des représentants *(Madjlis al-Nuwaab)*, élue au suffrage universel pour 4 ans, et d'un Sénat *(Madjlis al-Ayan)*, nommé par le roi pour 4 ans.

GÉOGRAPHIE La dépression du Ghor (drainée par le Jourdain) et les hauteurs périphériques constituent les parties vitales du pays, fournissant du blé, de l'orge, des vins, de l'huile d'olive. L'élevage nomade (ovins et caprins) est la seule forme d'exploitation de la Jordanie orientale, plateau calcaire, aride. Le sous-sol recèle surtout des phosphates. Le tourisme est actif et l'industrie se développe (textile, produits pharmaceutiques), mais la balance commerciale reste déficitaire. De plus, le pays (où vivent de nombreux Palestiniens et des centaines de milliers de réfugiés syriens, surtout, et irakiens) est lourdement endetté.

HISTOIRE **1949 :** le royaume de Jordanie est créé par la réunion de l'émirat hachémite de Transjordanie (créé en 1921) et de la Cisjordanie (qui faisait partie de l'État arabe prévu par le plan de partage de la Palestine de 1947). **1951 :** le roi Abdullah est assassiné par un Palestinien. **1952 :** Husayn accède au pouvoir. **1967 :** la Jordanie est engagée dans la 3e guerre israélo-arabe, au terme de laquelle Israël occupe Jérusalem-Est et la Cisjordanie ; un pouvoir palestinien armé concurrence l'autorité royale. **1970 :** les troupes royales interviennent contre les Palestiniens, qui sont expulsés vers le Liban et la Syrie. **1978 :** à la suite des accords de Camp David entre Israël et l'Égypte, la Jordanie se rapproche des Palestiniens. **1984 :** la Jordanie renoue des relations avec l'Égypte. **1988 :** le roi Husayn rompt les liens légaux et administratifs entre son pays et la Cisjordanie. **1994 :** la Jordanie conclut un traité de paix avec Israël. **1999 :** le roi Husayn meurt ; son fils aîné lui succède sous le nom d'Abd Allah II. Le nouveau souverain s'efforce de maintenir un équilibre, fragile, entre conservatisme et modernité, et de préserver le pays de la fronde latente des tribus jordaniennes contre les Palestiniens et des dangers du fondamentalisme. **Depuis 2011 :** dans le contexte des révolutions* arabes, la Jordanie connaît une importante contestation politique et sociale ; elle est aussi confrontée à l'afflux de réfugiés syriens sur son territoire et à la menace terroriste.

JØRGENSEN (Anker) → **JOERGENSEN.**

JORN (Asger **Jørgensen,** dit Asger), *Vejrum 1914 - Århus 1973*, peintre et théoricien danois. Il fut le cofondateur de Cobra, puis d'une des branches de l'« Internationale situationniste ». Esprit aigu, expérimentateur aux initiatives multiples, il a laissé une œuvre plastique d'une grande liberté (*Atomisation imprévue*, 1958, musée Jorn, Silkeborg, Jylland ; *Kyotosmorama*, 1969-1970, MNAM, Paris).

JOS, v. du Nigeria, sur le *plateau de Jos* ; 747 767 hab. dans l'agglomération. Centre administratif d'une région minière (étain). – Musée.

JOSAPHAT, 4e roi de Juda (870 - 848 av. J.-C.). Son règne fut prospère.

Josaphat (vallée de), nom symbolique de l'endroit où Dieu, selon le livre de Joël, jugera les peuples au dernier jour. On l'identifia plus tard avec la vallée du Cédron, à l'est de Jérusalem.

JOSEPH, patriarche biblique. Fils de Jacob et de Rachel, il fut vendu par ses frères et conduit en Égypte, où il devint ministre du pharaon. Grâce à sa protection, les Hébreux purent s'établir en Égypte.

SAINTS

JOSEPH (saint), époux de la Vierge Marie, charpentier et père nourricier de Jésus-Christ. Il est honoré le 1er mai comme patron des travailleurs.

JOSEPH d'Arimathie (saint), *Ier s.*, Juif de Jérusalem, membre du sanhédrin. Il prêta son propre tombeau pour ensevelir Jésus.

EMPIRE ET AUTRICHE

JOSEPH Ier, *Vienne 1678 - id. 1711*, roi de Hongrie (1687), roi des Romains (1690), archiduc d'Autriche et empereur germanique (1705 - 1711), de la dynastie des Habsbourg. Fils de Léopold Ier, il reconnut en Hongrie le calvinisme et le droit des États (1711). — **Joseph II,** *Vienne 1741 - id. 1790*, empereur germanique et corégent des États des Habsbourg (1765 - 1790). Fils aîné de François Ier et de Marie-Thérèse, devenu seul maître, à la mort de sa mère (1780), il voulut, en despote éclairé, rationaliser et moderniser le gouvernement de ses États et abolit le servage (1781). Il pratiqua à l'égard de l'Église une politique de surveillance et de contrôle (« joséphisme »).

▲ **Joseph II** par P. Batoni.
(Kunsthistorisches Museum, Vienne.)

ESPAGNE

JOSEPH → **BONAPARTE.**

PORTUGAL

JOSEPH Ier le Réformateur, *Lisbonne 1714 - id. 1777*, roi de Portugal (1750 - 1777), de la maison de Bragance. Despote éclairé, il s'efforça de régénérer le pays avec l'aide de son ministre, le marquis de Pombal.

JOSEPH (François Joseph **Le Clerc du Tremblay,** dit le Père), *Paris 1577 - Rueil 1638*, capucin français. Surnommé « l'Éminence grise », il fut le confident et le conseiller de Richelieu, sur lequel il exerça une influence prédominante de 1630 à 1635. Il fonda l'ordre des filles du Calvaire.

JOSÈPHE (Flavius) → **FLAVIUS JOSÈPHE.**

JOSÉPHINE (Marie-Josèphe **Tascher de La Pagerie**), *Trois-Îlets, Martinique, 1763 - Malmaison 1814*, impératrice des Français. Elle épousa en 1779 le vicomte de Beauharnais, dont elle eut deux enfants (Eugène et Hortense). Veuve

en 1794, elle devint la femme de Napoléon Bonaparte (1796). L'Empereur, ne pouvant avoir d'héritier avec elle, la répudia en 1809.

◄ **Joséphine** par F. Gérard. (Château de Versailles.)

JOSEPHSON (Brian David), *Cardiff 1940*, physicien britannique. Il a découvert, en 1962, les effets selon lesquels le courant électrique peut franchir une mince barrière isolante ou normalement conductrice placée entre deux supraconducteurs ; ces effets ont des applications en métrologie de précision. (Prix Nobel 1973.)

JOSIAS, *m. en 609 av. J.-C.*, 16e roi de Juda (640 - 609 av. J.-C.). Sous son règne eut lieu une importante rénovation religieuse.

JOSPIN (Lionel), *Meudon 1937*, homme politique français. Premier secrétaire du Parti socialiste (1981 - 1988 et 1995 - 1997), ministre de l'Éducation nationale (1988 - 1992), il est Premier ministre, dans un contexte de cohabitation, de 1997 à 2002. En 2012, il préside une Commission de rénovation et de déontologie de la vie publique et, de 2015 à 2019, il est membre du Conseil constitutionnel.

JOSQUIN DES PRÉS, *Beaurevoir, Picardie, v. 1440 - Condé-sur-l'Escaut v. 1521/1524*, compositeur français. Attaché à la chapelle pontificale, il resta plus de vingt ans en Italie, avant de devenir musicien de Louis XII. Auteur de messes et de motets, il est l'un des créateurs de la chanson polyphonique.

◄ **Josquin des Prés.** Gravure sur bois.

JOSSELIN (56120), comm. du Morbihan ; 2 623 hab. *(Josselinais)*. Agroalimentaire. – Important château fort et église reconstruits ou remaniés à la fin de l'époque gothique.

JOSUÉ, personnage biblique, successeur de Moïse. Il conduisit les Hébreux dans la conquête de la Terre promise. Le livre biblique dit « de Josué » retrace, sur un mode épique, l'installation des Hébreux en Canaan.

JOTUNHEIM n.m., massif de la Norvège méridionale, englobant le point culminant de la Scandinavie ; 2 470 m.

JOUARRE (77640), comm. de Seine-et-Marne ; 4 272 hab. *(Jotranciens)*. D'une abbatiale mérovingienne disparue subsistent deux chapelles annexes (sarcophages sculptés des VIIe et VIIIe s.) ; petit Musée briard.

JOUBERT (Barthélemy), *Pont-de-Vaux 1769 - Novi 1799*, général français. Officier dans l'armée d'Italie en 1792, il s'illustra notamment à Rivoli (1797), avant d'occuper le Piémont et Turin (1798).

JOUBERT (Joseph), *Montignac, Périgord, 1754 - Villeneuve-sur-Yonne 1824*, moraliste français. Les *Carnets*, les *Pensées* et la *Correspondance* de cet ami de Chateaubriand composent une évocation subtile de l'espace intime de l'auteur.

JOUBERT (Petrus Jacobus), *colonie du Cap 1831 ? - Pretoria 1900*, général boer. Il commanda en chef contre les Anglais en 1881 et en 1899.

JOUÉ-LÈS-TOURS (37300), bur. centr. de cant. d'Indre-et-Loire, banlieue de Tours ; 38 029 hab. *(Jocondiens)*. Pneumatiques.

JOUFFROY D'ABBANS (Claude François, marquis de), *Roches-sur-Rognon, Champagne, 1751 - Paris 1832*, ingénieur français. Il est le premier à avoir fait fonctionner un bateau à vapeur (Lyon, 15 juill. 1783).

JOUHANDEAU (Marcel), *Guéret 1888 - Rueil-Malmaison 1979*, écrivain français. Ses romans *(Monsieur Godeau intime)*, ses essais et ses récits autobiographiques *(Journaliers)* offrent une vision critique des mœurs provinciales et de la vie conjugale.

JOUHAUX (Léon), *Paris 1879 - id. 1954*, syndicaliste français. Secrétaire général de la CGT (1909 - 1947), il dirigea, à partir de 1948, la CGT-FO. (Prix Nobel de la paix 1951.)

JOUKOV (Gueorgui Konstantinovitch), *Strelkovka 1896 - Moscou 1974*, maréchal soviétique. Chargé de défendre Moscou (1941), il résista victorieusement, puis il dirigea la défense de Leningrad (1943). Il conduisit un groupe d'armées de Varsovie à Berlin, où il reçut la capitulation de la Wehrmacht (1945). Disgracié par Staline, il fut, après la mort de ce dernier, ministre de la Défense de 1955 à 1957.

▲ Le maréchal **Joukov** en 1945.

JOUKOVSKI (Vassili Andreïevitch), *près de Michenskoïe 1783 - Baden-Baden 1852*, poète et traducteur russe. Il fit connaître au public russe le romantisme anglais et allemand, et fut le précepteur du futur tsar Alexandre II.

JOULE (James Prescott), *Salford, près de Manchester, 1818 - Sale, Cheshire, 1889*, physicien britannique. Il étudia la chaleur dégagée par les courants électriques dans les conducteurs et en formula la loi (1841). Il détermina l'équivalent mécanique de la calorie (1842). Il énonça le principe de conservation de l'énergie mécanique et, utilisant la théorie cinétique des gaz, calcula la vitesse moyenne des molécules gazeuses.

▲ James Prescott **Joule**

JOUMBLATT (Kamal), *Moukhtara 1917 - près de Baaklin 1977*, homme politique libanais. Chef de la communauté druze et fondateur en 1949 du Parti socialiste progressiste, il fut assassiné. — **Walid J.,** *Beyrouth 1947*, homme politique libanais. Fils de Kamal, il lui a succédé à la tête de la communauté druze et du Parti socialiste progressiste.

JOURDAIN n.m., fl. du Proche-Orient, né au Liban et qui se jette dans la mer Morte ; 360 km. Il sépare Israël de la Syrie, puis de la Jordanie (en aval du lac de Tibériade), enfin la Cisjordanie et la Jordanie.

JOURDAIN (Frantz), *Anvers 1847 - Paris 1935*, architecte français d'origine belge. Il pratiqua l'architecture du fer et fut un des fondateurs du Salon d'automne, où il réserva une large place aux arts appliqués. — **Francis J.,** *Paris 1876 - id. 1958*, artiste décorateur et peintre français, fils de Frantz. Il s'attacha à la production de meubles et d'objets rationnels, de grande diffusion.

Jourdain (Monsieur), personnage principal du *Bourgeois* gentilhomme*.

JOURDAN (Jean-Baptiste, comte), *Limoges 1762 - Paris 1833*, maréchal de France. Vainqueur à Fleurus (1794), il commanda l'armée d'Espagne (1808 - 1814). Député aux Cinq-Cents, il fit voter la loi sur la conscription (1798).

Journal de Genève et Gazette de Lausanne → **Temps** (le).

Journal des débats (le), quotidien français. Fondé en 1789 pour rendre compte des débats et des décrets de la Constituante, il est racheté en 1799 par les frères Bertin, qui donnèrent à ce journal, de tendance libérale, un grand rayonnement. Il cessa de paraître en 1944.

Journal des savants (le), le plus ancien recueil littéraire français (1665). À l'origine, il rendait compte des ouvrages nouveaux, des découvertes scientifiques. Depuis 1908, l'Académie des inscriptions et belles-lettres y publie des comptes rendus d'ouvrages sur l'archéologie, l'histoire ancienne et médiévale, etc.

Journal officiel de la République française (JO), publication officielle de la République française. Succédant, en 1848, au *Moniteur universel*, il est pris en régie par l'État en 1880. Le *Journal officiel* publie chaque jour les lois, décrets, arrêtés, ce qui les rend opposables au public, des circulaires et divers textes administratifs. Il publie également le compte rendu des débats parlementaires.

Journal officiel de l'Union européenne, publication officielle qui diffuse chaque jour les textes et documents de l'Union européenne à l'intérieur des États membres.

Journées mondiales de la jeunesse → **JMJ.**

JOUVE (Pierre Jean), *Arras 1887 - Paris 1976*, écrivain français. Proche du groupe de l'Abbaye* et de l'unanimisme*, il se consacra ensuite, dans son œuvre poétique *(Sueur de sang, Moires)* et romanesque *(le Monde désert, Aventure de Catherine Crachat)*, à une exploration de l'inconscient teintée de mysticisme.

JOUVENEL DES URSINS → **JUVÉNAL.**

JOUVENET (Jean), *Rouen 1644 - Paris 1717*, peintre français. Il exécuta des travaux décoratifs divers (notamment à Versailles) et fut le meilleur peintre religieux de son temps.

JOUVET (Louis), *Crozon 1887 - Paris 1951*, acteur et metteur en scène de théâtre français. L'un des animateurs du Cartel*, directeur de l'Athénée (1934), il a interprété et mis en scène J. Romains (*Knock**), Molière, Giraudoux. Il joua de nombreux rôles importants au cinéma (*Hôtel du Nord*, M. Carné, 1938 ; *Entrée des artistes*, M. Allégret, id. ; *Quai des Orfèvres*, H.-G. Clouzot, 1947).

▲ Michel Simon et Louis **Jouvet** dans *Drôle de drame* de Marcel Carné (1937).

JOUVET (Michel), *Lons-le-Saunier 1925 - Villeurbanne 2017*, médecin français. Il est l'auteur de recherches de neurobiologie sur le sommeil paradoxal et les états de vigilance.

JOUX (fort de), fort du Jura (dép. du Doubs), près de Pontarlier, commandant les routes vers Neuchâtel et Lausanne. Anc. prison d'État (Toussaint Louverture y mourut en 1803).

JOUX (vallée de), partie suisse de la haute vallée de l'Orbe, qui y forme le *lac de Joux* (8,9 km²).

JOUY-EN-JOSAS (78350), comm. des Yvelines, sur la Bièvre ; 8 496 hab. *(Jovaciens)*. Centre de traitement de l'information génétique (INRA). École des hautes études commerciales. – Musée de la Toile de Jouy (→ **Oberkampf**).

JOUY-LE-MOUTIER (95000), comm. du Val-d'Oise, sur l'Oise ; 16 119 hab. *(Jocassiens)*.

JOUZEL (Jean), *Janzé 1947*, géochimiste français. Spécialiste de la reconstitution des climats du passé à partir de l'analyse des glaces polaires, il a contribué à la prise de conscience de l'influence des activités humaines sur l'évolution future du climat terrestre. Il compte parmi les experts mondiaux des questions climatiques (membre du GIEC*).

JOVIEN, en lat. **Flavius Claudius Iovianus,** *Singidunum, Mésie, v. 331 - Dadastana, Bithynie, 364*, empereur romain (363 - 364). Succédant à Julien, il restaura les privilèges de l'Église.

JOYCE (James), *Rathgar, Dublin, 1882 - Zurich 1941*, écrivain irlandais. Poète *(Musique de chambre)*, nouvelliste (*Gens de Dublin*, 1914), il est l'auteur de deux récits au symbolisme multiple et dont le personnage principal est en définitive le langage : *Ulysse* (1922), *Finnegans Wake* (1939). Il est à l'origine de nombreuses recherches de la littérature moderne.

◄ James **Joyce** par J. O'Sullivan, 1937.

JOYEUSE (Anne, duc de), *Joyeuse 1561 - Coutras 1587*, homme de guerre français et favori d'Henri III. Commandant de l'armée royale, il mourut au combat, vaincu par le futur Henri IV. — **François de J.**, *1562 - 1615*, prélat français. Frère d'Anne de Joyeuse, cardinal, il négocia la réconciliation d'Henri IV avec le pape (1594 - 1595). — **Henri**, comte **du Bouchage**, puis duc **de J.**, *1567 - Rivoli 1608*, gentilhomme français. Frère d'Anne de Joyeuse, il rejoignit la Ligue après avoir quitté l'habit de capucin, puis se rallia à Henri IV, moyennant le bâton de maréchal (1596).

JÓZSEF (Attila), *Budapest 1905 - Balatonszárszó 1937*, poète hongrois. D'inspiration sociale, il est un des grands lyriques de la Hongrie moderne (*le Mendiant de la beauté*, 1922).

JUAN (golfe), golfe des Alpes-Maritimes.

JUAN D'AUTRICHE (don), *Ratisbonne 1545 - Bouges, près de Namur, 1578*, prince espagnol. Fils naturel de Charles Quint, il vainquit les Turcs à Lépante (1571) et fut gouverneur des Pays-Bas (1576 - 1578), où il se révéla impuissant à imposer son autorité aux provinces révoltées.

JUAN CARLOS Ier de Bourbon, *Rome 1938*, roi d'Espagne (1975 - 2014). Petit-fils d'Alphonse XIII, il est désigné en 1969 par Franco pour lui succéder, avec le titre de roi. Après la mort de ce dernier (1975), il préside à la démocratisation du pays. En 2014, il abdique en faveur de son fils Philippe (Philippe* VI).

◀ **Juan Carlos Ier de Bourbon**

JUAN DE FUCA, détroit qui sépare l'île de Vancouver (Canada) et les États-Unis.

JUAN DE JUNI, *Joigny ? 1507 ? - Valladolid 1577*, sculpteur espagnol d'origine française. Il fit sans doute un voyage en Italie et s'établit en 1541 à Valladolid, où ses bois polychromes, d'un style animé, influencèrent la sculpture castillane.

JUAN DE NOVA, petite île française de l'océan Indien, dans le canal de Mozambique, partie des terres Australes* et Antarctiques françaises.

JUAN FERNÁNDEZ (îles), archipel chilien du Pacifique, découvert en 1574 par le navigateur espagnol Juan Fernández. A. Selkirk*, le modèle de *Robinson* Crusoé*, y séjourna de 1704 à 1709.

JUAN JOSÉ D'AUTRICHE (don), *Madrid 1629 - id. 1679*, prince espagnol. Fils naturel de Philippe IV, légitimé en 1641, il fut ministre de Charles II (1677) et négocia la paix de Nimègue (1678).

JUAN-LES-PINS (06160), station balnéaire des Alpes-Maritimes (comm. d'Antibes). Festival de jazz.

JUÁREZ GARCÍA (Benito), *San Pablo Guelatao 1806 - Mexico 1872*, homme politique mexicain d'origine indienne. Président de la République (1861), il défendit une politique libérale anticléricale (la *Reforma*). À partir de 1863, il lutta contre l'expédition française au Mexique et fit fusiller l'empereur Maximilien (1867).

JUBA → **DJOUBA.**

JUBA Ier, *m. à Zama en 46 av. J.-C.*, roi de Numidie. Il fut battu par César à Thapsus (46 av. J.-C.). — **Juba II,** *v. 52 av. J.-C. - v. 23/24 apr. J.-C.*, roi de Mauritanie (25 av. J.-C. - 23/24 apr. J.-C.). Il dota sa capitale, *Caesarea* (auj. *Cherchell*), de nombreux monuments.

JUBBULPORE → **JABALPUR.**

JUBY (cap), promontoire du sud-ouest du Maroc.

JÚCAR n.m., fl. d'Espagne, qui se jette dans la Méditerranée ; 535 km.

JUDA, personnage biblique. Fils de Jacob, il est l'ancêtre éponyme de la *tribu de Juda*, qui eut un rôle prépondérant dans l'histoire des Hébreux.

JUDA (royaume de) [931 - 587 av. J.-C.], royaume constitué par les tribus du sud de la Palestine après la mort de Salomon (cap. *Jérusalem*). Rival du royaume d'Israël, contre lequel il s'épuisa en luttes fratricides, le royaume de Juda s'appuya sur l'Égypte pour parer au danger assyrien et plus tard babylonien. Mais il ne put résister à la puissance de Babylone, et, après la prise de Jérusalem par Nabuchodonosor (587), sa population fut déportée à Babylone.

JUDAS Iscariote, apôtre de Jésus (Ier s.). Il le livra à ses ennemis pour trente deniers et, pris de remords, se pendit.

JUDAS MACCABÉE → **MACCABÉES.**

JUDD (Donald, dit Don), *Excelsior Springs, Missouri, 1928 - New York 1994*, sculpteur et théoricien américain. Son œuvre est l'une des plus caractéristiques de l'art minimal*.

JUDE ou **THADDÉE** (saint), apôtre de Jésus. L'Épître de Jude, qui lui est attribuée, met en garde contre les innovations qui menacent la foi.

JUDÉE, province du sud de la Palestine à l'époque gréco-romaine.

JUDICAËL (saint), *m. v. 638*, roi de Bretagne.

JUDITH, héroïne du livre biblique de Judith (milieu IIe s. av. J.-C.). Ce dernier reflète l'affrontement entre le judaïsme et l'hellénisme au temps de la révolte des Maccabées.

JUDITH DE BAVIÈRE, *v. 800 - Tours 843*, seconde femme de Louis Ier le Pieux, empereur d'Occident. Elle exerça une grande influence sur son époux, au profit de son fils, Charles II le Chauve.

Juges, personnages bibliques, au nombre de douze, qui, grâce à la volonté divine, exercèrent leur autorité sur les tribus d'Israël réunies sous la pression d'un danger extérieur. La période dite « des Juges », qui va de la mort de Josué à l'institution de la monarchie (de 1200 à 1030 av. J.-C. env.), est racontée dans le livre des Juges.

JUGLAR (Clément), *Paris 1819 - id. 1905*, économiste français. Il a établi la périodicité des crises économiques, éclairé le rôle de la monnaie dans la genèse de celles-ci, et découvert le cycle de 7 à 8 ans qui porte son nom.

JUGURTHA, *v. 160 - Rome v. 104 av. J.-C.*, roi de Numidie (118 - 105 av. J.-C.). Il lutta contre Rome, fut vaincu par Marius (107 av. J.-C.) puis livré à Sulla (105). Il mourut en prison.

JUIF ERRANT (**Ahasvérus, dit le**), personnage légendaire. Il fut condamné à l'errance éternelle pour avoir maltraité le Christ marchant au supplice. Incarnation du destin du peuple juif, il a notamment inspiré à Eugène Sue un roman-feuilleton (1844-1845).

JUIFS, peuple se partageant entre Israël et la Diaspora (env. 12 millions). Dans leur conscience traditionnelle, les Juifs sont le fruit d'une filiation (la descendance d'Abraham) et d'une alliance (avec la divinité). Cette dimension se retrouve tout au long d'une histoire où la religion juive s'est identifiée à une collectivité historique et ethnique. Dans l'« exil », alors qu'ils étaient dispersés de toutes parts, les Juifs ont d'abord eu un statut de peuple ou de minorité (la « nation juive ») au sein des sociétés prémodernes. Avec l'entrée dans l'ère moderne (fin du XVIIIe s., XIXe s.), deux voies se sont ouvertes, l'une privilégiant le pôle religieux (le judaïsme, confessionnalisé et individualisé par l'émancipation démocratique), l'autre, le pôle collectif (au travers du sionisme). Aujourd'hui, après la Shoah* et la création de l'État d'Israël, il existe une nation israélienne parlant l'hébreu et des identités juives collectives (différentes selon les pays et ne rassemblant pas nécessairement tous les Juifs) qui partagent des souvenirs et des symboles communs et développent entre elles des rapports de solidarité.

Juillet (fête du 14), fête nationale française. Elle fut instituée en 1880 pour commémorer à la fois la prise de la Bastille (14 juill. 1789) et la fête de la Fédération (14 juill. 1790).

Juillet (monarchie de) [1830 - 1848], régime monarchique constitutionnel instauré en France après les journées de juillet 1830 et dont le souverain était Louis-Philippe Ier, qui fut renversé par la révolution de févr. 1848.

juillet 1789 (journée du 14), première insurrection des Parisiens pendant la Révolution, qui entraîna la prise de la Bastille.

juillet 1830 (révolution de) ou journées de **juillet 1830** ou **les Trois Glorieuses** → **révolution française de 1830.**

JUILLY (77230), comm. de Seine-et-Marne ; 1 998 hab. Collège fondé par les oratoriens (1638).

JUIN (Alphonse), *Bône 1888 - Paris 1967*, maréchal de France. Commandant le corps expéditionnaire français en Italie (1943), vainqueur au

Garigliano (1944), il devint résident général au Maroc (1947 - 1951) et fut fait maréchal en 1952. De 1953 à 1956, il commanda les forces atlantiques du secteur Centre-Europe. (Acad. fr.)

◀ Le maréchal **Juin**

juin 1792 (journée du 20), émeute parisienne causée par le renvoi des ministres girondins et au cours de laquelle fut envahi le palais des Tuileries, où résidait alors Louis XVI.

juin 1848 (journées de) [23 - 26 juin], insurrection parisienne provoquée par le licenciement des ouvriers des Ateliers nationaux. Réprimée par le général Cavaignac, elle fut suivie d'une réaction conservatrice.

juin 1940 (appel du 18), discours prononcé par le général de Gaulle à la radio de Londres (BBC), appelant les Français à refuser l'armistice et à combattre aux côtés de la Grande-Bretagne.

JUIZ DE FORA, v. du Brésil (Minas Gerais) ; 497 778 hab.

JUKUN, peuple de l'est du Nigeria.

JULES II (Giuliano **Della Rovere**), *Albisola 1443 - Rome 1513*, pape de 1503 à 1513. Prince temporel plutôt que guide des âmes, il restaura la puissance politique des papes en Italie et fut l'âme de la ligue de Cambrai contre Venise (1508), puis de la Sainte Ligue contre la France (1511 - 1512). Il fit travailler Bramante, Michel-Ange, Raphaël. Le cinquième concile du Latran, qu'il réunit (1512), ne réussit guère à réformer l'Église.

▲ **Jules II** par Raphaël. (Offices, Florence.)

JULIA ou **IULIA** (gens), illustre famille de Rome, à laquelle appartenait Jules César et qui prétendait descendre d'Iule, fils d'Énée.

JULIANA (Louise Emma Marie Wilhelmine), *La Haye 1909 - Soestdijk 2004*, reine des Pays-Bas (1948 - 1980). Elle épousa en 1937 le prince Bernard de Lippe-Biesterfeld (1911 - 2004). En 1980, elle abdiqua en faveur de sa fille Béatrice.

JULIE, en lat. **Julia,** *Ottaviano 39 av. J.-C. - Reggio di Calabria 14 apr. J.-C.*, fille d'Auguste. Elle épousa successivement son cousin Marcellus, Agrippa et Tibère. Elle fut reléguée dans l'île de Pandateria pour son inconduite (2 av. J.-C.).

JULIE, en lat. **Julia Domna,** *Émèse v. 158 - Antioche 217*, princesse romaine d'origine syrienne. Elle fut l'épouse de Septime Sévère. — **Julie,** en lat. **Julia Moesa,** *Émèse - m. v. 226*, princesse romaine d'origine syrienne. Sœur de Julia Domna et grand-mère d'Élagabal.

Julie ou la Nouvelle Héloïse, roman épistolaire de J.-J. Rousseau (1761). La passion amoureuse qui unit deux êtres vertueux, Julie d'Étanges et son précepteur plébéien Saint-Preux, est rendue impossible par les interdits sociaux.

JULIEN L'HOSPITALIER (saint), personnage légendaire, assassin involontaire de ses parents. Son histoire est connue surtout par la *Légende dorée* et un conte de Flaubert. Patron des bateliers, des voyageurs et des aubergistes.

JULIEN, dit **l'Apostat,** en lat. **Flavius Claudius Julianus,** *Constantinople 331 - en Mésopotamie 363*, empereur romain (361 - 363). Neveu de Constantin Ier, successeur de Constance II, il abandonna la religion chrétienne et favorisa un paganisme marqué par le néoplatonisme. Il fut tué lors d'une campagne contre les Perses.

JULIÉNAS [-na] (69840), comm. du Rhône, dans le Beaujolais ; 916 hab. (*Juliénatons*). Vins rouges.

JULIERS, en all. **Jülich,** v. d'Allemagne (Rhénanie-du-Nord-Westphalie) ; 31 834 hab. Anc. cap. d'un comté puis d'un duché (1356), réuni au duché de Clèves de 1511 à 1614, puis à la Prusse en 1815.

JULIET (Charles), *Jujurieux, Ain, 1934*, écrivain français. Sa poésie introspective, ses romans autobiographiques (*l'Année de l'éveil*, 1989 ;

Lambeaux, 1995), son *Journal* (9 vol. depuis 1978) et sa réflexion sur l'art témoignent d'une lutte incessante contre la souffrance et la tentation du repli, séquelles des blessures d'enfance.

JULIO-CLAUDIENS, la première dynastie impériale romaine issue de Jules César (Auguste, Tibère, Caligula, Claude Ier et Néron).

JULLIAN (Camille), *Marseille 1859 - Paris 1933*, historien français. Il est l'auteur d'une *Histoire de la Gaule* (1907-1928). [Acad. fr.]

JULLIEN (François), *Embrun 1951*, philosophe français. Helléniste, sinologue, il fait dialoguer les cultures européenne et chinoise et s'intéresse au concept d'« écart » pour repenser l'histoire de la philosophie, tout en ouvrant sa réflexion à d'autres thèmes tels que l'être, la nature ou l'identité (*les Transformations silencieuses*, 2009 ; *Philosophie du vivre*, 2011 ; *Si près, tout autre*, 2018).

JULLUNDUR, v. d'Inde (Pendjab) ; 701 223 hab.

JUMIÈGES (76480), comm. de la Seine-Maritime, sur la Seine ; 1 789 hab. (*Jumiégeois*). Ruines imposantes d'une abbatiale du milieu du XIe s., monument majeur de l'art roman en Normandie.

JUNCKER (Jean-Claude), *Redange-sur-Attert 1954*, homme politique luxembourgeois. Président du Parti chrétien-social (1990 - 1995), il a été Premier ministre de 1995 à 2013. Il est président de l'Eurogroupe, instance de concertation des ministres des Finances des pays de la zone euro (2005 - 2013), puis président de la Commission européenne (depuis 2014).

JUNEAU, v. des États-Unis, cap. de l'Alaska ; 31 275 hab. Musée historique.

JUNG (Carl Gustav), *Kesswil, Thurgovie, 1875 - Küsnacht, près de Zurich, 1961*, psychiatre suisse. D'abord proche disciple de Freud, il fut le premier à s'écarter des thèses de ce dernier en créant la « psychologie analytique » : il désexualisa la libido, la considérant comme une forme d'énergie vitale, puis introduisit les concepts d'*inconscient collectif* et d'*archétype* (*Métamorphoses et symboles de la libido*, 1912 ; *les Types psychologiques*, 1920 ; *Psychologie et religion*, 1939 ; *Psychologie et alchimie*, 1944).

▲ Carl Gustav **Jung**

JÜNGER (Ernst), *Heidelberg 1895 - Wilflingen, Bade-Wurtemberg, 1998*, écrivain allemand. Romancier et essayiste, il est passé d'une conception nietzschéenne de la vie (*Orages d'acier*, 1920) à un esthétisme éclectique (*Sur les falaises de marbre*, 1939 ; *Approches, drogues et ivresse*, 1970 ; *Eumeswil*, 1977).

◄ Ernst **Jünger**

JUNGFRAU n.f., sommet des Alpes bernoises (Suisse) ; 4 158 m. Station d'altitude et de sports d'hiver sur le plateau du *Jungfraujoch* (3 457 m). Laboratoires de recherches scientifiques en haute montagne. – Première escalade en 1811 par les frères R. et H. Meyer.

JUNKERS (Hugo), *Rheydt, près de Mönchengladbach, 1859 - Gauting, près de Munich, 1935*, ingénieur et industriel allemand. Il fut l'un des promoteurs du monoplan et réalisa le premier avion entièrement métallique (1915).

JUNON, divinité italique puis romaine, épouse de Jupiter, déesse de la Féminité et du Mariage. Elle était assimilée à l'Héra grecque.

JUNOT (Jean Andoche), duc **d'Abrantès,** *Bussy-le-Grand, Côte-d'Or, 1771 - Montbard 1813*, général français. Aide de camp de Bonaparte en Italie (1796), général en Égypte (1799), il commanda au Portugal (1807), mais dut capituler à Sintra (1808). Il se tua dans un accès de folie. — **Laure Permon,** Mme **J.,** duchesse **d'Abrantès,** *Montpellier 1784 - Paris 1838*, femme de lettres française, épouse du général Junot. Elle est l'auteure de *Mémoires*.

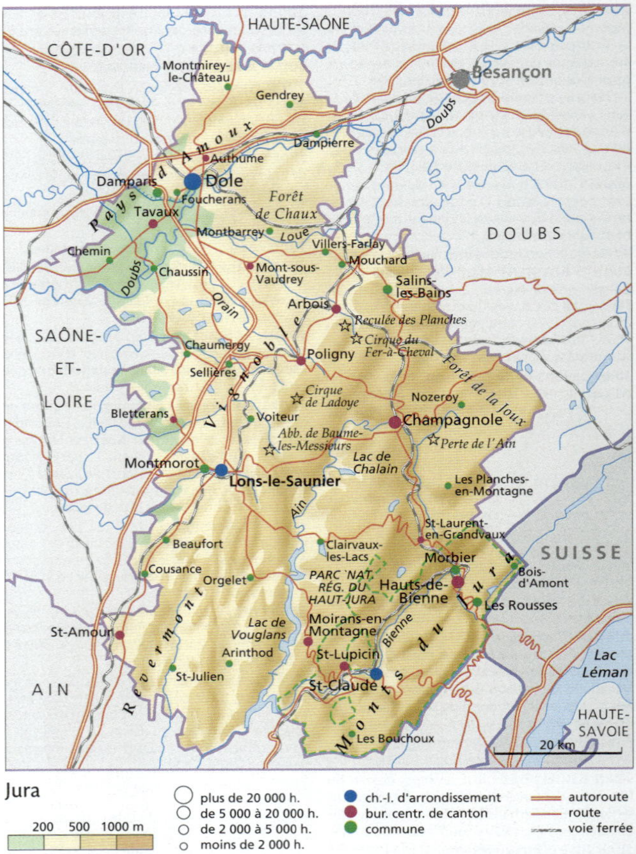

Jura

JUPITER MYTH. ROM. Père et maître des dieux, assimilé au Zeus des Grecs. Il était le dieu du Ciel, de la Lumière, de la Foudre et du Tonnerre, dispensateur des biens terrestres, protecteur de la cité et de l'État romains. À Rome, le Capitole lui était consacré.

▲ **Jupiter.** Photographie prise par la sonde Cassini en 2000. À gauche, l'ombre du satellite Europe.

JUPITER, la plus grosse planète du Système solaire, située au-delà de Mars. Demi-grand axe de son orbite : 778 300 000 km (5,2 fois celui de l'orbite terrestre). Diamètre équatorial : 142 796 km (11,2 fois celui de la Terre). Une soixantaine de satellites connus, dont quatre de dimensions planétaires (Io, Europe, Ganymède et Callisto). Elle est constituée surtout d'hydrogène et d'hélium. Après les multiples informations fournies par Galileo*, une nouvelle étude de la planète est menée par la sonde américaine Juno, lancée en 2011 et mise en orbite polaire autour de Jupiter en 2016 (à la suite d'incidents, la mission a été modifiée).

JUPPÉ (Alain), *Mont-de-Marsan 1945*, homme politique français. Secrétaire général (1988 - 1994) puis président (1994 - 1997) du RPR, ministre du Budget (1986 - 1988) puis des Affaires étrangères (1993 - 1995), il est Premier ministre de 1995 à 1997. Il est aussi maire de Bordeaux (1995 - 2004 et 2006 - 2019) et président de l'UMP (auj. Les Républicains) de 2002 à 2004 (et en 2014, avec F. Fillon et J.-P. Raffarin). Nommé en mai 2007 ministre de l'Écologie, il doit, battu aux législatives de juin, renoncer à ce poste. Il revient au gouvernement comme ministre de la Défense (2010 - 2011), puis des Affaires étrangères et européennes (2011 - 2012). En 2019, il quitte Les Républicains.

JURA n.m., chaîne de montagnes de France et de Suisse, qui se prolonge en Allemagne par des plateaux calcaires ; 1 718 m au crêt de la Neige. Le *Jura franco-suisse* comprend un secteur oriental plissé, plus élevé au sud qu'au nord, et un secteur occidental moins accidenté, au-dessus des plaines de la Saône. L'orientation et l'altitude expliquent l'abondance des précipitations, favorables à l'extension des forêts et des prairies. Aussi l'exploitation forestière et les produits laitiers (fromages) constituent les principales ressources, complétées par le tourisme et surtout par de nombreuses petites industries (horlogerie, lunetterie, travail du bois, matières plastiques, etc.). Le *Jura allemand* est formé d'un plateau calcaire, au climat rude, souvent recouvert par la lande et dont l'altitude s'abaisse du sud (Jura souabe) vers le nord (Jura franconien).

JURA n.m. (39), dép. de la Région Bourgogne-Franche-Comté ; ch.-l. de dép. *Lons-le-Saunier* ; ch.-l. d'arrond. *Dole, Saint-Claude* ; 3 arrond. ; 17 cant. ; 506 comm. ; 4 999 km^2 ; 270 474 hab. *(Jurassiens).* Le dép. appartient à l'académie et à la cour d'appel de Besançon, à la zone de défense et de sécurité Est. En dehors du Nord (traversé par l'autoroute), occupant une partie des plateaux de la haute Saône, couverts de forêts ou de cultures de céréales, le dép. s'étend sur la *montagne jurassienne.* L'exploitation de la forêt, l'élevage bovin (fromages) et, localement, le vignoble (Arbois, Poligny) y constituent les ressources essentielles. L'industrie, autour de Saint-Claude et de Morez (travail du bois, horlogerie, lunetterie), et le tourisme (Les Rousses) sont surtout développés dans la montagne.

JURA (canton du), canton de Suisse ; 837 km^2 ; 70 032 hab. *(Jurassiens)* ; ch.-l. *Delémont*. Créé en 1979, il englobe trois districts francophones jurassiens appartenant auparavant au canton de Berne.

JURA (parc naturel régional du Haut-), parc naturel, couvrant env. 178 000 ha sur les dép. de l'Ain, du Doubs et du Jura, à la frontière suisse.

JURANÇON (64110), comm. des Pyrénées-Atlantiques, sur le gave de Pau ; 7 405 hab. *(Jurançonnais).* Vins.

JURIEN DE LA GRAVIÈRE (Jean Edmond), *Brest 1812 - Paris 1892*, amiral français. Il commanda les forces françaises au Mexique (1861), fut aide de camp de Napoléon III (1864) puis directeur des Cartes et Plans de la marine (1871). [Acad. fr.]

JURIEU (Pierre), *Mer, Orléanais, 1637 - Rotterdam 1713*, théologien protestant français. Réfugié en Hollande, il s'opposa à Bossuet en une longue polémique.

JURIN (James), *Londres 1684 - id. 1750*, savant anglais. Médecin, auteur d'ouvrages de mathématiques et de physique, il énonça la loi sur l'ascension des liquides dans les tubes capillaires.

JURUÁ n.m., riv. d'Amérique du Sud, en Amazonie (Pérou et surtout Brésil), affl. de l'Amazone (r. dr.) ; 2 782 km.

JUSSIEU, grande famille de botanistes français. — **Antoine de J.,** *Lyon 1686 - Paris 1758*, médecin et botaniste français. Il a laissé divers traités de zoologie et de botanique. — **Bernard de J.,** *Lyon 1699 - Paris 1777*, botaniste français. Frère d'Antoine, il est à l'origine d'une méthode de classification des plantes, qui sera largement développée et exploitée par son neveu Antoine Laurent. — **Joseph de J.,** *Lyon 1704 - Paris 1779*, botaniste français. Frère de Bernard, il accompagna La Condamine au Pérou et introduisit en Europe diverses espèces ornementales. — **Antoine Laurent de J.,** *Lyon 1748 - Paris 1836*, botaniste français. Neveu de Bernard, il fut le promoteur de la classification « naturelle » des plantes, qui a servi de base à toutes les classifications actuelles. — **Adrien de J.,** *Paris 1797 - id. 1853*, botaniste français. Fils d'Antoine Laurent, il succéda à son père dans la chaire de botanique du Muséum.

JUSTE (Giovanni **di Giusto Betti,** dit en fr. Jean), *San Martino a Mensola, près de Florence, 1485 - Tours 1549*, sculpteur italien établi en France vers 1505 (en même temps que son frère aîné Antoine) : tombeau de Louis XII et d'Anne de Bretagne à Saint-Denis, achevé en 1531.

JUSTIN (saint), *Flavia Neapolis, Samarie, v. 100 - Rome v. 165*, philosophe, martyr et apologiste chrétien, auteur de deux *Apologies* et d'une controverse avec le judaïsme, le *Dialogue avec Tryphon.*

JUSTIN, historien romain du IIe s. Ses *Histoires philippiques* sont le résumé d'une œuvre perdue.

JUSTIN Ier, *Bederiana, Illyrie, v. 450 - Constantinople 527*, empereur byzantin (518 - 527). Oncle du futur Justinien Ier, dont il fit son conseiller, il persécuta les monophysites. — **Justin II,** *m. en 578*, empereur byzantin (565 - 578). Neveu et successeur de Justinien Ier, il ne put empêcher l'invasion de l'Italie par les Lombards.

▲ **Justinien Ier** et sa cour ; mosaïque byzantine du VIe s. dans l'église San Vitale, à Ravenne.

JUSTINIEN Ier, en lat. **Flavius Petrus Sabbatius Justinianus,** *Tauresium ? 482 - Constantinople 565*, empereur byzantin (527 - 565). Il renforce l'autorité impériale et accomplit une importante œuvre législative : le *Code Justinien**, le *Digeste* ou *Pandectes* (recueil de jurisprudence), les *Institutes* et les *Novelles* (lois postérieures à 533). À l'extérieur, il projette de rétablir le territoire de l'ancien Empire romain. Tandis que les campagnes de ses généraux, Bélisaire et Narsès, permettent de chasser les Vandales d'Afrique (533 - 534), puis de reprendre l'Italie aux Ostrogoths et une partie de l'Espagne aux Wisigoths (v. 550 - 554), Justinien s'efforce, en Orient, de contenir les Perses. Sous son règne, Byzance connaît un grand dynamisme intellectuel et artistique, comme en témoigne l'élévation de San Vitale de Ravenne et de Sainte-Sophie de Constantinople. — **Justinien II,** *669 - Sinope 711*, empereur byzantin (685 - 695 et 705 - 711).

Justinien (Code) [528-529 et 534], ouvrage juridique rédigé (notamm. par Tribonien) sur l'ordre de l'empereur Justinien, et regroupant les lois promulguées depuis Hadrien.

JUTES, peuple germanique du Jylland (Jütland) méridional, qui s'établit dans le sud-est de l'Angleterre au Ve s. apr. J.-C.

JÜTLAND → **JYLLAND.**

Jütland (bataille du) [31 mai - 1er juin 1916], bataille navale de la Première Guerre mondiale. Seul grand choc naval de cette guerre, où la flotte britannique, commandée par l'amiral Jellicoe, resta maîtresse du champ de bataille face à la flotte allemande de l'amiral Scheer.

JUTRA (Claude), *Montréal 1930 - id. 1986*, cinéaste canadien. Représentant, avec M. Brault, du cinéma direct*, il réalisa aussi des œuvres de fiction (*À tout prendre*, 1963 ; *Wow*, 1969 ; *Mon oncle Antoine*, 1971 ; *la Dame en couleurs*, 1985). Il se suicida.

JUVARRA ou **JUVARA** (Filippo), *Messine 1678 - Madrid 1736*, architecte et décorateur italien. Formé à Rome, il est appelé à Turin en 1714 et accomplit en vingt ans, surtout en Piémont, une œuvre considérable, d'un baroque retenu (basilique de Superga et château royal de Stupinigi).

JUVÉNAL, en lat. **Decimus Junius Juvenalis,** *Aquinum v. 60 - v. 130*, poète latin. Ses *Satires* dénoncent les mœurs corrompues de Rome.

JUVÉNAL ou **JOUVENEL DES URSINS,** famille champenoise qui joua un rôle éminent au XVe s. — **Jean J.,** *Troyes 1360 - Poitiers 1431*, magistrat français. Prévôt des marchands (1389 - 1400), puis avocat du roi Charles VI au parlement, il s'opposa énergiquement aux Cabochiens. — **Jean II J.,** *Paris 1388 - Reims 1473*, magistrat, prélat et historien français. Fils de Jean, il fut archevêque de Reims (1449) et conseiller de Charles VII. Il est l'auteur d'une *Chronique de Charles VI.* — **Guillaume J.,** *Paris 1401 - id. 1472*, magistrat français. Frère de Jean II, il fut chancelier de Charles VII (1445) et de Louis XI (1466). Son portrait a été peint par Fouquet v. 1460 (Louvre).

JUVISY-SUR-ORGE (91260), comm. de l'Essonne ; 16 544 hab. *(Juvisiens).* Centre ferroviaire.

JYLLAND, en all. **Jütland,** région continentale du Danemark. Plat et bas, couvert de cultures et de prairies dans le sud et l'est, le Jylland porte des landes et des forêts dans le nord et l'ouest.

JYTOMYR, anc. **Jitomir,** v. d'Ukraine, à l'O. de Kiev ; 284 236 hab.

JYVÄSKYLÄ, v. de la Finlande centrale ; 134 806 hab. Édifices publics par A. Aalto ; musées.

▲ **Jylland.** Maisons traditionnelles sur la côte ouest.

K2 n.m., deuxième sommet du monde, dans le Karakorum, à la frontière de la Chine et du Pakistan ; 8 611 m.

Kaba ou **Kaaba,** édifice cubique au centre de la Grande Mosquée de La Mecque, vers lequel les musulmans se tournent pour prier. Dans sa paroi est scellée la Pierre noire, apportée, selon le Coran, à Abraham par l'ange Gabriel.

KABALEVSKI (Dmitri Borissovitch), *Saint-Pétersbourg 1904 - Moscou 1987*, compositeur soviétique. Il est imprégné de musique populaire russe (*Colas Breugnon*, opéra, 1938).

KABARDES, peuple caucasien vivant en Russie (surtout en Kabardino-Balkarie) [env. 400 000]. Une des composantes des Adygués, ils sont majoritairement musulmans sunnites.

KABARDINO-BALKARIE, république de Russie, limitrophe de la Géorgie ; 859 802 hab. ; cap. *Naltchik*. Elle compte près de 60 % de Kabardes et de Balkars de souche, et un tiers de Russes.

KABILA (Laurent-Désiré), *Manono, prov. du Katanga, 1939 ou 1941 - Kinshasa 2001*, homme politique congolais. Chef des troupes rebelles qui renversent Mobutu, il est président de la République démocratique du Congo de 1997 à son assassinat, en 2001. — **Joseph K.,** *maquis de Hewa Bora, prov. du Sud-Kivu, 1971*, homme politique congolais. Fils de Laurent-Désiré, il lui succède à la tête de la RDC de 2001 à 2019.

KABIR, *Bénarès 1440 - v. 1518*, mystique indien. Il prêcha l'union de l'islam et de l'hindouisme et l'abolition des castes.

KABORÉ (Roch Marc Christian), *Ouagadougou 1957*, homme politique burkinabé. Premier ministre de 1994 à 1996, il est président de la République depuis 2015.

KABOUL ou **KABUL,** cap. de l'Afghanistan, sur la *rivière de Kaboul* ; 3 096 910 hab. (*Kaboulіens*). Centre administratif. La ville a été fortement endommagée par les divers conflits qui affectent le pays depuis 1979. – Musée national afghan.

Kabuto-Cho, la Bourse de Tokyo (du nom du quartier des Guerriers, où elle est installée).

KABWE, anc. **Broken Hill,** v. du centre de la Zambie ; 233 197 hab. Centre minier et métallurgique.

KABYLES, communautés de Berbères* villageoises d'Algérie (Kabylie) ou émigrées (France, Québec). Ils représentent environ 20 % de la population algérienne (3,6 millions). Ils sont les promoteurs de la revendication culturelle et linguistique berbère.

KABYLIE n.f., région montagneuse du nord de l'Algérie. (Hab. *Kabyles*.) On distingue, d'O. en E. : la *Grande Kabylie* ou *Kabylie du Djurdjura* (2 308 m), la *Kabylie des Babors*, la *Kabylie de Collo*.

KACHAN, v. d'Iran, au S. de Téhéran ; 248 789 hab. Industrie automobile.

KACHGAR ou **KASHI,** v. de Chine (Xinjiang) ; 340 640 hab. Oasis sur le Kaxgar He.

KACHIN, peuple vivant surtout en Birmanie et dans les zones adjacentes de Chine et d'Inde (env. 1,5 million). Paysans de régions montagneuses, ils revendiquent l'autonomie. Ils sont animistes ou bouddhistes, avec une minorité de chrétiens. Ils parlent le *kachin*, langue tibéto-birmane.

KACZYŃSKI (Jarosław), *Varsovie 1949*, homme politique polonais. Fondateur (2001) et président (depuis 2003) du parti Droit et Justice (PiS, catholique et conservateur), il a été Premier ministre en 2006 - 2007. — **Lech K.,** *Varsovie 1949 - Smolensk, Russie, 2010*, homme politique polonais, frère jumeau de Jarosław. Il fut président de la République de 2005 à sa mort dans un accident d'avion, le 10 avr. 2010, alors qu'il se rendait à une commémoration du massacre de Katyń.

KÁDÁR (János), *Fiume 1912 - Budapest 1989*, homme politique hongrois. Chef du gouvernement après l'écrasement de l'insurrection hongroise (1956 - 1958, 1961 - 1965), il a dirigé le Parti communiste de 1956 à 1988.

KADARÉ (Ismail), *Gjirokastër 1936*, écrivain albanais. Poète et essayiste, il part dans son œuvre romanesque (*le Général de l'armée morte*, 1963 ; *le Crépuscule des dieux de la steppe*, 1975 ; *le Concert*, 1988 ; *le Dîner de trop*, 2009 ; *la Poupée*, 2015) de la réalité historique de son pays pour déboucher sur une réflexion sur la mission de l'écrivain.

KADESH → **QADESH.**

KADHAFI (Mouammar) ou **QADHDHAFI** (Muammar **al-**), *Qasr Abu Hadi, près de Syrte, 1942 - près de Syrte 2011*, homme politique libyen. Principal instigateur du coup d'État qui renverse le roi Idris Ier (1969), président du Conseil de la révolution (1969 - 1977) puis du Secrétariat général du Congrès général du peuple (1977), il abandonne en 1979 ses fonctions officielles, mais demeure le véritable chef de l'État. Promoteur de la « révolution culturelle islamique », il poursuit en vain une politique d'union (successivement avec l'Égypte, la Syrie, la Tunisie) et d'expansion (au Tchad). Longtemps accusé par la communauté internationale d'appuyer des actions terroristes, il tente à partir de la fin des années 1990 de présenter un profil plus modéré. Mais, en 2011, il réprime dans le sang un grand soulèvement populaire contestant son pouvoir ; visé par un mandat d'arrêt de la Cour pénale internationale pour crimes contre l'humanité en juin, il est tué le 20 oct. – dans des circonstances qui restent floues – alors qu'il tentait de fuir Syrte (où il s'était réfugié après la prise de Tripoli par les insurgés en août).

▲ Le colonel **Kadhafi**

KADÏÏVKA, anc. **Stakhanov,** v. d'Ukraine ; 110 800 hab. Centre houiller.

KADUNA, v. du nord du Nigeria ; 993 642 hab. (1 476 285 hab. dans l'agglomération). Textile. Industrie automobile. Raffinerie de pétrole.

KAESONG, v. de la Corée du Nord, à la frontière de la Corée du Sud ; 308 440 hab. Zone économique spéciale. – Palais et pagodes. Musée (porcelaines).

KAFKA (Franz), *Prague 1883 - sanatorium de Kierling, près de Vienne, 1924*, écrivain tchèque d'expression allemande. Ses récits allégoriques (*la Métamorphose*, 1915 ; *le Procès*, 1925 ; *le Château*, 1926) et son *Journal intime* expriment l'angoisse humaine devant l'absurdité de l'existence, accrue par les institutions sociales.

▲ Franz **Kafka**

KAFR EL-DAWAR, v. d'Égypte ; 114 030 hab.

KAGEL (Mauricio), *Buenos Aires 1931 - Cologne 2008*, compositeur argentin, installé en Allemagne à partir de 1957. Son « théâtre instrumental » diversifie les sources sonores (*Staatstheater*, 1971 ; *Mare nostrum*, 1975 ; *la Trahison orale*, 1983).

KAGERA n.f., riv. d'Afrique orientale, qui rejoint le lac Victoria ; 400 km. Elle est considérée comme une branche-mère du Nil.

KAGOSHIMA, v. du Japon (Kyushu) ; 605 940 hab. Port. – À proximité, en bordure du Pacifique, centre spatial de l'université de Tokyo.

KAHLO (Frida), *Coyoacán 1907 - Mexico 1954*, peintre mexicaine. Épouse de Diego Rivera, elle combine expressionnisme et surréalisme dans des œuvres colorées aux thèmes populaires et souvent autobiographiques (nombreux autoportraits). Maison-musée à Coyoacán, au S. de Mexico.

KAHN (Abraham, dit Albert), *Marmoutier 1860 - Boulogne-Billancourt 1940*, banquier et mécène français. Militant de la paix entre les peuples, il finança une ambitieuse mission photographique à l'origine d'un fonds exceptionnel d'autochromes et de films sur les cultures du monde, et fit aménager dans sa propriété de Boulogne-Billancourt un jardin mettant en scène des paysages et des styles divers (japonais, notamm.).

KAHN (Gustave), *Metz 1859 - Paris 1936*, écrivain français. Membre du groupe symboliste, il a été un des théoriciens du vers libre.

KAHN (Herman), *Bayonne, New Jersey, 1922 - Chappaqua, État de New York, 1983*, physicien et théoricien américain. L'un des premiers à envisager la guerre thermonucléaire, il a influencé la stratégie américaine durant toute la guerre froide.

KAHN (Louis Isadore), *île de Saaremaa 1901 - New York 1974*, architecte américain d'origine estonienne. L'audace et la rigueur des formes, la qualité des rapports spatiaux, les références historiques (antiques ou médiévales) caractérisent son œuvre.

KAHN (Robert E.), *New York 1938*, ingénieur américain. L'un des pères d'Internet, il a notamm. mis au point les principes de l'architecture de ce réseau mondial et, avec V. G. Cerf, le protocole de communication à la base du fonctionnement de celui-ci.

KAHNAWAKE, anc. **Caughnawaga**, réserve mohawk du Canada (Québec), sur le Saint-Laurent, au S.-O. de Montréal ; 8 691 hab.

KAHNWEILER (Daniel Henry), *Mannheim 1884 - Paris 1979*, marchand de tableaux et écrivain d'art d'origine allemande. C'est en 1907 qu'il ouvrit à Paris sa galerie, où il allait promouvoir Derain, Picasso, Braque, Gris, Léger, Masson, etc.

KAHRAMANMARAŞ, anc. **Maraş**, v. de Turquie, dans l'est du Taurus ; 326 198 hab.

KAIFENG, v. de Chine (Henan) ; 796 171 hab. Capitale impériale sous les Cinq Dynasties et les Song avant leur repli dans le Sud. Monuments anciens (pagode de fer, XIe s.). Musée.

Kainji, aménagement hydroélectrique du Nigeria, sur le Niger.

KAIROUAN, v. de la Tunisie centrale ; 139 070 hab. Centre artisanal (tapis). – Fondée en 670, cap. de l'Ifriqiya, elle fut ruinée au XIe s. et reconstruite aux XVIIe-XVIIIe s. – Grande Mosquée de Sidi Uqba, fondée en 670 et dont les bâtiments actuels (VIIIe-IXe s.) comptent parmi les chefs-d'œuvre de l'art de l'islam.

▲ **Kairouan.** Grande Mosquée de Sidi Uqba (VIIIe-IXe s.).

KAISER (Georg), *Magdebourg 1878 - Ascona, Suisse, 1945*, auteur dramatique allemand. Ses drames historiques et sociaux sont une des meilleures illustrations de l'expressionnisme (*les Bourgeois de Calais, Gaz*).

KAISER (Henry John), *Sprout Brook 1882 - Honolulu 1967*, industriel américain. Important producteur de ciment avant la Seconde Guerre mondiale, il appliqua durant le conflit les techniques de la préfabrication à la construction navale.

KAISERSLAUTERN, v. d'Allemagne (Rhénanie-Palatinat) ; 96 340 hab. Industrie automobile. – Musées.

KAKIEMON ou **SAKAIDA KAKIEMON**, *1596 - 1660 ou 1666*, potier japonais. Établi à Arita, il est célèbre pour ses porcelaines aux légers décors naturalistes et à la belle couverte laiteuse.

KAKINADA ou **COCANADA**, v. d'Inde (Andhra Pradesh), sur le golfe du Bengale ; 289 920 hab. Port.

KAKOGAWA, v. du Japon, dans le sud de Honshu ; 266 889 hab.

KALAHARI, désert de l'Afrique australe, entre les bassins du Zambèze et de l'Orange, occupant notamment le sud-ouest du Botswana.

KALAMÁTA, v. de Grèce (Péloponnèse) ; 69 849 hab. Port.

KALDOR (Nicholas), *Budapest 1908 - Papworth Everard, Cambridgeshire, 1986*, économiste britannique. S'inspirant de la théorie keynésienne, il propose un modèle de croissance mettant en valeur le rôle de la répartition, et dans lequel il intègre une explication du cycle économique.

Kalevala (le), épopée finnoise (1849), composée de chants et de poèmes recueillis par Elias Lönnrot de la bouche des bardes populaires.

KALGAN, en chin. **Zhangjiakou**, v. de Chine (Hebei) ; 903 348 hab.

KALI, divinité redoutable du panthéon hindouiste, épouse de Shiva, déesse de la Mort.

KALIDASA, *IVe - Ve s.*, poète indien, auteur du drame *Shakuntala**.

KALIMANTAN, nom indonésien de Bornéo. Il désigne parfois aussi seulement la partie administrativement indonésienne de l'île.

KALIÑA ou **GALIBI**, peuple amérindien de la Guyane et du Suriname (env. 2 000).

KALININE → **TVER.**

KALININE (Mikhaïl Ivanovitch), *Verkhniaïa Troïtsa, près de Tver, 1875 - Moscou 1946*, homme politique soviétique. Il fut président du Tsik (Comité exécutif central des soviets) de 1919 à 1936, puis du Praesidium du Soviet suprême (1938 - 1946).

KALININGRAD, anc. **Königsberg**, v. de Russie, sur la Baltique (enclave entre la Pologne et la Lituanie) ; 431 491 hab. Cathédrale du XIVe s.

KALININGRAD, v. de Russie, banlieue de Moscou ; 183 452 hab.

KALISZ, v. de Pologne ; 105 386 hab. Églises anciennes.

KALMAR, v. de Suède, en face de l'île d'Öland ; 64 676 hab. Port. – Château des XIIIe-XVIe s. ; cathédrale baroque du XVIIe s., par Tessin l'Ancien.

Kalmar (Union de) [1397 - 1523], union, sous un même sceptre, du Danemark, de la Suède et de la Norvège. Réalisée sous l'impulsion de Marguerite Ire Valdemarsdotter, elle fut rompue en 1521 - 1523 lors de l'insurrection suédoise du futur Gustave Ier Vasa.

KALMOUKIE, république de Russie, sur la Caspienne ; 289 464 hab. ; cap. *Elista*. Sa population se compose de moins de 50 % de Kalmouks et de plus d'un tiers de Russes.

KALMOUKS, peuple mongol vivant principalement en Russie (Kalmoukie) [env. 190 000]. Oïrats installés dans la région de la basse Volga au XVIIe s. (avec un retour partiel vers le Xinjiang au XVIIIe s.), ils furent déportés pour « collaboration » avec l'occupant nazi (1943), puis réhabilités et autorisés à regagner leurs terres (1957). Ils sont bouddhistes lamaïstes, et parlent le *kalmouk*, langue de la famille mongole occidentale.

KALMTHOUT [kalmtɔwt], comm. de Belgique (prov. d'Anvers) ; 18 184 hab.

KALOUGA, v. de Russie, sur l'Oka ; 325 185 hab. Monuments du XVIIe s.

KAMA n.f., riv. de Russie, affl. de la Volga (r. g.) ; 2 032 km.

KAMA, dieu hindou de l'Amour. Il est l'époux de Rati, déesse de la Volupté.

KAMAKURA, v. du Japon (Honshu) ; 174 354 hab. Statue colossale en bronze du bouddha Amida (XIIIe s.). Temples (XIIe-XIVe s.). Musée. – La cité a donné son nom à une période (1185/1192 - 1333) marquée par le shogunat de Minamoto no Yoritomo et de ses fils, dont elle fut la capitale, puis par la régence des Hojo.

KAMARHATI, v. d'Inde (Bengale-Occidental) ; 314 334 hab.

Kama-sutra, traité indien de l'art d'aimer, écrit en sanskrit v. l'an 500 et attribué à Vatsyayana. Il fait partie de la littérature religieuse indienne.

KAMAYURÁ, tribu amazonienne du Brésil (Mato Grosso), appartenant à l'ensemble Tupi.

KAMBA, peuple du sud du Kenya, de langue bantoue.

KAMECHLIYÉ, v. du nord-est de la Syrie ; 232 258 hab.

KAMENEV (Lev Borissovitch **Rozenfeld**, dit), *Moscou 1883 - id. 1936*, homme politique soviétique. Proche collaborateur de Lénine à partir de 1902 - 1903, membre du bureau politique du parti (1919 - 1925), il rejoignit Trotski dans l'opposition à Staline (1925 - 1927). Jugé lors des procès de Moscou (1936), il fut exécuté. Il a été réhabilité en 1988.

KAMENSK-OURALSKI, v. de Russie, au pied de l'Oural ; 174 710 hab. (192 000 hab. dans l'agglomération). Métallurgie.

KAMERLINGH ONNES (Heike), *Groningue 1853 - Leyde 1926*, physicien néerlandais. Il a liquéfié l'hélium, étudié les phénomènes physiques au voisinage du zéro absolu et découvert la supraconductivité (1911). [Prix Nobel 1913.]

KAMIANSKE, anc. **Dniprodzerjynsk**, v. d'Ukraine, sur le Dniepr ; 255 841 hab. Centrale hydroélectrique. Métallurgie.

KAMLOOPS, v. du Canada (Colombie-Britannique) ; 90 280 hab. Nœud ferroviaire.

KAMPALA, cap. de l'Ouganda ; 1 516 210 hab. dans l'agglomération.

KAMPUCHÉA (République populaire du), nom officiel du Cambodge* de 1979 à 1989.

KAMTCHATKA, péninsule volcanique de l'extrémité orientale de la Russie, entre les mers de Béring et d'Okhotsk. Pêcheries.

KANAKS, population de Nouvelle-Calédonie* (env. 85 000). Ils sont issus d'une migration mélanésienne remontant à 4 000 ans ; leurs sociétés ont conservé, après un siècle et demi de colonisation et de christianisation (catholicisme principalement, protestantisme), une identité forte, marquée par les liens avec la terre et les échanges cérémoniels coutumiers. Leur résistance à la colonisation se manifesta dès le XIXe s. par des révoltes et s'est prolongée à travers des revendications indépendantistes. Ils parlent 28 langues austronésiennes différentes.

KANAMI, père de Zeami* Motokiyo.

KANANGA, anc. **Luluabourg**, v. de la Rép. dém. du Congo, sur la Lulua ; 1 061 181 hab. dans l'agglomération.

KANÁRIS ou **CANARIS** (Konstandínos), *Psará v. 1790 - Athènes 1877*, amiral et homme politique grec. Il joua un grand rôle dans la guerre de l'Indépendance (1822 - 1825), fut plusieurs fois ministre de la Marine (1848 - 1855) et chef du gouvernement (1848 - 1849 ; 1864 - 1865 et 1877).

KANAZAWA, v. du Japon (Honshu) ; 462 478 hab. Port. – Musée d'Art contemporain du XXIe siècle (architectes : SANAA).

KANCHIPURAM, v. d'Inde (Tamil Nadu) ; 152 984 hab. Cap. des Pallava jusqu'au IXe s. Temples brahmaniques (VIIIe-XVIe s.).

KANDAHAR ou **QANDAHAR**, v. du sud de l'Afghanistan ; 225 500 hab.

KANDERSTEG, comm. de Suisse (canton de Berne) ; 1 231 hab. Station de sports d'hiver (alt. 1 200 - 2 000 m).

KANDINSKY (Vassily ou Wassily), *Moscou 1866 - Neuilly-sur-Seine 1944*, peintre russe naturalisé allemand, puis français. L'un des fondateurs du Blaue Reiter à Munich et l'un des grands initiateurs de l'art abstrait* (à partir de 1910), professeur au Bauhaus en 1922, il s'installa à Paris en 1933, fuyant le nazisme. Il a notamment écrit *Du spirituel dans l'art* (1911), qui fonde la liberté inventive et le lyrisme sur la « nécessité intérieure ». *(V. ill. page suivante.)*

KANDY, v. du Sri Lanka ; 109 343 hab. Centre religieux (pèlerinage bouddhique). Jardin botanique.

KANE (Cheikh Hamidou), *Matam 1928*, écrivain et haut fonctionnaire sénégalais. Son roman *l'Aventure ambiguë* (1961), qui raconte le désarroi existentiel d'une génération d'Africains face à l'impossible choix entre plusieurs cultures, est devenu un classique de la littérature africaine.

KANEM (royaume du), anc. royaume africain situé à l'est du lac Tchad. Peuplé de Kanouri, il s'épanouit entre le XIe et le XIVe s., avant de se fondre, au XVIe s., dans le royaume du Bornou.

KANESATAKE, anc. **Oka**, établissement amérindien du Canada (Québec), à l'O. de Montréal ; 1 208 hab.

KANGCHENJUNGA n.m., sommet de l'Himalaya, entre le Népal et l'Inde (Sikkim) ; 8 586 m.

KANGGYE, v. de Corée du Nord ; 251 971 hab. Mines de graphite.

KANGXI, *Pékin 1654 - id. 1722*, empereur de Chine (1662 - 1722), de la dynastie Qing. Homme de lettres tolérant, il accepta des jésuites à sa cour.

KANKAN, v. de Guinée ; 193 830 hab.

▲ Vassily **Kandinsky.** *Jaune-Rouge-Bleu*, 1925. (MNAM, Paris.)

KANKAN MOUSSA, roi (1307 ou 1312 - v. 1335 ?), de la dynastie des Keita, qui porta l'empire du Mali à son apogée. Son pèlerinage à La Mecque (1324) révéla sa fabuleuse richesse.

KANO, v. du nord du Nigeria ; 3 270 799 hab. dans l'agglomération. Aéroport. Université. – Anc. cap. d'un royaume haoussa (Xe s. env. - début du XIXe s.).

KANO, lignée de peintres japonais ayant travaillé entre le XVe et le XIXe s. — **Kano Masanobu,** *1434 - 1530*, fondateur de l'école. — **Kano Motonobu,** *Kyoto 1476 - id. 1559*, peintre japonais. Il créa de vastes compositions murales aux lignes vigoureuses et au coloris brillant (Kyoto, temple du Daitoku-ji et du Myoshin-ji). — **Kano Eitoku,** *Yamashiro 1543 - Kyoto 1590*, peintre japonais. Petit-fils de Kano Motonobu, il eut, par son style grandiose et décoratif, une influence considérable, notamment sur son fils adoptif Sanraku. — **Kano Sanraku,** *Omi 1559 - Kyoto 1635*, peintre japonais. Dernier représentant, avec de grandes décorations intérieures, du style brillant et coloré de l'époque Momoyama.

KANPUR, anc. **Cawnpore,** v. d'Inde (Uttar Pradesh), sur le Gange ; 2 532 138 hab. (2 920 067 hab. dans l'agglomération).

KANSAI ou **KINKI,** région du Japon (Honshu) ; v. princ. *Osaka, Kobe* et *Kyoto*.

KANSAS n.m., riv. des États-Unis, affl. du Missouri (r. dr.) ; 274 km.

KANSAS n.m., État des États-Unis ; 2 913 123 hab. ; cap. *Topeka*.

KANSAS CITY, v. des États-Unis (Kansas) ; 149 636 hab.

KANSAS CITY, v. des États-Unis (Missouri), sur le Missouri, en face de Kansas City (Kansas) ; 470 800 hab. L'aire métropolitaine englobant les deux Kansas City compte 1 576 595 hab. Aéroport. Grand marché agricole. – Musée d'art.

KANT (Immanuel, en fr. Emmanuel), *Königsberg 1724 - id. 1804*, philosophe allemand. Après avoir été précepteur, il enseigna à l'université de sa ville natale et mena une vie d'une particulière austérité. Sa philosophie (le « criticisme ») remet en cause les prétentions à la vérité de la métaphysique traditionnelle mais préserve les chances du savoir rationnel et de la connaissance scientifique, évitant tout abandon au scepticisme et posant la valeur absolue de la loi morale. La *Critique de la raison pure* (1781) dégage les conditions a priori de toute connaissance et circonscrit les limites à l'intérieur desquelles la raison peut connaître : ce sont celles de l'expérience possible, qui englobe les phénomènes naturels étudiés par les sciences. Les *Fondements de la métaphysique des mœurs* (1785) puis la *Critique de la raison pratique* (1788) présentent une morale du devoir (l'« impératif catégorique ») fondée sur l'autonomie de la volonté humaine et le respect de la loi universelle. La *Critique de la faculté de juger* (1790) aborde, à travers le problème du beau, la question de l'intersubjectivité. Kant a écrit aussi : *Prolégomènes à toute métaphysique future* (1783), *Projet de paix perpétuelle* (1795), *Métaphysique des mœurs* (1797).

◀ Emmanuel **Kant**

KANTARA (El-), gorges d'Algérie, à l'O. de l'Aurès. Elles s'ouvrent sur l'oasis de Biskra.

KANTÉ (Mory), *Albadaria 1950*, chanteur guinéen. Héritier de la tradition des griots, s'accompagnant à la kora, ce précurseur de la world music réussit la fusion entre la musique mandingue et le courant techno européen (*Yéké Yéké*, 1987 ; *Tatebola*, 1996 ; *la Guinéenne*, 2012).

KANTO, région du Japon (Honshu), qui englobe notamment Tokyo.

KANTOR (Tadeusz), *Wielopole, près de Cracovie, 1915 - Cracovie 1990*, artiste polonais. Les happenings et spectacles d'avant-garde du « théâtre de la mort » de son groupe Cricot 2 sont devenus des références (*la Classe morte*, d'après Witkiewicz ; *Wielopole-Wielopole* ; *Qu'ils crèvent les artistes !*).

KANTOROVITCH (Leonid Vitalievitch), *Saint-Pétersbourg 1912 - Moscou 1986*, mathématicien et économiste soviétique. Il a introduit dans l'économie soviétique des méthodes de recherche opérationnelle, restaurant ainsi une certaine idée de profit. (Prix Nobel de sciences économiques 1975.)

KAOHSIUNG, v. du sud-ouest de Taïwan ; 1 514 281 hab. dans l'agglomération. Port et centre industriel.

KAOLACK, v. du Sénégal, sur le Saloum ; 190 927 hab. Exportation d'arachides. Huileries.

KAPELLEN, comm. de Belgique (prov. d'Anvers) ; 26 506 hab.

KAPILAVASTU, auj. **Lumbini,** site du Népal, à 250 km à l'O. de Katmandou. Musée. – Ville natale du bouddha Shakyamuni.

KAPITSA (Piotr Leonidovitch), *Kronchtadt 1894 - Moscou 1984*, physicien soviétique. Pionnier, en URSS, de la fusion thermonucléaire contrôlée, il étudia également les très basses températures, découvrant la superfluidité de l'hélium liquide. (Prix Nobel 1978.)

KAPLAN (Jacob), *Paris 1895 - id. 1994*, grand rabbin de France de 1955 à 1981.

KAPLAN (Viktor), *Mürzzuschlag 1876 - Unterach 1934*, ingénieur autrichien. On lui doit les turbines hydrauliques, adaptées aux grands débits sous de faibles hauteurs de chute.

KAPOOR (sir Anish), *Bombay 1954*, plasticien britannique d'origine indienne. Ses œuvres souvent monumentales, au biomorphisme épuré, monochromes ou miroitantes, jouent des rapports entre vide et plein, fini et infini, en interaction forte avec le lieu de leur exposition et le public (*At the Edge of the World*, 1998 ; *Taratantara*, 1999 ; *Cloud Gate*, 2004 ; *Leviathan*, 2011 ; *ArcelorMittal Orbit*, tour dans le parc olympique de Londres, 2012 ; *Kapoor Versailles*, dans les jardins du château, 2015).

KAPOSVÁR, v. de Hongrie ; 64 201 hab.

Kapoustine Iar, base de lancement de missiles et d'engins spatiaux, en Russie, au N.-O. de la mer Caspienne, en bordure de la Volga.

KAPTEYN (Jacobus Cornelius), *Barneveld 1851 - Amsterdam 1922*, astronome néerlandais. Il développa les études de statistique stellaire.

KAPUAS n.m., fl. d'Indonésie (Bornéo), qui se jette dans la mer de Java ; 1 150 km.

KARA (mer de), mer de l'océan Arctique, entre la Nouvelle-Zemble et le continent et reliée à la mer de Barents par le *détroit de Kara*.

KARABAKH (Haut-), région autonome de l'Azerbaïdjan ; 4 400 km^2 ; 137 137 hab. ; ch.-l. *Stepanakert*. Il est peuplé majoritairement d'Arméniens, qui revendiquent son rattachement à l'Arménie. De graves troubles s'y produisent à partir de 1988. Après l'accession de l'Arménie et de l'Azerbaïdjan à l'indépendance, les combats s'intensifient et les Arméniens du Haut-Karabakh y proclament unilatéralement une république (1991). En 1993, leurs forces armées prennent le contrôle du sud-ouest de l'Azerbaïdjan. Les affrontements cessent en 1994, mais le conflit reste en suspens.

KARABATIC (Nikola), *Niš, Yougoslavie, auj. en Serbie, 1984*, handballeur français. Il est, avec l'équipe de France, quadruple champion du monde (2009, 2011, 2015, 2017) et double champion olympique (2008, 2012).

KARA-BOGAZ, golfe en voie d'assèchement, bordant la côte est de la Caspienne, dans le Turkménistan. Salines.

KARABÜK, v. du nord de la Turquie ; 100 749 hab. Sidérurgie.

KARACHI, v. du Pakistan, sur la mer d'Oman ; 9 269 265 hab. (13 876 254 hab. dans l'agglomération). Port et plus grande ville du pays. Centre industriel. – Cap. du pays jusqu'en 1959.

KARADJORDJEVIĆ ou **KARAGEORGÉVITCH,** dynastie serbe fondée par Karageorges*. Elle a donné à la Serbie le prince Alexandre Karadjordjević (1842 - 1858) et le roi Pierre* Ier, puis à la Yougoslavie les rois Alexandre* Ier et Pierre* II, dont Paul Karadjordjević fut régent (1934 - 1941).

KARADŽIĆ (Vuk), *Tršić 1787 - Vienne 1864*, écrivain serbe. Il recueillit et publia la littérature orale de son pays et réforma la langue serbe.

KARAGANDY, anc. **Karaganda,** v. du Kazakhstan, dans le *bassin houiller de Karagandy* ; 459 778 hab. Sidérurgie.

KARAGEORGES ou **KARADJORDJE** (Djordje Petrović), *Viševac v. 1768 - Radovanje 1817*, fondateur de la dynastie des Karadjordjević. D'origine paysanne, il fut le chef de l'insurrection contre les Ottomans (1804). Proclamé prince héréditaire des Serbes (1808), il dut s'exiler (1813) et fut assassiné.

KARAIKAL → **KARIKAL.**

KARAÏTES, population juive minoritaire, représentée surtout en Israël, en Russie et en Ukraine (env. 25 000 au total). Probablement issus d'une secte juive de Bagdad (VIIIe s.), ils s'installèrent en Crimée à partir du XIIIe s.

KARAJAN (Herbert von), *Salzbourg 1908 - id. 1989*, chef d'orchestre autrichien. Fondateur du Festival de Pâques de Salzbourg (1967), il fut chef à vie de l'Orchestre philharmonique de Berlin (1954 - 1989). Rigueur et attachement à la tradition marquent ses enregistrements.

◀ Herbert von **Karajan** en 1962.

KARAKALPAKIE ou **KARAKALPAKISTAN,** territoire de l'ouest de l'Ouzbékistan, sur la mer d'Aral ; cap. *Noukous*. La population se compose d'à peine un tiers de Karakalpaks, d'autant d'Ouzbeks et d'environ 25 % de Kazakhs.

KARAKALPAKS, peuple vivant principalement en Ouzbékistan (Karakalpakie) [env. 550 000]. Installés dans leur habitat actuel au XVIIIe s., répartis en deux confédérations de tribus, ils pratiquent l'élevage semi-nomade, l'agriculture irriguée et la pêche dans la mer d'Aral, en voie d'assèchement. Musulmans sunnites, ils parlent le *karakalpak*.

KARAKORUM ou **KARAKORAM** n.m., massif d'Asie (Inde, Pakistan et Chine). Il porte des sommets très élevés (K2, Gasherbrum) et de grands glaciers.

KARAKOUM, partie la plus aride de la dépression aralo-caspienne (Turkménistan).

KARAMANLÍS (Konstandínos) ou **CARAMANLIS** (Constantin), *Proti, Serrai, 1907 - Athènes 1998*, homme politique grec. Trois fois Premier ministre de 1955 à 1963, puis à nouveau après la restauration de la démocratie (1974, année où il fonda la Nouvelle Démocratie, parti de la droite libérale), il fut ensuite président de la République (1980 - 1985 et 1990 - 1995). — **Konstandínos,** dit **Kóstas K.,** ou **Constantin,** dit **Costas C.,** *Athènes 1956*, homme politique grec. Neveu de Konstandínos, il a été président de la Nouvelle Démocratie (1997 - 2009) et Premier ministre de 2004 à 2009.

KARAMÉ (Rachid), *Miriata, Tripoli, 1921 - dans un attentat, en hélicoptère, près de Beyrouth, 1987*, homme politique libanais. Dirigeant sunnite modéré, il fut de nombreuses fois Premier ministre entre 1955 et 1969, puis à nouveau en 1975 - 1976 et de 1984 à sa mort. — **Omar K.,** *al-Nuri, Tripoli, 1935 - Beyrouth 2015*, homme politique libanais. Frère de Rachid, il fut Premier ministre de 1990 à 1992 et à nouveau en 2004 - 2005.

KARAMZINE (Nikolaï Mikhaïlovitch), *Mikhaïlovka, gouvernement de Simbirsk, 1766 - Saint-Pétersbourg 1826*, écrivain et historien russe. Il est l'auteur du premier grand ouvrage historique publié en Russie, *Histoire de l'État russe* (1816-1829).

KARATCHAÏS, peuple de Russie (république des Karatchaïs-Tcherkesses) [env. 155 000]. Ils vivent dans les régions montagneuses du centre du Caucase ; ils furent déportés en Asie centrale et au Kazakhstan en 1943, sous prétexte de collaboration avec l'occupant nazi, et autorisés à regagner leurs terres en 1957. Ils sont musulmans sunnites. Ils parlent le *karatchaï*, de la famille turque.

KARATCHAÏS-TCHERKESSES (république des), république de Russie, limitrophe de la Géorgie ; 478 517 hab. ; cap. *Tcherkessk*.

KARAVELOV (Ljuben), *Koprivštica 1834 - Ruse 1879*, écrivain bulgare. Journaliste, auteur de nouvelles, il fut l'un des principaux artisans de la libération de son pays.

KARAWANKEN n.f. pl., massif de l'est des Alpes (Autriche et Slovénie).

KARBALA, v. d'Iraq, au S.-O. de Bagdad ; 296 705 hab. Cité sainte chiite (tombeau de Husayn).

KARCHI, v. du sud de l' Ouzbékistan ; 204 690 hab.

KARDEC (Denisard Léon Hippolyte **Rivail,** dit Allan), *Lyon 1804 - Paris 1869*, occultiste français. Il érigea le spiritisme en doctrine, centrée autour de la réincarnation (*le Livre des esprits*, 1857).

KARDINER (Abram), *New York 1891 - Easton, Connecticut, 1981*, anthropologue et psychanalyste américain. Représentant de l'école culturaliste, il a introduit le concept de « personnalité* de base ».

KARELLIS (Les) [73870], station de sports d'hiver (alt. 1 600 - 2 500 m) de la Savoie (comm. de Montricher-Albanne), en Maurienne.

KAREN, peuple vivant principalement en Birmanie et en Thaïlande (env. 3 millions). Agriculteurs en zone montagneuse, ils sont, en Birmanie, en rébellion armée contre le pouvoir central. Bouddhistes, chrétiens ou animistes, ils parlent le *karen*.

Kariba, site de la vallée du Zambèze, entre la Zambie et le Zimbabwe. Barrage (grand lac de retenue) et centrale hydroélectrique.

KARIKAL ou **KARAIKAL,** v. d'Inde, dans le territoire de Pondichéry, sur le golfe du Bengale ; 74 333 hab. Port. – Anc. établissement français (1739 - 1954).

KARKEMISH, v. de la Syrie ancienne, sur l'Euphrate. Le pharaon d'Égypte Néchao II y fut battu par Nabuchodonosor II, roi de Babylone, en 605 av. J.-C. – Ruines de la citadelle néohittite.

KARKONOSZE n.m. pl., en tch. **Krkonoše,** en all. **Riesengebirge,** nom polonais des monts des Géants (Pologne et République tchèque), formant la bordure nord-est de la Bohême ; 1 602 m.

KARLE (Jerome), *New York 1918 - Annandale, Virginie, 2013*, physico-chimiste américain. Il élabora des modèles mathématiques permettant de définir rapidement, à l'aide de traitements informatiques, la structure de composés chimiques. (Prix Nobel de chimie 1985, avec H. A. Hauptman.)

KARLFELDT (Erik Axel), *Folkärna 1864 - Stockholm 1931*, poète suédois, peintre de la vie paysanne (*Chansons de Fridolin*). [Prix Nobel 1931.]

KARL-MARX-STADT, anc. nom de Chemnitz*.

KARLOVY VARY, en all. **Karlsbad,** v. de la République tchèque, en Bohême ; 53 857 hab. Station thermale. – Belle église baroque.

Karlowitz (traité de) [26 janv. 1699], traité signé entre l'Empire ottoman et l'Autriche, la Pologne, la Russie et Venise. Les Ottomans abandonnaient la Hongrie, la Transylvanie, la Podolie, la Dalmatie et la Morée.

KARLSKRONA, v. de Suède, sur la Baltique ; 64 348 hab. Port. – Église de la Trinité, par Tessin le Jeune ; musée de la Marine.

KARLSRUHE, v. d'Allemagne (Bade-Wurtemberg) ; 289 173 hab. (977 000 hab. dans l'agglomération). Siège de la Cour suprême. Important centre de recherche scientifique. – Anc. cap. du pays de Bade, fondée en 1715. – Musées, dont la riche Kunsthalle (peinture).

KARLSTAD, v. de Suède, sur le lac Vänern ; 88 350 hab. Cathédrale reconstruite au XVIIIe s.

KARMAN (Theodor von), *Budapest 1881 - Aix-la-Chapelle 1963*, ingénieur américain d'origine hongroise. Il a résolu de nombreux problèmes d'hydrodynamique et d'aérodynamique et fut à l'origine de la première soufflerie supersonique américaine (1938). Il joua aussi un rôle important dans l'essor de l'astronautique aux États-Unis.

KARNAK ou **CARNAC,** village élevé sur les ruines de Thèbes, en Égypte. L'ensemble d'édifices religieux (XXe s. - IVe s. av. J.-C.) – le plus vaste du pays – se compose de trois complexes : du nord au sud, l'enceinte du dieu Montou, l'enceinte du grand temple d'Amon (avec son énorme salle hypostyle, 102 × 53 m) et l'enceinte de la déesse Mout.

▲ **Karnak.** Statue colossale dans la cour du temple d'Amon. Nouvel Empire, XIXe dynastie.

KARNATAKA, anc. **Mysore,** État du sud de l'Inde ; 192 000 km^2 ; 61 130 704 hab. ; cap. *Bangalore*.

KÁROLYI (Mihály), *Budapest 1875 - Vence 1955*, homme politique hongrois. Président de la République (janv. 1919), il ne voulut pas entériner les frontières fixées par les Alliés et démissionna (mars 1919).

KARPLUS (Martin), *Vienne 1930*, chimiste austro-américain. Professeur à Harvard et directeur du laboratoire de chimie biophysique du CNRS-université de Strasbourg, il a travaillé sur la résonance magnétique nucléaire et a contribué à la modélisation des systèmes chimiques complexes. (Prix Nobel 2013, avec M. Levitt et A. Warshel.)

KARPOV (Anatoli Ievguenievitch), *Zlatooust, Oural, 1951*, joueur d'échecs russe. Champion du monde d'échecs en 1975, 1978 et 1981, il voit sa suprématie contestée par Kasparov à partir de 1985.

KARR (Alphonse), *Paris 1808 - Saint-Raphaël 1890*, écrivain français. Il exerça ses talents de journaliste satirique au sein de la revue *les Guêpes*.

KARRER (Paul), *Moscou 1889 - Zurich 1971*, biochimiste suisse. Il détermina la structure de plusieurs vitamines (A et E, notamm.) et synthétisa la vitamine B2. (Prix Nobel de chimie 1937.)

KARROO, ensemble de plateaux étagés de l'Afrique du Sud.

KARSAVINA (Tamara), *Saint-Pétersbourg 1885 - Beaconsfield, près de Londres, 1978*, danseuse britannique d'origine russe. Étoile des Ballets russes, créatrice des œuvres de Fokine, elle fut une grande interprète du répertoire classique.

KARST n.m., en slovène **Kras,** nom allemand d'une région de plateaux calcaires de Slovénie.

KARVINÁ, v. de la République tchèque, en Moravie, près d'Ostrava ; 65 041 hab.

KARZAI (Hamid), *Karz, prov. de Kandahar, 1957*, homme politique afghan. Chef pachtoun modéré, il a été président du gouvernement intérimaire afghan (2001 - 2004), puis président de la République islamique d'Afghanistan (2004 - 2014).

KASAÏ ou **KASSAÏ** n.m., riv. d'Afrique (Angola et surtout Rép. dém. du Congo), affl. du Congo (r. g.) ; 2 200 km.

KASHI → **KACHGAR.**

KASHIWA, v. du Japon, banlieue nord-est de Tokyo ; 404 079 hab.

KASPAROV (Garri **Weinstein,** dit Garry), *Bakou 1963*, joueur d'échecs et homme politique russe, naturalisé croate en 2014. Sacré champion du monde d'échecs, en battant A. Karpov, en 1985, il défend victorieusement son titre face au même adversaire en 1986, 1987 et 1990, et exerce une longue suprématie (battu en 2000 par Vladimir Kramnik). Engagé politiquement depuis les années 1980, il est devenu l'un des leaders de l'opposition à V. Poutine.

KASSEL, v. d'Allemagne (Hesse), sur la Fulda ; 190 765 hab. Musées ; exposition quinquennale d'art contemporain (« Documenta »), créée en 1955.

KASSEM (Abd al-Karim), *Bagdad 1914 - id. 1963*, homme politique irakien. Leader de la révolution de 1958, qui renversa les Hachémites d'Iraq, il se heurta à de multiples oppositions et fut assassiné.

Kasserine (bataille de) [14 - 21 févr. 1943], bataille de la campagne de Tunisie. La possession du col de Kasserine (ouest de la Tunisie), permettant l'accès à la plaine d'Algérie, fut l'objet d'âpres combats entre Rommel et les Alliés.

KASSITES, anc. peuple du Zagros central, à l'ouest de l'Iran. Une dynastie kassite régna sur Babylone de 1595 env. à 1156 av. J.-C.

KASTERLEE [kastərle], comm. de Belgique (prov. d'Anvers) ; 17 965 hab.

KASTLER (Alfred), *Guebwiller 1902 - Bandol 1984*, physicien français. Spécialiste de l'électronique quantique et de l'optique physique, il a mis au point le procédé de « pompage optique » (1950), qui a trouvé d'importantes applications dans les lasers et les masers. (Prix Nobel 1966.)

KÄSTNER (Erich), *Dresde 1899 - Munich 1974*, écrivain allemand. Évocateur de la naïveté de l'enfance dans *Émile et les détectives* (1929), il a fait une critique féroce de la société allemande dans son œuvre poétique et romanesque.

Kastrup, aéroport de Copenhague (Danemark).

KASUGAI, v. du Japon (Honshu) ; 305 662 hab.

KATAÏEV (Valentine Petrovitch), *Odessa 1897 - Moscou 1986*, écrivain soviétique. Ses romans unissent réalisme satirique et onirisme (*Au loin une voile*, 1936).

KATANGA, de 1972 à 1997 **Shaba,** région du sud de la Rép. dém. du Congo ; 6 059 063 hab. ; ch.-l. *Lubumbashi*. Gisements de cobalt, de cuivre, de manganèse, de plomb et d'uranium.

KATAR → **QATAR.**

KATEB (Yacine), *Constantine 1929 - La Tronche, Isère, 1989*, écrivain algérien d'expression française et arabe. Son œuvre poétique, romanesque (*Nedjma*) et dramatique (*le Cadavre encerclé, l'Homme aux sandales de caoutchouc*) analyse le destin politique et humain de son pays.

◄ Yacine **Kateb**

KATHIAWAR, presqu'île de l'Inde, sur la mer d'Oman.

KATIVIK, territoire du Canada (Québec), situé au N. du 55e parallèle ; 500 164 km². Il relève d'une administration régionale inuite.

KATMANDOU, cap. du Népal, à env. 1 300 m d'alt. ; 1 014 570 hab. Monuments (XVIe-XVIIIe s.), dont le palais royal (très endommagés par les séismes de 2015). Musée. Aux environs, important pèlerinage bouddhique au stupa de Bodnath.

KATONA (József), *Kecskemét 1791 - id. 1830*, auteur dramatique hongrois, créateur de la tragédie nationale hongroise (*Bánk Bán*, 1821).

KATOWICE, v. de Pologne, ch.-l. de voïévodie, en Silésie ; 310 764 hab. (2 962 000 hab. dans l'agglomération). Centre industriel.

KATSINA, v. du nord du Nigeria ; 259 315 hab.

Katsura, villa impériale japonaise, près de Kyoto. Construite à la fin du XVIe s., elle est l'exemple type de l'intégration de l'architecture japonaise au paysage ; célèbre jardin.

KATTEGAT → **CATTÉGAT.**

KATYŃ, village de Russie, à l'O. de Smolensk. Les cadavres d'environ 4 500 officiers polonais, abattus en 1940 - 1941 par les Soviétiques, y furent découverts par les Allemands (1943). Ce massacre a été perpétré sur un ordre de Staline (mars 1940) en vertu duquel près de 26 000 Polonais, civils et militaires, furent exécutés.

KAUNAS, v. de Lituanie, sur le Niémen ; 321 201 hab. Centre industriel. – Musées.

KAUNDA (Kenneth David), *Lubwa 1924*, homme politique zambien, premier président de la république de Zambie, au pouvoir de 1964 à 1991.

KAUNITZ-RIETBERG (Wenzel Anton, prince von), *Vienne 1711 - id. 1794*, homme d'État autrichien. Chancelier d'État (1753 - 1792), il prôna l'alliance française contre la Prusse et inspira la politique centralisatrice de Marie-Thérèse et de Joseph II.

KAURISMÄKI (Aki), *Orimattila, au sud de Lahti, 1957*, cinéaste finlandais. Il peint la détresse matérielle et psychologique avec un humour tendre et décapant (*Crime et châtiment*, 1983 ; *la Fille aux allumettes*, 1990 ; *Au loin s'en vont les nuages*, 1996 ; *l'Homme sans passé*, 2002 ; *Le Havre*, 2011 ; *l'Autre Côté de l'espoir*, 2017).

KAUTSKY (Karl), *Prague 1854 - Amsterdam 1938*, homme politique autrichien. Secrétaire d'Engels (1881), marxiste rigoureux (il publia le 3e tome du *Capital*), il s'opposa au révisionnisme de Bernstein. Il dirigea jusqu'en 1917 *Die Neue Zeit*, organe théorique de la social-démocratie allemande, puis s'opposa aux bolcheviques (*Terrorisme et communisme*, 1919).

KAVÁLA, v. de Grèce (Macédoine) ; 70 501 hab. C'est l'antique *Neapolis*.

KAVIRI ou **KAVERI** ou **CAUVERY** n.f., fl. de l'Inde, qui rejoint le golfe du Bengale ; 764 km.

KAWABATA YASUNARI, *Osaka 1899 - Zushi 1972*, écrivain japonais. Son œuvre romanesque, qui mêle réalisme et fantastique, est une méditation sur la souffrance et la mort (*Pays de neige*, 1935-1948 ; *le Grondement de la montagne*, 1949-1954 ; *les Belles Endormies*, 1961). [Prix Nobel 1968.]

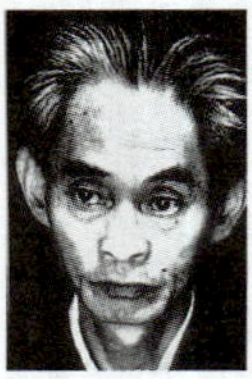

◄ **Kawabata Yasunari** en 1968.

KAWAGOE, v. du Japon (Honshu) ; 342 714 hab.

KAWAGUCHI, v. du Japon (Honshu) ; 500 311 hab. Sidérurgie. Textile.

KAWASAKI, v. du Japon (Honshu) ; 1 425 678 hab. Port. Centre industriel.

KAYES, v. du Mali, sur le fl. Sénégal ; 67 424 hab.

KAYL, v. du Luxembourg, près d'Esch-sur-Alzette ; 7 767 hab. Métallurgie.

KAYSERI, v. de Turquie, au S.-E. d'Ankara ; 536 392 hab. Centre industriel (meubles, métallurgie, textile). – Anc. *Césarée de Cappadoce*. – Citadelle et monuments (XIIIe s.). Musée.

KAYSERSBERG-VIGNOBLE (68240), comm. du Haut-Rhin ; 2 780 hab. (*Kaysersbergeois*). Pont fortifié, église des XIIe-XVe s., hôtel de ville Renaissance, maisons anciennes.

KAZAKHS, peuple vivant principalement au Kazakhstan (7,6 millions), en Russie, en Ouzbékistan et en Chine (Xinjiang) [env. 10 millions au total]. Issus de nomades turquisés (à partir du VIIe s.) puis intégrés dans l'Empire mongol (à partir du XIIIe s.), ils se répartissent depuis le XVIe s. en trois grandes hordes (« juz »), qui furent dirigées par des khans jusqu'à la colonisation russe (XIXe s.). Largement ruraux, porteurs des traditions de la steppe et de l'héritage du chamanisme, ils sont musulmans sunnites. Ils parlent le *kazakh*, de la famille turque, et utilisent un alphabet cyrillique.

KAZAKHSTAN n.m., en kazakh **Qazaqstan,** en russe **Kazakhstan,** État d'Asie centrale (et, pour une petite part, d'Europe), entre la mer Caspienne et la Chine ; 2 717 000 km² ; 16 441 000 hab. (*Kazakhs* ou *Kazakhstanais*). **CAP.** *Astana*. **LANGUES :** *kazakh* et *russe*. **MONNAIE :** *tenge*.

GÉOGRAPHIE Vaste comme cinq fois la France, c'est la plus étendue des anciennes républiques soviétiques d'Asie centrale. Le Kazakhstan est un pays de plaines et de plateaux, en dehors de la bordure orientale, montagneuse. L'ensemble a un climat aride, rude en hiver. La production agricole (parfois grâce à l'irrigation) est notable : blé et orge, coton, important élevage ovin. Le sous-sol recèle du charbon, de l'uranium, mais aussi du pétrole et du gaz naturel, dont l'exploitation se développe (immense gisement en mer Caspienne). La métallurgie reste l'industrie principale. Le Kazakhstan est peuplé par moins de 50 % de Kazakhs de souche et compte, surtout dans les villes, une importante minorité russe.

HISTOIRE La région est progressivement intégrée à l'Empire russe à partir du XVIIIe s. **1920 :** elle est érigée en république autonome de Kirghizie, au sein de la RSFS de Russie. **1925 :** cette république prend le nom de Kazakhstan. **1936 :** elle devient une république fédérée. **1990 :** les communistes remportent les premières élections libres. **1991 :** le Soviet suprême proclame l'indépendance du pays (déc.), qui adhère à la CEI. Noursoultan Nazarbaev est élu à la présidence de la République (plusieurs fois réélu depuis). **2017 :** les pouvoirs du Parlement et du gouvernement sont renforcés.

KAZAN, v. de Russie, cap. du Tatarstan, sur la Volga ; 1 143 546 hab. Centre industriel. – Kremlin de 1555 ; musée central du Tatarstan.

KAZAN (Elia Kazanjoglous, dit Elia), *Istanbul 1909 - New York 2003*, cinéaste américain. Venu du théâtre, il a construit une œuvre lyrique et tourmentée, menant de front l'exploration des conflits intérieurs et la peinture de la société américaine : *Un tramway nommé Désir* (1951), *Sur les quais* (1954), *À l'est d'Eden* (1955), *America, America* (1963), *l'Arrangement* (1969).

KAZANLĂK, v. de Bulgarie ; 54 021 hab. Centre de la « vallée des roses ». – Célèbre tombeau d'un chef guerrier thrace, d'époque hellénistique (peintures).

KAZANTZÁKIS (Níkos), *Iráklion 1883 - près de Fribourg-en-Brisgau 1957*, écrivain grec. À travers des thèmes populaires et la présence de la Crète, ses romans expriment sa quête d'une sagesse moderne et universelle (*Alexis Zorba, le Christ recrucifié*).

KAZBEK n.m., un des points culminants du Caucase, à la frontière de la Russie et de la Géorgie ; 5 047 m.

KAZVIN → **QAZVIN.**

KD → **constitutionnel-démocrate** (Parti).

KEAN (Edmund), *Londres 1789 - Richmond, Surrey, 1833*, acteur britannique, interprète des grands rôles tragiques du théâtre anglais. Ses amours ont inspiré un drame à Alexandre Dumas (1836), adapté en 1954 par J.-P. Sartre.

▲ Buster **Keaton** dans *la Croisière du « Navigator »* (1924).

KEATON (Joseph Francis, dit Buster), *Piqua, Kansas, 1895 - Woodland Hills, près de Los Angeles, 1966*, acteur et cinéaste américain. Il interpréta avec une grande inventivité un personnage faussement impassible devant l'adversité, poétique et subtilement comique (*la Croisière du « Navigator »*, 1924 ; *le Mécano de la « General »*, 1926 ; *l'Opérateur* [ou *le Cameraman*], 1928).

KEATS (John), *Londres 1795 - Rome 1821*, poète britannique. L'un des grands romantiques anglais, il se distingue par son sensualisme esthétique (*Endymion*, *la Belle Dame sans merci*).

Keban, barrage et aménagement hydroélectrique de Turquie, sur l'Euphrate.

KEBNEKAISE n.m., point culminant du massif de Kjølen, en Suède ; 2 117 m.

KECHICHE (Abdellatif), *Tunis 1960*, cinéaste tunisien et français. D'abord acteur (*Bezness*, N. Bouzid, 1992), cet observateur inlassable scrute la société française à travers le prisme de l'immigration (*la Faute à Voltaire*, 2000 ; *l'Esquive*, 2003 ; *la Graine et le Mulet*, 2007) et dénonce différentes formes de préjugés (*Vénus noire*, 2010 ; *la Vie d'Adèle*, 2013).

Keck (télescopes), nom de deux télescopes optiques et infrarouges américains (10 m de diamètre) installés sur le Mauna Kea, à Hawaii, mis en service en 1993 et 1996.

KECSKEMÉT, v. de Hongrie, au S.-E. de Budapest ; 107 407 hab. Monuments des XVIIIe-XIXe s.

KEDIRI, v. d'Indonésie (Java) ; 267 435 hab.

KEELING (îles) → **COCOS.**

KEELUNG, v. du nord de Taïwan ; 387 504 hab. Port.

KEESOM (Willem Hendrik), *île de Texel 1876 - Leyde 1956*, physicien néerlandais. Il a signalé deux variétés d'hélium liquide et a réussi à solidifier ce corps en le maintenant sous pression.

KEEWATIN, en inuktitut **Kivalliq,** district du Canada (Nunavut), au N. du Manitoba.

KEF (Le), v. de Tunisie ; 54 690 hab.

KEFLAVÍK, v. d'Islande ; 8 057 hab.

KÉGRESSE (Adolphe), *Héricourt 1879 - Croissy-sur-Seine 1943*, ingénieur français. Il inventa la propulsion des automobiles par chenilles.

KEHL, v. d'Allemagne (Bade-Wurtemberg), sur le Rhin, en face de Strasbourg ; 33 551 hab.

KEI, peuple d'Indonésie (Moluques) [env. 100 000]. Connus pour leurs pirogues de guerre, ils se partagent entre musulmans et chrétiens.

KEIHIN n.m., conurbation du Japon (Honshu), qui regroupe Tokyo, Yokohama et leurs banlieues.

KEÏTA (Ibrahim Boubacar), *Koutiala, près de Sikasso, 1945*, homme politique malien. Premier ministre (1994 - 2000), président de l'Assemblée nationale (2002 - 2007), il est président de la République depuis 2013 (réélu en 2018).

KEITA (Modibo), *Bamako 1915 - id. 1977*, homme politique malien. Il fut président de la République et chef du gouvernement (1960 - 1968).

KEITA (Salifou, dit Salif), *Djoliba 1949*, chanteur malien. Alliant aux traditions mandingues les influences du rock et du jazz, il est la figure emblématique de l'« afro-pop » (albums *Soro*, 1987 ; *Ko-Yan*, 1989 ; *Moffou*, 2002 ; *M'Bemba*, 2005 ; *Un autre blanc*, 2018).

KEÏTA (Seydou), *Bamako 1921 - Paris 2001*, photographe malien. Ses portraits sobres et flatteurs de la haute société de Bamako, qu'il réalisa dans son atelier de 1949 à 1962, ont fait l'objet d'une reconnaissance internationale à partir des années 1990.

KEITEL (Wilhelm), *Helmscherode 1882 - Nuremberg 1946*, maréchal allemand. Chef du commandement suprême allemand de 1938 à 1945, il signa la capitulation de son pays à Berlin (8 mai 1945). Condamné à mort comme criminel de guerre à Nuremberg, il fut exécuté.

KEKKONEN (Urho Kaleva), *Pielavesi 1900 - Helsinki 1986*, homme politique finlandais. Premier ministre (1950 - 1953 et 1954 - 1956), puis président de la République (1956 - 1982), il mena une action diplomatique importante.

KEKULÉ VON STRADONITZ (August), *Darmstadt 1829 - Bonn 1896*, chimiste allemand. Il utilisa le premier les formules développées en chimie organique, discipline dont il fut l'un des fondateurs. Il créa la théorie de la quadrivalence du carbone (1857) et établit la formule hexagonale du benzène.

KELDERMANS (Rombout), *Malines v. 1460 - Anvers 1531*, architecte flamand, le plus connu d'une famille d'architectes. Il a construit à Malines, Bruxelles, Anvers, Gand, Hoogstraten.

KELLER (Gottfried), *Zurich 1819 - id. 1890*, écrivain suisse de langue allemande. Ses poèmes, ses nouvelles (*les Gens de Seldwyla*) et ses romans (*Henri le Vert*) mêlent réalisme satirique et vision tragique de l'existence.

KELLERMANN (François Christophe), **duc de Valmy,** *Strasbourg 1735 - Paris 1820*, maréchal de France. Vainqueur à Valmy (1792), il commanda l'armée des Alpes et fut fait maréchal en 1804.

KELLOGG (Frank Billings), *Potsdam, État de New York, 1856 - Saint Paul, Minnesota, 1937*, homme politique américain. Secrétaire d'État du président Coolidge (1927 - 1929), il négocia avec A. Briand un pacte de renonciation à la guerre (*pacte Briand-Kellogg**, 1928). [Prix Nobel de la paix 1929.]

KELLY (Eugene Curran, dit Gene), *Pittsburgh 1912 - Los Angeles 1996*, chorégraphe, acteur et cinéaste américain. Danseur complet, il a renouvelé, avec la collaboration de S. Donen (*Chantons sous la pluie*, 1952) ou V. Minnelli (*Un Américain à Paris*, 1951), la comédie musicale au cinéma.

KELLY (Grace), *Philadelphie 1929 - Monaco 1982*, actrice américaine. Son charme distingué et sa beauté glacée lui valurent des rôles de femme pure mais passionnée (*Mogambo*, J. Ford, 1953 ; *Le crime était presque parfait*, A. Hitchcock, 1954 ; *Fenêtre sur cour*, id.). Elle arrêta sa carrière pour épouser en 1956 le prince de Monaco Rainier III.

KELOWNA, v. du Canada (Colombie-Britannique) ; 123 380 hab. Conserveries.

KELSEN (Hans), *Prague 1881 - Orinda, Californie, 1973*, juriste américain d'origine autrichienne. Fondateur de l'école « normativiste » (le droit repose sur un ensemble de normes juridiques hiérarchisées), il a également collaboré à la rédaction de la Constitution autrichienne de 1920. Son œuvre majeure est *la Théorie pure du droit* (1934).

KELVIN (William **Thomson,** lord), *Belfast 1824 - Netherhall, Strathclyde, 1907*, physicien britannique. Il a découvert (1852) le refroidissement provoqué par la détente des gaz (*effet Joule-Thomson*) et introduit la notion de température thermodynamique. Il a imaginé le galvanomètre à aimant mobile (1851) et donné la théorie des circuits oscillants. Il étudia les marées (notamm. celles de l'écorce terrestre) et leur influence sur la rotation du globe.

KEMAL (Mustafa) → **ATATÜRK.**

KEMAL (Yachar) → **YAŞAR KEMAL.**

KEMEROVO, v. de Russie, en Sibérie occidentale ; 532 884 hab. Houille.

KEMMEL (mont), hauteur de Belgique, près d'Ypres ; 156 m. Ludendorff y déclencha, en avr. 1918, l'une des dernières grandes offensives pour briser le front britannique des Flandres.

KEMPFF (Wilhelm), *Jüterbog 1895 - Positano, Italie, 1991*, pianiste allemand. Il servit les œuvres de Bach et Beethoven et fit redécouvrir les sonates de Schubert.

KEMPIS (Thomas a) → **THOMAS A KEMPIS.**

KENDALL (Edward Calvin), *South Norwalk 1886 - Princeton 1972*, biochimiste américain. Il est l'auteur de travaux majeurs sur les hormones corticosurrénales. (Prix Nobel de médecine 1950.)

KENDALL (Henry Way), *Boston 1926 - Wakulla Springs, Floride, 1999*, physicien américain. Ses recherches ont contribué à la mise en évidence expérimentale des quarks. (Prix Nobel 1990.)

KENITRA, anc. **Port-Lyautey,** v. du Maroc, au N. de Rabat ; 431 282 hab. Port et zone franche.

KENKO HOSHI (Urabe Kaneyoshi, dit), *v. 1283 - v. 1352*, écrivain japonais. Son *Tsurezuregusa* (*les Heures oisives*), recueil de réflexions et d'anecdotes sur la société de son temps, exprime sa nostalgie du Japon antique.

KENNA (Michael), *Widnes, Lancashire, 1953*, photographe britannique. De ses compositions en noir et blanc, prises dans une lumière atténuée qui exalte les textures, se dégage une atmosphère envoûtante accentuée par l'absence de tout être humain (paysages, sites industriels, ponts).

KENNEDY (John Fitzgerald), *Brookline, près de Boston, 1917 - Dallas 1963*, homme politique américain. Député puis sénateur démocrate, il fut président des États-Unis de 1961 à 1963. Il pratiqua une politique de relance économique, fut à l'origine d'une législation contre la discrimination raciale et proposa aux Américains le projet d'une « Nouvelle Frontière » pour atteindre une plus grande justice sociale et gagner la course à la Lune. À l'extérieur, il oscilla entre un rapprochement avec l'URSS et une politique de fermeté à l'égard des régimes communistes (à Berlin en 1961 ; lors de la crise de Cuba en 1962 ; au Viêt Nam où il prépara l'intervention militaire américaine). Il fut assassiné le 22 nov. 1963.

▲ John Fitzgerald **Kennedy.** — **Robert Francis,** dit **Bob K.,** *Brookline, près de Boston, 1925 - Los Angeles 1968*, homme politique américain. Frère de John F. et d'Edward M., attorney général (1961 - 1964) puis sénateur démocrate à partir de 1965, il fut assassiné après avoir remporté les primaires de Californie comme candidat à la présidence. — **Edward Moore,** dit **Ted K.,** *Boston 1932 - Hyannis Port, Massachusetts, 2009*, homme politique américain. Frère de John F. et de Robert F., sénateur démocrate de 1962 à sa mort, il fut un fervent défenseur des causes sociales.

Kennedy (centre spatial J. F.), base de lancement d'engins spatiaux américaine, au cap Canaveral.

Kennedy (J. F.), aéroport international de New York, à Idlewild.

KENT, comté d'Angleterre, sur le pas de Calais ; 1 463 740 hab. ; ch.-l. *Maidstone*. Fondé par les Jutes au Ve s., le royaume de Kent fut le premier grand foyer de la civilisation anglo-saxonne jusqu'au VIIe s. (cap. *Canterbury*).

KENT (William), *Bridlington, Yorkshire, 1685 - Londres 1748*, architecte, paysagiste et peintre britannique. Collaborateur d'un riche amateur, Richard Boyle, comte de Burlington, il fut l'un des champions du palladianisme et l'un des créateurs du jardin paysager à l'anglaise.

KENTUCKY, État des États-Unis ; 4 454 189 hab. ; cap. *Frankfort*.

KENYA n.m., État d'Afrique orientale, sur l'océan Indien ; 583 000 km^2 ; 44 354 000 hab. (*Kényans*). **CAP.** *Nairobi*. **LANGUES :** *anglais* et *swahili*. **MONNAIE :** *shilling du Kenya*.

GÉOGRAPHIE L'Ouest, montagneux et volcanique, est le domaine des cultures du café et du thé et de l'horticulture (produits exportés par Mombasa). Dans l'Est, formé de plaines, se localisent des plantations de canne à sucre, de bananiers et de sisal. L'élevage est important, mais revêt souvent une plus grande valeur sociale qu'économique. L'industrie se développe (hydroélectricité et géothermie). Le tourisme (réserves d'animaux et littoral aux récifs coralliens) est affecté par la dégradation de la situation sécuritaire. La population juxtapose une quarantaine de groupes ethniques (les Kikuyu étant les plus nombreux).

HISTOIRE Pays où l'on a découvert les plus anciens restes de préhominiens, le Kenya est occupé à l'origine par des populations proches des Bochimans. **500 av. J.-C. - XVIe s. apr. J.-C. :** des populations bantoues venues du nord se substituent à ce peuplement primitif ; les Arabes puis les Portugais (après 1497) installent des comptoirs sur le littoral. **1888 :** la Grande-Bretagne obtient du sultan de Zanzibar une concession sur l'essentiel du pays. **1895 :** le Kenya devient protectorat britannique. **1920 :** il forme une colonie de la Couronne. **1925 :** Jomo Kenyatta se place à la tête du mouvement nationaliste, qui exige la restitution des terres aux Kikuyu. **1952 - 1956 :** la « révolte des Mau-Mau » (rébellion des Kikuyu) est sévèrement réprimée ; Kenyatta est arrêté. **1961 :** libération de Kenyatta. **1963 :** le Kenya devient indépendant dans le cadre du Commonwealth. **1964 - 1978 :** Kenyatta est président de la République. **1978 :** à la mort de Kenyatta, Daniel Arap Moi lui succède. Il instaure en 1982 un système de parti unique. **1991 :** le multipartisme est rétabli. **1992** et **1997 :** Daniel Arap Moi est reconduit à la tête de l'État au terme d'élections pluralistes. **2002 :** Mwai Kibaki, leader de l'opposition, est élu président. **2007 - 2008 :**

A B C D E F G H I J K L M N O P Q R S T U V W X Y Z

sa réélection (déc. 2007), contestée (scrutin entaché de fraudes), est suivie d'une explosion de violence, la crise politique se doublant d'affrontements interethniques. Un accord de partage du pouvoir est conclu (févr. 2008) avec l'opposition, dont le chef, Raila Odinga, devient Premier ministre (restant en poste jusqu'à sa candidature malheureuse à la présidentielle de 2013). **2010 :** une nouvelle Constitution est adoptée. **2011 :** le Kenya lance une offensive militaire en Somalie pour contrer le mouvement islamiste armé al-Chabab, qui tend à exporter le terrorisme sur son sol. **2013 :** Uhuru Kenyatta, fils du premier président du pays, accède à la tête de l'État (réélu en 2017, à l'issue de deux scrutins [le premier est invalidé par la Cour suprême et le second, boycotté par l'opposition], qui génèrent des violences). Le pays est fragilisé par la multiplication des actions d'al-Chabab sur son territoire et par le développement d'insurrections locales.

KENYA (mont), sommet du centre du Kenya ; 5 199 m.

KENYATTA (Jomo), *Ichaweri v. 1893 - Mombasa 1978*, homme politique kényan. Dès 1925, il lutta pour la restitution des terres aux Kikuyu. Il devint chef du premier gouvernement du Kenya (1963). Président de la République en 1964, il fut constamment réélu jusqu'à sa mort. — Uhuru **K.**, *Nairobi 1961*, homme politique kényan. Fils de Jomo, il est président de la République depuis 2013. Il a été inculpé par la Cour pénale internationale de crimes contre l'humanité commis pendant les violences postélectorales de 2007 - 2008 (2012 ; abandon des poursuites en 2014).

KENZAN, de son vrai nom **Ogata Shinsei**, *région de Kyoto 1663 - 1743*, céramiste, peintre et calligraphe japonais. Il est l'initiateur d'un nouvel art céramique, auquel participe son frère Korin.

KEPLER (Johannes), *Weil der Stadt, Wurtemberg, 1571 - Ratisbonne 1630*, astronome allemand. Partisan du système de Copernic, il découvrit, grâce aux observations précises de Tycho Brahe, dont il fut l'assistant puis le successeur, les lois du mouvement des planètes *(lois de Kepler)* : 1° les orbites des planètes sont des ellipses dont le Soleil occupe l'un des foyers (1609) ; 2° les aires balayées par le rayon vecteur joignant le centre du Soleil au centre d'une planète sont proportionnelles aux temps mis à les décrire (1609) ; 3° les carrés des périodes de révolution sidérale des planètes sont proportionnels aux cubes des grands axes de leurs orbites (1619).

▲ Johannes **Kepler**

KERALA, État de l'Inde, sur la côte sud-ouest du Deccan ; 38 800 km² ; 33 387 677 hab. ; cap. *Trivandrum*. Regroupant les États de Travancore et de Cochin, cet État a été constitué en 1956.

KÉRÉKOU (Mathieu), *Kouarfa, région de l'Atakora, 1933 - Cotonou 2015*, général et homme politique béninois. Ayant pris le pouvoir en 1972, il fut président de la République jusqu'en 1991 et à nouveau de 1996 à 2006.

KERENSKI (Aleksandr Fiodorovitch), *Simbirsk 1881 - New York 1970*, homme politique russe. Membre du Parti social-révolutionnaire, il devint en 1917 ministre de la Justice, de la Guerre puis chef du gouvernement provisoire qui fut renversé par les bolcheviks (oct.-nov. 1917).

KERGUELEN (îles), archipel du sud de l'océan Indien, partie des terres Australes* et Antarctiques françaises ; env. 7 000 km². Station de recherches scientifiques.

KERGUELEN DE TRÉMAREC (Yves de), *Quimper 1734 - Paris 1797*, marin français. Il découvrit en 1772 les îles Kerguelen.

KERKENNAH (îles), petit archipel de Tunisie, en face de Sfax.

KERMADEC (îles), archipel néo-zélandais du Pacifique, au N. de la Nouvelle-Zélande.

KERMAN, v. du sud-est de l'Iran ; 496 684 hab. Mausolées et mosquées (XIIe-XIVe s.).

KERMANCHAH, v. d'Iran, dans le Kurdistan ; 784 602 hab.

KEROUAC (Jack), *Lowell, Massachusetts, 1922 - Saint Petersburg, Floride, 1969*, écrivain américain. Poète et romancier (*Sur la route*, 1957), il fut l'un des chefs de file de la Beat* generation.

KEROULARIOS (Mikhail), en fr. **Michel Cérulaire**, *Constantinople v. 1000 - id. 1059*, patriarche de Constantinople (1043 - 1059). En 1054, il consacra le schisme qui sépare encore les Églises d'Orient et d'Occident.

KERR (John), *Ardrossan, Strathclyde, Écosse, 1824 - Glasgow 1907*, physicien britannique. Il découvrit, en 1875, la biréfringence des isolants soumis à un champ électrique, phénomène utilisé en télévision *(cellule de Kerr)*.

KERRY (John Forbes), *Aurora, Colorado, 1943*, homme politique américain. Sénateur du Massachusetts (1985 - 2013), candidat démocrate à l'élection présidentielle de 2004 (battu par G. W. Bush), il a été secrétaire d'État de 2013 à 2017.

KERSCHENSTEINER (Georg), *Munich 1854 - id. 1932*, pédagogue allemand. Il préconisa le travail en groupe, facteur d'autodiscipline, et l'approfondissement de l'éducation par le travail manuel.

KERTCH, off. v. d'Ukraine (rattachement de facto à la Russie en 2014, non reconnu par la communauté internationale), en Crimée, sur le *détroit de Kertch* (qui relie la mer Noire et la mer d'Azov) ; 157 007 hab. Port.

KERTÉSZ (André), *Budapest 1894 - New York 1985*, photographe américain d'origine hongroise. Sensibilité poétique et sens de l'humour alliés à l'invention formelle dominent son œuvre (*Soixante Ans de photographie, 1912 - 1972*).

KERTÉSZ (Imre), *Budapest 1929 - id. 2016*, écrivain hongrois. Journaliste, puis traducteur d'auteurs de langue allemande, il vint au roman pour témoigner de son expérience de la déportation et dénoncer l'horreur de la Shoah et des systèmes totalitaires (*Être sans destin*, 1975 ; *le Refus*, 1988 ; *Kaddish pour l'enfant qui ne naîtra pas*, 1990 ; *Liquidation*, 2003 ; *l'Ultime Auberge*, 2014). [Prix Nobel 2002.]

KESSEL (Joseph), *Clara, Argentine, 1898 - Avernes, Val-d'Oise, 1979*, écrivain et journaliste français. L'un des premiers grands reporters, il exalte, dans ses romans, la fraternité virile dans la guerre (*l'Équipage, l'Armée des ombres*) et l'aventure (*Fortune carrée, le Lion*). Il est l'auteur, avec son neveu M. Druon, des paroles du *Chant* des partisans* (1943). [Acad. fr.]

KESSELRING (Albert), *Marktsteft 1885 - Bad Nauheim 1960*, maréchal allemand. Chef d'état-major de l'armée de l'air (1936), il commanda de 1941 à 1944 les forces allemandes de Méditerranée et d'Italie, puis le front de l'Ouest en 1945.

KETTELER (Wilhelm Emmanuel, baron von), *Münster 1811 - Burghausen, Bavière, 1877*, prélat et homme politique allemand. Il lutta contre le Kulturkampf et donna au catholicisme social allemand un grand dynamisme.

KEYNES (John Maynard, lord), *Cambridge 1883 - Firle, Sussex, 1946*, économiste britannique. Auteur de *la Théorie générale de l'emploi, de l'intérêt et de la monnaie* (1936), il prôna une relance de la consommation, une baisse du taux d'intérêt et un accroissement des investissements publics pour assurer le plein-emploi. Sa doctrine a eu une influence considérable sur la pensée et les politiques économiques du XXe s.

▲ Lord **Keynes**

KEY WEST, v. des États-Unis (Floride) ; 24 649 hab. Station balnéaire.

KGB (*Komitet Gossoudarstvennoï Bezopasnosti*, en fr. Comité de sécurité de l'État), nom donné de 1954 à 1991 aux services chargés du renseignement et du contre-espionnage à l'intérieur et à l'extérieur de l'URSS. L'essentiel de ses pouvoirs a été repris, en Russie, par le Service fédéral de sécurité, ou FSB.

KHABAROVSK, v. de Russie, en Sibérie, sur l'Amour ; 577 668 hab. Centre industriel.

KHADIDJA, *m. à La Mecque en 619*, première femme de Mahomet.

KHADRA (Mohammed **Moulessehoul,** dit Yasmina), *Kenadsa, près de Béchar, 1955*, écrivain algérien d'expression française. Ses romans témoignent du fanatisme et des luttes de pouvoir, de l'incompréhension entre Orient et Occident (*les Hirondelles de Kaboul*, 2002 ; *l'Attentat*, 2005 ; *Khalil*, 2018) et du passé colonial de l'Algérie (*Ce que le jour doit à la nuit*, 2008).

KHAJURAHO, site de l'Inde centrale (Madhya Pradesh). Anc. cap. de la dynastie Candella (IXe-XIIIe s.). Important ensemble de temples brahmaniques et jaïna, au foisonnant décor sculpté.

KHAKASSES, peuple de Russie (Khakassie) [env. 80 000]. Leur culture (chamanisme) reste vivace. Ils parlent le *khakasse*, de la famille turque.

KHAKASSIE, république de Russie, dans le sud de la Sibérie ; 532 319 hab. ; cap. *Abakan*.

KHALKÍS, v. de Grèce, sur la côte ouest de l'Eubée ; 59 125 hab.

KHAMENEI (Ali), *Mechhed 1939*, chef religieux (*ayatollah*) et homme politique iranien. Président de la République (1981 - 1989), il reçoit, après la mort de Khomeyni, le titre de « guide de la révolution islamique ».

KHAN (Ali Akbar), *Shivpur, Bengale, 1922 - San Anselmo, Californie, 2009*, musicien indien. Sarodiste à la sensibilité exceptionnelle, il a créé de nombreux raga.

KHAN (Imran), *Lahore 1952*, homme politique pakistanais. Joueur de cricket jusqu'en 1992, il embrasse ensuite une carrière politique et fonde, en 1996, le Mouvement du Pakistan pour la justice (PTI). Il est Premier ministre depuis 2018.

KHAN (Nusrat Fateh Ali), *Faisalabad 1948 - Londres 1997*, chanteur pakistanais de musique soufie.

KHANIÁ ou **LA CANÉE,** v. de Grèce, sur la côte nord de la Crète ; 108 642 hab. Port. – Musée.

KHANTYS, peuple finno-ougrien de Russie (Sibérie occidentale) [env. 23 000]. Souvent réunis avec les Mansis sous le nom d'*Ougriens de l'Ob*, ils étaient appelés autrefois *Ostyaks*.

KHARAGPUR, v. d'Inde (Bengale-Occidental) ; 207 984 hab.

KHARBIN → **HARBIN.**

KHAREZM, ancien État d'Asie centrale, situé sur le cours inférieur de l'Amou-Daria (Oxus). Héritier de la Chorasmie antique, il fut conquis par les Arabes en 712. Il est souvent appelé khanat de Khiva (1512 - 1920).

KHAREZMI (Muhammad ibn Musa **al-**), *fin du VIIIe s., début du IXe s.*, savant de langue arabe. Géographe, mathématicien, il est l'auteur du *Précis sur le calcul d'al-djabr et d'al-muqabala*, où sont résolues des équations du 1er et du 2e degré (« al-djabr » donnera « algèbre »).

KHARG (île de), île iranienne du golfe Persique. Terminal pétrolier.

KHARKIV, anc. **Kharkov,** v. de l'est de l'Ukraine ; 1 470 902 hab. Centre métallurgique. – Cathédrale de la fin du XVIIe s. ; musées.

KHARTOUM, cap. du Soudan, au confluent du Nil Blanc et du Nil Bleu ; 5 000 000 hab. dans l'agglomération. Riche musée archéologique.

KHATAMI (Mohammad), *Ardakan 1943*, homme politique iranien. Hodjatoleslam, ministre de la Culture et de l'Orientation islamique (1982 - 1992), il a été président de la République de 1997 à 2005.

KHATCHATOURIAN (Aram), *Tiflis 1903 - Moscou 1978*, compositeur soviétique. Il écrivit la musique des ballets *Gayaneh* (1942) et *Spartacus* (1956), d'inspiration patriotique et folklorique.

KHATIBI (Abdelkébir), *El-Jadida 1938 - Rabat 2009*, écrivain marocain d'expression française. Ses romans (*la Mémoire tatouée*, 1971 ; *le Livre du sang*, 1979 ; *Amour bilingue*, 1983) et ses essais expriment une réflexion attentive à la modernité.

KHAYBAR ou **KHYBER** (passe de), défilé entre le Pakistan et l'Afghanistan.

KHAYYAM (Omar ou Umar), *Nichapur v. 1047 - id. v. 1122*, poète et mathématicien persan. Son angoisse face à la mort lui fait célébrer dans ses *Quatrains* la jouissance immédiate de la vie. – Il a écrit un traité sur les équations du 3e degré.

KHAZARS, peuple turc qui, du VIIe au Xe s., domina la région de la mer Caspienne puis de la Crimée et les steppes entre le Don et le Dniepr. Le prince de Kiev Sviatoslav anéantit sa puissance en 969.

KHEOPS ou **CHÉOPS,** *vers 2600 av. J.-C.*, roi d'Égypte, de la IVe dynastie. Il fit élever la plus grande des pyramides de Gizeh.

KHEPHREN ou **CHÉPHREN,** *vers 2500 av. J.-C.*, roi d'Égypte, de la IVe dynastie. Fils de Kheops, il fit construire la deuxième pyramide de Gizeh.

KHERSON, v. d'Ukraine, sur le Dniepr inférieur ; 328 360 hab. Port. – Monuments des XVIIe-XIXe s.

KHIEU SAMPHAN, *Svay Rieng 1931*, homme politique cambodgien. Dirigeant khmer rouge, il est chef de l'État du Kampuchéa démocratique de 1976 à 1979. Après avoir représenté les Khmers rouges au sein du Conseil national suprême (1991 - 1993), il s'oppose au gouvernement (1994), avant de s'y rallier (1998). En 2007, il est arrêté et inculpé de crimes contre l'humanité pour sa responsabilité dans le génocide de 1975 - 1979. Son procès (et celui d'autres hauts responsables du régime khmer rouge), scindé en deux pour éviter l'enlisement, s'ouvre en juin 2011. En 2014, il est condamné à la prison à perpétuité pour crimes contre l'humanité, puis en 2018, lors d'un second procès, il est jugé coupable pour les crimes, qualifiés de « génocide », commis à l'encontre de la minorité vietnamienne.

KHINGAN (Grand), massif de Chine, entre le désert de Gobi et la plaine de la Chine du Nord-Est ; 2 091 m.

KHINGAN (Petit), massif de Chine, entre la plaine de la Chine du Nord-Est et le bassin inférieur de l'Amour.

KHLEBNIKOV (Viktor Vladimirovitch, dit Velimir), *près d'Astrakhan 1885 - Santalovo 1922*, écrivain russe. Théoricien du futurisme, poète, il a cherché à inventer une langue universelle, fondée sur les jeux phonétiques et numériques.

KHMELNITSKI (Bogdan), *v. 1595 - Tchiguirine 1657*, hetman des Cosaques d'Ukraine (1648 - 1657). Il souleva son peuple contre la Pologne, puis fit appel au tsar de Russie, dont il reconnut la suzeraineté sur l'Ukraine orientale (1654).

KHMERS, peuple majoritaire du Cambodge, représenté également en Thaïlande et au Viêt Nam (env. 9 millions). Riziculteurs, ils forment une société très hiérarchisée, marquée par le bouddhisme et par le souvenir d'un passé prestigieux (empire d'Angkor). Ils parlent le *khmer*, ou *cambodgien*, de la famille môn-khmer.

Khmers rouges, nom donné aux résistants communistes khmers dans les années 1960, puis aux partisans de Pol Pot et de Khieu Samphan qui, de 1975 à 1979, soumirent le Cambodge à un régime de terreur.

KHNOPFF (Fernand), *près de Termonde 1858 - Bruxelles 1921*, peintre belge, un des maîtres du symbolisme*.

KHODJENT, de 1936 à 1991 **Leninabad,** v. du Tadjikistan ; 155 316 hab.

KHOÏ → **HOTTENTOTS.**

KHOMEYNI (Ruhollah), *Khomeyn 1902 - Téhéran 1989*, chef religieux (*ayatollah*) et homme politique iranien. Exilé à Nadjaf après 1964 puis en France (1978 - 1979), il canalisa l'opposition aux réformes du chah, qui triompha avec la révolution de févr. 1979. Il instaura une république islamique dont il fut jusqu'à sa mort le guide suprême.

◄ L'imam **Khomeyni**

KHORASAN ou **KHURASAN,** région du nord-est de l'Iran ; v. princ. *Mechhed*.

KHORRAMABAD, v. de l'ouest de l'Iran ; 328 544 hab.

KHORRAMCHAHR, v. d'Iran, près du Chatt al-Arab ; 123 866 hab. Port.

KHORSABAD → **KHURSABAD.**

KHOSRÔ Ier ou **CHOSROÈS Ier,** *VIe s.*, roi sassanide de Perse (531 - 579). Ses guerres contre Justinien se terminèrent en 562 par une paix sans vainqueur ni vaincu. Il réorganisa l'administration de l'Empire. — **Khosrô II,** *VIe-VIIe s.*, roi sassanide de Perse (590 - 628). Il lutta contre les Byzantins (pillage de Jérusalem en 614, siège de Constantinople en 626), mais fut battu par Héraclius Ier en 628.

KHOTAN, en chin. **Hotan,** v. de Chine (Xinjiang) ; 186 127 hab. Oasis.

Khotine (bataille de) [11 nov. 1673], victoire du futur Jean III Sobieski sur les Turcs en Ukraine, à Khotine (en polon. Chocim), sur le Dniestr. Elle facilita l'accession au trône de Pologne de Jean III Sobieski (1674).

KHOURIBGA, v. du Maroc, sur les plateaux du Tadla ; 196 196 hab. Phosphates.

KHROUCHTCHEV (Nikita Sergueïevitch), *Kalinovka, prov. de Koursk, 1894 - Moscou 1971*, homme politique soviétique. Premier secrétaire du Comité central du Parti communiste (1953 - 1964) après la mort de Staline, président du Conseil des ministres de l'URSS (1958 - 1964), il se fit, à partir du XXe Congrès du PCUS (1956), le champion de la « déstalinisation » et de la coexistence pacifique, et entreprit des réformes économiques.

▲ Nikita **Khrouchtchev**

KHULNA, v. du Bangladesh, au S.-O. de Dacca ; 664 728 hab. (1 722 631 hab. dans l'agglomération).

KHURASAN → **KHORASAN.**

KHURSABAD ou **KHORSABAD,** village d'Iraq. On y a dégagé la ville de Dour-Sharroukên, bâtie par Sargon II vers 713 av. J.-C. et abandonnée après sa mort.

KHUZESTAN ou **KHUZISTAN,** région d'Iran, sur le golfe Persique. Pétrole.

KHYBER → **KHAYBAR.**

KIAROSTAMI (Abbas), *Téhéran 1940 - Paris 2016*, cinéaste iranien. Ses films manifestent son intérêt pour l'enfance et la jeunesse et son souci de reconstituer le réel dans la fiction (*Où est la maison de mon ami ?*, 1987 ; *Close Up*, 1990 ; *Au travers des oliviers*, 1994 ; *le Goût de la cerise*, 1997 ; *Le vent nous emportera*, 1999 ; *Copie conforme*, 2010).

KIBERLAIN (Sandrine **Kiberlajn,** dite Sandrine), *Boulogne-Billancourt 1968*, actrice française. Fantaisiste, fragile, elle s'illustre aussi bien dans la comédie (*Neuf Mois ferme*, A. Dupontel, 2013) que dans l'expression nuancée des sentiments (*Betty Fisher et autres histoires*, C. Miller, 2001 ; *Mademoiselle Chambon*, S. Brizé, 2009 ; *Quand on a 17 ans*, A. Téchiné, 2016 ; *Pupille*, J. Herry, 2018).

KICHINEV → **CHIŞINĂU.**

KIDMAN (Nicole), *Honolulu 1967*, actrice australo-américaine. Icône glamour, interprétant toutes les tonalités de la séduction (*Eyes Wide Shut*, S. Kubrick, 1999 ; *Moulin rouge !*, B. Luhrmann, 2001), elle sait aussi rompre avec cette image dans des rôles à l'âpreté inattendue (*les Autres*, A. Amenábar, 2001 ; *The Hours*, S. Daldry, 2002 ; *Dogville*, L. von Trier, 2003 ; *les Proies*, S. Coppola, 2017).

KIEFER (Anselm), *Donaueschingen 1945*, peintre allemand. Ses toiles sombres imposantes, chargées de matière, de collages divers, d'inscriptions, interrogent selon une dramaturgie angoissée l'histoire, la culture et les mythes de l'Allemagne.

KIEL, v. d'Allemagne, cap. du Schleswig-Holstein, sur la Baltique ; 235 782 hab. Port. Métallurgie. — canal de **Kiel,** canal qui, de Kiel à l'embouchure de l'Elbe, unit la Baltique à la mer du Nord.

KIELCE, v. de Pologne, ch.-l. de voïévodie ; 202 196 hab. Cathédrale et palais du XVIIe s.

A B C D E F G H I J K L M N O P Q R S T U V W X Y Z

▲ Le **Kilimandjaro**

KIENHOLZ (Edward), *Fairfield, État de Washington, 1927 - Hope, Idaho, 1994,* artiste américain. Il a créé à partir de 1960 des environnements aux figures faites de matériaux hétéroclites, avec meubles et accessoires, composant une satire à la fois réaliste et mythique de la vie américaine (*Roxy's*, 1961 ; *The Portable War Memorial*, 1968).

KIERKEGAARD (Søren), *Copenhague 1813 - id. 1855,* penseur et théologien danois. Combattant à la fois la dénaturation du christianisme par l'institution ecclésiastique et les prétentions de la philosophie (l'idéalisme hégélien), il fait de l'angoisse l'expérience fondamentale de l'homme. Sa pensée a irrigué le courant existentialiste (*Ou bien… ou bien*, 1843 ; *le Concept d'angoisse*, 1844 ; *Traité du désespoir*, 1849).

KIESINGER (Kurt Georg), *Ebingen 1904 - Tübingen 1988,* homme politique allemand. Chrétien-démocrate, il a été chancelier de la République fédérale (1966 - 1969).

KIEŚLOWSKI (Krzysztof), *Varsovie 1941 - id. 1996,* cinéaste polonais. Force du récit, vérité des personnages et lyrisme de la mise en scène caractérisent son œuvre (*le Décalogue*, 1988 ; *la Double Vie de Véronique*, 1991 ; la trilogie *Trois Couleurs* [*Bleu*, *Blanc* et *Rouge*], 1993-1994).

▲ **Kiev,** avec une des églises du monastère des Grottes.

KIEV, en ukr. Kyïv, cap. de l'Ukraine, sur le Dniepr ; 2 829 300 hab. (*Kiéviens*). Université. Centre industriel. – Cathédrale Ste-Sophie (XIe-XVIIIe s.), conservant des mosaïques et peintures byzantines ; monastère des Grottes, remontant lui aussi au XIe s., auj. musée national. – Capitale de l'État de Kiev (IXe-XIIe s.), centre commercial prospère et métropole religieuse, Kiev fut conquise par les Mongols en 1240. Rattachée à la Lituanie (1362) puis à la Pologne (1569), elle revint à la Russie en 1654. Foyer du nationalisme ukrainien, elle devint en 1918 la capitale de la République indépendante d'Ukraine. Intégrée à la République soviétique d'Ukraine en 1920, elle devint sa capitale en 1934, puis celle de l'Ukraine à nouveau indépendante en 1991.

KIEV (État de) ou **RUSSIE KIÉVIENNE,** premier État des Slaves de l'Est (IXe-XIIe s.), qui se développa sur le cours moyen du Dniepr, autour de Kiev. Il connut son apogée sous les règnes de Vladimir Ier (v. 980 - 1015) et de son fils Iaroslav (1019 - 1054), avant de se désintégrer, à partir de 1150, en principautés indépendantes.

KIGALI, cap. du Rwanda ; 1 135 428 hab.

KIKUYU, peuple du sud du Kenya (env. 4 millions). Ils furent les principaux instigateurs de la révolte Mau-Mau déclenchée par l'attribution de certaines de leurs terres aux Européens. Ils parlent une langue bantoue.

KIKWIT, v. de la Rép. dém. du Congo, sur le Kwilu ; 397 737 hab. dans l'agglomération. Port.

KILIMANDJARO ou **PIC UHURU,** massif volcanique de l'Afrique (Tanzanie), portant le point culminant du continent ; 5 895 m.

KILLY (Jean-Claude), *Saint-Cloud 1943,* skieur français. Il a remporté six titres de champion du monde : deux en 1966 (descente, combiné) et quatre en 1968 (descente, slalom géant, slalom spécial, combiné), et trois titres olympiques, à Grenoble, en 1968 (descente, slalom géant, slalom spécial). Par la suite, il a coprésidé le comité d'organisation des jeux Olympiques d'Albertville (1992).

KIMBERLEY, v. d'Afrique du Sud, ch.-l. de la prov. du Cap-Nord ; 205 749 hab. Diamants.

KIMCHAEK, v. de Corée du Nord, sur la mer du Japon. Port.

KIM DAE-JUNG, *Hugwang-ri, prov. de Cholla du Sud, 1924 ou 1925 - Séoul 2009,* homme politique sud-coréen. Leader historique de l'opposition, il fut président de la République de 1998 à 2003. Son combat pour la démocratie et son action en faveur de la réconciliation avec la Corée du Nord lui valurent l'attribution, en 2000, du prix Nobel de la paix.

KIM IL-SUNG ou **KIM IL-SONG,** *près de Pyongyang 1912 - Pyongyang 1994,* maréchal et homme politique nord-coréen. Organisateur de l'armée de libération contre l'occupant japonais (1931 - 1945), fondateur du parti du Travail (1946), il devint Premier ministre de la Corée du Nord en 1948 puis fut chef de l'État de 1972 à sa mort. En 1998, il est déclaré dans la Constitution « président éternel » de la Corée du Nord.

KIM JONG-IL, *camp secret du mont Paektu 1942 ou Viatskoïe, au nord de Khabarovsk, Russie, 1941 ? - ? 2011,* homme politique nord-coréen. Fils et successeur désigné de Kim Il-sung, président de la Commission de défense nationale à partir de 1993, secrétaire général du parti du Travail à partir de 1997, il accéda officiellement à la tête de l'État en 1998 et dirigea le pays jusqu'à sa mort.

KIM JONG-UN, *? entre 1982 et 1984 ?,* homme politique nord-coréen. Fils cadet de Kim Jong-il, nommé au Comité central en 2010, il est reconnu à la mort de son père (déc. 2011) comme son successeur à la tête de l'État. En 2012, il est officiellement élu premier secrétaire du parti du Travail et premier président de la Commission de défense nationale, et promu maréchal.

KIMURA MOTOO, *Okazaki 1924 - Mishima, préf. de Shizuoka, 1994,* généticien japonais. Spécialiste de génétique des populations, il est l'auteur du modèle neutraliste de l'évolution.

KINABALU n.m., point culminant de l'Insulinde, en Malaisie, dans le nord de Bornéo ; 4 175 m.

KINDI (al-), *v. 800 - Bagdad v. 870,* philosophe arabe. À l'origine de la traduction en arabe de nombreux textes de la philosophie grecque, il prolongea la réflexion cosmologique d'Aristote et s'efforça de concilier philosophie et religion.

KINDIA, v. de Guinée ; 169 119 hab. Extraction de bauxite.

KINECHMA, v. de Russie, sur la Volga ; 88 113 hab. Automobiles.

KING (Riley Ben **King**, dit Blues Boy ou B. B.), *Itta Bena, Mississippi, 1925 - Las Vegas 2015,* chanteur et guitariste américain de blues. Figure majeure du blues urbain, doté d'une voix puissante et bien timbrée, il fut un précurseur du rock et de la pop.

KING (Ernest), *Lorain, Ohio, 1878 - Portsmouth, New Hampshire, 1956,* amiral américain. Il fut chef de l'état-major naval américain pendant la Seconde Guerre mondiale (1942 - 1945).

KING (Martin Luther), *Atlanta 1929 - Memphis 1968,* pasteur américain. Il lutta à partir de 1955 pour l'intégration des Noirs, organisant notamment de grandes manifestations pacifiques. Il fut assassiné. (Prix Nobel de la paix 1964.)

Martin Luther **King** ▶ en 1956.

KING (Stephen), *Portland 1947,* écrivain américain, publiant également sous le pseudonyme de Richard Bachman. Auteur mondialement célèbre de best-sellers souvent portés à l'écran, il est le spécialiste incontesté du fantastique et de l'horreur immergés dans le réel le plus quotidien (*Carrie*, 1974 ; *Shining*, 1977 ; *Ça*, 1986 ; *Misery*, 1987 ; *la Ligne verte*, 1996 ; *Sac d'os*, 1998 ; *Histoire de Lisey*, 2006 ; *22/11/63*, 2011 ; *Revival*, 2014).

KING (William Lyon **Mackenzie**), *Berlin, auj. Kitchener, Ontario, 1874 - Kingsmere, près d'Ottawa, 1950,* homme politique canadien. Chef du Parti libéral, Premier ministre du Canada (1921 - 1930 et 1935 - 1948), il renforça l'autonomie de son pays vis-à-vis du Royaume-Uni.

KINGERSHEIM (68260), comm. du Haut-Rhin ; 13 346 hab. (*Kingersheimois*).

KINGSLEY (Charles), *Holne, Devon, 1819 - Eversley 1875,* écrivain britannique. Pasteur et romancier, il fut l'un des promoteurs du mouvement socialiste chrétien. — **Mary Henrietta K.,** *Londres 1862 - Simonstown, près du Cap, 1900,* exploratrice et auteure britannique. Nièce de Charles, elle effectua entre 1893 et 1895 deux voyages aventureux en Afrique tropicale occidentale.

KINGSTON, v. du Canada (Ontario), sur le Saint-Laurent ; 123 798 hab. École militaire. Archevêché. Université. – Petits musées.

KINGSTON, cap. de la Jamaïque, sur la côte sud de l'île ; 587 000 hab.

KINGSTON-UPON-HULL ou **HULL,** v. de Grande-Bretagne, dans le nord de l'Angleterre, sur l'estuaire du Humber ; 256 406 hab. Port de pêche et de commerce. – Église gothique ; musée.

KINGSTOWN, cap. de Saint-Vincent-et-les-Grenadines ; 30 863 hab. dans l'agglomération.

KINKI → **KANSAI.**

KINOSHITA JUNJI, *Tokyo 1914 - id. 2006,* auteur dramatique japonais. Il renouvela le théâtre japonais de l'après-guerre (*Yūzuru* [*Une grue un soir*], 1949).

KINSHASA, anc. **Léopoldville,** cap. de la Rép. dém. du Congo, sur la rive sud du fl. Congo ; 11 116 000 hab. dans l'agglomération (*Kinois*). Centre administratif et commercial.

KIPLING (Rudyard), *Bombay 1865 - Londres 1936,* écrivain britannique. Ses poésies et ses récits (*le Livre* de la jungle*, 1894 ; *Capitaines courageux*, 1897 ; *Kim*, 1901) mêlent la peinture de l'enfance à la célébration de l'empire colonial. (Prix Nobel 1907.)

◀ Rudyard **Kipling** par P. Burne-Jones. (National Portrait Gallery, Londres.)

Kippour (guerre du) → **israélo-arabes** (guerres).

KIRAZ (Edmond **Kirazian**, dit), *Le Caire 1923,* dessinateur français. À travers ses « Parisiennes », parues dans la presse dès 1959 (*Jours de France*, *Paris Match*) et qui mettent en scène avec humour des jeunes femmes à la fois frivoles et élégantes, indépendantes et traditionnelles, il pose un regard aigu sur une société en pleine mutation.

KIRBY (Jacob **Kurtzberg**, dit Jack), *New York 1917 - Thousand Oaks, Californie, 1994,* dessinateur et scénariste américain de bandes dessinées, spécialiste de la bande dessinée de « super-héros » (*The Fantastic Four*, 1961 ; *Thor*, 1962).

KIRCHER (Athanasius), *Geisa, près de Fulda, 1602 - Rome 1680*, savant et religieux allemand. Jésuite, il créa au Collège romain le « Museum Kircherianum », premier exemple d'un musée public. Son *Mundus subterraneus* est le premier grand traité de géologie.

KIRCHHOFF (Gustav Robert), *Königsberg 1824 - Berlin 1887*, physicien allemand. Il perfectionna le spectroscope, qu'il utilisa, avec Bunsen, pour montrer que chaque élément chimique possède un spectre caractéristique, fondant ainsi l'analyse spectrale. En électricité, il énonça les lois générales des courants dérivés. Il imagina, également, le concept de « corps noir* ».

KIRCHNER (Ernst Ludwig), *Aschaffenburg 1880 - Frauenkirch, près de Davos, 1938*, peintre et graveur allemand. Un des maîtres de l'expressionnisme, inspirateur du groupe Die Brücke, il s'exprime par la couleur pure et par un trait aigu, d'une nervosité croissante.

KIRCHNER (Néstor), *Río Gallegos, prov. de Santa Cruz, 1950 - El Calafate, id., 2010*, homme politique argentin. Péroniste, il fut président de la République de 2003 à 2007. — **Cristina Fernández de K.**, *La Plata 1953*, femme politique argentine. Péroniste, épouse de Néstor Kirchner, elle lui a succédé à la tête de l'État (2007 - 2015).

KIRGHIZ ou **KIRGHIZES**, peuple vivant principalement au Kirghizistan, en Chine, en Ouzbékistan et au Tadjikistan (env. 3 millions). Structurés en clans, ils pratiquent le nomadisme pastoral. Ils sont musulmans sunnites. Ils parlent le *kirghiz* (ou *kirghize*), de la famille turque, et utilisent l'alphabet cyrillique.

KIRGHIZISTAN, KIRGHIZSTAN n.m., ou **KIRGHIZIE** n.f., en kirghiz(e) **Kyrgyzstan**, État d'Asie centrale ; 199 000 km^2 ; 5 548 000 hab. (*Kirghiz* ou *Kirghizes*). CAP. *Bichkek*. LANGUES : *kirghiz(e)* et *russe*. MONNAIE : *som*.

GÉOGRAPHIE Le pays est enclavé et en grande partie montagneux (occupant une partie de la chaîne du Tian Shan). Il vit surtout de l'élevage ovin et de quelques cultures (céréales, coton, tabac), développées dans les vallées et bassins, parfois irrigués. Le sous-sol fournit de l'or et un peu de charbon. La population, en très large majorité islamisée, juxtapose Kirghiz (un peu plus de la moitié de la population totale) et des minorités variées (Russes et Ouzbeks principalement).

HISTOIRE Conquise par les Russes, la région est intégrée au Turkestan organisé en 1865 - 1867. **1924 :** elle est érigée en région autonome des Kara-Kirghiz, au sein de la RSFS de Russie. **1926 :** elle devient la République autonome du Kirghizistan. **1936 :** elle reçoit le statut de république fédérée. **1990 :** les communistes remportent les premières élections libres. **1991 :** le Soviet suprême proclame l'indépendance du pays (août), qui adhère à la CEI. Askar Akaïev est élu à la présidence. Mais, à partir de 1999, la dérive autoritaire du régime nourrit une opposition grandissante. **2005 :** A. Akaïev est renversé. Kourmanbek Bakiev, Premier ministre de 2000 à 2002 et en 2005, est élu à la tête de l'État. **2010 :** ce dernier est à son tour chassé du pouvoir. Un gouvernement intérimaire dirigé par l'opposition est mis en place, mais le pays reste en proie à une grande instabilité. **2011 :** Almazbek Atambaïev, Premier ministre en 2007 et de 2010 à 2011, est élu à la présidence de la République. **2017 :** Sooronbaï Jeenbekov, Premier ministre de 2016 à 2017, lui succède.

KIRIBATI [kiribas] n.f., anc. **îles Gilbert**, État d'Océanie ; 900 km^2 ; 102 000 hab. (*Kiribatiens*). CAP. *Tarawa (44 385 hab.)* [centre administratif principal : *Bairiki*, Tarawa-Sud]. LANGUES : *anglais* et *gilbertin*. MONNAIE : *dollar australien*. (V. carte **Océanie**.) Le pays est constitué par les îles Gilbert, les îles Phoenix et une partie des îles de la Ligne. Traversé par l'équateur et la ligne de changement de date, l'État est « dispersé » sur près de 5 millions de km^2, s'étirant sur près de 4 000 km d'O. en E. – Ancienne colonie britannique, l'État de Kiribati est devenu indépendant, dans le cadre du Commonwealth, en 1979. Il a été admis au sein de l'ONU en 1999.

KIRIKKALE, v. de Turquie, à l'E. d'Ankara ; 205 078 hab.

KIRITIMATI, anc. **Christmas,** atoll du Pacifique, dépendance de Kiribati.

KIRKLAND, v. du Canada (Québec), à l'O. de Montréal ; 20 491 hab.

KIRKUK, v. du nord de l'Iraq ; 418 624 hab. Centre pétrolier.

KIROV → **VIATKA.**

Kirov (théâtre) → **Mariinski** (théâtre).

KIROVABAD → **GANDJA.**

KIROVAKAN → **VANADZOR.**

KIROVOHRAD → **KROPYVNYTSKYÏ.**

KIRUNA, v. de Suède, en Laponie ; 23 241 hab. Fer. – Base de lancement de ballons et de fusées-sondes.

KIŠ (Danilo), *Subotica 1935 - Paris 1989*, écrivain yougoslave de langue serbe. Ses romans lucides et désabusés prennent la forme de paraboles (*le Cirque de famille*, 3 vol., 1965-1972).

KISANGANI, anc. **Stanleyville,** v. de la Rép. dém. du Congo, sur le fleuve Congo ; 935 977 hab. dans l'agglomération.

KISARAZU, v. du Japon (Honshu), près de Tokyo ; 129 291 hab. Aciérie.

KISFALUDY (Sándor), *Sümeg 1772 - id. 1844*, poète hongrois, auteur de poèmes d'amour. — **Károly K.**, *Tét 1788 - Pest 1830*, auteur dramatique hongrois, frère de Sándor. Il fut l'un des initiateurs du théâtre et du romantisme en Hongrie.

KISH, anc. cité sumérienne (près de Babylone, auj. en Iraq), florissante au IIIe millénaire.

KISHIWADA, v. du Japon (Honshu) ; 200 984 hab. Port.

KISMAAYO, v. de Somalie, près de l'embouchure du Djouba. Port.

KISSI, peuple mandé du sud-est de la Guinée et des régions limitrophes du Liberia et de la Sierra Leone.

KISSIN (Evgeny), *Moscou 1971*, pianiste russe. Enfant prodige, concertiste de renommée internationale dès 1984, il excelle dans le répertoire romantique et dans celui de l'école russe du XXe s.

KISSINGER (Henry), *Fürth, Allemagne, 1923*, homme politique américain. Conseiller, dès 1968, de R. Nixon et secrétaire d'État de 1973 à 1977, il fut l'un des principaux animateurs de la politique extérieure des États-Unis. Il négocia la paix avec le Viêt Nam. (Prix Nobel de la paix 1973.)

◀ Henry **Kissinger**

KISTNA → **KRISHNA.**

KISUMU, v. du Kenya, sur le lac Victoria ; 390 164 hab.

KITA-KYUSHU, v. du Japon, dans le nord de Kyushu ; 993 483 hab. (2 800 000 hab. dans l'agglomération). Port. Centre industriel.

KITANO TAKESHI, *Tokyo 1947*, cinéaste et acteur japonais. Peintre de l'univers sans espoir des yakuzas (*Sonatine*, 1993 ; *Hana-Bi*, 1997 ; *Aniki mon frère*, 2000 ; *Outrage*, 2010), il livre aussi sa vision poétique de l'enfance (*l'Été de Kikujiro*, 1999) ou esthétique de l'amour fou (*Dolls*, 2002). Souvent interprète de ses films, il tourne avec d'autres réalisateurs (*Furyo* et *Tabou* d'Oshima).

KITCHENER, v. du Canada (Ontario) ; 233 222 hab. (523 894 hab. dans l'agglomération). Universités.

KITCHENER (Herbert, lord), *Bally Longford 1850 - en mer 1916*, maréchal britannique. Il reconquit le Soudan, occupant Khartoum et Fachoda (1898), et mit fin à la guerre des Boers (1902). Ministre de la Guerre en 1914, il mit sur pied les divisions britanniques engagées sur le front français.

KITWE-NKANA, v. de Zambie ; 467 084 hab. Centre minier (cuivre).

KITZBÜHEL, v. d'Autriche (Tyrol) ; 8 076 hab. Station de sports d'hiver (alt. 762 - 2 000 m). – Églises et maisons anciennes.

KIVI (Aleksis **Stenvall**, dit Aleksis), *Nurmijärvi 1834 - Tuusula 1872*, écrivain finlandais. Créateur du théâtre finnois (*Kullervo*, 1859), auteur d'un roman paysan (*les Sept Frères*), il est le grand classique de la littérature finlandaise.

KIVU (lac), lac d'Afrique, aux confins de la Rép. dém. du Congo et du Rwanda ; 2 700 km^2.

KIZIL IRMAK n.m., fl. de Turquie, qui se jette dans la mer Noire ; 1 355 km.

KJØLEN, massif du nord de la Scandinavie (Norvège et Suède) ; 2 117 m au Kebnekaise.

KLADNO, v. de la République tchèque, en Bohême ; 71 778 hab. Métallurgie.

KLAGENFURT, v. d'Autriche, ch.-l. de la Carinthie ; 94 483 hab. Monuments anciens ; musée.

KLAIPĖDA, en all. **Memel,** v. de Lituanie, sur la Baltique ; 161 264 hab. Port.

KLAPROTH (Martin Heinrich), *Wernigerode 1743 - Berlin 1817*, chimiste allemand. Il découvrit notamm. l'uranium (1789), le titane (1795) et le cérium (1803).

KLARSFELD (Serge), *Bucarest 1935*, avocat français, et **Beate K.**, *Berlin 1939*, sa femme. Ils ont consacré une grande partie de leur vie à la poursuite des criminels de guerre nazis.

KLAUS (Václav), *Prague 1941*, économiste et homme politique tchèque. Ministre des Finances (1989) et vice-Premier ministre (1991) de Tchécoslovaquie, nommé en 1992 à la tête du gouvernement tchèque, il négocie la partition de la Fédération. Premier ministre de la République tchèque indépendante (1993 - 1997), puis président de la Chambre des députés (1998 - 2002), il est président de la République de 2003 à 2013.

KLÉBER (Jean-Baptiste), *Strasbourg 1753 - Le Caire 1800*, général français. Volontaire en 1792, général en 1793, il commanda en Vendée, se battit à Fleurus (1794), puis dirigea l'armée du Rhin. Successeur de Bonaparte en Égypte (1799), il défit les Turcs à Héliopolis, mais fut assassiné au Caire.

Kirghizistan

▲ Paul **Klee.** *Petit Tableau au sapin*, 1922. (Kunstmuseum, Bâle.)

KLEE (Paul), *Münchenbuchsee, près de Berne, 1879 - Muralto, près de Locarno, 1940*, peintre allemand. Il exposa en 1912 avec le groupe du Blaue Reiter et professa de 1921 à 1930 au Bauhaus. Avec une invention formelle constante, il a créé un monde onirique et gracieux, qui participe de l'abstraction et du surréalisme. Il a laissé un *Journal* et des écrits théoriques. Centre Paul-Klee à Berne.

KLEENE (Stephen Cole), *Hartford 1909 - Madison 1994*, logicien et mathématicien américain. Il a contribué à la théorie des fonctions récursives et à celle des automates.

KLEIBER (Erich), *Vienne 1890 - Zurich 1956*, chef d'orchestre autrichien naturalisé argentin. Il créa à l'Opéra de Berlin nombre d'œuvres contemporaines (*Wozzeck*, A. Berg, 1925). Il s'opposa au régime nazi et quitta l'Allemagne pour l'Argentine en 1934. — **Carlos K.,** *Berlin 1930 - Konjsica, Slovénie, 2004*, chef d'orchestre allemand naturalisé autrichien, fils d'Erich. La rareté de ses prestations et de ses enregistrements (Beethoven, Schubert, Verdi notamm.) correspond à une exigence de perfection peu commune.

KLEIN (Felix), *Düsseldorf 1849 - Göttingen 1925*, mathématicien allemand. Il mit fin à la scission entre géométrie pure et géométrie analytique en présentant, en 1872, le « programme d'Erlangen », remarquable classification des géométries fondée sur la notion de groupe de transformations.

KLEIN (Lawrence Robert), *Omaha, Nebraska, 1920 - Gladwyne, Pennsylvanie, 2013*, économiste américain. Il contribua à la construction de modèles économétriques et les appliqua à l'analyse des fluctuations et des politiques économiques. (Prix Nobel 1980.)

KLEIN (Melanie), *Vienne 1882 - Londres 1960*, psychanalyste britannique d'origine autrichienne. Pionnière de la psychanalyse des enfants, elle suppose dès la naissance un Moi beaucoup plus élaboré que ne le fait Freud, le complexe d'Œdipe se nouant selon elle plus tôt que ce dernier ne l'avait pensé (*la Psychanalyse des enfants*, 1932).

▲ Melanie **Klein**

KLEIN (William), *New York 1928*, photographe et cinéaste américain. Rapidité d'écriture, lecture multiple de l'image, flou font de lui l'un des rénovateurs du langage photographique.

KLEIN (Yves), *Nice 1928 - Paris 1962*, peintre français. Il a été le pionnier d'un art expérimental avec ses « monochromes » bleus (ou roses, ou or), ses « peintures de feu », ses « anthropométries » (empreintes de corps nus enduits de peinture), ses « reliefs planétaires ».

KLEIST (Heinrich von), *Francfort-sur-l'Oder 1777 - Wannsee 1811*, écrivain allemand. Auteur de comédies (*la Cruche cassée*, 1808), de tragédies (*Penthésilée*, 1808), de drames historiques (*le Prince de Hombourg*, 1810) et de nouvelles (*la Marquise d'O*, 1810), il ne connut pas le succès et se suicida avec son amie, Henriette Vogel. ▲ Heinrich von **Kleist** par W. Zenge.

KLEMPERER (Otto), *Breslau 1885 - Zurich 1973*, chef d'orchestre d'origine allemande naturalisé israélien, spécialiste du répertoire austro-allemand de J. Haydn à G. Mahler.

KLENZE (Leo von), *près de Hildesheim 1784 - Munich 1864*, architecte allemand. Il a notamment construit à Munich, en style néogrec, la Glyptothèque (v. 1816 - 1830) et les Propylées.

KLESTIL (Thomas), *Vienne 1932 - id. 2004*, diplomate et homme politique autrichien. Membre du Parti populaire, il fut président de la République de 1992 à sa mort – deux jours avant la fin de son second mandat – en 2004.

KLIMT (Gustav), *Baumgarten, auj. dans Vienne, 1862 - Vienne 1918*, peintre autrichien. Chef de file de la Sécession viennoise (1897), créateur d'un art spécifique qui associe réalisme et féerie ornementale au service de thèmes érotico-symbolistes, il est une figure clé de l'Art nouveau viennois.

▲ Gustav **Klimt.** *Le Baiser*, 1907-1908. (Österreichische Galerie, Vienne.)

KLINGER (Friedrich Maximilian von), *Francfort-sur-le-Main 1752 - Dorpat 1831*, écrivain allemand. Le mouvement littéraire Sturm* und Drang tire son nom de l'un de ses drames.

KLITZING (Klaus von), *Schroda, auj. Środa Wielkopolska, 1943*, physicien allemand. Il a découvert que l'effet Hall quantique fournit un étalon de référence de résistance électrique, ce qui a permis de définir une nouvelle constante, utilisée en métrologie de précision. (Prix Nobel 1985.)

KLONDIKE n.m., riv. du Canada, affl. du Yukon (r. dr.) ; 150 km. Gisements d'or découverts en 1896, mais aujourd'hui épuisés.

KLOPSTOCK (Friedrich Gottlieb), *Quedlinburg 1724 - Hambourg 1803*, écrivain allemand. Auteur de poèmes épiques (*la Messiade*) et de pièces de théâtre (*la Bataille d'Arminius*), il fut un artisan du retour aux sources nationales.

KLOSSOWSKI (Pierre), *Paris 1905 - id. 2001*, écrivain et dessinateur français, frère de Balthus. Son œuvre de romancier (*les Lois de l'hospitalité*, 1965) et d'essayiste invente, par le jeu et le simulacre, une syntaxe et une mise en scène érotiques.

KLOSTERNEUBURG, v. d'Autriche, banlieue de Vienne ; 25 828 hab. Célèbre monastère aux bâtiments gothiques et Renaissance (décors baroques ; œuvres d'art, dont un « retable » émaillé de Nicolas de Verdun [1181]). Collection Essl (art contemporain, en partic. autrichien). – Vignobles.

KLOTEN, v. de Suisse (canton de Zurich) ; 18 030 hab. Aéroport de Zurich.

KLUCK (Alexander von), *Münster 1846 - Berlin 1934*, général allemand. Commandant la Ire armée, il fut battu devant Paris puis sur la Marne en 1914.

KLUGE (Günther, dit Hans Günther von), *Posen, auj. Poznań, 1882 - près de Metz 1944*, maréchal allemand. Il commanda une armée en France (1940), un groupe d'armées en Russie, puis succéda à Rundstedt en Normandie (1944). Après son échec à Mortain, il se suicida.

Knesset n.f., Parlement de l'État d'Israël.

KNIASEFF (Boris), *Saint-Pétersbourg 1900 - Paris 1975*, danseur et chorégraphe d'origine russe. Sa « barre à terre » et ses cours furent à la base du perfectionnement de nombreuses étoiles.

KNIE, dynastie d'artistes de cirque d'origine autrichienne naturalisés suisses en 1900, dont le cirque familial exerce ses activités sous l'enseigne « Cirque national suisse ».

Knock ou le Triomphe de la médecine, comédie satirique de J. Romains (1923). Le docteur Knock parvient à amener tous les habitants d'une bourgade de province à se faire soigner par lui.

KNOKKE-HEIST, comm. de Belgique (Flandre-Occidentale) ; 33 753 hab. Station balnéaire sur la mer du Nord.

KNOROZOV (Iouri), *Kharkov 1922 - Moscou 1999*, épigraphiste russe. Il a été à l'origine du déchiffrement de l'écriture maya, en s'appuyant sur l'hypothèse d'une double valeur (idéographique, mais aussi syllabique) des glyphes.

Knox (Fort), camp militaire des États-Unis (Kentucky), au S.-O. de Louisville. Abri contenant les réserves d'or des États-Unis.

KNOX (John), *près de Haddington ?, Écosse, v. 1514 - Édimbourg 1572*, réformateur écossais. Il participa à l'établissement de la Réforme en Angleterre avant Marie Tudor et fut l'un des fondateurs de l'Église presbytérienne en Écosse.

KNOXVILLE, v. des États-Unis (Tennessee) ; 184 281 hab. (698 030 hab. dans l'agglomération).

KNUD ou **KNUT,** nom de plusieurs souverains scandinaves. — **Knud le Grand,** *995 - Shaftesbury 1035*, roi d'Angleterre (1016 - 1035), de Danemark (1018 - 1035) et de Norvège (1028 - 1035). Respectueux des lois anglo-saxonnes, il favorisa la fusion entre Danois et Anglo-Saxons. — **Knud II le Saint,** *v. 1040 - Odense 1086*, roi de Danemark (1080 - 1086). Martyr canonisé en 1101, il est le patron du Danemark.

KOBE, v. du Japon (Honshu) ; 1 525 389 hab. (11 294 000 hab. dans l'agglomération). Port. Centre industriel. Séisme en 1995.

KOCH (Robert), *Clausthal, Hanovre, 1843 - Baden-Baden 1910*, médecin et microbiologiste allemand. Il a découvert le bacille de la tuberculose (1882), qui porte son nom, celui du choléra, et a réalisé la préparation de la tuberculine. (Prix Nobel 1905.)

◀ Robert **Koch**

KOCHANOWSKI (Jan), *Sycyna 1530 - Lublin 1584*, poète polonais. Inspirées de Pétrarque, ses élégies sur la mort de sa fille (*Thrènes*, 1580) inaugurèrent la poésie lyrique en Pologne.

KOCHER (Emil Theodor), *Berne 1841 - id. 1917*, chirurgien suisse. Il étudia la physiologie de la glande thyroïde et créa la chirurgie des goitres. (Prix Nobel 1909.)

KOCHI, v. du Japon (Shikoku) ; 333 407 hab. Port. Centre industriel (sidérurgie).

KODÁLY (Zoltán), *Kecskemét 1882 - Budapest 1967*, compositeur et folkloriste hongrois. Il est l'auteur d'œuvres symphoniques et chorales (*Psalmus hungaricus*, 1923), de musique de chambre et d'une méthode d'enseignement, fondée sur la pratique du chant populaire.

KOECHLIN (Charles), *Paris 1867 - Rayol-Canadel-sur-Mer 1950*, compositeur et théoricien français. Il est l'auteur d'un *Traité de l'orchestration*, d'œuvres symphoniques et de musique de chambre.

KOEKELBERG [kukɛlbɛrg], comm. de Belgique (Bruxelles-Capitale), banlieue ouest de Bruxelles ; 21 025 hab.

KŒNIG (Marie Pierre), *Caen 1898 - Neuilly-sur-Seine 1970*, maréchal de France. Vainqueur à Bir Hakeim (1942), il commanda les Forces françaises libres puis les Forces françaises de l'intérieur (1944). Il fut ministre de la Défense en 1954 - 1955.

KOESTLER (Arthur), *Budapest 1905 - Londres 1983*, écrivain hongrois d'expression anglaise, naturalisé britannique. Ses romans peignent l'individu aux prises avec les systèmes politiques ou scientifiques modernes (*le Zéro et l'Infini*, 1940).

KOETSU (Honami Koetsu, dit), *région de Kyoto 1558 - 1637*, peintre, calligraphe et décorateur japonais. Superbe calligraphe, il a puisé son inspiration dans la période de Heian et a réalisé avec Sotatsu des œuvres d'une parfaite harmonie.

KOFFKA (Kurt), *Berlin 1886 - Northampton 1941*, psychologue américain d'origine allemande. Il fut l'un des fondateurs de la théorie de la forme (*Gestalttheorie*), avec Köhler et Wertheimer.

KOFU, v. du Japon (Honshu), à l'O. de Tokyo ; 194 245 hab.

KOHL (Helmut), *Ludwigshafen am Rhein 1930 - id. 2017*, homme politique allemand. Président de la CDU (1973 - 1998), il fut chancelier de la République fédérale de 1982 à 1998. Il joua un rôle majeur dans la réunification (1990) des deux États allemands.

◄ Helmut **Kohl**

KÖHLER (Wolfgang), *Reval, auj. Tallinn, 1887 - Enfield, New Hampshire, 1967*, psychologue américain d'origine allemande. Il fut l'un des fondateurs de la théorie de la forme (*Gestalttheorie*), avec Koffka et Wertheimer.

KOHLRAUSCH (Rudolf), *Göttingen 1809 - Erlangen 1858*, physicien allemand. Il a défini la résistivité des conducteurs électriques (1848).

KOHOUT (Pavel), *Prague 1928*, écrivain tchèque. Ses poèmes et son théâtre (*les Nuits de septembre*, 1955) évoquent les épreuves de son pays.

KOIVISTO (Mauno), *Turku 1923 - Helsinki 2017*, homme politique finlandais. Social-démocrate, Premier ministre (1968 - 1970 ; 1979 - 1982), il fut président de la République de 1982 à 1994.

KOIZUMI JUNICHIRO, *Yokosuka 1942*, homme politique japonais. Il a été président du Parti libéral-démocrate (PLD) et Premier ministre de 2001 à 2006.

KOK (Wim), *Bergambacht, Hollande-Méridionale, 1938 - Amsterdam 2018*, homme politique néerlandais. Leader du parti du Travail (1986 - 2001), il fut Premier ministre de 1994 à 2002.

KOKAND, v. d'Ouzbékistan ; 197 450 hab.

KOKOSCHKA (Oskar), *Pöchlarn, Basse-Autriche, 1886 - Montreux 1980*, peintre et écrivain autrichien. D'un expressionnisme tourmenté dans ses figures (*la Fiancée du vent*, 1914, musée de Bâle), il a exalté le lyrisme de la couleur dans ses vues urbaines et ses paysages.

KOKSIJDE → **COXYDE.**

KOLA (presqu'île de), péninsule de Russie, au N. de la Carélie ; v. princ. *Mourmansk*. Fer. Nickel. Phosphates. – Bases aérienne et sous-marine.

KOLAMBA → **COLOMBO.**

KOLAR GOLD FIELDS, v. d'Inde (Karnataka) ; 138 553 hab. Mines d'or.

KOLHAPUR, v. d'Inde (Maharashtra) ; 485 183 hab.

KOLKATA → **CALCUTTA.**

KOLLÁR (Ján), *Mošovce 1793 - Vienne 1852*, poète slovaque de langue tchèque, défenseur du panslavisme (*la Fille de Slava*, 1824).

KOLMOGOROV (Andreï Nikolaïevitch), *Tambov 1903 - Moscou 1987*, mathématicien soviétique. Il a établi les bases axiomatiques du calcul des probabilités (1933).

KOLOKOTRÓNIS (Theódhoros) ou **COLOCOTRONIS** (Théodore), *Ramavoúni 1770 - Athènes 1843*, homme politique grec, l'un des chefs militaires de la guerre de l'Indépendance (1821 - 1831).

KOLOMNA, v. de Russie, au confluent de l'Oka et de la Moskova ; 144 642 hab.

KOLTCHAK (Aleksandr Vassilievitch), *Saint-Pétersbourg 1874 - Irkoutsk 1920*, amiral russe. Ayant pris parti contre les bolcheviques et organisé un gouvernement russe à Omsk (fin de 1918), il fut battu par l'Armée rouge et fusillé.

KOLTÈS (Bernard-Marie), *Metz 1948 - Paris 1989*, auteur dramatique français. Souvent mis en scène par P. Chéreau, son théâtre repose sur la rencontre, les échanges et l'affrontement d'individus en proie à l'exclusion, au désir et à la haine (*Combat de nègres et de chiens, Quai Ouest, Dans la solitude des champs de coton, Roberto Zucco*).

KOLWEZI, v. de la Rép. dém. du Congo, dans le Katanga ; 453 147 hab. dans l'agglomération. Anc. centre minier (cuivre, cobalt). – En 1978, les troupes aéroportées françaises ont libéré la ville investie par des rebelles.

KOLYMA n.f., fl. de Russie, en Sibérie, qui se jette dans l'océan Arctique ; 2 129 km.

Kominform (abrév. russe de *Bureau d'information des partis communistes et ouvriers*), organisation qui regroupa de 1947 à 1956 les partis communistes des pays de l'Europe de l'Est, de France et d'Italie.

Komintern (abrév. russe d'*Internationale communiste*), nom russe de la IIIe Internationale*.

KOMIS, peuple de Russie (principalement république des Komis) [env. 340 000]. Pêcheurs et éleveurs de rennes, christianisés au XIVe s., ils parlent une langue finno-ougrienne, le *komi*. Leur appellation russe de « Zyriènes » est vieillie.

KOMIS (république des), république de Russie, sur la bordure orientale de l'Oural ; 901 642 hab. ; cap. *Syktyvkar*. La population comprend moins de 25 % de Komis de souche et près de 60 % de Russes.

KOMMOUNARSK → **PEREVALSK.**

KOMPONG SOM → **SIHANOUKVILLE.**

KOMSOMOLSK-SUR-L'AMOUR, v. de Russie, en Sibérie, sur l'Amour ; 263 906 hab.

KONDRATIEV (Nikolaï Dmitrievitch), *1892 - 1931 ?*, économiste russe. Il a mis en valeur l'existence des cycles de longue durée, dits *cycles Kondratiev*.

KONG (royaume de), anc. royaume dioula du nord de l'actuelle Côte d'Ivoire (XVIIIe-XIXe s.).

KONGO ou **BAKONGO,** peuple du sud du Congo, de l'ouest de la Rép. dém. du Congo et du nord de l'Angola (env. 6 millions). Les Kongo fondèrent le royaume du Kongo*. Agriculteurs, convertis en partie au catholicisme, ils parlent une langue bantoue, le *kongo*, ou *kikongo*.

KONGO ou **CONGO** (royaume du), anc. royaume africain aux confins du bas Congo et de l'Angola. Fondé au XIVe s., il était déjà puissant à l'arrivée des Portugais (1484). Ses rois se convertirent au christianisme puis s'allièrent aux Portugais. Après une éclipse vers 1568 (invasion des Jaga), le royaume se redressa au XVIIe s. puis déclina.

KONIEV ou **KONEV** (Ivan Stepanovitch), *Lodeïno 1897 - Moscou 1973*, maréchal soviétique. Il se distingua devant Moscou (1941) et libéra Prague (1945). Il fut commandant des forces du pacte de Varsovie (1955 - 1960).

KÖNIGSBERG, nom allemand de Kaliningrad*.

KÖNIGSMARCK ou **KÖNIGSMARK** (Aurora, comtesse von), *Stade, Basse-Saxe, 1662 - Quedlinburg 1728*, favorite du roi de Pologne Auguste II. Elle eut avec lui un fils, Maurice de Saxe.

KONITZ (Lee), *Chicago 1927*, saxophoniste américain de jazz. Il a développé au saxophone alto un style fondé sur une sonorité lisse et des improvisations, et a créé ses propres groupes.

KÖNIZ, v. de Suisse (canton de Berne) ; 38 823 hab. Monuments anciens.

KONSTANTINOVKA → **KOSTIANTYNIVKA.**

KONTICH, comm. de Belgique (prov. d'Anvers) ; 20 883 hab.

KONTSEVICH (Maxim), *Khimki, oblast de Moscou, 1964*, mathématicien français d'origine russe. Au carrefour des mathématiques et de la physique théorique, il étudie notamm. le concept de symétrie miroir homologique qui permet de mieux comprendre la théorie des cordes*. (Médaille Fields 1998 ; prix Crafoord 2008.)

KONYA, v. de Turquie, au N. du Taurus ; 742 690 hab. (1 022 820 hab. dans l'agglomération). Anc. cap. du sultanat seldjoukide de Rum ; monuments du XIIIe s., avec le tombeau du fondateur des derviches tourneurs. Musées.

KOOLHAAS (Rem), *Rotterdam 1944*, architecte néerlandais. Au sein du collectif OMA (Office for Metropolitan Architecture), il a conçu des solutions novatrices pour l'habitat (Pays-Bas, France, Japon) et a été associé à de vastes projets d'urbanisme (centre Euralille, à Lille, 1994 ; nouveau centre d'Almere, 2007). [Prix Pritzker 2000.]

KOONS (Jeff), *York, Pennsylvanie, 1955*, artiste américain. Maître du kitsch, il transpose l'esprit provocateur du pop art dans des sculptures monumentales ludiques, en plastique ou en métal (fleurs, animaux gonflables, aux brillances colorées : *Inflatable Rabbit*, 1986 ; série des *Balloon Dogs*), ou encore recouvertes de fleurs (*Split-Rocker*, 2000).

KOOPMANS (Tjalling), *'s-Graveland, Hollande-Septentrionale, 1910 - New Haven 1985*, économiste américain d'origine néerlandaise. Avec L. Kantorovitch, il a contribué à la théorie de l'allocation optimale des ressources et est à l'origine de la programmation linéaire appliquée à l'économie. (Prix Nobel 1975.)

KOPA (Raymond), *Nœux-les-Mines 1931 - Angers 2017*, footballeur français. Meneur de jeu, il fut notamm. quatre fois champion de France avec le Stade de Reims (1953, 1955, 1960, 1962) et trois fois champion d'Europe des clubs avec le Real Madrid, de 1957 à 1959.

KÖPPEN (Wladimir), *Saint-Pétersbourg 1846 - Graz 1940*, climatologue allemand d'origine russe. Il a élaboré plusieurs classifications des climats et publié, avec son gendre A. Wegener, un traité de paléoclimatologie.

KÖPRÜLÜ, famille d'origine albanaise, dont cinq membres furent, de 1656 à 1710, grands vizirs de l'Empire ottoman.

KORAÏCHITES → **QURAYCHITES.**

KORÇË, v. d'Albanie ; 51 683 hab.

KORČULA, en ital. **Curzola,** île croate de l'Adriatique ; 18 792 hab. Monuments médiévaux et renaissants.

KORCZAK (Henryk **Goldszmit,** dit Janusz), *Varsovie 1878 ou 1879 - Treblinka 1942*, pédagogue polonais. Médecin, fondateur d'un orphelinat dans le quartier juif de Varsovie, il développa une pédagogie de la responsabilisation. Il mourut avec « ses » enfants à Treblinka.

KORDA (Sándor, devenu sir Alexander), *Pusztaturpaszto, près de Túrkeve, 1893 - Londres 1956*, cinéaste et producteur britannique d'origine hongroise. Il contribua à la renaissance de la production britannique et réalisa plusieurs films historiques (*la Vie privée de Henry VIII*, 1933).

KORDOFAN, région du Soudan, à l'O. du Nil Blanc ; v. princ. *El-Obeïd*.

KORHOGO, v. de Côte d'Ivoire ; 245 239 hab.

KORIAKS, peuple paléosibérien de Russie (Kamtchatka, région de Magadan) [env. 9 500].

KORIN, *Kyoto 1658 - id. 1716*, peintre, calligraphe et laqueur japonais. Il peignit surtout de grandes compositions, et des décors pour son frère Kenzan. Ses laques représentent l'apogée du style décoratif de l'époque des Tokugawa.

KORIYAMA, v. du Japon (Honshu) ; 338 830 hab.

KORNAI (János), *Budapest 1928*, économiste hongrois. Auteur de travaux sur les systèmes socialistes et les méthodes de planification mathématique, il approfondit également la notion de déséquilibre économique.

KORNILOV (Lavr Gueorguievitch), *Oust-Kamenogorsk 1870 - Iekaterinodar 1918*, général russe. Nommé généralissime par Kerenski (1917), il rompit avec lui et fut tué en luttant contre les bolcheviques.

KOROLENKO (Vladimir Galaktionovitch), *Jitomir 1853 - Poltava 1921*, écrivain russe. Il est l'auteur de récits populistes et d'une autobiographie (*Histoire de mon contemporain*, 1906-1922).

KOROLEV (Sergueï Pavlovitch), *Jitomir 1906 - Moscou 1966*, ingénieur soviétique. Principal constructeur des lanceurs spatiaux soviétiques jusqu'à sa mort, il fut l'un des grands acteurs des premiers succès de l'astronautique en URSS.

KORTENBERG [kɔrtənbɛrg], comm. de Belgique (Brabant flamand) ; 19 386 hab.

KORTRIJK → **COURTRAI.**

KOŚCIUSZKO (mont), point culminant de l'Australie ; 2 228 m.

KOŚCIUSZKO (Tadeusz), *Mereczowszczyźna 1746 - Soleure, Suisse, 1817,* patriote polonais. Il participa à la guerre de l'Indépendance américaine, puis dirigea en 1794 l'insurrection polonaise contre les Russes, qui le gardèrent prisonnier (1794 - 1796).

KOŠICE, v. de l'est de la Slovaquie ; 240 433 hab. Sidérurgie. – Cathédrale des XIVe-XVe s. ; hôtels des XVIIe et XVIIIe s. ; musées.

KOSMA (Joseph), *Budapest 1905 - La Roche-Guyon 1969,* compositeur français d'origine hongroise. Dans une veine populaire et poétique, il a composé la musique de chansons *(les Feuilles mortes),* de spectacles et de films célèbres.

KOSOVO n.m., en albanais **Kosovë,** État de l'Europe balkanique ; 10 908 km^2 ; 1 733 872 hab. *(Kosovars, Kosoviens* ou *Kossoviens).* **CAP.** *Pristina.* **LANGUES :** *albanais* et *serbe.* **MONNAIE :** *euro.* (V. carte **Serbie.**)

GÉOGRAPHIE Son territoire comprend les bassins du Kosovo au sens strict et de la Metohija, et leurs bordures montagneuses, qui dépassent parfois 2 500 m. La population, d'origine albanaise à 85 %, est en grande partie musulmane. Le Kosovo ne dispose que de faibles ressources et, avec des difficultés économiques accrues par les événements de 1999, dépend de l'aide internationale.

HISTOIRE Après avoir fait partie de la Serbie à partir de la fin du XIIe s., la région est dominée par les Ottomans de 1389 à 1912. Elle est alors peuplée en majorité de Turcs et d'Albanais convertis à l'islam. **1912 - 1913 :** le Kosovo est reconquis par la Serbie, à laquelle il est intégré. **1945 - 1946 :** il est doté du statut de province autonome. **1990 :** confronté à la montée du nationalisme serbe et à la réduction, en 1989, de son autonomie, il se proclame république du Kosovo et milite pour son indépendance. Ce séparatisme (défendu, notamm., par l'Armée de libération du Kosovo, l'UCK) est combattu par le pouvoir central serbe qui, à partir de 1998, accentue sa pression, mettant en œuvre une politique de purification ethnique à l'encontre de la population albanaise de la province. **1999 :** après l'échec de négociations menées en vue d'aboutir à un règlement politique du conflit, l'OTAN intervient militairement (frappes aériennes) en Yougoslavie (mars-juin). Les Kosovars, sous la menace serbe, fuient massivement vers l'Albanie, la Macédoine et le Monténégro. Aux termes d'un accord entériné par l'ONU, l'armée serbe doit se retirer du Kosovo et une force multinationale de maintien de la paix (KFOR) est déployée dans la province, placée provisoirement sous administration civile internationale. **2001** et **2004 :** les élections législatives voient la victoire de la Ligue démocratique du Kosovo (LDK) du dirigeant albanais modéré Ibrahim Rugova (élu président du Kosovo en 2002 et réélu en 2004). **2006 :** ce leader charismatique meurt au moment où s'engagent les discussions avec la Serbie sur le statut final de la province. **2008 :** celles-ci ayant échoué, l'indépendance du Kosovo sous supervision internationale – préparée par les nouveaux dirigeants du pays, Fatmir Sejdiu (LDK, président du Kosovo de 2006 à 2010) et Hashim Thaçi (ancien chef de l'UCK et leader du Parti démocratique du Kosovo [PDK], vainqueur des législatives de nov. 2007, Premier ministre depuis 2008) – est proclamée unilatéralement le 17 février. Récusée par la Serbie, cette indépendance est reconnue par plusieurs États de l'Union européenne, dont la France, et par d'autres pays, dont les États-Unis. **2010 :** des élections législatives anticipées ont lieu (déc.), remportées par le PDK de H. Thaçi (reconduit à la tête du gouvernement). **2011 :** Atifete Jahjaga est élue à la présidence du Kosovo. Des négociations directes sont engagées avec la Serbie en vue d'un règlement institutionnel du différend opposant les deux pays. **2012 :** le Kosovo accède à la pleine souveraineté (fin de la supervision internationale érigée en modalité de la proclamation de l'indépendance). **2013 :** un accord est conclu avec Belgrade sur l'octroi d'importants pouvoirs locaux aux Serbes du nord du Kosovo (accords sur d'autres questions clés, en 2015). **2014 :** les élections législatives (juin), n'ayant pas permis de dégager une majorité claire, sont suivies d'une longue période d'incertitude, qui prend fin avec un accord de coalition (déc.) entre les deux principaux partis : Isa Mustafa (LDK) devient Premier ministre et H. Thaçi (PDK), vice-Premier ministre et ministre des Affaires étrangères. **2016 :** H. Thaçi est élu président du Kosovo. Un tribunal spécial est créé à La Haye, afin de juger les crimes de guerre commis au Kosovo, pendant le conflit de 1998 - 2000 contre la Serbie. **2017 :** à la suite d'élections anticipées, Ramush Haradinaj, ancien chef militaire de l'UCK, Premier ministre (2004 - 2005) et leader de l'Alliance pour l'avenir du Kosovo (AAK), prend la tête du gouvernement.

KOSOVO (bataille de) [15 juin 1389], victoire des Ottomans de Murad Ier sur les Serbes dans la plaine du Kosovo. Elle mit fin à l'indépendance de la Serbie.

KOSSEL (Albrecht), *Rostock 1853 - Heidelberg 1927,* biochimiste allemand. Il réalisa des travaux sur les dérivés des acides nucléiques et sur la formation de l'urée. (Prix Nobel de médecine 1910.) — **Walther K.,** *Berlin 1888 - Kassel 1956,* chimiste allemand. Fils d'Albrecht, il créa la théorie de l'électrovalence et étudia la structure des cristaux grâce aux rayons X et γ.

KOSSOU, aménagement hydraulique de la Côte d'Ivoire, sur le Bandama.

KOSSUTH (Lajos), *Monok 1802 - Turin 1894,* homme politique hongrois. Pendant la révolution de 1848, il devint président du Comité de défense nationale et proclama la déchéance des Habsbourg (1849) et l'indépendance de la Hongrie ; vaincu par les Russes, il dut s'exiler (1849).

◀ Lajos **Kossuth** par J. Tyroler. (Musée hongrois de la Guerre, Budapest.)

KOSSYGUINE (Alekseï Nikolaïevitch), *Saint-Pétersbourg 1904 - Moscou 1980,* homme politique soviétique. Président du Conseil des ministres (1964 - 1980), il tenta de réformer l'économie en accordant plus d'autonomie aux entreprises.

KOSTANAÏ, v. du Kazakhstan ; 214 961 hab.

KOSTENKI, site archéologique de Russie, près de Voronej, qui abrite un groupe de gisements du paléolithique supérieur (foyers, outillage osseux, statuettes) datés d'env. 24000 à 21000 av. J.-C.

KOSTIANTYNIVKA, anc. **Konstantinovka,** v. d'Ukraine, dans le Donbass ; 95 111 hab. Métallurgie.

KOSTROMA, v. de Russie, sur la Volga ; 268 617 hab. Monastère St-Hypatius, avec sa cathédrale de la Trinité (XVIIe s.) ; musées.

KOŠTUNICA (Vojislav), *Belgrade 1944,* homme politique serbe. Leader de l'Opposition démocratique de Serbie, il est élu en 2000, face à S. Milošević, président de la république fédérale de Yougoslavie. Son mandat prend fin en 2003, peu après la transformation de la fédération en État de Serbie-et-Monténégro. Il est ensuite Premier ministre de la Serbie, fédérée, puis indépendante (2004 - 2008).

KOSUTH (Joseph), *Toledo 1945,* artiste américain. Principal initiateur de l'art conceptuel *(l'Art après la philosophie,* essai, 1969), il utilise le langage – sérigraphies, néons – dans une démarche réflexive sur l'art et les codes culturels *(One and Three Chairs,* 1965 ; *Art as Idea as Idea,* 1966-1968).

KOSZALIN, v. de Pologne ; 109 248 hab.

KOTA, peuple du Gabon et du Congo, de langue bantoue.

KOTA, v. d'Inde (Rajasthan) ; 1 001 365 hab.

KOTA BAHARU, v. du nord de la Malaisie ; 255 777 hab.

KOTA KINABALU, anc. **Jesselton,** v. de Malaisie, cap. du Sabah ; 199 742 hab.

KOTKA, v. de Finlande, sur le golfe de Finlande ; 54 741 hab. Port.

KOTOR, en ital. **Cattaro,** v. du Monténégro, sur l'Adriatique, dans le golfe appelé *bouches de Kotor.* Port. – Fortifications des époques byzantine et vénitienne ; cathédrale en partie romane (trésor).

KOTZEBUE (August von), *Weimar 1761 - Mannheim 1819,* écrivain allemand, auteur de drames et de comédies d'intrigues. — **Otto von K.,** *Tallin 1788 - id. 1846,* navigateur russe d'origine allemande. Fils d'August, il explora la mer de Béring et l'ouest de l'Alaska (1815 - 1818).

KOUBAN n.m., fl. de Russie, qui se jette dans la mer d'Azov ; 906 km.

KOUCH (pays de) → **KOUSH.**

KOUCHNER (Bernard), *Avignon 1939,* médecin et homme politique français. Cofondateur de Médecins* sans frontières et de Médecins* du monde, il défend ardemment le devoir d'ingérence humanitaire. Socialiste, il est à plusieurs reprises secrétaire d'État ou ministre chargé de la Santé et de l'Action humanitaire (1988 - 1993, 1997 - 1999, 2001 - 2002). De 1999 à 2001, il assume la charge de haut représentant de l'ONU au Kosovo. De 2007 à 2010, il est ministre des Affaires étrangères et européennes dans le gouvernement de F. Fillon.

KOUDELKA (Josef), *Boskovice, Moravie, 1938,* photographe français d'origine tchèque. Révélé par son témoignage du printemps de Prague, il s'est ensuite consacré notamm. au peuple gitan. Ses noirs intenses et ses compositions rigoureuses traduisent toute la force de son empathie.

KOUFRA, oasis de Libye. Occupée par les Italiens, elle fut conquise par les Français de Leclerc en 1941.

KOUÏBYCHEV → **SAMARA.**

KOULDJA, en chin. **Yining,** v. de Chine (Xinjiang).

KOULECHOV (Lev Vladimirovitch), *Tambov 1899 - Moscou 1970,* cinéaste soviétique. Il anima un collectif pédagogique *(Laboratoire expérimental,* 1920). Ses théories sur le rôle créateur du montage influencèrent profondément les cinéastes soviétiques. Il réalisa lui-même plusieurs films *(le Rayon de la mort,* 1925 ; *Dura Lex,* 1926).

KOULIKOV (Viktor), *province d'Orel 1921 - Moscou 2013,* maréchal soviétique. Il fut commandant en chef des forces du pacte de Varsovie de 1977 à 1989.

KOUMASSI → **KUMASI.**

KOUMYKS, peuple de Russie (principalement Daguestan) [env. 290 000]. Issus de tribus autochtones turquisées du XIe au XIIIe s., musulmans sunnites, ils parlent une langue turque, le *koumyk.*

Kouo-min-tang → **Guomindang.**

KOURA n.f., fl. du Caucase (Géorgie et Azerbaïdjan), qui se jette dans la Caspienne ; 1 510 km.

KOURGAN, v. de Russie, en Sibérie ; 333 640 hab. Industries variées. Centre de recherche médicale.

KOURILES (îles), chaîne d'îles russes, entre le Kamtchatka et l'île de Hokkaido. Pêcheries et conserveries. Depuis son annexion par l'URSS en 1945, le Japon en revendique les îles méridionales.

KOUROU (97310), comm. de la Guyane ; 26 410 hab. Centre universitaire. – Centre spatial guyanais, appartenant au CNES, base de lancement des fusées Ariane, ainsi que, depuis 2011, de fusées Soïouz (pas de tir sur la comm. de Sinnamary) et, depuis 2012, des fusées Vega.

KOUROUMA (Ahmadou), *Togobala, près de Boundiali, 1927 - Lyon 2003,* écrivain ivoirien. Ses romans *(les Soleils des indépendances,* 1968 ; *En attendant le vote des bêtes sauvages,* 1998 ; *Allah n'est pas obligé,* 2000) évoquent dans une langue neuve les lendemains de la décolonisation et les difficultés de l'Afrique contemporaine.

KOURSK, v. de Russie, au S. de Moscou ; 414 595 hab. Important gisement de fer. Centrale nucléaire. – Cathédrale St-Serge, du XVIIe s. – Défaite décisive de la Wehrmacht face aux troupes soviétiques en juill. 1943.

KOUSH ou **KOUCH** (pays de) → **NUBIE.**

KOUTAÏSSI, v. de Géorgie, sur le Rioni ; 147 635 hab.

KOUTCHMA (Leonid Danilovytch), *Tchaïkino, auj. Tchaïkine, région de Tchernihiv, 1938,* homme politique ukrainien. Ancien membre du Parti communiste de l'URSS (1960 - 1991), il a été Premier ministre de l'Ukraine en 1992 - 1993 et président de la République de 1994 à 2005.

KOUTOUZOV ou **KOUTOUSOV** (Mikhaïl Illarionovitch), **prince de Smolensk,** *Saint-Pétersbourg 1745 - Bunzlau, Silésie, 1813,* maréchal russe. Il se battit contre les Turcs (1788 - 1791 et 1809 - 1811), à Austerlitz (1805) et commanda victorieusement les forces opposées à Napoléon en Russie (1812).

◄ **Koutouzov** par Bollinger. (BnF, Paris.)

KOUZBASS, anc. **Kouznetsk,** importante région houillère et métallurgique de Russie, en Sibérie occidentale.

KOVALEVSKAÏA (Sofia ou Sonia Vassilievna), *Moscou 1850 - Stockholm 1891,* mathématicienne russe. Analyste, élève de Weierstrass, elle étudia, la première, la rotation d'un corps asymétrique autour d'un point fixe. Elle fut la première femme à obtenir un doctorat en mathématiques (1874).

KOVROV, v. de Russie, au N.-E. de Moscou ; 145 492 hab.

KOWALSKI (Piotr), *Lwów, auj. Lviv, 1927 - Paris 2004,* artiste plasticien français d'origine polonaise. Il a utilisé la technologie pour visualiser des concepts relatifs à l'espace, aux énergies, aux rayonnements.

KOWEÏT n.m., en ar. **al-Kuwayt,** État d'Asie, sur le golfe Persique ; 17 800 km² ; 3 369 000 hab. *(Koweïtiens).* **CAP.** *Koweït* (2 406 410 hab. dans l'agglomération). **LANGUE :** *arabe.* **MONNAIE :** *dinar koweïtien.* Importante production de pétrole (en partie raffiné sur place) et réserves également notables de gaz naturel. – Protectorat britannique en 1914, le Koweït accède à l'indépendance en 1961. Dirigé à partir de 1977 par l'émir Djabir al-Ahmad al-Djabir al-Sabah, il est envahi par l'Iraq en août 1990 et libéré en février 1991 à l'issue de la guerre du Golfe*. En 2006, à la mort de l'émir, le Parlement récuse le prince héritier (pour raisons de santé) et place à la tête de l'émirat Sabah al-Ahmad al-Djabir al-Sabah (qui était Premier ministre depuis 2003).

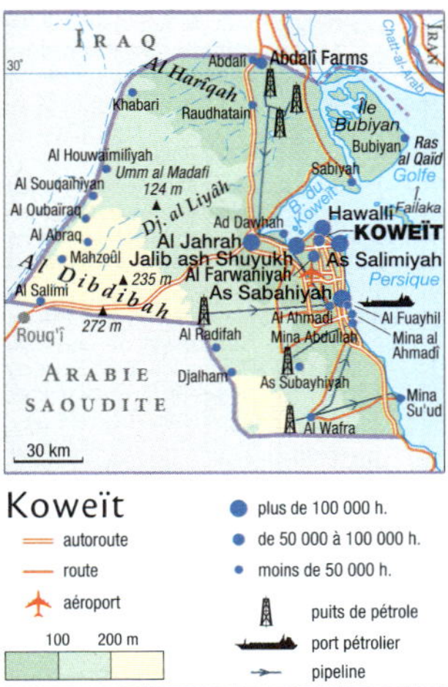

KOWLOON, v. de Chine, sur la *péninsule de Kowloon,* située en face de l'île de Hongkong. Centre commercial. Aéroport.

KOYRÉ (Alexandre), *Taganrog, Russie, 1882 - Paris 1964,* philosophe français d'origine russe. Il a donné une impulsion nouvelle à la philosophie des sciences en France, en analysant notamm. la formation du concept d'univers infini (*Du monde clos à l'univers infini,* 1957).

▲ Le **Kremlin** de Moscou avec le Grand Palais (XIXᵉ s.) et le clocher d'Ivan le Grand (XVIᵉ s.).

KOZHIKODE → **CALICUT.**

KRA, isthme de Thaïlande qui unit la presqu'île de Malacca au continent.

KRAEPELIN (Emil), *Neustrelitz 1856 - Munich 1926,* psychiatre allemand. Il étudia la schizophrénie et la psychose maniaco-dépressive.

KRAFFT (les époux), volcanologues français. **Maurice K.,** *Mulhouse 1946 - lors d'une éruption du mont Unzen, Japon, 1991,* et **Katia K.,** *Soultz-Haut-Rhin 1942 - lors d'une éruption du mont Unzen 1991.* Ils ont suivi et photographié quelque 150 éruptions volcaniques à travers le monde, et ont largement contribué à vulgariser la volcanologie.

KRAFFT-EBING (Richard von), *Mannheim 1840 - Graz 1902,* psychiatre allemand, auteur de travaux sur les perversions sexuelles et la criminologie.

KRAGUJEVAC, v. de Serbie ; 147 281 hab. Industrie automobile.

KRAJINA n.f., nom de deux régions, l'une en Croatie et l'autre en Bosnie-Herzégovine. Fortement peuplées de Serbes, ces régions correspondent aux anciens confins militaires organisés par l'Autriche pour protéger sa frontière contre les Turcs. En Croatie, les Serbes proclamèrent unilatéralement, en 1991, une *République serbe de Krajina,* mais la région fut reconquise par l'armée croate en 1995.

KRAKATOA ou **KRAKATAU,** île d'Indonésie, partiellement détruite en 1883 par l'explosion de son volcan, le Perbuatan, qui déclencha un raz de marée provoquant la mort de 36 000 personnes.

KRAKÓW → **CRACOVIE.**

KRAMATORSK, v. d'Ukraine, dans le Donbass ; 181 025 hab.

KRASICKI (Ignacy), *Dubiecko 1735 - Berlin 1801,* prélat et écrivain polonais. Auteur de poèmes héroï-comiques, de romans (*les Aventures de Nicolas l'Expérience*) et de *Satires,* il est l'un des principaux représentants du Siècle des lumières en Pologne.

KRASIŃSKI (Zygmunt, comte), *Paris 1812 - id. 1859,* écrivain polonais, auteur de drames d'inspiration patriotique.

KRASNODAR, anc. **Iekaterinodar,** v. de Russie, au N. du Caucase ; 744 933 hab. Ch.-l. du *territoire de Krasnodar* (pétrole et surtout gaz naturel).

KRASNOÏARSK, v. de Russie, sur l'Ienisseï ; 973 891 hab. Centrale hydroélectrique. Métallurgie. Aluminium. Raffinage du pétrole.

KRAUS (Karl), *Jičín 1874 - Vienne 1936,* écrivain autrichien. Ses aphorismes et sa tragédie *les Derniers Jours de l'humanité* (1919) forment une satire implacable de la société autrichienne.

KREBS (Arthur-Constantin), *Vesoul 1847 - Quimperlé 1935,* officier et ingénieur français. Il aida C. Renard à concevoir le premier dirigeable ayant pu réaliser un vol en circuit fermé (1884), collabora avec G. Zédé à la mise au point du premier sous-marin français (1887) et introduisit de nombreux perfectionnements mécaniques dans l'automobile.

KREBS (sir Hans Adolf), *Hildesheim 1900 - Oxford 1981,* biochimiste britannique d'origine allemande. Auteur de travaux fondamentaux sur le métabolisme des glucides dans l'organisme, il a décrit un ensemble de phénomènes d'oxydation et de réduction *(cycle de Krebs).* [Prix Nobel de médecine 1953.]

KREFELD, v. d'Allemagne (Rhénanie-du-Nord-Westphalie), près du Rhin ; 222 247 hab. Textiles. Métallurgie.

KREISKY (Bruno), *Vienne 1911 - id. 1990,* homme politique autrichien. Chef du Parti socialiste (1967 - 1983), il fut chancelier de 1970 à 1983.

KREISLER (Fritz), *Vienne 1875 - New York 1962,* violoniste autrichien naturalisé américain. Remarquable interprète, notamm. du répertoire romantique, il composa de célèbres pastiches de compositeurs des XVIIᵉ et XVIIIᵉ s.

KREMENTCHOUK, anc. **Krementchoug,** v. d'Ukraine, sur le Dniepr ; 234 073 hab. Port fluvial. Centrale hydroélectrique.

KREMER (Gidon), *Riga 1947,* violoniste russe. Il interprète la musique contemporaine avec autant de talent que le répertoire classique ou baroque.

Kremlin n.m., anc. forteresse et quartier central de Moscou, dominant la rive gauche de la Moskova. Anc. résidence des tsars, le Kremlin a été le siège du gouvernement soviétique (1918 - 1991), puis du gouvernement russe (depuis 1991). – Nombreux monuments, notamm. ceux de la fin du XVᵉ s. et du début du XVIᵉ, dus à des architectes italiens.

KREMLIN-BICÊTRE (Le) [94270], bur. centr. de cant. du Val-de-Marne ; 25 798 hab. *(Kremlinois).* Hôpital de Bicêtre (en partie des XVIIᵉ et XVIIIᵉ s.).

KRETSCHMER (Ernst), *Wüstenrot, Bade-Wurtemberg, 1888 - Tübingen 1964,* psychiatre allemand. Se basant sur d'hypothétiques rapports entre certains types morphologiques et des troubles psychiques bien précis, il a élaboré un système complet de caractérologie.

KREUTZBERG (Harald), *Reichenberg, auj. Liberec, Rép. tchèque, 1902 - Gümlingen, près de Berne, 1968,* danseur, chorégraphe et mime allemand, éminent représentant de l'école expressionniste et de la danse moderne allemandes.

KREUTZER (Rodolphe), *Versailles 1766 - Genève 1831,* compositeur et violoniste français à qui Beethoven dédia une sonate célèbre.

KREUZLINGEN, comm. de Suisse (Thurgovie), sur le lac de Constance ; 19 544 hab.

KRIENS, comm. de Suisse (canton de Lucerne) ; 26 324 hab. Banlieue industrielle de Lucerne. – Château en partie du XVIᵉ s.

KRISHNA ou **KISTNA** n.f., fl. d'Inde, dans le Deccan, qui rejoint le golfe du Bengale ; 1 280 km.

KRISHNA, divinité très populaire du panthéon hindouiste, un des avatars de Vishnou.

KRISTEVA (Julia), *Sliven 1941,* linguiste française d'origine bulgare. Également psychanalyste et sémioticienne, elle étend ses recherches à l'expérience littéraire (*la Révolution du langage poétique,* 1974) et aux questions de société (*le Génie féminin,* 3 vol., 1999-2002). Elle est aussi romancière (*Meurtre à Byzance,* 2004 ; *l'Horloge enchantée,* 2015).

KRISTIANSAND, v. du sud de la Norvège ; 70 458 hab. Port. – Urbanisme du XVIIᵉ s. ; musée.

KRISTIANSTAD, v. de Suède ; 81 826 hab. Église du XVIIe s. ; musées.

KRISTOF (Agota), *Csikvánd 1935 - Neuchâtel 2011*, écrivaine suisse d'origine hongroise, de langue française. Marqués par l'épreuve de l'exil, ses récits – romans (*la Trilogie des jumeaux*, formée de : *le Grand Cahier*, 1986 ; *la Preuve*, 1988 ; *le Troisième Mensonge*, 1991) ou autobiographie (*l'Analphabète*, 2004) – revisitent dans un style minimaliste les sombres événements du XXe s.

KRIVOÏ-ROG → **KRYVYÏ RIH.**

KRK, île croate de l'Adriatique. Cathédrale romane et gothique.

KRLEŽA (Miroslav), *Zagreb 1893 - id. 1981*, écrivain yougoslave, de langue croate. Poète, romancier (*le Retour de Filip Latinovicz*) et dramaturge (*Ces messieurs Glembaïev*), il est l'une des principales figures de la littérature croate du XXe s.

KROEBER (Alfred Louis), *Hoboken, New Jersey, 1876 - Paris 1960*, anthropologue américain. Spécialiste des Amérindiens du Nord, de Californie notamment, il a cherché à comprendre les sociétés par l'étude des relations entre les individus.

KROETZ (Franz Xaver), *Munich 1946*, auteur dramatique allemand. Il met en scène dans son théâtre du quotidien le drame des gens simples (*Travail à domicile*, *Concert à la carte*).

KROGH (August), *Grenå 1874 - Copenhague 1949*, physiologiste danois. Il étudia les échanges respiratoires et le rôle des capillaires dans la circulation. (Prix Nobel 1920.)

Kronchtadt ou **Kronstadt,** base navale de Russie, sur l'île de Kotline, dans le golfe de Finlande, à l'O. de Saint-Pétersbourg. Mutineries de marins en 1905, 1917 et insurrection contre le gouvernement soviétique (févr.-mars 1921).

KRONECKER (Leopold), *Liegnitz, auj. Legnica, 1823 - Berlin 1891*, mathématicien allemand. Il fut l'un des principaux algébristes du XIXe s. Son apport est fondamental pour la théorie des corps.

KRONOS → **CRONOS.**

KRONPRINZ (Frédéric-Guillaume, dit le), *Potsdam 1882 - Hechingen 1951*, prince de Prusse. Fils aîné de l'empereur Guillaume II, il abdiqua avec son père à la fin de 1918.

KROPOTKINE (Piotr Alekseïevitch, prince), *Moscou 1842 - Dimitrov 1921*, révolutionnaire russe. Il fut un théoricien de l'anarchisme (*Paroles d'un révolté*, 1885 ; *la Conquête du pain*, 1888 ; *l'Anarchie, sa philosophie, son idéal*, 1896).

KROPYVNYTSKYÏ, anc. **Kirovohrad,** v. d'Ukraine, au S.-E.de Kiev ; 254 103 hab.

KROTO (sir Harold Walter), *Wisbech, Cambridgeshire, 1939 - Lewes, East Sussex, 2016*, chimiste britannique. Il découvrit les fullerènes en collaboration avec R. Smalley et Robert F. Curl Jr (né en 1933). [Prix Nobel 1996.]

KROUMIRIE, région montagneuse des confins algéro-tunisiens.

KRU, peuple du sud du Liberia. Les Kru ont donné leur nom à un sous-groupe de langues nigéro-congolaises du sud-est du Liberia et du sud-ouest de la Côte d'Ivoire (Bété, Wé, etc.).

KRÜDENER (Barbara Juliane **von Vietinghoff,** baronne von), *Riga 1764 - Karassoubazar 1824*, mystique et femme de lettres russe de langue française. Influente sur le tsar Alexandre Ier, elle lui aurait inspiré la Sainte-Alliance (1815).

▲ Stanley **Kubrick.**
2001 : l'Odyssée de l'espace (1968).

Kruger (parc national), le plus grand des parcs nationaux d'Afrique du Sud (près de 20 000 km²), prov. du Limpopo et du Mpumalanga).

KRUGER (Paul), *province du Cap 1825 - Clarens, Suisse, 1904*, homme politique sud-africain. Fondateur du Transvaal (1852), il organisa la résistance aux Britanniques après l'annexion du pays par ces derniers (1877). Il fut quatre fois président (1883, 1888, 1893, 1898) de la république du Transvaal (proclamée en 1881). Il dirigea la guerre des Boers contre la Grande-Bretagne (1899 - 1902), puis se retira en Suisse.

KRUGERSDORP, v. d'Afrique du Sud (partie de la municipalité métropolitaine de Mogale City), banlieue de Johannesburg ; 298 521 hab. Centre minier.

KRUGMAN (Paul), *Albany 1953*, économiste américain. Néokeynésien, il est reconnu pour son analyse du commerce mondial. Il s'emploie aussi à dénoncer les politiques d'austérité dans des ouvrages de vulgarisation (*Sortez-nous de cette crise… maintenant !*, 2012). [Prix Nobel 2008.]

KRUPP (Alfred), *Essen 1812 - id. 1887*, industriel allemand. Il mit au point un procédé de production de l'acier (1847), fabriqua les premiers canons lourds en acier dont le tube était coulé d'une seule pièce et importa de Grande-Bretagne le procédé Bessemer (1862). — **Bertha K.,** *Essen 1886 - id. 1957*, petite-fille d'Alfred. — **Gustav von Bohlen und Halbach,** puis **Krupp von Bohlen und Halbach,** *La Haye 1870 - Blühnbach, près de Salzbourg, 1950*, industriel allemand. Il épousa Bertha Krupp et dirigea l'entreprise familiale (auj. partie du groupe ThyssenKrupp), qui fournit l'armée allemande durant les guerres mondiales.

KRUSENSTERN (Adam Johann von), *Hagudi, Estonie, 1770 - Revel, auj. Tallinn, 1846*, navigateur russe. Il dirigea la première expédition russe de circumnavigation (1803 - 1806).

KRUŠNÉ HORY → **ERZGEBIRGE.**

KRYLOV (Ivan Andreïevitch), *Moscou 1769 - Saint-Pétersbourg 1844*, écrivain russe, auteur de fables imitées de La Fontaine.

KRYVYÏ RIH, anc. **Krivoï-Rog,** v. d'Ukraine, sur l'Ingoulets ; 668 980 hab. Minerai de fer. Sidérurgie et métallurgie.

KSAR EL-KÉBIR, v. du Maroc ; 126 617 hab.

KSOUR (monts des), massif de l'Atlas saharien (Algérie).

KUALA LUMPUR, cap. constitutionnelle de la Malaisie ; 1 555 910 hab.

KUALA TERENGGANU, v. de la côte est de la Malaisie ; 198 654 hab. Port.

KUBA ou **BAKUBA,** peuple du centre de la Rép. dém. du Congo (env. 130 000). Organisés en royaume, les Kuba sont connus pour leur statuaire, et parlent une langue bantoue.

KUBELÍK (Rafael), *Býchory, près de Kolín, 1914 - Lucerne 1996*, compositeur et chef d'orchestre tchèque naturalisé suisse. Il commence en 1934 une carrière internationale de chef, s'illustrant dans les œuvres de Dvořák, Mahler et Janáček.

KUBILAY KHAN, *1214 - 1294*, empereur mongol (1260 - 1294), fondateur de la dynastie des Yuan de Chine. Petit-fils de Gengis Khan, il établit sa capitale à Pékin (1264) et acheva la conquête de la Chine (1279). Il se montra tolérant à l'égard du bouddhisme et du christianisme, et favorisa la présence d'étrangers, tel Marco Polo.

KUBRICK (Stanley), *New York 1928 - Childwickbury, Hertfordshire, 1999*, cinéaste américain. Mêlant la satire, le fantastique, l'horreur, son œuvre apparaît comme une création visionnaire et pessimiste, d'une grande maîtrise formelle : *Lolita* (1962), *Docteur Folamour* (1964), *2001 : l'Odyssée de l'espace* (1968), *Orange mécanique* (1971), *Barry Lyndon* (1975), *Shining* (1980), *Full Metal Jacket* (1987), *Eyes Wide Shut* (1999).

KUCHING, v. de Malaisie, cap. du Sarawak, dans l'île de Bornéo ; 87 784 hab. Port. Raffinerie d'antimoine. Aéroport.

KUFSTEIN, v. d'Autriche (Tyrol) ; 17 469 hab. Tourisme. – Monuments anciens.

KUHLMANN (Frédéric), *Colmar 1803 - Lille 1881*, chimiste et industriel français. On lui doit la préparation industrielle de l'acide sulfurique (1833) puis celle de l'acide nitrique (1838).

KUHN (Thomas), *Cincinnati 1922 - Cambridge, Massachusetts, 1996*, philosophe américain. Il oppose à la « science normale » la « science extraordinaire », instrument de révolution scientifique (*la Structure des révolutions scientifiques*, 1962).

KUIJKEN (Wieland), *Dilbeek 1938*, violoncelliste et violiste belge, frère de Sigiswald et de Barthold. Il est l'un des grands interprètes du répertoire baroque. — **Sigiswald K.,** *Dilbeek 1944*, violoniste, violiste et chef d'orchestre belge, frère de Wieland et de Barthold. Il a fondé en 1972 l'ensemble La Petite Bande et en 1986 le Quatuor à cordes Kuijken (formations dans lesquelles jouent ses frères). — **Barthold K.,** *Dilbeek 1949*, flûtiste belge, frère de Wieland et de Sigiswald. Il s'illustre dans la musique du XVIIIe s. (de Händel et Telemann à Mozart).

KUIPER (Gerard Pieter), *Harenkarspel 1905 - Mexico 1973*, astronome américain d'origine néerlandaise. Auteur de nombreuses découvertes en planétologie, il a donné son nom à une ceinture d'astéroïdes dont il fut le premier à évoquer l'existence (v. partie n. comm. ceinture de **Kuiper**).

Ku Klux Klan, société secrète nord-américaine, créée après la guerre de Sécession (1867). D'une xénophobie violente, le Ku Klux Klan combat surtout l'intégration des Noirs.

Kulturkampf (mot allemand signifiant *combat pour la civilisation*), lutte menée par Bismarck contre les catholiques allemands, de 1871 à 1878. Destiné à affaiblir le parti du Centre, accusé de favoriser le particularisme des États, le Kulturkampf s'exprima notamm. par des lois (1873 - 1875) d'inspiration anticléricale et joséphiste. Après l'avènement du pape Léon XIII (1878), Bismarck fit abroger la plupart des mesures prises contre l'Église catholique (1880 - 1887).

KUMAMOTO, v. du Japon (Kyushu) ; 669 541 hab.

KUMANOVO, v. de Macédoine du Nord, au N.-E. de Skopje ; 103 205 hab.

KUMAON, région de l'Himalaya indien.

KUMARATUNGA (Chandrika) → **BANDARANAIKE.**

KUMASI ou **KOUMASSI,** v. du Ghana ; 1 170 270 hab. (1 935 252 hab. dans l'agglomération). Anc. cap. des Ashanti.

KUMMER (Ernst Eduard), *Sorau, auj. Żary, 1810 - Berlin 1893*, mathématicien allemand. Il a étendu les concepts de l'arithmétique à l'étude des nombres algébriques. Il a validé le théorème de Fermat dans de nombreux cas.

KUN (Béla), *Szilágycseh 1886 - en URSS 1938*, homme politique hongrois. En liaison avec Lénine, il fonda le Parti communiste hongrois (1918). Membre actif du Komintern, il fut exécuté lors des purges staliniennes et réhabilité en 1956.

◀ Béla **Kun**

KUNA ou **CUNA,** peuple amérindien du Panama (env. 55 000). Les Kuna habitent l'archipel de Las Mulatas, la côte caraïbe adjacente et la cordillère de San Blas. Ils jouissent d'une semi-autonomie et parlent une langue chibcha.

KUNDERA (Milan), *Brno 1929*, écrivain tchèque naturalisé français. Son œuvre narrative (*la Plaisanterie*, 1967 ; *La vie est ailleurs*, 1973 ; *l'Insoutenable Légèreté de l'être*, 1984 ; *l'Immortalité*, 1990 ; *la Fête de l'insignifiance*, 2013) et théâtrale démonte le mécanisme des aliénations et des exils du monde contemporain. Il a écrit d'importants essais critiques (*l'Art du roman*, 1986).

▲ Milan **Kundera**

KUNDT (August), *Schwerin 1839 - Israelsdorf, auj. dans Lübeck, 1894*, physicien allemand. Il inventa un dispositif pour l'étude des ondes stationnaires dues aux vibrations d'un fluide et détermina ainsi la vitesse du son.

KUNG, peuple de la Namibie et du Botswana, faisant partie des Bochimans.

KÜNG (Hans), *Sursee, canton de Lucerne, 1928,* théologien catholique suisse. Professeur à l'université de Tübingen, il a publié de nombreux ouvrages, dont certains l'ont exposé à la censure de l'épiscopat allemand et de la Congrégation romaine pour la doctrine de la foi.

KUNLUN n.m. pl., massif de Chine, entre le Tibet et le Qinghai ; 7 724 m.

KUNMING, v. de Chine, cap. du Yunnan ; 3 035 406 hab. Plusieurs fois cap., notamm. au XIIIe s. Nombreux monuments anciens. Musée.

KUNSAN, v. de Corée du Sud, sur la mer Jaune ; 266 569 hab. Port.

Kunsthistorisches Museum, l'un des plus importants musées d'Europe, à Vienne, constitué à partir des collections des Habsbourg (archéologie ; objets d'art ; peintures : les Bruegel, Dürer, Giorgione, Titien, Velázquez, Rubens, etc.).

Kuomintang → Guomindang.

KUOPIO, v. de Finlande ; 106 438 hab. Musées, dont celui de l'Église orthodoxe.

KUPANG, v. d'Indonésie (Timor) ; 335 185 hab.

KUPKA (František, dit Frank), *Opočno, Bohême orientale, 1871 - Puteaux 1957,* peintre et dessinateur tchèque. Installé à Paris en 1896, il y est, vers 1911, l'initiateur d'un art abstrait à la fois symbolique, lyrique et géométrique. Nombreuses œuvres au MNAM (Paris), ainsi qu'à Prague.

KURASHIKI, v. du Japon (Honshu) ; 469 372 hab. Sidérurgie. – Musées.

KURDES, peuple vivant en Turquie, en Iraq et en Iran, ainsi qu'en Syrie et en Transcaucasie (env. 25 millions). Faisant remonter leur origine au VIIe s., les Kurdes ont résisté, repliés dans leurs montagnes du Kurdistan, à de multiples invasions, sans jamais s'unir véritablement. Frustrés en 1923 de l'État que leur avait promis le traité de Sèvres (1920), ils s'efforcent dès lors d'obtenir des États dont ils dépendent une autonomie effective, menant, le plus souvent divisés, des guérillas sévèrement réprimées. À la faveur des guerres en Iraq (à partir de 1991), puis en Syrie (depuis 2011), le poids militaire et politique des Kurdes s'est renforcé. Traditionnellement éleveurs et cultivateurs, ils sont en majorité musulmans sunnites. Ils parlent le *kurde*, de la famille iranienne.

KURDISTAN n.m., région d'Asie partagée entre la Turquie, l'Iran, l'Iraq et la Syrie, et peuplée en majorité de Kurdes.

KURE, v. du Japon (Honshu) ; 251 009 hab. Port.

KURNOOL, v. d'Inde (Andhra Pradesh) ; 267 739 hab. Aux environs, à Alampur, temples des VIIe-VIIIe s.

▲ **Kurosawa Akira.** *Les Sept Samouraïs* (1954).

KUROSAWA AKIRA, *Tokyo 1910 - id. 1998,* cinéaste japonais. Ses films, d'une grande beauté plastique, expriment une vision humaniste du monde, qu'ils traitent de sujets historiques ou contemporains (*Rashomon*, 1950 ; *les Sept Samouraïs*, 1954 ; *Dersou Ouzala*, 1975 ; *Ran*, 1985 ; *Rêves*, 1990 ; *Rhapsodie en août*, 1991 ; *Madadayo*, 1993).

KUROSHIO, courant marin chaud de l'océan Pacifique. Il longe la côte orientale du Japon.

KURTÁG (György), *Lugoj, Roumanie, 1926,* compositeur hongrois naturalisé français. S'inscrivant notamment dans la lignée de Bartók et Webern, il élabore un langage personnel, en particulier dans ses œuvres vocales (*Messages de feu demoiselle R. V. Troussova*, suite de lieder, 1980). En 2018, il crée son premier opéra, *Fin de partie* (d'après la pièce de S. Beckett).

KURTZMAN (Harvey), *New York 1924 - Mount Vernon 1993,* dessinateur et scénariste américain

▲ La **Kutubiyya** (XIIe s.), à Marrakech.

de bandes dessinées. Rédacteur en chef des débuts de *Mad Magazine*, il fut l'un des chefs de file de la bande dessinée satirique américaine.

KURUME, v. du Japon (Kyushu) ; 306 439 hab.

KURYŁOWICZ (Jerzy), *Stanisławów, auj. Ivano-Frankivsk, Ukraine, 1895 - Cracovie 1978,* linguiste polonais, auteur de travaux sur l'indo-européen.

KURZ (Sebastian), *Vienne 1986,* homme politique autrichien. Président du Parti populaire (ÖVP), plusieurs fois ministre, il est chancelier depuis 2017.

KUSAMA YAYOI, *Matsumoto 1929,* plasticienne japonaise. À travers ses toiles, sculptures, installations et performances, où le motif du pois, vision d'enfance, est omniprésent (*Dots Obsession*, 1998) et le thème du miroir, récurrent (*Mirror Rooms*, 1965), elle interroge le corps, l'identité et l'amour – mettant souvent en scène sa propre image –, entre surréalisme, psychédélisme et pop art.

KUSCH (Polykarp), *Blankenburg, Allemagne, 1911 - Dallas 1993,* physicien américain d'origine allemande. Il a effectué la détermination précise du moment magnétique de l'électron, résultat qui a ouvert des voies en électrodynamique quantique. (Prix Nobel 1955.)

KUSHANA (empire), empire créé par les Kushana, nomades originaires de l'Asie centrale, dans la région de Kaboul et en Inde (Ier-IIe s. apr. J.-C.).

KUSHIRO, v. du Japon (Hokkaido) ; 181 515 hab. Port.

KUSTURICA (Emir), *Sarajevo 1955,* cinéaste monténégrin et français. Il étonne par l'ironie grinçante et les fantasmes flamboyants de ses fresques : *Papa est en voyage d'affaires* (1985), *le Temps des gitans* (1988), *Underground* (1995), *Chat noir, chat blanc* (1998), *La vie est un miracle* (2004). Il est aussi acteur (*la Veuve de Saint-Pierre*, P. Leconte, 2000 ; *l'Affaire Farewell*, C. Carion, 2009).

Kutchuk-Kaïnardji (traité de) [21 juill. 1774], traité signé à Kutchuk-Kaïnardji (auj. en Bulgarie) entre les Empires russe et ottoman, à l'issue de la guerre russo-turque (1768 - 1774). Il donnait à la Russie la plaine entre le Boug et le Dniepr, le droit de naviguer dans la mer Noire et les Détroits, et la charge de protéger les chrétiens orthodoxes de l'Empire ottoman.

KUTNÁ HORA, v. de la République tchèque, à l'E. de Prague ; 21 542 hab. Beaux quartiers anciens et monuments, dont la cathédrale gothique.

Kutubiyya (ar. *kutubiyyun*, libraire), principale mosquée de Marrakech. Élevée au XIIe s., surmontée d'un minaret sobrement décoré de briques et dotée d'un remarquable minbar, elle est exemplaire de l'art de l'islam en Afrique du Nord.

KUUJJUAQ, anc. **Fort Chimo,** village inuit du Canada (Québec), sur la baie d'Ungava ; 2 754 hab. (*Kuujjuamiuts*). Centre administratif du Nunavik.

KUUJJUARAPIK, village inuit du Canada, dans le nord du Québec, sur la baie d'Hudson ; 686 hab. (*Kuujjuaraapimmiuts*).

KUZNETS (Simon), *Kharkov 1901 - Cambridge, Massachusetts, 1985,* économiste américain d'origine russe. Ses travaux ont permis d'approfondir la théorie des cycles longs et d'élaborer un appareil statistique sur les données économiques au niveau de la nation. (Prix Nobel 1971.)

KVARNER, en ital. **Quarnaro,** golfe de l'Adriatique (Croatie), site de Rijeka.

KWAKIUTL, peuple amérindien du Canada (Colombie-Britannique) [env. 3 000]. Les Kwakiutl sont célèbres pour leur pratique du potlatch et pour leur art (totems, masques) ; ils appartiennent à la famille linguistique *Wakash*.

KWANGJU, v. du sud-ouest de la Corée du Sud ; 1 469 000 hab. Centre industriel (textiles, montage automobile, agroalimentaire).

KWANZA → CUANZA.

KWAŚNIEWSKI (Aleksander), *Białogard, région de Koszalin, 1954,* homme politique polonais. Président du Parti social-démocrate, il a été président de la République de 1995 à 2005.

KWAZULU-NATAL, prov. d'Afrique du Sud ; 10 267 300 hab. ; ch.-l. *Pietermaritzburg* ; v. princ. *Durban*.

KYLIÁN (Jiří), *Prague 1947,* danseur et chorégraphe tchèque. Directeur artistique du Nederlands Dans Theater (1975 - 1999), il s'impose par son néoclassicisme lyrique et son extrême sensibilité musicale (*Symphony of Psalms*, 1978 ; *One of a Kind*, 1998). Sa scénographie est toujours recherchée (*Arcimboldo 2000*, 2000).

KYOKUTEI BAKIN → BAKIN.

KYONGJU, v. de Corée du Sud, à l'E. de Taegu. Anc. cap. du royaume de Silla (668 - 935). Nombreux monuments, dont l'observatoire (632) et le sanctuaire bouddhique de Syokkulam (751).

KYOTO, v. du Japon (Honshu) ; 1 474 473 hab. (1 804 361 hab. dans l'agglomération). Centre industriel, historique (anc. capitale) et touristique. – Très nombreux monuments et jardins du VIIIe au XIXe s. ; musées, dont le riche Musée national.

▲ **Kyoto.** Le Kinkaku-ji, ou Temple du Pavillon d'or (v. 1400).

Kyoto (protocole de) [11 déc. 1997], protocole additionnel à la Convention sur les changements climatiques de la conférence de Rio*. Adopté au terme d'une conférence internationale tenue à Kyoto, il est entré en vigueur en 2005 après avoir été ratifié par 141 États, dont 30 pays industrialisés (mais rejeté par les États-Unis). Il fixait pour les pays industrialisés des objectifs de réduction de leurs émissions de gaz à effet de serre entre 2008 et 2012, par rapport à celles de 1990. Alors que ce protocole arrivait à expiration, le sommet de Doha (déc. 2012) a entériné le principe de sa prolongation jusqu'en 2020 (deuxième phase affaiblie par le retrait de plusieurs signataires majeurs du premier engagement). En nov. 2016, l'entrée en vigueur de l'accord de Paris* l'a rendu caduc.

KYPRIANOÚ (Spýros), *Limassol 1932 - Nicosie 2002,* homme politique chypriote. Il fut ministre des Affaires étrangères (1960 - 1972), président de l'Assemblée nationale (1976 - 1977), puis président de la République de 1977 à 1988.

KYUSHU, la plus méridionale des grandes îles du Japon ; 42 000 km² ; 13 216 568 hab. ; v. princ. *Kita-kyushu* et *Fukuoka*.

KYZYL, v. de Russie, cap. de la république de Touva ; 109 906 hab. Centre industriel.

KYZYLJAR, anc. **Petropavlovsk,** v. du nord du Kazakhstan ; 201 446 hab.

KYZYLKOUM, désert d'Ouzbékistan et du Kazakhstan.

KYZYLORDA, v. du Kazakhstan, sur le Syr-Daria ; 188 682 hab.

Laatste Nieuws (Het), quotidien libéral belge de langue flamande, créé en 1888 à Bruxelles.

LA BAIE, anc. v. du Canada (Québec), sur la *baie des Ha ! Ha !*, auj. intégrée dans Saguenay.

LABAN (Rudolf von), *Pozsony, auj. Bratislava, 1879 - Weybridge, Surrey, 1958*, chorégraphe autrichien d'origine hongroise. Principal initiateur de la danse expressionniste, il est l'inventeur d'un système d'écriture du mouvement, la *cinétographie*, ou *labanotation*.

La Barre (affaire) [1765 - 1766], affaire judiciaire dont la victime fut François Jean **Le Febvre, chevalier de La Barre,** gentilhomme français *(Férolles, près de Brie-Comte-Robert, 1745 - Abbeville 1766)*. Accusé d'impiété (il aurait mutilé un crucifix et ne se serait pas découvert au passage d'une procession du Saint-Sacrement), il fut décapité. Voltaire réclama sa réhabilitation, décrétée par la Convention en 1793.

LABAT (Jean-Baptiste), *Paris 1663 - id. 1738*, dominicain et voyageur français. Missionnaire aux Antilles, il a décrit ces îles.

LABÉ, v. de Guinée, dans le Fouta-Djalon ; 141 377 hab.

LABÉ (Louise), surnommée **la Belle Cordière,** *Lyon 1524 - Parcieux-en-Dombes 1566*, poétesse française. De ses sonnets ardents s'élève une des plus pures voix de la poésie féminine.

LA BÉDOYÈRE (Charles **Huchet, comte de**), *Paris 1786 - id. 1815*, général français. Rallié à Napoléon au retour de l'île d'Elbe, il fut fusillé.

LABERGE (Marie), *Québec 1950*, écrivaine canadienne de langue française. Figure marquante du théâtre francophone (*C'était avant la guerre à l'Anse-à-Gilles*, 1981 ; *l'Homme gris*, 1984), elle prolonge son analyse du tourment affectif dans ses romans (*Annabelle*, 1996 ; *le Goût du bonheur*, saga familiale en 3 vol., 2000-2001).

LABEYRIE (Antoine), *Paris 1943*, astrophysicien français. Spécialiste d'optique, il a contribué au progrès de l'instrumentation astronomique par l'invention d'une technique d'interférométrie optique (1970) et la construction du premier interféromètre utilisant deux télescopes (1974).

LABICHE (Eugène), *Paris 1815 - id. 1888*, auteur dramatique français. Ses comédies de mœurs et ses vaudevilles (*Un chapeau de paille d'Italie*, 1851 ; *l'Affaire de la rue de Lourcine*, 1857 ; *le Voyage de M. Perrichon*, 1860 ; *la Cagnotte*, 1864) allient l'observation narquoise et la bonhomie attendrie. (Acad. fr.)

LABIENUS (Titus), *100 - Munda 45 av. J.-C.*, chevalier romain. Principal lieutenant de César en Gaule, il prit ensuite le parti de Pompée.

LA BOÉTIE [-bɔesi] (Étienne de), *Sarlat 1530 - Germignan 1563*, écrivain français. Collègue de Montaigne au parlement de Bordeaux, il lui inspira une amitié profonde. Il écrivit des sonnets et analysa la tyrannie dans son *Discours de la servitude volontaire*, ou *Contr'un* (1576).

LABORI (Fernand), *Reims 1860 - Paris 1917*, avocat français. Il s'imposa dans de grands procès d'assises où il défendit notamment l'anarchiste Vaillant, Mme Caillaux, et Émile Zola dans l'affaire Dreyfus.

LABORIT (Henri), *Hanoï 1914 - Paris 1995*, biologiste et pharmacologue français. Il est surtout connu pour avoir introduit en thérapeutique l'usage des neuroleptiques et pour ses travaux sur le stress.

LA BOURDONNAIS (Bertrand François **Mahé, comte de**), *Saint-Malo 1699 - Paris 1753*, marin et administrateur français. Gouverneur de l'île de France (île Maurice) et de l'île Bourbon (La Réunion), il contribua aussi à l'implantation de comptoirs français en Inde.

LABOUREUR (Jean Émile), *Nantes 1877 - Pénestin, Morbihan, 1943*, graveur et peintre français. Il a donné les illustrations de nombreux livres (Giraudoux, Larbaud, Colette, Maurois...).

Labour Party, nom anglais du Parti travailliste*.

LABOU TANSI (Marcel **Sony,** dit Sony), *Kimwanza, auj. Rép. dém. du Congo, 1947 - Brazzaville 1995*, écrivain congolais. Dans ses romans (*l'Anté-peuple*, 1983) comme dans ses pièces (*Antoine m'a vendu son destin*, 1986 ; *Moi, veuve de l'empire*, 1987), il se livre à une satire violente des maux de l'Afrique contemporaine.

LABRADOR n.m., péninsule du Canada (prov. de Québec et de Terre-Neuve-et-Labrador), entre l'Atlantique, la baie d'Hudson et le Saint-Laurent. Minerai de fer. Aménagements hydroélectriques.

LABRADOR n.m., partie continentale de la province de Terre-Neuve-et-Labrador (Canada), sur la *mer du Labrador*. Elle correspond à la partie orientale de la péninsule du même nom.

LABRADOR (courant du), courant marin froid de l'Atlantique. Il longe vers le S. la côte du Labrador.

LABRÈDE → **BRÈDE** (La).

LA BROSSE (Gui de), *Rouen ? - ? 1641*, médecin et botaniste français. Médecin de Louis XIII, il fut à l'origine de la création et de l'aménagement du « Jardin des Plantes officinales du Roi », devenu plus tard le Jardin des Plantes.

LABROUSSE (Ernest), *Barbezieux 1895 - Paris 1988*, historien français. Militant socialiste, il a renouvelé profondément l'historiographie économique en France (*la Crise de l'économie française à la fin de l'Ancien Régime et au début de la Révolution*, 1944).

LABROUSTE (Henri), *Paris 1801 - Fontainebleau 1875*, architecte français. Chef de l'école rationaliste, il a utilisé la fonte et le fer à la bibliothèque Ste-Geneviève (1843) et à la Bibliothèque nationale, à Paris.

LABRUGUIÈRE (81290), bur. centr. de cant. du Tarn, sur le Thoré ; 6 680 hab. Monuments médiévaux.

LA BRUYÈRE (Jean de), *Paris 1645 - Versailles 1696*, écrivain français. Précepteur, puis secrétaire du petit-fils du Grand Condé, il est l'auteur des *Caractères**, dont le style elliptique et nerveux reste un modèle d'efficacité et de finesse. Reçu à l'Académie française en 1693, il prit parti dans la querelle des Anciens* et des Modernes en défendant les premiers.

▲ Jean de **La Bruyère.** (Château de Versailles.)

Labyrinthe, selon la légende, demeure du Minotaure, en Crète, attribuée à Dédale et identifiée avec le palais des rois minoens de Cnossos. Hérodote a décrit sous ce nom le complexe funéraire d'Amenemhat III, dans le Fayoum.

LA CAILLE (abbé Nicolas Louis de), *Rumigny 1713 - Paris 1762*, astronome et géodésien français. Il participa à la vérification de la méridienne de France (1739) et se livra à une étude du ciel austral, au cap de Bonne-Espérance (1750 - 1754), relevant les positions de plus de 10 000 étoiles et créant 14 constellations nouvelles.

LA CALPRENÈDE (Gautier **de Costes de**), *Toulgou-en-Périgord 1610 - Le Grand-Andely 1663*, écrivain français. Il est l'auteur de tragédies et de romans précieux (*Cassandre*, 1642-1645 ; *Cléopâtre*, 1647-1658).

LACAN (Jacques), *Paris 1901 - id. 1981*, médecin et psychanalyste français. Il a contribué, tout en prônant le retour à Freud, à ouvrir le champ de la psychanalyse en se référant à la linguistique et à l'anthropologie structurale : pour lui, l'inconscient s'interprète comme un langage (*Écrits*, 1966 ; *Séminaire*, échelonné entre 1951 et 1980).

◀ Jacques **Lacan** en 1967.

LACANAU (33680), comm. de la Gironde, sur l'*étang de Lacanau* ; 4 663 hab. *(Canaulais)*. Station balnéaire et climatique à *Lacanau-Océan*.

LACANDON, peuple amérindien du Mexique (Chiapas) et du Guatemala (quelques centaines). Les Lacandon ont vécu isolés, depuis la conquête espagnole, au sein de la jungle tropicale (la « forêt lacandone »). Ils parlent le *maya*.

LACARRIÈRE (Jacques), *Limoges 1925 - Paris 2005*, écrivain français. Éternel voyageur (*Chemin faisant*, 1973), fasciné par la Grèce (*l'Été grec*, 1976), dont il traduisit plusieurs auteurs anciens et modernes, il élargit sa quête spirituelle au Proche-Orient (*les Hommes ivres de Dieu*, 1961 ; *la Poussière du monde*, 1997).

LACAZE-DUTHIERS (Henri **de**), *Montpezat 1821 - Las-Fons, Dordogne, 1901,* zoologiste français. Fondateur du laboratoire de biologie marine de Roscoff, il a étudié l'anatomie des mollusques.

LACÉDÉMONE → **SPARTE.**

LACÉPÈDE ou **LACEPÈDE** (Étienne **de La Ville,** comte **de**), *Agen 1756 - Épinay-sur-Seine 1825,* naturaliste français. Il continua l'*Histoire naturelle* de Buffon, se spécialisant dans les reptiles et les poissons.

LA CHAISE ou **LA CHAIZE** (François **d'Aix de**), dit **le Père La Chaise,** *château d'Aix, près de Saint-Martin-la-Sauveté, Forez, 1624 - Paris 1709,* jésuite français. Confesseur de Louis XIV de 1674 à 1709, il exerça une grande influence sur le roi de 1680 à 1695. Le principal cimetière de Paris, créé sur l'emplacement de ses jardins, porte son nom.

LA CHALOTAIS (Louis René **de Caradeuc de**), *Rennes 1701 - id. 1785,* magistrat français. Procureur général au parlement de Bretagne, adversaire des jésuites et chef de l'opposition parlementaire, il lutta contre le duc d'Aiguillon, gouverneur de Bretagne.

LA CHAUSSÉE (Pierre Claude **Nivelle de**), *Paris 1692 - id. 1754,* auteur dramatique français. Il a créé le genre de la « comédie larmoyante » *(le Préjugé à la mode, Mélanide).* [Acad. fr.]

LACHENAIE, anc. v. du Canada (Québec), auj. intégrée dans Terrebonne.

LACHINE, anc. v. du Canada (Québec), auj. intégrée dans Montréal.

LACHUTE, v. du Canada (Québec), à l'O. de Montréal ; 12 862 hab. *(Lachutois).*

LA CIERVA Y CODORNÍU (Juan **de**), *Murcie 1895 - Croydon 1936,* ingénieur espagnol. Il inventa l'autogire (1923), qu'il ne cessa de perfectionner et grâce auquel il réussit, en 1934, le décollage à la verticale.

LACLOS → **CHODERLOS DE LACLOS.**

LA CONDAMINE (Charles Marie **de**), *Paris 1701 - id. 1774,* savant français. Avec P. Bouguer, il dirigea l'expédition du Pérou (1735), qui détermina la longueur d'un arc de méridien. Il ramena d'Amérique du Sud diverses observations naturalistes et fit, en 1751, la description d'une résine qu'il appela « cahuchu ». (Acad. fr.)

LACONIE, anc. contrée du sud-est du Péloponnèse, dont Sparte était le centre.

LACORDAIRE (Henri), *Recey-sur-Ource, Côte-d'Or, 1802 - Sorèze, Tarn, 1861,* religieux et prédicateur français. Prêtre (1827), disciple de La Mennais et collaborateur de *l'Avenir,* il ne suivit pas son maître dans sa rupture avec Rome. Après avoir prêché à Notre-Dame de Paris les carêmes de 1835 et de 1836, il prit l'habit des dominicains (1839) et rétablit leur ordre en France. En 1848, élu député de Marseille, il fonda *l'Ère nouvelle,* organe démocrate-chrétien, mais les troubles de mai-juin l'amenèrent à abandonner politique et journalisme. Il se consacra alors au rétablissement des frères prêcheurs et à l'enseignement, au collège de Sorèze. (Acad. fr.)

LACOSTE (René), *Paris 1904 - Saint-Jean-de-Luz 1996,* joueur de tennis français. Vainqueur à Wimbledon (1925, 1928), à Paris (1925, 1927, 1929) et à Forest Hill (1929, 1927), il a remporté la coupe Davis en 1927 et 1928.

LACOURSIÈRE (Jacques), *Shawinigan 1932,* historien canadien. Conteur hors pair, il se fait le chantre d'une histoire vivante et humaine du Québec (*Histoire populaire du Québec,* 5 vol., 1995-2008). Ses talents de vulgarisateur trouvent aussi à s'exprimer à la radio (*J'ai souvenir encore,* 1994-2004) et à la télévision (*Épopée en Amérique,* série réalisée par Gilles Carle, 1996-1997).

LACQ (64170), comm. des Pyrénées-Atlantiques, sur le gave de Pau ; 745 hab. *(Lacquois).* Anc. exploitation de gaz naturel. Production de soufre. Chimie fine. Nanotechnologies.

LACRETELLE (Jacques **de**), *Cormatin, Saône-et-Loire, 1888 - Paris 1985,* écrivain français, auteur du roman psychologique *Silbermann* (1922). [Acad. fr.]

LACRETELLE (Pierre Louis **de**), dit **l'Aîné,** *Metz 1751 - Paris 1824,* jurisconsulte français. Membre du corps législatif (1801 - 1802), il prit part, avec B. Constant, à la rédaction de l'hebdomadaire *la Minerve française* (1818-1820). [Acad. fr.]

LACROIX (Alfred), *Mâcon 1863 - Paris 1948,* géologue français. Il a étudié les éruptions de la montagne Pelée (1902) et du Vésuve (1906), analysé les effets du métamorphisme et découvert de nombreux minéraux.

LACROIX (Christian), *Arles 1951,* couturier français. Références au passé teintées d'humour, d'extravagance, et couleurs éclatantes le situent aux antipodes de la haute couture classique. Créateur aux talents multiples, il dessine notamment des costumes pour le théâtre, l'opéra et le ballet, et s'intéresse au design (meubles, mobilier pour les trains, décoration d'hôtels...) et à l'illustration.

LACTANCE, *près de Cirta v. 260 - Trèves v. 325,* apologiste chrétien d'expression latine. Il a donné dans ses *Institutions divines* le premier exposé d'ensemble de la religion chrétienne.

LADAKH n.m., région du Cachemire ; ch.-l. *Leh.*

LADAKHI, population d'Inde (Ladakh) [env. 135 000]. Agriculteurs ou éleveurs, bouddhistes ou musulmans, ils parlent le *ladakhi.*

LADISLAS, nom de plusieurs rois de Hongrie, de Bohême et de Pologne. — saint **Ladislas Ier Árpád,** *v. 1040 - Nyitra, auj. Nitra, 1095,* roi de Hongrie (1077 - 1095). Il acheva la christianisation de son royaume, auquel il adjoignit la Croatie (1091). — **Ladislas Ier** (ou **IV**) **Łokietek,** *1260 - Cracovie 1333,* roi de Pologne (1320 - 1333). Il reprit la couronne de Pologne confisquée en 1300 par Venceslas II, roi de Bohême. — **Ladislas II** (ou **V**) **Jagellon Ier,** *v. 1351 - Gródek 1434,* grand-duc de Lituanie (1377 - 1401), roi de Pologne (1386 - 1434). Il écrasa les chevaliers Teutoniques à Grunwald (1410).

LADISLAS le Magnanime, *Naples 1377 - id. 1414,* roi de Naples (1386 - 1414) et roi titulaire de Hongrie (1403 - 1414). Fils de Charles III, il eut à défendre ses États contre Louis II, duc d'Anjou.

LADOGA (lac), lac du nord-ouest de la Russie ; 17 700 km². La Neva le fait communiquer avec Saint-Pétersbourg et le golfe de Finlande.

LADOUMÈGUE (Jules), *Bordeaux 1906 - Paris 1973,* athlète français. Spécialiste de demi-fond, deuxième du 1 500 m olympique en 1928, il fut disqualifié en 1932 pour professionnalisme.

LADRIÈRE (Jean), *Nivelles 1921 - Ottignies-Louvain-la-Neuve 2007,* philosophe belge. Il a étudié en épistémologue le langage de la foi, le comparant aux langages de la philosophie et de la science (*l'Articulation du sens,* 3 vol., 1970-2004).

LAEKEN [lakεn], anc. comm. de Belgique, réunie à Bruxelles en 1921. Domaine royal (parc et château) ; Atomium*.

LAENNEC (René), *Quimper 1781 - Kerlouanec, Finistère, 1826,* médecin français. Il a inventé le stéthoscope et vulgarisé la méthode d'auscultation. Il fonda la médecine anatomoclinique.

Lærdal, tunnel routier de Norvège, entre *Lærdal* et Aurland (région du Sognefjord), le plus long du monde (24,5 km, ouvert en 2000).

LAETHEM-SAINT-MARTIN [latεm-], en néerl. **Sint-Martens-Latem,** comm. de Belgique (Flandre-Orientale) ; 8 417 hab. À la fin du XIXe s. s'y constitua un groupe de tendance symboliste avec, notamm., les peintres Albijn Van den Abeele *(1835 - 1918),* Valerius De Saedeleer *(1867 - 1941),* Gustaaf Van de Woestijne (et son frère Karel, écrivain), et le sculpteur G. Minne. Après la Première Guerre mondiale, un second groupe marqua l'essor de l'expressionnisme pictural belge, avec Constant Permeke, Frits Van den Berghe et Gustave De Smet *(1877 - 1943).*

LAETOLI ou **LAETOLIL,** site paléontologique du nord de la Tanzanie, au sud d'Olduvai. Il a livré en 1976 - 1978 des empreintes de pas laissées par deux ou trois australopithèques dans le tuf volcanique, il y a entre 3,5 et 3,8 millions d'années.

LAFARGUE (Paul), *Santiago de Cuba 1842 - Draveil 1911,* homme politique français. Disciple et gendre de Karl Marx, il fonda, avec Guesde, le Parti ouvrier français (1882). Il est l'auteur du *Droit à la paresse.*

LAFAYETTE, v. des États-Unis, dans le sud de la Louisiane ; 126 066 hab. (273 738 hab. dans l'agglomération). Principal foyer francophone de la Louisiane.

LA FAYETTE (Marie Joseph Paul Yves Roch Gilbert **[Du] Motier,** marquis **de**), *Chavaniac, Haute-Loire, 1757 - Paris 1834,* général et homme politique français. Dès 1777, il prit une part active à la guerre de l'Indépendance en Amérique aux côtés des insurgés. Député aux États généraux (1789), commandant de la Garde nationale, il apparut comme le chef de la noblesse libérale, désireuse de réconcilier la royauté avec la Révolution. Émigré de 1792 à 1800, il refusa tout poste officiel sous l'Empire. Député libéral sous la Restauration, mis à la tête de la Garde nationale en juillet 1830, il fut l'un des fondateurs de la monarchie de Juillet, dont il se détacha bientôt.

▲ **La Fayette** par J. D. Court. (Château de Versailles.)

LA FAYETTE ou **LAFAYETTE** (Marie-Madeleine **Pioche de La Vergne,** comtesse **de**), *Paris 1634 - id. 1693,* femme de lettres française. Elle a inauguré l'ère du roman psychologique moderne (*la Princesse* de Clèves*).*

◄ Mme de **La Fayette.** (BnF, Paris.)

LAFERRIÈRE (Windsor Klébert, dit Dany), *Port-au-Prince 1953,* écrivain canadien d'origine haïtienne. Ses romans, restituant la sensualité et la violence de son île natale, sont l'expression d'une quête identitaire nourrie par l'expérience de l'exil (*Comment faire l'amour avec un nègre sans se fatiguer,* 1985 ; *Chronique de la dérive douce,* 1994 ; *le Cri des oiseaux fous,* 2000 ; *l'Énigme du retour,* 2009). [Acad. fr.]

LA FEUILLADE (François **d'Aubusson,** duc **de**), *1625 - Paris 1691,* maréchal de France. Il joua un grand rôle pendant les guerres de Louis XIV.

LAFFEMAS (Barthélemy **de**), sieur **de Beausemblant,** *Beausemblant, Drôme, 1545 - Paris v. 1612,* économiste français. Contrôleur général du commerce (1602), il favorisa, sous le règne d'Henri IV, l'établissement de nombreuses manufactures (Gobelins) et inspira le colbertisme.

LAFFER (Arthur), *Youngstown, Ohio, 1940,* économiste américain. L'un des chefs de file de l'« économie de l'offre » (pensée d'orientation libérale qui prône notamm. la levée des freins à l'initiative privée), il est connu pour sa défense des politiques de réduction d'impôt (v. partie n. comm. courbe de **Laffer**).

LAFFITTE (Jacques), *Bayonne 1767 - Paris 1844,* banquier et homme politique français. Gouverneur de la Banque de France (1814 - 1819), député libéral sous la Restauration, il joua un rôle actif dans la révolution de 1830 et forma le premier ministère de la monarchie de Juillet (nov. 1830 - mars 1831). Chef du parti du Mouvement, il fut vite écarté par Louis-Philippe et retourna dans l'opposition.

LAFFORGUE (Laurent), *Antony 1966,* mathématicien français. Ses travaux concernent la géométrie algébrique. (Médaille Fields 2002.)

LA FONTAINE (Jean **de**), *Château-Thierry 1621 - Paris 1695,* poète français, auteur des *Fables*.* On lui doit également de nombreux *Contes et Nouvelles en vers* (1664-1685), récits galants imités de l'Arioste et de Boccace. Il fut notamm. le protégé de Fouquet et de Mme de La Sablière. (Acad. fr.)

▲ Jean de **La Fontaine** par Rigaud. (Château de Versailles.)

LA FONTAINE (sir Louis-Hippolyte), *Boucherville 1807 - Montréal 1864,* homme politique canadien. Il forma avec Baldwin le premier ministère parlementaire du Canada (1848 - 1851).

LA FORCE (Jacques Nompar **de Caumont,** duc **de**), *1558 - Bergerac 1652,* maréchal de France. Protestant, compagnon d'Henri IV, il défendit Montauban contre Louis XIII (1621), puis se soumit au roi.

LAFORGUE (Jules), *Montevideo 1860 - Paris 1887,* poète français. Auteur de poèmes *(les Complaintes)* et de contes en prose *(les Moralités légendaires),* l'un des créateurs du vers libre, il mêle en une vision pessimiste du monde mélancolie, humour et familiarité du style parlé.

LA FOSSE (Charles **de**), *Paris 1636 - id. 1716,* peintre français. Élève de Le Brun, au style souple et brillant, il a contribué à infléchir la doctrine de l'Académie en matière de peinture d'histoire (influence de Rubens : victoire de la couleur sur le dessin à la fin du siècle).

LA FRESNAYE [-frɛnɛ] (Roger **de**), *Le Mans 1885 - Grasse 1925,* peintre français. Après avoir côtoyé le cubisme *(l'Homme assis,* 1913-1914, MNAM, Paris), il est revenu à une sorte de réalisme stylisé.

▲ Roger de **La Fresnaye.** *Le Pierrot,* 1922. (Coll. part.)

LAGACHE (Daniel), *Paris 1903 - id. 1972,* médecin et psychanalyste français. Il est l'auteur d'importants travaux de psychanalyse et de psychologie clinique *(la Jalousie amoureuse,* 1947).

LA GALISSONIÈRE ou **LA GALISSONNIÈRE** (Roland Michel **Barrin,** marquis **de**), *Rochefort 1693 - Montereau 1756,* marin français. Gouverneur de la Nouvelle-France de 1747 à 1749, il dirigea ensuite l'attaque de Minorque (mai 1756) au début de la guerre de Sept Ans.

LAGARCE (Jean-Luc), *Héricourt 1957 - Paris 1995,* auteur dramatique et metteur en scène de théâtre français. Il porte un regard critique sur la société et scrute la relation de l'individu à ses origines et à la cellule familiale *(Retour à la citadelle, les Prétendants, Juste la fin du monde, le Pays lointain).*

LAGARDE (Jean-Christophe), *Châtellerault 1967,* homme politique français. Élu maire de Drancy (2001), puis député (2002), il est président de l'UDI depuis 2014.

LAGASH, anc. cité-État de Mésopotamie, près du confluent du Tigre et de l'Euphrate (auj. Tell al-Hiba, Iraq). Les fouilles, pratiquées à partir de 1877, y ont fait découvrir la civilisation sumérienne du IIIe millénaire av. J.-C.

LAGERFELD (Karl), *Hambourg 1935 ? - Neuilly-sur-Seine 2019,* styliste allemand. Créateur de collections de haute couture et de prêt-à-porter, il fut à partir de 1983 directeur artistique de Chanel, dont il adapta les traditions à la femme moderne. La photographie fut l'une de ses autres passions.

LAGERKVIST (Pär), *Växjö 1891 - Stockholm 1974,* écrivain suédois. Son œuvre poétique, dramatique et romanesque *(le Nain, Barabbas)* est marquée par un profond pessimisme. (Prix Nobel 1951.)

LAGERLÖF (Selma), *Mårbacka 1858 - id. 1940,* romancière suédoise. Elle est l'auteure de romans d'inspiration romantique *(la Saga de Gösta Berling, le Charretier de la mort)* et de récits pour les enfants *(le Merveilleux Voyage de Nils Holgersson à travers la Suède).* [Prix Nobel 1909.]

LAGHOUAT, oasis du Sahara algérien, ch.-l. de wilaya ; 144 747 hab.

LAGIDES, dynastie qui a régné sur l'Égypte hellénistique de 305 à 30 av. J.-C. Ses souverains masculins ont porté le nom de *Ptolémée.*

LAGNIEU (01150), bur. centr. de cant. de l'Ain ; 7 176 hab. *(Latinicois* ou *Lagnolans).* Verrerie.

LAGNY-SUR-MARNE (77400), bur. centr. de cant. de Seine-et-Marne ; 21 811 hab. *(Latignaciens).* Église du XIIIe s., anc. abbatiale, inachevée. Musée.

LAGORD (17140), bur. centr. de cant. de la Charente-Maritime ; 7 320 hab. *(Lagordais).*

LAGOS, v. du Nigeria, sur le golfe du Bénin ; 11 223 041 hab. dans l'agglomération. Anc. cap. du pays, et principal port.

LAGOYA (Alexandre), *Alexandrie 1929 - Paris 1999,* guitariste égyptien naturalisé français. Il renouvela la technique de la guitare et se produisit dans le monde entier, en duo avec sa femme, la guitariste Ida Presti *(1924 - 1967),* puis en soliste.

LAGRANGE (Albert), en relig. frère **Marie-Joseph,** *Bourg-en-Bresse 1855 - Saint-Maximin-la-Sainte-Baume 1938,* dominicain français. Fondateur de l'École pratique d'études bibliques de Jérusalem (1890) et de la *Revue biblique* (1892).

LA GRANGE (Charles **Varlet,** sieur **de**), *Amiens v. 1639 - Paris 1692,* comédien français. Le registre qu'il tint de 1659 à 1685 sur le fonctionnement financier et matériel de la troupe de Molière est un document précieux pour l'histoire théâtrale.

LAGRANGE (Léo), *Bourg-sur-Gironde 1900 - Évergnicourt, Aisne, 1940,* homme politique français. Sous-secrétaire d'État aux Sports et aux Loisirs (1936 - 1937 et 1938), il favorisa la démocratisation du sport.

LAGRANGE (Louis, comte **de**), *Turin 1736 - Paris 1813,* mathématicien français. Il démontra plusieurs théorèmes relatifs à la théorie des groupes, qui préparent les travaux de Galois. Sa *Mécanique analytique* (1788), sans référence à la géométrie, unifia les fondements de cette discipline. Il chercha à définir toute fonction par son développement en série de Taylor. S'inspirant d'Euler et de Newton, son œuvre donne à l'analyse une importance considérable. Il présida la commission qui établit le système des poids et mesures (1790).

LAGUILLER (Arlette), *Paris 1940,* femme politique française. Porte-parole nationale de Lutte ouvrière (LO), elle a été la première femme, en France, à se porter candidate à une élection présidentielle, en 1974 (se présentant aux cinq élections suivantes : 1981, 1988, 1995, 2002 et 2007).

LAGUIOLE [lajɔl] (12210), bur. centr. de cant. de l'Aveyron ; 1 263 hab. *(Laguiolais).* Coutellerie. Ski.

LA HARPE (Frédéric César **de**), *Rolle, Vaud, 1754 - Lausanne 1838,* homme politique suisse. Membre du Directoire (1798 - 1800), il obtint en 1815 l'émancipation du canton de Vaud.

LA HARPE (Jean François **Delharpe** ou **Delaharpe,** dit **de**), *Paris 1739 - id. 1803,* critique français. Son *Lycée ou Cours de littérature ancienne et moderne* (1799) est marqué par le goût classique. (Acad. fr.)

LA HIRE (Étienne **de Vignolles,** dit), *Préchacq-les-Bains, Landes, v. 1390 - Montauban 1443,* homme de guerre français. Il fut le fidèle compagnon de Jeanne d'Arc. Le valet de cœur, dans les jeux de cartes, porte son nom.

LA HIRE (Philippe **de**), *Paris 1640 - id. 1718,* astronome et mathématicien français. Fils de Laurent de La Hyre, il participa aux grands travaux géodésiques de J. Picard et de J. D. Cassini.

LA HONTAN (Louis Armand **de Lom d'Arce,** baron **de**), *Lahontan ? 1666 - Hanovre v. 1715,* voyageur et écrivain français. Ses voyages au Canada lui ont inspiré des récits.

LAHORE, v. du Pakistan, cap. du Pendjab ; 5 143 495 hab. (7 351 911 hab. dans l'agglomération). Monuments des Grands Moghols (fort, 1565 ; Grande Mosquée, 1627 ; tombeau de Djahangir, 1627 ; célèbre jardin).

LAHOUD (Émile), *Beyrouth 1936,* général et homme politique libanais. Commandant en chef de l'armée (1989 - 1998), il a été président de la République de 1998 à 2007.

LAHTI, v. de Finlande ; 103 377 hab. Industries du bois. Centre touristique.

LA HYRE ou **LA HIRE** (Laurent **de**), *Paris 1606 - id. 1656,* peintre français. Il fut l'un des fondateurs de l'Académie royale de peinture et de sculpture. De formation maniériste, puis influencé par Vouet, il en vint vers 1640 à un classicisme délicat.

LAING (Ronald), *Glasgow 1927 - Saint-Tropez 1989,* psychiatre britannique. Il est, avec D. Cooper, le fondateur de l'antipsychiatrie *(l'Équilibre mental, la folie et la famille,* 1964).

LAÏS, nom de plusieurs courtisanes grecques, dont la plus connue fut l'amie d'Alcibiade.

LAKANAL (Joseph), *Serres, comté de Foix, 1762 - Paris 1845,* homme politique français. Conventionnel, il attacha son nom à de nombreuses mesures relatives à l'instruction publique (1793 - 1795).

LAKE DISTRICT, région touristique du nord-ouest de l'Angleterre, parsemée de lacs.

LAKE PLACID, station de sports d'hiver des États-Unis (État de New York).

LAKSHADWEEP, territoire de l'Inde ; 64 429 hab. ; ch.-l. *Kavaratti.* Il regroupe les archipels des Laquedives, Minicoy et Amindives.

LALANDE (Joseph Jérôme **Lefrançois de**), *Bourg-en-Bresse 1732 - Paris 1807,* astronome français. On lui doit l'une des premières mesures précises de la parallaxe de la Lune (1751), des travaux de mécanique céleste et un catalogue d'étoiles (1801). Il s'illustra aussi comme vulgarisateur.

LA LANDE (Michel Richard **de**) → **DELALANDE.**

LA LAURENCIE (Lionel, comte **de**), *Nantes 1861 - Paris 1933,* musicologue français, auteur d'études sur la musique française du XVIe au XVIIIe s.

LALIBELA ou **LALIBALA,** cité monastique du N. de l'Éthiopie (prov. de Wollo). Elle doit son nom au roi d'Éthiopie **Lalibela** (v. 1190 - v. 1225) qui ordonna la construction de célèbres églises rupestres, dont celle de St-Georges. Lieu de culte majeur pour les chrétiens orthodoxes d'Afrique.

LALINDE (24150), bur. centr. de cant. de la Dordogne ; 2 887 hab. *(Lindois).* Bois. – Bastide du XIIIe s.

LALIQUE (René), *Ay 1860 - Paris 1945,* joaillier et verrier français. Après s'être illustré dans le bijou (de style Art nouveau), il se consacra entièrement, à l'époque des Arts déco, à la production d'objets en verre ou en cristal (en général moulé). Son entreprise est toujours active.

LALLY (Thomas, baron **de Tollendal,** comte **de**), *Romans 1702 - Paris 1766,* officier et administrateur français. Gouverneur général des Établissements français dans l'Inde (1755), il fut vaincu par les Anglais et capitula à Pondichéry (1761). Accusé de trahison, il fut condamné à mort et exécuté. Voltaire participa à sa réhabilitation.

LALO (Édouard), *Lille 1823 - Paris 1892,* compositeur français. Il écrivit la musique du ballet *Namouna* (1882) et l'opéra *le Roi d'Ys* (1888). Son œuvre, d'inspiration surtout romantique *(Symphonie espagnole,* 1875 ; *Concerto pour violoncelle,* 1877), vaut par sa vigueur et par la richesse de l'orchestration.

LALOUBÈRE (65310), comm. des Hautes-Pyrénées ; 1 991 hab. *(Laloubériens).* Hippodrome.

LALOUVESC (07520), comm. de l'Ardèche ; 409 hab. *(Louvetous).* Station d'altitude (1 050 m). – Pèlerinage au tombeau de Jean François Régis.

LAM (Wifredo), *Sagua la Grande 1902 - Paris 1982,* peintre cubain. Métis sino-africain, influencé par le surréalisme, il a élaboré une œuvre faite de créatures hybrides, qui transpose, en les universalisant, l'exubérance, le mystère et la violence d'un monde primitif *(le Présent éternel,* 1944).

▲ **Lahore.** Le jardin de l'Amour (Chalimar Bagh) entourant le fort moghol ; art islamique, XVIIe s.

LA MALBAIE, v. du Canada (Québec), sur l'estuaire du Saint-Laurent ; 8 271 hab. Tourisme.

LAMALOU-LES-BAINS (34240), comm. de l'Hérault ; 2 596 hab. *(Lamalousiens).* Station thermale (maladies neurologiques, rhumatismes).

LA MARCHE (Olivier **de**), *v. 1425 - 1502*, poète français, chroniqueur de la cour de Bourgogne.

LA MARCK (Guillaume **de**), en néerl. Willem **Van der Mark,** surnommé **le Sanglier des Ardennes,** *v. 1446 - Utrecht ou Maastricht 1485*, baron flamand. Il souleva les Liégeois en faveur du roi de France Louis XI, puis, l'ayant trahi, fut livré à l'empereur Maximilien Ier, qui le fit exécuter.

LAMARCK (Jean-Baptiste **de Monet,** chevalier **de**), *Bazentin, Somme, 1744 - Paris 1829*, naturaliste français. Botaniste de formation, il publie une *Flore française* (1778), dans laquelle il emploie, le premier, les clés dichotomiques, puis l'*Encyclopédie botanique* et l'*Illustration des genres* (1783-1817). De 1793 à sa mort, il occupe la chaire des « animaux sans vertèbres », au Muséum. Ses deux ouvrages la *Philosophie zoologique* (1809) et l'*Histoire naturelle des animaux sans vertèbres* (1815-1822) en font le fondateur du transformisme, première théorie explicative de l'évolution.

▲ **Lamarck**

LA MARMORA (Alfonso **Ferrero**), *Turin 1804 - Florence 1878*, général et homme politique italien. Commandant des forces sardes pendant les campagnes de Crimée (1855) et d'Italie (1859), président du Conseil (1864), il s'allia à la Prusse contre l'Autriche en 1866.

LAMARQUE (Jean Maximilien ou Maximien, comte), *Saint-Sever 1770 - Paris 1832*, général et homme politique français. Après avoir combattu lors des campagnes de la Révolution et de l'Empire, il fut élu député en 1828 et milita dans l'opposition libérale. Ses obsèques donnèrent lieu à une insurrection républicaine.

LAMARR (Hedwig **Kiesler,** dite Hedy), *Vienne 1914 - Casselberry, Floride, 2000*, actrice et inventrice autrichienne, naturalisée américaine. En parallèle d'une carrière à Hollywood (*Samson et Dalila*, Cecil B. De Mille, 1949), elle imagina, avec le pianiste américain George Antheil, un système de téléguidage pour les torpilles, basé sur des changements de fréquence dans les transmissions radio, rendant presque impossible leur détection. Breveté en 1942, ce procédé est encore utilisé dans différentes technologies (GPS, WiFi…).

LAMARTINE (Alphonse **de**), *Mâcon 1790 - Paris 1869*, poète et homme politique français. Son premier recueil lyrique, les *Méditations poétiques* (1820), qui contient notamm. son célèbre poème *le Lac*, lui assura une immense célébrité et, entre 1820 et 1830, la jeune génération des poètes romantiques le salua comme son maître. Il publia ensuite les *Harmonies poétiques et religieuses* (1830), *Jocelyn* (1836), *la Chute d'un ange* (1838), puis mit son talent au service des idées libérales (*Histoire des Girondins*, 1847). Membre du gouvernement provisoire et ministre des Affaires étrangères en février 1848, il fut en fait, durant quelques semaines, le véritable maître de la France, mais il perdit une part de son prestige lors des journées de juin 1848. Candidat malheureux aux élections présidentielles du 10 décembre, il n'écrivit plus alors que des récits autobiographiques (*les Confidences*, 1849 ; *Graziella*, 1852) et, pour payer ses dettes, un *Cours familier de littérature* (1856-1869). [Acad. fr.]

▲ **Lamartine** par F. Gérard. (Château de Versailles.)

LAMB (Charles), *Londres 1775 - Edmonton 1834*, écrivain britannique. Le romantisme angoissé de ses essais (*Essais d'Elia*, 1823-1833) est tempéré par un humour fantasque.

LAMB (Willis Eugene), *Los Angeles 1913 - Tucson 2008*, physicien américain. Il est l'auteur de remarquables découvertes sur la structure fine du spectre de l'hydrogène et d'une méthode de mesure de la fréquence des transitions atomiques ou moléculaires. (Prix Nobel 1955.)

LAMBALLE (22400), bur. centr. de cant. des Côtes-d'Armor ; 13 935 hab. *(Lamballais).* Agroalimentaire. Haras. – Anc. cap. du Penthièvre. – Églises médiévales ; musée.

LAMBALLE (Marie-Thérèse Louise **de Savoie-Carignan,** princesse **de**), *Turin 1749 - Paris 1792*, amie de Marie-Antoinette. Elle fut victime des massacres de Septembre.

LAMBARÉNÉ, v. du Gabon, sur l'Ogooué ; 14 974 hab. Centre hospitalier créé par le docteur A. Schweitzer.

LAMBERSART (59130), comm. du Nord, banlieue de Lille ; 27 919 hab. *(Lambersartois).*

LAMBERT (Anne Thérèse **de Marguenat de Courcelles,** marquise **de**), *Paris 1647 - id. 1733*, femme de lettres française. Elle tint un salon célèbre.

LAMBERT (Johann Heinrich), *Mulhouse 1728 - Berlin 1777*, mathématicien d'origine française. Il démontra que π est irrationnel (1768), développa la géométrie de la règle, calcula les trajectoires des comètes et s'intéressa à la cartographie *(projection Lambert).* Il fut l'un des créateurs de la photométrie et l'auteur de travaux innovateurs sur les géométries non euclidiennes. Il a joué un rôle précurseur dans la logique symbolique.

LAMBERT (John), *Calton, West Riding, Yorkshire, 1619 - île Saint Nicholas, Devon, 1684*, général anglais. Lieutenant de Cromwell, il fut emprisonné lors de la restauration de Charles II (1660).

LAMBESC (13410), comm. des Bouches-du-Rhône ; 9 821 hab. Monuments des XIVe-XVIIIe s.

LAMBÈSE → **TAZOULT.**

Lambeth (conférences de), assemblées des évêques anglicans qui se tiennent tous les dix ans depuis 1867 dans le palais archiépiscopal de Lambeth, à Londres.

LAMECH [-mɛk], patriarche biblique, père de Noé.

LA MEILLERAYE (Charles **de la Porte,** duc **de**), *Paris 1602 - id. 1664*, maréchal de France. Il se distingua lors de la guerre de Trente Ans.

LA MENNAIS ou **LAMENNAIS** (Félicité **de**), *Saint-Malo 1782 - Paris 1854*, écrivain français. Prêtre en 1816, il se fit l'apologiste de l'ultramontanisme et de la liberté religieuse, face à l'Église gallicane ; en 1830, il regroupa la jeunesse libérale catholique autour du journal *l'Avenir.* Désavoué par Grégoire XVI (1832), il rompit avec Rome (1834) et inclina vers un humanitarisme socialisant et mystique (*Paroles d'un croyant*, 1834). Il fut député en 1848 et 1849.

▲ Félicité de **La Mennais** par Paulin-Guérin. (Château de Versailles.)

— **Jean-Marie de La M.,** *Saint-Malo 1780 - Ploërmel 1860*, prêtre français. Frère aîné de Félicité, il fonda la congrégation des Frères de l'Instruction chrétienne, dits « de Ploërmel » (1817).

LAMENTIN (97129), bur. centr. de cant. de la Guadeloupe ; 16 492 hab. *(Lamentinois).*

LAMENTIN (Le) [97232], comm. de la Martinique ; 40 780 hab. *(Lamentinois).* Aéroport.

LAMETH (Alexandre, comte **de**), *Paris 1760 - id. 1829*, général et homme politique français. Il forma avec Barnave et Du Port un « triumvirat » qui prit parti contre Mirabeau, puis émigra avec La Fayette (1792). Fonctionnaire sous l'Empire, il fut député libéral sous la Restauration.

LA METTRIE (Julien **Offray de**), *Saint-Malo 1709 - Berlin 1751*, médecin et philosophe français. Son matérialisme et la remise en cause des valeurs morales qui en découle firent scandale ; il trouva refuge en Prusse auprès de Frédéric II (*l'Homme-machine*, 1748).

LAMÍA, v. de Grèce, près du *golfe de Lamía* ; 75 315 hab. — guerre **lamiaque** (323 - 322 av. J.-C.), insurrection des cités grecques pour se libérer du joug macédonien, après la mort d'Alexandre le Grand (323 av. J.-C.). Elle se termina par la défaite des Grecs, à Crannon.

LAMOIGNON (Guillaume **de**), *Paris 1617 - id. 1677*, magistrat français. Premier président au parlement de Paris (1658 - 1664), il présida au procès de Fouquet et joua un rôle capital dans l'unification de la législation pénale. — **Guillaume de L.,** *Paris 1683 - id. 1772*, homme d'État français. Petit-fils de Guillaume de Lamoignon, il fut chancelier de France sous Louis XV. Il est le père de Malesherbes.

LAMOIGNON DE BÂVILLE → **BÂVILLE.**

LAMOIGNON DE MALESHERBES → **MALESHERBES.**

LAMORICIÈRE (Louis **Juchault de**), *Nantes 1806 - près d'Amiens 1865*, général français. Il reçut en Algérie la soumission d'Abd el-Kader (1847), puis fut exilé pour son opposition à l'Empire (1852) et commanda les troupes pontificales (1860).

LA MOTHE LE VAYER (François **de**), *Paris 1588 - id. 1672*, écrivain et philosophe français. Il tenta d'élaborer un scepticisme chrétien. (Acad. fr.)

LA MOTTE (Jeanne **de Saint-Rémy,** comtesse **de**), *Fontette, Aube, 1756 - Londres 1791*, aventurière française. Ses intrigues furent à l'origine de l'affaire du Collier*.

LA MOTTE-FOUQUÉ (Friedrich, baron **de**), *Brandebourg 1777 - Berlin 1843*, écrivain allemand, auteur de drames et de récits romantiques *(Ondine).*

LA MOTTE-PICQUET (Toussaint, comte **Picquet de La Motte,** connu sous le nom de), *Rennes 1720 - Brest 1791*, marin français. Il se distingua contre les Britanniques lors de la guerre de l'Indépendance américaine et fut nommé en 1781 lieutenant général des armées navales.

LAMOURETTE (Adrien), *Frévent, Pas-de-Calais, 1742 - Paris 1794*, prélat et homme politique français. Membre de la Législative, il demanda, face au péril extérieur, l'union de tous les députés, qu'il amena à se donner l'accolade (7 juill. 1792) ; cette fraternité sans lendemain est restée célèbre sous le nom de *baiser Lamourette.* Il fut guillotiné.

LAMOUREUX (Charles), *Bordeaux 1834 - Paris 1899*, violoniste et chef d'orchestre français. Il fonda les concerts qui portent son nom.

LAMPAUL-GUIMILIAU (29400), comm. du Finistère ; 2 148 hab. *(Lampaulais).* Agroalimentaire. – Église des XVIe-XVIIe s. (mobilier : « poutre de gloire », retables sculptés) et enclos paroissial. Petit musée du Patrimoine.

LAMPEDUSA, île italienne de la Méditerranée, entre Malte et la Tunisie. Point de passage des migrants d'Afrique en partance pour l'Europe.

LAMPRECHT (Karl), *Jessen, Saxe, 1856 - Leipzig 1915*, historien allemand, l'un des maîtres de l'histoire économique européenne.

LAMY (François Joseph), *Mougins 1858 - Kousseri 1900*, officier et explorateur français. Il explora la région du lac Tchad et fut tué en la pacifiant. Il donna son nom à la ville de *Fort-Lamy* (auj. Ndjamena).

LANAKEN, comm. de Belgique (Limbourg) ; 25 678 hab.

LANAUDIÈRE, région administrative du Québec (Canada), sur le Saint-Laurent ; 13 510 km² ; 494 796 hab. *(Lanaudois)* ; v. princ. *Joliette.*

LANCASHIRE, comté d'Angleterre, sur la mer d'Irlande ; 1 171 339 hab. ; ch.-l. *Preston.*

LANCASTER (Burton Stephen, dit Burt), *New York 1913 - Los Angeles 1994*, acteur américain. Sa stature et son goût pour l'acrobatie firent merveille dans des films d'aventures (*le Vent de la plaine*, J. Huston, 1960) puis dans des rôles de composition (*le Guépard*, L. Visconti, 1963 ; *Violence et Passion*, id., 1974).

LANCASTRE, maison anglaise, branche cadette des Plantagenêts, titulaire du comté, puis du duché de Lancastre et qui régna sur l'Angleterre avec les rois Henri IV, Henri V et Henri VI. Jouant un rôle prééminent à partir de Jean de Gand (1340 - 1399), fils d'Édouard III et père d'Henri IV, elle fut la rivale de la maison d'York dans la guerre des Deux-Roses (elle portait dans ses armes la rose rouge). Le dernier Lancastre, Édouard, fils unique d'Henri VI, fut exécuté en 1471, après la victoire des Yorks à Tewkesbury.

LANCASTRE (Jean **de**), duc **de Bedford** → **BEDFORD** (duc de).

Landes

LANCELOT (dom Claude), *Paris v. 1615 - Quimperlé 1695*, janséniste et grammairien français. Il contribua à la fondation des Petites Écoles de Port-Royal et écrivit une *Grammaire générale et raisonnée*, dite *Grammaire de Port-Royal*.

Lancelot du lac, personnage du *cycle du roi Arthur**. Élevé par la fée Viviane au fond d'un lac, ce chevalier s'éprend de la reine Guenièvre, femme du roi Arthur, et subit par amour pour elle toutes sortes d'épreuves, contées, notamment, par Chrétien de Troyes dans *Lancelot ou le Chevalier de la charrette* (v. 1170).

L'ANCIENNE-LORETTE, v. du Canada (Québec), dans l'arrond. de Québec ; 16 618 hab. *(Lorettains)*. Aéroport.

LANCRET (Nicolas), *Paris 1690 - id. 1743*, peintre français, émule de Watteau (*la Camargo dansant*, v. 1730, diverses versions).

LANCY, comm. de Suisse (canton de Genève) ; 28 631 hab. *(Lancéens)*.

LANDAU, v. d'Allemagne (Rhénanie-Palatinat) ; 43 361 hab. Fondée en 1224, la ville fut acquise par la France (1648) et revint au Palatinat bavarois en 1815. – Églises gothiques.

LANDAU (Lev Davidovitch), *Bakou 1908 - Moscou 1968*, physicien soviétique. Spécialiste de la théorie quantique des champs, il est l'auteur d'une théorie de la superfluidité. (Prix Nobel 1962.)

LANDERNEAU (29800), bur. centr. de cant. du Finistère, sur l'estuaire de l'Élorn ; 16 397 hab. *(Landernéens)*. Anc. cap. du Léon. Agroalimentaire. – Pont de Rohan (1510) ; anc. couvent des Capucins (XVIIe s., centre d'art [Fonds H. et É. Leclerc pour la culture]) ; vieilles demeures.

LANDES n.f. pl., région du sud-ouest de la France, sur l'Atlantique, entre le Bordelais et l'Adour. (Hab. *Landais*.) Le tourisme estival, la pêche, l'ostréiculture (Arcachon, Capbreton, Hossegor, Mimizan, Seignosse) animent localement le littoral, rectiligne, bordé de cordons de dunes qui enserrent des étangs. L'intérieur est une vaste plaine triangulaire, dont les sables s'agglutinent parfois en un grès dur, l'alios, qui retient l'eau en marécages insalubres. Cette plaine, autrefois déshéritée, a été transformée à la fin du XVIIIe s. (par N. Brémontier) et sous le second Empire (par J. Chambrelent [1817 - 1893]) par des plantations de pins (fixant des dunes littorales avant de coloniser l'intérieur) et par des drainages systématiques. Une partie de la forêt (exploitée surtout pour la papeterie) est englobée dans le *parc naturel régional des Landes de Gascogne*, qui couvre env. 336 000 ha sur les dép. de la Gironde et des Landes.

LANDES n.f. pl. (40), dép. de la Région Nouvelle-Aquitaine ; ch.-l. de dép. *Mont-de-Marsan* ; ch.-l. d'arrond. *Dax* ; 2 arrond. ; 15 cant. ; 330 comm. ; 9 243 km² ; 416 642 hab. *(Landais)*. Le dép. appartient à l'académie de Bordeaux, à la cour d'appel de Pau, à la zone de défense et de sécurité Sud-Ouest. Il s'étend, au N., sur la région des Landes (la forêt – durement touchée par les tempêtes de déc. 1999 et janv. 2009 – couvre près des deux tiers de la superficie du dép.), et, au S., sur la Chalosse, région de collines où l'on pratique la polyculture (blé, maïs, vigne ; volailles). Dans le nord-est du dép., centrale solaire photovoltaïque de Losse.

LANDIVISIAU (29400), bur. centr. de cant. du Finistère, dans le Léon ; 9 444 hab. *(Landivisiens)*. Base aéronavale.

LANDOWSKA (Wanda), *Varsovie 1879 - Lakeville, Connecticut, 1959*, claveciniste polonaise. Elle se consacra au renouveau du clavecin et de la musique ancienne.

LANDOWSKI (Marcel), *Pont-l'Abbé 1915 - Paris 1999*, compositeur français, fils de Paul Landowski. Il est l'auteur d'œuvres classiques et personnelles : opéras (*le Fou*, 1956 ; *Montségur*, 1985), symphonies et concertos (*Concerto pour violon et orchestre*, 1994-1996), musiques de film, de scène et de ballet.

LANDOWSKI (Paul), *Paris 1875 - Boulogne-Billancourt 1961*, sculpteur français. Il reçut d'importantes commandes officielles, exécutées en pierre ou en bronze dans un style réaliste monumental (*Sainte Geneviève*, sur le pont de la Tournelle, à Paris, 1928 ; *Christ rédempteur*, au sommet du Corcovado, à Rio* de Janeiro, 1931).

Landru (affaire), grand procès criminel français (1921). Après la découverte de restes humains calcinés dans sa villa, Henri Désiré **Landru** *(Paris 1869 - Versailles 1922)* fut accusé du meurtre de dix femmes et d'un jeune garçon. Il nia toujours, mais reconnut avoir escroqué les victimes présumées. Il fut condamné à mort et exécuté.

LANDRY (Adolphe), *Ajaccio 1874 - Paris 1956*, économiste et homme politique français. Dès 1913, il soutint la politique familiale et la lutte contre la dénatalité (*Manuel d'économique*, 1908 ; *Traité de démographie*, 1945).

LANDRY (Bernard), *Saint-Jacques, Joliette, 1937 - Verchères, Québec, 2018*, homme politique canadien. Chef du Parti québécois (2001 - 2005), il fut Premier ministre du Québec de 2001 à 2003.

LAND'S END, cap de l'extrémité sud-ouest de la Grande-Bretagne (Angleterre), en Cornouailles.

LANDSHUT, v. d'Allemagne (Bavière), sur l'Isar ; 63 544 hab. Monuments anciens.

LANDSTEINER (Karl), *Vienne 1868 - New York 1943*, médecin américain d'origine autrichienne. Il a découvert en 1900 les groupes sanguins du système ABO et en 1940 le facteur Rhésus. (Prix Nobel 1930.)

LANESTER (56600), bur. centr. de cant. du Morbihan, banlieue de Lorient ; 22 638 hab. *(Lanestériens)*.

LANEUVEVILLE-DEVANT-NANCY (54410), comm. de Meurthe-et-Moselle ; 6 644 hab. *(Laneuvevillois)*. Chimie. – Aux environs, anc. chartreuse de Bosserville (XVIIe s.).

LANFRANC, *Pavie v. 1005 - Canterbury 1089*, prélat anglais d'origine italienne. Bénédictin et écolâtre de l'abbaye normande du Bec (auj. Bec-Hellouin), dont il fit un grand centre intellectuel, ami de Guillaume le Conquérant, il devint archevêque de Canterbury (1070) et primat d'Angleterre.

LANFRANCO (Giovanni), *Terenzo, près de Parme, 1582 - Rome 1647*, peintre italien. Élève des Carrache, il fut l'un des premiers créateurs de décors à effets baroques de perspective et de trompe-l'œil, à Rome (coupole de S. Andrea della Valle, 1625) et à Naples.

LANG (Fritz), *Vienne 1890 - Hollywood 1976*, cinéaste autrichien naturalisé américain. En Allemagne, puis aux États-Unis, il proposa sa vision morale dans une œuvre d'abord expressionniste puis de plus en plus dépouillée : *le Docteur Mabuse*, 1922 ; *les Nibelungen*, 1924 ; *Metropolis*, 1927 ; *M le Maudit*, 1931 ; *Furie*, 1936.

▲ Fritz **Lang.** Une scène de *M le Maudit* (1931), avec Peter Lorre.

LANG (Jack), *Mirecourt 1939*, homme politique français. Socialiste, ministre de la Culture (1981 - 1986 ; 1988 - 1993), il inspire la loi sur le prix unique du livre (1981) et élargit les cadres de la culture par la création de manifestations populaires (fêtes de la musique, du cinéma, etc.). Maire de Blois (1989 - 2000), député du Loir-et-Cher (1986 -1988, 1993, 1997 - 2000) puis du Pas-de-Calais (2002 - 2012), il est ministre de l'Éducation nationale de 2000 à 2002 (portefeuille déjà détenu, avec celui de la Culture, en 1992 - 1993). Il est président de l'Institut du monde arabe depuis 2013.

LANGDON (Harry), *Council Bluffs, Iowa, 1884 - Hollywood 1944*, acteur américain. Incarnation du rêveur, lunaire et insolite, il fut l'un des grands comiques du cinéma muet (*Sa dernière culotte*, de F. Capra, 1927).

LANGEAIS (37130), bur. centr. de cant. d'Indre-et-Loire, sur la Loire ; 4 647 hab. *(Langeaisiens)*. Château du XVe s. (tapisseries et mobilier).

LANGEVIN (Paul), *Paris 1872 - id. 1946*, physicien français. Auteur de travaux sur les ions, le magnétisme, la thermodynamique, la relativité, il s'est également efforcé d'améliorer l'enseignement des sciences et de populariser les théories de la relativité et de la physique quantique.

LANGHOFF (Matthias), *Zurich 1941*, metteur en scène de théâtre français d'origine allemande. Il impose un style fondé sur le refus de la tradition et sur une violence provocatrice non dénuée d'humour (*la Bataille* et *la Mission*, de H. Müller ; *Lenz, Leonce et Lena*, d'après G. Büchner).

LANGLADE → **SAINT-PIERRE-ET-MIQUELON.**

LANGLAND (William), *dans le Herefordshire v. 1332 - v. 1400*, poète anglais, auteur du poème allégorique et satirique *la Vision de Pierre le Laboureur* (1362).

LANGLOIS (Henri), *Smyrne 1914 - Paris 1977*, cofondateur et secrétaire général de la Cinémathèque française. Il joua un rôle essentiel pour la connaissance du cinéma et la sauvegarde de son patrimoine.

LANGMUIR (Irving), *Brooklyn 1881 - Falmouth 1957*, chimiste et physicien américain. Il inventa les ampoules électriques à atmosphère gazeuse, perfectionna la technique des tubes électroniques, créa les théories de l'électrovalence et de la catalyse hétérogène et découvrit l'hydrogène atomique. (Prix Nobel de chimie 1932.)

LANGOGNE (48300), bur. centr. de cant. de la Lozère, sur l'Allier ; 3 096 hab. *(Langonais)*. Église romane à portail gothique ; halle du XVIIIe s.

LANGON (33210), ch.-l. d'arrond. de la Gironde, sur la Garonne ; 7 758 hab. *(Langonais)*. Vins.

LANGREO, v. d'Espagne (Asturies) ; 43 934 hab.

LANGRES (52200), ch.-l. d'arrond. de la Haute-Marne, sur le *plateau de Langres* ; 8 305 hab. *(Langrois)*. Évêché. Équipements automobiles. Matières plastiques. – Remparts d'origine romaine, cathédrale romano-gothique, demeures anciennes ; deux musées.

LANGRES (plateau de), plateau de l'est de la France (Côte-d'Or et Haute-Marne). Limite de partage des eaux entre les tributaires de la Manche et ceux de la Méditerranée.

LANG SON, v. du nord du Viêt Nam, près de la frontière chinoise. La ville fut occupée en 1885 par les Français, qui l'évacuèrent bientôt sous la pression des Chinois (l'incident provoqua la chute du cabinet Jules Ferry). Les Français s'y battirent encore en 1940 et en 1945 contre les Japonais, et en 1953 contre le Viêt-minh.

LANGTON (Étienne ou Stephen), *v. 1150 - Slindon 1228*, prélat anglais. Archevêque de Canterbury (1207), opposé à Jean sans Terre, il participa à l'établissement de la *Grande Charte* (1215).

LANGUEDOC n.m., anc. région du sud-ouest de la France qui tire son nom de la langue *(langue d'oc)* qui y était parlée par ses habitants et qui en faisait l'unité ; cap. *Toulouse*. Le Languedoc correspondait aux actuels départements de la Haute-Garonne, de l'Aude, du Tarn, de l'Hérault, du Gard, de l'Ardèche, de la Lozère et de la Haute-Loire. Occupée par les Romains (v. 120 av. J.-C.), la région fut envahie par les Wisigoths (413), puis par les Francs (507). Au Xe s., elle se morcela en principautés féodales, dont la plus vaste fut le comté de Toulouse. Terre d'élection de l'hérésie cathare au XIIIe s., le Languedoc fut réuni à la Couronne à la suite de la croisade des albigeois (1208 - 1244), mais garda ses institutions propres jusqu'à la Révolution. Il fut un des foyers du protestantisme à partir du XVIe s.

LANGUEDOC, région géographique du sud de la France, entre les Corbières, le Massif central, la Camargue et la Méditerranée. Les Garrigues, plateaux calcaires déserts, au pied des Cévennes, dominent la plaine, site des grandes villes (Montpellier, Béziers, Nîmes), un peu en retrait d'un littoral souvent rectiligne et lagunaire.

Languedoc (canal du) → **Midi** (canal du).

Languedoc (parc naturel régional du Haut-), parc naturel, couvrant env. 285 000 ha sur les dép. du Tarn et de l'Hérault.

Languedocienne (la), autoroute partant d'Orange et dirigée vers l'Espagne (par Nîmes et Montpellier).

LANGUEDOC-ROUSSILLON n.m., anc. Région administrative de France (Aude, Gard, Hérault, Lozère et Pyrénées-Orientales) [→ **Occitanie**].

Langues O' → **INALCO.**

LANJUINAIS (Jean Denis, comte), *Rennes 1735 - Paris 1827*, homme politique français.

▲ **Laocoon et ses fils.** Groupe hellénistique en marbre de la seconde moitié du IIe s. av. J.-C. (Musée Pio Clementino, Vatican.)

Avocat, député aux États généraux (1789), fondateur du Club breton (Jacobins), il prit une grande part à l'établissement de la Constitution civile du clergé (1790).

Lann-Bihoué, aéroport de Lorient (Lorient-Bretagne Sud). Base aéronavale.

LANNEMEZAN (65300), bur. centr. de cant. des Hautes-Pyrénées ; 6 095 hab. *(Lannemezanais)*. Matériaux isolants (laine de verre). Produits cathodiques.

LANNEMEZAN (plateau de), plateau au pied des Pyrénées françaises (Hautes-Pyrénées et Haute-Garonne). C'est un cône de déjection fluvio-glaciaire, d'où divergent notamm. la Baïse, le Gers, la Gimone et la Save.

LANNES (Jean), duc **de Montebello,** *Lectoure 1769 - Vienne 1809*, maréchal de France. Volontaire en 1792, général dans l'armée d'Italie (1796) et en Égypte, il contribua à la victoire de Marengo (1800) et fut vainqueur à Montebello. Il se distingua à Austerlitz (1805) et à Iéna (1806), mais fut mortellement blessé à Essling.

LANNION (22300), ch.-l. d'arrond. des Côtes-d'Armor, sur le Léguer ; 20 815 hab. *(Lannionnais)*. Télécommunications. Électronique. Agroalimentaire et bio-industries. – Église de Brélévenez, surtout romane ; maisons à colombages.

LA NOUE (François de), dit **Bras de Fer,** *Nantes 1531 - Moncontour 1591*, gentilhomme français. Calviniste, il fut lieutenant de Gaspard de Coligny, se rallia à Henri IV et rédigea les *Discours politiques et militaires* (1587), histoire des trois premières guerres de Religion.

LANS-EN-VERCORS (38250), comm. de l'Isère ; 2 779 hab. *(Lantiers)*. Station climatique et de sports d'hiver à 1 020 m d'altitude.

LANSING, v. des États-Unis, cap. du Michigan ; 114 297 hab. (464 036 hab. dans l'agglomération). Université.

LANSON (Gustave), *Orléans 1857 - Paris 1934*, critique littéraire et universitaire français. Il appliqua la méthode historique et comparative à l'étude des œuvres littéraires.

LANÚS, v. d'Argentine, banlieue de Buenos Aires ; 459 263 hab.

LANVALLAY (22100), bur. centr. de cant. des Côtes-d'Armor ; 4 178 hab. *(Côtissois)*.

LANVAUX (landes de), ligne de hauteurs du sud de la Bretagne (Morbihan).

LANVÉOC (29160), comm. du Finistère, sur la rade de Brest ; 2 220 hab. *(Lanvéociens)*. École navale.

LANZAROTE, l'une des îles Canaries (Espagne) ; 142 517 hab.

LANZHOU, v. de Chine, cap. du Gansu, sur le Huang He ; 2 087 759 hab. Chimie. Métallurgie.

LANZMANN (Claude), *Bois-Colombes 1925 - Paris 2018*, cinéaste français. Ses films documentaires sur l'Holocauste (dont le magistral *Shoah*, 1985), tout comme son action dans la Résistance ou son œuvre de journaliste et d'écrivain (notamm. pour *les Temps modernes*, qu'il dirigea à partir de 1986), ont jalonné une vie bouillonnante d'engagements (évoquée dans *le Lièvre de Patagonie*, 2009).

LAOCOON MYTH. GR. Héros troyen étouffé avec ses fils par deux serpents monstrueux. Cet épisode est le sujet d'un célèbre groupe sculpté au IIe s. av. J.-C. (musée du Vatican), découvert en 1506, et qui a marqué nombre de sculpteurs.

LAODICE, nom de plusieurs princesses de l'époque hellénistique.

LAODICÉE, nom de plusieurs villes hellénistiques de Syrie et d'Asie Mineure. La plus importante est l'actuelle Lattaquié*.

LAON [lɑ̃] (02000), ch.-l. du dép. de l'Aisne, à 134 km au N.-E. de Paris ; 26 246 hab. *(Laonnois)*. Câbles. Métallurgie. – Dans la ville haute, ceinte de remparts, monuments, dont la cathédrale, chef-d'œuvre gothique des années 1160-1230 ; musée. – Anc. cap. du Laonnois.

▲ **Laon.** La nef de la cathédrale (v. 1160-1230).

LAOS n.m., État d'Asie du Sud-Est ; 236 800 km² ; 6 770 000 hab. *(Laotiens)*. **CAP.** *Vientiane*. **LANGUE :** *lao*. **MONNAIE :** *kip*.

GÉOGRAPHIE Couvert par la forêt, fragilisée par la déforestation, et la savane, le Laos est un pays enclavé, étiré entre le Viêt Nam et la Thaïlande. Il est formé de plateaux et de montagnes recevant des pluies en été (mousson). Ces régions sont traversées par le Mékong, qui a édifié quelques plaines alluviales, où se cultive le riz (base de l'alimentation). Le Laos développe ses infrastructures de transport, indispensables à sa croissance industrielle. Il dispose d'importantes ressources minières. L'hydroélectricité (barrage Nam Theun), destinée notamm. à l'exportation, constitue un atout majeur, de même que le tourisme. Le Viêt Nam et la Chine investissent dans le pays.

HISTOIRE **Du royaume du Lan Xang à la fin du protectorat français.** Le pays lao, situé de part et d'autre du Mékong, a une histoire mal connue jusqu'au XIIIe s. **1353 :** le prince Fa Ngum fonde un royaume lao indépendant (le Lan Xang) et fixe sa capitale à Luang Prabang. **1373 - 1548 :** ses successeurs repoussent les Thaïs et annexent le royaume du Lan Na. **1563 :** Vientiane devient la capitale. **1574 - 1591 :** suzeraineté birmane. **XVIIe s. :** période d'anarchie suivie du règne réparateur de Souligna Vongsa (1637 - 1694). **XVIIIe s. :** le pays est divisé entre les royaumes de Champassak, de Luang Prabang et de Vientiane. **1778 :** le Siam impose sa domination au pays entier. **1887 :** le roi de Luang Prabang, Oun Kham (1869 - 1895), demande la protection de la France. **1893 - 1904 :** le Siam signe plusieurs traités reconnaissant le protectorat français sur le Laos. **1904 :** début du règne de Sisavang Vong, qui durera jusqu'en 1959. **1940 :** hostilités franco-thaïlandaises ; le Japon impose à la France l'abandon de la rive droite du Mékong. **1945 :** coup de force japonais ; l'indépendance est proclamée. **1946 :** la France chasse les nationalistes, rétablit le roi et accorde l'autonomie.

Le Laos indépendant. **1949 - 1954 :** le Laos devient indépendant au sein de l'Union française (1949). Le Pathet Lao, mouvement d'indépendance créé par Souphanouvong et soutenu par les communistes du Viêt-minh, occupe le nord du pays. **1954 - 1957 :** lors des accords de Genève, le Pathet Lao obtient le contrôle de plusieurs provinces, alors que Souvanna Phouma, qui dirige un gouvernement neutraliste depuis 1951, demeure Premier ministre. **1957 - 1964 :** plusieurs gouvernements d'union nationale réunissent neutralistes (Souvanna Phouma), communistes

(Souphanouvong) et partisans de l'autorité royale (Boun Oum). **1964 - 1973 :** le Laos, impliqué dans la guerre du Viêt Nam, subit les bombardements américains et les interventions des Vietnamiens du Nord et des Thaïlandais. **1975 :** la République populaire démocratique du Laos est proclamée. Elle est présidée par Souphanouvong. **1977 :** elle signe un traité d'amitié avec le Viêt Nam. **1980 :** un Front national de libération lao, soutenu par la Chine, est constitué. **1986 :** Souphanouvong démissionne. Kaysone Phomvihane, secrétaire général du parti unique et Premier ministre depuis 1975, engage son pays sur la voie de l'ouverture politique et économique. **1991 :** il devient chef de l'État. **1992 :** après sa mort, Nouhak Phoumsavane lui succède ; Khamtay Siphandone, Premier ministre depuis 1991, est nommé à la tête du parti unique. **1997 :** le Laos est admis au sein de l'ASEAN. **1998 :** K. Siphandone devient chef de l'État. **2006 :** il cède la direction du parti, puis la présidence, à Choummaly Sayasone (réélu en 2011). **2016 :** Boungnang Vorachit, anc. Premier ministre (2001 - 2006), prend la tête du parti et de l'État.

LAO SHE (Shu Qingchun, dit), *Pékin 1899 - id. 1966*, écrivain chinois. Dramaturge (*la Maison de thé*, 1957), il est l'un des principaux romanciers chinois du XXe s. (*le Pousse-pousse*, 1936). Il mourut mystérieusement lors de la Révolution culturelle.

LAOZI ou **LAO-TSEU,** *VIe - Ve s. av. J.-C.*, philosophe chinois. Il n'est connu qu'à travers la légende ; auteur présumé du *Tao-tö-king*, texte fondateur du taoïsme, il fut divinisé au IIe s. de notre ère.

LA PALICE (Jacques II **de Chabannes,** seigneur de), *v. 1470 - Pavie 1525*, maréchal de France. Il participa aux guerres d'Italie de Louis XII et de François Ier. Ses soldats composèrent en son honneur une chanson (*Un quart d'heure avant sa mort, Il était encore en vie...*), qui voulait dire que jusqu'au bout La Palice s'était bien battu ; mais la postérité n'a retenu que la naïveté des vers.

LAPALISSE (03120), bur. centr. de cant. de l'Allier ; 3 178 hab. (*Lapalissois*). Château des XVe-XVIe s.

LA PASTURE (Rogier de) → **VAN DER WEYDEN.**

LAPÉROUSE (Jean-François **de Galaup,** comte de), *manoir du Gô, près d'Albi, 1741 - île de Vanikoro 1788*, navigateur français. Chargé par Louis XVI de reconnaître les parties septentrionales des rivages américains et asiatiques (1785), il aborda à l'île de Pâques et aux îles Hawaii (1786), d'où il gagna Macao, les Philippines, la Corée et le Kamtchatka (1787). Les deux frégates de l'expédition, *la Boussole* (qu'il commandait) et *l'Astrolabe*, firent naufrage alors qu'il redescendait vers le sud. L'épave de *l'Astrolabe* a été localisée dès 1827 - 1828, tandis que celle de *la Boussole* ne l'a été qu'entre 1962 et 1964, avant d'être formellement identifiée en 2005.

▲ **Lapérouse** par N. Monsiau.
(Château de Versailles.)

LAPERRINE (Henry), *Castelnaudary 1860 - au Sahara 1920*, général français. Ami du Père de Foucauld, il pacifia les territoires sahariens (1902 - 1919).

LAPICQUE (Charles), *Theizé, Rhône, 1898 - Orsay 1988*, peintre français, fils de Louis Lapicque. Il est parvenu à une expression lyrique et dynamique par l'étude du pouvoir de la couleur (*Régates vent arrière*, 1952 ; *l'Invitation au bonheur*, 1954, musée des Beaux-Arts de Dijon).

LAPICQUE (Louis), *Épinal 1866 - Paris 1952*, physiologiste français. Il a étudié le fonctionnement du système nerveux et des neurones.

LAPITHES MYTH. GR. Peuple de Thessalie. Il est célèbre pour avoir vaincu les Centaures lors du mariage de leur roi Pirithoos.

LAPLACE (Pierre Simon, marquis de), *Beaumont-en-Auge 1749 - Paris 1827*, savant français. Auteur de travaux concernant la mécanique céleste et d'un traité remarquable sur le calcul des probabilités, il fit aussi des mesures calorimétriques avec Lavoisier et formula les lois de l'électromagnétisme qui portent son nom. Les théories actuelles de la formation du Système solaire s'inspirent encore de sa célèbre hypothèse cosmogonique (1796), selon laquelle le Système solaire serait issu d'une nébuleuse en rotation. (Acad. fr.)

LAPLANCHE (Jean), *Paris 1924 - Beaune 2012*, psychanalyste français. Il a notamm. établi, avec J.-B. Pontalis, un *Vocabulaire de la psychanalyse* (1967) qui fait référence, et dirigé à partir de 1988 une nouvelle traduction de l'œuvre de Freud.

LA POCATIÈRE, v. du Canada (Québec) ; 4 120 hab. (*Pocatois*). Évêché.

LAPOINTE (Robert, dit Boby), *Pézenas, Hérault, 1922 - id. 1972*, chanteur français. Également parolier et compositeur, il a développé un genre fondé sur l'absurde et les jeux de mots (*Aragon et Castille, Avanie et Framboise*).

LAPONIE, région la plus septentrionale de l'Europe, au N. du cercle polaire, partagée entre la Norvège, la Suède, la Finlande et la Russie.

LAPONS, peuple autochtone de la Laponie (env. 55 000). Confrontés dès le IXe s. à la pression scandinave et finnoise, peu à peu christianisés, ils se partagent entre fermiers, pêcheurs et éleveurs semi-nomades de rennes. Leur territoire et leur mode de vie sont auj. menacés par le boom de l'industrie minière. Leur langue, le *lapon*, appartient à la famille finno-ougrienne. Ils se donnent le nom de *Samet, Sámi (Saami)* ou *Saame*.

LAPOUTROIE (68650), comm. du Haut-Rhin ; 1 935 hab. (*Lapoutroyens*). Tourisme.

LAPPARENT (Albert **Cochon de**), *Bourges 1839 - Paris 1908*, géologue français. Auteur d'un *Traité de géologie* (1882), il participa à l'élaboration de la carte géologique de la France.

LAPPEENRANTA, v. de Finlande ; 72 678 hab. Deux églises de la fin du XVIIIe s. ; musées.

LA PRAIRIE, v. du Canada (Québec), au S.-E. de Montréal ; 24 110 hab. (*Laprairiens*).

LAPTEV (mer des), partie de l'océan Arctique, bordant la Sibérie.

LAQUEDIVES (îles), archipel indien de la mer d'Oman.

LA QUINTINIE (Jean **de**), *Chabanais, Charente, 1626 - Versailles 1688*, agronome français. Ses travaux permirent d'améliorer la culture des arbres fruitiers et les techniques horticoles.

LARBAUD (Valery), *Vichy 1881 - id. 1957*, écrivain français. Poète (*Poèmes par un riche amateur*, 1908), romancier (*Fermina Marquez*, 1911 ; *A. O. Barnabooth*, 1913) et essayiste raffiné, il révéla au public français les grands écrivains étrangers contemporains (Butler, Joyce).

LARCENET (Emmanuel, dit Manu), *Issy-les-Moulineaux 1969*, dessinateur et scénariste français de bandes dessinées. Ses récits au graphisme épuré évoquent le mal-être et les drames contemporains (*le Retour à la terre*, avec Jean-Yves Ferri, 2002-2008 ; *le Combat ordinaire*, 2003-2008 ; *Blast*, 2009-2014 ; *le Rapport de Brodeck*, 2015-2016).

LARCHE (col de), col, à la frontière franco-italienne, entre Barcelonnette et Cuneo ; 1 991 m.

LARCHER (Gérard), *Flers 1949*, homme politique français. Membre de l'UMP, ministre du Travail (2004 - 2007), il est président du Sénat de 2008 à 2011 et depuis 2014.

LARDERELLO, village d'Italie (Toscane). Vapeurs naturelles (*soffioni*) utilisées pour la production d'électricité.

LARDY (91510), comm. de l'Essonne, au S. d'Arpajon ; 5 572 hab. (*Larziacois*). Centre d'essais de l'industrie automobile. – Église des XIIe et XVe s.

LAREDO, v. d'Espagne (Cantabrique), sur le golfe de Gascogne ; 12 088 hab. Station balnéaire.

LAREDO, v. des États-Unis (Texas), sur le Rio Grande, en face de *Nuevo Laredo* (Mexique) ; 252 309 hab.

LA RÉVELLIÈRE-LÉPEAUX (Louis Marie **de**), *Montaigu, Vendée, 1753 - Paris 1824*, homme politique français. Membre de la Convention, puis du Directoire (1795 - 1799), il contribua au coup d'État du 18 Fructidor et protégea la théophilanthropie.

LA REYNIE (Gabriel Nicolas **de**), *Limoges 1625 - Paris 1709*, administrateur français. Premier lieutenant général de police de Paris (1667 - 1697), il contribua à l'organisation de la police et à l'assainissement de la ville.

LARGENTIÈRE (07110), ch.-l. d'arrond. de l'Ardèche ; 1 817 hab. *(Largentiérois)*. Monuments, témoignages du passé de cet anc. centre minier.

LARGILLIÈRE ou **LARGILLIERRE** (Nicolas **de**), *Paris 1656 - id. 1746*, peintre français. Formé à Anvers, il collabora avec P. Lely à Londres et, de retour à Paris (1682), devint le portraitiste favori de la bourgeoisie, au style souple et brillant (*la Belle Strasbourgeoise*, 1703, musée de Strasbourg).

LARGO CABALLERO (Francisco), *Madrid 1869 - Paris 1946*, homme politique espagnol. Socialiste, il fut l'un des artisans du *Frente popular* (1936) et le chef du gouvernement républicain de sept. 1936 à mai 1937.

LARIBOISIÈRE (Jean Ambroise **Baston**, comte **de**), *Fougères 1759 - Königsberg 1812*, général français. Commandant l'artillerie de la Garde impériale et celle de la Grande Armée (1812), il mourut durant la retraite de Russie. — **Charles Honoré Baston**, comte **de L.**, *Fougères 1788 - Paris 1868*, homme politique français. Fils de Jean Ambroise, il épousa Élisa Roy, qui devait fonder à Paris l'*hôpital Lariboisière* (1846).

LARIONOV (Mikhaïl, dit Michel), *Tiraspol 1881 - Fontenay-aux-Roses 1964*, peintre russe naturalisé français. Avec sa femme, N. Gontcharova, il créa en 1912 l'abstraction « rayonniste ». Il collabora aux Ballets russes de 1915 à 1922.

LÁRISSA, v. de Grèce, en Thessalie ; 162 591 hab. Musée archéologique.

LARIVEY (Pierre **de**), *Troyes v. 1540 - v. 1612*, écrivain français, auteur de comédies inspirées du théâtre italien (*les Esprits*, 1579).

LARMOR (sir Joseph), *Magheragall, comté d'Antrim, 1857 - Holywood, Irlande, 1942*, physicien irlandais. Il a démontré que les électrons devaient posséder une masse et a écrit l'un des ouvrages fondateurs de la physique électronique.

LARMOR-PLAGE (56260), comm. du Morbihan ; 8 420 hab. *(Larmoriens)*. Station balnéaire. – Église des XVe-XVIe s. (œuvres d'art).

LÁRNAKA, v. de Chypre, sur le *golfe de Lárnaka* ; 51 232 hab. Aéroport.

LA ROCHEFOUCAULD (François, duc **de**), *Paris 1613 - id. 1680*, écrivain français. Il fut, aux côtés du prince de Condé, un des frondeurs les plus ardents et fréquenta les salons de Mme de Sablé et de Mme de La Fayette. Ses *Réflexions ou Sentences et Maximes morales* (1664), laconiques et éclatantes, expriment son dégoût d'un monde où les meilleurs sentiments sont, malgré les apparences, dictés par l'intérêt.

LA ROCHEFOUCAULD-LIANCOURT (François, duc **de**), *La Roche-Guyon 1747 - Paris 1827*, philanthrope et homme politique français. Éducateur pionnier et fondateur d'une ferme modèle, il développa une activité philanthropique multiforme en faveur des enfants au travail, des pauvres, des esclaves et des prisonniers.

LA ROCHEJAQUELEIN (Henri **du Vergier**, comte **de**), *La Durbellière, Poitou, 1772 - Nuaillé, Maine-et-Loire, 1794*, chef vendéen. Ayant soulevé les Mauges, il fut battu à Cholet (1793). Général en chef des vendéens, il échoua à Savenay, se livra ensuite à la guérilla et fut tué au combat.

LAROCHE-SAINT-CYDROINE → **MIGENNES.**

LA ROCQUE (François, comte **de**), *Lorient 1885 - Paris 1946*, homme politique français. Président des Croix-de-Feu (1932), il créa, en 1936, le Parti social français (PSF). Il fut déporté par les Allemands pour faits de Résistance.

LAROQUE (Pierre), *Paris 1907 - id. 1997*, juriste français. Il a joué un rôle essentiel dans l'élaboration du système français de sécurité sociale issu de l'ordonnance de 1945.

LAROUSSE (Pierre), *Toucy 1817 - Paris 1875*, lexicographe et éditeur français, fondateur, avec Augustin Boyer *(1821 - 1896)*, de la *Librairie Larousse et Boyer*. Il édita des livres scolaires qui renouvelaient les méthodes de l'enseignement primaire. Puis il entreprit la publication du *Grand Dictionnaire universel du XIXe siècle*, en 15 vol. (1866-1876), qui dès 1863 parut en fascicules.

◄ Pierre **Larousse**

LARRA (Mariano José **de**), *Madrid 1809 - id. 1837*, écrivain espagnol. Il est surtout connu pour son œuvre journalistique, polémique et satirique.

LARREY (Dominique, baron), *Beaudéan, près de Bagnères-de-Bigorre, 1766 - Lyon 1842*, chirurgien militaire français. Chirurgien en chef de la Grande Armée, il suivit Napoléon dans toutes ses campagnes.

LARTET (Édouard), *Saint-Guiraud, Gers, 1801 - Seissan, Gers, 1871*, géologue et préhistorien français, fondateur de la paléontologie humaine.

LARTIGUE (Jacques-Henri), *Courbevoie 1894 - Nice 1986*, photographe français. Toute son œuvre demeure le reflet de la joie de vivre et de la spontanéité de l'enfant qu'il était lorsqu'il réalisa ses premières images (*Instants de ma vie*, 1973).

Larzac (camp du), camp militaire (3 000 ha).

LARZAC (causse du), haut plateau calcaire du sud du Massif central (France), dans la région des Grands Causses. Élevage de moutons.

LA SABLIÈRE (Marguerite **Hessein**, Mme **de**), *Paris 1636 - id. 1693*, femme de lettres française, protectrice de La Fontaine.

LA SALE (Antoine **de**), *v. 1385 - 1460*, écrivain français. Son *Histoire du Petit Jehan de Saintré* (1456) combine un thème de nouvelle érotique et un thème de chronique chevaleresque.

LASALLE, anc. v. du Canada (Québec), auj. intégrée dans Montréal.

LASALLE (Antoine, comte **de**), *Metz 1775 - Wagram 1809*, général français. Hussard célèbre par ses faits d'armes, il participa à la plupart des campagnes de la Révolution et de l'Empire.

LA SALLE (Robert **Cavelier de**) → **CAVELIER DE LA SALLE.**

LASCARIS, famille byzantine qui régna sur l'empire de Nicée (1204 - 1261).

LASCARIS ou **LASKARIS** (Jean), surnommé **Rhyndacenus,** *Constantinople v. 1445 - Rome 1534*, érudit grec. D'abord bibliothécaire de Laurent de Médicis, il enseigna la littérature grecque à Paris, où il eut pour élève G. Budé.

LAS CASAS (Bartolomé **de**), *Séville 1474 - Madrid 1566*, prélat espagnol. Dominicain (1522), puis évêque de Chiapa, au Mexique (1544), il défendit les Indiens contre l'oppression brutale des conquérants espagnols, qu'il dénonça dans des ouvrages virulents comme sa *Très Brève Relation de la destruction des Indes* (écrite en 1542 et publiée en 1552).

LAS CASES (Emmanuel, comte **de**), *château de Las Cases, près de Revel, 1766 - Passy-sur-Seine 1842*, historien français. Il accompagna Napoléon Ier dans l'exil et rédigea le *Mémorial de Sainte-Hélène* (1823).

LASCAUX (grotte de), grotte ornée de la comm. de Montignac (Dordogne). On y a découvert en 1940 un important ensemble de gravures et de peintures pariétales datées entre la fin du solutréen et le début du magdalénien (v. 15000 av. J.-C.). Depuis 1963, la grotte est fermée au public pour éviter sa dégradation. À proximité, le Centre international de l'art pariétal, comprenant la reproduction intégrale de la grotte, est accessible aux visiteurs depuis 2016 (déc.). Par ailleurs, un fac-similé de la nef et du puits sert de base à une exposition itinérante internationale depuis 2012.

LASHLEY (Karl Spencer), *Davis, Virginie, 1890 - Poitiers 1958*, neuropsychologue américain. Il a étudié chez l'animal les liaisons entre les organes des sens et leur projection corticale.

LASKINE (Lily), *Paris 1893 - id. 1988*, harpiste française. Elle fit de la harpe un instrument soliste à part entière.

LASNE, comm. de Belgique (Brabant wallon), au S.-E. de Bruxelles ; 14 180 hab.

LASSALLE (Ferdinand), *Breslau 1825 - Genève 1864*, philosophe et économiste allemand. Il milita pour les réformes socialistes, prônant l'association productive et dénonçant « la loi d'airain des salaires », qui réduit le salaire d'un ouvrier à ce qui lui est strictement nécessaire pour vivre.

LASSALLE (Jacques), *Clermont-Ferrand 1936 - Paris 2018*, metteur en scène de théâtre français. Il fut directeur du Théâtre national de Strasbourg (1983 - 1990) et administrateur général de la Comédie-Française (1990 - 1993). Passant du répertoire classique *(Tartuffe)* aux nouvelles écritures théâtrales, il défendit une esthétique très originale, minimaliste.

LASSIGNY (60310), comm. de l'Oise ; 1 426 hab. *(Lachenois)*. Cosmétiques.

L'ASSOMPTION, v. du Canada (Québec), au N. de Montréal ; 22 429 hab. *(Assomptionnistes)*.

LASSUS (Roland **de**), *Mons 1532 - Munich 1594*, compositeur de l'école franco-flamande. Maître de chapelle du duc de Bavière, il synthétise les tendances de son époque dans ses motets, ses madrigaux et ses chansons françaises. Ses 53 messes comptent parmi les chefs-d'œuvre de la polyphonie.

LASSWELL (Harold Dwight), *Donnellson, Illinois, 1902 - New York 1978*, sociologue américain. Pionnier des études sur les rapports de la communication et du pouvoir, il a assigné aux sciences sociales la mission de contribuer à la solution des crises de notre temps (*Pouvoir et société*, 1950).

LA SUZE (Henriette **de Coligny**, comtesse **de**), *Paris 1618 - id. 1673*, poétesse française. Ses élégies, sincères, tranchent sur la littérature précieuse.

LAS VEGAS, v. des États-Unis (Nevada) ; 613 599 hab. (1 995 492 hab. dans l'agglomération). Centre touristique (jeux de hasard). – Salon mondial de l'électronique grand public.

LATÉCOÈRE (Pierre), *Bagnères-de-Bigorre 1883 - Paris 1943*, constructeur d'avions français. Pionnier du transport aérien, il créa la ligne reliant Toulouse à Barcelone (1918), puis à Dakar (1925), exploitée à partir de 1927 par la Compagnie générale Aéropostale et prolongée (1930) en Amérique du Sud.

LATIMER (Hugh), *Thurcaston v. 1490 - Oxford 1555*, théologien anglais. Passé à la Réforme, il devint chapelain d'Henri VIII, puis évêque de Worcester (1535). Il fut brûlé sous Marie Tudor.

LATINA, v. d'Italie (Latium), ch.-l. de prov., dans les anc. marais Pontins ; 116 147 hab.

LATIN DE CONSTANTINOPLE (Empire), État fondé en 1204 par les chefs de la 4e croisade, à la suite de la prise de Constantinople. Cet Empire, dont le territoire fut rapidement réduit par les rivalités et les partages, fut détruit dès 1261 par Michel VIII Paléologue, qui restaura l'Empire byzantin.

LATINI (Brunetto), *Florence v. 1220 - id. 1294*, érudit et homme politique italien. Maître de Dante, il est l'auteur d'un *Livre du Trésor* en langue d'oïl, encyclopédie des connaissances scientifiques de son temps, mêlées de légendes.

LATINS, nom des habitants du Latium. Les anciens Latins font partie des peuples indo-européens qui, dans la seconde moitié du IIe millénaire, envahirent l'Italie. Constitués en cités-États réunies en confédérations, dont la principale fut la *Ligue latine* (Ve-IVe s. av. J.-C.), ils subirent d'abord la domination étrusque (VIe s. av. J.-C.), puis celle de Rome, qui abolit la Ligue latine en 338 - 335 av. J.-C.

▲ **Lascaux.** Peinture du puits, magdalénien ancien.

▲ Georges de **La Tour.** *Le Tricheur à l'as de carreau.* (Louvre, Paris.)

LATINS DU LEVANT (États), ensemble des États chrétiens fondés par les croisés en Syrie et en Palestine, entre 1098 et 1109 : le *comté d'Édesse*, la *principauté d'Antioche*, le *royaume de Jérusalem* et le *comté de Tripoli*. Ils furent reconquis par les musulmans de 1144 à 1291.

LATINUS, roi légendaire du Latium et héros éponyme des Latins.

LATIUM, région de l'Italie centrale, sur la mer Tyrrhénienne ; 17 203 km^2 ; 5 898 124 hab. ; cap. *Rome* ; 5 prov. (*Frosinone, Latina, Rieti, Rome* et *Viterbe*).

LATONE, nom latin de la déesse grecque Léto.

LATOUCHE (Hyacinthe **Thabaud de Latouche,** dit Henri de), *La Châtre 1785 - Aulnay, commune de Châtenay-Malabry, 1851,* écrivain français. Précurseur du journalisme moderne, premier éditeur d'André de Chénier, il contribua à la reconnaissance de l'esthétique romantique.

LATOUR (Bruno), *Beaune 1947,* philosophe et sociologue français. En observant les méthodes de travail des chercheurs, il montre l'importance du contexte historico-social dans les domaines des sciences et des techniques (*la Vie de laboratoire*, avec S. Woolgar, 1979 ; *la Science en action*, 1987).

LA TOUR (Georges de), *Vic-sur-Seille 1593 - Lunéville 1652,* peintre français. Maître d'un caravagisme dépouillé, intériorisé, il a laissé des œuvres tantôt diurnes, tantôt nocturnes, religieuses (*Saint Joseph charpentier*, versions du Louvre et de Besançon ; *la Madeleine à la veilleuse*, Louvre) ou de genre (*la Diseuse de bonne aventure*, New York ; *la Femme à la puce*, Nancy).

LA TOUR (Maurice **Quentin de**), *Saint-Quentin 1704 - id. 1788,* pastelliste français, célèbre pour ses portraits pleins de vie.

LA TOUR D'AUVERGNE (Henri de), vicomte **de Turenne** → **TURENNE.**

LA TOUR D'AUVERGNE (Henri de), vicomte **de Turenne** → **BOUILLON** (duc de).

LA TOUR D'AUVERGNE (Théophile Malo Corret de), *Carhaix 1743 - Oberhausen 1800,* officier français. Illustre combattant des guerres de la Révolution, il fut nommé par Bonaparte « premier grenadier de France » avant d'être tué au combat.

LATOUR-DE-CAROL (66760), comm. des Pyrénées-Orientales ; 427 hab. Gare internationale.

LA TOUR DU PIN CHAMBLY (René, marquis de), *Arrancy, Aisne, 1834 - Lausanne 1924,* sociologue français. Officier, il se consacra, avec Albert de Mun, aux cercles catholiques d'ouvriers et à l'élaboration d'une doctrine sociale chrétienne, d'inspiration corporative.

LA TOUR MAUBOURG (Marie Victor Nicolas **de Fay,** marquis de), *La Motte-Galaure, Drôme, 1768 - Farcy-lès-Lys, près de Melun, 1850,* général français. Aide de camp de Kléber en Égypte, il fit toutes les campagnes de l'Empire, puis fut ministre de la Guerre de Louis XVIII (1819 - 1821).

Latran (accords du) [11 févr. 1929], accords passés entre le Saint-Siège et le chef du gouvernement italien, Mussolini. Ils établirent la pleine souveraineté du pape sur l'État du Vatican et reconnurent le catholicisme comme religion d'État en Italie (principe annulé par le concordat de 1984).

Latran (conciles du), nom donné à cinq conciles œcuméniques qui se tinrent dans le palais du Latran en 1123, 1139, 1179, 1215 et 1512 - 1517.

Latran (palais du), palais de Rome. Résidence des papes au Moyen Âge, il a été reconstruit au XVIe s. par D. Fontana et appartient toujours à l'État pontifical ; la basilique *St-Jean-de-Latran* (cathédrale de Rome), près du palais, fut fondée par Constantin et a été plusieurs fois rebâtie.

LATREILLE (Pierre André), *Brive-la-Gaillarde 1762 - Paris 1833,* prêtre et naturaliste français. Successeur de Lamarck au Muséum, il est l'un des fondateurs de l'entomologie.

LA TRÉMOILLE [tremuj] (Georges **de**), *1382 - Sully-sur-Loire 1446,* gentilhomme français. Il fut le favori de Charles VII, qui le nomma grand chambellan. Il prit part à la Praguerie (1440). — **Louis II de La T.,** *Thouars 1460 - Pavie 1525,* homme de guerre français. Petit-fils de Georges, il fut tué à la bataille de Pavie.

LATTAQUIÉ, v. de Syrie, sur la Méditerranée ; 424 392 hab. Principal port du pays. – C'est l'ancienne *Laodicée*.

LATTES [lat] (34970), bur. centr. de cant. de l'Hérault, près de Montpellier ; 16 567 hab. (*Lattois*). Port actif dès 700 av. J.-C. – Musée, laboratoire et centre de documentation archéologiques.

LATTRE DE TASSIGNY (Jean-Marie **de**), *Mouilleron-en-Pareds 1889 - Neuilly-sur-Seine 1952,* maréchal de France. Il commanda la Ire armée française, qu'il mena de la Provence au Rhin et au Danube (1944 - 1945), et signa, pour la France, l'acte de reddition allemande à Berlin (9 mai 1945). Il fut ensuite haut-commissaire et commandant en chef en Indochine (1950 - 1952).

▲ Le maréchal de **Lattre de Tassigny**

LA TUQUE, v. du Canada (Québec), sur le Saint-Maurice ; 11 001 hab. (*Latuquois*).

LAUBE (Heinrich), *Sprottau 1806 - Vienne 1884,* écrivain allemand. Il fut l'un des chefs de file de la « Jeune-Allemagne », mouvement intellectuel libéral et francophile.

LAUBEUF (Maxime), *Poissy 1864 - Cannes 1939,* ingénieur français. Il réalisa le *Narval*, prototype des submersibles, mis en service en 1904.

LAUD (William), *Reading 1573 - Londres 1645,* prélat anglais. Évêque de Londres (1628), archevêque de Canterbury (1633), favori de Charles Ier avec Strafford, il persécuta les puritains ; en Écosse, il se heurta à une telle opposition que Charles Ier l'abandonna. Il mourut sur l'échafaud.

LAUDA (Andreas-Nikolaus, dit Niki), *Vienne 1949,* coureur automobile autrichien. Il a été champion du monde des conducteurs en 1975, 1977 et 1984.

LAUE (Max von), *Pfaffendorf 1879 - Berlin 1960,* physicien allemand. Il découvrit, en 1912, la diffraction des rayons X par les cristaux, qui démontra le caractère ondulatoire de ces rayons et qui permit de déterminer la structure des milieux cristallisés. (Prix Nobel 1914.)

LAUENBURG, anc. duché d'Allemagne, auj. intégré au Schleswig-Holstein. Il appartint au Danemark (1816 - 1864), puis fut rattaché à la Prusse (1865) après la guerre des Duchés.

LAUER (Jean-Philippe), *Paris 1902 - id. 2001,* archéologue français. Il consacra sa vie au site de Saqqarah, en Égypte, et contribua à identifier Imhotep, architecte du complexe funéraire du roi Djoser.

LAUGERIE-HAUTE, gisement paléolithique situé près des Eyzies-de-Tayac-Sireuil (Dordogne). Il a servi de référence pour la chronologie préhistorique en Europe occidentale.

LAUGHTON (Charles), *Scarborough 1899 - Hollywood 1962,* acteur britannique naturalisé américain. Grand acteur de théâtre, monstre sacré de l'écran (*la Vie privée d'Henry VIII*, A. Korda, 1933), il réalisa un unique film, ténébreux et onirique, *la Nuit du chasseur* (1955).

LAUNAY ou **LAUNEY** (Bernard-René **Jourdan de**), *Paris 1740 - id. 1789,* gentilhomme français. Gouverneur de la Bastille, il fut massacré lors de la prise de la forteresse.

LAURAGAIS, petite région du Languedoc, entre le bas Languedoc et le bassin d'Aquitaine (reliés par le *seuil du Lauragais*).

LAURANA (Francesco), *Zadar v. 1420/1430 - Avignon ? v. 1502,* sculpteur croate de l'école italienne. Il fut actif à Naples, en Sicile et en Provence ; célèbres bustes féminins, très épurés.

LAURANA (Luciano), *Zadar v. 1420/1425 - Pesaro 1479,* architecte croate de l'école italienne. Peut-être frère de Francesco, il a reconstruit avec élégance le palais d'Urbino (autour de 1470).

LAURASIE ou **LAURASIA** n.f., continent ancien, situé en position septentrionale, issu de la fragmentation de la Pangée au début de l'ère secondaire et qui s'est ensuite divisé pour former l'Eurasie et l'Amérique du Nord.

▲ **Laurel et Hardy**

LAUREL ET HARDY, acteurs de cinéma américains. Ils formèrent de 1926 à 1951, dans une centaine de films, le tandem comique le plus célèbre de l'histoire du cinéma. — **Arthur Stanley Jefferson,** dit **Stan Laurel,** *Ulverston, Lancashire, 1890 - Santa Monica 1965,* tient le rôle du maigre maladroit qui déclenche les catastrophes. — **Oliver Hardy,** *Atlanta 1892 - Hollywood 1957,* tient le rôle du gros irascible, mais plein de bonne volonté, qui ne fait qu'accentuer les dégâts.

LAURENCIN (Marie), *Paris 1883 - id. 1956,* peintre française. Amie d'Apollinaire et des cubistes, elle est l'auteure de compositions d'une stylisation élégante, d'un coloris délicat.

LAURENS (Henri), *Paris 1885 - id. 1954,* sculpteur français. Parti du cubisme, il a soumis les formes du réel à sa conception de l'harmonie plastique (série des *Sirènes*, 1937-1945).

LAURENT (saint), *en Espagne v. 210 - Rome 258*, martyr. Diacre à Rome, il distribua aux pauvres les richesses de l'Église au lieu de les livrer au préfet, et fut supplicié sur un gril ardent.

LAURENT (Auguste), *La Folie, près de Langres, 1807 - Paris 1853*, chimiste français. Il fut l'un des pionniers de la théorie atomique et un précurseur de la chimie structurale.

LAURENT (Jacques), *Paris 1919 - id. 2000*, écrivain français. Essayiste et romancier (*les Bêtises*), membre des Hussards*, il est l'auteur de la série des *Caroline chérie* sous le nom de **Cécil Saint-Laurent.** (Acad. fr.)

LAURENT (Pierre), *Paris 1957*, journaliste et homme politique français. Ancien directeur de la rédaction de *l'Humanité*, il a été secrétaire national du PCF de 2010 à 2018. Il est sénateur de Paris depuis 2012.

LAURENTIDES n.f. pl., région du Canada orientai, limitant au S.-E. le Bouclier canadien, du lac Témiscamingue au Labrador. Réserves naturelles. Tourisme.

LAURENTIDES, région administrative du Québec (Canada), au N. de Montréal ; 21 521 km^2 ; 589 400 hab. ; v. princ. *Saint-Jérôme.* C'est une partie de la région géographique des *Laurentides.*

LAURIER (sir Wilfrid), *Saint-Lin, Québec, 1841 - Ottawa 1919*, homme politique canadien. Chef du Parti libéral à partir de 1887, Premier ministre du Canada (1896 - 1911), il renforça l'autonomie du pays par rapport à la Grande-Bretagne.

LAURION n.m., région montagneuse de l'Attique, en Grèce, où étaient exploitées dans l'Antiquité des mines de plomb argentifère, qui contribuèrent à la puissance économique de la cité d'Athènes.

LAURISTON (Jacques **Law,** marquis **de**), *Pondichéry 1768 - Paris 1828*, maréchal de France. Aide de camp de Bonaparte en 1800, ambassadeur en Russie (1811), prisonnier à Leipzig (1813), il fut nommé maréchal par Louis XVIII et participa à l'expédition d'Espagne (1823).

LAUSANNE, v. de Suisse, ch.-l. du canton de Vaud, sur le lac Léman ; 127 821 hab. (*Lausannois*) [345 293 hab. dans l'agglomération]. Université. École polytechnique fédérale (EPFL). Tribunal fédéral. Siège du CIO. – Cathédrale du XIIIe s. (porche sculpté des Apôtres) et autres monuments. Nombreux musées, notamm. des Beaux-Arts, de l'Élysée (estampe ; photographie), de l'Olympisme et Collection de l'art brut.

Lausanne (traité de) [24 juill. 1923], traité conclu entre les Alliés et le gouvernement d'Ankara, qui avait refusé le traité de Sèvres (1920). Il garantit l'intégrité territoriale de la Turquie, à qui fut attribuée la Thrace orientale.

LAUTARET (col du), col routier des Hautes-Alpes qui relie l'Oisans au Briançonnais ; 2 058 m.

LAUTER n.f., riv. séparant la France et l'Allemagne, affl. du Rhin (r. g.) ; 82 km.

LAUTERBRUNNEN, comm. de Suisse (canton de Berne) ; 2 558 hab. Station touristique.

LAUTERBUR (Paul C.), *Sidney, Ohio, 1929 - Urbana, Illinois, 2007*, chimiste américain. Ses recherches sur la spectroscopie par résonance magnétique nucléaire l'ont conduit à découvrir le principe de l'imagerie par résonance magnétique (IRM). [Prix Nobel de médecine, avec sir P. Mansfield, 2003.]

LAUTNER (Georges), *Nice 1926 - Paris 2013*, cinéaste français. Ses films, souvent servis par les dialogues de M. Audiard, introduisent dans le cinéma policier ou d'action une dimension parodique et populaire, s'appuyant sur des acteurs comme B. Blier, L. Ventura (*les Tontons flingueurs*, 1963 ; *les Barbouzes*, 1964) ou J.-P. Belmondo (*Flic ou voyou*, 1979 ; *le Professionnel*, 1981).

LAUTRÉAMONT (Isidore **Ducasse,** dit le comte **de**), *Montevideo 1846 - Paris 1870*, écrivain français. Vu par les surréalistes comme un précurseur pour sa violence révoltée et son humour noir, il a été l'un des premiers à inscrire dans son œuvre même une mise en scène de la création littéraire (*les Chants de Maldoror*, 1869 ; *Poésies*, 1870).

LAUTREC (Odet **de Foix,** vicomte **de**), *1485 - Naples 1528*, maréchal de France. Gouverneur du Milanais, battu en 1522 à La Bicoque (près de Milan), il reçut cependant le commandement de l'armée d'Italie en 1527 et mourut lors du siège de Naples.

LAUZUN (Antonin Nompar **de Caumont La Force, duc de**), *Lauzun 1633 - Paris 1723*, gentilhomme français. Courtisan de Louis XIV, disgracié puis emprisonné de 1671 à 1680, il épousa secrètement la duchesse de Montpensier (la Grande Mademoiselle), cousine germaine du roi.

Lauzun (hôtel de), demeure parisienne. Construite dans l'île Saint-Louis par Le Vau (1656), dotée de luxueux décors intérieurs, elle appartient à la Ville de Paris depuis 1928.

LAVAL (53000), ch.-l. du dép. de la Mayenne, sur la Mayenne, à 274 km à l'O. de Paris ; 52 698 hab. (*Lavallois*) [97 011 hab. dans l'agglomération]. Évêché. Industries variées. – Vieux-Château des XIIe-XVIe s. (musée : archéologie ; histoire ; collection d'art naïf) ; églises médiévales.

LAVAL, v. et région administrative du Québec (Canada), banlieue nord-ouest de Montréal ; 245 km^2 ; 422 993 hab. (*Lavallois*).

LAVAL (saint François **de Montmorency**), *Montigny-sur-Avre 1623 - Québec 1708*, prélat français. Vicaire apostolique en Nouvelle-France (1658), il fut à Québec le premier évêque du Canada (1674 - 1688). Il a été canonisé en 2014.

◄ François de Montmorency **Laval** par C. François. (Séminaire de Québec.)

Laval (Université), établissement canadien d'enseignement supérieur, créé à Québec en 1852, du nom de Mgr de Montmorency Laval.

LAVAL (Pierre), *Châteldon 1883 - Fresnes 1945*, homme politique français. Député socialiste (1914 - 1919), puis socialiste indépendant, il évolua vers la droite. Deux fois président du Conseil (1931 - 1932, 1935 - 1936), il mena une politique de rapprochement avec l'Italie et chercha dans la déflation une solution à la crise financière. Pacifiste pendant la « drôle de guerre », il joua un rôle capital dans l'établissement du régime de Vichy (juin-juill. 1940). Ministre d'État et vice-président du Conseil, il fut toutefois écarté du pouvoir en décembre. Nommé président du Conseil sous la pression des Allemands en avr. 1942, il accentua la politique de collaboration avec l'Allemagne. Condamné à mort en 1945, il fut exécuté.

LA VALETTE (Jean **Parisot de**), *1494 - Malte 1568*, grand maître de l'ordre de Malte. Il défendit victorieusement l'île de Malte contre les Turcs (1565) et fonda en 1566 la ville fortifiée qui porte son nom.

LA VALLÉE-POUSSIN (Charles **de**), *Louvain 1866 - Bruxelles 1962*, mathématicien belge. Il a démontré des théorèmes sur l'intégrale de Lebesgue et a produit des résultats décisifs pour la théorie de l'approximation des fonctions.

LA VALLIÈRE (Louise **de La Baume Le Blanc,** duchesse **de**), *Tours 1644 - Paris 1710*, favorite de Louis XIV. Elle se retira chez les carmélites en 1674, après avoir eu du roi trois enfants, dont deux survécurent et furent légitimés.

LAVAN, île d'Iran (golfe Persique). Port pétrolier.

LAVANDOU (Le) [83980], comm. du Var ; 5 592 hab. (*Lavandourains*). Station balnéaire.

LAVATER (Johann Kaspar), *Zurich 1741 - id. 1801*, écrivain, théoricien et théologien suisse. Il conquit la célébrité grâce à son système de physiognomonie, vite dénoncé comme fausse science.

LAVAU (10150), comm. de l'Aube ; 963 hab. (*Lavautins*). Une tombe princière de l'âge du fer (début du Ve s. av. J.-C.) y a été mise au jour en 2015, sur le site d'une nécropole. Son riche mobilier funéraire témoigne de l'importance des échanges entre les mondes celte et méditerranéen (Étrurie, Grèce).

LAVAUDANT (Georges), *Grenoble 1947*, metteur en scène de théâtre français. Codirecteur du TNP (1986 - 1996) puis directeur de l'Odéon-Théâtre de l'Europe (1996 - 2007), fidèle à l'esprit de troupe, il met au service d'œuvres classiques comme de créations personnelles un jeu dynamique, proche du langage chorégraphique ou cinématographique.

LAVAUR (81500), bur. centr. de cant. du Tarn, sur l'Agout ; 11 196 hab. (*Vauréens*). Cathédrale des XIIIe-XVe s. ; musée du Pays vaurais.

LAVELANET (09300), bur. centr. de cant. de l'Ariège ; 6 499 hab. (*Lavelanétiens*). Église du XVIe s.

LAVELLI (Jorge), *Buenos Aires 1932*, metteur en scène de théâtre et d'opéra argentin naturalisé français. Il met son esthétique baroque au service du répertoire contemporain (Gombrowicz, Arrabal, Copi). Il a dirigé, de 1988 à 1996, le Théâtre national de la Colline.

LAVER (Rodney, dit Rod), *Rockhampton 1938*, joueur de tennis australien. Il est le seul joueur à avoir réalisé le Grand Chelem à deux reprises, remportant en 1962 et en 1969 les quatre grands tournois mondiaux (Internationaux d'Australie, de France, de Grande-Bretagne et des États-Unis), et a gagné au total 11 titres dans les tournois majeurs.

LAVÉRA (13117), port pétrolier des Bouches-du-Rhône (comm. de Martigues), sur le golfe de Fos. Raffinage du pétrole et chimie.

LAVERAN (Alphonse), *Paris 1845 - id. 1922*, savant et médecin militaire français. Il a découvert l'hématozoaire responsable du paludisme. (Prix Nobel 1907.)

LA VÉRENDRYE (Pierre **Gaultier de Varennes de**), *Trois-Rivières 1685 - Montréal 1749*, explorateur canadien. Il reconnut l'intérieur du continent, et deux de ses fils atteignirent les Rocheuses.

LAVIGERIE (Charles), *Bayonne 1825 - Alger 1892*, prélat français. Évêque de Nancy (1863), archevêque d'Alger (1867) et de Carthage (1884), cardinal (1882), il fonda, en 1868, les Missionnaires d'Afrique, dits « pères blancs ». Il fut, par le toast qu'il prononça à Alger en 1890, l'instrument du ralliement, souhaité par Léon XIII, des catholiques français à la République.

LAVILLENIE (Renaud), *Barbezieux-Saint-Hilaire 1986*, athlète français. Champion olympique de saut à la perche en 2012, il a battu le record du monde en 2014, le portant à 6,16 m. Il a aussi été trois fois champion d'Europe (2010, 2012, 2014).

▲ Renaud **Lavillenie,** le 15 février 2014 à Donetsk, sur le point de battre le record du monde.

LAVILLIERS (Bernard **Oulion,** dit Bernard), *Saint-Étienne 1946*, chanteur et auteur-compositeur français. Artiste engagé et musicien voyageur, inspiré par les rythmes latino-américains, il est un des pionniers de la world music (albums *les Barbares*, 1976 ; *O Gringo*, 1980 ; *Carnets de bord*, 2004 ; *Causes perdues et musiques tropicales*, 2010).

LAVINIUM, anc. ville du Latium, fondée, selon la légende, par Énée.

LAVISSE (Ernest), *Le Nouvion-en-Thiérache 1842 - Paris 1922*, historien français. Professeur à la Sorbonne (1888), directeur de l'École normale supérieure (1904 - 1919), il dirigea une vaste *Histoire* de France* (1900-1912). [Acad. fr.]

LAVOISIER (Antoine Laurent **de**), *Paris 1743 - id. 1794*, savant et administrateur français. S'intéressant à de nombreuses disciplines (géologie, météorologie, physiologie, agronomie, économie), Lavoisier a produit une œuvre fondamentale. En énonçant les lois de conservation de la masse et des éléments, il fut l'un des fondateurs de la chimie moderne. Il créa, avec Guyton de Morveau, Fourcroy et Berthollet, une nomenclature chimique rationnelle. Il découvrit la composition de l'air et de l'eau, le rôle de l'oxygène dans les combustions et dans la respiration, et effectua les premières mesures calorimétriques. Député suppléant, il fit partie de la commission chargée d'établir le système métrique. Fermier général à partir de 1778, il fit construire autour de Paris la

▲ **Lavoisier** et sa femme, par David. (Metropolitan Museum, New York.)

barrière d'octroi, ce qui le rendit impopulaire. Il fut condamné et guillotiné avec les autres fermiers généraux.

LA VRILLIÈRE (Louis **Phélypeaux**, comte **de Saint-Florentin**, puis duc de), *Paris 1705 - id. 1777*, homme d'État français. Il fut secrétaire d'État à la Maison du roi (1725 - 1775).

LAVROVSKI (Leonid Mikhailovitch Ivanov, dit Leonid), *Saint-Pétersbourg 1905 - Paris 1967*, danseur et chorégraphe soviétique. Il a signé plusieurs pièces majeures : *Roméo et Juliette* (1940), *le Pavot rouge* (1949), *la Fleur de pierre* (1954).

LAW (John), *Édimbourg 1671 - Venise 1729*, financier écossais. Pour lui, la richesse d'un pays dépend de l'abondance et de la rapidité de circulation de la monnaie, et il préconise la création d'une banque d'État. Le Régent l'ayant autorisé à appliquer son système en France, il fonde en 1716 la Banque générale puis, en 1717, la Compagnie d'Occident (devenue la Compagnie française des Indes). Mais, en 1720, les manœuvres des financiers provoquent l'effondrement de son système.

Lawfeld (bataille de) [2 juill. 1747], bataille de la guerre de la Succession d'Autriche. Victoire remportée à Lawfeld (à l'O. de Maastricht) par le maréchal de Saxe sur le duc de Cumberland.

LAWRENCE (David Herbert), *Eastwood 1885 - Vence, France, 1930*, écrivain britannique. Il exalte, dans ses romans, les élans de la nature et l'épanouissement de toutes les facultés humaines, à commencer par la sexualité (*Amants et fils ; l'Amant de lady Chatterley*, 1928).

LAWRENCE (Ernest Orlando), *Canton, Dakota du Sud, 1901 - Palo Alto, Californie, 1958*, physicien américain. Il mit au point un procédé de séparation de l'uranium 235. On lui doit, surtout, l'invention, en 1930, du cyclotron. (Prix Nobel 1939.)

LAWRENCE (sir Thomas), *Bristol 1769 - Londres 1830*, peintre britannique. Élève de Reynolds, il fut nommé premier peintre du roi en 1792. Son brio de portraitiste, d'une intensité parfois romantique, lui valut un immense succès.

LAWRENCE (Thomas Edward), dit **Lawrence d'Arabie**, *Tremadoc, pays de Galles, 1888 - Clouds Hill, Dorset, 1935*, orientaliste et agent politique britannique. Archéologue passionné par les pays du Proche-Orient, il conçut le projet d'un empire arabe sous influence britannique et anima la révolte des Arabes contre les Turcs (1917 - 1918). Déçu dans ses ambitions, il s'engagea dans la RAF comme simple soldat. Il est l'auteur des *Sept Piliers de la sagesse* (1926).

▲ **Lawrence d'Arabie** par J. McBey, 1918. (Imperial War Museum, Londres.)

LAXNESS (Halldór Kiljan **Guðjónsson**, dit), *Reykjavík 1902 - Mosfellbær, près de Reykjavík, 1998*, écrivain islandais. Il est l'auteur d'essais et de romans sociaux et historiques (*Salka Valka, la Cloche d'Islande*). [Prix Nobel 1955.]

LAXOU [laksu ou lasu] (54520), bur. centr. de cant. de Meurthe-et-Moselle ; 14 575 hab. (*Laxoviens*).

LAYE (Camara), *Kouroussa 1928 - Dakar 1980*, romancier guinéen, auteur de *l'Enfant noir* (1953).

LAYON n.m., riv. de France, affl. de la Loire (r. g.) ; 90 km. Vignobles sur les coteaux de sa vallée.

LAYRAC (47390), bur. centr. de cant. de Lot-et-Garonne ; 3 630 hab. (*Layracais*). Grande église romane.

LAZARE (saint), frère de Marthe et de Marie de Béthanie, ressuscité par Jésus (Évangile de Jean). Une légende en a fait le premier évêque de Marseille.

LAZAREFF (Pierre), *Paris 1907 - Neuilly 1972*, journaliste français. Il dirigea *France-Soir* de la Libération à sa mort. De 1959 à 1968, il produisit un magazine d'actualités télévisées : *Cinq Colonnes à la une*.

LAZARSFELD (Paul Felix), *Vienne 1901 - New York 1976*, sociologue et statisticien américain d'origine autrichienne. Il s'est intéressé au vocabulaire et à la méthodologie des sciences sociales.

LAZES, peuple caucasien vivant en Turquie.

LAZZINI (Joseph), *Nice 1926 - Paris 2012*, danseur et chorégraphe français. Il donna des œuvres aux frontières de l'académisme et d'un modernisme visionnaire (*$E = mc^2$*, 1964 ; *Ecce homo*, 1968).

LCR (Ligue communiste révolutionnaire), anc. parti politique français, trotskiste, créé en 1969. Ses principaux porte-parole ont été Alain Krivine et Olivier Besancenot. La LCR s'est autodissoute en 2009 pour former le Nouveau Parti anticapitaliste (NPA*).

LÉA ou **LIA,** personnage biblique. Sœur de Rachel et première épouse de Jacob.

LEACH (Edmund Ronald), *Sidmouth, Devon, 1910 - Cambridge 1989*, anthropologue britannique. Il est l'auteur d'une théorie fonctionnaliste de la structure sociale (*Critique de l'anthropologie*, 1961).

LEAHY (William Daniel), *Hampton, Iowa, 1875 - Bethesda, Maryland, 1959*, amiral américain. Ambassadeur à Vichy (1940 - 1942), il fut chef d'état-major particulier de Roosevelt (1942 - 1945).

LEAKEY (Louis Seymour Bazett), *Kabete, Kenya, 1903 - Londres 1972*, paléontologue britannique. Ses fouilles au Kenya et en Tanzanie ont fait progresser les connaissances sur l'origine de l'homme. Sa femme Mary (*1913 - 1996*) puis leur fils Richard (*né en 1944*), ainsi que la femme de celui-ci Meave (*née en 1942*) et leur fille Louise (*née en 1972*), ont poursuivi ses recherches.

LEAMINGTON, v. de Grande-Bretagne (Angleterre), sur la *Leam* ; 45 114 hab. Station thermale.

LEAN (sir David), *Croydon 1908 - Londres 1991*, cinéaste britannique, auteur notamm. de *Brève Rencontre* (1945) et de productions prestigieuses et spectaculaires : *le Pont de la rivière Kwaï* (1957), *Lawrence d'Arabie* (1962), *le Docteur Jivago* (1965).

LÉANDRE (saint), *Carthagène début du VIe s. - Séville v. 600*, prélat espagnol. Frère de saint Isidore, archevêque de Séville, il convertit les Wisigoths ariens au catholicisme.

LÉAU, en néerl. **Zoutleeuw,** v. de Belgique (Brabant flamand) ; 8 278 hab. Collégiale des XIIIe-XVIe s., aux nombreuses œuvres d'art.

LÉAUD (Jean-Pierre), *Paris 1944*, acteur français. Débutant avec F. Truffaut, qui en fait son double et l'incarnation de la nouvelle vague (*les Quatre Cents Coups*, où il est le jeune Antoine Doinel, 1959), il tourne aussi avec J.-L. Godard (*la Chinoise*, 1967). Sa carrière prend un nouveau tournant avec *la Maman et la Putain* (J. Eustache, 1973), puis *J'ai engagé un tueur* (A. Kaurismäki, 1990) et *la Mort de Louis XIV* (A. Serra, 2016).

LÉAUTAUD (Paul), *Paris 1872 - Robinson 1956*, écrivain français. Sensible et lucide, bohème et misanthrope, il est l'auteur d'un *Journal littéraire* (19 vol., 1954-1966) et d'un récit autobiographique touchant et troublant (*le Petit Ami*).

LEAVITT (Henrietta), *Lancaster, Massachusetts, 1868 - Cambridge, Massachusetts, 1921*, astronome américaine. La relation qu'elle découvrit, en 1912, entre la luminosité des céphéides et leur période de variation d'éclat est à la base d'une méthode d'évaluation des distances des amas stellaires et des galaxies.

LE BAS (Philippe), *Frévent, Pas-de-Calais, 1764 - Paris 1794*, homme politique français. Député à la Convention, membre du Comité de sûreté générale, ami de Robespierre, il fut envoyé avec Saint-Just aux armées du Rhin. Arrêté le 9 Thermidor, il se suicida.

LEBBEKE [lebɛk], comm. de Belgique (Flandre-Orientale) ; 18 471 hab.

LEBEAU (Joseph), *Huy 1794 - id. 1865*, homme politique belge. Un des promoteurs de la révolution de 1830, il fut président du Conseil en 1840 - 1841.

LEBEAU (Suzanne), *Montréal 1948*, dramaturge canadienne de langue française. Oscillant entre réalisme social et imaginaire du conte, elle n'hésite pas à dénoncer certains scandales contemporains (l'exploitation de l'enfant, l'esclavage de la femme) dans ses pièces pour le jeune public (*l'Ogrelet*, 1997 ; *le Bruit des os qui craquent*, 2007). Elle a fondé la compagnie le Carrousel (1975) avec Gervais Gaudreault.

LE BEL (Achille), *Pechelbronn 1847 - Paris 1930*, chimiste français. Créateur, avec Van't Hoff, de la stéréochimie, il est l'auteur de la théorie du carbone tétraédrique qui permet d'expliquer l'activité optique des composés organiques (1874).

LEBESGUE (Henri), *Beauvais 1875 - Paris 1941*, mathématicien français. Il est l'auteur d'une théorie de l'intégration généralisant celle de Riemann et faisant de l'intégrale qui porte son nom un outil puissant de l'analyse moderne.

LEBLANC (Maurice), *Rouen 1864 - Perpignan 1941*, romancier français. Ses romans policiers mettent en scène le personnage d'Arsène Lupin*.

LE BON (Gustave), *Nogent-le-Rotrou 1841 - Paris 1931*, médecin et sociologue français. Pour expliquer la suggestibilité de la foule, il lui attribue une âme collective qui l'emporte sur les consciences individuelles (*la Psychologie des foules*, 1895).

LEBON (Philippe), *Brachay, Champagne, 1767 - Paris 1804*, ingénieur français. Le premier, il utilisa le gaz provenant de la distillation du bois pour l'éclairage et le chauffage (brevet en 1799 ; première démonstration publique en 1801).

LEBOWITZ (Joel), *Tiatchiv, Tchécoslovaquie, auj. en Ukraine, 1930*, mathématicien et physicien américain. Chef de file de la physique statistique, il est aussi une figure majeure du combat pour les droits et les libertés, notamm. des hommes de science.

LEBRET (Louis Joseph), *Le Minihic-sur-Rance 1897 - Paris 1966*, religieux et économiste français. Il fonda à Lyon, en 1942, la revue *Économie et humanisme* et se spécialisa dans les problèmes du développement.

LE BRIS (Michel), *Plougasnou, Finistère, 1944*, écrivain français. Essayiste (*l'Homme aux semelles de vent*, 1977 ; *le Journal du romantisme*, 1981), romancier (*la Beauté du monde*, 2008), éditeur et spécialiste de Stevenson, il a fondé en 1990 le festival « Étonnants voyageurs » de Saint-Malo.

LE BRIX (Joseph), *Baden, Morbihan, 1899 - Oufa, Bachkortostan, 1931*, officier aviateur français. Il réussit, avec D. Costes, le tour du monde aérien par Rio de Janeiro, San Francisco et Tokyo (1927 - 1928), et conquit huit records mondiaux en 1931, avant de périr en tentant de relier Paris à Tokyo.

LEBRUN (Albert), *Mercy-le-Haut, Meurthe-et-Moselle, 1871 - Paris 1950*, homme politique français. Plusieurs fois ministre (1911 - 1920), président du Sénat (1931), puis de la République (1932 - 1940), il se retira en juill. 1940.

▲ Jean-Pierre **Léaud** dans *les Quatre Cents Coups* de François Truffaut (1959), affiche.

▲ Charles **Le Brun.** *La Comédie* (1659), détail du plafond du salon des Muses au château de Vaux-le-Vicomte.

LE BRUN ou **LEBRUN** (Charles), *Paris 1619 - id. 1690*, peintre et décorateur français. Il étudia à Rome en compagnie de Poussin. Protégé par Colbert et Louis XIV, premier peintre du roi, directeur des Gobelins et chancelier de l'Académie (1663), il présida à la décoration de Versailles (la voûte de la galerie des Glaces est son œuvre) et exerça, jusqu'à la mort de Colbert, une quasi-dictature sur les arts. Parmi ses tableaux, citons, au Louvre, *le Sommeil de l'Enfant Jésus, le Chancelier Séguier avec sa suite*, les immenses toiles de *l'Histoire d'Alexandre*.

LEBRUN (Charles François), duc **de Plaisance**, *Saint-Sauveur-Lendelin 1739 - Sainte-Mesme, Yvelines, 1824*, homme politique français. Troisième consul après le 18 Brumaire, grand dignitaire de l'Empire, il créa la Cour des comptes (1807).

LEBRUN (Ponce Denis **Écouchard**), *Paris 1729 - id. 1807*, poète français. Ses *Odes* lui valurent le surnom de *Pindare*. (Acad. fr.)

LECANUET (Jean), *Rouen 1920 - Neuilly-sur-Seine 1993*, homme politique français. Il présida le MRP (1963 - 1965). Sa candidature à l'élection présidentielle de 1965 contribua à mettre le général de Gaulle en ballottage. Président (1978 - 1988) de l'UDF, il fut plusieurs fois ministre.

LE CARRÉ (David John Moore **Cornwell,** dit John), *Poole, Dorset, 1931*, écrivain britannique. Ses romans d'espionnage (nourris de sa propre expérience d'agent secret) expriment la difficulté de concilier les exigences de la morale et celles de la guerre secrète (*l'Espion qui venait du froid*, 1963).

LECCE, v. d'Italie (Pouilles), ch.-l. de prov. ; 90 528 hab. Édifices construits ou repris à l'époque baroque, au décor exubérant ; musée provincial.

LECCO, v. d'Italie (Lombardie), ch.-l. de prov., sur le *lac de Lecco* (branche du lac de Côme) ; 46 826 hab.

LECH n.m., riv. d'Allemagne et d'Autriche, affl. du Danube (r. dr.) ; 263 km.

LE CHAPELIER (Isaac René Guy), *Rennes 1754 - Paris 1794*, homme politique français. Avocat, député du tiers état, il rapporta la loi portant son nom (14 juin 1791), qui interdisait toute association entre gens de même métier et toute coalition. Il fut guillotiné.

LE CHATELIER (Henry), *Paris 1850 - Miribel-les-Échelles, Isère, 1936*, chimiste français. Il fit les premières études de la structure des métaux et alliages, créa l'analyse thermique et la métallurgie microscopique. Il énonça la loi générale de déplacement des équilibres physico-chimiques. Enfin, il diffusa en France le taylorisme.

LECH-OBERLECH, station de sports d'hiver (alt. 1 447 - 2 492 m) d'Autriche (Vorarlberg).

LECLAIR (Jean-Marie), *Lyon 1697 - Paris 1764*, compositeur et violoniste français. Auteur d'un opéra, de sonates et de concertos, il fut le plus éminent violoniste français de son temps.

LECLANCHÉ (Georges), *Paris 1839 - id. 1882*, ingénieur français. Il inventa dans les années 1860 la pile électrique qui porte son nom et dont dérivent les piles usuelles.

LECLERC (Charles), *Pontoise 1772 - Cap-Français, auj. Cap-Haïtien, 1802*, général français. Compagnon de Bonaparte, dont il épousa la sœur Pauline (1797), il commanda l'expédition de Saint-Domingue, et obtint la soumission de Toussaint Louverture (1802).

LECLERC (Félix), *La Tuque 1914 - Saint-Pierre, île d'Orléans, Québec, 1988*, chanteur canadien. Également écrivain, parolier et compositeur, il a été un pionnier de la chanson canadienne d'expression française (*le P'tit Bonheur, Moi mes souliers*).

Félix **Leclerc** ▶

LECLERC (Philippe **de Hauteclocque,** dit), *Belloy-Saint-Léonard 1902 - près de Colomb-Béchar 1947*, maréchal de France. Rallié à la France libre, il se distingua au Fezzan et en Tunisie (1940 - 1943). Débarqué en Normandie (1944), il entra à Paris puis à Strasbourg à la tête de la 2e division blindée, qu'il conduisit jusqu'à Berchtesgaden. Commandant les troupes d'Indochine (1945), inspecteur des troupes d'Afrique du Nord, il périt dans un accident d'avion.

▲ Le maréchal **Leclerc**

LE CLÉZIO (Jean-Marie Gustave, dit J.M.G.), *Nice 1940*, écrivain français et mauricien. D'abord romancier du désarroi contemporain (*le Procès-verbal*, 1963), il puise ensuite dans toutes les formes d'altérité – culturelles, géographiques, historiques – les ressources d'un humanisme moderne (*Désert*, 1980 ; *le Chercheur d'or*, 1985 ; *Ritournelle de la faim*, 2008 ; *Alma*, 2017). [Prix Nobel 2008.]

▲ J.M.G. **Le Clézio**

LÉCLUSE (Charles **de**), *Arras 1526 - Leyde 1609*, botaniste français. Il introduisit en Europe la pomme de terre, avec peu de succès en France.

LECOCQ (Charles), *Paris 1832 - id. 1918*, compositeur français. Il fut un habile auteur d'opérettes (*la Fille de Mme Angot*, 1872 ; *le Petit Duc*, 1878).

LECOMTE DU NOÜY (Pierre), *Paris 1883 - New York 1947*, biologiste, biophysicien et philosophe français. Il a proposé la conception d'un temps biologique propre à la substance vivante.

LECONTE (Patrice), *Paris 1947*, cinéaste français. Formé par le café-théâtre et la bande dessinée, il déploie le même brio dans la comédie (*les Bronzés*, 1978), le film policier (*les Spécialistes*, 1985), le film d'époque (*Ridicule*, 1996) ou le drame (*Monsieur Hire*, 1989 ; *le Mari de la coiffeuse*, 1990 ; *la Veuve de Saint-Pierre*, 2000).

LECONTE DE LISLE (Charles Marie **Leconte,** dit), *Saint-Paul, La Réunion, 1818 - Louveciennes 1894*, poète français. Adepte d'une poésie impersonnelle et intemporelle (*Poèmes antiques*, 1852 ; *Poèmes barbares*, 1862), il groupa autour de lui les écrivains qui constituèrent l'école parnassienne. (Acad. fr.)

LE CORBUSIER (Charles Édouard **Jeanneret,** dit), *La Chaux-de-Fonds 1887 - Roquebrune-Cap-Martin 1965*, architecte, urbaniste, théoricien et peintre français d'origine suisse. Formé, notamm., dans les ateliers de A. Perret et de Behrens, il voulut renouveler l'architecture en fonction de la vie sociale et utiliser des volumes simples, articulés selon des plans d'une grande liberté, qui tendent à l'interpénétration des espaces. Il a exprimé ses conceptions, très discutées, dans des revues comme *l'Esprit nouveau* (1920-1925) et dans une vingtaine d'ouvrages qui firent référence (*Vers une architecture*, 1923 ; *la Ville radieuse*, 1935 ; *la Charte d'Athènes*, 1942 ; *le Modulor*, 1950). Il est passé de l'angle droit (villa Savoye [en collab. avec son cousin Pierre Jeanneret], à Poissy, 1929 ; « unité d'habitation » de Marseille, 1947) à une expression lyrique (chapelle de Ronchamp ou Capitole de Chandigarh, à partir de 1950). Fondation, à Paris (XVIe arrond.).

LECOULTRE (Jean), *Lausanne 1930*, peintre suisse. Marqué par le surréalisme et lié à ses débuts à l'avant-garde espagnole, il se rapproche ensuite du pop art et de l'hyperréalisme. Usant du collage et de techniques mixtes, hanté par le sentiment de la perte, il interroge dans des séries à l'inquiétante étrangeté les objets et les images de la modernité.

LECOURBE (Claude, comte), *Besançon 1758 - Belfort 1815*, général français. Il se distingua en Allemagne avec Moreau (1796), puis en Suisse contre Souvorov (1799).

LECOUVREUR (Adrienne), *Damery, près d'Épernay, 1692 - Paris 1730*, actrice française. Elle fut l'une des premières tragédiennes à s'exprimer de façon naturelle et nuancée.

LECTOURE (32700), bur. centr. de cant. du Gers ; 4 117 hab. Anc. cap. de l'Armagnac. – Cathédrale de style gothique méridional ; musée lapidaire.

LÉDA MYTH. GR. Femme de Tyndare. Aimée de Zeus, qui prit la forme d'un cygne pour la séduire, elle eut avec lui les jumeaux Castor et Pollux et, selon certaines versions de la légende, ses autres enfants, Hélène et Clytemnestre.

LE DAIN ou **LE DAIM** (Olivier **Necker,** dit Olivier), *m. à Paris en 1484*, barbier et confident de Louis XI. Ses exactions lui valurent le gibet à l'époque de Charles VIII.

LE DANTEC (Félix), *Plougastel-Daoulas 1869 - Paris 1917*, biologiste français. Partisan convaincu des doctrines de Lamarck, il a créé la notion d'assimilation fonctionnelle.

LEDE [led], comm. de Belgique (Flandre-Orientale) ; 18 074 hab.

LEDERMAN (Leon Max), *New York 1922 - Rexburg, Idaho, 2018*, physicien américain. Sa découverte, en 1977, du méson « upsilon » est venue confirmer l'existence du quark beauté. (Prix Nobel 1988.)

LEDI-GERARU, site paléontologique du nord-est de l'Éthiopie. En 2013, le plus ancien vestige humain connu à ce jour – un fragment de mâchoire attribué au genre *Homo* et daté d'environ 2,8 millions d'années – y a été découvert.

LE DOUARIN (Nicole), *Lorient 1930*, biologiste française. Spécialiste d'embryologie cellulaire et moléculaire, à l'origine des chimères caille-poulet, elle a permis, notamm., de mieux comprendre la genèse du système nerveux et de certaines malformations congénitales chez l'homme. Elle a été professeur au Collège de France de 1988 à 2000.

LEDOUX (Claude Nicolas), *Dormans 1736 - Paris 1806*, architecte français. Son œuvre, dont il reste peu (château de Bénouville, près de Caen, 1768 ; quelques pavillons des barrières de Paris, 1783 et suiv.), est dominée par la saline d'Arc-et-Senans (1775-1779), à partir de laquelle il conçut les plans d'une ville idéale publiés dans *l'Architecture, considérée sous le rapport de l'art, des mœurs et de la législation* (1804). Son langage associe le répertoire antique, le symbolisme des formes géométriques simples et la sensibilité préromantique.

LEDRU-ROLLIN (Alexandre Auguste **Ledru,** dit), *Paris 1807 - Fontenay-aux-Roses 1874*, homme politique français. Avocat démocrate, député à partir de 1841, il lança le journal *la Réforme* (1843), organe du radicalisme. Ministre de l'Intérieur en févr. 1848, il dut après les journées de juin céder ses pouvoirs au général Cavaignac. Député à l'Assemblée législative (mai 1849), il tenta de soulever la population contre l'envoi d'un corps expéditionnaire français (Oudinot) à Rome et dut s'exiler jusqu'en 1870.

▲ **Le Corbusier.** Détail intérieur de la villa Savoye.

LÊ DUAN, *Hâu Kiên 1907 - Hanoï 1986*, homme politique vietnamien. Il succéda à Hô Chi Minh comme secrétaire général du Lao Dông (Parti communiste nord-vietnamien) de 1960 à 1986.

LEDUC (René), *Saint-Germain-lès-Corbeil 1898 - Istres 1968*, ingénieur et constructeur d'avions français. Il retrouva, entre 1930 et 1937, le principe du statoréacteur, qu'il appliqua à partir de 1947 à plusieurs prototypes.

LEDUC (Violette), *Arras 1907 - Faucon, Vaucluse, 1971*, romancière française. Ses fictions autobiographiques sont marquées par sa difficulté de vivre condition et amours féminines (*la Bâtarde*, 1964).

LÊ DUC THO, *prov. de Nam Ha 1911 - Hanoï 1990*, homme politique vietnamien. L'un des fondateurs du Parti communiste indochinois (1930) et du Viêt-minh (1941), il négocia avec les États-Unis le retrait de leurs troupes (1973). Il refusa le prix Nobel de la paix qui lui avait été attribué en 1973.

LED ZEPPELIN, groupe britannique de rock. Actif de 1968 à 1981, il rénove la tradition du blues urbain et crée un style précurseur du hard rock.

LEE (Ang), *Pingtung, Taïwan, 1954*, cinéaste chinois. Son œuvre éclectique, qui va du récit intimiste à la fable fantastique en passant par l'adaptation classique, le film d'arts martiaux ou le western, témoigne de sa liberté de ton et d'approche (*Garçon d'honneur*, 1993 ; *Raison et Sentiments*, 1995 ; *Tigre et Dragon*, 2000 ; *le Secret de Brokeback Mountain*, 2005 ; *l'Odyssée de Pi*, 2012 ; *Un jour dans la vie de Billy Lynn*, 2016).

LEE (Nelle Harper, dite Harper), *Monroeville, Alabama, 1926 - id. 2016*, romancière américaine. Son roman *Ne tirez pas sur l'oiseau moqueur* (1960) soulève la question de la justice dans l'Alabama ségrégationniste et raciste des années 1930. Publiée au moment de la lutte pour les droits civiques des Afro-Américains, l'œuvre connut un succès considérable.

LEE (Robert Edward), *Stratford, Virginie, 1807 - Lexington, Virginie, 1870*, général américain. Chef des armées sudistes pendant la guerre de Sécession, vainqueur à Richmond (1862), il dut capituler à Appomattox en 1865.

LEE (Stanley Lieber, dit Stan), *New York 1922 - Los Angeles 2018*, scénariste et éditeur américain de bandes dessinées. Cocréateur, à partir des années 1960, de super-héros qui gardent une part de fragilité humaine (Spider-Man, Hulk, les X-Men), il a fait de Marvel Comics une entreprise majeure du divertissement.

LEE (Yuan Tseh), *Hsinchu 1936*, chimiste américain d'origine chinoise. Il est l'auteur de travaux sur la dynamique des réactions chimiques qui prolongent ceux de D. R. Herschbach. (Prix Nobel 1986.)

LEEDS, v. de Grande-Bretagne (Angleterre) ; 443 247 hab. Centre lainier. Confection. – Festival de rock. – Église St John, du XVIIᵉ s. ; musées.

LEE UFAN, *Haman-gun, à l'ouest de Pusan, 1936*, artiste sud-coréen. Fondateur et théoricien du mouvement japonais du Mono-ha (« l'école des choses », v. 1968 - v. 1975), il associe dans ses sculptures matériaux naturels et industriels. Sa peinture fait dialoguer des motifs épurés – points, lignes, dégradés de couleur – avec le vide de la toile. Musée à Naoshima (Japon).

LEEUWARDEN, v. des Pays-Bas, ch.-l. de la Frise ; 95 949 hab. Monuments des XVIᵉ-XVIIIᵉ s. ; musées.

LEEUWENHOEK (Antonie Van) → **VAN LEEUWENHOEK.**

LEEWARD ISLANDS → **SOUS-LE-VENT** (îles).

LEFEBVRE (François Joseph), duc **de Dantzig**, *Rouffach 1755 - Paris 1820*, maréchal de France. Il se distingua à Fleurus (1794), fit capituler Dantzig (1807) et commanda une partie de la Garde impériale (1812 - 1814). — **Catherine Hubscher,** Mme **L.,** épouse du maréchal Lefebvre. Elle fut popularisée par V. Sardou sous le nom de *Madame* Sans-Gêne*.

LEFEBVRE (Georges), *Lille 1874 - Boulogne-Billancourt 1959*, historien français. Il étudia la Révolution française en analysant les structures sociales et les faits économiques de la France rurale (*les Paysans du Nord pendant la Révolution*, 1924).

LEFEBVRE (Henri), *Hagetmau, Landes, 1901 - Pau 1991*, philosophe et sociologue français. Il fut le promoteur d'un marxisme humaniste, centré sur la lutte contre l'aliénation (*Critique de la vie quotidienne*, 1947-1962 ; *De l'État*, 1976-1978).

LEFEBVRE (Marcel), *Tourcoing 1905 - Martigny 1991*, prélat français. Fondateur du séminaire d'Écône, en Suisse (1971), il prit la tête du courant intégriste opposé aux réformes de l'Église catholique après le deuxième concile du Vatican. Il fut excommunié en 1988.

LEFÈVRE (Théo), *Gand 1914 - Woluwe-Saint-Lambert 1973*, homme politique belge. Président du Parti social-chrétien (1950 - 1961), il fut Premier ministre de 1961 à 1965.

LEFÈVRE D'ÉTAPLES (Jacques), *Étaples v. 1450 - Nérac 1536*, humaniste et théologien français. Il fut la cheville ouvrière, avec Briçonnet, du « cénacle de Meaux ». Sa traduction de la Bible le fit soupçonner de favoriser les idées de la Réforme.

LE FORESTIER (Bruno, dit Maxime), *Paris 1949*, chanteur et auteur-compositeur français. Accompagnant souvent ses mélodies travaillées à la guitare, il est une figure de la chanson française, grâce à des textes à la fois sensibles et engagés (*Mon frère, San Francisco, Né quelque part*).

LEFUEL (Hector), *Versailles 1810 - Paris 1880*, architecte français. Reprenant les plans de L. T. J. Visconti, il fut, à partir de 1853, l'architecte du nouveau Louvre, d'un style éclectique très orné.

▲ Marie-Amélie **Le Fur** lors de l'épreuve du 400 m des jeux Paralympiques de Rio, en 2016.

LE FUR (Marie-Amélie), *Vendôme 1988*, athlète handisport française. Elle a remporté trois titres aux jeux Paralympiques (100 m à Londres en 2012, 400 m et saut en longueur à Rio en 2016) et quatre titres de championne du monde (100 m et 200 m en 2011, 400 m et saut en longueur en 2015).

LE GAC (Jean), *Tamaris, près d'Alès, 1936*, peintre français. Sa démarche offre une réflexion sur les processus de la création, sujet, depuis 1971, de séries (photos, textes « distanciés » et grands dessins en couleurs) consacrées au « Peintre ».

LEGAULT (François), *Sainte-Anne-de-Bellevue, île de Montréal, 1957*, homme d'affaires et homme politique canadien. Ministre de l'Éducation puis de la Santé et des Services sociaux (1998 - 2003), il fonde (2011) et dirige la Coalition avenir Québec. Il est Premier ministre du Québec depuis 2018.

LÈGE-CAP-FERRET (33950), comm. de la Gironde ; 8 366 hab. (*Ferretcapiens*). [→ **Cap-Ferret.**]

Légende dorée (la), nom donné au XVᵉ s. au recueil de vies de saints composé par Jacques de Voragine au XIIIᵉ s.

LEGENDRE (Adrien Marie), *Paris 1752 - id. 1833*, mathématicien français. Précurseur de la théorie analytique des nombres, il énonça la loi de distribution des nombres premiers. Sa classification des intégrales elliptiques prépare les travaux d'Abel et de Jacobi.

LEGENDRE (Louis), *Versailles 1752 - Paris 1797*, homme politique français. Boucher à Paris, député montagnard à la Convention (1792), il fut l'un des chefs de la réaction thermidorienne.

LÉGER (saint), *Neustrie v. 616 - Sarcinium, auj. Saint-Léger, Pas-de-Calais, v. 677*, évêque d'Autun. Il fut assassiné par le maire du palais Ébroïn.

LÉGER (Fernand), *Argentan 1881 - Gif-sur-Yvette 1955*, peintre français. Après avoir pratiqué une forme de cubisme (*la Noce*, 1910), il a élaboré un langage essentiellement plastique fondé sur le dynamisme de la vie moderne (*la Ville*, 1919), sur les contrastes de formes et de signification (*la Joconde aux clés*, 1930), pour réintégrer finalement les valeurs morales et sociales (*les Loisirs, hommage à David*, 1949 ; *les Constructeurs*, 1950). Il a pratiqué la décoration monumentale (mosaïque, vitrail, céramique).

LÉGER (Paul-Émile), *Valleyfield 1904 - Montréal 1991*, prélat canadien. Archevêque de Montréal de 1950 à 1967, il fut nommé cardinal en 1953.

Légion d'honneur (ordre de la), premier ordre national français, institué en 1802 par Bonaparte en récompense de services militaires et civils. Cinq classes : grand-croix, grand officier, commandeur, officier, chevalier. Ruban rouge. La discipline de l'ordre est régie par une grande chancellerie.

Légion des volontaires français contre le bolchevisme → **LVF.**

législative (Assemblée), assemblée qui succéda à la Constituante le 1er oct. 1791 et qui fut remplacée par la Convention le 21 sept. 1792.

LEGNICA, v. de Pologne, en basse Silésie ; 103 238 hab.

LE GOFF (Jacques), *Toulon 1924 - Paris 2014*, historien français, spécialiste de l'histoire du Moyen Âge (*la Civilisation de l'Occident médiéval*, 1964 ; *Pour un autre Moyen Âge*, 1977 ; *Saint Louis*, 1996 ; *Un long Moyen Âge*, 2004).

LEGRAND (Michel), *Paris 1932 - id. 2019*, compositeur français. Son sens de la mélodie et de l'orchestration caractérise la musique qu'il créa pour le cinéma français (en partic. pour J. Demy : *les Parapluies de Cherbourg*, *les Demoiselles de Rochefort*, *Peau d'âne*, pour J.-L. Godard : *Vivre sa vie*, ou A. Varda : *Cléo de 5 à 7*) et américain (*l'Affaire Thomas Crown*, N. Jewison ; *le Messager*, J. Losey).

LEGRIS (Manuel), *Paris 1964*, danseur et chorégraphe français. Nommé danseur étoile à l'Opéra de Paris en 1986 par son mentor R. Noureïev, il a été à la fois un soliste virtuose et un partenaire d'exception. Depuis 2010, il dirige le ballet de l'Opéra de Vienne.

LEGROS (Pierre), *Chartres 1629 - Paris 1714*, sculpteur français. Académicien en 1666, il a notamm. travaillé pour le parc et pour le château de Versailles. — **Pierre II L.,** *Paris 1666 - Rome 1718*, sculpteur français, fils de Pierre. Pensionnaire en 1690 de l'Académie de France à Rome, il se fixa dans cette ville, où il travailla pour les églises dans un style résolument baroque.

LÉGUEVIN (31490), bur. centr. de cant. de la Haute-Garonne ; 9 189 hab. (*Léguevinois*).

LEHÁR (Franz), *Komárom 1870 - Bad Ischl 1948*, compositeur hongrois. Il rénova l'opérette (*la Veuve joyeuse*, 1905 ; *le Pays du sourire*, 1929).

LEHMANN (Inge), *Copenhague 1888 - id. 1993*, sismologue danoise. En 1936, elle découvre, en étudiant les ondes sismiques, que la Terre possède, dans son noyau liquide, un noyau central solide (appelé « graine »), ce qui va révolutionner la compréhension des tremblements de terre.

LEHN (Jean-Marie), *Rosheim 1939*, chimiste français. Il a réalisé la synthèse des *cryptands*, molécules creuses dont la cavité peut fixer très fortement un ion ou une molécule, employées notamm. en pharmacologie. (Prix Nobel 1987.)

LEIBL (Wilhelm), *Cologne 1844 - Würzburg 1900*, peintre allemand, l'un des chefs de l'école réaliste.

LEIBNIZ (Gottfried Wilhelm), *Leipzig 1646 - Hanovre 1716*, philosophe et savant allemand. Employé comme juriste, diplomate, historiographe (à la cour de Hanovre notamm.), il fut en relation avec toute l'Europe savante. Sommet de l'intellectualisme rationaliste, son système répond à l'ambition de surmonter les clivages religieux et philosophiques de la chrétienté. L'armature de la pensée de Leibniz est logique et mathématique

◀ **Leibniz**

(il inventa, en 1676, le calcul infinitésimal et créa une symbolique universelle et efficace [notations de la différentielle et de l'intégrale], qui s'est imposée). Sa physique dynamique rompt avec le mécanisme cartésien. Sa métaphysique rend raison de toutes choses avec un optimisme raisonné : Dieu calcule et admet à l'existence la meilleure combinaison possible des monades, ou atomes spirituels dont se compose la réalité (*De arte combinatoria*, 1666 ; *Nouveaux Essais sur l'entendement humain*, 1704 ; *Essais de théodicée*, 1710 ; *Monadologie*, 1714).

LEICESTER, v. de Grande-Bretagne (Angleterre), ch.-l. du *Leicestershire* ; 329 839 hab. (441 213 hab. dans l'agglomération). Industries mécaniques et chimiques. – Vestiges romains et monuments médiévaux ; musées.

LEICESTER (comte **de**) → **MONTFORT** (Simon **de**).

LEICESTER (Robert **Dudley,** comte **de**) → **DUDLEY.**

LEIGH (Mike), *Hatfield, Hertfordshire, 1943*, cinéaste et dramaturge britannique. Issu du théâtre, il met en scène les drames intimes de personnes ordinaires dans des films traversés à la fois par l'engagement social et un humour corrosif (*Naked*, 1993 ; *Secrets et Mensonges*, 1996 ; *Vera Drake*, 2004 ; *Another Year*, 2010).

LEIGH (Vivian Mary **Hartley,** dite Vivien), *Darjeeling, Inde, 1913 - Londres 1967*, actrice britannique. Grande interprète de Shakespeare au théâtre, elle reste célèbre pour ses rôles au cinéma dans *Autant en emporte le vent* (V. Fleming, 1939) et *Un tramway nommé Désir* (E. Kazan, 1951).

LEINE n.f., riv. d'Allemagne, affl. de l'Aller (r. g.) ; 281 km. Elle passe à Hanovre.

LEINSTER, prov. orientale de la république d'Irlande ; 2 504 814 hab. ; v. princ. *Dublin*.

LEIPZIG, v. d'Allemagne (Saxe), sur l'Elster blanche ; 502 979 hab. Université. Foire internationale. Centre industriel. – Église St-Thomas, gothique ; anc. hôtel de ville Renaissance. Musées.

Leipzig (bataille de), dite **bataille des Nations** [16 - 19 oct. 1813], bataille de l'Empire. Défaite de Napoléon Ier devant les Russes, les Autrichiens, les Prussiens, auxquels s'était joint Bernadotte. Elle ouvrait aux Alliés le territoire français.

LEIRIS (Michel), *Paris 1901 - Saint-Hilaire, Essonne, 1990*, écrivain et ethnologue français. Ses amitiés, de Max Jacob aux surréalistes, de Bataille à Sartre, en font un témoin privilégié du XXe s. Il a orienté l'analyse des rêves et l'ethnographie vers l'autobiographie et l'interrogation sur le langage (*l'Afrique fantôme*, 1934 ; *l'Âge d'homme*, 1939 ; *la Règle du jeu*, 1948-1976).

LEITHA n.f., riv. d'Autriche et de Hongrie, affl. du Danube (r. dr.) ; 180 km. Elle divisait l'Autriche-Hongrie en *Cisleithanie* et en *Transleithanie*.

LEITZ (Ernst), *1843 - 1920*, opticien allemand. Il créa à Wetzlar une fabrique d'instruments d'optique, où devait être conçu, entre 1913 et 1924, l'appareil photographique Leica.

LE JEUNE (Claude), *Valenciennes v. 1530 - Paris 1600*, compositeur français. Il est l'auteur de motets, de psaumes et de chansons polyphoniques, dont certaines écrites suivant les lois de la « musique mesurée » à l'antique (*le Printemps*, 1603).

LEJEUNE (Jérôme), *Montrouge 1926 - Paris 1994*, médecin français. Généticien, il fut l'un des découvreurs (avec R. Turpin* et M. Gautier*), en 1959, de l'anomalie chromosomique responsable de la trisomie 21.

LEK n.m., branche septentrionale du Rhin inférieur aux Pays-Bas.

LEKAIN (Henri Louis **Cain,** dit), *Paris 1729 - id. 1778*, acteur français. Interprète favori de Voltaire, il introduisit plus de naturel dans la déclamation et s'intéressa à la mise en scène.

LEKEU (Guillaume), *Heusy 1870 - Angers 1894*, compositeur belge. Influencé par C. Franck, il écrivit de la musique de chambre et de la musique symphonique.

LELOUCH (Claude), *Paris 1937*, cinéaste français. Prolifique et populaire, il a réalisé notamm. *Un homme et une femme* (1966), *le Voyou* (1970), *les Uns et les Autres* (1981), *Itinéraire d'un enfant gâté* (1988), *Il y a des jours… et des lunes* (1990), *Roman de gare* (2007), *Un + Une* (2015).

LELY (Pieter **Van der Faes,** dit sir Peter), *Soest, Westphalie, 1618 - Londres 1680*, peintre anglais d'origine néerlandaise. Fixé à Londres, il succéda à Van Dyck comme portraitiste de la Cour.

LELYSTAD, v. des Pays-Bas, ch.-l. du Flevoland ; 75 778 hab.

LE MAIRE (Jakob), *Anvers 1585 - en mer 1616*, navigateur hollandais. En 1616, avec W. C. Schouten, il découvrit le détroit qui porte auj. son nom, à l'extrémité de la Terre de Feu, et ouvrit une nouvelle route maritime vers les Indes orientales.

LEMAIRE de Belges (Jean), *Belges, auj. Bavay, 1473 - v. 1515*, écrivain de langue française. Chroniqueur, il marque par sa poésie (*la Couronne margaritique, Épîtres de l'amant vert*) la transition entre les grands rhétoriqueurs et la Pléiade*.

LEMAISTRE (Isaac), dit **Lemaistre de Sacy,** *Paris 1613 - Pomponne 1684*, écrivain français. Il fut le directeur spirituel des religieuses de Port-Royal. Sa traduction française de la Vulgate eut un grand succès jusqu'au XIXe s.

LEMAÎTRE (Antoine Louis Prosper, dit Frédérick), *Le Havre 1800 - Paris 1876*, acteur français. Révélé en Robert Macaire dans *l'Auberge des Adrets*, il triompha dans le mélodrame.

LEMAÎTRE (Mgr Georges), *Charleroi 1894 - Louvain 1966*, astrophysicien et mathématicien belge. Auteur d'un modèle relativiste d'Univers en expansion (1927), il formula ensuite la première théorie cosmologique selon laquelle l'Univers, primitivement très dense, serait entré en expansion à la suite d'une explosion (1931). [→ E. P. **Hubble.**]

LEMAN (Gérard, comte), *Liège 1851 - id. 1920*, général belge. Il défendit Liège en 1914.

LÉMAN (lac), lac d'Europe (Suisse et France), au N. des Alpes de Savoie, traversé par le Rhône. Situé à 375 m d'altitude, long de 72 km, il a une superficie de 582 km² (348 km² en Suisse). La rive sud est française ; la rive nord, suisse. On donne parfois le nom de *lac de Genève* à la partie du lac proche de cette ville.

LEMAY (Lynda), *Portneuf, Québec, 1966*, chanteuse et auteure-compositrice canadienne de langue française. Chanteuse à textes, elle crée, avec un style très personnel, un univers sensible et mélancolique, non dénué d'humour (*Le plus fort, c'est mon père ; De tes rêves à mes rêves*).

LEMBERG, nom allemand de Lviv*.

LEMELIN (Roger), *Québec 1919 - id. 1992*, écrivain canadien d'expression française, peintre satirique du Canada (*les Plouffe*).

LEMERCIER (Jacques), *Pontoise v. 1585 - Paris 1654*, architecte français. Strictement classique, il a notamment construit le pavillon de l'Horloge au Louvre, la chapelle de la Sorbonne (à partir de 1635), la ville et l'ancien château de Richelieu.

LEMERCIER (Népomucène), *Paris 1771 - id. 1840*, écrivain français. Il orienta la tragédie vers les sujets historiques nationaux. (Acad. fr.)

LEMIEUX (Jean-Paul), *Québec 1904 - id. 1990*, peintre canadien. À partir de 1955, il s'est attaché à la figuration de personnages figés dans leur solitude au milieu de vastes paysages dépouillés.

LEMIEUX (Marie-Nicole), *Dolbeau-Mistassini, Québec, 1975*, contralto canadienne. Sa voix ample et sa technique éblouissante, doublées d'un grand sens théâtral, l'ont vite imposée sur la scène internationale. Parmi ses prestations les plus marquantes, ses rôles de Mrs Quickly (*Falstaff*, Verdi), d'Orlando (*Orlando furioso*, Vivaldi), d'Isabella (*l'Italienne à Alger*, Rossini), et son enregistrement d'airs français : *Ne me refuse pas* (2010).

LEMIRE (Jules), *Vieux-Berquin 1853 - Hazebrouck 1928*, ecclésiastique et homme politique français. Prêtre (1878), il encouragea le ralliement des catholiques à la République. Porte-parole de la démocratie chrétienne, il fut député à partir de 1893.

LEMMON (John Uhler **Lemmon III,** dit Jack), *Newton, Massachusetts, 1925 - Los Angeles 2001*, acteur américain. Il débute comme acteur comique puis aborde tous les registres : *Certains l'aiment chaud, la Garçonnière* (B. Wilder, 1959 et 1960), *Missing* (Costa-Gavras, 1982).

LEMNOS ou **LÍMNOS,** île grecque de la mer Égée ; 476 km² ; 17 000 hab. ; ch.-l. *Kástro*.

LEMONNIER (Camille), *Ixelles 1844 - Bruxelles 1913*, écrivain belge de langue française, auteur de romans naturalistes (*Un mâle*).

LÉMOVICES, anc. peuple gaulois qui s'était établi dans le Limousin actuel.

LEMOYNE (François), *Paris 1688 - id. 1737*, peintre français. Il donna à la grande décoration française un style plus lumineux, plus frémissant (plafond du salon d'Hercule, à Versailles, 1733-1736) et fut le maître de Boucher et de Natoire.

LEMOYNE (Jean-Baptiste II), *Paris 1704 - id. 1778*, le plus connu d'une famille de sculpteurs français. Artiste officiel, de style rocaille, il est l'auteur de bustes d'une remarquable vivacité.

LE MOYNE DE BIENVILLE (Jean-Baptiste), *Ville-Marie, auj. Montréal, 1680 - Paris 1767*, administrateur français. Il joua un rôle important dans le développement de la Louisiane, dont il fut gouverneur.

LE MOYNE D'IBERVILLE (Pierre), *Ville-Marie, auj. Montréal, 1661 - La Havane 1706*, marin et explorateur français. Frère de Le Moyne de Bienville, il combattit les Anglais au Canada et à Terre-Neuve (1686 - 1697), puis fonda la colonie de la Louisiane (1698).

LENA n.f., fl. de Russie, en Sibérie, qui se jette dans l'océan Arctique (mer des Laptev) ; 4 270 km ; bassin de 2 490 000 km².

LÉNA (Pierre), *Paris 1937*, astrophysicien français. Il a contribué au développement d'une nouvelle astronomie fondée sur l'observation des rayonnements infrarouges émis par les astres, ainsi qu'à l'élaboration de nouveaux instruments d'observation (optique adaptative, interféromètre du VLT*, notamm.). Il milite pour une refondation de l'enseignement des sciences dès l'école primaire (cofondateur de La main à la pâte → G. **Charpak**).

LE NAIN, nom de trois frères, peintres français nés à Laon, installés à Paris vers 1629 : **Antoine Le N.,** *m. en 1648*, **Louis Le N.,** *m. en 1648*, et **Mathieu Le N.,** *m. en 1677*. Malgré des différences évidentes de « mains », les historiens d'art ne sont pas parvenus à répartir de façon

▲ Les **Le Nain.** *Famille de paysans dans un intérieur.* (Louvre, Paris.)

incontestable entre chacun des trois frères les quelque soixante tableaux qui leur sont attribués : œuvres mythologiques ou religieuses (*Nativité de la Vierge*, Notre-Dame de Paris), scènes de genre (*la Tabagie*, 1643, Louvre), portraits, et surtout scènes de la vie paysanne qui représentent un sommet du réalisme français (*Intérieur au jeune joueur de flageolet*, Saint-Pétersbourg ; *Paysans devant leur maison*, San Francisco).

LENARD (Philipp), *Presbourg 1862 - Messelhausen 1947*, physicien allemand. Ses travaux ont porté sur les rayons cathodiques et l'effet photoélectrique. Dans les années 1930, il fut l'un des rares savants à se rallier au nazisme. (Prix Nobel 1905.)

LENAU (Nikolaus), *Csátad, près de Timişoara, 1802 - Oberdöbling 1850*, écrivain autrichien. Ses poèmes dramatiques (*Faust*), épiques et lyriques (*Chants des joncs*) expriment la mélancolie et le désespoir.

LENCA, peuple amérindien des hautes terres du Honduras (env. 100 000), groupe indigène le plus important du pays.

LENCLOS (Anne, dite Ninon **de**), *Paris 1616 - id. 1705*, femme de lettres française. Son salon fut fréquenté par les libres-penseurs.

LENGLEN (Suzanne), *Paris 1899 - id. 1938*, joueuse de tennis française. Elle a gagné six fois à Wimbledon (1919 à 1923, 1925) et à Paris (1920 à 1923, 1925 et 1926).

LENGUA, population amérindienne du Chaco (Argentine, Paraguay et Bolivie).

LENINABAD → **KHODJENT.**

LENINAKAN → **GUMRI.**

LÉNINE (Vladimir Ilitch **Oulianov,** dit), *Simbirsk 1870 - Gorki 1924*, homme politique russe. Il adhère dès 1888 à un cercle marxiste, passe trois ans en déportation en Sibérie (1897 - 1900), puis gagne la Suisse, où il fonde le journal *Iskra*. Sa conception d'un parti révolutionnaire centralisé, exposée dans *Que faire ?* (1902), l'emporte en 1903 au IIe Congrès du Parti ouvrier social-démocrate de Russie (POSDR). Les partisans de Lénine forment désormais la fraction bolchevique du parti, opposée à sa fraction menchevique. Fixé un temps à Paris (1908 - 1911), puis à Cracovie, Lénine retourne en Suisse en 1914 et indique aux révolutionnaires russes leur objectif : combattre la guerre et la transformer en révolution. En avril 1917, il traverse l'Allemagne et rentre à Petrograd, où il impose ses vues au POSDR et aux soviets, et dirige l'insurrection d'octobre. Président du Conseil des commissaires du peuple (oct.-nov. 1917 - 1924), il crée la Tcheka (1917) et l'Armée rouge, fait signer la paix de Brest-Litovsk (1918) avec l'Allemagne, puis fonde l'Internationale communiste (1919) afin d'organiser l'expansion de la révolution dans le monde. Mais la guerre civile en Russie et l'échec des mouvements révolutionnaires en Europe l'amènent à se consacrer à la construction du socialisme en URSS, qu'il fonde en 1922. Après le « communisme de guerre » (1918 - 1921), il adopte, devant les difficultés économiques et les résistances intérieures, la Nouvelle Politique économique, ou « NEP ». En 1922, Lénine est atteint d'hémiplégie. Homme d'action, il a été aussi un théoricien (*Matérialisme et empiriocriticisme*, 1909 ; *l'Impérialisme, stade suprême du capitalisme*, 1916 ; *l'État et la révolution*, 1917 ; *la Maladie infantile du communisme, le « gauchisme »*, 1920).

▲ **Lénine** en 1920.

Lénine (ordre de), le plus élevé des ordres civils et militaires soviétiques, créé en 1930.

Lénine (prix), prix fondés par le gouvernement soviétique (1925) pour récompenser savants, artistes et écrivains de l'URSS. Ils prirent le nom de prix Staline de 1935 à 1957.

LENINGRAD → **SAINT-PÉTERSBOURG.**

LENINSK-KOUZNETSKI, v. de Russie, dans le Kouzbass ; 101 666 hab. Centre minier et métallurgique.

LENOIR (Alexandre), *Paris 1761 - id. 1839*, archéologue français. Il collecta et préserva nombre de sculptures et de monuments funéraires pendant la Révolution, créant à Paris un premier « musée des Monuments français » dans l'anc. couvent des Petits-Augustins (auj. ENSBA).

▲ **Léonard de Vinci.** *Jeune Homme et Vieillard*, étude à la sanguine. (Cabinet des dessins, Florence.)

LENOIR (Étienne), *Mussy-la-Ville, Luxembourg, 1822 - La Varenne-Saint-Hilaire 1900*, ingénieur français d'origine wallonne. Il réalisa, à partir de 1860, les premiers moteurs à combustion interne.

LE NÔTRE (André), *Paris 1613 - id. 1700*, dessinateur de jardins et architecte français. Caractéristiques de ses travaux, le schéma géométrique, les vastes perspectives, l'usage des plans et jeux d'eau ainsi que des statues ont créé le cadre imposant du Grand Siècle et ont fait la célébrité du jardin* « à la française » (Vaux-le-Vicomte, Versailles, Sceaux, etc.).

LENÔTRE (Gaston), *Saint-Nicolas-du-Bosc, Eure, 1920 - Sennely, Loiret, 2009*, pâtissier français. Dès l'ouverture de sa première boutique à Paris, en 1957, il révolutionne son art en créant des gâteaux raffinés, à base de mousses légères et de glaçages. Son succès se confirme avec la création d'une activité restauration-traiteur (1964), développée à l'international, et d'une école de pâtisserie (1971).

LENS [lɑ̃s] (62300), ch.-l. d'arrond. du Pas-de-Calais ; 30 843 hab. (*Lensois*) [511 345 hab. dans l'agglomération]. Anc. centre minier. Matériel électrique. Informatique. – Musée du Louvre-Lens. – Victoire du Grand Condé sur les impériaux (20 août 1648), suivie des traités de Westphalie.

LENZ (Heinrich), *Dorpat 1804 - Rome 1865*, physicien russe. Il énonça, en 1833, la loi qui donne le sens des courants induits.

LENZ (Jakob Michael Reinhold), *Sesswegen 1751 - Moscou 1792*, écrivain allemand. Membre du Sturm* und Drang, il est par ses drames (*le Précepteur, les Soldats*) l'un des précurseurs du théâtre allemand moderne.

LEOBEN, v. d'Autriche (Styrie), dans la haute vallée de la Mur ; 24 598 hab. Monuments anciens. – Les préliminaires du traité de Campoformio y furent signés en 1797.

LÉOCHARÈS, *IVe s. av. J.-C.*, sculpteur athénien. Son travail, avec Scopas, au Mausolée d'Halicarnasse est significatif du dynamisme de la sculpture du IVe s.

LÉOGNAN (33850), comm. de la Gironde ; 10 240 hab. (*Léognanais*). Vins.

LEÓN, région du nord-ouest de l'Espagne, appartenant à la *communauté autonome de Castille-León*. Fondé en 914, le *royaume de León*, issu de celui des Asturies, fut définitivement réuni à la Castille en 1230.

LEÓN, v. d'Espagne (Castille-León), ch.-l. de prov. ; 125 317 hab. Monuments du Moyen Âge (basilique S. Isidoro, romane ; cathédrale gothique) et de la Renaissance (monastère S. Marcos : musée archéologique provincial). Musée d'Art contemporain de Castille-León (MUSAC).

LEÓN, v. du Mexique central ; 1 436 733 hab. (1 609 717 hab. dans l'agglomération). Métallurgie. – Imposant palais municipal.

LEÓN, v. du Nicaragua. Églises des XVIe-XVIIIe s. ; musée Rubén-Darío.

LÉON n.m., région de l'extrémité nord-ouest de la Bretagne (Finistère). [Hab. *Léonards*.] Cultures maraîchères.

LÉON Ier (saint), dit **le Grand,** *Volterra ? - Rome 461*, pape de 440 à 461. En 452, il persuada Attila d'évacuer l'Italie, mais ne put, en 455, empêcher le sac de Rome par les Vandales de Geiséric. Il joua un rôle décisif au concile de Chalcédoine (451), qui condamna l'hérésie monophysite. Ses lettres et ses sermons constituent d'importants documents sur la vie de l'Église. — saint **Léon III,** *Rome v. 750 - id. 816*, pape de 795 à 816. Il couronna Charlemagne empereur d'Occident le 25 déc. 800. — saint **Léon IX** (Bruno **d'Eguisheim-Dagsbourg**), *Eguisheim, Alsace, 1002 - Rome 1054*, pape de 1049 à 1054. Il lutta pour la réforme des mœurs ecclésiastiques et défendit la suprématie pontificale. En excommuniant le patriarche Keroularios, il donna un caractère décisif au schisme avec l'Église d'Orient. — **Léon X** (Jean **de Médicis**), *Florence 1475 - Rome 1521*, pape de 1513 à 1521. Mécène fastueux, pratiquant le népotisme, il est à l'origine de la querelle des Indulgences* (1517), prélude à la Réforme de Luther ; il condamna ce dernier par la bulle *Exsurge Domine* (1520). Il signa avec François Ier le concordat de Bologne (1516). — **Léon XIII** (Vincenzo Gioacchino **Pecci**), *Carpineto Romano 1810 - Rome 1903*, pape de 1878 à 1903. Il préconisa en France le ralliement à la République (1892) et, dans une série d'encycliques sur la société moderne, encouragea le catholicisme social et l'évangélisation du monde ouvrier (*Rerum novarum*, 15 mai 1891). On lui doit aussi le renouveau des études exégétiques, historiques et théologiques (néothomisme).

BYZANCE

LÉON Ier, *m. en 474*, empereur byzantin (457 - 474). Il fut le premier empereur couronné par le patriarche de Constantinople. — **Léon III l'Isaurien,** *Germaniceia, Commagène, v. 675 - Constantinople 741*, empereur byzantin (717 - 741). Il rétablit la situation de l'Empire en battant les Arabes (717 - 718). Il se montra résolument iconoclaste. — **Léon IV le Khazar,** *v. 750 - 780*, empereur byzantin (775 - 780). Il combattit les Arabes en Syrie et en Anatolie. — **Léon V l'Arménien,** *m. en 820*, empereur byzantin (813 - 820). Il sauva Constantinople de l'assaut bulgare. — **Léon VI le Philosophe,** *866 - 912*, empereur byzantin (886 - 912). Il publia les *Basiliques*, œuvre législative commencée par Basile Ier.

LÉON l'Africain, *Grenade v. 1483 - Tunis v. 1552*, géographe arabe. Auteur d'une *Description de l'Afrique* (1550).

LÉONARD de Noblat (saint), *m. v. 559*, ermite franc. Il fonda le monastère de Noblat, en Limousin, qui devint plus tard Saint-Léonard, lieu de pèlerinage très fréquenté au Moyen Âge.

LÉONARD de Vinci, *Vinci, près de Florence, 1452 - manoir du Clos-Lucé, près d'Amboise, 1519*, artiste et savant italien. Il vécut surtout à Florence et à Milan, avant de partir pour la France, en 1516, invité par François Ier. Il est célèbre comme peintre de *la Joconde**, de *la Vierge* aux rochers*, de *la Cène* (Milan), de *la Vierge, l'Enfant Jésus et sainte Anne* (Louvre), etc., œuvres d'une moderne et subtile poésie à laquelle contribue la technique du *sfumato*. Mais ce grand initiateur de la seconde Renaissance s'intéressa à toutes les branches de l'art (architecture, sculpture), de la science et des techniques, ainsi qu'en témoignent ses écrits et ses étonnants carnets de dessins.

LEONCAVALLO (Ruggero), *Naples 1857 - Montecatini 1919*, compositeur et librettiste italien. Il est l'auteur de l'opéra *Paillasse* (1892), véritable manifeste du vérisme.

LEONE (Sergio), *Rome 1929 - id. 1989*, cinéaste italien. Il fut le maître du western spaghetti (*Pour une poignée de dollars*, 1964 ; *le Bon, la Brute et le Truand*, 1966 ; *Il était une fois dans l'Ouest*, 1968).

LEONHARDT (Gustav), *'s-Graveland 1928 - Amsterdam 2012*, claveciniste, organiste et chef d'orchestre néerlandais. Fondateur du Leonhardt Consort (1955), spécialiste de Bach, il a renouvelé l'approche musicologique et l'interprétation de la musique baroque et préclassique.

LEONI (Leone), *Menaggio, près de Côme, 1509 - Milan 1590*, sculpteur italien. D'abord médailleur et orfèvre, il travailla pour Charles Quint à partir de 1549 et exécuta le mausolée de Jean-Jacques de Médicis à la cathédrale de Milan. — **Pompeo L.**, *Pavie v. 1533 - Madrid 1608*, sculpteur italien, fils de Leone. Il est l'auteur des statues en bronze doré des tombeaux de l'Escurial.

LÉONIDAS, *m. aux Thermopyles en 480 av. J.-C.*, roi de Sparte (490 - 480 av. J.-C.). Il fut le héros des Thermopyles, qu'il défendit contre les Perses de Xerxès Ier et où il périt avec 300 hoplites.

LEONOV (Alekseï Arkhipovitch), *Listvianka, région de Novossibirsk, 1934*, cosmonaute russe. Il est le premier homme à avoir effectué une sortie en scaphandre dans l'espace (le 18 mars 1965).

LEONOV (Leonid Maksimovitch), *Moscou 1899 - id. 1994*, écrivain russe. Ses romans peignent la société issue de la révolution soviétique (*les Blaireaux, la Forêt russe*).

LEONTIEF (Wassily), *Saint-Pétersbourg 1906 - New York 1999*, économiste américain d'origine russe. Ses travaux sur l'analyse interindustrielle sont utilisés aujourd'hui tant pour la planification que pour la comptabilité nationale. (Prix Nobel 1973.)

LEOPARDI (Giacomo, comte), *Recanati, Marches, 1798 - Naples 1837*, écrivain italien. Il passa des rêves de patriotisme héroïque (*À l'Italie*, 1818) au lyrisme douloureux des *Chants* (1re éd. : 1831), qui mêle au sentiment de l'infini devant la nature celui de la désillusion à l'égard de la société des hommes.

EMPEREURS

LÉOPOLD Ier, *Vienne 1640 - id. 1705*, roi de Hongrie (1655 - 1705), archiduc d'Autriche et empereur germanique (1658 - 1705), roi de Bohême (1656 - 1705), de la dynastie des Habsbourg. Il participa à la guerre de Hollande (1672 - 1679) et à celle de la ligue d'Augsbourg (1688 - 1697) afin de combattre les ambitions de Louis XIV. Il arrêta les Ottomans et obtint leur retrait de Hongrie (traité de Karlowitz, 1699), puis engagea l'Empire dans la guerre de la Succession d'Espagne en 1701. — **Léopold II**, *Vienne 1747 - id. 1792*, empereur, archiduc d'Autriche, roi de Bohême et de Hongrie (1790 - 1792), de la maison des Habsbourg-Lorraine. Fils de François Ier et de Marie-Thérèse, frère de Marie-Antoinette, il publia avec le roi de Prusse Frédéric-Guillaume II la déclaration de Pillnitz (1791), mais mourut avant le début des hostilités contre la France révolutionnaire.

▲ **Léopold Ier de Belgique** par P. Beaufaux. (Musée royal de l'Armée, Bruxelles.)

▲ **Léopold II de Belgique** par P. Tossyn. (Musée de la Dynastie, Bruxelles.)

BELGIQUE

LÉOPOLD Ier, *Cobourg 1790 - Laeken 1865*, roi des Belges (1831 - 1865). Fils de François de Saxe-Cobourg, il fut appelé au trône de Belgique aussitôt après l'indépendance reconnue de ce pays (1831). Tout en renforçant l'amitié des Belges avec la France – il épousa en 1832 Louise d'Orléans, fille de Louis-Philippe –, il s'employa à maintenir le royaume dans la neutralité. À l'intérieur, il laissa la monarchie constitutionnelle évoluer vers la monarchie parlementaire. — **Léopold II**, *Bruxelles 1835 - Laeken 1909*, roi des Belges (1865 - 1909). Fils de Léopold Ier, il fit reconnaître en 1885 comme étant sa propriété personnelle l'État indépendant du Congo, qu'il céda en 1908 à la Belgique. — **Léopold III**, *Bruxelles 1901 - id. 1983*, roi des Belges (1934 - 1951). Fils d'Albert Ier, il donna, en mai 1940, l'ordre à l'armée de déposer les armes devant les Allemands, ce qui ouvrit une longue controverse. Déporté en Allemagne (1944 - 1945), il se retira en Suisse. Malgré un plébiscite favorable à son retour, il dut déléguer en 1950 ses pouvoirs royaux à son fils Baudouin et abdiquer en 1951.

Léopold (ordre de), ordre belge fondé en 1832 par Léopold Ier, attribué au titre civil ou militaire.

Léopold II (ordre de), ordre belge fondé en 1900 par Léopold II, attribué au titre civil ou militaire.

LEOPOLDSBURG → BOURG-LÉOPOLD.

LÉOPOLDVILLE → KINSHASA.

LÉOVIGILD ou **LIUVIGILD,** *m. à Tolède en 586*, roi wisigoth (567 ou 568 - 586). Il a été l'unificateur du territoire espagnol.

LEPAGE (Robert), *Québec 1957*, acteur, auteur dramatique et metteur en scène de théâtre et d'opéra canadien. Il propose un théâtre très visuel, centré sur les mutations sociales et culturelles (*la Trilogie des dragons, la Face cachée de la Lune, le Projet Andersen, Jeux de cartes, 887*). Au cinéma, il a réalisé notamm. *le Confessionnal* (1995).

Lépante (bataille de) [7 oct. 1571], victoire des forces chrétiennes de la Sainte Ligue (Espagne, Venise, Saint-Siège), dirigées par don Juan d'Autriche, sur la flotte ottomane, près de Lépante (auj. Naupacte, Grèce).

LEPAUTE (Jean André), *Mogues, Ardennes, 1720 - Saint-Cloud 1787 ou 1789*, horloger français. Il construisit des pendules de précision pour la plupart des observatoires d'Europe et inventa l'échappement à chevilles.

LEPAUTE (Nicole Reine), *Paris 1723 - id. 1788*, mathématicienne et astronome française. Femme de Jean André L., assistante de J. J. Lalande* et de A. Clairaut*, elle a largement contribué aux calculs de prédiction du retour de la comète de Halley en 1759. On lui doit aussi des tables et éphémérides astronomiques.

LEPAUTRE, artistes parisiens des XVIIe et XVIIIe s. — **Antoine L.**, *1621 - 1691*, architecte et graveur. Il a construit à Paris la chapelle du couvent (auj. hôpital) de Port-Royal et l'hôtel de Beauvais (1655). — **Jean L.**, *1618 - 1682*, graveur, frère d'Antoine. Il publia des recueils de modèles d'ornements qui font de lui un des créateurs du style Louis XIV. — **Pierre L.**, *1660 - 1744*, sculpteur, sans doute fils de Jean. Il est l'auteur de l'*Énée et Anchise* du jardin des Tuileries.

L'ÉPÉE (Charles Michel, abbé **de**), *Versailles 1712 - Paris 1789*, pédagogue et bienfaiteur français. Il conçut un langage par signes à l'usage des sourds-muets et fonda pour eux une école à Paris.

LE PELETIER DE SAINT-FARGEAU (Louis Michel), *Paris 1760 - id. 1793*, homme politique français. Député de la noblesse aux États généraux, acquis aux idées révolutionnaires, élu à la Convention (1792), il fut assassiné par un royaliste pour avoir voté la mort de Louis XVI.

LE PEN (Jean-Marie), *La Trinité-sur-Mer 1928*, homme politique français. Fondateur du Front national en 1972, il l'a présidé jusqu'en 2011 (exclu du parti en 2015, il en reste cependant président d'honneur jusqu'à la suppression de cette fonction, en 2018). Député de la Seine puis de Paris (1956 - 1962 et 1986 - 1988), député européen (1984 - 2003 et depuis 2004), il a été candidat à l'élection présidentielle en 1974, 1988, 1995, 2002 (où il s'est qualifié pour le second tour) et 2007. — **Marion,** dite **Marine Le P.**, *Neuilly-sur-Seine 1968*, femme politique française. Fille de Jean-Marie Le Pen, elle lui a succédé à la présidence du FN en 2011. Députée européenne (2004 - 2017), députée depuis 2017, elle a été candidate à l'élection présidentielle en 2012 et 2017 (où elle s'est qualifiée pour le second tour). En 2018, elle rebaptise le Front national Rassemblement* national.

LEPÈRE (Auguste), *Paris 1849 - Domme 1918*, graveur français. Il a redonné son caractère d'art original à la gravure sur bois.

LE PICHON (Xavier), *Qui Nhon, Annam, 1937*, géophysicien français. Spécialiste de la géodynamique de la croûte terrestre, il est dans les années 1960 l'un des promoteurs de la théorie de la tectonique des plaques, qu'il confirme ensuite par l'exploration des fonds océaniques en submersible.

LÉPIDE, en lat. **Marcus Aemilius Lepidus,** *m. en 13 ou 12 av. J.-C.*, homme politique romain. Collègue de César au consulat (46 av. J.-C.), il fut membre du second triumvirat (43) avec Antoine et Octavien, et en fut progressivement éliminé.

LÉPINE (Louis), *Lyon 1846 - Paris 1933*, administrateur français. Préfet de police de 1893 à 1913, il créa les brigades cyclistes et la brigade fluviale et fonda le *concours Lépine* (1902), destiné à récompenser les créations d'artisans ou d'inventeurs.

LÉPINE (Pierre), *Lyon 1901 - Paris 1989*, médecin français. Il a mis au point le vaccin français contre la poliomyélite.

LE PLAY (Frédéric), *La Rivière-Saint-Sauveur, près d'Honfleur, 1806 - Paris 1882*, économiste et ingénieur français. Soutenant la nécessité de l'autorité tant sur le plan de l'entreprise, de l'Église et de l'État que de la famille (*la Réforme sociale*, 1864), il exerça une grande influence sur le mouvement social patronal appelé « paternalisme ».

LE PRIEUR (Yves), *Lorient 1885 - Nice 1963*, officier de marine français. On lui doit de multiples inventions, notamment le premier scaphandre entièrement autonome (1926).

LEPRINCE, peintres verriers français du XVIe s., installés à Beauvais. Ils ont surtout travaillé pour cette ville (*Arbre de Jessé* de l'église St-Étienne, v. 1522-1524, par Engrand L.) et pour Rouen.

LEPRINCE DE BEAUMONT (Jeanne Marie), *Rouen 1711 - Chavanod 1780*, femme de lettres française, auteure de contes pour la jeunesse (*la Belle et la Bête*).

LEPRINCE-RINGUET (Louis), *Alès 1901 - Paris 2000*, physicien français. Spécialiste des rayons cosmiques, il a déterminé les masses et les propriétés de plusieurs types de mésons. (Acad. fr.)

LEPTIS MAGNA, colonie phénicienne puis romaine de l'Afrique du Nord. Importantes ruines romaines. (Auj. *Lebda*, à l'est de Tripoli.)

LE RICHE (Nicolas), *Sartrouville 1972*, danseur et chorégraphe français. Étoile à l'Opéra de Paris (1993 - 2014), il s'impose par son puissant charisme dans les répertoires classique et contemporain (*Camera obscura*, R. Petit, 1994 ; *Casanova*, A. Preljocaj, 1998 ; *Appartement*, M. Ek, 2000). En 2005, il crée son premier grand ballet (*Caligula*).

LERICHE (René), *Roanne 1879 - Cassis 1955*, chirurgien français, pionnier de la chirurgie vasculaire et auteur de travaux sur la chirurgie du sympathique.

LE RICOLAIS (Robert), *La Roche-sur-Yon 1894 - Paris 1977*, ingénieur français. À partir d'études sur les cristaux et les radiolaires, il créa vers 1940 les premières structures spatiales en architecture.

LÉRIDA, v. d'Espagne (Catalogne), ch.-l. de prov. ; 137 327 hab. Majestueuse cathédrale Ancienne.

LÉRINS (îles de), îles de la Méditerranée (Alpes-Maritimes). Les deux principales sont Sainte-Marguerite et Saint-Honorat. – Centre monastique et théologique important aux Ve et VIe s. Un monastère cistercien est toujours en activité sur Saint-Honorat.

LERMA (Francisco **de Sandoval y Rojas, duc de**), *1553 - Tordesillas 1625*, homme d'État espagnol. Premier ministre du roi d'Espagne Philippe III (1598 - 1618), il expulsa les Morisques (1609 - 1610).

LERMONTOV (Mikhaïl Iourievitch), *Moscou 1814 - Piatigorsk 1841*, écrivain russe. Ses poèmes mêlent la tradition des bylines* et l'inspiration romantique (*le Boyard Orcha, le Démon*). Son roman psychologique *Un héros de notre temps* (1840) influença la prose narrative russe.

LERNE MYTH. GR. Marais du Péloponnèse auquel se rattache la légende de l'*Hydre* de Lerne*.

LEROI-GOURHAN (André), *Paris 1911 - id. 1986*, ethnologue et préhistorien français. Ses travaux sur l'art préhistorique et l'art des peuples sans écriture, ainsi que l'observation, lors de fouilles archéologiques, de matériaux laissés en place (Arcy-sur-Cure, Pincevent), lui ont permis une approche nouvelle des mentalités préhistoriques (*les Religions de la préhistoire*, 1964 ; *le Geste et la Parole*, 1964-1965).

LEROUX (Gaston), *Paris 1868 - Nice 1927*, écrivain français. Ses romans policiers mettent en scène le reporter-détective Rouletabille (*le Mystère de la chambre jaune, le Parfum de la dame en noir*).

LEROUX (Pierre), *Paris 1797 - id. 1871*, théoricien politique français. Socialiste, fondateur du *Globe* (1824), organe du saint-simonisme, il rompit avec Enfantin avant de lancer *l'Encyclopédie nouvelle* (1836-1843) et *la Revue indépendante* (1841-1848), imprégnées de déisme et d'évangélisme. Député en 1848 et 1849, il s'exila après le coup d'État du 2 décembre 1851.

LE ROY (Julien), *Tours 1686 - Paris 1759*, horloger français. Il perfectionna les engrenages et l'échappement à cylindres, et améliora la marche des montres en compensant les variations de température. — **Pierre Le R.**, *Paris 1717 - Vitry 1785*, horloger français. Fils aîné de Julien, il contribua à l'essor de la chronométrie de marine.

LE ROY LADURIE (Emmanuel), *Les Moutiers-en-Cinglais, Calvados, 1929*, historien français. Utilisant des méthodes quantitatives (séries statistiques), il a enrichi « le territoire de l'historien » : *Histoire du climat depuis l'an mil* (1967), *Montaillou, village occitan de 1294 à 1324* (1975), *le Siècle des Platter* (3 vol., 1995-2006), *Histoire humaine et comparée du climat* (3 vol., 2004-2009).

LESAGE (Alain René), *Sarzeau 1668 - Boulogne-sur-Mer 1747*, écrivain français. Ses romans (*le Diable boiteux, Gil* Blas de Santillane*) et ses comédies (*Crispin rival de son maître, Turcaret*), souvent inspirés d'auteurs espagnols, font une peinture satirique des mœurs de son temps.

LESAGE (Jean), *Montréal 1912 - Sillery 1980*, homme politique canadien. Premier ministre libéral du Québec (1960 - 1966), il entreprit de moderniser les structures de la province.

◂ Jean **Lesage**

LESBOS ou **MYTILÈNE**, île grecque de la mer Égée, près du littoral turc ; 1 631 km² ; 85 330 hab. *(Lesbiens)* ; ch.-l. *Mytilène* (28 879 hab.). Oliveraies. – Aux VIIe-VIe s. av. J.-C., l'île connut, avec notamm. Arion et Sappho, une vie intellectuelle intense.

LESCAR (64230), comm. des Pyrénées-Atlantiques ; 10 478 hab. Agroalimentaire. – Cathédrale romane.

LESCOT (Pierre), *Paris 1515 - id. 1578*, architecte français. Il est l'auteur du premier état de l'hôtel Carnavalet, à Paris, et de l'aile sud-ouest de la cour Carrée du Louvre (1547-1559), chef-d'œuvre de la Renaissance classique. Il collabora avec J. Goujon.

LESDIGUIÈRES (François **de Bonne**, duc **de**), *près de Saint-Bonnet-en-Champsaur 1543 - Valence 1626*, connétable de France. Chef des huguenots du Dauphiné, il combattit les catholiques, puis le duc de Savoie Charles-Emmanuel Ier. Créé maréchal de France (1609), puis duc (1611), il devint connétable (1622) après avoir abjuré le protestantisme.

LES ESCOUMINS, municipalité du Canada (Québec), sur l'estuaire du Saint-Laurent ; 1 891 hab. *(Escouminois)*. À proximité, la réserve indienne d'Essipit (Innus).

LESHAN, v. de Chine (Sichuan) ; 1 120 158 hab.

LESKOV (Nikolaï Semenovitch), *Gorokhovo 1831 - Saint-Pétersbourg 1895*, écrivain russe. Ses nouvelles et ses récits (*À couteaux tirés, l'Ange scellé*) sont des chroniques pittoresques de la société russe.

LESNE (Gérard), *Montmorency 1956*, haute-contre français. Musicien autodidacte à la voix exceptionnelle, il mène une carrière internationale de soliste dans le répertoire baroque. Afin de faire revivre les œuvres et les compositeurs de cette époque, il crée, en 1985, l'ensemble Il Seminario Musicale.

LESNEVEN [lesnəvɛ̃] (29260), bur. centr. de cant. du Finistère, dans le Léon ; 7 624 hab. *(Lesneviens)*. Musée du Léon dans un anc. couvent.

LESOTHO n.m., anc. **Basutoland**, État d'Afrique australe ; 30 355 km² ; 2 074 000 hab. (*Lesothiens* ou *Lesothans*). **CAP.** *Maseru*. **LANGUES :** *sotho* et *anglais*. **MONNAIES :** *loti* et *rand*. (V. carte **Afrique du Sud.**)

Lettonie

★ site touristique important

100 200 m

autoroute
route
voie ferrée
aéroport
plus de 500 000 h.
de 100 000 à 500 000 h.
de 50 000 à 100 000 h.
moins de 50 000 h.

GÉOGRAPHIE Le Lesotho est un petit pays montagneux, enclavé dans l'est du territoire sud-africain, habité par les Sotho. L'agriculture vivrière et l'élevage occupent 70 % de la population active, mais restent très vulnérables aux épisodes de sécheresse. L'industrie (embryonnaire mais en essor), les envois de fonds des émigrés travaillant dans les mines sud-africaines et un tourisme naissant en constituent les principales ressources. Barrages et parcs éoliens se multiplient pour fournir le pays (et l'Afrique du Sud) en eau et en électricité.

HISTOIRE Créé au XIXe s. par le roi Moshoeshoe Ier, à partir d'un agrégat de peuples qui tentaient d'échapper aux guerres zouloues, le royaume du Lesotho devient protectorat britannique en 1868 sous le nom de Basutoland. Il acquiert son indépendance en 1966 et reprend le nom de Lesotho. Mais, dès 1970, le roi Moshoeshoe II perd la réalité du pouvoir au profit du Premier ministre, Joseph Leabua Jonathan. En 1986, ce dernier est renversé. Dès lors, les militaires, qui en 1990 déposent Moshoeshoe II au profit de son fils Letsie III, dirigent le pays. À l'issue des élections législatives de 1993, ils remettent le pouvoir aux civils. En 1995, Moshoeshoe II est rétabli sur le trône, mais il meurt accidentellement en 1996. Letsie III lui succède.

LESPARRE-MÉDOC (33340), ch.-l. d'arrond. de la Gironde ; 5 799 hab. *(Lesparrains)*. Vins. – Donjon carré du XIVe s.

LESPINASSE (Julie **de**), *Lyon 1732 - Paris 1776*, femme de lettres française. Dame de compagnie de Mme Du Deffand, elle ouvrit à son tour un salon, où se réunirent les Encyclopédistes. Elle a laissé une correspondance amoureuse d'une grande qualité littéraire.

LESPUGUE (31350), comm. de la Haute-Garonne ; 80 hab. *(Lespugnais)*. Station préhistorique où l'on découvrit une statuette féminine (musée de l'Homme, Paris) en ivoire de mammouth, connue sous le nom de « Vénus de Lespugue » et datée de la fin du gravettien.

LESQUIN (59810), comm. du Nord, au S.-E. de Lille ; 7 529 hab. Aéroport. Appareils ménagers.

LESSAY (50430), comm. de la Manche, au N.-N.-O. de Coutances ; 2 303 hab. *(Lessayais)*. Agroalimentaire. – Abbatiale romane.

LESSEPS [lesɛps] (Ferdinand, vicomte **de**), *Versailles 1805 - La Chênaie, Indre, 1894*, diplomate français. Il fit percer le canal de Suez (1869) et commença celui de Panama, entreprise qu'il ne put mener à bien. Cet échec provoqua un grand scandale politique et financier (1891 - 1893). [Acad. fr.]

◂ Ferdinand de **Lesseps**

LESSINES, v. de Belgique (Hainaut) ; 18 471 hab. Vieil hôpital N.-D.-à-la-Rose ; musée.

LESSING (Doris), *Kermanchah, Iran, 1919 - Londres 2013*, écrivaine britannique. Ses récits analysent les conflits humains et sociaux (*les Enfants de la violence*, 3 vol., 1952-1969 ; *la Terroriste*, 1985) à travers l'expérience des minorités ethniques (l'apartheid) ou de la condition féminine (*le Carnet d'or*, 1962 ; *le Rêve le plus doux*, 2002). [Prix Nobel 2007.] ◂ Doris **Lessing**

LESSING (Gotthold Ephraim), *Kamenz, Saxe, 1729 - Brunswick 1781*, écrivain allemand. Dans ses essais critiques (*la Dramaturgie de Hambourg*, 1769), il condamna l'imitation du classicisme français, auquel il opposait Shakespeare, et proposa une nouvelle esthétique dramatique, qu'il illustra par ses drames bourgeois et philosophiques (*Nathan le Sage*, 1779).

L'ESTOILE [letwal] (Pierre **de**), *Paris 1546 - id. 1611*, chroniqueur français, auteur de *Mémoires journaux*, notes prises au jour le jour, de 1574 à 1610.

LESTREM (62136), comm. du Pas-de-Calais ; 4 513 hab. *(Lestrémois)*. Agroalimentaire.

LE SUEUR (Eustache), *Paris 1616 - id. 1655*, peintre français. Élève de Vouet, admirateur de Raphaël, il exécuta notamment une suite de la *Vie de saint Bruno* pour la chartreuse de Paris (Louvre) et les décors mythologiques de deux pièces de l'hôtel Lambert, à Paris également.

LESZCZYŃSKI, famille polonaise illustrée notamment par le roi Stanislas* Ier et par sa fille, la reine de France Marie* Leszczyńska.

LE TELLIER (François Michel) → **LOUVOIS.**

LE TELLIER (Louis) → **BARBEZIEUX.**

LE TELLIER (Michel), seigneur **de Chaville**, *Paris 1603 - id. 1685*, homme d'État français. Secrétaire d'État à la Guerre à partir de 1643, il fut nommé chancelier en 1677 ; il signa la révocation de l'édit de Nantes (1685). Avec son fils Louvois, il réorganisa l'armée monarchique.

LE TELLIER (Michel), *Le Vast, Manche, 1643 - La Flèche 1719*, jésuite français. Dernier confesseur de Louis XIV (1709), il obtint du roi la destruction de Port-Royal-des-Champs.

LETERME (Yves), *Wervik 1960*, homme politique belge. Chrétien-démocrate flamand, il a été Premier ministre en 2008 et de 2009 à 2011.

LETHBRIDGE, v. du Canada (Alberta) ; 92 729 hab. Université.

LÉTHÉ **MYTH. GR.** Un des fleuves des Enfers, dont les eaux très calmes apportaient l'oubli aux âmes des morts.

LÉTO MYTH. GR. Mère d'Artémis et d'Apollon, appelée Latone par les Romains.

LETTONIE n.f., en lett. **Latvija,** État d'Europe orientale, sur la Baltique ; 64 000 km² ; 2 050 000 hab. *(Lettons)*. CAP. *Riga*.

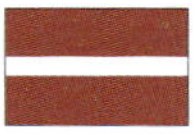

LANGUE : *letton*. MONNAIE : *euro*.

INSTITUTIONS République à régime parlementaire. Constitution de 1922, restaurée en 1993. Le président de la République est élu par le Parlement pour 4 ans. Il nomme le Premier ministre. Le Parlement *(Saeima)* est élu au suffrage universel direct pour 4 ans.

GÉOGRAPHIE C'est un pays plat, au climat frais, en partie forestier, associant quelques cultures (orge, pomme de terre) à l'élevage (bovins, porcins). Outre l'exploitation du bois (papier), l'industrie est représentée par les constructions mécaniques et électriques. La Lettonie, fortement urbanisée (Riga concentre près du tiers de la population totale), est peuplée d'une faible majorité de Lettons de souche et compte env. un tiers de Russes. Son intégration dans l'Union européenne a dynamisé l'économie. Gravement touché, dès 2007, par la crise mondiale, le pays a renoué avec la croissance en 2011, au prix d'une sévère cure d'austérité.

HISTOIRE Au début de l'ère chrétienne, des peuples du groupe finno-ougrien et du groupe balte s'établissent dans la région. **Début du XIIIe s. - 1561 :** les chevaliers Teutoniques et Porte-Glaive fusionnent (1237) pour former l'ordre livonien. Celui-ci gouverne et christianise le pays. **1561 :** la Livonie est annexée par la Pologne, et la Courlande érigée en duché sous suzeraineté polonaise. **1721 - 1795 :** la totalité du pays est intégrée à l'Empire russe. **1918 :** la Lettonie proclame son indépendance. **1920 :** celle-ci est reconnue par la Russie soviétique au traité de Riga. **1940 :** conformément au pacte germano-soviétique, la Lettonie est annexée par l'URSS. **1941 - 1944 :** elle est occupée par l'Allemagne. **1944 :** la Lettonie redevient république soviétique. **1991 :** l'indépendance, restaurée sous la conduite d'Anatolijs Gorbunovs, est reconnue par l'URSS et par la communauté internationale (sept.). **1993 :** Guntis Ulmanis devient président de la République. **1994 :** les troupes russes achèvent leur retrait du pays. **1999 :** Vaira Vīķe-Freiberga accède à la tête de l'État. **2004 :** la Lettonie est intégrée dans l'OTAN et adhère à l'Union européenne. **2007 :** Valdis Zatlers est élu à la présidence de la République. **2011 :** Andris Bērziņš lui succède. **2015 :** Raimonds Vējonis accède à la tête de l'État.

Lettres à Lucilius, recueil de 124 lettres écrites par Sénèque après sa disgrâce en 62, dans lesquelles il guide son ami Lucilius sur la voie de la sagesse stoïcienne.

Lettres de mon moulin (les), recueil de contes de A. Daudet (1869), qui ont presque tous pour décor la Provence. Les plus célèbres sont *l'Arlésienne, la Chèvre de monsieur Seguin, la Mule du pape, l'Élixir du révérend père Gaucher, les Trois Messes basses*...

Lettres persanes, roman philosophique de Montesquieu (1721). La correspondance imaginaire de deux Persans venus en Europe sert de prétexte à une satire de la société française.

Lettres portugaises, recueil de cinq lettres publié en 1669. Longtemps attribuées à une religieuse portugaise, Mariana Alcoforado, et présentées comme une traduction, ces lettres d'amour passionné et douloureux sont en réalité l'œuvre du « traducteur » lui-même, le comte de Guilleragues *(1628 - 1685)*.

Lettre sur les aveugles à l'usage de ceux qui voient, opuscule de Diderot (1749). Une opération qui a redonné la vue à un aveugle-né devient matière à argumentation pour Diderot, qui subordonne les idées aux sensations et propose une explication matérialiste du monde.

LEU (saint) → **LOUP** (saint).

LEUCADE, une des îles Ioniennes (Grèce), auj. rattachée à la terre ; 22 536 hab.

LEUCATE ou **SALSES** (étang de), étang de la côte méditerranéenne (Aude et Pyrénées-Orientales) ; env. 11 000 ha. Stations balnéaires et ports de plaisance (Leucate-Plage, Port-Leucate, Port-Barcarès) sur le cordon littoral. – Puissant fort espagnol de Salses, d'env. 1500.

LEUCIPPE, *v. 460 av. J.-C. - 370 av. J.-C.*, philosophe grec présocratique. Fondateur présumé de la théorie atomiste, il eut Démocrite pour disciple.

Leucopetra (bataille de) [146 av. J.-C.], victoire des Romains sur la ligue Achéenne, à Leucopetra, près de Corinthe. Suivie du sac de Corinthe, elle marqua la fin de l'indépendance grecque.

Leuctres (bataille de) [371 av. J.-C.], victoire des Thébains conduits par Épaminondas sur les Spartiates à Leuctres, en Béotie. Elle assura aux Thébains l'hégémonie sur la Grèce.

LEUVEN, nom néerlandais de Louvain*.

LEUZE-EN-HAINAUT, comm. de Belgique (Hainaut), à l'E. de Tournai ; 13 610 hab. Collégiale du XVIIIe s. (mobilier).

LEVALLOIS-PERRET (92300), bur. centr. de cant. des Hauts-de-Seine ; 64 792 hab. *(Levalloisiens)*. Centre industriel et résidentiel.

LEVANT n.m., nom parfois donné à l'ensemble des pays de la côte orientale de la Méditerranée.

LEVANT n.m., en esp. **Levante,** partie de l'Espagne orientale (régions de Valence et Murcie). Il est célèbre pour ses abris-sous-roche ornés de peintures pariétales (scènes de chasse, de cueillette, de danse), réalisées durant l'épipaléolithique.

LEVANT (île du) [83400], une des îles d'Hyères. Centre naturiste. – Centre d'expérimentation des missiles de la marine.

LEVASSEUR (Noël), *Québec 1680 - id. 1740*, le plus connu d'une famille de sculpteurs québécois du XVIIIe s. Il est notamm. l'auteur du décor intérieur de la chapelle des Ursulines de Québec.

LEVASSOR (Émile), *Marolles-en-Hurepoix 1843 - Paris 1897*, ingénieur et industriel français. Associé à René Panhard, il créa en France, grâce aux brevets Daimler, l'industrie des moteurs d'automobiles.

LE VAU (Louis), *Paris 1612 - id. 1670*, architecte français. Après avoir élevé divers hôtels à Paris, le château de Vaux-le-Vicomte, l'actuel Institut, etc., il établit pour le roi les grandes lignes du palais de Versailles. Moins raffiné que F. Mansart, il a le sens de la mise en scène somptueuse.

▲ Louis **Le Vau.** Le château de Vaux-le-Vicomte.

LEVENS [ləvɛ̃s] (06670), comm. des Alpes-Maritimes ; 4 786 hab. Restes de fortifications.

LÉVÊQUE (Claude), *Nevers 1953*, artiste français. Dépouillées et inquiétantes, ses installations *in situ* mêlant néons, objets, lumières et sons suggèrent la violence du réel (*Grand Hôtel*, 1982 ; *J'ai rêvé d'un autre monde*, 2001 ; *le Grand Sommeil*, 2006).

LEVERKUSEN, v. d'Allemagne (Rhénanie-du-Nord-Westphalie), sur le Rhin ; 158 984 hab. Chimie.

LE VERRIER (Urbain), *Saint-Lô 1811 - Paris 1877*, astronome français. Spécialiste de mécanique céleste, il fut, par ses calculs, à l'origine de la découverte (par l'Allemand Galle) de la planète Neptune (1846). Directeur de l'Observatoire de Paris (1854 - 1870 et 1873 - 1877), il élabora une théorie du mouvement de la Lune et organisa la centralisation et la diffusion des informations météorologiques en France et en Europe.

▲ Urbain **Le Verrier**

LEVERTIN (Oscar), *Gryt 1862 - Stockholm 1906*, écrivain suédois. Poète (*Légendes et Chansons*, 1891) et romancier, il s'opposa au naturalisme.

LÉVESQUE (René), *Campbellton, Nouveau-Brunswick, 1922 - Montréal 1987*, homme politique canadien. Fondateur (1968) et chef du Parti québécois, organisation préconisant l'indépendance politique du Québec et son association économique avec le reste du Canada, il devient Premier ministre du Québec en 1976. Malgré l'échec du référendum sur le projet de « souveraineté-association » (1980), il est reconduit au pouvoir en 1981. Il en vient cependant à mettre en veilleuse l'option indépendantiste (1984), provoquant une crise qui le conduit à démissionner de la direction du parti et du gouvernement (1985).

▲ René **Lévesque**

LEVI (Carlo), *Turin 1902 - Rome 1975*, romancier italien. Antifasciste, il a tiré de son exil dans le sud de l'Italie le récit autobiographique *Le Christ s'est arrêté à Eboli* (1945), où s'unissent analyse sociale et lyrisme sobre.

LEVI (Primo), *Turin 1919 - id. 1987*, écrivain italien. Chimiste de formation, poète et romancier, il est l'auteur de récits autobiographiques (*Si c'est un homme*, 1947 ; *la Trêve*, 1963) et d'essais (*les Naufragés et les Rescapés*, 1986) marqués par son expérience du camp d'Auschwitz. Il se suicida.

LÉVI, personnage biblique. Troisième fils de Jacob, ancêtre éponyme d'une tribu d'Israël dont les membres (lévites) étaient traditionnellement chargés du culte.

LÉVI (Alphonse Louis **Constant,** dit Éliphas), *Paris 1810 - id. 1875*. Il s'attacha à réactualiser les traditions occultes (*la Bible de la liberté*, 1841 ; *la Clef des grands mystères*, 1860).

LÉVIATHAN, monstre aquatique de la mythologie phénicienne mentionné dans la Bible, où il devient le symbole du paganisme.

Léviathan (le), ouvrage de Hobbes (1651). L'abandon mutuel et consenti de tout droit au profit d'un État au pouvoir absolu apparaît comme la seule solution à la guerre perpétuelle que les hommes se livrent à l'état de nature (« L'homme est un loup pour l'homme »).

LEVI BEN GERSON → **GERSONIDES.**

LEVIER (25270), comm. du Doubs ; 2 385 hab. *(Lévitiens)*. Exploitation forestière. – Musée-relais du Cheval de trait comtois et de la Forêt.

LEVINAS (Emmanuel), *Kaunas 1906 - Paris 1995*, philosophe français d'origine lituanienne. Il a construit une philosophie de l'existence centrée autour de la réflexion sur autrui, et contribué au renouveau de la pensée juive contemporaine (*le Temps et l'Autre*, 1948 ; *Totalité et Infini*, 1961).

LÉVIS, v. du Canada (Québec), sur le Saint-Laurent, en face de Québec ; 143 414 hab. *(Lévisiens)*.

LÉVIS (François Gaston, duc **de**), *Ajac, Languedoc, 1720 - Arras 1787*, maréchal de France. Il défendit le Canada après la mort de Montcalm (1759).

LÉVIS-MIREPOIX (Antoine Pierre Marie, duc **de**), *Léran, Ariège, 1884 - Lavelanet 1981*, historien français, auteur d'ouvrages sur le Moyen Âge. (Acad. fr.)

LÉVI-STRAUSS (Claude), *Bruxelles 1908 - Paris 2009*, anthropologue français. Marqué par Durkheim et Mauss, il découvrit sa vocation ethnographique lors d'un séjour au Brésil (*Tristes Tropiques*, 1955). En 1941, il rencontra R. Jakobson à New York ; il eut alors l'idée d'appliquer le concept de structure aux phénomènes humains : parenté (*les Structures élémentaires de la parenté*, 1949), mode de pensée (*la Pensée sauvage*, 1962), enfin et surtout mythe (« *Mythologiques* », 1964-1971 ; *Histoire de Lynx*, 1991). Il a donné au structuralisme la dimension d'un humanisme. (Acad. fr.)

▲ Claude **Lévi-Strauss** en 1988.

Lévitique (le), livre de la Bible, le troisième du Pentateuque. Il traite du culte israélite, dont le soin était confié aux membres de la tribu de Lévi.

LÉVY (Bernard-Henri), *Beni Saf, Algérie, 1948*, philosophe français. Un des initiateurs des « nouveaux philosophes », il se fait connaître en évoquant la question du totalitarisme (*la Barbarie à visage humain*, 1977). Réputé pour sa fougue, qu'il met au service de ses engagements politiques (guerre en Yougoslavie), il a abordé les genres littéraires les plus variés (romans, essais, enquêtes, théâtre…) et a aussi réalisé des films.

LÉVY-BRUHL (Lucien), *Paris 1857 - id. 1939*, philosophe et sociologue français. Il définit les mœurs en fonction de la morale (*la Morale et la Science des mœurs*, 1903) et émit l'hypothèse d'une évolution de l'esprit humain (*la Mentalité primitive*, 1922).

LEWIN (Kurt), *Mogilno, région de Bydgoszcz, 1890 - Newtonville, Massachusetts, 1947*, psychosociologue américain d'origine allemande. Promoteur d'une psychologie sociale fondée sur la topologie mathématique, il s'est intéressé à la dynamique des groupes.

LEWIS, la plus grande des îles Hébrides, reliée par un isthme à Harris ; 2 134 km^2.

LEWIS (Frederick Carlton, dit Carl), *Birmingham, Alabama, 1961*, athlète américain. Il a remporté 9 titres olympiques : 4 en 1984 (100 m, 200 m, longueur et relais 4 × 100 m), 2 en 1988 (100 m et longueur), 2 en 1992 (longueur et relais 4 × 100 m) et un en 1996 (longueur). Il a obtenu 8 titres de champion du monde.

LEWIS (Clarence Irving), *Stoneham, Massachusetts, 1883 - Cambridge, Massachusetts, 1964*, logicien américain. Sa réflexion sur la notion d'implication est à l'origine de la logique modale.

LEWIS (Clive Staples, dit C. S.), *Belfast 1898 - Oxford 1963*, écrivain britannique. Ami de Tolkien, il est l'auteur notamm. d'un classique de la fantasy et de la littérature pour enfants, *le Monde* [ou *Chroniques*] *de Narnia* (7 vol., 1950-1956).

LEWIS (Gilbert Newton), *Weymouth, Massachusetts, 1875 - Berkeley 1946*, physicien et chimiste américain. Auteur, en 1916, de la théorie de la covalence, il a donné une définition générale des acides et des bases. Il a inventé, en 1926, le terme de « photon ».

LEWIS (Joseph Levitch, dit Jerry), *Newark, New Jersey, 1926 - Las Vegas 2017*, acteur et cinéaste américain. Il s'était fait l'héritier de la tradition burlesque américaine (*le Tombeur de ces dames*, 1961 ; *Docteur Jerry et Mister Love*, 1963).

LEWIS (Matthew Gregory), *Londres 1775 - en mer 1818*, écrivain britannique, auteur du roman gothique *le Moine* (1796).

LEWIS (Sinclair), *Sauk Centre, Minnesota, 1885 - Rome 1951*, écrivain américain. Ses romans sont une satire de la bourgeoisie et de ses préoccupations mercantiles et religieuses (*Babbitt*, *Elmer Gantry*). [Prix Nobel 1930.]

LEWIS (sir William Arthur), *Castries, Sainte-Lucie, 1915 - Bridgetown 1991*, économiste britannique, spécialiste des théories de la croissance et du développement. (Prix Nobel 1979.)

LEWITT ou **LEWITT** (Solomon, dit Sol), *Hartford 1928 - New York 2007*, artiste américain. Figure majeure de l'art minimal puis conceptuel, il a conçu une œuvre expérimentale et systématique : sculptures (« structures ») faites de variations en deux ou trois dimensions sur le cube ; murs dessinés (*wall drawings*) ou peints dans un répertoire de formes géométriques, etc.

LEXINGTON-FAYETTE, v. des États-Unis (Kentucky) ; 310 797 hab. (472 099 hab. dans l'agglomération). Élevage de chevaux.

LEYDE, en néerl. **Leiden,** v. des Pays-Bas (Hollande-Méridionale) ; 118 474 hab. Université. – Église gothique St-Pierre. Musée national des Antiquités ; musée De Lakenhal.

LEYRE → **EYRE.**

LEYSIN, comm. de Suisse (Vaud) ; 3 839 hab. (*Leysenouds*). Station climatique et de sports d'hiver (alt. 1 250 - 2 185 m).

LEYTE, île des Philippines ; 8 003 km^2 ; 2 112 883 hab. Occupée par les Japonais de 1942 à 1944, l'île vit la défaite de la flotte japonaise (oct. 1944), qui y engagea pour la première fois les avions-suicides (kamikazes).

LEZAMA LIMA (José), *La Havane 1910 - id. 1976*, écrivain cubain. Poète, essayiste et romancier (*Paradiso*), il a contribué, par sa culture baroque et son imagination puissante, à renouveler la tradition narrative de langue espagnole.

LEZGUIENS, peuple caucasien de Russie (sud-est du Daguestan) et d'Azerbaïdjan (env. 480 000 au total). Ils sont musulmans, en majorité sunnites.

LÉZIGNAN-CORBIÈRES (11200), bur. centr. de cant. de l'Aude ; 11 446 hab. (*Lézignanais*). Vins.

LEZOUX (63190), bur. centr. de cant. du Puy-de-Dôme ; 6 100 hab. Centre de fabrication de céramique sigillée à l'époque gallo-romaine (musée).

LHASSA, v. de Chine, cap. du Tibet, à 3 600 m d'alt. ; 223 001 hab. Lamaseries. – Ancienne résidence du dalaï-lama, le Potala* (XVIIe s.).

L'HERBIER (Marcel), *Paris 1888 - id. 1979*, cinéaste français. Principale figure de l'avant-garde impressionniste, fondateur (1943) de l'IDHEC (devenu FEMIS*), il réalisa notamm. *Eldorado* (1921), *l'Argent* (1929), *la Nuit fantastique* (1942).

L'HERMITE (Tristan), homme d'État français du XVe s. Il servit Louis XI, qui le fit grand chambellan et l'employa comme agent diplomatique.

LHOMOND (abbé Charles François), *Chaulnes 1727 - Paris 1794*, érudit français, auteur d'ouvrages destinés à l'enseignement du latin (*De viris illustribus urbis Romae*).

L'HOSPITAL (Guillaume **de**), marquis **de Sainte-Mesme,** *Paris 1661 - id. 1704*, mathématicien français. Il fut initié au calcul infinitésimal par J. Bernoulli et en publia le premier manuel.

L'HOSPITAL [lopital] (Michel **de**), *Aigueperse v. 1505 - Belesbat 1573*, homme d'État français. Nommé chancelier de France (1560) à l'instigation de Catherine de Médicis, il s'efforça en vain de réconcilier catholiques et protestants, qu'il convoqua au colloque de Poissy (1561). Son édit de tolérance (1562) ne put empêcher le déclenchement des guerres de Religion ; désavoué, il quitta la cour en 1568. Il simplifia par ailleurs le fonctionnement de la justice.

▲ Michel de **L'Hospital.** (Musée Condé, Chantilly.)

LHOTE (André), *Bordeaux 1885 - Paris 1962*, peintre et théoricien de l'art français. Il se rattache au cubisme, mais aussi à la tradition. Son enseignement et ses écrits firent référence.

LHOTSE n.m., quatrième sommet du monde, aux confins de la Chine et du Népal, proche de l'Everest ; 8 545 m.

LI, peuple de Chine (sud de l'île de Hainan).

LI (Blanca), *Grenade 1964*, danseuse et chorégraphe espagnole, installée en France depuis 1992. Ses spectacles toniques, nourris de danse classique, hip-hop ou flamenca, explorent tous les possibles de l'expression corporelle (*Macadam Macadam*, 1999 ; *Shéhérazade*, 2001 ; *Poète à New York*, 2007 ; *Elektro Kif*, 2010 ; *la Fête de la danse*, éditions 2011 et 2013). Elle est aussi cinéaste (*le Défi*, 2002) et comédienne.

LIAKHOV (îles), archipel russe de l'Arctique.

LIANCOURT (60140), comm. de l'Oise ; 7 166 hab. (*Liancourtois*). Église des XVe-XVIIe s.

LIANG KAI, peintre chinois (originaire de Dongping, Shandong), actif à Hangzhou au milieu du XIIIe s. Il devint comme son ami Mu qi l'un des plus brillants représentants de la peinture de la secte bouddhiste chan.

LIAOCHENG, v. de Chine, à l'O. de Jinan ; 950 319 hab.

LIAODONG, partie du Liaoning (Chine).

LIAONING, prov. de la Chine du Nord-Est ; 43 820 000 hab. ; cap. *Shenyang*.

LIAOYANG, v. de la Chine du Nord-Est (Liaoning) ; 728 492 hab.

LIAOYUAN, v. de Chine, au N.-E. de Shenyang ; 462 233 hab.

LIBAN (mont), montagne de la république du Liban ; 3 083 m. Autrefois, grande forêt de cèdres.

LIBAN n.m., État d'Asie, sur la Méditerranée ; 10 400 km^2 ; 4 822 000 hab. (*Libanais*). **CAP.** *Beyrouth.* **LANGUE :** *arabe.* **MONNAIE :** *livre libanaise.*

GÉOGRAPHIE Le mont Liban (dont les versants portent du blé, de la vigne, des arbres fruitiers et des oliviers) domine une étroite plaine littorale, qui, intensément mise en valeur, concentre la majeure partie de la population, auj. à nette dominante musulmane. À l'est, la Beqaa est une dépression aride, limitée vers l'est par l'Anti-Liban. Le conflit syrien est à l'origine d'une détérioration de l'économie libanaise depuis 2012.

HISTOIRE **Des origines à l'indépendance. À partir du IIIe millénaire :** la côte est occupée par les Cananéens, puis par les Phéniciens, qui fondent les cités-États de Byblos, Berytos (auj. Beyrouth), Sidon et Tyr. **Début du Ier millénaire :** les Phéniciens dominent le commerce méditerranéen. **VIIe - Ier s. av. J.-C. :** le pays connaît les dominations assyrienne, égyptienne, perse, babylonienne puis grecque. **64 - 63 av. J.-C. - 636 :** le Liban fait partie de la province romaine puis byzantine de Syrie. **636 :** il est conquis par les Arabes. **VIIe - XIe s. :** la côte et la montagne servent de refuge à diverses communautés chrétiennes, chiites, puis druzes. **1099 - 1289/1291 :** les Latins du royaume de Jérusalem et du comté de Tripoli dominent le littoral, conquis ensuite par les Mamelouks d'Égypte. **1516 :** le Liban est annexé à l'Empire ottoman. **1593 - 1840 :** les émirs druzes, notamm. Fakhr al-Din (1593 - 1633) et Chihab Bachir II (1788 - 1840), unifient la montagne libanaise et cherchent à obtenir son autonomie. **1858 - 1860 :** des affrontements opposent les druzes et les maronites (qui sont en plein essor démographique et économique). **1861 :** la France obtient la création de la province du Mont-Liban, dotée d'une certaine autonomie. **1918 :** le Liban est libéré des Turcs. Il forme avec la plaine de la Beqaa le « Grand Liban ». **1920 - 1943 :** il est placé par la SDN sous mandat français.

La République libanaise. 1943 : l'indépendance est proclamée. Le « pacte national » institue un système politique confessionnel répartissant les pouvoirs entre les maronites, les sunnites, les chiites, les grecs orthodoxes, les druzes et les grecs catholiques. **1952 - 1958 :** C. Chamoun pratique une politique pro-occidentale. **1958 :** les nationalistes arabes favorables à Nasser déclenchent la guerre civile, que fait cesser l'intervention américaine. **1958 - 1970 :** la République est présidée par F. Chehab (1958 - 1964) puis par C. Hélou. **1967 :** les Palestiniens, réfugiés au Liban depuis 1948, s'organisent de façon autonome. **1970 - 1976 :** sous la présidence de S. Frangié, des affrontements avec les Palestiniens se produisent. **1976 :** ils dégénèrent en guerre civile ; la Syrie intervient. S'affrontent alors une coalition de « gauche » (favorable aux Palestiniens, en majorité sunnite, druze puis chiite et dont les principales forces armées sont les fedayins, les milices druzes et celles du mouvement Amal) et une coalition de « droite » (favorable à Israël, en majorité maronite et dont les principales forces sont les Phalanges et l'Armée du Liban-Sud, alliée à Israël). **1978 :** création d'une Force intérimaire des Nations unies au Liban (FINUL). **1982 :** l'armée israélienne fait le blocus de Beyrouth, dont elle chasse les forces armées palestiniennes. A. Gemayel succède comme président de la République à son frère Bachir, assassiné. **1984 :** un gouvernement d'union nationale est constitué, appuyé par la Syrie. **1985 :** l'armée israélienne se retire du Liban à l'exception de la partie sud du territoire, dite « zone de sécurité » (en dépit de la résolution 425 du Conseil de sécurité demandant son retrait inconditionnel). La guerre civile se poursuit, compliquée par des affrontements à l'intérieur de chaque camp, surtout entre diverses tendances musulmanes : sunnites, chiites modérés du mouvement Amal, chiites partisans de l'Iran (Hezbollah). Ces derniers, à partir de 1985, prennent en otages des Occidentaux (notamm. Français et Américains). Cette situation provoque le retour, en 1987, des troupes syriennes à Beyrouth-Ouest. **1988 :** le mandat de A. Gemayel s'achève sans que l'élection de son successeur ait eu lieu. Deux gouvernements sont mis en place : l'un, civil et musulman, à Beyrouth-Ouest, dirigé par Selim Hoss ; l'autre, militaire et chrétien, à Beyrouth-Est, présidé par le général Michel Aoun, hostile à la présence syrienne. **1989 :** Elias Hraoui devient président de la République. **1990 :** une nouvelle Constitution entérine les accords, signés à Taif en 1989, qui prévoient un rééquilibrage du pouvoir en faveur des musulmans. L'armée libanaise, aidée par la Syrie, met fin à la résistance du général Aoun. **1991 :** le désarmement des milices

et le déploiement de l'armée libanaise dans le Grand Beyrouth et le sud du pays (à l'exception de la « zone de sécurité », et malgré l'implantation du Hezbollah) marquent l'amorce d'une restauration de l'autorité de l'État, sous tutelle syrienne. **1992 :** à l'issue d'élections législatives fortement contestées, un nouveau Parlement se réunit. Rafic Hariri devient Premier ministre. **1995 :** sous la pression de la Syrie, le mandat présidentiel de E. Hraoui est prorogé de trois ans par le Parlement, sans élection. **1996 :** les attaques opposant le Hezbollah et l'armée israélienne dans le sud du pays connaissent un nouveau paroxysme (avr.). Les élections législatives reconduisent une majorité prosyrienne au Parlement. **1998 :** Émile Lahoud devient président de la République. Selim Hoss est à nouveau Premier ministre. **2000 :** l'armée israélienne se retire du Liban-Sud (mai). Les élections législatives sont marquées par un vote de protestation (échec de nombreux candidats prosyriens). R. Hariri retrouve le poste de Premier ministre. **2004 :** ce dernier ayant démissionné, Omar Karamé (déjà Premier ministre de 1990 à 1992) forme un nouveau gouvernement. **2005 :** la mort de R. Hariri dans un attentat (févr.) est suivie d'une forte mobilisation de l'opposition libanaise et de la communauté internationale contre la présence syrienne au Liban (la Syrie étant accusée d'implication directe dans cet assassinat). Damas retire ses troupes du pays. O. Karamé démissionne. Après la victoire de l'alliance antisyrienne aux élections législatives, Fouad Siniora est nommé Premier ministre. **2006 :** en riposte à une attaque du Hezbollah contre ses soldats à la frontière israélo-libanaise, Israël intervient militairement au Liban (bombardements massifs et offensive terrestre au Liban-Sud, 12 juill. - 14 août). Ce conflit est suivi, au plan intérieur, d'un affrontement politique majeur entre une alliance regroupant le Hezbollah, le parti Amal et le courant conduit par M. Aoun, et la coalition antisyrienne au pouvoir. **2007 :** É. Lahoud quitte la présidence sans qu'un accord ait été trouvé pour désigner son successeur. **2008 :** au terme d'une longue crise, le général Michel Sleimane est élu à la tête de l'État. Le Liban et la Syrie entament une normalisation de leurs relations. **2009 :** la coalition au pouvoir remporte largement les élections législatives. Saad Hariri (fils de Rafic Hariri) devient Premier ministre, à la tête d'un gouvernement d'union nationale. **2011 :** la démission des ministres du Hezbollah entraîne la chute du gouvernement. Najib Mikati, appuyé par le Hezbollah, est nommé Premier ministre. **Depuis 2012 :** le Liban est exposé aux contrecoups de la crise syrienne : afflux de réfugiés, mais aussi prolongement des affrontements entre chiites et sunnites, pro- et anti-Asad (enlèvements, attentats, combats meurtriers) et opérations des rebelles ou de l'armée régulière sur les zones frontalières. **2013 :** démission de N. Mikati (mars). Avec l'engagement militaire du Hezbollah aux côtés de Damas, les tensions politiques et confessionnelles s'exacerbent. **2014 :** Tammam Salam forme un gouvernement d'union nationale (févr.) et prend provisoirement la tête de l'État (mai), en attendant la désignation d'un président par le Parlement. Alors que le Liban s'enfonce dans une grave crise politique et institutionnelle, les retombées sécuritaires de la guerre en Syrie s'étendent et se compliquent, notamm. avec l'arrivée de djihadistes. **2016 :** M. Aoun devient président de la République, tandis que S. Hariri prend la tête du gouvernement. L'accord passé entre les deux hommes, longtemps adversaires, met fin à une longue vacance du pouvoir. **2018 :** l'alliance au pouvoir sort renforcée des premières élections législatives (mai) depuis 2009. Reconduit comme Premier ministre, S. Hariri forme un gouvernement (janv. 2019) après des mois de tractations.

LIBBY (Willard Frank), *Grand Valley, Colorado, 1908 - Los Angeles 1980*, chimiste américain. Spécialiste de la radioactivité, il a créé la méthode de datation des objets par dosage du carbone 14. (Prix Nobel 1960.)

libéral-démocrate (Parti) ou **PLD,** parti politique japonais. Né en 1955 de la fusion de deux partis conservateurs, le Parti libéral et le Parti démocrate, il domine de manière quasi continue la vie politique du pays.

Libération, quotidien français. Reprenant le nom du journal de la Résistance (1941 - 1964), cofondé et dirigé par E. d'Astier de la Vigerie, il est créé en 1973 sous l'égide de J.-P. Sartre. Il a été dirigé de 1974 à 2006 par Serge July.

Libération (campagnes de la) [1943 - 1945], actions menées par les forces alliées et les patriotes insurgés pour chasser les Allemands des territoires qu'ils occupaient en Europe.

Libération (ordre de la), ordre français créé en nov. 1940 par le général de Gaulle pour récompenser les services exceptionnels rendus pour la délivrance de la France. L'ordre, qui cessa d'être décerné le 24 janv. 1946, comptait 1 057 compagnons, 5 villes et 18 unités combattantes.

Libération de Paris (19 - 25 août 1944), combat qui mit fin à l'occupation allemande dans la capitale. À l'appel du Comité parisien de la Libération, une insurrection conduite par les FFI et les FTP éclate le 19 août. Le 24 août au soir, les premiers chars de la 2e division blindée arrivent à l'Hôtel de Ville et, le 25 août, la garnison allemande capitule devant le général Leclerc et le colonel Rol-Tanguy. Le 26 août, le général de Gaulle descend triomphalement les Champs-Élysées.

LIBÈRE (saint), *Rome ? - id. 366*, pape de 352 à 366. Il lutta de façon décisive contre l'arianisme.

LIBEREC, v. de la République tchèque, en Bohême ; 99 832 hab. Demeures du XVIIIe s., musées.

LIBERIA ou **LIBÉRIA** n.m., État d'Afrique occidentale, sur l'Atlantique ; 110 000 km² ; 4 294 000 hab. *(Libériens).* **CAP.** *Monrovia.* **LANGUE :** *anglais.* **MONNAIE :** *dollar libérien.*

GÉOGRAPHIE En grande partie recouvert par la forêt dense, le pays possède des plantations de palmiers à huile, de caféiers et surtout d'hévéas. Le sous-sol recèle des diamants, de l'or et du fer. Le Liberia tire encore d'importants revenus du prêt de son pavillon (la flotte libérienne est la deuxième du monde). Mais le pays peine à se relever de la guerre civile (liée à la diversité ethnique) et, dans une moindre mesure, de l'épidémie (virus Ebola) de 2014.

HISTOIRE **XVe - XVIIIe s. :** la région est occupée par des populations de langues mandé et kru, pour l'essentiel. Le littoral (côte de Malaguette ou côte des Graines), découvert par les Portugais, est fréquenté par des marchands européens. **1822 :** la Société américaine de colonisation, fondée en 1816, commence à y établir des esclaves noirs libérés, malgré l'hostilité des autochtones. **1847 :** la république du Liberia, indépendante, est proclamée ; la capitale est nommée Monrovia en l'honneur du président américain J. Monroe. **1857 :** fusion avec l'établissement voisin du Maryland. **1885 - 1910 :** les frontières du pays sont définitivement fixées par des accords avec la Grande-Bretagne et la France. **1926 :** début des grandes concessions aux entreprises américaines. **1944 - 1971 :** William Tubman est président de la République. **1980 :** un coup d'État militaire renverse le président Tolbert (à la tête de l'État depuis 1971) et amène au pouvoir le sergent-chef Samuel K. Doe. **1990 :** le développement de la guérilla, conduite notamment par Charles Taylor, aboutit à la guerre civile (Doe est tué). **1991 :** une force ouest-africaine d'interposition est déployée dans le pays. **1996 :** le conflit prend fin. **1997 :** Charles Taylor est élu président de la République. Mais le Liberia reste un pays agité par de graves troubles intérieurs et générateur d'instabilité au niveau régional (en 2012, C. Taylor sera condamné pour crimes contre l'humanité et crimes de guerre pour sa responsabilité dans la guerre civile en Sierra Leone [1992 - 2002]). **2003 :** sous la pression des rebelles (partic. du LURD) et de la communauté internationale, C. Taylor doit quitter le pouvoir. Un gouvernement de transition est mis en place. **2006 :** Ellen Johnson Sirleaf devient présidente de la République, première femme élue – en nov. 2005 – à la tête d'un État africain. Elle est réélue en 2011 (sans opposition au second tour, boycotté par son adversaire). **2014 :** une épidémie due au virus Ebola provoque une grave crise humanitaire (plus de 4 800 morts) et économique. **2018 :** George Weah, ancien footballeur professionnel, accède au sommet de l'État (élu en déc. 2017).

Liberté éclairant le monde (la) [plus communément, **statue de la Liberté**], statue gigantesque (93 m avec son piédestal) érigée en 1886 dans la rade de New York. Offerte par la France aux États-Unis, œuvre de Bartholdi, elle est en cuivre martelé sur charpente de fer (due à Eiffel). Sa réduction, cadeau des États-Unis à la France, orne le pont de Grenelle à Paris.

Liberté guidant le peuple (la), grande toile de Delacroix (1830, Louvre), inspirée au peintre par les journées parisiennes de juillet 1830.

LI BO, dit aussi **Li Taibo,** *701 - 762*, poète chinois, l'un des grands poètes de la dynastie des Tang.

LIBOURNE (33500), ch.-l. d'arrond. de la Gironde, au confluent de la Dordogne et de l'Isle ; 25 522 hab. *(Libournais).* Service de recherches du courrier. – Anc. bastide du XIIIe s.

Libre Belgique (la), quotidien belge fondé en 1884 sous le titre *le Patriote*. Interdit lors de l'invasion allemande en Belgique (1914), il reparut clandestinement, en 1915, sous son titre actuel.

LIBREVILLE, cap. du Gabon, sur l'estuaire du Gabon ; 686 356 hab. *(Librevillois).* Port. – Elle fut fondée en 1849.

LIBYE n.f., État d'Afrique, sur la Méditerranée ; 1 760 000 km² ; 6 202 000 hab. *(Libyens).* CAP. *Tripoli.* LANGUE : *arabe.* MONNAIE : *dinar libyen.*

GÉOGRAPHIE L'économie était autrefois fondée sur un élevage nomade (ovins, chameaux), imposé par l'étendue du désert, et sur une agriculture sédentaire (blé, orge, palmier-dattier, fruits), réfugiée dans les oasis et sur la bordure littorale, moins aride. Elle a été, au moins localement, transformée par l'exploitation du pétrole, ressource essentielle d'un pays vaste (plus du triple de la France) mais encore peu peuplé. L'économie du pays s'est effondrée depuis le début de la guerre civile, en 2011. Urbanisée à 85 %, la population, islamisée, se concentre ponctuellement sur le littoral, notamm. à Tripoli et à Benghazi.

HISTOIRE **Des origines à la domination ottomane.** **XIIIe s. av. J.-C. :** les habitants de la région, appelés « Libyens » par les Grecs, participent aux invasions des Peuples de la Mer en Égypte. **VIIe s. :** les Grecs fondent en Cyrénaïque les cinq colonies de la Pentapole. **Ve s. :** Carthage domine la Tripolitaine. **106 - 19 av. J.-C. :** l'ensemble du pays est conquis par Rome. **642 - 643 :** conquête arabe. **VIIe - XVIe s. :** le pays est soumis aux Omeyyades, aux Abbassides puis à diverses dynasties maghrébines ou égyptiennes. **1517 :** les Ottomans conquièrent la Cyrénaïque, puis (1551) la Tripolitaine.

La Libye contemporaine. **1911 - 1912 :** l'Italie conquiert le pays, auquel les Ottomans doivent renoncer (paix d'Ouchy). **1912 - 1931 :** la confrérie des Senousis dirige en Cyrénaïque la résistance armée à la conquête italienne. **1934 :** création de la colonie italienne de Libye. **1940 - 1943 :** à l'issue de la campagne de Libye*, la France administre le Fezzan ; la Grande-Bretagne, la Tripolitaine et la Cyrénaïque. **1951 :** ces trois territoires sont réunis en un État fédéral indépendant dont Idris Ier devient le roi (1951 - 1969). **1961 :** l'exploitation du pétrole commence. **1963 :** l'organisation fédérale est abolie. **1969 :** le coup d'État des « officiers libres » fait du colonel Kadhafi le maître du pays. **1971 :** nationalisation des compagnies pétrolières. **1973 :** Kadhafi lance la révolution culturelle islamique. **1977 :** il institue l'État des masses (la *Djamahiriyya*). **1980 :** la Libye, qui occupe la bande d'Aozou depuis 1973, intensifie son engagement au Tchad. **1986 :** son soutien aux organisations terroristes lui vaut de subir des bombardements de représailles américains. **1987 :** défaites militaires au Tchad. **1992 :** le Conseil de sécurité de l'ONU, devant le refus du gouvernement libyen de collaborer aux enquêtes sur des attentats terroristes, décide un embargo aérien et militaire (renforcé en 1993). **1994 :** les Libyens se retirent de la bande d'Aozou. **2003 - 2004 :** Tripoli ayant manifesté sa volonté de coopérer avec la communauté internationale (notamm. en matière de terrorisme et de désarmement), l'embargo contre la Libye, suspendu depuis 1999, est levé. **2011 :** M. Kadhafi répond à un vaste mouvement de contestation, né en févr. dans l'élan des révolutions tunisienne et égyptienne (révolutions* arabes), par une répression sanglante, faisant rapidement basculer le pays dans la guerre civile. Soutenus par une intervention militaire aérienne internationale – autorisée par l'ONU en mars, pour protéger les populations civiles, et dans laquelle la France et la Grande-Bretagne sont largement investies –, les insurgés l'emportent après plusieurs mois de combats incertains, prenant le contrôle de Tripoli en août. Dès lors, le pouvoir est assuré par le Conseil national de transition (CNT, regroupement de l'opposition créé en févr. et progressivement reconnu à l'international comme l'autorité gouvernementale légitime de la Libye). Kadhafi est tué en oct. près de Syrte, où il s'était réfugié. **2012 :** le CNT cède le pouvoir en août – juste avant de se dissoudre – au Congrès général national (CGN, assemblée élue en juill. et dominée par les libéraux, devant les islamistes), chargé de contrôler l'action du gouvernement, de superviser l'élaboration d'une Constitution puis d'organiser des élections. Mais la situation du pays reste chaotique, le nouveau pouvoir central ayant du mal à s'affirmer face au désarmement difficile des milices

▲ La **Liberté guidant le peuple.** Peinture de Delacroix, 1830. (Louvre, Paris.)

formées en 2011, aux affrontements entre tribus et à l'insécurité générale (attaques terroristes, dont celle contre le consulat des États-Unis à Benghazi, au cours de laquelle l'ambassadeur américain est tué, sept.). **2013 :** l'adoption d'une loi d'épuration visant les anciens cadres de l'ère Kadhafi ravive les tensions et rajoute à l'instabilité politique. **2014 - 2015 :** le CGN, paralysé par les rivalités entre islamistes et libéraux, vote la prolongation de son mandat (févr.), mais, sous la pression de la rue, des élections anticipées sont organisées (Assemblée constituante, en févr., puis Chambre des représentants, en juin). Les islamistes, qui ne reconnaissent pas la nouvelle Chambre (installée à Tobrouk), maintiennent le CGN (à Tripoli) : deux parlements et deux gouvernements coexistent désormais. À la faveur des affrontements entre milices rivales, affiliées à l'un ou l'autre camp (en Cyrénaïque – en partic. pour le contrôle des ressources pétrolières –, dans le sud du pays et jusque dans la capitale), l'organisation État* islamique parvient à s'implanter autour de Syrte en 2015. **2016 :** un gouvernement d'union nationale et un Conseil présidentiel (dirigés par Fayez al-Sarraj) sont mis en place sous l'égide des Nations unies (accord de Skhirat, déc. 2015), sans obtenir toutefois la reconnaissance de la Chambre de Tobrouk qui soutient le maréchal Khalifa Haftar, l'homme fort de la Cyrénaïque. Les forces libyennes, appuyées par l'aviation américaine, reprennent Syrte aux djihadistes (déc. 2016).

Libye (campagne de) [sept. 1940 - janv. 1943], campagne de la Seconde Guerre mondiale. Les Britanniques et leurs alliés (Français, Polonais) s'opposèrent aux troupes germano-italiennes (notamm. l'Afrikakorps de Rommel), en partic. à Tobrouk (1941 - 1942) et à El-Alamein (1942).

LIBYE (désert de), partie orientale du Sahara. En Égypte, il est appelé *désert Occidental* (limité à l'E. par le Nil).

LICHTENSTEIN (Roy), *New York 1923 - id. 1997*, peintre américain. Représentant du pop art, il s'approprie, pour les transposer, des images de bandes dessinées ou des œuvres d'art appartenant surtout à un passé récent.

LICHUAN, v. de Chine, à l'E.-N.-E. de Chongqing ; 764 267 hab.

LICINIUS CRASSUS DIVES (Marcus) → **CRASSUS.**

LICINIUS LICINIANUS (Flavius Valerius), *Illyrie v. 250 - Thessalonique 324*, empereur romain (308 - 324). Auguste en 308, il devint maître de tout l'Orient en 313, après sa victoire sur Maximin II Daia. Persécuteur des chrétiens, il fut tué par Constantin Ier le Grand.

LICINIUS STOLON (Caius), *IVe s. av. J.-C.*, homme politique romain. Tribun du peuple (376 et 367 av. J.-C.), il fut l'auteur des lois dites « liciniennes » qui atténuèrent le conflit entre patriciens et plébéiens.

LICRA (Ligue internationale contre le racisme et l'antisémitisme), association fondée en 1927 pour combattre le racisme et l'antisémitisme.

LIDDELL HART (sir Basil), *Paris 1895 - Marlow 1970*, théoricien militaire britannique. Partisan convaincu de la guerre mécanisée par l'utilisation de grandes unités blindées, il est l'auteur de nombreux ouvrages de stratégie et d'histoire.

LIDO, île d'Italie, près de Venise. Elle abrite la *rade du Lido*. Station balnéaire.

LIE (Jonas), *Eker 1833 - Stavern 1908*, écrivain norvégien. Son style impressionniste exerça une grande influence sur le roman scandinave (*les Filles du commandant*).

LIE (Sophus), *Nordfjordeid 1842 - Christiania, auj. Oslo, 1899*, mathématicien norvégien. Il fit de la théorie des groupes un outil puissant de la géométrie et de l'analyse.

LIEBIG (Justus, baron von), *Darmstadt 1803 - Munich 1873*, chimiste allemand. Il est à l'origine du remarquable développement de la chimie organique en Allemagne. Il imagina, en 1830, la méthode de dosage du carbone et de l'hydrogène dans les corps organiques et découvrit, notamm., le chloroforme (1831).

LIEBKNECHT (Wilhelm), *Giessen 1826 - Charlottenburg 1900*, homme politique allemand. Fondateur (1869) du Parti ouvrier social-démocrate allemand, il fut député au Reichstag (1874 - 1887 ; 1890 - 1900). — **Karl L.**, *Leipzig 1871 - Berlin 1919*, homme politique allemand. Fils de Wilhelm, il fut l'un des leaders du groupe social-démocrate opposé à la guerre, puis du spartakisme. Il participa à la fondation du Parti communiste allemand (déc. 1918 - janv. 1919) et fut assassiné au cours de l'insurrection spartakiste.

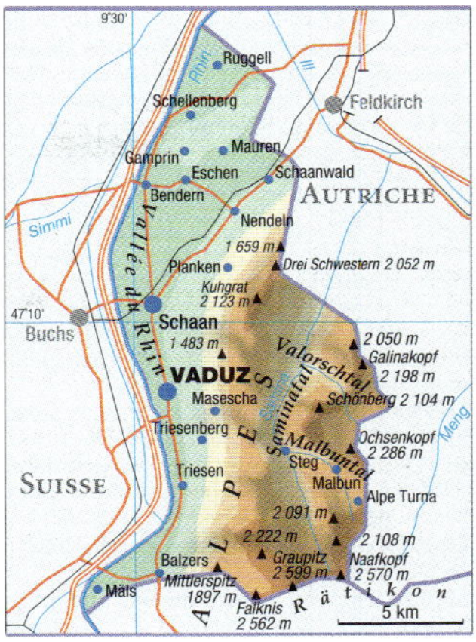

Liechtenstein

autoroute
route
voie ferrée
plus de 5 000 h.
moins de 5 000 h.
500 800 1000 1500 2000 m

LIECHTENSTEIN n.m., État d'Europe centrale, entre la Suisse et l'Autriche ; 160 km² ; 37 000 hab. (*Liechtensteinois*). **CAP.** *Vaduz.* **LANGUE :** *allemand.* **MONNAIE :** *franc suisse.* Tourisme. Place financière et commerciale. – Le Liechtenstein, constitué par la réunion des seigneuries de Vaduz et de Schellenberg, est érigé en principauté en 1719. Il est rattaché à la Confédération du Rhin (1806 - 1813), puis à la Confédération germanique (1815 - 1866). Depuis 1921, il forme une principauté constitutionnelle, gouvernée notamm. par les princes François Ier (1929 - 1938), François-Joseph II (1938 - 1989) et Hans-Adam II (depuis 1989 ; en 2004, son fils, le prince Alois, devient régent). Il est lié économiquement à la Suisse (Union douanière et financière de 1923). Il devient membre de l'ONU en 1990 et de l'AELE en 1991.

LIÈGE, v. de Belgique, ch.-l. de la *prov. de Liège*, au confluent de la Meuse et de l'Ourthe ; 195 931 hab. (*Liégeois*). Évêché. Université. Observatoire. Port fluvial (relié à Anvers par le canal Albert). Centre administratif, commercial, industrialisé surtout en banlieue. – Nombreuses églises, dont certaines remontent à l'époque de l'évêque Notger (fin du Xe s.) ; à St-Barthélemy, célèbres fonts baptismaux de Renier* de Huy. Anc. palais des princes-évêques, des XVIe et XVIIIe s. Nombreux musées, dont le Grand Curtius (histoire et patrimoine de la

▲ **Liège.** La collégiale St-Barthélemy (XIe-XIIe et XVIIIe s.).

Libye

autoroute
route
voie ferrée
aéroport
site touristique important
« grand fleuve » artificiel
oléoduc
gisement d'hydrocarbures
plus de 500 000 h.
de 100 000 à 500 000 h.
de 10 000 à 100 000 h.
moins de 10 000 h.
200 500 1000 m

Ville et du pays de Liège), le musée d'Art moderne et d'Art contemporain, et le musée de l'Art wallon. – Port fluvial mérovingien, évêché dès le VIIIe s., Liège devint, à la fin du Xe s., la capitale d'une importante principauté ecclésiastique, entrée en 1477 dans l'orbite des Habsbourg. Au patriciat de la ville et au prince-évêque s'opposèrent longtemps les gens des métiers, soutenus par la France. Liège devint, à partir du XVIIe s., l'une des capitales industrielles de l'Europe et elle se révolta en 1789 (*révolution* liégeoise*). La principauté disparaît lors de son annexion par la France.

LIÈGE (province de), prov. de l'est de la Belgique ; 3 876 km^2 ; 1 087 729 hab. ; ch.-l. *Liège* ; 4 arrond. *(Huy, Liège, Verviers, Waremme)* ; 84 comm. La vallée encaissée de la Meuse, artère industrielle où s'étire l'agglomération liégeoise, sépare la Hesbaye, surtout céréalière et betteravière, du pays de Herve, à prédominance herbagère, et de l'extrémité nord de l'Ardenne (ici, en dehors de la région de Verviers, l'exploitation forestière, le tourisme et l'élevage prédominent).

LIÉNART (Achille), *Lille 1884 - id. 1973,* prélat français. Évêque de Lille de 1928 à 1968, cardinal en 1930, il mena une politique sociale hardie et milita pour un véritable aggiornamento de l'Église lors des débats du deuxième concile du Vatican.

LIEPĀJA, v. de Lettonie, sur la Baltique ; 76 570 hab. Port.

LIERRE, en néerl. **Lier,** v. de Belgique (prov. d'Anvers) ; 34 497 hab. Église St-Gommaire, de style gothique flamboyant (jubé, vitraux), et autres monuments ; musées.

LIESTAL, comm. de Suisse, ch.-l. du canton de Bâle-Campagne (Bâle) ; 13 600 hab. Hôtel de ville en partie du XVIIe s. ; musée cantonal.

LIEUSAINT (77127), comm. de Seine-et-Marne ; 13 374 hab. *(Lieusaintais).*

LIEUVIN n.m., région herbagère et céréalière de Normandie, à l'O. de la Risle.

LIÉVIN (62800), bur. centr. de cant. du Pas-de-Calais ; 31 655 hab. *(Liévinois).* Agroalimentaire.

▲ Serge **Lifar** dans *Icare*, 1935. (Bibliothèque de l'Opéra de Paris.)

LIFAR (Serge), *Kiev 1905 - Lausanne 1986,* danseur et chorégraphe français d'origine russe. Maître de ballet à l'Opéra de Paris (1929 - 1945 puis 1947 - 1958), il contribua à l'épanouissement du ballet néoclassique français (*Icare*, 1935 ; *Suite en blanc*, 1943 ; *les Mirages*, 1947) et publia de nombreux ouvrages sur la danse.

LIFFRÉ (35340), bur. centr. de cant. d'Ille-et-Vilaine ; 7 506 hab. *(Liffréens).* Forêt. Bureautique.

LIGETI (György), *Dicsöszentmárton, auj. Tărnăveni, Transylvanie, 1923 - Vienne 2006,* compositeur hongrois naturalisé autrichien. Son écriture, statique (*Atmosphères*, 1961) ou pointilliste et « hachée » (*Nouvelles Aventures*, 1966), fait aussi la synthèse de ces deux tendances (*Requiem*, 1965 ; *Lontano*, 1967 ; *le Grand Macabre*, opéra, 1978).

LIGNE (îles de la) → **LINE ISLANDS.**

LIGNE (Charles Joseph, prince de), *Bruxelles 1735 - Vienne 1814,* maréchal autrichien. Ami de Joseph II, diplomate et auteur d'écrits en langue française, il a incarné le cosmopolitisme brillant et cultivé du XVIIIe s.

▲ **Lille.** La « Grand'Place », ou place Charles-de-Gaulle, et, derrière, le beffroi de la Chambre de commerce.

LIGNON n.m., riv. du Forez, affl. de la Loire (r. g.) ; 59 km. Il fut illustré par *l'Astrée**.

LIGNY-EN-BARROIS (55500), bur. centr. de cant. de la Meuse, sur l'Ornain ; 4 219 hab. *(Linéens).* Lunetterie et optique. – Église des XIIIe-XVIIe s.

Ligue (Sainte), nom donné à plusieurs coalitions formées en Europe aux XVe, XVIe et XVIIe s. Les deux premières (1495 - 1496 et 1508 - 1512) regroupèrent la papauté, les principautés italiennes et l'Espagne afin de lutter contre les expéditions de Charles VIII et de Louis XII en Italie. Les dernières (1570 - 1571 et 1684 - 1699) unirent les puissances européennes contre les Turcs et aboutirent à la victoire de Lépante (1571) et à la reconquête de la Hongrie (1699).

Ligue (Sainte) ou **Sainte Union** ou **Ligue,** mouvement religieux et politique qui regroupa les catholiques français de 1576 à 1594, lors des guerres de Religion. Elle eut pour centre Paris et pour principal animateur Henri Ier, duc de Guise. Son assassinat à Blois (1588) déclencha la rébellion ouverte contre Henri III, tandis que Paris se donnait un gouvernement révolutionnaire (le conseil des Seize). Le meurtre d'Henri III (1589) divisa la Ligue, mais Paris n'ouvrit ses portes à Henri IV qu'en 1594, après qu'il eut abjuré le protestantisme. En province, les derniers chefs de la Ligue se soumirent en 1598.

Ligue arabe ou **Ligue des États arabes,** organisation d'États indépendants constituée en 1945 par l'Égypte, la Transjordanie, la Syrie, l'Iraq, le Liban, l'Arabie saoudite, le Yémen, afin de promouvoir leur coopération. De 1953 à 1993, 14 nouveaux États et l'OLP y ont adhéré. L'Égypte, suspendue en 1979, y a été réintégrée en 1989. La Syrie a été suspendue en 2011.

Ligue communiste révolutionnaire → **LCR.**

Ligue internationale contre le racisme et l'antisémitisme → **LICRA.**

Ligue musulmane, parti politique créé en 1906 qui défendit les intérêts de la communauté musulmane dans l'Inde britannique et milita à partir de 1940 pour la création du Pakistan.

LIGUGÉ (86240), comm. de la Vienne ; 3 365 hab. *(Ligugéens).* Le premier monastère français y fut fondé v. 361 par saint Martin ; auj. abbaye bénédictine.

LIGURES, peuple ancien établi sur la côte méditerranéenne entre Marseille et La Spezia, soumis ou exterminé par les Romains au IIe s. av. J.-C.

LIGURIE, région du nord de l'Italie, en bordure du golfe de Gênes ; 1 565 307 hab. *(Liguriens)* ; cap. *Gênes* ; 4 prov. (*Gênes, Imperia, Savone* et *La Spezia*).

LIGURIENNE (république), État substitué à la république de Gênes en 1797 et incorporé à l'Empire français en 1805.

LIKASI, v. de la Rép. dém. du Congo, dans le Katanga ; 447 449 hab. dans l'agglomération.

Likoud, coalition politique israélienne regroupant depuis 1973 plusieurs formations du centre et de la droite. Il perd l'essentiel de ses éléments centristes avec la création, en 2005, du parti Kadima.

LILAS (Les) [93260], comm. de la Seine-Saint-Denis ; 23 110 hab. *(Lilasiens).*

L'ÎLE-BIZARD, anc. v. du Canada (Québec), auj. intégrée dans Montréal.

LILIENTHAL (Otto), *Anklam 1848 - Berlin 1896,* ingénieur allemand. Précurseur du vol à voile, il effectua 2 000 vols en se jetant du haut d'une colline suspendu à de larges voilures. Les frères Wright tirèrent profit de ses essais.

LILITH, démon femelle dans la tradition rabbinique. Considérée soit comme la première épouse d'Adam, née comme lui du limon, soit comme sa séductrice après la chute, elle est accusée par une légende de chercher à faire périr les nouveau-nés.

LILLE, ch.-l. de la Région Hauts-de-France et du dép. du Nord, en Flandre, sur la Deûle, à 218 km au N. de Paris ; 237 079 hab. *(Lillois).* Centre d'une métropole regroupant 90 communes (1 133 920 hab.). Académie et université. Évêché. Siège de la zone de défense et de sécurité Nord. Centre commercial et industriel (automobile, textile, informatique, biotechnologies, agroalimentaire). – Église gothique St-Maurice, anc. Bourse de 1652, citadelle de Vauban et autres monuments. Musées, dont le riche palais des Beaux-Arts et le musée de l'Hospice Comtesse. – Grande cité drapière dès le XIIe s., ville forte, l'une des capitales des ducs de Bourgogne, Lille fut incorporée à la France en 1667. En 1792, elle soutint victorieusement un siège contre les Autrichiens. Chef-lieu du département du Nord (1804), elle devint une grande métropole industrielle au XIXe s.

LILLEBONNE (76170), comm. de la Seine-Maritime ; 9 136 hab. *(Lillebonnais).* Plastiques. Chimie. – Théâtre romain ; donjon du XIIIe s.

LILLEHAMMER, v. de Norvège, au N. d'Oslo ; 18 850 hab. Sports d'hiver. – Musée ethnographique de plein air ; musée de peinture.

LILLERS [-lɛr] (62190), bur. centr. de cant. du Pas-de-Calais ; 10 310 hab. Collégiale romane St-Omer.

Lilliput [-pyt], pays imaginaire dans *les Voyages de Gulliver**. Ses habitants ne mesurent pas plus de six pouces.

LILONGWE, cap. du Malawi ; 771 503 hab.

LILYBÉE, colonie carthaginoise de l'anc. Sicile. (Auj. *Marsala.*)

▲ **Lima.** La cathédrale (fin du XVIe-XVIIIe s.).

LIMA, cap. du Pérou, sur le Rimac ; 9 722 000 hab. dans l'agglomération *(Liméniens).* Elle fut fondée par Pizarro en 1535. – Cathédrale (sur le modèle de celle de Jaén) et beaux monuments des XVIIe-XVIIIe s. Musées, dont celui de l'Or du Pérou.

LIMAGNES n.f. pl., parfois **LIMAGNE** n.f., plaines du Massif central, drainées par l'Allier et constituant le cœur de l'Auvergne.

LIMASSOL, v. de Chypre ; 100 952 hab. Port.

LIMAY (78520), bur. centr. de cant. des Yvelines, sur la Seine ; 16 489 hab. *(Limayens).* Église des XIIe-XVIe s.

LIMBOUR (Georges), *Courbevoie 1900 - Cadix 1970,* écrivain français. Les récits de ce poète et romancier surréaliste mêlent le merveilleux et l'humour (*les Vanilliers*).

LIMBOURG n.m., région historique de l'Europe du Nord-Ouest. Duché acquis en 1288 par le Brabant, il fut partagé à la paix de Westphalie (1648) entre les Provinces-Unies et les Pays-Bas espagnols.

LIMBOURG n.m., en néerl. **Limburg,** prov. du nord-est de la Belgique ; 2 421 km^2 ; 853 239 hab. ;

ch.-l. *Hasselt* ; 3 arrond. *(Hasselt, Maaseik, Tongres)* ; 44 comm. Le Nord, industriel, s'oppose au Sud, prolongeant la Hesbaye, agricole.

LIMBOURG n.m., prov. méridionale des Pays-Bas ; 1 121 891 hab. ; ch.-l. *Maastricht*.

LIMBOURG (les frères [Pol, Herman et Jean] de), enlumineurs néerlandais du début du XVe s., neveux de J. Malouel. Ils sont les auteurs, notamment, des *Très* Riches Heures* du duc de Berry, exemple précieux de l'art gothique international.

LIMEIL-BRÉVANNES (94450), comm. du Val-de-Marne ; 25 848 hab. Centre hospitalier.

LIMERICK, en gaél. **Luimneach,** v. d'Irlande, à la tête de l'estuaire du Shannon ; 57 606 hab. Port. – Château et cathédrale en partie du XIIIe s.

▲ **Limoges.** Le pont Saint-Étienne et la cathédrale.

LIMOGES, ch.-l. du dép. de la Haute-Vienne, sur la Vienne, à 374 km au S. de Paris ; 136 059 hab. *(Limougeauds)* [184 066 hab. dans l'agglomération]. Centre d'une communauté urbaine regroupant 20 communes (208 390 hab.). Évêché. Académie et université. Cour d'appel. Centre de production de la porcelaine (et d'autres céramiques). Industries automobiles et électriques. – Cathédrale surtout des XIIIe-XVIe s. Musée des Beaux-Arts (archéologie ; émaillerie limousine) dans l'anc. palais de l'Évêché, musée national Adrien-Dubouché (céramique, verre, porcelaine de Limoges) et musée de la Résistance. – Festival du spectacle vivant francophone (« les Francophonies en Limousin »).

LIMOGNE (causse de), le plus méridional des Causses du Quercy, dans le sud du dép. du Lot.

LIMÓN, v. du Costa Rica ; 61 077 hab. Port.

LIMÓN (José), *Culiacán 1908 - Flemington, New Jersey, 1972*, danseur et chorégraphe américain d'origine mexicaine. Disciple de D. Humphrey, il est l'un des grands noms de la modern dance (*The Moor's Pavane*, 1949 ; *la Malinche*, id.).

LIMOSIN (Léonard Ier), *Limoges v. 1505 - ? v. 1577*, le plus connu d'une famille d'émailleurs français. Il a été l'interprète, pour la Cour, des modèles de l'école de Fontainebleau (*Apôtres* de la chapelle d'Anet, v. 1547, musée de Chartres ; portraits ; etc.).

LIMOURS (91470), comm. de l'Essonne ; 6 853 hab. *(Limouriens)*. Église du XVIe s. (vitraux).

LIMOUSIN n.m., région historique du sud-ouest de la France et anc. Région administrative (Corrèze, Creuse et Haute-Vienne) [→ **Nouvelle-Aquitaine**]. Elle occupe le nord-ouest du Massif central et est formée de plateaux granitiques étagés, entourant les hauteurs centrales, la Montagne. – Longtemps fief anglo-angevin, le Limousin fut définitivement réuni à la Couronne par Henri IV (1607). Il bénéficia au XVIIIe s. de l'administration de grands intendants (Tourny, Turgot).

LIMOUX (11300), ch.-l. d'arrond. de l'Aude, sur l'Aude ; 10 804 hab. *(Limouxins)*. Vin blanc mousseux, la *blanquette de Limoux*. Carnaval. – Restes de fortifications, église des XIIe-XVIe s.

LIMPOPO n.m., fl. d'Afrique australe, qui se jette dans l'océan Indien ; 1 600 km.

LIMPOPO, anc. **Transvaal-Nord** puis **Province du Nord,** prov. d'Afrique du Sud ; 5 404 868 hab. ; ch.-l. *Polokwane* (anc. *Pietersburg*).

LINARES, v. d'Espagne (Andalousie) ; 60 799 hab. Musée archéologique.

LINAS [linas] (91310), comm. de l'Essonne, près de Montlhéry ; 6 950 hab. *(Linois)*. Circuit automobile dit « de Montlhéry » ; laboratoire d'essais routiers. Centre national de rugby (à cheval sur Marcoussis). – Église des XIIIe-XVIIe s.

LIN BIAO, *Huanggang, Hubei, 1908 - 1971*, maréchal et homme politique chinois. Membre du PCC, il fut l'un des chefs militaires de la Longue Marche (1934 - 1935) et de la guerre civile (1946 - 1949). Ministre de la Défense (1959), il joua un rôle important pendant la Révolution culturelle. En 1971, son avion aurait été abattu alors qu'il tentait de fuir en URSS après une tentative de coup d'État.

LINCHUAN, v. de Chine, au S.-E. de Nanchang ; 1 007 391 hab.

LINCOLN, v. des États-Unis, cap. du Nebraska ; 272 996 hab. (302 157 hab. dans l'agglomération). Université.

LINCOLN, v. de Grande-Bretagne (Angleterre), ch.-l. du *Lincolnshire* ; 85 963 hab. (104 221 hab. dans l'agglomération). Remarquable cathédrale du XIIIe s. ; musées.

▲ Abraham **Lincoln** photographié par A. Gardner (1863).

LINCOLN (Abraham), *près de Hodgenville, Kentucky, 1809 - Washington 1865*, homme politique américain. L'élection à la présidence des États-Unis, en 1860, de ce député républicain, antiesclavagiste militant, fut le signal de la guerre de Sécession. Réélu en 1864, Lincoln fut assassiné par un fanatique peu après la victoire nordiste, en avr. 1865.

LINDAU, v. d'Allemagne (Bavière), dans une île du lac de Constance ; 24 491 hab. Vieille ville pittoresque ; grand centre touristique.

LINDBERGH (Charles), *Détroit 1902 - Hana, Hawaii, 1974*, aviateur américain. Il réussit le premier la liaison aérienne sans escale de New York (Roosevelt Field) à Paris (Le Bourget), à bord du *Spirit of Saint Louis* (20 - 21 mai 1927).

◄ Charles **Lindbergh** en 1927.

LINDBLAD (Bertil), *Örebro 1895 - Stockholm 1965*, astronome suédois. Il a, le premier, envisagé la rotation différentielle de la Galaxie (1921) et expliqué les bras spiraux des galaxies par des phénomènes ondulatoires liés à des perturbations gravitationnelles.

LINDE (Carl von), *Berndorf, Bavière, 1842 - Munich 1934*, industriel allemand. Il construisit la première machine de réfrigération à compression (1873) et réussit la liquéfaction de l'air (1895).

LINDEMANN (Ferdinand von), *Hanovre 1852 - Munich 1939*, mathématicien allemand. Il démontra la transcendance du nombre π (1882), établissant ainsi l'impossibilité de la quadrature du cercle.

LINDER (Gabriel **Leuvielle,** dit Max), *Saint-Loubès 1883 - Paris 1925*, acteur et cinéaste français. Première grande vedette comique du cinéma, il imposa son personnage de dandy spirituel et débrouillard dans ses nombreux films (série des « Max » ; *l'Étroit Mousquetaire*, 1922).

LINDGREN (Astrid), *Näs, comm. de Vimmerby, près de Kalmar, 1907 - Stockholm 2002*, écrivaine suédoise. Ses romans pour le jeune public, exempts de tout didactisme, célèbrent la liberté, la vitalité mâtinée d'impertinence et les rêves de l'enfance (*Fifi Brindacier*, 1945 ; *Zozo la tornade* [ou *les Farces d'Emil*], 1963).

LINDON (Vincent), *Boulogne-Billancourt 1959*, acteur français. Remarquable dans diverses comédies (*Il y a des jours... et des lunes*, C. Lelouch, 1990), il explore aussi le registre dramatique, approfondissant l'intériorité douloureuse de personnages ancrés dans la réalité sociale contemporaine (*la Crise*, C. Serreau, 1992 ; *Welcome*, P. Lioret, 2009 ; *la Loi du marché*, S. Brizé, 2015 ; *l'Apparition*, X. Giannoli, 2018). En 2017, dans *Rodin* (J. Doillon), il incarne le célèbre sculpteur.

LÍNEA (La), v. d'Espagne (Andalousie) ; 65 412 hab. Centre commercial à la frontière du territoire de Gibraltar.

LINE ISLANDS (« îles de la Ligne [l'équateur] ») ou **SPORADES ÉQUATORIALES,** archipel du Pacifique, de part et d'autre de l'équateur, partagé entre les États-Unis et Kiribati.

LING (Per Henrik), *Ljunga 1776 - Stockholm 1839*, fondateur de la gymnastique suédoise.

LINGOLSHEIM (67380), comm. du Bas-Rhin ; 18 503 hab. *(Lingolsheimois)*.

LINGONS, anc. peuple de la Gaule, dans le pays de Langres.

LINKÖPING, v. de la Suède méridionale ; 151 881 hab. Constructions aéronautiques. – Cathédrale et château des XIIIe-XVe s. ; musées.

LINNÉ (Carl von), *Råshult 1707 - Uppsala 1778*, naturaliste suédois. Plus que sa classification des plantes, auj. abandonnée, c'est sa description de plusieurs dizaines de milliers d'espèces et sa nomenclature dite « binominale », appliquée aux deux règnes, qui lui ont valu la célébrité.

◄ Carl von **Linné** par A. Roslin. (Nationalmuseum, Stockholm.)

LINSELLES (59126), comm. du Nord ; 8 446 hab. *(Linsellois)*. Parapharmacie.

LINTH n.f., riv. de Suisse, qui draine le *Linthal* et qui rejoint le lac de Zurich ; 53 km.

LINZ, v. d'Autriche, ch.-l. de la Haute-Autriche, sur le Danube ; 189 889 hab. Sidérurgie. – Églises médiévales et baroques ; maisons anciennes ; musée du Château.

LION, constellation zodiacale. Son étoile la plus brillante est Régulus. — **Lion,** cinquième signe du zodiaque, que le Soleil traverse du 22 juillet au 23 août.

LION (golfe du), golfe de la Méditerranée, à l'O. du delta du Rhône. Parc naturel marin (couvrant env. 4 000 km²).

LION-D'ANGERS (Le) [49220], comm. de Maine-et-Loire, sur la Mayenne ; 4 807 hab. *(Lionnais)*. Haras national. – Église en partie du XIe s., avec peintures du XVe.

LIONNE (Hugues de), marquis **de Berny,** *Grenoble 1611 - Paris 1671*, diplomate français. Ministre d'État (1659), puis secrétaire aux Affaires étrangères (1663), il prépara la guerre de Dévolution et la guerre de Hollande.

Lion néerlandais (ordre du), ordre néerlandais fondé en 1815.

LIONS (Jacques Louis), *Grasse 1928 - Paris 2001*, mathématicien français. Il a été le promoteur en France des mathématiques appliquées et industrielles. — **Pierre-Louis L.,** *Grasse 1956*, mathématicien français. Fils de Jacques Louis, il a renouvelé l'approche de modèles mathématiques issus de domaines variés des sciences, des techniques ou de l'économie. (Médaille Fields 1994.)

LION-SUR-MER (14780), comm. du Calvados ; 2 452 hab. *(Lionnais)*. Station balnéaire.

LIORAN (15300), écart de la comm. de Laveissière (Cantal). Sports d'hiver à *Superlioran* (alt. 1 160 - 1 855 m). Tunnel routier et ferroviaire, entre Clermont-Ferrand et Aurillac, sous le *col du Lioran* (1 294 m).

LIOTARD (Jean Étienne), *Genève 1702 - id. 1789*, peintre suisse. Artiste itinérant (Rome, Constantinople, Vienne, Paris, Londres...), il est l'auteur de portraits – pastels, dessins, huiles – d'un rendu scrupuleux.

LIOUBERTSY, v. de Russie, banlieue de Moscou ; 171 978 hab.

▲ **Lisbonne.** Un vieux quartier, dominé (à gauche) par le monastère São Vicente de Fora.

LIOUVILLE (Joseph), *Saint-Omer 1809 - Paris 1882*, mathématicien français. Il démontra l'existence des nombres transcendants (1851) et étudia les fonctions doublement périodiques.

LIPARI (île), la principale des îles Éoliennes (Italie), qui donne parfois son nom à l'ensemble de l'archipel ; 10 554 hab.

LIPATTI (Constantin, dit Dinu), *Bucarest 1917 - Genève 1950*, compositeur et pianiste roumain. Il se distingua par le raffinement, la sensibilité et la précision de ses interprétations du répertoire romantique et classique.

LIPCHITZ (Jacob, dit Jacques), *Druskieniki 1891 - Capri 1973*, sculpteur d'origine lituanienne. Établi en France (1909) puis aux États-Unis (1941), il est passé de la synthèse cubiste à un lyrisme d'une expressivité puissante.

LI PENG, *Chengdu 1928*, homme politique chinois. Il est Premier ministre de 1987 à 1998, puis président de l'Assemblée populaire nationale de 1998 à 2003.

LIPETSK, v. de Russie, au S. de Moscou ; 508 124 hab. Métallurgie.

LIPOVEN, population d'origine slave de Roumanie (env. 39 000), vivant principalement dans le delta du Danube, où elle a conservé son mode de vie traditionnel.

LIPPE, anc. principauté puis république (1918) de l'Allemagne septentrionale, réunie en 1947 au Land de Rhénanie-du-Nord-Westphalie.

LIPPI (Fra Filippo), *Florence v. 1406 - Spolète 1469*, peintre italien. Moine jusqu'en 1457, il est un héritier de Fra Angelico et de Masaccio (tableaux d'autel ; fresques de la cathédrale de Prato, 1452 - 1464). — **Filippino L.,** *Prato 1457 - Florence 1504*, peintre italien, fils de Filippo. Il associe un chromatisme délicat à des rythmes décoratifs issus de Botticelli (fresques de la chapelle Strozzi à S. Maria Novella, Florence, terminées en 1503).

LIPPMANN (Gabriel), *Hollerich, Luxembourg, 1845 - en mer, à bord du France, 1921*, physicien français. Il étudia les phénomènes électrocapillaires, la réversibilité de la piézoélectricité du quartz, et inventa un procédé interférentiel de photographie en couleurs. (Prix Nobel 1908.)

LIPPONEN (Paavo Tapio), *Turtola, auj. Pello, 1941*, homme politique finlandais. Président du Parti social-démocrate (1993 - 2005), il a été Premier ministre de 1995 à 2003 et président du Parlement de 2003 à 2007.

LIPSCOMB (William Nunn), *Cleveland, Ohio, 1919 - Cambridge, Massachusetts, 2011*, chimiste américain. Il a élaboré une théorie des liaisons chimiques déficientes en électrons. (Prix Nobel 1976.)

LIPSE (Juste), en néerl. **Joost Lips,** *Overijse, Brabant, 1547 - Louvain 1606*, humaniste flamand. Il se fit luthérien puis revint au catholicisme ; son *De constantia* (1583) exprime une philosophie d'inspiration stoïcienne.

LIPSET (Seymour Martin), *New York 1922 - Arlington, Virginie, 2006*, sociologue américain. Il s'est intéressé à la sociologie politique et à l'étude des structures sociales (*l'Homme et la politique*, 1960).

LIRÉ (49530), comm. de Maine-et-Loire, près de la Loire ; 2 557 hab. Vignobles. – Musée Du Bellay.

LISBONNE, en port. **Lisboa,** cap. du Portugal, à l'embouchure du Tage ; 547 733 hab. (*Lisbonnins, Lisbonnais* ou *Lisboètes*) [2 869 000 hab. dans l'agglomération]. Archevêché. Bibliothèques. Port et centre industriel. – Cathédrale en partie romane ; tour de Belém, sur le Tage, et monastère des Hiéronymites, typiques du style manuélin (début du XVIe s.) ; place du Commerce, de la fin du XVIIIe s. Nombreux et importants musées. – Fondée par les Phéniciens, Lisbonne est aux mains des Maures de 716 à 1147. Capitale du Portugal depuis le XIIIe s., elle connaît au XVe s. une fabuleuse prospérité liée à l'activité maritime et coloniale du Portugal. Elle est ravagée par un séisme en 1755 et reconstruite par Pombal. La ville, dont le centre historique est gravement endommagé par un incendie en 1988, est réaménagée à l'occasion de l'Exposition mondiale de 1998 (parc des Nations, avec son Océanorium).

Lisbonne (traité de) [13 déc. 2007], traité européen destiné à adapter les institutions communautaires à l'Union européenne élargie et aux nouveaux enjeux politiques et économiques mondiaux. Il est entré en vigueur, après ratification, le 1er déc. 2009.

LI SHIMIN → **TANG TAIZONG.**

LISIEUX (14100), ch.-l. d'arrond. du Calvados, sur la Touques ; 21 576 hab. (*Lexoviens*). Évêché (avec Bayeux). Équipements automobiles. – Cathédrale des XIIe-XIIIe s. – Pèlerinage à sainte Thérèse de l'Enfant-Jésus (basilique érigée de 1929 à 1952).

LISLE-SUR-TARN [lil-] (81310), comm. du Tarn ; 4 655 hab. (*Lislois*). Vins. – Bastide du XIIIe s. ; vieilles maisons, musée.

LISPECTOR (Clarice), *Tchetchelnik, Ukraine, 1925 - Rio de Janeiro 1977*, écrivaine brésilienne. À l'écoute des sentiments souterrains, ses récits défont syntaxe, chronologie et personnages (*la Passion selon G. H.*).

LISSAJOUS (Jules), *Versailles 1822 - Plombières-lès-Dijon 1880*, physicien français. Il étudia la composition des mouvements vibratoires par un procédé optique permettant d'obtenir les courbes qui portent son nom.

LISSITCHANSK → **LYSSYTCHANSK.**

▲ El **Lissitzky.** *Study for the Globetrotter (Victory Over the Sun)*, 1921-1922. (Menil Collection, Houston.)

LISSITZKY (Lazar, dit El), *Potchinok, région de Smolensk, 1890 - Moscou 1941*, peintre, désigneur et théoricien soviétique. Adepte du suprématisme de Malevitch, il s'assura une grande audience par des activités multiples (illustration et typographie, architecture, décoration, etc.).

LIST (Friedrich), *Reutlingen 1789 - Kufstein 1846*, économiste allemand. Il inspira l'idée de l'union douanière (*Zollverein*) et défendit le protectionnisme, garant du démarrage économique.

LISTER (Joseph, baron), *Upton, Essex, 1827 - Walmer, Kent, 1912*, chirurgien britannique. Il introduisit l'asepsie en chirurgie.

LISZT (Franz), *Doborján, auj. Raiding, Autriche, 1811 - Bayreuth 1886*, compositeur et pianiste hongrois. Virtuose incomparable, il a renouvelé la technique pianistique et innové dans le domaine de l'harmonie. Il a composé des poèmes symphoniques (les *Préludes*, 1854), *Faust-Symphonie* (1857), une grande sonate, 12 *Études d'exécution transcendante* et 19 *Rhapsodies hongroises* pour le piano, des oratorios (*Christus*), messes et pages pour orgue.

▲ Franz **Liszt.** (Musée civique, Bologne.)

LI TAIBO → **LI BO.**

LI TANG, *Heyang, Henan, v. 1050 - région de Hangzhou apr. 1130*, peintre chinois. Son œuvre, véritable lien entre la vision austère du Nord et celle, plus intime et lyrique, du Sud, a profondément influencé les artistes qui lui ont succédé.

LITTAU, comm. de Suisse (canton de Lucerne) ; 15 929 hab.

Little Foot → **STERKFONTEIN.**

Little Nemo, personnage de bande dessinée (1905) et de dessin animé (1911) créé par Winsor McCay. Ce petit garçon connaît en rêve toutes sortes d'aventures.

LITTLE RICHARD (Richard **Penniman,** dit), *Macon, Géorgie, 1935*, chanteur et pianiste américain de rock. Influencé par le rhythm and blues noir, il est l'un des pionniers du rock (*Tutti Frutti*).

LITTLE ROCK, v. des États-Unis, cap. de l'Arkansas ; 197 706 hab. Bauxite.

LITTRÉ (Émile), *Paris 1801 - id. 1881*, lexicographe français. Positiviste, disciple indépendant de A. Comte, il est l'auteur d'un monumental *Dictionnaire de la langue française* (4 vol. et 1 suppl., 1863-1873). [Acad. fr.]

LITUANIE n.f., en lituan. **Lietuva,** État d'Europe orientale, sur la Baltique ; 65 000 km² ; 3 017 000 hab. (*Lituaniens*). **CAP.** *Vilnius.* **LANGUE :** *lituanien.* **MONNAIE :** *euro.*

INSTITUTIONS République à régime semi-présidentiel. Constitution de 1992. Le président de la République est élu au suffrage universel direct pour 5 ans. Le Parlement est élu au suffrage universel direct pour 4 ans.

GÉOGRAPHIE C'est le plus méridional, le plus vaste et le plus peuplé des États baltes (comptant 80 % de Lituaniens de souche et seulement une petite minorité russe). En bordure de la Baltique, la Lituanie est un pays plat, au climat frais et humide, associant cultures (céréales surtout) et élevage (bovins et porcins). Elle possède quelques industries (constructions mécaniques et électriques, mais aussi optique de précision et biotechnologies), souffrant toutefois du manque de matières premières et, notamment, du déficit énergétique.

HISTOIRE **Ve s. env. :** des tribus balto-slaves de la région s'organisent pour lutter contre les invasions scandinaves. **V. 1240 :** Mindaugas fonde le grand-duché de Lituanie. **Seconde moitié du XIIIe s. - XIVe s. :** cet État combat les chevaliers Teutoniques et étend sa domination sur les principautés russes du Sud-Ouest, notamm. sous Gédymin (1316 - 1341). **1385 - 1386 :** la Lituanie s'allie à la Pologne ; le grand-duc de Jagellon devient roi de Pologne sous le nom de Ladislas II (1386 - 1434) et la Lituanie embrasse le catholicisme. **1392 - 1430 :** sous Vytautas, qui règne sur le grand-duché sous la suzeraineté de son cousin Ladislas II, la Lituanie s'étend jusqu'à la mer Noire. **1569 :** l'Union de Lublin crée l'État polono-lituanien. **1795 :** la majeure partie du pays est annexée par l'Empire russe. **1915 - 1918 :** la Lituanie est occupée par les Allemands. **1918 :** elle proclame son indépendance. **1920 :** la Russie soviétique la reconnaît. **1940 :** conformément au pacte germano-soviétique, la Lituanie est annexée par l'URSS. **1941 - 1944 :** elle est occupée par les Allemands. **1944 :** elle redevient république soviétique. **1948 - 1949 :** la résistance à la soviétisation est durement réprimée. **1990 :** l'indépendance du pays est proclamée sous la conduite de Vytautas Landsbergis. **1991 :** elle est reconnue par l'URSS et par la communauté internationale (sept.). **1993 :** le travailliste – ex-communiste – Algirdas Brazauskas (investi des fonctions de chef de l'État dès nov. 1992) est élu à la présidence de la République. Les troupes russes achèvent leur retrait du pays. **1998 :** Valdas Adamkus devient président. **2003 :** Rolandas Paksas lui succède (mais, accusé de corruption, il est destitué l'année suivante). **2004 :** la Lituanie est intégrée dans l'OTAN et adhère à l'Union européenne. V. Adamkus revient à la tête de l'État. **2009 :** Dalia Grybauskaite est élue à la présidence (réélue en 2014).

LITVINOV (Maksim Maksimovitch), *Bialystok 1876 - Moscou 1951*, homme politique soviétique. Commissaire du peuple aux Affaires étrangères (1930 - 1939), il se rapprocha des États-Unis et de la France (1935) pour lutter contre les États fascistes. Staline le remplaça par Molotov en 1939.

LIU SHAOQI, *Hunan 1898 - 1969 ?*, homme politique chinois. Membre du PCC à partir de 1921, président de la République (1959), il est emprisonné lors de la Révolution culturelle (1969). Il a été réhabilité en 1979.

LIUTPRAND, *m. en 744*, roi des Lombards (712 - 744). Il occupa Ravenne (732 - 733) et assiégea Rome.

LIU XIAOBO, *Changchun 1955 - Shenyang 2017*, universitaire et dissident chinois. Docteur ès lettres, il s'engage à partir du mouvement démocratique de la place Tian'anmen (1989) dans un long combat, non violent, en faveur du respect des droits de l'homme en Chine. Arrêté et détenu à plusieurs reprises pour subversion, il est en prison lorsqu'il reçoit, en 2010, le prix Nobel de la paix, puis, gravement malade, il est hospitalisé et meurt privé de liberté (2017).

LIVAROT-PAYS-D'AUGE, bur. centr. de cant. du Calvados ; 6 619 hab. *(Livarotais)*. Fromages.

LIVERDUN (54460), comm. de Meurthe-et-Moselle ; 6 093 hab. Église des XIIe-XIIIe s.

LIVERPOOL, v. de Grande-Bretagne (Angleterre), sur l'estuaire de la Mersey ; 466 415 hab. (796 801 hab. dans l'agglomération). Port. Centre industriel (mais en déclin). – Musées.

LIVIE, en lat. **Livia Drusilla,** *58 av. J.-C. - 29 apr. J.-C.*, épouse d'Auguste. Elle avait eu d'un mariage précédent Tibère et Drusus. Elle fit adopter Tibère par Auguste.

LIVINGSTONE (David), *Blantyre, Écosse, 1813 - Chitambo, Zambie, 1873*, explorateur britannique. Missionnaire protestant, il inaugura, en 1849, une série de voyages en Afrique centrale et australe. Puis, avec Stanley, il rechercha en vain les sources du Nil. Il dénonça l'esclavagisme.

◄ David **Livingstone**

Living Theatre, troupe théâtrale américaine, créée en 1951 par Julian **Beck** *(1925 - 1985)* et Judith **Malina** *(1926 - 2015)*, et qui pratiqua une forme d'expression corporelle proche du happening et fondée sur un travail collectif.

LIVIUS ANDRONICUS, *v. 280 - 207 av. J.-C.*, poète latin, créateur de la tragédie latine.

LIVONIE, région historique comprise entre la Baltique, le cours de la Dvina occidentale et le lac Peïpous (républiques actuelles de Lettonie et d'Estonie). Elle fut gouvernée de 1237 à 1561 par les chevaliers Porte-Glaive (ordre livonien).

LIVOURNE, en ital. **Livorno,** v. d'Italie (Toscane), ch.-l. de prov., sur la Méditerranée ; 158 127 hab. Port. Métallurgie. Raffinage du pétrole et chimie. – Musée (les macchiaioli, etc.).

LIVRADOIS n.m., région montagneuse du centre de la France, en Auvergne, entre les vallées de l'Allier et de la Dore. Partie du *parc naturel régional du Livradois-Forez* (env. 285 000 ha sur les dép. du Puy-de-Dôme, de la Haute-Loire et de la Loire).

Livre de la jungle (le), récit de R. Kipling (1894), suivi d'un *Second Livre de la jungle* (1895). Mowgli, « petit d'homme » adopté par les animaux, devient roi de la forêt, puis doit rejoindre les humains.

Livre des morts, ensemble de recueils d'incantations constituant le rituel funéraire de l'Égypte pharaonique. C'est à partir du Nouvel Empire qu'ils prennent la forme d'un livre illustré sur rouleau de papyrus, déposé dans la tombe.

LIVRY-GARGAN (93190), bur. centr. de cant. de la Seine-Saint-Denis, au N.-E. de Paris ; 44 678 hab.

LI XIANNIAN, *Huang'an, Hubei, entre 1905 et 1909 - Pékin 1992*, général et homme politique chinois, président de la République de 1983 à 1988.

LIZARD (cap), cap constituant l'extrémité sud de la Grande-Bretagne.

LJUBLJANA, en all. **Laibach,** cap. de la Slovénie ; 279 000 hab. dans l'agglomération. Université. Métallurgie. – Château reconstruit au XVIe s. et autres monuments ; musées.

LLANO ESTACADO n.m., haute plaine aride des États-Unis, dans l'ouest du Texas.

LLÍVIA, village d'Espagne ; 12 km² ; 1 641 hab. Enclave de territoire espagnol dans le dép. français des Pyrénées-Orientales.

LLOBREGAT n.m., fl. d'Espagne (Catalogne), qui se jette dans la Méditerranée ; 170 km.

LLOYD (Harold), *Burchard, Nebraska, 1893 - Hollywood 1971*, acteur américain. Son personnage de jeune homme timide et emprunté derrière ses grosses lunettes d'écaille fut l'une des figures les plus populaires de l'école burlesque américaine (*Monte là-dessus*, 1923).

LLOYD GEORGE (David), 1er comte **Lloyd-George of Dwyfor,** *Manchester 1863 - Llanystumdwy 1945*, homme politique britannique. Chef de l'aile gauche du Parti libéral, il préconisa des réformes sociales que sa nomination au poste de chancelier de l'Échiquier lui permit de réaliser (1908 - 1915) ; il fut l'auteur de la loi restreignant le pouvoir des lords (1911). Pendant la Première Guerre mondiale, il fut ministre des Munitions, puis de la Guerre et enfin chef d'un cabinet de coalition (1916 - 1922). Il joua un rôle prépondérant dans les négociations du traité de Versailles (1919). En 1921, il reconnut l'État libre d'Irlande.

▲ **Lloyd George**

Lloyd's, la plus ancienne institution mondiale dans le domaine de l'assurance. Créée à Londres v. 1688, elle fut officialisée en 1871.

Lloyd's Register of Shipping, la plus importante société de classification des navires, créée à Londres en 1760.

LO, sigle de Lutte* ouvrière.

LOACH (Kenneth, dit Ken), *Nuneaton, Warwickshire, 1936*, cinéaste britannique. Il excelle dans les films à sujets sociaux (*Kes*, 1969 ; *Family Life*, 1971 ; *Riff Raff*, 1991 ; *Raining Stones*, 1993 ; *Ladybird*, 1994 ; *It's a Free World*, 2007 ; *Moi, Daniel Blake*, 2016), abordant également l'histoire (*Land and Freedom*, 1995 ; *Le vent se lève*, 2006).

LOANGO, anc. royaume bantou d'Afrique centrale fondé au XVIe s. par les Vili. Il prospéra aux XVIIe et XVIIIe s. avec la traite des esclaves et le commerce de l'ivoire.

LOBATCHEVSKI (Nikolaï Ivanovitch), *Nijni Novgorod 1792 - Kazan 1856*, mathématicien russe. Comme J. Bolyai, il élabora une nouvelle géométrie, non euclidienne, dite « hyperbolique ».

LOBI, peuple du sud-ouest du Burkina et du nord de la Côte d'Ivoire (env. 700 000). On trouve sur leur territoire d'imposants alignements de murailles en ruine. Ils sont de langue voltaïque.

LOBITO, v. d'Angola, sur l'Atlantique. Port.

LOB NOR, lac peu profond de Chine, dans le Xinjiang, où aboutit le Tarim ; 3 000 km². Dans la région, base d'expériences nucléaires.

LOBO ANTUNES (António) → **ANTUNES** (António Lobo).

LOCARNO, v. de Suisse (Tessin), sur le lac Majeur, au pied des Alpes ; 15 153 hab. (57 300 hab. dans l'agglomération). Station touristique. – Festival international du film. – Château surtout des XVe-XVIe s. (musée), églises médiévales et baroques. — accords de **Locarno** (1925), accords signés par la France, la Belgique, la Grande-Bretagne, l'Allemagne et l'Italie. Ils reconnaissaient les frontières des pays signataires et visaient à établir une paix durable en Europe. L'Allemagne put alors être admise à la SDN (1926).

LOCATELLI (Pietro Antonio), *Bergame 1695 - Amsterdam 1764*, compositeur et violoniste italien. Auteur de sonates et de concertos (*L'arte del violino*), il fut un instrumentiste virtuose.

A B C D E F G H I J K L M N O P Q R S T U V W X Y Z

LOCHES (37600), ch.-l. d'arrond. d'Indre-et-Loire, sur l'Indre ; 7 049 hab. *(Lochois).* Puissante forteresse englobant donjon rectangulaire (XIe s.), Logis du roi (XIVe-XVe s.), collégiale St-Ours (XIIe s.) ; hôtel de ville Renaissance.

Loches (paix de) → **Monsieur** (paix de).

LOCHNER (Stephan), *Meersburg, Haute-Souabe, v. 1410 - Cologne 1451,* peintre allemand, le plus connu des maîtres de l'école de Cologne, au style gothique suave et majestueux.

LOCHRISTI, comm. de Belgique (Flandre-Orientale) ; 21 901 hab.

LOCK (Édouard), *Casablanca 1954,* chorégraphe canadien. Fondateur à Montréal de la compagnie La La La Human Steps (1980 - 2015), il propose une danse de l'extrême, toute de fulgurance et de virtuosité (*Human Sex,* 1985 ; *Salt/Exaucé,* 1998 ; *Amelia,* 2002 ; *Amjad,* 2007).

LOCK (Margaret), *Bromley, près de Londres, 1936,* anthropologue britannique et canadienne. Pionnière de l'anthropologie médicale, elle met en lumière l'influence de l'environnement social, économique et culturel sur la physiologie humaine (maladies, phases de la vie, enfance, adolescence, ménopause), à l'origine du concept de « biologie localisée ».

LOCKE (John), *Wrington, Somerset, 1632 - Oates, Essex, 1704,* philosophe anglais. Premier grand représentant de l'empirisme anglo-saxon, il s'est attaché à montrer comment, à partir de l'expérience sensible, se forment les idées et se constituent les connaissances (*Essai sur l'entendement humain,* 1690). Promoteur du libéralisme politique, il considère que la société repose sur un contrat et que le souverain doit obéir aux lois (*Lettre sur la tolérance,* 1689).

LOCKYER (sir Joseph Norman), *Rugby, Warwickshire, 1836 - Salcombe Regis, Devon, 1920,* astronome britannique. Il découvrit la chromosphère du Soleil et, en 1868, dans le spectre des protubérances, la présence d'un nouvel élément, alors inconnu sur la Terre, l'hélium. Il a fondé la revue *Nature* (1869).

LOCLE (Le), v. de Suisse (canton de Neuchâtel), dans le Jura ; 10 049 hab. *(Loclois).* Centre horloger.

LOCMARIAQUER [-kɛr] (56740), comm. du Morbihan, sur le golfe du Morbihan ; 1 612 hab. *(Locmariaquérois).* Ensemble mégalithique, dont un menhir (auj. brisé) qui mesurait plus de 20 m.

LOCMINÉ (56500), comm. du Morbihan ; 4 408 hab. *(Locminois).* Agroalimentaire. Biogaz. – Église, chapelle et ossuaire de la Renaissance.

LOCRIDE, contrée de la Grèce continentale ancienne. (Hab. *Locriens.*) On distinguait la *Locride orientale,* sur la mer Égée en bordure du golfe de Lamia, et la *Locride occidentale,* sur le golfe de Corinthe.

LOCRONAN (29180), comm. du Finistère ; 840 hab. *(Locronanais).* Place avec église, chapelle et maisons en granite des XVe-XVIIe s. – Célèbre pardon.

LOCTUDY (29750), comm. du Finistère ; 4 137 hab. *(Loctudistes).* Station balnéaire. Pêche. – Église en partie romane.

LOCUSTE, *m. en 68 apr. J.-C.,* femme romaine. Elle empoisonna Claude pour le compte d'Agrippine, et Britannicus pour le compte de Néron. Galba la fit mettre à mort.

LOD ou **LYDDA,** v. d'Israël ; 73 600 hab. Aéroport de Tel-Aviv-Jaffa.

LODÈVE (34700), ch.-l. d'arrond. de l'Hérault ; 7 683 hab. *(Lodévois).* Cathédrale (XIIIe-XVIIIe s.) ; musée. – À proximité, gisements d'uranium.

LODGE (David), *Londres 1935,* écrivain britannique. Scrutant savoureusement l'univers des campus, il excelle dans le ton de la satire joyeuse (*Un tout petit monde,* 1984 ; *Jeu de société,* 1988). Son ironie accompagne ses questionnements philosophiques (*Pensées secrètes,* 2001) et peut se faire mélancolique (*la Vie en sourdine,* 2008).

LODI, v. d'Italie (Lombardie), ch.-l. de prov., sur l'Adda ; 43 607 hab. Église octogonale de l'Incoronata (fin du XVe s.) et autres monuments. — bataille de **Lodi** (10 mai 1796), bataille de la campagne d'Italie. Victoire de Bonaparte sur les Autrichiens.

LODS (Marcel), *Paris 1891 - id. 1978,* architecte et urbaniste français. De son association avec Eugène Beaudouin (*Paris 1898 - id. 1983*) sont issues des réalisations exemplaires en matière de préfabrication (marché couvert-maison du peuple de Clichy, 1937, avec J. Prouvé).

ŁÓDŹ, v. de Pologne, ch.-l. de voïévodie ; 728 892 hab. Textile. Électroménager. Informatique. – Musée d'Art moderne.

LOEB (Sébastien), *Haguenau 1974,* coureur automobile français. Il a remporté neuf titres consécutifs de champion du monde des rallyes (de 2004 à 2012). Il détient aussi le record du monde de victoires en rallyes (78 à la fin de la saison 2013). Depuis 2014, il a participé à d'autres compétitions (Championnat du monde des voitures de tourisme [sur circuit], rallye-raid Dakar...).

LOÈCHE-LES-BAINS, en all. **Leukerbad,** comm. de Suisse (Valais) ; 1 633 hab. Centre touristique et thermal.

LOEWI (Otto), *Francfort-sur-le-Main 1873 - New York 1961,* pharmacologue allemand. Il a identifié les substances actives (acétylcholine, adrénaline) sur le système nerveux autonome. (Prix Nobel de physiologie ou de médecine 1936.)

LOEWY (Raymond), *Paris 1893 - Monaco 1986,* esthéticien industriel américain d'origine française. Installé aux États-Unis en 1919, il s'est attaché à doter d'une beauté fonctionnelle les produits les plus divers (du paquet de cigarettes à l'automobile et à la navette spatiale).

LOFOTEN (îles), archipel des côtes de Norvège ; 1 425 km² ; 23 814 hab. Pêcheries.

LOGAN (mont), point culminant du Canada (Yukon), à la frontière de l'Alaska ; 5 959 m.

Loges (les), section de la forêt de Saint-Germain-en-Laye. Camp abritant le quartier général du commandement militaire de l'Île-de-France.

logique (Science de la), ouvrage de Hegel (1812-1816), où se succèdent une théorie de l'Être, une théorie de l'Essence (*logique objective*) puis une théorie du Concept et de l'Idée (*logique subjective*).

Logique de la découverte scientifique (la), ouvrage de K. Popper (1935), où il fait de la *réfutabilité* le critère distinctif des théories scientifiques et théories non scientifiques.

Logique de Port-Royal, titre habituellement donné à *la Logique ou l'Art de penser,* d'Antoine Arnauld et P. Nicole (1652). La logique y est reliée à des considérations grammaticales qui aident à son application.

Logique formelle, œuvre de A. De Morgan (1847), dans laquelle il élabore l'algèbre des relations.

LOGNES (77185), comm. de Seine-et-Marne ; 14 140 hab. *(Lognots).*

LOGONE n.m., riv. d'Afrique, affl. du Chari (r. g.) ; 900 km.

LOGROÑO, v. d'Espagne, ch.-l. de La Rioja, sur l'Èbre ; 150 979 hab. Églises du XIIe au XVIIIe s.

Lohengrin, héros d'une légende germanique rattachée au cycle des romans courtois sur la quête du Graal. Le chevalier Lohengrin épouse la princesse de Brabant à la condition qu'elle ne lui demande jamais le secret de ses origines. Cette promesse n'ayant pas été tenue, il repart sur le cygne qui l'avait amené. – Cette légende a inspiré à R. Wagner l'opéra *Lohengrin* (1850), dont il écrivit le livret et la musique.

Haute-Loire

500 1000 m

plus de 10 000 h. · de 5 000 à 10 000 h. · de 2 000 à 5 000 h. · moins de 2 000 h.
ch.-l. d'arrondissement · bur. centr. de canton · commune
autoroute · route · voie ferrée

LOING [lwɛ̃] n.m., riv. de France, affl. de la Seine (r. g.) ; 166 km. Il passe à Montargis, Nemours et Moret. Sa vallée, en aval de Montargis, est empruntée par le *canal du Loing*.

LOIR n.m., riv. de France, affl. de la Sarthe (r. g.) ; 311 km. Il passe à Châteaudun, Vendôme et La Flèche.

LOIRE n.f., le plus long fl. de France, né au mont Gerbier-de-Jonc, à 1 408 m d'alt., et qui rejoint l'Atlantique par un estuaire ; 1 020 km ; bassin de 115 120 km². Ce dernier s'étend sur l'est du Massif central (Loire supérieure), le sud du Bassin parisien (Loire moyenne) et le sud-est du Massif armoricain (Loire inférieure). La Loire se dirige d'abord vers le nord, raccordant par des gorges étroites de petites dépressions (bassins du Puy et du Forez, plaine de Roanne), avant de recevoir l'Allier (r. g.) en aval de Nevers. Le fleuve, sorti du Massif central, décrit alors une vaste boucle, dont Orléans constitue le sommet. Il coule dans sa vallée élargie, le *Val de Loire*, ou *Val*, encombrée de bancs de sable, et reçoit successivement, après Tours, le Cher, l'Indre, la Vienne (grossie par la Creuse), à gauche, issus du Massif central, et la Maine à droite (en pénétrant dans le Massif armoricain).
La Loire a un régime irrégulier (sauf en aval), aux crues surtout hivernales et aux basses eaux estivales. La navigation n'est active qu'en aval de Nantes, mais, en amont, les eaux du fleuve servent au refroidissement de centrales nucléaires (Belleville-sur-Loire, Dampierre-en-Burly, Saint-Laurent-des-Eaux et Avoine).

LOIRE n.f. (42), dép. de la Région Auvergne-Rhône-Alpes ; ch.-l. de dép. *Saint-Étienne* ; ch.-l. d'arrond. *Montbrison, Roanne* ; 3 arrond. ; 21 cant. ; 326 comm. ; 4 781 km² ; 775 977 hab. (*Ligériens*). Le dép. appartient à l'académie et à la cour d'appel de Lyon, à la zone de défense et de sécurité Sud-Est. Entre les hautes terres de la Madeleine et du Forez à l'O. (en voie de dépeuplement), du Beaujolais et du Lyonnais à l'E. (où se développe l'élevage bovin), s'allongent les plaines du Forez et de Roanne. Ici se concentre l'essentiel des cultures (blé, plantes fourragères) et des prairies d'élevage. L'industrie, qui a bénéficié de la décentralisation, est implantée surtout dans les agglomérations de Saint-Étienne (plus de 40 % de la population du dép.) et de Roanne. Elle est représentée principalement par la métallurgie de transformation.

Loire (armées de la), forces organisées à la fin de 1870 par le gouvernement de la Défense nationale. Constituées dans la région de la Loire, elles devaient tenter de débloquer Paris, assiégé par les Allemands (→ **franco-allemande** [guerre]).

Loire (châteaux de la), ensemble de demeures royales, seigneuriales ou bourgeoises édifiées dans l'Anjou, la Touraine, le Blésois et l'Orléanais à la fin du Moyen Âge et à la Renaissance. Les principaux sont ceux de Saumur, de Langeais, d'Azay-le-Rideau, de Villandry, d'Amboise, de Chenonceau, de Chaumont, de Blois, de Chambord et de Valençay.

LOIRE (Haute-) [43], dép. de la Région Auvergne-Rhône-Alpes ; ch.-l. de dép. *Le Puy-en-Velay* ; ch.-l. d'arrond. *Brioude, Yssingeaux* ; 3 arrond. ; 19 cant. ; 257 comm. ; 4 977 km² ; 234 555 hab. (*Altiligériens*). Le dép. appartient à l'académie de Clermont-Ferrand, à la cour d'appel de Riom, à la zone de défense et de sécurité Sud-Est. En dehors de son extrémité occidentale (à l'O. de l'Allier), constituée par le rebord granitique de la Margeride, le dép., peu peuplé, s'étend sur les hautes terres volcaniques du Velay (élevage bovin), entaillées par la vallée de la Loire. Celle-ci ouvre le bassin du Puy, qui, avec la Limagne de Brioude, drainée par l'Allier, est le plus riche secteur agricole (céréales, arbres fruitiers, pomme de terre, lentille verte). L'industrie, dispersée, est représentée surtout par la chimie et les équipements automobiles. Le secteur tertiaire demeure faible.

LOIRE (Pays de la), Région administrative de France ; 32 082 km² ; 3 820 568 hab. ; ch.-l. *Nantes* ; 5 dép. (Loire-Atlantique, Maine-et-Loire, Mayenne, Sarthe et Vendée). La Région est constituée d'une vaste plaine drainée par la Loire et ses affluents et parsemée de quelques reliefs (Alpes mancelles, les Coëvrons, collines du Perche) au nord et des collines de Vendée au sud. Des marais côtiers (Brière, Marais breton, Marais poitevin) bordent le littoral atlantique. Les Pays de la Loire sont l'une des plus importantes régions agricoles françaises : 60 % des exploitations sont consacrées à l'élevage (bovin, notamm.) ; les cultures fruitières, florales et maraîchères, ainsi que le vignoble (muscadet, anjou-saumur), complètent cette diversité régionale. À côté des branches traditionnelles (chantiers navals, agroalimentaire), l'aéronautique, les constructions mécaniques, électriques et automobiles, l'informatique se sont développées. Le littoral atlantique, aménagé et valorisé pour accueillir les touristes, et le Val de Loire, avec son patrimoine culturel, constituent les espaces les plus attractifs de la Région. Nantes domine la partie occidentale des Pays de la Loire. Angers et Le Mans sont deux pôles urbains incontournables, grâce aux infrastructures autoroutières et ferroviaires.

Loire-Anjou-Touraine (parc naturel régional), parc naturel couvrant env. 271 000 ha sur les dép. de l'Indre-et-Loire et du Maine-et-Loire.

LOIRE-ATLANTIQUE n.f. (44), dép. de la Région Pays de la Loire ; ch.-l. de dép. *Nantes* ; ch.-l. d'arrond. *Châteaubriant, Saint-Nazaire* ; 3 arrond. ; 31 cant. ; 208 comm. ; 6 815 km² ; 1 400 585 hab. Le dép. appartient à l'académie de Nantes, à la cour d'appel de Rennes, à la zone de défense et de sécurité Ouest. Il a porté jusqu'en 1957 le nom de *Loire-Inférieure*. Partie méridionale de la Bretagne historique, le dép. est essentiel-

Loire-Atlantique

100 m

plus de 100 000 h. · de 20 000 à 100 000 h. · de 5 000 à 20 000 h. · moins de 5 000 h.
ch.-l. d'arrondissement · bur. centr. de canton · commune
autoroute · route · voie ferrée

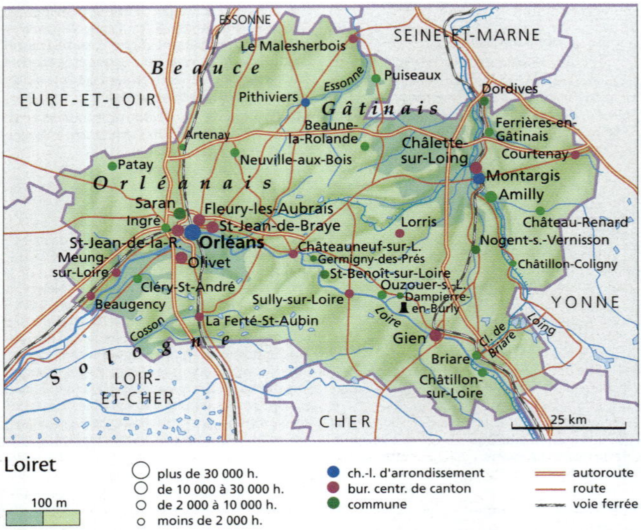

Loiret

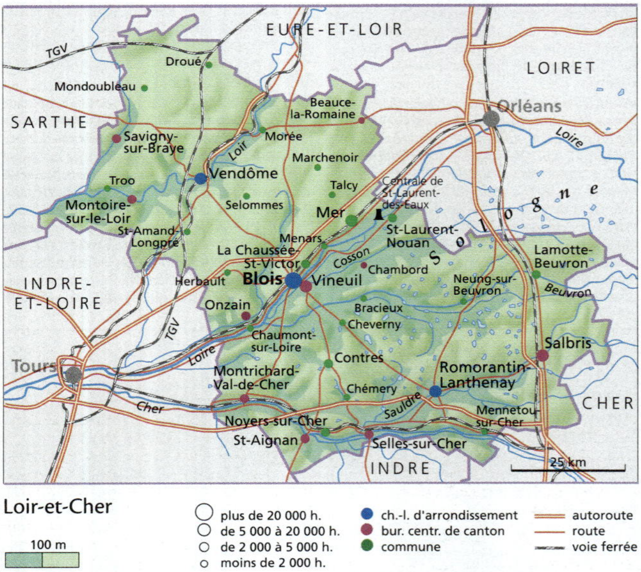

Loir-et-Cher

lement formé de collines et de bas plateaux, en dehors du littoral, parfois marécageux (Brière). La polyculture (blé, plantes fourragères associées à l'élevage bovin) domine, cédant localement la place au vignoble (muscadet) et aux cultures maraîchères (près de Nantes). L'industrie tient une place importante grâce à l'activité de la basse Loire, entre Nantes (près de la moitié de la population du dép. dans l'agglomération) et Saint-Nazaire, où sont implantés la métallurgie (constructions navales), des usines aéronautiques et d'équipements électriques, le raffinage du pétrole. Le tourisme estival anime surtout le littoral (La Baule).

LOIRE-AUTHION, comm. de Maine-et-Loire ; 16 293 hab.

LOIRET n.m., riv. de France, dans le Bassin parisien, affl. de la Loire (r. g.) ; 12 km. Il est une résurgence de la Loire.

LOIRET n.m. (45), dép. de la Région Centre-Val de Loire ; ch.-l. de dép. *Orléans* ; ch.-l. d'arrond. *Montargis, Pithiviers* ; 3 arrond. ; 21 cant. ; 326 comm. ; 6 775 km² ; 691 291 hab. Le dép. appartient à l'académie d'Orléans-Tours, à la cour d'appel d'Orléans, à la zone de défense et de sécurité Ouest. Il est formé de régions naturelles variées, aux aptitudes agricoles inégales. À la Sologne, pays de landes et de marécages, partiellement mise en valeur, et à la vaste forêt d'Orléans s'opposent le Gâtinais, où domine l'élevage, l'extrémité de la Beauce, céréalière, et surtout le riche Val de Loire (pépinières, cultures fruitières et légumières). L'industrie tient aujourd'hui une place importante. Elle est surtout représentée dans l'agglomération d'Orléans, qui concentre près de la moitié de la population du dép., en accroissement constant.

LOIR-ET-CHER n.m. (41), dép. de la Région Centre-Val de Loire ; ch.-l. de dép. *Blois* ; ch.-l. d'arrond. *Romorantin-Lanthenay, Vendôme* ; 3 arrond. ; 15 cant. ; 272 comm. ; 6 343 km² ; 343 392 hab. *(Loir-et-Chériens).* Le dép. appartient à l'académie d'Orléans-Tours, à la cour d'appel d'Orléans, à la zone de défense et de sécurité Ouest.83 Le riche Val de Loire (pépinières, cultures fruitières et légumières) sépare la Sologne, marécageuse, pays de chasses et d'étangs, prolongée à l'ouest par des terres plus sèches (arbres fruitiers, vigne), du Blésois, céréalier, et de l'extrémité méridionale des collines du Perche (polyculture et élevage). L'industrie est représentée par la construction automobile, l'alimentation, l'aéronautique et les produits pharmaceutiques. La présence de magnifiques châteaux (Blois, Chambord, Cheverny) favorise le tourisme.

Lois (école des), école de pensée chinoise, remontant au VIIe s. av. J.-C., florissante aux IVe et IIIe s. av. J.-C. Sa doctrine (le *légisme*), s'éloignant du confucianisme, préconisait l'égalité de tous devant la loi et la soumission à un gouvernement tyrannique et interventionniste en économie.

LOISEAU (Bernard), *Chamalières 1951 - Saulieu 2003*, cuisinier français. Dans son restaurant de Saulieu (auj. dirigé par sa femme, Dominique, et animé en cuisine par le chef Patrick Bertron), il a développé un style de cuisine très épuré, visant à sublimer le goût original des produits du terroir.

LOISEL (Régis), *Saint-Maixent-l'École 1951*, dessinateur et scénariste français de bandes dessinées. Dès *la Quête de l'oiseau du temps* (depuis 1975, albums depuis 1983), il innove par le réalisme de son graphisme et la liberté de sa narration. Suivront notamm. *Peter Pan* (1990-2004), une interprétation très personnelle de l'histoire de ce personnage, et *Magasin général* (2006-2014), créé avec J.-L. Tripp. Il participe à la renaissance du personnage de Mickey Mouse dans *Café Zombo* (2016).

LOISY (Alfred), *Ambrières, Marne, 1857 - Ceffonds, Haute-Marne, 1940*, exégète français. Prêtre (1879), professeur à l'Institut catholique de Paris, il fut excommunié pour ses idées modernistes (1908). Il prônait le rassemblement des croyants au-delà des divisions confessionnelles.

LOKEREN, v. de Belgique (Flandre-Orientale) ; 40 104 hab. Monuments surtout du XVIIIe s.

LOKMAN → **LUQMAN.**

Lolita, roman de V. Nabokov (1955). C'est le récit de la passion d'un quadragénaire pour une nymphette perverse, Lolita. Le roman a inspiré le film de S. Kubrick (1962).

LOLLAND, île du Danemark, dans la Baltique, reliée à l'île de Falster par deux ponts ; 1 243 km² ; 68 224 hab. ; ch.-l. *Maribo* (cathédrale, anc. chapelle conventuelle du XVe s.).

LOLLOBRIGIDA (Luigina, dite Gina), *Subiaco 1927*, actrice italienne. Sa beauté pulpeuse, sa vivacité et son charme lui valurent une popularité internationale (*Fanfan la Tulipe*, Christian-Jaque, 1952 ; *les Belles de nuit*, R. Clair, id. ; *Pain, Amour et Fantaisie*, L. Comencini, 1953 ; *Ce merveilleux automne*, M. Bolognini, 1969).

LOMAGNE n.f., petite région de la France du Sud-Ouest (en partic. sud-ouest du Tarn-et-Garonne) ; v. princ. *Beaumont-de-Lomagne.*

LOMAS DE ZAMORA, v. d'Argentine, banlieue de Buenos Aires ; 616 279 hab.

lombarde (Ligue), ligue formée en 1167 par les principales villes lombardes, sous le patronage du pape Alexandre III, pour combattre l'empereur Frédéric Ier Barberousse, vaincu à Legnano en 1176.

LOMBARDIE, région du nord de l'Italie, au pied des Alpes ; 23 850 km² ; 10 019 166 hab. *(Lombards)* ; cap. *Milan* ; 12 prov. (*Bergame, Brescia, Côme, Crémone, Lecco, Lodi, Mantoue, Milan, Monza et Brianza, Pavie, Sondrio* et *Varèse*). On y distingue : les Alpes lombardes, bordées, au S., par un chapelet de grands lacs (lacs Majeur, de Côme, de Garde, etc.) ; la plaine lombarde, qui associe de riches cultures à un élevage intensif et qui constitue surtout un grand foyer industriel (métallurgie, textile, chimie).

LOMBARDO, famille d'artistes italiens de la Renaissance. — **Pietro L.,** *Carona, Lugano, v. 1435 - Venise 1515*, sculpteur et architecte italien, fut surtout actif à Venise (monuments funéraires ; église S. Maria dei Miracoli, avec son décor plaqué de marbres). — **Tullio L.,** *v. 1455 - Venise 1532*, fils et aide de Pietro, est l'auteur du gisant de *Guidarello Guidarelli* à Ravenne.

LOMBARDS, anc. peuple germanique établi entre l'Elbe et l'Oder, puis au S. du Danube. Les Lombards envahirent l'Italie au VIe s. et y fondèrent un État dont la capitale était Pavie (572). Battus par Charlemagne (773 - 774), qui prit le titre de *roi des Lombards*, ils maintinrent une dynastie à Bénévent jusqu'en 1047.

LOMBARD-VÉNITIEN (Royaume), nom porté de 1815 à 1859 par les possessions autrichiennes en Italie du Nord (Milanais, Vénétie). En 1859, la Lombardie revint au Piémont et, en 1866, la Vénétie fut réunie au royaume d'Italie.

LOMBOK, île d'Indonésie, séparée de Bali par le *détroit de Lombok* ; 5 435 km².

LOMBROSO (Cesare), *Vérone 1835 - Turin 1909*, médecin et criminologiste italien. Il a décrit le type, aujourd'hui désuet, du « criminel-né », sujet déterminé par l'hérédité et porteur de stigmates morphologiques.

LOMÉ, cap. du Togo, sur le golfe de Guinée ; 930 000 hab. dans l'agglomération *(Loméens)*. Port.

Lomé (conventions de), accords de coopération et d'aide au développement signés à Lomé en 1975 et renouvelés en 1979, 1984 et 1989 (appelés *Lomé I, II, III* et *IV*) entre les Communautés européennes et un certain nombre de pays d'Afrique, des Caraïbes et du Pacifique (dits pays ACP*). D'autres accords leur ont succédé à partir de 2000.

LOMÉNIE DE BRIENNE (Étienne de), *Paris 1727 - Sens 1794*, prélat et homme d'État français. Archevêque de Toulouse (1763), ministre des Finances en 1787, il entra en conflit avec les notables, dont il menaçait les privilèges, et avec le parlement de Paris, qu'il exila à Troyes (août-sept.). Il dut se retirer dès 1788. Archevêque de Sens (depuis 1787) puis cardinal, il prêta serment à la Constitution civile du clergé. (Acad. fr.)

LOMMEL, comm. de Belgique (Limbourg) ; 33 636 hab. Métallurgie.

LOMONOSSOV (Mikhaïl Vassilievitch), *Denissovka, auj. Lomonossovo, gouvernement d'Arkhangelsk, 1711 - Saint-Pétersbourg 1765*, écrivain et savant russe. Il réforma la poésie et la langue littéraire russes (*Grammaire russe*, 1755) et contribua à la création de l'université de Moscou. Il découvrit aussi l'atmosphère de Vénus en 1761.

LONDE-LES-MAURES (La) [83250], comm. du Var, à l'E. d'Hyères ; 10 301 hab. *(Londais)*. Station balnéaire et port de plaisance. Jardin zoologique tropical.

LONDERZEEL [lɔndərzel], comm. de Belgique (Brabant flamand) ; 17 976 hab.

LONDON, v. du Canada (Ontario) ; 383 822 hab. Centre financier. Constructions mécaniques et électriques.

LONDON (John Griffith **London**, dit Jack), *San Francisco 1876 - Glen Ellen, Californie, 1916*, écrivain américain. Autodidacte, socialiste fervent (*le Peuple de l'abîme*, 1903) et tourmenté (*Martin Eden*, 1909), il exalte dans ses récits d'aventures l'instinct de survie du pionnier solitaire (*l'Appel de la forêt*, 1903 ; *Croc-Blanc*, 1906).

◄ Jack **London**

LONDONDERRY, v. du Royaume-Uni (Irlande du Nord), sur le Foyle ; 69 986 hab. Port. Textile. Chimie. – Fortifications du XVIIe s.

LONDRES, en angl. **London**, cap. de la Grande-Bretagne et de l'Angleterre, sur la Tamise ; 3 231 901 hab. *(Londoniens)* [10 189 000 hab. pour le Grand Londres]. Comme Paris, Londres est située sur un passage du fleuve, lieu d'échanges entre le Nord et le Sud. La Cité (City), au cœur de la ville, demeure le centre des affaires. L'Ouest, parsemé de parcs, est surtout résidentiel. L'Est, encore industrialisé, a été rénové en bordure de la Tamise puis profondément remanié à l'occasion des JO de 2012. Principal port britannique, où le rôle d'entrepôt a reculé devant la fonction régionale, Londres est surtout une importante métropole politique, financière, culturelle et aussi industrielle. La croissance de l'agglomération a été freinée après 1945 par la création de « villes nouvelles » dans un large rayon autour de Londres. – Les plus illustres monuments sont la Tour de Londres (XIe s.), l'abbatiale de Westminster* (XIIIe-XIVe s.), la salle des Banquets de Whitehall* (XVIIe s.), la cathédrale St Paul (de Wren, fin du XVIIe s.), le palais de Westminster (Parlement, XIXe s.). Riches musées (British Museum*, National Gallery*, Tate Britain et Tate Modern [The Tate*], Victoria and Albert Museum*, Galerie Saatchi [art contemporain], etc.) et salles de spectacle, dont Covent Garden. Foire internationale d'art contemporain. – Centre stratégique et commercial de la Bretagne romaine *(Londinium)*, ruinée par les invasions anglo-saxonnes (Ve s.), Londres renaît au VIIe s. comme capitale du royaume d'Essex et siège d'un évêché (604). Enjeu de luttes entre les rois anglo-saxons et danois (Xe-XIe s.), elle est, à partir du XIIe s., la capitale de fait du royaume anglo-normand. Dotée d'une charte communale (1191), siège du Parlement (1258), elle connaît une remarquable extension, due à l'activité de son port et à l'essor de l'industrie drapière (XVe s.). Elle est ravagée par la peste en 1665 et par l'incendie en 1666, mais, au XVIIIe et au XIXe s., son développement s'accélère et Londres devient la capitale de la finance et du commerce internationaux. Pendant la Seconde Guerre mondiale, elle est durement atteinte par les bombardements allemands.

▲ **Londres.** Le palais de Westminster et la tour de l'Horloge (Big Ben).

LONDRES (Albert), *Vichy 1884 - dans l'océan Indien, lors de l'incendie du « Georges-Philippar » 1932*, journaliste français. Grand reporter, il a donné son nom à un prix de journalisme fondé en 1933 et décerné annuellement.

LONDRINA, v. du Brésil (État de Paraná) ; 493 358 hab. (814 000 hab. dans l'agglomération).

LONG (Marguerite), *Nîmes 1874 - Paris 1966*, pianiste française. Interprète de Debussy, Fauré, Ravel, elle a fondé une école et un concours international d'interprétation avec le violoniste Jacques Thibaud.

LONG (Richard), *Bristol 1945*, artiste britannique. Figure majeure du land art, il pérennise par la photographie ses marches à travers le monde (*Walking a Line in Peru*, 1972) et ses installations faites de matériaux naturels (*Un cercle en Bretagne*, 1986).

LONG BEACH, v. des États-Unis (Californie), banlieue de Los Angeles ; 473 577 hab. Port. Aéronautique.

Longchamp (hippodrome de), hippodrome situé dans le bois de Boulogne (à Paris).

LONGFELLOW (Henry Wadsworth), *Portland 1807 - Cambridge, Massachusetts, 1882*, poète américain. Son œuvre, d'inspiration populaire, est aussi marquée par l'influence de la culture et du romantisme européens (*Evangeline*, 1847).

LONGHENA (Baldassare), *Venise 1598 - id. 1682*, architecte italien. Il a su combiner, à Venise, la dynamique du baroque et la noblesse palladienne (église de la Salute, entreprise en 1631 ; palais Pesaro ; palais Rezzonico, commencé en 1667).

LONGHI (Pietro **Falca**, dit Pietro), *Venise 1702 - id. 1785*, peintre italien, auteur de scènes familières de la vie vénitienne.

LONGIN (saint), *m. à Césarée de Cappadoce*, martyr du Ier s., dont la légende veut que, centurion romain, il se soit converti après avoir percé de sa lance le flanc du Christ en croix.

LONG ISLAND, île sur laquelle sont bâtis deux quartiers de New York : Brooklyn et Queens.

LONGJUMEAU (91160), bur. centr. de cant. de l'Essonne, dans la vallée de l'Yvette ; 21 949 hab. *(Longjumellois)*. Église St-Martin, du XIIIe s. – Paix signée en 1568 entre catholiques et protestants.

LONGMEN, fondations bouddhiques rupestres de Chine (Henan), creusées à partir de 494 sous les Wei du Nord et en activité jusqu'au Xe s. Haut lieu de l'art bouddhique (statues et reliefs).

LONGO (Jeannie), *Annecy 1958*, cycliste française. Vainqueur notamment de trois Tours de France (1987, 1988 et 1989), elle est détentrice de 59 titres de championne de France (entre 1979 et 2011), de 13 titres de championne du monde (dont cinq sur route : 1985, 1986, 1987, 1989 et 1995) et d'un titre olympique (sur route, 1996). Elle détient aussi la meilleure performance mondiale de l'heure.

LONGO (Luigi), *Fubine Monferrato 1900 - Rome 1980*, homme politique italien. Il fut secrétaire général (1964 - 1972) puis président (1972 - 1980) du Parti communiste italien.

LONGUE (île), bande de terre de la partie nord de la presqu'île de Crozon (Finistère), sur la rade de Brest. Base, depuis 1970, des sous-marins nucléaires lanceurs d'engins (SNLE).

LONGUEAU (80330), comm. de la Somme, près d'Amiens ; 5 546 hab. Gare de triage. Aérodrome.

LONGUÉ-JUMELLES (49160), bur. centr. de cant. de Maine-et-Loire ; 7 002 hab. *(Longuéens et Jumellois)*. Fonderie et travail des métaux.

Longue Marche (la) [1934 - 1935], mouvement de retraite des communistes chinois sous l'égide de Mao Zedong. Pour échapper aux nationalistes, ils traversèrent la Chine du sud au nord (Shanxi) en faisant un long crochet par le Sud-Ouest, perdant plus des trois quarts de leurs effectifs.

LONGUENESSE (62219), comm. du Pas-de-Calais ; 11 703 hab. *(Longuenessois)*.

LONGUEUIL, v. du Canada (Québec), banlieue de Montréal, sur le Saint-Laurent ; 239 700 hab. *(Longueuillois)*. Centre industriel. Base aérienne.

LONGUEVILLE (Anne **de Bourbon**, duchesse de), *Vincennes 1619 - Paris 1679*, sœur du Grand Condé. Ennemie de Mazarin, elle joua un rôle important pendant la Fronde.

LONGUS, *Lesbos ? IIe ou IIIe s. apr. J.-C.*, écrivain grec, auteur du roman *Daphnis* et Chloé*.

LONGUYON [lɔ̃gɥijɔ̃] (54260), comm. de Meurthe-et-Moselle ; 5 493 hab. *(Longuyonnais)*. Église du XIIIe s.

LONGVIC [lɔ̃vi] (21600), comm. de la Côte-d'Or ; 9 194 hab. *(Longviciens)*. Aéroport de Dijon.

Longwood, résidence de Napoléon Ier à Sainte-Hélène, de 1815 à sa mort (1821).

LONGWY [lɔ̃wi] (54400), bur. centr. de cant. de Meurthe-et-Moselle ; 14 790 hab. *(Longoviciens)*. Faïences (depuis 1798) et émaux (depuis 1872). Musée municipal.

LON NOL, *Kompong-Leau 1913 - Fullerton, Californie, 1985*, maréchal et homme politique cambodgien. Commandant en chef des forces armées (1959), puis Premier ministre (1966 et 1969), il destitua le prince Norodom Sihanouk (1970) puis, président de la République (1972 - 1975), établit une dictature militaire.

LÖNNROT (Elias), *Sammatti 1802 - id. 1884*, écrivain finlandais. Il recueillit les chants populaires de Carélie et les publia (*Kalevala**).

LONS [lɔ̃s] (64140), comm. des Pyrénées-Atlantiques, banlieue nord-ouest de Pau ; 13 022 hab. *(Lonsois)*. Aéronautique. Agroalimentaire.

LONSDALE (Michael), *Paris 1931*, acteur français. Ambassadeur, à la scène, du répertoire contemporain, il impose à l'écran une présence mystérieuse que renforce le magnétisme de sa voix singulière (*Baisers volés*, F. Truffaut, 1968 ; *India Song*, M. Duras, 1975 ; *le Nom de la rose*, J.-J. Annaud, 1986 ; *Des hommes et des dieux*, X. Beauvois, 2010).

LONS-LE-SAUNIER [lɔ̃-] (39000), ch.-l. du dép. du Jura, à 400 km au S.-E. de Paris ; 18 272 hab. *(Lédoniens)*. Centre administratif et commercial. Station thermale. – Église St-Désiré, en partie du XIe s. ; musée ; maison natale de Rouget de Lisle.

LOON-PLAGE (59279), comm. du Nord ; 6 307 hab. *(Loonois)*. Station balnéaire. Métallurgie.

LOOS [los] (59120), comm. du Nord, sur la Deûle ; 21 774 hab. *(Loossois)*. Textile. Chimie. Pharmacie et biotechnologies. Abbaye cistercienne, fondée au XIIe s.

LOOS (Adolf), *Brünn, auj. Brno, 1870 - Kalksburg, auj. dans Vienne, 1933*, architecte autrichien. Sa conférence *Ornement et Crime*, prononcée en 1908 à Vienne, fut le manifeste du dépouillement intégral dans l'architecture moderne. On lui doit notamm. la maison Steiner, à Vienne (1910), et la maison Tristan Tzara, à Paris (1926).

LOPBURI, v. de Thaïlande, ch.-l. de prov. ; 53 979 hab. Temples (prang ou hautes tours-reliquaires) des XIIIe-XIVe s. Palais du roi Narai (XVIIe s. ; musée national).

LOPE DE VEGA → **VEGA CARPIO.**

LÓPEZ OBRADOR (Andrés Manuel), *Tepetitán, État de Tabasco, 1953*, homme politique mexicain. Chef du gouvernement de la ville de Mexico (2000 - 2005), il est président de la République depuis 2018.

LORCA, v. d'Espagne (Murcie) ; 91 849 hab. Monuments surtout de style baroque.

lords (Chambre des), chambre haute du Parlement britannique, composée de pairs héréditaires (effectif réduit après la réforme engagée à la fin des années 1990, visant à supprimer cette catégorie), de pairs nommés à vie par la reine pour services rendus à la Couronne, ainsi que de lords spirituels (archevêques et évêques anglicans). Les lords de justice (*Law Lords*, hauts magistrats nommés à vie) ont été séparés en 2005 de la Chambre des lords et remplacés en 2009 dans leur rôle de plus haute instance judiciaire du pays par la Cour suprême du Royaume-Uni.

Lorelei (la), personnage féminin fabuleux qui attirait par son charme et son chant les bateliers du Rhin et provoquait des naufrages.

▲ Sophia **Loren** dans *Judith*, de Daniel Mann (1966).

LOREN (Sofia **Scicolone**, dite Sophia), *Rome 1934*, actrice italienne. Elle a marqué tous ses rôles d'un style qui mêle élégance et passion : *la Ciociara* (V. De Sica, 1960), *Une journée particulière* (E. Scola, 1977).

LORENTZ (Hendrik Antoon), *Arnhem 1853 - Haarlem 1928*, physicien néerlandais. Sa théorie électronique de la matière décrit le comportement individuel des électrons et complète la théorie macroscopique de Maxwell. Pour interpréter le résultat négatif de l'expérience de Michelson, il énonça les formules de transformation liant deux systèmes en mouvement rectiligne uniforme l'un par rapport à l'autre. (Prix Nobel 1902.)

LORENZ (Edward Norton), *West Hartford, Connecticut, 1917 - Cambridge, Massachusetts, 2008*, météorologue américain. Mathématicien, il a appliqué à la prévision météorologique la modélisation et les techniques informatiques. Ses travaux ont mis en évidence les phénomènes liés à la théorie du chaos et à la non-prédictibilité des systèmes dynamiques, notion vulgarisée sous le nom de « effet papillon ». (Prix Crafoord 1983.)

LORENZ (Konrad), *Vienne 1903 - Altenberg, Basse-Autriche, 1989*, éthologiste et zoologiste autrichien. Un des fondateurs de l'éthologie moderne, il a approfondi la notion d'empreinte et développé une théorie sur les aspects innés et acquis du comportement. Il s'est aussi interrogé sur les fondements biologiques de l'ordre social (*Il parlait avec les mammifères, les oiseaux et les poissons*, 1949 ; *Essais sur le comportement animal et humain*, 1965). [Prix Nobel 1973.]

▲ Claude **Lorrain.** *Port de mer, soleil couchant*, 1639. (Louvre, Paris.)

Lorenzaccio, drame de A. de Musset (1834 ; représenté en 1896). Lorenzo devient le compagnon de débauche du duc Alexandre de Médicis pour endormir sa méfiance et l'assassiner.

LORENZETTI (les frères), peintres italiens. **Pietro L.**, *Sienne v. 1280 - id. 1348 ?* et **Ambrogio L.**, *documenté à Sienne de 1319 à 1347.* S'écartant de la pure élégance gothique, ils innovent en empruntant à l'exemple de Giotto et de la sculpture toscane (retables ; fresques de Pietro dans la basilique d'Assise, d'Ambrogio au palais public de Sienne).

LORENZO VENEZIANO, peintre italien, *documenté à Venise de 1357 à 1372.* Continuateur de Paolo Veneziano, il achemina la peinture vénitienne vers le style gothique international.

LORESTAN ou **LURISTAN,** région de l'Iran. Elle fut le centre d'une civilisation apparue dès le IIIe millénaire et qui s'épanouit entre le XIVe et le VIIe s. av. J.-C., avec de remarquables pièces de bronze où triomphe la stylisation animalière.

LORETTE, en ital. **Loreto,** v. d'Italie (Marches) ; 12 549 hab. Basilique de pèlerinage de la Santa Casa, des XVe-XVIe s.

LORETTEVILLE, anc. v. du Canada (Québec), auj. intégrée dans Québec.

LORGUES (83510), comm. du Var ; 9 326 hab. *(Lorguais)*. Collégiale du XVIIIe s. (mobilier).

LORIENT (56100), ch.-l. d'arrond. du Morbihan, sur la ria formée par les embouchures du Scorff et du Blavet ; 59 160 hab. *(Lorientais)* [116 401 hab. dans l'agglomération]. Port de pêche. Constructions navales. Université. – Festival interceltique. – Musée de la Compagnie des Indes. Cité de la voile Éric-Tabarly et visite du sous-marin *Flore* sur le site de l'anc. base des sous-marins de Keroman. – Port militaire et, à l'ouest, aéroport (Lorient-Bretagne Sud) et base aéronavale de Lann-Bihoué.

LORIOL-SUR-DRÔME (26270), bur. centr. de cant. de la Drôme ; 6 579 hab. *(Loriolais)*. Barrage alimentant une dérivation du Rhône.

LORIUS (Claude), *Besançon 1932*, glaciologue français. Il a participé à de nombreuses expéditions dans l'Antarctique. Ses travaux sur l'analyse des bulles d'air emprisonnées dans les glaces polaires ont fait progresser la paléoclimatologie et contribué à mettre en évidence le lien entre le climat et la teneur de l'atmosphère en gaz à effet de serre.

LORME (Marion de), *Baye, Champagne, 1611 - Paris 1650*, courtisane française. Célèbre par sa beauté et ses aventures galantes, elle est l'héroïne d'un drame de V. Hugo, *Marion de Lorme* (1831).

▲ Konrad **Lorenz**

LORMONT (33310), bur. centr. de cant. de la Gironde, banlieue de Bordeaux ; 22 690 hab. *(Lormontais)*.

LOROUX-BOTTEREAU (Le) [44430], comm. de la Loire-Atlantique ; 8 156 hab. *(Lorousains)*. Dans l'église, fresques du XIIIe s.

LORRAIN ou **LE LORRAIN** (Claude **Gellée,** dit Claude), *Chamagne, près de Mirecourt, 1600 - Rome 1682*, peintre et dessinateur français. L'essentiel de sa carrière se déroule à Rome. Empruntant aux écoles du Nord comme aux Italiens, maniant la lumière de façon féerique, il est un des maîtres du paysage « historique » (*Ulysse remet Chryséis à son père*, Louvre ; *Jacob, Laban et ses filles*, château de Petworth, Grande-Bretagne).

LORRAINE n.f., région historique de l'est de la France et anc. Région administrative (Meurthe-et-Moselle, Meuse, Moselle et Vosges) [→ **Grand-Est**]. Région de plateaux s'élevant vers l'est vosgien et dominant, avec les Côtes de Moselle et les Côtes de Meuse, des vallées orientées S.-N.

HISTOIRE **Ier millénaire av. J.-C. :** installation de tribus celtes. **Ier s. av. J.-C. - IVe s. apr. J.-C. :** la Lorraine romaine connaît la prospérité. **511 - 751 :** la Lorraine est le cœur de l'Austrasie (cap. Metz), berceau de la dynastie carolingienne. **843 :** le traité de Verdun donne la région à Lothaire Ier. **855 :** la Lotharingie est constituée en royaume pour Lothaire II. **870 :** le traité de Meerssen la partage entre Charles le Chauve et Louis le Germanique. **925 :** disputée entre la France et la Germanie, la Lotharingie est finalement rattachée à la Germanie. **V. 960 :** elle est partagée en Basse-Lotharingie (futur duché de Brabant) et Haute-Lotharingie (futur duché de Lorraine). De ce dernier duché se détachent des principautés, parmi lesquelles les Trois-Évêchés (Metz, Toul et Verdun). **1301 - 1532 :** au temps des ducs, la Lorraine est déchirée entre les influences rivales de la France, de la Bourgogne et du Saint Empire. René II, duc de 1473 à 1508, s'oppose à l'annexion de la Lorraine par la Bourgogne (mort de Charles le Téméraire devant Nancy, 1477). **1532 :** Charles Quint reconnaît l'indépendance du duché de Lorraine. **1552 :** la France s'empare des Trois-Évêchés. **1545 - 1608 :** le duc Charles III assure la prospérité du duché. **1624 - 1738 :** l'Empire et la France se disputent le duché. **1738 :** Stanislas Leszczyński, beau-père de Louis XV, reçoit le duché. **1766 :** Louis XV hérite de la Lorraine à la mort de Stanislas. **1815 :** la Sarre, incluse dans la Lorraine depuis Louis XIV, entre dans la Confédération germanique. **1871 :** le département de la Moselle, partie de la Lorraine, est annexé par l'Allemagne (→ **Alsace-Lorraine**). **1919 :** il fait retour à la France. **1940 - 1944 :** il est de nouveau annexé par l'Allemagne alors que le reste de la Lorraine est occupé jusqu'à la Libération.

Lorraine (parc naturel régional de), parc naturel de l'est de la France (dép. de la Meuse, de la Meurthe-et-Moselle et de la Moselle), couvrant env. 210 000 ha.

LORRAINE BELGE n.f., partie méridionale de la province de Luxembourg (Wallonie).

LORRAINE (Catherine Marie **de**) → **MONTPENSIER** (Catherine Marie **de Lorraine,** duchesse **de**).

LORRAINE (Charles **de**), duc **de Mayenne** → **MAYENNE** (duc **de**).

LORRAINE (Philippe Emmanuel **de**), duc **de** Mercœur → **MERCŒUR** (duc **de**).

LORRIS (Guillaume **de**) → **GUILLAUME** de Lorris.

LOS ALAMOS, localité des États-Unis (Nouveau-Mexique). Centre de recherches nucléaires. – La première bombe atomique y fut conçue (projet Manhattan) et expérimentée (16 juill. 1945).

LOS ANGELES, v. des États-Unis (Californie) ; 3 928 864 hab. (13 395 023 hab. dans l'agglomération). Port. Centre culturel et artistique (universités ; musées, dont le musée d'Art du comté de Los Angeles [LACMA], le musée d'Art contemporain [MOCA] et le Centre J. Paul Getty ; salons internationaux, dont celui du jeu vidéo [Electronic Entertainment Expo, ou E3]), financier et industriel, abritant d'importantes minorités (noire et hispanique, notamm.). Hollywood est l'un de ses quartiers.

▲ **Los Angeles**

Los Angeles Times, quotidien américain fondé en 1881, d'audience internationale.

LOSCHMIDT (Joseph), *Putschirn, auj. dans Karlovy Vary, 1821 - Vienne 1895,* physicien autrichien. Il a donné en 1865 une première évaluation du nombre d'Avogadro, d'où il a déduit le nombre de molécules par unité de volume, mais ses principaux travaux ont porté sur la théorie cinétique des gaz et la thermodynamique.

LOSEY (Joseph), *La Crosse, Wisconsin, 1909 - Londres 1984,* cinéaste américain. Moraliste lucide et intransigeant, il fuit le maccarthysme et se réfugia en Angleterre, où il acquit une réputation internationale : *The Servant* (1963), *Accident* (1967), *le Messager* (1971), *Monsieur Klein* (1976), *Don Giovanni* (1979).

LOT [lɔt] n.m., riv. de France, née près du mont Lozère, affl. de la Garonne (r. dr.) ; 480 km. Il passe à Mende, Cahors et Villeneuve-sur-Lot.

LOT [lɔt] n.m. (46), dép. de la Région Occitanie ; ch.-l. de dép. *Cahors* ; ch.-l. d'arrond. *Figeac, Gourdon* ; 3 arrond. ; 17 cant. ; 320 comm. ; 5 217 km² ; 179 573 hab. *(Lotois).* Le dép. appartient à l'académie de Toulouse, à la cour d'appel d'Agen, à la zone de défense et de sécurité Sud-Ouest. En dehors des bassins de Saint-Céré et de Figeac à l'est (portant des cultures céréalières et fruitières) et des collines du sud-ouest (où domine la polyculture), le dép. s'étend sur les causses du Quercy (parc naturel régional). Ce sont des plateaux arides, entaillés par des vallées plus verdoyantes (Dordogne, Lot), où se concentrent les activités agricoles (céréales, fruits, élevage, parfois vignobles et tabac) et la population (Cahors). La faiblesse de l'urbanisation, de l'industrie et du secteur tertiaire, en dehors du tourisme (Rocamadour, Padirac, Cahors), explique la faible densité moyenne.

LOT ou **LOTH,** personnage biblique, neveu d'Abraham. Établi à Sodome, il échappa à la destruction de la ville. L'histoire de la femme de Lot, changée en statue de sel pour avoir regardé en arrière, évoque les blocs salins aux formes étranges des bords de la mer Morte.

LOT-ET-GARONNE n.m. (47), dép. de la Région Nouvelle-Aquitaine ; ch.-l. de dép. *Agen* ; ch.-l. d'arrond. *Marmande, Nérac, Villeneuve-sur-Lot* ; 4 arrond. ; 21 cant. ; 319 comm. ; 5 361 km² ; 343 059 hab. *(Lot-et-Garonnais).* Le dép. appartient à l'académie de Bordeaux, à la cour d'appel d'Agen, à la zone de défense et de sécurité Sud-Ouest. Il est formé de collines – domaines d'une polyculture à base fruitière (prune, chasselas) – entaillées par les larges vallées du Lot et de la Garonne, riches secteurs agricoles (céréales, primeurs, fruits, tabac, élevage bovin) et axes de circulation jalonnés de marchés régionaux (Agen, Marmande, Villeneuve-sur-Lot). L'industrie est peu importante (Agen, Fumel).

LOTHAIRE Ier, *795 - Prüm 855,* empereur d'Occident (840 - 855) de la dynastie carolingienne. Fils de Louis Ier le Pieux, il voulut garder l'intégralité de l'Empire pour lui-même, mais se vit imposer par ses frères le partage de Verdun (843). — **Lothaire II,** *v. 835 - Plaisance 869,* roi de Lotharingie (855 - 869), fils de Lothaire Ier.

LOTHAIRE II (ou III) DE SUPPLINBURG, *v. 1075 - Breitenwang, Tyrol, 1137,* empereur germanique (1125 - 1137). Il s'appuya sur les guelfes pour lutter contre Conrad III de Hohenstaufen.

LOTHAIRE, *Laon 941 - Compiègne 986,* roi de France (954 - 986) de la dynastie carolingienne. Fils de Louis IV d'Outremer, il subit la tutelle germanique, puis mena des guerres ambitieuses contre les Otton puis contre Hugues Capet.

LOTHARINGIE, royaume créé pour Lothaire II (855 - 869), qui s'étendait des Vosges à la Frise. Elle fut divisée après 960 en Haute-Lotharingie, future Lorraine, et en Basse-Lotharingie, qui se réduisit au duché de Brabant.

LOTI (Julien **Viaud,** dit **Pierre**), *Rochefort 1850 - Hendaye 1923,* écrivain français. Les romans impressionnistes de cet officier de marine reflètent son attirance pour les paysages et les civilisations exotiques (*le Mariage de Loti,* 1882 ; *Pêcheur d'Islande,* 1886 ; *Madame Chrysanthème,* 1887 ; *Ramuntcho,* 1897). [Acad. fr.]

◄ Pierre **Loti**

Lötschberg (chemin de fer du), voie ferrée de Suisse, reliant les vallées du Rhin (par l'Aar) et du Rhône par un tunnel de 14 611 m sous les Alpes bernoises.

LOTT (dame Felicity), *Cheltenham 1947,* soprano britannique. Depuis 1975, sans oublier l'opérette qu'elle affectionne (*la Belle Hélène,* Offenbach), elle se produit sur toutes les grandes scènes d'opéra du monde (Pamina, *la Flûte enchantée,* Mozart ; la Maréchale, *le Chevalier à la rose,* Strauss ; la Gouvernante, *The Turn of the Screw,* Britten ; Blanche de la Force, *Dialogues des Carmélites,* Poulenc). Ses récitals mettent notamm. en valeur les mélodies françaises.

LOTTO (Lorenzo), *Venise 1480 - Lorette 1556,* peintre italien. Artiste tourmenté, à la vie vagabonde (Trévise, les Marches, Bergame, Venise), il est l'auteur de retables et de portraits qui, avec des moyens très différents de ceux de Titien, unissent force expressive et poésie subtile.

Loubavitch, mouvement hassidique qui se rattache à l'enseignement d'anciens rabbins de Lioubavitchi, ville biélorusse, et qui se caractérise par la piété mystique, l'observance rituelle minutieuse et démonstrative, et un fort prosélytisme.

LOUBET (Émile), *Marsanne, Drôme, 1838 - Montélimar 1929,* homme politique français. Président du Conseil (1892), du Sénat (1896 - 1899), il fut président de la République (1899 - 1906).

LOUCHEUR (Louis), *Roubaix 1872 - Paris 1931,* homme politique français. Ministre du Travail et de la Prévoyance sociale (1926 - 1930), il fit voter, en 1928, une loi relative à l'aide de l'État en matière d'habitations populaires.

LOUDÉAC (22600), bur. centr. de cant. des Côtes-d'Armor ; 10 015 hab. *(Loudéaciens).* Agroalimentaire.

LOUDUN (86200), bur. centr. de cant. de la Vienne ; 7 051 hab. *(Loudunais).* Donjon des XIe-XIIe s., églises médiévales et Renaissance ; musée.

LOUÉ (72540), bur. centr. de cant. de la Sarthe ; 2 262 hab. *(Louésiens).* Aviculture.

LOUHANS [luɑ̃] (71500), ch.-l. d'arrond. de Saône-et-Loire, dans la Bresse, sur la Seille ; 6 715 hab. *(Louhannais).* Marché. – Maisons à arcades de la Grande Rue ; hôtel-Dieu du XVIIIe s.

LOUHANSK, anc. **Lougansk,** de 1935 à 1990 **Vorochilovgrad,** v. d'Ukraine, dans le Donbass ; 463 097 hab. Centre houiller et industriel.

SAINTS

LOUIS (Saint) → **LOUIS IX.**

LOUIS DE GONZAGUE (saint), *Castiglione delle Stiviere 1568 - Rome 1591,* scolastique jésuite italien. Patron de la jeunesse.

EMPEREURS

LOUIS Ier le Pieux ou **le Débonnaire,** *Chasseneuil 778 - près d'Ingelheim 840,* empereur d'Occident (814 - 840) de la dynastie carolingienne. Fils et successeur de Charlemagne, il régla dès 817 sa succession entre ses fils Lothaire, qu'il associa à l'Empire, Pépin et Louis (*Ordinatio Imperii*). Mais la naissance de Charles le Chauve (823), de son second mariage avec Judith de Bavière (819), en compromettant le règlement de 817, provoqua la révolte de ses fils. — **Louis IV de Bavière,** *Munich 1287 - Fürstenfeld 1347,* roi des Romains (1314 - 1346), empereur germanique (1328 - 1346). Il fut excommunié par Jean XXII, à qui il opposa un antipape, Nicolas V.

BAVIÈRE

LOUIS Ier DE WITTELSBACH, *Strasbourg 1786 - Nice 1868,* roi de Bavière (1825 - 1848). Il fit construire de nombreux monuments néoclassiques à Munich. Sa liaison avec Lola Montez l'obligea à abdiquer en faveur de son fils Maximilien II Joseph. — **Louis II de Wittelsbach,** *Nymphenburg 1845 - lac de Starnberg 1886,* roi de Bavière (1864 - 1886). Fils aîné de Maximilien II Joseph, il fit construire des châteaux fantastiques (dont Neuschwanstein) et se consacra au mécénat en faveur de Wagner. Considéré comme fou, il fut interné et se noya.

▲ **Louis II de Wittelsbach**
par G. Schachinger, Munich.

FRANCE

LOUIS Ier → **LOUIS Ier LE PIEUX** [empereurs].

LOUIS II le Bègue, *846 - Compiègne 879,* roi de France (877 - 879), de la dynastie carolingienne, fils de Charles le Chauve.

LOUIS III, *v. 863 - Saint-Denis 882,* roi de France (879 - 882), de la dynastie carolingienne. Fils de Louis II, il abandonna la Lotharingie occidentale à Louis le Jeune, roi de Germanie.

LOUIS IV d'Outremer, *v. 921 - Reims 954,* roi de France (936 - 954), de la dynastie carolingienne. Fils de Charles le Simple, arrivé au trône grâce à l'appui d'Hugues le Grand, il ne put ensuite contrecarrer l'emprise croissante de celui-ci.

LOUIS V le Fainéant, *v. 967 - Compiègne 987,* roi de France (986 - 987), fils de Lothaire. Avec lui finit la branche française de la dynastie carolingienne.

LOUIS VI le Gros, *v. 1080 - Paris 1137,* roi de France (1108 - 1137), de la dynastie capétienne. Fils de Philippe Ier et de Berthe de Hollande, aidé par Suger, il rétablit l'ordre dans le domaine royal, combattit Henri Ier, roi d'Angleterre et duc de Normandie, et repoussa l'empereur germanique Henri V, qui menaçait d'envahir la France.

LOUIS VII le Jeune, *1120 - Paris 1180,* roi de France (1137 - 1180), de la dynastie capétienne. Fils de Louis VI, il participa à la deuxième croisade (1147 - 1149) et soutint le pape Alexandre III contre Frédéric Ier Barberousse. En 1152, il répudia Aliénor d'Aquitaine, qui épousa Henri II Plantagenêt, lui apportant en dot l'Aquitaine. Louis VII fut dès lors en conflit permanent avec Henri II, devenu roi d'Angleterre en 1154.

LOUIS VIII le Lion, *Paris 1187 - Montpensier, Auvergne, 1226,* roi de France (1223 - 1226), de la dynastie capétienne. Fils de Philippe Auguste et d'Isabelle de Hainaut, époux de Blanche de Castille, il vainquit Jean sans Terre (1214) et le poursuivit en Angleterre. Devenu roi, il enleva aux Anglais le Poitou, la Saintonge, l'Angoumois, le Limousin, le Périgord et une partie du Bordelais, participa à la croisade contre les albigeois et soumit tout le Languedoc, sauf Toulouse.

LOUIS IX ou **SAINT LOUIS,** *Poissy 1214 - Tunis 1270,* roi de France (1226 - 1270), de la dynastie capétienne. Fils de Louis VIII et de Blanche de Castille, il règne d'abord sous la régence de sa mère, qui réprime une révolte des grands vassaux, termine la guerre contre les albigeois par le traité de Paris (1229) et lui fait épouser Marguerite de Provence (1234). Après avoir battu en 1242 à Taillebourg et à Saintes le roi d'Angleterre Henri III, venu soutenir une révolte de barons poitevins, Louis IX conclut le traité de Paris (1259), qui lui donne la Normandie, l'Anjou, le Maine et le Poitou, et qui fait d'Henri III son vassal comme duc d'Aquitaine. En 1248, il conduit la septième croisade vers l'Égypte. Battu à Mansourah, il est fait prisonnier (1250), n'est libéré qu'en échange d'une lourde rançon et passe quatre ans en Syrie. De retour en France, il réorganise ses États, fortifie l'autorité royale et réforme profondément la justice en jetant les fondements de l'institution parlementaire. Il fait construire la Sainte-Chapelle, la Sorbonne et les Quinze-Vingts. Sa réputation d'intégrité et de vertu lui vaut l'estime universelle et fait de lui l'arbitre désigné de nombreux conflits. En 1270, malgré l'opposition de son entourage, il entreprend la huitième croisade et fait voile vers Tunis, mais il meurt à peine débarqué devant la ville. Il fut canonisé en 1297.

▲ **Saint Louis.** (Musée de Cluny, Paris.)

LOUIS X le Hutin, *Paris 1289 - Vincennes 1316,* roi de France (1314 - 1316) et de Navarre (Louis Ier) [1305 - 1316], de la dynastie capétienne. Fils de Philippe IV le Bel et de Jeanne Ire de Navarre, il fut contraint par les nobles de confirmer les chartes qui précisaient leurs droits et coutumes. Veuf de Marguerite de Bourgogne, il épousa Clémence de Hongrie, mère de Jean Ier le Posthume.

LOUIS XI, *Bourges 1423 - Plessis-lez-Tours 1483,* roi de France (1461 - 1483), de la dynastie des Valois. Fils de Charles VII et de Marie d'Anjou, il prend part au mouvement féodal de la Praguerie contre son père (1440). Devenu roi, Louis XI renvoie les conseillers de son père mais soulève contre lui la haute noblesse, rassemblée autour de Charles le Téméraire (ligue du Bien public, 1465). Il cède, mais reprend l'offensive dès 1468. Son principal adversaire est alors Charles le Téméraire, devenu duc de Bourgogne. Celui-ci l'attire et le retient prisonnier à Péronne (1468). Libéré à de très dures conditions, qu'il ne respecte pas, Louis XI dénoue l'alliance de l'Angleterre et de la Bourgogne (traité de Picquigny, 1475), et réalise l'union des cantons suisses et de la Lorraine contre Charles, qui est vaincu et tué (1477). Le roi hérite du comté d'Anjou, du Maine et de la Provence (1481 - 1482) et obtient le duché et le comté de Bourgogne par le traité d'Arras (1482). Il affermit le pouvoir royal aux dépens des grands corps politiques et du clergé, poursuit l'œuvre de réorganisation militaire entreprise par Charles VII et favorise le renouveau économique du royaume, notamm. dans le Sud-Est (Lyon).

▲ **Louis XI.** (Brooklyn Museum, New York.)

LOUIS XII, *Blois 1462 - Paris 1515,* roi de France (1498 - 1515), de la dynastie des Valois. Fils de Charles d'Orléans et de Marie de Clèves, il participe à la Guerre folle contre la régence d'Anne de Beaujeu et est fait prisonnier en 1488. Libéré, il se rallie à Charles VIII, son cousin, et combat en Italie (1494 - 1495). Devenu roi de France au décès (1498) de ce dernier, mort sans héritier, il fait casser son mariage avec Jeanne, fille de Louis XI, et épouse Anne de Bretagne, veuve de Charles VIII, afin d'empêcher que le duché de Bretagne n'échappe à la France. Petit-fils de Valentine Visconti, il revendique le duché de Milan et le conquiert (1499 - 1500) ; mais les Français sont expulsés du royaume de Naples et doivent capituler devant Gaète (1504). Louis XII, entré dans la ligue de Cambrai contre Venise (1508), remporte la victoire d'Agnadel (1509) ; abandonné par ses alliés, il doit affronter la Sainte-Ligue. Après la mort de Gaston de Foix à Ravenne (1512) et après la défaite de Novare (1513), les Français sont chassés d'Italie. À son tour, la France doit soutenir l'invasion des Espagnols, des Suisses, d'Henri VIII et de Maximilien (les troupes anglo-germaniques sont victorieuses à Guinegatte). L'avènement du pape Léon X permet à Louis XII de faire la paix (1514). Veuf, le roi épouse Marie d'Angleterre la même année. Il meurt en laissant la couronne à son cousin François (Ier), à qui il a marié sa fille Claude. – Son tombeau, par Jean Juste, est à Saint-Denis*.

▲ **Louis XII** et sa cour ; à droite, allégorie de la Raison, en bas, Anne de Bretagne ; miniature du XVIe s. (BnF, Paris.)

LOUIS XIII le Juste, *Fontainebleau 1601 - Saint-Germain-en-Laye 1643*, roi de France (1610 - 1643), de la dynastie des Bourbons. Fils d'Henri IV et de Marie de Médicis, il règne d'abord sous la régence de sa mère, qui laisse le pouvoir à Concini. Celui-ci est assassiné en 1617, à l'instigation du roi, et remplacé par Luynes. Alors se produisent de nouvelles révoltes des grands, appuyés par la reine mère, et une nouvelle guerre de Religion, marquée par le siège de Montauban (1621). Après la mort de Luynes (1621), et plusieurs années de troubles (1621 - 1624), le roi donne le pouvoir à Richelieu, dont il suit les conseils malgré les intrigues de sa mère et de Gaston d'Orléans (*journée des Dupes*, 1630). À l'intérieur, Louis XIII et son ministre travaillent à rétablir l'autorité royale en créant le corps des intendants, développent le commerce et la marine et luttent contre les protestants et les féodaux. Toutefois, en engageant la France dans la guerre de Trente Ans (1635), ils déséquilibrent le budget : la multiplication des impôts et la misère provoquent des jacqueries sanglantes. De son mariage avec l'infante Anne d'Autriche (1615), Louis XIII eut deux fils, Louis (XIV) et Philippe d'Orléans.

▲ **Louis XIII** par P. de Champaigne. (Prado, Madrid.)

LOUIS XIV le Grand, dit **le Roi-Soleil,** *Saint-Germain-en-Laye 1638 - Versailles 1715*, roi de France (1643 - 1715), de la dynastie des Bourbons. Fils de Louis XIII et d'Anne d'Autriche, âgé de cinq ans à la mort de son père, il subit l'influence de sa mère, la régente Anne d'Autriche, et de Mazarin, et est profondément marqué par la Fronde (1648 - 1653). Majeur en 1651, Louis XIV reste sous l'influence de Mazarin, qui, en 1660, lui fait épouser Marie-Thérèse d'Autriche. Mazarin mort (1661), le jeune souverain se donne passionnément à son « métier de roi » et se révèle monarque absolu. Aidé de Colbert, il réforme le gouvernement et entreprend la centralisation et l'unification de l'administration. Il s'entoure d'un petit nombre de collaborateurs, choisis parmi la noblesse de robe et la bourgeoisie, et, après avoir fait arrêter et condamner Fouquet (1664), il s'appuie sur quelques dynasties ministérielles sûres comme les Colbert et les Le Tellier. Sur le plan religieux, il est en conflit avec la papauté (affaire de la régale sous Innocent XI), mais adopte une politique répressive vis-à-vis des protestants (dragonnades), allant jusqu'à révoquer l'édit de Nantes (1685), et lutte sans merci contre le jansénisme (bulle *Unigenitus* du pape Clément XI, 1713). Soucieux de la gloire et de l'étiquette, protecteur des arts et des lettres, Louis XIV fait de Versailles et de Paris les hauts lieux de la culture et de l'art classique en Europe. À l'extérieur, motivé par un appétit de gloire et de prestige, Louis XIV vise à imposer la prédominance française. Il dispose, grâce à Louvois, d'une armée sans rivale et trouve en Vauban un constructeur de places fortes hors du commun. Une longue suite de guerres jalonne son règne : guerre de Dévolution (1667 - 1668) contre l'Espagne, à l'issue de laquelle la France acquiert une partie notable de la Flandre ; guerre de Hollande (1672 - 1679), qui permet à Louis XIV d'acquérir la Franche-Comté ; guerre de la ligue d'Augsbourg (1688 - 1697), provoquée, entre autres, par la politique des « réunions » (1679 - 1684) et qui se termine par les traités de Ryswick ; guerre de la Succession d'Espagne (1701 - 1714). Les traités d'Utrecht et de Rastatt (1713 - 1714), par lesquels la France reconnaît la séparation des Couronnes d'Espagne et de France et cède une partie de ses colonies canadiennes à l'Angleterre, marquent la fin de l'hégémonie française. Cette longue suite de guerres finit par épuiser la France, et Louis XIV laisse à son successeur un pays exsangue. Après la mort de Marie-Thérèse (1683), Louis XIV, qui, de ses différentes maîtresses, a eu plusieurs enfants bâtards ou légitimés, épouse secrètement Mme de Maintenon.

▲ **Louis XIV** par Rigaud, 1701. (Louvre, Paris.)

LOUIS DE FRANCE, dit **le Grand Dauphin,** *Fontainebleau 1661 - Meudon 1711*, fils de Louis XIV et de Marie-Thérèse d'Autriche. Marié à Marie-Anne de Bavière, il eut d'elle trois fils, dont Louis, duc de Bourgogne, héritier du trône, mort en 1712, et Philippe, duc d'Anjou, devenu Philippe V d'Espagne.

LOUIS XV le Bien-Aimé, *Versailles 1710 - id. 1774*, roi de France (1715 - 1774), de la dynastie des Bourbons. Fils de Louis, duc de Bourgogne, et de Marie-Adélaïde de Savoie, et arrière-petit-fils de Louis XIV, il règne d'abord sous la régence de Philippe d'Orléans, neveu de Louis XIV, puis, après sa majorité, sous l'influence du duc de Bourbon (1723 - 1726), qui lui fait épouser Marie Leszczyńska (1725). Après le renvoi du duc devenu impopulaire, Louis XV choisit, pour gouverner, le cardinal de Fleury (1726 - 1743). Celui-ci engage la France dans la guerre de la Succession de Pologne (1733 - 1738), que termine le traité de Vienne, puis dans la guerre de la Succession d'Autriche (1740 - 1748), à laquelle met fin la paix d'Aix-la-Chapelle. L'excellente gestion du contrôleur général Orry (1730 - 1745) favorise l'expansion économique. À la mort de Fleury (1743), le roi gouverne personnellement tout en subissant l'influence politique de Mme de Pompadour (1745 - 1764). Entreprise à la suite du « renversement des alliances » pour faire échec aux desseins ambitieux de la Prusse et de l'Angleterre, la guerre de Sept Ans (1756 - 1763) aboutit, malgré le pacte de Famille conclu par Choiseul en 1761 entre les quatre branches de la maison de Bourbon, à la perte des possessions de l'Inde et du Canada (traité de Paris, 1763). Les parlements imposent au roi la dissolution de la Compagnie de Jésus (1764). Choiseul réorganise la marine et l'armée, annexe la Lorraine et la Corse, mais, trop favorable aux parlementaires, doit céder sa place au triumvirat Maupeou, Terray et d'Aiguillon (1770 - 1774). Alors que Maupeou supprime le parlement de Paris et fait des magistrats des fonctionnaires payés par l'État, Terray réforme les finances. Les dernières années du règne sont donc marquées par un redressement intérieur et par le renforcement de l'alliance autrichienne, ainsi que par une réaction absolutiste.

▲ **Louis XV** par Carle Van Loo. (Musée des Beaux-Arts, Dijon.)

LOUIS, *Versailles 1729 - Fontainebleau 1765*, Dauphin de France. Fils de Louis XV et de Marie Leszczyńska, tenu à l'écart des affaires par le roi, il est, par son mariage avec Marie-Josèphe de Saxe, le père des futurs Louis XVI, Louis XVIII et Charles X.

LOUIS XVI, *Versailles 1754 - Paris 1793*, roi de France (1774 - 1791) puis roi des Français (1791 - 1792), de la dynastie des Bourbons. Fils du Dauphin Louis et de Marie-Josèphe de Saxe, petit-fils de Louis XV, il épouse (1770) Marie-Antoinette et a d'elle quatre enfants, dont Madame Royale (1778) et le second Dauphin (1785), dit Louis XVII. Conseillé par Maurepas, il choisit comme ministres des hommes de talent : Turgot, Saint-Germain, Malesherbes ; mais, dominé par son épouse et influencé par les privilégiés, le roi, dès 1776, abandonne Turgot, qu'il remplace par Necker, renvoyé à son tour après sa publication du *Compte rendu au roi* sur l'état des finances et le gaspillage de la Cour (1781). La politique extérieure pratiquée par Vergennes, notamm. en apportant l'appui de la France aux colonies américaines devenues les États-Unis (1783), restaure le prestige de la France. Mais, à l'intérieur, l'opposition des privilégiés s'accroît ; Calonne (1783) puis Loménie de Brienne (1787) tentent en vain de résoudre la crise financière. Louis XVI doit rappeler Necker (1788) et promettre la convocation des États généraux, qui sont réunis à Versailles en 1789. Mais les députés du tiers, en provoquant la formation de l'Assemblée nationale, puis constituante, ôtent toute influence à Louis XVI, qui, déconsidéré par sa tentative de fuite (Varennes, 20 juin 1791) et par ses négociations avec l'étranger, perd toute popularité. Réduit, par la Constitution de 1791, au rang de roi des Français, le souverain constitutionnel s'efforce, sous la Législative, en appliquant son veto suspensif, de freiner la Révolution, mais ne fait qu'aggraver le mécontentement, alors que, en déclarant la guerre à son neveu François II (20 avr. 1792), il espère une victoire de ce dernier. En fait, les premiers revers français se retournent contre lui. Prisonnier de la Commune insurrectionnelle (10 août), enfermé au Temple et accusé de trahison, il est jugé par la Convention, condamné à mort et guillotiné (21 janv. 1793).

▲ **Louis XVI.** (Musée Carnavalet, Paris.)

Louis XVI (procès de) [11 déc. 1792 - 21 janv. 1793], procès du roi de France Louis XVI, au terme duquel il fut guillotiné. Accusé par la Convention nationale de conspiration contre la liberté publique et la sûreté générale de l'État, Louis XVI, défendu par Malesherbes, F. Tronchet et le jeune avocat Romain Desèze, fut déclaré coupable à la quasi-unanimité. Ayant refusé de faire appel au peuple pour ratifier le verdict, la Convention vota (17 janv.) à une très courte majorité la mort du roi. Louis XVI fut guillotiné le 21 janv. 1793 sur la place de la Révolution (auj. place de la Concorde).

LOUIS XVII, *Versailles 1785 - Paris 1795*, fils de Louis XVI et de Marie-Antoinette. Dauphin en 1789 à la mort de son frère aîné, enfermé avec sa famille au Temple, il y est confié à la garde du cordonnier Simon jusqu'en janv. 1794. L'année suivante, il est enterré secrètement. Les doutes émis sur sa mort ont suscité des imposteurs, dont le célèbre Naundorff. Des analyses génétiques sur quelques fragments du cœur, conservé, de l'enfant ont confirmé en 2000 l'identité de Louis XVII.

LOUIS XVIII, *Versailles 1755 - Paris 1824*, roi de France (1814 - 1815, 1815 - 1824), de la dynastie des Bourbons. Petit-fils de Louis XV, fils du Dauphin Louis et de Marie-Josèphe de Saxe, époux de Louise de Savoie et comte de Provence, il émigre dès juin 1791 et réside successivement à Coblence, Vérone puis en Grande-Bretagne. La chute de l'Empire lui permet de rentrer à Paris, où Talleyrand lui a préparé les voies. Impotent, sans prestige personnel, il a suffisamment d'intelligence pour sentir qu'en rejetant tout l'héritage de la Révolution et de l'Empire il perdrait à jamais sa dynastie. Il se résigne donc à octroyer la Charte de 1814, instaurant une monarchie constitutionnelle. Par ailleurs, il négocie avec les Alliés le traité de Paris, qui conserve à la France ses frontières de 1792. Après les Cent-Jours, durant lesquels il se

réfugie à Gand, il restaure de nouveau la monarchie et signe avec les Alliés le second traité de Paris (nov. 1815). À l'intérieur, les mesures réactionnaires de la Chambre introuvable (1815) et la Terreur blanche qui sévit dans le Midi le décident à dissoudre la Chambre (sept. 1816). Les ministères Richelieu puis surtout Decazes impriment aux affaires un sens plus libéral, tandis que le baron Louis donne à la France des finances prospères. Mais l'assassinat du duc de Berry (1820) est exploité par les ultras, qui imposent au roi de nouvelles mesures réactionnaires (ministère Villèle, 1821), auxquelles répondent plusieurs conspirations, fomentées par le carbonarisme. La guerre d'Espagne, où la France intervient pour sauver le régime des Bourbons (1823), est le dernier événement important du règne.

▲ **Louis XVIII** par F. Gérard. (Château de Versailles.)

GERMANIE

Louis Ier (ou **II**) **le Germanique,** *v. 805 - Francfort-sur-le-Main 876,* roi des Francs orientaux (817 - 843), roi de Germanie (843 - 876), de la dynastie carolingienne. Fils de Louis le Pieux, il obligea Lothaire Ier à accepter le partage de Verdun (843), qui lui attribuait la *Francia orientalis,* ou Germanie. — **Louis III** (ou **IV**) **l'Enfant,** *Oettingen 893 - Ratisbonne 911,* roi de Germanie et de Lotharingie (900 - 911). Il fut le dernier Carolingien à régner sur la Germanie.

HONGRIE

Louis Ier le Grand, *Visegrád 1326 - Nagyszombat, auj. Trnava, 1382,* roi de Hongrie (1342 - 1382) et de Pologne (1370 - 1382). Fils de Charles Ier Robert, il favorisa l'essor économique et culturel de la Hongrie. — **Louis II,** *Buda 1506 - Mohács 1526,* roi de Hongrie et de Bohême (1516 - 1526). Il fut vaincu par les Ottomans et tué à Mohács.

PORTUGAL

Louis Ier, *Lisbonne 1838 - Cascais 1889,* roi de Portugal (1861 - 1889), de la maison de Bragance. Il refusa en 1868 la couronne espagnole.

SICILE

Louis Ier, *Vincennes 1339 - Bisceglie 1384,* duc d'Anjou (1360 - 1384), roi de Sicile, comte de Provence et de Forcalquier (1383 - 1384). Fils de Jean II le Bon, roi de France, il fut désigné par Jeanne Ire d'Anjou pour lui succéder. — **Louis II,** *Toulouse 1377 - Angers 1417,* roi titulaire de Naples, de Sicile et de Jérusalem, duc d'Anjou, comte du Maine et de Provence (1384 - 1417). Héritier de Louis Ier, il réussit difficilement à se rendre maître de la Provence, mais ne parvint pas à s'imposer à Naples. — **Louis III,** *1403 - Cosenza 1434,* roi titulaire d'Aragon, de Naples, de Sicile, de Jérusalem, duc d'Anjou, comte de Provence (1417 - 1434). Il parvint difficilement à conquérir le royaume de Naples, hérité de son père Louis II, et le laissa à sa mort à son frère, René Ier le Bon.

LOUIS (Joseph Dominique, baron), *Toul 1755 - Bry-sur-Marne 1837,* financier français. Ministre des Finances sous la Restauration et au début de la monarchie de Juillet, il rétablit le crédit public en reconnaissant les dettes de l'Empire et simplifia la comptabilité officielle.

LOUIS (Nicolas, dit Victor), *Paris 1731 - ? v. 1811,* architecte français. Il se perfectionna à Rome et donna, avec le Grand-Théâtre de Bordeaux (1773), un des prototypes de l'art néoclassique.

LOUISBOURG, anc. v. du Canada (Nouvelle-Écosse), sur l'île du Cap-Breton, auj. intégrée dans Cape Breton. Parc historique national sur l'emplacement de la citadelle française (partiellement reconstituée), assiégée et détruite à deux reprises par les Anglais (1745, 1758).

LOUISE DE MARILLAC (sainte), *Paris 1591 - id. 1660,* religieuse française. Elle fonda, avec saint Vincent de Paul, la congrégation des Filles de la Charité, dont elle fut la première supérieure.

LOUISE DE MECKLEMBOURG-STRELITZ, *Hanovre 1776 - Hohenzieritz 1810,* reine de Prusse. Elle épousa (1793) Frédéric-Guillaume III, futur roi de Prusse, et soutint, après l'effondrement de la Prusse devant Napoléon (1806), les ministres réformateurs.

▲ **Louqsor.** Le temple d'Amon.

LOUISE DE SAVOIE, *Pont-d'Ain 1476 - Grez-sur-Loing 1531,* régente de France. Fille de Philippe, duc de Savoie, et de Marguerite de Bourbon, elle épousa Charles d'Orléans, comte d'Angoulême, et fut la mère de François Ier. Elle exerça la régence pendant que son fils guerroyait en Italie. En 1529, elle négocia avec Marguerite d'Autriche la paix de Cambrai, ou paix des Dames.

LOUISE-MARIE d'Orléans, *Palerme 1812 - Ostende 1850,* reine des Belges. Fille du roi Louis-Philippe, elle épousa en 1832 Léopold Ier.

Louis Harris and Associates, institut américain de sondages d'opinion, créé à New York en 1956 par le journaliste Louis Harris, conseiller de J. F. Kennedy. En 1999, il est devenu Harris Interactive.

LOUISIADE n.f., archipel de la Papouasie-Nouvelle-Guinée.

LOUISIANE, État des États-Unis, sur le golfe du Mexique ; 125 674 km^2 ; 4 684 333 hab. ; cap. *Bâton-Rouge* ; v. princ. *La Nouvelle-Orléans.* Pétrole et gaz naturel. – Explorée au nom de la France par Cavelier de La Salle en 1682, la Louisiane fut baptisée de ce nom en l'honneur de Louis XIV et s'étendit progressivement au bassin du fleuve Mississippi. Cet immense territoire fut partagé (1762 - 1763) entre l'Espagne et la Grande-Bretagne. La partie espagnole, soit le bassin ouest, rendue à la France en 1800, fut vendue trois ans plus tard par Bonaparte aux États-Unis, qui doublaient ainsi leur superficie. De là sortirent 13 États, dont l'actuelle Louisiane en 1812.

LOUIS-MARIE GRIGNION DE MONTFORT (saint), *Montfort, Ille-et-Vilaine, 1673 - Saint-Laurent-sur-Sèvre, Vendée, 1716,* missionnaire catholique français. Prédicateur populaire dans l'ouest de la France, il fonda la congrégation féminine des Filles de la Sagesse et la Compagnie de Marie, dite des *Pères montfortains.*

LOUIS-PHILIPPE Ier, *Paris 1773 - Claremont, Grande-Bretagne, 1850,* roi des Français (1830 - 1848), de la maison d'Orléans. Fils de Louis Philippe Joseph d'Orléans, dit Philippe Égalité, et de Louise-Marie de Bourbon-Penthièvre, le duc de Chartres grandit dans un milieu cosmopolite gagné aux idées libérales. Après avoir pris part aux combats de Valmy et de Jemmapes (1792), il se réfugie à l'étranger et épouse (1809) Marie-Amélie de Bourbon. Rentré en France sous Louis XVIII, il est proclamé lieutenant du royaume lors de la révolution de 1830, puis roi des Français (7/9 août) après révision de la Charte de 1814. Écartant très rapidement les ministres libéraux (parti du Mouvement), il s'appuie sur le parti de la Résistance et sur Casimir Perier, son chef. La mort de ce dernier, en mai 1832, ouvre une période de troubles : insurrection républicaine des 5 et 6 juin 1832, tentative légitimiste de la duchesse de Berry en Vendée (1832), soulèvements populaires de Lyon et de Paris (1834), insurrections de Barbès et de Blanqui (1839) et tentatives de Louis Napoléon Bonaparte (1836 et 1840). Le roi lui-même échappe à plusieurs attentats (Fieschi, 1835). Après une succession de dix ministères, dont ceux de Molé (1836 - 1839) et de Thiers (1840), Louis-Philippe, reprochant à ce dernier sa politique belliciste à l'égard de la Grande-Bretagne, appelle Guizot, qui devient pour huit ans le vrai maître du pays.

Cependant, l'entente avec la Grande-Bretagne, ébranlée par l'affaire Pritchard, est rompue en 1846, Guizot se rapprochant de l'Autriche contre l'agitation libérale en Europe. À l'intérieur, sa politique ultraconservatrice favorise la haute bourgeoisie, alors que la grande crise financière et économique de 1846 - 1847 entame le prestige du roi et favorise le développement de l'opposition libérale (*campagne des banquets*). Louis-Philippe ne voit pas les signes annonciateurs d'une volonté de réformes et est renversé par la révolution de février 1848. Il abdique en faveur de son petit-fils, le comte de Paris, et se réfugie en Grande-Bretagne.

▲ **Louis-Philippe Ier** par Winterhalter. (Château de Versailles.)

LOUISVILLE, v. des États-Unis (Kentucky), sur l'Ohio ; 612 780 hab.

LOUKACHENKO (Aleksandr), *Kopys, près d'Orcha, 1954,* homme politique biélorusse. Élu au Soviet suprême en 1990, avant la proclamation d'indépendance de la Biélorussie (1991), il est président de la République depuis 1994.

LOUP ou **LEU** (saint), *Toul v. 383 - Troyes 479,* évêque de Troyes. Il défendit sa ville contre Attila (451).

LOUPOT (Charles), *Nice 1892 - Les Arcs 1962,* affichiste français. Son design pour *St-Raphaël* (de 1937 à 1960) est particulièrement célèbre.

LOUQSOR ou **LOUXOR,** v. d'Égypte, sur le Nil ; 202 232 hab. Riche musée. La ville moderne recouvre un faubourg de l'antique Thèbes. Temple d'Amon, édifié par Aménophis III, l'une des réussites de la XVIIIe dynastie, qui fut agrandi et flanqué de deux obélisques par Ramsès II ; l'un de ceux-ci orne, depuis 1836, la place de la Concorde à Paris.

LOURDES (65100), bur. centr. de cant. des Hautes-Pyrénées, sur le gave de Pau ; 14 281 hab. (*Lourdais*). Évêché (avec Tarbes). Électroménager. – Centre de pèlerinage consacré à la Vierge depuis les visions, en 1858, de Bernadette Soubirous. Basilique (1876) et basilique souterraine (1958). – Château médiéval (Musée pyrénéen).

▲ **Lourdes.** La basilique supérieure (1876).

LOURENÇO MARQUES → **MAPUTO.**

LOURIA ou **LURIA** (Aleksandr Romanovitch), *Kazan 1902 - Moscou 1977,* neurologue soviétique. Il a mis en évidence les possibilités de récupération des fonctions psychologiques supérieures chez les malades atteints de lésions cérébrales.

LOUVAIN, en néerl. **Leuven,** v. de Belgique, ch.-l. du Brabant flamand, sur la Dyle ; 97 692 hab. Brasserie. – Importants monuments du Moyen Âge (hôtel de ville, XVe s.) et de l'époque baroque. Musée. – La célébrité de Louvain est liée en grande partie à son université, créée en 1425. Supprimée par l'État en 1830, elle est reconstituée en 1835 comme université catholique. En 1968, la querelle linguistique provoqua la partition de l'université et l'installation de la section francophone près de Wavre (Ottignies-Louvain-la-Neuve).

LOUVECIENNES (78430), comm. des Yvelines ; 7 359 hab. (*Louveciennois* ou *Luciennois*). Église du XIIIe s., petits châteaux des XVIIe ou XVIIIe s.

LOUVERTURE (Toussaint) → **TOUSSAINT LOUVERTURE.**

LOUVIÈRE (La), v. de Belgique (Hainaut) ; 79 486 hab. Métallurgie.

LOUVIERS (27400), bur. centr. de cant. de l'Eure, sur l'Eure ; 19 081 hab. (*Lovériens*). Pâte à papier. Matériel audiovisuel. Agroalimentaire. – Église des XIIe-XVIe s. Musée municipal.

LOUVIGNÉ-DU-DÉSERT (35420), comm. d'Ille-et-Vilaine ; 3 520 hab. (*Louvignéens*). Granite. – Église en partie du XVIe s.

LOUVOIS (François Michel **Le Tellier,** seigneur **de Chaville,** marquis **de**), *Paris 1639 - Versailles 1691,* homme d'État français. Fils du chancelier Michel Le Tellier, associé à son père dès 1661 au Conseil des dépêches et dès 1662 au secrétariat d'État à la Guerre, il est, avec lui, le réorganisateur de l'armée française ; il améliore le recrutement et l'intendance, établit l'ordre du tableau, qui réglait le commandement, dote l'infanterie de la baïonnette, organise un corps d'ingénieurs et des écoles de cadets, crée l'hôtel des Invalides. Véritable ministre des Affaires étrangères de 1672 à 1689, il dirige une diplomatie brutale qui conduit à l'attaque des Provinces-Unies (1672), à la politique des « réunions » à partir de 1679 et à la dévastation du Palatinat (1689). Il est aussi l'instigateur des dragonnades à l'encontre des huguenots. Surintendant des Bâtiments, Arts et Manufactures (1683), il est un mécène fastueux.

▲ **Louvois** par C.-A. Hérault. (Château de Versailles.)

Louvre (palais du) puis musée du **Louvre,** anc. résidence royale, à Paris, longeant la Seine (rive droite). Le palais fut commencé sous Philippe Auguste, continué sous Charles V, François Ier, Catherine de Médicis, Henri IV, Louis XIII, Louis XIV, Napoléon Ier, achevé sous Napoléon III. Ses principaux architectes ont été Lescot, Jacques II Androuet Du Cerceau, Lemercier, Le Vau, C. Perrault, Percier et Fontaine, Visconti, Lefuel. Devenu musée en 1791 - 1793, le palais abrite une des plus riches collections publiques du monde (huit départements : antiquités orientales ; antiquités égyptiennes ; antiquités grecques et romaines ; arts de l'Islam ; peintures ; sculptures ; objets d'art ; arts graphiques, et, depuis 2000, une sélection de chefs-d'œuvre – sculptures – d'Afrique, d'Asie, d'Océanie et des Amériques). La pyramide de verre de Pei (1989) éclaire de nouveaux locaux souterrains du musée, qui s'est agrandi en 1993 d'une aile auparavant occupée par le ministère des Finances. Les ailes de Rohan et de Marsan abritent le musée des Arts* décoratifs, le musée de la Publicité et le musée de la Mode et du Textile. Le musée du Louvre possède une antenne à Lens et a conclu un partenariat culturel original pour le Louvre-Abu Dhabi, ouvert en 2017.

▲ Le palais du **Louvre,** avec la pyramide de verre de Pei.

LOUVRES (95380), comm. du Val-d'Oise ; 10 313 hab. (*Lupariens*). Église des XIe et XVIe s.

LOUXOR → **LOUQSOR.**

LOUŸS [lwis] (Pierre **Louis,** dit Pierre), *Gand 1870 - Paris 1925,* écrivain français. Son œuvre poétique (*les Chansons de Bilitis*) et narrative (*Aphrodite, les Aventures du roi Pausole*) reflète son culte de la beauté et de la civilisation antiques.

LOVECRAFT (Howard Phillips), *Providence 1890 - id. 1937,* écrivain américain. Ses récits fantastiques font de lui l'un des précurseurs de la science-fiction (*la Couleur tombée du ciel, le Cauchemar d'Innsmouth, Démons et merveilles*).

Lovelace, personnage du roman *Clarisse Harlowe* (1747-1748), de S. Richardson. C'est le type du séducteur cynique.

LOVELACE (Ada **King,** comtesse **de Lovelace,** dite Ada), *Londres 1815 - id. 1852,* mathématicienne anglaise, fille de lord Byron. Pionnière de la science informatique, elle conçoit dans les années 1840 le premier programme pour la machine analytique de Charles Babbage*. Son prénom a été donné à un langage de programmation.

◀ Ada **Lovelace** par A. E. Chalon.

LOWE (sir Hudson), *Galway 1769 - Chelsea 1844,* général britannique. Il fut le geôlier de Napoléon à Sainte-Hélène.

LOWELL (Percival), *Boston 1855 - Flagstaff, Arizona, 1916,* astronome américain. Il se consacra surtout à l'étude de la planète Mars et prédit par le calcul l'existence d'une planète au-delà de Neptune (1915).

LOWENDAL ou **LOEWENDAHL** (Ulrich, comte **de**), *Hambourg 1700 - Paris 1755,* maréchal de France d'origine danoise. Il se distingua pendant la guerre de la Succession d'Autriche et prit Bergen op Zoom (1747).

LOWIE (Robert), *Vienne 1883 - Berkeley, Californie, 1957,* anthropologue américain. Il a donné une perspective fonctionnaliste à l'anthropologie culturelle (*Société primitive,* 1920).

LOWLANDS (« Basses Terres »), région déprimée de Grande-Bretagne, dans le centre de l'Écosse (par oppos. à Highlands, « Hautes Terres »), de Glasgow à Édimbourg.

LOWRY (Malcolm), *Birkenhead, Cheshire, 1909 - Ripe, Sussex, 1957,* écrivain britannique. Ses romans offrent une vision désespérée de la solitude (*Au-dessous du volcan,* 1947).

LOYAUTÉ (îles), archipel français de l'Océanie (îles d'Ouvéa, de Lifou et Maré), dépendance de la Nouvelle-Calédonie ; 2 095 km² ; 17 436 hab.

LOYSON (Charles), dit **le P. Hyacinthe,** *Orléans 1827 - Paris 1912,* prédicateur français. Successivement sulpicien, novice dominicain, carme, il rompit avec l'Église et s'efforça d'organiser une Église catholique non romaine.

LOZÈRE (mont), point culminant des Cévennes (France), dans le *dép. de la Lozère* ; 1 699 m.

LOZÈRE n.f. (48), dép. de la Région Occitanie ; ch.-l. de dép. *Mende* ; ch.-l. d'arrond. *Florac-Trois-Rivières* ; 2 arrond. ; 13 cant. ; 158 comm. ; 5 167 km² ; 80 176 hab. (*Lozériens*). Le dép. appartient à l'académie de Montpellier, à la cour d'appel de Nîmes, à la zone de défense et de sécurité Sud. S'étendant sur les hautes terres de la Margeride,

Lozère

500 1000 m

plus de 10 000 h.
de 5 000 à 10 000 h.
de 1 000 à 5 000 h.
moins de 1 000 h.

ch.-l. d'arrondissement
bur. centr. de canton
commune

autoroute
route
voie ferrée

des Cévennes, du Gévaudan et de l'Aubrac et sur une partie des Grands Causses (Sauveterre, Méjean), le dép. est presque exclusivement rural, voué à l'élevage. L'activité touristique (gorges du Tarn et Cévennes surtout) a contribué à enrayer l'émigration, traditionnelle dans ce département, le moins peuplé de France.

LOZI ou **ROTSÉ,** peuple de Zambie (env. 500 000). Agriculteurs et pasteurs de la haute vallée du Zambèze, ils sont organisés en royaume ; celui-ci, créé au XVIIe s., fut occupé de 1840 à 1865 par des envahisseurs sotho, puis, de 1885 à 1900, prit une grande ampleur. Ils sont de langue bantoue.

LR → **Républicains** (Les).

LUANDA, cap. de l'Angola, sur l'Atlantique ; 6 542 944 hab. dans l'agglomération *(Luandais).*

LUANG PRABANG, v. du Laos, sur le haut Mékong. Nombreux temples bouddhiques (XVIe-XIXe s.).

LUANSHYA, v. de Zambie ; 96 840 hab. Centre minier (cuivre).

LUBA ou **BALUBA,** nom de deux peuples d'agriculteurs du sud-est de la Rép. dém. du Congo, apparentés, tous deux christianisés et de langue bantoue, les *Luba du Katanga* et les *Luba du Kasaï.* Les Luba du Katanga (1 million) ont constitué au XVIe s. un royaume prestigieux, qui connut son apogée au milieu du XIXe s. et déclina jusqu'à sa partition par le colonisateur. Ils parlent le *kiluba.* Les Luba du Kasaï (2 millions) ne furent pas organisés en État. Ils parlent le *ciluba,* ou *tshiluba.*

LUBAC (Henri **Sonier de**), *Cambrai 1896 - Paris 1991,* théologien jésuite français. Cardinal en 1983, il est l'un des artisans du renouveau théologique (*Catholicisme, les aspects sociaux du dogme,* 1938 ; *Méditation sur l'Église,* 1953).

LUBANGÓ, anc. **Sá da Bandeira,** v. du sud-ouest de l'Angola.

LUBBERS (Rudolphus ou Ruud), *Rotterdam 1939 - id. 2018,* homme politique néerlandais. Chrétien-démocrate, il fut Premier ministre de 1982 à 1994 et haut-commissaire des Nations unies aux réfugiés (HCR) de 2001 à 2005.

LUBBOCK, v. des États-Unis (Texas) ; 243 839 hab.

LÜBECK, v. d'Allemagne (Schleswig-Holstein), près de la Baltique ; 210 305 hab. Port. Métallurgie. Agroalimentaire. – Imposants monuments médiévaux en brique ; musées. – Fondée en 1143, ville impériale dès 1226, Lübeck fut à la tête de la Hanse jusqu'en 1535.

LUBERON n.m., chaîne calcaire du sud de la France (Vaucluse), au N. de la Durance ; 1 125 m. Parc naturel régional, couvrant env. 185 000 ha sur les dép. des Alpes-de-Haute-Provence et du Vaucluse.

LUBITSCH (Ernst), *Berlin 1892 - Hollywood 1947,* cinéaste américain d'origine allemande. Dans les fresques muettes d'inspiration historique (*Madame du Barry,* 1919), comme dans les comédies, son raffinement élégant reste inégalé (*Haute Pègre,* 1932 ; *Ange,* 1937 ; *Ninotchka,* 1939 ; *Jeux dangereux,* 1942 ; *la Folle Ingénue,* 1946).

LÜBKE (Heinrich), *Enkhausen 1894 - Bonn 1972,* homme politique allemand, président de la République fédérale d'Allemagne de 1959 à 1969.

LUBLIN, v. de Pologne, ch.-l. de voïevodie, au S.-E. de Varsovie ; 349 103 hab. Textile. Métallurgie. – Nombreux monuments des XIVe-XVIIIe s. – Siège du gouvernement provisoire en 1918 et en 1944.

Lublin (Union de) [1er juill. 1569], union de la Pologne et du grand-duché de Lituanie en une « république » gouvernée par un souverain élu en commun.

LUBUMBASHI, anc. **Élisabethville,** v. de la Rép. dém. du Congo, ch.-l. du Katanga ; 1 786 397 hab. dans l'agglomération. Centre de l'industrie du cuivre.

LUC (Le) [83340], bur. centr. de cant. du Var ; 10 944 hab.

LUC (saint), *Ier s.,* l'un des quatre évangélistes. Compagnon de saint Paul, auteur du troisième Évangile et des Actes des Apôtres, il met l'accent sur l'universalisme du message évangélique. Patron des peintres et des médecins. Dans la sculpture et la peinture, il apparaît accompagné du bœuf (emprunté à la vision d'Ézéchiel).

LUCAIN, en lat. **Marcus Annaeus Lucanus,** *Cordoue 39 - Rome 65,* poète latin, neveu de Sénèque le Philosophe. Il est l'auteur d'une épopée sur la lutte entre César et Pompée *(la Pharsale).* Compromis dans la conspiration de Pison, il s'ouvrit les veines.

LUCANIE n.f., région de l'Italie ancienne, qui s'étendait du golfe de Tarente à la Campanie.

LUCAS (George), *Modesto, Californie, 1944,* cinéaste et producteur américain. Réalisateur de *American Graffiti* (1973) et de *Star Wars,* célèbre pour ses effets spéciaux (*la Guerre des étoiles,* 1977 ; *Épisode I, la Menace fantôme,* 1999 ; *Épisode II, l'Attaque des clones,* 2002 ; *Épisode III, la Revanche des Sith,* 2005), il a bâti un empire fondé sur le développement de technologies de pointe (image et son) et sur la production de films (Lucasfilm, société rachetée en 2012 par Disney).

LUCAS (Robert E.), *Yakima, État de Washington, 1937,* économiste américain. Ses travaux sur les anticipations rationnelles ont transformé l'analyse macroéconomique et la vision de la politique économique. (Prix Nobel 1995.)

LUCAS de Leyde, *Leyde 1489 ou 1494 - id. 1533,* peintre et graveur néerlandais. Élève à Leyde du maniériste gothique Cornelis Engebrechtsz., il a peint des panneaux de genre, bibliques et religieux, et a gravé des planches qui, à la fois capricieuses et très abouties, firent de lui un rival de Dürer.

LUCAYES (îles) → **BAHAMAS.**

LUCE (sainte) → **LUCIE** (sainte).

LUCÉ (28110), bur. centr. de cant. d'Eure-et-Loir ; 16 433 hab. *(Lucéens).* Équipements industriels.

LUCERNE, en all. **Luzern,** v. de Suisse, ch.-l. du canton de Lucerne ; 77 491 hab. (214 251 hab. dans l'agglomération). Station touristique. – Ville pittoresque ; monuments du Moyen Âge à l'époque baroque ; musées.

LUCERNE (canton de), canton de Suisse ; 1 493 km² ; 377 610 hab. ; ch.-l. *Lucerne.* Il entra dans la Confédération en 1332.

LUCHINI (Fabrice), *Paris 1951,* acteur français. Son jeu original tire parti de sa voix, dont il varie régulièrement le rythme et la puissance. Il a ainsi marqué plusieurs films (*Perceval le Gallois,* É. Rohmer, 1979 ; *la Discrète,* C. Vincent, 1990 ; *Beaumarchais l'insolent,* É. Molinaro, 1996 ; *Dans la maison,* F. Ozon, 2012 ; *l'Hermine,* C. Vincent, 2015 ; *Ma Loute,* B. Dumont, 2016). Au théâtre, il fait partager son intelligence des grands textes, notamm. ceux de La Fontaine, de Nietzsche et de Céline.

LUCHON → **BAGNÈRES-DE-LUCHON.**

LUCÍA (Francisco **Sánchez Gómez,** dit Paco **de**), *Algésiras 1947 - Cancún 2014,* guitariste espagnol. Maître du flamenco, il renouvela le genre en l'ouvrant au jazz-rock et aux mélodies latino-américaines (*Fantasía flamenca,* 1969 ; *Friday Night in San Francisco,* 1981 ; *Cositas buenas,* 2004).

LUCIE ou **LUCE** (sainte), *Syracuse IIIe s. ?,* vierge et martyre. On lui aurait arraché les yeux.

LUCIEN d'Antioche (saint), *Samosate v. 235 - Antioche 312,* prêtre et martyr. Il fonda à Antioche une école chrétienne qui privilégiait l'interprétation littérale de la Bible. Arius fut son élève.

LUCIEN de Samosate, *Samosate, Syrie, v. 125 - v. 192,* écrivain grec. Ses dialogues (*Dialogues des morts*) et ses romans satiriques (*Histoire vraie*) raillent les superstitions.

LUCIFER, autre nom de Satan. C'est l'ange de Lumière, déchu après sa révolte contre Dieu.

LUCILIUS (Caius), *Suessa Aurunca v. 180 av. J.-C. - Naples v. 102 av. J.-C.,* poète latin. Il a donné sa forme définitive à la satire romaine.

LUCKNER (Nicolas, comte), *Cham, Bavière, 1722 - Paris 1794,* maréchal de France. Il commanda les armées du Rhin (1791), du Nord et du Centre (1792). Nommé général en chef et soupçonné de trahison, il fut arrêté et condamné à mort par le Tribunal révolutionnaire.

LUCKNOW, v. d'Inde, cap. de l'Uttar Pradesh ; 2 207 340 hab. (2 901 474 hab. dans l'agglomération). Monuments anciens (XVIIIe-XIXe s.) ; musée. – Métallurgie. Textile.

Lucky Luke, personnage de bande dessinée créé en 1946 par Morris dans *l'Almanach Spirou* (associé pour le scénario à Goscinny à partir de 1955). Ce cow-boy solitaire au cœur pur parcourt un Ouest américain légendaire et parodique.

LUC-LA-PRIMAUBE (12450), bur. centr. de cant. de l'Aveyron ; 6 105 hab. *(Luco-Primaubois).*

LUÇON ou **LUZON,** la plus grande et la plus peuplée des îles des Philippines ; 108 172 km² ; 45 534 084 hab. ; v. princ. *Manille.* Elle fut occupée par les Japonais de 1942 à 1944.

LUÇON (85400), bur. centr. de cant. de la Vendée ; 9 803 hab. *(Luçonnais).* Évêché. Imprimerie. – Cathédrale surtout des XIIe-XIVe s.

LUCQUES, en ital. **Lucca,** v. d'Italie (Toscane), ch.-l. de prov. ; 86 833 hab. *(Lucquois).* Remparts reconstruits aux XVe-XVIe s. ; églises romanes et gothiques à arcatures pisanes (œuvres d'art). Musées.

LUCRÈCE, *m. v. 509 av. J.-C.,* femme romaine. Violée par un fils de Tarquin le Superbe, elle se tua. Cet événement aurait provoqué la révolte qui mit fin à la royauté à Rome.

LUCRÈCE, en lat. **Titus Lucretius Carus,** *Rome ? v. 98 - 55 av. J.-C.,* poète et philosophe latin. Son *De natura rerum,* poème philosophique puissant et sensuel, oppose la physique et la morale épicuriennes à la crainte des dieux et de la mort, entrave au bonheur.

LUCRÈCE BORGIA → **BORGIA.**

LUCULLUS (Lucius Licinius), *entre 117 et 106 - v. 57 av. J.-C.,* général romain. Il dirigea la guerre contre Mithridate VI Eupator (74 - 66) et organisa la province d'Asie ; il est resté célèbre pour son raffinement gastronomique.

Lucy ou **Lucie,** nom familier donné à un squelette d'australopithèque *Australopithecus afarensis,* vieux de 3,3 millions d'années, trouvé dans la Rift Valley éthiopienne en 1974.

LUDE (Le) [72800], bur. centr. de cant. de la Sarthe ; 3 981 hab. *(Ludois).* Marché. Tourisme. – Château des XVe-XVIIIe s.

LUDENDORFF (Erich), *Kruszewnia, Posnanie, 1865 - Tutzing 1937,* général allemand. Chef d'état-major de Hindenburg sur le front russe (1914), puis son adjoint au commandement suprême (1916 - 1918), il dirigea la stratégie allemande en 1917 - 1918.

LÜDERITZ, v. de Namibie, sur l'Atlantique ; 12 500 hab. Port. Pêcheries.

LUDHIANA, v. d'Inde (Pendjab) ; 1 613 878 hab. (1 760 000 hab. dans l'agglomération). Textile.

LUDOVIC SFORZA le More, *Vigevano 1452 - Loches 1508,* duc de Milan (1494 - 1500). Il obtint le Milanais avec l'aide de la France, mais l'avènement de Louis XII ruina son pouvoir. Capturé à Novare (1500), il mourut interné en France.

LUDWIGSHAFEN AM RHEIN, v. d'Allemagne (Rhénanie-Palatinat), en face de Mannheim ; 157 584 hab. Centre chimique. – Musées.

Luftwaffe (mot all. signif. *arme aérienne*), nom, depuis 1935, de l'aviation militaire allemande.

LUGANO, v. de Suisse (Tessin), sur le *lac de Lugano* ; 54 667 hab. (137 081 hab. dans l'agglomération). Tourisme. – Festival musical (« Projet Martha Argerich »). – Cathédrale médiévale à façade Renaissance ; église S. Maria degli Angioli (fresque de Luini). Musées, dont le musée d'Art (villa Malpensata) et le musée cantonal d'Art.

LUGDUNUM, nom latin de Lyon*.

LUGNÉ-POE (Aurélien Marie **Lugné,** dit), *Paris 1869 - Villeneuve-lès-Avignon 1940,* acteur et metteur en scène de théâtre français. Écrivain, fondateur du théâtre de l'Œuvre (1893), il fit connaître en France les grands dramaturges étrangers (Ibsen, Strindberg, D'Annunzio).

LUGO, v. d'Espagne (Galice), ch.-l. de prov. ; 97 995 hab. Enceinte en partie romaine (IIIe s.), cathédrale des XIIe-XVIIIe s. ; musée.

LUGONES (Leopoldo), *Santa María del Río Seco, Córdoba, 1874 - Buenos Aires 1938,* écrivain argentin. Il est l'un des principaux représentants du modernisme dans son pays (*la Guerra gaucha,* 1905 ; *Odas seculares,* 1910).

LUINI (Bernardino), *Luino ?, lac Majeur, v. 1485 - Milan ? 1532,* peintre italien. Influencé par le milieu lombard (Foppa, A. Solario, etc.) et par Léonard de Vinci, il excelle dans l'art de la fresque (Milan, Lugano, Saronno).

LUIS DE LEÓN (Fray), *Belmonte, Cuenca, 1527 - Madrigal de las Altas Torres, Ávila, 1591,* écrivain et théologien espagnol. Sa poésie et sa prose *(les*

Noms du Christ), marquées par la Bible, l'Antiquité et la Renaissance italienne, s'élèvent de la contemplation cosmique à l'élan mystique.

LUKÁCS (György), *Budapest 1885 - id. 1971*, philosophe et homme politique hongrois. Il interpréta Marx dans une perspective humaniste centrée sur la notion d'aliénation (*Histoire et conscience de classe*, 1923) et jeta les bases d'une esthétique marxiste (*la Théorie du roman*, 1920).

ŁUKASIEWICZ (Jan), *Lemberg, auj. Lviv, 1878 - Dublin 1956*, logicien polonais. Il est le premier à avoir énoncé une logique trivalente, admettant le vrai, le faux et le possible.

LULA DA SILVA (Luiz Inácio), *Garanhuns, État de Pernambouc, 1945*, homme politique brésilien. Dirigeant syndical dans la métallurgie, fondateur du parti des Travailleurs (1980) et leader historique de la gauche brésilienne, il a été président de la République de 2003 à 2010. En 2017, il est condamné à de la prison ferme pour corruption (peine alourdie en appel).

◄ L. I. **Lula da Silva** en 2005.

LULEÅ, v. de Suède, sur le golfe de Botnie, à l'embouchure du *Lule älv* ; 75 966 hab. Exportation du fer. Aciérie. – Musée d'ethnographie.

LULLE (bienheureux Raymond), *Palma de Majorque v. 1235 - Bougie ou Palma 1315*, théologien et poète catalan. D'un savoir encyclopédique, il a écrit, en latin, en catalan et en arabe, de nombreux ouvrages de philosophie, de théologie, de mystique et d'alchimie (*Ars magna*, 1273-1275). Il a élevé le catalan au rang de langue littéraire.

LULLY ou **LULLI** (Jean-Baptiste), *Florence 1632 - Paris 1687*, compositeur et violoniste italien naturalisé français. Il passa la plus grande partie de sa vie en France. Devenu surintendant de la Musique, il obtint une sorte de monopole de la production musicale. Il fut le créateur de l'opéra français et composa une douzaine de tragédies lyriques (*Alceste*, 1674 ; *Atys*, 1676 ; *Armide*, 1686), des ballets, des divertissements pour les comédies de Molière (*le Bourgeois gentilhomme*, 1670) et de grands motets (*Miserere*). Son style influença Bach et Händel.

▲ Jean-Baptiste **Lully.** (Musée Condé, Chantilly.)

LULUABOURG → **KANANGA.**

LULUWA, peuple du centre de la Rép. dém. du Congo, de langue bantoue.

LUMBINI → **KAPILAVASTU.**

LUMET (Sidney), *Philadelphie 1924 - New York 2011*, cinéaste américain. Affirmant dès son premier film (*12 Hommes en colère*, 1957) un sens aigu de la critique sociale, il ne cessa de creuser les rapports conflictuels entre l'individu et toutes les formes de pouvoir (*Serpico*, 1973 ; *Un après-midi de chien*, 1975 ; *Network, main basse sur la TV*, 1976).

LUMIÈRE (les frères), inventeurs et industriels français. **Louis L.**, *Besançon 1864 - Bandol 1948*, et **Auguste L.**, *Besançon 1862 - Lyon 1954*. Louis, aidé de son frère, inventa le Cinématographe, pour lequel il tourna ou fit tourner de nombreux films. On leur doit également la mise au point du premier procédé commercial de photographie en couleurs, l'Autochrome (1903).

LUMUMBA (Patrice), *Katako Kombé 1925 - Élisabethville, auj. Lubumbashi, 1961*, homme politique congolais. Fondateur du Mouvement national congolais, il milita pour l'indépendance du Congo belge (auj. Rép. dém. du Congo). Premier ministre en 1960, il lutta contre la sécession du Katanga. Destitué en 1961, il fut assassiné.

◄ Patrice **Lumumba**

▲ Auguste et Louis **Lumière**

LUNA (Álvaro **de**), *Cañete 1388 - Valladolid 1453*, homme d'État espagnol. Connétable de Castille, favori du roi Jean II, il combattit la noblesse, qui obtint sa disgrâce, et il fut décapité.

LUNCEFORD (James Melvin, dit Jimmie), *Fulton, Missouri, 1902 - Seaside, Oregon, 1947*, chef d'orchestre américain de jazz. Également saxophoniste et arrangeur, il cultiva la sonorité moelleuse et colorée de son grand orchestre, qui rivalisa avec ceux de C. Basie et de D. Ellington (*Rhythm Is Our Business*, 1934 ; *For Dancers Only*, 1937).

LUND, v. de la Suède méridionale ; 115 968 hab. Université. Centre de recherche européen sur la matière (ESS, European Spallation Source), en construction. – Cathédrale romane. Musées.

LUNDA, peuple du sud de la Rép. dém. du Congo, du nord-est de l'Angola et du nord de la Zambie (env. 400 000). Ils créèrent au XVIIe s. un royaume d'où partirent plusieurs conquérants de la savane qui fondèrent des dynasties autonomes. Ils ont profondément influencé la culture politique de l'Afrique centrale. Le *lunda*, ou *kilunda*, est une langue bantoue.

LUNDEGÅRDH (Henrik), *Stockholm 1888 - Penningby 1969*, botaniste suédois. Il est l'auteur de travaux sur la photosynthèse, le cycle du gaz carbonique, la respiration des plantes, etc.

LUNE, satellite naturel de la Terre. (V. partie n. comm.)

LÜNEBURG, v. d'Allemagne (Basse-Saxe), dans les *landes de Lüneburg* ; 69 905 hab. Hôtel de ville des XIIIe-XVIIIe s. ; maisons en brique à pignons décorés. Musées.

LUNEL (34400), bur. centr. de cant. de l'Hérault ; 25 466 hab. *(Lunellois)*. Vins. – Aux environs, château Renaissance de Marsillargues (musée).

LÜNEN, v. d'Allemagne (Rhénanie-du-Nord-Westphalie), dans la Ruhr ; 86 010 hab. Métallurgie.

LUNENBURG, v. du Canada (Nouvelle-Écosse) ; 2 263 hab. Églises du XVIIIe s. Musée des pêcheries de l'Atlantique.

LUNERAY (76810), bur. centr. de cant. de la Seine-Maritime ; 2 264 hab. *(Luneraysiens)*. Agroalimentaire.

LUNÉVILLE (54300), ch.-l. d'arrond. de Meurthe-et-Moselle, sur la Meurthe ; 19 587 hab. *(Lunévillois)*. Industrie automobile. Faïence. – Château par Boffrand (1702, musée), en cours de restauration après un grave incendie survenu en 2003 ; église St-Jacques par Boffrand et Héré (1730). – En 1801 y fut conclu, entre la France et l'Autriche, un traité confirmant celui de Campoformio et consacrant l'accroissement de la puissance française en Italie.

LUOYANG, v. de Chine (Henan) ; 1 491 680 hab. Riche musée archéologique. Cap. sous les Shang, les Zhou, les Han, les Wei et enfin les Tang, elle a été un important foyer culturel et possède des quartiers anciens et pittoresques. Nécropole han ; temple du Cheval blanc, fondé en 68, avec une pagode du XIIe s. Aux environs, grottes de Longmen*.

LUPERCUS ANTIQ. ROM. Dieu que l'on célébrait sous le nom de *Faunus Lupercus*, au cours des *lupercales*.

Lupin (Arsène), héros, créé en 1905, des récits policiers de M. Leblanc, type du gentleman cambrioleur. Il a inspiré de nombreux films.

LUQMAN ou **LOKMAN**, sage de la tradition arabe préislamique.

LURÇAT (Jean), *Bruyères, Vosges, 1892 - Saint-Paul-de-Vence 1966*, peintre et cartonnier de tapisserie français. Il a contribué dès les années 1930 à rénover l'art de la tapisserie (*le Chant du monde*, dix pièces, 1956-1965, Angers).

LURE (70200), ch.-l. d'arrond. de la Haute-Saône ; 8 457 hab. *(Lurons)*. Industrie automobile. Travail du bois et ameublement. Produits vétérinaires.

LURE (montagne de), massif des Alpes françaises, au S.-O. de Sisteron ; 1 826 m.

LURISTAN → **LORESTAN.**

LUSACE, en all. **Lausitz**, région aux confins de l'Allemagne et de la République tchèque, culminant dans les *monts de Lusace* (alt. 1 010 m).

LUSAKA, cap. de la Zambie, à env. 1 300 m d'alt. ; 1 802 470 hab. dans l'agglomération *(Lusakois)*.

LÜSHUN → **PORT-ARTHUR.**

LUSIGNAN, famille originaire du Poitou (Xe s.). Elle fit souche dans l'Orient latin, notamm. avec Gui* de Lusignan, qui racheta Chypre aux Templiers en 1192.

Lusitania, paquebot britannique. Il fut torpillé près des côtes d'Irlande, le 7 mai 1915, par un sous-marin allemand ; 1 200 civils (dont env. 120 Américains) périrent.

LUSITANIE, anc. région de la péninsule Ibérique, couvrant, pour une part, l'actuel territoire du Portugal et constituant une province romaine à partir d'Auguste. (Hab. *Lusitaniens* ou *Lusitains*.)

LUSTIGER (Jean-Marie), *Paris 1926 - id. 2007*, prélat français. Né de parents d'origine polonaise et juive, prêtre en 1954, il fut archevêque de Paris de 1981 à 2005, nommé cardinal en 1983. (Acad. fr.)

LUTÈCE, ville de Gaule, capitale des *Parisii*, qui est devenue Paris.

LUTHER (Martin), *Eisleben 1483 - id. 1546*, théologien et réformateur allemand. Moine augustin très préoccupé par l'idée du salut, il s'astreint à de sévères mortifications et joue aussi un rôle diplomatique dans son ordre, qui le délègue à Rome en 1510. Docteur en théologie, il obtient, en 1513, la chaire d'Écriture sainte à l'université de Wittenberg, où, à partir de 1515, il commente les épîtres de Paul, notamm. l'épître aux Romains. En référence à la doctrine paulinienne de la justification par la foi, il s'élève contre le trafic des indulgences (*querelle des Indulgences*), puis contre le principe même de celles-ci dans ses 95 thèses (1517), considérées comme le point de départ de la Réforme. Condamné par Rome en 1520, il poursuit son œuvre ; à cette date paraissent les « trois grands écrits réformateurs » : le manifeste *À la noblesse chrétienne de la nation allemande* (sur la suprématie romaine), *la Captivité de Babylone* (sur les sacrements), *De la liberté du chrétien* (sur l'Église). Mis au ban de l'Empire après la diète de Worms, où il refuse de se rétracter (1521), caché au château de la Wartburg par son protecteur l'Électeur de Saxe, il peut revenir à Wittenberg en 1522. Marié en 1525 à Katharina von Bora, il consacre le reste de sa vie à structurer son œuvre et à la défendre ; il lutte à la fois contre le catholicisme, que soutient la puissance politique, contre les révoltes sociales (guerre des Paysans), les déviations des illuminés et des anabaptistes et contre ceux qui, tel Zwingli en Suisse, donnent à sa réforme une orientation nouvelle. Luther est aussi un écrivain : ses œuvres, et principalement sa traduction de la Bible (1521-1534), font de lui un des premiers grands prosateurs de l'allemand moderne.

▲ Martin **Luther** par Cranach l'Ancien. (Offices, Florence.)

LUTHULI ou **LUTULI** (Albert John), *en Rhodésie 1898 - Stanger, Natal, 1967*, homme politique sud-africain. Zoulou, président de l'ANC (1952 - 1960), adversaire pacifique de l'apartheid, il reçut le prix Nobel de la paix en 1960.

LUTON, v. de Grande-Bretagne (Angleterre), près de Londres ; 203 201 hab. Aéroport. Industrie automobile.

LUTOSŁAWSKI (Witold), *Varsovie 1913 - id. 1994*, compositeur polonais. Il est l'auteur d'un *Concerto pour orchestre*, d'un *Concerto pour violoncelle*, de quatre symphonies et de musique vocale (*Trois Poèmes d'Henri Michaux*).

Lutte ouvrière (LO), parti politique français, trotskiste, créé en 1968. Arlette Laguiller en a longtemps été la porte-parole nationale (auj. remplacée par Nathalie Arthaud).

Lützen (bataille de) [16 nov. 1632], bataille de la guerre de Trente Ans, à Lützen (au S.-O. de Leipzig). Victoire des Suédois sur les impériaux de Wallenstein. Gustave II Adolphe y fut tué. — bataille de **Lützen** (2 mai 1813), bataille de l'Empire. Victoire de Napoléon Ier sur les Russes et les Prussiens.

LUXEMBOURG n.m., État d'Europe occidentale ; 2 586 km² ; 530 000 hab. *(Luxembourgeois).* **CAP.** *Luxembourg.* **LANGUES :** *luxembourgeois, allemand* et *français.* **MONNAIE :** *euro.*

INSTITUTIONS Monarchie constitutionnelle (grand-duché de Luxembourg). Constitution de 1868. Le grand-duc, chef de l'État, nomme le Premier ministre pour 5 ans. La Chambre des députés est élue au suffrage universel direct pour 5 ans.

GÉOGRAPHIE La région septentrionale (Ösling) appartient au plateau ardennais, souvent forestier, entaillé par des vallées encaissées (Sûre) et dont la mise en valeur est limitée par des conditions naturelles défavorables. Elle s'oppose au Sud (Gutland, « Bon Pays »), prolongement de la Lorraine, où la fertilité des sols et un climat moins rude ont favorisé l'essor d'une agriculture variée (céréales, cultures fruitières et florales, vigne, tabac, un peu de vin) et de l'élevage bovin. La présence de fer dans le Sud-Ouest (dont l'extraction a cessé) a favorisé le développement de la sidérurgie et de la métallurgie. Après avoir géré avec succès sa transition d'une économie industrielle vers les services (financiers, notamm.), le pays, avec la fin du secret bancaire (2017), mise désormais sur l'innovation (informatique, biomédecine et science des métaux, en partic.). La balance commerciale est déficitaire. Les échanges se font surtout avec les États limitrophes (Allemagne, Belgique, France) et avec d'autres membres de l'Union européenne.

HISTOIRE **963 :** issu du morcellement de la Lotharingie, le comté de Luxembourg est créé au sein du Saint Empire romain germanique. **1354 :** Charles IV de Luxembourg érige le comté en duché de Luxembourg. **1441 :** le Luxembourg passe à Philippe le Bon, duc de Bourgogne. **1506 :** il devient possession des Habsbourg d'Espagne. **1714 :** au traité de Rastatt, le Luxembourg est cédé à l'Autriche. **1795 :** il est annexé par la France. **1815 :** le congrès de Vienne en fait un grand-duché, lié à titre personnel au roi des Pays-Bas et membre de la Confédération germanique. **1831 :** la moitié occidentale du grand-duché devient belge (province de Luxembourg). **1867 :** le traité de Londres fait du Luxembourg un État neutre, sous la garantie des grandes puissances. **1890 :** la couronne passe à la famille de Nassau. **1912 :** la loi salique est abrogée et Marie-Adélaïde devient grande-duchesse. **1914 - 1918 :** le Luxembourg est occupé par les Allemands. **1919 :** Charlotte de Nassau devient grande-duchesse et donne une Constitution démocratique au pays. **1940 - 1944 :** annexion allemande. **1947 :** le Luxembourg devient membre du Benelux. **1948 :** il abandonne sa neutralité. **1949 :** il adhère à l'OTAN. **1958 :** il entre dans la CEE. **1964 :** la grande-duchesse Charlotte abdique en faveur de son fils Jean. **2000 :** le grand-duc Jean abdique en faveur de son fils Henri. La vie politique a été longtemps dominée par le Parti chrétien-social (avec, notamm., pour Premiers ministres : Pierre Werner, 1959 - 1974 et 1979 - 1984 ; Jacques Santer, 1984 - 1995 ; Jean-Claude Juncker, 1995 - 2013). Xavier Bettel (Parti démocratique) est le chef du gouvernement depuis 2013.

LUXEMBOURG, prov. du sud-est de la Belgique ; 4 418 km² ; 275 594 hab. ; ch.-l. *Arlon* ; 5 arrond. *(Arlon, Bastogne, Marche-en-Famenne, Neufchâteau, Virton)* ; 44 comm. La prov. s'étend presque entièrement sur l'Ardenne, ce qui explique la faiblesse relative de l'occupation humaine (56 hab./km²), de l'urbanisation et de l'activité économique (élevage, exploitation de la forêt, tourisme).

Luxembourg

200 – 500 m ; autoroute ; route ; voie ferrée ; aéroport ; ● plus de 50 000 h. ; ● de 10 000 à 50 000 h. ; • moins de 10 000 h.

LUXEMBOURG, cap. du grand-duché de Luxembourg, sur l'Alzette ; 95 058 hab. *(Luxembourgeois).* Centre intellectuel, financier (Banque européenne d'investissement), administratif (Cour des comptes européenne et Cour de justice de l'Union européenne) et industriel (métallurgie de transformation). – Cathédrale des XVIIe-XXe s. Nombreux musées, dont le musée national d'Histoire et d'Art et le musée d'Art moderne Grand-Duc Jean (Mudam).

▲ **Luxembourg.** La vieille ville et les fortifications.

LUXEMBOURG (François Henri **de Montmorency-Bouteville,** duc de), *Paris 1628 - Versailles 1695,* maréchal de France. Il dirigea la campagne de Hollande en 1672 puis, commandant en chef de l'armée de Flandre en 1680, il remporta tant de victoires et prit tant de drapeaux qu'on l'appela « le Tapissier de Notre-Dame ».

LUXEMBOURG (maisons de), maisons qui régnèrent sur le Luxembourg de 963 à 1443. La troisième maison accéda à l'Empire (1308), aux trônes de Bohême (1310), puis de Hongrie (1387). À la mort de Sigismond (1437), la majeure partie de ses possessions passa aux Habsbourg.

Luxembourg (palais du), édifice parisien (VIe arrond.). Ce palais fut construit de 1615 à 1620, par S. de Brosse, pour Marie de Médicis ; Rubens en décora la galerie (grandes toiles auj. au Louvre). Agrandi au XIXe s., il est affecté au Sénat. Musée (expositions temporaires). Grand jardin public.

LUXEMBURG (Rosa), *Zamość, près de Lublin, 1871 - Berlin 1919,* révolutionnaire allemande. Elle s'opposa au sein du mouvement social-démocrate au révisionnisme de Bernstein et de Kautsky, tout en marquant ses distances par rapport au bolchevisme *(Grève de masse, parti et syndicats,* 1906 ; *l'Accumulation du capital,* 1913). Elle fut assassinée au cours de la répression de l'insurrection spartakiste.

▲ Rosa **Luxemburg**

LUXEUIL-LES-BAINS (70300), bur. centr. de cant. de la Haute-Saône ; 7 133 hab. *(Luxoviens).* Station thermale (affections veineuses et gynécologiques). – Un monastère y fut fondé par saint Colomban au VIe s. – Monuments des XIVe-XVIe s. – Base aérienne.

LU XUN, *Shaoxing 1881 - Shanghai 1936,* écrivain chinois. Nouvelliste *(la Véridique Histoire de Ah Q)* et essayiste, il est considéré comme le fondateur de la littérature chinoise moderne.

LUYNES (37230), comm. d'Indre-et-Loire ; 5 269 hab. *(Luynois).* Château des XIIe-XVIIe s.

LUYNES (Charles, marquis **d'Albert,** duc de), *Pont-Saint-Esprit 1578 - Longueville 1621,* homme d'État français. Favori de Louis XIII, il poussa au meurtre de Concini (1617), à qui il succéda comme chef du gouvernement. Connétable (1621), il lutta contre les huguenots.

LUZARCHES (95270), comm. du Val-d'Oise ; 4 608 hab. *(Luzarchois).* Église des XIIe-XVIe s.

LUZENAC (09250), comm. de l'Ariège ; 514 hab. Carrière de talc. – Église des XIIe-XVe s.

LUZHOU, v. de Chine (Sichuan) ; 1 252 884 hab. Chimie.

LUZI (Mario), *Castello, près de Florence, 1914 - Florence 2005,* écrivain italien, auteur de poèmes *(la Barque,* 1935) et d'essais critiques.

LUZON → **LUÇON.**

LUZ-SAINT-SAUVEUR [lyz-] (65120), comm. des Hautes-Pyrénées ; 1 008 hab. *(Luzéens).* Église romane. – Établissement thermal à *Saint-Sauveur.* Sports d'hiver à *Luz-Ardiden.*

LVF (Légion des volontaires français contre le bolchevisme), unité militaire fondée en 1941 et rassemblant des Français volontaires pour combattre sur le front russe, dans les rangs et sous l'uniforme de la Wehrmacht.

LVIV, anc. **Lvov,** en all. **Lemberg,** v. d'Ukraine, près de la Pologne ; 732 818 hab. Textile. Métallurgie. – Monuments religieux du XIIIe au XVIIIe s. – La ville, fondée au XIIIe s., appartint à la Pologne de 1349 à 1772 et de 1920 à 1939, à l'Autriche de 1772 à 1920.

LWOFF (André), *Ainay-le-Château, Allier, 1902 - Paris 1994*, médecin et biologiste français. Il reçut le prix Nobel de médecine en 1965 (avec F. Jacob et J. Monod) pour ses travaux de physiologie microbienne et de génétique moléculaire.

LYALLPUR → **FAISALABAD.**

LYAUTEY (Louis Hubert), *Nancy 1854 - Thorey, Meurthe-et-Moselle, 1934*, maréchal de France. Collaborateur de Gallieni au Tonkin et à Madagascar (1894 - 1897), il pacifia le N. de l'île. Il créa de 1912 à 1925 le protectorat français du Maroc, qu'il maintint aux côtés de la France pendant la Première Guerre mondiale. Il fut ministre de la Guerre en 1916 - 1917 et organisa l'Exposition coloniale de Paris (1927 - 1931). [Acad. fr.]

▲ Le maréchal **Lyautey** par Calderé.
(Musée de l'Armée, Paris.)

LYCABETTE n.m., colline de Grèce, dans l'Attique, intégrée à Athènes. Elle dominait le quartier du *Lycée*, où s'élevait un temple d'Apollon Lycéen.

▲ **Lycabette.** Athènes et le mont Lycabette.

LYCAONIE, anc. pays de l'Asie Mineure, dont la ville principale était Iconium (auj. Konya).

LYCIE, anc. région côtière du sud-ouest de l'Asie Mineure (v. princ. *Xanthos*).

LYCOPHRON, *Chalcis fin du IVe s. - début du IIIe s. av. J.-C.*, poète grec. Son poème *Alexandra* rapporte les prédictions de Cassandre en un style hermétique.

LYCURGUE, législateur mythique (IXe s. av. J.-C. ?) à qui furent attribuées les sévères institutions spartiates.

LYCURGUE, *v. 390 - v. 324 av. J.-C.*, orateur et homme politique athénien. Allié de Démosthène, il s'opposa à Philippe II de Macédoine.

LYDIE, royaume de l'Asie Mineure, dont la capitale était Sardes. Ses rois les plus célèbres furent Gygès et Crésus. La Lydie tomba aux mains des Perses en 547 av. J.-C.

LYELL (sir Charles), *Kinnordy, Écosse, 1797 - Londres 1875*, géologue britannique. Dans ses *Principes de géologie* (1833), il montre les inconvénients d'une interprétation littérale de la Bible, s'attaque à la théorie « catastrophiste » et prône l'usage de la théorie des causes actuelles, ou « actualisme ».

LYLY (John), *Canterbury v. 1554 - Londres 1606*, écrivain anglais. Le style précieux de son roman *Euphues ou l'Anatomie de l'esprit* (1578) devint le modèle de l'euphuisme*.

LYNCH (David), *Missoula, Montana, 1946*, cinéaste américain. Peintre venu au cinéma, il en explore tous les pouvoirs afin de révéler la profondeur et la vérité de nos fantasmes (*Eraserhead*, 1977 ; *Elephant Man*, 1980 ; *Blue Velvet*, 1986 ; *Sailor et Lula*, 1990 ; *Twin Peaks*, 1992 ; *Mulholland Drive*, 2001 ; *Inland Empire*, 2006).

LYNCH (John, dit Jack), *Cork 1917 - Dublin 1999*, homme politique irlandais. Leader du Fianna Fáil, il fut Premier ministre de 1966 à 1973 et de 1977 à 1979.

LYON, ch.-l. de la Région Auvergne-Rhône-Alpes, du dép. du Rhône et centre de la métropole de Lyon*, au confluent du Rhône et de la Saône, à 460 km au S.-E. de Paris ; 521 098 hab. *(Lyonnais)*. Archevêché, cour d'appel, académie et université, École normale supérieure. Siège de la zone de défense et de sécurité Sud-Est. Centre commercial (foire internationale) et industriel (pharmacie et biotechnologies, jeux vidéo et technologies de l'information, constructions électriques) bénéficiant d'une remarquable desserte autoroutière, ferroviaire (TGV) et aérienne (aéroport Lyon-Saint-Exupéry, anc. Lyon-Satolas). Festival estival en plein air, consacré au spectacle vivant (« les Nuits de Fourvière »). Fête des Lumières, autour du 8 déc. – Cathédrale gothique (XIIe-XVe s.) et autres églises médiévales, demeures de la Renaissance, monuments des XVIIe et XVIIIe s. Musée gallo-romain, intégré à la colline de Fourvière ; riche musée des Beaux-Arts ; musées Gadagne (musée d'Histoire de Lyon et musée des Arts de la marionnette) ; musée des Confluences (sciences et sociétés), situé à l'extrémité sud de la presqu'île (quartier en cours d'aménagement) ; musées des Tissus et des Arts décoratifs, de l'Imprimerie et de la Banque, d'Art contemporain, etc. Institut Lumière. Centre d'histoire de la Résistance et de la Déportation. – Fondée en 43 av. J.-C., capitale de la Gaule Lyonnaise (27 av. J.-C.), *Lugdunum* (Lyon) fut christianisée dès le IIe s. Puissante principauté ecclésiastique au XIIe s., siège de deux conciles œcuméniques (1245, 1274), elle fut annexée au royaume de France en 1307. Important marché international (XIVe-XVIe s.), la ville abrita une industrie de la soie prospère (XVIIe s.). Elle fut châtiée par la Convention pour sa rébellion (1793). En 1831 et 1834, elle fut le théâtre d'une révolte des canuts.

LYON (métropole de), collectivité territoriale de France, regroupant 59 comm. (1 390 240 hab.). [V. carte **Rhône.**] Créée en 2015, elle reprend sur son territoire les compétences de l'anc. communauté urbaine de Lyon et celles du conseil départemental du Rhône.

LYONNAIS (monts du), massif de l'est du Massif central (France).

LYONNAISE, une des parties de la Gaule romaine (v. princ. *Lugdunum* [Lyon]).

LYONS-LA-FORÊT [-ɔ̃s-] (27480), comm. de l'Eure ; 742 hab. Forêt. – Monuments anciens.

LYOT (Bernard), *Paris 1897 - Le Caire 1952*, astrophysicien français. Inventeur du coronographe (1930), il est l'un de ceux qui ont le plus fait progresser, avant l'ère spatiale, la connaissance des surfaces planétaires et de l'atmosphère solaire.

LYOTARD (Jean-François), *Versailles 1924 - Paris 1998*, philosophe français. Après avoir appartenu au groupe *Socialisme ou Barbarie*, il a tenté, dans son analyse de l'économie, d'aller au-delà de Freud et de Marx (*l'Économie libidinale*, 1974). Ses recherches ont porté aussi sur la théorie de l'art.

LYS n.f., en néerl. **Leie,** riv. de France et de Belgique, affl. de l'Escaut (r. g.), à Gand ; 214 km. Elle passe à Armentières et à Courtrai.

LYSANDRE, *m. en 395 av. J.-C.*, général spartiate. Il défit les Athéniens à l'embouchure de l'Aigos-Potamos (405 av. J.-C.) et prit Athènes (404).

LYSIAS, *v. 440 av. J.-C. - v. 380 av. J.-C.*, orateur athénien. Il fut l'adversaire des Trente. Son art oratoire est un modèle de l'atticisme.

LYSIMAQUE, *Pella v. 360 - Couroupédion, Lydie, 281 av. J.-C.*, roi de Thrace. Général d'Alexandre, il se proclama roi en 306. Il fut tué par Séleucos Ier Nikatôr.

LYSIPPE, *Sicyone v. 390 av. J.-C.*, sculpteur grec. Attaché au rendu du mouvement et de la musculature athlétique, il a allongé le canon de Polyclète et a été, avec son *Apoxyomène* (copie romaine au Vatican), à l'origine de la conception hellénistique du corps viril.

▲ **Lysippe.** *L'Apoxyomène*, v. 330 av. J.-C.
(Copie romaine, musée Pio Clementino, Vatican.)

LYS-LEZ-LANNOY (59390), comm. du Nord, sur la frontière belge ; 13 739 hab. *(Lyssois)*. Machines de maintenance industrielle et ferroviaire.

LYSSENKO (Trofim Denissovitch), *Karlovka, Poltava, 1898 - Moscou 1976*, biologiste et agronome soviétique. Il étudia la vernalisation et imposa ses idées, erronées, sur la transmission des caractères acquis, qui furent pourtant promues théorie officielle par le pouvoir soviétique entre 1940 et 1955.

LYSSYTCHANSK, anc. **Lissitchansk,** v. d'Ukraine ; 115 229 hab. Houille. Sidérurgie.

LYTTON (Edward George **Bulwer-Lytton,** baron), *Londres 1803 - Torquay 1873*, écrivain et homme politique britannique, auteur du roman *les Derniers Jours de Pompéi* (1834).

▲ **Lyon.** Les bords de la Saône et, au fond, une tour du quartier de la Part-Dieu.

M6 (Métropole 6), chaîne de télévision française. Issue de la chaîne thématique musicale TV6 créée en 1986, elle a été attribuée en 1987 à un groupe piloté par la Compagnie luxembourgeoise de télédiffusion (CLT, auj. RTL Group).

MA (Yo-Yo), *Paris 1955*, violoncelliste américain d'origine chinoise. Du répertoire baroque aux œuvres contemporaines, en passant par le jazz ou la musique de film, il s'emploie à populariser son art et à favoriser les rencontres entre la musique et les autres domaines culturels.

MAALOUF (Amin), *Beyrouth 1949*, écrivain libanais et français d'expression française. D'abord journaliste, il s'emploie dans ses romans à réconcilier, en une quête humaniste, l'Orient musulman et l'Occident chrétien (*le Rocher de Tanios*, 1993 ; *les Échelles du Levant*, 1996 ; *le Périple de Baldassare*, 2000 ; *les Désorientés*, 2012). Il est aussi l'auteur d'essais (*les Identités meurtrières*, 1998) et de livrets d'opéra. (Acad. fr.)

MAASEIK [mazɛjk], v. de Belgique, ch.-l. d'arrond. du Limbourg, sur la Meuse ; 24 891 hab. Monuments et ensemble urbain anciens.

MAASMECHELEN [masmɛkələn], comm. de Belgique (Limbourg) ; 37 421 hab.

MAASTRICHT, v. des Pays-Bas, ch.-l. du Limbourg, sur la Meuse ; 121 819 hab. Églises St-Servais et Notre-Dame, remontant aux Xe-XIe s. ; Musée provincial. Foire européenne des beaux-arts (« TEFAF Maastricht »), annuelle.

Maastricht (traité de) [7 févr. 1992], traité signé par les États membres de la CEE (qui devient la CE, Communauté européenne) et instituant l'Union européenne. Il concerne principalement la poursuite de l'Union économique et monétaire (UEM) [avec, pour étape ultime, l'adoption d'une monnaie unique] et la mise en œuvre d'une politique étrangère et de sécurité commune ainsi que d'une coopération dans le domaine de la justice et des affaires intérieures. Il instaure une citoyenneté européenne. Ratifié en 1992 - 1993, il est entré en vigueur le 1er nov. 1993. Ses dispositions ont été modifiées par les traités européens ultérieurs (et notamm. par le traité de Lisbonne*).

MAÂT, déesse égyptienne de la Vérité et de la Justice, qui garantit l'ordre de l'univers.

MAATHAI (Wangari), *Nyeri 1940 - Nairobi 2011*, femme politique kenyane. Docteur en biologie, secrétaire d'État à l'Environnement (2003 - 2005), elle associa à son action en faveur du développement durable (projet pour le reboisement en Afrique notamm.) son combat pour la promotion des femmes. (Prix Nobel de la paix 2004.)

MAAZEL (Lorin), *Neuilly-sur-Seine 1930 - Castleton, Virginie, 2014*, chef d'orchestre américain. Directeur de l'Opéra de Vienne de 1982 à 1984, il fut notamm. directeur musical de l'Orchestre national de France (1988 - 1990), de l'Orchestre de Pittsburgh (1988 - 1996), de l'Orchestre de la Radiodiffusion bavaroise (1993 - 2002), de l'Orchestre philharmonique de New York (2002 - 2009) et, enfin, de celui de Munich de 2012 jusqu'à sa mort.

MABANCKOU (Alain), *Pointe-Noire, Congo, 1966*, écrivain franco-congolais. Dans ses romans, il joue avec les clichés sur les Africains et évoque, non sans truculence, les violences contemporaines (*Verre cassé*, 2005 ; *Mémoires de porc-épic*, 2006 ; *Petit Piment*, 2015). Ses essais abordent la question de l'identité et le danger des communautarismes.

MABILLON (Jean), *Saint-Pierremont 1632 - Paris 1707*, bénédictin français. Moine de la congrégation de Saint-Maur, à Paris, il est l'auteur des *Acta sanctorum ordinis sancti Benedicti* et surtout du *De re diplomatica* (1681), qui fonda la diplomatique.

MABLY (Gabriel **Bonnot de**), *Grenoble 1709 - Paris 1785*, philosophe français. Hostile aux physiocrates, il critique la notion de propriété (*De la législation ou Principes des lois*, 1776).

MABUSE → **GOSSART** (Jean).

McADAM (John Loudon), *Ayr, Écosse, 1756 - Moffat 1836*, ingénieur britannique. Il inventa le système de revêtement des routes à l'aide de pierres cassées, dit « macadam ».

MACAIRE, *v. 1482 - 1563*, prélat russe. Métropolite de Moscou (1542), conseiller du tsar Ivan IV le Terrible, il scella l'union de l'Église et de l'État moscovites.

MACAIRE d'Égypte (saint), *v. 301 - v. 394*, ermite chrétien. Les écrits mystiques qu'on lui a attribués influencèrent la spiritualité orientale.

McALEESE (Mary), *Belfast 1951*, femme politique irlandaise. Juriste, membre du Fianna Fáil, elle a été présidente de la République de 1997 à 2011.

MACAO, région administrative spéciale de la Chine, sur la côte sud ; 16 km² ; 575 000 hab. (*Macanais*). Port. Centre industriel et touristique (jeux de hasard). – Territoire portugais depuis 1557, Macao a été rétrocédé à la Chine en 1999.

MACAPÁ, v. du Brésil, cap. de l'État de l'Amapá ; 387 539 hab. Port.

MacARTHUR (Douglas), *Fort Little Rock 1880 - Washington 1964*, général américain. Commandant en chef aux Philippines lors de l'invasion japonaise (1941), il fut ensuite mis à la tête des troupes alliées dans le Pacifique (commandement des forces du Pacifique Sud-Ouest en 1942, puis commandement général en 1945) ; il reçut la capitulation du Japon en 1945. Puis il commanda les forces de l'ONU en Corée (1950 - 1951).

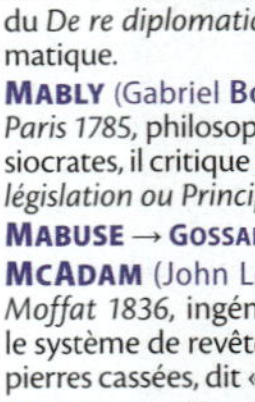
▲ Le général **MacArthur**

MACASSAR → **UJUNG PANDANG.**

MACAULAY (Thomas Babington), *Rothley Temple 1800 - Campden Hill, Londres, 1859*, historien et homme politique britannique. Son *Histoire d'Angleterre* (1848-1861) connut un énorme succès.

MACBETH, *m. près de Lumphanan, Aberdeen, en 1057*, roi d'Écosse (1040 - 1057). Il parvint au trône en assassinant Duncan Ier, mais fut tué par le fils de ce dernier, le futur Malcolm III. Son histoire a inspiré une tragédie à Shakespeare (v. 1606).

MACCABÉES ou **MACABÉES** (les), surnom (en hébreu « le marteau ») donné, lors du soulèvement juif de 167 av. J.-C., à Judas, membre d'une famille de patriotes juifs, et étendu ensuite à tous les siens. C'est le prêtre Mattathias qui donna le signal de la révolte contre la politique d'hellénisation du roi séleucide Antiochos IV Épiphane. À sa mort (v. 166 av. J.-C.), ses fils prirent la relève : d'abord **Judas** (m. en 160 av. J.-C.), qui obtint pour son peuple la liberté religieuse, puis **Jonathan** et **Simon,** tous deux assassinés (en 142 et en 134 av. J.-C.), qui firent reconnaître l'indépendance nationale. Jean Hyrcan, le fils de Simon, fonda la dynastie sacerdotale des Asmonéens. Les livres bibliques dits des *Maccabées* sont au nombre de quatre : les deux premiers livres (écrits au cours du IIe s., admis uniquement dans les canons catholique et orthodoxe) retracent l'avènement d'Antiochos IV et la révolte de ses opposants ; les deux derniers livres sont considérés comme apocryphes par les catholiques.

McCAREY (Leo), *Los Angeles 1898 - Santa Monica 1969*, cinéaste et producteur américain. Du burlesque au mélodrame, il maîtrise tous les registres de l'émotion (*Soupe au canard*, 1933 ; *l'Extravagant M. Ruggles*, 1935 ; *Elle et Lui*, 1939).

McCARTHY (Charles, dit Cormac), *Providence 1933*, romancier américain. Dans des récits empreints de violence et hantés par la question du mal, souvent adaptés au cinéma, il campe des personnages rudes et tragiques (*Suttree*, 1979 ; *De si jolis chevaux*, 1992 ; *Non, ce pays n'est pas pour le vieil homme*, 2005 ; *la Route*, 2006).

McCARTHY (Joseph), *près d'Appleton, Wisconsin, 1908 - Bethesda, Maryland, 1957*, homme politique américain. Sénateur républicain, il mena une virulente campagne anticommuniste dans les années 1950 (*maccarthysme*). Il fut désavoué par le Sénat en 1954.

McCAY (Winsor), *Spring Lake, Michigan, 1867 - Sheepshead Bay, New York, 1934*, dessinateur et scénariste américain. Pionnier de la bande dessinée et du cinéma d'animation, il est l'auteur de *Little* Nemo in Slumberland* (1905).

McCLINTOCK (Barbara), *Hartford 1902 - Huntington 1992*, généticienne américaine. Ses travaux sur les transposons, dont elle avait suggéré l'existence dès les années 1940, lui ont valu le prix Nobel de physiologie ou de médecine en 1983.

McCLURE (sir Robert John **Le Mesurier**), *Wexford, Irlande, 1807 - Londres 1873*, explorateur britannique. Il découvrit le passage du Nord-Ouest* (1851 - 1853).

McCORMICK (Cyrus Hall), *comté de Rockebridge, Virginie, 1809 - Chicago 1884*, industriel américain. Il mit au point la première faucheuse fabriquée en série et fonda en 1847 une célèbre firme de machines agricoles.

McCULLERS (Carson Smith), *Columbus, Géorgie, 1917 - Nyack, État de New York, 1967*, romancière américaine. Ses récits, marqués par le freudisme, traitent de la solitude de l'être humain (*Le cœur est un chasseur solitaire*, *Reflets dans un œil d'or*, *Frankie Addams*, *la Ballade du café triste*).

McCULLOCH (Ernest), *Toronto 1926 - id. 2011*, médecin canadien. Travaillant en collaboration avec le biophysicien James **Till** (*Lloydminster, Saskatchewan, 1931*) au sein de l'Institut du cancer de l'Ontario, à Toronto, il découvrit l'existence des cellules souches (1961) et en identifia les principales caractéristiques (1963), révolutionnant le champ de la recherche en biologie cellulaire.

MACDONALD (Alexandre), **duc de Tarente**, *Sedan 1765 - Courcelles, Loiret, 1840*, maréchal de France. Il se distingua à Wagram (1809) et à Leipzig (1813) puis, en 1814, contribua à l'abdication de Napoléon Ier et se rallia à Louis XVIII.

MACDONALD (James Ramsay), *Lossiemouth, Écosse, 1866 - en mer 1937*, homme politique britannique. Leader du Parti travailliste (1911 - 1914, 1922 - 1937), il dirigea le premier cabinet travailliste du Royaume-Uni (1924) et préconisa le désarmement et la coopération internationale. De nouveau au pouvoir à partir de 1929, il dut, face à la crise économique, former un gouvernement de coalition (1931). Il démissionna en 1935.

MACDONALD (sir John Alexander), *Glasgow 1815 - Ottawa 1891*, homme politique canadien. Chef du premier cabinet de la Confédération canadienne (1867 - 1873), de nouveau au pouvoir de 1878 à 1891, il assura la colonisation des Territoires du Nord-Ouest.

MACÉ (Jean), *Paris 1815 - Monthiers, Aisne, 1894*, publiciste français, fondateur de la Ligue française de l'enseignement.

MACÉDOINE n.f., région historique de la péninsule des Balkans, auj. partagée entre la Macédoine du Nord, la Bulgarie et la Grèce.

HISTOIRE **VIIe - VIe s. av. J.-C. :** les tribus de Macédoine sont unifiées. **356 - 336 :** Philippe II porte le royaume à son apogée et impose son hégémonie à la Grèce. **336 - 323 :** Alexandre le Grand conquiert l'Égypte et l'Orient. **323 - 276 :** après sa mort, ses généraux (les diadoques) se disputent la Macédoine. **276 - 168 :** les Antigonides règnent sur le pays. **168 :** la victoire romaine de Pydna met un terme à l'indépendance macédonienne. **148 av. J.-C. :** la Macédoine devient province romaine. **IVe s. apr. J.-C. :** elle est rattachée à l'Empire romain d'Orient. **VIIe s. :** les Slaves occupent la région. **IXe - XIVe s. :** Byzantins, Bulgares et Serbes se disputent le pays. **1371 - 1912 :** la Macédoine fait partie de l'Empire ottoman. **1912 - 1913 :** la première guerre balkanique la libère des Turcs. **1913 :** la question du partage de la Macédoine oppose la Serbie, la Grèce et la Bulgarie au cours de la seconde guerre balkanique. **1915 - 1918 :** les Alliés combattent dans la région les forces austro-germano-bulgares. **1945 :** la république fédérée de Macédoine est créée au sein de la Yougoslavie. **1991 :** elle se déclare indépendante.

MACÉDOINE (off. **ancienne république yougoslave de Macédoine**), nom porté de 1991 à 2019 par la Macédoine* du Nord.

MACÉDOINE DU NORD (république de) n.f., jusqu'en 2019 **Macédoine,** off. **ancienne république yougoslave de Macédoine,** État de l'Europe balkanique, au N. de la Grèce ; 25 700 km² ; 2 107 000 hab. (*Macédoniens*). **CAP.** *Skopje.* **LANGUES :** *macédonien* et (dans certaines régions) *albanais.* **MONNAIE :** *denar.*

GÉOGRAPHIE En grande partie montagneux, ouvert cependant par quelques bassins et vallées (dont celle du Vardar), le pays associe élevage et cultures (bénéficiant parfois de l'irrigation et d'un climat localement méditerranéen) et quelques activités extractives (plomb, zinc). Skopje concentre environ le cinquième d'une population comptant une notable minorité d'Albanais de souche (près de 25 %), localisés dans la partie occidentale.

Macédoine du Nord

200 500 1000 2000 m

autoroute — route — voie ferrée — site touristique important

plus de 400 000 h. — de 50 000 à 400 000 h. — de 30 000 à 50 000 h. — moins de 30 000 h.

HISTOIRE La partie de la Macédoine historique attribuée en 1913 à la Serbie est occupée pendant la Première et la Seconde Guerre mondiale par la Bulgarie. **1945 :** elle est érigée en république fédérée de Yougoslavie. **1991 :** elle proclame son indépendance (présidée de 1991 à 1999 par Kiro Kligorov). Mais la reconnaissance de la nouvelle République par la communauté internationale s'avère difficile en raison de l'opposition de la Grèce à la constitution d'un État indépendant portant ce nom. **1993 :** elle est admise à l'ONU sous le nom d'ancienne république yougoslave de Macédoine. La Grèce lui impose un blocus économique (1994 - 1995) avant de parvenir à un compromis (notamm. sur la question du drapeau national). **1999 :** la Macédoine, présidée par Boris Trajkovski, doit faire face à l'afflux de réfugiés albanais du Kosovo, qui perturbe le fragile équilibre existant entre majorité slave (orthodoxe) et minorité albanaise (musulmane). **2001 :** après une crise très grave (actions violentes de groupes armés albanais dans le nord du pays), une révision constitutionnelle élargit les droits de la communauté albanaise. **2004 :** la Macédoine dépose une demande d'adhésion à l'Union européenne. Branko Crvenkovski devient président de la République. **2009 :** Gjorge Ivanov lui succède à la tête de l'État (réélu en 2014). **2015 - 2016 :** le pays traverse une grave crise politique et institutionnelle. **2019 :** à la suite d'un accord avec la Grèce (juin 2018) entériné par les parlements des deux pays (janv.), la Macédoine prend le nom définitif de Macédoine du Nord.

MACÉDONIENNE (dynastie), famille qui, de 867 à 1057, donna à Byzance huit empereurs et deux impératrices.

MACEIÓ, v. du Brésil, cap. de l'État d'Alagoas, sur l'Atlantique ; 917 086 hab. (1 154 403 hab. dans l'agglomération). Port. – Musées.

McENROE (John), *Wiesbaden, Allemagne, 1959*, joueur de tennis américain. Il a remporté notamm. quatre titres à Flushing Meadow (1979, 1980, 1981, 1984) et trois à Wimbledon (1981, 1983, 1984).

MACERATA, v. d'Italie (Marches), ch.-l. de prov. ; 42 474 hab. Monuments des XVIe-XIXe s.

McEWAN (Ian), *Aldershot, Hampshire, 1948*, romancier britannique. Mêlant analyse psychologique, intrigue policière, satire et humour noir, il conte sans illusion les déviances, les obsessions et les perversités de son temps (*le Jardin de ciment*, 1978 ; *l'Enfant volé*, 1987 ; *Amsterdam*, 1998 ; *Expiation*, 2001 ; *l'Intérêt de l'enfant*, 2014 ; *Dans une coque de noix*, 2016).

MACH (Ernst), *Chirlitz-Turas, Moravie, 1838 - Haar, près de Munich, 1916*, physicien autrichien. Il mit en évidence le rôle de la vitesse du son en aérodynamique et son étude critique des principes de la mécanique newtonienne eut une grande influence sur les travaux d'Einstein.

MÁCHA (Karel Hynek), *Prague 1810 - Litoměřice 1836*, écrivain tchèque. Son poème romantique *Mai* (1836) annonce la poésie tchèque moderne.

MACHADO (Antonio), *Séville 1875 - Collioure 1939*, poète espagnol. Il mêle la rêverie mélancolique et raffinée à l'inspiration terrienne (*Solitudes*, *les Paysages de Castille*).

MACHADO DE ASSIS (Joaquim Maria), *Rio de Janeiro 1839 - id. 1908*, écrivain brésilien. Poète parnassien, il est surtout connu pour ses romans réalistes et ironiques (*Dom Casmurro*).

MACHALA, v. de l'Équateur, ch.-l. de prov., près du golfe de Guayaquil ; 241 606 hab.

MACHAULT D'ARNOUVILLE (Jean-Baptiste **de**), *Paris 1701 - id. 1794*, homme d'État et financier français. Il fut contrôleur général des Finances (1745 - 1754), garde des Sceaux (1750) et secrétaire d'État de la Marine (1754 - 1757). Il essaya d'établir l'égalité devant l'impôt en créant un impôt du vingtième sur tous les revenus, nobles et roturiers.

MACHAUT (Guillaume **de**) → **GUILLAUME DE MACHAUT.**

MACHECOUL-SAINT-MÊME (44270), bur. centr. de cant. de la Loire-Atlantique ; 7 673 hab. En mars 1793, les troupes de Charette y massacrèrent des républicains.

MACHEL (Samora Moises), *Madragoa 1933 - dans un accident d'avion 1986*, homme politique mozambicain. Il fut président de la République de 1975 à 1986.

MACHIAVEL, en ital. **Niccolo Machiavelli,** *Florence 1469 - id. 1527*, homme politique, écrivain et philosophe italien. Secrétaire de la république de Florence, il remplit de nombreuses missions diplomatiques (en Italie, en France et en Allemagne) et réorganisa l'armée. Le renversement de la république par les Médicis (1513) l'éloigna du pouvoir. Il mit à profit cette retraite forcée pour écrire la majeure partie de son œuvre d'historien et d'écrivain : *le Prince* (1513, publié en 1532), *Discours sur la première décade de Tite-Live* (1513-1519), *Discours sur*

◀ **Machiavel** par le Rosso. (Coll. priv., Florence.)

A B C D E F G H I J K L M N O P Q R S T U V W X Y Z

l'art de la guerre (1519-1521), *l'Histoire de Florence* (1525), les comédies *la Mandragore* (1520) et *la Clizia* (1525). L'œuvre théorique de Machiavel constitue un retournement de la philosophie politique héritée des Grecs. Machiavel ne se préoccupe pas de concevoir le meilleur régime possible : démasquant les prétentions de la religion en matière politique, il part des réalités contemporaines pour définir un « ordre nouveau » (moral, libre et laïque) où la raison d'État a pour objectif ultime l'amélioration de l'homme et de la société.

MACHIDA, v. du Japon (Honshu), banlieue sud-ouest de Tokyo ; 404 798 hab.

MACHINE (La) [58260], comm. de la Nièvre ; 3 452 hab. *(Machinois)*. Musée de la Mine.

MACHREQ, en ar. **al-Machriq** (« le Levant »), nom donné à l'ensemble des pays arabes d'Asie et du nord-est de l'Afrique : Égypte, Libye.

MACHU PICCHU, anc. cité inca du Pérou, dans les Andes (alt. 2 430 m), à 130 km au N. de Cuzco. Ignorée des conquérants espagnols, elle a été découverte en 1911. Vestiges importants.

MACINA, région du Mali, traversée par le Niger et mise en valeur (cultures du riz et du coton) par l'Office du Niger. Au début du XIXe s., Cheikhou Amadou y établit un empire peul théocratique, conquis par El-Hadj Omar en 1862.

MACKENSEN (August von), *Haus Leipnitz, près de Wittenberg, 1849 - Burghorn, Celle, 1945,* maréchal allemand. Il conquit la Pologne (1915) puis la Roumanie (1916), mais fut battu par Franchet d'Espèrey en Macédoine (1918).

MACKENZIE n.m., fl. du Canada, né dans les Rocheuses et qui se jette dans l'océan Arctique ; 4 600 km. Il porte le nom d'*Athabasca* dans sa partie supérieure et de *rivière des Esclaves* (Slave River) dans sa section moyenne, entre le lac Athabasca et le Grand lac des Esclaves.

MACKENZIE (William Lyon), *près de Dundee, Écosse, 1795 - Toronto 1861,* homme politique canadien. Il dirigea la rébellion de 1837 dans le Haut-Canada (auj. Ontario).

William Lyon **Mackenzie** ►

MACKENZIE KING (William Lyon) → **KING.**

MACKINDER (Halford John), *Gainsborough, Lincolnshire, 1861 - Parkstone, Dorset, 1947,* géographe et géopoliticien britannique. Il oppose les puissances contrôlant les mers et leur périphérie *(rimland)* et celles contrôlant le cœur des continents *(heartland)*.

McKINLEY (mont), n. off. le **Denali,** point culminant de l'Amérique du Nord (Alaska) ; 6 194 m.

McKINLEY (William), *Niles, Ohio, 1843 - Buffalo, État de New York, 1901,* homme politique américain. Président républicain (1897 - 1901), il développa une politique impérialiste (Cuba, Hawaii). Réélu en 1900, il fut assassiné par un anarchiste.

MACKINTOSH (Charles Rennie), *Glasgow 1868 - Londres 1928,* architecte et décorateur britannique. Il fut le leader, à l'époque de l'Art nouveau, d'une originale « école de Glasgow ».

McLAREN (Norman), *Stirling 1914 - Montréal 1987,* cinéaste d'animation canadien d'origine britannique. Il a mis au point une technique de dessin animé qui consiste à dessiner directement sur la pellicule et a utilisé les procédés les plus divers dans ses films : *la Poulette grise,* 1947 ; *les Voisins,* 1952 ; *Blinkity Blank,* 1955.

MACLAURIN (Colin), *Kilmodan 1698 - Édimbourg 1746,* mathématicien écossais. Son *Traité des fluxions* (1742) est le premier exposé systématique des méthodes de Newton. On y trouve la série qui porte son nom.

MACLEOD (John), *près de Dunkeld, Écosse, 1876 - Aberdeen 1935,* médecin britannique. Il découvrit l'insuline. (Prix Nobel 1923.)

MACLOU (saint) → **MALO.**

McLUHAN (Herbert Marshall), *Edmonton 1911 - Toronto 1980,* sociologue canadien. Selon lui, les moyens de communication audiovisuelle modernes (télévision, radio, etc.) mettent en cause la suprématie de l'écrit (*la Galaxie Gutenberg,* 1962 ; *Pour comprendre les médias,* 1964).

MAC-MAHON (Edme Patrice, comte de), duc de Magenta, *Sully, Saône-et-Loire, 1808 - château de La Forêt, Loiret, 1893,* maréchal de France et homme politique français. Sous le second Empire, il se signale pendant les guerres de Crimée (prise de Malakoff) et d'Italie (victoire de Magenta), et est gouverneur général de l'Algérie de 1864 à 1870. Fait prisonnier lors de la guerre de 1870, il est libéré pour constituer l'armée de Versailles, qui écrase la Commune de Paris (mai 1871). Après la chute de Thiers (24 mai 1873), il est élu président de la République, devenant pour les monarchistes l'instrument pour rétablir, à terme, la royauté. Avec le duc de Broglie comme Premier ministre, il établit un régime d'ordre moral. En nov., ses pouvoirs sont prorogés pour sept ans. Après 1876, les républicains étant en majorité à la Chambre, il entre en conflit avec Jules Simon, chef du gouvernement, et l'oblige à démissionner (16 mai 1877). Mais, à la suite de la victoire des républicains aux élections législatives d'oct. puis aux élections sénatoriales de janv. 1879, Mac-Mahon démissionne (30 janv. 1879).

▲ Le maréchal de **Mac-Mahon** par H. Vernet. (Château de Versailles.)

McMILLAN (Edwin Mattison), *Redondo Beach, Californie, 1907 - El Cerrito, Californie, 1991,* physicien américain. Après avoir obtenu le neptunium et isolé le plutonium (1941), il a découvert le principe du synchrocyclotron. (Prix Nobel de chimie 1951.)

MACMILLAN (Harold), *Londres 1894 - Birch Grove 1986,* homme politique britannique. Député conservateur (1924), chancelier de l'Échiquier (1955 - 1957), il fut Premier ministre et leader du Parti conservateur de 1957 à 1963.

MACMILLAN (sir Kenneth), *Dunfermline, Écosse, 1929 - Londres 1992,* danseur et chorégraphe britannique. Longtemps à la tête du Royal Ballet, il s'imposa avec des œuvres de facture néoclassique : *Roméo et Juliette,* 1965 ; *Manon,* 1974.

MACON, v. des États-Unis (Géorgie) ; 91 351 hab. (232 293 hab. dans l'agglomération).

MÂCON (71000), ch.-l. du dép. de Saône-et-Loire, sur la Saône, à 393 km au S.-E. de Paris ; 34 294 hab. *(Mâconnais)*. Port fluvial. Centre commercial. Constructions électriques. – Hôtel-Dieu et demeures du XVIIIe s. ; musées.

MÂCONNAIS, partie de la bordure orientale du Massif central (alt. 758 m). Viticulture.

MAC ORLAN (Pierre Dumarchey, dit Pierre), *Péronne 1882 - Saint-Cyr-sur-Morin 1970,* écrivain français. Bohème, il a donné dans ses récits (*le Quai des brumes, la Bandera*) une vision insolite et quasi épique de l'aventure quotidienne ou exotique.

MACOURIA (97355), comm. de la Guyane, sur le littoral ; 11 911 hab. *(Macouriens)*. Agroalimentaire. – Zoo.

MACPHERSON (James) → **OSSIAN.**

McQUEEN (Terence Steven McQueen, dit Steve), *Beech Grove, Indiana, 1930 - Ciudad Juárez 1980,* acteur américain. Il incarne l'image de la rébellion individuelle avec ses interprétations d'antihéros intrépides (*Au nom de la loi,* T. Carr, 1958-1961 [série télévisée] ; *les Sept Mercenaires,* J. Sturges, 1960 ; *Bullitt,* P. Yates, 1968).

MACRI (Mauricio), *Tandil, prov. de Buenos Aires, 1959,* homme politique argentin. Il est président de la République depuis 2015.

Mauricio **Macri** ►

MACRIN, en lat. **Marcus Opellius Macrinus,** *Césarée, auj. Cherchell, 164 - Chalcédoine 218,* empereur romain (217 - 218). Meurtrier et successeur de Caracalla, il fut lui-même tué sur l'ordre d'Élagabal.

MACROBE, en lat. **Ambrosius Theodosius Macrobius,** *vers 400 apr. J.-C.,* écrivain latin. Il est l'auteur d'un commentaire sur *le Songe de Scipion,* de Cicéron, et des *Saturnales,* compilation des connaissances de l'époque.

MACRON (Emmanuel), *Amiens 1977,* homme politique français. Ministre de l'Économie, de l'Industrie et du Numérique (2014 - 2016) sous la présidence de F. Hollande, il fonde en 2016 En marche !, mouvement situé au centre de l'échiquier politique. Il est élu président de la République en 2017.

◄ Emmanuel **Macron**

MADÁCH (Imre), *Alsósztregova 1823 - id. 1864,* écrivain hongrois, auteur du poème dramatique *la Tragédie de l'homme* (1861).

MADAGASCAR n.f., en malgache **Madagasikara,** État insulaire d'Afrique, dans l'océan Indien ; 587 000 km² ; 22 925 000 hab. *(Malgaches).* **CAP.** *Antananarivo.* **LANGUES :** *malgache et français.* **MONNAIE :** *ariary malgache.*

GÉOGRAPHIE L'île est formée, au centre, de hauts plateaux granitiques, parfois surmontés de massifs volcaniques, au climat tempéré par l'altitude et qui retombent brutalement à l'est sur une étroite plaine littorale, chaude, humide et forestière. L'Ouest est occupé par des plateaux et des collines sédimentaires, calcaires et gréseux, au climat plus sec, domaines de la forêt claire, de la savane et de la brousse.

Le manioc et le riz, avec l'élevage bovin, constituent les bases de l'alimentation. Le café surtout, le girofle, la vanille, la canne à sucre assurent, avec la pêche, l'essentiel des exportations, complétées par les ressources minières (graphite, mica, chrome, pierres précieuses) et pétrolières. Mais la balance commerciale demeure déficitaire et le sous-emploi, important.

HISTOIRE **Les origines. XIVe s. - XVIIe s. :** à partir du XIVe s., des commerçants arabes s'installent sur les côtes de l'île, qui abrite un mélange de populations venues d'Afrique et de Bornéo. Les Européens (en premier lieu les Portugais, dès 1500, avec Diogo Dias) ne parviennent pas à créer des établissements durables. Fort-Dauphin, fondé par les Français en 1643, est abandonné en 1674. Les côtes sont alors fréquentées par des pirates. Parallèlement, des royaumes émergent dès 1400 (Betsileo, Sakalave…). **XVIIIe s. :** le royaume merina (cap. Antananarivo) s'étend sur la quasi-totalité de l'île, grâce surtout aux conquêtes d'Andrianampoinimerina (1787 - 1810). **1817 :** son souverain, Radama Ier (1810 - 1828), reçoit de la Grande-Bretagne le titre de roi de Madagascar. **1828 - 1861 :** Ranavalona Ire ferme les écoles et chasse les Européens. **1865 - 1895 :** le pouvoir réel est aux mains de Rainilaiarivony, époux de trois reines successives, qui modernise le pays, se convertit au protestantisme, mais doit accepter le protectorat français (1885). **1895 - 1896 :** l'expédition Duchesne aboutit à la déchéance de la reine Ranavalona III et à l'annexion de l'île par la France, qui abolit l'esclavage. **1896 - 1905 :** Gallieni, gouverneur, travaille à la pacification et exile la reine.

L'indépendance. 1946 : Madagascar devient territoire d'outre-mer. **1947 - 1948 :** une violente rébellion est durement réprimée. **1960 :** la République malgache, proclamée en 1958, obtient son indépendance. **1972 :** à la suite de troubles importants, le président Philibert Tsiranana (au pouvoir depuis 1959) doit se retirer. **1975 :** Didier Ratsiraka devient président de la République démocratique de Madagascar. Vers la fin des années 1980, reconnaissant l'échec d'une expérience socialiste de plus de dix ans, il engage son pays sur la voie d'un libéralisme prudent. **1991 :** l'opposition grandit et l'agitation se développe. L'état d'urgence est proclamé. Un gouvernement de transition, chargé de démocratiser les institutions, est mis en place. **1993 :** l'approbation, par référendum, de la nouvelle Constitution (1992) est suivie par l'élection à la présidence de la République du chef de l'opposition, Albert Zafy. **1997 :** D. Ratsiraka (élu en déc.

Madagascar, Comores, Maurice, Seychelles

★ site touristique important — 500 / 1000 / 1500 m
route
voie ferrée
aéroport
● plus de 1 000 000 h.
● de 100 000 à 1 000 000 h.
● de 50 000 à 100 000 h.
● moins de 50 000 h.

1996) revient à la tête de l'État. **2001 - 2002 :** les résultats contestés du premier tour de l'élection présidentielle (déc. 2001) opposant D. Ratsiraka à Marc Ravalomanana font basculer le pays dans l'anarchie. La crise prend fin avec l'investiture officielle de M. Ravalomanana à la tête de l'État (mai 2002) et le départ de D. Ratsiraka en exil (juill.). **2009 :** M. Ravalomanana (largement réélu en 2006) est évincé du pouvoir par le jeune maire d'Antananarivo, Andry Rajoelina. Le pays connaît de graves troubles et une longue crise politique. **2011 :** une feuille de route est acceptée par les protagonistes du conflit (sept.), qui organise une période de transition avec la mise en place d'un gouvernement d'union nationale (formé en nov.) et la préparation de nouvelles élections (qui se déroulent, après plusieurs reports, en déc. 2013). **2014 :** Hery Rajaonarimampianina, le candidat de A. Rajoelina, accède à la tête de l'État. **2019 :** A. Rajoelina (élu en déc. 2018) revient au pouvoir.

Madame Bovary, roman de G. Flaubert (1857). Le romantisme stéréotypé d'Emma Bovary vient se briser contre la médiocrité de la vie et des hommes ; elle se suicide. – J. Renoir (1934) et C. Chabrol (1991) ont porté le roman à l'écran.

Madame Sans-Gêne, comédie en trois actes et un prologue de V. Sardou et É. Moreau (1893). Le personnage de Madame Sans-Gêne est inspiré de la maréchale Lefebvre, ancienne blanchisseuse au franc-parler et aux manières populaires.

MADEIRA n.m., riv. d'Amérique du Sud (Bolivie et surtout Brésil), affl. de l'Amazone (r. dr.) ; 3 350 km.

MADELEINE (îles de la), archipel du Canada (Québec), dans le golfe du Saint-Laurent ; 202 km² ; v. princ. *Les Îles-de-la-Madeleine* (12 010 hab.) *[Madelinots]*.

MADELEINE (La) [59110], comm. du Nord, banlieue de Lille ; 21 724 hab. *(Madeleinois)*. Chimie.

MADELEINE (monts de la), hauteurs boisées du Massif central dominant la plaine de Roanne ; 1 165 m.

MADELEINE (sainte) → **MARIE MADELEINE.**

MADELEINE-SOPHIE BARAT (sainte), *Joigny 1779 - Paris 1865*, religieuse française. Elle fonda la congrégation enseignante du Sacré-Cœur de Jésus, dite « des dames du Sacré-Cœur » (1800).

MADEMOISELLE (la Grande) → **MONTPENSIER** (Anne Marie Louise **d'Orléans,** duchesse **de**).

MADÈRE, en port. **Madeira,** archipel portugais de l'Atlantique, à l'O. du Maroc ; 794 km² ; 240 537 hab. ; cap. *Funchal*. C'est aussi le nom de l'île principale (740 km²), montagneuse mais au climat très doux. Vins. Tourisme.

MADERNA (Bruno), *Venise 1920 - Darmstadt 1973*, compositeur et chef d'orchestre italien, l'un des représentants du mouvement sériel et postsériel (*Hypérion*, 1964 ; *Grande Aulodia* ; *Satyricon*, 1973).

MADERNO (Carlo), *Capolago 1556 - Rome 1629*, architecte italien originaire du Tessin. Neveu de D. Fontana et précurseur du baroque romain, il a notamment achevé la basilique St-Pierre (allongement de la nef et façade, autour de 1610).

MADHYA PRADESH, État du centre de l'Inde ; 308 300 km² ; 72 597 565 hab. ; cap. *Bhopal*.

MADINE (lac de), lac de l'est de la Meuse ; env. 1 100 ha. Base de loisirs.

MADISON, v. des États-Unis, cap. du Wisconsin ; 245 691 hab. (568 593 hab. dans l'agglomération). Université.

MADISON (James), *Port Conway, Virginie, 1751 - id. 1836*, homme politique américain. Un des créateurs du Parti républicain, il fut président des États-Unis (1809 - 1817).

MADONNA (Madonna Louise Veronica **Ciccone,** dite), *Bay City, Michigan, 1958*, chanteuse américaine. Révélée par *Like a Virgin* (1984), elle devient rapidement une star internationale, mêlant dans son personnage glamour et érotisme. Elle fait aussi carrière au cinéma (*Recherche Susan désespérément, Dick Tracy, Evita*).

MADONNA DI CAMPIGLIO, station de sports d'hiver (alt. 1 520 - 2 520 m) d'Italie (Trentin-Haut-Adige) ; 680 hab.

MADRAS ou **CHENNAI,** v. d'Inde, cap. du Tamil Nadu, sur la côte de Coromandel ; 4 216 268 hab. (8 696 010 hab. dans l'agglomération). Port. Industries textile *(madras)*, chimique, automobile. – Monuments anciens. Important musée.

MADRE (sierra), nom de trois rebords montagneux du Mexique, qui limitent le plateau mexicain au-dessus du Pacifique (sierra Madre occidentale et sierra Madre méridionale) et du golfe du Mexique (sierra Madre orientale).

MADRID, cap. de l'Espagne et de la communauté autonome de Madrid (7 995 km² ; 5 205 408 hab.), en Castille, sur le Manzanares ; 3 182 981 hab. *(Madrilènes)* [6 133 000 hab. dans l'agglomération]. Capitale de l'Espagne depuis 1561, Madrid est un centre administratif où l'industrie s'est développée. – Plaza Mayor (1617), églises et couvents classiques ou baroques, palais royal du XVIIIe s. Riches musées, dont le musée national du Prado*, le Musée archéologique national, le musée national Centre d'art Reina Sofía, le musée Thyssen-Bornemisza. Foire annuelle d'art contemporain. – Violents combats pendant la guerre civile (1936 - 1939).

▲ **Madrid.** La Plaza de Cibeles, avec la fontaine de Cybèle (XVIIIe s.) et le Palacio de Comunicaciones.

MADURA, île d'Indonésie, au N. de Java ; 5 290 km².

MADURAI, anc. **Madura,** v. d'Inde (Tamil Nadu) ; 922 913 hab. (1 462 420 hab. dans l'agglomération). Université. – Vaste ensemble brahmanique (Xe-XVIIe s.), dont le temple Minaksi (XVIIe s.), aux enceintes rythmées de gopura monumentaux.

MADURAIS, peuple d'Indonésie (Madura et îles avoisinant Java) [env. 7,7 millions]. Ils ont adopté l'islam au XVIe s. Leur langue est parente du javanais.

MADURO MOROS (Nicolás), *Caracas 1962*, homme politique vénézuélien. En 2012, il devient vice-président alors que Hugo Chávez est gravement malade, puis il le remplace à sa mort (mars 2013) avant d'être élu président le mois suivant (réélu en 2018).

MAEBASHI, v. du Japon (Honshu) ; 318 653 hab. Textile.

MAELSTRÖM ou **MALSTROM,** chenal de la mer de Norvège, près des îles Lofoten. Site de rapides courants tourbillonnaires.

MAETERLINCK [mɛtɛrlɛ̃k] (Maurice), *Gand 1862 - Nice 1949,* écrivain belge de langue française. Il unit le symbolisme au mysticisme dans ses drames (*la Princesse Maleine,* 1889 ; *Pelléas et Mélisande,* 1892 ; *l'Oiseau bleu,* 1909) et ses essais (*la Vie des abeilles,* 1901). [Prix Nobel 1911.]

◄ Maurice **Maeterlinck**

MAGADAN, v. de Russie, sur la mer d'Okhotsk ; 95 925 hab.

MAGDALENA n.m., fl. de Colombie, qui se jette dans la mer des Antilles ; 1 550 km.

MAGDEBOURG, en all. **Magdeburg,** v. d'Allemagne, cap. du Land de Saxe-Anhalt, sur l'Elbe ; 228 144 hab. Port fluvial. Métallurgie. – Anc. abbaye Notre-Dame, romane ; cathédrale gothique des XIIIe-XIVe s. Musée de l'Histoire de la civilisation. – Siège d'un archevêché dès 968, Magdebourg fut une des principales villes hanséatiques et fut attribuée au Brandebourg en 1648.

MAGELLAN (détroit de), bras de mer entre l'extrémité sud de l'Amérique et la Terre de Feu.

MAGELLAN (Fernand **de**), en port. **Fernão de Magalhães,** *dans le nord du Portugal 1480 - îlot de Mactan, Philippines, 1521,* navigateur portugais. Projetant d'atteindre les Moluques (auj. Indonésie) par l'ouest, en contournant l'Amérique, Magellan, financé par Charles Quint, traversa en 1520 le détroit qui portera son nom. Tué aux Philippines, il fut relayé par Juan Sebastián Elcano, qui parvint aux Moluques en nov. 1521. Un seul des cinq navires de son expédition rentra en Espagne (1522), réalisant ainsi le premier tour du monde.

MAGELLAN (Nuages de), petites galaxies visibles à l'œil nu dans le ciel austral, remarquées pour la première fois par Magellan en 1519. Le *Grand Nuage de Magellan,* qui chevauche les constellations de la Dorade et de la Table, est situé à 170 000 al environ ; le *Petit Nuage de Magellan,* dans la constellation du Toucan, à 200 000 al.

MAGENDIE (François), *Bordeaux 1783 - Sannois 1855,* physiologiste et neurologue français. On lui doit la distinction entre racines sensitives et racines motrices des nerfs rachidiens.

Magenta (bataille de) [4 juin 1859], bataille de la campagne d'Italie. Victoire des Français de Mac-Mahon sur les Autrichiens à Magenta (Lombardie).

MAGHNIA, anc. **Marnia,** v. d'Algérie, à la frontière marocaine ; 114 634 hab.

MAGHREB, en ar. **al-Maghrib** (« le Couchant »), ensemble des pays du nord-ouest de l'Afrique : Maroc, Algérie, Tunisie. Le *Grand Maghreb* recouvre, outre ces trois pays, la Libye et la Mauritanie. En 1989, les pays du Grand Maghreb ont créé une union économique, l'Union du Maghreb arabe (UMA).

Maginot (ligne), système fortifié construit de 1927 à 1936 sur la frontière française du Nord-Est, édifié à l'initiative d'André **Maginot** (*Paris 1877 - id. 1932*), ministre de la Guerre de 1922 à 1924 et de 1929 à 1932. Laissant la frontière belge sans protection, la ligne Maginot ne put jouer en 1940 le rôle escompté.

magistrature (École nationale de la) [ENM], établissement public français créé en 1970 et chargé d'assurer la formation des futurs magistrats professionnels de l'ordre judiciaire. (Siège : Bordeaux.)

Magna Carta → **Charte** (la Grande).

MAGNAN (Valentin), *Perpignan 1835 - Paris 1916,* psychiatre français. Ses travaux portent surtout sur la paralysie générale et sur l'alcoolisme. Il est l'auteur d'une conception d'ensemble de la psychiatrie fondée sur l'idée de dégénérescence.

MAGNANI (Anna), *Alexandrie, Égypte, 1908 - Rome 1973,* actrice italienne. Pathétique ou truculente, elle fut une des grandes comédiennes du cinéma : *Rome, ville ouverte* (R. Rossellini, 1945), *Bellissima* (L. Visconti, 1951), *le Carrosse d'or* (J. Renoir, 1953), *la Rose tatouée* (D. Mann, 1955).

◄ Anna **Magnani**

MAGNARD (Albéric), *Paris 1865 - manoir des Fontaines, Baron, Oise, 1914,* compositeur français. Contribuant au renouveau de la musique française, il composa notamm. des symphonies, une sonate pour violon et piano, un quatuor et des œuvres lyriques (*Bérénice,* 1911).

MAGNASCO (Alessandro), *Gênes 1667 - id. 1749,* peintre italien. Influencé notamm. par S. Rosa et Callot, il a campé dans des ambiances sombres, d'une touche scintillante, des groupes de moines, de bohémiens, etc., qui composent autant de visions fantastiques ou macabres.

MAGNE ou **MAÏNA** n.m., région de Grèce, dans le sud du Péloponnèse. (Hab. *Maïnotes.*)

MAGNELLI (Alberto), *Florence 1888 - Meudon 1971,* peintre italien. Maître d'un art très épuré, voire abstrait, il s'installa en France en 1931.

MAGNÉSIE DU MÉANDRE, anc. cité grecque d'Ionie. Elle fut puissante à l'époque hellénistique et romaine. – Vestiges à Berlin et au Louvre.

MAGNÉSIE DU SIPYLE, v. de Lydie où Antiochos III Mégas fut battu par les Romains en 189 av. J.-C. (auj. *Manisa,* en Turquie).

MAGNITOGORSK, v. de Russie, au pied de l'Oural méridional ; 408 401 hab. Gisement de fer. Sidérurgie.

MAGNUS, nom de plusieurs rois de Suède, de Danemark et de Norvège du XIe s. au XIVe s. — **Magnus VII Eriksson,** *1316 - 1374,* roi de Norvège (1319 - 1355) et de Suède (1319 - 1363). Il réalisa l'union de la péninsule.

MAGNY (Olivier **de**), *Cahors v. 1529 - v. 1561,* poète français, proche de la Pléiade*.

MAGNY-COURS (58470), comm. de la Nièvre ; 1 438 hab. (*Magniens*). Circuit automobile.

MAGNY-EN-VEXIN (95420), comm. du Val-d'Oise ; 5 673 hab. (*Magnitois*). Plastiques. Parc de loisirs (Aventure Land). – Église des XVe-XVIe s.

MAGNY-LES-HAMEAUX (78470), comm. des Yvelines ; 9 362 hab. (*Magnycois*). Télécommunications. – Église en partie du XIIe s. Aux environs, musée national de Port-Royal des Champs.

MAGOG, v. du Canada (Québec), dans l'Estrie ; 26 669 hab. (*Magogois*).

MAGOG → **Gog et Magog.**

MAGRIS (Claudio), *Trieste 1939,* écrivain italien. Spécialiste de l'Europe centrale, de ses frontières comme de sa mémoire et de ses blessures, il mêle dans ses écrits humanistes érudition et autobiographie (*Danube,* 1986 ; *Microcosmes,* 1997 ; *Utopie et Désenchantement,* 1999 ; *Classé sans suite,* 2015).

MAGRITTE (René), *Lessines 1898 - Bruxelles 1967,* peintre belge. Exécutées avec une précision impersonnelle, les œuvres de ce surréaliste sont d'étranges collages visuels, des énigmes poétiques qui scrutent les rapports existant entre les images, la réalité, les concepts, le langage. Nombreuses œuvres au musée Magritte, à Bruxelles, et à la Fondation Menil, à Houston.

▲ René **Magritte.** *Les Amants,* 1928. (Coll. Richard S. Zeisler, New York.)

MAGUELONE ou **MAGUELONNE,** hameau de la côte du Languedoc (comm. de Villeneuve-lès-Maguelone, Hérault), au S. de Montpellier. Ville importante au Moyen Âge, détruite par Louis XIII en 1633. – Cathédrale romane des XIe-XIIe s. ; vitraux de R. Morris.

MAGYARS → **Hongrois.**

MAHABALIPURAM, site archéologique de l'Inde, sur le golfe du Bengale. C'est l'un des hauts lieux de l'architecture des Pallava avec ses temples brahmaniques, pour la plupart rupestres, associés à des sculptures monolithes et à des reliefs pariétaux. Temple du Rivage (VIIIe s.), premier temple indien maçonné.

Mahabharata, épopée sanskrite de plus de 200 000 vers, regroupés en 18 chants, qui remonte à l'ère védique. Il retrace les guerres entre les Kaurava et les Pandava, et contient la *Bhagavad-Gita,* principal ouvrage religieux indien.

MAHAJANGA, anc. **Majunga,** v. du nord-ouest de Madagascar ; 135 700 hab. Port.

MAHAN (Alfred Thoyer), *West Point 1840 - Quogue, État de New York, 1914,* amiral et stratège américain. Ses théories ont marqué l'évolution de la doctrine de la marine américaine, et contribué à l'élaboration de sa puissance.

MAHARASHTRA, État de l'Inde, dans l'ouest du Deccan ; 308 000 km^2 ; 112 372 972 hab. (*Marathes*) ; cap. *Bombay* (*Mumbai*).

MAHATHIR BIN MOHAMAD, *Alor Setar, État de Kedah, 1925,* homme politique malaisien. Leader de l'Organisation nationale des Malais unis (UMNO), il a été Premier ministre de 1981 à 2003. À la tête, depuis 2015, d'une alliance de partis opposée à l'UMNO, il est à nouveau Premier ministre depuis 2018.

MAHAUT → **Mathilde.**

MAHA VAJIRALONGKORN, *Bangkok 1952,* roi de Thaïlande depuis 2016 sous le nom de Rama X. Il a succédé à son père, Bhumibol Adulyadej.

MAHAVIRA ou **JINA** ou **VARDHAMANA,** *VIe s. av. J.-C.,* prophète, fondateur présumé du jaïnisme.

MAHDI (Muhammad Ahmad **ibn Abd Allah,** dit **al-**), *près de Khartoum 1844 - Omdurman 1885,* mahdi soudanais. S'étant proclamé mahdi (1881), il déclara la guerre sainte contre les Britanniques et s'empara de Khartoum (1885).

MAHÉ, v. du sud de l'Inde, sur la côte de Malabar ; 73 464 hab. Établissement français de l'Inde de 1721 à 1954.

MAHÉ, principale île des Seychelles.

MAHFUZ (Nadjib), *Le Caire 1911 - id. 2006,* romancier égyptien. Son œuvre évoque sa ville natale (*le Palais du désir,* 1957 ; *les Fils de la médina,* 1959 ; *le Voleur et les Chiens,* 1961 ; *les Noces du palais,* 1981). [Prix Nobel 1988.]

MAHINA, comm. de la Polynésie française (Tahiti) ; 14 369 hab.

▲ Le Grand Nuage de **Magellan**

MAHLER (Gustav), *Kalischt, Bohême, 1860 - Vienne 1911*, compositeur et chef d'orchestre autrichien. Il mena une longue carrière de chef d'orchestre et composa dans un style d'une expressivité exacerbée, poussé jusqu'aux limites du système tonal, des lieder (*Kindertotenlieder, Chant de la terre*) et dix symphonies au lyrisme postromantique.

◄ Gustav **Mahler**

MAHMUD de Ghazni, *971 - 1030*, souverain de la dynastie ghaznévide (999 - 1030). Investi par le calife de Bagdad, il entreprit dix-sept expéditions en Inde et régna sur la majeure partie de l'Iran, de l'Afghanistan et du Pendjab.

MAHMUD Ier, *Edirne 1696 - Istanbul 1754*, sultan ottoman (1730 - 1754). — **Mahmud II,** *Istanbul 1784 - id. 1839*, sultan ottoman (1808 - 1839). Il massacra les janissaires (1826), dut faire face à la révolution grecque (1821 - 1830) et, attaqué par Méhémet-Ali, fut secouru par Nicolas Ier (1833).

MAHOMET, en ar. **Muḥammad,** *La Mecque v. 570 - Médine 632*, prophète de l'islam. Fils de parents caravaniers, marié à la riche veuve Khadidja et, après la mort de celle-ci, à plusieurs autres épouses, Mahomet, au terme d'une évolution religieuse, se sent appelé à être le prophète d'un renouveau spirituel et social. La tradition musulmane rapporte que, v. 610, l'ange Gabriel lui apparaît pour l'investir d'une mission divine. Sous la dictée de ce dernier, qui lui transmet la parole divine par révélations, il se met à prêcher la foi en un Dieu unique (Allah) – celui d'Adam et d'Abraham –, une fraternité qui dépasse les clivages ethniques et sociaux, et l'imminence du jour du Jugement. Ce message (recueilli dans le Coran) fait des adeptes mais déchaîne l'hostilité des notables de La Mecque, ce qui force Mahomet et ses fidèles à émigrer à Médine (622). C'est l'hégire, qui marque le début de l'ère musulmane. Maître spirituel pour les siens et prophète, selon le Coran, pour toute l'humanité, Mahomet devient aussi un chef d'État : en dix ans, il établit les fondements politiques et juridiques de la société islamique, qui se substituent aux anciennes coutumes de l'Arabie et prennent en compte les religions présentes au Proche-Orient. Avant sa mort, l'Arabie est acquise à l'islam, tantôt par la guerre, tantôt par la diplomatie et les mariages d'alliance.

MAHÓN, v. d'Espagne (Baléares), dans l'île de Minorque ; 28 789 hab. Port.

mai 1877 (crise du 16), crise politique qui menaça en France les débuts de la IIIe République et naquit de la volonté du président Mac-Mahon de donner à sa charge une place prépondérante dans le pouvoir exécutif, afin de préserver la possibilité d'une restauration monarchique. Amorcée par la démission forcée du chef du gouvernement, Jules Simon (16 mai), et par la dissolution de la Chambre (25 juin), cette crise se termina par un nouveau succès des républicains aux élections d'octobre.

mai 1945 (8), jour de la capitulation allemande, qui marqua (et auj. commémore) la fin de la Seconde Guerre mondiale en Europe. Signée une première fois à Reims le 7 mai, la capitulation allemande est de nouveau signée à Berlin le 9 mai à l'initiative de Staline. La date du 8 mai est devenue le symbole de la victoire sur le nazisme.

mai 1958 (crise du 13), insurrection déclenchée à Alger par les partisans de l'Algérie française. Elle provoqua le retour au pouvoir du général de Gaulle.

mai 1968 (événements de), vaste mouvement de contestation politique, sociale et culturelle qui se développa en France en mai-juin 1968. Parti de la faculté de Nanterre (mars), le mouvement gagna les entreprises et aboutit à une grève générale qui paralysa la vie économique du pays.

MAÏAKOVSKI (Vladimir Vladimirovitch), *Bagdadi, auj. Maïakovski, Géorgie, 1893 - Moscou 1930*, poète soviétique. Après avoir participé au mouvement futuriste (*le Nuage en pantalon*), il célébra la révolution d'Octobre (*150 000 000, Octobre*), mais fit dans son théâtre (*la Punaise, les Bains*) un tableau satirique du nouveau régime. Il se suicida.

◄ Vladimir **Maïakovski**

MAIANO (Giuliano et Benedetto **da**) → **GIULIANO DA MAIANO.**

MAÎCHE (25120), bur. centr. de cant. du Doubs ; 4 395 hab. (*Maîchois*).

Maïdanek → **Majdanek.**

MAIDSTONE, v. de Grande-Bretagne (Angleterre), ch.-l. du Kent ; 89 684 hab. Église de style gothique perpendiculaire.

MAIDUGURI, v. du nord-est du Nigeria ; 826 615 hab. dans l'agglomération.

Maigret, personnage de commissaire bonhomme, mais perspicace, des romans policiers de G. Simenon, créé en 1929.

MAÏKOP, v. de Russie, cap. de la république des Adygués, dans le Caucase ; 144 246 hab. Foyer, dès le IIIe millénaire, d'une brillante civilisation.

MAILER (Norman Kingsley), *Long Branch, New Jersey, 1923 - New York 2007*, écrivain et journaliste américain. Ses romans (*les Nus et les Morts*, 1948 ; *le Chant du bourreau*, 1979 ; *Les vrais durs ne dansent pas*, 1984 [dont il réalisera l'adaptation cinématographique, 1987]) et ses essais analysent avec un humour féroce la « névrose sociale » de l'Amérique.

◄ Norman **Mailer**

MAILLAN (Jacqueline), *Paray-le-Monial 1923 - Paris 1992*, comédienne française. Elle imposa son naturel et sa force comique, fondée sur le contraste entre une apparence discrète et un jeu excentrique, au théâtre (*Croque-monsieur, Folle Amanda, Pièce montée*) comme au cinéma (*Pouic-Pouic*, J. Girault, 1963 ; *Y a-t-il un Français dans la salle ?*, J.-P. Mocky, 1982 ; *Papy fait de la résistance*, J.-M. Poiré, 1983).

MAILLANE [majan] (13910), comm. des Bouches-du-Rhône, au N. des Alpilles ; 2 556 hab. (*Maillanais*). Musée Mistral.

MAILLART (Ella), *Genève 1903 - Chandolin, Valais, 1997*, voyageuse suisse. Ses récits (*la Voie cruelle, Oasis interdites, Croisières et caravanes*) et ses photographies témoignent de ses nombreux périples en Asie centrale et méridionale et en Extrême-Orient.

MAILLART (Robert), *Berne 1872 - Genève 1940*, ingénieur suisse. Novateur dans le domaine des ouvrages de génie civil en béton armé (en partic. les ponts), il a également mis au point le système dit de « dalle champignon » (1908).

MAILLET (Antonine), *Bouctouche, Nouveau-Brunswick, 1929*, écrivaine canadienne de langue française. Ses pièces de théâtre (*la Sagouine*, 1971) et ses romans (*Pélagie la Charrette*, 1979) évoquent l'Acadie.

◄ Antonine **Maillet**

MAILLOL (Aristide), *Banyuls-sur-Mer 1861 - id. 1944*, peintre puis sculpteur français. Son œuvre sculpté, presque entièrement fondé sur l'étude du corps féminin, allie la fermeté synthétique à la grâce. Statues ou monuments à Perpignan, Banyuls-sur-Mer, Port-Vendres, Céret, Puget-Théniers, Paris (Tuileries et musée Maillol-Fondation Dina Vierny [modèle et muse de l'artiste, *1919 - 2009*]).

maillotins, nom donné à des insurgés parisiens, armés de maillets, qui protestèrent contre un nouvel impôt indirect (1382).

MAILLY-LE-CAMP (10230), comm. de l'Aube, en Champagne crayeuse ; 1 594 hab. Camp militaire.

MAIMONIDE (Moïse), *Cordoue 1138 - Fustat 1204*, philosophe, théologien et médecin juif. Il a cherché à montrer l'accord entre la foi et la raison et à rapprocher le judaïsme de la pensée d'Aristote. Ses trois plus grands ouvrages sont le *Luminaire* (1168), le *Mishne Tora* (1180) et le *Guide des égarés* (1190).

MAIN n.m., riv. d'Allemagne, affl. du Rhin (r. dr.), à Mayence ; 524 km. Il passe à Bayreuth et à Francfort. Relié au Danube par un canal, il connaît un important trafic fluvial.

MAÏNA → **MAGNE.**

MAINARD → **MAYNARD.**

MAINE n.m., État des États-Unis (Nouvelle-Angleterre) ; 1 335 907 hab. ; cap. *Augusta*.

MAINE n.f., riv. de France, formée par la Sarthe et la Mayenne, affl. de la Loire (r. dr.) ; 10 km. Elle passe à Angers.

MAINE n.m., région de l'ouest de la France, partagée entre la Sarthe (*haut Maine*) et la Mayenne (*bas Maine*) ; v. princ. *Le Mans*. Érigé en comté héréditaire en 955, le Maine fut réuni à la Couronne en 1481.

MAINE (Louis Auguste **de Bourbon, duc du**), *Saint-Germain-en-Laye 1670 - Sceaux 1736*, prince français. Fils légitimé de Louis XIV et de Mme de Montespan, il fut reconnu en 1714 apte à succéder au roi, à défaut de princes légitimes. Mais la cassation du testament royal (1715) l'incita à participer au complot dit de « Cellamare » contre le Régent, au terme duquel il fut interné (1718 - 1720). — **Louise de Bourbon-Condé,** duchesse **du M.,** *Paris 1676 - id. 1753*, princesse française. Petite-fille du Grand Condé et femme du duc du Maine, elle tint à Sceaux une cour brillante.

MAINE (sir Henry James Sumnier), *Kelso, Borders, 1822 - Cannes 1888*, juriste et sociologue britannique. On lui doit la distinction des trois types de souveraineté, tribale, universelle et territoriale, ainsi que la distinction entre liens du sol et liens du sang (*Ancient Law*, 1871).

MAINE DE BIRAN (Marie François Pierre **Gontier de Biran,** dit), *Bergerac 1766 - Paris 1824*, philosophe français. Il développa une métaphysique de la volonté et de l'expérience religieuse teintée de stoïcisme chrétien (*Influence de l'habitude*, 1802), dont le *Journal* qu'il rédigea de 1811 à sa mort constitue le pendant intime.

MAINE-ET-LOIRE n.m. (49), dép. de la Région Pays de la Loire ; ch.-l. de dép. *Angers* ; ch.-l. d'arrond. *Cholet, Saumur, Segré* ; 4 arrond. ; 21 cant. ; 183 comm. ; 7 166 km² ; 833 080 hab. Le dép. appartient à l'académie de Nantes, à la cour d'appel d'Angers, à la zone de défense et de sécurité Ouest. Dans le Sud-Ouest, les collines bocagères des Mauges (ou Choletais) sont une région de polyculture associée à l'élevage bovin. Elles se prolongent, entre Layon et Loire, dans le Saumurois, par des coteaux portant des vignobles. Les régions du Baugeois et du Segréen, où domine l'élevage bovin, sont séparées des premières par la riche vallée de la Loire, qui porte cultures fruitières et légumières, vignes et prairies d'élevage. L'industrie (principalement constructions mécaniques et électriques, agroalimentaire, textile) est implantée notamm. à Cholet et, surtout, à Angers.

(V. carte page suivante.)

▲ Aristide **Maillol.** *La Méditerranée*, 1923-1927, marbre. (Musée d'Orsay, Paris.)

Maine-et-Loire

Mainichi Shimbun, le plus ancien quotidien japonais, créé en 1871.

MAINLAND, nom des principales îles des Shetland et des Orcades (Grande-Bretagne).

MAINTENON (28130), comm. d'Eure-et-Loir, sur l'Eure ; 4 397 hab. *(Maintenonnais).* Château des XIIe-XVIIe s.

MAINTENON (Françoise **d'Aubigné,** marquise **de**), *Niort 1635 - Saint-Cyr 1719,* seconde épouse de Louis XIV. Petite-fille d'Agrippa d'Aubigné, élevée dans la religion calviniste, elle se convertit au catholicisme et épousa le poète Scarron (1652). Veuve, elle fut chargée de l'éducation des enfants de Louis XIV et de Mme de Montespan, et, après la mort de Marie-Thérèse, épousa le roi (1683). Elle exerça sur lui une influence notable, notamm. dans le domaine religieux. Après la mort du roi (1715), elle se retira dans la maison de Saint-Cyr, qu'elle avait fondée pour l'éducation des jeunes filles nobles et pauvres.

▲ La marquise de **Maintenon** par P. Mignard. (Château de Versailles.)

MAINVILLIERS (28300), comm. d'Eure-et-Loir, banlieue de Chartres ; 11 496 hab.

MAINZ, nom allemand de Mayence*.

MAIQUETÍA, v. du Venezuela ; 61 845 hab. Aéroport de Caracas.

MAIRENA (Antonio **Cruz García,** dit **Antonio**), *Mairena del Alcor, près de Séville, 1909 - Séville 1983,* chanteur espagnol de flamenco. Il fut l'un des plus grands dépositaires de la tradition gitane andalouse et tira de l'oubli de nombreux chants.

MAIRET (Jean), *Besançon 1604 - id. 1686,* poète dramatique français. Sa *Sophonisbe* (1634) est une des premières tragédies conformes, quoique approximativement, à la règle des trois unités.

Maison-Blanche (la), nom donné depuis 1902 à la résidence des présidents des États-Unis à Washington.

Maison carrée, temple construit à Nîmes par les Romains. De style corinthien, il a été élevé au début du Ier s. apr. J.-C. et dédié aux petits-fils d'Auguste. Auj. musée.

MAISONNEUVE (Paul **de Chomedey de**) → **CHOMEDEY DE MAISONNEUVE.**

MAISONS-ALFORT (94700), bur. centr. de cant. du Val-de-Marne, sur la Marne ; 55 445 hab. *(Maisonnais).* Pharmacie. École nationale vétérinaire (et son musée, avec les écorchés d'Honoré Fragonard).

MAISONS-LAFFITTE (78600), comm. des Yvelines, sur la Seine, en bordure de la forêt de Saint-Germain ; 23 887 hab. *(Mansonniens).* Hippodrome. – Château de Maisons, chef-d'œuvre de F. Mansart (1642) ; musée du Cheval de course.

MAISTRE (Joseph, comte **de**), *Chambéry 1753 - Turin 1821,* homme politique et philosophe savoisien. Il fut le héraut et le théoricien de la contre-révolution chrétienne et ultramontaine et dénonça le progressisme rationaliste (*Considérations sur la France,* 1796 ; *Du pape,* 1819 ; *les Soirées de Saint-Pétersbourg,* 1821). — **Xavier de M.,** *Chambéry 1763 - Saint-Pétersbourg 1852,* écrivain savoisien, frère de Joseph. Il est l'auteur d'un malicieux *Voyage autour de ma chambre* (1795).

Maître Jacques, personnage de *l'Avare*,* cocher et cuisinier d'Harpagon*. Son nom désigne communément un homme à tout faire.

MAIZIÈRES-LÈS-METZ (57210), bur. centr. de cant. de la Moselle ; 11 355 hab. *(Maiziérois).* Parc de loisirs. Matériel électrique.

Majdanek ou **Maïdanek,** camp de concentration et d'extermination allemand (1941 - 1944), proche de Lublin (Pologne), où périrent 50 000 Juifs.

MAJEUR (lac), lac de la bordure sud des Alpes, entre l'Italie et la Suisse ; 216 km². Il renferme les îles Borromées. Tourisme.

MAJOR (sir John), *Carshalton, district de Sutton, banlieue de Londres, 1943,* homme politique britannique. Chancelier de l'Échiquier (1989 - 1990), il a été leader du Parti conservateur et Premier ministre de 1990 à 1997.

MAJORELLE (Louis), *Toul 1859 - Nancy 1926,* décorateur et ébéniste français. En bois précieux, les meubles de ce représentant de l'école de Nancy s'inspirent des formes de la nature.

MAJORQUE, en esp. **Mallorca,** île d'Espagne, la plus grande des Baléares ; 3 640 km² ; 873 414 hab. ; ch.-l. *Palma.* Tourisme. – Le *royaume de Majorque,* détaché de la couronne d'Aragon, ne dura que de 1276 à 1343 - 1344 : il comprenait les Baléares, les comtés de Roussillon et de Cerdagne, la seigneurie de Montpellier ; sa capitale était Perpignan.

MAKAL (Mahmut), *Demirci 1930,* écrivain turc. Ses récits évoquent les paysans anatoliens (*Notre village,* 1960).

MAKALU n.m., sommet de l'Himalaya central, aux confins de la Chine et du Népal ; 8 515 m. Gravi par l'expédition française de J. Franco (1955).

MAKARENKO (Anton Semenovitch), *Bielopolie, Ukraine, 1888 - Moscou 1939,* pédagogue soviétique. Il prôna le travail collectif pour former l'homme nouveau selon l'idéal communiste.

MAKÁRIOS III, *Anó Panaghiá 1913 - Nicosie 1977,* prélat et homme politique chypriote. Archevêque et ethnarque de la communauté grecque de Chypre (1950), il se fit le défenseur de l'*Enôsis* (union avec la Grèce) puis le champion de l'indépendance de l'île. Il fut président de la république de Chypre (1960 - 1977).

Makários III ▲

MAKAROVA (Natalia), *Leningrad 1940,* danseuse et chorégraphe américaine d'origine russe. Passée à l'Ouest en 1970, elle continua à danser le répertoire classique tout en travaillant avec des chorégraphes contemporains (*Other Dances,* J. Robbins, 1976 ; *Mephisto Valse,* M. Béjart, 1979).

MAKASSAR, peuple d'Indonésie (sud de Célèbes et îles voisines), de langue malayo-polynésienne.

MAKEBA (Zenzile, dite **Miriam**), *Johannesburg 1932 - Castel Volturno, prov. de Caserte, Italie, 2008,* chanteuse sud-africaine. Grande figure de la lutte contre l'apartheid (qui l'obligea à passer une grande partie de sa vie en exil), elle a été une des pionnières de la world music en faisant connaître les chants traditionnels africains (*Pata Pata,* 1956 et 1967, *Malaika, The Click Song*).

MAKHATCHKALA, v. de Russie, cap. du Daguestan, sur la Caspienne ; 577 990 hab.

MAKIIVKA, anc. **Makeievka,** v. d'Ukraine, dans le Donbass ; 389 589 hab. Métallurgie.

MAKONDE, peuple du sud de la Tanzanie et du nord du Mozambique, de langue bantoue.

MALABAR (côte de), partie de la côte sud-ouest du Deccan (Inde).

MALABO, anc. **Santa Isabel,** cap. de la Guinée équatoriale, sur l'île de Bioko ; 145 000 hab. dans l'agglomération *(Malabéens).*

MALACCA → **MELAKA.**

MALACCA (presqu'île de) ou presqu'île **MALAISE,** presqu'île du sud de l'Indochine, entre la mer de Chine méridionale et l'océan Indien. Elle est unie au continent par l'isthme de Kra, et séparée de Sumatra par le *détroit de Malacca.*

MALACHIE [-ʃi ou -ki] (saint), *Armagh v. 1094 - Clairvaux 1148,* primat d'Irlande. Il réforma le clergé. La *Prophétie sur les papes* qu'on lui attribue est un apocryphe du XVIe s.

Malachie (livre de), livre prophétique de l'Ancien Testament (460 av. J.-C.), en fait anonyme. Il dénonce les négligences apportées au culte de Yahvé.

Malade imaginaire (le), comédie en trois actes et en prose de Molière (1673), peinture, à travers le personnage d'Argan, de l'hypocondrie.

MALADETA (massif de la), massif des Pyrénées espagnoles, portant le point culminant des Pyrénées ; 3 404 m au pic d'Aneto. Le *pic de la Maladeta* atteint 3 312 m.

MÁLAGA, v. d'Espagne (Andalousie), ch.-l. de prov., sur la Méditerranée ; 569 002 hab. Vins. Raisins secs. – Double forteresse arabe (musée archéologique) ; cathédrale des XVIe-XVIIIe s. Musées (Beaux-Arts, Picasso...).

MALAIS, peuple d'Asie du Sud-Est, majoritaire en Malaisie et à Brunei, formant d'importantes minorités en Indonésie, à Singapour et en Thaïlande, et représenté au Cambodge, en Birmanie et au Sri Lanka (env. 16 millions). Ils sont de religion musulmane et parlent le *malais**.

Malaisie, Brunei, Singapour

route
voie ferrée
aéroport
plus de 1 000 000 h.
de 100 000 à 1 000 000 h.
de 50 000 à 100 000 h.
moins de 50 000 h.
200 500 1000 m

MALAISIE n.f., en malais **Malaysia,** État fédéral d'Asie du Sud-Est ; 330 000 km² ; 29 717 000 hab. *(Malaisiens).* **CAP.** *Kuala Lumpur* (cap. constitutionnelle) et *Putrajaya* (siège du gouvernement). **LANGUE :** *malais.* **MONNAIE :** *ringgit (dollar de la Malaisie).*

GÉOGRAPHIE Le pays est formé d'une partie continentale (*Malaisie occidentale* ou *péninsulaire*) et insulaire (*Malaisie orientale*, correspondant à deux régions de Bornéo, le Sabah et le Sarawak). L'État, au climat tropical, est un important producteur de caoutchouc naturel et d'huile de palme. Le sous-sol fournit de la bauxite, de l'étain et surtout du pétrole. L'industrie (sidérurgie, chimie, constructions électriques, électronique) a connu un développement spectaculaire. Le riz demeure la base de l'alimentation d'une population en majeure partie islamisée et concentrée en Malaisie occidentale, où vivent de fortes minorités indiennes et, surtout, chinoises.

HISTOIRE La péninsule malaise subit très tôt l'influence de l'Inde. L'islam y pénètre dès le début du XIVe s. **1511 :** les Portugais s'emparent de Malacca. **1641 :** les Néerlandais évincent les Portugais. **1795 :** occupation britannique. **1819 :** fondation de Singapour. **1830 :** Malacca, Penang et Singapour constituent les établissements des Détroits, érigés en colonie de la Couronne britannique en 1867. **1867 - 1914 :** l'administration britannique s'étend à tous les sultanats malais. **1942 - 1945 :** le Japon occupe la péninsule. **1948 :** une première fédération de Malaisie est créée. **1957 :** elle obtient son indépendance. Abdul Rahman devient Premier ministre et s'appuie sur l'Organisation nationale des Malais unis (UMNO). **1963 :** le nouvel État, membre du Commonwealth, regroupe la Malaisie continentale, Singapour et les anciennes colonies britanniques de Sarawak et de Sabah. **1965 :** Singapour se retire de la fédération. **1970 :** Abdul Razak remplace Abdul Rahman. La Malaisie est troublée par les conflits entre Malais et communauté chinoise, par l'insurrection communiste et par l'afflux des réfugiés du Cambodge et du Viêt Nam (partic. à partir de 1979). **Depuis 1981 :** le pays est gouverné par Mahathir bin Mohamad (1981 - 2003 et depuis 2018), Abdullah Ahmad Badawi (2003 - 2009) et Najib Razak (2009 - 2018).

MALAKOFF (92240), comm. des Hauts-de-Seine, au S. de Paris ; 30 225 hab. *(Malakoffiots).*

Malakoff (fort de), point central de la défense de Sébastopol pendant la guerre de Crimée. Sa prise par Mac-Mahon (8 sept. 1855) entraîna la chute de la ville.

MALAMOUD (Charles), *Chişinău 1929,* indianiste français. Avec un regard d'anthropologue, il se consacre à l'exégèse des grands textes védiques, s'intéressant en particulier à l'analyse des rituels (*Cuire le monde. Rite et pensée dans l'Inde ancienne*, 1989 ; *le Jumeau solaire*, 2002 ; *Féminité de la parole*, 2005 ; *la Danse des pierres*, id.).

MALAMUD (Bernard), *New York 1914 - id. 1986,* écrivain américain. Ses nouvelles (*le Tonneau magique*) et ses romans (*l'Homme de Kiev*) en font l'un des principaux auteurs juifs nord-américains.

MALANG, v. d'Indonésie (Java) ; 819 708 hab.

MALAPARTE (Kurt **Suckert,** dit Curzio), *Prato 1898 - Rome 1957,* écrivain italien. Ses romans forment un tableau vigoureux et cynique de la guerre et de la vie moderne (*Kaputt*, 1943 ; *la Peau*, 1949).

MÄLAREN (lac), lac de Suède, au débouché duquel est bâtie Stockholm ; 1 140 km².

Malassis (Coopérative des), association formée en 1970 par les peintres français Henri Cueco *(1929 - 2017)*, Lucien Fleury *(1928 - 2004)*, Jean-Claude Latil *(1932 - 2007)*, Michel Parré *(1938 - 1998)*, Gérard Tisserand *(1934 - 2010)*. Ils ont peint, sur divers thèmes sociopolitiques, de grands panneaux satiriques caractéristiques de la « nouvelle figuration » (*Onze Variations sur « le Radeau de la Méduse »*, 1974-1975, centre commercial de Grenoble-Échirolles). Leurs derniers travaux collectifs sont de 1977.

MALATESTA, famille de condottieres italiens, originaire de Rimini, qui contrôla du XIIe au XIVe s., outre cette ville, une grande partie de la marche d'Ancône et de la Romagne.

MALATYA, v. de Turquie, près de l'Euphrate ; 381 081 hab. À *Eski Malatya*, Grande Mosquée du XIIIe s. Non loin, à Arslan Tepe, vestiges hittites (reliefs à Istanbul et au Louvre).

MALAUNAY (76770), comm. de la Seine-Maritime, banlieue de Rouen ; 6 017 hab. Matériel électrique.

MALAURIE (Jean), *Mayence 1922,* anthropologue français. Premier homme à avoir atteint le pôle géomagnétique nord (1951), fondateur du Centre d'études arctiques (1957), il est un grand spécialiste des Inuits (*les Derniers Rois de Thulé*, 1955 – premier ouvrage de la collection « Terre humaine » [Plon] qu'il a créée et dirigée jusqu'en 2015 –, et films documentaires). Il a raconté dans *Hummocks* (1999) ses expéditions dans le Grand Nord, du Groenland à l'Arctique canadien et sibérien.

MALAWI n.m., anc. **Nyassaland,** État d'Afrique orientale ; 118 000 km² ; 16 363 000 hab. (*Malawites* ou *Malawiens*). **CAP.** *Lilongwe.* **V. PRINC.** *Blantyre.* **LANGUES :** officielle *anglais*, nationale *chichewa.* **MONNAIE :** *kwacha.*

GÉOGRAPHIE C'est un pays de hauts plateaux, presque exclusivement agricole, où le maïs constitue la base de l'alimentation. Le sucre, le thé et surtout le tabac assurent l'essentiel des exportations, toujours inférieures aux importations. Les aléas climatiques, conjugués à une forte croissance démographique, y provoquent des crises alimentaires récurrentes.

HISTOIRE Le pays est occupé par des populations bantoues qui subissent à partir de 1840 les razzias des négriers du Zanzibar. **1859 :** Livingstone découvre le lac Malawi. **1889 :** un protectorat britannique d'Afrique-Centrale est constitué. **1907 :** il prend le nom de Nyassaland. **1953 :** la Grande-Bretagne fédère le Nyassaland et la Rhodésie. Le Nyassaland African Congress, parti dirigé par Hastings Kamuzu Banda, réclame l'indépendance. **1962 :** le Nyassaland quitte la fédération. **1964 :** il accède à l'indépendance sous le nom de Malawi. **1966 :** la république est proclamée. Dirigé par Hastings Kamuzu Banda (qui, président à vie à partir de 1971, instaure un système de parti unique), le Malawi entretient des relations étroites avec l'Afrique du Sud. **1993 :** confronté à une forte contestation, H. K. Banda doit rétablir le multipartisme et abroger la présidence à vie. **1994 :** Elson Bakili Muluzi, principal chef de l'opposition, devient président de la République à l'issue des premières élections pluralistes (réélu en 1999). **2004 :** Bingu wa Mutharika lui succède (réélu en 2009). **2012 :** il meurt en cours de mandat. La vice-présidente, Joyce Banda, féministe et démocrate, est chargée d'assurer la transition à la tête de l'État. **2014 :** Peter Mutharika, frère de Bingu wa Mutharika, est élu à la présidence.

MALAWI (lac), anc. **lac Nyassa,** grand lac de l'Afrique orientale, à l'O. du Mozambique ; 30 800 km².

MALAYSIA, nom anglais de la Malaisie*.

MALCOLM II, *m. en 1034,* roi d'Écosse (1005 - 1034). Il réalisa l'unité de l'Écosse. — **Malcolm III,** *m. près d'Alnwick en 1093,* roi d'Écosse (1058 - 1093). Sa victoire sur Macbeth lui restitua la couronne. Il échoua contre l'Angleterre.

MALCOLM X (Malcolm **Little,** dit), *Omaha 1925 - New York 1965,* homme politique américain. Membre des Black Muslims (« musulmans noirs »), il s'en sépara en 1964 pour créer l'Organisation de l'unité afro-américaine. Il fut assassiné.

MALDEGEM, comm. de Belgique (Flandre-Orientale) ; 23 138 hab.

MALDIVES, État insulaire d'Asie, dans l'océan Indien ; 300 km² ; 345 000 hab. *(Maldiviens).* **CAP.** *Malé.* **LANGUE :** *divehi.* **MONNAIE :** *rufiyaa (roupie des Maldives).* [V. carte **Inde.**] La pêche et le tourisme sont les ressources principales de cet archipel corallien, dont la population, islamisée, est extrêmement dense. – Protectorat britannique à partir de 1887, indépendantes en 1965, les Maldives constituent depuis 1968 une république, présidée par Amir Ibrahim Nasir (1968 - 1978), Maumoon Abdul Gayoom (1978 - 2008), Mohamed (dit Anni) Nasheed (2008 - 2012), Mohamed Waheed Hassan (2012 - 2013), Abdulla Yameen (2013 - 2018), puis Ibrahim Mohamed Solih (depuis 2018).

Malawi

aéroport
route
voie ferrée
plus de 200 000 h.
de 40 000 à 200 000 h.
de 10 000 à 40 000 h.
moins de 10 000 h.
800 1000 1500 m

MALÉ, cap. des Maldives, sur l'*île de Malé* ; 156 000 hab. dans l'agglomération. Aéroport.

MÂLE (Émile), *Commentry 1862 - Chaalis 1954,* historien de l'art français. Il a publié à partir de 1908 des ouvrages fondamentaux sur l'iconographie du Moyen Âge. (Acad. fr.)

MALEBO POOL, anc. **Stanley Pool,** lac formé par un élargissement du fleuve Congo. Sur ses rives sont établies Brazzaville et Kinshasa.

MALEBRANCHE (Nicolas), *Paris 1638 - id. 1715,* philosophe français. Oratorien, il remodela la pensée cartésienne dans un sens profondément religieux. Sa métaphysique résout le problème de la communication de l'âme et du corps par la théorie de la vision en Dieu et des causes occasionnelles, et montre comment se conformer à l'ordre établi par Dieu, sous ses deux aspects d'ordre naturel et d'ordre de la grâce (*De la recherche de la vérité,* 1674-1675 ; *Traité de morale,* 1684 ; *Entretiens sur la métaphysique et la religion,* 1688). Il se livra à des études de géométrie et de physique (optique notamm.).

▲ **Malebranche.** Gravure de J.-C. François d'après Bachelier.

MALEGAON, v. d'Inde (Maharashtra) ; 409 190 hab.

MALEMORT (19360), bur. centr. de cant. de la Corrèze ; 8 229 hab. Agroalimentaire.

MALENKOV (Gueorgui Maksimilianovitch), *Orenbourg 1902 - Moscou 1988,* homme politique soviétique. Il succéda à Staline comme président du Conseil (1953 - 1955).

MALESHERBES [malzɛrb] (Chrétien Guillaume **de Lamoignon de**), *Paris 1721 - id. 1794,* magistrat et homme d'État français. Premier président de la Cour des aides et directeur de la Librairie (1750), il favorisa l'*Encyclopédie.* Secrétaire de la Maison du roi (1775), il tenta quelques réformes, mais dut démissionner dès 1776. Il défendit Louis XVI devant la Convention et fut guillotiné sous la Terreur. (Acad. fr.)

MALESHERBOIS (Le), bur. centr. de cant. du Loiret ; 8 257 hab. Imprimerie. – Château des XIVe-XVIIIe s.

MALET (Claude François **de**), *Dole 1754 - Paris 1812,* général français. En octobre 1812, il tenta à Paris un coup d'État en annonçant la mort de Napoléon Ier, alors en Russie. Il fut fusillé.

MALET (Léo), *Montpellier 1909 - Châtillon 1996,* écrivain français. Ses romans policiers, anarchisants et parisiens, ont pour héros le détective privé Nestor Burma (*les Nouveaux Mystères de Paris*).

MALEVILLE (Jacques, marquis **de**), *Domme 1741 - id. 1824,* homme politique et juriste français. Membre du Conseil des Anciens (1795 - 1799), il fut l'un des rédacteurs du Code civil.

MALEVITCH (Kazimir), *près de Kiev 1878 - Leningrad 1935,* peintre russe. Spiritualiste, il a créé une catégorie de l'art abstrait*, le suprématisme*, qui culmine en 1918 avec son tableau *Carré blanc sur fond blanc* (MoMA, New York).

MALHERBE (François **de**), *Caen 1555 - Paris 1628,* poète français. D'abord poète baroque (*les Larmes de saint Pierre*), il rompit avec la poésie savante de la Pléiade* et imposa, comme poète de cour et chef d'école, un idéal de clarté et de rigueur qui est à l'origine du goût classique (*Consolation à Du Périer*).

◀ François de **Malherbe.** (Musée Condé, Chantilly.)

MALI n.m., État d'Afrique, au S. de l'Algérie ; 1 240 000 km^2 ; 15 302 000 hab. (*Maliens*). **CAP.** *Bamako.* **LANGUE :** *français.* **MONNAIE :** *franc CFA.*

GÉOGRAPHIE Le Nord et le Centre appartiennent au Sahara et à sa bordure ; c'est le domaine de l'élevage nomade (bovins et surtout ovins et caprins), fondement de l'économie d'un pays très pauvre, qui souffre notamm. de l'absence de débouché maritime et de ressources minérales notables. Le Sud, plus humide et mis partiellement en valeur par les travaux réalisés dans les vallées du Sénégal et du Niger (Macina), fournit du mil et du sorgho, du riz, du coton, de l'arachide. Le tourisme (Tombouctou, Pays dogon) a été ruiné par le terrorisme islamiste et auj. par l'état de guerre. La population, en quasi-totalité islamisée, est formée, au N., de Sahéliens, blancs, nomades (Maures, Touareg), et, au S., de Noirs (Bambara surtout).

HISTOIRE **VIIe - XVIe s. :** le pays est le berceau des grands empires du Ghana, du Mali, puis de l'Empire songhaï (capitale Gao). **XVIIe - XIXe s. :** divers pouvoirs se succèdent, celui du Maroc, des Touareg, des Bambara et des Peuls (capitale Ségou). À partir de 1857, les Français entreprennent l'occupation du pays, empêchant ainsi la constitution dans le Sud d'un nouvel État à l'initiative de Samory Touré (fait prisonnier en 1898). **1904 :** la colonie du Haut-Sénégal-Niger est créée dans le cadre de l'AOF. **1920 :** amputé de la Haute-Volta, le Haut-Sénégal-Niger devient le Soudan français. **1958 :** la République soudanaise est proclamée. **1959 :** avec le Sénégal, elle forme la fédération du Mali. **1960 :** la fédération se dissout. L'ex-Soudan français devient la république du Mali, présidée par Modibo Keita. **1968 :** un coup d'État porte au pouvoir Moussa Traoré, qui instaure (1974) un régime de parti unique. **À partir de 1990 :** le gouvernement doit faire face à la rébellion touareg. **1991 :** l'armée renverse Moussa Traoré. Un gouvernement de transition, présidé par Amadou Toumani Touré, est mis en place. **1992 :** le multipartisme est restauré. Alpha Oumar Konaré est élu à la tête de l'État (réélu en 1997). **2002 :** vainqueur de l'élection présidentielle, Amadou Toumani Touré dirige à nouveau le pays. Réélu en 2007, il est confronté au développement du terrorisme islamiste. **2012 :** il est renversé par des militaires (mars). Profitant de cet effondrement du pouvoir central et bénéficiant d'un afflux d'armes et de combattants en provenance de Libye, les forces touareg du Mouvement national de libération de l'Azawad, alliées à des groupes islamistes armés collaborant avec AQMI (Ansar Dine et Mujao, en partic.), prennent le contrôle de tout le nord du Mali (avr.) et – alors que, à Bamako, la junte a, sous la pression internationale, cédé la place à un pouvoir de transition – y proclament un État islamique (mai). Dans cet espace couvrant plus de la moitié du pays, les Touareg séparatistes sont rapidement débordés par les islamistes, qui imposent la charia, terrorisent la population et se livrent à des destructions du patrimoine historique. **2013 - 2014 :** dans l'urgence de contrer une nouvelle offensive des islamistes en direction du sud, la France, à l'appel des autorités de Bamako et avec l'accord de l'ONU, engage des troupes aux côtés de l'armée malienne (janv.) ; ces forces, rejointes par des contingents africains, reprennent progressivement le terrain tombé aux mains des rebelles. La quasi-totalité du territoire malien ayant été libérée, une force de stabilisation et de maintien de la paix de l'ONU (Minusma) est déployée (juill.). Un accord conclu entre les autorités de Bamako et certains groupes touareg permet la tenue, en août, d'une élection présidentielle, remportée par Ibrahim Boubacar Keïta (qui prend ses fonctions en sept. ; réélu en 2018), puis, en nov.-déc., d'élections législatives, ainsi que l'ouverture de discussions sur le statut du nord du pays. Après des mois de blocage entre le gouvernement et les groupes armés du Nord, le retour des islamistes et les reconquêtes des forces touareg (mai 2014) décident le gouvernement à entamer des négociations (juill.). **Depuis 2015 :** un traité de paix et de réconciliation a été signé par les principaux groupes rebelles du Nord (juin), mais son application s'enlise et la pacification du nord et du centre du pays reste inachevée.

MALI (empire du), empire de l'Afrique de l'Ouest (XIe-XVIIe s.) dont le noyau initial était la haute vallée du Niger. À son apogée (XIIIe-XIVe s.), il s'étendit sur les États actuels du Mali, du Sénégal, de la Gambie, de la Guinée et de la Mauritanie. Ses souverains les plus fameux furent Soundiata Keita (première moitié du XIIIe s.) et Kankan Moussa (début du XIVe s.).

MALIA, site archéologique sur la côte nord de la Crète, à l'est de Cnossos. Vestiges d'un complexe palatial (v. 1700 - 1600 av. J.-C.) et d'une nécropole royale (mobilier funéraire, musée d'Iráklion).

MALIBRAN (María **de la Felicidad García,** dite **la**), *Paris 1808 - Manchester 1836*, mezzo-soprano espagnole. Sœur de Pauline Viardot, elle débuta en 1825. La variété de son répertoire et son talent dramatique lui valurent la célébrité en Europe et aux États-Unis. Sa mort prématurée inspira Musset dans ses *Stances*.

MALICORNE-SUR-SARTHE (72270), comm. de la Sarthe ; 1 944 hab. *(Malicornais)*. Faïencerie d'art. – Église du XIe s. Moulins.

MALINCHE ou **MARINA,** *première moitié du XVIe s.*, Indienne du Mexique. Concubine de Cortés (dont elle eut un fils), elle l'aida dans la conquête du Mexique par sa connaissance du pays.

MALINES, en néerl. **Mechelen,** v. de Belgique, ch.-l. d'arrond. de la prov. d'Anvers, sur la Dyle ; 82 602 hab. *(Malinois)*. Archevêché créé en 1559, Malines partage ce titre avec Bruxelles depuis 1962. Dentelles. Industries mécaniques et chimiques. – Cathédrale des XIIIe-XVe s. (mobilier baroque) ; maisons anciennes ; musées.

MALINKÉ → **MANDINGUES.**

MALINOVSKI (Rodion Iakovlevitch), *Odessa 1898 - Moscou 1967*, maréchal soviétique. Commandant le second front d'Ukraine (1943 - 1944), il signa l'armistice avec la Roumanie en 1944, puis entra à Budapest et à Vienne (1945). Il fut ministre de la Défense de 1957 à sa mort.

MALINOWSKI (Bronisław), *Cracovie 1884 - New Haven, Connecticut, 1942*, anthropologue britannique d'origine polonaise. Il est le principal représentant du fonctionnalisme* (*les Argonautes du Pacifique occidental*, 1922).

MALINVAUD (Edmond), *Limoges 1923 - Paris 2015*, économiste français. Directeur de l'INSEE (1974 - 1987), il étudia surtout les questions de la croissance et de l'emploi.

MALLARMÉ (Étienne, dit Stéphane), *Paris 1842 - Valvins, Seine-et-Marne, 1898*, poète français. Professeur d'anglais, il a publié quelques poèmes dans *le Parnasse* contemporain* de 1866, une scène d'*Hérodiade* (1871) et *l'Après-midi d'un faune* (1876), lorsque son éloge par Huysmans, dans *À rebours*, lui apporte la célébrité. Son poème *Un coup de dés jamais n'abolira le hasard* (1897) forme le premier mouvement de son projet de « Livre » absolu. Son œuvre a été déterminante pour la littérature du XXe s.

▲ Stéphane **Mallarmé** par É. Manet. (Musée d'Orsay, Paris.)

MALLE (Louis), *Thumeries 1932 - Beverly Hills 1995*, cinéaste français. Éclectique, il a abordé tous les genres avec succès (*les Amants*, 1958 ; *Zazie dans le métro*, 1960 ; *le Feu follet*, 1963 ; *Calcutta*, 1969 ; *Au revoir les enfants*, 1987).

MALLET DU PAN (Jacques), *Céligny 1749 - Richmond, Angleterre, 1800*, journaliste suisse d'expression française. Il fut, sous la Révolution française, le porte-parole des émigrés dans les capitales européennes.

MALLET-JORIS (Françoise), *Anvers 1930 - Bry-sur-Marne 2016*, romancière belge et française. Son œuvre fait de la famille un observatoire des bouleversements sociaux et culturels modernes (*le Rempart des Béguines*, 1951 ; *l'Empire céleste*, 1958 ; *le Rire de Laura*, 1985 ; *Sept Démons dans la ville*, 1999).

MALLET-STEVENS (Robert), *Paris 1886 - id. 1945*, architecte français. Fonctionnaliste, mais attentif à l'agencement élégant des volumes, il a bâti notamment, à Paris, les immeubles de la rue qui porte son nom (1926) et, en province, plusieurs villas (villa Cavrois à Croix, villa Noailles à Hyères, villa Poiret à Mézy-sur-Seine...).

MALMAISON → **RUEIL-MALMAISON.**

MALMEDY, comm. de Belgique (prov. de Liège) ; 12 316 hab. La ville fut partagée entre la Prusse et les Pays-Bas en 1815, et devint belge en 1919. – Église, anc. abbatiale, reconstruite au XVIIIe s.

MALMÖ, v. de la Suède méridionale, sur le Sund ; 318 107 hab. Port. Chantiers navals. – Musée dans la vieille forteresse.

MALO ou **MACLOU** (saint), *Llancarvan, pays de Galles, fin du VIe s. - Saintes v. 640*, moine gallois. Il aurait fondé l'évêché d'Alet, après avoir été moine en Armorique.

MALORY (sir Thomas), *Newbold Revell 1408 - Newgate 1471*, écrivain anglais. Sa *Mort d'Arthur* (publiée en 1485) est la première épopée en prose anglaise.

MALOT (Hector), *La Bouille, Seine-Maritime, 1830 - Fontenay-sous-Bois 1907*, écrivain français, auteur du roman populiste *Sans famille* (1878).

MALOUEL ou **MAELWAEL** (Jean), *Nimègue av. 1370 - Dijon 1415*, peintre néerlandais. Il travailla notamm. pour les ducs de Bourgogne (chartreuse de Champmol).

MALOUINES (îles) → **FALKLAND.**

MALPIGHI (Marcello), *Crevalcore 1628 - Rome 1694*, anatomiste italien. Il utilisa le premier le microscope pour ses recherches sur les tissus humains. Les glomérules du rein portent son nom.

Malplaquet (bataille de) [11 sept. 1709], bataille de la guerre de la Succession d'Espagne. Difficile victoire des troupes anglo-hollandaises et autrichiennes du duc de Marlborough et du Prince Eugène sur les Français du maréchal de Villars, à Malplaquet, près de Bavay.

MALRAUX (André), *Paris 1901 - Créteil 1976*, écrivain et homme politique français. Son œuvre romanesque (*la Voie royale*, 1930 ; *la Condition humaine*, 1933 ; *l'Espoir*, 1937), critique (*les Voix du silence*, 1951) et autobiographique (*le Miroir des limbes*, 1967-1975) cherche dans l'engagement politique et dans l'art les moyens de lutter contre la corruption du temps et l'instinct de mort. – Il combattit aux côtés des républicains lors de la guerre d'Espagne et fut ministre des Affaires culturelles du général de Gaulle de 1959 à 1969. Ses cendres ont été transférées au Panthéon en 1996.

▲ André **Malraux** en 1934.

MALSTROM → **MAELSTRÖM.**

MALTA, site préhistorique de Sibérie. Plusieurs vestiges d'habitats y ont été découverts ainsi qu'une sépulture d'enfant et des statuettes féminines (v. 23 000 av. J.-C., périgordien supérieur).

MALTE n.f., en malt. et en angl. **Malta,** État insulaire d'Europe, dans la Méditerranée ; 316 km² ; 429 000 hab. *(Maltais)*. **CAP.** *La Valette*. **LANGUES :** *maltais* et *anglais*. **MONNAIE :** *euro*.

INSTITUTIONS République. Constitution de 1964. Le président de la République est élu par le Parlement pour 5 ans. Il nomme le Premier ministre. La Chambre des représentants est élue au suffrage universel pour 5 ans.

GÉOGRAPHIE C'est un petit archipel, très densément peuplé, formé des îles de *Malte* (246 km²), *Gozo* et *Comino*. Le climat (étés chauds et secs) et l'histoire expliquent l'importance du tourisme.

HISTOIRE **IVe - IIe millénaire** (du néolithique à l'âge du bronze) **:** Malte est le centre d'une civilisation mégalithique (Mnajdra, Ggantija, Tarxien et l'île de Gozo) aux temples de plan complexe et aux décors sculptés évoquant la déesse mère. **IXe s. av. J.-C. :** elle devient un poste phénicien. Elle est occupée ensuite par les Grecs (VIIIe s.) puis par les Carthaginois (VIe s.). **218 av. J.-C. :** Malte est annexée par les Romains. **870 :** l'île est occupée par les Arabes et islamisée. **1090 :** Roger Ier s'empare de Malte, dont le sort est lié au royaume de Sicile jusqu'au XVIe s. **1530 :** Charles Quint cède l'île aux chevaliers de Saint-Jean de Jérusalem, à condition que ceux-ci s'opposent à l'avance ottomane. **1798 :** Bonaparte occupe l'île. **1800 :** la Grande-Bretagne s'y installe et en fait une base stratégique. **1940 - 1943 :** Malte joue un rôle déterminant dans la guerre en Méditerranée. **1964 :** l'île accède à l'indépendance, dans le cadre du Commonwealth, sous l'impulsion du nationaliste George Borg Olivier (Premier ministre de 1950 à 1955 et de 1962 à 1971). **1974 :** elle devient une république. La vie politique est marquée par l'alternance au pouvoir des travaillistes (avec notamm. Dom Mintoff, Premier ministre de 1955 à 1958 et de 1971 à 1984, Carmelo Mifsud Bonnici, Premier ministre de 1984 à 1987, George Abela, président de 2009 à 2014, Joseph Muscat, Premier ministre depuis 2013, et Marie-Louise Coleiro Preca, présidente depuis 2014) et des nationalistes (avec Eddie Fenech-Adami, Premier ministre de 1987 à 1996, puis de 1998 à 2004, et président de 2004 à 2009, et Lawrence Gonzi, Premier ministre de 2004 à 2013). **2004 :** Malte adhère à l'Union européenne.

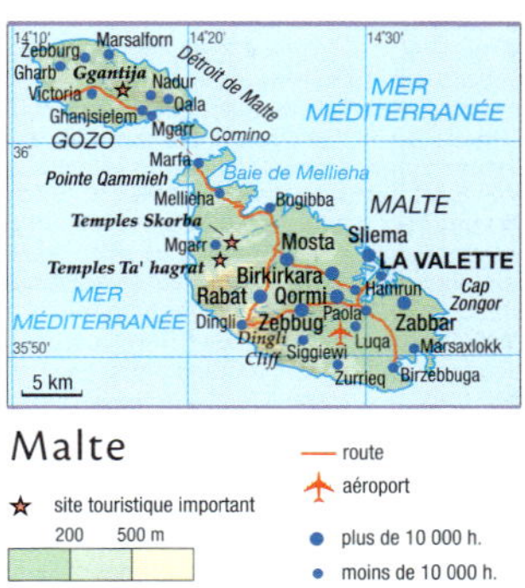

Malte (ordre souverain de) → **Saint-Jean de Jérusalem** (ordre souverain militaire et hospitalier de).

MALTE-BRUN (Konrad), *Thisted 1775 - Paris 1826*, géographe danois. Il vécut en France. Auteur d'une *Géographie universelle*, il fut l'un des fondateurs de la Société de géographie en 1821.

MALTHUS (Thomas Robert), *près de Dorking, Surrey, 1766 - Claverton, près de Bath, 1834*, économiste britannique. Auteur d'un *Essai sur le principe de population* (1798), il y présente l'accroissement de la population comme un danger pour la subsistance du monde et recommande la restriction volontaire des naissances *(malthusianisme)*.

▲ Thomas Robert **Malthus** d'après J. Linnel. (Jesus College, Cambridge.)

MALUS (Étienne Louis), *Paris 1775 - id. 1812*, physicien français. Il découvrit la polarisation de la lumière et établit les lois de la propagation des faisceaux lumineux.

MAM, peuple amérindien du Guatemala (hauts plateaux) et du Mexique (sud du Chiapas) [env. 500 000], parlant une langue maya.

MAMAIA, station balnéaire de Roumanie, sur la mer Noire, au N. de Constanța.

MAMELOUKS, dynastie qui régna sur l'Égypte et la Syrie (1250 - 1517), dont les sultans étaient choisis parmi les milices de soldats esclaves (mamelouks).

MAMER, comm. du Luxembourg ; 7 473 hab. Une section (Capellen) a donné son nom à un canton.

MAMERS [mamɛrs] (72600), ch.-l. d'arrond. de la Sarthe ; 5 479 hab. *(Mamertins)*. Deux églises médiévales.

MAMERT (saint), *m. v. 475*, évêque de Vienne, en Gaule. Il institua la procession des rogations.

MAMMON, mot araméen qui, dans la littérature juive et chrétienne, personnifie les biens matériels dont l'homme se fait l'esclave.

MAMMOTH CAVE, système de grottes des États-Unis (Kentucky), l'un des plus étendus du globe (env. 240 km de galeries). Parc national.

MAMORÉ n.m., riv. d'Amérique du Sud ; 1 800 km. Branche-mère du río Madeira.

MAMOUDZOU, ch.-l. de Mayotte, sur la côte est de l'île de Grande-Terre ; 53 022 hab.

MAN (île de), île de la mer d'Irlande, dépendance de la Couronne britannique ; 572 km² ; 84 497 hab. ; v. princ. *Douglas*.

MAN, v. de Côte d'Ivoire ; 148 171 hab.

MANADO ou **MENADO,** v. d'Indonésie (Célèbes) ; 408 354 hab. Port.

MANAGE, comm. de Belgique (Hainaut) ; 22 753 hab.

MANAGUA, cap. du Nicaragua, sur le *lac de Managua* (1 234 km²) ; 951 000 hab. dans l'agglomération *(Managuayens).* La ville fut en partie détruite par un séisme en 1972.

MANAMA, cap. de Bahreïn, dans l'île de Bahreïn ; 398 000 hab. dans l'agglomération *(Manaméens).* Raffinerie de pétrole. Circuit automobile.

MANASLU n.m., sommet de l'Himalaya, au Népal ; 8 156 m.

MANASSÉ, personnage biblique. Fils aîné de Joseph, il donna son nom à l'une des tribus d'Israël établie en Transjordanie.

MANAUDOU (Laure), *Villeurbanne 1986,* nageuse française. Championne olympique en 2004 et championne du monde en 2005 et en 2007 du 400 m nage libre, elle a aussi remporté en 2007 le titre mondial du 200 m nage libre. — **Florent M.,** *Villeurbanne 1990,* nageur français, frère de Laure. Champion olympique du 50 m nage libre en 2012, champion du monde du 50 m nage libre et du 50 m papillon en 2015, il a aussi remporté en 2013 et en 2015 le titre mondial du relais 4 x 100 m nage libre. En 2014, il a battu deux records du monde (50 m nage libre et 50 m dos) au championnat du monde (PB).

MANAUS, anc. **Manáos,** v. du Brésil, cap. de l'État d'Amazonas, sur le río Negro, près du confluent avec l'Amazone ; 1 718 584 hab. (1 798 376 hab. dans l'agglomération). Port. Centre commercial et industriel. Zone franche.

MANCE (Jeanne), *Langres 1606 - Montréal 1673,* missionnaire laïque française. En 1645, elle fit construire à Ville-Marie (la future Montréal) l'Hôtel-Dieu. En 2012, elle a été reconnue par Montréal comme cofondatrice de la ville (1642), avec P. de Chomedey de Maisonneuve.

MANCHE (la), en esp. **la Mancha,** région d'Espagne dénudée et aride, partie de la communauté autonome de *Castille-La-Manche.* Cervantès l'a immortalisée dans son *Don* Quichotte.*

MANCHE (la), large bras de mer formé par l'Atlantique entre la France et la Grande-Bretagne.

MANCHE n.f. (50), dép. de la Région Normandie ; ch.-l. de dép. *Saint-Lô* ; ch.-l. d'arrond. *Avranches, Cherbourg-en-Cotentin, Coutances* ; 4 arrond. ; 27 cant. ; 476 comm. ; 5 938 km² ; 517 500 hab. *(Manchois).* Le dép. appartient à l'académie et à la cour d'appel de Caen, à la zone de défense et de sécurité Ouest. Il occupe la péninsule du Cotentin et l'extrémité occidentale du Bocage normand. Encore largement rurale, l'économie est orientée vers l'élevage bovin (les pommiers sont cependant souvent associés aux herbages). Certains secteurs littoraux (autour de Granville, de Barfleur et de Cherbourg-en-Cotentin) sont consacrés aux cultures maraîchères. La pêche et le tourisme estival (Le Mont-Saint-Michel) fournissent des ressources d'appoint. L'industrie est représentée surtout par la construction navale et la petite métallurgie, en dehors du nucléaire (la Hague, Flamanville).

MANCHE (tunnel sous la), tunnel ferroviaire reliant la France (terminal de Coquelles) à l'Angleterre (terminal de Cheriton, près de Folkestone). Long de 50,5 km, dont 38 sous la mer, il a été mis en service en 1994. (V. partie n. comm. **tunnel.**)

MANCHESTER, v. de Grande-Bretagne (Angleterre) ; 2 682 528 hab. dans l'agglomération. Université. Centre financier, commercial et industriel. – Musées.

MANCHETTE (Jean-Patrick), *Marseille 1942 - Paris 1995,* écrivain français. Il a introduit une dimension de critique politique et sociale radicale dans le roman policier français (*Nada,* 1972).

MANCINI, famille italienne représentée en particulier par quatre sœurs, nièces de Mazarin, qui avaient suivi celui-ci en France. — **Laure M.,** *Rome 1636 - Paris 1657,* épouse de Louis de Vendôme, duc de Mercœur. — **Olympe M.,** comtesse **de Soissons,** *Rome 1639 - Bruxelles 1708,* mère du Prince Eugène. — **Marie M.,** princesse **Colonna,** *Rome v. 1640 - Pise 1715.* Elle inspira une vive passion à Louis XIV. — **Hortense M.,** duchesse **de Mazarin,** *Rome 1646 - Chelsea 1699.* Elle fut célèbre pour sa beauté à la cour du roi d'Angleterre Charles II.

MANCO CÁPAC Ier, fondateur légendaire de l'empire des Incas (XIIe s.).

MANDALAY, v. de la Birmanie centrale, sur l'Irrawaddy ; 1 035 163 hab. dans l'agglomération. Aéroport. Centre commercial. – Nombreux temples bouddhiques.

MANDCHOUKOUO n.m., nom de la Mandchourie sous domination japonaise (1932 - 1945).

MANDCHOURIE n.f., anc. nom d'une région de la Chine, formant auj. la majeure partie de la « Chine du Nord-Est » (hab. *Mandchous*) ; v. princ. *Shenyang (Moukden)* et *Harbin.*

HISTOIRE **XVIIe s. :** les Mandchous, peuple d'origine toungouse, envahissent la Chine. **1644 - 1911 :** une dynastie mandchoue, les Qing, règne sur la Chine où les Mandchous constituent l'aristocratie militaire alors que, parallèlement, de nombreux immigrés chinois s'établissent en Mandchourie. **1896 :** la Russie obtient le droit de relier Vladivostok au Transsibérien à travers la Mandchourie. **1898 :** elle obtient la concession du territoire de Port-Arthur et de Dairen. **1904 - 1905 :** la victoire du Japon dans le conflit avec la Russie lui assure une influence prépondérante. **1931 - 1932 :** le Japon occupe la Mandchourie et y organise un État vassal, le Mandchoukouo. **1945 :** la Chine récupère la région (à l'exception de Port-Arthur et de Dairen, que l'URSS lui rétrocédera en 1954).

MANDÉ → **MANDINGUES.**

MANDEL (Georges), *Chatou 1885 - Fontainebleau 1944,* homme politique français. Chef de cabinet de Clemenceau (1917), ministre des PTT (1934 - 1936), puis des Colonies (1938 - 1940), il s'opposa au régime de Vichy et fut assassiné par la Milice.

MANDELA (Nelson), *Mvezo, district d'Umtata, 1918 - Johannesburg 2013,* homme politique sud-africain. Chef historique de l'ANC, organisateur de la lutte armée après l'interdiction de son mouvement en 1960, il fut arrêté en 1962 et condamné à la détention à perpétuité en 1964. Libéré en 1990, vice-président (1990 - 1991) puis président (1991 - 1997) de l'ANC, il fut l'un des principaux artisans, avec F. De Klerk, du processus de démocratisation en Afrique du Sud. En 1994, à l'issue des premières élections multiraciales, il fut élu président de la République. Il se retira à la fin de son mandat, en 1999. (Prix Nobel de la paix 1993.)

▲ Nelson **Mandela** en 1990.

MANDELBROT (Benoît), *Varsovie 1924 - Cambridge, Massachusetts, 2010*, mathématicien français et américain d'origine polonaise. Il développa, en 1975, la théorie des objets fractals. Sur ordinateur, il construisit les ensembles qui portent son nom et qui trouvent des applications dans l'étude du « chaos déterministe ».

MANDELIEU-LA-NAPOULE (06210), bur. centr. de cant. des Alpes-Maritimes, près de Cannes ; 22 558 hab. *(Mandolociens)*. Station balnéaire. – Château de la Napoule (jardins).

MANDELSTAM (Ossip Emilievitch), *Varsovie 1891 - en Sibérie 1938*, écrivain russe. Symboliste, puis « acméiste », chrétien opposé à la révolution, il est l'auteur de poésies *(Tristia)* et de proses *(le Bruit du temps, le Sceau égyptien)* vibrantes.

MANDEURE (25350), comm. du Doubs ; 4 991 hab. *(Mandubiens)*. Vestiges gallo-romains.

MANDEVILLE (Bernard **de**), *Rotterdam, Hollande, 1670 - Hackney, près de Londres, 1733*, satiriste et philosophe anglais d'origine néerlandaise. Sa *Fable des abeilles* (1714), où il soutient, contre Shaftesbury, que l'égoïsme, inné en l'homme, peut concourir au bien de la collectivité, fit scandale et marqua le Siècle des lumières.

MANDINGUES ou **MANDÉ,** populations apparentées, vivant principalement au Mali *(Maninka* ou *Mandenka)*, en Côte d'Ivoire et en Guinée *(Malinké)*, au Sénégal et en Gambie *(Mandingo)*, dans la Sierra Leone et au Libéria *(Mendé)* [env. 15 millions]. On distingue les *Mandingues du Sud* (Dan, Gouro, etc.) et les *Mandingues du Nord* (Bamanan, Dioula, etc.). Ces derniers fondèrent l'empire du Mali (XIIIe-XIVe s.), propagèrent l'islam et résistèrent à la colonisation (avec Samory Touré). Ils parlent des langues nigéro-congolaises.

MANDRIN (Louis), *Saint-Étienne-de-Saint-Geoirs 1725 - Valence 1755*, bandit français. Marchand ruiné, il organisa un réseau de contrebande qui nuisit aux fermiers de l'impôt. Arrêté et roué vif à Valence en 1755, il devint un héros populaire.

MANÉ-KATZ (Emanuel **Katz**, dit), *Krementchoug 1894 - Tel-Aviv 1962*, peintre ukrainien naturalisé français. Installé à Paris en 1921, il a peint des scènes de la vie juive, des paysages et des fleurs.

MANÈS → **MANI.**

MANESSIER (Alfred), *Saint-Ouen, Somme, 1911 - Orléans 1993*, peintre français. Coloriste vibrant, il a notamm. traduit en peintures abstraites les grands thèmes de l'art sacré.

▲ Édouard **Manet.** *Argenteuil*, 1874. (Musée des Beaux-Arts, Tournai.)

MANET (Édouard), *Paris 1832 - id. 1883*, peintre français. Souvent inspiré par les maîtres classiques, en particulier les Espagnols du Siècle d'or, il fut, par la probité de son naturalisme et par ses audaces picturales, un des pères de l'impressionnisme et de l'art moderne *(le Déjeuner* sur l'herbe* [1863], *Olympia** [id.], *le Fifre* [1866], *le Balcon* [1868-1869], portrait de *Mallarmé* [1876], etc., au musée d'Orsay ; *l'Exécution de Maximilien* [1867], Mannheim ; *Un bar aux Folies-Bergère* [1882], National Gallery de Londres).

▲ **Manille.** Habitat précaire, sur la baie.

MANÉTHON, *Sébennytos IIIe s. av. J.-C.*, prêtre et historien égyptien. Il a écrit en grec une histoire d'Égypte, dont il reste des fragments. Les historiens ont adopté sa division en dynasties.

MANFRED, *1232 - Bénévent 1266*, roi de Sicile (1258 - 1266). Fils naturel légitimé de l'empereur Frédéric II de Hohenstaufen, il fut tué en défendant son royaume contre Charles Ier d'Anjou.

Manga (la) *[les Dessins foisonnants]*, ensemble de dessins d'Hokusai (13 vol. [1814-1848 et 2 vol. posthumes]). Ils constituent une sorte d'encyclopédie en images qui donne toute la mesure et la variété du talent de son auteur.

MANGALIA, station balnéaire de Roumanie, sur la mer Noire, au S. de Constanța.

MANGALORE ou **MANGALUR,** v. d'Inde (Karnataka) ; 398 745 hab.

MANGBETU, peuple du nord-est de la Rép. dém. du Congo, de langue nilo-saharienne.

MANGIN (Charles), *Sarrebourg 1866 - Paris 1925*, général français. Il commanda l'escorte de la mission Marchand sur Fachoda (1895 - 1898). Il prit une part décisive à la victoire de Verdun (1916) et aux offensives de 1918.

MANGIN (Louis), *Paris 1852 - Orly 1937*, botaniste français. Il étudia la physiologie, l'anatomie et la pathologie chez les végétaux, et fit partie de l'expédition Charcot en Antarctique (1915).

MANGUYCHLAK (presqu'île de), plateau désertique du Kazakhstan, à l'E. de la Caspienne. Pétrole.

MANHATTAN, île des États-Unis, entre l'Hudson, l'East River et la rivière de Harlem ; 1 537 195 hab. Elle constitue un borough au centre de New York.

MANI ou **MANÈS,** *216 - 274 ou 277*, fondateur du manichéisme. Il se voulut le missionnaire d'une religion universelle de salut, le manichéisme, et fut mis à mort par le roi de Perse Bahrâm Ier.

MANICOUAGAN n.f., riv. du Canada (Québec), qui rejoint l'estuaire du Saint-Laurent (r. g.) ; env. 200 km à partir du *réservoir Manicouagan*. Importants aménagements hydroélectriques.

Manifeste du parti communiste, texte de Karl Marx et Friedrich Engels (1848), exposant les thèmes centraux du marxisme et fondant le programme révolutionnaire des communistes.

MANILLE, cap. des Philippines (Luçon), sur la *baie de Manille* ; 1 660 714 hab. *(Manillais)* [12 764 000 hab. dans l'agglomération]. Principal centre intellectuel, commercial et industriel du pays.

MANIN (Daniele), *Venise 1804 - Paris 1857*, avocat et patriote italien. Président de la république de Venise en 1848, il dut capituler devant les Autrichiens l'année suivante.

MANIPUR, État du nord-est de l'Inde ; 22 300 km^2 ; 2 721 756 hab. ; cap. *Imphal*.

MANISA, v. de Turquie, ch.-l. de prov., au N.-E. d'Izmir ; 214 345 hab.

MANITOBA n.m., prov. du Canada, dans les Prairies ; 650 000 km^2 ; 1 278 365 hab. ; cap. *Winnipeg*. Région encore largement agricole (blé), plus vaste que la France. Winnipeg regroupe plus de la moitié de la population totale.

MANITOBA (lac), lac du Canada, dans la province du même nom ; 4 700 km^2.

MANITOULIN, île canadienne (Ontario) du lac Huron ; 2 766 km^2. Réserves amérindiennes.

MANIZALES, v. de Colombie ; 394 627 hab.

MANKELL (Henning), *Stockholm 1948 - Göteborg 2015*, écrivain suédois. Romancier, auteur dramatique, il fut surtout célèbre pour les enquêtes du commissaire Kurt Wallander, à travers lesquelles il sonda froidement les dérives et la violence du monde contemporain *(Meurtriers sans visage*, 1991 ; *le Guerrier solitaire*, 1995 ; *l'Homme inquiet*, 2009). On lui doit aussi un récit autobiographique, *Sable mouvant. Fragments de ma vie* (2014).

MANKIEWICZ (Joseph Leo), *Wilkes-Barre, Pennsylvanie, 1909 - près de Bedford, État de New York, 1993*, cinéaste américain. Cultivé et subtil, il a donné ses lettres de noblesse au cinéma hollywoodien *(Ève*, 1950 ; *la Comtesse aux pieds nus*, 1954 ; *le Limier*, 1972).

MANLIUS CAPITOLINUS (Marcus), *m. à Rome en 384 av. J.-C.*, héros romain. Éveillé par les cris des oies, il aurait sauvé le Capitole, attaqué de nuit par les Gaulois (390 av. J.-C.).

MANN (Emil Anton **Bundmann,** dit Anthony), *San Diego 1906 - Berlin 1967*, cinéaste américain, réalisateur de westerns : *l'Appât*, 1953 ; *Du sang dans le désert*, 1957 ; *l'Homme de l'Ouest*, 1958.

MANN (Heinrich), *Lübeck 1871 - Santa Monica 1950*, écrivain allemand. Romancier influencé par l'esthétisme décadent, puis préoccupé par les questions sociales et politiques, il est l'auteur du *Professeur Unrat* (1905), adapté à l'écran par J. von Sternberg *(l'Ange bleu*, 1930). — **Thomas M.,** *Lübeck 1875 - Zurich 1955*, écrivain allemand, frère de Heinrich. Ses romans opposent le culte de l'action et la vie de l'esprit *(les Buddenbrook*, 1901 ; *la Mort à Venise*, 1912 ; *la Montagne magique*, 1924 ; *le Docteur Faustus*, 1947). [Prix Nobel 1929.]

MANNAR (golfe de), golfe de l'océan Indien, entre l'Inde et le Sri Lanka.

MANNERHEIM (Carl Gustaf, baron), *Villnäs 1867 - Lausanne 1951*, maréchal et homme politique finlandais. Après sa victoire sur les bolcheviques, il fut élu régent en 1918. Pendant la Seconde Guerre mondiale, il lutta contre l'URSS (1939 - 1940 et 1941 - 1944). Il fut président de la République de 1944 à 1946.

▲ Le maréchal **Mannerheim** en 1942.

MANNHEIM, v. d'Allemagne (Bade-Wurtemberg), sur le Rhin ; 290 117 hab. Port fluvial. Centre industriel. – Château du XVIIIe s. ; musées.

MANNING (Henry), *Totteridge 1808 - Londres 1892*, prélat britannique. Prêtre anglican converti au catholicisme, il devint archevêque de Westminster en 1865 et cardinal en 1875. Il intervint en faveur des ouvriers.

MANNONI (Maud), *Courtrai 1923 - Paris 1998*, psychanalyste française d'origine néerlandaise. Elle a étendu le champ de la psychanalyse aux enfants psychotiques ; elle a ouvert en 1969 une école expérimentale à Bonneuil-sur-Marne *(l'Enfant, sa maladie et les autres*, 1967).

MANOLETE (Manuel **Rodríguez Sánchez,** dit), *Cordoue 1917 - Linares 1947*, matador espagnol. Adepte d'une stylisation des attitudes, il fut blessé mortellement au cours de sa 508e corrida.

Manon Lescaut, personnage principal du roman homonyme (1731) de l'abbé Prévost. Manon entraîne son amant, Des Grieux, dans la déchéance. – L'héroïne a inspiré Massenet *(Manon*, 1884) et Puccini *(Manon Lescaut*, 1893).

MANOSQUE (04100), bur. centr. de cant. des Alpes-de-Haute-Provence ; 22 466 hab. *(Manosquins)*. Monuments médiévaux. – Centrale hydroélectrique sur une dérivation de la Durance.

MANOUCHIAN (Missak, dit Michel), *Adıyaman, Empire ottoman, 1906 - mont Valérien 1944*, poète et résistant arménien. Réfugié en France après le génocide arménien, devenu militant communiste, il forma un réseau de résistance très actif *(groupe Manouchian)*. Arrêté en 1943, il fut fusillé en 1944 avec 22 de ses compagnons. L'affiche de propagande nazie placardée pour dénoncer leur action (« l'Affiche rouge ») devint, pour la Résistance, l'emblème du martyre.

MANOURY (Philippe), *Tulle 1952*, compositeur français. Les recherches qu'il consacre à l'interaction entre l'instrument et l'ordinateur *(Jupiter* pour flûte, *Pluton* pour piano, *Neptune* pour percussions...) l'inspirent aussi dans ses opéras *(60e Parallèle*, 1997 ; *K...*, d'après *le Procès* de Kafka, 2001 ; *la Nuit de Gutenberg*, 2011 ; *Kein Licht*, 2017).

MAN RAY (Emmanuel **Rudnitsky,** dit), *Philadelphie 1890 - Paris 1976,* peintre et photographe américain. Il participe à l'activité dada à New York, puis s'installe à Paris (1921). Ses *rayographes* (silhouettes d'objets, à partir de 1922) comptent parmi les premières photographies « abstraites ». Le surréalisme marque ses courts-métrages (*l'Étoile de mer,* sur un poème de Desnos, 1928), de même que ses peintures, ses collages et ses assemblages, d'une libre invention poétique.

MANRESA, v. d'Espagne (Catalogne) ; 76 311 hab. Cathédrale gothique des XIVe-XVIe s. ; musée.

MANRIQUE (Jorge), *Paredes de Nava 1440 - près du château de Garci-Muñoz 1479,* poète espagnol. Ses *Stances sur la mort de son père* sont une œuvre majeure de la poésie espagnole.

MANS [mɑ̃] (Le), ch.-l. du dép. de la Sarthe, sur la Sarthe, à son confluent avec l'Huisne, à 211 km à l'O. de Paris ; 147 121 hab. *(Manceaux).* Centre d'une communauté urbaine regroupant 14 communes (203 321 hab.). Université. Évêché. Centre industriel (automobile, télécommunications, produits laitiers) et commercial. – Enceinte gallo-romaine ; cathédrale romane et gothique (chœur du XIIIe s., vitraux) ; maisons anciennes. Musées. – À proximité, circuit de la course automobile des *Vingt-Quatre Heures du Mans.*

MANSART (François), *Paris 1598 - id. 1666,* architecte français. Chez lui s'ordonnent toutes les qualités d'un classicisme affranchi de la tutelle des modèles antiques et italiens. Il travaille à Paris pour les congrégations (église devenue le temple Ste-Marie, 1632) et les particuliers (nombreuses demeures, dont peu subsistent, tel l'hôtel de Guénégaud, dans le Marais), construit l'aile Gaston-d'Orléans de Blois (1635) et le château de Maisons (1642). Il entreprend en 1645 la chapelle du Val-de-Grâce, mais, trop lent par perfectionnisme, est remplacé par Lemercier, qui suivra ses plans. — **Jules Hardouin,** dit **Hardouin-M.,** *Paris 1646 - Marly 1708,* architecte français, petit-neveu de François. Premier architecte de Louis XIV, il agrandit le château de Versailles à partir de 1678 (galerie des Glaces, chapelle, etc.). On lui doit encore la chapelle des Invalides, avec son dôme à deux coupoles emboîtées (d'après une idée de F. Mansart, 1676-1706), les places Vendôme et des Victoires à Paris, le Grand Trianon, divers châteaux, des travaux pour Arles et pour Dijon. D'une grande diversité, incluant des dessins de fortifications aussi bien qu'un modèle nouveau de maison urbaine, son œuvre connut un rayonnement dépassant les frontières de la France. Un de ses petits-fils, Jacques **Mansart de Sagonne** *(1709 - 1776),* fut l'architecte de la cathédrale St-Louis de Versailles.

MANSFELD (Ernst, comte **von**), *Luxembourg 1580 - Rakovica, près de Sarajevo, 1626,* homme de guerre allemand. Il prit le parti des protestants pendant la guerre de Trente Ans et combattit Tilly, puis Wallenstein.

MANSFIELD (Kathleen **Mansfield Beauchamp,** dite **Katherine**), *Wellington, Nouvelle-Zélande, 1888 - Fontainebleau 1923,* écrivaine néo-zélandaise. Nouvelliste *(la Garden Party),* elle a également laissé des *Lettres* et un *Journal.*

MANSFIELD (sir Peter), *Londres 1933 - Nottingham ? 2017,* physicien britannique. Il mit au point les outils mathématiques qui ont rendu l'imagerie par résonance magnétique (IRM) utilisable dans le domaine médical. (Prix Nobel de médecine, avec P. C. Lauterbur, 2003.)

MANSHOLT (Sicco Leendert), *Ulrum 1908 - Wapserveen, province de Drenthe, 1995,* homme politique néerlandais. Vice-président (1967 - 1972) puis président (1972 - 1973) de la Commission exécutive de la CEE, il a préconisé la modernisation des agricultures européennes.

MANSIS, peuple finno-ougrien de Russie (Sibérie occidentale) [env. 8 500]. Appelés autrefois *Vogoules,* ils sont souvent regroupés avec les Khantys sous le nom d'*Ougriens de l'Ob.*

MANSOURAH, v. d'Égypte, près de la Méditerranée ; 439 348 hab. Saint Louis y fut fait prisonnier en 1250.

MANSTEIN (Erich **von Lewinski,** dit Erich **von**), *Berlin 1887 - Irschenhausen, Bavière, 1973,* maréchal allemand. Chef d'état-major du groupe d'armées de Rundstedt (1939), il est l'auteur du plan d'opérations contre la France en 1940. Il conquit la Crimée en 1942, puis commanda un groupe d'armées sur le front russe jusqu'en 1944.

▲ Jules **Hardouin-Mansart.** La chapelle St-Louis de l'hôtel des Invalides à Paris, entreprise en 1676.

MANSUR (Abu Djafar **al-**), *m. en 775,* deuxième calife abbasside (754 - 775). Il fonda Bagdad en 762.

MANSUR (Muhammad ibn Abi Amir, surnommé **al-**), en esp. **Almanzor,** *Torrox, province de Málaga, v. 938 - Medinaceli 1002,* homme d'État et chef militaire du califat de Cordoue. Il combattit avec succès les royaumes chrétiens du nord de l'Espagne.

MANTA, v. de l'Équateur, sur l'océan Pacifique ; 221 122 hab.

▲ **Mantegna.** *Le Christ mort* (v. 1506) ; exemple célèbre de raccourci anatomique. (Pinacothèque de Brera, Milan.)

MANTEGNA (Andrea), *Isola di Carturo, Padoue, 1431 - Mantoue 1506,* peintre et graveur italien. Formé à Padoue (au moment où Donatello y travaille), il fait l'essentiel de sa carrière à Mantoue (fresques de la *Camera degli Sposi* au palais ducal, achevées en 1474). Par son puissant langage plastique (relief sculptural, effets de perspective, netteté d'articulation) et son répertoire décoratif antiquisant, il eut une grande influence dans toute l'Italie du Nord.

MANTES-LA-JOLIE (78200), ch.-l. d'arrond. des Yvelines, sur la Seine ; 45 107 hab. *(Mantais).* Pneumatiques. – Collégiale gothique (XIIe-XIVe s.).

MANTES-LA-VILLE (78200), bur. centr. de cant. des Yvelines ; 19 931 hab. *(Mantevillois).*

MANTEUFFEL (Edwin, baron **von**), *Dresde 1809 - Karlsbad 1885,* maréchal prussien. Il fut gouverneur de l'Alsace-Lorraine de 1879 à 1885.

Mantinée (bataille de) [362 av. J.-C.], victoire des Thébains d'Épaminondas sur les Spartiates à Mantinée (Arcadie). Épaminondas y périt.

MANTOUE, en ital. **Mantova,** v. d'Italie (Lombardie), ch.-l. de prov. ; 46 764 hab. *(Mantouans).* La ville est entourée de trois lacs formés par le Mincio. – Palais ducal des XIIIe-XVIIe s. (musée) ; deux églises de L. B. Alberti ; palais du Te, chef-d'œuvre maniériste de J. Romain. – La ville fut gouvernée de 1328 à 1708 par les Gonzague.

MANU, premier homme, père de la race humaine de chaque âge de l'univers, dans la mythologie hindoue. Il est considéré comme l'auteur du code juridique hindou *(lois de Manu).*

MANUCE, en ital. **Manuzio,** famille d'imprimeurs italiens, connus aussi sous le nom de Alde. — **Alde M.** (abrév. de *Tebaldo Manuzio*), dit **l'Ancien,** *Bassiano v. 1449 - Venise 1515.* Il fonda à Venise une imprimerie que rendirent célèbre ses éditions princeps des chefs-d'œuvre grecs et latins. Il créa le caractère italique (1500) et le format in-octavo. — **Alde M.,** dit **le Jeune,** *Venise 1547 - Rome 1597.* Petit-fils de Alde l'Ancien, il dirigea l'imprimerie vaticane.

MANUEL Ier COMNÈNE, *v. 1118 - 1180,* empereur byzantin (1143 - 1180). Il combattit les Normands de Sicile, soumit la Serbie (1172), mais se heurta aux Vénitiens et fut battu par les Turcs (1176).

MANUEL II PALÉOLOGUE, *1348 - 1425,* empereur byzantin (1391 - 1425). Il lutta vainement contre le sultan ottoman, dont il dut reconnaître la suzeraineté (1424).

MANUEL Ier le Grand et **le Fortuné,** *Alcochete 1469 - Lisbonne 1521,* roi de Portugal (1495 - 1521), de la dynastie d'Aviz. À son règne correspondent le début de l'essor colonial et l'essor de l'architecture manuéline.

MANUEL DEUTSCH (Niklaus), *Berne 1484 - id. 1530,* peintre, poète et homme d'État suisse. Il est un artiste de transition entre héritage gothique et italianisme (*le Jugement de Pâris,* v. 1520, Bâle).

Manyo-shu, la plus ancienne anthologie de poésie japonaise (v. 760 ?). Elle rassemble principalement des poèmes des VIIe et VIIIe s.

MANYTCH n.m., riv. de Russie, au nord du Caucase. Il a un écoulement intermittent vers la mer d'Azov (par le Don) et vers la Caspienne (par la Koura).

MANZANARES n.m., riv. d'Espagne, sous-affl. du Tage ; 85 km. Il passe à Madrid.

MANZONI (Alessandro), *Milan 1785 - id. 1873,* écrivain italien. Son roman historique *les Fiancés* (1825-1827), peinture réaliste et moralisante d'humbles existences villageoises, exerça une profonde influence sur le roman italien. Son théâtre fut un modèle pour le romantisme italien (*Adelchi,* 1822).

MAO DUN, *Wu, Zhejiang, 1896 - Pékin 1981,* écrivain et homme politique chinois. Romancier (*Minuit,* 1993), l'un des fondateurs de la Ligue des écrivains de gauche (1930), il fut ministre de la Culture de 1949 à 1965.

MAORIS, peuple polynésien de Nouvelle-Zélande (env. 430 000). Arrivés au VIIIe s., ils résistèrent à la colonisation britannique, mais furent, en dépit d'arrangements (traité de Waitangi, 1840), spoliés de leurs meilleures terres et marginalisés. En forte expansion démographique (avec un fort degré de métissage), ils sont désormais indissociables de l'identité néo-zélandaise.

MAO ZEDONG, MAO TSÖ-TONG ou **MAO TSÉ-TOUNG,** *Shaoshan, Hunan, 1893 - Pékin 1976,* homme politique chinois. Né dans une famille de paysans aisés, Mao découvre le marxisme à l'université de Pékin (où il est bibliothécaire) et participe à la fondation du Parti communiste chinois (1921). Percevant le potentiel révolutionnaire des masses paysannes, il organise une insurrection au Hunan (1927), mais l'échec de celle-ci lui vaut d'être exclu du Bureau politique du PCC. Gagnant le Jiangxi pour échapper à la répression engagée par Jiang Jieshi (Tchang Kaï-chek) contre le Parti, il fonde la République socialiste chinoise (1931), mais doit battre en retraite devant les nationalistes du Guomindang (la Longue Marche, 1934 - 1935). Réintégré au Bureau politique (1935), il s'impose comme le chef du mouvement communiste chinois, tout en s'alliant avec Jiang Jieshi contre les Japonais. Il rédige alors, à Yan'an, ses textes fondamentaux (*Problèmes stratégiques de la guerre*

◄ **Mao Zedong**

révolutionnaire en Chine, 1936 ; *De la contradiction, De la pratique*, 1937 ; *De la démocratie nouvelle*, 1940), dans lesquels il adapte le marxisme aux réalités chinoises. Après trois ans de guerre civile (1946 - 1949), il contraint Jiang Jieshi à abandonner le continent et proclame à Pékin la République populaire de Chine (1er oct. 1949). Président du Conseil puis président de la République (1954 - 1959) et président du Parti, il veut accélérer l'évolution du pays lors du Grand Bond en avant (1958) et de la Révolution culturelle (1966 - 1976), dont le programme est donné par son « Petit Livre rouge ». Malgré deux échecs très coûteux pour le pays, le prestige de Mao et l'influence politique de sa femme, Jiang Qing, sont tels que ce n'est qu'une fois mort qu'il sera publiquement critiqué.

MAPUCHE, peuple amérindien du Chili (env. 400 000). Après avoir résisté aux Incas, les Mapuche s'opposèrent au XVIe s. aux Espagnols et ne furent définitivement soumis qu'au XIXe s. Agriculteurs et éleveurs des hautes terres, ils ont émigré vers les villes. Ils parlent le *mapuche*, ou *mapudungu*. Leur appellation espagnole d'*Araucans* est vieillie.

MAPUTO, anc. **Lourenço Marques,** cap. du Mozambique, sur l'océan Indien ; 1 099 102 hab. *(Maputais)*. Port.

MAR (serra do), extrémité méridionale du Plateau brésilien.

MARACAIBO, v. du Venezuela, à l'extrémité nord-ouest du *lac de Maracaibo* (formé par la mer des Antilles) ; 1 459 448 hab. (2 192 000 hab. dans l'agglomération). Centre pétrolier.

Maracanã, célèbre stade de football (longtemps le plus vaste du monde), situé à Rio de Janeiro.

MARACAY, v. du Venezuela, à l'O. de Caracas ; 401 294 hab. (1 057 000 hab. dans l'agglomération).

MARADI, v. du sud du Niger ; 267 249 hab.

MARADONA (Diego Armando), *Buenos Aires 1960*, footballeur argentin. Il fut le principal artisan de la victoire de son pays lors de la Coupe du monde de 1986. Il a été sélectionneur de l'équipe d'Argentine de 2008 à 2010.

MARAGHEH, v. d'Iran, près du lac d'Ourmia ; 146 405 hab. Vergers irrigués.

MÁRAI (Sándor), *Kassa, auj. Košice, 1900 - San Diego 1989*, écrivain hongrois. Ses récits, poèmes et journaux intimes disent l'effondrement de la vieille Europe cosmopolite, les déchirures de la Hongrie et l'exil irrémédiable (*Confession d'un bourgeois*, 1934 ; *les Braises*, 1942 ; *Mémoires de Hongrie*, 1972 ; *Libération*, 2000, posthume ; *Ce que j'ai voulu taire*, 2013, posthume).

Marais (le), anc. quartier de Paris (IIIe et IVe arrond.). Hôtels particuliers des XVIe-XVIIIe s. (Lamoignon, Carnavalet*, Sully*, Guénégaud, Salé [musée Picasso], Soubise*, etc.).

Marais (le), terme péjoratif désignant, pendant la Révolution française, le Tiers Parti (ou la Plaine), groupe qui siégeait à la Convention entre les Girondins et les Montagnards.

MARAIS (Jean **Villain-Marais,** dit Jean), *Cherbourg 1913 - Cannes 1998*, acteur français. Lancé au théâtre par Jean Cocteau, il devint après *l'Éternel Retour* (J. Delannoy, 1943) une des vedettes les plus populaires du cinéma français : *la Belle et la Bête* (J. Cocteau, 1946), *le Bossu* (A. Hunebelle, 1959), *Peau d'âne* (J. Demy, 1970).

◄ Jean **Marais**

MARAIS (Marin), *Paris 1656 - id. 1728*, compositeur et violiste français. Il est l'auteur de pièces pour viole et d'œuvres lyriques (*Alcyone*, 1706).

MARAIS BRETON ou **MARAIS VENDÉEN,** région de France, sur le littoral de la Loire-Atlantique et de la Vendée.

Marais du Cotentin et du Bessin (parc naturel régional des), parc naturel couvrant env. 147 000 ha sur les dép. de la Manche et du Calvados.

MARAIS POITEVIN, région de France, partagée principalement entre la Vendée et la Charente-Maritime (débordant sur le sud-ouest du dép. des Deux-Sèvres), en bordure de la baie de l'Aiguillon. Parc naturel régional (197 300 ha ; Vendée, Charente-Maritime, Deux-Sèvres).

MARAJÓ, île du Brésil, à l'embouchure de l'Amazone ; 40 000 km². Site de l'une des plus anciennes cultures du Brésil (tertres, céramiques).

MARAMUREŞ n.m., massif des Carpates, en Roumanie ; 2 305 m.

MARAN (René), *Fort-de-France 1887 - Paris 1960*, administrateur et écrivain français. Partagé entre sa fidélité à l'administration française et son empathie identitaire avec l'Afrique noire, critiquant de l'intérieur le système colonial, il est souvent considéré comme un précurseur du courant de la négritude (*Batouala, véritable roman nègre*, 1921).

MARANHÃO, État du nord-est du Brésil ; 6 424 340 hab. ; cap. *São Luís do Maranhão*.

MARAÑÓN n.m., riv. du Pérou ; 1 800 km. L'une des branches-mères de l'Amazone.

MARAÑÓN Y POSADILLO (Gregorio), *Madrid 1887 - id. 1960*, médecin et écrivain espagnol. Il est l'un des créateurs de l'endocrinologie.

MARANS [marɑ̃] (17230), bur. centr. de cant. de la Charente-Maritime ; 4 618 hab. Aviculture (race de Marans). Anc. centre de faïencerie.

MARAT (Jean-Paul), *Boudry, canton de Neuchâtel, 1743 - Paris 1793*, homme politique français. Médecin, fondateur de *l'Ami du peuple*, journal préféré des sans-culottes, membre actif du club des Cordeliers, il se fait l'avocat virulent des intérêts populaires. Deux fois exilé, son journal supprimé, il rentre en France en août 1792. Député de Paris à la Convention, il vote la mort de Louis XVI, puis entre en conflit avec les Girondins, contribuant de façon décisive à leur chute (2 juin 1793). Il est assassiné le mois suivant dans sa baignoire par Charlotte Corday (sujet d'un tableau de David*).

▲ **Marat** par J. Boze. (Musée Carnavalet, Paris.)

MARATHES, population de l'ouest de l'Inde (Maharashtra). Tirant leur nom d'une confédération de royaumes hindous unis contre le pouvoir moghol, les Marathes établirent au XVIIIe s. un vaste empire, avant d'être vaincus par les Britanniques au terme de trois guerres (1779 - 1818). Ils parlent le *marathi*, langue indo-européenne.

Marathon (bataille de) [490 av. J.-C.], bataille de la première guerre médique. Victoire du général athénien Miltiade sur les Perses, près du village de Marathon, à 40 km d'Athènes. Un coureur, dépêché à Athènes pour annoncer la victoire, serait mort d'épuisement à son arrivée.

MARBELLA, v. d'Espagne (Andalousie), sur la Costa del Sol ; 135 124 hab. Station balnéaire.

MARBURG, v. d'Allemagne (Hesse), sur la Lahn ; 71 683 hab. Université. – Église Ste-Élisabeth, du XIIIe s., prototype de la halle à trois vaisseaux ; château des XIIIe-XVIe s. Musées.

Marburg (école de), mouvement philosophique néokantien (v. 1875 - 1933). Ses principaux représentants sont H. Cohen, P. Natorp et E. Cassirer.

MARC (saint), *Ier s.*, un des quatre évangélistes. Compagnon de Paul, de Barnabé, puis de Pierre, il est, selon la Tradition, l'auteur du second Évangile et le fondateur de l'Église d'Alexandrie. Ses reliques auraient été transportées à Venise, dont il devint ainsi le patron, au IXe s. Il est représenté accompagné d'un lion ailé.

MARC (Franz), *Munich 1880 - Verdun 1916*, peintre allemand, l'un des maîtres du Blaue* Reiter.

MARC AURÈLE, en lat. **Marcus Aurelius Antoninus,** *Rome 121 - Vindobona 180*, empereur romain (161 - 180). Adopté par Antonin, il lui succéda. Son règne, durant lequel il renforça la centralisation administrative, fut dominé par les guerres : campagnes contre les Parthes (161 - 166) et contre les Germains, qui avaient franchi le Danube et atteint l'Italie (168 - 175 et 178 - 180). Il associa son fils Commode au pouvoir en 177. Il a laissé des *Pensées*, en grec, où s'exprime son adhésion au stoïcisme. – Sa statue équestre (auj. dans un musée du Capitole), en bronze autrefois doré, érigée au Latran de son vivant, fut restaurée par Michel-Ange et transportée sur la place du Capitole. Elle a été le prototype de toutes les statues équestres de la Renaissance.

MARCEAU (François Séverin **Marceau-Desgraviers,** dit), *Chartres 1769 - Altenkirchen 1796*, général français. Il commanda l'armée de l'Ouest contre les vendéens (1793), se distingua à Fleurus (1794) et s'empara de Coblence.

MARCEAU (Louis **Carette,** dit **Félicien**), *Cortenberg, près de Bruxelles, 1913 - Courbevoie 2012*, écrivain français d'origine belge. Il se fixe en France en 1944 et y entreprend une carrière féconde de romancier (*les Élans du cœur*, 1955 ; *Creezy*, 1969 ; *la Terrasse de Lucrezia*, 1993), d'auteur dramatique (*l'Œuf*, 1956 ; *la Bonne Soupe*, 1959) et d'essayiste. (Acad. fr.)

MARCEAU (Marcel **Mangel,** puis Marcel), *Strasbourg 1923 - Cahors 2007*, mime français. Créateur en 1947 du personnage de Bip, bouffon lunaire, il a renouvelé l'art de la pantomime en exprimant la poésie des situations quotidiennes. En 1978, il avait fondé à Paris l'École internationale de mimodrame (fermée en 2005).

MARCEAU (Sophie **Maupu,** dite Sophie), *Paris 1966*, actrice française. Incarnation de la jeunesse des années 1980 (*la Boum*, C. Pinoteau, 1980 ; *Police*, M. Pialat, 1985), elle se révèle ensuite à l'international dans des rôles d'inspiration romantique (*Braveheart*, M. Gibson, 1995 ; *Le monde ne suffit pas* [James Bond], M. Apted, 1999 ; *la Fidélité*, A. Zulawski, 2000), sans exclure un registre plus sombre (*la Taularde*, A. Estrougo, 2015).

MARCEL (Étienne), *v. 1316 - Paris 1358*, marchand drapier français. Prévôt des marchands de Paris à partir de 1355, il fut, aux états généraux de 1356 et 1357, le porte-parole de la riche bourgeoisie contre l'autorité royale. S'opposant au Dauphin Charles (Charles V), il fit tuer ses principaux conseillers et, avec l'aide des Anglo-Navarrais, fut pendant quelque temps maître de Paris (1358). Il fut assassiné par un partisan du Dauphin.

MARCEL (Gabriel), *Paris 1889 - id. 1973*, philosophe et écrivain français. Converti au catholicisme (1929), il devint un des principaux représentants de l'existentialisme chrétien (*Être et avoir*, 1935 ; *le Mystère de l'Être*, 1951).

MARCELLIN (saint), *m. à Rome en 304*, pape de 296 à 304. Martyr sous Dioclétien.

MARCELLO (Benedetto), *Venise 1686 - Brescia 1739*, compositeur italien. Auteur d'un recueil de 50 paraphrases des psaumes de David (sur des textes de G. A. Giustiniani), il composa aussi sonates et concertos. On lui doit en outre un écrit satirique, *le Théâtre à la mode*.

MARCELLUS (Marcus Claudius), *v. 268 - 208 av. J.-C.*, général romain. Pendant la deuxième guerre punique, il prit Syracuse (212 av. J.-C.), défendue par Archimède.

MARCHAIS (Georges), *La Hoguette, Calvados, 1920 - Paris 1997*, homme politique français. Il fut secrétaire général du Parti communiste français de 1972 à 1994.

MARCHAL (Henri), *Paris 1875 - Siem Réap, Cambodge, 1970*, archéologue français. On lui doit le dégagement et le rétablissement de la plupart des monuments d'Angkor, dont il fut conservateur à partir de 1916.

MARCHAND (Jean-Baptiste), *Thoissey, Ain, 1863 - Paris 1934*, général et explorateur français. Parti du Congo en 1896, il atteignit Fachoda, sur le Nil, mais dut l'évacuer peu après, sur ordre (7 nov. 1898), à l'arrivée des Britanniques de Kitchener.

MARCHE (la), anc. province de France, réunie à la Couronne sous François Ier. (Cap. *Guéret*.) Elle correspond à la majeure partie du département de la Creuse.

MARCHE-EN-FAMENNE, v. de Belgique, ch.-l. d'arrond. de la prov. de Luxembourg ; 17 440 hab. Noyau urbain ancien ; église romane de Waha.

MARCHES (les), en ital. **Marche,** région d'Italie ; 1 538 055 hab. ; cap. *Ancône* ; 5 prov. (*Pesaro et Urbino, Ancône, Macerata, Ascoli Piceno* et *Fermo*).

Marches de la mort (les) [1944 - 1945], marches forcées des prisonniers des camps de concentration et d'extermination, organisées par le régime nazi devant l'avancée des troupes alliées. Entre 250 000 et 375 000 déportés furent abattus ou moururent de faim, de froid et d'épuisement.
Marche sur Rome (la) [28 oct. 1922], marche spectaculaire des « Chemises noires » de Mussolini vers la capitale italienne. Elle contraignit le roi Victor-Emmanuel III à confier le gouvernement à Mussolini.
MARCHIENNES (59870), comm. du Nord ; 4 690 hab. Anc. abbaye bénédictine.
MARCIAC (32230), comm. du Gers ; 1 331 hab. Festival de jazz. – Église des XIVe-XVIe s.
MARCIANO (Rocco Francis **Marchegiano**, dit Rocky), *Brockton, Massachusetts, 1923 - près de Des Moines 1969*, boxeur américain. Champion du monde des poids lourds (1952 à 1956), il demeura invaincu dans les rangs professionnels.
MARCIGNY (71110), comm. de Saône-et-Loire ; 1 846 hab. *(Marcignots)*. Musée (faïences) dans la « tour du Moulin », du XVe s.
MARCINELLE, partie de la comm. de Charleroi (Belgique). Catastrophe minière en 1956.
MARCION, *Sinope v. 85 - v. 160*, hérétique chrétien. Il vint à Rome vers 140, mais son enseignement provoqua son excommunication en 144. Sa doctrine d'inspiration gnostique, le *marcionisme*, combattue par Tertullien, laissa des traces en Syrie jusqu'au Ve s.
MARCK (62730), bur. centr. de cant. du Pas-de-Calais ; 10 856 hab. *(Marckois)*.
MARCKOLSHEIM (67390), comm. du Bas-Rhin ; 4 217 hab. *(Marckolsheimois)*. Centrale hydroélectrique sur une dérivation du Rhin.
MARCOLINI (Pierre), *Charleroi 1964*, pâtissier et chocolatier belge. Revisitant les grands classiques de la chocolaterie dans des alliances de goûts hardies, il sélectionne des fèves de cacao provenant du monde entier et les fait torréfier dans ses propres ateliers.
MARCOMANS, anc. peuple germain apparenté aux Suèves. Installés d'abord en Bohême, ils envahirent l'Empire romain sous Marc Aurèle.
MARCONI (Guglielmo), *Bologne 1874 - Rome 1937*, physicien et inventeur italien. Il réalisa les premières liaisons, d'abord de courte portée (1896), puis transatlantiques (1901), par ondes hertziennes. (Prix Nobel 1909.)
MARCO POLO → **POLO.**
MARCOS (Ferdinand), *Sarrat 1917 - Honolulu 1989*, homme politique philippin. Président de la République (1965 - 1986), il combattit les guérillas communiste et musulmane.
MARCOULE, lieu-dit du Gard (comm. de Codolet et de Chusclan), sur le Rhône. Industrie et recherche nucléaires.
MARCOUSSIS (91460), comm. de l'Essonne, à l'O. de Montlhéry ; 8 303 hab. *(Marcoussissiens)*. Optique. Centre national de rugby (à cheval sur Linas). Circuit automobile. – Église des XVe-XVIe s.
MARCQ-EN-BARŒUL (59700), comm. du Nord ; 40 208 hab. Armement. Agroalimentaire.
MARCUS (Rudolph Arthur), *Montréal 1923*, chimiste américain d'origine canadienne. Ses travaux, menés entre 1956 et 1965, ont permis d'élucider les mécanismes de transfert d'électrons entre les molécules. (Prix Nobel 1992.)
MARCUSE (Herbert), *Berlin 1898 - Starnberg, près de Munich, 1979*, philosophe américain d'origine allemande, membre de l'école de Francfort. Croisant marxisme et psychanalyse, il a développé une critique radicale de la civilisation industrielle (*Éros et civilisation*, 1955 ; *l'Homme unidimensionnel*, 1964).
MARCY-L'ÉTOILE (69280), comm. du Rhône ; 3 849 hab. *(Marcyllois)*. Chimie.
MARDAN, v. du Pakistan ; 244 511 hab.
MAR DEL PLATA, v. d'Argentine, sur l'Atlantique ; 614 350 hab. Port. Station balnéaire. – Festival international de cinéma. – Musées.
MARDOCHÉE, personnage du livre biblique d'Esther.
MARDONIOS, *m. en 479 av. J.-C.*, général perse. Il fut vaincu et tué à Platées par les Grecs.
MARDOUK, le plus important des dieux du panthéon babylonien.

▲ **Marey.** Chronophotographie d'un saut à la perche, 1890. (Musée Marey, Beaune.)

MARÉ (Rolf de), *Stockholm 1888 - Kiambu, Kenya, 1964*, mécène suédois, cofondateur des Ballets suédois (1920) et des Archives internationales de la danse (1931).
MARÉCHAL (Marcel), *Lyon 1937*, comédien, metteur en scène et directeur de théâtre français. À Lyon (1960 - 1975), à Marseille (1975 - 1994), à Paris (1995 - 2000), à la tête de la compagnie des Tréteaux de France (2001 - 2011) puis de sa propre compagnie, il met sa passion du texte et son jeu à la fois exubérant et maîtrisé au service d'auteurs contemporains aussi bien que classiques.
MAREMME n.f., en ital. **Maremma,** région de l'Italie centrale, le long de la mer Tyrrhénienne.
Marengo (bataille de) [14 juin 1800], bataille de la campagne d'Italie. Victoire de Bonaparte et de Desaix sur les Autrichiens, près d'Alexandrie (Piémont), qui entraîna le retrait de l'armée autrichienne du Piémont et de la Lombardie.
MARENNES (17320), bur. centr. de cant. de la Charente-Maritime, près de la Seudre ; 5 780 hab. Parcs à huîtres. – Église à haut clocher gothique.
MARÉOTIS (lac) → **MARIOUT.**
MARESCAUX (Jacques), *Clermont-Ferrand 1948*, chirurgien français. Chef du département de chirurgie digestive et endocrinienne des Hôpitaux universitaires de Strasbourg depuis 1989, il est un pionnier, mondialement reconnu, d'une chirurgie limitant le traumatisme opératoire (dite *mini-invasive*) grâce à la robotique chirurgicale, guidée par l'imagerie, et de la *téléchirurgie* (il a notamm., en 2001, opéré de New York une patiente hospitalisée à Strasbourg).
MAREY (Étienne Jules), *Beaune 1830 - Paris 1904*, physiologiste et inventeur français. Il a perfectionné l'enregistrement graphique des phénomènes physiologiques et créé, en 1882, la *chronophotographie*, dont dérive le cinéma.
MARGARITA, île des côtes du Venezuela ; 1 072 km².
MARGATE, v. de Grande-Bretagne (Angleterre, Kent) ; 58 465 hab. Station balnéaire.
MARGAUX-CANTENAC (33460), comm. de la Gironde, dans le Médoc ; 2 955 hab. *(Margalais)*. Vins rouges.
MARGERIDE (monts de la), massif du sud-est de l'Auvergne (France) ; 1 551 m au signal de Randon.
MARGOT (la reine) → **MARGUERITE DE VALOIS.**

SAINTES

MARGUERITE ou **MARINE** (sainte), *Antioche de Pisidie IIIe s.*, vierge et martyre. Elle fut décapitée pour avoir avoué sa foi plutôt que d'épouser le préfet Olybrius. Patronne des femmes enceintes.
MARGUERITE BOURGEOYS (sainte), *Troyes 1620 - Montréal 1700*, religieuse française. Elle créa la première école à Montréal et fonda au Canada la congrégation de Notre-Dame, destinée à l'enseignement. Canonisée en 1982.

ANGLETERRE

MARGUERITE d'Anjou, *Pont-à-Mousson 1430 - château de Dampierre, Anjou, 1482*, reine d'Angleterre. Fille de René Ier le Bon, roi de Sicile, elle épousa (1445) Henri VI. Elle défendit avec énergie le parti des Lancastres pendant la guerre des Deux-Roses.

DANEMARK, NORVÈGE, SUÈDE

MARGUERITE Ire Valdemarsdotter, *Søborg 1353 - Flensburg 1412*, reine de Danemark, de Norvège et de Suède. Fille de Valdemar IV, roi de Danemark, elle épousa (1363) le roi de Norvège Haakon VI et devint reine à la mort de son fils Olav (1387). Elle imposa l'Union de Kalmar aux États de Danemark, de Norvège et de Suède (1397), au profit de son neveu Erik de Poméranie. — **Marguerite II,** *Copenhague 1940*, reine de Danemark. Fille de Frédéric IX, elle lui succéda en 1972. Elle a épousé (1967) un Français, le comte Henri de Montpezat *(1934 - 2018)*.

FRANCE

MARGUERITE DE PROVENCE, *1221 - Saint-Marcel, près de Paris, 1295*, reine de France. Elle épousa (1234) Louis IX, avec lequel elle eut onze enfants. Elle chercha à jouer un rôle politique sous le règne de son fils Philippe III.

NAVARRE

MARGUERITE D'ANGOULÊME, *Angoulême 1492 - Odos, Bigorre, 1549*, reine de Navarre. Fille de Charles d'Orléans, duc d'Angoulême, et de Louise de Savoie, sœur aînée de François Ier. Veuve en 1525 de Charles IV, duc d'Alençon, elle épousa en 1527 Henri d'Albret, roi de Navarre. Elle protégea les réformés et fit de sa cour un brillant foyer d'humanisme. – On lui doit *l'Heptaméron** et des recueils de poésies (*les Marguerites de la Marguerite des princesses*).
MARGUERITE DE VALOIS, dite **la reine Margot,** *Saint-Germain-en-Laye 1553 - Paris 1615*, reine de Navarre, puis de France. Fille d'Henri II, elle fut mariée en 1572 à Henri de Navarre (Henri IV), dont elle se sépara très vite. Son mariage fut annulé en 1599. – Elle a laissé des *Mémoires* et des *Poésies*.

PARME

MARGUERITE DE PARME, *Audenarde 1522 - Ortona, Abruzzes, 1586*, duchesse de Parme. Fille naturelle de Charles Quint, elle épousa le duc de Parme Octave Farnèse et fut gouvernante des Pays-Bas de 1559 à 1567.

SAVOIE

MARGUERITE D'AUTRICHE, *Bruxelles 1480 - Malines 1530*, duchesse de Savoie. Fille de l'empereur Maximilien et de Marie de Bourgogne, elle épousa Philibert II le Beau, en l'honneur duquel, devenue veuve, elle fit élever l'église de Brou. Gouvernante des Pays-Bas (1507 - 1515, 1519 - 1530), elle joua un grand rôle diplomatique.
MARGUERITE-MARIE ALACOQUE (sainte), *Verosvres, Saône-et-Loire, 1647 - Paray-le-Monial 1690*, religieuse française. Visitandine à Paray-le-Monial, elle reçut pour mission, lors d'apparitions du Christ (1673 - 1675), de répandre le culte du Sacré-Cœur de Jésus.
MARGUERITTES (30320), bur. centr. de cant. du Gard ; 8 741 hab. *(Marguerittois)*.
MARI, cité antique de la Mésopotamie, sur le moyen Euphrate (auj. Tell Hariri, Syrie). Ce fut une des grandes villes de l'Orient ancien dès le milieu du IIIe millénaire, puis la capitale d'un État amorrite au début du IIe millénaire ; elle fut détruite par Hammourabi. – Les fouilles, commencées en 1933 par André Parrot, jusqu'à celles reprises en 1979, confirment l'importance de la cité (palais, urbanisme et zone portuaire). De 2013 à 2018, le site a été endommagé par l'organisation État* islamique.
Maria Chapdelaine, roman de L. Hémon (1916). Après la mort de son fiancé, Maria Chapdelaine continue à mener la rude existence des défricheurs canadiens. Le roman a inspiré plusieurs films, dont celui de J. Duvivier (1934).
Mariage de Figaro (le) → **Figaro.**
MARIAMNE ou **MIRIAM,** *Jérusalem v. 60 av. J.-C. - 29 av. J.-C.*, deuxième femme d'Hérode le Grand. Ce dernier la fit mourir ainsi que leurs deux fils.

Marianne, surnom de la République française, représentée par un buste de femme coiffée d'un bonnet phrygien. Ce surnom apparut pour la première fois en 1792.

MARIANNES (fosse des), fosse très profonde (11 034 m) du Pacifique, en bordure de l'*archipel des Mariannes*.

MARIANNES (îles), archipel volcanique du Pacifique, à l'E. des Philippines, formé des *Mariannes du Nord* et de Guam ; 213 241 hab. Découvertes par Magellan en 1521, ces îles devinrent espagnoles à partir de 1668. À l'exception de Guam (cédée aux États-Unis), elles furent vendues à l'Allemagne (1899), puis passèrent sous mandat japonais en 1919. Administrées par les États-Unis au nom de l'ONU (1947 - 1990), elles forment depuis 1978 un État associé aux États-Unis, le *Commonwealth des Mariannes du Nord*. Elles furent le théâtre d'une violente bataille aéronavale en juin 1944.

MARIANNES DU NORD (Commonwealth des), dépendance américaine du Pacifique occidental ; 464 km² ; 53 883 hab. ; cap. *Garapan* (sur l'île de Saipan).

MARIANO (Luis Mariano Eusebio **González García**, dit Luis), *Irún 1914 - Paris 1970*, chanteur espagnol. Son charme latin et sa voix chaleureuse lui ont valu de triompher, sur scène et au cinéma, dans les opérettes de Francis Lopez (*la Belle de Cadix, le Chanteur de Mexico, Violettes impériales*).

◄ Luis **Mariano**

MARIÁNSKÉ LÁZNĚ, en all. **Marienbad**, v. de la République tchèque, en Bohême ; 14 868 hab. Station thermale.

MARIAZELL, v. d'Autriche (Styrie) ; 1 492 hab. Centre de pèlerinage. Station de sports d'hiver (alt. 868 - 1 624 m).

MARIBOR, v. de Slovénie, sur la Drave ; 110 668 hab. Construction automobile. – Château du XVᵉ s. (musée) et autres monuments.

MARICA ou **MARITZA** n.f., en gr. **Évros**, fl. de l'Europe balkanique, né en Bulgarie, qui se jette dans la mer Égée ; 490 km. Son cours inférieur sépare la Grèce et la Turquie.

SAINTES

MARIE, mère de Jésus, épouse de Joseph, appelée aussi la Sainte Vierge. Dès les premiers temps de l'Église apparut la croyance en la conception virginale de Jésus en Marie. Le développement de la foi chrétienne mit en valeur le rôle de la Vierge, et le concile d'Éphèse, en 431, proclama Marie « Mère de Dieu ». Le Moyen Âge donna un grand essor à la piété mariale. Malgré la Réforme (XVIᵉ s.), une théologie de la Vierge, la *mariologie*, se constitua. Pie IX définit le dogme de l'Immaculée Conception en 1854, et Pie XII, celui de l'Assomption en 1950.

MARIE DE L'INCARNATION (sainte) [Marie **Guyard**, en relig. Mère], *Tours 1599 - Québec 1672*, religieuse française. Elle implanta l'ordre des Ursulines au Canada (1639). Ses *Relations* et ses *Lettres* constituent un document important sur l'histoire de la Nouvelle-France. Elle a été canonisée en 2014.

MARIE L'ÉGYPTIENNE (sainte), *Égypte v. 345 - Palestine v. 422*, pénitente chrétienne. Courtisane repentie après une vision, elle passa le reste de sa vie retirée dans le désert.

BOURGOGNE

MARIE DE BOURGOGNE, *Bruxelles 1457 - Bruges 1482*, duchesse titulaire de Bourgogne (1477 - 482). Fille unique de Charles le Téméraire, elle fit, par son mariage avec Maximilien d'Autriche (1477), des Pays-Bas et de la Franche-Comté des possessions des Habsbourg.

FRANCE

MARIE DE MÉDICIS, *Florence 1573 - Cologne 1642*, reine de France. Fille du grand-duc de Toscane, François de Médicis, elle épouse en 1600 le roi de France Henri IV. Au décès de celui-ci (1610), elle est reconnue régente par le Parlement. Elle renvoie les ministres d'Henri IV et mène une politique catholique et pro-espagnole : elle marie son fils Louis XIII à l'infante Anne d'Autriche et reste toute-puissante jusqu'à l'assassinat de Concini (1617). En guerre avec son fils de 1619 à 1620, elle revient à la Cour grâce à son aumônier Richelieu, dont elle persuade le roi de faire son principal ministre (1624). Elle cherche ensuite vainement à faire disgracier Richelieu (*journée des Dupes*) et doit finalement s'exiler.

▲ **Marie de Médicis** par Rubens. (Prado, Madrid.)

MARIE LESZCZYŃSKA, *Breslau 1703 - Versailles 1768*, reine de France. Fille du roi de Pologne Stanislas Leszczyński, elle épousa en 1725 le roi de France Louis XV, avec qui elle eut dix enfants.

ANGLETERRE, ÉCOSSE

MARIE Iʳᵉ STUART, *Linlithgow 1542 - Fotheringay 1587*, reine d'Écosse (1542 - 1567). Fille de Jacques V, reine à sept jours, elle épousa (1558) le futur roi de France François II. Veuve en 1560, elle revint en Écosse, où elle eut à lutter à la fois contre la Réforme et contre les agissements secrets de la reine d'Angleterre Élisabeth Iʳᵉ. Son mariage avec Bothwell, assassin de son second mari, lord Darnley, son autoritarisme et son catholicisme provoquèrent une insurrection et son abdication (1567). Réfugiée en Angleterre, elle fut impliquée dans plusieurs complots contre Élisabeth, qui la fit emprisonner et exécuter.

▲ **Marie Iʳᵉ Stuart.** (Museum of Art, Glasgow.)

— **Marie II Stuart,** *Londres 1662 - id. 1694*, reine d'Angleterre, d'Irlande et d'Écosse (1689 - 1694). Fille de Jacques II, elle régna conjointement avec son mari Guillaume III de Nassau.

MARIE Iʳᵉ TUDOR, *Greenwich 1516 - Londres 1558*, reine d'Angleterre et d'Irlande (1553 - 1558). Fille d'Henri VIII et de Catherine d'Aragon, attachée au catholicisme, elle persécuta les protestants et fut surnommée Marie la Sanglante. Son mariage (1554) avec Philippe II, roi d'Espagne, provoqua une guerre désastreuse avec la France.

PORTUGAL

MARIE Iʳᵉ DE BRAGANCE, *Lisbonne 1734 - Rio de Janeiro 1816*, reine de Portugal (1777 - 1816). Fille du roi Joseph Iᵉʳ et femme de son oncle Pierre III, elle devint folle et dut abandonner le pouvoir à son fils, le futur Jean VI, régent à partir de 1792. — **Marie II de Bragance,** *Rio de Janeiro 1819 - Lisbonne 1853*, reine de Portugal (1826 - 1853), fille de Pierre Iᵉʳ, empereur du Brésil.

DIVERS

MARIE DE FRANCE, *1154 - 1189*, poétesse française, auteure de *Fables* et de *Lais*.

MARIE DE L'INCARNATION (Barbe **Avrillot**, Mᵐᵉ **Acarie,** bienheureuse), *Paris 1566 - Pontoise 1618*, religieuse française. Veuve de Pierre Acarie, elle entra dans l'ordre des Carmélites, qu'elle avait introduit en France en 1604.

MARIE (Pierre), *Paris 1853 - Cannes 1940*, neurologue français. Il réalisa des travaux sur l'aphasie et l'ataxie cérébelleuse.

MARIE-AMÉLIE DE BOURBON, *Caserte 1782 - Claremont 1866*, reine des Français. Fille de Ferdinand Iᵉʳ de Bourbon, elle épousa en 1809 le duc d'Orléans, futur Louis-Philippe.

MARIE-ANTOINETTE, *Vienne 1755 - Paris 1793*, reine de France. Fille de François Iᵉʳ, empereur germanique, et de Marie-Thérèse, elle épousa en 1770 le Dauphin Louis, qui devint Louis XVI en 1774. Imprudente, prodigue au point qu'on put lui attribuer tous les scandales (*affaire du Collier*) et ennemie des réformes, elle se rendit impopulaire. Elle poussa Louis XVI à résister à la Révolution. On lui reprocha ses liens avec l'étranger. Incarcérée au Temple après le 10 août 1792, puis à la Conciergerie après la mort du roi, elle fut guillotinée (16 oct. 1793).

◄ **Marie-Antoinette** par A. U. Wertmüller. (Château de Versailles.)

MARIE-CAROLINE, *Vienne 1752 - Hötzendorf, près de Vienne, 1814*, reine de Naples. Fille de l'empereur François Iᵉʳ et de Marie-Thérèse d'Autriche, elle épousa (1768) Ferdinand IV de Naples (Ferdinand Iᵉʳ de Bourbon), qui la laissa gouverner le pays.

MARIE-CHRISTINE DE BOURBON, *Naples 1806 - Sainte-Adresse 1878*, reine d'Espagne. Fille de François Iᵉʳ, roi des Deux-Siciles, elle épousa en 1829 Ferdinand VII. Régente pour sa fille Isabelle II en 1833, elle dut faire face à la première guerre carliste (1833 - 1839).

MARIE-CHRISTINE DE HABSBOURG-LORRAINE, *Gross-Seelowitz 1858 - Madrid 1929*, reine d'Espagne. Elle épousa Alphonse XII, puis fut régente de 1885 à 1902.

Mariée mise à nu par ses célibataires, même (la), grande peinture sur verre de M. Duchamp (1915-1923, musée de Philadelphie). L'artiste y résume sa démarche : refus des valeurs purement plastiques et du plaisir de l'œil, jeu intellectuel à base d'érotisme, de scientisme, voire d'ésotérisme, humour délirant et minutieux.

MARIE-GALANTE, île des Antilles françaises, au S.-E. de la Guadeloupe, dont elle dépend ; 157 km² ; 11 404 hab. Canne à sucre. – Écomusée, autour de l'Habitation Murat.

MARIELLE (Jean-Pierre), *Dijon 1932*, acteur français. Une voix profonde et une présence austère ou chaleureuse le distinguent à la scène comme à l'écran (*Que la fête commence*, B. Tavernier, 1975 ; *Tous les matins du monde*, A. Corneau, 1991 ; *la Controverse de Valladolid* [pour la télévision], J.-D. Verhaeghe, 1992 ; *les Âmes grises*, Y. Angelo, 2005).

Marie-Louise (les), nom donné aux conscrits des classes 1814 et 1815, appelés par anticipation (1813) par décret de l'impératrice Marie-Louise.

MARIE-LOUISE DE HABSBOURG-LORRAINE, *Vienne 1791 - Parme 1847*, impératrice des Français. Fille de François II, empereur germanique, elle épousa en 1810 Napoléon Iᵉʳ et donna naissance au roi de Rome (1811). Régente en 1813, elle quitta Paris en avril 1814 avec son fils. Duchesse de Parme (1815), elle épousa successivement les Autrichiens Neipperg et Bombelles.

▲ L'impératrice **Marie-Louise** par F. Gérard. (Château de Versailles.)

MARIE MADELEINE (sainte) ou **MARIE DE MAGDALA** ou **LA MAGDALÉENNE,** nom d'une des trois Marie que mentionnent, outre Marie mère de Jésus, les Évangiles. Une tradition, auj. reconnue fautive, assimila cette Marie de Magdala à la pécheresse anonyme qui, selon Luc, lava les pieds de Jésus et les essuya avec sa chevelure au cours d'un dîner chez le pharisien Simon. Ainsi se développa la légende d'une Marie Madeleine repentante (identifiée aussi à Marie de Béthanie) qui serait venue en Provence aux Saintes-Maries-de-la-Mer, puis à la Sainte-Baume, et dont la dépouille aurait été recueillie à Vézelay.

Mariemont (musée royal de) → **Morlanwelz.**

MARIENBAD → **MARIÁNSKÉ LÁZNĚ.**

MARIE-THÉRÈSE, *Vienne 1717 - id. 1780*, archiduchesse d'Autriche (1740 - 1780), reine de Hongrie (1741 - 1780) et de Bohême (1743 - 1780), de la maison des Habsbourg-Lorraine. Fille de Charles VI, elle devait, selon la pragmatique sanction (1713), recevoir la totalité des États des Habsbourg. Elle dut cependant mener, contre la Prusse, la Bavière et la Saxe aidées par la France et l'Espagne, la guerre de la Succession d'Autriche (1740 - 1748), qui lui coûta la Silésie. En 1745, elle fit élire son époux empereur germanique (François Iᵉʳ) et porta dès lors le titre d'impératrice. Elle s'engagea contre Frédéric II dans la guerre de Sept Ans (1756 - 1763), mais ne put récupérer la Silésie. À l'intérieur, elle entreprit d'importantes

réformes centralisatrices et fut une adepte du mercantilisme. À partir de 1765, elle associa au pouvoir son fils Joseph II. Elle eut dix filles, dont Marie-Antoinette.

◀ L'impératrice **Marie-Thérèse** par M. Meytens. (Kunsthistorisches Museum, Vienne.)

MARIE-THÉRÈSE D'AUTRICHE, *Madrid 1638 - Versailles 1683*, reine de France. Fille du roi d'Espagne Philippe IV, elle épousa Louis XIV en 1660 et eut avec lui six enfants, dont seul survécut Louis de France, dit le Grand Dauphin.

MARIETTE (Auguste), *Boulogne-sur-Mer 1821 - Le Caire 1881*, égyptologue français. Il a dégagé et sauvegardé la plupart des grands sites d'Égypte et de Nubie, et a fondé un musée, noyau de celui du Caire.

MARIETTE (Pierre Jean), *Paris 1694 - id. 1774*, éditeur d'estampes, collectionneur et écrivain d'art français. Une partie de sa collection de dessins est auj. au Louvre.

MARIE-VICTORIN (Conrad **Kirouac**, en relig. frère), *Kingsey Falls, Québec, 1885 - près de Saint-Hyacinthe 1944*, religieux et naturaliste canadien. Il fonda le Jardin botanique de Montréal.

Marignan (bataille de) [13 - 14 sept. 1515], bataille des guerres d'Italie. Victoire du roi de France François Ier sur les Suisses alliés au pape Léon X, à Marignan (Lombardie). Elle préludait à la reconquête du Milanais par les Français.

MARIGNANE (13700), bur. centr. de cant. des Bouches-du-Rhône, près de l'étang de Berre ; 34 222 hab. *(Marignanais)*. Aéroport de Marseille (Marseille-Provence). Base aérienne de la Sécurité civile. Aéronautique.

MARIGNY (Enguerrand de), *Lyons-la-Forêt v. 1260 - Paris 1315*, homme d'État français. Conseiller de Philippe IV le Bel, il tenta une réforme des finances. Après la mort du roi, il fut pendu à Montfaucon pour prévarication.

MARIGNY-LE-LOZON (50570), comm. de la Manche, à l'O. de Saint-Lô ; 2 684 hab. *(Marignais)*. Cimetière militaire allemand.

MARIGOT (97150), ch.-l. de la partie française de l'île de Saint-Martin. Hab. : *Marigotins*.

Mariinski (théâtre), de 1935 à 1991 **théâtre Kirov,** théâtre d'État (opéra et ballet), à Saint-Pétersbourg. Ses origines remontent au XVIIIe s. Le bâtiment élevé en 1860 par Albert Cavos, sur l'emplacement du Théâtre-Cirque (détruit par un incendie), se double depuis 2013 d'une nouvelle salle, construite à proximité.

MARILLAC (Michel de), *Paris 1563 - Châteaudun 1632*, homme d'État français. Garde des Sceaux à partir de 1626, il rédigea (1629) le *code Michau*, visant à abolir les vestiges de la féodalité, que le parlement ne voulut pas enregistrer. L'un des chefs du parti dévot, il conspira contre Richelieu et fut exilé après la journée des Dupes (1630).

MARIN (Le) [97290], ch.-l. d'arrond. de la Martinique ; 9 300 hab. *(Marinois)*.

MARIN (Marguerite, dite Maguy), *Toulouse 1951*, danseuse et chorégraphe française. Elle fonde sa compagnie en 1978. Longtemps à Créteil (1981 - 1998) puis à Rillieux-la-Pape (1998 - 2011), elle s'installe à Sainte-Foy-lès-Lyon en 2015, après un bref passage à Toulouse. Ses créations sont parmi les plus importantes de la danse contemporaine française (*May B.*, 1981 ; *Cendrillon*, 1985 ; *Quoi qu'il en soit*, 1999 ; *Umwelt*, 2004 ; *Salves*, 2010 ; *BiT*, 2014 ; *Ligne de crête*, 2018).

MARIN DE TYR, géographe grec de la fin du Ier s. apr. J.-C.

Marine (musée national de la), musée d'histoire maritime créé à Paris en 1827. D'abord installé au Louvre, il a été transféré au palais de Chaillot en 1943 (nombreuses maquettes de bateaux).

MARINETTI (Filippo Tommaso), *Alexandrie, Égypte, 1876 - Bellagio 1944*, écrivain italien. Il fut l'initiateur du futurisme, avant de se tourner vers le fascisme.

MARINGÁ, v. du Brésil (Paraná) ; 349 860 hab.

MARINI (Marino), *Pistoia 1901 - Viareggio 1980*, sculpteur et peintre italien. Moderne, mais admirateur de la sculpture antique archaïque, il allie simplification formelle, tension et monumentalité (thème du *Cavalier*, notamm.).

MARINIDES ou **MÉRINIDES,** dynastie berbère qui régna au Maroc de 1269 à 1465.

MARIN LA MESLÉE (Edmond), *Valenciennes 1912 - près de Dessenheim, Haut-Rhin, 1945*, officier aviateur français. Classé premier chasseur français avec 20 victoires en 1940, il fut abattu en combat aérien lors de sa 105e mission.

MARINO ou **MARINI** (Giambattista), *Naples 1569 - id. 1625*, poète italien. Connu en France sous le nom de *Cavalier Marin*, il influença profondément la littérature précieuse.

MARIOTTE (abbé Edme), *Dijon ? v. 1620 - Paris 1684*, physicien français. L'un des fondateurs de la physique expérimentale en France, il étudia l'hydrodynamique, les déformations élastiques des solides et l'optique, et découvrit le point aveugle de l'œil humain. En 1676, peu après Boyle, il énonça la loi de compressibilité des gaz à température constante qui porte leurs noms.

MARIOUPOL, de 1948 à 1989 **Jdanov,** v. d'Ukraine, sur la mer d'Azov ; 492 176 hab. Port. Sidérurgie.

MARIOUT (lac), anc. **Maréotis,** lagune du littoral méditerranéen de l'Égypte. Il est séparé de la mer par une langue de terre où s'élève Alexandrie.

MARIPASOULA (97370), comm. de la Guyane ; 11 106 hab. *(Maripasouliens)*. Plus vaste commune de France.

MARIS, peuple finno-ougrien de Russie (rép. des Maris, Bachkortostan, Tatarstan) [env. 670 000]. Excepté les Maris orientaux (musulmans), ils sont convertis à l'orthodoxie, mêlée de croyances traditionnelles. Ils parlent le *mari*. Leur appellation russe de *Tchérémisses* est vieillie.

MARIS ou **MARIS EL** (république des), république de Russie, au N. de Kazan ; 696 357 hab. ; cap. *Iochkar-Ola*. Elle regroupe à peine 45 % de Maris de souche.

MARITAIN (Jacques), *Paris 1882 - Toulouse 1973*, philosophe français. L'un des principaux représentants du néothomisme, il contribua au renouveau catholique (*Humanisme intégral*, 1936).

MARITZA → **MARICA.**

MARIUS (Caius), *Cereatae, près d'Arpinum, 157 - Rome 86 av. J.-C.*, général et homme politique romain. Plébéien, il rompt avec Metellus, l'un des chefs aristocrates, et se pose en champion du peuple. En 107 av. J.-C., il obtient le consulat et le commandement de l'armée d'Afrique ; il constitue une véritable armée de métier, grâce à laquelle il vient à bout de Jugurtha (105), des Teutons à Aix (102) et des Cimbres à Verceil (101). Mais le parti aristocratique reprend l'avantage avec Sulla, qui, vainqueur en Orient, marche sur Rome (88). Marius doit alors s'exiler en Afrique. Sulla étant reparti pour l'Orient, Marius rentre à Rome (86) avec l'aide de Cinna. Consul pour la septième fois, il meurt peu après.

MARIVAUX (Pierre **Carlet de Chamblain de**), *Paris 1688 - id. 1763*, écrivain français. Auteur

de parodies, rédacteur de journaux, il est ruiné par la banqueroute de Law et se consacre au théâtre. Il renouvelle la comédie en la fondant sur l'amour naissant, traduit en un langage délicat, qu'on a appelé le « marivaudage » : *la Surprise de l'amour* (1722), *la Double Inconstance* (1723), *le Jeu de l'amour et du hasard* (1730), *les Fausses Confidences* (1737), *l'Épreuve* (1740). On lui doit également deux romans : *la Vie de Marianne* (1731-1741), *le Paysan parvenu* (1735). [Acad. fr.]

▲ **Marivaux.** (Château de Versailles.)

MARKA → **SONINKÉ.**

MARKER (Christian **Bouche-Villeneuve,** dit Chris), *Neuilly-sur-Seine 1921 - Paris 2012*, cinéaste français. Témoin de son temps, il a transformé, par le montage et le commentaire, le genre du documentaire en un objet filmique relevant de l'essai (*la Jetée*, 1962 ; *le Joli Mai* [coréalisé avec Pierre Lhomme], 1963 ; *Le fond de l'air est rouge*, 1977 ; *Level Five*, 1997).

MARKHAM, v. du Canada (Ontario), banlieue de Toronto ; 328 966 hab.

MARKHAM (mont), un des points culminants de l'Antarctique ; 4 350 m.

MARKOV (Andreï Andreïevitch), *Riazan 1856 - Petrograd 1922*, mathématicien russe. En théorie des probabilités, il introduisit les chaînes d'événements, dites « chaînes de Markov », dont le futur, à partir d'un présent connu, est indépendant du passé.

MARKOWITZ (Harry), *Chicago 1927*, économiste américain. Ses travaux portent sur la théorie de l'économie financière et le financement des entreprises. Il a développé la théorie dite « du choix des portefeuilles », qui prend en compte le risque. (Prix Nobel 1990.)

MARKSTEIN n.m., sommet du sud du massif des Vosges (France) ; 1 266 m. Sports d'hiver.

MARL, v. d'Allemagne (Rhénanie-du-Nord-Westphalie), dans la Ruhr ; 84 782 hab. Chimie.

MARLBOROUGH (John **Churchill, duc de**), *Musbury 1650 - Granbourn Lodge 1722*, général

anglais. En 1688, il passa du camp de Jacques II au parti de Guillaume d'Orange. À l'avènement de la reine Anne (1702), il devint commandant en chef des troupes britanniques. Généralissime des armées alliées, il remporta les victoires de Blenheim (1704) et de Malplaquet (1709), au cours de la guerre de la Succession d'Espagne. Il fut disgracié en 1710. Sous le nom de Malbrough, il est le héros d'une chanson populaire.

▲ Le duc de **Marlborough** par A. Van der Werff. (Galerie Palatine, Florence.)

MARLEAU (Denis), *Salaberry-de-Valleyfield 1954*, metteur en scène et scénographe canadien. D'abord concepteur de spectacles-collages d'inspiration dadaïste, il s'attache ensuite à revisiter toutes les dimensions du théâtre en créant avec l'aide de la vidéo des « fantasmagories technologiques » (*les Aveugles*, M. Maeterlinck, 2002 ; *Agamemnon*, Sénèque, 2011).

MARLEY (Robert Nesta, dit Bob), *Rhoden Hall, Saint Ann, 1945 - Miami, États-Unis, 1981*, chanteur

jamaïquain de reggae. Guitariste, compositeur, adepte du mouvement rasta, il a popularisé le reggae dans le monde *(Soul Rebel, Jammin')*.

◀ Bob **Marley** en 1980.

MARLOWE (Christopher), *Canterbury 1564 - Deptford, Londres, 1593*, dramaturge anglais, auteur de *la Tragique Histoire du Dr Faust* (v. 1590).

Marlowe (Philip), personnage de détective privé des romans policiers de R. Chandler (1939).

MARLY (57155), comm. de la Moselle, banlieue sud de Metz ; 10 329 hab. *(Marliens)*.

MARLY (59770), comm. du Nord ; 11 694 hab.

MARLY-LE-ROI (78160), comm. des Yvelines, près de la Seine ; 16 963 hab. *(Marlychois)*. Louis XIV s'y fit construire v. 1680, par J. H.-Mansart, un petit château et douze pavillons, saccagés sous la Révolution et démolis ou démontés peu après ; parc avec plans d'eau, copies des *Chevaux* de Coustou et « musée-promenade » de Marly-Louveciennes.

MARMANDE (47200), ch.-l. d'arrond. de Lot-et-Garonne, sur la Garonne ; 18 597 hab. *(Marmandais)*. Centre de production maraîchère. Industrie aéronautique. – Festival musical (« Garorock »). – Église des XIIIe-XVIIe s.

MARMARA (mer de), mer intérieure du bassin de la Méditerranée, entre les parties européenne et asiatique de la Turquie ; env. 11 500 km^2. C'est l'ancienne *Propontide*.

MARMOLADA n.f., point culminant des Dolomites (Italie) ; 3 342 m.

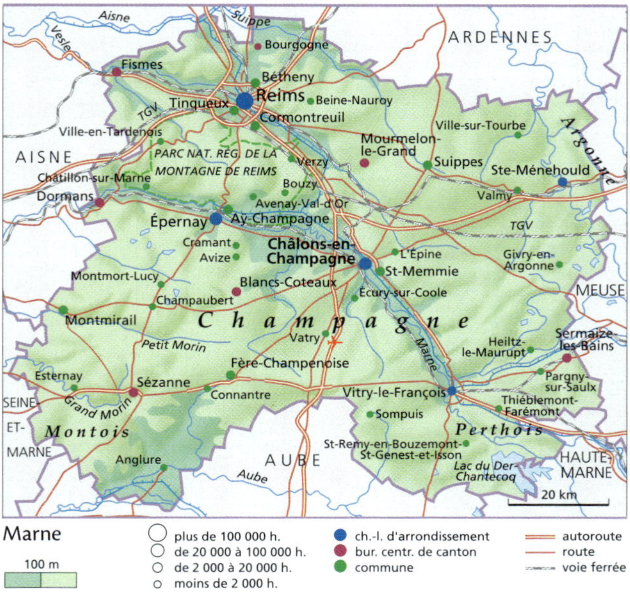

MARMONT (Auguste **Viesse de**), duc **de Raguse,** *Châtillon-sur-Seine 1774 - Venise 1852*, maréchal de France. Il commanda en Dalmatie (1806), au Portugal et en Espagne (1811 - 1812), puis pendant la campagne de France (1814). Il négocia la capitulation de Paris avec les Alliés.

MARMONTEL (Jean-François), *Bort-les-Orgues 1723 - Habloville, Saint-Aubin-sur-Gaillon, Eure, 1799*, écrivain français. Collaborateur de l'*Encyclopédie**, il est l'auteur de romans (*Bélisaire, les Incas*) et de *Contes moraux*. (Acad. fr.)

MARMOUTIER (67440), comm. du Bas-Rhin ; 2 732 hab. (*Maurimonastériens*). Remarquable église, anc. abbatiale, à façade romane (milieu du XIIe s.). Orgue d'Andreas Silbermann (1709).

MARNE n.f., riv. de France, qui naît sur le plateau de Langres et qui se jette dans la Seine entre Charenton et Alfortville ; 525 km. Elle passe à Chaumont, Saint-Dizier, Vitry-le-François, Châlons-en-Champagne, Épernay, Château-Thierry et Meaux. Près de Saint-Dizier, une retenue (*réservoir Marne*, ou lac du Der-Chantecoq) forme un lac de près de 5 000 ha. Le *canal de la Marne au Rhin* relie Vitry-le-François à Strasbourg.

MARNE n.f. (51), dép. de la Région Grand-Est ; ch.-l. de dép. *Châlons-en-Champagne* ; ch.-l. d'arrond. *Épernay, Reims, Sainte-Ménehould, Vitry-le-François* ; 5 arrond. ; 23 cant. ; 613 comm. ; 8 162 km^2 ; 585 622 hab. (*Marnais*). Le dép. appartient à l'académie et à la cour d'appel de Reims, à la zone de défense et de sécurité Est. Les plaines de la Champagne crayeuse, mises en valeur (céréales), font place, à l'est, aux terres argileuses de la Champagne humide, pays de bois et de prairies (élevage laitier). À l'ouest s'élève la côte de l'Île-de-France, qui, autour de Reims et d'Épernay, porte le célèbre vignoble champenois. L'industrie (agroalimentaire, métallurgie, pharmacie) est localisée surtout à Reims, dont l'agglomération concentre près de 40 % de la population totale du département.

Marne (bataille de la) [6 - 13 sept. 1914], campagne de la Première Guerre mondiale. La victoire des armées franco-britanniques, dirigées par Joffre, arrêta sur la Marne l'invasion des armées allemandes et contraignit Moltke à la retraite.

MARNE (Haute-) [52], dép. de la Région Grand-Est ; ch.-l. de dép. *Chaumont* ; ch.-l. d'arrond. *Langres, Saint-Dizier* ; 3 arrond. ; 17 cant. ; 427 comm. ; 6 211 km^2 ; 184 987 hab. (*Haut-Marnais*). Le dép. appartient à l'académie de Reims, à la cour d'appel de Dijon, à la zone de défense et de sécurité Est. Il est formé de régions variées (Vallage, Bassigny, Châtillonnais, plateau de Langres), où l'élevage bovin et, localement, l'exploitation forestière constituent les fondements de l'économie rurale. La vallée de la Marne est jalonnée par les principales villes (Saint-Dizier, Chaumont). L'industrie est représentée par la métallurgie de transformation (du matériel agricole à la coutellerie), de tradition ancienne à Saint-Dizier et dans le Bassigny. Peu peuplé (densité voisine du tiers de la moyenne nationale), le département subit une constante émigration.

MARNE-LA-VALLÉE, v. nouvelle, à l'E. de Paris, sur la rive gauche de la Marne. Parcs de loisirs (Disneyland Paris). Cité scientifique Descartes (université et autres établissements d'enseignement supérieur). Centre culturel de la Ferme du Buisson.

MARNIX (Philippe **de**), baron **de Sainte-Aldegonde,** *Bruxelles 1540 - Leyde 1598*, écrivain et diplomate néerlandais d'expression néerlandaise et française. Ses pamphlets anticatholiques (*la Ruche de la Sainte Église romaine, Tableau des différends de la Religion*) sont marqués par une verve truculente proche de celle de Rabelais.

MAROC n.m., en ar. **al-Marhrīb,** État d'Afrique, sur l'Atlantique et la Méditerranée ; 710 000 km^2 (avec l'ancien Sahara espagnol) ; 33 848 242 hab. (*Marocains*). **CAP.** *Rabat.* **V. PRINC.** *Casablanca, Fès* et *Marrakech.* **LANGUES :** *arabe* et *amazigh (berbère)*. **MONNAIE :** *dirham marocain.*

INSTITUTIONS Monarchie constitutionnelle. Constitution de 1972, révisée notamm. en 1992,

Maroc

1996 et 2011. Le roi, chef spirituel et temporel, nomme le Premier ministre au sein du parti arrivé en tête aux élections législatives. Le Parlement comprend la Chambre des représentants, élue au suffrage universel direct pour 5 ans, et la Chambre des conseillers, élue au suffrage universel indirect pour 6 ans.

GÉOGRAPHIE Le Maroc offre des paysages variés. Les chaînes de l'Atlas séparent le Maroc oriental, plateau dominant la dépression de la Moulouya, du Maroc atlantique, formé de plateaux et de plaines (en bordure du littoral). Le Nord est occupé par la chaîne du Rif, qui retombe brutalement sur la Méditerranée. Le Sud appartient déjà au Sahara. La latitude et les reliefs expliquent la relative humidité du Maroc atlantique et l'aridité de la partie orientale et méridionale.

La population, islamisée, à dominante arabe (malgré la présence de Berbères), est auj. en majeure partie urbanisée (Casablanca est, avec Alger, la plus grande ville du Maghreb). L'agriculture juxtapose céréales (blé), élevage (ovins surtout) et cultures commerciales (agrumes essentiellement). Les phosphates assurent l'essentiel des exportations. L'industrie de transformation se développe autour de l'automobile, de l'électronique et de l'aéronautique. Le chômage et le sous-emploi restent importants (près de 20 %). Le tourisme et les envois des émigrés ne peuvent combler le déficit commercial. Le pays demeure endetté.

HISTOIRE **Le Maroc antique.** **IXe - VIIIe s. av. J.-C. :** les Phéniciens créent des comptoirs sur le littoral. **VIe s. av. J.-C. :** ceux-ci passent sous le contrôle de Carthage. **Ve s. av. J.-C. :** création du royaume de Maurétanie. **40 apr. J.-C. :** la Maurétanie est annexée par Rome. **435 - 442 :** invasion des Vandales.

Le Maroc islamique. **700 - 710 :** les Arabes conquièrent le pays et imposent l'islam aux tribus berbères, chrétiennes, juives ou animistes. **739 - 740 :** révolte des Berbères kharidjites. **789 - 985 :** la dynastie idriside gouverne le pays. **1061 - 1147 :** les Almoravides unifient le Maghreb et l'Andalousie en un vaste empire. **1147 - 1269 :** sous le gouvernement des Almohades, une brillante civilisation arabo-andalouse s'épanouit. **1269 - 1465 :** le Maroc est aux mains des Marinides, qui doivent renoncer à l'Espagne (1340). **1415 :** les Portugais conquièrent Ceuta. **1472 - 1554 :** sous les Wattassides, la vie urbaine recule. Le nomadisme, les particularismes tribaux et la dévotion pour les marabouts se développent. **1554 - 1659 :** sous les Sadiens, les Portugais sont défaits à Alcaçar Quivir (1578) par al-Mansur. **1591 :** Tombouctou est conquise. **1666 :** Mulay al-Rachid fonde la dynastie alawite, qui règne dès lors sur le Maroc. **XVIIe - XVIIIe s. :** le pays connaît des querelles successorales et une sévère décadence économique. **XIXe s. :** les puissances européennes (Grande-Bretagne, Espagne, France) obligent les sultans à ouvrir le pays à leurs produits. **1873 - 1912 :** sous les règnes de Hasan Ier (1873 - 1894), Abd al-Aziz (1900 - 1908) et Mulay Hafiz (1908 - 1912), le Maroc sauvegarde son indépendance grâce à la rivalité entre les grandes puissances.

Les protectorats français et espagnol. **1906 - 1912 :** après les accords d'Algésiras, la France occupe la majeure partie du pays. **1912 :** le traité de Fès établit le protectorat français. L'Espagne obtient une zone nord (le Rif) et une zone sud (Ifni). **1912 - 1925 :** Lyautey, résident général, entreprend la pacification du pays. **1921 - 1926 :** Abd el-Krim anime la guerre du Rif. **1933 - 1934 :** fin de la résistance des Berbères du Haut Atlas ; la France contrôle l'ensemble du pays. Le sultan Muhammad V a un pouvoir purement religieux. **1944 :** le parti de l'Istiqlal, soutenu par Muhammad V, réclame l'indépendance. **1953 - 1955 :** ce dernier est déposé et exilé par les autorités françaises.

Le Maroc indépendant. **1956 :** l'indépendance est proclamée. **1957 :** le Maroc est érigé en royaume. **1961 :** Hasan II accède au trône. **1975 - 1979 :** le Maroc, à la suite de la « Marche verte », recouvre le nord de l'ex-Sahara espagnol (la totalité après le retrait de la Mauritanie de la partie sud en

1979), revendiqué par le Front Polisario. **1988 :** le Maroc rétablit ses relations diplomatiques avec l'Algérie. **1992 - 1996 :** des révisions constitutionnelles tendent à assurer un meilleur équilibre entre l'exécutif et le législatif. **1997 :** la Chambre des représentants est pour la première fois entièrement élue au suffrage universel direct. **1999 :** Hasan II meurt ; son fils aîné devient roi sous le nom de Muhammad VI. **2011 :** pour contenir la contestation apparue en févr. dans le contexte des révolutions* arabes, Muhammad VI propose une réforme de la Constitution, approuvée par référendum. Les élections sont remportées par les islamistes modérés du parti de la Justice et du Développement (PJD) ; le roi, se conformant aux nouvelles dispositions constitutionnelles, choisit dans leurs rangs le Premier ministre (Abdelilah Benkirane, secrétaire général du PJD). **2013 :** le retrait d'un des partis de la coalition entraîne un vaste remaniement du gouvernement (les islamistes y sont désormais minoritaires). **2016 :** après la nouvelle victoire du PJD aux élections (oct.), A. Benkirane échoue à former un nouveau gouvernement de coalition. **Depuis 2016 :** des mouvements sociaux localisés (Al-Hoceima, notamm.) se multiplient. **2017 :** Saadeddine El Othmani (PJD) devient Premier ministre (avr.).

MAROILLES (59550), comm. du Nord ; 1 411 hab. *(Maroillais)*. Fromages dits *maroilles*.

MAROIS (Pauline), *Québec 1949*, femme politique canadienne. Ministre à de nombreuses reprises à partir de 1981, à la tête du Parti québécois (2007 - 2014), elle a été Première ministre du Québec (première femme à occuper ce poste) de 2012 à 2014.

MAROMME (76150), comm. de la Seine-Maritime, banlieue nord-ouest de Rouen ; 11 170 hab. Constructions mécaniques.

MARONI n.m., fl. d'Amérique du Sud ; 680 km. Il sépare la Guyane et le Suriname.

MAROS → **MUREȘ.**

MAROT (Clément), *Cahors 1496 - Turin 1544*, poète français. Valet de chambre de François Ier, il fut soupçonné de sympathie pour la Réforme et dut s'exiler à plusieurs reprises. Fidèle aux formes du Moyen Âge (rondeau, ballade), il est aussi un poète de cour élégant dans ses *Épîtres*, ses *Épigrammes* et ses *Élégies*.

MAROUA, v. du nord du Cameroun, ch.-l. de dép. ; 201 371 hab.

MARQUENTERRE n.m., région de Picardie (Somme surtout), entre les estuaires de la Somme et de l'Authie. Parc ornithologique.

MARQUET (Albert), *Bordeaux 1875 - Paris 1947*, peintre et dessinateur français. Passé une riche période fauve, sa peinture, dédiée principalement au paysage, se distingue par son caractère synthétique et la délicatesse du coloris.

MARQUETTE (Jacques), *Laon 1637 - sur les bords du lac Michigan 1675*, missionnaire jésuite et voyageur français. Il découvrit le Mississippi (1673).

MARQUETTE-LEZ-LILLE (59520), comm. du Nord ; 10 490 hab. *(Marquettois)*.

Marquèze (écomusée de) → **Sabres.**

MARQUISE (62250), comm. du Pas-de-Calais ; 5 193 hab. *(Marquisiens)*. Marbre. – Église des XIIe-XVIe s.

MARQUISES (îles), archipel de la Polynésie française ; 1 274 km² ; 8 632 hab. (*Marquésans* ou *Marquisiens*). Îles montagneuses et volcaniques, au climat chaud et à la biodiversité exceptionnelle. – Des fouilles archéologiques ont mis au jour des plateformes religieuses, associées à de la sculpture monumentale.

MARRAKECH, v. du Maroc, au pied du Haut Atlas ; 1 330 468 hab. dans l'agglomération. Centre commercial et touristique. – Musée Yves-Saint-Laurent. Festival international du film. – Monuments, dont la Kutubiyya*, mosquée du XIIe s., et les tombeaux des Sadiens (XVIe s.). – Fondée en 1062, la ville fut, jusqu'en 1269, la capitale des Almoravides puis des Almohades.

MARRAST (Armand), *Saint-Gaudens 1801 - Paris 1852*, journaliste et homme politique français. Il fut membre du gouvernement provisoire de 1848, maire de Paris et, comme député de la gauche, un des principaux auteurs de la Constitution de 1848.

MARROU (Henri-Irénée), *Marseille 1904 - Bourg-la-Reine 1977*, historien français. Spécialiste du christianisme antique, il fut l'un des fondateurs de la revue *Esprit* et des *Études augustiniennes*.

MARS MYTH. ROM. Dieu de la Guerre. Il correspond à l'Arès des Grecs.

MARS, planète du Système solaire, située au-delà de la Terre par rapport au Soleil. Demi-grand axe de son orbite : 227 940 000 km (1,52 fois celui de l'orbite terrestre). Diamètre équatorial : 6 794 km (0,53 fois celui de la Terre). Sa surface, rocailleuse et désertique, offre une teinte rougeâtre caractéristique, due à la présence d'un oxyde de fer. Elle abrite les plus grands volcans (éteints) du Système solaire. Elle est entourée d'une atmosphère ténue de gaz carbonique et possède deux petits satellites, Phobos et Deimos. L'étude in situ de sa surface, commencée en 1976 (sondes Viking, É-U), a repris en 1997 (missions Mars Global Surveyor et Mars Pathfinder, É-U). Certaines découvertes effectuées à partir du milieu des années 2000 par les rovers américains Mars Exploration Rovers 1 (Spirit, 2004 - 2010) et 2 (Opportunity, 2004 - 2018), ainsi que par les sondes en orbite Mars Express (Europe) et Mars Reconnaissance Orbiter (É-U), renforcent l'hypothèse de la présence passée d'importantes quantités d'eau à l'état liquide à la surface de la planète. Ensuite, la mission américaine Mars Science Laboratory (rover Curiosity, en fonction depuis 2012) et la mission européenne Exomars (sonde en orbite depuis 2016 ; lancement d'un rover à l'horizon 2020) ont pour objectif d'y détecter d'éventuelles traces de vie. Enfin, l'atterrisseur InSight (É-U), déposé en 2018, étudie sa structure interne.

▲ **Mars.** Le cratère Gale, où s'est posé en 2012 l'atterrisseur américain Curiosity, avec, en son centre, le mont Sharp.

MARS (Anne **Boutet**, dite Mlle), *Paris 1779 - id. 1847*, actrice française. Elle connut de grands succès dans les rôles d'ingénue et de coquette et mit son talent au service des grands drames romantiques.

MARSA EL-BREGA, v. de Libye, en Cyrénaïque. Port pétrolier et gazier. Raffinage.

MARSAIS (Du) → **DUMARSAIS.**

MARSALA, v. d'Italie (Sicile), sur la Méditerranée ; 80 322 hab. Port. Centre agricole (vins). – C'est l'antique *Lilybée*. Musées.

MARSANNAY-LA-CÔTE (21160), comm. de la Côte-d'Or ; 5 297 hab. Vins rouges.

▲ **Marrakech.** Mosquée sur la place Djema'a el-Fna.

Marseillaise (la), chant patriotique devenu en 1795, puis en 1879, l'hymne national français. Composé en 1792 pour l'armée du Rhin, ce chant – dû à un officier du génie en garnison à Strasbourg, Claude Joseph Rouget de Lisle – reçut le titre de *Chant de guerre pour l'armée du Rhin* ; mais, les fédérés marseillais l'ayant fait connaître les premiers à Paris, il prit le nom de *Marseillaise*.

Marseillaise (la), surnom du *Départ des volontaires de 1792*, haut-relief colossal de F. Rude* (1832-1835) à l'arc de triomphe de l'Étoile, à Paris, caractérisé par son souffle épique et romantique.

▲ **Marseille.** Le Vieux-Port et N.-D.-de-la-Garde.

MARSEILLE, ch.-l. de la Région Provence-Alpes-Côte d'Azur et du dép. des Bouches-du-Rhône, à 774 km au S. de Paris ; 869 815 hab. *(Marseillais)*. Centre d'une métropole (à statut particulier) regroupant 92 communes (1 859 922 hab.). Principal port français de commerce (importation de pétrole de l'Afrique du Nord et du Moyen-Orient ; conteneurs) et port de voyageurs. Centre administratif, commercial (foire internationale), académique (Aix-Marseille), universitaire et religieux, archevêché, siège de la zone de défense et de sécurité Sud, Marseille est la plus peuplée des communes de province. Elle est au cœur d'une agglomération industrialisée. Équipée d'un métro, elle est aussi bien desservie par le rail (TGV), l'autoroute et l'avion (Marignane). – Festivals de musique (« Fiesta des Suds », « Jazz des cinq continents »). – Vestiges hellénistiques et romains ; basilique N.-D.-de-la-Garde ; hôtel de ville du XVIIe s. ; anc. hospice de la Charité (chapelle sur plans de P. Puget). Importants musées, dont le musée des Beaux-Arts, le musée Cantini (art moderne), le musée d'Art contemporain (MAC), le musée d'Histoire de Marseille, le musée des Civilisations de l'Europe et de la Méditerranée (MuCEM), le musée des Arts décoratifs, de la Faïence et de la Mode (château Borély, XVIIIe s.). – Foyer de peuplement néolithique. Colonie fondée au VIe s. av. J.-C. par les Phocéens, Massalia connut une longue prospérité au temps des Romains (Massilia). Siège d'une vicomté vassale du comte de Provence au Xe s., la ville retrouva son activité au temps des croisades (XIIe-XIIIe s.). Française en 1481, elle devint un grand centre d'affaires après l'ouverture du canal de Suez (1869).

MARSHALL (îles) ou **MARSHALL,** État d'Océanie ; 181 km² ; 53 000 hab. *(Marshallais)*. CAP. *Delap-Uliga-Darrit (atoll de Majuro)* [31 018 hab. dans l'agglomération]. LANGUES : *anglais* et *marshallais*. MONNAIE : *dollar des États-Unis*. (V. carte **Océanie.**) Allemandes de 1885 à 1914, sous mandat japonais de 1920 à 1944, placées par l'ONU sous tutelle américaine en 1947, les Marshall sont devenues en 1986 un État librement associé aux États-Unis. En 1991, elles ont été admises au sein de l'ONU.

MARSHALL (Alfred), *Londres 1842 - Cambridge 1924*, économiste britannique. Principal théoricien de l'école néoclassique et premier représentant de l'école de Cambridge, il a tenté de concilier les différentes théories de la valeur.

MARSHALL (George Catlett), *Uniontown, Pennsylvanie, 1880 - Washington 1959*, général et homme politique américain. Chef d'état-major de l'armée (1939 - 1945), secrétaire d'État (1947 - 1949), il a donné son nom au plan américain d'aide économique à l'Europe. (Prix Nobel de la paix 1953.)

Marshall (plan), plan d'aide économique à l'Europe, lancé à l'initiative du général Marshall en 1948. Conçu pour reconstruire l'Europe après la Seconde Guerre mondiale, il était prévu pour quatre ans et fut administré par l'Organisation européenne de coopération économique (OECE).

MARSILE DE PADOUE, *Padoue v. 1275/1280 - Munich v. 1343*, théologien italien. Son *Defensor pacis* (1324) combat les prétentions de la papauté (Jean XXII) dans le domaine temporel.

MARSTON (John), *Coventry v. 1575 - Londres 1634*, écrivain anglais, auteur de satires et de tragi-comédies *(le Mécontent)*.

MARSYAS MYTH. GR. Silène phrygien, inventeur de la flûte. Il fut écorché vif par Apollon, qu'il avait osé défier dans un tournoi musical.

MARTABAN (golfe de), golfe de la Birmanie.

MARTEL (46600), bur. centr. de cant. du Lot, sur le *causse de Martel* ; 1 650 hab. Ensemble médiéval.

MARTEL (Édouard), *Pontoise 1859 - près de Montbrison 1938*, spéléologue français. Fondateur de la spéléologie, il est l'auteur de *la France ignorée* (2 vol., 1928-1930).

MARTEL (Thierry de), *Maxéville 1875 - Paris 1940*, chirurgien français. Il fut l'un des créateurs de la neurochirurgie en France.

MARTELLANGE (Étienne Ange Martel, dit), *Lyon 1569 - Paris 1641*, architecte et jésuite français. Il fut le principal constructeur des chapelles et collèges de son ordre (Avignon, Vienne, Lyon, La Flèche, Paris, etc.).

MARTENOT (Maurice), *Paris 1898 - Neuilly-sur-Seine 1980*, ingénieur et musicien français. Il imagina un instrument de musique électronique à clavier, appelé *ondes Martenot* (1928), et une méthode d'enseignement de la musique.

MARTENS (Wilfried), *Sleidinge 1936 - Lokeren 2013*, homme politique belge. Président du Parti social-chrétien flamand de 1972 à 1979, il fut Premier ministre de 1979 à 1992.

MARTHALER (Christoph), *Erlenbach, canton de Zurich, 1951*, auteur dramatique et metteur en scène de théâtre suisse. Il aborde le théâtre en tant que compositeur, puis monte ses propres pièces, empreintes d'une grande causticité politique (*les Spécialistes*, 1999 ; *Groundings*, 2003 ; *Riesenbutzbach. Une colonie permanente*, 2009 ; *My Fair Lady. Un laboratoire de langues*, 2010 ; *King Size*, 2013). Il s'intéresse aussi à l'opéra et transpose les classiques à l'ère moderne, en privilégiant la satire.

MARTHE (sainte), dans les Évangiles, sœur de Lazare et de Marie de Béthanie (dite Marie-Madeleine). La légende en a fait la patronne de Tarascon (qu'elle débarrassa d'une bête malfaisante, la Tarasque) et celle des hôteliers.

MARTÍ (José), *La Havane 1853 - Dos Ríos 1895*, écrivain et patriote cubain. Par son action, ses écrits politiques et poétiques *(Ismaelillo, Versos Sencillos)*, il est un héros de l'indépendance hispano-américaine.

MARTIAL (saint), évangélisateur du Limousin et premier évêque de Limoges (IIIe s. ?).

MARTIAL, en lat. **Marcus Valerius Martialis,** *Bilbilis, Espagne, v. 40 - id. v. 104*, poète latin. Le mordant de ses *Épigrammes* a fait de ces poésies courtes le type de la raillerie satirique.

MARTIGNAC (Jean-Baptiste Gay, comte de), *Bordeaux 1778 - Paris 1832*, homme politique français. Successeur de Villèle au ministère de l'Intérieur, il fut le véritable chef du gouvernement de janv. 1828 à août 1829.

MARTIGNAS-SUR-JALLE (33127), comm. de la Gironde, à l'O. de Bordeaux ; 7 438 hab. *(Martignassais)*. Industrie aéronautique.

MARTIGNY, v. de Suisse (Valais) ; 16 143 hab. *(Martignerains* ou *Octoduriens)*. Aluminium. – Église du XVIIe s. ; Fondation Pierre-Gianadda et Musée gallo-romain.

MARTIGUES (13500), bur. centr. de cant. des Bouches-du-Rhône ; 49 938 hab. *(Martégaux)*. Pittoresque port de pêche. Port pétrolier (Lavéra), près de l'étang de Berre. Raffinage du pétrole. Chimie. – Églises du XVIIe s. ; musée.

▲ Saint **Martin** partageant son manteau. Miniature du XIIIe s. (BnF, Paris.)

MARTIN (saint), *Sabaria, Pannonie, v. 315 - Candes, Indre-et-Loire, 397*, évêque de Tours. Soldat, il se fit baptiser à Amiens, où il aurait partagé son manteau avec un pauvre. Fondateur de nombreux monastères (entre autres, Ligugé et Marmoutier), évêque de Tours en 370 ou 371, il fut l'artisan de l'apostolat rural en Gaule au IVe s.

MARTIN V (Oddone Colonna), *Genazzano 1368 - Rome 1431*, pape de 1417 à 1431. Son élection mit fin au grand schisme d'Occident.

MARTIN (Frank), *Genève 1890 - Naarden, Pays-Bas, 1974*, compositeur suisse. Il est l'auteur de musiques symphoniques, d'oratorios (*Golgotha*, 1949 ; *le Mystère de la Nativité*) et de concertos.

MARTIN (Jacques), *Strasbourg 1921 - Orbe, Suisse, 2010*, dessinateur et scénariste de bandes dessinées belge d'origine française. Ses séries (*Alix*, à partir de 1948 ; *Lefranc*, à partir de 1952), de facture classique et d'un grand souci documentaire, comptent parmi les réussites de l'école franco-belge.

MARTIN (Nicolas Jean-Blaise), *Paris 1768 - Ronzières, Lyon, 1837*, baryton français. Il a donné son nom à une voix de baryton léger *(baryton Martin)*.

MARTIN (Patrice), *Nantes 1964*, skieur nautique français. Avec 12 titres de champion du monde – dont le premier obtenu à l'âge de quinze ans – et 34 titres de champion d'Europe, il possède l'un des plus beaux palmarès du sport français.

MARTIN (Paul), *Windsor, Ontario, 1938*, homme politique canadien. Chef du Parti libéral (2003 - 2006), il a été Premier ministre du Canada de déc. 2003 à févr. 2006.

MARTIN (Pierre), *Bourges 1824 - Fourchambault 1915*, industriel français. Il mit au point le procédé d'élaboration de l'acier sur sole par fusion de ferrailles avec addition de fonte (1865).

MARTIN DU GARD (Roger), *Neuilly-sur-Seine 1881 - Sérigny 1958*, écrivain français. Humaniste rationaliste, il a, dans ses romans (*Jean Barois*, 1913 ; *les Thibault**) et ses pièces de théâtre, relié à l'histoire de son temps les crises individuelles, sexuelles et intellectuelles. (Prix Nobel 1937.)

MARTINET (André), *Saint-Albans-des-Villards 1908 - Châtenay-Malabry 1999*, linguiste français, auteur de travaux en phonologie et en linguistique générale.

MARTÍNEZ CAMPOS (Arsenio), *Ségovie 1831 - Zarauz 1900*, maréchal et homme politique espagnol. Il contribua à l'écrasement de l'insurrection carliste (1876). Il échoua dans sa tentative de pacification de Cuba (1895).

MARTÍNEZ DE LA ROSA (Francisco), *Grenade 1787 - Madrid 1862*, homme politique et écrivain espagnol, auteur de drames romantiques *(la Conjuration de Venise)*.

MARTÍNEZ MONTAÑÉS (Juan), *Alcalá la Real, Jaén, 1568 - Séville 1649*, sculpteur espagnol. Il fut, à Séville, le grand maître de la sculpture religieuse (bois polychromes).

MARTINI (Arturo), *Trévise 1889 - Milan 1947*, sculpteur italien. Il unit de façon subtile symbolisme, classicisme et primitivisme.

MARTINI (Francesco di Giorgio) → **FRANCESCO DI GIORGIO MARTINI.**

MARTINI (Padre Giovanni Battista), *Bologne 1706 - id. 1784*, musicologue et compositeur italien. Moine franciscain, il fut maître de chapelle de l'église des Franciscains de Bologne (1725 - 1784) et eut Mozart pour élève.

MARTINI (Simone), *Sienne v. 1284 - Avignon 1344*, peintre italien. Maître d'un style gothique d'une grande élégance, actif à Sienne, Naples, Assise (fresques de la *Vie de saint Martin*), Avignon, il exerça une influence considérable.

MARTINIQUE n.f. (972), dép. et Région français d'outre-mer, constitué par une île des Petites Antilles ; ch.-l. *Fort-de-France* ; ch.-l. d'arrond. *Le Marin, Saint-Pierre, La Trinité* ; 4 arrond. ; 34 comm. ; 1 100 km² ; 386 875 hab. *(Martiniquais)*. La collectivité territoriale appartient à l'académie de la Martinique, à la cour d'appel de Fort-de-France, à la zone de défense et de sécurité Antilles. L'île, au climat tropical et parfois ravagée par des cyclones, est constituée par un massif volcanique dominé par la montagne Pelée. L'agriculture est tournée vers la production de canne à sucre (rhum) et de bananes. Le tourisme s'est développé. L'émigration vers la métropole n'a pas enrayé la montée du chômage et l'île demeure économiquement très dépendante de l'aide de celle-ci. Parc naturel régional (env. 62 000 ha). – Découverte par Christophe Colomb en 1502, l'île est colonisée par la France à partir de 1635 et devient colonie de la Couronne en 1763. Département d'outre-mer depuis 1946, la Martinique est dotée également, en 1982, du statut de Région. En déc. 2015, elle prend la forme d'une collectivité territoriale unique, tout en conservant son statut.

MARTINON (Jean), *Lyon 1910 - Paris 1976*, compositeur et chef d'orchestre français. Il dirigea de grandes formations françaises ainsi que l'orchestre de Chicago.

MARTINSON (Harry), *Jämshög 1904 - Stockholm 1978*, écrivain suédois. Il est l'auteur de poèmes et de romans *(le Chemin de Klockrike)* d'inspiration humaniste. (Prix Nobel 1974.)

MARTINŮ (Bohuslav), *Polička, Bohême, 1890 - Liestal, Suisse, 1959*, compositeur tchèque. Élève de Roussel, nourri de folklore morave, il composa opéras, ballets, symphonies et concertos.

MARTONNE (Emmanuel de), *Chabris 1873 - Sceaux 1955*, géographe français. Il fut l'un des pionniers de l'enseignement universitaire de la géographie. Il est l'auteur d'un *Traité de géographie physique* (1909).

MARTRES-DE-VEYRE (Les) [63730], bur. centr. de cant. du Puy-de-Dôme ; 4 015 hab. *(Martrois)*.

MARTY (André), *Perpignan 1886 - Toulouse 1956*, homme politique français. Il participa à une mutinerie en mer Noire au cours des opérations menées par l'armée française contre les bolcheviques (1919). Il adhéra au Parti communiste en 1923 et en fut exclu en 1953.

Martyrs canadiens (les), missionnaires français massacrés par des Indiens entre 1642 et 1649 et qui furent canonisés en 1930. Il s'agit de Jean de Brébeuf, Noël Chabanel, Antoine Daniel, Charles Garnier, René Goupil, Isaac Jogues, Jean de Lalande et Gabriel Lalemant.

MARVEJOLS [-vɔʒɔl] (48100), bur. centr. de cant. de la Lozère ; 5 141 hab. *(Marvejolais)*. Anc. cap. du Gévaudan. – Portes fortifiées ; musée.

MARVELL (Andrew), *Winestead, Yorkshire, 1621 - Londres 1678*, écrivain anglais. Ami de Milton, il est l'auteur de poésies pastorales.

MARX (Karl), *Trèves 1818 - Londres 1883*, philosophe, économiste et homme politique allemand. Matérialiste, athée et progressiste, il élabore son approche des faits historiques et sociaux (le « matérialisme historique ») sous une triple inspiration, philosophique (Hegel), politique (les théoriciens socialistes français) et économique (l'économie politique britannique). Faisant de la lutte des classes un principe général d'explication, et accordant au prolétariat un rôle émancipateur de l'humanité, il prend contact avec les milieux ouvriers et rédige avec F. Engels le *Manifeste du parti communiste* (1848). Expulsé d'Allemagne, puis de France, il se réfugie en Grande-Bretagne, où il jette les bases de son grand ouvrage, *le Capital**, dégageant avec précision les ressorts de l'exploitation capitaliste (théorie de la plus-value). En 1864, il est l'un des principaux dirigeants de la Ire Internationale, à laquelle il impose pour objectif l'abolition du capitalisme. Marx n'est en rien l'auteur d'un système figé ou dogmatique ; le *marxisme* renvoie en fait à la multiplicité des interprétations de son œuvre. Il a écrit également, entre autres : *l'Idéologie allemande* (1846) ; *Misère de la philosophie* (1847) ; *les Luttes de classes en France* (1850).

▲ Karl **Marx**

MARX BROTHERS, groupe d'acteurs américains, composé de **Leonard Marx,** dit **Chico,** *New York 1886 - Los Angeles 1961*, **Adolph Arthur Marx,** dit **Harpo,** *New York 1888 - Los Angeles 1964*, **Julius Marx,** dit **Groucho,** *New York 1890 - Los Angeles 1977*, **Milton Marx,** dit **Gummo,** *New York 1893 - Los Angeles 1977*, qui quitta rapidement le groupe pour entreprendre une carrière d'imprésario, et **Herbert Marx,** dit **Zeppo,** *New York 1901 - Los Angeles 1979*, qui quitta le groupe en 1935. Célèbres au music-hall, les frères Marx triomphèrent au cinéma, renouvelant le genre burlesque par leur humour délirant fondé sur le « nonsense » : *Monnaie de singe*, N. Z. McLeod, 1931 ; *Soupe au canard*, L. McCarey, 1933 ; *Une nuit à l'Opéra*, S. Wood, 1935 ; *Chercheurs d'or*, E. Buzzell, 1940.

▲ Les **Marx Brothers.** Harpo, Chico et Groucho (de haut en bas).

MARY, anc. **Merv,** v. du Turkménistan. Coton. – Mausolées seldjoukides (XIIe s.).

MARY (puy), sommet du massif du Cantal (France) ; 1 787 m.

MARYLAND, État des États-Unis, sur l'Atlantique ; 6 052 177 hab. ; cap. *Annapolis* ; v. princ. *Baltimore*.

MASACCIO (Tommaso **di Ser Giovanni,** dit), *San Giovanni Valdarno, prov. d'Arezzo, 1401 - Rome 1428*, peintre italien. Égal de Brunelleschi et de Donatello, il a pratiqué un art caractérisé par les qualités spatiales, la plénitude des formes, le réalisme expressif, et dont l'influence fut considérable (fresques de la chapelle Brancacci, église S. Maria del Carmine, à Florence, exécutées aux côtés de Masolino en 1426-1427).

MASAI ou **MASSAÏ,** peuple du sud du Kenya et du nord de la Tanzanie (env. 300 000). Organisés selon un système complexe de classes d'âge, les Masai sont pour la plupart pasteurs, avec quelques communautés d'agriculteurs. Ils parlent une langue nilo-saharienne.

MASAN, v. de Corée du Sud, sur le détroit de Corée ; 441 242 hab. Port.

MASANIELLO (Tommaso **Aniello,** dit), *Naples 1620 - id. 1647*, révolutionnaire napolitain. Chef d'une insurrection contre le vice-roi d'Espagne (1647), il devint maître de Naples, mais fut assassiné par ses amis.

MASARYK (Tomáš), *Hodonín 1850 - château de Lány 1937*, homme politique tchécoslovaque. Il fonda, en 1918, la République tchécoslovaque, dont il fut le premier président. Jusqu'à sa démission (1935), il exerça une influence décisive sur la vie politique.

◄ Tomáš **Masaryk.**

— **Jan M.,** *Prague 1886 - id. 1948*, homme politique tchécoslovaque. Fils de Tomáš M., ministre des Affaires étrangères (1945 - 1948), il se suicida après le coup d'État communiste de févr. 1948.

MASBATE, île des Philippines.

MASCAGNI (Pietro), *Livourne 1863 - Rome 1945*, compositeur italien. Chef de file du mouvement vériste, il est l'auteur du drame lyrique *Cavalleria rusticana* (1890).

MASCARA, v. de l'ouest de l'Algérie, ch.-l. de wilaya ; 108 587 hab.

MASCAREIGNES (îles), anc. nom de l'archipel de l'océan Indien formé principalement par La Réunion (anc. île Bourbon) et l'île Maurice (anc. île de France).

MASCARON (Jules), *Marseille 1634 - Agen 1703*, prédicateur français. Il prononça notamment les oraisons funèbres de P. Séguier et de Turenne.

MASCATE, cap. de l'Oman, sur le golfe d'Oman ; 812 000 hab. dans l'agglomération *(Mascatais)*.

MASCOUCHE, v. du Canada (Québec), au N. de Montréal ; 46 692 hab. *(Mascouchois)*.

MASDJED-E SOLEYMAN ou **MASDJID-I SULAYMAN,** v. d'Iran (Khuzestan) ; 106 121 hab. Centre pétrolier. – Ruines de l'époque achéménide à l'époque sassanide.

MASERU, cap. du Lesotho ; 267 000 hab. dans l'agglomération *(Masérois)*.

MASHTEUIATSH, anc. **Pointe-Bleue,** réserve amérindienne (Innus) du Canada (Québec), sur le lac Saint-Jean ; 1 957 hab.

MASINA (Giulia Anna, dite Giulietta), *San Giorgio di Piano 1921 - Rome 1994*, actrice italienne. Épouse de F. Fellini, elle fut l'interprète émouvante de plusieurs de ses films (*La Strada*, 1954 ; *les Nuits de Cabiria*, 1957 ; *Juliette des esprits*, 1965 ; *Ginger et Fred*, 1986).

MASINISSA ou **MASSINISSA,** *v. 238 - Cirta 148 av. J.-C.*, roi de Numidie. Il s'allia aux Romains lors de la deuxième guerre punique, fit prisonnier Syphax (203 av. J.-C.) et put ainsi constituer un royaume puissant. Ses empiétements amenèrent Carthage à lui déclarer la guerre (150). Ce fut pour Rome le prétexte de la troisième guerre punique.

▲ **Masaccio.** *Saint Pierre et saint Jean distribuant les aumônes*, détail de l'une des fresques (1426-1427) de la chapelle Brancacci, à Florence.

MASKELYNE (Nevil), *Londres 1732 - Greenwich 1811*, astronome britannique. Par des mesures de la déviation du fil à plomb sur une montagne d'Écosse (1774), il s'efforça de déterminer la valeur de la constante de gravitation et put évaluer la densité moyenne de la Terre.

MASMOUDA, l'un des principaux groupes de tribus berbères, dans une classification historique héritée d'Ibn* Khaldun ; la dynastie marocaine des Almohades s'y rattache.

MASOLINO da Panicale, *Panicale in Valdarno v. 1383 - ? v. 1440*, peintre italien. Il combine à l'influence du style gothique international celle de son cadet Masaccio (fresques du baptistère de Castiglione Olona, près de Varèse, 1435).

MASPERO (Gaston), *Paris 1846 - id. 1916*, égyptologue français. Il a poursuivi l'œuvre de sauvegarde de Mariette, dégageant notamment le grand sphinx de Gizeh et le temple de Louqsor. — **Henri M.,** *Paris 1883 - Buchenwald 1945*, sinologue français. Fils de Gaston, il est l'auteur d'ouvrages sur l'Asie du Sud-Est et sur les religions extrême-orientales (*la Chine antique*, 1927).

MASQUE DE FER (l'homme au), *m. à Paris en 1703*, personnage mystérieux enfermé dans la forteresse de Pignerol en 1679, puis à la Bastille. Il dut, sa vie durant, porter un masque.

MASSA, v. d'Italie (Toscane), ch.-l. de la prov. de *Massa e Carrara* ; 69 100 hab. Monuments anciens.

MASSACHUSETTS, État des États-Unis, en Nouvelle-Angleterre ; 6 859 819 hab. ; cap. *Boston*.

Massachusetts Institute of Technology (MIT), établissement américain d'enseignement supérieur et de recherche, créé en 1861 à Boston et transféré en 1916 à Cambridge.

Massada ou **Masada,** forteresse de Palestine sur la rive occidentale de la mer Morte. Dernier bastion de la résistance juive aux Romains (66 - 73 apr. J.-C.), qui se termina par le suicide collectif des défenseurs de la forteresse. Vestiges, dont le palais d'Hérode. Musée.

MASSAGÈTES, anc. peuple iranien nomade de l'est du Caucase. C'est au cours d'une expédition contre les Massagètes que Cyrus II trouva la mort (530 av. J.-C.).

MASSAÏ → **MASAI.**

MASSALIA → **MARSEILLE.**

MASSAOUA, v. d'Érythrée, sur la mer Rouge. Port. Salines.

MASSÉNA (André), duc **de Rivoli,** prince **d'Essling,** *Nice 1758 - Paris 1817*, maréchal de France. Il se distingua à Rivoli (1797), à Zurich (1799), à Essling et à Wagram (1809). Napoléon le surnomma « l'Enfant chéri de la Victoire ».

MASSENET (Jules), *Montaud, près de Saint-Étienne, 1842 - Paris 1912*, compositeur français. Son art, séduisant et sensible, dénote un sens réel du théâtre (*Hérodiade*, 1881 ; *Manon*, 1884 ; *Werther*, 1892 ; *Thaïs*, 1894 ; *le Jongleur de Notre-Dame*, 1902 ; *Don Quichotte*, 1909).

MASSEUBE (32140), bur. centr. de cant. du Gers ; 2 020 hab. *(Massylvains)*. Bastide du XIIIe s.

MASSEY (Vincent), *Toronto 1887 - Londres 1967*, homme politique canadien. Il fut le premier gouverneur général du Canada d'origine canadienne (1952 - 1959).

MASSIF CENTRAL, ensemble de hautes terres du centre et du sud de la France ; 1 885 m au puy de Sancy. C'est un ensemble primaire « rajeuni » par le contrecoup du plissement alpin, qui l'a basculé vers le nord-ouest. Les bordures orientale et méridionale (Morvan, Charolais, Mâconnais, Beaujolais, monts du Lyonnais, Vivarais, Cévennes, Montagne Noire) ont été fortement soulevées. Le centre (Auvergne et Velay) a été affecté par le volcanisme (chaîne des Puys, monts Dore, Cantal) et disloqué par des fractures qui ont délimité des dépressions (Limagnes). L'ouest (Limousin) a été moins bouleversé.

L'ensemble a un climat assez rude, avec une tendance océanique à l'ouest, continentale au centre et à l'est, méditerranéenne au sud-est. La région offre des conditions de vie difficiles et subit depuis plus d'un siècle une émigration intense. La vie agricole est dominée par l'élevage. L'industrie est présente surtout dans les grandes villes (Clermont-Ferrand, Limoges). Le tourisme et le thermalisme animent certains centres (dont Vichy). Couvrant plus du septième de la superficie de la France (80 000 km^2), le Massif central compte moins du quinzième de sa population.

MASSIGNON (Louis), *Nogent-sur-Marne 1883 - Paris 1962*, orientaliste français. Il est l'auteur d'importants travaux sur la mystique de l'islam, notamm. sur le soufisme.

MASSILLON (Jean-Baptiste), *Hyères 1663 - Beauregard-l'Évêque, Puy-de-Dôme, 1742*, prédicateur français. Oratorien, il prononça plusieurs oraisons funèbres, dont celle de Louis XIV (1715). Évêque de Clermont, il y donna son chef-d'œuvre, le *Petit Carême*, de 1718. (Acad. fr.)

MASSINE (Léonide), *Moscou 1896 - Borken, Rhénanie-du-Nord-Westphalie, 1979*, danseur et chorégraphe russe naturalisé américain. Collaborateur de Diaghilev, il fit ensuite carrière aux États-Unis et en Europe, s'imposant comme un grand chorégraphe néoclassique (*le Tricorne*, 1919 ; *la Symphonie fantastique*, 1936).

MASSINGER (Philip), *Salisbury 1583 - Londres v. 1640*, dramaturge anglais, auteur de tragi-comédies (*la Fille d'honneur*) et de comédies de mœurs.

MASSON (André), *Balagny-sur-Thérain, Oise, 1896 - Paris 1987*, peintre et dessinateur français. Un des pionniers et un des maîtres du surréalisme, il séjourna aux États-Unis (1941 - 1945), et influença l'école américaine (Pollock, l'expressionnisme abstrait).

MAS-SOUBEYRAN (le), écart de la comm. de Mialet (Gard), dans les Cévennes. La maison du chef camisard Pierre Laporte, dit « Roland », qui reprit le combat contre les troupes royales en 1704, a été transformée en « musée du Désert ». Une grande assemblée protestante s'y tient annuellement.

MASSU (Jacques), *Châlons-sur-Marne 1908 - Conflans-sur-Loing, Loiret, 2002*, général français. Rallié à de Gaulle dès 1940, parachutiste, il servit ensuite en Indochine et en Algérie, où il devint président du Comité de salut public en mai 1958, puis chef du corps d'armée. Il fut commandant en chef des armées françaises en Allemagne de 1966 à 1969.

MASSY (91300), bur. centr. de cant. de l'Essonne ; 49 020 hab. *(Massicois)*. Ensemble résidentiel. Électronique. Nœud ferroviaire.

MASSYS → **METSYS.**

MASTROIANNI (Marcello), *Fontana Liri 1924 - Paris 1996*, acteur italien. Il débuta au théâtre dans la troupe de Visconti, avant de s'imposer au cinéma, jouant notamment pour Fellini (*La Dolce Vita*, 1960 ; *Huit et demi*, 1963), Antonioni (*la Nuit*, 1961), E. Scola (*Une journée particulière*, 1977), T. Angelopoulos (*le Pas suspendu de la cigogne*, 1991).

MASUD (Ahmad Chah) ou **MASSOUD** (Ahmed Chah), *Bassarak 1952 - Khwaja Bahawddin 2001*, homme politique afghan. Chef militaire tadjik, il est la figure charismatique de la résistance des moudjahidin à l'occupant soviétique. Après la chute du gouvernement de M. Nadjibollah (1992), il est ministre de la Défense jusqu'à l'arrivée au pouvoir des talibans (1996). Devenu leur principal adversaire, il est tué dans un attentat.

MASUDI (Abu al-Hasan Ali al-), *Bagdad v. 890 - Fustat v. 956*, voyageur et encyclopédiste arabe, auteur des *Prairies d'or*.

MASUKU → **FRANCEVILLE.**

MASUR (Kurt), *Brieg, Silésie, 1927 - Greenwich, Connecticut, 2015*, chef d'orchestre allemand. Défenseur de la tradition symphonique du XIXe s. (Mendelssohn, Schumann, Brahms), il fut directeur musical du Gewandhaus de Leipzig (1970 - 1996), de l'Orchestre philharmonique de New York (1991 - 2002), puis de l'Orchestre national de France (2002 - 2008).

MATADI, v. de la Rép. dém. du Congo, sur le fleuve Congo ; 306 053 hab. dans l'agglomération. Port.

MATA HARI (Margaretha Geertruida **Zelle**, dite), *Leeuwarden 1876 - Vincennes 1917*, danseuse et aventurière néerlandaise. Convaincue d'espionnage en faveur de l'Allemagne, elle fut fusillée.

◄ **Mata Hari**
par P. Van der Hem, 1914.

Matamore, personnage de la comédie espagnole du XVIe s., type du soldat fanfaron et couard. Il a notamm. été introduit en France par P. Corneille dans *l'Illusion comique* (1636).

MATAMOROS, v. du Mexique, sur le río Grande ; 493 308 hab. dans l'agglomération.

MATANE, v. du Canada (Québec), sur l'estuaire du Saint-Laurent ; 14 311 hab. *(Matanais)*.

MATANZA, v. d'Argentine, banlieue de Buenos Aires ; 1 775 816 hab.

MATANZAS, v. de la côte nord de Cuba ; 140 361 hab. Port.

MATANZAS, centre métallurgique du Venezuela, près de l'Orénoque.

MATAPAN (cap), anc. **cap Ténare,** cap du sud du Péloponnèse. — bataille du **cap Matapan** (28 mars 1941), victoire navale britannique sur les Italiens.

MATARAM, v. d'Indonésie, sur l'île de Lombok ; 402 296 hab.

MATARÓ, v. d'Espagne (Catalogne), sur la Méditerranée ; 123 367 hab. Port.

MATERA, v. d'Italie (Basilicate), ch.-l. de prov. ; 59 938 hab. Habitations troglodytiques *(sassi)*, sanctuaires rupestres ; cathédrale romane du XIIIe s., autres monuments et musées.

MATHÉ (Georges), *Sermages, Nièvre, 1922 - Villejuif 2010*, cancérologue français. Directeur de l'Institut de cancérologie et d'immunogénétique de Villejuif, il travailla sur la greffe de moelle osseuse et sur la chimiothérapie du cancer.

MATHIAS (saint) → **MATTHIAS.**

MATHIAS, *Vienne 1557 - id. 1619*, empereur germanique (1612 - 1619), roi de Hongrie (1608) et de Bohême (1611), de la dynastie des Habsbourg. Fils de Maximilien II.

MATHIAS Ier Corvin, *Kolozsvár, auj. Cluj-Napoca, 1440 ou 1443 - Vienne 1490*, roi de Hongrie (1458 - 1490). Il obtint en 1479 la Moravie et la Silésie, et s'établit en 1485 à Vienne. Il favorisa la diffusion de la Renaissance italienne dans son royaume.

MATHIEU (Georges), *Boulogne-sur-Mer 1921 - Boulogne-Billancourt 2012*, peintre français. Théoricien de l'abstraction lyrique, il a fondé sa peinture sur le signe calligraphique, jeté sur la toile à grande vitesse. Il s'est intéressé aux arts appliqués.

MATHIEZ (Albert), *La Bruyère, Haute-Saône, 1874 - Paris 1932*, historien français. Spécialiste de la Révolution française, il a cherché à réhabiliter Robespierre.

MATHILDE (sainte), *en Westphalie v. 890 - Quedlinburg, Saxe, 968*, reine de Germanie. Elle consacra sa vie aux œuvres de charité.

ANGLETERRE

MATHILDE ou **MAHAUT de Flandre,** *m. en 1083*, reine d'Angleterre. Elle épousa en 1053 le futur Guillaume Ier le Conquérant.

MATHILDE ou **MAHAUT,** *Londres 1102 - Rouen 1167*, impératrice du Saint Empire, puis reine d'Angleterre. Elle épousa (1114) l'empereur germanique Henri V, puis (1128) Geoffroi V Plantagenêt, comte d'Anjou. Désignée comme héritière par Henri Ier, elle ne put faire valoir ses droits contre Étienne de Blois.

ARTOIS

MATHILDE ou **MAHAUT,** *v. 1270 - 1329*, comtesse d'Artois (1302 - 1329). Fille du comte Robert II le Noble, elle lui succéda malgré les prétentions de son neveu Robert III.

TOSCANE

MATHILDE ou **MAHAUT,** *1046 - Bondeno di Roncore 1115*, comtesse de Toscane (1055 - 1115). Elle reçut à Canossa le pape Grégoire VII et l'empereur Henri IV, venu faire amende honorable (1077), et légua ses États à la papauté.

MATHILDE (princesse) → **BONAPARTE.**

MATHURA, v. d'Inde (Uttar Pradesh) ; 298 827 hab. Centre politique, religieux et culturel sous la dynastie Kushana, la ville a donné son nom à une célèbre école de sculpture (IIe-IIIe s.). Mathura est considérée comme le lieu de naissance du dieu Krishna.

MATHUSALEM, patriarche biblique antédiluvien. Selon la Genèse, il aurait vécu 969 ans.

Matignon (accords) [7 juin 1936], accords conclus entre le patronat français et la CGT (→ **Front populaire**).

Matignon (hôtel), hôtel parisien, rue de Varenne (VIIe arrond.). Construit sous la Régence, il abrite depuis 1935 les services du Premier ministre.

MATISSE (Henri), *Le Cateau-Cambrésis 1869 - Nice 1954*, peintre français. Maître du fauvisme*, qu'il dépasse amplement, utilisant de larges aplats de couleur sur un dessin savamment elliptique (*le Bonheur* de vivre*, 1905-1906 ; *la Danse*,* 1910), il est l'un des plus brillants plasticiens du XXe s. Son œuvre comporte dessins, gravures, sculptures (*la Serpentine*, 1909), collages de papiers gouachés découpés (album *Jazz*, 1943-1946), vitraux (chapelle du Rosaire de Vence, 1950, dont il a réalisé tout le décor). Musées au Cateau-Cambrésis et à Nice ; maison familiale à Bohain-en-Vermandois.

MATO GROSSO, État du Brésil occidental ; 901 000 km^2 ; 2 954 625 hab. ; cap. *Cuiabá*. Il englobe les *plateaux du Mato Grosso*.

MATO GROSSO DO SUL, État du Brésil occidental ; 357 500 km^2 ; 2 404 256 hab. ; cap. *Campo Grande*.

MATOURY (97351), comm. de la Guyane ; 32 777 hab. *(Matouriens)*.

MÁTRA (monts), massif du nord de la Hongrie ; 1 015 m.

MATSUDO, v. du Japon (Honshu) ; 472 504 hab.

MATSUE, v. du Japon (Honshu) ; 196 603 hab.

MATSUMOTO, v. du Japon (Honshu) ; 243 070 hab. Donjon du XVIe s.

MATSUSHIMA, baie et archipel du Japon, sur la côte orientale de Honshu. Tourisme. – Temple de 1610 (statues d'époque Heian) ; musée.

MATSUYAMA, v. du Japon (Shikoku) ; 517 088 hab.

MATTA (Roberto **Matta Echaurren,** dit Roberto), *Santiago 1911 - Civitavecchia, Italie, 2002*, peintre chilien. Lié aux surréalistes, à Paris, dès 1934, il transcrit l'inconscient et les pulsions primitives dans un expressionnisme monumental.

MATTARELLA (Sergio), *Palerme 1941*, juriste et homme politique italien. Membre du Parti démocrate, plusieurs fois ministre, il est juge à la Cour constitutionnelle à partir de 2011, avant d'être élu président de la République en 2015.

MATTATHIAS, père des Maccabées.

MATTEI (Enrico), *Acqualagna 1906 - Bascape, près de Pavie, 1962*, homme d'affaires et homme politique italien. Son influence fut déterminante dans l'élaboration de la politique énergétique et industrielle de l'Italie après 1945. Il périt dans un accident d'avion (probablement un sabotage).

MATTEOTTI (Giacomo), *Fratta Polesine 1885 - Rome 1924*, homme politique italien. Secrétaire général du Parti socialiste (1922), il fut assassiné par les fascistes.

MATTERHORN → **CERVIN.**

MATTHEWS (Drummond Hoyle), *Londres 1931 - ? 1997*, géologue britannique. Il a cherché à confirmer l'expansion des fonds marins, argument majeur de la théorie de la tectonique des plaques.

MATTHIAS ou **MATHIAS** (saint), *m. en 61 ou 64*, disciple de Jésus. Il fut désigné pour remplacer Judas dans le collège des apôtres. Il aurait évangélisé la Cappadoce.

MATTHIEU (saint), *Ier s.*, apôtre de Jésus et évangéliste. Il serait l'auteur du premier Évangile, dans l'ordre canonique (v. 80 - 90). Appelé Lévi dans les Évangiles de Marc et Luc, il était publicain à Capharnaüm lorsque Jésus lui demanda de le rejoindre. Il aurait exercé son apostolat en Palestine, en Éthiopie, puis en Perse, où il serait mort martyr. Patron de Salerne, il est souvent représenté sous la forme – ou accompagné – d'un homme ailé, symbole de la généalogie du Christ qui sert d'introduction à son Évangile.

MATTOX (Matt), *Tulsa, Oklahoma, 1921 - Perpignan 2013,* danseur et chorégraphe américain. Il fit carrière aux États-Unis et en Grande-Bretagne, puis se fixa en France, où, à partir de 1975, il joua un rôle essentiel dans l'enseignement de la danse jazz.

MATURÍN, v. du Venezuela ; 542 259 hab. Centre commercial d'une région pétrolière.

MATURIN (Charles Robert), *Dublin 1782 - id. 1824,* écrivain irlandais, auteur de romans gothiques *(Melmoth, l'Homme errant).*

MATUTE (Ana María), *Barcelone 1926 - id. 2014,* écrivaine espagnole. Ses romans évoquent les fantasmes d'enfants ou d'adolescents aux prises avec les bouleversements de la guerre civile ou les mutations du monde moderne (*Fête au Nord-Ouest,* 1953 ; *Marionnettes,* 1954 ; *Paradis inhabité,* 2008).

MAUBEUGE (59600), bur. centr. de cant. du Nord, sur la Sambre ; 30 438 hab. *(Maubeugeois).* Industrie automobile. – Restes de fortifications de Vauban ; petits musées.

MAUCHLY (John William), collaborateur de J. Eckert*.

MAUDUIT (Jacques), *Paris 1557 - id. 1627,* compositeur français. Il est l'auteur d'œuvres polyphoniques religieuses et de chansons « mesurées à l'antique » sur des vers de Baïf.

MAUGES n.f. pl. ou **CHOLETAIS** n.m., partie sud-ouest de l'Anjou (Maine-et-Loire).

MAUGES-SUR-LOIRE, comm. de Maine-et-Loire ; 18 799 hab.

MAUGHAM (William Somerset), *Paris 1874 - Saint-Jean-Cap-Ferrat 1965,* écrivain britannique. Son œuvre narrative *(le Fil du rasoir)* et théâtrale compose une peinture réaliste de la haute société anglaise et des pays exotiques.

MAUGUIO (34130), bur. centr. de cant. de l'Hérault, près de l'*étang de Mauguio* (ou étang de l'Or) ; 17 446 hab. *(Melgoriens).*

MAULBERTSCH (Franz Anton), *Langenargen, lac de Constance, 1724 - Vienne 1796,* peintre autrichien. Un des meilleurs représentants du baroque germanique, il a décoré des abbayes d'Autriche, de Moravie et de Hongrie.

MAULE (78580), comm. des Yvelines ; 5 999 hab. *(Maulois).* Église avec crypte du XIe s.

MAULÉON (79700), bur. centr. de cant. des Deux-Sèvres ; 8 697 hab. *(Mauléonais).* Industrie automobile. – Anc. abbaye (musée).

MAULÉON-LICHARRE (64130), bur. centr. de cant. des Pyrénées-Atlantiques ; 3 205 hab. Articles chaussants. – Restes d'un château fort des XIIe-XVIIe s. – Anc. cap. du pays de Soule.

MAUMUSSON (pertuis de), passage entre l'île d'Oléron et la côte.

MAUNA KEA, volcan éteint de l'île d'Hawaii, point culminant de l'archipel ; 4 205 m. Il se situe au N.-E. du *Mauna Loa,* volcan actif (4 170 m). – Observatoire astronomique (télescopes Keck*).

MAUNICK (Édouard J.), *Flacq 1931,* poète mauricien d'expression française. Son œuvre est centrée sur le sentiment de l'exil et sur l'affirmation du métissage culturel *(les Manèges de la mer).*

MAUNOURY (Joseph), *Maintenon 1847 - près d'Artenay 1923,* maréchal de France. Il prit, en 1914, une part déterminante à la victoire de la Marne.

MAUPAS (Philippe), *Toulon 1939 - Tours 1981,* vétérinaire et médecin français. Il dirigea une équipe de chercheurs qui mit au point le vaccin contre le virus de l'hépatite B.

MAUPASSANT (Guy **de**), *château de Miromesnil, Tourville-sur-Arques, 1850 - Paris 1893,* écrivain français. Admirateur et ami de Flaubert, il publia sa première nouvelle *(Boule-de-Suif)* dans le manifeste du naturalisme des *Soirées de Médan* (1880). Il est l'auteur de contes et de nouvelles réalistes, évoquant la vie des paysans normands, des petits-bourgeois, narrant des aventures amoureuses ou les hallucinations de la folie : *la Maison Tellier* (1881), *le Horla* (1887). Il publia également des romans (*Une vie,* 1883 ; *Bel-Ami*,* 1885). Atteint de troubles nerveux, il mourut dans un état voisin de la démence.

▲ Guy de **Maupassant** par F. Feyen-Perrin. (Château de Versailles.)

MAUPEOU [mopu] (René Nicolas **de**), *Montpellier 1714 - Le Thuit, Eure, 1792,* homme d'État français. Nommé chancelier en 1768, il constitua un triumvirat avec Terray et le duc d'Aiguillon. Il exila le parlement de Paris en 1771 et amorça une réforme judiciaire et politique. En 1774, Louis XVI le disgracia et rétablit le régime antérieur.

MAUPERTUIS (Pierre Louis **Moreau de**), *Saint-Malo 1698 - Bâle 1759,* mathématicien français. Il dirigea l'expédition qui mesura un arc de méridien en Laponie (1736) et donna la preuve de l'aplatissement de la Terre aux pôles. Il énonça le *principe de moindre action** (1744), qu'il érigea en loi universelle de la nature, et développa, avant Lamarck, des idées transformistes. (Acad. fr.)

MAUR (saint), *VIe s.,* abbé, disciple de saint Benoît. Au XVIIe s., une congrégation bénédictine a pris son nom.

MAUREPAS (78310), bur. centr. de cant. des Yvelines ; 19 116 hab. *(Maurepasiens).*

MAUREPAS (Jean Frédéric **Phélypeaux,** comte **de**), *Versailles 1701 - id. 1781,* homme d'État français. Secrétaire d'État à la Marine sous Louis XV (1723 - 1749), il devint ministre d'État sous Louis XVI (1774), dont il fut le principal conseiller.

MAURES n.m. pl., massif côtier du sud de la France (Var) ; 780 m. Ils sont en partie boisés et dominent de nombreuses stations balnéaires.

MAURES, terme désignant autrefois les populations nord-africaines occidentales, appliqué auj. à un ensemble de populations sahariennes de Mauritanie, du Sahara occidental et du Mali (env. 1,7 million). D'origine berbère, anciennement arabisés, les Maures ont constitué à partir du XVIIe s. des émirats et, à l'est, de puissantes confédérations tribales. Pasteurs nomades, vecteurs de l'islam, ils sont au cœur de la question du Sahara occidental. Ils parlent un dialecte arabe *(hassaniyya).*

MAURÉTANIE → **MAURITANIE.**

MAURIAC (15200), ch.-l. d'arrond. du Cantal, près de la Dordogne ; 3 924 hab. *(Mauriacois).* Basilique romane ; restes d'un monastère.

MAURIAC (François), *Bordeaux 1885 - Paris 1970,* écrivain français. Ses romans, peintures cruelles de la vie provinciale, évoquent les conflits de la chair et de la foi (*Thérèse Desqueyroux,* 1927 ; *le Nœud de vipères,* 1932). On lui doit également des pièces de théâtre, des articles critiques et politiques, des souvenirs. (Acad. fr. ; prix Nobel 1952.)

◄ François **Mauriac**

MAURICE n.f., en angl. **Mauritius,** État insulaire d'Afrique, dans l'océan Indien ; 2 040 km^2 ; 1 244 000 hab. *(Mauriciens).* **CAP.** *Port-Louis.* **LANGUE :** *anglais.* **MONNAIE :** *roupie mauricienne.* (V. carte **Madagascar.**) La population, très dense, parlant souvent le français, est formée en majeure partie de descendants d'Indiens venus travailler dans les plantations de canne à sucre, qui est une ressource essentielle, avec l'industrie textile et le tourisme.

HISTOIRE **Début du XVIe s. :** l'île est reconnue par les Portugais (Afonso de Albuquerque). **1598 :** les Néerlandais en prennent possession et lui donnent son nom, en l'honneur de Maurice de Nassau. **1638 - 1710 :** un établissement néerlandais est fondé dans l'île, qui devient un centre de déportation. **1715 :** l'île tombe sous la domination française et prend le nom d'*île de France.* **1810 :** la Grande-Bretagne s'empare de l'île. **1814 :** le traité de Paris confirme la domination britannique sur l'île, qui redevient l'*île Maurice.* **1833 :** l'affranchissement des esclaves a pour conséquence l'immigration massive de travailleurs indiens. **1961 :** Seewoosagur Ramgoolam devient Premier ministre (il le restera jusqu'en 1982). **1968 :** l'île Maurice constitue un État indépendant, membre du Commonwealth. **1992 :** elle devient une république. La vie politique est d'abord dominée par les personnalités d'Anerood Jugnauth (Premier ministre de 1982 à 1995, de 2000 à 2003 et de 2014 à 2017 [son fils, Pravind Jugnauth, lui succède], président de 2003 à 2012), de Paul Bérenger (Premier ministre de 2003 à 2005) et de Navinchandra Ramgoolam [fils de Seewoosagur] (Premier ministre de 1995 à 2000 et de 2005 à 2014). **2012 :** Rajkeswur (« Kailash ») Purryag Purryag est élu à la tête de l'État. **2015 :** après la démission de R. Purryag, Ameenah Gurib-Fakim, une scientifique de renom, lui succède. **2018 :** le vice-président, Paramasivum Pillay (« Barlen ») Vyapoory, remplace A. Gurib-Fakim, démissionnaire.

MAURICE (saint), *m. à Agaunum, auj. Saint-Maurice, Valais, fin du IIIe s.,* légionnaire romain martyr. Il aurait été massacré avec certains de ses soldats pour avoir refusé de persécuter les chrétiens.

MAURICE, en lat. **Flavius Mauricius Tiberius,** *Arabissos v. 539 - en Chalcédoine 602,* empereur byzantin (582 - 602). Il réorganisa l'administration de l'Empire, qu'il défendit sur toutes ses frontières.

MAURICE, comte **de Saxe,** dit **le Maréchal de Saxe,** *Goslar 1696 - Chambord 1750,* général français. Fils naturel d'Auguste II et d'Aurora von Königsmarck. Maréchal de France (1744), vainqueur à Fontenoy (1745), Rocourt (1746) et Lawfeld (1747), il fut l'un des plus grands stratèges de son temps.

MAURICE DE NASSAU, *Dillenburg 1567 - La Haye 1625,* stathouder de Hollande et de Zélande (1585 - 1625), de Groningue et de Drenthe (1620 - 1625). Fils de Guillaume Ier de Nassau, il combattit victorieusement la domination espagnole et fit exécuter le grand pensionnaire Oldenbarnevelt (1619). Il devint prince d'Orange en 1618.

MAURICIE, région administrative du Québec (Canada) ; 39 748 km^2 ; 266 112 hab. *(Mauriciens)* ; v. princ. *Trois-Rivières.* Elle correspond approximativement au bassin du Saint-Maurice, sur la rive nord du Saint-Laurent. Elle englobe le *parc national de la Mauricie* (549 km^2).

MAURIENNE n.f., région des Alpes, en Savoie, correspondant à la vallée de l'Arc. Hydroélectricité. Électrométallurgie. Électrochimie. Tourisme.

MAURITANIE ou **MAURÉTANIE** n.f., anc. pays de l'ouest de l'Afrique du Nord. Elle était habitée par les Maures, tribus berbères qui formèrent vers le Ve s. av. J.-C. un royaume passé au IIe s. av. J.-C. sous la dépendance de Rome. Province romaine en 40 apr. J.-C., puis divisée, en 42, en *Mauritanie Césarienne* et *Mauritanie Tingitane,* la région fut occupée par les Vandales au Ve s., puis par les Byzantins (534), et conquise par les Arabes au VIIIe s.

MAURITANIE n.f., en ar. **Mūritāniyya,** État d'Afrique, sur l'Atlantique ; 1 080 000 km^2 ; 3 537 368 hab. *(Mauritaniens).* **CAP.** *Nouakchott.* **LANGUES :** officielle *arabe,* nationales *poular, soninké* et *wolof.* **MONNAIE :** *ouguiya.*

GÉOGRAPHIE Située dans l'ouest du Sahara, la Mauritanie est un pays désertique, domaine de l'élevage nomade (ovins, caprins, dromadaires). Les gisements de fer autour de F'Derick assurent l'essentiel des exportations (loin devant la pêche), expédiées par Nouadhibou. Un début d'exploitation de quelques gisements de pétrole suscite l'espoir. La population, islamisée, juxtapose Maures dans le Nord, majoritaires, et Noirs dans le Sud.

HISTOIRE **Les origines et la colonisation. Fin du néolithique :** le dessèchement de la région entraîne la migration des premiers habitants, négroïdes, vers le sud. **Début de l'ère chrétienne :** pénétration de pasteurs berbères (notamm.

Mauritanie

Sanhadja). **VIII**e **- IX**e **s. :** terre de contact entre Afrique noire et Maghreb, la Mauritanie est convertie à l'islam. **XI**e **s. :** création de l'Empire almoravide. **XV**e **- XVIII**e **s. :** les Arabes Hassan organisent le pays en émirats ; les Européens, et tout d'abord les Portugais, s'installent sur les côtes. **1900 - 1912 :** conquête française. **1920 :** la Mauritanie devient une colonie au sein de l'AOF. **1934 :** tout le territoire mauritanien est sous domination française. **1946 :** la Mauritanie devient un territoire d'outre-mer.

La république. 1958 : la République islamique de Mauritanie est proclamée avec Moktar Ould Daddah comme Premier ministre (1958 - 1961), puis comme président (1961 - 1978). **1960 :** elle devient indépendante. **1976 :** elle occupe la partie sud du Sahara occidental, inaugurant ainsi le conflit avec le Front Polisario. **1979 :** elle renonce à toute prétention sur le Sahara occidental. **1984 :** le colonel Maaouya Ould Taya s'impose par un coup d'État à la tête du pays. **1989 - 1992 :** affrontements interethniques entre Sénégalais et Mauritaniens. **1991 :** le multipartisme est instauré. **1992 :** M. Ould Taya est confirmé à la tête de l'État par une élection présidentielle (réélu en 1997 et 2003). **2005 :** il est renversé ; un Conseil militaire met en œuvre une transition pacifique. **2007 :** Sidi Ould Cheikh Abdallahi est élu à la présidence de la République. **2008 :** il est écarté par un nouveau putsch, dirigé par Mohamed Ould Abdel Aziz (déjà impliqué dans le coup d'État de 2005). **2009 :** ce dernier est confirmé à la tête du pays par une élection présidentielle (réélu en 2014 lors d'un scrutin boycotté par l'opposition). Il lutte, avec quelque succès, contre le développement du terrorisme islamiste.

MAUROIS (André), *Elbeuf 1885 - Neuilly 1967,* écrivain français. Il est l'auteur de souvenirs de guerre *(les Silences du colonel Bramble),* de romans *(Climats)* et de biographies romancées *(Ariel ou la Vie de Shelley).* [Acad. fr.]

MAUROY (Pierre), *Cartignies, Nord, 1928 - Clamart 2013,* homme politique français. Socialiste, député (1973 - 1981 et 1986 - 1992) puis sénateur (1992 - 2011) du Nord et maire de Lille (1973 - 2001), il fut Premier ministre de 1981 à 1984 et premier secrétaire du PS de 1988 à 1992.

MAURRAS (Charles), *Martigues 1868 - Saint-Symphorien 1952,* théoricien et homme politique français. Il fit de l'Action* française l'instrument de son combat contre le régime républicain, jugé mortellement dangereux pour la France. Prompt à pourfendre les fauteurs supposés de la désagrégation nationale (protestants, francs-maçons, Juifs, etc.), il s'efforça de démontrer la nécessité de la restauration monarchique, croisant les thèmes de l'« empirisme organisateur » et du « nationalisme intégral » *(Enquête sur la monarchie,* 1900-1909 ; *l'Avenir de l'intelligence,* 1905). Sa valorisation froidement politique du rôle de l'Église mena à la condamnation de l'Action française par Rome (1926). Il soutint le maréchal Pétain et fut condamné, en 1945, à la détention perpétuelle. Il fut aussi un écrivain à l'esthétique néoclassique *(les Amants de Venise,* 1902). [Acad. fr., radié en 1945.]

▲ Charles **Maurras**

MAURS [mɔrs] (15600), bur. centr. de cant. du Cantal ; 2 254 hab. *(Maursois).* Église gothique, anc. abbatiale (buste reliquaire de saint Césaire).

MAURY (Matthew Fontaine), *Spotsylvania County, Virginie, 1806 - Lexington, Virginie, 1873,* océanographe américain, l'un des fondateurs de l'océanologie moderne et de la météorologie maritime.

MAURYA, dynastie indienne fondée par Candragupta v. 320 av. J.-C. et renversée v. 185 av. J.-C.

MAUSOLE, *m. en 353 av. J.-C.,* satrape de Carie (v. 377 - 353 av. J.-C.). Il est célèbre par son tombeau, à Halicarnasse (le *Mausolée*).

MAUSS (Marcel), *Épinal 1872 - Paris 1950,* sociologue et anthropologue français. Il a étudié les phénomènes de prestations et de contre-prestations *(Essai sur le don,* 1925).

Mauthausen, camp de concentration allemand près de Linz (Autriche), où env. 150 000 personnes périrent entre 1938 et 1945.

MAVROCORDATO ou **MAVROKORDHÁTOS** (Aléxandhros, prince), *Constantinople 1791 - Égine 1865,* homme politique grec. Défenseur de Missolonghi (1822 - 1823), pro-britannique, il fut Premier ministre en 1833, 1841, 1844, 1854 - 1855.

MAXENCE, en lat. **Marcus Aurelius Valerius Maxentius,** *v. 280 - pont Milvius 312,* empereur romain (306 - 312). Fils de Maximien, il fut vaincu par Constantin au pont Milvius (312), où il trouva la mort.

MAXÉVILLE (54320), bur. centr. de cant. de Meurthe-et-Moselle ; 10 225 hab. *(Maxévillois).*

MAXIME, en lat. **Magnus Clemens Maximus,** *m. en 388,* usurpateur romain (383 - 388). Il régna en Gaule, en Espagne et en Bretagne, conquit l'Italie, mais fut vaincu et tué par Théodose Ier.

MAXIMIEN, en lat. **Marcus Aurelius Valerius Maximianus,** *Pannonie v. 250 - Marseille 310,* empereur romain (286 - 305 et 306 - 310) de la tétrarchie. Associé à l'Empire par Dioclétien, il abdiqua avec lui en 305. Dans l'anarchie qui suivit, il reprit le pouvoir, puis entra en conflit avec son gendre Constantin, qui le fit disparaître.

SAINT EMPIRE

MAXIMILIEN Ier, *Wiener Neustadt 1459 - Wels 1519,* archiduc d'Autriche, empereur germanique (1508 - 1519), de la dynastie des Habsbourg. Ayant épousé Marie de Bourgogne (1477), il hérita des Pays-Bas et de la Bourgogne, dont il ne conserva que l'Artois et la Franche-Comté (1493) à l'issue d'une longue lutte contre Louis XI, puis Charles VIII. Il dut reconnaître l'indépendance des cantons suisses (1499), mais unifia ses États héréditaires et les dota d'institutions centralisées.

▲ L'empereur **Maximilien Ier** par Dürer. (Kunsthistorisches Museum, Vienne.)

— **Maximilien II,** *Vienne 1527 - Ratisbonne 1576,* empereur germanique (1564 - 1576), fils de Ferdinand Ier de Habsbourg.

BAVIÈRE

MAXIMILIEN Ier, *Munich 1573 - Ingolstadt 1651,* duc (1597), puis Électeur (1623 - 1651) de Bavière. Allié de Ferdinand II de Habsbourg dans la guerre de Trente Ans, il battit l'Électeur palatin, Frédéric V, à la Montagne Blanche (1620).

MAXIMILIEN Ier JOSEPH, *Mannheim 1756 - Nymphenburg, Munich, 1825,* Électeur (1799), puis roi de Bavière (1806 - 1825). Outre le titre de roi (1806), il obtint de Napoléon Bayreuth et Salzbourg (1809). — **Maximilien II Joseph,** *Munich 1811 - id. 1864,* roi de Bavière (1848 - 1864).

MEXIQUE

MAXIMILIEN, *Vienne 1832 - Querétaro 1867,* archiduc d'Autriche (Ferdinand Joseph de Habsbourg), puis empereur du Mexique (1864 - 1867). Frère cadet de l'empereur François-Joseph, choisi comme empereur du Mexique par Napoléon III en 1864, il ne put triompher du sentiment nationaliste, incarné par Juárez García. Abandonné par la France, il fut pris et fusillé.

MAXIMILIEN ou **MAX DE BADE** (prince), *Baden-Baden 1867 - près de Constance 1929,* homme politique allemand. Il fut nommé chancelier par Guillaume II (3 oct. 1918), mais dut s'effacer devant Ebert (10 nov.).

MAXIMIN, en lat. **Caius Julius Verus Maximinus,** *173 - Aquilée 238,* empereur romain (235 - 238). La fin de son règne ouvrit une période d'anarchie militaire. — **Maximin Daia,** en lat. **Galerius Valerius Maximinus,** *m. à Tarse en 313,* empereur romain (309 - 313). Il persécuta les chrétiens, et fut vaincu par Licinius en Thrace.

MAXWELL (James Clerk), *Édimbourg 1831 - Cambridge 1879*, physicien britannique. Il a unifié les théories de l'électricité et du magnétisme en donnant les équations générales du champ électromagnétique. Sa théorie de la lumière fut confirmée peu après par la constatation expérimentale de l'égalité entre la vitesse de la lumière et la propagation d'une onde électromagnétique.

MAY (Theresa), *Eastbourne 1956*, femme politique britannique. Après le vote des Britanniques en faveur de leur sortie de l'Union européenne, puis la démission de D. Cameron, elle accède, en 2016, à la tête du Parti conservateur et au poste de Premier ministre.

◀ Theresa **May**

MAYAS, peuple amérindien du Mexique (presqu'île du Yucatán) [env. 800 000], auquel sont apparentés de nombreux autres peuples du Mexique (Huaxtèques, Tzotzil, Totonaques, etc.) et du Guatemala principalement (Cakchiquel, Mam, Quiché, etc.). Les Mayas sont agriculteurs, catholiques, avec persistance de croyances anciennes. Leur langue appartient au groupe maya-totonaque. – Parmi les civilisations précolombiennes, celle des Mayas témoigne du raffinement d'une société très hiérarchisée, dominée par une aristocratie dirigeante de cités-États et régie par un système théocratique. Trois périodes principales définissent la chronologie maya. On distingue : le préclassique (2000 av. J.-C. - 250 apr. J.-C.), ou les origines ; le classique (250 - 950), ou l'apogée, marqué par la création d'une écriture pictographique (glyphes) et d'un calendrier solaire de 365 jours, le développement de l'architecture et des pyramides, les décorations peintes et sculptées des temples funéraires (Copán, Tikal, Palenque, Uxmal, etc.) ; le postclassique (950 - 1500), ou le déclin, malgré une certaine renaissance due aux Toltèques dans le Yucatán (Chichén-Itzá). Principaux dieux : Chac, le dieu de la Pluie ; Kinich Ahau, le Soleil, qui, dans sa révolution nocturne, devient jaguar ; Kukulcán, le héros civilisateur, assimilé à Quetzalcóatl.

MAYENCE, en all. **Mainz,** v. d'Allemagne, cap. du Land de Rhénanie-Palatinat, sur la rive gauche du Rhin ; 200 344 hab. Cathédrale romane (XIIe-XIIIe s. ; tombeaux, œuvres d'art) et autres monuments. Musées romain-germanique, régional et Gutenberg.

MAYENNE n.f., riv. de France, dans le Maine, qui se joint à la Sarthe pour former la Maine ; 185 km. Elle passe à Mayenne, Laval, Château-Gontier.

MAYENNE n.f. (53), dép. de la Région Pays de la Loire ; ch.-l. de dép. *Laval* ; ch.-l. d'arrond. *Mayenne, Château-Gontier* ; 3 arrond. ; 17 cant. ; 254 comm. ; 5 175 km² ; 318 079 hab. *(Mayennais).* Le dép. appartient à l'académie de Nantes, à la cour d'appel d'Angers, à la zone de défense et de sécurité Ouest. Il s'étend sur le bas Maine, pays bocager dont l'altitude décroît vers le sud. L'élevage (bovin et porcin) prédomine. Aux industries traditionnelles (textiles, chaussures, imprimerie) s'ajoutent les constructions mécaniques et électriques (Laval).

MAYENNE (53100), ch.-l. d'arrond. de la Mayenne, sur la *Mayenne* ; 13 875 hab. *(Mayennais).* Électroménager. Pharmacie. Agroalimentaire. – Monuments du XIIe au XVIIe s.

MAYENNE (Charles **de Lorraine,** duc **de**), *Alençon 1554 - Soissons 1611*, prince français. Chef de la Ligue à la mort de son frère Henri Ier de Guise, il fut vaincu à Arques (1589) et à Ivry (1590) par Henri IV et fit sa soumission en 1595.

MAYER (Robert **von**), *Heilbronn 1814 - id. 1878*, médecin et physicien allemand. Il calcula l'équivalent mécanique de la calorie (1842) et énonça le principe de la conservation de l'énergie.

MAYERLING, localité d'Autriche, à 40 km au S. de Vienne. L'archiduc Rodolphe de Habsbourg et la baronne Marie Vetsera y furent trouvés morts dans un pavillon de chasse, le 30 janvier 1889.

Mayflower *(Fleur de mai)*, vaisseau parti de Southampton (1620) vers l'Amérique avec une centaine d'émigrants, notamment des puritains anglais (*Pilgrim Fathers* ou « Pères pèlerins »), qui fondèrent Plymouth en Nouvelle-Angleterre.

MAYNARD ou **MAINARD** (François), *Toulouse 1582 - Aurillac 1646*, poète français. Il fut le disciple de Malherbe (*À la belle vieille*). [Acad. fr.]

MAYOL (Félix), *Toulon 1872 - id. 1941*, chanteur français. Il acquit le Concert parisien (1909), auquel il donna son nom. Fantaisiste à l'excellente diction, il créa quelque 500 chansons *(la Cabane Bambou, Viens Poupoule, Cousine).*

MAYOR (Michel), *Lausanne 1942*, astronome suisse. Il a découvert en 1995, avec l'un de ses étudiants, Didier **Queloz** (né en 1966), la première exoplanète tournant autour d'une étoile comparable au Soleil, puis s'est consacré à la recherche d'autres planètes extrasolaires et en a trouvé de nombreux spécimens.

MAYOTTE n.f. (976), dép. et Région français d'outre-mer, constitué par un archipel de l'océan Indien, partie orientale de l'archipel des Comores ; ch.-l. *Mamoudzou* ; 13 cant. ; 17 comm. ; 374 km² ; 262 895 hab. *(Mahorais).* La collectivité territoriale appartient au vice-rectorat de Mayotte, à la cour d'appel de Saint-Denis de La Réunion, à la zone de défense et de sécurité Sud de l'océan Indien. L'archipel est composé de deux îles principales, Grande-Terre et Petite-Terre, ainsi que d'une trentaine d'îlots disséminés sur 1 500 km². D'origine volcanique, il est ceinturé par un récif-barrière individualisant un large lagon. Doté d'un climat tropical chaud, il est périodiquement dévasté par des cyclones. La population est très dense, avec une forte immigration – le plus souvent illégale et atteignant auj. un seuil critique (40 % de la population) – de Comoriens, ce qui engendre de vives tensions. Agriculture (riz, agrumes, manioc, ylang-ylang, vanille) et pêche sont médiocres. Parc naturel marin, couvrant plus de 68 000 km². – Quand les Comores optent pour l'indépendance, Mayotte se prononce massivement (1974 et 1976) pour son maintien dans la République française. Elle constitue alors une collectivité territoriale. Le nouveau cadre institutionnel défini pour l'outre-mer en 2003 fait d'elle une collectivité d'outre-mer. En 2011, elle devient département et Région d'outre-mer, sous la forme d'une collectivité unique. *(V. carte page suivante.)*

▲ **Mayas.** La cité de Tikal au Guatemala, période classique.

MAYR (Ernst), *Kempten, Bavière, 1904 - Bedford, Massachusetts, 2005*, biologiste américain d'origine allemande. Un des initiateurs du néodarwinisme, il a étudié les mécanismes de la spéciation et proposé une définition de l'espèce fondée sur l'interfécondité de ses représentants. (Prix Crafoord 1999.)

MA YUAN, peintre chinois actif de 1190 à 1235. Ses paysages, chefs-d'œuvre de la peinture des Song du Sud, allient sobriété et sensibilité poétique.

MAZAGAN → **JADIDA** (El-).

MAZAMET (81200), bur. centr. de cant. du Tarn, au pied de la Montagne Noire ; 10 548 hab. *(Mazamétains)*. Délainage. Constructions mécaniques.

MAZAR-E CHARIF, v. du nord de l'Afghanistan ; 130 600 hab. Pèlerinage islamique au sanctuaire (xve s.) du calife Ali.

MAZARIN (Jules), *Pescina, Abruzzes, 1602 - Vincennes 1661*, prélat et homme d'État français d'origine italienne. Capitaine dans l'armée pontificale, puis diplomate au service du pape, il passe au service de la France et est naturalisé français en 1639. Richelieu le fait nommer cardinal, bien qu'il ne soit pas prêtre, en déc. 1641 et, avant de mourir, le recommande à Louis XIII. Après la mort du roi (1643), Mazarin devient le principal ministre d'Anne d'Autriche – régente du jeune Louis XIV –, qui le soutiendra constamment. Il met fin à la guerre de Trente Ans par les traités de Westphalie (1648), mais il doit affronter la Fronde et s'exiler momentanément. De retour à Paris en 1653, il s'emploie à restaurer l'autorité royale et à faire de la France l'arbitre de l'Europe. Il rétablit les intendants, surveille la noblesse, limite les droits du parlement, persécute les jansénistes. À l'extérieur, il impose à l'Espagne le traité des Pyrénées (1659) et arbitre la paix du Nord entre les puissances de la Baltique (1660 - 1661). Il meurt en laissant une fortune colossale et de riches collections d'art dans son palais (auj. bibliothèque Mazarine).

▲ **Mazarin** par P. Mignard. (Musée Condé, Chantilly.)

Mazarine (bibliothèque), bibliothèque publique située dans l'aile gauche du palais de l'Institut, à Paris. Constituée sur l'ordre de Mazarin, elle fut ouverte au public en 1643.

MAZATLÁN, v. du Mexique, sur le Pacifique ; 438 415 hab. Port.

MAZENOD (Charles Eugène **de,** puis **saint** Eugène **de**), *Aix-en-Provence 1782 - Marseille 1861*, prélat français. Il fonda les missionnaires oblats de Marie-Immaculée et fut évêque de Marseille (1837). Il a été canonisé en 1995.

MAZEPPA ou **MAZEPA** (Ivan Stepanovitch), *1639 ou 1644 - Bendery 1709*, hetman des Cosaques d'Ukraine orientale. Il servit d'abord le tsar Pierre le Grand, puis se tourna contre lui, s'alliant à Charles XII, roi de Suède, qui s'engageait à reconnaître l'indépendance de l'Ukraine. Défait à Poltava (1709), il se réfugia en pays tatar.

MAZOVIE, région de Pologne, sur la moyenne Vistule. Érigée en duché héréditaire en 1138, elle fut rattachée au royaume de Pologne en 1526.

MAZOWIECKI (Tadeusz), *Płock 1927 - Varsovie 2013*, homme politique polonais. Membre influent de Solidarność, il fut Premier ministre d'août 1989 (premier chef de gouvernement non communiste de l'Europe de l'Est depuis quarante ans) à nov. 1990.

MAZURIE, région du nord-est de la Pologne (lacs).

MAZZINI (Giuseppe), *Gênes 1805 - Pise 1872*, patriote italien. Il fonda, en exil, une société secrète, *la Jeune-Italie* (1831), élément moteur du Risorgimento, qui visait à l'établissement d'une république italienne unitaire. Organisant des complots et insurrections qui, tous, échouèrent, il mena une vie errante jusqu'à son retour en Italie, lors de la révolution de 1848. En mars 1849, il fit proclamer la république à Rome et fit partie du triumvirat qui la dirigeait, mais l'expédition française (juill.) l'obligea à s'exiler.

MBABANE, cap. de l'Eswatini ; 65 536 hab. *(Mbabanais)*.

MBANDAKA, anc. **Coquilhatville,** v. de la Rép. dém. du Congo, sur le fleuve Congo ; 345 663 hab. dans l'agglomération.

MBEKI (Thabo), *Idutywa, Transkei, 1942*, homme politique sud-africain. Vice-président (1994 - 1997) puis président (1997 - 2007) de l'ANC, vice-président de la République (1994 - 1999), il succède à N. Mandela à la tête de l'État (1999 - 2008).

MBINI, anc. **Río Muni,** partie continentale de la Guinée équatoriale.

MBUJI-MAYI, v. de la Rép. dém. du Congo, ch.-l. de la région du Kasaï-Oriental ; 1 680 991 hab. dans l'agglomération.

MBUNDU ou **OVIMBUNDU,** peuple de l'ouest de l'Angola (env. 4 millions). À partir du xviie s., les Mbundu créèrent des royaumes indépendants qui, du xviiie s. à 1900 env., furent les principaux fournisseurs d'esclaves, d'ivoire et de cire de la côte angolaise. Ils parlent une langue bantoue.

MBUTI, peuple pygmée du nord-est de la Rép. dém. du Congo.

MEAD (Margaret), *Philadelphie 1901 - New York 1978*, anthropologue américaine. Elle a étudié les problèmes de l'adolescence et les changements culturels, et s'est livrée à de nombreuses enquêtes sur le terrain (Bali, Nouvelle-Guinée).

MEADE (James Edward), *Swanage, Dorset, 1907 - Cambridge 1995*, économiste britannique. Il a donné des contributions d'inspiration keynésienne dans les domaines de la théorie du commerce international et des mouvements de capitaux. (Prix Nobel 1977.)

MÉANDRE → **MENDERES.**

MÉAULTE (80810), comm. de la Somme ; 1 303 hab. *(Méaultois)*. Industrie aéronautique.

MEAUX [mo] (77100), ch.-l. d'arrond. de Seine-et-Marne, sur la Marne ; 55 664 hab. *(Meldois)*. Restes de remparts gallo-romains et médiévaux ; cathédrale surtout du xiiie s. Musée Bossuet dans l'anc. évêché, des xiie et xviie s. Musée de la Grande Guerre. – Siège d'un évêché dès le ive s., Meaux fut, au xvie s., grâce à son évêque G. Briçonnet, un foyer d'humanisme chrétien influencé par la Réforme (*cénacle de Meaux*, 1523-1525). Bossuet en fut l'évêque de 1682 à 1704.

MÉCÈNE, en lat. **Caius Cilnius Maecenas,** *Arezzo ? v. 69 - 8 av. J.-C.*, chevalier romain. Ami d'Auguste, il encouragea les lettres et les arts. Virgile, Horace, Properce bénéficièrent de sa protection.

MÉCHAIN (Pierre), *Laon 1744 - Castellón de la Plana 1804*, astronome et géodésien français. Il mesura avec Delambre l'arc de méridien entre Dunkerque et Barcelone (1792 - 1799) pour déterminer l'étalon du mètre, découvrit une douzaine de comètes et compléta le catalogue de nébuleuses et d'amas stellaires de Messier.

MECHELEN, nom néerlandais de Malines*.

MECHHED, v. du nord-est de l'Iran ; 2 410 800 hab. Pèlerinage chiite. – Mausolée de l'imam Reza, du ixe s., et monuments des xve-xviie s. Riche musée.

MÉCHITHAR → **MÉKHITHAR.**

MEČIAR (Vladimír), *Zvolen 1942*, homme politique slovaque. Nommé à la tête du gouvernement slovaque en 1990, il démissionne en 1991. Ayant retrouvé son poste en 1992, il négocie la partition de la Tchécoslovaquie. Il est de 1993 à 1998 Premier ministre de la Slovaquie indépendante.

MECKLEMBOURG n.m., en all. **Mecklenburg,** région historique d'Allemagne qui constitue une partie du Land de *Mecklembourg-Poméranie-Occidentale*. Il fut divisé en 1520 en deux duchés : celui de *Mecklembourg-Schwerin* et celui de *Mecklembourg-Güstrow*, puis de *Mecklembourg-Strelitz* (constitué en 1701).

MECKLEMBOURG-POMÉRANIE-OCCIDENTALE ou **MECKLEMBOURG-POMÉRANIE-ANTÉRIEURE,** en all. **Mecklenburg-Vorpommern,** Land d'Allemagne, sur la Baltique ; 23 838 km² ; 1 610 674 hab. ; cap. *Schwerin*.

MECQUE (La), v. d'Arabie saoudite, dans le Hedjaz ; 1 294 106 hab. Patrie de Mahomet et première ville sainte de l'islam. Le pèlerinage à La Mecque *(hadj)* est obligatoire pour tout musulman, s'il en a les moyens, une fois dans sa vie.

▲ La **Mecque.** La Grande Mosquée avec la Kaba.

Médaille d'honneur, la plus haute décoration militaire des États-Unis, décernée par le Congrès depuis 1862.

Médaille militaire, décoration française créée en 1852, accordée pour actions d'éclat ou longs services aux sous-officiers et hommes du rang ainsi qu'à des généraux ayant commandé en chef.

MEDAN, v. d'Indonésie, dans l'île de Sumatra, sur le détroit de Malacca ; 2 109 339 hab. Port.

MÉDAN (78670), comm. des Yvelines ; 1 439 hab. *(Médanais)*. Maison de Zola.

MÉDARD (saint), *Salency, Oise, v. 456 - Tournai v. 560*, évêque de Noyon et de Tournai.

MEDAWAR (Peter Brian), *Rio de Janeiro 1915 - Londres 1987*, biologiste britannique. Il est l'auteur d'importants travaux sur les greffes. (Prix Nobel de physiologie ou de médecine 1960.)

MÈDE (La), écart de la comm. de Châteauneuf-les-Martigues (Bouches-du-Rhône). Bioraffinage (site de raffinage du pétrole en cours de reconversion).

MÉDÉA, v. d'Algérie, ch.-l. de wilaya ; 138 355 hab.

Médecins du monde, ONG internationale s'appuyant sur l'engagement bénévole de professionnels de la santé. Créée en 1980 par des médecins issus de Médecins sans frontières, l'organisation a pour mission de porter secours aux populations vulnérables dans le monde et en France.

Médecins sans frontières (MSF), ONG internationale regroupant des médecins et des professionnels de la santé. Fondée en 1971, l'organisation, engagée dans une action humanitaire indépendante, a pour objectif d'apporter une aide médicale aux populations en danger (guerres, catastrophes, etc.) et de témoigner sur ces situations de crise. (Prix Nobel de la paix 1999.)

MÉDÉE MYTH. GR. Magicienne du cycle des Argonautes. Elle s'enfuit avec Jason ; ce dernier l'ayant abandonnée, elle se vengea en égorgeant leurs enfants. – Sa légende a notamm. inspiré une tragédie à Euripide (431 av. J.-C.), à Sénèque (Ier s. apr. J.-C.) et à Corneille (1635).

Medef (Mouvement des entreprises de France), association réunissant la plupart des organisations professionnelles et territoriales d'entreprises. Cette confédération, appelée de 1946 à 1998 Conseil national du patronat français (CNPF), a eu pour présidents : Georges Villiers (1946 - 1966), Paul Huvelin (1966 - 1972), François Ceyrac (1972 - 1981), Yvon Gattaz (1981 - 1986), François Périgot (1986 - 1994), Jean Gandois (1994 - 1997), Ernest-Antoine Seillière (1997 - 2005), Laurence Parisot (2005 - 2013), Pierre Gattaz (2013 - 2018), Geoffroy Roux de Bézieux (depuis 2018).

MEDELLÍN, v. de Colombie, au N.-O. de Bogota ; 2 441 123 hab. (3 594 977 hab. dans l'agglomération). Centre commercial et industriel.

MÈDES, peuple de l'Iran ancien. Au VIIe s. av. J.-C., ils constituèrent un empire ayant pour capitale Ecbatane. Leur roi Cyaxare détruisit Assour en 614 av. J.-C., puis Ninive (612). Le Perse Cyrus II mit fin (v. 550 av. J.-C.) à la puissance mède.

MEDICINE HAT, v. du Canada (Alberta) ; 63 260 hab. Chimie.

MÉDICIS, en ital. **Medici,** famille de banquiers italiens qui domina Florence du XVe au XVIIIe s. — **Cosme de M.,** dit **Cosme l'Ancien,** *Florence 1389 - Careggi 1464,* banquier et mécène florentin. Chef de Florence à partir de 1434, il fit de cette ville la capitale de l'humanisme. — **Laurent Ier de M.,** dit **Laurent le Magnifique,** *Florence 1449 - Careggi 1492,* prince florentin. Petit-fils de Cosme l'Ancien, protecteur des arts et des lettres, poète lui-même, il dirigea Florence (1469 - 1492) et réalisa l'idéal de la Renaissance. — **Julien de M.,** *Florence 1478 - Rome 1516,* prince florentin. Il fut fait duc de Nemours par le roi de France François Ier. Avec l'aide des troupes pontificales et espagnoles (1512), ce dernier restaura à Florence le pouvoir des Médicis, chassés depuis la révolution de Savonarole. — **Laurent II de M.,** duc **d'Urbino,** *Florence 1492 - id. 1519,* père de Catherine de Médicis. — **Alexandre de M.,** *Florence v. 1512 - id. 1537,* premier duc de Florence (1532 - 1537). Il fut assassiné par son cousin Lorenzino *(Lorenzaccio).* — **Cosme Ier de M.,** *Florence 1519 - Villa di Castello, près de Florence, 1574,* duc de Florence (1537 - 1569), premier grand-duc de Toscane (1569 - 1574). — **Ferdinand Ier de M.,** *Florence 1549 - id. 1609,* grand-duc de Toscane (1587 - 1609). — **Ferdinand II de M.,** *Florence 1610 - id. 1670,* grand-duc de Toscane (1621 - 1670). — **Jean-Gaston de M.,** *Florence 1671 - id. 1737,* grand-duc de Toscane (1723 - 1737). Après lui, le grand-duché passa à la maison de Lorraine.

Médicis ou **Medici-Riccardi** (palais), palais de Florence. Élevé de 1444 à env. 1460 par Michelozzo pour les Médicis (fresques de Gozzoli dans la chapelle), il a été agrandi au XVIIe s. pour un marquis Riccardi.

Médicis (prix), prix littéraire français fondé en 1958 et décerné à un roman ou à un recueil de nouvelles d'un auteur de langue française encore peu connu. Le même jury couronne également une œuvre étrangère et un essai.

Médicis (villa), riche demeure entourée de jardins sur la colline du Pincio, à Rome. Datant du milieu du XVIe s., elle est occupée depuis 1803 par l'Académie de France. Après avoir hébergé les lauréats des prix de Rome, elle accueille auj. de jeunes artistes et chercheurs sélectionnés sur dossier.

MÉDIE, région du nord-ouest de l'Iran ancien, qui était habitée par les Mèdes.

MÉDINE, v. d'Arabie saoudite (Hedjaz) ; 918 889 hab. Ville sainte de l'islam ; Mahomet s'y réfugia en 622 (début de l'hégire). Mosquée du Prophète (tombeau de Mahomet).

MÉDINET EL-FAYOUM, v. d'Égypte, dans le *Fayoum* ; 315 940 hab.

médiques (guerres) [490 - 479 av. J.-C.], conflits qui ont opposé les Grecs à l'Empire perse. L'origine en est le soutien apporté par Athènes à la révolte des Ioniens (499), dont Darios Ier vient à bout en 495. Pour assurer sa domination sur l'Égée, celui-ci s'attaque ensuite aux cités de la Grèce d'Europe. En 490 *(première guerre médique),* Darios traverse l'Égée et, malgré des forces importantes, est vaincu à Marathon. En 481 *(seconde guerre médique),* Xerxès Ier, fils de Darios, envahit la Grèce avec une formidable armée. Les Grecs tentent en vain de l'arrêter aux Thermopyles (août 480) ; Athènes est prise et incendiée, mais, grâce à Thémistocle, la flotte perse est détruite devant l'île de Salamine (sept. 480). Xerxès abandonne son armée, qui est vaincue à Platées (479). Les Grecs portent alors la guerre en Asie, sous la direction d'Athènes, et remportent les victoires du cap Mycale (479) et de l'Eurymédon (468). En 449 - 448, la paix de Callias entérine la liberté des cités grecques d'Asie.

Méditations métaphysiques, ouvrage de Descartes, rédigé en latin (1641), puis traduit en français (1647). L'auteur parcourt, à la première personne, le chemin qui mène du doute généralisé à la connaissance du monde extérieur, présentant l'ensemble des thèmes de sa philosophie.

MÉDITERRANÉE, mer bordière de l'Atlantique, entre l'Europe méridionale, l'Afrique du Nord et l'Asie occidentale, couvrant environ 2 500 000 km². Elle communique avec l'Atlantique par le détroit de Gibraltar et avec la mer Rouge par le canal de Suez. C'est une mer tiède, à forte salinité et à faibles marées. L'étranglement compris entre la Sicile et la Tunisie la divise en deux bassins : la *Méditerranée occidentale,* avec son annexe la mer Tyrrhénienne, et la *Méditerranée orientale,* plus ramifiée, avec ses dépendances (mer Ionienne, mer Adriatique et mer Égée). – Cette mer a été le centre vital de l'Antiquité. Elle perdit de son importance à la suite des grandes découvertes des XVe et XVIe s. ; mais elle redevint l'une des principales routes mondiales de navigation grâce au percement du canal de Suez (1869).

MEDJERDA n.f., fl. d'Afrique du Nord, né en Algérie et débouchant dans le golfe de Tunis ; 365 km.

MÉDOC n.m., région de la Gironde, entre Bordeaux et la pointe de Grave, sur la rive gauche de la Gironde. (Hab. *Médocains* ou *Médoquins.*) Vins rouges.

MÉDUSE MYTH. GR. Une des trois Gorgones, la seule dont le regard était mortel. Persée trancha sa redoutable tête couverte de serpents, et de son sang naquit Pégase.

MEDVEDEV (Dmitri Anatolievitch), *Leningrad 1965,* homme politique russe. Premier vice-Premier ministre (à partir de 2005), soutenu par V. Poutine, il est président de la Russie de 2008 à 2012. Il devient ensuite le Premier ministre de V. Poutine, revenu à la tête de l'État (depuis 2012).

MEERUT, v. d'Inde (Uttar Pradesh) ; 1 074 229 hab. (1 424 908 hab. dans l'agglomération).

MÉES (Les) [04190], comm. des Alpes-de-Haute-Provence ; 3 704 hab. *(Méens).* Hauts rochers pittoresques (les Pénitents). Coopérative oléicole. Centrale solaire photovoltaïque.

MÉE-SUR-SEINE (Le) [77350], comm. de Seine-et-Marne ; 20 956 hab. *(Méens).*

MEGALOPOLIS, anc. ville de Grèce, en Arcadie. Fondée en 368 av. J.-C. avec l'aide d'Épaminondas, elle fut le centre de la Confédération arcadienne. – Ruines.

MÉGARE, v. de Grèce, sur l'isthme de Corinthe ; 36 924 hab. Prospère aux VIIe et VIe s. av. J.-C., elle fonda de nombreuses colonies, dont Byzance. Ses démêlés avec Athènes furent l'une des causes de la guerre du Péloponnèse. – Une école philosophique (Ve et IVe s. av. J.-C.) y renoua avec l'inspiration des Éléates et développa logique et art de la controverse.

MÉGÈRE MYTH. GR. Une des trois Érinyes, personnification de la colère.

MEGÈVE [məʒɛv] (74120), comm. de la Haute-Savoie ; 3 356 hab. *(Mégevans).* Station de sports d'hiver (alt. 1 113 - 2 350 m).

MEGHALAYA, État du nord-est de l'Inde ; 22 400 km² ; 2 964 007 hab. ; cap. *Shillong.*

MEGIDDO, cité cananéenne du nord de la Palestine (auj. en Israël). Située sur la route reliant l'Égypte à l'Assyrie, elle fut conquise par plusieurs pharaons (Thoutmosis III, Néchao II). Les vestiges archéologiques de près de 6 000 ans s'y superposent.

MÉHALLET EL-KOBRA, v. d'Égypte, dans le delta du Nil ; 442 958 hab. Textile.

MÉHÉMET-ALI, en ar. **Muḥammad ʿAlī,** *Kavála 1769 - Alexandrie 1849,* vice-roi d'Égypte (1805 - 1848). Il massacre les Mamelouks (1811) et réorganise, avec le concours de techniciens européens, l'administration, l'économie et l'armée égyptiennes. Il apporte son soutien aux Ottomans en Arabie (1811 - 1819), puis en Grèce (1824 - 1827), mais conquiert le Soudan pour son compte (1820 - 1823) et, fort de l'alliance française, cherche à supplanter le sultan, que son fils Ibrahim Pacha vainc en Syrie (1831 - 1839). Les puissances européennes lui imposent le traité de Londres (1840), qui ne lui laisse que l'Égypte et le Soudan à titre héréditaire.

▲ **Méhémet-Ali** par A. Couder. (Château de Versailles.)

MEHMED II, dit **Fatih** (« le Conquérant »), *Edirne 1432 - Tekfur Çayırı 1481,* sultan ottoman (1444 - 1446 et 1451 - 1481). Il s'empara de Constantinople (1453), dont il fit sa capitale, avant de conquérir la Serbie (1459), l'empire de Trébizonde (1461), la Bosnie (1463) et de vassaliser la Crimée (1475).

◄ **Mehmed II** par Gentile Bellini. (National Gallery, Londres.)

— **Mehmed IV,** *Istanbul 1642 - Edirne 1693,* sultan ottoman (1648 - 1687). Il présida au redressement de l'Empire grâce à l'œuvre des Köprülü. — **Mehmed V Reşad,** *Istanbul 1844 - id. 1918,* sultan ottoman (1909 - 1918). Il laissa gouverner les Jeunes-Turcs. — **Mehmed VI Vahideddin,** *Istanbul 1861 - San Remo 1926,* dernier sultan ottoman (1918 - 1922). Il fut renversé par Mustafa Kemal.

MEHRGARH, site archéologique du Baloutchistan pakistanais, reliant la vallée de l'Indus à l'Iran et à l'Asie centrale. Occupée d'env. 7000 à 2000 av. J.-C., cette agglomération à économie agricole est sans doute à l'origine de la civilisation de l'Indus.

MÉHUL (Étienne), *Givet 1763 - Paris 1817,* compositeur français. Auteur de nombreux opéras ou opéras-comiques, il écrivit, pendant la Révolution française, *le Chant du départ.*

MEHUN-SUR-YÈVRE (18500), bur. centr. de cant. du Cher ; 6 784 hab. *(Mehunois).* Porcelaine. – Église des XIe-XIIe s. ; vestiges d'un fastueux château de Jean de Berry et de Charles VII.

MEIER (Richard), *Newark 1934,* architecte américain. Il puise aux sources du style international et de Le Corbusier, et y adapte une sensibilité contemporaine pour produire un impeccable classicisme (siège de Canal Plus à Paris, 1992 ; Centre J. Paul Getty à Los Angeles, 1997 ; musée Frieder Burda à Baden-Baden, 2004). [Prix Pritzker 1984.]

MEIJE [mɛʒ] n.f., massif des Alpes françaises (Isère), dans l'Oisans ; 3 983 m.

Meiji (« Époque éclairée »), nom de l'ère couvrant le règne de l'empereur japonais Meiji tenno.

MEIJI TENNO, nom posthume de **Mutsuhito,** *Kyoto 1852 - Tokyo 1912,* empereur du Japon (1867 - 1912). Après l'écroulement du régime shogunal, il inaugura l'ère Meiji (1868), proclama sa volonté de réforme et d'occidentalisation dans la charte de Cinq Articles et s'installa à Tokyo (1869). En 1889, il donna une Constitution au Japon, puis mena victorieusement les guerres sino-japonaise (1895) et russo-japonaise (1905) avant d'annexer la Corée (1910).

MEILEN, v. de Suisse (canton de Zurich), sur le lac de Zurich ; 12 571 hab. Église du XVe s.

MEILHAC [mɛjak] (Henri), *Paris 1831 - id. 1897,* auteur dramatique français. Il composa, le plus souvent avec L. Halévy, des livrets d'opérettes de J. Offenbach *(la Belle Hélène, la Vie parisienne)* et des comédies *(Froufrou).* [Acad. fr.]

MEILLET (Antoine), *Moulins 1866 - Châteaumeillant 1936,* linguiste français. Il est l'auteur de travaux de grammaire comparée et de linguistique générale *(Introduction à l'étude comparative des langues indo-européennes,* 1903).

Mein Kampf (*Mon combat*), ouvrage écrit par Adolf Hitler et publié en 1925 et 1926. Les principes du national-socialisme y sont exposés : antisémitisme, supériorité de la race germanique, qui a besoin pour s'épanouir d'un « espace vital », culte de la force.

MEIR (Golda), *Kiev 1898 - Jérusalem 1978*, femme politique israélienne. Membre du parti travailliste Mapaï, ministre des Affaires étrangères (1956 - 1966), elle fut Premier ministre de 1969 à 1974.

Golda **Meir** ►

MEIRINGEN, comm. de Suisse (canton de Berne), sur l'Aar ; 4 583 hab. Centre d'excursions. – Église reconstruite au XVIIe s.

MEISE, comm. de Belgique (Brabant flamand) ; 18 417 hab.

MEISSEN, v. d'Allemagne (Saxe), sur l'Elbe ; 27 055 hab. Cathédrale gothique ; château de style gothique flamboyant (XVe s.), auj. musée, où fonctionna de 1710 à 1863 la première manufacture européenne de porcelaine dure. Nouvelle manufacture (musée de la Porcelaine).

MEISSONIER (Ernest), *Lyon 1815 - Paris 1891*, peintre français. Il eut un immense succès comme auteur de petits tableaux de genre à l'ancienne et de scènes militaires.

MEISSONNIER (Juste Aurèle), *Turin v. 1693 - Paris 1750*, décorateur et orfèvre français. Il est l'un des représentants les plus imaginatifs du style rocaille.

MEITNER (Lise), *Vienne 1878 - Cambridge 1968*, physicienne autrichienne. Elle a découvert le protactinium avec O. Hahn (1917) et a donné la théorie de la fission de l'uranium (1939).

MÉJEAN (causse), l'un des Grands Causses, dans le sud de la France (Lozère).

MÉKHITHAR ou **MÉCHITHAR** (Pierre **Manouk**, dit), *Sivas, Anatolie, 1676 - Venise 1749*, théologien catholique arménien. Il fonda en 1701 la congrégation des Mékhitharistes (moines catholiques arméniens).

MEKNÈS, v. du Maroc ; 520 428 hab. Anc. cap. (1672 - 1727) des Alawites. Monuments anciens (XIVe-XVIIIe s.) et murailles aux portes magnifiques (Bab al-Mansur).

MÉKONG n.m., fl. d'Asie, né au Tibet et qui se jette dans la mer de Chine méridionale ; 4 200 km. Il traverse le Yunnan par des gorges profondes, puis le Laos (qu'il sépare de la Thaïlande), le Cambodge et le sud du Viêt Nam, passe à Vientiane et à Phnom Penh.

MELAKA ou **MALACCA,** v. de Malaisie, cap. de l'*État de Melaka*, sur le *détroit de Malacca* ; 63 854 hab. Port.

MELANCHTHON (Philipp **Schwarzerd**, dit), *Bretten, Bade, 1497 - Wittenberg 1560*, réformateur allemand. Collaborateur de Luther, il rédigea la *Confession d'Augsbourg* (1530) et devint le principal chef du luthéranisme après la mort du réformateur.

MÉLANÉSIE (« îles noires »), partie de l'Océanie, comprenant la Nouvelle-Guinée, l'archipel Bismarck, les îles Salomon, la Nouvelle-Calédonie, Vanuatu, les îles Fidji ; 9 272 000 hab. (*Mélanésiens*). [V. carte **Océanie.**]

MÉLANÉSIENS, ensemble de sociétés différentes (un millier) peuplant les îles de la Mélanésie. Pratiquant notamm. une horticulture sur brûlis raffinée, ces sociétés sont caractérisées par des systèmes d'échanges cérémoniels et rituels (le plus célèbre étant celui du « cercle de Kula ») qui peuvent régir les relations entre plusieurs sociétés ; chacun des groupes est représenté par des « grands » (*big men*) au sein de fédérations régionales. Les Mélanésiens parlent des langues de la famille austronésienne.

MELBOURNE, v. d'Australie, cap. de l'État de Victoria ; 3 999 982 hab. Port fondé en 1835. Centre commercial, industriel et culturel. – Royal Exhibition Building (1880) et jardins Carlton. Musée d'art. Musée d'histoire naturelle.

MELBOURNE (William **Lamb**, vicomte), *Londres 1779 - près de Hatfield 1848*, homme politique britannique. Premier ministre (1834, 1835 - 1841), il assura l'éducation politique de la jeune reine Victoria.

MELCHIOR, nom donné par une tradition tardive à l'un des trois Rois mages.

MELCHISÉDECH, personnage biblique contemporain d'Abraham. Prêtre-roi de Salem (Jérusalem, dans la tradition juive), il préfigure, dans le christianisme primitif, le sacerdoce du Christ.

MÉLENCHON (Jean-Luc), *Tanger 1951*, homme politique français. Membre de l'aile gauche du Parti socialiste, il est sénateur de l'Essonne (1986 - 2000 et 2004 - 2010) et ministre délégué à l'Enseignement professionnel (2000 - 2002). Il quitte le PS en 2008 pour cofonder le Parti de gauche (qu'il copréside jusqu'en 2014). En 2009, il est élu député européen (réélu en 2014, il abandonne son mandat en 2017) sur une liste d'alliance avec le PCF, le Front* de gauche, dont il est le candidat à la présidentielle de 2012. Il se présente à nouveau à l'élection présidentielle de 2017, en s'appuyant cette fois-ci sur son propre mouvement, La France insoumise (lancé en 2016). Il est élu député en 2017.

MELESSE (35520), bur. centr. de cant. d'Ille-et-Vilaine ; 6 247 hab. (*Melessiens*).

MÉLIÈS (Georges), *Paris 1861 - id. 1938*, cinéaste français. Pionnier du spectacle cinématographique, illusionniste, inventeur des premiers trucages, constructeur des premiers studios, il réalisa entre 1896 et 1913 plus de 500 petits films, remarquables par leur fantaisie poétique et ingénieuse (*le Voyage dans la Lune*, 1902 ; *20 000 Lieues sous les mers*, 1907).

▲ Georges **Méliès.** *Le Voyage dans la Lune*, 1902.

MELILLA, v. d'Espagne, sur la côte méditerranéenne de l'Afrique du Nord, limitrophe du Maroc ; 78 476 hab. Remparts du XVIe s., église du XVIIe s.

MÉLINE (Jules), *Remiremont 1838 - Paris 1925*, homme politique français. Ministre de l'Agriculture (1883 - 1885 et 1915 - 1916), il fut le défenseur du monde rural et pratiqua une politique protectionniste. Il fut président du Conseil de 1896 à 1898.

MELITOPOL, v. d'Ukraine ; 160 657 hab.

MELK, v. d'Autriche (Basse-Autriche), sur le Danube ; 5 254 hab. Abbaye bénédictine reconstruite par l'architecte Jakob Prandtauer (*1660 - 1726*), œuvre baroque grandiose.

MELKART → **MELQART.**

MELLE (79500), bur. centr. de cant. des Deux-Sèvres ; 3 854 hab. Chimie. – Trois églises romanes.

MELLONI (Macedonio), *Parme 1798 - Portici 1854*, physicien italien. Il inventa la pile thermoélectrique, qu'il employa pour étudier la chaleur rayonnante (rayonnement infrarouge).

Meloria (bataille de la) [6 août 1284], victoire de la flotte génoise sur les Pisans au large de l'île de la Meloria, dans le golfe de Gênes. Elle marqua la fin de l'importance navale de Pise.

MELOZZO da Forli, *Forli 1438 - id. 1494*, peintre italien. Il introduisit à Rome l'art des architectures feintes en perspective et des figures plafonnantes.

MELPOMÈNE MYTH. GR. Muse de la Tragédie.

MELQART ou **MELKART,** principal dieu de Tyr, honoré aussi à Carthage.

MELSENS (Louis), *Louvain 1814 - Bruxelles 1886*, physicien belge. Il a réalisé le premier paratonnerre (1865) sur le principe de la cage de Faraday.

MELUN (77000), ch.-l. du dép. de Seine-et-Marne, sur la Seine, à 46 km au S.-E. de Paris ; 40 867 hab. (*Melunais*). École des officiers de la gendarmerie nationale. Aéronautique. Au N., aérodrome de *Melun-Villaroche*. – Églises Notre-Dame (en partie du XIe s.) et St-Aspais (gothique du XVIe s.) ; musée.

MELUN-SÉNART → **SÉNART.**

Mélusine, personnage légendaire du Moyen Âge. Aïeule imaginaire de la maison de Lusignan, cette fée était condamnée chaque semaine à se transformer partiellement en serpent.

MELVILLE (baie de), baie de la mer de Baffin, sur la côte du Groenland.

MELVILLE (île), île sur la côte nord de l'Australie.

MELVILLE (île), île de l'archipel Arctique canadien, au N. du *détroit du Vicomte-Melville*.

MELVILLE (péninsule de), presqu'île de la partie septentrionale du Canada (océan Arctique).

MELVILLE (Herman), *New York 1819 - id. 1891*, écrivain américain. Ancien marin, il est l'auteur de romans où l'aventure prend une signification symbolique (*Moby* Dick*, *Billy Budd*).

MELVILLE (Jean-Pierre **Grumbach**, dit Jean-Pierre), *Paris 1917 - id. 1973*, cinéaste français. Après *le Silence de la mer* (d'après Vercors, 1949), il s'imposa comme l'auteur de films noirs, rigoureux et dépouillés : *le Doulos* (1963), *le Deuxième Souffle* (1966), *le Samouraï* (1967).

MEMEL → **KLAIPĖDA.**

MEMLING ou **MEMLINC** (Hans), *Seligenstadt, près d'Aschaffenburg, v. 1433 - Bruges 1494*, peintre flamand. Sa carrière s'est déroulée à Bruges, où sont conservées ses œuvres principales : compositions religieuses d'un style doux et calme, portraits saisis dans un cadre familier.

MEMMI (Albert), *Tunis 1920*, écrivain et sociologue français d'origine tunisienne. Marqué par sa triple identité juive, arabe et française, il interroge dans ses récits (*la Statue de sel*, 1953) et ses essais (*Portrait du colonisé*, 1957 ; *Portrait du décolonisé arabo-musulman et de quelques autres*, 2004) toutes les formes de racisme et de domination.

MEMNON MYTH. GR. Héros de *l'Iliade*, tué par Achille. Les Grecs l'identifièrent à l'un des deux colosses du temple d'Aménophis III, à Thèbes. Cette statue, fissurée en 27 av. J.-C. par une secousse tellurique, faisait entendre au lever du soleil une vibration, « le chant de Memnon ».

Mémoires d'outre-tombe, œuvre de Chateaubriand, publiée après sa mort dans *la Presse* (1848-1850). Ce retour sur soi et sur l'époque, méditation magistrale sur l'histoire, le temps et la mort, est représentatif de la sensibilité romantique.

Mémorial de Sainte-Hélène, ouvrage de Las Cases (1823), qui y relate ses entretiens avec Napoléon Ier.

MEMPHIS, v. de l'anc. Égypte, sur le Nil, en amont du Delta. Elle fut la capitale du pays durant l'Ancien Empire et le centre du culte du dieu Ptah. La fondation d'Alexandrie (332 av. J.-C.) puis l'invasion des Arabes entraînèrent sa décadence.

MEMPHIS, v. des États-Unis (Tennessee), sur le Mississippi ; 656 861 hab. Port. Centre commercial et industriel. – Musées.

MEMPHRÉMAGOG (lac), lac d'Amérique du Nord, à la frontière du Canada (Québec) et des États-Unis (Vermont) ; 95 km^2.

MENADO → **MANADO.**

MÉNAGE (Gilles), *Angers 1613 - Paris 1692*, écrivain français. Cet érudit, auteur de poèmes écrits en latin et d'ouvrages de philosophie, fut raillé par Boileau et Molière.

MÉNAM → **CHAO PHRAYA.**

MÉNANDRE, *Athènes v. 342 - id. v. 292 av. J.-C.*, poète comique grec. Ses comédies de caractère furent imitées par Plaute et Térence.

MÉNAPIENS, anc. peuple de la Gaule Belgique qui avait pour ville principale l'actuelle Cassel (dép. du Nord).

MENCHIKOV (Aleksandr Danilovitch, prince), *Moscou 1673 - Berezovo 1729*, homme d'État et feld-maréchal russe. Il dirigea la construction de Saint-Pétersbourg. Il détint sous Catherine Ire la réalité du pouvoir, puis fut exilé en Sibérie (1728).

MENCHIKOV (Aleksandr Sergueïevitch, prince), *Saint-Pétersbourg 1787 - id. 1869*, amiral russe. Commandant en chef pendant la guerre de Crimée, il fut battu par les Franco-Britanniques (1854).

MENCHÚ TUM (Rigoberta), *Laj Chimel, comm. de San Miguel Uspantán, Quiché, 1959*, femme politique guatémaltèque. Indienne, militant depuis la fin des années 1970 pour le respect des droits des populations indigènes, elle doit s'exiler au Mexique en 1981. Revenue dans son pays en 1996, elle se présente aux élections présidentielles de 2007 et 2011 mais obtient à chaque fois un score dérisoire. (Prix Nobel de la paix 1992.)

MENCIUS, en chin. **Mengzi,** *v. 371 av. J.-C. - 289 av. J.-C.*, philosophe chinois. Pour ce continuateur de Confucius, l'homme tend naturellement vers la bonté.

MENDE (48000), ch.-l. du dép. de la Lozère, sur le Lot, à 576 km au S. de Paris ; 12 568 hab. *(Mendois).* Évêché. – Cathédrale des XIVe-XVIe s. ; musées.

MENDÉ, nom donné, en Sierra Leone et au Liberia, aux populations Mandingues ou Mandé.

MENDEL (Johann, en relig. Gregor), *Heinzendorf, Silésie, 1822 - Brünn 1884*, religieux et botaniste autrichien. Il a réalisé des expériences sur l'hybridation des plantes et énoncé, en 1866, les lois de la transmission des caractères héréditaires *(lois de Mendel).*

◄ Gregor **Mendel.**
(BnF, Paris.)

MENDELEÏEV (Dmitri Ivanovitch), *Tobolsk 1834 - Saint-Pétersbourg 1907*, chimiste russe. Il est l'auteur de la classification périodique des éléments chimiques (1869).

MENDELE MOCHER SEFARIM (Chalom Jacob **Abramovitz,** dit), *Kopyl, gouv. de Minsk, 1835 - Odessa 1917*, écrivain russe d'expression yiddish et hébraïque. Ses récits sont une peinture de la vie des ghettos d'Europe orientale *(l'Anneau magique, les Voyages de Benjamin III).*

MENDELSOHN (Erich), *Allenstein, Prusse-Orientale, auj. Olsztyn, Pologne, 1887 - San Francisco 1953*, architecte allemand. D'abord influencé par l'expressionnisme, il adhéra ensuite au modernisme international, tout en en tempérant la rigidité (usage des courbes).

MENDELSSOHN (Moses), *Dessau 1729 - Berlin 1786*, philosophe allemand. Il a développé une philosophie fondée sur la Loi mosaïque, en relation avec la philosophie des Lumières (*Jerusalem...*, 1783), et donné une forte impulsion à l'émancipation juive dans le contexte européen.

MENDELSSOHN BARTHOLDY (Felix), *Hambourg 1809 - Leipzig 1847*, compositeur allemand, petit-fils de Moses Mendelssohn. Compositeur et pianiste précoce, il dirigea en 1829 l'intégrale de *la Passion selon saint Matthieu* de Bach. À la tête de l'orchestre du Gewandhaus de Leipzig, il fonda le Conservatoire de cette ville. Il a laissé une œuvre considérable, au romantisme discret (*Concerto pour violon*, 1845 ; *Lieder ohne Worte*, pour piano), à l'écriture moderne (*Variations sérieuses*, 1842) et à l'orchestration raffinée (*le Songe d'une nuit d'été*, 1843), ainsi que cinq symphonies, dont *Réformation* (1832), les symphonies *italienne* (1833) et *écossaise* (1842).

▲ Felix **Mendelssohn Bartholdy**

MENDERES n.m., anc. **Méandre,** fl. de la Turquie d'Asie, qui rejoint la mer Égée ; 500 km.

MENDERES (Adnan), *Aydın 1899 - île d'Imralı 1961*, homme politique turc. Premier ministre (1950 - 1960), il fut renversé par l'armée, condamné à mort et exécuté. Il a été réhabilité en 1990.

MENDÈS FRANCE (Pierre), *Paris 1907 - id. 1982*, homme politique français. Avocat, député radical-socialiste à partir de 1932, président du Conseil en 1954 - 1955, il marqua la vie politique française tant par son style nouveau que par l'importance de ses décisions : fin de la guerre d'Indochine (accords de Genève), autonomie interne en Tunisie et rejet de la Communauté européenne de défense (CED). ▲ Pierre **Mendès France**

MENDES PINTO (Fernão) → **PINTO.**

MENDOZA, v. d'Argentine, au pied des Andes ; 115 041 hab. (942 142 hab. dans l'agglomération). Archevêché. Centre viticole.

MENDOZA (Diego **Hurtado de**) → **HURTADO DE MENDOZA.**

MENDOZA (Eduardo), *Barcelone 1943*, écrivain espagnol. Figure majeure du renouveau littéraire après Franco, il s'adonne, sur le mode burlesque et en parodiant nombre de genres romanesques, à une critique impitoyable de la société catalane (*la Vérité sur le cas Savolta*, 1975 ; *le Mystère de la crypte ensorcelée*, 1979 ; *la Ville des prodiges*, 1986 ; *Bataille de chats*, 2010).

MENDOZA (Iñigo **López de**), marquis **de Santillana** → **SANTILLANA.**

MENDRAS (Henri), *Boulogne-Billancourt 1927 - Paris 2003*, sociologue français, spécialiste de sociologie rurale (*Sociologie de la campagne française*, 1959 ; *la Fin des paysans*, 1967).

MENÉ (landes du ou monts du), hauteurs de Bretagne (Côtes-d'Armor) ; 339 m.

MENÉ (Le) [22330], comm. des Côtes-d'Armor, au S.-E. de Saint-Brieuc ; 6 543 hab. Abattoir. Agroalimentaire.

MÉNÉLAS MYTH. GR. Héros de *l'Iliade*. Roi de Sparte, il poussa les Grecs à la guerre contre Troie pour reprendre sa femme, Hélène, enlevée par Pâris.

MÉNÉLIK II, *Ankober 1844 - Addis-Abeba 1913*, négus d'Éthiopie. Roi du Choa (1865), il fonda Addis-Abeba (1887). Négus en 1889, il signa avec l'Italie un accord (1889) que celle-ci considéra comme un traité de protectorat. Dénonçant cet accord (1893), Ménélik écrasa les troupes italiennes à Adoua (1896). Il se retira en 1907.

MENEM (Carlos Saúl), *Anillaco, prov. de La Rioja, 1930*, homme politique argentin. Péroniste, il a été président de la République de 1989 à 1999. En 2013 et 2015, il est condamné à de la prison ferme (peines non appliquées).

MENEN, nom néerlandais de Menin*.

MENÉNDEZ PIDAL (Ramón), *La Corogne 1869 - Madrid 1968*, critique littéraire et linguiste espagnol. Il est l'auteur de travaux sur la langue et la littérature espagnoles.

MENENIUS AGRIPPA, consul romain en 502 av. J.-C. Il aurait réconcilié la plèbe avec les patriciens (494 av. J.-C.) par son apologue *les Membres et l'Estomac* (ceux-là ne pouvant se passer de celui-ci, et réciproquement).

MÉNEPTAH → **MINEPTAH.**

MÉNÈS, nom donné par les Grecs au pharaon Narmer*.

MENGER (Carl), *Neusandez, auj. Nowy Sącz, Galicie, 1840 - Vienne 1921*, économiste autrichien. Fondateur, avec L. Walras et S. Jevons, de l'école marginaliste (1871), il est considéré comme le premier représentant de l'école psychologique autrichienne qui lie la valeur d'un bien à son utilité et à sa rareté relative.

MENGISTU HAILÉ MARIAM, *région de Harar 1937*, homme politique éthiopien. Il participe à la révolution de 1974 et devient vice-président (1974), puis président (1977) du Derg (Comité de coordination militaire), dissous en 1987. Élu à la présidence de la République en 1987, il doit abandonner le pouvoir en 1991 et s'exile au Zimbabwe. En 2007, il est condamné par contumace à la prison à vie pour génocide (peine aggravée en 2008 en peine de mort).

MENGS (Anton Raphael), *Aussig, auj. Ústí nad Labem, Bohême, 1728 - Rome 1779*, peintre allemand. Il vécut surtout à Rome et fut un précurseur du néoclassicisme.

MENGZI → **MENCIUS.**

MENIAA (El-), anc. **El-Goléa,** oasis du Sahara algérien ; 40 195 hab.

MÉNILMONTANT, quartier de l'est de Paris (XXe arrond.).

MENIN, en néerl. **Menen,** v. de Belgique (Flandre-Occidentale), sur la Lys ; 32 707 hab.

Ménines (les), en esp. **las Meninas,** grande toile de Velázquez (v. 1656, Prado). L'œuvre est célèbre pour son rendu spatial, son caractère d'instantané captant une réalité familière et fugitive.

▲ Les **Ménines.** Peinture de Velázquez, v. 1656.
(Prado, Madrid.)

MÉNIPPE, *Gadara IVe s. - IIIe s. av. J.-C. ?*, poète et philosophe grec de l'école des cyniques, auteur de satires.

MENNECY (91540), bur. centr. de cant. de l'Essonne ; 14 291 hab. *(Mennecois).*

MENOTTI (Gian Carlo), *Cadegliano, Lombardie, 1911 - Monaco 2007*, compositeur italien naturalisé américain. Il se rattache à la tradition de l'opéra vériste (*le Médium*, 1946 ; *le Consul*, 1950). Il avait fondé le Festival de Spolète (1958).

MENTANA, v. d'Italie (Latium), au N.-E. de Rome ; 20 869 hab. Garibaldi y fut défait par les troupes pontificales et françaises (1867).

MENTHON-SAINT-BERNARD (74290), comm. de la Haute-Savoie, sur le lac d'Annecy ; 1 991 hab. Station estivale. – Château médiéval.

MENTON (06500), bur. centr. de cant. des Alpes-Maritimes, sur la Méditerranée, près de la frontière italienne ; 28 732 hab. *(Mentonnais).* Centre touristique (« fête du Citron »). Cultures florales. – Festival de musique. – Église et chapelle baroques du parvis St-Michel. Palais Carnolès (musée des Beaux-Arts, jardin d'agrumes). Musée Jean-Cocteau - Collection Séverin Wunderman.

MENTOR MYTH. GR. Personnage de *l'Odyssée*, ami d'Ulysse et précepteur de Télémaque. Il est le symbole du sage conseiller.

MENUHIN (Yehudi), lord **Menuhin of Stoke d'Abernon,** *New York 1916 - Berlin 1999*, violoniste et chef d'orchestre d'origine russe naturalisé américain et britannique. Élève de G. Enesco et de A. Busch, il s'affirma, après une carrière d'enfant prodige, comme l'un des plus grands violonistes du XXe s., réputé aussi pour ses qualités de pédagogue (The Yehudi Menuhin School, dans le Surrey, 1963) et pour son humanisme.

▲ Yehudi **Menuhin**

MENUIRES ou **MÉNUIRES** (Les), station de sports d'hiver (alt. 1 800 - 2 850 m) de Savoie (comm. des Belleville).

MENZEL (Adolf von), *Breslau 1815 - Berlin 1905*, peintre et lithographe allemand, réaliste.

MENZEL-BOURGUIBA, anc. **Ferryville,** v. de Tunisie, sur le lac de Bizerte ; 54 536 hab. Arsenal. Sidérurgie. Pneumatiques.

MENZIES (sir Robert Gordon), *Jeparit, Victoria, 1894 - Melbourne 1978*, homme politique australien. Fondateur du Parti libéral (1944), il fut Premier ministre de 1939 à 1941 et de 1949 à 1966.

MÉO → **MIAO.**

Méphistophélès, personnage de la légende de Faust*, incarnation du diable.

MER (41500), comm. de Loir-et-Cher ; 6 327 hab. *(Mérois)*. Église en partie du XIe s.

MERANO, v. d'Italie (Trentin-Haut-Adige) ; 37 436 hab. Station thermale. – Monuments des XIVe-XVe s.

MERAPI, volcan actif d'Indonésie (Java) ; 2 911 m.

MERCALLI (Giuseppe), *Milan 1850 - Naples 1914*, sismologue et volcanologue italien. Il a publié la première carte sismique de l'Italie et introduit en 1902 une échelle de mesure de l'intensité des séismes (v. partie n. comm. **échelle de Mercalli***).

MERCANTOUR n.m., massif du sud-est de la France, à la frontière italienne ; 3 143 m. Parc national couvrant 68 500 ha sur les dép. des Alpes-Maritimes et des Alpes-de-Haute-Provence.

MERCATOR (Gerhard Kremer, dit Gerard), *Rupelmonde 1512 - Duisburg 1594*, mathématicien et géographe flamand. Il a donné son nom à un système de projection cartographique dans lequel les méridiens sont représentés par des droites parallèles équidistantes, et les parallèles, par des droites perpendiculaires aux méridiens (v. partie n. comm. **projection**).

Mercenaires (guerre des), dite **guerre inexpiable** (241 - 238 av. J.-C.), conflit qui, après la première guerre punique, opposa Carthage à ses mercenaires révoltés. Elle a inspiré à Flaubert son roman *Salammbô* (1862).

Merci (ordre de la), ordre religieux fondé en 1218 à Barcelone par saint Pierre Nolasque et saint Raymond de Peñafort. Il se consacrait au rachat des chrétiens captifs des musulmans. Ses membres, les *mercédaires*, s'adonnent auj. à l'apostolat missionnaire, paroissial ou dans les prisons.

MERCIE, royaume fondé par les Angles entre 632 et 654, et qui s'effondra au IXe s. sous les coups des Danois.

MERCIER (Désiré Joseph), *Braine-l'Alleud 1851 - Bruxelles 1926*, prélat belge. À l'université de Louvain, il fut un des pionniers du néothomisme. Archevêque de Malines (1906), cardinal (1907), il fit preuve d'un grand courage pendant l'occupation allemande (1914 - 1918). Il ouvrit la voie à l'œcuménisme par les « conversations de Malines » (1921 - 1926) avec l'anglican lord Halifax.

MERCIER (Louis Sébastien), *Paris 1740 - id. 1814*, écrivain français. Auteur d'un récit utopique (*l'An 2440, rêve s'il en fut jamais*), de drames (*la Brouette du vinaigrier*) et d'essais critiques, il a surtout décrit avec réalisme la société parisienne à la fin de l'Ancien Régime (*Tableau de Paris*, 1781-1788).

MERCKX (Eddy), *Meensel-Kiezegem, Brabant flamand, 1945*, coureur cycliste belge. Cinq fois vainqueur du Tour de France (1969 à 1972 et 1974) et du Tour d'Italie (1968, 1970, 1972 à 1974), il fut trois fois champion du monde (1967, 1971 et 1974) et recordman du monde de l'heure (1972).

MERCŒUR (Philippe Emmanuel **de Lorraine, duc de**), duc **de Penthièvre,** *Nomeny, Meurthe-et-Moselle, 1558 - Nuremberg 1602*, gentilhomme français. Beau-frère d'Henri III, il fut gouverneur de Bretagne (1582) et l'un des grands chefs ligueurs.

Mercosur (en esp. MERcado COmún del SUR) ou **Mercosul** (en port. MERcado COmum do SUL), marché commun de l'Amérique du Sud, créé en 1991 par l'Argentine, le Brésil, le Paraguay et l'Uruguay, puis rejoint, en 2012, par le Venezuela (suspendu depuis déc. 2016) et, en 2015, par la Bolivie (État associé de 1997 à 2015). Il constitue depuis 1995 une zone de libre-échange institutionnalisée. Le Chili (1996), le Pérou (2003), la Colombie et l'Équateur (2004), le Guyana et le Suriname (2015) lui sont associés.

MERCURE, planète du Système solaire, la plus proche du Soleil. Demi-grand axe de son orbite : 58 000 000 km (0,39 fois celui de l'orbite terrestre). Diamètre équatorial : 4 878 km. Étudiée par les sondes américaines Mariner 10 (survols en 1974 - 1975) et Messenger (survols à partir de 2008 et mise en orbite en 2011), elle présente une surface avec des cratères météoritiques, qui rappelle celle de la Lune.

MERCURE MYTH. ROM. Dieu des Voyageurs et du Commerce. Il correspond à l'Hermès des Grecs.

Mercure de France, revue littéraire française. Fondé en 1889 par A. Vallette et des écrivains favorables au symbolisme, il cessa de paraître en 1965. La maison d'édition (créée en 1894) perdure.

MÉRÉ (Antoine **Gombaud, chevalier de**), *en Poitou v. 1607 - Baussay, Poitou, 1684*, écrivain français. Il a défini dans ses essais les règles de conduite que doit respecter l'« honnête homme ».

Mère Courage et ses enfants, pièce de B. Brecht (1939 ; créée en 1941), « chronique de la guerre de Trente Ans », inspirée de Grimmelshausen. Une cantinière s'obstine à vivre de la guerre alors que celle-ci tue ses enfants et la ruine.

MEREDITH (George), *Portsmouth 1828 - Box Hill 1909*, écrivain britannique. Il est l'auteur de romans psychologiques (*l'Égoïste*) et de poèmes.

MEREJKOVSKI (Dmitri Sergueïevitch), *Saint-Pétersbourg 1866 - Paris 1941*, écrivain russe. Poète et romancier (*Julien l'Apostat*), il tenta de concilier christianisme et paganisme.

MERELBEKE [merəlbek], comm. de Belgique (Flandre-Orientale) ; 23 638 hab.

MERGENTHALER (Ottmar), *Hachtel, Wurtemberg, 1854 - Baltimore 1899*, inventeur américain d'origine allemande. Il conçut en 1884 la Linotype.

MÉRIBEL-LES-ALLUES (73550), station de sports d'hiver (alt. 1 450 - 2 910 m) de Savoie (comm. des Allues), en Tarentaise.

MÉRICOURT (62680), comm. du Pas-de-Calais ; 11 782 hab. *(Méricourtois)*.

MÉRIDA, v. d'Espagne, cap. de l'Estrémadure, sur le Guadiana ; 57 810 hab. Monuments romains ; musée d'Art romain.

MÉRIDA, v. du Mexique, cap. du Yucatán ; 828 190 hab. (970 495 dans l'agglomération). Université. Textile. – Cathédrale du XVIe s. et monuments ; Musée archéologique.

MÉRIGNAC (33700), bur. centr. de cant. de la Gironde, banlieue de Bordeaux ; 71 067 hab. *(Mérignacais)*. Aéroport. Aéronautique.

MÉRIMÉE (Prosper), *Paris 1803 - Cannes 1870*, écrivain français. Auteur de supercheries littéraires (*la Guzla*, 1827), de romans historiques (*Chronique du règne de Charles IX*, 1829), il doit sa célébrité à ses nouvelles (*Mateo Falcone*, 1829 ; *Tamango*, id. ; *la Vénus d'Ille*, 1837 ; *Colomba*, 1840 ; *Carmen**). Inspecteur des Monuments historiques, il fut, sous l'Empire, un des familiers des souverains. Il traduisit alors les écrivains russes. Romantique par le choix des sujets et le goût de la couleur locale, Mérimée appartient à l'art classique par la concision de son style. (Acad. fr.)

MERINA, population de Madagascar (2,5 millions env.), vivant dans l'Imerina. Du XVIe s. jusqu'à la colonisation française, ils contrôlèrent la majeure partie de l'île. Ils restent très hiérarchisés, avec un ordre nobiliaire (*andriana*) et un ordre roturier (*hova*). Christianisés, ils conservent des pratiques traditionnelles (« doubles funérailles »).

MÉRINIDES → **MARINIDES.**

Mérite (ordre national du), ordre français créé en 1963 pour récompenser les mérites distingués acquis dans une fonction publique ou privée. Il a remplacé les anciens ordres particuliers du Mérite ainsi que ceux de la France d'outre-mer. Seuls le *Mérite agricole* (créé en 1883) et le *Mérite maritime* (créé en 1930) ont été maintenus.

MERKEL (Angela), *Hambourg 1954*, femme politique allemande. Après avoir commencé sa carrière politique en Allemagne de l'Est, elle est élue, en 2000, présidente de la CDU et reste à la tête du parti jusqu'en 2018 (elle décide de ne pas se représenter). Elle devient chancelière au terme des élections de 2005 (reconduite en 2009, 2013 et 2018).

◄ Angela **Merkel**

MERLE (Robert), *Tébessa, Algérie, 1908 - Grosrouvre, Yvelines, 2004*, écrivain français. Marqué par la guerre (*Week-end à Zuydcoote*, 1949), il défend à travers la science-fiction (*Malevil*, 1972) et la fresque historique (*Fortune de France*, 13 vol., 1978-2003) des valeurs humanistes.

MERLEAU-PONTY (Maurice), *Rochefort 1908 - Paris 1961*, philosophe français. Dans le courant de la phénoménologie, il a pensé l'incarnation de l'homme à partir d'une réflexion sur la perception (*Phénoménologie de la perception*, 1945).

MERLEBACH, section de *Freyming-Merlebach*.

Merlin, dit **l'Enchanteur,** personnage de magicien des légendes celtiques et du cycle d'Arthur.

MERLIN (Philippe Antoine, comte), dit **Merlin de Douai,** *Arleux 1754 - Paris 1838*, homme politique français. Député aux États généraux (1789) et à la Convention (1792), Directeur (1797 - 1799), il fut exilé de 1815 à 1830 en tant que régicide. (Acad. fr.)

MERMOZ (Jean), *Aubenton 1901 - dans l'Atlantique sud 1936*, aviateur français. Pilote de l'Aéropostale, il s'illustra en établissant la ligne Buenos Aires-Rio de Janeiro (1928) et en franchissant la cordillère des Andes (1929), puis il réussit la première traversée postale de l'Atlantique sud sans escale, de Saint-Louis du Sénégal à Natal (12 - 13 mai 1930). Il disparut en mer, au large de Dakar, à bord de l'hydravion *Croix-du-Sud*.

▲ Jean **Mermoz**

MÉROÉ, v. du Soudan, sur le Nil. Capitale du royaume de Koush, au N. de la Nubie, elle disparut sous la poussée du royaume éthiopien d'Aksoum au IVe s. apr. J.-C. – Importants vestiges.

MÉROVÉE, chef franc du Ve s., plus ou moins légendaire. Il a donné son nom à la première dynastie des rois de France (*Mérovingiens*).

MÉROVINGIENS, dynastie de rois francs qui régna sur la Gaule de 481 à 751. Cette dynastie fut fondée par Clovis, fils de Childéric Ier et, selon la tradition, petit-fils de Mérovée. Le dernier Mérovingien, Childéric III, roi en 743, fut enfermé en 751 dans un monastère par Pépin le Bref, fondateur des Carolingiens.

MERRIFIELD (Bruce), *Fort Worth, Texas, 1921 - Cresskill, New Jersey, 2006*, biochimiste américain. Il mit au point, en 1963, une technique simple de synthèse de chaînes d'acides aminés (peptides). [Prix Nobel de chimie 1984.]

MERSCH, v. du Luxembourg, ch.-l. de cant., sur l'Alzette ; 7 973 hab.

MERSEBURG, v. d'Allemagne (Saxe-Anhalt), sur la Saale ; 33 880 hab. Cathédrale reconstruite aux XIIIe et XVIe s. (crypte du XIe s.).

MERS EL-KÉBIR, auj. **El-Marsa El-Kebir,** v. d'Algérie, près d'Oran ; 16 970 hab. Base navale sur le golfe d'Oran, créée par la France en 1935. Le 3 juillet 1940, une escadre française y fut sommée par les Britanniques de se joindre à eux pour continuer la lutte contre l'Axe ou d'aller désarmer en Grande-Bretagne (ou aux Antilles). Elle refusa et fut bombardée par la Royal Navy (1 300 morts). Les accords d'Évian (1962) concédèrent la jouissance de la base pendant quinze ans à la France, qui l'évacua en 1967.

MERSENNE (père Marin), *près d'Oizé, Maine, 1588 - Paris 1648*, savant français. Correspondant de Descartes, Torricelli, Pascal, Fermat, etc., il fut au centre de l'activité scientifique de son temps. Il détermina les rapports des fréquences des notes de la gamme et mesura la vitesse du son (1636).

MERSEY n.f., fl. de Grande-Bretagne, en Angleterre, qui rejoint la mer d'Irlande par un estuaire sur lequel se trouve Liverpool ; 112 km.

MERSIN, v. de Turquie, sur la Méditerranée ; 537 842 hab. Port. Raffinage du pétrole.

MERS-LES-BAINS [mɛrs-] (80350), comm. de la Somme, sur la Bresle ; 2 871 hab. *(Mersois)*. Station balnéaire.

MERTENS (Pierre), *Bruxelles 1939*, écrivain belge d'expression française. Dans ses romans, il s'interroge sur la possibilité de l'engagement authentique (*Terre d'asile*, 1978) ou encore cerne l'échec de la communication, souvent par le biais de l'autofiction (*la Fête des anciens*, 1971 ; *les Éblouissements*, 1987 ; *Une paix royale*, 1995 ; *Perasma*, 2001).

MERTERT, comm. du Luxembourg, sur la Moselle canalisée ; 3 852 hab. Port fluvial.

MERTHYR TYDFIL, v. de Grande-Bretagne, dans le pays de Galles ; 58 800 hab. Métallurgie.

MERTON (Robert King), *Philadelphie 1910 - New York 2003*, sociologue américain. Sa théorie, le fonctionnalisme structuraliste, voit dans les comportements la résultante des informations et des motivations induites par la structure sociale (*Éléments de théorie et de méthode sociologiques*, 1949).

MÉRU (60110), bur. centr. de cant. de l'Oise ; 14 880 hab. *(Méruviens)*. Église des XIIe et XVIe s. Musée de la Nacre et de la Tabletterie.

MERV → **MARY.**

Merveilles du monde (les Sept), les sept ouvrages les plus remarquables de l'Antiquité. (V. partie n. comm. **merveille.**)

MERYON (Charles), *Paris 1821 - Charenton 1868*, aquafortiste français. Il est célèbre pour ses vues de Paris, teintées de fantastique.

MÉRY-SUR-OISE (95540), comm. du Val-d'Oise ; 9 659 hab. *(Mérysiens)*. Château des XVIe-XVIIIe s.

MERZ (Mario), *Milan 1925 - Turin 2003*, artiste italien. Un des initiateurs de l'art pauvre, il a développé, à partir de matériaux bruts, d'inscriptions au néon, etc., divers thèmes symboliques (*Igloo*).

▲ Mourad **Merzouki.** Élodie Chan dans *Pixel* (Compagnie Käfig, 2014).

MERZOUKI (Mourad), *Lyon 1973*, danseur et chorégraphe français. Issu des arts martiaux et du cirque, il a fait évoluer la danse hip-hop en la confrontant à des musiques de genres différents et à diverses formes d'expression, comme le sport, les arts plastiques, la vidéo (*Boxe Boxe*, 2010 ; *Pixel*, 2014 ; *Folia*, 2018).

MESA VERDE n.m., plateau des États-Unis (Colorado). Imposants vestiges de l'apogée (1000 - 1300) de la culture pueblo, dans le parc national.

MESCHERS-SUR-GIRONDE (17132), bur. centr. de cant. de la Charente-Maritime ; 3 149 hab. *(Michelais)*. Station balnéaire. Grottes.

MESETA n.f., plateau occupant la moyenne partie du centre de l'Espagne.

MESGUICH (Daniel), *Alger 1952*, metteur en scène de théâtre et d'opéra et acteur français. Ses spectacles reflètent sa relecture des textes à la lumière du structuralisme et de la psychanalyse. Il a été directeur du Conservatoire national supérieur d'art dramatique de 2007 à 2013.

MESIĆ (Stjepan, dit Stipe), *Orahovica, Slavonie, 1934*, homme politique croate. Premier ministre de la république de Croatie (1990) et dernier président de la République socialiste fédérative de Yougoslavie (1991), il a été après l'indépendance président de la Diète croate (1992 - 1994), puis président de la République de 2000 à 2010.

MÉSIE, anc. région des Balkans, correspondant partiellement à la Bulgarie.

MESKHETS, peuple résidant en Ouzbékistan, au Kazakhstan et en Azerbaïdjan (400 000).

MESLIER (Jean), dit **le curé Meslier,** *Mazerny, près de Rethel, 1664 - Étrépigny, près de Mézières, 1729*, philosophe français. Curé de campagne, il a laissé un mémoire (*le Testament*), partiellement publié par Voltaire, dans lequel il condamne le soutien apporté par l'Église (et par la notion même de Dieu) à un ordre social injuste.

MESMER (Franz), *Iznang 1734 - Meersburg 1815*, médecin allemand. Il fut le fondateur de la théorie du magnétisme animal, dite *mesmérisme*, et ses expériences sur le baquet, autour duquel se groupaient ses malades, le rendirent célèbre.

MESNAGER (Jérôme), *Colmar 1961*, peintre français. Issu de la figuration libre et de l'art urbain parisien des années 1980, il décline la silhouette énergique et dansante de son « homme en blanc » sur des supports extérieurs variés : palissades, murs (*C'est nous les gars d'Ménilmontant*, 1995), sites historiques (catacombes, Grande Muraille). [V. partie n. comm. art **urbain.**]

MESNIL-ESNARD (Le) [76240], bur. centr. de cant. de la Seine-Maritime ; 8 345 hab. *(Mesnillais)*.

MESNILS-SUR-ITON, comm. de l'Eure, au S.-S.-O. d'Évreux ; 4 739 hab. Église des XVe-XVIe s.

MÉSO-AMÉRIQUE, aire culturelle occupée par les civilisations précolombiennes au nord de l'isthme de Panama, comprenant le Mexique et le nord de l'Amérique centrale.

MÉSOPOTAMIE, anc. région de l'Asie occidentale, entre le Tigre et l'Euphrate, correspondant à la majeure partie de l'actuel Iraq. La Mésopotamie fut, entre le VIe et le Ier millénaire av. J.-C., un des plus brillants foyers de civilisation. **IXe - VIIe millénaire :** néolithisation, avec premiers villages d'agriculteurs (Mureybat). **VIe millénaire :** néolithique ; villages, systèmes d'irrigation, céramique. **V^e millénaire :** floraison de cultures (Samarra, Halaf, El-Obeïd) avec, parfois, villages fortifiés, céramique peinte et outils en cuivre. **Entre 2950 et 2350 :** la région entre dans l'histoire : au sud, en pays de Sumer, naissance des cités-États, grandes agglomérations de type urbain qui créent un système d'écriture, le cunéiforme, et utilisent le cylindre-sceau (Éridou, Nippour, Kish, Our, Ourouk, Girsou, Mari et Ebla). **V. 2300 :** hégémonie de Sargon d'Akkad puis (v. 2225) de Naram-Sin (stèle de victoire au Louvre). **Fin du IIIe millénaire :** IIIe dynastie d'Our et construction de la ziggourat ; Goudéa, souverain de Lagash. **IIe millénaire :** suprématie de Babylone (Code d'Hammourabi). **Ier millénaire :** domination de l'Assyrie. Architecture palatiale (Nimroud, Khursabad, Ninive) décorée d'orthostates. **612 :** chute de Ninive. **539 :** chute de Babylone. *(V. planche page suivante.)*

MESSAGER (André), *Montluçon 1853 - Paris 1929*, compositeur et chef d'orchestre français. Il écrivit des musiques de ballets (*les Deux Pigeons*, 1886), des opérettes et des opéras-comiques (*la Basoche*, 1890 ; *Véronique*, 1898). Défenseur de Debussy, il créa *Pelléas et Mélisande* (1902).

MESSAGER (Annette), *Berck 1943*, artiste française. Ses installations, qui inventent un monde chimérique à partir d'assemblages de matières ou d'objets (photos, tissus, poupées, peluches...) souvent malmenés, constituent une mise en scène à la fois ludique et grave de la condition humaine et de la société contemporaine (*les Chimères*, 1982-1984 ; *Casino*, 2005 ; *Continents noirs*, 2012).

MESSAGIER (Jean), *Paris 1920 - Montbéliard 1999*, peintre et graveur français. Il a fourni une contribution originale au « paysagisme abstrait » (*Haute Promenade*, 1954, Dijon).

MESSALI HADJ (Ahmed), *Tlemcen 1898 - Paris 1974*, nationaliste algérien. Il fonda le Parti populaire algérien (1937), puis le Mouvement national algérien (1954).

MESSALINE, en lat. **Valeria Messalina,** *v. 25 - 48*, impératrice romaine, femme de l'empereur Claude et mère de Britannicus et d'Octavie. Ambitieuse et dissolue, elle fut tuée à l'instigation de Narcisse.

MESSÉNIE, anc. contrée du sud-ouest du Péloponnèse. Conquise par Sparte (guerres de Messénie, VIIIe-VIIe s. av. J.-C.), elle retrouva son indépendance après la bataille de Leuctres (371 av. J.-C.).

MESSERSCHMITT (Willy), *Francfort-sur-le-Main 1898 - Munich 1978*, ingénieur allemand. Il conçut en 1938 le premier chasseur à réaction, engagé au combat en 1944.

MESSI (Lionel, dit Leo), *Rosario 1987*, footballeur argentin et espagnol. Meneur de jeu et buteur, il a été champion olympique en 2008 avec l'équipe d'Argentine et a remporté de nombreux titres – notamm. quatre victoires en Ligue des champions (2006, 2009, 2011, 2015) – avec le FC Barcelone.

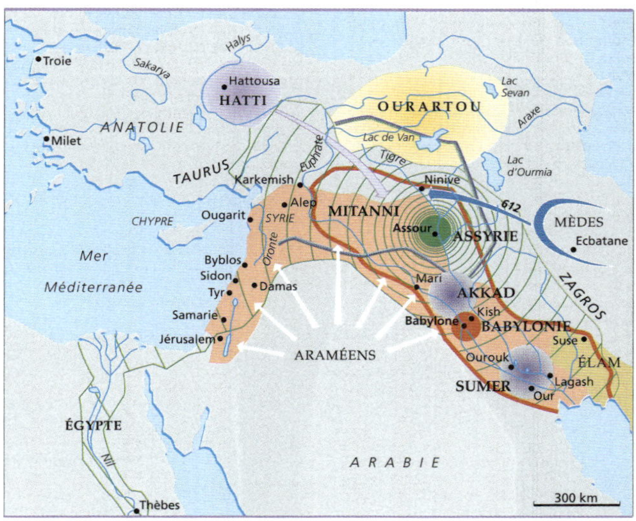

LA MÉSOPOTAMIE ANCIENNE

Babylone

Empire babylonien ancien à la fin du règne d'Hammourabi (XVIIe s. av. J.-C.)

Raid hittite sur Babylone vers 1595 av. J.-C.

Empire néobabylonien de Nabuchodonosor II (605-562 av. J.-C.)

Mitanni

Empire hourrite du Mitanni vers 1450 av. J.-C.

Assyrie

Renaissance de l'Assyrie au XIVe s. av. J.-C.

Extension maximale de l'Empire assyrien dans la Ire moitié du VIIe s. av. J.-C.

L'art de la Mésopotamie

C'est dans le Levant qu'ont été repérées les plus anciennes pratiques agricoles ; mais c'est en Mésopotamie – grâce à plus d'un siècle de fouilles – que s'observent le plus clairement les étapes qui ont conduit l'homme nomade à se sédentariser et à devenir villageois, puis citadin. Dans le pays de Sumer, on suit le développement de cette vie urbaine avec ses complexités et ses échanges commerciaux – à l'origine de l'invention de l'écriture –, ainsi que l'organisation architecturale de la cité ou celle, politique, de l'État.

Figurine de fondation. Girsou, basse Mésopotamie, vers 2150 av. J.-C. Elle provient d'un dépôt de fondation d'un temple du prince Goudéa. Le dieu enfonçant le clou symbolise l'ancrage du bâtiment. (Louvre, Paris.)

Vase à bec verseur. El-Obeïd, terre cuite, IVe millénaire. Cette civilisation villageoise à l'architecture élaborée annonce l'épanouissement du pays de Sumer. (Musée de Bagdad.)

La ziggourat d'Our. Fin du IIIe millénaire. Cerné d'une vaste enceinte, le temple comprenait plusieurs éléments, dont la ziggourat (tour à étages). Témoignage de la renaissance néosumérienne après la domination d'Akkad, cette tour a été le prototype de celle de Babylone, immortalisée par la célèbre tour de Babel de la Bible.

Statuette féminine. Nécropole de Tell es-Sawwan, terre cuite provenant de la Mésopotamie centrale, VIe millénaire. (Musée de Bagdad.)

Le repos sous la treille. Relief en albâtre (VIIe s. av. J.-C.) provenant du palais d'Assourbanipal à Ninive, en Assyrie. Désormais à son apogée, le relief évoque le jardin paradisiaque du délassement royal, sans oublier la victoire militaire et la tête de l'ennemi accrochée dans les arbres. (British Museum, Londres.)

Le Code d'Hammourabi. Couronnée d'un relief présentant le roi debout devant un dieu, cette stèle babylonienne en basalte (vers 1750 av. J.-C.) aux inscriptions cunéiformes fournit quantité d'informations sur la vie économique, sociale et religieuse. (Louvre, Paris.)

La victoire de Naram-Sin. Stèle en grès rose (empire d'Akkad, vers 2250 av. J.-C.) recueillie dans les fouilles du palais royal de Suse. (Louvre, Paris.)

L'étendard d'Our. Panneau décoratif en mosaïque de coquille marine, lapis-lazuli sur fond de bitume, vers 2600 av. J.-C., détail (le départ pour la guerre). Il a été recueilli dans l'une des tombes royales. Véritable bande dessinée, il illustre la guerre et un combat de chars en registres sur une face, et les libations de la paix sur l'autre. Ici, seule la narration importe, mais, à l'époque d'Akkad (ci-contre), le sculpteur s'approprie l'espace. (British Museum, Londres.)

MESSIAEN [mesjɑ̃] (Olivier), *Avignon 1908 - Paris 1992,* compositeur français. Son langage musical, d'inspiration souvent mystique, s'est affirmé au contact de rythmiques exotiques et des chants d'oiseaux (*l'Ascension,* 1935, pour orgue ; *Vingt Regards sur l'Enfant Jésus,* 1945, pour piano ; *Turangalîla-Symphonie,* 1949 ; *Catalogue d'oiseaux,* 1959 ; *Et exspecto resurrectionem mortuorum,* 1965 ; *Des canyons aux étoiles,* 1974). Il renoua également avec la tradition de l'opéra (*Saint François d'Assise,* 1983).

▲ Olivier **Messiaen**

MESSIER (Charles), *Badonviller 1730 - Paris 1817,* astronome français. Il découvrit 16 comètes et en observa 41, mais il reste surtout célèbre pour son catalogue de 103 nébulosités galactiques ou extragalactiques (1781).

MESSINE, en ital. **Messina,** v. d'Italie (Sicile), ch.-l. de prov., sur le *détroit de Messine* ; 240 116 hab. Cathédrale remontant à l'époque normande (XIIe s.) ; riche musée. – La ville tire son nom des Messéniens qui, chassés de leur patrie en 486 av. J.-C., s'y installèrent. Son alliance avec Rome (264 av. J.-C.) fut à l'origine de la première guerre punique. Elle fut détruite en 1908 par un séisme.

MESSINE (détroit de), bras de mer séparant l'Italie péninsulaire et la Sicile. Il relie les mers Tyrrhénienne et Ionienne.

MESSMER (Pierre), *Vincennes 1916 - Paris 2007,* homme politique français. Il fut ministre des Armées (1960 - 1969) et Premier ministre (1972 - 1974). [Acad. fr.]

MESSNER (Reinhold), *Bressanone [en all. Brixen], prov. de Bolzano, 1944,* alpiniste italien. Il est le premier à avoir gravi les 14 sommets du monde de plus de 8 000 m, entre 1970 et 1986.

MET → **Metropolitan Museum of Art.**

MÉTALLIFÈRES (monts), nom de plusieurs massifs riches en minerais (Italie, Slovaquie, confins de l'Allemagne et de la République tchèque).

Métamorphoses (les), poème mythologique en quinze livres d'Ovide (v. 1 apr. J.-C.) consacré aux transformations de héros mythologiques en plantes, animaux ou minéraux.

Métamorphoses (les) ou l'**Âne d'or,** roman d'Apulée (IIe s. apr. J.-C.). C'est le récit du voyage extraordinaire, initiatique et réaliste, d'un jeune homme transformé en âne par une sorcière puis rendu à sa forme humaine par la déesse Isis.

Métaphysique, ouvrage d'Aristote (IVe s. av. J.-C.), écrit après la *Physique.* Dieu y est conçu comme la cause première du mouvement des êtres de la nature.

MÉTASTASE (Pietro **Trapassi,** dit **Metastasio,** en fr. Pierre), *Rome 1698 - Vienne 1782,* poète, librettiste et compositeur italien. Auteur d'oratorios et de cantates, il se rendit célèbre en composant des mélodrames (*Didon abandonnée,* 1724). Mozart utilisa ses drames.

MÉTAURE n.m., en ital. **Metauro,** fl. d'Italie centrale, qui se jette dans l'Adriatique ; 110 km. Sur ses bords, les Romains vainquirent Hasdrubal, frère d'Hannibal (207 av. J.-C.).

METAXÁS (Ioánnis), *Ithaque 1871 - Athènes 1941,* général et homme politique grec. Président du Conseil en 1936, il assuma jusqu'à sa mort des pouvoirs dictatoriaux.

METCHNIKOV (Ilia) ou **METCHNIKOFF** (Élie), *Ivanovka, près de Kharkov, 1845 - Paris 1916,* zoologiste et microbiologiste russe. Il a découvert le phénomène de la phagocytose et écrit *l'Immunité dans les maladies infectieuses* (1901). [Prix Nobel 1908.]

MÉTELLUS (Jean), *Jacmel, au sud d'Haïti, 1937 - Bonneuil-sur-Marne 2014,* écrivain haïtien d'expression française. Installé en France à partir de 1959, médecin spécialisé en neurolinguistique, il unit dans son œuvre romanesque (*Jacmel au crépuscule,* 1981), poétique (*Au pipirite chantant,* 1978 ; *Voyance,* 1984) et théâtrale réalisme critique et mythologie lyrique.

Météo-France, établissement public administratif français, placé sous la tutelle du ministère chargé des Transports. Créé en 1993 pour succéder à la Météorologie nationale, il a pour principales missions la prévision du temps, la diffusion de l'information météorologique et l'alerte des autorités et des populations sur les risques météorologiques pour la sécurité des personnes et des biens, ainsi que l'étude du climat et de son évolution. Siège : Saint-Mandé. Importantes installations à Toulouse (Météopole).

▲ **Metz.** Le Centre Pompidou-Metz (2010).

MÉTÉORES, en gr. **Meteóra,** cité monastique de Grèce (Thessalie), fondée au XIIe s. Les bâtiments actuels (XIVe-XVe s.) perpétuent les traditions architecturales et picturales byzantines (coll. d'icônes et de manuscrits).

Météosat, famille de satellites météorologiques géostationnaires européens, lancés depuis 1977.

MÉTEZEAU (Clément II), *Dreux 1581 - Paris 1652,* le plus connu d'une famille d'architectes français. Il dessina la place ducale de Charleville (1611) et travailla à Paris, où il semble avoir notamm. construit la façade de l'église St-Gervais (1616), avec ses trois ordres classiques superposés.

MÉTHODE (saint) → **CYRILLE ET MÉTHODE.**

MÉTRAUX (Alfred), *Lausanne 1902 - Paris 1963,* anthropologue français d'origine suisse, spécialiste des mythologies des Indiens d'Amérique du Sud.

Metropolitan Museum of Art (MET), musée de New York, à l'est de Central Park. Un des plus riches musées du monde, il est consacré aux beaux-arts, à l'archéologie, aux arts décoratifs, de l'Égypte pharaonique à la peinture européenne ou américaine du XXe s. Il possède deux antennes : le Met Cloisters (« musée des Cloîtres », architecture et arts du Moyen Âge), à l'extrême nord de Manhattan, et le Met Breuer (art moderne et contemporain ; abandon du site à l'horizon 2020), à proximité du musée.

METSU (Gabriel), *Leyde 1629 - Amsterdam 1667,* peintre néerlandais. Ses hautes qualités picturales se manifestent dans des scènes de genre d'une vérité familière.

▲ Quinten **Metsys.** *Le Couple mal assorti,* v. 1520. (National Gallery of Art, Washington.)

METSYS, METSIJS ou **MASSYS** (Quinten, en fr. Quentin), *Louvain v. 1466 - Anvers 1530,* peintre flamand. Installé à Anvers, auteur de grands retables, puis portraitiste et promoteur du sujet de genre (*le Prêteur et sa femme,* Louvre), il réalise un compromis entre l'art flamand du XVe s. et les influences italiennes. — **Jan M.,** *Anvers 1509 - id. v. 1573,* peintre flamand, fils de Quinten. Il s'imprégna d'esprit maniériste en Italie (*Loth et ses filles,* musée des Beaux-Arts de Bruxelles). — **Cornelis M.,** *Anvers 1510 - ? apr. 1562,* peintre flamand, frère de Jan. Il est un observateur de la vie populaire et des paysages ruraux.

METTERNICH-WINNEBURG (Klemens, prince von), *Coblence 1773 - Vienne 1859,* homme d'État autrichien. Ambassadeur à Paris (1806 - 1809), puis ministre des Affaires extérieures, il négocie le mariage de Marie-Louise avec Napoléon Ier (1810). En 1813, il fait entrer l'Autriche dans la coalition contre la France. Âme du congrès de Vienne (1814 - 1815), il restaure l'équilibre européen et la puissance autrichienne en Allemagne et en Italie. Grâce à la Quadruple-Alliance (1815) et au système des congrès européens, il peut intervenir partout où l'ordre établi est menacé par le libéralisme. Chancelier à partir de 1821, il est renversé par la révolution de mars 1848.

▲ **Metternich-Winneburg** par T. Lawrence. (Chancellerie, Vienne.)

METZ [mɛs], ch.-l. du dép. de la Moselle, sur la Moselle, à 329 km à l'E.-N.-E. de Paris ; 119 538 hab. *(Messins).* Centre d'une métropole regroupant 44 communes (220 696 hab.). Évêché. Cour d'appel. Académie (Nancy-Metz) et université. Siège de la zone de défense et de sécurité Est. Industrie automobile. À 25 km au S., aéroport Metz-Nancy-Lorraine. – Vestiges romains ; magnifique cathédrale des XIIIe-XVIe s. (vitraux) et autres églises ; place d'Armes (XVIIIe s.). Musées de Metz Métropole-La Cour d'or (art et histoire). Centre Pompidou-Metz. – Sous les Mérovingiens, Metz fut la capitale de l'Austrasie. L'un des Trois-Évêchés, la ville fut annexée par Henri II en 1552. Bazaine y capitula en 1870. Metz fut annexée par l'Allemagne de 1871 à 1918 et de 1940 à 1944.

METZINGER (Jean) → **GLEIZES** (Albert).

MEUCCI (Antonio), *Florence 1808 - Clifton, Staten Island, État de New York, 1889,* inventeur américain d'origine italienne. En 2002, la Chambre des représentants des États-Unis a reconnu son antériorité sur A. G. Bell pour l'invention du téléphone. Il en découvrit le principe dès 1849, puis mit au point (1854) un dispositif pour lequel, faute de moyens, il ne put prendre qu'un brevet provisoire (1871).

MEUDON (92190), bur. centr. de cant. des Hauts-de-Seine, au S.-O. de Paris ; 46 030 hab. *(Meudonnais).* Agglomération résidentielle à *Meudon-la-Forêt* (92360). Constructions mécaniques dans le bas Meudon. Aéronautique. – Restes du château du XVIIIe s., abritant un observatoire d'astrophysique. Musée d'Art et d'Histoire ; musée Rodin.

MEUNG (Jean de) → **JEAN DE MEUNG.**

MEUNG-SUR-LOIRE [mœ̃-] (45130), bur. centr. de cant. du Loiret ; 6 401 hab. *(Magdunois).* Église des XIe-XIIIe s. Château des XIIIe-XVIIIe s.

MEUNIER (Constantin), *Etterbeek, Bruxelles, 1831 - Ixelles 1905,* peintre et sculpteur belge. Ses toiles et surtout ses sculptures (à partir de 1885) constituent une sorte d'épopée naturaliste de l'homme au travail (*Monument au Travail,* élevé en 1930 seulement, à Bruxelles). Musée dans la maison de l'artiste, à Ixelles.

MEURON (Pierre de) → **HERZOG ET DE MEURON.**

MEURSAULT (21190), comm. de la Côte-d'Or ; 1 505 hab. Vins blancs (côte de Beaune).

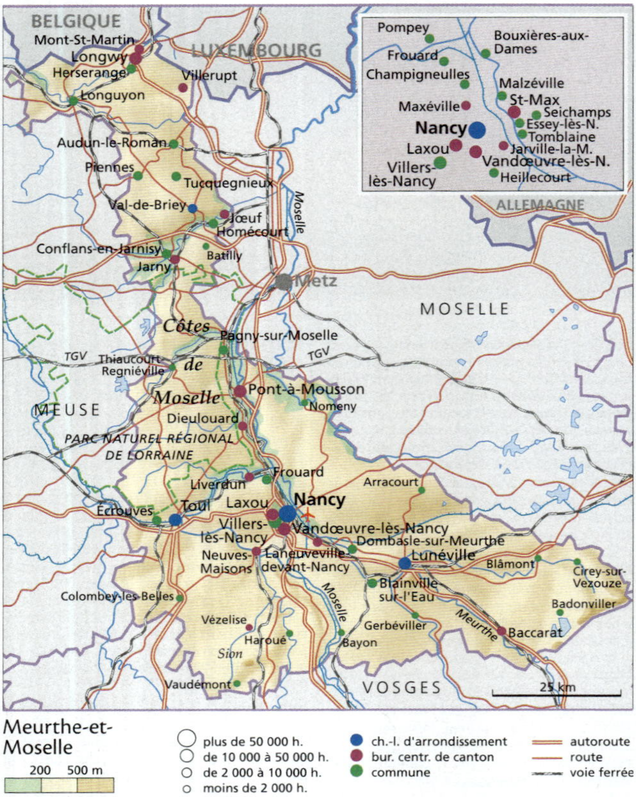

MEURTHE n.f., riv. de France, en Lorraine, née sur le versant occidental des Vosges, affl. de la Moselle (r. dr.) ; 170 km. Elle passe à Saint-Dié-des-Vosges, Lunéville et Nancy.

MEURTHE (dép. de la), anc. dép. français, auj. partagé entre la Meurthe-et-Moselle et la Moselle. Les arrond. de Sarrebourg et de Château-Salins, cédés à l'Allemagne en 1871, ont été rattachés à la Moselle en 1919.

MEURTHE-ET-MOSELLE n.f. (54), dép. de la Région Grand-Est ; ch.-l. de dép. *Nancy* ; ch.-l. d'arrond. *Briey, Lunéville, Toul* ; 4 arrond. ; 23 cant. ; 592 comm. ; 5 241 km² ; 748 528 hab. *(Meurthe-et-Mosellans).* Le dép. appartient à l'académie de Nancy-Metz, à la cour d'appel de Nancy, à la zone de défense et de sécurité Est. Il a été formé en 1871 avec les deux fractions des dép. de la Meurthe et de la Moselle laissées à la France par le traité de Francfort. Au S. de l'Orne, il s'étend sur le Plateau lorrain, orienté vers l'élevage, la forêt de Haye et la Woëvre, boisée ou céréalière (sur les limons). Au N., il occupe le revers des Côtes de Moselle, dont le poids économique a été lié à la richesse du sous-sol. C'est aux mines de fer des bassins de Briey et de Longwy (celui de Nancy, au sud, est moins important) que le dép. a dû l'ampleur de son industrie, surtout métallurgique (en déclin auj., après l'arrêt de l'extraction du fer). Les mines de sel du Sud-Est (gisement de Varangéville notamm.) fournissent la matière première aux usines chimiques, alors que se maintiennent des activités traditionnelles, telle la cristallerie.

MEUSE n.f., en néerl. **Maas,** fl. de France, de Belgique et des Pays-Bas, né dans le Bassigny ; 950 km. Elle passe à Verdun, à Sedan et à Charleville-Mézières, traverse l'Ardenne au fond d'une vallée encaissée. En Belgique, elle passe à Namur et à Liège. Son cours inférieur, à travers les Pays-Bas, s'achève par un delta dont les branches se mêlent à celui du Rhin. C'est une voie navigable accessible jusqu'à Givet (en amont) aux chalands de 1 350 t.

MEUSE n.f. (55), dép. de la Région Grand-Est ; ch.-l. de dép. *Bar-le-Duc* ; ch.-l. d'arrond. *Commercy, Verdun* ; 3 arrond. ; 17 cant. ; 501 comm. ; 6 216 km² ; 196 681 hab. *(Meusiens).* Le dép. appartient à l'académie de Nancy-Metz, à la cour d'appel de Nancy, à la zone de défense et de sécurité Est. La vallée de la Meuse, région d'élevage bovin, est jalonnée de petites villes (Vaucouleurs, Commercy, Saint-Mihiel, Verdun). Elle entaille le plateau des Côtes (ou Hauts) de Meuse, dévasté par la Première Guerre mondiale et partiellement en friche, qui domine la dépression marneuse de la Woëvre, boisée (céréales sur les revêtements limoneux). L'élevage constitue la principale ressource des hauteurs de l'Argonne (souvent forestière) et du plateau du Barrois (où les céréales ont reculé). La petite métallurgie et l'agroalimentaire (fromageries) demeurent les secteurs industriels dominants.

MEXICALI, v. du Mexique, à la frontière des États-Unis ; 936 145 hab. dans l'agglomération. Équipement aéronautique.

MEXICO, cap. du Mexique et entité fédérée, sur le plateau de l'Anáhuac, à 2 250 m d'alt. ; 20 843 000 hab. dans l'agglomération. Archevêché. Université. Grand centre commercial et touristique. – Fondée sous le nom de Tenochtitlán en 1325 (ou 1345) par les Aztèques, détruite par Cortés en 1521, puis reconstruite selon un plan en damier, la ville est la capitale du Mexique depuis 1824. – Vestiges de l'anc. cité aztèque. Cathédrale des XVIe-XVIIIe s. et autres monuments de la période coloniale (riches décors baroques). Musées, dont le musée national d'Anthropologie (collections précolombiennes et indiennes), le musée Soumaya (beaux-arts, notamm. européens) de l'homme d'affaires Carlos Slim et le musée Jumex (art contemporain ; collection d'Eugenio López Alonso).

MEXIMIEUX (01800), bur. centr. de cant. de l'Ain, dans la Dombes, près de l'Ain ; 7 806 hab. *(Meximiards).*

MEXIQUE n.m., en esp. **México,** État fédéral d'Amérique ; 1 970 000 km² ; 122 332 000 hab. *(Mexicains).* **CAP.** *Mexico.* **LANGUE :** *espagnol.* **MONNAIE :** *peso mexicain.* (V. carte page 1712.)

INSTITUTIONS République fédérale (32 entités fédérées, dont 31 États et la ville de Mexico). Constitution de 1917, révisée plusieurs fois. Le président de la République est élu au suffrage universel direct pour 6 ans. Le Parlement (Congrès national) comprend la Chambre des députés, élue au suffrage universel direct pour 3 ans, et le Sénat, élu pour 6 ans.

GÉOGRAPHIE Le Mexique se situe au 2e rang en Amérique latine pour la population (qui s'accroît encore rapidement), au 3e pour la superficie (plus du triple de celle de la France). Coupé par le tropique, c'est un pays de hautes terres, où l'altitude modère les températures sur les plateaux du centre, qui concentrent la majeure partie d'une population fortement métissée. Le Nord est aride, semi-désertique, alors que le Sud a un climat tropical humide, domaine parfois de la forêt. Le volcanisme est localement présent et les séismes sont fréquents.

Le pétrole, dont le pays est l'un des grands producteurs mondiaux, est devenu la principale richesse, loin devant les autres ressources du sous-sol (argent, cuivre, fer, etc.) et les plantations (agrumes, canne à sucre, caféiers, cotonniers). Le maïs et l'élevage bovin sont destinés au marché intérieur. L'exode rural et la forte natalité expliquent la rapidité de l'urbanisation (les trois quarts des Mexicains sont des citadins, une cinquantaine de villes dépassent 100 000 hab. et Mexico est l'une des plus grandes agglomérations du monde) et la persistance de l'émigration – souvent clandestine – vers les États-Unis (flux qui tend toutefois auj. à se ralentir). Si le sous-emploi reste important, certains secteurs industriels (constructions mécaniques : machines, automobiles, aéronautique ; équipements électriques et électroniques ; chimie) sont dynamiques. Les États-Unis constituent de loin le principal client du Mexique, intégré depuis les années 1990 dans le marché commun nord-américain institué par l'ALÉNA. Le tourisme est pénalisé par l'insécurité régnant dans le pays.

HISTOIRE **Le Mexique précolombien. V. 10000 av. J.-C. :** chasseurs-cueilleurs. **5200 - 3400 av. J.-C. :** Tehuacán, première utilisation du maïs. **2000 - 1000 av. J.-C. :** période préclassique. Villages d'agriculteurs ; origines de la civilisation maya. **1500 - 300 av. J.-C. :** civilisation des Olmèques. **250 apr. J.-C. - 950 :** période classique. Civilisations de Teotihuacán, d'El Tajín, des Zapotèques avec pour capitale Monte Albán, puis Mitla. Épanouissement des Mayas. **950 - 1500 :** période postclassique. Incursions des Chichimèques. Hégémonie des Toltèques avec Tula. **1168 :** Tula est détruite par des Chichimèques. **XIIIe s. :** suprématie des Mixtèques. Épanouissement des Totonaques et de Cempoala, ainsi que des Huaxtèques. Renaissance maya. Dernière vague d'envahisseurs chichimèques, dont sont issus les Aztèques qui fonderont Tenochtitlán, auj. Mexico.

La conquête et la période coloniale. 1519 - 1521 : Cortés détruit l'Empire aztèque et devient gouverneur de la Nouvelle-Espagne. La colonie devient une vice-royauté en 1535. Les épidémies et le travail forcé détruisent très largement la population indienne. La domination espagnole s'accompagne d'une conversion massive au catholicisme. **XVIIe - XVIIIe s. :** le Mexique s'enrichit par l'exploitation des mines d'argent, tandis que l'agriculture et l'élevage se développent. Au début du XIXe s., la Nouvelle-Espagne est la zone la plus peuplée et la plus riche de tout le continent.

L'indépendance et le XIXe s. 1810 - 1815 : conduites par les prêtres Hidalgo et Morelos, les classes pauvres se soulèvent contre les Espagnols et les créoles. **1821 :** l'indépendance du Mexique est proclamée. Agustín de Iturbide devient empereur (1822). **1823 :** après l'abdication de ce dernier, le général Santa Anna instaure la république (Constitution fédérale de 1824). **1824 - 1855 :** véritable maître du pays, Santa Anna arbitre la lutte entre conservateurs centralistes et libéraux fédéralistes. **1836 :** le Texas fait sécession et devient une république indépendante. **1846 - 1848 :** après la guerre avec les États-Unis, le Mexique perd la Californie, le Nouveau-Mexique et l'Arizona. **1858 - 1861 :** la Constitution de 1857 et les lois de Réforme, qui modifient radicalement les structures foncières du pays, entraînent une guerre entre conservateurs et libéraux. **1861 :** le libéral Benito Juárez García devient président de la République. **1862 - 1867 :** la France intervient au Mexique et crée un empire catholique au profit de Maximilien d'Autriche (1864). Abandonné par les Français, celui-ci est fusillé sur l'ordre de Juárez García. **1867 :** la république est restaurée. Le pays entre dans une période d'instabilité politique. **1876 :** le général Porfirio Díaz s'empare du pouvoir et gouverne autoritairement jusqu'en 1911 (*porfiriat*). Il pacifie le pays et modernise l'économie en faisant appel aux capitaux étrangers.

La révolution et le Mexique contemporain. **1911 :** Díaz est renversé par Francisco Madero, lui-même assassiné en 1913. **1914 - 1917 :** la révolution ouvre une longue période de troubles. Des revendications agraires, ouvrières et nationalistes se mêlent à la lutte pour le pouvoir que se livrent les différents chefs des factions, appuyés ou non par les États-Unis : Pancho Villa, Emiliano Zapata, Venustiano Carranza et Álvaro Obregón. **1917 :** Carranza impose une Constitution socialisante et centralisatrice. **1920 :** il est assassiné par Obregón, qui lui succède à la présidence. **1924 - 1928 :** le général Plutarco Elías Calles développe une politique antireligieuse, qui provoque le soulèvement des « cristeros » (1926 - 1929). **1934 - 1940 :** le président Lázaro Cárdenas étend la réforme agraire et nationalise la production pétrolière (1938). Sous sa présidence sont établies les bases d'un système politique au centre duquel se trouve le parti dénommé, depuis 1946, Parti révolutionnaire institutionnel (PRI). **1940 - 1946 :** le successeur de Cárdenas, Ávila Camacho, engage le Mexique dans l'industrialisation. **1946 - 1952 :** son œuvre est poursuivie par Miguel Alemán. **1952 - 1958 :** le président Ruiz Cortines doit faire face à une intense agitation ouvrière. **1958 - 1964 :** López Mateos multiplie les nationalisations. **1964 - 1970 :** sous la présidence de Díaz Ordaz, le pays entre dans une crise politique et économique. **1970 - 1976 :** Luis Echeverría choisit une ligne politique démocratique. **1976 - 1982 :** José López Portillo lui succède. La découverte d'immenses réserves pétrolières permet une relance économique. Au même moment, les migrations des Mexicains (*chicanos*) vers les États-Unis deviennent massives. **1982 - 1988 :** Miguel De la Madrid est président de la République. **1988 - 1994 :** Carlos Salinas de Gortari poursuit la politique de modernisation entreprise par son prédécesseur, sans parvenir à réformer le PRI. **1994 :** tandis que la zone de libre-échange (ALÉNA), créée avec les États-Unis et le Canada en 1992, est instaurée, le gouvernement est confronté à la révolte des paysans indiens dans l'État de Chiapas (Armée zapatiste de libération nationale, dirigée par le sous-commandant Marcos). Ernesto Zedillo est élu à la tête de l'État ; il doit faire face à une grave crise économique et financière. **2000 :** Vicente Fox (parti d'Action nationale, PAN) est élu à la présidence de la République, mettant fin à 71 ans d'hégémonie du PRI. **2006 :** Felipe Calderón (PAN) lui succède à la tête de l'État. Il est confronté à la montée de l'insécurité, liée notamm. à l'essor du trafic de drogue. **2012 :** l'élection d'Enrique Peña Nieto à la présidence de la République marque le retour au pouvoir du PRI, après douze ans d'opposition. **2013 :** de graves inondations, provoquées par deux cyclones, ravagent une grande partie du pays. **2014 :** la disparition de 43 étudiants au sud-ouest du Mexique – exposant au grand jour les liens entre le monde politique, la police et les narcotrafiquants – déclenche une crise nationale. **2018 :** l'opposant de gauche Andrés Manuel López Obrador (Mouvement de régénération nationale, Morena) accède à la tête de l'État.

MEXIQUE (golfe du), golfe de l'extrémité occidentale de l'océan Atlantique, entre les États-Unis, le Mexique et Cuba. Hydrocarbures. (En 2010, marée noire sur les côtes américaines après la désintégration, à la suite d'un incendie, de la plateforme pétrolière offshore *Deepwater Horizon*.)

Mexique (guerre du) [1862 - 1867], intervention militaire française au Mexique, décidée par Napoléon III. Initialement appuyée par la Grande-Bretagne et l'Espagne, elle devait obliger le Mexique à reprendre le paiement de sa dette et créer un empire contrebalançant la puissance croissante des États-Unis, déchirés alors par la guerre de Sécession. Après le désengagement de ses alliés, la France mena seule une coûteuse campagne (combats de Camerone*, Puebla) et fit proclamer, en 1864, l'archiduc Maximilien d'Autriche empereur du Mexique. Mais la guérilla mexicaine, soutenue par les États-Unis, et la lassitude de l'opinion française contraignirent Napoléon III à abandonner Maximilien, fusillé à Querétaro le 19 juin 1867.

MEYER (Conrad Ferdinand), *Zurich 1825 - Kilchberg 1898*, écrivain suisse de langue allemande. Il est l'auteur de poèmes, de nouvelles et de romans historiques (*Révolte dans la montagne*).

MEYER (Yves), *Paris 1939*, mathématicien français. Reconnu pour sa contribution majeure à la théorie des « ondelettes » et à ses applications (traitement de l'image, détection des ondes gravitationnelles…), il travaille aussi sur la théorie mathématique des quasi-cristaux et sur les équations aux dérivées partielles. (Prix Abel 2017.)

MEYERBEER (Jakob **Beer**, dit **Giacomo**), *Berlin 1791 - Paris 1864*, compositeur allemand. Il vécut à Paris et laissa de grands opéras historiques : *Robert le Diable* (1831), *les Huguenots* (1836), *le Prophète* (1849), *l'Africaine* (1865), etc.

MEYERHOF (Otto), *Hanovre 1884 - Philadelphie 1951*, physiologiste allemand, auteur de recherches sur les muscles. (Prix Nobel 1922.)

MEYERHOLD (Vsevolod Emilievitch), *Penza 1874 - Moscou 1940*, metteur en scène de théâtre russe. Il débuta avec Stanislavski, puis travailla pour les théâtres impériaux, avant de devenir le premier animateur du théâtre révolutionnaire, affirmant son constructivisme et sa conception « biomécanique » de la vie scénique.

MEYERSON (Émile), *Lublin 1859 - Paris 1933*, philosophe français d'origine polonaise. Antipositiviste, il met la causalité, conçue sur la base de l'identité, au centre de l'analyse scientifique (*Identité et Réalité*, 1908).

MEYLAN (38240), bur. centr. de cant. de l'Isère ; 17 758 hab. (*Meylanais*). Technopole. Électronique et informatique.

Mexique

500 1000 2000 m

★ site touristique important

autoroute
route
voie ferrée

plus de 1 000 000 h.
de 500 000 à 1 000 000 h.
de 100 000 à 500 000 h.
moins de 100 000 h.

MEYMAC (19250), bur. centr. de cant. de la Corrèze ; 2 623 hab. *(Meymacois)*. École forestière. – Église du XIIe s., anc. abbatiale (centre d'Art contemporain ; musée Vazeilles [archéologie, ethnologie]).

MEYRIN, comm. de Suisse (canton de Genève) ; 21 508 hab. *(Meyrinois)*. Siège du Cern.

MEYZIEU (69330), comm. du Rhône ; 33 199 hab. *(Majolans)*. Matériel médical.

MÈZE (34140), bur. centr. de cant. de l'Hérault, sur l'étang de Thau ; 11 654 hab. *(Mézois)*. Église des XIVe-XVIIe s.

MÉZENC [mezɛ̃k] (mont), massif volcanique aux confins du Velay et du Vivarais ; 1 753 m.

MÉZIDON-VALLÉE-D'AUGE, bur. centr. de cant. du Calvados ; 10 021 hab. *(Mézidonnais)*.

MÉZIÈRES, partie de la comm. de Charleville-Mézières. Anc. ch.-l. du dép. des Ardennes.

MEZINE, site préhistorique d'Ukraine, au N.-E. de Kiev, sur la Desna. On y a dégagé cinq complexes d'habitats, construits avec des ossements et des défenses de mammouth, et des outils et objets en os, bois de renne et ivoire. Les décors géométriques et figuratifs se rattachent au magdalénien ancien (v. 15000 av. J.-C.).

MEZZOGIORNO n.m., ensemble des régions méridionales de l'Italie péninsulaire et insulaire (sud du Latium, Abruzzes, Molise, Campanie, Pouilles, Basilicate, Calabre, Sicile, Sardaigne). Il est caractérisé par un relatif sous-développement.

MIAJA MENANT (José), *Oviedo 1878 - Mexico 1958*, général espagnol. Commandant en chef des forces républicaines pendant la guerre civile (1936 - 1939), il dirigea la défense de Madrid.

MIAMI, v. des États-Unis (Floride) ; 430 332 hab. (5 970 527 hab. dans l'agglomération). Grande station touristique. Aéroport. – Musées. Foire internationale d'art contemporain.

MIANYANG, v. de Chine, au N.-E. de Chengdu ; 1 162 962 hab.

MIAO ou **MÉO,** ensemble de populations, comprenant notamm. les Hmong et les Hmou, qui vivent dans le sud de la Chine, en Thaïlande, au Laos et au Viêt Nam. Originaires du centre de la Chine, les Miao ont migré vers le sud sous la pression des Han. Ils cultivent le riz sur brûlis et le pavot. Ils parlent des langues de la famille *miao-yao*.

MIASS, v. de Russie, dans le sud de l'Oural, sur le *Miass* ; 151 812 hab. Métallurgie.

MICHALS (Duane), *McKeesport, Pennsylvanie, 1932*, photographe américain. Reflets, transparences, superpositions, textes, dessins, rehauts peints, « séquences » façonnent son univers onirique (*Vrais Rêves*, 1977).

MICHAUX (Henri), *Namur 1899 - Paris 1984*, poète et peintre français d'origine belge. Son œuvre, animée par le désir de connaissance, explore l'espace intérieur de l'homme par l'humour (*Plume*), les voyages (*Un barbare en Asie*), l'invention d'un bestiaire et de pays imaginaires, le dessin, la peinture et l'expérimentation des drogues (*Connaissance par les gouffres*).

▲ Henri **Michaux** par Gisèle Freund, 1939.

MICHAUX (Pierre), *Bar-le-Duc 1813 - Bicêtre 1883*, constructeur français. Le vélocipède à pédales qu'il conçut dans les années 1860 connut un grand succès commercial, lançant – avec le concours des frères Marius, Aimé et René Olivier – l'industrie du cycle en France et dans le monde.

MICHÉE, prophète biblique (VIIIe-VIIe s. av. J.-C.), contemporain d'Isaïe.

MICHEL (saint), le plus grand des anges dans les traditions juive et chrétienne. Protecteur d'Israël dans la Bible, il devint le protecteur de l'Église et on le représente soit en guerrier combattant le dragon, soit en peseur des âmes.

EMPIRE BYZANTIN

MICHEL Ier Rangabé, *m. apr. 840*, empereur byzantin (811 - 813). Favorable au culte des images, il provoqua l'opposition du parti iconoclaste. Vaincu par les Bulgares, il fut déposé. — **Michel II le Bègue,** *Amorion ? - 829*, empereur byzantin (820 - 829). Il fonda la dynastie d'Amorion. — **Michel III l'Ivrogne,** *838 - 867*, empereur byzantin (842 - 867). Il obtint la conversion des Bulgares. Son règne fut marqué par le schisme avec Rome (concile de Constantinople, 869 - 870). — **Michel VII Doukas,** empereur byzantin (1071 - 1078). Il dut faire face aux attaques des Normands. — **Michel VIII Paléologue,** *1224 - 1282*, empereur byzantin à Nicée (1258 - 1261), puis à Constantinople (1261 - 1282). Il détruisit l'Empire latin de Constantinople (1261) et provoqua les Vêpres siciliennes (1282). — **Michel IX Paléologue,** *1277 - 1320*, empereur byzantin (1295 - 1320). Fils aîné et associé d'Andronic II.

PORTUGAL

MICHEL ou **DOM MIGUEL,** *Queluz 1802 - Karlshöhe, comm. d'Esselbach, Bavière, 1866*, roi de Portugal (1828 - 1834), de la maison de Bragance. Il fut contraint de s'exiler après deux ans de guerre civile.

ROUMANIE

MICHEL Ier, *Sinaia 1921 - Aubonne, Suisse, 2017*, roi de Roumanie (1927 - 1930 et 1940 - 1947).

RUSSIE

MICHEL Fiodorovitch, *Moscou 1596 - id. 1645*, tsar de Russie (1613 - 1645), fondateur de la dynastie des Romanov. Élu en 1613 par le *zemski sobor* (assemblée représentative), il tenta de restaurer l'ordre social et conclut une paix avec la Suède (1617).

SERBIE

MICHEL OBRENOVIĆ → **OBRENOVIĆ.**

VALACHIE

MICHEL le Brave, *1557 - 1601*, prince de Valachie (1593 - 1601). Il défit les Turcs (1595) et réunit sous son autorité la Moldavie et la Transylvanie (1599 - 1600).

MICHEL (Charles), *Namur 1975*, homme politique belge. Ministre de la Coopération au développement (2007 - 2011), président du Mouvement réformateur (2011 - 2014), il est Premier ministre à partir d'oct. 2014 (il expédie les affaires courantes après la chute du gouvernement en déc. 2018).

MICHEL (Louise), *Vroncourt-la-Côte, Haute-Marne, 1830 - Marseille 1905*, anarchiste française. Institutrice, membre de l'Internationale, elle prit part à la Commune (1871) et fut déportée en Nouvelle-Calédonie (1873 - 1880).

◄ Louise **Michel.** Lithographie par A. Nérandau. (BnF, Paris.)

MICHEL-ANGE (Michelangelo **Buonarroti,** dit en fr.), *Caprese, près d'Arezzo, 1475 - Rome 1564*, sculpteur, peintre, architecte et poète italien. Nul n'a égalé l'originalité, la puissance de ses conceptions, et ses œuvres frappent par leur diversité autant que par leur caractère grandiose. L'humanisme néoplatonicien, superposé à la foi chrétienne, anime sa création. On lui doit notamm., en marbre, plusieurs *Pietà*, le *David* (auj. à l'Académie de Florence), les tombeaux de Julien et Laurent II de Médicis dans la nouvelle sacristie qu'il édifia pour S. Lorenzo (à Florence également, v. 1520-1533), les diverses statues destinées au tombeau de Jules II (pathétiques *Esclaves* du Louvre [v. 1513-1516], le *Moïse** [v. 1515, église S. Pietro in Vincoli à Rome], la *Victoire* à l'étonnante torsion [Palazzo Vecchio de Florence]), les fresques de la chapelle Sixtine*, la partie sous coupole de la basilique St-Pierre de Rome (à partir de 1547) et d'autres travaux d'architecture dans la ville papale, dont l'ordonnance de la place du Capitole. Ses lettres et ses poèmes témoignent de sa spiritualité tourmentée.

▲ **Michel-Ange.** *Captif* (dit *Esclave mourant*), 1513-1516. (Musée du Louvre, Paris.)

MICHELET (Jules), *Paris 1798 - Hyères 1874*, historien français. Chef de la section historique aux Archives nationales (1831), professeur au Collège de France (1838), il fait de son enseignement une tribune pour ses idées libérales et anticléricales. Parallèlement, il amorce sa monumentale *Histoire de France* (1833-1846), dont il reprendra la publication de 1855 à 1867, et son *Histoire de la Révolution française* (1847-1853). Privé de sa chaire et de son poste aux Archives après le coup d'État du 2 décembre 1851, il complète son œuvre historique tout en multipliant les ouvrages consacrés aux mystères de la nature et à l'âme humaine (*l'Insecte*, 1857 ; *la Sorcière*, 1862).

▲ Jules **Michelet** par T. Couture. (Musée Renan, Paris.)

MICHELIN (les frères), industriels français. **André M.,** *Paris 1853 - id. 1931*, et **Édouard M.,** *Clermont-Ferrand 1859 - Orcines, Puy-de-Dôme, 1940*. Ils ont lié leur nom à l'application du pneumatique aux cycles et à l'automobile. Édouard inventa en 1891 le pneumatique démontable pour les bicyclettes, adapté en 1894 aux automobiles. André créa en 1900 le *Guide Michelin*, puis les cartes routières Michelin.

MICHELOZZO, *Florence 1396 - id. 1472*, architecte et sculpteur italien. Son œuvre la plus connue est le palais Médicis* à Florence, prototype des palais de la Renaissance. Grand bâtisseur, il s'est inspiré de Brunelleschi et a élaboré une syntaxe décorative d'une grande élégance.

MICHELSON (Albert), *Strelno, auj. Strzelno, Pologne, 1852 - Pasadena 1931*, physicien américain. Il est l'auteur, avec E. W. Morley *(1838 - 1923)*, d'expériences sur la vitesse de la lumière, qui, en montrant la constance de celle-ci dans toutes les directions de l'espace, jouèrent un rôle important dans l'élaboration de la théorie de la relativité. (Prix Nobel 1907.)

MICHIGAN (lac), l'un des cinq Grands Lacs nord-américains ; 58 300 km². C'est le seul entièrement situé sur le territoire des États-Unis.

MICHIGAN, État des États-Unis, sur les deux rives du *lac Michigan* ; 9 962 311 hab. ; cap. *Lansing* ; v. princ. *Détroit*.

Michna → Mishna.

MICHON (Pierre), *Châtelus-le-Marcheix, Creuse, 1945*, écrivain français. Après *Vies minuscules* (1984), premier livre éclairant la quête de ses origines, il médite, à travers de courts récits et dans une langue intense et raffinée, sur la gloire, la vanité, et également sur l'exaltante imposture de la création (*Rimbaud le fils*, 1991 ; *la Grande Beune*, 1995 ; *Corps du roi*, 2002 ; *les Onze*, 2009).

MICIPSA, *m. en 118 av. J.-C.*, roi de Numidie (148 - 118 av. J.-C.). Fils de Masinissa et oncle de Jugurtha, qu'il adopta.

Mickey Mouse, personnage de dessin animé créé aux États-Unis par le scénariste Walt Disney et le dessinateur Ub Iwerks (*Fou d'aviation*, 1928), repris en bande dessinée à partir de 1930. Cette petite souris taquine devint dans les années 1940 le symbole de la puissance américaine.

▲ **Mickey Mouse**

MICKIEWICZ (Adam), *Zaosie, auj. Novogroudok, 1798 - Constantinople 1855*, poète polonais. Principal représentant du romantisme dans son pays (*Ode à la jeunesse, Pan Tadeusz*), il lutta pour l'indépendance nationale (*Konrad Wallenrod*).

MICMACS, peuple amérindien de l'est du Canada et des États-Unis (Maine) [env. 16 000], de la famille algonquienne.

MICRONÉSIE n.f., ensemble d'îles du Pacifique, de superficie très réduite, entre l'Indonésie et les Philippines à l'O., la Mélanésie au S. et la Polynésie à l'E. ; 508 000 hab. La Micronésie comprend notamm. les Mariannes, les Carolines, les Marshall, Kiribati.

MICRONÉSIE (États fédérés de), État fédéral d'Océanie ; 707 km² ; 104 000 hab. (*Micronésiens*). **CAP.** *Palikir* (6 696 hab., dans l'île de Pohnpei). **LANGUE :** *anglais.* **MONNAIE :** *dollar des États-Unis.* (V. carte **Océanie.**) Les États fédérés de Micronésie correspondent à la majeure partie de l'archipel des Carolines. Ils sont constitués de 4 îles-États : Chuuk, Kosrae, Pohnpei et Yap. – Placé par l'ONU sous tutelle américaine en 1947, l'archipel devient en 1986 un État librement associé aux États-Unis. En 1991, il est admis au sein de l'ONU.

MICRONÉSIENS, ensemble de sociétés peuplant les archipels de la Micronésie. Les Micronésiens ont développé des systèmes de culture sur atoll (fosses à taros) et de pêche en lagon et en mer. Ils parlent des langues de la famille austronésienne.

Microsoft, société américaine d'informatique, fondée en 1975 par Bill Gates et Paul Allen. Elle est leader mondial des logiciels pour micro-ordinateurs (systèmes d'exploitation MS/DOS et Windows). Elle a racheté en 2011 la compagnie de téléphonie par Internet Skype et, en 2016, le réseau social LinkedIn. Elle s'est lancée aussi dans la santé connectée.

MIDAS, *738 av. J.-C. - 696 ou 675 av. J.-C.*, roi de Phrygie. Son royaume fut détruit par les Cimmériens. La légende veut qu'il ait reçu de Dionysos le pouvoir de changer en or tout ce qu'il touchait. Choisi comme juge dans un concours musical entre Marsyas et Apollon, il aurait préféré la flûte du silène à la lyre du dieu. Apollon, irrité, lui fit pousser des oreilles d'âne.

MIDDELBURG, v. des Pays-Bas, ch.-l. de la Zélande ; 47 523 hab. Hôtel de ville des XVe-XVIe s. ; abbaye médiévale (musée de la Zélande).

MIDDELKERKE [midəlkɛrk], comm. de Belgique (Flandre-Occidentale) ; 19 083 hab.

MIDDLESBROUGH, v. de Grande-Bretagne (Angleterre), sur l'estuaire de la Tees ; 138 412 hab. Port. Métallurgie.

MIDDLE WEST → MIDWEST.

MIDI (aiguille du), sommet du massif du Mont-Blanc (France) ; 3 842 m. Téléphérique.

Midi (canal du), canal reliant l'Atlantique à la Méditerranée, par la Garonne (et le canal latéral à la Garonne). Appelé aussi *canal du Languedoc* ou *canal des Deux-Mers*, il commence à Toulouse et aboutit, après Agde, à l'étang de Thau ; 241 km. Il a été creusé par Pierre Paul de Riquet de 1666 à 1681.

MIDI (dents du), massif des Alpes suisses, dans le Valais ; 3 257 m.

MIDI (pic du), sommets des Pyrénées. — pic du **Midi de Bigorre,** sommet des Pyrénées françaises (Hautes-Pyrénées) ; 2 872 m. Observatoire. — pic du **Midi d'Ossau,** sommet des Pyrénées françaises (Pyrénées-Atlantiques) ; 2 884 m.

Midi libre (le), quotidien régional français. Il a été créé à Montpellier, en 1944, par un groupe issu de la Résistance.

MIDI-PYRÉNÉES, anc. Région administrative de France (Ariège, Aveyron, Haute-Garonne, Gers, Lot, Hautes-Pyrénées, Tarn et Tarn-et-Garonne) [→ **Occitanie**].

MIDLANDS, région du centre de l'Angleterre ; v. princ. *Birmingham*.

Midway (bataille de) [3 - 5 juin 1942], bataille de la guerre du Pacifique. Victoire aéronavale américaine des forces de l'amiral Nimitz sur les Japonais au large de l'archipel des Midway, au N.-O. des îles Hawaii. Elle confirmait la supériorité du porte-avions sur le cuirassé.

MIDWEST ou **MIDDLE WEST,** vaste région des États-Unis, entre les Appalaches et les Rocheuses.

MIERES, v. d'Espagne (Asturies) ; 42 425 hab. Métallurgie.

MIEROSŁAWSKI (Ludwik), *Nemours 1814 - Paris 1878*, général polonais. Il commanda les insurgés polonais en 1848 et en 1863. Battu, il se retira en France.

MIESCHER (Johannes Friedrich), *Bâle 1844 - Davos 1895*, biochimiste et nutritionniste suisse. Il a isolé l'acide nucléique des noyaux des cellules et rationalisé l'alimentation des collectivités humaines. Il a réuni à Bâle le premier Congrès international de physiologie (1889).

MIES VAN DER ROHE (Ludwig), *Aix-la-Chapelle 1886 - Chicago 1969*, architecte allemand naturalisé américain. Élève notamm. de Behrens, rationaliste, il est l'un des pères du mouvement moderne*. Directeur du Bauhaus de Dessau (1930 - 1933), il émigra aux États-Unis, où il a édifié, en particulier à Chicago, des immeubles caractérisés par de grands pans de verre sur ossature d'acier. Son influence sur l'architecture du XXe s. n'a eu d'égale que celles de Wright et de Le Corbusier.

MIESZKO Ier, *m. en 992*, duc de Pologne (v. 960 - 992). Par son baptême (966), il fit entrer la Pologne dans la chrétienté romaine. Il donna à son pays les frontières que la Pologne a approximativement retrouvées en 1945.

MI FU, *1051 - 1107*, calligraphe, peintre et collectionneur chinois. Sa calligraphie héritée des Tang et son art subjectif et dépouillé du paysage ont été le ferment de la peinture dite « de lettrés ».

MIGENNES (89400), bur. centr. de cant. de l'Yonne ; 7 198 hab. *(Migennois)*. Nœud ferroviaire, dit « de Laroche-Migennes ».

MIGNARD (Nicolas), dit **Mignard d'Avignon,** *Troyes 1606 - Paris 1668*, peintre français. Il travailla surtout à Avignon, mais fut appelé, après 1660, à décorer un appartement du roi aux Tuileries. — **Pierre M.,** dit **Mignard le Romain,** *Troyes 1612 - Paris 1695*, peintre français, frère de Nicolas. Il travailla plus de vingt ans à Rome, puis s'installa à Paris. Il fut chargé de peindre la coupole du Val-de-Grâce (1663), devint le portraitiste attitré de la noblesse et succéda à Le Brun dans toutes ses charges (1690).

MIGNE (Jacques Paul), *Saint-Flour 1800 - Paris 1875*, ecclésiastique français. Il fut l'éditeur et l'imprimeur de la *Bibliothèque universelle du clergé*, encyclopédie théologique qui comporte notamm. *la Patrologie latine* (218 vol., 1844-1855) et *la Patrologie grecque* (166 vol., 1857-1866).

MIGNÉ-AUXANCES (86440), bur. centr. de cant. de la Vienne ; 6 087 hab. *(Mignanxois)*.

MIGNET (Auguste), *Aix-en-Provence 1796 - Paris 1884*, historien français. Auteur d'une *Histoire de la Révolution française* (1824). [Acad. fr.]

MIHAILOVIĆ (Draža), *Ivanjica 1893 - Belgrade 1946*, officier serbe. Il lutta contre les Allemands après la défaite de 1941 en organisant la résistance serbe *(tchetniks)* et s'opposa aux partisans de Tito. Accusé de trahison, il fut fusillé.

MIKHALKOV (Nikita), *Moscou 1945*, cinéaste et acteur russe. Il célèbre l'âme russe au travers de films intimistes, d'adaptations d'œuvres littéraires ou de fresques historiques (*l'Esclave de l'amour*, 1975 ; *Partition inachevée pour piano mécanique*, 1976 ; *Cinq Soirées*, 1978 ; *les Yeux noirs*, 1987 ; *Urga*, 1991 ; *Soleil trompeur*, 1 et 2, 1994 et 2010 ; *le Barbier de Sibérie*, 1999).

▲ **Milan.** La cathédrale, commencée en 1386 et achevée au début du XIXe s.

MILAN, en ital. **Milano,** v. d'Italie, cap. de la Lombardie ; 1 245 660 hab. *(Milanais)* [2 915 979 hab. dans l'agglomération]. Métropole économique de l'Italie, grand centre industriel, commercial, intellectuel (université, édition) et religieux (archevêché). – Cathédrale gothique (le *Duomo*) entreprise à la fin du XIVe s. ; églises d'origine paléochrétienne (S. Ambrogio) ou médiévale ; ensemble de S. Maria delle Grazie, en partie de Bramante (*Cène* de Léonard de Vinci) ; Castello Sforzesco (1450 ; musées) ; théâtre de la Scala (XVIIIe s.). Bibliothèque Ambrosienne, riche pinacothèque de Brera et autres musées. Exposition triennale de design et d'architecture. – Fondée v. 400 av. J.-C. par les Gaulois, romaine dès 222 av. J.-C., Milan fut, au Bas-Empire, capitale du diocèse d'Italie et métropole religieuse. Ravagée par les Barbares (Ve-VIe s.), elle devint indépendante au XIIe s. et connut les luttes du Sacerdoce et de l'Empire. Très prospère aux XIVe-XVe s., sous les Visconti et les Sforza, elle déclina ensuite du fait de l'occupation espagnole. Capitale du royaume d'Italie (1805 - 1814), puis du royaume lombard-vénitien (1815), elle entra en 1861 dans le royaume d'Italie.

MILANAIS n.m., région du nord de l'Italie, autour de Milan, qui fut sa capitale.

MILANKOVIĆ (Milutin), *Dalj, Croatie, 1879 - Belgrade 1958*, astronome yougoslave. Il a formulé, en 1941, la théorie qui porte son nom et selon laquelle les fluctuations à long terme du climat sont liées à des variations cycliques de trois paramètres orbitaux de la Terre.

MILAN OBRENOVIĆ, *Mărăşeşti 1854 - Vienne 1901*, prince (1868 - 1882), puis roi (1882 - 1889) de Serbie. Il succéda à son cousin Michel Obrenović. La Serbie ayant obtenu son indépendance au congrès de Berlin (1878), il se proclama roi (1882), avec l'appui de l'Autriche. Il dut abdiquer en 1889.

MILET, anc. cité ionienne de l'Asie Mineure. Elle fut, à partir du VIIIe s. av. J.-C., une grande métropole colonisatrice, un important centre de commerce et un foyer de culture grecque (école philosophique). – La ville était l'une des réussites de l'urbanisme hellénistique. Imposants vestiges, dont certains (porte de l'agora sud) sont conservés au musée de Pergame, à Berlin.

MILFORD HAVEN, v. de Grande-Bretagne, dans le sud du pays de Galles, sur la *baie de Milford Haven* ; 12 830 hab. Port. Importation et raffinage du pétrole. Pétrochimie.

MILHAUD (Darius), *Marseille 1892 - Genève 1974*, compositeur français. Membre du groupe des Six, influencé par le folklore sud-américain puis par le jazz, il a abordé tous les genres : musique de ballets (*le Bœuf sur le toit*, 1920 ; *la Création du monde*, 1923), opéras (*Christophe Colomb*, 1930), cantates, symphonies, musique de chambre (18 quatuors à cordes) et a composé le célèbre *Scaramouche* (1937), pour deux pianos.

Milice française (la), formation paramilitaire créée par le gouvernement de Vichy en janv. 1943. Elle collabora avec les Allemands dans la répression et la lutte contre la Résistance.

MILIEU (empire du), nom donné jadis à la Chine (considérée comme le centre du monde) par les géographes occidentaux.

MILIOUKOV (Pavel Nikolaïevitch), *Moscou 1859 - Aix-les-Bains 1943*, historien et homme politique russe. L'un des principaux leaders du Parti constitutionnel-démocrate, il fut ministre des Affaires étrangères (mars-mai 1917) du gouvernement provisoire.

Military Cross, Military Medal, décorations militaires britanniques. Elles furent créées successivement en 1914 et en 1916 pour récompenser les actes de bravoure et de courage accomplis au cours des hostilités.

MILL (James), *Northwater Bridge, Écosse, 1773 - Londres 1836*, philosophe et économiste britannique, continuateur de Hume et de Bentham (*Principes d'économie politique*, 1821).

MILL (John Stuart), *Londres 1806 - Avignon 1873*, philosophe et économiste britannique, fils de James Mill. Partisan de l'associationnisme, il fonde l'induction sur la loi de la causalité universelle. Il préconise une morale utilitariste et se rattache à l'économie libérale (*Principes d'économie politique*, 1848 ; *l'Utilitarisme*, 1863).

MILLA (Roger), *Yaoundé 1952*, footballeur camerounais. Vainqueur de la Coupe d'Afrique des nations (1984 et 1988), ce joueur très populaire a annoncé l'émergence du football africain, couronné depuis par des titres olympiques.

MILLAIS (sir John Everett), *Southampton 1829 - Londres 1896*, peintre britannique. Membre fondateur de la confrérie préraphaélite (*Ophélie*, 1851-1852, Tate Britain), il devint une des figures les plus populaires de l'art victorien.

MILLARDET (Alexis), *Montmirey-la-Ville 1838 - Bordeaux 1902*, botaniste français. On lui doit la première idée de l'hybridation des cépages français et américains, et le traitement cuprique du mildiou.

MILLAU (12100), ch.-l. d'arrond. de l'Aveyron, sur le Tarn ; 23 058 hab. *(Millavois)*. Mégisserie et ganterie. – Beffroi et église des XIIe-XVIIe s. ; musée.

Millau (viaduc de), viaduc autoroutier au-dessus de la vallée du Tarn (Aveyron), à 5 km à l'O. de Millau. Construit de 2001 à 2004 (conception : N. Foster), cet ouvrage à haubans a 2 460 m de long ; le pylône surmontant la pile en béton la plus haute (245 m) culmine à 343 m au-dessus du sol.

mille ou **mil** (an), année que les historiens du XVIIe au XIXe s. pensaient avoir été attendue par les chrétiens d'Occident dans la terreur de la fin du monde et du Jugement dernier. Les historiens contemporains ont dénoncé cette légende.

MILLE (De) → **DE MILLE.**

Mille (expédition des), expédition menée, en 1860, par Garibaldi contre le royaume des Deux-Siciles, dont elle provoqua l'effondrement.

Mille et Une Nuits (les), recueil de contes arabes, dont la première traduction française est due à A. Galland (1704 - 1717). Schéhérazade* fait renoncer le roi de Perse à ses cruels desseins en le charmant par des contes qui ont pour héros Aladin*, Ali* Baba, Sindbad le marin.

MILLE ÎLES, archipel du Canada (Ontario), dans le Saint-Laurent, à sa sortie du lac Ontario.

MILLEPIED (Benjamin), *Bordeaux 1977*, danseur et chorégraphe français. Entré en 1995 au New York City Ballet, il devient danseur étoile en 2001 et y crée sa première grande chorégraphie (*Quasi una fantasia*, 2009). En 2014, il devient directeur de la danse à l'Opéra de Paris, où il imprime un style moderne dans le respect de l'héritage classique (*Daphnis et Chloé*, 2014) jusqu'à sa démission, en 2016. Il est, depuis, en résidence à la Fondation Luma, à Arles, avec son collectif L.A. Dance Project, fondé en 2012.

MILLER (Arthur), *New York 1915 - Roxbury, Connecticut, 2005*, auteur dramatique américain. Ses pièces à thèse mettent en scène des personnages qui luttent pour être reconnus et acceptés par la société américaine (*Mort d'un commis voyageur, les Sorcières de Salem, Vu du pont*).

MILLER (Claude), *Paris 1942 - id. 2012*, cinéaste français. Conçus comme des études psychologiques, parfois déroutants, toujours habilement construits, ses films explorent les douloureux secrets de l'être humain (*la Meilleure Façon de marcher*, 1976 ; *Garde à vue*, 1981 ; *Mortelle Randonnée*, 1983 ; *l'Effrontée*, 1985 ; *la Classe de neige*, 1998 ; *la Petite Lili*, 2003 ; *Un secret*, 2007).

MILLER (Glenn), *Clarinda, Iowa, 1904 - dans un accident d'avion, au-dessus de la Manche, 1944*, musicien de jazz américain. Tromboniste et chef d'orchestre, il fut un des grands maîtres des années swing (*In the Mood*, 1939). Engagé dans l'US Air Force en 1942, il se rendit célèbre en Europe à la tête de l'orchestre des forces alliées.

MILLER (Henry), *New York 1891 - Los Angeles 1980*, écrivain américain. Ses récits dénoncent les contraintes sociales et morales et exaltent la recherche de l'épanouissement humain et sensuel (*Tropique du Cancer*, 1934 ; *Tropique du Capricorne*, 1939 ; *la Crucifixion en rose*, 3 vol., 1949-1960).

MILLER (Merton), *Boston 1923 - Chicago 2000*, économiste américain. Il est l'auteur, avec F. Modigliani, d'un théorème sur l'évaluation des entreprises et le coût du capital. (Prix Nobel 1990.)

MILLERAND [milrɑ̃] (Alexandre), *Paris 1859 - Versailles 1943*, homme politique français. Député socialiste, il accomplit, comme ministre du Commerce et de l'Industrie (1899 - 1902), d'importantes réformes sociales. S'éloignant progressivement des socialistes, il fut ministre de la Guerre (1912 - 1913, 1914 - 1915), président du Conseil (1920), puis président de la République (1920 - 1924). Il démissionna devant l'opposition du Cartel des gauches.

Milles (camp des), camp d'internement et de déportation (1939 - 1942), établi dans une anc. tuilerie au S. d'Aix-en-Provence. Site-Mémorial.

MILLET (Jean-François), *Gruchy, près de Gréville-Hague, Manche, 1814 - Barbizon 1875*, peintre, dessinateur et graveur français. C'est l'un des maîtres de l'école de Barbizon, au réalisme sensible et puissant (au musée d'Orsay : *les Glaneuses* et *l'Angélus**, 1857 ; *la Grande Bergère*, 1863 ; *le Printemps*, 1868-1873).

MILLEVACHES (plateau de), haut plateau du centre de la France (Limousin) ; 977 m. La Vienne, la Creuse, la Vézère et la Corrèze y naissent. Parc naturel régional (*Millevaches en Limousin*), couvrant env. 314 000 ha sur les dép. de la Corrèze, de la Creuse et de la Haute-Vienne.

MILLEVOYE (Charles Hubert), *Abbeville 1782 - Paris 1816*, poète français, auteur d'élégies (*la Chute des feuilles*).

MILLIKAN (Robert Andrews), *Morrison, Illinois, 1868 - San Marino, Californie, 1953*, physicien américain. Il mesura la charge de l'électron (1911), détermina la valeur de la constante de Planck (1916) et étudia les rayons cosmiques. (Prix Nobel 1923.)

MILLOSS (Aurél **Milloss de Miholý,** dit Aurel), *Ozora, Hongrie, 1906 - Rome 1988,* danseur et chorégraphe hongrois, naturalisé italien. Ses nombreuses créations allient classicisme et expressionnisme (*le Mandarin merveilleux*, 1942).

MILLY-LA-FORÊT (91490), comm. de l'Essonne, sur la bordure ouest de la forêt de Fontainebleau ; 4 816 hab. Halle du XVe s. Maison Jean-Cocteau et petite chapelle décorée par l'artiste. En forêt, le *Cyclop*, édifice dû à J. Tinguely, N. de Saint Phalle et autres artistes (1969 - 1993).

MILLY-LAMARTINE (71960), comm. de Saône-et-Loire ; 366 hab. Maison de Lamartine.

MILNE-EDWARDS (Henri), *Bruges 1800 - Paris 1885,* naturaliste et physiologiste français. Par ses travaux sur les mollusques, les crustacés et les anthozoaires, il est l'un des fondateurs de la physiologie française. — **Alphonse M.-E.,** *Paris 1835 - id. 1900,* naturaliste français, fils d'Henri. Il a étudié les mammifères et la faune abyssale.

MILO, en gr. **Mílos,** île grecque de la mer Égée, une des Cyclades ; 161 km^2.

Milo (Aphrodite de), dite Vénus de **Milo,** statue grecque en marbre (Louvre). Découverte en 1820 dans l'île de Milo, la déesse est à demi dévêtue selon la tradition classique du IVe s. av. J.-C., mais la torsion du corps dénote une œuvre hellénistique du IIe s.

MILON, en lat. **Titus Annius Papianus Milo,** *Lanuvium v. 95 av. J.-C. - Compsa 48 av. J.-C.,* homme politique romain. Gendre de Sulla, il contribua comme tribun (57) au retour d'exil de Cicéron. Accusé du meurtre de Clodius en 52, il fut défendu par Cicéron *(Pro Milone).*

MILON de Crotone, *Crotone fin du VIe s. av. J.-C.,* athlète grec. Disciple et gendre de Pythagore, il est célèbre pour ses nombreuses victoires aux jeux Olympiques. N'ayant pu dégager son bras d'un arbre qu'il tentait d'arracher, il serait mort dévoré par les bêtes sauvages (marbre célèbre de Puget, 1672-1682, qui figura dans les jardins de Versailles, auj. au Louvre).

MILOŠEVIĆ (Slobodan), *Požarevac 1941 - La Haye 2006,* homme politique serbe. Membre de la Ligue communiste yougoslave à partir de 1959, appuyant son pouvoir sur l'exaltation du nationalisme serbe, il est président de la république de Serbie de 1990 à 1997 et président de la république fédérale de Yougoslavie de 1997 à 2000 (→ **Yougoslavie** [République fédérale de]). En 1999, il est inculpé par le Tribunal pénal international de crimes contre l'humanité et crimes de guerre pour la politique de terreur et de violences menée à l'encontre des civils albanais au Kosovo. Accusé dans son pays de corruption et d'abus de pouvoir, il est arrêté en avr. 2001, puis livré (juin) au TPI, à La Haye, qui l'inculpe encore pour sa responsabilité dans les conflits de Croatie (1991 - 1992) et de Bosnie (1992 - 1995). Son procès s'ouvre en févr. 2002, mais il meurt en détention avant que ce procès soit arrivé à son terme.

MILOŠ OBRENOVIĆ → **OBRENOVIĆ.**

MIŁOSZ (Czesław), *Szetejnie, Lituanie, 1911 - Cracovie 2004,* écrivain polonais naturalisé américain. Il est l'auteur de poèmes, de romans et d'essais *(la Pensée captive).* [Prix Nobel 1980.]

MILOSZ [milɔʃ] (Oscar Vladislas **de Lubicz-Milosz,** dit O. V. **de L.**), *Tchereïa, Lituanie, 1877 - Fontainebleau 1939,* écrivain français d'origine lituanienne. Il est l'auteur de poèmes d'inspiration élégiaque et mystique, de drames et de travaux d'exégèse.

MILTEAU (Jean-Jacques), *Paris 1950,* harmoniciste de jazz français. Depuis les années 1970, aux côtés de nombreux artistes et en solo, il développe un style de jazz original, très inspiré du blues et de la soul (albums : *Explorer*, 1991 ; *Memphis*, 2001).

MILTIADE, *540 av. J.-C. - Athènes v. 489 av. J.-C.,* général athénien. Il fut vainqueur des Perses à Marathon (490 av. J.-C.).

MILTON (John), *Londres 1608 - Chalfont Saint Giles, Buckinghamshire, 1674,* poète anglais. Auteur de poèmes religieux, philosophiques et pastoraux, il prit parti pour Cromwell, dont il devint le pamphlétaire. Après la restauration des Stuarts, il abandonna la vie publique. Ruiné et devenu aveugle, il dicta son grand poème biblique *le Paradis* perdu*, que prolonge *le Paradis* reconquis.*

▲ Vénus de **Milo.** *Aphrodite*, dite *Vénus de Milo* ; marbre grec, IIe s. av. J.-C. (Louvre, Paris.)

Milvius (pont), pont sur le Tibre, à 3 km au N. de Rome, où Constantin battit Maxence (312 apr. J.-C.).

MILWAUKEE, v. des États-Unis (Wisconsin), sur le lac Michigan ; 599 642 hab. (1 487 929 hab. dans l'agglomération). Port. – Musées.

MIMIZAN (40200), bur. centr. de cant. des Landes ; 7 124 hab. *(Mimizannais).* Papeterie. – Clocher-porche d'une anc. abbaye (portail roman sculpté). – Station balnéaire à *Mimizan-Plage.*

MIMOUN (O'Kacha, dit Alain), *Le Télagh, Algérie, 1921 - Saint-Mandé 2013,* athlète français, champion olympique du marathon en 1956.

MIMOUNI (Rachid), *Boudouaou, près d'Alger, 1945 - Paris 1995,* écrivain algérien d'expression française. Dans ses romans (*le Fleuve détourné*, 1982 ; *Une peine à vivre*, 1991), ses pamphlets (*De la barbarie en général et de l'intégrisme en particulier*, 1992) et ses *Chroniques de Tanger* (1995), il lie intimement son écriture à l'histoire de l'Algérie contemporaine.

MINA AL-AHMADI, port pétrolier du Koweït, sur le golfe Persique.

MINAMOTO, famille japonaise qui fonda en 1192 le shogunat de Kamakura avec **Minamoto no Yoritomo** (1147 - 1199), premier shogun du Japon.

MINANGKABAU, peuple d'Indonésie (Sumatra) [env. 4 millions]. Islamisés, ils parlent une langue très proche du malais*.

MINAS DE RÍOTINTO, v. d'Espagne (Andalousie) ; 4 126 hab. Mines de cuivre.

MINAS GERAIS, État de l'intérieur du Brésil méridional ; 587 172 km^2 ; 19 159 260 hab. ; cap. *Belo Horizonte.* Importantes ressources minières (fer, manganèse, etc.).

MINATITLÁN, v. du Mexique, sur la baie de Campeche ; 157 826 hab. (356 020 hab. dans l'agglomération). Port. Raffinage du pétrole. Pétrochimie.

MINCIO n.m., riv. d'Italie, affl. du Pô (r. g.) ; 194 km. Il traverse le lac de Garde.

MINDANAO, île des Philippines ; 99 000 km^2 ; 17 380 452 hab.

MINDEN, v. d'Allemagne (Rhénanie-du-Nord-Westphalie), sur la Weser ; 80 121 hab. Cathédrale romane et gothique et quartiers anciens.

MINDORO, île montagneuse des Philippines ; env. 10 000 km^2 ; 1 157 721 hab.

MINDSZENTY (József), *Csehimindszent 1892 - Vienne 1975,* prélat hongrois. Archevêque d'Esztergom et primat de Hongrie (1945), cardinal (1946), il fut emprisonné de 1948 à 1955, puis se réfugia à l'ambassade des États-Unis à Budapest, d'oct. 1956 jusqu'en 1971.

MINEHASSA, groupe de peuples d'Indonésie (péninsule nord de Célèbes) [plus de 1,5 million]. Jadis organisés en confédération, païens (pratique de la chasse aux têtes), les Minehassa se sont convertis au protestantisme au XIXe s. Leurs langues appartiennent à la famille malayo-polynésienne.

MINEPTAH ou **MÉNEPTAH,** pharaon (v. 1236 - 1222 av. J.-C.) de la XIXe dynastie. Successeur de Ramsès II, il vainquit les Peuples de la Mer. Il fut sans doute contemporain de l'Exode.

MINERVE, déesse italique de la Sagesse et de l'Intelligence, protectrice de Rome et patronne des artisans. Elle correspond à l'Athéna grecque.

MINERVOIS n.m., région du Languedoc (Aude et Hérault). Vignobles.

mines de Paris (École nationale supérieure des), dite aussi **Mines ParisTech,** établissement public d'enseignement supérieur scientifique et technique. Créée en 1783, elle forme les ingénieurs du corps national des Mines, ainsi que des ingénieurs civils.

MING, dynastie impériale chinoise (1368 - 1644). Fondée par Hongwu, elle installa sa capitale à Pékin (1409). Ses principaux représentants furent Yongle (1403 - 1424) et Wanli (1573 - 1620). La dynastie mandchoue des Qing lui succéda.

MINGAN (archipel de), îles du Canada (Québec), au N. de l'île d'Anticosti. Parc national.

MINGUS (Charles, dit Charlie), *Nogales, Arizona, 1922 - Cuernavaca, Mexique, 1979,* compositeur, contrebassiste et chef d'orchestre américain de jazz. Inspiré par le chant religieux noir, il s'imposa au cours des années 1950 comme accompagnateur et soliste. Il participa au mouvement be-bop *(Goodbye Pork Pie Hat, Fables of Faubus).*

MINHO n.m., en esp. **Miño,** fl. du nord-ouest de la péninsule Ibérique, qui se jette dans l'Atlantique ; 340 km. Il constitue une frontière entre l'Espagne et le Portugal.

MINHO n.m., région du Portugal septentrional ; v. princ. *Braga.* Berceau de la nation portugaise.

MINÎÈH, v. d'Égypte, sur le Nil ; 236 043 hab.

MINKOWSKI (Hermann), *Kovno 1864 - Göttingen 1909,* mathématicien allemand. Sa conception de l'*espace-temps* à 4 dimensions fournit une interprétation géométrique de la relativité restreinte de son ancien élève A. Einstein.

MINNE (George, baron), *Gand 1866 - Laethem-Saint-Martin 1941,* sculpteur et dessinateur belge. Il est l'auteur d'ouvrages à la fois symbolistes et d'accent monumental (*Fontaine aux agenouillés* [1898], devant le Sénat, à Bruxelles).

MINNEAPOLIS, v. des États-Unis (Minnesota), sur le Mississippi ; 407 207 hab. (2 801 553 hab. dans l'agglomération). Université. Musées. Centre tertiaire et industriel. Elle forme une conurbation avec Saint Paul, sur l'autre rive du fleuve.

MINNELLI (Vincente), *Chicago 1910 - Los Angeles 1986,* cinéaste américain. Il fut l'un des meilleurs spécialistes de la comédie musicale filmée : *Ziegfeld Follies* (1946), *Un Américain à Paris* (1951), *Tous en scène* (1953).

MINNESOTA, État des États-Unis, à la frontière canadienne ; 5 576 606 hab. ; cap. *Saint Paul* ; v. princ. *Minneapolis.* Minerai de fer.

MIÑO → **MINHO.**

MINO da Fiesole, *Fiesole 1429 - Florence 1484,* sculpteur italien. Il pratique un style épuré et délicat (*tombeau du comte Ugo* à la Badia de Florence ; bustes).

MINORQUE, en esp. **Menorca,** l'une des îles Baléares ; 702 km^2 ; 94 875 hab. ; ch.-l. *Mahón.* Tourisme. – L'île fut britannique de 1713 à 1756, de 1763 à 1782 et de 1798 à 1802.

MINOS MYTH. GR. Roi légendaire de Crète. Sa justice et sa sagesse lui valurent, après sa mort, d'être juge des Enfers avec Éaque et Rhadamanthe. Les historiens voient en Minos un titre royal ou dynastique des souverains crétois, d'où l'expression de « civilisation minoenne ».

MINOTAURE MYTH. GR. Monstre mi-homme et mi-taureau, né des amours de Pasiphaé, épouse de Minos, et d'un taureau blanc envoyé par Poséidon. Minos l'enferma dans le Labyrinthe, où on lui faisait des offrandes de chair humaine. Thésée le tua.

MINSK, cap. de la Biélorussie ; 1 861 320 hab. dans l'agglomération. Centre industriel et commercial. – Musées. – Siège de violents combats en 1941 et 1944.

MINSKY (Marvin Lee), *New York 1927 - Boston 2016,* mathématicien et ingénieur américain. Il apporta, au sein du MIT, une contribution majeure au développement de l'intelligence artificielle.

MINUCIUS FELIX, apologiste chrétien du IIIe s., auteur d'un dialogue entre un païen et un chrétien, l'*Octavius.*

A B C D E F G H I J K L M N O P Q R S T U V W X Y Z

MIONS (69780), comm. du Rhône ; 13 083 hab. *(Miolands).*

MIQUE (Richard), *Nancy 1728 - Paris 1794,* architecte français. Il succéda à Gabriel comme premier architecte de Louis XVI et créa le Hameau de la reine (1783-1786) dans le parc du Petit Trianon, à Versailles.

MIQUEL (André), *Mèze 1929,* historien et écrivain français. Son œuvre, particulièrement riche, est constituée d'ouvrages savants sur la littérature et la civilisation arabes (*la Géographie humaine du monde musulman jusqu'au milieu du XIe siècle,* 4 vol., 1967-1988 ; *l'Islam et sa civilisation,* 1968), de traductions de grands textes classiques arabes et de romans. Il a été professeur au Collège de France (1976 - 1997).

MIQUELON → **SAINT-PIERRE-ET-MIQUELON.**

Mir, station orbitale russe, constituée de plusieurs modules satellisés de 1986 à 1996. Jusqu'en 2000, elle a accueilli 104 cosmonautes, d'une douzaine de nationalités différentes. Sa retombée dans l'atmosphère et sa désintégration, commandées du sol, ont eu lieu le 23 mars 2001.

MIRABEAU (Honoré Gabriel **Riqueti,** comte **de**), *Le Bignon, auj. Le Bignon-Mirabeau, Loiret, 1749 - Paris 1791,* homme politique français. Après une jeunesse tourmentée, il fut élu, quoique noble, représentant du tiers état d'Aix-en-Provence en 1789. Orateur prestigieux, il est l'auteur de la célèbre apostrophe au marquis de Dreux-Brézé : « Allez dire au roi que nous sommes ici par la volonté du peuple et que nous n'en sortirons que par la force des baïonnettes » (23 juin 1789). Favorable à une monarchie constitutionnelle, il entra secrètement au service du roi (mai 1790), qui le pensionna mais ne tint pas compte de ses conseils. ▲ **Mirabeau** par J. Boze. (Château de Versailles.)

MIRABEAU (Victor **Riqueti,** marquis **de**), *Pertuis, Vaucluse, 1715 - Argenteuil 1789,* économiste français. Père du comte de Mirabeau, disciple de Quesnay et des physiocrates, il a écrit *l'Ami des hommes ou Traité sur la population* (1756).

MIRABEL, v. du Canada (Québec) ; 50 513 hab. *(Mirabellois).* Municipalité régionale de comté. Aéroport international de Montréal-Mirabel (fret).

Miracle de Théophile (le), miracle de Rutebeuf (v. 1262). Il met en scène la légende de saint Théophile d'Adana, qui, ayant vendu son âme au diable, fut sauvé par la Vierge.

MIRADOR (El), site archéologique du Guatemala, au N.-O. de Tikal (Petén). Cité maya préclassique (300 av. J.-C.), abandonnée au début de notre ère, et dont les pyramides dépassent celles de Tikal.

MIRAMAS (13140), comm. des Bouches-du-Rhône ; 26 104 hab. *(Miramasséens).* Vestiges féodaux de *Miramas-le-Vieux.*

MIRANDA (Francisco **de**), *Caracas 1750 - Cadix 1816,* général vénézuélien. Il combattit au service de l'indépendance nord-américaine et de la Révolution française. Il fit voter la déclaration d'indépendance du Venezuela (1811), puis, vaincu par les Espagnols, fut emprisonné à Cadix.

MIRANDE (32300), ch.-l. d'arrond. du Gers, sur la Baïse ; 3 825 hab. *(Mirandais).* Marché agricole (volailles, eaux-de-vie). – Bastide du XIIIe s., avec église du XVe s. ; musée.

MIRANDOLE (Pic de La) → **PIC DE LA MIRANDOLE.**

MIRBEAU (Octave), *Trévières 1848 - Paris 1917,* écrivain français. Ses romans (*Journal d'une femme de chambre*) et ses comédies (*Les affaires sont les affaires*) réalistes composent une satire virulente de l'hypocrisie sociale. Il défendit les impressionnistes.

MIRCEA le Vieux, *m. en 1418,* prince de Valachie (1386 - 1418). Grand chef militaire, il participa à la bataille de Nicopolis (1396) contre les Ottomans.

MIREBEAU (86110), comm. de la Vienne, au N.-O. de Poitiers ; 2 228 hab. *(Mirebalais).* Vestiges féodaux.

MIRECOURT (88500), bur. centr. de cant. des Vosges, sur le Madon ; 5 806 hab. *(Mirecurtiens).* Mobilier. Constructions mécaniques et électriques. Centre de lutherie (depuis le XVIIe s.).

MIREILLE (Mireille **Hartuch,** dite), *Paris 1906 - id. 1996,* chanteuse française. Elle a composé et popularisé des chansons dans un style charmant et aisé (*Couchés dans le foin ; Quand un vicomte*). En 1954, elle a créé le Petit Conservatoire de la chanson, pour la formation des jeunes artistes de variétés.

Mireille, poème en provençal de F. Mistral (1859). C'est le récit des amours malheureuses de Mireille et de Vincent, dans le cadre de la Camargue. – Sur un livret tiré de ce poème, Gounod a composé la musique d'un opéra-comique (1864).

MIREPOIX (09500), bur. centr. de cant. de l'Ariège, dans le sud du Lauragais ; 3 333 hab. *(Mirapiciens).* Bastide de la fin du XIIIe s. Place à couverts et maisons à colombages ; cathédrale gothique des XVe-XVIe s. ; ancien palais épiscopal.

MIRIBEL (01700), bur. centr. de cant. de l'Ain, sur le Rhône ; 9 684 hab. *(Miribelans).*

MIRÓ (Joan), *Barcelone 1893 - Palma de Majorque 1983,* peintre, graveur et sculpteur espagnol. Surréaliste, il a fait naître, par la pratique de l'automatisme, un monde d'une liberté, d'un dynamisme et d'un humour exemplaires. Sculptures à la Fondation Maeght, Saint-Paul-de-Vence ; fondation-musée à Barcelone.

▲ Joan **Miró.** *Intérieur hollandais I,* 1928. (MoMA, New York.)

MIROMESNIL (Armand Thomas **Hue de**), *Mardié, Loiret, 1723 - Miromesnil, Seine-Maritime, 1796,* homme d'État français. Magistrat, il prit la défense des parlements contre la politique royale. Il fut garde des Sceaux de 1774 à 1787.

MIRON (Gaston), *Sainte-Agathe-des-Monts 1928 - Montréal 1996,* poète canadien de langue française. Il a fortement contribué au renouveau poétique et national québécois (*l'Homme rapaillé*).

MIRZAKHANI (Maryam), *Téhéran 1977 - Stanford, Californie, 2017,* mathématicienne iranienne. Elle était spécialiste des systèmes dynamiques (modèles permettant de décrire l'évolution au cours du temps d'un ensemble d'objets en interaction) et de la géométrie des surfaces de Riemann (géométrie des surfaces incurvées). [Médaille Fields 2014 ; première femme à obtenir cette récompense.]

MIRZAPUR, v. d'Inde (Uttar Pradesh), sur le Gange ; 205 264 hab. Pèlerinage. Centre industriel et artisanal (tapis).

Misanthrope (le), comédie en cinq actes et en vers de Molière (1666). L'atrabilaire Alceste, ne pouvant mettre en accord sa franchise avec le scepticisme souriant de Philinte, le bel esprit d'Oronte, la pruderie d'Arsinoé, la coquetterie de Célimène*, décide d'aller vivre loin du monde.

MISÈNE (cap), promontoire d'Italie, fermant à l'O. le golfe de Naples. Base navale sous l'Empire romain.

Misérables (les), roman de V. Hugo (1862). À travers les personnages (le forçat Jean Valjean, qui connaît la rédemption morale à force de générosité ; Cosette, petite fille malheureuse qui rencontre le bonheur après avoir été recueillie par Jean Valjean ; Gavroche*) et les événements qui servent de toile de fond (Waterloo, l'émeute de 1832), Hugo a écrit une épopée populaire.

MISES (Ludwig **von**), *Lemberg, auj. Lviv, 1881 - New York 1973,* économiste américain d'origine autrichienne. Défenseur du libéralisme et s'inscrivant dans l'école marginaliste, il a marqué sa discipline par son apport à la théorie de la valeur et par ses réflexions sur le rôle de la monnaie (*l'Action humaine,* 1949).

MISHIMA YUKIO (Hiraoka **Kimitake,** dit), *Tokyo 1925 - id. 1970,* écrivain japonais. Son œuvre narrative (*Confessions d'un masque, le Pavillon d'or, la Mer de la fertilité*) et théâtrale (*Cinq Nô modernes, Madame de Sade*) mêle, dans une langue classique, érotisme, fascination de la mort et vision tragique de l'existence. Il se suicida publiquement.

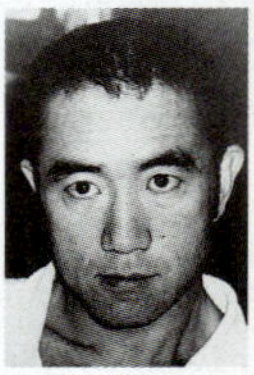

◀ **Mishima Yukio**

Mishna ou **Michna** (mot hébr. signif. *enseignement oral*), ensemble de 63 traités du judaïsme rabbinique qui commentent la Torah. Compilation des lois non écrites transmises par la Tradition, la Mishna, avec ses deux commentaires (Gemara), est la Loi orale et constitue la base du Talmud*.

MISKITO ou **MOSQUITO,** groupe indigène du Honduras et du Nicaragua (env. 100 000), dont la langue est à dominante chibcha.

MISKOLC, v. du nord de la Hongrie ; 185 387 hab. Métallurgie. – Monuments gothiques, baroques et néoclassiques.

MISNIE, en all. **Meissen,** anc. margraviat allemand, intégré à la Saxe en 1423.

MI SON, village du Viêt Nam central. Vestiges (les plus remarquables remontent au Xe s.) d'une cité religieuse shivaïte, qui en font l'un des hauts lieux de l'anc. royaume du Champa.

MISOURATA ou **MISURATA,** en ar. **Misrata,** v. de Libye ; 360 000 hab. Port.

Mission de France, communauté de prêtres séculiers, fondée à Lisieux en 1941 dans le but d'évangéliser les régions les plus déchristianisées. Elle eut un grand rayonnement jusque dans les années 1960.

Missions étrangères (société et séminaire des), œuvre missionnaire constituée en 1664 à Paris par Mgr François Pallu et par Mgr Lambert de La Motte pour préparer les prêtres au service des missions et qui dessert les missions catholiques de l'Extrême-Orient.

Missions évangéliques de Paris (société des), œuvre missionnaire du protestantisme français fondée en 1822.

MISSISSAUGA, v. du Canada (Ontario), banlieue de Toronto ; 721 599 hab.

MISSISSIPPI n.m., fl. des États-Unis, né dans le Minnesota et qui se jette dans le golfe du Mexique par un vaste delta ; 3 780 km. Il passe à Saint Paul et Minneapolis, Saint Louis, Memphis, La Nouvelle-Orléans. Important trafic fluvial. Avec le Missouri, il compte 6 210 km (bassin de 3 222 000 km^2 pour l'ensemble).

MISSISSIPPI, État des États-Unis, sur la rive est du *Mississippi* ; 2 984 100 hab. ; cap. *Jackson.*

MISSISSIPPI (tradition du), séquence culturelle des régions de l'est des États-Unis. Elle s'est développée de 700 à 1700 de notre ère, influencée par Teotihuacán, avec Cahokia pour métropole religieuse.

MISSOLONGHI, v. de Grèce, sur la mer Ionienne ; 34 416 hab. Elle est célèbre par la défense héroïque qu'elle opposa aux Turcs en 1822 - 1823 et en 1826.

MISSOURI n.m., riv. des États-Unis, née dans les Rocheuses, affl. du Mississippi (r. dr.), en amont de Saint-Louis ; 4 370 km.

MISSOURI, État des États-Unis, sur la rive ouest du Mississippi ; 180 500 km^2 ; 6 113 532 hab. ; cap. *Jefferson City* ; v. princ. *Saint-Louis, Kansas City.*

MISTASSINI (lac), lac du Canada (Québec) ; 2 336 km^2. Il se déverse par le Rupert dans la baie James.

MISTI, volcan du Pérou, près d'Arequipa ; 5 822 m.

MISTINGUETT (Jeanne **Bourgeois,** dite), *Enghien-les-Bains 1875 - Bougival 1956*, artiste française de music-hall. Elle créa ou mena de multiples revues et triompha au Moulin-Rouge, aux Folies-Bergère et au Casino de Paris. Elle interpréta de nombreuses chansons à succès (*Mon homme*, 1920 ; *la Java*, 1922 ; *C'est vrai*, 1935).

MISTRA, village de Grèce (Péloponnèse), anc. cap. du *despotat de Mistra*. Il conserve de nombreux monuments byzantins (églises ornées de fresques des XIVe-XVe s., forteresse du XIIIe s.).

MISTRA ou **MORÉE** (despotat de), principauté fondée en 1348 par l'empereur Jean VI Cantacuzène au profit de son fils cadet, Manuel. Il comprenait tout le Péloponnèse byzantin. En 1383, il tomba entre les mains des Paléologues, qui le gardèrent jusqu'en 1460, date de la prise de Mistra par Mehmed II.

MISTRAL (Frédéric), *Maillane, Bouches-du-Rhône, 1830 - id. 1914*, écrivain français d'expression provençale. Poète (*Mireille**, *Calendal*, *les Îles d'or*), l'un des fondateurs du félibrige, il en reste le plus illustre représentant. (Prix Nobel 1904.)

Frédéric **Mistral.** ▶
Le Petit Journal, 25 déc. 1904.

MISTRAL (Lucila **Godoy Alcayaga,** dite Gabriela), *Vicuña 1889 - Hempstead, près de New York, 1957*, poétesse chilienne. Elle est l'auteure de recueils d'inspiration amoureuse, chrétienne et populaire (*Sonnets de la mort*, *Desolación*). [Prix Nobel 1945.]

MIT → **MASSACHUSETTS INSTITUTE OF TECHNOLOGY.**

MITANNI, Empire hourrite qui, du XVIe au XIVe s. av. J.-C., domina la haute Mésopotamie et la Syrie du Nord, et qui disparut sous les coups des Hittites et des Assyriens (XIIIe s. av. J.-C.).

MITAU, nom allemand de Jelgava*.

MITCHELL (mont), point culminant des Appalaches (États-Unis) ; 2 037 m.

MITCHELL (Arthur), *New York 1934 - id. 2018*, danseur et chorégraphe américain. Premier artiste noir à être engagé dans une compagnie américaine (New York City Ballet, 1955), il fonda (1969) la première troupe de ballet classique noire (Dance Theatre of Harlem).

MITCHELL (Claude **Moine,** dit Eddy), *Paris 1942*, chanteur français. Pionnier du rock and roll en France, avec son groupe les Chaussettes noires, il s'est aussi imposé dans un registre plus rhythm and blues (*la Dernière Séance* [où transparaît sa passion pour le cinéma], *Couleur menthe à l'eau*).

MITCHELL (Margaret), *Atlanta 1900 - id. 1949*, romancière américaine. Son roman *Autant en emporte le vent* (1936) a été adapté au cinéma par V. Fleming (1939).

MITCHOURINE (Ivan Vladimirovitch), *Verchina, gouvernement de Riazan, 1855 - Kozlov, auj. Mitchourinsk, 1935*, agronome russe. Ses idées sur l'hérédité générale des caractères acquis furent érigées en dogme par Lyssenko.

MITCHUM (Robert), *Bridgeport, Connecticut, 1917 - Santa Barbara, Californie, 1997*, acteur américain. Il a imposé de film en film son personnage d'aventurier désabusé, fataliste ou cynique : *Feux croisés* (E. Dmytryk, 1947), *la Nuit du chasseur* (C. Laughton, 1955).

MITHRA, grand dieu de l'Iran ancien qui s'apparente au Mitra indien de l'époque védique et qui fut particulièrement honoré dans l'Empire romain. Son culte se répandit à l'époque hellénistique en Asie Mineure, puis, au Ier s. av. J.-C., à Rome, où il prit une grande importance. Mithra était représenté coiffé d'un bonnet phrygien et sacrifiant un taureau (taurobole). Avec une initiation à sept degrés, des banquets sacrés et des sacrifices d'animaux, ce culte rivalisa un temps avec le christianisme.

MITHRIDATE ou **MITHRADATE,** nom de divers princes et souverains de l'époque hellénistique et romaine.

MITHRIDATE VI Eupator, dit **le Grand,** *v. 132 - Panticapée 63 av. J.-C.*, dernier roi du Pont (111 - 63 av. J.-C.). Il lutta contre la domination romaine en Asie : ses trois guerres (88 - 85, 83 - 81, 74 - 66) furent des échecs. Il tenta de s'empoisonner, mais, immunisé, il dut se faire tuer par un de ses soldats. Son histoire a inspiré une tragédie à Racine (1673).

MITIDJA n.f., plaine de l'Algérie centrale, aux riches cultures (agrumes, tabac, fourrages).

MITLA, centre cérémoniel des Zapotèques (Mexique, État d'Oaxaca), qui l'ont occupé de 900 à 1200. Il a été investi au XIIIe s. par les Mixtèques. Imposants vestiges. Murs extérieurs ornés de mosaïques de pierre.

MITO, v. du Japon (Honshu) ; 268 818 hab. Carrefour ferroviaire. Centre industriel.

MITRE (Bartolomé), *Buenos Aires 1821 - id. 1906*, homme politique et historien argentin. Il fut président de la République de 1862 à 1868.

MITRY-MORY (77290), comm. de Seine-et-Marne ; 19 963 hab. (*Mitryens*).

MITSCHERLICH (Eilhard), *Neuende, Oldenburg, 1794 - Schöneberg, auj. dans Berlin, 1863*, chimiste allemand. Il a énoncé la loi de l'isomorphisme, suivant laquelle deux corps possédant des formes cristallines semblables ont des structures chimiques analogues.

Mitsubishi, trust japonais. Créé en 1870, il occupe dans l'industrie japonaise une place de premier plan (constructions mécaniques, navales et aéronautiques, chimie, automobile, etc.).

MITTELLAND → **PLATEAU.**

Mittellandkanal, canal d'Allemagne, unissant l'Elbe au canal Dortmund-Ems.

MITTERRAND (François), *Jarnac 1916 - Paris 1996*, homme politique français. Député de la Nièvre, il est plusieurs fois ministre sous la IVe République. En 1965, candidat de la gauche à la présidence de la République, il met en ballottage le général de Gaulle. Premier secrétaire du Parti socialiste (1971), et l'un des instigateurs de l'union de la gauche, il est élu président de la République en mai 1981. Son premier septennat, commencé avec des gouvernements socialistes, s'achève par une période de cohabitation avec la droite (1986 - 1988). Réélu en 1988, il doit, à partir de 1993, s'engager dans une seconde période de cohabitation qui se termine avec la fin de son mandat en 1995.

▲ François **Mitterrand** en 1991.

MIXTÈQUES, peuple amérindien du Mexique (principalement État d'Oaxaca) [env. 300 000]. Les Mixtèques sont agriculteurs, catholiques et parlent le *mixtèque*. Ils peuplèrent le pays des Zapotèques, mais durent se défendre contre les Aztèques (XIe-XVIe s.). Les mosaïques de pierres en relief de leur capitale, Mitla, leur céramique polychrome, leur orfèvrerie et leurs codex attestent le raffinement de leur civilisation, qui a marqué celle des Aztèques.

MIYAKE (**Miyake Issei,** dit Issey), *Hiroshima 1938*, créateur de mode japonais. Nouveaux textiles et clarté de la coupe, inspirée du vêtement traditionnel japonais, confèrent à son œuvre son originalité.

MIYAZAKI, v. du Japon (Kyushu) ; 400 352 hab.

MIYAZAKI HAYAO, *Tokyo 1941*, cinéaste japonais. Par son goût de la féerie et la beauté de son graphisme, il est devenu l'un des maîtres du film d'animation (*Nausicaa de la vallée du vent*, 1984 ; *Mon voisin Totoro*, 1988 ; *Princesse Mononoké*, 1997 ; *le Voyage de Chihiro*, 2001 ; *le Château ambulant*, 2004 ; *Ponyo sur la falaise*, 2008 ; *Le vent se lève*, 2013).

MIZOGUCHI KENJI, *Tokyo 1898 - Kyoto 1956*, cinéaste japonais. Auteur de près de 100 films (*la Vie d'Oharu femme galante*, 1952 ; *les Contes de la lune vague après la pluie*, 1953), il peignit avec une sérénité déchirante la cruauté, l'humiliation et la déchéance.

MIZORAM, État du nord-est de l'Inde ; 21 000 km^2 ; 1 091 014 hab. ; cap. *Aijal*.

MJØSA, le plus grand lac de Norvège, au N. d'Oslo ; 360 km^2.

MLF (Mouvement de libération des femmes), mouvement féministe français créé en 1970. Il milite pour l'indépendance économique, sexuelle, politique et culturelle des femmes.

MNAM, sigle de musée national d'Art* moderne.

MNÉMOSYNE MYTH. GR. Déesse de la Mémoire et mère des Muses.

MNÉSICLÈS, architecte grec du Ve s. av. J.-C. Il a construit les propylées de l'Acropole d'Athènes.

MNOUCHKINE (Ariane), *Boulogne-sur-Seine 1939*, metteuse en scène de théâtre française. Actrice, animatrice du Théâtre du Soleil*, elle renouvelle le rapport entre comédien et texte, public et scène (*1789*, *1971* ; *l'Âge d'or*, 1975). Après un film sur Molière (1978), elle s'inspire des codes théâtraux extrême-orientaux ou indiens pour monter des œuvres classiques (Shakespeare, cycle des Atrides) ou contemporaines (drames de H. Cixous : *Tambours sur la digue*, 1999). Suivent *les Éphémères* (2006), exploration de l'intime, *les Naufragés du fol espoir* (2010), d'après J. Verne, et *Une chambre en Inde* (2016), questionnement sur le théâtre face au chaos du monde.

MOAB, personnage biblique. Ancêtre éponyme du peuple des Moabites, fils de Lot.

MOABITES, peuple nomade établi à l'est de la mer Morte (XIIIe s. av. J.-C.). Apparentés aux Hébreux, ils entrèrent souvent en conflit avec eux. Ils furent absorbés aux IIIe-IIe s. av. J.-C. par les Nabatéens.

MOBILE, v. des États-Unis (Alabama), sur la *baie de Mobile* ; 194 675 hab. (412 992 hab. dans l'agglomération). Port de commerce. Aérospatiale et aéronautique. – Musées.

MÖBIUS (August Ferdinand), *Schulpforta 1790 - Leipzig 1868*, mathématicien allemand. Pionnier de la topologie, il découvrit une surface à un seul côté (*ruban de Möbius*).

MOBUTU (Sese Seko), *Lisala 1930 - Rabat 1997*, maréchal et homme politique zaïrois. Colonel et chef d'état-major (1960), il se proclama président de la République à la suite d'un coup d'État en 1965. Régulièrement réélu mais de plus en plus fortement contesté, il fut chassé du pouvoir en 1997.

◀ Sese Seko **Mobutu**

Moby Dick, roman de H. Melville (1851). C'est le récit du combat symbolique entre une baleine blanche (Moby Dick) et le capitaine Achab. – Il a inspiré plusieurs films, notamm. celui de J. Huston (*Moby Dick*, 1956).

MOCENIGO, famille de Venise, qui a fourni cinq doges à la République de 1474 à 1778.

MOCHE ou **MOCHICA,** culture précolombienne qui s'est développée du IIe s. av. J.-C. au VIIe s. apr. J.-C. sur la côte nord du Pérou, dans la vallée de Moche. Elle a laissé nombre de vestiges : pyramides à degrés, installations hydrauliques, riches nécropoles abritant une céramique ornée, véritable illustration de la vie quotidienne.

MOCKEL (Albert), *Ougrée 1866 - Ixelles 1945*, écrivain belge de langue française. Théoricien du symbolisme, il est l'auteur d'une poésie minutieuse et parfois précieuse, sensible aux décors lumineux (*Clartés*, *la Flamme immortelle*).

MOCTEZUMA II ou **MONTEZUMA II,** *Mexico 1466 - id. 1520*, 9e empereur aztèque (1502 - 1520).

MODANE (73500), bur. centr. de cant. de la Savoie, sur l'Arc ; 3 314 hab. (*Modanais*). Gare internationale à l'entrée du tunnel du Fréjus. Soufflerie.

MODEL (Walter), *Genthin 1891 - près de Duisburg 1945*, maréchal allemand. Commandant en chef du front ouest d'août à septembre 1944, puis d'un groupe d'armées de ce même front, il se suicida après avoir capitulé.

MoDem (Mouvement démocrate) → **UDF.**

MODÈNE, en ital. **Modena,** v. d'Italie (Émilie-Romagne), ch.-l. de prov. ; 180 006 hab. Université. Constructions mécaniques. – Cathédrale entreprise en 1099 (sculptures romanes), à la haute tour du XIIIe s. ; autres monuments et musées, dont la Galerie d'Este. – Le *duché de Modène*, érigé en 1452, fut supprimé par Bonaparte en 1796. Reconstitué en 1814 au profit d'un Habsbourg, il vota sa réunion au Piémont en 1860.

MODESTO, v. des États-Unis (Californie), à l'E. de San Francisco ; 209 286 hab. (514 453 hab. dans l'agglomération).

MODI (Narendra), *Vadnagar, Gujerat, 1950*, homme politique indien. Leader du parti du Peuple indien (BJP), chef du gouvernement du Gujerat de 2001 à 2014, il est Premier ministre de l'Inde depuis 2014.

◄ Narendra **Modi**

MODIANO (Patrick), *Boulogne-Billancourt 1945*, écrivain français. Ses romans, mêlant histoire intime et fiction, expriment une quête de l'identité à travers l'exploration d'un passé douloureux – notamm. celui du Paris de l'Occupation – ou énigmatique (*la Place de l'Étoile*, 1968 ; *Rue des boutiques obscures*, 1978 ; *Dora Bruder*, 1997 ; *Un pedigree*, 2005 ; *Dans le café de la jeunesse perdue*, 2007 ; *Souvenirs dormants*, 2017). [Prix Nobel 2014.]

▲ Patrick **Modiano**

MODIGLIANI (Amedeo), *Livourne 1884 - Paris 1920*, peintre italien de l'école de Paris. Son œuvre, vouée à la figure humaine, se distingue par une stylisation hardie de la ligne.

MODIGLIANI (Franco), *Rome 1918 - Cambridge, Massachusetts, 2003*, économiste américain d'origine italienne. Il est notamm. à l'origine de la notion de cycle de vie, selon laquelle la consommation et l'épargne des individus varient en fonction de l'âge et du statut. (Prix Nobel 1985.)

MOEBIUS → **GIRAUD** (Jean).

MOËLAN-SUR-MER (29350), bur. centr. de cant. du Finistère ; 7 021 hab. *(Moëlanais)*.

MŒRIS, lac de l'anc. Égypte, dans le Fayoum. C'est l'actuel lac Karoun.

MOERO ou **MWERU,** lac d'Afrique, entre la Rép. dém. du Congo (ex-Zaïre, région du Katanga) et la Zambie ; 4 340 km².

MOGADISCIO, en somali **Muqdisho,** cap. de la Somalie, sur l'océan Indien ; 2 014 000 hab. dans l'agglomération. Ville auj. dévastée par des années de guerre.

MOGADOR → **ESSAOUIRA.**

MOGHOLS (Grands), dynastie musulmane d'origine turque, qui régna sur l'Inde de 1526 à 1857. Fondée par Baber, elle compta deux empereurs exceptionnels, Akbar* et Aurangzeb*. – On leur doit un style d'architecture islamique qui atteignit son apogée sous le règne de Chah Djahan (de 1628 à 1657), caractérisé par des édifices en marbre blanc (Tadj Mahall), grès rouge (fort de Delhi), où arcs polylobés et ajours sculptés sont associés aux incrustations de pierres fines des coupoles bulbeuses.

MOGODS (monts des), région montagneuse et boisée de la Tunisie septentrionale.

MOGOLLON, site archéologique des États-Unis, à 270 km au S.-O. d'Albuquerque (Nouveau-Mexique). Il est éponyme d'une tradition culturelle amérindienne (300 av. J.-C. à 1500 apr. J.-C.) célèbre pour son architecture appareillée et sa céramique dite « Mimbres ».

MOGUILEV, v. de Biélorussie, sur le Dniepr ; 358 279 hab. Métallurgie.

Mohács (bataille de) [29 août 1526], bataille au cours de laquelle Soliman le Magnifique vainquit Louis II, roi de Hongrie, à Mohács (Hongrie), sur le Danube.

MOHAMMADIA (El-), anc. **Perrégaux,** v. d'Algérie, à l'E. d'Oran ; 84 700 hab.

MOHAMMAD REZA ou **MUHAMMAD RIZA,** *Téhéran 1919 - Le Caire 1980*, chah d'Iran (1941 - 1979), de la dynastie Pahlavi. Il fut renversé par la révolution islamique (1979).

MOHAMMED → **MUHAMMAD.**

MOHAMMEDIA, anc. **Fédala,** v. du Maroc ; 208 612 hab. Port. Raffinerie de pétrole.

MOHAVE ou **MOJAVE** (désert), région désertique des États-Unis, dans le sud-est de la Californie.

MOHAVE, peuple amérindien des États-Unis (réserves en Arizona et en Californie), de langue uto-aztèque.

MOHAWK n.f., riv. des États-Unis (New York), affl. de l'Hudson (r. dr.) ; 238 km. Sa vallée est suivie par le canal Érié.

MOHAWKS, peuple amérindien du Canada (Québec, Ontario) et des États-Unis (État de New York), une des nations dont se composent les Iroquois* (env. 25 000).

MOHÉLI → **MOILI.**

MOHENJO-DARO, site archéologique du Pakistan (Sind). Il abrite les vestiges de l'une des villes protohistoriques les plus importantes de la civilisation de l'Indus*. Musée.

MOHICAN, peuple algonquien du Connecticut, auj. disparu mais préservé de l'oubli par le titre d'un roman de J. F. Cooper*.

MOHOLY-NAGY (László), *Bácsborsód 1895 - Chicago 1946*, plasticien hongrois. Professeur au Bauhaus de 1923 à 1928, il fonda en 1939 l'Institute of Design de Chicago. Constructiviste, précurseur du cinétisme, il a utilisé toutes les techniques (dessin, peinture, photo, assemblage, cinéma).

MOHOROVIČIĆ (Andrija), *Volosko 1857 - Zagreb 1936*, géophysicien croate. Il a découvert en 1909 l'existence d'une zone de transition entre la croûte et le manteau terrestres (*moho*, ou *discontinuité de Mohorovičić*).

MOÏ, terme péjoratif (« sauvages ») qui désignait des populations anciennes et minoritaires (Mnong, Gia-Rai, Ba-Na, Ê-Dê, etc.) vivant sur les hauts plateaux du centre du Viêt Nam et du sud du Laos.

MOI (Daniel Arap), *Sacho 1924*, homme politique kényan, président de la République de 1978 à 2002.

MOILI, anc. **Mohéli,** l'une des Comores.

MOIRE, en gr. **Moira** MYTH. GR. Divinité personnifiant le Destin. Les trois sœurs, Clotho, Lachésis et Atropos, qui président à la naissance, à la vie et à la mort des humains sont aussi appelées les *Moires* ; ce sont les Parques* latines.

MOÏSE, en hébr. **Moshé,** personnage biblique, libérateur et législateur d'Israël (XIIIe s. av. J.-C.). La Bible le présente comme le chef charismatique qui a donné aux Hébreux leur patrie, leur religion et leur loi. Né en Égypte, il fut l'âme de la résistance à l'oppression que subissaient les Hébreux : il les fit sortir d'Égypte (l'Exode, v. 1250) et unit leurs divers groupes en un même peuple autour du culte de Yahvé. Il posa les éléments de base de la Loi (Torah).

▲ **Modigliani.** *Femme aux yeux bleus*, 1918. (Musée d'Art moderne de la Ville de Paris.)

▲ **Moïse.** Sculpture de Michel-Ange, v. 1515. (Église S. Pietro in Vincoli, Rome.)

MOISSAC (82200), bur. centr. de cant. de Tarn-et-Garonne, sur le Tarn ; 12 929 hab. *(Moissagais)*. Chasselas. – Abbatiale des XIIe et XVe s., avec célèbre portail roman (tympan de l'Apocalypse) et cloître aux chapiteaux historiés ; musée.

MOISSAN (Henri), *Paris 1852 - id. 1907*, chimiste français. Il a développé l'usage du four électrique pour la préparation des oxydes métalliques et des ferroalliages, et isolé le fluor. (Prix Nobel 1906.)

MOÏSSEÏEV (Igor), *Kiev 1906 - Moscou 2007*, danseur et chorégraphe russe. Fondateur (1937) de la troupe de danse de caractère la plus importante de l'ex-URSS, célèbre dans le monde entier sous le nom de Ballet Moïsseïev, il a réglé de nombreuses chorégraphies (*Jok*, 1971).

MOISSY-CRAMAYEL (77550), comm. de Seine-et-Marne ; 17 759 hab. *(Moisséens)*. Aéronautique.

MOITESSIER (Bernard), *Hanoï 1925 - Issy-les-Moulineaux 1994*, navigateur français. Les récits des traversées de ce marin atypique, épris de liberté, sont devenus des classiques de la littérature maritime (dont *la Longue Route*, 1972, où il raconte le tour du monde et demi qu'il fit en 1968 - 1969, sans escale, à bord de son ketch *Joshua*).

MOIVRE (Abraham de), *Vitry-le-François 1667 - Londres 1754*, mathématicien britannique d'origine française. Il précisa les principes du calcul des probabilités et introduisit la trigonométrie des quantités imaginaires, énonçant implicitement la formule qui porte son nom.

MOJAVE (désert) → **MOHAVE** (désert).

MOKA, en ar. **al-Mukhā,** v. du Yémen, sur la mer Rouge ; 122 359 hab. Port. – On y exportait un café renommé aux XVIIe et XVIIIe s.

MOKPO, v. de Corée du Sud, sur la mer Jaune ; 247 452 hab. Port.

MOL, comm. de Belgique (prov. d'Anvers) ; 35 089 hab. Centre d'études nucléaires.

MOLAY (Jacques de), *Molay, Franche-Comté, v. 1243 - Paris 1314*, dernier grand maître des Templiers. Il défendit son ordre contre Philippe le Bel, qui le fit torturer, l'emprisonna pendant six ans et l'envoya au bûcher.

MOLDAU n.f., nom allemand de la Vltava*.

MOLDAVIE, en roum. **Moldova,** région d'Europe orientale, auj. partagée entre la Roumanie et la *république de Moldavie*.

HISTOIRE **1352 - 1354 :** Louis Ier d'Anjou, roi de Hongrie, crée la marche de Moldavie. **1359 :** celle-ci s'émancipe de la tutelle de la Hongrie sous l'égide de Bogdan Ier. **1538 :** la Moldavie devient un État autonome vassal de l'Empire ottoman. **1774 :** elle est placée sous la protection de la Russie. **1775 :** l'Autriche annexe la Bucovine. **1812 :** la Russie se fait céder la Bessarabie. **1859 :** Alexandre Cuza est élu prince de Moldavie et de Valachie. **1862 :** l'union de ces deux principautés est proclamée définitive. Le nouvel État prendra le nom de Roumanie. **1918 - 1940 :** la Bessarabie est rattachée à la Roumanie.

MOLDAVIE n.f., en roum. **Moldova,** État d'Europe orientale, entre la Roumanie et l'Ukraine ; 34 000 km^2 ; 3 487 000 hab. *(Moldaves).* **CAP.** *Chişinău.* **LANGUE :** *roumain.* **MONNAIE :** *leu moldave.*

GÉOGRAPHIE Le pays, enclavé, est peuplé pour les deux tiers de Moldaves de souche (mais avec de notables minorités, ukrainienne, russe et gagaouze). Le climat, assez doux et humide, est propice à l'élevage (bovins et porcins) et surtout aux cultures (céréales, betteraves, fruits et légumes, vins). L'industrie (agroalimentaire, constructions mécaniques) souffre du manque de matières premières, énergétiques notamment.

HISTOIRE **1917 :** la Bessarabie, qui relevait depuis 1812 de l'Empire russe, proclame son indépendance en tant que république de Moldavie. **1918 :** cette république est rattachée à la Roumanie. **1924 :** les Soviétiques créent, sur la rive droite du Dniestr, une république autonome de Moldavie, rattachée à l'Ukraine. **1940 :** conformément au pacte germano-soviétique, les Soviétiques annexent la Bessarabie, dont le sud est rattaché à l'Ukraine. Le reste de la Bessarabie et une partie de la république autonome de Moldavie forment, au sein de l'URSS, la république socialiste soviétique de Moldavie. **1941 - 1944 :** celle-ci est occupée par la Roumanie alliée à l'Allemagne. **1991 :** le Soviet suprême de Moldavie proclame l'indépendance du pays (août), qui adhère à la CEI (présidé, jusqu'en 1997, par Mircea Snegur). **1992 :** après la sécession, non reconnue, de la Transnistrie en 1990, de violents combats se produisent dans cette région, peuplée de russophones. **1994 :** les Moldaves se prononcent par référendum pour le maintien d'un État indépendant. Une nouvelle Constitution octroie l'autonomie à la Transnistrie et à la minorité gagaouze. **1997 - 2001 :** Petru Lucinschi est président de la République. **2001 - 2009 :** Vladimir Voronine lui succède. **2009 - 2012 :** les multiples tentatives pour élire un nouveau chef de l'État se soldant par autant d'échecs, le pays est dirigé à titre intérimaire par les présidents du Parlement. **2012 :** Nicolae Timofti est élu président de la République. **2014 :** signature d'un accord d'association avec l'Union européenne. Depuis, la Moldavie reste tiraillée entre proeuropéens et prorusses sur fond de scandales politico-financiers. **2016 :** le prorusse Igor Dodon est élu à la tête de l'État.

MOLÉ (Louis Mathieu, comte), *Paris 1781 - Champlâtreux 1855,* homme politique français. Un des chefs du parti de la Résistance, il fut président du Conseil (1836 - 1839). [Acad. fr.]

MOLÉ (Mathieu), *Paris 1584 - id. 1656,* magistrat français. Président au parlement de Paris, garde des Sceaux, il joua le rôle de conciliateur entre la Régente et le parlement pendant la Fronde.

MOLENBEEK-SAINT-JEAN, en néerl. **Sint-Jans-Molenbeek,** comm. de Belgique (Bruxelles-Capitale), banlieue ouest de Bruxelles ; 94 653 hab.

MOLÈNE (île) [29259], île et comm. du Finistère, entre Ouessant et la pointe Saint-Mathieu ; 189 hab. *(Molénais).*

MOLFETTA, v. d'Italie (Pouilles), sur l'Adriatique ; 60 542 hab. Port. – Cathédrale des XIIe-XIIIe s.

MOLIÈRE (Jean-Baptiste Poquelin, dit), *Paris 1622 - id. 1673,* auteur dramatique français. Fils d'un tapissier, il va chez les jésuites au collège de Clermont, puis fait des études de droit, avant de se tourner vers le théâtre. Il crée avec une famille de comédiens, les Béjart, l'Illustre-Théâtre (1643), qui n'a pas de succès. Il dirige alors pendant quinze ans (1643 - 1658) une troupe ambulante qui interprète ses premières comédies, inspirées de la farce italienne *(l'Étourdi,* 1655 ; *le Dépit amoureux,* 1656). À partir de 1659, installé à Paris, protégé de Louis XIV, il donne pour les divertissements de la Cour ou pour le public parisien de nombreuses pièces en vers ou en prose : comédies-ballets, comédies pastorales, comédies héroïques, comédies de caractère. Acteur et directeur de troupe, il crée véritablement la mise en scène et dirige avec précision le jeu des acteurs. Il joue, en tant qu'auteur, sur toute la gamme des effets comiques, de la farce la plus bouffonne jusqu'à la psychologie la plus élaborée. Les pièces où, s'attaquant à un vice de l'esprit ou de la société, il campe des personnages qui forment des types, sont de véritables chefs-d'œuvre. Ses principales comédies sont *les Précieuses* ridicules* (1659) ; *l'École des maris, les Fâcheux* (1661) ; *l'École des femmes* (1662) ; *Dom Juan* (→ **Don Juan**), *l'Amour médecin* (1665) ; *le Misanthrope*, le Médecin malgré lui* (1666) ; *Amphitryon, George Dandin, l'Avare** (1668) ; *le Tartuffe*, Monsieur de Pourceaugnac* (1669) ; *le Bourgeois* gentilhomme* (1670) ; *les Fourberies de Scapin*, la Comtesse d'Escarbagnas* (1671) ; *les Femmes savantes* (1672) ; *le Malade* imaginaire* (1673). Molière meurt quelques heures après la quatrième représentation de cette pièce.

▲ **Molière** par P. Mignard. (Musée Condé, Chantilly.)

MOLINA (La), station de sports d'hiver (alt. 1 700 - 2 537 m) d'Espagne (Catalogne), dans les Pyrénées.

MOLINA (Luis), *Cuenca 1535 - Madrid 1601,* jésuite espagnol. Son ouvrage sur le libre arbitre (1588) est à l'origine d'une doctrine sur la grâce, le *molinisme,* que les jansénistes combattirent en l'accusant de laxisme.

MOLINOS (Miguel de), *Muniesa, Teruel, 1628 - Rome 1696,* théologien et mystique espagnol. Chef d'une école de spiritualité soupçonnée d'être à l'origine du quiétisme, il fut condamné notamment pour son œuvre principale, le *Guide spirituel,* et mourut dans les prisons de l'Inquisition.

MOLISE, région de l'Italie péninsulaire ; 310 449 hab. ; cap. *Campobasso* ; 2 prov. *(Campobasso* et *Isernia).*

MOLITG-LES-BAINS [mɔlitʃ-] (66500), comm. des Pyrénées-Orientales ; 231 hab. Station thermale.

MOLITOR (Gabriel Jean Joseph, comte), *Hayange 1770 - Paris 1849,* maréchal de France. Il défendit la Hollande en 1813, commanda en Espagne et fut fait maréchal par Louis XVIII (1823).

MOLLET (Guy), *Flers 1905 - Paris 1975,* homme politique français. Secrétaire général de la SFIO de 1946 à 1969, il a été président du Conseil en 1956 - 1957. Son gouvernement réalisa des réformes sociales et dut faire face à l'aggravation de la guerre d'Algérie et à la crise de Suez.

MOLLIEN (François Nicolas, comte), *Rouen 1758 - Paris 1850,* homme politique français. Il fut ministre du Trésor sous l'Empire (1806 - 1814 et mars-juin 1815).

MOLNÁR (Ferenc), *Budapest 1878 - New York 1952,* écrivain hongrois, auteur de romans *(les Garçons de la rue Pál)* et de comédies *(Liliom).*

MOLOCH, divinité cananéenne mentionnée dans la Bible et liée à la pratique de sacrifices d'enfants. On pense auj. que ce terme désigne ces sacrifices plutôt que le dieu lui-même.

MOLOSSES, anc. peuple de l'Épire, au nord du golfe d'Ambracie (auj. Árta).

MOLOTOV (Viatcheslav Mikhaïlovitch **Skriabine,** dit), *Koukarki 1890 - Moscou 1986,* homme politique soviétique. Membre du Politburo (1926), commissaire du peuple aux Affaires étrangères (1939 - 1949 et 1953 - 1957), il signa le pacte germano-soviétique (1939). Premier vice-président du Conseil des commissaires du peuple (puis des ministres) de 1941 à 1957, il fut écarté du pouvoir en 1957 après avoir participé à la tentative d'élimination de Khrouchtchev.

MOLSHEIM (67120), ch.-l. d'arrond. du Bas-Rhin, sur la Bruche ; 9 513 hab. *(Molshémiens* ou *Molsheimois).* Aéronautique. – Monuments des XVe-XVIIe s. ; musée dans l'anc. chartreuse.

MOLTKE (Helmuth, comte **von**), *Parchim 1800 - Berlin 1891,* maréchal prussien. Disciple de Clausewitz, chef du grand état-major de 1857 à 1888, il fut le créateur de la stratégie prussienne. Il commanda en 1864 lors de la guerre des Duchés, en 1866 durant la guerre austro-prussienne, en 1870 - 1871 pendant la guerre franco-allemande. — **Helmuth Johannes,** comte **von M.,** *Gersdorff 1848 - Berlin 1916,* général allemand. Neveu du maréchal von Moltke, chef de l'état-major allemand de 1906 à 1914, il fut battu sur la Marne.

MOLUQUES (îles), archipel d'Indonésie, séparé de Célèbes par la mer de Banda et la *mer des Moluques* ; 75 000 km^2 ; 2 566 882 hab. Les principales îles sont Halmahera, Ceram et Ambon.

MoMA, sigle de Museum* of Modern Art.

MOMBASA ou **MOMBASSA,** v. du Kenya, dans l'*île de Mombasa* ; 940 333 hab. Principal port du pays.

MOMMSEN (Theodor), *Garding 1817 - Charlottenburg 1903,* historien allemand. Par ses études d'épigraphie et de philologie et par son *Histoire romaine* (1854-1885), il a renouvelé l'étude de l'Antiquité latine. (Prix Nobel 1902.)

MOMPÓS, v. de Colombie, sur le río Magdalena ; 43 805 hab. Ville fondée au XVIe s., admirablement préservée.

MØN, île danoise, au S.-E. de Sjaelland.

▲ **Monaco.** Le Rocher.

MONACO n.m., État d'Europe, sur la Méditerranée ; 2 km^2 ; 38 000 hab. *(Monégasques).* **CAP.** *Monaco.* **LANGUE :** *français.* **MONNAIE :** *euro.* La principauté de Monaco est enclavée dans le dép. français des Alpes-Maritimes. Centre touristique. Casino. Musée océanographique et Nouveau Musée national de Monaco.

INSTITUTIONS Monarchie constitutionnelle. Constitution de 1962, révisée en 2002. Le prince exerce le pouvoir exécutif avec le ministre d'État (chef du gouvernement), qu'il nomme en accord avec le gouvernement français, et partage le pouvoir législatif avec le Conseil national, élu pour 5 ans.

HISTOIRE Colonie phénicienne dans l'Antiquité, la ville échoit en 1297 à la famille Grimaldi, mais, enjeu des querelles génoises entre guelfes et gibelins, elle ne lui revient définitivement qu'en 1419. En 1512, la France reconnaît son indépendance. En fait, la principauté s'est toujours trouvée dans l'orbite de la France, avec laquelle elle a constitué

Monaco — masse bâtie — monument — circuit du grand prix

une union douanière (1865). En 1911, un régime libéral y remplace l'absolutisme. Rainier III, prince de Monaco de 1949 à 2005, préside à l'adoption, en 1962, d'une nouvelle Constitution et, en 1993, la principauté est admise à l'ONU. À la mort de Rainier III (2005), son fils lui succède sous le nom d'Albert II.

Monadologie (la), ouvrage de Leibniz, écrit en français en 1714, dans lequel l'auteur expose l'ensemble de sa métaphysique (théorie des monades, de l'harmonie préétablie, etc.).

MONASTIR, v. de Tunisie, sur le golfe de Hammamet ; 104 535 hab. Port. – Ribat (couvent fortifié) de 796 ; Grande Mosquée, casbah des IXe-Xe s.

MONASTIR, nom anc. de Bitola* (Macédoine du Nord). Victoire franco-serbe contre les Bulgares (1916).

MONATTE (Pierre), *Monlet 1881 - Paris 1960,* syndicaliste français. L'un des leaders du syndicalisme révolutionnaire, fondateur de *la Vie ouvrière* (1909).

MONBAZILLAC (24240), comm. de la Dordogne ; 969 hab. *(Monbazillacois).* Vins blancs. – Château du XVIe s. (musée).

MONCEY (Bon Adrien **Jeannot de**), duc de **Conegliano,** *Moncey, Doubs, 1754 - Paris 1842,* maréchal de France. Il se distingua en Espagne (1794 et 1808) et défendit Paris en 1814. Il devint gouverneur des Invalides en 1833.

MÖNCH (« le Moine »), sommet de Suisse, dans les Alpes bernoises ; 4 099 m. Il fut gravi en 1857 par S. Porges, U. Kauffmann et C. Almer.

MÖNCHENGLADBACH, v. d'Allemagne (Rhénanie-du-Nord-Westphalie), à l'O. de Düsseldorf ; 255 188 hab. Métallurgie. – Musée d'Art moderne.

MONCK ou **MONK** (George), duc **d'Albemarle,** *Potheridge 1608 - White Hall 1670,* général anglais. Lieutenant de Cromwell, il combattit les royalistes. Maître du pays après la mort de ce dernier (1658), il prépara le retour de Charles II (1660).

MONCTON, v. du Canada (Nouveau-Brunswick) ; 71 889 hab. Université (Musée acadien). Archevêché.

MONDE, ensemble des terres émergées (près de 150 millions de km²), réparties essentiellement (Antarctique exclu) en 195 États indépendants – avec le Kosovo et sans Taïwan –, dont la superficie varie de moins de 1 km² (Vatican) à plus de 17 millions de km² (Russie).

Monde (le), quotidien français du soir, fondé en 1944 par Hubert Beuve-Méry. Il figure dans les premiers rangs de la presse française.

MONDEGO n.m., fl. du Portugal central, qui se jette dans l'Atlantique ; 225 km.

MONDEVILLE (14120), comm. du Calvados ; 10 003 hab. *(Mondevillais).* Industrie automobile.

MONDOR (Henri), *Saint-Cernin, Cantal, 1885 - Neuilly-sur-Seine 1962,* chirurgien et écrivain français. Il est l'auteur de traités de chirurgie et d'ouvrages de critique littéraire, surtout consacrés à Mallarmé. (Acad. fr.)

MONDORF-LES-BAINS, comm. du Luxembourg ; 4 393 hab. Station thermale sur l'Albach.

MONDRIAN (Pieter Cornelis **Mondriaan,** dit Piet), *Amersfoort 1872 - New York 1944,* peintre néerlandais. L'exemple du cubisme analytique le fait passer d'une figuration à la Van Gogh à une abstraction géométrique qui, à travers l'ascèse spirituelle du *néoplasticisme* et la fondation de De Stijl*, parvient à une extrême rigueur (jeu des trois couleurs primaires, du blanc et du gris sur une trame orthogonale de lignes noires). Il vit à Paris de 1919 à 1938, puis à New York, où son style évolue (*New York City I,* 1942, MNAM, Paris).

MONEIN (64360), comm. des Pyrénées-Atlantiques ; 4 585 hab. Gaz naturel.

MONEO (Rafael), *Tudela, Navarre, 1937,* architecte espagnol. Entre tradition et innovation, ses ouvrages (musée d'Art romain de Mérida, 1980-1986 ; Kursaal [auditorium et palais des Congrès] de Saint-Sébastien, 1991-1999) mettent en valeur l'environnement urbain. Il a conçu la rénovation et l'extension du musée du Prado (2002-2007). [Prix Pritzker 1996.]

MONET (Claude), *Paris 1840 - Giverny, Eure, 1926,* peintre français. C'est du titre de son tableau *Impression, soleil levant* (1872, musée Marmottan-Monet, Paris) qu'est venu le nom d'impressionnisme*, école dont il est le représentant le plus typique : *Femmes au jardin* (1867), *le Déjeuner* (v. 1873), musée d'Orsay ; *la Grenouillère* (1869), New York ; paysages d'Argenteuil et de Vétheuil ; séries des « Gare Saint-Lazare » (1877), « Meules » (1890), « Peupliers » (1891) et « Cathédrale de Rouen » (1892-1894) observés aux différentes heures du jour ; « Nymphéas* » de Giverny.

MONFORT (Silvia), *Paris 1923 - id. 1991,* comédienne et directrice de théâtre française. Figure du théâtre populaire (TNP), elle explora tous les répertoires de la tragédie, de l'antique au contemporain (interprète magistrale de Corneille et de Racine). À partir des années 1970, elle apporta un souffle novateur à la direction théâtrale et contribua au renouveau du cirque et du mime.

MONFREID (Henri **de**), *Leucate 1879 - Ingrandes, Indre, 1974,* écrivain français. Ses récits de voyages et ses romans sont nourris de sa vie aventureuse en Éthiopie et dans la mer Rouge (*les Secrets de la mer Rouge,* 1932 ; *Pilleurs d'épaves,* 1955 ; *Testament de pirate,* 1963).

MONGE (Gaspard), comte **de Péluse,** *Beaune 1746 - Paris 1818,* mathématicien français.

▲ Piet **Mondrian.** *Composition dans le losange avec jaune, noir, bleu, rouge et gris,* 1921. (The Art Institute of Chicago.)

Il accompagna Bonaparte en Égypte. Créateur de la géométrie descriptive, il prit une part active à la fondation de l'École normale supérieure et de l'École polytechnique. Ses cendres ont été transférées au Panthéon en 1989.

MONGIE (La), station de sports d'hiver (alt. 1 800 - 2 500 m) des Hautes-Pyrénées (comm. de Bagnères-de-Bigorre), sur la route du Tourmalet.

MONGKUT ou **RAMA IV,** *Bangkok 1804 - id. 1868,* roi de Siam (1851 - 1868). Il ouvrit son pays à l'influence étrangère et le sauva de la colonisation en renonçant au Cambodge, au Laos et à la Malaisie.

MONGO, ensemble de peuples de la forêt de la Rép. dém. du Congo, de langue bantoue.

MONGOLIE n.f., région de l'Asie centrale, souvent aride, aux étés chauds, mais aux hivers très rigoureux, correspondant au désert de Gobi et à sa bordure montagneuse (Grand Khingan, Altaï, Tian Shan). Une partie forme l'État indépendant de *Mongolie,* tandis que l'autre constitue la région autonome chinoise de *Mongolie-Intérieure.*

MONGOLIE n.f., anc. **Mongolie-Extérieure,** État d'Asie centrale, entre la Russie et la Chine ; 1 565 000 km² ; 2 839 000 hab. *(Mongols).* **CAP.** *Oulan-Bator.* **LANGUE :** *mongol (khalkha).* **MONNAIE :** *tugrik.*

GÉOGRAPHIE S'étendant sur la partie septentrionale de la Mongolie, c'est un vaste pays, au climat aride, avec des hivers très rudes. L'élevage (ovins surtout), activité traditionnelle, demeure une ressource importante. Le pays possède de vastes réserves minérales et énergétiques (cuivre, or, fer, charbon, uranium), dont l'exploitation, en plein essor, a été ralentie par le faible cours des matières premières. La population, peu nombreuse, est auj. en majeure partie sédentarisée et même urbanisée.

▲ Claude **Monet.** *Impression, soleil levant,* 1872. (Musée Marmottan-Monet, Paris.)

HISTOIRE Autonome en 1911, la Mongolie-Extérieure, aidée à partir de 1921 par la Russie soviétique, devient une république populaire en 1924 et accède à l'indépendance en 1945. Elle est dirigée successivement par Khorlogyn Tchoibalsan (1939 - 1952), puis par Yumjaagyn Tsedenbal (1952 - 1984) et Jambyn Batmönkh (1984 - 1990). **1990 :** la conduite du pays est confiée à Punsalmaagyn Otshirbat. Le parti unique (Parti populaire révolutionnaire mongol, ou PPRM) renonce au monopole du pouvoir. **1992 :** une nouvelle Constitution consacre l'abandon de la référence au marxisme-léninisme. **1993 :** la première élection présidentielle au suffrage universel confirme P. Otshirbat, passé à l'opposition démocratique, à la tête de l'État. **1997 :** Natsagyn Bagabandi (PPRM) est élu à la présidence. **2005 :** Nambaryn Enkhbayar (PPRM) lui succède. **2009 :** Tsakhiagyn Elbegdorj (Alliance démocratique) accède à la tête du pays (réélu en 2013). **2017 :** Khaltmaa Battulga (Parti démocrate) lui succède.

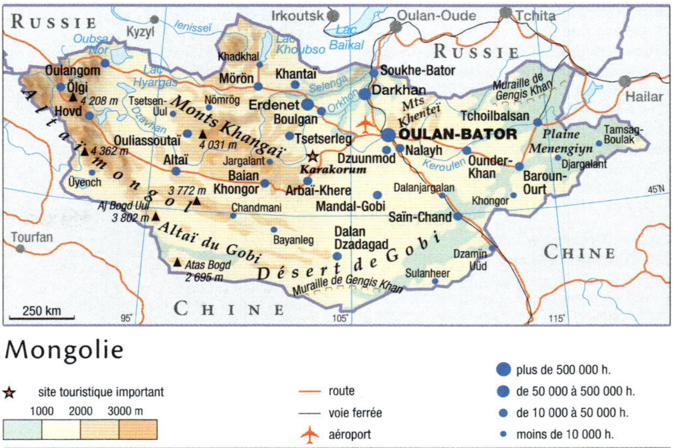

Mongolie

MONGOLIE-INTÉRIEURE, région autonome de la Chine septentrionale ; 1 200 000 km² ; 24 706 291 hab. ; cap. *Houhehot*. Charbon et minerai de fer.

MONGOLS, ensemble de peuples apparentés vivant en Mongolie, en Chine et en Russie (env. 8 millions). En majorité bouddhistes lamaïstes, très sédentarisés (avec une notable survivance du pastoralisme en Mongolie), ils parlent les langues de la branche mongole de la famille altaïque : tchakhar, khalkha, oïrat, kalmouk, bouriate, etc. Les Mongols sont les héritiers des grandes confédérations nomades (Xiongnu, Xianbei, Ruanruan) mêlant « Proto-Turcs » et « Proto-Mongols » qui dominèrent la haute Asie durant le Iᵉʳ millénaire de notre ère. Ils s'installent au XIIᵉ s. sur le haut plateau mongol, succédant aux Kitans (eux-mêmes des Proto-Mongols). En 1206, Gengis Khan fédère les diverses tribus nomades mongoles et turques de haute Asie, puis étend ses conquêtes jusqu'à constituer le plus vaste empire qui ait jamais existé : conquête de la Chine du Nord (1211 - 1216), du Kharezm et de la Transoxiane (1219 - 1221), du Khorasan et de l'Afghanistan (1221 - 1222) par Gengis Khan ; campagnes de Batu Khan en Russie et en Hongrie (1236 - 1242) ; soumission de l'Iran, de l'Iraq et de la Syrie par Hulagu (1256 - 1260) ; conquête de la Chine du Sud (1236 - 1279) achevée par Kubilay Khan. L'empire ainsi constitué est gouverné par le grand khan. Il se transforme à la fin du XIIIᵉ s. en une fédération d'États dont les dirigeants (mongols) assimilent la civilisation de leurs sujets : Horde d'Or (1236, 1240 - 1502), qui domine la Russie, la Crimée et la Sibérie ; Ilkhans d'Iran (1256 - 1335) ; Yuan de Chine (1279 - 1368). Au cours des XIVᵉ-XVᵉ s., l'empire se disloque ; les Mongols demeurés en Mongolie tentent vainement de rétablir leur unité (XIVᵉ-XVIᵉ s.) et passent, par ralliement ou par conquête (Khalkhas, Oïrats), sous la sujétion des Mandchous (fondateurs de la dynastie des Qing), jusqu'à l'instauration de la république en Chine (1911). Tandis que les Mongols du Nord (surtout Khalkhas) imposent alors leur autonomie (Mongolie-Extérieure, auj. Mongolie), ceux du Sud (Tchakhars, Toumètes, Ordos, etc.) restent sous domination chinoise.

MONIQUE (sainte), *Thagaste v. 331 - Ostie 387*, mère de saint Augustin. Elle se consacra à l'éducation et à la conversion de son fils.

MONISTROL-SUR-LOIRE (43120), bur. centr. de cant. de la Haute-Loire ; 9 224 hab. Anc. château des évêques du Puy, des XIIIᵉ-XVIIIᵉ s.

Moniteur universel (le) ou **Gazette nationale,** journal lancé par Panckoucke, en 1789, pour publier les débats de l'Assemblée constituante. Journal officiel du gouvernement jusqu'en 1869, il perdura comme organe conservateur jusqu'en 1901.

MONIZ (António Caetano **Egas**), *Avanca 1874 - Lisbonne 1955*, médecin portugais. Il a reçu le prix Nobel en 1949 pour ses travaux sur la lobotomie.

MONK (Thelonious Sphere), *Rocky Mount, Caroline du Nord, 1917 - Englewood, New Jersey, 1982*, compositeur, pianiste et chef d'orchestre américain de jazz. Pionnier du style be-bop dans les années 1940, il se distingua par ses improvisations au piano et exerça une influence prépondérante sur le jazz moderne (*Round Midnight ; Straight, No Chaser*).

MONLUC ou **MONTLUC** (Blaise **de Lasseran de Massencome,** seigneur **de**), *Saint-Puy, Gers, v. 1502 - Estillac, Lot-et-Garonne, 1577*, maréchal de France. Il combattit dans l'armée de François Iᵉʳ (Pavie, 1525) et de Henri II, capitula à Sienne après une défense héroïque (1555) et lutta en France contre les huguenots. Il est l'auteur de *Commentaires* (1592).

MONMOUTH (James Scott, duc **de**), *Rotterdam 1649 - Londres 1685*, fils naturel de Charles II Stuart. Chef de l'opposition protestante après l'accession au trône de Jacques II (1685), il tenta vainement de renverser ce dernier et fut exécuté.

Monnaie (hôtel de la), siège de l'établissement public la Monnaie de Paris ainsi que d'un Musée monétaire, à Paris, sur la rive gauche de la Seine. C'est le chef-d'œuvre (1768-1777), typique du style Louis XVI, de l'architecte J. D. Antoine.

MONNERVILLE (Gaston), *Cayenne 1897 - Paris 1991*, homme politique français. Il fut président du Conseil de la République de 1947 à 1958, puis du Sénat jusqu'en 1968.

MONNET (Jean), *Cognac 1888 - Bazoches-sur-Guyonne, Yvelines, 1979*, administrateur et homme politique français. De 1915 à 1944, il alterne la gestion d'entreprises privées et le service public français et international (britannique pendant la Seconde Guerre mondiale). Auteur du premier plan de modernisation et d'équipement français, il en assure la mise en œuvre (1945 - 1952). Initiateur de la CECA, il la préside de 1952 à 1955, et demeure jusqu'en 1975 l'un des principaux artisans de la construction européenne (on le surnomme le « père de l'Europe »). Ses cendres ont été transférées au Panthéon en 1988.

▲ Jean **Monnet**

MONNIER (Henri), *Paris 1799 - id. 1877*, écrivain et caricaturiste français. Il a créé le personnage de Joseph Prudhomme, type de bourgeois inepte et sentencieux.

MONNIER (Mathilde), *Mulhouse 1959*, danseuse et chorégraphe française. Disciple de M. Cunningham, elle renouvelle la notion même de projet chorégraphique par son humour décapant et sa quête constante de l'altérité (*Pour Antigone*, 1993 ; *l'Atelier en pièces*, 1996 ; *2008 Vallée*, 2006 ; *Pavlova 3'23"*, 2009). À la tête du Centre chorégraphique national de Montpellier de 1994 à 2013, elle dirige ensuite le Centre* national de la danse.

MONNOYER (Jean-Baptiste), *Lille v. 1636 - Londres 1699*, peintre français. Il est l'un des décorateurs du château de Versailles, spécialiste des compositions florales.

MONOD (Jacques), *Paris 1910 - Cannes 1976*, biochimiste français. Auteur de travaux de biologie moléculaire, il a reçu, avec F. Jacob et A. Lwoff, le prix Nobel en 1965 pour avoir élucidé le mécanisme de la régulation génétique au niveau cellulaire (*le Hasard et la Nécessité*, 1970).

MONOD (Théodore), *Rouen 1902 - Versailles 2000*, naturaliste français. Directeur de l'Institut français d'Afrique noire (1938 - 1965), professeur au Muséum national d'histoire naturelle (1942 - 1973), il fut un explorateur infatigable du Sahara, où il effectua de nombreuses observations intéressant la géologie, la botanique, la zoologie, la préhistoire et l'ethnologie. Il a exprimé sa passion du désert et ses convictions humanistes dans plusieurs ouvrages.

MONOMOTAPA (empire du), ancien État d'Afrique méridionale qui s'est constitué au XVᵉ s., avec Zimbabwe pour capitale. Il fut divisé en quatre territoires au XVIᵉ s.

MONORY (Jacques), *Paris 1924 - id. 2018*, peintre français. Un des représentants de la « nouvelle figuration », il utilisa, à partir de 1965, des images photographiques qu'il interpréta à l'aide d'une touche froide, neutre, souvent en monochromie bleue (*Meurtre nº 10*, 1968, MNAM).

MONPAZIER (24540), comm. de la Dordogne ; 509 hab. Bastide fondée par les Anglais à la fin du XIIIᵉ s. (place à cornières).

MONREALE, v. d'Italie (Sicile) ; 38 159 hab. Cathédrale d'env. 1180, aux riches mosaïques byzantines ; cloître.

MONROE (James), *Monroe's Creek, Virginie, 1758 - New York 1831*, homme politique américain. Président républicain des États-Unis de 1817 à 1825, il énonça, en 1823, la doctrine qui porte son nom et qui condamne toute intervention européenne dans les affaires de l'Amérique et vice versa.

MONROE (Norma Jean **Baker** ou **Mortenson,** dite Marilyn), *Los Angeles 1926 - id. 1962*, actrice américaine. Elle incarna le mythe de la star hollywoodienne dans toute sa beauté et sa vulnérabilité : *Les hommes préfèrent les blondes* (H. Hawks, 1953), *Sept Ans de réflexion* (B. Wilder, 1955), *Certains l'aiment chaud* (id., 1959), *le Milliardaire* (G. Cukor, 1960), *les Misfits* (J. Huston, 1961).

▲ Marilyn **Monroe**

MONROVIA, cap. du Liberia ; 1 224 000 hab. dans l'agglomération (*Monroviens*). Principal port du pays.

MONS [mɔ̃s], v. de Belgique, ch.-l. du Hainaut ; 93 941 hab. (*Montois*). Centre administratif et commercial. Université. – Collégiale Ste-Waudru, des XVᵉ-XVIIᵉ s. (mobilier et œuvres d'art), et autres monuments. Musées. Carnaval. – Siège du SHAPE.

MONS-EN-BARŒUL (59370), comm. du Nord ; 21 185 hab. *(Monsois).*

Monsieur (paix de), dite aussi paix de **Beaulieu** ou paix de **Loches** (1576), paix signée par l'intermédiaire de Monsieur, duc d'Alençon, frère d'Henri III, qui accordait certains avantages aux protestants.

MONSIGNY (Pierre Alexandre), *Fauquembergues 1729 - Paris 1817,* compositeur français. Il fut l'un des fondateurs de l'opéra-comique en France (*le Cadi dupé*, 1761 ; *Rose et Colas*, 1764 ; *le Déserteur*, 1769).

MONSU DESIDERIO → NOMÉ.

MONTAGNAIS → INNUS.

Montagnards, députés membres du groupe de la Montagne, qui, pendant la Révolution française, siégeaient sur les gradins les plus élevés de la Convention. Les Montagnards connurent leur apogée au printemps 1793 avec 300 députés et eurent pour principaux chefs Danton, Marat et Robespierre. Membres des clubs des Cordeliers ou des Jacobins, adversaires de la monarchie, favorables à un régime centralisateur, ils préconisèrent des mesures sociales et s'appuyèrent sur les sans-culottes pour triompher des Girondins, qu'ils éliminèrent les 31 mai et 2 juin 1793. Maîtres du pouvoir sous la Convention, ils imposèrent une politique de salut public (seconde Terreur), qui dura jusqu'à leur chute, le 9 thermidor. Sous la IIe République, on donna aussi le nom de « Montagnards » aux députés de gauche.

Montagne, groupe politique des Montagnards.

MONTAGNE (La) [44620], comm. de la Loire-Atlantique, sur la Loire ; 6 285 hab. *(Montagnards).*

Montagne (la), quotidien régional français créé à Clermont-Ferrand en 1919.

Montagne Blanche (bataille de la) [8 nov. 1620], bataille de la guerre de Trente Ans. Victoire des troupes de Ferdinand II de Habsbourg commandées par Tilly sur l'armée des États de Bohême de Frédéric V, près de Prague.

MONTAGNE NOIRE, massif du sud du Massif central (France), aux confins du Tarn et de l'Aude ; 1 210 m au pic de Nore.

MONTAGNE NOIRE, ligne de hauteurs de l'ouest de la France (Finistère et Morbihan).

MONTAGNIER (Luc), *Chabris, Indre, 1932,* médecin français. Spécialiste de l'étude des virus, il a dirigé, à l'Institut Pasteur, l'équipe qui a découvert en 1983 le virus de l'immunodéficience humaine (VIH), responsable du sida. Il a mis ensuite sa notoriété au service de la prévention et de la lutte contre cette maladie. (Prix Nobel 2008.)

MONTAIGNE (Michel **Eyquem de**), *château de Montaigne, auj. commune de Saint-Michel-de-Montaigne, Dordogne, 1533 - id. 1592,* écrivain français. Conseiller à la cour des aides de Périgueux, puis au parlement de Bordeaux, où il rencontre Étienne de La Boétie, il se démet de sa charge (1570) pour se consacrer au loisir de sa bibliothèque (sa « librairie »). Au fil de ses lectures, il note ses réflexions, ses réactions : ainsi s'élaborent les *Essais* (première édition en 1580). Jusqu'à sa mort, il enrichira cet ouvrage, qui, dès 1588, comportera trois livres et dont l'édition définitive paraîtra en 1595 grâce à sa « fille d'alliance », Mlle de Gournay, et à Pierre de Brach. Il s'y peint lui-même, mais, à travers les contradictions de sa propre nature, il découvre l'impuissance de l'homme à trouver la vérité et la justice. Le voyage que Montaigne accomplit à travers l'Europe en 1580 et en 1581, et dont il laisse un *Journal*, lui confirme la relativité des choses humaines : l'« art de vivre » doit se fonder sur une sagesse prudente, inspirée par le bon sens et la tolérance.

▲ **Montaigne** par É. Martellange. (Coll. priv.)

MONTAIGU (85600), bur. centr. de cant. de la Vendée ; 5 334 hab. Mobilier. Agroalimentaire.

Montaigus (les) **→ Roméo et Juliette.**

MONTAIGU-ZICHEM, en néerl. **Scherpenheuvel-Zichem,** comm. de Belgique (Brabant flamand) ; 22 620 hab.

▲ Compagnie **Montalvo-Hervieu.** *Les Paladins*, une représentation en 2006.

MONTALE (Eugenio), *Gênes 1896 - Milan 1981,* poète italien. Son œuvre poétique (*Os de seiche, les Occasions, Satura*) et critique est une longue résistance à l'égard des conventions de la rhétorique et de la vie. (Prix Nobel 1975.)

MONTALEMBERT (Charles **Forbes**, comte **de**), *Londres 1810 - Paris 1870,* journaliste et homme politique français. Disciple de La Mennais, qu'il ne suivit pas dans sa rupture avec Rome (1834), il devint le chef des catholiques libéraux et défendit la liberté de l'enseignement. Député après la révolution de 1848, il soutint la loi Falloux (1850). D'abord rallié à Louis Napoléon, membre du corps législatif (1852 - 1857), il s'opposa au despotisme impérial et combattit l'ultramontanisme intransigeant de Louis Veuillot à travers son journal, *le Correspondant.* (Acad. fr.)

MONTALIVET (33930), station balnéaire de la Gironde (comm. de Vendays-Montalivet), sur la côte landaise. Centre naturiste.

Montalvo-Hervieu (Compagnie), compagnie de danse française (Centre chorégraphique national de Créteil et du Val-de-Marne) créée en 1988 par le chorégraphe **José Montalvo,** *Valence 1954,* et la danseuse (puis chorégraphe) **Dominique Hervieu,** *Coutances 1962.* Elle propose une danse jubilatoire qui emprunte aux styles les plus variés (classique, jazz, hip-hop, etc.) et se nourrit d'un jeu entre vidéo et présence physique des danseurs (*Paradis*, 1997 ; *le Jardin io io ito ito*, 1999 ; *les Paladins*, 2004). Après *Orphée* (2010), J. Montalvo et D. Hervieu ont décidé de poursuivre leur carrière séparément.

MONTAN → MONTANUS.

MONTANA, État des États-Unis, dans les Rocheuses ; 1 050 493 hab. ; cap. *Helena.*

MONTANA, station climatique et de sports d'hiver de Suisse (Valais), au-dessus du Rhône.

MONTAND (Ivo **Livi**, dit **Yves**), *Monsummano, Toscane, 1921 - Senlis 1991,* chanteur et acteur français d'origine italienne. Il se rendit populaire grâce à ses chansons chaleureuses (*les Feuilles mortes, les Grands Boulevards*) et à ses rôles au théâtre et au cinéma (*le Salaire de la peur*, H.-G. Clouzot, 1953 ; *le Milliardaire*, G. Cukor, 1960 ; *Z*, Costa-Gavras, 1969 ; *l'Aveu*, id., 1970 ; *César et Rosalie*, C. Sautet, 1972 ; *Jean de Florette* et *Manon des Sources*, C. Berri, 1986).

▲ Yves **Montand**

MONTANUS ou **MONTAN,** *Phrygie, IIe - IIIe s.,* prêtre de Cybèle converti au christianisme. Prétendant être la voix de l'Esprit-Saint venu compléter la Révélation de Jésus-Christ, il développa une doctrine ascétique, le *montanisme* (« hérésie phrygienne »), qui prophétisait l'imminence de la fin du monde. Tertullien y adhéra (v. 207).

MONTARGIS (45200), ch.-l. d'arrond. du Loiret, sur le Loing ; 15 176 hab. *(Montargois).* Équipements automobiles. – Église des XIIe-XVIe s. ; musées Girodet, du Gâtinais et des Tanneurs.

MONTATAIRE (60160), bur. centr. de cant. de l'Oise, près de Creil ; 13 545 hab. *(Montatairiens).* Métallurgie. Chimie. – Église des XIIe-XVe s.

MONTAUBAN (82000), ch.-l. du dép. de Tarn-et-Garonne, sur le Tarn, à 629 km au S. de Paris ; 61 452 hab. *(Montalbanais).* Évêché. Centre administratif et commercial. Agroalimentaire. – Cathédrale des XVIIe-XVIIIe s. Musée Ingres (Ingres, Bourdelle, etc.). – Place de sûreté protestante en 1570, Montauban résista héroïquement aux troupes royales du duc de Luynes en 1621.

MONTAUBAN-DE-BRETAGNE (35360), bur. centr. de cant. d'Ille-et-Vilaine ; 5 332 hab. *(Montalbanais).* Agroalimentaire.

MONTAUSIER (Charles **de Sainte-Maure,** marquis **de Salles,** puis duc **de**), *1610 - Paris 1690,* général français. Il épousa Julie d'Angennes, pour laquelle il avait fait composer *la Guirlande de Julie*, recueil de madrigaux (1634). Il fut gouverneur du Grand Dauphin.

MONTBARD (21500), ch.-l. d'arrond. de la Côte-d'Or ; 5 479 hab. *(Montbardois).* Métallurgie. – Musée de l'Ancienne Orangerie-Buffon.

MONTBAZON (37250), comm. d'Indre-et-Loire, sur l'Indre ; 4 249 hab. Donjon des XIe-XIIe s.

MONTBÉLIARD (25200), ch.-l. d'arrond. du Doubs ; 26 080 hab. *(Montbéliardais)* [108 768 hab. dans l'agglomération]. Évêché (avec Belfort). Industrie automobile. – Château des XVe-XIXe s. ; musées.

MONT-BLANC (massif du), massif des Alpes françaises et italiennes, culminant à 4 810 m au mont Blanc.

MONTBRISON (42600), ch.-l. d'arrond. de la Loire ; 16 231 hab. *(Montbrisonnais).* Collégiale des XIIIe-XVe s. et autres monuments ; musées.

MONTBRON (16220), comm. de la Charente ; 2 085 hab. Textile. – Église romane.

MONTCALM DE SAINT-VÉRAN (Louis Joseph, marquis **de**), *Candiac, près de Nîmes, 1712 - Québec 1759,* général français. Commandant des troupes de Nouvelle-France, il fut tué lors de la bataille des plaines d'Abraham.

◄ **Montcalm de Saint-Véran.** (Bibliothèque et Archives Canada.)

MONTCEAU-LES-MINES (71300), bur. centr. de cant. de Saône-et-Loire, sur la Bourbince ; 19 273 hab. *(Montcelliens).* Centre, avec Le Creusot*, d'une communauté urbaine (*Le Creusot-Montceau*). Constructions mécaniques. Électronique.

MONTCHRESTIEN (Antoine **de**), *Falaise v. 1575 - les Tourailles, près de Domfront, 1621,* économiste et auteur dramatique français. Mercantiliste, il a publié un *Traité de l'économie politique* (1615) et aurait créé l'expression d'« économie politique ». Il a écrit des tragédies (*l'Écossaise*).

MONT-DAUPHIN (05600), comm. des Hautes-Alpes ; 151 hab. *(Mont-Dauphinois).* Remarquable forteresse de Vauban.

MONT-DE-MARSAN (40000), ch.-l. du dép. des Landes, au confluent du Midou et de la Douze, à 687 km au S.-O. de Paris ; 32 305 hab. *(Montois).* Centre administratif et commercial. Agroalimentaire. – Musée Despiau-Wlérick dans le donjon Lacataye (XIVe s.). – Base aérienne militaire.

MONTDIDIER (80500), ch.-l. d'arrond. de la Somme, sur une colline ; 6 318 hab. *(Montdidériens).* Articles de voyage.

Montdidier (bataille de) [1918], bataille de la Première Guerre mondiale. Première des grandes offensives allemandes en Picardie, sous le commandement de Luddendorf, elle fut suivie d'une victorieuse contre-offensive française menée par Foch (août).

MONT-DORE (massif du) → **DORE** (monts).

MONT-DORE ou **LE MONT-DORE** (63240), comm. du Puy-de-Dôme ; 1 363 hab. Station thermale (rhumatismes et affections respiratoires). Sports d'hiver (alt. 1 050 - 1 850 m).

MONTE ALBÁN, centre religieux, puis urbain, des Zapotèques, près d'Oaxaca (Mexique), florissant entre 500 av. J.-C. et 800 apr. J.-C. Les vestiges architecturaux et les nécropoles ont livré des peintures murales et d'innombrables urnes funéraires décorées d'effigies de dieux. Le site a été réutilisé comme nécropole par les Mixtèques.

MONTE-CARLO, quartier de la principauté de Monaco, où se trouve le casino. Il a donné son nom à un important rallye automobile annuel.

Monte-Carlo (Radio- et Télé-), société et stations de radiodiffusion et de télévision à vocation régionale, puis nationale. Créée en 1942, Radio-Monte-Carlo (devenue RMC), longtemps détenue conjointement par la principauté de Monaco et par l'État français, a été privatisée en 1998. Télé-Monte-Carlo (devenue TMC) a été lancée en 1954.

MONTECATINI-TERME, v. d'Italie (Toscane) ; 19 743 hab. Station thermale.

MONTECH (82700), bur. centr. de cant. de Tarn-et-Garonne ; 6 391 hab. Église des XIVe-XVe s.

MONTECRISTO, îlot italien, situé au sud de l'île d'Elbe, rendu célèbre par le roman de A. Dumas *le Comte de Monte-Cristo.*

MONTECUCCOLI ou **MONTECUCCULI** (Raimondo, prince), *près de Modène 1609 - Linz 1680,* maréchal italien au service de l'Empire. Il commanda les impériaux contre les Turcs (Saint-Gotthard, 1664), puis pendant la guerre de Hollande.

MONTEGO BAY, v. de la Jamaïque ; 96 500 hab. dans l'agglomération. Station balnéaire. Aéroport.

MONTÉLIMAR (26200), bur. centr. de cant. de la Drôme, près du Rhône ; 39 632 hab. *(Montiliens).* Nougats. Logistique. – Citadelle des XIIe-XVIIe s.

MONTEMAYOR (Jorge de), en port. **Jorge de Montemor,** *Montemor-o-Velho v. 1520 - au Piémont 1561,* écrivain espagnol d'origine portugaise, auteur du roman pastoral *la Diane* (1559).

MONTÉNÉGRO n.m., en monténégrin **Crna Gora,** État de l'Europe balkanique ; 13 812 km^2 ; 621 000 hab. *(Monténégrins).* **CAP.** *Podgorica.* **LANGUE :** *monténégrin.* **MONNAIE :** *euro.* (V. carte **Serbie.**)

GÉOGRAPHIE La montagne, karstique, dépassant parfois 2 500 m (Durmitor), enserre des bassins intérieurs qui regroupent quelques foyers industriels (Nikšić, Berane, Podgorica [aluminium]). Le littoral est animé par le tourisme (Ulcinj, Kotor) et le port de Bar se développe.

HISTOIRE **XIe s. :** la région, appelée Dioclée puis Zeta, devient le centre d'un État. **XIIIe - XIVe s. :** elle est incluse dans le royaume serbe. **1360 - 1479 :** elle est à nouveau indépendante. **1479 - 1878 :** le Monténégro est sous la domination ottomane. **1782 - 1918 :** sous les princes Pierre Ier (1782 - 1830), Pierre II (1830 - 1851), Danilo Ier (1851 - 1860) et Nicolas Ier (1860 - 1918), un État moderne est organisé. **1918 :** il vote la déchéance de son roi et son rattachement à la Serbie. **1945 :** le Monténégro devient une des six républiques fédérées de la Yougoslavie. **1992 :** il s'unit à la Serbie pour former la République fédérale de Yougoslavie. **À partir de 1998 :** sous la conduite de Milo Djukanović (Premier ministre : 1991 - 1998, 2003 - 2006, 2008 - 2010 et 2012 - 2016, ou président : 1998 - 2002 et depuis 2018) et de Filip Vujanović (Premier ministre : 1998 - 2003, ou président : 2003 - 2018), le Monténégro manifeste des aspirations démocratiques, prend ses distances avec la Serbie (notamm. en 1999, lors du conflit du Kosovo*) et remet en cause ouvertement son intégration dans la fédération. **2003 :** au terme d'un accord avec Belgrade, une nouvelle Charte constitutionnelle est adoptée, qui transforme la Yougoslavie en une fédération rénovée portant le nom de Serbie-et-Monténégro (févr.). **2006 :** s'étant déterminé par référendum (mai), le Monténégro proclame son indépendance (juin), immédiatement reconnue par la communauté internationale. **2008 :** le nouvel État dépose une demande d'adhésion à l'Union européenne. **2016 :** Duško Marković, bras droit de M. Djukanović, devient Premier ministre. **2017 :** le Monténégro est intégré dans l'OTAN.

Montenotte (bataille de) [12 avr. 1796], bataille de la campagne d'Italie. Victoire de Bonaparte sur les Autrichiens à Montenotte (comm. de Cairo Montenotte, Ligurie), sur la Bormida.

MONTÉPIN (Xavier **de**), *Apremont, Haute-Saône, 1823 - Paris 1902,* écrivain français, auteur de romans-feuilletons et de drames populaires *(la Porteuse de pain).*

MONTEREAU-FAULT-YONNE (77130), bur. centr. de cant. de Seine-et-Marne, au confluent de la Seine et de l'Yonne ; 19 123 hab. *(Monterelais).* Centrale thermique (turbines à combustion). Métallurgie. Constructions électriques. – Collégiale des XIIIe-XVIe s. ; anc. prieuré St-Martin.

MONTÉRÉGIE, région administrative du Québec (Canada), entre l'Outaouais et le Saint-Laurent au N., les États-Unis au S. ; 11 788 km^2 ; 1 507 070 hab. *(Montérégiens)* ; v. princ. *Longueuil.* Elle englobe une partie de l'agglomération de Montréal.

MONTERÍA, v. du nord-ouest de la Colombie ; 434 950 hab.

MONTERREY, v. du nord du Mexique ; 1 130 960 hab. (4 080 329 hab. dans l'agglomération). Sidérurgie. Chimie.

MONTES → **MONTEZ.**

MONTES CLAROS, v. du Brésil (Minas Gerais) ; 355 401 hab.

MONTESPAN (Françoise Athénaïs **de Rochechouart,** marquise **de**), *Lussac-les-Châteaux, Vienne, 1640 - Bourbon-l'Archambault 1707,* favorite (1667 - 1679) de Louis XIV, avec qui elle eut huit enfants. Elle protégea les écrivains et les artistes ; compromise dans l'affaire des Poisons, elle fut remplacée par Mme de Maintenon.

▲ La marquise de **Montespan** par P. Mignard. (Musée du Berry, Bourges.)

MONTESQUIEU (Charles **de Secondat,** baron **de La Brède et de**), *château de La Brède, près de Bordeaux, 1689 - Paris 1755,* écrivain français. Grand libéral, esprit rigoureux, il est notamm. l'auteur des *Lettres* persanes* et de *De l'esprit* des lois.* Il exerça une influence considérable sur la pensée politique française en prônant la séparation des pouvoirs. (Acad. fr.)

▲ **Montesquieu.** (Château de Versailles.)

MONTESQUIEU-VOLVESTRE (31310), comm. de la Haute-Garonne ; 3 161 hab. Église fortifiée des XIVe-XVIe s., en brique (mobilier).

MONTESSON (78360), comm. des Yvelines, sur la Seine ; 15 440 hab. *(Montessonnais).*

MONTESSORI (Maria), *Chiaravalle, près d'Ancône, 1870 - Noordwijk, Pays-Bas, 1952,* médecin et pédagogue italienne. Elle est l'auteure d'une méthode destinée à favoriser le développement des enfants par l'éducation sensorielle, le jeu et la maîtrise de soi (*Pédagogie scientifique,* 1909).

MONTEUX (84170), bur. centr. de cant. de Vaucluse ; 12 909 hab. Pyrotechnie. – Vestiges médiévaux.

MONTEUX (Pierre), *Paris 1875 - Hancock, Maine, 1964,* violoniste et chef d'orchestre français naturalisé américain. Il dirigea l'Orchestre symphonique de Paris et créa *le Sacre du printemps* de Stravinsky, *Jeux* de Debussy et *Daphnis et Chloé* de Ravel.

MONTEVERDI (Claudio), *Crémone 1567 - Venise 1643,* compositeur italien. L'un des créateurs de l'opéra en Italie (*Orfeo,* 1607 ; *Arianna,* 1608 ; *le Retour d'Ulysse dans sa patrie,* 1640 ; *le Couronnement de Poppée,* 1642), il révolutionna le langage musical avec ses neuf livres de madrigaux et cantates. Il fut maître de chapelle de St-Marc de Venise (messes, psaumes).

▲ Claudio **Monteverdi.** (Musée régional du Tyrol, Innsbruck.)

MONTEVIDEO, cap. de l'Uruguay, sur le Río de la Plata ; 1 319 108 hab. *(Montévidéens)* [1 698 000 hab. dans l'agglomération]. Exportation de viandes, laines, peaux. Industries alimentaires et textiles. – Nombreux musées.

MONTEZ ou **MONTES** (Maria Dolores Eliza **Gilbert,** dite Lola), *Limerick 1818 - New York 1861,* aventurière irlandaise. Elle séduisit le roi Louis Ier de Bavière, dont elle provoqua l'abdication (1848). Sa vie a inspiré à Max Ophuls le film *Lola Montes* (1955).

MONTEZUMA II → **MOCTEZUMA II.**

MONTFAUCON, localité située jadis hors de Paris, entre la Villette et les Buttes-Chaumont, où s'élevait un gibet construit au XIIIe s.

MONTFAUCON (Bernard **de**), *Soulage, Languedoc, 1655 - Paris 1741,* religieux et érudit français. Membre de la congrégation bénédictine de Saint-Maur, il fonda la paléographie.

MONTFAUCON-D'ARGONNE (55270), anc. **Montfaucon,** comm. de la Meuse ; 331 hab. Victoire franco-américaine (sept. 1918). Mémorial.

MONTFERMEIL (93370), comm. de la Seine-Saint-Denis ; 25 894 hab. *(Montfermeillois).*

MONTFERRAND, partie de Clermont-Ferrand. Maisons gothiques et Renaissance.

MONTFERRAT, famille lombarde, issue d'**Alérame,** premier marquis de Montferrat (m. v. 991), et qui joua un rôle important dans les croisades. — **Conrad Ier,** marquis **de M.** → **Conrad Ier.** — **Boniface Ier de M.,** *1150 - Anatolie 1207,* roi de Thessalonique (1204 - 1207). Il fut l'un des chefs de la 4e croisade.

MONTFORT (Jean **de Bretagne,** comte **de**) → **JEAN DE MONTFORT.**

MONTFORT (Simon **IV le Fort,** sire **de**), *v. 1150 - Toulouse 1218,* seigneur français. Chef de la croisade contre les albigeois, il fut tué au combat. — **Simon de M.,** comte **de Leicester,** *v. 1208 - Evesham 1265,* seigneur français. Troisième fils de Simon IV de Montfort, héritier du comté de Leicester, il épousa la sœur du roi d'Angleterre, Henri III. Il dirigea la révolte des barons contre ce dernier.

MONTFORT-L'AMAURY (78490), comm. des Yvelines ; 3 038 hab. *(Montfortois).* Église gothique et Renaissance (vitraux). Maison-musée Maurice-Ravel ; festival annuel (« les Journées Ravel »).

MONTFORT-SUR-MEU (35160), bur. centr. de cant. d'Ille-et-Vilaine ; 6 746 hab. *(Montfortais).* Écomusée.

MONTGENÈVRE (05100), comm. (alt. 1 850 m) des Hautes-Alpes, près du *col de Montgenèvre* ; 527 hab. Sports d'hiver (alt. 1 850 - 2 680 m).

MONTGERON (91230), comm. de l'Essonne ; 23 974 hab. *(Montgeronnais).*

MONTGOLFIER (les frères **de**), industriels et inventeurs français. **Joseph de M.,** *Vidalon-lès-Annonay, Ardèche, 1740 - Balaruc-les-Bains, Hérault, 1810,* et **Étienne de M.,** *Vidalon-lès-Annonay 1745 - Serrières, Ardèche, 1799.* Ils inventèrent le ballon à air chaud, ou *montgolfière* (1783), et une machine servant à élever l'eau, dite « bélier hydraulique » (1792). Étienne rénova la technique de la papeterie, introduisant en France les procédés hollandais ainsi que la fabrication du papier vélin.

MONTGOMERY, v. des États-Unis, cap. de l'Alabama ; 200 481 hab. (374 536 hab. dans l'agglomération).

MONTGOMERY (Gabriel, comte **de**), seigneur **de Lorges,** *v. 1530 - Paris 1574*, homme de guerre français. Chef de la garde d'Henri II, il blessa mortellement ce roi dans un tournoi (1559), devint un des chefs protestants et fut décapité.

MONTGOMERY OF ALAMEIN (Bernard **Law Montgomery,** vicomte), *Londres 1887 - Isington Mill, Hampshire, 1976*, maréchal britannique. Il vainquit Rommel à El-Alamein (1942), puis commanda un groupe d'armées en Normandie, en Belgique et en Allemagne (1944 - 1945). Il fut adjoint au commandant suprême des forces atlantiques en Europe de 1951 à 1958.

▲ **Montgomery of Alamein**

MONTHERLANT (Henry **Millon de**), *Paris 1895 - id. 1972*, écrivain français. Ses romans exaltent la vigueur physique et morale (*les Bestiaires*) ou expriment une vision de moraliste désabusé (*les Jeunes Filles*). Dans son théâtre, il tente de retrouver l'austérité de la tragédie classique (*la Reine morte*, 1942 ; *le Maître de Santiago*, 1948 ; *Port-Royal*, 1954). Il se suicida. (Acad. fr.)

▲ **Montherlant** par J.-É. Blanche. (Musée des Beaux-Arts, Rouen.)

MONTHEY, v. de Suisse (Valais) ; 16 408 hab. (*Montheysans*). Mécanique. Chimie. – Château des XIVe et XVIIe s.

MONTHOLON (Charles Tristan, comte **de**), *Paris 1783 - id. 1853*, général français. Chambellan du palais, il accompagna Napoléon Ier à Sainte-Hélène (1815 - 1821). Il a publié des *Mémoires* (1822-1825) et des *Récits de la captivité de Napoléon* (1847).

MONTI (Mario), *Varèse 1943*, économiste, universitaire et homme politique italien. Commissaire européen au Marché intérieur (1995 - 1999) puis à la Concurrence (1999 - 2004), sénateur à vie (2011), il est président du Conseil de 2011 à 2013 (et ministre de l'Économie de nov. 2011 à juill. 2012).

MONTI (Vincenzo), *Alfonsine 1754 - Milan 1828*, poète italien, auteur de poèmes et de tragédies néoclassiques.

MONTICELLI (Adolphe), *Marseille 1824 - id. 1886*, peintre français. Il est l'auteur de compositions d'une imagination souvent féerique, à la matière triturée et au riche coloris.

MONTIGNAC (24290), bur. centr. de cant. de la Dordogne, sur la Vézère ; 2 906 hab. (*Montignacois*). Grotte de Lascaux*.

MONTIGNY-EN-GOHELLE (62640), comm. du Pas-de-Calais ; 10 482 hab. (*Montignois*).

MONTIGNY-LE-BRETONNEUX (78180), bur. centr. de cant. des Yvelines, partie de Saint-Quentin-en-Yvelines ; 33 704 hab. (*Ignymontains*).

MONTIGNY-LÈS-CORMEILLES (95370), comm. du Val-d'Oise ; 21 018 hab. (*Ignymontains*).

MONTIGNY-LÈS-METZ [-mɛs] (57950), bur. centr. de cant. de la Moselle ; 21 858 hab. (*Montigniens*).

MONTIVILLIERS (76290), comm. de la Seine-Maritime ; 16 284 hab. (*Montivillons*). Anc. abbatiale des XIe-XIIe et XVe s.

Montjoie !, cri de ralliement des troupes du roi de France, apparu au XIIe s.

MONT-LAURIER, v. du Canada (Québec), au N.-O. de Montréal ; 14 116 hab. (*Lauriermontois*). Centre de services et de villégiature.

MONTLHÉRY (91310), comm. de l'Essonne ; 7 811 hab. Bataille indécise entre Louis XI et la ligue du Bien public (1465). – Le circuit automobile dit « de Montlhéry » est sur la comm. de Linas.

MONT-LOUIS (66210), comm. des Pyrénées-Orientales ; 181 hab. (*Montlouisiens*). Station touristique. Four solaire. – Citadelle de Vauban.

MONTLOUIS-SUR-LOIRE (37270), bur. centr. de cant. d'Indre-et-Loire ; 10 922 hab. (*Montlouisiens*). Vins blancs.

MONT-LOZÈRE-ET-GOULET, comm. de la Lozère, sur le Lot ; 1 102 hab. Station thermale.

MONTLUC → **MONLUC.**

MONTLUÇON (03100), ch.-l. d'arrond. de l'Allier, sur le Cher ; 38 247 hab. (*Montluçonnais*). Pneumatiques. Constructions mécaniques et électriques. – Deux églises et château du Moyen Âge (musée).

MONTLUEL (01120), comm. de l'Ain ; 7 138 hab. (*Montluistes*). Équipements industriels. – Anc. ville forte ; monuments, vieilles maisons.

MONTMAGNY (95360), comm. du Val-d'Oise ; 13 624 hab. (*Magnymontois*).

MONTMAJOUR, écart de la commune d'Arles. Anc. abbaye fondée au Xe s. : église romane du XIIe s., à deux étages ; cloître, donjon du XIVe s., bâtiments du XVIIIe s. (propriété de l'État).

MONTMARTRE, anc. comm. de la Seine, annexée à Paris en 1860 (hab. *Montmartrois*). Sur la *colline de Montmartre*, ou *butte Montmartre*, se trouvent l'église St-Pierre (fondée en 1134) et la basilique du Sacré-Cœur* (fin XIXe s.).

MONTMAURIN (31350), comm. de la Haute-Garonne ; 215 hab. Vestiges d'une immense villa gallo-romaine florissante au IVe s. – La grotte de la Terrasse a livré en 1949 une mandibule datée de la glaciation de Mindel. Attribuée à *Homo erectus*, elle serait, avec l'homme de Tautavel, l'un des plus anciens vestiges humains de France.

MONTMÉDY (55600), bur. centr. de cant. de la Meuse ; 2 285 hab. (*Montmédiens*). Anc. place forte (citadelle transformée par Vauban) ; musée de la Fortification et musée Jules Bastien-Lepage.

MONTMÉLIAN (73800), bur. centr. de cant. de la Savoie ; 4 191 hab. Matériel électrique. Anc. place forte.

MONTMIRAIL (51210), comm. de la Marne ; 3 719 hab. Château reconstruit aux XVIe et XVIIe s. – Victoire de Napoléon (11 févr. 1814) sur les Prussiens pendant la campagne de France.

MONTMORENCY (95160), bur. centr. de cant. du Val-d'Oise, en bordure de la *forêt de Montmorency* (3 500 ha), au N. de Paris ; 21 535 hab. (*Montmorencéens*). Église du XVIe s. (vitraux) ; maison qu'habita J.-J. Rousseau (musée).

MONTMORENCY (maison **de**), illustre famille française. — **Mathieu II de M.,** *v. 1174 - 1230*, connétable de France. Il prit part à la bataille de Bouvines (1214). — **Anne,** duc **de M.,** *Chantilly 1493 - Paris 1567*, gentilhomme français. Maréchal de France (1522), connétable (1537), conseiller de François Ier et d'Henri II, il fut mortellement blessé à Saint-Denis dans un combat contre les calvinistes. — **Henri Ier de M.,** *Chantilly 1534 - Agde 1614*, connétable de France. Fils d'Anne, il fut gouverneur du Languedoc. — **Henri II de M.,** *1595 - Toulouse 1632*, maréchal de France. Fils d'Henri Ier, il se révolta avec Gaston d'Orléans contre Richelieu et fut décapité.

MONTMORILLON (86500), ch.-l. d'arrond. de la Vienne, sur la Gartempe ; 6 580 hab. (*Montmorillonnais*). Cité de l'écrit et des métiers du livre. Église Notre-Dame, des XIIe-XIVe s. (peintures murales) ; anc. couvent des Augustins (musée).

MONTOIR-DE-BRETAGNE (44550), comm. de la Loire-Atlantique ; 7 267 hab. (*Montoirins*). Terminal méthanier. Aéronautique.

Montoire (entrevue de) [24 oct. 1940], entrevue entre Pétain et Hitler, qui eut lieu à Montoire-sur-le-Loir. Les deux hommes tentèrent de définir la politique de collaboration franco-allemande.

MONTOIRE-SUR-LE-LOIR (41800), bur. centr. de cant. de Loir-et-Cher ; 4 065 hab. (*Montoiriens*). Chapelle St-Gilles, aux importantes peintures romanes.

MONTPARNASSE, quartier du sud de Paris (VIe, XVe, et surtout XIVe arrond.). Gare. Centre commercial et de services (*tour Montparnasse* ; vaste projet de rénovation [début des travaux en 2019]).

▲ **Montpellier.** Le quartier Antigone (1983 et suiv.), conçu par l'atelier Bofill.

MONTPELLIER [-pə- ou -pe-], ch.-l. du dép. de l'Hérault, à 753 km au S. de Paris ; 282 143 hab. (*Montpelliérains*). Centre d'une métropole regroupant 31 communes (450 051 hab.). Académie et université. Cour d'appel. Archevêché. Aéroport Montpellier-Méditerranée. Biotechnologies. Technologies de l'information et du high-tech. – Festival de danse. – Bel ensemble des XVIIe-XVIIIe s. (hôtels particuliers, promenade du Peyrou) ; faculté de médecine dans l'anc. abbaye St-Benoît, fondée au XIVe s., dont l'église est devenue cathédrale ; quartier Antigone par R. Bofill ; Cité des savoirs et du sport pour tous (« Pierresvives ») par Z. Hadid. Riche musée portant le nom du peintre montpelliérain François-Xavier Fabre (*1766 - 1837*). – La ville fut dotée, en 1221, d'une école de médecine qui acquit une grande renommée. Possession du roi d'Aragon puis du roi de Majorque, elle devint française en 1349 et fut un grand centre calviniste au XVIe s.

MONTPELLIER-LE-VIEUX, site du causse Noir (Aveyron). Rochers dolomitiques aux formes étranges.

MONTPENSIER (Catherine Marie **de Lorraine,** duchesse **de**), *Joinville 1551 - Paris 1596*, fille de François Ier de Guise. Elle prit une part active aux guerres de la Ligue. — **Anne Marie Louise d'Orléans,** duchesse **de M.,** connue sous le nom de **la Grande Mademoiselle,** *Paris 1627 - id. 1693*, princesse française. Petite-fille d'Henri IV, elle prit part aux troubles de la Fronde et, lors de la bataille du faubourg Saint-Antoine, fit tirer le canon de la Bastille sur les troupes royales pour protéger la retraite de Condé (1652). Elle épousa secrètement Lauzun (v. 1682).

MONTPON-MÉNESTÉROL (24700), bur. centr. de cant. de la Dordogne ; 5 547 hab. (*Montponnais*). Centre et musée de l'Orgue.

Montrachet [mɔ̃raʃɛ], vignoble de la Côte-d'Or. Vins blancs.

MONTRÉAL [mɔ̃real], région administrative du Québec (Canada) ; 494 km^2 ; 1 942 044 hab. (*Montréalais*). Elle correspond à la communauté urbaine de Montréal (qui englobe l'*île de Montréal* et l'île Bizard).

▲ **Montréal** avec, au fond, le Saint-Laurent.

MONTRÉAL, v. du Canada (Québec), sur le Saint-Laurent ; 1 704 694 hab. (*Montréalais*) [4 098 927 hab. dans l'agglomération]. Principal centre industriel du Québec. Aéroports. Port fluvial. Métropole culturelle francophone. Universités. Archevêché. – Festival du nouveau cinéma. – Festival international de jazz. – Musées des Beaux-Arts, du château Ramezay (histoire), McCord (ethnographie), Pointe-à-Callière (archéologie et histoire de Montréal), d'Art contemporain ; Centre canadien d'architecture. – Fondée en 1642 sous le nom de Ville-Marie, près des rapides de Lachine, par Paul de Chomedey de Maisonneuve et Jeanne Mance, la ville a été un grand centre de commerce de fourrures. Au XIXe s., elle devint le pôle commercial, puis industriel, du Canada oriental.

MONTRÉJEAU [mɔ̃reʒo] (31210), comm. de la Haute-Garonne ; 2 923 hab. Marché agricole.

MONTREUIL ou **MONTREUIL-SOUS-BOIS** (93100), bur. centr. de cant. de la Seine-Saint-Denis ; 107 564 hab. *(Montreuillois)*. Centre industriel. – Église gothique. Musée de l'Histoire vivante. Galerie abcd (art brut connaissance & diffusion). – Salon du livre et de la presse jeunesse. Festival « les Rencontres du cinéma documentaire ».

MONTREUIL ou **MONTREUIL-SUR-MER** (62170), ch.-l. d'arrond. du Pas-de-Calais ; 2 323 hab. Citadelle et enceinte des XIIIe-XVIIe s. ; anc. abbatiale St-Saulve, romane et gothique.

MONTREUIL-BELLAY (49260), comm. de Maine-et-Loire, sur le Thouet ; 4 244 hab. Enceinte, château et église du XVe s. – Camp d'internement allemand pour les Tsiganes (1941 - 1945).

MONTREUX, v. de Suisse (Vaud), sur le lac Léman ; 24 579 hab. *(Montreusiens)* [94 567 hab. dans l'agglomération]. Centre touristique et culturel (festivals : jazz, humour, etc.). – Une convention sur le régime juridique international du Bosphore et des Dardanelles y fut signée le 20 juill. 1936.

MONTREVAULT-SUR-ÈVRE, comm. de Maine-et-Loire ; 16 346 hab. Chaussures.

MONTRICHARD-VAL-DE-CHER [mɔ̃triʃar-] (41400), bur. centr. de cant. de Loir-et-Cher, sur le Cher ; 3 371 hab. Deux églises en partie du XIIe s. Restes d'un château fort des XIIe-XVe s. (musée dans les caves).

MONTROSE (James **Graham,** marquis **de**), *Montrose 1612 - Édimbourg 1650*, général écossais. Partisan de Charles Ier, puis de Charles II, il fut exécuté.

MONTROUGE [mɔ̃ruʒ] (92120), bur. centr. de cant. des Hauts-de-Seine, au S. de Paris ; 49 255 hab. *(Montrougiens)*. Constructions mécaniques.

MONT-ROYAL, v. du Canada (Québec), banlieue ouest de Montréal ; 18 933 hab. *(Monterois)*.

MONTS (37260), bur. centr. de cant. d'Indre-et-Loire ; 7 859 hab. *(Montois)*.

MONTS (Pierre **du Gua,** sieur **de**), *en Saintonge v. 1568 - v. 1630*, colonisateur français. Il créa le premier établissement français en Acadie (Port-Royal, 1604).

MONT-SAINT-AIGNAN (76130), bur. centr. de cant. de la Seine-Maritime ; 19 560 hab. *(Montsaintaignanais)*. Centre universitaire.

MONT-SAINT-HILAIRE, v. du Canada (Québec), à l'E. de Montréal ; 18 585 hab. *(Hilairemontais)*. Centre agricole.

MONT-SAINT-MARTIN (54350), bur. centr. de cant. de Meurthe-et-Moselle ; 8 516 hab. Église romane.

MONT-SAINT-MICHEL (Le) [50116], comm. de la Manche ; 33 hab. *(Montois)*. C'est un îlot rocheux au fond de la *baie du Mont-Saint-Michel*, à l'embouchure du Couesnon, et relié à la côte par une digue depuis 1879. En 2015, le grand chantier écologique lancé en 2007 a rendu son caractère maritime au site en le désensablant (barrage sur le Couesnon ; nouveau parc de stationnement ; remplacement de la digue par un pont-passerelle, destiné aux navettes et aux piétons). – Prestigieuse abbaye bénédictine fondée en 966, avec église abbatiale, salles « des Chevaliers » et « des Hôtes », réfectoire, cloître, pour l'essentiel des XIe-XVIe s.

Monts d'Ardèche (parc naturel régional des), parc naturel couvrant env. 190 000 ha sur le dép. de l'Ardèche. Châtaignes.

MONTSÉGUR [mɔ̃segyr] (09300), comm. de l'Ariège ; 132 hab. *(Montséguriens)*. Sur un piton, ruines du château qui fut la dernière place forte des albigeois (tombée en 1244).

MONTSERRAT, une des Antilles britanniques ; 102 km² ; 4 922 hab. ; ch.-l. *Plymouth* (v. détruite en 1997 ; *Brades*, de facto). En 1997, l'éruption du volcan (la Soufrière) contraint une grande partie de la population à évacuer l'île.

MONTSERRAT n.m., petit massif d'Espagne, en Catalogne. Monastère bénédictin. – Pèlerinage à Marie, qu'on vénère sous la forme d'une statue noire dite « de la Vierge noire ».

MONTT (Manuel), *Petorca 1809 - Santiago 1880*, homme politique chilien. Président de la République (1851 - 1861), il modernisa le pays.

MONTVAL-SUR-LOIR (72500), bur. centr. de cant. de la Sarthe, près du Loir ; 6 539 hab.

Mont-Verdun (centre du), centre d'opérations des forces aériennes (Rhône). Il est destiné à relayer, en cas de défaillance, le centre de Taverny.

Monty Python, troupe d'artistes américano-britanniques. Composée de six acteurs-auteurs (dont John Cleese et Terry Gilliam), elle s'est rendue célèbre par ses sketchs à l'humour absurde pour la BBC, *Monty Python's Flying Circus* (1969-1974). Conçus dans le même esprit, les spectacles de théâtre et les films connaissent un succès international *(Monty Python : Sacré Graal !*, 1975 ; *la Vie de Brian*, 1979).

MONZA, v. d'Italie (Lombardie), ch.-l. de prov. ; 119 890 hab. Cathédrale des XIIe-XVIIIe s. – Circuit automobile.

MOON JAE-IN, *Geoje, près de Pusan, 1953*, homme politique sud-coréen. Président de la République depuis 2017, il relance le dialogue avec la Corée du Nord.

▲ Henry **Moore.** *Hill Arches*, 1973 ; bronze. (Exposition à l'Orangerie des Tuileries, à Paris, en 1977.)

MOORE (Henry), *Castleford, Yorkshire, 1898 - Much Hadham, Hertfordshire, 1986*, sculpteur et graveur britannique. À partir de 1935 env., son style, biomorphique et monumental, s'est distingué par le jeu des creux et des vides (*Figure étendue*, siège de l'Unesco, Paris).

MOORE (Thomas), *Dublin 1779 - Sloperton, Wiltshire, 1852*, poète irlandais. Chantre de son pays natal *(Mélodies irlandaises)*, il composa un grand poème oriental, *Lalla Rookh*.

MOOREA, île de la Polynésie française, à l'O. de Tahiti ; 16 490 hab. (avec l'îlot de Maiao).

MOOSE JAW, v. du Canada (Saskatchewan), à l'O. de Regina ; 33 890 hab.

MOPTI, v. du Mali, sur le Niger ; 80 472 hab.

MÔQUET (Guy), *Paris 1924 - Châteaubriant 1941*, militant communiste français. Arrêté à Paris en octobre 1940, il fit partie des vingt-sept prisonniers du camp de Châteaubriant fusillés le 22 octobre 1941 en représailles de l'assassinat d'un officier allemand. Avant de mourir, il adressa à ses parents et à son frère une lettre poignante.

▲ Le **Mont-Saint-Michel,** avec son abbaye (fondée en 966).

MORADABAD, v. d'Inde (Uttar Pradesh) ; 889 810 hab. Métallurgie. – Mosquée du XVIIe s.

MORAIS (Francisco **de**), *Lisbonne v. 1500 - Évora 1572*, écrivain portugais, auteur du roman de chevalerie *Palmerin d'Angleterre* (1567).

MORALES (Cristóbal **de**), *Séville v. 1500 - Málaga ou Marchena 1553*, compositeur espagnol. Maître de chapelle à Salamanque, puis à Tolède, il fut le polyphoniste religieux le plus représentatif de l'école andalouse avec 25 messes (*Missarum Liber* I et II, 1544), 18 magnificat et 91 motets.

MORALES (Luis **de**), *Badajoz 1510 - id. 1586*, peintre espagnol. Il a exécuté de nombreux retables et tableaux de dévotion.

MORALES AYMA (Evo), *Isallavi, municipalité d'Orinoca, dép. d'Oruro, 1959*, homme politique bolivien. Aymara, leader syndical paysan (défenseur des planteurs de coca), chef de file du Mouvement vers le socialisme (MAS), il est président de la République depuis 2006 (premier Amérindien à accéder à la tête de l'État dans son pays).

MORAND (Paul), *Paris 1888 - id. 1976*, écrivain français. Voyageur et mondain, il a fait dans ses récits une peinture sceptique et fulgurante de la vie moderne *(Ouvert la nuit, Venises)*. [Acad. fr.]

MORANDI (Giorgio), *Bologne 1890 - id. 1964*, peintre et aquafortiste italien. Subtiles et économes, ses œuvres, surtout des natures mortes, sont empreintes de poésie contemplative.

MORANE (les frères), aviateurs et constructeurs français d'avions. — **Léon M.,** *Paris 1885 - id. 1918*. Détenteur, en 1910, d'un record mondial de vitesse (106,6 km/h) et d'altitude (2 582 m), il s'associa en 1911 avec l'ingénieur Raymond Saulnier *(1881 - 1964)* pour créer la firme *Morane-Saulnier*, qui s'illustra notamment par la fabrication d'avions-écoles et d'avions de tourisme. — **Robert M.,** *Paris 1886 - id. 1968*. Il essaya un grand nombre des prototypes Morane-Saulnier.

MORANGIS (91420), comm. de l'Essonne ; 13 135 hab. *(Morangissois)*.

MORANTE (Elsa), *Rome 1912 - id. 1985*, écrivaine italienne. Ses romans d'inspiration réaliste *(l'Île d'Arturo, la Storia, Aracoeli)* s'enrichissent d'une dimension symbolique.

MORAT, en all. **Murten,** v. de Suisse (canton de Fribourg), sur le *lac de Morat* ; 6 125 hab. *(Moratois)*. Remparts, maisons et monuments anciens. – Victoire des Suisses au service de Louis XI sur Charles le Téméraire (22 juin 1476).

MORATÍN (Nicolás **Fernández de**), *Madrid 1737 - id. 1780*, poète et auteur dramatique espagnol. — **Leandro Fernández de M.,** dit **Moratín le Jeune,** *Madrid 1760 - Paris 1828*, auteur dramatique espagnol, fils de Nicolás. Ses comédies sont inspirées de Molière *(le Oui des jeunes filles)*.

MORAVA n.f., riv. d'Europe, affl. du Danube (r. g.) ; 365 km. Son cours inférieur sépare la République tchèque *(Moravie)* et la Slovaquie.

MORAVA n.f., riv. de Serbie, affl. du Danube (r. dr.) ; 220 km. Elle est formée par la confluence de la *Morava méridionale* (318 km) et de la *Morava occidentale* (298 km).

MORAVIA (Alberto **Pincherle,** dit Alberto), *Rome 1907 - id. 1990*, écrivain italien. Ses récits réalistes intègrent l'existentialisme et la psychanalyse à l'évocation des problèmes intellectuels et sociaux contemporains *(les Indifférents, le Mépris, l'Ennui)*.

MORAVIE, partie orientale de la République tchèque, traversée par la Morava ; hab. *Moraves* ; v. princ. *Brno* et *Ostrava*.

HISTOIRE **Ier s. av. J.-C. :** les Celtes de la région sont refoulés par le peuple germain des Quades. **Ve s. apr. J.-C. :** les Slaves occupent la région. **IXe s. :** celle-ci est le centre de l'empire de Grande-Moravie, fondé par Mojmir Ier (m. en 846) et qui, à son apogée, englobe la Moravie, la Slovaquie occidentale, la Pannonie, la Bohême, la Silésie et une partie de la Lusace. **902 - 908 :** cet empire est détruit par les Hongrois. **1029 :** la Moravie est rattachée à la Bohême. **1182 :** elle est érigée en margraviat d'Empire. À partir du milieu du XIIe s., des colons allemands s'établissent dans le nord du pays et dans les villes. **1411 :** la Moravie passe sous le gouvernement direct des rois de Bohême.

MORAY FIRTH, golfe de Grande-Bretagne, dans le nord-est de l'Écosse.

MORAY ou **MURRAY** (Jacques **Stuart,** comte de), *v. 1531 - Linlithgow 1570,* prince écossais. Fils naturel du roi Jacques V, il fut le conseiller de sa demi-sœur Marie Ire Stuart, puis régent d'Écosse (1567 - 1570).

MORBIHAN n.m. (56), dép. de la Région Bretagne ; ch.-l. de dép. *Vannes* ; ch.-l. d'arrond. *Lorient, Pontivy* ; 3 arrond. ; 21 cant. ; 253 comm. ; 6 823 km^2 ; 767 610 hab. *(Morbihannais).* Le dép. appartient à l'académie et à la cour d'appel de Rennes, à la zone de défense et de sécurité Ouest. Le littoral, précédé d'îles (Groix, Belle-Île), est découpé par des rias (rivières d'Étel, d'Hennebont) et ouvert par le *golfe du Morbihan.* L'intérieur est formé de collines et de plateaux, accidentés seulement par les landes de Lanvaux. À l'agriculture, encore notable, fondée sur une polyculture à base céréalière et associée à l'élevage (bovins, porcins, volailles), s'ajoutent quelques secteurs maraîchers. À côté du tourisme estival (Quiberon, Carnac, etc.), la pêche (Lorient) anime le littoral et approvisionne des conserveries. En dehors de Lorient et de Vannes (les principales villes), l'agroalimentaire est la branche industrielle dominante.

MORBIHAN (golfe du), golfe du dép. du Morbihan. Il renferme de nombreuses îles. Ostréiculture. Parc naturel régional (64 100 ha).

MORCELI (Noureddine), *Tenes 1970,* athlète algérien. Champion du monde (1991, 1993 et 1995) et champion olympique (1996) du 1 500 m, il a détenu tous les records du monde de demi-fond du 1 500 m au 3 000 m.

MORCENX [-sɛ̃s] (40110), comm. des Landes ; 4 727 hab. *(Morcenais).* Triage ferroviaire.

MORDOVIE, république de Russie, à l'E.-S.-E. de Moscou ; 834 819 hab. ; cap. *Saransk.* La population est constituée d'env. un tiers de Mordves de souche et de 60 % de Russes.

MORDVES, peuple finno-ougrien de Russie (Mordovie, mais aussi Bachkortostan, Tatarstan, Tchouvachie, etc.), représenté aussi en Ukraine et en Asie centrale (env. 1,3 million). Les Mordves se divisent en deux groupes (*Erzia* et *Mokcha*). Alliés des Russes contre les Tatars, ils intégrèrent l'État russe à la chute du khanat de Kazan (1552).

MORE → **THOMAS MORE** (saint).

MORÉAC (56500), bur. centr. de cant. du Morbihan ; 3 824 hab. *(Moréacois).* Agroalimentaire.

MORÉAS (Ioánnis **Papadhiamandopoúlos,** dit Jean), *Athènes 1856 - Paris 1910,* poète français. D'abord symboliste (*Cantilènes,* 1886), il défendit le retour à un art classique (*Stances,* 1899-1920).

MOREAU (Gustave), *Paris 1826 - id. 1898,* peintre français. Créateur d'une mythologie symbolique minutieuse (*Jupiter et Sémélé* [1895], musée Gustave-Moreau, Paris), mais parfois beaucoup plus libre (toiles tachistes, aquarelles), il fut le maître de Matisse, de Marquet et de Rouault.

MOREAU (Jeanne), *Paris 1928 - id. 2017,* actrice française. Comédienne de théâtre, elle s'imposa au cinéma par sa présence et le modernisme de son jeu : *la Nuit* (M. Antonioni, 1961), *Jules et Jim* (F. Truffaut, 1962), *le Journal d'une femme de chambre* (L. Buñuel, 1964), *la Truite* (J. Losey, 1982), *le Pas suspendu de la cigogne* (T. Angelopoulos, 1991), *Cet amour-là* (J. Dayan, 2002).

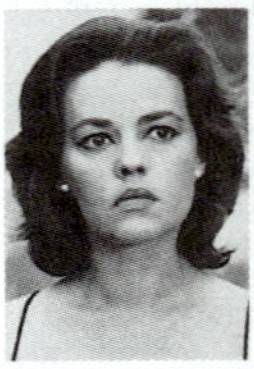
◀ Jeanne **Moreau** dans *la Nuit* de M. Antonioni (1961).

MOREAU (Jean Victor), *Morlaix 1763 - Laun, auj. Louny, Bohême, 1813,* général français. Il commanda, en 1800, l'armée du Rhin, avec laquelle il vainquit les Autrichiens à Hohenlinden. Ses intrigues avec les royalistes, sa rivalité avec Bonaparte entraînèrent son arrestation en 1804, puis son exil aux États-Unis. Conseiller militaire du tsar en 1813, il fut mortellement blessé à Dresde dans les rangs de l'armée russe.

MOREAU (Yolande), *Bruxelles 1953,* actrice et cinéaste belge. Son jeu, qui mêle prosaïsme et tendresse (partic. au sein de la troupe de J. Deschamps [*les Deschiens*]), met en valeur sa veine humoristique et sa sensibilité lunaire (*Quand la mer monte...,* qu'elle coréalise avec G. Porte, 2004 ; *Séraphine,* M. Provost, 2008 ; *Louise-Michel,* B. Delépine et G. Kervern, id. ; *Une vie,* S. Brizé, 2016). Elle a aussi réalisé *Henri* (2013).

MOREAU le Jeune (Jean-Michel), *Paris 1741 - id. 1814,* dessinateur et graveur français. Il a décrit la société élégante de son temps et illustré les œuvres de J.-J. Rousseau, Molière, Voltaire. — **Louis Gabriel M. l'Aîné,** *Paris 1740 - id. 1806,* peintre français, frère de Jean-Michel. Ses vues des environs de Paris font de lui un précurseur des paysagistes du XIXe s.

MORÉE n.f., nom donné au Péloponnèse après la 4e croisade (1202 - 1204). Siège de la principauté de Morée ou d'Achaïe*.

MORELIA, v. du Mexique, cap. de l'État de Michoacán ; 729 757 hab. (806 822 hab. dans l'agglomération). Cathédrale des XVIIe-XVIIIe s.

MORELLET (André), *Lyon 1727 - Paris 1819,* écrivain français. Il collabora à l'*Encyclopédie**. (Acad. fr.)

MORELLET (François), *Cholet 1926 - id. 2016,* plasticien français, représentant d'une abstraction cinétique et minimale (peintures, reliefs muraux, sculptures, vitraux).

MORELOS Y PAVÓN (José María), *Valladolid, auj. Morelia, 1765 - San Cristóbal Ecatepec 1815,* patriote mexicain. Curé métis, il fit proclamer l'indépendance du pays (1813). Iturbide le fit fusiller.

MORENA (sierra), chaîne de l'Espagne méridionale ; 1 323 m.

MORENO (Jacob Levy), *Bucarest 1892 - Beacon, État de New York, 1974,* psychologue américain d'origine roumaine. Il a inventé le psychodrame et mis au point les techniques de la sociométrie (*Fondements de la sociométrie,* 1934).

MORENO (Roland), *Le Caire 1945 - Paris 2012,* industriel français. Il inventa notamm. la carte à microcircuit (carte à puce) [1974 - 1975].

MORESTEL (38510), bur. centr. de cant. de l'Isère ; 4 457 hab. *(Morestellois).* Donjon médiéval.

MORET-LOING-ET-ORVANNE (77250), comm. de Seine-et-Marne ; 12 765 hab. *(Morétains).* Deux portes fortifiées du XIVe s., église des XIIe-XVe s.

MORETO Y CABAÑA (Agustín), *Madrid 1618 - Tolède 1669,* auteur dramatique espagnol, auteur de comédies (*Dédain pour dédain*).

MORETTI (Nanni), *Brunico, prov. de Bolzano, 1953,* cinéaste, acteur et producteur italien. Héros tout à la fois extravagant et introspectif de ses propres films, il se fait aussi le témoin critique de l'Italie contemporaine (*Bianca,* 1984 ; *Palombella rossa,* 1989 ; *Journal intime,* 1993 ; *la Chambre du fils,* 2001 ; *le Caïman,* 2006 ; *Habemus Papam,* 2011 ; *Mia Madre,* 2015).

MOREUIL (80110), bur. centr. de cant. de la Somme ; 4 042 hab. *(Moreuillois).*

MORGAGNI (Giambattista), *Forlì 1682 - Padoue 1771,* anatomiste italien. Ses principales observations ouvrirent à la médecine une voie nouvelle (*Opera omnia,* 1762).

MORGAN, famille de financiers américains. — **John Pierpont M.,** *Hartford 1837 - Rome 1913,* industriel américain. Il créa un gigantesque trust de la métallurgie et fonda de nombreuses œuvres philanthropiques. — **John Pierpont Morgan Jr.,** *Irvington, État de New York, 1867 - Boca Grande, Floride, 1943,* financier américain. Fils de John Pierpont, il soutint les Alliés pendant la Première Guerre mondiale. En 1924, il légua à la ville de New York la bibliothèque-musée de son père (Pierpont Morgan Library). — **Anne Tracy M.,** *New York 1873 - id. 1952,* femme d'affaires américaine. Sœur de John Pierpont Jr., elle consacra sa fortune à des œuvres, notamment au profit des combattants français des deux guerres mondiales.

MORGAN (Lewis Henry), *près d'Aurora, État de New York, 1818 - Rochester 1881,* anthropologue américain. Auteur d'une conception évolutionniste de l'anthropologie sociale, il s'intéressa aux systèmes de parenté (*la Société archaïque,* 1877).

MORGAN (Simone **Roussel,** dite Michèle), *Neuilly-sur-Seine 1920 - Meudon 2016,* actrice française. Sa beauté limpide et son jeu émouvant lui valurent une grande popularité au cinéma : *le Quai des brumes* (M. Carné, 1938), *Remorques* (J. Grémillon, 1941), *la Symphonie pastorale* (J. Delannoy, 1946), *les Orgueilleux* (Y. Allégret, 1953), *Robert et Robert* (C. Lelouch, 1978).

▲ Michèle **Morgan**

MORGAN (Thomas Hunt), *Lexington, Kentucky, 1866 - Pasadena 1945,* biologiste américain. Par ses expériences sur la drosophile, il fut le créateur de la théorie chromosomique de l'hérédité et montra que l'évolution des espèces a un fondement génétique. (Prix Nobel 1933.)

Morgarten (bataille du) [15 nov. 1315], bataille qui se déroula au N. de Schwyz (Suisse), au cours de laquelle les Suisses des Trois-Cantons (Uri, Schwyz et Unterwald) vainquirent les troupes de Léopold Ier de Habsbourg, assurant ainsi leur indépendance.

MORGENSTERN (Christian), *Munich 1871 - Merano 1914*, poète allemand. Son œuvre humoristique (*les Chansons du gibet*, 1905) annonce par ses transgressions du langage les avant-gardes du XXe s.

MORGENSTERN (Oskar), *Görlitz 1902 - Princeton 1977*, économiste américain d'origine autrichienne. Il se spécialisa dans l'étude mathématique des comportements économiques grâce à la théorie des jeux de J. von Neumann.

MORGES, v. de Suisse (Vaud) ; 14 744 hab. *(Morgiens)*. Station touristique, sur le lac Léman. – Château des XIIIe et XVIe s. (musée militaire) ; musée Alexis-Forel.

MÓRICZ (Zsigmond), *Tiszacsécse 1879 - Budapest 1942*, écrivain hongrois. Ses romans *(Un homme heureux)* et ses drames composent une peinture réaliste de la vie paysanne.

MÖRIKE (Eduard), *Ludwigsburg 1804 - Stuttgart 1875*, écrivain allemand. Ses poèmes et ses romans *(le Peintre Nolten)* mêlent l'inspiration romantique et populaire à une forme classique.

MORIN (Grand), rivière du Bassin parisien, affl. de la Marne (r. g.) ; 112 km. — Petit **Morin,** rivière du Bassin parisien, affl. de la Marne (r. g.) ; 90 km.

MORIN (Edgar), *Paris 1921*, sociologue français. Il s'est intéressé à la culture et à ses modes de diffusion, ainsi qu'à l'imaginaire social et à une « politique de l'humanité » (*l'Esprit du temps*, 1962 ; *la Rumeur d'Orléans*, 1969 ; *la Méthode*, 6 vol., 1977-2004 ; *Terre-Patrie*, 1993 ; *Une politique de civilisation*, avec Sami Naïr, 1997 ; *la Voie*, 2011).

MORIN (Yves), *Québec 1929*, médecin canadien. Cardiologue, il a découvert notamm. la toxicité cardiaque du cobalt (1965). Il a aussi contribué à une meilleure organisation et au développement de la recherche médicale au Canada.

MORINS, peuple celtique établi dans le Boulonnais et soumis par César (56 - 55 av. J.-C.).

MORI OGAI (**Mori Rintaro,** dit), *Tsuwano 1862 - Tokyo 1922*, écrivain japonais. Son œuvre romanesque (*l'Oie sauvage*, 1911-1913), influencée par la littérature occidentale, est une réaction contre l'école naturaliste.

MORIOKA, v. du Japon (Honshu) ; 298 572 hab.

MORISOT (Berthe), *Bourges 1841 - Paris 1895*, peintre française. Belle-sœur de Manet, elle prit une part importante au mouvement impressionniste (*le Berceau*, 1873, musée d'Orsay).

MORITZ (Karl Philipp), *Hameln 1756 - Berlin 1793*, écrivain allemand, auteur du roman autobiographique *Anton Reiser* (1785-1790).

MORLAÀS [-las] (64160), bur. centr. de cant. des Pyrénées-Atlantiques ; 4 420 hab. *(Morlanais)*. Église en partie romane.

MORLAIX [-lɛ] (29600), ch.-l. d'arrond. du Finistère, sur la *rivière de Morlaix* ; 15 581 hab. *(Morlaisiens)*. Édition. – Églises médiévales, dont celle des Jacobins, auj. musée.

MORLANWELZ [mɔrlɑ̃we], comm. de Belgique (Hainaut) ; 19 012 hab. Musée royal dans le parc de Mariemont (archéologie, arts décoratifs et histoire régionale).

MORLEY (Thomas), *Norwich 1557 ou 1558 - Londres 1602*, compositeur anglais. Maître de la musique vocale, il introduisit le style italien en Angleterre et composa madrigaux et ballets.

MORMANT (77720), comm. de Seine-et-Marne ; 4 741 hab. Église des XIIIe-XVe s.

MORNANT (69440), bur. centr. de cant. du Rhône ; 5 775 hab. *(Mornantais)*. Église gothique.

MORNAY (Philippe **de**), dit **Duplessis-Mornay,** *Buhy, Val-d'Oise, 1549 - La Forêt-sur-Sèvre 1623*, chef calviniste. Conseiller de Coligny, puis d'Henri IV (avant la conversion de ce dernier), il fonda à Saumur la première académie protestante (1599). Son influence le fit surnommer le « pape des huguenots ».

MORNE-À-L'EAU (97111), bur. centr. de cant. de la Guadeloupe ; 17 687 hab. *(Mornaliens)*.

MORNY (Charles, **duc de**), *Paris 1811 - id. 1865*, homme politique français. Fils naturel de la reine Hortense et du comte de Flahaut, et donc frère utérin de Napoléon III, il fut l'un des auteurs du coup d'État du 2 déc. 1851 et devint aussitôt ministre de l'Intérieur. Président du Corps législatif (1854 - 1865), il participa à toutes les grandes opérations industrielles et financières du second Empire et lança la station balnéaire de Deauville.

MORO (Aldo), *Maglie 1916 - Rome 1978*, homme politique italien. Chef de la Démocratie chrétienne, il présida deux fois le gouvernement (1963 - 1968 ; 1974 - 1976) et fut deux fois ministre des Affaires étrangères (1969 - 1970 ; 1973 - 1974). Il fut enlevé et assassiné par un commando terroriste des « Brigades rouges ».

MORO (Antoon **Mor Van Dashorst,** dit Antonio), *Utrecht v. 1519 - Anvers 1576*, peintre néerlandais. Actif en Espagne, à Bruxelles, au Portugal, à Londres et à Utrecht, il a créé un style sobre de portrait de cour.

MORO-GIAFFERI (Vincent **de**), *Paris 1878 - Le Mans 1956*, avocat et homme politique français. Il plaida des affaires célèbres (Caillaux, Landru).

MORÓN, v. d'Argentine, banlieue de Buenos Aires ; 319 934 hab.

MORONI, cap. des Comores, sur l'île de Ngazidja ; 53 819 hab. *(Moronais)*.

MORONI (Giovanni Battista), *Albino, près de Bergame, v. 1528 - Bergame 1578*, peintre italien. Ses portraits sont typiques du réalisme lombard.

MORONOBU (**Hishikawa Moronobu,** dit), *Hota, préf. de Chiba, v. 1618 - Edo v. 1694*, peintre et graveur japonais. Libéré de l'influence chinoise, il est le premier grand maître de l'estampe japonaise.

MOROSINI (Francesco), *Venise 1619 - Nauplie 1694*, noble vénitien. Il est célèbre par sa défense de Candie contre les Turcs (1667 - 1669).

MORPHÉE MYTH. GR. Dieu des Songes, fils de la Nuit et du Sommeil.

MORPURGO (Michael), *Saint Albans 1943*, écrivain britannique. Ses romans pour la jeunesse revisitent les contes anciens et mêlent le merveilleux au récit d'initiation (*Cheval de guerre*, 1982 ; *le Roi de la forêt des brumes*, 1987 ; *le Roi Arthur*, 1994 ; *le Royaume de Kensuké*, 1999 ; *le Mystère de Lucy Lost*, 2014).

MORRICE (James Wilson), *Montréal 1864 - Tunis 1924*, peintre canadien. Il fut proche de Whistler, des nabis, puis de Marquet et de Matisse.

MORRICONE (Ennio), *Rome 1928*, compositeur italien. Instruments solistes, rumeurs amplifiées ou rythme martelé caractérisent ses musiques de film : *Pour une poignée de dollars* (S. Leone, 1964), *Mission* (R. Joffé, 1986).

MORRIS (Maurice **De Bevere,** dit), *Courtrai 1923 - Bruxelles 2001*, dessinateur et scénariste belge de bandes dessinées, créateur de Lucky* Luke.

MORRIS (Robert), *Kansas City 1931 - Kingston, État de New York, 2018*, artiste américain. Pionnier d'un art minimal et « anti-form », il mit l'accent sur les processus constitutifs de l'œuvre et sur une poétique de l'espace.

MORRIS (William), *Walthamstow, Essex, 1834 - Hammersmith, près de Londres, 1896*, artiste et écrivain britannique. Ami des préraphaélites, il a œuvré pour la renaissance des arts décoratifs et du livre illustré. Ses *Nouvelles de nulle part* (1890) témoignent de son militantisme socialiste.

MORRISON (Toni), *Lorain, Ohio, 1931*, romancière américaine. Ses romans (*Sula*, 1973 ; *Beloved*, 1987 ; *Jazz*, 1992 ; *Paradis*, 1997 ; *Love*, 2003 ; *Un don*, 2008 ; *Home*, 2012 ; *Délivrances*, 2015), à la fois réalistes et oniriques, opèrent une reconstruction mythique de la mémoire culturelle afro-américaine. (Prix Nobel 1993.)

▲ Toni **Morrison** en 1993.

MORSANG-SUR-ORGE (91390), comm. de l'Essonne ; 21 604 hab. *(Morsaintois)*.

MORSE (Samuel), *Charlestown, Massachusetts, 1791 - New York 1872*, peintre et inventeur américain. Il a inventé le télégraphe électrique qui porte son nom, conçu en 1832 et breveté en 1840.

MORT (Vallée de la), en angl. **Death Valley,** profonde dépression aride des États-Unis, en Californie.

MORTAGNE-AU-PERCHE (61400), ch.-l. d'arrond. de l'Orne ; 4 208 hab. *(Mortagnais)*. Église de style gothique flamboyant ; Musée percheron et musée Alain.

MORTAGNE-SUR-SÈVRE (85290), bur. centr. de cant. de la Vendée ; 6 134 hab. Église romane.

MORTAIN-BOCAGE (50140), bur. centr. de cant. de la Manche ; 3 285 hab. *(Mortainais)*. Matériel électrique. – Monuments religieux du Moyen Âge.

MORTE (mer), lac de Palestine, entre Israël et la Jordanie, où débouche le Jourdain ; 637 km² ; 420 m env. au-dessous du niveau de la mer. Salinité exceptionnellement forte (env. 30 %).

Morte (manuscrits de la mer), manuscrits écrits en hébreu et en araméen, découverts entre 1947 et 1956 dans des grottes sur les rives de la mer Morte, près du site de Qumran, et qui sont d'une grande importance pour l'histoire du judaïsme et des origines chrétiennes. Ces documents, dont la rédaction s'échelonne entre le IIe s. av. J.-C. et le Ier s. apr. J.-C., comprennent des textes bibliques et apocryphes juifs et des écrits propres à une secte religieuse juive vivant à Qumran. Ils ont été publiés entre 1955 et 2002 (trad. fr. à partir de 2008).

MORTEAU (25500), bur. centr. de cant. du Doubs, sur le Doubs ; 7 146 hab. *(Mortuaciens)*. Horlogerie. Saucisses.

MORT-HOMME n.m., hauteurs de l'est de la France, dominant la rive gauche de la Meuse, au N. de Verdun. Violents combats en 1916 et en 1917 pendant la bataille de Verdun.

MORTIER (Adolphe), duc **de Trévise,** *Le Cateau-Cambrésis 1768 - Paris 1835*, maréchal de France. Il servit en Espagne (1808 - 1811), commanda la Jeune Garde en Russie (1812) et défendit Paris (1814). Ministre de la Guerre (1834), il périt dans l'attentat de Fieschi contre Louis-Philippe.

MORTILLET (Gabriel **de**), *Meylan, Isère, 1821 - Saint-Germain-en-Laye 1898*, préhistorien français. Il établit le premier système de référence chronologique de la préhistoire française.

MORTIMER (Roger), baron **de Wigmore,** comte **de La Marche,** *1286 ou 1287 - Tyburn, près de Londres, 1330*, gentilhomme gallois. Amant de la reine Isabelle de France, il prit la tête de l'insurrection qui aboutit à l'abdication et au meurtre du roi Édouard II (1327). Devenu maître de l'Angleterre, il fut exécuté sous Édouard III.

MORTON (James **Douglas,** comte **de**), *v. 1516 - Édimbourg 1581*, homme d'État écossais. Ayant obligé Marie Ire Stuart à abdiquer, il fut régent du jeune Jacques VI d'Écosse (1572 - 1578). Accusé de complicité dans le meurtre de Darnley, il fut décapité.

MORTON (Ferdinand Joseph **Lemott,** dit **Jelly Roll**), *La Nouvelle-Orléans 1885 ou 1890 - Los Angeles 1941*, musicien américain de jazz. Il a su, par son style au piano, jeter un pont entre le ragtime et ce que l'on devait appeler le jazz. Il s'établit en 1922 à Chicago, où il enregistra et fonda son orchestre, les Red Hot Peppers.

MORTSEL [mɔrtsɛl], comm. de Belgique (prov. d'Anvers) ; 25 202 hab. Produits photographiques.

MORUS → **THOMAS MORE** (saint).

MORVAN n.m., massif formant l'extrémité nord-est du Massif central (France) ; 901 m. (Hab. *Morvandiaux* ou *Morvandeaux*). Grandes forêts. Parc naturel régional, couvrant env. 285 000 ha.

MORZINE (74110), comm. de la Haute-Savoie ; 2 952 hab. *(Morzinois)*. Station de sports d'hiver (alt. 960 - 2 460 m) [→ **Avoriaz**].

MOSCOU, en russe **Moskva,** cap. de la Russie, sur la Moskova ; 11 514 330 hab. *(Moscovites)*. Centre administratif, culturel, commercial et industriel. – Au centre, le Kremlin* forme un ensemble de bâtiments administratifs et de monuments historiques (cathédrales, églises, palais). Citons aussi les églises Basile-le-Bienheureux (XVIe s.) et St-Nicolas-des-Tisserands (XVIIe s.), le vaste monastère Novodevitchi. Un nouvel essor architectural se situe dans la seconde moitié du XVIIIe s. et, surtout, après 1812. Musée historique, galerie Tretiakov (art russe), musée Pouchkine (archéologie et arts du monde), Musée polytechnique, Musée juif, etc. – Mentionnée en 1147, centre de la principauté de Moscovie à partir du XIIIe s., la ville fut abandonnée comme capitale au profit de Saint-Pétersbourg en 1712. Elle fut incendiée lors de l'entrée des Français en 1812. Elle devint,

▲ **Moscou.** L'église Basile-le-Bienheureux (XVIe s.), sur la place Rouge.

en 1918, le siège du gouvernement soviétique et fut la capitale de l'URSS de 1922 à 1991. En 1941, les Allemands tentèrent, en vain, de s'en emparer.

MOSCOVIE, région historique de la Russie, où se développa la grande-principauté de Moscou, dont les souverains devinrent les tsars de Russie (1547). On parle de Moscovie ou d'État moscovite jusqu'à la fondation de l'Empire russe (1721).

MOSELEY (Henry Gwyn Jeffreys), *Weymouth 1887 - Gallipoli, Turquie, 1915,* physicien britannique. En 1913, il établit une relation entre le spectre de rayons X d'un élément et son numéro atomique, qui permit d'assimiler celui-ci à la charge du noyau.

MOSELLE n.f., riv. d'Europe occidentale, née dans les Vosges, affl. du Rhin (r. g.), qu'elle rejoint à Coblence ; 550 km. Elle coule vers le nord, passant à Épinal et à Metz, avant de former la frontière entre l'Allemagne et le Luxembourg. En aval de Trèves, elle s'encaisse dans le Massif schisteux rhénan. Aménagée jusqu'à Neuves-Maisons en amont, la Moselle facilite la liaison entre la Lorraine et les pays rhénans.

MOSELLE n.f. (57), dép. de la Région Grand-Est ; ch.-l. de dép. *Metz* ; ch.-l. d'arrond. *Forbach, Sarrebourg, Sarreguemines, Thionville* ; 5 arrond. ; 27 cant. ; 727 comm. ; 6 216 km² ; 1 064 593 hab. *(Mosellans).* Le dép. appartient à l'académie de Nancy-Metz, à la cour d'appel de Metz, à la zone de défense et de sécurité Est. La majeure partie du dép. s'étend sur le Plateau lorrain, souvent gréseux, où l'élevage se substitue aux céréales. Mais les secteurs vitaux sont les extrémités – méridionale (Saulnois), septentrionale (région de Petite-Rosselle et de Saint-Avold), occidentale (au-delà de la Moselle) –, qui recèlent des gisements de sel gemme, de houille (dont l'exploitation a cessé) et de fer. La sidérurgie a connu un profond déclin, pallié partiellement par la métallurgie de transformation. La population, encore dense, stagne aujourd'hui et le sous-emploi est important.

MOSKOVA n.f., riv. de Russie, affl. de l'Oka (r. dr.) ; 502 km. Elle passe à Moscou (qui lui doit son nom).

Moskova (bataille de la) [7 sept. 1812], bataille de l'Empire. Livrée devant Moscou par l'armée de Napoléon et les Russes de Koutouzov, indécise, elle est appelée par les Russes *bataille de Borodino.*

MOSQUITO → **MISKITO.**

Mossad, service de renseignements israélien, fondé en 1951. Il dépend directement du Premier ministre. Il est l'auteur de l'enlèvement du nazi Adolf Eichmann en Argentine (1960).

MOSSADEGH (Mohammad **Hedayat,** dit), *Téhéran 1881 - id. 1967,* homme politique iranien. Fondateur du Front national (1949), il milita pour la nationalisation du pétrole. Premier ministre (1951), il s'opposa au chah Mohammad Reza, qui le fit arrêter (1953).

MÖSSBAUER (Rudolf), *Munich 1929 - Grünwald, près de Munich, 2011,* physicien allemand. Il découvrit un effet de résonance nucléaire qui permit de préciser la structure des transitions nucléaires. (Prix Nobel 1961.)

MOSSÉ (Claude), *Paris 1924,* historienne française. Spécialiste de la Grèce antique, elle renouvelle par une approche transdisciplinaire l'histoire d'Athènes (*la Fin de la démocratie athénienne,* 1962 ; *les Institutions grecques,* 1968 ; *la Femme dans la Grèce antique,* 1983).

MOSSI, peuple du Burkina (env. 5 millions). Les Mossi constituèrent, aux XVe-XVIe s., de grands royaumes dont les deux principaux (Yatenga, Ouagadougou) restèrent indépendants jusqu'à la pénétration européenne. Ils parlent le *moré,* langue voltaïque.

MOSSOUL, v. d'Iraq, sur le Tigre ; 1 446 940 hab. dans l'agglomération. Entre 2015 et 2017, son patrimoine historique a été en partie détruit par l'organisation État* islamique.

MOST, v. de la République tchèque, en Bohême ; 68 755 hab. Lignite.

MOSTAGANEM, v. d'Algérie, ch.-l. de wilaya ; 145 696 hab. Port.

MOSTAR, v. de Bosnie-Herzégovine, sur la Neretva ; 113 169 hab. Pont du XVIe s. (détruit en 1993 et reconstruit). Vieilles mosquées turques.

MOTALA, v. de Suède, sur le lac Vättern ; 42 556 hab. Station de radiodiffusion.

MOTHERWELL (Robert), *Aberdeen, Washington, 1915 - Provincetown, Massachusetts, 1991,* peintre américain. Il est l'un des principaux expressionnistes abstraits (« Élégies » à la République espagnole, 1948 et suiv.).

MOTT (Lucretia), née **Coffin,** *Nantucket 1793 - Cheltenham, Pennsylvanie, 1880,* féministe et abolitionniste américaine. Elle participa à la création de la Société américaine contre l'esclavage (1833) et organisa, avec E. Stanton, la première convention pour les droits des femmes (1848).

MOTTA (Giuseppe), *Airolo 1871 - Berne 1940,* homme politique suisse. Plusieurs fois président de la Confédération entre 1915 et 1937, responsable des Affaires étrangères au sein du Conseil fédéral (1920 - 1940), il maintint la neutralité de la Suisse.

MOTTE-SERVOLEX [-lɛks] (La) [73290], bur. centr. de cant. de la Savoie ; 12 281 hab. *(Motterains).*

MOTTEVILLE (Françoise **Bertaut** de), *Paris ? v. 1621 - Paris 1689,* femme de lettres française, auteure de *Mémoires* sur Anne d'Autriche.

MOUANS-SARTOUX (06370), comm. des Alpes-Maritimes ; 9 802 hab. *(Mouansois).* Château remontant au XVIe s. (Espace de l'art concret - Donation Albers-Honegger).

MOUAWAD (Wajdi), *Dayr al-Qamar, Chouf, 1968,* auteur dramatique et metteur en scène de théâtre canadien d'origine libanaise et d'expression française. Ses pièces content, sur le mode lyrique, un monde en proie à la violence et le cheminement de personnages en quête de réconciliation avec leur passé (*Littoral,* premier volet de la tétralogie *le Sang des promesses,* 1997-2009 ; *Seuls,* 2008 ; *Tous les oiseaux,* 2017). De 2011 à 2015, il met en scène l'ensemble des tragédies de Sophocle. Il est directeur du Théâtre national de la Colline depuis 2016.

MOUBARAK (Hosni), *Kafr al-Musilha 1928,* homme politique égyptien. Vice-président de la République (1975), il est élu à la tête de l'État égyptien après l'assassinat de Sadate (1981) et réélu ensuite à plusieurs reprises. Confronté au début de 2011 à une vague de contestation sans précédent, il doit démissionner (févr.). Placé en détention, il est condamné en 2012 à la prison à vie pour sa responsabilité dans la mort de manifestants au cours du soulèvement de 2011 (il est acquitté en 2017).

▲ Hosni **Moubarak**

MOUCHET (mont), sommet du sud de la France (Haute-Loire), en Margeride ; 1 465 m. Combats entre les Forces françaises de l'intérieur et les Allemands (juin 1944).

MOUCHEZ (Ernest), *Madrid 1821 - Wissous, Essonne, 1892,* officier de marine et astronome français. Hydrographe, il établit plus de cent cartes côtières ou marines en Asie, en Afrique et en Amérique. Nommé directeur de l'Observatoire de Paris en 1878, il fut à l'origine de la réalisation de la Carte photographique du ciel (1887).

MOUCHOTTE (René), *Saint-Mandé 1914 - en combat aérien 1943,* officier aviateur français. Il commanda un groupe de chasse français dans la Royal Air Force pendant la Seconde Guerre mondiale. Ses *Carnets* ont été publiés en 1949-1950.

MOUGINS (06250), comm. des Alpes-Maritimes, au N. de Cannes ; 18 819 hab. *(Mouginois).* Chapelle Notre-Dame-de-Vie, des XIIe et XVIIe s.

MOUGUERRE (64990), bur. centr. de cant. des Pyrénées-Atlantiques ; 5 164 hab. *(Mouguertars).*

MOUILLERON-SAINT-GERMAIN (85390), comm. de la Vendée ; 1 927 hab. Musée national Clemenceau-de-Lattre (natifs de la comm.).

Moukden (bataille de) [20 févr. - 11 mars 1905], bataille de la guerre russo-japonaise. Victoire de l'armée japonaise sur les troupes russes à Moukden (auj. *Shenyang,* Chine).

MOULE (Le) [97160], bur. centr. de cant. de la Guadeloupe, sur la côte est de la Grande-Terre ; 22 619 hab.

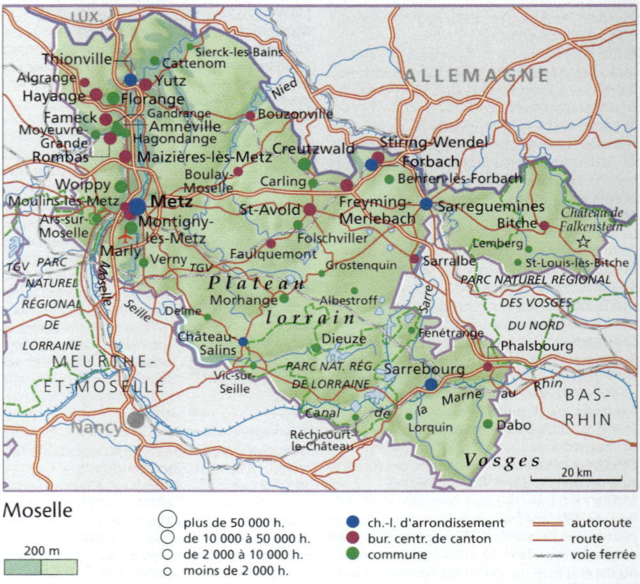

L'art du Moyen Âge

La chute de l'Empire romain d'Occident, au ve s., ouvre une période de morcellement de l'Europe qui se manifeste, dans les arts, par de très grands contrastes. La stylisation des formes, l'abstraction décorative dominent, en opposition avec l'esthétique gréco-romaine ; à la fin de la période, cependant, la Renaissance carolingienne tente de renouer avec celle-ci.

▲ **Orfèvrerie mérovingienne.** Fibule en argent doré, émail et pierres fines (vie s.) provenant de Douvrend (Seine-Maritime). Le jeu décoratif, abstrait en dépit du motif de têtes d'oiseaux au bec recourbé, est caractéristique de l'art du métal des peuples germaniques. (Musée des Antiquités, Rouen.)

▲ **Architecture wisigothique.** Baptistère de l'église S. Miguel de Tarrasa, en Catalogne, probablement construit au viie s. et modifié au ixe s. La construction en pierre – ici, huit colonnes monolithes supportent une coupole par l'intermédiaire d'arcs surhaussés – préfigure l'art roman.

▲ **Enluminure carolingienne.** *Saint Marc*, miniature en pleine page de l'*Évangéliaire de Charlemagne* (v. 781-783). On perçoit dans l'illustration le retour, sous l'influence des traditions paléochrétienne et byzantine, à une certaine figuration naturaliste. (BnF, Paris.)

◄ **Enluminure irlandaise.** Page ouvrant une section d'un évangéliaire irlandais du viiie s. La grande lettre ornée unit entrelacs, spirales, triskèles et quelques motifs animaliers, tout un décor foisonnant qui se souvient des arts celtique (La Tène) et germanique. (Bibliothèque de l'abbaye de Saint-Gall.)

MOULIN (Jean), *Béziers 1899 - Metz ? 1943*, résistant français. Préfet d'Eure-et-Loir (1940), il refusa de se plier aux exigences des Allemands lorsque ceux-ci occupèrent Chartres. Ayant gagné Londres, il devint, en 1943, le premier président du Conseil national de la Résistance. Après son retour en France, trahi, il fut arrêté par la Gestapo (juin 1943), torturé, et mourut au cours de son transfert en Allemagne. Ses cendres ont été déposées au Panthéon en 1964.

▲ Jean **Moulin**

Moulin de la Galette (Bal du), grande toile de Renoir (1876, musée d'Orsay). Ce chef-d'œuvre de l'impressionnisme évoque la danse en plein air dans une guinguette de Montmartre.

Moulin-Rouge (bal du), anc. bal devenu théâtre de variétés doublé d'un cabaret. Mistinguett, Joséphine Baker et Maurice Chevalier y animèrent des revues. – Les œuvres de Toulouse-Lautrec perpétuent le souvenir du cabaret (*Moulin-Rouge/La Goulue*, affiche de 1891 ; *Au Moulin-Rouge*, toile de 1892, musée de Chicago).

MOULINS (03000), ch.-l. du dép. de l'Allier, dans le Bourbonnais, sur l'Allier, à 292 km au S. de Paris ; 20 382 hab. (*Moulinois*). Évêché. Constructions mécaniques. – Château des ducs de Bourbon ; cathédrale des xve et xixe s. (triptyque du Maître de Moulins ; vitraux) ; maisons anciennes ; musées, dont le musée Anne-de-Beaujeu, le Centre national du costume de scène et de la scénographie et le musée de l'Illustration jeunesse.

MOULINS (le Maître de), nom donné à un peintre non identifié avec certitude (le Néerlandais Jean Hey ?), actif en Bourbonnais à la fin du xve s. Il est au moins l'auteur du célèbre triptyque de *la Vierge en gloire* de la cathédrale de Moulins et de divers portraits des Bourbons (Louvre).

MOULINS-LÈS-METZ (57160), bur. centr. de cant. de la Moselle ; 5 185 hab. (*Moulinois*).

MOULMEIN, v. de Birmanie, sur la Salouen ; 219 961 hab. Port.

MOULOUYA n.f., fl. du Maroc oriental, qui se jette dans la Méditerranée ; 450 km.

MOUNDOU, v. du sud du Tchad ; 99 530 hab.

MOUNET-SULLY (Jean Sully **Mounet,** dit), *Bergerac 1841 - Paris 1916*, acteur français. Il interpréta à la Comédie-Française les grands rôles tragiques. — **Jean-Paul,** dit **Paul Mounet,** *Bergerac 1847 - Paris 1922*, acteur français, frère de Mounet-Sully.

MOUNIER (Emmanuel), *Grenoble 1905 - Châtenay-Malabry 1950*, philosophe français. Son aspiration à la justice et sa foi chrétienne sont à l'origine du *personnalisme*, mouvement qu'il anima notamm. grâce à la revue *Esprit*, fondée par lui-même en 1932.

MOUNIER (Jean-Joseph), *Grenoble 1758 - Paris 1806*, homme politique français. Il provoqua la réunion à Vizille des états du Dauphiné (1788), prélude à la Révolution. Député du tiers aux États généraux, il proposa le serment du Jeu de paume (20 juin 1789) et fut un des créateurs du groupe des monarchiens. Déçu de l'évolution prise par la Révolution, il démissionna dès nov. 1789 et s'exila jusqu'en 1801.

MOUNTBATTEN OF BURMA (Louis, comte), *Windsor 1900 - en mer 1979*, amiral britannique. Commandant à Ceylan les forces alliées du Sud-Est asiatique (1943), il conquit la Birmanie et reçut la capitulation des Japonais à Saigon en 1945. Dernier vice-roi des Indes en 1947, il fut le premier chef d'état-major de la défense (1959 - 1965). Il fut tué sur son yacht, victime d'un attentat de l'IRA.

MOUNT VERNON, lieu-dit des États-Unis (Virginie), sur le Potomac. Anc. résidence de Washington (tombeau dans le cimetière familial).

MOURAD → **MURAD.**

MOURENX [murɛ̃s] (64150), comm. des Pyrénées-Atlantiques ; 6 726 hab. (*Mourenxois*). Ville créée près du gisement de gaz naturel de Lacq. Chimie.

MOURMANSK, v. de Russie, sur la mer de Barents ; 307 364 hab. Port.

MOURMELON-LE-GRAND (51400), comm. de la Marne ; 5 335 hab. Camp militaire.

MOUROU (Gérard), *Albertville 1944*, physicien français. En 1985, il a inventé, avec la Canadienne Donna **Strickland** (*née en 1959*), une méthode qui augmente considérablement la puissance des lasers, ouvrant un vaste champ d'applications, de la chirurgie de l'œil à l'exploration de la matière. (Prix Nobel 2018, avec A. Ashkin et D. Strickland.)

MOUSCRON, v. de Belgique, ch.-l. d'arrond. du Hainaut ; 56 407 hab. Textile.

MOUSKOURI (Ioánna, dite Nana), *Khaniá 1934*, chanteuse grecque. Elle a mené une grande et longue carrière internationale avec un répertoire interprété en plusieurs langues, imprégné du folklore de son pays et porteur d'un message humaniste (*le Tournesol*, 1970 ; *Je chante avec toi Liberté*, 1981).

MOUSQUETAIRES (les Quatre), nom donné à l'équipe de tennis française qui remporta six fois la coupe Davis (1927 - 1932). Elle était composée de J. Borotra*, Jacques Brugnon (*1895 - 1978*), H. Cochet* et R. Lacoste* (il quitta l'équipe en 1929).

MOUSSORGSKI (Modest Petrovitch), *Karevo 1839 - Saint-Pétersbourg 1881*, compositeur russe. Membre du groupe des Cinq, il composa des opéras (*Boris Godounov*, 1874 ; *la Khovanchtchina*, 1886), des mélodies d'un puissant réalisme et des pièces pour piano (*Tableaux d'une exposition*).

MOUSTAKI (Giuseppe **Mustacchi,** dit Georges), *Alexandrie 1934 - Nice 2013*, chanteur et auteur-compositeur français d'origine grecque. Après avoir écrit notamm. pour É. Piaf (*Milord*), Barbara (*la Longue Dame brune*) ou S. Reggiani (*Sarah*), il interpréta ses propres chansons, ponctuant sa carrière de succès au tendre humanisme (*le Métèque*, 1969 ; *Joseph*, id. ; *Il est trop tard*, id. ; *Ma liberté*, 1970 ; *les Amis de Georges*, 1974).

MOUSTIERS-SAINTE-MARIE (04360), comm. des Alpes-de-Haute-Provence ; 709 hab. (*Moustiérains*). Station touristique. – Église romane et gothique. Faïences (importante production au xviiie s. surtout ; petit musée).

MOÛTIERS (73600), bur. centr. de cant. de la Savoie, en Tarentaise, sur l'Isère ; 4 075 hab. (*Moûtiérains*). Cathédrale surtout du xve s.

MOUTON (Georges), comte **de Lobau,** *Phalsbourg 1770 - Paris 1838*, maréchal de France. Aide de camp de Napoléon (1805), il s'illustra à Friedland (1807) et dans l'île Lobau (1809). Commandant la Garde nationale de Paris (1830), il fut fait maréchal par Louis-Philippe.

MOUTON-DUVERNET (Régis Barthélemy, baron), *Le Puy 1769 - Lyon 1816*, général français. Rallié à Napoléon durant les Cent-Jours, il proposa après Waterloo la reconnaissance du roi de Rome. Il se constitua prisonnier et fut fusillé.

MOUVAUX (59420), comm. du Nord, banlieue nord-ouest de Roubaix ; 13 324 hab. (*Mouvallois*).

Mouvement (parti du), tendance politique libérale qui, au début de la monarchie de Juillet, s'opposa au parti de la Résistance*. Partisans de réformes, ses principaux chefs étaient La Fayette, Laffitte et O. Barrot.

Mouvement de libération des femmes → **MLF.**

Mouvement démocrate (MoDem) → **UDF.**

Mouvement des entreprises de France → **Medef.**

Mouvement républicain populaire → **MRP.**

MOUY (60250), bur. centr. de cant. de l'Oise ; 5 363 hab. (*Mouysards*). Constructions électriques. – Vestiges d'un château fort ; église gothique.

MOUZON (08210), comm. des Ardennes, sur la Meuse ; 2 429 hab. (*Mouzonnais*). Revêtements de sol. – Église du XIIIe s., anc. abbatiale.

MO YAN (Guan Moye, dit), *Gaomi, Shandong, 1955 ou 1956*, écrivain chinois. Ayant pour cadre la Chine rurale contemporaine, ses romans et ses nouvelles conjuguent réel et fantasmagorie pour évoquer, dans un style à la truculence débridée, l'histoire et la société chinoises (*le Radis de cristal*, 1986 ; *le Clan du sorgho*, id. ; *Beaux seins, belles fesses*, 1995 ; *Grenouilles*, 2009). [Prix Nobel 2012.]

Moyen Âge, période de l'histoire située entre l'Antiquité et l'époque moderne, comprise traditionnellement en Europe entre la disparition de l'Empire romain d'Occident (476) et la chute de Constantinople (1453), ou la découverte de l'Amérique (1492). [*V. planche page précédente.*]

HISTOIRE Le *haut Moyen Âge* couvre la période qui va de la fin du Ve s. au Xe s. La royauté franque qui s'établit en Occident permet la fusion des populations gallo-romaines et des envahisseurs germaniques. Alors que le christianisme se répand dans toute l'Europe sous l'effet d'un puissant mouvement d'évangélisation, l'islam pénètre aussi sur le continent à la faveur de la conquête de l'Espagne par les Arabes (711). Mettant fin aux divisions territoriales mérovingiennes, l'Empire fondé en 800 par Charlemagne consacre alors un idéal d'unité autour de l'Église ; il donne aussi l'élan aux lettres et aux arts (la « renaissance carolingienne »). Toutefois, l'héritage franc ne survit pas aux nouveaux partages successoraux du traité de Verdun (843). Dans une société où la possession de la terre est la source réelle du pouvoir politique, les liens de vassalité renforcent l'influence de la noblesse militaire aux dépens de la monarchie et donnent naissance à la féodalité. À l'anarchie intérieure qui s'étend en Occident s'ajoute l'insécurité que font régner les Vikings. Otton, roi de Germanie et d'Italie, parvient cependant à unifier ses territoires et se fait couronner empereur (Otton Ier le Grand) par le pape : le Saint Empire romain germanique voit le jour (962). En Orient, l'Empire byzantin est à son apogée.

Le *Moyen Âge « classique »* (XIe-XIIIe s.) est une période de grandes évolutions. Principale institution du temps, l'Église entreprend sa transformation (réforme grégorienne), assoit la suprématie temporelle du pape sur l'empereur, soutient l'effort de renouveau du monachisme occidental, exalte l'unité de la chrétienté en prêchant la croisade et en pourchassant l'hérésie. La société féodale, dans son ensemble, est en mutation : en exerçant son rôle de suzerain, le monarque restaure les prérogatives de sa fonction au sommet de l'État ; dans les villes, l'émergence du mouvement communal atteste l'ascension de la bourgeoisie ; enfin, les universités, qui naissent aux XIIe et XIIIe s., forment une nouvelle élite intellectuelle.

Le *bas Moyen Âge* s'étend sur les XIVe et XVe s. Il se caractérise par la montée en puissance de l'idée de nation et par la longue rivalité qui oppose les royaumes de France et d'Angleterre (guerre de Cent Ans, 1337 - 1453). La papauté d'Avignon

MOYEN ÂGE : LE MONDE OCCIDENTAL (XIIIe - XVe s.)

- Limites du Saint Empire vers 1400
- La maison de Habsbourg vers 1385
- La maison de Luxembourg en 1402
- Possessions et comptoirs vénitiens au XIVe s.
- La Hanse (XIVe - XVe s.) : Villes ; Comptoirs ; Voies maritimes hanséatiques
- Possessions et comptoirs génois
- Royaume d'Aragon et son extension en Méditerranée
- Empire byzantin vers 1402
- Empire ottoman : vers le milieu du XIVe s. ; dans la 2e moitié du XIVe s.
- Grande-principauté de Moscou : en 1300 ; en 1462 (Ivan III)
- États bourguignons (XIVe s.)
- Conquêtes d'Édouard Ier d'Angleterre à la fin du XIIIe s.
- Possessions anglaises en France : en 1360 ; en 1380
- Union de Kalmar (1397)
- Timur Lang (Tamerlan)
- Batailles

(1309 - 1376), puis le grand schisme d'Occident (1378 - 1417) mettent à mal la chrétienté. En Orient, les Ottomans musulmans provoquent la chute de l'Empire byzantin (1453). C'est alors que les idéaux de la Renaissance vont se propager en Europe.

LITTÉRATURE Parallèlement à l'activité des moines copistes, qui transmettent l'héritage gréco-latin, les littératures nationales en langue vulgaire font leur apparition. La poésie lyrique est d'abord un art de cour, avant d'être magnifiée par Dante et Pétrarque. Le genre épique est à l'honneur dans les *Edda* islandaises et autres grands poèmes héroïques *(la Chanson de Roland, Chanson de mon Cid, Chanson des Nibelungen)*. Le roman, en prose ou en vers, exprime un idéal courtois (cycle d'Arthur, légende de Tristan et Yseut, *Roman de la Rose*) ou traduit une intention satirique *(Roman de Renart)*. Tandis qu'au théâtre se parachève la forme religieuse du mystère, l'Italien Boccace et l'Anglais Chaucer se font les précurseurs de l'humanisme.

PHILOSOPHIE Tout au long du Moyen Âge, la philosophie se confond avec la théologie. Au XIᵉ s., saint Anselme formule la « preuve ontologique » de l'existence de Dieu, puis, de plus en plus, les penseurs médiévaux mettent en avant la raison. Outre l'enseignement de saint Augustin, celui d'Aristote – sans omettre ses commentateurs arabes – est au fondement même de la scolastique, qui s'épanouit au sein des universités (le thomisme en partic.).

BEAUX-ARTS L'art de l'Europe « barbare » (art wisigothique ou mérovingien par exemple) se développe sans pour autant supplanter la culture gréco-romaine, dont l'influence se fera encore sentir sous l'Empire carolingien (architecture, art figuratif). Alors que l'Italie est depuis longtemps un foyer d'art byzantin (églises de Ravenne), l'Espagne en devient un d'art islamique (Grande Mosquée de Cordoue). Avec la féodalité, le château fort est érigé en emblème. Dans les pays germaniques, l'époque ottonienne est celle d'une grande floraison artistique. Aux XIᵉ et XIIᵉ s., l'art roman qui se généralise contribue à l'unité spirituelle de l'Occident chrétien. L'art gothique, qui se répand ensuite, couvre l'Europe de cathédrales et stimule l'art du vitrail ; il suscite également le renouveau de la sculpture (statuaire, retables), de la peinture (fresques, triptyques) et des arts appliqués (enluminure, orfèvrerie…).

MUSIQUE Mis à part le répertoire associé à la poésie de cour, la vie musicale au Moyen Âge présente deux caractères majeurs : l'essor, entre les VIIIᵉ et XIIIᵉ s., du chant monodique chrétien (le chant grégorien) et le rayonnement, à partir du XIIᵉ s., de la polyphonie occidentale. Le motet (religieux et profane) et le rondeau (profane) en sont les formes les plus vivantes ; puis, à l'époque de l'Ars nova (début du XIVᵉ s.), la messe polyphonique en devient l'expression la plus haute. La musique instrumentale ne commence à être notée qu'au cours du XIVᵉ s.

MOYEN-CONGO, anc. territoire de l'AEF (→ **Congo**).

MOYEN-ORIENT, ensemble formé par l'Égypte et par les États d'Asie occidentale. L'expression englobe parfois aussi l'Afghanistan, le Pakistan et la Libye. Elle recouvre partiellement l'ensemble désigné sous le nom de *Proche-Orient**.

MOYEN-PAYS, autre nom du Plateau* (Suisse).

MOYEUVRE-GRANDE (57250), comm. de la Moselle ; 7 834 hab. *(Moyeuvriens)*. Métallurgie.

MOYNIER (Gustave), *Genève 1826 - id. 1910*, juriste et philanthrope suisse. Il fut l'un des fondateurs de la Croix-Rouge (1863).

MOZAMBIQUE n.m., en port. **Moçambique,** État d'Afrique australe, sur l'océan Indien ; 785 000 km² ; 25 834 000 hab. *(Mozambicains)*. **CAP.** *Maputo*. **LANGUE :** *portugais*. **MONNAIE :** *metical*.

GÉOGRAPHIE Le pays, généralement bien arrosé, est formé essentiellement d'une vaste plaine côtière, s'élevant vers l'intérieur. L'économie est à dominante agricole (manioc, maïs, sorgho, canne à sucre, coton, thé, noix de cajou). La guerre civile (années 1980 surtout) et des périodes de sécheresse ont ruiné le pays, faisant de celui-ci l'un des plus pauvres du monde. Toutefois, soutenu par l'aide internationale, le Mozambique enregistre des résultats tangibles en matière de développement : mise en valeur de son potentiel hydroélectrique, début d'exploitation des richesses de son sous-sol (gaz naturel offshore, charbon) et diversification industrielle (fonderie d'aluminium, sidérurgie). Depuis 2016, le pays traverse une grave crise financière.

HISTOIRE **Xᵉ - XVᵉ s. :** le pays, peuplé de Bantous, est organisé en petites chefferies dirigées par des dynasties héréditaires, les royaumes Maravi. Il exporte vers le sud l'ivoire local. **1490 :** les Portugais s'installent le long des côtes ; les commerçants arabes détournent le commerce vers le Zambèze. **1544 :** Lourenço Marques fonde une ville, à laquelle il donne son nom (auj. Maputo). **XVIIᵉ - XVIIIᵉ s. :** l'influence portugaise s'affirme dans les basses vallées orientales. **1886 - 1893 :** les frontières de la nouvelle colonie portugaise sont fixées par des accords avec l'Allemagne et la Grande-Bretagne. **1951 :** le Mozambique devient « province portugaise » d'outre-mer. **1964 :** le Front de libération du Mozambique (Frelimo), fondé deux ans auparavant, entame la guérilla contre la domination portugaise. **1975 :** l'indépendance est proclamée. Le président du Frelimo, Samora Machel, devient président de la République populaire. La situation économique s'aggrave dans les années qui suivent et, à partir de 1979, une rébellion armée anticommuniste se développe avec le soutien de l'Afrique du Sud. **1986 :** Joaquim Chissano (Frelimo) succède à S. Machel. **1990 :** une nouvelle Constitution met fin à quinze ans de régime de parti unique et instaure le pluralisme. **1992 :** J. Chissano et le chef de la rébellion signent un accord de paix. **1994 :** la première élection présidentielle pluraliste confirme J. Chissano à la tête de l'État (réélu en 1999). **1995 :** le Mozambique devient membre du Commonwealth. **2005 :** Armando Guebuza (Frelimo) accède à la présidence de la République (réélu en 2009). **À partir de 2012 :** regain de tension avec l'ex-rébellion. **2015 :** Filipe Nyusi (Frelimo) succède à A. Guebuza.

Mozambique, Eswatini

MOZAMBIQUE (canal de) ou canal du **MOZAMBIQUE,** bras de mer de l'océan Indien, entre l'Afrique (Mozambique) et Madagascar.

MOZAMBIQUE (courant du), courant marin chaud de l'océan Indien. Il se dirige du N. au S. le long de la côte orientale de l'Afrique et le long de la côte occidentale de Madagascar.

MOZART (Wolfgang Amadeus), *Salzbourg 1756 - Vienne 1791*, compositeur allemand. Un des plus grands maîtres de l'opéra, il est l'auteur de *l'Enlèvement au sérail* (1782), des *Noces de Figaro* (1786), de *Don Giovanni* (1787), de *Così fan tutte* (1790), de *la Flûte enchantée* (1791). Il a traité avec bonheur tous les genres, écrivant des symphonies (parmi lesquelles les symphonies nº 40, en *sol* mineur, et nº 41, *Jupiter*), des sonates, 27 concertos pour piano, des œuvres de musique de chambre (23 quatuors à cordes, trios, quintettes) et de la musique religieuse (*Requiem*, 1791). Maître de la mélodie, il recherche la pureté, l'élégance, et sait atteindre la grandeur par la simplicité et la grâce. Mais, derrière la clarté et la fantaisie, transparaissent l'ironie et le tremblement d'une âme inquiète.

▲ **Mozart.** (Maison Mozart, Salzbourg.)

MOZI, *v. 479 av. J.-C. - v. 381 av. J.-C.*, philosophe chinois. S'opposant au confucianisme, il soutint une doctrine de l'amour universel appuyée sur une forte argumentation logique et dialectique, et fit école.

MPUMALANGA, anc. **Transvaal-Est,** prov. d'Afrique du Sud ; 4 039 939 hab. ; ch.-l. *Nelspruit.*

MROŻEK (Sławomir), *Borzęcin 1930 - Nice 2013*, écrivain polonais naturalisé français. Nouvelliste satirique *(l'Éléphant)*, il usait du grotesque dans son théâtre *(Tango, les Émigrés)* pour montrer l'aliénation de l'individu par les stéréotypes sociaux.

MRP (Mouvement républicain populaire), parti politique français créé en 1944 et qui regroupa les démocrates-chrétiens. Fondé par d'anciens résistants (dont G. Bidault et M. Schumann), il devint, en 1945, le premier parti politique français et participa, au cours de la IVe République, à la plupart des gouvernements. Il s'effaça à partir de 1967 devant le Centre démocrate.

MSILA, v. d'Algérie, ch.-l. de wilaya ; 156 647 hab.

MUAWIYA Ier, *La Mecque v. 603 - Damas 680*, calife (661 - 680), fondateur de la dynastie omeyyade.

MUCHA (Alfons), *Ivančice, Moravie, 1860 - Prague 1939*, peintre et dessinateur tchèque. Établi à Paris de 1888 à 1904, il fut un des promoteurs de l'Art nouveau (affiches, notamm. pour Sarah Bernhardt).

MUCHARRAF (Pervez), *Delhi 1943*, général et homme politique pakistanais. Chef d'état-major de l'armée (1998 - 2007), il assure le pouvoir exécutif après le coup d'État militaire de 1999, avant de devenir président du Pakistan en 2001. Menacé de destitution, il démissionne en 2008.

MUCIUS SCAEVOLA (Caius), *fin du VIe s. av. J.-C.*, héros légendaire romain. Il pénétra de nuit dans le camp des Étrusques pour tuer le roi Porsenna. Démasqué, il mit sa main sur un brasier pour se punir de son échec (d'où son nom de Scaevola, « le gaucher »).

MUDANJIANG, v. de Chine (Heilongjiang) ; 782 988 hab. Centre industriel.

MUDDY WATERS (McKinley **Morganfield,** dit), *Rolling Fork, Mississippi, 1915 - Downers Grove, Illinois, 1983*, chanteur et guitariste américain de blues. Sa voix chaude, son jeu de guitare insolite et son orchestre brillant en firent un précurseur du rock (*I'm a Man* ; *Hoochie-Coochie Man*).

MUFULIRA, v. de Zambie ; 59 955 hab. Cuivre.

MUGABE (Robert Gabriel), *Kutama 1924*, homme politique du Zimbabwe. Premier ministre à partir de l'indépendance (1980), il a été président de la République pendant trente ans (1987 - 2017), avant d'être contraint par l'armée de démissionner. Son exercice de plus en plus intransigeant du pouvoir a plongé son pays dans une crise profonde.

◀ Robert **Mugabe**

MUGELLO n.m., région de la Toscane.

MUHAMMAD → **MAHOMET.**

MUHAMMAD V ou **MOHAMMED V,** *Fès 1909 - Rabat 1961*, sultan (1927), puis roi (1957 - 1961) du Maroc, de la dynastie des Alawites. Il soutint dès 1944 l'Istiqlal, fut déposé par la France en 1953 et exilé. Rappelé en 1955, il obtint l'indépendance du Maroc (1956) et devint roi.

MUHAMMAD VI ou **MOHAMMED VI,** *Rabat 1963*, roi du Maroc, de la dynastie des Alawites. Fils aîné de Hasan II, il lui a succédé en 1999.

Muhammad VI ▶

MUHAMMAD ABDUH, *en Égypte 1849 - Alexandrie 1905*, réformateur musulman. Disciple de Djamal al-Din al-Afghani et mufti d'Égypte à partir de 1889, il prôna le retour aux sources de l'islam et la nécessité de l'instruction.

MUHAMMAD AHMAD IBN ABD ALLAH → **MAHDI (al-).**

MUHAMMAD AL-SADUQ, *Tunis 1812 - id. 1882*, bey de Tunis (1859 - 1882). Il signa le traité du Bardo instituant le protectorat français en Tunisie (1881).

MUHAMMAD IBN ABD AL-WAHHAB, *dans le Nadjd 1703 - 1792*, fondateur du courant réformiste puritain wahhabite. Il fonda avec les Saoudiens un État indépendant en Arabie (1744).

Mühlberg (bataille de) [24 avr. 1547], victoire de Charles Quint sur les protestants de la ligue de Smalkalde à Mühlberg an der Elbe (Brandebourg).

MUISCA ou **CHIBCHA,** peuple précolombien des hautes terres de la Colombie, dont la civilisation s'épanouit entre 1000 et 1500 apr. J.-C.

MUKALLA (al-), v. du Yémen, sur le golfe d'Aden ; 122 359 hab. Port.

MUKWEGE (Denis), *Bukavu 1955*, gynécologue congolais. Il est spécialisé dans la prise en charge physique et morale des femmes victimes d'actes de barbarie sexuels, notamm. dans l'hôpital qu'il a créé près de Bukavu. Son combat en faveur des femmes, mais aussi dans la prévention des conflits, lui a valu de multiples distinctions. (Prix Nobel de la paix 2018, avec N. Murad*.)

MULHACÉN n.m., point culminant de la péninsule Ibérique, dans la sierra Nevada ; 3 478 m.

MÜLHEIM AN DER RUHR, v. d'Allemagne (Rhénanie-du-Nord-Westphalie), dans la Ruhr ; 166 865 hab. Métallurgie.

MULHOUSE, ch.-l. d'arrond. du Haut-Rhin, sur l'Ill ; 111 892 hab. *(Mulhousiens)* [243 618 hab. dans l'agglomération]. Université. Construction automobile. Chimie. Textile. Édition. – Festival de jazz (« Météo »). – Musées artistiques et techniques.

MULLER (Hermann Joseph), *New York 1890 - Indianapolis 1967*, biologiste américain. Ses recherches sur la génétique, en particulier sur les mutations obtenues par l'action des rayons X, lui valurent le prix Nobel en 1946.

MÜLLER (Heiner), *Eppendorf 1929 - Berlin 1995*, auteur dramatique allemand. Il est passé d'un théâtre didactique inspiré de Brecht *(le Chantier)* à des pièces fondées sur une critique pessimiste de l'histoire contemporaine et sur la réécriture d'œuvres anciennes *(Hamlet-machine, Quartett)*.

MÜLLER (Herta), *Nițchidorf, Banat, 1953*, écrivaine allemande d'origine roumaine. Ses romans dénoncent, à travers l'évocation des souffrances endurées par la minorité allemande de Roumanie, la terreur instaurée par le régime communiste (*Dépressions*, 1982 et 1984 [version intégrale] ; *L'homme est un grand faisan sur terre*, 1987 ; *Animal du cœur*, 1994 ; *la Bascule du souffle*, 2009). [Prix Nobel 2009.]

MÜLLER (Johannes von), *Schaffhouse 1752 - Kassel 1809*, historien suisse, auteur de la première *Histoire de la Confédération suisse* (1786 - 1808).

MÜLLER (Karl Alexander), *Bâle 1927*, physicien suisse. Il a synthétisé, en 1986, avec J. Bednorz, une céramique supraconductrice à une température de 35 K. (Prix Nobel 1987.)

MÜLLER (Paul Hermann), *Olten 1899 - Bâle 1965*, biochimiste suisse. Il inventa le DDT. (Prix Nobel de physiologie ou de médecine 1948.)

MULLIKEN (Robert Sanderson), *Newburyport 1896 - Arlington, Virginie, 1986*, chimiste américain. Pour rendre compte de la structure électronique et des liaisons dans les molécules, il a introduit les notions d'orbitales atomiques et d'orbitales moléculaires. (Prix Nobel 1966.)

MULLIS (Kary Banks), *Lenoir, Caroline du Nord, 1944*, biochimiste américain. Il a découvert et mis au point une technique de multiplication de l'ADN. (Prix Nobel de chimie 1993.)

MULRONEY (Brian), *Baie-Comeau 1939*, homme politique canadien. Chef du Parti conservateur, il est Premier ministre du Canada de 1984 à 1993.

MULTAN, v. du Pakistan ; 1 197 384 hab. (1 719 694 hab. dans l'agglomération). Centre industriel. – Nombreux mausolées (XIIIe-XVIe s.), mosquées (XVIIIe s.).

MULTATULI (Eduard **Douwes Dekker,** dit), *Amsterdam 1820 - Nieder-Ingelheim 1887*, écrivain néerlandais. Son roman *Max Havelaar* (1860) dénonce la corruption colonialiste.

MUMBAI → **BOMBAY.**

MUN (Albert, comte **de**), *Lumigny, Seine-et-Marne, 1841 - Bordeaux 1914*, homme politique français. Officier, initié au catholicisme social, il fonda les Cercles catholiques d'ouvriers (1871). Député à partir de 1876, il se fit le défenseur d'une législation sociale avancée. (Acad. fr.)

MUNCH (Charles), *Strasbourg 1891 - Richmond, Virginie, 1968*, violoniste et chef d'orchestre français. Il dirigea les orchestres de la Société des concerts du Conservatoire, de Boston et de Paris.

MUNCH (Edvard), *Løten 1863 - près d'Oslo 1944*, peintre et graveur norvégien. Ses thèmes dominants sont l'angoisse, la difficulté de vivre (*le Cri*, 1893, Galerie nationale, Oslo ; *Vigne vierge rouge*, 1900, Musée Munch, Oslo). Il est un précurseur de l'expressionnisme, notamm. allemand.

▲ Edvard **Munch.** *L'Angoisse*, 1894. (Musée Munch, Oslo.)

MÜNCHHAUSEN (Karl Hieronymus, baron **von**), *Gut Bodenwerder, Hanovre, 1720 - id. 1797*, officier allemand. Ses fanfaronnades en ont fait un personnage de légende, dont les aventures ont inspiré de nombreux écrivains et cinéastes.

MUNDA, anc. v. d'Espagne, en Bétique, où César battit les lieutenants de Pompée (45 av. J.-C.).

MUNDA, famille ethnolinguistique de l'Inde orientale (env. 14 millions de locuteurs).

MUNDELL (Robert Alexander), *Kingston 1932*, économiste canadien. Keynésien, il a posé les fondements théoriques qui dominent les choix concrets de politique monétaire et fiscale en économie ouverte. Il a aussi montré les avantages de l'adoption d'une monnaie unique par des « zones monétaires optimales ». (Prix Nobel 1999.)

MUNDURUKU, groupe amérindien du Brésil (env. 1 500), vivant dans la région des rivières Tapajós et Madeira, et parlant une langue tupi.

MUNICH [mynik], en all. **München,** v. d'Allemagne, cap. de la Bavière, sur l'Isar ; 1 348 335 hab. *(Munichois)* [2 300 000 hab. dans l'agglomération]. Métropole culturelle, commerciale et industrielle (constructions électriques et mécaniques, agroalimentaire, chimie) du sud de l'Allemagne. – Cathédrale (XVe s.) et église St-Michel (fin du XVIe s.) ; Résidence (palais royal) des XVe-XIXe s. ; monuments baroques du XVIIIe s. par les Asam ou par Cuvilliés, néoclassiques par Klenze. Importants musées, dont les très riches Ancienne et Nouvelle Pinacothèques (chefs-d'œuvre des écoles européennes), la Glyptothèque (sculptures grecque et romaine), le musée allemand des Sciences et Techniques. – Fondée en 1158, Munich devint en 1255 la résidence des Wittelsbach. Capitale du royaume de Bavière à partir de 1806, elle fut dans les années 1920 l'un des principaux foyers du national-socialisme.

Munich (accords de) [29 - 30 sept. 1938], accords signés entre la France (Daladier), la Grande-Bretagne (Chamberlain), l'Allemagne (Hitler) et l'Italie (Mussolini). Ils prévoyaient l'évacuation du territoire des Sudètes par les Tchèques et son occupation par les troupes allemandes. L'acceptation par les démocraties des exigences allemandes amena un soulagement dans l'opinion publique européenne, qui crut avoir échappé à la guerre, mais elle encouragea Hitler dans sa politique d'expansion.

MUNRO (Alice), *Wingham, Ontario, 1931*, écrivaine canadienne de langue anglaise. Ses nouvelles explorent avec précision, profondeur et retenue les rêves et les blessures secrètes d'héroïnes ordinaires (*la Danse des ombres heureuses*, 1968 ; *l'Amour d'une honnête femme*, 1998 ; *Fugitives*, 2004 ; *Trop de bonheur*, 2009 ; *Rien que la vie*, 2012). [Prix Nobel 2013.]

MUNSTER [mœstɛr] (68140), comm. du Haut-Rhin, sur la Fecht ; 4 703 hab. *(Munstériens)*. Fromages. – Hôtel de ville de 1550.

MUNSTER, prov. de la république d'Irlande ; 1 246 088 hab. ; cap. *Cork*.

MÜNSTER, v. d'Allemagne (Rhénanie-du-Nord-Westphalie), dans le *bassin de Münster* ; 289 576 hab. Université. – Monuments anciens et musées. Exposition décennale de sculptures en plein air. – Münster fut l'un des lieux de négociation des traités de Westphalie (1648).

MUNTANER (Ramon), *Perelada 1265 - Ibiza 1336*, chroniqueur catalan, auteur d'une *Chronique* des règnes de Jacques Ier, Pierre III, Alphonse III et Jacques II.

MUNTÉNIE n.f., région de Roumanie, à l'E. de l'Olt, partie orientale de la Valachie ; cap. *Bucarest*.

MÜNTZER ou **MÜNZER** (Thomas), *Stolberg, Harz, v. 1489 - Mühlhausen, Thuringe, 1525*, réformateur allemand. L'un des fondateurs de l'anabaptisme, il prit la tête d'une armée de paysans, fut battu par les princes à Frankenhausen (1525) et exécuté.

MUQDISHO → **MOGADISCIO.**

MU QI, *prov. du Sichuan début XIIIe s. - apr. 1269*, peintre chinois. Moine de la secte bouddhiste chan (zen), il vivait comme son ami Liang Kai près de Hangzhou. Son audace plastique, sa spontanéité et la sobriété de son trait en font le plus grand représentant de la peinture à l'encre.

MUR n.f., riv. d'Europe (Autriche, Slovénie et Croatie), affl. de la Drave (r. g.) ; 445 km. Elle passe à Graz. Aménagements hydroélectriques.

MURAD (Nadia), *Kocho, au nord de l'Iraq, 1993*, militante des droits de l'homme irakienne. Issue de la communauté yazidi, elle témoigne, en 2015, des atrocités commises envers les femmes par l'organisation État islamique, puis devient, en 2016, ambassadrice de bonne volonté des Nations unies pour la dignité des victimes du trafic d'êtres humains. (Prix Nobel de la paix 2018, avec D. Mukwege*.)

MURAD Ier, *v. 1326 - Kosovo 1389*, sultan ottoman (1359 - 1389). Fils d'Orhan Gazi, il installa sa capitale à Andrinople, soumit la Thrace, la Macédoine, la Bulgarie et écrasa les Serbes et leurs alliés à Kosovo (1389). — **Murad II,** *Amasya 1404 - Andrinople 1451*, sultan ottoman (1421 - 1451). Il rétablit l'autorité ottomane dans les Balkans et en Asie Mineure. — **Murad III,** *Manisa 1546 - Istanbul 1595*, sultan ottoman (1574 - 1595). — **Murad IV,** *Istanbul 1612 - id. 1640*, sultan ottoman (1623 - 1640).

▲ Un aspect de la Grande **Muraille** de Chine.

MURAD BEY, *en Circassie v. 1750 - près de Talsta 1801*, chef des Mamelouks d'Égypte. Il fut battu par Bonaparte aux Pyramides en 1798.

Muraille (la Grande), muraille défensive qui sépare la Chine et la Mongolie sur plus de 6 250 km (8 851,8 km en incluant les barrières naturelles et les tranchées : mesure officielle chinoise de 2009). Sa construction a commencé au IIIe s. av. J.-C. Son tracé actuel date de l'époque Ming (XVe-XVIIe s.).

MURAKAMI HARUKI, *Kyoto 1949*, écrivain japonais. Dans ses romans et ses nouvelles, le quotidien subit l'épreuve d'un fantastique tantôt loufoque et improbable (*la Course au mouton sauvage*, 1982 ; *la Fin des temps*, 1985), tantôt grave et mélancolique (*la Ballade de l'impossible*, 1987 ; *Kafka sur le rivage*, 2002 ; *1Q84*, trilogie, 2009-2010 ; *le Meurtre du commandeur*, 2017).

MURAKAMI TAKASHI, *Tokyo 1962*, artiste japonais. Dans l'esprit du pop art, il décline sur tous supports (peinture, sculpture, animation, design, mode, produits dérivés) des personnages et des motifs aux couleurs vives, inspirés de l'univers du manga (*Superflat*, 2000 ; *Kaikai Kiki*, 2002 ; *Little Boy*, 2005).

MURANO, agglomération de la comm. de Venise, sur une île de la lagune. Église du XIIe s. Verrerie d'art (musée).

MURASAKI SHIKIBU, *v. 978 - v. 1014*, femme de lettres japonaise, auteure du *Genji* monogatari*.

MURAT (Joachim), *Labastide-Fortunière, auj. Labastide-Murat, 1767 - Pizzo, Calabre, 1815*, maréchal de France. Aide de camp de Bonaparte en Italie (1796), il épousa Caroline Bonaparte (1800). Fait maréchal en 1804, cavalier prestigieux, il commanda en chef en Espagne (1808), puis devint roi de Naples la même année. En 1815, cherchant à revenir dans son royaume, il fut arrêté et fusillé.

MURATORI (Lodovico Antonio), *Vignola, près de Modène, 1672 - Modène 1750*, historien italien, fondateur de l'historiographie médiévale italienne (*Rerum Italicarum scriptores*, 25 vol., 1723-1751).

MURCIE, v. d'Espagne, cap. de la *communauté autonome de Murcie* et ch.-l. de prov. ; 443 243 hab. La communauté autonome, correspondant à la prov., couvre 11 317 km^2 et compte 1 046 561 hab. – Cathédrale des XVe, XVIe et XVIIIe s. ; musée consacré au sculpteur Francisco Salzillo (XVIIIe s.).

Mur des lamentations, vestiges de l'enceinte occidentale du Temple bâti par Hérode à Jérusalem. Les juifs viennent y prier et déplorer la destruction du Temple et la dispersion d'Israël.

MURDOCH (dame Iris), *Dublin 1919 - Oxford 1999*, écrivaine britannique d'origine irlandaise. Ses récits décrivent les déchirements d'êtres qui n'aspirent cependant qu'à s'unir (*Sous le filet*, 1954 ; *la Mer, la mer*, 1978 ; *l'Élève du philosophe*, 1983).

MURDOCH (Rupert), *Melbourne 1931*, homme d'affaires australien naturalisé américain. Magnat de la presse britannique (*The Sun, The Times*) et américaine (*The Wall Street Journal*), il est aussi présent dans l'édition (*HarperCollins*) et dans l'audiovisuel (*Fox News*).

MURE (La) [38350], bur. centr. de cant. de l'Isère ; 5 210 hab. *(Murois)*. Anc. mine d'anthracite.

MUREAUX (Les) [78130], comm. des Yvelines, sur la Seine ; 32 249 hab. *(Muriautins)*. Aéronautique.

MURER (Fredi Melchior), *Beckenried, Nidwald, 1940*, cinéaste suisse. Dans ses documentaires ou ses films de fiction, il peint l'univers de la montagne avec une rare justesse : *l'Âme sœur* (1985), *la Montagne verte* (1990), *Vitus* (2006).

MUREŞ n.m., en hongr. **Maros,** riv. de Roumanie et de Hongrie, affl. de la Tisza (r. g.) ; 803 km.

MURET (31600), ch.-l. d'arrond. de la Haute-Garonne, sur la Garonne ; 26 038 hab. *(Murétains)*. Église reconstruite au XIVe s. – En 1213, pendant la croisade des albigeois, le comte Raimond VI de Toulouse et le roi Pierre II d'Aragon y furent vaincus par Simon IV de Montfort.

MURET (Marc-Antoine), *Muret 1526 - Rome 1585*, humaniste français, auteur de poésies latines (*Juvenilia*).

MUREYBAT, site archéologique de Syrie, où fut découverte la plus ancienne (v. 8000 av. J.-C.) activité agricole volontaire. Il a été recouvert par les eaux d'un barrage sur le moyen Euphrate.

MURGER (Henri), *Paris 1822 - id. 1861*, écrivain français, auteur du roman *Scènes de la vie de bohème* (1848).

MURILLO (Bartolomé Esteban), *Séville 1618 - id. 1682*, peintre espagnol. Son œuvre comprend à la fois des compositions religieuses d'une dévotion tendre (grands cycles destinés aux couvents de Séville ; *Immaculées* ; *Saintes Familles*), des scènes de genre et des portraits.

MURNAU (Friedrich Wilhelm **Plumpe,** dit Friedrich Wilhelm), *Bielefeld 1888 - Santa Barbara, Californie, 1931*, cinéaste allemand. Hanté par les thèmes de la fatalité et de la mort, il a porté le cinéma muet à la plénitude de sa puissance expressive : *Nosferatu le vampire* (1922), *le Dernier des hommes* (1924), *l'Aurore* (1927), *Tabou* (1931, avec R. Flaherty).

Muromachi (période de) [1338 - 1573], période de l'histoire du Japon dominée par le gouvernement des shoguns Ashikaga, dont la cour était établie à Muromachi, faubourg de Kyoto.

MURORAN, v. du Japon (Hokkaido) ; 94 531 hab. Port. Métallurgie.

MURPHY (Robert), *New York 1887 - id. 1973*, ornithologue américain. Explorateur de tous les rivages du Pacifique, il a rassemblé à l'American Museum (à New York) plus d'un million de spécimens.

MURRAY n.m., principal fl. d'Australie, né dans la Cordillère australienne, qui se jette dans l'océan Indien ; 2 589 km ; bassin de 1 073 000 km^2.

MURRAY (Jacques **Stuart,** comte de) → **MORAY.**

MURRAY (James), *Ballencrief, Écosse, 1721 - Battle, Sussex, 1794*, général britannique. Premier gouverneur britannique du Canada (1763 - 1766), il respecta les traditions des Canadiens français.

MÜRREN, station touristique de Suisse (canton de Berne), dans l'Oberland bernois, en face de la Jungfrau, à 1 645 m d'alt.

MURRUMBIDGEE n.m., riv. d'Australie, affl. du Murray (r. dr.) ; 1 680 km. Irrigation.

MURUROA, atoll de la Polynésie française, dans l'archipel des Tuamotu. De 1966 à 1996, base française d'expérimentations de charges nucléaires.

MUSALA (pic), de 1949 à 1962 **pic Staline,** point culminant de la Bulgarie, dans le massif de Rila ; 2 925 m.

MUSES MYTH. GR. Les neuf déesses, filles de Zeus et de Mnémosyne, qui président aux arts libéraux : *Clio* (Histoire), *Euterpe* (Musique), *Thalie* (Comédie), *Melpomène* (Tragédie), *Terpsichore* (Danse), *Érato* (Poésie lyrique), *Polymnie* (Hymnes sacrés), *Uranie* (Astronomie), *Calliope* (Poésie épique).

▲ **Muséum national d'histoire naturelle.**
La grande galerie de l'Évolution.

Muséum national d'histoire naturelle, établissement public français à caractère scientifique, culturel et professionnel, fondé à Paris en 1793 à partir du *Jardin du roi* (1635). Il comprend, au *Jardin des Plantes*, des laboratoires de recherche en sciences de la Terre, de la vie et de l'homme, des collections de sciences naturelles, une ménagerie et un vivarium, ainsi que plusieurs galeries présentant des expositions. La grande galerie de l'Évolution est consacrée à la diversité du monde vivant et à l'action de l'homme sur la nature. Dépendent aussi du Muséum le parc zoologique de Paris (zoo de Vincennes) et le musée de l'Homme.

Museum of Modern Art ou **MoMA,** musée d'art moderne et contemporain installé à New York, au centre de Manhattan. Ses très riches collections internationales vont du postimpressionnisme à l'époque contemporaine.

MUSEVENI (Yoweri Kaguta), *Ankole 1944*, homme politique ougandais. Arrivé au pouvoir au terme du putsch de 1986, il est régulièrement réélu à la présidence de la République depuis 1996.

MUSGRAVE (Richard), *Königstein im Taunus, près de Francfort, 1910 - Santa Cruz, Californie, 2007*, économiste américain d'origine allemande. Émigré aux États-Unis en 1933, il est l'un des principaux théoriciens du rôle de l'État, dont il a défini les trois fonctions économiques : allocation des ressources, redistribution des revenus, régulation de la conjoncture économique.

MUSHIN, v. du Nigeria, banlieue nord de Lagos ; 539 783 hab.

MUSIL (Robert), *Klagenfurt 1880 - Genève 1942*, écrivain autrichien. Ses romans analysent la crise sociale et spirituelle de la civilisation européenne (*les Désarrois de l'élève Törless*, 1906) et sont pour lui comme un moyen de retrouver une unité personnelle et une communion humaine (*l'Homme sans qualités*, 1930-1933, inachevé).

MUSK (Elon Reeve), *Pretoria 1971*, ingénieur et entrepreneur canado-américain d'origine sud-africaine. Homme d'affaires visionnaire, il fonde en 2002 SpaceX, qui vise à rendre abordables, par la conception de lanceurs réutilisables, les vols spatiaux civils. Il a aussi développé un service de paiement en ligne et une entreprise de voitures électriques.

MUSSET (Alfred de), *Paris 1810 - id. 1857*, écrivain français. Introduit dans le cénacle de Nodier, il se fait connaître par ses *Contes d'Espagne et d'Italie* (1830). Des essais malheureux au théâtre, puis une liaison orageuse avec G. Sand bouleversent sa vie. Musset publie des pièces destinées à la lecture (*Un caprice*, publié en 1837, ne sera, ainsi, représenté qu'en 1847), dont *les Caprices de Marianne* (1833), *Fantasio*, *On ne badine pas avec l'amour* et *Lorenzaccio** (1834), *le Chandelier* (1835), *Il ne faut jurer de rien* (1836), des poèmes (*les Nuits*, 1835-1837), un roman autobiographique (*la Confession d'un enfant du siècle*, 1836). À partir de 1838, malade et usé par les excès, il écrira encore des contes (*Mimi Pinson*, 1845), des proverbes (*Il faut qu'une porte soit ouverte ou fermée*, 1845), des fantaisies poétiques, exprimant les contradictions de sa personnalité : poète de la douleur et des sentiments exacerbés, il est aussi le poète de la fantaisie légère. Son théâtre a été rassemblé sous le titre général de *Comédies et proverbes*. (Acad. fr.)

▲ **Musset** par C. Landelle. (Château de Versailles.)

MUSSIDAN (24400), comm. de la Dordogne, sur l'Isle ; 2 791 hab. (*Mussidanais*). Musée des Arts et Traditions populaires du Périgord.

MUSSOLINI (Benito), *Dovia di Predappio, Romagne, 1883 - Giulino di Mezzegra, Côme, 1945*, homme politique italien. Instituteur, maçon, puis journaliste et militant socialiste, il préconise en 1914 une politique nationaliste et militariste. Après la Première Guerre mondiale, il fonde les Faisceaux italiens de combat, noyau du Parti fasciste (1919). Il convainc le roi Victor-Emmanuel III, après la marche sur Rome, de lui confier le gouvernement (1922). Après le succès des fascistes aux élections de 1924, il élimine les opposants et se fait octroyer des pouvoirs dictatoriaux (1925), devenant véritablement le *Duce*. Il entreprend une politique de grands travaux (assèchement des marais Pontins) et signe les accords du Latran (1929), qui lui attirent la reconnaissance des catholiques. Rêvant d'un empire colonial, il conquiert l'Éthiopie (1935 - 1936) et rompt avec les démocraties occidentales. Il se rapproche alors de Hitler, avec lequel il forme l'axe Rome-Berlin (1936), renforcé par le pacte d'Acier (1939). En 1940, il lance l'Italie dans la guerre aux côtés de l'Allemagne hitlérienne. Devant les échecs militaires, il est désavoué par les chefs fascistes et arrêté sur l'ordre du roi (1943). Après avoir été délivré par les parachutistes allemands, il constitue, dans le nord de l'Italie, à Salo, une « République sociale italienne », qui ne survit pas à la défaite allemande. Reconnu par des partisans alors qu'il cherche à fuir vers la Suisse, il est fusillé le 28 avr. 1945.

▲ **Mussolini** en 1940.

MUSTAFA KEMAL PAŞA → **ATATÜRK.**

MÜSTAIR, comm. de Suisse (Grisons), dans l'E. du canton ; 745 hab. Couvent fondé à la fin du VIIIe s. : église avec remarquables peintures carolingiennes, bâtiments des XIe-XIIe s. ; petit musée.

MUTANABBI (al-), *Kufa 915 - près de Bagdad 965*, poète arabe, auteur d'un *Divan*.

MUTARE, anc. **Umtali,** v. de l'est du Zimbabwe ; 187 621 hab.

MUTI (Riccardo), *Naples 1941*, chef d'orchestre italien. À la tête notamm. de l'Orchestre de Philadelphie (1980 - 1992), de la Scala de Milan (1986 - 2005) et de l'Orchestre symphonique de Chicago (depuis 2010), il a élargi son répertoire des opéras italiens à la musique symphonique.

MUTSUHITO → **MEIJI TENNO.**

MUTTENZ, v. de Suisse (Bâle-Campagne), banlieue de Bâle ; 17 276 hab. Église médiévale.

MUTZIG (67190), comm. du Bas-Rhin ; 5 980 hab. (*Mutzigeois*). Brasserie. – Anc. château (musée).

MUY (Le) [83490], comm. du Var ; 9 611 hab. (*Muyois*). Église gothique d'env. 1500. Fondation Bernar-Venet.

MUYBRIDGE (Edward James **Muggeridge,** dit Eadweard), *Kingston-on-Thames 1830 - id. 1904*, photographe américain d'origine britannique. Pionnier de la photographie du mouvement, il enregistra les phases du galop d'un cheval (1878). Ses travaux influencèrent E. J. Marey.

MUZAFFARPUR, v. d'Inde (Bihar) ; 305 465 hab. Université.

MUZILLAC (56190), bur. centr. de cant. du Morbihan ; 5 124 hab. (*Muzillacais*).

MWANZA, v. de Tanzanie, sur le lac Victoria ; 252 000 hab.

MWERU → **MOERO.**

MYANMAR → **BIRMANIE.**

Mycale (bataille du cap) [479 av. J.-C.], bataille de la seconde guerre médique. Victoire des Grecs qui incendièrent la flotte perse au cap Mycale, en face de Samos.

MYCÈNES, village de Grèce, dans le Péloponnèse (nome de l'Argolide). [Hab. *Mycéniens*.] Capitale légendaire des Atrides, Mycènes fut, à partir du XVIe s. av. J.-C., le centre d'une civilisation historique, dite *mycénienne*, dont les nombreux vestiges (enceinte, habitations, cercles de tombes, tholos d'Atrée), ainsi que l'orfèvrerie et les céramiques, témoignent d'une esthétique originale, dégagée de l'influence minoenne. La ville fut ruinée par l'invasion des Doriens (fin du IIe millénaire).

MYINGYAN, v. de Birmanie, sur l'Irrawaddy.

MYKERINUS ou **MYKÉRINOS,** pharaon de la IVe dynastie (v. 2600 av. J.-C.). Il fit élever la troisième pyramide de Gizeh.

MYKOLAÏV, anc. **Nikolaïev,** v. d'Ukraine, sur la mer Noire ; 514 136 hab. Port. Centre industriel.

MÝKONOS, île grecque de la partie nord-est des Cyclades ; 10 190 hab. Tourisme.

MYMENSINGH, v. du Bangladesh, au N. de Dacca ; 225 811 hab. dans l'agglomération.

MYRDAL (Karl Gunnar), *Gustafs, Dalécarlie, 1898 - Stockholm 1987*, économiste et homme politique suédois. Considéré comme l'un des pères fondateurs du « modèle suédois », il s'est aussi intéressé à la question noire aux États-Unis et au problème du sous-développement. (Prix Nobel 1974.)

MYRMIDONS, anc. peuplade de Thessalie, qui prit part à la guerre de Troie.

MYRON, sculpteur grec né en Attique dans le 2e quart du Ve s. av. J.-C., auteur du *Discobole** (copie au musée des Thermes, Rome).

MYSIE, anc. contrée du nord-ouest de l'Asie Mineure, où les Grecs fondèrent des colonies ; v. princ. *Pergame*.

MYSORE, anc. État de l'Inde qui a pris, en 1973, le nom de Karnataka.

MYSORE, v. d'Inde (Karnataka) ; 742 261 hab. Textiles. – Anc. capitale de l'État du même nom. – Palais de style indo-musulman (XIXe s.), devenu musée. Centre de pèlerinage shivaïte.

MY THO, v. du Viêt Nam méridional, sur le bras nord du delta du Mékong ; 130 081 hab.

MYTILÈNE → **LESBOS.**

MZAB n.m., groupe d'oasis du nord du Sahara algérien ; hab. *Mzabites* ou *Mozabites* ; v. princ. *Ghardaïa*.

NABATÉENS, peuple de l'Arabie septentrionale, dont la capitale était Pétra. Leur royaume fut annexé à l'Empire romain en 106, par Trajan.

NABEREJNYIE TCHELNY, v. de Russie (Tatarstan), sur la Kama ; 513 242 hab. Industrie automobile.

NABEUL, v. de Tunisie ; 70 437 hab. Poterie.

NABIS, *m. en 192 av. J.-C.,* tyran de Sparte (207 - 192 av. J.-C.). Il tenta d'imposer une réforme sociale et combattit la ligue Achéenne, dirigée par Philopœmen.

NABOKOV (Vladimir), *Saint-Pétersbourg 1899 - Montreux, Suisse, 1977,* écrivain américain d'origine russe. Virtuose subtil dans la composition des intrigues et des personnages, il a fait dans ses romans une peinture ironique des obsessions, des ridicules ou des vices de son époque (*la Vraie Vie de Sébastien Knight,* 1941 ; *Lolita** ; *Ada ou l'Ardeur,* 1969).

NABONIDE, dernier roi de Babylone (556 - 539 av. J.-C.). Il fut vaincu par Cyrus II.

NABOPOLASSAR, roi de Babylone (626 - 605 av. J.-C.), fondateur de la dynastie chaldéenne. Allié aux Mèdes, il détruisit l'Empire assyrien (chute de Ninive, 612 av. J.-C.).

NABUCHODONOSOR II, roi de Babylone (605 - 562 av. J.-C.), fils de Nabopolassar. Sa victoire à Karkemish sur les Égyptiens (605 av. J.-C.) et la prise de Jérusalem, dont il déporta les habitants (587), lui assurèrent la domination sur la Syrie et la Palestine. Il embellit Babylone. – Son histoire a inspiré à Verdi l'opéra en quatre actes *Nabucco* (1842, sur un livret de T. Solera).

NACHTIGAL (Gustav), *Eichstedt 1834 - dans le golfe de Guinée 1885,* explorateur allemand. Il reconnut le Bornou et les abords du lac Tchad (1869 - 1874).

NADAL (Rafael), *Manacor, Majorque, 1986,* joueur de tennis espagnol. Il a remporté notamm. onze titres à Roland-Garros (2005 à 2008, 2010 à 2014, 2017 et 2018), deux à Wimbledon (2008, 2010), un aux Internationaux d'Australie (2009) et trois à Flushing Meadow (2010, 2013, 2017). Il a également été champion olympique en 2008.

NADAR (Félix **Tournachon,** dit), *Paris 1820 - id. 1910,* photographe et caricaturiste français. Il photographia les célébrités de son époque (*le Panthéon de Nadar*), réalisa les premières photographies aériennes prises en ballon (1858) et fut l'un des premiers utilisateurs de la lumière artificielle (en 1861, dans les catacombes).

NADAUD (Gustave), *Roubaix 1820 - Paris 1893,* chansonnier français, auteur de près de trois cents chansons (*les Deux Gendarmes*).

NADER (Ralph), *Winsted, Connecticut, 1934,* économiste et avocat américain. Connu pour son action en faveur de la défense des consommateurs, il a notamm. fait imposer de nouvelles normes de sécurité à l'industrie automobile de son pays.

NADER CHAH ou **NADIR CHAH,** *près de Kalat 1688 - Fathabad 1747,* roi d'Iran (1736 - 1747). Après avoir chassé les Afghans et rétabli les Séfévides en Iran, il s'empara du pouvoir (1736). Il conquit l'Afghanistan et envahit l'Inde des Moghols (1739). Il fut assassiné.

NADJ (Josef), *Kanjiža, Vojvodine, 1957,* danseur et chorégraphe français d'origine hongroise. Il crée des pièces qui font appel à une gestuelle poussée jusqu'à l'acrobatie (*les Échelles d'Orphée,* 1992 ; *les Veilleurs,* 1999 ; *Last Landscape,* 2005) et conçoit aussi des performances (*Paso Doble,* avec M. Barceló, 2006). Il a dirigé le Centre chorégraphique national d'Orléans de 1995 à 2016. Il s'adonne par ailleurs aux arts plastiques et à la photographie.

NADJAF, v. d'Iraq, au S. de Bagdad ; 309 010 hab. Pèlerinage chiite.

NADJAFABAD, v. d'Iran, à l'O. d'Ispahan ; 206 114 hab.

NADJD ou **NEDJD** (« le plateau ») n.m., anc. émirat, faisant partie de l'Arabie saoudite ; v. princ. *Riyad.* Le Nadjd a été au XVIIIe s. le centre du mouvement wahhabite.

NADOR, v. du nord du Maroc, ch.-l. de prov. ; 161 726 hab.

NAEVIUS (Cneius), *en Campanie v. 270 - Utique v. 201 av. J.-C.,* poète latin. Il est le premier à avoir traité de sujets nationaux dans une épopée (*Guerre punique*) et des tragédies.

NAFTA (North American Free Trade Agreement) → **ALÉNA.**

NAGA, populations tribales du nord-est de l'Inde (env. 1,5 million). De langues et de cultures très diversifiées, les Naga sont connus pour leur pratique de la chasse aux têtes et pour leur résistance à l'influence hindoue.

▲ **Nadar.** Autoportrait, 1856-1858. (Musée d'Orsay, Paris.)

NAGALAND, État du nord-est de l'Inde ; 15 500 km^2 ; 1 980 602 hab. ; cap. *Kohima.*

NAGANO, v. du Japon (Honshu) ; 381 533 hab. Station de sports d'hiver. Temple bouddhique (Zenko-ji), restauré au XVIIe s.

NAGANO OSAMI, *Kochi 1880 - Tokyo 1947,* amiral japonais. Ministre de la Marine (1936), il fut le chef d'état-major de la marine (1941 - 1944) pendant la Seconde Guerre mondiale.

NAGAOKA, v. du Japon (Honshu) ; 282 719 hab.

NAGARJUNA, philosophe bouddhiste de l'Inde du Sud, en grande partie légendaire. Il aurait vécu à la fin du Ier s. ou au début du IIe s. apr. J.-C., et serait l'un des fondateurs du bouddhisme mahayana.

NAGASAKI, v. du Japon (Kyushu) ; 443 469 hab. Port. Chantiers navals. – Temples fondés au XVIIe s. – La ville fut détruite par la deuxième bombe atomique lancée par les Américains le 9 août 1945, qui fit env. 70 000 victimes (décédées en 1945).

NAGELMACKERS (Georges), *Liège 1845 - Villepreux, Yvelines, 1905,* homme d'affaires belge. Il fonda à Bruxelles, en 1876, la Compagnie internationale des wagons-lits et des grands express européens.

NAGERCOIL, v. d'Inde (Tamil Nadu) ; 208 149 hab.

NAGOYA, v. du Japon (Honshu), sur le Pacifique ; 2 263 907 hab. (3 300 082 hab. dans l'agglomération). Port. Métallurgie. Chimie. – Sanctuaire shintoïste d'Atsuta. Château reconstruit ; musée d'art Tokugawa.

NAGPUR, v. d'Inde (Maharashtra) ; 2 051 320 hab. (2 497 777 hab. dans l'agglomération). Centre industriel.

NAGUMO CHUICHI, *Yamagata 1887 - Saipan 1944,* amiral japonais. À la tête des forces aéronavales, il mena victorieusement l'attaque de Pearl Harbor (7 déc. 1941) et se distingua à la bataille de Midway (1942).

NAGY (Imre), *Kaposvár 1896 - Budapest 1958,* homme politique hongrois. Communiste, Premier ministre (1953 - 1955), partisan d'une politique libérale, il se heurta aux staliniens Rákosi et Gerő, qui l'expulsèrent du parti (1956). Rappelé au pouvoir lors de l'insurrection d'oct. 1956, il fut arrêté (nov.) et exécuté (1958). Il a été réhabilité en 1989.

NAHA, v. du Japon, cap. de l'archipel des Ryukyu, sur l'île d'Okinawa ; 315 765 hab.

NAHHAS PACHA (Mustafa al-), *Samannud 1876 - Le Caire 1965,* homme politique égyptien. Chef du Wafd, il fut cinq fois Premier ministre entre 1928 et 1944.

NAHMANIDES (Moses **Ben Nahman,** dit), *Gérone v. 1194 - Acre, Palestine, 1270,* rabbin, kabbaliste et philosophe catalan. Invité par Jacques Ier d'Aragon à soutenir une controverse publique contre les docteurs chrétiens (la « dispute de Barcelone »), il en sortit vainqueur. Poursuivi par la vindicte de l'Église, il dut s'exiler en Palestine.

NAHUA, peuple amérindien du Mexique (env. 1,5 million). Les Nahua, qui constituent le groupe autochtone le plus nombreux du pays, ont été profondément évangélisés (catholicisme). Ils sont agriculteurs et parlent les dialectes du *nahua*, dont le *nahuatl* (ou *mexicano*) qui fut la langue littéraire de l'Empire aztèque.

NAHUEL HUAPÍ, lac des Andes de Patagonie, en Argentine ; 544 km². Site touristique.

NAHUM, prophète biblique (VIIe s. av. J.-C.). Il chante la chute de Ninive (612 av. J.-C.), qui marque le triomphe de la justice divine.

NAICA, ensemble de grottes situé dans l'État de Chihuahua, au Mexique. Découverte en 2000 au hasard d'une exploitation minière, la grotte principale abrite, à 300 m sous terre, les plus grands cristaux de gypse du monde (env. 11 m de long et 1 m de diamètre).

▲ **Naica.** La grotte des cristaux géants.

NAIPAUL (sir Vidiadhar Surajprasad), *Chaguanas, près de Port of Spain, 1932 - Londres 2018*, écrivain britannique d'origine trinidadienne et d'ascendance indienne. Il fit du déracinement le centre d'une œuvre qui mêle fiction et autobiographie (*Une maison pour Monsieur Biswas*, 1961 ; *Dans un État libre*, 1971 ; *À la courbe du fleuve*, 1979 ; *l'Énigme de l'arrivée*, 1987). [Prix Nobel 2001.]

NAIROBI, cap. du Kenya, à 1 660 m d'alt. ; 3 363 130 hab. *(Nairobiens)*. Aéroport. Université.

NAKASONE YASUHIRO, *Takasaki 1918*, homme politique japonais. Il a été président du Parti libéral-démocrate (PLD) et Premier ministre de 1982 à 1987.

NAKHITCHEVAN, république autonome d'Azerbaïdjan, à la frontière iranienne ; 398 400 hab. ; cap. *Nakhitchevan* (73 900 hab.).

NAKHODKA, v. de Russie, sur le Pacifique ; 159 695 hab. Port.

NAKHON PATHOM, v. de Thaïlande, à l'O. de Bangkok ; 230 323 hab. Musée archéologique. Célèbre stupa en briques émaillées (XIXe s.), objet de nombreux pèlerinages.

NAKHON RATCHASIMA, anc. **Korat,** v. de Thaïlande, au N.-E. de Bangkok ; 445 000 hab.

NAKURU, v. du Kenya ; 326 125 hab.

NALTCHIK, v. de Russie, cap. de la république de Kabardino-Balkarie ; 265 926 hab.

NAMANGAN, v. d'Ouzbékistan ; 391 297 hab.

NAMAQUALAND, région côtière aride, aux confins de l'Afrique du Sud et de la Namibie.

NAMBIKWARA, groupe amérindien du Brésil (Mato Grosso) [env. 1 000]. Avant l'arrivée des Européens, les Nambikwara furent une nation puissante, à la culture développée.

NAM DINH, v. du Viêt Nam, sur le fleuve Rouge ; 193 768 hab.

NAMIAS (Jerome), *Bridgeport, Connecticut, 1910 - San Diego, Californie, 1997*, météorologue américain. Il a étudié les interactions océan-atmosphère et leurs relations avec les variations climatiques ; il a aussi développé les méthodes de prévision météorologique à 5 jours.

NAMIB (désert du), région côtière aride de la Namibie.

NAMIBIE n.f., État d'Afrique australe, sur l'Atlantique ; 825 000 km² ; 2 303 000 hab. *(Namibiens)*. CAP. *Windhoek*.

LANGUE : *anglais*. MONNAIES : *dollar namibien* et *rand*. (V. carte **Botswana.**)

GÉOGRAPHIE Formée principalement de hauts plateaux arides dominant un littoral désertique (localement animé par la pêche), la Namibie a un sous-sol riche (diamants et uranium, bases des exportations). Elle est peuplée surtout de Bantous (Ovambo) vivant essentiellement de l'élevage.

HISTOIRE **Fin du XVe - XVIIIe s. :** quelques Européens (Portugais puis Hollandais) s'aventurent sur les côtes. Cependant, l'intérieur est occupé par les Bantous (Herero et Hottentots), qui refoulent Bochimans et Namaqua. **1892 :** l'Allemagne s'assure la domination de la région (sauf une enclave devenue colonie britannique en 1878), qu'elle baptise Sud-Ouest africain. **1904 - 1906 :** elle doit lutter contre le soulèvement des Herero. **1914 - 1915 :** l'Union sud-africaine (auj. Afrique du Sud) conquiert la région. **1920 :** elle la reçoit en mandat de la SDN. **1922 :** l'enclave britannique est rattachée au Sud-Ouest africain. **1949 :** l'ONU refuse l'annexion de la région à l'Union sud-africaine, qui conserve son mandat sur elle et y étend le système de l'apartheid. **1966 :** l'ONU révoque le mandat de l'Afrique du Sud. **1968 :** l'ONU change le nom du Sud-Ouest africain en Namibie. L'Afrique du Sud ignore cette décision, mais ne peut empêcher la formation d'un parti indépendantiste, la SWAPO (South West Africa People's Organization). **1974 :** celle-ci engage des opérations de guérilla contre l'Afrique du Sud. **1988 :** des accords entre l'Afrique du Sud, l'Angola et Cuba entraînent un cessez-le-feu dans le nord de la Namibie et ouvrent la voie à l'indépendance du territoire. **1990 :** la Namibie accède à l'indépendance. Le leader de la SWAPO, Sam Nujoma, devient président de la République. **2005 :** Hifikepunye Pohamba (SWAPO) lui succède à la tête de l'État (réélu en 2009). **2015 :** Hage Geingob (SWAPO), Premier ministre depuis 2012, accède à la présidence de la République.

NAMPO, v. de Corée du Nord ; 1 127 000 hab. Port et centre industriel.

NAMPULA, v. du Mozambique ; 303 346 hab.

Nam Theun, barrage du Laos central, sur la rivière du même nom. Centrale hydroélectrique (électricité fournie au Laos et en Thaïlande). Canal de dérivation pour l'irrigation du riz.

NAMUR, v. de Belgique, cap. de la Région wallonne et ch.-l. de la *prov. de Namur*, au confluent de la Meuse et de la Sambre ; 110 500 hab. *(Namurois)*. Centre administratif et commercial. Université. – Citadelle reconstruite au XVIIe s. ; église baroque St-Loup (XVIIe s.), cathédrale (v. 1760) et autres monuments. Importants musées (archéologie, trésors religieux).

NAMUR (province de), prov. du sud de la Belgique ; 3 660 km² ; 482 451 hab. ; ch.-l. *Namur* ; 3 arrond. *(Dinant, Namur, Philippeville)* ; 38 comm. Le sillon de la Sambre et de la Meuse (métallurgie) sépare l'avant-pays ardennais (exploitation forestière et élevage) de l'extrémité nord de la province, plateau limoneux où dominent les cultures céréalières.

NANAIMO, v. du Canada (Colombie-Britannique), dans l'île de Vancouver ; 90 504 hab. Port.

NANAK ou **GURU NANAK,** *Talvandi, Lahore, 1469 - Kartarpur 1538*, maître spirituel indien, fondateur du sikhisme.

NANA SAHIB, *v. 1825 - v. 1860*, prince indien. Il prit part à l'insurrection des cipayes (1857 - 1858).

NANÇAY (18330), comm. du Cher, en Sologne ; 901 hab. *(Nançayais)*. Station de radioastronomie.

NANCHANG, v. de Chine, cap. du Jiangxi ; 1 844 253 hab. (2 331 101 hab. dans l'agglomération). Centre industriel. – Musées.

NANCHONG, v. de Chine (Sichuan) ; 807 848 hab.

NANCY, ch.-l. du dép. de Meurthe-et-Moselle, sur la Meurthe et le canal de la Marne au Rhin, à 306 km à l'E. de Paris ; 107 563 hab. *(Nancéiens)*. Centre d'une métropole regroupant 20 communes (254 788 hab.). Évêché. Cour d'appel. Académie (Nancy-Metz) et université. Centre administratif, commercial et industriel. – Église des Cordeliers (XVe s.), porte de la Craffe (XIVe-XVe s.), palais ducal (début du XVIe s., Musée lorrain), cathédrale (XVIIIe s.) ; la place de la Carrière, le palais du Gouvernement et la gracieuse place Stanislas, limitée par des grilles dues à Jean Lamour, sont l'œuvre de E. Héré (XVIIIe s.). Musée des Beaux-Arts (œuvres du XIVe au XXe s. ; verrerie des Cristalleries Daum), musée de l'« école de Nancy » (Art nouveau). – Capitale des ducs de Lorraine, Nancy fut convoitée par Charles le Téméraire, qui y périt en 1477. Agrandie par Charles III (1588), elle connut une nouvelle période faste sous Stanislas Ier Leszczyński (1738 - 1766).

▲ **Nancy.** Un élément des grilles de Jean Lamour bordant la place Stanislas.

NANDA DEVI n.f., sommet de l'Himalaya (Inde) ; 7 816 m.

NANDED, v. d'Inde, au S.-O. de Nagpur ; 550 564 hab.

NANGA PARBAT n.m., sommet de l'ouest de l'Himalaya (Pakistan) ; 8 126 m.

NANGIS [nɑ̃ʒi] (77370), bur. centr. de cant. de Seine-et-Marne ; 8 694 hab. *(Nangissiens)*. Église gothique. Aux environs, église gothique (XIIIe s.) de Rampillon, au remarquable portail sculpté.

NANGIS (Guillaume de) → **GUILLAUME DE NANGIS.**

NANKIN, en chin. **Nanjing,** v. de la Chine centrale, cap. du Jiangsu, sur le Yangzi Jiang ; 3 624 234 hab. Port. Métallurgie. Textile. Chimie. – Riches musées. Aux environs, tombeau de l'empereur Ming Hongwu (1381) et falaise des Mille Bouddhas, ensemble monastique rupestre fondé au Ve s. – Plusieurs fois capitale, la ville connut son apogée sous les Ming. Le *traité de Nankin* (29 août 1842) céda Hongkong aux Britanniques et ouvrit certains ports chinois au commerce européen.

NANNING, v. de Chine, cap. du Guangxi ; 1 766 701 hab.

NANSEN (Fridtjof), *Store-Fröen, près d'Oslo, 1861 - Lysaker 1930*, explorateur norvégien. Il traversa le Groenland (1888), explora l'Arctique en se laissant dériver à bord du *Fram* et tenta d'atteindre le pôle en traîneau (1893 - 1896). Il joua un grand rôle dans les entreprises humanitaires de la SDN, notamment au profit des réfugiés. En 1922, il fit établir le *passeport Nansen*, qui permettait à ces derniers de s'installer dans le pays qui avait délivré ce document. (Prix Nobel de la paix 1922 et, pour l'Office international Nansen pour les réfugiés, 1938.)

NANTERRE (92000), ch.-l. du dép. des Hauts-de-Seine, dans la banlieue ouest de Paris ; 95 851 hab. *(Nanterriens)*. Évêché. Université. Bibliothèque de documentation internationale contemporaine (BDIC). Constructions mécaniques et électriques. Théâtre Nanterre-Amandiers. École de danse de l'Opéra de Paris. Anc. hospice (auj. Centre d'accueil et de soins hospitaliers, à vocation sanitaire et sociale). – Nécropole et quartiers d'habitation gaulois. Lieu de naissance de sainte Geneviève.

NANTES, ch.-l. de la Région Pays de la Loire et du dép. de la Loire-Atlantique, sur la Loire et l'Erdre, à 383 km au S.-O. de Paris ; 311 479 hab. *(Nantais)*. Centre d'une métropole regroupant 24 communes (619 214 hab.). Évêché. Académie et université. Port. Aéronautique. Industries électroniques et électriques. Services. – Siège de la compagnie Royal* de Luxe. Espace d'exposition et d'animation Les Machines de l'île, sur l'île de Nantes. Nombreux festivals : musique (« la Folle Journée ») ; cinéma (« les 3 Continents » : Afrique, Amérique latine et Asie) ; cultures électroniques et arts numériques (« Scopitone »). – Château des ducs de Bretagne, surtout des XVe-XVIe s. (musée d'Histoire de Nantes) ; cathédrale en partie du XVe s. ; urbanisme du XVIIIe s. Musée d'Arts (anc. musées des Beaux-Arts et Dobrée) ; Muséum d'histoire naturelle. – Résidence des ducs de Bretagne, française en 1524, Nantes atteignit son apogée au XVIIIe s. avec le trafic triangulaire*. Elle déclina au cours de la Révolution, pendant laquelle, de l'automne 1793 à l'hiver 1794, elle fut livrée au régime de terreur imposé par J.-B. Carrier (« noyades de Nantes »).

Nantes (édit de) [13 avr. 1598], édit signé par Henri IV à Nantes, qui définit les droits des protestants en France et mit fin aux guerres de Religion. Les protestants étaient libres de pratiquer leur culte partout où il avait déjà été autorisé et dans deux villes ou villages par bailliage. Sur le plan politique, l'État considérait les protestants comme un corps organisé et leur donnait des garanties juridiques (tribunaux à répartition égale de catholiques et de protestants, appelés « chambres mi-parties »), politiques (accès à toutes les charges) et militaires (une centaine de places de sûreté pour huit ans).

Nantes (révocation de l'édit de) [18 oct. 1685], édit signé par Louis XIV à Fontainebleau, qui supprima tous les droits accordés par Henri IV aux protestants. Cette révocation, précédée par une persécution (dragonnades), entraîna notamment la démolition des temples et priva la France de 200 000 à 300 000 sujets, qui émigrèrent en Suisse, en Allemagne, en Afrique du Sud, etc.

Nantes à Brest (canal de), voie navigable de la Bretagne méridionale, désaffectée à l'O. du barrage de Guerlédan.

NANTEUIL (Célestin), *Rome 1813 - Bourron-Marlotte 1873*, peintre, dessinateur et lithographe français. Il a illustré les œuvres des écrivains romantiques (Hugo, Gautier, Dumas père).

NANTEUIL (Robert), *Reims v. 1623 - Paris 1678*, graveur et pastelliste français, auteur de portraits des grands personnages de son temps.

NANTONG, v. de Chine (Jiangsu), sur le Yangzi Jiang ; 771 386 hab. (1 549 884 hab. dans l'agglomération).

NANTUA, ch.-l. d'arrond. de l'Ain, sur le *lac de Nantua* (1,4 km²) ; 3 685 hab. *(Nantuatiens).* Centre touristique. – Église (Xe-XIe s.), anc. abbatiale.

NANTUCKET, île des États-Unis (Massachusetts). Base de baleiniers jusqu'au XIXe s.

NAO (cap de la), cap d'Espagne, sur la Méditerranée, entre Valence et Alicante.

NAPATA, anc. v. de Nubie, d'où est issue la XXVe dynastie, dite *koushite*, qui domina l'Égypte (v. 750 - 656 av. J.-C.). Nécropole royale. Vestiges de temples pharaoniques.

NAPA VALLEY, région viticole des États-Unis (Californie), au N.-E. de San Francisco.

NAPIER ou **NEPER** (John), *Merchiston, près d'Édimbourg, 1550 - id. 1617*, mathématicien écossais. On lui doit l'invention des logarithmes (1614) destinés à simplifier les calculs de trigonométrie en astronomie ou pour la navigation.

▲ **Nantes.** Le château des ducs de Bretagne.

▲ **Naples.** La ville et le port ; à l'arrière-plan, le Vésuve.

NAPLES, en ital. **Napoli,** v. d'Italie, cap. de la Campanie et ch.-l. de prov., sur le *golfe de Naples* (formé par la mer Tyrrhénienne) et près du Vésuve ; 947 764 hab. *(Napolitains)* [2 348 100 hab. dans l'agglomération]. Université. Port de commerce. Industries métallurgiques, textiles, chimiques et alimentaires. – Castel Nuovo (XIIIe et XVe s.) ; nombreuses églises d'origine médiévale ; palais royal (XVIIe-XVIIIe s.) ; théâtre San Carlo (1737) ; anc. chartreuse de S. Martino (décors baroques ; musée). Galerie de Capodimonte (peinture ; porcelaines...) ; Musée archéologique national (prestigieuses collections d'art romain provenant de Pompéi et d'Herculanum) ; Palazzo delle Arti Napoli (PAN, art contemporain). – Naples *(Neapolis)* est fondée, au Ve s. av. J.-C., par des Athéniens et des Chalcidiens. En 326 av. J.-C., elle devient romaine, puis forme, en 661, la capitale d'un duché byzantin. En 1139, elle tombe aux mains des Normands de Sicile et devient, en 1282, la capitale du royaume de Naples. De 1734 à 1860, les Bourbons d'Espagne, supplantés par les Français de 1806 à 1815, en font un centre culturel brillant.

NAPLES (royaume de), anc. royaume italien. Constitué par la partie péninsulaire du royaume de Sicile, que la dynastie angevine conserva après son expulsion de la Sicile insulaire (1282), il fut occupé par les Aragonais (XVe s.), qui, après l'invasion française (1495), l'annexèrent (1504). Possession espagnole pendant deux siècles, il fut gouverné par les Bourbons à partir de 1734. Après l'éphémère république Parthénopéenne instaurée par les Français (1799), il redevint royaume de Naples et fut confié par Napoléon Ier à Joseph Bonaparte (1806), puis à Murat (1808). Ferdinand IV, restauré en 1815, rétablit en 1816 l'union avec la Sicile (royaume des Deux-Siciles).

NAPLOUSE, en ar. **Nābulus,** v. de Cisjordanie ; 126 132 hab.

NAPOLÉON Ier, *Ajaccio 1769 - Sainte-Hélène 1821*, empereur des Français (1804 - 1814 et 1815). Deuxième fils de Charles Marie Bonaparte et de Maria Letizia Ramolino, il reçoit une bourse royale qui lui permet de faire son éducation militaire à Brienne (Aube). Partisan des Jacobins, il se distingue comme capitaine d'artillerie à Toulon, contre les Anglais (1793). Il tombe en disgrâce après le 9 Thermidor, mais, après avoir réprimé l'émeute du 13 Vendémiaire (1795), il obtient, grâce à Barras, le commandement de l'armée d'Italie et se marie avec Joséphine de Beauharnais. À la suite d'une campagne fulgurante contre les Piémontais et les Autrichiens, il leur impose la paix (Campoformio, 1797), détruit la république de Venise et crée la république Cisalpine. Le Directoire l'éloigne en lui confiant le commandement de l'expédition d'Égypte (1798 - 1799) : la flotte est détruite à Aboukir par Nelson. Cependant, Bonaparte organise l'Égypte et bat les Turcs en Syrie. En oct. 1799, il rentre en France, où les modérés (Sieyès) lui confient le soin de se débarrasser du Directoire. Premier consul après le coup d'État du 18 Brumaire (9 - 10 nov. 1799), il impose au pays une Constitution autoritaire. L'hiver 1800 lui suffit pour réorganiser dans un sens centralisateur la justice, l'administration (préfets) et l'économie. À l'issue d'une seconde campagne d'Italie, il impose à l'Autriche la paix de Lunéville (1801), qui rend à la France la maîtrise de l'Italie et de la rive gauche du Rhin ; la même année, il signe avec l'Église un concordat. En 1802, la paix générale est conclue avec l'Angleterre à Amiens. Consul à vie par la Constitution de l'an X (1802), président de la République italienne, médiateur de la Confédération suisse, réorganisateur de l'Allemagne (1803), Bonaparte doit très vite affronter de nouveau la guerre contre l'Angleterre. Cette nouvelle menace et la découverte du complot royaliste de Cadoudal (qui lui fournit le prétexte de l'exécution du duc d'Enghien) incitent Bonaparte à se faire proclamer empereur des Français, à recevoir le sacre (2 déc. 1804) et à prendre le titre de roi d'Italie (1805). Devenu Napoléon Ier, il établit une monarchie héréditaire dotée d'une noblesse d'Empire et poursuit la réorganisation et la centralisation de la France révolutionnaire (Code civil, Université impériale, Légion d'honneur, Banque de France, Institut de France, etc.). Cependant, la guerre accapare une bonne partie de son règne. Ayant échoué contre l'Angleterre (camp de Boulogne, Trafalgar, 1805), il démantèle les 3e et 4e coalitions continentales (Austerlitz, 1805 ; Iéna, 1806 ; Friedland, 1807), réduit la Prusse à la moitié de son territoire, ampute l'Autriche, s'allie avec la Russie. Après le traité de Tilsit (1807), Napoléon se consacre à l'édification du Grand Empire, qui compte jusqu'à 132 départements et une série d'États vassaux. En ordonnant le Blocus continental contre l'Angleterre (1806), il s'oblige à intervenir contre Pie VII – ce qui lui aliène les catholiques – et dans la péninsule Ibérique ; mais la guerre d'Espagne (1808 - 1814) s'avère une terrible épreuve. Encore vainqueur de l'Autriche (Wagram, 1809), qui a déclenché la 5e coalition, l'Empereur veut assurer l'avenir : il répudie Joséphine de Beauharnais (1809) et épouse en 1810 Marie-Louise de Habsbourg-Lorraine, avec qui, l'année suivante, il a un fils, le roi de Rome, le futur Napoléon II. Le tsar Alexandre Ier, son allié, ayant pris une attitude belliqueuse, Napoléon le précède (1812) et dirige sur la Russie la Grande Armée, mais, après la victoire de la Moskova et l'entrée dans Moscou, celle-ci doit opérer une retraite désastreuse (la Berezina). La Prusse devient l'âme d'une 6e coalition, à laquelle adhère l'Autriche : à l'issue de la campagne d'Allemagne et de la défaite de Leipzig (1813), la France est envahie et vaincue. Napoléon abdique (4 - 6 avr. 1814), reçoit la dérisoire souveraineté de l'île d'Elbe, tandis que le congrès de Vienne s'apprête à détruire l'Empire. Échappant à la surveillance anglaise, Napoléon rentre en France (mars 1815), inaugurant les Cent-Jours, mais il doit de nouveau faire face à la coalition : battu à Waterloo (18 juin), il abdique une seconde fois (22 juin). Il est interné à Sainte-Hélène, où il meurt le 5 mai 1821. Ses cendres ont été ramenées en France en 1840 et déposées aux Invalides.

▲ **Napoléon Ier** par David. (Musée Bonnat, Bayonne.)

NAPOLÉON II (François Charles Joseph Bonaparte), *Paris 1811 - Schönbrunn 1832*, fils de Napoléon Ier et de Marie-Louise de Habsbourg-Lorraine. Proclamé roi de Rome à sa naissance et reconnu empereur par les chambres lors de la seconde abdication de Napoléon Ier (1815), il fut emmené à Vienne par sa mère, et fut fait duc de Reichstadt (1818). Il mourut de tuberculose. Ses cendres ont été transférées aux Invalides, à Paris, en 1940. – Sa vie a inspiré un drame à E. Rostand *(l'Aiglon*, 1900).

NAPOLÉON III (Charles Louis Napoléon Bonaparte), *Paris 1808 - Chislehurst, Kent, 1873*, empereur des Français (1852 - 1870). Fils d'Hortense de Beauharnais et de Louis Bonaparte, il mène une jeunesse aventureuse en Suisse et en Italie, puis tente, à Strasbourg (1836) et à Boulogne (1840), de se faire proclamer empereur et de renverser Louis-Philippe Ier. Condamné à la détention perpétuelle, il est enfermé au fort de Ham, où il élabore une doctrine sociale *(l'Extinction du paupérisme*, 1844) et d'où il s'enfuit pour Londres (1846). Il revient en France après

la révolution de 1848, est élu à la présidence de la République le 10 déc. 1848. Le 2 déc. 1851, il déclare l'Assemblée dissoute et fait réprimer le soulèvement qui se dessine à Paris ; un plébiscite ratifie le coup d'État et lui permet d'instaurer, en s'appuyant sur la Constitution du 14 janv. 1852, un régime autoritaire et centralisé qui se transforme en monarchie héréditaire, ratifiée, elle aussi, par plébiscite. Proclamé empereur des Français, le 2 déc. 1852, sous le nom de Napoléon III, il épouse en 1853 Eugénie de Montijo. De 1852 à 1860, Napoléon III exerce un pouvoir absolu : c'est « l'Empire autoritaire », qui limite l'opposition parlementaire et muselle la presse. À l'extérieur, Napoléon III, voulant exercer l'hégémonie en Europe, engage la guerre de Crimée (1854 - 1856), envoie, avec l'Angleterre, des troupes en Chine (1857 - 1860), s'empare de la Cochinchine (1859 - 1867), aide l'Italie à se libérer de la domination autrichienne (1859) et gagne à la France la Savoie et Nice (1860). Pour se ménager l'appui des classes laborieuses, par goût personnel et sous l'influence du saint-simonisme, Napoléon III fait entreprendre de nombreux travaux publics, à Paris notamm. (Haussmann), encourage l'agriculture, l'industrie et le commerce, crée des institutions de bienfaisance, favorise les institutions de crédit et renonce au protectionnisme. À partir de 1860, devant le développement des mécontentements (catholiques et bourgeoisie d'affaires), le régime se libéralise (élargissement du rôle du Corps législatif, octroi du droit de grève, liberté accrue de la presse, etc.) ; en janv. 1870, la désignation d'Émile Ollivier comme Premier ministre débouche sur un Empire parlementaire. Mais la politique extérieure subit des revers avec l'expédition malheureuse au Mexique (1862 - 1867) ; la guerre franco-allemande, engagée sans discernement (juill. 1870), aboutit au désastre de Sedan (2 sept. 1870). Fait prisonnier, l'empereur est déclaré déchu le 4 sept. à Paris et emmené en captivité en Allemagne. Le 19 mars 1871, il part pour l'Angleterre.

▲ **Napoléon III.** (Château de Compiègne.)

NAPOLÉON (Eugène Louis) → **BONAPARTE.**

Napoléon (route), route allant de Golfe-Juan à Grenoble par Gap et le col Bayard ; 325 km. Elle reconstitue le trajet suivi par Napoléon à son retour de l'île d'Elbe (1815).

NAPOLITANO (Giorgio), *Naples 1925*, homme politique italien. Issu du Parti communiste, président de la Chambre des députés (1992 - 1994), ministre de l'Intérieur (1996 - 1998), il a été président de la République de 2006 à 2015.

NAPOULE (la) → **MANDELIEU-LA-NAPOULE.**

NAQSH-I ROUSTEM, lieu de sépulture de la dynastie achéménide, dominant la plaine de Persépolis en Iran. Hypogées rupestres ornés de reliefs.

NARA, v. du Japon (Honshu) ; 366 528 hab. Première cap. fixe du Japon de 710 à 784, construite sur le modèle chinois de Changan, la cap. des Tang. Temples, dont le Horyu-ji*, abritant des trésors d'art remontant à la *période de Nara*, âge d'or de la civilisation japonaise.

NARAM-SIN, roi d'Akkad (v. 2225 - 2185 av. J.-C.). Petit-fils de Sargon, il étendit son empire du Zagros à la Syrie du Nord. – Une stèle (musée du Louvre) immortalise l'une de ses victoires.

NARAYANGANJ, v. du Bangladesh ; 286 330 hab. Port fluvial. Coton et jute.

NARBADA ou **NARMADA** n.f., fl. d'Inde, qui rejoint le golfe de Cambay ; 1 290 km. Elle sépare la plaine indo-gangétique et le Deccan. Aménagements hydroélectriques.

NARBONNAISE, anc. prov. de la Gaule romaine, fondée à la fin du IIe s. av. J.-C. Province impériale (27 av. J.-C.), puis sénatoriale (22 av. J.-C.), elle s'étendait de la région de Toulouse au lac Léman, englobant la Savoie, le Dauphiné, la Provence et le Languedoc.

Narbonnaise en Méditerranée (parc naturel régional de la), parc naturel couvrant env. 70 000 ha sur le dép. de l'Aude.

NARBONNE (11100), ch.-l. d'arrond. de l'Aude ; 54 964 hab. *(Narbonnais)*. Nœud autoroutier. Marché des vins. Raffinage de l'uranium (Malvési). Station balnéaire à *Narbonne-Plage*. – Cathédrale gothique de style septentrional, dont seul le chœur a été construit (autour de 1300) ; musées (archéologie, beaux-arts). – Important port de mer à l'époque romaine et au Moyen Âge ; la modification du cours de l'Aude au XIVe s. mit fin à cette activité portuaire.

NARCISSE MYTH. GR. Fils d'un fleuve divinisé et d'une nymphe célèbre par sa beauté. Méprisant l'amour, il fut séduit par sa propre image reflétée par l'eau d'une fontaine et se laissa mourir de ne pouvoir la saisir. À l'endroit même de sa mort poussa la fleur qui porte son nom.

NARCISSE, *m. en 54 apr. J.-C.*, affranchi de l'empereur Claude. Il prit une grande part au gouvernement de l'Empire romain. Agrippine le poussa au suicide à l'avènement de Néron.

NAREW n.m., en russe **Narev,** riv. d'Europe orientale, affl. de la Vistule (r. dr.) ; 484 km.

Narita, aéroport de Tokyo.

NARMADA → **NARBADA.**

NARMER, un des plus anciens pharaons connus (v. 3200 av. J.-C.), identifié par les Grecs à Ménès. Roi de la Haute-Égypte, il conquit le Delta, créant le royaume unifié de Haute- et de Basse-Égypte (palette en schiste, au Musée égyptien du Caire [v. ill. planche L'art de l'**Égypte** pharaonique]).

NARSÈS, *v. 478 - Rome 568*, général byzantin. Arménien d'origine et eunuque au service de Justinien Ier, il fit avorter la sédition Nika (532). Il défit les Ostrogoths de Totila (552), puis chassa les Francs et les Alamans de l'Italie, qu'il réorganisa.

Narva (bataille de) [30 nov. 1700], bataille de la guerre du Nord. Victoire des troupes de Charles XII de Suède sur l'armée russe de Pierre le Grand à Narva (Estonie).

NARVÁEZ (Ramón María), duc **de Valence,** *Loja 1800 - Madrid 1868*, général et homme politique espagnol. Partisan de la reine Marie-Christine de Bourbon, il renversa Espartero en 1843.

NARVIK, v. de la Norvège septentrionale ; 14 078 hab. Port. Exportation du minerai de fer suédois. – Combats navals et terrestres entre Allemands et Franco-Britanniques (avr.-mai 1940).

NASA (National Aeronautics and Space Administration), organisme fondé en 1958, chargé de diriger et de coordonner les recherches aéronautiques et spatiales civiles aux États-Unis.

NASH (John), *Londres ? 1752 - Cowes, île de Wight, 1835*, architecte et urbaniste britannique. Son œuvre participe soit du néoclassicisme, soit d'un éclectisme « pittoresque ».

NASH (John Forbes), *Bluefield, Virginie-Occidentale, 1928 - près de Monroe Township, New Jersey, 2015*, mathématicien américain. Il est célèbre pour ses travaux sur la théorie des jeux et ses applications en économie. Le parcours de ce scientifique de génie, atteint de schizophrénie, a été porté à l'écran (*Un homme d'exception*, R. Howard, 2001). [Prix Nobel d'économie 1994, prix Abel 2015.]

NASHE ou **NASH** (Thomas), *Lowestoft 1567 - Yarmouth v. 1601*, écrivain anglais. Il est l'auteur de pamphlets et d'un roman picaresque *(le Voyageur malchanceux)*.

NASHVILLE, v. des États-Unis, cap. du Tennessee ; 644 014 hab. (950 762 hab. dans l'agglomération). Édition musicale et religieuse.

NASIK, v. d'Inde (Maharashtra) ; 1 076 967 hab. (1 562 769 hab. dans l'agglomération). Sanctuaires bouddhiques rupestres (Ier-IIe s. apr. J.-C.).

NASRIDES, dynastie arabe du royaume de Grenade (1238 - 1492).

NASSAU, cap. des Bahamas ; 254 000 hab. dans l'agglomération.

NASSAU (maison de), famille qui s'établit en Rhénanie au XIIe s. Elle se subdivisa en plusieurs branches après 1255 : la *branche de Walram*, dont l'un des rameaux régna sur la Hesse-Nassau ; la *branche ottonienne* ; la *branche d'Orange-Nassau*, issue de la précédente au XVIe s., qui s'illustra à la tête des Provinces-Unies.

NASSAU (Frédéric-Henri de) → **FRÉDÉRIC-HENRI.**

NASSAU (Guillaume Ier de) → **GUILLAUME Ier DE NASSAU.**

NASSAU (Maurice de) → **MAURICE DE NASSAU.**

NASSER (lac), retenue formée sur le Nil, en Égypte (et au Soudan), par le haut barrage d'Assouan.

NASSER (Gamal Abdel), *Beni Mor 1918 - Le Caire 1970*, homme politique égyptien. Il organise dès

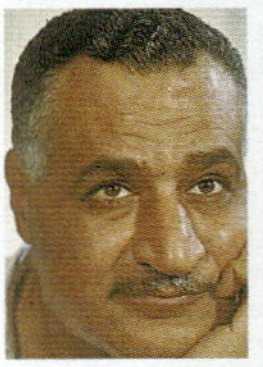

1943 le mouvement des officiers libres qui réussit le putsch contre le roi Farouk (1952) et porte le général Néguib au pouvoir. Après la proclamation de la république (1953), Nasser élimine Néguib et les communistes (1954). Président de la République (1956), il détient alors tous les pouvoirs. Il nationalise en 1956 le canal de Suez, ce qui provoque l'intervention israélienne et franco-britannique. Il accélère le processus d'étatisation de l'économie et met en chantier le haut barrage d'Assouan avec l'aide soviétique (1957). Dans le même temps, il se fait le champion de l'unité arabe (création de la République arabe unie, 1958). Après la défaite de l'Égypte devant Israël (*guerre des Six-Jours*, 1967), il démissionne, mais, plébiscité, il revient au pouvoir, et y reste jusqu'à sa mort.

▲ Gamal Abdel **Nasser**

NAT (Yves), *Béziers 1890 - Paris 1956*, compositeur et pianiste français. Concertiste, il fut un grand interprète de Beethoven, Schumann, Brahms et C. Franck. Il a écrit des œuvres pour le piano, dont un concerto (1954).

NATAL, anc. prov. d'Afrique du Sud, ayant pris, en 1994, le nom de *Kwazulu-Natal*. Conquis par les Britanniques en 1843, le Natal devint une colonie séparée du Cap en 1856. Il adhéra à l'Union sud-africaine en 1910.

NATAL, v. du Brésil, cap. du Rio Grande do Norte, sur l'Atlantique ; 785 722 hab. (1 252 443 hab. dans l'agglomération). Port.

NATHAN, prophète biblique. Il fut chargé par Yahvé de réprimander David après l'adultère de celui-ci avec Bethsabée.

NATHAN (Tobie), *Le Caire 1948*, psychologue français d'origine égyptienne. Il est, avec son maître G. Devereux, un représentant majeur de l'ethnopsychiatrie en France. Ses travaux, menés avec des migrants, mettent en rapport troubles psychiques et environnement culturel, et soulignent l'importance des thérapies traditionnelles (*Psychanalyse païenne : essais ethnopsychanalytiques*, 1988). Dans *Ethno-roman* (2012), il se penche sur son histoire familiale et son propre parcours.

National Gallery, riche musée, à Londres (peintures des écoles européennes).

National Gallery of Art, riche musée américain, à Washington (peintures des écoles européennes ; art contemporain).

Nations unies (Organisation des) → **ONU.**

NATITINGOU, v. du Bénin ; 73 175 hab.

NATO → **OTAN.**

NATOIRE (Charles), *Nîmes 1700 - Castel Gandolfo 1777*, peintre français. Il a notamm. exécuté des compositions décoratives à Paris (*Histoire de Psyché* à l'hôtel de Soubise, 1737), au château de Versailles et à Rome, où il fut nommé en 1751 directeur de l'Académie de France.

▲ Charles **Natoire.** *La Beauté rallume le flambeau de l'Amour*, 1739. (Château de Versailles.)

NATORP (Paul), *Düsseldorf 1854 - Marburg 1924*, philosophe allemand. Représentant de l'école de Marburg, il se préoccupa notamm. d'assurer à la connaissance un fondement logique.

NATSUME SOSEKI, *Tokyo 1867 - id. 1916*, écrivain japonais. Ses romans analysent la difficulté des individus à s'adapter à l'évolution de la société (*Je suis un chat*, 1905 ; *Oreiller d'herbes*, 1906).

NATTA (Giulio), *Imperia 1903 - Bergame 1979*, chimiste italien. Il a travaillé sur la mise au point de catalyseurs pour la polymérisation stéréospécifique et étudié les structures de nouveaux polymères. (Prix Nobel 1963.)

NATTIER (Jean-Marc), *Paris 1685 - id. 1766*, peintre français. Spécialisé dans le portrait à prétexte mythologique, il devint à partir de 1740 le peintre attitré de la famille royale.

NAUCALPAN DE JUÁREZ, v. du Mexique, banlieue nord-ouest de Mexico ; 833 782 hab.

NAUCRATIS, anc. ville égyptienne du delta du Nil. Seul port ouvert aux étrangers, principalement aux Grecs (VIe s. av. J.-C.), Naucratis fut la métropole commerciale de l'Égypte jusqu'à la fondation d'Alexandrie, en 332 av. J.-C.

NAUDIN (Charles), *Autun 1815 - Antibes 1899*, biologiste français. Ses travaux sur les hybrides du règne végétal annoncent ceux de Mendel.

NAUMAN (Bruce), *Fort Wayne 1941*, artiste américain. À travers une multiplicité de moyens d'expression (sculpture, performance, jeux de langage, néons, vidéo, installation), il se livre à une exploration aiguë, voire dénonciatrice, des comportements humains.

▲ Bruce **Nauman.** *None sing / neon sign*, 1970 ; tubes au néon. (MNAM, Paris.)

NAUMBURG, v. d'Allemagne (Saxe-Anhalt), sur la Saale ; 33 228 hab. Cathédrale romane et gothique (célèbres sculptures du XIIIe s.).

NAUNDORFF ou **NAUNDORF** (Karl), *m. à Delft en 1845*, aventurier d'origine allemande. Horloger, condamné en Allemagne pour fabrication de fausse monnaie, il se fit passer pour Louis XVII, vint en France en 1833 et en fut expulsé trois ans plus tard pour imposture.

NAUPACTE, en gr. **Náfpaktos,** v. de Grèce, à l'entrée du golfe de Corinthe ; 27 800 hab. Base navale des Athéniens au Ve s. av. J.-C. Connue depuis le Moyen Âge sous le nom de *Lépante*.

NAUPLIE, en gr. **Náfplion,** v. de Grèce, dans le Péloponnèse, en Argolide ; 33 356 hab. Citadelle.

NAUROUZE (seuil de) ou col de **NAUROUZE,** passage du sud de la France, reliant le Bassin aquitain au Midi méditerranéen, entre Villefranche-de-Lauragais et Castelnaudary ; 194 m. Obélisque à la mémoire de P. Riquet.

NAURU n.f., État d'Océanie ; 21 km^2 ; 10 000 hab. *(Nauruans).* **CAP.** *Yaren.* **LANGUES :** *nauruan et anglais.* **MONNAIE :** *dollar australien.* (V. carte **Océanie.**) C'est un atoll de Micronésie, proche de l'équateur. Son économie a longtemps reposé sur l'exploitation des phosphates (réserves auj. presque épuisées). – L'État de Nauru est devenu indépendant, dans le cadre du Commonwealth, en 1968. Il a été admis au sein de l'ONU en 1999.

NAUSICAA **MYTH. GR.** Personnage de *l'Odyssée*, fille d'Alcinoos, roi des Phéaciens. Elle accueillit Ulysse naufragé.

Naussac (barrage de), retenue du nord-est de la Lozère.

NAVAJO, peuple amérindien du sud-ouest des États-Unis (principalement dans une réserve de l'Arizona) [env. 110 000]. Formant une branche du peuple apache, sédentarisés sous l'influence de leurs voisins Pueblo, les Navajo sont connus pour leurs peintures de sable de différentes couleurs. Ils parlent une langue athabascan.

NAVARIN → **PÝLOS.**

Navarin (bataille de) [20 oct. 1827], bataille de l'Indépendance grecque. Défaite d'une flotte turco-égyptienne devant une escadre anglo-franco-russe dans la rade de Navarin (auj. Pýlos*).

NAVARRE, communauté autonome d'Espagne ; 10 421 km^2 ; 640 129 hab. ; cap. *Pampelune* ; 1 prov. *(Pampelune).*

NAVARRE (royaume de), anc. royaume du sud-ouest de la France et du nord de l'Espagne. **IXe s. :** centre de résistance contre les envahisseurs wisigoths, francs et arabes, la région de Pampelune devient un royaume. **1000 - 1035 :** le roi de Navarre, Sanche III Garcés el Grande, se rend maître de presque toute l'Espagne chrétienne. À sa mort, son héritage est divisé entre ses fils. **1234 :** un changement de dynastie intervient avec le comte de Champagne Thibaud Ier. **1284 :** la Navarre est unie à la France. Elle passe ensuite à la maison d'Évreux (1328), à celle de Foix (1479), puis à celle d'Albret (1484). **1512 :** Ferdinand II le Catholique s'empare de la Haute-Navarre espagnole. **1589 :** l'accession d'Henri III de Navarre au trône de France (Henri IV) unit définitivement la Basse-Navarre à la France.

NAVARRE (Henri), *Villefranche-de-Rouergue 1898 - Paris 1983*, général français. Il commanda en chef en Indochine de 1953 à la chute de Diên Biên Phu. Son ouvrage *Agonie de l'Indochine 1953 - 1954* (1956) souleva de vives polémiques.

NAVARRE FRANÇAISE ou **BASSE-NAVARRE,** pays de l'ancienne France, au N. des Pyrénées et à l'O. de la vallée de la Soule, auj. compris dans le dép. des Pyrénées-Atlantiques. Elle fut rattachée à la France par Henri IV.

Navas de Tolosa (bataille de Las) [16 juill. 1212], bataille de la Reconquista. Victoire des rois d'Aragon, de Castille et de Navarre sur les Almohades (prov. de Jaén). Elle écarta la menace musulmane et prépara la reconquête de l'Andalousie.

NAVEZ (François Joseph), *Charleroi 1787 - Bruxelles 1869*, peintre belge. Disciple de David, il fut directeur de l'Académie des beaux-arts de Bruxelles de 1835 à 1862.

NAVRATILOVA (Martina), *Řevnice, près de Prague, 1956*, joueuse de tennis tchèque et américaine. Elle a notamment remporté neuf fois le tournoi de Wimbledon (1978, 1979, 1982 à 1987, et 1990) et gagné trois titres en Australie (1981, 1983 et 1985), deux à Roland-Garros (1982 et 1984) et quatre à Flushing Meadow (1983, 1984, 1986 et 1987).

NÁXOS ou **NAXOS,** île de Grèce, la plus grande des Cyclades ; 428 km^2 ; 17 646 hab. ; v. princ. *Náxos* (6 727 hab.).

NÁXOS ou **NAXOS,** anc. cité grecque de Sicile (735 - 403 av. J.-C.).

NAYAR, caste guerrière de l'Inde du Sud (env. 7,5 millions, surtout au Kerala). Les Nayar sont pour partie convertis au christianisme.

NAY PYI TAW ou **NAYPYIDAW,** cap. de la Birmanie. Officiellement créée en 2005, elle est située à plus de 300 km au N. de Rangoun, à proximité de Pyinmana (division de Mandalay).

NAZARÉ, v. du Portugal ; 10 309 hab. Port de pêche et centre touristique.

NAZARETH, v. d'Israël, en Galilée ; 75 900 hab. *(Nazaréens).* Selon les Évangiles, Jésus y vécut avec sa famille jusqu'au début de son ministère. – Basilique de l'Annonciation (1962-1969).

NAZCA, culture précolombienne classique (200 av. J.-C. - 600 apr. J.-C.) de la côte sud du Pérou. Elle est célèbre pour ses nécropoles, au matériel funéraire abondant (tissus polychromes notamm.), et pour ses énigmatiques dessins *(géoglyphes)* tracés (500 m à 8 km) sur le sol.

NAZOR (Vladimir), *Postire 1876 - Zagreb 1949*, écrivain yougoslave d'expression croate, auteur de romans et de poésies lyriques et épiques.

NBC (National Broadcasting Company), l'un des trois grands réseaux de télévision américains (avec ABC et CBS), créé en 1926.

NDIAYE (Marie), *Pithiviers 1967*, écrivaine française. Ses romans (*Quant au riche avenir*, 1985 ; *Rosie Carpe*, 2001 ; *Trois Femmes puissantes*, 2009 ; *Ladivine*, 2013) et ses pièces (*Papa doit manger*, 2003 ; *Honneur à notre élue*, 2017) décrivent un monde réaliste qui n'exclut pas l'irruption de l'étrange, dans une polyphonie d'écritures mise aussi au service d'une critique sociale.

NDJAMENA ou **N'DJAMENA,** anc. **Fort-Lamy,** cap. du Tchad, sur le Chari ; 1 078 640 hab. Université.

NDOLA, v. de Zambie ; 144 657 hab. Cuivre.

N'DOUR (Youssou), *Dakar 1959*, chanteur sénégalais. Pionnier de la world music (*Seven Seconds*, duo avec Neneh Cherry), il reste aussi très proche de ses racines, interprétant ses titres en wolof, en français et en anglais (*The Guide [Wommat]*, 1994). Ayant créé un mouvement citoyen en 2010, il échoue à faire valider sa candidature à la présidentielle de 2012 mais, après l'élection, devient ministre de la Culture et du Tourisme (avr.-oct. 2012), ministre du Tourisme et des Loisirs (oct. 2012 - sept. 2013), puis ministre-conseiller auprès du président.

NDZOUANI, anc. **Anjouan,** l'une des îles des Comores ; 256 099 hab.

NEAGH (lough), lac d'Irlande du Nord ; 388 km^2.

NEANDERTAL (mot allemand signifiant « vallée de Neander »), site préhistorique d'Allemagne, près de Düsseldorf (musée, à Mettmann). En 1856 y fut découvert le premier squelette fossile humain reconnu comme différent de l'homme actuel. Appelé *homme de Neandertal*, il constitue le type des *néandertaliens (Homo neanderthalensis)*, qui ont peuplé l'Europe et le Proche-Orient, entre 500 000 et 30 000 ans av. J.-C.

NÉARQUE, *IVe s. av. J.-C.*, navigateur crétois. Amiral de la flotte d'Alexandre le Grand, il a laissé un récit de sa navigation *(Périple)*, des bouches de l'Indus à la mer Rouge.

NEBBIO n.m., région du nord de la Corse.

NÉBO n.m., montagne de Jordanie, au N.-E. de la mer Morte. Lieu de la mort de Moïse, selon la Tradition.

NEBRASKA, État des États-Unis ; 1 920 076 hab. ; cap. *Lincoln.*

NECHAKO n.f., riv. du Canada occidental, affl. du Fraser (r. dr.) ; 400 km.

NÉCHAO Ier ou **NÉKAO Ier,** l'un des princes de Saïs (fin VIIIe - début VIIe s. av. J.-C.). Il régna sur le delta du Nil. — **Néchao** ou **Nékao II,** pharaon d'Égypte (609 - 594 av. J.-C.), de la XXVIe dynastie. Il défit Josias, roi de Juda, à Megiddo, mais, vaincu à Karkemish (605 av. J.-C.) par Nabuchodonosor II, il dut renoncer à la Palestine et à la Syrie.

NECKAR n.m., riv. d'Allemagne, affl. du Rhin (r. dr.), qu'il rejoint à Mannheim ; 367 km. Il passe à Tübingen et à Heidelberg.

NECKARSULM, v. d'Allemagne (Bade-Wurtemberg), sur le *Neckar* ; 25 445 hab. Automobiles.

NECKER (Jacques), *Genève 1732 - Coppet 1804*, financier et homme politique suisse. Banquier à Paris (1762), il devient, sous Louis XVI, directeur général des Finances (1777). Il soulève l'opposition des parlements et de la cour en créant des assemblées provinciales chargées d'établir l'impôt et en recourant à l'emprunt. Ayant dénoncé les fortes sommes versées aux courtisans, il doit démissionner (1781), se rendant populaire auprès du tiers état. Rappelé en 1788, il ne peut rétablir la situation financière et hâte la réunion des États généraux. Son renvoi déclenche les troubles du 14 juill. 1789. Rappelé le lendemain, il ne peut maîtriser les événements. Il quitte le pouvoir en 1790 et s'enfuit en Suisse avec sa fille, Mme de Staël.

▲ **Necker** par J. S. Duplessis. (Coll. priv.)

NECTANEBO Ier, premier pharaon de la XXXe dynastie (378 - 360 av. J.-C.). Il défendit avec succès l'Égypte contre Artaxerxès II et fut un grand bâtisseur. — **Nectanebo II,** pharaon de la XXXe dynastie (359 - 341 av. J.-C.). Vaincu par Artaxerxès III, il fut le dernier roi indigène de l'Égypte.

A B C D E F G H I J K L M N O P Q R S T U V W X Y Z

NEDERLAND, nom néerlandais des Pays-Bas*.

NÉEL (Louis), *Lyon 1904 - Brive-la-Gaillarde 2000,* physicien français. Il a découvert de nouveaux types de magnétisme, le *ferrimagnétisme* et l'*antiferromagnétisme*, complétant les théories de P. Curie, P. Weiss et P. Langevin. (Prix Nobel 1970.)

Neerwinden (bataille de) [29 juill. 1693], bataille de la guerre de la Ligue d'Augsbourg, à Neerwinden (Brabant). Victoire des Français du maréchal de Luxembourg sur les troupes de Guillaume d'Orange, le futur roi d'Angleterre Guillaume III.

Neerwinden (bataille de) [18 mars 1793], bataille qui opposa les Français de Dumouriez aux Autrichiens de Frédéric de Saxe-Cobourg. Vaincu, Dumouriez dut évacuer la Belgique.

NÉFERTARI, *XIIIe s. av. J.-C.,* reine d'Égypte, épouse du pharaon Ramsès II.

NÉFERTITI, *XIVe s. av. J.-C.,* reine d'Égypte, épouse d'Aménophis IV Akhenaton. Les musées de Berlin, du Caire et du Louvre conservent d'elle de très belles représentations sculptées.

◄ **Néfertiti.** (Musée égyptien, Le Caire.)

NEFOUD → **NUFUD.**

NÈGREPONT → **EUBÉE.**

NEGRI (Cesare), *Milan v. 1536 - apr. 1604,* maître à danser italien. Il a écrit *Nuove Inventioni di Balli* (1604), où il mentionne les cinq positions fondamentales de la danse académique.

NÉGRITOS, nom donné à plusieurs groupes autochtones des Philippines, caractérisés par une petite taille et une peau noire, ainsi qu'à d'autres populations comparables de l'Insulinde.

NEGRO (río), riv. d'Amérique du Sud, affl. de l'Amazone (r. g.), rejointe à Manaus ; 1 784 km.

NEGROS, île des Philippines, au N.-O. de Mindanao ; 13 000 km^2 ; 4 101 670 hab.

NEGRUZZI (Costache), *Trifeşti 1808 - Iaşi 1868,* écrivain roumain, auteur de nouvelles historiques.

NÉGUEV n.m., région désertique du sud d'Israël, débouchant sur le golfe d'Aqaba. Cultures irriguées.

NÉHÉMIE, juif de Perse qui organisa (445 av. J.-C.) avec le prêtre Esdras la restauration de Jérusalem et de la communauté juive après l'Exil. Le livre biblique qui porte son nom (IIIe s. av. J.-C.) relate cet événement.

NEHRU (Jawaharlal), *Allahabad 1889 - New Delhi 1964,* homme politique indien. Disciple de Gandhi, président du Congrès national indien à partir de 1929, il fut l'un des artisans de l'indépendance de l'Inde. Premier ministre (1947 - 1964), il développa et modernisa l'industrie et fut, à l'extérieur, l'un des promoteurs du neutralisme, jouant un rôle de premier plan dans les conférences internationales telles que Bandung (1955). ◄ **Nehru**

NEIGE (crêt de la), point culminant du massif du Jura (France), dans l'Ain ; 1 718 m.

NEIGES (piton des), point culminant de l'île de La Réunion ; 3 069 m.

NEILL (Alexander Sutherland), *Forfar, district d'Angus, Écosse, 1883 - Aldeburgh, Suffolk, 1973,* pédagogue britannique. Il fonda une école, qu'il décrit dans *Libres Enfants de Summerhill* (1960), où les enfants pouvaient s'éduquer avec le minimum d'intervention des adultes.

NEIPPERG (Adam Adalbert, comte von), *Vienne 1775 - Parme 1829,* général autrichien. Il épousa Marie-Louise à la mort de Napoléon (1821).

NEISSE DE LUSACE n.f., en polon. **Nysa Łużycka,** riv. d'Europe centrale, née dans la République tchèque, affl. de l'Oder (r. g.) ; 256 km. Elle sert de frontière entre l'Allemagne et la Pologne.

NEIVA, v. de Colombie, sur le Magdalena ; 340 046 hab.

NÉKAO → **NÉCHAO.**

NEKRASSOV (Nikolaï Alekseïevitch), *Iouzvino 1821 - Saint-Pétersbourg 1877,* écrivain et publiciste russe. Poète d'inspiration populaire, il influa sur la vie politique et littéraire à travers ses revues libérales (*le Contemporain, les Annales de la patrie*).

NÉLATON (Auguste), *Paris 1807 - id. 1873,* chirurgien français. Célèbre pour avoir soigné Garibaldi blessé à la bataille de l'Aspromonte et médecin de Napoléon III, il inventa des instruments médicaux (*Éléments de pathologie chirurgicale,* 1844-1859).

NELLIGAN (Émile), *Montréal 1879 - id. 1941,* poète canadien de langue française. Ses poèmes révèlent l'influence de Rimbaud et des symbolistes (*le Vaisseau d'or*).

NELLORE, v. d'Inde, près de la côte de Coromandel ; 378 947 hab.

NELSON n.m., fl. du Canada central, émissaire du lac Winnipeg, qui rejoint la baie d'Hudson à *Port Nelson* ; 650 km. Hydroélectricité.

NELSON (Horatio, vicomte), duc **de Bronte,** *Burnham Thorpe 1758 - en mer 1805,* amiral britannique. Il remporta sur les Français les victoires navales décisives d'Aboukir (1798) et de Trafalgar, où il fut tué. Rompant avec les tactiques navales du XVIIIe s., son attaque en deux colonnes à Trafalgar reste un modèle.

◄ L'amiral **Nelson** par F. Abbott. (National Portrait Gallery, Londres.)

NÉMÉE MYTH. GR. Vallée de l'Argolide, où étaient célébrés les *jeux Néméens.* Héraclès y tua un lion qui désolait le pays et se revêtit de sa peau.

NÉMÉSIS MYTH. GR. Déesse de la Vengeance.

NEMEYRI → **NIMAYRI.**

NÉMIROVSKY (Irène), *Kiev 1903 - Auschwitz 1942,* romancière russe de langue française. Son œuvre est une peinture lucide des milieux de l'émigration russe, de la vie mondaine parisienne et de la débâcle française face à l'armée allemande (*David Golder,* 1929 ; *le Bal,* 1930 ; *la Proie,* 1938 ; *Suite française,* 2004, posthume).

NEMOURS (77140), bur. centr. de cant. de Seine-et-Marne, sur le Loing ; 13 594 hab. (*Nemouriens*). Château remontant au XIIIe s. (Musée municipal) ; musée de Préhistoire d'Île-de-France.

NEMOURS (Louis Charles Philippe **d'Orléans,** duc de), *Paris 1814 - Versailles 1896,* prince français. Second fils de Louis-Philippe Ier, il fut élu roi par le Congrès belge (1831), mais son père rejeta cette offre pour ménager l'Angleterre. Il fut ensuite lieutenant général en Algérie (1834 - 1842).

NEMROD, personnage biblique (Genèse) présenté comme « vaillant chasseur devant l'Éternel ». Il serait la transposition d'un dieu babylonien.

NEMRUT DAĞ, mont de Turquie, dans la prov. d'Adıyaman, au S.-E. de Malatya, culminant à 2 300 m. Vestiges du sanctuaire (Ier s. av. J.-C.) funéraire d'Antiochos Ier de Commagène.

NENETS, peuple de Russie (nord-ouest de la Sibérie) [env. 35 000]. Souvent encore nomades, les Nenets élèvent des rennes dans la toundra. Ils sont les plus nombreux des Samoyèdes.

NENNI (Pietro), *Faenza 1891 - Rome 1980,* homme politique italien. Figure marquante du Parti socialiste italien des années 1930 aux années 1970, il fut vice-président du Conseil (1945 - 1946 et 1963 - 1968) et ministre des Affaires étrangères (1946 - 1947 et 1968 - 1969).

NÉOPTOLÈME → **PYRRHOS.**

NÉOUVIELLE (massif du) ou massif de **NÉOUVIELLE,** massif des Pyrénées françaises, entre l'Adour et la Garonne ; 3 091 m au *pic de Néouvielle.*

NEP (sigle des mots russes signifiant « Nouvelle Politique économique »), politique économique, plus libérale, établie par Lénine en Russie soviétique en 1921 et poursuivie jusqu'en 1929.

NÉPAL n.m., État d'Asie, dans l'Himalaya ; 140 000 km^2 ; 27 797 000 hab. (*Népalais*). CAP. *Katmandou.* LANGUE : *népalais.* MONNAIE : *roupie népalaise.*

GÉOGRAPHIE C'est un État fédéral (7 provinces) de l'Himalaya, entre la Chine et l'Inde. La population, dense, composée surtout de Gurkha et, en majorité, hindouiste, se concentre dans les vallées et bassins du Centre. Elle se consacre principalement à la culture du riz. Le tourisme est devenu une ressource notable. Après les séismes de 2015, le pays entame une longue reconstruction grâce à l'aide internationale. L'émigration est importante (accélérée à partir de 2015), en partic. en Inde et dans les pays du Golfe.

HISTOIRE **IVe - VIIIe s. :** les Newar de la vallée de Katmandou adoptent la civilisation indienne. **À partir du XIIe s. :** le reste du pays, sauf les vallées du Nord occupées par des Tibétains, est peu à peu colonisé par des Indo-Népalais. **1744 - 1780 :** la dynastie de Gurkha unifie le pays. **1816 :** par le traité de Segowlie, elle doit accepter une sorte de protectorat de la Grande-Bretagne. **1846 - 1951 :** une dynastie de Premiers ministres, les Rana, détient le pouvoir effectif. **1923 :** la Grande-Bretagne reconnaît formellement l'indépendance du Népal. **1951 :** Tribhuvana Bir Bikram (1911 - 1955) rétablit l'autorité royale. **1955 - 1972 :** Mahendra Bir Bikram est roi. **1972 :** Birendra Bir Bikram lui succède. **1990 :** il autorise la formation de partis politiques. **1991 :** les premières élections pluralistes ont lieu. Deux partis, le Congrès népalais et le Parti communiste, dominent la vie politique. **À partir de 1996 :** le pouvoir est confronté au développement d'une guérilla maoïste. **2001 :** le roi Birendra et presque tous les membres de la famille royale sont assassinés (officiellement par le prince héritier Dipendra, qui se donne la mort). Le frère du roi, Gyanendra Bir Bikram, accède au trône. **2006 :** l'opposition, dirigée par le parti du Congrès népalais, et les rebelles maoïstes (qui acceptent de désarmer et d'intégrer le jeu politique) s'allient contre le roi, le privant de l'essentiel de ses pouvoirs, et forment un gouvernement de coalition. **2008 :** une Assemblée constituante est élue, qui abolit la monarchie et fait du Népal une république (mai). Ram Baran Yadav en devient le premier président (juill.). Les relations entre les nouveaux dirigeants du pays sont complexes et les crises politiques, fréquentes. **2013 :** une nouvelle Assemblée constituante sort des urnes (nov.), dans un contexte particulièrement tendu. **2015 :** le Népal est dévasté par deux puissants séismes (25 avr. et 12 mai), qui font près de 9 000 morts. En sept., une Constitution fédérale est adoptée, mais, accusée de marginaliser les minorités, elle provoque un mouvement de protestation dans le sud du pays, jusqu'à son amendement (janv. 2016). Bidhya Devi Bhandari est élue à la tête de l'État (oct. ; réélue en 2018). **2017 :** des élections législatives (déc.) parachèvent un long processus de transition démocratique.

NEPEAN, anc. v. du Canada (Ontario), auj. intégrée dans Ottawa.

NEPER (John) → **NAPIER.**

NEPHTALI, personnage biblique, fils de Jacob, et ancêtre d'une tribu du nord de la Palestine.

NEPOS (Cornelius) → **CORNELIUS NEPOS.**

NEPTUNE MYTH. ROM. Dieu de l'Eau, puis de la Mer lorsqu'il fut assimilé au dieu grec Poséidon.

NEPTUNE, planète du Système solaire située au-delà d'Uranus, découverte en 1846 par l'Allemand J. Galle, grâce aux calculs de Le Verrier. Demi-grand axe de son orbite : 4 504 000 000 km (30,11 fois celui de l'orbite terrestre). Diamètre équatorial : 49 532 km. Neptune s'apparente à Uranus, mais son atmosphère est beaucoup plus turbulente. Elle est entourée d'anneaux de matière. On lui connaît 14 satellites.

NÉRAC (47600), ch.-l. d'arrond. de Lot-et-Garonne, sur la Baïse ; 7 554 hab. (*Néracais*). Eaux-de-vie d'Armagnac. – Musée dans l'anc. château. – Rencontres Yves-Chaland (bande dessinée). – Jeanne III d'Albret puis Henri III de Navarre (le futur Henri IV) y tinrent leur cour.

NÉRÉE MYTH. GR. Dieu de la Mer, père des Néréides.

NÉRÉIDES MYTH. GR. Divinités marines, filles de Nérée et de Doris, au nombre de cinquante.

Népal, Bhoutan

NERGAL, dieu babylonien, fils d'Enlil, maître des morts et des enfers.

NERI (saint Philippe) → **PHILIPPE NERI.**

NÉRIS-LES-BAINS (03310), comm. de l'Allier ; 2 750 hab. *(Nérisiens)*. Station thermale. – Vestiges gallo-romains et mérovingiens ; église romane.

NERNST (Walther), *Briesen, auj. Wąbrzeźno, Pologne, 1864 - près de Muskau 1941*, physicien et chimiste allemand. Il a apporté une contribution fondamentale à la théorie des solutions. Il montra, en 1906, qu'au voisinage de 0 K les chaleurs spécifiques et les coefficients de dilatation tendent vers zéro, et énonça le « troisième principe de la thermodynamique », ou *principe de Nernst-Planck*.

NÉRON, en lat. **Lucius Domitius Claudius Nero,** *Antium 37 - Rome 68*, empereur romain (54 - 68). Fils de Domitius Ahenobarbus et d'Agrippine la Jeune, il succède à l'empereur Claude, son père adoptif. Les débuts de son règne sont prometteurs. Mais Néron, qui a déjà fait empoisonner le fils de Claude, Britannicus (55), fait périr Agrippine en 59. Après la disparition de ses conseillers (mort de Burrus, disgrâce de Sénèque en 62), Néron s'abandonne à un despotisme peut-être causé par la folie : suicide d'Octavie (62), remplacée par Poppée ; condamnation à mort des riches citoyens, dont les fortunes viennent alimenter le Trésor vidé par les extravagances impériales ; première persécution des chrétiens, accusés de l'incendie de Rome (64). Ce régime de terreur suscite de nombreux complots (conjuration de Pison, en 65) et, en 68, l'armée, avec Galba en Espagne et Vindex en Gaule, se soulève. Proclamé ennemi public par le sénat, Néron se donne la mort.

▲ **Néron.** (Musée du Capitole, Rome.)

NERUDA (Neftalí Ricardo Reyes, dit Pablo), *Parral 1904 - Santiago 1973*, poète chilien. Il est l'auteur de poèmes d'amour ou d'inspiration sociale et révolutionnaire (*le Chant général*, 1950 ; *la Centaine d'amour*, 1959). [Prix Nobel 1971.]

NERVA (Marcus Cocceius), *Narni v. 30 - Rome 98*, empereur romain (96 - 98), fondateur de la dynastie des Antonins. Succédant à Domitien, il pratiqua une politique de collaboration avec le sénat, et il adopta Trajan (97) pour lui succéder.

NERVAL (Gérard **Labrunie,** dit Gérard **de**), *Paris 1808 - id. 1855*, écrivain français. Participant aux premiers combats romantiques, il donne en 1829 une traduction du *Faust* de Goethe appréciée de son auteur même. Menant une vie bohème, atteint de graves troubles psychiques, il trouve refuge dans l'écriture. Du *Voyage en Orient* (1851) jusqu'à *Aurélia* (1855), en passant par *les Filles du feu* (1854) – qui contiennent *Sylvie* et les sonnets des *Chimères* –, il tente de fuir le réel dans l'ailleurs et le rêve, avant de se pendre dans une ruelle parisienne.

▲ Gérard de **Nerval** par Nadar.

NERVI (Pier Luigi), *Sondrio, Lombardie, 1891 - Rome 1979*, ingénieur et architecte italien. Utilisateur du béton et du métal, il a notamm. construit, avec Breuer et Zehrfuss, la maison de l'Unesco à Paris (1954-1958).

NERVIENS, anc. peuple de la Gaule Belgique, qui occupait le Hainaut, le Cambrésis et le Brabant belge. Cap. *Bagacum* (Bavay).

NESEBĂR, v. de Bulgarie, sur la mer Noire. Églises byzantines du Vᵉ au XIVᵉ s.

Nesle [nɛl] (hôtels et tour de), anc. monuments de Paris. Il y eut deux hôtels de Nesle. L'emplacement de l'un est auj. occupé par l'hôtel de la Monnaie et l'Institut de France ; sur le site de l'autre s'élève la Bourse de commerce. Proche du premier, la *tour de Nesle* faisait partie de l'enceinte de Philippe Auguste, sur la rive gauche de la Seine, face à une tour du Louvre.

NESS (loch), lac d'Écosse, au S.-O. d'Inverness. Il doit sa célébrité à la présence hypothétique d'un monstre dans ses eaux.

NESSELRODE (Karl Robert, comte **von**), *Lisbonne 1780 - Saint-Pétersbourg 1862*, homme d'État russe. Ministre des Affaires étrangères (1816 - 1856), il servit brillamment Alexandre Iᵉʳ et Nicolas Iᵉʳ.

NESSOS ou **NESSUS** MYTH. GR. Centaure qui fut tué par Héraclès pour avoir tenté de faire violence à la femme de ce dernier, Déjanire. Pour se venger, en mourant, Nessos donna sa tunique, trempée de sang, à Déjanire. Ce talisman devait assurer à celle-ci la fidélité de son époux. Mais Héraclès, lorsqu'il l'eut revêtue, éprouva de telles douleurs qu'il mit fin à ses jours.

Nestlé, groupe agroalimentaire suisse. Créé en 1867, il offre une large gamme de produits de l'alimentation courante (lait concentré, chocolat, café soluble, etc.) et spécialisée (alimentation infantile et médicale). Il est présent dans le monde entier.

NESTOR MYTH. GR. Roi de Pylos, héros de la guerre de Troie, type du sage conseiller.

NESTORIUS, *Germanica Cesarea, auj. Kahramanmaraş, v. 380 - Khargueh apr. 451*, patriarche de Constantinople de 428 à 431. Sa doctrine, dite *nestorianisme*, sur le rapport de la divinité et de l'humanité en Jésus-Christ, lui valut d'être déposé par le concile d'Éphèse et, par la suite, exilé.

NETANYA, v. d'Israël, sur la Méditerranée ; 210 800 hab. Port.

NETANYAHOU (Benyamin), *Tel-Aviv 1949*, homme politique israélien. Chef du Likoud (1993 - 1999 et depuis 2005), il est Premier ministre de 1996 à 1999 et, à nouveau, depuis 2009.

NETCHAÏEV (Sergueï Guennadievitch), *Ivanovo 1847 - Saint-Pétersbourg 1882*, révolutionnaire russe. Il rédigea avec Bakounine le *Catéchisme révolutionnaire* (1869). Ayant fait assassiner un membre d'une société secrète qu'il venait de fonder, il fut désavoué par la Iʳᵉ Internationale (1871) et condamné à la détention perpétuelle (1873).

NETO (Agostinho), *Cachicane 1922 - Moscou 1979*, homme politique angolais, président de la République populaire d'Angola de 1975 à sa mort.

NETREBKO (Anna), *Krasnodar 1971*, soprano russe, naturalisée autrichienne en 2006. Reconnue pour sa voix ample au timbre riche et sa présence scénique, elle explore les grands rôles du répertoire russe (*Rouslan et Lioudmila*, Glinka ; *Guerre et Paix*, Prokofiev ; *la Fiancée du tsar*, Rimski-Korsakov) et s'impose aussi dans le bel canto et l'opéra français (*la Bohème*, Puccini ; *Roméo et Juliette*, Gounod).

NETZAHUALCÓYOTL, v. du Mexique, banlieue de Mexico ; 1 109 363 hab.

NEUBOURG (Le) [27110], bur. centr. de cant. de l'Eure, dans la *plaine du Neubourg* ; 4 397 hab. *(Neubourgeois)*. Emballages. – Aux environs, château du Champ-de-Bataille (fin du XVIIᵉ s.).

NEUBRANDENBURG, v. d'Allemagne (Mecklembourg-Poméranie-Occidentale) ; 64 111 hab.

NEUCHÂTEL, v. de Suisse, ch.-l. du *canton de Neuchâtel*, sur le *lac de Neuchâtel* ; 33 054 hab. *(Neuchâtelois)* [81 686 hab. dans l'agglomération]. Université. Horlogerie. Agroalimentaire. Tourisme. – Collégiale en partie romane, château des XIIᵉ-XVIᵉ s., demeures anciennes. Musées (archéologie [« Laténium », à Hauterive-Champréveyres], art et histoire, ethnographie). Centre Dürrenmatt (architecte : Mario Botta). – La ville fut le siège d'une principauté qui, souveraine en 1648, appartint au roi de Prusse de 1707 à 1806 et de 1814 à 1857, tout en devenant un canton au sein de la Confédération suisse (1815).

NEUCHÂTEL (canton de), canton de Suisse ; 803 km^2 ; 172 085 hab. *(Neuchâtelois)* ; ch.-l. *Neuchâtel.*

NEUCHÂTEL (lac de), lac de Suisse, au pied du Jura. Long de 38 km sur 3 à 8 km de large ; 218 km^2. Vestiges de villages néolithiques sur ses rives.

Neuengamme, camp de concentration allemand, au sud-est de Hambourg (1938 - 1945).

Neue Zürcher Zeitung, quotidien suisse de langue allemande, créé en 1780.

NEUF-BRISACH [nøbrizak] (68600), comm. du Haut-Rhin ; 1 955 hab. *(Néo-Brisaciens).* Port sur le grand canal d'Alsace. Aluminium. Agroalimentaire. – Anc. place forte de Vauban.

NEUFCHÂTEAU [nø-], v. de Belgique, ch.-l. d'arrond. de la prov. de Luxembourg ; 7 342 hab. *(Chestrolais).*

NEUFCHÂTEAU [nø-] (88300), ch.-l. d'arrond. des Vosges, au confluent de la Meuse et du Mouzon ; 6 925 hab. *(Néocastriens).* Églises médiévales, hôtel de ville du XVIe s.

NEUFCHÂTEL-EN-BRAY [nø-] (76270), bur. centr. de cant. de la Seine-Maritime ; 4 964 hab. *(Neufchâtelois).* Église des XIIe-XVIe s. ; musée.

NEUHOF ou **NEUHOFF (Théodore, baron de),** *Cologne 1694 - Londres 1756,* aventurier allemand. En 1736, il se fit proclamer roi de Corse sous le nom de Théodore Ier, mais fut chassé par les Génois en 1738.

Neuilly (traité de) [27 nov. 1919], traité de paix conclu entre les Alliés et la Bulgarie, à Neuilly-sur-Seine. La Bulgarie devait céder de nombreux territoires, limiter son armée et verser des réparations.

NEUILLY-PLAISANCE (93360), comm. de la Seine-Saint-Denis, à l'E. de Paris ; 21 311 hab. *(Nocéens).*

NEUILLY-SUR-MARNE (93330), comm. de la Seine-Saint-Denis ; 34 968 hab. *(Nocéens).* Hôpitaux psychiatriques de Ville-Évrard et de Maison-Blanche. – Église gothique d'env. 1200.

NEUILLY-SUR-SEINE (92200), bur. centr. de cant. des Hauts-de-Seine, en bordure du bois de Boulogne ; 61 847 hab. *(Neuilléens).* Centre résidentiel.

NEUMANN (Johann ou John von), *Budapest 1903 - Washington 1957,* mathématicien américain d'origine hongroise. Il est l'auteur d'une théorie des jeux (avec O. Morgenstern). Dès la fin des années 1930, il a défini la structure possible d'une machine automatique de traitement de l'information à programme enregistré, qui correspond à la structure de la plupart des ordinateurs actuels. Il a mis au point avec J. G. Charney les premiers calculateurs.

NEUMANN (Johann Balthasar), *Cheb, Bohême, 1687 - Würzburg 1753,* architecte et ingénieur allemand, maître de l'illusionnisme baroque (Résidence de Würzburg, église de Vierzehnheiligen en Bavière).

NEUMEIER (John), *Milwaukee 1942,* danseur et chorégraphe américain. Directeur artistique du Ballet de Francfort (1969 - 1973) et, depuis 1973, du Ballet de Hambourg, il s'impose avec des œuvres néoclassiques, témoignant d'un sens profond de la mise en scène (*Casse-Noisette,* 1971 ; *le Songe d'une nuit d'été,* 1977 ; *Peer Gynt,* 1989).

▲ John **Neumeier** dans *le Baiser de la fée* (1973).

NEUMÜNSTER, v. d'Allemagne (Schleswig-Holstein) ; 77 249 hab.

NEUNKIRCHEN, v. d'Allemagne (Sarre) ; 46 172 hab. Centre industriel.

NEURATH (Konstantin, baron von), *Kleinglattbach 1873 - Leinfelder Hof 1956,* homme politique allemand. Ministre des Affaires étrangères (1932 - 1938), puis protecteur de Bohême-Moravie (1939 - 1941), il fut condamné à 15 ans de prison au procès de Nuremberg.

NEUSIEDL (lac de), en hongr. **Fertő,** lac de l'Europe centrale, aux confins de l'Autriche et de la Hongrie ; 350 km^2.

NEUSS, v. d'Allemagne (Rhénanie-du-Nord-Westphalie), sur le Rhin ; 150 568 hab. Église romane du XIIIe s. (crypte du XIe s.) ; musée.

NEUSTRIE, l'un des royaumes de la France mérovingienne, constitué au profit de Chilpéric Ier, lors du partage successoral de Clotaire Ier en 561. La Neustrie comprenait les pays situés entre Loire, Bretagne, Manche et Meuse, et fut en rivalité avec l'Austrasie. Pépin de Herstal fit l'unité des deux royaumes.

NEUTRA (Richard Joseph), *Vienne 1892 - Wuppertal 1970,* architecte américain d'origine autrichienne. Pionnier de la préfabrication métallique, attaché à la rigueur du style international, il a recherché, dans ses maisons individuelles, la continuité de l'espace et l'intégration au site.

NEUVES-MAISONS (54230), bur. centr. de cant. de Meurthe-et-Moselle, sur la Moselle ; 6 997 hab. *(Néodomiens).* Métallurgie.

NEUVIC (19160), comm. de la Corrèze ; 1 966 hab. *(Neuvicois).* Église des XIIe-XVe s. Musée de la Résistance Henri-Queuille.

NEUVILLE-EN-FERRAIN (59960), comm. du Nord ; 10 501 hab. *(Neuvillois).* Bureautique.

NEUVILLE-SUR-SAÔNE (69250), comm. du Rhône ; 7 482 hab. *(Neuvillois).* Industrie chimique.

NEUVY-SAINT-SÉPULCHRE (36230), bur. centr. de cant. de l'Indre ; 1 690 hab. *(Neuviciens).* Église des XIe-XIIe s., avec rotonde inspirée du Saint-Sépulcre de Jérusalem. – Pèlerinage.

NEUWIRTH (Lucien), *Saint-Étienne 1924 - Paris 2013,* résistant et homme politique français. Député (1958 - 1981) puis sénateur de la Loire (1983 - 2001), il fit voter la loi (dite « loi Neuwirth ») qui autorise l'usage des contraceptifs, dont la pilule (1967). Il donna aussi son nom à une loi sur la prise en charge de la douleur (1995).

NEVA n.f., fl. de Russie, issu du lac Ladoga et qui se jette dans le golfe de Finlande ; 74 km. Elle passe à Saint-Pétersbourg.

NEVADA, État des États-Unis, dans les montagnes Rocheuses ; 2 998 039 hab. ; cap. *Carson City* ; v. princ. *Las Vegas, Reno.* Tourisme.

NEVADA (sierra), massif du sud de l'Espagne ; 3 478 m au Mulhacén.

NEVADA (sierra), chaîne de montagnes de l'ouest des États-Unis (Californie) ; 4 418 m au mont Whitney.

NEVADO DEL RUIZ → **RUIZ (Nevado del).**

NEVERS (58000), ch.-l. du dép. de la Nièvre, sur la Loire, à 238 km au S.-S.-E. de Paris ; 35 899 hab. *(Nivernais* ou *Neversois).* Anc. cap. du Nivernais. Évêché. Industrie automobile. Constructions électriques. – Cathédrale des XIe-XVIe s. ; église St-Étienne, anc. abbatiale consacrée en 1097 ; église St-Pierre, du XVIIe s. ; anc. palais ducal des XVe-XVIe s. Musée archéologique et Musée municipal (beaux-arts, faïences...).

Neveu de Rameau (le), roman satirique de Diderot, composé en 1762, révisé v. 1774 et publié après sa mort (en allemand en 1805 ; en français en 1821). C'est un dialogue entre « Moi », philosophe rationaliste et raisonnable, et « Lui », parasite bohème et cynique, neveu de J.-P. Rameau.

NEVILLE (Richard), comte de Warwick → **WARWICK.**

NEVIS, partie de l'État de *Saint-Kitts-et-Nevis* ; 93 km^2 ; 9 000 hab.

New Age, courant de religiosité né aux États-Unis vers 1970, et qui prédisait l'entrée prochaine dans un nouvel âge de l'humanité, l'« ère du Verseau ». Les associations et tendances qui s'en réclament proposent surtout d'accéder au mieux-être individuel, par le recours à des thérapies parallèles et sur fond d'inspiration mystique et ésotérique.

NEWAR, peuple du Népal (vallée de Katmandou) [env. 1 million]. De tradition bouddhiste, mais fortement influencés par l'hindouisme, les Newar sont organisés en castes. Ils parlent le *newari,* de la famille tibéto-birmane.

NEWARK, v. des États-Unis (New Jersey), sur la *baie de Newark,* près de New York ; 280 579 hab. Port. Aéroport.

NEWCASTLE, v. d'Australie (Nouvelle-Galles du Sud) ; 148 535 hab. Port. Université. Sidérurgie.

NEWCASTLE, anc. v. du Canada (Ontario), auj. intégrée dans Clarington.

NEWCASTLE UPON TYNE ou **NEWCASTLE,** v. de Grande-Bretagne (Angleterre), sur la Tyne ; 189 863 hab. (874 556 hab. dans l'agglomération). Port. Université. Métallurgie. – Monuments anciens ; musées.

NEWCOMB (Simon), *Wallace, Nouvelle-Écosse, 1835 - Washington 1909,* mathématicien et astronome américain. Il a perfectionné la théorie des mouvements de la Lune et des planètes.

NEWCOMEN (Thomas), *Dartmouth 1663 - Londres 1729,* mécanicien britannique. Il construisit en 1712 la première machine à vapeur vraiment utilisable, avec chaudière, cylindre et piston.

New Deal (« Nouvelle Donne »), nom donné aux réformes mises en œuvre par F. D. Roosevelt aux États-Unis, à partir de 1933, qui consacrèrent une certaine intervention de l'État dans les domaines économique et social.

NEW DELHI, cap. de l'Inde, englobée dans l'espace urbain de Delhi.

NEW HAMPSHIRE, État des États-Unis, en Nouvelle-Angleterre ; 1 342 795 hab. ; cap. *Concord.*

NEW HAVEN, v. des États-Unis (Connecticut) ; 130 282 hab. Port. Université Yale*.

NEWHAVEN, v. de Grande-Bretagne (Angleterre), sur la Manche ; 11 171 hab. Port. Liaisons maritimes avec Dieppe. Station balnéaire.

NE WIN (Maung Shu Maung, dit U), *Paungdale 1911 - Rangoun 2002,* général et homme politique birman. Premier ministre (1958 - 1960 et, après un coup d'État, 1972 - 1974), puis chef de l'État (1974 - 1981), il conserva jusqu'en 1988, avec la direction du parti unique, la réalité du pouvoir.

NEW JERSEY, État des États-Unis, sur l'Atlantique ; 9 005 644 hab. ; cap. *Trenton* ; v. princ. *Newark.*

NEWMAN (Barnett), *New York 1905 - id. 1970,* peintre américain d'ascendance polonaise. Il fut, à partir d'env. 1946, le maître d'une abstraction chromatique rigoureuse.

NEWMAN (John Henry), *Londres 1801 - Birmingham 1890,* théologien catholique britannique. Curé anglican, il fut l'un des chefs du « mouvement d'Oxford* » (1845) et devint prêtre catholique (1847). Fondateur de l'Oratoire anglais, recteur de l'université catholique de Dublin (1851 - 1858), cardinal (1879), il développa dans ses ouvrages (*la Grammaire de l'assentiment,* 1870) une spiritualité d'une grande profondeur.

NEWMAN (Paul), *Cleveland 1925 - Westport, Connecticut, 2008,* acteur américain. Héros positif du cinéma américain, il a révélé son pouvoir de séduction et son intelligence des ambiguïtés dans de nombreux films (*le Gaucher,* A. Penn, 1958 ; *l'Arnaqueur,* R. Rossen, 1961 ; *le Rideau déchiré,* A. Hitchcock, 1966 ; *la Couleur de l'argent,* M. Scorsese, 1986), en réalisant lui-même quelques-uns (*Rachel, Rachel,* 1968 ; *la Ménagerie de verre,* 1987).

NEW MEXICO, nom anglais du Nouveau-Mexique*.

NEW ORLEANS → **NOUVELLE-ORLÉANS (La).**

NEWPORT, v. de Grande-Bretagne, dans le pays de Galles, sur l'estuaire de la Severn ; 116 143 hab. Port. – Cathédrale en partie romane.

NEWPORT NEWS, v. des États-Unis (Virginie), sur la baie de Chesapeake ; 182 965 hab. Chantiers navals.

NEW PROVIDENCE, île la plus peuplée (248 948 hab.) des Bahamas ; v. princ. *Nassau.*

NEWTON (Helmut Neustädter, puis Helmut), *Berlin 1920 - Los Angeles 2004,* photographe australien d'origine allemande. Ses photographies de mode, ses portraits et ses nus sculpturaux à la mise en scène stylisée exaltent une image de femme sophistiquée et dominatrice.

NEWTON (sir Isaac), *Woolsthorpe, Lincolnshire, 1642 - Londres 1727,* savant anglais. Il construisit à Cambridge le premier télescope utilisable. En optique, il mena des expériences de décomposition de la lumière par le prisme et présenta sa théorie corpusculaire de la lumière (1675), objet d'une vive controverse avec R. Hooke et

◀ Isaac **Newton** par Godfrey Kneller.

C. Huygens. Ce n'est qu'en 1687, sur l'insistance de E. Halley, que paraît *Principes mathématiques de philosophie naturelle*. Newton y applique les mathématiques à l'étude des phénomènes naturels, en premier lieu le mouvement. Sa mécanique, base des développements ultérieurs de cette science, est fondée sur le principe de l'inertie, la proportionnalité de la force à l'accélération et l'égalité de l'action et de la réaction. De la théorie de l'attraction universelle et de la loi qui en découle se déduisent les trois lois de Kepler. En mathématiques, Newton posa, parallèlement à Leibniz, les bases de l'analyse moderne (méthodes infinitésimales, par ex.). Enfin, il écrivit des ouvrages théologiques et effectua des travaux d'alchimie, qui influencèrent sa réflexion, notamm. concernant l'attraction universelle.

NEW WESTMINSTER, v. du Canada (Colombie-Britannique) ; 70 996 hab. Chantiers navals.

NEW WINDSOR → WINDSOR.

NEW YORK, État des États-Unis, des Grands Lacs (Érié et Ontario) à l'Atlantique ; 19 849 399 hab. ; cap. *Albany* ; v. princ. *New York, Buffalo, Rochester.*

▲ **New York.** La statue de la Liberté et, au fond, le sud de Manhattan.

NEW YORK, v. des États-Unis (État de New York), sur l'Atlantique, à l'embouchure de l'Hudson ; 8 491 079 hab. *(New-Yorkais)* [18 604 000 hab. dans l'agglomération]. La ville a été fondée à la pointe sud de l'île de Manhattan, où s'étend le quartier des affaires (Wall Street). Elle s'est développée au XIXe s. au N. (Bronx, au-delà du quartier noir de Harlem), débordant sur le New Jersey au-delà de l'Hudson et sur les îles voisines : Long Island (quartiers de Brooklyn et de Queens, au-delà de l'East River) et Staten Island (Richmond). Cité cosmopolite, New York reste le premier centre financier du monde ; c'est un très grand port, un nœud aérien et ferroviaire, un centre industriel et surtout tertiaire (commerces, administrations, tourisme). Siège de l'ONU depuis 1946. – Musées : Metropolitan*, Guggenheim*, Museum* of Modern Art (MoMA), New Museum of Contemporary Art, collection Frick, Whitney Museum of American Art, Brooklyn Museum, El Museo del Barrio, Muséum d'histoire naturelle, etc. Foire internationale d'art contemporain (« Armory Show »). – Metropolitan Opera House. – Hollandaise en 1626, la colonie de La Nouvelle-Amsterdam devint New York (en l'honneur du duc d'York, le futur Jacques II) quand elle passa aux Anglais en 1664. L'indépendance des États-Unis et l'ouverture du canal Érié (1825) firent sa fortune. Le 11 septembre* 2001, la ville subit un grave traumatisme, touchée par des attentats terroristes qui détruisent les tours jumelles du World Trade Center (Twin Towers), symbole de sa puissance économique. Le site abrite auj. un mémorial, un musée et un nouveau complexe, comprenant une tour de 541 m (One World Trade Center).

New York Times, quotidien américain, fondé en 1851, l'un des plus importants du pays.

NEXØ (Martin **Andersen**) **→ ANDERSEN NEXØ** (Martin).

NEY [nɛ] (Michel), duc **d'Elchingen,** prince **de la Moskova,** *Sarrelouis 1769 - Paris 1815,* maréchal de France. Surnommé le « Brave des braves », il s'illustra dans les guerres de la Révolution et de l'Empire, notamm. pendant les campagnes de Prusse (1806), de Pologne (1807) et de Russie, à la Moskova (1812). Nommé pair de France par Louis XVIII, rallié à Napoléon durant les Cent-Jours, il combattit à Waterloo. Condamné à mort par la Cour des pairs, il fut fusillé.

NEZAMI ou **NIZAMI,** *Gandja v. 1140 - id. v. 1209,* poète persan, auteur d'épopées romanesques et de poèmes didactiques (*Trésor des mystères*).

NEZVAL (Vítězslav), *Biskupovice 1900 - Prague 1958,* poète tchèque. Symboliste, puis fondateur du groupe surréaliste tchèque, il s'orienta vers une poésie concrète et sociale.

NGAZIDJA, anc. **Grande Comore,** la plus grande (1 148 km²) et la plus peuplée (295 665 hab.) des Comores.

NGÔ BAO CHÂU, *Hanoï 1972,* mathématicien vietnamien et français. Spécialiste de la théorie des nombres, il a démontré en 2008 le « lemme fondamental » du programme de Langlands (vaste ensemble de conjectures) par l'introduction de méthodes de géométrie algébrique. (Médaille Fields 2010.)

NGÔ DINH DIÊM, *Quang Binh 1901 - Saigon 1963,* homme politique vietnamien. Premier ministre du Viêt Nam du Sud (1954), il y proclama la république (1955). Chef de l'État (1956 - 1963), appuyé par les États-Unis, il établit un régime autoritaire. Il fut tué au cours d'un putsch.

NGONI, ensemble de peuples bantous de Zambie, de Tanzanie et du Malawi.

NGUEMA MBASOGO (Teodoro Obiang), *Akoakam-Esangui, district de Mongomo, 1942,* officier et homme politique de Guinée équatoriale. Président du Conseil militaire suprême après avoir chassé du pouvoir en 1979 son oncle Francisco Macías Nguema, il est président de la République depuis 1982.

NGUYÊN VAN THIÊU, *Phan Rang 1923 - Boston 2001,* général et homme politique vietnamien, président du Viêt Nam du Sud (1967 - 1975).

NHA TRANG, v. du Viêt Nam ; 292 693 hab. Port.

NHK (Nippon Hoso Kyokai), service public japonais de radiotélévision, qui gère 4 chaînes nationales.

▲ Les chutes du **Niagara** vues des États-Unis.

NIAGARA n.m., riv. d'Amérique du Nord ; 56 km. Il sépare le Canada des États-Unis, unissant les lacs Érié et Ontario, et est coupé par les *chutes du Niagara* (dites au Québec *chutes Niagara*), d'env. 50 m, haut lieu touristique et site d'un grand aménagement hydroélectrique.

NIAGARA FALLS, v. des États-Unis (État de New York), sur le *Niagara,* en face de la ville canadienne du même nom ; 50 193 hab.

NIAGARA FALLS, v. du Canada (Ontario), sur le *Niagara* ; 88 071 hab. Tourisme.

NIAMEY, cap. du Niger, sur le moyen Niger ; 1 026 848 hab. *(Niaméyens).* Musée.

NIASSAIS, peuple d'Indonésie (île de Nias, au large de Sumatra) [env. 600 000].

NIAUX (09400), comm. de l'Ariège ; 186 hab. Grotte ornée de peintures magdaléniennes.

Nibelung (l'Anneau du) **→ Tétralogie.**

NIBELUNGEN, nains de la mythologie germanique, possesseurs de grandes richesses souterraines et qui ont pour roi *Nibelung.* Les guerriers du héros Siegfried, puis les Burgondes dans les poèmes héroïques médiévaux, prirent le nom de *Nibelungen* après s'être emparés de leurs trésors.

Nibelungen (Chanson des), épopée germanique écrite v. 1200 en moyen haut allemand. Elle raconte les exploits de Siegfried, maître du trésor des Nibelungen, pour aider Gunther à conquérir la main de Brunhild, son mariage avec Kriemhild, sœur de Gunther, sa mort sous les coups du traître Hagen et la vengeance de Kriemhild.

NICARAGUA n.m., État d'Amérique centrale ; 148 000 km² ; 6 080 000 hab. *(Nicaraguayens).*

CAP. *Managua.* **LANGUE :** *espagnol.* **MONNAIE :** *córdoba oro. (V. carte page suivante.)*

GÉOGRAPHIE L'intérieur, montagneux, est ouvert par les dépressions occupées par les lacs Nicaragua (8 262 km²) et Managua. Cette région sépare deux plaines littorales, l'une, étroite mais fertile, sur le Pacifique, l'autre, plus large, surtout forestière, sur la mer des Antilles (côte des Mosquitos). Le pays dispose de ressources agricoles, forestières et minérales, mais reste très dépendant de l'aide extérieure. Le secteur du tourisme s'y développe. Un projet de canal reliant les océans Pacifique et Atlantique, lancé en 2014, a été repoussé depuis sine die.

HISTOIRE **De la colonisation au XIXe s. XVIe s. :** reconnu par les Espagnols dès 1521, le Nicaragua est rattaché à la capitainerie générale du Guatemala. **1821 :** l'indépendance du pays est proclamée. Jusqu'en 1838, le Nicaragua fait partie des Provinces-Unies d'Amérique centrale. **1850 :** les États-Unis et la Grande-Bretagne renoncent à toute conquête territoriale dans la région. **1855 - 1857 :** un aventurier américain, William Walker, conquiert le pays. **1858 - 1893 :** les conservateurs se succèdent au pouvoir. **1893 - 1909 :** le dictateur José Santos Zelaya mène une politique anticléricale et nationaliste.

Le Nicaragua contemporain. 1909 : un coup d'État conservateur, appuyé par les États-Unis, donne le pouvoir à Adolfo Díaz. **1912 - 1926 :** celui-ci demande l'aide militaire des Américains, qui occupent le pays. **1934 :** Augusto César Sandino, qui a dirigé la guérilla contre l'occupation américaine, est assassiné. **1936 - 1956 :** Anastasio Somoza s'empare du pouvoir et impose sa dictature jusqu'à son assassinat. **1956 - 1979 :** le Nicaragua vit sous la domination du clan Somoza. **1979 :** l'opposition, rassemblée dans le Front sandiniste de libération nationale (FSLN), renverse la dictature de Somoza ; un nouveau régime est mis en place. **1980 :** les modérés quittent le gouvernement. Le Nicaragua se rapproche de Cuba et de l'URSS. **1983 :** les États-Unis soutiennent financièrement et militairement les contre-révolutionnaires (« contras »). **1984 :** le sandiniste Daniel Ortega est élu à la présidence de la République. Le Nicaragua signe avec quatre pays d'Amérique centrale (Costa Rica, Guatemala, Honduras, Salvador) des accords (1987 et 1989) visant à rétablir la paix dans la région. **1990 :** la candidate de l'opposition, Violeta Chamorro, est élue à la présidence de la République. Elle met en œuvre une politique de réconciliation nationale vis-à-vis des sandinistes. **1997 :** Arnoldo Alemán (libéral) accède à la tête de l'État. **2002 :** Enrique Bolaños (libéral) lui succède. **2007 :** D. Ortega (élu dès le premier tour de l'élection présidentielle, nov. 2006 ; réélu en 2011) revient à la tête du pays, qui bénéficie dès lors des largesses du Venezuela d'Hugo Chávez. **2014 :** il fait adopter une réforme constitutionnelle qui permet sa réélection infinie et renforce son pouvoir. **2016 :** nouvelle victoire de D. Ortega à l'élection présidentielle. **2018 :** une vague de protestation contre le régime de D. Ortega est réprimée avec brutalité.

NICE, ch.-l. du dép. des Alpes-Maritimes, sur la Côte d'Azur, dominé par les *Préalpes de Nice,* à 933 km au S.-E. de Paris ; 346 055 hab. *(Niçois).* Centre d'une métropole regroupant 49 communes (538 555 hab.). Évêché. Université. Grande station touristique (carnaval, festival de jazz). Aéroport. Port de voyageurs. – Vieille ville des XVIIe-XVIIIe s. ; musées des Beaux-Arts, Masséna, d'Art moderne et contemporain, des Arts asiatiques. Sur la colline de Cimiez, vestiges romains, église avec panneaux des Brea, musées d'Archéologie, Matisse et Chagall. – Fondée au Ve s. av. J.-C. par les Massaliotes, annexée au comté de Provence (Xe s.), ville libre (XIe s.), Nice passa sous la domination des Angevins de Provence (1246), puis de

▲ **Nice.** Vue de la côte.

la maison de Savoie (1388). Française de 1793 à 1814, elle fut définitivement cédée à la France par le Piémont en 1860.

Nice (traité de) [26 févr. 2001], traité signé à l'issue de la Conférence intergouvernementale de l'Union européenne conclue à Nice en décembre 2000 et entré en vigueur, après ratification, le 1er février 2003. Il engage les réformes institutionnelles indispensables à l'Union dans la perspective de son élargissement.

NICÉE, auj. **Iznik,** v. de Turquie, au S.-E. d'Istanbul. Monuments byzantins et ottomans ; faïence. – Deux conciles œcuméniques s'y tinrent : le premier, convoqué par Constantin en 325, condamna l'arianisme et élabora un symbole de foi, ou *symbole de Nicée* ; le second, en 787, réuni à l'instigation de l'impératrice Irène, définit contre les iconoclastes la doctrine orthodoxe sur le culte des images. – De 1204 à 1261, Nicée fut la capitale des empereurs byzantins dépossédés de Constantinople par les croisés. *L'empire de Nicée*, fondé par Théodore Ier Lascaris, eut comme dernier titulaire Michel VIII Paléologue, qui reprit Constantinople.

Nice-Matin, quotidien régional français créé en 1945.

NICÉPHORE (saint), *Constantinople v. 758 - ? 829*, patriarche de Constantinople (806 - 815). Il fut déposé à cause de sa résistance à l'iconoclasme et mourut en exil. Il a laissé plusieurs traités sur le culte des images et une histoire de l'Empire byzantin de 602 à 769.

NICÉPHORE Ier le Logothète, *Séleucie, Pisidie ? - en Bulgarie 811*, empereur byzantin (802 - 811). Il restaura l'autorité byzantine dans les Balkans. Il fut battu par Harun al-Rachid, puis par les Bulgares, qui le massacrèrent ainsi que son armée. — **Nicéphore II Phokas,** *en Cappadoce 912 - Constantinople 969*, empereur byzantin (963 - 969). Il conquit la Cilicie, Chypre (964 - 965) et une partie de la Syrie (966 et 968). Il fut assassiné par Jean Ier Tzimiskès. — **Nicéphore III Botanéiatès,** *m. apr. 1081*, empereur byzantin (1078 - 1081). Alexis Ier Comnène l'enferma dans un couvent.

NICHIREN, *Kominato 1222 - district d'Ikegami, auj. Tokyo, 1282*, moine bouddhiste japonais, fondateur de la secte qui porte son nom. Il voulait faire du bouddhisme une religion universelle. Sa pensée a exercé une assez forte influence nationaliste sur le Japon du XXe s.

NICHOLSON (Jack), *Neptune, New Jersey, 1937*, acteur américain. Son art de rester juste dans l'excès s'exprime dans : *Easy Rider* (D. Hopper, 1969), *Profession reporter* (M. Antonioni, 1975), *Vol au-dessus d'un nid de coucou* (M. Forman, 1975), *Shining* (S. Kubrick, 1979), *Le facteur sonne toujours deux fois* (B. Rafelson, 1981), *Pour le pire et pour le meilleur* (J. L. Brooks, 1997), *les Infiltrés* (M. Scorsese, 2006).

NICIAS, *v. 470 - Syracuse 413 av. J.-C.*, général athénien. Pendant la guerre du Péloponnèse, il négocia la trêve dite *paix de Nicias* (421 av. J.-C.) et périt lors de l'expédition de Sicile, qu'il avait désapprouvée.

NICKLAUS (Jack), *Colombus, Ohio, 1940*, joueur de golf américain. Avec plus d'une centaine de victoires (dont 18 obtenues dans les tournois du grand chelem), il est le champion de golf le plus titré.

NICOBAR (îles), archipel du golfe du Bengale, partie du territoire indien des îles *Andaman-et-Nicobar.*

NICODÈME (saint), *Ier s.*, notable juif, membre du sanhédrin (Évangile de Jean). Pharisien, il fut un disciple secret de Jésus, dont il alla, avec Joseph d'Arimathie, réclamer le corps à Pilate.

NICOL (William), *en Écosse v. 1768 - Édimbourg 1851*, physicien britannique. En 1828, il inventa le prisme polariseur qui porte son nom.

NICOLA Pisano, *m. entre 1278 et 1284*, sculpteur italien, instigateur d'une « *première Renaissance* » pisane (chaire du baptistère de Pise, d'esprit antiquisant, 1260). — **Giovanni Pisano,** *v. 1248 - Sienne apr. 1314*, sculpteur italien, fils de Nicola. Actif surtout à Pise et à Sienne, il adhère largement à la culture gothique : statues de la cathédrale de Sienne, chaires de Pistoia (terminée en 1301) et de la cathédrale de Pise.

SAINTS

NICOLAS (saint), *IVe s.*, évêque de Myra en Lycie. Patron de la Russie et des petits enfants (selon certaines légendes, il en aurait sauvé plusieurs), il jouit d'un culte très populaire en Orient et en Europe, notamm. en Italie, à Bari, où l'on vénère ses reliques. Sous le nom allemand de Santa Claus, il est à l'origine du père Noël.

NICOLAS DE FLUE (saint), *Flüeli ob Sachseln 1417 - Ranft 1487*, ermite suisse. Il vécut en solitaire à partir de 1467, intervenant néanmoins pour rétablir la paix entre les cantons helvétiques (1481). Patron de la Suisse.

NICOLAS Ier (saint), dit **le Grand,** *Rome v. 800 - id. 867*, pape de 858 à 867. Il contribua à affirmer la primauté de la papauté, face aux grands dignitaires ecclésiastiques et aux rois, et il accueillit les Bulgares dans l'Église romaine. — **Nicolas II** (Gérard **de Bourgogne**), *Chevron, Savoie, v. 980 - Florence 1061*, pape de 1059 à 1061. Il combattit la simonie et le nicolaïsme, et lutta contre l'influence impériale en Italie en se faisant le défenseur des Normands. — **Nicolas V** (Tommaso **Parentucelli**), *Sarzana 1397 - Rome 1455*, pape de 1447 à 1455. Il mit fin au schisme de Félix V (Amédée de Savoie) et fonda la bibliothèque Vaticane.

RUSSIE

NICOLAS Ier, *Tsarskoïe Selo 1796 - Saint-Pétersbourg 1855*, empereur de Russie (1825 - 1855), de la dynastie des Romanov. Troisième fils de Paul Ier, il succéda à son frère Alexandre Ier et se consacra à la défense de l'orthodoxie et de l'autocratie dans un esprit étroitement nationaliste. Il favorisa la création d'une bureaucratie qualifiée et spécialisée. À l'extérieur, il réprima la révolte polonaise de 1830 - 1831 et écrasa la révolution hongroise en 1849, ce qui lui valut le surnom de « gendarme de l'Europe ». Voulant en finir avec l'Empire ottoman (1853), il se heurta à la France et à la Grande-Bretagne, qui s'engagèrent contre la Russie dans la guerre de Crimée (1854). — **Nicolas II,** *Tsarskoïe Selo 1868 - Iekaterinbourg 1918*, dernier empereur de Russie (1894 - 1917), de la dynastie des Romanov. Fils et successeur d'Alexandre III, il renforça, avec son ministre Witte, l'alliance franco-russe et engagea son pays dans la guerre contre le Japon (1904 - 1905), qui se termina par la défaite russe. Contraint d'accorder, lors de la révolution de 1905, le manifeste d'octobre promettant la réunion d'une douma d'État, il refusa de transformer la Russie en une véritable monarchie constitutionnelle. Il prit en 1915 le commandement suprême des armées et laissa son épouse, Alexandra Fiodorovna, qui subissait alors l'influence de Raspoutine, jouer un rôle croissant dans le gouvernement. La révolution de février l'obligea à abdiquer (mars 1917). Emmené à Iekaterinbourg, il y fut massacré avec sa famille (17 juill. 1918). Ses restes et ceux des siens ont été transférés à Saint-Pétersbourg en 1998 et, en 2000, il a été canonisé, avec sa famille et plusieurs centaines de « martyrs » de la période soviétique, par l'Église orthodoxe russe.

▲ **Nicolas II de Russie** par V. V. Verechtchaguine. (Musée de Petrodvorets.)

NICOLAS NIKOLAÏEVITCH ROMANOV (grand-duc), *Saint-Pétersbourg 1856 - Antibes 1929*, général russe. Oncle du tsar Nicolas II, généralissime des armées russes en 1914 - 1915, puis commandant le front du Caucase (1915 - 1917), il se retira en France après la révolution de 1917.

NICOLAS Ier ou **NIKITA Ier PETROVIĆ NJEGOŠ,** *Njegoš 1841 - Antibes 1921,* prince (1860 - 1910), puis roi (1910 - 1918) de Monténégro. Sous son règne, le Monténégro obtint son indépendance (1878).

NICOLAS de Cues (Nikolaus **Krebs,** dit), *Kues, diocèse de Trèves, 1401 - Todi 1464,* théologien catholique allemand. Il soutint l'action des papes, défendit le principe de l'infaillibilité pontificale contre les conciles et laissa une importante œuvre théologique et philosophique (*De la docte ignorance,* 1440), qui, par la perspective qu'elle ouvrait au savoir humain, préfigurait la Renaissance.

NICOLAS de Verdun, orfèvre mosan de la fin du XIIe s. Il a signé et daté l'ambon ou retable émaillé de Klosterneuburg (1181) ainsi que la châsse de Notre-Dame de Tournai (1205), et est sans doute l'auteur de la châsse des Rois mages de Cologne, œuvres d'un style antiquisant souple et puissant, concurrent du courant gothique.

NICOLE (Pierre), *Chartres 1625 - Paris 1695,* écrivain français. Janséniste et professeur à Port-Royal, il est l'auteur d'*Essais de morale* et, avec A. Arnauld, de la *Logique* de Port-Royal.*

NICOLLE (Charles), *Rouen 1866 - Tunis 1936,* bactériologiste français. Directeur de l'Institut Pasteur de Tunis, il étudia notamm. le typhus, la brucellose, les fièvres récurrentes. (Prix Nobel 1928.)

NICOLLIER (Claude), *Vevey 1944,* astronome et astronaute suisse. Il a effectué quatre vols à bord de la navette américaine, entre 1992 et 1999, participant notamm. à deux missions de réparation du télescope spatial Hubble.

NICOLO DELL'ABATE, *Modène v. 1509 - Fontainebleau ? 1571 ?,* peintre italien. Appelé à Fontainebleau en 1552, il y fut un brillant collaborateur du Primatice (fresques ; toiles comme *l'Enlèvement de Proserpine,* Louvre).

NICOMÈDE, nom de quatre rois de Bithynie (IIIe-Ier s. av. J.-C.).

NICOMÉDIE, anc. v. d'Asie Mineure (auj. *Izmit*), fondée v. 264 av. J.-C. Capitale du royaume de Bithynie, résidence impériale sous Dioclétien, elle fut au IVe s. un bastion de l'arianisme.

Nicopolis (bataille de) [25 sept. 1396], victoire des Ottomans de Bayezid Ier sur les croisés commandés par Sigismond de Luxembourg et Jean sans Peur, à Nicopolis (auj. *Nikopol,* en Bulgarie). Elle permit aux Ottomans d'occuper la Thessalie et le Péloponnèse.

▲ N. **Niépce.** *Point de vue pris d'une fenêtre du Gras à Saint-Loup-de-Varennes,* v. 1826-1827. (Coll. Gernstein, université du Texas, Austin.)

NICOSIE, cap. de Chypre, dans l'intérieur de l'île ; 53 772 hab. (*Nicosiens*) [251 000 hab. dans l'agglomération]. La ville est séparée en deux depuis la partition, de fait, de l'île entre Grecs et Turcs (1974). – Monuments gothiques des XIIIe et XIVe s., enceinte vénitienne du XVIe s. Musée.

NICOT (Jean), *Nîmes v. 1530 - Paris 1600,* diplomate et érudit français. Ambassadeur à Lisbonne, il introduisit le tabac à la cour de France. Il fut aussi un pionnier de la lexicographie.

NIDWALD, canton de Suisse ; 276 km² ; 41 024 hab. (*Nidwaldiens*) ; ch.-l. *Stans.* Demi-canton jusqu'en 1999, partie de l'anc. canton d'Unterwald.

NIEDERBRONN-LES-BAINS (67110), comm. du Bas-Rhin ; 4 437 hab. (*Niederbronnais*). Station thermale (rhumatismes). Matériel de chauffage.

NIEL (Adolphe), *Muret 1802 - Paris 1869,* maréchal de France. Ministre de la Guerre en 1867, il réorganisa l'armée et institua la Garde nationale mobile.

NIELSEN (Carl), *Sortelung, près de Nørre Lyndelse, 1865 - Copenhague 1931,* compositeur danois. Il est l'auteur de six symphonies (no 4, *l'Inextinguible*), de concertos, d'opéras et de musiques de scène.

NIEMCEWICZ (Julian Ursyn), *Skoki, Lituanie, 1757 - Paris 1841,* patriote et écrivain polonais, auteur des *Chants historiques* (1816).

NIÉMEN n.m., fl. d'Europe orientale, né en Biélorussie et qui se jette dans la Baltique ; 937 km. Son cours inférieur sépare la Lituanie et l'enclave de Kaliningrad (Russie).

NIEMEYER (Oscar), *Rio de Janeiro 1907 - id. 2012,* architecte brésilien. Utilisant avec virtuosité le béton armé, il édifia notamm. le complexe de loisirs de Pampulha, en périphérie de Belo Horizonte (v. 1943), les principaux monuments de Brasilia*, le musée d'Art contemporain (1996), partie du « Chemin Niemeyer », à Niterói, ainsi que, hors de son pays, l'université de Constantine (1969), le siège du PCF à Paris (1971), la maison de la culture du Havre (1982), le Centre Niemeyer d'Avilés (2011). [Prix Pritzker 1988.]

NIEMÖLLER (Martin), *Lippstadt 1892 - Wiesbaden 1984,* pasteur et théologien luthérien allemand. Adversaire du nazisme, il fut interné en camp de concentration. Président de l'Église évangélique de Hesse-Nassau (1948 - 1961), il milita ensuite en faveur de la paix.

NIÉPCE (Nicéphore), *Chalon-sur-Saône 1765 - Saint-Loup-de-Varennes, Saône-et-Loire, 1833,* inventeur français. À partir de 1816, il testa la photosensibilité de diverses matières, notamm. le bitume de Judée, et obtint ainsi, vers 1826 - 1827, la première photographie connue. Maison à Saint-Loup-de-Varennes et musée à Chalon-sur-Saône.

NIETZSCHE (Friedrich), *Röcken, près de Lützen, 1844 - Weimar 1900,* philosophe allemand. Fils de pasteur, il étudia la philologie classique avant de l'enseigner à l'université de Bâle (1869 - 1879). Il en démissionna et mena une existence errante, solitaire et créatrice avant de sombrer dans la maladie mentale en 1889. Un temps proche de Wagner, influencé par Schopenhauer, il recourt fréquemment à l'aphorisme et à des formes poétiques d'expression, dans ce qui devait constituer un vaste ouvrage centré autour du thème de la volonté de puissance : l'inachèvement de l'œuvre a permis des interprétations réductrices, ainsi qu'une récupération par les idéologues nazis. Nietzsche a contribué à jeter le soupçon sur la pensée occidentale, dont tout le cours, depuis Socrate, Platon et le christianisme jusqu'au scientisme et au socialisme, équivaut selon lui à une négation de l'expression vitale au profit du culte factice de la vérité et de la soumission aux impératifs moraux. Cette dénonciation donne corps à un « gai savoir » qui ouvre une voie nouvelle, où le « surhomme », représentant d'une humanité parvenue à se dépasser, serait à même d'affronter « l'éternel retour du même ». Nietzsche a notamm. écrit : *la Naissance de la tragédie* (1872), *le Gai Savoir* (1882), *Ainsi* parlait Zarathoustra, Par-delà (le) bien et (le) mal* (1886).

▲ **Nietzsche**

NIEUPORT, en néerl. **Nieuwpoort,** v. de Belgique (Flandre-Occidentale), près de la mer du Nord ; 11 487 hab. Centre touristique.

NIEUPORT (Édouard **de Niéport,** dit Édouard), *Blida 1875 - Charny, près de Verdun, 1911,* aviateur et l'un des premiers constructeurs français d'avions (1909). Ses recherches sur l'aérodynamisme favorisèrent les progrès de l'aviation.

NIEVO (Ippolito), *Padoue 1831 - par noyade en mer Tyrrhénienne 1861,* écrivain italien. Patriote et compagnon de Garibaldi, il est connu pour son roman *Mémoires d'un Italien* (1867, posthume).

NIÈVRE n.f., riv. de France, affl. de la Loire (r. dr.), rejointe à Nevers ; 53 km.

NIÈVRE n.f. (58), dép. de la Région Bourgogne-Franche-Comté ; ch.-l. de dép. *Nevers* ; ch.-l. d'arrond. *Château-Chinon (Ville), Clamecy, Cosne-Cours-sur-Loire* ; 4 arrond. ; 17 cant. ; 309 comm. ; 6 816 km² ; 219 019 hab. (*Nivernais*). Le dép. appartient à l'académie de Dijon, à la cour d'appel de Bourges, à la zone de défense et de sécurité Est. Il est formé de régions variées (extrémité amont du Val de Loire ; dépression du Bazois, entre les collines du Nivernais et la partie occidentale du Morvan). L'élevage bovin (pour la viande) et l'exploitation forestière y constituent les principales ressources de l'économie rurale, avec quelques cultures (vignobles de Pouilly-sur-Loire). L'industrie est représentée par le travail du bois, et surtout par la métallurgie de transformation. Le thermalisme anime Saint-Honoré-les-Bains.

NIGER n.m., principal fl. d'Afrique occidentale, né en Guinée, au pied du mont Loma, et qui rejoint le golfe de Guinée par un vaste delta ; 4 200 km ; bassin d'env. 1 100 000 km². Le Niger traverse le Mali, le Niger et le Nigeria. Navigable par biefs, il est aussi utilisé pour l'irrigation.

NIGER n.m., État d'Afrique, au S. de l'Algérie ; 1 267 000 km² ; 17 831 000 hab. *(Nigériens)*. **CAP.** *Niamey.* **LANGUE :** *français.* **MONNAIE :** *franc CFA.*

GÉOGRAPHIE Très étendu, mais steppique ou désertique en dehors de la vallée du Niger, le pays, enclavé, vit très pauvrement de l'élevage et de quelques cultures (millet et arachide). Le sous-sol recèle de l'uranium et du pétrole. Très largement islamisée, la population juxtapose sédentaires (surtout Haoussa et Songhaï), majoritaires dans le Sud, et nomades (Touareg et Peuls) dans le Nord.

HISTOIRE L'occupation humaine de la région est fort ancienne. **Ier millénaire av. J.-C. :** les Berbères s'introduisent par une des routes transsahariennes, refoulant vers le sud les populations sédentaires ou se métissant avec elles. **VIIe s. apr. J.-C. :** l'empire des Songhaï, bientôt islamisé, se constitue. **Xe s. :** il a pour capitale Gao. **1591 :** il est détruit par les Marocains. **XVIIe - XIXe s. :** Touareg et Peuls contrôlent le pays. **1897 :** la pénétration française, amorcée à partir de 1830, s'affirme avec l'installation des premiers postes sur le Niger. **1922 :** la résistance des Touareg apaisée, le Niger devient colonie de l'AOF. **1960 :** autonome à partir de 1956, république à partir de 1958, il accède à l'indépendance. Hamani Diori est président, s'appuyant sur un parti unique. **1974 :** un coup d'État militaire lui substitue le lieutenant-colonel Seyni Kountché. **1987 :** mort de S. Kountché. Le colonel Ali Seibou lui succède. **1990 :** le pouvoir engage la transition vers le multipartisme. Parallèlement, il doit faire face à la rébellion touareg et à une situation économique catastrophique. **1993 :** Mahamane Ousmane, un des chefs de file de l'opposition démocratique, est élu à la présidence. **1996 :** il est renversé par un coup d'État dirigé par le colonel Ibrahim Baré Maïnassara (janv.), qui est élu président de la République (juill.). **1999 :** ce dernier est tué par sa garde personnelle. Quelques mois plus tard, le pouvoir est rendu aux civils après l'élection de Mamadou Tandja, leader de l'ancien parti unique, à la tête de l'État (réélu en 2004). **2010 :** M. Tandja, qui avait ouvert une crise institutionnelle en faisant entériner par référendum (août 2009) la prorogation de son mandat, est chassé du pouvoir par un nouveau coup d'État militaire (févr.). **2011 :** l'élection de Mahamadou Issoufou à la présidence de la République marque le retour à un pouvoir civil (réélu en 2016 ; scrutin boycotté par l'opposition). Mais le Niger est confronté au développement du terrorisme islamiste sur son sol.

NIGERIA ou **NIGÉRIA** n.m., État fédéral d'Afrique occidentale, sur le golfe de Guinée ; 924 000 km² ; 173 615 000 hab. *(Nigérians)*. **CAP.** *Abuja.* **V. PRINC.** *Lagos* et *Ibadan.* **LANGUE :** *anglais.* **MONNAIE :** *naira.*

GÉOGRAPHIE Pays le plus peuplé d'Afrique et deuxième puissance économique du continent, le Nigeria est un État fédéral formé d'ethnies variées, avec trois grands groupes dont les différences culturelles et religieuses suscitent des antagonismes vivaces : les Haoussa et les Peuls dans le Nord, presque exclusivement musulmans, les Yoruba dans le Sud-Ouest, chrétiens ou islamisés, et les Ibo dans le Sud-Est, surtout chrétiens et animistes. Le Sud, plus humide, a des cultures de plantation (cacao, caoutchouc, arachide). La population y est relativement dense (le delta du Niger et surtout le Sud-Ouest sont même fortement urbanisés). Le Nord, plus sec, est le domaine de la savane, où domine l'élevage. Le pétrole demeure la richesse essentielle, menacée toutefois par l'insécurité.

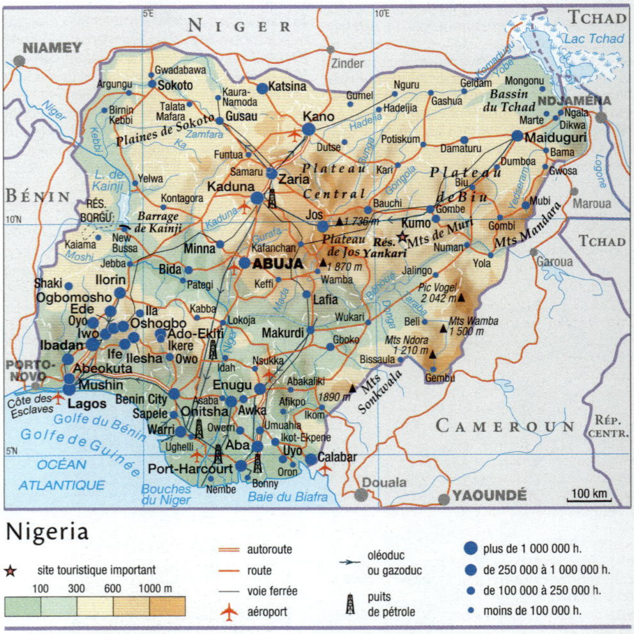

HISTOIRE **Les origines. 900 av. J.-C. - 200 apr. J.-C. :** la civilisation de Nok s'épanouit et se diffuse sans doute vers Ife et le Bénin. **VIIe - XIe s. :** les Haoussa s'installent dans le Nord, les Yoruba dans le Sud-Ouest. **XIe - XVIe s. :** dans le Nord, des royaumes, bientôt islamisés, s'organisent. Les plus brillants sont ceux du Kanem (apogée au XIVe s.), puis du Kanem-Bornou (XVIe s.). Dans le Sud, Ife constitue le centre religieux et culturel commun du royaume d'Oyo et de celui du Bénin, qui entre en relation avec les Portugais au XVe s.

La colonisation. 1553 : l'Angleterre élimine le Portugal, s'assurant ainsi le monopole de la traite des Noirs dans la région. **Début du XIXe s. :** les Peuls musulmans, dirigés par Ousmane dan Fodio, forment un empire dans le nord du pays (Sokoto). **1851 :** les Britanniques occupent Lagos. **1879 :** la création de l'United African Company, qui devient bientôt la Royal Niger Company, permet à la Grande-Bretagne d'évincer les sociétés étrangères et d'assurer la pénétration et l'administration de territoires de plus en plus étendus. **1900 :** le Nigeria passe sous la juridiction du Colonial Office. **1914 :** la colonie et le protectorat du Nigeria sont créés, englobant le nord et le sud du pays, plus une partie du Cameroun. **1951 :**

la colonie est dotée d'un gouvernement représentatif. **1954 :** une Constitution fédérale est élaborée.
Le Nigeria indépendant. 1960 : le Nigeria accède à l'indépendance. **1963 :** il adopte une Constitution républicaine et choisit de rester dans le Commonwealth. **1966 :** un coup d'État impose au pouvoir un Ibo, le général Ironsi, qui est assassiné quelques mois plus tard. Des émeutes raciales sanglantes contre les Ibo s'ensuivent. **1967 - 1970 :** les Ibo du Sud-Est, en majorité chrétiens, font sécession, formant la république du Biafra, qui capitule en janv. 1970 à l'issue d'une guerre meurtrière. Dès lors, sauf une brève période de retour à la démocratie (1979 - 1983), les coups d'État militaires se succèdent. **1985 :** le général Babangida prend la direction du pays. **1993 :** le processus de transition, engagé en 1989, qui devait aboutir au transfert du pouvoir aux civils, est suspendu. Babangida démissionne ; le général Sani Abacha prend le pouvoir. **1995 :** le Nigeria est suspendu du Commonwealth à la suite de l'exécution de plusieurs opposants. **1998 :** après la mort de S. Abacha, le général Abdulsalam Abubakar rétablit un fonctionnement plus démocratique des institutions. **1999 :** Olusegun Obasanjo, qui avait déjà dirigé le pays de 1976 à 1979, est élu à la présidence de la République (réélu en 2003). Avec le retour à un pouvoir civil, le Nigeria retrouve sa place sur la scène internationale. **2007 :** Umaru Yar'Adua est élu à la tête de l'État. **2010 :** il meurt en cours de mandat. Goodluck Jonathan lui succède. **2011 :** il est confirmé à la tête du pays par une élection présidentielle. Mais le pouvoir central est confronté aux rebelles du delta du Niger et à une recrudescence des affrontements intercommunautaires à base ethnique ou religieuse (série de massacres de chrétiens par des musulmans appartenant à l'organisation islamiste Boko Haram). **Depuis 2013 :** malgré l'instauration de l'état d'urgence au nord-est du pays (mai), Boko Haram poursuit son entreprise de déstabilisation en multipliant enlèvements (plus de 200 lycéennes en avr. 2014 ; une partie d'entre elles ont été libérées depuis), attentats et tueries. **2015 :** l'anc. putschiste Muhammadu Buhari, à la tête du pays de 1983 à 1985, est élu à la présidence de la République (première alternance démocratique depuis l'indépendance). Il est réélu en 2019.

NIGHTINGALE (Florence), *Florence 1820 - Londres 1910*, infirmière britannique. D'un dévouement exemplaire pendant la guerre de Crimée (1854 - 1856), elle créa à Londres la première école d'infirmières professionnelles (1860).

NIIGATA, v. du Japon (Honshu) ; 812 192 hab. Port. Centre industriel.

NIIHAMA, v. du Japon (Shikoku) ; 121 784 hab. Port. Métallurgie. Chimie.

NIJINSKI (Vaslav Fomitch), *Kiev 1889 - Londres 1950*, danseur et chorégraphe russe d'origine polonaise. Danseur classique virtuose, vedette des Ballets russes de Diaghilev de 1909 à 1914, il créa l'ensemble des œuvres de M. Fokine (*le Spectre de la rose* et *Petrouchka* notamm., en 1911). Chorégraphe novateur et incompris (*l'Après-midi d'un faune*, 1912 ; *le Sacre du printemps*, 1913), il sombra dans la folie, expérience dont témoigne son *Journal* (1936). — **Bronislava Nijinska,** *Minsk 1891 - Pacific Palisades, Los Angeles, 1972*, danseuse et chorégraphe russe et américaine. Sœur de Nijinski, danseuse aux Ballets russes, elle y fut aussi chorégraphe (*Noces*, 1923). Elle collabora avec des compagnies internationales, dont le Royal Ballet de Londres.

NIJLEN, comm. de Belgique (prov. d'Anvers) ; 22 198 hab.

NIJNEKAMSK, v. de Russie, sur la Kama ; 234 108 hab. Centrale hydraulique. Chimie.

NIJNEVARTOVSK, v. de Russie, en Sibérie occidentale, sur l'Ob ; 251 860 hab. Centre pétrolier.

NIJNI NOVGOROD, de 1932 à 1990 **Gorki,** v. de Russie, au confluent de la Volga et de l'Oka ; 1 253 324 hab. Port fluvial et centre industriel. – Vieux kremlin ; églises du XIIIe au XIXe s.

NIJNI TAGUIL, v. de Russie, dans l'Oural ; 361 883 hab. Centre minier et métallurgique.

Nika (sédition) [532], soulèvement populaire de Constantinople sous Justinien Ier. Elle fut réprimée par Narsès et Bélisaire, grâce à l'énergie de l'impératrice Théodora. Son nom vient du cri de ralliement des séditieux : *Nika !* (Victoire !).

NIKKO, v. du Japon (Honshu) ; 90 064 hab. Parc national. – Temples (XVIe-XVIIe s.) et mausolées des Tokugawa (Ieyasu et Iemitsu).

NIKOLAÏEV, nom russe de Mykolaïv*.

NIKOLAIS (Alwin), *Southington, Connecticut, 1912 - New York 1993*, chorégraphe et compositeur américain. Figure essentielle de la modern dance, il transformait ses interprètes en signes plastiques par le jeu des accessoires, de la lumière et des projections photographiques (*Kaleïdoscope*, 1956 ; *Imago*, 1963 ; *Schema*, 1980).

NIKON (Nikita **Minov**, dit), *Veldemanovo, près de Nijni Novgorod, 1605 - Iaroslavl 1681*, prélat russe. Patriarche de Moscou (1652), partisan du retour de l'orthodoxie russe à ses sources grecques, il fit adopter des réformes à l'origine du schisme des vieux-croyants (*raskol*). Il fut déposé en 1667.

NIKOPOL, v. d'Ukraine ; 136 280 hab.

NIL n.m., principal fl. d'Afrique, issu du lac Victoria (sous le nom de *Nil Victoria*) et qui rejoint la Méditerranée par un vaste delta ; 6 700 km ; bassin d'env. 3 000 000 km^2. Traversant les lacs Kioga et Albert, il prend le nom de *Nil Blanc* (Bahr el-Abiad) au sortir de la cuvette marécageuse du Soudan du Sud. À Khartoum, le Nil reçoit le *Nil Bleu* (Bahr el-Azrak), puis, en aval, l'Atbara. Il traverse ensuite la Nubie et l'Égypte, passe au Caire, à la tête du delta. Le haut barrage d'Assouan régularise son cours inférieur et crée un vaste lac artificiel, long de 500 km (en partie au Soudan). La retenue alimente une centrale en Égypte, où elle a aussi permis d'étendre une irrigation qui utilise, depuis l'Antiquité, les crues estivales.

▲ Le **Nil** aux environs de Louqsor, en Haute-Égypte.

NILGIRI (monts), massif du sud de l'Inde ; 2 636 m.

NIMAYRI (Djafar al-) ou **NEMEYRI** (Gaafar el-), *Omdurman 1930 - id. 2009*, officier et homme politique soudanais. Chef de l'État à partir de 1969, il fut renversé en 1985.

NIMBA (monts), massif d'Afrique, aux confins de la Côte d'Ivoire, de la Guinée et du Liberia ; 1 752 m. Gisements de fer.

▲ Vaslav **Nijinski** dans *Giselle ou les Wilis*.

NIMÈGUE, en néerl. **Nijmegen,** v. des Pays-Bas (Gueldre), sur le Waal ; 159 155 hab. Chapelle-baptistère du VIIIe s., hôtel de ville et *Waag* des XVIe et XVIIe s. ; musée d'Archéologie.

Nimègue (traités de), traités conclus en août-sept. 1678 entre la France, les Provinces-Unies et l'Espagne, et en févr. 1679 entre la France et le Saint Empire, à la fin de la guerre de Hollande. Donnant à la France la Franche-Comté, le Cambrésis et plusieurs villes du Hainaut, de l'Artois et de Flandre, ces traités firent de Louis XIV l'arbitre de l'Europe.

▲ **Nîmes.** La Maison carrée (début du Ier s. apr. J.-C.) et le Carré d'art (1993).

NÎMES, ch.-l. du dép. du Gard, à 704 km au S. de Paris ; 153 889 hab. *(Nîmois)* [175 990 hab. dans l'agglomération]. Évêché. Université. Cour d'appel. Confection. – Beaux monuments romains des Ier-IIe s. : Maison carrée, arènes, temple de Diane ; près de ce dernier, jardin de la Fontaine, du XVIIIe s. Musées, dont le musée de la Romanité et le Carré d'art (art contemporain), construit par N. Foster. – Nîmes fut l'une des cités les plus brillantes de la Gaule romaine. Elle fut rattachée au comté de Toulouse en 1185, puis à la France en 1229. Fief protestant, elle souffrit de la révocation de l'édit de Nantes (1685).

NIMIER (Roger), *Paris 1925 - Garches 1962*, écrivain français. Chef de file des Hussards*, il est l'auteur de romans (*les Épées, le Hussard bleu, les Enfants tristes*).

NIMITZ (William), *Fredericksburg, Texas, 1885 - San Francisco 1966*, amiral américain. Commandant la flotte du Pacifique après Pearl Harbor (1941), il vainquit la flotte japonaise et signa avec MacArthur l'acte de capitulation du Japon.

NIMROUD, site d'Assyrie sur le Tigre, à l'emplacement de l'anc. Kalhou (ou Calach), fondé au XIIIe s. av. J.-C. et cap., au IXe s., d'Assournazirpal. Importants vestiges (cible des exactions de l'organisation État* islamique en 2015 et 2016).

NIN (Anaïs), *Neuilly-sur-Seine 1903 - Los Angeles 1977*, écrivaine américaine. Son *Journal* (1966-1982) et ses romans (*les Miroirs dans le jardin*, 1946 ; *la Séduction du Minotaure*, 1961) reflètent une personnalité écartelée entre des cultures et des passions différentes.

NINGBO, v. de Chine (Zhejiang) ; 1 567 499 hab. (2 632 375 hab. dans l'agglomération). Port. – Monuments anciens.

NINGXIA, région autonome de la Chine du Nord-Ouest ; 6 680 000 hab. ; cap. *Yinchuan*.

NINIVE, v. de l'anc. Mésopotamie, sur le Tigre (auj. Tell Kouyoundjik et Tell Nebi Younous, Iraq). [Hab. *Ninivites*.] Fondée au VIe millénaire, elle devint sous Sennachérib (705 - 680 av. J.-C.) la capitale de l'Assyrie. Sa destruction par les Mèdes (612 av. J.-C.) marque la fin de l'Empire assyrien. – Vestiges (notamm. orthostates ornés de scènes de chasse au British Museum et au musée de Bagdad).

NIÑO [ninjo] (El) [mots esp., *l'Enfant-Jésus*], phénomène climatique déclenché par un réchauffement anormal de l'océan, dans l'est du Pacifique, à la latitude des côtes péruviennes, entraînant des dérèglements climatiques d'extension mondiale. La Niña, phénomène climatique froid succédant à El Niño, s'accompagne aussi de grosses perturbations (amenant sécheresses ou inondations).

NINOVE, v. de Belgique (Flandre-Orientale) ; 37 446 hab. Église, anc. abbatiale de prémontrés, des XVIIe-XVIIIe s. (boiseries, mobilier).

NIOBÉ MYTH. GR. Fille de Tantale et épouse d'Amphion. Fière de ses quatorze enfants, elle se moqua de Léto, qui n'avait enfanté qu'Apollon et Artémis. Ceux-ci vengèrent leur mère en tuant tous les enfants de Niobé.

NIOLO n.m., région de la Haute-Corse, dans le bassin supérieur du Golo.

NIORT (79000), ch.-l. du dép. des Deux-Sèvres, sur la *Sèvre Niortaise*, à 403 km au S.-O. de Paris ; 61 059 hab. *(Niortais)* [105 500 hab. dans l'agglomération]. Assurances. Aéronautique. – Donjon double des XIIe-XVe s. (Musée poitevin) ; musée des Beaux-Arts.

NIÓS → **Íos.**

NIPIGON (lac), lac du Canada (Ontario), se déversant dans le lac Supérieur par le *Nipigon* ; 4 480 km^2.

NIPPON, nom japonais du Japon*.

NIPPOUR, anc. v. de basse Mésopotamie (auj. Niffer, Iraq). Ce centre religieux sumérien, occupé dès le VIe millénaire, florissant entre le IIIe et le Ier millénaire, a livré de nombreuses tablettes cunéiformes. – Ruines.

NIŠ, anc. **Nissa,** v. de Serbie ; 173 390 hab. Vestiges antiques ; anc. forteresse turque.

NISHINOMIYA, v. du Japon (Honshu), sur la baie d'Osaka ; 482 790 hab.

NISIBIS, v. de la Perse ancienne (auj. *Nusaybin*, en Turquie). Place commerciale et stratégique, elle fut aussi un centre du nestorianisme.

NITERÓI, v. du Brésil, sur la baie de Guanabara ; 441 078 hab. Port. Centre résidentiel et industriel. Musée d'Art contemporain et autres monuments dus à l'architecte O. Niemeyer.

NITHARD, *fin VIIIe s. - 844 ou 845*, historiographe franc. Bâtard d'Angilbert et de Berthe, fille de Charlemagne, il est l'auteur d'une *Histoire des fils de Louis le Pieux.*

NITRA, v. de Slovaquie ; 78 916 hab. Électronique. Équipements automobiles.

NIUE, île du Pacifique (259 km^2 ; 1 761 hab.). Territoire associé à la Nouvelle-Zélande.

NIVELLE (Robert), *Tulle 1856 - Paris 1924*, général français. Commandant de la IIe armée à Verdun (1916), puis commandant en chef des armées du Nord et du Nord-Est en 1917, il dirigea la vaine offensive du Chemin des Dames, dont l'échec entraîna son remplacement par Pétain.

NIVELLES, v. de Belgique (Brabant wallon) ; 27 110 hab. *(Nivellois).* Collégiale des XIe-XIIe s., exemplaire de l'art roman mosan ; crypte archéologique. Musée communal.

NIVERNAIS n.m., anc. prov. de France qui a formé la majeure partie du dép. de la Nièvre.

NIVKHES, peuple paléoasiatique de Russie.

NIXON (Richard Milhous), *Yorba Linda, Californie, 1913 - New York 1994*, homme politique américain. Républicain, vice-président des États-Unis (1953 - 1961), il fut élu président en 1968. Réélu en 1972, il noua des relations avec la Chine populaire et mit fin à la guerre du Viêt Nam (1973). Il démissionna en 1974 à la suite du scandale du Watergate*.

◄ Richard **Nixon**

NIZAMI → **NEZAMI.**

NI ZAN, *Wuxi, Jiangsu, 1301 - 1374*, peintre, calligraphe et poète chinois. Par son style dépouillé, il est l'un des plus brillants représentants de l'esthétique lettrée de l'époque Yuan.

NIZAN (Paul), *Tours 1905 - Audruicq 1940*, écrivain français. Ami de Sartre, auteur d'essais et de romans (*Aden Arabie*, 1931 ; *la Conspiration*, 1938), il rompit avec le communisme lors du pacte germano-soviétique.

NIZON (Paul), *Berne 1929*, écrivain suisse de langue allemande. Ses œuvres d'autofiction (*Canto*, 1963 ; *Stolz*, 1975 ; *l'Année de l'amour*, 1981 ; *Chien. Confession à midi*, 1998 ; *la Fourrure de la truite*, 2005) et son *Journal* (5 vol., 1995-2012) traitent des thèmes de la solitude et de la liberté dans une prose sensuelle et raffinée.

NJUKA, société noire marronne du Suriname.

NKOLE ou **NKORE,** peuple de l'Ouganda.

N'KONGSAMBA, v. du Cameroun ; 104 050 hab.

NKRUMAH (Kwame), *Nkroful 1909 - Bucarest 1972*, homme politique ghanéen. Il obtint l'indépendance de la Gold Coast (1957) et présida la république du Ghana de 1960 à 1966. Il joua un rôle important dans la création de l'OUA.

NKVD (sigle des mots russes signifiant « Commissariat du peuple aux affaires intérieures »), organisme auquel fut intégré le Guépéou chargé des services spéciaux soviétiques (1934 - 1943/1946).

NO (lac), dépression marécageuse du Soudan du Sud.

NOAH (Yannick), *Sedan 1960*, joueur de tennis et chanteur français. Il remporte le tournoi de Roland-Garros (1983), puis est, à plusieurs reprises, capitaine des équipes de France de coupe Davis (victorieuses en 1991, 1996 et 2017) et de Fed Cup (victorieuse en 1997). Il entame parallèlement une carrière dans la chanson (*Saga Africa*, 1991 ; *Donne-moi une vie*, 2006).

NOAILLES (Anna, princesse **Brancovan,** comtesse Mathieu **de**), *Paris 1876 - id. 1933*, femme de lettres française, auteur de recueils lyriques *(le Cœur innombrable, l'Honneur de souffrir).*

NOAILLES (maison **de**), famille française originaire du Limousin. — **Anne Jules,** comte **d'Ayen,** puis duc **de N.,** *Paris 1650 - Versailles 1708*, pair et maréchal de France. Gouverneur du Languedoc, il appliqua sévèrement le système des dragonnades. — **Louis Antoine de N.,** *Teissières, près d'Aurillac, 1651 - Paris 1729*, prélat français. Frère d'Anne Jules, archevêque de Paris en 1695, il s'opposa, de 1714 à 1728, par attachement au gallicanisme, à l'application de la bulle *Unigenitus*, qui visait les jansénistes. — **Adrien Maurice,** comte **d'Ayen,** puis duc **de N.,** *Paris 1678 - id. 1766*, maréchal de France. Fils d'Anne Jules, il se distingua en Catalogne et en Allemagne durant les guerres de Succession d'Espagne, de Pologne et d'Autriche. — **Louis Marie,** vicomte **de N.,** *Paris 1756 - La Havane 1804*, général français. Petit-fils d'Adrien Maurice, il accompagna son beau-frère La Fayette en Amérique. Député de la noblesse aux États généraux, il prit l'initiative de l'abolition des privilèges (nuit du 4 août 1789).

NOBEL (Alfred), *Stockholm 1833 - San Remo 1896*, chimiste et industriel suédois. Il consacra sa vie à l'étude des poudres et des explosifs, et inventa la dynamite (1866). Il fonda, par testament, les prix qui portent son nom.

◄ Alfred **Nobel** par Emil Ostermann, 1915. (Fondation Nobel, Stockholm.)

Nobel (prix), prix décerné par diverses institutions ou académies suédoises ou norvégienne. Il est attribué tous les ans aux auteurs de contributions remarquables dans différents domaines : physique, chimie, physiologie ou médecine, littérature, paix, sciences économiques (depuis 1969). *[V. liste des lauréats des prix Nobel pages 2020-2023.]*

NOBILE (Umberto), *Lauro, Avellino, 1885 - Rome 1978*, général, aviateur et explorateur italien. En 1928, il explora le pôle Nord à bord d'un dirigeable ; perdu au large du Spitzberg, il fut recueilli par un aviateur suédois.

NOBUNAGA → **ODA NOBUNAGA.**

NOCARD (Edmond), *Provins 1850 - Saint-Maurice, Val-de-Marne, 1903*, vétérinaire et biologiste français. Il étudia les maladies microbiennes des animaux domestiques (péripneumonie bovine, mammite, tuberculose aviaire), et démontra que la tuberculose se transmettait à l'homme par le lait ou la chair des bovins atteints.

Noces de Cana (les), toile monumentale de Véronèse (1563, Louvre). Elle fut exécutée pour le réfectoire des bénédictins de S. Giorgio Maggiore, à Venise ; l'opulence de l'aristocratie vénitienne d'alors y habille le thème biblique.

NODIER (Charles), *Besançon 1780 - Paris 1844*, écrivain français. Ses récits fantastiques *(Jean Sbogar, Trilby ou le Lutin d'Argail, la Fée aux miettes)* ont ouvert la voie à Nerval et au surréalisme. Ses soirées de l'Arsenal, à Paris, réunissaient les écrivains romantiques. (Acad. fr.)

NOÉ, en hébr. **Noah,** patriarche biblique. Choisi par Dieu pour survivre au Déluge qui devait anéantir l'humanité pécheresse, Noé construisit une arche dans laquelle il emmena sa famille et des couples de chaque espèce animale. Ayant scellé avec Dieu une alliance, Noé est par ses fils, Sem, Cham et Japhet, le père d'une humanité nouvelle.

NOËL (Bernard), *Sainte-Geneviève-sur-Argence, Aveyron, 1930*, écrivain français. Sa poésie (*Extraits du corps*, 1958 ; *la Face de silence*, 1967 ; *la Chute des temps*, 1983), ses romans (*le Château de Cène*, 1969, dont l'érotisme fit scandale lors de sa réédition en 1971 ; *Monologue du nous*, 2015) et ses essais sont autant de lieux où se joue la rencontre de la parole et du corps.

NOËL (Marie **Rouget,** dite Marie), *Auxerre 1883 - id. 1967*, poétesse française. Elle est l'auteure de recueils d'inspiration populaire et chrétienne *(les Chansons et les Heures, Chants d'arrière-saison).*

NOËL CHABANEL (saint), un des Martyrs* canadiens.

NOEMA (angl. NOrthern Extended Millimeter Array), radiotélescope millimétrique, le plus puissant de l'hémisphère Nord, installé sur le plateau de Bure (Hautes-Alpes). Au terme de sa construction (2013 - 2019), il sera composé de 12 antennes de 15 m de diamètre, dans le but de comprendre l'évolution de l'Univers (galaxies, trous noirs, etc.).

NOETHER (Emmy), *Erlangen 1882 - Bryn Mawr, Pennsylvanie, 1935*, mathématicienne allemande. Elle a joué, avec E. Artin, un rôle de premier plan dans la création de l'algèbre moderne.

NŒUX-LES-MINES (62290), bur. centr. de cant. du Pas-de-Calais ; 12 268 hab. *(Nœuxois).* Anc. centre houiller. Base de loisirs.

NOGARET (Guillaume **de**), *m. en 1313*, légiste français. Juge à la cour de Philippe le Bel (1296), il dirigea la politique du roi contre le pape Boniface VIII, qu'il insulta à Anagni (1303). Il joua un rôle capital dans la fin de l'ordre des Templiers.

NOGARO (32110), bur. centr. de cant. du Gers ; 2 137 hab. *(Nogaroliens).* Eau-de-vie (armagnac). – Église en partie romane.

NOGENT (52800), anc. **Nogent-en-Bassigny,** bur. centr. de cant. de la Haute-Marne ; 3 925 hab. Coutellerie.

NOGENT-LE-ROI (28210), comm. d'Eure-et-Loir, sur l'Eure ; 4 169 hab. *(Nogentais).* Flaconnage. – Église des XVe-XVIe s.

NOGENT-LE-ROTROU (28400), ch.-l. d'arrond. d'Eure-et-Loir, sur l'Huisne ; 10 383 hab. *(Nogentais).* Industries automobile et pharmaceutique. – Château des XIe-XVe s. (musée du Perche).

NOGENT-SUR-MARNE (94130), ch.-l. d'arrond. du Val-de-Marne, sur la Marne ; 31 825 hab. *(Nogentais).* Musée du Vieux-Nogent.

NOGENT-SUR-OISE (60180), bur. centr. de cant. de l'Oise, banlieue nord de Creil ; 19 764 hab. *(Nogentais).* Église des XIIe-XIIIe s.

NOGENT-SUR-SEINE (10400), ch.-l. d'arrond. de l'Aube ; 6 081 hab. *(Nogentais).* Minoterie. Centrale nucléaire. – Église des XVe-XVIe s. Musée Camille-Claudel (anc. musée Dubois-Boucher).

NOGENT-SUR-VERNISSON (45290), comm. du Loiret ; 2 589 hab. *(Nogentais).* Équipement automobile. Arboretum national des Barres. Centres de recherche et d'enseignement sur les forêts.

NOGUÈS (Charles), *Monléon-Magnoac 1876 - Paris 1971*, général français. Disciple de Lyautey, résident général au Maroc (1936), il s'opposa au débarquement allié de nov. 1942, puis se rallia à Darlan et à Giraud et démissionna (1943).

NOHANT-VIC (36400), comm. de l'Indre ; 477 hab. *(Nohantais).* Maison de George Sand ; à Vic, église romane aux remarquables peintures murales.

NOIR (causse), l'un des Grands Causses entre la Jonte et la Dourbie, à l'E. de Millau.

NOIR (Yvan **Salmon,** dit Victor), *Attigny, Vosges, 1848 - Paris 1870*, journaliste français. Il fut tué d'un coup de pistolet par Pierre Bonaparte *(1815 - 1881)*. Ses funérailles donnèrent lieu à une manifestation populaire.

NOIRE (mer), anc. **Pont-Euxin,** mer intérieure entre l'Europe et l'Asie, limitée par le Bosphore ; 461 000 km² avec sa dépendance, la mer d'Azov.

NOIRET (Philippe), *Lille 1930 - Paris 2006*, acteur français. Sa personnalité faussement bonhomme s'est imposée dans de nombreux rôles comiques ou dramatiques : *Alexandre le Bienheureux* (Y. Robert, 1967), *l'Horloger de Saint-Paul* (B. Tavernier, 1974), *le Vieux Fusil* (R. Enrico, 1975), *Coup de torchon* (B. Tavernier, 1981), *la Vie et rien d'autre* (id., 1989), *Cinema Paradiso* (G. Tornatore, id.).

Noirlac (abbaye de) → **SAINT-AMAND-MONTROND.**

NOIRMOUTIER, île de l'Atlantique (Vendée) ; 48 km² ; 9 508 hab. ; v. princ. *Noirmoutier-en-l'Île.* Depuis 1971, un pont relie l'île au continent. Tourisme. Cultures légumières et florales. Marais salants. Pêche. — **Noirmoutier-en-l'Île** (85330), comm. de la Vendée ; 4 760 hab. *(Noirmoutrins).* Château avec donjon roman (musée) ; église avec crypte en partie du VIIe s.

NOISIEL (77186), comm. de Seine-et-Marne ; 15 763 hab. Anc. chocolaterie (v. 1860 - 1910).

NOISY-LE-GRAND (93160), bur. centr. de cant. de la Seine-Saint-Denis, dans la banlieue est de Paris ; 66 683 hab. *(Noiséens).* Église des XIe-XIIIe s.

NOISY-LE-SEC (93130), comm. de la Seine-Saint-Denis ; 43 557 hab. *(Noiséens).* Gare de triage. Équipements électriques.

NOK, localité du nord du Nigeria. Elle est éponyme d'une culture ouest-africaine datant du Ier millénaire av. J.-C., caractérisée par des statuettes en terre cuite anthropomorphes et zoomorphes très stylisées. Celles-ci sont l'œuvre d'une population d'agriculteurs qui fut la première à réaliser la fonte du fer au S. du Sahara.

NOLDE (Emil **Hansen,** dit Emil), *Nolde, Schleswig, 1867 - Seebüll, Frise du Nord, 1956*, peintre et graveur allemand, l'un des principaux représentants de l'expressionnisme.

NOLLET (abbé Jean Antoine), *Pimprez, Oise, 1700 - Paris 1770*, physicien français. Il a découvert la diffusion des liquides, étudié la transmission du son dans l'eau et inventé l'électroscope (1747).

Nombres (livre des), quatrième livre du Pentateuque, qui raconte l'errance des Hébreux depuis le Sinaï jusqu'au début de la conquête de la Terre promise.

NOMÉ (François **de**), *Metz v. 1593 - Naples ? apr. 1644*, peintre lorrain installé en Italie. On l'a longtemps associé, sous le surnom de « Monsu Desiderio », avec un autre Lorrain, Didier **Barra** *(1590 - apr. 1647)*, spécialisé dans les vues de Naples. Nomé, quant à lui, s'est consacré à des représentations imaginaires d'intérieurs de cathédrales, de cavernes ou de ruines grandioses, parsemées de petits personnages de fantaisie.

NOMINOË, *fin du VIIIe s. - Vendôme 851*, roi de Bretagne. Il imposa à Charles II le Chauve la reconnaissance d'un royaume breton (846).

noms (école des), école philosophique chinoise (IVe-IIIe s. av. J.-C.) illustrée par Hui Shi et Gongsun Long. Elle chercha à faire coïncider les dénominations avec des réalités, notamm. à des fins pratiques et politiques.

NONIUS (Pedro **Nunes,** dit), *Alcácer do Sal 1492 - Coimbra 1578*, astronome et mathématicien portugais. Son étude sur le chemin le plus court entre deux points de la surface terrestre est à l'origine de la loxodromie.

NONO (Luigi), *Venise 1924 - id. 1990*, compositeur italien. Communiste, représentant du mouvement postsériel *(Il Canto sospeso, Canti di vita e d'amore)*, il s'est consacré à l'électroacoustique *(Journal polonais* [1, 1958 ; 2, 1982] ; *Prometeo).*

non-prolifération des armes nucléaires (traité sur la) [TNP], traité élaboré en 1968, entré en vigueur en 1970 et prorogé pour une durée illimitée en 1995. Il a été signé auj. par quelque 190 États s'engageant à ne pas fournir d'armements nucléaires ni de matières ou de produits fissiles spéciaux à des États non dotés de l'arme nucléaire, et à ne pas en accepter d'eux. Dans la même logique a été signé en 1996 le traité d'interdiction complète des essais nucléaires (TICE, en angl. CTBT [Comprehensive Nuclear Test Ban Treaty]).

NONTRON (24300), ch.-l. d'arrond. du nord de la Dordogne ; 3 252 hab. *(Nontronnais).* Maroquinerie. Coutellerie. – Château du XVIIIe s. (Pôle expérimental des métiers d'art de Nontron et du Périgord vert).

NOOTEBOOM (Cornelis Johannes Jacobus Maria, dit Cees), *La Haye 1933*, écrivain néerlandais. Romancier *(Rituels*, 1980), poète *(Temps de feu, temps de glace*, 1984), il puise dans les voyages la matière de ses réflexions d'homme nomade en quête d'un monde intérieur *(Désir d'Espagne*, 1992 ; *Du printemps, la rosée*, 1995 ; *Pluie rouge*, 2007).

NORA (Pierre), *Paris 1931*, historien français. Directeur d'études à l'École des hautes études en sciences sociales (1976 - 1997), il a favorisé comme éditeur la diffusion de la « nouvelle histoire ». Fondateur (1980) et animateur de la revue *le Débat*, il a aussi dirigé les *Lieux de mémoire* (1984-1993), inventaire des lieux et objets où s'est incarnée la mémoire nationale dans sa dimension symbolique. (Acad. fr.)

NORBERT (saint), *Gennep ou Xanten, Rhénanie, v. 1080 - Magdebourg 1134*, fondateur (1120) de l'ordre des chanoines réguliers de Prémontré. Il fut nommé archevêque de Magdebourg en 1126.

NORD n.m. (59), dép. de la Région Hauts-de-France ; ch.-l. de dép. *Lille* ; ch.-l. d'arrond. *Avesnes-sur-Helpe, Cambrai, Douai, Dunkerque, Valenciennes* ; 6 arrond. ; 41 cant. ; 648 comm. ; 5 742 km² ; 2 641 081 hab. *(Nordistes).* Le dép. appartient à l'académie de Lille, à la cour d'appel de Douai, à la zone de défense et de sécurité Nord. S'élevant progressivement vers le sud-est (aux confins de l'Ardenne), accidenté seulement par les monts des Flandres, le dép. associe les cultures céréalières et betteravières (dominantes dans la Flandre intérieure et le Cambrésis), les cultures maraîchères (surtout dans la Flandre maritime), celles du houblon, du tabac et du lin à un élevage bovin disséminé (Hainaut et Avesnois). Le recul des industries textiles (dans la conurbation Lille-Roubaix-Tourcoing) et l'abandon de l'extraction de la houille (Pays noir, de Douai à Valenciennes) n'ont été que partiellement compensés par le développement de l'industrie automobile (Maubeuge, Douai, Valenciennes, Onnaing). Le département, fortement urbanisé, est le plus peuplé de France, mais son expansion paraît bien freinée, malgré une situation remarquable dans l'Union européenne, valorisée par une bonne desserte routière, ferroviaire et fluviale. *(V. carte page suivante.)*

Nord (autoroute du), autoroute reliant Paris à Lille, sur laquelle se greffe une antenne dirigée vers Valenciennes (et Bruxelles).

Nord (canal du), détroit entre l'Écosse et l'Irlande.

Nord (canal du), voie navigable reliant l'Oise (Noyon) à la Sensée (Arleux).

NORD (cap), promontoire d'une île des côtes de la Norvège, point le plus au nord de l'Europe.

Nord (guerre du) [1700 - 1721], guerre qui opposa la Suède à une coalition comprenant le Danemark, la Russie, la Saxe et la Pologne. La Suède, qui cherchait à contrôler la totalité des rives méridionales de la Baltique, en sortit très affaiblie, malgré les premières victoires de Charles XII.

NORD (île du), île la plus peuplée de la Nouvelle-Zélande ; 114 600 km² ; 3 237 048 hab. ; v. princ. *Auckland* et *Wellington.*

NORD (mer du), mer du nord-ouest de l'Europe, formée par l'Atlantique. Elle borde la France, la Grande-Bretagne, la Norvège, le Danemark, l'Allemagne, les Pays-Bas et la Belgique. Sur les estuaires qui y débouchent sont établis la plupart des grands ports européens (Rotterdam, Londres, Anvers, Hambourg). Son sous-sol recèle des gisements, exploités, d'hydrocarbures.

NORD (Territoire du), en angl. **Northern Territory,** territoire désertique d'Australie ; 1 346 000 km² ; 211 945 hab. ; cap. *Darwin.*

NORD-DU-QUÉBEC, région administrative du Québec (Canada) ; 782 027 km² ; 44 561 hab. ; v. princ. *Chibougamau.* Elle représente un peu plus de la moitié de la superficie du Québec, mais guère plus de 0,5 % de sa population.

NORDENSKJÖLD (Adolf Erik, baron), *Helsinki 1832 - Dalbyö 1901*, explorateur suédois. Il découvrit le passage du Nord-Est (1878 - 1879). — **Otto N.,** *Sjögelö 1869 - Göteborg 1928*, explorateur suédois. Neveu d'Adolf Erik, il explora la Patagonie et la Terre de Feu (1895 - 1897), puis dirigea une expédition dans l'Antarctique (1902 - 1903).

NORD-EST (passage du), route maritime de l'océan Arctique au N. de la Russie (Sibérie), conduisant de l'Atlantique au Pacifique par le détroit de Béring, ouverte par A. E. Nordenskjöld (1878 - 1879).

NORDESTE, région du Brésil, entre les États de Bahia et de Pará (plus de 1,5 million de km² ; 51 764 410 hab.). Les aléas climatiques (alternance de sécheresses et d'inondations) contribuent à un fort exode rural.

NORDEY (Stanislas), *Paris 1966*, metteur en scène et comédien français. Artisan d'un renouveau théâtral, il revendique un répertoire de la transgression à travers des mises en scène stylisées (P. P. Pasolini, Falk Richter). Directeur du Théâtre national de Strasbourg depuis 2014, il défend l'idée d'un théâtre de proximité, ouvert au plus grand nombre.

Nördlingen (bataille de) [5 - 6 sept. 1634], bataille de la guerre de Trente Ans. Victoire des impériaux sur les troupes suédoises à Nördlingen, en Bavière. — bataille de **Nördlingen** (3 août 1645), bataille de la guerre de Trente Ans. Victoire des Français commandés par le Grand Condé et Turenne sur les impériaux.

NORD-OUEST (passage du), route maritime reliant l'Atlantique au Pacifique à travers l'archipel Arctique canadien. Amundsen l'utilisa pour la première fois (1903 - 1906).

NORD-OUEST (province du), prov. d'Afrique du Sud ; 3 509 953 hab. ; ch.-l. *Mafikeng.*

NORD-OUEST (Territoires du), en angl. **Northwest Territories,** territoire fédéral du nord du Canada, entre le Nunavut et le Yukon, au N. du 60e parallèle ; 1 480 000 km² ; 41 786 hab. ; cap. *Yellowknife.*

NORD-PAS-DE-CALAIS n.m., anc. Région administrative de France (Nord et Pas-de-Calais) [→ **Hauts-de-France**].

NORÉN (Lars), *Stockholm 1944*, écrivain et metteur en scène de théâtre suédois. Sa poésie et ses drames *(la Force de tuer, Démons, la Veillée, Poussière)* expriment une révolte sociale et une vision noire des relations familiales et amoureuses.

NORFOLK, v. des États-Unis (Virginie) ; 245 428 hab. Port. – Musée d'Art.

NORFOLK, comté de Grande-Bretagne, sur la mer du Nord ; 857 888 hab. ; ch.-l. *Norwich.*

NORFOLK (Thomas **Howard,** duc **de**), *Kenninghall, Norfolk, 1538 - Londres 1572*, seigneur anglais. Il conspira contre Élisabeth Ire et fut décapité.

NORGE (Georges **Mogin,** dit), *Bruxelles 1898 - Mougins 1990*, écrivain belge de langue française. Sa poésie charnelle *(la Langue verte*, 1954) mêle l'humour et la fantaisie à la célébration des sensations.

NORIEGA (Manuel Antonio), *Panama 1934 ? - id. 2017*, général et homme politique panaméen. Commandant en chef des forces armées à partir de 1983, homme fort du régime, il fut renversé en 1989 par une intervention militaire américaine. Après avoir été emprisonné pour trafic de drogue aux États-Unis (1992 - 2010), il fut extradé et condamné en France puis, en 2011, renvoyé au Panama, où il fut condamné à une peine de vingt ans de prison pour assassinat d'opposants.

NORILSK, v. de Russie, en Sibérie ; 175 301 hab. Centre minier et métallurgique.

NORIQUE, anc. prov. de l'Empire romain, entre le Danube et les Alpes orientales.

normales supérieures (Écoles), établissements publics d'enseignement supérieur. La première École normale supérieure, installée rue d'Ulm, à Paris, fut fondée en 1794 pour assurer la formation des professeurs. Recrutant sur concours, elle mène surtout à la recherche et à l'enseignement supérieur, mais aussi à la haute fonction publique, au journalisme et à l'entreprise. Son modèle a inspiré la création des autres ENS. L'ENS [de jeunes filles] de Sèvres, créée en

Nord

○ plus de 100 000 h. ○ de 5 000 à 20 000 h. ○ de 20 000 à 100 000 h. ○ moins de 5 000 h.
● ch.-l. d'arrondissement ● bur. centr. de canton ● commune
autoroute, route, voie ferrée
100 200 m

1881, a fusionné avec Ulm en 1985. Les ENS de Fontenay-aux-Roses (filles, créée en 1880) et de Saint-Cloud (garçons, créée en 1882), réunies en 1985 pour se repartager aussitôt entre disciplines scientifiques et disciplines littéraires et transférées à Lyon respectivement en 1985 et 2000, ont finalement été regroupées en 2010 (ENS de Lyon). L'ENS Cachan (dénommée de 1932 à 1985 ENSET, ENS de l'enseignement technique) a été créée en 1912. L'ENS Rennes, créée en 1994, fut d'abord l'antenne de Bretagne de l'ENS Cachan ; elle est autonome depuis 2014 (campus de Ker Lann, près de Rennes).

NORMAN (Jessye), *Augusta, Géorgie, 1945*, soprano américaine. Dans l'opéra, de Mozart à Schoenberg, dans la mélodie française ou le lied, elle impose son timbre ample et généreux.

NORMANDIE n.f., anc. prov. du nord-ouest de la France et Région administrative regroupant, depuis 2016, les anc. Régions de Basse-Normandie et de Haute-Normandie ; 29 906 km²; 3 426 063 hab. (*Normands*) ; ch.-l. *Rouen* ; 5 dép. (Calvados, Eure, Manche, Orne et Seine-Maritime).

GÉOGRAPHIE Le climat humide caractérise la Normandie, dont l'Ouest appartient au Massif armoricain et l'Est au Bassin parisien. À l'ouest, la campagne de Caen, le pays d'Auge, le Bessin, le Bocage normand et le Cotentin forment une unité autour de Caen. Au nord de la Seine s'étendent le pays de Caux, le pays de Bray et le Vexin normand, et au sud, le Roumois, le Lieuvin, le pays d'Ouche, les plaines du Neubourg et de Saint-André. La Normandie possède une agriculture diversifiée : les cultures commerciales (blé, maïs, oléagineux), au nord-est, et l'élevage bovin, au sud et à l'ouest. L'industrie (pôle pétrochimique, automobile et, plus récemment, aéronautique, électronique, pharmacie et parfumerie) est surtout implantée dans la vallée de la basse Seine, autour du Havre et de Rouen. Ces deux villes ont, en outre, une importante activité portuaire (Le Havre est le 1er port de France pour les conteneurs). Le Calvados, l'Orne et la Manche sont spécialisés dans l'agroalimentaire (valorisation de produits régionaux comme le fromage, le beurre et le cidre) et dans l'industrie de la viande. À Caen, les secteurs de la haute technologie et de la microélectronique se développent. Le littoral est adapté à la pêche et à l'aquaculture, avec ses nombreux ports, et au tourisme, avec ses stations balnéaires, mais il est aussi jalonné par trois centrales nucléaires (Paluel, Penly et Flamanville) et le centre de retraitement des combustibles nucléaires de la Hague. Trois grandes agglomérations dominent : Le Havre, Rouen et Caen, mais, dans l'ensemble, le réseau urbain est peu dense.

HISTOIRE **Ve s. :** la région est conquise par les Francs. **VIIe s. :** le monachisme bénédictin s'étend (Saint-Wandrille, Jumièges, Fécamp, Mont-Saint-Michel). **IXe s. :** les invasions normandes (Vikings) dévastent le pays. **911 :** par le traité de Saint-Clair-sur-Epte, Charles III le Simple cède la Normandie à Rollon. **1066 :** le duc de Normandie, Guillaume le Conquérant, conquiert l'Angleterre. **1135 - 1144 :** après la mort d'Henri Ier Beauclerc et neuf années de lutte, la Normandie passe aux Plantagenêts. **1204 :** Philippe II Auguste confisque la Normandie, que l'Angleterre continue à revendiquer. **1420 :** l'Angleterre annexe la région. **1436 - 1450 :** la France reconquiert la Normandie. **1468 :** la province est rattachée au domaine royal.

Normandie (autoroute de), autoroute reliant Paris à Caen et passant au S. de Rouen.

NORMANDIE (Basse-), anc. Région administrative de France (Calvados, Manche et Orne) [→ **Normandie**].

Normandie (bataille de) [6 juin - 21 août 1944], bataille de la Seconde Guerre mondiale qui opposa, après le débarquement, les forces alliées aux forces allemandes. Les Alliés parvinrent, en deux mois, à rompre le front allemand de l'Ouest (batailles de Caen, Avranches, Mortain, Falaise).

Normandie (débarquement de) [6 juin 1944], ensemble des opérations qui, pendant la Seconde Guerre mondiale, sous le nom de code « Overlord », permirent aux forces alliées du général Eisenhower d'aborder le continent européen entre Ouistreham et le Cotentin.

NORMANDIE (Haute-), anc. Région administrative de France (Eure et Seine-Maritime) [→ **Normandie**].

Normandie (pont de), pont routier enjambant l'estuaire de la Seine, près de Honfleur (inauguré en 1995).

Normandie-Maine (parc naturel régional), parc naturel couvrant env. 257 000 ha, aux confins des dép. de la Manche, de la Mayenne, de l'Orne et de la Sarthe.

NORMANDS, nom donné, à l'époque carolingienne, aux pillards venus par mer de la Scandinavie (Norvégiens, Danois, Suédois), qui se nommaient eux-mêmes Vikings. Poussés par la surpopulation et la recherche de débouchés commerciaux et de butins, ils déferlèrent sur l'Europe à partir du VIIIe s. Sous le nom de « Varègues », les Suédois occupèrent, vers le milieu du IXe s., la vallée supérieure du Dniepr et atteignirent même Constantinople. Ils furent les intermédiaires entre Byzance et l'Occident, entre chrétiens et musulmans. Ils découvrirent l'Islande (v. 860) et le Groenland (Xe s.). Les Norvégiens colonisèrent le nord de l'Écosse et l'Irlande. Les Danois s'installèrent dans le nord-est de l'Angleterre (IXe s.). Dans l'Empire carolingien, les Normands se livrèrent à des actes de piraterie fréquents après la mort de Charlemagne. Organisés en petites bandes, embarqués sur des flottilles de *snekkja* (ou *drakkar*), ils menèrent des raids dévastateurs dans l'arrière-pays, en remontant les fleuves. Charles II le Chauve dut acheter plus d'une fois leur retraite. En 885 - 886, les Normands assiégèrent Paris, vaillamment défendue par le comte Eudes et l'évêque Gozlin, mais Charles III le Gros leur versa une énorme rançon et les autorisa à piller la Bourgogne. En 911, au traité de Saint-Clair-sur-Epte, Charles III le Simple abandonna au chef normand Rollon le pays appelé auj. *Normandie*, et d'où les Normands partirent au XIe s. pour conquérir l'Angleterre. Rollon et ses sujets reçurent le baptême, et reconnurent Charles III le Simple comme suzerain. Les Normands fondèrent également des principautés en Italie du Sud et en Sicile aux XIe et XIIe s.

NORODOM Ier ou **ANG VODDEY,** *1835 - 1904*, roi du Cambodge (1859 - 1904). En 1863, il signa avec la France un traité de protectorat.

NORODOM SIHANOUK, *Phnom Penh 1922 - Pékin 2012*, roi (1941 - 1955 et 1993 - 2004) et chef d'État (1960 - 1970) du Cambodge. Il fait reconnaître par la France l'indépendance de son pays (1953). Renversé en 1970, en exil à Pékin, il s'allie aux Khmers rouges, mais est écarté après leur prise du pouvoir (1975). Hostile au régime provietnamien mis en place en 1979, il préside un gouvernement de coalition en exil (1982 - 1988). Participant dès 1987 au règlement politique du conflit, il est nommé en 1991 président du Conseil national suprême chargé d'administrer provisoirement le Cambodge et regagne Phnom Penh. Il redevient roi du Cambodge en 1993, mais renonce au trône en 2004. ▲ **Norodom Sihanouk.** — **Norodom Ranariddh,** *Phnom Penh 1944*, prince cambodgien. Fils de Norodom Sihanouk, président du Parti royaliste (FUNCINPEC) de 1992 à 2006, il a été Premier ministre (1993 - 1997), puis président de l'Assemblée nationale (1998 - 2006). — **Norodom Sihamoni,** *Phnom Penh 1953*, roi du Cambodge. Fils de Norodom Sihanouk, il lui a succédé après son retrait, en 2004.

NORRIS (Frank), *Chicago 1870 - San Francisco 1902*, écrivain américain. Ses romans naturalistes font de lui l'un des précurseurs du roman américain moderne (*les Rapaces*, 1899, qui inspira un film à E. von Stroheim, 1925 ; *la Pieuvre*, 1901).

NORRKÖPING, v. de Suède, sur la Baltique ; 135 283 hab. Port. – Musée.

NORRLAND, partie septentrionale de la Suède.

NORTHAMPTON, v. de Grande-Bretagne (Angleterre), ch.-l. du *Northamptonshire* ; 189 474 hab. Église circulaire du début du XIIe s. ; musées.

NORTH BAY, v. du Canada (Ontario), sur le lac Nipissing ; 51 553 hab.

NORTHUMBERLAND, détroit de l'Atlantique, séparant l'île du Prince-Édouard du Nouveau-Brunswick et de la Nouvelle-Écosse (Canada).

NORTHUMBERLAND, comté de Grande-Bretagne, sur la mer du Nord ; 316 028 hab. ; ch.-l. *Newcastle upon Tyne*.

NORTHUMBRIE, royaume fondé par les Angles (VIe-Xe s.) ; cap. *York*. Il sombra sous les coups des envahisseurs scandinaves.

NORTH YORK, anc. v. du Canada (Ontario), auj. intégrée dans Toronto.

NORT-SUR-ERDRE (44390), bur. centr. de cant. de la Loire-Atlantique ; 8 738 hab. *(Nortais)*.

NORVÈGE n.f., en norv. **Norge,** État d'Europe du Nord, sur l'Atlantique ; 325 000 km² ; 5 043 000 hab. *(Norvégiens)*. **CAP.** Oslo. **LANGUE :** *norvégien*. **MONNAIE :** *krone (couronne norvégienne)*.

INSTITUTIONS Monarchie constitutionnelle. Constitution de 1814, révisée plusieurs fois. Le souverain n'a qu'une autorité symbolique. Le Premier ministre, chef de la majorité parlementaire, est responsable devant le Parlement *(Storting)*, élu au suffrage universel direct pour 4 ans.

GÉOGRAPHIE Occupant la partie occidentale de la péninsule scandinave, la Norvège, étirée sur plus de 1 500 km, est une région montagneuse (en dehors du Nord, où dominent les plateaux) et forestière. Le littoral est découpé de fjords, sur lesquels se sont établies les principales villes, Oslo, Bergen, Trondheim, Stavanger. Malgré la latitude, le climat, adouci par les influences atlantiques, autorise, au moins dans le Sud, les cultures (céréales, pommes de terre). L'élevage (bovins et ovins) et, plus encore, la pêche et l'exploitation de la forêt conservent un poids notable. La métallurgie et la chimie (liées à l'abondante production hydroélectrique) demeurent les industries dominantes et la flotte marchande procure des revenus supplémentaires. Mais l'exploitation des hydrocarbures de la mer du Nord est devenue l'atout essentiel. Les dividendes du pétrole et du gaz naturel et un modèle social performant placent le pays au tout premier rang mondial pour le développement humain. Confrontée récemment à la chute des cours et, à plus long terme, au déclin de ses réserves, la Norvège cherche à se diversifier.

HISTOIRE **Les origines. VIIIe - XIe s. :** les Vikings partent vers les îles Britanniques, l'Empire carolingien, le Groenland. Ces expéditions mettent la Norvège en contact avec la culture occidentale et contribuent à sa constitution en un État.

Le Moyen Âge. IXe s. : Harald Ier Hårfager unifie la Norvège. **995 - 1000 :** le roi Olav Ier Tryggvesson commence à convertir ses sujets au christianisme. **1016 - 1030 :** son œuvre est poursuivie par Olav II Haraldsson, ou saint Olav. **XIIe s. :** les querelles dynastiques affaiblissent le pouvoir royal. **1163 :** Magnus V Erlingsson est sacré roi de Norvège. L'Église donne ainsi une autorité spirituelle à la monarchie norvégienne. **1223 - 1263 :** Haakon IV Haakonsson établit son autorité sur les îles de l'Atlantique (Féroé, Orcades, Shetland) ainsi que sur l'Islande et le Groenland. **1263 - 1280 :** son fils, Magnus VI Lagaböte, améliore la législation et l'administration. **XIIIe s. :** les marchands de la Hanse établissent leur suprématie économique sur le pays. **1319 - 1343 :** Magnus VII Eriksson unit momentanément la Norvège et la Suède. **1363 :** son fils, Haakon VI Magnusson (1343 - 1380), épouse Marguerite, fille de Valdemar IV, roi de Danemark. **1380 - 1387 :** Marguerite Ire Valdemarsdotter, régente, gouverne le Danemark et la Norvège au nom de son fils mineur, Olav. **1389 :** elle rétablit les droits de son mari en Suède.

De l'union à l'indépendance. 1397 : l'Union de Kalmar unit Danemark, Norvège et Suède sous un même monarque, Erik de Poméranie. **1523 :** la Suède retrouve son indépendance. La Norvège, pour trois siècles, tombe sous la domination des rois de Danemark, qui lui imposent le luthéranisme et la langue danoise. **XVIIe s. :** la Norvège est entraînée dans les conflits européens ; elle perd le Jämtland (1645) et Trondheim (1658), au profit de la Suède. **XVIIIe s. :** l'économie norvégienne prend un réel essor (bois, métaux, poissons). **1814 :** par le traité de Kiel, le Danemark cède la Norvège à la Suède. Les Norvégiens dénoncent aussitôt cet accord, mais l'invasion suédoise les oblige à accepter l'union. La Norvège obtient

Norvège

site touristique important
200 400 1000 1500 m
autoroute
route
voie ferrée
aéroport
plus de 500 000 h.
de 100 000 à 500 000 h.
de 50 000 à 100 000 h.
moins de 50 000 h.

une Constitution propre, avec une Assemblée, ou *Storting*, chaque État formant un royaume autonome sous l'autorité d'un même roi. **1884 :** le chef de la résistance nationale, Johan Sverdrup (1816 - 1892), obtient un régime parlementaire. **1898 :** le suffrage universel est institué.

La Norvège indépendante. **1905 :** après un plébiscite décidé par le Storting, c'est la rupture avec la Suède. La Norvège choisit un prince danois, qui devient roi sous le nom de Haakon VII. Rapidement, le pays devient une démocratie ; une importante législation sociale est mise en place. **1935 :** les travaillistes arrivent au pouvoir. **1940 - 1945 :** les Allemands occupent la Norvège. Le roi et son gouvernement s'embarquent pour l'Angleterre, tandis qu'un partisan du nazisme, Vidkun Quisling, prend le pouvoir à Oslo. **1945 - 1965 :** les travaillistes, conduits par Einar Gerhardsen, pratiquent une politique interventionniste. **1957 :** Olav V succède à son père, Haakon VII. **De 1965 à 2013 :** les conservateurs, alliés aux libéraux et aux agrariens, et les travaillistes (avec notamm. pour Premiers ministres Gro Harlem Brundtland, 1981, 1986 - 1989 et 1990 - 1996, et Jens Stoltenberg, 2000 - 2001 et 2005 - 2013) alternent au pouvoir. **1972** et **1994 :** par deux fois, les Norvégiens repoussent par référendum l'entrée de leur pays dans l'Europe communautaire. **1991 :** Harald V succède à son père, Olav V. **2011 :** la double attaque perpétrée le 22 juill. par un fanatique imprégné par des idées d'extrême droite, d'abord à Oslo (explosion d'une voiture piégée) puis sur l'île voisine d'Utøya (fusillade contre un rassemblement de jeunes travaillistes norvégiens), faisant au total 77 morts et de nombreux blessés, provoque un traumatisme dans le pays. **2013 :** les conservateurs forment un gouvernement minoritaire (dirigé par Erna Solberg), avec, pour la première fois, la droite populiste (parti du Progrès). **2017 :** E. Solberg est reconduite à la tête d'un nouveau gouvernement minoritaire, alliant conservateurs et populistes.

NORVÈGE (courant de), courant marin chaud de l'Atlantique nord. Il se dirige du S. vers le N. le long des côtes de Norvège.

NORWICH, v. de Grande-Bretagne (Angleterre), ch.-l. du Norfolk ; 174 047 hab. Donjon du XIIe s., cathédrale fondée en 1096, églises gothiques ; maisons anciennes ; musées.

NORWID (Cyprian), *Laskowo-Głuchy 1821 - Paris 1883*, poète polonais. Son lyrisme exprime son désespoir de prophète incompris (*Rhapsodie funèbre à la mémoire de Bem, Promethidion*).

NOSSI-BÉ → **NOSY BE.**

NOSTRADAMUS (Michel **de Nostre-Dame** ou), *Saint-Rémy-de-Provence 1503 - Salon 1566*, astrologue et médecin français. Célèbre par ses travaux d'astrologie, il fut appelé à la cour par Catherine de Médicis et fut médecin de Charles IX. Les prophéties de ses *Centuries astrologiques* (1555) ont été abondamment interprétées.

NOSY BE, anc. **Nossi-Bé,** île de l'océan Indien, au N.-O. de Madagascar, dont elle dépend.

NOTHOMB (Amélie), *Kobe, Japon, 1967*, romancière belge de langue française. Son œuvre abondante, à la frontière entre drôlerie et tragique, alterne romans (*Hygiène de l'assassin*, 1992 ; *Péplum*, 1996 ; *Riquet à la houppe*, 2016 ; *Frappe-toi le cœur*, 2017) et autofictions (*le Sabotage amoureux*, 1993 ; *Stupeur et tremblements*, 1999 ; *Métaphysique des tubes*, 2000 ; *Pétronille*, 2014).

NOTO, v. d'Italie, en Sicile ; 23 788 hab. Monuments baroques insérés dans le plan de reconstruction de la ville après le séisme de 1693.

NOTRE-DAME (monts), extrémité nord des Appalaches (Canada), s'étendant de l'Estrie à la Gaspésie, sur la rive sud du Saint-Laurent.

NOTRE-DAME-DE-BONDEVILLE (76960), bur. centr. de cant. de la Seine-Maritime ; 7 230 hab.

Notre-Dame de Paris, église métropolitaine de la capitale, dans l'île de la Cité. L'actuel édifice, gothique, fut entrepris en 1163 (à l'initiative de l'évêque de Paris Maurice de Sully) et achevé pour l'essentiel vers le milieu du XIIIe s. Déprédations aux XVIIe et XVIIIe s., restauration radicale par Viollet-le-Duc au milieu du XIXe s.

NOTTINGHAM, v. de Grande-Bretagne (Angleterre), ch.-l. du *Nottinghamshire*, sur la Trent ; 305 680 hab. (666 358 hab. dans l'agglomération). Centre industriel. – Château reconstruit au XVIIe s. ; musées.

NOUADHIBOU, anc. **Port-Étienne,** v. de Mauritanie ; 118 167 hab. Port. Exportation de minerai de fer. Base de pêche.

NOUAKCHOTT, cap. de la Mauritanie, près de l'Atlantique ; 958 399 hab. (*Nouakchottois*).

NOUGARO (Claude), *Toulouse 1929 - Paris 2004*, chanteur français. Ses chansons conjuguent textes poétiques et ludiques, influence du jazz et musiques contemporaines en une interprétation très personnelle (*Une petite fille, Toulouse, Paris Mai, Tu verras*).

NOUGÉ (Paul), *Bruxelles 1895 - id. 1967*, écrivain belge de langue française. L'un des fondateurs du Parti communiste belge (1919), tête pensante du surréalisme dans son pays, il fut un théoricien rigoureux (*Histoire de ne pas rire*) et un poète flamboyant (*l'Expérience continue*).

NOUKOUS, v. d'Ouzbékistan, cap. de la rép. de Karakalpakie, sur l'Amou-Daria ; 212 012 hab.

NOUMÉA, ch.-l. de la Nouvelle-Calédonie, sur la côte sud-ouest de l'île ; 98 806 hab. (144 000 hab. dans l'agglomération). Cour d'appel. Siège de la zone de défense et de sécurité Nouvelle-Calédonie. Université. Port. Centre administratif et commercial. – Centre culturel Tjibaou.

NOUREÏEV (Rudolf), *Razdolnaïa 1938 - Paris 1993*, danseur d'origine russe, naturalisé autrichien. Doté d'une technique exemplaire, il a été l'un des meilleurs interprètes du répertoire classique (*Giselle, le Lac des cygnes*), mais il a aussi affirmé son talent dans la modern dance. Également chorégraphe, il a été, de 1983 à 1989, directeur de la danse à l'Opéra de Paris.

◄ Rudolf **Noureïev**

NOUVEAU (Germain), *Pourrières 1851 - id. 1920*, poète français. Parnassien et bohème, il est l'auteur d'une œuvre sensuelle et mystique (*la Doctrine de l'amour*).

NOUVEAU-BRUNSWICK, en angl. **New Brunswick,** prov. maritime du Canada, sur l'Atlantique ; 73 437 km^2 ; 747 101 hab. ; cap. *Fredericton*.

NOUVEAU-MEXIQUE, en angl. **New Mexico,** État des États-Unis ; 2 088 070 hab. ; cap. *Santa Fe*. Il a fait partie du Mexique jusqu'en 1848.

Nouveau Parti anticapitaliste → **NPA.**

nouveau roman, tendance littéraire française, apparue dans les années 1950. Les écrivains rassemblés sous ce vocable (M. Butor, A. Robbe-Grillet, N. Sarraute, C. Simon, R. Pinget) refusaient les conventions du roman traditionnel (auteur omniscient, rôle et psychologie des personnages, déroulement chronologique et relation prétendument réaliste des événements, etc.), mettant l'accent sur les techniques du récit.

▲ **Notre-Dame de Paris** vue du côté du chevet.

▲ **Nouméa.** Le Centre culturel Tjibaou (culture kanak). Architecte : Renzo Piano (1998).

NOUVEL (Jean), *Fumel 1945*, architecte français. Utilisateur du métal et du verre dans un esprit high-tech, il est le coauteur, notamm., de l'Institut du monde arabe (1987), du palais des Congrès de Tours (1993), de la Fondation Cartier, à Paris (1994), du Centre de culture et de congrès de Lucerne (2000), du musée du quai Branly, à Paris (2006), d'un des édifices de la Philharmonie* de Paris (2015), du Louvre-Abu Dhabi (2017). [Prix Pritzker 2008.]

NOUVELLE-AMSTERDAM → **AMSTERDAM** (île).

NOUVELLE-AMSTERDAM (La), nom que les Hollandais, en 1626, donnèrent à la future New York.

NOUVELLE-ANGLETERRE, région du nord-est des États-Unis ; 14 444 865 hab. Elle est constituée des six États américains qui correspondent aux colonies anglaises fondées au XVIIe s. sur la côte atlantique : Maine, New Hampshire, Vermont, Massachusetts, Rhode Island, Connecticut.

NOUVELLE-AQUITAINE n.f., Région administrative du sud-ouest de la France regroupant, depuis 2016, les anc. Régions d'Aquitaine, du Limousin et de Poitou-Charentes ; 84 060 km^2 ; 6 071 466 hab. ; ch.-l. *Bordeaux* ; 12 dép. (Charente, Charente-Maritime, Corrèze, Creuse, Dordogne, Gironde, Landes, Lot-et-Garonne, Pyrénées-Atlantiques, Deux-Sèvres, Vienne et Haute-Vienne). La Région est ouverte sur le littoral atlantique de La Rochelle, au nord, à Hendaye, au sud. Elle est constituée dans sa majorité de plaines, de plateaux et de vallées. Les Pyrénées basques et béarnaises occupent l'extrême sud-est de la Région tandis qu'à l'est pointe le nord-ouest du Massif central avec les plateaux du Limousin. La forêt des Landes, forêt de pins maritimes, s'étend sur 10 000 km^2. L'agriculture y demeure une activité essentielle (céréales, viticulture, cultures spécialisées et exploitation de la forêt en Aquitaine ; cognac en Charente ; ostréiculture en Charente-Maritime ; blé et maïs dans le haut Poitou ; viande bovine dans les Deux-Sèvres et le Limousin), mais c'est le secteur tertiaire qui totalise la plupart des emplois de la Région. Les principales industries (agroalimentaire, écotechnologie, aérospatiale) sont implantées à l'ouest. Cependant, à l'est, une industrie manufacturière demeure, s'appuyant sur un tissu de petites et moyennes entreprises. La Nouvelle-Aquitaine est aussi une destination touristique majeure (mer, montagne, agrotourisme). L'influence de Bordeaux, 6e agglomération française, est incontestable, mais la Région comptabilise 25 grandes aires urbaines, dont Bayonne, Limoges, Poitiers, Pau et La Rochelle.

NOUVELLE-BRETAGNE, en angl. **New Britain,** île de Papouasie-Nouvelle-Guinée, dans l'archipel Bismarck ; 35 000 km^2 ; 404 973 hab. ; v. princ. *Rabaul*. Découverte en 1606, protectorat allemand de 1884 à 1914, sous le nom de

Nouvelle-Calédonie

200 500 m

plus de 20 000 h.
de 5 000 à 20 000 h.
de 2 000 à 5 000 h.
moins de 2 000 h.
chef-lieu
commune
route
récif-barrière

Neupommern (Nouvelle-Poméranie), confiée en mandat à l'Australie en 1921, elle fit partie du Commonwealth australien de 1946 à 1975. Depuis, elle appartient à la Papouasie-Nouvelle-Guinée.

NOUVELLE-CALÉDONIE (988), collectivité française dotée d'un statut particulier, en Océanie ; 19 103 km² au total (dont 16 750 km² pour l'île de Nouvelle-Calédonie, ou Grande Terre) ; 245 580 hab. *(Néo-Calédoniens).* Monnaies : franc CFP (et euro). C'est une île allongée, montagneuse, entourée d'un récif-barrière. La population est composée de Mélanésiens (Kanaks : entre 40 et 45 % de la population), d'Européens (un peu moins nombreux), d'autres Océaniens et d'Asiatiques (nettement minoritaires). Le nickel constitue la principale richesse commerciale.

HISTOIRE **1774 :** peuplée par les Kanaks, l'île est découverte par Cook. **1853 :** elle est annexée à la France. **1864 - 1896 :** un pénitencier est installé dans l'île ; les prisonniers fournissent la main-d'œuvre pour les plantations et les mines de nickel, découvertes v. 1865. **1860 - 1879 :** insurrections kanaks. **1946 :** la Nouvelle-Calédonie obtient un statut de territoire d'outre-mer. **1984 :** un nouveau statut ouvre la voie à l'autodétermination. **1985 :** des incidents meurtriers opposent les indépendantistes du FLNKS (Front de libération nationale kanak socialiste) aux anti-indépendantistes (notamm. le RPCR, Rassemblement pour la Calédonie dans la République), en majorité d'origine européenne. **1987 :** un référendum, massivement boycotté par les Kanaks, confirme le maintien de l'île au sein de la République française. **1988 :** des accords, dits « accords de Matignon », sont conclus entre le FLNKS, le RPCR et le gouvernement français (approuvés par référendum national) sur un statut intérimaire pour dix ans. **1989 :** malgré l'assassinat des deux dirigeants indépendantistes Jean-Marie Tjibaou et Yeiwéné Yeiwéné, la recherche d'une solution négociée est poursuivie. **1999 :** à la suite de l'accord sur l'évolution institutionnelle du territoire, dit « accord de Nouméa », conclu en 1998 et largement approuvé par un référendum local, une loi organique confère à la Nouvelle-Calédonie un statut original. Une citoyenneté néo-calédonienne est instaurée et le transfert progressif des compétences de l'État français vers la Nouvelle-Calédonie est organisé. **2018 :** le référendum d'autodétermination (nov.), prévu dans l'accord de Nouméa (deux autres consultations pourraient se tenir avant 2024), est remporté par les opposants à l'indépendance.

NOUVELLE-ÉCOSSE, en angl. **Nova Scotia,** prov. maritime du Canada, sur l'Atlantique ; 55 490 km² ; 923 598 hab. ; cap. *Halifax.*

NOUVELLE-ESPAGNE, en esp. **Nueva España,** nom donné au Mexique pendant l'époque coloniale, et vice-royauté espagnole. Créée en 1535, et conservant pour noyau les possessions de l'ancien Empire aztèque, la vice-royauté de la Nouvelle-Espagne s'est constituée en développant son domaine vers le nord (conquêtes des Huaxtèques) et vers le sud (domaine maya). Elle contrôlait le commerce espagnol en direction de l'Asie (Philippines). L'autorité du vice-roi s'étendait à l'Amérique centrale, jusqu'à ce que celle-ci soit intégrée à la capitainerie générale du Guatemala (1544) et au Venezuela (jusqu'en 1739). La vice-royauté disparut en 1821 avec la proclamation de l'indépendance du Mexique.

NOUVELLE-FRANCE, nom porté par les possessions françaises du Canada, jusqu'à leur cession à l'Angleterre (1763).

NOUVELLE-GALLES DU SUD, en angl. **New South Wales,** État d'Australie, sur le littoral oriental ; 801 428 km² ; 6 917 658 hab. ; cap. *Sydney.*

NOUVELLE-GRENADE, anc. nom de la Colombie, et vice-royauté espagnole. Née en 1739 par séparation de la vice-royauté du Pérou, la vice-royauté de la Nouvelle-Grenade (cap. Santa Fe de Bogota) comprenait les audiences de Quito et de Bogota ainsi que le Venezuela.

NOUVELLE-GUINÉE, grande île (env. 800 000 km²), au N. de l'Australie. Sa partie occidentale est indonésienne (Papouasie [occidentale]) et sa partie orientale constitue, avec quelques îles voisines, la Papouasie-Nouvelle-Guinée*. Montagneuse, très humide, l'île est surtout forestière.

HISTOIRE **XVIe s. :** l'île est découverte par les Portugais. **1828 :** les Hollandais occupent la partie occidentale de la Nouvelle-Guinée. **1884 :** l'Allemagne établit un protectorat sur le Nord-Est, tandis que la Grande-Bretagne annexe le Sud-Est, qu'elle cède (1906) à l'Australie. **1921 :** la zone allemande est confiée par mandat de la SDN à l'Australie. **1946 :** celle-ci est confirmée dans cette tutelle par l'ONU. **1969 :** la Nouvelle-Guinée occidentale néerlandaise est définitivement rattachée à l'Indonésie. **1975 :** la partie orientale accède à l'indépendance, sous le nom de Papouasie-Nouvelle-Guinée, État membre du Commonwealth.

Nouvelle Héloïse (la) → **Julie.**

NOUVELLE-IRLANDE, en angl. **New Ireland,** île de Papouasie-Nouvelle-Guinée, partie de l'archipel Bismarck ; 9 600 km² ; 118 148 hab. ; ch.-l. *Kavieng.* C'est l'anc. *Neumecklenburg* (Nouveau-Mecklembourg) des Allemands, qui l'occupèrent en 1884. De 1921 à 1975, l'île fut sous tutelle australienne.

NOUVELLE-ORLÉANS (La), en angl. **New Orleans,** v. du sud des États-Unis (Louisiane), sur le Mississippi ; 384 320 hab. (857 576 hab. dans l'agglomération). Grand centre commercial et touristique, la ville a été dévastée par un cyclone meurtrier (« Katrina ») en août 2005. – Maisons de l'ancien noyau français, dit « le Vieux Carré » ; musées. – Fondée en 1718 par les Français, capitale de la Louisiane, La Nouvelle-Orléans fut espagnole de 1762 à 1800 ; en 1803, elle fut vendue (avec la Louisiane) par la France aux États-Unis. – La ville fut le berceau d'un style de jazz qui mêle les influences des fanfares et du blues.

Nouvelle République du Centre-Ouest (la), quotidien régional créé en 1944 à Tours.

Nouvelle Revue française (la) [NRF], revue littéraire fondée en 1909, notamm. par A. Gide et J. Copeau. Interrompue de 1943 à 1953, elle reparut, jusqu'en 1959, sous le titre : la *Nouvelle Nouvelle Revue française,* puis reprit son ancien nom. Mensuelle depuis sa création, elle est devenue trimestrielle en 1999.

NOUVELLES-HÉBRIDES, anc. nom de Vanuatu.

NOUVELLE-SIBÉRIE, archipel des côtes arctiques de la Russie, entre la mer des Laptev et la mer de Sibérie orientale.

nouvelle vague, dénomination appliquée dès 1958 par la critique à de jeunes cinéastes qui affirmaient la primauté du réalisateur sur le scénariste et défendaient un cinéma d'auteur, expression d'un regard personnel. Ces réalisateurs (J.-L. Godard, F. Truffaut, C. Chabrol, É. Rohmer, J. Rivette, J. Demy, A. Varda, issus pour la plupart de la revue *Cahiers du cinéma*) imposèrent des pratiques, un ton et un style nouveaux : petit budget, technique légère, tournage en décors réels, jeu plus naturel des comédiens. La nouvelle vague a ouvert la voie à toute une génération de cinéastes, en France et à l'étranger.

NOUVELLE-ZÉLANDE, en angl. **New Zealand,** en maori **Aotearoa,** État d'Océanie ; 270 000 km² ; 4 506 000 hab. *(Néo-Zélandais* ou *Néozélandais).* **CAP.** *Wellington.* **V. PRINC.** *Auckland.* **LANGUES :** *anglais* et *maori.* **MONNAIE :** *dollar néo-zélandais.*

GÉOGRAPHIE Le pays est formé de deux grandes îles (île du Nord et île du Sud), situées sur une ligne de faille (d'où une forte activité sismique).

▲ Le haka, danse guerrière maorie exécutée par l'équipe de rugby de **Nouvelle-Zélande** (All Blacks) avant chaque match.

Nouvelle-Zélande

★ site touristique important
500 1000 2000 m
— route
— voie ferrée
✈ aéroport
● plus de 500 000 h.
● de 100 000 à 500 000 h.
● de 50 000 à 100 000 h.
• moins de 50 000 h.

À 2 000 km au S.-E. de l'Australie, la Nouvelle-Zélande est presque tout entière située dans la zone tempérée de l'hémisphère austral. La population (dont les Maoris représentent environ 12 %) se concentre pour les trois quarts dans l'île du Nord. L'élevage (ovins surtout) demeure le fondement de l'économie ; ses dérivés (laine, viande, produits laitiers) sont la base des exportations et des industries (agroalimentaire et textile). Une notable production hydroélectrique pallie, partiellement, la pauvreté du sous-sol. Le secteur du tourisme est en plein essor.

HISTOIRE **1642 :** le Hollandais Tasman découvre l'archipel, peuplé de Maoris. **1769 - 1770 :** James Cook en explore le littoral. **1814 :** des missionnaires catholiques et protestants entreprennent l'évangélisation du pays. **1841 :** un gouverneur britannique est nommé. La brutale politique d'expansion menée par la Grande-Bretagne provoque les guerres maories (1843 - 1847, 1860 - 1870). **1852 :** une Constitution donne à la colonie une large autonomie. **1870 :** le retour au calme et la découverte de l'or (1861) favorisent la prospérité du pays. **1889 :** le suffrage universel est instauré. **1891 - 1912 :** les libéraux mènent une politique sociale avancée. **1907 :** la Nouvelle-Zélande devient un dominion britannique. **1914 - 1918 :** elle participe aux combats de la Première Guerre mondiale. **1929 :** le pays est durement touché par la crise mondiale. **1945 :** après avoir pris une part active à la défaite japonaise, la Nouvelle-Zélande entend être un partenaire à part entière dans l'Asie du Sud-Est et dans le Pacifique. **1951 :** elle signe le traité établissant l'ANZUS. **1960 - 1972 :** Keith Jacka Holyoake (Parti national, conservateur) est Premier ministre. Soutenant les États-Unis, la Nouvelle-Zélande envoie des troupes en Corée et au Viêt Nam. **1973 :** après l'entrée de la Grande-Bretagne dans le Marché commun européen, le pays doit diversifier ses activités et chercher des débouchés vers l'Asie (Japon). À partir des années 1980, la Nouvelle-Zélande prend la tête du mouvement antinucléaire dans le Pacifique sud. **1985 :** sa participation à l'ANZUS est suspendue. La vie politique est marquée par l'alternance au pouvoir du Parti national (avec, notamm., Robert David Muldoon, Premier ministre de 1975 à 1984 ; Jim Bolger, 1990 - 1997 ; John Key, 2008 - 2016 ; Bill English, 2016 - 2017) et du Parti travailliste (David Lange, 1984 - 1989 ; Helen Clark, 1999 - 2008 ; Jacinda Ardern, depuis 2017).

NOUVELLE-ZEMBLE, en russe **Novaïa Zemlia** (« Terre nouvelle »), archipel des côtes arctiques de la Russie, disposé en arc, entre les mers de Barents et de Kara.

Nouvel Observateur (le), hebdomadaire français de gauche, créé en 1950 avec le titre *l'Observateur*. Il a pris son nom actuel en 1964, animé par Jean Daniel et Claude Perdriel.

NOVA IGUAÇU, v. du Brésil, près de Rio de Janeiro ; 767 505 hab.

NOVALIS (Friedrich, baron von Hardenberg, dit), *Wiederstedt 1772 - Weissenfels 1801,* poète allemand. Membre du groupe romantique d'Iéna, il unit dans ses poèmes (*Hymnes à la nuit,* 1800 ; *les Disciples à Saïs*) et dans son roman inachevé (*Henri d'Ofterdingen,* 1802) le mysticisme à une explication allégorique de la nature.

NOVA LISBOA → HUAMBO.

NOVARE, en ital. **Novara,** v. d'Italie (Piémont) ; 100 517 hab. Édition. – Monuments du Moyen Âge à l'époque néoclassique ; musées.

NOVARINA (Valère), *Chêne-Bougeries, canton de Genève, 1947,* auteur dramatique et peintre français et suisse. Privilégiant un langage dense et profus, son théâtre mi-philosophique, mi-burlesque s'interroge sur le sens de la condition humaine (*le Drame de la vie,* 1986 ; *le Discours aux animaux,* id. ; *l'Espace furieux,* 2006 ; *l'Acte inconnu,* 2007 ; *le Vrai Sang,* 2011).

NOVATIEN, *III*e *s.,* prêtre et théologien romain. Trouvant le pape Corneille, élu en 251, trop indulgent à l'égard des chrétiens qui avaient apostasié durant la persécution, il prit la tête d'un parti rigoriste et se fit élire pape. Ce schisme des *novatiens* dura jusqu'au VIIe s.

novembre 1918 (armistice du 11), armistice qui mit fin à la Première Guerre mondiale. Il fut signé à Rethondes entre l'Allemagne (Erzberger) et les Alliés (Foch et Wester Wemyss). L'Allemagne acceptait notamm. d'évacuer les territoires envahis et l'Alsace-Lorraine, de procéder à d'importantes livraisons de matériel et de libérer sans réciprocité les prisonniers de guerre.

NOVERRE (Jean Georges), *Paris 1727 - Saint-Germain-en-Laye 1810,* danseur et chorégraphe français. Il a joué un rôle important dans l'essor du ballet-pantomime, dont il élabora la théorie dans *Lettres sur la danse et sur les ballets* (1760).

NOVES (13550), comm. des Bouches-du-Rhône ; 5 836 hab. *(Novais).* Patrie de Laure de Noves, chantée par Pétrarque. – Souvenirs médiévaux.

NOVGOROD → VELIKI NOVGOROD.

NOVI SAD, v. de Serbie, ch.-l. de la Vojvodine, sur le Danube ; 221 854 hab.

NOVOKOUZNETSK, de 1932 à 1961 **Stalinsk,** v. de Russie, dans le Kouzbass ; 547 885 hab. Houille. Sidérurgie. Métallurgie (aluminium).

NOVOMOSKOVSK, de 1934 à 1961 **Stalinogorsk,** v. de Russie, au S. de Moscou ; 131 227 hab. Chimie.

NOVOROSSIISK, v. de Russie, sur la mer Noire ; 241 788 hab. Port. Terminal pétrolier.

NOVOSSIBIRSK, v. de Russie, en Sibérie occidentale, sur l'Ob ; 1 473 737 hab. Centre industriel, culturel et scientifique.

Novosti → ITAR-Tass.

NOVOTCHERKASSK, v. de Russie, au N.-E. de Rostov-sur-le-Don ; 169 039 hab. Centre industriel (matériel ferroviaire notamm.). – Une révolte ouvrière y fut durement réprimée le 2 juin 1962.

NOVOTNÝ (Antonín), *Letňany 1904 - Prague 1975,* homme politique tchécoslovaque. Premier secrétaire du Parti communiste (1953), président de la République (1957), il fut écarté du pouvoir lors du « printemps de Prague » (1968).

NOWA HUTA, centre sidérurgique de Pologne, dans la banlieue de Cracovie.

NOYERS [nwajɛr] (89310), comm. de l'Yonne ; 620 hab. *(Nucériens).* Restes d'enceinte médiévale, église du XVe s., maisons anciennes.

NOYON [nwajɔ̃] (60400), bur. centr. de cant. de l'Oise ; 14 239 hab. *(Noyonnais).* Équipements automobiles. Mobilier. – Cathédrale gothique des XIIe-XIIIe s. ; musée du Noyonnais et musée Calvin. Aux env., restes de l'abbaye cistercienne d'Ourscamps. – François Ier et Charles Quint signèrent à Noyon un traité d'alliance en 1516.

NOZAY (91620), comm. de l'Essonne ; 4 856 hab. *(Nozéens).* Télécommunications. Électronique.

NPA (Nouveau Parti anticapitaliste), parti politique français d'extrême gauche, issu de la dissolution de la Ligue communiste révolutionnaire (LCR*) en 2009. Le NPA prône une transformation révolutionnaire de la société. Principaux représentants : Olivier Besancenot, Philippe Poutou.

NRJ, première radio locale privée créée en France (1981). La société NRJ, constituée en 1983, exploite un réseau d'env. 150 stations (en France et dans huit pays d'Europe).

NSA (National Security Agency), agence de renseignement des États-Unis. Relevant du département de la Défense, elle est chargée du renseignement d'origine électromagnétique et assure la protection des données et des systèmes d'information nationaux.

NU (U), *Wakema, district de Myaungmya, 1907 - Rangoun 1995,* homme politique birman. Il fut plusieurs fois Premier ministre (1948 - 1956, 1957 - 1958, 1960 - 1962).

NUAGES DE MAGELLAN → **MAGELLAN.**

NUBA, peuple du Soudan (Kordofan) [plus de 1 million]. Agriculteurs, les Nuba ont massivement émigré à Khartoum, où ils occupent les emplois non qualifiés. En conflit depuis 1985 avec les Baggara et avec le gouvernement central, ils sont nombreux à s'être ralliés aux rebelles du Sud.

NUBIE, région d'Afrique, correspondant à la partie septentrionale de l'État du Soudan et à l'extrémité sud de l'Égypte. (Hab. *Nubiens.*) La Nubie, appelée par les Égyptiens « pays de Koush », commençait au sud de la 1re cataracte du Nil ; elle fut progressivement conquise par les pharaons. Au VIIIe s. av. J.-C., une dynastie koushite domina l'Égypte. Au VIe s. av. J.-C., les Nubiens fondèrent le royaume de Méroé, qui disparut v. 350 apr. J.-C. sous la poussée du royaume d'Aksoum. – Les importants vestiges des civilisations pharaonique (notamm. ceux d'Abou-Simbel et de Philae), koushite et chrétienne, menacés de submersion par la mise en eau (1970) du haut barrage d'Assouan, ont fait l'objet d'une campagne de sauvegarde.

NUBIENS, peuple du Soudan (env. 600 000) et d'Égypte. Installés dans la vallée du Nil, non arabes et tardivement islamisés (les royaumes chrétiens de Nubie survécurent jusqu'au XIVe s.), ils ont très tôt émigré à Khartoum, où ils occupent de nombreux postes dans la fonction publique. Ils parlent le *nubien,* langue nilo-saharienne.

NUER, peuple du Soudan du Sud (env. 1 million). Éleveurs, les Nuer se sont opposés à partir de 1983, aux côtés des Dinka, à la domination nordiste. Ils parlent une langue nilotique.

NUEVO LAREDO, v. du Mexique, sur le Rio Grande ; 384 018 hab. dans l'agglomération.

NUFUD ou **NEFOUD** n.m., désert de sable du nord-ouest de l'Arabie centrale.

Nuit et Brouillard, en all. **Nacht und Nebel,** expression désignant le système créé en 1941 par les nazis pour faire disparaître leurs opposants sans laisser de traces ; la plupart furent déportés dans les camps de concentration.

NUITS-SAINT-GEORGES (21700), bur. centr. de cant. de la Côte-d'Or ; 5 649 hab. *(Nuitons).* Vignoble de la *côte de Nuits.* – Église du XIIIe s. ; musée.

NUJOMA (Samuel, dit Sam), *Etunda, district d'Ongandjera, région d'Omusati, 1929,* homme politique namibien. Leader de l'Ovamboland People's Organization (OPO, 1959), puis président de la SWAPO (1960 - 2007), il a été le premier président de la Namibie indépendante (1990 - 2005).

NUKU'ALOFA, cap. des Tonga, sur l'île de Tongatapu ; 24 500 hab. dans l'agglomération.

NUKU-HIVA, la plus grande des îles Marquises ; 482 km² ; 2 660 hab.

NUMANCE, v. de l'anc. Espagne, près de l'actuelle Soria. Capitale des Ibères, elle fut prise et détruite par Scipion Émilien, après un long siège (134 - 133 av. J.-C.). Ruines.

NUMA POMPILIUS, roi légendaire de Rome (v. 715 - v. 672 av. J.-C.). La tradition lui attribue l'organisation des institutions religieuses de Rome. Il se disait inspiré par la nymphe Égérie.

NUMAZU, v. du Japon (Honshu) ; 202 283 hab.

NUMIDES, anc. peuple berbère nomade qui a donné son nom à la Numidie*. Les Numides constituèrent au IIIe s. av. J.-C. deux royaumes qui furent réunis en 203 av. J.-C. sous l'autorité de Masinissa, allié des Romains. Affaiblis par des querelles dynastiques, ils furent progressivement soumis par Rome (victoire de Marius sur Jugurtha en 105, de César sur Juba en 46) et leur royaume devint une province romaine.

▲ Le box des accusés lors d'une séance du procès de **Nuremberg.**

NUMIDIE, contrée de l'ancienne Afrique du Nord, qui allait du territoire de Carthage jusqu'à la Moulouya (est du Maroc). Partagée entre divers royaumes, elle devint ensuite une province romaine (→ **Numides**), puis fut ruinée par l'invasion vandale (429) et par la conquête arabe (VIIe-VIIIe s.).

NUMITOR, roi légendaire d'Albe, père de Rhéa Silvia, qui devint mère de Romulus et de Remus.

NUNAVIK, région du nord du Québec (Canada), peuplée majoritairement d'Inuits (env. 8 000) ; env. 500 000 km² ; v. princ. *Kuujjuaq.*

NUNAVUT, territoire fédéral du nord du Canada, comprenant, notamm., la majorité des îles de l'Arctique canadien ; 1 900 000 km² ; 35 944 hab., dont 17 500 Inuits ; cap. *Iqaluit.* Importantes ressources minières (fer, nickel, or, argent, diamants, uranium). – Créé en 1999, le Nunavut possède ses propres institutions.

NÚÑEZ (Álvar) → **CABEZA DE VACA.**

NUNGESSER (Charles), *Paris 1892 - Atlantique nord ? 1927,* officier et aviateur français. As de la chasse aérienne en 1914 - 1918 (45 victoires homologuées), il disparut avec F. Coli à bord de *L'Oiseau Blanc,* le 8 mai 1927, lors d'une tentative de liaison Paris-New York sans escale.

NUR AL-DIN MAHMUD, *1118 - Damas 1174,* haut dignitaire *(atabek)* d'Alep (1146 - 1174). Il réunifia la Syrie, lutta contre les Francs et envoya Chirkuh et Saladin conquérir l'Égypte (1163 - 1169).

NUREMBERG, en all. **Nürnberg,** v. d'Allemagne (Bavière), sur la Pegnitz ; 500 900 hab. (1 200 000 hab. dans l'agglomération). Centre industriel (métallurgie, électrotechnique, chimie), universitaire et culturel. – Quartiers médiévaux très restaurés après la Seconde Guerre mondiale (églises conservant de remarquables sculptures) ; maison de Dürer ; Musée national germanique. – Ville libre impériale en 1219, foyer actif de la Renaissance aux XVe-XVIe s., elle souffrit beaucoup de la guerre de Trente Ans. Elle fut l'une des citadelles du national-socialisme (congrès et parades) et le siège du procès de Nuremberg*.

Nuremberg (procès de) [20 nov. 1945 - 1er oct. 1946], procès intenté, devant un tribunal militaire international, à vingt-quatre membres du parti nazi et à huit organisations de l'Allemagne hitlérienne. Inculpés principalement de crimes de guerre et de conspiration contre l'humanité, douze accusés furent condamnés à la pendaison (dont Göring, Ribbentrop et Rosenberg), sept à la prison (dont Dönitz, Hess et Speer). Quatre organisations furent aussi condamnées.

NURMI (Paavo), *Turku 1897 - Helsinki 1973,* athlète finlandais. Il domina la course à pied de fond entre 1920 et 1930.

NUUK, anc. **Godthåb,** cap. du Groenland ; 14 583 hab.

NYAMWEZI, peuple du centre de la Tanzanie, de langue bantoue.

NYASSA (lac) → **MALAWI** (lac).

NYASSALAND, anc. nom du Malawi*.

NYERERE (Julius), *Butiama 1922 - Londres 1999,* homme politique tanzanien. Président de la république du Tanganyika (1962), il négocia la formation de l'État fédéral de Tanzanie (1964), qu'il présida jusqu'en 1985 et orienta dans la voie d'un socialisme original.

NYIRAGONGO n.m., volcan actif de l'est de la Rép. dém. du Congo, dans la chaîne des Virunga ; 3 470 m.

NYÍREGYHÁZA, v. de Hongrie ; 115 889 hab. Pneumatiques. Agroalimentaire. Centre thermal.

NYKÖPING, v. de Suède ; 53 508 hab. Port.

Nymphéas, titre et sujet de nombreuses peintures de Monet. Les motifs lui en ont été fournis, à partir d'env. 1895, par les nénuphars de l'étang de son jardin à Giverny ; ces compositions chromatiques culminent avec l'ensemble monumental peint pour deux salles de l'Orangerie des Tuileries, à Paris (1915-1926).

NYON, v. de Suisse (Vaud), sur le lac Léman ; 18 728 hab. *(Nyonnais).* Vestiges romains (musée) ; château des XIIe-XVIIe s. (Musée historique et musée des Porcelaines) ; musée du Léman. – Festival international du cinéma documentaire (« Visions du réel »). – Festivals musicaux en plein air (« Paléo Festival » et « Caribana Festival »). – Festival des arts vivants (« FAR »).

NYONS [njɔ̃s] (26110), ch.-l. d'arrond. de la Drôme ; 6 932 hab. *(Nyonsais).* Ville ancienne et pittoresque ; petit musée de l'Olivier.

NYOS (lac), lac du Cameroun, dans le cratère d'un ancien volcan. En 1986, il a soudainement libéré une importante quantité de gaz carbonique, asphyxiant mortellement plus de 1 700 personnes et de nombreux troupeaux.

NYSA ŁUŻYCKA → **NEISSE.**

Nystad (paix de) [10 sept. 1721], traité, signé à Nystad (auj. Uusikaupunki, Finlande), qui mit fin à la guerre du Nord, et qui obligeait la Suède à céder ses provinces baltiques à la Russie.

Opéra de Paris

outre-mer (France d')

Océanie

Ottawa

OACI → Organisation de l'aviation civile internationale.

OAHU, île de l'archipel des Hawaii ; 1 564 km^2 ; 953 207 hab. C'est l'île la plus peuplée de l'archipel, où sont implantés la capitale de l'État des Hawaii, Honolulu, et le port militaire de Pearl Harbor.

OAKLAND, v. des États-Unis (Californie), sur la baie de San Francisco ; 413 775 hab. Port. Centre industriel.

OAK RIDGE, v. des États-Unis (Tennessee) ; 29 330 hab. Centre de recherches nucléaires.

OAKVILLE, v. du Canada (Ontario) ; 193 832 hab.

OAS (Organisation armée secrète), organisation clandestine française qui tenta par la violence de s'opposer à l'indépendance de l'Algérie après l'échec du putsch d'Alger (1961). Elle fut dirigée par les généraux Salan et Jouhaud *(Bou-Sfer, Algérie, 1905 - Royan 1995)* jusqu'à leur arrestation.

OATES (Joyce Carol), *Lockport 1938,* écrivaine américaine. Son œuvre narrative compose une peinture des violences et des injustices de l'Amérique contemporaine (*Eux,* 1969 ; *Marya,* 1986 ; *Nous étions les Mulvaney,* 1996 ; *Blonde,* 2000 ; *les Chutes,* 2004 ; *Mudwoman,* 2012). Elle sonde aussi son passé dans des récits autobiographiques (*Paysage perdu,* 2015).

OATES (Titus), *Oakham 1649 - Londres 1705,* aventurier anglais. Il fabriqua en 1678 les pièces d'un prétendu complot papiste qui entraîna la condamnation de nombreux catholiques.

OAXACA, v. du Mexique méridional ; 263 145 hab. (593 522 hab. dans l'agglomération). Monuments des XVIIe-XVIIIe s. ; musées (collections provenant de Monte Albán).

OB n.m., fl. de Russie, né dans l'Altaï et qui se jette dans l'océan Arctique en formant le long *golfe de l'Ob* ; 4 345 km ; bassin d'env. 3 000 000 km^2. Il draine la Sibérie occidentale, et y reçoit l'Irtych.

OBALDIA (René de), *Hongkong 1918,* écrivain français. Ses romans (*Tamerlan des cœurs,* 1955 ; *Fugue à Waterloo,* 1956) et son théâtre (*Du vent dans les branches de sassafras,* 1965) offrent, dans une langue d'une grande liberté poétique, une vision à la fois cocasse et grinçante de la condition humaine. (Acad. fr.)

OBAMA (Barack Hussein), *Honolulu 1961,* homme politique américain. Démocrate, sénateur de l'Illinois (2005 - 2008), président des États-Unis (2009 - 2017), il a été le premier Afro-Américain à accéder à la fonction suprême. Il relance l'économie américaine, après la crise de 2008, et mène une politique sociale (réforme de l'assurance-maladie), largement entravée par les blocages du Congrès. Il est aussi attentif aux questions sociétales et environnementales. À l'extérieur, il place la lutte contre le terrorisme au cœur de son action (mort de Ben Laden, coalition en Iraq et en Syrie contre l'organisation État islamique), renoue avec l'Iran et Cuba, mais échoue à relancer le processus de paix israélo-palestinien. (Prix Nobel de la paix 2009.)

◄ Barack H. **Obama**

OBASANJO (Olusegun), *Abeokuta 1937,* homme politique nigérian. Général, il dirige le pays, à la tête d'un régime militaire, de 1976 à 1979. Il revient démocratiquement au pouvoir, étant président de la République de 1999 à 2007.

OBEÏD (El-), site archéologique de basse Mésopotamie, à 6 km à l'ouest d'Our (auj. en Iraq). Par la richesse de sa nécropole, El-Obeïd est devenu éponyme de la « culture d'Obeïd », florissante entre 4500 et 3500 av. J.-C., fondée sur l'agriculture et l'élevage, et caractérisée par des figurines en terre cuite et une céramique à décor polychrome.

OBEÏD (El-), v. du Soudan (Kordofan) ; 345 126 hab.

OBERAMMERGAU, v. d'Allemagne (Bavière) ; 5 150 hab. Célèbres représentations théâtrales populaires de la Passion (tous les dix ans).

OBERHAUSEN, v. d'Allemagne (Rhénanie-du-Nord-Westphalie), dans la Ruhr ; 210 216 hab. Sidérurgie.

OBERKAMPF (Christophe Philippe), *Wiesenbach, Bavière, 1738 - Jouy-en-Josas 1815,* industriel français d'origine allemande. Il fonda à Jouy la première manufacture de toiles imprimées (1759) et à Essonnes (auj. Corbeil-Essonnes) l'une des premières filatures françaises de coton.

OBERLAND BERNOIS, massif des Alpes suisses, entre le Rhône et le bassin supérieur de l'Aar. Principaux sommets : Finsteraarhorn, Jungfrau, Mönch. Tourisme.

OBERNAI (67210), bur. centr. de cant. du Bas-Rhin ; 11 296 hab. *(Obernois).* Brasserie. Bonneterie. Matériel électrique. – Halle aux blés du XVIe s., maisons anciennes.

Oberon ou **Auberon,** personnage des chansons de geste françaises (*Huon* de Bordeaux*). D'origine allemande, roi des elfes, Oberon apparaît ensuite dans les œuvres de E. Spenser (*la Reine des fées,* 1590-1596), de Shakespeare (*le Songe d'une nuit d'été,* v. 1595), de C. M. Wieland (*Oberon,* 1780). Le poème de ce dernier a inspiré le livret (dû à J. R. Planché) d'un opéra de C. M. von Weber (*Oberon ou le Roi des elfes,* 1826).

OBERTH (Hermann), *Hermannstadt, auj. Sibiu, Roumanie, 1894 - Nuremberg 1989,* ingénieur allemand. Théoricien des fusées (*la Fusée dans les espaces interplanétaires,* 1923), il fut un précurseur de l'astronautique.

OBIHIRO, v. du Japon (Hokkaido) ; 167 860 hab.

OBODRITES, tribu slave établie dès les Ve-VIe s. entre l'Elbe inférieure et la côte balte. Ils créèrent un État, conquis par Henri le Lion v. 1160.

OBRADOVIĆ (Dositej), *Čakovo v. 1740 - Belgrade 1811,* écrivain serbe. Rénovateur de la littérature nationale, il fut aussi l'un des organisateurs de l'enseignement en Serbie.

OBRENOVIĆ ou **OBRÉNOVITCH,** dynastie qui régna en Serbie de 1815 à 1842 et de 1858 à 1903, et fut la rivale des Karadjordjević. — **Miloš O.,** *Dobrinja 1780 - Topčider 1860,* prince de Serbie (1815 - 1839 ; 1858 - 1860). Il est le fondateur de la dynastie des Obrenović. — **Michel O.,** *Kragujevac 1829 - Topčider 1868,* prince de Serbie (1839 - 1842 et 1860 - 1868), fils de Miloš O. — **Milan O.** → **Milan.** — **Alexandre O.** → **Alexandre.**

O'BRIEN (William Smith), *Dromoland 1803 - Bangor 1864,* homme politique irlandais. Il s'associa à partir de 1843 à la campagne de O'Connell pour l'abrogation de l'Union et tenta d'organiser un soulèvement en 1848.

Observatoire de Paris, établissement de recherche astronomique français fondé en 1667, à Paris, par Louis XIV. Le bâtiment primitif, construit sur les plans de Claude Perrault, abrite aujourd'hui des bureaux, un musée scientifique, une bibliothèque et l'horloge parlante qui diffuse l'heure légale en France. L'établissement comprend aussi l'observatoire d'astrophysique de Meudon (depuis 1926) et la station de radioastronomie de Nançay (depuis 1954).

OBWALD, canton de Suisse ; 491 km^2 ; 35 585 hab. *(Obwaldiens)* ; ch.-l. *Sarnen.* Demi-canton jusqu'en 1999, partie de l'anc. canton d'Unterwald.

OCAM (Organisation commune africaine et mauricienne), organisme créé en 1965 sous le nom d'« Organisation commune africaine et malgache ». Elle réunissait les États francophones de l'Afrique noire (moins la Mauritanie), Madagascar et l'île Maurice (à partir de 1970). L'organisation changea de nom après le retrait de Madagascar (1973). Elle fut dissoute en 1985.

O'CASEY (Sean), *Dublin 1880 - Torquay, Devon, 1964,* auteur dramatique irlandais. Son théâtre traite d'abord des problèmes politiques et sociaux de son pays (*la Charrue et les Étoiles,* 1926 ; *la Coupe d'argent,* 1929), puis s'oriente vers une représentation symbolique de la vie (*Roses rouges pour moi,* 1946).

OCCAM (Guillaume d') → **GUILLAUME D'OCCAM.**

OCCIDENT (Empire romain d'), partie occidentale de l'Empire romain issue du partage de l'Empire, à la mort de Théodose (395 apr. J.-C.), entre Honorius (Occident) et Arcadius (Orient). Il disparut en 476 avec la déposition de Romulus Augustule par Odoacre.

OCCITANIE, ensemble des régions correspondant à la zone d'extension de l'occitan*.

OCCITANIE n.f., Région administrative du sud de la France regroupant, depuis 2016, les anc. Régions de Languedoc-Roussillon et de Midi-Pyrénées ; 72 724 km^2 ; 5 913 298 hab. ; ch.-l. *Toulouse* ; 13 dép. (Ariège, Aude, Aveyron, Gard, Haute-Garonne, Gers, Hérault, Lot, Lozère, Hautes-Pyrénées, Pyrénées-Orientales, Tarn et Tarn-et-Garonne). Les vallées de la Garonne et de l'Aude séparent deux ensembles montagneux : au sud, les Pyrénées, qui dominent un paysage de plaines et de plateaux, et, au nord, le Massif central, moins imposant, caractérisé par les Cévennes et les Causses. À l'est, la plaine littorale méditerranéenne s'étend de la confluence du Rhône à la Côte Vermeille. Le secteur industriel est dominé par les activités de la haute technologie (industrie aéronautique et spatiale avec Airbus et Thales), installées autour de Toulouse. Des pôles économiques industriels existent à Montpellier (recherche scientifique), dans le Gard (nucléaire), dans la Mecanic Valley du Lot et de l'Aveyron, mais ils restent secondaires. Le couloir languedocien possède un vignoble de qualité, le plus étendu de France, et bénéficie d'un tourisme dynamique. L'agriculture est une ressource essentielle (élevage et cultures céréalières à l'ouest, vignoble et cultures maraîchères à l'est). L'influence de Toulouse, pôle tertiaire et universitaire et 4e ville française, rejaillit sur un réseau de villes moyennes (Montauban, Albi, Auch, Castres, Carcassonne). Sur le littoral méditerranéen, Montpellier domine un réseau de grandes villes (Nîmes, Béziers, Perpignan).

Occupation (l'), période de la Seconde Guerre mondiale, pendant laquelle la France a été occupée par les troupes allemandes (1940 - 1944).

OCDE (Organisation de coopération et de développement économiques), organisation internationale créée en 1961 à Paris. Succédant à l'OECE (Organisation européenne de coopération économique), fondée en 1948 par les États bénéficiaires du plan Marshall, elle a été instituée par 20 pays d'Europe occidentale et d'Amérique du Nord et, s'étant élargie, rassemble auj. 36 États. Elle offre à ses membres un cadre pour analyser, élaborer et améliorer, dans la concertation, leurs politiques économiques et sociales.

Océane (l'), autoroute reliant Paris à Nantes (par Le Mans, d'où part une antenne vers Rennes).

OCÉANIDES MYTH. GR. Nymphes de la mer et des eaux.

OCÉANIE, une des cinq parties du monde ; env. 9 000 000 km^2 ; 42 000 000 hab. *(Océaniens)*. Elle comprend le continent australien et divers groupements insulaires situés dans le Pacifique, entre l'Asie à l'O. et l'Amérique à l'E. L'Océanie a été parfois divisée en trois ensembles : la Mélanésie, la Micronésie et la Polynésie. Ces divisions sont plus ethnographiques que géographiques. En dehors de l'Australie, de la Nouvelle-Guinée, de la Nouvelle-Zélande et des atolls (d'origine corallienne), la plupart des îles de l'Océanie ont une origine volcanique. Les archipels possèdent un climat tropical, influencé par l'insularité, qui explique aussi le caractère endémique marqué de la flore et de la faune ; ils sont affectés auj. par le réchauffement climatique. Économiquement, l'Australie et la Nouvelle-Zélande, au niveau de vie élevé, s'opposent au reste de l'Océanie, où les indigènes (Mélanésiens et Polynésiens) vivent surtout des cultures vivrières et de la pêche. Le tourisme s'est développé localement. *(V. carte page suivante.)*

OCÉANIE (Établissements français de l'), nom, jusqu'en 1957, de l'actuelle Polynésie* française.

OCELOT (Michel), *Villefranche-sur-Mer 1943*, cinéaste français. Ses films d'animation, au graphisme riche et coloré, privilégient le merveilleux et prônent la tolérance (*Kirikou et la sorcière*, 1998, suivi de *Kirikou et les bêtes sauvages*, 2005, et de *Kirikou et les hommes et les femmes*, 2012 ; *Princes et Princesses*, 2000 ; *Azur et Asmar*, 2006 ; *Dilili à Paris*, 2018). *[V. ill. page suivante.]*

OC-ÈO, site archéologique du Viêt Nam, près de Rach Gia. Comptoir commercial dont les relations étaient florissantes (Ier-VIIIe s.) avec l'Extrême- et le Proche-Orient, ainsi qu'avec le monde romain.

OCH, v. du Kirghizistan (Fergana) ; 220 500 hab.

Les arts de l'Océanie

Dans les trois aires culturelles de l'Océanie (Mélanésie, Micronésie et Polynésie), le culte des ancêtres, la magie et les événements de la vie sociale traditionnelle sont le support de la création artistique.

▲ Papouasie [occidentale] (Mélanésie). La sculpture est privilégiée par les Asmat qui, selon leur mythe fondateur, ont été créés par un sculpteur les ayant animés grâce à son chant. (Institut royal des Tropiques, Amsterdam.)

▲ Nouvelle-Bretagne (Mélanésie). Les Baining ne sont pas sculpteurs : leurs masques – ici, celui qui est porté pour honorer les esprits *kavat* lors de la danse de nuit – sont réalisés en étoffe d'écorce battue (*tapa*) fixée sur un support de lianes. (Museum für Völkerkunde, Berlin.)

▲ Palaos (Micronésie). *Bai*, la case des hommes. Chaque groupe d'hommes (réunis par âge), avec ses dignitaires, possédait une case de réunion. Ces *bai* attestaient, par leur nombre, la prospérité du village. (Museum für Völkerkunde, Berlin.)

▲ Nouvelle-Calédonie (Mélanésie). L'un des deux chambranles de la porte d'entrée de la grande case, figurant l'ancêtre gardien. (Musée du quai Branly, Paris.)

▲ Nouvelle-Guinée (Mélanésie). Les Abelam – qui vivent dans la vallée du fleuve Sepik – réservent la case des Esprits aux rites d'initiation. La case devient alors l'ancêtre originel dont elle illustre les métamorphoses. (Museum für Völkerkunde, Berlin.)

▲ Hawaii (Polynésie du Nord). Masque de Ku, le dieu de la Guerre, plumes multicolores sur support de vannerie. (British Museum, Londres.)

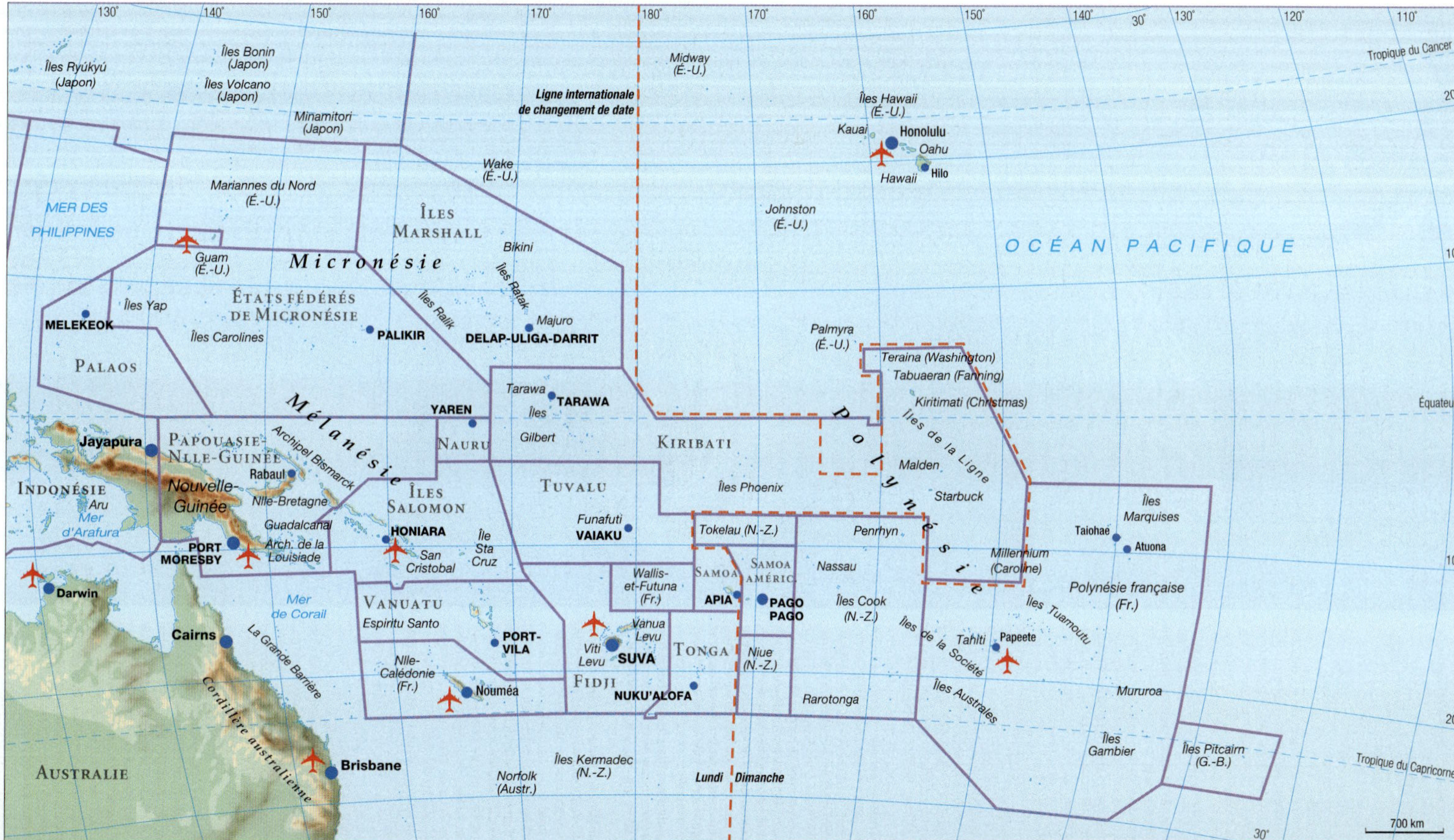

Océanie

100 200 400 600 1000 m

Villes principales

- plus de 100 000 h.
- de 50 000 à 100 000 h.
- moins de 50 000 h.

Ligne internationale de changement de date

aéroport

▲ Michel **Ocelot.** *Kirikou et la sorcière* (1998).

OCHOZIAS, *m. en 852 av. J.-C.*, roi d'Israël de 853 à 852 av. J.-C., fils d'Achab.

OCHOZIAS, *m. en 841 av. J.-C.*, roi de Juda (843), fils d'Athalie.

OCHS (Pierre), *Nantes 1752 - Bâle 1821*, homme politique suisse. Il fut chargé par Bonaparte de préparer la Constitution de la République helvétique (1797) et il négocia l'alliance avec la France.

OCI (Organisation de la coopération islamique), organisation fondée à Djedda en 1970 sous le nom (jusqu'en 2011) d'Organisation de la conférence islamique. Elle a pour but d'assurer la protection des intérêts vitaux des musulmans dans le monde et de promouvoir la solidarité islamique entre ses 57 membres (56 États indépendants [dont la Syrie, suspendue en 2012] et la « Palestine » [territoires palestiniens]).

OCKEGHEM ou **OKEGHEM** (Johannes), *Termonde ? v. 1410 - Tours 1497*, compositeur flamand. Musicien de la cour de France, auteur de messes et de chansons polyphoniques, il fut l'un des maîtres du contrepoint.

O'CONNELL (Daniel), *près de Cahirciveen, Kerry, 1775 - Gênes 1847*, homme politique irlandais. À la tête de la Catholic Association, fondée en 1823, il pratiqua à l'égard de l'Angleterre la résistance passive. Élu député (bien qu'inéligible) en 1828, il obtint le Bill d'émancipation des catholiques (1829) ; lord-maire de Dublin (1841), il refusa cependant l'épreuve de force avec Londres.

O'CONNOR, clan irlandais qui régna sur le Connacht aux XIe et XIIe s. — **Rory** ou **Roderic O.,** *1116 - 1198*, roi de Connacht. Il dut reconnaître la suzeraineté du roi d'Angleterre, Henri II (1175).

O'CONNOR (Feargus), *Connorville 1796 - Londres 1855*, chef chartiste irlandais. Ses talents d'orateur et ses qualités de journaliste lui conférèrent une grande popularité.

O'CONNOR (Flannery), *Savannah 1925 - Milledgeville, Géorgie, 1964*, écrivaine américaine. Ses romans (*la Sagesse dans le sang*, 1952) et ses nouvelles (*Les braves gens ne courent pas les rues*, 1955) allient l'inspiration catholique à l'imaginaire sudiste.

OCTAVE → **AUGUSTE.**

OCTAVIE, *v. 70 - 11 av. J.-C.*, sœur d'Auguste. Elle épousa en secondes noces Marc Antoine (40), qui la répudia en 32.

OCTAVIE, *m. en 62 apr. J.-C.*, femme de Néron. Elle était la fille de Claude et de Messaline. Néron la répudia en 62 pour épouser Poppée et l'exila, l'acculant au suicide.

OCTAVIEN → **AUGUSTE.**

OCTEVILLE-SUR-MER (76930), bur. centr. de cant. de la Seine-Maritime ; 5 899 hab. *(Octevillais).*

Octobre (révolution d') → **révolution russe de 1917.**

octobre 1789 (journées des 5 et 6), journées révolutionnaires parisiennes. À la suite du soulèvement du peuple, qui marcha sur Versailles, Louis XVI dut venir habiter le palais des Tuileries. L'Assemblée nationale le suivit peu après.

ODANAK, réserve amérindienne (Abénaquis) du Canada (Québec) ; 449 hab. Musée.

ODA NOBUNAGA, *Owari 1534 - Kyoto 1582*, homme d'État japonais. Remplaçant le dernier Ashikaga au shogunat (1573), il unifia le Japon sous son inflexible autorité.

ODAWARA, v. du Japon (Honshu) ; 198 373 hab.

ODENSE, v. du Danemark, dans l'île de Fionie, sur un canal navigable conduisant au *fjord d'Odense* ; 186 595 hab. Port. – Cathédrale St-Knud, du XIIIe s. (œuvres d'art) ; musées, dont le musée Andersen.

ODENWALD n.m., massif d'Allemagne (Hesse), dominant le fossé du Rhin ; 626 m.

Odéon, théâtre fondé à Paris en 1797. Il occupe l'édifice du VIe arrond. construit pour la Comédie-Française par les architectes Charles De Wailly *(1730 - 1798)* et Marie Joseph Peyre *(1730 - 1785)*, inauguré en 1782 et qui fut incendié et réédifié deux fois. – Il devint, en 1841, le second théâtre national. Rattaché en 1946 à la Comédie-Française *(Salle Luxembourg)*, il reprit son autonomie en 1959 sous le nom de *Théâtre de France.* Devenu le *Théâtre national de l'Odéon* en 1971, il est à nouveau placé sous l'autorité de la Comédie-Française de 1978 à 1983 et de 1986 à 1990. Il retrouve une pleine indépendance en 1990, comme lieu d'accueil privilégié de l'art dramatique européen *(Odéon-Théâtre de l'Europe).* Le théâtre dispose d'une seconde salle : les Ateliers Berthier (XVIIe arrond.).

ODER n.m., en polon. **Odra,** fl. d'Europe, né près d'Ostrava et qui rejoint la Baltique dans le golfe de Szczecin ; 854 km. Il traverse la Silésie polonaise (Wrocław), puis sépare la Pologne et l'Allemagne.

Oder-Neisse (ligne), limite occidentale de la Pologne. Située le long de l'Oder et de son affluent la Neisse occidentale, elle fut approuvée par les accords de Potsdam (1945). Reconnue par la RDA en 1950, puis par la RFA en 1970, elle fut entérinée par un traité germano-polonais en 1990 - 1991.

ODESSA, v. d'Ukraine, sur la mer Noire ; 1 029 049 hab. Port. Centre culturel et industriel. – Base navale et port fondés par les Russes en 1794, Odessa devint le centre de l'exportation des céréales et le second port de l'Empire russe (fin du XIXe s.). Ce fut un foyer révolutionnaire en 1905.

ODILE (sainte), *v. 660 - Hohenburg v. 720*, religieuse alsacienne. Fondatrice d'un monastère sur le Hohenburg, dans les Vosges (mont Sainte-Odile), elle est la patronne de l'Alsace.

ODILON (saint), *Mercœur 962 - Souvigny 1049*, religieux français. Cinquième abbé de Cluny (994), il fut l'un des personnages les plus influents de l'Europe chrétienne. Il établit la « trêve de Dieu » et institua le jour des défunts, le 2 novembre.

ODIN, nom scandinave du dieu germanique Wotan.

ODISHA, anc. **Orissa,** État du nord-est de l'Inde ; 156 000 km² ; 41 947 358 hab. ; cap. *Bhubaneswar.*

ODOACRE, *v. 434 - Ravenne 493*, roi des Hérules. Il détrôna Romulus Augustule (476), mettant fin ainsi à l'Empire romain d'Occident. L'empereur d'Orient, Zénon, inquiet de sa puissance, envoya contre lui Théodoric. Assiégé dans Ravenne (490 - 493), Odoacre capitula et fut assassiné.

ODON (saint), *dans le Maine v. 879 - Tours 942*, religieux français. Deuxième abbé de Cluny (926), il fut à l'origine du rayonnement de son abbaye.

ODORIC DA PORDENONE (bienheureux), *Pordenone, Frioul, v. 1265 - Udine 1331*, théologien franciscain italien. Après un voyage en Mongolie, en Chine et en Inde, il rédigea une *Descriptio terrarum* ou *Itinerarium.*

ODRA n.m., nom polonais de l'Oder*.

Odyssée (l'), poème épique en 24 chants, attribué à Homère (VIIIe s. av. J.-C.). Tandis que Télémaque part à la recherche de son père Ulysse (chants I-IV), celui-ci, recueilli après un naufrage par Alcinoos, roi des Phéaciens, raconte ses aventures depuis son départ de Troie (chants V-XIII) : il est passé du pays des Lotophages à celui des Cyclopes, a séjourné dans l'île de Circé, navigué dans la mer des Sirènes et a été retenu par Calypso. La troisième partie du poème (chants XIV-XXIV) décrit l'arrivée d'Ulysse à Ithaque et l'éviction des prétendants qui courtisent sa femme, Pénélope.

OEA (Organisation des États américains), en angl. **OAS** (Organization of American States), organisation intergouvernementale fondée en 1948. L'OEA regroupe l'ensemble des États américains (35 ; retrait programmé du Venezuela en 2019 [annoncé en 2017]) autour des principes de coopération pacifique posés par l'acte constitutif de la charte de Bogota.

ŒBEN (Jean-François), *Heinsberg, près d'Aix-la-Chapelle, v. 1720 - Paris 1763*, ébéniste français d'origine allemande. Venu jeune à Paris, devenu ébéniste du roi, il est notamment l'auteur de nombreux meubles « mécaniques » (bureau de Louis XV, château de Versailles).

ŒCOLAMPADE (Johannes **Husschin,** dit en fr.), *Weinsberg 1482 - Bâle 1531*, réformateur suisse allemand. Professeur à Bâle, il y organisa l'Église selon les principes de la Réforme.

ŒDIPE MYTH. GR. Fils de Laïos, roi de Thèbes, et de Jocaste. Laïos, averti par un oracle qu'il serait tué par son fils et que celui-ci épouserait sa mère, abandonna son enfant sur une montagne. Recueilli par des bergers, Œdipe fut élevé par le roi de Corinthe. Devenu adulte, il se rendit à Delphes pour consulter l'oracle sur le mystère de sa naissance. En chemin, il se disputa avec un voyageur, qu'il tua : c'était Laïos. Aux portes de Thèbes, il sut résoudre l'énigme du sphinx, dont il débarrassa ainsi le pays ; en récompense, les Thébains le prirent pour roi, et il épousa la reine Jocaste, veuve de Laïos, sa propre mère, dont il eut deux fils, Étéocle et Polynice, et deux filles, Antigone et Ismène. Mais Œdipe découvrit le secret de sa naissance, son parricide et son inceste. Jocaste se pendit, et Œdipe se creva les yeux. Banni de Thèbes, il mena une vie errante, guidé par sa fille Antigone, et mourut près d'Athènes, à Colone. – Le mythe d'Œdipe a notamment inspiré des tragédies à Sophocle (*Œdipe roi*, v. 425 av. J.-C. ; *Œdipe à Colone*, 401 av. J.-C.), à Sénèque (Ier s. apr. J.-C.), à P. Corneille (1659).

▲ **Œdipe.** *Œdipe explique l'énigme du sphinx.* Peinture d'Ingres, 1808. (Louvre, Paris.)

OEHLENSCHLÄGER (Adam Gottlob), *Copenhague 1779 - id. 1850*, écrivain danois. Ses poèmes (*les Cornes d'or*, 1802) et ses drames en font le premier représentant du romantisme danois.

OEHMICHEN (Étienne), *Châlons-sur-Marne 1884 - Paris 1955*, ingénieur français. Constructeur de giravions, il imagina l'hélice anticouple et fut le premier à boucler un circuit de 1 km aux commandes d'un hélicoptère (1924).

OE KENZABURO, *Ose 1935*, écrivain japonais. Ses récits (*Dites-nous comment survivre à notre folie*, 1969) et ses essais traduisent les angoisses du monde contemporain. (Prix Nobel 1994.)

ŒRSTED ou **ØRSTED** (Hans Christian), *Rudkøbing 1777 - Copenhague 1851*, physicien danois. Il découvrit, en 1820, l'existence du champ magnétique créé par les courants électriques, découverte à l'origine de l'électromagnétisme.

ŒTA n.m., montagne de Grèce (Thessalie) ; 2 152 m.

OFFENBACH, v. d'Allemagne (Hesse), près de Francfort-sur-le-Main ; 113 443 hab.

OFFENBACH (Jacques), *Cologne 1819 - Paris 1880*, compositeur allemand naturalisé français. Il est l'auteur d'opérettes, qui reflètent avec humour la joie de vivre du second Empire (*Orphée aux Enfers*, 1858 et 1874 ; *la Belle Hélène*, 1864 ; *la Vie parisienne*, 1866), et d'un opéra fantastique, *les Contes d'Hoffmann.*

◄ Jacques **Offenbach** par Nadar.

Offices (palais des), édifice construit à Florence par G. Vasari à partir de 1560 pour abriter les services de l'Administration *(Uffizi)*. Il est occupé par une galerie de peintures et de sculptures fondée par les Médicis, et particulièrement riche en tableaux des écoles italiennes.

OFFRANVILLE (76550), comm. de la Seine-Maritime ; 3 305 hab. *(Offranvillais)*. Plastiques.

OGADEN n.m., plateau steppique constituant l'extrémité orientale de l'Éthiopie. Situé aux confins de la Somalie, il est parcouru par des pasteurs somalis.

OGAKI, v. du Japon (Honshu) ; 161 146 hab.

OGBOMOSHO, v. du Nigeria ; 1 038 805 hab. dans l'agglomération.

OGIER (Sébastien), *Gap 1983*, coureur automobile français. Il a remporté six titres consécutifs de champion du monde des rallyes (2013 - 2018).

OGINO KYUSAKU, *Toyohashi 1882 - Niigata 1975*, médecin japonais. Il inventa une méthode de contrôle naturel des naissances, tombée en désuétude (méthode d'Ogino-Knaus).

OGLIO n.m., riv. d'Italie (Lombardie), affl. du Pô (r. g.) ; 280 km.

OGODAY, *v. 1185 - 1241*, souverain mongol (1229 - 1241). Troisième fils de Gengis Khan, il annexa la Corée, le nord de la Chine, l'Azerbaïdjan, la Géorgie et envoya Batu Khan conquérir l'Occident.

OGONI, peuple du sud du Nigeria (delta du Niger), du groupe des Ibibio.

OGOOUÉ n.m., fl. d'Afrique centrale, né au Congo et qui se jette dans l'Atlantique au Gabon ; 1 170 km.

OHANA (Maurice), *Casablanca 1913 - Paris 1992*, compositeur français. Héritier de Manuel de Falla (*Études chorégraphiques*, pour percussion), il affirme un tempérament poétique et dramatique, dans un langage postsériel au lyrisme méditerranéen (*Syllabaire pour Phèdre*, 1968 ; *Trois Contes de l'Honorable Fleur*, 1978 ; *la Célestine*, 1988).

O'Hare, aéroport de Chicago.

O. HENRY (William Sydney **Porter**, dit), *Greensboro, Caroline du Nord, 1862 - New York 1910*, écrivain américain, auteur de nouvelles humoristiques (*Choux et rois*, 1904 ; *les Quatre Millions*, 1906).

O'HIGGINS (Bernardo), *Chillán 1776 - Lima 1842*, homme politique chilien. Lieutenant de San Martín, il proclama l'indépendance du Chili (1818) et exerça une dictature de 1817 à 1823.

OHIO n.m., riv. des États-Unis, formée à Pittsburgh par la réunion de l'Allegheny et de la Monongahela, affl. du Mississippi (r. g.) ; 1 570 km. Il passe à Cincinnati.

OHIO, État des États-Unis, sur le lac Érié ; 11 658 609 hab. ; cap. *Columbus* ; v. princ. *Cleveland, Cincinnati, Toledo.*

OHLIN (Bertil), *Klippan 1899 - Vålådalen 1979*, économiste suédois. Il étudia le commerce, la spécialisation et les mouvements de capitaux au niveau international. (Prix Nobel, avec J. E. Meade, 1977.)

OHM (Georg Simon), *Erlangen 1789 - Munich 1854*, physicien allemand. Il a énoncé, en 1827, les lois fondamentales des courants électriques et introduit les notions de quantité d'électricité et de force électromotrice.

OHŘE n.f., en all. **Eger,** riv. d'Europe centrale (Allemagne et Rép. tchèque), affl. de l'Elbe (r. g.) ; 316 km.

OHRID, v. de Macédoine du Nord, sur le *lac d'Ohrid*, à la frontière de l'Albanie ; 54 380 hab. Églises byzantines ornées de fresques, dont l'anc. cathédrale Ste-Sophie (XIe s.) et l'église St-Clément (XIIIe s.).

OIAC → Organisation pour l'interdiction des armes chimiques.

OIGNIES (62590), comm. du Pas-de-Calais ; 9 696 hab. *(Oigninois)*. Le Métaphone (à la fois salle de concert et instrument de musique).

OÏRATS ou **OÏRATES,** groupe mongol de Chine (Xinjiang) et de Mongolie. Mongols occidentaux, les Oïrats rassemblent les descendants d'un groupe resté en Mongolie et ayant survécu à l'anéantissement de l'Empire dzoungar (XVIIe-XVIIIe s.) par les Mandchous, et ceux d'un groupe installé au XVIIe s. sur la Volga (les Kalmouks) et revenu pour partie au Xinjiang à la fin du XVIIIe s.

OIRON (79100), comm. des Deux-Sèvres ; 923 hab. Château des XVIe-XVIIe s. ; église du XVIe s.

OISANS n.m., massif des Alpes françaises (Isère). Il est entaillé par la vallée de la Romanche (hydroélectricité). Élevage et tourisme surtout hivernal.

OISE n.f., riv. du nord de la France, née en Belgique, affl. de la Seine (r. dr.), à Conflans-Sainte-Honorine ; 302 km. Elle passe à Compiègne, Creil et Pontoise. C'est une importante voie navigable.

OISE n.f. (60), dép. de la Région Hauts-de-France ; ch.-l. de dép. *Beauvais* ; ch.-l. d'arrond. *Clermont, Compiègne, Senlis* ; 4 arrond. ; 21 cant. ; 686 comm. ; 5 860 km² ; 841 252 hab. *(Isariens)*. Le dép. appartient à l'académie et à la cour d'appel d'Amiens, à la zone de défense et de sécurité Nord. Il est formé essentiellement de plateaux, souvent limoneux, domaines de la grande culture céréalière et betteravière (Valois, sud de la Picardie), qui sont entaillés par la vallée de l'Oise, où dominent les cultures fruitières et maraîchères et l'élevage bovin. Celui-ci constitue la principale activité du pays de Thelle et de l'extrémité orientale du pays de Bray. L'industrie est représentée surtout par la métallurgie, la verrerie, la chimie. La proximité de Paris a favorisé un rapide accroissement démographique.

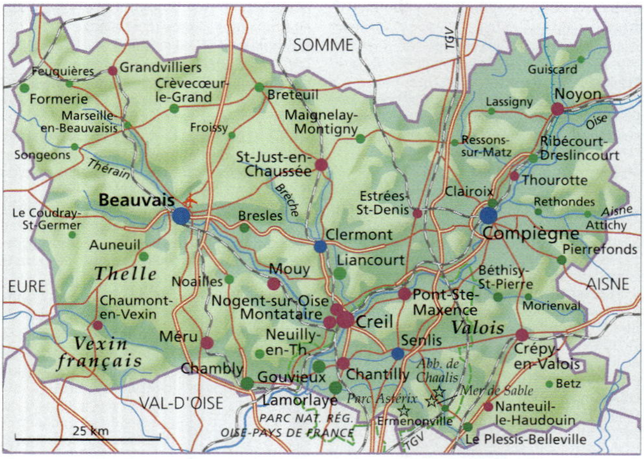

Oise

100 m

plus de 25 000 h.
de 5 000 à 25 000 h.
de 2 000 à 5 000 h.
moins de 2 000 h.

ch.-l. d'arrondissement
bur. centr. de canton
commune

autoroute
route
voie ferrée

Oise-Pays de France (parc naturel régional), parc naturel couvrant env. 60 000 ha sur les dép. de l'Oise et du Val-d'Oise.

OISSEL (76350), comm. de la Seine-Maritime ; 11 444 hab. *(Osseliens)*.

OÏSTRAKH (David Fiodorovitch), *Odessa 1908 - Amsterdam 1974*, violoniste soviétique. Partenaire de Menuhin ou de Richter, il créa notamment le premier concerto (1955) et la *Sonate* pour piano et violon de Chostakovitch.

OIT → Organisation internationale du travail.

OITA, v. du Japon (Kyushu) ; 473 955 hab. Port.

OJD (Office de justification de la diffusion des supports de publicité), association créée en 1922, qui calcule la diffusion réelle des organes de presse.

OJIBWA ou **CHIPPEWA,** peuple amérindien des États-Unis et du Canada (région des Grands Lacs) [env. 80 000], de langue algonquienne.

OJOS DEL SALADO n.m., sommet des Andes, le plus haut volcan de la Terre, à la frontière de l'Argentine et du Chili ; 6 880 m.

OKA n.f., riv. de Russie, affl. de la Volga (r. dr.), qu'elle rejoint à Nijni Novgorod ; 1 480 km.

OKAYAMA, v. du Japon (Honshu) ; 709 622 hab. Centre industriel. – Parc paysager fondé au XVIIIe s.

OKAZAKI, v. du Japon (Honshu) ; 372 472 hab.

O'KEEFE (John), *New York 1939*, neurobiologiste américano-britannique. En 1971, il découvre que les cellules nerveuses utilisées pour se repérer dans l'espace sont localisées dans l'hippocampe (zone du cerveau jouant notamm. un rôle clé dans le processus de mémorisation). Il obtient le prix Nobel en 2014, avec les Norvégiens Edvard **Moser** *(né en 1962)* et May-Britt **Moser** *(née en 1963)*, qui ont identifié, en 2005, les circuits neuronaux permettant à l'homme de se situer dans l'espace et d'y naviguer.

O'KEEFFE (Georgia), *Sun Prairie, Wisconsin, 1887 - Santa Fe 1986*, peintre américaine, femme de A. Stieglitz. Elle a transfiguré le réel jusqu'à une vision symbolique quasi abstraite.

OKEGHEM (Johannes) **→ OCKEGHEM.**

OKHOTSK (mer d'), mer formée par l'océan Pacifique, au N.-E. de l'Asie.

OKINAWA, principale île (1 183 km²) de l'archipel japonais des Ryukyu ; v. princ. *Naha*. En 1945, elle fut l'enjeu d'une lutte acharnée entre Japonais et Américains. Musée-mémorial de la Paix.

OKLAHOMA, État des États-Unis, au N. du Texas ; 3 930 864 hab. ; cap. *Oklahoma City* (847 698 hab.). Pétrole.

OKW (Oberkommando der Wehrmacht, en fr. commandement en chef des forces armées), commandement suprême des armées allemandes de 1938 à 1945.

OLAF → OLAV, OLOF et **OLUF.**

OLAH (György András, puis George A.), *Budapest 1927 - Beverly Hills 2017*, chimiste américain d'origine hongroise. Il mit en évidence les *carbocations*, qui ont trouvé des applications industrielles notamm. dans la fabrication des carburants. (Prix Nobel 1994.)

ÖLAND, île de Suède, dans la Baltique, reliée au continent par un pont routier ; 1 344 km² ; v. princ. *Borgholm*.

OLAUS PETRI → PETRI (Olaus).

OLAV Ier Tryggvesson, *v. 969 - Svolder 1000*, roi de Norvège (995 - 1000). Il contribua à implanter le christianisme dans son royaume. — **Olav II Haraldsson le Saint,** *v. 995 - Stiklestad 1030*, roi de Norvège (1016 - 1028). Il restaura la royauté et imposa le christianisme. Attaqué par Knud le Grand, il dut s'exiler en 1028 et fut tué en tentant de reconquérir son royaume. Dès 1031, il fut considéré comme un saint et un héros national. — **Olav V,** *Appleton House, près de Sandringham, Angleterre, 1903 - Oslo 1991*, régent (1955), puis roi de Norvège (1957 - 1991).

OLBRACHT (Kamil **Zeman**, dit Ivan), *Semily 1882 - Prague 1952*, écrivain tchèque. Il évolua dans ses romans de l'analyse psychologique à l'engagement politique (*Nikola Šuhaj, bandit*).

OLDENBARNEVELT (Johan Van), *Amersfoort 1547 - La Haye 1619*, homme d'État hollandais. Grand pensionnaire de Hollande (1586), il obtint de la France, de l'Angleterre (1596), puis de l'Espagne (1609) la reconnaissance des Provinces-Unies. Maurice de Nassau le fit exécuter.

OLDENBURG, en fr. **Oldenbourg,** ancien État de l'Allemagne du Nord, situé entre la Weser et l'Ems. Comté à la fin du xie s., l'Oldenburg fut rattaché au Danemark (1667), puis passa aux Holstein-Gottorp (1773). Érigé en duché (1777), puis en grand-duché (1815), il devint, en 1871, État de l'Empire allemand.

OLDENBURG, v. d'Allemagne (Basse-Saxe) ; 157 267 hab. Château des xviie-xixe s. (musée).

OLDENBURG (Claes), *Stockholm 1929*, artiste américain d'origine suédoise. Il est l'un des représentants du pop* art (objets mous, monuments incongrus telle la *Bicyclette enterrée* du parc de la Villette à Paris, etc.).

OLDUVAI ou **OLDOWAY,** site paléontologique et préhistorique du nord de la Tanzanie, près du lac Eyasi. Leakey y a découvert, en 1959 et 1961, deux types d'hominidés fossiles, le zinjanthrope (*Australopithecus boisei*) et l'*Homo habilis*, respectivement datés de 1 750 000 et 1 850 000 ans.

OLEN, comm. de Belgique (prov. d'Anvers) ; 12 016 hab. Métallurgie.

OLENEK ou **OLENIOK** n.m., fl. de Russie, en Sibérie, qui se jette dans la mer des Laptev ; 2 292 km ; bassin de 222 000 km^{2}.

OLÉRON (île d'), île de l'Atlantique, qui forme un canton de la Charente-Maritime ; 175 km^{2} ; 21 790 hab. Située à l'embouchure de la Charente, l'île est séparée du continent par le pertuis de Maumusson, et de l'île de Ré par celui d'Antioche. Un pont la relie au continent. Ostréiculture. Vigne. Pêche. Tourisme.

OLIBRIUS → **OLYBRIUS.**

OLIER (Jean-Jacques), *Paris 1608 - id. 1657*, ecclésiastique français. Curé de la paroisse de Saint-Sulpice à Paris (1642 - 1652), il fonda la Compagnie et le séminaire des prêtres de Saint-Sulpice.

OLINDA, v. du Brésil, banlieue de Recife ; 357 965 hab. Monuments religieux baroques.

Oliva (traité d') [3 mai 1660], l'un des traités qui mirent fin aux hostilités de la guerre de Trente Ans dans la Baltique, signé à Oliva (auj. Oliwa, Pologne). Le roi de Pologne renonçait à ses prétentions sur la Suède, et la Prusse devenait État souverain.

OLIVARES (Gaspar **de Guzmán**, comte-duc **d'**), *Rome 1587 - Toro 1645*, homme d'État espagnol. Favori de Philippe IV, qui lui abandonna la réalité du pouvoir à partir de 1621, il défendit la place de l'Espagne en Europe. Il fut disgracié en 1643.

OLIVEIRA (Manoel **de**), *Porto 1908 - id. 2015*, cinéaste portugais. Dans des films toujours surprenants se manifeste son esprit éclectique, cultivé et doucement ironique (*Aniki-Bobó*, 1942 ; *le Soulier de satin*, 1985 ; *Val Abraham*, 1993 ; *la Lettre*, 1999 ; *Je rentre à la maison*, 2001 ; *Gebo et l'ombre*, 2012).

OLIVER (Joe, dit King), *La Nouvelle-Orléans 1885 - Savannah 1938*, musicien américain de jazz. Pionnier du jazz, compositeur, cornettiste, il dirigea plusieurs orchestres, dont le Creole Jazz Band. Il popularisa le style « Nouvelle-Orléans » (*Chimes Blues*, 1923 ; *New Orleans Shout*).

OLIVER (Raymond), *Langon 1909 - Paris 1990*, cuisinier français. Il exerça ses talents au Grand Véfour, à Paris, et fut l'un des premiers cuisiniers à dispenser son savoir à la télévision.

Oliver Twist, roman de C. Dickens (1838). Le récit des mésaventures d'un enfant trouvé sert de prétexte à une peinture des bas-fonds londoniens.

OLIVET (45160), bur. centr. de cant. du Loiret, sur le Loiret ; 22 233 hab. (*Olivetains*). Aux environs, parc floral de la Source.

Olivier, personnage de *la Chanson* de Roland*. Face à Roland, il est le symbole de la sagesse et de la modération.

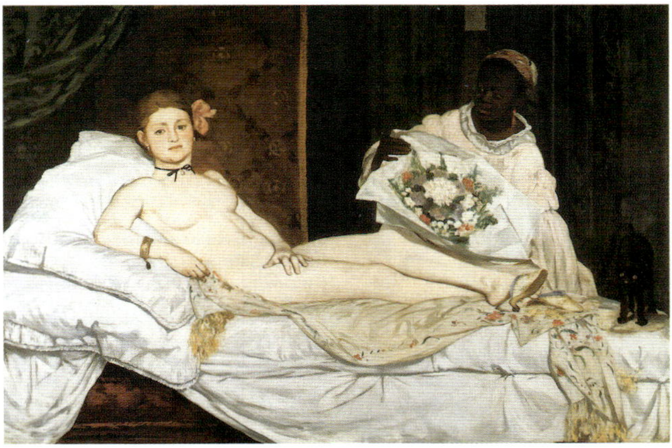

▲ **Olympia.** Peinture de Manet, 1863. (Musée d'Orsay, Paris.)

OLIVIER (sir Laurence), *Dorking, Surrey, 1907 - Ashurst, Sussex, 1989*, acteur, metteur en scène de théâtre et cinéaste britannique. Brillant interprète de Shakespeare, directeur (1963 - 1973) du National Theatre, il a réalisé plusieurs films (*Henri V*, 1944 ; *Richard III*, 1955).

OLIVIERS (mont des), colline de Palestine, à l'E. de Jérusalem. C'est au pied de ce mont, dans le jardin de Gethsémani, que, selon les Évangiles, Jésus alla prier la veille de sa mort.

OLLIOULES (83190), bur. centr. de cant. du Var ; 13 611 hab. (*Ollioulais*). Édition. – Église en partie romane. – Centre culturel de Châteauvallon.

OLLIVIER (Émile), *Marseille 1825 - Saint-Gervais-les-Bains 1913*, homme politique français. Avocat républicain, député de l'opposition élu en 1857, il prit en 1869 la direction du « tiers parti », qui acceptait l'Empire à condition qu'il fût libéral. Placé à la tête du ministère du 2 janv. 1870, il poursuivit la transformation du régime, mais endossa la responsabilité de la guerre franco-allemande. (Acad. fr.)

OLMEDO (José Joaquín), *Guayaquil 1780 - id. 1847*, homme politique et poète équatorien. Ami de Bolívar, il rédigea la Constitution de l'Équateur (1830), mais ne fut pas élu à la présidence (1845).

OLMÈQUES, peuple ancien du Mexique. Leur culture, née aux alentours du IIe millénaire dans la région côtière du golfe, connut une période d'épanouissement entre 1200 et 600 av. J.-C. Tres* Zapotes et La Venta* témoignent de l'architecture de leurs centres cérémoniels, auxquels sont associées des têtes colossales (sans doute des portraits dynastiques) ainsi que des statuettes en jade représentant l'enfant-jaguar, la principale divinité des Olmèques.

▲ **Olmèques.** Tête colossale en basalte.

OLMI (Ermanno), *Bergame 1931*, cinéaste italien. Il est le témoin attentif de la crise des valeurs morales : *Il Posto* (1961), *les Fiancés* (1963), *Un certain jour* (1969), *l'Arbre aux sabots* (1978), *la Légende du saint buveur* (1988), *le Métier des armes* (2001).

Olmütz (reculade d') [29 nov. 1850], conférence qui se tint à Olmütz (auj. Olomouc) et au cours de laquelle le roi de Prusse Frédéric-Guillaume IV s'inclina devant les exigences autrichiennes, renonçant à ses visées hégémoniques en Allemagne.

OLOF Skötkonung, *m. en 1022*, roi de Suède (994 - 1022). Il favorisa l'implantation du christianisme dans son pays.

OLOMOUC, en all. **Olmütz,** v. de la République tchèque, en Moravie ; 103 293 hab. Monuments anciens (xiie-xviiie s.).

OLONNE-SUR-MER (85340), comm. de la Vendée ; 15 618 hab. (*Olonnais*). Église romane et gothique.

OLORON (gave d'), riv. de France, dans les Pyrénées-Atlantiques, formée par les gaves d'Aspe et d'Ossau (qui se rejoignent à *Oloron-Sainte-Marie*), affl. du gave de Pau (r. g.) ; 120 km.

OLORON-SAINTE-MARIE (64400), ch.-l. d'arrond. des Pyrénées-Atlantiques, au confluent des gaves d'Aspe et d'Ossau ; 11 471 hab. (*Oloronais*). Aéronautique. Chocolaterie. – Cathédrale Ste-Marie (gothique, portail roman), église Ste-Croix (romane).

OLP (Organisation de libération de la Palestine), organisation palestinienne fondée en 1964 par le Conseil national palestinien réuni à Jérusalem. Présidée par Yasser Arafat (de 1969 à 2004) puis par Mahmud Abbas, elle revendique depuis 1974 la création, à côté d'Israël, d'un État palestinien en Cisjordanie et à Gaza. Prônant à l'origine la lutte armée, elle s'est engagée en 1993 dans des négociations de paix avec Israël.

OLSZTYN, v. du nord-est de la Pologne, ch.-l. de voïévodie ; 174 645 hab.

OLT n.m., riv. de Roumanie, affl. du Danube (r. g.) ; 690 km.

OLTEN, v. de Suisse (canton de Soleure), sur l'Aar ; 16 987 hab. (113 328 hab. dans l'agglomération). Constructions mécaniques.

OLTÉNIE, région de Roumanie, en Valachie, à l'O. de l'*Olt*.

OLUF II Haakonsson, *Akershus 1370 - Falsterbo 1387*, roi de Danemark (1376 - 1387) et de Norvège (Olav) [1380 - 1387], fils du roi de Norvège Haakon VI et de Marguerite Valdemarsdotter, qui gouverna en son nom.

OLYBRIUS (Anicius), *m. en 472*, empereur romain. Il fut porté au pouvoir par son parent Geiséric et par Ricimer. – Il figurait dans certains mystères comme le type du fanfaron.

OLYMPE n.m., en gr. **Ólimbos,** massif de Grèce, aux confins de la Thessalie et de la Macédoine grecque ; 2 917 m. Point culminant du pays. – Les Grecs en avaient fait la résidence des dieux.

Olympia, grande toile de Manet (1863). L'œuvre fit scandale au Salon de 1865 par sa crudité, son détournement des conventions académiques, tandis que sa valeur essentiellement picturale était peu sensible au regard des contemporains.

OLYMPIAS, *v. 375 - Pydna 316 av. J.-C.*, reine de Macédoine, épouse de Philippe II de Macédoine. À la mort de son fils Alexandre le Grand (323), elle tenta de disputer le pouvoir aux diadoques et fut assassinée par Cassandre.

OLYMPIE, v. de l'anc. Grèce, dans le Péloponnèse. Centre religieux, panhellénique, où se célébraient tous les quatre ans les jeux Olympiques. – Nombreux vestiges, dont ceux du temple de Zeus (Vᵉ s. av. J.-C.) [métopes au musée local et au Louvre]. Olympie est auj. un centre touristique.

▲ **Olympie.** Les colonnes de la palestre.

Olympio, nom poétique sous lequel V. Hugo se désigne lui-même dans certains poèmes (« Tristesse d'Olympio », *les Rayons et les Ombres*, 1840).

olympique (Comité international) ou **CIO,** organisme fondé en 1894 à l'instigation de Pierre de Coubertin, et qui assure l'organisation des jeux Olympiques. Son siège est à Lausanne.

OLYNTHE, anc. v. de Chalcidique. Elle fut détruite par Philippe de Macédoine en 348 av. J.-C.

OMAHA, v. des États-Unis (Nebraska), sur le Missouri ; 446 599 hab. (745 766 hab. dans l'agglomération).

OMALIUS D'HALLOY (Jean-Baptiste d'), *Liège 1783 - Bruxelles 1875*, géologue belge. À la demande de Napoléon Iᵉʳ, il dressa une carte géologique de l'Empire français (1813 - 1823).

OMAN n.m., en ar. **'Umān,** État d'Asie, sur l'océan Indien ; 212 000 km² ; 3 632 000 hab. *(Omanais)*. CAP. *Mascate.* LANGUE : *arabe.* MONNAIE : *rial omanais.* (V. carte **Arabie saoudite.**) En grande partie désertique, montagneux au N., Oman possède de rares cultures (irriguées) et quelques troupeaux (ovins et chameaux), alors que la pêche est, ponctuellement, active sur le littoral. Même si le pétrole reste sa richesse essentielle, le pays cherche à se diversifier et mise notamm. sur le développement d'un tourisme haut de gamme. La population, à nette majorité arabe, est en quasi-totalité islamisée. – Du XVIIᵉ s. au XIXᵉ s., les sultans d'Oman gouvernent un empire maritime, acquis aux dépens du Portugal et dont le centre est Zanzibar. Sous protectorat britannique à partir de 1891, le sultanat de Mascate et Oman se replie sur lui-même. En 1970, Said ibn Taymur (arrivé au pouvoir en 1932) est contraint d'abdiquer en faveur de son fils Qabus ibn Said, qui change le nom du pays en sultanat d'Oman et entreprend de le moderniser.

OMAN (mer d'), partie nord-ouest de l'océan Indien, parfois appelée aussi « mer Arabique » ou « mer d'Arabie ». Le *golfe d'Oman*, en bordure du *sultanat d'Oman*, en forme la partie la plus resserrée et communique par le détroit d'Ormuz avec le golfe Persique.

OMAR Iᵉʳ → UMAR Iᵉʳ.

OMBRIE, région de l'Italie centrale ; 888 908 hab. *(Ombriens)* ; cap. *Pérouse* ; 2 prov. (*Pérouse* et *Terni*).

OMC (Organisation mondiale du commerce), organisation internationale mise en place en 1995 pour veiller à l'application des accords commerciaux internationaux (dont ceux conclus dans le cadre du GATT). Elle compte auj. 164 membres. (Siège : Genève.)

OMDURMAN ou **OMDOURMAN,** v. du Soudan, sur le Nil, banlieue de Khartoum ; 344 575 hab. Capitale du Mahdi, elle fut reconquise par les Anglo-Égyptiens de lord Kitchener en 1898.

OMEYYADES ou **UMAYYADES,** dynastie de califes arabes, qui régna à Damas de 661 à 750. Les Omeyyades agrandirent l'Empire musulman de la plaine de l'Indus (710 - 713), de la Transoxiane (709 - 711) et de l'Espagne (711 - 714). Grands bâtisseurs, ils embellirent Damas, Jérusalem, Kairouan. Miné par des querelles intestines et par l'opposition chiite, l'Empire omeyyade tomba sous les coups des Abbassides. Mais un rescapé de la famille, Abd al-Rahman Iᵉʳ, fonda l'émirat de Cordoue (756 - 1031), érigé en califat rival de Bagdad (929).

OMI → Organisation maritime internationale.

OMIYA, v. du Japon (Honshu) ; 433 755 hab.

OMO, riv. du sud de l'Éthiopie, affl. du lac Turkana. Sa vallée a livré des gisements riches en fossiles d'hominidés *(Australopithecus africanus)*.

OMPHALE MYTH. GR. Reine de Lydie célèbre pour ses amours avec Héraclès, qui lui avait été vendu comme esclave. La légende représente le héros filant la laine aux pieds d'Omphale.

OMPI → Organisation mondiale de la propriété intellectuelle.

OMRI, *m. en 874 av. J.-C.*, roi d'Israël (885 - 874 av. J.-C.). Il fonda Samarie.

OMS (Organisation mondiale de la santé), organisation internationale créée en 1946. Institution spécialisée de l'ONU depuis 1948, elle a pour but de faire accéder tous les peuples au niveau de santé le plus élevé possible. (Siège : Genève.)

OMSK, v. de Russie, en Sibérie occidentale, sur l'Irtych ; 1 153 971 hab. Centre industriel.

OMUTA, v. du Japon (Kyushu) ; 123 683 hab.

ONAN, personnage biblique, deuxième fils de Juda. Obligé par la loi du lévirat de donner un fils à la veuve de son frère, il s'y refusa en évitant de consommer pleinement l'union sexuelle.

ONDAATJE (Michael), *Colombo, Sri Lanka, 1943*, écrivain canadien de langue anglaise. Poète et cinéaste, il évoque dans ses romans les paradoxes et les énigmes de la nature humaine (*le Blues de Buddy Bolden*, 1976 ; *le Patient anglais*, 1992 ; *le Fantôme d'Anil*, 2000 ; *Divisadero*, 2007 ; *la Table des autres*, 2011).

ONEGA (lac), lac du nord-ouest de la Russie, qui se déverse dans le lac Ladoga par la Svir ; 9 900 km².

O'NEILL, dynastie royale irlandaise qui, à partir de la seconde moitié du Vᵉ s., conquit la majeure partie de l'Ulster. — **Hugo O.,** comte **de Tyrone,** *v. 1540 - Rome 1616*. Devenu le plus puissant chef de l'Ulster, il vainquit les Anglais au Yellow Ford (1598).

O'NEILL (Eugene), *New York 1888 - Boston 1953*, auteur dramatique américain. Son théâtre mêle le réalisme à une vision poétique de la grandeur tragique de l'homme (*l'Empereur Jones*, 1920 ; *Le deuil sied à Électre*, 1931 ; *Long Voyage vers la nuit*, 1956). [Prix Nobel 1936.]

ONERA (Office national d'études et de recherches aérospatiales), établissement public français à caractère industriel et commercial, créé en 1946 et placé sous la tutelle du ministère de la Défense. Il conduit des recherches pluridisciplinaires pour les programmes d'aéronefs, de missiles, de lanceurs spatiaux et de satellites.

ONET-LE-CHÂTEAU (12850), comm. de l'Aveyron, banlieue nord de Rodez ; 12 515 hab. *(Castonétois)*. Équipements automobiles.

ONETTI (Juan Carlos), *Montevideo 1909 - Madrid 1994*, écrivain uruguayen. Son œuvre romanesque traduit l'inquiétude existentielle d'êtres marginaux et désenchantés (*le Puits*, 1939 ; *la Vie brève*, 1950).

ONEX [ɔnɛ], comm. de Suisse (canton de Genève), banlieue de Genève ; 17 642 hab. *(Onésiens)*.

ONFRAY (Michel), *Argentan 1959*, philosophe français. Sa relecture des textes classiques témoigne de ses sensibilités anarchiste, athéiste et hédoniste. Il a créé plusieurs Universités populaires, dont, en 2002, celle de Caen, qui met la philosophie à l'honneur (*Contre-histoire de la philosophie*, 9 vol., recueils de ses conférences publiés de 2006 à 2013).

ONITSHA, v. du Nigeria, sur le Niger ; 350 280 hab.

ONNAING (59264), comm. du Nord, au N.-E. de Valenciennes ; 8 782 hab. *(Onnaingeois)*. Construction automobile.

ONSAGER (Lars), *Christiania 1903 - Miami 1976*, chimiste américain d'origine norvégienne. Il a jeté les bases de la thermodynamique des transformations irréversibles, qui a, en particulier, des applications en biologie. (Prix Nobel 1968.)

ONTARIO (lac), l'un des cinq Grands Lacs nord-américains, entre le Canada et les États-Unis. Il reçoit par le Niagara les eaux du lac Érié, qu'il déverse par le Saint-Laurent ; 18 800 km².

ONTARIO, prov. du Canada ; 1 068 582 km² ; 13 448 494 hab. *(Ontariens)* ; cap. *Toronto* ; v. princ. *Hamilton, Ottawa, Windsor, London.* D'une superficie double de celle de la France, la province regroupe plus du tiers de la population canadienne, notamment sur le littoral occidental du lac Ontario.

ONU (Organisation des Nations unies, en angl. UN [United Nations]), organisation internationale.

Elle a été constituée en 1945 – pour succéder à la Société des Nations (SDN) – par les États qui ont accepté de remplir les obligations prévues par la Charte des Nations unies (signée à San Francisco le 26 juin 1945), en vue de sauvegarder la paix et la sécurité internationales, et d'instituer entre les nations une coopération économique, sociale et culturelle. L'ONU, dont le siège est à New York, commença à exister officiellement le 24 oct. 1945. La Chine, les États-Unis, la France, la Grande-Bretagne et la Russie ont un siège permanent et un droit de veto au Conseil de sécurité. L'ONU est dotée de 6 organes majeurs : l'*Assemblée générale* (tous les États membres [auj. 193]), principal organe de délibération qui émet les recommandations ; le *Conseil* de sécurité*, organe exécutif qui a pour mission le maintien de la paix internationale ; le *Conseil économique et social* ; le *Conseil de tutelle*, organe en déclin à la suite de la décolonisation ; la *Cour* internationale de justice* ; le *Secrétariat*, qui assure les fonctions administratives de l'ONU et qui est dirigé par le secrétaire général. (Prix Nobel de la paix 1988 [attribué aux Forces pour le maintien de la paix] et 2001 [attribué à l'organisation et à son secrétaire général, Kofi Annan].)

OÔ (lac d'), lac des Pyrénées (alt. 1 504 m), au S.-O. de Bagnères-de-Luchon.

OORT (Jan Hendrik), *Franeker 1900 - Wassenaar 1992*, astronome néerlandais. Il a mis en évidence la rotation (1927) et la structure spirale (1952) de notre galaxie. Il a développé, en 1950, la théorie selon laquelle il existerait, aux confins du Système solaire, une vaste concentration de noyaux cométaires *(nuage de Oort)*.

OOSTENDE → OSTENDE.

OOSTKAMP [ostkamp], comm. de Belgique (Flandre-Occidentale) ; 22 957 hab.

OPARINE (Aleksandr Ivanovitch), *Ouglitch, Russie, 1894 - Moscou 1980*, chimiste et biologiste soviétique, auteur d'une théorie expliquant l'origine de la vie à partir des composés chimiques de l'atmosphère terrestre primitive (1924).

OPAVA, en all. **Troppau,** v. de la République tchèque, en Moravie ; 61 771 hab. Cathédrale gothique (XIIIᵉ s.) ; Musée silésien.

OPEP (Organisation des pays exportateurs de pétrole), organisation créée en 1960. Après le retrait du Qatar (2019), elle regroupe auj. 14 États (Algérie, Angola, Arabie saoudite, Émirats arabes unis, Équateur, Gabon, Guinée équatoriale, Indonésie [suspendue depuis nov. 2016], Iran, Iraq, Koweït, Libye, Nigeria et Venezuela).

Opéra (théâtre de l'), théâtre lyrique national construit à Paris (IXᵉ arrond.), par C. Garnier, de 1862 à 1874, dit aussi *palais Garnier* ou *Opéra de Paris*. Il est considéré comme l'une des œuvres les plus brillantes de l'architecture éclectique. – Le théâtre de l'Opéra est consacré à l'art lyrique et à la danse.

Opéra-Comique (théâtre de l'), dit **salle Favart,** théâtre lyrique national, construit à Paris en 1898.

▲ Théâtre de l'**Opéra**

▲ **Opéra de la Bastille**

Opéra de la Bastille, théâtre lyrique national, place de la Bastille à Paris, construit par le Canadien Carlos Ott et inauguré en 1989.

Opéra de quat'sous (l'), pièce de B. Brecht (1928) ; musique de K. Weill. Inspirée de *l'Opéra du gueux* (1728) de J. Gay, cette peinture critique des bas-fonds mêle dialogues et chansons. – G. W. Pabst en tira un film en 1931.

Opéra national de Paris, établissement public à caractère industriel et commercial, créé en 1994. Chargé de développer l'art lyrique et chorégraphique en France, il gère le théâtre de l'Opéra (Garnier) et l'Opéra de la Bastille.

OPHULS (Max **Oppenheimer,** dit Max), *Sarrebruck 1902 - Hambourg 1957,* cinéaste et metteur en scène de théâtre français d'origine allemande. Créateur baroque et raffiné, il a consacré son œuvre à une quête passionnée et désespérée du bonheur : *Lettre d'une inconnue* (1948), *la Ronde* (1950), *le Plaisir* (1952), *Madame de...* (1953), *Lola Montes* (1955). — **Marcel O.,** *Francfort-sur-le-Main 1927,* cinéaste français d'origine allemande, fils de Max. Il cherche dans ses documentaires à porter un regard lucide sur l'Histoire (*le Chagrin et la Pitié,* 1969). En 2013, il revient sur son parcours dans des Mémoires filmés (*Un voyageur*).

OPITZ (Martin), *Bunzlau 1597 - Dantzig 1639,* poète allemand, réformateur de la métrique.

Opium (guerre de l') [1839 - 1842], conflit qui opposa la Grande-Bretagne et la Chine. L'empereur de Chine ayant interdit l'importation de l'opium, les Britanniques occupèrent Shanghai et imposèrent à la Chine le traité de Nankin (29 août 1842).

OPOLE, v. de Pologne, ch.-l. de voïévodie, sur l'Odra ; 122 625 hab. Monuments médiévaux.

OPPENHEIM (Dennis), *Electric City, Washington, 1938 - New York 2011,* artiste américain. Pionnier du land art, puis de l'art corporel, il conçut à partir de 1972 des installations mettant en jeu divers matériaux, éléments techniques et énergies.

OPPENHEIMER (Julius Robert), *New York 1904 - Princeton 1967,* physicien américain. Auteur de travaux sur la théorie quantique de l'atome, il fut nommé, en 1943, directeur du centre de recherches de Los Alamos, où furent mises au point les premières bombes A. Par la suite, il refusa de travailler à la bombe H, fut accusé de collusion avec les communistes, puis réhabilité.

▲ Julius Robert **Oppenheimer**

OPPENORDT (Gilles Marie), *Paris 1672 - id. 1742,* architecte et ornemaniste français. Fils d'Alexandre Jean Oppenordt (ébéniste d'origine néerlandaise collaborateur de Boulle), il fut l'un des initiateurs du style rocaille.

Opus Dei, institution catholique fondée en Espagne en 1928 par J. Escrivá de Balaguer. L'Opus Dei a pour but de donner à ses membres, laïques et ecclésiastiques, les moyens d'agir selon l'Évangile dans leur vie familiale, sociale, professionnelle ou politique.

ORADEA, v. du nord-ouest de la Roumanie ; 206 614 hab. Centre industriel. – Monuments baroques du XVIIIe s.

ORADOUR-SUR-GLANE (87520), comm. de la Haute-Vienne ; 2 543 hab. Massacre de la quasi-totalité de ses habitants (642 victimes, 6 survivants) par les SS, le 10 juin 1944. Mémorial.

ORAISON (04700), bur. centr. de cant. des Alpes-de-Haute-Provence ; 5 942 hab. *(Oraisonnais).*

ORAL, anc. **Ouralsk,** v. du Kazakhstan, sur l'Oural ; 202 161 hab.

ORAN, en ar. **Wahrān,** v. d'Algérie, ch.-l. de wilaya ; 775 666 hab. *(Oranais).* Université. Port sur la Méditerranée. Centre administratif, commercial et industriel.

ORANAIS n.m., région occidentale de l'Algérie.

ORANGE n.m., fl. d'Afrique australe, qui se jette dans l'Atlantique ; 2 250 km. Son cours inférieur sépare l'Afrique du Sud et la Namibie. Aménagements pour l'hydroélectricité et l'irrigation.

ORANGE (84100), bur. centr. de cant. de Vaucluse ; 30 234 hab. *(Orangeois).* La ville est située à la jonction de l'autoroute du Soleil et de la Languedocienne. – Théâtre (qui accueille un festival annuel d'art lyrique, « les Chorégies d'Orange ») et arc de triomphe romains (Ier s.) ; cathédrale des XIIe et XVIe s. ; musée. – Base aérienne militaire.

▲ **Orange.** Le théâtre antique (fin du Ier s. av. J.-C. - début du Ier s. apr. J.-C.).

ORANGE (État libre d') → **ÉTAT LIBRE.**

ORANGE-NASSAU, famille noble d'Allemagne, dont sont issus les souverains des Pays-Bas (→ **Nassau**).

Orange-Nassau (ordre d'), ordre néerlandais civil et militaire créé en 1892.

Orangerie (musée de l') → **Tuileries** (palais des).

Oranienburg-Sachsenhausen, l'un des premiers camps de concentration allemand (1933 - 1945), créé à Oranienburg (Brandebourg), à 30 km environ au N. de Berlin.

Oratoire (l'), anc. chapelle des oratoriens, à Paris, transformée en 1811 en un temple protestant et devenue le siège du Consistoire réformé.

Oratoire de France, société cléricale fondée en 1611 par le cardinal de Bérulle et vouée à la prédication, aux recherches érudites et à l'enseignement. Supprimée en 1792, 1880 et 1903, la société a été à chaque fois reconstituée.

Oratoire d'Italie, société cléricale sans vœux, fondée en 1564 par saint Philippe Neri, et dont les membres s'adonnent essentiellement à l'enseignement et à la prédication.

ORB n.m., fl. de France, dans le Languedoc, qui rejoint la Méditerranée ; 145 km. Il passe à Béziers.

ORBÁN (Viktor), *Alcsútdoboz, à l'O. de Budapest, 1963,* homme politique hongrois. Cofondateur et président de la Fidesz[-Alliance civique] (droite), il est Premier ministre de 1998 à 2002 et depuis 2010.

ORBAY (D') → **D'ORBAY.**

ORBE n.f., riv. de Suisse, née en France, près de Morez ; 57 km. Elle traverse le lac de Joux et, sous le nom de *Thièle,* rejoint le lac de Neuchâtel à Yverdon.

ORBIGNY (Alcide **Dessalines d'**), *Couëron 1802 - Pierrefitte-sur-Seine 1857,* naturaliste français. Auteur d'une *Paléontologie française* (1840-1860), disciple de Cuvier, il est l'un des fondateurs de la paléontologie stratigraphique. — **Charles Dessalines d'O.,** *Couëron 1806 - Paris 1876,* naturaliste et géologue français, frère d'Alcide. Il est notamm. l'auteur d'un *Dictionnaire universel d'histoire naturelle* (1839-1849).

ORCADES, en angl. **Orkney,** archipel de Grande-Bretagne, au N. de l'Écosse ; 21 349 hab. ; ch.-l. *Kirkwall.* Mainland est la plus grande des 90 îles. Élevage. Pêche. Terminal pétrolier.

ORCADES DU SUD, archipel britannique de l'Atlantique sud.

ORCAGNA (Andrea **di Cione,** dit **l'**), peintre, sculpteur et architecte italien, documenté à Florence de 1343 à 1368. En retrait par rapport aux innovations de Giotto, il apparaît dans son œuvre peint et sculpté comme le dernier grand représentant du gothique florentin. Il eut deux frères peintres, **Nardo** et **Iacopo di Cione.**

ORCHIES (59310), bur. centr. de cant. du Nord ; 8 631 hab. *(Orchésiens).*

ORCHOMÈNE [ɔrkɔ-], ville de Béotie, dont elle fut le centre le plus important à l'époque mycénienne. Imposants remparts (VIIe-IVe s. av. J.-C.).

ORCIÈRES (05170), comm. des Hautes-Alpes ; 738 hab. Sports d'hiver (alt. 1 450 - 2 650 m).

ORCIVAL (63210), comm. du Puy-de-Dôme ; 235 hab. *(Orcivalois).* Église romane du XIIe s. (chapiteaux ; Vierge à revêtement d'orfèvrerie). Château de Cordès (XIIe-XVIIe s.).

ORDJONIKIDZE → **VLADIKAVKAZ.**

ORDOS n.m., plateau de Chine, dans la grande boucle du Huang He.

Ordre moral, nom donné à la politique conservatrice et cléricale définie par le duc de Broglie après la chute de Thiers (26 mai 1873). Incarné par Mac-Mahon, il avait pour but de préparer une restauration monarchique, qui ne put aboutir.

Or du Rhin (l'), opéra de Wagner, prologue en quatre tableaux de la *Tétralogie**.

ÖREBRO, v. de Suède, à l'O. de Stockholm ; 142 618 hab. Château reconstruit au XVIe s. ; musées.

ORÉE-D'ANJOU, comm. de Maine-et-Loire ; 16 499 hab.

OREGON, État des États-Unis, sur le Pacifique ; 4 142 776 hab. ; cap. *Salem* ; v. princ. *Portland.* Il est bordé au N. par le fl. Columbia (anc. *Oregon*).

OREL, v. de Russie, sur l'Oka ; 317 854 hab. Aciérie.

ORENBOURG, v. de Russie, sur l'Oural ; 546 987 hab. Gaz naturel.

ORÉNOQUE n.m., en esp. **Orinoco,** fl. du Venezuela, qui se jette dans l'Atlantique par un vaste delta ; 2 160 km ; bassin de 900 000 km².

ORENSE, v. d'Espagne (Galice), ch.-l. de prov. ; 105 636 hab. Cathédrale romano-gothique (portails sculptés) et autres monuments.

ORESME (Nicole), *en Normandie v. 1325 - Lisieux 1382,* prélat et érudit français. Évêque de Lisieux, il est l'un des premiers à avoir rédigé ses traités scientifiques et philosophiques en français.

ORESTE MYTH. GR. Fils d'Agamemnon et de Clytemnestre, frère d'Électre. Pour venger la mort de son père, il tua sa mère et l'amant de celle-ci, Égisthe, meurtrier d'Agamemnon.

Orestie (l'), trilogie tragique d'Eschyle (458 av. J.-C.), qui a pour sujet la légende d'Oreste (*Agamemnon, les Choéphores* et *les Euménides*).

ØRESUND ou **SUND,** détroit reliant le Cattégat à la Baltique, entre l'île danoise de Sjaelland et le littoral suédois. Il est franchi par un pont-tunnel (routier et ferroviaire).

OREZZA, station thermale de la Haute-Corse (comm. de Rapaggio). Eaux de table.

Orfeo → **Orphée.**

ORFF (Carl), *Munich 1895 - id. 1982,* compositeur allemand. Auteur de la cantate *Carmina burana* (1937), il mit au point une méthode d'éducation musicale fondée sur le rythme.

ORFILA (Mathieu), *Mahón, Minorque, 1787 - Paris 1853*, médecin et chimiste français. Auteur de travaux sur la toxicologie, il écrivit notamm. un célèbre *Traité des poisons* (1813-1815).

Organisation commune africaine et mauricienne → **OCAM.**

Organisation de coopération et de développement économiques → **OCDE.**

Organisation de la coopération islamique → **OCI.**

Organisation de l'aviation civile internationale (OACI), organisation internationale créée en 1944 par la convention de Chicago pour développer et réglementer les transports aériens internationaux et en augmenter la sécurité. Elle devint, en 1947, une institution spécialisée de l'ONU. (Siège : Montréal.)

Organisation de libération de la Palestine → **OLP.**

Organisation de l'unité africaine (OUA) → **Union africaine.**

Organisation des États américains → **OEA.**

Organisation des Nations unies → **ONU.**

Organisation des Nations unies pour l'alimentation et l'agriculture → **FAO.**

Organisation des Nations unies pour l'éducation, la science et la culture → **Unesco.**

Organisation des pays exportateurs de pétrole → **OPEP.**

Organisation du traité de l'Asie du Sud-Est → **OTASE.**

Organisation du traité de l'Atlantique Nord → **OTAN.**

Organisation internationale de la francophonie (OIF), organisation internationale à vocation politique et culturelle. Structurée formellement en 1998, elle prolonge et fédère les nombreux programmes et institutions de coopération multilatérale mis en place depuis le début des années 1970 dans le cadre de la solidarité francophone. L'OIF, qui rassemble auj. 61 États et gouvernements membres de plein droit ou associés et 27 États observateurs (dont la Thaïlande, suspendue depuis 2014), a pour instance suprême la Conférence – ou Sommet – des chefs d'État et de gouvernement des pays ayant le français en partage, qui se réunit en principe tous les deux ans. Elle est représentée de manière permanente par un secrétaire général. *(V. carte page 2036.)*

Organisation internationale du travail (OIT), organisation internationale créée en 1919 par le traité de Versailles pour promouvoir la justice sociale par l'amélioration des conditions de vie et de travail dans le monde. Devenue institution spécialisée de l'ONU en 1946, elle élabore les conventions internationales. Son assemblée plénière, la *Conférence internationale du travail*, est composée de délégués du gouvernement, des employeurs et des travailleurs de tous les États membres (auj. 187). Le secrétariat de l'OIT est assuré par le *Bureau international du travail* (BIT). [Siège : Genève.] (Prix Nobel de la paix 1969.)

Organisation maritime internationale (OMI), organisation internationale créée en 1948 pour assister les gouvernements dans la réglementation des techniques de navigation et perfectionner les règles de sécurité maritime. Elle est devenue une institution spécialisée de l'ONU en 1959. (Siège : Londres.)

Organisation mondiale de la propriété intellectuelle (OMPI), organisation internationale créée en 1967 pour promouvoir la protection de la propriété intellectuelle. Elle est devenue une institution spécialisée de l'ONU en 1974. (Siège : Genève.)

Organisation mondiale de la santé → **OMS.**

Organisation mondiale du commerce → **OMC.**

Organisation pour la sécurité et la coopération en Europe → **OSCE.**

Organisation pour l'interdiction des armes chimiques (OIAC), organisation internationale chargée de la mise en œuvre de la *Convention sur l'interdiction des armes chimiques* (CIAC), traité multilatéral signé en 1993 et entré en vigueur en 1997. Elle a pour missions principales de vérifier la destruction de toutes les armes chimiques existantes, de prendre les mesures propres à mettre fin à la fabrication de ces armes, d'assister et de protéger les pays membres faisant l'objet de menaces ou d'attaques à l'arme chimique. (Siège : La Haye.) [Prix Nobel de la paix 2013.]

Organon, nom donné à l'ensemble des traités de logique d'Aristote.

ORGNAC-L'AVEN (07150), comm. de l'Ardèche ; 584 hab. *(Orgnacois).* Grotte du paléolithique ancien et moyen, d'une hauteur de 7 m, dont le niveau le plus ancien contient des industries acheuléennes et de la faune de bovidés, chevaux, cervidés. Cité de la Préhistoire.

ORHAN GAZI, *1281 - 1359 ou 1362*, souverain ottoman (1326 - 1359 ou 1362). Il fit de Bursa sa capitale et prit pied en Europe (près de Gallipoli, 1354).

ORIBASE, *Pergame v. 325 - Constantinople 403*, médecin grec. Attaché pendant un temps à l'empereur Julien, il rassembla les écrits des anciens médecins.

Orient (Églises chrétiennes d'), ensemble des grandes communautés chrétiennes orientales qui se sont développées, avec leurs rites, leurs langues liturgiques et leurs disciplines propres, en dehors du catholicisme latin et qui, pour la plupart, se sont séparées de ce dernier. Elles comprennent notamment les Églises préchalcédoniennes (dites nestoriennes ou monophysites), qui n'ont pas reconnu les conciles d'Éphèse (431) et de Chalcédoine (451), et les Églises orthodoxes, placées sous la juridiction du patriarche de Constantinople et dont la séparation d'avec Rome remonte à 1054. Parmi les communautés orientales rattachées à Rome (dites parfois « uniates »), la plus importante est l'Église maronite.

ORIENT (Empire romain d'), partie orientale de l'Empire romain, qui s'organisa, à partir de 395, en État indépendant (→ **byzantin** [Empire]).

Orient (question d'), ensemble des problèmes posés, à partir du XVIIIe s., par le démembrement de l'Empire ottoman. Les soulèvements chrétiens en Arménie, en Crète et en Macédoine amenèrent les grandes puissances à intervenir pour dominer l'Europe balkanique ainsi que la Méditerranée orientale.

Orient-Express, train de luxe international à grand parcours, créé en 1883, qui reliait Paris à Constantinople (Istanbul).

ORIGÈNE, *Alexandrie v. 185 - Césarée ou Tyr v. 252/254*, théologien, Père de l'Église grecque. Il fit de l'école d'Alexandrie une école de théologie célèbre, mais ses idées, systématisées aux siècles suivants dans un courant de pensée appelé l'*origénisme*, suscitèrent de vives controverses. Initiateur en matière d'exégèse *(Hexaples)*, Origène eut une large influence sur la théologie postérieure.

origine des espèces par voie de sélection naturelle (De l'), livre de C. Darwin, publié en 1859. L'auteur y expose ses conceptions sur le transformisme, en particulier le rôle de la lutte pour la vie et de la sélection naturelle dans l'évolution des faunes et des flores. Cet ouvrage eut une profonde influence sur la pensée scientifique.

▲ **Orléans.** La cathédrale Ste-Croix (XIIIe-XVIIIe s.).

ORIOLA (Christian d'), *Perpignan 1928 - Nîmes 2007*, escrimeur français. Il fut quatre fois champion du monde (1947, 1949, 1953 et 1954) et deux fois champion olympique (1952 et 1956) au fleuret, en individuel.

ORION MYTH. GR. Chasseur géant tué par Artémis, qu'il avait offensée. Il fut changé en constellation.

ORION, constellation équatoriale. Ses quatre étoiles les plus brillantes dessinent un grand quadrilatère, au milieu duquel s'inscrit un alignement oblique de trois étoiles moins lumineuses. Orion abrite l'une des rares nébuleuses perceptibles à l'œil nu.

ORISSA, anc. État de l'Inde qui a pris, en 2011, le nom d'Odisha.

ORIZABA, v. du Mexique, dominée par le *volcan d'Orizaba*, ou Citlaltépetl (5 700 m), point culminant du Mexique ; 120 911 hab. (410 372 hab. dans l'agglomération).

ORKNEY, nom anglais des Orcades*.

ORLANDO, v. des États-Unis (Floride) ; 262 372 hab. (1 459 078 hab. dans l'agglomération). À proximité, parc de loisirs Walt Disney World Resort.

ORLANDO (Vittorio Emanuele), *Palerme 1860 - Rome 1952*, homme politique italien. Président du Conseil de 1917 à 1919, il représenta son pays à la conférence de Versailles (1919).

ORLÉANAIS n.m., anc. province de France (cap. *Orléans*), qui a formé les départements du Loiret, de Loir-et-Cher et d'Eure-et-Loir. À plusieurs reprises et une dernière fois en 1661, il constitua un duché qui était l'apanage de la famille d'Orléans.

ORLÉANS, ch.-l. de la Région Centre-Val de Loire et du dép. du Loiret, à 115 km au S. de Paris ; 118 107 hab. *(Orléanais).* Centre d'une métropole regroupant 22 communes (279 549 hab.). Évêché. Académie et université. Cour d'appel. Industries variées. – Métropole religieuse dès le IVe s., ville capétienne, Orléans fut le principal foyer loyaliste durant la guerre de Cent Ans. Jeanne d'Arc la délivra des Anglais en 1429. – Très endommagée en 1940, la ville conserve cependant sa cathédrale gothique (XIIIe-XVIIIe s.) et plusieurs églises médiévales ; musées. — Forêt d'**Orléans,** forêt qui s'étend sur la rive droite de la Loire, en amont d'Orléans (35 000 ha env.).

ORLÉANS (île d'), île du Canada (Québec), au milieu du Saint-Laurent, en aval de la ville de Québec. Tourisme.

ORLÉANS, nom de quatre familles princières de France. La *première maison* (Orléans-Valois) eut pour fondateur et unique membre Philippe Ier, fils du roi Philippe VI, mort sans héritier en 1375. La *deuxième maison* (Orléans-Valois) est représentée par Louis Ier, frère du roi Charles VI, mort en 1407, par son fils Charles d'Orléans, le poète, mort en 1465, et son petit-fils Louis II, devenu en 1498 le roi Louis XII. La *troisième maison* (Orléans-Bourbon) eut pour chef et unique membre Gaston d'Orléans, frère du roi Louis XIII, mort en 1660. La *quatrième maison* (Orléans-Bourbon) commence avec Philippe Ier, frère de Louis XIV, mort en 1701. Ses principaux membres furent Philippe II, le Régent, mort en 1723 ; Louis Philippe Joseph, dit Philippe Égalité, guillotiné en 1793 ; Louis-Philippe II, devenu en 1830 le roi Louis-Philippe Ier. Le représentant actuel en est Henri d'Orléans, comte de Paris (né en 1933), fils aîné d'Henri d'Orléans, comte de Paris (1908 - 1999) [→ **Bourbon** (maisons de)].

ORLÉANS (Charles d'), *Paris 1394 - Amboise 1465*, poète français. Fils de Louis d'Orléans, frère de Charles VI, il fut prisonnier des Anglais (1415 - 1440) après la défaite d'Azincourt. À son retour en France, il épousa, en troisièmes noces, Marie de Clèves, avec qui il eut un fils, le futur Louis XII. Il tint à Blois une cour raffinée. Son œuvre poétique, qui unit l'esprit chevaleresque, l'amour courtois et la nostalgie du temps enfui, comprend surtout des rondeaux et des ballades.

ORLÉANS (Gaston, comte **d'Eu,** duc **d'**), *Fontainebleau 1608 - Blois 1660,* prince français. Fils d'Henri IV et de Marie de Médicis, frère cadet de Louis XIII, il resta l'unique héritier du trône jusqu'à la naissance du futur Louis XIV. Il prit part aux complots contre Richelieu, puis contre Mazarin. Il fut exilé à Blois en 1652.

◄ Gaston d'**Orléans.** (Château de Versailles.)

ORLÉANS (Henri **d'**), duc **d'Aumale** → **AUMALE** (Henri d'Orléans, duc d').

ORLÉANS (Louis Charles Philippe **d'**) → **NEMOURS** (duc de).

ORLÉANS (Louis Philippe Joseph, duc **d'**), dit **Philippe Égalité,** *Saint-Cloud 1747 - Paris 1793,* prince français. Arrière-petit-fils du Régent, ouvert aux idées nouvelles, il fut député aux États généraux (1789) et à la Convention (1792), où, sous le nom de Philippe Égalité, il vota la mort de Louis XVI (1793). Lui-même périt sur l'échafaud. Il est le père de Louis-Philippe.

▲ Louis Philippe Joseph d'**Orléans,** dit **Philippe Égalité,** par sir Josuah Reynolds. (Musée Condé, Chantilly.)

ORLÉANS (Philippe, duc **d'**), *Saint-Germain-en-Laye 1640 - Saint-Cloud 1701,* prince français. Fils de Louis XIII et d'Anne d'Autriche, frère de Louis XIV, il épousa Henriette d'Angleterre (1661), puis Charlotte-Élisabeth, princesse Palatine (1671).

ORLÉANS (Philippe, duc **d'**), dit **le Régent,** *Saint-Cloud 1674 - Versailles 1723,* régent de France (1715 - 1723). Fils de Philippe d'Orléans et de la princesse Palatine, Charlotte-Élisabeth de Bavière, il fit casser le testament de Louis XIV et se fit désigner comme régent de France (1715). Il présida à l'épanouissement de l'esprit Régence, qui s'opposait à l'austérité de la fin du règne de Louis XIV. S'appuyant sur le cardinal Dubois, il conduisit une politique étrangère opposée à celle de Louis XIV, qui amena à de graves démêlés avec Philippe V d'Espagne. À l'intérieur, il échoua dans l'application de la polysynodie et dans la réforme financière préconisée par Law.

▲ Philippe d'**Orléans,** dit **le Régent,** par J.-B. Santerre. (Château de Versailles.)

ORLÉANSVILLE → **CHLEF.**

ORLOV (Grigori Grigorievitch, comte), *1734 - Moscou 1783,* feld-maréchal russe. Favori de la future Catherine II, il participa au complot contre Pierre III (1762).

ORLY (94310), bur. centr. de cant. du Val-de-Marne, au S. de Paris ; 23 515 hab. *(Orlysiens).* Aéroport.

ORMESSON (Lefèvre **d'**), famille française issue de la magistrature. — **Olivier Lefèvre III d'O.,** *1617 - Paris 1686,* magistrat français, fut le rapporteur intègre du procès de Fouquet.

ORMESSON (Jean Lefèvre, comte **d'**), *Paris 1925 - Neuilly-sur-Seine 2017,* écrivain et journaliste français. Ses romans à l'élégance ironique oscillent entre évocation historique et parcours philosophique *(la Gloire de l'Empire,* 1971 ; *Au plaisir de Dieu,* 1974 ; *le Vent du soir,* trilogie, 1985-1987 ; *Histoire du Juif errant,* 1991 ; *le Rapport Gabriel,* 1999 ; *C'est une chose étrange à la fin que le monde,* 2010). [Acad. fr.]

ORMESSON-SUR-MARNE (94490), comm. du Val-de-Marne ; 10 258 hab. *(Ormessonnais).* Golf. – Château des XVIe et XVIIIe s., entouré d'un parc dessiné par Le Nôtre.

ORMONDE (James **Butler,** duc **d'**), *Londres 1610 - 1688,* homme d'État irlandais. Protestant, mais royaliste fervent, il s'efforça, comme lord-lieutenant d'Irlande (1641 - 1647, 1662 - 1669, 1677 - 1684), de défendre les intérêts irlandais.

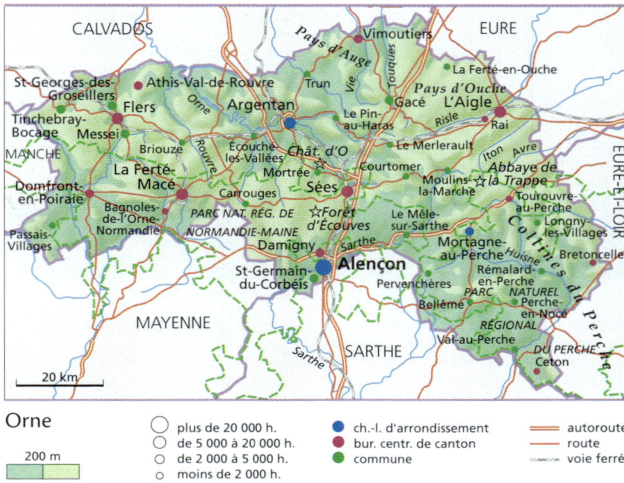

ORMUZ ou **HORMUZ** (détroit **d'**), détroit reliant le golfe Persique au golfe d'Oman et utilisé pour le trafic pétrolier. Il doit son nom à l'*île d'Ormuz* (au S.-E. de Bandar Abbas).

ORMUZD → **AHURA-MAZDĀ.**

ORNANO (famille **d'**), famille d'origine corse qui s'illustra au service de la France dans l'art de la guerre. — **Sampiero d'O.,** dit aussi **Sampiero Corso,** *Bastelica 1498 - La Rocca 1567,* patriote corse. Il favorisa l'intervention française contre la domination génoise et mourut assassiné. — **Alphonse d'O.,** *Ajaccio 1548 - Bordeaux 1610,* maréchal de France, fils de Sampiero. Il fut l'un des meilleurs lieutenants d'Henri IV. — **Jean-Baptiste d'O.,** *Sisteron 1581 - Vincennes 1626,* maréchal de France, fils d'Alphonse. Maréchal de France en 1626, il fut compromis la même année dans le complot de Chalais et mourut en prison.

ORNANS [-nɑ̃] (25290), bur. centr. de cant. du Doubs, dans le Jura, sur la Loue ; 4 456 hab. *(Ornanais).* Constructions mécaniques. – Église du XVIe s. ; musée Courbet.

ORNE n.f., fl. côtier de France, en Normandie ; 152 km. Elle passe à Caen.

ORNE n.f. (61), dép. de la Région Normandie ; ch.-l. de dép. *Alençon* ; ch.-l. d'arrond. *Argentan, Mortagne-au-Perche* ; 3 arrond. ; 21 cant. ; 389 comm. ; 6 103 km² ; 295 936 hab. *(Ornais).* Le dép. appartient à l'académie et à la cour d'appel de Caen, à la zone de défense et de sécurité Ouest. Les campagnes d'Alençon et d'Argentan, surtout céréalières, séparent le Bocage normand, vallonné (417 m à la forêt d'Écouves), des collines du Perche et des extrémités méridionales des pays d'Auge et d'Ouche, régions d'élevage bovin pour la viande et les produits laitiers (fromage, beurre). L'industrie est représentée surtout par les constructions mécaniques et électriques, qui ont largement relayé les activités traditionnelles comme la quincaillerie ou la dentelle. L'exode rural persiste, malgré la croissance (relative) des villes, d'importance moyenne.

OROMO ou **GALLA,** peuple majoritaire d'Éthiopie (env. 30 millions). Christianisés ou islamisés, ils parlent une langue couchitique. L'appellation de *Galla* est à connotation péjorative.

ORONTE n.m., fl. du Moyen-Orient (Liban, Syrie, Turquie), qui se jette dans la Méditerranée ; 570 km. Il traverse Homs et Antakya.

OROSE (Paul), *Tarragone ou Braga v. 390 - Hippone ? v. 418,* prêtre et apologiste espagnol. Disciple de saint Augustin, il est l'auteur d'*Histoires contre les païens* (417-418).

OROZCO (José Clemente), *Ciudad Guzmán, Jalisco, 1883 - Mexico 1949,* peintre mexicain. Figure importante du muralisme, il a exécuté de nombreuses peintures monumentales à l'expressionnisme puissant, tant au Mexique (Palais des beaux-arts de Mexico, 1934 ; université et hôpital Cabañas de Guadalajara, 1936-1939) qu'aux États-Unis.

ORPHÉE MYTH. GR. Poète et musicien, fils de la muse Calliope. Son génie était tel qu'il charmait même les bêtes sauvages. Descendu aux Enfers pour chercher Eurydice, mordue mortellement par un serpent, Orphée charma les gardiens du séjour infernal et obtint le retour d'Eurydice dans le monde des vivants ; mais il ne devait pas la regarder avant d'avoir franchi le seuil des Enfers. Orphée oublia la condition imposée et perdit Eurydice pour toujours. Inconsolable, il fut tué par les Bacchantes, furieuses de son amour exclusif. Le mythe d'Orphée a donné naissance à un courant religieux, l'*orphisme.* – Il a inspiré de nombreuses œuvres musicales, parmi lesquelles : *Orfeo* (1607), drame lyrique en 5 actes de Monteverdi, l'un des premiers opéras ; *Orphée,* drame lyrique en 3 actes de Gluck (1762, version française 1774) ; *Orphée aux Enfers* (1858), opéra parodique en 2 actes et 4 tableaux de J. Offenbach.

Orrorin, nom usuel donné à un hominidé fossile *(Orrorin tugenensis),* dont certains éléments du squelette (dents, fémur, phalanges), datés de 6 millions d'années, ont été découverts au Kenya en 2000.

ORRY (Philibert), *Troyes 1689 - La Chapelle, près de Nogent-sur-Seine, 1747,* homme d'État français. Contrôleur général des Finances (1730 - 1745), colbertiste convaincu, il mit à contribution les privilégiés et encouragea l'industrie nationale et le commerce extérieur.

ORS Y ROVIRA (Eugenio **d'**), *Barcelone 1882 - Villanueva y Geltrú 1954,* philosophe et critique d'art espagnol d'expression catalane et castillane, auteur d'essais d'esthétique (*Du baroque,* 1935).

ORSAY (91400), comm. de l'Essonne, sur l'Yvette ; 16 856 hab. *(Orcéens).* Université et autres établissements d'enseignement et de recherche scientifique.

Orsay (musée **d'**), musée national, à Paris. Ouvert en 1986, doté d'un statut d'établissement public (avec le musée de l'Orangerie), il est installé dans l'anc. gare d'Orsay, sur la rive gauche de la Seine, face aux Tuileries. Chaînon entre le Louvre et le MNAM, il réunit des œuvres des années 1848 à 1914 environ (fin du romantisme, académisme, réalisme, impressionnisme, symbolisme, nabis). *[V. ill. page suivante.]*

▲ Le musée d'**Orsay** depuis le pont Royal.

ORSENNA (Éric **Arnoult,** dit Erik), *Paris 1947,* écrivain français. Il édifie une œuvre variée, reflet de ses passions pour la politique, la mer, l'économie ou la langue française (*l'Exposition coloniale,* 1988 ; *La grammaire est une chanson douce,* 2001 ; *Voyage aux pays du coton,* 2006 ; *La Fontaine, une école buissonnière,* 2017). [Acad. fr.]

ORSINI, famille romaine guelfe, longtemps rivale des Colonna. Trois papes en sont issus : Célestin III, Nicolas III et Benoît* XIII.

Orsini (attentat d') [14 janv. 1858], attentat commis à Paris contre la personne de Napoléon III par le patriote italien Felice **Orsini** (*Meldola 1819 - Paris 1858*). Membre du mouvement Jeune-Italie, qui considérait l'empereur comme traître à la cause italienne, Orsini fut défendu par Jules Favre. Il fut condamné à mort et exécuté.

ORSK, v. de Russie, sur l'Oural ; 239 752 hab. Sidérurgie.

ØRSTED (Christian) → **ŒRSTED.**

ORSTOM (Office de la recherche scientifique et technique outre-mer) → **IRD.**

ORTEGA SAAVEDRA (Daniel), *La Libertad 1945,* homme politique nicaraguayen. Membre du Front sandiniste, coordinateur de la junte à partir de 1981, il est président de la République de 1985 à 1990. Il revient à la tête de l'État en 2007 (ayant largement remporté l'élection présidentielle de nov. 2006). Il est réélu en 2011 et 2016.

ORTEGA Y GASSET (José), *Madrid 1883 - id. 1955,* philosophe et écrivain espagnol. Essayiste, sociologue (*la Révolte des masses*), il a fondé la *Revue de l'Occident* et rénové la philosophie espagnole.

ORTHEZ [-tɛs] (64300), bur. centr. de cant. des Pyrénées-Atlantiques, sur le gave de Pau ; 11 340 hab. (*Orthéziens*). Plastiques. – Donjon, église, pont des XIIIe-XVe s.

ORTLER ou **ORTLES** n.m., massif des Alpes italiennes, dans le Trentin ; 3 899 m.

ORURO, v. de Bolivie, située à 3 700 m d'alt., au N. du lac Poopó ; 264 683 hab. Centre minier et métallurgique (étain).

Orval (abbaye d'), abbaye de Belgique (prov. du Luxembourg), fondée v. 1070 par des bénédictins. Elle fut occupée par des cisterciens (XIIe s.), puis par des trappistes (XVIIe s.). Rebâtie au XVIIIe s., dévastée en 1793, elle a été relevée en 1926.

ORVAULT (44700), comm. de la Loire-Atlantique, banlieue nord-ouest de Nantes ; 26 348 hab. Logistique.

ORVIETO, v. d'Italie (Ombrie) ; 21 083 hab. Centre viticole. – Cathédrale romano-gothique (fresques de Signorelli). Musée municipal (collections étrusques).

ORWELL (Eric **Blair,** dit George), *Motihari, Inde, 1903 - Londres 1950,* écrivain britannique. Ses récits allégoriques (*la Ferme des animaux,* 1945) et d'anticipation (*1984,* 1949) dénoncent les dangers du totalitarisme.

ORZESZKOWA (Eliza), *Milkowszczyżna 1841 - Grodno 1910,* femme de lettres polonaise, auteure de récits d'inspiration sociale (*Meir Ezofowicz*).

OSAKA, v. du Japon, dans le sud de Honshu, sur le Pacifique ; 2 666 371 hab. (11 494 433 hab. dans l'agglomération). Port. Deuxième pôle économique du Japon et centre industriel diversifié. – Temples et musées. – Aéroport dans la *baie d'Osaka.*

OSASCO, v. du Brésil, banlieue de Sao Paulo ; 637 617 hab.

OSBORNE (John), *Londres 1929 - Shrewsbury 1994,* auteur dramatique britannique, chef de file des « Jeunes* Gens en colère » (*la Paix du dimanche, Témoignage irrecevable*).

OSBORNE (Thomas) → **DANBY** (Thomas Osborne, lord).

OSCAR II, *Stockholm 1829 - id. 1907,* roi de Suède (1872 - 1907) et de Norvège (1872 - 1905). Frère et successeur de Charles XV, il dut accepter la rupture de l'union de la Suède et de la Norvège (1905).

OSCE (Organisation pour la sécurité et la coopération en Europe), organisation issue en 1995 de l'ensemble des négociations tenues à partir de 1973 (sous l'appellation de CSCE [Conférence sur la sécurité et la coopération en Europe]) entre les États européens, le Canada et les États-Unis, afin d'établir un système de sécurité et de coopération en Europe. Lors du sommet de 1975, la CSCE adopte l'Acte final d'Helsinki, qui précise les principes régissant les relations entre les États signataires (partic. l'inviolabilité des frontières et le respect des droits de l'homme). Lors du deuxième sommet (Paris, 1990) est signée la Charte pour une nouvelle Europe. Après l'adhésion de nouveaux pays (notamm., à partir de 1991 - 1992, ceux issus de l'éclatement de l'URSS et de la Yougoslavie), l'organisation compte auj. 57 États membres. (Siège : Vienne.)

OSÉE, prophète biblique (VIIIe s. av. J.-C.).

OSÉE, dernier roi d'Israël (732 - 724 av. J.-C.). Il conspira avec l'Égypte contre l'Assyrie, fut fait prisonnier et mourut en exil.

OSHAWA, v. du Canada (Ontario), sur le lac Ontario ; 159 458 hab. Port. Industrie automobile.

OSHIMA NAGISA, *Kyoto 1932 - Fujisawa 2013,* cinéaste japonais. Son cinéma d'auteur, représentatif de la nouvelle vague japonaise, traite avec audace du sexe, de la mort et de la transgression (*la Pendaison,* 1968 ; *la Cérémonie,* 1971 ; *l'Empire des sens,* 1976 ; *Furyo,* 1983 ; *Tabou,* 2000).

OSHOGBO, v. du sud-ouest du Nigeria ; 250 951 hab.

OSIANDER (Andreas **Hosemann,** dit Andreas), *Gunzenhausen, Brandebourg-Ansbach, 1498 - Königsberg 1552,* théologien protestant et savant allemand. Il signa les articles de Smalkalde et publia l'astronomie de Copernic.

OSIJEK, v. de Croatie, sur la Drave ; 83 496 hab. Centre industriel. Université.

OSIRIS, dieu égyptien de la Végétation, époux d'Isis et père d'Horus. Sa mort et sa résurrection ont fait de lui un dieu sauveur qui garantit la survie dans l'au-delà. Il préside le tribunal des morts. Le culte d'Osiris, associé à celui d'Isis, se répandit dans le monde gréco-romain.

ÖSLING ou **OESLING,** région nord du Luxembourg.

OSLO, cap. de la Norvège, au fond d'un golfe formé par le Skagerrak ; 506 944 hab. (970 000 hab. dans l'agglomération). Centre administratif et industriel. Port actif. – Château d'Akershus (v. 1300 et XVIIe s.). Musées, dont la Galerie nationale et le musée Astrup Fearnley (art contemporain) ainsi que, dans l'île de Bygdøy, ceux du Folklore et des Bateaux vikings. – Incendiée au XVIIe s., la ville fut rebâtie par Christian IV de Danemark sous le nom de *Christiania.* Capitale de la Norvège indépendante en 1905, elle reprit son nom d'Oslo en 1925.

Oslo (accord d') → **Washington** (accord de).

OSMAN Ier GAZI, *Söğüt v. 1258 - ? 1326,* fondateur de la dynastie ottomane.

OSNABRÜCK, v. d'Allemagne (Basse-Saxe) ; 153 699 hab. Monuments d'époque gothique. – La ville fut le siège (avec Münster) des négociations des traités de Westphalie (1644 - 1648), qui mirent fin à la guerre de Trente Ans.

OSNY (95520), comm. du Val-d'Oise ; 17 510 hab. (*Osnyssois*).

OSORNO, v. du sud du Chili ; 132 245 hab.

OSQUES, anc. peuple de l'Italie, dans l'Apennin central. Établis en Campanie vers la fin du VIIIe s. av. J.-C., les Osques furent marqués par la culture grecque (à partir du Ve s. av. J.-C.).

OSSA n.m., montagne de Grèce, en Thessalie ; 1 978 m.

OSSAU (vallée d'), vallée des Pyrénées, parcourue par le *gave d'Ossau* (branche-mère du gave d'Oloron) [80 km].

Osservatore Romano (L'), quotidien du Vatican, fondé à Rome en 1861. Imprimé dans la cité du Vatican depuis 1929, il est l'organe officieux du Saint-Siège.

OSSÈTES, peuple de Russie (Ossétie du Nord-Alanie) et de Géorgie (Ossétie du Sud) [env. 570 000]. Descendants des *Alains**, les Ossètes sont agriculteurs sur les pentes du Caucase et dans la plaine du Terek. Chrétiens orthodoxes ou musulmans, ils parlent *l'ossète,* de la famille iranienne. Ils se reconnaissent sous les noms d'*Iron* et de *Digoron.*

OSSÉTIE DU NORD-ALANIE, république de Russie, limitrophe de *l'Ossétie du Sud* ; 712 877 hab. ; cap. *Vladikavkaz.* La population est constituée d'un peu plus de 50 % d'Ossètes de souche et d'environ 30 % de Russes.

OSSÉTIE DU SUD, prov. autonome du nord de la Géorgie ; cap. *Tskhinvali.* La population est constituée de deux tiers d'Ossètes de souche et d'environ 30 % de Géorgiens. – Depuis 1991, des combats opposent les Géorgiens aux Ossètes du Sud qui, avec le soutien de la Russie, aspirent à leur réunification avec les Ossètes du Nord. En août 2008, après une offensive de Tbilissi pour restaurer son autorité dans la province, la Russie mène une guerre éclair en Géorgie, puis reconnaît l'indépendance autoproclamée de l'Ossétie du Sud.

OSSIAN, barde écossais légendaire du IIIe s. Sous son nom, le poète James **Macpherson** (*Ruthven, Inverness, 1736 - Belville, Inverness, 1796*) publia en 1760 des *Fragments de poésie ancienne,* traduits du gaélique et de l'erse, et dont l'influence fut considérable sur la littérature romantique.

OSTENDE, en néerl. **Oostende,** v. de Belgique, ch.-l. d'arrond. de la Flandre-Occidentale, sur la mer du Nord ; 69 969 hab. Station balnéaire. Port. – Musée des Beaux-Arts et musée provincial d'Art moderne ; maison de J. Ensor.

OSTERMEIER (Thomas), *Soltau, Basse-Saxe, 1968,* metteur en scène allemand. Il place la thématique des peurs sociales et individuelles au centre de ses mises en scène engagées, qui transposent souvent dans le cadre contemporain les pièces classiques (*Nora [Maison de poupée],* H. Ibsen, 2008 ; *Richard III,* W. Shakespeare, 2015).

OSTERMUNDIGEN, comm. de Suisse (canton de Berne), banlieue de Berne ; 15 438 hab.

OSTIE, en ital. **Ostia,** station balnéaire d'Italie, sur le site du port (auj. comblé) de la Rome antique, près de l'embouchure du Tibre. D'abord port militaire (IIIe s. av. J.-C.), Ostie fut sous l'Empire un grand port de commerce par où passait tout le ravitaillement de Rome. – Importants vestiges (IVe s. av. J.-C.-IVe s. apr. J.-C.) qui témoignent de l'urbanisme romain.

OSTRAVA, v. de la République tchèque, en Moravie, sur l'Odra ; 319 293 hab. Centre houiller et métallurgique. – Église St-Venceslas (XIIIe s.).

OSTROGOTHS, anc. peuple germanique, l'une des grandes fractions des Goths. Le royaume qu'ils avaient bâti de part et d'autre du Dniepr fut détruit par les Huns vers 375. La mort d'Attila

(453) fit renaître leur puissance. Fédérés à Rome, dominant une partie des Balkans, les Ostrogoths pénétrèrent en Italie avec Théodoric en 489. Celui-ci, devenu seul maître de l'Italie et roi en 493, s'installa à Ravenne. Après sa mort (526), son royaume ne put résister à la reconquête byzantine et disparut en 555.

OSTROVSKI (Aleksandr Nikolaïevitch), *Moscou 1823 - Chtchelykovo 1886*, auteur dramatique russe. Ses comédies (*Entre soi on s'arrange toujours*, 1850 ; *la Forêt*) et ses drames (*l'Orage*) font de lui le fondateur du répertoire national.

OSTROVSKI (Nikolaï Alekseïevitch), *Vilia, Volhynie, 1904 - Moscou 1936*, écrivain soviétique. Son roman autobiographique *Et l'acier fut trempé* (1932-1935) fut un modèle pour le réalisme socialiste.

OSTWALD (67540), comm. du Bas-Rhin ; 12 443 hab. *(Ostwaldois)*.

OSTWALD (Wilhelm), *Riga 1853 - Grossbothen, près de Leipzig, 1932*, chimiste allemand. Auteur de travaux sur les électrolytes et la catalyse, il mit au point, en 1907, la préparation industrielle de l'acide nitrique par oxydation catalytique de l'ammoniac. (Prix Nobel 1909.)

OSTYAKS, anc. nom des Khantys*.

OŚWIĘCIM → **AUSCHWITZ.**

OTAKAR II ou **OTTOKAR PŘEMYSL,** *1230 - près de Dürnkrut 1278*, roi de Bohême (1253 - 1278). Il s'empara de l'Autriche (1251) et brigua la couronne impériale. Il fut évincé par Rodolphe de Habsbourg (1273), qui le vainquit et le tua.

OTAN (Organisation du traité de l'Atlantique Nord, en angl. NATO [North Atlantic Treaty Organization]), traité d'alliance entre divers États (auj. au nombre de 29) résolus à assurer leur défense mutuelle et collective. Signé le 4 avril 1949 à Washington par la Belgique, le Canada, le Danemark, les États-Unis, la France (qui se tiendra hors du commandement militaire de l'OTAN de 1966 à 2009), la Grande-Bretagne, l'Islande, l'Italie, le Luxembourg, la Norvège, les Pays-Bas et le Portugal, le traité, garantissant notamm. aux Européens l'appui des États-Unis en cas d'agression, est ratifié en 1952 par la Turquie et la Grèce, en 1955 par l'Allemagne fédérale et, en 1982, par l'Espagne. Après la dissolution du pacte de Varsovie (1991), le Conseil de coopération nord-atlantique (COCONA) est créé – le Conseil de partenariat euro-atlantique, ou CPEA, lui succédera en 1997 –, dans le but d'établir des liens de confiance avec les États de l'Europe de l'Est et ceux issus de l'ex-URSS. À partir de 1994, l'OTAN signe avec ces pays un partenariat pour la paix et, en 1999, trois d'entre eux (Hongrie, Pologne, Rép. tchèque) sont intégrés dans l'organisation. Sept autres (les 3 États baltes, la Bulgarie, la Roumanie, la Slovaquie et la Slovénie) y adhèrent en 2004, rejoints en 2009 par l'Albanie et la Croatie, puis en 2017 par le Monténégro. (Siège du Conseil permanent de l'OTAN : Bruxelles.)

OTARU, v. du Japon (Hokkaido) ; 131 970 hab. Port.

OTASE (Organisation du traité de l'Asie du Sud-Est), alliance défensive conclue à Manille en 1954 entre l'Australie, les États-Unis, la France, la Grande-Bretagne, la Nouvelle-Zélande, le Pakistan, les Philippines et la Thaïlande. Elle fut dissoute en 1977.

Otello → **Othello.**

OTHE (pays d') ou forêt d'**OTHE,** massif boisé, au S. de la Champagne (Aube et Yonne).

Othello, personnage principal de la tragédie homonyme de Shakespeare (v. 1604). Général maure au service de Venise, il est aimé de son épouse Desdémone, qu'il étouffe dans un accès de jalousie, provoqué par la ruse du traître Iago. – L'œuvre a notamment inspiré à Rossini un opéra en trois actes (*Otello*, 1816) et à Verdi un drame lyrique en 4 actes (*Otello*, 1887).

OTHON, en lat. Marcus Salvius **Otho,** *Ferentinum 32 - Brixellum 69*, empereur romain (69) après la mort de Galba. Il fut vaincu par les légions de Vitellius et se tua.

OTHON → **OTTON.**

▲ **Ottawa.** Rideau Street depuis la colline du Parlement.

OTOMI, peuple amérindien du Mexique (env. 350 000). Ils sont réputés pour leurs figurines rituelles en papier découpé.

OTOMO KATSUHIRO, *préf. de Miyagi, au N.-E. de Honshu, 1954*, dessinateur et scénariste japonais de bandes dessinées. Son thriller postapocalyptique *Dômu [Rêves d'enfants]* (1983) compte parmi les premiers mangas publiés en Occident. Au cinéma, confirmant sa prédilection pour le genre de la science-fiction, il adapte en 1988 sa série culte *Akira* (1982-1990) et réalise en 2004 *Steamboy*.

Otopeni, aéroport de Bucarest.

OTRANTE, v. de l'Italie méridionale (Pouilles), sur le *canal d'Otrante* (qui joint l'Adriatique et la mer Ionienne) ; 5 643 hab. Archevêché. – Cathédrale (XIe-XVe s.).

OTSU, v. du Japon (Honshu), sur le lac Biwa ; 337 629 hab.

OTTAWA, cap. du Canada (Ontario), sur la rivière des Outaouais (*Ottawa River*) ; 934 243 hab. *(Ottaviens)* [1 323 783 hab. dans l'agglomération d'Ottawa-Gatineau]. Universités. Archevêché. Centre administratif et culturel avec quelques industries (édition, télécommunications). – Musées, dont le musée des Beaux-Arts du Canada.

Ottawa (accords d') [1932], série de traités commerciaux signés par le Royaume-Uni, les dominions et l'Inde, et qui favorisaient, par le jeu des tarifs douaniers, les échanges à travers les divers pays du Commonwealth.

Ottawa (convention d') [3 - 4 déc. 1997], convention internationale signée lors de la conférence d'Ottawa et consacrant l'engagement d'un grand nombre d'États à ne plus produire, stocker, utiliser ou exporter des mines antipersonnel, et à en détruire les stocks existants.

OTTER (Anne Sofie von), *Stockholm 1955*, mezzo-soprano suédoise. Interprète inspirée de Mozart, Gluck et R. Strauss (*le Chevalier à la rose*), elle sert tout aussi brillamment des répertoires qui vont de Schubert et Brahms à Offenbach, mais également du classique au jazz.

OTTERLO, section de la comm. d'Ede (Pays-Bas). Dans le parc de la haute Veluwe, musée Kröller-Müller (peintures, notamment de Van Gogh ; parc de sculptures modernes).

OTTIGNIES-LOUVAIN-LA-NEUVE, comm. de Belgique (Brabant wallon), sur la Dyle ; 31 353 hab. Université. – Musées (Beaux-Arts et Archéologie, Hergé).

OTTO (Frei), *Siegmar, près de Chemnitz, 1925 - Leonberg, près de Stuttgart, 2015*, ingénieur et architecte allemand. Il s'est attaché à l'étude d'une architecture dynamique et minimale et a produit des structures gonflables et tendues telles que celle de la couverture du parc olympique de Munich (1968-1972). [Prix Pritzker 2015.]

OTTO (Nikolaus), *Holzhausen 1832 - Cologne 1891*, ingénieur allemand. Il commercialisa les premiers moteurs à combustion interne à quatre temps à compression préalable (1876).

OTTO (Rudolf), *Peine 1869 - Marburg 1937*, philosophe et historien des religions allemand. Il a appliqué l'analyse phénoménologique au sentiment religieux (*le Sacré*, 1917).

OTTOBEUREN, v. d'Allemagne (Bavière), dans les Préalpes de l'Allgäu ; 7 912 hab. Abbaye bénédictine fondée au VIIIe s., reconstruite en style baroque au XVIIIe s. (abbatiale de J. M. Fischer).

OTTOKAR → **OTAKAR II.**

OTTOMAN (Empire), ensemble des territoires sur lesquels le sultan ottoman exerçait son autorité.

La formation et l'apogée. V. 1299 : Osman se rend indépendant des Seldjoukides. **1326 :** son fils Orhan s'empare de Bursa, dont il fait sa capitale. **1354 :** il prend pied en Europe, à Gallipoli, et crée le corps des janissaires. **1359 - 1389 :** Murad Ier conquiert Andrinople, la Thrace, la Macédoine et la Bulgarie. **1402 :** Bayezid Ier (1389 - 1403) est défait par Timur Lang (Tamerlan). **1413 - 1421 :** Mehmed Ier reconstitue l'Empire anatolien. **1421 - 1451 :** Murad II reprend l'expansion en Europe. **1453 :** Mehmed II (1451 - 1481) se rend maître de Constantinople, qui devient, sous le nom d'Istanbul, une des métropoles de l'islam. **1454 - 1463 :** il soumet la Serbie et la Bosnie. **1475 :** il vassalise la Crimée. **1512 - 1520 :** Selim Ier conquiert l'Anatolie orientale, la Syrie, l'Égypte. Le dernier calife abbasside se rend à Istanbul. Les sultans portent à partir du XVIIIe s. le titre de calife. **1520 - 1566 :** Soliman le Magnifique établit sa domination sur la Hongrie après la victoire de Mohács (1526), sur l'Algérie, la Tunisie et la Tripolitaine, et assiège Vienne (1529). L'Empire est à son apogée.

La stagnation et le déclin. 1570 - 1571 : la conquête de Chypre est suivie du désastre de Lépante. **1669 :** la Crète est conquise. **1683 :** l'échec devant Vienne entraîne la formation d'une ligue contre les Turcs (Autriche, Venise, Pologne, Russie). **1699 :** le traité de Karlowitz marque le premier recul des Ottomans (perte de la Hongrie). **1774 :** le traité de Kutchuk-Kaïnardji entérine l'ascension de l'Empire russe. **1808 - 1839 :** Mahmud II supprime les janissaires (1826), mais il doit reconnaître l'indépendance de la Grèce (1830) et accepter la conquête de l'Algérie par la France. **1839 :** Abdülmecid (1839 - 1861) promulgue le rescrit qui ouvre l'ère des réformes, le *Tanzimat* (1839 - 1876). **1840 :** l'Égypte devient autonome. **1856 :** le congrès de Paris place l'Empire sous la garantie des puissances européennes. **1861 - 1909 :** sous Abdülaziz (1861 - 1876) et Abdülhamid II (1876 - 1909), l'endettement de l'Empire entraîne une plus grande ingérence des Occidentaux. Le sultan perd la Serbie, la Roumanie, la Tunisie et la Bulgarie. **1908 :** les Jeunes-Turcs* prennent le pouvoir. **1912 - 1913 :** à la suite des guerres balkaniques, les Ottomans ne conservent plus en Europe que la Thrace orientale. **1914 - 1915 :** le gouvernement Jeune-Turc engage l'Empire dans la Première Guerre mondiale aux côtés de l'Allemagne. Il commet un génocide contre les Arméniens (1915). **1918 - 1920 :** l'Empire ottoman est morcelé et occupé par les Alliés, qui imposent le traité de Sèvres. **1922 :** Mustafa Kemal abolit le sultanat. **1924 :** il supprime le califat (→ **Turquie**).

OTTOMANS, dynastie de souverains turcs, issus d'Osman, qui régnèrent sur l'Empire ottoman.

SAINT EMPIRE

OTTON Ier le Grand, *912 - Memleben 973*, roi de Germanie (936 - 973), roi d'Italie (951/961 - 973), premier empereur du Saint Empire romain germanique (962 - 973). Fils d'Henri Ier l'Oiseleur, maître en Allemagne, il se tourna vers l'Italie pour réaliser son idéal de reconstitution de l'Empire carolingien. Il arrêta les Hongrois au Lechfeld (Bavière) en 955 et reçut la couronne impériale des mains du pape Jean XII (962), fondant ainsi le Saint Empire romain germanique. — **Otton II,** *955 - Rome 983*, roi de Germanie (961 - 973), empereur germanique (973 - 983). Fils d'Otton Ier, il fut battu en 982 par les musulmans au cap Colonne (Calabre). — **Otton III,** *980 - Paterno 1002*, roi de Germanie (983), empereur germanique (996 - 1002). Fils d'Otton II, il transféra le siège de son gouvernement à Rome et, influencé par le savant français Gerbert d'Aurillac, dont il fit le pape Sylvestre II, il rêva d'établir un empire romain universel et chrétien. — **Otton IV de Brunswick,** *en Normandie 1175 ou 1182 - Harzburg, Saxe, 1218*, empereur germanique (1209 - 1218). Excommunié par Innocent III (1210), qui soutenait la candidature de Frédéric II de Hohenstaufen, il fut défait à Bouvines (juill. 1214) par Philippe Auguste et ne conserva en fait que le Brunswick.

▲ **Otton Ier le Grand,** effigie présumée.
(Cathédrale de Magdebourg.)

OTTON Ier, *Salzbourg 1815 - Bamberg 1867*, roi de Grèce (1832 - 1862). Fils de Louis Ier de Bavière, impopulaire, il dut accorder une Constitution en 1844. Il abdiqua en 1862.

OTWAY (Thomas), *Trotton 1652 - Londres 1685*, auteur dramatique anglais. On retrouve, dans ses tragédies *(Venise sauvée)* et ses comédies, marquées par l'influence des classiques français, la puissance du théâtre élisabéthain.

ÖTZTAL n.m., massif des Alpes autrichiennes, dans le Tyrol ; 3 774 m. Le corps vêtu d'un homme de la protohistoire (entre 3350 et 3100 av. J.-C.), parfaitement conservé dans la glace, y a été découvert (d'où son surnom d'*Ötzi*) en 1991, à 3 200 m d'alt.

OUA (Organisation de l'unité africaine) → **Union africaine.**

OUADDAÏ ou **OUADAÏ** n.m., région du Tchad, à l'E. du lac Tchad. Anc. État islamisé (XVIe-XIXe s.).

OUAD-MÉDANI, v. du Soudan, sur le Nil Bleu ; 289 482 hab.

OUAGADOUGOU, cap. du Burkina, au centre du pays ; 2 052 530 hab. *(Ouagalais)*. Centre administratif, commercial et industriel. – Festival panafricain du cinéma et de la télévision (« Fespaco »).

OUARGLA, v. d'Algérie, ch.-l. de wilaya, dans le Sahara ; 133 024 hab.

OUARSENIS n.m., massif d'Algérie, au S. du Chlef ; 1 985 m.

OUARZAZATE, v. du Maroc, ch.-l. de prov. ; 71 067 hab. Centrale solaire thermique. Tourisme.

OUATTARA (Alassane), *Dimbokro, près de Yamoussoukro, 1942*, économiste et homme politique ivoirien. Premier ministre d'Houphouët-Boigny (1990 - 1993), directeur général adjoint du FMI (1994 - 1999), il remporte l'élection présidentielle d'oct.-nov. 2010 face à L. Gbagbo mais, ce dernier refusant de reconnaître sa défaite, il n'est investi à la tête de l'État – après une période de quasi-guerre civile – qu'en mai 2011. Il est réélu en 2015.

OUBANGUI n.m., riv. d'Afrique centrale, affl. du Congo (r. dr.) ; 1 160 km. Il sépare la République démocratique du Congo de la République centrafricaine, puis du Congo.

OUBANGUI-CHARI, anc. territoire de l'Afrique-Équatoriale française, constituant auj. la République centrafricaine.

OUCHE (pays d'), région de Normandie, traversée par la Risle.

OUDENAARDE → **AUDENARDE.**

OUDH → **AOUDH.**

OUDINOT (Nicolas Charles), duc de Reggio, *Bar-le-Duc 1767 - Paris 1847*, maréchal de France. Il se distingua à Austerlitz, Friedland, Wagram et Bautzen.

OUDMOURTES, peuple finno-ougrien de Russie (env. 750 000, dont plus de la moitié en Oudmourtie). Ils sont en majorité christianisés, avec persistance de cultes agraires anciens. Leur appellation russe de *Votyaks* est vieillie.

OUDMOURTIE, république de Russie, à l'O. de l'Oural ; 1 522 761 hab. ; cap. *Ijevsk*. La population se compose d'à peine un tiers d'Oudmourtes de souche et de près de 60 % de Russes.

OUDONG, localité du Cambodge, près du Mékong. Anc. cap. – Nécropole royale.

OUDRY (Jean-Baptiste), *Paris 1686 - Beauvais 1755*, peintre et décorateur français. Principalement animalier, il devint peintre des chiens et des chasses du roi (1726). Directeur artistique des manufactures de Beauvais (1734) et des Gobelins, il influença l'évolution de la tapisserie.

OUED (El-), oasis du Sahara algérien ; 134 699 hab.

OUEDRAOGO (Idrissa), *Banfora 1954 - Ouagadougou 2018*, cinéaste burkinabé. Il retrouva dans les mythes africains, qu'il transposa dans la vie actuelle, la grandeur du tragique universel (*le Choix*, 1986 ; *Yaaba*, 1989 ; *Tilaï*, 1990 ; *Samba Traoré*, 1992 ; *Kini et Adams*, 1997).

OUED-ZEM, v. du Maroc (prov. de Casablanca) ; 95 267 hab.

OUELLETTE (Fernand), *Montréal 1930*, écrivain canadien de langue française. Poète de la quête mystique (*Ces anges de sang*, 1955 ; *les Heures*, 1987), il est aussi romancier (*la Mort vive*, 1980) et essayiste (*Figures intérieures*, 1997).

OUENZA n.m., montagne de l'est de l'Algérie ; 1 289 m. Minerai de fer.

OUESSANT, île de Bretagne (Finistère), constituant avec quelques îlots la comm. d'Ouessant (29242) ; 15 km² ; 864 hab. *(Ouessantins)*. Élevage ovin.

Ouest-France, quotidien régional français. Créé à Rennes en 1944, il est le plus grand quotidien régional par son tirage.

OUFA, v. de Russie, cap. du Bachkortostan, au confluent de la Bielaïa et de l'*Oufa* (918 km) ; 1 062 300 hab. Raffinage du pétrole.

OUGANDA n.m., en angl. **Uganda,** État d'Afrique orientale, sur l'équateur ; 237 000 km² ; 34 856 813 hab. *(Ougandais)*.

CAP. *Kampala*. **LANGUE :** *anglais*. **MONNAIE :** *shilling ougandais*. Au N. du lac Victoria, l'Ouganda est un pays de plateaux couverts de savanes, dont l'élevage, le coton, le thé et surtout le café et la pêche (en eau douce) constituent les principales ressources. La population, qui s'accroît rapidement, est formée de groupes variés (dont celui des Baganda).

HISTOIRE La population de l'actuel Ouganda résulte du métissage ancien de Bantous et de peuples nilotiques. **XVIe - XIXe s. :** ces populations constituent de petits États faiblement structurés, mais, au XVIIe s., le royaume du Buganda s'émancipe de la tutelle du Bunyoro et s'impose aux autres États. **1856 - 1884 :** Mutesa, roi, ou kabaka, du Buganda, accueille favorablement les Européens. **1894 :** la Grande-Bretagne établit son protectorat sur l'Ouganda malgré l'attitude plus réticente du fils de Mutesa, Mwanga, qui lutte contre les influences religieuses étrangères, musulmanes et chrétiennes. **1953 - 1955 :** le kabaka Mutesa II, qui réclame l'indépendance pour le Buganda, est déporté en Grande-Bretagne. **1962 :** l'Ouganda, qui regroupe le Buganda, le Bunyoro, l'Ankole, le Toro et le Busoga, devient un État fédéral indépendant, avec à sa tête (1963) Mutesa. **1966 :** Milton Obote succède à Mutesa par un coup d'État et met fin à la fédération des royaumes. **1967 :** la république est proclamée. **1971 :** un nouveau coup d'État amène au pouvoir le général Idi Amin Dada, qui instaure un régime tyrannique. **1979 :** aidée par l'armée tanzanienne, l'opposition prend le pouvoir avec Yusuf Lule, bientôt éliminé par Godfrey Binaisa. **1980 :** Obote retrouve le pouvoir à la faveur d'élections contestées. **1985 - 1986 :** après plusieurs années d'anarchie, de rébellions tribales et de répression, deux coups d'État se succèdent. Le dernier porte au pouvoir Yoweri

Museveni. **1996 :** après l'adoption d'une nouvelle Constitution (1995), Y. Museveni est reconduit à la tête de l'État au terme d'une élection présidentielle (plusieurs fois réélu).

OUGANDA (martyrs de l'), groupe de 22 jeunes Noirs convertis au catholicisme et mis à mort entre 1885 et 1887. Canonisés en 1964.

OUGARIT ou **UGARIT,** cité antique de la côte syrienne, à 16 km au nord de Lattaquié, sur le tell de Ras Shamra. Important centre commercial et culturel au IIe millénaire, royaume vassal des Hittites aux XIVe-XIIIe s. av. J.-C., Ougarit fut détruite au début du XIIe s. av. J.-C. par les Peuples de la Mer. – Quartiers d'habitations, palais et temples ont livré des textes littéraires et des archives comportant des spécimens d'écriture alphabétique cunéiforme.

OUGRÉE, banlieue de Liège. Métallurgie.

OUÏGOURS, peuple turc vivant en Chine (Xinjiang), représenté aussi en Asie centrale (env. 8,5 millions). Ils dominèrent l'empire de Mongolie de 745 env. à 840, se replièrent vers la Chine sous la pression des Kirghiz, passèrent au XIIIe s. sous domination mongole et furent finalement annexés à l'Empire mandchou (révolte en 1864 - 1877). Auj., ils entretiennent des relations très tendues avec les Chinois Han (revendications séparatistes, affrontements récurrents). Passés du chamanisme au manichéisme, ils sont depuis le XVe s. musulmans sunnites. Ils parlent le *ouïgour*, du groupe sud-est des langues turques.

OUISTREHAM (14150), bur. centr. de cant. du Calvados ; 9 341 hab. *(Ouistrehamais).* Port (pêche, plaisance, liaison ferry avec Portsmouth). Station balnéaire (Riva-Bella). – Église des XIIe-XIIIe s. Petit musée du Débarquement.

OUJDA, v. du Maroc, ch.-l. de prov., près de la frontière algérienne ; 494 252 hab.

OULAN-BATOR, anc. **Ourga,** cap. de la Mongolie, sur la Tola ; 1 183 910 hab.

OULAN-OUDE, v. de Russie, cap. de la Bouriatie ; 404 357 hab.

OULED NAÏL (monts des), massif de l'Algérie méridionale, dans l'Atlas saharien. Ils sont habités par des tribus du même nom.

OULIANOVSK → **SIMBIRSK.**

Oulipo (OUvroir de LIttérature POtentielle), groupe d'écrivains créé par le mathématicien François Le Lionnais et R. Queneau en 1960. Cet atelier de littérature expérimentale (fondée sur l'utilisation de contraintes formelles) a notamm. accueilli en son sein I. Calvino, G. Perec, J. Roubaud.

OULLINS (69600), comm. du Rhône, banlieue de Lyon ; 26 750 hab. *(Oullinois).*

OULU, v. de Finlande, sur le golfe de Botnie ; 193 862 hab. Port. – Cathédrale (1776) ; musées.

OUM ER-REBIA n.m., fl. du Maroc occidental, qui se jette dans l'Atlantique ; 556 km. Barrages.

OUM KALSOUM (Fatima **Ibrahim,** dite), *Tamay al-Zahira, province de Dakahlièh, 1898 ? - Le Caire 1975*, chanteuse égyptienne. Elle fut, de 1922 à sa mort, la voix la plus adulée du monde arabe, l'interprète de longues chansons qui disent l'amour, l'attente, la souffrance et la séparation.

◂ **Oum Kalsoum**

OUOLOF → **WOLOF.**

OUOLOGUEM (Yambo), *Bandiagara 1940 - Sévaré 2017*, écrivain malien. Il est l'auteur d'un roman célèbre, *le Devoir de violence* (1968), sur l'histoire de son pays.

OUPEYE, comm. de Belgique (prov. de Liège) ; 24 422 hab.

OUR ou **UR,** cité antique de la basse Mésopotamie (auj. Tell Muqayyar, Iraq), et, selon la Bible, patrie d'Abraham. Occupée dès l'époque d'Obeïd, la cité entra dans l'histoire au IIIe millénaire avec les deux premières dynasties d'Our, à la puissance desquelles mit fin l'empire d'Akkad (v. 2325 - v. 2160 av. J.-C.). La IIIe dynastie d'Our (2111 - v. 2003 av. J.-C.) étend son empire sur toute la Mésopotamie. Mais, ruinée par les Amorrites et les Élamites, elle ne retrouva plus son prestige. – Au cours de fouilles menées depuis 1919, d'innombrables trésors (British Museum et musée de Bagdad) ont été recueillis dans les ruines (ziggourat, palais, etc.) et dans la nécropole de 60 ha.

OURAL n.m., fl. de Russie et du Kazakhstan, né dans l'Oural et qui rejoint la Caspienne ; 2 428 km ; bassin de 231 000 km².

OURAL n.m., chaîne de montagnes de Russie ; 1 894 m. L'Oural constitue une limite conventionnelle entre l'Europe et l'Asie, et s'étend, du N. au S., sur 2 000 km. La richesse du sous-sol de la montagne et de sa bordure (fer, charbon, pétrole, etc.) a fait de cette région l'un des plus grands foyers industriels de la Russie (sidérurgie et métallurgie, chimie), parsemé de grandes villes (Iekaterinbourg, Tcheliabinsk, Magnitogorsk, Oufa, Perm).

OURALSK → **ORAL.**

OURANOS MYTH. GR. Dieu personnifiant le Ciel. Il joue un grand rôle dans la *Théogonie* d'Hésiode, où il est le fils de Gaia. On fait aussi de lui l'époux de celle-ci, avec qui il aurait eu de nombreux enfants, notamment les Titans (dont Cronos) et les Cyclopes.

OURARTOU, royaume de l'Orient ancien (IXe-VIIe s. av. J.-C.) dont le centre était le bassin du lac de Van, en Arménie. Rival des Assyriens au VIIIe s. av. J.-C., il fut affaibli par les invasions cimmériennes ; devenu protectorat assyrien, il fut finalement occupé par les Arméniens (VIIe s. av. J.-C.). – Citadelles en ruine, bronzes, peintures murales et poteries témoignent de l'originalité de sa civilisation, malgré des influences assyriennes et scythes.

OURCQ n.m., riv. de France, affl. de la Marne (r. dr.) ; 80 km. Il naît dans le dép. de l'Aisne et est relié à la Seine par le *canal de l'Ourcq* (108 km).

OURGA → **OULAN-BATOR.**

OURMIA, anc. **Rezaye,** v. du nord-ouest de l'Iran, sur le *lac d'Ourmia* ; 577 307 hab.

OURO PRETO, v. du Brésil (Minas Gerais) ; 69 598 hab. Églises baroques, maisons du XVIIIe s.

OUROUK, cité antique de la basse Mésopotamie (auj. Warka, Iraq). Le légendaire Gilgamesh aurait été son premier roi (v. 2700). Occupé dès l'époque d'Obeïd, le site devint une véritable ville dès la fin du IVe millénaire. Ourouk a donné son nom à la période qui, dès cette haute époque, marque l'entrée de la Mésopotamie dans la civilisation urbaine. – Les vestiges des temples, les premières rondes-bosses, une glyptique remarquable, etc., ont été découverts dans les tells de la cité, où apparut, dès la fin du IVe millénaire, le premier exemple d'écriture pictographique.

OUROUMTSI, en chin. **Wulumuqi,** v. de Chine, cap. du Xinjiang ; 1 753 298 hab. (2 954 226 hab. dans l'agglomération).

OURS (Grand lac de l'), lac du Canada septentrional (Territoires du Nord-Ouest) ; 31 100 km².

OURSE (Grande), constellation boréale. Ses sept étoiles les plus brillantes dessinent une figure souvent désignée sous le nom de *Grand Chariot*. — Petite **Ourse,** constellation boréale, souvent désignée sous le nom de *Petit Chariot*. Elle renferme l'*étoile Polaire*, très voisine du pôle Nord.

OURTHE n.f., riv. de Belgique, affl. de la Meuse (r. dr.), à Liège ; 165 km.

OURY (Max Gérard **Houry,** dit Gérard), *Paris 1919 - Saint-Tropez 2006*, cinéaste français. Ses comédies mémorables (*le Corniaud*, 1965 ; *la Grande Vadrouille*, 1966 ; *la Folie des grandeurs*, 1971 ; *les Aventures de Rabbi Jacob*, 1973) comptent parmi les plus gros succès du cinéma français.

OUSMANE DAN FODIO, *Marata 1754 - ? 1817*, lettré musulman. Fondateur de l'empire peul du Sokoto, il déclara en 1804 la guerre sainte *(djihad)* et se rendit maître des cités haoussa.

OUSSOURI n.m., riv. d'Asie, affl. de l'Amour (r. dr.), qu'il rejoint à Khabarovsk ; 897 km. Il sert de frontière entre la Chine et la Russie.

OUSSOURISK, v. de Russie, au N. de Vladivostok ; 157 946 hab. Carrefour ferroviaire.

Oustacha, société secrète croate, fondée en 1929. Elle organisa l'attentat contre le roi des Serbes, Alexandre Ier (1934). Ses membres, les *Oustachi*, dirigèrent l'État croate indépendant (1941 - 1945), allié aux puissances de l'Axe.

OUSTIOURT, plateau désertique de l'Asie centrale (Kazakhstan et Ouzbékistan), situé entre les mers Caspienne et d'Aral.

OUST-KAMENOGORSK → **EUSKEMEN.**

OUTAOUAIS (rivière des), riv. du Canada, affl. du Saint-Laurent (r. g.) ; 1 120 km. Frontière partielle entre le Québec et l'Ontario, elle passe à Ottawa.

OUTAOUAIS, région administrative du Québec (Canada), sur la rive nord de la *rivière des Outaouais* ; 34 924 km² ; 382 604 hab. ; v. princ. *Gatineau*.

OUTCAULT (Richard Felton), *Lancaster, Ohio, 1863 - Queens, New York, 1928*, dessinateur et scénariste américain, créateur de la bande dessinée moderne (*The Yellow Kid*, 1895 ; *Buster Brown*, 1902).

OUTREAU (62230), bur. centr. de cant. du Pas-de-Calais, banlieue de Boulogne-sur-Mer ; 14 076 hab. *(Outrelois).* Métallurgie.

OUTRE-MER (France d'), ensemble des territoires français dispersés dans le monde et comprenant cinq *départements et Régions d'outre-mer* (DOM-ROM ou DROM) : la Guadeloupe, la Martinique, la Guyane, La Réunion, Mayotte ; cinq *collectivités d'outre-mer* (COM) : la Polynésie française, Saint-Barthélemy, Saint-Martin (partie française), Saint-Pierre-et-Miquelon, Wallis-et-Futuna ; les terres Australes et Antarctiques françaises ; la Nouvelle-Calédonie ; ainsi qu'un îlot inhabité du Pacifique (Clipperton).

Outre-mer 1ère → **Réseau outre-mer 1ère.**

OUTREMONT, anc. v. du Canada (Québec), auj. intégrée dans Montréal.

OUVRARD (Gabriel Julien), *près de Clisson 1770 - Londres 1846*, homme d'affaires français. Fournisseur des armées du Directoire à la Restauration, banquier de Napoléon, il fut plusieurs fois disgracié et emprisonné pour bénéfices frauduleux.

OUYANG XIU, *Luling 1007 - Yingzhou 1072*, écrivain et haut fonctionnaire chinois. Poète et essayiste, il est considéré comme l'un des plus grands écrivains de la dynastie Song.

OUZBÉKISTAN n.m., en ouzbek **O'zbekiston,** État d'Asie centrale ; 447 000 km² ; 28 934 000 hab. *(Ouzbeks).* CAP. *Tachkent*. LANGUE : *ouzbek*. MONNAIE : *soum ouzbek*. *(V. carte page suivante.)*

GÉOGRAPHIE Le pays s'étend du pourtour de la mer d'Aral aux montagnes du Tian Shan et du Pamir. Il est, pour près des trois quarts, peuplé d'Ouzbeks de souche, islamisés. Le climat est souvent aride, mais l'irrigation permet la production de coton, de fruits et de vins, à côté de l'élevage (bovins et surtout ovins). Le sous-sol recèle des minerais (or et uranium), du pétrole et surtout du gaz naturel. Toutefois, l'enclavement du pays est un obstacle au développement.

HISTOIRE **1918 :** une république autonome du Turkestan, rattachée à la république de Russie, est créée dans la partie occidentale de l'Asie centrale conquise par les Russes à partir des années 1860. **1924 :** la république socialiste soviétique d'Ouzbékistan est instaurée sur le territoire de la république du Turkestan et de la majeure partie des anciens khanats de Boukhara et de Khiva (Kharezm). **1929 :** le Tadjikistan s'en sépare. **1990 :** les communistes remportent les premières élections libres. **1991 :** le Soviet suprême proclame l'indépendance de l'Ouzbékistan, qui adhère à la CEI. Islam Karimov est président de la République (plusieurs fois réélu). **2016 :** I. Karimov meurt en cours de mandat (sept.). Assurant l'intérim, le Premier ministre Chavkat Mirzioïev est confirmé à la tête de l'État à l'issue de l'élection présidentielle anticipée (déc.). Il entame une libéralisation économique et politique du pays.

OUZBEKS, peuple vivant en Ouzbékistan, au Kazakhstan, au Tadjikistan, en Afghanistan et en Chine (env. 20 millions). Les Ouzbeks sont issus de tribus qui habitaient dans l'actuel Kazakhstan et qui s'installèrent en Transoxiane au XVe s. (dans les régions centrales des anciennes routes de la soie).

Ouzbékistan

Timur Lang est leur héros national. Les Ouzbeks sont musulmans sunnites et parlent l'*ouzbek*, de la famille des langues turques.

OVERIJSE [ovərɛjs], comm. de Belgique (Brabant flamand), au S.-E. de Bruxelles ; 24 704 hab. Monuments anciens.

OVERIJSSEL, prov. de l'est des Pays-Bas ; 1 139 350 hab. ; ch.-l. *Zwolle*.

Overlord, nom de code du débarquement allié en Normandie (juin 1944).

OVIDE, en lat. **Publius Ovidius Naso,** *Sulmona 43 av. J.-C. - Tomes, auj. Constanța, Roumanie, 17 ou 18 apr. J.-C.,* poète latin. Auteur favori de la société mondaine des débuts de l'Empire, par ses poèmes légers (*l'Art d'aimer, les Héroïdes*) ou mythologiques (*les Métamorphoses**, *les Fastes*), il fut banni pour une raison restée mystérieuse, et mourut en exil malgré les supplications de ses dernières élégies (*les Tristes, les Pontiques*).

OVIEDO, v. d'Espagne, cap. des Asturies ; 220 301 hab. Université. Centre administratif et industriel. – Monuments du IXe s. du mont Naranco ; cathédrale gothique ; musée.

OVIMBUNDU → MBUNDU.

OWEN (sir Richard), *Lancaster 1804 - Londres 1892,* naturaliste britannique. On lui doit de nombreux ouvrages sur l'anatomie comparée et la paléontologie des vertébrés.

OWEN (Robert), *Newtown 1771 - id. 1858,* théoricien socialiste britannique. Riche manufacturier, il créa les premières coopératives de consommation et s'intéressa au trade-unionisme naissant. Ses idées ont imprégné le mouvement chartiste.

OWENS (James **Cleveland,** dit Jesse), *Danville, Alabama, 1913 - Tucson 1980,* athlète américain. Il a remporté quatre titres olympiques (100 m, 200 m, relais 4 × 100 m, saut en longueur) à Berlin, en 1936, et a détenu plusieurs records du monde.

OXENSTIERNA (Axel), comte **de Södermöre,** *Fånö 1583 - Stockholm 1654,* homme d'État suédois. Chancelier (1612), il fut le conseiller du roi Gustave-Adolphe et le chef du Conseil de régence de la reine Christine (1632). Il imposa au Danemark le traité de Brömsebro (1645).

OXFORD, v. de Grande-Bretagne (Angleterre), ch.-l. de l'*Oxfordshire,* au confluent de la Tamise et du Cherwell ; 143 016 hab. (*Oxoniens* ou *Oxfordiens*). Ville pittoresque grâce à ses nombreux collèges ; cathédrale romane et gothique ; musées. Aux environs, palais de Blenheim, par Vanbrugh. – L'université d'Oxford a été fondée au XIIe s. Ensemble de fondations privées indépendantes (les « collèges »), elle est, avec Cambridge, la plus cotée des universités britanniques.

Oxford (mouvement d'), mouvement ritualiste, né à l'université d'Oxford au XIXe s. et qui porta des clergymans à rénover l'Église anglicane établie. Certains, comme Edward Pusey et John Keble, lui restèrent fidèles ; d'autres, comme Newman, passèrent à l'Église romaine.

Oxford (provisions d') ou statuts d'**Oxford** (10 juin 1258), conditions imposées à Henri III, à Oxford, par les barons anglais menés par Simon de Montfort. Elles exigeaient notamment la réunion du Parlement trois fois par an. Le roi les annula dès 1266.

OXUS n.m., anc. nom de l'Amou-Daria*.

OYAMA IWAO, *Kagoshima 1842 - Tokyo 1916,* maréchal japonais. Victorieux de la Chine à Port-Arthur (1894), il commanda en chef pendant la guerre russo-japonaise (1904 - 1905).

OYAPOCK n.m., fl. d'Amérique du Sud, qui se jette dans l'Atlantique ; 370 km. Il sépare la Guyane et le Brésil.

OYASHIO, courant froid du Pacifique. Il longe la côte nord-est de l'Asie.

OYO, v. du sud-ouest du Nigeria ; 369 894 hab.

OYONNAX [ɔjɔna] (01100), bur. centr. de cant. de l'Ain ; 22 975 hab. (*Oyonnaxiens*). Industrie des matières plastiques et de la lunetterie.

OZ (Amos), *Jérusalem 1939 - Tel Aviv 2018,* écrivain israélien. Auteur engagé et militant pour la paix, il mêlait dans ses romans (*Mon Michaël*, 1968 ; *la Boîte noire*, 1987 ; *Seule la mer*, 1999 ; *Une histoire d'amour et de ténèbres*, 2002 ; *Judas*, 2014) et ses nouvelles (*Jusqu'à la mort*, 1971 ; *Entre amis*, 2012) questions existentielles universelles et observation aiguë de la société de son pays.

ÖZAL (Turgut), *Malatya 1927 - Ankara 1993,* homme politique turc. Premier ministre de 1983 à 1989, il a été ensuite président de la République de 1989 à sa mort.

OZANAM (Frédéric), *Milan 1813 - Marseille 1853,* historien et écrivain catholique français. Auteur de travaux sur Dante et sur la littérature germanique, il fut, en 1833, le principal fondateur de la Société Saint-Vincent-de-Paul. Rallié à la République en 1848, il créa avec Lacordaire le journal démocrate-chrétien *l'Ère nouvelle* (1848-1849). Il a été béatifié en 1997.

OZARK (monts), massif des États-Unis, à l'O. du Mississippi. Bauxite.

OZAWA SEIJI, *Hoten, Mandchoukouo, auj. Shenyang, Liaoning, 1935,* chef d'orchestre japonais. Directeur musical du Boston Symphony Orchestra (1973 - 2002), puis de l'Opéra de Vienne (2002 - 2010), il défend un vaste répertoire allant des maîtres classiques à Xenakis et Messiaen.

OZOIR-LA-FERRIÈRE (77330), comm. de Seine-et-Marne ; 20 376 hab. (*Ozoiriens*). Golf.

OZON (François), *Paris 1967,* cinéaste français. Changeant de genre et d'univers d'un film à l'autre, il signe des œuvres stylisées, souvent situées aux frontières de la réalité et du fantastique, hantées par le désir, la sexualité, l'ambiguïté ou le mystère (*Sous le sable*, 2000 ; *Huit Femmes*, 2002 ; *Potiche*, 2010 ; *Frantz*, 2016).

OZOUF (Mona), née **Sohier,** *Lannilis 1931,* historienne française. Ses recherches portent principalement sur la Révolution française et sur la question de l'école publique en France (*la Fête révolutionnaire, 1789 - 1799*, 1976 ; *Dictionnaire critique de la Révolution française* [dir. avec F. Furet], 1988 ; *Jules Ferry*, 2005).

OZU YASUJIRO, *Tokyo 1903 - id. 1963,* cinéaste japonais. Il débuta par des films comiques avant de s'orienter vers des peintures subtiles et dépouillées de la vie familiale : *Gosses de Tokyo/Je suis né, mais…* (1932), *Printemps tardif* (1949), *Voyage à Tokyo* (1953), *le Goût du saké* (1962).

PAASILINNA (Arto), *Kittilä, Laponie, 1942 - Espoo 2018*, romancier finlandais. Dans une nature omniprésente, il mit en scène avec humour des marginaux en quête de liberté (*le Lièvre de Vatanen*, 1975 ; *la Douce Empoisonneuse*, 1988 ; *la Cavale du géomètre*, 1994 ; *Sang chaud, nerfs d'acier*, 2006).

PABLO (Luis de), *Bilbao 1930*, compositeur espagnol. Fondateur d'un studio de musique électronique à Madrid, il reste cependant fidèle aux formes et aux instruments traditionnels (*Éléphants ivres I à IV, Concerto da camera, Retratos de la Conquista, Figura en el mar*).

PABST (Georg Wilhelm), *Raudnitz, auj. Roudnice, Rép. tchèque, 1885 - Vienne 1967*, cinéaste autrichien. Il s'imposa avec *la Rue sans joie* (1925), inaugurant un réalisme social fortement marqué par l'expressionnisme : *Loulou* (1929), *Quatre de l'infanterie* (1930), *l'Opéra de quat'sous* (1931).

PAC (politique agricole commune), ensemble des dispositions prises par les institutions de l'Union européenne en matière agricole.

PACA, abréviation désignant la Région Provence*-Alpes-Côte d'Azur.

PACAUD (Bernard), *Rennes 1947*, cuisinier français. Formé tout jeune chez Eugénie Brazier *(1895 - 1977)* à Lyon, puis chez Claude Peyrot *(né en 1934)* à Paris, il crée sa propre cuisine de produits d'exception qui sont travaillés avec minutie et sensibilité, dans le respect de leur goût naturel et à leur saison.

PACHELBEL (Johann), *Nuremberg 1653 - id. 1706*, compositeur et organiste allemand. Considéré comme le précurseur de J. S. Bach, il est l'auteur de pièces pour clavier, de motets, de cantates, et du célèbre *Canon a 3 con suo Basso und Gigue*.

PACHER (Michael), *Bruneck ?, Haut-Adige, v. 1435 - Salzbourg 1498*, peintre et sculpteur autrichien. Son chef-d'œuvre est le retable de l'église de Sankt Wolfgang (Salzkammergut), avec un *Couronnement de la Vierge* sculpté et des volets, peints, influencés par la Renaissance italienne.

PACHTOUNS, PACHTOUS ou **PATHANS,** peuple vivant dans l'est et le sud de l'Afghanistan et dans le nord-ouest du Pakistan (env. 16 millions). Divisés en grandes tribus, les Pachtouns sont musulmans, en grande majorité sunnites. Leur langue, le *pachto*, ou *pachtou* (dit aussi *afghan*), appartient à la famille iranienne.

PACHUCA DE SOTO, v. du Mexique, cap. de l'État d'Hidalgo ; 267 856 hab. (512 180 hab. dans l'agglomération).

PACIFIQUE (océan), la plus grande masse maritime du globe, entre l'Amérique, l'Asie et l'Australie ; 180 000 000 km^2 (la moitié de la superficie occupée par l'ensemble des océans). Il fut découvert par Balboa en 1513 et traversé pour la première fois par Magellan en 1520. De forme grossièrement circulaire, largement ouvert au sud vers l'Antarctique, communiquant avec l'Arctique par l'étroit passage de Béring, parcouru de dorsales dont les sommets sont des îles (Hawaii, Tuamotu, île de Pâques), le Pacifique est bordé au nord et à l'ouest par une guirlande insulaire et volcanique, longeant de profondes fosses marines, et parsemé, entre les tropiques, de constructions coralliennes (atolls, récifs-barrières).

Pacifique (campagnes du) [déc. 1941 - août 1945], ensemble des opérations aéronavales et amphibies qui, durant la Seconde Guerre mondiale, ont opposé, après Pearl Harbor, le Japon et les États-Unis assistés de leurs alliés. Les épisodes les plus marquants ont été les batailles de la mer de Corail (mai 1942), de Midway (juin 1942), de Guadalcanal (août 1942), de Leyte (octobre 1944), d'Iwo Jima (février 1945), ainsi que les bombardements atomiques d'Hiroshima et de Nagasaki (6 et 9 août 1945).

Pacifique (Conseil du), dit aussi **ANZUS** (*Australia, New Zealand, United States*), organisme réunissant l'Australie, la Nouvelle-Zélande et les États-Unis. Il étudie depuis 1951 la politique et les conditions de défense dans le Pacifique. La Nouvelle-Zélande a suspendu sa participation en 1985.

PACINO (Alfredo James, dit Al), *New York 1940*, acteur et cinéaste américain. Son jeu retenu et intériorisé lui permet d'investir les rôles les plus contrastés (*le Parrain*, F. F. Coppola, 1972, 1974, 1990 ; *l'Épouvantail*, J. Schatzberg, 1973 ; *Un après-midi de chien*, S. Lumet, 1975 ; *Scarface*, B. De Palma, 1983). En 1996, il réalise – et interprète – un premier film remarqué, *Looking for Richard*.

LA GUERRE DANS LE PACIFIQUE 1941-1942

Les conquêtes du Japon

Territoire national
Territoires occupés avant 1940
Opérations et conquêtes
Possessions du Pacifique
Avance extrême

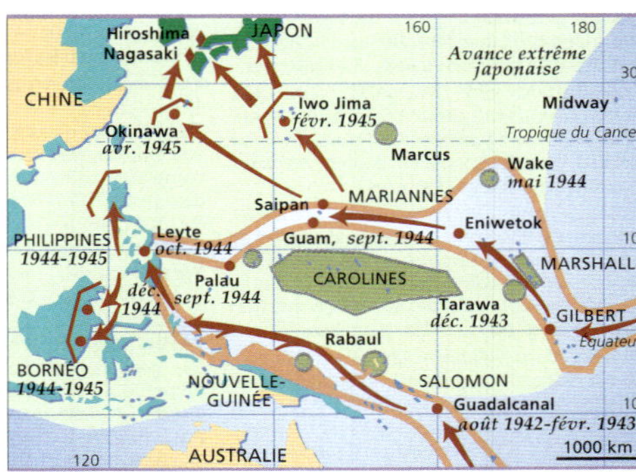

LA GUERRE DANS LE PACIFIQUE 1942-1945

La reconquête américaine

Axes de pénétration des forces américaines
Positions japonaises tournées par les actions américaines
Territoires sous domination japonaise
Débarquements successifs et dates d'occupation définitive
Bombardements nucléaires américains

PACIOLI (Luca), *Borgo San Sepolcro 1445 - Rome v. 1510*, mathématicien italien. Algébriste, il a rédigé une véritable somme des connaissances mathématiques de l'époque, reprenant l'ensemble des acquis arabes (1494).

PACÔME (saint), *en Haute-Égypte 287 - id. 347*, fondateur, avec saint Antoine, du cénobitisme. Soldat converti au christianisme, il fonda le premier monastère de l'histoire chrétienne à Tabennisi, sur le Nil. Sa *Règle*, traduite en latin par saint Jérôme, a influencé le monachisme occidental.

PACTOLE n.m., riv. de Lydie, sur laquelle était bâtie Sardes. Il charriait des paillettes d'or, origine de la richesse du roi Crésus.

PACY-SUR-EURE (27120), bur. centr. de cant. de l'Eure ; 5 433 hab. Matériel électrique. – Église du XIIIe s.

PADANG, v. d'Indonésie, sur la côte ouest de Sumatra ; 833 584 hab. Port. – Musée Adityawarman (architecture minangkabau, collections ethnographiques).

PADERBORN, v. d'Allemagne (Rhénanie-du-Nord-Westphalie) ; 142 365 hab. Cathédrale surtout du XIIIe s. (église-halle) et autres monuments.

PADEREWSKI (Ignacy), *Kuryłówka 1860 - New York 1941*, compositeur, pianiste et homme politique polonais. Il fut le premier président du Conseil de la République polonaise en 1919.

PADIRAC (46500), comm. du Lot, sur le causse de Gramat ; 175 hab. *(Padiracois)*. Gouffre profond de 75 m et rivière souterraine.

PADMA n.f., riv. d'Inde et du Bangladesh ; 300 km env. Principale branche du delta du Gange.

PADOUE, en ital. **Padova,** v. d'Italie (Vénétie), ch.-l. de prov. ; 205 573 hab. *(Padouans)*. Évêché. Université. – Basilique S. Antonio, dite *il Santo*, du XIIIe s. (œuvres d'art) ; fresques de Giotto à la chapelle de l'*Arena* (dite aussi des *Scrovegni*). Musées.

PAEA, comm. de la Polynésie française (Tahiti) ; 12 153 hab.

PAESIELLO → **PAISIELLO.**

PAESTUM, v. de l'Italie ancienne, sur le golfe de Salerne. Colonie grecque (VIIe s. av. J.-C.), elle devint romaine en 273 av. J.-C. – Monuments antiques, dont plusieurs temples grecs qui comptent parmi les principaux exemples de l'ordre dorique. Musée (peintures murales du Ve s. av. J.-C., provenant de la nécropole grecque).

PÁEZ, peuple amérindien de Colombie, installé sur les cordillères encadrant le Cauca.

PÁEZ (José Antonio), *Acarigua 1790 - New York 1873*, général et homme politique vénézuélien. Il participa à la guerre d'indépendance à la tête de troupes irrégulières, les *llaneros*. En 1826, il devint dictateur du Venezuela, qu'il sépara de la Grande-Colombie en 1830. Il fut trois fois président de la République de 1831 à 1863.

PAGALU → **ANNOBÓN.**

PAGAN ou **BAGAN,** anc. cap. des Birmans (XIe-XIIIe s.), en Birmanie centrale, sur l'Irrawaddy, célèbre par ses milliers de stupas, dits « pagodes ».

PAGANINI (Niccolo), *Gênes 1782 - Nice 1840*, violoniste et compositeur italien. D'une légendaire virtuosité, il a composé des concertos pour violon et élargi les possibilités expressives de cet instrument dans ses *24 Caprices*.

PAGÈS (Bernard), *Cahors 1940*, sculpteur français. Proche à ses débuts du « nouveau réalisme » et de Supports/Surfaces, il explore ensuite une voie originale, assemblant des matériaux et des objets de récupération pour créer des formes foisonnantes ou burlesques, parfois monumentales.

PAGNOL (Marcel), *Aubagne 1895 - Paris 1974*, écrivain et cinéaste français. Ses comédies *(Topaze, Marius, Fanny)*, ses recueils de souvenirs *(la Gloire de mon père, le Château de ma mère, le Temps des secrets)* et ses films (*Angèle*, 1934 ; *César*, 1936 ; *la Femme du boulanger*, 1938) évoquent avec tendresse sa Provence natale. (Acad. fr.)

◄ Marcel **Pagnol**

PAHARI, population du Népal.

PAHLAVI, dynastie qui régna sur l'Iran de 1925 à 1979, fondée par Reza Chah (1925 - 1941), à qui succéda son fils Mohammad Reza (1941 - 1979).

PAHOUINS, ensemble de peuples de langue bantoue du Cameroun, de Guinée équatoriale et du Gabon, comprenant notamment les Fang*.

PAIK (Nam Jun-paek, dit Nam June), *Séoul 1932 - Miami 2006*, artiste coréen. Il est l'auteur d'actions et d'environnements faisant intervenir l'électronique (dès les années 1960) et la vidéo (*Moon is the oldest TV*, 1976), dont il fut un pionnier.

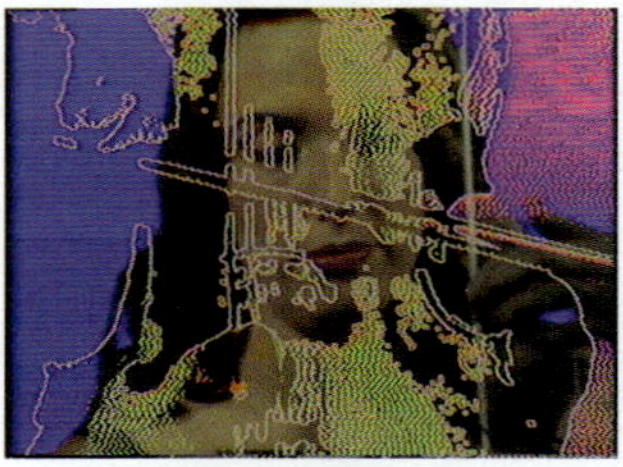

▲ Nam June **Paik.** *Global Groove*, vidéo en collaboration avec John Godfrey, 1973.

Paillasse, personnage de bouffon du théâtre forain, d'origine italienne. Le compositeur Leoncavallo l'a popularisé dans un opéra (1892).

PAIMBŒUF (44560), comm. de la Loire-Atlantique ; 3 305 hab. *(Paimblotins)*. Métallurgie.

PAIMPOL (22500), bur. centr. de cant. des Côtes-d'Armor, sur la Manche ; 7 525 hab. *(Paimpolais)*. Tourisme.

PAIMPONT (forêt de), forêt de Bretagne (Ille-et-Vilaine), au N.-E. de Ploërmel. On l'identifie parfois à la forêt légendaire de Brocéliande*.

PAIN DE SUCRE, en port. **Pão de Açúcar,** relief granitique du Brésil, à l'entrée de la baie de Guanabara, à Rio de Janeiro ; 395 m.

PAINE ou **PAYNE** (Thomas), *Thetford 1737 - New York 1809*, publiciste américain d'origine britannique. Il lutta pour l'indépendance des États-Unis, se réfugia en France et, naturalisé français, fut nommé à la Convention (1792). Mais, emprisonné sous la Terreur, il retourna aux États-Unis (1802).

PAINLEVÉ (Paul), *Paris 1863 - id. 1933*, mathématicien et homme politique français. Spécialiste de l'analyse et de la mécanique, il fut aussi un théoricien de l'aviation et œuvra à son développement. Il fut président du Conseil en 1917 et en 1925. — **Jean P.,** *Paris 1902 - id. 1989*, médecin et cinéaste français. Fils de Paul, il se consacra à partir de 1927 au documentaire scientifique, d'éducation et de culture, dont il fut un pionnier. Il réalisa notamm. *le Vampire* (1945) et *Assassins d'eau douce* (1947).

PAIR-NON-PAIR, grotte ornée située sur la comm. de Prignac-et-Marcamps (Gironde). Gravures pariétales (gravettien et aurignacien).

País (El), quotidien espagnol créé à Madrid en 1976.

PAISIELLO ou **PAESIELLO** (Giovanni), *Roccaforzata, près de Tarente, 1740 - Naples 1816*, compositeur italien. Rival de Cimarosa, il écrivit des opéras (*Il Barbiere di Siviglia*, 1782).

PAISLEY, v. de Grande-Bretagne (Écosse) ; 74 170 hab. Aéroport de Glasgow. – Anc. abbaye.

PAIX (rivière de la), riv. du Canada, affl. de la rivière des Esclaves (r. dr.) ; 1 600 km env. Aménagement hydroélectrique.

PAJOU (Augustin), *Paris 1730 - id. 1809*, sculpteur français. Artiste officiel, bon portraitiste, il perpétue la grâce classique du milieu du XVIIIe s. (*Psyché abandonnée*, marbre de 1790, Louvre).

PAKANBARU, v. d'Indonésie, dans l'intérieur de Sumatra ; 903 902 hab.

PA KIN → **BA JIN.**

PAKISTAN n.m., État fédéral d'Asie, sur l'océan Indien ; 803 000 km^2 ; 182 143 000 hab. *(Pakistanais)*. **CAP.** *Islamabad*. **V. PRINC.** *Karachi* et *Lahore*. **LANGUES :** *ourdou* et *anglais*. **MONNAIE :** *roupie pakistanaise*.

GÉOGRAPHIE Les secteurs irrigués du Sud et surtout du Nord-Est (Pendjab), correspondant à la plaine alluviale de l'Indus et de ses affluents, constituent les parties vitales du Pakistan. Ils fournissent du blé, du riz et du coton (principal produit d'exportation et base de la seule industrie notable, le textile). Le pourtour est formé en grande partie de montagnes peu peuplées (Baloutchistan à l'ouest ; partie de l'Hindu Kuch au nord, souvent frappé par des séismes). Le sous-sol fournit surtout du gaz naturel. Les problèmes économiques (sous-emploi, endettement) s'ajoutent aux conflits ethniques, voire religieux (entre musulmans chiites et sunnites), et aux tensions récurrentes avec l'Inde.

HISTOIRE **1940 :** Ali Jinnah réclame la formation d'un État regroupant les musulmans du sous-continent indien. **1947 :** lors de l'indépendance et de la partition de l'Inde, le Pakistan est créé. Il est constitué de deux provinces : le Pakistan occidental et le Pakistan oriental, formés respectivement par les anciens territoires du Sind, du Baloutchistan, du Pendjab oriental et de la Province du Nord-Ouest d'une part, du Bengale oriental d'autre part. **1947 - 1949 :** un conflit oppose l'Inde au Pakistan à propos du Cachemire. **1956 :** la Constitution établit la République islamique du Pakistan, fédération des deux provinces qui la composent. Iskander Mirza est son premier président. **1958 :** la loi martiale est instaurée. Ayyub Khan s'empare du pouvoir et devient président de la République. **1962 :** il fait adopter une Constitution de type présidentiel. **1965 :** une deuxième guerre indo-pakistanaise éclate. **1966 :** Mujibur Rahman réclame l'autonomie du Pakistan oriental. **1969 :** le général Yahya Khan succède au maréchal Ayyub Khan. **1971 :** le Pakistan oriental fait sécession et devient le Bangladesh. L'Inde intervient militairement pour le soutenir. **1971 - 1977 :** Ali Bhutto, fondateur (1967) du Parti populaire du Pakistan (PPP), met en œuvre le « socialisme islamique ». L'agitation conservatrice et religieuse se développe. **1977 :** un coup d'État renverse Ali Bhutto. **1978 :** le général Zia ul-Haq devient président de la République. **1979 :** A. Bhutto est exécuté. La Loi islamique est instaurée. **1986 :** la loi martiale est levée, mais l'opposition au régime, émanant surtout des milieux chiites, demeure forte. **1988 :** Ghulam Ishaq Khan succède à Zia ul-Haq à la tête de l'État et Benazir Bhutto, fille d'Ali Bhutto, devient Premier ministre. **1989 :** le Pakistan réintègre le Commonwealth, qu'il avait quitté en 1972. **1990 :** B. Bhutto est destituée. Une coalition réunie autour de la Ligue musulmane remporte les élections ; son leader, Nawaz Sharif, est nommé Premier ministre. **1993 :** une grave crise politique entraîne la démission du Premier ministre et du chef de l'État. B. Bhutto revient à la tête du gouvernement. Farooq Leghari est élu à la présidence de la République. **1996 :** B. Bhutto est de nouveau destituée. **1997 :** N. Sharif retrouve le poste de Premier ministre. Une nouvelle crise politique se solde par la démission de F. Leghari, auquel succède Mohamed Rafiq Tarar. **1998 :** à la suite de l'Inde, le Pakistan procède à une série d'essais nucléaires. **1999 :** N. Sharif est renversé par l'armée, dirigée par le général Pervez Mucharraf. **2001 :** après les attentats du 11 septembre*, les États-Unis exigent du gouvernement pakistanais, protecteur avéré du régime des talibans en Afghanistan – accusé de soutenir les terroristes –, qu'il clarifie sa position. Le général Mucharraf (investi en juin président du Pakistan) se range à leurs côtés, en dépit de la solidarité d'une partie de la population pakistanaise avec les islamistes. Cette attitude vaut au Pakistan de recouvrer une légitimité sur la scène internationale, mais elle génère de graves tensions à l'intérieur du pays. **2007 :** alors que la violence islamiste se radicalise, le président Mucharraf, dont le pouvoir se heurte à une opposition grandissante, est réélu à la tête de l'État (oct.) dans des conditions contestées. Benazir Bhutto meurt dans un attentat (déc.), peu après son retour d'exil. **2008 :** les élections (févr.) voient la large victoire du PPP de la famille Bhutto et du parti de Nawaz Sharif, qui font alliance face à P. Mucharraf. Menacé d'une procédure de destitution, ce dernier démissionne (août). Asif Ali Zardari, le mari de Benazir Bhutto, est élu à la

présidence de la République (sept.). Les relations avec l'Inde – qui accuse le Pakistan de protéger les terroristes – se tendent à la suite des attentats de Bombay (déc.). **2009 - 2010 :** les offensives des troupes pakistanaises contre les talibans (notamm. dans les zones tribales du Sud-Waziristan) s'accompagnent d'un regain des violences dans le pays. La gestion désastreuse de la catastrophe humanitaire liée aux inondations meurtrières de 2010 affaiblit encore le pouvoir politique central et renforce l'armée et les islamistes, venus en aide aux populations. **2011 :** la mort de Ben Laden, tué par des forces spéciales américaines dans la maison où il vivait caché, au N. d'Islamabad, est vécue comme une humiliation par l'armée et le sommet de l'État pakistanais (tenus à l'écart de l'opération) et relance la polémique sur un éventuel double jeu du Pakistan, ouvrant une nouvelle période de grande tension avec les États-Unis. **2013 :** les élections (mai), marquées par une forte participation malgré les actions violentes des talibans, sont remportées par la Ligue musulmane du Pakistan (PML-N) ; Nawaz Sharif est chargé pour la troisième fois de diriger le gouvernement. Mamnoon Hussain devient président de la République (sept.). **2014 :** en réponse à une attaque terroriste contre l'aéroport de Karachi, qui met fin à un dialogue entamé en févr. avec les talibans, N. Sharif lance une offensive contre les bases islamistes du Nord-Waziristan (juin). Malgré une intensification de la lutte contre le terrorisme, les attaques très meurtrières se succèdent. **2017 :** N. Sharif est destitué par la Cour suprême pour corruption (juill. ; condamné à de la prison en juill. 2018). Shahid Khaqan Abbasi le remplace. **2018 :** l'ex-champion de cricket Imran Khan devient Premier ministre, après la victoire de son parti (Mouvement du Pakistan pour la justice, PTI) aux élections législatives. Arif Alvi accède à la présidence de la République (sept.).

PALACKÝ (František), *Hodslavice 1798 - Prague 1876*, historien et homme politique tchèque. Son *Histoire de la Bohême* (1836 - 1837) contribua au réveil national tchèque. Il présida le Congrès panslave en 1848.

PALAFOX (José **Rebolledo de**), duc **de Saragosse,** *Saragosse 1776 - Madrid 1847*, général espagnol. Il s'illustra contre les Français par son héroïque défense de Saragosse (1808 - 1809). Il rallia ensuite le parti de la reine Marie-Christine.

Palais (Grand) et **Petit Palais,** monuments élevés à Paris, entre les Champs-Élysées et la Seine, pour l'Exposition universelle de 1900. Le *Grand Palais*, dû aux architectes H. Deglane, A. Louvet et A. Thomas, abrite le palais* de la Découverte, les *Galeries nationales du Grand Palais*, lieu d'expositions artistiques de prestige, et la nef à grandes verrières, où se tiennent des manifestations culturelles et divers événements. Le *Petit Palais*, bâti par C. Girault et devenu en 1902 le palais des Beaux-Arts de la Ville de Paris, ou *musée du Petit Palais*, renferme d'importantes collections permanentes (legs Dutuit, peinture française du XIXᵉ s., etc.) et accueille également des expositions temporaires.

PALAIS (Le) [56360], comm. du Morbihan, sur la côte est de Belle-Île ; 2 639 hab. *(Palantins)*. Port. – Anc. citadelle des XVIᵉ-XVIIᵉ s.

Palais(-)Bourbon → **Bourbon** (palais).

palais de la Découverte, établissement public français à caractère scientifique, culturel et professionnel, situé dans la partie ouest du Grand Palais, à Paris. Créé par Jean Perrin en 1937, il présente les grandes découvertes scientifiques en privilégiant les expériences et les exposés de démonstration. Il abrite des salles thématiques et un planétarium.

PALAISEAU (91120), ch.-l. d'arrond. de l'Essonne, sur l'Yvette ; 33 944 hab. *(Palaisiens)*. École polytechnique. – Église médiévale.

palais Garnier → **Opéra** (théâtre de l').

Palais idéal (le), édifice d'inspiration fantastique sis à Hauterives (Drôme). Il a été construit et décoré, de 1879 à 1912, par le facteur Ferdinand **Cheval** (*Charmes 1836 - Hauterives 1924*), à l'aide de cailloux ramassés durant ses tournées.

Palais-Royal, ensemble monumental de Paris, près du Louvre. Le palais fut construit en 1633 par Lemercier pour Richelieu et nommé *Palais-Cardinal* jusqu'en 1643, quand il fut légué au roi. Celui-ci l'attribua en 1661 aux princes de la maison d'Orléans. Les bâtiments (dont une des annexes est le théâtre de la Comédie-Française) et les jardins ont fait l'objet de profondes modifications successives (P. Contant d'Ivry, V. Louis, Fontaine). Les maisons de rapport à arcades qui entourent ces jardins datent de Philippe d'Orléans, futur Philippe Égalité. La *galerie de Bois* du Palais-Royal fut longtemps un lieu de rendez-vous mondain et intellectuel. Sous la Révolution, l'Empire et la Restauration, le Palais-Royal fut le quartier général de la prostitution et du jeu. Le Conseil d'État, le Conseil constitutionnel et le ministère de la Culture y sont auj. installés.

PALAMAS (Grégoire), *Constantinople v. 1296 - Thessalonique 1359*, théologien de l'Église grecque. Moine au Mont-Athos et archevêque de Thessalonique (1347 - 1359), il consacra sa vie à un approfondissement de l'hésychasme*.

PALAMÁS (Kostís), *Patras 1859 - Athènes 1943*, écrivain grec. Il est l'auteur de poèmes lyriques *(la Vie immuable)* et épiques *(la Flûte du roi)*.

PALAOS n.f. pl., **PALAU** n.m. ou **BELAU** n.m., État d'Océanie ; 487 km² ; 21 000 hab. *(Palaois, Palaosiens, Palauans* ou *Paluans)*.

CAP. *Melekeok*. **LANGUES :** *paluan* et *anglais*. **MONNAIE :** *dollar des États-Unis*. (V. carte **Océanie.**) Placé par l'ONU sous tutelle américaine en 1947, l'archipel devient indépendant en 1994.

PALATIN (mont), une des sept collines de Rome, la plus anciennement habitée (VIIIᵉ s. av. J.-C.). Importants vestiges, avec peintures murales.

PALATINAT n.m., en all. **Pfalz,** région de l'Allemagne, située sur le Rhin, au N. de l'Alsace. Il constitue depuis 1946 une partie de l'État de *Rhénanie-Palatinat*. Dans le cadre du Saint Empire, le terme *palatinat* désignait le domaine des comtes palatins. À partir du XIIᵉ s., il fut réservé au domaine du comte palatin du Rhin (cap. Heidelberg). Passé aux Wittelsbach de Bavière (1214), le Palatinat reçut la dignité électorale en 1356. Limité en 1648 au Palatinat rhénan, le Haut-Palatinat étant attribué à la Bavière, il fut, après 1795, partagé entre la France et les duchés de Bade et de Hesse-Darmstadt.

PALATINE (princesse) → **ANNE DE GONZAGUE** et **CHARLOTTE-ÉLISABETH** de Bavière.

PALAVAS-LES-FLOTS (34250), comm. de l'Hérault ; 6 224 hab. Station balnéaire. Casino. – Aux environs, cathédrale de Maguelone*.

PALAWAN, île du sud-ouest des Philippines ; 892 660 hab.

PALE, v. de Bosnie-Herzégovine, à l'E.-S.-E. de Sarajevo ; 22 282 hab.

PALEMBANG, v. d'Indonésie (sud de Sumatra) ; 1 452 840 hab. Port. Exportation du pétrole.

PALENCIA, v. d'Espagne (Castille-León), ch.-l. de prov. ; 78 892 hab. Industrie automobile. Textile. Cuir. – Cathédrale des XIVᵉ-XVIᵉ s. Musée.

PALENQUE, important centre cérémoniel maya du Mexique (État du Chiapas). Dans le temple dit « des Inscriptions », dressé au sommet d'une pyramide, a été découverte la riche sépulture souterraine d'un roi (période classique).

PALÉOLOGUE, famille de l'aristocratie byzantine qui régna sur l'Empire byzantin de 1258 à 1453, et qui donna aussi des souverains au despotat de Mistra (1383 - 1460).

PALERME, en ital. **Palermo,** v. d'Italie, cap. de la Sicile et ch.-l. de prov., sur la côte nord de l'île ; 653 222 hab. *(Palermitains)* [904 354 hab. dans l'agglomération]. Archevêché. Université. Port. Centre touristique. – Monuments de styles byzantino-arabe (chapelle palatine de Roger II, 1132) et baroque (églises et palais des XVIIᵉ-XVIIIᵉ s.). Musée archéologique ; Galerie régionale de Sicile.

PALESTINE n.f., région du Proche-Orient, entre la Méditerranée et le Jourdain (et la mer Morte), recouvrant auj. l'État d'Israël et les territoires palestiniens (Cisjordanie et bande de Gaza). **1220 - 1200 av. J.-C. :** selon le récit biblique, les Hébreux conquièrent le pays de Canaan. **64 - 63 av. J.-C. :** Rome soumet la région. **132 - 135 apr. J.-C. :** à la suite de la révolte de Bar-Kokhba, de nombreux Juifs sont déportés. **IVᵉ s. :** après la conversion de Constantin, la Palestine devient pour les chrétiens la Terre sainte. **634 - 640 :** la conquête arabe arrache la Palestine aux Byzantins et l'intègre à l'empire musulman. **1099 :** les croisés fondent le royaume latin de Jérusalem. **1291 :** les Mamelouks d'Égypte s'emparent des dernières possessions latines et dominent le pays jusqu'à la conquête ottomane. **1516 :** l'Empire ottoman établit pour quatre siècles sa domination sur la région. **À partir de 1882 :** les pogroms russes provoquent l'immigration juive, qui est encouragée par le mouvement sioniste. **1916 :** la révolte arabe contre les Ottomans est soutenue par la Grande-Bretagne. **1917 - 1918 :** la Grande-Bretagne occupe la région. **1922 :** elle se fait confier par la SDN un mandat sur la Palestine, lequel stipule l'établissement dans la région d'un foyer national juif, conformément à la déclaration Balfour de nov. 1917. **1928 - 1939 :** des troubles sanglants opposent les Palestiniens arabes aux immigrants juifs. **1939 :** le Livre blanc britannique impose des restrictions à l'immigration juive et provoque l'opposition du mouvement sioniste (action terroriste de l'Irgoun). **1947 :** l'ONU décide le partage de la Palestine entre un État juif et un État arabe, partage rejeté par les Arabes. **1948 - 1949 :** l'État d'Israël est proclamé et, après la défaite arabe (première guerre israélo-arabe), les Palestiniens se réfugient massivement dans les États limitrophes. **1949 - 1950 :** la Cisjordanie est intégrée dans le royaume de Jordanie. **1964 :** l'Organisation de libération de la Palestine (OLP) est fondée. **1967 :** la Cisjordanie et la bande de Gaza sont occupées par Israël. **1979 :** le traité de paix israélo-égyptien prévoit une certaine autonomie pour ces deux régions. **À partir de 1987 :** les territoires occupés sont le théâtre d'un soulèvement populaire palestinien (Intifada). **1988 :** le roi Husayn rompt les liens légaux et administratifs entre son pays et la Cisjordanie, reconnaissant l'OLP comme unique et légitime représentant du peuple palestinien (juill.). L'OLP proclame la création d'un État indépendant « en Palestine » (nov.). **1991 :** les Palestiniens et les pays arabes participent avec Israël à la conférence de paix sur le Proche-Orient, ouverte à Madrid en octobre. **1993 :** la reconnaissance mutuelle d'Israël et de l'OLP est suivie par la signature de l'accord israélo-palestinien de Washington. **1994 :** conformément à cet accord, un régime d'autonomie (retrait de l'armée et de l'administration israéliennes, à l'exception des colonies de peuplement juif) est mis en place à Gaza et à Jéricho. L'Autorité nationale palestinienne, présidée par Y. Arafat, s'installe à Gaza. **1995 :** l'autonomie est étendue aux principales villes de Cisjordanie. **1996 :** les premières élections palestiniennes (janv.) désignent le Conseil de l'autonomie palestinienne et son président (Y. Arafat). Le raidissement de la politique israélienne entraîne un blocage du processus de paix, qui dure en dépit du nouvel accord conclu à Wye River (É-U) en 1998. **1999 :** les négociations israélo-palestiniennes sont relancées (accord de Charm el-Cheikh [Égypte]). **2000 :** après l'échec d'une tentative de compromis sur le statut définitif des territoires palestiniens (sommet de Camp David, juill.), Israéliens et Palestiniens en reviennent à une logique d'affrontement (début d'une « nouvelle Intifada », très meurtrière, sept.). À partir de 2001, la radicalisation constante des deux camps plonge la région dans un grave cycle de violences. **2003 :** un poste de Premier ministre de l'Autorité nationale palestinienne est créé, attribué à Mahmud Abbas (avr.-oct.), puis à Ahmad Quray (Ahmed Qoreï). Mais le conflit israélo-palestinien reste aigu, en dépit des initiatives de paix. **2004 :** mort de Y. Arafat (nov.). Mahmud Abbas lui succède à la tête de l'OLP. **2005 :** M. Abbas est élu à la présidence de l'Autorité nationale palestinienne (janv.). Israël décide unilatéralement de se retirer de la bande de Gaza. **2006 :** la large victoire du Hamas aux élections législatives (janv.) est suivie de la formation d'un gouvernement dirigé par son leader, Ismaïl Haniyah (Ismaël Haniyeh). Mais les sanctions économiques prises par Israël, ainsi que par l'Union européenne et les États-Unis, en riposte à l'accession au pouvoir de ce mouvement radical, touchent de plein fouet la population palestinienne. Par ailleurs, des affrontements meurtriers opposent les militants du Hamas à ceux du Fatah, le parti de M. Abbas. **2007 :** après une éphémère tentative de gouvernement d'union nationale, le Hamas prend le contrôle de la bande de Gaza (juin). M. Abbas, soutenu par la communauté internationale, nomme un nouveau gouvernement (dirigé par Salam Fayyad), dont l'autorité réelle se limite à la Cisjordanie. Les États-Unis tentent de réactiver le processus de paix israélo-palestinien (conférence d'Annapolis, nov.). **Fin déc. 2008 - début 2009 :** l'offensive militaire meurtrière d'Israël dans la bande de Gaza, en riposte à des tirs de roquettes sur son territoire, génère un nouveau paroxysme de tension. **Déc. 2009 :** M. Abbas est prolongé à la tête de l'Autorité palestinienne dans l'attente de nouvelles élections. **2010 :** la relance de négociations directes avec Israël, sous l'égide des États-Unis (sept.), se heurte rapidement à une reprise de la colonisation israélienne en Cisjordanie et à Jérusalem-Est. **2011 - 2012 :** des accords de réconciliation sont conclus entre le Hamas et le Fatah, sans effet immédiat. Les Palestiniens affirment leur détermination à voir leur État reconnu par la communauté internationale : après le rejet d'une demande d'admission de la « Palestine » (territoires palestiniens) à l'ONU en qualité de membre à part entière (déposée en sept. 2011), M. Abbas obtient l'adhésion de celle-ci à l'Unesco (oct. 2011) puis – ce qui constitue une importante victoire symbolique – son admission à l'ONU avec le statut d'État observateur (nov. 2012). **2013 :** Rami Hamdallah succède à S. Fayyad, Premier ministre démissionnaire. Les négociations avec Israël reprennent (août 2013), mais se soldent par un nouvel échec (avr. 2014). **Avr. 2014 :** accord entre le Fatah et le Hamas, à l'origine d'un éphémère gouvernement d'union dirigé par R. Hamdallah (juin 2014 - juin 2015). **Juill. - août 2014 :** alors que les facteurs de tension israélo-palestinienne se multiplient, aboutissant à un regain de violences (juin), une campagne militaire meurtrière est menée par Israël sur la bande de Gaza (plus de 2 000 victimes palestiniennes). **2015 :** la « Palestine » devient membre de la Cour pénale internationale (avr.). À partir d'oct., la multiplication d'attaques isolées contre des Juifs en Cisjordanie et en Israël (en partic. à Jérusalem, autour de l'esplanade des Mosquées [mont du Temple pour les Juifs]) conduit à une intensification de la politique répressive israélienne. **2017 :** un processus de réconciliation entre le Fatah et le Hamas avorte à nouveau. **2018 :** les États-Unis durcissent leur politique vis-à-vis de l'Autorité palestinienne, notamm. en supprimant une partie de leur aide financière.

PALESTRINA (Giovanni Pierluigi **da**), *Palestrina 1525 - Rome 1594*, compositeur italien. Il fut l'un des grands maîtres de la musique polyphonique ; on lui doit une centaine de messes (*Messe du pape Marcel*), des motets, des hymnes, des madrigaux.

PALGHAT (trouée de), dépression du Deccan, entre la côte de Malabar et le golfe du Bengale.

Palikao (bataille de) [21 sept. 1860], victoire franco-britannique sur les Chinois, à Palikao (en chin. *Baliqiao*), à l'est de Pékin, où se distingua le général Cousin-Montauban. Elle ouvrait aux Européens les portes de Pékin.

▲ Bernard **Palissy.** Grand plat ovale en céramique de type « rustique figuline », 1560. (Louvre, Paris.)

PALISSY (Bernard), *Agen v. 1510 - Paris 1589 ou 1590*, potier émailleur français. Il est célèbre pour ses terres cuites émaillées, ornées d'animaux moulés au naturel, de plantes et de fruits, dites « rustiques figulines », dont il revêt des grottes (château d'Écouen, jardin des Tuileries). On lui doit d'insignes progrès dans la variété des glaçures, notamment avec ses poteries jaspées, décorées dans l'esprit de l'école de Fontainebleau.

PALK (détroit de), bras de mer séparant l'Inde et le Sri Lanka.

PALLADIO (Andrea **di Pietro,** dit), *Padoue 1508 - Vicence 1580*, architecte italien. Il a construit à Vicence (« Basilique », à partir de 1545 ; divers palais ; théâtre « Olympique »), à Venise (églises S. Giorgio Maggiore [1566-1580], du *Redentore*, etc.) et dans les régions environnantes (villas *la Rotonda**, *la Malcontenta*, *Barbaro*, etc.). Il manie les formes classiques, qu'il teinte de maniérisme, avec une admirable variété. Auteur d'un traité, les *Quatre Livres d'architecture* (1570), il exerça une très forte influence sur l'architecture européenne, et notamment anglaise.

PALLANZA, station touristique d'Italie (Piémont), sur le lac Majeur.

PALLAS, *m. en 63 apr. J.-C.*, affranchi et favori de l'empereur Claude. Sur son conseil, Claude épousa Agrippine et adopta Néron. De concert avec Agrippine, Pallas fit empoisonner son maître, mais fut lui-même empoisonné par Néron.

PALLAVA, dynastie de l'Inde qui régna (IIIe - IXe s.) dans le Deccan oriental.

PALLICE (La), port de commerce de La Rochelle, en face de l'île de Ré.

PALMA ou **PALMA DE MAJORQUE,** v. d'Espagne, cap. des îles Baléares et ch.-l. de prov., dans l'île de Majorque ; 406 492 hab. Port, aéroport et centre touristique. – Anc. palais royaux, gothiques, de l'*Almudaina* et de *Bellver* ; cathédrale gothique des XIIIe-XVIe s., Lonja (anc. Bourse) du XVe s. et autres monuments. Musée de Majorque.

PALMA (La), l'une des îles Canaries ; 87 163 hab. Observatoire astronomique.

PALMA le Vieux (Iacopo **Nigretti,** dit), *Serina, Bergame, v. 1480 - Venise 1528*, peintre italien. Installé à Venise, il a peint des scènes religieuses, des portraits et des nus d'une plénitude sereine. — **Iacopo Nigretti,** dit **P. le Jeune,** *Venise 1544 - id. 1628*, peintre italien, petit-neveu de Palma le Vieux. Il fut le plus actif des peintres décorateurs vénitiens de la fin du XVIe s.

PALMAS (Las), ch.-l. des Canaries et ch.-l. de prov., sur la Grande Canarie ; 377 650 hab. Musée dans la *Casa de Colón* (fin XVe s.).

PALM BEACH, v. des États-Unis (Floride) ; 104 031 hab. Station balnéaire. – Norton Museum of Art.

PALME (Olof), *Stockholm 1927 - id. 1986*, homme politique suédois. Président du Parti social-démocrate, il fut Premier ministre de 1969 à 1976 et de 1982 à 1986. Il fut assassiné.

PALMER (péninsule de) → **GRAHAM** (terre de).

PALMERSTON (Henry **Temple,** vicomte), *Broadlands 1784 - Brocket Hall 1865*, homme politique britannique. Ministre des Affaires étrangères (1830 - 1841 ; 1846 - 1851), il chercha à préserver les intérêts stratégiques et commerciaux de la Grande-Bretagne, et combattit l'influence de la France et de la Russie, notamm. au cours du conflit turco-égyptien (1839 - 1840). Premier ministre de 1855 à 1858 et de 1859 à 1865, il ne put empêcher Napoléon III d'intervenir en faveur de l'indépendance italienne (1860).

Palmes académiques (ordre des), décoration française, instituée en 1808, qui fut transformée en ordre en 1955 pour récompenser les services rendus à l'enseignement, aux lettres et aux arts.

PALMIRA, v. de Colombie ; 302 727 hab.

PALMYRE (« Cité des palmiers »), site historique de Syrie, entre Damas et l'Euphrate. Oasis du désert syrien et carrefour des caravanes, Palmyre monopolisa la plus grande partie du commerce avec l'Inde après la chute de Pétra (106 apr. J.-C.). Avec Odenath (m. en 267) et la reine Zénobie (v. 267 - 272), elle devint la capitale d'un État qui contrôlait une partie de l'Asie Mineure. L'empereur Aurélien mit fin à la domination de Palmyre, qui, dévastée en 273, fut détruite par les Arabes en 634. – Impressionnants vestiges hellénistiques et romains. Riche nécropole. En 2015 et 2017, le site a été la cible des exactions de l'organisation État* islamique.

PALMYRE (La) [17570], station balnéaire de la Charente-Maritime (comm. des Mathes). Parc zoologique.

Palo Alto (école de), mouvement d'idées né dans les années 1950 à l'hôpital psychiatrique de Palo Alto (Californie), sous les auspices de G. Bateson. Elle a contribué à promouvoir l'étude des rites d'interaction et de la communication au sein des groupes (la famille notamm.).

PALOMAR (mont), montagne des États-Unis (Californie) ; 1 871 m. Observatoire astronomique.

PALOS, cap du sud-est de l'Espagne, sur la Méditerranée.

PALOS, village d'Espagne (Andalousie), près de l'estuaire du río Tinto. Port (auj. ensablé), d'où Colomb s'embarqua à la découverte de l'Amérique (3 août 1492).

PALUEL (76450), comm. de la Seine-Maritime ; 456 hab. Centrale nucléaire sur la Manche.

PAMIERS (09100), ch.-l. d'arrond. de l'Ariège, sur l'Ariège ; 16 248 hab. *(Appaméens).* Évêché. Métallurgie. – Église N.-D.-du-Camp, à puissante façade en brique du XIVe s. ; cathédrale reconstruite au XVIIe s.

PAMIR n.m., massif d'Asie centrale. Il est partagé entre le Tadjikistan (7 495 m au pic Ismaïl-Samani) et la Chine (7 719 m au Kongur Shan).

PAMPA (la), région de l'Argentine centrale. Elle constitue une grande zone de culture (blé) et surtout d'élevage (bovins).

PAMPELUNE, en esp. **Pamplona,** v. d'Espagne, cap. de la Navarre et ch.-l. de prov. ; 197 138 hab. Cathédrale gothique du XVe s. ; musées diocésain et de Navarre. Fêtes de San Fermín (lâcher de taureaux dans les rues de la ville jusqu'aux arènes).

PAMPHYLIE, contrée méridionale de l'Asie Mineure, entre la Lycie et la Cilicie ; v. princ. *Aspendos.*

PAMUK (Orhan), *Istanbul 1952,* romancier turc. Dans ses ouvrages historiques ou ses autres récits, il évoque une Turquie partagée entre tradition et modernité *(le Château blanc,* 1985 ; *Mon nom est Rouge,* 1998 ; *Neige,* 2002 ; *Cette chose étrange en moi,* 2014). [Prix Nobel 2006.]

PAMUKKALE, site archéologique de Turquie, à l'emplacement de l'anc. Hiérapolis, ville de Phrygie. Importants vestiges antiques à proximité de pittoresques sources d'eau chaude.

PAN MYTH. GR. Dieu des Bergers et des Troupeaux. Il devint, chez les poètes et les philosophes, une des grandes divinités de la Nature.

PANAJI ou **PANJIM,** v. d'Inde, cap. de l'État de Goa, sur la mer d'Oman ; 58 785 hab. Port. – Églises baroques et autres vestiges portugais aux environs (Velha Goa...).

PANAMA n.m., en esp. **Panamá,** État d'Amérique centrale ; 77 000 km² ; 3 864 000 hab. *(Panaméens).* CAP. *Panama.* LANGUE : *espagnol.* MONNAIES : *balboa* et *dollar des États-Unis.*

GÉOGRAPHIE Les zones montagneuses sont forestières et peu peuplées. Les bassins et les plaines côtières produisent du maïs, du riz et des bananes (exportées). La zone du canal est la région vitale du pays. Le Panama est aussi une importante place financière.

HISTOIRE **XVIe s. :** colonisé par l'Espagne dès 1510, le Panama devient la base de départ pour la colonisation du Pérou. **1519 :** Pedrarias Dávila fonde la ville de Panama. **1739 :** la ville et sa région sont rattachées à la vice-royauté de Nouvelle-Grenade. **1819 :** le pays reste lié à Bogota après l'indépendance de la Grande-Colombie. **1855 :** le rush de l'or en Californie amène la construction du chemin de fer Colón-Panama. **1881 - 1889 :** Ferdinand de Lesseps entreprend le percement d'un canal interocéanique ; faute de capitaux suffisants, les travaux sont suspendus. **1903 :** le Panama proclame son indépendance et la république est établie, à la suite d'une révolte encouragée par les États-Unis. Souhaitant reprendre le projet du canal, ceux-ci se font concéder une zone large de 10 miles allant d'un océan à l'autre. **1914 :** le canal est achevé. **1959, 1964, 1966 :** la tutelle américaine provoque la montée du nationalisme, et des émeutes secouent Panama. **1968 - 1981 :** le général Omar Torrijos domine la vie politique du pays. Il conclut en 1978 avec les États-Unis un traité prévoyant le retour de la zone du canal sous pleine souveraineté panaméenne à la fin de 1999. Mais sa mort accidentelle (1981) est suivie d'une période d'instabilité. **1983 :** le général Manuel Antonio Noriega devient l'homme fort du régime. **1989 :** une intervention militaire américaine renverse Noriega (déc.) ; Guillermo Endara, qui avait été élu en mai, prend alors ses fonctions de président de la République. **1994 :** Ernesto Pérez Balladares est élu à la tête de l'État. **1999 :** Mireya Moscoso lui succède. Les États-Unis restituent définitivement au Panama la zone du canal (déc.). **2004 :** Martín Torrijos (fils du général Omar Torrijos) est élu à la présidence de la République. **2009 :** Ricardo Martinelli lui succède. **2014 :** Juan Carlos Varela devient président de la République. **2016 :** le Panama est pris dans la tourmente d'un scandale financier international (« Panama papers »).

PANAMA, en esp. **Panamá,** cap. de la république de Panama, sur le Pacifique *(golfe de Panama)* ; 880 691 hab. (1 638 000 hab. dans l'agglomération). Port.

Panama (canal de), en esp. **canal de Panamá,** canal interocéanique traversant l'isthme de Panama. Long de 79,6 km, il est coupé par trois jeux d'écluses. Son trafic est en augmentation : de 300 Mt par an en 2010, il devrait atteindre 500 Mt à l'horizon 2025. – Les travaux commencent en 1881 sur l'initiative de Ferdinand de Lesseps. Mais ils sont arrêtés en 1888, et la mise en liquidation de la Compagnie universelle du canal interocéanique (1889) est suivie, en France, par un grave scandale financier et politique (1891 - 1893). Les travaux, repris en 1904, aboutissent à l'ouverture du canal en 1914. Après l'indépendance du Panama, les États-Unis obtiennent par traité la concession de la zone du canal, qui revient sous pleine souveraineté panaméenne en 1999. De 2007 à 2016, le canal est élargi pour ouvrir le passage à des navires de plus gros tonnage.

PANAMA (isthme de), en esp. **istmo de Panamá,** isthme qui unit les deux Amériques, long de 250 km, large au minimum d'une cinquantaine de kilomètres.

PANAME, nom populaire donné à Paris.

Panaméricaine (route), itinéraire routier reliant l'ensemble du continent américain.

PANAY, île des Philippines, dans l'archipel des Visayas ; 3 822 639 hab.

PANAZOL (87350), comm. de la Haute-Vienne, à l'E. de Limoges ; 11 158 hab. *(Panazolais).*

PANCHIR (vallée du), vallée de l'Hindu Kuch (Afghanistan), parcourue par le *Panchir.*

PANCKOUCKE, famille d'éditeurs et de libraires français des XVIIIe et XIXe s., qui publia notamment, en association, l'*Encyclopédie* de Diderot et créa *le Moniteur universel.*

PANDATERIA, îlot de la côte de Campanie. Julie, Agrippine l'Aînée et Octavie y furent exilées.

PANDORE MYTH. GR. Femme créée par les dieux, envoyée aux hommes pour les punir de leur orgueil. Femme d'Épiméthée, le frère de Prométhée, elle est responsable de la venue du mal sur la Terre, car elle ouvrit le vase où Zeus avait enfermé les misères humaines (d'où l'expression *ouvrir la boîte de Pandore* [v. partie n. comm. **boîte**]). Dans la « boîte », seule resta l'Espérance.

PANE (Gina), *Biarritz 1939 - Paris 1990,* artiste française d'origine italienne. Elle a été, par ses performances* (à partir de 1968), un des principaux créateurs de l'art corporel.

PANGÉE n.f., en gr. **Pangaion,** massif de Grèce, à l'E. de Thessalonique. Il fut célèbre dans l'Antiquité pour ses mines d'or et d'argent.

PANGÉE n.f., continent unique de la fin du paléozoïque. Elle regroupait toutes les terres émergées et s'est ensuite divisée entre le Gondwana au S. et la Laurasie au N.

PANH (Rithy), *Phnom Penh 1964,* cinéaste cambodgien et français. Rescapé des camps des Khmers rouges, il se livre dans ses documentaires à un travail de mémoire sur la tragédie du génocide *(la Terre des âmes errantes,* 2000 ; *S21, la machine de mort khmère rouge,* 2003 ; *Duch, le maître des forges de l'enfer,* 2011 ; *l'Image manquante,* 2013) – aussi au cœur de son récit *l'Élimination* (2012, avec C. Bataille) – et à l'évocation d'une société cambodgienne meurtrie *(Le papier ne peut pas envelopper la braise,* 2007).

PANHARD (René), *Paris 1841 - La Bourboule 1908,* constructeur automobile français. Il s'associa en 1886 avec É. Levassor pour fonder la société Panhard et Levassor, qui fabriqua en 1891 la première voiture automobile française à essence et en 1899 la première automitrailleuse.

PANINE (Nikita Ivanovitch, comte), *Dantzig 1718 - Saint-Pétersbourg 1783,* homme d'État russe. Il dirigea, sous Catherine II, les Affaires étrangères de 1763 à 1781.

PANINI, *nord-ouest de l'Inde Ve ou IVe s. av. J.-C.,* grammairien indien. Il est l'auteur d'un remarquable traité de grammaire sanskrite, l'*Astadhyayi* (« les Huit Chapitres »).

PANKHURST (Emmeline **Goulden,** Mrs.), *Manchester 1858 - Londres 1928,* suffragette britannique. Fondatrice de l'Union féminine sociale et politique (1903), elle milita pour le vote des femmes.

▲ **Pandore.** Huile sur toile de A. Cabanel, 1873. (Walters Art Museum, Baltimore.)

PANKOW, quartier de Berlin, sur la *Panke*. Anc. siège du gouvernement de la RDA.

PANMUNJOM, localité de Corée du Nord, près de Kaesong, dans la zone démilitarisée créée à l'issue de la guerre de Corée. Les pourparlers (1951 - 1953) mettant fin à ce conflit s'y tinrent.

PANNE (La), en néerl. **De Panne,** comm. de Belgique (Flandre-Occidentale) ; 10 794 hab. Station balnéaire.

PANNINI ou **PANINI** (Giovanni Paolo), *Plaisance v. 1691 - Rome 1765*, peintre italien. Élève des Bibiena, il fut, avant Canaletto, le premier des grands « védutistes » avec ses vues de Rome, ses arrangements de ruines, ses cortèges et ses fêtes.

PANNONIE, anc. région de l'Europe centrale, sur le Danube moyen (correspondant à la Hongrie occidentale). Elle fut conquise par les Romains entre 35 av. J.-C. et 10 apr. J.-C.

PANNONIEN (Bassin), ensemble de plaines et de dépressions, situé entre les Alpes orientales et les Carpates.

PANOFSKY (Erwin), *Hanovre 1892 - Princeton 1968*, historien de l'art américain d'origine allemande. Il est le maître de la méthode iconologique de « lecture » de l'œuvre d'art (*Essais d'iconologie, thèmes humanistes dans l'art de la Renaissance*, 1939 ; *Albrecht Dürer*, 1943).

Pantagruel (les Horribles et Épouvantables Faits et Prouesses du très renommé), roman de Rabelais (1532). Le récit des aventures de Pantagruel, écrit avant celui des prouesses de son père, Gargantua*, campe la figure majeure de Panurge*.

Pantalon, personnage de la comédie italienne, type de vieillard libidineux et cupide. Il porte souvent la culotte longue qui a pris son nom.

PANTELLERIA, île italienne entre la Sicile et la Tunisie ; 83 km² ; 7 521 hab.

PANTHALASSA n.f., océan unique de la fin du paléozoïque. Elle entourait la Pangée.

Panthéon, temple de Rome, dédié aux sept divinités planétaires, construit en 27 av. J.-C. par Agrippa. Détruit en 80, et restauré par Hadrien, consacré au culte chrétien au VIIe s., il demeure l'un des chefs-d'œuvre de l'architecture romaine : son plan circulaire et sa vaste coupole surbaissée ont profondément influencé l'architecture occidentale, de la Renaissance à l'époque classique.

Panthéon, monument de Paris, sur la montagne Sainte-Geneviève (Ve arrond.). Construit à partir de 1764 par Soufflot, achevé v. 1790 par Jean-Baptiste Rondelet, il devait être une église dédiée à la patronne de Paris. La Révolution en fit un temple destiné à abriter les tombeaux des grands hommes et lui donna son nom. Église sous la Restauration et le second Empire, il fut rendu au culte des hommes illustres par la IIIe République, à l'occasion des funérailles de Victor Hugo. Peintures murales de Puvis de Chavannes.

PANTIN (93500), bur. centr. de cant. de la Seine-Saint-Denis, au N.-E. de Paris ; 55 469 hab. (*Pantinois*). Centre industriel (dont industries du luxe). Services bancaires (dans l'anc. minoterie des Grands Moulins de Pantin). Cimetière parisien. – Centre national de la danse. – Festival du film court (« Côté court »).

Panurge, personnage des romans de Rabelais, qui apparaît dans *Pantagruel**. Paillard, cynique, poltron, mais d'esprit fertile et amusant, il est le compagnon fidèle de Pantagruel.

PAOLI (Pascal), *Morosaglia 1725 - Londres 1807*, patriote corse. Proclamé chef de l'île en 1755, il ne laissa que le littoral au pouvoir des Génois. Après que Gênes eut cédé à la France ses droits sur la Corse (1768), il lutta contre les Français. Défait à Ponte-Novo en 1769, il se retira en Angleterre. Il rentra en Corse en 1790, fit une nouvelle tentative de sécession avec l'aide des Britanniques, et repartit pour Londres en 1795.

PAOLO VENEZIANO, peintre italien, actif à Venise de 1310 à 1360 env. Amorçant une réaction contre la tradition byzantine, il est considéré comme le fondateur de l'école vénitienne. Son art, précieux, se retrouve avec plus de souplesse chez ses disciples, tel Lorenzo Veneziano.

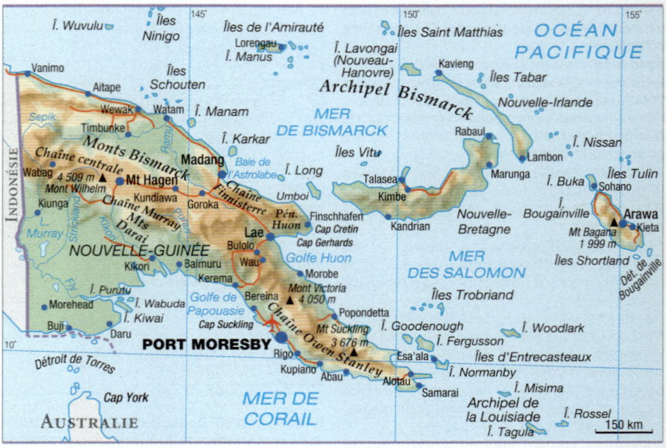

Papouasie-Nouvelle-Guinée

200 500 1000 m
aéroport
route
plus de 100 000 h.
de 25 000 à 100 000 h.
moins de 25 000 h.

PAOUSTOVSKI (Konstantine Gueorguievitch), *Moscou 1892 - id. 1968*, écrivain soviétique. Il est l'auteur de récits d'aventures (*Kara-Bougaz*) et d'une autobiographie (*Histoire d'une vie*).

PAPADHÓPOULOS (Gheórghios), *Eleokhorion 1919 - Athènes 1999*, officier et homme politique grec. Il organisa le coup d'État d'avril 1967. Véritable chef du « gouvernement des colonels », il fit proclamer la république (1973), dont il fut président avant d'être renversé et emprisonné.

PAPÁGHOS ou **PAPAGOS** (Aléxandhros), *Athènes 1883 - id. 1955*, maréchal et homme politique grec. Ministre de la Guerre en 1935, il dirigea avec succès la défense contre les Italiens (1940), puis les opérations contre les communistes au cours de la guerre civile (1949 - 1951). Il fut Premier ministre (1952 - 1955).

PAPANDHRÉOU (Gheórghios) ou **PAPANDRÉOU** (Georges), *Patras 1888 - Athènes 1968*, homme politique grec. Républicain, chef du gouvernement grec en exil (1944), il fut président du Conseil de 1963 à 1965. — **Andhréas P.** ou **Andréas P.,** *Chio 1919 - Ekáli, près d'Athènes, 1996*, homme politique grec. Fils de Gheórghios, socialiste (fondateur du PASOK en 1974), il fut Premier ministre de 1981 à 1989, puis à nouveau de 1993 à 1996. — **Gheórghios P.** ou **Georges P.,** *Saint Paul, États-Unis, 1952*, homme politique grec. Petit-fils de Gheórghios et fils d'Andhréas, socialiste (président du PASOK de 2004 à 2012), il a été ministre des Affaires étrangères (1999 - 2004) et Premier ministre de 2009 à 2011. En 2015, il fonde le Mouvement des socialistes démocrates.

PAPANINE (Ivan), *Sébastopol 1894 - Moscou 1986*, amiral et explorateur soviétique. Il se laissa dériver, sur une banquise, du pôle Nord aux côtes du Groenland (1937 - 1938).

PAPE-CARPANTIER (Marie), *La Flèche 1815 - Villiers-le-Bel 1878*, pédagogue française. Elle organisa en France les premières écoles maternelles.

PAPEETE, ch.-l. de la Polynésie française, sur la côte nord-ouest de Tahiti ; 26 294 hab. Cour d'appel. Siège de la zone de défense et de sécurité Polynésie française. Université. Port. Aéroport. Centre touristique.

PAPEN (Franz von), *Werl 1879 - Obersasbach 1969*, homme politique allemand. Député du Centre catholique, chancelier du Reich en 1932, vice-chancelier (1933 - 1934), il soutint le nazisme, croyant pouvoir partager le pouvoir avec Hitler. Ambassadeur à Vienne (1934 - 1938), puis à Ankara (1939 - 1944), il fut jugé et acquitté à Nuremberg (1946).

PAPHLAGONIE n.f., anc. région côtière du nord de l'Asie Mineure ; v. princ. *Sinope*, auj. *Sinop*.

PAPHOS, v. anc. du sud de l'île de Chypre, célèbre pour son temple d'Aphrodite.

PAPIN (Denis), *Chitenay, près de Blois, 1647 - Londres ? v. 1712*, savant et inventeur français. En 1679, il imagina le *digesteur*, ancêtre de l'autoclave. Après la révocation de l'édit de Nantes, il quitta la France pour l'Angleterre et l'Allemagne. En 1687, il donna le principe de la première machine à vapeur à piston.

PAPINEAU (Louis-Joseph), *Montréal 1786 - Montebello 1871*, homme politique canadien. Chef du Parti patriote, il défendit les droits des Canadiens français et fut l'un des instigateurs de la rébellion de 1837.

◀ Louis-Joseph **Papineau.** (Bibliothèque et Archives Canada.)

PAPINI (Giovanni), *Florence 1881 - id. 1956*, écrivain italien. Polémiste, philosophe et poète, il est l'auteur d'essais marqués par un catholicisme tourmenté et parfois hétérodoxe (*Histoire du Christ*, *le Diable*).

PAPINIEN, en lat. **Aemilius Papinianus,** *m. à Rome en 212 apr. J.-C.*, l'un des plus grands jurisconsultes romains. Préfet du prétoire, il fut mis à mort par Caracalla.

PAPOUASIE n.f., nom français de l'anc. territoire de Papua, partie sud-est de la Nouvelle-Guinée, anc. dépendance de l'Australie.

PAPOUASIE ou **PAPOUASIE OCCIDENTALE** n.f., partie occidentale de la Nouvelle-Guinée, dépendant de l'Indonésie. La région, animée de fortes tendances séparatistes face au pouvoir central indonésien (qui la désignait sous le nom d'Irian Jaya), a obtenu en 2001 un statut d'autonomie et la reconnaissance de son appellation actuelle.

PAPOUASIE-NOUVELLE-GUINÉE n.f., État d'Océanie ; 463 000 km² ; 7 321 000 hab. (*Papouasiens* ou *Papouans* - *Néo-Guinéens* ou *Néoguinéens*). **CAP.** *Port Moresby*. **LANGUES :** *anglais*, *hiri motu* et *tok pisin*. **MONNAIE :** *kina*. Le pays est formé essentiellement par la moitié est de l'île de la Nouvelle-Guinée, à laquelle s'ajoutent plusieurs îles. C'est un territoire montagneux au nord, marécageux au sud, humide, en grande partie couvert par la forêt et habité par des tribus éparses. Quelques plantations (café, cacao) jalonnent le littoral. Le sous-sol fournit des minerais (cuivre, or, nickel), ainsi que du gaz et du pétrole. – Cet État est indépendant depuis 1975 dans le cadre du Commonwealth.

PAPOUS ou **PAPOUA,** groupe de peuples mélanésiens et malais-polynésiens de la Nouvelle-Guinée et des îles voisines, dont les langues très diverses ne se rattachent pas au groupe mélanésien.

PAPPUS, *Alexandrie IVe s.*, mathématicien grec. Sa *Collection mathématique* est une des sources les plus riches pour la connaissance des mathématiques grecques.

▲ Île de **Pâques.** Moais de l'Ahu Tongariki.

PÂQUES (île de), en polynésien **Rapa Nui** (« la Grande Lointaine »), île du Pacifique, à l'O. du Chili, dont elle dépend ; 163 km² ; 3 791 hab. Vers le Ve s. de notre ère, elle fut colonisée par des populations d'origine polynésienne qui restèrent isolées jusqu'à l'arrivée des Européens, en 1722. Cette civilisation avait pour support le culte des ancêtres avec des sanctuaires *(ahu)* et surtout des statues géantes, les moais, monolithes taillés dans le tuf du volcan Rano Raraku et qui représentent des êtres humains stylisés.

PARÁ, État du nord du Brésil ; 1 250 000 km² ; 7 443 904 hab. ; cap. *Belém.*

PARACAS, culture précolombienne de la côte sud du Pérou, qui s'est développée à partir du XIIIe s. av. J.-C. Elle est connue par le mobilier funéraire (beaux textiles) de ses nécropoles, Paracas Cavernas et Paracas Necropolis, probablement à l'origine des villes de la culture de Nazca*.

PARACEL (îles), groupe d'îlots de la mer de Chine méridionale, au large du Viêt Nam. Elles sont revendiquées par la Chine et le Viêt Nam.

PARACELSE (Theophrastus **Bombastus von Hohenheim,** dit), *Einsiedeln v. 1493 - Salzbourg 1541*, alchimiste et médecin suisse. Père de la médecine hermétique, il élabora une doctrine qui faisait correspondre le monde extérieur (macrocosme) avec les différentes parties de l'organisme humain (microcosme).

▲ **Paracelse** (détail) d'après un original perdu de Q. Metsys. (Louvre, Paris.)

Paradis perdu (le), poème biblique de J. Milton, publié en dix chants en 1667 et en douze en 1674. La chute d'Adam et Ève y est décrite comme bénéfique, car elle débouche sur la liberté humaine. Le poème a inspiré un opéra (*le Paradis perdu*, 1978) à Penderecki. — le **Paradis reconquis,** poème biblique de J. Milton (1671), dans lequel Satan tente, en vain, le Christ.

PARADJANOV (Sergueï), *Tbilissi 1924 - Erevan 1990*, cinéaste soviétique. Géorgien d'origine arménienne, il connut un triomphe international avec *les Chevaux de feu* (1965), puis réalisa *Sayat Nova*, du nom d'un grand poète arménien. Le film, mal perçu par les autorités, fut diffusé dans une version raccourcie (*la Couleur de la grenade*, 1971).

PARAGUAY n.m., riv. d'Amérique du Sud, qui naît dans le Mato Grosso brésilien, affl. du Paraná (r. dr.) ; 2 500 km ; bassin de 1 100 000 km². Il traverse le Paraguay, qu'il sépare aussi du Brésil, puis de l'Argentine.

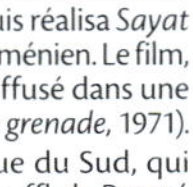

PARAGUAY n.m., État d'Amérique du Sud ; 407 000 km² ; 6 802 000 hab. *(Paraguayens)*. **CAP.** *Asunción.* **LANGUES :** *espagnol* et *guarani.* **MONNAIE :** *guarani.*

GÉOGRAPHIE Le Paraguay est un pays au relief peu accidenté, où l'élevage bovin, l'exploitation de la forêt (acajou, quebracho), le maté, les plantations de tabac, de coton, de soja et de canne à sucre constituent les principales ressources commercialisables. La population est aujourd'hui largement métissée. L'hydroélectricité (sur le Paraná) a suscité un modeste développement industriel, mais est, en majeure partie, exportée vers le Brésil et l'Argentine. La capitale est la seule ville notable.

HISTOIRE **Début du XVIe s. :** peuplé par les Indiens Guarani, le bassin du Paraguay est exploré par les Espagnols. **1585 :** les jésuites colonisent une partie de la région placée sous leur seule autorité (1604). Les Indiens sont rassemblés dans des « réductions » (villages indigènes interdits aux colons), où leurs activités sont dirigées par les missionnaires qui les évangélisent. **1767 :** les jésuites sont expulsés ; les réductions sont ravagées et les Indiens dispersés. **1813 :** l'indépendance (vis-à-vis de Buenos Aires et de Madrid) est proclamée. Le pays connaît dès lors une succession de dictatures dont la plus longue et la plus dure est celle de Gaspar de Francia (1814 - 1840). **1865 - 1870 :** une guerre contre l'Argentine, l'Uruguay et le Brésil ruine le pays. Ce désastre favorise l'implantation du système oligarchique, marqué par la rivalité entre les *azules* (libéraux et anticléricaux) et les *colorados* (conservateurs et catholiques). **1932 - 1935 :** la guerre du Chaco contre la Bolivie est remportée par le Paraguay. Des officiers nationalistes prennent en main les rênes du pays. **1954 - 1989 :** le général Stroessner s'empare du pouvoir. Constamment réélu, il gouverne en maître absolu. **1989 :** Stroessner est renversé par un soulèvement militaire dirigé par le général Andrès Rodríguez. Confirmé à la tête de l'État par une élection présidentielle, ce dernier engage son pays sur la voie de la démocratisation. **1992 :** une nouvelle Constitution est adoptée. **1993 :** les civils retrouvent le pouvoir avec l'élection de Juan Carlos Wasmosy (parti Colorado) à la présidence de la République. **1998 :** Raúl Cubas (Colorado) lui succède. Mais, menacé de destitution au terme d'une longue crise politique, il démissionne en 1999. Le président du Sénat, Luis González Macchi, assure la transition à la tête de l'État. **2003 :** Nicanor Duarte (Colorado) devient président de la République. **2008 :** l'ancien évêque Fernando Lugo, à la tête d'une coalition regroupant partis de gauche et libéraux, lui succède. **2012 :** il est destitué à la suite d'un vote du Sénat. Le vice-président, Luis Federico Franco, est chargé de l'intérim jusqu'à la fin du mandat présidentiel. **2013 :** Horacio Cartes (Colorado) est élu à la tête de l'État. **2018 :** Mario Abdo Benítez (Colorado) devient président de la République.

PARAÍBA, État du Brésil ; 3 753 633 hab. ; cap. *João Pessoa.*

PARAMARIBO, cap. du Suriname, près de l'embouchure du fleuve Suriname ; 234 000 hab. dans l'agglomération. Port.

PARAMÉ, anc. comm. d'Ille-et-Vilaine, rattachée à Saint-Malo. Station balnéaire. Thalassothérapie.

PARANÁ n.m., fl. d'Amérique du Sud, qui rejoint le fleuve Uruguay pour former le Río de la Plata ; 3 000 km env. (4 200 km avec le Río de la Plata). Il traverse ou limite le Brésil, le Paraguay et l'Argentine. Hydroélectricité.

PARANÁ, État du Brésil méridional ; 10 266 737 hab. ; cap. *Curitiba.* Café.

PARANÁ, v. d'Argentine, sur le *Paraná* ; 339 930 hab. Port.

PARANAL (Cerro), sommet des Andes, dans le nord du Chili ; 2 640 m. Observatoire astronomique (VLT*).

PARAT (Pierre), associé de Michel Andrault*.

PARAY (Paul), *Le Tréport 1886 - Monte-Carlo 1979*, chef d'orchestre français. Il a révélé et divulgué la musique française écrite de 1920 à 1960.

PARAY-LE-MONIAL (71600), bur. centr. de cant. de Saône-et-Loire ; 9 679 hab. *(Parodiens)*. Belle basilique romane d'influence clunisienne ; pèlerinage du Sacré-Cœur.

Parc des Princes, stade de Paris, au S. du bois de Boulogne (1972 ; architecte : Roger Taillibert).

Paraguay

★	site touristique important
100 / 200 / 500 m	
marais	
route	
voie ferrée	
aéroport	
●	plus de 500 000 h.
●	de 100 000 à 500 000 h.
●	de 10 000 à 100 000 h.
•	moins de 10 000 h.

PANTIN
LE PRÉ-ST-GERVAIS
LES LILAS
BAGNOLET
MONTREUIL
ST-MANDÉ
BOIS DE VINCENNES
Zoo
Lac Daumesnil
CHARENTON-LE-PONT
IVRY-SUR-SEINE
GENTILLY
MONTROUGE
MALAKOFF
VANVES
ISSY-LES-MOULINEAUX
BOULOGNE-BILLANCOURT
BOIS DE BOULOGNE
PUTEAUX
La Défense
COURBEVOIE
NEUILLY-SUR-SEINE
LEVALLOIS-PERRET
CLICHY
Seine
Canal de l'Ourcq
Canal St-Martin
Philharmonie de Paris
Le Zénith
Cité des sciences et de l'industrie
PARC DE LA VILLETTE
Grande Halle
Cité de la musique
PARC DES BUTTES-CHAUMONT
PARC DE BELLEVILLE
CIMETIÈRE DU PÈRE LACHAISE
Sacré-Cœur
CIMETIÈRE DE MONTMARTRE
GARE DU NORD
GARE DE L'EST
GARE ST-LAZARE
PARC MONCEAU
Palais des Congrès
Arc de Triomphe
PLACE CH. DE GAULLE
Opéra Garnier
Ste-Trinité
St-Augustin
Madeleine
Élysée
Grand Palais
Petit Palais
Palais de Tokyo
Musée du quai Branly - J.-Chirac
Palais de Chaillot
Tour Eiffel
CHAMP DE MARS
École militaire
Unesco
Invalides
Assemblée nationale
Musée d'Orsay
JARDIN DES TUILERIES
PLACE DE LA CONCORDE
PLACE VENDÔME
Louvre
Palais-Royal
Bourse
Biblioth. nationale de France
Forum des Halles
Centre G.-Pompidou
Hôtel de Ville
Notre-Dame
Île de la Cité
Île St-Louis
Ste-Chapelle
Institut du monde arabe
St-Germain-des-Prés
Palais du Luxembourg
JARDIN DU LUXEMBOURG
Sorbonne
Collège de France
Panthéon
JARDIN DES PLANTES
Muséum nat. d'histoire naturelle
Arènes de Lutèce
Manufacture des Gobelins
PITIÉ SALPÊTRIÈRE
GARE D'AUSTERLITZ
Bibliothèque nationale de France
Ministère de l'Écon. et des Finances
Palais omnisports
GARE DE LYON
Opéra de la Bastille
PLACE DE LA BASTILLE
PLACE DES VOSGES
PLACE DE LA RÉPUBLIQUE
Tour Montparnasse
GARE MONTPARNASSE
CIMETIÈRE DU MONTPARNASSE
PLACE DENFERT-ROCHEREAU
PARC MONTSOURIS
Cité universitaire
Stade Charléty
PARC DE CHOISY
PLACE D'ITALIE
PARC G. BRASSENS
Parc des Expositions
Palais des Sports
Ministère de la Défense
HÉLIPORT DE PARIS
PARC DES SPORTS
PARC A. CITROËN
H. EUROPÉEN G.-POMPIDOU
Maison de Radio France
Stade Roland-Garros
Stade J.-Bouin
Parc des Princes
Hippodrome d'Auteuil
Lac Inférieur
Lac Supérieur
JARDIN D'ACCLIMATATION
Fondation Louis-Vuitton
PARC DE BAGATELLE
1 2 3 4 5 6 7 8 9 10 11 12 13 14 15 16 17 18 19 20
1000 m

PARDUBICE, v. de la République tchèque, en Bohême, sur l'Elbe ; 91 292 hab. Château Renaissance.

PARÉ (Ambroise), *Bourg-Hersent, près de Laval, v. 1509 - Paris 1590*, chirurgien français. Chirurgien d'Henri II, de François II, de Charles IX et d'Henri III, il est considéré traditionnellement comme le père de la chirurgie moderne.

PARELOUP (lac de), vaste plan d'eau (1 260 ha) du centre du dép. de l'Aveyron.

PARENT (Claude), *Neuilly-sur-Seine 1923 - id. 2016*, architecte français. Initiateur de formes nouvelles au sein du groupe Architecture Principe, il privilégia la ligne oblique dans de nombreuses constructions à usage résidentiel, commercial ou scolaire.

PARENTIS-EN-BORN (40160), bur. centr. de cant. des Landes ; 6 158 hab. (*Parentissois*). Étang. Pétrole.

PARETO (Vilfredo), *Paris 1848 - Céligny, Suisse, 1923*, économiste et sociologue italien. Successeur de Walras (1893) à l'université de Lausanne, il reprit la théorie marginaliste et approfondit la notion d'optimum économique.

PARICUTÍN, volcan du Mexique, à l'O. de Mexico ; 2 808 m. Il a surgi en février 1943.

PARINI (Giuseppe), *Bosisio 1729 - Milan 1799*, poète italien. Son poème *la Journée* est une satire de la noblesse de son temps.

PARIS, cap. de la France, ch.-l. de la Région Île-de-France, sur la Seine, et collectivité unique à statut particulier (Ville de Paris), divisée en 20 arrond. ; 2 228 409 hab. (*Parisiens*) [10 764 000 hab. dans l'agglomération]. Centre de la métropole du Grand Paris (à statut particulier), regroupant 131 communes (env. 7 millions d'hab.).

GÉOGRAPHIE La ville (105 km^2) est indissociable de l'agglomération (env. 2 000 km^2), dont elle est le centre. Elle s'est développée au cœur du Bassin parisien, à un point de convergence des fleuves et des routes. Paris s'est établie originellement dans une plaine édifiée par la Seine, et où s'élèvent des restes de plateaux (Ménilmontant, Montmartre, butte Sainte-Geneviève, etc.). Le site était favorable : le fleuve permettait la navigation, les îles (Cité, Saint-Louis) facilitaient le passage, les hauteurs aidaient à la défense, la plaine, fertile, assurait aisément le ravitaillement des habitants. Les fonctions actuelles sont multiples. Capitale politique et intellectuelle de la France, Paris est le siège du gouvernement et des grandes administrations, d'une zone de défense et de sécurité, d'un archevêché, d'une cour d'appel, d'une académie, de nombreux établissements universitaires et culturels. Principal port fluvial, Paris est encore le premier centre financier, commercial et industriel de la France, grâce à l'abondance de la main-d'œuvre, à l'importance du marché de consommation, à la convergence des voies de communication et à la concentration des capitaux. Les industries se localisent surtout en banlieue ; la ville elle-même, qui s'est dépeuplée, est de plus en plus un centre de services. La croissance de l'agglomération, qui groupe un sixième de la population du pays, a repris. Les problèmes (transports et logement notamment) liés à cette concentration démographique et économique demeurent aigus.

HISTOIRE **52 av. J.-C. :** Lutèce, principale agglomération des *Parisii*, conquise par les Romains, entre dans l'histoire. **Ier s. apr. J.-C. :** les Romains en transfèrent le centre sur les pentes de la montagne Sainte-Geneviève. **IIIe s. :** au moment des invasions germaniques, la ville se replie dans l'île de la Cité et prend le nom de Paris. **360 :** Julien s'y fait proclamer Auguste. **451 :** grâce à sainte Geneviève, Paris résiste aux Huns. **VIe s. :** les rois francs en font leur résidence à partir du règne de Clovis. **857 :** Paris est incendiée par les Normands. **886 :** le comte Eudes, ancêtre des Capétiens, leur résiste. **987 :** l'avènement des Capétiens favorise l'essor de la ville. **XIe s. :** Paris est fortifiée et fonde sa prospérité sur le commerce fluvial. **XIIe s. :** le grand commerce connaît une considérable extension. C'est l'époque de la construction des premières Halles et de Notre-Dame. Philippe Auguste ordonne l'érection d'une seconde enceinte ; le prévôt des marchands devient le véritable maire

▲ **Paris.** La place du Tertre, à Montmartre.

de Paris. **1215 :** l'université de Paris est créée. **1257 :** la Sorbonne est fondée. **1356 - 1358 :** Étienne Marcel prend la tête d'une révolte communale contre le dauphin Charles. **XIVe - XVe s. :** Charles V construit une nouvelle enceinte. **XVe s. :** Paris, dont les rois se méfient, pactise un moment avec les Bourguignons. **1572 (24 août) :** les protestants sont massacrés lors de la Saint-Barthélemy. **1588 :** Paris, favorable aux ligueurs, contraint Henri III à s'enfuir. **1594 :** Henri IV entre à Paris. **1648 (26 août) :** la journée des Barricades inaugure la Fronde. **1682 :** Louis XIV s'installe à Versailles. **XVIIIe s. :** Paris, avec 600 000 hab., constitue le principal foyer culturel de l'Europe. Théâtre principal de la Révolution française (prise de la Bastille [1789], création de la Commune de Paris), la ville est également à l'origine des révolutions de 1830 et de 1848. Une nouvelle enceinte (dite de Thiers) est construite (1841 - 1845). **1859 :** les onze communes périphériques sont annexées au territoire parisien. **1860 (1er janv.) :** les arrondissements passent de 12 à 20. **1853 - 1870 :** Haussmann, préfet de la Seine, donne à la ville ses grandes perspectives. **1870 (19 sept.) - 1871 (28 janv.) :** les Allemands assiègent Paris. **1871 (18 mars - 28 mai) :** l'échec de la Commune de Paris transforme le statut municipal de la capitale, la privant de son maire. **1940 - 1944 :** les Allemands occupent Paris. **1975 (31 déc.) :** Paris devient une collectivité territoriale, à la fois commune et département. **1977 :** un maire de Paris est élu (J. Chirac [1977 - 1995], Jean Tiberi [1995 - 2001], Bertrand Delanoë [2001 - 2014], Anne Hidalgo [depuis 2014]). **1982 :** la ville est dotée de conseils d'arrondissement, présidés chacun par un maire. **2019 (1er janv.) :** le département et la commune fusionnent en une collectivité unique à statut particulier (Ville de Paris).

BEAUX-ARTS De l'époque gallo-romaine subsistent principalement les thermes « de Cluny » ; de l'époque romane il ne reste que la structure essentielle de l'abbatiale de St-Germain-des-Prés*. C'est avec l'art gothique que les réalisations parisiennes deviennent exemplaires de l'art français : cathédrale Notre-Dame* (entreprise en 1163), chœur de St-Germain-des-Prés, Sainte-Chapelle*, parties

▲ **Paris.** La tour Eiffel vue de la Seine.

du XIVe s. de la Conciergerie (restes du palais de l'île de la Cité). La fin du gothique (XVe-XVIe s.) se signale par les églises St-Germain-l'Auxerrois, St-Gervais, St-Séverin, St-Étienne-du-Mont, etc., et par l'hôtel des abbés de Cluny* ; la Renaissance, par l'entreprise de l'église St-Eustache* (1532) et du nouveau palais du Louvre*. Du XVIIe s. demeurent des hôpitaux ou hospices (Val-de-Grâce*, Invalides*, etc.), le collège des Quatre-Nations* (auj. Institut), les développements du Louvre (et l'idée d'axe est-ouest qui s'y relie), le Luxembourg*, quatre « places royales », des églises et chapelles (façade de St-Gervais, St-Paul-St-Louis, St-Roch, Sorbonne*, dôme des Invalides*, etc.), de nombreux hôtels particuliers de l'île Saint-Louis et du Marais*. Le XVIIIe s. voit l'achèvement de la vaste église St-Sulpice*, la création de la place Louis-XV (auj. de la Concorde*), l'édification de l'École militaire*, du futur Panthéon*, de l'hôtel de la Monnaie*, du théâtre de l'Odéon*, etc., tous édifices d'esprit classique ou néoclassique. La construction aristocratique est active, notamment au faubourg Saint-Germain, et c'est là (ainsi que dans les hôtels de Rohan* et de Soubise*) que l'on peut constater la vogue du décor rocaille dans la première moitié du siècle. À partir de la fin du XVIIIe s. s'urbanise le secteur de la Chaussée-d'Antin, au nord des Grands Boulevards. Après l'œuvre esquissée par Napoléon (rue de Rivoli, arcs de triomphe du Carrousel et de l'Étoile, église de la Madeleine), l'histoire de l'architecture parisienne se confond avec celle de l'éclectisme (Opéra*) ainsi qu'avec celle de l'emploi du fer (gares, bibliothèques, tour Eiffel* ; Centre* national d'art et de culture G.-Pompidou) et du béton (Théâtre des Champs-Élysées*, maison de l'Unesco, la Grande Arche*).

Principaux musées. Musées d'art nationaux : du Louvre*, d'Orsay*, de Cluny*, Guimet*, de l'Orangerie, du quai* Branly, Rodin, Picasso, d'Art* moderne, des Monuments français (partie de la Cité* de l'architecture et du patrimoine). Musées municipaux : Carnavalet*, du Petit Palais*, Cernuschi*, Cognacq-Jay, d'Art moderne de la Ville de Paris, de la Vie romantique, Bourdelle, Zadkine. Musées à gestion semi-publique : Jacquemart-André et Marmottan-Monet (qui dépendent de l'Institut), des Arts* décoratifs. Musées scientifiques nationaux : Muséum* national d'histoire naturelle et musée de l'Homme*, palais* de la Découverte, Cité* des sciences et de l'industrie. La Bibliothèque* nationale de France possède un fonds considérable de manuscrits, d'estampes, de monnaies et médailles et de photographies.

Paris (accord de) [12 déc. 2015], accord sur le climat, au titre de la Convention sur les changements climatiques de la conférence de Rio*. Approuvé par 195 pays à l'issue d'une conférence internationale tenue au Bourget, cet accord, qui a force juridique, prévoit des engagements nationaux sur la limitation du réchauffement climatique bien en deçà de 2 °C par rapport aux niveaux préindustriels, un cycle de révision de ces objectifs de cinq ans et une aide financière aux pays en développement. L'accord est entré en vigueur en nov. 2016, après sa ratification par une centaine d'États (les États-Unis se désengagent en 2017), et sera appliqué à partir de 2020, en remplacement du protocole de Kyoto*.

Paris (école de), appellation créée vers 1925 et désignant les artistes de différents pays venus à Paris, souvent avant 1914, pour s'associer à l'école française : Brancusi, Chagall, Foujita, Moïse Kisling, Modigliani, Pascin, Poliakoff, Soutine, B. et G. Van Velde, etc.

PARIS (Henri d'Orléans, comte de) → **ORLÉANS.**

PARIS [-ris] (Paulin), *Avenay 1800 - Paris 1881*, érudit français, auteur d'études sur la littérature du Moyen Âge. — **Gaston P.,** *Avenay 1839 - Cannes 1903*, érudit français, fils de Paulin. Auteur de travaux sur la littérature médiévale, il a contribué à la création d'un enseignement scientifique de la philologie. (Acad. fr.)

Paris (traités de), traités signés à Paris. Les plus importants sont ceux de 1229 (conclusion de la guerre des albigeois), 1259 (paix entre Louis IX et Henri III d'Angleterre), 1763 (fin de la guerre de Sept Ans ; affaiblissement de l'empire colonial français, avec notamm. la perte du Canada), 1814 et 1815 (fin des guerres napoléoniennes), 1856 (fin de la guerre de Crimée), 1898 (fin de la guerre hispano-américaine) et 1947 (entre les puissances victorieuses et celles de l'Axe : Italie, Roumanie, Hongrie, Bulgarie, Finlande).

PÂRIS [-ris] MYTH. GR. Fils de Priam et d'Hécube. Pris comme arbitre entre Héra, Athéna et Aphrodite, qui se disputaient la pomme d'or destinée par les dieux à la plus belle, Pâris trancha en faveur d'Aphrodite, qui lui avait promis l'amour d'Hélène. Fort de cette promesse, Pâris enleva Hélène, provoquant la guerre de Troie.

PÂRIS [-ris] (François de), dit **le diacre Pâris**, *Paris 1690 - id. 1727*, ecclésiastique français. Janséniste ardent, il se rendit populaire par son austérité et sa charité. Les guérisons « miraculeuses » qui se seraient produites sur sa tombe, au cimetière de Saint-Médard, donnèrent lieu au mouvement des *convulsionnaires*.

PÂRIS [-ri] (les frères), financiers français dont le plus connu est **Joseph P.**, dit **Pâris-Duverney**, *Moirans 1684 - Paris 1770*, contrôleur général des Finances (1723 - 1726). Ils firent fortune comme fournisseurs aux armées et jouèrent un grand rôle dans la chute de Law.

PARISIEN (Bassin), unité géologique, couvrant environ 140 000 km^2, formée de sédiments, qui s'étend entre le Massif central, les Vosges, l'Ardenne, l'Artois et le Massif armoricain. L'Est (Lorraine et Champagne), partie la plus élevée, aux reliefs de côtes marqués, s'oppose à l'Ouest (haut Maine, Perche), à la topographie plus confuse. Le Sud est une région basse (Berry), parfois marécageuse (Sologne). Le Nord est formé de plateaux crayeux (Picardie, pays de Caux). Le Centre est constitué de terrains tertiaires. Le Bassin parisien est drainé par quatre systèmes fluviaux : la Seine, la Loire, la Meuse et la Moselle.

Parisien (le), quotidien régional français. Créé en 1944 (*le Parisien libéré*) par Émilien **Amaury** (*Étampes 1909 - Chantilly 1977*), il fut le premier quotidien en France à utiliser la couleur. Une édition nationale, créée en 1994, est publiée sous le titre *Aujourd'hui en France*.

PARISIS, anc. pays de l'Île-de-France, correspondant au comté féodal de Paris.

PARIZEAU (Jacques), *Montréal 1930 - id. 2015*, homme politique canadien. Chef du Parti québécois (1988 - 1996), il fut Premier ministre du Québec de sept. 1994 à janv. 1996.

PARK (Mungo), *Foulshiels, près de Selkirk, Écosse, 1771 - Bussa, Nigeria, 1806*, voyageur britannique. Il fit deux grands voyages d'exploration en Afrique et se noya dans le Niger.

PARK CHUNG-HEE, *Sonsan-gun 1917 - Séoul 1979*, général et homme politique sud-coréen. Membre de la junte qui prit le pouvoir en 1961, il fut président de la République de 1963 à son assassinat. — **Park Geun-hye**, *Samdeok-dong, Daegu, 1952*, femme politique sud-coréenne. Fille de Park Chung-hee, elle a été présidente de la République (2013 - 2017). Accusée, entre autres, d'abus de pouvoir et de corruption, elle a été suspendue (déc. 2016), puis destituée (mars 2017) et, enfin, condamnée à une longue peine de prison (avr. 2018).

PARKER (Charles Christopher, dit Charlie), *Kansas City 1920 - New York 1955*, saxophoniste et compositeur américain de jazz. Surnommé *Bird* ou *Yardbird*, il fut le pionnier et le plus grand soliste du be-bop (*Now's the Time*, 1945 ; *Parker's Mood*, 1948).

PARKER (William Anthony, dit Tony), *Bruges 1982*, joueur de basket-ball français. Il a remporté quatre fois (2003, 2005, 2007 et 2014), avec l'équipe des San Antonio Spurs, le championnat des États-Unis. Il est meneur de jeu de l'équipe de France, avec laquelle il est devenu champion d'Europe (2013).

PARKINSON (James), *Londres 1755 - id. 1824*, médecin britannique. Il est le premier à avoir décrit les symptômes de la maladie qui porte auj. son nom (v. partie n. comm.) [1817]. Il s'intéressa aussi à la géologie et à la paléontologie.

Parlement européen, institution communautaire composée de députés (auj. 751) élus, pour 5 ans, au suffrage universel direct depuis 1979, dans chacun des États membres de l'Union européenne. Ses pouvoirs (constamment renforcés, du traité de Maastricht à celui de Lisbonne) sont de trois ordres : pouvoir de contrôle politique et juridictionnel, pouvoir budgétaire et pouvoir législatif (procédure législative ordinaire et procédure d'approbation). Par ailleurs, le Parlement élit le président de la Commission européenne, sur proposition du Conseil européen, et approuve la Commission en tant que collège.

PARLER (Peter), *Schwäbisch Gmünd 1330 - Prague 1399*, architecte et sculpteur allemand, le plus connu d'une importante famille d'architectes. Succédant à Mathieu d'Arras, il fit œuvre originale à la cathédrale de Prague.

PARME, en ital. **Parma**, v. d'Italie (Émilie-Romagne), ch.-l. de prov. ; 176 504 hab. (*Parmesans*). Industries alimentaires (jambon de Parme, parmesan), mécaniques, chimiques. – Ensemble romano-gothique de la cathédrale (coupole peinte par le Corrège) et du baptistère ; églises, dont la *Steccata* (coupole du Parmesan) ; palais de la *Pilotta*, des XVIe-XVIIe s. (musées). – De fondation étrusque, la ville se développa à l'époque romaine. Cédée au Saint-Siège en 1512, Parme en fut détachée en 1545 par Paul III, qui l'érigea en duché, qui appartint aux Farnèse jusqu'en 1731. En 1748, la ville et le duché passèrent à Philippe de Bourbon ; français en 1802, ils furent donnés en 1815, à titre viager, à l'ex-impératrice Marie-Louise. Ils furent réunis en 1860 au Piémont.

PARMÉNIDE, *Élée v. 515 av. J.-C. - v. 440 av. J.-C.*, philosophe grec de l'école éléate. Dans son poème *De la nature*, il formule la proposition fondamentale de l'ontologie : l'être est un, continu et éternel.

PARMÉNION, *v. 400 av. J.-C. - Ecbatane v. 330 av. J.-C.*, général macédonien. Lieutenant de Philippe II, puis d'Alexandre, il fut exécuté parce qu'il s'opposait à l'extension des conquêtes vers l'Orient.

PARMENTIER (Antoine Augustin), *Montdidier 1737 - Paris 1813*, pharmacien militaire français. Il vulgarisa en France la culture de la pomme de terre.

PARMESAN (Francesco **Mazzola**, dit en fr. **le**), *Parme 1503 - Casalmaggiore, province de Crémone, 1540*, peintre italien. Dessinateur d'une exquise élégance, coloriste raffiné, poursuivant une recherche angoissée de la perfection, il fut l'un des maîtres du maniérisme européen.

PARNASSE n.m., en gr. **Parnassós**, montagne de Grèce, au N.-E. de Delphes ; 2 457 m. Dans l'Antiquité, le Parnasse, montagne des Muses, était consacré à Apollon.

Parnasse contemporain (le), recueil collectif de poésies, paru en trois livraisons (1866, 1871, 1876). Il constitue le manifeste et l'illustration de l'école poétique, dite *parnassienne* (Leconte de Lisle, Banville, Heredia, Sully Prudhomme, Coppée), qui défendait le lyrisme impersonnel et la théorie de l'art pour l'art (T. Gautier).

PARNELL (Charles Stewart), *Avondale 1846 - Brighton 1891*, homme politique irlandais. Élu aux Communes (1875), il prit la direction du Parti nationaliste (1877) et pratiqua avec efficacité l'obstruction parlementaire. Chef de la Ligue agraire irlandaise (1879), il fit avancer, avec Gladstone, l'idée de Home Rule. Un drame privé (sa liaison avec l'épouse d'un de ses lieutenants) lui fit perdre son influence.

PARNY (Évariste Désiré **de Forges**, vicomte **de**), *île Bourbon, auj. La Réunion, 1753 - Paris 1814*, poète français. Il est l'auteur de poésies amoureuses. (Acad. fr.)

PAROPAMISUS n.m., en pachto **Firuz koh**, chaîne de montagnes de l'Afghanistan ; 3 135 m.

PÁROS, île de Grèce, dans les Cyclades ; 12 853 hab. Ses carrières ont fourni aux artistes de la Grèce antique le plus beau marbre statuaire.

PARQUES, divinités latines du Destin, identifiées aux Moires* grecques Clotho, Lachésis et Atropos (en lat. : *Nona, Decima* et *Morta*).

PARR (Martin), *Epsom 1952*, photographe britannique. Dans ses images aux couleurs vives représentant des situations ou des objets du quotidien, il porte un regard satirique sur la classe moyenne britannique, le consumérisme et le tourisme de masse (*The Last Resort*, 1986 ; *Small World*, 1995 ; *Think of England*, 2000 ; *No Worries*, 2012).

PARRHASIOS, *Éphèse fin du Ve s. av. J.-C.*, peintre grec. Rival de Zeuxis, il est connu seulement par des textes qui célèbrent la puissance expressive de ses œuvres.

PARROCEL (les), famille de peintres français. — **Joseph P.**, dit **Parrocel des Batailles**, *Brignoles 1646 - Paris 1704*. Artiste à la technique libre et vigoureuse, il peignit des tableaux à sujets militaires pour la salle à manger du roi à Versailles. — **Charles P.**, *Paris 1688 - id. 1752*, fils de Joseph. Il fut lui aussi peintre de batailles et de scènes militaires (campagnes de Louis XV).

PARROT (André), *Désandans, Doubs, 1901 - Paris 1980*, archéologue français. Découvreur de Mari, dont il dirigea la fouille de 1933 à 1974, il a mis en évidence l'apport de l'archéologie aux récits bibliques (*Mission archéologique de Mari*, 1956-1968 ; *Sumer*, 1960).

PARRY (îles), partie de l'archipel Arctique canadien.

PARRY (sir William Edward), *Bath 1790 - Bad Ems 1855*, marin et explorateur britannique. Il conduisit plusieurs expéditions dans l'Arctique.

Parsifal → **Perceval.**

PARSONS (sir Charles), *Londres 1854 - Kingston, Jamaïque, 1931*, ingénieur britannique. Il réalisa la première turbine à vapeur fonctionnant par réaction (1884).

PARSONS (Talcott), *Colorado Springs 1902 - Munich 1979*, sociologue américain. Il définit sa sociologie comme science de l'action, y intégrant certaines thèses du fonctionnalisme (*Structure sociale et personnalité*, 1964).

PARTHENAY (79200), ch.-l. d'arrond. des Deux-Sèvres, sur le Thouet ; 10 918 hab. (*Parthenaisiens*). Foires (bovins). – Restes de fortifications du XIIIe s. ; églises romanes ou en partie romanes.

▲ Le **Parthénon** (447-432 av. J.-C.) sur l'Acropole d'Athènes.

Parthénon, temple d'Athéna Parthénos, sur l'Acropole d'Athènes. Il a été bâti à l'initiative de Périclès, au Ve s. av. J.-C., par Phidias, qui, assisté de nombreux artistes (dont les architectes Ictinos et Callicratès), en assuma la riche décoration sculptée. Ce temple périptère, en marbre du Pentélique, représente la perfection et l'équilibre de l'ordre dorique.

PARTHÉNOPÉENNE (république), république fondée par la France à Naples, en janv. 1799, pour être substituée au royaume de Naples. Elle disparut dès le mois de juin, Nelson en ayant chassé les troupes françaises.

PARTHES, anc. peuple apparenté aux Scythes, installé au IIIe s. av. J.-C. dans la région nord-est de l'Iran (auj. Khorasan). Leur chef Arsace (v. 250), profitant de la faiblesse de l'Empire séleucide, constitua un royaume qui, à la fin du IIe s. av. J.-C., s'étendait sur l'Iran et sur une partie de la Mésopotamie et mit en échec les armées romaines. La dynastie parthe des Arsacides fut renversée par les Sassanides (224 apr. J.-C.).

PARTICELLI (Michel), seigneur **d'Émery**, *Lyon 1596 - Paris 1650*, financier français d'origine italienne. Attaché à Richelieu puis à Mazarin, il fut contrôleur général, puis surintendant des Finances (1643 - 1650).

PASADENA, v. des États-Unis (Californie), près de Los Angeles ; 140 881 hab. Centre de recherches spatiales (*Jet Propulsion Laboratory*). À proximité, observatoire du mont Wilson (alt. 1 740 m). – Musée d'art.

PASARGADES, une des capitales de l'Empire achéménide. Elle fut fondée v. 550 av. J.-C. par Cyrus le Grand.

PASAY, v. des Philippines, banlieue de Manille ; 403 064 hab. Aéroport international.

PASCAL II (Raniero), *Bieda, Ravenne, v. 1050 - Rome 1118,* pape de 1099 à 1118. Son pontificat fut marqué par une recrudescence de la lutte du Sacerdoce et de l'Empire, à l'occasion de laquelle il s'opposa aux empereurs Henri IV et Henri V.

PASCAL (Blaise), *Clermont, auj. Clermont-Ferrand, 1623 - Paris 1662,* savant, philosophe et écrivain

français. À 16 ans, il écrit un traité sur les coniques et, vers la fin de 1642, invente une machine arithmétique. À partir de 1646, reprenant les travaux de Torricelli, il se prononce en faveur de l'existence du vide, notamm. après son expérience au puy de Dôme (1648), et il rédige deux mémoires sur l'équilibre des liquides et la pesanteur de l'air. Pendant sa période « mondaine », après 1651, Pascal étudie deux problèmes de jeu qui sont, avec sa correspondance avec P. de Fermat, à l'origine du calcul des probabilités. Vers 1657, il aborde la géométrie, proposant une axiomatique qui s'écarte de la tradition euclidienne. À partir de 1658, étudiant la cycloïde, il approfondit ses recherches sur les méthodes infinitésimales ; il introduit aussi le « triangle caractéristique », dont s'inspirera Leibniz. – Le 23 nov. 1654, après une nuit d'extase mystique, il décida de consacrer sa vie à la foi et à la piété. Il prit alors le parti des jansénistes, avec lesquels il était en relation depuis 1646. Dans *les Provinciales* (1656-1657), publiées sous un nom d'emprunt, il attaqua leurs adversaires, les jésuites. Il mourut avant d'avoir achevé une *Apologie de la religion chrétienne,* dont les fragments ont été publiés sous le titre de *Pensées**. – Pascal a souligné la misère de la condition humaine, livrée à la vacuité, à l'ennui qu'on cherche vainement à fuir par le divertissement ; les grandeurs sociales doivent être respectées, mais on ne saurait s'abuser sur leur valeur ; la science ne repose sur aucun fondement démontrable. Seules la foi en Dieu et l'espérance du salut peuvent donner un ancrage à l'existence, au point que parier sur l'existence de Dieu et agir en conséquence reste le plus sûr.
▲ **Pascal.** (Château de Versailles.)

PASCAL (Jacqueline), sœur **Sainte-Euphémie,** *Clermont, auj. Clermont-Ferrand, 1625 - Paris 1661,* religieuse française, sœur de Blaise Pascal. Elle se retira à Port-Royal en 1652.

PASCH (Moritz), *Wrocław 1843 - Bad Homburg 1930,* logicien et mathématicien allemand, auteur d'une des premières axiomatisations de la géométrie (1882).

PASCIN (Julius **Pinkas,** dit Jules), *Vidin 1885 - Paris 1930,* peintre et dessinateur bulgare naturalisé américain. Il fut, avant et après la Première Guerre mondiale, l'une des figures de la bohème parisienne. Il met acuité graphique et délicatesse du coloris au service d'un érotisme subtil.

PASCOLI (Giovanni), *San Mauro, Romagne, 1855 - Bologne 1912,* poète italien, auteur de poèmes d'inspiration bucolique *(Myricae).*

PAS DE CALAIS → **CALAIS** (pas de).

PAS-DE-CALAIS n.m. (62), dép. de la Région Hauts-de-France ; ch.-l. de dép. *Arras* ; ch.-l. d'arrond. *Béthune, Boulogne-sur-Mer, Calais, Lens, Montreuil, Saint-Omer* ; 7 arrond. ; 39 cant. ; 891 comm. ; 6 671 km² ; 1 496 824 hab. Le dép. appartient à l'académie de Lille, à la cour d'appel de Douai, à la zone de défense et de sécurité Nord. Les secteurs littoraux (Marquenterre et Boulonnais), où domine l'élevage, sont animés par la pêche (Boulogne-sur-Mer), le tourisme estival (Berck, Le Touquet-Paris-Plage) et le transport maritime et ferroviaire (Calais, tunnel sous la Manche). Les autres régions sont tournées vers les cultures des céréales et des betteraves (Artois, Flandre méridionale, Cambrésis occidental). L'industrie a été fondée sur l'extraction du charbon (auj. disparu), qui a donné naissance à la métallurgie et à l'industrie chimique. Ces deux branches se sont ajoutées aux traditionnelles activités alimentaires et textiles. Les difficultés de l'industrie expliquent l'actuelle stagnation démographique.

PAS DE LA CASE, site touristique (et commercial) à la frontière des Pyrénées-Orientales et de l'Andorre (alt. 2 091 m).

PASDELOUP (Jules Étienne), *Paris 1819 - Fontainebleau 1887,* chef d'orchestre français. Il créa les Concerts populaires de musique classique (1861), devenus en 1916 « concerts Pasdeloup ».

PASIPHAÉ MYTH. GR. Épouse de Minos, mère d'Ariane, de Phèdre et du Minotaure.

PASOLINI (Pier Paolo), *Bologne 1922 - Ostie 1975,* écrivain et cinéaste italien. Ses poèmes (*les Cendres de Gramsci,* 1957), ses romans (*Une vie violente,* 1959), ses films (*Accattone,* 1961 ; *l'Évangile selon saint Matthieu,* 1964 ; *Œdipe roi,* 1967 ; *Théorème,* 1968 ; *le Décaméron,* 1971 ; *Salo ou les Cent Vingt Journées de Sodome,* 1976) portent la marque d'une personnalité déchirée et contradictoire, qui puise son inspiration aussi bien dans la réalité prolétarienne des faubourgs de Rome (où il mourra assassiné) que dans les mythes universels ou dans les textes saints.

▲ Pier Paolo **Pasolini**

Pas-de-Calais

100 m

○ plus de 50 000 h.
○ de 20 000 à 50 000 h.
○ de 5 000 à 20 000 h.
○ moins de 5 000 h.
○ autre localité
● ch.-l. d'arrondissement
● bur. centr. de canton
● commune
autoroute
route
voie ferrée

PASQUIER (Étienne), *Paris 1529 - id. 1615*, juriste français. Avocat au parlement de Paris (1549), il défendit la royauté contre la Ligue et écrivit une gigantesque encyclopédie méthodique, *les Recherches de la France* (1560-1621).

PASQUIER (Étienne, duc), *Paris 1767 - id. 1862*, homme politique français. Rallié à la Restauration, il fut ministre des Affaires étrangères (1819 - 1821), président de la Chambre des pairs sous Louis-Philippe et chancelier en 1837. (Acad. fr.)

PASSAMAQUODDY (baie de), golfe de la côte orientale des États-Unis (Maine) et du Canada (Nouveau-Brunswick).

PASSARD (Alain), *La Guerche-de-Bretagne 1956*, cuisinier français. Dès 2000, ce virtuose du goût met l'accent sur une cuisine « légumière », très technique, où les productions de la terre – dont il contrôle l'origine grâce à ses propres potagers et vergers – se marient à celles de la mer.

Passarowitz (paix de) [21 juill. 1718], traité signé entre l'Autriche, Venise et les Ottomans à Passarowitz (auj. Požarevac, en Serbie). Elle consacrait la victoire de l'Autriche et de Venise sur les Ottomans et l'expansion territoriale autrichienne en Valachie et en Serbie.

PASSAU, v. d'Allemagne (Bavière), sur le Danube ; 48 649 hab. Université. – Cathédrale gothique et baroque, et autres monuments ; musée régional, musée du Verre.

PASSERO (cap), cap du sud-est de la Sicile (Italie).

PASSOS COELHO (Pedro) → **COELHO.**

PASSY, quartier de Paris (XVIe arrond.).

PASSY (74480), comm. de la Haute-Savoie ; 11 485 hab. *(Passerands)*. Centrale hydroélectrique sur l'Arve. Station climatique au *plateau d'Assy**.

PASSY (Hippolyte Philibert), *Garches 1793 - Paris 1880*, homme politique et économiste français. Il milita en faveur du libre-échange. — **Frédéric P.,** *Paris 1822 - Neuilly-sur-Seine 1912*, économiste français. Neveu d'Hippolyte Philibert, il fut un ardent pacifiste. (Prix Nobel de la paix 1901.)

PASTERNAK (Boris Leonidovitch), *Moscou 1890 - Peredelkino 1960*, écrivain soviétique. Poète d'inspiration futuriste *(Ma sœur la vie)*, il fit paraître à l'étranger, en 1957, *le Docteur* Jivago*. Ce roman fut à l'origine d'une violente campagne de critiques et de tracasseries policières : Pasternak dut même décliner le prix Nobel en 1958. Exclu de l'Union des écrivains d'URSS la même année, il fut réhabilité en 1987.

Pasteur (Institut), fondation scientifique privée créée en 1887 - 1888 par souscription internationale, qui poursuit l'œuvre de Pasteur en médecine et en biologie (bactériologie, virologie, immunologie, allergologie, cancérologie, neurosciences). Il a pour mission de contribuer à la prévention et à la lutte contre les maladies, en France et dans le monde entier, par la recherche, l'enseignement et des actions de santé publique. Sur son site parisien historique (XVe arrond.) a été implanté en 2012 un centre de recherche voué à l'étude des maladies infectieuses émergentes (Centre François-Jacob).

PASTEUR (Louis), *Dole 1822 - Villeneuve-l'Étang, Marnes-la-Coquette, 1895*, chimiste et biologiste français. Il effectua des travaux sur la stéréochimie, puis se tourna vers l'étude des fermentations. Il montra que celles-ci étaient dues à l'action de micro-organismes, et que la « génération spontanée » des microbes n'existait pas. Il étudia la maladie des vers à soie (1865), puis, après une recherche sur les vins, réalisa une méthode de conservation des bières, la *pasteurisation*. De 1870 à 1886 s'élabora la partie la plus importante de son œuvre consacrée aux maladies infectieuses. Il montra la nature microbienne du charbon, découvrit le staphylocoque, le streptocoque, réalisa le vaccin contre le charbon et celui contre la rage, qui lui valut la célébrité (1885). [Acad. fr.]

▲ Louis **Pasteur** en 1886.

PASTEUR VALLERY-RADOT (Louis), *Paris 1886 - id. 1970*, médecin et écrivain français. Petit-fils de Louis Pasteur, il a étudié les maladies des reins et les affections allergiques. (Acad. fr.)

PASTO ou **SAN JUAN DE PASTO,** v. de la Colombie méridionale ; 434 486 hab.

PASTOUREAU (Michel), *Paris 1947*, historien français. À partir de l'étude de l'héraldique médiévale, il s'est spécialisé dans l'histoire culturelle et symbolique des couleurs et de certaines figures animalières en Occident (*l'Étoffe du diable. Une histoire des rayures et des tissus rayés*, 1991 ; *Bleu. Histoire d'une couleur*, 2000 ; *l'Ours. Histoire d'un roi déchu*, 2007).

PASTURE (Rogier **de La**) → **VAN DER WEYDEN.**

PATAGONIE n.f., région du sud du Chili et de l'Argentine.

PATALIPUTRA, anc. cap. bouddhique (près de Patna) des dynasties indiennes Maurya et Gupta. Elle fut florissante sous Ashoka (enceinte, palais).

PATAN, v. du Népal ; 162 991 hab. Anc. cap. du pays. – Temples et monastères bouddhiques et brahmaniques. Palais du XVIIe s., devenu musée. Le centre historique a été très endommagé par les séismes de 2015.

PATAÑJALI, grammairien indien du IIe s. av. J.-C. Son commentaire de l'œuvre de Panini est une source importante pour la connaissance de l'Inde ancienne.

PATAUD, abri-sous-roche situé aux Eyzies-de-Tayac-Sireuil (Dordogne). Ses quatorze niveaux archéologiques constituent, avec Laugerie-Haute et La Ferrassie, la référence chronologique du paléolithique supérieur.

PATAY (45310), comm. du Loiret ; 2 174 hab. *(Patichons)*. Jeanne d'Arc y vainquit les Anglais (18 juin 1429) pendant la guerre de Cent Ans.

PATCH (Alexander), *Fort Huachuca, Arizona, 1889 - San Antonio, Texas, 1945*, général américain. Il commanda la VIIe armée américaine, qui débarqua en Provence en août 1944 avec les forces françaises.

PATENIER (Joachim) → **PATINIR.**

PATER (Jean-Baptiste), *Valenciennes 1695 - Paris 1736*, peintre français. Élève de Watteau, il a exécuté des scènes galantes et champêtres.

PATER (Walter), *Londres 1839 - Oxford 1894*, écrivain et critique britannique. Représentant de l'esthétisme*, il est l'auteur d'études sur la Renaissance italienne et de *Portraits imaginaires*.

PATERSON, v. des États-Unis (New Jersey) ; 146 753 hab. Centre industriel.

PATHÉ (Émile), *Paris 1860 - id. 1937*, industriel français. Il fut, avec son frère Charles, l'un des créateurs de l'industrie phonographique. — **Charles P.,** *Chevry-Cossigny, Seine-et-Marne, 1863 - Monte-Carlo 1957*, industriel français. Frère d'Émile, il fut le premier fabricant de pellicule pour le cinéma ; il construisit des studios (à Montreuil) et des laboratoires (à Joinville). Il créa les actualités cinématographiques (1909).

PATHEIN → **BASSEIN.**

Pathet Lao, mouvement nationaliste et progressiste laotien, fondé en 1950 pour lutter contre la France, avec l'appui du Viêt-minh.

PATIALA, v. d'Inde (Pendjab) ; 302 870 hab. Riches palais du XVIIIe s.

PATIN (Gui), *Hodenc-en-Bray 1602 - Paris 1672*, médecin et écrivain français. Ses *Lettres* constituent une chronique de son époque.

PATINIR ou **PATENIER** (Joachim), *Dinant ou Bouvignes v. 1480 - Anvers 1524*, peintre des anciens Pays-Bas du Sud. Inscrit à la guilde d'Anvers en 1515, il fut le premier à donner une importance majeure au paysage dans ses tableaux, aux sujets bibliques (*Paysage avec la fuite en Égypte*, musée des Beaux-Arts d'Anvers).

PATINKIN (Don), *Chicago 1922 - Jérusalem 1995*, économiste israélien. Il a présenté un modèle d'équilibre prenant en considération les marchés du travail, des biens et des services, de la monnaie, des titres.

PÁTMOS ou **PATHMOS,** l'une des îles Sporades, où, selon la tradition chrétienne, Jean écrivit l'Apocalypse (v. 96).

PATNA, v. d'Inde, cap. du Bihar, sur le Gange ; 1 376 950 hab. (2 046 652 hab. dans l'agglomération). Université. – Riche musée. Vestiges de Pataliputra*.

PATOU (Jean), *Paris 1887 - id. 1936*, couturier français. En 1919, il ouvrit une maison de couture à son nom. Il reste célèbre pour sa ligne fluide, sa prédilection pour le beige et la création des premiers vêtements de sport.

PATRAS, en gr. **Pátrai,** v. de Grèce (Péloponnèse), sur le *golfe de Patras* (formé par la mer Ionienne) ; 213 984 hab. Port.

PATRICK ou **PATRICE** (saint), *fin du IVe s. - v. 461*, évangélisateur et patron de l'Irlande. Sa fête, le 17 mars, est en Irlande une solennité nationale.

PATROCLE MYTH. GR. Personnage de *l'Iliade*, compagnon d'Achille. Il fut tué par Hector sous les remparts de Troie.

Patrouille de France, unité de l'armée de l'air, formée en 1953. Basée à Salon-de-Provence, elle est chargée d'effectuer des démonstrations de voltige aérienne en France et à l'étranger.

PATRU (Olivier), *Paris 1604 - id. 1681*, avocat et écrivain français. Ami de Boileau, élu à l'Académie française en 1640, il prononça un discours de remerciement si apprécié que cette tradition fut désormais suivie par tous les académiciens.

PATTADAKAL, site archéologique de l'Inde, près d'Aihole (Deccan). Ensemble exceptionnel de temples et de sculptures, renfermant l'un des chefs-d'œuvre de l'architecture des Calukya : le Virupaksha (VIIIe s.) dédié à Shiva.

PATTON (George), *San Gabriel, Californie, 1885 - Heidelberg 1945*, général américain. Spécialiste des chars, il commanda une division blindée avec laquelle il débarqua au Maroc (1942). Il conduisit ensuite la IIIe armée américaine d'Avranches à Metz (1944) et du Rhin jusqu'en Bohême (1945).

◄ Le général **Patton**

PAU (64000), ch.-l. des Pyrénées-Atlantiques, sur le *gave de Pau*, à 751 km au S.-O. de Paris ; 78 995 hab. *(Palois)* [199 199 hab. dans l'agglomération]. Université. Cour d'appel. – École des troupes aéroportées. – Château des XIIIe-XVIe s., très remanié, abritant un Musée national (centré sur Henri IV) ; musées des Beaux-Arts et Bernadotte.

PAU (gave de), riv. de France, issue des Pyrénées, affl. de l'Adour (r. g.) ; 120 km. Il passe à Lourdes et à Pau.

PAUILLAC (33250), comm. de la Gironde, sur la Gironde ; 4 972 hab. Terminal portuaire (hydrocarbures, logistique aéronautique [Airbus]). Grands vignobles (Château-Lafite, Château-Latour, Château-Mouton-Rothschild) du Médoc.

SAINTS

PAUL (saint), surnommé **l'Apôtre des gentils,** *Tarse, Cilicie, entre 5 et 15 - Rome entre 62 et 67*, apôtre de Jésus. Une vision du Christ sur le chemin de Damas (v. 36) fit de ce pharisien fervent, dont le nom hébraïque était Saül, l'« Apôtre des gentils », c'est-à-dire des non-juifs. Son activité missionnaire s'articula autour de trois grands voyages (46 - 48, 49 - 52 et 53 - 58), au cours desquels il visita Chypre, l'Asie Mineure, la Macédoine et la Grèce, établissant des Églises dans les villes importantes. En 58, Paul, arrêté à l'instigation des autorités juives, fut déféré, en sa qualité de citoyen romain, au tribunal de l'empereur et envoyé à Rome, où il passa deux années en liberté surveillée. Certains auteurs pensent que Paul serait mort à Rome vers 64 ; d'autres, se fondant sur une très ancienne tradition romaine, affirment qu'il mourut en 67, après de nouveaux voyages missionnaires en Espagne. Les lettres écrites par saint Paul aux communautés qu'il avait fondées donnent un aperçu de sa personnalité et de sa pensée. La tradition a retenu treize épîtres de Paul : aux Romains, aux Corinthiens (2), aux Galates, aux Éphésiens, aux Philippiens, aux Colossiens, aux Thessaloniciens (2), à Timothée (2), à Tite et à Philémon. L'épître aux Hébreux leur est parfois ajoutée. L'authenticité de certaines épîtres (aux Éphésiens, aux Colossiens, la deuxième épître aux Thessaloniciens, à Timothée, à Tite) est contestée.

PAUL de la Croix (saint), *Ovada, Ligurie, 1694 - Rome 1775*, religieux italien, fondateur de la congrégation des passionistes (1720).

PAPES

PAUL III (Alessandro **Farnèse**), *Canino 1468 - Rome 1549*, pape de 1534 à 1549. Il commanda à Michel-Ange la fresque du *Jugement dernier* de la chapelle Sixtine et inaugura la Réforme catholique en convoquant le concile de Trente (1545). — **Paul IV** (Gian Pietro **Carafa**), *Sant'Angelo della Scala 1476 - Rome 1559*, pape de 1555 à 1559. Il fonda avec Gaëtan de Thiene l'ordre des Théatins (1524). — saint **Paul VI** (Giovanni Battista **Montini**), *Concesio, près de Brescia, 1897 - Castel Gandolfo 1978*, pape de 1963 à 1978. Prosecrétaire d'État (1952) et proche collaborateur de Pie XII, archevêque de Milan (1954) et cardinal (1958), il succéda en 1963 à Jean XXIII, dont il approfondit l'œuvre réformatrice, d'abord au sein du concile Vatican II, qu'il clôtura en 1965. Sa rencontre à Jérusalem, en 1964, avec le patriarche Athênagoras illustra son souci d'œcuménisme. Il a été béatifié en 2014 et canonisé en 2018. ▲ **Paul VI**

GRÈCE

PAUL Ier, *Athènes 1901 - id. 1964*, roi de Grèce (1947 - 1964), successeur de son frère Georges II.

RUSSIE

PAUL Ier, *Saint-Pétersbourg 1754 - id. 1801*, empereur de Russie (1796 - 1801), de la dynastie des Romanov. Fils de Pierre III et de la future Catherine II, il se rapprocha de la France après avoir envoyé Souvorov combattre en Italie du Nord aux côtés des Autrichiens (1799). Il mourut assassiné.

PAUL (Wolfgang), *Lorenzkirch 1913 - Bonn 1993*, physicien allemand. Il a imaginé, dans les années 1950, un système permettant d'isoler des atomes ionisés (« trappe de Paul ») et de trier des particules atomiques. (Prix Nobel 1989.)

PAUL-BONCOUR (Joseph), *Saint-Aignan 1873 - Paris 1972*, homme politique français. Membre de la SFIO de 1916 à 1931, il fut ministre de la Guerre (1932), président du Conseil (déc. 1932 - janv. 1933) et ministre des Affaires étrangères (1933 et 1938). Il signa, pour la France, la Charte des Nations unies (1945).

PAUL DIACRE (Paul **Warnefried,** connu sous le nom de), *dans le Frioul v. 720 - Mont-Cassin v. 799*, historien et poète de langue latine. Il est l'auteur d'une *Histoire des Lombards* et de l'hymne *Ut queant laxis*.

PAUL ÉMILE, *m. en 216 av. J.-C.*, général romain. Consul en 219 av. J.-C., puis en 216, il fut tué à la bataille de Cannes par les troupes d'Hannibal. — **Paul Émile le Macédonique,** *v. 228 av. J.-C. - 160 av. J.-C.*, général romain. Fils de Paul Émile, consul en 182 et en 168, il remporta sur Persée, dernier roi de Macédoine, la victoire de Pydna (168).

Paul et Virginie, roman pastoral de Bernardin de Saint-Pierre (1788). L'innocente idylle de deux enfants de l'île de France (île Maurice) se conclut tragiquement par leur mort.

PAULHAN (Jean), *Nîmes 1884 - Neuilly-sur-Seine 1968*, écrivain et critique français. Il dirigea la *Nouvelle Revue française* de 1925 à 1940, puis, avec M. Arland, de 1953 à 1968. (Acad. fr.)

PAULI (Wolfgang), *Vienne 1900 - Zurich 1958*, physicien américain et suisse d'origine autrichienne. L'un des créateurs de la théorie quantique des champs, il a énoncé, en 1925, le « principe d'exclusion », selon lequel deux électrons d'un atome ne peuvent avoir les mêmes nombres quantiques. Avec Fermi, il émit l'hypothèse, en 1931, de l'existence du neutrino. (Prix Nobel 1945.)

PAULIN (Pierre), *Paris 1927 - Montpellier 2009*, désigneur français. Les formes souples et arrondies de ses sièges aux coques moulées, garnies de mousse et habillées de jersey aux couleurs vives, sont emblématiques du design pop (*Mushroom*, 1960 ; *Ribbon*, 1966 ; *Tongue*, 1967 ; canapé *Amphis*, 1970).

PAULIN de Nola (saint), *Bordeaux 353 - Nola 431*, écrivain de langue latine. Évêque de Nola, en Campanie, il est l'auteur de poèmes qui témoignent d'un goût délicat, et de *Lettres*, qui sont un précieux document pour l'histoire de son temps.

PAULING (Linus Carl), *Portland, Oregon, 1901 - près de Big Sur, Californie, 1994*, chimiste américain. Il a introduit la physique quantique en chimie, étudié les macromolécules organiques, la structure des molécules et les liaisons chimiques. Il a milité dans les milieux scientifiques pour le désarmement nucléaire. (Prix Nobel de chimie 1954 ; prix Nobel de la paix 1962.)

PAULUS (Friedrich), *Breitenau 1890 - Dresde 1957*, maréchal allemand. Commandant la VIe armée en Russie, il prépara l'invasion de l'URSS, mais dut capituler à Stalingrad (31 janv. 1943). Prisonnier, il fut libéré en 1953. En 1944, il avait adressé au peuple allemand un appel contre Hitler.

PAUSANIAS, *m. v. 467 av. J.-C.*, prince spartiate. Vainqueur des Perses à Platées (479), il occupa Chypre et Byzance (478). Revenu à Sparte, convaincu de collusion avec les Perses, il fut emmuré dans le temple d'Athéna, où il s'était réfugié.

PAUSANIAS, *IIe s. apr. J.-C.*, écrivain grec. Sa *Description de la Grèce* est une source précieuse pour la connaissance de la Grèce antique.

PAVAROTTI (Luciano), *Modène 1935 - id 2007*, ténor italien. Après ses débuts à la Scala de Milan en 1965, servi par une voix d'une grande richesse, il triompha dans le répertoire romantique italien sur les plus grandes scènes du monde.

◄ Luciano **Pavarotti** en 1998.

PAVELIĆ (Ante), *Bradina 1889 - Madrid 1959*, homme politique croate. Il fut chef de l'État croate créé en 1941 sous contrôle allemand et italien.

PAVESE (Cesare), *Santo Stefano Belbo, Piémont, 1908 - Turin 1950*, écrivain italien. Il est l'auteur de poèmes, de romans (*la Plage, le Bel Été*) et d'un journal intime (*le Métier de vivre*) où l'observation réaliste et angoissée s'enrichit d'une dimension mythique.

PAVIE, en ital. **Pavia,** v. d'Italie (Lombardie), ch.-l. de prov., sur le Tessin ; 69 166 hab. Université. – Églises, notamm. de style roman lombard ; château des Visconti (XIVe-XVe s., musées). Aux environs, chartreuse des XVe-XVIe s. — bataille de **Pavie** (24 févr. 1525), bataille des guerres d'Italie. François Ier y fut fait prisonnier par les troupes de Charles Quint.

PAVIE (Auguste), *Dinan 1847 - Thourie, Ille-et-Vilaine, 1925*, explorateur français. Consul à Luang Prabang (1886), puis à Bangkok, il fit reconnaître par le Siam le protectorat français sur le Laos (1893).

PAVILLON (Nicolas), *Paris 1597 - Alet 1677*, prélat français. Évêque d'Alet (1639), ami des jansénistes, il refusa de signer le formulaire antijanséniste et s'opposa à Louis XIV à propos de la régale.

Pavillons-Noirs, soldats irréguliers chinois. Ils furent combattus par la France au Tonkin, notamm. en 1883 - 1885.

PAVILLONS-SOUS-BOIS (Les) [93320], comm. de la Seine-Saint-Denis ; 23 504 hab.

PAVILLY (76570), comm. de la Seine-Maritime ; 6 492 hab. (*Pavillais*). Textile.

PAVLODAR, v. du Kazakhstan ; 317 289 hab. Aluminium.

PAVLOV (Ivan Petrovitch), *Riazan 1849 - Leningrad 1936*, physiologiste russe. Auteur de travaux sur la digestion et la « sécrétion psychique », il a découvert ainsi les réflexes conditionnés et formulé sa conception générale de l'activité nerveuse supérieure. (Prix Nobel 1904.)

PAVLOVA (Anna), *Saint-Pétersbourg 1881 - La Haye 1931*, danseuse russe. Elle créa le rôle-titre du ballet de M. Fokine (*le Cygne*, 1907) sur une musique de Saint-Saëns, et fonda en 1911 sa propre compagnie.

PAXTON (sir Joseph), *Milton Bryant, Bedfordshire, 1801 - Sydenham, près de Londres, 1865*, jardinier et architecte britannique. La construction, pour l'Exposition de 1851 à Londres, du *Crystal Palace* (auj. détruit) fait de lui un pionnier de l'architecture du fer et de la préfabrication.

PAXTON (Steve), *Tucson 1939*, danseur et chorégraphe américain. D'abord élève de M. Cunningham, il a développé dans les années 1970 la pratique de l'« improvisation contact » (*contact improvisation*), où les danseurs évoluent en groupe, selon les interactions produites par leurs partenaires, et qui continue d'inspirer les nouvelles générations d'artistes.

PAYEN (Anselme), *Paris 1795 - id. 1871*, biochimiste français. Il identifia la cellulose comme le constituant essentiel des cellules végétales.

PAYERNE, en all. **Peterlingen,** comm. de Suisse (Vaud) ; 8 728 hab. (*Payernois*). Église (XIe-XIIe s.) et bâtiments d'un anc. monastère clunisien.

PAYNE (Thomas) → **PAINE.**

PAYSANDÚ, v. d'Uruguay, sur le fleuve Uruguay ; 76 429 hab.

Paysans (guerre des) [1524 - 1526], insurrections paysannes et urbaines qui agitèrent le Saint Empire. Dirigée par certains réformateurs radicaux (dont Müntzer, en Thuringe), elle fut réprimée par les princes catholiques et luthériens coalisés.

PAYS-BAS n.m. pl., nom donné au cours de l'histoire à des territoires du nord-ouest de l'Europe, d'étendue variable, situés entre l'Ems, la mer du Nord, les collines de l'Artois et les Ardennes. Ils ont donné naissance, au début du XIXe s., aux États actuels de Belgique et des Pays-Bas.

HISTOIRE **Des origines à l'Empire carolingien.** La présence ancienne de l'homme dans cette région est attestée par des monuments mégalithiques (dolmens) et des tumulus de l'âge du bronze. **57 av. J.-C. :** César conquiert le pays, peuplé par des tribus celtes et germaniques (Bataves, Frisons). **15 av. J.-C. :** les futurs Pays-Bas forment la province de Gaule Belgique. **IVe s. :** les invasions germaniques submergent la contrée. Les Saxons s'établissent à l'est ; les Francs occupent les territoires méridionaux. **VIIe - VIIIe s. :** la christianisation de ces peuples ne s'achève qu'avec Charlemagne.

De Charlemagne à l'époque bourguignonne. **IXe s. :** les invasions normandes et les divisions territoriales (traité de Verdun, 843) affaiblissent le pays. **Xe - XIIe s. :** ce dernier se décompose en de multiples principautés féodales (duchés de Gueldre et de Brabant, comtés de Hollande, de Flandre et de Hainaut, évêchés d'Utrecht et de Liège). **XIIe - XIIIe s. :** tandis que de nouvelles terres sont gagnées sur la mer, les villes connaissent un essor remarquable, notamm. grâce au commerce du drap (Gand, Ypres, Bruges). **XIVe s. :** en Flandre, les travailleurs du textile s'opposent au patriciat urbain, qui s'allie avec le roi de France. **1369 :** le duc de Bourgogne Philippe le Hardi épouse la fille du comte de Flandre Louis de Mâle. **1382 :** les milices communales sont vaincues à Rozebeke par Charles VI.

Période bourguignonne et période espagnole. **XVe s. :** par achats, mariages, héritages, les ducs de Bourgogne incorporent peu à peu tous les Pays-Bas. **1477 :** Marie de Bourgogne, fille et héritière de Charles le Téméraire, épouse Maximilien d'Autriche. Le pays fait désormais partie des possessions des Habsbourg. **1515 :** Charles Quint hérite des Pays-Bas. Pendant son règne, il porte à dix-sept le nombre des provinces qui les constituent et érige l'ensemble en cercle d'Empire (1548). Le pays connaît une forte expansion économique, les idées de la Réforme s'y diffusent largement.

La révolte des Pays-Bas et la naissance des Provinces-Unies. **1555 :** Philippe II succède à son père comme prince des Pays-Bas. **1559 - 1567 :** par l'intermédiaire de Marguerite de Parme, gouvernante du pays, il conduit une politique absolutiste et hostile aux protestants, qui dresse contre lui le peuple et la noblesse. **1566 :** la Flandre, le Hainaut, puis les provinces du Nord se soulèvent. **1567 - 1573 :** succédant à Marguerite de Parme, le duc d'Albe mène une répression impitoyable, qui débouche sur la révolte générale de la Hollande et de la Zélande (1568), dirigée par Guillaume d'Orange. Les révoltés gagnent à leur cause le Brabant, le Hainaut, la Flandre et l'Artois. **1576 :** la pacification de Gand marque l'expulsion des troupes espagnoles et le retour à la tolérance religieuse. **1579 :** les provinces du Sud, en majorité catholiques, se soumettent à l'Espagne (Union d'Arras) ; celles du Nord, calvinistes, proclament l'Union d'Utrecht, qui pose les bases des Provinces-Unies.

A B C D E F G H I J K L M N O P Q R S T U V W X Y Z

Pays-Bas

Les Pays-Bas aux XVIIe et XVIIIe s. **1581 :** après avoir répudié solennellement l'autorité de Philippe II, les Provinces-Unies poursuivent la lutte contre l'Espagne, sauf pendant la trêve de Douze-Ans (1609 - 1621). **1648 :** le traité de Münster reconnaît officiellement l'indépendance des Provinces-Unies. Les Pays-Bas méridionaux restent espagnols. **1714 :** à l'issue de la guerre de la Succession d'Espagne, ils passent sous domination autrichienne. **1795 :** les Pays-Bas méridionaux sont annexés par la France ; les Provinces-Unies deviennent la République batave. **1815 :** le congrès de Vienne réunit l'ensemble des provinces en un royaume des Pays-Bas.

PAYS-BAS, en néerl. **Nederland,** État d'Europe, sur la mer du Nord ; 41 528 km^2 ; 16 779 575 hab. *(Néerlandais)*. **CAP.** *Amsterdam* (La Haye étant le siège du pouvoir politique : cour royale, gouvernement, Parlement...). **V. PRINC.** *Rotterdam*. **LANGUE :** *néerlandais*. **MONNAIE :** *euro*.

INSTITUTIONS Monarchie constitutionnelle à régime parlementaire. Constitution de 1983. Le souverain exerce des pouvoirs limités. Le Premier ministre est responsable devant le Parlement bicaméral (*Eerste Kamer* et *Tweede Kamer*), élu pour 4 ans.

GÉOGRAPHIE L'histoire, la faible superficie et l'exceptionnelle densité (près de 400 hab. au km^2) expliquent l'ouverture économique de ce pays, nation commerçante, qui exporte environ 40 % de sa production. Les services surtout (finances et transports) et l'industrie (constructions électriques, agroalimentaire, chimie, gaz naturel [Groningue]) occupent plus de 90 % d'une population, fortement urbanisée, concentrée dans un quadrilatère délimité par les quatre principales villes (Amsterdam, La Haye, Rotterdam [un des tout premiers ports du monde] et Utrecht). L'agriculture, très intensive, exploite l'abondance des terrains plats (parfois gagnés, par poldérisation, sur la mer) et bénéficie d'un climat doux et humide. Elle associe élevage (bovins et porcins) et cultures traditionnelles florales et légumières. Le commerce extérieur s'effectue principalement avec les partenaires de l'Union européenne (Allemagne et Belgique voisines en tête). Il est équilibré, voire excédentaire, mais son importance rend le pays tributaire du marché mondial. Rattrapés par la crise économique en Europe en 2012, les Pays-Bas ont renoué avec la croissance en 2014, au prix d'importantes réformes structurelles.

HISTOIRE **Le royaume des Pays-Bas jusqu'en 1830.** **1815 :** le royaume est constitué des anciennes Provinces-Unies, des anciens Pays-Bas autrichiens et du grand-duché de Luxembourg. Guillaume Ier, roi des Pays-Bas, accorde une Constitution à ses sujets. Mais l'union belgo-hollandaise se heurte à de multiples antagonismes. **1830 :** la Belgique se révolte et proclame son indépendance.

De 1830 à 1945. **1839 :** Guillaume Ier reconnaît l'indépendance de la Belgique. **1840 :** il abdique en faveur de son fils Guillaume II. **1848 :** une nouvelle Constitution établit un mode de scrutin censitaire pour les deux chambres. **1849 :** Guillaume III accède au pouvoir. Sous son règne, libéraux (Thorbecke) et conservateurs alternent au pouvoir. **1851 :** la reconstitution de la hiérarchie de leur clergé permet aux catholiques de s'intégrer à la vie politique du pays. **1862 :** l'instauration du libre-échange favorise l'essor économique. **1872 :** après la mort de Thorbecke, l'éventail politique se diversifie et se complique, du fait notamm. de la question scolaire. **1890 :** Wilhelmine succède à Guillaume III. **1894 :** Troelstra fonde un parti socialiste. **1897 - 1901 :** sous l'influence des libéraux, une importante législation sociale est mise en place tandis qu'un puissant syndicalisme se développe. **1913 - 1918 :** l'excessif morcellement des partis amène la reine à former un gouvernement extraparlementaire, qui maintient la neutralité pendant la Première Guerre mondiale. **1917 :** le suffrage universel est instauré, puis le vote des femmes (1919). **1925 :** rupture des relations diplomatiques avec le Vatican. **1933 - 1939 :** le Premier ministre, H. Colijn, leader du Parti antirévolutionnaire, doit faire face à la crise mondiale et aux progrès du nationalisme en Indonésie. **1939 :** la montée des périls permet la reconstitution de la coalition chrétienne. **1940 - 1945 :** les Pays-Bas envahis par les Allemands subissent une occupation pesante ; la reine et le gouvernement se réfugient en Grande-Bretagne, d'où ils poursuivent la guerre.

Depuis 1945. **1944 - 1948 :** le pays participe à la formation du Benelux. **1948 :** Wilhelmine abdique en faveur de sa fille Juliana. **1949 :** l'Indonésie accède à l'indépendance. **1951 - 1953 :** les Pays-Bas adhèrent à la CECA. **1958 :** ils entrent dans la CEE. **1973 - 1977 :** un gouvernement de coalition dirigé par le travailliste Joop Den Uyl doit faire face aux effets du premier choc pétrolier. **1980 :** Juliana abdique en faveur de sa fille Béatrice. **1982 - 1994 :** le chrétien-démocrate Ruud Lubbers dirige des gouvernements de coalition de centre droit puis, à partir de 1989, de centre gauche. **1994 - 2002 :** le travailliste Wim Kok est Premier ministre. **2002 :** le chrétien-démocrate Jan Peter Balkenende forme un éphémère gouvernement de coalition avec l'extrême droite (après la percée électorale de cette dernière au lendemain de l'assassinat de son leader, Pim Fortuyn) et les libéraux. **2003 :** au terme d'élections marquées par le retour à un équilibre politique traditionnel, J. P. Balkenende dirige un nouveau gouvernement de coalition. **2005 :** les Néerlandais, consultés par référendum, rejettent le projet de traité institutionnel de l'Union européenne. **2007 :** à la suite des élections de nov. 2006, J. P. Balkenende forme un gouvernement de « grande coalition » avec les travaillistes. **2010 :** les élections sont suivies de la constitution d'un gouvernement de coalition de droite (minoritaire mais bénéficiant du soutien extérieur de l'extrême droite), dirigé par le libéral Mark Rutte. **2012 :** le gouvernement ayant perdu l'appui de l'extrême droite, de nouvelles élections sont organisées, qui voient la victoire des libéraux, juste devant les travaillistes (l'extrême droite étant sanctionnée). Ces deux partis forment un gouvernement de coalition, toujours conduit par M. Rutte. **2013 :** Béatrice abdique en faveur de son fils Guillaume-Alexandre. **2017 :** les libéraux sortent vainqueurs des élections, devançant l'extrême droite. Après de longues tractations en vue de dégager une majorité au Parlement, M. Rutte prend la tête d'un gouvernement de coalition (sans l'extrême droite et les travaillistes).

PAYS DE LA LOIRE → **LOIRE** (Pays de la).

PAZ (La), cap. (siège du gouvernement) de la Bolivie, à 3 658 m d'alt., à l'E. du lac Titicaca ; 793 293 hab. *(Pacéniens)* [1 800 000 hab. dans l'agglomération]. Église S. Francisco (XVIe s.) ; musée national.

PAZ (Octavio), *Mexico 1914 - id. 1998*, écrivain mexicain. Sa poésie *(Liberté sur parole)* et ses essais *(le Labyrinthe de la solitude, l'Arc et la Lyre, le Singe grammairien)* unissent à l'évocation des mythes et du monde mexicains une vaste culture qui fait s'entrecroiser poésie nord-américaine, surréalisme français et univers hindou. (Prix Nobel 1990.)

PAZ ESTENSSORO (Víctor), *Tarija 1907 - id. 2001*, homme politique bolivien. L'un des fondateurs du MNR, il fut l'homme fort de la révolution de 1952 et président de la République à trois reprises (1952 - 1956, 1960 - 1964 et 1985 - 1989).

PAZZI, famille guelfe de Florence, rivale des Médicis. En 1478, deux de ses membres ourdirent contre Laurent et Julien de Médicis la *conspiration* dite *des Pazzi*. Le meurtre de Julien entraîna une répression immédiate : les Pazzi furent exécutés ou bannis.

PCC → **communiste chinois** (Parti).

PCF → **communiste français** (Parti).

PCI → **communiste italien** (Parti).

PCUS → **communiste de l'Union soviétique** (Parti).

PEACOCK (Thomas Love), *Weymouth 1785 - Lower Halliford 1866*, écrivain britannique. Ses romans satiriques raillent les excès du romantisme (*l'Abbaye de Cauchemar*).

PÉAN (Jules), *Marboué, Eure-et-Loir, 1830 - Paris 1898*, chirurgien-gynécologue français. Il a donné son nom à des techniques opératoires et inventé plusieurs instruments de chirurgie.

PEANO (Giuseppe), *Cuneo 1858 - Turin 1932*, logicien et mathématicien italien. Son *Formulaire de mathématique* (1895-1908), qui utilise un langage formalisé, constitue un exposé axiomatique et déductif de l'arithmétique, de la géométrie projective, de la théorie générale des ensembles, du calcul infinitésimal et du calcul vectoriel.

PEARL HARBOR, rade des îles Hawaii (île d'Oahu). Une base aéronavale américaine y existe depuis 1906. Une partie de la flotte américaine du Pacifique y fut détruite par surprise, sans déclaration de guerre, par les Japonais le 7 déc. 1941, ce qui provoqua l'intervention des États-Unis dans la Seconde Guerre mondiale.

PEARSON (Karl), *Londres 1857 - id. 1936*, mathématicien britannique. Il est l'un des fondateurs de la statistique. Promoteur du darwinisme social, il développa, dans le cadre de recherches sur l'hérédité, les idées de F. Galton sur la régression et la corrélation.

PEARSON (Lester Bowles), *Newtonbrook, Ontario, 1897 - Ottawa 1972*, homme politique canadien. Grand diplomate, chef du Parti libéral (1958), il fut Premier ministre du Canada de 1963 à 1968. (Prix Nobel de la paix 1957.)

PEARY (Robert), *Cresson Springs, Pennsylvanie, 1856 - Washington 1920*, explorateur américain. Il reconnut l'insularité du Groenland et atteignit, le premier, le pôle Nord, le 6 avril 1909.

Peau d'âne, conte en vers de C. Perrault (1694). Une princesse, pour échapper à l'amour incestueux que lui propose son père, s'enfuit du palais revêtue d'une peau d'âne. Un prince charmant reconnaît sa beauté et parvient à l'épouser.

PEAUX-ROUGES, désignation vieillie des Amérindiens du Nord.

PECHBONNIEU (31140), bur. centr. de cant. de la Haute-Garonne ; 4 501 hab. (*Pechbonniens*).

PECH-MERLE, site de la comm. de Cabrerets (Lot). Grotte ornée du paléolithique (solutréen, périgordien et magdalénien).

PECK (Eldred Gregory, dit Gregory), *La Jolla, Californie, 1916 - Los Angeles 2003*, acteur américain. Il a incarné des personnages sachant maîtriser leur inquiétude ou des aventuriers impénétrables : *la Maison du Dr Edwardes* (A. Hitchcock, 1945), *Moby Dick* (J. Huston, 1956), *la Femme modèle* (V. Minnelli, 1957).

PECKER (Jean-Claude), *Reims 1923*, astrophysicien français. Ses travaux ont fait progresser la connaissance du Soleil et des atmosphères stellaires. En cosmologie, il s'oppose à la théorie du big bang.

PECKINPAH (David Samuel, dit Sam), *Fresno 1925 - Inglewood, Californie, 1984*, cinéaste américain. Il donna une tonalité cruelle et désespérée au western (*la Horde sauvage*, 1969) avant de développer une vision violente, apocalyptique, du monde contemporain (*les Chiens de paille*, 1971 ; *[le] Guet-apens*, 1972 ; *Croix de fer*, 1977).

PECQ (Le) [78230], comm. des Yvelines, sur la Seine ; 16 554 hab. (*Alpicois*).

PECQUET (Jean), *Dieppe 1622 - Paris 1674*, médecin et anatomiste français. Il expliqua l'ensemble de la circulation lymphatique.

PECQUEUR (Constantin), *Arleux, Nord, 1801 - Taverny, Val-d'Oise, 1887*, économiste français. Il dénonça les conséquences de la propriété privée et de la concentration industrielle.

PÉCS, v. du sud de la Hongrie ; 144 586 hab. Université. Centre industriel. – Monuments de l'époque paléochrétienne au baroque ; musées.

PEEL (sir Robert), *Chamber Hall, près de Bury, Lancashire, 1788 - Londres 1850*, homme politique britannique. Député tory (1809), secrétaire pour l'Irlande (1812 - 1818), ministre de l'Intérieur (1822 - 1827, 1828 - 1830), il humanisa la législation criminelle et fit voter la loi d'émancipation des catholiques (1829). Premier ministre (1834 - 1835, 1841 - 1846), favorable au libre-échange, il accomplit de nombreuses réformes et fit voter en 1846 les lois sur le blé (« Corn Laws »).

▲ **Pékin.** Le temple du Ciel. Qiniandian, salle de la prière pour de bonnes moissons, 1420.

PEENEMÜNDE, v. d'Allemagne (Mecklembourg-Poméranie-Occidentale). Situé sur l'estuaire de la Peene (tributaire de la Baltique ; 180 km), ce site fut une base d'expérimentation d'engins balistiques (V1 et V2) pendant la Seconde Guerre mondiale.

Peer Gynt, drame d'Ibsen, musique de scène de Grieg (1867). C'est une satire, à travers le personnage de Peer Gynt, de la veulerie et de l'égoïsme.

PEETERS (Benoît), *Paris 1956*, écrivain français. Scénariste de bandes dessinées (série *les Cités obscures*, avec F. Schuiten, depuis 1982), il est également romancier et essayiste (*Hergé, fils de Tintin*, 2002 ; *Derrida*, 2010). Sa production éclectique croise les genres et interroge les rapports entre texte et image, fiction et réalité.

PÉGASE MYTH. GR. Cheval ailé, né du sang de Méduse. Il servit de monture à Bellérophon.

PÉGOUD (Adolphe), *Montferrat, Isère, 1889 - Petit-Croix, près de Belfort, 1915*, aviateur français. Il réussit, en 1913, le premier saut en parachute à partir d'un avion et le premier looping.

PEGU ou **BAGO,** v. de Birmanie ; 150 528 hab. Monuments bouddhiques.

PÉGUY (Charles), *Orléans 1873 - Villeroy, Seine-et-Marne, 1914*, écrivain français. Socialiste « indépendant » (*Jeanne d'Arc*, 1897) puis dreyfusard, il fonda les *Cahiers de la quinzaine* (1900-1914). Profondément mystique, il revint ensuite à la foi catholique de son enfance et fit, de 1912 à 1914, plusieurs pèlerinages à Notre-Dame de Chartres. Ses *Mystères* (*le Mystère de la charité de Jeanne d'Arc*, 1910), sa poésie invocatoire et épique (*Ève*, 1913) et sa prose méditative ou polémique (*Notre jeunesse*, 1910 ; *l'Argent*, 1913) sont remarquables de puissance. Il fut tué sur le front au début de la Première Guerre mondiale.

▲ Charles **Péguy** par J.-P. Laurens. (Musée Péguy, Orléans.)

PEI ou **PEI IEOH MING,** *Canton 1917*, architecte et urbaniste américain d'origine chinoise. Adepte d'un modernisme assoupli, il est notamm. l'auteur des aménagements souterrains du musée du Louvre, à Paris (cour Napoléon, 1986-1988), surmontés d'une pyramide de verre. (Prix Pritzker 1983.)

PEÏPOUS (lac) ou lac des **TCHOUDES,** lac d'Estonie et de Russie, qui se déverse par la Narva dans le golfe de Finlande ; 2 670 km².

PEIRCE (Charles Sanders), *Cambridge, Massachusetts, 1839 - Milford, Pennsylvanie, 1914*, philosophe et logicien américain. Il a contribué au développement du calcul des relations et est le principal créateur de la sémiotique. Il fonda le pragmatisme logique (*Collected Papers*, 1931).

PEISEY-NANCROIX (73210), comm. de la Savoie ; 660 hab. (*Peiserots*). Station de sports d'hiver de *Peisey-Vallandry* (alt. 1 300 - 2 400 m).

PEKALONGAN, v. d'Indonésie (Java) ; 881 000 hab. dans l'agglomération. Port.

PÉKIN, en chin. **Beijing,** cap. de la Chine ; 21 240 000 hab. dans l'agglomération (*Pékinois*). Elle constitue une municipalité autonome d'env. 17 000 km². Centre administratif, universitaire et industriel. – Les quartiers centraux sont formés de la juxtaposition de la ville chinoise, ou extérieure, et de la ville tatare, ou intérieure ; au centre de cette dernière se trouve l'ancienne Cité interdite, qui était réservée à la famille impériale. Riches musées, dont le Musée national. – Située près de la capitale de l'État Yan (IVe s. av. J.-C.), Pékin fut à partir de la domination mongole (XIIIe s.) la capitale de la Chine hormis quelques périodes où Nankin lui fut préférée. Elle fut le théâtre du sac du palais d'Été (1860) par une expédition franco-britannique, de la révolte des Boxers (1900), de la proclamation de la République populaire de Chine par Mao Zedong (1949).

PÉLADAN (Joseph, dit Joséphin), surnommé **le Sâr,** *Lyon 1858 - Neuilly-sur-Seine 1918*, écrivain français. Mêlant la mystique chrétienne à l'occultisme, il est l'auteur d'une « éthopée », épopée romanesque en 19 vol., *la Décadence latine*.

PÉLAGE, *m. à Cangas en 737*, roi des Asturies. Il fonda son royaume avec des réfugiés wisigoths et remporta contre les musulmans la première victoire de la Reconquista (718).

PÉLAGE, *en [Grande-]Bretagne v. 360 - en Palestine v. 422*, moine d'origine brittonique. Il séjourna à Rome, en Égypte et en Palestine. Sa doctrine (*pélagianisme*), qui minimisait le rôle de la grâce divine par rapport à celui de la volonté humaine, trouva en saint Augustin un adversaire redoutable.

PÉLASGES, premiers habitants de la Grèce avant l'arrivée des Indo-Européens, selon la tradition.

PELÉ (Edson Arantes do Nascimento, dit), *Três Corações, Minas Gerais, 1940*, footballeur brésilien. Stratège et buteur, il a remporté trois fois la Coupe du monde (1958, 1962 et 1970). Il a été ministre des Sports, dans son pays, de 1995 à 1998.

PELÉE (montagne), sommet volcanique de la Martinique, dans le nord de l'île (alt. 1 397 m). L'éruption de 1902 s'accompagna d'une « nuée ardente » qui détruisit Saint-Pierre.

PÉLÉE MYTH. GR. Père d'Achille.

Pèlerinage à l'île de Cythère ou **l'Embarquement pour Cythère,** grande toile de Watteau (1717, Louvre). C'est le chef-d'œuvre de l'artiste en même temps que son morceau de réception à l'Académie comme « peintre de fêtes galantes ». Il existe une autre version, de 1718, à Berlin. (*V. ill. page suivante.*)

PÈLERIN de Maricourt (Pierre), *Maricourt, Somme, XIIIe s.*, philosophe français. Dans une lettre sur l'aimant (publiée en 1558), il donna les lois fondamentales du magnétisme et posa les bases de la méthode expérimentale.

PELETIER (Jacques), *Le Mans 1517 - Paris 1582*, écrivain français. Poète et humaniste, membre de la Pléiade*, il est l'auteur d'un *Art poétique français*.

PÉLION n.m., massif de Thessalie ; 1 548 m. Séjour du centaure Chiron. Les Géants l'escaladèrent pour monter à l'assaut de l'Olympe.

PÉLISSANNE (13330), bur. centr. de cant. des Bouches-du-Rhône ; 10 305 hab. (*Pélissannais*).

PÉLISSIER (Aimable), duc **de Malakoff,** *Maromme 1794 - Alger 1864*, maréchal de France. Il prit Sébastopol (1855) et fut ambassadeur à Londres (1858), puis gouverneur de l'Algérie (1860).

PELLA, cap. de la Macédoine du Ve s. à 168 av. J.-C. Ruines et belles mosaïques (fin IVe-IIIe s. av. J.-C.).

PELLAN (Alfred), *Québec 1906 - Laval, Québec, 1988*, peintre canadien. Il a travaillé à Paris de 1926 à 1940, puis a contribué, à Montréal, à l'essor de l'art canadien moderne.

Pelléas et Mélisande, drame de M. Maeterlinck (1892). L'amour de Pelléas et de Mélisande les conduit vers une mort inéluctable. Le titre, repris pour les musiques de scène de la pièce par Fauré pour la création anglaise (1898) et par Sibelius pour la création suédoise (1905), et

▲ **Pèlerinage à l'île de Cythère.** Peinture de Watteau, 1717. (Louvre, Paris.)

pour les suites d'orchestre que les deux compositeurs en tirèrent, fut également utilisé par Debussy, qui composa le livret et la partition d'un drame lyrique en 5 actes (1902), et par Schoenberg pour son poème symphonique (1905).

PELLERIN (Jean Charles), *Épinal 1756 - id. 1836*, imprimeur français. Il a édité à partir de 1800 et sous l'Empire un grand nombre d'images populaires, diffusées dans toute la France par colporteurs.

PELLETAN (Camille), *Paris 1846 - id. 1915*, homme politique français. Député radical (1881 - 1912), ministre de la Marine de Combes (1902 - 1905), il prit une part active à la politique anticléricale.

PELLETIER (Joseph), *Paris 1788 - Clichy 1842*, chimiste et pharmacien français. Avec Caventou, il découvrit la strychnine (1818) et la quinine (1820) et mit au point un procédé de fabrication du sulfate de quinine.

PELLETIER (Wilfrid), *Montréal 1896 - New York 1982*, chef d'orchestre canadien. Il créa et dirigea (1942 - 1961) le Conservatoire de Montréal, fut le directeur artistique de l'Orchestre symphonique de Québec (1951 - 1966) et le cofondateur en 1966 de la Société de musique contemporaine du Québec.

PELLETIER-DOISY (Georges), *Auch 1892 - Marrakech 1953*, aviateur et général français. Surnommé « Pivolo », il fut un pionnier des grandes liaisons aériennes (notamm. Paris-Tokyo, 1924).

PELLICO (Silvio), *Saluces 1789 - Turin 1854*, écrivain italien. Le récit de son emprisonnement au Spielberg (*Mes prisons*, 1832) gagna l'opinion internationale à la cause des patriotes italiens.

PELLIOT (Paul), *Paris 1878 - id. 1945*, sinologue français. Il découvrit d'importants manuscrits (VIe-XIe s.) dans les grottes de Dunhuang.

PELLOUTIER (Fernand), *Paris 1867 - Sèvres 1901*, syndicaliste français. Secrétaire de la Fédération des Bourses du travail (1895), défenseur de l'anarchisme, il prôna aussi un syndicalisme libre de toute attache politique.

PÉLOPIDAS, *v. 410 - Cynoscéphales 364 av. J.-C.*, général thébain. Il contribua avec Épaminondas à libérer Thèbes du joug spartiate (379) et rétablit la démocratie. Il participa à la victoire de Leuctres.

PÉLOPONNÈSE n.m., presqu'île du sud de la Grèce ; 21 500 km² ; 1 174 916 hab. Découpé en plusieurs péninsules, rattaché au continent par l'isthme de Corinthe (traversé depuis 2004 par le pont de Rion-Antirion), il comprend l'Argolide, la Laconie, la Messénie, l'Élide, l'Achaïe, l'Arcadie. – Au IIe millénaire, le Péloponnèse fut le siège de la civilisation mycénienne. Son histoire, à l'époque classique, se confondit avec celle de Sparte et de la Grèce. Le démembrement de l'Empire byzantin fit du Péloponnèse le despotat de Mistra (Morée).

Péloponnèse (guerre du) [431 - 404 av. J.-C.], conflit qui opposa Sparte à Athènes pour l'hégémonie du monde grec. Dans un premier temps (431 - 421), les belligérants équilibrèrent succès et défaites et cette période confuse se termina par la paix de Nicias, qui ne fut qu'une trêve. Après quelques années de guerre larvée, les hostilités reprirent en 415 avec la désastreuse expédition de Sicile, qui se termina en 413 par l'écrasement de l'armée et de la flotte athéniennes devant Syracuse. La troisième période (413 - 404) marqua la fin du conflit. La flotte athénienne, malgré les succès d'Alcibiade (410 et 408) et la victoire des Arginuses (406), fut anéantie par Lysandre en 405 à l'embouchure de l'Aigos-Potamos. En 404, Athènes, assiégée, dut signer une paix qui la dépouilla de son empire.

PÉLOPS MYTH. GR. Héros éponyme du Péloponnèse, ancêtre des Atrides.

PELOTAS, v. du Brésil (Rio Grande do Sul) ; 321 818 hab.

PELTIER (Jean), *Ham 1785 - Paris 1845*, physicien français. Il découvrit l'effet thermoélectrique (qui porte son nom), dû au passage d'un courant électrique d'un métal dans un autre.

PELTON (Lester Allen), *Vermilion, Ohio, 1829 - Oakland, Californie, 1908*, ingénieur américain. Il a réalisé la turbine hydraulique à action (qui porte son nom), utilisée pour des chutes d'eau de grande hauteur et de faible débit.

PÉLUSE, anc. v. d'Égypte, sur la branche E. du delta du Nil.

PELVOUX (massif du), anc. nom du massif des Écrins*.

PEMATANGSIANTAR, v. d'Indonésie (Sumatra) ; 234 885 hab.

PEMBA, île de l'océan Indien (Tanzanie), au N. de Zanzibar ; 984 km² ; 360 797 hab. Principal centre mondial de la culture du giroflier.

PENANG, État de la Malaisie ; 1 526 324 hab. ; cap. *George Town*. Il comprend l'*île de Penang*.

PEÑARROYA-PUEBLONUEVO, v. d'Espagne (Andalousie) ; 11 639 hab. Centre minier.

PENCK (Albrecht), *Leipzig 1858 - Prague 1945*, géographe allemand. Avec Eduard Brückner, il a défini les quatre glaciations quaternaires des Alpes.

PENDE, peuple du sud-ouest de la Rép. dém. du Congo, de langue bantoue.

PENDERECKI (Krzysztof), *Dębica 1933*, compositeur polonais. Il est l'un des initiateurs du mouvement « tachiste » en musique (*Thrène à la mémoire des victimes d'Hiroshima*, 1960 ; *Passion selon saint Luc*, 1966 ; *les Diables de Loudun*, opéra, 1969 ; *Requiem polonais*, 1984 et 1993).

PENDJAB n.m., région de l'Asie méridionale, drainée par les affluents de l'Indus (les « *cinq rivières* » : Jhelum, Chenab, Ravi, Sutlej, Bias) et divisée depuis 1947 entre l'Inde (États du Pendjab et de l'Haryana) et le Pakistan (v. princ. *Lahore*). Cultures irriguées du riz, du coton et de la canne à sucre.

PENDJAB, État du nord de l'Inde ; 50 362 km² ; 27 704 236 hab. ; cap. *Chandigarh*.

PENDRY (John), *Manchester 1943*, physicien britannique. Il a découvert, en 2006, le moyen de rendre les solides partiellement invisibles (« cape d'invisibilité ») en déformant le trajet des rayons lumineux qui les traversent, à l'aide de matériaux composites artificiels (« métamatériaux »).

PÉNÉLOPE MYTH. GR. Héroïne de *l'Odyssée*, femme d'Ulysse et mère de Télémaque. Pendant les vingt ans d'absence d'Ulysse, elle résista, en usant de ruse, aux demandes en mariage des prétendants, remettant sa réponse au jour où elle aurait terminé la toile qu'elle tissait : chaque nuit, elle défaisait le travail de la veille. Elle est le symbole de la fidélité conjugale.

PÉNICAUD (Léonard, dit Nardon), *m. v. 1542*, émailleur français. Mentionné dès 1493, consul à Limoges en 1513, il est le premier peintre sur émail limougeaud identifié (*Couronnement de la Vierge*, Louvre). Son atelier fut maintenu durant le XVIe s. par ses parents Jean Ier, Jean II, Jean III et Pierre.

PÉNINSULE ACADIENNE, péninsule de l'est du Canada, sur l'Atlantique. Elle correspond pratiquement aux provinces du Nouveau-Brunswick et de la Nouvelle-Écosse.

PENLY (76630), comm. de la Seine-Maritime ; 440 hab. Centrale nucléaire sur la Manche.

PENMARCH [pɛ̃mar] (29760), comm. du Finistère, près de la *pointe de Penmarch* (site du phare d'Eckmühl) ; 5 614 hab. (*Penmarchais*). Pêche. Conserves. – Église gothique du XVIe s.

PENN (Arthur), *Philadelphie 1922 - New York 2010*, cinéaste américain. Rompant avec les schémas hollywoodiens, il fut l'un des premiers à introduire dans le western ou le film policier le déchirement, l'incertitude et le chaos (*le Gaucher*, 1958 ; *Miracle en Alabama*, 1962 ; *la Poursuite impitoyable*, 1966 ; *Bonnie and Clyde*, 1967 ; *Little Big Man*, 1970).

PENN (Irving), *Plainfield, New Jersey, 1917 - New York 2009*, photographe américain. Son sens de la simplicité et des contrastes transparaît dans ses portraits, ses nus et ses natures mortes. Ses photographies de mode combinent lumière et graphisme.

PENN (Sean), *Santa Monica 1960*, acteur et cinéaste américain. Insoumission et engagement caractérisent ses compositions (*She's So Lovely*, N. Cassavetes, 1997 ; *Mystic River*, C. Eastwood, 2003 ; *21 Grammes*, A. González Iñárritu, id. ; *Harvey Milk*, G. Van Sant, 2008) comme ses réalisations (*Into the Wild*, 2007).

PENN (William), *Londres 1644 - Jordans 1718*, quaker anglais. Fondateur (1681) de la Pennsylvanie, il la dota d'une législation qui fut le modèle des institutions américaines. Il créa Philadelphie.

PENNAC (Daniel **Pennacchioni**, dit Daniel), *Casablanca 1944*, écrivain français. Il écrit pour la jeunesse (*Cabot-Caboche*, 1982) avant de connaître le succès avec une série de romans policiers rocambolesques (dont les trois premiers vol. sont : *Au bonheur des ogres*, 1985 ; *la Fée carabine*, 1987 ; *la Petite Marchande de prose*, 1989). Anc. professeur de lettres, il prête attention à la pédagogie (*Comme un roman*, 1992 ; *Chagrin d'école*, 2007). Il publie en 2012 *Journal d'un corps*.

PENNES-MIRABEAU (Les) [13170], comm. des Bouches-du-Rhône ; 21 680 hab. (*Pennois*).

PENNINES n.f. pl., hauteurs de Grande-Bretagne, s'allongeant du N. au S. entre l'Écosse et les Midlands ; 893 m au Cross Fell.

PENNSYLVANIE, État des États-Unis, du lac Érié à la Delaware ; 12 805 537 hab. (*Pennsylvaniens*) ; cap. *Harrisburg* ; v. princ. *Philadelphie*, *Pittsburgh*.

PENNY (Louise), *Toronto 1958*, romancière canadienne de langue anglaise. À travers les enquêtes d'Armand Gamache, inspecteur-chef à la Sûreté du Québec, elle sonde la psychologie criminelle et les non-dits dans les paisibles Cantons-de-l'Est (*le Mois le plus cruel*, 2008 ; *Enterrez vos morts*, 2010).

PENONE (Giuseppe), *Garessio, Piémont, 1947*, sculpteur italien. Associé à l'art pauvre* (*arte povera*), il utilise le végétal, la pierre et le métal pour figurer le passage du temps et les relations entre corps humain et éléments naturels (*Arbre*, 1973 ; *Être fleuve*, 1981 ; *Arbre des voyelles*, 2000 ; *Entre écorce et écorce*, 2013).

PENROSE (sir Roger), *Colchester 1931*, mathématicien et physicien britannique. Ses travaux ont porté notamm. sur la théorie des trous noirs, en cosmologie, et sur les pavages du plan non périodiques, en géométrie et en cristallographie.

Pensées, titre sous lequel ont été publiées (1670), après sa mort, les notes que Pascal* avait rédigées pour écrire une *Apologie de la religion chrétienne.* La première partie devait démontrer *la misère de l'homme sans Dieu.* La seconde partie s'attachait à faire connaître *la félicité de l'homme avec Dieu.*

Pentagone (le), édifice, ainsi nommé en raison de sa forme, qui abrite à Washington, depuis 1942, le secrétariat à la Défense et l'état-major des forces armées des États-Unis. (Il a été la cible d'un attentat terroriste – un avion s'écrasant sur son aile ouest – le 11 septembre* 2001.)

Pentateuque [pɛ̃-] (le) [du grec *pente*, cinq, et *teukhos*, livre], nom donné par les traducteurs grecs aux cinq premiers livres de la Bible : Genèse, Exode, Lévitique, Nombres et Deutéronome. Les juifs le désignent sous le nom de *Torah* (la Loi).

PENTÉLIQUE n.m., montagne de Grèce, dans l'Attique, célèbre par ses carrières de marbre blanc.

PENTHÉSILÉE MYTH. GR. Reine des Amazones, tuée par Achille devant Troie.

PENTHIÈVRE, ancien comté puis duché breton. Il s'étendait de Guingamp à Lamballe, qui furent alternativement ses capitales.

PENTHIÈVRE (Louis **de Bourbon,** duc **de**), *Rambouillet 1725 - Bizy, près de Vernon, 1793,* prince français. Fils du comte de Toulouse, beau-père de Mme de Lamballe et de Philippe Égalité, il se signala à Fontenoy (1745) et fut un riche mécène.

PENZA, v. de Russie, au S.-E. de Moscou ; 517 137 hab.

PENZIAS (Arno Allan), *Munich 1933,* radioastronome américain d'origine allemande. En 1965, il découvrit fortuitement, avec R. W. Wilson, le rayonnement thermique du fond du ciel à 3 kelvins, confortant ainsi la théorie cosmologique du big bang. (Prix Nobel de physique 1978.)

PEORIA, v. des États-Unis (Illinois) ; 115 828 hab.

PÉPIN de Landen ou **l'Ancien** (saint), *v. 580 - 640,* maire du palais d'Austrasie. Il exerça son pouvoir sous les règnes de Clotaire II, Dagobert Ier et Sigebert III. — **Pépin le Jeune,** dit **P. de Herstal,** *v. 635/640 - Jupille 714,* maire du palais d'Austrasie en 680. Petit-fils de Pépin de Landen, il battit à Tertry Thierry III, roi de Neustrie (687), et s'empara de ce pays. Il est le père de Charles Martel.

PÉPIN II, *v. 823 - Senlis v. 865,* roi d'Aquitaine (838 - 848/856). Il lutta contre son oncle Charles le Chauve, qui avait obtenu l'Aquitaine au traité de Verdun (843).

PÉPIN, dit **le Bref,** *Jupille v. 715 - Saint-Denis 768,* maire du palais (741 - 751) puis roi des Francs (751 - 768), de la dynastie carolingienne. Fils de Charles Martel, duc de Neustrie, de Bourgogne et de Provence en 741, il reçoit l'Austrasie après l'abdication de son frère Carloman (747). Il mène la guerre contre les Aquitains, les Alamans, les Bavarois et les Saxons. Proclamé roi des Francs en 751 avec l'accord du pape Zacharie, il reçoit l'onction de saint Boniface à Soissons, dépose Childéric III et oblige les Lombards à donner au pape Étienne II l'exarchat de Ravenne (756). À sa mort, son royaume, agrandi de la Septimanie, est partagé entre ses deux fils : Charlemagne et Carloman.

PÉPIN, *773 ou 777 - Milan 810,* roi d'Italie (781 - 810), second fils de Charlemagne.

PEPYS (Samuel), *Londres 1633 - Clapham 1703,* écrivain anglais. Son *Journal,* remarquable de sincérité, a pour toile de fond la vie à Londres.

PERAHIA (Murray), *New York 1947,* pianiste et chef d'orchestre américain. Interprète exceptionnel des concertos de Mozart, il donne aussi des versions passionnées d'œuvres de Bach, de Chopin, de Schumann et de Bartók.

PERCÉ (rocher), falaise, creusée d'arches naturelles, du littoral atlantique du Canada (Québec), dans l'est de la Gaspésie.

Perceval ou le Conte du Graal, roman inachevé de Chrétien de Troyes (v. 1180 ?). Ce récit, qui raconte l'initiation et les aventures chevaleresques du jeune Perceval, est à l'origine du mythe européen du Graal*. Une suite de ce roman a été écrite au XIIIe s. par Gerbert de Montreuil, et Wolfram von Eschenbach a repris le sujet dans son *Parzival* (début du XIIIe s.), qui inspira à Wagner *Parsifal* (1882), drame musical en 3 actes.

PERCHE n.m., région de l'ouest du Bassin parisien, formée de collines humides et boisées ; hab. *Percherons.* Autrefois réputé pour ses chevaux *(percherons),* il se consacre surtout auj. à l'élevage des bovins. Parc naturel régional (env. 194 000 ha).

PERCIER (Charles), *Paris 1764 - id. 1838,* architecte et décorateur français. Avec Fontaine, il construisit l'arc de triomphe du Carrousel (1806-1808) et travailla au Louvre et aux Tuileries.

PERDICCAS, nom de trois rois de l'ancien royaume de Macédoine.

PERDICCAS, *m. en 321 av. J.-C.,* général macédonien. Il s'efforça de conserver son unité à l'empire d'Alexandre. Il fut assassiné par les diadoques.

PERDIGUIER (Agricol), dit **Avignonnais la Vertu,** *Morières-lès-Avignon 1805 - Paris 1875,* homme politique français. Menuisier, il s'attacha à développer la solidarité du compagnonnage français. Député de 1848 à 1851, proscrit au 2 Décembre, il est l'auteur d'un *Livre du compagnonnage* (1839) et des *Mémoires d'un compagnon* (1855).

PERDU (mont), sommet des Pyrénées espagnoles ; 3 355 m.

PEREC (Georges), *Paris 1936 - Ivry-sur-Seine 1982,* écrivain français. Les contraintes formelles auxquelles ce membre de l'Oulipo* s'est astreint dans son œuvre romanesque traduisent la difficulté d'être (*les Choses,* 1965 ; *la Disparition,* 1969 ; *la Vie mode d'emploi,* 1978).

◄ Georges **Perec**

PÉREC (Marie-José), *Basse-Terre, Guadeloupe, 1968,* athlète française. Championne du monde du 400 m en 1991 et 1995, elle a été championne olympique sur la même distance en 1992 et 1996, et du 200 m en 1996 également.

Père Duchesne (le), journal français. Principal organe de la presse révolutionnaire, publié par Hébert de 1790 à 1794, il se caractérisait par la violence du ton et des idées.

PÉRÉE n.f., anc. province juive, à l'est du Jourdain. C'est l'ancien pays des Ammonites.

PÉRÉFIXE (Hardouin **de Beaumont de**), *Beaumont, près de Châtellerault, 1605 - Paris 1670,* prélat français. Précepteur de Louis XIV (1644), archevêque de Paris (1662), il se heurta violemment aux jansénistes et aux religieuses de Port-Royal (1665). [Acad. fr.]

Père Goriot (le), roman de H. de Balzac (1834-1835). Un père se voit dépouillé de tous ses biens par ses filles, qu'il aime d'une tendresse aveugle.

Pérégrination vers l'Ouest (la), roman chinois attribué à Wu Cheng'en (v. 1506 - 1582 ?). Sous la dynastie des Tang, un bonze part aux Indes, en compagnie d'un singe doté de pouvoirs surnaturels, à la recherche des livres sacrés de Bouddha.

PEREIRA, v. de Colombie ; 467 185 hab.

PEREIRE (Jacob Émile), *Bordeaux 1800 - Paris 1875,* banquier et homme politique français. Son nom est inséparable de celui de son frère et associé, Isaac *(Bordeaux 1806 - Armainvilliers, Seine-et-Marne, 1880).* Saint-simonien, il participa à la création des chemins de fer. Il créa le Crédit mobilier (1852 - 1867), grande banque pour l'industrie, et fut à la tête de nombreuses entreprises. Soutenus par Napoléon III, les deux frères furent députés de 1863 à 1869.

Père-Lachaise (cimetière du), cimetière de Paris, aménagé en 1804, à Ménilmontant, sur l'emplacement d'un ancien domaine du Père La Chaise, confesseur de Louis XIV.

PERELMAN (Chaïm), *Varsovie 1912 - Bruxelles 1984,* philosophe belge d'origine polonaise. Il s'est efforcé de rendre son rôle et sa dignité à la rhétorique (*Traité de l'argumentation,* 1958).

PERES (Shimon), *Vichneva, Pologne, auj. Biélorussie, 1923 - Ramat Gan 2016,* homme politique israélien. Président du Parti travailliste (1977 - 1992), il fut Premier ministre de 1984 à 1986. Il occupa ensuite divers postes ministériels (Affaires étrangères, 1986 - 1988 et 1992 - 1995 ; Finances, 1988 - 1990). Il fut l'un des principaux artisans de l'accord israélo-palestinien signé à Washington en 1993, ce qui lui valut de recevoir le prix Nobel de la paix (avec Y. Rabin et Y. Arafat) en 1994. Après l'assassinat de Y. Rabin (1995), il fut de nouveau président du Parti travailliste (1995 - 1997) et Premier ministre (1995 - 1996). Par la suite, il participa régulièrement à des gouvernements d'union nationale. Rappelé plusieurs fois à la tête du Parti travailliste (2001 ; 2003 - 2005), il rejoignit en 2005 le nouveau parti Kadima. De 2007 à 2014, il fut président de l'État d'Israël.

▲ Shimon **Peres** en 1984.

PÉRET (Benjamin), *Rezé 1899 - Paris 1959,* poète français. Fidèle de Breton, il est l'auteur d'une œuvre où le surréalisme se teinte de merveilleux et d'humour (*le Grand Jeu,* 1928).

PEREVALSK, anc. **Kommounarsk,** v. d'Ukraine, dans le Donbass. Métallurgie.

PEREY (Marguerite), *Villemomble 1909 - Louveciennes 1975,* physicienne française. Ancienne préparatrice de M. Curie (1929), elle découvrit le francium (1939) et fut la première femme élue à l'Académie des sciences (1962).

PÉREZ DE AYALA (Ramón), *Oviedo 1880 - Madrid 1962,* écrivain espagnol. Ses romans satiriques offrent une vision critique de la société espagnole (*Belarmino et Apolonio,* 1921).

PÉREZ DE CUÉLLAR (Javier), *Lima 1920,* diplomate et homme politique péruvien. Secrétaire général de l'ONU de 1982 à 1991, il est Premier ministre et ministre des Affaires étrangères de son pays en 2000 - 2001.

PÉREZ GALDÓS (Benito), *Las Palmas 1843 - Madrid 1920,* écrivain espagnol. Il est l'auteur des *Épisodes nationaux* (46 vol., 1873-1912), épopée de l'Espagne du XIXe s., et de romans de mœurs (*Doña Perfecta,* 1876).

PÉREZ-REVERTE (Arturo), *Carthagène 1951,* écrivain espagnol. Ancien journaliste, il consacre à l'Espagne du Siècle d'or à aujourd'hui des fictions où se croisent histoire, intrigue policière et fantastique (*le Maître d'escrime,* 1988 ; *le Tableau du maître flamand,* 1990 ; *les Aventures du capitaine Alatriste,* 7 vol., 1996-2011 ; *le Peintre de batailles,* 2006 ; *Deux Hommes de bien,* 2015).

PERGAME, anc. v. de Mysie. Elle fut la capitale du royaume des Attalides, dit aussi *royaume de Pergame* (v. 282 - 133 av. J.-C.), qui fut légué à Rome par son dernier roi, Attalos III. – La ville était célèbre pour sa bibliothèque de 200 000 volumes ; ses monuments, dont le grand autel de Zeus et sa frise sculptée (Pergamonmuseum, Berlin), comptent parmi les grandes réalisations hellénistiques.

PERGAUD (Louis), *Belmont, Doubs, 1882 - Marchéville-en-Woëvre 1915,* écrivain français. Ses récits composent un tableau savoureux de la vie des bêtes *(De Goupil à Margot)* et des mœurs enfantines (*la Guerre des boutons,* 1912).

PERGOLÈSE (Jean-Baptiste), en ital. **Giovanni Battista Pergolesi,** *Iesi 1710 - Pouzzoles 1736,* compositeur italien, l'un des maîtres de l'école napolitaine du XVIIIe s. Il écrivit de la musique instrumentale, religieuse *(Stabat Mater),* et des œuvres lyriques, parmi lesquelles l'opera seria *Il Prigionier superbo* (1733) contenant l'intermezzo *la Servante maîtresse,* qui, repris isolément, fut à l'origine de la querelle des Bouffons* lors de son exécution à Paris.

PÉRI (Gabriel), *Toulon 1902 - Paris 1941,* homme politique français. Membre du Comité central du Parti communiste (1929), député (1932), et journaliste à *l'Humanité,* il prit part à la Résistance. Il fut arrêté et fusillé par les Allemands.

PÉRIANDRE, tyran de Corinthe de 627 à 585 av. J.-C. Il porta la puissance de sa ville à son apogée. Il fut l'un des Sept Sages de la Grèce.

PÉRIBONKA n.f., riv. du Canada (Québec), qui rejoint le lac Saint-Jean ; 547 km.

PÉRICLÈS, *v. 495 av. J.-C. - Athènes 429 av. J.-C.,* homme d'État athénien. Chef du Parti démocratique en 461 av. J.-C., réélu stratège pendant trente ans, il s'attacha à la démocratisation de la vie politique, ouvrant à tous l'accès aux hautes magistratures. Il fit de la Confédération de Délos un empire athénien, dont les ressources servirent notamment à un programme de grands travaux. Autour de lui se groupa une équipe d'artistes, dont Phidias, son ami ; les œuvres dont ceux-ci dotèrent l'art grec, la brillante vie intellectuelle qui s'épanouit à Athènes valurent à cette période le nom de *Siècle de Périclès*. En politique extérieure, Périclès voulut développer la puissance d'Athènes, en luttant à la fois contre les Perses et contre Sparte. Rendu responsable des premiers déboires de la guerre du Péloponnèse, il fut écarté du pouvoir. Réélu stratège en 429, il mourut peu après de la peste.

▲ **Périclès.** (British Museum, Londres.)

PERIER (Casimir), *Grenoble 1777 - Paris 1832,* banquier et homme politique français. Député et membre de l'opposition libérale sous la Restauration, rallié à Louis-Philippe, il devint président du Conseil en 1831. Il réprima durement les insurrections de Paris et de Lyon et soutint la Belgique contre les Pays-Bas. Il mourut du choléra.

PÉRIER (François **Pillu**, dit **François**), *Paris 1919 - id. 2002,* comédien français. Il fut l'un des plus fidèles interprètes du théâtre de J.-P. Sartre, tout en passant, sur la scène comme à l'écran, d'un répertoire divertissant à des œuvres au climat noir ou dramatique (*Orphée*, J. Cocteau, 1950 ; *Gervaise*, R. Clément, 1956 ; *les Nuits de Cabiria*, F. Fellini, 1957 ; *le Samouraï*, J.-P. Melville, 1967).

PÉRIGNON (dom Pierre), *Sainte-Ménehould 1638 ou 1639 - abbaye de Hautvillers, près d'Épernay, 1715,* bénédictin français. Il améliora les techniques de fabrication du champagne.

PÉRIGORD n.m., région du sud-ouest de la France, formant la majeure partie du dép. de la Dordogne ; hab. *Périgourdins* ou *Périgordins.* Constituant l'extrémité nord-est du bassin d'Aquitaine, le Périgord est formé de plateaux arides et peu peuplés, entaillés par des vallées fertiles (Isle, Dordogne, Vézère), où, depuis la préhistoire, se sont concentrées populations et activités agricoles. – Le *comté du Périgord* appartint au XVe s. à diverses maisons, puis fut réuni au domaine royal par Henri IV.

Périgord-Limousin (parc naturel régional), parc naturel couvrant env. 180 000 ha sur les dép. de la Dordogne et de la Haute-Vienne.

PÉRIGUEUX (24000), ch.-l. du dép. de la Dordogne, sur l'Isle, à 473 km au S.-O. de Paris ; 31 406 hab. *(Périgourdins).* Évêché. Impression de timbres-poste. – Vestiges gallo-romains (« tour de Vésone », amphithéâtre, domus [maison] : cœur de Vesunna, musée gallo-romain dû à J. Nouvel). Église St-Étienne et cathédrale St-Front (restaurée), romanes, à files de coupoles. Musée d'Art et d'Archéologie du Périgord.

PERIM, île fortifiée du détroit de Bab al-Mandab (dépendance du Yémen).

PERLEMUTER (Vladislas, dit Vlado), *Kovno, auj. Kaunas, 1904 - Neuilly-sur-Seine 2002,* pianiste français d'origine polonaise. Élève de Cortot, il devint un des grands interprètes de Ravel et de Chopin. Il fut aussi un pédagogue d'exception (professeur au Conservatoire de musique de Paris, 1951 - 1976).

PERLMAN (Itzhak), *Tel-Aviv 1945,* violoniste israélien. Artiste très précoce, il est devenu l'un des plus grands virtuoses de sa génération. Son répertoire s'étend de Bach à Berg et Stravinsky. Il est aussi chef d'orchestre.

PERM, de 1940 à 1957 **Molotov,** v. de Russie, dans l'Oural, sur la Kama ; 991 530 hab. Centre industriel (métallurgie, mécanique, raffinage du pétrole et pétrochimie).

PERMEKE (Constant), *Anvers 1886 - Ostende 1952,* peintre et sculpteur belge. Plasticien puissant, chef de file de l'expressionnisme flamand, il est l'auteur de paysages, de marines, de scènes de la vie des paysans et des pêcheurs. (Musée dans sa maison, à Jabbeke, Flandre-Occidentale.)

PERMOSER (Balthasar), *près de Traunstein, Bavière, 1651 - Dresde 1732,* sculpteur allemand. Sculpteur de la cour de Dresde, il pratique un art d'un baroque tourmenté (*Apothéose du prince Eugène*, musée du Baroque, Vienne).

PERNAMBOUC, État du nord-est du Brésil ; 8 541 250 hab. ; cap. *Recife* (anc. *Pernambouc*).

PERNES-LES-FONTAINES (84210), bur. centr. de cant. de Vaucluse ; 9 807 hab. *(Pernois).* Tour Ferrande (XIIIe s., peintures murales), église du XIe s.

PERNIK, de 1949 à 1962 **Dimitrovo,** v. de Bulgarie, au S.-O. de Sofia ; 80 191 hab. Métallurgie.

PERNIS, localité des Pays-Bas, banlieue de Rotterdam. Raffinage du pétrole et pétrochimie.

PERÓN (Juan Domingo), *Lobos 1895 - Buenos Aires 1974,* homme politique argentin. Officier, vice-président (1944), puis président de la République (1946), il mit en application la doctrine du « justicialisme », populisme qui alliait au dirigisme économique des projets de justice sociale fondée sur la redistribution. Les premières mesures du régime (vote des femmes, nationalisation de certaines grandes industries) valurent au président une grande popularité. Mais l'opposition de l'Église et de l'armée et les difficultés économiques l'obligèrent à démissionner (1955). Il partit en exil. La victoire de ses partisans aux élections de 1973 le ramena à la présidence de la République, mais il mourut peu après.

▲ Juan **Perón.** — **Eva Duarte,** dite **Eva P.,** *Los Toldos 1919 - Buenos Aires 1952,* deuxième femme de Juan Domingo Perón. Très populaire, elle se consacra à la défense des déshérités, les *descamisados*. Musée Evita à Buenos Aires. — **María Estela,** dite **Isabel Martínez de P.,** *province de la Rioja 1931,* troisième femme de Juan Domingo Perón. Elle lui succéda à la présidence (1974), mais fut déposée par l'armée en 1976.

PÉRONNE (80200), ch.-l. d'arrond. de la Somme, sur la Somme ; 8 066 hab. *(Péronnais).* Agroalimentaire. – Château médiéval et fortifications des XVIe-XVIIe s. ; Historial de la Grande Guerre. – Charles le Téméraire et Louis XI y eurent une entrevue, et ce dernier dut y signer un traité humiliant (1468). La ville fut détruite durant la Première Guerre mondiale.

PEROT (Alfred), *Metz 1863 - Paris 1925,* physicien français. Avec C. Fabry, il inventa un interféromètre optique qui lui permit notamm. de relier le mètre à la longueur d'onde d'une raie du spectre du cadmium.

PÉROTIN, compositeur français du début du XIIIe s. Il fut le maître de l'école polyphonique de Notre-Dame de Paris.

PÉROU n.m., en esp. **Perú,** État d'Amérique du Sud, sur le Pacifique ; 1 285 000 km^2 ; 30 376 000 hab. *(Péruviens).*

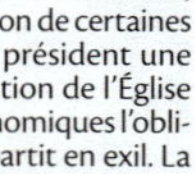

CAP. *Lima.* **LANGUES :** *espagnol* et (dans certaines régions) *aymara* et *quechua.* **MONNAIE :** *sol.*

INSTITUTIONS République à régime présidentiel. Constitution de 1993. Le président de la République est élu au suffrage universel direct pour 5 ans. Le Parlement (Congrès) est également élu au suffrage universel direct pour 5 ans.

GÉOGRAPHIE La pêche est la ressource essentielle de l'étroite plaine littorale, au climat désertique, mais bordée par les principales villes, dont Lima. La population, en grande majorité indienne ou métissée, est urbanisée à plus de 70 %. L'est du Pérou, région amazonienne humide, est couvert par la forêt dense. Au centre, sur les hautes terres andines, entaillées par de profondes vallées, les cultures s'étagent avec l'altitude (céréales, quinoa, café, canne à sucre) et se juxtaposent à l'élevage (ovins surtout). Le sous-sol fournit de l'argent, du plomb, du zinc, du cuivre, de l'étain, de l'or, du fer, du pétrole et du gaz. L'économie péruvienne connaît auj. une forte croissance, tirée par les exportations de minerais, de produits agricoles non traditionnels (café et cacao biologiques, asperges, avocats, raisin et mangues, cochons de lait...) et de textiles. Le tourisme est en forte augmentation. Mais la pauvreté, quoique en recul, reste importante et les conflits sociaux sont fréquents et violents.

HISTOIRE **Les premières civilisations.** Le Pérou fut le centre de nombreuses cultures amérindiennes (Chavín, Moche, Chimú, Nazca, Paracas). **XIIe - XVIe s. :** les Incas étendent leur domination sur les plateaux andins, faisant épanouir une remarquable civilisation.

La conquête espagnole et l'époque coloniale. **1532 :** Francisco Pizarro s'empare de Cuzco et fait exécuter l'Inca Atahualpa (1533). **1537 :** la puissance inca est définitivement brisée. **1544 :** la découverte des gisements d'argent de Potosí permet un enrichissement rapide de la société coloniale. **1569 - 1581 :** le vice-roi Francisco Toledo organise le système colonial et entreprend l'intégration de la population indienne. **Après 1630 :** le déclin de la production d'argent et la chute démographique provoquent une longue dépression économique. **1780 - 1782 :** une grave révolte indienne dirigée par Túpac Amaru II secoue le pays.

L'indépendance et le XIXe s. **1821 :** San Martín proclame l'indépendance du Pérou, consacrée par la victoire de Sucre à Ayacucho (1824). Le pays connaît alors une succession de coups d'État militaires. **1836 - 1839 :** éphémère confédération du Pérou et de la Bolivie. **1845 :** sous la dictature du président Ramón Castilla (1845 - 1851 ; 1855 - 1862), l'économie se développe, avec l'exploitation du nitrate et du guano. **1879 - 1883 :** la guerre du Pacifique contre le Chili se termine par la défaite du Pérou, qui doit céder la province littorale de Tarapacá, riche en nitrates. **1895 :** soutenu par l'oligarchie commerçante, le président Nicolás de Piérola met en place (1879 - 1881, 1895 - 1899) une administration civile et rétablit les finances.

Le Pérou contemporain. **1908 :** Augusto Bernardino Leguía impose sa dictature (1908 - 1912, 1919 - 1930) et poursuit la modernisation du pays. **1924 :** fondation de l'Alliance populaire révolutionnaire américaine (APRA) par Raúl Haya de la Torre. **1939 - 1945 :** le président Manuel Prado y Ugarteche rétablit la légalité constitutionnelle. **1945 - 1948 :** José Luis Bustamante tente une politique réformiste. **1956 - 1962 :** Prado y Ugarteche revient au pouvoir. **1963 - 1968 :** le président Belaúnde Terry est débordé par la montée de l'opposition révolutionnaire et renversé par l'armée. **1968 - 1975 :** le général Velasco Alvarado nationalise les mines et les banques et entreprend une réforme agraire. **1975 - 1980 :** le général Francisco Morales Bermúdez lui succède. **1980 :** le Pérou retrouve avec le président Belaúnde Terry un régime démocratique. Mais le pouvoir est confronté aux guérillas du « Sentier lumineux » (parti communiste dissident dirigé par Abimael Guzmán et qui, jusqu'à la fin des années 1990, fera régner la terreur dans le pays) et du Mouvement révolutionnaire Tupac Amaru. **1985 :** Alan García (APRA), élu président de la République, doit faire face à une grave crise économique et politique. **1990 :** Alberto Fujimori lui succède. **1992 :** il dissout le Parlement et suspend les garanties constitutionnelles. **1993 :** une nouvelle Constitution est approuvée par référendum. **1995 :** A. Fujimori est réélu. **1998 :** un accord règle le litige frontalier opposant depuis plusieurs décennies le Pérou à l'Équateur. **2000 :** réélu pour un troisième mandat, A. Fujimori est, peu après, accusé de corruption et destitué. **2001 :** Alejandro Toledo devient président de la République. **2006 :** Alan García revient à la tête de l'État. **2011 :** le nationaliste de gauche Ollanta Humala lui succède. **2016 :** Pedro Pablo Kuczynski (centre droit) est élu président de la République. **2018 :** P. P. Kuczynski démissionne, après sa mise en cause dans un vaste scandale de corruption qui secoue la classe politique et la justice. Le vice-président Martín Vizcarra le remplace.

PÉROU (vice-royauté du), vice-royauté espagnole créée en 1553 et qui prit fin avec l'indépendance du Pérou (1824). Son autorité s'exerça sur toutes les possessions espagnoles de l'Amérique du Sud (Venezuela excepté). Aux XVIe et XVIIe s., elle

Pérou

- ★ site touristique important
- puits de pétrole
- 200 400 1000 2000 3000 m
- autoroute
- route
- voie ferrée
- aéroport
- plus de 1 000 000 h.
- de 250 000 à 1 000 000 h.
- de 100 000 à 250 000 h.
- moins de 100 000 h.

comprenait les audiences de Lima (1542), Santa Fe (1549), Charcas (1559), Quito (1563) et Santiago du Chili (1565). Au XVIIIe s., les réformes des Bourbons morcelèrent la vice-royauté du Pérou, avec la création des vice-royautés de Nouvelle-Grenade (1739), du Río de la Plata (1776) et la formation des capitaineries générales du Venezuela (1777) et du Chili (1778).

PÉROU ET DU CHILI (courant du) → **HUMBOLDT** (courant de).

PÉROUGES (01800), comm. de l'Ain ; 1 232 hab. *(Pérougiens)*. Bourg médiéval fortifié.

PÉROUSE, en ital. **Perugia,** v. d'Italie, cap. de l'Ombrie et ch.-l. de prov. ; 165 128 hab. Vestiges étrusques et romains, importants monuments du Moyen Âge et de la Renaissance. Musée national archéologique et galerie nationale de l'Ombrie.

PERPENNA (Marcus Ventus), *m. à Osca, auj. Huesca, en 72 av. J.-C.*, général romain. Fidèle au parti de Marius, il se rallia à Sertorius, qu'il fit assassiner. Pompée le fit exécuter.

PERPIGNAN, ch.-l. du dép. des Pyrénées-Orientales, sur la Têt, à 915 km au S. de Paris ; 123 709 hab. *(Perpignanais)* [190 440 hab. dans l'agglomération]. Université. Évêché. Marché de fruits et de légumes. – Palais des rois de Majorque, des XIIIe-XIVe s., Castillet (musée catalan), Loge de mer de 1397 et hôtel de ville (bronze de Maillol), cathédrale des XIVe-XVe s. (retables catalans) ; musée Hyacinthe-Rigaud. – Festival international du photojournalisme (« Visa pour l'image »). – Perpignan fut la capitale du royaume de Majorque de 1276 à 1344. Occupée à plusieurs reprises par la France au XVe s., elle lui fut cédée par l'Espagne en 1659.

PERRAULT (Charles), *Paris 1628 - id. 1703*, écrivain français, auteur de célèbres *Contes**. Contrôleur général de la surintendance des Bâtiments, il entra en 1671 à l'Académie française, où il se signala dans la querelle des Anciens* et des Modernes en prenant parti pour les Modernes (*le Siècle de Louis le Grand ; Parallèle des Anciens et des Modernes*).

PERRAULT (Claude), *Paris 1613 - id. 1688*, médecin, physicien et architecte français, frère de Charles Perrault. On lui attribue le projet de la Colonnade du Louvre (1667). Il a construit l'Observatoire de Paris et a publié, en 1673, une traduction illustrée de Vitruve.

PERRAULT (Dominique), *Clermont-Ferrand 1953*, architecte français. Il est notamm. l'auteur de l'École supérieure d'ingénieurs en électronique et électrotechnique de Marne-la-Vallée (1987), de la Bibliothèque nationale de France à Paris (1989-1995), et, à l'étranger, de réalisations comme l'université féminine d'Ewha à Séoul (2010).

PERRAULT (Pierre), *Montréal 1927 - Mont-Royal 1999*, cinéaste et poète canadien. Il fut l'un des pionniers du cinéma direct* québécois : *le Règne du jour* (1966), *l'Acadie, l'Acadie* (avec M. Brault, 1971), *le Pays de la terre sans arbre ou le Mouchouânipi* (1980), *Cornouailles* (1994).

PERRÉAL (Jean), *m. en 1530*, peintre, décorateur et poète français. Connu à partir de 1483, employé par la ville de Lyon, il fut peintre en titre de trois rois de France et conseiller de Marguerite d'Autriche pour l'église de Brou.

PERREAUX (Louis Guillaume), *Almenêches, Orne, 1816 - Paris 1889*, inventeur français. Il conçut (1871) et réalisa un vélocipède à vapeur, premier ancêtre de la moto.

PERRET (Auguste), *Ixelles 1874 - Paris 1954*, architecte et entrepreneur français. Secondé par ses frères **Gustave** *(1876 - 1952)* et **Claude** *(1880 - 1960)*, il a édifié le Théâtre des Champs-Élysées* (1911-1913), l'église du Raincy (1922), le Garde-Meuble national à Paris (1934), et a dirigé la reconstruction du Havre. Il a mis le béton armé au service de formes néoclassiques.

PERRET (Pierre), *Castelsarrasin 1934*, chanteur et auteur-compositeur français. Orfèvre de la langue verte, il fait sourire (*les Jolies Colonies de vacances, Tonton Cristobal*), tout en enrichissant sa verve gauloise d'une touche parfois poétique (*Ouvrez la cage aux oiseaux*), parfois engagée (*Lily, la Petite Kurde*).

PERREUX-SUR-MARNE (Le) [94170], comm. du Val-de-Marne ; 34 264 hab. *(Perreuxiens)*.

PERRIAND (Charlotte), *Paris 1903 - id. 1999*, architecte et désigneuse française. Créatrice de mobilier intérieur modulable et standardisé, elle a contribué, dans un esprit moderniste et fonctionnaliste – collaborant notamm. avec Le Corbusier et R. Mallet-Stevens –, à la rationalisation des espaces domestiques.

PERRIER (Anne), *Lausanne 1922 - Saxon, canton du Valais, 2017*, poétesse suisse de langue française. Son chant poétique, tout en simplicité, recherche l'élévation spirituelle à travers la célébration du vivant humble et fragile (*le Livre d'Ophélie*, 1979 ; *la Voie nomade*, 1986 ; *les Noms de l'arbre*, 1989 ; *l'Unique Jardin*, 1999).

PERRIER (Edmond), *Tulle 1844 - Paris 1921*, zoologiste français. Il est l'auteur d'un traité de zoologie et de travaux sur les invertébrés.

PERRIN (Jacques **Simonet,** dit Jacques), *Paris 1941*, acteur, producteur et cinéaste français. Comédien à la présence séduisante et sensible (*le Crabe-Tambour*, P. Schoendoerffer, 1977 ; *le Désert des Tartares*, V. Zurlini, 1976), il est aussi un producteur prolifique (*Z*, Costa-Gavras, 1969 ; *les Choristes*, C. Barratier, 2004), notamm. de documentaires dédiés à la nature et au monde animal (*Microcosmos*, 1996) que, pour certains, il coréalise (*le Peuple migrateur*, 2001 ; *Océans*, 2009).

PERRIN (Jean), *Lille 1870 - New York 1942*, physicien français. Il montra que les rayons cathodiques sont constitués de corpuscules d'électricité négative (1895) et détermina le nombre d'Avogadro de plusieurs façons, apportant ainsi une preuve décisive de l'existence des atomes. Il a expliqué le rayonnement solaire par les réactions thermonucléaires de l'hydrogène. Il fonda le palais de la Découverte en 1937. (Prix Nobel 1926.) — **Francis P.,** *Paris 1901 - id. 1992*, physicien français. Fils de Jean, il établit, avec F. Joliot-Curie, la possibilité de produire des réactions nucléaires en chaîne et d'en obtenir de l'énergie (1939). Il fut haut-commissaire à l'Énergie atomique de 1951 à 1970.

PERRONET (Jean Rodolphe), *Suresnes 1708 - Paris 1794*, ingénieur français. Il conçut et fit exécuter de nombreux ponts, remarquables par la nouveauté de leur technique, et créa, avec Trudaine, l'École des ponts et chaussées (1747).

PERRONNEAU (Jean-Baptiste), *Paris 1715 - Amsterdam 1783*, peintre français, auteur de portraits à l'huile et surtout au pastel.

PERROS-GUIREC (22700), bur. centr. de cant. des Côtes-d'Armor ; 7 554 hab. *(Perrosiens)*. Station balnéaire. Thalassothérapie.

PERROT (Jules), *Lyon 1810 - Paramé 1892*, danseur et chorégraphe français. Danseur d'une grande virtuosité, il fut l'un des plus grands chorégraphes romantiques (*Giselle*, en collab. avec J. Coralli, 1841 ; *le Pas de quatre*, 1845).

PERROT (Michelle), *Paris 1928*, historienne française. Partie de l'étude du monde ouvrier (*les Ouvriers en grève [1871 - 1890]*, 1974) et de la prison, elle a joué un rôle pionnier en France dans la recherche sur les femmes (*Histoire des femmes en Occident*, codirigée avec G. Duby, 5 vol., 1990-1991 ; *les Femmes ou les silences de l'histoire*, 1998) et sur la problématique du genre.

A B C D E F G H I J K L M N O P Q R S T U V W X Y Z

PERROUX (François), *Lyon 1903 - Stains 1987*, économiste français. Il a introduit les notions d'inégalité des agents économiques, de pouvoir et de domination, remettant en cause la formulation des mécanismes de l'équilibre économique.

PERSAN (95340), comm. du Val-d'Oise, sur l'Oise ; 12 670 hab. *(Persanais)*.

PERSE, anc. nom de l'Iran. Les *Perses*, peuple de langue aryenne du sud-ouest de l'Iran, constituèrent la base de deux empires, celui des Achéménides (VIe-IVe s. av. J.-C.) et celui des Sassanides (IIIe-VIIe s. apr. J.-C.), qui imposèrent leur culture à tout l'ensemble iranien.

PERSE, en lat. **Aulus Persius Flaccus**, *Volterra 34 - Rome 62*, poète latin. Ses *Satires* s'inspirent de la morale stoïcienne.

PERSÉE MYTH. GR. Héros, fils de Zeus et de Danaé. Il coupa la tête de Méduse, délivra Andromède, qu'il épousa, et régna sur Tirynthe et Mycènes.

PERSÉE, *v. 212 - Alba Fucens v. 165 av. J.-C.*, dernier roi de Macédoine (179 - 168 av. J.-C.). Il fut vaincu par Paul Émile à Pydna en 168, et mourut captif en Italie.

PERSÉPHONE ou **CORÉ** MYTH. GR. Divinité du monde souterrain, fille de Déméter. Hadès l'avait enlevée pour en faire la reine des Enfers. Les Romains l'adoraient sous le nom de Proserpine.

PERSÉPOLIS, nom grec de Parsa, résidence royale des Achéménides. Fondée par Darios Ier, elle fut incendiée lors de la conquête d'Alexandre en 330 av. J.-C. – Ruines du vaste complexe palatial.

PERSHING (John Joseph), *près de Laclede, Missouri, 1860 - Washington 1948*, général américain. Il commanda en chef les troupes américaines engagées sur le front français en 1918.

PERSIGNY (Jean Gilbert Victor **Fialin**, duc **de**), *Saint-Germain-l'Espinasse, Loire, 1808 - Nice 1872*, homme politique français. Attaché dès 1834 au jeune Louis Napoléon, il participa au coup d'État du 2 décembre 1851, fut ministre de l'Intérieur (1852 - 1854, 1860 - 1863) et ambassadeur à Londres (1855 - 1858, 1859 - 1860).

PERSIQUE (golfe), dépendance de l'océan Indien, entre l'Arabie et l'Iran. Gisements de pétrole. – Les appellations *golfe Arabo-Persique* ou, simplement, *Golfe* sont aussi couramment employées.

PERSSON (Göran), *Vingåker 1949*, homme politique suédois. Secrétaire général du Parti social-démocrate (1996 - 2007), il a été Premier ministre de 1996 à 2006.

PERTH, v. d'Australie, cap. de l'État de l'Australie-Occidentale ; 1 728 867 hab.

PERTH, v. de Grande-Bretagne (Écosse) ; 43 450 hab. Église St John (XIIe et XVe s.).

PERTHARITE, *m. en 688*, roi des Lombards (661 et 671 - 688). Sous son règne, les Lombards se convertirent au catholicisme.

PERTHUS [-tys] (col du), passage routier des Pyrénées entre l'Espagne et la France (Pyrénées-Orientales) ; 290 m. Il est dominé par la forteresse de Bellegarde.

PERTINAX (Publius Helvius), *Alba Pompeia 126 - Rome 193*, empereur romain (193). Successeur de Commode, il fut tué par les prétoriens après trois mois de règne.

PERTINI (Alessandro), *Stella, Ligurie, 1896 - Rome 1990*, homme politique italien. Socialiste, il a été président de la République de 1978 à 1985.

PERTUIS (84120), bur. centr. de cant. de Vaucluse ; 20 050 hab. Église gothique et Renaissance.

PÉRUGIN (Pietro **Vannucci**, dit en fr. **le**), *Città della Pieve, Pérouse, v. 1448 - Fontignano, Pérouse, 1523*, peintre italien. Élève de Verrocchio, actif à Florence, Rome, Pérouse, il fut l'un des maîtres de Raphaël. Ses compositions valent par la douceur du sentiment, l'équilibre, la suavité du coloris.

PERUTZ (Max Ferdinand), *Vienne 1914 - Cambridge 2002*, chimiste britannique d'origine autrichienne. Grâce à la méthode de diffraction des rayons X, il a établi la structure tridimensionnelle de l'hémoglobine et celle de la myoglobine. (Prix Nobel 1962.)

PERUWELZ [perywe], v. de Belgique (Hainaut) ; 17 302 hab.

PERUZZI (Baldassare), *Sienne 1481 - Rome 1536*, architecte, ingénieur et peintre décorateur italien. Il a travaillé principalement à Rome (la Farnésine* ; palais Massimo alle Colonne).

PERVOOURALSK, v. de Russie, dans l'Oural ; 124 555 hab.

PESARO, v. d'Italie (Marches), ch.-l. de prov., sur l'Adriatique ; 94 165 hab. Station balnéaire. – Palais et forteresse des Sforza (XVe-XVIe s.). Musées, dont celui des Céramiques ; maison natale de Rossini.

PESCADORES (« Pêcheurs »), en chin. **Penghu**, archipel taïwanais, dans le détroit de Taïwan.

PESCARA, v. d'Italie (Abruzzes), ch.-l. de prov., sur l'Adriatique ; 118 029 hab. Station balnéaire.

PESHAWAR, v. du Pakistan, à l'entrée de la passe de Khaybar qui mène en Afghanistan ; 988 005 hab. (1 475 050 hab. dans l'agglomération). Musée riche en art du Gandhara.

PESQUET (Thomas), *Rouen 1978*, spationaute français. Ingénieur aéronautique et pilote de ligne, il a passé 196 jours à bord de la Station spatiale internationale (17 nov. 2016 - 2 juin 2017). Il contribue à populariser les missions spatiales en diffusant sur les réseaux sociaux son expérience, ses photos et vidéos.

PESSAC (33600), bur. centr. de cant. de la Gironde ; 62 260 hab. *(Pessacais)*. Centre universitaire. Grands vins rouges (haut-brion). Atelier de frappe de la Monnaie. Armement. – Festival du film d'histoire. – Cité-jardin par Le Corbusier (1925).

PESSOA (Fernando), *Lisbonne 1888 - id. 1935*, poète portugais. Il publia, à travers des « hétéronymes » ou personnes fictives représentant ses divers moi, une œuvre lucide et somptueuse qui exerça, après sa mort, une grande influence sur le lyrisme portugais (*Poésies d'Álvaro de Campos, Poèmes d'Alberto Caeiro, Odes de Ricardo Reis, le Livre de l'intranquillité de Bernardo Soarès*).

▲ Fernando **Pessoa**

PEST, partie basse de Budapest (Hongrie), sur le Danube (r. g.).

PESTALOZZI (Johann Heinrich), *Zurich 1746 - Brugg 1827*, pédagogue suisse. Influencé par J.-J. Rousseau, il établit une pédagogie fondée sur le travail manuel et sur l'enseignement mutuel. Il s'intéressa à l'éducation des enfants pauvres (*Léonard et Gertrud*, 1781-1787).

Peste noire ou **Grande Peste,** épidémie de peste qui ravagea l'Europe entre 1346 et 1351 - 1352. Propagée par des navires génois en provenance de Crimée, la peste frappa d'abord la Sicile (1347) et se répandit en 1348 - 1349 en France, en Angleterre, en Italie, en Espagne et en Europe centrale. Elle gagna ensuite la Scandinavie et les confins polono-russes. Elle tua environ 25 millions de personnes en Europe occidentale, soit le tiers de la population.

PETAH-TIKVA, v. d'Israël, près de Tel-Aviv-Jaffa ; 236 200 hab.

PÉTAIN (Philippe), *Cauchy-à-la-Tour, Pas-de-Calais, 1856 - Port-Joinville, île d'Yeu, 1951*, maréchal de France et homme politique français. Officier d'infanterie, enseignant à l'École de guerre (1901 - 1910), où il insiste sur le rôle des feux d'artillerie et d'infanterie combinés, il a pratiquement achevé sa carrière lorsqu'éclate la Première Guerre mondiale. Promu général en 1914, vainqueur de la bataille de Verdun en 1916, commandant en chef des armées françaises en 1917, il est nommé maréchal au lendemain de la victoire (nov. 1918). Après avoir rétabli la situation dans la guerre du Rif (1925), il devient ministre de la Guerre (1934). Ambassadeur à Madrid (1939), il est appelé au gouvernement après la rupture du front français (18 mai) puis, nommé président du Conseil (16 juin), il décide de conclure un armistice avec l'Allemagne. Investi des pleins pouvoirs par l'Assemblée nationale (à l'exception de 80 députés) le 10 juillet 1940, il devient, à 84 ans, chef de l'État français, à Vichy. À l'intérieur, il lance la politique de la « Révolution nationale » ; à l'extérieur, il s'engage dans la politique de la collaboration (→ **Vichy** [gouvernement de]). Resté à son poste après l'occupation de la zone libre, en nov. 1942, il est de plus en plus dépendant des Allemands, qui l'emmènent dans leur retraite en août 1944. Transféré à Sigmaringen, il rentre en France en avr. 1945. Jugé par la Haute Cour de justice, condamné à mort, il voit sa peine commuée en détention perpétuelle à l'île d'Yeu. (Acad. fr., 1929 ; radié, 1945.)

▲ Philippe **Pétain**

PÉTANGE, v. du Luxembourg ; 16 085 hab. Métallurgie.

PETARE, v. du Venezuela, banlieue est de Caracas ; 372 470 hab.

PETCHENÈGUES, peuple turc qui s'établit à la fin du IXe s. dans les steppes entre le Dniepr et le Danube. Ils furent écrasés en 1091 par les Byzantins, aidés des Coumans.

PETCHORA n.f., fl. de Russie, né dans l'Oural et qui se jette dans la mer de Barents ; 1 790 km ; bassin de 322 000 km².

PETERBOROUGH, v. du Canada (Ontario), près du lac Ontario ; 81 032 hab.

PETERBOROUGH, v. de Grande-Bretagne (Angleterre), au N. de Londres ; 183 631 hab. Cathédrale romane et gothique, anc. abbatiale (v. 1200).

PETERHOF, ancien nom de Petrodvorets*.

PETERMANN (August), *Bleicherode 1822 - Gotha 1878*, géographe allemand, promoteur d'expéditions en Afrique et fondateur d'une revue, les *Petermanns Mitteilungen*.

Peter Pan, personnage créé par l'écrivain britannique James Matthew Barrie, dans des romans (*le Petit Oiseau blanc*, 1902) et une comédie (*Peter Pan, ou le Petit Garçon qui ne voulait pas grandir*, 1904). Cet enfant échappe à son avenir d'adulte en se réfugiant dans un monde imaginaire et merveilleux. – Le personnage a inspiré le dessin animé *Peter Pan* (1953) produit par W. Disney.

PETERS (Carl), *Neuhaus an der Elbe 1856 - Woltorf 1918*, voyageur et colonisateur allemand, l'un des artisans de l'Afrique-Orientale allemande.

PETERSON (Oscar), *Montréal 1925 - Mississauga 2007*, pianiste et compositeur canadien de jazz. Il fonda son premier trio en 1952 et s'imposa comme un grand soliste (*With Respect to Nat*, 1965 ; *Canadiana Suite*, id.).

PETIBON (Patricia), *Montargis 1970*, soprano française. Découverte par W. Christie*, elle met son expressivité et sa voix cristalline au service des airs baroques (*Nouveau Monde*, album, 2012), tout en s'essayant à des registres plus contemporains (*Lulu*, opéra de Berg, 2010).

PÉTILLON (René), *Lesneven 1945 - Paris 2018*, dessinateur et scénariste français de bandes dessinées. À travers les aventures du détective Jack Palmer (créé en 1974) et du *Baron noir* (créé en 1976 avec Yves Got), il donna libre cours à son sens de la parodie et de la satire sociale. Il s'imposa aussi dans le dessin de presse (au *Canard enchaîné*, à partir de 1994).

PÉTION (Anne Alexandre **Sabès**, dit), *Port-au-Prince 1770 - id. 1818*, homme politique haïtien. Il participa à la révolte contre les Blancs (1791) et fonda la république d'Haïti (1807), dont il fut le président jusqu'à sa mort.

PÉTION [petjɔ̃] **DE VILLENEUVE** (Jérôme), *Chartres 1756 - Saint-Émilion 1794*, homme politique français. Maire de Paris (1791) et président de la Convention (1792), il soutint les Girondins. Proscrit en juin 1793, il tenta vainement de soulever la Normandie. Il se suicida.

PETIPA (Marius), *Marseille 1818 - Gourzouf, Crimée, 1910*, danseur et chorégraphe français. Maître de ballet au Théâtre Marie de Saint-Pétersbourg (1862 - 1904), il signa la plupart des pièces maîtresses du répertoire classique (*Don Quichotte*, 1869 ; *la Bayadère*, 1877 ; une nouvelle version de *Giselle*, 1884 ; *la Belle au bois dormant*, 1890 ; *le Lac des cygnes*, actes I et III, 1895).

PETIT (Alexis Thérèse), *Vesoul 1791 - Paris 1820,* physicien français. Il travailla, avec P. L. Dulong, sur les dilatations et les chaleurs spécifiques.

PETIT (Christine), *Laignes, Côte-d'Or, 1948,* médecin et généticienne française. Elle a contribué à élucider les mécanismes génétiques et moléculaires expliquant la surdité héréditaire et a identifié, avec son équipe, une vingtaine de gènes nécessaires au fonctionnement de l'audition. Elle est professeure au Collège de France depuis 2002.

PETIT (Roland), *Villemomble 1924 - Genève 2011,* danseur et chorégraphe français. Animateur des Ballets des Champs-Élysées (1945 - 1947), fondateur des Ballets de Paris (1948 - 1966) et directeur du Ballet national de Marseille (1972 - 1998), il a signé des pièces néoclassiques, le plus souvent à caractère narratif (*le Jeune Homme et la mort,* 1946 ; *Notre-Dame de Paris,* 1965 ; *Camera obscura,* 1994). Il dirigea aussi, avec sa femme Zizi Jeanmaire, le Casino de Paris (1969 - 1975).

PETIT-BOURG (97170), comm. de la Guadeloupe, sur la côte est de Basse-Terre ; 24 614 hab.

PETIT-CANAL (97131), bur. centr. de cant. de la Guadeloupe ; 8 262 hab. *(Canaliens).*

Petit Chaperon rouge (le), conte de C. Perrault (1697), repris par les frères Grimm (1812). Une petite fille, se rendant chez sa grand-mère, est mangée par un loup qui a dévoré cette dernière et a pris son apparence.

PETITCLERC (Chantal), *Saint-Marc-des-Carrières, Québec, 1969,* athlète canadienne. Elle a gagné 21 médailles paralympiques (dont 14 d'or : deux en 1996 et en 2000, cinq en 2004 et en 2008) dans les épreuves de course en fauteuil roulant, du 100 m au 1 500 m, et un titre olympique en 2004 (800 m en fauteuil roulant).

PETIT-COURONNE (76650), comm. de la Seine-Maritime ; 8 930 hab. *(Petits-Couronnais).* Pétrochimie. – Maison de P. Corneille (musée).

PETITE-ÎLE (97429), comm. de La Réunion ; 12 255 hab. Centre de production maraîchère.

PETITE-ROSSELLE (57540), comm. de la Moselle ; 6 491 hab. Anc. centre houiller. Musée de la Mine.

Petites Sœurs des pauvres, congrégation religieuse française fondée en 1839 à Saint-Servan par Jeanne Jugan (en relig. sœur Marie de la Croix, *Cancale 1792 - Saint-Pern, Ille-et-Vilaine, 1879,* canonisée en 2009) pour l'assistance matérielle et spirituelle des personnes âgées sans ressources.

PETITPIERRE (Max), *Neuchâtel 1899 - id. 1994,* homme politique suisse. Chargé des Affaires étrangères de 1945 à 1961, il réhabilita la neutralité suisse en pratiquant une diplomatie de solidarité et d'universalité. Il fut président de la Confédération en 1950, 1955 et 1960.

Petit Poucet (le), conte de C. Perrault (1697), repris par les frères Grimm (1812). Un petit garçon, accompagné de ses six frères, retrouve son chemin grâce aux cailloux qu'il a semés sur sa route, échappe à un ogre et revient chez lui chaussé des « bottes de sept lieues ».

Petit Prince (le), conte d'Antoine de Saint-Exupéry (1943). C'est le récit des aventures poétiques et symboliques d'un petit garçon venu d'une autre planète.

▲ Le **Petit Prince** sur l'astéroïde B 612, dessin de Saint-Exupéry (1943).

PETIT-QUEVILLY (Le) [76140], bur. centr. de cant. de la Seine-Maritime, sur la Seine ; 22 820 hab. *(Quevillais).* Centre industriel. – Chapelle St-Julien, avec peintures (v. 1200).

PETLIOURA (Simon Vassilievitch), *Poltava 1879 - Paris 1926,* homme politique ukrainien. Militant nationaliste et président du directoire ukrainien (1919), il s'allia à la Pologne et fut battu par les bolcheviques (1920). Il fut assassiné.

PETŐFI (Sándor), *Kiskörös 1823 - Segesvár 1849,* poète hongrois. Il fut, par ses écrits (*le Marteau du village,* 1844) et son action, un héros de la révolution hongroise de 1848 et devint un symbole de la lutte pour l'indépendance nationale.

PÉTRA, v. de l'Arabie ancienne (auj. en Jordanie), à 70 km au sud de la mer Morte. Capitale du royaume des Nabatéens, elle fut un important centre caravanier et une riche cité commerçante. Les Romains l'annexèrent en 106 apr. J.-C. – Remarquable architecture rupestre hellénistico-romaine (temples, tombes, etc.).

PÉTRARQUE, en ital. **Francesco Petrarca,** *Arezzo 1304 - Arqua, auj. Arquà Petrarca, prov. de Padoue, 1374,* poète et humaniste italien. Historien, archéologue, chercheur de manuscrits anciens, il fut le premier des grands humanistes de la Renaissance. Sa gloire repose surtout sur ses poèmes en toscan, les sonnets des *Rimes* et des *Triomphes,* composés en l'honneur de Laure de Noves et réunis dans le *Canzoniere* (1470), dont le raffinement dans le lyrisme amoureux donna naissance au pétrarquisme*.

▲ **Pétrarque.** (Galerie Borghèse, Rome.)

PETRASSI (Goffredo), *Zagarolo 1904 - Rome 2003,* compositeur italien. Professeur à l'Académie de Sainte-Cécile et au conservatoire de Rome, il a écrit 8 célèbres concertos pour orchestre (1934-1972).

PETRI (Olof **Petersson,** dit **Olaus**), *Örebro 1493 - Stockholm 1552,* réformateur suédois. Propagateur de la Réforme en Suède, il est l'auteur d'une traduction du Nouveau Testament et d'une *Chronique suédoise.*

PETRODVORETS, anc. **Peterhof,** v. de Russie, sur le golfe de Finlande, près de Saint-Pétersbourg. Fondée par Pierre le Grand, ce fut une résidence des tsars. Palais, parc, pavillons divers et jeux d'eaux inspirés de Versailles (XVIIIe-XIXe s.), reconstitués après la Seconde Guerre mondiale.

PETROGRAD → **SAINT-PÉTERSBOURG.**

PÉTRONE, en lat. **Caius Petronius Arbiter,** *m. à Cumes en 66 apr. J.-C.,* écrivain latin, auteur présumé du *Satiricon*.* Compromis dans la conspiration de Pison, il s'ouvrit les veines.

PETROPAVLOVSK → **KYZYLJAR.**

PETROPAVLOVSK-KAMTCHATSKI, v. de Russie, sur la côte du Kamtchatka ; 179 526 hab. Port.

PETRÓPOLIS, v. du Brésil (État de Rio de Janeiro) ; 277 816 hab. Palais impérial (XIXe s.), auj. musée.

Petrouchka, personnage du ballet *Petrouchka,* créé à Paris en 1911 par les Ballets* russes sur une chorégraphie de Fokine, une musique de Stravinsky et des décors et costumes de A. Benois. Marionnette animée par un magicien, Petrouchka vit les tourments de l'amour et succombe sous les coups de son rival.

PETROZAVODSK, v. de Russie, cap. de la Carélie ; 263 540 hab. Musées.

PETRUCCI (Ottaviano), *Fossombrone 1466 - Venise 1539,* imprimeur italien. Il publia en 1501 le premier livre de musique imprimé.

PETRUCCIANI (Michel), *Orange 1962 - New York 1999,* pianiste de jazz français. Handicapé par une grave maladie osseuse, il mène une brève mais brillante carrière. Son sens lyrique de l'improvisation et son art du swing font de lui l'un des musiciens majeurs de son temps.

PETSAMO, en russe **Petchenga,** localité de Russie, en Laponie. Elle fut cédée par la Finlande à l'URSS en 1944.

PEUGEOT (Armand), *Valentigney 1849 - Neuilly-sur-Seine 1915,* industriel français. Sous son impulsion, les activités industrielles de sa famille s'étendirent à la construction de cycles (à partir de 1888), puis d'automobiles (à partir de 1891) [auj. groupe PSA].

PEULS ou **FOULBÉ** ou **FOULANI,** ensemble de peuples nomades dispersés du Sénégal au Tchad et de la Mauritanie au Cameroun (env. 12 millions). Souvent considérés comme les descendants métissés de nomades blancs et de nomades noirs, ils furent tôt islamisés, migrèrent progressivement et connurent leur apogée au XIXe s. (empire du Macina, royaume du Sokoto*). Éleveurs, encore souvent nomades, ils parlent le *peul,* dit aussi *poular* (ou *pular*) ou *foulfouldé. Peuls* est leur appellation française et *Foulani* leur appellation arabe.

PEUPLES DE LA MER ou **« BARBARES DU NORD »,** nom donné par les Égyptiens à des envahisseurs indo-européens qui, venus de la zone de la mer Égée, déferlèrent sur le Proche-Orient aux XIIIe-XIIe s. av. J.-C. Tous les États furent bouleversés, certains détruits (Empire hittite, Ougarit). Par deux fois, les Égyptiens repoussèrent cette invasion.

Peur (la Grande) [20 juill. - 6 - 7 août 1789], panique qui, après la révolution parisienne de juillet 1789, se répandit dans les campagnes françaises. À la nouvelle d'un prétendu « complot aristocratique », de nombreux paysans s'armèrent, mirent à sac des châteaux et détruisirent des registres fonciers.

PEUTINGER (Konrad), *Augsbourg 1465 - id. 1547,* humaniste allemand. Il publia une copie médiévale de la carte des voies de l'Empire romain (IIIe et IVe s.), dite *Table de Peutinger* (auj. à Vienne).

PEVSNER (Anton ou Antoine), *Orel 1886 - Paris 1962,* peintre puis sculpteur français d'origine russe. Installé à Paris en 1923, il s'est notamment signalé par ses monumentales « surfaces développées » en cuivre ou en bronze. Il est bien représenté au MNAM. — **Naoum P.,** dit **Naum Gabo,** *Briansk 1890 - Waterbury, Connecticut, 1977,* sculpteur américain d'origine russe, frère d'Anton. Installé en Grande-Bretagne puis aux États-Unis, il avait publié à Moscou avec Anton, en 1920, un manifeste rejetant cubisme et futurisme au profit d'une appréhension de la réalité essentielle du monde par les « rythmes cinétiques » et le constructivisme. Il est célèbre en particulier pour ses sculptures à base de fils de Nylon.

PEYNET (Raymond), *Paris 1908 - Mougins 1999,* dessinateur français. Il est célèbre pour le couple d'amoureux, au romantisme un peu désuet, qu'il créa à Valence en 1942.

PEYO (Pierre **Culliford,** dit), *Bruxelles 1928 - id. 1992,* dessinateur et scénariste belge de bandes dessinées, créateur des Schtroumpfs*.

PEYREFITTE (Alain), *Najac, Aveyron, 1925 - Paris 1999,* homme politique et écrivain français. Gaulliste, plusieurs fois ministre (Information, 1962 - 1966 ; Éducation nationale, 1967 - 1968 ; Justice, 1977 - 1981), il a surtout écrit sur la Chine (*Quand la Chine s'éveillera,* 1973) et sur la politique française (*le Mal français,* 1976 ; *C'était de Gaulle,* 3 vol., 1994, 1997 et, posthume, 2000). [Acad. fr.]

PEYREFITTE (Roger), *Castres 1907 - Paris 2000,* écrivain français. Chantre de la liberté amoureuse (*les Amitiés particulières,* 1943), érudit ayant le goût de la satire et du scandale (*les Ambassades,* 1951 ; *les Clés de Saint-Pierre,* 1955), il aborda aussi la biographie historique (*Alexandre le Grand,* 3 vol., 1977-1981).

PEYREHORADE (40300), bur. centr. de cant. des Landes ; 3 794 hab. *(Peyrehoradais).* Château de Montréal, du XVIe s. Aux environs, anc. abbayes d'Arthous (église romane ; musée) et de Sorde-l'Abbaye.

PEYROLLES-EN-PROVENCE (13860), comm. des Bouches-du-Rhône ; 5 062 hab. *(Peyrollais).* Mairie dans un château du XVIIe s.

PEYRON (Bruno), *Angers 1955,* navigateur français. Triple détenteur (1993, 2002 et 2005) du record du tour du monde en équipage et sans escale (trophée Jules-Verne), il a battu de nombreux autres records du monde. — **Loïck P.,** *Nantes 1959,* navigateur français, frère de Bruno. Unique triple vainqueur (1992, 1996 et 2008) de la Transat en solitaire, il a aussi remporté la Transat Jacques-

Vabre (1999 et 2005) et la course autour du monde en double et sans escale (2011). Il a battu le record du trophée Jules-Verne (2012) et celui de la Route du Rhum (2014).

PEYRONNET ou **PEYRONET** (Charles Ignace, comte de), *Bordeaux 1778 - Montferrand, Gironde, 1854*, homme politique français. Député ultraroyaliste, garde des Sceaux (1821 - 1828), il inspira la loi sur la presse (1822) et celle sur le sacrilège (1825). Ministre de l'Intérieur le 16 mai 1830, il participa à la rédaction des ordonnances de juillet, qui furent à l'origine de la révolution de Juillet. Il fut emprisonné de 1830 à 1836.

PEYRONY (Denis), *Cussac, Dordogne, 1869 - Sarlat 1954*, préhistorien français. Instituteur aux Eyzies-de-Tayac, il découvrit les gravures pariétales des Combarelles, de Font-de-Gaume, de Teyjat. Il a contribué à l'établissement de la chronologie des paléolithiques moyen et supérieur.

PEYRUIS [pɛrɥi] (04310), comm. des Alpes-de-Haute-Provence ; 2 897 hab. *(Peyruisiens)*. Aux environs, église romane du prieuré de Ganagobie.

PÉZENAS [-nas] (34120), bur. centr. de cant. de l'Hérault ; 8 502 hab. *(Piscénois)*. Belles demeures des XVe-XVIIIe s. ; musée.

PFLIMLIN (Pierre), *Roubaix 1907 - Strasbourg 2000*, homme politique français. Président du MRP (1956 - 1959), il préconisa une politique libérale en Algérie ; sa nomination à la tête du gouvernement (mai) contribua à l'insurrection d'Alger (13 mai 1958), qui l'amena à démissionner (28 mai). Il fut maire de Strasbourg (1959 - 1983) et président du Parlement européen (1984 - 1987).

PFORZHEIM, v. d'Allemagne (Bade-Wurtemberg) ; 114 411 hab. Bijouterie. – Musée du Bijou.

PHAÉTON MYTH. GR. Fils du Soleil. Il voulut conduire le char de son père et faillit, par son inexpérience, embraser l'Univers. Zeus, irrité, le foudroya.

PHAISTOS, site archéologique du sud-ouest de la Crète. Vestiges d'un complexe palatial (détruit au XVe s. av. J.-C.) au plan plus clairement organisé qu'à Cnossos.

Phalange espagnole, en esp. **Falange Española,** groupement politique paramilitaire espagnol fondé à Madrid (1933) par José Antonio Primo de Rivera, avec un programme d'inspiration fasciste. Il fusionna en 1937 avec des mouvements de droite et devint le parti unique dont Franco fut le caudillo. Son influence diminua à partir de 1942.

Phalanges libanaises, en ar. **Katā'ib,** mouvement politique et militaire maronite fondé en 1936 par Pierre Gemayel.

PHALARIS, tyran d'Agrigente (v. 570 - 554 av. J.-C.). On raconte qu'il faisait brûler ses victimes dans un taureau d'airain.

PHALSBOURG (57370), bur. centr. de cant. de la Moselle ; 4 999 hab. Fortifications de Vauban ; musée.

PHAM VAN DÔNG, *Mô Duc 1906 - Hanoï 2000*, homme politique vietnamien. Il fut Premier ministre du Viêt Nam du Nord à partir de 1955 puis du Viêt Nam réunifié de 1976 à 1987.

Phanariotes, groupe social grec qui tire son nom du quartier grec du Phanar, à Istanbul. Il fut particulièrement actif dans l'Empire ottoman du XVIIe s. à la première moitié du XIXe s.

PHARAMOND, chef franc légendaire, descendant du Troyen Priam.

PHARNACE II, *v. 97 - 47 av. J.-C.*, roi du Bosphore Cimmérien (63 - 47 av. J.-C.). Avec l'appui des Romains, il reconquit le royaume du Pont, mais fut vaincu par César en 47.

PHAROS, île de l'Égypte ancienne, près d'Alexandrie. Sous les règnes de Ptolémée Ier Sôter et de Ptolémée II Philadelphe y fut érigée une tour de 135 m, au sommet de laquelle brûlait un feu qui, réfléchi par des miroirs, était visible en mer de très loin ; la tour s'écroula en 1303. Des vestiges de ce *phare d'Alexandrie*, l'une des Sept Merveilles* du monde antique, ont été découverts lors de fouilles sous-marines menées depuis 1994.

PHARSALE, v. de Grèce (Thessalie) ; 18 545 hab. César y vainquit Pompée (48 av. J.-C.).

PHÉACIENS MYTH. GR. Peuple mentionné dans *l'Odyssée*. L'île des Phéaciens, où Nausicaa accueillit Ulysse, est identifiée à Corcyre (Corfou).

PHÉBUS, autre nom d'Apollon.

Phédon, dialogue de Platon, qui met en scène les derniers moments de Socrate et traite de l'immortalité de l'âme.

PHÈDRE MYTH. GR. Épouse de Thésée et fille de Minos et de Pasiphaé. Amoureuse de son beau-fils Hippolyte, qui repoussa ses avances, elle l'accusa d'avoir voulu lui faire violence. Hippolyte fut exécuté, et Phèdre se pendit. La passion dévorante de Phèdre, déchirée entre la conscience de ses fautes et l'incapacité d'en assumer la responsabilité, a notamm. inspiré une tragédie à Euripide (*Hippolyte couronné*, 428 av. J.-C.), à Sénèque (Ier s. apr. J.-C.) et à Racine (1677).

PHÈDRE, en lat. **Caius Julius Phaedrus,** *en Macédoine v. 10 av. J.-C. - v. 54 apr. J.-C.*, fabuliste latin, auteur de fables imitées d'Ésope.

▲ Michael **Phelps**

PHELPS (Michael), *Baltimore 1985*, nageur américain. Il a remporté 6 titres olympiques à Athènes en 2004, 8 titres olympiques à Pékin en 2008, devenant ainsi le recordman du nombre de titres gagnés lors d'une même olympiade, 4 titres olympiques à Londres en 2012 et 5 titres olympiques à Rio de Janeiro en 2016. Avec 28 médailles au total (3 d'argent et 2 de bronze en plus des 23 d'or), il est le sportif le plus titré de l'histoire des JO (toutes disciplines confondues). Il a aussi obtenu 26 titres de champion du monde entre 2001 et 2011 et détient de nombreux records du monde.

PHÉLYPEAUX (Jean Frédéric) → **MAUREPAS.**

PHÉLYPEAUX (Louis) → **LA VRILLIÈRE.**

PHÉLYPEAUX (Louis) → **PONTCHARTRAIN.**

PHÉNICIE, région du littoral syro-palestinien, limitée au sud par le mont Carmel et au nord par la région d'Ougarit (auj. Ras Shamra, au nord de Lattaquié). À partir du IIIe millénaire, la Syrie-Palestine fut occupée par des populations sémitiques, désignées du nom de Cananéens. Au cours des XIIIe et XIIe s., leurs cités continentales disparurent, mais leur civilisation survécut sur le littoral. Les Grecs donnèrent plus tard le nom de Phénicie (VIIe s. av. J.-C.) à cet ensemble de cités-États côtières, où prédominaient alors Byblos, Tyr et Sidon. Habiles navigateurs et commerçants, les Phéniciens fondèrent sur le pourtour méditerranéen, jusqu'à l'Espagne, de nombreux comptoirs et colonies, dont Carthage (IXe s.), qui s'imposa à l'Occident méditerranéen. Les cités phéniciennes tombèrent sous la tutelle des Empires assyrien (743 av. J.-C.) et babylonien (à partir de 605 av. J.-C.), puis sous celle des Perses et des Grecs, mais elles continuèrent à jouer un rôle capital dans les échanges économiques de la Méditerranée orientale. Héritières de la culture cananéenne, elles conservèrent les cultes de Baal et d'Ashtart ; elles ont légué au monde antique l'usage de l'écriture alphabétique.

PHÉNIX, oiseau fabuleux de la mythologie égyptienne. Comme la légende lui attribuait le pouvoir de renaître de ses propres cendres, il devint le symbole de l'immortalité.

Phénoménologie de l'esprit (la), ouvrage de Hegel (1807). L'auteur trace l'itinéraire dialectique de la conscience de la « certitude sensible » au « savoir absolu ».

PHIDIAS, sculpteur grec du Ve s. av. J.-C. Chargé par Périclès de diriger les travaux du Parthénon, il en assuma la décoration sculptée (frise des Panathénées), apogée du style classique grec (musée de l'Acropole, Louvre et, surtout, British Museum).

PHILADELPHIE, v. des États-Unis (Pennsylvanie), sur la Delaware ; 1 560 297 hab. *(Philadelphiens)* [5 841 396 hab. dans l'agglomération]. Université. Port. Centre industriel. – Très important musée d'Art, Fondation Barnes et autres musées. – La ville, fondée par William Penn en 1682, fut le siège du congrès où les colons américains proclamèrent (1776) l'indépendance de la fédération. Le gouvernement y siégea entre 1790 et 1800.

PHILAE, île du Nil, en amont d'Assouan, important centre du culte d'Isis du IVe s. av. J.-C. au Ve s. de notre ère. À la suite de la construction du haut barrage d'Assouan, ses monuments ptolémaïques (temples d'Isis, d'Hathor, mammisi [temple de la naissance] de Nectanebo Ier, kiosque de Trajan) ont été transférés sur l'îlot voisin d'Agilkia.

PHILÉMON ET BAUCIS MYTH. GR. Couple de pauvres paysans phrygiens. Pour les récompenser de leur hospitalité, Zeus et Hermès leur accordèrent de mourir ensemble et les transformèrent en deux arbres qui mêlaient leurs branches.

Philharmonie de Paris, institution dédiée à la musique, créée en 2015. Elle comprend la Cité de la musique (deux salles de concert, une médiathèque et un musée de la Musique) et un nouvel édifice incluant une grande salle de concert (2 400 places), dans le parc de la Villette*, ainsi qu'une filiale, la salle Pleyel (VIIIe arrond.).

PHILIBERT II le Beau, *Pont d'Ain 1480 - id. 1504*, duc de Savoie (1497 - 1504). Il épousa Marguerite d'Autriche (1501), qui fit élever à sa mémoire l'église de Brou avec son tombeau.

PHILIDOR (François André **Danican-**), *Dreux 1726 - Londres 1795*, compositeur et joueur d'échecs français. Il fut l'un des créateurs de l'opéra-comique en France (*Blaise le savetier*, 1759 ; *Tom Jones*, 1765) et un maître des échecs (*Analyse du jeu des échecs*).

PHILIPE (Gérard **Philip,** dit Gérard), *Cannes 1922 - Paris 1959*, acteur français. Révélé par sa création de *Caligula*, d'Albert Camus (1945), il triompha au Théâtre national populaire, notamment dans *le Cid* et *le Prince de Hombourg* (1951). Meilleur jeune premier de sa génération, il fut aussi une vedette de l'écran (*le Diable au corps*, C. Autant-Lara, 1947 ; *Fanfan la Tulipe*, Christian-Jaque, 1952 ; *le Rouge et le Noir*, C. Autant-Lara, 1954).

▲ Gérard **Philipe**

SAINTS

PHILIPPE (saint), *Ier s.*, un des douze apôtres de Jésus. Une légende veut qu'il ait évangélisé la Phrygie, où il serait mort crucifié.

PHILIPPE (saint), *m. au Ier s.*, un des sept premiers diacres de la communauté chrétienne de Jérusalem. Il évangélisa la Samarie et baptisa l'eunuque de la reine d'Éthiopie, Candace.

PHILIPPE NERI (saint), *Florence 1515 - Rome 1595*, prêtre italien, fondateur de l'Oratoire d'Italie.

ANTIQUITÉ

PHILIPPE II, *v. 382 - Aigai 336 av. J.-C.*, régent (359) puis roi de Macédoine (356 - 336 av. J.-C.). Il rétablit l'autorité royale, réorganisa les finances et l'armée, basée sur un corps d'infanterie, la phalange. Ayant affermi ses positions du côté de l'Illyrie et de la Thrace, il se tourna vers la Grèce. Les Athéniens, malgré les avertissements de Démosthène, réagirent tardivement à la conquête des cités de Thrace et de Chalcidique. Devenu maître de Delphes, Philippe dut lutter contre la coalition d'Athènes et de Thèbes. Vainqueur à Chéronée (338), il établit pour deux siècles la tutelle macédonienne sur la Grèce. Il s'apprêtait à marcher contre les Perses, lorsqu'il fut assassiné à l'instigation de sa femme Olympias ; son fils Alexandre lui succéda.

▲ **Phidias.** Détail de la frise des Panathénées, exécutée entre 442 et 438 av. J.-C. (Louvre, Paris.)

PHILIPPE V, *v. 237 av. J.-C. - 179 av. J.-C.,* roi de Macédoine (221 - 179 av. J.-C.). Il fut battu par le consul romain Flamininus à la bataille de Cynoscéphales (197), prélude au déclin de la Macédoine.

PHILIPPE l'Arabe, en lat. **Marcus Julius Philippus,** *en Trachonitide, Arabie, v. 204 - Vérone 249,* empereur romain (244 - 249). Il célébra le millénaire de Rome (248), puis fut vaincu et tué par Decius.

EMPEREUR GERMANIQUE

PHILIPPE DE SOUABE, *v. 1177 - Bamberg 1208,* antiroi de Germanie (1198 - 1208). Dernier fils de Frédéric Barberousse, il mourut assassiné.

BELGIQUE

PHILIPPE, *Bruxelles 1960,* roi des Belges depuis 2013. Époux, depuis 1999, de Mathilde d'Udekem d'Acoz, il accède au trône à la suite de l'abdication de son père, Albert II.

◄ **Philippe de Belgique**

BOURGOGNE

PHILIPPE Ier DE ROUVRES, *Rouvres 1346 - id. 1361,* duc de Bourgogne (1349 - 1361). À sa mort, ses possessions furent démembrées.

PHILIPPE II le Hardi, *Pontoise 1342 - Hal 1404,* duc de Bourgogne (1363 - 1404). Fils du roi Jean II le Bon, il reçut en apanage le duché de Bourgogne (1363) et devint ainsi le chef de la deuxième maison de Bourgogne. Ayant épousé (1369) Marguerite de Flandre, il hérita de son beau-père, en 1384, des comtés de Flandre, d'Artois, de Rethel, de Nevers, de Bourgogne (Franche-Comté). Durant la minorité de Charles VI, puis lorsque celui-ci fut atteint de folie, il prit part au gouvernement du royaume de France, œuvrant pour l'intérêt de son duché.

PHILIPPE III le Bon, *Dijon 1396 - Bruges 1467,* duc de Bourgogne (1419 - 1467). Fils de Jean sans Peur, il épousa, en 1409, la fille de Charles VI, Michelle de France, qui lui apporta les villes de la Somme, le Boulonnais et la Picardie. Après le meurtre de son père (1419), il s'allia à Henri V d'Angleterre, qu'il contribua à faire reconnaître comme héritier du trône de France en participant au traité de Troyes (1420). Il se réconcilia au traité d'Arras avec Charles VII (1435). « Grand-duc du Ponant », il se constitua un immense et riche État, couvrant notamm. les Bourgognes, les Pays-Bas et la Picardie : ayant unifié ces provinces, il les dota d'institutions puissantes. Il institua l'ordre de la Toison d'or (1429).

▲ **Philippe III le Bon** par R. Van der Weyden. (Palais des États de Bourgogne, Dijon.)

ESPAGNE

PHILIPPE Ier le Beau, *Bruges 1478 - Burgos 1506,* souverain des Pays-Bas (1482 - 1506), roi de Castille (1504 - 1506). Fils de Maximilien Ier et de Marie de Bourgogne, il épousa Jeanne la Folle, avec qui il eut Charles Quint et Ferdinand Ier.

PHILIPPE II, *Valladolid 1527 - Escurial 1598,* roi d'Espagne et de ses dépendances (1556 - 1598), roi de Naples, de Sicile, de Portugal (1580 - 1598), de la dynastie des Habsbourg. Fils et successeur de Charles Quint, il hérite d'un immense empire. En 1559, il signe avec Henri II le traité du Cateau-Cambrésis, qui lui assure le contrôle de l'Italie. À l'intérieur, le roi poursuit la politique de son père, mais avec un tempérament méticuleux qui le pousse à développer une bureaucratie minutieuse. Il fait de Madrid la capitale de l'Espagne (1561) et exploite abondamment les métaux précieux de ses territoires américains. Défenseur zélé de la foi catholique, Philippe II favorise la Contre-Réforme en Espagne, réprime les morisques de Grenade (1568 - 1571) et bat les Turcs à Lépante (1571). Aux Pays-Bas, il mène une politique absolutiste et hostile au protestantisme, qui aboutit à la révolte du pays (1572) et à la sécession des Provinces-Unies (1579). En France, il soutient la Ligue contre Henri IV et les protestants jusqu'au traité de Vervins (1598). Époux de Marie Tudor (1554 - 1558), il tente d'envahir l'Angleterre, mais l'Invincible Armada subit une défaite désastreuse (1588).

▲ **Philippe II d'Espagne** par Titien. (Palais Barberini, Rome.)

PHILIPPE III, *Madrid 1578 - id. 1621,* roi d'Espagne, de Portugal, de Naples, de Sicile, de Sardaigne (1598 - 1621), de la dynastie des Habsbourg, fils de Philippe II. Sous son règne, les difficultés économiques s'aggravèrent ; mais, sur le plan culturel, l'Espagne connut son second âge d'or (Cervantès, Lope de Vega).

PHILIPPE IV, *Valladolid 1605 - Madrid 1665,* roi d'Espagne, de Naples, de Sicile, de Sardaigne (1621 - 1665) et de Portugal (1621 - 1640), de la dynastie des Habsbourg. Dominé par son Premier ministre Olivares, il prit part à la guerre de Trente Ans, qui s'acheva avec la reconnaissance des Provinces-Unies par l'Espagne. En 1640, il dut reconnaître l'indépendance du Portugal et, en 1659, il signa le traité des Pyrénées, très défavorable à son pays.

PHILIPPE V, *Versailles 1683 - Madrid 1746,* roi d'Espagne (1700 - 1746), de la dynastie des Bourbons. Petit-fils de Louis XIV, il est tout de suite confronté à la guerre de la Succession d'Espagne (1701 - 1714), à l'issue de laquelle il doit céder les Pays-Bas, la Sicile, la Sardaigne, Minorque et Gibraltar. Sous l'influence de sa seconde femme, Élisabeth Farnèse, et de son ministre Alberoni, il tente vainement de reconquérir les anciens territoires espagnols en Italie (1717 - 1720). À l'intérieur, il favorise la centralisation à la française. Le 10 janv. 1724, il abdique en faveur de son fils aîné, Louis, mais la mort de ce dernier, le 31 août suivant, l'oblige à reprendre le pouvoir. Son alliance avec la France l'entraîne dans les guerres de la Succession de Pologne (1733 - 1738) et de la Succession d'Autriche (1740 - 1748).

PHILIPPE VI de Bourbon, *Madrid 1968,* roi d'Espagne depuis 2014. Époux, depuis 2004, de Letizia Ortiz Rocasolano, il accède au trône à la suite de l'abdication de son père, Juan Carlos Ier.

◄ **Philippe VI de Bourbon**

FRANCE

PHILIPPE Ier, *v. 1053 - Melun 1108,* roi de France (1060 - 1108), de la dynastie des Capétiens. Fils d'Henri Ier et d'Anne de Kiev, il règne d'abord sous la tutelle de Baudouin V, comte de Flandre. En 1068, il s'empare – au détriment de Guillaume le Conquérant, dont la puissance devient menaçante – du Vermandois, du Gâtinais, puis du Vexin français (1077). En 1071, son intervention dans les affaires de Flandre s'achève par sa défaite près de Cassel. En 1095, il est excommunié pour avoir répudié sa femme, Berthe de Hollande, et enlevé Bertrade de Montfort, épouse du comte d'Anjou.

PHILIPPE II Auguste, *Paris 1165 - Mantes 1223,* roi de France (1180 - 1223), de la dynastie des Capétiens. Fils de Louis VII et d'Adèle de Champagne, il s'emploie à triompher des rois anglais Henri II, puis Richard Cœur de Lion, avec lequel il mène cependant la troisième croisade. Cette rivalité, marquée par l'échec de Philippe à Fréteval (1194), se termine à la mort de Richard (1199) par le triomphe des Capétiens sur les Plantagenêts, Philippe Auguste ne reconnaissant Jean sans Terre comme roi qu'en échange d'une partie du Vexin normand et du pays d'Évreux. Confisquant ses fiefs, il s'empare de la Normandie (1204), du Maine, de l'Anjou, de la Touraine, d'une grande partie du Poitou puis, plus tard, de l'Auvergne. Il vainc Jean à La Roche-aux-Moines et démantèle la coalition suscitée par le roi d'Angleterre en battant l'empereur et le comte de Flandre à Bouvines (1214). À l'intérieur, Philippe Auguste renforce le pouvoir monarchique en instituant des baillis et sénéchaux et en organisant la Curia regis. Il fait bâtir un mur d'enceinte à Paris et favorise le commerce et le développement urbain (chartes).

▲ **Philippe II Auguste.** (Archives nationales, Paris.)

PHILIPPE III le Hardi, *Poissy 1245 - Perpignan 1285,* roi de France (1270 - 1285), de la dynastie des Capétiens. Fils de Louis IX et de Marguerite de Provence, il fut sacré seulement le 15 août 1271. Il réunit le comté de Toulouse à la Couronne (1271) et céda le Comtat Venaissin à la papauté (1274). Soutenant son oncle Charles d'Anjou contre le roi d'Aragon Pierre III, il intervint après le massacre des Vêpres siciliennes (1282) et mena une expédition malheureuse contre l'Aragon (1285).

PHILIPPE IV le Bel, *Fontainebleau 1268 - id. 1314,* roi de France (1285 - 1314), de la dynastie des Capétiens. Fils de Philippe III le Hardi et d'Isabelle d'Aragon, il intervient en Flandre, provoquant un soulèvement général. Battu par les milices urbaines à Courtrai (1302), il parvient néanmoins à soumettre les cités en 1304. Par ailleurs, il étend son royaume à l'est. Mais son règne est avant tout marqué par le grave conflit l'opposant à la papauté. Entouré de légistes (Pierre Flote, Enguerrand de Marigny, Guillaume de Nogaret) imbus de l'idée de la toute-puissance royale, il cherche à renforcer ses prérogatives et s'oppose à Boniface VIII. Débutant à propos de la levée des décimes (1296), le conflit rebondit avec l'arrestation par le roi de l'évêque de Pamiers (1301). Sur le point d'excommunier Philippe le Bel, le pape est victime à Anagni d'une conjuration ourdie par Nogaret (1303). L'élection de Clément V (1305), qui s'installe à Avignon, marque la victoire complète du roi de France. À l'intérieur, Philippe le Bel, animé par une volonté centralisatrice, accroît l'importance de la chancellerie et de l'hôtel du roi, et précise le rôle des parlements. Aux prises avec de graves difficultés financières, il intente un procès aux Templiers, riches banquiers et créanciers de la Couronne, dont les principaux chefs sont arrêtés (1307) et nombre d'entre eux brûlés entre 1310 et 1314.

▲ **Philippe IV le Bel.** (Basilique de Saint-Denis.)

PHILIPPE V le Long, *v. 1293 - Longchamp 1322,* roi de France (1316 - 1322), de la dynastie des Capétiens. Deuxième fils de Philippe IV le Bel, il devient régent du royaume à la mort de son frère Louis X le Hutin (1316) ; mais Jean Ier, son neveu, n'ayant vécu que quelques jours, il monte sur le trône (1316), au détriment de sa nièce Jeanne, fille de Louis X le Hutin. Obtenant peu après que celle-ci renonce à ses droits, il crée le précédent écartant les femmes du trône de France. Philippe V perfectionna l'administration financière et consulta fréquemment les trois ordres.

PHILIPPE VI DE VALOIS, *1293 - Nogent-le-Roi 1350,* roi de France (1328 - 1350). Fils de Charles de Valois (frère de Philippe le Bel) et de Marguerite de Sicile, il succède au dernier Capétien direct, Charles IV le Bel, mort sans héritier mâle, et devient roi au détriment d'Édouard III d'Angleterre, petit-fils de Philippe le Bel par sa mère. Il intervient en Flandre, où il vainc à Cassel (1328) les cités révoltées contre leur comte. Mais bientôt éclate la guerre de Cent Ans, Édouard III revendiquant la couronne de France après la confiscation de la Guyenne par Philippe VI. Ce dernier est vaincu sur mer à L'Écluse (1340) et sur terre à Crécy (1346), alors que Calais est prise en 1347. La France est en outre ravagée par la Peste noire (1348 - 1349). En 1349, Philippe achète le Dauphiné et la seigneurie de Montpellier.

PHILIPPE ÉGALITÉ → **ORLÉANS** (Louis Philippe Joseph, duc **d'**).

GRANDE-BRETAGNE

PHILIPPE DE GRÈCE ET DE DANEMARK (prince), *Corfou 1921*, duc d'Édimbourg. Fils du prince André de Grèce, il a renoncé à tous ses droits à la succession hellénique et a épousé (1947) la future reine Élisabeth II d'Angleterre.

HESSE

PHILIPPE le Magnanime, *Marburg 1504 - Kassel 1567*, landgrave de Hesse. Chef de la ligue de Smalkalde (1530 - 1531), il fut vaincu par Charles Quint à Mühlberg (1547).

PHILIPPE (Charles-Louis), *Cérilly, Allier, 1874 - Paris 1909*, romancier français. Ses récits réalistes, nourris de souvenirs autobiographiques, décrivent la vie des petites gens (*Bubu de Montparnasse*, 1901 ; *le Père Perdrix*, 1902).

PHILIPPE (Édouard), *Rouen 1970*, homme politique français. Membre de l'UMP (auj. Les Républicains) jusqu'en 2017, maire du Havre (2010 - 2017), député (2012 - 2017), il est Premier ministre depuis 2017.

PHILIPPE DE LYON (Nizier Anthelme Philippe **Vachot,** dit Maître), *Loisieux, Savoie, 1849 - L'Arbresle 1905*, thaumaturge français. Célèbre guérisseur, il dispensa un enseignement tourné vers la recherche du progrès spirituel. Il fut appelé à la cour du tsar Nicolas II pour soigner le tsarévitch.

PHILIPPE de Vitry, *Vitry, Champagne, 1291 - Meaux ou Paris 1361*, théoricien et compositeur français. Évêque de Meaux, auteur de motets, il fut le théoricien du mouvement polyphonique dit de l'*Ars nova*. Son traité (*Ars nova*, v. 1320) propose une nouvelle notation musicale.

PHILIPPES, v. macédonienne de Thrace. Antoine et Octave y vainquirent Brutus et Cassius en 42 av. J.-C. Saint Paul y séjourna en 50.

PHILIPPEVILLE → **SKIKDA.**

PHILIPPEVILLE, v. de Belgique, ch.-l. d'arrond. de la prov. de Namur ; 9 074 hab. Anc. place forte du XVIe s.

PHILIPPINES n.f. pl., État d'Asie du Sud-Est ; 300 000 km² ; 98 394 000 hab. (*Philippins*). **CAP.** *Manille.* **LANGUES :** *filipino* et *anglais.* **MONNAIE :** *peso philippin.*

Philippines

GÉOGRAPHIE L'archipel, au climat tropical (typhons fréquents, accompagnés parfois d'inondations meurtrières), est formé de plus de 7 000 îles et îlots, souvent montagneux et volcaniques. Les deux plus grandes îles, Luçon et Mindanao, regroupent les deux tiers de la superficie et de la population totales. La population, en accroissement rapide et auj. en majeure partie urbanisée, est à forte majorité catholique, mais avec une minorité musulmane. Le pays demeure encore largement agricole (riz et maïs, mais aussi, en partie exportés, coprah, canne à sucre, bananes, ananas, tabac, caoutchouc). Quelques ressources minières (or, chrome, cuivre) sont exploitées. Les centres d'appel constituent un secteur en plein développement. Mais l'endettement est lourd et le sous-emploi important, et les envois de la dizaine de millions de Philippins travaillant à l'étranger représentent un appoint essentiel.

HISTOIRE **Des origines à l'indépendance.** **VIIIe millénaire - XIIIe s. apr. J.-C. :** l'archipel est peuplé par vagues successives de Négritos, de Proto-Indonésiens et de Malais. **Fin du XIVe s. :** l'islam s'implante, surtout dans le sud. **1521 :** Magellan découvre l'archipel. **1565 :** les Philippines passent sous la suzeraineté espagnole. **1571 :** Manille devient la capitale. Le pays est christianisé et de vastes domaines sont concédés au clergé. **1896 :** une insurrection nationaliste éclate. L'écrivain José Rizal est fusillé. **1898 :** E. Aguinaldo appelle à l'aide les États-Unis, qui entrent en guerre contre l'Espagne et se font céder les Philippines, provoquant une guérilla antiaméricaine dans l'archipel. **1901 :** Aguinaldo, qui dirige les insurgés, se soumet. **1916 :** le *Philippine Autonomy Act* institue un système bicaméral à l'américaine. **1935 :** Manuel Quezón devient président du « Commonwealth des Philippines ». **1941 - 1942 :** le Japon occupe l'archipel. **1944 - 1945 :** les États-Unis le reconquièrent.

L'indépendance. **1946 :** l'indépendance et la république sont proclamées ; la guérilla des Huks (résistance paysanne à direction communiste) s'étend sur plusieurs provinces. Les États-Unis obtiennent 23 bases militaires (1947). **1948 - 1957 :** le ministre de l'Intérieur Ramón Magsaysay écrase la rébellion des Huks, puis devient président (1953). Il préside la conférence de Manille qui donne naissance à l'OTASE. **1965 :** le nationaliste Ferdinand Marcos est élu à la présidence de la République. D'abord très populaire, Marcos, réélu en 1969, doit faire face au mécontentement de la paysannerie et au développement d'un parti communiste d'obédience chinoise. **1972 :** la loi martiale est instaurée. **1986 :** Corazón (dite Cory) Aquino, chef de l'opposition après l'assassinat de son mari Benigno (dit Ninoy), remporte les élections. Marcos doit s'exiler. **1987 :** une nouvelle Constitution est approuvée par référendum. C. Aquino doit faire face à plusieurs tentatives de coups d'État militaires. **1992 :** le général Fidel Ramos est élu à la présidence de la République. Les États-Unis évacuent leur dernière base. **1998 :** Joseph Estrada est élu président. **2001 :** accusé de corruption, il démissionne. La vice-présidente, Gloria Macapagal Arroyo, lui succède (confirmée à la tête de l'État en 2004). Le pouvoir central est confronté à la recrudescence de l'indépendantisme musulman dans le sud du pays (île de Mindanao, etc.). **2010 :** Benigno (dit Noynoy) Aquino, fils de Cory Aquino, est élu à la présidence de la République. **2012 :** le contentieux avec la Chine au sujet de la souveraineté sur quelques îles de la mer de Chine méridionale s'envenime. **2013 :** le centre du pays est dévasté par un typhon (nov.). **2016 :** Rodrigo Duterte accède à la tête de l'État. Il lance une campagne antidrogue très meurtrière. **2017 :** regain de tension entre l'armée et les groupes islamistes (dont l'organisation État islamique) dans l'île de Mindanao.

PHILIPPINES (mer des), partie de l'océan Pacifique, entre l'*archipel des Philippines* et les îles Mariannes.

Philippiques (les), nom donné à des harangues politiques (351 - 340 ? av. J.-C.) de Démosthène contre Philippe II de Macédoine. Elles demeurent un modèle de littérature polémique.

PHILISTINS, Indo-Européens participant au mouvement des Peuples de la Mer. Ils s'installèrent au XIIe s. av. J.-C. sur la côte de la Palestine, qui leur doit son nom (« le pays des Philistins »). Ennemis légendaires des Israélites, ils furent soumis par David.

PHILLIPS (William D.), *Wilkes Barre, Pennsylvanie, 1948*, physicien américain. Au début des années 1980, il parvient à ralentir et à confiner des atomes de sodium à l'aide de faisceaux lumineux et de champs magnétiques. Il réalise, en 1988, la première mesure précise dans une mélasse optique. (Prix Nobel 1997.)

PHILOCTÈTE **MYTH. GR.** Célèbre archer de la guerre de Troie à qui Héraclès avait légué son arc et ses flèches. Abandonné par les Grecs à cause d'une blessure purulente, il fut soigné et aida à la prise de Troie en tuant Pâris.

PHILOMÈLE MYTH. GR. Fille de Pandion, roi d'Athènes, et sœur de Procné. Son beau-frère Térée la viola, puis lui coupa la langue pour l'empêcher de parler, mais elle révéla son secret en le brodant sur une tapisserie. Poursuivies par Térée, les deux sœurs furent sauvées par les dieux, qui métamorphosèrent Procné en hirondelle et Philomèle en rossignol (ou vice versa, selon les variantes).

PHILON d'Alexandrie, *Alexandrie entre 20 et 13 av. J.-C. - id. v. 50 apr. J.-C.,* philosophe juif d'expression grecque. Il s'est efforcé de montrer la complémentarité de la Loi mosaïque et de la pensée philosophique grecque, platonicienne principalement.

PHILOPŒMEN, *Megalopolis 253 - Messène 183 av. J.-C.,* stratège de la ligue Achéenne. Champion de la liberté de la Grèce, contre l'hégémonie de Sparte puis de Rome, il fut surnommé le « Dernier des Grecs ».

PHNOM PENH, cap. du Cambodge, au confluent du Mékong et du Tonlé Sap ; 1 684 000 hab. dans l'agglomération *(Phnompenhois).*

PHOCÉE, anc. v. d'Asie Mineure (Ionie). Elle eut dès le VIIe s. av. J.-C. une grande importance commerciale et fonda des comptoirs en Occident.

PHOCIDE n.f., région de la Grèce centrale, au nord du golfe de Corinthe, où s'élevait le sanctuaire d'Apollon de Delphes.

PHOCION, *v. 402 - Athènes 318 av. J.-C.,* général et homme politique athénien. Partisan d'une politique prudente à l'égard de la Macédoine, il fut l'adversaire de Démosthène. Après la mort d'Alexandre (323 av. J.-C.), son attitude pacifiste lui valut d'être condamné à mort.

PHOENIX, v. des États-Unis, cap. de l'Arizona, dans une oasis irriguée par la Salt River ; 1 537 058 hab. (3 830 188 hab. dans l'agglomération). Centre industriel, universitaire et touristique. – Musées d'art et d'anthropologie.

PHOENIX (îles), petit archipel de Polynésie, qui fait partie de Kiribati.

PHOTIOS ou **PHOTIUS,** *Constantinople v. 820 - v. 895,* théologien et érudit byzantin, patriarche de Constantinople (858 - 867, 877 - 886). Ayant été déposé par le pape Nicolas Ier, il le fit déposer à son tour. Ce conflit entre Rome et Constantinople est à l'origine du schisme de 1054.

PHRAATÈS, nom de plusieurs rois des Parthes.

PHRYGIE n.f., anc. région occidentale de l'Asie Mineure, séparée de la mer Égée par la Lydie. Au XIIe s. av. J.-C., des envahisseurs venus des Balkans y constituèrent un royaume, dont les souverains, résidant à Gordion, portaient alternativement les noms de Gordias et de Midas ; l'invasion des Cimmériens (VIIe s. av. J.-C.) détruisit ce royaume, qui fut annexé à la Lydie au VIe s. par Crésus.

PHRYNÉ, *Thespies IVe s. av. J.-C.,* courtisane grecque. Elle fut la maîtresse et le modèle de Praxitèle. Accusée d'impiété, elle fut défendue par Hypéride, qui obtint l'acquittement de sa cliente en dévoilant sa beauté.

PHTAH → **PTAH.**

PHUKET, île de Thaïlande. Étain. Tourisme.

Physiologie du goût, traité de diététique et de gastronomie de Brillat-Savarin (1826). Il fourmille d'anecdotes savoureuses.

PIAF (Édith Giovanna **Gassion,** dite Édith), *Paris 1915 - id. 1963,* chanteuse française. Sa présence sur scène, sa voix, ses chansons poignantes, ainsi que sa vie tumultueuse, la rendirent populaire en France et dans le monde. Elle écrivit certaines de ses chansons *(la Vie en rose, l'Hymne à l'amour),* mais d'autres sont dues notamm. à R. Asso *(Mon légionnaire),* G. Moustaki *(Milord),* M. Vaucaire *(Non, je ne regrette rien).*

▲ Édith **Piaf** en concert à New York en 1947.

PIAGET (Jean), *Neuchâtel 1896 - Genève 1980,* psychologue et épistémologue suisse. Fondateur de l'épistémologie génétique, il s'est attaché à rendre compte des mécanismes de formation des connaissances. Il a particulièrement étudié le développement de l'intelligence chez l'enfant *(la Naissance de l'intelligence,* 1936 ; *Introduction à l'épistémologie génétique,* 1950).

PIALAT (Maurice), *Cunlhat, Puy-de-Dôme, 1925 - Paris 2003,* cinéaste français. Filmant la souffrance et l'affrontement passionnel, il a réalisé *l'Enfance nue* (1969), *Nous ne vieillirons pas ensemble* (1972), *Loulou* (1980), *À nos amours* (1983), *Sous le soleil de Satan* (1987), *Van Gogh* (1991), *le Garçu* (1995).

PIANA (20115), comm. de la Corse-du-Sud, près du golfe de Porto ; 490 hab. Tourisme.

PIANO (Renzo), *Gênes 1937,* architecte italien. De son association avec Richard Rogers est issu le Centre* national d'art et de culture Georges-Pompidou, à Paris (1977), structure en acier exemplaire du courant high-tech. On lui doit aussi la Fondation Menil, à Houston (1987), le stade San Nicola, à Bari (1990), l'aéroport du Kansai, à Osaka (1994), le Centre culturel Tjibaou, à Nouméa (1998), l'Auditorium-Parc de la musique, à Rome (2002), le Centre Paul-Klee, à Berne (2005), la tour *The Shard,* à Londres (2012), la Cité judiciaire, à Paris (2017). [Prix Pritzker 1998.]

PIAST, dynastie fondatrice du premier État polonais (Xe-XIVe s.).

PIAT (Jean), *Lannoy, Nord, 1924 - Paris 2018,* comédien français. Grande figure de la Comédie-Française (1947 - 1972), il incarna avec malice et panache des personnages fétiches comme Figaro ou Cyrano de Bergerac. Révélé à la télévision par son interprétation de Robert d'Artois dans *les Rois maudits* (1972-1973), il poursuivit au sein du théâtre privé une carrière d'une exceptionnelle longévité *(l'Affrontement,* 1996 ; *la Maison du lac,* 2008).

PIATRA NEAMȚ, v. de Roumanie, en Moldavie ; 104 914 hab. Église de style byzantin moldave.

PIAUÍ n.m., État du nord-est du Brésil ; 3 086 448 hab. ; cap. *Teresina.*

PIAVE n.f. ou n.m., fl. d'Italie (Vénétie), né dans les Alpes et qui se jette dans l'Adriatique ; 220 km. Violents combats entre Italiens et Autrichiens pendant la Première Guerre mondiale (1917).

PIAZZA ARMERINA, v. d'Italie (Sicile) ; 22 280 hab. À 6 km, villa romaine de Casale (3 000 m² de décor en mosaïque du IVe s.).

PIAZZETTA (Giovanni Battista), *Venise 1682 - id. 1754,* peintre italien. Formé en partie à Bologne, il a pratiqué au sein de l'école vénitienne un art d'une grande fermeté, au vigoureux clair-obscur *(la Devineresse,* Accademia de Venise).

PIAZZI (Giuseppe), *Ponte in Valtellina 1746 - Naples 1826,* astronome italien. Il a découvert le premier astéroïde, Cérès, le 1er janvier 1801.

PIAZZOLLA (Astor), *Mar del Plata, Argentine, 1921 - Buenos Aires 1992,* compositeur et joueur de bandonéon argentin. Il a donné au tango une forme symphonique et l'a enrichi des influences de la musique classique et du jazz.

PIBRAC (31820), comm. de la Haute-Garonne ; 8 564 hab. *(Pibracais).* Pèlerinage au tombeau de sainte Germaine Cousin.

PIC (Anne-Sophie), *Valence 1969,* cuisinière française. À Valence, elle perpétue la tradition d'excellence inaugurée en 1889 par son arrière-grand-mère, Sophie Pic *(1867 - 1952),* puis illustrée par son grand-père, André Pic *(1893 - 1984),* et par son père, Jacques Pic *(1932 - 1992).* Elle exerce aussi son art à Lausanne (2009) et à Paris (2012).

PICABIA (Francis), *Paris 1879 - id. 1953,* peintre français de père cubain. D'abord impressionniste, il fut attiré par le cubisme, puis devint un pionnier de l'art abstrait et l'un des principaux animateurs, à New York et à Paris, du mouvement dada *(Udnie* ou *la Danse,* 1913, MNAM).

PICARD (Charles), *Arnay-le-Duc, Côte-d'Or, 1883 - Paris 1965,* archéologue français, auteur d'importants travaux d'archéologie grecque.

PICARD (abbé Jean), *La Flèche 1620 - Paris 1682,* astronome et géodésien français. Il mesura un arc du méridien de Paris (1669 - 1670) et, avec P. de La Hire, détermina les coordonnées géographiques de plusieurs villes de France (1679 - 1682).

PICARDIE n.f., anc. prov. française, qui comprenait le département de la Somme, le nord des départements de l'Aisne et de l'Oise et la bande côtière du Pas-de-Calais. Enjeu des rivalités franco-anglaises puis franco-bourguignonnes durant la guerre de Cent Ans, elle fut réunie à la Couronne en 1482, après la mort de Charles le Téméraire (1477).

PICARDIE n.f., région géographique du nord de la France, entre la Manche et la haute vallée de l'Oise (Somme, nord de l'Oise et de l'Aisne).

PICARDIE n.f., anc. Région administrative de France (Aisne, Oise et Somme) [→ **Hauts-de-France**].

PICART LE DOUX (Jean), *Paris 1902 - Venise 1982,* artiste décorateur et graphiste français. Disciple de Lurçat, il se spécialise à partir des années 1940 dans le carton de tapisserie. Il a illustré, notamment, *le Bestiaire* d'Apollinaire.

PICASSO (Pablo Ruiz), *Málaga 1881 - Mougins 1973,* peintre, graveur et sculpteur espagnol. Il s'installa à Paris en 1904. Son œuvre, qui a bouleversé l'art moderne, témoigne, à travers d'étonnantes métamorphoses graphiques et plastiques, de la richesse de ses dons : époques bleue et rose (1901 - 1905), cubisme* *(les Demoiselles* d'Avignon,* 1906-1907, MoMA, New York), néoclassicisme (v. 1920), tentations surréaliste et abstraite (1925 - 1936), expressionnisme *(Guernica*,* 1937, musée Reina Sofía, Madrid). Principaux musées à Paris (hôtel Salé, dans le Marais) et à Barcelone.

PICCADILLY, grande artère de Londres, entre Hyde Park et Regent Street.

▲ Auguste **Piccard**

▲ Jacques **Piccard**

PICCARD (Auguste), *Bâle 1884 - Lausanne 1962,* physicien suisse. Il fut le premier à explorer la stratosphère (1931), atteignant l'altitude de 16 000 m dans un ballon de sa conception. Il mit aussi au point un bathyscaphe pour l'exploration des grandes profondeurs sous-marines. — **Jacques P.,** *Bruxelles 1922 - La Tour-de-Peilz 2008,* océanographe suisse, fils d'Auguste. Il battit le record de plongée sous-marine en 1960 (10 916 m dans la fosse des Mariannes), à bord du bathyscaphe *Trieste.* — **Bertrand P.,** *Lausanne 1958,* psychiatre et aérostier suisse, fils de Jacques. Il a réussi en 1999, avec le Britannique Brian Jones, le premier tour du monde en ballon sans escale en 19 j 21 h 55 min. Il développe aussi des modèles d'avion solaire *(Solar Impulse)* et, en 2015 - 2016, réalise un tour du monde par étapes à bord de l'un d'eux, avec son compatriote André Borschberg.

▲ Bertrand **Piccard** à bord de son avion solaire, avant d'atterrir à Abu Dhabi (26 juill. 2016).

PICCINNI (Niccolo), *Bari 1728 - Paris 1800,* compositeur italien. Il est l'auteur de très nombreux opéras *(Roland,* 1778 ; *Iphigénie en Tauride,* 1781 ; *Didon,* 1783). Sa rivalité avec Gluck donna lieu à la fameuse querelle des *gluckistes* (partisans de l'opéra en français et d'une musique sobre) et des *piccinnistes* (tenants de la virtuosité et de la langue italiennes).

PICCOLI (Michel), *Paris 1925*, acteur français. Il s'est imposé à l'écran dans des rôles tour à tour cyniques, tendres ou loufoques : *le Mépris* (J.-L. Godard, 1963), *Belle de jour* (L. Buñuel, 1967), *les Choses de la vie* (C. Sautet, 1969), *la Grande Bouffe* (M. Ferreri, 1973), *la Belle Noiseuse* (J. Rivette, 1991), *Je rentre à la maison* (M. de Oliveira, 2001), *Habemus Papam* (N. Moretti, 2011). Il poursuit parallèlement une brillante carrière au théâtre (*le Roi Lear, Minetti*).

PICCOLOMINI (Enea Silvio) → **PIE II.**

PICCOLOMINI (Ottavio), *Pise 1600 - Vienne 1656*, prince du Saint Empire. Général italien au service des Habsbourg, il dévoila à l'empereur les projets de Wallenstein et contribua ainsi à l'assassinat de ce dernier (1634).

PIC DE LA MIRANDOLE (Giovanni **Pico della Mirandola,** dit en fr. Jean), *Mirandola, province de Modène, 1463 - Florence 1494*, humaniste italien. Issu d'une famille princière, il se forma à l'université de Bologne, fréquenta les cercles aristotéliciens de Padoue et les milieux néoplatoniciens de Florence, où il bénéficia de la protection de Laurent le Magnifique. Son immense érudition et sa tolérance font de lui l'un des plus grands esprits de la Renaissance.

PICENUM, région de l'Italie ancienne, sur l'Adriatique (auj. dans les Marches).

PICHEGRU (Charles), *Arbois 1761 - Paris 1804*, général français. Commandant l'armée du Nord, il conquit les Pays-Bas (1794 - 1795), prit contact avec les émigrés et démissionna (1796). Président du Conseil des Cinq-Cents (1797), arrêté et déporté, il s'évada, puis participa au complot royaliste de Cadoudal (1803). De nouveau arrêté, il fut trouvé étranglé dans la prison du Temple.

PICKERING (Edward), *Boston 1846 - Cambridge, Massachusetts, 1919*, astronome américain. Pionnier de l'astrophysique, il s'est illustré par de nombreux travaux de photométrie, de photographie et de spectroscopie stellaires.

PICKFORD (Gladys Mary **Smith,** dite Mary), *Toronto 1893 - Santa Monica 1979*, actrice américaine. Archétype de la femme-enfant, elle fut la première grande star du cinéma muet (*Tess au pays des tempêtes*, E. S. Porter, 1914 ; *Rosita*, E. Lubitsch, 1923 ; *Secrets*, F. Borzage, 1933).

Pickwick (les Aventures de M.), roman de Dickens (1837). C'est le récit satirique des aventures de M. Pickwick, de son domestique Sam Weller et du club d'excentriques qui les entourent.

PICQ (Pascal), *Bois-Colombes 1954*, paléoanthropologue français. Il a introduit l'éthologie dans l'étude de l'évolution de l'homme et des grands singes (*les Origines de l'homme. L'odyssée de l'espèce*, 2005). Il s'appuie aussi sur l'anthropologie pour réfléchir sur des questions de société (diversité, laïcité) et sur l'évolution des entreprises et du management.

Picquigny (traité de) [29 août 1475], ensemble des conventions résultant de l'entrevue de Louis XI et d'Édouard IV, roi d'Angleterre, à Picquigny (Somme) et qui mirent fin à la guerre de Cent Ans.

PICTAVES → **PICTONS.**

PICTES, peuple de l'Écosse ancienne.

PICTET (Raoul), *Genève 1846 - Paris 1929*, physicien suisse. Il a réussi la liquéfaction de l'azote et de l'oxygène (1877) par l'action simultanée d'une haute pression et d'une basse température.

PICTONS ou **PICTAVES,** anc. peuple de la Gaule, établi au S. de la basse Loire (Poitou).

PIE II (Enea Silvio **Piccolomini**), *Corsignano, auj. Pienza, 1405 - Ancône 1464*, pape de 1458 à 1464. Auteur d'une importante œuvre poétique et historique, il a cherché à susciter une nouvelle croisade contre les Turcs. — **Pie IV** (Jean Ange **de Médicis**), *Milan 1499 - Rome 1565*, pape de 1559 à 1565. Il a attaché son nom à la profession de foi du concile de Trente, dont il présida la dernière session (1562 - 1563). — saint **Pie V** (Antonio Michele **Ghislieri**), *Bosco Marengo 1504 - Rome 1572*, pape de 1566 à 1572. Dominicain, inquisiteur général (1558) et successeur de Pie IV, il exigea l'application des décrets du concile de Trente, dont il publia le *Catéchisme* (1566), travaillant ainsi à la réforme de l'Église. Il suscita contre l'Empire ottoman la Sainte Ligue, dont

▲ **Piero di Cosimo.** Scène mythologique. (National Gallery, Londres.)

les forces remportèrent la victoire de Lépante (1571). — **Pie VI** (Giannangelo **Braschi**), *Cesena 1717 - Valence, France, 1799*, pape de 1775 à 1799. Il combattit le joséphisme viennois et condamna le jansénisme italien en la personne de Scipione de' Ricci, évêque de Pistoia. Confronté à la Révolution française, il condamna la Constitution civile du clergé (1791). Sous le Directoire, la France ayant envahi les États de l'Église, il dut signer avec elle le traité de Tolentino (1797). En 1798, il fut arrêté par le général Berthier alors qu'était proclamée la République romaine. Amené en France, il y mourut peu après. — **Pie VII** (Gregorio Luigi Barnaba **Chiaramonti**), *Cesena 1742 - Rome 1823*, pape de 1800 à 1823. Il signa avec la France un concordat (15 juill. 1801), que Bonaparte accompagna, de sa propre initiative, d'« articles organiques », et vint à Paris sacrer l'empereur Napoléon (2 déc. 1804). Ayant refusé d'entrer dans le système du Blocus continental, il vit la France occuper (1808) puis annexer ses États. Il excommunia l'Empereur, qui le fit interner à Savone (1809), puis (1812) à Fontainebleau, où le pape refusa de se dédire. Rentré à Rome le 25 mai 1814, il rétablit la Compagnie de Jésus. — bienheureux **Pie IX** (Giovanni Maria **Mastai Ferretti**), *Senigallia 1792 - Rome 1878*, pape de 1846 à 1878. Rendu populaire par des mesures démocratiques, il refusa néanmoins de prendre, en 1848, la tête du mouvement unitaire italien, ce qui provoqua de graves troubles à Rome. Il se réfugia à Gaète avant d'être rétabli dans son pouvoir temporel par les troupes françaises (1849 - 1850). Dès lors, Pie IX apparut comme le défenseur de l'ordre et de la religion. Il proclama le dogme de l'Immaculée Conception en 1854 et manifesta son intransigeante hostilité à l'égard des idées modernes par le *Syllabus* (1864). En déc. 1869, il réunit le premier concile du Vatican, qui, en 1870, définit le dogme de l'infaillibilité pontificale. Durant vingt ans se développa, entre le pape et le Piémont, une lutte qui aboutit à la prise de Rome (20 sept. 1870) et à l'annexion des États pontificaux par le royaume d'Italie. Le pape se considéra alors comme prisonnier au Vatican. Il a été béatifié en 2000. — saint **Pie X** (Giuseppe

▲ **Pie IX.** (Musée du Risorgimento, Milan.)

▲ **Pie X**

▲ **Pie XI**

▲ **Pie XII**

Sarto), *Riese 1835 - Rome 1914*, pape de 1903 à 1914. Il rénova la musique sacrée (1903), favorisa la communion quotidienne et celle des enfants, réforma le bréviaire et fit opérer une refonte du droit canon. En 1906, il condamna la rupture du Concordat par le gouvernement français. Peu favorable à la démocratie, il condamna le Sillon en 1910. Mais son principal adversaire fut le modernisme, qu'il condamna en 1907 par le décret *Lamentabili* et l'encyclique *Pascendi*. Canonisé en 1954. — **Pie XI** (Achille **Ratti**), *Desio 1857 - Rome 1939*, pape de 1922 à 1939. Il signa de nombreux concordats, dont un avec l'Allemagne (1933), et conclut avec Mussolini les accords du Latran (1929), qui rendaient au Saint-Siège son indépendance territoriale en créant l'État du Vatican. Il donna un vigoureux essor au clergé indigène et aux missions, et définit le rôle de l'Action catholique. Il condamna l'Action française (1926), le fascisme italien (1931), le communisme athée et le nazisme (1937). — **Pie XII** (Eugenio **Pacelli**), *Rome 1876 - Castel Gandolfo 1958*, pape de 1939 à 1958. Diplomate, mêlé très tôt aux affaires de la Curie, secrétaire d'État de Pie XI (1930 - 1939), il s'intéressa de près à tous les aspects du monde moderne, qu'il s'efforça de christianiser. Durant la Seconde Guerre mondiale, il donna asile à de nombreux Juifs, mais on lui a reproché son « silence » officiel face aux atrocités nazies. D'esprit conservateur, il eut une importante activité dogmatique et proclama notamment (1950) le dogme de l'Assomption de la Vierge.

PIECK (Wilhelm), *Guben 1876 - Berlin 1960*, homme politique allemand. Il fut président de la République démocratique allemande de 1949 à sa mort.

PIEDS-NOIRS, peuple amérindien du Canada (Saskatchewan, Alberta) et des États-Unis (Montana) [env. 20 000], de la famille algonquienne. Leur nom anglais est *Blackfoot*.

PIÉMONT n.m., région du nord-ouest de l'Italie ; 25 399 km^2 ; 4 392 526 hab. (*Piémontais*) ; cap. *Turin* ; 8 prov. (*Alexandrie, Asti, Biella, Cuneo, Novare, Turin, Verbano-Cusio-Ossola* et *Verceil*). Occupant la majeure partie du bassin supérieur du Pô, le Piémont, au climat continental, comprend une partie montagneuse (*Alpes piémontaises*), domaine de l'élevage, de la forêt (localement du tourisme hivernal), et une partie plus basse, formée de collines et de plaines, où se sont développées les cultures (blé, maïs, vigne [Asti]). Turin, la seule grande ville, capitale régionale, rassemble plus du quart de la population. – Centre des États de la maison de Savoie, le Piémont fut annexé par la France en 1799 et rendu à Victor-Emmanuel Ier en 1814 - 1815.

PIÉPLU (Claude), *Paris 1923 - id. 2006*, comédien français. Interprète de multiples rôles, excellant dans le théâtre de l'absurde, il composa à l'écran des personnages principalement comiques (*le Paltoquet*, M. Deville, 1986). Jouant de sa voix perchée au phrasé unique, de sa bonhomie matoise et de son humour ironique, il fut le récitant mémorable de la série animée télévisée *les Shadoks* (J. Rouxel, 1968-1973 et 2000).

PIERNÉ (Gabriel), *Metz 1863 - Ploujean 1937*, compositeur et chef d'orchestre français. Il succéda à É. Colonne comme chef d'orchestre des Concerts Colonne (1910 - 1934) et composa des pages de musique de piano et de chambre, des oratorios (*l'An mil*, 1897 ; *la Croisade des enfants*, 1902) et l'opérette *Fragonard* (1934).

PIERO DELLA FRANCESCA, *Borgo San Sepolcro, province d'Arezzo, v. 1416 - id. 1492,* peintre et mathématicien italien. Son œuvre est la plus haute synthèse de l'art pictural du quattrocento (fresques de la *Légende de la Vraie Croix,* 1452-1464, S. Francesco d'Arezzo ; *Madone de Senigallia,* v. 1470, galerie nationale d'Urbino). – Son traité de perspective a fixé les règles de la perspective rationnelle, prélude à la géométrie projective.

PIERO DI COSIMO (Piero di **Lorenzo,** dit), *Florence 1461/1462 - id. 1521,* peintre italien. Il est l'auteur de portraits et de scènes mythologiques d'une sensibilité tourmentée.

PIÉRON (Henri), *Paris 1881 - id. 1964,* psychologue français. Il est l'un des fondateurs en France de la psychologie scientifique (*la Sensation, guide de vie,* 1945).

SAINTS

PIERRE (saint), *m. à Rome entre 64 et 67,* apôtre de Jésus. Chef du collège apostolique, il est considéré par la tradition romaine comme le premier pape. Pêcheur galiléen, il s'appelait en réalité Simon, et son nom de « Pierre », qui lui fut donné par Jésus, fait de lui le « rocher » et le fondement de l'Église chrétienne (Évangile de Matthieu). Son activité missionnaire s'exerça en Palestine, à Antioche et à Rome, où il serait mort martyrisé lors de la persécution de Néron. Son influence s'étendit aussi à la communauté de Corinthe. Les fouilles entreprises entre 1939 et 1949 sous la basilique Saint-Pierre, au Vatican, ont montré que vers 120 le souvenir de l'apôtre Pierre était déjà vénéré à cet endroit.

PIERRE CANISIUS (saint), *Nimègue 1521 - Fribourg, Suisse, 1597,* jésuite hollandais, docteur de l'Église. Provincial d'Allemagne pour son ordre, il fut l'animateur de la Réforme catholique dans les pays germaniques. Canonisé en 1925.

PIERRE CÉLESTIN (saint) → **CÉLESTIN V** (saint).

PIERRE CHRYSOLOGUE (saint), *Forum Cornellii, Imola, 406 - id. 450,* théologien italien et docteur de l'Église. Évêque de Ravenne (v. 429), il devint célèbre pour son éloquence et laissa de nombreuses *Homélies.*

PIERRE d'Alcántara (saint) [Pedro **Garavito**], *Alcántara 1499 - Las Arenas, Ávila, 1562,* franciscain espagnol. Réformateur de son ordre, il fut l'un des grands mystiques espagnols (*Traité sur l'oraison,* 1556) et influença Thérèse d'Ávila.

PIERRE DAMIEN (saint), *Ravenne 1007 - Faenza 1072,* prélat italien et docteur de l'Église. Moine camaldule, cardinal-évêque d'Ostie, légat à Milan, il fut, en Italie du Nord, le promoteur de la réforme du clergé, aux côtés d'Hildebrand, le futur Grégoire VII.

PIERRE FOURIER (saint), *Mirecourt 1565 - Gray 1640,* prêtre français, fondateur de la congrégation enseignante de Notre-Dame.

PIERRE NOLASQUE (saint), *en Languedoc v. 1182 ou 1189 - Barcelone 1249 ou 1256,* religieux d'origine française. Il suivit Simon de Montfort dans sa croisade contre les albigeois, puis fonda, avec Jacques Ier d'Aragon, l'ordre de la Merci, consacré au rachat des captifs (1218).

EMPIRE LATIN D'ORIENT

PIERRE II de Courtenay, *v. 1167 - 1217,* empereur latin d'Orient (1217), époux de Yolande de Flandre.

ARAGON

PIERRE Ier, *v. 1070 - 1104,* roi d'Aragon et de Navarre (1094 - 1104). — **Pierre II,** *v. 1176 - Muret 1213,* roi d'Aragon (1196 - 1213). Il fut tué en combattant Simon de Montfort à Muret. — **Pierre III le Grand,** *v. 1239 - Villafranca del Panadés, Barcelone, 1285,* roi d'Aragon (1276 - 1285) et de Sicile (Pierre Ier) [1282 - 1285]. Instigateur des Vêpres siciliennes (1282), il fut excommunié. — **Pierre IV le Cérémonieux,** *Balaguer 1319 - Barcelone 1387,* roi d'Aragon (1336 - 1387). Il reconquit Majorque et le Roussillon (1344).

BRÉSIL

PIERRE Ier, *Queluz, Portugal, 1798 - id. 1834,* empereur du Brésil (1822 - 1831), roi de Portugal (1826) [Pierre IV], de la maison de Bragance. Fils

de Jean VI, roi de Portugal, il suivit au Brésil sa famille, chassée par l'invasion française (1807). Quand son père rentra à Lisbonne (1821), il devint prince-régent du Brésil, dont il proclama l'indépendance et dont il devint empereur (1822). Roi de Portugal à la mort de son père (1826), il laissa ce royaume à sa fille Marie II. Mais il renonça à la couronne brésilienne en 1831, reconquit (1834) au Portugal le pouvoir qu'avait confisqué son frère en 1828, et rétablit sa fille Marie.

▲ **Pierre Ier.** — **Pierre II,** *Rio de Janeiro 1825 - Paris 1891,* empereur du Brésil (1831 - 1889), de la maison de Bragance. Il abolit l'esclavage (1888) ; son libéralisme l'accula à l'abdication (1889).

BRETAGNE

PIERRE Ier Mauclerc, *m. en 1250,* comte de Dreux, duc de Bretagne (1213 - 1237), auxiliaire dévoué de Philippe Auguste et de Louis VIII.

CASTILLE

PIERRE Ier le Cruel ou **le Justicier,** *Burgos 1334 - Montiel 1369,* roi de Castille et de León (1350 - 1369). Il fut tué par son frère naturel Henri, comte de Trastamare.

MONTÉNÉGRO

PIERRE II PETROVIĆ NJEGOŠ, *Njegoš 1813 - Cetinje 1851,* prince-évêque de Monténégro, poète de langue serbe. Son poème dramatique *les Lauriers de la montagne* (1847) est un chef-d'œuvre de la littérature monténégrine.

PORTUGAL

PIERRE Ier le Justicier, *Coimbra 1320 - Estremoz 1367,* roi de Portugal (1357 - 1367), de la dynastie de Bourgogne. Il affermit le pouvoir royal. — **Pierre II,** *Lisbonne 1648 - id. 1706,* roi de Portugal (1683 - 1706), de la maison de Bragance. Régent (1668 - 1683), il obtint de l'Espagne la reconnaissance de l'indépendance portugaise (1668). — **Pierre III,** *Lisbonne 1717 - id. 1786,* roi de Portugal (1777 - 1786), de la maison de Bragance. Il épousa la fille de son frère (1760) et régna avec elle (Marie Ire). — **Pierre IV** → **Pierre Ier** [Brésil]. — **Pierre V,** *Lisbonne 1837 - id. 1861,* roi de Portugal (1853 - 1861), de la maison de Bragance. Il modernisa son pays.

RUSSIE

PIERRE Ier LE GRAND, *Moscou 1672 - Saint-Pétersbourg 1725,* tsar (1682 - 1725) et empereur (1721 - 1725) de Russie, de la dynastie des Romanov. Relégué à la campagne par la régente Sophie, il élimine cette dernière en 1689. Au cours d'un premier voyage en Europe occidentale (1697 - 1698), il recrute pour son pays des spécialistes dans tous les domaines. Engagé dans la guerre du Nord (1700 - 1721), il vainc Charles XII de Suède à Poltava (1709), et se fait confirmer ses conquêtes sur la Baltique par le traité de Nystad (1721). À l'intérieur, il se consacre avec une énergie exceptionnelle à la modernisation et à l'occidentalisation de la Russie. Il dote son pays d'une nouvelle capitale, Saint-Pétersbourg (1712), qui devient le siège de nouvelles institutions : le Sénat, les collèges spécialisés, dont le Saint-Synode. Il recourt à des méthodes mercantilistes pour développer le commerce et l'activité manufacturière. Il transforme la Russie en un empire (1721), dont le gouvernement est confié, à sa mort, à Catherine Ire, son épouse.

▲ **Pierre Ier le Grand.** (Rijksmuseum, Amsterdam.)

PIERRE III FIODOROVITCH, *Kiel 1728 - château de Ropcha, près de Saint-Pétersbourg, 1762,* empereur de Russie (1762), de la dynastie des Romanov. Il fut assassiné à l'instigation de sa femme, Catherine II.

SERBIE

PIERRE Ier KARADJORDJEVIĆ, *Belgrade 1844 - id. 1921,* roi de Serbie (1903 - 1918), puis des Serbes, Croates et Slovènes (1918 - 1921).

PIERRE II KARADJORDJEVIĆ, *Belgrade 1923 - Los Angeles 1970,* roi de Yougoslavie (1934 - 1945). Fils d'Alexandre Ier, il se réfugia à Londres (1941) et ne put rentrer en Yougoslavie.

DIVERS

PIERRE (Henri **Grouès,** dit l'abbé), *Lyon 1912 - Paris 2007,* prêtre français. Capucin, il fonda, en 1949, l'association Emmaüs destinée à aider les sans-logis et se consacra à la défense des déshérités.

◄ L'abbé **Pierre** en 2001.

PIERRE de Cortone (Pietro **Berrettini,** dit Pietro **da Cortona,** en fr.), *Cortona, prov. d'Arezzo, 1596 - Rome 1669,* peintre et architecte italien. Héritier du maniérisme, fixé à Rome en 1612, il devint le grand maître, baroque, des décors commandés par l'Église et la haute société (plafond du palais Barberini [1636], coupole et voûte de S. Maria in Valicella, etc.). La façade de S. Maria della Pace (1656) illustre son œuvre bâti.

PIERRE de Montreuil, *m. à Paris en 1267,* architecte français. Un des maîtres du gothique rayonnant, il apparaît sur les chantiers de l'abbaye de Saint-Germain-des-Prés, de Saint-Denis, et dirige en 1265 l'œuvre de Notre-Dame de Paris (façade du croisillon sud, commencée par Jean de Chelles).

PIERRE l'Ermite, dit aussi Pierre **d'Achères** ou **d'Amiens,** *Amiens v. 1050 - Neufmoustier, près de Huy, 1115,* prédicateur français. Lors de la première croisade, il dirigea une croisade populaire qui, totalement inorganisée, fut anéantie par les Turcs (1096).

PIERRE le Vénérable, *Montboissier, Auvergne, v. 1092 - Cluny 1156,* religieux français. Huitième abbé de Cluny (1122), il rétablit la discipline et porta à 2 000 le nombre des maisons clunisiennes, mais il s'opposa à saint Bernard, dont il jugeait le zèle excessif. Il accueillit Abélard après sa condamnation par le concile de Sens. Grand érudit et esprit universel, il fit traduire le Coran pour le réfuter.

PIERRE Lombard, *Novare v. 1100 - Paris 1160,* théologien d'origine lombarde. Ses *Quatre Livres des sentences* servirent de texte de base pour l'enseignement de la théologie entre le XIIe et le XVIe s.

PIERRE-BÉNITE (69310), comm. du Rhône ; 10 355 hab. *(Pierre-Bénitains).* Centrale hydroélectrique sur le Rhône. Chimie.

PIERREFITTE-SUR-SEINE (93380), comm. de la Seine-Saint-Denis ; 29 785 hab. *(Pierrefittois).* Archives nationales.

PIERREFONDS (60350), comm. de l'Oise ; 2 043 hab. Château fort du XIVe s. reconstruit et décoré par Viollet-le-Duc pour Napoléon III.

PIERRELATTE (26700), bur. centr. de cant. de la Drôme ; 13 420 hab. *(Pierrelattins).* Centrale nucléaire du Tricastin. Chimie. Parc animalier (crocodiles).

PIERRE-SAINT-MARTIN (la), gouffre très profond (1 358 m) des Pyrénées occidentales, à la frontière espagnole.

Pierrot, personnage de la comédie italienne (*Pedrolino*), du théâtre de la Foire, puis des pantomimes. Rêveur lunaire et pathétique, il est habillé de blanc et a la figure enfarinée.

PIETERMARITZBURG, v. d'Afrique du Sud, ch.-l. du Kwazulu-Natal ; 597 252 hab. Centre industriel.

PIETRAGALLA (Marie-Claude), *Paris 1963,* danseuse française. Étoile à l'Opéra de Paris (1990 - 1998), elle excelle dans le répertoire classique aussi bien que moderne. Elle a dirigé le Ballet national de Marseille de 1998 à 2004, puis créé, avec J. Derouault, sa compagnie (le Théâtre du corps) en 2004.

PIETRO DA CORTONA → **PIERRE DE CORTONE.**

PIEYRE DE MANDIARGUES (André), *Paris 1909 - id. 1991,* écrivain français. Influencé par le surréalisme, il mêle le fantastique au quotidien dans ses contes (*Soleil des loups,* 1951), sa poésie (*l'Âge de craie,* 1961) et ses romans (*la Marge,* 1967).

PIGALLE (Jean-Baptiste), *Paris 1714 - id. 1785,* sculpteur français. Il a pratiqué un art équilibré entre baroquisme et tradition classique (*Mercure attachant sa talonnière,* marbre, Louvre ; mausolée de Maurice de Saxe à Strasbourg ; bustes).

▲ J.-B. **Pigalle.** *Mercure attachant sa talonnière,* v. 1739-1744, marbre. (Louvre, Paris.)

PIGNAN (34570), bur. centr. de cant. de l'Hérault ; 6 761 hab. Mairie dans le château, du XVIIe s.

PIGNEROL, en ital. **Pinerolo**, v. d'Italie (Piémont) ; 34 906 hab. Clef du Piémont, la ville a été française à diverses reprises. Forteresse où furent enfermés, notamm., Fouquet, Lauzun et l'homme au Masque de fer. – Cathédrale et église S. Maurizio, des XIVe-XVe s.

PIGNON (Édouard), *Bully-les-Mines 1905 - La Couture-Boussey, Eure, 1993,* peintre et graveur français. D'abord tournée vers le social, son œuvre a évolué vers une célébration expressionniste du monde visible.

PIGNON-ERNEST (Ernest **Pignon,** dit Ernest), *Nice 1942,* peintre français. Il fait de la rue le lieu même d'un art éphémère, collant sur le sol ou les murs des villes (notamm. Paris, Naples) des dessins et des sérigraphies en noir et blanc, qui exaltent la mémoire des lieux ou des événements.

PIGOU (Arthur Cecil), *Ryde, île de Wight, 1877 - Cambridge 1959,* économiste britannique. L'un des maîtres de l'école de Cambridge, il a étudié l'économie du bien-être et prôné une certaine intervention de l'État dans la répartition des revenus.

PIKETTY (Thomas), *Clichy 1971,* économiste français. Spécialiste de l'analyse historique des inégalités, il est un ardent défenseur de l'impôt progressif qui, en diminuant les inégalités, dynamiserait, selon lui, la croissance économique (*le Capital au XXIe siècle,* 2013). Il a aussi contribué à la fondation de l'École d'économie de Paris.

PILAT (mont), massif de la bordure orientale du Massif central (France) ; 1 432 m. Parc naturel régional (env. 70 000 ha).

PILATE (mont), montagne de Suisse, près de Lucerne ; 2 132 m. Funiculaire. Panorama.

PILATE (Ponce), *Ier s. apr. J.-C.,* procurateur romain de Judée de 26 à 36. Il est mentionné dans les Évangiles pour avoir prononcé la sentence de mort contre Jésus, sur proposition du sanhédrin. On le représente en train de se laver les mains, en signe d'irresponsabilité.

PILAT-PLAGE, station balnéaire de la Gironde (comm. de La Teste-de-Buch), au pied de la *dune du Pilat* (103 m).

PILÂTRE DE ROZIER (François), *Metz 1754 - Wimille, Pas-de-Calais, 1785,* chimiste et aéronaute français. Il effectua le 21 nov. 1783 au-dessus de Paris, avec le marquis d'Arlandes, le premier vol humain, en montgolfière.

PILCOMAYO n.m., riv. d'Amérique du Sud, affl. du Paraguay (r. dr.) ; 2 500 km. Il sépare l'Argentine et le Paraguay.

Pillnitz (déclaration de) [août 1791], déclaration commune signée à Pillnitz (Saxe) par l'empereur d'Autriche Léopold II et le roi de Prusse Frédéric-Guillaume, afin de lutter contre la Révolution, qui menaçait le trône de Louis XVI.

PILNIAK (Boris Andreïevitch **Wogau,** dit Boris), *Mojaïsk 1894 - ? 1937 ou 1938,* écrivain soviétique. Il célébra la révolution d'Octobre (*l'Année nue,* 1921) et tenta de couler ses récits dans le moule du réalisme socialiste, avant de disparaître lors d'une purge stalinienne.

PILON (Germain), *connu à partir de 1540 - Paris 1590,* sculpteur français. Tempérament puissant, à la fois réaliste et maniériste, il est l'auteur du tombeau d'Henri II et de Catherine de Médicis à Saint-Denis, du priant de René de Birague (bronze, Louvre), d'une *Vierge de douleur,* etc., ainsi que de remarquables médailles.

PILSEN, nom allemand de Plzeň*.

PIŁSUDSKI (Józef), *Zułowo 1867 - Varsovie 1935,* maréchal et homme politique polonais. Il joua un rôle déterminant dans la restauration de la Pologne en tant que chef de l'État et commandant en chef (1919 - 1922). Il reprit le pouvoir en 1926 après un coup d'État et, ministre de la Guerre, il fut jusqu'en 1935 le véritable maître du pays.

PINARD (Adolphe), *Méry-sur-Seine 1844 - id. 1934,* médecin français. Professeur de clinique obstétricale, député de la Seine, il fut l'un des initiateurs de la législation familiale.

PINAR DEL RÍO, v. de l'O. de Cuba ; 152 668 hab.

PINATUBO n.m., volcan des Philippines (1486 m), dans l'île de Luçon. Éruption en 1991.

PINAY (Antoine), *Saint-Symphorien-sur-Coise, Rhône, 1891 - Saint-Chamond 1994,* homme politique français. Maire de Saint-Chamond (1929 - 1977), président du Conseil et ministre des Finances (1952), il prit d'importantes mesures pour stabiliser les prix, dont le populaire « emprunt Pinay », indexé sur l'or. De nouveau ministre des Finances (1958 - 1960), il institua le franc lourd.

◀ Antoine **Pinay** en 1953.

PINCEVENT, site préhistorique de Seine-et-Marne, en amont du confluent de la Seine et du Loing. Vestiges de l'un des principaux campements magdaléniens d'Europe, étudié par A. Leroi-Gourhan. Centre de recherches ; musée.

PINCUS (Gregory Goodwin), *Woodbine, New Jersey, 1903 - Boston 1967,* médecin américain. Il mit au point le premier contraceptif oral (la « pilule ») en 1956.

PINDARE, *Cynoscéphales 518 av. J.-C. - Argos ? 438 av. J.-C.,* poète grec. De famille aristocratique, il fut l'hôte de plusieurs tyrans de Sicile et mourut comblé d'honneurs. Ses poésies appartiennent à tous les genres du lyrisme choral et développent, à travers des récits mythiques, une vérité religieuse et morale. De son œuvre, seul le recueil des *Épinicies** nous est parvenu.

PINDE n.m., massif de la Grèce occidentale ; 2 636 m.

PINEL (Philippe), *hameau de Roques, comm. de Gibrondes, auj. Jonquières, Tarn, 1745 - Paris 1826,* médecin français. Il s'engagea sur la voie du « traitement moral » des troubles mentaux, considérant que ceux-ci sont des maladies au même titre que les maladies organiques. Il préconisa d'isoler l'aliéné de son milieu de vie et de le traiter dans des institutions spécialisées. Il est considéré comme le fondateur de la psychiatrie moderne.

PIÑERA ECHENIQUE (Sebastián), *Santiago 1949,* homme d'affaires et homme politique chilien. Figure du parti de centre droit Rénovation nationale (qu'il a dirigé de 2001 à 2004), il est président de la République de 2010 à 2014 et depuis 2018.

PINEUILH (33220), bur. centr. de cant. de la Gironde ; 4 455 hab. (*Pineuilhais*).

PINGET (Robert), *Genève 1919 - Tours 1997,* écrivain français. Représentatif du nouveau* roman (*Graal Flibuste,* 1956 ; *l'Inquisitoire,* 1962 ; *Monsieur Songe,* 1982), il est aussi l'auteur de pièces de théâtre (*Abel et Bela,* 1971).

PINGTUNG, v. de Taïwan ; 214 727 hab.

PINGXIANG, v. de Chine, au S.-E. de Changsha ; 783 445 hab.

PINK FLOYD, groupe britannique de pop, fondé en 1966. Il se compose alors de : **Roger Waters,** *Great Bookham, Surrey, 1943,* bassiste, **Syd Barrett,** *Cambridge 1946 - id. 2006,* guitariste et chanteur, **Rick Wright,** *Londres 1943 - id. 2008,* claviériste, et **Nick Mason,** *Birmingham 1944,* batteur, rejoints en 1968 par **David Gilmour,** *Grandchester, près de Cambridge, 1946.* Il connaît un succès international avec une musique psychédélique et planante, marquée par l'emploi des premiers synthétiseurs et par l'esprit du blues (*Dark Side of the Moon,* contenant *Money,* 1973 ; *The Wall,* 1979).

▲ Germain **Pilon.** *Christ ressuscité,* v. 1585 ?, marbre. (Louvre, Paris.)

Pinocchio, personnage d'un roman écrit en 1883 pour la jeunesse par l'écrivain italien Carlo **Collodi** (*Florence 1826 - id. 1890*). Une marionnette se métamorphose en un jeune garçon espiègle qui voit son nez s'allonger chaque fois qu'il ment.

PINOCHET UGARTE (Augusto), *Valparaíso 1915 - Santiago 2006,* général et homme politique chilien. Commandant en chef des forces armées (1973), il prend la tête de la junte militaire qui renverse Allende en sept. 1973 et instaure un régime dictatorial. Nommé président de la République en 1974, il achève son mandat en 1990, mais il reste commandant en chef de l'armée de terre jusqu'en mars 1998, puis siège au Sénat. Arrêté en oct. 1998 lors d'un séjour à Londres, sur la requête de juges espagnols, il est libéré pour raisons de santé en mars 2000 et retourne au Chili. Il est inculpé par la justice de son pays en 2001, mais bénéficie l'année suivante d'un non-lieu pour sénilité (il renonce alors à son siège de sénateur à vie). De nombreuses autres actions sont engagées contre lui (pour violations des droits de l'homme et corruption), mais il meurt sans avoir été jugé.

▲ Augusto **Pinochet Ugarte** en 1986.

PINS (île des), île française d'Océanie, au S.-E. de la Nouvelle-Calédonie ; 135 km² ; 2 803 hab.

PINTER (Harold), *Londres 1930 - id. 2008,* acteur et auteur dramatique britannique. Ses pièces (*le Gardien,* 1960 ; *la Collection,* 1962 ; *le Retour,* 1965 ; *Un pour la route,* 1984 ; *Dispersion* [ou *Ashes to Ashes*], 1996 ; *Célébration,* 2000), qui traitent de la difficulté de communiquer, s'apparentent au théâtre de l'absurde*. (Prix Nobel 2005.)

PINTO (Fernão Mendes), *Montemor-o-Velho v. 1510 - Almada 1583,* voyageur portugais. Il explora les Indes orientales et rédigea une relation de ses voyages, *Peregrinação* (1614).

PINTURICCHIO (Bernardino **di Betto,** dit il), *Pérouse 1454 - Sienne 1513,* peintre italien. Il est l'auteur d'ensembles décoratifs, fresques narratives d'un style animé, d'un coloris brillant (Vatican ; cathédrale de Sienne).

▲ **Pink Floyd** en 1967 : Roger Waters, Syd Barrett, Nick Mason et Rick Wright.

PINZÓN (Martín), *Palos de Moguer, Huelva, 1440 - La Rábida, Huelva, 1493*, navigateur espagnol. Il commanda, en 1492, l'une des caravelles de Christophe Colomb, la *Pinta*. — **Vicente P.**, *m. en 1523 ?*, navigateur espagnol. Frère de Martín, il découvrit l'embouchure de l'Amazone (1500).

PIOMBINO, v. d'Italie (Toscane), en face de l'île d'Elbe ; 34 497 hab. Port. Sidérurgie.

PIOMBO (Sebastiano del) → **SEBASTIANO DEL PIOMBO.**

Pioneer, programme de 19 sondes spatiales américaines, lancées entre 1958 et 1978 pour explorer certains objets du Système solaire (Lune, Soleil, Saturne, Jupiter, Vénus). Les sondes Pioneer 10 et 11, lancées en 1972 (survol de Jupiter en déc. 1973) et en 1973 (survol de Jupiter en déc. 1974 et de Saturne en sept. 1979), ont été parmi les plus importantes (dernier signal émis respectivement en 2003 et en 1995).

PIOT (Peter), *Louvain 1949*, médecin belge. Microbiologiste, il codécouvre, en 1976, le virus Ebola dans un échantillon de sang provenant du Zaïre (auj. Rép. dém. du Congo). Il est aussi un grand spécialiste de la lutte contre le sida.

PIQUET (Nelson), *Rio de Janeiro 1952*, coureur automobile brésilien. Il a été champion du monde des conducteurs en 1981, 1983 et 1987.

PIRAE, comm. de la Polynésie française, près de Papeete ; 14 710 hab.

PIRANDELLO (Luigi), *Agrigente 1867 - Rome 1936*, écrivain italien. Auteur de romans (*l'Exclue*, 1901) et de nouvelles dans la tradition du vérisme, il montre, dans des pièces souvent fondées sur le « théâtre dans le théâtre », la personnalité humaine disloquée en facettes et en opinions contradictoires, incapable de se recomposer logiquement (*Chacun sa vérité*, 1917 ; *Six Personnages en quête d'auteur*, 1921 ; *Ce soir on improvise*, 1930). [Prix Nobel 1934.]

▲ Luigi **Pirandello**

▲ **Piranèse.** Planche XII de la suite des *Prisons*, eau-forte. (BnF, Paris.)

PIRANÈSE (Giovanni Battista **Piranesi,** dit en fr.), *Mogliano di Mestre, près de Venise, 1720 - Rome 1778*, graveur et architecte italien. Il est l'auteur de plus de deux mille eaux-fortes (*Prisons*, 1745-1760, *Antiquités de Rome*, etc.) d'un caractère souvent visionnaire, dont s'inspirèrent les artistes néoclassiques, mais qui font également de lui un précurseur du romantisme.

PIRATES (Côte des), nom français des *Trucial States*, auj. Émirats* arabes unis.

PIRE (Dominique), *Dinant 1910 - Louvain 1969*, dominicain belge. Il se consacra au problème des réfugiés. (Prix Nobel de la paix 1958.)

PIRÉE (Le), v. de Grèce ; 163 688 hab. Port et banlieue industrielle d'Athènes. – Le Pirée devint à l'époque des guerres médiques (Ve s. av. J.-C.) le principal port d'Athènes, à laquelle il était relié par un système défensif, les Longs Murs.

PIRENNE (Henri), *Verviers 1862 - Uccle 1935*, historien belge. Il traça des voies nouvelles pour l'histoire économique et sociale du Moyen Âge. Il a laissé une monumentale *Histoire de la Belgique* (1899-1932).

PIRES (Maria João), *Lisbonne 1944*, pianiste portugaise. Artiste exigeante, elle donne des interprétations très raffinées de Mozart, de Chopin et de Schubert. Elle s'illustre aussi dans des œuvres de musique de chambre.

PIRIAC-SUR-MER (44420), comm. de la Loire-Atlantique, au N.-O. de Guérande ; 2 285 hab. (*Piriacais*). Port. Station balnéaire.

PIRITHOOS MYTH. GR. Roi des Lapithes, ami de Thésée. Ses noces avec Hippodamie furent ensanglantées par le combat des Centaures et des Lapithes.

PIRMASENS, v. d'Allemagne (Rhénanie-Palatinat) ; 40 887 hab. Chaussures.

PIRON (Alexis), *Dijon 1689 - Paris 1773*, écrivain français, auteur de la comédie *la Métromanie* (1738) et de monologues pour le théâtre de la Foire.

PIROTTE (Jean-Claude), *Namur 1939 - id. 2014*, écrivain belge de langue française. Les récits élégiaques de ce vagabond rêveur (*Un été dans la combe*, 1986 ; *l'Épreuve du jour*, 1991 ; *Une adolescence en Gueldre*, 2005 ; *Portrait craché*, 2014, posthume), tout comme ses poèmes à l'exigeante simplicité (*Autres Séjours*, 2010), entremêlent autobiographie et imaginaire. Il fut aussi peintre.

PIRQUET (Clemens von), *Hirschstetten, près de Vienne, 1874 - Vienne 1929*, médecin autrichien. Il a étudié les réactions à la tuberculine et a créé en 1906 le terme d'« allergie ».

PISAN (Christine de) → **CHRISTINE DE PISAN.**

PISANELLO (Antonio **Pisano,** dit), *Pise ? av. 1395 - ? v. 1455*, peintre et médailleur italien. Appelé dans toutes les cours d'Italie (Vérone, Venise, Rome, Ferrare, Mantoue), il illustre l'alliance, propre au style gothique international, de la recherche réaliste (dessins d'animaux, portraits) et d'une féerie imaginative (fresque de l'église S. Anastasia, Vérone). Ses médailles ont fait date par leur style large et franc.

PISANO (Andrea et Nino) → **ANDREA PISANO.**

PISANO (Nicola et Giovanni) → **NICOLA PISANO.**

PISCATOR (Erwin), *Ulm 1893 - Starnberg 1966*, metteur en scène et directeur de théâtre allemand. À Berlin, il usa d'innovations techniques (scène tournante, projections cinématographiques) pour montrer l'imbrication des problèmes esthétiques, sociaux et politiques. Émigré en URSS (1931), en France (1936), puis aux États-Unis (1939), il revint en Allemagne fédérale en 1951.

PISE, en ital. **Pisa,** v. d'Italie (Toscane), ch.-l. de prov., sur l'Arno ; 87 215 hab. (*Pisans*). Archevêché. Université. – Prestigieuse « place des Miracles », aux monuments décorés d'arcatures caractéristiques du style pisan : cathédrale romane (XIe-XIIe s.), baptistère roman et gothique (XIIe-XIVe s.), campanile dit « Tour penchée » (XIIe-XIIIe s.) et Camposanto, cimetière à galeries gothiques décorées de fresques. Autres monuments ; Musée national. – Grande puissance méditerranéenne à partir du XIe s., Pise déclina après la destruction de sa flotte par Gênes en 1284. Elle fut annexée par Florence en 1406. En 1409 s'y tint un concile destiné à mettre fin au grand schisme d'Occident.

▲ **Pise.** La cathédrale et la Tour penchée.

PISIER (Marie-France), *Tourane, Indochine, auj. Dalat, 1944 - Saint-Cyr-sur-Mer 2011*, actrice française. Subtile et moderne chez F. Truffaut (*l'Amour à vingt ans*, 1962 ; *l'Amour en fuite*, 1979), elle fut l'égérie d'un cinéma intellectuel (*Souvenirs d'en France*, A. Téchiné, 1975 ; *Cousin, cousine*, J.-C. Tacchella, id. ; *Barocco*, A. Téchiné, 1976 ; *le Temps retrouvé*, R. Ruiz, 1999) sans délaisser la veine populaire (*l'As des as*, G. Oury, 1982).

PISISTRATE, *v. 600 - 527 av. J.-C.*, tyran d'Athènes (560 - 527 av. J.-C.). Continuateur de l'œuvre de Solon, il encouragea le commerce et favorisa le développement de la petite paysannerie. Il donna à Athènes ses premiers grands monuments et développa les grandes fêtes religieuses (Panathénées et Dionysies).

PISON → **CALPURNIUS PISON.**

PISSARRO (Camille), *Saint-Thomas, Antilles, 1830 - Paris 1903*, peintre de l'école française, l'un des maîtres de l'impressionnisme*. Installé en Île-de-France, il se consacra à des paysages et à des thèmes surtout ruraux. Plusieurs de ses enfants furent également peintres.

PISTOIA, v. d'Italie (Toscane), ch.-l. de prov. ; 89 305 hab. Monuments médiévaux, dont la cathédrale (XIIe-XIIIe s.) et d'autres églises ; musée.

PITCAIRN, île britannique d'Océanie, au S.-E. de Tahiti.

PITE ÄLV n.m., fl. de Suède, se jetant dans le golfe de Botnie au port de *Piteå* (39 000 hab.) ; 370 km.

PITEȘTI, v. de Roumanie, en bordure des Carpates ; 168 458 hab. Centre industriel.

PITHIVIERS (45300), ch.-l. d'arrond. du Loiret, sur l'Œuf, branche de l'Essonne ; 9 329 hab. (*Pithivériens*). Agroalimentaire. – Église du XVIe s. ; musée des Transports (ferroviaires).

PITOËFF (Georges), *Tiflis 1884 - Genève 1939*, acteur et metteur en scène de théâtre français d'origine russe. Un des fondateurs du Cartel*, il mit en scène et interpréta avec sa femme, Ludmilla (*Tiflis 1895 - Rueil 1951*), Tchekhov (qu'il fit connaître en France), Ibsen, Anouilh, Pirandello, en fondant son esthétique sur la primauté de l'acteur et sur des décors inventifs.

PITOT (Henri), *Aramon, Languedoc, 1695 - id. 1771*, ingénieur et physicien français. On lui doit de nombreux ouvrages d'art et, en hydraulique, le tube qui permet de mesurer la pression dans un fluide en écoulement.

PITT (William Bradley, dit Brad), *Shawnee, Oklahoma, 1963*, acteur américain. Romantique ou inquiétant, il séduit par la diversité de ses emplois (*Et au milieu coule une rivière*, R. Redford, 1992 ; *Sept Ans au Tibet*, J.-J. Annaud, 1997 ; *Babel*, A. González Iñárritu, 2006 ; *l'Étrange Histoire de Benjamin Button*, D. Fincher, 2008 ; *The Tree of Life*, T. Malick, 2011 ; *le Stratège*, B. Miller, id.).

PITT (William), comte **de Chatham,** dit **le Premier Pitt,** *Londres 1708 - Hayes, Kent, 1778*, homme politique britannique. Député whig à partir de 1735, il devint le leader du nationalisme anglais face aux Bourbons français et espagnols. Premier ministre et ministre de la Guerre (1756) dès le début de la guerre de Sept Ans, il conduisit son pays à la victoire. Démissionnaire en 1761, il fut rappelé au pouvoir de 1766 à 1768.

PITT (William), dit **le Second Pitt,** *Hayes, Kent, 1759 - Putney 1806*, homme politique britannique. Fils du Premier Pitt et Premier ministre (1783 - 1801), il restaura les finances de l'État, fragilisé par la guerre de l'Indépendance américaine. À l'extérieur, il engagea dès 1793 la Grande-Bretagne dans une longue lutte contre la France révolutionnaire. Face au nationalisme irlandais, qui gênait l'effort de guerre, il obtint, par l'Acte d'union (1800), l'intégration politique de l'Irlande au royaume britannique. Revenu au pouvoir (1804 - 1806), il réorganisa la flotte britannique, qui défit Napoléon Ier à Trafalgar (1805).

▲ Le Second **Pitt** par G. Healy. (Château de Versailles.)

PITTI, famille florentine, rivale des Médicis, qui perdit son influence au XVIe s.

Pitti (palais), palais de Florence. Commencé en 1458, c'est auj. un musée riche en tableaux et en objets d'art provenant en partie de la collection des Médicis (qui acquirent le palais et l'agrandirent au XVIe s.) ; jardins de Boboli.

PITTSBURGH, v. des États-Unis (Pennsylvanie), sur l'Ohio ; 305 412 hab. (1 965 129 hab. dans l'agglomération). Anc. centre sidérurgique et métallurgique. Hautes technologies. – Musées Carnegie et musée Warhol.

PIURA, v. du nord du Pérou ; 377 496 hab.

PIVOT (Bernard), *Lyon 1935,* journaliste et critique français. Sa longue carrière dans la presse écrite (notamm. cofondateur du magazine *Lire* en 1975) et à la télévision (animateur des émissions *Apostrophes* [1975 - 1990], *les Dicos d'or* [avec ses dictées aux innombrables pièges, 1985 - 2005], *Bouillon de culture* [1991 - 2001]) reflète sa passion gourmande pour les mots et la littérature.

Pixar, studio américain de production de films. Créé en 1986, acquis par la Walt Disney Company en 2006, il est spécialisé dans les longs-métrages d'animation réalisés en images de synthèse (*Toy Story*, J. Lasseter, 1995 ; *Ratatouille*, B. Bird, 2007 ; *Là-haut*, P. Docter et B. Peterson, 2009 ; *Vice-Versa*, P. Docter, 2015 ; *Coco*, L. Unkrich et A. Molina, 2017).

PIXERÉCOURT (René Charles **Guilbert de**), *Nancy 1773 - id. 1844,* auteur dramatique français, l'un des maîtres du mélodrame (*Victor ou l'Enfant de la forêt*, 1798).

PIZARRO (Francisco), en fr. François **Pizarre,** *Trujillo v. 1475 - Lima 1541,* conquistador espagnol. Avec ses frères Gonzalo (*Trujillo v. 1502 - près de Cuzco 1548*) et Hernando (*Trujillo v. 1478 ? - id. 1578*), il conquit l'empire des Incas. Il s'empara de Cuzco et fit mettre à mort Atahualpa (1533). Mais le désaccord éclata entre les conquérants et Pizarro fut tué par les partisans de son rival Almagro.

PLA (Josep), *Palafrugell 1897 - Llofriu 1981,* journaliste et écrivain espagnol d'expression catalane, auteur de récits autobiographiques (*le Cahier gris*, 1966).

PLABENNEC (29860), bur. centr. de cant. du Finistère ; 8 581 hab. *(Plabennécois).* Chapelles et manoirs anciens.

Placards (affaire des), affaire provoquée en France par l'affichage dans plusieurs grandes villes de tracts, ou *placards*, violemment anticatholiques (17 - 18 oct. 1534) et qui entraîna une sévère répression de François Ier contre les protestants.

PLAGNE (La), station de sports d'hiver (alt. 1 250 - 3 250 m) de Savoie, dans la Tarentaise.

PLAILLY (60128), comm. de l'Oise, au sud de la forêt de Chantilly ; 1 742 hab. *(Plelléens).* Parc de loisirs (parc Astérix).

PLAINTEL (22940), bur. centr. de cant. des Côtes-d'Armor ; 4 382 hab. *(Plaintelais).*

PLAISANCE, en ital. **Piacenza,** v. d'Italie (Émilie-Romagne), ch.-l. de prov., près du Pô ; 100 215 hab. Anc. palais communal gothique ; cathédrale romane et gothique, et autres monuments. Musées, dont celui installé dans le palais Farnèse, du XVIe s. – En 1545, Plaisance constitua, avec Parme, un duché qui disparut au XIXe s.

PLAISANCE-DU-TOUCH (31830), bur. centr. de cant. de la Haute-Garonne ; 18 196 hab. Bastide du XIIIe s.

PLAISIR (78370), bur. centr. de cant. des Yvelines ; 32 357 hab. *(Plaisirois).* Château de la fin du XVIe s.

PLAMONDON (Luc), *Saint-Raymond, Québec, 1942,* parolier canadien. Auteur de comédies musicales à succès (*Starmania, la Légende de Jimmy, Notre-Dame de Paris*), il a écrit au total plus de 400 chansons pour de nombreux artistes canadiens et français.

PLAN CARPIN (Jean Du), en ital. Giovanni **da Pian del Carpine,** *Pian del Carpine, Ombrie, v. 1182 - Antivari, Monténégro, 1252,* franciscain italien. Légat d'Innocent IV auprès du khan des Mongols (1245 - 1246), il est l'auteur de la plus ancienne description de l'Asie centrale.

PLANCHE (Gustave), *Paris 1808 - id. 1857,* critique littéraire français. Il combattit le romantisme dans la *Revue des Deux Mondes*.

PLANCHON (Roger), *Saint-Chamond 1931- Paris 2009,* metteur en scène et auteur dramatique français. Directeur du TNP de 1972 à 2002, il a réinterprété, dans une perspective politique et sociale, le répertoire classique (*George Dandin, le Tartuffe*). Il fut également cinéaste (*Lautrec*, 1998).

PLANCK (Max), *Kiel 1858 - Göttingen 1947,* physicien allemand. Il étudia les conditions d'équilibre thermique du rayonnement électromagnétique (rayonnement du « corps noir »), problème

insoluble dans le cadre de la mécanique statistique classique, et émit l'hypothèse selon laquelle les échanges d'énergie s'effectuent de façon discontinue, par « grains » d'énergie. Cette hypothèse, présentée en 1900, est la première base de la théorie quantique. La constante h, dite *constante de Planck*, a pour valeur 6,626 × 10^{-34} joule-seconde. (Prix Nobel 1918.) ▲ Max **Planck**

Planck (satellite) [du n. de Max Planck], observatoire spatial européen, lancé en 2009. Sa mission est, par la mesure des infimes variations de température et de densité du fond diffus cosmologique (ou rayonnement fossile), de constituer la plus ancienne image de l'Univers (380 000 ans après le big bang).

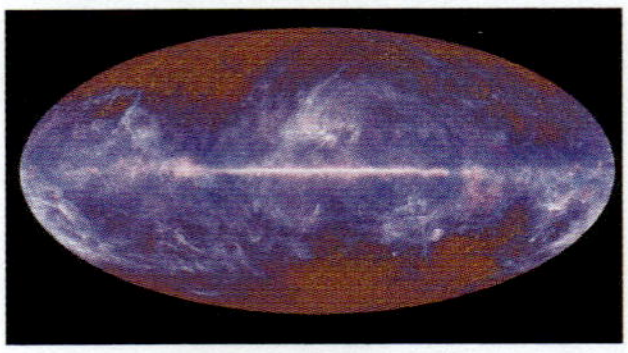

▲ **Planck.** Première vue d'ensemble de l'Univers, obtenue par le satellite Planck (2010).

PLANCOËT (22130), bur. centr. de cant. des Côtes-d'Armor ; 3 096 hab. *(Plancoëtins).* Eaux minérales.

PLAN-DE-CUQUES (13380), comm. des Bouches-du-Rhône, au N.-E. de Marseille ; 10 575 hab. *(Plan-de-Cuquois).*

PLANIOL (Marcel), *Nantes 1853 - Paris 1931,* juriste français. Il est l'auteur d'un *Traité élémentaire de droit civil* (1899-1901).

PLANS DE PROVENCE, plateaux calcaires du sud-est de la France, au S. du moyen Verdon.

PLANTAGENÊT, branche de la maison d'Anjou qui a régné sur l'Angleterre de 1154 à 1485, et qui doit son nom au comte d'Anjou Geoffroi V, surnommé « Plantagenêt », dont le fils Henri II devint roi d'Angleterre (1154). L'histoire des Plantagenêts, maîtres d'une partie importante de l'Ouest français, fut d'abord dominée par le conflit entre France et Angleterre, puis, au XVe s., par la rivalité entre les branches collatérales des Lancastres et des Yorks (guerre des Deux-Roses). Ce conflit aboutit, en 1485, à l'élimination des Plantagenêts par les Tudors.

PLANTAUREL n.m., chaînon en avant des Pyrénées françaises (Ariège) ; 830 m.

PLANTIN (Christophe), *Saint-Avertin, près de Tours, v. 1520 - Anvers 1589,* imprimeur anversois d'origine française. Il édita de 1569 à 1572 la célèbre *Biblia Regia* (ou *Biblia Poliglotta*).

PLANTU (Jean **Plantureux,** dit), *Paris 1951,* dessinateur satirique français. Entré au journal *le Monde* en 1972, il y est publié à la une depuis 1985 et y raille sans aménité le monde politique. Il publie dans la même veine divers livres illustrés.

PLANUDE (Maximos), *Nicomédie v. 1260 - Constantinople 1310,* érudit byzantin, compilateur d'une *Anthologie grecque*.

PLASKETT (John Stanley), *Woodstock, Ontario, 1865 - Esquimalt, Colombie-Britannique, 1941,* astronome canadien. Par ses travaux de spectroscopie, il a mis en évidence la rotation de la Galaxie, localisé le centre galactique et étudié la distribution de la matière interstellaire.

PLATA (La), v. d'Argentine, ch.-l. de la prov. de Buenos Aires, près du *Río de la Plata* ; 654 324 hab. Centre industriel et culturel.

PLATA (Río de la), estuaire d'Amérique du Sud, sur l'Atlantique, formé par les fleuves Paraná et Uruguay. Le Río de la Plata sépare l'Uruguay et l'Argentine. Buenos Aires et Montevideo sont établies sur ses rives.

PLATEAU ou **MITTELLAND** ou **MOYEN-PAYS,** région de Suisse, entre le Jura et les Alpes, partie vitale du pays, du lac Léman au lac de Constance.

PLATEAU (Joseph), *Bruxelles 1801 - Gand 1883,* physicien belge. Il inventa le phénakistiscope (1832), étudia les phénomènes capillaires présentés par les lames minces liquides (1861) ainsi que les surfaces d'aire minimale.

Platées (bataille de) [479 av. J.-C.], bataille de la seconde guerre médique. Victoire des armées confédérées grecques commandées par le Spartiate Pausanias sur les Perses de Mardonios, à Platées (Béotie).

PLATEL (Alain), *Gand 1956,* chorégraphe et metteur en scène belge. Fondateur en 1984 des Ballets C de la B (Ballets contemporains de la Belgique), il développe, en y associant théâtre, cirque et musique, une danse libératrice, qui traduit en une gestuelle intense les états émotionnels les plus profonds (*Lets op Bach*, 1998 ; *Wolf*, 2003 ; *vsprs*, 2006 ; *tauberbach*, 2013).

PLATINI (Michel), *Joeuf, Meurthe-et-Moselle, 1955,* footballeur français. Stratège et buteur, il a été notamment champion d'Europe en 1984. Sélectionneur de l'équipe de France (1988 - 1992), il est président de l'UEFA (Union des associations européennes de football) de 2007 à 2015 (suspendu pour une affaire de corruption, il est innocenté par la justice suisse en 2018).

PLATON, *Athènes v. 427 av. J.-C. - id. 348/347 av. J.-C.,* philosophe grec. D'origine aristocratique, disciple de Socrate, il voulut jouer un rôle politique. Il voyagea en Égypte, en Sicile, revint à Athènes, où il fonda v. 387 une école, l'Académie, puis tenta vainement de conseiller le tyran Denys de Syracuse. Il a écrit une trentaine de dialogues (*Banquet, Phédon, République, Phèdre, Parménide, Sophiste, Timée, Lois*, etc.) où, le plus souvent, c'est Socrate qui, à force de questionnement, pousse disciples et adversaires à admettre les contradictions du faux savoir, du sensible et des apparences. Place est ainsi faite à la démarche dialectique de remontée vers les Idées (du Bien, du Vrai, du Beau, etc.), archétypes intelligibles auxquels l'accès, durant cette vie, est limité, si bien que la connaissance doit sur de nombreux points s'effacer devant le mythe et l'hypothèse. Platon tranche donc pour l'immortalité de l'âme ; sur le plan de l'action, il conçoit une organisation de la cité selon un ordre accessible aux seuls philosophes. L'œuvre de Platon a exercé une influence durable, alimentant, dans les pensées chrétienne, islamique et au-delà, les courants les plus épris d'idéal et de transcendance.

▲ **Platon.** (Louvre, Paris.)

PLATONOV (Andreï Platonovitch **Klimentov,** dit), *Voronej 1899 - Moscou 1951,* écrivain soviétique. Ses récits philosophiques furent écrits en marge du réalisme socialiste (*les Écluses d'Épiphane*).

PLAUEN, v. d'Allemagne (Saxe) ; 64 468 hab. Centre industriel. – Monuments anciens, restaurés.

PLAUTE, en lat. Maccius ou Maccus **Plautus,** *Sarsina, Ombrie, 254 av. J.-C. - Rome 184 av. J.-C.,* poète comique latin. Des cent trente pièces que les Anciens lui attribuaient, Varron n'en reconnaissait que vingt et une comme authentiques. Les plus connues d'entre elles sont : *Amphitryon, Aulularia* (qui inspira Molière pour *l'Avare*), *les Ménechmes, le Soldat fanfaron.* Plaute en emprunte les sujets aux auteurs grecs de la comédie nouvelle (Ménandre). Ses personnages annoncent déjà les types de la commedia dell'arte.

PLD → **libéral-démocrate** (Parti).

Pléiade (la), nom donné, dans l'histoire littéraire, à plusieurs groupes de sept poètes, en référence aux sept filles d'Atlas. La Pléiade la plus célèbre est celle qui aurait réuni en France sous Henri II, autour de Ronsard et de Du Bellay, Rémi Belleau, Jodelle, Baïf, Pontus de Tyard, J. Peletier du Mans, remplacé à sa mort par Dorat. Prenant pour modèle le lyrisme antique, ouverte à toutes les recherches de l'humanisme, elle a profondément renouvelé la poésie française (*Défense* et illustration de la langue française*).

PLÉIADES **MYTH. GR.** Nom des sept filles d'Atlas, que Zeus métamorphosa en étoiles pour les soustraire aux poursuites d'Orion.

PLEKHANOV (Gueorgui Valentinovitch), *Goudalovka 1856 - Terijoki 1918*, théoricien politique russe. Il fut le principal divulgateur des idées marxistes en Russie, et rallia en 1903 les mencheviques.

PLÉLO (22170), bur. centr. de cant. des Côtes-d'Armor ; 3 473 hab. *(Plélotins)*. Agroalimentaire.

PLÉNEUF-VAL-ANDRÉ (22370), bur. centr. de cant. des Côtes-d'Armor ; 4 140 hab. Station balnéaire au *Val-André*. – Château de Bien-Assis (XVIIe s.).

PLÉRIN (22190), bur. centr. de cant. des Côtes-d'Armor ; 14 585 hab. *(Plérinais)*.

Plesetsk ou **Plessetsk,** base russe de lancement d'engins spatiaux, surtout militaires, au sud d'Arkhangelsk, dite le « cosmodrome du Nord ».

PLESLIN-TRIGAVOU (22490), bur. centr. de cant. des Côtes-d'Armor ; 3 594 hab. Alignement de menhirs.

PLESSIS (Joseph-Octave), *Montréal 1763 - Québec 1825*, prélat canadien. Il fut le premier archevêque de Québec.

PLESSIS-ROBINSON (Le) [92350], comm. des Hauts-de-Seine ; 29 156 hab. *(Robinsonnais)*. Industrie aéronautique.

PLESSIS-TRÉVISE (Le) [94420], comm. du Val-de-Marne ; 20 231 hab. *(Plesséens)*.

PLEUMEUR-BODOU (22560), comm. des Côtes-d'Armor ; 4 184 hab. Anc. centre de télécommunications spatiales (grand radôme), qui permit le 11 juill. 1962 la première liaison télévisée en direct entre les États-Unis et l'Europe ; auj. Cité des télécoms (musée des télécommunications).

PLEURTUIT (35730), comm. d'Ille-et-Vilaine ; 6 750 hab. *(Pleurtuisiens)*. Aéroport de Dinard.

PLEVEN, v. du nord de la Bulgarie ; 106 954 hab.

PLEVEN (René), *Rennes 1901 - Paris 1993*, homme politique français. L'un des fondateurs de l'UDSR (Union démocratique et socialiste de la Résistance), il fut plusieurs fois ministre et deux fois président du Conseil (1950 - 1951 et 1951 - 1952) sous la IVe République.

PLEYBEN (29190), comm. du Finistère ; 4 017 hab. Agroalimentaire. – Bel enclos paroissial avec église du XVIe s., calvaire des XVIe-XVIIe s.

PLEYEL (Ignaz), *Ruppersthal, Basse-Autriche, 1757 - Paris 1831*, compositeur, éditeur et facteur de pianos autrichien. Élève de Haydn, il publia la première collection complète de ses quatuors et fonda en 1807 une fabrique de pianos à Paris. Il composa des symphonies, des concertos et de la musique de chambre.

PLINE l'Ancien, en lat. **Caius Plinius Secundus,** *Côme 23 - Stabies 79*, naturaliste et écrivain latin. Il était amiral de la flotte de Misène quand survint, en 79, l'éruption du Vésuve, au cours de laquelle il périt. Il est l'auteur d'une *Histoire naturelle*, vaste compilation scientifique en 37 livres. — **Pline le Jeune,** en lat. **Caius Plinius Caecilius Secundus,** *Côme 61 ou 62 - v. 114*, écrivain latin, neveu de Pline l'Ancien. Brillant orateur, consul (100), il est l'auteur d'un *Panégyrique de Trajan* et de *Lettres* qui sont un précieux document sur la société de son temps.

PLISNIER (Charles), *Ghlin 1896 - Bruxelles 1952*, écrivain belge de langue française. Ses récits (*Faux Passeports, Meurtres*) et ses poèmes exaltent la révolte humaine.

PLISSETSKAÏA (Maïa Mikhaïlovna), *Moscou 1925 - Munich 2015*, danseuse russe. Elle débuta au Ballet du Bolchoï une carrière internationale, interprétant les plus grands rôles du répertoire (*la Mort du cygne, le Lac des cygnes, Carmen-Suite*), et signa sa première chorégraphie (*Anna Karénine*) en 1972.

PŁOCK, v. de Pologne, sur la Vistule ; 124 553 hab. Raffinerie de pétrole. Pétrochimie. – Cathédrale remontant au XIIe s.

PLOEMEUR [plɔemœr] (56270), bur. centr. de cant. du Morbihan ; 18 524 hab. *(Ploemeurois)*.

PLOËRMEL [plɔɛrmɛl] (56800), bur. centr. de cant. du Morbihan ; 10 208 hab. *(Ploërmelais)*. Église gothique et Renaissance.

PLOIEŞTI ou **PLOEŞTI,** v. de Roumanie, au N. de Bucarest ; 232 527 hab. Centre pétrolier et industriel. – Musées.

PLOMB DU CANTAL n.m., point culminant du massif du Cantal ; 1 855 m.

PLOMBIÈRES-LES-BAINS (88370), comm. des Vosges ; 1 728 hab. *(Plombinois)*. Station thermale. – Napoléon III y rencontra Cavour (1858) pour fixer les conditions du soutien de la France au royaume de Sardaigne contre l'Autriche, dans sa lutte pour réaliser l'unité italienne.

Plombs (les), prisons de Venise, sous les combles du palais ducal (recouverts de lames de plomb).

PLONÉOUR-LANVERN (29720), bur. centr. de cant. du Finistère ; 6 235 hab. *(Plonéouristes)*.

PLOTIN, *Lycopolis, auj. Assiout, Égypte, v. 205 - en Campanie 270*, philosophe grec. Disciple d'Ammonios Saccas, fondateur d'une école à Rome, il est la figure majeure du néoplatonisme*. Ses œuvres furent publiées par son disciple Porphyre sous le titre d'*Ennéades*.

PLOUFRAGAN (22440), bur. centr. de cant. des Côtes-d'Armor ; 11 699 hab. *(Ploufraganais)*. Technopôle agroalimentaire. Institut supérieur des technologies automobiles (ISTA).

PLOUGASTEL-DAOULAS (29470), comm. du Finistère, sur une presqu'île de la rade de Brest ; 13 791 hab. *(Plougastels)*. Fraises. – Calvaire du début du XVIIe s.

PLOUHA (22580), bur. centr. de cant. des Côtes-d'Armor ; 4 573 hab. *(Plouhatins)*. Aux environs, chapelle de Kermaria (peintures murales du XVe s., dont une *Danse macabre*).

PLOUIGNEAU (29610), bur. centr. de cant. du Finistère ; 5 123 hab. *(Ignaciens)*.

PLOUMANAC'H [-nak] (22700), station balnéaire des Côtes-d'Armor (comm. de Perros-Guirec).

PLOUTOS ou **PLUTUS** **MYTH. GR.** Dieu des Richesses.

PLOUZANÉ (29280), comm. du Finistère ; 12 775 hab. *(Plouzanéens)*. Technopôle Brest-Iroise (océanologie, mais aussi biotechnologies et télécommunications).

PLOVDIV, anc. **Philippopolis,** v. de Bulgarie, sur la Marica ; 338 153 hab. Centre agricole et industriel. Foire internationale. – Pittoresque vieille ville ; musées archéologique et ethnographique.

PLÜCKER (Julius), *Elberfeld, auj. dans Wuppertal, 1801 - Bonn 1868*, mathématicien et physicien allemand. Il proposa une approche algébrique de la géométrie projective. À partir de 1847, il se consacra à la physique.

PLUTARQUE, *Chéronée v. 50 - id. v. 125*, écrivain grec. Il voyagea en Égypte, séjourna plusieurs fois à Rome et fut prêtre d'Apollon à Delphes. Il écrivit un grand nombre de traités, que l'on divise, depuis l'Antiquité, en deux groupes : les *Œuvres morales* et les *Vies* parallèles*, rendues populaires par la traduction d'Amyot. Son œuvre eut une grande influence, de Montaigne à Rousseau et à la Révolution française.

PLUTON (« le Riche »), épithète rituelle du dieu grec des Enfers, Hadès.

▲ Vue recomposée de **Pluton** par la sonde New Horizons le 14 juillet 2015.

PLUTON, planète naine du Système solaire, située au-delà de Neptune, découverte en 1930 par l'Américain C. Tombaugh. Demi-grand axe de son orbite : 5 900 000 000 km (39,44 fois celui de l'orbite terrestre). Diamètre : 2 300 km environ. Elle décrit en 248 ans env. une orbite inclinée de 17° sur l'écliptique. On lui connaît 5 satellites. La sonde américaine New Horizons, lancée en 2006, l'a survolée en 2015. (V. partie n. comm. **planète.**)

PLUVIGNER (56330), bur. centr. de cant. du Morbihan, au N. d'Auray ; 7 578 hab. *(Pluvignois)*. Église et chapelles anciennes.

PLYMOUTH, v. de Grande-Bretagne (Angleterre), dans le Devon ; 256 384 hab. Port. Base militaire. Centre industriel.

PLZEŇ, en all. **Pilsen,** v. de la République tchèque, en Bohême ; 166 274 hab. Brasserie. Métallurgie. – Églises de l'époque gothique au baroque, hôtel de ville Renaissance ; musées.

PNUD (Programme des Nations unies pour le développement), organisme créé en 1966 au sein de l'ONU et chargé de l'aide aux pays en voie de développement.

PNYX n.f., colline à l'ouest d'Athènes, où se tenait l'assemblée des citoyens (l'ecclésia).

PÔ n.m., principal fl. d'Italie, né dans les Alpes au mont Viso et qui se jette dans l'Adriatique par un vaste delta ; 652 km. Il draine la *plaine du Pô*.

Pô (plaine du), vaste région déprimée de l'Italie du Nord, entre les Alpes et l'Apennin. Elle correspond à la majeure partie du bassin du Pô.

POBEDONOSTSEV (Konstantine Petrovitch), *Moscou 1827 - Saint-Pétersbourg 1907*, homme d'État russe. Précepteur du futur Alexandre III à partir de 1865, il incita l'empereur à renforcer le régime autocratique. Il fut haut procureur du saint-synode (1880 - 1905).

POBEDY ou **POBIEDY** (pic), sommet du Tian Shan, à la frontière de la Chine et du Kirghizistan ; 7 439 m.

Poblet (monastère Santa María de), monastère cistercien d'Espagne (prov. de Tarragone), bel ensemble roman et gothique des XIIe-XVe s.

PODALYDÈS (Denis), *Versailles 1963*, acteur et metteur en scène de théâtre français. Il sert le théâtre par ses talents de comédien, au jeu sobre et tout en intériorité (*l'Avare*, 2009), de metteur en scène (*Cyrano de Bergerac*, 2006 ; *le Bourgeois gentilhomme*, 2012) et d'essayiste (*Voix off*, 2008). Il est aussi très présent au cinéma, notamm. dans les films de son frère Bruno (*le Mystère de la chambre jaune*, 2003 ; *Adieu Berthe*, 2012).

PODGORICA, anc. **Titograd,** cap. du Monténégro ; 150 977 hab.

PODGORNYÏ (Nikolaï Viktorovitch), *Karlovka, Ukraine, 1903 - Moscou 1983*, homme politique soviétique. Il fut président du Praesidium du Soviet suprême de 1965 à 1977.

PODOLIE n.f., région de l'ouest de l'Ukraine, bordée au S. par le Dniestr.

PODOLSK, v. de Russie, au S. de Moscou ; 187 956 hab.

POE (Edgar Allan), *Boston 1809 - Baltimore 1849*, écrivain américain. Poète (*le Corbeau*, 1845), il donna dans ses nouvelles et ses récits, qui déploient un monde fantastique et morbide (*les Aventures d'Arthur Gordon Pym*, 1838), le modèle de construction que reprendra le roman policier à énigme (*Histoires extraordinaires*, 1840-1845). Longtemps méconnue par ses compatriotes, son œuvre, révélée en France par les traductions de Baudelaire, influença Mallarmé et Valéry.

▲ Edgar **Poe** par Lefort. (BnF, Paris.)

POELVOORDE (Benoît), *Namur 1964*, acteur belge. S'il s'inscrit dans la tradition d'un humour loufoque et ravageur (*C'est arrivé près de chez vous*, coréalisé avec R. Belvaux et A. Bonzel, 1992 ; *Podium*, Y. Moix, 2004 ; *Louise-Michel*, B. Delépine et G. Kervern, 2008), il campe aussi avec vérité des personnages à vif et vulnérables (*Trois Cœurs*, B. Jacquot, 2014 ; *le Grand Bain*, G. Lellouche, 2018).

POGGE (Gian Francesco Poggio **Bracciolini,** dit en fr. **le**), *Terranuova, Florence, 1380 - Florence 1459*, humaniste italien. Il découvrit de nombreux manuscrits d'œuvres de l'Antiquité romaine et composa un recueil d'anecdotes, les *Facéties*.

POHANG, v. de Corée du Sud ; 508 899 hab. Port.

POHER (Alain), *Ablon-sur-Seine 1909 - Paris 1996,* homme politique français. Centriste, président du Sénat (1968 - 1992), il fut président de la République par intérim après la démission du général de Gaulle (avr.-juin 1969) et après la mort de G. Pompidou (avr.-mai 1974). Il fut aussi président du Parlement européen (1966 - 1969).

POINCARÉ (Henri), *Nancy 1854 - Paris 1912,* mathématicien français. Auteur de très nombreuses publications, il fut l'un des savants les plus célèbres de son temps. Il étudia notamm. les fonctions des variables complexes, la topologie et, plus partic., la topologie algébrique, les équations différentielles et celles aux dérivées partielles, la physique mathématique et la mécanique céleste. Certains de ses travaux apparaissent comme précurseurs des recherches sur le chaos. Il s'est aussi intéressé aux fondements des mathématiques, défendant un point de vue intuitionniste, et a consacré ses derniers livres à la philosophie des sciences. (Acad. fr.)

▲ Henri **Poincaré**

POINCARÉ (Raymond), *Bar-le-Duc 1860 - Paris 1934,* avocat et homme politique français. Cousin d'Henri Poincaré, il est député de la Meuse dès 1887 et assume, de 1893 à 1906, différents postes ministériels. À la tête d'un cabinet d'union nationale (1912 - 1913), il se réserve les Affaires étrangères et adopte une politique de fermeté à l'égard de l'Allemagne. Président de la République de 1913 à 1920, il est président du Conseil et ministre des Affaires étrangères de 1922 à 1924, fait occuper la Ruhr, mais s'incline devant le plan Dawes. De nouveau au pouvoir (1926 - 1929) après l'échec financier du Cartel des gauches, il doit dévaluer le franc (25 juin 1928). [Acad. fr.]

▲ Raymond **Poincaré** par Nadar.

Point (le), hebdomadaire français créé en 1972.

POINT (Fernand), *Louhans 1897 - Vienne, Isère, 1955,* cuisinier français. Son restaurant « La Pyramide », à Vienne, a été le creuset de la nouvelle école culinaire française de l'après-guerre.

POINTE-À-PITRE (97110), ch.-l. d'arrond. de la Guadeloupe, dans l'île de Grande-Terre ; 16 526 hab. *(Pointois)* [252 869 hab. dans l'agglomération]. Principal débouché maritime de la Guadeloupe. Aéroport. Université. – Musées Schœlcher et Saint-John-Perse. Mémorial ACTe (Centre caribéen d'expressions et de mémoire de la traite et de l'esclavage).

POINTE-CLAIRE, v. du Canada (Québec), dans l'île de Montréal ; 31 380 hab. *(Pointe-Clairais).*

POINTE-NOIRE, v. du Congo ; 807 257 hab. Port et centre économique du Congo. Tête de ligne du chemin de fer Congo-Océan.

POIRET (Jean Poiré, dit Jean), *Paris 1926 - id. 1992,* acteur et auteur dramatique français. Ses premiers sketches, écrits et joués avec M. Serrault, préludent à une carrière d'auteur de théâtre – et de comédien – à succès (*la Cage aux folles,* 1973 ; *Joyeuses Pâques,* 1980). Au cinéma, ses compositions sont empreintes d'un comique narquois mais bienveillant (notamm. chez C. Chabrol : *Poulet au vinaigre,* 1985 ; *Inspecteur Lavardin,* 1986).

POIRET (Paul), *Paris 1879 - id. 1944,* couturier et décorateur français. Formé chez Doucet et Worth, inspiré par un Orient fabuleux, il fut le premier à libérer la silhouette féminine de l'étranglement du corset.

Poirot (Hercule), personnage de certains romans policiers de A. Christie (*la Mystérieuse Affaire de Styles,* 1920). Sous des dehors souvent ridicules, ce détective cache une intelligence redoutable.

POISEUILLE (Jean-Louis), *Paris 1799 - id. 1869,* physicien français. Il a donné les lois de l'écoulement laminaire des fluides visqueux (1844).

Poisons (affaire des) [1679 - 1682], série de crimes d'empoisonnement, à Paris, dans lesquels furent impliqués des membres de la cour de Louis XIV. Révélée à la suite du procès de la marquise de Brinvilliers (1676), cette affaire nécessita la création d'une Chambre ardente qui jugea notamment la Voisin.

POISSON (Siméon Denis), *Pithiviers 1781 - Paris 1840,* mathématicien français. L'un des créateurs de la physique mathématique, il appliqua l'analyse à la mécanique céleste, à la théorie de la chaleur, à l'électricité, à la lumière, au magnétisme, à l'élasticité et au calcul des probabilités.

POISSONS, constellation zodiacale. — **Poissons,** douzième signe du zodiaque, que le Soleil quitte à l'équinoxe de printemps.

POISSY (78300), bur. centr. de cant. des Yvelines, sur la Seine ; 37 497 hab. *(Pisciacais).* Industrie automobile. – Collégiale des XIIe-XVIe s. ; villa Savoye de Le Corbusier (avec P. Jeanneret), 1929 ; musée du Jouet.

Poissy (colloque de) [sept.-oct. 1561], assemblée de théologiens qui se tint à Poissy, sous la présidence de Catherine de Médicis et de Michel de L'Hospital, en vue d'un rapprochement entre catholiques et calvinistes. Ce colloque échoua.

POITIER (sir Sidney), *Miami 1927,* acteur et cinéaste américano-bahaméen. Il a fortement contribué à un changement des mentalités à l'égard des Afro-Américains, grâce à la vérité nouvelle de ses interprétations dans des films au message antiraciste (*le Lys des champs,* R. Nelson, 1963 ; *Devine qui vient dîner,* S. Kramer, 1967).

▲ Sidney **Poitier** (à gauche) et Tony Curtis dans *la Chaîne,* de S. Kramer (1958).

POITIERS (86000), ch.-l. du dép. de la Vienne, sur un promontoire dominant le Clain, à 329 km au S.-O. de Paris ; 90 559 hab. *(Poitevins)* [128 535 hab. dans l'agglomération]. Archevêché. Cour d'appel. Académie et université. Constructions électroniques et électriques. Pneumatiques. Biotechnologies. À 8 km au N., Futuroscope. – Baptistère St-Jean, des IVe et VIIe s. ; remarquables églises romanes, dont St-Hilaire et N.-D.-la-Grande ; cathédrale gothique (XIIe-XIIIe s.) à trois vaisseaux presque d'égale hauteur ; grande salle du palais des Comtes (XIIIe s., embellie pour Jean de Berry). Musée Sainte-Croix. – Anc. capitale des Pictaves, Poitiers devint très vite l'un des grands foyers religieux de la Gaule. La victoire que Charles Martel y remporta sur les Arabes en 732 brisa l'offensive musulmane en Occident. Près de Poitiers, à Maupertuis, le Prince Noir vainquit Jean le Bon et le fit prisonnier (1356).

POITOU n.m., anc. prov. française, qui correspondait aux départements actuels de la Vendée, des Deux-Sèvres et de la Vienne (cap. *Poitiers*). Duché à partir du IXe s., le Poitou passa à l'Angleterre lors du mariage d'Aliénor d'Aquitaine avec Henri II Plantagenêt (1152). Repris une première fois par Philippe Auguste (1204), il fut annexé à la France par Charles V (1369 - 1373).

POITOU n.m., région géographique de l'ouest de la France, aux confins de la Vienne et des Deux-Sèvres. Beaucoup moins étendu que la province historique, c'est un seuil entre les Bassins parisien et aquitain, le Massif armoricain et le Massif central.

POITOU-CHARENTES n.m., anc. Région administrative de France (Charente, Charente-Maritime, Deux-Sèvres et Vienne) [→ **Nouvelle-Aquitaine**].

POKROVSK, de 1931 à 1991 **Engels,** v. de Russie, sur la Volga ; 202 401 hab.

POLA → **PULA.**

POLABÍ, plaine de la République tchèque, en Bohême, de part et d'autre du Labe (Elbe).

POLAIRE (étoile) ou la **POLAIRE,** nom usuel donné à l'étoile la plus brillante de la constellation de la Petite Ourse, en raison de sa proximité du pôle céleste Nord.

POLAIRES (régions), régions proches des pôles. On les limite traditionnellement par les cercles polaires ou l'isotherme de 10 °C pour le mois le plus chaud. La plus grande partie est occupée par la mer dans l'Arctique et par la terre dans l'Antarctique. On observe auj. une accélération inquiétante de la fonte des glaces, tant dans l'Arctique (diminution d'env. 30 % de la surface de la banquise d'été en 30 ans) que dans l'Antarctique occidental, phénomène que l'on impute au réchauffement climatique. Les régions polaires ont été l'objet de nombreuses expéditions, entreprises surtout à des fins de découverte et de recherche scientifique, mais aussi, plus tard, avec des intentions d'ordre stratégique. – Parmi les principales expéditions vers le pôle Nord, il faut citer celles de Parry (1827), de Nordenskjöld (1879), de Nansen (1893 - 1896), de Peary (arrivé au pôle en 1909), et, vers le pôle Sud, celles de Dumont d'Urville (1840), de R. F. Scott (1902), de Shackleton (1909), d'Amundsen (qui atteignit le pôle en 1911, précédant Scott d'un mois).

POLANSKI (Roman), *Paris 1933,* cinéaste polonais naturalisé français. Il développe un univers à la fois ironique et inquiétant : *Répulsion* (1965), *le Bal des vampires* (1967), *Rosemary's Baby* (1968), *Chinatown* (1974), *Tess* (1979), *la Jeune Fille et la Mort* (1994), *The Ghost Writer* (2010). En 2002, il réalise *le Pianiste,* adapté du livre de W. Szpilman sur le ghetto de Varsovie, et, en 2005, *Oliver Twist.*

POLANYI (John Charles), *Berlin 1929,* chimiste canadien d'origine hongroise. Ses travaux portent sur la chimioluminescence, dont l'analyse spectroscopique permet notamm. de comprendre les échanges d'énergie lors des réactions chimiques. (Prix Nobel 1986.)

POLE (Reginald), *Stourton Castle 1500 - Lambeth 1558,* prélat catholique anglais. Cardinal (1536), il présida, en 1545, le concile de Trente ; archevêque de Canterbury (1556), il joua un rôle important dans la Réforme catholique.

Pôle emploi, service public français de l'emploi. Issu de la fusion, en 2009, de l'ANPE (Agence nationale pour l'emploi, créée en 1967) et des ASSEDIC (Associations pour l'emploi dans l'industrie et le commerce, organismes paritaires chargés de la mise en œuvre au plan local de l'assurance chômage créée en 1958 et gérée au niveau national par l'UNEDIC), il a pour mission essentielle d'accueillir, d'indemniser, d'orienter et d'accompagner les demandeurs d'emploi. Il conseille aussi les entreprises (en partic. pour leurs recrutements) et les personnes en activité souhaitant faire évoluer leur situation professionnelle.

POLÉSIE n.f., région de Biélorussie et d'Ukraine, traversée par le Pripiat.

POLIAKOFF (Serge), *Moscou 1900 - Paris 1969,* peintre français d'origine russe. Installé à Paris en 1923, musicien à l'origine, il parvint vers 1950 à la maturité avec une abstraction chromatique à mi-chemin entre géométrie et informel.

POLIAKOV (Valeri Vladimirovitch), *Toula 1942,* médecin et cosmonaute russe. Il est, depuis mars 1995, le cosmonaute ayant effectué le plus long vol spatial (437 j 17 h 58 min).

Police nationale, nom donné, en France, à l'ensemble des services de police de l'État placés sous l'autorité du ministre de l'Intérieur (Police judiciaire, DGSI [services de renseignement], etc.).

Polichinelle, personnage comique des théâtres de marionnettes. Le Polichinelle français est doté de deux bosses, l'une devant, l'autre derrière, ainsi que d'un nez crochu.

POLIDORO da Caravaggio (Polidoro Caldara, dit), *Caravaggio, prov. de Bergame, v. 1490/1500 - Messine 1546 ?,* peintre italien. De tendance expressionniste, il est l'auteur de décors (notamm. en grisaille, pour des façades de palais romains) et de tableaux d'église.

▲ Jackson **Pollock** réalisant une de ses œuvres en *dripping* (1952).

POLIERI (Jacques), *Toulouse 1928 - Paris 2011*, metteur en scène, scénographe et théoricien français. On lui doit des mises en scène d'avant-garde et l'édification de lieux scéniques ou de lieux de communication de conception révolutionnaire.

POLIGNAC (Jules Auguste Armand, prince **de**), *Versailles 1780 - Paris 1847*, homme politique français. Élevé parmi les émigrés, il participa au complot de Cadoudal (1803). Pair de France (1814), membre du groupe des ultras, il fut ambassadeur à Londres (1823 - 1829). Président du Conseil en 1829, il fit entreprendre l'expédition d'Algérie et rédigea, le 25 juill. 1830, les ordonnances qui amenèrent la révolution de Juillet. Condamné à la prison perpétuelle et à la déchéance civique par la Chambre des pairs, il fut amnistié en 1836.

POLIGNY (39800), bur. centr. de cant. du Jura ; 4 521 hab. *(Polinois)*. Collégiale du XVe s. (statues de l'école bourguignonne) et autres monuments.

Polisario ou **Front Polisario** (Front pour la libération de la Saguía El-Hamra et du Río de Oro), mouvement armé, constitué en mai 1973, pour la création d'un État sahraoui indépendant dans l'ancien Sahara espagnol (Sahara occidental), auj. administré par le Maroc.

Politburo, bureau politique du Comité central du Parti communiste de la Russie (créé en 1917), puis de l'URSS.

POLITIEN (Angelo **Ambrogini**, dit **il Poliziano**, appelé en fr. Ange), *Montepulciano 1454 - Florence 1494*, humaniste et poète italien. Philologue, auteur de poèmes, en grec, latin et italien, il écrivit des *Stances pour le tournoi* (1478) et une *Fable d'Orphée* (1480), qui inspira Monteverdi.

POLÍTIS (Nikólaos), *Corfou 1872 - Cannes 1942*, juriste et diplomate grec. Ministre des Affaires étrangères de Grèce (1917 - 1920), il fut président de la SDN en 1932 et président de l'Institut de droit international de 1937 à sa mort.

POLK (James Knox), *comté de Mecklenburg, Caroline du Nord, 1795 - Nashville, Tennessee, 1849*, homme politique américain. Président démocrate des États-Unis (1845 - 1849), il réalisa le rattachement du Texas à l'Union (1845), provoquant la guerre contre le Mexique (1846 - 1848).

POLKE (Sigmar), *Oels, auj. Oleśnica, Pologne, 1941 - Cologne 2010*, peintre allemand. Son œuvre est avant tout une remise en question de l'abstraction (*Moderne Kunst*, 1968). Le cycle de tableaux qu'il a consacré à la Révolution française (1988-1990) reflète les influences pop art de ses débuts.

POLLACK (Sydney), *Lafayette, Indiana, 1934 - Pacific Palisades, Los Angeles, 2008*, cinéaste américain. Ses films perpétuent un cinéma humaniste et nostalgique : *Propriété interdite* (1966), *On achève bien les chevaux* (1969), *Jeremiah Johnson* (1972), *Tootsie* (1982), *Out of Africa* (1985), *la Firme* (1993).

POLLAIOLO (Antonio **Benci**, dit Antonio **del**), *Florence v. 1432 - Rome 1498*, peintre, sculpteur et orfèvre italien. Il se montre attaché aux recherches de mouvement et de précision anatomique, en peinture *(Travaux d'Hercule)*, en sculpture (petits bronzes ; tombeaux de Sixte IV et d'Innocent VIII à St-Pierre de Rome) et en gravure. Son frère **Piero** *(v. 1443 - 1496)* collabora avec lui.

POLLENSA, v. d'Espagne (Baléares), dans l'île de Majorque ; 16 057 hab. Port. Station balnéaire.

POLLINI (Maurizio), *Milan 1942*, pianiste italien. Il s'est illustré par un jeu dépouillé, d'une rare exigence, mis au service d'un répertoire exceptionnellement large, de Bach puis Beethoven à la musique du XXe s. (Schoenberg, Bartók, Prokofiev) et contemporaine (Boulez, Nono).

POLLOCK (Jackson), *Cody, Wyoming, 1912 - Springs, Long Island, 1956*, peintre américain. Influencé par les muralistes mexicains, par Picasso, par la culture amérindienne, puis (v. 1942, à New York) par l'automatisme surréaliste, il aboutit vers 1947 à une peinture gestuelle *(action painting)* représentative de l'expressionnisme abstrait et marquée par la pratique du *dripping* (projection de couleur sur la toile posée au sol).

POLLUX, frère de Castor*.

POLNAREFF (Michel), *Nérac 1944*, chanteur français. Il mène une carrière appuyée sur sa voix aiguë et son talent de compositeur *(Love me please love me, Tous les bateaux, tous les oiseaux, Je suis un homme)*.

POLO (Marco), *Venise 1254 - id. 1324*, voyageur vénitien. Accompagnant son père et son oncle, négociants à Venise, il prit dès 1271 la route de Pékin à travers l'Asie centrale et arriva en 1275 à Shangdu, résidence de l'empereur Kubilay Khan. Celui-ci lui ayant confié diverses missions, il parcourut le pays pendant seize ans. Rentré à Venise (1295), il fit le récit de son voyage dans le *Livre des merveilles du monde*, ou *Il Milione*, extraordinaire description de la Chine mongole.

▲ Kubilay Khan remet à Marco **Polo** un message pour le pape. Miniature (XVe s.) pour le *Livre des merveilles du monde*. (BnF, Paris.)

POLOGNE n.f., en polon. **Polska,** État d'Europe orientale, sur la Baltique ; 313 000 km² ; 38 217 000 hab. *(Polonais)*. **CAP.** *Varsovie*. **V. PRINC.** *Łódź, Cracovie, Wrocław, Poznań* et *Szczecin*. **LANGUE :** *polonais*. **MONNAIE :** *złoty*.

INSTITUTIONS République à régime semi-présidentiel. Constitution de 1997. Le président de la République est élu au suffrage universel direct pour 5 ans. Il nomme le Premier ministre, qui choisit les membres du gouvernement (choix soumis à la Diète). Le Parlement est composé de la Diète *(Sejm)* et du Sénat, élus pour 4 ans.

GÉOGRAPHIE En bordure de la Baltique, la Pologne est d'abord un pays de plaines (parfois lacustres) et de plateaux, avec une frange montagneuse au S. Le climat est continental (hivers rudes, souvent enneigés, étés relativement chauds et humides). La population, ethniquement homogène et en majorité catholique, a commencé à décroître en raison du recul de la natalité et du départ à l'étranger de nombreux travailleurs. Elle est urbanisée pour les deux tiers. Mais la production agricole demeure notable, associant cultures (blé, betterave à sucre, pomme de terre) et élevage (bovins et surtout porcins). Le sous-sol fournit du cuivre, du lignite et surtout de la houille, base d'une importante industrie sidérurgique et métallurgique, notamm. en haute Silésie. En dépit du retard pris dans la restructuration de certains secteurs, le passage à l'économie de marché a permis l'obtention de résultats macroéconomiques positifs ; en contrepartie, il a créé du chômage et donc accru les inégalités et les tensions sociales. Auj., dans une Europe en crise, la Pologne apparaît comme un îlot de relative croissance, avec un statut de pôle régional.

Pologne

site touristique important

200 500 1000 m

autoroute

route

voie ferrée

aéroport

plus de 1 000 000 h.

de 500 000 à 1 000 000 h.

de 100 000 à 500 000 h.

moins de 100 000 h.

HISTOIRE Les origines et la dynastie des Piast. **V^{e} - VIe s. :** les Slaves s'établissent entre l'Odra et l'Elbe. **VIIe - Xe s. :** l'ethnie polonaise se particularise au sein de la communauté des Slaves occidentaux, entre les bassins de l'Odra et de la Vistule. **966 :** par son baptême, le duc Mieszko Ier (v. 960 - 992), fondateur de la dynastie des Piast, fait entrer la Pologne dans la chrétienté romaine. **1025 :** Boleslas Ier le Vaillant (992 - 1025) est couronné roi. **1034 - 1058 :** Casimir Ier installe sa capitale à Cracovie. **XIIe s. :** les partages successoraux morcellent et affaiblissent le pays, en proie à l'anarchie politique. Les Germains en profitent pour reprendre leur poussée vers le nord et l'est. **1226 :** pour repousser les Prussiens païens, Conrad de Mazovie fait appel aux chevaliers Teutoniques, qui conquièrent la Prusse (1230 - 1283), puis la Poméranie orientale (1308 - 1309). **1320 - 1333 :** Ladislas Ier Łokietek restaure l'unité du pays, dont le territoire demeure amputé de la Silésie et de la Poméranie. **1333 - 1370 :** Casimir III le Grand, fils de Łokietek, lance l'expansion vers l'est (Ruthénie, Volhynie) et fonde l'université de Cracovie (1364). **1370 :** la couronne passe à Louis Ier le Grand, roi de Hongrie.

Les Jagellons et la république nobiliaire. **1385 - 1386 :** l'acte de Krewo établit une union personnelle entre la Lituanie et la Pologne ; Jogaila, grand-duc de Lituanie, roi de Pologne sous le nom de Ladislas II (1386 - 1434), fonde la dynastie des Jagellons. **1410 :** il remporte sur les chevaliers Teutoniques la victoire de Grunwald. **1506 - 1572 :** les règnes de Sigismond Ier le Vieux (1506 - 1548) et de Sigismond II Auguste (1548 - 1572) voient l'apogée de la Pologne, marqué par la diffusion de l'humanisme, la tolérance religieuse et l'essor économique. **1526 :** le duché de Mazovie (cap. Varsovie) est incorporé au royaume. **1569 :** l'Union de Lublin assure la fusion de la Pologne et de la Lituanie en une « république » gouvernée par une Diète unique et un souverain élu en commun. **1572 - 1573 :** après la mort de Sigismond II, dernier des Jagellons, la noblesse impose un contrôle rigoureux de l'autorité royale. **1587 - 1632 :** Sigismond III Vasa mène des guerres ruineuses contre la Russie, les Ottomans et la Suède. **1632 - 1648 :** sous le règne de Ladislas IV Vasa, les Cosaques se soulèvent (1648). **1648 - 1660 :** la Russie conquiert la Biélorussie et la Lituanie, tandis que la Suède occupe presque tout le pays. Ce sont les années du déluge *(potop)*, dont la Pologne libérée sort ruinée. **1674 - 1696 :** règne de Jean III Sobieski. Il repousse les Turcs qui assiègent Vienne. Après son règne, la Pologne connaît une grande anarchie ; les puissances étrangères interviennent dans les affaires intérieures du pays et se battent pour imposer leur candidat au trône. **1697 - 1733 :** l'Électeur de Saxe, Auguste II, soutenu par la Russie, est chassé par Charles XII de Suède, qui porte sur le trône Stanislas Ier Leszczyński (1704 - 1709). En 1709, Auguste II est rétabli grâce à la victoire de Pierre le Grand à Poltava. **1733 - 1738 :** la guerre de la Succession de Pologne se termine par la défaite de Stanislas Ier (soutenu par la France) face à Auguste III (candidat de la Russie).

Les trois partages de la Pologne et la domination étrangère. **1764 - 1795 :** sous le règne de Stanislas II Auguste Poniatowski se forme la confédération de Bar, dirigée contre la Russie (1768 - 1772). **1772 :** la Russie, l'Autriche et la Prusse procèdent au premier partage de la Pologne. **1788 - 1791 :** les patriotes réunissent la Grande Diète et adoptent la Constitution du 3 mai 1791. **1793 :** la Russie et la Prusse réalisent le deuxième partage de la Pologne. **1794 :** l'insurrection de Kościuszko est écrasée. **1795 :** le troisième partage de la Pologne entre la Prusse, l'Autriche et la Russie supprime même le nom du pays. **1807 - 1813 :** Napoléon crée le grand-duché de Varsovie. **1815 :** le congrès de Vienne cède la Posnanie à la Prusse, érige Cracovie en république libre et forme un royaume de Pologne réuni à l'Empire russe. **1830 :** l'insurrection de Varsovie est sévèrement réprimée, ce qui entraîne la « grande émigration » de l'élite polonaise vers l'Occident. **1863 - 1864 :** nouvelle insurrection, durement réprimée. **1864 - 1918 :** la partie prussienne et la partie russe de la Pologne sont soumises à une politique d'assimilation ; la Galicie-Ruthénie autrichienne sert de refuge à la culture polonaise.

La Pologne indépendante. **1918 :** Piłsudski proclame à Varsovie la république indépendante de Pologne. **1918 - 1920 :** Dantzig est érigée en ville libre, la Silésie partagée entre la Tchécoslovaquie et la Pologne. **1920 - 1921 :** à l'issue de la guerre polono-soviétique, la frontière est reportée à 200 km à l'est de la ligne Curzon. **1926 - 1935 :** Piłsudski, démissionnaire en 1922, reprend le pouvoir par un coup d'État et le conserve jusqu'en 1935. La Pologne signe des pactes de non-agression avec l'URSS (1932) et avec l'Allemagne (1934). **1938 :** elle obtient de la Tchécoslovaquie une partie de la Silésie. **1939 :** refusant de céder Dantzig (Gdańsk) et son corridor à Hitler, la Pologne est envahie par les troupes allemandes (1er sept.), puis soviétiques. L'Allemagne et l'URSS se partagent la Pologne conformément au pacte germano-soviétique. **1940 :** le gouvernement en exil, dirigé par Sikorski, s'établit à Londres. Staline fait exécuter des milliers de militaires et de civils polonais (massacre de Katyń). **1943 :** insurrection et anéantissement du ghetto de Varsovie. **1944 :** l'insurrection de Varsovie échoue, faute de soutien soviétique. La ville est détruite et la population déportée. **1945 :** les troupes soviétiques pénètrent à Varsovie et y installent le comité de Lublin, qui se transforme en gouvernement provisoire. Les frontières du pays sont fixées à Yalta et à Potsdam.

La Pologne depuis 1945. L'organisation du pays s'accompagne de transferts massifs de population : les Polonais des régions annexées par l'URSS sont dirigés sur les territoires enlevés à l'Allemagne. **1948 :** Gomułka, partisan d'une voie polonaise vers le socialisme, est écarté au profit de Bierut, qui s'aligne sur le modèle soviétique. **1953 - 1956 :** la lutte de l'État contre l'Église catholique culmine avec l'internement du cardinal Wyszyński. **1956 :** après le XXe congrès du PCUS et les émeutes ouvrières de Poznań, le parti fait appel à Gomułka pour éviter un soulèvement anticommuniste et antisoviétique. C'est l'« Octobre polonais ». **1970 :** Gomułka est remplacé par Gierek. Celui-ci veut remédier aux problèmes de la société polonaise en modernisant l'économie avec l'aide de l'Occident. **1978 :** l'élection de Karol Wojtyła, archevêque de Cracovie, à la papauté (sous le nom de Jean-Paul II) encourage les aspirations des Polonais à la liberté intellectuelle et politique. **1980 :** à la suite des grèves et de l'accord de Gdańsk, le syndicat Solidarność est créé avec à sa tête Lech Wałęsa. **Déc. 1981 - déc. 1982 :** le général Jaruzelski (premier secrétaire du POUP, Parti ouvrier unifié polonais) instaure l'« état de guerre ». **1988 :** nouvelles grèves contre la hausse des prix et pour la légalisation de Solidarność. **1989 :** des négociations entre le pouvoir et l'opposition aboutissent au rétablissement du pluralisme syndical (relégalisation de Solidarność) et à la démocratisation des institutions (avr.). Le nouveau Parlement issu des élections (juin), où l'opposition remporte un très large succès, élit le général Jaruzelski à la présidence de la République (juill.). Tadeusz Mazowiecki, un des dirigeants de Solidarność, devient chef d'un gouvernement de coalition (août). Le rôle dirigeant du parti est aboli ; le pays reprend officiellement le nom de république de Pologne (déc.). **1990 :** L. Wałęsa est élu à la présidence de la République au suffrage universel (déc.). **1991 :** à l'issue des premières élections législatives entièrement libres, une trentaine de partis sont représentés à la Diète. Jan Olszewski (1991 - 1992) et Hanna Suchocka (1992 - 1993) se succèdent à la tête du gouvernement. **1992 :** les unités russes de combat achèvent leur retrait du pays. **1993 :** la Diète est dissoute. Les élections sont remportées par les ex-communistes et le Parti paysan (Premiers ministres : Waldemar Pawlak, 1993 - 1995 ; Józef Oleksy, 1995 - 1996 ; Włodzimierz Cimoszewicz, 1996 - 1997). **1995 :** le social-démocrate (ex-communiste) Aleksander Kwaśniewski est élu à la présidence de la République (réélu en 2000). **1997 :** une nouvelle Constitution est adoptée. Les élections consacrent le retour au pouvoir des partis issus de Solidarność. Jerzy Buzek devient Premier ministre. **1999 :** la Pologne est intégrée dans l'OTAN. **2001 :** à l'intérieur, le pays connaît une nouvelle alternance politique, après la large victoire de la coalition de gauche aux élections. Leszek Miller dirige le gouvernement. **2004 :** la Pologne adhère à l'Union européenne. Marek Belka est nommé Premier ministre. **2005 :** les formations de droite (catholiques conservateurs et libéraux) remportent les élections. Kazimierz Marcinkiewicz – du parti Droit et Justice, dirigé par Jarosław Kaczyński – forme un gouvernement minoritaire. Lech Kaczyński (frère jumeau de Jarosław) est élu à la présidence de la République. **2006 :** J. Kaczyński devient Premier ministre et gouverne avec l'appui de l'extrême droite. **2007 :** après le succès des libéraux de la Plateforme civique aux élections, leur leader, Donald Tusk, forme un gouvernement de coalition avec le Parti paysan. **2010 :** la mort du président Lech Kaczyński et d'une partie de l'élite politique, militaire et religieuse polonaise dans un accident d'avion (10 avr.), alors qu'ils se rendaient à une commémoration du 70e anniversaire du massacre de Katyń, provoque un grave choc dans le pays. Après avoir assuré l'intérim à la tête de l'État, le président de la Diète, Bronisław Komorowski, est élu à la présidence de la République (juill.). **2011 :** la coalition gouvernementale au pouvoir est reconduite au terme des élections. **2014 :** la présidente de la Diète, Ewa Kopacz, remplace au poste de Premier ministre D. Tusk, nommé à la tête du Conseil européen. **2015 :** après l'élection d'Andrzej Duda au sommet de l'État (mai), le parti Droit et Justice de Jarosław Kaczyński confirme son retour sur le devant de la scène politique en obtenant la majorité absolue à la Diète (oct.). Beata Szydło est nommée à la tête d'un gouvernement très conservateur. **Depuis 2015 :** les relations de la Pologne avec les institutions européennes se dégradent, au sujet de réformes jugées attentatoires à l'État de droit (en partic., la mise sous tutelle du système judiciaire). **2017 :** le ministre de l'Économie, Mateusz Morawiecki, remplace B. Szydło au poste de Premier ministre (déc.).

POLONNARUWA, anc. cap. de Ceylan (le Sri Lanka) au VIIIe s. et du XIe au XIIIe s. Nombreux temples bouddhiques des XIIe-XIIIe s., dont le Vatadage et les statues rupestres du Gal Vihara.

polono-soviétique (guerre) ou **guerre russo-polonaise,** conflit qui, en 1920, opposa la Russie soviétique à la Pologne. Marquée par l'avance polonaise en Ukraine puis par la menace soviétique sur Varsovie, elle se termina par le traité de Riga (1921), qui fixa jusqu'en 1939 la frontière orientale de la Pologne.

POL POT (**Saloth Sar,** dit), *prov. de Kompong Thom 1925 ou 1928 - Chong K'sam, près d'Anlong Veng, 1998,* homme politique cambodgien. Secrétaire général du Parti communiste khmer (1962), Premier ministre (1976 - 1979), il est le principal responsable des atrocités commises par les Khmers rouges.

POLTAVA, v. d'Ukraine, au S.-O. de Kharkiv ; 317 998 hab. Cathédrale d'env. 1700 ; musées. – Charles XII, roi de Suède, y fut vaincu le 8 juill. 1709 par Pierre le Grand.

POLTROT (Jean **de**), seigneur **de Méré,** *en Angoumois v. 1537 - Paris 1563,* gentilhomme français. Huguenot, il blessa mortellement François Ier de Guise devant Orléans en 1563. Mis à la question, il affirma avoir agi sur l'ordre de Coligny.

POLYBE, *Megalopolis v. 200 - v. 120 av. J.-C.,* historien grec. Il fit partie, après Pydna (168 av. J.-C.), des mille otages livrés aux Romains et vécut seize ans à Rome. Ses *Histoires,* par leur souci d'analyse méthodique des faits et de recherche des causes, le classent parmi les grands historiens grecs.

POLYCARPE (saint), *v. 69 - Smyrne v. 167,* évêque de Smyrne. Le récit de son martyre est le plus ancien témoignage de la mort d'un martyr.

POLYCLÈTE, sculpteur et architecte grec du Ve s. av. J.-C., né à Sicyone ou à Argos. Sa théorie du canon*, qu'il appliqua à ses statues viriles (Diadumène, Doryphore), est l'une des bases du classicisme grec.

POLYCRATE, *m. à Magnésie du Méandre en 522 av. J.-C.,* tyran de Samos (533/532 - 522 av. J.-C.). Monarque fastueux, il attira à sa cour des artistes et des écrivains, dont Anacréon. Sous son règne, Samos connut une grande prospérité.

POLYEUCTE (saint), *m. à Mélitène, Arménie, v. 250,* officier romain, martyr. Converti par Néarque, son ami, il fut supplicié pour avoir renversé les idoles, un jour de fête. – Son histoire a inspiré une tragédie à Corneille (1643).

POLYGNOTE, *île de Thasos Ve s. av. J.-C. - Athènes,* peintre grec. Auteur de vastes compositions

Polynésie française

mythologiques connues par les descriptions de Pausanias et de Pline, il est considéré comme le fondateur de la peinture murale grecque.

POLYMNIE MYTH. GR. Muse des Hymnes sacrés.

POLYNÉSIE n.f., partie de l'Océanie, comprenant les îles et archipels, souvent volcaniques et coralliens, situés entre la Nouvelle-Zélande, les îles Hawaii et l'île de Pâques ; 26 000 km² (dont les deux tiers pour les Hawaii) ; 2 027 589 hab.

POLYNÉSIE FRANÇAISE n.f., ensemble d'archipels français du Pacifique sud, formant une collectivité d'outre-mer ; ch.-l. *Papeete (île de Tahiti)* ; 48 comm. ; 4 000 km² ; 259 596 hab. Monnaies : franc CFP (et euro). La Polynésie française comprend les îles de la Société (avec Tahiti), les Marquises, les Tuamotu et les Gambier, les îles Australes. Tahiti concentre plus des deux tiers de la population totale du territoire, dont l'aquaculture perlière, le coprah et la pêche sont les principales ressources, après le tourisme. Le démantèlement du Centre d'expérimentation du Pacifique (basé à Papeete et chargé des expérimentations nucléaires françaises de 1966 à 1996) a bouleversé la donne de l'économie locale. – Les îles de la Polynésie française sont occupées dans le courant du XIXe s. par la France, qui y établit un protectorat, avant de les annexer (1880). Devenue en 1946 un territoire d'outre-mer (appelé jusqu'en 1957 *Établissements français de l'Océanie*), puis en 2003 une collectivité d'outre-mer, la Polynésie française est dotée de statuts successifs instaurant puis renforçant son autonomie interne (attribution, en 2004, du statut de pays d'outre-mer au sein de la République).

POLYNÉSIENS, ensemble de sociétés peuplant la Polynésie. Pratiquant l'horticulture, l'élevage, la pêche, ils ont développé des techniques originales de construction navale et de navigation. Ils sont organisés en chefferies. Célèbres pour leurs tissus d'écorce *(tapa)*, leur sculpture du bois et de l'obsidienne, les Polynésiens sont christianisés et parlent des langues de la famille austronésienne.

POLYNICE MYTH. GR. Frère d'Étéocle, dans la légende thébaine.

POLYPHÈME MYTH. GR. Cyclope qui, dans *l'Odyssée*, retint prisonniers Ulysse et ses compagnons. Pour se libérer, Ulysse l'enivra et lui creva l'œil.

polytechnique (École), école d'enseignement supérieur fondée à Paris en 1794 et relevant du ministère de la Défense. Appelée l'« X », auj. installée à Palaiseau, elle forme notamm. à des emplois de responsabilité à caractère scientifique, technique ou économique dans les corps civils et militaires de l'État et dans les services publics.

polytechnique fédérale de Lausanne et **polytechnique fédérale de Zurich** (Écoles), établissements suisses d'enseignement supérieur scientifique. De renommée internationale, elles sont administrées par le *Conseil suisse des écoles polytechniques*.

POMARÉ, nom d'une dynastie qui régna à Tahiti à partir de la fin du XVIIIe s. — **Pomaré IV,** de son vrai nom **Aïmata,** *1813 - 1877,* reine de Tahiti (1827 - 1877). Après une résistance farouche, elle dut accepter en 1847 le protectorat de la France. — **Pomaré V,** de son vrai nom **Ariiaue,** *1842 - 1891,* dernier roi de Tahiti (1877 - 1880). Fils de Pomaré IV, il abdiqua en 1880 pour laisser la place à l'administration directe de la France.

POMBAL (Sebastião José **de Carvalho e Melo,** marquis **de**), *Lisbonne 1699 - Pombal, près de Coimbra, 1782,* homme d'État portugais. Secrétaire aux Affaires étrangères et à la Guerre (1750), puis secrétaire aux Affaires du royaume (1756), c'est-à-dire Premier ministre, il appliqua, durant le règne de Joseph Ier (1750 - 1777), un despotisme éclairé. Il développa l'économie, réforma l'administration et fit expulser les jésuites (1759). À la mort du roi, il fut disgracié.

▲ Le marquis de **Pombal.** (Archives de la Torre del Tombo, Lisbonne.)

POMÉRANIE, région historique en bordure de la Baltique, partagée par l'Oder entre la *Poméranie occidentale* et la *Poméranie orientale*. Longtemps soumise aux influences rivales de la Pologne, du Brandebourg et de l'ordre Teutonique, la Poméranie revint en partie à la Suède en 1648, puis fut annexée par le Brandebourg aux dépens de la Suède (1720) et de la Pologne (1772). En 1815, elle fut entièrement attribuée à la Prusse. En 1945, la partie orientale revint à la Pologne, tandis que la partie occidentale, intégrée à la RDA, constitue depuis 1990 une partie du Land de *Mecklembourg-Poméranie-Occidentale*.

POMEROL (33500), comm. de la Gironde ; 655 hab. *(Pomerolais)*. Vins rouges.

POMIANE (Edward Pomian **Pożerski,** dit Édouard **de**), *Paris 1875 - id. 1964,* médecin et gastronome français. Dans ses livres de cuisine, il allie diététique, raffinement et sens de l'humour.

POMMARD (21630), comm. de la Côte-d'Or ; 534 hab. Vins rouges de la côte de Beaune.

POMMERAT (Joël), *Roanne 1963,* dramaturge et metteur en scène français. Ses pièces, à travers une construction fragmentée et avec l'aide de dispositifs scéniques non conventionnels, brisent les stéréotypes et dépeignent la difficulté des vies amoureuse et sociale (*Ma chambre froide*, 2011 ; *Ça ira (1) Fin de Louis*, 2015).

POMONE MYTH. GR. Déesse des Fruits et des Jardins.

POMPADOUR (Jeanne Antoinette **Poisson,** marquise **de**), *Paris 1721 - Versailles 1764,* favorite de Louis XV. Épouse du fermier général Charles Le Normant d'Étioles, elle fut la maîtresse déclarée du roi (1745 - 1750) et joua un rôle politique important, contribuant au renversement des alliances (1756) et soutenant Bernis, Choiseul et Soubise. Elle eut aussi un rôle culturel, protégeant philosophes, artistes et écrivains.

La marquise de **Pompadour** par F. H. Drouais. ▲ (Musée Condé, Chantilly.)

POMPÉE, en lat. **Cnaeus Pompeius Magnus,** *106 - Péluse 48 av. J.-C.,* général et homme d'État romain. Il fait campagne en Sicile et en Afrique contre les fidèles de Marius (82 av. J.-C.) et rétablit l'ordre en Espagne, où il termine la guerre de Sertorius (77 - 72). Vainqueur de Spartacus, consul en 70 avec M. Licinius Crassus, il débarrasse la Méditerranée des pirates (67). Il achève la guerre contre Mithridate VI, roi du Pont (66), et conquiert l'Asie Mineure, la Syrie et la Palestine, où il prend Jérusalem (63). Rentré en Italie, mais bientôt en butte à la défiance du sénat, que son prestige inquiète, Pompée forme avec Crassus et César un triumvirat (60), renouvelé en 56 ; la mort de Crassus, en 53, le laisse face à face avec César. Alors que César est en Gaule, Pompée reçoit en 52 les pleins pouvoirs pour lutter contre l'anarchie qui s'installe à Rome (meurtre de Clodius). L'ambition des deux hommes rend inévitable la guerre civile. César franchit le Rubicon (janv. 49) et marche sur Rome. Vaincu à Pharsale (48), Pompée se réfugie en Égypte, où il est assassiné sur l'ordre de Ptolémée XIII.

▲ **Pompéi.** Rue pavée.

POMPÉI, v. anc. de Campanie, au pied du Vésuve, près de Naples. Fondée au VIe s. av. J.-C., colonie romaine en 89 av. J.-C., elle devint lieu de plaisance de riches Romains. Ensevelie sous une épaisse couche de cendres en 79 apr. J.-C., lors d'une éruption du Vésuve, elle a été fouillée à partir du XVIIIe s. – Temples, édifices civils, quartiers d'habitation, demeures patriciennes, ainsi que de nombreuses peintures murales font de Pompéi l'une des plus saisissantes évocations de l'Antiquité.

POMPEO (Michael Richard, dit Mike), *Orange, Californie, 1963,* homme politique américain. Directeur de la CIA (2017 - 2018), il est secrétaire d'État depuis 2018.

POMPEY (54340), comm. de Meurthe-et-Moselle, sur la Moselle, non loin du confluent de la Meurthe, au N. de Nancy ; 4 943 hab. *(Pompéens)*. Anc. centre sidérurgique.

Pompidou (Centre) → **Centre national d'art et de culture Georges-Pompidou.**

POMPIDOU (Georges), *Montboudif, Cantal, 1911 - Paris 1974*, homme politique français. Directeur du cabinet du général de Gaulle (1958 - 1959), Premier ministre (1962 - 1968), il devint président de la République en 1969, après le général de Gaulle, mais mourut au cours de son mandat. Passionné d'art moderne, il est à l'origine de la création, à Paris, du Centre national d'art et de culture, qui porte son nom.

▲ Georges **Pompidou** en 1972.

POMPIGNAN (Jean-Jacques **Lefranc**, marquis **de**), *Montauban 1709 - Pompignan 1784*, écrivain français. Auteur d'*Odes chrétiennes et philosophiques*, il fut un adversaire des philosophes. (Acad. fr.)

POMPON (François), *Saulieu 1855 - Paris 1933*, sculpteur français. Longtemps praticien de Rodin, sculpteur animalier à partir de 1905, il connut la consécration avec son *Ours blanc* (plâtre, 1922). Ampleur et stylisation des formes caractérisent son art (salle au musée des Beaux-Arts de Dijon).

POMPONNE (Simon **Arnauld**, marquis **de**), *Paris 1618 - Fontainebleau 1699*, homme d'État français. Fils de Robert Arnauld d'Andilly, il fut secrétaire d'État aux Affaires étrangères (1671), puis ministre d'État (1672), dirigeant ainsi la diplomatie française. Rappelé au Conseil en 1691, il seconda son gendre Torcy à partir de 1696.

PONCE, v. de Porto Rico ; 132 502 hab. Port.

PONCELET (Jean Victor), *Metz 1788 - Paris 1867*, mathématicien français. Il jeta les bases de la géométrie projective (1822) et enseigna la mécanique physique et expérimentale (1848).

PONDICHÉRY ou **PUDUCHERRY,** en angl. **Pondicherry,** v. d'Inde, sur la côte de Coromandel ; 220 749 hab. Le *territoire de Pondichéry* (ou *Puducherry*) a 480 km² et 973 829 hab. – Acquise par les Français en 1674, chef-lieu des Établissements français dans l'Inde, Pondichéry devint le siège de la Compagnie des Indes orientales. Conquise par les Britanniques à plusieurs reprises dans la seconde moitié du XVIIIᵉ s., elle fut restituée à la France en 1815. Elle fut cédée à l'Inde en 1956.

PONGE (Francis), *Montpellier 1899 - Le Bar-sur-Loup 1988*, poète français. Son œuvre prend le parti, contre l'idéalisme poétique, de décrire les choses et de leur trouver un équivalent textuel par l'exploration inlassable des mots, ouvrant ainsi une réflexion sur la nature même de la poésie (*le Parti pris des choses*, 1942 ; *le Savon*, 1967 ; *la Fabrique du pré*, 1971).

PONIATOWSKI (Józef ou Joseph, prince), *Vienne 1763 - Leipzig 1813*, général polonais et maréchal de France. Ministre de la Guerre du grand-duché de Varsovie (1806), il commanda en 1809 les Polonais contre les Autrichiens, en 1812 le 5ᵉ corps de la Grande Armée en Russie. Il fut fait maréchal par Napoléon (1813).

PONS [pɔ̃] (17800), bur. centr. de cant. de la Charente-Maritime ; 4 360 hab. *(Pontois)*. Monuments médiévaux ; château Renaissance d'Usson.

PONSARD (François), *Vienne, Isère, 1814 - Paris 1867*, auteur dramatique français. Il réagit contre le romantisme et tenta, dans ses tragédies, un retour aux règles classiques (*Lucrèce*, 1843). [Acad. fr.]

PONSON DU TERRAIL (Pierre Alexis, vicomte), *Montmaur, Hautes-Alpes, 1829 - Bordeaux 1871*, romancier français, l'un des maîtres du roman-feuilleton (*les Exploits de Rocambole**, 1859).

PONT, anc. pays du nord-est de l'Asie Mineure, en bordure du Pont-Euxin. Devenu royaume (301 av. J.-C.), le Pont devint, sous Mithridate VI (111 - 63), l'État le plus puissant de l'Asie Mineure.

PONT-À-CELLES, comm. de Belgique (Hainaut) ; 16 893 hab.

PONTA DELGADA, cap. des Açores, dans l'île de São Miguel ; 66 450 hab.

PONTA GROSSA, v. du Brésil (Paraná) ; 305 545 hab.

PONTALIS (Jean-Bertrand, dit J.-B.), *Paris 1924 - id. 2013*, psychanalyste français. Membre fondateur de l'Association psychanalytique de France (1964), il établit avec J. Laplanche un *Vocabulaire de la psychanalyse* (1967) et créa la *Nouvelle Revue de psychanalyse* (1970-1994). Il fut aussi romancier et essayiste.

PONT-À-MARCQ (59710), comm. du Nord, sur la Marcq ; 2 954 hab. *(Pontamarcquois)*. Produits photographiques.

PONT-À-MOUSSON (54700), bur. centr. de cant. de Meurthe-et-Moselle, sur la Moselle ; 15 139 hab. *(Mussipontains)*. Tuyaux en fonte. – Anc. abbaye de prémontrés (XVIIIᵉ s., centre culturel) et maisons anciennes.

PONTANO (Giovanni ou Gioviano), en lat. **Pontanus,** *Cerreto, Ombrie, v. 1426 - Naples 1503*, homme d'État et humaniste italien. Il servit la dynastie d'Aragon et publia plusieurs ouvrages en latin.

PONTARLIER (25300), ch.-l. d'arrond. du Doubs, sur le Doubs ; 17 880 hab. *(Pontissaliens)*. Agroalimentaire. Équipements automobiles.

PONT-AUDEMER (27500), bur. centr. de cant. de l'Eure, sur la Risle ; 9 231 hab. *(Pontaudemériens)*. Église des XIᵉ-XVIᵉ s. (vitraux) ; maisons à colombages.

PONTAULT-COMBAULT (77340), bur. centr. de cant. de Seine-et-Marne ; 38 632 hab. *(Pontellois-Combalusiens)*.

PONT-AVEN (29930), comm. du Finistère ; 2 880 hab. (*Pontavenistes* ou *Pontavénistes*). Industries alimentaires. – Petit musée. — **école de Pont-Aven,** mouvement pictural français. Vers 1886 - 1891, elle groupa autour de Gauguin des peintres comme É. Bernard et P. Sérusier (synthétisme).

PONTCHARRA (38530), bur. centr. de cant. de l'Isère ; 7 419 hab. *(Charrapontains)*.

PONTCHARTRAIN (Louis **Phélypeaux**, comte **de**), *Paris 1643 - Pontchartrain 1727*, homme d'État français. Intendant (1687), contrôleur général des Finances (1689 - 1699), secrétaire d'État à la Marine et à la Maison du roi (1690 - 1699), chancelier (1699 - 1714), il créa la capitation (1695).

PONTCHÂTEAU (44160), bur. centr. de cant. de la Loire-Atlantique ; 10 902 hab. Pèlerinage.

PONT-DE-BUIS-LÈS-QUIMERCH (29590), bur. centr. de cant. du Finistère ; 4 063 hab. (*Pont-de-Buisiens*).

PONT-DE-CHÉRUY (38230), comm. de l'Isère ; 5 674 hab. *(Pontois)*. Câbles. Plastiques.

PONT-DE-CLAIX (Le) [38800], comm. de l'Isère, sur le Drac ; 10 895 hab. *(Pontois)*. Matériel médical. Mécanique.

PONT-DE-L'ARCHE (27340), bur. centr. de cant. de l'Eure, au confluent de la Seine et de l'Eure ; 4 223 hab. *(Archépontains)*. Église du XVIᵉ s.

PONT-DE-ROIDE-VERMONDANS (25150), comm. du Doubs, sur le Doubs ; 4 393 hab. Métallurgie.

PONT-DE-VAUX (01190), comm. de l'Ain, dans la Bresse ; 2 347 hab. *(Pontevallois)*. Tourisme fluvial. – Musée Antoine-Chintreuil.

PONT-DU-CHÂTEAU (63430), bur. centr. de cant. du Puy-de-Dôme ; 11 166 hab. Musée de la Batellerie.

PONTE-LECCIA (20218), hameau de la Haute-Corse, sur le Golo. Nœud routier.

PONTET (Le) [84130], comm. de Vaucluse, banlieue d'Avignon ; 17 760 hab. Produits réfractaires.

PONT-EUXIN, anc. nom grec de la mer Noire.

PONTEVEDRA, v. d'Espagne (Galice), ch.-l. de prov. ; 82 671 hab. Églises et maisons anciennes ; Musée provincial.

PONTHIEU n.m., région de Picardie, entre les basses vallées de la Somme et de l'Authie.

PONTI (Claude), *Lunéville 1948*, auteur pour la jeunesse et illustrateur français. Inventivité graphique, jeux de mots, métamorphoses et associations oniriques caractérisent ses univers riches de symboles (*l'Album d'Adèle*, 1986 ; *l'Arbre sans fin*, 1992 ; *Okilélé*, 1993 ; *Sur l'île des Zertes*, 1999 ; *Almanach ouroulboulouck*, 2007).

PONTI (Giovanni, dit Gio), *Milan 1891 - id. 1979*, architecte et désigneur italien. Pionnier du mouvement moderne, il a fondé la revue *Domus* (1928).

PONTIAC, *dans l'Ohio entre 1712 et 1725 - Cahokia 1769*, chef indien. Allié des Français, il tenta de soulever l'ensemble des Indiens contre les Anglais (1763 - 1766).

PONTIANAK, v. d'Indonésie (Bornéo) ; 550 304 hab. Port.

PONTIGNY (89230), comm. de l'Yonne ; 777 hab. (*Pontignaciens* ou *Pontignatiens*). Église romane et gothique du XIIᵉ s., anc. abbatiale. – L'abbaye de Pontigny fut le siège de réunions culturelles (*les Décades de Pontigny*) animées par l'écrivain Paul Desjardins de 1910 à 1914 et de 1922 à 1939. – La paroisse de Pontigny est, depuis 1954, la base territoriale de la prélature de la Mission de France.

PONTINE (plaine), anc. **marais Pontins,** plaine d'Italie, dans le Latium. Agriculture et élevage. Elle a été assainie à partir de 1928.

PONTIVY (56300), ch.-l. d'arrond. du Morbihan, sur le Blavet ; 15 246 hab. *(Pontivyens)*. Au sud de la cité médiévale, Napoléon fit édifier une ville nouvelle, appelée Napoléonville de 1805 à 1814 et de 1848 à 1871. – Château des Rohan (XVᵉ s.).

PONT-L'ABBÉ (29120), bur. centr. de cant. du Finistère ; 8 656 hab. *(Pont-l'Abbistes)*. Tourisme et artisanat. – Église des XIVᵉ-XVIIᵉ s. ; musée bigouden dans le donjon de l'anc. château.

PONT-L'ÉVÊQUE (14130), bur. centr. de cant. du Calvados ; 4 570 hab. *(Pontépiscopiens)*. Fromages. – Monuments anciens.

PONTMAIN (53220), comm. de la Mayenne ; 884 hab. Pèlerinage à la Vierge.

PONTOISE (95300), ch.-l. du Val-d'Oise, sur l'Oise, à 27 km au N.-O. de Paris ; 31 664 hab. *(Pontoisiens)*. Évêché. Cet anc. ch.-l. du Vexin est devenu un élément de l'agglomération de *Cergy-Pontoise*. – Église St-Maclou (XIIᵉ-XVIᵉ s.), auj. cathédrale, et autres monuments ; musée dans une demeure gothique.

PONTOPPIDAN (Henrik), *Fredericia 1857 - Copenhague 1943*, écrivain danois, auteur de romans naturalistes (*Pierre le Chanceux*). [Prix Nobel 1917.]

PONTORMO (Iacopo **Carucci**, dit [**le**]), *Pontormo, province de Florence, 1494 - Florence 1556*, peintre italien. S'inspirant de Michel-Ange, voire de Dürer, il a élaboré un art tendu, contrasté, aux effets étranges, qui fait de lui la personnalité dominante du maniérisme* florentin.

PONTORSON (50170), bur. centr. de cant. de la Manche, près du Mont-Saint-Michel ; 4 442 hab. *(Pontorsonnais)*. Église romane et gothique.

PONTRESINA, comm. de Suisse (Grisons) ; 1 994 hab. Station de sports d'hiver à 1 800 m d'alt.

PONT-SAINTE-MAXENCE (60700), bur. centr. de cant. de l'Oise, sur l'Oise ; 12 771 hab. (*Pontois* ou *Maxipontins*). Église des XVᵉ-XVIᵉ s. ; anc. abbaye du Moncel, surtout du XIVᵉ s.

PONT-SAINT-ESPRIT (30130), bur. centr. de cant. du Gard ; 10 512 hab. *(Spiripontains)*. Pont de 25 arches sur le Rhône, remontant au XIIIᵉ s. ; citadelle des XVIᵉ-XVIIᵉ s. ; musée d'Art sacré dans une demeure médiévale ; Musée municipal.

PONT-SCORFF (56620), comm. du Morbihan ; 3 806 hab. Maisons et manoirs anciens.

PONTS-DE-CÉ (Les) [49130], bur. centr. de cant. de Maine-et-Loire, sur la Loire ; 13 125 hab. Victoire de Louis XIII sur les partisans de sa mère (1620).

ponts et chaussées (École nationale des), dite aussi **École des Ponts ParisTech,** établissement français d'enseignement supérieur technique. Créée en 1747, elle forme aux techniques du génie civil et de ses applications les ingénieurs du corps national des Ponts et Chaussées, ainsi que des ingénieurs civils. Elle a été transférée en 1997 de Paris à Marne-la-Vallée (cité scientifique Descartes).

PONT-SUR-YONNE (89140), bur. centr. de cant. de l'Yonne ; 3 469 hab. *(Pontois)*. Église des XIIᵉ-XVᵉ s.

POOLE, v. de Grande-Bretagne (Angleterre), dans le Dorset ; 147 645 hab. Port. Tourisme.

POOL MALEBO → **MALEBO POOL.**

POONA → **PUNE.**

POOPÓ (lac), lac de Bolivie, à 3 686 m d'alt. ; env. 2 600 km².

POPAYÁN, v. de Colombie, dans la vallée du Cauca ; 275 129 hab. Vestiges de l'époque coloniale.

POPE (Alexander), *Londres 1688 - Twickenham 1744,* poète britannique. Ses poèmes didactiques *(Essai sur la critique, Essai sur l'homme),* héroï-comiques *(la Boucle volée)* et satiriques *(la Dunciade)* font de lui le théoricien et l'un des meilleurs représentants du classicisme.

POPERINGE, v. de Belgique (Flandre-Occidentale) ; 19 916 hab. Trois églises des XIIIᵉ-XVᵉ s.

Popeye, personnage de bande dessinée créé en 1929 aux États-Unis par Elzie Crisler Segar (1894 - 1938) dans la série *Thimble Theatre.* Ce marin bagarreur consomme beaucoup d'épinards, qui lui donnent une force herculéenne. – Le personnage a inspiré des films d'animation *(Popeye the Sailor,* 1933).

POPOCATÉPETL, volcan du Mexique ; 5 452 m. Monastères du XVIᵉ s. aux alentours.

POPOV (Aleksandr Stepanovitch), *Tourinskie Roudniki, auj. Krasnotourinsk, près d'Iekaterinbourg, 1859 - Saint-Pétersbourg 1906,* ingénieur russe. Il inventa l'antenne radioélectrique (1895) en perfectionnant le cohéreur de Branly.

POPPÉE, *m. en 65 apr. J.-C.,* impératrice romaine. Femme d'Othon, elle devint la maîtresse puis la femme de Néron (62). Celui-ci la tua d'un coup de pied puis la fit diviniser.

PÖPPELMANN (Matthäus Daniel), architecte du Zwinger de Dresde*.

POPPER (sir Karl Raimund), *Vienne 1902 - Londres 1994,* philosophe et épistémologue britannique d'origine autrichienne. Faisant de la « falsifiabilité » le critère de distinction entre la science véritable et des constructions intellectuelles, telles que le marxisme ou la psychanalyse, qui ne font qu'affecter la scientificité, il a élaboré en épistémologie une critique globale du déterminisme et a défendu en politique la « société ouverte », libérale *(la Logique de la découverte scientifique,* 1934 ; *Misère de l'historicisme,* 1956 ; *la Quête inachevée,* 1974).

POQUELIN → **MOLIÈRE.**

PORDENONE, v. d'Italie (Frioul-Vénétie Julienne), ch.-l. de prov. ; 50 690 hab. Monuments anciens ; musée.

PORDENONE (Giovanni Antonio **de' Sacchis,** dit il, en fr. **le**), *Pordenone v. 1484 - Ferrare 1539,* peintre italien. Actif à Trévise, Crémone, Plaisance, Venise, etc., il fut un peintre d'église au style robuste et impétueux, qui influença le Tintoret.

PORI, v. de Finlande, sur le golfe de Botnie ; 83 448 hab. Port. – Musée régional.

PORNIC (44210), bur. centr. de cant. de la Loire-Atlantique ; 15 277 hab. *(Pornicais).* Station balnéaire.

PORNICHET (44380), comm. de la Loire-Atlantique ; 10 777 hab. *(Pornichétins).* Station balnéaire. Thalassothérapie.

POROCHENKO (Petro Oleksiyovytch), *Bolhrad, région d'Odessa, 1965,* homme politique ukrainien. Il fait fortune dans l'industrie avant d'être élu député en 1998. Après avoir été notamm. ministre des Affaires étrangères (2009 - 2010), il devient président de la République en 2014.

PÔROS, nom grec (en lat. *Porus*) donné au roi indien Paurava (mort v. 317 av. J.-C.), vaincu par Alexandre (326).

PORPHYRE, *Tyr 234 - Rome v. 305,* philosophe grec d'origine syrienne. Il fut le disciple et le continuateur de Plotin, dont il édita les œuvres, et polémiqua contre les chrétiens.

PORQUEROLLES (83400), une des îles d'Hyères ; 12,5 km². Tourisme. Fondation Carmignac (villa et jardin ; art contemporain).

PORRENTRUY, en all. **Pruntrut,** v. de Suisse (canton du Jura) ; 6 687 hab. *(Bruntrutains).* Anc. château des princes-évêques de Bâle (XVᵉ-XVIIᵉ s.).

PORSCHE (Ferdinand), *Maffersdorf, Bohême, 1875 - Stuttgart 1951,* ingénieur autrichien. Auteur remarqué d'innovations pour les firmes de construction automobile Lohner et Daimler, il fonde en 1931 sa propre société et y conçoit la Volkswagen* et une voiture sportive qui prélude à l'avènement (1948) des modèles Porsche.

PORSENNA, *VIᵉ s. av. J.-C.,* roi étrusque. Il tenta de rétablir les Tarquins à Rome.

PORT (Le) [97420], comm. de La Réunion, sur la côte nord-ouest ; 35 634 hab. *(Portois).*

PORTAL (Antoine, baron), *Gaillac 1742 - Paris 1832,* médecin français. Médecin de Louis XVIII, il fit créer en 1820 l'Académie royale de médecine.

PORTAL (Michel), *Bayonne 1935,* clarinettiste et compositeur français. Tenant d'une musique libre et ouverte, remarquable interprète dans tout le répertoire classique et contemporain, il est aussi une grande figure du jazz (spécialement free-jazz). Il a composé de nombreuses musiques de film.

PORTALIS (Jean), *Le Beausset 1746 - Paris 1807,* jurisconsulte et homme politique français. Instigateur du Concordat de 1801, ministre des Cultes sous l'Empire, il fut l'un des rédacteurs du Code civil. (Acad. fr.)

PORT-ARTHUR, en chin. **Lüshun,** v. de la Chine du Nord-Est (Liaoning). Port. – Cédé à bail à la Russie (1898), puis conquis par le Japon (1905), ce territoire passa sous administration sino-soviétique (1945), puis fut cédé à la Chine en 1954.

PORT-AU-PRINCE, cap. d'Haïti, sur la *baie de Port-au-Prince* ; 703 023 hab. *(Port-aux-Princiens)* [2 376 000 hab. dans l'agglomération]. Port. Ville ravagée à plusieurs reprises par des séismes (1751, 1770, 2010). – Musée d'Art haïtien.

PORT-AUX-FRANÇAIS, base scientifique des îles Kerguelen.

PORT BLAIR, v. d'Inde, ch.-l. du territoire des îles Andaman-et-Nicobar ; 100 608 hab.

PORT-BOU, village d'Espagne (Catalogne) ; 1 266 hab. Port. Station frontière, en face du village français de Cerbère.

Port-Bouët, site de l'aéroport d'Abidjan.

PORT-CAMARGUE (30240), station balnéaire du Gard (comm. du Grau-du-Roi). Port de plaisance.

PORT-CARTIER, v. du Canada (Québec), sur l'estuaire du Saint-Laurent ; 6 799 hab. *(Porcartois).* Port exportateur de fer.

PORT-CROS (83400), une des îles d'Hyères ; 6,4 km². Parc national (4 620 ha, dont 2 950 en mer).

PORT-DE-BOUC (13110), comm. des Bouches-du-Rhône, sur le golfe de Fos ; 17 613 hab. *(Port-de-Boucains).* Métallurgie. Chimie.

PORT-DES-BARQUES (17730), comm. de la Charente-Maritime, à l'embouchure de la Charente ; 1 793 hab. *(Portbarquais* ou *Port-Barquais).* Ostréiculture. Station balnéaire.

PORTE ou **SUBLIME-PORTE** (la), nom donné autref. au gouvernement ottoman.

PORTE-DU-DER (La) [-dɛr] (52220), comm. de la Haute-Marne ; 2 144 hab. Église remontant à la fin du Xᵉ s., anc. abbatiale.

Porte-Glaive (chevaliers), ordre de chevalerie fondé en 1202. Créé par Albert von Buxhœveden, évêque de Riga, pour mener la croisade contre les païens de Livonie, l'ordre fusionna, en 1237, avec l'ordre Teutonique, mais conserva son grand maître. En 1561, il fut sécularisé.

PORT ELIZABETH, v. d'Afrique du Sud (partie de la municipalité métropolitaine de Nelson Mandela Bay, prov. du Cap-Est), sur l'océan Indien ; 801 167 hab. (1 068 000 hab. dans l'agglomération). Port. Centre industriel.

PORTER (Cole), *Peru, Indiana, 1891 ? - Santa Monica, Californie, 1964,* compositeur américain. Jazz et comédie musicale lui doivent des pièces remarquables d'élégance *(But not for me, Night and Day).* Il composa aussi des musiques de film *(la Haute Société,* C. Walters, 1956).

PORTER (George, baron), *Stainforth 1920 - Londres 2002,* chimiste britannique. Il a étudié les réactions chimiques très rapides. (Prix Nobel 1967.)

PORTER (Katherine Anne), *Indian Creek, Texas, 1890 - Silver Spring, Maryland, 1980,* écrivaine américaine. Ses nouvelles *(l'Arbre de Judée)* et ses romans *(la Nef des fous)* peignent le conflit entre valeurs sociales et valeurs spirituelles.

PORTES DE FER n.f. pl., nom de plusieurs défilés, notamment celui du Danube (entre Serbie et Roumanie), à l'extrémité des Carpates. Site d'un important aménagement hydroélectrique.

PORTES-LÈS-VALENCE (26800), comm. de la Drôme ; 10 359 hab. *(Portois).* Gare de triage.

PORT-ÉTIENNE → **NOUADHIBOU.**

PORTET-SUR-GARONNE (31120), bur. centr. de cant. de la Haute-Garonne ; 9 836 hab. *(Portésiens).*

PORT-GENTIL, v. du Gabon, à l'embouchure de l'Ogooué ; 105 712 hab. Port. Centre de la zone d'exploitation pétrolière.

PORT-GRIMAUD (83310), station balnéaire du Var (comm. de Grimaud), sur le golfe de Saint-Tropez.

PORT HARCOURT, v. du Nigeria, sur le delta du Niger ; 1 806 612 hab. dans l'agglomération. Port. Raffinage et pétrochimie.

PORTICCIO (20166), station balnéaire de la Corse-du-Sud (comm. de Grosseto-Prugna), sur le golfe d'Ajaccio.

PORTICI, v. d'Italie (Campanie) ; 55 649 hab. Port. – Palais royal et villas du XVIIIᵉ s.

PORTIER (Paul), *Bar-sur-Seine 1866 - Bourg-la-Reine 1962,* physiologiste français. Spécialiste des animaux marins, il découvrit en 1902 l'anaphylaxie avec Charles Richet.

PORTINARI (Cândido), *Brodósqui, État de Sao Paulo, 1903 - Rio de Janeiro 1962,* peintre brésilien. Il est l'auteur de vastes compositions murales d'inspiration sociale ou historique.

PORT-JÉRÔME-SUR-SEINE, comm. de la Seine-Maritime ; 9 904 hab. Raffinerie de pétrole. Pétrochimie.

PORT-JOINVILLE (85350), port de Vendée, sur l'île d'Yeu (comm. de L'Île-d'Yeu). C'est le principal centre de l'île. Pêche et station balnéaire.

PORTLAND, péninsule de Grande-Bretagne (Angleterre), sur la Manche. Calcaire argileux ayant donné son nom à des variétés de ciment.

PORTLAND, v. des États-Unis (Oregon) ; 619 360 hab. (2 024 822 hab. dans l'agglomération). Centre culturel, commercial et industriel. – Musée d'Art.

PORT-LA-NOUVELLE (11210), comm. de l'Aude, sur la Méditerranée ; 5 697 hab. *(Nouvellois).* Port. Station balnéaire. Éoliennes.

PORT-LOUIS (56290), comm. du Morbihan ; 2 692 hab. *(Port-Louisiens).* Musées de la Marine et de la Compagnie des Indes, dans l'anc. citadelle.

PORT-LOUIS, en angl. **Port Louis,** cap. de l'île Maurice ; 150 697 hab. *(Port-Louisiens).*

PORT-LYAUTEY → **KENITRA.**

PORT MORESBY, cap. de la Papouasie-Nouvelle-Guinée, sur la mer de Corail ; 342 904 hab.

PORT-NAVALO (56440), station balnéaire du Morbihan (comm. d'Arzon), à l'extrémité de la presqu'île de Rhuys. Port.

PORTO (golfe de), golfe de la côte occidentale de la Corse.

PORTO, v. du Portugal, près de l'embouchure du Douro ; 237 591 hab. (1 355 095 hab. dans l'agglomération). Port. Centre industriel. Commercialisation des vins de Porto. – Cathédrale, romane, et église S. Francisco, gothique, toutes deux à riches décors baroques ; musées.

PORTO ALEGRE, v. du Brésil, cap. du Rio Grande do Sul ; 1 365 039 hab. (3 891 719 hab. dans l'agglomération). Métropole économique du sud du Brésil.

PORT OF SPAIN, cap. de Trinité-et-Tobago (Trinité) ; 65 839 hab. Célèbre carnaval.

PORTO-NOVO, cap. du Bénin, sur le golfe de Guinée ; 314 496 hab. *(Porto-Noviens).*

PORTO RICO ou **PUERTO RICO,** une des Antilles, à l'E. d'Haïti, dépendance des États-Unis ; 8 897 km² ; 3 337 177 hab. *(Portoricains)* ; cap. *San Juan.* De climat chaud et humide, cette île au relief modéré fournit des produits tropicaux (sucre principalement) et possède quelques industries (produits pharmaceutiques et montage notamm.). Elle est auj. en grande difficulté économique (défaut de paiement sur sa dette, en 2016, et cyclone dévastateur, en 2017). La pression démographique et le sous-emploi entraînent une forte émigration vers les États-Unis.

HISTOIRE **1493 :** l'île est découverte par Christophe Colomb. **1508 :** le nom de « Porto Rico » est donné à une baie, où est fondée (1511) San Juan. **1873 :**

A B C D E F G H I J K L M N O P Q R S T U V W X Y Z

l'esclavage est aboli. **1898 :** après la défaite des Espagnols, les États-Unis occupent l'île. **1917 :** les Portoricains reçoivent la nationalité américaine. **1952 :** Porto Rico devient un « État libre associé » aux États-Unis.

PORTO-VECCHIO [-vɛkjo] (20137), bur. centr. de cant. de la Corse-du-Sud, sur la côte orientale de la Corse, au fond du *golfe de Porto-Vecchio* ; 12 056 hab. Port. Centre touristique.

PORTO VELHO, v. du Brésil, cap. du Rondônia ; 410 520 hab.

PORTOVIEJO, v. de l'Équateur, près du Pacifique ; 223 086 hab.

Port-Royal, abbaye de femmes fondée en 1204 (cistercienne en 1225) dans la vallée de Chevreuse. L'abbaye fut réformée à partir de 1608 par l'abbesse Angélique Arnauld, et dédoublée en Port-Royal des Champs et Port-Royal de Paris en 1625. Passée en 1635 sous la direction religieuse de Saint-Cyran, elle devint le foyer du jansénisme. Autour de la maison de Chevreuse, où une grande partie de la communauté parisienne revint s'établir en 1648, se groupèrent des solitaires, dits « les messieurs de Port-Royal » (Lemaistre de Sacy, Nicole, Arnauld, Lancelot, Hamon), qui fondèrent les Petites Écoles. À partir de 1656, la persécution s'abattit sur Port-Royal des Champs ; les religieuses furent expulsées en 1709, l'abbaye fut démolie en 1710. – Musée national.

PORT-SAÏD, v. d'Égypte, sur la Méditerranée, à l'entrée du canal de Suez ; 570 603 hab. Port. À proximité, salines.

PORT-SAINT-LOUIS-DU-RHÔNE (13230), comm. des Bouches-du-Rhône ; 8 675 hab. *(Port-Saint-Louisiens).* Port. Chimie.

PORTSMOUTH, v. des États-Unis (Virginie) ; 95 535 hab. Port. Chantiers navals.

PORTSMOUTH, v. de Grande-Bretagne (Angleterre, Hampshire) ; 205 056 hab. (442 252 hab. dans l'agglomération). Port. Chantiers navals. – Musées, dont celui du *Victory*, navire amiral de Nelson.

Portsmouth (traité de) [5 sept. 1905], traité signé à Portsmouth (États-Unis, New Hampshire) entre le Japon et la Russie. Il mit fin à la guerre russo-japonaise et permit au Japon d'établir son protectorat sur la Corée.

PORT-SOUDAN, v. du Soudan, sur la mer Rouge ; 394 561 hab. Principal port du pays.

PORT TALBOT, v. de Grande-Bretagne, dans le pays de Galles, sur le canal de Bristol ; 35 633 hab. Sidérurgie.

Portugal

site touristique important
aéroport
200 500 1000 1500 m
autoroute
route
voie ferrée
limite de région
Braga chef-lieu de région
plus de 500 000 h.
de 100 000 à 500 000 h.
de 50 000 à 100 000 h.
moins de 50 000 h.

PORTUGAL n.m., État d'Europe, sur l'Atlantique ; 92 000 km² ; 10 608 000 hab. *(Portugais).* **CAP.** *Lisbonne.* **LANGUE :** *portugais.* **MONNAIE :** *euro.*

INSTITUTIONS République. Constitution de 1976, révisée plusieurs fois. Le président de la République, élu au suffrage universel direct pour 5 ans, nomme le Premier ministre. Le Parlement (Assemblée de la République) est élu au suffrage universel direct pour 4 ans.

GÉOGRAPHIE Extrémité sud-ouest de l'Europe, le Portugal est formé de plateaux descendant en gradins vers l'Atlantique. Le climat est souvent chaud et sec, en été (favorisant la propagation des incendies de forêts) et surtout dans le Sud. L'agriculture associe cultures méditerranéennes (vigne, olivier), céréales (blé) et élevage ovin. Le littoral est animé par la pêche et plus encore par le tourisme. L'économie a largement évolué depuis l'adhésion du Portugal à l'Europe communautaire. Aux industries traditionnelles (textile, agroalimentaire, bâtiment) se sont adjoints des secteurs à forte valeur ajoutée (machines-outils, électronique, plastiques). Les activités de services se sont particulièrement développées. La population a vu son profil se modifier profondément : la natalité a fortement baissé et l'émigration, massive dans les années 1960, s'est estompée dans les années 1990. Mais le pays souffre de la faiblesse de ses ressources minérales et énergétiques et doit encore combler certains retards structurels. Fragilisé, de plus, à partir de 2007 - 2008, par la crise financière et économique mondiale, il s'est vu contraint d'adopter depuis 2010 des programmes d'austérité drastiques, générateurs de tensions sociales, et de solliciter en 2011 l'aide de ses partenaires de l'Union européenne et du FMI. Aujourd'hui, le pays a renoué avec la croissance.

HISTOIRE **La formation de la nation.** Le pays est occupé par des tribus en relation avec les Phéniciens, les Carthaginois et les Grecs. **IIe s. av. J.-C. :** l'ouest de la Péninsule est conquis par les Romains. La province de Lusitanie est créée par Auguste. **Ve s. apr. J.-C. :** elle est envahie par les Suèves et les Alains, puis par les Wisigoths qui s'y installent durablement. **711 :** les musulmans conquièrent le pays. **866 - 910 :** Alphonse III, roi des Asturies, reprend le contrôle de la région de Porto. **1064 :** Ferdinand Ier, roi de Castille, libère la région située entre Douro et Mondego. **1097 :** Alphonse VI, roi de Castille et de León, confie le comté de Portugal à son gendre, Henri de Bourgogne, fondateur de la dynastie de Bourgogne. **1139 - 1185 :** son fils, Alphonse Henriques, prend le titre de roi de Portugal après sa victoire d'Ourique sur les Maures (1139) et fait reconnaître l'indépendance du Portugal. **1249 :** Alphonse III (1248 - 1279) parachève la Reconquête en occupant l'Algarve. **1290 :** Denis Ier (1279 - 1325) fonde l'université de Lisbonne, qui sera transférée, en 1308, à Coimbra. **1383 :** la mort de Ferdinand Ier ouvre une crise dynastique. **1385 :** Jean Ier (1385 - 1433) fonde la dynastie d'Aviz et remporte sur les Castillans la victoire d'Aljubarrota.

L'âge d'or. Au XVe s. et au début du XVIe s., le Portugal poursuit son expansion maritime et joue un grand rôle dans les voyages de découvertes, animés par Henri le Navigateur (1394 - 1460). **1488 :** Bartolomeu Dias double le cap de Bonne-Espérance. **1494 :** le traité de Tordesillas établit une ligne de partage entre les possessions extraeuropéennes de l'Espagne et celles du Portugal. **1497 :** Vasco de Gama découvre la route des Indes. **1500 :** Cabral prend possession du Brésil. **1505 - 1515 :** l'Empire portugais des Indes est constitué. **1521 - 1557 :** sous Jean III, la culture intellectuelle et artistique connaît le même essor que l'économie.

Les crises et le déclin. **1578 :** le roi Sébastien (1557 - 1578) est tué à la bataille d'Alcaçar-Quivir, au Maroc. **1580 :** à l'extinction de la dynastie d'Aviz, Philippe II d'Espagne devient roi de Portugal, unissant ainsi les deux royaumes. **1640 :** les Portugais se soulèvent contre l'Espagne et proclament roi le duc de Bragance, Jean IV (1640 - 1656). **1668 :** au traité de Lisbonne, l'Espagne reconnaît l'indépendance du Portugal, moyennant la cession de Ceuta. **Fin du XVIIe s. :** se résignant à l'effondrement de ses positions en Asie et à son recul en Afrique, le Portugal se consacre à l'exploitation du Brésil.

1703 : le traité de Methuen lie économiquement le Portugal et la Grande-Bretagne. **1707 - 1750 :** sous Jean V, l'or du Brésil ne parvient pas à stimuler l'économie métropolitaine. **1750 - 1777 :** Joseph Ier fait appel à Pombal, qui impose un régime de despotisme éclairé et reconstruit Lisbonne après le séisme de 1755. **1792 :** Marie Ire (1777 - 1816) laisse le pouvoir à son fils, le futur Jean VI. **1801 :** « guerre des Oranges » entre le Portugal et l'Espagne. **1807 :** le pays est envahi par les troupes françaises de Junot ; la famille royale gagne le Brésil. **1808 :** Wellesley débarque au Portugal. **1811 :** le pays est libéré des Français ; la Cour reste au Brésil et le Portugal est soumis à un régime militaire sous contrôle de l'Angleterre. **1822 :** Jean VI (1816 - 1826) revient à Lisbonne à la demande des Cortes et accepte une constitution libérale. Son fils aîné, Pierre Ier, se proclame empereur du Brésil, dont l'indépendance est reconnue en 1825. **1826 :** à la mort de Jean VI, Pierre Ier devient roi de Portugal sous le nom de Pierre IV ; il abdique en faveur de sa fille Marie II et confie la régence à son frère Miguel. **1828 :** Miguel se proclame roi sous le nom de Michel Ier et tente de rétablir l'absolutisme. **1832 - 1834 :** Pierre Ier débarque au Portugal et rétablit Marie II (1826 - 1853). **1834 - 1853 :** la tension politique et les luttes civiles persistent. **1852 - 1908 :** après l'établissement du suffrage censitaire, le Portugal connaît sous les rois Pierre V (1853 - 1861), Louis Ier (1861 - 1889) et Charles Ier (1889 - 1908) un véritable régime parlementaire ; le pays tente d'entreprendre sa « régénération » et de se reconstituer un empire colonial autour de l'Angola et du Mozambique. **1907 - 1908 :** João Franco instaure une dictature. Charles Ier est assassiné avec son fils aîné. **1908 - 1910 :** Manuel II renonce au régime autoritaire, mais il est chassé par la révolution.

La république. 1910 - 1911 : la république est proclamée. Le gouvernement provisoire décrète la séparation de l'Église et de l'État et accorde le droit de grève. **1911 - 1926 :** une grande instabilité politique sévit pendant la Ire République ; le Portugal ne retire pas d'avantages substantiels de sa participation, aux côtés des Alliés, à la Première Guerre mondiale. **1926 :** le coup d'État du général Manuel Gomes da Costa renverse le régime. **1928 :** le général António Óscar Carmona, président de la République, appelle aux Finances António de Oliveira Salazar, qui opère un redressement spectaculaire. **1933 - 1968 :** Salazar, président du Conseil (1932) et maître du pays, gouverne selon la Constitution de 1933, qui instaure l'« État nouveau » *(Estado Novo)*, corporatiste et nationaliste. **1968 - 1974 :** Marcelo Caetano (successeur de Salazar à la présidence du Conseil) combat les rébellions de la Guinée, du Mozambique et de l'Angola. **1974 :** une junte, dirigée par le général António de Spínola, prend le pouvoir et inaugure la « révolution des œillets » ; elle est éliminée par les forces de gauche. **1975 :** le Conseil national de la révolution applique un programme socialiste. Les anciennes colonies portugaises accèdent à l'indépendance. **1976 - 1986 :** António Ramalho Eanes préside la République, tandis que se succèdent les gouvernements de Mário Soares (socialiste, 1976 - 1978), puis – après trois gouvernements « d'initiative présidentielle » – ceux de Francisco Sá Carneiro (centre droit, 1980), de Francisco Pinto Balsemão (social-démocrate, 1981 - 1983), à nouveau de M. Soares (1983 - 1985), et de Aníbal Cavaco Silva (social-démocrate, 1985 - 1995). **1986 :** M. Soares devient président de la République. Le Portugal entre dans la CEE. **1995 :** António Guterres (socialiste) devient Premier ministre. **1996 :** le socialiste Jorge Sampaio est élu président de la République (réélu en 2001). **1999 :** le territoire de Macao est rétrocédé à la Chine. **2002 :** A. Guterres démissionne. Après la victoire du Parti social-démocrate aux élections, José Manuel Durão Barroso est nommé à la tête du gouvernement. **2004 :** Pedro Santana Lopes (social-démocrate) lui succède. **2005 :** les socialistes remportent la majorité absolue aux élections. José Sócrates devient Premier ministre (reconduit au terme des élections de 2009, mais à la tête d'un gouvernement minoritaire). **2006 :** A. Cavaco Silva est élu à la présidence de la République (réélu en 2011). **2011 :** après la victoire des sociaux-démocrates aux élections, Pedro Passos Coelho est nommé Premier ministre, dans un contexte de grave crise économique. **2014 :** le Portugal est secoué par une série de scandales politico-financiers. **2015 :** ayant perdu sa majorité absolue au Parlement, la coalition sortante ne parvient pas à se maintenir au pouvoir (chute du nouveau gouvernement de P. Passos Coelho). António Costa (socialiste), soutenu par les partis de la gauche radicale, devient Premier ministre. **2016 :** Marcelo Rebelo de Sousa (social-démocrate) accède à la tête de l'État.

PORT-VENDRES (66660), comm. des Pyrénées-Orientales ; 4 270 hab. *(Port-Vendrais)*. Port de pêche. Station balnéaire.

PORT-VILA ou **VILA,** cap. de Vanuatu (Éfaté) ; 47 061 hab. *(Port-Vilais)*.

PORTZAMPARC (Christian Urvoy de), *Casablanca 1944*, architecte français. Il s'est particulièrement illustré avec l'ensemble double de la Cité de la musique, au parc de la Villette* (1995 ; médiathèque, 2005). Il a également réalisé d'autres lieux voués à la musique (la Philharmonie, à Luxembourg, 2005 ; la Cité des Arts, à Rio de Janeiro, 2013), ainsi que des tours et de grands bâtiments (musée Hergé, à Louvain-la-Neuve, 2009). [Prix Pritzker 1994.]

▲ Christian de **Portzamparc.** Le Conservatoire national supérieur de musique et de danse, parc de la Villette, à Paris, 1990.

PORTZMOGUER (Hervé de), dit **Primauguet,** *Plouarzel v. 1470 - en mer, près de Brest, 1512*, marin breton. Il mourut en protégeant la retraite de sa flotte contre les Anglais.

POSADAS, v. d'Argentine, sur le Paraná ; 324 756 hab. Ruines de missions jésuites.

POSDR → **social-démocrate de Russie** (Parti ouvrier).

POSÉIDON MYTH. GR. Dieu de la Mer. Il fut assimilé par les Romains à Neptune. On le représente armé d'un trident.

POSIDONIUS, *Apamée, Syrie, v. 135 av. J.-C. - Rome 51 av. J.-C.*, philosophe grec. Il enseigna à Rhodes et contribua à la latinisation du stoïcisme. Il compta Cicéron et Pompée parmi ses auditeurs.

POSNANIE, anc. province de Prusse ayant pour capitale Poznań. Elle fut attribuée au royaume de Prusse lors du deuxième partage de la Pologne (1793) et fut rendue à la Pologne en 1919.

POSSESSION (La) [97419], comm. de La Réunion ; 33 106 hab. *(Possessionnais)*.

POSTEL (Guillaume), *Barenton, Normandie, 1510 - Paris 1581*, humaniste français. Il voyagea en Orient, la première fois comme membre de l'ambassade de François Ier à Constantinople, et prêcha la réconciliation avec les musulmans *(concordia mundi)*. L'Inquisition l'emprisonna.

POSTUMUS (Marcus Cassianius Latinius), *m. en 268*, officier gaulois. Il se fit proclamer empereur des Gaules par ses troupes (258). Gallien dut tolérer l'usurpateur, qui fut assassiné par ses propres soldats.

POT (Philippe), seigneur **de La Rochepot,** *1428 - Dijon 1494*, homme d'État bourguignon. Conseiller de Charles le Téméraire, puis de Louis XI, il fut grand sénéchal de Bourgogne. – Son tombeau est au Louvre.

Potala n.m., anc. palais des dalaï-lamas (auj. musée) à Lhassa, au Tibet. Fondé au VIIe s., il évoque par son architecture étagée (13 étages, 178 m de haut, 400 m de long) le séjour divin d'Avalokiteshvara, le protecteur du Tibet. Commencée v. 1645, la construction actuelle – véritable ville forte – abrite le Palais blanc et le Palais rouge.

▲ Le **Potala,** fondé au VIIe s., reconstruit au XVIIe s., à Lhassa (Tibet).

Potemkine, cuirassé de la flotte russe de la mer Noire, dont les marins se mutinèrent en juin 1905. Ces derniers gagnèrent Constanța, où ils capitulèrent. – Cette révolte a été célébrée par Eisenstein dans le film *le Cuirassé « Potemkine »* (1925).

POTEMKINE (Grigori Aleksandrovitch, prince), *près de Smolensk 1739 - près de Iași 1791*, homme d'État et feld-maréchal russe. Favori de Catherine II, il s'efforça d'étendre l'influence de la Russie autour de la mer Noire aux dépens des Turcs. Il annexa la Crimée (1783) et commanda en chef les troupes de la guerre russo-turque (1787 - 1791).

POTENZA, v. d'Italie (Basilicate), ch.-l. de prov. ; 66 894 hab. Centre administratif. Marché agricole. – Églises médiévales ; Musée archéologique.

POTEZ [-tεz] (Henry), *Méaulte, Somme, 1891 - Paris 1981*, ingénieur et constructeur aéronautique français. Après s'être associé à Marcel Bloch (Dassault) [1916] et avoir construit avec lui une hélice adoptée par tous les avions de chasse français pendant la Première Guerre mondiale, il créa un ensemble industriel d'où sortirent plus de 7 000 avions.

POTHIER (dom Joseph), *Bouzemont 1835 - Conques, Belgique, 1923*, musicologue et religieux français. Abbé de Saint-Wandrille, il contribua à la restauration du chant grégorien.

POTHIER (Robert Joseph), *Orléans 1699 - id. 1772*, jurisconsulte français. Ses travaux (notamm. la *Théorie des contrats*) ont inspiré les auteurs du Code civil.

POTHIN (saint), *m. à Lyon en 177*, martyr. Premier évêque de Lyon, il fut mis à mort sous Marc Aurèle, en même temps que d'autres chrétiens lyonnais, parmi lesquels sainte Blandine.

POTIDÉE, anc. v. de Macédoine. Sa révolte contre Athènes, en 432 av. J.-C., fut une des causes de la guerre du Péloponnèse (431 - 404 av. J.-C.).

POTOCKI, famille de magnats polonais, qui compta plusieurs hommes d'État et un écrivain. — **Jan P.,** *Pików 1761 - Uładówka 1815*, écrivain polonais. Il étudia l'origine des civilisations slaves et écrivit en français un important roman fantastique, *le Manuscrit trouvé à Saragosse* (première édition partielle en 1804-1805).

POTOMAC n.m., fl. des États-Unis, qui se jette dans la baie de Chesapeake ; 460 km. Il passe à Washington.

POTOSÍ, v. de la Bolivie andine, à 4 000 m d'altitude env. ; 189 652 hab. Anc. centre minier (argent, exploité par les Espagnols dès 1545, puis étain). – Monuments de style baroque « métis ».

POTSDAM, v. d'Allemagne, cap. du Brandebourg, au S.-O. de Berlin ; 156 021 hab. Centre industriel. – Autrefois surnommée *le Versailles prussien*, elle conserve divers monuments (notamm. par Schinkel), des musées et surtout, dans le parc de Sans-Souci, le petit château du même nom (joyau de l'art rococo construit en 1745 par Georg Wenzeslaus von Knobelsdorff pour Frédéric II) ainsi que l'immense Nouveau Palais (1763).

Potsdam (conférence de) [juill.-août 1945], conférence internationale de la fin de la Seconde Guerre mondiale. Réunissant Truman, Churchill (puis Attlee), Staline, elle fixa les modalités de l'occupation de l'Allemagne et de l'Autriche, et confia l'administration des territoires allemands situés à l'E. de la ligne Oder-Neisse à la Pologne et à l'URSS (pour une partie de la Prusse-Orientale).

POTT (Percival), *Londres 1713 - id. 1788*, chirurgien britannique. Il est connu pour ses recherches sur la tuberculose des vertèbres (« mal de Pott »).

POTTER (Beatrix), *Londres 1866 - Sawrey, Cumbria, 1943*, femme de lettres et dessinatrice britannique. Fine observatrice de la faune et de la flore, elle conçut pour les enfants de nombreux contes illustrés dans une approche anthropomorphique de l'univers animalier (*The Tale of Peter Rabbit* [en fr. *le Conte de Pierre Lapin*], 1902).

POTTER (Paulus), *Enkhuizen 1625 - Amsterdam 1654*, peintre néerlandais, célèbre animalier.

POTTIER (Eugène), *Paris 1816 - id. 1887*, révolutionnaire et chansonnier français. Ouvrier, membre de la Commune de Paris (1871), il est l'auteur, notamm., des paroles de *l'Internationale*.

POUCHKINE → TSARSKOÏE SELO.

POUCHKINE (Aleksandr Sergueïevitch), *Moscou 1799 - Saint-Pétersbourg 1837*, écrivain russe. Fonctionnaire impérial, il s'attira de nombreuses sanctions par ses idées libérales, mais connut rapidement la gloire avec ses poèmes, une épopée fantastique (*Rouslan et Lioudmila*), un drame historique (*Boris Godounov*, 1831), un roman en vers (*Eugène Onéguine*, 1833), des récits (*la Dame de pique*, 1834 ; *la Fille du capitaine*, 1836). Il renouvela la littérature russe. Il fut tué en duel.

▲ **Pouchkine** par O. A. Kiprenski.
(Galerie Tretiakov, Moscou.)

POUDOVKINE (Vsevolod), *Penza 1893 - Moscou 1953*, cinéaste soviétique. Théoricien du montage, il illustra avec lyrisme le thème révolutionnaire de la prise de conscience : *la Mère* (1926), *Tempête sur l'Asie* (1929).

POUGATCHEV ou **POUGATCHIOV** (Iemelian Ivanovitch), *Zimoveïskaïa v. 1742 - Moscou 1775*, chef de l'insurrection populaire russe de 1773 - 1774. Se faisant passer pour le tsar Pierre III, il rassembla des troupes nombreuses d'insurgés cosaques, paysans et allogènes, contre lesquelles Catherine II envoya l'armée. Il fut exécuté.

POUGNY (Ivan Pouni, dit Jean), *Kuokkala, auj. Repino, Carélie, 1894 - Paris 1956*, peintre français d'origine russe. À sa période constructiviste ont succédé des petits tableaux intimistes.

POUILLES n.f. pl. ou **POUILLE** n.f., anc. **Apulie**, région de l'Italie méridionale ; 4 063 888 hab. ; cap. *Bari* ; 6 prov. (*Bari, Barletta-Andria-Trani, Brindisi, Foggia, Lecce* et *Tarente*).

POUILLET (Claude), *Cusance, Doubs, 1790 - Paris 1868*, physicien français. Il a retrouvé les lois des courants (lois d'Ohm) par la méthode expérimentale et introduit les notions de force électromotrice et de résistance interne des générateurs.

POUILLY-SUR-LOIRE (58150), bur. centr. de cant. de la Nièvre ; 1 729 hab. (*Pouillysois*). Vins blancs.

POULBOT (Francisque), *Saint-Denis 1879 - Paris 1946*, dessinateur français. Il créa le type du gosse de Montmartre auquel son nom reste attaché.

POULDU (Le), station balnéaire du Finistère (comm. de Clohars-Carnoët), au S. de Quimperlé.

POULENC [-lɛ̃k] (Francis), *Paris 1899 - id. 1963*, compositeur français. Pianiste, membre du groupe des Six, il composa quelque 80 mélodies sur des poèmes d'Apollinaire (*le Bestiaire*, 1919), Cocteau, Éluard, Aragon, etc. Son œuvre est variée : musique de ballet (*les Biches*, 1924), compositions pour orchestre (*Concert champêtre*, 1928), pour piano, pages religieuses (*Litanies à la Vierge noire*, 1936), musique dramatique burlesque (*les Mamelles de Tirésias*, 1947, d'après Apollinaire) ou à sujet religieux (*Dialogues des carmélites*, 1957, d'après Bernanos).

POULET (Georges), *Chênée 1902 - Bruxelles 1991*, critique belge de langue française. Son analyse des œuvres littéraires est centrée sur la conscience du temps et de l'espace propre à chaque écrivain (*Études sur le temps humain*).

▲ Nicolas **Poussin.** *L'Inspiration du poète*, v. 1629-1630. (Louvre, Paris.)

POULIDOR (Raymond), *Masbaraud-Mérignat, Creuse, 1936*, coureur cycliste français. La longévité de sa carrière, ses victoires dans plusieurs classiques et dans le Tour d'Espagne (1964), ainsi que sa combativité – notamm. dans le Tour de France (deuxième en 1964, 1965 et 1974) –, l'ont fait entrer dans la légende du sport.

POULIGUEN [-gɛ̃] (Le) [44510], comm. de la Loire-Atlantique ; 4 584 hab. Station balnéaire.

POULIN (Jacques), *Saint-Gédéon, Beauce, 1937*, romancier canadien de langue française. Ses récits elliptiques et fragmentés composent une vision pleine de tendresse de l'univers enfantin (*Volkswagen Blues*, 1984).

POULIQUEN (Yves), *Mortain 1931*, médecin français. Ophtalmologiste, spécialiste de la cornée, il a présidé la Banque française des yeux (1991 - 1999). Il est aussi l'auteur de nombreux ouvrages (*la Transparence de l'œil*, 1992). [Acad. fr.]

POULO CONDOR, auj. **Côn Dao,** archipel du sud du Viêt Nam.

POUND (Ezra Loomis), *Hailey, Idaho, 1885 - Venise 1972*, poète américain. Il chercha dans la réunion des cultures (*l'Esprit des littératures romanes*, 1910) et des langages l'antidote à l'usure et à la désagrégation que le monde moderne impose à l'homme (*Cantos*, 1919-1969).

POUNT, mot qui, dans l'Égypte ancienne, désignait la côte des Somalis.

POURBUS (Pieter), *Gouda 1523 - Bruges 1584*, peintre flamand, auteur de tableaux religieux italianisants et de portraits. — **Frans P.,** dit l'Ancien, *Bruges 1545 - Anvers 1581*, peintre flamand, fils de Pieter. Il fut surtout un bon portraitiste de tendance maniériste. — **Frans II P.,** dit le Jeune, *Anvers 1569 - Paris 1622*, peintre flamand, fils de Frans l'Ancien. Il fit une carrière de portraitiste dans plusieurs cours d'Europe, dont celle de Paris, où Marie de Médicis l'appela en 1609.

POURRAT (Henri), *Ambert 1887 - id. 1959*, écrivain français. Ses récits (*Gaspard des montagnes*, 1922-1931) et les contes populaires qu'il a recueillis évoquent la vie ancestrale de l'Auvergne.

POUSSEUR (Henri), *Malmedy 1929 - Bruxelles 2009*, compositeur belge. Il dirigea le Conservatoire royal de Liège (1975 - 1985 ; 1987 - 1988). Parti du sérialisme, il se tourna ensuite vers l'électroacoustique (*Votre Faust*, 1969 ; *Procès du jeune chien*, 1978 ; *la Seconde Apothéose de Rameau*, 1981 ; *Seize Paysages planétaires*, 2000).

POUSSIN (Nicolas), *Villers, près des Andelys, 1594 - Rome 1665*, peintre français. Il passa la majeure partie de sa vie à Rome. Ses premières œuvres italiennes (*l'Inspiration du poète*, v. 1629-1630, Louvre ; des *Bacchanales*, etc.) reflètent l'influence de Titien. Il évolua vers un classicisme* érudit de plus en plus dépouillé (deux séries de *Sacrements* ; *Éliézer et Rébecca*, 1648, Louvre ; *Sainte Famille* « à la baignoire », 1650, université Harvard). Ses derniers paysages (les quatre *Saisons*, 1660-1664, Louvre) témoignent d'un lyrisme puissant. Son influence fut considérable sur la peinture classique des XVIIe et XVIIIe s.

POUTINE (Vladimir Vladimirovitch), *Leningrad 1952*, homme politique russe. Chef du FSB (Service fédéral de sécurité, ex-KGB), il est nommé Premier ministre en août 1999. Devenu président de la Russie par intérim à la suite de la démission de B. Ieltsine (déc. 1999), il est confirmé à la tête de la Fédération par les élections de mars 2000 et mars 2004. En 2008, ne pouvant pas se représenter, il devient le Premier ministre de son successeur, D. Medvedev. Il est de nouveau élu président de la Russie en mars 2012 et en mars 2018.

▲ Vladimir **Poutine**

POUZAUGES (85700), comm. de la Vendée ; 5 705 hab. (*Pouzaugeais*). Agroalimentaire (charcuterie industrielle). – Donjon du XIIIe s. ; église romane Notre-Dame (peintures murales).

POUZIN (Louis), *Chantenay-Saint-Imbert, Nièvre, 1931*, ingénieur français. Un des pères d'Internet, il a conçu en 1973 le premier réseau (Cyclades) fonctionnant sur le principe du datagramme (paquets de données, envoyés ensemble dans un réseau, voyageant séparément et se regroupant en bout de ligne).

POUZZOLES, en ital. **Pozzuoli,** v. d'Italie (Campanie), sur le golfe de Naples ; 80 285 hab. Port. Station thermale et balnéaire. – Vestiges antiques, dont l'amphithéâtre du Ier s., l'un des mieux conservés du monde romain.

POWELL (Earl, dit Bud), *New York 1924 - id. 1966*, pianiste américain de jazz. Également compositeur, il s'imposa au cours des années 1940 comme le chef de file du piano bop (*Bouncing with Bud*, 1949 ; *Un poco loco*, 1951).

POWELL (Cecil Frank), *Tonbridge 1903 - Casargo, Italie, 1969*, physicien britannique. Il a découvert, en 1947, le méson π, ou *pion*, grâce à l'emploi de la plaque photographique appliquée à l'étude des rayons cosmiques. (Prix Nobel 1950.)

POWELL (Colin Luther), *New York 1937*, général et homme politique américain. Premier Noir, aux États-Unis, à occuper le commandement suprême des armées (1989 - 1993), il a été secrétaire d'État de 2001 à 2005.

POWELL (John Wesley), *Mount Morris, État de New York, 1834 - Haven, Maine, 1902*, géologue, ethnologue et linguiste américain. Explorateur de l'Ouest américain, il organisa le service géologique et le bureau d'ethnologie des États-Unis. Il est l'auteur de la première classification des langues indiennes d'Amérique du Nord.

POWELL (Michael), *Bekesbourne, Kent, 1905 - Avening, Gloucestershire, 1990*, cinéaste britannique. Seul ou en duo avec Emeric Pressburger *(1902 - 1988)*, il explora des genres divers : comique (*Colonel Blimp*, 1943), musical (*les Chaussons rouges*, 1948) ou fantastique (*le Voyeur*, 1960).

POWYS (John Cowper), *Shirley, Derbyshire, 1872 - Blaenau Ffestiniog, pays de Galles, 1963*, écrivain britannique. Son œuvre, mystique et sensuelle, cherche à dégager le fonctionnement de la pensée au contact du monde (*les Enchantements de Glastonbury*, 1932 ; *Autobiographie*, 1934).

POYANG (lac), lac de Chine, dans la vallée moyenne du Yangzi Jiang (2 700 km^2 à son extension maximale).

POYET (Guillaume), *Les Granges, Maine-et-Loire, 1473 - Paris 1548*, homme d'État français. Chancelier sous François Ier, il rédigea l'ordonnance de Villers-Cotterêts (1539).

POZA RICA, v. du Mexique, près du golfe du Mexique ; 193 126 hab. (513 308 hab. dans l'agglomération). Raffinage du pétrole et pétrochimie.

POZNAŃ, v. de Pologne, ch.-l. de voïévodie, sur la Warta ; 554 696 hab. Centre commercial (foire internationale) et industriel. – Monuments de l'époque gothique au baroque ; musées.

POZZO DI BORGO (Charles André), *Alata, près d'Ajaccio, 1764 - Paris 1842*, diplomate corse. Député de la Corse à la Législative, il suivit Paoli dans sa rupture avec la France et s'allia aux Britanniques (1794). Passé au service du tsar Alexandre Ier, il le poussa à exiger la déchéance de Napoléon (1814). Il fut ambassadeur de Russie à Paris (1815 - 1834), puis à Londres (1834 - 1839).

PRADES (66500), ch.-l. d'arrond. des Pyrénées-Orientales, sur la Têt ; 6 380 hab. *(Pradéens)*. Église du XVIIe s. (clocher du XIIe s.). À 3 km, abbaye de Saint-Michel-de-Cuxa, remontant au Xe s. Festival de musique.

PRADET (Le) [83220], comm. du Var ; 10 426 hab.

PRADIER (Jean-Jacques, dit James), *Genève 1790 - Rueil 1852*, sculpteur genevois de l'école française. Il fit preuve de noblesse dans de nombreuses commandes monumentales (*Victoires* du tombeau de Napoléon aux Invalides), de charme dans ses statues et statuettes féminines.

PRADINES (Maurice), *Glovelier, Suisse, 1874 - Paris 1958*, philosophe et psychologue français. Il a valorisé l'action et accordé une valeur particulière à la religion.

Prado (musée national du), grand musée de Madrid. Il est particulièrement riche en peintures de Bosch, le Greco, Ribera, Velázquez, Murillo, Goya, Titien, le Tintoret, Rubens, Van Dyck.

PRAETORIUS (Michael), *Creuzburg v. 1571 - Wolfenbüttel 1621*, compositeur, organiste et théoricien allemand. Il est l'auteur de motets, d'hymnes, de psaumes, de danses et de chansons polyphoniques fortement teintés d'italianisme et dont l'accompagnement instrumental évolua vers la basse continue.

pragmatique sanction de Bourges (7 juill. 1438), acte promulgué par Charles VII, et qui régla unilatéralement la discipline générale de l'Église de France et ses rapports avec Rome. Elle consacra, sous réserve de la confirmation pontificale, le principe électif pour les dignités ecclésiastiques ; elle interdit les annates. Le concordat de Bologne (1516) maintint les principales dispositions de cet acte, qui resta jusqu'en 1790 la charte de l'Église gallicane.

pragmatique sanction de 1713, acte rédigé le 19 avril 1713 par l'empereur germanique Charles VI, établissant l'indivisibilité de tous les royaumes et pays dont il avait hérité et réglant la succession au trône par ordre de primogéniture pour les descendants directs, masculins ou féminins. Cet acte, qui assurait la couronne à sa fille Marie-Thérèse, fut à l'origine de la guerre de la Succession* d'Autriche.

PRAGUE, en tch. **Praha,** cap. de la République tchèque, en Bohême, sur la Vltava ; 1 275 550 hab. (*Pragois* ou *Praguois*). Métropole historique et intellectuelle de la Bohême, centre commercial et industriel. – Ensemble du Hradčany (château et ville royale), cathédrale gothique, pont Charles, beaux monuments civils et religieux de style baroque ; nombreux musées, dont la Galerie nationale, le musée Mucha et le musée Kampa (art moderne). – Résidence des ducs de Bohême (1061 - 1140), puis capitale d'Empire sous le règne de Charles IV (1346 - 1378), Prague déclina à partir de la guerre de Trente Ans (1618 - 1648). Elle fut de 1918 à 1992 la capitale de la Tchécoslovaquie.

▲ **Prague.** Le pont Charles et ses deux tours (XVe s.).

Prague (cercle de), groupe de linguistes (dont R. Jakobson et N. Troubetskoï). Se rattachant au courant structuraliste, actif de 1926 à 1939, il produisit d'importants travaux, surtout dans le domaine de la phonologie.

Praguerie (févr. 1440), nom donné, par association avec la révolte des hussites de Prague, au soulèvement de seigneurs français contre les réformes de Charles VII. Le roi étouffa cette sédition dirigée par le Dauphin, le futur Louis XI.

PRAIA, cap. du Cap-Vert, dans l'île de São Tiago ; 132 029 hab. *(Praïens)*.

prairial an III (journée du 1er) [20 mai 1795], journée révolutionnaire parisienne. Les sans-culottes envahirent la Convention, réclamant « du pain et la Constitution de l'an I ». Ils tuèrent le député Féraud et présentèrent au bout d'une pique sa tête au président Boissy d'Anglas. Le mouvement fut réprimé par la Convention.

PRAIRIE n.f., nom donné aux régions (autrefois couvertes d'herbe) des États-Unis comprises entre le Mississippi et les Rocheuses. Elle correspond au Midwest.

PRAIRIE n.f. ou **PRAIRIES** n.f. pl., région du Canada, entre les Rocheuses et l'Ontario (→ **Provinces des Prairies**). La Prairie canadienne prolonge (vers le N.) la Prairie américaine.

Prajapati, mot sanskrit désignant la puissance créatrice dans le védisme, puis chacun des sept ou dix grands sages issus de Brahma.

PRALOGNAN-LA-VANOISE (73710), comm. de Savoie ; 768 hab. *(Pralognanais)*. Station de sports d'hiver (alt. 1 410 - 2 360 m).

PRA-LOUP (04400), station de sports d'hiver (alt. 1 500 - 2 500 m) des Alpes-de-Haute-Provence (comm. d'Uvernet-Fours), au S.-O. de Barcelonnette, au-dessus de l'Ubaye.

PRANDTAUER (Jakob), architecte de l'abbaye de Melk*.

PRANDTL (Ludwig), *Freising, Bavière, 1875 - Göttingen 1953*, physicien allemand. Spécialiste de la mécanique des fluides, il introduisit la notion de couche limite (1904). Il établit une méthode de détermination des écoulements supersoniques et la théorie hydrodynamique de l'aile portante.

PRASLIN [pralɛ̃] (César Gabriel **de Choiseul,** comte **de Chevigny,** duc **de**), *Paris 1712 - id. 1785*, officier et diplomate français. Secrétaire d'État aux Affaires étrangères (1761 - 1770) et à la Marine (1766 - 1770), il partagea la disgrâce de son cousin, le duc de Choiseul.

PRAT (Jean), *Lourdes 1923 - Tarbes 2005*, joueur de rugby français. Troisième ligne, il fut capitaine, puis sélectionneur de l'équipe nationale.

PRATCHETT (sir Terence David John, dit Terry), *Beaconsfield, Buckinghamshire, 1948 - Broad Chalke, Wiltshire, 2015*, écrivain britannique. Auteur de fantasy, il mêle magie, fantastique débridé, humour noir, autodérision et parodie en une vaste allégorie satirique du monde réel (cycle romanesque des *Annales du Disque-monde*, 35 vol., 1983-2013).

PRATO, v. d'Italie (Toscane), ch.-l. de prov. ; 180 113 hab. Centre textile. – Cathédrale romano-gothique (fresques de Lippi) ; musées.

PRATOLINI (Vasco), *Florence 1913 - Rome 1991*, romancier italien, auteur de romans sociaux (*Chronique des pauvres amants*).

PRATT (Hugo), *Rimini 1927 - Pully 1995*, dessinateur et scénariste italien de bandes dessinées. Ses séries d'aventures (*Corto Maltese*, 1967) témoignent d'une rare maîtrise du noir et blanc.

PRATTELN, comm. de Suisse (Bâle-Campagne) ; 15 326 hab. Chimie.

PRAVAZ (Charles Gabriel), *Le Pont-de-Beauvoisin 1791 - Lyon 1853*, médecin, orthopédiste français. On lui doit l'invention de la seringue.

Pravda *(la Vérité)*, quotidien russe dont l'origine remonte à 1912. Ce fut l'organe du Comité central du Parti communiste d'URSS de 1922 à 1991.

PRAXITÈLE, sculpteur grec, actif surtout à Athènes au IVe s. av. J.-C. Ses œuvres (*Apollon Sauroctone, Aphrodite de Cnide, Hermès portant Dionysos enfant*), au rythme sinueux, à la grâce nonchalante, qui ne sont connues que par des répliques, ont exercé une influence considérable sur les artistes de l'époque hellénistique.

PRÉALPES n.f. pl., massifs, surtout calcaires, qui bordent au N. et à l'O. les Alpes centrales (France, Suisse, Allemagne et Autriche).

Préalpes d'Azur (parc naturel régional des), parc naturel entre la Côte d'Azur et les hautes montagnes du Mercantour. Il couvre env. 89 000 ha sur le dép. des Alpes-Maritimes.

PRÉAULT (Auguste), *Paris 1809 - id. 1879*, sculpteur français, représentant du courant romantique (*la Tuerie*, musée de Chartres).

Pré-aux-Clercs (le), anc. prairie située devant Saint-Germain-des-Prés. Lieu de promenade des étudiants de l'ancienne université de Paris, il fut le théâtre de maints duels.

Précieuses ridicules (les), comédie en un acte, en prose, de Molière (1659). C'est une satire des outrances des « fausses précieuses* ».

PRÉFAILLES (44770), comm. de la Loire-Atlantique ; 1 241 hab. Station balnéaire.

PRELJOCAJ (Angelin), *Sucy-en-Brie 1957*, danseur et chorégraphe français d'origine albanaise. Il fonde sa compagnie en 1984 (installée à Aix-en-Provence depuis 1996). Son style allie langage classique et recherches contemporaines (*Liqueurs de chair*, 1988 ; *le Parc*, 1994 ; *l'Annonciation*, 1995 ; *Casanova*, 1998 ; *N*, 2004 ; *Blanche Neige*, 2008 ; *Gravité*, 2018).

PRELOG (Vladimir), *Sarajevo 1906 - Zurich 1998*, chimiste suisse d'origine yougoslave. Il est, avec C. K. Ingold notamm., l'auteur d'un système de nomenclature stéréochimique. (Prix Nobel 1975.)

PREM CAND (**Dhanpat Ray,** dit **Nawab Ray** ou), *Lamahi 1880 - Bénarès 1936*, écrivain indien d'expression ourdou et hindi. Ses récits réalistes sont marqués par l'influence des idées de Gandhi (*l'Ashram de l'amour*).

PREMINGER (Otto), *Vienne 1906 - New York 1986*, cinéaste américain d'origine autrichienne. Venu du théâtre, il affirma, dans une œuvre abondante et diverse, un constant souci d'objectivité allié à un style fluide et subtil : *Laura* (1944), *Carmen Jones* (1954), *l'Homme au bras d'or* (1955), *Exodus* (1960), *Rosebud* (1975).

PRÉMONTRÉ (02320), comm. de l'Aisne ; 703 hab. Bel ensemble, reconstruit au XVIIIe s., de l'abbaye mère de l'ordre des Prémontrés (auj. centre hospitalier spécialisé).

PŘEMYSLIDES, dynastie tchèque qui régna sur la Bohême de 900 à 1306.

PRÉNESTE, anc. v. du Latium (auj. *Palestrina*). Ruines du temple de la Fortune (IIe-Ier s. av. J.-C.). Musée archéologique.

PRÉ-SAINT-GERVAIS (Le) [93310], comm. de la Seine-Saint-Denis, banlieue nord-est de Paris ; 17 779 hab. *(Gervaisiens)*.

PRESBOURG, forme française de **Pressburg,** nom allemand de Bratislava*.

Presbourg (traité de) [26 déc. 1805], traité imposé par Napoléon à l'Autriche, après la victoire d'Austerlitz. L'Autriche cédait la Vénétie, une partie de l'Istrie et la Dalmatie à la France, et le Tyrol, le Vorarlberg et le Trentin à la Bavière.

PRESLE (Micheline **Chassagne,** dite Micheline), *Paris 1922,* actrice française. Modèle de grâce et d'émotion, elle a mis son talent au service de plusieurs générations de cinéastes (*Falbalas*, J. Becker, 1944 ; *le Diable au corps*, C. Autant-Lara, 1947 ; *Peau d'âne*, J. Demy, 1970 ; *Vénus Beauté [Institut]*, T. Marshall, 1999).

PRESLEY (Elvis), *Tupelo 1935 - Memphis 1977,* chanteur et acteur américain. Surnommé « The King », influencé par le blues et la musique country, il fut un pionnier du rock and roll. À partir de 1956, il devint l'idole d'une jeunesse rebelle, séduite par sa musique, son allure et ses jeux de scène provocateurs (*Blue Suede Shoes* de C. Perkins ; *Jailhouse Rock* de J. Leiber et M. Stoller). Au cinéma, il a joué notamm. dans *Jailhouse Rock* (R. Thorpe, 1957).

▲ Elvis **Presley** en 1957.

PREŠOV, v. de l'est de la Slovaquie ; 91 782 hab.

Presse (la), quotidien français. Fondé en 1836 par É. de Girardin, ce journal inaugura l'ère de la presse quotidienne à bon marché.

Presse (la), quotidien canadien. Fondé en 1884, ce journal fut l'un des plus forts tirages des quotidiens canadiens de langue française. En 2017, il abandonne sa version papier.

PRESTON, v. de Grande-Bretagne (Angleterre), ch.-l. du Lancashire ; 184 836 hab.

prêt-bail (loi du) ou **Lend-Lease Act,** loi adoptée par le Congrès des États-Unis en mars 1941 et appliquée jusqu'en août 1945, qui autorisait le président à vendre, céder, échanger, prêter le matériel de guerre et toutes marchandises aux pays en guerre contre l'Axe.

PRÉTEXTAT (saint), *m. à Rouen en 586,* évêque de Rouen. Il fut assassiné dans sa cathédrale sur l'ordre de Frédégonde.

PRETI (Mattia), *Taverna, Calabre, 1613 - La Valette 1699,* peintre italien. Actif à Rome, à Naples, à Malte, il a élaboré un langage, dramatique et passionné, aux vigoureux effets de clair-obscur.

PRETORIA, cap. – siège du gouvernement – de l'Afrique du Sud (partie de la municipalité métropolitaine de Tshwane) ; 927 818 hab. (1 991 000 hab. dans l'agglomération). Centre administratif et universitaire.

PRETORIUS (Andries), *près de Graaff Reinet 1798 - Magaliesberg 1853,* homme politique sud-africain, l'un des fondateurs de la république du Transvaal. — **Marthinus P.,** *Graaff Reinet 1819 - Potchefstroom 1901,* homme politique sud-africain, fils d'Andries. Président du Transvaal (1857 - 1871) et de l'Orange (1859 - 1863), il forma en 1880, avec Kruger et Joubert, le triumvirat qui fit reconnaître au Transvaal une large autonomie (1881).

▲ Le **Primatice.** *Calliope*, plume et lavis. (Louvre, Paris.)

PRÊTRE (Georges), *Waziers, Nord, 1924 - Navès, Tarn, 2017,* chef d'orchestre français. À la tête des plus prestigieuses formations européennes, il affirma un style puissant et élégant, au service notamm. de F. Poulenc (*la Voix humaine*, création, 1959) et de M. Callas (*Carmen*, G. Bizet, 1964), avant de poursuivre une carrière d'une exceptionnelle longévité.

PRÉVERT (Jacques), *Neuilly-sur-Seine 1900 - Omonville-la-Petite, Manche, 1977,* poète français. Il allie l'image insolite à la gouaille populaire (*Paroles*, 1946 ; *Spectacle*, 1951 ; *la Pluie et le Beau Temps*, 1955 ; *Fatras*, 1966). Il fut le scénariste de plusieurs films célèbres (*Drôle de drame*, *les Visiteurs du soir*, *les Enfants du paradis* de Carné ; *Remorques*, *Lumière d'été* de Grémillon).

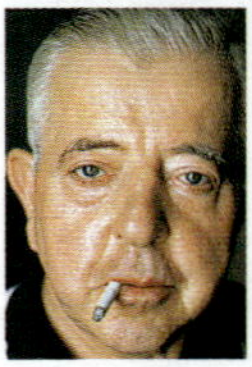

▲ Jacques **Prévert** vers 1963.

PRÉVOST (Antoine François **Prévost d'Exiles,** dit l'abbé), *Hesdin 1697 - Courteuil, Oise, 1763,* écrivain français. Auteur de romans de mœurs et d'aventures, traducteur, il est célèbre pour sa vie aventureuse et pour *Manon* Lescaut*, un des chefs-d'œuvre du roman psychologique.

PRIAM MYTH. GR. Dernier roi de Troie. De sa femme Hécube, il eut notamm. Hector, Pâris et Cassandre. Pendant le siège de Troie, il assista à la mort d'Hector, dont il réclama le corps à Achille.

PRIAPE MYTH. GR. ET ROM. Dieu de la Fécondité et de la Fertilité. Les fêtes de cette divinité au phallus démesuré, les *priapées*, prirent à Rome un caractère licencieux.

PRIBILOF (îles), archipel de la mer de Béring (dépendance de l'Alaska).

PRIÈNE, anc. v. d'Ionie (auj. *Samsun Kalesi*). Vestiges (fin IVe s. av. J.-C.) parmi les plus intéressants de l'urbanisme hellénistique sur plan orthogonal.

PRIESTLEY (Joseph), *Birstall Fieldhead, près de Leeds, 1733 - Northumberland, Pennsylvanie, 1804,* philosophe, théologien et chimiste britannique. Il isola un grand nombre de gaz, dont l'oxygène (1774) et le gaz carbonique. En étudiant ce dernier, il découvrit la respiration des végétaux. Avec Cavendish, il réalisa la synthèse de l'eau, démontrant ainsi qu'il s'agit d'un corps composé. Il fut favorable aux révolutions américaine et française.

PRIEUR-DUVERNOIS (Claude Antoine, comte), dit **Prieur de la Côte-d'Or,** *Auxonne 1763 - Dijon 1832,* homme politique français. Membre de la Convention, il fit adopter le système métrique (1795).

PRIGOGINE (Ilya), *Moscou 1917 - Bruxelles 2003,* chimiste et philosophe belge d'origine russe. Il a introduit en thermodynamique les notions d'instabilité et de chaos, et a apporté une contribution fondamentale aux sciences physiques et biologiques par ses recherches sur la réversibilité des processus ; de là, il a proposé une nouvelle méthodologie pour la démarche scientifique (*la Nouvelle Alliance*, 1979). [Prix Nobel de chimie 1977.]

PRIGONRIEUX (24130), bur. centr. de cant. de la Dordogne ; 4 233 hab. *(Prigontins)*.

PRILEP, v. de Macédoine du Nord, au S. de Skopje ; 73 351 hab.

PRILLY, comm. de Suisse (canton de Vaud), banlieue nord de Lausanne ; 11 430 hab. *(Prilliérans)*.

PRIMATICE (Francesco **Primaticcio,** dit en fr. [le]), *Bologne 1504 - Paris 1570,* peintre, stucateur et architecte italien installé en France. Élève de J. Romain, il arriva en 1532 sur le chantier de Fontainebleau, qu'il dirigea après la mort du Rosso. Son rôle fut celui d'un véritable directeur des beaux-arts des Valois. Le Louvre conserve un ensemble de ses dessins, d'une grande élégance.

PRIMAUGUET ou **PRIMOGUET** (Hervé de Portzmoguer, dit) → **PORTZMOGUER.**

PRIMO DE RIVERA Y ORBANEJA (Miguel), *Jerez de la Frontera 1870 - Paris 1930,* général et homme politique espagnol. Capitaine général de Catalogne, il s'empara du pouvoir en 1923. Chef du gouvernement, il forma un directoire militaire qui supprima les libertés démocratiques. Au Maroc, avec l'aide de la France, il mit fin à la rébellion d'Abd el-Krim (1925). Face à l'opposition de l'armée et de l'Université, il dut démissionner en 1930. — **José Antonio P. de Rivera,** *Madrid 1903 - Alicante 1936,* homme politique espagnol. Fils de Miguel, il fonda la Phalange espagnole (1933). Il fut fusillé par les républicains.

PRIM Y PRATS (Juan), *Reus 1814 - Madrid 1870,* homme politique et général espagnol. Après avoir commandé le corps expéditionnaire au Mexique (1862), il contribua à chasser la reine Isabelle II (1868). Il périt victime d'un attentat.

PRINCE (Prince Rogers **Nelson,** dit), *Minneapolis 1958 - Chanhassen, Minnesota, 2016,* auteur-compositeur et chanteur américain. Multi-instrumentiste, il bouleverse la scène musicale par un style inventif, entre rhythm and blues, funk, rock et pop, et par son personnage androgyne et provocateur (*Purple Rain*, film, 1984 ; *Kiss*, 1986 ; *Cream*, 1991).

PRINCE (île du) ou **ILHA DO PRINCIPE,** île du golfe de Guinée ; 128 km² (→ **Sao Tomé-et-Principe**).

Prince (le), œuvre de Machiavel écrite en 1513 et publiée en 1532. Avec un réalisme fondé sur une approche pessimiste de la psychologie humaine, Machiavel explique comment user de la ruse et de la force pour conquérir et garder le pouvoir, selon une démarche qui vise à la fois à satisfaire les intérêts de celui qui gouverne et à assurer la prospérité de l'État pour le bénéfice de ceux qui sont gouvernés.

PRINCE ALBERT, v. du Canada (Saskatchewan), sur la Saskatchewan Nord ; 35 926 hab. Parc national à proximité.

PRINCE-DE-GALLES (île du), en angl. **Prince of Wales Island,** île de l'archipel Arctique canadien, près de laquelle se trouve le pôle magnétique.

PRINCE-ÉDOUARD (île du), en angl. **Prince Edward Island,** île de l'est du Canada ; 5 657 km² ; 142 907 hab. ; cap. *Charlottetown*. Elle constitue la prov. maritime de l'*Île-du-Prince-Édouard*. La pêche, l'agriculture et l'élevage y sont complétés par le tourisme. Un pont relie l'île au continent.

PRINCE-ÉDOUARD (îles du), archipel du sud de l'océan Indien, dépendance de l'Afrique du Sud.

PRINCE GEORGE, v. du Canada (Colombie-Britannique) ; 74 003 hab.

PRINCE NOIR (le) → **ÉDOUARD.**

PRINCE RUPERT, v. du Canada (Colombie-Britannique) ; 12 220 hab. Port. Pêche. Terminus du Canadian National.

Princesse de Clèves (la), roman de Mme de La Fayette (1678). La princesse de Clèves résiste à l'amour qu'elle éprouve pour le duc de Nemours par fidélité à son mari, qu'elle estime. Après la mort de celui-ci, elle entre au couvent.

PRINCETON, v. des États-Unis (New Jersey) ; 12 307 hab. Université fondée en 1746.

Principes de la philosophie, œuvre de Descartes (1644), dans laquelle celui-ci propose une présentation synthétique et pédagogique de l'ensemble de sa philosophie.

Principes mathématiques de philosophie naturelle, œuvre d'Isaac Newton (1687). L'auteur y élabore les concepts de base de la mécanique, expose la loi fondamentale de la dynamique, sa théorie du mouvement et son système du monde.

Printemps (le), grand panneau de Botticelli (v. 1478, Offices, Florence), qui traite avec grâce un thème mythologique et symbolique.

printemps arabe(s) → **révolutions arabes.**

PRIPIAT ou **PRIPET** n.m., riv. de Biélorussie et d'Ukraine, affl. du Dniepr (r. dr.) ; 775 km ; bassin de 114 300 km².

PRISCILLIEN, *en Espagne v. 335 - Trèves 385,* évêque espagnol. Sa doctrine, mal connue, le *priscillianisme*, fut déclarée hérétique. Lui-même, premier hérétique à être confié au bras séculier, fut exécuté.

▲ Le **Printemps.** Peinture sur panneau de bois de Botticelli, v. 1478. (Offices, Florence.)

PRISTINA, en albanais **Priština,** cap. du Kosovo. Mosquées turques (la principale, du XVe s.). Musées.

PRITCHARD (George), *Birmingham 1796 - îles Samoa 1883,* missionnaire britannique. Missionnaire protestant et consul à Tahiti (1824), il fit expulser par Pomaré IV les missionnaires catholiques (1836). Après l'établissement du protectorat français, il poussa Pomaré à la révolte. Son arrestation en 1844, suivie d'une prompte libération, amena Londres à exiger de Louis-Philippe des excuses et une indemnité.

Pritzker (prix), prix annuel institué, sur le modèle des prix Nobel, par les mécènes américains Jay et Cindy Pritzker, et décerné depuis 1979 aux plus grands architectes contemporains.

PRIVAS [-va] (07000), ch.-l. du dép. de l'Ardèche, sur l'Ouvèze, à 595 km au S.-E. de Paris ; 8 729 hab. *(Privadois).* Confiserie. – Musées.

PRJEVALSKI (Nikolaï Mikhaïlovitch), *Kimborovo 1839 - Karakol, auj. Prjevalsk, 1888,* officier et voyageur russe. Il dirigea de nombreuses expéditions dans l'Asie centrale et les confins tibétains. En 1879, il découvrit la dernière espèce de cheval sauvage *(cheval de Prjevalski).*

PROBUS (Marcus Aurelius), *Sirmium 232 - id. 282,* empereur romain (276 - 282). Bon administrateur, il contint la poussée des Barbares. Il fut tué par ses soldats, lassés de la discipline qu'il imposait.

PROCHE-ORIENT, ensemble des pays riverains de la Méditerranée orientale (Turquie, Syrie, Liban, Israël, Égypte). On y inclut aussi la Cisjordanie et parfois la Jordanie.

PROCHIANTZ (Alain), *Paris 1948,* neurobiologiste français. Spécialiste de la morphogenèse cérébrale, professeur au Collège de France depuis 2007, il étudie les mécanismes de formation et de transformation des neurones dans les processus de développement et de plasticité du cerveau. Il a notamm. découvert l'existence et l'importance en ce domaine des transferts d'une cellule à l'autre de certaines protéines nucléaires *(homéoprotéines).*

PROCLUS, *Constantinople 412 - Athènes 485,* philosophe grec néoplatonicien, auteur notamm. d'une *Théologie platonicienne.*

PROCOPE, *Césarée, Palestine, fin du Ve s. - Constantinople v. 562,* historien byzantin. Il fut le principal historien de l'époque de Justinien, dont il relata les conquêtes dans le *Livre des guerres.* Ses *Anecdota* ou *Histoire secrète* sont un libelle où il ne ménage ni l'empereur ni surtout l'impératrice Théodora.

PROCUSTE ou **PROCRUSTE,** brigand légendaire de l'Attique qui torturait les voyageurs. Il les étendait sur un lit (il en avait deux, un court et un long) et raccourcissait ou étirait leurs membres à la mesure exacte du lit *(lit de Procuste).* Thésée lui fit subir le même supplice.

PRODI (Romano), *Scandiano, prov. de Reggio nell'Emilia, 1939,* homme politique italien. Économiste, leader de la coalition de centre gauche L'Olivier, il a été président du Conseil de 1996 à 1998 et de 2006 à 2008. Il a aussi été président de la Commission européenne de 1999 à 2004.

Progrès (le), quotidien régional français, créé en 1859 à Lyon.

PROKHOROV (Aleksandr Mikhaïlovitch), *Atherton, Australie, 1916 - Moscou 2002,* physicien russe. Avec N. Bassov, il a décrit le premier maser. Il eut l'idée des résonateurs ouverts (pour laser) et du laser à gaz, et étudia les phénomènes de l'optique non linéaire. (Prix Nobel 1964.)

PROKOFIEV (Sergueï Sergueïevitch), *Sontsovka 1891 - Moscou 1953,* compositeur et pianiste russe. Ses œuvres pour piano et pour orchestre (sept symphonies), sa musique de chambre, son conte musical *Pierre et le loup* (1936), ses ballets (*Roméo et Juliette,* 1938) et ses opéras (*l'Ange de feu,* 1927, créé en 1954) se caractérisent par une grande puissance rythmique et un langage tantôt ouvert aux conceptions occidentales modernes, tantôt fidèle à la tradition russe. Il a écrit notamm. la musique des films *Alexandre Nevski* et *Ivan le Terrible,* d'Eisenstein.

▲ **Prokofiev**

PROKOP le Grand ou **le Chauve,** *v. 1380 - Lipany 1434,* chef hussite des taborites. Il défendit la Bohême contre les croisades catholiques de 1426, 1427 et 1431 et fut finalement vaincu.

PROKOPIEVSK, v. de Russie, dans le Kouzbass ; 210 150 hab. Centre houiller et industriel.

PROME ou **PYAY,** v. de Birmanie, sur l'Irrawaddy. Centre commercial, artisanal et industriel.

PROMÉTHÉE MYTH. GR. Personnage de la race des Titans, initiateur de la première civilisation humaine. Il déroba aux dieux le feu sacré et le transmit aux hommes. Zeus, pour le punir, l'enchaîna sur le Caucase, où un aigle lui rongeait le foie, lequel repoussait sans cesse ; Prométhée fut délivré par Héraclès. – Le mythe de Prométhée a inspiré notamm. une tragédie à Eschyle *(Prométhée enchaîné)* et un drame lyrique à Shelley (*Prométhée délivré,* 1820).

PRONY (Marie **Riche,** baron **de**), *Chamelet, Rhône, 1755 - Asnières 1839,* ingénieur français. Il fut chargé d'établir le cadastre général de la France (1791), imagina le frein dynamométrique (1821) et mesura avec Arago la vitesse du son dans l'air (1822).

propagation de la foi (Congrégation de la), depuis 1967 **Congrégation pour l'évangélisation des peuples,** congrégation romaine fondée dans sa forme définitive par Grégoire XV (1622). Présidée par un cardinal-préfet, elle a en charge les missions.

PROPERCE, en lat. Sextus **Propertius,** *Ombrie v. 47 av. J.-C. - v. 16 av. J.-C.,* poète latin, auteur d'*Élégies* imitées des poètes alexandrins.

PROPONTIDE, anc. nom grec de la mer de Marmara.

PROPRIANO (20110), comm. de la Corse-du-Sud, sur le golfe de Valinco ; 3 844 hab. Station balnéaire.

propriété industrielle (Institut national de la) [INPI], établissement public français, créé en 1951, qui enregistre les demandes de brevets d'invention et assure la publicité des brevets, marques, dessins et modèles.

PROSERPINE MYTH. ROM. Déesse assimilée très tôt à la Perséphone des Grecs.

PROSKOURIAKOFF (Tatiana), *Omsk 1909 - Cambridge, Massachusetts, 1985,* historienne d'art et archéologue américaine. En découvrant leur caractère historique, elle a grandement contribué au déchiffrement des inscriptions mayas.

PROSPER d'Aquitaine (saint), *près de Bordeaux v. 390 - entre 455 et 463,* théologien et moine gaulois. Il défendit la doctrine de saint Augustin sur la grâce et la prédestination. Sa *Chronique universelle* s'étend de 412 à 455.

PROST (Alain), *Lorette 1955,* coureur automobile français. Il a été champion du monde des conducteurs en 1985, 1986, 1989 et 1993.

PROTAGORAS, *Abdère v. 486 - v. 410 av. J.-C.,* sophiste grec. Il est resté célèbre pour sa proposition selon laquelle « l'homme est la mesure de toute chose », vivement critiquée par Platon.

PROTAIS (saint), frère de Gervais*.

PROTÉE MYTH. GR. Dieu marin. Il avait reçu de Poséidon, son père, le don de changer de forme à volonté, ainsi que celui de prédire l'avenir à ceux qui pouvaient l'y contraindre.

PROUDHON (Pierre Joseph), *Besançon 1809 - Paris 1865,* théoricien politique français, considéré comme le fondateur de l'anarchisme. Dès 1840, dans son retentissant *Qu'est-ce que la propriété ?,* il montre que seuls la disparition du profit capitaliste et le crédit gratuit mettront fin aux injustices sociales. Ses thèses ouvriéristes et son refus des solutions autoritaires du communisme (*la Philosophie de la misère,* 1846) lui valent l'hostilité de K. Marx. Publiciste remarqué *(le Peuple, la Voix du peuple),* il précise la thématique de l'anarchisme (*l'Idée générale de la révolution au XIXe siècle,* 1851) et se fait le promoteur du fédéralisme politique et économique.

▲ **Proudhon** par Courbet. (Petit Palais, Paris.)

PROUSIAS Ier ou **PRUSIAS Ier,** *m. v. 182 av. J.-C.,* roi de Bithynie (v. 230/227 - 182 av. J.-C.). Il accueillit Hannibal dans son royaume ; quand il fut sommé par Rome de livrer le général carthaginois, ce dernier s'empoisonna. — **Prousias II,** *m. à Nicomédie en 149 av. J.-C.,* roi de Bithynie (v. 182 - 149 av. J.-C.). Fils de Prousias Ier, il se mit sous la protection de Rome, mais fut assassiné par son fils Nicomède II.

PROUST (Joseph Louis), *Angers 1754 - id. 1826,* chimiste français. Un des fondateurs de l'analyse chimique, il énonça, en 1808, la loi des proportions définies et le principe de la fixité absolue de la composition des espèces chimiques.

PROUST (Marcel), *Paris 1871 - id. 1922,* écrivain français. Traducteur de J. Ruskin, auteur d'essais (*Contre Sainte-Beuve,* publié en 1954), de récits (*Jean Santeuil,* publié en 1952), il domine l'histoire du roman français au XXe s. avec *À* la recherche du temps perdu* : le bonheur que son héros – le Narrateur – a recherché vainement dans la vie mondaine, l'amour, la contemplation des œuvres d'art, il le découvre dans le pouvoir d'évocation de la mémoire instinctive qui réunit le passé et le présent en une même sensation retrouvée (la petite madeleine trempée dans le thé fait revivre, par le plaisir d'une saveur oubliée, toute son enfance) ; il vit ainsi un événement sous l'aspect de l'éternité, qui est aussi celui de l'art et de la création littéraire.

▲ Marcel **Proust**

PROUT ou **PRUT** n.m., riv. d'Europe orientale, née en Ukraine, affl. du Danube (r. g.) ; 989 km. Il sert de frontière entre la Moldavie et la Roumanie.

PROUVÉ (Victor), *Nancy 1858 - Sétif 1943*, peintre et décorateur français. Il succéda à Gallé comme président de l'école de Nancy. — **Jean P.,** *Paris 1901 - Nancy 1984*, ingénieur et désigneur français, fils de Victor. Il a été un pionnier de la construction métallique industrialisée (murs-rideaux).

Provençale (la), autoroute reliant Aix-en-Provence à Nice (et à la frontière italienne).

PROVENCE n.f., région historique du sud-est de la France (cap. *Aix-en-Provence*), correspondant pratiquement aux dép. des Alpes-de-Haute-Provence, des Bouches-du-Rhône et du Var. Géographiquement, on rattache à la Provence historique le Comtat Venaissin (région d'Avignon) et le comté de Nice. – Le long des côtes, occupées très tôt par les Ligures, se développe l'empire maritime de Massalia (Marseille), fondé au VIe s. av. J.-C. par les Grecs de Phocée. Au IIe s. av. J.-C., la région est conquise par les Romains et forme la *Provincia Romana*. Appelée par la suite Narbonnaise, elle est profondément romanisée et devient l'un des premiers foyers du christianisme. Envahie au Ve s. par les Barbares, elle est incorporée en 537 au royaume des Francs et passe, au XIIe s., sous la domination des comtes de Barcelone. En 1246, le comté de Provence échoit à la deuxième maison d'Anjou. Après la mort de René Ier le Bon (1480), la Provence est léguée à la France (1481).

PROVENCE (comte de) → **LOUIS XVIII.**

Provence (débarquement de) [15 août 1944], opération de la Seconde Guerre mondiale (opération Anvil-Dragoon). Déclenché par les Alliés sur les côtes de Provence, combiné aux opérations en Normandie, il aboutit à la libération d'une grande partie du territoire français.

Provence (la), quotidien régional français, né en 1997 de la fusion des quotidiens *le Provençal* et *le Méridional*, tous deux créés à Marseille en 1944.

PROVENCE-ALPES-CÔTE D'AZUR n.f., Région administrative de France ; 31 400 km² ; 5 091 003 hab. ; ch.-l. *Marseille* ; 6 dép. (Alpes-de-Haute-Provence, Hautes-Alpes, Alpes-Maritimes, Bouches-du-Rhône, Var et Vaucluse). On distingue : la *Provence rhodanienne*, pays de plaines ; la *Provence intérieure*, au relief varié, formé de chaînons calcaires, de massifs anciens, des Plans de Provence, du plateau de Valensole et de l'ensemble des Préalpes du Sud ; la *Provence maritime* et la Côte d'Azur, entre l'embouchure du Rhône et la frontière italienne. L'économie est majoritairement orientée vers le tertiaire, en partic. vers le tourisme (mer et montagne), aux infrastructures de qualité, le commerce, les transports et, plus récemment, vers les services aux entreprises. Ces activités se concentrent dans les grandes métropoles et sur le littoral (Côte d'Azur). Cependant, quelques secteurs industriels clés se dégagent : la haute technologie (microélectronique), le nucléaire, les domaines de l'eau et des déchets, l'aéronautique et la chimie. Marseille et Fos-sur-Mer sont des zones industrialo-portuaires importantes au niveau national. L'intérieur de la Région est agricole : élevage ovin dans la montagne ; cultures céréalières et fruitières, vignes dans les bassins intérieurs, mais aussi lavande, miel et huile d'olive. Marseille, Aix-en-Provence, Nice et Toulon se classent parmi les dix plus grandes aires urbaines du pays et regroupent 78 % de la population de la Région, concentrée à 80 % sur le littoral.

PROVIDENCE, v. des États-Unis, cap. du Rhode Island ; 179 154 hab. (1 372 826 hab. dans l'agglomération). Demeures et monuments des XVIIIe-XIXe s.

PROVINCES ATLANTIQUES, partie du Canada, regroupant les Provinces maritimes et Terre-Neuve-et-Labrador.

PROVINCES DES PRAIRIES, ensemble de trois provinces du Canada, abrégé par le sigle *Alsama* (*Alberta, Saskatchewan* et *Manitoba*).

PROVINCES MARITIMES, ensemble de trois provinces orientales du Canada (*Nouveau-Brunswick, Nouvelle-Écosse* et *Île-du-Prince-Édouard*).

▲ Pierre Paul **Prud'hon.** Tête d'étude, dite *la Vierge*, dessin au fusain et à la craie. (Musée des Beaux-Arts, Dijon.)

PROVINCES-UNIES, nom porté par la partie septentrionale des Pays-Bas de 1579 à 1795. **1579 :** l'Union d'Utrecht consacre la sécession des sept provinces calvinistes du Nord (Zélande, Overijssel, Hollande, Gueldre, Frise, Groningue, Utrecht), qui répudient solennellement (1581) l'autorité de Philippe II d'Espagne. **1585 - 1625 :** le stathouder Maurice de Nassau poursuit la lutte contre les Espagnols. **1621 - 1648 :** après la trêve de Douze Ans (1609 - 1621), les Provinces-Unies reprennent les hostilités, désormais liées à la guerre de Trente Ans. **1648 :** par les traités de Westphalie, l'Espagne reconnaît l'indépendance des Provinces-Unies. **1650 - 1672 :** à la mort de Guillaume II de Nassau, les sept provinces décident de ne plus nommer de stathouder. L'oligarchie commerçante arrive au pouvoir en 1653 avec le grand pensionnaire Jean de Witt. Durant cette période, l'essor de l'Empire colonial néerlandais et les interventions des Provinces-Unies contre le Danemark, la Suède et l'Angleterre assurent au pays la maîtrise des mers. **1672 :** l'invasion française provoque la chute de Jean de Witt. Guillaume III est nommé stathouder. **1678 - 1679 :** les traités de Nimègue mettent fin à la guerre de Hollande. **1689 :** devenu roi d'Angleterre, Guillaume III sacrifie les intérêts du pays à sa politique anglaise. **1702 :** lorsqu'il meurt, aucun stathouder n'est nommé. Le pouvoir est alors exercé par les grands pensionnaires (Heinsius). **1740 - 1748 :** la guerre de la Succession d'Autriche et l'occupation française provoquent la restauration, en 1747, de la maison d'Orange-Nassau. **1780 - 1784 :** la guerre contre la Grande-Bretagne est catastrophique pour le commerce néerlandais. **1786 :** cet échec aboutit à des troubles révolutionnaires. **1795 :** l'invasion française provoque la chute du régime. Les Provinces-Unies deviennent la République batave, transformée (1806) en royaume de Hollande au profit de Louis Bonaparte, puis placée (1810) sous l'administration directe de la France (→ **Pays-Bas**).

PROVINCES-UNIES D'AMÉRIQUE CENTRALE (Fédération des), organisation politique inspirée des idées de Bolívar et de son projet de création de la Grande-Colombie. Elle a regroupé de 1823 à 1838 - 1839 le Costa Rica, le Honduras, le Nicaragua, le Guatemala et le Salvador.

Provinciales (les), ensemble de dix-huit lettres de Blaise Pascal, publiées anonymement (1656-1657), puis réunies en 1657. Défendant les jansénistes, Pascal attaque les jésuites, remettant en cause leur conception de la grâce divine et le laxisme de leur casuistique.

PROVINS [-vɛ̃] (77160), ch.-l. d'arrond. de Seine-et-Marne, dans la Brie ; 12 109 hab. (*Provinois*). Centre touristique et commercial. – Donjon médiéval (« tour de César ») et remparts des XIIe-XIVe s. ; églises (XIe-XVIe s.) ; maisons et hôtels anciens.

PROXIMA, étoile de la constellation du Centaure, la plus proche du Système solaire. Sa distance est de 4,2 années de lumière.

PRUDENCE, en lat. **Aurelius Prudentius Clemens,** *Calahorra 348 - v. 410*, poète latin chrétien. Il créa avec la *Psychomachie*, combat entre les vices et les vertus, le poème allégorique.

PRUDHOE BAY, baie de la côte nord de l'Alaska. Gisement de pétrole.

PRUD'HON (Pierre Paul), *Cluny 1758 - Paris 1823*, peintre français. Son art jette un pont entre un classicisme plein de grâce et le romantisme. Pour le Palais de Justice de Paris, il peignit en 1808 *la Justice et la Vengeance divine poursuivant le Crime* (Louvre). Dessins au Louvre, à Chantilly, au musée de Gray.

PRUS (Aleksander **Głowacki,** dit Bolesław), *Hrubieszów 1847 - Varsovie 1912*, écrivain polonais, auteur de romans sociaux (*la Poupée*) et historiques (*le Pharaon*).

PRUSINER (Stanley B.), *Des Moines 1942*, biologiste et neurologue américain. Sa découverte, en 1982, de la protéine responsable des encéphalopathies spongiformes telles que la maladie de la vache folle a confirmé sa théorie du prion. (Prix Nobel 1997.)

PRUSSE, ancien État de l'Allemagne du Nord. Cap. *Berlin*.

Des origines au royaume de Prusse. Le territoire originel de la Prusse, situé entre la Vistule et le Niémen, est occupé depuis les IVe-Ve s. par un peuple balte, les Borusses, ou Prussiens. **1230 - 1280 :** il est conquis par l'ordre des chevaliers Teutoniques, qui y installe des colons allemands. **1410 :** les Polono-Lituaniens remportent sur l'ordre la victoire de Grunwald (Tannenberg). **1466 :** par la paix de Toruń, l'ordre Teutonique reconnaît la suzeraineté de la Pologne. **1525 :** son grand maître, Albert de Brandebourg, dissout l'ordre et fait de son territoire un duché héréditaire de la couronne de Pologne. **1618 :** le duché passe aux mains des Hohenzollern, princes-électeurs de Brandebourg qui, au cours de la guerre de Trente Ans, louvoient entre la Suède et la Pologne. **1660 :** Frédéric-Guillaume, le Grand Électeur, obtient de la Pologne qu'elle renonce à sa suzeraineté sur la Prusse. **1701 :** son fils devient « roi en Prusse » sous le nom de Frédéric Ier. **1713 - 1740 :** Frédéric-Guillaume Ier, le « Roi-Sergent », dote le pays de l'armée la plus moderne d'Europe. **1740 - 1786 :** Frédéric II le Grand, le « Roi Philosophe », fait de la Prusse, qu'il agrandit de la Silésie et des territoires reçus lors du premier partage de la Pologne, une grande puissance européenne. **1806 :** la Prusse est défaite par Napoléon à Auerstedt et à Iéna. **1806 - 1813 :** remarquable « redressement moral » sous l'égide des ministres Stein et Hardenberg : abolition du servage ; création de l'université de Berlin, foyer du nationalisme allemand ; réorganisation de l'armée. **1813 - 1814 :** la Prusse joue un rôle déterminant dans la lutte contre Napoléon.

L'hégémonie prussienne en Allemagne. **1814 - 1815 :** la Prusse obtient au congrès de Vienne le nord de la Saxe, la Westphalie et les territoires rhénans au-delà de la Moselle. Elle devient l'État le plus puissant de la Confédération germanique. **1834 :** par l'Union douanière (*Zollverein*), elle prépare l'unité des États de l'Allemagne du Nord sous son égide. **1862 :** Guillaume Ier (1861 - 1888) appelle Bismarck à la présidence du Conseil. **1866 :** l'Autriche est battue à Sadowa. **1867 :** la Confédération de l'Allemagne du Nord est créée. **1871 :** à l'issue de sa victoire dans la guerre franco-allemande, Guillaume Ier est proclamé empereur d'Allemagne à Versailles. La Prusse constitue dès lors un État de l'Empire allemand, puis de la république de Weimar. **1933 - 1935 :** le national-socialisme met fin à son existence.

PRUSSE-OCCIDENTALE, anc. prov. allemande. Cap. *Dantzig*. Organisée en 1815, elle regroupait les territoires échus à la Prusse lors des deux premiers partages de la Pologne (1772, 1793). Elle fut attribuée à la Pologne en 1919, à l'exception de Dantzig.

PRUSSE-ORIENTALE, anc. prov. allemande. Cap. *Königsberg*. Elle fut partagée en 1945 entre l'URSS et la Pologne.

PRUSSE-RHÉNANE, anc. prov. allemande. V. princ. *Coblence*. Constituée au sein du royaume de Prusse en 1824, elle est auj. partagée entre les États de Rhénanie-du-Nord-Westphalie et de Rhénanie-Palatinat.

PRUT → **PROUT.**

PRZEMYŚL, v. de Pologne, en Galicie ; 65 000 hab. Cathédrale des XVe-XVIIIe s. et autres monuments ; musée.

PS (Parti socialiste), parti politique français né de la fusion, entre 1969 et 1971 (congrès d'Épinay), de la SFIO et de divers clubs. Il accède au sommet de l'État en 1981, avec l'élection à la présidence de la République de F. Mitterrand (président jusqu'en 1995), puis en 2012, avec celle de F. Hollande (président jusqu'en 2017).

PSAMMÉTIQUE Ier, pharaon d'Égypte (v. 663 - 609 av. J.-C.). Fils de Néchao et fondateur de la XXVIe dynastie, il chassa d'Égypte les Assyriens et les Éthiopiens. — **Psammétique III,** *m. en 525 av. J.-C.,* pharaon d'Égypte (526 - 525 av. J.-C.), de la XXVIe dynastie. Il fut vaincu et tué par le Perse Cambyse II, conquérant de l'Égypte.

Psaumes (livre des), livre biblique rassemblant les 150 chants liturgiques (psaumes) de la religion d'Israël. Traditionnellement, sa composition s'échelonne de la période monarchique à celle qui suit la restauration du Temple après l'Exil (Xe-IVe s. av. J.-C.), mais elle reste en réalité incertaine (probablement à partir du VIe s. av. J.-C.).

PSELLOS (Mikhail ou Michel), *Constantinople 1018 - id. 1078,* homme d'État et écrivain byzantin. Conseiller d'Isaac Ier Comnène et de ses successeurs, il contribua à diffuser la philosophie platonicienne dans l'Empire byzantin. Sa *Chronographie,* chronique des événements survenus entre 976 et 1077, est une source précieuse.

PSKOV, v. de Russie, au S.-O. de Saint-Pétersbourg ; 203 281 hab. Enceinte fortifiée, restes du kremlin, nombreuses églises médiévales ; riche musée d'Art et d'Histoire.

PSU (Parti socialiste unifié), parti politique français constitué en 1960 par des dissidents de la SFIO et du Parti communiste. Il a prononcé sa dissolution en 1989.

PSYCHÉ MYTH. GR. Jeune fille d'une grande beauté, aimée par Éros. Une nuit, elle alluma une lampe, désobéissant au dieu qui lui avait interdit de voir le visage d'Éros ; celui-ci la quitta et elle ne le retrouva qu'après nombre d'aventures. Le mythe de Psyché, rapporté par Apulée, a symbolisé par la suite le destin de l'âme déchue, qui, après des épreuves purificatrices, s'unit pour toujours à l'amour divin.

PTAH, dieu de l'Égypte ancienne, adoré à Memphis, considéré comme le Verbe créateur. Il est représenté sous forme humaine, le corps serré dans un linceul. Il protège les orfèvres et les artisans.

PTOLÉMAÏS, nom de plusieurs villes fondées à l'époque hellénistique par des Ptolémées ou en leur honneur.

PTOLÉMÉE, nom de seize souverains grecs de la dynastie des Lagides, qui régnèrent sur l'Égypte après la mort d'Alexandre le Grand (323 av. J.-C.). — **Ptolémée Ier Sôtêr,** *en Macédoine v. 367 - 283 av. J.-C.,* roi d'Égypte (305 - 283 av. J.-C.), fondateur de la dynastie des Lagides. Maître de l'Égypte après la mort d'Alexandre le Grand (323 av. J.-C.), il conquit la Palestine, la Syrie, Chypre et la Cyrénaïque. Il fit d'Alexandrie une grande capitale. — **Ptolémée II Philadelphe,** *Cos v. 309 - 246 av. J.-C.,* roi d'Égypte (283 - 246 av. J.-C.). Fils de Ptolémée Ier Sôtêr, il dut abandonner à Antiochos II l'Asie Mineure (253 av. J.-C.). Il inaugura le phare d'Alexandrie (dont la construction avait été engagée sous le règne de son père). — **Ptolémée III Évergète,** *v. 280 - 221 av. J.-C.,* roi d'Égypte (246 - 221 av. J.-C.). Il porta l'Égypte lagide à l'apogée de sa puissance. — **Ptolémée V Épiphane,** *v. 210 - 181 av. J.-C.,* roi d'Égypte (204 - 181 av. J.-C.). Il perdit définitivement la Syrie et la Palestine. — **Ptolémée VIII** (ou **VII**) **Évergète II,** *m. en 116 av. J.-C.,* roi d'Égypte (143 - 116 av. J.-C.). Son règne achève la grande période de l'Égypte lagide. À la fin du IIe s. et au Ier s. av. J.-C., les Ptolémées sont soumis à la politique romaine. — **Ptolémée XIV** (ou **XV**), *59 - 44 av. J.-C.,* roi d'Égypte (47 - 44 av. J.-C.). Il fut l'époux de sa sœur, Cléopâtre VII. — **Ptolémée XV** (ou **XVI**) **Césarion,** *47 - 30 av. J.-C.,* roi nominal d'Égypte (44 - 30 av. J.-C.). Fils de César et de Cléopâtre VII, il fut tué par Octavien après Actium.

PTOLÉMÉE (Claude), *Ptolemaïs de Thébaïde v. 100 - Canope v. 170,* savant grec. Sa *Grande Syntaxe mathématique* (ou *Almageste*), vaste compilation des connaissances astronomiques des Anciens, et sa *Géographie* ont fait autorité jusqu'à la fin du Moyen Âge et à la Renaissance. Il imaginait la Terre fixe au centre de l'Univers et développa un système cosmologique ingénieux, apte à rendre compte des mouvements astronomiques observés à son époque.

PTT, sigle de l'anc. Administration des Postes, Télégraphes et Téléphones, devenue en 1980 celle des Postes et Télécommunications et de la Télédiffusion. Ce service public a progressivement évolué, donnant naissance en 1991 aux groupes La Poste et France Télécom.

PUBLICOLA → **VALERIUS PUBLICOLA.**

PUCCINI (Giacomo), *Lucques 1858 - Bruxelles 1924,* compositeur italien. Au-delà de l'esthétique vériste, ses opéras (*la Bohème,* 1896 ; *Tosca,* 1900 ; *Madame Butterfly,* 1904 ; *le Triptyque,* 1918 ; *Turandot,* 1926) se distinguent par leur lyrisme et leur richesse harmonique et orchestrale.

◄ Giacomo **Puccini**

PUCELLE (Jean), *m. à Paris en 1334,* miniaturiste français. Chef d'un important atelier à Paris, v. 1320 - 1330, il introduisit la mode des figurations naturalistes et anecdotiques dans les marges des manuscrits, ainsi que l'illusion de la troisième dimension (*Heures de Jeanne d'Évreux,* musée des Cloîtres, New York).

PUDUCHERRY → **PONDICHÉRY.**

PUEBLA, v. du Mexique, cap. de l'*État de Puebla* ; 1 539 859 hab. (2 668 347 hab. dans l'agglomération). Centre commercial et industriel. – Cathédrale des XVIe-XVIIe s. ; églises baroques ; musées.

PUEBLO, v. des États-Unis (Colorado) ; 108 423 hab. (159 063 hab. dans l'agglomération).

PUEBLO, ensemble de peuples amérindiens du sud-ouest des États-Unis (Arizona, Nouveau-Mexique) [env. 55 000]. Les Pueblo comprennent notamm. les Hopi, les Tewa, les Tiwa et les Zuñi. Agriculteurs sédentaires, ils vivent dans des villages de maisons en pisé et souvent disposées en terrasses. Ils pratiquent un riche artisanat (vannerie, tissage, poterie, orfèvrerie) et ont conservé leurs danses, leurs chants, ainsi que de nombreux rites secrets liés aux relations avec les esprits des ancêtres (*kachina*) et les dieux. Ils relèvent de familles linguistiques diverses.

PUEBLO BONITO, site archéologique des États-Unis, dans la région du Chaco Canyon (Nouveau-Mexique). Imposants vestiges d'une cité précolombienne appartenant à la fin de la séquence Anasazi, et qui fut abandonnée v. 1300.

PUERTO CABELLO, v. du Venezuela ; 182 493 hab. Port.

PUERTO LA CRUZ, v. du Venezuela ; 155 731 hab. Port.

PUERTOLLANO, v. d'Espagne (Castille-La Manche), au S. de Ciudad Real ; 52 200 hab. Centre industriel.

PUERTO MONTT, v. du Chili méridional ; 153 118 hab. Port.

PUERTO RICO → **PORTO RICO.**

PUFENDORF (Samuel, baron **von**), *Chemnitz 1632 - Berlin 1694,* juriste et historien allemand. Reprenant et développant les idées de Grotius, il écrivit *Du droit de la nature et des gens* (1672), où il fonde le droit sur un contrat social.

PUGET (Pierre), *Marseille 1620 - id. 1694,* sculpteur, peintre et architecte français. Baroque et réaliste, en contradiction avec l'art officiel de son temps, il est l'auteur des *Atlantes* de l'ancien hôtel de ville de Toulon, d'œuvres religieuses à Gênes, de deux groupes, *Milon* de Crotone* et *Persée délivrant Andromède,* pour Versailles (Louvre). Il a également donné les plans de la chapelle de l'hospice de la Charité à Marseille. Son fils François (*1651 - 1707*) fut peintre.

PUGET SOUND n.m., fjord de la côte ouest des États-Unis (État de Washington).

PUIFORCAT (Jean), *Paris 1897 - id. 1945,* orfèvre français. Sa production, et celle de la maison qu'il a créée, vaut d'abord par l'harmonie des formes et des proportions.

PUIGCERDÁ, v. d'Espagne (Catalogne), près de la frontière française ; 8 838 hab. Cap. de la Cerdagne espagnole. Tourisme.

PUISAYE [-zɛ] n.f., région bocagère et humide, aux confins du Loiret, de la Nièvre et de l'Yonne. (Hab. *Poyaudins.*)

PUISEAUX (45390), comm. du Loiret ; 3 446 hab. (*Puiseautins*). Église des XIIIe et XVe s.

PUJOL I SOLEY (Jordi), *Barcelone 1930,* homme politique espagnol. Chef de la coalition *Convergència i Unió,* il a été président de la Généralité de Catalogne de 1980 à 2003.

PULA, en ital. **Pola,** v. de Croatie, en Istrie ; 57 191 hab. Monuments romains ; cathédrale reconstruite au XVIIe s. ; musée archéologique.

PULCHÉRIE [-ke-] (sainte), *Constantinople 399 - 453,* impératrice d'Orient. Fille d'Arcadius, elle s'empara du pouvoir à la mort de son frère Théodose II (450). Elle défendit l'orthodoxie contre les nestoriens et les monophysites.

PULCI (Luigi), *Florence 1432 - Padoue 1484,* poète italien. Il est l'auteur d'un poème chevaleresque qui parodie les chansons de geste (*Morgant*).

PULIGNY-MONTRACHET [-mɔ̃raʃɛ] (21190), comm. de la Côte-d'Or ; 395 hab. Vins.

Pulitzer (prix), prix institués par le journaliste américain Joseph Pulitzer (1847 - 1911). Décernés depuis 1917 par le conseil d'administration de l'université Columbia, ils récompensent chaque année des journalistes, des écrivains et des compositeurs.

PULLMAN (George Mortimer), *Brocton 1831 - Chicago 1897,* industriel américain. Avec son ami Ben Field, il créa les voitures-lits (1863 - 1865).

PULLY, v. de Suisse (Vaud), près de Lausanne ; 17 121 hab. (*Pulliérans*). Musées.

PUNAAUIA, comm. de la Polynésie française (Tahiti) ; 25 680 hab.

PUNAKHA, v. du Bhoutan. Anc. capitale.

Punch ou **London Charivari** (The), journal satirique illustré britannique. Fondé en 1841, il a cessé de paraître en 2002 (réduit à une modeste édition électronique).

PUNE ou **POONA,** v. d'Inde (Maharashtra) ; 2 540 069 hab. (5 049 968 hab. dans l'agglomération). Centre universitaire et industriel. – Cap. de l'Empire marathe au XVIIIe s.

puniques (guerres), conflits qui opposèrent entre 264 et 146 av. J.-C. Rome et Carthage, qui se disputaient l'hégémonie de la Méditerranée occidentale.

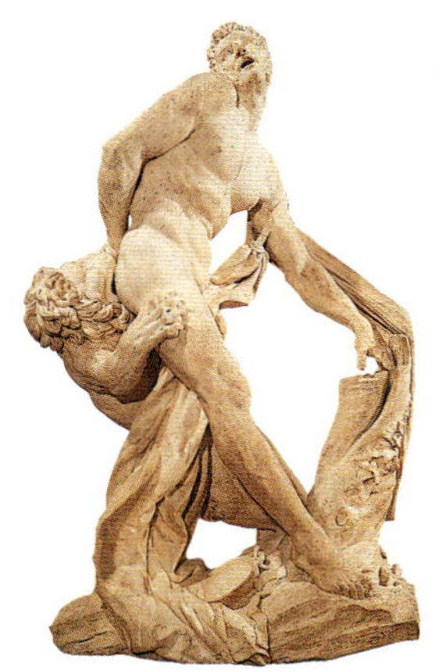

▲ Pierre **Puget.** *Milon de Crotone,* 1672-1682. (Louvre, Paris.)

La première guerre punique (264 - 241 av. J.-C.). Elle a pour théâtre la Sicile, d'où les Romains tentent d'évincer les Carthaginois. Forts des succès de leur flotte (victoire de Duilius à Mylae, au large de la Sicile, 260), les Romains débarquent en Afrique. Ils connaissent ensuite une série de revers : défaite et mort de Regulus (255) en Afrique, échecs de la flotte (Drepanum, 249) et de l'armée en Sicile, contre Hamilcar Barca. Mais la victoire décisive de la flotte romaine aux îles Égates (241 av. J.-C.) amène Carthage à demander la paix ; la Sicile passe sous le contrôle de Rome.

La deuxième guerre punique (218 - 201 av. J.-C.). Elle est marquée par l'offensive du Carthaginois Hannibal. Partant d'Espagne (prise de Sagonte, 219), celui-ci traverse les Pyrénées et les Alpes et entre en Italie, où il bat les Romains au Tessin et à la Trébie (218), au lac Trasimène (217), à Cannes (216) ; mais, ne recevant pas de renforts, il s'attarde à Capoue et doit renoncer à prendre Rome (211). Cependant, les Romains conquièrent la Sicile et l'Espagne. Hasdrubal Barca, qui essaie de rejoindre son frère Hannibal, est vaincu et tué sur les bords du Métaure (207). En 204, Scipion l'Africain porte la guerre en Afrique, après avoir obtenu le soutien du roi numide Masinissa. Hannibal, rappelé d'Italie, est vaincu à Zama (202 av. J.-C.). La paix de 201 enlève à Carthage ses possessions d'Espagne, la prive de sa flotte et lui impose un lourd tribut.

La troisième guerre punique (149 - 146 av. J.-C.). Elle porte le coup de grâce à Carthage. Le sénat romain, alerté par Caton qui craint la renaissance de la cité (*delenda est Carthago*, Carthage doit être détruite), prend prétexte du conflit opposant les Carthaginois à Masinissa, allié de Rome, et envoie Scipion Émilien en Afrique. Après trois ans de siège, Carthage est prise et rasée ; la puissance punique est anéantie.

PUNTA ARENAS, v. du Chili, sur la rive nord-ouest du détroit de Magellan ; 116 005 hab. Port. Une des villes les plus méridionales du monde (avec Ushuaia).

PUNTA DEL ESTE, v. d'Uruguay, sur l'Atlantique ; 9 277 hab. Station balnéaire.

Purana, série d'épopées anonymes indiennes (IVe-XVe s.) qui constituent une somme de la culture et de la religion indiennes.

PURCELL (Edward Mills), *Taylorville, Illinois, 1912 - Cambridge, Massachusetts, 1997*, physicien américain. Il a imaginé une méthode nouvelle de propagation des ondes radioélectriques, utilisant les propriétés de l'ionosphère, et a déterminé les moments magnétiques des noyaux d'atome. (Prix Nobel 1952.)

PURCELL (Henry), *Londres ? 1659 - Westminster, auj. dans Londres, 1695*, compositeur anglais. Il est l'auteur d'œuvres d'un lyrisme intense : musique de scène (*Didon et Énée*, opéra, 1689 ; *King Arthur*, 1691 ; *The Fairy Queen*, 1692), chants sacrés et profanes (odes, anthems), sonates, fantaisies pour violes, suites pour clavecin.

◄ Henry **Purcell.**
Gravure du XVIIe s.

PURUS n.m., riv. du Pérou et du Brésil, affl. de l'Amazone (r. dr.) ; 2 948 km.

Purusha ou **Purusa,** nom sanskrit de l'homme primordial dans le védisme. Premier sacrificateur, il est aussi le premier sacrifié, les diverses parties de son corps devenant alors les éléments de la création.

PUSAN, v. de Corée du Sud, sur le détroit de Corée ; 3 403 000 hab. Principal port du pays. Centre industriel. – Festival international du film.

PUSEY (Edward Bouverie), *Pusey, près d'Oxford, 1800 - Ascot Priory, Berkshire, 1882*, théologien britannique. Il prit une part capitale au « mouvement d'Oxford », ou *puseyisme*, qui porta une fraction de l'Église anglicane vers le catholicisme. Lui-même resta fidèle à l'anglicanisme.

PUSKAS (Ferenc), *Budapest 1927 - id. 2006*, footballeur hongrois naturalisé espagnol. Gaucher, stratège et buteur, il a remporté notamment une Coupe d'Europe des clubs.

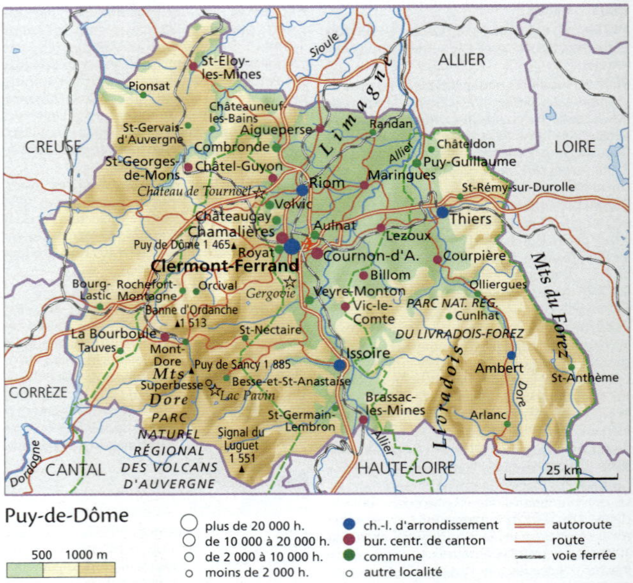

PUSZTA n.f., nom donné à la grande plaine de Hongrie, lorsqu'elle n'était pas encore cultivée.

PUTEAUX (92800), comm. des Hauts-de-Seine, sur la Seine ; 45 437 hab. *(Putéoliens).* Centre résidentiel, industriel (constructions mécaniques et électriques, produits pharmaceutiques) et de services (quartier de la Défense notamm.).

PUTIPHAR, personnage biblique, officier du pharaon, au temps de Joseph. Sa femme s'éprit de ce dernier et, irritée de son indifférence, l'accusa d'avoir voulu la séduire. Putiphar fit jeter Joseph en prison.

PUTMAN (Andrée), *Paris 1925 - id. 2013*, architecte d'intérieur et désigneuse française. Rééditrice de meubles des années 1930, elle affirme dans ses aménagements et créations – où le damier noir et blanc est un motif récurrent – un modernisme sobre et fonctionnel (hôtel Morgans, à New York, 1984 ; musée des Beaux-Arts, à Rouen, 1994 ; loges du Stade de France, 2008).

PUTNAM (Hilary), *Chicago 1926 - Arlington, près de Boston, 2016*, philosophe et logicien américain. Il défendait un réalisme scientifique qui admet l'indépendance de la réalité tout en considérant que celle-ci ne peut être appréhendée qu'au travers de la variété des schèmes conceptuels et des pratiques.

PUTNIK (Radomir), *Kragujevac 1847 - Nice 1917*, maréchal serbe. Il commanda les forces serbes de 1912 à la fin de 1915.

PUTRAJAYA, cap. administrative de la Malaisie, à 25 km au sud de Kuala Lumpur. Siège du gouvernement. Centre de hautes technologies.

PUVIRNITUQ, village inuit du Canada (Québec), sur la baie d'Hudson ; 1 779 hab. *(Puvirniturmiuts).*

PUVIS [pyvi] **DE CHAVANNES** (Pierre), *Lyon 1824 - Paris 1898*, peintre français. Il est connu pour ses peintures murales d'esprit symboliste et de style sobrement classique (musées d'Amiens et de Lyon ; palais de Longchamp à Marseille ; Panthéon *[Vie de sainte Geneviève]*, Sorbonne *[le Bois sacré]* et Hôtel de Ville à Paris).

PUY DE DÔME n.m., sommet volcanique d'Auvergne, proche de Clermont-Ferrand ; 1 465 m. Observatoire météorologique.

PUY-DE-DÔME n.m. (63), dép. de la Région Auvergne-Rhône-Alpes ; ch.-l. de dép. *Clermont-Ferrand* ; ch.-l. d'arrond. *Ambert, Issoire, Riom, Thiers* ; 5 arrond. ; 31 cant. ; 467 comm. ; 7 970 km^2 ; 664 386 hab. Le dép. appartient à l'académie de Clermont-Ferrand, à la cour d'appel de Riom, à la zone de défense et de sécurité Sud-Est. Les plaines fertiles des Limagnes, drainées par l'Allier, portent des cultures céréalières et fruitières. Elles sont dominées à l'E. par les hauteurs du Livradois et du Forez, souvent boisées, et à l'O. par les massifs volcaniques des monts Dôme et des monts Dore, régions d'élevage bovin (pour l'embouche et surtout la production de fromages). L'élevage constitue encore la ressource essentielle des plateaux granitiques de l'extrémité occidentale du dép. L'industrie, représentée notamment par les pneumatiques, est implantée surtout dans l'agglomération de Clermont-Ferrand, qui regroupe plus de 40 % de la population. Le thermalisme et le tourisme animent Châtel-Guyon, Royat, La Bourboule, Le Mont-Dore, Saint-Nectaire.

Puy du Fou (château du), situé près des Herbiers, site d'un grand parc de loisirs et de spectacles historiques (dont la célèbre « Cinéscénie », nocturne).

PUY-EN-VELAY (Le) [43000], anc. **Le Puy,** ch.-l. de la Haute-Loire, à 519 km au S.-E. de Paris ; 19 963 hab. (*Aniciens* ou *Ponots*). Évêché. Située dans une dépression fertile, le *bassin du Puy*, la ville est dominée par des pitons volcaniques (rocher Corneille, mont Aiguilhe). – Cathédrale romane à coupoles (peintures murales ; cloître) ; églises ou chapelles et maisons anciennes ; musée Crozatier. Centre de fabrication de dentelle depuis le XVe s. Atelier conservatoire national de la dentelle. – Anc. cap. du Velay.

PUYI, *Pékin 1906 - id. 1967*, dernier empereur de Chine (1908 - 1912). Il fut nommé par les Japonais régent (1932) puis empereur (1934 - 1945) du Mandchoukouo. Capturé par les Soviétiques, interné de 1949 à 1959 à Fushun, il devint employé au Jardin botanique de Pékin, puis dans un service des Affaires culturelles.

PUY-L'ÉVÊQUE (46700), bur. centr. de cant. du Lot ; 2 040 hab. *(Puy-l'Évêquois).* Église des XIVe-XVIe s. ; maisons fortifiées.

PUYMORENS [-rɛ̃s] (col de), col routier des Pyrénées françaises, entre Ax-les-Thermes (Ariège) et l'Andorre ou la Cerdagne ; 1 915 m. Tunnel routier.

PUYS (chaîne des) ou monts **DÔME,** groupe de volcans anciens de France, en Auvergne (Puy-de-Dôme), au-dessus de la Limagne ; 1 465 m au puy de Dôme.

PY (Olivier), *Grasse 1965*, auteur dramatique et metteur en scène de théâtre et d'opéra français. Il privilégie les thèmes de l'amour et de la foi dans de vastes fresques bouffonnes et lyriques (*la Servante, histoire sans fin*, 1995 ; *les Vainqueurs*, 2005). À la tête de l'Odéon-Théâtre de l'Europe de 2007 à 2012, il dirige le Festival d'Avignon depuis 2013 (édition 2014).

PYAY → **PROME.**

Pydna (bataille de) [168 av. J.-C.], victoire du consul Paul Émile le Macédonique sur les Macédoniens de Persée à Pydna (Macédoine). Elle mit fin à l'indépendance de la Macédoine.

PYGMALION MYTH. GR. Roi légendaire de Chypre. Amoureux d'une statue qu'il avait lui-même sculptée, il obtint d'Aphrodite qu'elle donnât vie à la statue, et il l'épousa.

PYGMÉES MYTH. GR. Peuple mythique de nains, que les Anciens situaient près des sources du Nil.

PYGMÉES, populations nomades de la Rép. dém. du Congo, du Gabon, du Cameroun et de la République centrafricaine. De petite taille, ils vivent dans la forêt équatoriale et pratiquent la chasse et la cueillette, échangeant leurs produits avec les communautés d'agriculteurs voisines. Ils comprennent notamment les Binga, les Mbuti et les Twa.

PYLADE MYTH. GR. Ami et conseiller d'Oreste. Les tragiques grecs en ont fait le type de l'ami fidèle.

PYLA-SUR-MER (33115), station balnéaire de la Gironde (comm. de La Teste-de-Buch).

PÝLOS, anc. **Navarin,** v. de Grèce, dans le Péloponnèse, sur la mer Ionienne ; 5 287 hab. Port. – À 15 km au N., site de l'anc. Pýlos, cité homérique. Ruines du palais de Nestor.

PYM (John), *Brymore 1584 - Londres 1643,* homme d'État anglais. Député aux Communes, principal auteur de la *Pétition de droit* (1628), qui limitait le pouvoir royal, il fut le chef de l'opposition parlementaire à Charles Ier et au catholicisme.

PYNCHON (Thomas), *Glen Cove, Long Island, État de New York, 1937,* écrivain américain. Depuis son premier roman, *V.* (1963), il mène une existence secrète et fait de l'écriture un art où époques et personnages apparaissent en trompe-l'œil (*Vente à la criée du lot 49,* 1966 ; *l'Arc-en-ciel de la gravité,* 1973 ; *Vineland,* 1990 ; *Mason et Dixon,* 1997 ; *Contre-jour,* 2006 ; *Fonds perdus,* 2013).

PYONGYANG, cap. de la Corée du Nord ; 2 842 570 hab. Centre administratif et industriel. – Musées. Monuments anciens.

PYRAME, jeune Babylonien dont les amours avec Thisbé, rapportées par Ovide, se terminèrent tragiquement : à la suite d'une méprise, les jeunes gens se suicidèrent.

Hautes-Pyrénées

Pyrénées-Atlantiques

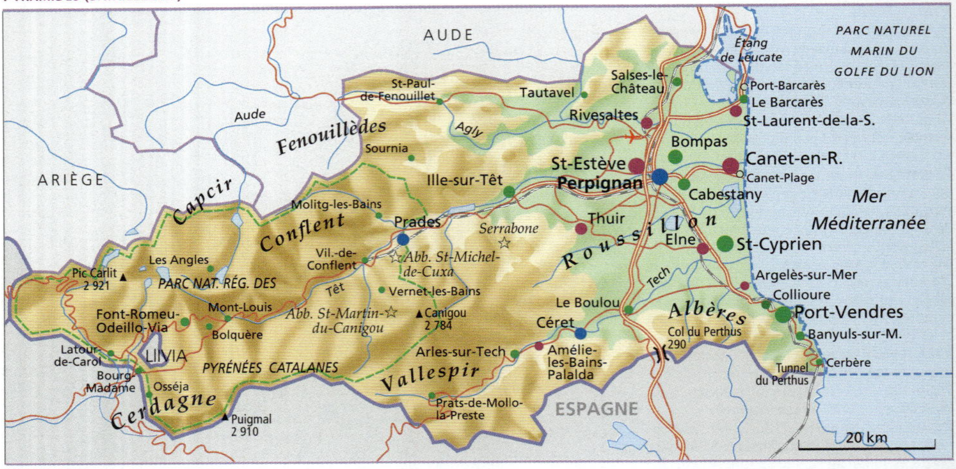

Pyrénées-Orientales

200 500 1000 m

- plus de 10 000 h.
- de 5 000 à 10 000 h.
- de 2 000 à 5 000 h.
- moins de 2 000 h.
- ch.-l. d'arrondissement
- bur. centr. de canton
- commune
- autre localité
- autoroute
- route
- voie ferrée

Pyramides (bataille des) [21 juill. 1798], bataille de la campagne d'Égypte. Victoire de Bonaparte sur les Mamelouks près des pyramides de Gizeh (le surlendemain, Bonaparte entrait au Caire).

PYRÉNÉES n.f. pl., chaîne de montagnes, aux confins de la France et de l'Espagne ; 3 404 m au pic d'Aneto. Elles s'étendent sur 430 km du golfe de Gascogne au golfe du Lion. Le versant nord appartient à la France, le versant sud à l'Espagne. Par leur âge, les Pyrénées se rattachent au système alpin, mais elles diffèrent des Alpes mêmes. Les sommets sont moins hauts et les cols plus élevés, d'où un aspect massif en rapport avec l'importance des roches cristallines et la faiblesse relative de l'érosion glaciaire. Cependant, la chaîne n'a jamais constitué une barrière humaine infranchissable (les Basques et les Catalans peuplent les deux versants). Les Pyrénées sont franchies par le rail ou surtout la route (Somport, tunnels de Bielsa et de Viella, col de Puymorens). Mais la circulation ouest-est demeure difficile en raison de la disposition méridienne des cours d'eau, qui explique le cloisonnement du relief. Celui-ci a imposé une économie de subsistance fondée sur les cultures vivrières, l'élevage transhumant, celui des ovins surtout (associé à l'industrie textile), l'exploitation de la forêt et du sous-sol. Cette économie est parfois animée par l'industrie (liée à l'hydroélectricité) et, aujourd'hui, par le tourisme.

PYRÉNÉES (Hautes-) [65], dép. de la Région Occitanie ; ch.-l. de dép. *Tarbes* ; ch.-l. d'arrond. *Argelès-Gazost, Bagnères-de-Bigorre* ; 3 arrond. ; 17 cant. ; 470 comm. ; 4 464 km^2 ; 236 017 hab. *(Haut-Pyrénéens)*. Le dép. appartient à l'académie de Toulouse, à la cour d'appel de Pau, à la zone de défense et de sécurité Sud-Ouest. Le Sud occupe une partie des Pyrénées centrales, région très montagneuse, peu peuplée, pays d'élevage. À l'E., le plateau de Lannemezan est souvent couvert de landes. À l'O., la longue vallée de l'Adour, plus favorisée, juxtapose céréales, vergers et prairies. Le Nord est formé de collines (polyculture et élevage). L'industrie est représentée par l'électrochimie et l'électrométallurgie, les constructions électriques et aéronautiques (vers Tarbes), à côté des activités traditionnelles (textiles, travail du bois, industries extractives [marbre]). Le thermalisme et les sports d'hiver animent localement la montagne, alors que Lourdes demeure l'un des grands centres mondiaux de pèlerinage. *(V. carte page précédente.)*

Pyrénées (parc national des), parc national créé en 1967, couvrant 45 700 ha sur les dép. des Pyrénées-Atlantiques et des Hautes-Pyrénées, le long de la frontière espagnole.

Pyrénées (traité des) ou paix des **Pyrénées** (7 nov. 1659), traité signé dans l'île des Faisans, sur la Bidassoa, par Mazarin et Luis Méndez de Haro, mettant fin aux hostilités entre la France et l'Espagne, qui étaient en guerre depuis 1635. Cette dernière abandonnait à la France d'importants territoires, notamm. le Roussillon, l'Artois et plusieurs places fortes du Nord. Il fut stipulé que Louis XIV épouserait la fille de Philippe IV, Marie-Thérèse, qui renonçait à ses droits sur la couronne d'Espagne moyennant une dot de 500 000 écus d'or.

Pyrénées ariégeoises (parc naturel régional des), parc naturel couvrant env. 246 500 ha sur le dép. de l'Ariège.

PYRÉNÉES-ATLANTIQUES (64), dép. de la Région Nouvelle-Aquitaine ; ch.-l. de dép. *Pau* ; ch.-l. d'arrond. *Bayonne, Oloron-Sainte-Marie* ; 3 arrond. ; 27 cant. ; 546 comm. ; 7 645 km^2 ; 690 788 hab. Le dép. appartient à l'académie de Bordeaux, à la cour d'appel de Pau, à la zone de défense et de sécurité Sud-Ouest. Il a porté jusqu'en 1969 le nom de *Basses-Pyrénées*. Le dép. s'étend au sud sur la partie occidentale de la chaîne pyrénéenne, la plus humide, ce qui explique le développement de l'élevage, tant dans les Pyrénées béarnaises (les plus élevées, ouvertes par les vallées d'Aspe et d'Ossau), à l'est, que dans les Pyrénées basques (où l'élevage est associé à la polyculture), à l'ouest. Le tourisme, notamm. hivernal (Gourette), est aussi présent. Les collines sableuses ou volcaniques du Nord-Est, aux sols médiocres, sont entaillées par des vallées plus favorisées, herbagères ou céréalières, portant localement des vignobles (Jurançon). L'industrie, représentée traditionnellement par la petite métallurgie, le textile, le travail du bois, s'est diversifiée avec les constructions aéronautiques et l'exploitation du gaz naturel de Lacq, en voie d'épuisement. Le littoral (Côte d'Argent) est animé par la pêche (Saint-Jean-de-Luz) et le tourisme (Biarritz). *[V. carte page précédente.]*

Pyrénées catalanes (parc naturel régional des), parc naturel couvrant env. 138 000 ha sur le dép. des Pyrénées-Orientales.

PYRÉNÉES-ORIENTALES (66), dép. de la Région Occitanie ; ch.-l. de dép. *Perpignan* ; ch.-l. d'arrond. *Céret, Prades* ; 3 arrond. ; 17 cant. ; 226 comm. ; 4 116 km^2 ; 479 421 hab. Le dép. appartient à l'académie et à la cour d'appel de Montpellier, à la zone de défense et de sécurité Sud. Le littoral, bas et bordé d'étangs au nord, est animé par un important tourisme estival. Dans l'intérieur (au N. des Albères qui portent des vignobles) s'étend la plaine du Roussillon, riche région agricole, où l'irrigation permet la présence de la vigne, des cultures fruitières (surtout) et maraîchères. La plaine est limitée vers l'intérieur par la partie orientale de la chaîne pyrénéenne, formée de lourds massifs (Canigou, Carlitte) ouverts par des bassins d'effondrement (Capcir, Cerdagne, Conflent, Vallespir), qui concentrent l'essentiel des activités (cultures céréalières et légumières, tourisme [Font-Romeu]). L'industrie, peu développée, est liée aux produits du sol (conserveries de fruits et de légumes, apéritifs). L'agglomération de Perpignan concentre plus de 40 % de la population. Le dép. s'oriente de plus en plus vers des activités de services liées au transport de marchandises (plateformes multimodales) et de passagers (ligne à grande vitesse Perpignan-Figueras, par le tunnel du Perthus) entre la France et l'Espagne.

PYRRHA MYTH. GR. Fille d'Épiméthée et de Pandore, épouse de Deucalion.

PYRRHON, *Élis v. 365 - v. 275 av. J.-C.*, philosophe grec. Il suivit Alexandre en Asie et fonda à son retour l'école sceptique. Sa doctrine, le scepticisme, ou *pyrrhonisme*, vise l'ataraxie.

PYRRHOS, aussi appelé **NÉOPTOLÈME** MYTH. GR. Fils d'Achille. Après la prise de Troie, il épousa Andromaque, veuve d'Hector, et mourut victime de la jalousie d'Hermione. Il passait pour le fondateur du royaume d'Épire.

PYRRHOS II, en lat. **Pyrrhus**, *v. 318 - Argos 272 av. J.-C.*, roi d'Épire (295 - 272 av. J.-C.). Appelé en Italie méridionale par les habitants de Tarente, il fut vainqueur contre Rome à Héraclée (280) et à Ausculum (279), grâce à ses éléphants (ces succès, obtenus au prix de très lourdes pertes, sont à l'origine de l'expression « victoire à la Pyrrhus »). Vaincu par les Romains à Bénévent (275 av. J.-C.), il dut rentrer en Épire.

PYTHAGORE, *Samos v. 570 av. J.-C. - Métaponte v. 480 av. J.-C.*, philosophe et mathématicien grec. Il est le fondateur d'une école mathématique et mystique, l'*école pythagoricienne* (v. partie n. comm. **pythagoricien**). Son existence est entourée de légendes et son enseignement, qui n'aurait été qu'oral, a été transmis par des traditions faisant une large place au secret.

▲ **Pythagore.** (BnF, Paris.)

PYTHÉAS, *IVe s. av. J.-C.*, navigateur et géographe grec de l'antique Marseille. Il détermina la latitude de Marseille et explora les côtes du nord de l'Europe.

PYTHON MYTH. GR. Serpent monstrueux, premier maître de Delphes. Il fut tué par Apollon, qui s'empara de l'oracle et fonda en son honneur les *jeux Pythiques*.

Québec

Quartier latin

Quetzalcóatl

QACENTINA → **CONSTANTINE.**

QADESH ou **KADESH,** ville de la Syrie ancienne, près de Homs. Sous ses murs, Ramsès II livra une dure bataille aux Hittites du roi Mouwatalli (v. 1299 av. J.-C.).

▲ Ramsès II à la bataille de **Qadesh.**

QADJAR, dynastie fondée par Agha Mohammad Chah, chef d'une tribu turkmène, et qui régna sur l'Iran de 1796 à 1925.

Qaida (al-) [« la Base »], organisation terroriste islamiste, créée en 1988 en Afghanistan par Oussama Ben* Laden. Développant une idéologie panislamique radicale, elle a mis en place un réseau mondial avec lequel elle entend combattre par des actions violentes les gouvernements de pays musulmans jugés « non islamiques » et l'Occident. Elle a revendiqué d'innombrables attentats, dont ceux du 11 septembre* 2001 aux États-Unis. L'organisation s'appuie sur des bases régionales, avec – outre la « zone rouge » Iraq-Pakistan-Afghanistan – des branches très actives comme al-Qaida pour la péninsule arabique (AQPA), basée au Yémen, et al-Qaida au Maghreb islamique (AQMI), fondée en Algérie en 1998 sous le nom de Groupe salafiste pour la prédication et le combat (GSPC), affiliée à al-Qaida depuis 2007 et qui a essaimé vers le Niger, le nord du Mali et la Mauritanie. Bien que al-Qaida ait été affaiblie par la disparition de O. Ben Laden, tué par les Américains en 2011, son influence a continué de s'étendre au travers des nombreux groupes djihadistes qui s'en réclament, notamm. dans les pays en guerre (Iraq, Syrie), avant d'être freinée par l'attrait croissant de l'organisation État* islamique.

QALAT SIMAN ou **QALAAT SIMAN,** site archéologique de la Syrie du Nord. Ensemble monumental élevé à la mémoire de saint Siméon le Stylite, chef-d'œuvre de l'art paléochrétien du Ve s.

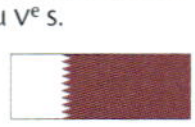

QATAR, État d'Asie, sur le golfe Persique ; 11 400 km² ; 2 169 000 hab. (*Qatariens, Qataris* ou *Qatariotes*). **CAP.** *Doha.* **LANGUE :** *arabe.* **MONNAIE :** *riyal du Qatar.* (V. carte **Arabie saoudite.**) C'est une péninsule désertique, mais très riche en pétrole et surtout en gaz naturel. – Lié par un traité (1868) à la Grande-Bretagne, le Qatar acquiert son indépendance en 1971. Il est gouverné par l'émir Khalifa ibn Hamad al-Thani (1972 - 1995), puis, à partir de 1995, par son fils Hamad ibn Khalifa al-Thani, qui, en 2013, abdique en faveur de son fils Tamim ibn Hamad al-Thani. En 2003, l'émirat se dote d'une Constitution (entrée en vigueur en 2005). Le Qatar s'affirme comme une puissance régionale et, fort de ses capacités d'investissement, il joue, à l'international, un rôle économique et politique influent.

QAZVIN ou **KAZVIN,** v. d'Iran, au S. de l'Elbourz ; 349 821 hab. Capitale de la Perse au XVIe s. – Monuments anciens.

QIANLONG, *Pékin 1711 - id. 1799,* empereur chinois (1736 - 1796), de la dynastie Qing. Il poursuivit l'expansion en Asie centrale, au Tibet et en Birmanie, et porta l'Empire à son apogée.

QIN, première dynastie impériale chinoise (221 - 206 av. J.-C.). Elle réalisa l'unification du pays, qu'elle dota d'un État centralisé.

QING, dynastie mandchoue qui régna sur la Chine de 1644 à 1911.

QINGDAO, v. de Chine (Shandong) ; 2 720 972 hab. Port. Centre culturel et industriel.

QINGHAI n.m., prov. de la Chine de l'Ouest ; 720 000 km² ; 5 880 000 hab. ; cap. *Xining.*

QINGHAI, vaste dépression marécageuse du centre-ouest de la Chine (alt. 3 200 m).

QINLING n.m. pl., massif de la Chine centrale, entre les bassins du Huang He et du Yangzi Jiang ; 3 767 m.

QIN SHI HUANGDI, *259 - 210 av. J.-C.,* empereur chinois (221 - 210 av. J.-C.), fondateur de la dynastie Qin. Il pacifia puis unifia les pays chinois et fonda l'Empire en 221 av. J.-C. À proximité de Xi'an*, à la périphérie de son tumulus, fut découverte (1974) une réplique en terre cuite de son armée.

QIQIHAR ou **TSITSIHAR,** v. de la Chine du Nord-Est (Heilongjiang) ; 1 540 089 hab. Carrefour ferroviaire et centre industriel.

▲ **Qatar.** Le musée d'Art islamique (architecte : Pei Ieoh Ming), à Doha.

QOM, v. d'Iran, au S.-S.-O. de Téhéran ; 957 496 hab. Ville sainte de l'islam chiite ; grand centre de pèlerinage. – Monuments anciens.

QUADES, peuple germanique qui vivait dans l'actuelle Moravie, en guerre avec Rome au IIe s. apr. J.-C. et qui disparut au IVe s.

quai Branly - Jacques-Chirac (musée du), musée national, à Paris. Ouvert en 2006, dans un édifice conçu par J. Nouvel*, il est dédié aux arts et civilisations d'Afrique, d'Asie, d'Océanie et des Amériques.

QUANTZ (Johann Joachim), *Oberscheden 1697 - Potsdam 1773,* compositeur et flûtiste allemand. Musicien de chambre et compositeur de la cour de Frédéric II de Prusse, il écrivit pour celui-ci sonates et concertos et laissa une importante méthode de flûte traversière.

QUAREGNON, comm. de Belgique (Hainaut) ; 18 768 hab.

QUARENGHI (Giacomo), *Valle Imagna, Bergame, 1744 - Saint-Pétersbourg 1817,* architecte italien. Il a bâti pour Catherine II, à Saint-Pétersbourg surtout, de nombreux édifices de style néoclassique palladien.

QUARTIER LATIN (le), nom donné à la partie de la rive gauche de Paris qui appartient aux Ve (Panthéon) et VIe (Luxembourg) arrondissements. Des activités universitaires s'y sont développées depuis le XIIe s.

QUARTON, CHARONTON ou **CHARRETON** (Enguerrand), *mentionné en Provence de 1444 à 1466,* peintre français originaire du diocèse de Laon. Il est l'auteur de la *Vierge de miséricorde* du musée Condé à Chantilly, du *Couronnement* de la Vierge* de Villeneuve-lès-Avignon et probablement de la *Pietà d'Avignon* du Louvre.

Quasimodo, personnage de *Notre-Dame de Paris* (1831), roman de V. Hugo. C'est le sonneur de cloches de la cathédrale, dont l'extrême difformité et l'apparente méchanceté cachent la plus sublime délicatesse de sentiment.

QUASIMODO (Salvatore), *Syracuse 1901 - Naples 1968,* poète italien. Il est passé du symbolisme raffiné de l'école « hermétiste » (*Et soudain c'est le soir,* 1942) à une poésie d'inspiration sociale et populaire (*la Terre incomparable,* 1958). [Prix Nobel 1959.]

Quatre Articles (Déclaration des) → **Déclaration du clergé de France.**

QUATRE-BRAS (les), hameau de Belgique (Brabant wallon). Défaite de Ney devant les Britanniques de Wellington (16 juin 1815), prélude au désastre de Waterloo.

QUATRE-CANTONS (lac des) ou lac de **LUCERNE,** en all. **Vierwaldstättersee,** lac de Suisse, traversé par la Reuss, entre les cantons d'Uri, Unterwald, Schwyz et Lucerne ; 114 km². Tourisme.

Quatre-Nations (collège des), établissement fondé à Paris en 1661 à l'initiative de Mazarin. Destiné à accueillir soixante « écoliers » origi-

Région de Montréal, avant les fusions de 2002, autour de Montréal, Saint-Jérôme et Longueuil.

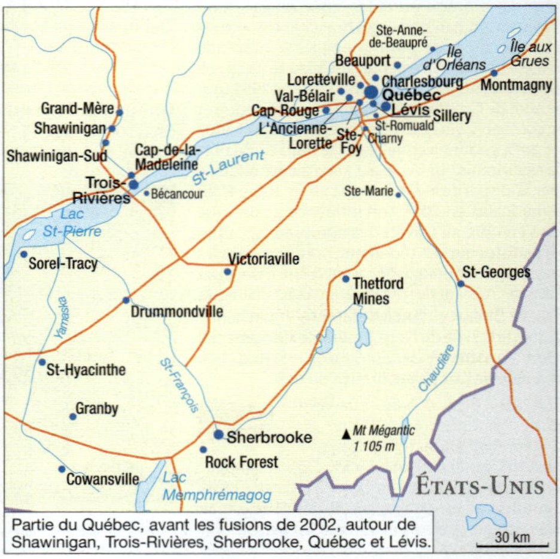

Partie du Québec, avant les fusions de 2002, autour de Shawinigan, Trois-Rivières, Sherbrooke, Québec et Lévis.

▲ **Québec.** À droite, le château Frontenac (fin du XIXe s.), dominant le Saint-Laurent.

naires de quatre « nations » récemment réunies à la France (Alsace, Pays-Bas, Roussillon, province de Pignerol), le collège reçut la bibliothèque personnelle du cardinal (future bibliothèque Mazarine). Il fut supprimé en 1793 et ses locaux furent affectés à l'Institut de France (1806).

QUÉBEC, v. du Canada, cap. de la *prov. de Québec*, au confluent du Saint-Laurent et de la rivière Saint-Charles ; 531 902 hab. *(Québécois)* [800 296 hab. dans l'agglomération]. Aéroport. Archevêché. Université Laval. Centre administratif, culturel, commercial et industriel. – Place Royale, en partie des XVIIe et XVIIIe s. ; monuments religieux ; musées, dont celui du Québec et celui de la Civilisation. – Fondée par le Français Champlain en 1608, Québec fut le berceau de la civilisation française en Amérique. Siège d'un évêché en 1674, elle fut prise par les Britanniques après la bataille des plaines d'Abraham (1759).

Québec (Acte de) [22 juin 1774], loi britannique concernant le statut du Canada. Il délimitait la province de Québec, admettait les catholiques aux fonctions publiques et rétablissait les anciennes lois françaises, tout en maintenant le droit criminel anglais, plus libéral.

QUÉBEC (province de), prov. de l'est du Canada ; 1 540 680 km² ; 8 164 361 hab. ; cap. *Québec* ; v. princ. *Montréal.*

GÉOGRAPHIE La province s'étend sur les bordures orientale (Nord-du-Québec) et méridionale (Laurentides) du Bouclier canadien, limité au sud par les basses terres situées de part et d'autre du Saint-Laurent. Enfin, le Sud-Est appartient à l'extrémité septentrionale du système appalachien (Gaspésie). Le climat est rude, de type continental marqué, avec un long enneigement. Sa dégradation progressive vers le nord explique la concentration de l'agriculture (céréales, fourrages, élevage bovin, etc.) et de la population dans le Sud, valorisé par la voie maritime du Saint-Laurent, qui est jalonnée par les principales villes (Montréal [près de la moitié de la population provinciale dans l'agglomération], Trois-Rivières, Québec). Le reste de la province est le domaine de l'exploitation de la forêt et surtout du riche sous-sol (fer, cuivre, or, amiante, etc.). La mise en valeur du potentiel hydroélectrique considérable a donné naissance aux industries du bois (papier), ainsi qu'à la métallurgie des non-ferreux. Le Québec mise aussi sur les hautes technologies (aéronautique, biotechnologies...).

HISTOIRE **1763 :** après la défaite de la France et le traité de Paris, la Grande-Bretagne s'assure le contrôle des possessions françaises du Canada (Nouvelle-France) et crée la province de Québec. **1791 :** l'arrivée des « loyalistes » fuyant les États-Unis indépendants aboutit à la séparation du Bas-Canada (avec Québec pour capitale), francophone, et du Haut-Canada (actuel Ontario), anglophone. **1837 :** les parlementaires des deux Canadas réclament de réels pouvoirs. La rébellion éclate et est durement réprimée. **1840 :** les deux Canadas (auj. Québec et Ontario) sont réunis en une même province, le Canada-Uni. **1867 :** la province de Québec est restaurée dans le cadre de la Confédération canadienne, nouvellement créée. La vie politique est alors marquée par la division entre libéraux et conservateurs cléricaux, qui se succèdent au pouvoir. **1960 - 1966 :** sous le gouvernement libéral de Jean Lesage, des réformes modernisent la société (période qualifiée de « Révolution tranquille »). **1966 - 1970 :** l'Union nationale est au pouvoir ; le courant indépendantiste se développe. **1976 :** succédant aux libéraux (1970 - 1976), le Parti québécois, dirigé par le leader indépendantiste René Lévesque, remporte les élections. **1977 :** la loi 101 (Charte de la langue française) instaure le français comme la langue officielle. **1980 :** les Québécois se prononcent par référendum contre le projet de « souveraineté-association » du Parti québécois. **1985 :** les libéraux, à nouveau dirigés par Robert Bourassa, reprennent le pouvoir. **1990 :** l'échec du projet d'accord constitutionnel (dit « du lac Meech »), destiné à satisfaire les demandes minimales du Québec, ouvre une crise politique sans précédent, aggravée par des revendications amérindiennes. **1992 :** un nouveau projet de réforme constitutionnelle est élaboré à Charlottetown. Soumis à référendum, il est rejeté. **1993 :** un amendement à la loi 101 autorise un usage limité de l'anglais dans l'affichage commercial. **1994 :** Robert Bourassa démissionne ; Daniel Johnson, nouveau chef des libéraux, lui succède. Après la victoire des indépendantistes aux législatives (sept.), Jacques Parizeau, chef du Parti québécois, devient Premier ministre. **1995 :** le référendum sur la souveraineté du Québec (oct.) se solde par une très mince victoire des partisans du maintien de la province dans la Confédération canadienne. J. Parizeau annonce immédiatement sa démission. **1996 :** il est remplacé à la tête du Parti québécois et du gouvernement par Lucien Bouchard. **2001 :** L. Bouchard démissionne ; Bernard Landry lui succède. **2003 :** les libéraux remportent les élections (avr.) ; leur chef, Jean Charest, est nommé Premier ministre. Il est reconduit dans ses fonctions, à la tête d'un gouvernement minoritaire, au terme des élections de mars 2007 (qui voient une montée de l'Action démocratique du Québec). Il est confirmé au terme de celles de décembre 2008, où son parti reconquiert la majorité (le Parti québécois opérant un retour en force). **2012 :** des manifestations et des grèves étudiantes contre une augmentation des droits de scolarité s'étendent et se radicalisent, se muant en une crise sociale et politique de grande ampleur. Des élections anticipées sont organisées en septembre ; elles sont gagnées par le Parti québécois de Pauline Marois, qui devient Première ministre (première femme à accéder à la tête du gouvernement de la province). La hausse des droits de scolarité contestée est annulée. **2014 :** Philippe Couillard est nommé Premier ministre, après la victoire des libéraux aux élections (avr.). **2018 :** la Coalition avenir Québec remporte les législatives (oct.), mettant fin à cinquante ans de domination du Parti libéral et du Parti québécois. François Legault prend la tête du gouvernement.

QUECHUA, principale famille ethnolinguistique amérindienne d'Amérique latine, représentée en Bolivie et au Pérou, ainsi qu'en Équateur, au Chili et en Argentine (env. 8 millions de locuteurs). Les Quechua eurent les Incas pour souverains.

QUEDLINBURG, v. d'Allemagne (Saxe-Anhalt) ; 27 740 hab. Ville ancienne pittoresque ; église St-Servais, reconstruite autour de 1100 (trésor) ; château des XVIe-XVIIe s. (musée).

QUEEN, groupe britannique de rock, fondé en 1970. Il est composé du chanteur **Freddie Mercury** (*Zanzibar 1946 - Londres 1991*), du guitariste **Brian May** (*né en 1947*), du batteur **Roger Taylor** (*né en 1949*) puis du bassiste **John Deacon** (*né en 1951*). Porté par un leader charismatique, ce groupe très populaire traversera plusieurs décennies grâce à des tubes aux accents lyriques (*We Will Rock You, We Are The Champions, Bohemian Rhapsody*).

QUEENS, borough de New York, dans le nord-ouest de Long Island ; 2 230 722 hab. Aéroports internationaux (La Guardia et J. F. Kennedy).

QUEENSLAND, État du nord-est de l'Australie ; 1 727 500 km^2 ; 4 332 739 hab. ; cap. *Brisbane*.

Que faire ?, roman de N. G. Tchernychevski (1863). Ce livre fut longtemps, par sa célébration de l'union libre et du radicalisme politique, la bible de la jeunesse révolutionnaire russe.

Que faire ?, œuvre de Lénine (1902) [reprenant le titre du roman de N. G. Tchernychevski], où l'auteur affirme la nécessité de construire un parti révolutionnaire fortement organisé.

QUEFFÉLEC (Henri), *Brest 1910 - Maisons-Laffitte 1992*, écrivain français. Empreints d'existentialisme chrétien, ses romans (*Journal d'un salaud*, 1944 ; *Un recteur de l'île de Sein*, id. ; *Tempête sur Douarnenez*, 1951 ; *les Îles de la Miséricorde*, 1974) ont souvent pour cadre la nature tourmentée de sa Bretagne natale.

QUEFFÉLEC (Yann), *Paris 1949*, écrivain français, fils d'Henri Queffélec. Dans des romans qui scrutent sans concession les relations familiales, il décrit un univers sombre, marqué par la violence sociale (*les Noces barbares*, 1985 ; *le Maître des chimères*, 1990 ; *Disparue dans la nuit*, 1994 ; *Osmose*, 2000). Il est aussi l'auteur de plusieurs récits autobiographiques (*l'Homme de ma vie*, 2015).

QUEIPO DE LLANO (Gonzalo), *Tordesillas 1875 - Séville 1951*, général espagnol. Il fut l'un des principaux lieutenants de Franco pendant la guerre civile de 1936 - 1939.

QUEIRÓS (José Maria **Eça de**), *Póvoa de Varzim 1845 - Neuilly-sur-Seine 1900*, écrivain portugais, auteur de romans réalistes (*le Crime du père Amaro*).

QUELIMANE, v. du Mozambique ; 192 876 hab. Port.

QUELLIN, QUELLINUS ou **QUELLIEN,** famille de sculpteurs et de peintres flamands d'Anvers, surtout du XVIIe s.

QUELUZ, v. du Portugal, banlieue ouest de Lisbonne ; 26 248 hab. Château royal de style rocaille (2e moitié du XVIIIe s.) ; beaux jardins.

QUEMOY, en chin. **Kinmen,** île taïwanaise, très proche du continent.

QUENEAU (Raymond), *Le Havre 1903 - Paris 1976*, écrivain français. Fondateur de l'Oulipo*, il a fait de son œuvre romanesque (*Pierrot mon ami*, 1942 ; *Zazie dans le métro*, 1959 ; *les Fleurs bleues*, 1965) et poétique (*Cent Mille Milliards de poèmes*, 1961) une expérimentation systématique, à la fois humoristique et mélancolique, des possibilités de la langue parlée ou écrite (*Exercices de style*, 1947).

◄ Raymond **Queneau**

QUENTAL (Antero Tarquínio de), *Ponta Delgada, Açores, 1842 - id. 1891*, écrivain portugais. Il est l'auteur de poèmes d'inspiration mystique et révolutionnaire.

Quentin Durward, roman historique de W. Scott (1823). Le récit des amours d'un archer écossais de Louis XI et d'une duchesse bourguignonne sert de prétexte à l'évocation de la lutte entre le roi de France et Charles le Téméraire.

QUERCIA (Jacopo della) → **JACOPO DELLA QUERCIA.**

QUERCY n.m., région du bassin d'Aquitaine, en bordure du Massif central. (Hab. *Quercinois* ou *Quercynois*.) Il est formé par le *haut Quercy* (ou *Causses du Quercy*), plateau calcaire entaillé par les vallées du Lot et de la Dordogne, et par le *bas Quercy*, autour de Montauban, pays de collines molassiques, vouées à la polyculture. – Le Quercy fut réuni au domaine royal au XVe s.

QUERÉTARO, v. du Mexique, cap. d'État, au N.-O. de Mexico ; 801 883 hab. (1 097 028 hab. dans l'agglomération). Aéronautique. Textile. – Noyau urbain d'époque coloniale, bien conservé. – L'empereur Maximilien y fut fusillé (1867).

QUESNAY [ke-] (François), *Méré 1694 - Versailles 1774*, médecin et économiste français. Inspirateur de l'école des physiocrates, il démontre dans le *Tableau économique* (1758) que les produits de la terre sont les vraies richesses. Cette œuvre maîtresse est également la première à analyser le circuit économique.

QUESNEL [ke-] (Pasquier), *Paris 1634 - Amsterdam 1719*, théologien français. Oratorien (1657), prêtre (1659), il publia des livres de piété imprégnés d'esprit janséniste, et dut pour cela s'exiler. Après la mort d'Arnauld (1694), il passa pour le chef du jansénisme. Ses *Réflexions morales* (1671) furent condamnées par la bulle *Unigenitus* (1713).

QUESNOY [ke-] (Le) [59530], comm. du Nord ; 5 151 hab. (*Quercitains*). Anc. place forte, à l'enceinte remaniée par Vauban.

QUESTEMBERT [kɛstɑ̃bɛr] (56230), bur. centr. de cant. du Morbihan ; 7 768 hab. (*Questembertois*). Halle en charpente de 1675.

QUÉTELET (Adolphe), *Gand 1796 - Bruxelles 1874*, astronome, mathématicien et statisticien belge. Il appliqua la théorie des probabilités aux sciences morales et politiques et à l'anthropométrie.

QUETIGNY (21800), comm. de la Côte-d'Or ; 10 022 hab. (*Quetignois*). Pharmacie.

QUETTA, v. du Pakistan, cap. du Baloutchistan ; 565 137 hab. (873 747 hab. dans l'agglomération).

QUETZALCÓATL (du nahuatl *quetzal*, nom d'un oiseau, et *cóatl*, serpent), dieu de la Végétation et de son renouveau, dans le panthéon du Mexique précolombien des origines. Sous les Aztèques, devenu le dieu des prêtres, de la pensée religieuse et de l'art, il est représenté sous la forme d'un serpent recouvert de plumes de quetzal.

QUEUE-EN-BRIE (La) [94510], comm. du Val-de-Marne ; 12 054 hab. (*Caudaciens*).

QUEUILLE (Henri), *Neuvic-d'Ussel, Corrèze, 1884 - Paris 1970*, homme politique français. Radical-socialiste, plusieurs fois ministre entre 1924 et 1940, notamm. de l'Agriculture, il fut trois fois président du Conseil sous la IVe République.

QUEVEDO Y VILLEGAS (Francisco **Gómez de**), *Madrid 1580 - Villanueva de los Infantes 1645*, écrivain espagnol. Ses poésies, ses écrits politiques et satiriques et son roman picaresque (*Histoire de don Pablo de Ségovie*, 1626) relèvent d'une esthétique baroque.

QUEYRAS [kɛra] n.m., région et vallée des Hautes-Alpes, que draine le Guil, affl. de la Durance (r. g.). Parc naturel régional (env. 57 400 ha).

QUÉZAC, anc. comm. de la Lozère, sur le Tarn (→ **Gorges-du-Tarn-Causses**). Eau minérale.

QUEZALTENANGO, v. du Guatemala ; 152 743 hab.

QUEZÓN (Manuel), *Baler 1878 - Saranac Lake, État de New York, 1944*, homme politique philippin. Président du « Commonwealth des Philippines » (1935), il s'exila aux États-Unis lors de l'occupation japonaise (1942).

QUEZON CITY, v. des Philippines, banlieue de Manille ; 2 679 450 hab. Cap. de 1948 à 1976.

QUFU, v. de Chine, au S.-O. de Zibo ; 625 313 hab. Lieu de naissance supposé de Confucius ; palais des descendants du maître, d'époque Ming, et surtout temple de Confucius, fondé au XIe s., avec des pavillons du XIIe s., tel celui des bibliothèques.

QUIBERON (56170), bur. centr. de cant. du Morbihan, à l'extrémité de la *presqu'île de Quiberon* ; 5 061 hab. (*Quiberonnais*). Pêche. Station balnéaire. Thalassothérapie. – En 1795, une petite armée d'émigrés y tenta un débarquement avec l'aide des Anglais, mais elle fut faite prisonnière par Hoche ; 748 émigrés furent fusillés près d'Auray.

QUICHÉ, peuple amérindien du Guatemala (env. 800 000). Essentiellement agriculteurs, les Quiché sont célèbres pour la beauté de leurs étoffes. Ils parlent le *quiché*, de la famille maya.

QUIERZY (02300), comm. de l'Aisne ; 441 hab. (*Chériziens*). Charles II le Chauve y promulgua un capitulaire admettant l'hérédité de fait des charges comtales (877).

QUIÉVRAIN, comm. de Belgique (Hainaut), à la frontière française ; 6 750 hab.

QUIGNARD (Pascal), *Verneuil-sur-Avre 1948*, écrivain français. Son érudition, servie par une écriture exigeante, nourrit une œuvre variée, réunissant textes courts (*Petits Traités*, 1981-1990), romans (*le Salon du Wurtemberg*, 1986 ; *Tous les matins du monde*, 1991 ; *Terrasse à Rome*, 2000 ; *Villa Amalia*, 2006 ; *Dans ce jardin qu'on aimait*, 2017) et essais (*le Sexe et l'Effroi*, 1994), jusqu'à transcender les genres (*Dernier Royaume*, 10 vol., 2002-2018 [vol. 1 : *les Ombres errantes*]).

QUILMES, v. d'Argentine, banlieue de Buenos Aires ; 580 829 hab.

QUILON, v. d'Inde (Kerala) ; 361 441 hab. Port.

QUIMPER (29000), ch.-l. du Finistère, sur l'Odet, à 551 km à l'O. de Paris ; 66 959 hab. (*Quimpérois*). Évêché. Centre commercial. Bonneterie. Faïences. – Festival de Cornouaille. – Cathédrale gothique des XIIIe-XVIe s. ; maisons anciennes ; musées des Beaux-Arts et départemental breton. – Anc. cap. du comté de Cornouaille.

QUIMPERLÉ (29300), bur. centr. de cant. du Finistère, au confluent de l'Ellé et de l'Isole ; 12 649 hab. (*Quimperlois*). Papeterie. Agroalimentaire. – Églises Ste-Croix, remontant au XIe s., et N.-D.-et-St-Michel, des XIIIe-XVe s.

QUINAULT (Philippe), *Paris 1635 - id. 1688*, auteur dramatique français. Ses tragédies (*Astrate*) furent attaquées par Boileau pour leur préciosité. À partir de 1672, il composa les livrets des opéras de Lully (*Cadmus et Hermione, Armide*). [Acad. fr.]

QUINCTIUS CINCINNATUS (Lucius) → **CINCINNATUS.**

QUINCTIUS FLAMININUS (Titus) → **FLAMININUS.**

QUINE (Richard), *Détroit 1920 - Los Angeles 1989*, cinéaste américain, maître de la comédie musicale filmée (*Ma sœur est du tonnerre*, 1955 ; *Liaisons secrètes*, 1960 ; *Deux Têtes folles*, 1964).

QUINE (Willard **Van Orman**, dit **Willard**), *Akron 1908 - Boston 2000*, logicien américain. Sa théorie sur les fondements de la logique prend particulièrement en compte les aspects sémantiques (*Logic and the Reification of Universalia*, 1953).

QUINET (Edgar), *Bourg-en-Bresse 1803 - Paris 1875*, historien français. Professeur au Collège de France, il fut suspendu en 1846 pour son anticléricalisme. Député en 1848, proscrit après le coup d'État du 2 décembre 1851, rentré en France en 1870, député en 1871, il fut le maître à penser de la république laïque. On lui doit notamm. *les Révolutions d'Italie* (1852).

QUI NHON, v. du sud du Viêt Nam ; 255 463 hab. Port.

▲ **Qufu.** Le Guiwenge, ou pavillon des bibliothèques (XIe-XIIe s.), partie du temple de Confucius.

QUINN (Anthony), *Chihuahua 1915 - Boston 2001*, acteur américain. Il sut composer avec finesse des personnages marginaux ou brutaux (*Viva Zapata !*, E. Kazan, 1952 ; *La Strada*, F. Fellini, 1954 ; *Zorba le Grec*, M. Cacoyannis, 1964).

QUINO (Joaquín **Lavado**, dit), *province de Mendoza 1932*, dessinateur et scénariste argentin de bandes dessinées. Il a créé pour la presse, de 1964 à 1973, le personnage de Mafalda, petite fille malicieuse à l'étonnante maturité politique.

QUINSON (04500), comm. des Alpes-de-Haute-Provence ; 446 hab. (*Quinsonnais*). Barrage et centrale hydroélectrique sur le Verdon. – Grotte préhistorique de la Baume Bonne. Musée de Préhistoire des gorges du Verdon.

QUINTE-CURCE, en lat. **Quintus Curcius Rufus,** *Ier s. apr. J.-C.*, historien latin, auteur d'une *Histoire d'Alexandre*, pittoresque mais approximative.

QUINTILIEN, en lat. **Marcus Fabius Quintilianus,** *Calagurris Nassica, auj. Calahorra, Espagne, v. 30 - v. 100 apr. J.-C.*, rhéteur latin. Dans son ouvrage sur la formation de l'orateur (*De l'institution oratoire*), il réagit contre les tendances nouvelles représentées par Sénèque et prôna l'imitation de Cicéron.

QUINTILIUS VARUS (Publius) → **VARUS.**

QUINTON (René), *Chaumes-en-Brie 1866 - Paris 1925*, physiologiste français. Il étudia l'eau de mer et préconisa son usage en thérapeutique.

Quinze-Vingts (les), hospice fondé à Paris par Saint Louis entre 1254 et 1261 (auj. services hospitaliers d'ophtalmologie). Il pouvait accueillir « quinze-vingts », soit 300 aveugles.

QUIRINAL [kui-] (mont), une des sept collines de Rome, dans le nord-ouest de la ville.

Quirinal (palais du), palais de Rome, sur le *mont Quirinal*, commencé en 1574 et agrandi ensuite. Résidence d'été des papes avant 1870, auj. résidence des présidents de la République italienne.

QUIRINUS MYTH. ROM. Ancienne divinité qui faisait partie, avec Jupiter et Mars, de la triade primitive du panthéon de Rome.

QUISLING (Vidkun), *Fyresdal, Telemark, 1887 - Oslo 1945*, homme politique norvégien. Favorable au nazisme, chef du gouvernement après l'invasion allemande (févr. 1942), il fut condamné à mort et exécuté à la Libération.

QUITO, cap. de l'Équateur, dans les Andes, à 2 500 m d'alt. env. ; 1 622 390 hab. (*Quiténiens*). Centre culturel, financier et industriel. – Monuments d'époque coloniale (XVIe-XVIIIe s.) ; musées (archéologie, histoire, art équatorien, etc.).

▲ **Quito,** dominée par le volcan Pichincha.

▲ **Qumran.** Les falaises creusées de grottes.

QUMRAN, site archéologique de Cisjordanie, près de la rive ouest de la mer Morte. Après la découverte, dans les grottes alentour, des *manuscrits de la mer Morte**, des bâtiments ont été mis au jour, dont la fonction et l'appartenance continuent de susciter de nombreuses discussions.

QUNAYTRA, v. de Syrie, au S.-O. de Damas ; 42 980 hab.

Quotidien du peuple (le), en chin. **Renmin ribao,** quotidien chinois créé en 1948, organe du Parti communiste chinois.

Quo vadis ?, roman de H. Sienkiewicz (1896), qui évoque la Rome impériale au temps des persécutions des chrétiens par Néron.

QURAYCHITES ou **KORAÏCHITES,** tribu arabe à laquelle appartenait Mahomet.

QU YUAN, *v. 343 - v. 278 ? av. J.-C.*, poète chinois. Il est l'auteur du premier poème signé de la littérature chinoise (*Lisao*).

QUZHOU, v. de Chine, au S.-O. de Hangzhou ; 286 271 hab.

RÂ → RÊ.

RAB, île croate de l'Adriatique. Tourisme.

RABAH, *province de Khartoum v. 1840 - Kousseri, Cameroun, 1900,* chef de guerre africain et musulman. Il se constitua un royaume esclavagiste dans les savanes centrafricaines et se fit proclamer émir du Bornou. Il fut défait et tué par les troupes françaises de la mission Foureau-Lamy (1900).

RABAN MAUR (bienheureux), *Mayence v. 780 - Winkel, Rhénanie, 856,* théologien, poète et homme de science allemand. Abbé de Fulda (822), archevêque de Mayence (847), il a laissé de nombreux écrits, dont le *De rerum naturis* (842-847). Il est l'initiateur des études théologiques en Allemagne.

RABANNE (Francisco **Rabane da Cuervo,** dit Paco), *Pasajes, près de Saint-Sébastien, 1934,* couturier espagnol. Depuis l'ouverture (1967) de sa maison de couture, à Paris, il a expérimenté des matières nouvelles, textiles ou non (rondelles de plastique, non-tissé, maille métallique, etc.).

RABASTENS [-tɛ̃s] (81800), bur. centr. de cant. du Tarn ; 5 608 hab. *(Rabastinois).* Église des XIIIe-XIVe s.

RABAT, cap. du Maroc, en bordure de l'Atlantique, à l'embouchure du Bou Regreg ; 1 932 000 hab. dans l'agglomération. Centre administratif, commercial et industriel. – Remarquables remparts (XIIe s.), aux portes fortifiées ; monuments du XIIe au XVIIIe s. ; musées.

▲ **Rabat.** La casbah des Oudaïa, surplombant le Bou Regreg.

RABAUL, v. de Papouasie-Nouvelle-Guinée, en Nouvelle-Bretagne ; 3 885 hab. Port. – Base aéronavale japonaise de 1942 à 1945.

RABELAIS (François), *La Devinière, près de Chinon, v. 1494 - Paris 1553,* écrivain français. Tour à tour franciscain, bénédictin, étudiant errant, médecin, puis curé de Meudon, il a écrit une œuvre qui s'inscrit dans la lignée de la littérature d'almanach (*Horribles et Épouvantables Faits et Prouesses du très renommé Pantagruel**, *Vie inestimable du grand Gargantua**) et qui s'efforce de concilier culture savante et tradition populaire (*Tiers Livre*, 1546 ; *Quart Livre*, 1552 ; *Cinquième Livre* [dont l'attribution à Rabelais est sujette à caution], 1564). Rabelais est le parfait modèle des humanistes de la Renaissance, qui luttent avec enthousiasme pour renouveler, à la lumière de la pensée antique, l'idéal philosophique et moral de leur temps. Il témoigne d'un don prodigieux de l'invention verbale.

▲ **Rabelais.** (Château de Versailles.)

RABEMANANJARA (Jacques), *Maroantsetra 1913 - Paris 2005,* écrivain malgache de langue française. Sa poésie, inséparable de son activisme politique anticolonialiste, mêle tradition et ouverture à la modernité *(Antsa, Lamba).*

RABHI (Rabah, puis Pierre), *Kenadsa, Algérie, 1938,* agriculteur, penseur et écrivain français. Pionnier de l'agroécologie, dont il enseigne les principes en Europe et en Afrique, il défend la décroissance, la réduction de l'empreinte écologique et la solidarité internationale (*l'Offrande au crépuscule*, 1989).

RABIER (Benjamin), *La Roche-sur-Yon 1864 - Faverolles, Indre, 1939,* dessinateur français. Créateur d'un univers peuplé d'animaux, il illustra, de son trait clair et mordant, plusieurs textes classiques (*Fables*, J. de La Fontaine, 1906) ainsi que ses propres histoires (*Gédéon*, 1923-1938). On lui doit aussi le dessin de *La vache qui rit* (1921).

RABIN (Yitzhak), *Jérusalem 1922 - Tel-Aviv-Jaffa 1995,* général et homme politique israélien. Chef d'état-major (1964 - 1967), Premier ministre travailliste (1974 - 1977), il est ensuite ministre de la Défense (1984 - 1990). En 1992, il prend la tête du Parti travailliste et redevient chef du gouvernement. Il relance les négociations israélo-arabes, qui aboutissent à l'accord de Washington (1993). Il est assassiné par un extrémiste israélien. (Prix Nobel de la paix 1994.)

▲ Yitzhak **Rabin** en 1992.

RACAN (Honorat **de Bueil,** seigneur **de**), *Aubigné, auj. Aubigné-Racan, Sarthe, 1589 - Paris 1670,* poète français. Disciple de Malherbe, il est l'auteur de stances élégiaques et d'une pastorale dramatique *(les Bergeries).* [Acad. fr.]

RACHEL, personnage biblique, épouse préférée de Jacob, mère de Joseph et de Benjamin.

RACHEL (Élisabeth Rachel **Félix,** dite Mlle), *Mumpf, Suisse, 1821 - Le Cannet 1858,* actrice française. Elle contribua à relancer le goût pour la tragédie classique.

RACH GIA, v. du sud du Viêt Nam, sur le golfe de Thaïlande ; 210 784 hab. Port.

RACHI ou **RASHI** (Salomon ben Isaac, dit), *Troyes 1040 - id. 1105,* rabbin et commentateur de la Bible et du Talmud. Il fonda à Troyes une école talmudique qui attira de nombreux élèves. Ses commentaires ont influencé toute la pensée juive et chrétienne du Moyen Âge et font encore autorité dans le judaïsme contemporain.

RACHMANINOV ou **RAKHMANINOV** (Sergueï Vassilievitch), *domaine d'Oneg, près de Novgorod, 1873 - Beverly Hills 1943,* compositeur et pianiste russe. L'un des plus grands virtuoses de son temps, il est l'auteur d'une œuvre pour piano considérable (4 concertos, préludes, études, sonates). Il écrivit aussi la *Liturgie de saint Jean Chrysostome*, la cantate *les Cloches*, des opéras et des symphonies.

RACHT → RECHT.

RACINE (Jean), *La Ferté-Milon 1639 - Paris 1699,* poète tragique français. Orphelin, il est recueilli par les religieuses de Port-Royal, où il reçoit une éducation janséniste. Après avoir tenté de concilier ses aspirations littéraires avec la carrière ecclésiastique, il se consacre au théâtre. Il fait jouer *la Thébaïde* (1664), puis *Alexandre le Grand* (1665), mais c'est le succès de la tragédie *Andromaque** (1667) qui assure sa réputation. Il donne ensuite *Britannicus** (1669), *Bérénice** (1670), *Bajazet* (1672), *Mithridate** (1673), *Iphigénie en Aulide* (1674), *Phèdre** (1677). Nommé historiographe du roi, réconcilié avec les jansénistes, il renonce alors au théâtre. Mais, à la demande de Mme de Maintenon, il écrit encore pour les élèves de Saint-Cyr les tragédies bibliques *Esther** (1689) et *Athalie** (1691). Le théâtre de Racine peint la passion comme une force fatale, qui détruit celui qui en est possédé. Réalisant l'idéal de la tragédie classique, il présente une action simple, claire, dont les péripéties naissent de la passion même des personnages. Racine a aussi écrit une comédie, *les Plaideurs* (1668), spirituelle critique des mœurs judiciaires. (Acad. fr.)

▲ Jean **Racine** par F. De Troy. (Musée d'Art et d'Histoire, Langres.) — **Louis R.,** *Paris 1692 - id. 1763,* écrivain français, fils de Jean, et auteur de poèmes d'inspiration janséniste *(la Religion)* et de *Mémoires* sur son père.

RACOVIȚĂ (Emil), *Iași 1868 - Bucarest 1947*, biologiste roumain. Il a créé la biospéléologie, étude scientifique des êtres vivants des grottes.

RADCLIFFE (Ann Ward, Mrs.), *Londres 1764 - id. 1823*, romancière britannique, auteure de romans gothiques (*les Mystères d'Udolphe*, 1794).

RADCLIFFE-BROWN (Alfred Reginald), *Birmingham 1881 - Londres 1955*, anthropologue britannique. Sa conception fonctionnaliste de l'organisation sociale préfigure le structuralisme (*Structure et fonction dans les sociétés primitives*, 1952).

Radeau de la Méduse (le), grande toile manifeste de Géricault (1818-1819, Louvre), dans laquelle le peintre a pris pour sujet la suite du naufrage de la frégate *Méduse* sur la côte occidentale de l'Afrique (1816).

RADEGONDE (sainte), *en Thuringe v. 520 - Poitiers 587*, reine des Francs. Princesse germanique, elle épousa Clotaire Ier (538). Après l'assassinat de son frère par le roi, elle entra en religion et fonda le monastère de Sainte-Croix, à Poitiers.

RADETZKY VON RADETZ (Joseph, comte), *Trebnitz, auj. Třebenice, 1766 - Milan 1858*, maréchal autrichien. Après avoir réprimé la révolution italienne de 1848, il vainquit les Piémontais à Custoza (1848) et à Novare (1849).

radical et radical-socialiste (Parti), parti politique français fondé en 1901, qui a joué un rôle de premier plan, principalement sous la IIIe République. (V. partie n. comm. **radicalisme.**) En 1972 - 1973, une partie de ses adhérents fonde le Mouvement des radicaux de gauche (MRG), qui, changeant plusieurs fois d'appellation à partir de 1994, prend en 1998 le nom de *Parti radical de gauche* (PRG). L'autre tendance (*Parti radical* [PR], dit « valoisien ») évolue vers le centre droit : une des composantes de l'UDF (1978 - 2002), le PR est ensuite un parti associé à l'UMP (2002 - 2011), avant de devenir en 2012 le fédérateur d'un rassemblement centriste, l'UDI (Union des démocrates et indépendants). En 2017, la fusion du PRG et du PR au sein d'un nouveau parti, le *Mouvement radical (social-libéral)*, met fin à plus de quarante années de séparation.

RADIGUET (Raymond), *Saint-Maur-des-Fossés 1903 - Paris 1923*, écrivain français. Ses romans psychologiques d'une lucidité implacable (*le Diable au corps*, 1923 ; *le Bal du comte d'Orgel*, 1924) renouent avec la rigueur classique.

Radio-Canada ou **CBC/Radio-Canada** (Canadian Broadcasting Corporation/Radio-Canada), société publique canadienne de radiotélévision. Le radiodiffuseur public est né en 1936. Sa première station de radio a été mise en ondes en 1937 ; sa première station de télévision, en 1952. Radio-Canada émet en français, en anglais et dans d'autres langues, dont huit langues autochtones.

Radio France, société nationale de programmes de radiodiffusion, créée en 1974. Elle dirige France Inter, France Info (radio), France Culture, France Musique, France Bleu, Mouv' et FIP.

Radio France Internationale (RFI), société française de radiodiffusion vers l'étranger, créée en 1975 et indépendante depuis 1987.

RADIOHEAD, groupe britannique de rock. Fondé en 1987 à Oxford par le chanteur et guitariste **Thomas Yorke**, *Wellingborough, Northamptonshire, 1968*, il se distingue par sa musique très lyrique, issue de la double influence du rock planant et de la techno (*The Bends*, 1995 ; *OK Computer*, 1997 ; *Kid A*, 2000 ; *Hail to the Thief*, 2003 ; *In Rainbows*, 2007).

radio-télévision (Union européenne de) [UER], organisation internationale, créée en 1950 (sous le nom de Union européenne de radiodiffusion), qui regroupe les organismes de radiodiffusion de l'Europe et du pourtour méditerranéen. Elle gère l'Eurovision depuis 1962, et la Mondovision pour l'Europe. (Siège : Genève.)

RADISSON (Pierre Esprit), *Paris v. 1636 - en Grande-Bretagne v. 1710*, explorateur français. Marchand de fourrures, il contribua à la fondation de la Compagnie de la baie d'Hudson.

RADOM, v. de Pologne, au S. de Varsovie ; 221 287 hab. Centre industriel.

▲ Le **Radeau de la Méduse.** Peinture de Géricault, 1818-1819. (Louvre, Paris.)

RADZIWIŁŁ, famille polonaise, originaire de Lituanie, qui joua un rôle important en Lituanie et en Pologne de la fin du XVe s. au début du XXe s.

RAEBURN (sir Henry), *Stockbridge 1756 - Édimbourg 1823*, peintre britannique. Il fut le portraitiste, au style enlevé, des notables écossais.

RAEDER (Erich), *Wandsbek, auj. dans Hambourg, 1876 - Kiel 1960*, amiral allemand. Commandant en chef de la marine de 1935 à 1943, disgracié, il fut condamné à Nuremberg (1946) pour crimes de guerre et libéré en 1955.

RAETZ (Markus), *Büren an der Aare, canton de Berne, 1941*, artiste suisse. Ses œuvres (sculptures, dessins, installations, photographies…), jeux de miroirs et anamorphoses, sont des équivoques visuelles ludiques et poétiques (*Lisi*, 1979 ; *Kopf*, 1984 ; *Miroir*, 1986 ; *Oui/Non*, 2001 ; *Binocular View*, id. ; *Paquet III*, 2011-2012).

RAF (Royal Air Force), nom donné depuis 1918 à l'armée de l'air britannique.

RAFFARIN (Jean-Pierre), *Poitiers 1948*, homme politique français. Centriste puis membre de l'UMP (auj. Les Républicains), ministre des Petites et Moyennes Entreprises, du Commerce et de l'Artisanat (1995 - 1997), il a été Premier ministre de 2002 à 2005.

RAFFET (Denis Auguste Marie), *Paris 1804 - Gênes 1860*, peintre et dessinateur français. Élève de Gros et de Nicolas Charlet, il doit sa réputation, comme ce dernier, à ses lithographies de sujets militaires (soldats de la Révolution et de l'Empire).

RAFSANDJANI (Ali Akbar Hachemi), *Bahraman, à 60 km au N.-O. de Rafsandjan, prov. de Kerman, 1934 - Téhéran 2017*, religieux et homme politique iranien. Hodjatoleslam, il fut président du Parlement (1980 - 1989), puis président de la République de 1989 à 1997. De 2007 à 2011, il présida l'Assemblée des experts (instance chargée d'élire, de contrôler ou de démettre le Guide de la Révolution).

RAGLAN (James Henry **Somerset,** baron), *Badminton 1788 - devant Sébastopol 1855*, maréchal britannique. Il fut commandant des troupes britanniques de Crimée (1854).

RAGUSE, v. d'Italie (Sicile), ch.-l. de prov. ; 69 920 hab. Monuments baroques du XVIIIe s.

RAGUSE → **DUBROVNIK.**

RAGUSE (duc de) → **MARMONT.**

RAHMAN (Mujibur), *Tongipara, district de Gopalganj, 1920 - Dacca 1975*, homme politique bangladais. Artisan de la sécession (1971) du Pakistan oriental, qui devient le Bangladesh, il est alors incarcéré puis forme le premier gouvernement bangladais en 1972. Président de la République (1975), il est renversé par un coup d'État et assassiné.

RAHMAN (Zia ur-) → **ZIA UR-RAHMAN.**

RAHNER (Karl), *Fribourg 1904 - Innsbruck 1984*, théologien et jésuite allemand. Il a mis en lumière la valeur pastorale de la théologie et replacé l'homme dans le message historique de la foi (*Écrits théologiques*, 1954-1984). Il a contribué à faire mûrir les idées de Vatican II.

RAIATEA, île de la Polynésie française, au N.-O. de Tahiti ; 12 832 hab.

RAID (Recherche, assistance, intervention, dissuasion), unité d'élite de la police nationale française, créée en 1985. Formé sur le modèle du GIGN, le RAID intervient dans les mêmes situations d'exception, en partic. la maîtrise d'individus dangereux et la lutte antiterroriste.

RAIMOND de Peñafort (saint) → **RAYMOND DE PEÑAFORT** (saint).

RAIMOND, nom de sept comtes de Toulouse. — **Raimond IV,** dit **Raimond de Saint-Gilles,** *Toulouse 1042 - Tripoli 1105*, comte de Toulouse (1093 - 1105). Il participa à la première croisade et entreprit (1102 - 1105) la conquête du futur comté de Tripoli. — **Raimond VI,** *1156 - Toulouse 1222*, comte de Toulouse (1194 - 1222). Protecteur des albigeois, il fut l'adversaire de Simon de Montfort. — **Raimond VII,** *Beaucaire 1197 - Millau 1249*, comte de Toulouse (1222 - 1249). Il fut contraint par Saint Louis de signer le traité de Lorris, qui marquait la fin effective de l'indépendance du comté (1243).

RAIMOND BÉRENGER III, *1082 - 1131*, comte de Barcelone (1096 - 1131) et de Provence (1112/1113 - 1131). Il étendit son État en Méditerranée (Baléares) et au-delà des Pyrénées.

RAIMONDI (Marcantonio), dit en fr. **Marc-Antoine,** *Bologne 1480 - id. v. 1534*, graveur italien. Buriniste, installé à Rome vers 1510, il reproduisit et diffusa, notamm., les œuvres de Raphaël.

RAIMONDI (Ruggero), *Bologne 1941*, chanteur italien. Avec sa voix de basse et son talent de comédien, il s'illustre dans les rôles de composition (Scarpia, Boris Godounov, Méphisto, Don Juan).

RAIMU (Jules **Muraire,** dit), *Toulon 1883 - Neuilly-sur-Seine 1946*, acteur français. Rendu célèbre par sa création de César dans la pièce de M. Pagnol, *Marius* (1929), il a marqué de sa personnalité, mélange de naturel et de grandiloquence, de faconde et d'émotion, de nombreux rôles (*l'Étrange Monsieur Victor*, J. Grémillon, 1938 ; *la Femme du boulanger*, M. Pagnol, id.).

RAINCY (Le) [93340], ch.-l. d'arrond. de la Seine-Saint-Denis ; 14 733 hab. (*Raincéens*). Église de A. Perret (vitraux de M. Denis).

RAINIER (mont), sommet de la chaîne des Cascades, aux États-Unis ; 4 392 m. Parc national.

RAINIER III, *Monaco 1923 - id. 2005*, prince de Monaco (1949 - 2005), de la maison de Grimaldi. Successeur de son grand-père Louis II, il avait épousé en 1956 l'actrice américaine Grace Kelly.

Rainier III, prince de Monaco. ▶

RAIPUR, v. d'Inde, cap. du Chhattisgarh ; 605 131 hab. (1 122 555 hab. dans l'agglomération). Centre industriel.

RAIS, RAYS ou **RETZ** (Gilles **de**), *v. 1400 - Nantes 1440*, homme de guerre français. Compagnon de Jeanne d'Arc, maréchal de France (1429), il se retira dans ses terres v. 1435. Il pratiqua l'alchimie et la magie noire, commettant d'innombrables crimes sur des enfants. Il fut exécuté.

RAISMES [rɛm] (59590), comm. du Nord ; 12 762 hab. *(Raismois).*

Raizet (le), anc. site de l'aéroport de Pointe-à-Pitre (aéroport Guadeloupe - Pôle Caraïbes).

RAJAHMUNDRY, v. d'Inde (Andhra Pradesh) ; 313 347 hab. Port sur l'estuaire de la Godavari.

RAJASTHAN, État du nord-ouest de l'Inde ; 342 000 km^2 ; 68 621 012 hab. ; cap. *Jaipur.*

RAJKOT, v. d'Inde (Gujerat) ; 966 642 hab.

RAJOELINA (Andry), *Antsirabé 1974*, homme politique malgache. Maire d'Antananarivo, il est à la tête du mouvement de contestation qui renverse Marc Ravalomanana en 2009, puis dirige le pays en qualité de « président de la Haute Autorité de la transition » jusqu'en 2014. Il revient au pouvoir en 2019 (élu président en déc. 2018).

RAJOY BREY (Mariano), *Saint-Jacques-de-Compostelle 1955*, homme politique espagnol. Plusieurs fois ministre dans les gouvernements de J. M. Aznar, président du Parti populaire (2004 - 2018), il a été président du gouvernement de 2011 à 2018.

RAJPUT, clans guerriers de l'Inde occidentale. Issus probablement des Huns qui envahirent l'Inde du Nord vers le ve s., les Rajput se concentrèrent dans l'actuel Rajasthan, où ils se constituèrent en royaumes et principautés. Célèbres pour leur résistance aux dominations moghole et britannique, ils tendent auj. à être considérés comme une caste.

RAJSHAHI, v. du Bangladesh ; 451 425 hab. (900 338 hab. dans l'agglomération).

RAKHMANINOV → **RACHMANINOV.**

RÁKÓCZI, famille d'aristocrates hongrois. — **Ferenc II** ou **François II R.,** *Borsi 1676 - Rodosto 1735*, prince hongrois. Porté en 1703 à la tête de la révolte des Hongrois contre les Habsbourg, il fut vaincu par les impériaux (1708) et s'exila après la paix de Szatmár (1711), conclue à son insu.

RÁKOSI (Mátyás), *Ada 1892 - Gorki 1971*, homme politique hongrois. Secrétaire général du Parti communiste (1945 - 1956) et chef du gouvernement (1952 - 1953), il lutta après 1953 contre la ligne libérale de I. Nagy. Il se réfugia en URSS après l'insurrection de 1956.

RALEIGH, v. des États-Unis, cap. de la Caroline du Nord ; 439 896 hab. (803 406 hab. dans l'agglomération). Université.

RALEIGH ou **RALEGH** (sir Walter), *Hayes v. 1554 - Londres 1618*, navigateur et écrivain anglais. Favori d'Élisabeth Ire, il tenta à partir de 1584 de fonder une colonie en Amérique du Nord, dans une région qu'il baptisa « Virginie » (actuelle Caroline du Nord) en l'honneur de la « reine vierge ». Adepte d'une stratégie navale offensive, il multiplia les expéditions contre l'Espagne (Cadix, 1596). Disgracié et emprisonné sous Jacques Ier, de 1603 à 1616, il fut exécuté. Il est l'auteur d'une *Histoire du monde* (1614) et de poèmes.

RAMA, une des incarnations du dieu hindou Vishnou et héros du *Ramayana.*

RAMADIER (Paul), *La Rochelle 1888 - Rodez 1961*, homme politique français. Plusieurs fois ministre socialiste de 1936 à 1957, maire de Decazeville (1919 - 1959), il vota contre les pleins pouvoirs au maréchal Pétain (1940) et participa à la Résistance. Président du Conseil (1947), il écarta les ministres communistes du gouvernement, mettant fin au tripartisme (SFIO-MRP-PC).

RAMAKRISHNA ou **RAMAKRISNA** (Gadadhar **Chattopadhyaya,** dit), *Kamarpukur, Bengale-Occidental, 1836 - Calcutta 1886*, brahmane bengali. Il mena une vie d'ascèse et de retraite. Prétendant avoir contemplé Jésus puis Mahomet, il prêcha l'unité de toutes les religions.

RAMALLAH, en ar. Rām Allāh, v. de Cisjordanie, au N. de Jérusalem ; 27 460 hab. (83 000 hab. dans l'agglomération). Quartier général des plus hautes instances palestiniennes (la *Muqata'a*).

RAMAN (sir **Chandrasekhara Venkata**), *Trichinopoly, auj. Tiruchirapalli, 1888 - Bangalore 1970*, physicien indien. Il a découvert, en 1928, l'effet de diffusion de la lumière par les molécules, les atomes et les ions, dans les milieux transparents, effet qui permet de déterminer la structure des composants d'une substance. (Prix Nobel 1930.)

RAMANUJA, *m. v. 1137*, philosophe indien. Il a insisté sur le culte de Vishnou et préconisé la méditation et la dévotion, ou *bhakti.* Il eut une influence considérable sur l'hindouisme.

RAMAPHOSA (Cyril), *Soweto 1952*, homme politique sud-africain. Vice-président de la République (2014 - 2018), il est président de l'ANC, depuis 2017, et président de la République, depuis 2018.

RAMAT GAN, v. d'Israël, banlieue de Tel-Aviv-Jaffa ; 153 700 hab.

RAMATUELLE (83350), comm. du Var ; 2 139 hab. *(Ramatuellois).* Vieux village pittoresque perché sur une butte rocheuse. Tourisme balnéaire (plage de Pampelonne). Vignobles. – Théâtre de verdure (festivals arts scéniques, jazz…).

Ramayana, épopée indienne (premiers siècles av. J.-C. ?) attribuée à Valmiki, qui relate la vie de *Rama*, roi d'Ayodhya, incarnation de Vishnou.

RAMBERT (Miriam **Ramberg,** dame Marie), *Varsovie 1888 - Londres 1982*, danseuse et chorégraphe britannique d'origine polonaise. Fondatrice et directrice de plusieurs troupes, elle joua un rôle majeur dans l'essor du ballet classique et de la danse moderne en Grande-Bretagne.

RAMBERVILLERS [-le] (88700), comm. des Vosges ; 5 561 hab. *(Rambuvetais).* Forêt domaniale. – Hôtel de ville de 1581.

RAMBOUILLET (78120), ch.-l. d'arrond. des Yvelines, dans la *forêt de Rambouillet* (13 200 ha) ; 26 080 hab. *(Rambolitains).* Électronique. Cosmétiques. – Hôtel de ville de 1787. Château des xive-xviiie s., affecté jusqu'en 2009 à la présidence de la République ; beau parc ; bergerie nationale.

Rambouillet (hôtel de), anc. demeure de Paris, construite rue Saint-Thomas-du-Louvre (auj. disparue), sur les plans de la marquise de Rambouillet *(1588 - 1665)*, qui y réunissait une société choisie d'aristocrates et de gens de lettres, modèle de la préciosité.

RAMBUTEAU (Claude Philibert **Barthelot,** comte de), *Mâcon 1781 - Champgrenon, près de Charnay-lès-Mâcon, 1869*, administrateur français. Préfet de la Seine (1833 - 1848), il entreprit d'importants travaux d'assainissement et d'urbanisme à Paris.

RAMEAU (Jean-Philippe), *Dijon 1683 - Paris 1764*, compositeur français. Claveciniste et organiste, il contribua à fixer la science de l'harmonie (*Traité de l'harmonie*, 1722). Dans ses tragédies lyriques (*Hippolyte et Aricie*, 1733 ; *Castor et Pollux*, 1737 ; *Dardanus*, 1739 ; *Abaris, ou les Boréades*, non représenté) et ses opéras-ballets (*les Indes galantes*, 1735 ; *les Fêtes d'Hébé*, 1739), il porta l'émotion et le sentiment dramatique à leur sommet grâce à la souplesse de sa rythmique, au relief et à la vigueur de son style instrumental, à la puissance ou à la tendresse de ses thèmes. On lui doit aussi cantates, livres de pièces de clavecin, suites et des *Pièces de clavecin en concerts.*

▲ Jean-Philippe **Rameau** par J. J. Caffieri. (Musée des Beaux-Arts, Dijon.)

RAMGOOLAM (sir Seewoosagur), *Belle Rive 1900 - Le Réduit 1985*, homme politique mauricien. Premier ministre de 1961 à 1982, il conduisit son pays à l'indépendance (1968). Il fut ensuite gouverneur général de 1983 à sa mort. — **Navinchandra R.,** *Port-Louis 1947*, homme politique mauricien. Fils de Seewoosagur, il est Premier ministre (travailliste) de 1995 à 2000 et de 2005 à 2014.

Ramillies (bataille de) [23 mai 1706], bataille de la guerre de la Succession d'Espagne. Victoire du duc de Marlborough sur les franco-espagnols du maréchal de Villeroi à Ramillies (Brabant).

RAMIRE, nom de deux rois d'Aragon et de trois rois de León (ixe-xiie s.).

RAMON (Gaston), *Bellechaume, Yonne, 1886 - Garches 1963*, biologiste et vétérinaire français. Il obtint les premières anatoxines et fut le précurseur des vaccinations associées.

RAMONVILLE-SAINT-AGNE (31520), comm. de la Haute-Garonne ; 14 217 hab. *(Ramonvillois).*

RAMÓN Y CAJAL (Santiago), *Petilla, Navarre, 1852 - Madrid 1934*, médecin et biologiste espagnol. Il découvrit la structure neuronale du système nerveux. (Prix Nobel 1906.)

RAMOS-HORTA (José), *Dili 1949*, homme politique est-timorais. Son action en faveur d'une solution pacifique au conflit du Timor oriental avec l'Indonésie lui vaut en 1996 le prix Nobel de la paix (avec Mgr Carlos Filipe Ximenes Belo). Membre du gouvernement dès l'indépendance du pays (2002), il est Premier ministre (2006 - 2007) puis président de la République (2007 - 2012).

RAMPAL (Jean-Pierre), *Marseille 1922 - Paris 2000*, flûtiste français. Tout en enseignant, il mena une brillante carrière internationale de soliste virtuose dans un répertoire ancien et contemporain.

RAMPLING (Charlotte), *Sturmer, Essex, 1946*, actrice britannique. D'expression française et anglaise, elle a bâti sa carrière internationale en donnant un charme énigmatique aux personnages souvent étranges qu'elle incarne (*Portier de nuit*, L. Cavani, 1974 ; *On ne meurt que deux fois*, J. Deray, 1985 ; *Sous le sable*, F. Ozon, 2000 ; *Swimming Pool*, id., 2003 ; *45 years*, A. Haigh, 2015).

RAMPUR, v. d'Inde (Uttar Pradesh) ; 281 549 hab.

RAMSAY (sir William), *Glasgow 1852 - High Wycombe, Buckinghamshire, 1916*, chimiste britannique. Il a attribué le mouvement brownien aux chocs entre molécules (1879) et a participé (notamm. avec Rayleigh) à la découverte des gaz rares. (Prix Nobel 1904.)

RAMSDEN (Jesse), *Salterhebble 1735 - Brighton 1800*, constructeur britannique d'instruments. Ses machines transformèrent la fabrication des instruments d'astronomie et de géodésie et sont à l'origine de la mécanique de précision moderne.

RAMSÈS, nom porté par onze pharaons des XIXe et XXe dynasties égyptiennes. — **Ramsès Ier,** pharaon d'Égypte (v. 1320 - 1318 av. J.-C.). Il fonda la XIXe dynastie. — **Ramsès II,** pharaon d'Égypte (v. 1304 - 1236 av. J.-C.). Il remporta contre les Hittites la bataille de Qadesh (v. 1299 av. J.-C.), puis, au terme d'une longue lutte en Syrie et en Palestine, conclut avec eux un traité d'alliance (1283). Les monuments élevés par Ramsès II dans la vallée du Nil (salle hypostyle de Karnak, temples d'Abou-Simbel) illustrent la splendeur de son règne. — **Ramsès III,** pharaon d'Égypte (1198 - 1166 av. J.-C.). Fondateur de la XXe dynastie, il arrêta l'invasion des Peuples de la Mer et fit construire le temple de Médinet Habou, à Thèbes.

RAMSEY (Norman Foster), *Washington 1915 - Wayland, Massachusetts, 2011*, physicien américain. Auteur de travaux sur la spectroscopie atomique, il put, à partir de la mesure très précise de la fréquence des atomes, réaliser des horloges (au césium, par ex.) ainsi que le maser à hydrogène. (Prix Nobel 1989.)

RAMSGATE, v. de Grande-Bretagne (Angleterre), près de l'embouchure de la Tamise ; 37 967 hab. Station balnéaire. Centre de yachting.

RAMUS (Pierre **de La Ramée,** dit), *Cuts, Oise, 1515 - Paris 1572*, humaniste, mathématicien et philosophe français. En délicatesse avec la Sorbonne pour son opposition ouverte à l'aristotélisme, il mena d'importants travaux de logique, donnant à la notion de méthode une formulation nouvelle (*Dialectique*, 1555). Il fut le premier professeur de mathématiques du Collège royal (Collège de France). Converti au calvinisme, il fut assassiné au lendemain de la Saint-Barthélemy.

RAMUZ (Charles-Ferdinand), *Lausanne 1878 - Pully 1947*, écrivain suisse de langue française. Ses récits, qui expriment la poésie de la nature et de la vie quotidienne en pays vaudois, sont hantés par le sentiment du tragique et les menaces obscures (*la Grande Peur dans la montagne*, 1926 ; *Derborence*, 1934). Son *Histoire du soldat* (1918) fut mise en musique par I. Stravinsky.

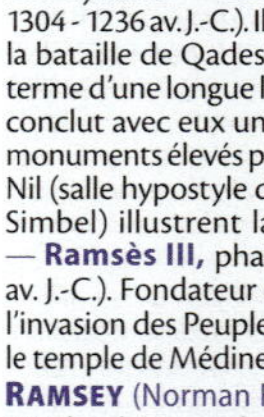

▲ Charles-Ferdinand **Ramuz** par C. Cingria. (Coll. priv.)

RANAVALONA III, *Tananarive 1862 - Alger 1917,* reine de Madagascar (1883 - 1897). Sur l'initiative de Gallieni, elle fut déposée et exilée par les Français (1897), qui venaient d'établir leur protectorat sur le pays (1895).

◄ **Ranavalona III** en 1893.

RANCAGUA, v. du Chili central ; 206 971 hab.

RANCE n.f., fl. de France, en Bretagne, qui se jette dans la Manche ; 100 km. Elle passe à Dinan. Usine marémotrice sur son estuaire.

RANCÉ (Armand Jean **Le Bouthillier de**), *Paris 1626 - Soligny, près de Mortagne, 1700,* religieux français. Grand seigneur libertin, il se convertit (1660) et réforma l'abbaye cistercienne de Notre-Dame-de-la-Trappe, dont est issu l'ordre cistercien de la stricte observance, dit « des trappistes ».

RANCHI, v. d'Inde, cap. du Jharkhand ; 1 126 741 hab. Centre agricole et industriel.

RANCIÈRE (Jacques), *Alger 1940,* philosophe français. Figure majeure de la revue *les Révoltes logiques* (1975-1981), penseur de l'esthétique et du politique essentiellement, il renouvelle la réflexion sur la démocratie (*la Mésentente,* 1995 ; *la Haine de la démocratie,* 2005).

RANCILLAC (Bernard), *Paris 1931,* peintre français. Appartenant à la « nouvelle figuration », il retravaille en couleurs vives des images existantes (bandes dessinées, affiches, photos de presse), invitant à une lecture critique du monde contemporain.

RANDERS, v. du Danemark (Jylland) ; 62 524 hab. Port. – Noyau urbain ancien.

RANDSTAD HOLLAND, région de l'ouest des Pays-Bas, englobant notamm. les villes d'Amsterdam, La Haye, Rotterdam et Utrecht. Densément peuplée, cette région regroupe la majeure partie des activités du pays.

RANGOUN, RANGOON ou **YANGON,** v. de Birmanie, près de l'embouchure de l'Irrawaddy ; 4 350 000 hab. Port et principal centre économique du pays, elle a perdu en 2005 son statut de capitale au profit de Nay Pyi Taw. – Célèbre pagode Shwedagon, haut lieu du bouddhisme ; musée national.

▲ **Rangoun.** La pagode Shwedagon.

RANGPUR, v. du nord du Bangladesh ; 307 053 hab. dans l'agglomération.

RANJIT SINGH, *au Pendjab 1780 - Lahore 1839,* fondateur de l'empire des sikhs. Il annexa Lahore (1799) et Amritsar (1802). Arrêté dans son expansion vers le sud-est par les Britanniques, il conquit le nord-ouest, jusqu'au Cachemire (1819).

RANK (Otto **Rosenfeld,** dit **Otto**), *Vienne 1884 - New York 1939,* psychanalyste autrichien. Il s'éloigna de Freud en récusant le complexe d'Œdipe au profit de l'angoisse de la naissance (*Traumatisme de la naissance,* 1924).

RANKE (Leopold **von**), *Wiehe 1795 - Berlin 1886,* historien allemand. Auteur notamm. d'une *Histoire de la papauté pendant les XVIe et XVIIe siècles* (1834-1836) et d'une *Histoire d'Allemagne au temps de la Réforme* (1839-1847), il fut l'un des grands initiateurs de la science historique allemande au XIXe s.

▲ **Raphaël.** *La Belle Jardinière,* 1508. (Louvre, Paris.)

RANKINE (William), *Édimbourg 1820 - Glasgow 1872,* physicien britannique. Professeur de mécanique, il a créé l'énergétique, en distinguant les énergies potentielle et cinétique.

RANST, comm. de Belgique (prov. d'Anvers), à l'E. d'Anvers ; 18 581 hab.

RANVIER (Louis), *Lyon 1835 - Vendranges, Loire, 1922,* histologiste français. Professeur, auteur de traités d'histologie et d'anatomie, il a donné son nom à plusieurs éléments cellulaires.

RAON-L'ÉTAPE [raɔ̃-] (88110), bur. centr. de cant. des Vosges ; 6 590 hab. Papeterie. Mécanique.

RAOUL ou **RODOLPHE,** *m. à Auxerre en 936,* duc de Bourgogne (921 - 923) et roi de France (923 - 936), de la dynastie des Robertiens. Gendre et successeur par élection du roi Robert Ier, il battit définitivement les Normands en 930.

RAOULT (François), *Fournes-en-Weppes, Nord, 1830 - Grenoble 1901,* chimiste et physicien français. Il créa, en 1882, la cryoscopie, la tonométrie et l'ébulliométrie, et énonça les lois relatives aux solutions diluées (1882).

Rapallo (traité de) [16 avr. 1922], traité signé à Rapallo (prov. de Gênes) entre l'Allemagne et la Russie soviétique. Il prévoyait le rétablissement des relations diplomatiques et économiques entre les deux pays.

RAPHAËL, un des sept anges principaux de la tradition juive, dont la religion chrétienne fit des archanges. Il apparaît dans le livre de Tobie.

RAPHAËL (Raffaello **Sanzio** ou **Santi,** dit en fr.), *Urbino 1483 - Rome 1520,* peintre italien. Élève du Pérugin, il travailla à Pérouse, Florence, Rome et fut, à la cour des papes Jules II et Léon X, architecte en chef et surintendant des édifices (villa Madama, 1516 et suiv., notamm.). L'art de ce maître du classicisme allie précision du dessin, harmonie des lignes, délicatesse du coloris avec une ampleur spatiale et expressive toute nouvelle. Parmi ses chefs-d'œuvre, outre des portraits et des madones célèbres, signalons *le Mariage de la Vierge* (1504, Brera, Milan), *le Triomphe de Galatée* (1511, Farnésine), *la Transfiguration* (1518-1520, Pinacothèque vaticane) et une partie des fresques des « chambres » du Vatican (*l'École* d'Athènes, le Parnasse, Héliodore chassé du Temple,* etc.) [1509-1514], le reste de la décoration (comme celle des « loges ») étant exécuté, sous sa direction, par ses élèves, dont J. Romain. On lui doit encore les cartons de tapisserie des *Actes des apôtres.* Son influence a été considérable jusqu'à la fin du XIXe s.

RAPIN (Nicolas), *Fontenay-le-Comte v. 1540 - Poitiers 1608,* poète français. Il est l'un des auteurs de la *Satire* Ménippée.*

RAPP (Jean, comte), *Colmar 1772 - Rheinweiler, Bade, 1821,* général français. Gouverneur de Dantzig, il défendit la ville pendant un an en 1813, après la retraite de Russie.

RAQQA, v. de Syrie, près de l'Euphrate ; 343 870 hab. Anc. *Nikêphorion,* puis *Kallinikon,* la ville fut fondée par al-Mansur dans la seconde moitié du VIIIe s. Ruines de la cité médiévale. Grand centre de production céramique aux XIIe - XIIIe s. – La ville a été en grande partie détruite lors du conflit syrien (depuis 2011).

RAROTONGA, l'une des îles Cook, en Polynésie ; 13 097 hab.

RAS AL-KHAYMA, l'un des Émirats arabes unis, sur le golfe Persique, au N.-E. de Dubai ; 197 571 hab. ; cap. *Ras al-Khayma.*

RASHI → **RACHI.**

RASK (Rasmus), *Brøndekilde, près d'Odense, 1787 - Copenhague 1832,* linguiste danois. Il a établi la parenté de nombreuses langues indo-européennes ; c'est l'un des fondateurs de la grammaire comparée.

Raskolnikov, personnage principal du roman *Crime et Châtiment* (1866) de Dostoïevski. Cet étudiant pauvre et fier trouve dans l'aveu le seul moyen de libérer sa conscience d'un crime que, par rejet de la morale commune, il estimait avoir le droit de commettre.

RASMUSSEN (Anders Fogh), *Ginnerup, Gursland, 1953,* homme politique danois. Chef de file du Parti libéral (1998 - 2009), il a été Premier ministre de 2001 à 2009, avant de devenir secrétaire général de l'OTAN (jusqu'en 2014).

RASMUSSEN (Knud), *Jakobshavn, Groenland, 1879 - Copenhague 1933,* explorateur danois. Il dirigea plusieurs expéditions dans l'Arctique et étudia les Esquimaux.

RASMUSSEN (Lars Løkke), *Vejle, Jylland, 1964,* homme politique danois. Leader du Parti libéral depuis 2009, il est Premier ministre de 2009 à 2011 et depuis 2015.

RASMUSSEN (Poul Nyrup), *Esbjerg, Jylland, 1943,* homme politique danois. Leader du Parti social-démocrate (1992 - 2002), Premier ministre (1993 - 2001), il a aussi été président du Parti socialiste européen de 2004 à 2011.

RASPAIL (François), *Carpentras 1794 - Arcueil 1878,* savant et homme politique français. Formé à la biologie et à la chimie, il publia des ouvrages de vulgarisation de la médecine. Gagné aux idées républicaines, il prit part aux journées de 1830 ; son adhésion aux sociétés secrètes, sous la monarchie de Juillet, le fit emprisonner. Fondateur de *l'Ami du peuple* (1848), il fut candidat socialiste à l'élection présidentielle (déc. 1848). Banni en 1849, il vécut en Belgique. De retour en France, il fut député en 1869, puis de 1876 à 1878.

RASPOUTINE (Grigori Iefimovitch **Novykh,** dit), *Pokrovskoïe 1864 ou 1865 - Petrograd 1916,* aventurier russe. Ayant acquis une réputation de saint homme (*starets*) et de guérisseur (soulageant notamment le tsarévitch Alexis atteint d'hémophilie), il fut protégé par l'impératrice Aleksandra Fiodorovna. Il contribua, par sa vie débauchée, à jeter le discrédit sur la cour de Nicolas II et fut assassiné par le prince Ioussoupov.

▲ **Raspoutine**

Rassemblement du peuple français → **RPF.**

Rassemblement national (RN), jusqu'en 2018 **Front national** (FN), parti politique français, d'extrême droite, créé (1972) et dirigé par Jean-Marie Le* Pen jusqu'en 2011. Marine Le Pen, sa fille, lui succède et change, en 2018, le nom du parti.

Rassemblement pour la République → **RPR.**

RAS SHAMRA → **OUGARIT.**

RAS TANNURA, port pétrolier d'Arabie saoudite, sur le golfe Persique. Pétrochimie.

RASTATT ou **RASTADT,** v. d'Allemagne (Bade-Wurtemberg), au N. de Baden-Baden ; 46 648 hab. Monuments du XVIIIe s. ; musées. — **traité de Rastatt** (6 mars 1714), traité signé entre Louis XIV et Charles VI et qui mit fin à la guerre de la Succession d'Espagne. Louis XIV conservait l'Alsace, mais restituait les places tenues sur la rive droite du Rhin. L'empereur Charles VI s'assurait la Sardaigne, Naples, le Milanais, les présides de Toscane et les Pays-Bas espagnols. — **congrès de Rastatt** (9 déc. 1797 - 23 avr. 1799), congrès qui devait fixer le nouveau statut territorial de l'Allemagne et de l'Italie, après le traité de Campoformio (1797). Il n'aboutit pas et deux des envoyés du Directoire furent massacrés.

Rastignac, personnage créé par Balzac dans *le Père* Goriot*. Type de l'arriviste élégant, il reparaît dans la plupart des romans de *la Comédie* humaine* qui ont pour cadre la société parisienne.

RASTRELLI (Bartolomeo Francesco), *Paris ? v. 1700 - Saint-Pétersbourg 1771*, architecte d'origine italienne dont la carrière s'est déroulée en Russie. Il a réalisé pour la tsarine Élisabeth, à partir de 1741, une architecture brillante et animée (cathédrale Smolnyï et palais d'Hiver à Saint-Pétersbourg, Grand Palais à Tsarskoïe Selo).

RATEAU (Auguste), *Royan 1863 - Neuilly-sur-Seine 1930*, ingénieur français. Spécialiste des turbomachines, il conçut la turbine multicellulaire (1901) qui porte son nom.

RATHENAU (Walther), *Berlin 1867 - id. 1922*, industriel et homme politique allemand. Ministre des Affaires étrangères en 1922, il signa le traité de Rapallo. D'origine juive, partisan d'un accord négocié avec les Alliés sur la question des réparations, il fut assassiné par des nationalistes.

RÄTIKON n.m., massif des Alpes, aux confins de la Suisse, du Liechtenstein et de l'Autriche ; 2 965 m.

RATISBONNE, en all. **Regensburg,** v. d'Allemagne (Bavière), sur le Danube ; 135 403 hab. Université. Centre commercial. – Cathédrale gothique entreprise au XIIIe s. ; anc. hôtel de ville des XIVe-XVe s. ; église St-Emmeram, romane à décor baroque. Musées. – Ville libre en 1245, Ratisbonne, où se tint la diète de 1541 entre catholiques et protestants, devint en 1663 le siège permanent de la diète du Saint Empire *(Reichstag)*. Elle fut annexée à la Bavière en 1810.

RATP (Régie autonome des transports parisiens), établissement public industriel et commercial français, fondé en 1948. La RATP exploite le métro, le RER, conjointement avec la SNCF, et les transports de surface en région parisienne.

RATSIRAKA (Didier), *Vatomandry 1936*, homme politique malgache. Officier de marine, il est président du Conseil suprême de la révolution (1975), puis président de la République (1976 - 1993 et 1997 - 2002).

RATTLE (sir Simon), *Liverpool 1955*, chef d'orchestre britannique. À la direction de l'Orchestre symphonique de Birmingham de 1980 à 1998, il donne des interprétations exceptionnelles des œuvres du XVIIIe au XXe s. Longtemps à la tête de l'Orchestre philharmonique de Berlin (2002 - 2018), il dirige l'Orchestre symphonique de Londres depuis 2017.

RÄTTVIK, station d'été et de sports d'hiver de Suède (Dalécarlie), sur le lac Siljan. Église du XIVe s. (fresques du XVe s.). Ateliers d'artisanat.

RATZEL (Friedrich), *Karlsruhe 1844 - Ammerland 1904*, géographe allemand, auteur d'une *Anthropogéographie* (1882-1891).

RAU, sigle de République arabe* unie.

RAU (Johannes), *Wuppertal 1931 - Berlin 2006*, homme politique allemand. Social-démocrate (SPD), il fut président de la République de 1999 à 2004.

RAUMA, v. de Finlande, sur le golfe de Botnie ; 39 954 hab. Chantiers navals. Dentelles. Maisons anciennes en bois, peintes et sculptées ; église de la Ste-Croix, des XVe-XVIe s. (peintures) ; musées.

RAUSCHENBERG (Robert), *Port Arthur, Texas, 1925 - Captiva Island, Floride, 2008*, peintre, plasticien et lithographe américain. Faisant la liaison entre expressionnisme abstrait et pop art, il a utilisé les objets (*combine paintings*, assemblages néo-dadaïstes), le report photographique, et s'est intéressé aux rapports entre l'art et la technologie.

RAVACHOL (François Claudius **Kœnigstein,** dit), *Saint-Chamond 1859 - Montbrison 1892*, anarchiste français. Ouvrier teinturier, il perpétra à Paris, en 1892, de nombreux attentats destinés à venger des anarchistes condamnés. Il fut guillotiné.

RAVAILLAC (François), *Touvre, près d'Angoulême, 1578 - Paris 1610*, extrémiste français. Domestique devenu un temps frère convers, il poignarda à mort le roi Henri IV (14 mai 1610), croyant ainsi sauver la religion catholique. Il mourut écartelé.

RAVALOMANANA (Marc), *Imerinkasinina, prov. d'Antananarivo, 1949*, homme d'affaires et homme politique malgache. Président de la République à partir de 2002, réélu en 2006, il est écarté du pouvoir en 2009 (exil en Afrique du Sud). De retour à Madagascar en 2014, il est arrêté et placé en résidence surveillée jusqu'en 2015. Il échoue à l'élection présidentielle de 2018.

RAVEL (Maurice), *Ciboure 1875 - Paris 1937*, compositeur français. Il fut le plus classique des créateurs modernes français. Attiré par la musique symphonique (*Daphnis et Chloé*, 1912 ; *la Valse*, 1920 ; *Boléro*, 1928), il a également écrit pour le piano (*Jeux d'eau* ; *Gaspard de la nuit* ; *Concerto pour la main gauche*, 1931), composé des cycles de mélodies (*Shéhérazade*, 1904) et, pour la scène, la fantaisie lyrique *l'Enfant et les sortilèges* (1925). Son œuvre est remarquable par la précision de son dessin mélodique et l'éclat de son orchestration.

▲ Maurice **Ravel**

RAVELLO, v. d'Italie (Campanie) ; 2 478 hab. Monuments de style arabo-normand (XIe-XIIIe s.) et jardins surplombant le golfe de Salerne.

▲ **Ravenne.** L'église S. Apollinare in Classe (VIe s.).

RAVENNE, en ital. **Ravenna,** v. d'Italie (Émilie-Romagne), ch.-l. de prov., près de l'Adriatique ; 155 373 hab. Monuments byzantins des Ve et VIe s. (S. Vitale, S. Apollinare Nuovo, mausolée de Galla Placidia, S. Apollinare in Classe, deux baptistères), célèbres pour leurs remarquables mosaïques, dont certaines à fond d'or ; musées. – Tombeau de Dante. – Centre de l'Empire romain d'Occident de 402 à 476, Ravenne fut ensuite la capitale du roi des Ostrogoths Théodoric Ier (493). Reprise par Byzance (540), elle devint en 584 le siège d'un exarchat qui regroupait les possessions byzantines d'Italie. Conquise par les Lombards (751), elle fut donnée au pape par Pépin le Bref (756). Ravenne fut rattachée au Piémont en 1860.

Ravensbrück, camp de concentration allemand réservé aux femmes, situé dans le Brandebourg (1939 - 1945).

▲ Robert **Rauschenberg.** *Tracer* (1963), impression sérigraphique sur toile. (Nelson-Atkins Museum of Art, Kansas City.)

RAVI n.f., riv. de l'Inde et du Pakistan, dans le Pendjab, affl. de la Chenab (r. g.) ; 725 km.

RAVOIRE (La) [73490], bur. centr. de cant. de la Savoie ; 8 712 hab. *(Ravoiriens)*.

RAWALPINDI, v. du Pakistan septentrional ; 1 409 768 hab. (2 098 000 hab. dans l'agglomération). Centre industriel et touristique.

RAWA RUSKA, nom polonais de la ville ukrainienne de Rava Rouska, au nord de Lviv. Camp de représailles allemand pour prisonniers de guerre (1940 - 1945).

RAWLINGS (Jerry), *Accra 1947*, militaire et homme politique ghanéen. Arrivé au pouvoir au terme du putsch de 1981, il a été président de la République jusqu'en 2001.

RAWLS (John), *Baltimore 1921 - Lexington, Massachusetts, 2002*, philosophe américain. Il analyse les rapports difficiles entre la justice sociale et l'efficacité économique (*Théorie de la justice*, 1971).

RAY (Raymond **De Kremer,** dit Jean), *Gand 1887 - id. 1964*, écrivain belge de langue française. Ses récits d'aventures, fantastiques *(Malpertuis)*, policiers *(Harry Dickson, le Sherlock Holmes américain)* font de lui un maître de l'étrange et de l'épouvante.

RAY ou **WRAY** (John), *Black-Notley, Essex, 1627 - id. 1705*, naturaliste anglais. Il a distingué le premier plantes monocotylédones et dicotylédones et a établi les bases d'une classification moderne des oiseaux et des poissons (1693).

RAY (Man) → **MAN RAY.**

RAY (Raymond Nicholas **Kienzle,** dit Nicholas), *Galesville, Wisconsin, 1911 - New York 1979*, cinéaste américain. Il peint avec lyrisme la solitude et le déchirement (*les Amants de la nuit*, 1949 ; *Johnny Guitare*, 1954 ; *la Fureur de vivre*, 1955 ; *Traquenard*, 1958 ; *Nick's Movie*, avec W. Wenders, 1979).

RAY (Satyajit), *Calcutta 1921 - id. 1992*, cinéaste indien. Il peint avec un grand sens plastique l'homme indien entre les traditions et la réalité contemporaine (*Pather Panchali*, 1955 ; la trilogie d'Apu, 1955-1959 ; *le Salon de musique*, 1958 ; *Charulata*, 1964 ; *les Joueurs d'échecs*, 1977).

RAYLEIGH (John William **Strutt,** lord), *près de Maldon, Essex, 1842 - Witham, Essex, 1919*, physicien britannique. Il a déterminé les dimensions de certaines molécules, découvert l'argon avec Ramsay (1894), étudié la diffusion de la lumière et le bleu du ciel et déterminé une valeur du nombre d'Avogadro. (Prix Nobel 1904.)

RAYMOND (Alex), *New Rochelle, État de New York, 1909 - Westport 1956*, dessinateur et scénariste américain de bandes dessinées. Dans un style réaliste, il a réalisé des séries d'aventures (*Jungle Jim*, 1934) et de science-fiction (*Flash Gordon*, 1934).

RAYMOND de Peñafort (saint), *près de Barcelone v. 1175 - Barcelone 1275*, religieux espagnol. Général des dominicains (1238), il fonda l'ordre de Notre-Dame-de-la-Merci (mercédaires). Il fut le plus grand canoniste de son temps.

RAYNAL (abbé Guillaume), *Lapanouse-de-Sévérac, Aveyron, 1713 - Paris 1796*, historien et philosophe français. Il s'éleva contre la colonisation et le clergé dans son *Histoire philosophique et politique des établissements et du commerce des Européens dans les deux Indes* (1770).

RAYNAUD (Fernand), *Clermont-Ferrand 1926 - Riom 1973*, artiste comique français. Il a incarné dans ses spectacles l'image du « Français moyen », avec ses manies et ses ridicules.

RAYNAUD (Jean-Pierre), *Colombes 1939*, artiste français. Froide et obsessionnelle, son œuvre poursuit une exploration des rapports entre le monde mental et le monde réel (« psycho-objets », assemblages des années 1963 - 1970 env. ; pièces et environnements en carrelages blancs à joints noirs, depuis 1973 ; motif répétitif du pot de fleur).

RAYOL-CANADEL-SUR-MER (83820), comm. du Var (Maures) ; 732 hab. Stations balnéaires. Dans le *Domaine du Rayol*, jardins méditerranéens.

RAYS (Gilles de) → **RAIS.**

RAYSSE (Martial), *Golfe-Juan 1936*, peintre français. L'un des « nouveaux réalistes », il a donné à partir de 1959, dans ses panneaux et ses assemblages, une image à la fois clinquante et lyrique de la « société de consommation ».

RAZ [ra] (pointe du), cap de Bretagne (Finistère), à l'extrémité de la Cornouaille, en face de l'île de Sein. Passage dangereux pour la navigation.

RAZILLY (Isaac **de**), *Oisseaumelle, près de Chinon, 1587 - La Hève, Acadie, 1635*, administrateur français. Gouverneur de l'Acadie, il développa la colonisation jusqu'aux rives du Saint-Laurent.

RAZINE (Stepan Timofeïevitch, dit Stenka), *Zimoveïskaïa v. 1630 - Moscou 1671*, cosaque du Don. Chef de la révolte paysanne de 1670 - 1671, il fut capturé et écartelé.

RDA, sigle de République démocratique allemande (→ **Allemagne**).

RDC, sigle de République démocratique du Congo*.

RÉ (île de), île de l'Atlantique, qui forme un canton de la Charente-Maritime ; 85 km^2 ; 18 071 hab. (*Rétais* ou *Rhétais*). Tourisme. L'île est reliée au continent par un pont depuis 1988.

RÊ, anc. **Râ,** dieu solaire de l'ancienne Égypte. Il était représenté sous la forme d'un homme à tête de faucon, portant un disque en guise de coiffure. Son culte et sa théologie, développés à Héliopolis, marquèrent profondément l'histoire de l'Égypte.

READE (Charles), *Ipsden, Oxfordshire, 1814 - Londres 1884*, écrivain britannique, auteur de drames et de romans sociaux (*Argent comptant*).

READING, v. de Grande-Bretagne (Angleterre), ch.-l. du Berkshire ; 232 662 hab. Université. Centre européen de météorologie. – Festival de rock.

REAGAN (Ronald Wilson), *Tampico, Illinois, 1911 - Los Angeles 2004*, homme politique américain. D'abord acteur de cinéma, il devient gouverneur de la Californie (1967 - 1975). Républicain, président des États-Unis de 1981 à 1989, il relance l'économie (baisse des impôts, réduction de l'inflation) et mène, à l'extérieur, une politique de fermeté (Moyen-Orient, Amérique centrale). Réélu en 1984, il est contesté en 1987 à l'occasion du scandale créé par la livraison d'armes à l'Iran (*Irangate*). La même année, il signe avec M. Gorbatchev un accord sur le démantèlement des missiles à moyenne portée en Europe.

▲ Ronald **Reagan**

RÉALMONT (81120), bur. centr. de cant. du Tarn ; 3 453 hab. (*Réalmontais*). Bastide fondée en 1272.

RÉAUMUR (René Antoine **Ferchault de**), *La Rochelle 1683 - Saint-Julien-du-Terroux 1757*, physicien et naturaliste français. Il montra la possibilité de transformer la fonte en acier, étudia le phénomène de trempe et fonda, en 1722, la métallographie. Il construisit (v. 1730) un thermomètre à alcool. Il s'intéressa également aux sciences naturelles (mollusques, crustacés, insectes, etc.).

RÉBECCA, personnage biblique, femme d'Isaac, mère d'Esaü et de Jacob.

REBEL (Jean-Ferry), *Paris 1666 - id. 1747*, compositeur et violoniste français. Il fut l'un des créateurs de la sonate pour violon et l'un des maîtres de la symphonie chorégraphique (*les Éléments*).

REBELO DE SOUSA (Marcelo), *Lisbonne 1948*, homme politique portugais. Leader du Parti social-démocrate de 1996 à 1999, il est président de la République depuis 2016.

REBEYROLLE (Paul), *Eymoutiers 1926 - Boudreville, Côte-d'Or, 2005*, peintre français. Son œuvre exprime, dans l'éloquence du travail de la matière picturale, un rapport généreux à la nature. Musée à Eymoutiers.

RÉCAMIER (Julie **Bernard**, Mme), *Lyon 1777 - Paris 1849*, femme de lettres française. Amie de Mme de Staël et de Chateaubriand, elle tint sous la Restauration, à l'Abbaye-aux-Bois, un salon célèbre.

RECCARED Ier, *m. à Tolède en 601*, roi des Wisigoths d'Espagne (586 - 601). Il abjura l'arianisme et se convertit au catholicisme (587).

recherche de la vérité (De la), traité de Malebranche (1674-1675), dans lequel l'auteur analyse le phénomène de l'erreur et expose sa théorie de la vision en Dieu.

recherche du temps perdu (À la) → **À la recherche du temps perdu.**

RECHT ou **RACHT,** v. d'Iran, près de la Caspienne ; 639 951 hab.

RECIFE, anc. **Pernambuco,** v. du Brésil, cap. de l'État de Pernambouc, sur l'Atlantique ; 1 472 202 hab. (3 684 317 hab. dans l'agglomération). Port. Centre commercial et industriel. – Églises baroques du XVIIIe s. ; musées.

RECKLINGHAUSEN, v. d'Allemagne (Rhénanie-du-Nord-Westphalie), dans la Ruhr ; 115 958 hab. Centre industriel. – Musée consacré aux icônes.

RECLUS (Élisée), *Sainte-Foy-la-Grande 1830 - Thourout, près de Bruges, 1905*, géographe français, auteur d'une *Géographie universelle* (1875-1894). Affilié à l'Internationale, il participa à la Commune ; il fut condamné au bannissement. — **Onésime R.,** *Orthez 1837 - Paris 1916*, géographe français. Frère d'Élisée, il pratiqua une géographie descriptive (*le Plus Beau Royaume sous le ciel*, 1899) et mena une réflexion sur l'expansion coloniale (*la France et ses colonies*, 1886-1889).

Reconquista n.f., mot espagnol désignant la reconquête de la péninsule Ibérique par les chrétiens sur les musulmans. Entreprise au milieu du VIIIe s. dans les Asturies, elle progressa à la fin du XIe s. et s'intensifia au XIIIe s., après la victoire de Las Navas de Tolosa (1212). Elle s'acheva avec la prise de Grenade (1492).

RED DEER, v. du Canada (Alberta) ; 100 418 hab.

REDDING (Otis), *Dawson, Géorgie, 1941 - Madison, Wisconsin, 1967*, chanteur américain de soul music. Interprète et compositeur, il s'est imposé dans les années 1960 comme l'un des musiciens majeurs du genre (*Respect*, 1965 ; *The Dock of the Bay*, composé avec S. Cropper).

REDESSAN (30129), bur. centr. de cant. du Gard ; 4 167 hab. (*Redessanais*).

REDFORD (Robert), *Santa Monica, Californie, 1937*, acteur et cinéaste américain. Il incarne les valeurs d'une Amérique qui se cherche dans un héroïsme ludique et décontracté (*Butch Cassidy et le Kid*, G. R. Hill, 1969 ; *Gatsby le Magnifique*, J. Clayton, 1974 ; *les Hommes du président*, A. J. Pakula, 1976 ; *Out of Africa*, S. Pollack, 1985). Il a réalisé notamm. *Des gens comme les autres* (1980), *Et au milieu coule une rivière* (1992), *l'Homme qui murmurait à l'oreille des chevaux* (1998).

REDON (35600), ch.-l. d'arrond. d'Ille-et-Vilaine, sur la Vilaine ; 9 844 hab. (*Redonnais*). Équipements automobiles. – Anc. abbatiale St-Sauveur.

REDON (Odilon), *Bordeaux 1840 - Paris 1916*, peintre, dessinateur et graveur français. Il a pratiqué un art symboliste et visionnaire dans ses « noirs » (*l'Araignée souriante*, 1881, Louvre), comme dans ses œuvres colorées d'après 1890 (série des *Chars d'Apollon*).

REDOUTÉ (Pierre Joseph), *Saint-Hubert 1759 - Paris 1840*, aquarelliste et graveur belge. Il se spécialisa, à Paris, dans les planches de botanique et de fleurs.

RED RIVER n.f., fl. des États-Unis, qui rejoint le golfe du Mexique ; 1 638 km.

RED RIVER n.f., riv. des États-Unis et du Canada (*rivière Rouge*), qui se jette dans le lac Winnipeg ; 860 km.

REED (sir Carol), *Londres 1906 - id. 1976*, cinéaste britannique. Ses meilleurs films ont pour thème l'homme traqué (*Huit Heures de sursis*, 1947 ; *Première Désillusion*, 1948 ; *le Troisième Homme*, 1949).

REES (Martin John), baron **Rees of Ludlow**, *York 1942*, astrophysicien britannique. Il a apporté des contributions importantes à la cosmologie ainsi qu'à l'étude des galaxies et des trous noirs. Il est l'auteur d'ouvrages de vulgarisation et d'essais (*Notre dernier siècle ?*, 2003). [Prix Crafoord 2005.]

REEVES (Hubert), *Montréal 1932*, astrophysicien canadien. Spécialiste d'astrophysique nucléaire et de cosmologie, il contribue aussi très largement à la vulgarisation de l'astronomie. Il est également engagé dans la protection des espèces et la défense de l'environnement.

Réforme (la), mouvement religieux qui, au XVIe s., a donné naissance en Europe aux Églises protestantes. Tout d'abord œuvre personnelle de Martin Luther, la Réforme déborda rapidement le cadre de l'Allemagne avec Zwingli et Bucer. Zurich et Strasbourg en devinrent les pôles importants, d'où furent diffusées en Alsace et en Suisse les idées nouvelles. Les pays francophones, tôt touchés, trouvèrent en Calvin l'homme capable de mener à bien ce renouvellement religieux. Par son action à Genève et auprès des huguenots français, Calvin fit de la Suisse et de la France les bastions d'un nouveau type de protestantisme, dont le rayonnement atteignit ensuite la Pologne, la Bohême, la Hongrie et les îles Britanniques, où il inspira la Réforme anglicane. Ainsi se constituèrent, au sein du protestantisme, trois grandes familles, luthérienne, calviniste et anglicane. En marge de celles-ci se développèrent, depuis les anabaptistes jusqu'aux méthodistes, des mouvements parallèles moins institutionnalisés, dits parfois « non conformistes ». La Réforme a inauguré une réflexion profonde sur la spiritualité et la théologie chrétiennes.

Réforme catholique ou **Contre-Réforme,** mouvement de réforme qui se produisit au XVIe s. au sein de l'Église catholique, en réaction à la Réforme protestante. Destinée à corriger les abus qui ternissaient l'image de l'Église, elle eut pour étape doctrinale essentielle le concile de Trente (1545 - 1563). Elle s'efforça d'organiser la reconquête religieuse des régions passées au protestantisme, notamm. en Europe centrale, en s'appuyant sur le nouvel ordre des jésuites, et elle favorisa le développement d'un style artistique nouveau, mêlant sensibilité, mysticisme et majesté.

Régence (la) [1715 - 1723], gouvernement de Philippe d'Orléans pendant la minorité de Louis XV, après la mort de Louis XIV. À l'intérieur, cette période fut caractérisée par le relâchement des mœurs, un essai de polysynodie, la nomination de l'abbé Guillaume Dubois comme Premier ministre (1722) et l'échec du système de Law (1716 - 1720) pour résoudre le problème financier. À l'extérieur, elle fut marquée par la signature de la Quadruple-Alliance (1718).

REGENSBURG, nom allemand de Ratisbonne*.

RÉGENT (le) → **ORLÉANS** (Philippe, duc **d'**).

REGER (Max), *Brand, Bavière, 1873 - Leipzig 1916*, compositeur allemand. Il a su adapter au langage romantique les formes classiques (chorals, sonates, suites, quatuors, pièces d'orgue).

REGGANE, v. d'Algérie, dans le Sahara ; 20 402 hab. Anc. centre d'expérimentation nucléaire français, laissé à disposition de la France jusqu'en 1967. La première bombe atomique française y explosa le 13 févr. 1960.

REGGIANI (Serge), *Reggio nell' Emilia 1922 - Paris 2004*, acteur et chanteur français d'origine italienne. Il joua au théâtre et au cinéma (*Casque d'or*, J. Becker, 1952 ; *le Doulos*, J.-P. Melville, 1962 ; *l'Apiculteur*, T. Angelopoulos, 1986) et s'imposa comme chanteur dans un style expressif, fondé sur un réalisme populaire (*les Loups*, de A. Vidalie ; *Ma liberté*, de G. Moustaki).

REGGIO (duc de) → **OUDINOT.**

REGGIO DI CALABRIA, v. d'Italie (Calabre), ch.-l. de prov., sur le détroit de Messine ; 176 529 hab. Musée national (archéologie italo-grecque). – Un séisme détruisit la ville en 1908.

REGGIO NELL'EMILIA, v. d'Italie (Émilie-Romagne), ch.-l. de prov. ; 162 454 hab.

Régie autonome des transports parisiens → **RATP.**

REGINA, v. du Canada, cap. de la Saskatchewan ; 215 106 hab. Archevêché. Université. Raffinage du pétrole. Métallurgie.

REGIOMONTANUS (Johann **Müller,** dit), *Königsberg 1436 - Rome 1476*, astronome et mathématicien allemand. Il est l'auteur d'un commentaire de l'*Almageste* de Ptolémée, de tables trigonométriques et d'éphémérides astronomiques.

REGNARD (Jean-François), *Paris 1655 - château de Grillon, près de Dourdan, 1709*, auteur dramatique français. Après une vie aventureuse (il fut esclave à Alger et voyagea en Laponie), il écrivit des comédies pour le Théâtre-Italien et la Comédie-Française (*le Joueur*, 1696 ; *le Légataire universel*, 1708).

REGNAULT (Victor), *Aix-la-Chapelle 1810 - Paris 1878*, physicien et chimiste français. Il étudia la compressibilité et la dilatation des fluides, les densités et les chaleurs spécifiques des gaz, et découvrit ou prépara divers composés chimiques.

REGNAULT ou **REGNAUD DE SAINT-JEAN-D'ANGÉLY** (Auguste, comte), *Paris 1794 - Cannes 1870*, maréchal de France. Il commanda la Garde impériale (1854 - 1869) et se distingua à Magenta.

RÉGNIER (Henri de), *Honfleur 1864 - Paris 1936*, écrivain français. Romancier et poète (*les Médailles d'argile*), il évolua de l'esthétique symboliste à un art plus classique. (Acad. fr.)

RÉGNIER (Mathurin), *Chartres 1573 - Rouen 1613*, poète français. Vigoureux satiriste, il défendit contre Malherbe la libre inspiration et la fantaisie. Il était le neveu de P. Desportes.

REGNITZ n.f., riv. d'Allemagne, affl. du Main (r. g.) ; 168 km. Elle passe à Fürth, où elle reçoit la *Pegnitz*, et à Bamberg. En amont de Fürth, elle porte aussi le nom de *Rednitz*.

REGULUS (Marcus Atilius), *IIIe s. av. J.-C.*, général romain. Pris par les Carthaginois (256 av. J.-C.) lors de la première guerre punique, il fut envoyé à Rome, sur parole, pour négocier la paix. Il dissuada le sénat d'accepter les conditions de l'adversaire et retourna à Carthage, où il périt sous la torture.

RÉGY (Claude), *Nîmes 1923*, metteur en scène de théâtre français. Attaché aux auteurs qui explorent un langage nouveau (M. Maeterlinck, F. Pessoa, N. Sarraute, M. Duras, H. Pinter, P. Handke, J. Fosse, T. Vesaas), il fait de chacun de ses spectacles une expérience qui – privilégiant le vide, la lenteur et le silence – apparaît en décalage avec le sens premier du texte.

REHE → **JEHOL.**

Reich, mot all. signif. *empire.* On distingue le *Ier Reich*, ou Saint Empire romain germanique (962 - 1806), le *IIe Reich* (1871 - 1918), réalisé par Bismarck, et le *IIIe Reich* (1933 - 1945), ou régime national-socialiste, instauré par Hitler.

REICH (Steve), *New York 1936*, compositeur américain. Il a été l'un des initiateurs de la musique dite répétitive, inspirée des musiques du monde (*Drumming*, 1971 ; *Music for 18 Musicians*, 1974 - 1976 ; *Double Sextet*, 2008). Il s'est aussi référé à la tradition hébraïque (*Tehillim*, 1981) et a exploré le genre lyrique (*The Cave*, 1993).

REICH (Wilhelm), *Dobrzcynica, Galicie, 1897 - pénitencier de Lewisburg, Pennsylvanie, 1957*, médecin et psychanalyste autrichien. Il tenta une synthèse entre marxisme et psychanalyse (*Matérialisme dialectique et psychanalyse*, 1929), critiqua la morale bourgeoise (*la Lutte sexuelle des jeunes*, 1932) et analysa le fascisme (*Psychologie de masse du fascisme*, 1933).

REICHA (Anton), *Prague 1770 - Paris 1836*, compositeur et théoricien tchèque naturalisé français. Auteur prolifique, il fut le maître de Gounod, Franck, Berlioz et Liszt.

REICHENBACH (Hans), *Hambourg 1891 - Los Angeles 1953*, philosophe et logicien allemand. Il rejoignit le cercle de Vienne et fut l'un des principaux initiateurs du positivisme logique. Il s'est consacré en particulier à l'étude de la notion de probabilité.

REICHSHOFFEN (67110), comm. du Bas-Rhin ; 5 486 hab. Constructions mécaniques.

Reichshoffen (charges de) [6 août 1870], bataille de la guerre franco-allemande. Ce nom est donné, improprement, aux charges de cuirassiers français sur les villages voisins de Morsbronn et Elsasshausen lors de la bataille de Frœschwiller.

Reichsrat n.m., dans l'empire d'Autriche, nom du conseil d'Empire (1848 - 1861) puis du Parlement (1861 - 1918) ; en Allemagne, organe législatif, sous la république de Weimar (1919 - 1934).

REICHSTADT (duc de) → **NAPOLÉON II.**

Reichstag n.m., diète du Saint Empire romain germanique jusqu'en 1806 ; chambre législative allemande (1867 - 1933). Siégeant à Berlin, le Reichstag subsista sous le régime nazi jusqu'en 1942, mais n'eut qu'un rôle purement formel. L'incendie du palais du Reichstag (1933) servit de prétexte aux nazis pour interdire le Parti communiste allemand. Le bâtiment abrite depuis 1999 le Bundestag.

REICHSTETT (67116), comm. du Bas-Rhin ; 4 495 hab. Embouteillage. Emballage.

Reichswehr (mot all. signif. *défense de l'Empire*), nom, de 1921 à 1935, de l'armée concédée à l'Allemagne par le traité de Versailles.

REID (Thomas), *Strachan, Écosse, 1710 - Glasgow 1796*, philosophe britannique. Il établit sa philosophie sur la certitude du sens commun.

REID (Thomas Mayne), *Ballyroney 1818 - Londres 1883*, écrivain britannique. Ses récits d'aventures ont pour héros des Indiens (*les Chasseurs de scalp*).

REIGNIER-ÉSERY (74930), comm. de la Haute-Savoie ; 7 834 hab. Décolletage.

REILLE (Honoré, comte), *Antibes 1775 - Paris 1860*, maréchal de France. Il se distingua à Wagram et à Waterloo. Fait maréchal sous Louis-Philippe, il adhéra au coup d'État du 2 déc. 1851.

▲ **Reims.** La cathédrale Notre-Dame.

REIMS [rɛ̃s] (51100), ch.-l. d'arrond. de la Marne, sur la Vesle ; 187 933 hab. (*Rémois*). Archevêché. Académie et université. Cour d'appel. Constructions mécaniques et électriques. Verrerie. Chimie. Préparation du vin de Champagne. – Festival de musiques actuelles (« La Magnifique Society »). – La ville conserve sa cathédrale, chef-d'œuvre d'architecture et de sculpture gothiques (XIIIe s.), l'abbatiale St-Remi (XIe-XIIIe s.), un arc romain (porte de Mars), etc. Halles du Boulingrin (voûte en béton, 1927-1929). Importants musées. – Métropole de la province romaine de Gaule Belgique, Reims fut le siège d'un évêché dès 290. Clovis y fut baptisé (v. 498) et la plupart des rois de France y furent sacrés. Université de 1548 à 1793. La ville et sa cathédrale furent bombardées pendant la Première Guerre mondiale. C'est à Reims que fut signée la capitulation de la Wehrmacht le 7 mai 1945.

REIMS (Montagne de), plateau de France, dans le dép. de la Marne, entre Reims et Épernay. Vignobles. Parc naturel régional (env. 53 000 ha).

REINACH, comm. de Suisse (Bâle-Ville), banlieue de Bâle ; 18 656 hab.

REINE-CHARLOTTE (îles de la) → **HAIDA GWAII.**

REINE-ÉLISABETH (îles de la), partie de l'archipel Arctique canadien, au N. des détroits de Lancaster et du Vicomte-Melville.

REINHARDT (Ad), *Buffalo 1913 - New York 1967*, peintre et théoricien américain. Abstrait radical, il annonce le minimalisme.

REINHARDT (Jean-Baptiste, dit Django), *Liberchies, Belgique, 1910 - Fontainebleau 1953*, musicien français de jazz. D'origine tsigane, autodidacte, virtuose de la guitare, il fonda en 1934 avec S. Grappelli le quintette de cordes du Hot Club de France, puis dirigea d'autres orchestres. Parmi ses compositions : *Nuages* (1940).

REINHARDT (Max **Goldmann,** dit Max), *Baden, près de Vienne, 1873 - New York 1943*, metteur en scène de théâtre autrichien. Directeur notamment du Deutsches Theater de Berlin (1905), il fut l'un des grands novateurs de la technique théâtrale.

REISER (Jean-Marc), *Réhon, Meurthe-et-Moselle, 1941 - Paris 1983*, dessinateur d'humour français. Dénonciation de la bêtise et esprit anarchisant s'expriment par la verve de son graphisme (*Ils sont moches*, 1970 ; *Vive les femmes*, 1978).

REISZ (Karel), *Ostrava 1926 - Londres 2002*, cinéaste britannique d'origine tchèque. L'un des auteurs marquants du Free Cinema (*Samedi soir et dimanche matin*, 1960), il réalisa ensuite *Morgan* (1966), *les Guerriers de l'enfer* (1978), *la Maîtresse du lieutenant français* (1981).

REJ (Mikołaj), *Żórawno 1505 - Rejowiec 1569*, écrivain polonais. Poète et moraliste, il est considéré comme le père de la littérature nationale.

RÉJANE (Gabrielle **Réju,** dite), *Paris 1856 - id. 1920*, actrice française. Elle contribua au succès de nombreuses pièces (*Madame* Sans-Gêne*).

RELECQ-KERHUON (Le) [29480], comm. du Finistère ; 11 729 hab. (*Relecquois* ou *Kerhorres*).

Religion (guerres de) [1562 - 1598], conflits armés qui, en France, opposèrent catholiques et protestants. Cette longue période de troubles fut l'aboutissement d'un état de tension dû aux progrès des idées de la Réforme et à leur répression systématique commencée sous le règne d'Henri II. Huit guerres confuses se succédèrent alors, provoquées par l'ambition politique de grandes familles (Guises, Bourbons) autant que par le différend religieux proprement dit. C'est le massacre de protestants à Wassy (1562) qui déclencha la révolte armée des protestants. Les épisodes les plus marquants furent le massacre de la Saint-Barthélemy (1572), l'assassinat du duc de Guise (1588) et celui d'Henri III (1589). Converti au catholicisme en 1593, Henri IV mit fin à ces guerres par le traité de Vervins et l'édit de Nantes (1598).

RELIZANE, anc. **Ghilizane,** v. de l'ouest de l'Algérie ; 130 094 hab.

REMARQUE (E. Paul **Remark,** dit Erich Maria), *Osnabrück 1898 - Locarno 1970*, romancier allemand naturalisé américain, auteur de romans de guerre (*À l'ouest rien de nouveau*, 1929).

REMBRANDT (Rembrandt Harmenszoon **Van Rijn,** dit), *Leyde 1606 - Amsterdam 1669*, peintre et graveur néerlandais. Il se fixa à Amsterdam en 1631. La force expressive de ses compositions comme de ses portraits, servie par sa science du clair-obscur, et la valeur universelle de sa méditation sur la destinée humaine le font considérer comme l'un des plus grands maîtres. Parmi ses chefs-d'œuvre, citons : au Rijksmuseum d'Amsterdam, *la Mère de Rembrandt* (1631), *la Ronde* de nuit* (1642), *le Reniement de saint Pierre* (1660), *les Syndics des drapiers* (1662), *la Fiancée juive* (v. 1665) ; au Louvre, *les Pèlerins d'Emmaüs* (deux versions), *Hendrickje Stoffels* (v. 1654), *Bethsabée* (1654), *le Bœuf écorché* (1655), *Autoportrait au chevalet* (1660). Rembrandt est, en outre, un dessinateur prodigieux, et sans doute l'aquafortiste le plus célèbre qui soit (*les Trois Arbres, la Pièce aux cent florins, Jésus prêchant*).

▲ **Rembrandt.** *Autoportrait avec Saskia*, 1636. (BnF, Paris.)

REMI ou **REMY** (saint), *Laon v. 437 - v. 530*, évêque de Reims. Il joua un rôle prépondérant dans la conversion de Clovis, qu'il baptisa probablement le 25 déc. 498.

REMICH, v. du Luxembourg, ch.-l. de cant. ; 3 332 hab. Vins.

REMINGTON (Eliphalet), *Suffield, Connecticut, 1793 - Ilion, New York, 1861*, industriel américain. Armurier, il mit au point un fusil à chargement par la culasse. — **Philo R.,** *Litchfield, New York, 1816 - Silver Springs, Floride, 1889*, industriel américain. Associé aux inventions de son père Eliphalet, il modifia la machine à écrire de C. L. Sholes et en entreprit la fabrication en série (1873).

REMIREMONT (88200), bur. centr. de cant. des Vosges, sur la Moselle ; 8 069 hab. *(Romarimontains)*. Église des XIVe-XVIIIe s. sur crypte du XIe ; palais abbatial de 1752 (hôtel de ville) ; deux musées.

RÉMIRE-MONTJOLY (97354), comm. de la Guyane ; 24 459 hab. *(Rémirois-Montjoliens)*.

REMIZOV (Alekseï), *Moscou 1877 - Paris 1957*, écrivain russe. Il a peint avec lyrisme la souffrance humaine dans des romans *(Sœurs en croix)* et des recueils de souvenirs *(les Yeux tondus)* marqués par l'influence des légendes populaires.

RÉMOND (René), *Lons-le-Saunier 1918 - Paris 2007*, historien et politologue français. Premier titulaire, en France, d'une chaire d'histoire du XXe s. (1964), il a largement contribué au renouveau de l'histoire politique et religieuse de la France contemporaine *(la Droite en France de 1815 à nos jours*, 1954 ; *l'Anticléricalisme en France de 1815 à nos jours*, 1976 ; *la République souveraine*, 2002). [Acad. fr.]

REMOULINS (30210), comm. du Gard, à proximité du pont du Gard ; 2 358 hab. *(Remoulinois)*. Fruits (cerises). – Anc. église romane.

REMSCHEID, v. d'Allemagne (Rhénanie-du-Nord-Westphalie), dans la Ruhr ; 110 708 hab.

REMUS MYTH. ROM. Frère jumeau de Romulus.

RÉMUSAT (Claire Élisabeth **Gravier de Vergennes,** comtesse **de**), *Paris 1780 - id. 1821*, femme de lettres française, auteure de *Mémoires* sur la cour de Napoléon Ier et d'un *Essai sur l'éducation des femmes*.

Renaissance, rénovation culturelle qui se produisit en Europe au XVe et au XVIe s., d'une part, dans les domaines littéraire, artistique et scientifique et, d'autre part, dans les domaines économique et social, avec les grandes découvertes et la naissance du capitalisme moderne.
(V. planche page suivante.)

LITTÉRATURE La Renaissance prolonge les recherches philologiques et poétiques de Dante, Pétrarque et Boccace et prend son essor au XVe s. avec l'afflux des manuscrits grecs et des érudits chassés de Byzance. Facilitée par la découverte de l'imprimerie, qui fait connaître les œuvres antiques, elle s'épanouit d'abord en Italie, où elle a pour protecteurs les papes Jules II et Léon X, qui commanditent les écrivains et les artistes. C'est l'époque de l'Arioste, de Machiavel, de Bembo, du Tasse, de Trissino. Grâce à ses campagnes d'Italie, la France manifeste le même dynamisme rénovateur : François Ier fonde le Collège de France, Ronsard, Du Bellay et la Pléiade s'efforcent d'enrichir la langue et prêchent l'imitation des Grecs, des Latins et des Italiens tandis que s'élabore une morale humaniste, issue à la fois de l'enthousiasme de Rabelais et du scepticisme de Montaigne.

BEAUX-ARTS C'est à Florence, dès la première moitié du quattrocento, que le retour aux sources antiques commence à se traduire par l'élaboration d'un système cohérent d'architecture et de décoration (plans, tracés modulaires, ordres*), par l'étude de la perspective et par l'adoption d'un répertoire nouveau de thèmes mythologiques et allégoriques, où le nu trouve une place importante. Œuvre des Brunelleschi, Donatello, Masaccio, L. B. Alberti, etc., cette *première Renaissance*, d'une robustesse et d'une saveur primitive qui en dénotent la spontanéité, gagne rapidement l'ensemble de l'Italie, trouvant des développements multiples dans les cours princières d'Urbino (Piero della Francesca), Ferrare, Mantoue, Milan... En 1494, l'arrivée des troupes françaises bouleverse l'équilibre italien, et Rome recueille le flambeau du modernisme, jusqu'à la dispersion des artistes après le pillage de 1527. C'est la *seconde Renaissance*, œuvre d'artistes d'origines diverses rassemblés par les papes et qui réalisent au plus haut degré les aspirations florentines d'universalisme, de polyvalence, de liberté créatrice : Bramante, Raphaël, Michel-Ange (Léonard de Vinci étant, lui, contraint à une carrière nomade). D'autres foyers contribuent à cet apogée classique de la Renaissance : Parme, avec le Corrège ; Venise, surtout, avec Giorgione, puis avec le long règne de Titien (et, un peu plus tard, celui de Palladio en architecture). À cette époque, le nouvel art commence à se diffuser en Europe. Dürer s'imprègne de la première Renaissance vénitienne (Giovanni Bellini), et le voyage de Gossart à Rome (1508) prépare, pour la peinture des Pays-Bas, la voie du « romanisme ». L'Espagne et la France sont d'abord touchées, surtout par le biais du décor : grotesques et rinceaux, médaillons, pilastres et ordres plaqués sur une architecture traditionnelle tendent à remplacer le répertoire gothique. Dans le deuxième tiers du XVIe s. environ se situe la phase maniériste* de la Renaissance, qui voit une exaspération des acquis antérieurs, en peinture et en sculpture notamment ; elle coïncide souvent, en architecture, avec la simple acquisition progressive du vocabulaire classique (Lescot et Delorme en France). Le désir d'égaler la « manière » des grands découvreurs du début du siècle conduit, dans une atmosphère de crise (crise politique de l'Italie, crise religieuse de la Réforme), à l'irréalisme fiévreux d'un Pontormo, à la grâce sophistiquée d'un Parmesan, à l'emphase d'un J. Romain, aux développements subtils de l'art de cour à Fontainebleau*. Ce dernier centre devient à son tour pôle d'attraction pour des Flamands comme J. Metsys. À la fin du siècle, Prague sera un autre foyer du maniérisme (Arcimboldo, Spranger). Une dernière phase se joue en Italie avec la conclusion du concile de Trente, en 1563. La réforme de l'art religieux est portée au premier plan, avec le retour d'un classicisme de tendance puriste en architecture (Vignole ; style grandiose de l'Escurial en Espagne), naturaliste en peinture (les Carrache). Et, tandis que partout en Europe s'est imposé le vocabulaire de la Renaissance, avec ses versions régionales souvent pittoresques, l'Italie, encore, verra naître à la fin du siècle les courants qui marqueront le début d'une ère nouvelle : le réalisme populiste et dramatique du Caravage, la poétique illusionniste du baroque*.

MUSIQUE La Renaissance se situe du XVe s. au début du XVIIe s. et correspond à l'âge d'or de la polyphonie. Les musiciens italiens, anglais, bourguignons et franco-flamands s'expriment dans la messe, le motet, le madrigal, la chanson. Leur maître, Josquin Des Prés, représente l'aboutissement d'un style et l'ouverture d'une période marquée par la Réforme, qui apportera de nouvelles formes (psaume, choral) et la prédominance de la chanson française (Janequin). Cette perfection explique que les compositeurs se tournent vers de nouvelles voies, à la fin du XVIe s., en forgeant le style monodique qui aboutira à l'opéra (1600).

RENAIX [rənɛ], en néerl. **Ronse,** v. de Belgique (Flandre-Orientale) ; 25 565 hab. Textile. – Église gothique sur crypte romane ; musée.

RENAN (Ernest), *Tréguier 1823 - Paris 1892*, écrivain et historien français. Il se détourna de sa vocation ecclésiastique pour se consacrer à l'étude des langues sémitiques et à l'histoire des religions ; ses travaux d'exégèse consolidèrent ses conceptions rationalistes, qu'il exprima dans *l'Avenir de la science* (publié en 1890) et dans *l'Histoire des origines du christianisme* (1863-1881), dont le premier volume, *la Vie de Jésus*, eut un grand retentissement. Ses *Souvenirs d'enfance et de jeunesse* (1883), dont la célèbre *Prière sur l'Acropole*, relatent comment il perdit la foi. (Acad. fr.)

RENARD (Charles), *Damblain, Vosges, 1847 - Meudon 1905*, officier et ingénieur français. Il construisit le premier ballon dirigeable ayant pu réaliser un parcours en circuit fermé (1884). Il imagina une série de nombres qui devint l'une des bases de la normalisation.

RENARD (Jean-Claude), *Toulon 1922 - Paris 2002*, poète français. Son œuvre méditative, tendue vers le sacré, compose un univers spirituel original *(la Terre du sacre, la Braise et la Rivière)*.

RENARD (Jules), *Châlons, Mayenne, 1864 - Paris 1910*, écrivain français. Auteur de récits réalistes *(l'Écornifleur*, 1892), il créa le type de l'enfant souffre-douleur dans *Poil de carotte* (1894), se consacra en styliste précis à des textes brefs *(Histoires naturelles*, 1896), puis se tourna vers le théâtre, avec des pièces naturalistes amères et drôles *(le Pain de ménage*, 1898). Il a laissé un important *Journal* (1925-1927).

RENAU D'ÉLIÇAGARAY ou **ÉLISSAGARAY** (Bernard), dit **le Petit Renau,** *Armendarits, Pyrénées-Atlantiques, 1652 - Pougues 1719*, ingénieur militaire français. Il perfectionna la technique de construction des navires et inventa la galiote à bombes.

RENAUD (Renaud **Séchan,** dit), *Paris 1952*, chanteur et auteur-compositeur français. Héritier de la tradition réaliste, à laquelle il apporte une touche de folk et de rock, il exprime, dans un langage mêlé d'argot et de verlan *(Laisse béton, Marche à l'ombre)*, sa tendresse et sa révolte *(Morgane de toi, Mistral gagnant, Boucan d'enfer)*.

RENAUD (Jacqueline **Ente,** dite **Line**), *Pont-de-Nieppe, comm. de Nieppe, Nord, 1928*, chanteuse et actrice française. Interprète de chansons très populaires *(Ma cabane au Canada* [musique de Louis Gasté, son époux], *Étoile des neiges)*, meneuse de revue à Paris et à Las Vegas, elle fait aussi de savoureuses créations au théâtre *(Folle Amanda, les Fugueuses, Harold et Maude)*, au cinéma et à la télévision. Elle a été l'une des premières artistes françaises à s'engager dans la lutte contre le sida.

▲ Line **Renaud** en 2010.

RENAUD (Madeleine), *Paris 1900 - Neuilly-sur-Seine 1994*, actrice française. Elle a appartenu à la Comédie-Française (1921 - 1946) avant de fonder avec son mari J.-L. Barrault la compagnie « Renaud-Barrault » (1946). Interprète du répertoire traditionnel et moderne (Beckett), elle a également joué dans de nombreux films *(Maria Chapdelaine*, J. Duvivier, 1934 ; *Le ciel est à vous*, J. Grémillon, 1944 ; *le Plaisir*, M. Ophuls, 1952).

▲ Madeleine **Renaud**

RENAUD DE CHÂTILLON, *m. à Hattin en 1187*, prince d'Antioche (1153 - 1160), seigneur d'Outre-Jourdain (1177 - 1187). Il fut capturé par Saladin à la bataille de Hattin et exécuté.

RENAUDOT (Théophraste), *Loudun 1586 - Paris 1653*, médecin et journaliste français. Il fonda en 1631 le journal *la Gazette*. Son nom a été donné à un prix littéraire créé en 1925 et décerné chaque année en même temps que le prix Goncourt.

RENAULT (Louis), *Paris 1877 - id. 1944*, industriel français. Il construisit une première voiture en 1898, puis, aidé de ses frères Marcel *(1872 - 1903)* et Fernand *(1865 - 1909)*, il devint l'un des pionniers de l'industrie automobile. Pendant la Première Guerre mondiale, *Renault frères* (société familiale fondée en 1899) travailla pour l'aviation, fabriqua des munitions et mit au point le tank Renault (1918). Nationalisé en 1945 *(Régie nationale des usines Renault)*, le groupe automobile retourna au secteur privé, sous le nom de *Renault*, en 1996.

RENDELL (Ruth), baronne **Rendell of Babergh,** *South Woodford, Londres, 1930 - Londres 2015*, romancière britannique. Ses intrigues policières reposent sur une étude sociale minutieuse et sur l'analyse approfondie de la psychologie criminelle *(Un amour importun*, 1964, début des enquêtes du commissaire Wexford ; *la Demoiselle d'honneur*, 1989 ; *les Coins obscurs*, 2015).

René, roman de Chateaubriand, publié en 1802 dans *le Génie du christianisme*, puis à part en 1805. René y incarne le mal* du siècle.

RENÉ GOUPIL (saint), un des Martyrs* canadiens.

RENÉ Ier le Bon, *Angers 1409 - Aix-en-Provence 1480*, duc d'Anjou, de Bar (1430 - 1480) et de Lorraine (1431 - 1453), comte de Provence (1434 - 1480), roi effectif de Naples (1438 - 1442) et roi titulaire de Sicile (1434 - 1480). Il était le fils de Louis II, roi de Sicile et duc d'Anjou. Emprisonné deux fois par les Bourguignons, ayant dû abandonner Naples aux Aragonais (1442), il se retira, après 1455, à Angers puis à Aix-en-Provence, écrivit des poésies, des romans et des traités de morale, et s'entoura de gens de lettres et d'artistes. (Il est resté, pour la postérité, *le bon roi René*.)

▲ **René Ier le Bon** par N. Froment. (Louvre, Paris.)

L'art de la Renaissance

Les artistes de la Renaissance ont cherché à renouer avec l'éclat du grand art de l'Antiquité afin de sortir des siècles « obscurs » du Moyen Âge (jugement depuis relativisé, avec l'étude *des* Renaissances médiévales – carolingienne, romane, gothique – qui ont précédé *la* Renaissance des XVe et XVIe s.). Une extraordinaire effervescence intellectuelle, intimement liée au mouvement humaniste, bouleversa alors les certitudes acquises et forgea un nouveau système culturel et artistique. L'Italie fut le berceau de ce renouveau qui gagna ensuite toute l'Europe.

Botticelli. *Vierge à l'Enfant avec des anges* (1465-1470). Dans ses perspectives et ses compositions étudiées, ce peintre clôt la première Renaissance. L'expression sensible et rêveuse de ses personnages, elle, traduit une manière personnelle de sentir et une vision humaniste propres à la seconde Renaissance. (National Gallery of Art, Washington.)

Brunelleschi. Nef de l'église S. Lorenzo à Florence, construite de 1420 env. à 1475. Rompant avec l'esthétique gothique, l'harmonieuse construction s'organise à partir d'un module de base de 4 m env. (correspondant au carré formé par chaque travée des bas-côtés) ; l'ordre corinthien est utilisé avec une grande pureté.

Michel-Ange. *Captif* (dit *Esclave rebelle*) [v. 1513-1516]. Cette statue appartient à un groupe de deux sculptures (avec l'œuvre dite *Esclave mourant*) prévues pour orner le premier projet de tombeau du pape Jules II. Dans ces chefs-d'œuvre de la Renaissance triomphante, l'artiste complet qu'est Michel-Ange transcende la seule matière du marbre et donne à voir le sentiment. (Louvre, Paris.)

Piero della Francesca. Fresque de l'église S. Francesco d'Arezzo, consacrée à la *Visite de la reine de Saba au roi Salomon* (autour de 1460 ?). Ce maître de la première Renaissance offre une parfaite synthèse des recherches du quattrocento* sur la forme, la couleur et, en partic., l'espace – il met ainsi en pratique les nouvelles techniques concernant la perspective, qui permettent une représentation de la réalité plus proche de la perception humaine.

Titien. *La Vénus d'Urbino* (1538). Cette déesse, sous les traits d'une courtisane magnifiée par le peintre, connut une longue postérité picturale (réinterprétation chez les peintres du XIXe s., par ex.). Ici, pour la première fois peut-être dans l'histoire de la peinture, la couleur, chatoyante et sensuelle, prime sur le dessin : elle est servie par d'audacieuses innovations techniques, qui dépassent l'art de l'époque, celui de la Renaissance finissante, maniériste, et vont durablement influencer l'art européen. (Galerie des Offices, Florence.)

Azay-le-Rideau. Après les guerres d'Italie, sous Charles VIII, d'anciennes forteresses médiévales françaises vont être transformées en autant de chefs-d'œuvre exprimant le nouveau canon architectural venu de la péninsule. L'Île-de-France et la Touraine – où est édifié le château d'Azay-le-Rideau, entre 1518 et 1529, sur un îlot de l'Indre – sont les deux régions les plus représentatives de cette influence en Europe.

RENÉ II, *1451 - Fains 1508,* duc de Lorraine (1473 - 1508) et de Bar (1480 - 1508). Petit-fils de René Ier le Bon, il s'allia avec les villes alsaciennes et les cantons suisses (1474) après l'invasion de ses terres par Charles le Téméraire. Il fut frustré de l'héritage de son grand-père par Louis XI.

RENÉE DE FRANCE, *Blois 1510 - Montargis 1575,* duchesse de Ferrare. Fille de Louis XII, épouse du duc de Ferrare Hercule II d'Este, elle tint une cour brillante, se convertit à la Réforme et, rentrée en France après la mort de son époux (1559), protégea les protestants.

RENENS [rənɑ̃], v. de Suisse (canton de Vaud), banlieue de Lausanne ; 19 609 hab. *(Renanais).*

RENGER-PATZSCH (Albert), *Würzburg 1897 - Wamel, Westphalie, 1966,* photographe allemand. Adepte de la « nouvelle objectivité », il est l'un des précurseurs du langage photographique contemporain par son écriture froide, très précise, et sa prédilection pour les gros plans.

RENI (Guido), parfois dit en fr. **le Guide,** *Calvenzano, près de Bologne, 1575 - Bologne 1642,* peintre italien. Actif à Rome et surtout à Bologne, influencé par les Carrache, mais fasciné par Raphaël, il porta le classicisme à un haut degré de raffinement et de lyrisme (*Samson victorieux, le Massacre des Innocents, Nessus et Déjanire*).

RENIER DE HUY, dinandier (et orfèvre ?) mosan travaillant à Liège au début du XIIe s. Il est l'auteur des fonts baptismaux en laiton, chef-d'œuvre de l'art roman, auj. à l'église St-Barthélemy de Liège.

RENNEQUIN (René **Sualem,** dit), *Jemeppe-sur-Meuse 1645 - Bougival 1708,* mécanicien wallon. Il construisit la machine hydraulique de Marly (1676 - 1682) pour alimenter en eau le château de Versailles.

RENNER (Karl), *Untertannowitz, Moravie, 1870 - Vienne 1950,* homme politique autrichien. Social-démocrate, il fut chancelier (1918 - 1920), puis président de la République (1945 - 1950).

▲ **Rennes.** Le Théâtre municipal.

RENNES, ch.-l. de la Région Bretagne et du dép. d'Ille-et-Vilaine, au confluent de l'Ille et de la Vilaine, à 344 km à l'O. de Paris ; 221 272 hab. *(Rennais).* Centre d'une métropole regroupant 43 communes (432 885 hab.). Archevêché. Cour d'appel. Académie et université. Agrocampus Ouest (Institut supérieur des sciences agronomiques, agroalimentaires, horticoles et du paysage), couplé avec Angers. ENS Rennes. Siège de la zone de défense et de sécurité Ouest. Constructions mécaniques (automobiles). Édition. Électronique. – Festival musical (« Rencontres Trans Musicales »). – Palais de justice du XVIIe s., anc. parlement, hôtel de ville du XVIIIe s. et autres monuments ; musée des Beaux-Arts ; espace culturel Les Champs libres (musée de Bretagne, espace des Sciences, bibliothèque), dans un édifice de C. de Portzamparc. – Capitale des ducs de Bretagne au Xe s., la ville devint définitivement le siège du parlement de Bretagne en 1561.

RENO, v. des États-Unis (Nevada) ; 236 995 hab. (425 417 hab. dans l'agglomération). Centre touristique.

RENOIR (Auguste), *Limoges 1841 - Cagnes-sur-Mer 1919,* peintre français. Parmi les impressionnistes, il est celui qui a exécuté le plus d'œuvres d'après la figure humaine et les scènes d'une vie heureuse (*la Balançoire* et *Bal du Moulin* de la Galette,* 1876, musée d'Orsay ; *Mme Charpentier et ses enfants,* 1878, Metropolitan Museum, New York). Après la phase « ingresque » ou « acide » des années 1884 - 1887, sa vitalité sensuelle s'est affirmée dans ses portraits féminins et ses nus (*Jeunes Filles au piano,* diverses versions [1892] ; *Gabrielle à la rose* [1911], *les Baigneuses* [v. 1918], musée d'Orsay).

▲ Jean **Renoir.** *La Règle du jeu* (1939).

RENOIR (Jean), *Paris 1894 - Beverly Hills, Californie, 1979,* cinéaste français. Fils d'Auguste Renoir, il a imposé un style sensuel et lumineux, mélange de réalisme et de théâtralité, qui fait de lui l'un des plus grands cinéastes français : *la Chienne* (1931), *Partie de campagne* (1936), *la Grande Illusion* (1937), *la Règle du jeu* (1939), *le Fleuve* (1951), *le Carrosse d'or* (1953).

RENOU (Louis), *Paris 1896 - Vernon 1966,* orientaliste français. Spécialiste du sanskrit (*Histoire de la langue sanskrite,* 1955), il est l'auteur d'importants travaux dans le domaine indo-aryen ancien (*l'Inde classique,* en collab., 1947).

RENOUVIN (Pierre), *Paris 1893 - id. 1974,* historien français. Spécialiste de la Première Guerre mondiale, il fut le fondateur en France de l'histoire des relations internationales, privilégiant – au-delà de l'histoire diplomatique traditionnelle – l'analyse des « forces profondes » (*Histoire des relations internationales,* dir., 8 vol., 1953-1958 ; *Introduction à l'histoire des relations internationales,* avec J.-B. Duroselle*, 1964 ; revue *Relations internationales,* lancée en 1974 avec J. Freymond).

RENQIU, v. de Chine, au S.-O. de Tianjin ; 768 900 hab.

RÉOLE (La) [33190], comm. de la Gironde, sur la Garonne ; 4 281 hab. *(Réolais).* Anc. hôtel de ville roman et gothique, église gothique, bâtiments du XVIIIe s. de l'anc. monastère.

REPENTIGNY, v. du Canada (Québec), au N. de Montréal ; 84 285 hab. *(Repentignois).*

REPINE (Ilia Iefimovitch), *Tchougouiev, Ukraine orientale, 1844 - Kuokkala, auj. Repino, Carélie, 1930,* peintre russe. Membre des « ambulants », qui voulaient atteindre l'ensemble du peuple, il est connu pour ses œuvres à sujet historique ou social (*les Haleurs de la Volga* [1873], Musée russe, Saint-Pétersbourg) et pour ses portraits.

Reporters sans frontières, ONG internationale, fondée en 1985, qui se consacre à la défense de la liberté de la presse. Elle exerce une veille permanente pour recenser les atteintes à la liberté d'information, assure soutien et protection aux journalistes exposés de par le monde et lutte contre la censure dans tous les médias.

▲ Auguste **Renoir.** *Deux Jeunes Filles assises,* 1892. (Musée d'Art de Philadelphie.)

Repubblica (La), quotidien italien de gauche, créé à Rome en 1976.

républicain (Parti), un des deux grands partis qui dominent la vie politique aux États-Unis, fondé en 1856 autour d'un programme antiesclavagiste. L'issue de la guerre de Sécession consacra la supériorité des républicains sur les démocrates et leur maintien au pouvoir, pratiquement sans interruption de 1861 à 1913, puis de 1921 à 1933. Le Parti républicain a ensuite donné plusieurs présidents aux États-Unis : D. Eisenhower, R. Nixon, G. Ford, R. Reagan, G. Bush, G. W. Bush, D. Trump.

républicain (Parti) → **Démocratie libérale.**

Républicain lorrain (le), quotidien régional français créé en 1919 à Metz.

Républicains (Les) [LR], de 2002 à 2015 **Union pour un mouvement populaire** (UMP), parti politique français. Conçue à l'origine – sous les noms d'*Union en mouvement* puis d'*Union pour la majorité présidentielle* – comme un rassemblement destiné à soutenir J. Chirac lors des élections du printemps 2002, l'UMP devient en nov. 2002, sous l'appellation d'*Union pour un mouvement populaire,* un grand parti politique de la droite et du centre, qui réunit l'anc. RPR et l'anc. Démocratie libérale, des membres issus de l'UDF et, avec le statut de formation associée, le Parti radical (qui reprend son indépendance en 2011). En 2015, elle est rebaptisée *Les Républicains,* dans le cadre d'une refondation du parti menée par N. Sarkozy.

RÉPUBLIQUE (col de la), col routier de France (Loire), au S.-E. de Saint-Étienne ; 1 161 m.

République (la), dialogue de Platon, en dix livres. Une interrogation sur la justice mène Socrate à décrire un modèle idéal d'organisation politique. La cité, hiérarchisée, doit être gouvernée par ceux qui ont accédé à la connaissance du Vrai et du Bien, les « philosophes-rois ».

république (les Six Livres de la) ou la **République,** ouvrage de Jean Bodin (1576). À travers une enquête sur les formes possibles du pouvoir, l'auteur s'affirme partisan d'une monarchie apte à assurer l'équilibre des groupes sociaux.

République (Ire), régime politique de la France du 21 sept. 1792 au 18 mai 1804.

République (IIe), régime politique de la France du 25 févr. 1848 au 2 déc. 1852.

République (IIIe), régime politique de la France du 4 sept. 1870 au 10 juill. 1940.

République (IVe), régime politique de la France du 13 oct. 1946 au 4 oct. 1958.

République (Ve), régime politique de la France depuis le 4 oct. 1958. (V. planche partie n. comm. **président.**)

République en marche (La) [LREM, LRM ou LaREM], officiellement **Association pour le renouvellement de la vie politique,** parti politique français. Issu du mouvement En marche !, créé en 2016 par E. Macron, le parti est rebaptisé et doté de nouveaux statuts en 2017. Il se situe au centre de l'échiquier politique.

REQUESENS Y ZÚÑIGA (Luis de), *Barcelone 1528 - Bruxelles 1576,* général et homme d'État espagnol. Gouverneur des Pays-Bas en 1573, il ne put dompter l'insurrection des provinces du Nord.

Rerum novarum (15 mai 1891), encyclique promulguée par Léon XIII et relative à la condition des ouvriers, charte du catholicisme social.

Réseau ferré de France (RFF) → **SNCF.**

Réseau outre-mer 1ère, société nationale créée en 1982 et longtemps appelée RFO (Radiodiffusion et télévision française pour l'outre-mer, jusqu'en 1999, puis Réseau France outre-mer, jusqu'en 2010). Il assure la diffusion de programmes de radio et de télévision dans les territoires français situés outre-mer. Il a aussi lancé en 2005 la chaîne de télévision France* Ô.

Résistance, action clandestine menée en Europe par des organisations civiles et militaires contre l'occupant allemand, au cours de la Seconde Guerre mondiale. En France, les mouvements de résistance furent unifiés en 1943 dans le *Conseil national de la Résistance (CNR).* Par son activité (renseignement, propagande, sauvetages, sabotages), la Résistance a contribué fortement à la libération du territoire et au soutien de l'action du général de Gaulle.

Résistance (médaille de la), décoration française. Elle fut créée à Alger en 1943 pour récompenser les services rendus dans la Résistance.

Résistance (parti de la), nom donné sous la monarchie de Juillet aux orléanistes de tendance conservatrice. Mené par Guizot, de Broglie et Casimir Perier, le parti gagna Louis-Philippe à ses idées dès 1831, aux dépens du parti du Mouvement.

RESISTENCIA, v. d'Argentine, ch.-l. de prov., sur le Paraná ; 274 490 hab.

REŞIŢA, v. de l'ouest de la Roumanie ; 83 985 hab.

RESNAIS (Alain), *Vannes 1922 - Paris 2014*, cinéaste français. Il capta avec la même grâce les élans du cœur, le sillage d'une pensée ou les méandres de la mémoire (*Nuit et Brouillard*, court-métrage, 1955 ; *Hiroshima mon amour*, 1959 ; *l'Année dernière à Marienbad*, 1961 ; *Mon oncle d'Amérique*, 1980). Il fut aussi l'auteur de films au ton plus léger (*Smoking/No Smoking*, 1993 ; *On connaît la chanson*, 1997 ; *Cœurs*, 2006).

RESPIGHI (Ottorino), *Bologne 1879 - Rome 1936*, compositeur italien. Il renouvela le poème symphonique (*les Fontaines de Rome* ; *les Pins de Rome*) et écrivit des œuvres lyriques.

Restauration, régime politique de la France sous lequel régnèrent Louis XVIII (1814 - 1815 ; 1815 - 1824) et Charles X (1824 - 1830). On distingue la *première Restauration* (avr. 1814 - mars 1815) et la *seconde Restauration*, après les Cent-Jours (juill. 1815 - juill. 1830).

RESTIF ou **RÉTIF DE LA BRETONNE** (Nicolas Restif, dit), *Sacy, Yonne, 1734 - Paris 1806*, écrivain français. Autodidacte, il a décrit avec acuité, dans plus de 200 ouvrages qu'il imprima lui-même, les mœurs de la fin du XVIIIe s. (*le Paysan perverti ou les Dangers de la ville*, 1775 ; *la Vie de mon père*, 1779 ; *Monsieur Nicolas ou le Cœur humain dévoilé*, 1794-1797).

RESTOUT (Jean II), *Rouen 1692 - Paris 1768*, le plus important d'une famille de peintres français. Neveu de Jouvenet, académicien, il est l'auteur de tableaux surtout religieux, au style frémissant.

RETHEL (08300), ch.-l. d'arrond. des Ardennes, sur l'Aisne ; 8 174 hab. (*Rethélois*). Église des XIIe-XVe s. – Défaite de Turenne (1650) pendant la Fronde.

Rethondes (armistices de), armistices signés dans une clairière de la forêt de Compiègne, près de Rethondes (Oise). L'armistice du *11 novembre 1918*, demandé par les Allemands aux Alliés, marquait la fin de la Première Guerre mondiale. Celui du *22 juin 1940* fut demandé par Pétain à Hitler après la défaite française (juin 1940).

RETIERS (35240), comm. d'Ille-et-Vilaine ; 4 373 hab. (*Restériens*). Laiterie.

RETOURNAC (43130), comm. de la Haute-Loire ; 2 939 hab. Château d'Artias. Église romane. Musée des Manufactures de dentelles.

RETZ (Gilles de) → **RAIS.**

RETZ [rɛ] (Jean-François Paul **de Gondi,** cardinal de), *Montmirail 1613 - Paris 1679*, prélat et écrivain français. Coadjuteur de l'archevêque de Paris, il joua un rôle important dans les troubles de la Fronde. Prisonnier au château de Vincennes (1652), puis à Nantes, il s'échappa (1654) et ne rentra en France qu'après avoir démissionné de l'archevêché de Paris, dont il était titulaire depuis 1654. Il a laissé des *Mémoires*, l'un des premiers chefs-d'œuvre de la prose classique.

▲ Le cardinal de **Retz** par R. Nanteuil. (Coll. priv.)

RETZ [rɛ] (pays de), région de l'ouest de la France (Loire-Atlantique), au S. de l'estuaire de la Loire.

REUBELL (Jean-François) → **REWBELL.**

REUCHLIN (Johannes), *Pforzheim 1455 - Stuttgart 1522*, humaniste allemand. Promoteur des études hébraïques et grecques en Occident, il fut poursuivi par l'Inquisition.

RÉUNION (La) n.f. (974), dép. et Région français d'outre-mer, constitué par une île de l'océan Indien, à l'E. de Madagascar ; ch.-l. de dép. *Saint-Denis* ; ch.-l. d'arrond. *Saint-Benoît, Saint-Paul, Saint-Pierre* ; 4 arrond. ; 25 cant. ; 24 comm. ; 2 511 km^2 ; 860 896 hab. (*Réunionnais*). Le dép. appartient à l'académie de La Réunion, à la cour d'appel de Saint-Denis, à la zone de défense et de sécurité Sud de l'océan Indien.

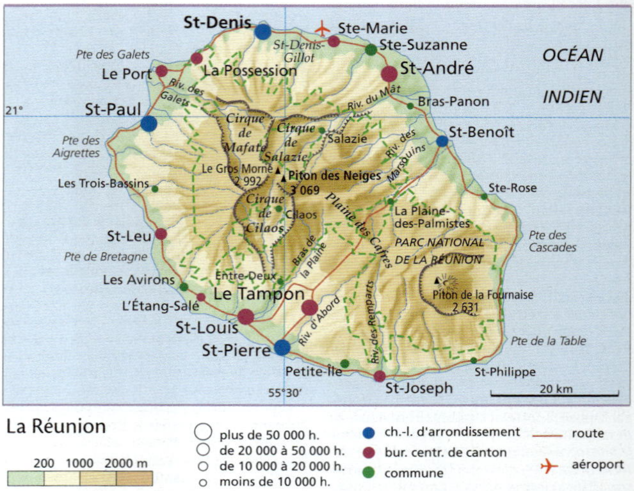

GÉOGRAPHIE L'île possède un climat tropical tempéré par l'insularité et, dans l'intérieur, par le relief, mais elle est auj. affectée par des cyclones. Elle est formée par un grand massif volcanique (3 069 m au piton des Neiges), au pied duquel s'étendent les cultures : vanilliers, plantes à parfum et surtout canne à sucre (exportation de sucre et de rhum). Parc national (105 450 ha). Le surpeuplement est combattu par l'émigration.

HISTOIRE **1528 :** l'île est découverte par les Portugais. **1638 :** elle est occupée par la France et baptisée (1649) « île Bourbon ». **1664 - 1767 :** administrée par la Compagnie des Indes orientales, elle voit se développer la culture du caféier, qui fait appel à des esclaves venus d'Afrique. **1793 :** l'île prend son nom actuel. **Début du XIXe s. :** introduction de la culture de la canne à sucre. **1848 :** l'esclavage est aboli. **1946 :** l'île devient un département d'outre-mer. **1982 :** elle est aussi dotée du statut de Région.

Réunions (politique des) [1679 - 1684], politique d'annexions menée par Louis XIV, en pleine paix, au lendemain des traités de Nimègue, pour renforcer la frontière du nord-est de la France. À l'issue de la guerre de la ligue d'Augsbourg (1688 - 1697), la France ne conserva de ces réunions que Sarrelouis, Strasbourg et l'Alsace.

REUS, v. d'Espagne (Catalogne) ; 106 849 hab.

REUSS n.f., riv. de Suisse, affl. de l'Aar (r. dr.) ; 160 km. Elle traverse le lac des Quatre-Cantons.

Reuters, agence de presse britannique, créée en 1851 à Londres par Paul Julius Reuter, et devenue l'une des plus grandes agences mondiales d'information, notamm. financière (rachetée par Thomson Corp. [Can.] : groupe *Thomson Reuters*).

REUTLINGEN, v. d'Allemagne (Bade-Wurtemberg) ; 109 799 hab. Églises gothiques.

REVAL ou **REVEL** → **TALLINN.**

REVARD (mont), plateau des Préalpes françaises, dominant Aix-les-Bains ; 1 537 m. Sports d'hiver.

Rêve dans le Pavillon rouge (le), roman chinois de Cao Xueqin (XVIIIe s.). Le récit des amours de deux adolescents s'inscrit dans une vaste fresque de l'aristocratie de l'époque.

Réveil (le) [de l'angl. *revival*, retour à la vie], ensemble des mouvements religieux qui, à intervalles réguliers, ont marqué le renouveau protestant en France, en Suisse et, surtout, aux États-Unis.

REVEL (31250), bur. centr. de cant. de la Haute-Garonne ; 9 942 hab. (*Revélois*). Bastide du XIVe s.

REVEL (Jean-François **Ricard,** puis Jean-François), *Marseille 1924 - Le Kremlin-Bicêtre 2006*, essayiste français. Philosophe, éditorialiste, il dénonce les modes intellectuelles et les dérives qui menacent la démocratie (*Pourquoi des philosophes ?*, 1957 ; *la Tentation totalitaire*, 1976). [Acad. fr.]

REVERDY (Pierre), *Narbonne 1889 - Solesmes 1960*, poète français. Maître sensible d'un art dépouillé et pur (recueils *Plupart du temps*, 1915-1922, 1945, et *Main d'œuvre*, 1913-1949, 1949), il se fit le théoricien des peintres cubistes et influença les surréalistes. Il se retira dès 1926 près de l'abbaye de Solesmes.

REVERMONT n.m., rebord de l'ouest du Jura.

REVERS (Georges), *Saint-Malo 1891 - Saint-Mandé 1974*, général français. Chef de l'état-major de Darlan (1941 - 1942), puis de l'Organisation de résistance de l'armée (1943 - 1944), il fut chef d'état-major général de l'armée (1947 - 1950).

REVIGNY-SUR-ORNAIN (55800), bur. centr. de cant. de la Meuse ; 2 988 hab. (*Revinéens*). Cimetière militaire. – Église gothique des XVe-XVIe s.

REVIN (08500), bur. centr. de cant. des Ardennes, sur la Meuse ; 6 689 hab. (*Revinois*). Centrale hydroélectrique.

révocation de l'édit de Nantes → **Nantes** (révocation de l'édit de).

révolution brabançonne (1789 - 1790), mouvement révolutionnaire qui éclata aux Pays-Bas autrichiens (actuelle Belgique) contre les réformes de Joseph II. Ayant chassé l'armée autrichienne, les provinces belges révoltées (notamm. le Brabant) déclarèrent leur indépendance et réunirent à Bruxelles les états généraux, qui proclamèrent les « États belgiques unis » (janv. 1790). Mais la désunion des Belges facilita la reconquête du pays par l'Autriche (déc. 1790), qui, toutefois, abandonna les réformes.

Révolution culturelle (la) [1966 - 1976], mouvement politique, idéologique et armé imposé en Chine par Mao Zedong pour relancer la dynamique révolutionnaire. Les autorités administratives et politiques officielles furent évincées, tels Deng Xiaoping et Liu Shaoqi, alors que les jeunes des écoles et des universités (fermées de 1966 à 1972) s'organisaient en associations de « gardes rouges », se réclamant de la pensée de Mao Zedong. Marquée par le déplacement massif de populations des campagnes vers les villes et des villes vers les champs, par des affrontements sanglants dans les provinces, l'incarcération ou la mise à mort d'artistes et d'intellectuels, la destruction d'œuvres d'art classiques (monuments et livres), la « Grande Révolution culturelle prolétarienne » prit fin avec la mort de Mao et l'arrestation de la Bande* des Quatre en 1976.

Révolution française (1789 - 1799), ensemble des mouvements révolutionnaires qui mirent fin, en France, à l'Ancien Régime.

Les États généraux de l'Assemblée constituante. **1789 :** réunion des États généraux (5 mai) ; serment du Jeu de paume (20 juin) ; renvoi de Necker (11 juill.) ; l'Assemblée nationale se déclare constituante (9 juill.) ; prise de la Bastille (14 juill.) ; abolition des privilèges (4 août) ; Déclaration des droits de l'homme et du citoyen (26 août) ; retour forcé du roi Louis XVI à Paris (5 - 6 oct.) ; les biens du clergé sont déclarés nationaux (2 nov.) ; décret établissant la création des départements (22 déc.). **1790 :** Constitution civile du clergé (12 juill.) ; fête de la Fédération (14 juill.). **1791 :** loi Le Chapelier (14 juin) ; fuite du roi, arrêté à Varennes (juin) ; fusillade du Champ-de-Mars (17 juill.) ; le roi accepte la Constitution (13 sept.).

L'Assemblée législative. **1791 :** 1re séance de l'Assemblée législative (1er oct.). Veto du roi au décret contre les prêtres réfractaires (29 nov.). **1792 :** ministère girondin (mars) ; déclaration de guerre (20 avr.) ; premiers revers. Renvoi des Girondins (13 juin). Invasion des Tuileries (20 juin). L'Assemblée déclare « la patrie en danger » (11 juill.). Début de la première Terreur ; arrestation du roi et fin de la royauté (10 août). Début des massacres de Septembre (2 sept.). Victoire de Valmy, qui arrête l'invasion étrangère (20 sept.).

La Convention nationale. **1792 :** proclamation de la république (22 sept.). Victoire de Jemmapes et occupation de la Belgique (6 nov.). **1793 :** exécution de Louis XVI (21 janv.). Levée de 300 000 hommes (24 févr.). Coalition contre la France et insurrection dans l'Ouest (mars). Création du Comité de salut public (6 avr.). Arrestation des Girondins (2 juin). Constitution de l'an I, ratifiée par référendum (24 juin). Début de la seconde Terreur (5 sept.). Loi des « suspects » (17 sept.). Le gouvernement déclaré révolutionnaire jusqu'à la paix. Culte de la Raison (nov.). **1794 :** Robespierre élimine les hébertistes, qui veulent poursuivre plus loin la Révolution (mars), puis Danton et ses amis, qui veulent la fin de la Terreur (avr.). Grande Terreur (juin). Fête de l'Être suprême (8 juin). La victoire de Fleurus élimine tout péril extérieur (26 juin). Chute et exécution de Robespierre et de ses amis (9 thermidor [27 juill.]). Convention thermidorienne. Réveil royaliste et vague contre-révolutionnaire, misère populaire. **1795 :** rappel des Girondins (8 mars). Traités de Bâle (5 avr. et 22 juill.) et de La Haye (16 mai), avantageux pour la France. Émeutes des sans-culottes : 12 germinal an III (1er avr.) et 1er prairial an III (20 mai). Suppression du Tribunal révolutionnaire (31 mai). Vote de la Constitution de l'an III, ratifiée par référendum (22 août). Révolte royaliste écrasée par Bonaparte (5 oct.).

Le Directoire. **1795 :** 1re réunion du Directoire (2 nov.). **1796 :** Bonaparte à la tête de l'armée d'Italie (2 mars). Victoire d'Arcole (17 nov.). **1797 :** exécution de Babeuf, chef de la conspiration des Égaux (27 mai). Coup d'État du 18 Fructidor contre les royalistes (4 sept.). Traité de Campoformio (18 oct.). **1798 :** départ de Bonaparte pour l'Égypte (19 mai). Défaite d'Aboukir (1er août). Deuxième coalition contre la France (déc.). **1799 :** Bonaparte quitte l'Égypte (22 août). Victoire de Zurich (25 - 27 sept.). Coup d'État de Bonaparte (9 nov. [18 Brumaire]). Début du Consulat (9 - 10 nov.).

révolution française de 1830 (27, 28, 29 juill. 1830), mouvement révolutionnaire appelé aussi *les Trois Glorieuses*, qui aboutit à l'abdication de Charles X et à l'instauration de la monarchie de Juillet, avec pour roi Louis-Philippe Ier.

révolution française de 1848 (22, 23 et 24 févr. 1848), mouvement révolutionnaire qui aboutit à l'abdication de Louis-Philippe (24 févr.) et à la proclamation de la IIe République. Elle s'inscrit dans un mouvement touchant une grande partie de l'Europe (→ **révolutions de 1848**).

revolutionibus orbium coelestium (De), ouvrage de Copernic, publié en 1543, dans lequel l'auteur expose sa conception héliocentrique de l'Univers.

révolution liégeoise (1789 - 1791), mouvement révolutionnaire d'inspiration démocratique qui fit écho, dans la principauté de Liège, au début de la Révolution française. Les insurgés prirent l'hôtel de ville (18 août 1789) et provoquèrent l'exil du prince-évêque (26 août). Celui-ci, momentanément rétabli par l'Autriche (févr. 1791), procéda à une sévère répression.

révolution russe de 1905, ensemble des manifestations qui ébranlèrent la Russie en 1905. Fin 1904, l'agitation lancée par les zemstvos gagne les milieux ouvriers, qui réclament une constitution. Après le Dimanche rouge (9 [22] janv. 1905), au cours duquel l'armée tire sur les manifestants, les grèves se multiplient et des mutineries éclatent (dont celle du cuirassé *Potemkine*, en juin). Aggravée par les défaites de la guerre russo-japonaise, cette crise oblige Nicolas II à promulguer le manifeste d'octobre promettant la réunion d'une douma d'État élue au suffrage universel. Les soviets de députés ouvriers tentent une insurrection qui est écrasée en déc. 1905 - janv. 1906.

révolution russe de 1917, ensemble des mouvements révolutionnaires qui, en Russie, amenèrent l'abdication de Nicolas II, la prise du pouvoir par les bolcheviques et la création de la république socialiste fédérative soviétique de Russie.

La révolution de Février. La population de Petrograd, exaspérée par de graves problèmes de ravitaillement, manifeste le 23 février (8 mars). À l'appel des bolcheviques, la grève devient générale le 25 févr. (10 mars). Les soldats se mutinent contre les officiers dans la nuit du 26 au 27 févr. (11 au 12 mars) et prennent, avec les ouvriers, l'Arsenal et les bâtiments publics. Le 2 mars (15 mars), la douma forme un gouvernement provisoire, reconnu par le Soviet des ouvriers et des soldats de Petrograd. Le même jour, Nicolas II abdique. Dès lors, le pouvoir est détenu par le gouvernement provisoire, dominé par les constitutionnels-démocrates (KD), et par les soviets, majoritairement mencheviques et sociaux-révolutionnaires (SR). Ouvriers et soldats manifestent en avril puis en juillet contre la poursuite de la guerre. Le 24 juill., Kerenski forme un nouveau gouvernement de coalition. Lénine fait adopter sa tactique d'insurrection armée par les bolcheviques (juill.-août).

La révolution d'Octobre. Le 24 oct., les bolcheviques s'emparent des points stratégiques de la capitale et du palais d'Hiver, puis arrêtent les membres du gouvernement provisoire. Petrograd est aux mains des insurgés le 25 oct. (7 nov.) ; enfin, le IIe congrès des soviets élit le Conseil des commissaires du peuple, constitué uniquement de bolcheviques et présidé par Lénine.

révolutions arabes, dites aussi **printemps arabe(s),** ensemble des mouvements de révolte qui, surtout au cours de 2011, touchèrent le monde arabe. Procédant à la fois d'une aspiration politique (à plus de liberté et de démocratie) et de revendications sociales (face à la pauvreté, à l'injustice, à la corruption), la contestation, partie de Tunisie en déc. 2010 et marquée par une forte mobilisation populaire, se propagea rapidement aux États voisins (Égypte, Libye) et à de nombreux autres pays arabes. Elle aboutit à la chute de plusieurs régimes autoritaires (fuite de Ben Ali, janv. 2011 ; départ de Moubarak, févr. ; mort de Kadhafi, après plusieurs mois de guerre civile, oct. ; abandon négocié du pouvoir par A. A. al-Salih, au Yémen, 2011 - févr. 2012). Jugulée par les armes à Bahreïn, cette révolte subit en Syrie une longue et meurtrière répression (à partir de mars 2011), sur laquelle est venue se greffer une lutte d'influence entre puissances régionales et internationales. Ailleurs (Algérie, Maroc, Jordanie, Oman), les pouvoirs en place se sont efforcés de contenir le mouvement en combinant concessions ou réformes et fermeté.

révolutions d'Angleterre, révolutions qui aboutirent au renversement de deux souverains Stuarts en Angleterre, au XVIIe s.

Première révolution d'Angleterre ou « Grande Rébellion » (1642 - 1649). Elle entraîna la chute puis l'exécution de Charles Ier et l'établissement d'une république sous la direction de Cromwell. **1640 :** afin de recueillir l'argent dont il a besoin pour vaincre l'Écosse, le roi Charles Ier convoque le Parlement. **1641 :** celui-ci refuse tout subside et adresse au roi la « Grande Remontrance », qui limite le pouvoir royal. **1642 :** ne pouvant obtenir l'arrestation des chefs de l'opposition parlementaire, le roi se retire à York, déclenchant la guerre civile. **1644 :** la victoire des parlementaires à Marston Moor est suivie de la réorganisation de leur armée, qui écrase celle du roi à Naseby (1645). **1646 :** le roi se rend aux presbytériens écossais. **1647 :** ceux-ci le livrent au Parlement anglais. Le roi se réfugie dans l'île de Wight. **1648 :** une seconde guerre civile éclate alors. Cromwell, victorieux, marche sur Londres et épure le Parlement, prêt à négocier avec le roi. **1649 :** le Parlement vote la mise en accusation de Charles Ier, qui est exécuté (janv.). Cromwell est dès lors le maître du pays.

Seconde révolution d'Angleterre, dite la « Glorieuse Révolution » (1688 - 1689). Elle provoqua le départ de Jacques II Stuart et l'avènement de Guillaume III de Nassau, prince d'Orange. **1688 :** Jacques II, catholique, octroie la liberté du culte aux catholiques et aux protestants dissidents (mai). La naissance d'un héritier, Jacques Édouard (juin), permet l'établissement d'une dynastie catholique. À l'appel de plusieurs notables whigs et tories, Guillaume III de Nassau, gendre de Jacques II, débarque le 5 nov. Jacques II s'enfuit en France. **1689 :** le Parlement reconnaît comme nouveaux souverains Marie II et Guillaume III. Cette révolution aboutit à instaurer en Angleterre une monarchie constitutionnelle.

révolutions de 1848, ensemble des mouvements libéraux et nationaux qui agitèrent l'Europe en 1848 - 1849. Les principales étapes du « printemps des peuples », hormis les journées de février à Paris, sont : l'insurrection de Palerme (12 janv. 1848) ; la promulgation de constitutions à Naples (10 févr.), en Toscane (17 févr.) et au Piémont (5 mars) ; la déclaration de guerre à l'Autriche par Charles-Albert, roi de Sardaigne (24 févr.) ; les révolutions qui éclatent à Vienne (13 mars), à Venise (17 - 22 mars), à Berlin (18 mars), à Milan (18 - 22 mars), à Munich (19 mars) ; la reconnaissance par Vienne du Statut hongrois (11 avr.) ; l'ouverture du Parlement de Francfort (18 mai), du Congrès panslave de Prague (2 juin) et de l'Assemblée constituante à Vienne (22 juill.). La réaction s'organise à partir de juin ; elle est victorieuse dans les États allemands, à Vienne (30 - 31 oct. 1848) et en Hongrie (capitulation de Világos, 13 août 1849). En Italie, Ferdinand II rétablit son pouvoir en Sicile (15 mai 1848) et Charles-Albert est défait par les Autrichiens (Custoza, 25 juill. 1848 ; Novare, 23 mars 1849). Les révolutions de 1848 ont aboli les derniers liens serviles en Europe centrale et accéléré le processus de formation d'ensembles nationaux.

révolutions démocratiques de 1989, ensemble des événements qui aboutirent à la chute des régimes communistes en Europe centrale et orientale. L'URSS ne s'y opposa pas, acceptant ainsi la perte du contrôle qu'elle exerçait sur cette partie de l'Europe depuis la fin de la Seconde Guerre mondiale. Commencés en Pologne (victoire de Solidarité aux élections de juin), poursuivis par la Hongrie (qui ouvrit le rideau de fer en mai), par la RDA (démantèlement du mur de Berlin en nov.) et par la Tchécoslovaquie, les mouvements de contestation des régimes en place et de lutte pour l'instauration de la démocratie furent pacifiques. Des évolutions plus confuses conduisirent au renversement des gouvernements de Bulgarie et de Roumanie.

Revue blanche (la), recueil bimensuel illustré, fondé à Liège et à Paris en 1889. Elle défendit le mouvement symboliste.

Revue des Deux Mondes, périodique littéraire, historique et artistique fondé en 1829. Elle fut notamm. dirigée par F. Brunetière (1894 - 1906).

REWBELL ou **REUBELL** (Jean-François), *Colmar 1747 - id. 1807*, homme politique français. Député à la Convention, représentant en mission sur le Rhin (1793), membre des Cinq-Cents, puis Directeur (1795 - 1799), il fut l'un des auteurs du coup d'État du 18 fructidor an V (4 sept. 1797).

REY (Jean), *Le Bugue v. 1583 - 1645*, chimiste et médecin français. Il observa l'augmentation de masse de l'étain et du plomb quand on les calcine et attribua cette action à l'air, énonçant, avant Lavoisier, le principe de conservation de la matière.

REYES (Alfonso), *Monterrey 1889 - Mexico 1959*, écrivain mexicain. Poète, essayiste et romancier, il revient aux sources de l'inspiration nationale et de la civilisation aztèque (*Vision de l'Anáhuac*, 1917).

REYKJAVÍK, cap. de l'Islande ; 121 841 hab. (184 000 hab. dans l'agglomération). Principal port. L'agglomération regroupe plus de la moitié de la population du pays. – Musée national.

REYMONT (Władysław Stanisław), *Kobiele Wielkie 1867 - Varsovie 1925*, écrivain polonais. Il est l'auteur de romans sur la Pologne rurale (*les Paysans*, 1904-1909) et de récits réalistes. (Prix Nobel 1924.)

REYNAUD (Émile), *Montreuil-sous-Bois 1844 - Ivry-sur-Seine 1918*, inventeur et dessinateur français. Créateur du « praxinoscope » (1876) et du « théâtre optique », avec lequel il assura de 1892 à 1900 plus de 10 000 projections publiques, il fut l'un des pionniers du dessin animé.

REYNAUD (Paul), *Barcelonnette 1878 - Neuilly 1966*, homme politique français. Plusieurs fois ministre sous la IIIe République, il succéda à Daladier comme président du Conseil en mars 1940. Opposé à l'armistice, il laissa la place au maréchal Pétain (16 juin). Interné en sept. 1940, il fut déporté en Allemagne (1942 - 1945). Il fut député du Nord de 1946 à 1962.

REYNOLDS (sir Joshua), *Plympton, Devon, 1723 - Londres 1792*, peintre britannique. Portraitiste fécond, admirateur des grands Italiens et de Rembrandt, il fut en 1768 cofondateur et président de la Royal Academy.

REYNOLDS (Osborne), *Belfast 1842 - Watchet, Somerset, 1912*, ingénieur britannique. Ses recherches concernent l'hydrodynamique (régimes d'écoulement des fluides visqueux), l'hydraulique et la mécanique (théorie de la lubrification).

REYNOSA, v. du nord du Mexique ; 607 532 hab. (725 793 hab. dans l'agglomération).

REZA (Yasmina), *Paris 1955*, écrivaine française. Son théâtre (*Conversations après un enterrement*, 1987 ; *« Art »*, 1994 ; *le Dieu du carnage*, 2006), qui connaît un succès international, et ses romans (*Une désolation*, 1999 ; *Heureux les heureux*, 2013 ; *Babylone*, 2016) ou ses récits divers sont dominés par les thèmes du temps, de la complexité des rapports humains, des failles du discours.

REZA CHAH PAHLAVI, *Sevad Kuh 1878 - Johannesburg 1944*, chah d'Iran (1925 - 1941). Colonel du régiment iranien des Cosaques, Reza Khan organisa le coup d'État de 1921 et se fit proclamer chah (1925). S'inspirant des réformes de Mustafa Kemal, il imposa la modernisation et l'occidentalisation de l'Iran. Il dut abdiquer en 1941.

REZAYE → **OURMIA.**

REZÉ (44400), bur. centr. de cant. de la Loire-Atlantique, banlieue sud de Nantes ; 41 052 hab. (*Rezéens*). Unité d'habitation de Le Corbusier (1953).

Rezonville (bataille de) [16 août 1870], bataille de la guerre franco-allemande durant le siège de Metz.

RF, sigle de République française.

RFA, sigle de République fédérale d'Allemagne (→ **Allemagne**).

RFF (Réseau ferré de France) → **SNCF.**

RFI, sigle de Radio* France Internationale.

RFO → **Réseau outre-mer 1ère.**

RG (Renseignements généraux) → **DGSI.**

RHAB → **GHAB.**

RHADAMANTHE MYTH. GR. Un des trois juges des Enfers, avec Minos et Éaque.

RHADAMÈS → **GHADAMÈS.**

RHARB → **GHARB.**

RHAZNÉVIDES → **GHAZNÉVIDES.**

RHÉA MYTH. GR. Épouse de Cronos, mère de Zeus et des dieux olympiens.

RHEA SILVIA MYTH. ROM. Mère de Romulus et de Remus.

RHEE (Syngman), *province de Hwanghae 1875 - Honolulu 1965*, homme politique coréen, président de la république de Corée du Sud de 1948 à 1960.

RHÉNAN (Massif schisteux), massif d'Allemagne, de part et d'autre du Rhin, dans le prolongement de l'Ardenne. Il est composé de plateaux boisés, entaillés de vallées (Rhin, Moselle, Lahn) qui portent des cultures et des vignobles. Tourisme.

RHÉNANIE n.f., en all. **Rheinland,** région d'Allemagne, sur le Rhin, de la frontière française à la frontière néerlandaise. Annexée par la France (1793 - 1814), la région fut attribuée en 1815 à la Prusse. Démilitarisée à la suite du traité de Versailles (1919), la Rhénanie fut réoccupée par Hitler en 1936.

RHÉNANIE-DU-NORD-WESTPHALIE, en all. **Nordrhein-Westfalen,** Land d'Allemagne ; 34 070 km^2 ; 17 890 100 hab. ; cap. *Düsseldorf*. Le Land, de loin le plus peuplé d'Allemagne, s'étend au sud sur l'extrémité du Massif schisteux rhénan, au centre sur la Ruhr, au nord sur le bassin de Münster.

RHÉNANIE-PALATINAT, en all. **Rheinland-Pfalz,** Land d'Allemagne, s'étendant sur le Massif schisteux rhénan ; 19 847 km^2 ; 4 066 053 hab. ; cap. *Mayence*.

RHÉTIE n.f., anc. région des Alpes centrales, correspondant au Tyrol et au S. de la Bavière. Elle fut soumise par les Romains en 15 av. J.-C.

RHÉTIQUES (Alpes), partie des Alpes centrales (Italie et surtout Suisse). Elles comprennent les massifs de l'Albula, de la Bernina et de l'Ortler.

RHEU (Le) [35650], bur. centr. de cant. d'Ille-et-Vilaine ; 8 643 hab. (*Rheusois*).

RHIN n.m., en all. **Rhein,** en néerl. **Rijn,** fl. d'Europe, né en Suisse et qui se jette dans la mer du Nord aux Pays-Bas ; 1 320 km. Il est formé de la réunion de deux torrents alpins (le *Rhin antérieur*, né dans le massif du Saint-Gothard, et le *Rhin postérieur*, issu du massif de l'Adula). Il traverse le lac de Constance, franchit le Jura (chutes de Schaffhouse), reçoit l'Aar (r. g.) avant d'atteindre Bâle. Il s'écoule ensuite vers le nord, dans une vallée élargie, en suivant le fossé d'effondrement d'Alsace et de Bade, et reçoit l'Ill (r. g.), le Neckar (r. dr.) et le Main (r. dr.). Après Mayence, le lit se resserre à travers le Massif schisteux rhénan : c'est le « Rhin héroïque », qui se grossit de la Moselle (r. g.) et de la Lahn (r. dr.). À Bonn, le Rhin entre définitivement en plaine, reçoit la Ruhr et la Lippe (r. dr.), pénètre aux Pays-Bas, où il rejoint la mer du Nord par trois bras principaux (le Lek, prolongé par le Nieuwe Waterweg, est le plus important).

Le régime se modifie d'amont en aval : hautes eaux d'été et maigres d'hiver en amont de Bâle, débit plus étale en aval, très régulier même à partir de Cologne. Le rôle économique du fleuve est considérable. C'est la plus importante artère navigable d'Europe, desservant la Suisse, la France de l'Est, une partie de l'Allemagne (dont la Ruhr) et les Pays-Bas. Le Rhin est relié au Danube par un canal empruntant partiellement la vallée du Main. Accessible aux convois poussés de 5 000 t jusqu'à Bâle, le fleuve est jalonné de ports actifs, dont les principaux, mis à part Rotterdam, sont Duisburg, Mannheim et Ludwigshafen, Strasbourg, Bâle. Le Rhin alimente aussi des centrales hydroélectriques et fournit l'eau de refroidissement de centrales nucléaires.

RHIN (Bas-) [67], dép. de la Région Grand-Est ; ch.-l. de dép. *Strasbourg* ; ch.-l. d'arrond. *Haguenau, Molsheim, Saverne, Sélestat* ; 5 arrond. ; 23 cant. ; 516 comm. ; 4 755 km^2 ; 1 134 800 hab. (*Bas-Rhinois*). Le dép. appartient à l'académie de Strasbourg, à la cour d'appel de Colmar, à la zone de défense et de sécurité Est. Il comprend une partie du Plateau lorrain (au nord-ouest) et des Vosges (au sud-ouest), régions d'élevage, localement de vignobles (collines sous-vosgiennes entre la Liepvrette et la Zorn). Le reste du dép. correspond à la moitié nord de la plaine d'Alsace, portant des cultures céréalières et industrielles (tabac, houblon) sur les sols lœssiques, des forêts (Haguenau) sur les terres sableuses et caillouteuses. L'industrie est représentée par la métallurgie, les activités alimentaires et textiles ; elle est surtout développée dans l'agglomération de Strasbourg (qui regroupe près de la moitié de la population totale), où elle bénéficie de l'énergie fournie par les centrales du grand canal d'Alsace.

RHIN (Haut-) [68], dép. de la Région Grand-Est ; ch.-l. de dép. *Colmar* ; ch.-l. d'arrond. *Altkirch, Mulhouse, Thann* ; 4 arrond. ; 17 cant. ; 366 comm. ; 3 525 km^2 ; 777 878 hab. (*Haut-Rhinois*). Le dép. appartient à l'académie de Strasbourg, à la cour d'appel de Colmar, à la zone de défense et de sécurité Est. Les collines sous-vosgiennes, couvertes de vignobles renommés, séparent la partie la plus élevée des Vosges, région de forêts et d'élevage, de la moitié sud de la plaine d'Alsace, portant des cultures de céréales, de tabac, de houblon, sauf sur les secteurs marécageux (le Ried, entre Ill et Rhin, partiellement assaini et mis en valeur) ou forestiers (Hardt). Le Sundgau, pays céréalier aux sols lœssiques, occupe le sud du dép. Après l'abandon de l'extraction de la potasse, l'industrie, développée, est représentée, en dehors des aménagements hydroélectriques du grand canal d'Alsace et de la centrale nucléaire de Fessenheim, par les constructions mécaniques, le textile, les produits alimentaires ; elle est localisée principalement dans les vallées vosgiennes, à Colmar et dans l'agglomération de Mulhouse.

RHINE (Joseph Banks), *Waterloo, Pennsylvanie, 1895 - Hillsborough, Caroline du Nord, 1980*, parapsychologue américain. Il privilégia dans ses expériences la méthode quantitative, fondée sur le calcul des probabilités.

RHODANIEN (Sillon) ou Couloir **RHODANIEN,** région déprimée, correspondant à la vallée du Rhône, entre le Massif central et les Préalpes.

RHODE ISLAND, État des États-Unis, en Nouvelle-Angleterre ; 1 059 639 hab. ; cap. *Providence*.

RHODES, île grecque de la mer Égée (Dodécanèse), près de la Turquie ; 1 400 km^2 ; 115 290 hab. La ville de *Rhodes* (54 802 hab.), ch.-l. du Dodécanèse, est un centre touristique (vestiges antiques, remparts et quartiers médiévaux). – Escale commerciale importante entre l'Égypte, la Phénicie et la Grèce, Rhodes connut une grande prospérité, à partir du IVe s. av. J.-C., et devint une province romaine sous Vespasien. En 1309, les hospitaliers de Saint-Jean-de-Jérusalem, chassés de Chypre, s'y installèrent. Turque après le long siège de Soliman le Magnifique (1522), l'île passa à l'Italie en 1912 et à la Grèce en 1947.

RHODES (Cecil), *Bishop's Stortford 1853 - Muizenberg, près du Cap, 1902*, homme politique britannique. Établi en Afrique du Sud, il fonda la British South Africa Company qui obtint de la Couronne (1889) l'exploitation et l'administration d'une partie du bassin du Zambèze, berceau des futures Rhodésies. Premier ministre du Cap (1890), il échoua dans une opération contre les Boers (1895) et dut démissionner.

Rhodes (Colosse de), une des Sept Merveilles* du monde antique. Cette statue d'Hélios, en bronze, haute de 32 m, à l'entrée du golfe de Rhodes, commémorait la victoire des Rhodiens sur Démétrios Ier Poliorcète (304 av. J.-C.). Elle fut détruite par un séisme en 227 av. J.-C.

RHODE-SAINT-GENÈSE, en néerl. **Sint-Genesius-Rode,** comm. de Belgique (Brabant flamand) ; 17 926 hab.

RHODES-EXTÉRIEURES, canton de Suisse ; 243 km^2 ; 53 017 hab. ; ch.-l. *Herisau*. Demi-canton jusqu'en 1999, partie de l'anc. canton d'Appenzell.

RHODÉSIE, région de l'Afrique orientale, dans le bassin du Zambèze. Elle a constitué deux territoires du Commonwealth, qui, de 1953 à 1963, furent intégrés en une Fédération, avec le Nyassaland. En 1964, la Rhodésie du Nord est devenue indépendante sous le nom de *Zambie*, et le Nyassaland a pris le nom de *Malawi* ; la Rhodésie du Sud constitue depuis 1980 le *Zimbabwe*.

RHODES-INTÉRIEURES, canton de Suisse ; 172,5 km^2 ; 15 688 hab. ; ch.-l. *Appenzell*. Demi-canton jusqu'en 1999, partie de l'anc. canton d'Appenzell.

RHODOPE n.m. ou **RHODOPES** n.m. pl., massif de Bulgarie et de Grèce.

RHÔMANOS ou **ROMANOS le Mélode,** *VIe s. apr. J.-C.*, poète byzantin. Ses hymnes ont fait de lui un classique de la poésie liturgique.

RHONDDA, v. de Grande-Bretagne, dans le pays de Galles ; 59 602 hab.

RHÔNE n.m., fl. de Suisse et de France, né à 1 750 m d'altitude, dans le massif de l'Aar-Gothard, et qui rejoint la Méditerranée par un vaste delta ; 812 km (dont 522 en France). Le Rhône draine d'abord le couloir du Valais, où il est alimenté par de grands glaciers, puis entre dans le lac Léman, où ses eaux se décantent. Au sortir du lac, à Genève, il reçoit l'Arve (r. g.), entre en France, traverse le Jura par des

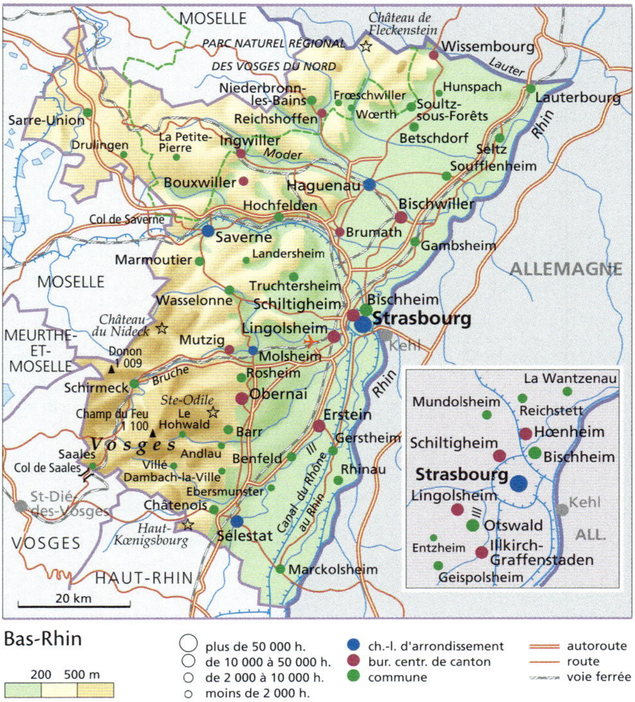

Bas-Rhin

Haut-Rhin

défilés (Bellegarde), remonte vers le nord-ouest, reçoit l'Ain (r. dr.), puis vient se heurter, à Lyon (au confluent de la Saône [r. dr.]), au Massif central. Il coule alors vers le S., entre le Massif central et les Alpes, tantôt s'encaissant, tantôt s'élargissant, et reçoit l'Isère (r. g.), puis, en aval d'Avignon, la Durance (r. g.). À partir d'Arles commence le delta. Le Rhône, le plus abondant des fleuves français, possède un régime complexe, de type glaciaire en amont du confluent de l'Ain, avec atténuation des maigres hivernaux après Lyon et crues automnales dans le cours aval, avec l'apport des torrents cévenols. En raison de la rapidité de son cours, le fleuve a posé des problèmes difficiles à la navigation. La *Compagnie nationale du Rhône*, créée en 1934, a accompli une œuvre considérable, au triple point de vue de l'amélioration des conditions de navigation (en aval de Lyon), de la fourniture d'hydroélectricité (les centrales hydrauliques rhodaniennes sont les plus productives de France) et de l'extension de l'irrigation dans la vallée. Le fleuve alimente aussi partiellement les canaux d'irrigation des plaines du Languedoc et, surtout, fournit l'eau de refroidissement à plusieurs centrales nucléaires.

RHÔNE n.m. (69), dép. de la Région Auvergne-Rhône-Alpes ; ch.-l. de dép. *Lyon* (provisoire) ; ch.-l. d'arrond. *Villefranche-sur-Saône* ; 2 arrond. ; 13 cant. ; 219 comm. ; 2 715 km^2 ; 461 762 hab. *(Rhodaniens).* Le dép. appartient à l'académie et à la cour d'appel de Lyon, à la zone de défense et de sécurité Sud-Est. Il s'étend sur le Beaujolais et le Lyonnais, régions d'élevage, de petites industries textiles et mécaniques, et, localement, de vignobles. Il bénéficie de la proximité de la métropole de Lyon* (détachée du dép. à partir de 2015), qui concentre de nombreuses activités industrielles et de services. *(V. carte page suivante.)*

RHÔNE (Côtes du), coteaux de la vallée du Rhône, au S. de Lyon. Vignobles.

RHÔNE-ALPES, anc. Région administrative de France (Ain, Ardèche, Drôme, Isère, Loire, Rhône, Savoie et Haute-Savoie) [→ **Auvergne-Rhône-Alpes**].

Rhône au Rhin (canal du), canal de l'est de la France, de faible gabarit, joignant les deux fleuves par les vallées du Doubs et de l'Ill ; 320 km.

RHURIDES → **GHURIDES.**

RHUYS [rɥis] (presqu'île de), presqu'île fermant le golfe du Morbihan vers le sud.

Rialto (pont du), pont de Venise, sur le Grand Canal, bordé de boutiques (XVIe s.).

RIANTEC (56670), comm. du Morbihan ; 5 481 hab. *(Riantécois).* Station balnéaire.

RIAZAN, v. de Russie, au S.-E. de Moscou ; 525 062 hab. Anc. monastères du kremlin, auj. musées.

RIBALTA (Francisco), *Solsona, province de Lérida, 1565 - Valence 1628*, peintre espagnol. Il fut actif à Madrid, puis à Valence, où il régénéra l'école locale de peinture religieuse.

RIBBENTROP (Joachim von), *Wesel 1893 - Nuremberg 1946*, homme politique allemand. Ministre des Affaires étrangères du IIIe Reich (1938 - 1945), il signa le pacte germano-soviétique (1939). Il fut condamné à mort par le tribunal de Nuremberg et exécuté.

RIBEAUVILLÉ (68150), comm. du Haut-Rhin ; 4 927 hab. *(Ribeauvilléens).* Textile. Vins. Électronique. – Souvenirs médiévaux.

RIBÉCOURT-DRESLINCOURT [-drɛ-] (60170), comm. de l'Oise ; 3 984 hab. Chimie.

RIBEIRÃO PRETO, v. du Brésil (État de Sao Paulo) ; 583 842 hab.

RIBERA (José de), dit en ital. **lo Spagnoletto,** *Játiva, province de Valence, 1591 - Naples 1652*, peintre espagnol de l'école italienne. Il travailla surtout à Naples, où son art puissant, parti d'une interprétation riche et nuancée du caravagisme, fit école (*Archimède*, Prado ; *le Pied-Bot, Adoration des bergers*, Louvre ; *Miracle de saint Donat*, musée d'Amiens).

RIBERA (Pedro de), *Madrid 1683 - id. 1742*, architecte espagnol. Il est le grand maître de l'art baroque « churrigueresque » à Madrid (façade-retable de l'hospice S. Fernando, 1722, notamm.).

RIBÉRAC (24600), bur. centr. de cant. de la Dordogne ; 4 134 hab. *(Ribéracois).* Collégiale Notre-Dame, en partie romane (peintures murales, centre culturel).

RIBES (Jean-Michel), *Paris 1946,* auteur dramatique et metteur en scène de théâtre français. Il privilégie, en tant qu'auteur, un comique fondé sur l'absurde (*les Fraises musclées,* 1970 ; *Théâtre sans animaux,* 2001 ; *Musée haut, Musée bas,* 2004). Depuis 2002, il dirige, à Paris, le théâtre du Rond-Point, dédié à la création contemporaine.

RIBOT (Alexandre), *Saint-Omer 1842 - Paris 1923,* homme politique français. Un des chefs du Parti républicain modéré, ministre des Affaires étrangères (1890 - 1893), artisan de l'alliance franco-russe, il fut cinq fois président du Conseil entre 1892 et 1917. (Acad. fr.)

RIBOT (Théodule), *Guingamp 1839 - Paris 1916,* psychologue français. Il est l'un des fondateurs de la psychologie expérimentale en France (*les Maladies de la mémoire,* 1881).

RIBOUD (Marc), *Lyon 1923 - Paris 2016,* photographe français. Proche de Cartier-Bresson, voyageur passionné, il livra des visions du monde chargées de sens et d'émotion (*Femmes du Japon,* 1959 ; *Chine : instantanés de voyage,* 1980 ; *Gares et trains,* 1983).

RICAMARIE (La) [42150], comm. de la Loire ; 7 939 hab. *(Ricamandois).*

RICARDO (David), *Londres 1772 - Gatcomb Park, Gloucestershire, 1823,* économiste britannique. Chef de file de l'école classique anglaise, il énonça la loi de la rente foncière, celle des rendements décroissants, une théorie de la valeur fondée sur le travail et un théorème dit de l'« équivalence ricardienne » (→ R. J. **Barro**). Son influence fut considérable.

◄ David **Ricardo**
par T. Phillips. (Coll. priv.)

RICCI (Lorenzo), *Florence 1703 - Rome 1775,* religieux italien. Général des jésuites à partir de 1758, il vit son ordre expulsé de divers pays catholiques et supprimé par Clément XIV (1773), qui le fit emprisonner au château Saint-Ange, où il mourut.

RICCI (Matteo), *Macerata 1552 - Pékin 1610,* savant et missionnaire italien. Jésuite, fondateur de la mission catholique en Chine, où il vécut à partir de 1582, astronome et mathématicien de l'empereur, il adopta une attitude syncrétiste qui fut à l'origine de la querelle des rites* chinois.

RICCI (Scipione de'), *Florence 1741 - id. 1809,* prélat italien. Évêque de Pistoia et de Prato (1780 - 1794), il fut, en Italie, le principal représentant du jansénisme.

RICCI (Sebastiano), *Belluno, Vénétie, 1659 - Venise 1734,* peintre italien. À Venise, au début du XVIIIe s., il élabora (avec Giovanni Antonio Pellegrini) une nouvelle peinture décorative, lumineuse, animée, qui influença tout le rococo européen. — **Marco R.,** *Belluno 1676 - Venise 1730,* peintre et graveur italien, neveu de Sebastiano. Il est l'initiateur de la peinture vénitienne de paysage du XVIIIe s.

RICCI-CURBASTRO (Gregorio), *Lugo 1853 - Bologne 1925,* mathématicien italien. Il créa, avec son élève T. Levi-Civita, le calcul tensoriel.

RICCIOTTI (Rudy), *Kouba, banlieue d'Alger, 1952,* architecte français. S'inspirant de l'environnement naturel, il privilégie le béton et les formes organiques, alliant savoir-faire traditionnel et haute technicité (le Stadium, à Vitrolles, 1994 ; la passerelle de la Paix, à Séoul, 2002 ; le Pavillon noir, à Aix-en-Provence, 2006 ; le musée J.-Cocteau, à Menton, 2012 ; le MuCEM, à Marseille, 2013).

RICCOBONI (Luigi), *Modène 1676 - Paris 1753,* acteur et écrivain italien. En 1716, il reconstitua la Comédie-Italienne à l'hôtel de Bourgogne, où il joua un répertoire italien et français, et créa plusieurs pièces de Marivaux.

RICE (Condoleezza), *Birmingham, Alabama, 1954,* femme politique américaine. Elle est conseillère du président G. W. Bush pour les Affaires de sécurité nationale (2001 - 2005), puis secrétaire d'État de 2005 à 2009.

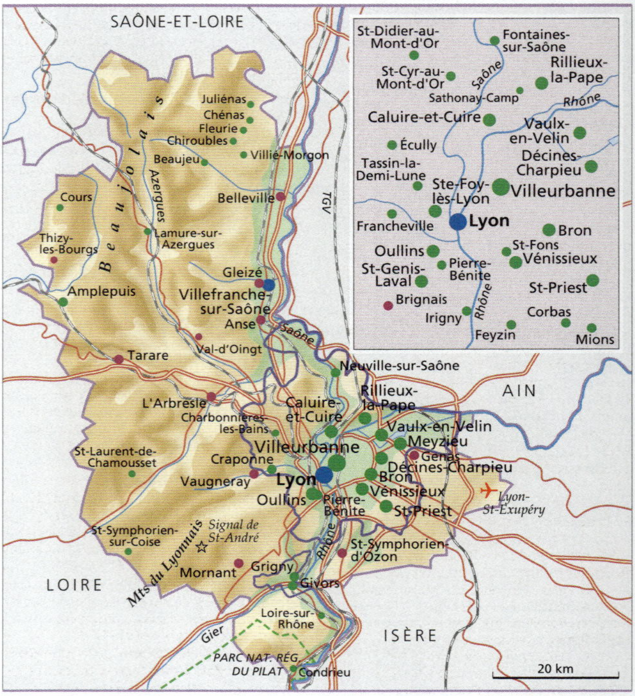

Rhône et métropole de Lyon

200 500 m — autoroute — route — voie ferrée — ch.-l. d'arrondissement — bur. centr. de canton — commune — plus de 100 000 h. — de 20 000 à 100 000 h. — de 5 000 à 20 000 h. — moins de 5 000 h.

métropole de Lyon (collectivité territoriale à statut particulier)

RICH (Claude), *Strasbourg 1929 - Orgeval, Yvelines, 2017,* acteur français. Élève de Dullin, il incarna avec une élégance discrète les personnages les plus divers, tant au théâtre qu'au cinéma (*le Caporal épinglé,* J. Renoir, 1962 ; *le Crabe-Tambour,* P. Schoendoerffer, 1977 ; *le Souper,* É. Molinaro, 1992 ; *Capitaine Conan,* B. Tavernier, 1996).

RICHARD Ier Cœur de Lion, *Oxford 1157 - Châlus 1199,* roi d'Angleterre (1189 - 1199), de la dynastie des Plantagenêts. Fils d'Henri II et d'Aliénor d'Aquitaine, il participe à la 3e croisade en 1190, prend Chypre et s'empare de Saint-Jean-d'Acre (1191). Mais les intrigues nouées entre son frère Jean sans Terre et Philippe II Auguste l'amènent à quitter la Palestine (1192). Fait prisonnier sur la route du retour par l'empereur germanique Henri VI, il est libéré contre une énorme rançon. Revenu dans son royaume (1194), il entreprend alors de récupérer ce que lui avait pris sur le continent Philippe Auguste et périt devant le château de Châlus.

▲ **Richard Ier Cœur de Lion**
par M. J. Blondel, 1841. (Château de Versailles.)

▲ Rudy **Ricciotti.** Le MuCEM, à Marseille (2013).

RICHARD II, *Bordeaux 1367 - Pontefract 1400,* roi d'Angleterre (1377 - 1399), de la dynastie des Plantagenêts. Fils d'Édouard, le Prince Noir, il subit d'abord la régence de son oncle, Jean de Gand, duc de Lancastre, puis gouverna en souverain absolu à partir de 1389. Lorsque son cousin Henri de Lancastre (le futur Henri IV) prit l'offensive, il fut abandonné par ses barons. Capturé, il dut abdiquer et mourut en prison.

RICHARD III, *Fotheringhay 1452 - Bosworth 1485,* roi d'Angleterre (1483 - 1485), de la maison d'York. Devenu roi après avoir fait assassiner les enfants de son frère Édouard IV, dont il était le tuteur, il régna par la terreur, mais fut vaincu et tué par Henri VII Tudor. – Drame, de Shakespeare (v. 1592).

RICHARD (François), dit **Richard-Lenoir,** *Épinay-sur-Odon 1765 - Paris 1839,* industriel français. Associé, en 1797, avec le négociant J. Lenoir-Dufresne (1768 - 1806), il fonda en France la première filature de coton utilisant la mule-jenny.

RICHARD (Jean-Pierre), *Marseille 1922,* critique littéraire français. Il a élaboré une critique thématique subtile et savoureuse, explorant l'univers sensoriel et imaginaire des écrivains (*Littérature et Sensation, Poésie et Profondeur, Microlectures, Essais de critique buissonnière*).

RICHARD (Maurice), surnommé **le Rocket,** *Montréal 1921 - id. 2000,* joueur de hockey sur glace canadien. Véritable héros populaire au Québec, il fut la vedette de l'équipe Le Canadien de Montréal de 1942 à 1960.

RICHARD (Pierre Richard **Defays,** dit Pierre), *Valenciennes 1934,* acteur français. Figure du cinéma comique, il a créé un personnage lunaire et maladroit (*le Grand Blond avec une chaussure noire,* Y. Robert, 1972 ; *la Chèvre,* F. Veber, 1981). Au théâtre, on lui doit, entre autres, des monologues autobiographiques (*Pierre Richard III,* 2012).

RICHARDS BAY, port et centre industriel d'Afrique du Sud (Kwazulu-Natal), sur l'océan Indien.

RICHARDSON (sir Owen), *Dewsbury, Yorkshire, 1879 - Alton, Hampshire, 1959*, physicien britannique. Il a découvert les lois de l'émission des électrons par les métaux incandescents (1901). [Prix Nobel 1928.]

RICHARDSON (Samuel), *Macworth, Derbyshire, 1689 - Parson's Green 1761*, écrivain britannique. Ses romans épistolaires, qui allient le réalisme à une sentimentalité moralisante, eurent un grand succès au XVIIIe s. (*Paméla ou la Vertu récompensée*, 1740 ; *Clarisse Harlowe*, 1747-1748).

RICHARDSON (Cecil Antonio, dit Tony), *Shipley 1928 - Los Angeles 1991*, cinéaste britannique. Il est l'un des fondateurs, avec L. Anderson et K. Reisz, du mouvement Free Cinema, auquel se rattachent *Un goût de miel* (1961), *la Solitude du coureur de fond* (1962), *Tom Jones, entre l'alcôve et la potence* (1963), et dont il s'éloigna ensuite (*Ned Kelly*, 1970).

RICHE (La) [37520], comm. d'Indre-et-Loire, dans la banlieue ouest de Tours ; 10 582 hab. *(Larichois)*. Château royal. Prieuré Saint-Cosme des XIe-XVIe s. (tombe de Ronsard et vitraux de Zao Wou-ki).

RICHELET (César Pierre), *Cheminon, près de Châlons-sur-Marne, 1626 - Paris 1698*, lexicographe français, auteur du premier *Dictionnaire français* (1680).

RICHELIEU n.m., riv. du Canada (Québec), émissaire du lac Champlain, affl. du Saint-Laurent (r. dr.) ; 130 km.

RICHELIEU (37120), comm. d'Indre-et-Loire ; 1 819 hab. *(Richelais)*. Ville bâtie sur un plan régulier par J. Lemercier pour le cardinal de Richelieu ; église, halle, musée à l'hôtel de ville.

RICHELIEU (Armand Emmanuel **Du Plessis**, duc **de**), *Paris 1766 - id. 1822*, homme politique français. Petit-fils de Louis François Armand de Richelieu, il émigra en 1790 et servit le tsar, qui lui confia le gouvernement de la province d'Odessa. Devenu Premier ministre à la Restauration (1815), il procéda à la dissolution de la Chambre introuvable, aux mains des ultraroyalistes (1816). Au congrès d'Aix-la-Chapelle (1818), il obtint des Alliés l'évacuation du territoire par les troupes étrangères et fit entrer la France dans la Quadruple-Alliance. Démissionnaire en 1818, il fut rappelé au pouvoir en 1820 - 1821. (Acad. fr.)

RICHELIEU (Armand Jean **Du Plessis**, cardinal **de**), *Paris 1585 - id. 1642*, prélat et homme d'État français. Évêque de Luçon (1606), député aux états généraux de 1614, il gagne la faveur de Marie de Médicis, qui le fait nommer secrétaire d'État à la Guerre et aux Affaires étrangères (1616). Il partage sa disgrâce après l'assassinat de Concini, mais réussit à réconcilier Louis XIII et sa mère. Cardinal (1622), il entre au Conseil du roi (1624) et en devient le chef et le principal ministre ; il gouverne la France pendant 18 ans en accord profond avec le roi. À l'intérieur, Richelieu réforme les finances, l'armée, la législation (code Michau), intervient dans tous les secteurs de l'activité politique, économique et culturelle (création de l'Académie française, 1635). Il participe au développement de la flotte marchande, encourage les manufactures royales et la constitution de compagnies à monopole, qui posent les jalons du premier empire colonial français (Canada, Sénégal, Madagascar). Mais la lourde fiscalité imposée par le cardinal pour financer la participation française à la guerre de Trente Ans provoque le mécontentement des corps locaux et de nombreuses jacqueries. Implacable envers toute forme d'opposition, Richelieu s'efforce de soumettre les nobles, à qui il interdit les duels (édit de 1626), et brise les complots tramés contre lui (exécution de Chalais en 1626, de Cinq-Mars et de De Thou en 1642). En obtenant la reddition de La Rochelle (1628), il réduit le parti protestant, auquel il accorde la grâce d'Alès (1629). En outre, il écarte de l'entourage royal les membres du parti dévot, qui avaient tenté d'obtenir son renvoi lors de la journée des Dupes (1630). À l'extérieur, déterminé à briser l'encerclement du royaume par les Habsbourg, il entreprend la lutte contre la maison d'Autriche en occupant la Valteline (1624 - 1625), Mantoue et Pignerol (1630) ; il s'assure contre elle l'alliance de la Suède (1631), déclare la guerre à l'Espagne (1635) et conquiert le Roussillon (1642). Sa politique, poursuivie par Mazarin, triomphera aux traités de Westphalie (1648).

▲ Le cardinal de **Richelieu** par P. de Champaigne. (Rectorat de Paris.)

RICHELIEU (Louis François Armand **de Vignerot Du Plessis**, duc **de**), *Paris 1696 - id. 1788*, maréchal de France. Petit-neveu du cardinal, il se distingua à Fontenoy (1745), dirigea la conquête de Minorque (1756) et obtint en 1757 la reddition du duc de Cumberland à Kloster Zeven (Allemagne) pendant la guerre de Sept Ans. Ami de Voltaire, il incarna le libertin du XVIIIe s. (Acad. fr.)

RICHEMONT (Arthur **de Bretagne**, comte **de**) → **ARTHUR III.**

RICHEPIN (Jean), *Médéa, Algérie, 1849 - Paris 1926*, écrivain français. Il est l'auteur de poèmes *(la Chanson des gueux)*, de romans et de drames. (Acad. fr.)

RICHER (Edmond), *Chaource 1559 - Paris 1631*, théologien français. Il fut le théoricien d'une tendance dure du gallicanisme (*De la puissance ecclésiastique et politique* [1611]), qui alimenta l'argumentation antiromaine des états généraux de 1614.

richesse des nations (Recherches sur la nature et les causes de la), œuvre d'Adam Smith (1776), considérée comme l'un des fondements de l'économie politique. Selon l'auteur, l'intérêt personnel est le moteur principal de l'activité économique, conduisant à l'intérêt général.

RICHET (Charles), *Paris 1850 - id. 1935*, physiologiste français. Il découvrit avec Portier le phénomène de l'anaphylaxie et s'intéressa aussi à la parapsychologie. (Prix Nobel 1913.)

RICHIER (Germaine), *Grans 1902 - Montpellier 1959*, sculptrice française. Son œuvre, expressionniste, est une sorte de poème de la genèse et de la métamorphose (*la Montagne*, bronze, 1956).

RICHIER (Ligier), *Saint-Mihiel v. 1500 - Genève 1567*, sculpteur français. Son chef-d'œuvre est la statue funéraire de René de Chalon (1547, église St-Étienne, Bar-le-Duc) ; dans le *Sépulcre* de Saint-Mihiel se manifeste une influence de l'art italien. Son fils Gérard *(Saint-Mihiel 1534 - id. v. 1600)* et deux de ses petits-fils furent également sculpteurs.

RICHMOND, v. du Canada (Colombie-Britannique), banlieue de Vancouver ; 198 309 hab.

RICHMOND, v. des États-Unis, cap. de la Virginie, sur la James River ; 217 853 hab. (984 495 hab. dans l'agglomération). Capitole construit sur plans de T. Jefferson ; musées. – Capitale des sudistes pendant la guerre de Sécession, elle fut conquise par Grant en 1865.

RICHMOND UPON THAMES, borough résidentiel de la banlieue ouest de Londres. Parc.

RICHTER (Burton), *New York 1931*, physicien américain. Il a mis en évidence en 1974, indépendamment de S. Ting, la particule ψ (« psi ») qui permettait de confirmer l'existence du *charme*, quatrième saveur des quarks. (Prix Nobel 1976.)

RICHTER (Charles Francis), *Butler County, près de Hamilton, Ohio, 1900 - Pasadena, Californie, 1985*, géophysicien américain. Il créa, en 1935, l'échelle mesurant la magnitude des séismes (v. partie n. comm. **échelle de Richter***).

RICHTER (Gerhard), *Dresde 1932*, peintre allemand. Dans une sorte d'enquête sur les rapports entre l'image et la réalité, il a exploité toutes les variétés esthétiques de l'art contemporain.

RICHTER (Hans), *Berlin 1888 - Locarno 1976*, artiste américain d'origine allemande. Marqué par l'expressionnisme et le mouvement dada, il pratique l'abstraction géométrique et lyrique en peinture et s'impose comme pionnier du cinéma d'avant-garde (*Rhythmus 21*, 1921) et surréaliste (*Rêves à vendre*, 1944-1947).

RICHTER (Hans Werner), *Bansin 1908 - Munich 1993*, écrivain allemand. Fondateur du Groupe* 47, il est l'auteur de romans *(les Vaincus)*.

RICHTER (Jeremias Benjamin), *Hirschberg, Silésie, 1762 - Berlin 1807*, chimiste allemand. Il découvrit la loi des nombres proportionnels dans les combinaisons chimiques.

RICHTER (Johann Paul Friedrich), dit **Jean Paul**, *Wunsiedel 1763 - Bayreuth 1825*, écrivain allemand. Ses récits, qui mêlent idéalisme sentimental et ironie, font de lui l'un des représentants les plus originaux du romantisme allemand (*Hesperus*, 1795 ; *Titan*, 1800-1803).

RICHTER (Sviatoslav), *Jitomir 1915 - Moscou 1997*, pianiste russe. Il a joué l'intégrale du *Clavier bien tempéré* de J. S. Bach, sans négliger la musique du XXe s. (Hindemith, Bartók, Prokofiev), et a pratiqué autant la musique de chambre que le récital.

RICHTHOFEN (Ferdinand, baron **von**), *Carlsruhe, haute Silésie, 1833 - Berlin 1905*, géographe allemand. Il voyagea en Asie orientale et publia des études sur la Chine.

RICHTHOFEN (Manfred, baron **von**), *Breslau 1892 - Vaux-sur-Somme 1918*, aviateur allemand. As de la chasse allemande lors de la Première Guerre mondiale, surnommé le *Baron rouge* (selon la couleur de son avion), il fut abattu après 80 victoires.

RICIMER, *m. en 472*, général romain d'origine suève. Il fut de 456 à 472 le maître de l'Italie, nommant et déposant à son gré les empereurs.

RICŒUR (Paul), *Valence 1913 - Châtenay-Malabry 2005*, philosophe français. Marqué par la phénoménologie et l'existentialisme, il a construit, en prenant en compte les apports de la psychanalyse, une philosophie de l'interprétation qui fait de lui un représentant majeur de l'herméneutique contemporaine. Il s'est attaché à explorer les questions de la volonté, du temps, de l'altérité, des valeurs, dans la perspective morale d'un humanisme chrétien (*Philosophie de la volonté*, 1950-1960 ; *De l'interprétation. Essai sur Freud*, 1965 ; *Temps et récit*, 1983-1985 ; *Soi-même comme un autre*, 1990 ; *la Mémoire, l'Histoire, l'Oubli*, 2000).

RICORD (Philippe), *Marseille 1799 - Paris 1889*, chirurgien français. Il étudia et traita la syphilis.

RIDGWAY (Matthew), *Fort Monroe, Virginie, 1895 - Fox Chapel, Pennsylvanie, 1993*, général américain. Il commanda les forces de l'ONU en Corée (1951 - 1952), puis les forces alliées du Pacte atlantique en Europe (1952 - 1953).

RIEC-SUR-BÉLON (29340), comm. du Finistère ; 4 291 hab. *(Riécois* ou *Rieccois)*. Ostréiculture.

RIEDISHEIM [ridisɛm] (68400), comm. du Haut-Rhin ; 12 513 hab. *(Riedisheimois)*.

RIEFENSTAHL (Helene, dite Leni), *Berlin 1902 - Pöcking, Bavière, 2003*, actrice et cinéaste allemande. Marquée par l'idéologie nazie, elle filma les rassemblements de Nuremberg (*Triomphe de la volonté*, 1935) et les jeux Olympiques de Berlin (*les Dieux du stade*, 1936), y révélant son sens de la plastique et du rythme.

RIEGO (Rafael **del**), *Santa María de Tuñas, Asturies, 1785 - Madrid 1823*, général espagnol. Après avoir combattu Napoléon, il dirigea le soulèvement de Cadix (1820), puis lutta contre l'expédition française (1823). Livré aux royalistes, il fut pendu.

RIEHEN, comm. de Suisse (Bâle-Ville), banlieue de Bâle ; 20 602 hab. Église des XIVe et XVIIe s. Fondation Beyeler (art du XXe s.), dans un édifice de R. Piano.

RIEL (Louis), *Saint-Boniface, Manitoba, 1844 - Regina 1885*, métis canadien. De 1869 à 1873, il dirigea la résistance des métis de la région de la rivière Rouge (Manitoba), opposés au lotissement des terres en faveur des colons, puis participa à un nouveau soulèvement de l'Ouest (1884 - 1885). Vaincu, il fut pendu.

RIEMANN (Bernhard), *Breselenz, Hanovre, 1826 - Selasca, lac Majeur, 1866*, mathématicien allemand. Ses travaux eurent une influence durable, notamm. sur la théorie des nombres (en partic. l'étude de la répartition des nombres premiers), sur la théorie des fonctions de variables complexes et sur celle de l'intégration. L'un des premiers à envisager une géométrie non euclidienne, il établit également les bases de la topologie.

RIEMENSCHNEIDER (Tilman), *Heiligenstadt, Thuringe, v. 1460 - Würzburg 1531*, sculpteur allemand. C'est un maître de la dernière floraison gothique.

RIEMST [rimst], comm. de Belgique (Limbourg) ; 16 443 hab.

RIENZO ou **RIENZI** → **COLA DI RIENZO.**

RIESENER [rjɛsnɛr] (Jean-Henri), *Gladbeck, près d'Essen, 1734 - Paris 1806,* ébéniste français d'origine allemande. Formé dans l'atelier d'Œben, raffiné, il est l'un des principaux maîtres du style Louis XVI. Son fils Henri François (1767 - 1828) et son petit-fils Léon (1808 - 1878) furent peintres.

RIESENGEBIRGE → **KARKONOSZE.**

RIEUX-VOLVESTRE (31310), comm. de la Haute-Garonne, au S.-S.-O. de Toulouse ; 2 621 hab. *(Rivois).* Cathédrale fortifiée (trésor).

RIEZ (04500), bur. centr. de cant. des Alpes-de-Haute-Provence ; 1 854 hab. Essence de lavande. – Vestiges antiques, baptistère mérovingien.

RIF n.m., massif du nord du Maroc. (Hab. *Rifains.*) Il s'étire sur 350 km, dominant la Méditerranée.

Rif (guerre du), opérations militaires menées dans le Rif marocain par les Espagnols (1921 - 1924), puis par les Français (1925 - 1926), contre la révolte d'Abd el-Krim. Abandonné par les tribus, ce dernier se rendit en 1926.

RIFBJERG (Klaus), *Copenhague 1931 - Skodsborg, au nord de Copenhague, 2015,* écrivain danois. Il exprima avec acuité les crises sociales et esthétiques de son temps dans des poèmes *(Confrontation),* des romans *(l'Amateur d'opéra)* et des pièces de théâtre.

RIFT VALLEY n.f., grande fracture de l'écorce terrestre, de l'Asie occidentale (vallée du Jourdain) à l'Afrique méridionale (cours inférieur du Zambèze). C'est une série de fossés d'effondrement, partiellement occupés par la mer Rouge ou des lacs (du lac Turkana au lac Malawi en Afrique orientale). – Gisements préhistoriques, dont celui d'Olduvai.

RIGA, en lett. **Rīga,** cap. de la Lettonie, sur la Baltique, au fond du *golfe de Riga ;* 701 135 hab. Port. Centre industriel. – Cathédrale d'origine romane (XIIIe s.), château fort du XIVe s. Musées.

RIGAUD (Hyacinthe **Rigau y Ros,** dit Hyacinthe), *Perpignan 1659 - Paris 1743,* peintre français. Il est l'auteur de portraits d'apparat : *Louis XIV, Bossuet, Louis XV* (Louvre et Versailles).

RIGI ou **RIGHI** n.m., montagne de Suisse, entre les lacs des Quatre-Cantons et de Zoug ; 1 798 m.

RIGNAC (12390), comm. de l'Aveyron, au N.-E. de Villefranche-de-Rouergue ; 2 073 hab. *(Rignacois).* Conservatoire du châtaignier.

Rigveda, le plus ancien des recueils d'hymnes sacrés du védisme.

RIJEKA, anc. **Fiume,** v. de Croatie, sur l'Adriatique ; 127 498 hab. Principal port du pays. – Monuments du Moyen Âge au baroque ; musées.

RILA n.m., montagne de l'ouest de la Bulgarie, prolongeant le Rhodope ; 2 925 m. Célèbre monastère médiéval, reconstruit au XIXe s. ; musée.

RILEY (Terry), *Colfax, Californie, 1935,* compositeur américain. L'un des initiateurs de la musique répétitive (*A Rainbow in Curved Air,* 1969), il a ensuite été influencé par la musique indienne.

RILKE (Rainer Maria), *Prague 1875 - Montreux 1926,* écrivain autrichien. Il passa du symbolisme à la recherche de la signification concrète de l'art et de la mort dans ses poèmes (*le Livre d'heures,* 1905 ; *Élégies de Duino, Sonnets à Orphée,* 1923), son roman (*les Cahiers de Malte Laurids Brigge,* 1910) et sa correspondance (dont *Lettres à un jeune poète,* adressées entre 1903 et 1908 à F. X. Kappus). Il fut un temps secrétaire de Rodin.

▲ Rainer Maria **Rilke** en 1925.

RILLIEUX-LA-PAPE (69140), comm. du Rhône ; 30 749 hab. *(Rilliards).* Services bancaires. Bonneterie.

RIMBAUD (Arthur), *Charleville 1854 - Marseille 1891,* poète français. Génie précoce, il vient à Paris à l'âge de dix-sept ans, porteur, avec *le Bateau ivre,* de l'idée selon laquelle la poésie naît d'une « alchimie du verbe » et des sens. Sa liaison orageuse avec Verlaine se termine par une scène violente : blessé d'un coup de revolver, Rimbaud compose, sous le choc, les poèmes en prose d'*Une saison en enfer* (1873), où il exprime ses « délires ». À vingt ans, il cesse quasiment toute activité d'écrivain. Il mène alors une existence errante (soldat puis déserteur, négociant) à Java, à Chypre, à Aden, au Harar. En 1886, *la Vogue* publie son recueil de proses et de vers libres *Illuminations.* Il meurt à l'hôpital de Marseille au moment où sa poésie commence à être reconnue comme l'aboutissement des recherches romantiques et baudelairiennes. Nourrie de révolte, auréolée de légende, revendiquée par le surréalisme, l'œuvre de Rimbaud a profondément influencé la poésie moderne.

▲ Arthur **Rimbaud** par Fantin-Latour. (Louvre, Paris.)

RIMINI, v. d'Italie (Émilie-Romagne), ch.-l. de prov., sur l'Adriatique ; 139 817 hab. Station balnéaire. – Arc d'Auguste ; temple Malatesta, église du XIIIe s. rhabillée au XVe s. par L. B. Alberti ; musées.

RIMOUSKI, v. du Canada (Québec), sur la rive sud de l'estuaire du Saint-Laurent ; 48 664 hab. *(Rimouskois).* Ville princ. du Bas-Saint-Laurent.

RIMSKI-KORSAKOV (Nikolaï Andreïevitch), *Tikhvine 1844 - Lioubensk, près de Saint-Pétersbourg, 1908,* compositeur russe. Il révéla l'école russe à Paris au cours de l'exposition de 1889. Ses pages orchestrales (Ouverture de *la Grande Pâque russe, Shéhérazade*) témoignent d'une grande maîtrise des sonorités. Hormis son concerto pour piano et quelques œuvres de musique de chambre, il excella dans l'opéra, où, attaché aux mythes de la Russie païenne, il recherche cependant le réalisme populaire cher au groupe des Cinq, dont il avait fait partie (*Kitège,* 1907 ; *le Coq d'or,* 1909).

RINER (Teddy), *Pointe-à-Pitre 1989,* judoka français. Champion du monde en catégorie lourds (2007, 2009, 2010, 2011, 2013, 2014, 2015, 2017) et en toutes catégories (2008, 2017), il détient le record de dix titres mondiaux. Il obtient aussi la consécration du titre olympique (catégorie lourds) en 2012 et 2016.

RINTALA (Paavo), *Viipuri 1930 - Kirkkonummi 1999,* romancier finlandais. Son œuvre traite des conflits sociaux sur un mode épique *(Sur la ligne des tanneurs).*

RIO DE JANEIRO, État du Brésil ; 43 653 km^2 ; 15 180 636 hab. ; cap. *Rio de Janeiro.*

RIO DE JANEIRO, v. du Brésil, cap. de l'*État de Rio de Janeiro ;* 5 940 224 hab. *(Cariocas)* [11 959 725 hab. dans l'agglomération]. Ce grand port, sur la baie de Guanabara, est dominé par des pitons abrupts. Archevêché. Université. Centre commercial, industriel et touristique (célèbre carnaval). – Musées. Foire d'art contemporain.

Rio (conférence de) [3 - 14 juin 1992], dite aussi **Sommet de la Terre,** conférence des Nations unies sur l'environnement et le développement, qui réunit à Rio de Janeiro les représentants de 178 pays, dont 117 chefs d'État et de gouvernement. Y furent adoptés, outre une déclaration de 27 grands principes, trois conventions (sur les changements climatiques, sur la biodiversité et sur la désertification), une déclaration sur les forêts, et un vaste programme de mesures pour le XXIe siècle, appuyées sur le concept de développement durable (Agenda 21).

RÍO DE LA PLATA → **PLATA** (Río de la).

RÍO DE LA PLATA (vice-royauté du), vice-royauté espagnole. Cette division de l'Empire espagnol fut créée en 1776 par la séparation du vice-royaume du Pérou, des provinces argentines, du Paraguay, de la Banda Oriental (actuel Uruguay) et de l'audience de Charcas, ou Haut-Pérou (actuelle Bolivie). Par Buenos Aires, sa capitale, transitait une grande partie des richesses de l'arrière-pays destinées à l'exportation vers l'Europe (minerai d'argent du Potosí). La vice-royauté disparut en 1810.

RÍO DE ORO, anc. protectorat espagnol du Sahara, sur l'Atlantique, qui constitue auj. la partie sud du Sahara* occidental.

RIO GRANDE ou **RÍO BRAVO** ou **RÍO BRAVO DEL NORTE,** fl. d'Amérique du Nord, né dans les Rocheuses et qui se jette dans le golfe du Mexique ; 3 060 km. Il sert de frontière entre les États-Unis et le Mexique (en aval d'El Paso).

RIO GRANDE DO NORTE, État du nord-est du Brésil ; 3 121 451 hab. ; cap. *Natal.*

RIO GRANDE DO SUL, État du Brésil méridional ; 10 576 758 hab. ; cap. *Porto Alegre.*

RIOJA (La), v. d'Argentine, ch.-l. de prov., au pied des Andes ; 180 995 hab.

RIOJA (La), communauté autonome d'Espagne ; 5 034 km^2 ; 321 173 hab. ; cap. *Logroño ;* 1 prov. *(Logroño).* Vignobles.

RIOM [rjɔ̃] (63200), ch.-l. d'arrond. du Puy-de-Dôme ; 19 861 hab. *(Riomois).* Cour d'appel. Constructions électriques. Chimie. Armement. – Églises médiévales ; vieux hôtels ; deux musées. – Anc. capitale des ducs d'Auvergne. – À Mozac, à l'ouest de la ville, remarquable église, anc. abbatiale romane (chapiteaux). — procès de **Riom** (févr. - avr. 1942), procès qui se déroula à Riom afin de juger les hommes politiques de la IIIe République considérés comme responsables de la défaite de 1940 (L. Blum, É. Daladier, le général Gamelin...). Instruit devant la Cour suprême de justice instituée par le maréchal Pétain en 1940, le procès tourna au détriment du régime de Vichy et fut interrompu à la demande de Hitler.

RÍO MUNI → **MBINI.**

Rion-Antirion (pont de), pont à haubans, long de 2 883 m, reliant le Péloponnèse à la Grèce continentale, au-dessus du golfe de Corinthe. Mis en service en 2004, il est appelé aussi *pont de Poséidon.*

RIONI ou **RION** n.m., fl. de Géorgie, qui descend du Caucase et se jette dans la mer Noire ; 327 km. Son bassin inférieur constitue l'anc. Colchide.

RIOPELLE (Jean-Paul), *Montréal 1923 - île aux Grues, Québec, 2002,* peintre canadien. Il a pratiqué un art non figuratif lyrique ou paysagiste.

RIORGES (42153), comm. de la Loire, banlieue de Roanne ; 10 981 hab. *(Riorgeois).*

RÍO TINTO → **MINAS DE RÍOTINTO.**

RIOURIK, chef varègue du IXe s. Il fut le maître de Novgorod à partir de 862.

RIOURIKIDES, dynastie issue de Riourik, qui régna en Russie de 882 à 1598.

RIPERT (Georges), *La Ciotat 1880 - Paris 1958,* juriste français. On lui doit d'importantes contributions au droit maritime et commercial, ainsi qu'un *Traité pratique de droit civil.*

RIQUET (Pierre Paul **de**), *Béziers 1604 - Toulouse 1680,* ingénieur français. Il a construit le canal du Midi (1666-1681).

▲ **Rio de Janeiro.** La baie de Guanabara depuis le Corcovado.

Riquet à la houppe, conte en prose de Perrault (1697). Le prince Riquet, intelligent, mais laid, aime une princesse belle, mais bête. L'amour rend celle-ci intelligente et Riquet devient beau.

RIQUEWIHR (68340), comm. du Haut-Rhin ; 1 131 hab. *(Riquewihriens).* Vins blancs. – Enceinte médiévale et maisons anciennes ; petits musées.

RISI (Dino), *Milan 1916 - Rome 2008*, cinéaste italien. Il a réalisé des comédies caustiques, amères et grinçantes (*le Fanfaron*, 1962 ; *les Monstres*, 1963 ; *Parfum de femme*, 1974 ; *les Nouveaux Monstres*, 1977).

RIS-ORANGIS (91130), bur. centr. de cant. de l'Essonne ; 28 048 hab. Maison de retraite des artistes lyriques.

Risorgimento n.m., mot ital. signif. « Renaissance ». Le terme s'est appliqué au mouvement idéologique et politique qui, au XIXe s., prôna l'unification de l'Italie, réalisée en 1860 - 1861.

RIST (Charles), *Lausanne 1874 - Versailles 1955*, économiste français. Auteur d'ouvrages sur l'histoire des doctrines économiques et sur les problèmes monétaires, il prôna l'économie libérale.

RIST (Elisabeth Charlotte, dite Pipilotti), *Grabs, canton de Saint-Gall, 1962*, vidéaste suisse. Ses installations audio et vidéo, rêveries sensorielles mêlant corps et nature dans des images floues ou déformées, aux couleurs vives, questionnent les identités sexuelles et sociales (*I'm Not The Girl Who Misses Much*, 1986 ; *Sip My Ocean*, 1996 ; *Pour Your Body Out*, 2008 ; *Lip Service*, 2012).

rites chinois (querelle des) [1610 - 1742], grand débat qui opposa aux dominicains et aux pouvoirs ecclésiastiques les jésuites français et italiens de Chine, qui voulaient qu'on permît aux Chinois convertis au christianisme de continuer à pratiquer certains rites traditionnels. Le débat dura de la mort de M. Ricci, qui avait autorisé la pratique de ces rites, à la condamnation de celle-ci par Benoît XIV.

RÍTSOS (Ghiánnis ou Yánnis), *Malvoisie 1909 - Athènes 1990*, poète grec. Il réinterprète les mythes antiques à la lumière des luttes sociales et politiques modernes (*Épitaphe*, 1936 ; *Symphonie du printemps*, 1938 ; *la Sonate au clair de lune*, 1956 ; *Hélène*, 1972 ; *Erotica*, 1981).

RITTER (Carl), *Quedlinburg 1779 - Berlin 1859*, géographe allemand. Il a étudié les rapports entre les phénomènes physiques et humains.

RITTMANN (Alfred), *Bâle 1893 - Catane, Sicile, 1980*, géologue suisse. Il a consacré ses recherches aux volcans et peut être considéré comme le fondateur de la volcanologie en Europe.

RIVALZ (Antoine), *Toulouse 1667 - id. 1735*, peintre français. Peintre de Toulouse (comme son père, Jean-Pierre *[1625 - 1706]*), il s'est distingué dans la peinture d'histoire autant que dans le portrait.

RIVAROL (Antoine **Rivarol**, dit le Comte **de**), *Bagnols-sur-Cèze 1753 - Berlin 1801*, écrivain français. Il a fait l'apologie de la langue française et du génie national dans son *Discours sur l'universalité de la langue française* (1784).

RIVAS (Ángel **de Saavedra**, duc **de**), *Cordoue 1791 - Madrid 1865*, homme politique et écrivain espagnol, auteur du drame romantique *Don Alvaro ou la Force du destin* (1835).

RIVE-DE-GIER [-ʒje] (42800), bur. centr. de cant. de la Loire ; 15 333 hab. *(Ripagériens).* Métallurgie.

RIVERA (Diego), *Guanajuato 1886 - Mexico 1957*, peintre mexicain, époux de Frida Kahlo. Après une période cubiste, il s'est consacré à des compositions murales aux thèmes historiques et sociaux.

RIVERS (William Halse Rivers), *Luton, Kent, 1864 - Londres 1922*, anthropologue britannique. Partisan du diffusionnisme, il a replacé les problèmes de parenté dans le contexte de la société globale (*Histoire de la société mélanésienne*, 1914).

RIVESALTES (66600), bur. centr. de cant. des Pyrénées-Orientales ; 8 851 hab. Vins liquoreux. – Mémorial du camp d'internement de Rivesaltes (1939 - 1964).

RIVES-EN-SEINE (76490), comm. de la Seine-Maritime ; 4 219 hab. Aéronautique. – Église de style gothique flamboyant. MuséoSeine.

RIVET (Paul), *Wasigny, Ardennes, 1876 - Paris 1958*, ethnologue français. Il a créé le musée de l'Homme (1937).

RIVETTE (Jacques), *Rouen 1928 - Paris 2016*, cinéaste français. Également critique, il mena de film en film ses recherches sur le récit, la durée, l'improvisation, le thème du complot : *Paris nous appartient* (1961), *l'Amour fou* (1969), *Céline et Julie vont en bateau* (1974), *le Pont du Nord* (1981), *la Bande des Quatre* (1989), *la Belle Noiseuse* (1991), *Jeanne la Pucelle* (1994), *Va savoir* (2001).

RIVIERA n.f., littoral italien du golfe de Gênes, de la frontière française à La Spezia. On distingue la *Riviera di Ponente*, à l'O. de Gênes, et la *Riviera di Levante*, à l'E. Le nom de *Riviera* est parfois étendu à la Côte d'Azur française, surtout entre Nice et la frontière italienne.

RIVIÈRE (Henri), *Paris 1827 - Hanoï 1883*, marin français. Il prit et défendit la citadelle de Hanoï (1882) ; il fut tué lors d'une sortie.

RIVIÈRE (Jacques), *Bordeaux 1886 - Paris 1925*, écrivain et critique français, directeur de *la Nouvelle Revue française* de 1919 à 1925.

RIVIÈRE-DU-LOUP, v. du Canada (Québec), sur la rive sud de l'estuaire du Saint-Laurent ; 19 507 hab. *(Louperivois).*

RIVIÈRE-PILOTE (97211), comm. du sud de la Martinique ; 12 221 hab. *(Pilotins du Sud).*

RIVIÈRE-SALÉE (97215), comm. de la Martinique, près du fleuve du même nom, qui finit dans la baie de Fort-de-France ; 12 628 hab. *(Saléens).*

RIVNE, anc. **Rovno,** v. de l'ouest de l'Ukraine ; 248 813 hab.

Rivoli (bataille de) [14 janv. 1797], bataille de la campagne d'Italie. Victoire de Bonaparte sur les Autrichiens en Vénétie, au N.-O. de Vérone.

RIXENSART, comm. de Belgique (Brabant wallon) ; 21 901 hab. Château du XVIIe s., passé au XVIIIe s. à la famille de Mérode.

RIXHEIM (68170), comm. du Haut-Rhin, banlieue est de Mulhouse ; 14 269 hab. *(Rixheimois).* Musée du Papier peint.

RIYAD, cap. de l'Arabie saoudite ; 5 450 820 hab. *(Riyadiens).*

RIZAL (José), *Calamba 1861 - Manille 1896*, patriote et écrivain philippin. Auteur de romans dénonçant la situation coloniale, accusé à tort d'être l'instigateur de l'insurrection de 1896, il fut exécuté par les Espagnols.

RIZHAO, v. de Chine, au S.-O. de Qingdao ; 1 148 190 hab.

RMC, sigle de Radio Monte-Carlo*.

RN → **Rassemblement national.**

ROACH (Maxwell, dit Max), *Newland, Caroline du Nord, 1924 - New York 2007*, musicien américain de jazz. Batteur, il a accompagné les plus grands musiciens du bop, dont Charlie Parker, a dirigé plusieurs formations et a développé un style mélodique et polyrythmique (*Drum Conversation*, 1953 ; *We insist ! Freedom Now Suite*, 1960).

ROANNE (42300), ch.-l. d'arrond. de la Loire, sur la Loire, dans la *plaine de Roanne* ou *Roannais* (entre les monts de la Madeleine et du Beaujolais) ; 36 011 hab. *(Roannais).* Métallurgie. Armement. Pneumatiques. – Musée Joseph-Déchelette.

ROBA (Jean), *Bruxelles 1930 - id. 2006*, dessinateur et scénariste belge de bandes dessinées. Il est le créateur en 1959, dans le journal *Spirou*, de la série *Boule et Bill* (un petit garçon et son chien), devenue un best-seller de la bande dessinée.

ROBBE-GRILLET (Alain), *Brest 1922 - Caen 2008*, écrivain français. Théoricien (*Pour un nouveau roman*, 1963) et membre du nouveau* roman, il est l'auteur de récits qui rejettent la psychologie traditionnelle et opposent l'homme à une réalité impénétrable (*les Gommes*, 1953 ; *la Jalousie*, 1957 ; *Djinn*, 1981 ; *la Reprise*, 2001). Scénariste du film de A. Resnais *l'Année dernière à Marienbad*, il fut aussi réalisateur (*Glissements progressifs du plaisir*, 1974). [Acad. fr.]

ROBBINS (Jerome), *New York 1918 - id. 1998*, danseur et chorégraphe américain. Sa carrière se partagea entre la réalisation de comédies musicales à Broadway (*West Side Story*, 1957) et la création de ballets pour des troupes néoclassiques, dont le New York City Ballet qu'il codirigea (1969 - 1989), dans un style conjuguant des éléments de danse académique, moderne et jazz.

ROBERT (Le) [97231], comm. de la Martinique, sur la côte est ; 23 342 hab. *(Robertins).*

SAINTS

ROBERT BELLARMIN (saint), *Montepulciano 1542 - Rome 1621*, jésuite et théologien italien. Cardinal en 1599, il participa, en défenseur du molinisme, aux débats sur la grâce et rédigea notamm. un ouvrage sur les controverses concernant la foi chrétienne. Il fut l'un des théologiens les plus marquants de la Réforme catholique.

ROBERT DE MOLESMES (saint), *en Champagne v. 1029 - abbaye de Molesmes, Bourgogne, 1111*, moine bénédictin français. Il fonda l'abbaye de Molesmes puis celle de Cîteaux.

ARTOIS

ROBERT Ier le Vaillant, *1216 - Mansourah 1250*, comte d'Artois (1237 - 1250). Frère de Saint Louis, il mourut pendant la 7e croisade. — **Robert II le Noble,** *1250 - Courtrai 1302*, comte d'Artois (1250 - 1302). Fils posthume de Robert Ier le Vaillant, régent en Sicile pendant la captivité de Charles II (1284 - 1288), il fut ensuite l'un des chefs de l'armée de Philippe le Bel, et mourut à la bataille de Courtrai. — **Robert III,** *1287 - 1342*, comte d'Artois (1302 - 1309). Petit-fils de Robert II le Noble, privé de son comté par sa tante Mathilde (1309), il ne put obtenir le soutien du roi de France Philippe VI, son beau-frère, et passa au service du roi d'Angleterre.

ÉCOSSE

ROBERT Ier BRUCE, *Turnberry 1274 - château de Cardross, près de Dumbarton, 1329*, roi d'Écosse (1306 - 1329). Ayant pris la tête de la résistance écossaise (1306), il anéantit l'armée anglaise à Bannockburn (1314).

EMPIRE LATIN DE CONSTANTINOPLE

ROBERT DE COURTENAY, *m. en Morée en 1228*, empereur latin de Constantinople (1221 - 1228).

FRANCE

ROBERT le Fort, *m. à Brissarthe, Maine-et-Loire, en 866*, comte d'Anjou et de Blois, marquis de Neustrie. Il lutta contre les Normands et mourut au combat. Il est le fondateur de la dynastie des Robertiens, ancêtre de celle des Capétiens.

ROBERT Ier, *v. 866 - Soissons 923*, roi de France (922 - 923), de la dynastie des Robertiens. Fils de Robert le Fort, il fut élu par les grands à Reims et tué en combattant Charles III le Simple. — **Robert II le Pieux,** *Orléans v. 972 - Melun 1031*, roi de France (996 - 1031), de la dynastie des Capétiens. Fils et successeur d'Hugues Capet, il fut excommunié, malgré sa piété, pour avoir répudié sa femme (Rozala, fille de Bérenger II, roi d'Italie) et épousé sa cousine (Berthe, veuve du comte Eudes Ier de Blois). Il se maria une troisième fois avec Constance de Provence. Robert lutta contre l'anarchie féodale et annexa au domaine royal le duché de Bourgogne, les comtés de Dreux et de Melun.

NAPLES

ROBERT le Bon ou **le Sage,** *1278 - Naples 1343*, duc d'Anjou et roi de Naples (1309 - 1343). Chef du parti guelfe en Italie centrale, il s'opposa avec succès à l'empereur germanique Henri VII (1310 - 1313). Nommé vicaire impérial par le pape Clément V (1314), il fut jusqu'en 1324 maître de l'Italie.

NORMANDIE

ROBERT Ier le Magnifique ou **le Diable,** *v. 1010 - Nicée, Asie Mineure, 1035*, duc de Normandie (1027 - 1035), père de Guillaume le Bâtard (le futur Conquérant), son fils naturel et héritier.

ROBERT II Courteheuse, *v. 1054 - Cardiff 1134*, duc de Normandie (1087 - 1106). Fils de Guillaume Ier le Conquérant, il participa à la première croisade. Il chercha en vain à s'emparer de la couronne d'Angleterre.

SICILE

ROBERT GUISCARD, *v. 1015 - Céphalonie 1085*, comte (1057 - 1059), puis duc de Pouille, de Calabre et de Sicile (1059 - 1085). D'origine normande, il obtint du pape Nicolas II l'investiture ducale, chassa les Byzantins d'Italie (1071) et enleva la Sicile aux sarrasins avec son frère Roger.

DIVERS

ROBERT d'Arbrissel, *Arbrissel, Bretagne, v. 1047 - Orsan, Berry, 1117*, moine français, fondateur de l'abbaye de Fontevraud.

ROBERT de Courçon, *Kedleston, Derby, v. 1160 - Damiette 1219,* théologien d'origine anglaise. Il prépara le quatrième concile du Latran ainsi que la croisade contre les albigeois, et réorganisa les études à l'université de Paris.

ROBERT (Hubert), *Paris 1733 - id. 1808,* peintre français. Ses vues de ruines ou de monuments romains librement regroupés s'agrémentent de scènes familières. Il s'occupa d'aménagement de parcs (Méréville, Versailles...) et fut chargé d'études relatives au futur musée du Louvre.

ROBERT (Léopold), *Les Éplatures, près de La Chaux-de-Fonds, 1794 - Venise 1835,* peintre suisse. Élève de David et de Gros, il travailla en Italie à partir de 1818 (*la Fille au tambourin,* Neuchâtel).

ROBERT (Paul), *Orléansville, auj. Chlef, Algérie, 1910 - Mougins 1980,* lexicographe et éditeur français. Il a dirigé la rédaction du *Dictionnaire alphabétique et analogique de la langue française* (1953-1964) et du *Petit Robert* (1967).

ROBERT (Yves), *Saumur 1920 - Paris 2002,* acteur et cinéaste français. Interprète au service de ses propres films ou d'autres réalisateurs (*Un mauvais fils,* C. Sautet, 1980), il signa plusieurs grands succès animés par un esprit de fraternité populaire et un humour facétieux (*la Guerre des boutons,* 1962 ; *le Grand Blond avec une chaussure noire,* 1972 ; *Un éléphant ça trompe énormément,* 1976 ; *la Gloire de mon père,* 1990).

ROBERT-HOUDIN (Jean Eugène), *Blois 1805 - Saint-Gervais-la-Forêt 1871,* prestidigitateur français. Connu pour ses automates et ses applications de l'électricité à des fins spectaculaires, il ouvrit en 1845 à Paris un théâtre spécialisé dans l'illusion, « les Soirées fantastiques ».

ROBERTI (Ercole de'), *Ferrare v. 1450 - id. 1496,* peintre italien, élève, subtil et original, de F. del Cossa (*Madone et saints,* 1481, Brera, Milan).

ROBERTIENS, dynastie française issue de Robert le Fort, ancêtre de celle des Capétiens, et qui régna par intermittence de 888 (avènement d'Eudes, fils de Robert) à 936.

ROBERTS OF KANDAHAR (Frederick **Sleigh,** lord), *Cawnpore 1832 - Saint-Omer 1914,* maréchal britannique. Il se distingua en Afghanistan (1880) et lutta contre les Boers (1899).

ROBERTSON (sir William Robert), *Welbourn 1860 - Londres 1933,* maréchal britannique. Chef de l'état-major impérial de 1916 à 1918, il commanda ensuite les troupes d'occupation britanniques en Allemagne en 1919 et 1920.

ROBERVAL, v. du Canada (Québec), sur le lac Saint-Jean ; 10 046 hab. *(Robervalois).*

ROBERVAL (Gilles **Personne de**), *Roberval 1602 - Paris 1675,* mathématicien et physicien français. Précurseur de la géométrie infinitésimale, il donna la règle de composition des forces et imagina une balance à deux fléaux et plateaux libres (1670).

ROBESPIERRE (Augustin **de**), *Arras 1763 - Paris 1794,* homme politique français. Député à la Convention, il mourut sur l'échafaud avec son frère Maximilien.

ROBESPIERRE (Maximilien **de**), *Arras 1758 - Paris 1794,* homme politique français. De petite noblesse, orphelin, il est d'abord avocat à Arras. Député aux États généraux, orateur influent puis principal animateur du club des Jacobins, surnommé « l'Incorruptible », il s'oppose fermement à la guerre. Membre de la Commune après l'insurrection du 10 août 1792, puis député à la Convention, il devient le chef des Montagnards. Hostile aux Girondins, il provoque leur chute (mai-juin 1793). Entré au Comité de salut public (juill.), il est l'âme de la dictature, affirmant que le ressort de la démocratie est à la fois terreur et vertu ; il élimine les hébertistes (mars 1794) et les indulgents menés par Danton (avr.), puis inaugure la Grande Terreur (juin). Enfin, il impose le culte de l'Être suprême (8 juin). Mais une coalition allant des membres du Comité de salut public aux conventionnels modérés décide le 9 thermidor an II (27 juill.) de mettre fin aux excès de Robespierre, qui est guillotiné le 10 thermidor avec ses amis Saint-Just et Couthon.

◄ **Robespierre.**
(Musée Carnavalet, Paris.)

ROBIN (Madeleine, dite Mado), *Yzeures-sur-Creuse, Indre-et-Loire, 1918 - Paris 1960,* soprano française. Sa voix de colorature exceptionnelle et des interprétations mémorables (Lakmé, la Reine de la nuit) lui valurent une notoriété internationale.

Robin des bois (*Robin Hood*), héros légendaire saxon, type du bandit au grand cœur. Il a été incarné au cinéma par D. Fairbanks (1922), E. Flynn (1938) et, plus tard, par Kevin Costner (1991) et Russell Crowe (2010).

ROBINSON (Abraham), *Waldenbourg, auj. Wałbrzych, Silésie, 1918 - New Haven, Connecticut, 1974,* logicien et ingénieur américain d'origine polonaise. Pendant la Seconde Guerre mondiale, il fit des travaux d'aérodynamique. En 1960, il créa l'*analyse non* standard.*

ROBINSON (Mary), *Ballina 1944,* femme politique irlandaise. Avocate, travailliste, elle a été présidente de la République d'Irlande de 1990 à 1997, puis haut-commissaire des Nations unies aux droits de l'homme (1997 - 2002).

ROBINSON (Walker **Smith,** dit **Ray Sugar**), *Détroit 1920 - Los Angeles 1989,* boxeur américain. Il fut plusieurs fois champion du monde (dans les poids welters et moyens).

ROBINSON (sir Robert), *Bufford, près de Chesterfield, 1886 - Great Missenden, près de Londres, 1975,* chimiste britannique. Il réalisa la synthèse d'hormones sexuelles ainsi que celle de la pénicilline. (Prix Nobel 1947.)

Robinson Crusoé, personnage principal du roman homonyme de D. Defoe (1719), inspiré de l'histoire du marin A. Selkirk. Robinson, naufragé sur une île déserte, vit de longues années dans un bonheur relatif, avant de rencontrer le Noir Vendredi, « bon sauvage » qu'il éduque et qui le suivra lorsqu'il regagnera sa patrie. Le thème du roman a été repris par de nombreux écrivains (*le Robinson suisse,* de Johann David Wyss, 1812-1827), musiciens et cinéastes (Buñuel, *Robinson Crusoé,* 1952 ; K. Annakin, *les Robinsons des mers du Sud,* produit par Disney, 1960).

ROBOAM Ier, roi de Juda (931 - 913 av. J.-C.). Il fut le successeur de Salomon. Son manque de sens politique provoqua la division du pays en deux royaumes : Israël et Juda.

ROBUCHON (Joël), *Poitiers 1945 - Genève 2018,* cuisinier français. À la tête de ses restaurants parisiens Jamin (1981 - 1993) et J. Robuchon (1994 - 1996), il devint le symbole de la grande cuisine française. Ses recettes, que caractérise le souci du détail innovant, exaltent les saveurs du terroir.

ROCA (cabo da), cap du Portugal, à l'O. de Lisbonne, promontoire le plus occidental de l'Europe.

ROCAMADOUR (46500), comm. du Lot ; 651 hab. *(Amadouriens).* Site pittoresque. – Célèbre pèlerinage à la Vierge. – Fortifications médiévales.

Rocambole, personnage principal de nombreux romans-feuilletons de Ponson du Terrail, et héros d'aventures extraordinaires et souvent invraisemblables (« rocambolesques »).

ROCARD (Michel), *Courbevoie 1930 - Paris 2016,* homme politique français. Secrétaire général du PSU (1967 - 1973), membre du PS à partir de 1974, il fut ministre du Plan et de l'Aménagement du territoire (1981 - 1983), de l'Agriculture (1983 - 1985), puis Premier ministre de 1988 à 1991. Il dirigea le PS en 1993 - 1994. Député européen (1994 - 2009), il participa aussi à plusieurs commissions de réflexion créées à l'initiative du président Sarkozy.

ROCH [rɔk] (saint), *Montpellier v. 1295 - id. v. 1327,* saint légendaire, que l'on invoque contre la peste et les maladies contagieuses.

ROCHA (Glaúber), *Vitória da Conquista, Bahia, 1938 - Rio de Janeiro 1981,* cinéaste brésilien. Auteur de films lyriques, symboliques, baroques et contestataires (*le Dieu noir et le Diable blond,* 1963 ; *Terre en transe,* 1967 ; *Antônio das Mortes,* 1969), il fut l'un des fondateurs du mouvement Cinema novo.

Rochambeau, aéroport de Cayenne.

ROCHAMBEAU (Jean-Baptiste **de Vimeur,** comte **de**), *Vendôme 1725 - Thoré 1807,* maréchal de France. Il commanda les troupes royales pendant la guerre de l'Indépendance américaine, puis fut placé, en 1790, à la tête de l'armée du Nord. Il fut arrêté pendant la Terreur.

ROCHDALE, v. de Grande-Bretagne (Angleterre) ; 95 796 hab.

ROCHECHOUART (87600), ch.-l. d'arrond. de la Haute-Vienne ; 3 907 hab. *(Rochechouartais).* Cartonnages. – Château surtout du XVe s. (peintures médiévales ; musée d'Art contemporain).

ROCHEFORT, comm. de Belgique (prov. de Namur) ; 12 431 hab. Centre touristique.

ROCHEFORT (17300), ch.-l. d'arrond. de la Charente-Maritime, sur la Charente ; 24 901 hab. *(Rochefortais).* Aéronautique. Équipements automobiles. – Ville construite au XVIIe s. sur un plan en damier ; anc. Corderie royale (Centre international de la mer) ; musée d'Art et d'Histoire, musée de la Marine, maison de P. Loti. – La base navale, créée en 1666 par Colbert et fortifiée par Vauban, demeura importante jusqu'au milieu du XIXe s.

ROCHEFORT (Henri, marquis **de Rochefort-Luçay,** dit Henri), *Paris 1831 - Aix-les-Bains 1913,* journaliste et homme politique français. Adversaire du second Empire, pamphlétaire, il fonda l'hebdomadaire *la Lanterne* (1868), prit part à la Commune et fut déporté en Nouvelle-Calédonie. Rallié au général Boulanger, il milita en faveur d'un nationalisme intransigeant.

ROCHEFORT (Jean), *Paris 1930 - id. 2017,* acteur français. Élégant, malicieux, hautain ou débonnaire, il était le comédien polyvalent par excellence (*Que la fête commence,* B. Tavernier, 1975 ; *Un éléphant ça trompe énormément,* Y. Robert, 1976 ; *le Crabe-tambour,* P. Schoendoerffer, 1977 ; *le Mari de la coiffeuse,* P. Leconte, 1990 ; *Ridicule,* id., 1996).

ROCHEFORT-EN-TERRE (56220), comm. du Morbihan ; 654 hab. Centre d'excursions. – Église surtout des XVIe-XVIIe s., vieilles maisons.

ROCHE-LA-MOLIÈRE (42230), comm. de la Loire ; 10 004 hab. *(Rouchons).*

ROCHELLE (La) [17000], ch.-l. de la Charente-Maritime, sur l'Atlantique, à 466 km au S.-O. de Paris ; 78 358 hab. *(Rochelais)* [127 033 hab. dans l'agglomération]. Évêché. Université. Port de pêche. Tourisme (plaisance). Constructions mécaniques. – Tours du vieux port, des XIVe et XVe s. ; édifices et demeures des XVIe-XVIIIe s. ; musées, dont Musée maritime ; aquarium. – Festival musical (« les Francofolies »). – Anc. capitale de l'Aunis, La Rochelle prit, grâce à son port, de l'importance durant la guerre de Cent Ans, puis après la découverte de l'Amérique. Gagnée au protestantisme au XVIe s., la ville fut assiégée par Richelieu (1627 - 1628), qui triompha de la résistance de son maire Jean Guiton.

ROCHEMAURE (07400), comm. de l'Ardèche, en face de Montélimar ; 2 340 hab. *(Rupismauriens).* Ruines perchées d'un château médiéval. – Barrage sur le Rhône.

ROCHE-POSAY (La) [86270], comm. de la Vienne ; 1 583 hab. Station thermale (maladies de la peau). – Restes de fortifications médiévales.

ROCHER (Guy), *Berthierville, Québec, 1924,* sociologue canadien. Auteur d'une *Introduction à la sociologie générale* (1968-1969), il applique aussi sa réflexion à des recherches spécialisées (*Études de sociologie du droit et de l'éthique,* 1996). Au Québec, il a joué un rôle décisif en matière de politique linguistique, culturelle et scientifique.

ROCHESTER, v. des États-Unis (État de New York) ; 209 983 hab. (814 320 hab. dans l'agglomération). Industrie photographique. Optique. – Musée.

ROCHE-SUR-FORON (La) [74800], bur. centr. de cant. de la Haute-Savoie ; 12 020 hab. Vestiges féodaux.

ROCHE-SUR-YON (La) [85000], ch.-l. de la Vendée, à 419 km au S.-O. de Paris ; 56 991 hab. *(Yonnais).* Électroménager. Pneumatiques. Agroalimentaire. – Cette ville, créée par Napoléon Ier et appelée *Napoléon,* a porté le nom de *Bourbon-Vendée* sous la Restauration et celui de *Napoléon-Vendée* sous le second Empire.

ROCHET (Waldeck), *Sainte-Croix, Saône-et-Loire, 1905 - Nanterre 1983*, homme politique français. Il fut secrétaire général du PCF (1964 - 1972).

ROCHETTE (La) [73110], comm. de la Savoie ; 3 793 hab. *(Rochettois)*. Cartonnerie.

ROCHEUSES (montagnes), massif de l'ouest de l'Amérique du Nord (Canada et États-Unis). On étend parfois cette appellation à l'ensemble des hautes terres de l'Ouest américain, de la frontière du Mexique à l'Alaska, mais, en fait, elle s'applique seulement à leur partie orientale.

ROCKEFELLER (John Davison), *Richford, État de New York, 1839 - Ormond Beach, Floride, 1937*, industriel américain. L'un des premiers à avoir pressenti l'avenir du pétrole, il fonda la Standard Oil (1870) et acquit l'une des plus grosses fortunes du monde, dont il distribua une partie à plusieurs institutions, notamm. à l'université de Chicago.

ROCKFORD, v. des États-Unis (Illinois) ; 149 123 hab. (349 431 hab. dans l'agglomération).

ROCK FOREST, anc. v. du Canada (Québec), auj. intégrée dans Sherbrooke.

ROCQUENCOURT (78150), comm. des Yvelines ; 3 249 hab. Arboretum national de Chèvreloup. – Siège du SHAPE de 1951 à 1967.

ROCROI (08230), bur. centr. de cant. des Ardennes ; 2 409 hab. *(Rocroyens)*. Enceinte bastionnée des XVIe-XVIIe s. — bataille de **Rocroi** (10 - 19 mai 1643), bataille de la guerre de Trente Ans. Victoire écrasante des Français du duc d'Enghien (le futur prince de Condé) sur l'armée espagnole.

RODENBACH (Georges), *Tournai 1855 - Paris 1898*, écrivain belge de langue française. Il est l'auteur de poèmes symbolistes *(les Vies encloses)* et de romans (*Bruges-la-Morte*, 1892).

RODEZ [-dɛz] (12000), ch.-l. de l'Aveyron, sur l'Aveyron, à 615 km au S. de Paris ; 25 956 hab. *(Ruthénois)*. Évêché. Agroalimentaire. Informatique. Mécanique. – Anc. cap. du Rouergue. – Cathédrale des XIIIe-XVIe s. Musées Fenaille (archéologie et histoire du Rouergue), Denys-Puech (beaux-arts), Soulages.

RODIÈRE (René), *Alger 1907 - Paris 1981*, juriste français, inspirateur des lois qui, de 1966 à 1969, ont réformé le droit maritime français.

▲ **Rodin.** *Le Penseur.* (Musée des Beaux-Arts, Lyon.)

RODIN (Auguste), *Paris 1840 - Meudon 1917*, sculpteur français. Il est l'auteur, réaliste et puissant, de figures ou de monuments représentatifs d'une science impeccable et d'une inspiration fiévreusement expressive, qui le font considérer comme l'un des maîtres de la sculpture de tous les temps (*Fugit amor, le Baiser**, marbre ; *les Bourgeois de Calais*, le *Balzac*, bronze ; *le Penseur*, une des figures de la *Porte de l'Enfer*). Sa dernière résidence parisienne, l'hôtel Biron (VIIe arrond.), est devenue le musée Rodin. Autre musée Rodin (villa-atelier de l'artiste : Les Brillants), à Meudon.

RODNEY (George **Brydges,** baron), *Londres 1718 - id. 1792*, amiral britannique. Après s'être illustré contre les Espagnols pendant la guerre de l'Indépendance américaine, il battit l'escadre de De Grasse au large de la Dominique (1782).

RODOGUNE, *IIe s. av. J.-C.*, princesse parthe. Elle épousa Démétrios II de Syrie, prisonnier de son père Mithridate Ier. – Son histoire a inspiré une tragédie à Corneille (1644 - 1645).

RODOLPHE (lac) → **TURKANA** (lac).

RODOLPHE Ier DE HABSBOURG, *Limburg an der Lahn 1218 - Spire 1291*, roi des Romains (1273 - 1291). Il étendit son domaine (Autriche, Styrie, Carniole) au détriment d'Otakar II de Bohême et fonda ainsi la puissance des Habsbourg. — **Rodolphe II de Habsbourg,** *Vienne 1552 - Prague 1612*, empereur germanique (1576 - 1612), roi de Hongrie (1572 - 1608) et de Bohême (1575 - 1611). Fils de Maximilien II, il favorisa la Réforme catholique. Il résida à Prague, entouré de savants et d'artistes, et fut peu à peu évincé par son frère Mathias, qui ne lui laissa que le titre impérial.

RODOLPHE DE HABSBOURG, *Laxenburg 1858 - Mayerling 1889*, archiduc d'Autriche. Fils unique de François-Joseph Ier, il se suicida avec Marie Vetsera dans le pavillon de chasse de Mayerling.

RODRIGUE ou **RODÉRIC,** *m. en 711*, dernier roi des Wisigoths d'Espagne (710 - 711). Il fut tué par les Arabes lors de la conquête de l'Espagne.

RODRIGUES (Amália), *Lisbonne 1920 - id. 1999*, chanteuse portugaise. Elle a fait connaître et apprécier le fado sur toutes les scènes du monde, s'affirmant comme un des grands symboles du renouveau culturel des pays de la Méditerranée.

Amália **Rodrigues** ▶ en 1985.

RODRÍGUEZ ZAPATERO (José Luis), *Valladolid 1960*, homme politique espagnol. Secrétaire général du Parti socialiste ouvrier (2000 - 2012), il a été président du gouvernement de 2004 à 2011.

RODTCHENKO (Aleksandr), *Saint-Pétersbourg 1891 - Moscou 1956*, peintre et photographe russe. Constructiviste, il participe à partir de 1920 à l'animation des nouveaux instituts d'art de Moscou. Peu après, il se consacre au design et à la photographie.

ROENTGEN (David), *Herrnhaag, près de Francfort, 1743 - Wiesbaden 1807*, le plus connu d'une famille d'ébénistes allemands. Il ouvrit une succursale à Paris et travailla pour Marie-Antoinette. On lui doit des meubles à secret, à inventions mécaniques, ornés de marqueterie.

ROENTGEN (Wilhelm Conrad) → **RÖNTGEN.**

ROESELARE → **ROULERS.**

ROETTIERS ou **ROËTTIERS,** famille flamande qui donna à la France et aux pays voisins, à la fin du XVIIe et au XVIIIe s., des graveurs en monnaies et médailles ainsi que des orfèvres.

ROGER Ier, *Normandie 1031 - Mileto, Calabre, 1101*, comte de Sicile (1062 - 1101). D'origine normande, il conquit, avec son frère Robert Guiscard, la Calabre (1061) puis la Sicile (1091). — **Roger II,** *v. 1095 - Palerme 1154*, premier roi de Sicile (1130 - 1154), fils de Roger Ier. Il fut en conflit avec la papauté.

ROGERS (Carl Ransom), *Oak Park, Illinois, 1902 - La Jolla, Californie, 1987*, psychopédagogue américain. Il a défini une méthode psychothérapique non directive.

ROGERS (Virginia Katherine **McMath,** dite Ginger), *Independence, Missouri, 1911 - Rancho Mirage, Californie, 1995*, danseuse et actrice américaine. Partenaire de Fred Astaire dans une série de comédies musicales filmées (*la Joyeuse Divorcée*, M. Sandrich, 1934 ; *Sur les ailes de la danse*, G. Stevens, 1936), elle joua aussi dans des films de B. Wilder ou de H. Hawks (*Chérie, je me sens rajeunir*, 1952).

ROGERS (Richard), lord **Rogers of Riverside,** *Florence 1933*, architecte britannique. Il est l'un des représentants majeurs du courant high-tech (Centre* national d'art et de culture Georges-Pompidou, à Paris, avec Renzo Piano, 1977 ; siège de la Lloyd's, à Londres, 1986 ; Cour européenne des droits de l'homme, à Strasbourg, 1994). [Prix Pritzker 2007.]

ROGGEVEEN (Jacob), *Middelburg 1659 - id. 1729*, navigateur hollandais. Il dirigea la première expédition européenne qui atteignit l'île de Pâques (6 avril [jour de Pâques] 1722).

ROGIER (Charles Latour), *Saint-Quentin, France, 1800 - Bruxelles 1885*, homme politique belge. Libéral, chef du gouvernement (1847 - 1852 et 1857 - 1868), il pratiqua une politique libre-échangiste.

ROGNAC (13340), comm. des Bouches-du-Rhône, près de l'étang de Berre ; 11 985 hab. *(Rognacais)*.

ROHAN (Charles **de**) → **SOUBISE** (prince de).

ROHAN (Henri, duc **de**), *Blain 1579 - Königsfelden 1638*, général français. Gendre de Sully et chef des calvinistes, il défendit Montauban puis Montpellier contre les troupes de Louis XIII, mais dut accepter la paix d'Alès (1629). Rentré en France, après un exil en Italie, il commanda l'armée qui libéra la Valteline. Il est l'auteur de *Mémoires*.

ROHAN (Louis René Édouard, prince **de**), *Paris 1734 - Ettenheim, Bade, 1803*, prélat français. Grand aumônier de France (1777), cardinal (1778), évêque de Strasbourg (1779), il fut compromis dans l'affaire du Collier* (1785 - 1786). [Acad. fr.]

Rohan (hôtel de), demeure parisienne, dans le Marais. Comme l'hôtel de Soubise*, contigu, il fut construit par Delamair (1705 - 1708) et est auj. affecté aux Archives nationales.

ROHAN-CHABOT → **CHABOT.**

ROHANI (Hassan), *Sorkheh, prov. de Semnan, 1948*, homme politique iranien. Hodjatoleslam, réputé pragmatique et plutôt modéré (notamm. comme négociateur en chef sur le dossier nucléaire, face aux Occidentaux, de 2003 à 2005), il est président de la République depuis 2013.

RÓHEIM (Géza), *Budapest 1891 - New York 1953*, anthropologue et psychanalyste hongrois. Il a conclu, contre Malinowski, à l'universalité de la structure œdipienne (*Origine et fonction de la culture*, 1943 ; *Psychanalyse et Anthropologie*, 1950).

RÖHM (Ernst), *Munich 1887 - id. 1934*, officier et homme politique allemand. Créateur en 1921 des Sections d'assaut (SA) du parti nazi, il fut assassiné sur l'ordre de Hitler lors de la Nuit des longs couteaux (30 juin 1934).

ROHMER (Jean-Marie Maurice **Schérer,** dit Éric), *Tulle 1920 - Paris 2010*, cinéaste français. L'œuvre de ce pionnier de la nouvelle vague, organisée le plus souvent en cycles, se présente comme une série de variations élégantes sur les comportements affectifs et sociaux de ses contemporains (*Ma nuit chez Maud*, 1969 ; *le Genou de Claire*, 1970 ; *les Nuits de la pleine lune*, 1984 ; *l'Ami de mon amie*, 1987 ; *Conte d'automne*, 1998). Il a aussi réalisé des adaptations d'œuvres littéraires et des films historiques (*la Marquise d'O.*, 1976 ; *Perceval le Gallois*, 1979 ; *l'Anglaise et le Duc*, 2001).

ROHRER (Heinrich), *Buchs, canton de Saint-Gall, 1933 - Wollerau, canton de Schwyz, 2013*, physicien suisse. Avec G. Binnig, il conçut en 1981 le premier microscope à balayage utilisant l'effet tunnel. (Prix Nobel 1986.)

ROHTAK, v. d'Inde (Haryana) ; 373 133 hab.

ROI DE ROME → **NAPOLÉON II.**

ROI-GUILLAUME (île du), île de l'archipel Arctique canadien.

Roi Lear (le), tragédie en cinq actes, de Shakespeare (v. 1605). Un roi qui a déshérité sa plus jeune fille (Cordélia) au profit des deux aînées est payé d'ingratitude.

Rois (livres des), nom de deux livres bibliques rédigés entre le VIIe s. et la fin du VIe s. av. J.-C. Ils retracent l'histoire du règne de Salomon et celle des royaumes d'Israël et de Juda, mêlant légende, histoire et hagiographie.

ROIS (Vallée des), vallon d'Égypte, sur la rive occidentale du Nil, en face de Louqsor. Ce fut le lieu de sépulture des souverains du Nouvel Empire (trésor funéraire de Toutankhamon*).

ROISSY-EN-BRIE (77680), comm. de Seine-et-Marne ; 23 185 hab. *(Roisséens)*.

ROISSY-EN-FRANCE (95700), comm. du Val-d'Oise, au N.-E. de Paris ; 2 904 hab. *(Roisséens)*. Aéroport Charles-de-Gaulle. Restauration industrielle.

ROJAS (Fernando **de**), *Puebla de Montalbán v. 1465 - Talavera de la Reina 1541,* auteur dramatique espagnol. On lui attribue *la Célestine*, ou *Tragi-comédie de Calixte et Mélibée* (1499), qui, par son extraordinaire réalisme psychologique, a influencé le théâtre et le roman espagnols.

ROJAS ZORRILLA (Francisco **de**), *Tolède 1607 - Madrid 1648,* auteur dramatique espagnol. Ses drames (*Hormis le roi, personne* [ou *García del Castañar*], 1640) et ses comédies influencèrent le théâtre français du XVIIe s.

ROKOSSOVSKI (Konstantine Konstantinovitch), *Velikie Louki, près de Poltava, 1896 - Moscou 1968,* maréchal soviétique. Il mena plusieurs offensives victorieuses pendant la Seconde Guerre mondiale. Devenu polonais, il fut ministre de la Défense de Pologne de 1949 à 1956, puis vice-ministre de la Défense d'URSS (1958 - 1962).

Roland, personnage des chansons de geste (*la Chanson* de Roland*), l'un des douze pairs légendaires de Charlemagne, modèle du chevalier chrétien. Il a notamm. inspiré à Boiardo un poème épique inachevé (*Roland amoureux*, 1495), continué par l'Arioste (*Roland furieux*, 1532).

ROLAND (Marie-Désirée Pauline, dite Pauline), *Falaise 1805 - Lyon 1852,* militante française. Saint-simonienne, socialiste, engagée dans le mouvement d'émancipation de la femme, elle prit part à la révolution de 1848.

ROLAND DE LA PLATIÈRE (Jean-Marie), *Thizy, Rhône, 1734 - Bourg-Beaudouin, Eure, 1793,* homme politique français. Ministre de l'Intérieur (1792 - 1793) et ami des Girondins, il se donna la mort en apprenant l'exécution de sa femme. C'est lui qui tria les documents contenus dans l'Armoire* de fer.

ROLAND DE LA PLATIÈRE (Manon **Phlipon**, Mme), *Paris 1754 - id. 1793,* épouse de Jean-Marie Roland de La Platière. Elle assura la carrière de son mari, tenant à Paris un salon dont l'influence politique fut considérable et que fréquentaient surtout les Girondins. Elle périt sur l'échafaud.

Roland-Garros, stade de tennis, à Paris, au bois de Boulogne (tournoi des Internationaux de France).

ROLIN (Dominique), *Ixelles 1913 - Paris 2012,* romancière française d'origine belge. Son œuvre d'autoanalyse, d'une grande exigence formelle, est nourrie par le drame familial (*les Marais*, 1942 ; *le Souffle*, 1952 ; *le Lit*, 1960 ; *l'Infini chez soi*, 1980) et la passion secrète (*Journal amoureux*, 2000).

ROLIN (Nicolas), *Autun 1376 - id. 1462,* homme d'État bourguignon. Chancelier de Bourgogne, il fit construire l'hôtel-Dieu de Beaune. Jan Van Eyck a peint pour lui la *Vierge au donateur* (Louvre).

ROLLAND (Romain), *Clamecy 1866 - Vézelay 1944,* écrivain français. Le culte des êtres d'exception (*Beethoven, Tolstoï*) et un humanisme pacifiste, puis favorable à l'URSS, animent son œuvre romanesque (*Jean-Christophe*, 1904-1912) et dramatique (*Théâtre de la révolution*), et son journal. Il fonda la revue *Europe* en 1923. (Prix Nobel 1915.)

ROLLE (Michel), *Ambert 1652 - Paris 1719,* mathématicien français. Ses travaux, consacrés à l'algèbre, comprennent le théorème qui porte son nom.

ROLLIN (Charles), *Paris 1661 - id. 1741,* pédagogue français. Ardent janséniste, il fut recteur de l'Université (1694 et 1720). Son *Traité des études* (1726-1728) met l'accent sur la formation humaine de l'élève, sur l'enseignement de l'histoire et de la langue française.

ROLLING STONES (The), groupe britannique de rock, fondé en 1962 à Londres. Ses principaux membres sont : **Mick Jagger** (auj. sir), *Dartford 1943,* chanteur et parolier, **Keith Richards,** *Richmond 1943,* guitariste et compositeur, et **Brian Jones,** *Cheltenham 1942 - Londres 1969,* guitariste. Ils représentent le versant sulfureux et provocateur du rock (*Satisfaction*, 1965 ; *Paint it Black*, 1966 ; *Sympathy for the Devil*, 1968).

ROLLINS (Theodore Walter, dit Sonny), *New York 1930,* saxophoniste ténor et compositeur américain de jazz. Marqué par le be-bop, il développe un jeu caractérisé par un son puissant et l'influence des musiques caraïbes (*St Thomas*, 1957 ; *Don't Stop the Carnival*, 1978 ; *Why Was I Born ?*, 2001).

ROLLON, *m. v. 930/932 ?,* chef normand. Charles III le Simple lui accorda une partie de la Neustrie déjà occupée par les Normands, qui prit le nom de Normandie (traité de Saint-Clair-sur-Epte, 911).

ROL-TANGUY (Henri **Tanguy,** puis), *Morlaix 1908 - Ivry-sur-Seine 2002,* militant communiste et résistant français. Il fut membre des Brigades internationales (1937). Nommé en 1944 chef des FFI de la région Île-de-France, il dirigea, sous le nom de colonel Rol, l'insurrection qui mena à la Libération de Paris et signa aux côtés du général Leclerc la reddition de von Choltitz.

ROMAGNE, anc. prov. d'Italie, sur l'Adriatique, qui forme auj., avec l'Émilie, la région d'*Émilie-Romagne*. Donnée à la papauté par Pépin le Bref (756), elle fut annexée en 1860 au royaume de Sardaigne.

ROMAIN Ier LÉCAPÈNE, *m. à Proti en 944,* empereur byzantin (920 - 944). Il fut renversé par ses fils. — **Romain II,** *939 - 963,* empereur byzantin (959 - 963). Il laissa gouverner sa femme, Théophano. — **Romain III Argyre,** *v. 970 - 1034,* empereur byzantin (1028 - 1034). — **Romain IV Diogène,** *m. en 1072,* empereur byzantin (1068 - 1071). Il fut battu et aveuglé par Michel VII.

ROMAIN (Giulio **Pippi,** dit Giulio **Romano,** en fr. Jules), *Rome 1499 - Mantoue 1546,* peintre et architecte italien. Élève et collaborateur de Raphaël, maniériste, il a notamm. construit et décoré le palais du Te, à Mantoue (1525-1534).

romaine (Question), ensemble des problèmes posés, au XIXe s., par l'existence des États* de l'Église (pontificaux) dans une Italie en voie d'unification.

romaine (Ire République) [15 févr. 1798 - 29 sept. 1799], « république sœur » fondée à Rome par le Directoire à la place des États de l'Église.

ROMAINMÔTIER-ENVY, comm. de Suisse (canton de Vaud) ; 474 hab. Église romane, anc. abbatiale, avec nef du début du XIe s. et narthex à étage d'env. 1100 ; mobilier ; fresques du XIIIe s.

ROMAINS (Jules), *Saint-Julien-Chapteuil 1885 - Paris 1972,* écrivain français. Principal représentant de l'unanimisme*, il est l'auteur de poèmes (*la Vie unanime*, 1908), d'essais, de pièces de théâtre (*Knock**) et de romans (*les Copains*, 1913 ; *les Hommes de bonne volonté*, 1932-1947). [Acad. fr.]

ROMAINVILLE (93230), comm. de la Seine-Saint-Denis ; 26 173 hab. Pharmacie et biotechnologies. – Église de 1787 par A. T. Brongniart.

Roman bourgeois (le), roman de A. Furetière (1666). C'est une transposition satirique des schémas de la littérature galante dans le milieu de la petite bourgeoisie parisienne et des gens de loi.

ROMANCHES, population de la Suisse (Grisons), parlant le romanche.

Roman comique (le), roman inachevé de P. Scarron (1651-1657), récit des aventures burlesques d'une troupe de comédiens ambulants.

Roman de la Rose, poème allégorique. La première partie, de Guillaume de Lorris (1230-1235), est un art d'aimer selon les règles de la société courtoise ; la seconde, satirique et encyclopédique, est de Jean de Meung (v. 1275).

Roman de Renart, série de récits, ou « branches », en vers (XIIe et XIIIe s.), dont le personnage central est le goupil Renart. Remplaçant les dames et les héros des chansons de geste par des animaux, ces récits évoluent de la parodie du roman de chevalerie à la satire sociale et politique.

▲ The **Rolling Stones** : Ron Wood, Mick Jagger, Bill Wyman et Keith Richards.

ROMANDIE n.f., partie francophone de la Suisse correspondant à l'Ouest du pays, du Valais au canton du Jura.

ROMANÈCHE-THORINS [-rɛ̃] (71570), comm. de Saône-et-Loire ; 2 017 hab. Vins rouges. Parc zoologique. – Musée du Compagnonnage.

ROMANIA, ensemble des pays de langue latine, puis romane, résultant du démembrement de l'Empire romain.

ROMANO (Giulio) → **ROMAIN** (Jules).

ROMANOS le Mélode → **RHÔMANOS LE MÉLODE.**

ROMANOV, dynastie qui régna sur la Russie de 1613 à 1917. Cette famille de boyards russes accéda au trône de Russie avec Michel Fiodorovitch (1613 - 1645) et y fut relayée par la branche des *Holstein-Romanov*, de Pierre III à Nicolas II (1762 - 1917).

ROMANS-SUR-ISÈRE [-mɑ̃-] (26100), bur. centr. de cant. de la Drôme, sur l'Isère ; 34 317 hab. (*Romanais*). Industrie de la chaussure. Combustibles nucléaires. – Collégiale des XIIe-XIVe s. ; musée de la Chaussure.

ROMBAS [-ba] (57120), bur. centr. de cant. de la Moselle, sur l'Orne ; 9 971 hab. (*Rombasiens*).

ROME, en ital. **Roma,** cap. de l'Italie, cap. du Latium et ch.-l. de prov., sur le Tibre ; 2 612 068 hab. (*Romains*) [3 697 000 hab. dans l'agglomération]. La ville, cap. de l'Italie depuis 1870, est un centre intellectuel, artistique, religieux (résidence papale, au Vatican) et touristique, avec quelques industries.

HISTOIRE Rome est née au VIIIe s. av. J.-C. du regroupement de plusieurs villages latins et sabins établis sur des collines, sept selon la tradition (Aventin, Palatin, Capitole, Quirinal, Viminal, Esquilin, Caelius). Les Étrusques contribuèrent largement (VIIe-VIe s. av. J.-C.) à faire de Rome une cité bien organisée, pourvue de remparts et de monuments. La ville devint bientôt la capitale d'un immense empire ; sous les empereurs, elle compta un million d'habitants. L'apparition des Barbares l'amena à organiser sa défense (IIIe s.) et à se replier dans l'enceinte fortifiée d'Aurélien. Constantin lui porta un coup fatal en faisant de Constantinople une seconde capitale (330). Privée de la présence impériale depuis l'installation des empereurs d'Occident à Ravenne (402), Rome déclina avant d'être mise à sac par les Barbares (en 410, 455, 472). Centre du christianisme, capitale des États pontificaux dès 756 et siège de la papauté (sauf à l'époque de la papauté d'Avignon et du Grand Schisme, entre 1309 et 1420), elle connut ensuite un regain de prestige. Mais ce ne fut qu'à partir du XVe s. que les papes renouvelèrent son visage, en en faisant le rendez-vous des grands artistes de la Renaissance. Au XIXe s., à partir de 1848, se posa la Question romaine*, réglée par les accords du Latran (1929), qui créèrent l'État du Vatican.

BEAUX-ARTS La Rome républicaine laisse peu de vestiges en dehors des temples de Vesta et de la Fortune, au pied du Capitole. La Rome impériale s'épanouit autour des forums, avec les diverses basiliques (Aemilia, Julia, de Maxence), les arcs de triomphe de Septime Sévère, de Titus et de Constantin, l'immense Colisée* et, non loin, le théâtre de Marcellus. Citons encore le Panthéon*, les thermes de Dioclétien (église Ste-Marie-des-Anges et Musée national), ceux de Caracalla, aux belles mosaïques, et, parmi plusieurs demeures, la *Domus aurea* de Néron, dont les peintures murales ont pour parentes celles des débuts de l'art paléochrétien dans les catacombes (de saint Calixte, de saint Sébastien, de sainte Priscille, etc.). Les premières basiliques chrétiennes (en général très remaniées par la suite) sont imprégnées de la grandeur impériale : St-Jean-de-Latran, Ste-Marie-Majeure (mosaïques des IVe, Ve et XIIIe s.), St-Paul-hors-les-Murs, St-Laurent-hors-les-Murs (décors « cosmatesques », cloître roman), S. Clemente (mosaïques et fresques). Beaucoup de petites églises associent les traditions antique, paléochrétienne et byzantine : S. Sabina (Ve s.), S. Maria in Cosmedin (campanile du XIIe s.), S. Maria Antiqua (fresques des VIe-VIIIe s.), S. Prassede (IXe s.), S. Maria in Trastevere (XIIe s. ; mosaïques, certaines dues à P. Cavallini), etc. La première manifestation de la Renaissance est la construction du palais de Venise (v. 1455), suivie des décors initiaux de la

▲ **Rome.** La piazza Navona, avec, au premier plan, la fontaine du Maure et, à gauche, l'église S. Agnese.

chapelle Sixtine*. Les entreprises du pape Jules II, confiées au génie de Bramante, de Raphaël ou de Michel-Ange, font de Rome le grand foyer de la Renaissance classique : travaux du Vatican*, début de la reconstruction de la basilique Saint-Pierre*, esquisse d'un nouvel urbanisme où s'insèrent églises et demeures nobles (palais Farnèse). Commencée en 1568 par Vignole, l'église du Gesù sera le monument typique de la Contre-Réforme. C'est à Rome que le style baroque se dessine avec les œuvres de Maderno, puis explose dans celles de Bernin, de Borromini et de Pierre de Cortone (le palais Barberini, 1625-1639, doit aux quatre artistes). Un des lieux caractéristiques de l'expression baroque est la piazza Navona (anc. cirque de Domitien), avec les fontaines de Bernin et l'église S. Agnese. Le XVIIIe s. et le début du XIXe s. font écho aux créations antérieures en multipliant fontaines, perspectives, façades et escaliers monumentaux : fontaine de Trevi, 1732 ; piazza del Popolo, au pied des jardins du Pincio, 1816. – Principaux musées de Rome (outre ceux du Vatican) : musées de l'ensemble du Capitole, conçu par Michel-Ange (antiques) ; musée national des Thermes de Dioclétien (antiques) ; musée de la villa Giulia (art étrusque) ; galerie Borghèse (peinture et sculpture) ; galerie nationale d'Art ancien, dans les palais Barberini et Corsini ; galerie Doria-Pamphilj ; musée national des Arts du XXIe s. (MAXXI).

ROME, un des principaux États de l'Antiquité, issu de la ville du même nom.

HISTOIRE **Rome : les origines et la royauté (753 - 509 av. J.-C.). VIIIe - VIIe s. av. J.-C. :** premiers établissements sur le Palatin (753, date légendaire de la fondation de Rome par Romulus), qui s'étendent au VIIe s. sur les sept collines. Règne des rois latins et sabins. **VIe s. av. J.-C. :** les rois étrusques organisent la cité et lui donnent ses premiers monuments.

La République romaine (509 - 27 av. J.-C.). 509 av. J.-C. : les nobles romains chassent Tarquin le Superbe et fondent la République. **V. 390 av. J.-C. :** les Gaulois, installés dans la plaine du Pô, détruisent l'armée romaine à la bataille de l'Allia puis s'emparent de Rome, qu'ils brûlent, à l'exception du Capitole. **Ve - IIIe s. av. J.-C. :** Rome conquiert l'Italie. **264 - 146 :** les guerres puniques lui permettent d'anéantir sa grande rivale, Carthage. **IIe - Ier s. :** Rome réduit la Grèce en province romaine, puis conquiert l'Asie Mineure, la Judée, la Syrie, l'Espagne et la Gaule. **133 - 123 :** les Gracques échouent dans leur tentative de réformes agraires. Les luttes intestines ne tardent pas à affaiblir la République. **107 - 86 :** Marius, puis Sulla (82 - 79) gouvernent avec l'appui de l'armée. **60 :** Pompée, Crassus et Jules César imposent une alliance à trois (triumvirat), renouvelée en 55. **49 - 48 :** guerre civile. Pompée est vaincu par César à Pharsale (48). **48 - 44 :** César, dictateur, est assassiné aux ides de mars 44. **43 :** second triumvirat : Antoine, Octave, Lépide. **31 :** vainqueur d'Antoine à Actium, Octavien, neveu et fils adoptif de César, demeure le seul maître du monde romain. **27 :** il reçoit du sénat le titre d'Auguste.

L'Empire romain : le Haut-Empire (Ier - IIe s.). Auguste s'arroge l'essentiel des pouvoirs des anciens magistrats et gouverne avec l'appui d'une forte administration tout en sauvegardant les apparences des institutions républicaines (*principat*). Quatre grandes dynasties vont se succéder. **27 av. J.-C. - 68 apr. J.-C. :** les Julio-Claudiens, d'Auguste à Néron ; c'est une période capitale pour l'organisation de l'Empire. **69 - 96 :** les Flaviens, de Vespasien à Domitien ; la bourgeoisie des provinces accède au pouvoir. **96 - 192 :** les Antonins, de Nerva à Commode ; c'est le siècle d'or de l'Empire romain grâce à Trajan, Hadrien, Antonin et Marc Aurèle. **193 - 235 :** les Sévères, de Septime Sévère à Sévère Alexandre. **212 :** l'édit de Caracalla donne le droit de cité à tous les hommes libres de l'Empire. C'est aux Ier et IIe s. que s'affirme l'art monumental romain. Les villes s'organisent sur un plan similaire, autour du centre politique de chaque cité, le *forum*. Marchés, basiliques, thermes et théâtres en sont les éléments essentiels, ainsi que les aqueducs approvisionnant ces villes en eau.

L'Empire romain : l'Empire tardif ou Bas-Empire (IIIe - Ve s.). 235 - 284 : menacé par les Germains et par les Perses, l'Empire manque de se disloquer. Dans cette période d'anarchie militaire, les empereurs Gallien (260 - 268) puis Aurélien (270 - 275) sauvent la situation. **284 - 305 :** un redressement durable s'opère avec Dioclétien, qui établit le régime de la tétrarchie (293), système collégial de gouvernement par deux Augustes et deux Césars. Les chrétiens sont persécutés. **306 - 337 :** Constantin accorde aux chrétiens le droit de pratiquer leur religion (313). Il crée une nouvelle capitale, Constantinople, désormais rivale de Rome. **395 :** à la mort de Théodose, l'Empire romain est définitivement partagé entre l'Empire

L'EMPIRE ROMAIN D'AUGUSTE À TRAJAN

L'Empire à la mort d'Auguste (14 après J.-C.)

Annexions de la mort d'Auguste à l'avènement de Trajan (98 après J.-C.)

Conquêtes de Trajan (98-117 après J.-C.)

Limites des provinces à la mort d'Auguste

L'art romain

Rome a su tirer parti du ferment de tous les peuples qu'elle a conquis et leur a imposé son dessein politique et sa civilisation, toujours servis par des artistes qui affirmaient sa puissance.

▲ **Autel de la paix d'Auguste (Ara Pacis Augustae).** Marbre, 9 av. J.-C., champ de Mars de Rome ; détail : *la Terre féconde*. Le langage plastique est celui de la Grèce, alors que la symbolique de prospérité et d'abondance de cette *Terre féconde*, entourée des allégories des eaux douce et marine, appartient tout entière à Rome.

▲ **Peinture murale : Hercule en Arcadie reconnaît son fils Télèphe allaité par une biche.** Ier s. av. J.-C. Provenant de la basilique d'Herculanum, inspirée par un archétype grec, l'œuvre atteste le goût de la société d'alors pour le monde fabuleux du mythe. (Musée national, Naples.)

▲ **L'insula d'Ostie.** À l'opposé de la *domus* patricienne ou de la villa, l'insula est un immeuble de rapport à Rome et l'habitat le plus courant. Il était destiné au peuple et sa construction était réglementée. Ne présentant aucun confort, il pouvait atteindre 20 m de hauteur.

▲ **Bustes de Caton d'Utique et de sa fille Porcia.** Marbre, Ier s. av. J.-C. Sa participation au culte des ancêtres a valu à l'art du portrait sa vogue et son souci d'efficacité psychologique. Sous la République, c'est un réalisme viril qui traduit l'exaltation des valeurs austères et traditionnelles. (Musée Pio Clementino, Vatican.)

La maison du Faune, à Pompéi. ► Construite au IIe s. av. J.-C. et réaménagée à la fin du siècle, cette luxueuse villa patricienne associe à l'atrium italique les éléments de l'architecture palatiale hellénistique (superficie de près de 3 000 m², deux péristyles successifs).

◄ **Le forum de Rome.** Axe N.-O. / S.-E., avec au premier plan les colonnes du temple de Saturne. C'est aux Étrusques que l'on doit les premiers aménagements de la plaine marécageuse qui va devenir le Forum, au pied du Palatin, et cœur, dès les origines, de la vie politique, judiciaire et économique de Rome.

romain d'Occident (cap. Ravenne à partir de 402) et l'Empire romain d'Orient (cap. Constantinople). **Ve s. :** les invasions barbares touchent durement l'Empire romain d'Occident. **410 :** sac de Rome par Alaric. **476 :** le roi barbare Odoacre dépose le dernier empereur, Romulus Augustule ; c'est la fin de l'Empire romain d'Occident. En Orient, l'Empire byzantin* durera jusqu'en 1453.

Rome (concours de), concours annuel organisé pour les jeunes artistes français par les autorités académiques, de 1664 à 1968 exclu. Le premier grand prix, dans chaque discipline, devenait pendant trois ans pensionnaire de l'Académie de France à Rome (à la villa Médicis* depuis 1803).

Rome (sac de) [août 410], conquête et pillage de Rome par le roi wisigoth Alaric. Pour la première fois depuis 390 av. J.-C., Rome était occupée par des troupes ennemies, et cet événement eut un retentissement considérable dans tout l'Empire.

Rome (sac de) [mai 1527], conquête et pillage de Rome par les troupes impériales de Charles Quint, menées par le connétable de Bourbon, à la suite de l'engagement du pape Clément VII contre l'empereur aux côtés du roi de France François Ier.

Rome (traité de) [25 mars 1957], traité qui a créé la Communauté économique européenne (CEE). Modifié par le traité de Lisbonne, il est auj. dénommé « traité sur le fonctionnement de l'Union européenne ». Un second traité, concomitant, a institué la Communauté européenne de l'énergie atomique (CEEA), ou Euratom.

ROMÉ DE L'ISLE (Jean-Baptiste), *Gray 1736 - Paris 1790*, minéralogiste français. Il énonça la première loi de la cristallographie (celle de la constance des angles). Avec R. J. Haüy, il est l'un des fondateurs de cette discipline.

Roméo et **Juliette,** personnages légendaires, repris par Shakespeare dans sa tragédie *Roméo et Juliette* (v. 1595). À Vérone, malgré la haine qui sépare leurs deux familles, les Capulets et les Montaigus, Roméo et Juliette s'aiment et se marient secrètement ; mais la fatalité les entraîne dans la mort. – La tragédie de Shakespeare a inspiré de nombreux artistes. Sous ce titre, Berlioz a composé une symphonie dramatique (paroles de É. Deschamps, 1839) ; Gounod, un opéra (livret de J. Barbier et M. Carré, 1867). – La partition de ballet écrite par Prokofiev en 1938 a été empruntée par de nombreux chorégraphes, dont L. Lavrovski (1940), F. Ashton (1955), J. Cranko (1962), K. MacMillan (1965), J. Neumeier (1971), I. Grigorovitch (1977), R. Noureïev (1980) et A. Preljocaj (1990) ; M. Béjart lui a préféré en 1966 la musique de Berlioz. Le drame a également été adapté au cinéma (F. Zeffirelli, 1968).

RÖMER (Olaus ou Ole), *Århus 1644 - Copenhague 1710*, astronome danois. Grâce à ses observations des satellites de Jupiter, il prouva en 1676, à l'Observatoire de Paris, que la lumière se propage à une vitesse finie. Il est l'inventeur de la lunette méridienne (vers 1685).

ROMER (Paul Michael), *Denver 1955*, économiste américain. Après avoir établi, en 1986, que le progrès technique génère de la croissance, mais que cette dernière génère aussi du progrès technique (théorie de la croissance endogène), il a montré comment la recherche de nouvelles idées stimule la croissance sur le long terme et a mesuré l'impact des politiques de soutien à l'innovation. (Prix Nobel 2018, avec W. D. Nordhaus.)

ROMILLY (Jacqueline **Worms de**), *Chartres 1913 - Boulogne-Billancourt 2010*, helléniste française naturalisée grecque. Elle se consacra à la littérature grecque ancienne et à l'histoire des idées dans la Grèce antique (*Histoire et raison chez Thucydide*, 1956 ; *Problèmes de la démocratie grecque*, 1975 ; *Alcibiade*, 1995). [Acad. fr.]

ROMILLY-SUR-SEINE (10100), bur. centr. de cant. de l'Aube ; 14 808 hab. *(Romillons)*. Mécanique.

ROMMEL (Erwin), *Heidenheim, Wurtemberg, 1891 - Herrlingen, près d'Ulm, 1944*, maréchal allemand. Commandant le quartier général de Hitler en 1939, il se distingua en France (1940), en Libye et en Égypte, où il fut battu à El-Alamein (1942). Il commanda en 1944 le front de Normandie, mais, impliqué dans le complot des généraux contre Hitler (20 juill.), il fut arrêté et dut se suicider sur ordre de ce dernier.

▲ La **Ronde de nuit.** Peinture de Rembrandt, 1642. (Rijksmuseum, Amsterdam.)

ROMNEY (George), *Dalton in Furness, Lancashire, 1734 - Kendal, Cumbria, 1802*, peintre anglais, portraitiste au style ferme et direct.

ROMORANTIN-LANTHENAY (41200), ch.-l. d'arrond. de Loir-et-Cher, en Sologne, sur la Sauldre ; 18 618 hab. *(Romorantinais)*. Métallurgie. – Belles demeures des XVe et XVIe s. ; musée de Sologne (dans les anc. moulins sur la Sauldre), musée d'Archéologie et musée de la Course automobile.

ROMUALD (saint), *Ravenne v. 950 - Val-di-Castro, près de Fabriano, 1027*, moine italien. Ermite bénédictin, il fonda l'ordre des Camaldules.

ROMULUS, fondateur légendaire de Rome (753 av. J.-C.), dont il fut le premier roi. Après sa mort, il fut identifié au dieu Quirinus.

ROMULUS AUGUSTULE, *v. 461*, dernier empereur romain d'Occident (475 - 476). Il fut déposé par Odoacre.

RONALDO (Cristiano), *Funchal 1985*, footballeur portugais. L'un des plus talentueux buteurs de sa génération, il a remporté de nombreux titres, dont la Ligue des champions à cinq reprises (en 2008, avec Manchester United, puis en 2014, 2016, 2017 et 2018, avec le Real Madrid) et le Championnat d'Europe en 2016.

RONALDO (Ronaldo Luís **Nazário de Lima,** dit), *Bento Ribeiro, Rio de Janeiro, 1976*, footballeur brésilien. Il a remporté deux fois la Coupe du monde (1994 et 2002).

Roncevaux (bataille de) [15 août 778], bataille qui eut lieu dans un vallon des Pyrénées proche du col de Roncevaux (en esp. *Roncesvalles*) ou d'Ibañeta, et au cours de laquelle l'arrière-garde de l'armée de Charlemagne (dont faisait partie le comte Roland) fut taillée en pièces par les montagnards basques (Vascons) alliés aux sarrasins.

RONCHAMP (70250), comm. de la Haute-Saône ; 2 840 hab. Chapelle par Le Corbusier (1950-1955).

RONCHIN (59790), comm. du Nord ; 19 057 hab. *(Ronchinois)*. Constructions mécaniques.

RONCONI (Luca), *Sousse 1933 - Milan 2015*, metteur en scène de théâtre et d'opéra italien. Auteur de spectacles d'avant-garde *(Orlando Furioso, Utopia)*, il centrait son travail sur les questions du lieu théâtral, de l'espace scénique et du rapport au public. Il dirigea le Piccolo Teatro de Milan à partir de 1999.

RONCQ (59223), comm. du Nord ; 13 795 hab.

Ronde de nuit (la), surnom d'une grande toile de Rembrandt (1642). Commandée par l'association des arquebusiers d'Amsterdam, elle est une représentation (en réalité diurne) de la *Sortie du capitaine Frans Banning Cocq et de son lieutenant [...]*.

RONDELET (Guillaume), *Montpellier 1507 - Réalmont 1566*, médecin et naturaliste français. Son *Histoire entière des poissons*, publiée en latin (1554-1555), puis en français (1558), en fait un pionnier de l'ichtyologie moderne.

RONDÔNIA, État de l'ouest du Brésil ; 1 535 625 hab. ; cap. *Porto Velho*.

RONIS (Willy), *Paris 1910 - id. 2009*, photographe français. Son regard humaniste aime à saisir les gens et les gestes simples, surtout à Paris (*Belleville-Ménilmontant*, 1954 ; *Sur le fil du hasard*, 1980 ; *Mon Paris*, 1985). Il travailla aussi pour la mode et l'industrie et mena une carrière d'enseignant.

RONSARD (Pierre de), *château de la Possonnière, Couture-sur-Loir, 1524 - Saint-Cosme-en-l'Isle, près de Tours, 1585*, poète français. En raison d'une surdité précoce, il doit abandonner la carrière des armes. Il s'adonne alors à l'étude des lettres latines et grecques, et se propose, avec le groupe de la Pléiade*, de renouveler l'inspiration et la forme de la poésie française. Érudite (*Odes*, 1550-1552) et lyrique (*Amours*, 1552-1578), sa poésie se fait épique dans les *Hymnes* (1555-1556). Poète de la cour de Charles IX, hostile à la Réforme (*Discours des misères de ce temps*, 1562-1563), Ronsard laisse inachevée son épopée *la Franciade* (1572). Critiquée par Malherbe, puis oubliée, son œuvre fut réhabilitée par Sainte-Beuve.

▲ **Ronsard.** (Musée de Blois.)

RONSE → **RENAIX.**

RÖNTGEN ou **ROENTGEN** (Wilhelm Conrad), *Lennep, Rhénanie, 1845 - Munich 1923*, physicien allemand. Il découvrit les rayons X (1895), étudia leur propagation et leur pouvoir de pénétration, et observa qu'ils ionisaient l'air. (Prix Nobel 1901.)

ROODEPOORT, v. d'Afrique du Sud, près de Johannesburg ; 350 773 hab.

ROON (Albrecht, comte **von**), *Pleushagen, près de Kołobrzeg, 1803 - Berlin 1879*, maréchal prussien. Ministre de la Guerre de 1859 à 1873, il fut avec Moltke le réorganisateur de l'armée prussienne.

ROOSEVELT (Franklin Delano), *Hyde Park, État de New York, 1882 - Warm Springs 1945*, homme politique américain. Cousin et neveu par alliance de Theodore Roosevelt, démocrate, il est secrétaire adjoint à la Marine (1913 - 1920), gouverneur de l'État de New York (1929 - 1932), et devient président des États-Unis en 1933. Confronté à une très grave crise économique, il s'entoure d'un petit groupe de conseillers (son *brain-trust*) et fait voter les lois du New Deal (« Nouvelle Donne »). Il entreprend une politique de grands travaux (mise en valeur de la vallée du Tennessee) pour lutter contre le chômage et s'efforce de réglementer les conditions de travail et les salaires. Réélu en 1936 et 1940, il apporte, à partir de 1939, son aide à la Grande-Bretagne et à la France contre l'Allemagne et l'Italie, dirige avec énergie l'effort de guerre américain (déc. 1941) puis, par une diplomatie active, prépare l'après-guerre. Il est réélu en 1944, mais meurt en avril 1945.

◀ Franklin **Roosevelt** par D. Chandor, 1945. (National Portrait Gallery, Washington.)

ROOSEVELT (Theodore), *New York 1858 - Oyster Bay, État de New York, 1919*, homme politique américain. Républicain, il participa à la guerre hispano-américaine (1898). Gouverneur de l'État de New York (1898), il devint vice-président des États-Unis en 1901, puis président la même année après l'assassinat de McKinley, et fut réélu en 1904. Impérialiste convaincu, désireux de voir son pays affirmer sa puissance navale, il pratiqua une politique interventionniste en Amérique latine (Panama, Cuba, Saint-Domingue). [Prix Nobel de la paix 1906.]

▲ Theodore **Roosevelt**

ROPS (Félicien), *Namur 1833 - Essonnes, France, 1898*, peintre et graveur belge. D'une imagination fantasque et souvent érotique, il est notamm. connu pour ses illustrations de Péladan, Barbey d'Aurevilly, etc. Musée à Namur.

ROQUEBRUNE-CAP-MARTIN (06190), comm. des Alpes-Maritimes, sur la Méditerranée ; 12 845 hab. *(Roquebrunois)*. Station balnéaire. – Un donjon du XIIe s. domine le vieux bourg. Villa E-1027 de Eileen Gray et Jean Badovici.

ROQUEBRUNE-SUR-ARGENS (83520), comm. du Var ; 13 403 hab. Bourg pittoresque.

ROQUE-D'ANTHÉRON (La) [13640], comm. des Bouches-du-Rhône ; 5 563 hab. Station estivale. – Château du XVIIe s. – Festival international de piano. – Aux environs, anc. abbaye de Silvacane*.

ROQUEFORT-SUR-SOULZON (12250), comm. de l'Aveyron ; 607 hab. Fromages au lait de brebis.

ROQUEMAURE (30150), bur. centr. de cant. du Gard, sur le Rhône ; 5 533 hab. *(Roquemaurois)*. Église du XIVe s.

Roquette ou **Grande-Roquette** (la), anc. prison de Paris (1837 - 1900). Elle servit de dépôt pour les condamnés à mort. La *Petite-Roquette* fut destinée aux jeunes, puis aux femmes (1832 - 1974).

RORAIMA, État du nord du Brésil ; 425 398 hab.

RØROS, v. de Norvège, au S.-E. de Trondheim ; 3 420 hab. Anc. ville minière (cuivre), de plan régulier, gardant un ensemble de vieilles maisons en bois ; musée de la Mine.

RORSCHACH (Hermann), *Zurich 1884 - Herisau 1922*, psychiatre suisse. Il créa en 1921 un test psychologique de personnalité qui porte son nom (v. partie n. comm.).

RORTY (Richard), *New York 1931 - Palo Alto 2007*, philosophe américain. Opposant son relativisme aux prétentions de la science et de la philosophie, il défendit un genre d'utopie libérale (*Philosophy and the Mirror of Nature*, 1979).

ROSA (Salvator), *Arenella, près de Naples, 1615 - Rome 1673*, peintre italien. Ses tableaux (paysages composés, marines, batailles) sont pleins de fougue et d'un chaleureux coloris.

ROSANVALLON (Pierre), *Blois 1948*, historien français. Ses travaux portent sur l'histoire de la démocratie et du modèle politique français, ainsi que sur la justice sociale (*la Crise de l'État-providence*, 1981 ; *le Sacre du citoyen*, 1992 ; *la Légitimité démocratique*, 2008 ; *la Société des égaux*, 2011). Il préside aussi un atelier international de réflexion, la République des idées.

ROSARIO, v. d'Argentine, sur le Paraná ; 1 264 242 hab. dans l'agglomération. Centre commercial et industriel.

ROSAS (Juan Manuel **de**), *Buenos Aires 1793 - Southampton, Angleterre, 1877*, militaire et homme politique argentin. De 1829 à 1852, il imposa une dictature de fer à la province de Buenos-Aires, développant un véritable culte de la personnalité. Il fut renversé par une coalition sud-américaine.

ROSCELIN, *Compiègne v. 1050 - Tours ou Besançon v. 1120,* philosophe français. Fondateur du nominalisme, maître d'Abélard, il relia les trois termes de la Trinité, mais dut abjurer sous la pression de saint Anselme.

ROSCOFF (29680), comm. du Finistère ; 3 441 hab. *(Roscovites).* Port. Station balnéaire. Laboratoire de biologie marine. Thalassothérapie. – Église de style gothique flamboyant.

ROSE (mont), massif des Alpes partagé entre la Suisse et l'Italie ; 4 634 m à la *pointe Dufour.*

Rose blanche (la), en all. **Die Weiße Rose,** groupe allemand de résistance au régime nazi. Fondé à Munich, en juin 1942, par Alexander Schmorell *(1917 - 1943)* et Hans Scholl *(1918 - 1943)* avec sa sœur Sophie S. *(1921 - 1943),* le groupe fut démantelé en févr. 1943 et une partie de ses membres, exécutée.

Rose blanche (ordre de la), ordre national finlandais. Il fut créé en 1919 par C. G. Mannerheim.

Rose-Croix (fraternité de la), mouvement mystique dont le fondateur présumé est Christian Rosencreutz (XVe s.) et d'où sont issues plusieurs sociétés, toujours actives. En France, à la fin du XIXe s., le Sâr Péladan a tenté de favoriser le développement d'une Rose-Croix fidèle à l'orthodoxie catholique, dont il espérait un renouveau de l'art et de la philosophie.

ROSEMÈRE, v. du Canada (Québec), au N.-O. de Montréal ; 13 958 hab. *(Rosemèrois).*

Rosenberg (affaire), affaire judiciaire américaine. Accusés d'avoir livré des secrets atomiques à l'URSS, les époux Julius et Ethel **Rosenberg** *(nés à New York, respectivement en 1918 et 1915)* furent condamnés à mort (1951) puis exécutés dans la prison de Sing Sing (1953), malgré une campagne d'opinion internationale en leur faveur.

ROSENBERG (Alfred), *Revel, auj. Tallinn, 1893 - Nuremberg 1946,* théoricien nazi et homme politique allemand. L'un des principaux idéologues du national-socialisme (*le Mythe du XXe siècle,* 1930), il fut condamné à mort par le tribunal de Nuremberg et exécuté.

ROSENZWEIG (Franz), *Kassel 1886 - Francfort-sur-le-Main 1929,* philosophe allemand. Il est à l'origine du renouveau de la pensée juive, et son œuvre marque une date dans les relations entre juifs et chrétiens (*l'Étoile de la Rédemption,* 1921).

ROSES (vallée des), partie de la vallée de la Tundža, en Bulgarie, autour de Kazanlăk.

Rosetta, sonde spatiale européenne. Lancée en 2004, elle a déposé, en nov. 2014, un engin spatial *(Philae)* sur une comète, ce qui constitue une première scientifique. Cette mission s'est achevée par la « pose » de Rosetta sur la comète en sept. 2016. Rosetta et Philae ont transmis de nombreuses données, en cours d'étude.

Rosette (pierre de), fragment d'une stèle découverte à Rosette (en ar. Rachīd, sur la branche ouest du Nil), lors de la campagne de Bonaparte en Égypte en 1799 (auj. au British Museum). Comportant le texte, gravé en hiéroglyphes, en démotique et en grec, d'un décret de Ptolémée V, elle permit à Champollion de déchiffrer (1822) les hiéroglyphes.

ROSHEIM (67560), comm. du Bas-Rhin ; 5 123 hab. *(Rosheimois).* Belle église romane.

ROSI (Francesco), *Naples 1922 - Rome 2015,* cinéaste italien. Spécialiste d'un cinéma d'analyse politique et sociale, il réalisa *Salvatore Giuliano* (1961), *Main basse sur la ville* (1963), *l'Affaire Mattei* (1972), *Cadavres exquis* (1975), *Carmen* (1984), *Oublier Palerme* (1990), *la Trêve* (1997).

ROSKILDE, v. du Danemark (Sjaelland) ; 55 050 hab. Capitale du pays jusqu'en 1445. – Cathédrale romane et gothique (tombeaux royaux) ; musée des Bateaux vikings.

ROSLIN (Alexander), *Malmö 1718 - Paris 1793,* peintre suédois. Portraitiste de talent, il s'établit à Paris en 1752.

ROSNY (J.-H.), pseudonyme de deux romanciers français : **Joseph Henri Boex,** dit **Rosny aîné,** *Bruxelles 1856 - Paris 1940,* et **Séraphin Justin Boex,** dit **Rosny jeune,** *Bruxelles 1859 - Ploubazlanec 1948,* frère de Rosny aîné. Le premier est l'auteur de *la Guerre du feu* (1911). Le second écrivit, seul ou avec son frère, des romans réalistes ou fantastiques.

ROSNY-SOUS-BOIS [ro-] (93110), comm. de la Seine-Saint-Denis, à l'E. de Paris ; 45 003 hab. *(Rosnéens).* Centre national d'information routière. École nationale des arts du cirque.

ROSPORDEN [-dɛ̃] (29140), comm. du Finistère ; 7 748 hab. Église des XIVe-XVIIe s.

ROSS (banquise de), falaises de glace de l'Antarctique, en bordure de la *mer de Ross,* limitées par l'*île de Ross* (qui porte les volcans Erebus et Terror).

ROSS (sir John), *Balsarroch, Dumfries and Galloway, Écosse, 1777 - Londres 1856,* navigateur britannique. Il découvrit l'extrémité nord du continent américain (1829 - 1833). — sir **James Clarke R.,** *Londres 1800 - Aylesbury 1862,* navigateur britannique. Neveu de sir John, il localisa le pôle magnétique de l'hémisphère Nord (1831). Il longea la banquise qui porte son nom et découvrit la terre Victoria (1841).

ROSS (sir Ronald), *Almora, Inde, 1857 - Putney Heath, Londres, 1932,* médecin britannique. Ses recherches sur la transmission du paludisme par les moustiques améliorèrent la prophylaxie de cette maladie. (Prix Nobel 1902.)

ROSS (Scott), *Pittsburgh 1951 - Assas, Hérault, 1989,* claveciniste américain. Installé en France en 1965, il a travaillé notamm. avec Kenneth Gilbert. Il a excellé dans la musique française (intégrale des œuvres de Couperin et de Rameau). Il a aussi enregistré toutes les sonates de Scarlatti.

Rossbach (bataille de) [5 nov. 1757], bataille de la guerre de Sept Ans. Victoire du roi de Prusse Frédéric II sur les Français et les impériaux à Rossbach (Saxe).

ROSSBY (Carl-Gustav Arvid), *Stockholm 1898 - id. 1957,* physicien américain d'origine suédoise. Il a étudié la dynamique de l'atmosphère et de l'océan. En 1940, il a proposé un premier essai de prévision à cinq jours, fondé sur son modèle de circulation atmosphérique générale.

ROSSELLINI (Roberto), *Rome 1906 - id. 1977,* cinéaste italien. Révélé par *Rome, ville ouverte* (1945) et *Paisà* (1946), films phares du néoréalisme, il s'efface, en témoin amoureux du réel, s'imposant comme l'un des grands maîtres du cinéma italien : *Europe 51* (1952), *Voyage en Italie* (1954), *le Général Della Rovere* (1959), *la Prise du pouvoir par Louis XIV* (1967, pour la télévision).

▲ Roberto **Rossellini.** *Rome, ville ouverte* (1945).

ROSSELLINO (Bernardo), *Settignano, près de Florence, 1409 - Florence 1464,* architecte et sculpteur italien. Disciple d'Alberti, il a construit le palais Rucellai à Florence (1446) et a travaillé à Pienza (prov. de Sienne) pour Pie II. — **Antonio R.,** *Settignano 1427 - Florence 1479,* sculpteur italien, frère et élève de Bernardo. Il est l'auteur de la chapelle du cardinal de Portugal à S. Miniato de Florence (1461), chef-d'œuvre de raffinement.

ROSSETTI (Dante Gabriel), *Londres 1828 - Birchington-on-Sea, Kent, 1882,* peintre et poète britannique de père italien. Un des initiateurs du mouvement préraphaélite, il s'est inspiré de légendes médiévales et de la poésie ancienne anglaise et italienne.

ROSSI (Aldo), *Milan 1931 - id. 1997,* architecte et théoricien italien. Il a défendu un concept d'architecture rationnelle incluant des composantes historiques, régionales et symboliques. (Prix Pritzker 1990.)

ROSSI (Luigi), *Torremaggiore, près de Foggia, v. 1597 - Rome 1653,* compositeur italien. Ses quelque 300 cantates ont beaucoup contribué à l'évolution du genre. Il a également composé des oratorios et des opéras (*Orfeo,* 1647).

ROSSI (Pellegrino, comte), *Carrare 1787 - Rome 1848,* homme politique italien naturalisé français. Ambassadeur de France à Rome (1845), il contribua à l'élection de Pie IX, qu'il encouragea dans ses orientations libérales, et milita pour une fédération italienne sous la présidence pontificale. Appelé à former à Rome un gouvernement constitutionnel (sept. 1848), il fut assassiné.

ROSSI (Constantin, dit Tino), *Ajaccio 1907 - Neuilly-sur-Seine 1983,* chanteur français. Il triompha en 1934 au Casino de Paris dans la revue *Parade de France* de Vincent Scotto. Chanteur de charme, il connut un succès mondial grâce à sa voix veloutée (*Tchi-Tchi* ; *Corse, île d'amour*) et participa à de nombreux films.

ROSSINI (Gioacchino), *Pesaro 1792 - Paris 1868,* compositeur italien. Il a écrit notamm. des opéras : *le Barbier de Séville, Otello* (1816), *la Pie voleuse* (1817), *le Comte Ory* (1828), *Guillaume Tell* (1829), et un *Stabat Mater.* Son sens inné de la mélodie et de l'effet théâtral lui a valu, à Paris, de grands succès sous la Restauration.

◀ Gioacchino **Rossini.** (Académie Rossini, Bologne.)

ROSSO (Giovanni Battista **de Rossi,** dit **le**), *Florence 1494 - Paris 1540,* peintre italien. En 1531, François Ier confia à ce grand artiste maniériste la direction des décors du château de Fontainebleau (fresques et stucs de la galerie François-Ier).

ROSTAND (Edmond), *Marseille 1868 - Paris 1918,* poète et auteur dramatique français. Il est célèbre pour ses comédies et ses drames héroïques (*Cyrano* de Bergerac* ; *l'Aiglon,* 1900 ; *Chantecler,* 1910). [Acad. fr.]

◀ Edmond **Rostand**

ROSTAND (Jean), *Paris 1894 - Ville-d'Avray 1977,* biologiste et écrivain français, fils d'Edmond Rostand. Auteur d'importants travaux sur la parthénogenèse expérimentale, il contribua à faire connaître la génétique au grand public français. Défendant les valeurs de l'humanisme, du pacifisme et du mondialisme, il s'attacha à montrer la valeur culturelle de la biologie et sa portée humaine. (Acad. fr.)

ROSTOCK, v. d'Allemagne (Mecklembourg-Poméranie-Occidentale), sur la Warnow ; 200 265 hab. Port. Centre industriel. – Église Notre-Dame (XIIIe-XVe s.) et autres monuments.

ROSTOPCHINE (Fiodor Vassilievitch, comte), *Livny, gouvernement d'Orel, 1763 - Moscou 1826,* général et homme politique russe. Gouverneur de Moscou en 1812, il fut soupçonné d'avoir incendié cette ville lors de l'entrée des Français. Il est le père de la comtesse de Ségur.

ROSTOV-SUR-LE-DON, v. de Russie, près de la mer d'Azov ; 1 089 851 hab. Port fluvial. Centre administratif, culturel et industriel.

ROSTOW (Walt Whitman), *New York 1916 - Austin 2003,* économiste américain. Il étudie, dans les *Étapes de la croissance économique* (1960), les stades conduisant l'économie à l'industrialisation. On lui doit le concept de « décollage » *(take-off)* appliqué au développement économique.

ROSTROPOVITCH (Mstislav Leopoldovitch), *Bakou 1927 - Moscou 2007,* violoncelliste et chef d'orchestre russe. Interprète remarquable, il a dirigé l'Orchestre national de Washington (1977 - 1994). Des compositeurs comme Chostakovitch, Dutilleux, Britten ou Lutosławski ont écrit pour lui.

ROTA (Nino), *Milan 1911 - Rome 1979,* compositeur italien. Il écrivit des musiques de film populaires et raffinées pour Fellini (16 films, dont *La Strada* et *La Dolce Vita*) et Visconti (*le Guépard*), ainsi que des opéras et des pièces pour orchestre.

ROTH (Joseph), *Brody, Galicie, 1894 - Paris 1939,* écrivain et journaliste autrichien. Ses romans sont une peinture de la civilisation autrichienne à son déclin (*la Marche de Radetzky*, 1932 ; *la Crypte des capucins*, 1938).

ROTH (Philip), *Newark 1933 - New York 2018*, romancier américain. Son œuvre compose une peinture ironique de la communauté juive et de la classe moyenne américaines (*Portnoy et son complexe*, 1969 ; *Opération Shylock*, 1993 ; *le Théâtre de Sabbath*, 1995 ; *Pastorale américaine*, 1997 ; *la Tache*, 2000).

ROTHARI ou **ROTHARIS,** *m. en 652*, roi des Lombards (636 - 652). Il prit la Ligurie aux Byzantins et promulgua un édit (643) qui fut la base de la législation lombarde.

ROTHENBURG OB DER TAUBER, v. d'Allemagne (Bavière), à l'O. de Nuremberg ; 10 953 hab. Vieille ville bien conservée : enceinte, monuments et maisons de l'époque gothique et de la Renaissance.

ROTHÉNEUF, station balnéaire d'Ille-et-Vilaine (comm. de Saint-Malo). Rochers sculptés au début du XXe s. par l'abbé Adolphe Julien Fouéré.

ROTHKO (Mark), *Dvinsk, auj. Daugavpils, Lettonie, 1903 - New York 1970*, peintre américain d'origine russe, célèbre pour la formule d'abstraction chromatique qu'il a établie vers 1950.

ROTHSCHILD (Meyer Amschel), *Francfort-sur-le-Main 1743 - id. 1812*, banquier allemand. Il fut le fondateur d'une puissante dynastie financière de rayonnement international.

▲ La **Rotonda,** édifiée par Palladio près de Vicence.

Rotonda (la), surnom de la célèbre villa Capra, construite près de Vicence par Palladio (v. 1566-1569 ?). Elle doit son appellation à la salle circulaire sous coupole (avec éclairage zénithal) qui en marque le centre, cantonnée par quatre appartements et s'ouvrant sur le paysage par quatre portiques ioniques parfaitement symétriques.

ROTROU (Jean de), *Dreux 1609 - id. 1650*, poète dramatique français. Ses comédies (*les Sosies*), tragi-comédies (*Venceslas*) et tragédies (*le Véritable Saint Genest*) relèvent d'une esthétique baroque.

ROTSÉ → **LOZI.**

ROTTERDAM, v. des Pays-Bas (Hollande-Méridionale), sur la « Nouvelle Meuse » (Nieuwe Maas) ; 616 294 hab. (1 010 025 hab. dans l'agglomération). L'un des tout premiers ports du monde, situé sur une branche du delta commun au Rhin et à la Meuse (transit vers l'Allemagne et la Suisse) et centre industriel (raffinage du pétrole et chimie principalement), commercial et financier. – Rotterdam prit son essor au XIXe s. avec l'aménagement du Rhin pour la navigation et le développement industriel de la Ruhr. – Riche musée d'art Boymans-Van Beuningen.

▲ Mstislav **Rostropovitch** en 1987.

▲ Andreï **Roublev.** Icône de la *Trinité.* (Galerie Tretiakov, Moscou.)

ROTY (Oscar), *Paris 1846 - id. 1911*, médailleur français. Il a notamm. créé le type monétaire (1897), puis philatélique de la *Semeuse*.

ROUAULT (Georges), *Paris 1871 - id. 1958*, peintre français. Il a pratiqué, en puissant coloriste, un expressionnisme tour à tour satirique et mystique. Il a gravé, notamm., la suite en noir et blanc du *Miserere* (1922-1927). Important fonds au MNAM.

ROUBAIX (59100), bur. centr. de cant. du Nord, au N.-E. de Lille ; 96 647 hab. (*Roubaisiens*). Industrie et recherche textiles (notamm. Centre européen des textiles innovants). Agroalimentaire. Vente par correspondance. – Musée d'Art et d'Industrie (installé dans une anc. piscine Art déco).

ROUBAUD (Jacques), *Caluire-et-Cuire 1932*, écrivain français. Membre de l'Oulipo*, il parvient à concilier, dans ses poèmes (∈, *Quelque chose noir*) et ses récits (*la Belle Hortense*, *le Grand Incendie de Londres*, *la Bibliothèque de Warburg*, *la Dissolution*), l'utilisation de contraintes formelles avec l'humour et le ton personnel de son lyrisme.

ROUBLEV ou **ROUBLIOV** (Andreï), *v. 1360 - Moscou 1427 ou 1430*, peintre russe. Grand représentant de l'école médiévale moscovite, il est surtout célèbre pour son icône de la *Trinité* (les trois anges à la table d'Abraham) [galerie Tretiakov]. Il a été canonisé par l'Église orthodoxe russe en 1988.

ROUBTSOVSK, v. de Russie, au pied de l'Altaï ; 147 008 hab.

ROUCH (Jean), *Paris 1917 - près de Konni, Niger, 2004*, ethnologue et cinéaste français. Il a renouvelé la technique du film documentaire : *Moi, un Noir*, 1958 ; *Chronique d'un été*, en collab. avec E. Morin, 1960 ; *Cocorico, Monsieur Poulet*, 1974.

ROUD (Gustave), *Saint-Légier-la-Chiésaz 1897 - Moudon 1976*, poète suisse de langue française. Traducteur des romantiques allemands, marqué par Rimbaud, il est l'auteur de proses poétiques qui oscillent entre illuminations et rêveries méditatives (*Petit Traité de la marche en plaine*, 1932).

ROUEN, ch.-l. de la Région Normandie et du dép. de la Seine-Maritime, sur la Seine, à 123 km au N.-O. de Paris ; 112 760 hab. (*Rouennais*). Centre d'une métropole regroupant 71 communes (489 923 hab.). Cour d'appel. Archevêché. Académie et université. Centre d'une agglomération industrielle (métallurgie, textile, produits chimiques et alimentaires), dont l'activité est liée à celle du port (trafic d'hydrocarbures, céréales, produits tropicaux). Rassemblement de grands voiliers, tous les quatre ou cinq ans (« l'Armada »). Festival du livre de jeunesse. – Remarquables monuments : cathédrale gothique (XIIe-XVIe s.), églises St-Ouen (vitraux des XIVe-XVIe s.) et St-Maclou (flamboyante), Gros-Horloge (XVIe s.), palais de justice (en gothique flamboyant, très restauré), etc. ; église Ste-Jeanne-d'Arc (1979) ; importants musées (des Beaux-Arts, de la Céramique, Le Secq des Tournelles [arts du fer]). – Centre de production de faïence du XVIe au XVIIIe s. – Évêché dès le IIIe s., Rouen devint l'une des principales villes du duché de Normandie (Xe s.). Importante ville drapière et grand port fluvial au Moyen Âge, elle fut rattachée au domaine royal de 1204 à 1419. Jeanne d'Arc y fut brûlée (1431) durant l'occupation anglaise (1419 - 1449). Érigée en cour souveraine en 1499, sa cour de justice, ou Échiquier, fut transformée en parlement par François Ier (1515). – Violents bombardements pendant la Seconde Guerre mondiale.

ROUERGUE n.m., région du sud de la France, correspondant à la majeure partie du dép. de l'Aveyron ; v. princ. *Rodez*. Il a été réuni à la Couronne en 1607 par Henri IV.

ROUFFACH [-fak] (68250), comm. du Haut-Rhin ; 4 770 hab. (*Rouffachois*). Matériel de chauffage. – Église Notre-Dame (XIIIe-XIVe s.), autres monuments et maisons anciennes.

ROUFFIGNAC (grotte de), grotte ornée située à Rouffignac-Saint-Cernin-de-Reilhac (Dordogne). Ensemble de figures pariétales du magdalénien.

rouge (Armée) → **Armée rouge.**

ROUGE (fleuve), en viet. **Sông Hông** ou **Sông Nhi Ha,** fl. du Viêt Nam, né en Chine (Yunnan), qui rejoint le golfe du Tonkin en un vaste delta (riziculture) ; 1 200 km. Il passe à Hanoï.

ROUGE (mer), long golfe de l'océan Indien, entre l'Arabie et l'Afrique, relié à la Méditerranée par le canal de Suez. C'est un fossé d'effondrement envahi par les eaux (anc. *golfe Arabique* ou *mer Érythrée*).

Rouge (place), place principale de Moscou (Russie), en bordure du Kremlin. Église Basile-le-Bienheureux ; mausolée de Lénine.

ROUGE (rivière) → **RED RIVER** [Canada].

ROUGEMONT (Denis de), *Neuchâtel 1906 - Genève 1985*, essayiste suisse de langue française. Il a analysé les composantes de la civilisation occidentale (*l'Amour et l'Occident*, 1939) et défendu le fédéralisme européen.

ROUGET DE LISLE (Claude Joseph), *Lons-le-Saunier 1760 - Choisy-le-Roi 1836*, officier et compositeur français. Capitaine à Strasbourg, il écrivit en 1792 les paroles, et peut-être la musique, du *Chant de guerre pour l'armée du Rhin*, qui devint *la Marseillaise*.

Rougon-Macquart (les), série de romans de É. Zola. Ce cycle relate l'« Histoire naturelle et sociale d'une famille sous le second Empire » : *la Fortune des Rougon*, *la Curée* (1871), *le Ventre de Paris* (1873), *la Conquête de Plassans* (1874), *la Faute de l'abbé Mouret* (1875), *Son Excellence Eugène Rougon* (1876), *l'Assommoir* (1877), *Une page d'amour* (1878), *Nana* (1880), *Pot-Bouille* (1882), *Au Bonheur des Dames* (1883), *la Joie de vivre* (1884), *Germinal* (1885), *l'Œuvre* (1886), *la Terre* (1887), *le Rêve* (1888), *la Bête humaine* (1890), *l'Argent* (1891), *la Débâcle* (1892), *le Docteur Pascal* (1893).

ROUHER (Eugène), *Riom 1814 - Paris 1884*, homme politique français. Avocat, député républicain (1848 - 1849), il servit la cause de Louis Napoléon. Plusieurs fois ministre, il exerça une influence prépondérante à la fin du second Empire, mais s'opposa à la libéralisation du régime. De 1872 à 1881, il fut le véritable chef du parti bonapartiste.

▲ **Rouen.** Détail de la cour du palais de justice : art gothique flamboyant, début du XVIe s.

ROULEAU (Edgar, dit Raymond), *Bruxelles 1904 - Paris 1981*, acteur, metteur en scène et cinéaste français d'origine belge. Disciple de Dullin et d'Artaud, il donna à ses nombreuses mises en scène pour le théâtre et le cinéma (*les Sorcières de Salem*, 1957) un style méticuleux et esthétisant, et à ses interprétations (*Falbalas*, J. Becker, 1945) une intensité alliant charme et rigueur.

ROULERS [rulɛrs], en néerl. **Roeselare,** v. de Belgique, ch.-l. d'arrond. de la Flandre-Occidentale ; 59 340 hab. Centre commercial et industriel.

ROULLET-SAINT-ESTÈPHE (16440), bur. centr. de cant. de la Charente ; 4 340 hab. (*Roullet-Stéphanois*).

ROUMAIN (Jacques), *Port-au-Prince 1907 - Mexico 1944*, écrivain haïtien. Son principal roman (*Gouverneurs de la rosée*, 1944) forme une fresque sociale lyrique, entre créole et français, marxisme et défense de la négritude.

ROUMANIE n.f., en roum. **România,** État d'Europe orientale, sur la mer Noire ; 237 000 km² ; 21 699 000 hab. (*Roumains*). **CAP.** *Bucarest.* **LANGUE :** *roumain.* **MONNAIE :** *leu.*

INSTITUTIONS République à régime semi-présidentiel. Constitution de 1991, révisée en 2003. Le président de la République est élu au suffrage universel direct pour 5 ans. Il nomme le Premier ministre, avec l'accord du Parlement. Le Parlement est composé de la Chambre des députés et du Sénat, élus au suffrage universel pour 4 ans.

GÉOGRAPHIE La partie orientale des Carpates forme un arc de cercle qui enserre le bassin de Transylvanie, d'où émergent les monts Apuseni. Plateaux et plaines (Moldavie, Munténie, Dobroudja, Valachie) entourent cet ensemble. Le climat est continental, avec des étés chauds, parfois humides, et des hivers toujours rigoureux. La population, en majeure partie urbanisée et en quasi-totalité de religion orthodoxe, compte (dans l'Ouest) une minorité hongroise. Le secteur agricole, dynamisé par l'arrivée de nombreux exploitants venus d'Europe occidentale, fournit surtout du blé, du maïs et de la betterave à sucre. Les ressources énergétiques (gaz, pétrole, lignite, hydroélectricité, énergie éolienne) alimentent une industrie où dominent la métallurgie, la pétrochimie et la mécanique. Le tourisme est présent sur la mer Noire. Le passage à l'économie de marché s'est accompagné d'une baisse du niveau de vie pour une partie de la population et d'une aggravation des disparités régionales. Les envois des émigrés constituent un apport notable. L'adhésion à l'Union européenne a accéléré les réformes et favorisé les investissements, mais le pays, durement touché par la crise mondiale apparue en 2007 - 2008, a connu de graves difficultés et s'est vu imposer à partir de 2010 une cure d'austérité drastique. Depuis 2013, il a retrouvé une croissance dynamique.

HISTOIRE **Les principautés de Moldavie, de Valachie et de Transylvanie.** Les Daces sont les premiers habitants connus de l'actuelle Roumanie. **Iᵉʳ s. av. J.-C. :** Burebista jette les bases de l'État dace. **106 apr. J.-C. :** Trajan conquiert la Dacie. **271 :** celle-ci est évacuée par les Romains. **VIᵉ s. :** les Slaves s'établissent dans la région. **XIᵉ s. :** le christianisme se développe ; l'Église adopte la liturgie slavonne. **Xᵉ - XIIIᵉ s. :** les invasions turco-mongoles perturbent la région, tandis que les Hongrois conquièrent la Transylvanie (XIᵉ s.). **XIVᵉ s. :** les principautés de Valachie et de Moldavie sont créées ; elles s'émancipent de la suzeraineté hongroise, la première v. 1330 sous Basarab Iᵉʳ, la seconde v. 1359 sous Bogdan Iᵉʳ. **1386 - 1418 :** sous Mircea le Vieux, la Valachie doit accepter de payer un tribut aux Ottomans. **1455 :** la Moldavie connaît le même sort. **1526 :** les Turcs, victorieux à Mohács, vassalisent la Transylvanie. **1599 - 1600 :** Michel le Brave (1593 - 1601) parvient à réunir sous son autorité la Valachie, la Transylvanie et la Moldavie. **1691 :** la Transylvanie est annexée par les Habsbourg. **1711 :** après l'échec de Dimitrie Cantemir qui s'était allié à la Russie contre les Ottomans, les Turcs imposent un régime plus dur à la Moldavie et à la Valachie, gouvernées désormais par des Phanariotes. **1775 :** la Moldavie perd la Bucovine, annexée par l'Autriche. **1812 :** elle perd la Bessarabie, cédée à la Russie. **1829 - 1856 :** la Moldavie et la Valachie sont soumises à un double protectorat, ottoman et russe. **1859 :** ces principautés élisent un seul prince, Alexandre-Jean Cuza (1859 - 1866), et Napoléon III soutient leur union.

La Roumanie contemporaine. 1866 : le pays prend le nom de Roumanie. Le pouvoir est confié au prince Charles de Hohenzollern-Sigmaringen (Charles Iᵉʳ). **1878 :** l'indépendance du pays est reconnue. **1881 :** Charles Iᵉʳ devient roi de Roumanie. **1914 :** Ferdinand Iᵉʳ (1914 - 1927) lui succède. **1916 :** la Roumanie s'engage dans la Première Guerre mondiale aux côtés des Alliés. Elle est occupée par l'Allemagne. **1918 :** les troupes roumaines pénètrent en Transylvanie. **1919 - 1920 :** les traités de paix attribuent à la Roumanie la Dobroudja, la Bucovine, la Transylvanie et le Banat. **1921 :** la Roumanie adhère à la Petite-Entente. Dans les années 1930 se développe un mouvement fasciste encadré par la Garde de fer. **1940 :** dépouillée de la Bessarabie et de la Bucovine du Nord (annexées par l'URSS), d'une partie de la Transylvanie (récupérée par la Hongrie) et de la Dobroudja méridionale (donnée à la Bulgarie), la Roumanie tombe au pouvoir de Ion Antonescu, qui impose l'alliance avec l'Allemagne. **1941 :** la Roumanie entre en guerre contre l'URSS. **1944 :** Antonescu est renversé. Un armistice est signé avec l'URSS. **1947 :** le traité de Paris entérine l'annexion de la Bessarabie et de la Bucovine du Nord par l'URSS. Le roi Michel (1927 - 1930 ; 1940 - 1947) abdique fin déc. et une république populaire est proclamée. Un régime de type soviétique est instauré. **1965 :** N. Ceaușescu devient secrétaire général du Parti communiste roumain. **1967 :** il accède à la présidence du Conseil d'État. **1968 :** il refuse de participer à l'invasion de la Tchécoslovaquie. **1974 :** Ceaușescu est président de la République. Le pays connaît des difficultés économiques qui engendrent un climat social d'autant plus sombre que le régime demeure centralisé et répressif. **1985 :** Ceaușescu relance le « programme de systématisation du territoire » (destruction de milliers de villages avant l'an 2000). **1987 :** la contestation se développe (émeutes ouvrières de Brașov). **1989 :** une insurrection (déc.) renverse le régime ; Ceaușescu et son épouse sont arrêtés et exécutés. Un Conseil du Front de salut national, présidé par Ion Iliescu, assure la direction du pays, qui prend officiellement le nom de république de Roumanie. **1990 :** les premières élections libres (mai) sont remportées par le Front de salut national ; Iliescu est élu à la présidence de la République. **1992 :** Iliescu est réélu à la tête de l'État. Son parti, bien que devancé aux élections législatives, parvient à former un gouvernement de coalition. **1995 :** la Roumanie dépose une demande d'adhésion à l'Union européenne. **1996 :** l'opposition démocratique remporte les législatives. Emil Constantinescu, leader de la Convention démocrate, est élu à la présidence de la République. **2000 :** les élections présidentielle et législatives (marquées par une percée de l'extrême droite) voient le retour au pouvoir de I. Iliescu et de son parti. **2004 :** la Roumanie est intégrée dans l'OTAN. Traian Băsescu, leader de l'opposition, devient président de la République. **2007 :** la Roumanie adhère à l'Union européenne. Le pays connaît une crise politique quasi permanente : en 2007 et 2012, le président Băsescu, en butte à une fronde de ses Premiers ministres, est suspendu de ses fonctions après un vote de destitution du Parlement mais, à chaque fois, il se maintient au pouvoir du fait de l'échec du référendum devant confirmer cette décision (entre-temps, en 2009, il est réélu d'extrême justesse à la tête de l'État). La lutte contre la corruption devient un enjeu national. **2014 :** le libéral Klaus Iohannis accède à la présidence de la République (déc.). **2016 :** la victoire des sociaux-démocrates aux élections législatives inaugure une nouvelle cohabitation entre présidence et gouvernement. **2017 :** en cherchant à assouplir la législation anticorruption, la majorité au pouvoir provoque une vague de contestation. Ses offensives répétées contre le système judiciaire génèrent, de surcroît, des tensions avec les instances européennes.

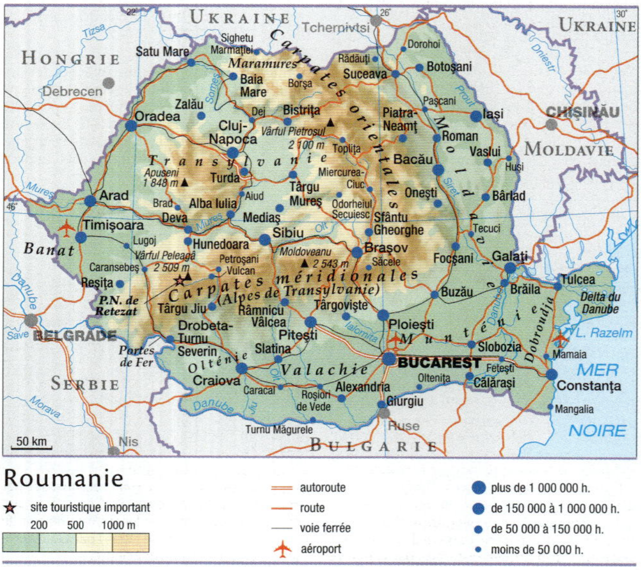

Roumanie

ROUMANILLE (Joseph), *Saint-Rémy-de-Provence 1818 - Avignon 1891*, écrivain français d'expression provençale, l'un des fondateurs du félibrige*.

ROUMÉLIE, nom donné par les Ottomans à l'ensemble de leurs provinces européennes jusqu'au milieu du XVIᵉ s. Le congrès de Berlin (1878) créa une province de Roumélie-Orientale, qui s'unit en 1885 à la Bulgarie.

ROURKELA, v. d'Inde (Odisha) ; 224 601 hab. Sidérurgie.

ROUSSEAU (Jean-Baptiste), *Paris 1671 - Bruxelles 1741*, poète français, auteur d'*Odes* et de *Cantates*.

ROUSSEAU (Jean-Jacques), *Genève 1712 - Ermenonville 1778*, écrivain et philosophe genevois de langue française. Orphelin de mère, abandonné à dix ans par son père, il poursuit son éducation en autodidacte. Accueilli par Mᵐᵉ de Warens, précepteur chez M. de Mably, il souffre

néanmoins de solitude et se sent rejeté et calomnié. Sur cette expérience – celle d'un sujet à l'écoute de sa conscience intérieure – repose sa philosophie. Il poursuit dès lors dans la quête de soi-même le secret d'un bonheur « naturel » et de la compréhension entre les hommes. Les maux dont ceux-ci sont atteints relèvent, selon lui, des formes de leur communication et de leur organisation politique (*Essai sur l'origine des langues*). À partir de là, il procède par une critique des fondements d'une société corruptrice (*Discours* sur les sciences et les arts ; Discours* sur l'origine et les fondements de l'inégalité parmi les hommes ; Lettre à d'Alembert sur les spectacles*, 1758) et expose ses principes éthiques sur la vie publique et privée dans des œuvres philosophiques (*Du contrat* social, Émile**), romanesques (*Julie* ou la Nouvelle Héloïse*) et autobiographiques (*Rêveries du promeneur solitaire*, 1782 ; *Confessions*, 1782-1789). ▲ Jean-Jacques **Rousseau** par Quentin de La Tour. (Musée Antoine-Lécuyer, Saint-Quentin.)

ROUSSEAU (Henri, dit **le Douanier**), *Laval 1844 - Paris 1910*, peintre français. Les tableaux, au dessin naïf, de cet autodidacte sont souvent d'une invention poétique étrange et d'une grande sûreté plastique (*la Charmeuse de serpents*, 1907, musée d'Orsay ; *le Rêve*, 1910, MoMA, New York). Apollinaire, Delaunay, Picasso l'ont admiré.

ROUSSEAU (Théodore), *Paris 1812 - Barbizon 1867*, peintre français. Interprète des beautés de la forêt de Fontainebleau, à la fois réaliste et romantique, il fut une personnalité dominante de l'école de Barbizon.

ROUSSEFF (Dilma), *Belo Horizonte 1947*, économiste et femme politique brésilienne. Engagée dans la guérilla contre la dictature militaire dans les années 1960 - 1970, membre du parti des Travailleurs, chef de cabinet de Lula (2005 - 2010), elle est présidente de la République de 2011 jusqu'à sa destitution en 2016.

ROUSSEL (Albert), *Tourcoing 1869 - Royan 1937*, compositeur français. Influencé par Debussy et d'Indy, inspiré par ses voyages en Inde et en Extrême-Orient, il écrivit notamm. des mélodies, quatre symphonies, des musiques de ballets (*le Festin de l'araignée*, 1913 ; *Bacchus et Ariane*, 1931) et l'opéra-ballet *Padmâvatî* (1923).

ROUSSEL (Fabien), *Béthune 1969*, homme politique français. Élu député en 2017, il est secrétaire national du PCF depuis 2018.

ROUSSEL (Raymond), *Paris 1877 - Palerme 1933*, écrivain français. Son œuvre narrative, saluée par les surréalistes pour l'exubérance de ses fantasmes et par les adeptes du nouveau* roman pour sa combinatoire formelle, constitue une exploration systématique du mécanisme de la création littéraire (*Impressions d'Afrique*, 1910 ; *Locus solus*, 1914).

ROUSSES (Grandes), massif des Alpes françaises, entre l'Arc et la Romanche ; 3 468 m.

ROUSSES (Les) [39220], comm. du Jura ; 3 505 hab. (*Rousselands*). Station estivale et de sports d'hiver (alt. 1 100 - 1 680 m).

ROUSSET (13790), comm. des Bouches-du-Rhône ; 4 869 hab. (*Roussetains*). Microélectronique.

ROUSSILLON n.m., partie orientale, la plus peuplée, du dép. des Pyrénées-Orientales ; v. princ. *Perpignan*. Rattaché au royaume franc au VIIIe s., le Roussillon est aragonais à partir de 1172, puis annexé par la France de 1463 à 1493 et réuni définitivement à la Couronne en 1659 (traité des Pyrénées).

ROUSSILLON (38150), bur. centr. de cant. de l'Isère ; 8 408 hab. (*Roussillonnais*). Chimie.

ROUSSIN (André), *Marseille 1911 - Paris 1987*, auteur dramatique français. Ses comédies ont eu un grand succès (*la Petite Hutte, Lorsque l'enfant paraît*). [Acad. fr.]

ROUSSY (Gustave), *Vevey, Suisse, 1874 - Paris 1948*, médecin français. Spécialiste d'anatomie pathologique, il est l'auteur de travaux de cancérologie. Il fonda l'Institut du cancer à Villejuif.

▲ Le Douanier **Rousseau.** *La Guerre*, ou *la Chevauchée de la Discorde*, 1894. (Musée d'Orsay, Paris.)

ROUSTAN, *Tiflis 1780 - Dourdan 1845*, mamelouk de Napoléon Ier. Esclave donné à Bonaparte par le cheikh du Caire, il fut le valet de l'Empereur jusqu'à son départ pour l'île d'Elbe.

ROUSTAVI, v. de Géorgie ; 125 103 hab. Métallurgie.

Route du Rhum, course à la voile transatlantique en solitaire, de Saint-Malo à Pointe-à-Pitre. Créée en 1978, elle a lieu tous les quatre ans.

ROUVIER (Maurice), *Aix-en-Provence 1842 - Neuilly 1911*, homme politique français. Président du Conseil (1887), ministre des Finances (1889 - 1892, 1902 - 1905), mis en cause dans le scandale des décorations, puis dans celui de Panama, il revint à la présidence du Conseil en 1905 - 1906.

ROUVRAY (forêt du), forêt de la rive gauche de la Seine, en face de Rouen.

ROUX (Émile), *Confolens 1853 - Paris 1933*, médecin français. Collaborateur de Pasteur, auteur de travaux sur les toxines, il introduisit en France la sérothérapie dans le traitement de la diphtérie. Il dirigea l'Institut Pasteur de 1904 jusqu'à sa mort.

ROUYN-NORANDA, v. du Canada, dans l'ouest du Québec ; 42 334 hab. (*Rouynorandiens*). Métallurgie. Centre universitaire.

ROVNO → **RIVNE.**

ROWLAND (Frank Sherwood), *Delaware, Ohio, 1927 - Newport Beach, Californie, 2012*, chimiste américain. Il découvrit en 1974, avec un autre chimiste américain, Mario José **Molina** (*Mexico 1943*), les mécanismes chimiques qui conduisent à la destruction de l'ozone stratosphérique par les CFC. (Prix Nobel 1995, avec M. J. Molina et le météorologue néerlandais Paul Crutzen.)

ROWLAND (Henry Augustus), *Honesdale, Pennsylvanie, 1848 - Baltimore 1901*, physicien américain. Il montra qu'une charge électrique mobile crée un champ magnétique (1876) et construisit des réseaux de diffraction pour étudier le spectre solaire (1882).

ROWLANDSON (Thomas), *Londres 1756 - id. 1827*, peintre, dessinateur et graveur anglais. Il est le grand maître du dessin satirique et humoristique, genre florissant à son époque en Angleterre.

ROWLING (Joanne [Kathleen], dite J. K.), *Yate, Gloucestershire, 1965*, romancière britannique. Auteure pour la jeunesse des aventures de *Harry* Potter* (1997-2007), saga au succès mondial, elle vise un public plus adulte avec le roman *Une place à prendre* (2012).

ROXANE ou **RHÔXANE,** *m. à Amphipolis v. 310 av. J.-C.*, épouse d'Alexandre le Grand. Elle fut mise à mort avec son fils par ordre de Cassandre.

ROXELANE, *v. 1505 - Edirne v. 1558*, épouse préférée de Soliman le Magnifique.

ROY (Gabrielle), *Saint-Boniface, Manitoba, 1909 - Québec 1983*, romancière canadienne de langue française. Son œuvre s'inscrit dans le courant du réalisme social (*Bonheur d'occasion*, 1945 ; *la Détresse et l'Enchantement*, 1984).

ROY (Jules), *Rovigo, auj. Bougara, Algérie, 1907 - Vézelay 2000*, écrivain français. Son œuvre multiple, nourrie par une carrière d'officier dans l'aviation, est marquée notamm. par la guerre (*la Vallée heureuse*, 1946 ; *Retour de l'enfer*, 1951) et par l'histoire de l'Algérie française (*les Chevaux du soleil*, 6 vol., 1967-1975).

ROY (Maurice), *Québec 1905 - Montréal 1985*, prélat canadien. Archevêque de Québec (1947 - 1981) et primat du Canada, il fut nommé cardinal en 1965.

ROYA n.f., fl. de France et d'Italie, dans les Alpes, qui se jette dans la Méditerranée ; 60 km.

ROYAL (Ségolène), *Dakar 1953*, femme politique française. Socialiste, députée des Deux-Sèvres (1988 - 1992, 1993 - 1997 et 2002 - 2007), ministre de l'Environnement (1992 - 1993), ministre déléguée chargée de l'Enseignement scolaire (1997 - 2000), de la Famille, de l'Enfance et des Personnes handicapées (2000 - 2002), puis présidente du conseil régional de Poitou-Charentes (2004 - 2014), elle a été de 2014 à 2017 ministre de l'Écologie (ministre de l'Environnement [fonctions élargies] à partir de 2016). Elle a aussi été candidate de son parti à l'élection présidentielle de 2007.

Royal de Luxe, compagnie de théâtre de rue française, fondée en 1979 par Jean-Luc Courcoult et auj. basée à Nantes. Ses spectacles urbains, célèbres notamm. pour la déambulation de « Géants » (depuis *le Géant tombé du ciel*, 1993), sont porteurs d'inattendu et de merveilleux.

▲ **Royal de Luxe.** *La Petite Géante* (Nantes, 2005).

Royal Shakespeare Company, troupe de théâtre britannique, dont les origines remontent à 1879. Disposant de plusieurs salles à Stratford-upon-Avon et à Londres, elle maintient, non sans innovation, la tradition shakespearienne, tout en s'ouvrant au répertoire contemporain.

ROYAN [rwajɑ̃] (17200), bur. centr. de cant. de la Charente-Maritime, à l'entrée de la Gironde ; 19 116 hab. (*Royannais*). La ville, bombardée par erreur lors de sa libération en 1945 et reconstruite selon des conceptions modernes, est une grande station balnéaire. – Église (1954) par Guillaume Gillet, d'une structure audacieuse.

ROYAT [rwaja] (63130), comm. du Puy-de-Dôme ; 4 926 hab. *(Royadères)*. Station thermale (maladies des artères). – Église romane fortifiée.

ROYAUME-UNI DE GRANDE-BRETAGNE ET D'IRLANDE DU NORD, nom officiel de l'État d'Europe occidentale formé par la Grande-Bretagne* (qui comprend l'Angleterre, le pays de Galles et l'Écosse) et l'Irlande du Nord. En 1707, l'union de l'Angleterre, qui incluait alors le pays de Galles, et de l'Écosse donna naissance au *royaume de Grande-Bretagne*, qui, après sa réunion avec l'Irlande (1800), prit en 1801 le nom de *Royaume-Uni de Grande-Bretagne et d'Irlande*. Le royaume acquit son nom actuel après la sécession de l'Irlande* en 1921.

Royaumes combattants, période de l'histoire de Chine (481 - 221 av. J.-C.) pendant laquelle le pays, morcelé en principautés, réglait ses querelles par la guerre.

ROYAUMONT, écart de la comm. d'Asnières-sur-Oise (Val-d'Oise). Restes d'une abbaye cistercienne fondée par Louis IX en 1228 (auj. centre culturel).

ROYE (80700), bur. centr. de cant. de la Somme ; 6 071 hab. *(Royens)*.

ROYER-COLLARD (Pierre Paul), *Sompuis 1763 - Châteauvieux, Loir-et-Cher, 1845*, homme politique français. Avocat, député (1815), il fut sous la Restauration le chef des doctrinaires. (Acad. fr.)

Rozebeke (bataille de) [27 nov. 1382], victoire du roi de France Charles VI sur les Gantois révoltés contre le comte de Flandre, près d'Audenarde (Belgique). Le chef des insurgés, Filips Van Artevelde, trouva la mort dans le combat.

RÓŻEWICZ (Tadeusz), *Radomsko 1921 - près de Wrocław 2014*, écrivain polonais. Sa poésie *(Inquiétude)* et son théâtre *(le Fichier)* dénoncent l'absurde de la société moderne.

ROZIER (Jacques), *Paris 1926*, cinéaste français. Auteur d'un film pionnier de la nouvelle vague *(Adieu Philippine*, 1962), il se distingue par un style tout en improvisation contrôlée (*Du côté d'Orouët*, 1973 ; *les Naufragés de l'île de la Tortue*, 1976 ; *Maine-Océan*, 1986).

RPF (Rassemblement du peuple français), mouvement fondé en avr. 1947 par le général de Gaulle et qui joua un rôle politique important jusqu'en 1953.

RPR (Rassemblement pour la République), parti politique français. Issu de l'UDR, fondé par J. Chirac en 1976, il se présentait comme l'héritier du gaullisme. Il a cessé d'exister en 2002 pour se fondre dans l'UMP.

RT (Russia Today jusqu'en 2016), chaîne de télévision d'information internationale en continu, lancée en 2005 et financée par l'État russe. Elle diffuse en anglais, arabe, espagnol et français.

RTBF, société de radiotélévision belge de langue française. Elle est issue de la partition en 1977 de l'Institut national belge de radiodiffusion, créé en 1946. Chaque région linguistique possède ainsi sa société de radio.

RTL (Radio-Télé-Luxembourg), société de radiodiffusion appartenant à RTL Group (groupe audiovisuel européen bâti en 2000 autour de la Compagnie luxembourgeoise de télédiffusion, ou CLT, et contrôlé depuis 2001 par Bertelsmann). Issue de la station Radio-Luxembourg (1933), elle a pris sa dénomination actuelle en 1966. Elle émet en plusieurs langues. En 1995, une deuxième station de radio a été créée, RTL2. De 1955 à 2010, l'émetteur de Dudelange a diffusé les images de Télé-Luxembourg (auj. RTL9).

RUANDA → **RWANDA.**

RUB AL-KHALI n.m., désert du sud de l'Arabie saoudite.

RUBBIA (Carlo), *Gorizia 1934*, physicien italien. Il a été à l'origine de la découverte au Cern, en 1983, des bosons intermédiaires W et Z. (Prix Nobel 1984.)

RUBEN, personnage biblique. Fils aîné de Jacob, il est l'ancêtre éponyme d'une tribu d'Israël établie à l'est du Jourdain.

RUBENS (Petrus Paulus), *Siegen, Westphalie, 1577 - Anvers 1640*, peintre flamand. Il travailla pour les Gonzague, l'archiduc Albert, Marie de Médicis (galerie du Luxembourg, 1622-1625, transférée au Louvre), Charles Ier d'Angleterre

▲ **Rubens.** *Vénus et Cupidon*, v. 1606-1611. (Musée Thyssen-Bornemisza, Madrid.)

et Philippe IV d'Espagne. Chef d'un important atelier à Anvers, il a affirmé sa personnalité dans un style fougueux et coloré, aussi expressif dans la plénitude sensuelle que dans la violence, et qui répondait au goût de la Contre-Réforme. Caractéristique du courant baroque, son œuvre réalise une synthèse du réalisme flamand et de la grande manière italienne : *Saint Grégoire pape* (1607, musée de Grenoble), *la Descente de Croix* (1612, cathédrale d'Anvers), *la Mise au tombeau* (1616, église St-Géry, Cambrai), *le Combat des Amazones* (1617, Munich), *l'Adoration des Mages* (versions de Bruxelles, Malines, Lyon, Anvers), *le Coup de lance* (1620, Anvers), *le Jardin d'amour* (1635, Prado), *la Kermesse* (1636, Louvre), les divers portraits de sa seconde femme, Hélène Fourment.

RUBICON n.m., riv. séparant l'Italie de la Gaule Cisalpine. César le franchit avec son armée dans la nuit du 11 au 12 janv. 49 av. J.-C., sans l'autorisation du sénat, ce qui déclencha la guerre civile. *Franchir le Rubicon* signifie prendre une décision audacieuse et irrévocable.

RUBIN (Vera), *Philadelphie 1928 - Princeton 2016*, astronome américaine. En étudiant la vitesse de la rotation des étoiles de la galaxie d'Andromède, elle a mis en évidence l'existence de la matière noire, prédite par F. Zwicky*.

RUBINSTEIN (Anton Grigorievitch), *Vykhvatintsy 1829 - Peterhof 1894*, pianiste et compositeur russe. Fondateur du conservatoire de Saint-Pétersbourg, il a imposé en Russie un enseignement musical officiel de haut niveau.

RUBINSTEIN (Artur), *Łódź 1887 - Genève 1982*, pianiste polonais. Il est célèbre pour ses interprétations de Chopin.

RUBINSTEIN (Ida), *Kharkov v. 1885 - Vence 1960*, danseuse et mécène russe. Elle commanda à Ravel le *Boléro*, qu'elle créa à l'Opéra de Paris en 1928 (chorégraphie de Bronislava Nijinska).

RUBROEK, RUYSBROEK ou **RUBRUQUIS** (Guillaume de), *Rubroek v. 1220 - apr. 1293*, franciscain flamand. Envoyé par Saint Louis en mission en Mongolie auprès du grand khan, qu'il rencontra en 1254, il a laissé une intéressante relation de voyage.

Ruchard (camp du), camp militaire d'Indre-et-Loire (comm. d'Avon-les-Roches).

Ruche (la), cité d'artistes sise à Paris, passage de Dantzig (XVe arrond.). Des artistes à leurs débuts (Léger) ou arrivant en France (Archipenko, Zadkine, Chagall, Soutine, Lipchitz…) en ont fait un des hauts lieux de l'art du XXe s.

RUDAKI (Abu Abd Allah Djafar), *près de Rudak, région de Samarkand, fin du IXe s. - 940*, poète persan, auteur de poésies lyriques.

RUDA ŚLĄSKA, v. de Pologne, en haute Silésie ; 142 510 hab. Houille. Métallurgie.

RUDE (François), *Dijon 1784 - Paris 1855*, sculpteur français. Un des maîtres de l'école romantique, bien que nourri de tradition classique, il est l'auteur de *la Marseillaise** sur l'arc de triomphe de l'Étoile, à Paris, d'une statue du maréchal Ney, d'un *Napoléon s'éveillant à l'immortalité*.

RUDNICKI (Adolf), *Varsovie 1912 - id. 1990*, écrivain polonais. Il a peint dans ses récits (*l'Époque des crématoires*) la tragédie du peuple juif.

RUE (80120), bur. centr. de cant. de la Somme, au N. de l'estuaire de la Somme ; 3 238 hab. *(Ruens)*. Sucrerie. – Chapelle flamboyante du St-Esprit, des XVe-XVIe s. ; beffroi des XVe et XIXe s.

RUEFF (Jacques), *Paris 1896 - id. 1978*, économiste français. Spécialiste de l'économie monétaire, adepte fervent du libéralisme, il prôna l'instauration d'un véritable ordre monétaire international. (Acad. fr.)

RUEIL-MALMAISON (92500), bur. centr. de cant. des Hauts-de-Seine ; 80 354 hab. *(Rueillois)*. Institut français du pétrole. Électronique. – Château et musée de Malmaison, qui fut le séjour préféré de Bonaparte, puis de l'impératrice Joséphine après son divorce ; annexe : le château de Bois-Préau.

RUELLE-SUR-TOUVRE (16600), bur. centr. de cant. de la Charente ; 7 530 hab. *(Ruellois)*. Armement.

RUFFIÉ (Jacques), *Limoux 1921 - Toulouse 2004*, médecin français. Professeur au Collège de France (1972 - 1992), il s'est intéressé à l'hématologie, à l'immunologie et à la génétique, et a créé l'*hémotypologie*, étude des facteurs héréditaires du sang.

RUFIN (Jean-Christophe), *Bourges 1952*, écrivain et médecin français. Son expérience de l'action humanitaire et de la diplomatie nourrit ses essais politiques (*le Piège humanitaire*, 1986) et ses romans qui mêlent les genres pour évoquer les problèmes de notre temps (*l'Abyssin*, 1997 ; *Rouge Brésil*, 2001 ; *Check-point*, 2015). [Acad. fr.]

RUFISQUE, v. du Sénégal, près de Dakar ; 169 371 hab. Port.

RUFO (Marcel), *Toulon 1944*, pédopsychiatre français. Sa pratique libre à l'égard des écoles classiques, développée au sein de structures de soins innovantes pour enfants et adolescents, à Paris et surtout à Marseille, repose sur un parti pris de bon sens (*Détache-moi ! Se séparer pour grandir*, 2007).

RUGBY, v. de Grande-Bretagne (Angleterre), sur l'Avon ; 87 449 hab. Collège célèbre (où naquit le rugby en 1823).

RÜGEN, île d'Allemagne (Mecklembourg-Poméranie-Occidentale), dans la Baltique, reliée au continent par une digue ; 926 km^2.

RUGGIERI (Cosimo), *m. à Paris en 1615*, astrologue florentin. Il fut le favori de Catherine de Médicis et l'auteur, après 1604, d'almanachs annuels réputés.

RUGLES (27250), comm. de l'Eure ; 2 365 hab. *(Ruglois)*. Tréfilerie. – Églises Notre-Dame (d'origine préromane) et St-Germain (XIIIe-XVIe s.).

RUHLMANN (Émile Jacques), *Paris 1879 - id. 1933*, ébéniste et décorateur français. Son mobilier Arts déco, d'une grande élégance, est traité dans des bois et des matières rares.

▲ François **Rude.** *La Marseillaise*, haut-relief de l'arc de triomphe de l'Étoile, à Paris.

RUHMKORFF (Heinrich Daniel), *Hanovre 1803 - Paris 1877,* constructeur allemand d'instruments de physique. Il réalisa, en 1851, la bobine d'induction qui porte son nom.

RUHR n.f., riv. d'Allemagne, affl. du Rhin (r. dr.), qu'elle rejoint à Duisburg ; 235 km.

RUHR n.f., région d'Allemagne (Rhénanie-du-Nord-Westphalie), traversée par la *Ruhr.* Très urbanisée (Essen, Duisburg, Düsseldorf, Dortmund), elle est marquée par un long passé industriel (houille, métallurgie, chimie). Désormais, elle mise sur le développement des services et des nouvelles technologies. – La Ruhr fut occupée par la France et la Belgique (1923 - 1925) à la suite de la non-exécution des clauses du traité de Versailles. Lourdement bombardée pendant la Seconde Guerre mondiale, elle fut pourvue d'un organisme allié de contrôle économique (1948 - 1952).

RUISDAEL ou **RUYSDAEL** (Jacob Van), *Haarlem 1628/1629 - id. 1682,* peintre néerlandais. Son œuvre marque à la fois un sommet de l'école paysagiste hollandaise et le dépassement de celle-ci par la force d'une vision dramatique ou lyrique qui préfigure le romantisme (*le Cimetière juif,* versions de Dresde et de Détroit ; *le Coup de soleil,* Louvre). Il était le neveu d'un autre paysagiste, Salomon **Van Ruysdael** (*v. 1600 - 1670*).

▲ Jacob Van **Ruisdael.** *Le Coup de soleil,* années 1660. (Louvre, Paris.)

RUITZ [rɥi] (62620), comm. du Pas-de-Calais ; 1 661 hab. (*Ruitelots*). Industrie automobile.

RUIZ (Nevado del), volcan des Andes de Colombie ; 5 400 m. Éruption en 1985 (25 000 victimes).

RUIZ (Juan), plus souvent nommé **l'Archiprêtre de Hita,** *Alcalá de Henares ? v. 1285 - v. 1350,* poète espagnol. Son poème autobiographique (*Libro de buen amor*) mêle légendes, allégories et satires sur la société de son temps.

RUIZ (Raúl ou Raoul), *Puerto Montt 1941 - Paris 2011,* cinéaste chilien et français. Auteur de plus de cent films, il a poursuivi une exploration baroque des différentes manières de construire un récit (*les Trois Couronnes du matelot,* 1983 ; *Trois Vies et une seule mort,* 1996), notamm. à partir d'œuvres littéraires (*le Temps retrouvé,* 1999 ; *les Âmes fortes,* 2001 ; *Mystères de Lisbonne,* 2010).

RUIZ DE ALARCÓN Y MENDOZA (Juan), *au Mexique 1581 - Madrid 1639,* poète dramatique espagnol. Il est l'auteur de comédies (*la Vérité suspecte*) et du drame *le Tisserand de Ségovie.*

RUMFORD (Benjamin **Thompson,** comte), *Woburn, Massachusetts, 1753 - Auteuil, France, 1814,* physicien et chimiste américain. Il imagina le calorimètre à eau, étudia les chaleurs de combustion et de vaporisation, et détruisit la théorie du *calorique* en montrant que la glace fondante garde une masse constante. Installé en France, il épousa la veuve de Lavoisier.

RUMILLY (74150), bur. centr. de cant. de la Haute-Savoie ; 15 334 hab. Électroménager. Agroalimentaire. Logistique. – Demeures anciennes.

RUMMEL n.m., fl. d'Algérie, qui se jette dans la Méditerranée ; 250 km. Ses gorges entourent Constantine. Il prend en aval le nom d'*oued el-Kebir.*

RUNDSTEDT (Gerd von), *Aschersleben 1875 - Hanovre 1953,* maréchal allemand. Il commanda un groupe d'armées en Pologne, en France et en Russie (1939 - 1941). En déc. 1944, il dirigea l'ultime offensive de la Wehrmacht dans les Ardennes.

RUNEBERG (Johan Ludvig), *Pietarsaari 1804 - Porvoo 1877,* poète finlandais d'expression suédoise. Ses poèmes lyriques et patriotiques (*Récits de l'enseigne Staal,* 1848-1860) lui valurent le titre de poète national.

RUNGIS (94150), comm. du Val-de-Marne ; 5 697 hab. (*Rungissois*). Depuis 1969, un marché d'intérêt national y remplace les Halles de Paris.

RUPERT n.m., fl. du Canada (Québec), qui rejoint la baie James ; 483 km.

RUPERT (Robert, comte palatin, dit le Prince), *Prague 1619 - Londres 1682,* amiral anglais. Lors de la première révolution d'Angleterre, il offrit son aide à son oncle Charles Ier, qui le mit à la tête de la cavalerie royale puis de la flotte chargée de soulever l'Irlande (1648 - 1650). À la Restauration, il fut Premier lord de l'Amirauté (1673 - 1679).

RUSAFA ou **RÉSAFÉ,** site de Syrie, au S.-E. du lac Asad. Vestiges (basiliques, notamm.) élevés au VIe s. sur ce lieu de pèlerinage à saint Serge.

RUSCHA (Edward), *Omaha 1937,* artiste américain. Entre pop art et art conceptuel, graphisme et pratique documentaire, ses livres, ses photographies et sa peinture s'attachent au cadre ordinaire de la vie américaine (*Twentysix Gasoline Stations,* livre, 1963 ; *The Back of Hollywood,* 1977 ; *Never Odd or Even,* 2001).

RUSE, v. de Bulgarie, sur le Danube ; 149 642 hab. Port fluvial et centre industriel.

RUSHDIE (sir Salman), *Bombay 1947,* écrivain britannique d'origine indienne. Magicien du verbe, il place l'imagination au centre de ses récits (*les Enfants de minuit,* 1981 ; *la Honte,* 1983 ; *le Dernier Soupir du Maure,* 1995 ; *Deux ans, huit mois et vingt-huit nuits,* 2015). Son roman *les Versets sataniques* (1988), jugé blasphématoire contre l'islam, lui valut d'être « condamné à mort » par une fatwa de R. Khomeyni en 1989 et contraint de vivre dans la clandestinité (expérience qu'il relate dans *Joseph Anton. Une autobiographie,* 2012).

RUSHMORE (mont), site des États-Unis, au S.-O. de Rapid City (Dakota du Sud). Les visages des présidents Washington, Jefferson, Lincoln et T. Roosevelt y sont sculptés, hauts d'une vingtaine de mètres, sur une paroi granitique.

RUSKA (Ernst), *Heidelberg 1906 - Berlin 1988,* physicien allemand. Il construisit, en 1931, le premier microscope électronique, qu'il perfectionna ensuite. (Prix Nobel 1986.)

RUSKIN (John), *Londres 1819 - Brantwood, Cumberland, 1900,* critique d'art et sociologue britannique. Alliant la prédication morale et les initiatives pratiques à la réflexion sur l'art, il exalta l'architecture gothique et soutint le mouvement préraphaélite ainsi que la renaissance des métiers d'art (*les Sept Lampes de l'architecture,* 1849).

RUSSELL (Bertrand, comte), *Trelleck, pays de Galles, 1872 - Penrhyndeudraeth, pays de Galles, 1970,* philosophe et logicien britannique. Fondateur du logicisme et de la théorie des types (*Principia mathematica,* avec A. N. Whitehead, 1910-1913), il se distingua également par la vigueur de ses engagements politiques, moraux et humanitaires. Il fonda notamm. en 1966 le « Tribunal Russell », pour condamner les crimes de guerre américains au Viêt Nam. (Prix Nobel de littérature 1950.)

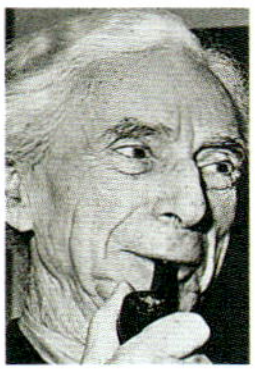

▲ Bertrand **Russell**

RUSSELL (Henry Norris), *Oyster Bay, New York, 1877 - Princeton, New Jersey, 1957,* astrophysicien américain. Ses travaux de physique stellaire l'amenèrent à établir, indépendamment de E. Hertzsprung, une classification des étoiles en fonction de leur luminosité et de leur type spectral, le *diagramme de Hertzsprung-Russell* (1913).

RUSSELL (John, comte), *Londres 1792 - Richmond Park 1878,* homme politique britannique. Chef du parti whig, Premier ministre (1846 - 1852 ; 1865 - 1866) et ministre des Affaires étrangères (1852 - 1855 ; 1860 - 1865), il préconisa la lutte contre l'influence russe en Europe (guerre de Crimée, 1854) et compléta l'œuvre libre-échangiste de Peel.

RÜSSELSHEIM, v. d'Allemagne (Hesse), sur le Main ; 58 765 hab. Industrie automobile.

RUSSEY (Le) [25210], comm. du Doubs, dans le Jura plissé ; 2 416 hab. (*Russéens*). Exploitation forestière. Élevage.

RUSSIE n.f., État fédéral d'Europe et d'Asie ; 17 075 000 km² ; 142 834 000 hab. (*Russes*). **CAP.** *Moscou.* **LANGUE :** *russe.* **MONNAIE :** *rouble russe.*

INSTITUTIONS République fédérale (8 arrondissements fédéraux incluant 85 sujets : 22 républiques, 46 régions administratives [oblasts], 9 territoires administratifs [kraïs], 1 région autonome, 4 arrondissements autonomes [okrougs] et 3 villes fédérales [Moscou, Saint-Pétersbourg et Sébastopol]). En 2014, la Crimée et Sébastopol sont devenues respectivement la 22e république et la 3e ville fédérale de la Russie (rattachements non reconnus par la communauté internationale). Constitution de 1993, révisée notamm. en 2008. Le président de la Fédération est élu au suffrage universel direct pour 6 ans ; il nomme le Premier ministre, responsable devant la douma d'État. Le Parlement est composé de la douma d'État (450 membres, élus pour 5 ans), dotée des pouvoirs législatif et budgétaire, et du Conseil de la Fédération (170 membres, soit deux représentants par sujet fédéral, dont la durée du mandat varie selon les sujets), expression des pouvoirs des républiques et des régions.

GÉOGRAPHIE La Russie est, de loin, le plus vaste pays du monde (plus de trente fois la superficie de la France), s'étendant sur environ 10 000 km d'ouest en est, de la Baltique au Pacifique (onze fuseaux horaires). Elle est formée essentiellement de plaines et de plateaux, la montagne apparaissant toutefois dans le Sud (Caucase, confins de la Mongolie et de la Chine) et l'Est (en bordure du Pacifique). L'Oural constitue une barrière traditionnelle entre la Russie d'Europe à l'O. et la Russie d'Asie (la Sibérie) à l'E. La latitude, mais surtout l'éloignement de l'océan et le relief expliquent la continentalité (forts écarts de température) du climat, marquée vers l'E., avec des hivers très rigoureux, ainsi que la disposition zonale des formations végétales : du nord au sud se succèdent la toundra, la taïga, les feuillus et les steppes herbacées.

La dureté des conditions climatiques a pour conséquences la relative faiblesse moyenne du peuplement (moins de 10 hab. au km²), sa loca-

Russie

→	gazoduc
—	route
—	voie ferrée
✈	aéroport
	limite de république
●	plus de 5 000 000 h.
●	de 1 000 000 à 5 000 000 h.
●	de 100 000 à 1 000 000 h.
•	moins de 100 000 h.

Altitudes : 0 – 200 – 500 – 1000 – 2000 m

1 - Rép. des Adygués
2 - Rép. de l'Altaï
3 - Rép. du Bachkortostan
4 - Rép. de Bouriatie
5 - Rép. de Carélie
6 - Rép. du Daguestan
7 - Rép. d'Ingouchie
8 - Rép. de Kabardino-Balkarie
9 - Rép. de Kalmoukie
10 - Rép. des Karatchaïs-Tcherkesses
11 - Rép. de Khakassie
12 - Rép. des Komis
13 - Rép. des Maris
14 - Rép. de Mordovie
15 - Rép. d'Ossétie du Nord-Alanie
16 - Rép. d'Oudmourtie
17 - Rép. de Sakha (Iakoutie)
18 - Rép. du Tatarstan
19 - Rép. de Tchétchénie
20 - Rép. de Tchouvachie
21 - Rép. de Touva
22 - Rép. de Crimée (annexion à la Russie, non reconnue par la communauté internationale)

lisation préférentielle à l'O. de l'Oural et souvent à des latitudes méridionales, plus clémentes. Les Russes de souche représentent un peu plus de 80 % de la population totale ; les minorités totalisent cependant plus de 25 millions d'individus, bénéficiant parfois d'un statut, au moins théorique, d'autonomie. Il est vrai qu'un nombre presque égal de Russes vivent dans les territoires périphériques (au Kazakhstan et en Ukraine surtout). La majeure partie de la population – dont la constante diminution (liée notamm. à une baisse de la fécondité et à une hausse de la mortalité) pose problème – est auj. urbanisée. Moscou et Saint-Pétersbourg dominent le réseau urbain, mais une dizaine d'autres villes comptent plus d'un million d'habitants.

Les ressources naturelles sont à la mesure de l'étendue du territoire. La Russie se situe parmi les premiers producteurs mondiaux de pétrole et de gaz naturel, de minerai de fer (et aussi d'acier). Mais la situation est moins brillante dans les branches élaborées (électronique, chimie, plastique, automobiles), dans l'agriculture aussi, où le volume de la production (blé et pomme de terre notamm.), du cheptel (bovins et porcins) ne doit pas masquer la faiblesse des rendements (secteur affecté de surcroît, en 2010, par une canicule accompagnée d'incendies dévastateurs).

En réalité, la Russie paie la rançon d'une planification centralisée et dirigiste, ainsi que le manque de stimulation, d'innovation, de responsabilité propre à l'appropriation collective des moyens de production et à leur gestion, ignorant les lois du marché dans un espace longtemps isolé commercialement. Elle subit les conséquences du déclin des échanges avec les territoires limitrophes et l'ancienne Europe de l'Est. Elle souffre enfin de phénomènes plus « naturels » : les aléas climatiques, la distance (avec une fréquente dissociation spatiale entre les ressources et les besoins).

Après la dissolution de l'URSS, la Russie s'est engagée sur la voie de l'économie de marché. Mais la faible compétitivité a multiplié les fermetures d'usines et accru le chômage. Les inégalités sociales se sont développées, ainsi que (localement) les tensions ethniques. Les problèmes de l'environnement, liés notamm. à la vétusté des équipements, sont à l'échelle du pays et de la négligence des autorités. Pourtant, malgré ces difficultés et une absence de diversification la rendant très dépendante des exportations de ressources naturelles, l'économie russe reste une puissance notable. À partir de 2010, elle est très fragilisée par les effets de la crise mondiale et, depuis 2014, par les sanctions occidentales – conséquences de l'annexion de la Crimée et du soutien de Moscou aux séparatistes en Ukraine – et le faible cours des hydrocarbures. Amorcée en 2017, la reprise économique reste limitée.

HISTOIRE **Les origines et les principautés médiévales.** **Ve s. apr. J.-C. :** les Slaves de l'Est descendent vers le sud-est, où ils recueillent les vestiges des civilisations scythe et sarmate. **VIIIe - IXe s. :** des Normands, les Varègues, dominent les deux voies du commerce entre Baltique et mer Noire, le Dniepr et la Volga. Ils fondent des principautés dont les chefs sont semi-légendaires (Askold à Kiev, Riourik à Novgorod). **882 :** Oleg, prince riourikide, fonde l'État de Kiev. **989 :** Vladimir Ier (v. 980 - 1015) impose à ses sujets le « baptême de la Russie ». **1019 - 1054 :** sous Iaroslav le Sage, la Russie kiévienne connaît une brillante civilisation, inspirée de Byzance. **XIe s. :** les incursions des nomades (Petchenègues puis Coumans) provoquent la fuite d'une partie de la population vers la Galicie, la Volhynie ou le nord-est. **1169 :** Vladimir est choisie pour capitale du second État russe, la principauté de Vladimir-Souzdal. **1238 - 1240 :** les Mongols conquièrent presque tout le pays. **1242 :** Alexandre Nevski arrête les chevaliers Porte-Glaive. **XIVe s. :** la différenciation entre Biélorusses, Petits-Russes (ou Ukrainiens) et Grands-Russiens commence à se préciser.

L'État moscovite. **XIVe s. :** la principauté de Moscou acquiert la suprématie sur les autres principautés russes. **1326 :** le métropolite s'établit à Moscou. **1380 :** Dimitri Donskoï bat les Mongols à Koulikovo. **1425 - 1462 :** sous le règne de Vassili II, l'Église russe refuse l'union avec Rome. **1462 - 1505 :** Ivan III, qui prend le titre d'autocrate, organise un État puissant et centralisé, et met fin à la suzeraineté mongole (1480). **1533 - 1584 :** Ivan IV le Terrible, qui prend le titre de tsar (1547), reconquiert les khanats de Kazan et d'Astrakhan, et commence la conquête de la Sibérie. **1598 :** à la mort de Fédor Ier (ou Fiodor Ier), la dynastie riourikide s'éteint. **1605 - 1613 :** après le règne de Boris Godounov (1598 - 1605), la Russie connaît des troubles politiques et sociaux ; elle est envahie par les Suédois et les Polonais. **1613 :** Michel Fiodorovitch (1613 - 1645), élu par une assemblée nationale, fonde la dynastie des Romanov. **1645 - 1676 :** sous Alexis Mikhaïlovitch, l'annexion de l'Ukraine orientale entraîne une guerre avec la Pologne (1654 - 1667). **1649 :** le Code fait du servage une institution. **1666 - 1667 :** la condamnation des vieux-croyants par l'Église orthodoxe russe provoque le schisme, ou *raskol*.

L'Empire russe jusqu'au milieu du XIXe s. **1682 - 1725 :** ayant écarté du pouvoir la régente Sophie (1689), Pierre le Grand entreprend l'occidentalisation du pays, auquel il donne un accès à la Baltique et une nouvelle capitale, Saint-Pétersbourg. Il crée l'Empire russe en 1721. **1725 - 1741 :** son œuvre est partiellement abandonnée par ses successeurs, Catherine Ire (1725 - 1727), Pierre II (1727 - 1730) et Anna Ivanovna (1730 - 1740), qui voient alterner révolutions de palais et ministres allemands. **1741 - 1762 :** sous Élisabeth Petrovna, l'influence française se développe. **1762 :** Pierre III restitue à Frédéric II les territoires conquis en Prusse par l'armée russe ; il est assassiné. **1762 - 1796 :** Catherine II mène une politique d'expansion et de prestige. Au traité de Kutchuk-Kaïnardji (1774), la Russie obtient un accès à la mer Noire ; à l'issue des trois partages de la Pologne, elle acquiert la Biélorussie, l'Ukraine occidentale et la Lituanie. Mais l'aggravation du servage provoque la révolte de Pougatchev (1773 - 1774). **1796 - 1801 :** règne de Paul Ier, qui participe aux deux premières coalitions contre la France. **1801 - 1825 :** règne d'Alexandre Ier qui, vaincu par Napoléon, s'allie ensuite avec lui (Tilsit, 1807) puis prend une part active à sa chute (campagne de Russie, 1812). En 1815, il participe au congrès de Vienne et adhère à la Sainte-Alliance. **1825 - 1835 :** Nicolas Ier mène une politique autoritaire en matant la conspiration décabriste (1825) et la révolte polonaise (1831). Il poursuit l'expansion dans le Caucase. L'intelligentsia se divise en slavophiles et en occidentalistes. **1854 - 1856 :** la Russie est battue par la France et la Grande-Bretagne, alliées de l'Empire ottoman pendant la guerre de Crimée.

La modernisation et le maintien de l'autocratie. **1860 :** la Russie annexe la région comprise entre l'Amour, l'Oussouri et le Pacifique, puis conquiert l'Asie centrale (1865 - 1897). **1861 - 1864 :** Alexandre II (1855 - 1881) affranchit les serfs, qui représentaient encore un tiers de la population paysanne, et institue les zemstvos. Ces réformes ne satisfont pas l'intelligentsia révolutionnaire, qui adhère au nihilisme puis, dans les années 1870, au populisme. **1878 :** le congrès de Berlin restreint l'influence que la Russie a acquise dans les Balkans grâce à ses victoires sur les Ottomans. **1881 - 1894 :** Alexandre III limite l'application des réformes du règne précédent et poursuit une politique de russification et de prosélytisme orthodoxe. Le pays connaît une rapide industrialisation à la fin des années 1880. L'alliance franco-russe est conclue. **1894 :** Nicolas II accède au pouvoir. **1898 :** le Parti ouvrier social-démocrate de Russie (POSDR) est fondé. **1901 :** le Parti social-révolutionnaire (S-R) est créé. **1904 - 1905 :** la guerre russo-japonaise est un désastre pour la Russie et favorise la révolution de 1905. Après avoir fait des concessions libérales, Nicolas II revient à l'autocratisme. La Russie se rapproche de la Grande-Bretagne pour former avec elle et la France la Triple-Entente. **1915 :** engagée dans la Première Guerre mondiale, elle subit de lourdes pertes lors des offensives austro-allemandes en Pologne, en Galicie et en Lituanie. **1917 :** la révolution de Février abat le tsarisme ; la révolution d'Octobre donne le pouvoir aux bolcheviques.

La Russie soviétique. **1918 - 1920 :** le nouveau régime se défend contre les armées blanches dirigées par Denikine, Koltchak, Ioudenitch et Wrangel. Il reconnaît l'indépendance de la Finlande, de la Pologne et des pays Baltes. La république socialiste fédérative soviétique de Russie (RSFSR), créée en 1918, organise sur son territoire des républiques ou régions autonomes en Crimée, dans le Caucase du Nord, dans l'Oural et en Asie centrale. **1922 :** la RSFSR adhère à l'URSS. Constituant dès lors le centre de l'Union soviétique, la Russie joue un rôle fédérateur à l'égard des républiques périphériques (au nombre de quatorze depuis la Seconde Guerre mondiale), dans lesquelles l'emploi de la langue russe et l'établissement des Russes sont considérés comme les vecteurs de la consolidation des valeurs soviétiques. Cependant, après 1985, les aspirations à la démocratie se développent rapidement, entraînant une rupture avec le système soviétique. **1990 :** le Soviet suprême, issu des premières élections républicaines libres de la RSFSR, élit Boris Ieltsine à sa présidence et proclame la souveraineté de la Russie. **1991 :** B. Ieltsine, élu président de la république de Russie au suffrage universel, s'oppose au putsch tenté contre M. Gorbatchev (août).

La Fédération de Russie. Après la dissolution de l'URSS (déc. 1991), la Russie adhère à la CEI, au sein de laquelle elle cherche à jouer un rôle prépondérant, et prend le nom officiel de Fédération de Russie. Elle succède à l'URSS comme puissance nucléaire et comme membre permanent du Conseil de sécurité de l'ONU. Des conflits d'intérêts l'opposent à l'Ukraine (statut de la Crimée, contrôle de la flotte de la mer Noire) et à la Géorgie, qui refuse d'adhérer à la CEI. À l'intérieur, l'introduction de l'économie de marché entraîne une forte hausse des prix et l'aggravation de la pauvreté et de la corruption. Le gouvernement central est confronté à la volonté d'indépendance de divers peuples de la région de la Volga et du Caucase du Nord (particulièrement des Tchétchènes), et au développement des pouvoirs régionaux dans toute la Fédération. **1993 :** le traité Start II est signé par les États-Unis et la Russie. B. Ieltsine dissout le Soviet suprême (sept.), puis, face à la rébellion des députés, fait intervenir l'armée (oct.). En décembre, il organise des élections législatives et un référendum sur un projet de constitution, qui est adopté. Les élections consacrent la montée de l'extrême droite nationaliste, qui arrive en deuxième position après la coalition rassemblant les réformateurs partisans de B. Ieltsine. Le Parti communiste et ses alliés remportent près d'un tiers des sièges. La Russie obtient l'adhésion de la Géorgie à la CEI. **1994 :** la Russie, l'Ukraine et les États-Unis signent un accord sur le démantèlement de l'arsenal nucléaire stationné en Ukraine. B. Ieltsine procède à un recentrage de la politique économique (recherche d'un équilibre entre le rythme des réformes et leur coût social) et renforce le rôle de la Russie dans l'ancien espace soviétique et dans les Balkans. À partir de décembre, il fait intervenir l'armée (qui se retirera en 1996) contre les indépendantistes de Tchétchénie. **1995 :** les élections législatives (déc.) sont marquées par un retour en force des communistes, qui, avec leurs alliés, contrôlent près de la moitié de la douma. **1996 :** B. Ieltsine est réélu à la présidence de la Fédération. Mais, affaibli par la maladie, qui l'éloigne régulièrement de la vie publique, il ne peut assurer qu'une gestion incertaine du pouvoir, qui exacerbe les rivalités politiques dans un pays en proie à une grave crise économique et financière. **1999 :** les troupes russes lancent une nouvelle offensive en Tchétchénie. La coalition présidentielle, conduite par le Premier ministre Vladimir Poutine, fait jeu égal, lors des élections législatives (déc.), avec les communistes. B. Ieltsine démissionne (31 déc.) et nomme V. Poutine président par intérim. **2000 :** V. Poutine est élu président de la Russie (mars). Il s'efforce de restaurer l'autorité du pouvoir central sur tout le territoire de la Fédération. **2001 :** à la suite des attentats du 11 septembre*, la Russie, appelant à une lutte commune contre le terrorisme, se rapproche des États-Unis et de l'ensemble des pays occidentaux. **2004 :** après la victoire de la coalition présidentielle aux élections législatives (déc. 2003), V. Poutine est réélu à la tête de la Fédération (mars). **2007 :** la coalition présidentielle remporte un nouveau et très large succès aux élections législatives (déc.). **2008 :** Dmitri Medvedev est élu président de la Russie (mars). V. Poutine devient Premier ministre. À la suite d'une offensive lancée par les autorités de Tbilissi dans la province séparatiste d'Ossétie du Sud, la Russie mène une guerre éclair en territoire géorgien (août). **2010 - 2011 :** le pays est confronté à une intensification des actions terroristes des islamistes du Caucase (attentats dans le métro de Moscou, mars 2010, et à l'aéroport de Domodedovo, janv. 2011). La coalition présidentielle régresse très fortement aux élections législatives (déc. 2011), tout en conservant la majorité absolue ; surtout, les résultats du scrutin, jugés frauduleux par une partie des citoyens, sont massivement contestés dans la rue. **Depuis 2012 :** V. Poutine est à nouveau élu président de la Russie (mars). Selon l'alternance programmée, il nomme D. Medvedev Premier ministre. Ce pouvoir central, reconduit, s'emploie à contrôler une opposition intérieure persistante et très informelle. À l'extérieur, il cherche à consolider son aire d'influence et défendre ses intérêts nationaux (établissement d'une union économique eurasiatique avec des pays de l'ex-URSS, Ukraine, Syrie...), ainsi qu'à se poser en acteur incontournable du jeu international en s'opposant à l'Occident, tout en se rapprochant des grands pays d'Asie et du Moyen-Orient. **2014 :** Moscou concourt à la déstabilisation de l'Ukraine en annexant la Crimée et Sébastopol (mars) et en soutenant les séparatistes prorusses de l'est du pays. **Depuis 2015 :** la Russie intervient dans le conflit syrien, en soutien au régime de B. al-Asad. **2016 :** le parti présidentiel remporte largement les élections législatives, marquées par une forte abstention. **2018 :** V. Poutine est réélu à la tête du pays ; il reconduit D. Medvedev comme Premier ministre.

Russie (campagne de) [24 juin - 30 déc. 1812], campagne de l'Empire. Cette expédition fut menée en Russie par les armées de Napoléon allié à la Prusse et à l'Autriche (600 000 hommes, dont 300 000 Français). Après avoir remporté la bataille de la Moskova et pris Moscou, ces armées durent entamer une longue et désastreuse retraite, marquée par le passage de la Berezina.

Russie Blanche → Biélorussie.

russo-japonaise (guerre) [févr. 1904 - sept. 1905], guerre entre la Russie et le Japon, qui se termina par la victoire de ce dernier. Les principaux épisodes en furent le siège de Port-Arthur par les Japonais et les défaites russes de Moukden et de Tsushima. Le traité de Portsmouth contraignit les Russes à évacuer la Mandchourie et établit le protectorat japonais sur la Corée.

russo-polonaise (guerre) → **polono-soviétique** (guerre).

russo-turques (guerres), guerres que se livrèrent les Empires ottoman et russe, particulièrement aux XVIIIe et XIXe s. Les guerres de 1736 - 1739, 1768 - 1774 et 1787 - 1791 permirent à la Russie d'acquérir le littoral septentrional de la mer Noire. Les guerres de 1828 - 1829 (intervention en faveur de l'indépendance grecque), 1853/1854 - 1856 (guerre de Crimée*) et de 1877 - 1878 (intervention dans les Balkans) contribuèrent à libérer les Balkans de la domination ottomane.

Rustenburg, v. d'Afrique du Sud, au N.-O. de Johannesburg. Centre minier (platine, chrome).

Rutebeuf, poète français du XIIIe s. Il est l'auteur de poèmes satiriques et allégoriques (*Renart le Bestourné*, v. 1270, prolongement du *Roman de Renart*) et du *Miracle* de Théophile*.

Ruth, personnage biblique. Jeune Moabite, épouse de Booz et, par le fils qu'elle eut avec celui-ci, ancêtre du roi David et de Jésus. Son histoire est racontée dans le livre qui porte son nom (vers le Ve s. av. J.-C.).

Ruthénie subcarpatique → Ukraine subcarpatique.

Rutherford of Nelson (Ernest, lord), *Nelson, Nouvelle-Zélande, 1871 - Cambridge 1937*, physicien britannique. Il découvrit en 1899

la radioactivité du thorium et donna en 1903, avec Soddy, la loi des transformations radioactives. Il distingua les rayons β et α, montrant que ces derniers sont constitués de noyaux d'hélium. Grâce aux rayons α du radium, il réalisa, en 1919, la première transmutation provoquée, celle de l'azote en oxygène. Il détermina la masse du neutron et proposa un modèle d'atome composé d'un noyau central et d'électrons satellites. (Prix Nobel de chimie 1908.)

▲ Ernest **Rutherford of Nelson**

Rütli ou **Grütli** n.m., prairie de Suisse (canton d'Uri), sur la bordure sud-est du lac des Quatre-Cantons, devenue célèbre par le serment prêté, probablement le 1er août 1291, par les patriotes des cantons d'Uri, de Schwyz et d'Unterwald, qui voulaient se débarrasser de la tyrannie d'Albert Ier de Habsbourg.

Rutte (Mark), *La Haye 1967*, homme politique néerlandais. Leader des libéraux à partir de 2006, il devient Premier ministre en 2010.

Rutules, anc. peuple du Latium, dont le territoire bordait la mer Tyrrhénienne ; cap. *Ardea*. Il fut absorbé par les Romains dès le Ve s. av. J.-C.

Ruwenzori n.m., massif d'Afrique, allongé sur 100 km entre les lacs Albert et Édouard, à la frontière entre la Rép. dém. du Congo et l'Ouganda ; 5 110 m au pic Marguerite.

Ruy Blas, drame en cinq actes, en vers, de V. Hugo (1838). À la cour d'Espagne, au XVIIe s., un valet se déguise en seigneur pour servir la vengeance de son maître. Il devient l'amant de la reine et un puissant ministre, puis se sacrifie pour ne pas compromettre la souveraine.

Ruysbroeck (Jan Van) → **Van Ruusbroec.**

Ruysbroek (Guillaume de) → **Rubroek.**

Ruysdael → Ruisdael.

Ruyter (Michiel Adriaansz. **de**), *Flessingue 1607 - près de Syracuse 1676*, amiral néerlandais. Il sema la panique à Londres en incendiant les navires anglais sur la Tamise (1667), arrêta la flotte anglo-française en Zélande (1673), puis, envoyé au secours de l'Espagne contre les Siciliens révoltés, fut vaincu par Duquesne en 1676 devant le port sicilien d'Augusta.

Ružička (Leopold), *Vukovar, Croatie, 1887 - Zurich 1976*, chimiste suisse d'origine croate. Il est l'auteur de recherches sur la structure des terpènes, qui trouvent des applications dans l'industrie des parfums de synthèse, et sur les hormones stéroïdes. (Prix Nobel 1939.)

Ruzzante ou **Ruzante** (Angelo **Beolco,** dit), *Padoue v. 1500 - id. 1542*, acteur et auteur dramatique italien. Il composa des comédies en dialecte padouan (*La Moscheta, La Piovana*) dont l'art préfigure la commedia del arte.

Rwanda, parfois **Ruanda,** n.m., État d'Afrique centrale (région des Grands Lacs) ; 26 338 km² ; 11 777 000 hab. (*Rwandais*). **CAP.** *Kigali*. **LANGUES :** *anglais, français, kinyarwanda* et *swahili*. **MONNAIE :** *franc rwandais*. (V. carte **Burundi.**)

GÉOGRAPHIE C'est un pays de hauts plateaux, proche de l'équateur, mais au climat tempéré par l'altitude. L'agriculture vivrière (banane plantain, manioc, patates douces, haricots) occupe la majorité des terres cultivables. Le café et le thé constituent les ressources commerciales. Ravagé en 1994 par le conflit opposant Hutu (majoritaires) et Tutsi, le Rwanda s'est redressé depuis grâce à une croissance continue, mais reste l'un des pays les plus pauvres du monde, en raison notamm. d'une forte pression démographique.

HISTOIRE **XIVe - XIXe s. :** le Rwanda entre dans l'histoire avec la dynastie des rois Nyiginya, issus du groupe pastoral et guerrier des Tutsi. **1894 :** les Allemands mènent une première expédition militaire. Ils tentent ensuite d'intégrer la région à l'Afrique-Orientale allemande, mais ne parviennent pas à la contrôler totalement. **1916 :** des affrontements germano-belges obligent l'Allemagne à se replier sur l'Urundi (Burundi actuel). **1923 :** la Belgique reçoit un mandat sur la région, qui prend le nom de Ruanda-Urundi et est rapidement rattachée au Congo belge. **1960 :** le Ruanda-Urundi est séparé du Congo belge. **1962 :** en même temps que le Burundi, le Rwanda devient indépendant, avec Kayibanda comme premier président. De graves conflits opposent les Hutu aux Tutsi, qui émigrent ou sont totalement évincés des affaires. **À partir de 1973 :** le pays est dirigé par le général Juvénal Habyarimana (hutu), qui s'est imposé au pouvoir par un coup d'État. **1991 :** en échange des aides belge et française contre les rebelles tutsi du FPR (Front patriotique rwandais), le régime s'engage sur la voie de la démocratisation (nouvelle Constitution restaurant le multipartisme). **1994 :** en dépit de l'accord de paix conclu en 1993 entre le gouvernement et les rebelles tutsi, la mort du président Habyarimana dans un attentat, le 6 avr. (son avion étant touché par des tirs attribués aussi bien aux extrémistes hutu qu'aux hommes du FPR), est suivie d'atroces massacres, qui font entre 800 000 et un million de victimes. Tandis que la minorité tutsi est victime d'un véritable génocide, organisé par les milices extrémistes hutu, les populations hutu, elles-mêmes victimes de tueries, fuient devant la progression du FPR. Ce dernier, sous la conduite de Paul Kagame, prend le contrôle du pays. **1996 - 2005 :** les troupes rwandaises interviennent au Zaïre, renommé République démocratique du Congo en 1997. **2000 :** après une période de transition (gouvernement d'union nationale), le FPR s'installe au pouvoir. P. Kagame devient président de la République. À la suite de l'adoption d'une nouvelle Constitution, il est confirmé à la tête de l'État par une élection au suffrage universel en 2003 (réélu en 2010 et 2017). **2009 :** le Rwanda devient membre du Commonwealth.

Rybinsk, v. de Russie, sur la Volga ; 200 771 hab. Centrale hydroélectrique. Centre industriel (moteurs d'avions).

Rybnik, v. de Pologne, en haute Silésie ; 140 924 hab. Centre houiller.

Rydberg (Johannes Robert), *Halmstad 1854 - Lund 1919*, physicien suédois. Il établit une relation entre les spectres des divers éléments chimiques, mettant en évidence l'existence d'une constante d'une importance capitale dans les théories sur la structure de l'atome.

Rydz-Śmigły (Edward), *Brzeżany, auj. Berejany, Ukraine, 1886 - Varsovie 1941*, maréchal polonais. Il commanda en chef les forces polonaises en 1939.

Rykiel (Sonia), *Paris 1930 - id. 2016*, couturière française. Installée à partir de 1968 dans le quartier de Saint-Germain-des-Prés, elle inventa un style qui voulait libérer le corps de tous les carcans et proposa aux femmes d'adapter la mode à leur personnalité. Le tricot (dès son mini pull-over des années 1960), le noir, les rayures, les coutures à l'envers signent notamm. l'univers de cette créatrice flamboyante.

Ryle (Gilbert), *Brighton 1900 - Whitby, North Yorkshire, 1976*, philosophe et logicien britannique. Il a approfondi la philosophie analytique britannique par sa conception du langage (*la Notion d'esprit*, 1949).

Ryswick (traités de) [1697], traités signés à Ryswick, près de La Haye, mettant fin à la guerre de la ligue d'Augsbourg, et aux termes desquels Louis XIV restituait les territoires occupés (Lorraine, Palatinat, Catalogne) ou annexés grâce à sa politique des Réunions, sauf Sarrelouis et Strasbourg, et reconnaissait Guillaume III comme roi d'Angleterre. Le premier fut signé le 20 sept. entre la France, les Provinces-Unies, l'Angleterre et l'Espagne ; le second, le 30 oct., entre la France et le Saint Empire.

Ryukyu, archipel japonais du Pacifique, entre Kyushu et Taïwan ; 2 250 km² ; 1 318 220 hab. ; ch.-l. *Naha* (dans l'île d'Okinawa, la plus grande de l'archipel).

Rzeszów, v. du sud-est de la Pologne, ch.-l. de voïévodie ; 179 386 hab.

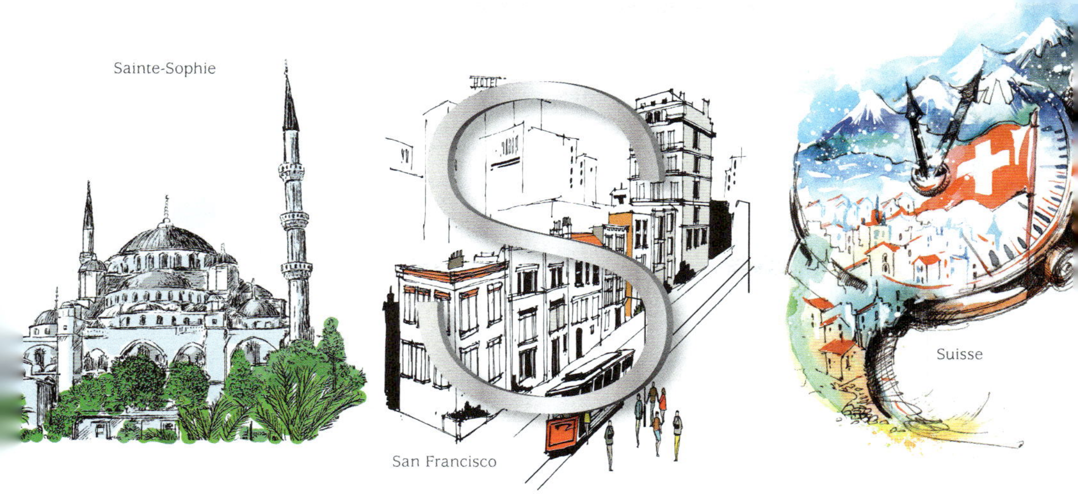

SA (abrév. de *Sturmabteilung*, section d'assaut), formation paramilitaire de l'Allemagne nazie, créée en 1921 par Ernst Röhm. Comptant environ 3 millions de membres en 1933, les SA perdirent leur importance après l'élimination de Röhm et de plusieurs centaines de ses subordonnés (« Nuit des longs couteaux », 30 juin 1934).

SAADI → **SADI.**

SAALE n.f., riv. d'Allemagne, affl. de l'Elbe (r. g.) ; 427 km. Elle passe à Iéna et à Halle.

SAAME → **LAPONS.**

SAAREMAA, île de l'Estonie, fermant le golfe de Riga ; 2 714 km^2.

SAARINEN (Eero), *Kirkkonummi 1910 - Ann Arbor, Michigan, 1961*, architecte et désigneur américain d'origine finlandaise. Avec son père, Eliel *(1873 - 1950)*, établi aux États-Unis en 1923, il joua un rôle important dans l'évolution de l'architecture américaine moderne (aérogare TWA à New York-Idlewild, 1956).

▲ Eero **Saarinen.** Coques en béton armé de l'aérogare de la TWA (1956) à Idlewild.

SAAS FEE [sasfe], comm. de Suisse (Valais) ; 1 758 hab. Station d'été et de sports d'hiver (alt. 1 800 - 3 200 m).

SABA, en ar. **Saba',** anc. royaume du sud-ouest de l'Arabie (Yémen), dont la capitale était Marib. Il fut très prospère entre le VIIIe et le Ier s. av. J.-C.

SABA (reine de), reine légendaire d'Arabie, dont la Bible mentionne la visite au roi Salomon. Le Coran reprend cet épisode. Elle est aussi connue sous le nom de *Balkis* dans la littérature arabe.

SABA (Umberto **Poli,** dit Umberto), *Trieste 1883 - Gorizia 1957*, écrivain italien. Sa poésie, marquée par la double expérience de la psychanalyse et de la persécution raciste sous Mussolini, se fonde sur les souvenirs de l'enfance *(Il Canzoniere)*.

SABADELL, v. d'Espagne, en Catalogne, dans la prov. de Barcelone ; 206 949 hab. Textile.

SABAH, anc. **Bornéo-Septentrional,** État de Malaisie, dans le nord de Bornéo ; 3 117 405 hab. ; cap. *Kota Kinabalu*. Protectorat (1888), puis colonie britannique (1946 - 1963).

SABATIER (Auguste), *Vallon-Pont-d'Arc 1839 - Paris 1901*, théologien protestant français, l'un des fondateurs de la faculté de théologie protestante de Paris (1877).

SABATIER (Paul), *Carcassonne 1854 - Toulouse 1941*, chimiste français. Auteur de travaux sur les hydrogénations catalytiques réalisées grâce au nickel réduit, il a effectué la synthèse de nombreux hydrocarbures. (Prix Nobel 1912.)

SABATIER (Robert), *Paris 1923 - Boulogne-Billancourt 2012*, écrivain français. Fidèle à la poésie (dans ses recueils personnels, depuis *les Fêtes solaires*, 1951, comme dans son *Histoire de la poésie française*, 1975-1988), il connut le succès avec une série romanesque habitée du quotidien et des rêves de l'enfance (6 vol., 1969-2007), commencée avec *les Allumettes suédoises*.

SÁBATO (Ernesto), *Rojas, prov. de Buenos Aires, 1911 - Santos Lugares, id., 2011*, écrivain argentin. Ses romans unissent le réalisme au fantastique et à la méditation philosophique (*le Tunnel*, 1948 ; *Alejandra*, ou *Héros et tombes*, 1961 ; *l'Ange des ténèbres*, 1974).

SABELLIUS, hérésiarque chrétien du IIIe s. Il est à l'origine d'une doctrine tendant à réduire la distinction des trois personnes de la Trinité (*sabellianisme, modalisme* ou *monarchianisme*).

SABIN (Albert Bruce), *Białystok 1906 - Washington 1993*, médecin américain d'origine russe. Il a mis au point le vaccin antipoliomyélitique par voie orale.

SABINS, anc. peuple d'Italie centrale. Selon la légende, l'enlèvement des Sabines par Romulus et ses hommes déclencha une guerre entre les Romains et les Sabins, qui, finalement, se réconcilièrent pour ne former qu'un seul peuple. Après Romulus, deux rois sabins, Numa Pompilius et Ancus Martius, gouvernèrent Rome.

SABINUS (Julius), *m. à Rome en 79 apr. J.-C.*, chef gaulois. Il tenta en 69 - 70 de rendre à la Gaule son indépendance. Vespasien l'envoya au supplice.

SABLÉ (Madeleine **de Souvré,** marquise **de**), *en Touraine 1599 - Port-Royal 1678*, femme de lettres française. Elle tint un salon qui fut un foyer de la préciosité, et lança la mode des maximes.

SABLES-D'OLONNE (Les) [85100], ch.-l. d'arrond. de la Vendée, sur l'Atlantique ; 14 235 hab. *(Sablais)*. Station balnéaire et port de pêche. Point de départ et d'arrivée du Vendée Globe. – Musée de l'abbaye Ste-Croix (art moderne et contemporain : Chaissac, Brauner..., département marine).

SABLÉ-SUR-SARTHE (72300), bur. centr. de cant. de la Sarthe ; 13 033 hab. *(Saboliens)*. Agroalimentaire. Mécanique. Électronique. – Château du XVIIIe s.

SÁ-CARNEIRO (Mario **de**), *Lisbonne 1890 - Paris 1916*, écrivain portugais. L'un des principaux représentants, avec son ami F. Pessoa, du « modernisme » portugais, il est l'auteur de poèmes *(Dispersion)* et de récits *(la Confession de Lúcio)* marqués par un profond désarroi face au sentiment de l'irréalité de l'existence.

SACCHETTI (Franco), *Raguse, Dalmatie, v. 1332 - San Miniato 1400*, écrivain italien, auteur de contes réalistes *(les Trois Cents Nouvelles)*.

Sacco et Vanzetti (affaire), affaire judiciaire américaine. L'exécution, en 1927, dans la prison de Charlestown (banlieue de Boston), de deux anarchistes italiens immigrés, Nicola **Sacco** *(Torremaggiore, prov. de Foggia, 1891)* et Bartolomeo **Vanzetti** *(Villafalletto, prov. de Cuneo, 1888)*, condamnés à mort (1921) sans preuves certaines pour un double assassinat, provoqua de vives protestations dans le monde entier.

▲ Bartolomeo **Vanzetti** et Nicola **Sacco** en 1923.

Sacerdoce et de l'Empire (lutte du) [1157 - 1250], conflit qui opposa, en Allemagne et en Italie, l'autorité pontificale *(Sacerdoce)* à l'autorité laïque *(Empire)*. Commencée par la lutte entre le pape Alexandre III et l'empereur Frédéric Ier Barberousse, elle se termina par la victoire apparente du pape Innocent IV sur l'empereur Frédéric II ; en fait, l'influence de la papauté en sortit diminuée.

SACHER (Paul), *Bâle 1906 - id. 1999*, chef d'orchestre et mécène suisse. Fondateur notamment de l'Orchestre de chambre de Bâle (1926) et de la Scola Cantorum Basiliensis (1933), il a beaucoup contribué à la diffusion de la musique contemporaine, commandant des œuvres à plusieurs compositeurs et en dirigeant souvent lui-même la création. La Fondation Sacher, qu'il a instituée à Bâle en 1986, conserve d'importantes archives musicales.

SACHER-MASOCH (Leopold, chevalier **von**), *Lemberg 1836 - Lindheim, Hesse, 1895*, écrivain autrichien. Il est l'auteur de contes et de romans *(Vénus à la fourrure)* où s'exprime un érotisme dominé par la volupté de la souffrance (le *masochisme*).

SACHS (Hans), *Nuremberg 1494 - id. 1576*, écrivain allemand. Il mit sa poésie *(le Rossignol de Wittenberg)* et son théâtre religieux ou profane au service de la Réforme. Wagner en a fait le héros de ses *Maîtres chanteurs de Nuremberg*.

SACHS (Leonie, dite Nelly), *Berlin 1891 - Stockholm 1970*, écrivaine suédoise d'origine allemande. Sa poésie s'inspire de la tradition biblique et juive. (Prix Nobel 1966.)

Sachsenhausen → **Oranienburg-Sachsenhausen.**

SACLAY (91400), comm. de l'Essonne ; 3 959 hab. *(Saclaysiens)*. Centre d'études nucléaires. Université Paris-Saclay (établissement d'excellence qui regroupera à terme des universités prestigieuses, des grandes écoles [dont CentraleSupélec], des organismes de recherche et un pôle technologique) ; en 2017 - 2018, quelques grandes écoles (dont Polytechnique et HEC) quittent le projet initial pour former un second ensemble.

SACRAMENTO, v. des États-Unis, cap. de la Californie, sur le *Sacramento* (620 km) ; 485 199 hab. (1 729 710 hab. dans l'agglomération).

SACRÉ (mont), colline au nord-est de Rome. Les plébéiens y firent sécession en 494 av. J.-C., jusqu'à la création des tribuns de la plèbe.

Sacré-Cœur (basilique du), église construite sur la butte Montmartre à Paris, de 1876 à 1912, d'après les plans de l'architecte Paul Abadie. Décidée par l'Assemblée nationale en 1873, sa réalisation visait à « expier » l'effondrement spirituel et moral jugé responsable de la défaite de 1870.

sacrées (guerres), les quatre guerres qui eurent lieu entre 590 et 339 av. J.-C. entre les cités grecques. Déclenchées par l'amphictyonie de Delphes pour défendre les droits du temple d'Apollon, elles avaient pour véritable but de s'assurer le contrôle des richesses du sanctuaire. Elles se terminèrent par l'intervention de Philippe de Macédoine, qui soumit les cités grecques.

SADATE (Anouar el-), en ar. **Anwar al-Sādāt**, *Mit Aboul Kom, Ménoufieh, 1918 - Le Caire 1981*, homme politique égyptien. Il participa au coup d'État de 1952, puis devint président de l'Assemblée nationale (1960 - 1969). Il succéda à Nasser à la tête de l'État en 1970. Après la quatrième guerre israélo-arabe (1973), il rompit totalement avec l'URSS (1976), conclut les accords de Camp David (1978) et un traité de paix avec Israël (Washington, 1979). Il fut assassiné en 1981. (Prix Nobel de la paix 1978.)

▲ Anouar el-**Sadate**

SADE (Donatien Alphonse François, comte **de Sade,** dit **le** Marquis **de**), *Paris 1740 - Charenton-Saint-Maurice, auj. Saint-Maurice, 1814*, écrivain français. Son œuvre, qu'on a longtemps considérée uniquement sous l'angle du *sadisme**, forme le double névrotique et subversif des philosophies naturalistes et libérales du Siècle des lumières (*les Cent Vingt Journées de Sodome*, 1782-1785 ; *Justine ou les Malheurs de la vertu*, 1791 ; *la Philosophie dans le boudoir*, 1795). Depuis les surréalistes, de nombreux écrivains ont salué dans son œuvre la revendication d'une liberté absolue face à la contrainte sociale.

SÁ DE MIRANDA (Francisco de), *Coimbra v. 1480 - Quinta de Tapada 1558*, humaniste et écrivain portugais. Son œuvre théâtrale et poétique est marquée par l'influence italienne.

SADI ou **SAADI** (Mocharrafoddin), *Chiraz v. 1213 - id. 1292*, poète persan. Il est l'auteur des recueils lyriques et didactiques le *Golestan** et le *Bostan*.

SADIENS ou **SAADIENS,** dynastie qui régna sur le Maroc de 1554 à 1659.

SADOLET (Jacques), en ital. Iacopo **Sadoleto**, *Modène 1477 - Rome 1547*, cardinal et humaniste italien. Il prôna la conciliation à l'égard des protestants.

SADOUL (Georges), *Nancy 1904 - Paris 1967*, historien du cinéma et critique français. Il a écrit une *Histoire générale du cinéma* (1946-1954).

SADOVEANU (Mihail), *Paşcani, Moldavie, 1880 - Bucarest 1961*, romancier roumain. Son œuvre évoque la vie des campagnes moldaves.

Sadowa (bataille de) [3 juill. 1866], bataille de la guerre austro-prussienne. Victoire de l'armée prussienne de Frédéric-Charles sur les Autrichiens de Benedek à Sadowa (en tchèque Sadová), en Bohême orientale. Elle révéla la puissance des armements prussiens.

SAENREDAM (Pieter), *Assendelft, Hollande-Septentrionale, 1597 - Haarlem 1665*, peintre et dessinateur néerlandais. Ses paysages urbains et ses intérieurs d'églises émeuvent par leur simplicité, leur transparence, leur poésie silencieuse.

SAFAVIDES → **SÉFÉVIDES.**

SAFI, en ar. **Aṣfī**, v. du Maroc, sur l'Atlantique ; 308 508 hab. Monuments anciens. – Port. Centre commercial et industriel.

SAGAMIHARA, v. du Japon (Honshu) ; 717 561 hab.

SAGAN (Carl), *New York 1934 - Seattle 1996*, astrophysicien américain. Spécialiste de planétologie et d'exobiologie, il a joué un rôle majeur dans la mise au point des programmes américains de sondes planétaires. Il fut un vulgarisateur très apprécié.

SAGAN (Françoise **Quoirez**, dite Françoise), *Cajarc, Lot, 1935 - Honfleur 2004*, écrivaine française. Elle est l'auteure de romans (*Bonjour tristesse*, 1954 ; *Aimez-vous Brahms…*, 1959 ; *la Chamade*, 1965 ; *Des bleus à l'âme*, 1972), de pièces de théâtre (*Château en Suède*, 1960) et de recueils de souvenirs (*Avec mon meilleur souvenir*, 1984).

◀ Françoise **Sagan** en 1993.

SAGAR ou **SAUGOR,** v. d'Inde (Madhya Pradesh) ; 232 321 hab.

SAGASTA (Práxedes Mateo), *Torrecilla de Cameros, Logroño, 1825 - Madrid 1903*, homme politique espagnol. Plusieurs fois Premier ministre de 1881 à 1902, il instaura le suffrage universel et dut liquider l'empire colonial après la guerre contre les États-Unis (1898).

SAGES (les Sept), nom donné par la tradition grecque à sept personnages, philosophes ou hommes d'État du VIe s. av. J.-C. : Bias de Priène, Chilon de Lacédémone, Cléobule de Lindos, Myson de Khênê (souvent remplacé par Périandre de Corinthe), Pittacos de Mytilène, Solon d'Athènes et Thalès de Milet.

Sagesse (livre de la), livre de l'Ancien Testament. Rédigé en grec v. 50 av. J.-C. par un Juif d'Alexandrie, il est une exhortation à la recherche de la véritable sagesse qui vient de Dieu.

SAGITTAIRE, constellation zodiacale, dont la direction correspond à celle du centre de la Galaxie. — **Sagittaire,** neuvième signe du zodiaque, que le Soleil quitte au solstice d'hiver.

SAGONTE, en esp. **Sagunto**, v. d'Espagne, prov. de Valence ; 56 471 hab. Sidérurgie. – Le siège de Sagonte, alliée de Rome, par Hannibal (219 av. J.-C.) déclencha la deuxième guerre punique.

SAGUENAY n.m., riv. du Canada (Québec), affl. du Saint-Laurent (r. g.) ; 200 km. Aménagements hydroélectriques.

SAGUENAY, v. du Canada (Québec), regroupant un vaste territoire le long de la rivière *Saguenay* ; 145 949 hab. Aluminium. Pâte et papier. Université.

SAGUENAY–LAC-SAINT-JEAN, région administrative du Québec (Canada) ; 106 284 km^2 ; 276 368 hab. ; v. princ. *Saguenay*.

SAHARA n.m., le plus vaste désert du monde, en Afrique. Il couvre plus de 8 millions de km^2 entre l'Afrique du Nord méditerranéenne et l'Afrique noire, l'Atlantique et la mer Rouge. De part et d'autre du tropique du Cancer, il s'étend sur le Maroc, l'Algérie, la Tunisie, la Libye, l'Égypte, le Soudan, le Tchad, le Niger, le Mali, la Mauritanie et le Sahara occidental. L'unité du Sahara est due à la sécheresse extrême du climat (moins de 100 mm d'eau par an), qui rend les cultures impossibles en dehors des oasis. Seul le Nil traverse le désert. Le relief présente des aspects variés : au centre et à l'est, les grands massifs, en partie volcaniques, du Hoggar, de l'Aïr et du Tibesti ; au nord, les dunes du Grand Erg ; dans d'autres régions, de vastes plaines et des plateaux couverts de pierres (les regs). Un million et demi de personnes environ

▲ **Sahara.** Paysage du Sahara algérien.

(Sahariens) vivent au Sahara, où le nomadisme a reculé, alors que s'est développée l'industrie extractive (hydrocarbures surtout).

HISTOIRE L'abondance des fossiles et de l'outillage néolithique atteste une ère de vie foisonnante. Dans l'Antiquité, la sécheresse imposa l'abandon du cheval et son remplacement par le dromadaire à partir du IIe s. av. J.-C. Les Arabes s'infiltrèrent au Sahara à partir du VIIe s., implantant l'islam. À la fin du XIXe s., le Sahara fut, dans sa majeure partie, conquis par la France, qui prit Tombouctou en 1894. L'Espagne organisa à partir de 1884 sa colonie du Sahara occidental et l'Italie s'établit en Cyrénaïque et en Tripolitaine en 1911 - 1912. La décolonisation intervint entre 1951 et 1976.

SAHARA OCCIDENTAL, territoire d'Afrique, correspondant à l'anc. Sahara espagnol ; 266 000 km^2 ; 355 519 hab. *(Sahraouis)*. Phosphates. – Il est administré par le Maroc (auquel le Front Polisario s'oppose en des affrontements sporadiques). Après l'enlisement du projet de référendum d'autodétermination des habitants envisagé en 1988, les négociations restent dans l'impasse.

SAHARANPUR, v. d'Inde (Uttar Pradesh) ; 703 345 hab.

SAHEL n.m. (de l'arabe *sāḥil*, rivage), région de l'Afrique, bordant le Sahara au S. C'est une bande orientée ouest-est, étirée du Sénégal au Soudan, à la pluviosité réduite et surtout irrégulière (d'où des famines récurrentes), couverte d'une maigre steppe. Le terme a désigné autrefois les régions proches du littoral en Algérie et en Tunisie. – Vaste espace difficilement contrôlable, le Sahel est auj. le lieu de nombreux trafics et une zone de propagation du terrorisme islamiste.

SAÏAN n.m., ensemble montagneux de Russie, dans le sud de la Sibérie occidentale.

SAÏDA, v. d'Algérie, ch.-l. de wilaya, au pied des *monts de Saïda* ; 128 413 hab.

SAÏDA [LIBAN] → **SAYDA.**

SAID PACHA (Muhammad), *Le Caire 1822 - Alexandrie 1863*, vice-roi d'Égypte (1854 - 1863). Fils de Méhémet-Ali, il soutint le projet français du canal de Suez.

SAIGON → **HÔ CHI MINH-VILLE.**

SAIKAKU (Ihara **Saikaku,** dit), *Osaka 1642 - id. 1693*, romancier japonais. Il créa dans son pays le roman de mœurs réaliste et satirique (*Vie d'une amie de la volupté*, 1686).

SAILER (Toni), *Kitzbühel 1935 - Innsbruck 2009*, skieur autrichien. Il conquit trois titres olympiques en 1956.

SAILLAT-SUR-VIENNE (87720), comm. de la Haute-Vienne ; 854 hab. *(Saillatais)*. Papier.

SAINT-ACHEUL, faubourg d'Amiens, station préhistorique, éponyme du faciès *acheuléen* (paléolithique inférieur).

SAINT-AFFRIQUE (12400), bur. centr. de cant. de l'Aveyron, sur la Sorgues ; 8 912 hab.

SAINT-AIGNAN (41110), bur. centr. de cant. de Loir-et-Cher, sur le Cher ; 2 968 hab. *(Saint-Aignanais)*. Collégiale en partie romane (peintures), château Renaissance, demeures anciennes. – Parc zoologique de Beauval.

SAINT-ALBAN-LEYSSE (73230), bur. centr. de cant. de la Savoie ; 5 914 hab. *(Saint-Albanais)*.

SAINT ALBANS, v. de Grande-Bretagne (Angleterre), au N. de Londres ; 82 429 hab. Vestiges romains ; cathédrale des XIe-XIVe s., anc. église d'une abbaye bénédictine fondée en 793 et qui donna à l'Angleterre quelques-uns de ses historiens médiévaux (Roger of Wendover, notamm.). – Pendant la guerre des Deux-Roses, deux batailles s'y déroulèrent : l'une fut gagnée par le parti d'York (1455), l'autre par le parti de Lancastre (1461).

SAINT-AMAND-LES-EAUX (59230), bur. centr. de cant. du Nord, sur la Scarpe ; 16 699 hab. *(Amandinois).* Clocher-porche baroque (1626) de l'anc. abbaye (musée : faïences ; carillon).

SAINT-AMAND-MONTROND [-mɔ̃rɔ̃] (18200), ch.-l. d'arrond. du Cher, sur le Cher ; 10 310 hab. *(Saint-Amandois).* Église romane ; musée. Aux environs, anc. abbaye cistercienne de Noirlac (fondée en 1136 ; centre culturel, rencontres musicales [« les Traversées »]), châteaux de Meillant et d'Ainay-le-Viel, tous deux des XIVe-XVIe s.

SAINT-AMANT (Marc Antoine **Girard,** sieur **de**), *Quevilly 1594 - Paris 1661,* poète français. Il est l'auteur de poèmes bachiques *(le Cidre),* satiriques et lyriques *(la Solitude).* [Acad. fr.]

SAINT-AMOUR (Guillaume de) → **GUILLAUME DE SAINT-AMOUR.**

SAINT-ANDRÉ (97440), comm. du nord-est de La Réunion ; 56 195 hab. *(Saint-Andréens).*

Saint-André (ordre de), le plus élevé des ordres de la Russie tsariste. Créé en 1698 par Pierre le Grand, il fut supprimé en 1917.

SAINT-ANDRÉ-DE-CUBZAC (33240), bur. centr. de cant. de la Gironde, près de la Dordogne ; 11 000 hab. Vins. – Château du Bouilh, de V. Louis.

SAINT-ANDRÉ-LES-VERGERS (10120), comm. de l'Aube ; 12 391 hab. *(Dryats).* Métallurgie. – Église du XVIe s. (sculptures).

SAINT-ANDRÉ-LEZ-LILLE (59350), comm. du Nord ; 12 471 hab.

SAINT ANDREWS, v. de Grande-Bretagne (Écosse), sur la mer du Nord ; 14 209 hab. Université. Golf. – Cathédrale en ruine (XIIe-XIVe s.).

Saint-Ange (château), à Rome, mausolée d'Hadrien, achevé en 139. Il servit de sépulture aux empereurs jusqu'à Septime Sévère. Fortifié dès le Bas-Empire, il fut tour à tour citadelle papale, caserne, prison d'État. Il a été plusieurs fois altéré et remanié (seule la structure cylindrique centrale date de l'époque romaine).

SAINT-ANTOINE (faubourg), quartier de Paris (XIe - XIIe arrond.) qui s'étend de la Bastille à la Nation et qui est traversé par la rue du Faubourg-Saint-Antoine. Depuis le Moyen Âge, c'est le quartier des professionnels du meuble.

SAINT-ANTON → **SANKT ANTON AM ARLBERG.**

SAINT-APOLLINAIRE (21850), comm. de la Côte-d'Or ; 7 448 hab. *(Epleumiens).* Électronique.

SAINT-ARNAUD (Arnaud Jacques, dit Jacques Achille **Leroy de**), *Paris 1798 - en mer Noire 1854,* maréchal de France. Ministre de la Guerre, il organisa le coup d'État du 2 décembre 1851, puis fut vainqueur des Russes à l'Alma (1854), durant la guerre de Crimée.

SAINT-ARNOULT-EN-YVELINES (78730), comm. des Yvelines ; 6 223 hab. *(Arnolphiens).* Église des XIIe et XVIe s. Maison Elsa Triolet-Louis Aragon.

SAINT-ASTIER (24110), bur. centr. de cant. de la Dordogne ; 5 692 hab. *(Astériens).* Carrières (chaux blanche). Centre national d'entraînement des forces de gendarmerie. – Église (XVe-XVIe s.).

SAINT-AUBIN (91190), comm. de l'Essonne ; 718 hab. *(Saint-Aubinois).* Synchrotron « Soleil ».

SAINT-AUBIN, artistes parisiens du XVIIIe s., dont les plus connus sont trois frères, fils d'un brodeur du roi. — **Charles Germain de S.-A.,** *1721 - 1786,* dessinateur en broderie et graveur français. Il est l'auteur de dessins de fleurs et du recueil plein de fantaisie *Essai de papillonneries humaines.* — **Gabriel Jacques de S.-A.,** *1724 - 1780,* peintre, dessinateur et graveur français. Il a réalisé de vivants tableaux à l'eau-forte de la vie parisienne. — **Augustin de S.-A.,** *1736 - 1807,* dessinateur et graveur français. Il a excellé dans la vignette, l'ornement, le portrait.

SAINT-AUBIN-LÈS-ELBEUF (76410), comm. de la Seine-Maritime ; 8 257 hab. Chimie.

SAINT-AUBIN-SUR-MER (14750), comm. du Calvados ; 2 461 hab. Station balnéaire.

SAINT-AUGUSTIN-DE-DESMAURES, v. du Canada (Québec), au S.-O. de Québec ; 17 281 hab. *(Augustinois).*

SAINT-AVÉ (56890), comm. du Morbihan ; 11 437 hab. Chapelle du XVe s. (sculptures).

SAINT-AVERTIN (37550), comm. d'Indre-et-Loire, banlieue de Tours ; 15 359 hab. *(Saint-Avertinois).*

SAINT-AVOLD (57500), bur. centr. de cant. de la Moselle ; 16 224 hab. *(Saint-Avoldiens* ou *Naboriens).* Cimetière militaire américain. Chimie. – Église du XVIIIe s.

SAINT-AYGULF (83600), station balnéaire du Var (comm. de Fréjus), sur la côte des Maures.

SAINT-BARTHÉLEMY (97133), une des Antilles françaises, formant une collectivité d'outre-mer ; 25 km^2 ; 9 743 hab. ; ch.-l. *Gustavia.* Suédoise de 1784 à 1876, l'île devient ensuite une dépendance de la Guadeloupe, avant d'être dotée, en 2007, du statut de collectivité d'outre-mer. En sept. 2017, l'île a été dévastée par un cyclone (« Irma »).

Saint-Barthélemy (la), massacre de protestants qui eut lieu à Paris dans la nuit du 23 au 24 août 1572 et en province les jours suivants. Perpétré à l'instigation de Catherine de Médicis et des Guises, inquiets de l'ascendant pris par l'amiral de Coligny sur Charles IX et de sa politique de soutien aux Pays-Bas révoltés contre l'Espagne, ce massacre fit environ 3 000 victimes (à Paris). Le roi de Navarre (le futur Henri IV), qui venait d'épouser (le 18 août) Marguerite de Valois, sauva sa vie en abjurant. La Saint-Barthélemy, célébrée comme une victoire par le roi d'Espagne Philippe II et le pape Grégoire XIII, est restée un symbole de l'intolérance religieuse.

SAINT-BARTHÉLEMY-D'ANJOU (49124), comm. de Maine-et-Loire ; 9 595 hab. *(Bartholoméens).* Industrie automobile. Liqueurs.

SAINT-BASILE-LE-GRAND, v. du Canada (Québec), à l'E. de Montréal ; 17 059 hab.

SAINT-BENOÎT (97470), ch.-l. d'arrond. de La Réunion, sur l'océan Indien ; 38 287 hab.

SAINT-BENOÎT-SUR-LOIRE (45730), comm. du Loiret ; 2 084 hab. Une communauté bénédictine s'y est réinstallée en 1947. – L'église est un remarquable édifice à clocher-porche et chœur romans du XIe s. (chapiteaux). Aux environs, église de Germigny-des-Prés, anc. oratoire carolingien.

SAINT-BERNARD (Grand-), col des Alpes entre la Suisse (Valais) et l'Italie (vallée d'Aoste) ; 2 469 m. Il est franchi par une route et un tunnel routier (à 1 915 m d'alt.). – Bonaparte franchit le col en 1800. – Hospice et couvent fondés au Xe s. par saint Bernard de Menthon.

SAINT-BERNARD (Petit-), col des Alpes entre la France (Tarentaise) et l'Italie (Val d'Aoste) ; 2 188 m. Hospice fondé par saint Bernard de Menthon.

SAINT-BERTHEVIN (53940), bur. centr. de cant. de la Mayenne ; 7 659 hab. *(Berthevinois).* Équipements automobiles.

SAINT-BERTRAND-DE-COMMINGES (31510), comm. de la Haute-Garonne ; 250 hab. *(Commingeois).* Vestiges gallo-romains ; cathédrale romane (XIIe s. ; cloître) et gothique (XIVe s. ; jubé et stalles du XVIe s.). À Valcabrère, église St-Just, anc. cathédrale romane des XIe-XIIe s.

SAINT-BLAISE, site archéologique des Bouches-du-Rhône, dominant la Crau (comm. de Saint-Mitre-les-Remparts). Comptoir étrusque dès le VIIe s. av. J.-C., l'oppidum fut très fréquenté au IVe s. av. J.-C. Vestiges paléochrétiens.

SAINT-BONNET-EN-CHAMPSAUR (05500), bur. centr. de cant. des Hautes-Alpes, au N. de Gap ; 2 101 hab. *(Saint-Bonnetiers).* Village médiéval.

SAINT-BONNET-LE-CHÂTEAU (42380), comm. de la Loire ; 1 603 hab. Boules à jouer. – Bourg pittoresque avec église des XVe-XVIe s.

SAINT-BREVIN-LES-PINS (44250), comm. de la Loire-Atlantique, à l'entrée de l'estuaire de la Loire (r. g.) ; 13 800 hab. *(Brévinois).* Station balnéaire.

SAINT-BRICE-SOUS-FORÊT (95350), comm. du Val-d'Oise ; 15 029 hab. *(Saint-Briciens).*

SAINT-BRIEUC (22000), ch.-l. des Côtes-d'Armor, sur la Manche, à 443 km à l'O. de Paris ; 47 166 hab. *(Briochins)* [116 119 hab. dans l'agglomération]. Évêché. Métallurgie. Mécanique. Agroalimentaire. – Cathédrale reconstruite aux XIVe-XVe s. ; musée d'Art et d'Histoire.

SAINT-BRUNO-DE-MONTARVILLE, v. du Canada (Québec), banlieue est de Montréal ; 24 388 hab. *(Montarvillois).*

SAINT-CAST-LE-GUILDO (22380), comm. des Côtes-d'Armor ; 3 464 hab. Station balnéaire.

SAINT-CÉRÉ (46400), bur. centr. de cant. du Lot ; 3 631 hab. *(Saint-Céréens).* Château médiéval dit « les tours de St-Laurent » (musée Jean-Lurçat ; maisons anciennes). À proximité, château Renaissance de Montal. – Festival lyrique.

SAINT-CHAMOND (42400), bur. centr. de cant. de la Loire ; 35 470 hab. *(Saint-Chamonais* ou *Couramiauds).* Mécanique. Plastiques.

SAINT-CHARLES-BORROMÉE, v. du Canada (Québec), au N.-E. de Montréal ; 13 791 hab. *(Charlois).*

SAINT-CHÉLY-D'APCHER [-apʃe] (48200), bur. centr. de cant. de la Lozère, dans le Gévaudan ; 4 782 hab. *(Barrabans).*

SAINT-CHRISTOPHE-ET-NIÉVÈS ou **SAINT CHRISTOPHER AND NEVIS** → **SAINT-KITTS-ET-NEVIS.**

SAINT-CIRQ-LAPOPIE (46330), comm. du Lot, au-dessus du Lot ; 211 hab. Vieux bourg pittoresque.

SAINT CLAIR, fl. et lac (1 270 km^2) de l'Amérique du Nord, séparant le Canada (Ontario) et les États-Unis (Michigan).

Saint-Clair-sur-Epte (traité de) [911], traité signé à Saint-Clair-sur-Epte (auj. dans le Val-d'Oise) et par lequel Charles III le Simple donnait en fief la Normandie au chef normand Rollon.

SAINT-CLAUDE (39200), ch.-l. d'arrond. du Jura, sur la Bienne ; 10 097 hab. *(Sanclaudiens).* Évêché. Fabrication de pipes. – Cathédrale des XIVe-XVe s. (stalles sculptées). Musée de la Pipe.

SAINT-CLAUDE (97120), comm. de la Guadeloupe ; 10 555 hab. Centre universitaire. Jardins tropicaux.

SAINT-CLOUD (92210), bur. centr. de cant. des Hauts-de-Seine, sur la Seine ; 29 953 hab. *(Clodoaldiens).* Aéronautique. Hippodrome. – Anc. résidence royale et impériale, détruite en 1870 (beau parc) ; musées. – Festival musical (« Rock en Seine »).

SAINT-CONSTANT, v. du Canada (Québec), banlieue sud de Montréal ; 27 359 hab. *(Constantins).*

SAINT-CYPRIEN (66750), comm. des Pyrénées-Orientales ; 10 570 hab. Station balnéaire à *Saint-Cyprien-Plage.*

SAINT-CYRAN → **DU VERGIER DE HAURANNE.**

SAINT-CYR-AU-MONT-D'OR (69450), comm. du Rhône ; 5 650 hab. *(Saint-Cyrots).* École nationale supérieure de la police, fondée en 1941.

Saint-Cyr-Coëtquidan, appellation courante donnée à l'ensemble des écoles militaires installées, depuis la Libération, au camp de Coëtquidan (Morbihan). L'École spéciale militaire des officiers de l'armée de terre a eu son siège à Saint-Cyr (Yvelines) de 1808 à 1940.

SAINT-CYR-L'ÉCOLE (78210), bur. centr. de cant. des Yvelines, près de Versailles ; 18 835 hab. *(Saint-Cyriens).* Base aérienne. Collège militaire.

SAINT-CYR-SUR-LOIRE (37540), bur. centr. de cant. d'Indre-et-Loire ; 16 263 hab. *(Saint-Cyriens).* Mécanique de précision.

SAINT-CYR-SUR-MER (83270), comm. du Var ; 12 250 hab. *(Saint-Cyriens).* Station balnéaire.

SAINT-DENIS (93200), ch.-l. d'arrond. de la Seine-Saint-Denis ; 112 113 hab. *(Dionysiens).* Évêché. Université. Centre industriel et tertiaire. Stade de France. Pôle cinématographique (la Cité du cinéma). Académie Fratellini (arts du cirque). – Remarquable abbatiale gothique (XIIe-XIIIe s.), cathédrale depuis 1966, abritant les sépultures des rois de France. Construite sur l'emplacement d'une première fondation de Dagobert (vers 630), l'abbaye connut un grand essor grâce à Suger, abbé en 1122 ; elle fut saccagée pendant la Révolution ; admirables tombeaux, notamm. de la Renaissance. Musée d'Art et d'Histoire dans un anc. carmel. *(V. ill. page suivante.)*

▲ **Saint-Denis.** Le tombeau en marbre de Louis XII et d'Anne de Bretagne, œuvre de Jean Juste, achevée en 1531, un des tombeaux royaux de la cathédrale de Saint-Denis.

SAINT-DENIS (97400), ch.-l. de La Réunion ; 148 515 hab. Cour d'appel. Évêché. Siège de la zone de défense et de sécurité Sud de l'océan Indien. Université. Centrale solaire photovoltaïque. – Musée.

SAINT DENIS (Ruth Dennis, dite Ruth), *Newark v. 1877 ? - Hollywood 1968*, danseuse américaine. Elle créa avec Ted Shawn, son mari, la Denishawn School (1915 - 1931), centre de formation des premiers chefs de file de la modern dance.

SAINT-DIÉ-DES-VOSGES (88100), anc. **Saint-Dié**, ch.-l. d'arrond. des Vosges, sur la Meurthe ; 21 112 hab. *(Déodatiens)*. Évêché. Constructions mécaniques. Festival international de géographie. – Cathédrale en partie romane, cloître gothique et église romane ; musée et bibliothèque.

SAINT-DIZIER (52100), ch.-l. d'arrond. de la Haute-Marne, sur la Marne ; 25 968 hab. *(Bragards)*. Matériel agricole. Agroalimentaire.

SAINT-DOMINGUE, anc. nom de l'île d'Haïti.

SAINT-DOMINGUE, en esp. **Santo Domingo**, anc. **Ciudad Trujillo**, cap. de la République dominicaine ; 2 190 990 hab. dans l'agglomération *(Dominguois)*. Monuments des XVIe-XVIIIe s. ; musées.

SAINT-DONAT-SUR-L'HERBASSE (26260), bur. centr. de cant. de la Drôme ; 4 105 hab. *(Donatiens)*. Chapelle romane et restes d'un cloître.

SAINT-DOULCHARD (18230), bur. centr. de cant. du Cher, banlieue de Bourges ; 9 686 hab. *(Dolchardiens)*. Pneumatiques.

SAINTE-ADRESSE (76310), comm. de la Seine-Maritime ; 7 648 hab. Station balnéaire.

SAINTE-ANNE (97180), bur. centr. de cant. de la Guadeloupe ; 24 742 hab. *(Sainte-Annais)*.

SAINTE-ANNE (mont), montagne du Canada (Québec), au N.-E. de Québec. Tourisme (ski).

SAINTE-ANNE-D'AURAY (56400), comm. du Morbihan, près d'Auray ; 2 724 hab. Pèlerinage à sainte Anne, patronne de la Bretagne.

SAINTE-ANNE-DE-BEAUPRÉ, localité du Canada (Québec), sur le Saint-Laurent ; 2 880 hab. Pèlerinage.

SAINTE-ANNE-DES-PLAINES, v. du Canada (Québec), dans les Laurentides ; 14 421 hab.

SAINTE-BAUME n.f., montagne du sud de la France en Provence ; 1 147 m. Parc naturel régional, couvrant env. 81 000 ha sur les dép. du Var et des Bouches-du-Rhône. – Pèlerinage à la grotte légendaire de sainte Marie Madeleine.

SAINTE-BEUVE (Charles Augustin), *Boulogne-sur-Mer 1804 - Paris 1869*, écrivain français. D'abord proche du romantisme, auteur de poèmes *(les Consolations)* et d'un roman *(Volupté)*, il s'est surtout consacré à la critique et à l'histoire littéraires en replaçant les écrivains dans leur milieu historique et social (*Critiques et portraits littéraires*, 1832-1839 ; *Port-Royal*, 1840-1859 ; *Causeries du lundi*, 1851-1862). [Acad. fr.]

SAINTE-CATHERINE, v. du Canada (Québec), au S. de Montréal ; 17 047 hab. *(Sainte-Catherinois)*.

Sainte-Chapelle (la), chapelle à deux étages bâtie sous Saint Louis (1241-1248) dans le palais de la Cité à Paris, auj. dans l'enceinte de l'anc. Palais de Justice. Chef-d'œuvre d'architecture gothique rayonnante (vitraux, très restaurés, de la chapelle haute).

SAINTE-CLAIRE-DEVILLE (Henri), *île Saint Thomas, Antilles, 1818 - Boulogne-sur-Seine 1881*, chimiste français. Il étudia les dissociations thermiques des gaz et inventa le premier procédé de fabrication industrielle de l'aluminium (1854). — **Charles S.-C.-D.,** *île Saint Thomas, Antilles, 1814 - Paris 1876*, géologue et météorologue français, frère d'Henri. Il participa à plusieurs expéditions scientifiques au cours desquelles il étudia surtout les phénomènes météorologiques et volcaniques. Il fut, en France, l'un des fondateurs de la météorologie.

SAINTE-CROIX, en angl. **Saint Croix**, la plus grande des îles Vierges américaines ; 217 km^2 ; 4 509 hab.

SAINTE-FLORINE (43250), bur. centr. de cant. de la Haute-Loire ; 3 145 hab. *(Florinois)*. Équipements automobiles.

SAINTE-FOY, anc. v. du Canada (Québec), auj. intégrée dans Québec.

SAINTE-FOY-LÈS-LYON (69110), comm. du Rhône, près de la Saône ; 22 424 hab. *(Fidésiens)*.

Sainte-Geneviève (abbaye), anc. abbaye parisienne fondée à l'emplacement d'une basilique érigée par Clovis et où fut déposé le corps de sainte Geneviève. En 1764 fut commencée, sous la direction de Soufflot, l'église monumentale qui allait devenir le Panthéon*. En 1802, les bâtiments de l'abbaye ont été affectés au lycée Napoléon, actuel lycée Henri-IV.

Sainte-Geneviève (bibliothèque), bibliothèque publique et universitaire de Paris. Elle a pour origine la bibliothèque de l'abbaye Sainte-Geneviève et s'est installée dans ses locaux actuels, dus à H. Labrouste, en 1850.

SAINTE-GENEVIÈVE-DES-BOIS (91700), bur. centr. de cant. de l'Essonne ; 36 210 hab. *(Génovéfains)*.

SAINT-ÉGRÈVE (38120), comm. de l'Isère, banlieue de Grenoble ; 16 029 hab. Électronique.

SAINTE-HÉLÈNE, en angl. **Saint Helena**, île britannique de l'Atlantique sud, à 1 850 km des côtes d'Afrique ; 122 km^2 ; 4 255 hab. ; ch.-l. *Jamestown*. Napoléon Ier y fut déporté de 1815 à 1821.

Sainte-Hélène (médaille de), décoration française, créée en 1857 pour les anciens soldats des campagnes de 1792 à 1815.

SAINTE-JULIE, v. du Canada (Québec), banlieue est de Montréal ; 29 881 hab. *(Julievillois)*.

SAINT ELIAS, en fr. **Saint-Élie**, massif d'Amérique du Nord, aux confins du Canada et de l'Alaska, portant le point culminant du Canada ; 5 959 m au mont Logan.

SAINTE-LIVRADE-SUR-LOT (47110), bur. centr. de cant. de Lot-et-Garonne ; 6 472 hab. *(Livradais)*.

SAINT-ÉLOY-LES-MINES (63700), bur. centr. de cant. du Puy-de-Dôme ; 3 950 hab. *(Éloysiens)*. Produits isolants.

SAINTE-LUCE (97228), comm. de la Martinique ; 10 288 hab. *(Lucéens)*. Distillerie.

SAINTE-LUCE-SUR-LOIRE (44980), comm. de la Loire-Atlantique, banlieue nord-est de Nantes ; 15 490 hab. *(Lucéens)*. Château de Chassay (anc. résidence de campagne des évêques de Nantes).

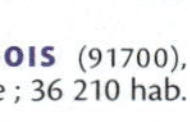

SAINTE-LUCIE n.f., en angl. **Saint Lucia**, État des Petites Antilles ; 616 km^2 ; 182 000 hab. (*Saint-Luciens* ou *Luciens*). **CAP.** *Castries* (20 645 hab. dans l'agglomération). **LANGUE :** *anglais*. **MONNAIE :** *dollar des Caraïbes orientales*. (V. carte **Petites Antilles***.) Tourisme. – État indépendant, dans le cadre du Commonwealth, depuis 1979.

SAINTE-MARIE, v. du Canada (Québec), sur la Chaudière ; 13 565 hab. *(Mariverains)*.

SAINTE-MARIE (97230), comm. de la Martinique ; 16 853 hab. *(Samaritains)*. Musée du Rhum.

SAINTE-MARIE (97438), comm. de La Réunion ; 33 386 hab. *(Saint-Mariens)*.

SAINTE-MARIE-AUX-MINES (68160), bur. centr. de cant. du Haut-Rhin ; 5 279 hab. *(Sainte-Mariens)*. Anc. mines d'argent. Tunnel routier.

▲ La **Sainte-Chapelle.** Voûte et vitraux de la chapelle haute, achevée en 1248.

SAINTE-MARTHE, famille d'humanistes et d'érudits français. — **Charles de S.-M.,** *Fontevraud 1512 - Alençon 1555*, théologien français. Il résida à la cour de Marguerite d'Angoulême. — **Gaucher II,** dit **Scévole Ier de S.-M.,** *Loudun 1536 - id. 1623*, poète et administrateur français, neveu de Charles. — **Gaucher III,** dit **Scévole II de S.-M.,** *Loudun 1571 - Paris 1650*, fils de Gaucher II. Il publia, avec son frère jumeau Louis *(Loudun 1571 - Paris 1656)*, le *Gallia christiana*, histoire des évêchés et des abbayes de France.

SAINTE-MAURE-DE-TOURAINE (37800), bur. centr. de cant. d'Indre-et-Loire, sur le *plateau de Sainte-Maure* ; 4 404 hab. *(Sainte-Mauriens)*. Vestiges du château médiéval (musée).

SAINTE-MAXIME (83120), comm. du Var ; 14 514 hab. Station balnéaire. – Un des lieux du débarquement franco-américain, le 15 août 1944.

SAINTE-MÉNEHOULD [-mənu] (51800), ch.-l. d'arrond. de la Marne, sur l'Aisne ; 4 313 hab. *(Ménehildiens)*. Cimetière militaire. Plastiques. – Église des XIIIe-XIVe s., hôtel de ville du XVIIIe s.

SAINTE-MÈRE-ÉGLISE (50480), comm. de la Manche ; 2 591 hab. Une division aéroportée américaine y fut larguée le 6 juin 1944.

SAINT-ÉMILION (33330), comm. de la Gironde ; 1 941 hab. *(Saint-Émilionnais)*. Vins rouges. – Monuments médiévaux, dont une église rupestre des XIe-XIIe s.

SAINT EMPIRE ROMAIN GERMANIQUE, désignation officielle de l'empire fondé en 962 par Otton Ier. Il comprenait les royaumes de Germanie, d'Italie et, à partir de 1032, celui de Bourgogne. Affaibli par la querelle des Investitures (1076 - 1122) et la lutte du Sacerdoce et de l'Empire (1157 - 1250), le Saint Empire perdit, de la fin du XIIIe s. au XVe s., ses possessions italiennes, bourguignonnes et suisses, tendant à se confondre avec le domaine germanique. Les sept Électeurs – trois ecclésiastiques et quatre laïques – institués par la Bulle d'or (1356) devinrent les arbitres du pouvoir impérial. Les traités de Westphalie (1648) consacrèrent le morcellement territorial de l'Empire. Celui-ci ne put résister aux conquêtes napoléoniennes et fut dissous en 1806 lors de la renonciation de François II à la couronne impériale d'Allemagne.

Sainte-Odile (abbaye de), abbaye fondée au VIIe s. par sainte Odile, sur le mont du même nom (Bas-Rhin).

Sainte-Pélagie, anc. prison de Paris, ouverte en 1792 et démolie en 1898.

SAINTE-ROSE (97115), bur. centr. de cant. de la Guadeloupe ; 20 219 hab. *(Sainte-Rosiens)*.

SAINTES (17100), ch.-l. d'arrond. de la Charente-Maritime, sur la Charente ; 26 858 hab. *(Saintais)*. Matériel téléphonique. – École d'enseignement technique de l'armée de l'air. – Vestiges gallo-romains ; belles églises en partie romanes (centre culturel à l'abbaye aux Dames) ; musées. – Festival musical (« Académies musicales »).

SAINTES (îles des), îlots des Antilles françaises, dépendant de la Guadeloupe ; 15 km^2 ; 2 960 hab. *(Saintois)*. Pêche.

SAINTE-SAVINE (10300), comm. de l'Aube, banlieue de Troyes ; 10 764 hab. *(Saviniens)*. Industrie automobile. – Église du XVIe s.

SAINTE-SIGOLÈNE (43600), bur. centr. de cant. de la Haute-Loire ; 6 103 hab. Matières plastiques.

SAINTES-MARIES-DE-LA-MER (13460), comm. des Bouches-du-Rhône, en Camargue ; 2 702 hab.

(*Saintois*). Église romane fortifiée. – Pèlerinage à Marie Jacobé, Marie Salomé et à leur servante noire, Sara, sur le tombeau de qui se rendent chaque année (mai) les Gitans.

Sainte-Sophie, église de Constantinople. Dédiée à la Sagesse divine, elle est un chef-d'œuvre de l'architecture byzantine avec son immense coupole centrale de 31 m de diamètre, à 55 m du sol. Bâtie (532-537), sur l'ordre de Justinien, par Anthémios de Tralles et Isidore de Milet, elle a été transformée par les Turcs en mosquée. Auj. musée.

▲ **Sainte-Sophie.** Le dôme byzantin (VIe s.) et les minarets turcs (XVe s.).

Saint-Esprit (ordre du), le plus illustre des ordres de chevalerie de la monarchie française. Créé par Henri III en 1578, supprimé en 1791, il fut rétabli de 1815 à 1830.

SAINT-ESTÈVE (66240), bur. centr. de cant. des Pyrénées-Orientales ; 11 884 hab. (*Stéphanois*).

SAINTE-SUZANNE (97441), comm. de La Réunion ; 22 405 hab. (*Sainte-Suzannois*).

SAINTE-SUZANNE-ET-CHAMMES (53270), comm. de la Mayenne ; 1 356 hab. (*Suzannais*). Bourg médiéval fortifié ; château du XVIIe s.

SAINTE-THÉRÈSE, v. du Canada (Québec), dans les Laurentides ; 25 989 hab. (*Térésiens*).

SAINT-ÉTIENNE, ch.-l. du dép. de la Loire, sur le Furan, à 517 m d'alt., à 462 km au S.-E. de Paris ; 173 662 hab. (*Stéphanois*). Centre d'une métropole regroupant 53 communes (389 431 hab.). Université. Évêché. Métallurgie. Textile médical. – Musée d'Art et d'Industrie, musée d'Art moderne, site Couriot - musée de la Mine. Cité du design, sur le site de l'anc. Manufacture d'armes.

SAINT-ÉTIENNE-DE-TINÉE (06660), comm. des Alpes-Maritimes ; 1 632 hab. Station d'altitude (1 144 m) et de sports d'hiver (Auron).

SAINT-ÉTIENNE-DU-ROUVRAY (76800), bur. centr. de cant. de la Seine-Maritime ; 28 949 hab. (*Stéphanais*). Électronique. Papeterie.

SAINT-EUSTACHE, v. du Canada (Québec), à l'O.-N.-O. de Montréal ; 44 008 hab. (*Eustachois*).

Saint-Eustache (église), grande église jouxtant le site des anciennes Halles, à Paris. Élevée de 1532 à 1637, elle est de structure gothique et de décor renaissant ; vitraux, œuvres d'art.

SAINTE-VICTOIRE (chaîne de la), massif du sud de la France, en Provence, à l'E. d'Aix-en-Provence ; 1 011 m. Motif de nombreuses œuvres de Cézanne.

SAINT-ÉVREMOND (Charles **de Marguetel de Saint-Denis de**), *Saint-Denis-le-Gast, Manche, v. 1614 - Londres 1703*, écrivain français. Compromis dans le procès de Fouquet, il dut s'exiler à Londres. Il est l'auteur de la satire *Comédie des académistes pour la réformation de la langue française* et d'essais qui témoignent de son scepticisme religieux et de son sens de l'analyse historique ou théâtrale.

SAINT-EXUPÉRY ou **SAINT EXUPÉRY** (Antoine **de**), *Lyon 1900 - disparu en mission aérienne, au large de l'île de Riou, au sud de Marseille, 1944*, aviateur et écrivain français. Ses romans (*Vol de nuit*, 1931 ; *Terre des hommes*, 1939 ; *Pilote de guerre*, 1942) et ses récits symboliques (*le Petit* Prince*, qu'il illustra lui-même) cherchent à définir le sens de l'action et des valeurs humanistes dans une société vouée au progrès technique.

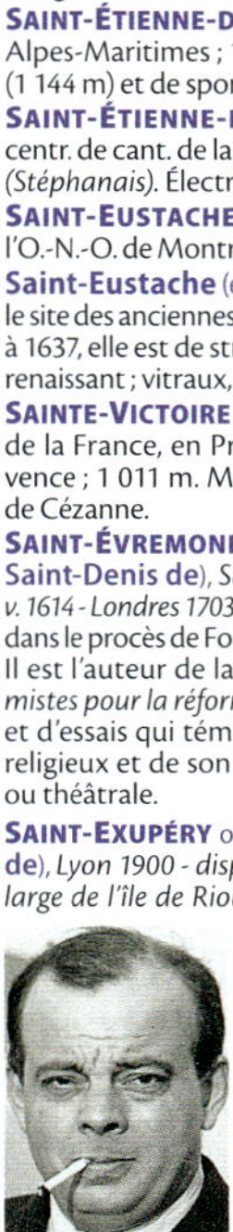

▲ Antoine de **Saint-Exupéry**

SAINT-FARGEAU (89170), comm. de l'Yonne ; 1 681 hab. (*Fargeaulais*). Église des XIIIe-XVe s., important château des XVe-XVIIIe s.

SAINT-FARGEAU-PONTHIERRY (77310), comm. de Seine-et-Marne, sur la Seine ; 14 319 hab.

SAINT-FERRÉOL, écart de la comm. de Revel (Haute-Garonne). Centre touristique sur le *lac de Saint-Ferréol*.

SAINT-FLORENT (20217), comm. de la Haute-Corse, sur le *golfe de Saint-Florent* ; 1 634 hab. (*Saint-Florentins*). Tourisme. – Anc. cathédrale romane de Nebbio.

SAINT-FLORENTIN (89600), bur. centr. de cant. de l'Yonne, sur l'Armançon ; 4 572 hab. (*Florentinois*). Église gothique et Renaissance.

SAINT-FLORENT-LE-VIEIL (49410), comm. de Maine-et-Loire ; 2 877 hab. Dans l'église, tombeau par David d'Angers du marquis de Bonchamps, chef vendéen qui mourut en graciant 4 000 prisonniers de l'armée républicaine.

SAINT-FLORENT-SUR-CHER (18400), comm. du Cher ; 6 828 hab. (*Florentais*). Tôlerie.

SAINT-FLOUR (15100), ch.-l. d'arrond. du Cantal ; 7 127 hab. (*Sanflorains*). Évêché. Centre commercial. – Cathédrale du XVe s. ; musées.

SAINT-FONS [-fɔ̃] (69190), comm. du Rhône, banlieue sud de Lyon ; 18 219 hab. (*Sainfoniards*). Industrie chimique.

SAINT-FRANÇOIS n.m., riv. du Canada (Québec), émissaire du *lac Saint-François*, et affl. du Saint-Laurent (r. dr.) ; env. 200 km.

SAINT-FRANÇOIS (97118), bur. centr. de cant. de la Guadeloupe, sur la côte sud de Grande-Terre ; 14 008 hab. Centre touristique.

SAINT-GALL, en all. **Sankt Gallen,** v. de Suisse, ch.-l. du *canton de Saint-Gall* ; 72 959 hab. (*Saint-Gallois*) [152 389 hab. dans l'agglomération]. Centre commercial et industriel. Université (HSG). – Anc. abbaye bénédictine, fondée au VIIIe s., qui connut un grand essor littéraire et artistique aux Xe-XIIe s. En 1451 - 1454, les abbés puis la ville de Saint-Gall se rattachèrent à la Confédération suisse. En 1805, l'abbaye fut supprimée. – Cathédrale, anc. abbatiale, reconstruite au XVIIIe s. (riches décors rococo) ; musées.

SAINT-GALL (canton de), canton de Suisse ; 2 025 km² ; 478 907 hab. (*Saint-Gallois*) ; ch.-l. *Saint-Gall*. Il a été créé par l'Acte de médiation de 1803.

SAINT-GALMIER (42330), comm. de la Loire ; 5 843 hab. (*Baldomériens*). Eaux minérales. – Église surtout du XVe s.

SAINT-GAUDENS [-dɛ̃s] (31800), ch.-l. d'arrond. de la Haute-Garonne, sur la Garonne ; 11 920 hab. (*Saint-Gaudinois*). Industrie du papier. – Collégiale des XIe-XIIe s.

SAINT-GELAIS (Mellin **de**), *Angoulême 1491 - Paris 1558*, poète français. Poète de cour, il fut l'ami de C. Marot et l'adversaire de Ronsard.

SAINT-GÉLY-DU-FESC (34980), bur. centr. de cant. de l'Hérault ; 10 058 hab. (*Saint-Gillois*).

SAINT-GENIS-LAVAL (69230), comm. du Rhône ; 21 920 hab. (*Saint-Genois*).

SAINT-GENIS-POUILLY (01630), bur. centr. de cant. de l'Ain ; 11 044 hab. (*Saint-Genésiens*).

SAINT-GENIX-SUR-GUIERS (73240), comm. de l'ouest de la Savoie ; 2 443 hab. (*San-Genestois*). Vignobles. Électronique.

SAINT-GEOIRE-EN-VALDAINE (38620), comm. de l'Isère, au N. de Voiron ; 2 446 hab. Châteaux, dont celui de Longpra (douves et pont-levis du XIIe s. ; bâtiments du XVIIIe s.).

SAINT GEORGE ou **SAINT-GEORGES** (canal), détroit entre la Grande-Bretagne (pays de Galles) et l'Irlande, et qui unit, au S., la mer d'Irlande à l'océan Atlantique.

SAINT-GEORGES, v. du Canada (Québec), au S. de Québec ; 32 513 hab. (*Georgiens*).

Saint-Georges (ordre de), ordre militaire russe, créé par Catherine II en 1769, supprimé en 1917.

SAINT-GEORGES-DE-DIDONNE (17110), comm. de la Charente-Maritime, sur la Gironde ; 5 383 hab. (*Saint-Georgeais*). Station balnéaire.

SAINT-GEORGES-DE-MONTAIGU (85600), comm. de la Vendée ; 4 298 hab. (*Georgeois*). Agroalimentaire.

SAINT-GEORGES-SUR-LOIRE (49170), comm. de Maine-et-Loire ; 3 584 hab. Vins. – Château de Serrant (XVIe-XVIIIe s.).

SAINT-GERMAIN (Claude Louis, comte **de**), *Vertamboz, Jura, 1707 - Paris 1778*, général et homme d'État français. Secrétaire d'État à la Guerre (1775 - 1777) sous Louis XVI, il réorganisa l'armée.

SAINT-GERMAIN (comte **de**), *1707 ? - Eckernförde, Schleswig-Holstein, 1784*, aventurier d'origine inconnue. Prétendant exister depuis plusieurs siècles, il eut, à Paris et dans les diverses cours européennes, un vif succès.

Saint-Germain-des-Prés (abbaye de), anc. abbaye parisienne, fondée sur la rive gauche de la Seine par Childebert Ier (558). Elle fut, de 1631 à 1790, le centre de la congrégation de Saint-Maur. – Son église (auj. paroissiale), une des plus anciennes de Paris, remonte aux XIe et XIIe s. Le quartier de Saint-Germain-des-Prés accueillit du XIIe au XVe s. une foire célèbre et, au lendemain de la Seconde Guerre mondiale, il fut le lieu de rendez-vous, dans ses cafés littéraires (*café de Flore, Aux Deux Magots*), des existentialistes.

SAINT-GERMAIN-DU-PUY (18390), bur. centr. de cant. du Cher ; 5 200 hab. (*Germinois*).

SAINT-GERMAIN-EN-LAYE [-lɛ] (78100), ch.-l. d'arrond. des Yvelines, au-dessus de la Seine ; 41 719 hab. (*Saint-Germanois*). Château reconstruit par P. Chambiges pour François Ier, englobant la chapelle et le donjon d'époque gothique, et très restauré au XIXe s. Le musée d'Archéologie nationale y est installé (riches collections allant de la préhistoire à l'époque mérovingienne). Dans la ville, Musée municipal et musée du Prieuré (M. Denis et artistes nabis). — traité de **Saint-Germain-en-Laye** (10 sept. 1919), traité signé entre les Alliés et l'Autriche, après la Première Guerre mondiale. Il consacrait l'effondrement de la monarchie austro-hongroise.

SAINT-GERVAIS-LES-BAINS (74170), comm. de la Haute-Savoie ; 5 677 hab. (*Saint-Gervolains* ou *Saint-Gervelains*). Station thermale (ORL, affections cutanées) et de sports d'hiver (alt. 850 - 2 350 m).

SAINT-GHISLAIN, v. de Belgique (Hainaut) ; 23 039 hab. Monuments des XVIe-XVIIIe s.

SAINT-GILDAS-DE-RHUYS [-ʀɥis] (56730), comm. du Morbihan, sur la côte sud de la *presqu'île de Rhuys* ; 1 737 hab. (*Gildasiens*). Église en partie du XIe s., anc. abbatiale.

SAINT-GILDAS-DES-BOIS (44530), comm. de la Loire-Atlantique ; 3 843 hab. (*Gildasiens*). Église des XIIe et XIIIe s., anc. abbatiale.

SAINT-GILLES (30800), bur. centr. de cant. du Gard, sur la *Costière de Saint-Gilles* ; 13 609 hab. (*Saint-Gillois*). Église romane et gothique, anc. abbatiale (façade sculptée antiquisante, milieu du XIIe s.).

SAINT-GILLES, en néerl. **Sint-Gillis,** comm. de Belgique (Bruxelles-Capitale), banlieue sud de Bruxelles ; 50 377 hab.

SAINT-GILLES-CROIX-DE-VIE (85800), comm. de la Vendée ; 7 753 hab. (*Gillocruciens*). Pêche. Station balnéaire.

SAINT-GIRONS [-ʀɔ̃] (09200), ch.-l. d'arrond. de l'Ariège, sur le Salat ; 6 789 hab. (*Saint-Gironnais*). Fromages. – Église St-Valier, des XIIe-XVe s.

SAINT-GOBAIN (02410), comm. de l'Aisne ; 2 322 hab. (*Gobanais*). Forêt de 4 200 ha. Manufacture royale des Glaces, fondée en 1665 et devenue en 1830 la *Compagnie de Saint-Gobain* (à l'origine grand producteur verrier, un temps diversifié dans la chimie, le groupe *Saint-Gobain* s'est auj. recentré sur les matériaux pour l'habitat).

SAINT-GOND (marais de), anc. marais au pied de la côte de l'Île-de-France, drainés par le Petit Morin. Combat victorieux de l'armée de Foch pendant la bataille de la Marne (1914).

SAINT-GOTHARD, en all. **Sankt Gotthard,** massif des Alpes suisses. Il est percé par un tunnel routier de 16,9 km (ouvert en 1980) et par deux tunnels ferroviaires, sur l'axe Bâle-Milan : le tunnel « de faîte », de 15 km (ouvert en 1882), et le tunnel « de base », de 57 km (ouvert en 2016). Une route touristique utilise, en été, le *col du Saint-Gothard* (2 112 m).

SAINT-GRATIEN [-grasjɛ̃] (95210), comm. du Val-d'Oise ; 21 030 hab. *(Gratiennois).*

SAINT-GUÉNOLÉ (29760), port de pêche et station balnéaire du Finistère (comm. de Penmarch). Musée finistérien de la Préhistoire.

SAINT-GUILHEM-LE-DÉSERT [-gijɛm-] (34150), comm. de l'Hérault ; 264 hab. Église romane des XIe-XIIe s., anc. abbatiale ; musée lapidaire.

SAINT HELENS, v. de Grande-Bretagne (Angleterre), près de Liverpool ; 19 524 hab. Verrerie.

SAINT HELENS (mont), volcan actif du nord-ouest des États-Unis (État de Washington) ; 2 549 m.

SAINT-HÉLIER, cap. de l'île de Jersey ; 33 522 hab. Tourisme. – Château des XVIe-XVIIe s.

SAINT-HERBLAIN (44800), bur. centr. de cant. de la Loire-Atlantique, banlieue de Nantes ; 46 722 hab. *(Herblinois).* Stylos.

SAINT-HILAIRE-DE-RIEZ (85270), comm. de la Vendée ; 11 407 hab. *(Hilairois).* Marais salants. Cultures maraîchères. – Station balnéaire.

SAINT-HILAIRE-DU-HARCOUËT (50600), bur. centr. de cant. de la Manche ; 6 470 hab. *(Saint-Hilairiens).*

SAINT-HIPPOLYTE-DU-FORT (30170), comm. du Gard ; 4 049 hab. *(Cigalois).* Chaussures. – Musée de la Soie.

SAINT-HONORAT (île), une des îles de Lérins. Monastère du haut Moyen Âge.

SAINT-HUBERT, v. de Belgique (prov. de Luxembourg) ; 5 650 hab. Tourisme. – Vaste basilique gothique du XVIe s.

SAINT-HUBERT, anc. v. du Canada (Québec), auj. intégrée dans Longueuil.

SAINT-HYACINTHE, v. du Canada (Québec), à l'E. de Montréal ; 55 648 hab. *(Maskoutains).*

SAINT-IMIER, v. de Suisse (canton de Berne), dans le *val de Saint-Imier* ; 4 771 hab. *(Imériens).* Horlogerie.

▲ **Saint-Jacques-de-Compostelle.**
La cathédrale (XIe-XVIIIe s.).

SAINT-JACQUES-DE-COMPOSTELLE, en esp. **Santiago de Compostela,** v. d'Espagne, cap. de la Galice ; 95 397 hab. Ce pèlerinage – l'un des plus fréquentés de la chrétienté occidentale – autour de la dépouille de saint Jacques le Majeur, qui aurait été déposée là miraculeusement, prit de l'ampleur au XIe s. avec la Reconquista. – Cathédrale romane construite de 1078 à 1130 (porche de la Gloire, 1188 ; cloître gothique ; façade baroque du XVIIIe s.) ; anc. hôpital royal par E. Egas ; églises et monastères. Musées. Cité de la culture de Galice (architecte : Peter Eisenman).

SAINT-JACQUES-DE-LA-LANDE (35136), comm. d'Ille-et-Vilaine ; 12 759 hab. *(Jacquolandins).* Aéroport de Rennes. Station météorologique.

Saint-Jacques-de-l'Épée ou **Santiago** (ordre militaire de), ordre militaire et religieux castillan. Il fut fondé v. 1170 pour protéger les pèlerins se rendant à Saint-Jacques-de-Compostelle. Une branche portugaise fut instituée en 1290.

SAINT-JEAN (31240), comm. de la Haute-Garonne, banlieue nord-est de Toulouse ; 10 752 hab. *(Saint-Jeannais).*

SAINT-JEAN (lac), lac du Canada (Québec), qui se déverse dans le Saint-Laurent par le Saguenay ; env. 1 040 km^2.

SAINT-JEAN (rivière), riv. des États-Unis et du Canada (Nouveau-Brunswick), qui rejoint la baie de Fundy ; 700 km env.

SAINT-JEAN-CAP-FERRAT (06230), comm. des Alpes-Maritimes ; 1 647 hab. *(Saint-Jeannois).* Station balnéaire. – Villas Ephrussi de Rothschild et Santo Sospir (fresques de J. Cocteau). Musée des Coquillages.

SAINT-JEAN-D'ACRE → **ACRE.**

SAINT-JEAN-D'ANGÉLY (17400), ch.-l. d'arrond. de la Charente-Maritime, sur la Boutonne ; 7 799 hab. *(Angériens).* Beffroi médiéval (« tour de l'Horloge ») ; restes d'une anc. abbaye (façade de l'abbatiale, XVIIIe s.).

SAINT-JEAN-DE-BRAYE (45800), bur. centr. de cant. du Loiret, banlieue d'Orléans ; 20 735 hab. *(Abraysiens).* Parfums.

Saint-Jean de Jérusalem (ordre souverain militaire et hospitalier de), ordre issu des Frères de l'hôpital Saint-Jean de Jérusalem, fondé v. 1070. Réfugié à Rhodes en 1309, puis à Malte de 1530 à 1798, reconstitué après la Révolution, l'ordre, doté d'un nouveau statut en 1961, dirige des œuvres hospitalières.

SAINT-JEAN-DE-LA-RUELLE (45140), bur. centr. de cant. du Loiret, banlieue d'Orléans ; 16 711 hab. Industrie automobile. Électroménager.

SAINT-JEAN-DE-LOSNE [-lon] (21170), comm. de la Côte-d'Or, sur la Saône ; 1 129 hab. *(Saint-Jean-de-Losnais).* Port fluvial. – Siège mémorable en 1636 contre les impériaux pendant la guerre de Trente Ans.

SAINT-JEAN-DE-LUZ [-lyz] (64500), bur. centr. de cant. des Pyrénées-Atlantiques, sur la Nivelle ; 14 652 hab. *(Luziens).* Pêche. Station balnéaire. – Église basque typique, où fut célébré le mariage de Louis XIV (1660) ; demeures anciennes.

SAINT-JEAN-DE-MAURIENNE (73300), ch.-l. d'arrond. de la Savoie, sur l'Arc ; 8 244 hab. *(Saint-Jeannais).* Aluminium. – Cathédrale des XIe-XVe s. Musée des Costumes et Traditions populaires ; musée de l'Opinel.

SAINT-JEAN-DE-MONTS (85160), bur. centr. de cant. de la Vendée ; 8 818 hab. *(Montois).* Station balnéaire.

SAINT-JEAN-DU-GARD (30270), comm. du Gard ; 2 777 hab. *(Saint-Jeannais).* Musée cévenol.

SAINT-JEAN-LE-BLANC (45650), bur. centr. de cant. du Loiret ; 8 687 hab. *(Albijohanniciens).*

SAINT-JEAN-PIED-DE-PORT (64220), comm. des Pyrénées-Atlantiques ; 1 848 hab. Tourisme. – Place forte ancienne et pittoresque.

SAINT-JEAN-SUR-RICHELIEU, v. du Canada (Québec), au S.-E. de Montréal ; 95 114 hab. *(Johannais).* Musée régional.

SAINT-JÉRÔME, v. du Canada (Québec), dans les Laurentides ; 74 346 hab. *(Jérômiens).*

SAINT JOHN, v. du Canada (Nouveau-Brunswick), au fond de la baie de Fundy, à l'embouchure de la rivière Saint-Jean ; 67 575 hab. Port. Université. – Musée.

SAINT-JOHN PERSE (Alexis Leger, dit Alexis Saint-Leger Leger, puis), *Pointe-à-Pitre 1887 - Giens 1975,* diplomate et poète français. Ses recueils aux amples versets et aux mots éclatants offrent une méditation épique sur les éléments, les civilisations et le destin humain *(Éloges,* 1911 ; *Anabase,* 1924 ; *Exil,* 1942 ; *Amers,* 1957 ; *Chronique,* 1960). [Prix Nobel 1960.]

SAINT JOHN'S, cap. d'Antigua-et-Barbuda, sur l'île d'Antigua ; 22 193 hab.

SAINT JOHN'S → **ST. JOHN'S.**

SAINT-JOSEPH (97212), comm. de la Martinique ; 16 766 hab. *(Joséphins).*

SAINT-JOSEPH (97480), comm. de La Réunion ; 38 153 hab. *(Saint-Joséphois).*

SAINT-JOSSE-TEN-NOODE, en néerl. **Sint-Joost-ten-Noode,** comm. de Belgique (Bruxelles-Capitale), banlieue nord de Bruxelles ; 27 207 hab. Textile. Métallurgie.

SAINT-JOUIN-DE-MARNES (79600), comm. des Deux-Sèvres ; 588 hab. *(Saint-Jouinais).* Importante église (XIe-XIIIe s.) d'une anc. abbaye.

SAINT-JUÉRY (81160), comm. du Tarn ; 6 955 hab. *(Saint-Juériens).* Métallurgie au Saut-du-Tarn.

SAINT-JULIEN-EN-GENEVOIS (74160), ch.-l. d'arrond. de la Haute-Savoie, près de Genève ; 14 318 hab. *(Saint-Juliennois).*

SAINT-JUNIEN (87200), bur. centr. de cant. de la Haute-Vienne, sur la Vienne ; 11 529 hab. *(Saint-Juniauds).* Ganterie. Cartonnerie. – Belle église romane (tombeau de saint Junien et autres œuvres d'art).

SAINT-JUST (Louis Antoine), *Decize 1767 - Paris 1794,* homme politique français. Député à la Convention (1792), admirateur de Robespierre, membre de la Montagne et du club des Jacobins, il demande l'exécution sans jugement du roi et prône une république centralisatrice, égalitaire et vertueuse. Membre du Comité de salut public (30 mai 1793), il précipite la chute des Girondins et devient le théoricien et l'« Archange » de la Terreur, menant une lutte implacable contre les « ennemis de la République ». Envoyé en mission aux armées du Rhin et du Nord, il contribue à la victoire de Fleurus (26 juin 1794). Entraîné dans la chute de Robespierre (9 Thermidor), il est guillotiné.

▲ **Saint-Just** par L. David. (Coll. priv.)

SAINT-JUST-EN-CHAUSSÉE (60130), bur. centr. de cant. de l'Oise ; 6 048 hab. *(Saint-Justois).*

SAINT-JUST-SAINT-RAMBERT (42170), bur. centr. de cant. de la Loire ; 15 224 hab. *(Pontrambertois).* Église romane ; musée.

SAINT KILDA, petite île britannique inhabitée de l'Atlantique, au large de l'Écosse.

SAINT-KITTS-ET-NEVIS ou **SAINT-CHRISTOPHE-ET-NIÉVÈS** n.m., en angl. **Saint Kitts and Nevis** ou **Saint Christopher and Nevis,** État fédéral des Petites Antilles, au N.-O. de la Guadeloupe ; 269 km^2 ; 54 000 hab. *(Kittitiens* [ou *Kitticiens*] *et Néviciens, Kittiens-Néviciens* ou *Christophiens et Néviciens).* **CAP.** *Basseterre* (12 496 hab.). **LANGUE :** *anglais.* **MONNAIE :** *dollar des Caraïbes orientales.* (V. carte **Petites Antilles*.**) Il est formé des îles de Saint-Kitts (176 km^2) et de Nevis. Canne à sucre. – État indépendant depuis 1983, dans le cadre du Commonwealth.

SAINT-LAMBERT, v. du Canada (Québec), banlieue sud-est de Montréal ; 21 599 hab. *(Lambertois).* Biscuiterie.

SAINT-LAMBERT (Jean François de), *Nancy 1716 - Paris 1803,* écrivain français. Il est l'auteur du poème descriptif *les Saisons.* (Acad. fr.)

SAINT-LARY-SOULAN (65170), comm. des Hautes-Pyrénées ; 877 hab. Sports d'hiver (alt. 830 - 2 450 m).

SAINT-LAURENT n.m., fl. d'Amérique du Nord, émissaire du lac Ontario et qui se jette dans l'Atlantique par un long estuaire s'ouvrant dans le *golfe du Saint-Laurent* ; 1 140 km. Drainant le sud-est du Canada, il passe à Montréal et à Québec. De grands travaux entre Montréal et le lac Ontario l'ont rendu accessible plus de huit mois par an.

SAINT-LAURENT, anc. v. du Canada (Québec), auj. intégrée dans Montréal.

SAINT-LAURENT (Louis Stephen), *Compton, Québec, 1882 - Québec 1973,* homme politique canadien. Leader du Parti libéral (1948 - 1958), Premier ministre du Canada (1948 - 1957), il obtint pour son pays le droit de modifier sa Constitution en toute souveraineté (1949).

SAINT LAURENT (Yves), *Oran 1936 - Paris 2008,* couturier français. Il s'est imposé par ses interprétations originales du vêtement quotidien (caban, tailleur-pantalon, etc.), par la rigueur de son style et par son talent de coloriste. Fondation Pierre Bergé - Yves Saint Laurent, à Paris. Musées à Paris et à Marrakech.

SAINT-LAURENT-BLANGY (62223), comm. du Pas-de-Calais ; 6 722 hab. *(Imercuriens).* Textiles synthétiques.

SAINT-LAURENT-DE-LA-SALANQUE (66250), bur. centr. de cant. des Pyrénées-Orientales ; 10 413 hab.

SAINT-LAURENT-DES-EAUX, section de la comm. de Saint-Laurent-Nouan*.

SAINT-LAURENT-DU-MARONI (97320), ch.-l. d'arrond. de la Guyane ; 43 929 hab. *(Saint-Laurentins).* Port sur le Maroni. Anc. pénitencier.

SAINT-LAURENT-DU-PONT (38380), bur. centr. de cant. de l'Isère ; 4 640 hab. *(Laurentinois).*

SAINT-LAURENT-DU-VAR (06700), comm. des Alpes-Maritimes, à l'O. de l'embouchure du Var ; 29 112 hab. *(Laurentins).*

SAINT-LAURENT-MÉDOC (33112), comm. de la Gironde ; 4 634 hab. *(Saint-Laurentais).* Vins.

SAINT-LAURENT-NOUAN (41220), comm. de Loir-et-Cher ; 4 417 hab. Centrale nucléaire *(Saint-Laurent-des-Eaux)* sur la Loire.

Saint-Lazare (prison), anc. prison de Paris. D'abord léproserie (XIIe s.), donnée en 1632 aux prêtres de la Mission (lazaristes), elle devint maison de détention en 1779, réservée aux femmes de la fin de la Révolution à sa destruction, en 1935.

Saint-Lazare de Jérusalem (ordre de), ordre hospitalier puis aussi militaire, fondé à Jérusalem au XIIe s. Réuni à l'ordre de Notre-Dame du Mont-Carmel (1608), sécularisé par Clément XIV (1772), il survécut à la Révolution française.

SAINT-LÉON (Charles Victor Arthur **Michel**, dit Arthur), *Paris 1821 - id. 1870*, danseur, chorégraphe et violoniste français. Maître de ballet à Saint-Pétersbourg (1859 - 1869), il signa son chef-d'œuvre, *Coppélia**, à l'Opéra de Paris en 1870.

SAINT-LÉONARD, anc. v. du Canada (Québec), auj. intégrée dans Montréal.

SAINT-LÉONARD-DE-NOBLAT (87400), bur. centr. de cant. de la Haute-Vienne, près de la Vienne ; 4 750 hab. *(Miaulétous).* Église romane au beau clocher limousin ; maisons médiévales.

SAINT-LEU (97436), comm. de La Réunion ; 34 194 hab. *(Saint-Leusiens).*

SAINT-LEU-D'ESSERENT (60340), comm. de l'Oise ; 4 777 hab. Église gothique du XIIe s.

SAINT-LEU-LA-FORÊT (95320), comm. du Val-d'Oise ; 15 608 hab. *(Saint-Loupiens).* Dans l'église, tombeau de Louis Bonaparte.

SAINT-LIZIER (09190), bur. centr. de cant. de l'Ariège ; 1 454 hab. Cathédrale romane et gothique (peintures murales, trésor) ; beau cloître à étage.

SAINT-LÔ (50000), ch.-l. du dép. de la Manche, sur la Vire, à 286 km à l'O. de Paris ; 20 405 hab. *(Saint-Lois).* Électroménager. – Musée. – La ville fut détruite lors de la bataille de Normandie en 1944.

SAINT-LOUIS, en angl. **Saint Louis,** v. des États-Unis (Missouri), près du confluent du Mississippi et du Missouri ; 317 419 hab. (2 350 919 hab. dans l'agglomération). Port fluvial, nœud ferroviaire, centre commercial et industriel. – Musée d'art.

SAINT-LOUIS (68300), comm. du Haut-Rhin, près de Bâle ; 20 713 hab. *(Ludoviciens).* Constructions mécaniques. Industrie pharmaceutique. Aéroport.

SAINT-LOUIS (97450), comm. de La Réunion ; 54 174 hab. *(Saint-Louisiens).*

SAINT-LOUIS, v. du Sénégal ; 177 662 hab. Port. Centre résidentiel historique et point de transit avec la Mauritanie.

SAINT-LOUIS (île), île de la Seine, à Paris, en amont de l'île de la Cité. Hôtels particuliers (de Lauzun*, notamm.) et église du XVIIe s.

Saint-Louis (ordre royal et militaire de), ordre créé par Louis XIV en 1693. Fondé sur le mérite, il était accessible sans condition de naissance. Supprimé en 1792, il fut rétabli de 1814 à 1830.

SAINT-LOUIS-LÈS-BITCHE (57620), comm. de la Moselle ; 507 hab. *(Ludoviciens).* Cristallerie.

SAINT-LOUP-SUR-SEMOUSE (70800), bur. centr. de cant. de la Haute-Saône ; 3 336 hab. *(Lupéens).* Meubles.

SAINT-LUBIN-DES-JONCHERETS (28350), bur. centr. de cant. d'Eure-et-Loir ; 4 101 hab. *(Lubinois).*

SAINT-MACAIRE (33490), comm. de la Gironde ; 2 221 hab. *(Macariens).* Portes fortifiées, église romane et gothique, maisons anciennes.

SAINT-MAIXENT-L'ÉCOLE (79400), bur. centr. de cant. des Deux-Sèvres, sur la Sèvre Niortaise ; 6 723 hab. *(Saint-Maixentais).* École militaire d'infanterie (1874 - 1940) et, depuis 1963, École nationale des sous-officiers d'active (armée de terre). – Église St-Maixent, reconstruite au XVIIe s.

SAINT-MALO (35400), ch.-l. d'arrond. d'Ille-et-Vilaine, à l'embouchure de la Rance, sur une presqu'île ; 47 318 hab. *(Malouins).* Tourisme. Grand Aquarium. Festival international du livre (« Étonnants Voyageurs »). Festival de la bande dessinée (« Quai des Bulles »). – Saint-Malo fut, au XVIe s., le point de départ d'expéditions vers le Nouveau Monde. Aux XVIIe et XVIIIe s., la ville s'enrichit dans le commerce lointain et dans la course. Elle fut un grand port de pêche (morue de Terre-Neuve) au XIXe s. et au début du XXe s. – La vieille ville, partiellement détruite pendant la Seconde Guerre mondiale, a été reconstruite. Elle conserve de beaux remparts, en partie des XIIe-XIIIe s., une cathédrale remontant au XIIe s. et un château du XVe s. (musée).

SAINT-MANDÉ (94160), comm. du Val-de-Marne ; 22 665 hab. *(Saint-Mandéens).* Pôle géosciences avec, notamm., l'IGN (Institut national de l'information géographique et forestière) et Météo-France.

SAINT-MANDRIER-SUR-MER (83430), comm. du Var, sur la rade de Toulon ; 5 874 hab. *(Mandréens).* Siège du Centre d'instruction naval.

Saint-Marc [sɛ̃mar] (place), en ital. **piazza San Marco,** la grand-place de Venise. Ce vaste quadrilatère est bordé à l'est par la basilique St-Marc, d'ascendance byzantine (XIe-XVe s. ; cinq coupoles, célèbres mosaïques), et, sur ses autres faces, par les bâtiments à arcades des « Procuraties » (XVIe et XIXe s.) ; le campanile de la basilique a été rebâti en 1912. Au sud, vers le quai, s'ouvre la « Piazzetta », qu'encadrent le palais des Doges (XIVe-XVe s.) et la bibliothèque (« Libreria » de Sansovino, XVIe s.).

SAINT-MARCELLIN (38160), bur. centr. de cant. de l'Isère ; 8 407 hab. *(Saint-Marcellinois).* Fromages. Matériel électrique. – Aux environs, importante abbatiale gothique de Saint-Antoine.

Saint-Marin

SAINT-MARIN n.m., en ital. **San Marino,** État d'Europe, enclavé dans le territoire italien ; 61 km² ; 31 000 hab. *(Saint-Marinais).* **CAP.** *Saint-Marin* (4 280 hab. dans l'agglomération). **LANGUE :** *italien.* **MONNAIE :** *euro.* Tourisme. – La ville fut autonome dès le IXe s. Son territoire devint une république au XIIIe s. Celle-ci, dont les rapports avec l'Italie sont régis par diverses conventions, est dirigée par un Grand Conseil et deux capitaines-régents, élus par ce Conseil pour six mois.

SAINT-MARTIN, une des Petites Antilles, partagée entre la France (97150) [53 km² ; 36 509 hab. ; ch.-l. *Marigot*] et les Pays-Bas (34 km² ; 30 954 hab. ; ch.-l. *Philipsburg*). Longtemps dépendance de la Guadeloupe, la partie française de Saint-Martin a été dotée en 2007 du statut de collectivité d'outre-mer. En sept. 2017, l'île a été dévastée et endeuillée par un cyclone (« Irma »).

Saint-Martin (canal), canal (en partie recouvert) qui traverse Paris, de la Villette à la Seine.

SAINT-MARTIN (Louis Claude **de**), *Amboise 1743 - Aulnay-sous-Bois 1803*, écrivain et théosophe français. Il développa une doctrine personnelle (le *martinisme*) marquée par une conception originale de la régénération de l'homme (*le Ministère de l'homme-esprit*, 1802).

SAINT-MARTIN-BOULOGNE (62200), comm. du Pas-de-Calais ; 11 455 hab. *(Saint-Martinois).*

SAINT-MARTIN-DE-CRAU (13310), comm. des Bouches-du-Rhône ; 13 891 hab. *(Saint-Martinois).*

SAINT-MARTIN-DE-RÉ (17410), bur. centr. de cant. de la Charente-Maritime, dans l'île de Ré ; 2 369 hab. *(Martinais).* Pêche. Station balnéaire. – Église en partie du XVe s. ; citadelle de Vauban (pénitencier) ; musée Ernest-Cognacq.

SAINT-MARTIN-DE-SEIGNANX [-sɛɲɑ̃s] (40390), bur. centr. de cant. des Landes ; 5 389 hab.

SAINT-MARTIN-D'HÈRES (38400), bur. centr. de cant. de l'Isère ; 38 830 hab. Centre universitaire.

Saint-Maur (congrégation bénédictine de), congrégation créée à Paris en 1618. Ses membres, les *mauristes*, se consacrèrent à des travaux d'érudition, notamm. à Saint-Germain-des-Prés*. Elle disparut en 1790.

SAINT-MAUR-DES-FOSSÉS (94100), bur. centr. de cant. du Val-de-Marne, dans une boucle de la Marne ; 76 076 hab. *(Saint-Mauriens).* Lunetterie. – Église des XIIe-XIVe s. ; musée.

SAINT-MAURICE n.m., riv. du Canada (Québec), qui se jette dans le Saint-Laurent (r. g.) à Trois-Rivières ; 520 km.

SAINT-MAURICE (94410), comm. du Val-de-Marne, au S.-E. de Paris ; 14 662 hab. *(Mauriciens).*

SAINT-MAURICE, v. de Suisse (Valais), sur le Rhône ; 4 191 hab. *(Agaunois).* Abbaye d'Agaune, fondée au VIe s. (église des XVIIe-XXe s. ; riche trésor).

SAINT-MAURICE-L'EXIL (38550), comm. de l'Isère ; 6 237 hab. *(Samauritains).* Centrale nucléaire, dite « de Saint-Alban », sur le Rhône.

SAINT-MAX (54130), bur. centr. de cant. de Meurthe-et-Moselle ; 9 892 hab. *(Maxois).*

SAINT-MAXIMIN-LA-SAINTE-BAUME (83470), bur. centr. de cant. du Var ; 16 472 hab. Basilique Ste-Madeleine (XIIIe-XVIe s. ; grand orgue de 1773) ; centre culturel dans l'anc. couvent.

SAINT-MÉDARD-D'EXCIDEUIL (24160), comm. de la Dordogne ; 543 hab. *(Médardiens).* Fabrication de chaussons de danse et de ballerines.

SAINT-MÉDARD-EN-JALLES (33160), comm. de la Gironde ; 31 235 hab. *(Saint-Médardais).* Industrie aérospatiale. Armement.

SAINT-MÉEN-LE-GRAND [-meɛ̃] (35290), comm. d'Ille-et-Vilaine ; 4 783 hab. *(Mévennais).* Église des XIIe-XIVe s., anc. abbatiale.

Saint-Michel (ordre de), ordre de chevalerie français. Créé par Louis XI en 1469, supprimé par la Révolution, il fut rétabli de 1815 à 1830.

SAINT-MICHEL-DE-MAURIENNE (73140), comm. de la Savoie, sur l'Arc ; 2 712 hab. Centrales hydroélectriques. Métallurgie. – Espace Alu (musée consacré à l'aluminium).

SAINT-MICHEL-L'OBSERVATOIRE ou **SAINT-MICHEL-DE-PROVENCE** (04870), comm. des Alpes-de-Haute-Provence ; 1 268 hab. Observatoire d'astrophysique du CNRS.

SAINT-MICHEL-SUR-ORGE (91240), comm. de l'Essonne ; 20 337 hab. *(Saint-Michellois).*

SAINT-MIHIEL (55300), bur. centr. de cant. de la Meuse, sur la Meuse ; 4 263 hab. *(Sammiellois).* Groupe sculpté de L. Richier dans chacune des deux églises.

Saint-Mihiel (bataille de) [24 sept. 1914], bataille de la Première Guerre mondiale. Victoire des Allemands qui s'emparèrent de Saint-Mihiel (Meuse) dans le but d'isoler Verdun. Les Français tentèrent vainement de reprendre la ville en 1915. — bataille de **Saint-Mihiel** (12 - 15 sept. 1918), bataille de la Première Guerre mondiale. Victoire des Américains sur les Allemands, chassés définitivement des Hauts de Meuse.

SAINT-MORITZ, en all. **Sankt Moritz,** en romanche **San Murezzan,** comm. de Suisse (Grisons) ; 5 202 hab. Grande station d'altitude et de sports d'hiver (alt. 1 856 - 3 303 m), dans la haute Engadine, au bord du *lac de Saint-Moritz.*

SAINT-NAZAIRE (44600), ch.-l. d'arrond. de la Loire-Atlantique, à l'embouchure de la Loire ; 72 333 hab. *(Nazairiens)* [148 578 hab. dans l'agglomération]. Avant-port de Nantes. Constructions navales et aéronautiques. – Festival des musiques du monde (« les Escales »). – Écomusée. Centre de création artistique LIFE (Lieu international des formes émergentes) dans l'anc. base de sous-marins allemands (1941 - 1943).

SAINT-NECTAIRE (63710), comm. du Puy-de-Dôme ; 723 hab. *(Saint-Nectairiens)*. Station thermale (affections des reins). Fromages. – Belle église romane auvergnate (XIIe s. ; trésor).

SAINT-NICOLAS, en néerl. **Sint-Niklaas,** v. de Belgique, ch.-l. d'arrond. de la Flandre-Orientale ; 73 280 hab. Musée régional.

SAINT-NICOLAS-DE-PORT (54210), comm. de la Meurthe-et-Moselle, sur la Meurthe ; 7 693 hab. *(Portois)*. Basilique de pèlerinage des XVe-XVIe s.

SAINT-NOM-LA-BRETÈCHE (78860), comm. des Yvelines ; 5 168 hab. *(Nonnais-Bretèchois)*. Golf.

Saint-Office (congrégation du), congrégation romaine créée par Paul III en 1542 sous le nom de *Congrégation de la Suprême Inquisition* pour combattre les progrès du protestantisme. Elle prit le nom de *Saint-Office* en 1908 et, en 1917, fut chargée de la censure des livres (ancien Index). Devenue en 1965 *Congrégation pour la doctrine de la foi*, elle statue sur toutes les questions de foi et de morale.

SAINT-OGAN (Alain), *Colombes 1895 - Paris 1974*, dessinateur et journaliste français, créateur de la bande dessinée française moderne (*Zig* et Puce*).

SAINT-OMER (62500), ch.-l. d'arrond. du Pas-de-Calais, sur l'Aa ; 15 130 hab. *(Audomarois)*. Importante basilique des XIIIe-XVe s. (œuvres d'art) ; vestiges de l'abbaye St-Bertin ; musées.

SAINTONGE n.f., anc. province de l'ouest de la France correspondant au sud de l'actuel dép. de la Charente-Maritime ; hab. *Saintongeais* ; cap. *Saintes*. Elle fut réunie à la Couronne en 1375 par Charles V.

SAINT-ORENS-DE-GAMEVILLE (31650), comm. de la Haute-Garonne, banlieue sud-est de Toulouse ; 11 887 hab. *(Saint-Orennais)*.

SAINT-OUEN [sɛ̃twɛ̃] (93400), bur. centr. de cant. de la Seine-Saint-Denis, sur la Seine ; 48 763 hab. *(Audoniens)*. Marché aux puces. Les Docks, écoquartier en cours d'aménagement (siège du conseil régional d'Île-de-France, depuis 2019).

SAINT-OUEN-L'AUMÔNE (95310), bur. centr. de cant. du Val-d'Oise, sur l'Oise ; 24 719 hab. Restes de l'abbaye de Maubuisson (XIIIe s.), auj. centre d'art.

SAINT-PALAIS-SUR-MER (17420), comm. de la Charente-Maritime ; 4 010 hab. Station balnéaire.

SAINT-PANTALÉON-DE-LARCHE (19600), bur. centr. de cant. de la Corrèze ; 4 905 hab. *(Saint-Pantaléonnais)*.

SAINT PAUL, v. des États-Unis, cap. du Minnesota, sur le Mississippi ; 297 640 hab. (2 801 553 hab. dans l'agglomération). Elle forme avec Minneapolis une conurbation.

SAINT-PAUL, île du sud de l'océan Indien, partie des terres Australes* et Antarctiques françaises. Formée par un volcan, elle est inhabitée.

SAINT-PAUL (97460), ch.-l. d'arrond. de La Réunion ; 107 464 hab. *(Saint-Paulois)*.

SAINT-PAUL-DE-VENCE (06570), comm. des Alpes-Maritimes, au S. de Vence ; 3 521 hab. *(Saint-Paulois)*. Anc. bourg fortifié ; centre touristique et artistique (Fondation Maeght : art moderne).

SAINT-PAUL-LÈS-DAX (40990), comm. des Landes ; 13 638 hab. *(Saint-Paulois)*. Église au chevet roman sculpté.

SAINT-PAUL-TROIS-CHÂTEAUX (26130), comm. de la Drôme ; 9 456 hab. *(Tricastins)*. Site d'une partie de la centrale nucléaire du Tricastin. Revêtement de sol. – Cathédrale romane des XIIe-XIIIe s. Musée d'archéologie.

SAINT-PÉRAY (07130), comm. de l'Ardèche ; 7 815 hab. *(Saint-Pérollais)*. Vins blancs.

SAINT-PÈRE (89450), comm. de l'Yonne, au pied de la colline de Vézelay ; 325 hab. *(Saint-Pèrois)*. Église gothique ; musée relatif aux fouilles du site gallo-romain des Fontaines-Salées.

▲ **Saint-Pétersbourg.** Le palais d'Hiver (1754-1762), par Bartolomeo Francesco Rastrelli.

SAINT-PÉTERSBOURG, de 1914 à 1924 **Petrograd,** et de 1924 à 1991 **Leningrad,** v. de Russie, à l'embouchure de la Neva ; 4 848 742 hab. Port et anc. cap. de la Russie. Centre industriel (constructions mécaniques, industries textiles et chimiques, etc.) et touristique (nombreuses manifestations culturelles au cours des « nuits blanches » entourant le solstice d'été [juin]). – Fondée par Pierre le Grand en 1703, Saint-Pétersbourg devint la capitale de la Russie en 1712. – Les principales constructions du XVIIIe s. et du début du XIXe sont l'œuvre des Italiens Rastrelli (palais d'Hiver) et Quarenghi (théâtre de l'Ermitage), des Français Vallin de La Mothe (académie des Beaux-Arts, Petit-Ermitage) et Thomas de Thomon (Bourse), des Russes Adrian Zakharov (Amirauté) et Karl Rossi, etc. Musée de l'Ermitage* et Musée russe. – Théâtre principal des révolutions de 1905 et de 1917, la ville fut évacuée en 1918 par le Conseil des commissaires du peuple, qui s'établit à Moscou. Elle soutint un difficile siège contre les Allemands de 1941 à 1944.

SAINT PETERSBURG, v. des États-Unis (Floride), sur la baie de Tampa ; 253 693 hab. (2 783 243 hab. dans l'agglomération). Port.

SAINT PHALLE (Marie Agnès, dite Niki **de**), *Neuilly-sur-Seine 1930 - San Diego, Californie, 2002*, peintre et sculptrice française. Membre du groupe des « nouveaux réalistes » dans les années 1960, elle est connue pour ses « Nanas » hautes en couleur, opulentes jusqu'au gigantisme.

▲ Niki de **Saint Phalle.** *L'Oiseau de feu*, 1983. (Place Igor-Stravinsky, Paris.)

SAINT-PHILBERT-DE-GRAND-LIEU (44310), bur. centr. de cant. de la Loire-Atlantique ; 9 019 hab. *(Philibertins)*. Église des IXe-XIe s., anc. abbatiale.

SAINT-PIERRE, v. des îles Anglo-Normandes, ch.-l. de Guernesey ; 16 488 hab. Port. Centre touristique. – Église et château du XIIIe s. ; Hauteville House, maison de Victor Hugo.

SAINT-PIERRE (97250), ch.-l. d'arrond. de la Martinique ; 4 229 hab. *(Pierrotins)*. C'était la ville la plus peuplée de l'île (26 000 hab.) avant sa destruction, le 8 mai 1902, par une « nuée ardente » lors de l'éruption de la montagne Pelée.

SAINT-PIERRE (97410), ch.-l. d'arrond. de La Réunion ; 85 011 hab. (155 980 hab. dans l'agglomération) *[Saint-Pierrois]*.

SAINT-PIERRE, ch.-l. de l'archipel de *Saint-Pierre-et-Miquelon* ; 5 631 hab. Port et pêche. Tribunal supérieur d'appel.

Saint-Pierre, basilique de Rome, au Vatican. Des fouilles ont permis de reconnaître dans ses fondations une tombe qui serait celle de saint Pierre. Consacrée en 326 sous Constantin, la basilique fut reconstruite à partir de 1506 sur les plans de Bramante, de Michel-Ange (édifice en croix grecque sous coupole), puis de Maderno (nef prolongée en croix latine et façade). Longtemps le plus vaste des temples chrétiens, elle contient de nombreuses œuvres d'art. Place avec colonnade de Bernin.

▲ La place et la basilique **Saint-Pierre,** à Rome.

SAINT-PIERRE (Charles Irénée **Castel,** abbé **de**), *Saint-Pierre-Église 1658 - Paris 1743*, théoricien politique français. Il est l'auteur d'un *Projet de paix perpétuelle* (1713), préconisant une confédération des États européens, et d'un *Discours sur la polysynodie* (1718), critique de l'absolutisme de Louis XIV. (Acad. fr., exclu en 1718.)

SAINT-PIERRE (Eustache **de**) → **EUSTACHE DE SAINT-PIERRE.**

SAINT-PIERRE-DES-CORPS (37700), bur. centr. de cant. d'Indre-et-Loire, banlieue de Tours ; 16 188 hab. *(Corpopétrussiens)*. Gare de triage. Mécanique.

SAINT-PIERRE-D'OLÉRON (17310), bur. centr. de cant. de la Charente-Maritime, au centre de l'*île d'Oléron* ; 6 901 hab. Lanterne des morts du XIIIe s.

SAINT-PIERRE-EN-AUGE, comm. du Calvados ; 8 098 hab. *(Pétruviens)*. Anc. abbaye (église surtout du XIIIe s.) ; halles en charpente.

SAINT-PIERRE-ET-MIQUELON (97500), archipel français d'Amérique du Nord, au S. de Terre-Neuve, formant une collectivité d'outre-mer *(collectivité territoriale de Saint-Pierre-et-Miquelon)* ; ch.-l. *Saint-Pierre* ; 242 km² ; 6 260 hab. L'archipel est formé de l'*île Saint-Pierre* (26 km² ; 5 631 hab.) et de *Miquelon* (216 km² ; 629 hab.), qui est constituée en fait de deux îles reliées par un isthme sableux : *Miquelon*, ou *Grande Miquelon*, et Langlade, ou *Petite Miquelon*. Pêcheries et conserveries. – Fréquenté par des pêcheurs français dès le XVIe s., l'archipel est disputé entre les Anglais et les Français, qui l'acquièrent définitivement en 1816. Territoire (1946), puis département (1976) d'outre-mer, il devient une collectivité territoriale en 1985. Le nouveau cadre institutionnel défini pour l'outre-mer en 2003 en fait une collectivité d'outre-mer (dont le statut est précisé en 2007).

SAINT-PIERRE-QUIBERON (56510), comm. du Morbihan, dans la presqu'île de Quiberon ; 2 121 hab. *(Saint-Pierrois)*. Centre touristique.

SAINT-POL-DE-LÉON (29250), bur. centr. de cant. du Finistère ; 6 866 hab. (*Saint-Politains* ou *Léonards*). Marché des primeurs. – Cathédrale (XIIIe-XVIe s.) et chapelle du Kreisker (XIVe-XVe s.).

SAINT-POL ROUX (Paul Roux, dit), *Saint-Henry, près de Marseille, 1861 - Brest 1940*, poète français. Héritier du symbolisme, il fut considéré par les surréalistes comme un maître de l'image luxuriante et rare (*les Reposoirs de la procession*, 1893-1907 ; *la Dame à la faulx*, 1899).

SAINT-POL-SUR-MER (59430), anc. comm. du Nord, rattachée à Dunkerque en 2010. Plage.

SAINT-POL-SUR-TERNOISE (62130), bur. centr. de cant. du Pas-de-Calais ; 5 253 hab. Agroalimentaire.

SAINT-PONS-DE-THOMIÈRES [-pɔ̃-] (34220), bur. centr. de cant. de l'Hérault ; 2 065 hab. Église fortifiée en partie du XIIe s., anc. abbatiale, puis cathédrale (orgues de 1772) ; petit musée de préhistoire.

SAINT-PORCHAIRE (17250), bur. centr. de cant. de la Charente-Maritime ; 1 881 hab. *(Saint-Porcherois).* Château de la Roche-Courbon, des XVe-XVIIe s.

SAINT-POURÇAIN-SUR-SIOULE (03500), bur. centr. de cant. de l'Allier ; 5 220 hab. *(Saint-Pourcinois).* Vins. – Église des XIe-XIXe s., anc. abbatiale.

SAINT-PRIEST [-prijɛst] (69800), comm. du Rhône, banlieue de Lyon ; 45 433 hab. *(San-Priots).* Mécanique. Industrie automobile.

Saint-Privat (bataille de) [18 août 1870], bataille de la guerre franco-allemande. Défaite des Français devant les Prussiens à Saint-Privat (auj. Saint-Privat-la-Montagne, Moselle), qui obligea Bazaine à se replier dans Metz.

SAINT-QUAY-PORTRIEUX (22410), comm. des Côtes-d'Armor ; 3 161 hab. *(Quinocéens).* Station balnéaire.

SAINT-QUENTIN (02100), ch.-l. d'arrond. de l'Aisne, sur la Somme ; 57 232 hab. *(Saint-Quentinois).* Industries mécaniques (dont motocycles), électriques et alimentaires. – Grande église collégiale des XIIIe-XVe s. Musée Antoine-Lécuyer (pastels de M. Quentin de La Tour). Musée des Papillons. Village des métiers d'antan et musée Motobécane. – La ville fut ravagée en 1557 par les Espagnols.

Saint-Quentin (canal de), canal unissant l'Escaut à l'Oise, de Cambrai à Chauny ; 92 km.

SAINT-QUENTIN-EN-YVELINES, agglomération des Yvelines (ville nouvelle de 1970 à 2003), entre Versailles et Rambouillet *(Saint-Quentinois).* Golf. – Musée de la Ville. Centre culturel dans l'anc. commanderie des templiers de La Villedieu.

SAINT-RAPHAËL (83700), bur. centr. de cant. du Var, sur la Méditerranée ; 35 909 hab. *(Raphaëlois).* Station balnéaire. – Église de style roman provençal ; musée archéologique. – Mémorial de l'armée française d'Afrique (1975). – Un des lieux du débarquement franco-américain du 15 août 1944.

Saint-Pierre-et-Miquelon

SAINT-RÉMY (71100), bur. centr. de cant. de Saône-et-Loire ; 6 740 hab. *(San-Rémois).*

SAINT-RÉMY-DE-PROVENCE (13210), comm. des Bouches-du-Rhône ; 9 993 hab. *(Saint-Rémois).* Musée archéologique et musée des Alpilles. Circuit Van Gogh. À proximité, vestiges de l'antique *Glanum,* avec l'arc et le mausolée romains du « plateau des Antiques » ; anc. monastère de St-Paul-de-Mausole (XIIe-XIIIe s., cloître).

SAINT-RENAN (29290), bur. centr. de cant. du Finistère ; 8 303 hab. *(Renanais).* Gisement d'étain.

SAINT-RIQUIER (80135), comm. de la Somme ; 1 265 hab. *(Centulois).* Grande église, rebâtie au XVIe s. en style flamboyant, d'une anc. abbaye d'origine carolingienne ; centre culturel dans les bâtiments abbatiaux, du XVIIe s.

SAINT-ROMAIN-EN-GAL (69560), comm. du Rhône, en face de Vienne ; 1 914 hab. *(Romanères).* Vestiges d'un remarquable ensemble urbain allant du Ier s. au début du IIIe s. ; musée archéologique.

Saint-Sacrement (Compagnie du), congrégation de laïques et de prêtres, fondée vers 1630 par Henri de Lévis, duc de Ventadour. Créée dans un dessein de charité mais aussi pour lutter contre le libertinage ambiant, elle agissait dans le secret. Son zèle provoqua sa disparition en 1665.

SAINT-SAËNS [-sɑ̃s] (Camille), *Paris 1835 - Alger 1921,* compositeur français. Virtuose du piano et de l'orgue, improvisateur-né, attaché à la perfection formelle et à l'école française, il écrivit notamm. des ouvrages lyriques (*Samson et Dalila,* 1877), une symphonie avec orgue, des poèmes symphoniques *(Danse macabre), le Carnaval des animaux,* 5 concertos pour piano, des pages pour orgue et de la musique de chambre.

▲ Camille **Saint-Saëns.**
(Musée du Conservatoire de musique, Naples.)

SAINT-SAULVE [-solv] (59880), comm. du Nord ; 11 305 hab. *(Saint-Saulviens).* Métallurgie.

SAINT-SAUVEUR-LE-VICOMTE (50390), comm. de la Manche ; 2 247 hab. *(Saint-Sauveurais).* Château féodal. Musée Barbey-d'Aurevilly.

SAINT-SAVIN (86310), comm. de la Vienne, sur la Gartempe ; 893 hab. *(Saint-Savinois).* Anc. abbatiale (2e moitié du XIe s.) offrant le plus important ensemble de peintures pariétales romanes conservé en France (v. 1100).

SAINT-SÉBASTIEN, en esp. **San Sebastián,** v. d'Espagne (Pays basque), ch.-l. de la prov. de Guipúzcoa ; 186 370 hab. Station balnéaire. Port. – Festival international du film.

SAINT-SÉBASTIEN-SUR-LOIRE (44230), comm. de la Loire-Atlantique ; 27 135 hab. *(Sébastiennais).*

Saint-Sépulcre, le plus important sanctuaire chrétien de Jérusalem, élevé sur le lieu où, selon la Tradition, Jésus fut enseveli. La basilique construite par Constantin (IVe s.) a disparu. L'actuel édifice (en partie du XIXe s.) conserve des éléments de l'époque des croisés.

Saint-Sépulcre (ordre du), ordre pontifical dont les premiers statuts remontent au début du XIIe s. Il fut réorganisé en 1847 par Pie IX, qui le plaça sous l'autorité du patriarche latin de Jérusalem.

SAINT-SEVER [-səve] (40500), comm. des Landes, sur l'Adour ; 4 985 hab. *(Saint-Séverins).* Confection (à base de plumes et duvets). – Église en partie romane (chapiteaux), anc. abbatiale bénédictine ; anc. couvent des Jacobins (musée).

Saint-Siège, ensemble des organismes (curie romaine) qui secondent le pape dans l'exercice de ses fonctions de gouvernement.

SAINT-SIMON (Claude Henri **de Rouvroy,** comte **de**), *Paris 1760 - id. 1825,* philosophe et économiste français. Il prit part à la guerre de l'Indépendance américaine et, dès le début de la Révolution française, rompit avec son état nobiliaire. Se fondant sur une religion de la science et la constitution d'une nouvelle classe d'industriels, il chercha à définir un socialisme planificateur et technocratique (*le Catéchisme des industriels,* 1823-1824), qui eut une grande influence sur certains industriels du second Empire (les frères Pereire, F. de Lesseps).

SAINT-SIMON (Louis **de Rouvroy,** duc **de**), *Paris 1675 - id. 1755,* écrivain français. Dans ses *Mémoires,* qui vont de 1694 à 1723, il relate, dans un style imagé et elliptique, les incidents de la vie à la cour de Louis XIV, ses efforts pour défendre les prérogatives des ducs et pairs, et fait le portrait des grands personnages de son temps.

Saint-Sulpice (Compagnie des prêtres de), société de prêtres séculiers *(sulpiciens),* fondée à Vaugirard, en 1641, par Jean-Jacques Olier. Celui-ci, devenu curé de Saint-Sulpice de Paris en 1642, en fixa le siège dans sa paroisse. Les sulpiciens forment les futurs prêtres.

Saint-Sulpice (église), grande église située près du Luxembourg, à Paris. Elle fut reconstruite à partir de 1646 et terminée pour l'essentiel en 1745 par Servandoni, auteur de sa façade à l'antique. Chapelle peinte par Delacroix.

SAINT-SULPICE-LA-POINTE (81370), bur. centr. de cant. du Tarn ; 9 000 hab. *(Saint-Sulpiciens).*

SAINT-SYMPHORIEN-D'OZON (69360), bur. centr. de cant. du Rhône ; 5 734 hab. *(Symphorinois).*

SAINT-SYMPHORIEN-SUR-COISE (69590), comm. du Rhône ; 3 711 hab. *(Pelauds).* Imposante église des XIIIe-XVe s.

SAINT-THÉGONNEC-LOC-EGUINER (29410), comm. du Finistère ; 2 762 hab. Pardon en septembre. – Bel enclos paroissial des XVIe-XVIIIe s.

SAINT THOMAS (île), la plus peuplée des îles Vierges américaines (Antilles) ; cap. *Charlotte Amalie.*

SAINT-TROJAN-LES-BAINS (17370), comm. de la Charente-Maritime, dans l'île d'Oléron ; 1 365 hab. Station balnéaire. Thalassothérapie.

SAINT-TROND, en néerl. **Sint-Truiden,** v. de Belgique (Limbourg) ; 39 769 hab. Collégiale Notre-Dame, gothique, et autres monuments du Grote Markt ; petits musées.

SAINT-TROPEZ [-pe] (83990), comm. du Var, sur le *golfe de Saint-Tropez* ; 4 392 hab. *(Tropéziens).* Importante station balnéaire et touristique. Armement. Rassemblement de voiliers (« les Voiles de Saint-Tropez »). – Citadelle des XVIe-XVIIe s. (musée de l'Histoire maritime tropézienne) ; musée de l'Annonciade (peinture moderne). – Un des lieux du débarquement franco-américain du 15 août 1944.

SAINT-VAAST-LA-HOUGUE [-va-] (50550), comm. de la Manche ; 1 869 hab. *(Saint-Vaastais).* Station balnéaire. Ostréiculture. – Fort du XVIIe s.

SAINT-VALERY-EN-CAUX (76460), bur. centr. de cant. de la Seine-Maritime ; 4 361 hab. *(Valériquais).* Port de pêche. Station balnéaire.

SAINT-VALERY-SUR-SOMME (80230), comm. de la Somme ; 2 664 hab. *(Valéricains).* Port et station balnéaire. – Fortifications médiévales de la ville haute ; église surtout du XIVe s.

SAINT-VALLIER (26240), bur. centr. de cant. de la Drôme ; 4 110 hab. *(Saint-Valliérois).* Aéronautique.

SAINT-VINCENT (cap), en port. **São Vicente,** cap du Portugal, à l'extrémité sud-ouest de la péninsule Ibérique.

Saint-Vincent-de-Paul (Société), organisation internationale de laïques catholiques, vouée à l'action charitable. Elle fut fondée à Paris, en 1833, par Frédéric Ozanam et six autres jeunes gens.

SAINT-VINCENT-DE-TYROSSE (40230), bur. centr. de cant. des Landes ; 7 916 hab. Agroalimentaire.

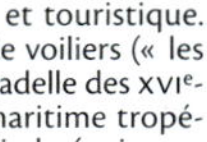

SAINT-VINCENT-ET-LES-GRENADINES n.m., État des Petites Antilles ; 388 km² ; 109 000 hab. (*Saint-Vincentais-et-Grenadins* ou *Vincentais*). **CAP.** *Kingstown.* **LANGUE :** *anglais.* **MONNAIE :** *dollar des Caraïbes orientales.* (V. carte **Petites Antilles***.) Tourisme. – État formé de l'*île de Saint-Vincent* (345 km²) et d'une partie des Grenadines, indépendant depuis 1979 dans le cadre du Commonwealth.

SAINT-VIT (25410), bur. centr. de cant. du Doubs ; 4 897 hab. *(Saint-Vitois).*

SAINT-VITH, en all. **Sankt Vith,** comm. de Belgique (prov. de Liège), dans les Ardennes, près de la frontière allemande ; 9 479 hab.

SAINT-VULBAS (01150), comm. de l'Ain, sur le Rhône ; 1 210 hab. Centrale nucléaire « du Bugey ».

SAINT-YORRE (03270), comm. de l'Allier ; 2 772 hab. *(Saint-Yorrais).* Eaux minérales.

SAINT-YRIEIX-LA-PERCHE [-irje-] (87500), bur. centr. de cant. de la Haute-Vienne ; 7 256 hab. *(Arédiens).* Ancien centre de l'extraction du kaolin. – Collégiale romane et gothique.

SAÏS, v. anc. de la Basse-Égypte, sur le delta du Nil, dont les princes fondèrent la XXVIe dynastie (664 - 525 av. J.-C.).

SAISIES (col des), col routier des Alpes françaises, dans le nord de la Savoie ; 1 603 m. Sports d'hiver (alt. 1 603 - 1 950 m).

SAISSET (Bernard), *m. en 1314,* prélat français. Évêque de Pamiers, célèbre par ses démêlés avec Philippe le Bel, contre lequel il soutint le pape.

SAJAMA n.m., sommet des Andes, en Bolivie ; 6 520 m.

SAKAI, v. du Japon (Honshu) ; 842 134 hab.

SAKALAVA ou **SAKALAVES,** population de l'ouest de Madagascar (env. 550 000).

SAKARYA n.m., fl. de Turquie, qui se jette dans la mer Noire ; 790 km. Hydroélectricité.

SAKHA, jusqu'en 1991 **Iakoutie,** république de Russie, en Sibérie ; 3 103 200 km² ; 958 291 hab. ; cap. *Iakoutsk.* Les Iakoutes de souche ne représentent que le tiers de la population de cet immense territoire, qui compte environ 50 % de Russes.

SAKHA → **IAKOUTES.**

SAKHALINE (île), île montagneuse de la Russie, à l'E. de l'Asie, entre la mer d'Okhotsk et celle du Japon ; 87 100 km² ; 497 899 hab. Pêcheries. Houille, pétrole et gaz naturel. – Partagée en 1905 entre le Japon et la Russie, qui l'occupait depuis les années 1850, elle a été entièrement annexée par l'URSS en 1945.

SAKHAROV (Andreï Dmitrievitch), *Moscou 1921 - id. 1989,* physicien soviétique. Auteur de contributions importantes en physique des particules, il a joué un grand rôle dans la mise au point de la bombe H soviétique. Il fut dans les années 1970 - 1980, avec sa femme Elena **Bonner** *(1923 - 2011),* un ardent défenseur des droits de l'homme en URSS. Son nom a été donné à un prix « pour la liberté de l'esprit », créé (1985) et décerné chaque année (depuis 1988) par le Parlement européen. (Prix Nobel de la paix 1975.)

▲ Andreï **Sakharov**

SAKKARAH → **SAQQARAH.**

SALABERRY-DE-VALLEYFIELD, anc. **Valleyfield,** v. du Canada (Québec), sur le Saint-Laurent ; 40 745 hab. *(Campivallensiens).* Centre industriel.

SALACROU (Armand), *Rouen 1899 - Le Havre 1989,* auteur dramatique français. Son théâtre, à mi-chemin du vaudeville et du drame symbolique, traite les problèmes humains et sociaux du monde moderne *(l'Inconnue d'Arras, Boulevard Durand).*

SALADIN Ier, en ar. **Ṣalāḥ al-Dīn Yūsuf,** *Takrit 1138 - Damas 1193,* sultan ayyubide d'Égypte (1171 - 1193) et de Syrie (1174 - 1193). Il réunit sous son autorité l'Égypte, le Hedjaz, la Syrie et la Mésopotamie et se fit le champion de la guerre sainte. Il remporta sur les Latins la bataille de Hattin et s'empara de Jérusalem (1187), ce qui provoqua la troisième croisade. Une paix fut conclue (1192), qui laissait la Syrie et la Palestine intérieure à Saladin, mais presque toute la côte aux Francs.

SALADO (río), riv. d'Argentine, affl. du Paraná (r. dr.) ; 2 000 km.

Salafiyya n.f., courant réformiste de l'islam qui, au XIXe s., prônait un retour à la religion pure des anciens *(salafi).*

Salagou, barrage et retenue (couvrant 1 000 ha env.) du dép. de l'Hérault, au pied des Cévennes.

SALAM (Abdus), *Jhang 1926 - Oxford 1996,* physicien pakistanais. Il proposa, en 1967, une théorie qui permet d'unifier l'interaction électromagnétique et l'interaction faible. (Prix Nobel 1979.)

SALAMANQUE, en esp. **Salamanca,** v. d'Espagne (Castille-León), ch.-l. de prov. ; 144 436 hab. Université. – L'une des villes d'Espagne les plus riches en monuments du Moyen Âge, de la Renaissance, etc. ; Plaza Mayor (XVIIIe s.) ; Musée provincial.

SALAMINE, ancienne v. de Chypre. Elle fut au Ier millénaire la cité la plus importante de l'île. – Nécropole des VIIIe-VIIe s. av. J.-C. et ruines du IIe s. au VIe s. apr. J.-C.

Salamine (bataille de) [sept. 480 av. J.-C.], bataille de la seconde guerre médique. Victoire de la flotte grecque commandée par Thémistocle sur la flotte du Perse Xerxès Ier, non loin des côtes de l'île de Salamine, dans le golfe d'Égine.

SALAN (Raoul), *Roquecourbe, Tarn, 1899 - Paris 1984,* général français. Commandant en chef en Indochine (1952 - 1953), puis en Algérie (1956 - 1958), il joua un rôle important dans l'appel au général de Gaulle (1958), dont il combattit ensuite la politique algérienne. En 1961, il participa au putsch d'Alger*, puis fonda l'OAS. Arrêté en 1962 et condamné à la détention perpétuelle, il fut libéré en 1968 et amnistié en 1982.

SALANG (col du), col d'Afghanistan, au N. de Kaboul. Tunnel routier.

SALAVAT, v. de Russie (Bachkortostan) ; 156 085 hab. Pétrochimie.

SALAZAR (António **de Oliveira**), *Vimieiro, près de Santa Comba Dão, 1889 - Lisbonne 1970,* homme politique portugais. Professeur d'économie politique, ministre des Finances (1928), président du Conseil en 1932, il dirigea la politique portugaise à partir de 1933. Il institua l'« État nouveau » (l'*Estado novo*), régime autoritaire fondé sur le nationalisme, le catholicisme, le corporatisme et l'anticommunisme. À partir de la fin des années 1950, il dut faire face à une opposition intérieure grandissante puis, après 1960, aux mouvements nationaux en Afrique portugaise. Il démissionna en 1968 pour raisons de santé.

▲ António de Oliveira **Salazar** en 1940.

SALAZIE (97433), comm. de La Réunion, à l'entrée du *cirque de Salazie* ; 7 493 hab. Tourisme.

SALBRIS [-bri] (41300), bur. centr. de cant. de Loir-et-Cher ; 5 468 hab. *(Salbrisiens).*

SALDANHA (João Carlos **de Saldanha Oliveira e Daun, duc de**), *Azinhaga 1790 - Londres 1876,* homme politique et maréchal portugais. Petit-fils de Pombal, il fut en 1835, puis de 1846 à 1849 et de 1851 à 1856, le véritable maître du pays.

SALÉ, v. du Maroc, à l'embouchure du Bou Regreg, faubourg de Rabat ; 982 163 hab. dans l'agglomération. Aéroport. – Fortifications du XIIIe s.

SALEH (Ali Abdallah) → **SALIH** (Ali Abdallah al-).

SALEH (Barham), *Sulimaniya 1960,* homme politique irakien. Membre de l'Union patriotique du Kurdistan (UPK) à partir de 1976, il est président de la république d'Iraq depuis 2018.

SALEM, v. des États-Unis, cap. de l'Oregon ; 161 637 hab.

SALEM, v. d'Inde (Tamil Nadu) ; 693 236 hab. (919 150 hab. dans l'agglomération).

SALENGRO (Roger), *Lille 1890 - id. 1936,* homme politique français. Ministre de l'Intérieur du Front populaire (juin 1936), il se suicida après avoir été l'objet d'une campagne de calomnies menée par la presse d'extrême droite.

SALERNE, v. d'Italie (Campanie), ch.-l. de prov., sur le *golfe de Salerne* ; 134 887 hab. Centre commercial, industriel et touristique. – Cathédrale remontant à la fin du XIe s. ; musées. – École de médecine célèbre au Moyen Âge.

SALERNES (83690), comm. du Var ; 3 993 hab. *(Salernois).* Céramique. – Musée Terra Rossa.

SALERS [salɛrs] (15410), comm. du Cantal ; 339 hab. *(Sagraniers).* Tourisme. La localité a donné son nom à une race bovine. Fromages. – Enceinte, église et maisons surtout du XVe s.

SALETTE-FALLAVAUX (La) [38970], comm. de l'Isère ; 70 hab. Pèlerinage à la basilique N.-D.-de-la-Salette, construite sur le lieu où la Vierge serait apparue à deux jeunes bergers en 1846.

SALÈVE (mont), montagne des Alpes françaises (Haute-Savoie). Téléphérique.

SALGADO (Sebastião), *Aimorés, Minas Gerais, 1944,* photographe brésilien. Opposé à l'image « volée », il partage le quotidien des communautés dont il devient le témoin *(Sahel : l'homme en détresse,* 1986 ; *la Main de l'homme,* 1993 ; *Terra,* 1997 ; *Exodes,* 2000).

SALICETI ou **SALICETTI** (Antoine), *Saliceto 1757 - Naples 1809,* homme politique français. Député de la Corse (1789 et 1792), favorable au rattachement à la France, il fut membre du Conseil des Cinq-Cents et ministre de Joseph Bonaparte à Naples.

SALIERI (Antonio), *Legnago 1750 - Vienne 1825,* compositeur italien. Il se fixa à Vienne et composa des opéras *(les Danaïdes,* 1784 ; *Falstaff,* 1799) et de la musique religieuse. La légende selon laquelle il aurait empoisonné à Vienne son rival, Mozart, est sans fondement.

SALIES-DE-BÉARN [salis-] (64270), comm. des Pyrénées-Atlantiques ; 4 901 hab. *(Salisiens).* Station thermale. Literie. – Vieilles maisons.

SALIES-DU-SALAT [salis-] (31260), comm. de la Haute-Garonne ; 1 922 hab. *(Salisiens).* Station thermale.

SALIH (Ali Abdallah al-) ou **SALEH** (Ali Abdallah), *Biet Alahamar, région de Sanaa, 1942 - Sanaa 2017,* maréchal et homme politique yéménite. Président de la République arabe du Yémen (Yémen du Nord) à partir de 1978, puis de la république du Yémen, unifiée, à partir de 1990, il doit, sous la pression d'un fort mouvement de contestation, abandonner la majorité de ses prérogatives en 2011 et quitter le pouvoir en 2012. Il est tué pendant la guerre civile.

SALIN-DE-GIRAUD (13129), écart de la comm. d'Arles, dans la Camargue. Salines et chimie.

SALINDRES (30340), comm. du Gard ; 3 362 hab. *(Salindrois).* Alumine.

SALINE, bur. centr. de cant. du Calvados ; 5 562 hab. Vestiges d'une abbaye médiévale.

SALINGER (Jerome David), *New York 1919 - Cornish, New Hampshire, 2010,* écrivain américain. Ses récits et son roman *(l'Attrape-cœurs,* 1951) expriment les obsessions et la révolte de la jeunesse américaine contre le conformisme.

SALINS-LES-BAINS (39110), comm. du Jura ; 2 877 hab. *(Salinois).* Station thermale. – Église du XIIIe s. ; galeries souterraines (XIIe s.) des salines.

Saliout, famille de stations orbitales soviétiques satellisées autour de la Terre entre 1971 et 1982.

SALISBURY, v. de Grande-Bretagne (Angleterre), sur l'Avon ; 43 355 hab. Importante cathédrale gothique du XIIIe s. ; maisons anciennes.

SALISBURY → **HARARE.**

SALISBURY (Robert **Cecil, marquis de**), *Hatfield 1830 - id. 1903,* homme politique britannique. Chef du parti conservateur après la mort de Disraeli (1881), ministre des Affaires étrangères et Premier ministre (1885 - 1892, 1895 - 1902), il combattit le nationalisme irlandais et favorisa le développement de l'Empire, surtout en Afrique ; il dut régler l'affaire de Fachoda (1898) et mena la guerre des Boers (1899 - 1902).

▲ **Salerne.** L'école de médecine. Miniature du *Canon Maior* ou *Canon de la médecine* (XIVe-XVe s.) d'Avicenne. (Bibliothèque municipale de Bologne.)

SALL (Macky), *Fatick 1961*, homme politique sénégalais. Ingénieur géologue de formation, ministre des Mines (2001 - 2003), de l'Intérieur (2003 - 2004), puis Premier ministre (2004 - 2007) et président de l'Assemblée nationale (2007 - 2008), il est président de la République depuis 2012.

SALLANCHES (74700), bur. centr. de cant. de la Haute-Savoie ; 16 722 hab. *(Sallanchards)*. Centre touristique. Fabrication de skis. Décolletage.

SALLÉ (Marie), *1707 ? - Paris 1756*, danseuse française. Élégante et raffinée, rivale de Camargo à l'Opéra de Paris, chorégraphe novatrice, elle participa à l'essor du ballet-pantomime (*Pygmalion*, 1734) et travailla avec Rameau.

SALLES (33770), bur. centr. de cant. de la Gironde ; 6 913 hab. *(Sallois)*.

SALLES-LA-SOURCE (12330), bur. centr. de cant. de l'Aveyron ; 2 278 hab. Mégalithes.

SALLUIT, village du Canada, dans le nord du Québec, sur le détroit d'Hudson ; 1 483 hab. *(Sallumiuts)*.

SALLUSTE, en lat. **Caius Sallustius Crispus,** *Amiternum, Sabine, 86 - v. 35 av. J.-C.*, historien romain. Protégé de César, gouverneur de Numidie (46), où il fit fortune, il se fit construire à Rome, sur le Quirinal, une maison superbe *(Horti Sallustiani)*. À la mort du dictateur, en 44, il se retira et écrivit des ouvrages historiques (*Guerre de Jugurtha, Conjuration de Catilina, Histoires*).

SALMAN, *Riyad 1935*, roi d'Arabie saoudite (depuis 2015). Il succède à son demi-frère Abd Allah.

SALMANASAR III, roi d'Assyrie (858 - 823 av. J.-C.). Successeur de son père, Assournazirpal II (883 - 858), il mena des campagnes en Ourartou et en Syrie, mais ne put vaincre les rois araméens. Il fut un grand constructeur (vestiges de Nimroud).

Salo (république de) ou **République sociale italienne** (sept. 1943 - avril 1945), régime politique établi par Mussolini après sa libération par les Allemands et qui avait pour centre la ville de Salo, sur la rive occidentale du lac de Garde.

SALOMÉ, *m. v. 72 apr. J.-C.*, princesse juive, fille d'Hérodiade. Poussée par sa mère, elle obtint de son beau-père, Hérode Antipas, la tête de saint Jean-Baptiste pour prix de sa danse.

SALOMON (îles) ou **SALOMON,** en angl. **Solomon Islands** ou **Solomon,** État d'Océanie, en Mélanésie ; 30 000 km² ; 561 000 hab. (*Salomonais* ou *Salomoniens*). **CAP.** *Honiara* (67 610 hab.). **LANGUE :** *anglais*. **MONNAIE :** *dollar des îles Salomon*. (V. carte **Océanie.**) Pêche. Bois. Coprah. Cacao. – Partagé en 1899 entre la Grande-Bretagne (partie orientale) et l'Allemagne (Bougainville et Buka), l'archipel a été, de 1942 à 1945, le théâtre de violents affrontements entre Américains et Japonais. L'ancienne partie allemande, sous tutelle australienne à partir de 1921, dépend depuis 1975 de la Papouasie-Nouvelle-Guinée. La partie britannique, qui constitue l'État actuel, a accédé à l'indépendance en 1978.

SALOMON, troisième roi des Hébreux (v. 970 - 931 av. J.-C.), selon la Bible. Fils et successeur de David, il fortifia et organisa le royaume de son père, lui assura la prospérité et, surtout, fit bâtir le Temple de Jérusalem. Le réveil de l'antagonisme entre les tribus du Nord et celles du Sud provoqua, à sa mort, la scission en deux royaumes : Juda et Israël. La sagesse de Salomon est illustrée par le jugement qu'il prononça en présence de deux femmes qui se disputaient un nouveau-né : le roi ayant ordonné de fendre l'enfant en deux pour en donner la moitié à chacune, l'une des deux femmes poussa un cri, prouvant ainsi qu'elle était sa vraie mère.

SALOMON (Erich), *Berlin 1886 - Auschwitz 1944*, photographe allemand. Son utilisation du petit format, ses instantanés à la lumière ambiante en intérieur et son souci de la vérité font de lui le créateur du reportage photographique moderne.

SALON-DE-PROVENCE (13300), bur. centr. de cant. des Bouches-du-Rhône ; 45 461 hab. *(Salonais)*. École de l'air et École militaire de l'air. Patrouille de France. – Centrale hydroélectrique sur la Durance canalisée. – Monuments anciens ; musées.

SALONE ou **SALONA,** auj. **Solin,** anc. cap. de la province romaine de Dalmatie (auj. banlieue de Split, Croatie). Vestiges romains et paléochrétiens.

SALONEN (Esa-Pekka), *Helsinki 1958*, chef d'orchestre et compositeur finlandais. Très impliqué dans le répertoire du XXe s. (Stravinsky, Ligeti), il a présidé à nombre de créations. Directeur musical de l'Orchestre philharmonique de Los Angeles (1992 - 2009), il est à la tête du Philharmonia de Londres depuis 2008.

SALONIQUE → **THESSALONIQUE.**

SALOUEN n.f. ou n.m., fl. d'Asie du Sud-Est, né au Tibet et qui rejoint l'océan Indien ; 2 800 km. Elle sépare la Birmanie de la Thaïlande.

SALOUM n.m., fl. du Sénégal, qui se jette dans l'Atlantique ; 250 km.

Salpêtrière (la), hôpital parisien (XIIIe arrond.). Bâtiments du XVIIe s. (chapelle par Bruant).

SALSES → **LEUCATE** (étang de).

SALSIGNE (11600), comm. de l'Aude, dans la Montagne Noire ; 415 hab. Anc. mine d'or.

SALT (Strategic Arms Limitation Talks), négociations menées de 1969 à 1979 entre les États-Unis et l'URSS sur la limitation des armements stratégiques.

SALTA, v. d'Argentine, dans les Andes ; 536 113 hab. Marché régional.

SALTILLO, v. du nord-est du Mexique, cap. d'État ; 725 095 hab. (823 098 hab. dans l'agglomération). Industries. – Cathédrale du XVIIIe s.

SALT LAKE CITY, v. des États-Unis, cap. de l'Utah, près du Grand lac Salé ; 190 884 hab. (1 040 172 hab. dans l'agglomération). Centre industriel, fondé en 1847 par les mormons.

SALTO, v. d'Uruguay, sur le fleuve Uruguay ; 104 028 hab. Port fluvial. Centre industriel. Barrage sur l'Uruguay (hydroélectricité).

SALTYKOV-CHTCHEDRINE (Mikhaïl Ievgrafovitch **Saltykov,** dit), *Spas-Ougol 1826 - Saint-Pétersbourg 1889*, écrivain russe. Ses récits forment une satire de la société provinciale (*la Famille Golovlev*, 1880).

SALUCES, en ital. **Saluzzo,** v. d'Italie (Piémont) ; 16 955 hab. Ce fut le chef-lieu d'un marquisat fondé en 1142, conquis par la Savoie en 1601.

salut (Armée du), organisation religieuse d'origine méthodiste, fondée par W. Booth à Londres, en 1865. Connue jusqu'en 1878 sous le nom de « Mission chrétienne », organisée sur le modèle militaire, elle joint le prosélytisme à l'action sociale.

SALUT (îles du), petit archipel de la Guyane, au N. de Cayenne (île du Diable, etc.). Ancien établissement pénitentiaire.

SALVADOR n.m., en esp. **El Salvador,** État d'Amérique centrale, sur le Pacifique ; 21 000 km² ; 6 340 000 hab. *(Salvadoriens)*. **CAP.** *San Salvador*. **LANGUE :** *espagnol*. **MONNAIE :** *dollar des États-Unis*. (V. carte **Honduras.**)

GÉOGRAPHIE Ce pays, au climat tropical, formé de massifs volcaniques ouverts par la vallée du Lempa, a pour ressources essentielles des cultures vivrières (maïs, riz) et commerciales (coton, agrumes et surtout café). La population, en grande majorité métissée, est très dense.

HISTOIRE **XVIe s. :** conquise par l'Espagne, la région est rattachée à la capitainerie générale du Guatemala. **1822 :** après la proclamation de l'indépendance (1821), le pays est rattaché de force au Mexique. **1823 - 1838 :** il constitue une des Provinces-Unies d'Amérique centrale. **1841 :** le Salvador devient une république. **Fin du XIXe s. :** le pays connaît une succession de conflits entre libéraux et conservateurs. **1931 - 1944 :** le général Maximiliano Hernández Martínez impose sa dictature. **1950 - 1956 :** sous la présidence du colonel Óscar Osorio, des réformes sociales sont entreprises. **1969 :** la « guerre du football » oppose le Salvador au Honduras. **1972 :** les militaires imposent leur candidat contre celui de l'opposition, José Napoleón Duarte. Dès lors sévissent guérilla (dont plusieurs mouvements s'unissent en 1980 pour former le Front Farabundo Martí pour la libération nationale, ou FMLN) et terrorisme. **1980 - 1982 :** un putsch installe Duarte à la tête de l'État. **1984 - 1989 :** élu président de la République, ce dernier essaie d'engager un processus de paix dans le pays. Le Salvador signe avec le Costa Rica, le Guatemala, le Honduras et le Nicaragua des accords (1987 et 1989) visant à rétablir la paix en Amérique centrale. **1989 :** Alfredo Cristiani, candidat de l'Alliance républicaine nationaliste (ARENA, droite), est élu à la présidence de la République. **1992 :** les négociations entre le gouvernement et la guérilla aboutissent à un accord de paix qui met fin à onze ans de guerre civile. Le FMLN se transforme en un parti de gauche et devient une composante majeure de la vie politique. Mais l'ARENA se maintient à la tête de l'État avec les présidents Armando Calderón Sol (1994 - 1999), Francisco Flores (1999 - 2004) et Elías Antonio Saca (2004 - 2009). **2009 :** l'élection de Mauricio Funes à la présidence de la République marque l'accession au pouvoir du FMLN. **2014 :** l'anc. guérillero Salvador Sánchez Cerén (FMLN) lui succède à la tête de l'État. **2019 :** la victoire de Nayib Bukele à l'élection présidentielle met fin à trois décennies de bipartisme.

SALVADOR, anc. **Bahia,** v. du Brésil, cap. de l'État de Bahia ; 2 480 790 hab. (3 946 582 hab. dans l'agglomération). Centre industriel et commercial. – Églises baroques (XVIIe-XVIIIe s.) ; musées.

SALVADOR (Henri), *Cayenne 1917 - Paris 2008*, chanteur français. Également parolier et compositeur, fantaisiste-né, il a interprété dès les années 1950 d'immenses succès (*Le lion est mort ce soir, Syracuse, Zorro est arrivé, Le travail c'est la santé*) et mené une carrière d'une remarquable longévité (*Chambre avec vue*, 2000).

SALVIATI (Francesco **de' Rossi,** dit Cecchino), *Florence 1510 - Rome 1563*, peintre italien. Maniériste, il fut un décorateur fécond.

SALZACH n.f., riv. d'Autriche et d'Allemagne, affl. de l'Inn (r. dr.) ; 220 km. Elle passe à Salzbourg.

▲ **Salzbourg**

SALZBOURG, en all. **Salzburg,** v. d'Autriche, ch.-l. de la *prov. de Salzbourg*, sur la Salzach ; 145 270 hab. Archevêché. Université. – Monuments médiévaux et baroques ; musées. – Ville natale de Mozart (festival de musique annuel).

SALZGITTER, v. d'Allemagne (Basse-Saxe) ; 98 895 hab. Métallurgie. Construction mécanique.

SALZKAMMERGUT n.m., région des Préalpes autrichiennes. Salines.

Sam (Oncle) ou **Uncle Sam,** personnification ironique des États-Unis, dont le nom est tiré des lettres *U.S.Am* (United States of America).

SAMANI (pic Ismaïl-), anc. **pic Staline,** puis **pic du Communisme,** sommet du Pamir, au Tadjikistan ; 7 495 m.

SAMANIDES, dynastie iranienne, qui régna en Transoxiane et au Khorasan de 874 à 999.

SAMAR, île des Philippines ; 1 650 022 hab.

SAMARA, de 1935 à 1990 **Kouïbychev,** v. de Russie, sur la Volga ; 1 164 896 hab. Port fluvial. Centrale hydroélectrique. Centre industriel.

SAMARIE, région de la Palestine centrale. (Hab. *Samaritains*.) — **Samarie,** anc. v. de Palestine, fondée v. 880 av. J.-C., cap. du royaume d'Israël. Sa destruction en 721 av. J.-C. par Sargon II marqua la fin du royaume d'Israël. Elle fut magnifiquement reconstruite par Hérode le Grand, qui lui donna le nom de *Sébasté* (auj. Sabastiyya).

SAMARINDA, v. d'Indonésie, dans l'est de Bornéo ; 726 223 hab. Port.

Samaritain (le Bon), personnage principal d'une parabole de l'Évangile, proposé comme un modèle de la véritable charité.

SAMARKAND, v. d'Ouzbékistan, en Asie centrale ; 361 339 hab. Agroalimentaire. Tourisme. – Monuments des XIVe-XVIIe s., dont les mausolées à coupole de la nécropole de Chah-e Zendeh et celui de Timur Lang, le Gur-e Mir. – Timur Lang en fit sa capitale à la fin du XIVe s. Samarkand fut conquise par les Russes en 1868.

SAMARRA, v. d'Iraq, au N. de Bagdad. Capitale des califes abbassides de 836 à 892. – Vestiges de mosquées et de palais.

SAMATAN (32130), bur. centr. de cant. du Gers, sur la Save ; 2 484 hab. *(Samatanais).* Marché agricole (volailles ; foie gras).

SAMBIN (Hugues), *Gray 1518 - Dijon v. 1601,* menuisier, sculpteur et architecte français. Il est l'un des principaux protagonistes de la Renaissance en Bourgogne (armoire, au Louvre ; façade du palais de justice de Besançon ; etc.).

SAMBRE n.f., riv. de France et de Belgique, affl. de la Meuse (r. g.), à Namur ; 190 km. Elle passe à Maubeuge et à Charleroi.

SAMBREVILLE, comm. de Belgique (prov. de Namur) ; 27 526 hab.

SAMET, SÁMI ou **SAAME** → **LAPONS.**

SAMMARTINI (Giovanni Battista), *Milan 1700 ou 1701 - id. 1775,* compositeur italien. Il a contribué au développement de l'art instrumental classique (sonates, symphonies, concertos).

SAMNITES, peuple italique établi dans le Samnium. Les Samnites furent soumis par Rome au IIIe s. av. J.-C., après trois longues guerres de 343 à 290 ; c'est au cours de cette lutte que les Romains subirent l'humiliante défaite des fourches Caudines (321 av. J.-C.).

SAMNIUM, dans l'Antiquité, région montagneuse de l'Italie centrale, habitée par les Samnites.

SAMOA n.f. pl., archipel d'Océanie, formé de l'État des *Samoa* et des *Samoa américaines.* Découvert en 1722 par les Néerlandais, l'archipel fut partagé en 1900 entre Américains *(Samoa américaines)* et Allemands (*Samoa occidentales,* auj. *Samoa*).

SAMOA, anc. **Samoa occidentales,** État d'Océanie ; 2 842 km² ; 190 000 hab. (*Samoans* ou *Samoens*). **CAP.** *Apia.* **LANGUES :** *samoan* et *anglais.* **MONNAIE :** *tala.* (V. carte **Océanie.**) Coprah. Bananes et agrumes. Pêche. Tourisme. – Sous tutelle néo-zélandaise à partir de 1920, les Samoa occidentales deviennent indépendantes en 1962, entrent dans le Commonwealth en 1970, à l'ONU en 1976, et prennent le nom de Samoa en 1997.

SAMOA AMÉRICAINES, parfois **Samoa orientales,** partie orientale et dépendance américaine de l'archipel des Samoa (197 km² ; 55 519 hab.). [V. carte **Océanie.**] Elles sont administrées par un gouverneur dépendant de Washington.

SAMOËNS [-mɔɛ̃s] (74340), comm. de la Haute-Savoie ; 2 456 hab. *(Septimontains).* Sports d'hiver (alt. 720 - 2 480 m). – Église du XVIe s. ; jardin botanique alpin.

SAMORY TOURÉ, *Manyambaladougou v. 1830 - N'Djolé 1900,* chef malinké. Il se constitua à partir de 1861 un empire à l'est du Niger, se heurtant dès 1882 aux Français. Sa politique d'islamisation forcée provoqua l'insurrection de 1888 - 1890. Après la reprise de l'offensive française (1891), il abandonna son ancien domaine et conquit une partie de la Côte d'Ivoire et du Ghana. Il fut arrêté par les Français en 1898.

SAMOS, île grecque de la mer Égée, proche de la Turquie ; 472,5 km² ; 32 760 hab. ; ch.-l. *Samos* (6 275 hab.). Vestiges, dont ceux du grand temple d'Héra, fondé au VIIIe s. av. J.-C., et ceux du tunnel qui alimentait la ville en eau ; musée. – Vins doux.

SAMOTHRACE, île grecque de la mer Égée, près des côtes de la Thrace ; 178 km² ; 2 840 hab. En 1863 y fut mise au jour la célèbre statue de la *Victoire** (Louvre). Vestiges antiques ; musée.

SAMOYÈDES, ensemble de peuples de Russie (toundra du nord de l'Europe au Ienisseï, presqu'île de Taïmyr, taïga de Sibérie occidentale) [env. 40 000]. Composés de quatre groupes (Nenets*, Enets, Nganasans et Selkoupes), ils se partagent entre chasseurs et pêcheurs (semi-nomades), et éleveurs de rennes (nomades). Formellement convertis à l'orthodoxie, ils restent chamanistes. Leurs langues forment un sous-groupe de la famille finno-ougrienne.

▲ **Samarkand.** La madrasa Chir Dor (« aux lions »), sur la place du Rigestan, XVIIe s.

SAMPAIO (Jorge Fernando **Branco de**), *Lisbonne 1939,* homme politique portugais. Secrétaire général du Parti socialiste (1989 - 1992), maire de Lisbonne (1990 - 1995), il a été président de la République de 1996 à 2006.

SAMPIERO D'ORNANO ou **CORSO** → **ORNANO.**

SAMPRAS (Pete), *Washington 1971,* joueur de tennis américain. Il a remporté cinq titres à Flushing Meadow (1990, 1993, 1995, 1996 et 2002), sept à Wimbledon (1993, 1994, 1995, 1997, 1998, 1999 et 2000) et deux aux Internationaux d'Australie (1994 et 1997).

SAMSON, *XIIe s. av. J.-C.,* un des Juges d'Israël. Âme de la résistance contre les Philistins, célèbre pour sa force herculéenne, qui résidait dans sa chevelure, il fut vaincu par Dalila, qui lui coupa les cheveux. Enfermé dans un temple philistin, il retrouva sa force et provoqua l'écroulement de l'édifice. – Son histoire a inspiré à Saint-Saëns un opéra en 3 actes, sur un livret de F. Lemaire (*Samson et Dalila,* 1877).

SAMSUN, v. de Turquie, sur la mer Noire ; 363 180 hab. Port.

SAMUEL, personnage biblique, prophète et dernier des Juges d'Israël. Les deux livres qui portent son nom couvrent la période qui va de l'institution de la monarchie, dans laquelle il joua un rôle important, à la fin du règne de David.

SAMUELSON (Paul Anthony), *Gary, Indiana, 1915 - Belmont, Massachusetts, 2009,* économiste américain. Auteur des *Fondements de l'analyse économique* (1947) et de *l'Économique* (1948), il a développé la théorie économique statique et dynamique. (Prix Nobel 1970.)

SAN → **BOCHIMANS.**

SANAA, cap. du Yémen, à 2 350 m d'alt. ; 2 418 680 hab. dans l'agglomération. Carrefour routier et centre artisanal. Pittoresque vieille ville aux maisons à étages en terre et en brique (endommagée en 2015, lors du conflit au Yémen).

SANAA (Sejima [Kazuyo] And Nishizawa [Ryue] And Associates), agence d'architecture japonaise fondée en 1995. Son minimalisme fluide privilégie la circulation intérieure, l'ouverture sur le dehors et l'intégration à l'environnement (musée d'Art contemporain du XXIe s., Kanazawa, 2004 ; Rolex Learning Center, Lausanne, 2010 ; musée du Louvre-Lens, 2012).

SANAGA n.f., principal fl. du Cameroun ; 520 km. Aménagements hydroélectriques.

SAN AGUSTÍN, v. de Colombie, au S. de Cali. Éponyme d'une culture précolombienne (VIe s. av. J.-C. - v. XIIe s. apr. J.-C.), elle est célèbre pour ses sculptures mégalithiques.

SANANDADJ, v. d'Iran, ch.-l. du Kurdistan iranien ; 311 446 hab.

SAN ANDREAS (faille de), fracture de l'écorce terrestre allant du golfe de Californie au N. de San Francisco.

SAN ANTONIO, v. des États-Unis (Texas) ; 1 436 697 hab. (1 585 001 hab. dans l'agglomération). Centre touristique et industriel.

San-Antonio, policier truculent et burlesque, personnage principal d'une série de romans de Frédéric Dard (175 romans publiés à partir de 1949 ; série poursuivie, à la mort de l'auteur, par son fils, Patrice Dard).

SANARY-SUR-MER (83110), comm. du Var ; 16 427 hab. *(Sanaryens).* Station balnéaire.

SAN BERNARDINO n.m., col des Alpes suisses, entre la haute vallée du Rhin postérieur et la Moesa (affl. du Tessin) ; 2 065 m. Tunnel routier à 1 600 m.

SAN BERNARDINO, v. des États-Unis (Californie) ; 215 213 hab. Alimentation. Aéronautique.

SAN BERNARDO, v. du Chili, banlieue sud de Santiago ; 237 708 hab.

SANCERRE (18300), bur. centr. de cant. du Cher, près de la Loire ; 1 459 hab. *(Sancerrois).* Vins.

SANCERROIS n.m., région de collines s'étendant à l'O. de Sancerre. Vins blancs (surtout).

SANCHE, nom porté (XIe-XIIIe s.) par de nombreux souverains d'Aragon, de Castille, de León, de Navarre et de Portugal. — **Sanche Ier Ramírez,** *1043 - Huesca 1094,* roi d'Aragon (1063 - 1094) et de Navarre (Sanche V) [1076 - 1094]. Il mena vigoureusement la Reconquista. — **Sanche III Garcés el Grande** ou **el Mayor,** *v. 992 - 1035,* roi de Navarre (v. 1000 - 1035), comte de Castille (1028 - 1029). Dominant presque toute l'Espagne chrétienne, il prit, le premier, le titre de *rex Iberorum.* — **Sanche Ier o Povoador,** *Coimbra 1154 - id. 1211,* roi de Portugal (1185 - 1211), de la dynastie de Bourgogne. Il colonisa et organisa les territoires du Sud (Algarve) pris sur les Almohades.

SÁNCHEZ (Pedro), *Madrid 1972,* homme politique espagnol. Secrétaire général du Parti socialiste ouvrier (2014 - 2016 et depuis 2017), il est président du gouvernement depuis 2018.

Sancho Pança, écuyer de Don* Quichotte, dans le roman de Cervantès. Son bon sens s'oppose aux folles imaginations de son maître.

SANCHUNG, v. de Taïwan, banlieue nord-ouest de Taipei ; 380 084 hab.

SANCI, haut lieu de l'art bouddhique indien (Madhya Pradesh). Nombreux stupas aux vedika et toranas sculptés, sanctuaires et monastères, du IIe s. av. J.-C. au XIe s. apr. J.-C. Riche musée.

SANCOINS (18600), comm. du Cher ; 3 159 hab. *(Sancoinais).* Marché.

SAN CRISTÓBAL, v. du Venezuela, cap. de l'État de Táchira ; 263 765 hab.

SANCY (puy de), point culminant du Massif central (France), dans les monts Dore ; 1 885 m. Téléphérique.

SAND (Aurore **Dupin,** baronne **Dudevant,** dite George), *Paris 1804 - Nohant 1876,* femme de lettres française. Femme de passions (J. Sandeau, Musset, P. Leroux, Chopin) et de convictions,

auteure de romans d'inspiration sentimentale (*Indiana*, 1832 ; *Lélia*, 1833), sociale (*Consuelo*, 1842-1843) et rustique (*la Mare au diable*, 1846 ; *François le Champi*, 1847-1848 ; *la Petite Fadette*, 1849), elle a aussi laissé une autobiographie (*Histoire de ma vie*, 1854-1855) et une immense *Correspondance*.

▲ George **Sand** par A. Charpentier. (Musée Carnavalet, Paris.)

SANDAGE (Allan Rex), *Iowa City, Iowa, 1926 - San Gabriel, Californie, 2010*, astrophysicien américain. Ses travaux portent sur l'Univers extragalactique et la cosmologie. Il découvrit le premier quasar (1960) en identifiant la contrepartie optique d'une radiosource compacte. (Prix Crafoord 1991.)

SANDBURG (Carl), *Galesburg, Illinois, 1878 - Flat Rock, Caroline du Sud, 1967*, poète américain. Marqué par l'unanimisme*, il trouve son inspiration dans la civilisation urbaine et industrielle de l'Amérique moderne (*Fumée et acier*, 1920).

SANDEAU (Julien, dit Jules), *Aubusson 1811 - Paris 1883*, écrivain français. Romancier (*Mademoiselle de La Seiglière*, *la Roche aux mouettes*), il fut l'amant de G. Sand, à qui il donna son nom de plume. (Acad. fr.)

SANDER (August), *Herdorf, Rhénanie-Palatinat, 1876 - Cologne 1964*, photographe allemand. Son témoignage sur toutes les couches sociales de l'Allemagne prénazie est d'un réalisme parfois féroce.

SANDERS (Farrell, dit Pharoah), *Little Rock 1940*, saxophoniste américain de jazz. Marqué par John Coltrane*, dont il intègre la formation à la fin de 1964, il devient, avec ses improvisations lyriques, d'inspiration mystique et africaine, une figure majeure du free-jazz (*Karma*, album, 1969).

SANDGATE, station balnéaire de Grande-Bretagne (Angleterre), sur le pas de Calais.

Sandhurst (école militaire de), école militaire britannique interarmes de l'armée de terre. Créée en 1801 à Sandhurst, elle fut transférée en 1947 à Camberley (auj. Frimley Camberley).

SAN DIEGO, v. des États-Unis (Californie), sur le Pacifique (*baie de San Diego*) ; 1 381 069 hab. (3 119 757 hab. dans l'agglomération). Base navale et port de pêche (thon). Constructions aéronautiques. – Convention internationale de la bande dessinée (« Comic-Con International »). – Parcs zoologiques. Institut océanographique ; musées.

SANDOMIERZ, v. du sud-est de la Pologne, sur la Vistule ; 24 894 hab. Cathédrale et hôtel de ville des XIVe-XVIIe s.

SANDWICH (îles) → **HAWAII.**

SANEM, v. du Luxembourg méridional ; 14 470 hab. Métallurgie.

▲ Vue de **San Francisco,** avec le Bay Bridge.

SAN FRANCISCO, v. des États-Unis (Californie), sur la *baie de San Francisco*, qui s'ouvre sur le Pacifique par la Golden Gate (détroit franchi par un pont célèbre) ; 852 469 hab. (3 681 072 hab. dans l'agglomération). Port important, débouché de la région ouest des États-Unis. Centre industriel (raffinage du pétrole, construction navale et automobile). – Musées d'art ; musée consacré à Walt Disney. – Détruite par un séisme en 1906, la ville fut rapidement reconstruite.

San Francisco (conférences de), réunions internationales nées de la Seconde Guerre mondiale. La première conférence (25 avr.-26 juin 1945) établit la charte des Nations unies ; la seconde (4-8 sept. 1951) élabora le traité de paix (de San Francisco) entre le Japon et la plupart des Alliés.

SANGALLO (les), architectes florentins, maîtres de la Renaissance classique. — **Giuliano Giamberti,** dit **Giuliano da S.,** *Florence v. 1443 - id. 1516*, architecte italien. Il a donné les deux édifices les plus représentatifs de la fin du XVe s., la villa de Poggio a Caiano (entre Florence et Pistoia), qui annonce Palladio, et l'église S. Maria delle Carceri de Prato. — **Antonio Giamberti,** dit **Antonio da S. l'Ancien,** *Florence v. 1453 - id. v. 1534*, architecte italien, frère de Giuliano. Il collabora avec celui-ci (par ex. à St-Pierre de Rome), réalisa des forteresses, puis construisit à Montepulciano l'église S. Biagio (1518). — **Antonio Cordini,** dit **Antonio da S. le Jeune,** *Florence 1484 - Rome 1546*, architecte italien, neveu de Giuliano et d'Antonio. Il développa l'agence familiale au service des papes Médicis. Son palais Farnèse, à Rome, montre sa maîtrise des leçons antiques.

SANGATTE (62231), comm. du Pas-de-Calais ; 4 916 hab. (*Sangattois*). Station balnéaire.

SANGER (Frederick), *Rendcombe, Gloucestershire, 1918 - Cambridge 2013*, biochimiste britannique. Il étudia la structure des protéines et établit celle de la molécule d'insuline (1955). Dans les années 1970 - 1980, il détermina la structure de plusieurs ADN, notamm. viraux. (Prix Nobel de chimie 1958 et 1980.)

SANGHA n.f., riv. d'Afrique centrale, affl. du Congo (r. dr.) ; 1 700 km env.

SAN GIMIGNANO, v. d'Italie (Toscane) ; 7 663 hab. Cité médiévale, que dominent treize tours de palais. Cathédrale du XIIe s. (œuvres d'art) ; églises, dont S. Agostino (fresques de Gozzoli) ; musées.

SANGLI, v. d'Inde (Maharashtra) ; 436 639 hab.

SANGNIER (Marc), *Paris 1873 - id. 1950*, journaliste et homme politique français. Il développa dans le Sillon, mouvement créé en 1894, les idées d'un catholicisme social et démocratique. Désavoué par Pie X (1910), il fonda la Jeune République (1912). Il fut le créateur de la Ligue française des auberges de la jeunesse (1929).

SANGUINAIRES (îles), îles de Corse, à l'entrée du golfe d'Ajaccio.

SANHADJA, l'un des principaux groupes de tribus berbères, selon une classification historique héritée d'Ibn* Khaldun ; la dynastie marocaine des Almoravides s'y rattache.

SAN JOSÉ, cap. du Costa Rica, à plus de 1 100 m d'alt. ; 309 672 hab. (1 160 000 hab. dans l'agglomération). Musée national.

SAN JOSE ou **SAN JOSÉ**, v. des États-Unis (Californie) ; 1 015 785 hab. (1 789 819 hab. dans l'agglomération). Musée de l'Innovation technologique (« The Tech »).

SAN JOSÉ DE CÚCUTA → **CÚCUTA.**

SAN JUAN, v. d'Argentine, en bordure des Andes ; 109 123 hab.

SAN JUAN, cap. de Porto Rico ; 381 931 hab. (2 466 000 hab. dans l'agglomération). Noyau urbain remontant au XVIe s. ; musées.

SAN JUAN DE PASTO → **PASTO.**

SANJURJO (José), *Pampelune 1872 - Estoril 1936*, général espagnol. Il prépara le soulèvement militaire de 1936 avec Franco, mais périt dans un accident d'avion.

SANKT ANTON AM ARLBERG, station de sports d'hiver (alt. 1 304 - 2 811 m) d'Autriche (Tyrol) ; 2 490 hab.

SANKT FLORIAN, v. d'Autriche (Haute-Autriche), au S.-E. de Linz ; 5 976 hab. Célèbre abbaye reconstruite en style baroque (1686-1751) par Carlo Antonio Carlone et Jakob Prandtauer.

SANKT PÖLTEN, v. d'Autriche, ch.-l. de la Basse-Autriche ; 51 955 hab. Monuments baroques, dont la cathédrale (d'origine romane).

SAN LORENZO, v. du centre du Paraguay ; 202 745 hab.

SAN LUIS POTOSÍ, v. du Mexique, cap. de l'*État de San Luis Potosí* ; 772 828 hab. (1 040 822 hab. dans l'agglomération). Métallurgie. – Cathédrale et églises baroques ; musées.

SAN MARTÍN (José de), *Yapeyú 1778 - Boulogne-sur-Mer 1850*, général et homme politique argentin. En 1817 - 1818, il libéra le Chili et contribua à l'indépendance du Pérou, dont il devint Protecteur (1821). En désaccord avec Bolívar, il démissionna (1822) et s'exila en Europe.

SAN MIGUEL, v. du Salvador ; 158 136 hab.

SAN MIGUEL DE TUCUMÁN, v. du nord-ouest de l'Argentine ; 548 866 hab. (853 449 hab. dans l'agglomération). Université. Tourisme. – Centre d'époque coloniale ; musées.

SANNAZZARO (Iacopo), *Naples 1455 - id. 1530*, poète et humaniste italien. Son roman en prose et en vers, *l'Arcadie*, eut une influence capitale sur le genre pastoral.

SANNOIS (95110), comm. du Val-d'Oise, au pied des *buttes de Sannois* ; 27 589 hab.

SAN PEDRO, v. du sud-ouest de la Côte d'Ivoire ; 174 287 hab. Port.

SAN PEDRO SULA, v. du nord-ouest du Honduras ; 435 296 hab.

SANRAKU ou **KANO SANRAKU** → **KANO.**

SAN REMO ou **SANREMO**, v. d'Italie (Ligurie), sur la Méditerranée ; 53 617 hab. Station balnéaire. – Festival de la chanson italienne. – Église S. Siro, en partie du XIIIe s.

San Remo (conférence de) [19 - 26 avr. 1920], conférence de la fin de la Première Guerre mondiale. Les Alliés, réunis à San Remo, devaient débattre de l'exécution du traité de Versailles et préparer le traité de Sèvres avec l'Empire ottoman.

SANSAL (Boualem), *Theniet el-Had, Algérie, 1949*, écrivain algérien d'expression française. Il pourfend la politique de son pays natal et l'obscurantisme islamiste dans ses pamphlets (*Gouverner au nom d'Allah*, 2013) comme dans ses romans, où alternent veine picaresque et gravité du propos (*le Serment des barbares*, 1999 ; *le Village de l'Allemand*, 2008 ; *2084*, 2015).

SAN SALVADOR, cap. du Salvador ; 1 097 000 hab. dans l'agglomération. Située au pied du volcan *San Salvador*, elle fut plusieurs fois ravagée par des séismes.

SAN SALVADOR DE JUJUY, v. du nord-ouest de l'Argentine ; 265 249 hab.

SANSON, famille de bourreaux parisiens, d'origine florentine, dont les membres furent, de 1688 à 1847, exécuteurs des hautes œuvres à Paris. — **Charles S.,** *Paris 1740 - 1806*, guillotina Louis XVI.

SANSON (Véronique), *Boulogne-Billancourt 1949*, chanteuse et auteure-compositrice française. Pianiste de talent, elle compose des chansons aux textes sensibles, souvent intimes, sublimés par la mélodie et une voix unique (*Amoureuse*, *Besoin de personne*, *Vancouver*).

SANSOVINO (Andrea **Contucci,** dit [il]), *Monte San Savino, Arezzo, 1460 - id. 1529*, sculpteur italien. D'un classicisme délicat, il a travaillé à Florence (*Baptême du Christ* du baptistère, 1502-1505), à Rome, à Lorette. — **Jacopo Tatti,** dit [il] **S.,** *Florence 1486 - Venise 1570*, sculpteur et architecte italien, fils adoptif d'Andrea. Il a surtout travaillé à Venise (*loggetta* du campanile de St-Marc [1536-1540], Libreria Vecchia).

San Stefano (traité de) [3 mars 1878], traité conclu à l'issue de la guerre russo-turque de 1877 - 1878. Signé entre la Russie victorieuse et l'Empire ottoman vaincu à San Stefano (auj. Yeşilköy, près d'Istanbul), il favorisait l'influence russe dans les Balkans. Il fut révisé au congrès de Berlin (1878).

SANTA ANA, v. des États-Unis (Californie) ; 334 909 hab.

SANTA ANA, v. du Salvador, au pied du *volcan de Santa Ana* (2 386 m) ; 20 434 hab.

SANTA ANNA (Antonio **López de**), *Jalapa 1794 - Mexico 1876*, général et homme politique mexicain. Président de la République (1833), battu et fait prisonnier par les Texans (San Jacinto, 1836), il dut reconnaître l'indépendance du Texas. De nouveau battu par les Américains (1847), il s'exila avant la signature du traité (1848) consacrant la perte du Nouveau-Mexique et de la Californie. Il se proclama dictateur à vie en 1853, mais fut évincé en 1855.

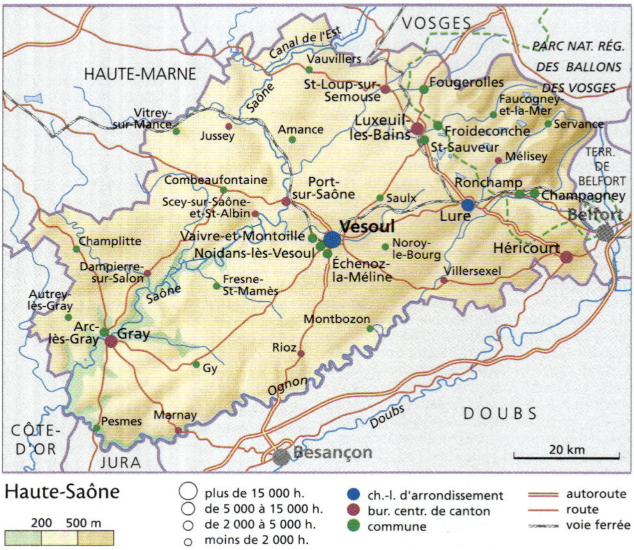

SANTA CATARINA, État du Brésil méridional ; 6 178 603 hab. ; cap. *Florianópolis.*

SANTA CLARA, v. de Cuba ; 219 457 hab. Mausolée de Che Guevara.

SANTA CRUZ, v. de Bolivie, à l'E. des Andes ; 1 653 073 hab. dans l'agglomération. Pôle de développement du pays : centre agricole (soja) et industriel, dans une région au riche sous-sol (hydrocarbures, métaux).

SANTA CRUZ (îles), archipel d'Océanie, partie orientale de l'État des Salomon.

SANTA CRUZ DE TENERIFE, ch.-l. des Canaries, et ch.-l. de prov., sur l'*île de Tenerife* ; 203 692 hab. Port. Raffinerie de pétrole.

SANTA FE, v. d'Argentine, près du Paraná ; 525 093 hab. Églises des XVIIe et XVIIIe s.

SANTA FE, v. des États-Unis, cap. du Nouveau-Mexique ; 67 947 hab. (144 170 hab. dans l'agglomération). Musées, dont celui du Nouveau-Mexique.

SANTA FE DE BOGOTA → **BOGOTA.**

SANTA ISABEL → **MALABO.**

SANTA MARIA, v. du Brésil, à l'O. de Porto Alegre ; 259 004 hab.

SANTA MARTA, v. de Colombie, sur la mer des Antilles ; 476 385 hab. Port.

SANTA MONICA, v. des États-Unis (Californie), sur l'océan Pacifique ; 89 736 hab. Station balnéaire. Constructions aéronautiques.

SANTANDER, v. d'Espagne, ch.-l. de la Cantabrique, sur le golfe de Gascogne ; 171 951 hab. Port. – Musée de Préhistoire et d'Archéologie. Centre Botín (centre d'art ; architecte : Renzo Piano).

SANTANDER (Francisco **de Paula**), *Rosario de Cúcuta 1792 - Bogota 1840,* homme politique colombien. Vice-président de la Grande-Colombie (1821 - 1828), il conspira contre Bolívar, s'exila, puis fut président de la Nouvelle-Grenade (1833 - 1837). Il est le fondateur de la Colombie moderne.

SANTARÉM, v. du Brésil, au confluent de l'Amazone et du Tapajós ; 291 122 hab. Port fluvial.

SANTARÉM, v. du Portugal (Ribatejo), sur le Tage ; 28 760 hab. Églises du XIIIe au XVIIe s. ; musée d'Archéologie médiévale.

SANTER (Jacques), *Wasserbillig 1937,* homme politique luxembourgeois. Premier ministre du Luxembourg (1984 - 1995), il a été président de la Commission européenne de 1995 à 1999.

SANTERRE (Antoine), *Paris 1752 - id. 1809,* général français. Il commanda la Garde nationale de Paris (1792 - 1793) pendant la Révolution et fut général de division en Vendée.

SANTIAGO, cap. du Chili ; 4 658 687 hab. (6 472 000 hab. dans l'agglomération). Archevêché. Université. Centre commercial et industriel. – Beaux parcs. Musées. – La ville fut fondée en 1541 par Pedro de Valdivia.

SANTIAGO, v. de Cuba, sur la côte sud-est de l'île ; 453 485 hab. Port. – Monuments d'époque coloniale. – Le 3 juill. 1898, lors de la guerre hispano-américaine, une escadre espagnole y fut détruite par la flotte américaine.

SANTIAGO ou **SANTIAGO DE LOS CABALLEROS,** v. de la Rép. dominicaine ; 622 101 hab. (804 000 hab. dans l'agglomération).

SANTIAGO DEL ESTERO, v. du nord de l'Argentine ; 267 125 hab.

SANTILLANA (Íñigo **López de Mendoza,** marquis de), *Carrión de los Condes 1398 - Guadalajara 1458,* homme de guerre et écrivain espagnol. Il introduisit le sonnet dans la poésie espagnole.

SÄNTIS n.m., sommet des Alpes suisses ; 2 502 m. Téléphérique.

SANTO ANDRÉ, v. du Brésil, banlieue industrielle de Sao Paulo ; 654 354 hab.

SANTORIN ou **THÍRA,** île de Grèce, qui donna son nom à un archipel du sud des Cyclades. Volcan actif. – Vestiges (habitat, peinture murale) d'Akrotíri, principal centre de la civilisation cycladique, détruit entre 1650 et 1500 av. J.-C. par une éruption volcanique.

SANTOS, v. du Brésil (État de Sao Paulo) ; 407 506 hab. Port. Exportation du café.

SANTOS CALDERÓN (Juan Manuel), *Bogota 1951,* homme politique colombien. Plusieurs fois ministre à partir de 1991, il a été président de la République de 2010 à 2018. En 2011, il lance des négociations avec la principale guérilla colombienne, qui aboutissent en 2016 à la signature d'un traité de paix. (Prix Nobel de la paix 2016.)

◄ Juan Manuel **Santos Calderón**

SANTOS-DUMONT (Alberto), *Palmyra, auj. Santos Dumont, Minas Gerais, 1873 - Sao Paulo 1932,* aéronaute et aviateur brésilien. Après avoir créé plusieurs modèles de dirigeables (1898 - 1905), il s'illustra comme pionnier de l'aviation, effectuant le 23 octobre 1906 le premier vol propulsé homologué en Europe. Ses avions du type *Demoiselle* sont les précurseurs des ULM.

SAO, ancienne population africaine non musulmane. Formés de groupes distincts par leur langue et leur mode de vie, les Sao s'établirent à partir du Ier s. au S. du lac Tchad. Des tumulus ont livré des statuettes d'argile et des bronzes.

SÃO BERNARDO DO CAMPO, v. du Brésil, banlieue industrielle de Sao Paulo ; 746 718 hab.

SÃO FRANCISCO n.m., fl. du Brésil, né dans le Minas Gerais et qui rejoint l'Atlantique ; env. 3100 km. Aménagements hydroélectriques.

SÃO GONÇALO, v. du Brésil, banlieue de Rio de Janeiro ; 945 752 hab.

SÃO JOÃO DE MERITI, v. du Brésil, banlieue de Rio de Janeiro ; 493 497 hab.

SÃO JOSÉ DOS CAMPOS, v. du Brésil, entre Sao Paulo et Rio de Janeiro ; 597 425 hab. (972 000 hab. dans l'agglomération). Centre pour la recherche. Industries de haute technologie.

SÃO LUÍS ou **SÃO LUÍS DO MARANHÃO,** v. du nord du Brésil, cap. de l'État de Maranhão, sur l'Atlantique ; 966 989 hab. (1 303 826 hab. dans l'agglomération). Vieux quartiers aux monuments des XVIIe-XVIIIe s.

SÃO MIGUEL, la plus grande île des Açores ; 747 km² ; 131 609 hab. ; ch.-l. *Ponta Delgada.*

SAÔNE [son] n.f., riv. de l'est de la France, née dans le dép. des Vosges, affl. du Rhône (r. dr.), qu'elle rejoint à Lyon ; 480 km ; bassin de près de 30 000 km². Elle passe à Chalon-sur-Saône et à Mâcon et régularise le régime du Rhône grâce à ses hautes eaux hivernales.

SAÔNE (Haute-) [70], dép. de la Région Bourgogne-Franche-Comté ; ch.-l. de dép. *Vesoul* ; ch.-l. d'arrond. *Lure* ; 2 arrond. ; 17 cant. ; 542 comm. ; 5 360 km² ; 245 130 hab. *(Haut-Saônois).* Le dép. appartient à l'académie et à la cour d'appel de Besançon, à la zone de défense et de sécurité Est. Aux confins des Vosges et de la Lorraine, il s'étend principalement sur les plateaux et les plaines encadrant le cours supérieur de la Saône, souvent boisés, domaines d'une polyculture à base céréalière et surtout de l'élevage (plus riche cependant dans les fonds de vallée). L'industrie est représentée par la construction automobile (à Vesoul et à Lure), la petite métallurgie et le travail du bois. La densité de population n'atteint pas la moitié de la moyenne nationale.

SAÔNE-ET-LOIRE n.f. (71), dép. de la Région Bourgogne-Franche-Comté ; ch.-l. de dép. *Mâcon* ; ch.-l. d'arrond. *Autun, Chalon-sur-Saône, Charolles, Louhans* ; 5 arrond. ; 29 cant. ; 567 comm. ; 8 574 km² ; 573 281 hab. *(Saône-et-Loiriens).* Le dép. appartient à l'académie et à la cour d'appel de Dijon, à la zone de défense et de sécurité Est. En dehors de la partie septentrionale de la Bresse, où l'élevage (bovins et volailles) est associé à la polyculture, et de la vallée de la Saône, qui juxtapose cultures céréalières, betteravières, maraîchères et prairies, il occupe le nord-est du Massif central. Le vignoble s'étend sur la côte chalonnaise et couvre le pied des monts du Mâconnais. L'élevage demeure la principale ressource du Charolais, séparé par le sillon Bourbince-Dheune des hauteurs boisées de l'Autunois, elles-mêmes limitées par le Morvan, également forestier. L'industrie, diversifiée, tient encore une place importante. Représentée surtout par la métallurgie de transformation, la chimie et le textile, elle est présente dans le sillon Bourbince-Dheune et dans la vallée de la Saône (grand axe de circulation).

SAO PAULO, en port. **São Paulo,** v. du Brésil, cap. de l'*État de Sao Paulo* ; 10 659 386 hab. *(Paulistes)* [19 924 458 hab. dans l'agglomération]. Université. Plus grande ville et métropole économique du Brésil. – Musées. Biennale d'art contemporain.

▲ **Sao Paulo**

SAO PAULO (État de), en port. **Estado de São Paulo,** État le plus peuplé du Brésil ; 248 256 km² ; 39 924 091 hab. ; cap. *Sao Paulo.*

SAO TOMÉ, cap. de Sao Tomé-et-Principe ; 60 000 hab.

SAO TOMÉ-ET-PRINCIPE n.m., en port. **São Tomé e Príncipe,** État d'Afrique, dans le golfe de Guinée ; 964 km² ; 193 000 hab. *(Santoméens).* **CAP.** *Sao Tomé.* **LANGUE :** *portugais.* **MONNAIE :** *dobra.* (V. carte **Gabon.**) Le pays est formé de deux îles, *Sao Tomé* (836 km²), qui regroupe plus de 95 % de la population totale, et *Principe* (ou *île du Prince* ; 128 km²). Production de cacao, café, huile de palme et coprah. – Ancienne colonie portugaise, indépendante depuis 1975.

SÃO VINCENTE, v. du Brésil, près de Santos ; 316 324 hab.

SAPIR (Edward), *Lauenburg, Allemagne, 1884 - New Haven, Connecticut, 1939,* linguiste américain. Il a dégagé la notion de phonème et proposé une nouvelle typologie des langues, fondée sur des critères formels (syntaxe et sémantique) et non plus historiques. C'est l'un des initiateurs du courant structuraliste.

SAPOR → **CHÂHPUHR.**

SAPPHO ou **SAPHO,** *Lesbos fin du VIIe s. - id. VIe s. av. J.-C.,* poétesse grecque. Les fragments qui nous sont parvenus de ses neuf livres de poèmes, très célèbres dans l'Antiquité, chantent la passion et le désir.

SAPPORO, v. du Japon, ch.-l. de l'île de Hokkaido ; 1 914 434 hab. (2 714 289 hab. dans l'agglomération). Centre administratif, commercial et industriel.

SAQQARAH ou **SAKKARAH,** village d'Égypte, faubourg de l'anc. Memphis. Immense nécropole aux nombreuses pyramides, dont celle à degrés, qui constitue un élément impressionnant du complexe funéraire de Djoser (XXVIIIe s. av. J.-C.). L'époque tardive est illustrée par le Serapeum*.

▲ **Saqqarah.** Entrée de l'enceinte à redans qui entourait le complexe funéraire du roi Djoser et sa pyramide à degrés ; Ancien Empire, IIIe dynastie.

SARAGAT (Giuseppe), *Turin 1898 - Rome 1988,* homme politique italien. Fondateur du Parti socialiste démocratique italien (1947), il fut président de la République de 1964 à 1971.

SARAGOSSE, en esp. **Zaragoza,** v. d'Espagne, cap. de l'Aragon, sur l'Èbre ; 664 938 hab. Archevêché (1317). Université (1474). Centre administratif, commercial et industriel. – Aljafería, anc. palais des souverains arabes, puis des Rois Catholiques ; cathédrale des XIIe-XVIe s., au riche mobilier (musée de tapisseries) ; basilique du Pilar (XVIIe-XVIIIe s.). Musée provincial. – La ville soutint un siège héroïque contre les Français (1808 - 1809).

SARAH ou **SARA,** personnage biblique, épouse d'Abraham et mère d'Isaac.

SARAJEVO, cap. de la Bosnie-Herzégovine ; 389 042 hab. *(Sarajéviens).* Mosquées turques ; musées. – La ville a été gravement touchée par la guerre civile en ex-Yougoslavie (1992 - 1995).

Sarajevo (attentat de) [28 juin 1914], attentat qui fut à l'origine de la Première Guerre mondiale. Il fut perpétré par le Serbe G. Princip contre l'archiduc François-Ferdinand, héritier du trône d'Autriche.

SARAKOLÉ → **SONINKÉ.**

SARAMAGO (José), *Azinhaga, district de Santarém, 1922 - Tías, Lanzarote, 2010,* écrivain portugais. Il développe dans ses romans une vision singulière de l'histoire de son pays, mêlant dans un style baroque fiction et réalité (*le Dieu manchot,* 1982 ; *le Radeau de pierre,* 1986 ; *Tous les noms,* 1997 ; *l'Autre comme moi,* 2002). [Prix Nobel 1998.]

SARAMAKA, société noire marronne du Suriname (env. 25 000). Descendants d'anciens esclaves ayant imposé leur émancipation aux Pays-Bas (1762), ils parlent un créole, le *saramaccan.*

SARAN (45770), comm. du Loiret ; 16 529 hab. *(Saranais).* Logistique.

SARANSK, v. de Russie, cap. de la Mordovie, à l'O. de la Volga ; 297 425 hab.

SARASATE (Pablo de), *Pampelune 1844 - Biarritz 1908,* violoniste espagnol. Lalo et Saint-Saëns composèrent pour lui respectivement la *Symphonie espagnole* et le *Concerto en si mineur.*

SARASIN (Jean-François), *Caen v. 1615 - Pézenas 1654,* poète français. Rival de Voiture, il fut l'un des meilleurs poètes de la société précieuse.

SARATOGA SPRINGS ou **SARATOGA,** v. des États-Unis (État de New York), au N. d'Albany ; 26 586 hab. Capitulation du général britannique Burgoyne (17 oct. 1777) lors de la guerre de l'Indépendance américaine.

SARATOV, v. de Russie, sur la Volga ; 837 831 hab. Port fluvial et centre industriel. – Monuments des XVIIe-XIXe s. ; musées.

SARAWAK, État de Malaisie, dans le nord-ouest de Bornéo ; 2 399 839 hab. ; cap. *Kuching.* Pétrole et gaz naturel.

SARAZIN ou **SARRAZIN** (Jacques), *Noyon 1588 - Paris 1660,* sculpteur français. Il travailla à Rome, puis à Paris, où il prépara la voie du classicisme officiel (caryatides du pavillon de l'Horloge, au Louvre ; œuvres religieuses, monuments).

SARCELLES (95200), ch.-l. d'arrond. du Val-d'Oise ; 58 024 hab. *(Sarcellois).* Église des XIIe-XVIe s. Grand ensemble résidentiel construit à partir de 1956.

SARDAIGNE n.f., île et région autonome d'Italie, au S. de la Corse ; 24 090 km² ; 1 653 135 hab. *(Sardes)* ; cap. *Cagliari* ; 8 prov. (*Cagliari, Carbona-Iglesias, Medio-Campidano, Nuoro, Ogliastra, Olbia-Tempio, Oristano et Sassari*). L'île est formée surtout de plateaux et de moyennes montagnes ; le Campidano est la seule plaine notable. Les activités industrielles et le tourisme ne suffisent pas à combler le retard économique de l'île, ni à enrayer l'émigration.

HISTOIRE **1400 - 900 av. J.-C. :** à l'âge du cuivre et surtout du bronze, la Sardaigne connaît une grande prospérité grâce à ses mines (fer, plomb, argent) ; la civilisation des nuraghes s'y développe. **V. 700 av. J.-C.** (âge du fer) : la métallurgie est à son apogée, les Phéniciens installent leurs premiers comptoirs sur les côtes. **238 av. J.-C. :** l'île est conquise par Rome. **Ve s. :** elle est occupée par les Vandales, puis reconquise par les Byzantins (534). **VIe - VIIe s. :** alors que l'Église romaine y prend une grande influence, l'île est en butte aux incursions sarrasines. **XIe - XIIIe s. :** Gênes et Pise se disputent la Sardaigne, où Pise s'impose de 1239 à 1284, date à laquelle elle est défaite par Gênes à la Meloria. **1323 - 1324 :** Jacques II, roi d'Aragon, conquiert l'île. **1478 :** celle-ci, transformée en vice-royauté, est de plus en plus coupée de l'Italie et hispanisée. **1718 :** conquise par la Grande-Bretagne en 1708 et remise aux Habsbourg d'Autriche (1714), la Sardaigne est échangée par eux contre la Sicile et passe à la maison de Savoie sous le nom d'« États sardes ». **1861 :** elle est intégrée au royaume d'Italie. **1948 :** elle reçoit le statut de région autonome.

SARDANAPALE, roi d'Assyrie, dans la tradition grecque. Sa légende est inspirée, entre autres, par Assourbanipal.

SARDES, anc. v. de l'Asie Mineure, dans la vallée du Pactole, résidence des rois de Lydie, puis capitale d'une satrapie. Vestiges hellénistiques du temple d'Artémis.

SARDOU (Michel), *Paris 1947,* chanteur français. Figure marquante de la variété française, il interprète avec talent des chansons populaires qui rencontrent un grand succès (*les Bals populaires, la Maladie d'amour, les Villes de solitude, le France, les Lacs du Connemara*).

SARDOU (Victorien), *Paris 1831 - id. 1908,* auteur dramatique français. On lui doit des drames historiques (*la Tosca,* 1887) et des comédies (*Madame* Sans-Gêne*). [Acad. fr.]

SARGASSES (mer des), vaste région de l'Atlantique, au N.-E. des Antilles, couverte d'algues.

SARGODHA, v. du Pakistan, dans le Pendjab ; 455 360 hab.

SARGON d'Akkad, *fin du XXIVe s. av. J.-C.,* roi d'Akkad. Fondateur de l'Empire akkadien, il conquit la basse Mésopotamie.

SARGON II, roi d'Assyrie (722/721 - 705 av. J.-C.). Il prit Samarie en 721, conquit Israël et la Syrie et rétablit l'autorité assyrienne sur Babylone. Il mena une campagne militaire en Ourartou, dont témoigne une tablette célèbre (Louvre). Il fit construire le palais de Dour-Sharroukên (auj. *Khursabad*).

SARH, anc. **Fort-Archambault,** v. du Tchad méridional ; 75 496 hab. Textile.

SARINE n.f., en all. **Saane,** riv. de Suisse, affl. de l'Aar (r. g.) ; 128 km.

SARKISSIAN (Serge), *Stepanakert, Haut-Karabakh, 1954,* homme politique arménien. Plusieurs fois ministre à partir de 1993, Premier ministre (2007 - 2008), il a été président de la République de 2008 à 2018. En avr. 2018, il échoue à se maintenir au pouvoir au poste de Premier ministre.

SARKOZY (Nicolas Sárközy de Nagy-Bocsa, dit Nicolas), *Paris 1955,* homme politique français.

◄ Nicolas **Sarkozy**

Ministre du Budget et porte-parole du gouvernement puis ministre en charge de la Communication (1993 - 1995), il est ensuite ministre de l'Intérieur (2002 - 2004 et 2005 - 2007), et ministre de l'Économie, des Finances et de l'Industrie (2004). Président de l'UMP (auj. Les Républicains) de 2004 à 2007 et de 2014 à 2016, il a été président de la République de 2007 à 2012.

SARLAT-LA-CANÉDA (24200), anc. **Sarlat,** ch.-l. d'arrond. de la Dordogne, dans le Périgord noir ; 9 594 hab. *(Sarladais)*. Agroalimentaire. Matériel médical. – Vieille ville pittoresque (demeures du Moyen Âge et de la Renaissance) ; musées.

SARMATES, peuple nomade d'origine iranienne. Ils occupèrent le pays des Scythes et atteignirent le Danube (Ier s. apr. J.-C.). Ils ont été ensuite submergés par les Goths, puis par les Huns.

SARMIENTO (Domingo Faustino), *San Juan 1811 - Asunción, Paraguay, 1888,* homme politique et écrivain argentin. Premier civil élu président de la République (1868 - 1874), il mit fin à la guerre du Paraguay (1870). Il est l'auteur de l'épopée historique et politique *Facundo* (1845).

SARNATH, site de l'Inde (Uttar Pradesh, nord de Bénarès). Un des hauts lieux du bouddhisme, où le Bouddha effectua sa première prédication. Pilier commémoratif de l'empereur Ashoka (musée).

SARNEN, comm. de Suisse, ch.-l. du canton d'Obwald ; 9 971 hab.

SARNEY (José), *São Luís 1930,* homme politique brésilien. Vice-président, il succéda (1985 - 1990) au président élu, Tancredo Neves, mort peu après son investiture.

SARNIA, v. du Canada (Ontario), sur le lac Huron ; 71 594 hab. Raffinage du pétrole. Chimie. Centrale solaire photovoltaïque.

SAROYAN (William), *Fresno 1908 - id. 1981,* écrivain américain. Ses romans et ses pièces de théâtre (*Voilà-voici, vous savez qui*) témoignent d'une inspiration à la fois romantique et ironique.

SARRAIL [-raj] **(Maurice),** *Carcassonne 1856 - Paris 1929,* général français. Commandant de la IIIe armée à la bataille de la Marne (1914), puis des forces françaises d'Orient (1915 - 1917), il fut haut-commissaire en Syrie en 1924.

SARRALBE (57430), bur. centr. de cant. de la Moselle, sur la Sarre ; 4 671 hab. *(Sarralbigeois)*. Chimie.

Sarrans, aménagement hydroélectrique du Massif central, sur la Truyère (retenue de 1 000 ha).

SARRAS (07370), bur. centr. de cant. de l'Ardèche ; 2 137 hab. *(Sarrassois)*. Maroquinerie.

SARRAUT (Albert), *Bordeaux 1872 - Paris 1962,* homme politique français. Député, puis sénateur radical-socialiste, il fut gouverneur général de l'Indochine (1911 - 1914 et 1916 - 1919), ministre de l'Intérieur (1926 - 1928 et 1934 - 1935) et président du Conseil (oct.-nov. 1933 et janv.-juin 1936).

SARRAUTE (Nathalie), *Ivanovo, Russie, 1900 - Paris 1999,* écrivaine française. Son refus de la psychologie traditionnelle et sa recherche des sensations à l'état naissant (*Tropismes,* 1939 ; *Ici,* 1995) font d'elle l'un des initiateurs du nouveau* roman (*Portrait d'un inconnu,* 1948 ; *l'Ère du soupçon,* 1956 ; *Enfance,* 1983). Elle a aussi écrit des pièces de théâtre (*Pour un oui ou pour un non,* 1982).

◄ Nathalie **Sarraute**

SARRE n.f., en all. **Saar,** riv. de France et d'Allemagne, née dans les Vosges, au pied du Donon, et qui rejoint la Moselle (r. dr.) ; 246 km. Elle passe à Sarreguemines, à Sarrebruck et à Sarrelouis.

SARRE n.f., en all. **Saarland,** Land d'Allemagne ; 2 568 km² ; 996 651 hab. *(Sarrois)* ; cap. *Sarrebruck*. La région devint en grande partie française sous Louis XIV, puis prussienne en 1814 - 1815. Les gisements houillers y furent exploités à partir de 1871. À la suite du traité de Versailles (1919), la Sarre fut séparée pendant quinze ans de l'Allemagne et confiée à la SDN, la propriété des gisements houillers étant transférée à la France. En 1935, un plébiscite décida son retour à l'Allemagne. En 1947, la Sarre, autonome, fut rattachée économiquement à la France, puis réintégrée à l'Allemagne le 1er janv. 1957 à la suite d'un référendum (1955).

SARREBOURG (57400), ch.-l. d'arrond. de la Moselle, sur la *Sarre* ; 12 547 hab. *(Sarrebourgeois)*. Industrie du bois. Mobilier métallique. – Musée.

SARREBRUCK, en all. **Saarbrücken,** v. d'Allemagne, cap. de la *Sarre,* sur la *Sarre* ; 175 853 hab.

SARREGUEMINES (57200), ch.-l. d'arrond. de la Moselle, sur la *Sarre* ; 21 741 hab. *(Sarregueminois)*. Pneumatiques. Batteries. – Musée de la Faïence (avec le Jardin d'hiver de Paul de Geiger) et musée des Techniques faïencières au Moulin de la Blies.

SARRELOUIS, en all. **Saarlouis,** v. d'Allemagne (Sarre) ; 34 479 hab.

SARRETTE (Bernard), *Bordeaux 1765 - Paris 1858,* officier français. Il fonda en 1795 le Conservatoire national de musique.

SARRE-UNION (67260), comm. du Bas-Rhin, sur la *Sarre* ; 2 950 hab. *(Sarre-Unionnais).* Monuments de Bockenheim (XVe-XVIIe s.) et de Villeneuve (XVIIIe s.).

SARTÈNE (20100), ch.-l. d'arrond. de la Corse-du-Sud ; 3 441 hab. *(Sartenais).* Musée départemental de Préhistoire corse et d'Archéologie.

SARTHE n.f., riv. de l'ouest de la France, née dans le Perche et qui se joint à la Mayenne pour former la Maine ; 285 km. Elle passe à Alençon et au Mans.

SARTHE n.f. (72), dép. de la Région Pays de la Loire ; ch.-l. de dép. *Le Mans* ; ch.-l. d'arrond. *La Flèche, Mamers* ; 3 arrond. ; 21 cant. ; 360 comm. ; 6 206 km^{2} ; 583 151 hab. *(Sarthois).* Le dép. appartient à l'académie de Nantes, à la cour d'appel d'Angers, à la zone de défense et de sécurité Ouest. Correspondant au haut Maine, cette région bocagère, au relief peu accidenté (en dehors de ses confins septentrionaux), est formée de terrains souvent sableux (forêts de Bercé, de Vibraye) ou argileux. L'élevage (bovins, porcins, aviculture) a progressé aux dépens du blé. L'industrie est représentée par la construction automobile, l'alimentation et les constructions électriques et électroniques. Le Mans concentre env. 40 % de la population.

SARTINE (Antoine **de**), comte **d'Alby,** *Barcelone 1729 - Tarragone 1801,* homme d'État français. Lieutenant général de police (1759 - 1774), il améliora la sécurité de Paris. Il fut ensuite un actif secrétaire d'État à la Marine (1774 - 1780).

SARTO (Andrea **del**) → **ANDREA DEL SARTO.**

SARTRE (Jean-Paul), *Paris 1905 - id. 1980,* philosophe et écrivain français. Marqué par la phénoménologie et par Heidegger, il a élaboré une théorie existentialiste, d'abord axée sur le rapport de l'homme à sa liberté (*l'Être et le Néant,* 1943) puis soumise à l'influence du matérialisme dialectique et au culte de l'engagement (*Critique de la raison dialectique,* 1960-1985). – Sartre a développé ses idées dans des romans (*la Nausée,* 1938 ; *les Chemins de la liberté,* 1945-1949), des drames (*Huis clos,* 1944 ; *les Mains sales,* 1948), des nouvelles (*le Mur,* 1939), des essais (*Situations,* 1947-1976), un récit autobiographique (*les Mots,* 1964), une étude sur Flaubert (*l'Idiot de la famille,* 1971-1972). En 1964, il refusa le prix Nobel de littérature. Après sa mort ont paru notamm. *Cahiers pour une morale* (1983) et *Carnets de la drôle de guerre* (1983-1995).

▲ Jean-Paul **Sartre**

SARTROUVILLE (78500), bur. centr. de cant. des Yvelines ; 53 126 hab. *(Sartrouvillois).* Vieille église.

SARZEAU (56370), comm. du Morbihan ; 8 026 hab. *(Sarzeautins).* Château de Suscinio (XIIIe-XVe s.).

SASEBO, v. du Japon (Kyushu) ; 261 146 hab. Port. Chantiers navals. Base militaire.

SASKATCHEWAN n.f., riv. du Canada, qui rejoint le lac Winnipeg ; 550 km. Elle est formée par la réunion de la *Saskatchewan Nord* (1 220 km) et de la *Saskatchewan Sud* (880 km).

SASKATCHEWAN n.f., prov. du centre du Canada ; 652 000 km^{2} ; 1 098 352 hab. ; cap. *Regina.* La province, plus vaste que la France, associe cultures (céréales, plantes fourragères), élevage bovin et activités minières (pétrole et gaz naturel, charbon, uranium, potasse).

SASKATOON, v. du Canada (Saskatchewan) ; 246 376 hab. Musées.

SASOLBURG, v. d'Afrique du Sud (État libre) ; 110 657 hab. Chimie.

SASSANIDES, dynastie iranienne qui régna sur un empire s'étendant de la Mésopotamie à l'Indus, de 224/226 à la conquête arabe (651).

SASSARI, v. d'Italie (Sardaigne), ch.-l. de prov. ; 124 774 hab. Musée national.

SASSENAGE (38360), comm. de l'Isère ; 11 895 hab. *(Sassenageois).* Grottes, dites *Cuves de Sassenage.* Fromages. – Château du XVIIe s.

SASSETTA (Stefano **di Giovanni,** dit **[il]**), *Sienne v. 1400 - id. 1450,* peintre italien. Maître de l'école siennoise du quattrocento, il adopta certains principes de la Renaissance florentine tout en conservant le sentiment religieux et le goût précieux de la fin du Moyen Âge.

SASSOU-NGUESSO (Denis), *Edou 1943,* général et homme politique congolais. Arrivé au pouvoir en 1979, il est président du Congo jusqu'en 1992 et à nouveau depuis 1997.

SATAN, prince des démons, dans la tradition judéo-chrétienne.

SATAVAHANA, autre nom de la dynastie Andhra.

SATHONAY-CAMP (69580), comm. du Rhône ; 5 743 hab. *(Sathonards).* Anc. camp militaire.

SATIE (Alfred Erik **Leslie Satie,** dit Erik), *Honfleur 1866 - Paris 1925,* compositeur français. Précurseur du dadaïsme et du surréalisme (ballet *Parade,* 1917), il prôna d'abord le dépouillement (trois *Gymnopédies,* six *Gnossiennes,* pour piano), puis s'intéressa à la forme, mais avec humour et dérision (*Trois Morceaux en forme de poire*), avant de nier l'art pour expérimenter la « musique d'ameublement », entouré chez lui de quelques disciples (école d'Arcueil).

Satire Ménippée, pamphlet politique dirigé contre la Ligue. Publiée en 1594 et rédigée par plusieurs auteurs, prosateurs et poètes, elle se moquait des chefs ligueurs et se montrait favorable à la royauté légitime (Henri IV).

Satiricon, roman de Pétrone (Ier s. apr. J.-C.). C'est une peinture réaliste des vagabondages de deux jeunes libertins, accompagnés de leur « mignon », Giton, pendant le règne de Néron. – Le roman a inspiré F. Fellini (*Satyricon,* 1969).

SATLEDJ → **SUTLEJ.**

SATO EISAKU, *Tabuse, préf. de Yamaguchi, 1901 - Tokyo 1975,* homme politique japonais. Il fut président du Parti libéral-démocrate (PLD) et Premier ministre de 1964 à 1972. (Prix Nobel de la paix 1974, avec l'Irlandais S. MacBride.)

SATORY, plateau au sud-ouest de Versailles (Yvelines). Établissement d'expériences des armements terrestres (notamm. blindés). – Les chefs de la Commune y furent fusillés en 1871.

SATPURA (monts), massif de l'Inde, dans le nord du Deccan ; env. 1 350 m.

SATU MARE, v. de Roumanie ; 115 142 hab.

SATURNE, divinité italique et romaine identifiée au Cronos des Grecs. Chassé du ciel par Jupiter, Saturne se réfugia dans le Latium, où il fit régner l'âge d'or. Les fêtes célébrées en son honneur étaient les *saturnales.*

▲ **Saturne.** La planète photographiée par le télescope spatial Hubble.

SATURNE, planète du Système solaire, située au-delà de Jupiter. Demi-grand axe de son orbite : 1 429 400 000 km (9,6 fois celui de l'orbite terrestre). Diamètre équatorial : 120 660 km (9,4 fois celui de la Terre). Comme Jupiter, Saturne est constituée principalement d'hydrogène et d'hélium. Elle est entourée d'un vaste système d'anneaux formés d'une multitude de blocs de glace mêlée à des poussières, des fragments minéraux, etc. De 2004 à 2017, elle a fait l'objet d'une étude rapprochée par la sonde américaine Cassini. On lui connaît une soixantaine de satellites.

SATURNIN ou **SERNIN** (saint), *m. à Toulouse v. 250,* martyr. Il aurait été le premier évêque de Toulouse.

SAUGUET (Henri), *Bordeaux 1901 - Paris 1989,* compositeur français, auteur de nombreux ballets (*la Chatte,* 1927 ; *les Forains,* 1945) et d'ouvrages lyriques (*la Chartreuse de Parme,* 1939).

SAUJON (17600), bur. centr. de cant. de la Charente-Maritime ; 7 362 hab. *(Saujonnais).*

SAÜL, premier roi des Hébreux (v. 1030 - 1010 av. J.-C.), selon la Bible. Simple chef local, il parvint à établir son autorité sur l'ensemble des tribus israélites. Mais son échec contre les Philistins compromit l'unité nationale, qui fut réalisée par David.

SAULDRE n.f., riv. de France, affl. du Cher (r. dr.) ; 166 km.

SAULIEU (21210), comm. de la Côte-d'Or ; 2 578 hab. *(Sédélociens).* Basilique en partie romane (chapiteaux) ; musée (archéologie ; artisanat morvandiau ; œuvres de François Pompon).

SAULT STE. MARIE, v. du Canada (Ontario), sur la rivière *Sainte-Marie,* en face de la ville américaine (14 144 hab.) du même nom ; 73 368 hab. Métallurgie. — canal de **Sault Ste. Marie** ou **Soo Canal,** canal qui relie le lac Supérieur au lac Huron.

▲ **Saumur.** Le château, vu par les frères de Limbourg dans les *Très Riches Heures du duc de Berry (le Mois de septembre).*

SAUMUR (49400), ch.-l. d'arrond. de Maine-et-Loire, dans le *Saumurois* ; 28 943 hab. *(Saumurois).* Vins blancs mousseux. Aluminium. – Château des XIVe-XVIe s. (musées des Arts décoratifs et du Cheval) ; églises N.-D.-de-Nantilly (en partie romane ; tapisseries), St-Pierre (gothique) et N.-D.-des-Ardilliers (XVIIe s.). – École nationale d'équitation (avec le Cadre noir) ; Écoles militaires de Saumur et École de cavalerie (musée des Blindés).

SAURA (Carlos), *Huesca 1932,* cinéaste espagnol. Il a été un observateur corrosif de la société franquiste (*le Jardin des délices,* 1970 ; *Ana et les loups,* 1972 ; *Cría cuervos,* 1975 ; *Elisa vida mía,* 1977) avant de filmer la musique et la danse (*Noces de sang,* 1981 ; *Carmen,* 1983 ; *Tango,* 1998).

SAUSHEIM (68390), comm. du Haut-Rhin, banlieue de Mulhouse ; 5 598 hab. *(Sausheimois).* Industrie automobile.

SAUSSURE (Ferdinand **de**), *Genève 1857 - Vufflens, canton de Vaud, 1913,* linguiste suisse. Après des études à Leipzig, où il soutient une thèse sur l'*Emploi du génitif absolu en sanskrit* (1880), il enseigne la grammaire comparée à Paris puis à Genève. C'est là que, de 1907 à 1911, il donne un cours dont les éléments seront publiés après sa mort d'après des notes d'étudiants (*Cours de linguistique générale,* 1916). Par la définition rigoureuse qu'il donne des concepts de la linguistique (la langue conçue comme une structure, l'opposition synchronie-diachronie, etc.), Saussure peut être considéré comme le fondateur de la linguistique structurale moderne.

▲ Ferdinand de **Saussure**

SAUSSURE (Horace Bénédict **de**), *Conches, près de Genève, 1740 - id. 1799,* physicien et naturaliste suisse. Inventeur de plusieurs instruments de physique (hygromètre à cheveux, par ex.), il découvrit de nombreux minéraux, énonça les premières hypothèses de stratigraphie et de tectonique et posa les principes d'une météorologie rationnelle. Il réalisa, avec J. Balmat, la deuxième ascension du mont Blanc (1787).

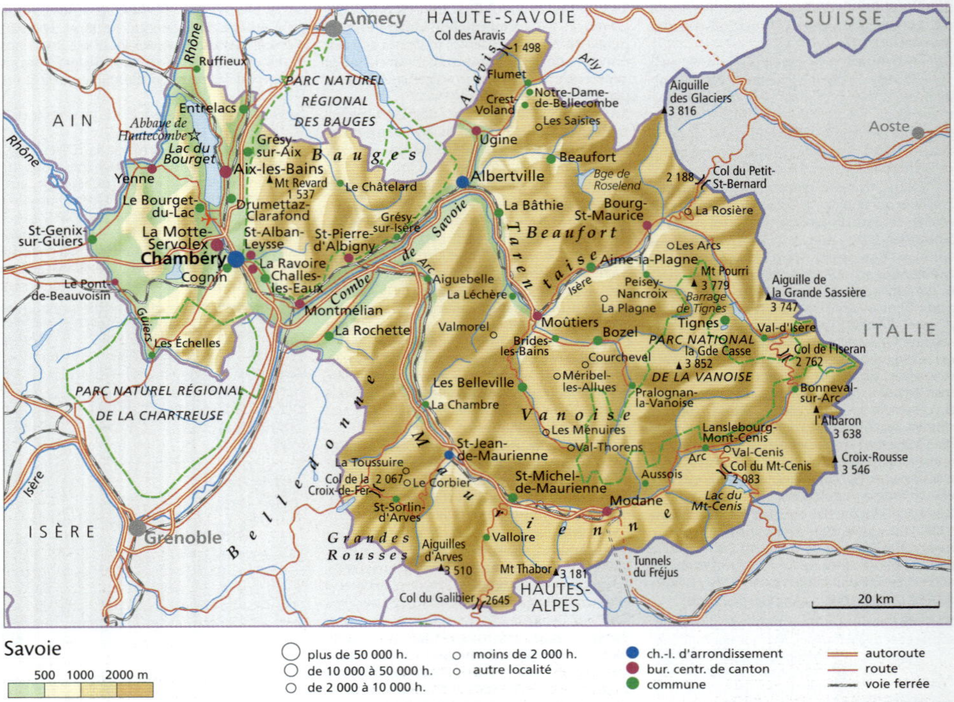

SAUTERNES (33210), comm. de la Gironde ; 789 hab. *(Sauternais).* Vins blancs.

SAUTET (Claude), *Montrouge 1924 - Paris 2000,* cinéaste français. Dans ses films doux-amers se reflètent les incertitudes de la société contemporaine (*les Choses de la vie,* 1970 ; *César et Rosalie,* 1972 ; *Vincent, François, Paul et les autres...,* 1974 ; *Quelques Jours avec moi,* 1988 ; *Nelly et M. Arnaud,* 1995).

SAUVAGE (Frédéric), *Boulogne-sur-Mer 1786 - Paris 1857,* inventeur français. Son idée d'utiliser l'hélice pour la propulsion des navires (1832) fut concrétisée par le constructeur Augustin **Normand** *(1792 - 1871)* en 1842.

SAUVAGE (Jean-Pierre), *Paris 1944,* chimiste français. Il a optimisé la synthèse des chaînes moléculaires formées d'anneaux entrelacés (« caténanes ») et a ainsi contribué au développement des machines moléculaires, capables de reproduire, à l'échelle microscopique, les mouvements de systèmes mécaniques (ascenseurs, voitures). [Prix Nobel 2016, avec J. F. Stoddart et B. Feringa.]

SAUVETERRE (causse de), l'un des Grands Causses (France), entre le Tarn et le Lot.

SAUVEUR (Joseph), *La Flèche 1653 - Paris 1716,* mathématicien et physicien français. Il créa l'acoustique musicale, notamm. en expliquant le phénomène d'ondes stationnaires et en observant l'existence des harmoniques.

SAUVY (Alfred), *Villeneuve-de-la-Raho, Pyrénées-Orientales, 1898 - Paris 1990,* démographe et économiste français, auteur d'importants ouvrages sur la population et la croissance économique.

SAVAII, la plus vaste des îles Samoa ; 1 715 km².

SAVALL (Jordi), *Igualada, prov. de Barcelone, 1941,* violiste espagnol. Fondateur avec sa femme, la soprano Montserrat **Figueras** *(Barcelone 1942 - id. 2011),* des ensembles Hespèrion XX [auj. XXI] (1974) et la Capella Reial de Catalunya (1987), et de l'orchestre le Concert des Nations (1989), il a proposé une nouvelle interprétation de la musique ancienne et baroque, basée sur la fidélité historique, et fait découvrir à un vaste public la viole de gambe.

SAVANNAH, v. des États-Unis (Géorgie), sur la *Savannah,* fleuve tributaire de l'Atlantique (505 km) ; 144 352 hab. (347 611 hab. dans l'agglomération).

SAVANNAKHET, v. du Laos, sur le Mékong ; 100 200 hab.

SAVARD (Félix-Antoine), *Québec 1895 - id. 1982,* prélat et écrivain canadien de langue française. Ses romans peignent la vie des paysans *(Menaud, maître-draveur ; l'Abatis).*

SAVART (Félix), *Mézières 1791 - Paris 1841,* physicien français. Il étudia les cordes vibrantes et, avec J.-B. Biot, les champs magnétiques créés par les courants.

SAVARY (Anne), **duc de Rovigo,** *Marcq, Ardennes, 1774 - Pau 1833,* général français. Il se distingua à Ostrołęka (1807) et fut ministre de la Police de 1810 à 1814.

SAVARY (Jérôme), *Buenos Aires 1942 - Levallois-Perret 2013,* metteur en scène de théâtre et acteur argentin et français. Fondateur en 1965 de la Compagnie Jérôme Savary, devenue en 1968 le Grand Magic Circus (dont il garda toujours l'esprit : primauté de l'image et du son sur le verbe, sens de la fête, liberté inventive), il dirigea notamm. le Théâtre national de Chaillot (1988 - 2000), puis le théâtre de l'Opéra-Comique (2000 - 2007).

SAVE n.f., riv. de France (Midi-Pyrénées), qui descend du plateau de Lannemezan, affl. de la Garonne (r. g.) ; 150 km.

SAVE n.f., riv. d'Europe, née en Slovénie, affl. du Danube (r. dr.), qu'elle rejoint à Belgrade ; 945 km. Elle passe à Zagreb et sépare la Bosnie-Herzégovine de la Croatie, puis de la Serbie.

SAVENAY (44260), comm. de la Loire-Atlantique ; 8 685 hab. *(Savenaisiens).* Victoire de Kléber sur les vendéens (23 déc. 1793).

SAVERDUN (09700), bur. centr. de cant. de l'Ariège ; 4 914 hab. *(Saverdunois).* Anc. place forte.

SAVERNE (67700), ch.-l. d'arrond. du Bas-Rhin, sur la Zorn, près du *col de Saverne* (410 m, seuil entre la Lorraine et l'Alsace) ; 11 537 hab. *(Savernois).* Industrie automobile. Machines agricoles. – Palais Rohan (fin du XVIIIe s., musée) ; église des XIIe-XVe s. ; maisons anciennes.

SAVERY (Thomas), *Shilstone, Devon, v. 1650 - Londres 1715,* inventeur anglais. Il mit au point en 1698, pour le pompage des eaux de mine, une des premières machines à vapeur. Il travailla ensuite avec T. Newcomen.

SAVIGNAC (Raymond), *Paris 1907 - Trouville 2002,* affichiste français. Il fut, à ses débuts, collaborateur de Cassandre. Son schématisme, souvent proche de la caricature, privilégie l'impact visuel immédiat par rapport au décoratif (*Vite Aspro,* 1964 ; *Lancelot du lac,* 1974).

SAVIGNÉ-L'ÉVÊQUE (72460), bur. centr. de cant. de la Sarthe ; 4 137 hab. *(Savignéens).*

SAVIGNY (Friedrich Karl von), *Francfort-sur-le-Main 1779 - Berlin 1861,* juriste allemand. Chargé de la révision du droit prussien, auteur d'une philosophie originale du droit, il créa également l'école historique allemande.

SAVIGNY-LE-TEMPLE (77176), bur. centr. de cant. de Seine-et-Marne ; 30 533 hab. *(Savigniens).*

SAVIGNY-SUR-ORGE (91600), bur. centr. de cant. de l'Essonne ; 36 662 hab. *(Saviniens).*

SAVINIO (Andre **De Chirico,** dit Alberto), *Athènes 1891 - Rome 1952,* écrivain, compositeur et peintre italien. Frère de G. De Chirico, il a élaboré, dans des récits (*Toute la vie,* 1945) et des biographies imaginaires, une fantasmagorie personnelle proche du surréalisme et nourrie de culture classique.

SAVOIE n.f., partie nord des Alpes françaises. (Hab. *Savoyards.*) Elle a formé les dép. de la *Savoie* et de la *Haute-Savoie.*

HISTOIRE **122 - 118 av. J.-C. :** la conquête romaine intègre la future Savoie dans la province de Narbonnaise. **443 apr. J.-C. :** les Burgondes vaincus par Aetius s'installent dans la région, où la christianisation se développe. **534 :** lors de l'annexion du royaume burgonde par les fils de Clovis, la Savoie est incorporée au royaume mérovingien. **IXe - Xe s. :** la région appartient successivement à Lothaire (843), au royaume de Bourgogne (IXe-Xe s.) puis au Saint Empire (1032). Deux familles seigneuriales prennent alors de l'importance : celle des comtes de Genève, dans le nord ; celle des comtes de Savoie, issue d'Humbert Ier, dans le sud. **XIIe - XVe s. :** les comtes de Savoie accroissent leur emprise sur le pays et pratiquent une politique d'expansion, en particulier sous Pierre II (1263 - 1268). **XVe - XVIe s. :** au sein des États de la maison de Savoie, dont les chefs portent après 1416 le titre de duc, le Piémont, incorporé par Amédée VIII en 1419, acquiert la prédominance, tandis que la Savoie proprement dite, qui conserve sa langue, le français, et ses institutions, n'en constitue plus qu'une petite partie. **XVIIe s. :** la France mène une politique d'annexion en Savoie, obtenant la Bresse, le Bugey et le pays de Gex (1601) ainsi que, pour un temps, Pignerol (1631 - 1696). **1720 :** le duc de Savoie devient roi de Sardaigne. **1792 - 1814 :** la Savoie est annexée par la France. **1815 - 1860 :** l'État piémontais la récupère. **1860 :** un plébiscite, entérinant le traité de Turin, rend définitivement la Savoie à la France, alors que la maison de Savoie commence son règne sur l'Italie unifiée. **1947 :** le traité de Paris modifie très légèrement la frontière de la Savoie avec l'Italie, au profit de la France.

SAVOIE n.f. (73), dép. de la Région Auvergne-Rhône-Alpes ; ch.-l. de dép. *Chambéry* ; ch.-l. d'arrond. *Albertville, Saint-Jean-de-Maurienne* ; 3 arrond. ; 19 cant. ; 285 comm. ; 6 028 km² ; 441 669 hab. *(Savoyards)*. Le dép. appartient à l'académie de Grenoble, à la cour d'appel de Chambéry, à la zone de défense et de sécurité Sud-Est. Montagneux, il s'étend d'ouest en est sur : une partie des Préalpes du Nord (Bauges et Chartreuse), régions d'élevage et d'exploitation forestière ; le nord du Sillon alpin (Val d'Arly et Combe de Savoie), où apparaissent les cultures céréalières et fruitières, le tabac ; les massifs centraux (Beaufortin) et la Vanoise, ouverte par les vallées de l'Isère supérieure (Tarentaise) et de l'Arc (Maurienne). L'agriculture, dominée par l'élevage, a beaucoup reculé devant l'industrie, représentée surtout (en dehors des branches alimentaires et du travail du bois) par l'électrométallurgie (aluminium) et l'électrochimie ; ces activités sont implantées en Tarentaise et principalement en Maurienne, près des aménagements hydroélectriques (La Bâthie). Le tourisme, très actif, anime le pourtour du lac du Bourget (Aix-les-Bains) et surtout la haute montagne (stations de sports d'hiver de Tignes, Courchevel, Val-d'Isère, etc.).

SAVOIE (Haute-) [74], dép. de la Région Auvergne-Rhône-Alpes ; ch.-l. de dép. *Annecy* ; ch.-l. d'arrond. *Bonneville, Thonon-les-Bains, Saint-Julien-en-Genevois* ; 4 arrond. ; 17 cant. ; 281 comm. ; 4 388 km² ; 816 748 hab. *(Haut-Savoyards)*. Le dép. appartient à l'académie de Grenoble, à la cour d'appel de Chambéry, à la zone de défense et de sécurité Sud-Est. Il s'étend à l'E. sur une partie des massifs centraux alpins (massif du Mont-Blanc, portant le point culminant de la chaîne, 4 810 m). À l'O., il occupe l'extrémité des massifs préalpins du Nord (Chablais et Bornes), régions d'élevage, ouvertes par les vallées du Fier (cluse d'Annecy), de l'Arve et du Giffre (Faucigny), où apparaissent les cultures céréalières et les vergers. Aux branches traditionnelles de l'industrie (horlogerie, travail du bois, produits alimentaires) se sont ajoutées des activités modernes (roulements à billes, décolletage, électrométallurgie). Le tourisme est important, surtout sur les rives du Léman et du lac d'Annecy, ainsi que dans l'intérieur de la chaîne alpestre (stations de sports d'hiver de Chamonix-Mont-Blanc, de Megève, etc.).

SAVOIE (maison de), famille qui posséda la Savoie à titre de comté (XIe s.), puis de duché (1416), régna sur la Sardaigne à partir de 1720 et sur l'Italie de 1860 à 1946.

SAVONAROLE (Jérôme), en ital. Girolamo **Savonarola,** *Ferrare 1452 - Florence 1498*, dominicain italien. Prieur du couvent de Saint-Marc, à Florence (1491), prédicateur ardent qui combattait l'art et toutes les vanités, il établit à Florence (d'où les Français de Charles VIII avaient chassé Pierre de Médicis) une nouvelle Constitution, mi-théocratique, mi-démocratique (1494 - 1497). Excommunié par Alexandre VI, abandonné par le peuple lassé de ses excès, il fut pendu puis brûlé.

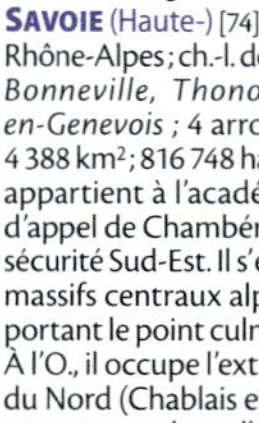

▲ **Savonarole** par Fra Bartolomeo. (Musée de San Marco, Florence.)

SAVONE, en ital. Savona, v. d'Italie (Ligurie), ch.-l. de prov., sur le golfe de Gênes ; 61 222 hab. Port. – Cathédrale de la fin du XVIe s.

Savonnerie (la), manufacture parisienne de tapis, créée en 1604 avec privilège royal. Installée dans une anc. savonnerie de la colline de Chaillot en 1627, elle a été réunie aux Gobelins en 1826.

SAVORGNAN DE BRAZZA (Pierre), *Rome 1852 - Dakar 1905*, explorateur français d'origine italienne. Il mena à partir de 1875 plusieurs expéditions d'exploration des vallées de l'Ogooué et du Congo, puis organisa la colonie du Congo français (1886 - 1898).

◄ Pierre **Savorgnan de Brazza**

SAVOY (Guy), *Nevers 1953*, cuisinier français. Propriétaire d'un restaurant parisien prestigieux, il a aussi ouvert plusieurs bistrots où l'on sert une cuisine plus traditionnelle.

SAX (Antoine Joseph, dit Adolphe), *Dinant 1814 - Paris 1894*, facteur belge d'instruments de musique. Il perfectionna les instruments à vent et créa les *saxophones*.

SAXE n.f., en all. Sachsen, Land d'Allemagne ; 18 337 km² ; 4 081 783 hab. *(Saxons)* ; cap. *Dresde*. La Saxe s'étend sur le versant nord-ouest de l'Erzgebirge et sur son avant-pays.

HISTOIRE **IXe s. :** la Saxe s'organise en duché. **843 :** elle est intégrée au royaume de Germanie. **919 :** le duc de Saxe, Henri l'Oiseleur, élu roi de Germanie, fonde la dynastie saxonne. **962 - 1024 :** cette dernière règne sur le Saint Empire. **1142 - 1180 :** Henri le Lion porte le duché à son maximum d'extension. **1180 :** Frédéric Ier Barberousse brise sa puissance. **1260 :** le duché est partagé entre les duchés de Saxe-Lauenburg (Basse-Saxe), au N., et de Saxe-Wittenberg (Haute-Saxe), au S. **1356 :** le duc de Saxe-Wittenberg devient Électeur d'Empire. **1485 :** la Saxe est à nouveau partagée. Elle devient au XVIe s. un des bastions du luthéranisme. **1697 - 1763 :** les Électeurs de Saxe sont en même temps rois de Pologne (Auguste II et Auguste III). **1806 :** la Saxe devient un royaume et passe dans le camp napoléonien. **1815 :** au congrès de Vienne, le royaume de Saxe est amputé de la Lusace au profit de la Prusse. **1871 :** il est intégré à l'Empire allemand. **1918 :** la république est proclamée. **1949 - 1990 :** la Saxe est intégrée à la RDA.

SAXE (Basse-), en all. **Niedersachsen,** Land d'Allemagne, sur la mer du Nord ; 47 344 km² ; 7 945 685 hab. ; cap. *Hanovre*.

SAXE (Maurice, comte **de**) → **MAURICE DE SAXE.**

SAXE-ANHALT, en all. **Sachsen-Anhalt,** Land d'Allemagne ; 20 445 km² ; 2 236 252 hab. ; cap. *Magdebourg*.

SAXE-COBOURG (Frédéric Josias, prince **de**) → **COBOURG.**

SAXE-COBOURG-GOTHA (Siméon **de**), *Sofia 1937*, homme politique bulgare. Fils de Boris III, il est, jeune enfant, roi des Bulgares sous le nom de Siméon II (1943 - 1946), avant de connaître un très long exil. De retour dans son pays en 2001, il crée un parti (le Mouvement national, qu'il dirige jusqu'en 2009) qui remporte les élections ; il est Premier ministre de 2001 à 2005.

SAXE-WEIMAR (Bernard, duc **de**), *Weimar 1604 - Neuenburg 1639*, général allemand. Pendant la guerre de Trente Ans, il succéda à Gustave-Adolphe à la tête de l'armée suédoise (1632). Vaincu à Nördlingen (1634), il servit la France et enleva Brisach (1638) aux impériaux.

SAXONS, peuple germanique qui habitait la Frise et les pays de l'embouchure de l'Elbe. Au Ve s., les Saxons entreprirent la colonisation du sud de l'île de Bretagne (Angleterre), où ils fondèrent des royaumes. En Germanie, ils s'étendirent jusqu'à la Saale. Charlemagne les soumit (772 - 804) et leur imposa le christianisme.

SAY (Jean-Baptiste), *Lyon 1767 - Paris 1832*, économiste français. Un des maîtres de la doctrine libre-échangiste, vulgarisateur d'Adam Smith, il publia un *Traité d'économie politique* (1803). Il a formulé la loi des débouchés*.

SAYDA ou **SAÏDA,** v. du Liban, sur la Méditerranée. Port. C'est l'anc. Sidon*. – Château des croisés (XIIIe s.). – La ville fut prise par les Arabes (637), qui en firent un des ports de Damas. Elle resta aux mains des croisés de 1110 à 1291.

SCALA (Della) ou **SCALIGERI** → **DELLA SCALA.**

SCALIGER [-ʒɛr] (Jules César), en ital. Giulio Cesare **Scaligero,** *Riva del Garda 1484 - Agen 1558*, humaniste et médecin italien. Il a ébauché dans une *Poétique* les principes du classicisme. — **Joseph Juste S.,** en ital. Giuseppe Giusto **Scaligero,** *Agen 1540 - Leyde 1609*, humaniste français d'origine italienne. Fils de Jules César Scaliger, il se convertit au protestantisme.

SCAMANDRE ou **XANTHE** n.m., fl. de la Troade.

SCANDERBEG → **SKANDERBEG.**

Haute-Savoie

SCANDINAVIE n.f., région du nord de l'Europe qui englobe, au sens strict : le Danemark, la Norvège, la Suède et, parfois, l'Islande et la Finlande. Des conditions naturelles rudes, les fonctions maritimes, la présence de la forêt, une faible densité de population, des régimes politiques libéraux sont les principaux traits communs de ces États.

SCANIE n.f., extrémité méridionale et partie la plus fertile de la Suède ; v. princ. *Malmö*.

Scapa Flow, base navale de la flotte britannique, aménagée en 1914 dans l'archipel des Orcades. La flotte allemande y fut rassemblée après la victoire alliée de 1918 et s'y saborda le 21 juin 1919.

Scapin, personnage de la comédie italienne, valet intelligent et rusé, repris par Molière dans *les Fourberies de Scapin* (1671).

Scaramouche, personnage de la comédie italienne, créé par l'acteur Tiberio Fiorilli (*Naples v. 1600 - Paris 1694*). Fanfaron et pleutre, vêtu de noir, il affirme être d'ascendance aristocratique.

SCARBOROUGH, anc. v. du Canada (Ontario), auj. intégrée dans Toronto.

SCARLATTI (Alessandro), *Palerme 1660 - Naples 1725*, compositeur italien. Il fut l'un des fondateurs de l'école napolitaine, maître de chapelle à la cour de Naples, auteur d'opéras remarquables par leurs ouvertures et la qualité mélodique de leurs airs. Il laissa également beaucoup de cantates, oratorios et pièces pour clavecin.

◄ Alessandro **Scarlatti.** (Bibliothèque musicale, Bologne.)

— **Domenico S.,** *Naples 1685 - Madrid 1757*, claveciniste et compositeur italien. Fils d'Alessandro, il vécut à la cour de Lisbonne, puis à Madrid. Il écrivit des opéras, quelque 555 sonates pour son instrument (dont les *Essercizi per gravicembalo*), qui constituent son plus précieux message.

SCARPA (Antonio), *Motta di Livenza, Vénétie, 1752 - Pavie 1832*, chirurgien et anatomiste italien. Il a décrit de nombreuses structures anatomiques vasculaires et nerveuses, qui portent son nom.

SCARPE n.f., riv. du nord de la France, affl. de l'Escaut (r. g.) ; 100 km. Partiellement canalisée, elle passe à Arras et à Douai.

Scarpe-Escaut (parc naturel régional), parc naturel couvrant env. 48 000 ha sur le dép. du Nord.

SCARRON (Paul), *Paris 1610 - id. 1660*, écrivain français. Il lança la mode du burlesque *(le Virgile travesti)*, puis donna des comédies imitées du théâtre espagnol *(Dom Japhet d'Arménie)*. Mais il reste surtout l'auteur du *Roman* comique*. Il épousa la petite-fille d'Agrippa d'Aubigné, future Mme de Maintenon.

SCEAUX (92330), comm. des Hauts-de-Seine ; 19 740 hab. *(Scéens)*. Ville surtout résidentielle. IUT. – Colbert y construisit un château, où la duchesse du Maine tint une cour brillante au XVIIIe s. et qui fut remplacé en 1856 par un édifice qui abrite le musée de l'Île-de-France ; orangerie de J. H.-Mansart (festival de musique) ; beau parc.

SCÈVE (Maurice), *Lyon 1501 - id. v. 1560*, poète français. Il est l'auteur de poésies amoureuses au langage épuré *(Délie)* et d'un poème épique et cosmique *(Microcosme)*.

SCHAEFFER (Pierre), *Nancy 1910 - Les Milles, près d'Aix-en-Provence, 1995*, ingénieur et compositeur français. Initiateur de la musique concrète, il commença sa carrière musicale avec *Études de bruits* (1948) et fonda le Groupe de recherches musicales de Radio France (1958). Il anima ensuite le Service de la recherche (devenu en 1975 l'INA). On lui doit un *Traité des objets musicaux* (1966).

SCHAERBEEK, en néerl. **Schaarbeek,** comm. de Belgique (Bruxelles-Capitale), banlieue nord de Bruxelles ; 130 587 hab. Parc Josaphat (sculptures) ; maison Autrique (V. Horta, 1893) ; musées.

SCHAFFHOUSE, en all. **Schaffhausen,** v. de Suisse, ch.-l. du *canton de Schaffhouse*, en amont de l'endroit où le Rhin forme une chute ; 34 943 hab. *(Schaffhousois)* [67 461 hab. dans l'agglomération]. Cathédrale romane et autres témoins de la ville médiévale ; riche musée.

SCHAFFHOUSE (canton de), canton de Suisse ; 298,5 km² ; 76 356 hab. *(Schaffhousois)* ; ch.-l. *Schaffhouse*. Il intégra la Confédération en 1501.

SCHARNHORST (Gerhard von), *Bordenau, Hanovre, 1755 - Prague 1813*, général prussien. Avec Gneisenau, il réorganisa l'armée prussienne de 1807 à 1813.

SCHAROUN (Hans), *Brême 1893 - Berlin 1972*, architecte allemand. Si l'ensemble de son œuvre l'apparente au mouvement moderne, certaines de ses réalisations majeures, surtout après-guerre, reflètent les influences expressionnistes de ses débuts (Philharmonie de Berlin, 1956-1963).

SCHATZMAN (Evry), *Neuilly-sur-Seine 1920 - Paris 2010*, astrophysicien français. Auteur d'importantes contributions à la théorie des étoiles, il créa en 1954, à la Sorbonne, la première chaire d'astrophysique en France.

SCHAWLOW (Arthur Leonard), *Mount Vernon 1921 - Palo Alto 1999*, physicien américain. Associé à C. H. Townes, il a été à l'origine de l'invention du laser. (Prix Nobel 1981.)

SCHEEL (Walter), *Solingen 1919 - Bad Krozingen, Bade-Wurtemberg, 2016*, homme politique allemand. Président du Parti libéral (1968), vice-chancelier et ministre des Affaires étrangères (1969 - 1974), il fut président de la République fédérale de 1974 à 1979.

SCHEELE (Carl Wilhelm), *Stralsund 1742 - Köping 1786*, chimiste suédois. Il isola l'hydrogène (1768), découvrit l'oxygène (1773), peu de temps avant Priestley, et obtint le chlore ainsi que la glycérine et plusieurs acides minéraux (cyanhydrique, fluorhydrique) ; il isola aussi divers acides organiques, dont l'acide lactique.

SCHÉHADÉ (Georges), *Alexandrie 1907 - Paris 1989*, écrivain libanais. Poète délicat, il a créé un « théâtre de poésie » teinté d'humour (*Monsieur Bob'le*, 1951 ; *la Soirée des proverbes*, 1954).

Schéhérazade ou **Shéhérazade,** personnage des *Mille* et Une Nuits*. Elle a inspiré à Rimski-Korsakov une suite symphonique (*Shéhérazade*, 1888).

SCHEIDT (Samuel), *Halle 1587 - id. 1654*, compositeur allemand. On lui doit des œuvres de musique vocale et des pages pour orgue (*Tabulatura nova*, 3 vol., 1624).

SCHEINER (Christoph), *Wald, Souabe, 1575 - Neisse, Silésie, 1650*, jésuite et astronome allemand. Il fut l'un des premiers à observer les taches solaires à la lunette et put ainsi étudier la rotation du Soleil. Il est aussi l'auteur de travaux sur la vision et l'inventeur du pantographe (1603).

SCHELER (Max), *Munich 1874 - Francfort-sur-le-Main 1928*, philosophe allemand. Il est l'auteur d'analyses phénoménologiques ainsi que d'une approche nouvelle de la sympathie, l'*empathie* (*Nature et formes de la sympathie*, 1923).

SCHELLING (Friedrich Wilhelm Joseph von), *Leonberg, Wurtemberg, 1775 - Bad Ragaz, Suisse, 1854*, philosophe allemand. Panthéiste, il inaugure, contre les philosophies du sujet (Kant, Fichte), les philosophies de l'absolu en ressaisissant le sens de l'art, des mythes et des rites (*Idées pour une philosophie de la nature*, 1797 ; *Philosophie de la mythologie*, 1842).

Schengen (accords de), accords signés en 1985 et en 1990 à Schengen (Luxembourg) par l'Allemagne, la Belgique, la France, le Luxembourg et les Pays-Bas, auxquels se sont joints par la suite la grande majorité des autres pays membres de l'Union européenne (au total : 22 États de l'UE, l'Irlande, la Bulgarie, Chypre, la Croatie, la Roumanie [et la Grande-Bretagne] restant en dehors), ainsi que – à titre de pays associés – l'Islande, la Norvège, la Suisse et le Liechtenstein. Visant à instaurer, par la suppression progressive des frontières, la libre circulation des personnes à l'intérieur de l'espace communautaire ainsi défini *(espace Schengen)* et à améliorer, par une étroite coopération, la sécurité au sein de cet espace, ces accords connaissent une mise en application graduelle à partir de 1995. Ils sont depuis 1997 intégrés aux traités de l'Union européenne. À partir de 2015, le principe de libre circulation est mis à mal par le rétablissement des frontières dans plusieurs États membres, en réponse à une forte pression migratoire.

SCHERCHEN (Hermann), *Berlin 1891 - Florence 1966*, chef d'orchestre allemand. Il dirigea notamm. des œuvres de Bach et promut la musique contemporaine avec des œuvres de Schoenberg, Boulez et Xenakis (*Terretektohr*).

SCHERPENHEUVEL-ZICHEM → **MONTAIGU-ZICHEM.**

SCHIAPARELLI (Elsa), *Rome 1890 - Paris 1973*, couturière française d'origine italienne, petite-nièce de Giovanni Schiaparelli. Inspirée par le surréalisme, elle tira le vêtement vers la sphère artistique, jouant avec exubérance des effets de couleurs (« rose shocking »), de matières et de lignes, du détournement des motifs, avec un goût du détail pratique (fermeture à glissière).

SCHIAPARELLI (Giovanni), *Savigliano 1835 - Milan 1910*, astronome italien. Il est resté célèbre pour sa découverte de prétendus canaux sur Mars (1877). Il a montré que les essaims de météorites sont formés de débris cométaires (1886).

SCHICKARD ou **SCHICKHARDT** (Wilhelm), *Herrenberg 1592 - Tübingen 1635*, savant allemand. Il inventa, avant B. Pascal, une machine à calculer (1623).

SCHIEDAM, v. des Pays-Bas, sur la Nouvelle-Meuse (Hollande-Méridionale) ; 76 216 hab. Musée de la Distillerie.

▲ Egon **Schiele.** *Portrait de Herbert Rainer*, 1910. (Österreichische Galerie, Vienne.)

SCHIELE (Egon), *Tulln, près de Vienne, 1890 - Vienne 1918*, peintre et dessinateur autrichien. Son graphisme d'une exceptionnelle tension, notamment dans l'érotisme et la morbidité, fait de lui un maître de l'expressionnisme.

SCHIFFLANGE, v. du Luxembourg méridional ; 8 922 hab.

SCHILDE [skild], comm. de Belgique (prov. d'Anvers) ; 19 308 hab.

SCHILLER (Friedrich von), *Marbach 1759 - Weimar 1805*, écrivain allemand. Ses drames historiques (*les Brigands*, 1782 ; *Don Carlos*, 1787 ; *Wallenstein*, 1798-1799 ; *Marie Stuart*, 1800 ; *la Pucelle d'Orléans*, 1801 ; *Guillaume Tell*, 1804), qui apparaissent comme un compromis entre la tragédie classique et le drame shakespearien, et ses théories dramatiques ont exercé une grande influence, notamm. sur les écrivains romantiques français. Il a aussi écrit des poésies lyriques (l'*Ode* [ou *Hymne*] *à la joie*, 1785 ; *Ballades*, 1798) et une *Histoire de la guerre de Trente Ans* (1791-1793).

▲ **Schiller** par F. Kugelpen. (Francfort.)

SCHILTIGHEIM (67300), bur. centr. de cant. du Bas-Rhin, banlieue de Strasbourg ; 31 993 hab. *(Schilikois)*. Brasserie.

SCHINER (Matthäus), *Mühlebach, Valais, v. 1465 - Rome 1522*, prélat suisse. Prince-évêque de Sion et cardinal, il engagea les Suisses aux côtés de l'empereur Maximilien et du pape Jules II, mais, après Marignan, il ne put empêcher ses compatriotes de conclure avec François Ier la paix perpétuelle de 1516.

SCHINKEL (Karl Friedrich), *Neuruppin, Brandebourg, 1781 - Berlin 1841*, architecte et peintre allemand. Élève des architectes David et Friedrich Gilly, néoclassique (Corps de garde et Musée ancien à Berlin), il évolua vers un éclectisme d'inspiration romantique.

Schiphol, aéroport d'Amsterdam.

SCHIRMECK (67130), comm. du Bas-Rhin, sur la Bruche ; 2 367 hab. *(Schirmeckois)*. Industrie automobile. – Mémorial de l'Alsace-Moselle. – Les Allemands y établirent, pendant la Seconde Guerre mondiale, un camp d'internement.

schisme d'Occident (grand), conflit qui divisa l'Église de 1378 à 1417 et au cours duquel furent élus simultanément plusieurs papes. En 1378, à l'élection d'Urbain VI s'opposent la plupart des cardinaux non italiens, qui élisent un Français, Clément VII. Celui-ci s'établit à Avignon. La chrétienté est divisée. Diverses solutions de règlement ayant échoué, le schisme s'aggrave en 1409, quand un troisième pape, Alexandre V, est élu à Pise. Jean XXIII lui succède en 1410. Mais le concile de Constance (1414 - 1418) dépose les trois papes et provoque un conclave, qui aboutit à l'élection d'un pape unique, Martin V (1417).

schisme d'Orient, conflit qui aboutit à la séparation entre l'Église orientale et l'Église romaine. Une première rupture eut lieu de 863 à 867, sous le patriarche Photios, à la suite de divergences en matière de rites et, très partiellement, de doctrine. La scission définitive intervint en 1054, quand le patriarche Keroularios excommunia le pape Léon IX après avoir été excommunié par lui. Ces mesures ont été levées de part et d'autre en 1965, mais l'union n'a pas été rétablie.

SCHLEGEL (August Wilhelm **von**), *Hanovre 1767 - Bonn 1845*, écrivain allemand. Membre du premier groupe romantique allemand, il est l'auteur d'un *Cours de littérature dramatique*, où il condamne la tragédie classique. — **Friedrich von S.**, *Hanovre 1772 - Dresde 1829*, écrivain et orientaliste allemand. Il fonda avec son frère August Wilhelm la revue de l'école romantique, *Athenäum* (1798).

SCHLEICHER (August), *Meiningen 1821 - Iéna 1868*, linguiste allemand. Spécialiste de grammaire comparée, il a tenté de reconstruire l'indo-européen primitif (*Abrégé de grammaire comparée des langues indo-germaniques*, 1861-1862).

SCHLEIERMACHER (Friedrich), *Breslau 1768 - Berlin 1834*, théologien protestant allemand. Sa théologie de l'expérience religieuse, fondée sur le sentiment et l'intuition, influença les courants théologiques modernes, tant catholiques que protestants.

SCHLESWIG-HOLSTEIN n.m., Land d'Allemagne, entre la Baltique et la mer du Nord ; 15 727 km² ; 2 881 926 hab. ; cap. *Kiel*. En 1460, le duché de Schleswig (ou Slesvig) et le comté de Holstein (duché en 1474) devinrent propriété personnelle du roi de Danemark. En 1815, le congrès de Vienne donna les duchés de Holstein et de Lauenburg au roi de Danemark, à titre personnel, en compensation de la perte de la Norvège. Ceux-ci furent dans le même temps intégrés dans la Confédération germanique. Les tentatives faites à partir de 1843 - 1845 par le Danemark pour annexer les duchés aboutirent à la guerre des Duchés (1864), puis à la guerre austro-prussienne (1866). La Prusse, victorieuse, annexa les duchés. En 1920, le nord du Schleswig fut rendu au Danemark après plébiscite.

SCHLICK (Moritz), *Berlin 1882 - Vienne 1936*, logicien allemand. Néopositiviste, il est l'un des représentants les plus marquants du cercle de Vienne*.

SCHLIEFFEN (Alfred, comte **von**), *Berlin 1833 - id. 1913*, maréchal allemand. Chef de l'état-major de 1891 à 1906, il donna son nom au plan de campagne appliqué par l'Allemagne en 1914, et qui consistait à contenir le front de l'Est afin de détruire l'armée française à l'ouest.

SCHLIEMANN (Heinrich), *Neubukow 1822 - Naples 1890*, archéologue allemand. Il découvrit les ruines de Troie et de Mycènes.

SCHLŒSING (Jean-Jacques Théophile), *Marseille 1824 - Paris 1919*, chimiste et agronome français. Il a élucidé le processus de la fixation de l'azote du sol par les végétaux.

SCHLÖNDORFF (Volker), *Wiesbaden 1939*, cinéaste allemand, naturalisé français puis américain. Révélé par *les Désarrois de l'élève Törless* (1966), qui affirmait le renouveau du cinéma allemand, il traite souvent les thèmes de la révolte, du pouvoir et de la répression (*l'Honneur perdu de Katharina Blum*, 1975 ; *le Tambour*, 1979 ; *Mort d'un commis voyageur*, 1985 ; *le Roi des Aulnes*, 1996 ; *les Trois Vies de Rita Vogt*, 2000).

SCHLUCHT [ʃlurt] (col de la), col du massif des Vosges (France) ; 1 139 m. Sports d'hiver.

SCHLUMBERGER (Conrad), *Guebwiller 1878 - Stockholm 1936*, physicien et industriel français. Avec son frère Marcel (*Guebwiller 1884 - Le Val Richer 1953*), il montra en 1927 qu'on peut identifier par leur résistivité électrique des formations géologiques. Tous deux fondèrent la société, portant leur nom, qui exploite cette technique.

SCHLÜTER (Poul), *Tønder 1929*, homme politique danois, président du Parti conservateur (1974 - 1993), Premier ministre de 1982 à 1993.

SCHMIDT (Bernhard), *Naissaar, Estonie, 1879 - Hambourg 1935*, opticien allemand, inventeur d'un télescope photographique à grand champ (1930).

SCHMIDT (Helmut), *Hambourg 1918 - id. 2015*, homme politique allemand. Social-démocrate, ministre de la Défense (1969 - 1972) et des Finances (1972 - 1974), il fut chancelier de la RFA de 1974 à 1982.

SCHMITT (Carl), *Plettenberg 1888 - id. 1985*, philosophe et juriste allemand. Spécialiste de droit constitutionnel, il est l'auteur de travaux sur la démocratie et sur la politique à l'époque moderne, qui sont restés une référence malgré sa compromission avec le nazisme (*la Notion de politique*, 1927 ; *Théorie de la constitution*, 1928).

SCHMITT (Éric-Emmanuel), *Sainte-Foy-lès-Lyon 1960*, écrivain français et belge. Auteur de pièces qui renouent avec le genre du drame philosophique (*le Visiteur*, 1993 ; *Variations énigmatiques*, 1996 ; *Oscar et la dame rose*, 2003), il a aussi publié des romans (*l'Évangile selon Pilate*, 2000 ; *la Femme au miroir*, 2011) et des essais.

SCHMITT (Florent), *Blâmont, Meurthe-et-Moselle, 1870 - Neuilly-sur-Seine 1958*, compositeur français. Il écrivit notamm. le grandiose *Psaume XLVII* (créé en 1907), une musique de ballet d'un grand lyrisme (*la Tragédie de Salomé*, 1907) et un quintette avec piano.

SCHNABEL (Artur), *Lipnik 1882 - Morschach, Suisse, 1951*, pianiste autrichien naturalisé américain. Il fut un interprète talentueux de Schubert et de Beethoven.

SCHNEBEL (Dieter), *Lahr 1930*, compositeur allemand. Il emploie des moyens de composition très personnels : participation de l'auditoire, utilisation des bruits et gestes environnants, renouvellement du travail sur la voix (*Maulwerke*, *Glossolalie*).

SCHNEIDER (Eugène), *Bidestroff 1805 - Paris 1875*, industriel et homme politique français. Il fut notamm. président du Corps législatif de 1867 à 1870. À partir de 1836, il dirigea les usines métallurgiques du Creusot avec son frère Adolphe (*Nancy 1802 - Le Creusot 1845*).

SCHNEIDER (Hortense), *Bordeaux 1833 - Paris 1920*, mezzo-soprano française. Pleine d'entrain et d'esprit, elle fut l'interprète préférée d'Offenbach, qui écrivit notamment pour elle *la Belle Hélène* et *la Grande Duchesse de Gerolstein*.

SCHNEIDER (Rosemarie **Albach-Retty**, dite Romy), *Vienne 1938 - Paris 1982*, actrice autrichienne. Révélée au cinéma dans des rôles d'ingénues romantiques (série des *Sissi*, 1956-1958), elle a ensuite composé des héroïnes tragiques, ambiguës et vulnérables (*le Procès*, O. Welles, 1962 ; *la Piscine*, J. Deray, 1969 ; *les Choses de la vie*, C. Sautet, 1970 ; *L'important, c'est d'aimer*, A. Żulawski, 1975 ; *la Mort en direct*, B. Tavernier, 1980).

▲ Romy **Schneider** dans *la Banquière* de Francis Girod (1980).

SCHNEIDER (Vreni), *Elm, Glaris, 1964*, skieuse suisse. Championne olympique et championne du monde à trois reprises, elle a remporté la Coupe du monde en 1989, 1994 et 1995.

SCHNITTKE (Alfred), *Engels, auj. Pokrovsk, 1934 - Hambourg 1998*, compositeur et théoricien russe et allemand. Il est l'auteur de symphonies, de concertos et d'opéras au style très éclectique.

SCHNITZLER (Arthur), *Vienne 1862 - id. 1931*, écrivain autrichien. Son théâtre (*la Ronde*, 1900 ; *le Chemin solitaire*, 1904) et ses romans et nouvelles en forme de monologues intérieurs (*Mademoiselle Else*, 1924) évoquent l'atmosphère désenchantée de la Vienne de la fin du XIXe s.

SCHŒLCHER (97233), comm. de la Martinique, au N.-O. de Fort-de-France ; 20 225 hab. *(Schœlchérois)*. Centre universitaire.

SCHŒLCHER (Victor), *Paris 1804 - Houilles 1893*, homme politique français. Député de la Martinique et de la Guadeloupe, sous-secrétaire d'État à la Marine (mars-mai 1848), il prépara le décret d'abolition de l'esclavage dans les colonies (27 avr. 1848). Il s'opposa au coup d'État du 2 déc. 1851 et fut proscrit. Ses cendres ont été transférées au Panthéon en 1949.

▲ Victor **Schœlcher** par Carjat.

SCHOENBERG ou **SCHÖNBERG** (Arnold), *Vienne 1874 - Los Angeles 1951*, compositeur autrichien naturalisé américain. Théoricien de l'atonalité, fondée sur le dodécaphonisme, il influença profondément la musique du XXe s. Il est l'auteur des *Gurrelieder*, du *Pierrot lunaire* (1912 ; 21 poèmes pour récitant et ensemble instrumental), de quatuors à cordes, du sextuor à cordes *la Nuit transfigurée* et d'opéras (*Erwartung* ; *Moïse et Aaron*, composés en 1909 et 1933, et créés en 1924 et 1959). Il fut aussi un peintre reconnu (autoportraits, en partic.). Centre Schoenberg à Vienne.

▲ Arnold **Schoenberg** en 1938.

SCHOENDOERFFER (Pierre), *Chamalières 1928 - Clamart 2012*, cinéaste et écrivain français. Ses films, parfois adaptés de ses romans et nourris de son expérience militaire en Indochine, exaltent l'esprit d'aventure et témoignent des drames de la guerre (*la 317e Section*, 1965 ; *la Section Anderson*, documentaire, 1967 ; *le Crabe-Tambour*, 1977 ; *Diên Biên Phu*, 1992).

SCHÖFFER (Nicolas), *Kalocsa 1912 - Paris 1992*, sculpteur français d'origine hongroise. Représentant majeur de l'art cinétique, il a aussi conçu les premières sculptures cybernétiques (*Cysp 1.*, 1956) et des œuvres monumentales, dites « spatiodynamiques », qui combinent le mouvement, la lumière et le son (tour Philips, à Liège [52 m], 1961 ; tour Lyoneon, à Lyon [30 m], 1988).

SCHÖFFER (Peter), *Gernsheim, Hesse-Darmstadt, v. 1425 - Mayence 1502 ou 1503*, imprimeur allemand. Associé de Fust et de Gutenberg, il perfectionna avec eux l'imprimerie.

Schola cantorum, école de musique fondée à Paris, en 1894, par C. Bordes en collaboration avec A. Guilmant et V. d'Indy. D'abord spécialisée dans l'étude du chant liturgique et de la musique religieuse, elle devint ensuite une école supérieure d'enseignement musical.

SCHOLASTIQUE (sainte), *Nursie v. 480 - Piumarola, près du mont Cassin, v. 543 ou 547,* sœur de saint Benoît. Elle fonda un monastère de femmes près du mont Cassin.

SCHOLEM (Gershom), *Berlin 1897 - Jérusalem 1982,* philosophe israélien. Il est l'auteur de nombreuses recherches sur la tradition mystique juive (*les Grands Courants de la mystique juive,* 1941 ; *les Origines de la Kabbale,* 1962).

SCHOMBERG (Frédéric Armand, duc **de**), *Heidelberg 1615 - près de la Boyne 1690,* maréchal de France. D'origine allemande, il entra dans l'armée française (1650) après avoir servi la Suède puis la Hollande et participa avec Turenne aux campagnes contre Condé (1653 - 1658). Protestant, il s'exila à la révocation de l'édit de Nantes et fut tué en servant Guillaume III d'Orange contre Jacques II d'Angleterre.

Schönbrunn, château du XVIIIe s., dans un faubourg de Vienne, et anc. résidence d'été des Habsbourg. Appartements décorés ; jardins. – Napoléon y signa les traités de Schönbrunn (1805) et de Vienne (1809). Son fils, le duc de Reichstadt, y mourut.

SCHONGAUER (Martin), *Colmar v. 1450 - Brisach 1491,* graveur et peintre alsacien. Il est l'auteur de célèbres burins (*la Mort de la Vierge, la Tentation de saint Antoine, la Grande Montée au Calvaire,* etc.), que Dürer admira.

SCHOPENHAUER (Arthur), *Dantzig 1788 - Francfort-sur-le-Main 1860,* philosophe allemand. Il discerne dans la soumission au vouloir-vivre, loi commune à tous les vivants, l'origine d'une souffrance dont il recherche avant tout l'apaisement, en particulier à travers l'expérience esthétique. Sa philosophie pessimiste a eu une large influence, notamm. sur Nietzsche (*le Monde comme volonté et comme représentation,* 1818).

SCHOTEN [skotɛn], comm. de Belgique (prov. d'Anvers) ; 33 776 hab.

SCHOUTEN (Willem Cornelisz. ou Cornelis), *Hoorn v. 1567 - baie d'Antongil, Madagascar, 1625,* navigateur hollandais. En 1616, avec J. Le Maire, il doubla le cap Horn, lui donnant le nom de sa ville natale, et ouvrit une nouvelle route maritime vers les Indes orientales.

SCHRIBAUX (Émile), *Richebourg, Haute-Marne, 1857 - Paris 1951,* agronome et botaniste français. Il fut à l'origine de la création de plusieurs variétés de blé et d'avoine.

SCHRIEFFER (John Robert), *Oak Park, Illinois, 1931,* physicien américain. Spécialiste de magnétisme, il est l'un des auteurs de la théorie BCS (Bardeen, Cooper, *Schrieffer*) de la supraconductivité. (Prix Nobel 1972.)

SCHRÖDER (Gerhard), *Mossenberg, Rhénanie-du-Nord-Westphalie, 1944,* homme politique allemand. Social-démocrate (président du SPD de 1999 à 2004), il a été chancelier de 1998 à 2005.

SCHRÖDINGER (Erwin), *Vienne 1887 - id. 1961,* physicien autrichien. Il a donné, en 1926, une formalisation nouvelle de la théorie quantique, introduisant en partic. l'équation fondamentale (qui porte son nom), à la base de tous les calculs de la spectroscopie. Il est aussi l'auteur d'une célèbre expérience de pensée illustrant la difficulté à comprendre la description quantique d'une mesure à l'échelle macroscopique, le « chat de Schrödinger » (enfermé dans une boîte, un chat, soumis à l'émission d'un gaz mortel commandée par une source radioactive, est, tant que la boîte reste fermée, à la fois mort et vivant). Il s'est en outre penché sur les problèmes épistémologiques de la physique moderne. (Prix Nobel 1933.)

Schtroumpfs (les), personnages de bande dessinée créés en 1958 par Peyo dans l'hebdomadaire belge *Spirou.* Ces lutins bleus sont dotés d'un langage et d'une organisation sociale empreints d'humour et d'utopie.

SCHUBERT (Franz), *Lichtental, auj. dans Vienne, 1797 - Vienne 1828,* compositeur autrichien. Il doit sa célébrité à plus de 600 lieder, dont l'inspiration spontanée et profonde est proche de la veine populaire (*le Roi des Aulnes ; la Truite ; la Jeune Fille et la Mort ; la Belle Meunière ; le Voyage d'hiver*). Il est aussi l'auteur de dix symphonies (dont l'« Inachevée »), de pages pour piano et de musique de chambre (quatuors, quintettes).

◄ Franz **Schubert** par W. A. Rieder.

SCHUITEN (François), *Bruxelles 1956,* dessinateur et scénariste belge de bandes dessinées. Avec la précision du graveur, il élabore des univers mi-réalistes mi-utopiques (cycle *les Terres creuses,* avec son frère Luc, 1980-1990 ; série *les Cités obscures,* avec Benoît Peeters, depuis 1982).

SCHULTZ (Theodore William), *Arlington, Dakota du Sud, 1902 - Evanston, Illinois, 1998,* économiste américain. Avec sir William Arthur Lewis, il s'est consacré à l'étude des pays en voie de développement. (Prix Nobel 1979.)

SCHULZ (Bruno), *Drohobycz, auj. Drogobytch, 1892 - id. 1942,* écrivain polonais. Sa prose lyrique construit de brefs récits, fragmentaires et fantastiques (*les Boutiques de cannelle,* 1934 ; *le Sanatorium au croque-mort,* 1937). D'origine juive, il fut assassiné par la Gestapo.

SCHULZ (Charles Monroe), *Minneapolis 1922 - Santa Rosa, Californie, 2000,* dessinateur américain. Il a créé la bande dessinée humoristique *Peanuts* (1950), dont les personnages principaux sont notamm. Snoopy* et les enfants Charlie Brown, Schroeder, Lucy et Linus.

SCHUMACHER (Michael), *Hürth, près de Cologne, 1969,* coureur automobile allemand. Seul pilote sacré sept fois champion du monde des conducteurs (1994, 1995 et de 2000 à 2004), il détient aussi le record du monde de victoires en Grands Prix (91, entre 1992 et 2006). Fin 2013, il est victime d'un grave accident de ski.

SCHUMAN (Robert), *Luxembourg 1886 - Scy-Chazelles, Moselle, 1963,* homme politique français. Député démocrate-chrétien (1945 - 1962), il participe à la fondation du MRP, dont il devient l'un des principaux dirigeants. Ministre des Finances (1946), président du Conseil (1947 - 1948), ministre des Affaires étrangères (1948 - 1953), il reprend le plan de Jean Monnet et met sur pied la Communauté européenne du charbon et de l'acier (1951) et est l'initiateur de la réconciliation franco-allemande. Président du Parlement européen (1958 - 1960), il est considéré comme l'un des « pères de l'Europe ».

▲ Robert **Schuman**

SCHUMANN (Maurice), *Paris 1911 - id. 1998,* homme politique français. Il fut le porte-parole de la France libre à la radio de Londres (1940 - 1944). Un des fondateurs du MRP, qu'il présida de 1945 à 1949, il se rallia au général de Gaulle en 1958 et fut plusieurs fois ministre (notamm. des Affaires étrangères, 1969 - 1973). [Acad. fr.]

SCHUMANN (Robert), *Zwickau 1810 - Endenich, près de Bonn, 1856,* compositeur allemand. Il étudia le droit puis se consacra à la musique. Il écrivit d'abord des pièces pour piano (de 1829 à 1840) de caractère spontané, poétique et lyrique : *Carnaval, Études symphoniques, Scènes d'enfants, Kreisleriana, Huit Novelettes.* Il se consacra ensuite au lied, à l'époque de son mariage avec Clara Wieck (*les Amours du poète ; l'Amour et la vie d'une femme*). À partir de 1841, il composa de la musique de chambre, pour orchestre (*Concerto pour piano,* quatre symphonies) et les *Scènes de Faust,* créées en 1862.

▲ Robert **Schumann.** Lithographie du XIXe s.

SCHUMPETER (Joseph), *Třešť, Moravie, 1883 - Taconic, Salisbury, Connecticut, 1950,* économiste autrichien. Il analyse dans ses ouvrages le processus d'évolution de l'économie capitaliste et met en lumière le rôle de l'entrepreneur, plaçant l'innovation au cœur de la stratégie industrielle (*Théorie de l'évolution économique,* 1912 ; *Capitalisme, socialisme et démocratie,* 1942).

SCHUSCHNIGG (Kurt von), *Riva, lac de Garde, 1897 - Mutters 1977,* homme politique autrichien. Chancelier d'Autriche en 1934, il lutta contre l'Anschluss (1938) et fut déporté de 1938 à 1945 à Sachsenhausen puis à Dachau.

SCHÜSSEL (Wolfgang), *Vienne 1945,* homme politique autrichien. Président du Parti populaire (1995 - 2007), il a été chancelier de 2000 à 2007.

SCHÜTZ (Heinrich), *Köstritz 1585 - Dresde 1672,* compositeur allemand. Maître de chapelle de l'Électeur de Saxe à Dresde, il a composé des œuvres religieuses dans lesquelles fusionnent le style polyphonique du motet protestant et le langage nouveau de Monteverdi (parution du recueil des *Psaumes de David* en 1619, du requiem *Musikalische Exequien* en 1636 ; composition de l'oratorio *les Sept Paroles du Christ en croix,* v. 1645, puis de 3 passions).

SCHWÄBISCH GMÜND, v. d'Allemagne (Bade-Wurtemberg) ; 58 105 hab. Centre industriel. – Église-halle Ste-Croix (XIVe s.), prototype du gothique allemand tardif.

SCHWANN (Theodor), *Neuss am Rhein 1810 - Cologne 1882,* biologiste allemand. Auteur de la théorie cellulaire (1839), il est surtout connu pour ses observations sur les muscles et les nerfs, ainsi que pour sa découverte de la *gaine de myéline* entourant certaines fibres nerveuses.

SCHWARTZ (Laurent), *Paris 1915 - id. 2002,* mathématicien français. Il a fondé la théorie des distributions, qui généralise la notion de fonction et répond tant aux besoins de l'analyse harmonique et de la théorie des équations aux dérivées partielles qu'à ceux des mathématiques appliquées. (Médaille Fields 1950.)

SCHWARTZ (Melvin), *New York 1932 - Twin Falls, Idaho, 2006,* physicien américain. Ses recherches ont conduit, entre 1960 et 1962, à l'obtention du premier faisceau de neutrinos. (Prix Nobel 1988.)

SCHWARZ-BART (André), *Metz 1928 - Pointe-à-Pitre 2006,* écrivain français. Il est l'auteur du *Dernier des justes* (1959), dédié à la mémoire juive. — **Simone S.-B.,** *Saintes, Charente-Maritime, 1938,* écrivaine française, femme d'André. Ses romans peignent l'univers de ses origines guadeloupéennes (*Pluie et vent sur Télumée Miracle,* 1972). Ils ont écrit ensemble d'autres ouvrages inspirés par la réalité antillaise (*Un plat de porc aux bananes vertes,* 1967 ; *Hommage à la femme noire,* 6 vol., 1989).

SCHWARZENBERG (Karl Philipp, prince **zu**), *Vienne 1771 - Leipzig 1820,* général et diplomate autrichien. Il commanda les armées alliées qui vainquirent Napoléon à Leipzig (1813) et envahirent la France (1814). — **Felix S.,** *Krumau, auj. Český Krumlov, 1800 - Vienne 1852,* homme politique autrichien. Neveu de Karl Philipp, chancelier d'Autriche (1848 - 1852), il restaura l'autorité des Habsbourg après les révolutions de 1848 et s'opposa à l'hégémonie de la Prusse en Allemagne (Olmütz, 1850).

SCHWARZKOPF (Elisabeth), *Jarotschin, Posnanie, 1915 - Schruns, Autriche, 2006,* soprano allemande naturalisée britannique. Elle s'est distinguée dans l'interprétation des lieder romantiques, de Schubert à Hugo Wolf, et des opéras, notamm. de Mozart et de R. Strauss.

Schwechat, aéroport de Vienne (Autriche).

SCHWEDT, v. d'Allemagne (Brandebourg), sur l'Oder ; 31 785 hab. Raffinerie de pétrole. Pétrochimie.

SCHWEINFURT, v. d'Allemagne (Bavière), sur le Main ; 52 143 hab.

SCHWEINFURTH (Georg), *Riga 1836 - Berlin 1925,* voyageur allemand. Il explora les pays du Nil, l'Érythrée, l'Arabie du Sud et fonda l'Institut égyptien du Caire.

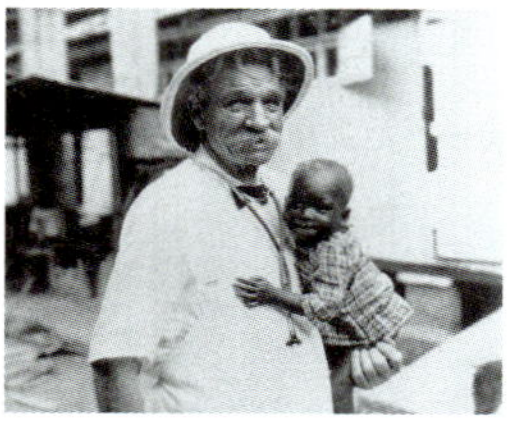

▲ Albert **Schweitzer** en 1952.

SCHWEITZER (Albert), *Kaysersberg 1875 - Lambaréné 1965*, médecin, théologien protestant et musicologue français. Symbole du colonialisme à visage humain, il fonda l'hôpital de Lambaréné, au Gabon. (Prix Nobel de la paix 1952.)

SCHWERIN, v. d'Allemagne, cap. du Mecklembourg-Poméranie-Occidentale, sur le *lac de Schwerin* ; 91 293 hab. Centre industriel. – Cathédrale gothique ; musée.

SCHWINGER (Julian Seymour), *New York 1918 - Los Angeles 1994*, physicien américain. Il a calculé le moment magnétique de l'électron et contribué à la théorie des interactions du champ électromagnétique avec le photon. (Prix Nobel 1965.)

SCHWITTERS (Kurt), *Hanovre 1887 - Ambleside, Grande-Bretagne, 1948*, peintre, sculpteur et écrivain allemand. Sa contribution à dada et au constructivisme s'exprime dans ses collages, assemblages et constructions « Merz », faits de déchets divers et dont il transposa le principe dans la poésie phonétique.

SCHWOB (Marcel), *Chaville 1867 - Paris 1905*, écrivain français. Ses contes *(Cœur double)*, ses poèmes en prose *(le Livre de Monelle)* et ses traductions composent une œuvre hédoniste.

SCHWYZ, v. de Suisse, ch.-l. du *canton de Schwyz* ; 14 423 hab. Monuments surtout des XVIIe-XVIIIe s.

SCHWYZ (canton de), canton de Suisse ; 908 km^2 ; 146 730 hab. ; ch.-l. *Schwyz*. Il entra dans la Confédération en 1291. – Le nom de la Suisse (all. *Schweiz*) dérive de celui du canton.

SCIASCIA (Leonardo), *Racalmuto, Agrigente, 1921 - Palerme 1989*, écrivain italien. Ses récits (*les Oncles de Sicile*, 1958 ; *Todo Modo*, 1974), ses essais historiques et critiques (*le Cliquet de la folie*, 1970) et son théâtre composent une satire des oppressions sociales et politiques en Sicile.

Science chrétienne, en angl. **Christian Science,** Église fondée en 1879, à Boston, par Mary Baker Eddy *(1821 - 1910)* et qui s'attache à guérir les maladies par des moyens spirituels.

Sciences Po → **Institut d'études politiques.**

SCIEZ (74140), bur. centr. de cant. de la Haute-Savoie ; 5 885 hab. *(Sciézois)*.

SCILLY (îles), anc. en fr. **îles Sorlingues,** îles de Grande-Bretagne (Angleterre), au large de la Cornouailles.

SCIPION l'Africain, en lat. **Publius Cornelius Scipio Africanus,** *235 - Liternum 183 av. J.-C.*, général romain. Proconsul en 211, il mit fin à la domination de Carthage en Espagne. Consul en 205, il débarqua en Afrique et, par sa victoire de Zama (202) sur Hannibal, mit fin à la deuxième guerre punique. — **Scipion Émilien,** en lat. **Publius Cornelius Scipio Aemilianus,** *185 ou 184 av. J.-C. - Rome 129 av. J.-C.*, général et homme politique romain. Fils de Paul Émile et petit-fils adoptif de Scipion l'Africain, consul en 147, il acheva la troisième guerre punique par la destruction de Carthage (146). En 133, il fit capituler Numance. Aristocrate, il s'opposa aux lois agraires des Gracques. Grand lettré, adepte du stoïcisme et de la culture grecque, il entretint un cercle brillant, où figurèrent Polybe et Térence.

SCOLA (Ettore), *Trevico, Campanie, 1931 - Rome 2016*, cinéaste italien. Il concilia la comédie et la critique sociale (*Drame de la jalousie*, 1970 ; *Nous nous sommes tant aimés*, 1974 ; *Une journée particulière*, 1977 ; *le Bal*, 1983 ; *Splendor*, 1989 ; *le Voyage du capitaine Fracasse*, 1990). Il réalisa aussi un film en hommage à Federico Fellini (*Qu'il est étrange de s'appeler Federico*, 2013).

SCOPAS, sculpteur grec du IVe s. av. J.-C., né à Paros. Le rythme et l'intensité d'expression de ses œuvres (*Ménade*, Dresde) sont l'une des sources d'inspiration de la plastique hellénistique.

SCORPION, constellation zodiacale. — **Scorpion,** huitième signe du zodiaque, que le Soleil traverse du 23 octobre au 22 novembre.

SCORSESE (Martin), *New York 1942*, cinéaste américain. Il situe la plupart de ses films dans l'Amérique urbaine et nocturne des marginaux (*Taxi Driver*, 1976 ; *New York New York*, 1977 ; *la Dernière Tentation du Christ*, 1988 ; *les Affranchis*, 1990 ; *les Nerfs à vif*, 1992 ; *Casino*, 1995 ; *les Infiltrés*, 2006 ; *le Loup de Wall Street*, 2013). Cinéphile passionné, il rend hommage à Georges Méliès et à l'enfance dans *Hugo Cabret* (2011).

SCOT (John Duns) → **DUNS SCOT.**

SCOT ÉRIGÈNE (Jean), *en Irlande v. 810 - v. 877*, philosophe et théologien irlandais. Son œuvre, néoplatonicienne, condamnée lors de deux conciles, ouvre la voie à une pensée rationnelle autonome (*De praedestinatione*, 851).

SCOTLAND, nom anglais de l'Écosse*.

Scotland Yard, siège de la police londonienne, le long de la Tamise, près de Westminster Bridge. Le ministre R. Peel l'organisa en 1829.

SCOTS, peuple originaire d'Irlande qui s'établit à partir du Ve s. au nord de l'île de Bretagne et qui donna son nom au pays (*Scotland*, Écosse).

SCOTT (sir Ridley), *South Shields 1937*, cinéaste britannique. Affirmant un style épique et rigoureux, il aborde avec la même réussite aussi bien la science-fiction (*Alien, le huitième passager*, 1979 ; *Blade Runner*, 1982 ; *Seul sur Mars*, 2015) que le road-movie (*Thelma & Louise*, 1991) ou le drame historique (*les Duellistes*, 1977 ; *Gladiator*, 2000).

SCOTT (Robert Falcon), *Devonport 1868 - dans l'Antarctique 1912*, capitaine et explorateur britannique. Il dirigea deux expéditions dans l'Antarctique (1901 - 1904 et 1910 - 1912) et périt en revenant d'un raid au cours duquel il avait, peu après Amundsen, atteint le pôle Sud.

SCOTT (sir Walter), *Édimbourg 1771 - Abbotsford 1832*, écrivain britannique. Poète passionné de légendes écossaises (*le Lai du dernier ménestrel*, 1805 ; *la Dame du lac*, 1810), il connut la célébrité grâce à ses romans historiques, qui exercèrent une profonde influence sur les écrivains romantiques (*Waverley*, 1814 ; *la Fiancée de Lammermoor*, 1819 ; *Ivanhoé** ; *Quentin* Durward* ; *la Jolie Fille de Perth*, 1828).

▲ Walter **Scott.** (National Portrait Gallery, Londres.)

SCOTTO (Vincent), *Marseille 1874 - Paris 1952*, compositeur français. Il a été un des maîtres de la chanson *(Sous les ponts de Paris, J'ai deux amours, le Plus Beau Tango du monde)* et de l'opérette (*Violettes impériales*) de l'entre-deux-guerres.

SCOTT THOMAS (Kristin), *Redruth, Cornouailles, 1960*, actrice britannique et française. Son parfait bilinguisme offre à son jeu sobre et à sa présence rayonnante un large champ d'expression (*Quatre Mariages et un enterrement*, M. Newell, 1994 ; *le Patient anglais*, A. Minghella, 1996 ; *Elle s'appelait Sarah*, G. Paquet-Brenner, 2010).

SCRANTON, v. des États-Unis (Pennsylvanie) ; 76 089 hab. (563 631 hab. dans l'agglomération).

SCRIABINE ou **SKRIABINE** (Aleksandr Nikolaïevitch), *Moscou 1872 - id. 1915*, compositeur et pianiste russe. Ses œuvres pour piano et pour orchestre, imprégnées de mysticisme théosophique et de philosophie hindoue, révèlent d'intéressantes recherches d'ordre harmonique (*Prométhée* ou *le Poème du feu*, pour piano, orgue, chœurs, orchestre et jeux de lumière).

SCRIBE (Eugène), *Paris 1791 - id. 1861*, auteur dramatique français. Ses comédies et ses vaudevilles *(Bertrand et Raton, le Verre d'eau)* s'inspirent des conflits sociaux et moraux de la bourgeoisie de son temps. Il a également écrit des livrets d'opéra pour F. A. Boieldieu *(la Dame blanche)*, E. Auber *(la Muette de Portici)*, G. Meyerbeer *(Robert le Diable)*. [Acad. fr.]

SCUDÉRY (Georges de), *Le Havre 1601 - Paris 1667*, écrivain français. Auteur de pièces de théâtre, adversaire de Corneille dans la querelle du *Cid**, il publia sous son nom des romans dont la composition revient principalement à sa sœur. (Acad. fr.) — **Madeleine de S.,** *Le Havre 1607 - Paris 1701*, femme de lettres française, sœur de Georges. Ses romans (*Artamène ou le Grand Cyrus*, 1649-1653 ; *Clélie*, 1654-1660, où l'on trouve la « Carte du Tendre ») sont caractéristiques de la préciosité.

▲ Madeleine de **Scudéry.** (Bibliothèque Marguerite-Durand, Paris.)

SCUTARI, en turc **Üsküdar,** faubourg asiatique d'Istanbul. Mosquées du XVIe s. Grand cimetière.

SCYLLA, écueil du détroit de Messine, en face de Charybde*.

SCYTHES, peuple de langue iranienne établi entre le Danube et le Don à partir du XIIe s. av. J.-C. Cavaliers et guerriers redoutables, les Scythes ravagèrent la Syrie et menacèrent l'Égypte. Ils disparurent au IIe s. av. J.-C.

SCYTHIE, pour les anciens Grecs, région de la Russie méridionale, habitée par les Scythes.

SDECE → **DGSE.**

SDN ou **Société des Nations,** organisme international créé par le traité de Versailles pour développer la coopération entre les nations et garantir la paix et la sécurité. La SDN, qui siégea à Genève de 1920 à 1946, se révéla incapable de remplir sa mission lors des crises de l'entre-deux-guerres. Elle fut remplacée en 1946 par l'ONU, créée l'année précédente.

SEABORG (Glenn Theodore), *Ishpeming, Michigan, 1912 - Lafayette, Californie, 1999*, chimiste américain. Il a découvert le plutonium (1941, avec E. M. McMillan), ainsi que plusieurs éléments transuraniens. (Prix Nobel 1951.)

Sea Launch, base spatiale flottante russe. Elle est utilisée depuis 1999 pour lancer, à partir d'un point de l'océan Pacifique proche de l'équateur, des fusées Zénith.

SEARLE (John Rogers), *Denver, Colorado, 1932*, philosophe américain. Il est l'auteur d'une théorie qui met en lumière les intentions du discours (*les Actes du langage*, 1969).

SEATTLE, v. des États-Unis (État de Washington) ; 668 342 hab. (3 297 766 hab. dans l'agglomération). Port. Constructions navales et aéronautiques. Informatique. – Musées.

SEBALD (Winfried Georg Maximilian, dit W. G.), *Wertach, Bavière, 1944 - près de Norwich, Grande-Bretagne, 2001*, écrivain allemand. Entre fiction et enquête documentaire, ses récits d'exil restituent des fragments de l'histoire allemande et juive (*les Anneaux de Saturne*, 1995 ; *Austerlitz*, 2001).

SEBASTIANI DE LA PORTA (Horace, comte), *La Porta, Corse, 1772 - Paris 1851*, maréchal de France. Il fut ministre des Affaires étrangères (1830) puis ambassadeur de France à Londres (1835 - 1839) sous Louis-Philippe.

SEBASTIANO DEL PIOMBO (Sebastiano **Luciani,** dit), *Venise ? v. 1485 - Rome 1547*, peintre italien. Ce disciple de Giorgione et ami de Michel-Ange se signale par la puissance monumentale de son style (portraits, tableaux religieux). *[V. ill. page suivante.]*

SÉBASTIEN (saint), *IIIe s.*, martyr romain. Officier dénoncé comme chrétien, il fut percé de flèches. On le représente souvent jeune et nu, lié à un arbre ou à une colonne. Patron des archers.

SÉBASTIEN, *Lisbonne 1554 - Alcaçar-Quivir 1578*, roi de Portugal (1557 - 1578), de la dynastie d'Aviz. Mystique et avide de gloire, il chercha à se constituer un grand domaine maghrébin et fut tué en combattant les Maures.

SÉBASTOPOL, off. v. d'Ukraine, en Crimée, rattachée de facto à la Russie, en 2014, en tant que ville fédérale (non reconnue par la communauté internationale) ; 342 451 hab. Port. Constructions navales. – Pendant la guerre de Crimée, la ville fut prise par les Franco-Britanniques en 1855, après un long siège. Elle fut occupée par les Allemands en 1942. En 2014, dans le contexte de la crise ukrainienne (→ **Ukraine**), Sébastopol est annexée par la Russie, en même temps que la Crimée.

SEBHA, oasis de Libye, dans le Fezzan ; 150 000 hab.

SÉBILLET (Thomas), *Paris v. 1512 - id. 1589*, poète français, auteur d'un *Art poétique français*.

SEBOND ou **SEBONDE** (Ramón **Sibiuda,** en fr. Raymond), *Barcelone ? - Toulouse 1436*, médecin et théologien catalan d'expression latine. Il est l'auteur d'une *Théologie naturelle* (1484) montrant l'accord de la nature et de la révélation chrétienne. L'ouvrage fut traduit par Montaigne, qui introduisit en outre dans ses *Essais* une « Apologie de Raymond Sebond ».

SEBOU n.m., fl. du Maroc, né dans le Moyen Atlas, qui rejoint l'Atlantique ; 458 km.

SECCHI (Angelo), *Reggio Emilia 1818 - Rome 1878*, jésuite et astronome italien. Il eut le premier l'idée de classer les étoiles d'après l'aspect de leur spectre (1868), suggérant que celui-ci est lié à la température de leur surface.

Sécession (guerre de) [1861 - 1865], guerre civile qui, aux États-Unis, opposa une confédération d'États du Sud aux États du Nord. Dès 1850, la vie politique de l'Union est dominée par la question de l'esclavage des Noirs et de son abolition, les intérêts des planteurs du Sud (États confédérés) étant opposés à ceux des industriels du Nord et des nouveaux États de l'Ouest (dits fédéraux). Ces derniers triomphèrent après une longue lutte qui fit plus de 600 000 morts.

SECLIN (59113), comm. du Nord ; 12 745 hab. *(Seclinois)*. Métallurgie. – Collégiale du XIIIe s. ; hôpital des XVe et XVIIe s.

SECOND (Jan **Everaerts,** dit Jean), *La Haye 1511 - Tournai 1536*, humaniste flamand. Il est l'auteur des *Baisers*, petits poèmes érotiques en latin, souvent imités au XVIe s.

Secours catholique, organisation caritative française créée en 1946 pour lutter contre les diverses formes de la pauvreté et organiser des secours d'urgence en cas de catastrophe.

Secours populaire français (SPF), association de solidarité créée en 1945 (issue du Secours populaire de France et des colonies, fondé en 1936). Il mène une action humanitaire.

SECRÉTAN (Charles), *Lausanne 1815 - id. 1895*, philosophe suisse. Il a tenté un rapprochement entre le christianisme et la pensée rationaliste (*la Philosophie de la liberté*, 1848-1849).

Section française de l'Internationale ouvrière → SFIO.

SEDAINE (Michel Jean), *Paris 1719 - id. 1797*, auteur dramatique français. Il est l'un des meilleurs représentants de la « comédie sérieuse » (*le Philosophe sans le savoir*, 1765). [Acad. fr.]

SEDAN (08200), ch.-l. d'arrond. des Ardennes, sur la Meuse ; 17 675 hab. *(Sedanais)*. Matières plastiques. – Point principal de la percée allemande vers l'ouest le 13 mai 1940. – Vaste forteresse des XVe-XVIIe s. (musée).

Sedan (bataille de) [1er sept. 1870], défaite des troupes françaises par les Prussiens lors de la guerre franco-allemande. La chute de la ville et la capitulation de Napoléon III (2 sept.) entraînèrent la proclamation de la république à Paris.

SÉDÉCIAS, *m. à Babylone en 586 av. J.-C.*, dernier roi de Juda (597 - 587 av. J.-C.). Après la destruction de Jérusalem (587) par Nabuchodonosor, il fut déporté à Babylone.

SÉE (Camille), *Colmar 1847 - Paris 1919*, homme politique français. Initiateur de la loi instituant les lycées pour les jeunes filles (1880), il créa l'École normale supérieure de Sèvres (1881).

SEEBECK (Thomas Johann), *Reval, auj. Tallinn, 1770 - Berlin 1831*, physicien allemand. Il découvrit (1821) et étudia la thermoélectricité. Il inventa aussi un polariscope.

SEECKT (Hans **von**), *Schleswig 1866 - Berlin 1936*, général allemand. Chef de la Reichswehr de 1920 à 1926, il reconstitua l'armée allemande.

SÉES (61500), bur. centr. de cant. de l'Orne ; 4 659 hab. *(Sagiens)*. Évêché. – Belle cathédrale des XIIIe-XIVe s. et autres monuments ; musée.

SÉFARADES, Juifs originaires du pourtour méditerranéen, par distinction avec les Ashkénazes*. Issus des Juifs qui durent quitter la péninsule Ibérique au XVe s., ils parlaient le ladino.

▲ **Sebastiano del Piombo.** *Le Jugement de Salomon*, v. 1510.
(Kingston Lacy National Trust, Wimborne Minster.)

SEFÉRIS (Gheórghios **Seferiádhis,** dit Georges), *Smyrne 1900 - Athènes 1971*, diplomate et poète grec. Il unit les mythes antiques à une vision sombre de la Grèce moderne (*Strophe*, 1931 ; *Journal de bord*, 1940-1955 ; *Trois Poèmes secrets*, 1966). [Prix Nobel 1963.]

SÉFÉVIDES ou **SAFAVIDES,** dynastie fondée par Ismaïl Ier, chef de la confrérie Safawi, et qui régna sur l'Iran de 1501 à 1736. Elle imposa le chiisme duodécimain à l'Iran et parvint à limiter la poussée des Ottomans à l'ouest et des Ouzbeks à l'est.

SÉGALA n.m., ensemble de plateaux du sud-ouest du Massif central (France). Il était autrefois très pauvre (« pays du seigle »).

SEGALEN (Victor), *Brest 1878 - Huelgoat 1919*, écrivain français. Médecin de la marine, passionné d'art, d'ethnographie et d'archéologie, il est passé d'une « période maorie » (*les Immémoriaux*, 1907) à une période chinoise, qui, avec la découverte des monuments funéraires des Han et le taoïsme, marqua ses poèmes (*Stèles*, 1912), ses proses (*Peintures*, 1916 ; *Équipée*, 1929) et son roman (*René Leys*, 1922).

SEGANTINI (Giovanni), *Arco, province de Trente, 1858 - Schafberg, Engadine, 1899*, peintre italien. Il est passé d'un naturalisme paysan au néo-impressionnisme et au symbolisme*.

SÉGESTE, anc. v. de la Sicile occidentale. Alliée d'Athènes, puis de Carthage, elle fut détruite par Agathocle, tyran de Syracuse, en 307 av. J.-C. Elle lutta aux côtés des Romains pendant les guerres puniques. – Temple dorique inachevé (fin du Ve s. av. J.-C.). Théâtre d'époque hellénistique.

SEGHERS (Netty **Radványi,** dite Anna), *Mayence 1900 - Berlin-Est 1983*, écrivaine allemande. Romancière (*la Septième Croix*, 1942) et nouvelliste, adversaire du nazisme, elle s'établit après la guerre en RDA, dont elle fut l'une des principales figures littéraires.

◄ Anna **Seghers**

SEGHERS (Hercules), *Haarlem 1589/1590 - Amsterdam ? v. 1638*, peintre et graveur néerlandais. L'un des grands paysagistes de son temps, il a, comme aquafortiste, travaillé ses planches et mêlé les procédés jusqu'à obtenir des épreuves d'un caractère visionnaire et dramatique.

SEGONZAC (16130), comm. de la Charente ; 2 175 hab. *(Segonzacais)*. Eaux-de-vie. – Église des XIIe et XIVe s.

SÉGOU, v. du Mali, sur le Niger ; 105 305 hab. Port fluvial et centre commercial. – Cap. d'un ancien royaume bamanan.

SEGOVIA (Andrés), *Linares, Andalousie, 1893 - Madrid 1987*, guitariste espagnol. Il a rénové la technique de la guitare classique et remis en honneur le répertoire ancien.

SÉGOVIE, en esp. **Segovia,** v. d'Espagne (Castille-León), ch.-l. de prov. ; 51 756 hab. Aqueduc romain, alcazar très restauré, églises romanes, cathédrale gothique du XVIe s. ; Musée provincial.

SEGRAIS (Jean **Regnault de**), *Caen 1624 - id. 1701*, écrivain français. Ami de Mme de La Fayette, il est l'auteur des *Nouvelles françaises* (1656-1657) et de poésies pastorales. (Acad. fr.)

SEGRÈ (Emilio), *Tivoli 1905 - Lafayette, Californie, 1989*, physicien américain d'origine italienne. Il a découvert le technétium, premier élément artificiel, ainsi que l'astate, et a réalisé avec O. Chamberlain, à Berkeley, la production de l'antiproton. (Prix Nobel 1959.)

SÈGRE n.f. ou n.m., riv. d'Espagne (Catalogne), née dans la Cerdagne française, affl. de l'Èbre (r. g.) ; 265 km.

SEGRÉ-EN-ANJOU-BLEU, ch.-l. d'arrond. de Maine-et-Loire, dans le *Segréen* ; 18 473 hab. *(Segréens)*. Équipements automobiles.

SÉGUIER (Antoine), *Paris 1552 - id. 1624*, homme d'État français. Président à mortier au parlement de Paris, il dirigea la Chambre de justice créée par Henri IV en 1607 pour rechercher les malversations des financiers. — **Pierre S.,** *Paris 1588 - Saint-Germain-en-Laye 1672*, homme d'État français. Neveu d'Antoine, il fut garde des Sceaux (1633), chancelier (1635) et de nouveau garde des Sceaux (1656). Il instruisit le procès de Cinq-Mars puis celui de Fouquet. (Acad. fr.)

SEGUIN (Édouard), *Clamecy 1812 - New York 1880*, médecin américain d'origine française. Élève d'Itard et d'Esquirol, il s'intéressa à l'éducation des enfants déficients mentaux et différencia le retard mental de la démence.

SEGUIN (Marc), *Annonay 1786 - id. 1875*, ingénieur français. Neveu de J. de Montgolfier, il construisit à Tournon le premier pont suspendu à câbles (1824) et inventa la chaudière tubulaire (1827), qu'il adapta aux locomotives. Il fut aussi un pionnier dans l'élaboration de la thermodynamique.

SÉGUR (Philippe Henri, marquis **de**), *Paris 1724 - id. 1801*, maréchal de France. Secrétaire d'État à la Guerre (1780 - 1787), il créa un corps permanent d'officiers d'état-major. — **Philippe Paul,** comte **de S.,** *Paris 1780 - id. 1873*, général et historien français. Petit-fils de Philippe Henri, il a laissé plusieurs ouvrages sur l'histoire militaire napoléonienne. (Acad. fr.)

SÉGUR (Sophie **Rostopchine,** comtesse **de**), *Saint-Pétersbourg 1799 - Paris 1874*, femme de lettres française d'origine russe. Elle est l'auteure d'ouvrages pour la jeunesse (*les Petites Filles modèles*, 1858 ; *les Malheurs de Sophie*, 1864 ; *le Général Dourakine*, 1866).

◄ La comtesse de **Ségur** par Carjat.

SEIFERT (Jaroslav), *Prague 1901 - id. 1986*, poète tchèque. Il est passé de l'avant-garde « poétiste » (*Sur les ondes de la T.S.F.*, 1925) à un lyrisme néoclassique. (Prix Nobel 1984.)

SEIGNELAY (Jean-Baptiste **Colbert,** marquis **de**), *Paris 1651 - Versailles 1690*, homme d'État français.

Fils de Colbert, il lui succéda à la Marine et à la Maison du roi (1683) et poursuivit son œuvre.

SEIGNOBOS (Charles), *Lamastre 1854 - Ploubazlanec 1942*, historien français. Il est l'auteur d'ouvrages sur l'histoire contemporaine, en partic. celle de la France.

SEIGNOSSE (40510), comm. des Landes ; 3 925 hab. *(Seignossais)*. Station balnéaire sur le littoral.

Seikan, tunnel ferroviaire du Japon, en partie sous-marin, long de 53,8 km. Il relie les îles de Honshu et de Hokkaido.

SEILLE ou **SEILLE LORRAINE** n.f., riv. de France, en Lorraine, affl. de la Moselle (r. dr.), qu'elle rejoint à Metz ; 130 km.

SEIN (île de) [29990], île et comm. du Finistère ; 208 hab. *(Sénans)*. Elle est séparée de la pointe du Raz par le *raz de Sein*. Pêche.

SEINE n.f., fl. de France, né sur le plateau de Langres, à 471 m d'alt., qui se jette dans la Manche par un vaste estuaire, sur lequel est établi Le Havre ; 776 km ; bassin de 78 650 km². La Seine traverse la Champagne et passe à Troyes. Entre son confluent avec l'Aube (r. dr.) et l'Yonne (r. g.) à Montereau-Fault-Yonne, elle longe la côte de l'Île-de-France. Peu en amont de Paris, elle reçoit son affluent le plus long, la Marne (r. dr.). Elle décrit alors de très grands méandres et reçoit l'Oise (r. dr.). Après le confluent de l'Eure (r. g.), elle forme de nouveau des méandres très allongés et passe à Rouen. Dans l'ensemble, elle a un régime régulier, avec de modestes écarts de débit. Toutefois, des crues redoutables peuvent se produire par suite de pluies exceptionnelles sur son bassin supérieur. Aujourd'hui, plusieurs réservoirs, dits « Seine » (lac d'Orient), « Marne » (lac du Der-Chantecoq) et « Aube » (lac du Temple), en limitent l'intensité. La Seine demeure une voie navigable utilisée surtout entre Paris et la Manche.

SEINE (basse), région de Normandie, de part et d'autre de la Seine, en aval de Rouen. Elle se caractérise par une navigation intense sur le fleuve et la présence de nombreuses industries dans la vallée (raffineries de pétrole et chimie ; usines métallurgiques et textiles).

SEINE n.f., anc. dép. du Bassin parisien, correspondant à la ville de Paris et à sa proche banlieue. La loi de 1964 a amené sa subdivision en quatre nouveaux départements (Hauts-de-Seine, Paris, Seine-Saint-Denis et Val-de-Marne).

SEINE-ET-MARNE n.f. (77), dép. de la Région Île-de-France ; ch.-l. de dép. *Melun* ; ch.-l. d'arrond. *Fontainebleau, Meaux, Provins, Torcy* ; 5 arrond. ; 23 cant. ; 510 comm. ; 5 915 km² ; 1 412 250 hab. *(Seine-et-Marnais)*. Le dép. appartient à l'académie de Créteil, à la cour d'appel et à la zone de défense et de sécurité de Paris. La majeure partie du dép. s'étend sur la Brie, région aux sols souvent limoneux portant de riches cultures (blé, maïs, betterave à sucre), associées à un important élevage bovin pour la viande et les produits laitiers (fromages) ; des forêts s'étendent là où le limon est absent (forêt d'Armainvilliers). Les céréales dominent sur les plateaux du Nord (Goële, Multien) ; l'élevage l'emporte dans le Gâtinais, plus verdoyant, qui fait suite, au sud, à la vaste forêt de Fontainebleau (sur sols sableux). L'industrie, en dehors de l'extraction modeste du pétrole (traité sur place, à Grandpuits), est représentée par l'aéronautique, les constructions électriques, les matériaux de construction, la verrerie et l'imprimerie. Elle se localise surtout dans les vallées de la Seine et de la Marne, sites des principales villes (Melun et Meaux). L'ouest du dép. (englobant au moins en partie les villes nouvelles de Sénart et Marne-la-Vallée) appartient déjà à l'agglomération parisienne.

SEINE-ET-OISE n.f., anc. dép. du Bassin parisien (ch.-l. Versailles). Il a été partagé, par la loi de 1964, entre les trois dép. de l'Essonne, du Val-d'Oise et des Yvelines, principalement.

SEINE-MARITIME n.f. (76), dép. de la Région Normandie ; ch.-l. de dép. *Rouen* ; ch.-l. d'arrond. *Dieppe, Le Havre* ; 3 arrond. ; 35 cant. ; 711 comm. ; 6 278 km² ; 1 283 249 hab. *(Seinomarins)*. Le dép. appartient à l'académie et à la cour d'appel de Rouen, à la zone de défense et de sécurité Ouest. Il a porté jusqu'en 1955 le nom de *Seine-Inférieure*. Le pays de Bray, dépression argileuse (élevage bovin), limite à l'E. le pays de Caux, plateau crayeux, où les fréquents placages limoneux permettent les cultures céréalières, industrielles (betterave à sucre, lin, colza) et fourragères (associées à un important élevage pour les produits laitiers). L'extrémité sud-ouest de la Picardie constitue la partie nord-est du dép. L'industrie doit son importance aux usines de la basse Seine. Entre Rouen et Le Havre (deuxième port français) sont implantés les industries chimiques et automobiles, l'aéronautique, le raffinage du pétrole. Le littoral est jalonné de ports et de stations balnéaires (Dieppe, Fécamp, Le Tréport). *[V. carte page suivante.]*

SEINE-SAINT-DENIS n.f. (93), dép. de la Région Île-de-France ; ch.-l. de dép. *Bobigny* ; ch.-l. d'arrond. *Le Raincy, Saint-Denis* ; 3 arrond. ; 21 cant. ; 40 comm. ; 236 km² ; 1 603 095 hab. *(Séquanodionysiens)*. Le dép. appartient à l'académie de Créteil, à la cour d'appel et à la zone de défense et de sécurité de Paris. À l'O., près de Paris, de part et d'autre du canal de l'Ourcq, s'imbriquent étroitement usines (métallurgie surtout) et habitations ouvrières (Saint-Denis, Aubervilliers, Pantin). Au S.-E., particulièrement le long de la Marne, la fonction résidentielle prend le pas sur l'activité industrielle, pourtant présente. Dans le Nord-Est, la grande culture céréalière et betteravière recule devant l'expansion urbaine. *(V. carte page suivante.)*

SEIPEL (Ignaz), *Vienne 1876 - Pernitz 1932*, prélat et homme politique autrichien. Président du Parti chrétien-social (1921), il fut chancelier d'Autriche de 1922 à 1924 et de 1926 à 1929.

SEI SHONAGON, *v. 965 - 1020 env.*, femme de lettres japonaise. Elle a laissé une sorte de journal *(Notes de chevet)*, premier chef-d'œuvre du genre *zuihitsu* (« écrits au fil du pinceau »).

SÉISTAN → **SISTAN.**

SÉJAN, en lat. **Lucius Aelius Seianus,** *Volsinies, auj. Bolsena, entre 20 et 16 av. J.-C. - 31 apr. J.-C.*, homme politique romain. Préfet du prétoire et favori de Tibère, il intrigua pour succéder à l'empereur, qui le fit mettre à mort.

SEKONDI-TAKORADI, v. du Ghana ; 369 166 hab. Port. Important gisement pétrolier (en mer).

SELBORNE (Roundell **Palmer,** comte **de**), *Mixbury 1812 - près de Petersfield 1895*, juriste et homme politique britannique. Lord-chancelier (1872 - 1874, 1880 - 1885), il réforma le système judiciaire anglais et créa la Cour suprême (1873).

SELDJOUKIDES ou **SALDJUQIDES,** dynastie turque qui domina l'Orient musulman du XIe au XIIIe s. L'Empire seldjoukide, qui s'étendit à l'Iran, l'Iraq, la Syrie, l'Arménie et l'Asie Mineure, s'effrita au XIIe s. Seul le sultanat de Rum survécut en Anatolie jusqu'en 1308.

SÉLÉNÉ ou **SELÊNÊ** MYTH. GR. Personnification de la Lune.

Seine-et-Marne

A B C D E F G H I J K L M N O P Q R S T U V W X Y Z

Seine-Maritime

100 200 m

plus de 50 000 h.
de 20 000 à 50 000 h.
de 5 000 à 20 000 h.
moins de 5 000 h.

ch.-l. d'arrondissement
bur. centr. de canton
commune
autre localité

autoroute
route
voie ferrée

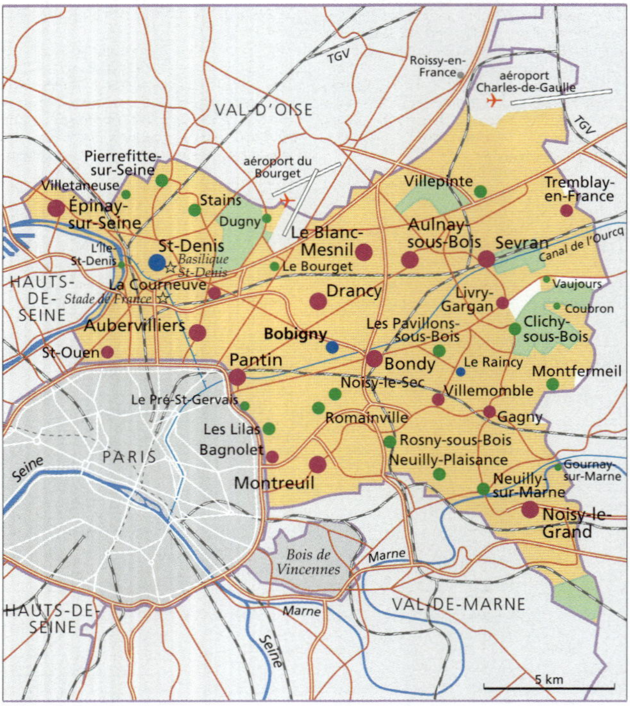

Seine-Saint-Denis

plus de 50 000 h.
de 20 000 à 50 000 h.
de 10 000 à 20 000 h.
moins de 10 000 h.

ch.-l. d'arrondissement
bur. centr. de canton
commune

autoroute
route
voie ferrée

SÉLESTAT (67600), ch.-l. d'arrond. du Bas-Rhin, sur l'Ill ; 19 575 hab. *(Sélestadiens).* Machines industrielles. – Église Ste-Foy, anc. abbatiale de style roman rhénan, et autres monuments ; demeures du XVIe s. ; Bibliothèque humaniste.

SÉLEUCIDES, dynastie hellénistique fondée par Séleucos Ier et qui régna de 312/305 à 64 av. J.-C. L'Empire séleucide, né des conquêtes d'Alexandre et qui s'étendit de l'Indus à la Méditerranée, se réduisit finalement à la Syrie, annexée à Rome par Pompée en 64 av. J.-C.

SÉLEUCIE, nom de diverses villes de l'Orient hellénistique fondées par Séleucos Ier. Les plus importantes furent *Séleucie de Piérie,* port d'Antioche, et *Séleucie du Tigre,* qui éclipsa Babylone.

SÉLEUCOS Ier Nikatôr, *Europos v. 355 - près de Lysimacheia 280 av. J.-C.,* général macédonien. Lieutenant d'Alexandre, roi fondateur de la dynastie des Séleucides en 305, il reconstitua l'empire d'Alexandre, à l'exception de l'Égypte et de la Grèce. Il établit sa capitale sur l'Oronte, à Antioche, qu'il fonda en 300.

SELIM Ier le Terrible, *Amasya 1466 - Çorlu 1520,* sultan ottoman (1512 - 1520). Il conquit la Syrie, la Palestine et l'Égypte (1516 - 1517) et se fit reconnaître protecteur des villes saintes d'Arabie. — **Selim III,** *Istanbul 1761 - id. 1808,* sultan ottoman (1789 - 1807). Il mena des guerres désastreuses contre l'Autriche et la Russie.

SÉLINONTE, anc. v. grecque de la Sicile occidentale. Très prospère jusqu'au Ve s. av. J.-C., elle fut ravagée par les Carthaginois en 409 et en 250 av. J.-C. – Important ensemble de temples grecs.

SELKIRK (monts), chaîne de montagnes du Canada (Colombie-Britannique) ; 3 533 m.

SELKIRK (Alexander), *Largo, Fife, 1676 - en mer 1721,* marin écossais. S'étant querellé avec son capitaine, il fut débarqué dans l'île inhabitée de Más a Tierra (archipel Juan Fernández), où il survécut de 1704 à 1709. Son aventure inspira le *Robinson Crusoé* de Defoe.

SELLARS (Peter), *Pittsburgh 1957,* metteur en scène américain de théâtre et d'opéra. Il réalise des spectacles mêlant les styles, les époques et les cultures, souvent provocateurs (*Ajax*, de Sophocle ; *Don Giovanni*, de Mozart ; *Nixon in China*, de J. Adams ; *Perséphone*, de Stravinsky).

SELLES-SUR-CHER (41130), bur. centr. de cant. de Loir-et-Cher ; 4 715 hab. (*Sellois*). Céramique. – Église en partie romane, anc. abbatiale ; château médiéval et renaissant.

SELONGEY (21260), comm. de la Côte-d'Or ; 2 460 hab. (*Selongéens*). Appareils ménagers.

SELYE (Hans), *Vienne 1907 - Montréal 1982*, médecin canadien d'origine autrichienne. Il découvrit et décrivit le stress.

SEM, personnage biblique. Fils aîné de Noé, il est l'ancêtre éponyme des peuples sémitiques.

SEMANG, peuple autochtone de Malaisie et de Thaïlande, que l'on inclut parmi les Negritos*.

SEMARANG, v. d'Indonésie, sur la côte nord de Java ; 1 553 778 hab. Port.

SEMBÈNE (Ousmane), *Ziguinchor 1923 - Dakar 2007*, cinéaste et écrivain sénégalais. Auteur de romans épiques et sociaux (*l'Harmattan*), chef de file du cinéma africain, il tente de retrouver, par le récit visuel, l'art des griots (*la Noire de...*, 1966 ; *le Mandat*, 1968 ; *Ceddo*, 1977 ; *le Camp de Thiaroye*, 1988 ; *Guelwaar*, 1992 ; *Moolaadé*, 2004).

SEMBLANÇAY (Jacques **de Beaune**, baron **de**), *Tours v. 1445 - Paris 1527*, financier français. Banquier de Louis XII puis de François Ier, membre du conseil des Finances, il fut accusé d'avoir dilapidé l'argent réservé aux armées d'Italie et fut pendu au gibet de Montfaucon.

SÉMÉAC (65600), comm. des Hautes-Pyrénées ; 5 016 hab. Électromécanique.

SEMEÏ, anc. **Semipalatinsk,** v. du Kazakhstan, sur l'Irtych ; 299 264 hab. Centre industriel.

SÉMÉLÉ MYTH. GR. Déesse aimée de Zeus et mère de Dionysos.

SEMERU, volcan de Java ; 3 676 m. C'est le point culminant de l'île.

SÉMINOLES, peuple amérindien du sud-est des États-Unis (Floride, Oklahoma).

SEMIPALATINSK → **SEMEÏ.**

SÉMIRAMIS, reine légendaire d'Assyrie. La tradition grecque lui attribuait la fondation de Babylone et de ses jardins suspendus.

SEMMELWEIS (Ignác Fülöp), *Buda 1818 - Vienne 1865*, médecin hongrois. Il préconisa l'asepsie au cours de l'accouchement et reconnut, avant Pasteur, le caractère infectieux de la fièvre puerpérale.

SEMMERING n.m., col des Alpes autrichiennes ; 980 m. Il est emprunté par la route et la voie ferrée de Vienne à Trieste et à Zagreb.

SEMOIS ou, en France, **SEMOY** n.f., riv. de Belgique et de France, née dans le Luxembourg belge, affl. de la Meuse (r. dr.) ; 198 km.

Sempach (bataille de) [9 juill. 1386], victoire des Suisses de la Confédération des huit cantons sur le duc d'Autriche, à Sempach (canton de Lucerne). Elle signifiait pour l'Autriche l'effondrement de sa puissance en Suisse.

SEMPÉ (Jean-Jacques), *Bordeaux 1932*, dessinateur d'humour français. Son œuvre, au graphisme détendu, scrute avec acuité et tendresse notre mode de vie absurde et compliqué, vu en partic. à travers les yeux de son personnage le Petit Nicolas (créé avec R. Goscinny).

SEMPRUN (Jorge), *Madrid 1923 - Paris 2011*, écrivain espagnol d'expression castillane et française. Militant du Parti communiste espagnol, déporté en 1943 à Buchenwald, il nourrit de son expérience une œuvre de mémoire (*la Deuxième Mort de Ramón Mercader*, 1969 ; *l'Écriture ou la vie*, 1994 ; *le Mort qu'il faut*, 2001). Également scénariste (*Z* et *l'Aveu*, de Costa-Gavras), il fut ministre de la Culture en Espagne de 1988 à 1991.

SEMUR-EN-AUXOIS [-oswa] (21140), bur. centr. de cant. de la Côte-d'Or, sur l'Armançon ; 4 462 hab. (*Semurois*). Restes de fortifications, église de style gothique bourguignon, vieilles maisons ; musée.

SEMUR-EN-BRIONNAIS (71110), comm. de Saône-et-Loire ; 668 hab. (*Semurois*). Église typique de l'art roman du Brionnais (XIIe s.).

SEN (Amartya Kumar), *Santiniketan, Bengale, 1933*, économiste indien. Il a développé la théorie du choix social et s'est intéressé à l'analyse du niveau de vie des populations. (Prix Nobel 1998.)

SEN (Mrinal), *Faridpur, Bangladesh, 1923 - Calcutta 2018*, cinéaste indien. À l'origine du « nouveau cinéma indien » avec *Mr. Shome* (1969), il se livra à une critique radicale de la société indienne (*Calcutta 71*, 1972 ; *les Marginaux*, 1977 ; *Un jour comme un autre*, 1979 ; *les Ruines*, 1984).

SENANAYAKE (Don Stephen), *Colombo 1884 - id. 1952*, homme politique cinghalais. Premier ministre (1947), il demeura à ce poste (1948 - 1952) après l'indépendance de Ceylan.

SENANCOUR (Étienne **Pivert de**), *Paris 1770 - Saint-Cloud 1846*, écrivain français. Il a analysé son inadaptation à la vie dans des essais et dans un roman autobiographique, épistolaire et méditatif (*Oberman*, 1804).

Sénanque (abbaye de), abbaye de la comm. de Gordes (Vaucluse), construite par les cisterciens dans la 2e moitié du XIIe s.

SÉNART, anc. **Melun-Sénart,** v. nouvelle, au S.-E. de Paris, entre Melun et la forêt de Sénart.

SÉNART (forêt de), forêt du dép. de l'Essonne.

Sénat, assemblée qui, avec l'Assemblée nationale, constitue le Parlement français. Sous le Consulat, le premier et le second Empire (sauf à partir de 1870, quand il devint une seconde chambre), le Sénat ne fut qu'un corps privilégié qui pouvait modifier la Constitution par des sénatus-consultes inspirés par le pouvoir. Avec les lois constitutionnelles de 1875, le Sénat joua un rôle important : il exerçait le pouvoir législatif avec la Chambre des députés. La Constitution de 1946 lui substitua un Conseil de la République, dont le rôle était réduit. Celle de 1958 a rétabli un Sénat qui assure la représentation des collectivités territoriales de la République et, avec l'Assemblée nationale, celle des Français établis à l'étranger. Ses membres (348 à compter du renouvellement de 2011), élus au suffrage universel indirect, ont longtemps eu un mandat de neuf ans, avec un renouvellement du Sénat par tiers tous les trois ans. La réforme de 2003, appliquée progressivement des élections de 2004 à celles de 2011, a ramené la durée du mandat sénatorial à six ans, avec renouvellement par moitié tous les trois ans.

SENDAI, v. du Japon (Honshu) ; 1 045 903 hab. (2 401 087 hab. dans l'agglomération). Métropole du nord de l'île (région lourdement frappée par le séisme et, surtout, le tsunami du 11 mars 2011). – Temple (XVIIe s.).

SENDERENS (Alain), *Hyères 1939 - Saint-Setiers, Corrèze, 2017*, cuisinier français. Il travailla notamm. à la Tour d'Argent, à Paris, avant d'ouvrir l'Archestrate (1968), où il créa un art culinaire original et savoureux. Il prit ensuite la direction du restaurant Lucas Carton (1985), qu'il transforma et rebaptisa Senderens (2005 - 2013).

SÉNÉ (56860), bur. centr. de cant. du Morbihan ; 9 317 hab. (*Sinagots*).

SENEFELDER (Alois), *Prague 1771 - Munich 1834*, dramaturge et inventeur autrichien. Cherchant à imprimer lui-même ses pièces, il mit au point la technique de la lithographie (1796 - 1799).

SENEFFE, comm. de Belgique (Hainaut) ; 11 030 hab. Château de style Louis XVI construit par Laurent Dewez (collection d'orfèvrerie).

SÉNÉGAL n.m., fl. d'Afrique, né dans le Fouta-Djalon, qui rejoint l'Atlantique ; 1 700 km. Il sépare le Sénégal et la Mauritanie.

SÉNÉGAL n.m., État d'Afrique occidentale, sur l'Atlantique ; 197 000 km² ; 14 133 000 hab. (*Sénégalais*). CAP. *Dakar*. LANGUES : officielle *français*, nationales *diola, malinké, poular, sérère, soninké* et *wolof*. MONNAIE : *franc CFA*.

INSTITUTIONS République. Constitution de 2001, révisée plusieurs fois (notamm. en 2016). Le président de la République, élu au suffrage universel direct pour 7 ans (5 ans à partir de l'élection présidentielle de 2019), nomme le Premier ministre. L'Assemblée nationale est élue pour 5 ans.

GÉOGRAPHIE C'est un pays plat, au climat tropical assez sec (la majeure partie du Sénégal appartient au Sahel). La population, formée de groupes variés (les Wolof constituant l'ethnie dominante) et islamisée en majeure partie, est concentrée dans l'ouest du pays. La moitié des actifs travaille dans l'agriculture (arachide, riz, mil, élevage) et la pêche. Les industries sont localisées dans la presqu'île du Cap-Vert. Le sous-sol recèle des phosphates, et le potentiel hydroélectrique est en cours d'aménagement. Le tourisme ne comble pas le déficit commercial.

HISTOIRE **Les origines et l'époque coloniale.** Le pays, peuplé dès la préhistoire, a connu le passage de populations successives et des métissages. Parmi les royaumes qui apparaissent à partir du IXe s., le premier connu est celui de Tekrour (qui prend le nom de Fouta au XIVe s.), progressivement islamisé et vassalisé par le Mali. Au XIVe s. se consti-

Sénégal, Gambie, Cap-Vert

50 – 100 – 200 m
route
voie ferrée
site touristique important
aéroport
plus de 1 500 000 h.
de 100 000 à 1 500 000 h.
de 20 000 à 100 000 h.
moins de 20 000 h.

tue le royaume Dyolof. **V. 1456 :** les îles du Cap-Vert sont atteintes par le Vénitien Ca' da Mosto pour le compte du Portugal, qui installe des comptoirs sur les côtes (Rufisque). **XVIe s. :** les Hollandais fondent le comptoir de Gorée ; le royaume Dyolof se morcelle en plusieurs États. **XVIIe s. :** la France fonde Saint-Louis (1659) et occupe Gorée (1677). **1854 - 1865 :** le général Faidherbe entreprend la conquête de l'arrière-pays. **1857 :** Dakar est créée. **1879 - 1890 :** la France achève la conquête du Sénégal. **1895 :** le pays, intégré dans l'AOF, dont le gouvernement général est fixé à Dakar, est doté d'un statut privilégié. Les habitants des « quatre communes » (Saint-Louis, Dakar, Rufisque, Gorée) jouissent de la citoyenneté française, et la colonie est représentée par des députés.

Le Sénégal indépendant. 1958 : par référendum, le Sénégal devient république autonome au sein de la Communauté. **1959 - 1960 :** il forme avec le Mali une éphémère fédération. **1960 :** il devient indépendant, et son premier président est Léopold S. Senghor. **1963 :** à la suite de troubles, les partis d'opposition sont interdits. **1976 :** un système à trois partis est institué. **À partir de 1980 :** un mouvement séparatiste se développe en Casamance. **1981 :** Senghor se retire du pouvoir ; Abdou Diouf, Premier ministre depuis 1970, lui succède ; le multipartisme est légalisé. **1982 :** le pays forme avec la Gambie la confédération de Sénégambie (suspendue en 1989). **1989 - 1992 :** des affrontements interethniques opposent Sénégalais et Mauritaniens. **2000 :** Abdoulaye Wade, leader de l'opposition, accède à la tête de l'État (réélu en 2007). **2012 :** Macky Sall remporte l'élection présidentielle face à A. Wade.

SÉNÉGAMBIE, nom donné à l'union formée de 1982 à 1989 entre le Sénégal et la Gambie.

SÉNÈQUE, en lat. **Lucius Annaeus Seneca,** dit **Sénèque le Père** ou **le Rhéteur,** *Cordoue v. 60 av. J.-C. - Rome v. 39 apr. J.-C.,* écrivain latin. Ses *Controverses et déclamations,* ouvrage de rhétorique en 10 livres, constituent un précieux document sur l'éducation oratoire au Ier s.

SÉNÈQUE, en lat. **Lucius Annaeus Seneca,** dit **Sénèque le Philosophe,** *Cordoue v. 4 av. J.-C. - Rome 65 apr. J.-C.,* philosophe latin. Fils de Sénèque le Rhéteur, précepteur de Néron, consul en 57, il fut compromis dans la conspiration de Calpurnius Pison et s'ouvrit les veines. – La pensée de ce stoïcien ainsi que son style concis et vif eurent une grande influence (*De la brièveté de la vie, De la tranquillité de l'âme, De la clémence, Des bienfaits, Lettres* à Lucilius*). On lui attribue également des tragédies (*Médée, les Troyennes, Agamemnon, Phèdre,* etc.).

SENGHOR (Léopold Sédar), *Joal 1906 - Verson, Calvados, 2001,* homme politique et écrivain

sénégalais. Agrégé de l'université, député à l'Assemblée nationale française (1946), chef du Bloc démocratique sénégalais (1948), il participe au gouvernement Edgar Faure (1955 - 1956). Président de la république du Sénégal depuis l'indépendance (1960), il quitte volontairement le pouvoir le 31 déc. 1980. – Il est l'auteur d'essais, où il définit la notion de négritude, et de recueils de poèmes (*Éthiopiques,* 1956 ; *Nocturnes,* 1961). [Acad. fr.] ▲ Léopold Sédar **Senghor**

SENLIS (60300), ch.-l. d'arrond. de l'Oise, sur la Nonette ; 15 443 hab. *(Senlisiens).* Enceinte gallo-romaine, belle cathédrale gothique des XIIe-XVIe s., autres monuments ; musées d'Art et de la Vénerie.

SENNA (Ayrton), *Sao Paulo 1960 - Bologne 1994,* coureur automobile brésilien. Champion du monde des conducteurs en 1988, en 1990 et en 1991, il est mort des suites d'un accident survenu lors du Grand Prix de Saint-Marin, à Imola.

SENNACHÉRIB, roi d'Assyrie (705 - 680 av. J.-C.). Il maintint contre les Mèdes et les Araméens l'hégémonie assyrienne et rasa Babylone (689), qui avait repris son indépendance. Il entreprit de grands travaux à Ninive, sa capitale.

SENNE n.f., riv. de Belgique, affl. de la Dyle (r. g.) ; 103 km. Elle passe à Bruxelles.

SENNETT (Michael **Sinnott,** dit Mack), *Richmond, Québec, 1880 - Hollywood 1960,* cinéaste américain. Il fut le grand pionnier du burlesque, produisant et réalisant d'innombrables petits films comiques. Fondateur de la Keystone Company en 1912, il lança la plupart des vedettes comiques du muet : Chaplin, Langdon, Fatty, W. C. Fields.

SÉNONAIS n.m., région du nord de l'Yonne, près de Sens.

SENONCHES (28250), comm. d'Eure-et-Loir ; 3 135 hab. *(Senonchois).* Château des XIIe, XVe et XVIIe s. (musée). – Forêt.

SENONES ou **SÉNONS,** peuple de la Gaule établi dans le bassin supérieur de l'Yonne. v. princ. *Agedincum* ou *Senones* (auj. Sens).

SÉNOUFO ou **SENUFO,** peuple du nord de la Côte d'Ivoire et des régions adjacentes du Mali et du Burkina, de langue voltaïque.

Senousis ou **Sanusi,** confrérie musulmane, fondée en 1837 par Muhammad ibn Ali al-**Sanusi** *(près de Mostaganem 1787 - en Cyrénaïque 1859).* Les Senousis luttèrent contre l'Italie en Libye de 1919/1920 à 1930, date de leur dissolution.

SÉNOUSRET → **SÉSOSTRIS.**

SENS [sɑ̃s] (89100), ch.-l. d'arrond. de l'Yonne, sur l'Yonne ; 26 568 hab. *(Sénonais).* Archevêché. Équipements automobiles. – Cathédrale gothique précoce, construite de 1130 à la fin du XIIe s. (transept du XVIe s. ; trésor) ; musées dans l'anc. archevêché et le palais synodal (préhistoire, archéologie, beaux-arts [dont la donation L. et F. Marrey]).

SEO DE URGEL, v. d'Espagne (Catalogne) ; 12 484 hab. Cathédrale romane du XIIe s. – L'évêque d'Urgel est coprince de la principauté d'Andorre.

SÉOUL, cap. de la Corée du Sud ; 9 735 857 hab. *(Séouliens).* Centre administratif et industriel. – Musées (dont le Musée national et le musée d'Art moderne et contemporain).

Sept Ans (guerre de) [1756 - 1763], guerre qui opposa la Grande-Bretagne et la Prusse à la France, à l'Autriche et à leurs alliés. Ses causes sont, d'une part, la volonté de Marie-Thérèse d'Autriche de récupérer la Silésie, cédée à la Prusse, d'autre part, la rivalité franco-anglaise sur mer et dans les colonies. Elle fut marquée par les défaites françaises en Allemagne (Rossbach, 1757), au Canada (chutes de Québec et de Montréal) et en Inde (1761). Par le traité de Paris (10 févr. 1763), la France perdait le Canada, la Louisiane et ne conservait que cinq comptoirs en Inde. Par le traité de Hubertsbourg (15 févr. 1763), la Prusse gardait la Silésie.

Septante (version des), la plus ancienne des versions grecques de la Bible hébraïque. Elle fut établie entre 250 et 130 av. J.-C. au sein du judaïsme alexandrin pour les juifs de langue grecque. Selon la légende, 70 (ou 72) traducteurs, chacun travaillant de son côté, auraient abouti à un texte identique. La Septante fut très utilisée par l'Église chrétienne ancienne.

Sept Chefs (guerre des), conflit légendaire qui opposa les deux fils d'Œdipe, Étéocle et Polynice, pour la possession du trône de Thèbes. Sept chefs grecs y participèrent ; six devaient périr et les deux frères s'entre-tuèrent. – Ce thème a inspiré une tragédie à Eschyle (*les Sept contre Thèbes,* 467 av. J.-C.), à Euripide (*les Phéniciennes,* v. 409 av. J.-C.) et à Racine (*la Thébaïde,* 1664).

Septembre (massacres de) [2 - 6 sept. 1792], exécutions sommaires qui eurent lieu dans les prisons de Paris et de province. À l'annonce de l'invasion prussienne, la foule envahit les prisons et massacra plus d'un millier de personnes, principalement des aristocrates et des prêtres réfractaires.

septembre 1870 (révolution du 4), journée révolutionnaire qui suivit l'annonce du désastre de Sedan (2 - 3 sept. 1870) et qui marqua la chute du second Empire. L'invasion du Palais-Bourbon par la foule permit aux députés républicains (Gambetta, J. Favre et J. Ferry, notamm.) de faire acclamer ces mesures : déchéance de la dynastie impériale, proclamation de la république et instauration du gouvernement de la Défense nationale.

septembre 2001 (attentats du 11), attaques lancées contre le territoire des États-Unis et dont la responsabilité fut revendiquée par Oussama Ben* Laden et par son réseau terroriste islamiste al-Qaida*. Quatre avions de ligne américains sont détournés par des commandos-suicides ; deux sont précipités sur les tours jumelles du World Trade Center (qui s'effondrent), à New York, un – dont la cible demeure inconnue – s'écrase en Pennsylvanie et un autre, sur le Pentagone, à Washington, faisant au total près de 3 000 victimes. Ces attentats, retransmis en direct à la télévision, ont provoqué un grave traumatisme aux États-Unis et dans le monde entier.

SEPTÈMES-LES-VALLONS (13240), comm. des Bouches-du-Rhône ; 10 826 hab. *(Septémois).*

SEPTFONDS (82240), bur. centr. de cant. de Tarn-et-Garonne ; 2 232 hab. *(Septfontois).* Camp d'internement français (1939 - 1945).

SEPT-ÎLES, petit archipel breton (Côtes-d'Armor) de la Manche, au large de Perros-Guirec. Réserve ornithologique.

SEPT-ÎLES, v. du Canada (Québec), sur la rive nord du Saint-Laurent ; 25 400 hab. *(Septiliens).* Port au débouché de la voie ferrée desservant les mines de fer du Nord-du-Québec et du Labrador. Aluminium.

SEPTIMANIE, anc. région côtière de la Gaule méridionale, entre Rhône et Pyrénées. Les Wisigoths s'y maintinrent après la bataille de Vouillé (507). La région fut rattachée au royaume franc en 759.

SEPTIME SÉVÈRE, en lat. **Lucius Septimius Severus Pertinax,** *Leptis Magna 146 - Eburacum, auj. York, 211,* empereur romain (193 - 211). Porté au pouvoir par les légions d'Illyrie, il gouverna en monarque absolu. Il enleva aux Parthes la Mésopotamie et fortifia la frontière nord de la Bretagne. Sous son règne, les cultes orientaux se développèrent.

SEPT-LAUX n.m. pl., partie du massif de Belledonne (France), en Isère, parsemée de lacs *(laux).* Station de sports d'hiver (alt. 1 350 - 2 400 m).

SEPÚLVEDA (Luis), *Ovalle, près de Coquimbo, 1949,* écrivain chilien. Il campe des personnages baroques (*le Vieux qui lisait des romans d'amour,* 1988) dans une œuvre également marquée par son engagement politique (*la Folie de Pinochet,* 2002 ; *l'Ombre de ce que nous avons été,* 2009) et écologique (*le Monde au bout du monde,* 1991).

SÉQUANES ou **SÉQUANAIS,** peuple de la Gaule, établi dans la région arrosée par la Saône et le Doubs. Leur capitale était *Vesontio* (auj. *Besançon*).

SERAING, comm. de Belgique (prov. de Liège), sur la Meuse ; 63 732 hab. *(Sérisiens).* Métallurgie. Centrale thermique.

SERAM → **CERAM.**

Serapeum, nécropole creusée près de Memphis, en Égypte, qui abritait les sépultures des taureaux Apis dans de longues galeries souterraines. Découverte (1850 - 1851) par A. Mariette, la nécropole a livré des stèles, des sarcophages et du beau mobilier funéraire du Nouvel Empire.

Séraphins (ordre des), ordre de chevalerie suédois. Créé au XIIIe s., il fut réorganisé en 1748.

SÉRAPIS ou **SARAPIS,** dieu dont le culte, institué en Égypte à la fin du IVe s. av. J.-C., unissait les religions grecque et égyptienne. Il tenait à la fois d'Osiris et de Zeus.

SERBAN (Andreï), *Bucarest 1943,* metteur en scène roumain. Il a monté des tragédies antiques en grec ancien et en latin *(Médée, Électre, les Troyennes)* avant de se consacrer à l'opéra.

SERBIE n.f., en serbe **Srbija,** État de l'Europe balkanique ; 77 474 km² (Vojvodine incluse) ; 7 777 128 hab. *(Serbes).* **CAP.** *Belgrade.* **LANGUE :** *serbe.* **MONNAIE :** *dinar serbe.*

INSTITUTIONS République à régime semi-présidentiel. Constitution de 2006. Le président de la République est élu au suffrage universel pour 5 ans. L'Assemblée nationale (qui élit le Premier ministre, sur proposition du président) est élue pour 4 ans.

GÉOGRAPHIE Ce pays de collines, de moyennes montagnes et de plaines est drainé par le Danube et ses affluents. Outre ses activités agricoles (notamm. céréales dans la riche plaine du nord), il possède des ressources minières (lignite, cuivre, plomb) et une industrie (métallurgie, sidérurgie, chimie, agroalimentaire) présente dans la région de Belgrade et dans l'axe de la Morava (à Niš et à Kragujevac). La population, majoritairement serbe

Serbie, Kosovo, Monténégro

200 500 1500 m

★ site touristique important

— voie ferrée
-- limite de région

autoroute
route
aéroport

plus de 1 000 000 h.
de 100 000 à 1 000 000 h.
de 50 000 à 100 000 h.
moins de 50 000 h.

et orthodoxe, englobe une importante minorité hongroise en Vojvodine, dans le nord du pays.

HISTOIRE **La Serbie médiévale et ottomane.** La région, peuplée d'Illyriens, de Thraces puis de Celtes, est intégrée au IIe s. av. J.-C. à l'Empire romain. **VIe - VIIe s. :** elle est submergée par les Slaves. **2e moitié du IXe s. :** sous l'influence de Byzance, les Serbes sont christianisés. **V. 1170 - v. 1196 :** Étienne Nemanja émancipe les terres serbes de la tutelle byzantine. **1217 :** son fils Étienne Ier Nemanjić (v. 1196 - 1227) devient roi. Il crée une Église serbe indépendante. **1321 - 1331 :** Étienne VIII assure l'hégémonie serbe dans les Balkans. **1331 - 1355 :** Étienne IX Dušan domine la Macédoine et la Thessalie et prend le titre de tsar (1346). **1389 :** les Serbes sont défaits par les Turcs à Kosovo. **1389 - 1459 :** une principauté de Serbie, vassale des Ottomans, subsiste grâce au soutien des Hongrois. **1459 :** la Serbie est intégrée à l'Empire ottoman. **XVe - XIXe s. :** pour protester contre le joug ottoman, certains Serbes rejoignent les « hors-la-loi » *(haïdouks)*, d'autres fuient vers le nord, la Hongrie ou l'Adriatique. L'Église serbe maintient la culture nationale. **1690 :** les Serbes délaissent le Kosovo pour la Vojvodine.

La libération et l'indépendance. **1804 - 1813 :** les Serbes se révoltent sous la conduite de Karageorges. **1815 :** Miloš Obrenović est reconnu prince de Serbie par les Ottomans. **1830 :** il obtient l'autonomie complète. **1842 - 1889 :** des luttes violentes opposent les Karadjordjević et les Obrenović, qui détiennent tour à tour le pouvoir. **1867 :** les dernières troupes turques évacuent le pays. **1878 :** la Serbie obtient son indépendance au congrès de Berlin. **1882 :** Milan Obrenović est proclamé roi. **1889 :** il abdique en faveur de son fils Alexandre (1889 - 1903). **1903 :** assassinat d'Alexandre Obrenović ; Pierre Karadjordjević (1903 - 1921) lui succède. Il se rapproche de la Russie. **1908 :** il doit accepter l'annexion de la Bosnie-Herzégovine par l'Autriche. **1912 - 1913 :** la Serbie participe aux deux guerres balkaniques et obtient la majeure partie de la Macédoine. **1914 :** à la suite de l'attentat de Sarajevo, la Serbie rejette l'ultimatum autrichien, déclenchant ainsi la Première Guerre mondiale. **1915 - 1918 :** elle est occupée par les forces des puissances centrales et de la Bulgarie.

La Serbie au sein de la Yougoslavie. **1918 :** le royaume des Serbes, Croates et Slovènes est créé. **1921 :** Alexandre Karadjordjević, qui en assumait la régence, devient roi. **1929 :** le royaume prend le nom de Yougoslavie. **1945 :** la Serbie constitue une des républiques fédérées de la Yougoslavie. De nombreux Serbes vivent en dehors de la république de Serbie, particulièrement en Croatie (Slavonie, Krajina) et en Bosnie-Herzégovine. **1986 :** Slobodan Milošević devient président de la Ligue communiste serbe. **1989 :** une révision de la Constitution réduit l'autonomie du Kosovo et de la Vojvodine. **1990 :** les premières élections libres sont remportées par le Parti socialiste serbe, continuateur de la Ligue communiste. S. Milošević est élu à la présidence de la république. **1991 - 1992 :** favorable au maintien de la fédération yougoslave, la Serbie s'oppose à l'indépendance de la Slovénie, de la Croatie (elle fait intervenir l'armée fédérale aux côtés des milices serbes de Croatie), de la Bosnie-Herzégovine (elle y soutient les Serbes partisans de la partition du pays) et de la Macédoine. Finalement, elle décide de former avec le Monténégro la république fédérale de Yougoslavie (avr. 1992), à l'encontre de laquelle l'ONU décrète un embargo. S. Milošević est réélu (déc.). **1995 :** au lendemain de l'accord de Dayton sur la Bosnie-Herzégovine (le président Milošević ayant négocié au nom des Serbes de Bosnie), l'embargo est levé. **1997 :** S. Milošević renonce à la présidence de la Serbie pour se faire élire à la tête de la Yougoslavie. **1999 :** infligeant aux séparatistes albanais du Kosovo une répression violente, accompagnée d'épuration ethnique, la Serbie est soumise à des frappes aériennes de l'OTAN (mars-juin). Le Kosovo est placé provisoirement sous administration internationale. **2000 :** la Serbie renoue avec la communauté internationale après le départ de Milošević (auquel succède Vojislav Koštunica). **2003 :** une nouvelle Charte constitutionnelle transforme la Yougoslavie en une fédération rénovée portant le nom de Serbie-et-Monténégro. **2004 :** V. Koštunica devient Premier ministre de la Serbie (jusqu'en 2008). Boris Tadić est élu à la présidence.

La Serbie à nouveau indépendante. **2006 :** l'union entre la Serbie et le Monténégro prend fin, ce dernier ayant choisi de recouvrer son indépendance (juin). **2008 :** B. Tadić est réélu à la tête de l'État. La Serbie récuse totalement la proclamation unilatérale d'indépendance du Kosovo* (févr.). Le Parti démocrate, proeuropéen, du président Tadić remporte les élections législatives. Les arrestations, en Serbie, des anciens chefs serbes de Bosnie, Radovan Karadžić (en 2008) et le général Ratko Mladić (en 2011), améliorent les relations avec l'Union européenne et la communauté internationale. **2009 :** la Serbie dépose une demande d'adhésion à l'Union européenne. **2011 :** des pourparlers directs sont engagés avec le Kosovo pour tenter de trouver une solution au différend entre les deux pays (en 2013, octroi de larges pouvoirs aux Serbes du nord du Kosovo). **2012 :** tandis qu'aucune majorité claire ne se dégage des législatives, le nationaliste et proeuropéen Tomislav Nikolić remporte, à la surprise générale, l'élection présidentielle face au président sortant. **2014 :** le parti du président Nikolić gagne les élections législatives (large victoire au scrutin anticipé de 2016). **2017 :** Premier ministre depuis 2014, Aleksandar Vučić est élu à la tête de l'État.

SERBIE-ET-MONTÉNÉGRO, nom porté de 2003 à 2006 (fin de l'union entre Serbie et Monténégro) par l'ex-République fédérale de Yougoslavie*.

SERCQ, en angl. **Sark,** une des îles Anglo-Normandes ; 575 hab.

SEREIN n.m., riv. de France, en Bourgogne, affl. de l'Yonne (r. dr.) ; 186 km. Il passe à Chablis.

SEREMBAN, v. de Malaisie ; 308 947 hab.

SERENA (La), v. du Chili ; 147 815 hab.

Serengeti (parc national du), le plus grand des parcs nationaux de Tanzanie (15 000 km²).

SERER ou **SÉRÈRES,** peuple du Sénégal (env. 950 000), de langue nigéro-congolaise.

SERGE, *m. en 638,* patriarche de Constantinople (610 - 638). Conseiller d'Héraclius Ier, il fut l'inspirateur du monothélisme.

SERGE de Radonège, *près de Rostov v. 1321 - monastère de la Trinité-Saint-Serge, Serguiev Possad, 1391,* saint orthodoxe russe. Il fit du monastère de la Trinité-Saint-Serge le centre de la renaissance nationale et religieuse de la Russie.

SERGENTS DE LA ROCHELLE (les Quatre), nom donné à quatre sous-officiers du 45e d'infanterie en garnison à La Rochelle. Suspects d'avoir tenu des réunions de carbonari, ils furent condamnés sans preuve et guillotinés en 1822.

SERGIPE, État du Brésil oriental ; 2 036 277 hab. ; cap. *Aracaju.*

SERGUIEV POSSAD, de 1930 à 1991 **Zagorsk,** v. de Russie, au N. de Moscou ; 110 878 hab. Monastère de la Trinité-Saint-Serge (XVe-XVIIIe s.).

SERLIO (Sebastiano), *Bologne 1475 - Lyon ou Fontainebleau 1554/1555,* architecte italien. Auteur d'un important traité d'architecture, il vint en 1541 travailler à Fontainebleau et conçut les plans du château d'Ancy-le-Franc.

Serment des Horaces (le), grande toile de L. David (1784, Louvre), peinte à Rome, exposée au Salon parisien de 1785. Il apparut comme un manifeste de la nouvelle école classique.

SERNIN (saint) → **SATURNIN** (saint).

SERPA PINTO (Alexandre Alberto da Rocha), *Tendais 1846 - Lisbonne 1900,* explorateur portugais. Il voyagea dans les régions du cours supérieur du Zambèze et développa la colonisation au Mozambique et en Angola.

SERPOLLET (Léon), *Culoz 1858 - Paris 1907,* industriel français. Après avoir construit la première chaudière à vaporisation instantanée (1881) et un tricycle à vapeur (1887), il développa des automobiles à vapeur qui dépassèrent 120 km/h.

SERPOUKHOV, v. de Russie, au S. de Moscou ; 126 496 hab. Centre de recherches nucléaires.

SERRA (Richard), *San Francisco 1939,* sculpteur américain. Proche, à ses débuts, de l'art pauvre, il travaille des matériaux d'origine industrielle tels que le caoutchouc vulcanisé (*Belts*, 1966-1967) ou le plomb en fusion. Avec l'acier, il aborde un art monumental (*Torqued Ellipses*, à partir de 1996 ; *The Matter of Time*, Bilbao, 2005 ; *7*, Doha, 2011).

SÉRRAI, v. de Grèce, en Macédoine ; 56 145 hab.

SERRANO Y DOMÍNGUEZ (Francisco), **duc de la Torre,** *Isla de León, auj. San Fernando, Cadix, 1810 - Madrid 1885,* maréchal et homme politique espagnol. Il contribua à la chute d'Isabelle II (1868) et fut régent du royaume (1869 - 1871), puis président du Conseil (1871, 1872).

SERRAULT (Michel), *Brunoy 1928 - Vasouy, comm. associée à Honfleur, 2007,* acteur français. Il compose des personnages drôles, inquiétants et fascinants, au théâtre et au cinéma (*Assassins et voleurs*, S. Guitry, 1957 ; *la Cage aux folles*, É. Molinaro, 1978 [adaptation de la pièce éponyme de J. Poiret, 1973] ; *Garde à vue*, C. Miller, 1981 ; *les Fantômes du chapelier*, C. Chabrol, 1982 ; *Nelly et M. Arnaud*, C. Sautet, 1995).

SERRE (Jean-Pierre), *Bages, Pyrénées-Orientales, 1926,* mathématicien français. Il a étudié la théorie des nombres et la topologie algébrique, et a reformulé la théorie des espaces analytiques complexes, découverte avec H. Cartan en 1952. (Médaille Fields 1954 ; prix Abel 2003.)

SERRE-CHEVALIER, station de sports d'hiver (alt. 1 200 - 2 800 m) des Hautes-Alpes.

SERRE-PONÇON, site de la vallée de la Durance (France), en aval du confluent de l'Ubaye. Grand barrage en terre formant un lac (env. 3 000 ha). Centrale hydroélectrique.

SERRES (Michel), *Agen 1930,* philosophe français. Historien des sciences, il s'intéresse notamm. aux problèmes de la communication (*Hermès*, 1969-1980 ; *Petite Poucette*, 2012) et s'attache à définir une philosophie qui s'adresse autant à la sensibilité qu'à l'intelligence (*les Cinq Sens*, 1985 ; *Statues*, 1987 ; *le Contrat naturel*, 1990 ; *Hominescence*, 2001 ; *Yeux*, 2014). [Acad. fr.]

SERRES (Olivier **de**), *Villeneuve-de-Berg 1539 - id. ou Le Pradel, comm. de Mirabel, 1619,* agronome français. Auteur du *Théâtre d'agriculture et mesnage des champs* (1600), il améliora la productivité de l'agriculture grâce aux assolements, qui comprenaient des prairies artificielles et des plantes à racines pour le bétail et supprimaient les jachères. Précurseur de l'agriculture raisonnée moderne, il fut aussi l'artisan de l'extension de la culture du mûrier et de la sériciculture en France.

SERRES-CASTET (64121), bur. centr. de cant. des Pyrénées-Atlantiques ; 4 313 hab. *(Serrois).*

SERRIS (77700), bur. centr. de cant. de Seine-et-Marne ; 8 699 hab. *(Serrissiens).*

SERS (16410), comm. de la Charente ; 873 hab. Groupe d'abris-sous-roche (*Roc de Sers*) qui a livré des bas-reliefs du gravettien et du solutréen.

SERTORIUS (Quintus), *Nursia v. 123 - en Espagne 72 av. J.-C.,* général romain. Lieutenant de Marius, il se constitua en Espagne un véritable État (80 av. J.-C.). D'abord vainqueur de Pompée, il s'allia à Mithridate (75), mais fut assassiné à l'instigation de son lieutenant Perpenna.

SÉRURIER (Jean Philibert, comte), *Laon 1742 - Paris 1819,* maréchal de France. Gouverneur des Invalides (1804), il fut disgracié après les Cent-Jours, mais revint en activité sous la Restauration.

SÉRUSIER (Paul), *Paris 1864 - Morlaix 1927,* peintre français. Il a assuré la liaison entre Gauguin, qu'il rencontra à Pont-Aven, et le groupe des nabis.

SERVANCE (ballon de), sommet du massif des Vosges (France) ; 1 216 m.

SERVANDONI (Giovanni Niccolo), *Florence 1695 - Paris 1766,* architecte et décorateur italien. Il se fixa à Paris v. 1728. Proche du style rocaille dans ses décors (de fêtes notamm.), il le renia en architecture (façade de l'église St-Sulpice, 1733 et suiv.).

▲ Georges **Seurat.** *Cirque*, 1890-1891. (Musée d'Orsay, Paris.)

SERVANTY (Lucien), *Paris 1909 - Toulouse 1973,* ingénieur aéronautique français. Il a été à l'origine du *Triton*, premier avion à réaction français (1946), du *Trident*, monoplace supersonique (1953), et du *Concorde* (1969).

SERVET (Miguel, en fr. Michel), *Tudela, Navarre, ou Villanueva de Sigena, Huesca, 1511 - Genève 1553,* médecin et théologien espagnol. Niant le dogme de la Trinité et celui de la divinité de Jésus-Christ, il se réfugia à Genève pour échapper à l'Inquisition. Mais il fut arrêté et brûlé à la suite d'un procès où Calvin joua un rôle déterminant.

SERVIAN (34290), comm. de l'Hérault, dans le Biterrois ; 4 630 hab. Église du XIIIe s.

Service distingué (ordre du) → **Distinguished Service Order.**

Service du travail obligatoire → **STO.**

SERVIUS TULLIUS, *traditionnellement 578 - 535 av. J.-C.,* sixième roi légendaire de Rome. On lui attribuait l'organisation du peuple en centuries et les remparts enserrant les sept collines de Rome.

SERVRANCKX (Victor), *Diegem, près de Bruxelles, 1897 - Vilvorde 1965,* peintre belge. Il a été un pionnier de l'art abstrait dans son pays, avec des phases mécanistes (*Opus 47*, 1923, Bruxelles), géométriques ou surréalisantes.

SÉSOSTRIS ou **SÉNOUSRET,** nom de trois pharaons de la XIIe dynastie (XXe-XIXe s. av. J.-C.). — **Sésostris III,** pharaon de la XIIe dynastie (v. 1878 av. J.-C.). Il fit campagne en Syrie et en Nubie, où il fonda des installations jusqu'à la 3e cataracte.

SESSHU, *prov. d'Okayama 1420 - Yamaguchi 1506,* moine peintre japonais. Alliant lyrisme, réalisme et spiritualité chinoise, il est le créateur du paysage au Japon (*Paysage d'Amano-hashidate*).

SESTO SAN GIOVANNI, v. d'Italie (Lombardie), banlieue industrielle de Milan ; 76 970 hab.

SESTRIÈRES, en ital. **Sestriere,** station de sports d'hiver (alt. 2 033 m) d'Italie (Piémont), près du col de Montgenèvre.

SÈTE, anc. **Cette** (34200), bur. centr. de cant. de l'Hérault ; 44 276 hab. *(Sétois).* Port sur la Méditerranée et l'étang de Thau. – Festivals de musique (musique du monde, jazz…). – Musée Paul-Valéry (beaux-arts et traditions sétoises). Espace Brassens. Musée international des Arts modestes (MIAM).

SETH, personnage biblique, troisième fils d'Adam et d'Ève, frère de Caïn et d'Abel.

SETH, dieu égyptien symbolisant la vaillance mais aussi la violence et les forces du mal, en particulier dans la légende de son frère Osiris, contre lequel il s'acharne par jalousie.

SETI Ier ou **SETHI Ier,** pharaon de la XIXe dynastie (1294 - 1279 av. J.-C.). Il reconquit la Syrie au terme de plusieurs campagnes ; il est le père de Ramsès II.

SÉTIF, v. de l'est de l'Algérie, ch.-l. de wilaya ; 288 461 hab. Centre commercial et industriel. – En 1945, la répression par les autorités françaises d'insurrections nationalistes nées avec la célébration de l'armistice du 8 mai fit dans cette ville et dans tout le Constantinois des milliers de morts.

SETTAT, v. du Maroc ; 142 250 hab.

SETTONS (lac des), lac-réservoir du Morvan (Nièvre), alimenté par la Cure.

SETÚBAL, v. du Portugal, sur l'estuaire du Sado ; 121 185 hab. Port. – Anc. couvent de Jésus (église gothique et manuéline de la fin du XVe s. ; musée).

SEUDRE n.f., fl. côtier de France, en Charente-Maritime ; 69 km. Ostréiculture.

SEURAT (Georges), *Paris 1859 - id. 1891,* peintre et dessinateur français. Initiateur et maître du divisionnisme, il a cherché à reconstruire, selon une harmonie rigoureuse dont les bases se voulaient scientifiques, la forme, que Monet dissolvait (*Un dimanche après-midi à la Grande Jatte*, 1884-1885, Chicago ; *la Parade*, 1888, Metropolitan Museum, New York). Il fut, avec Signac, l'un des fondateurs du Salon des indépendants (1884).

SEURRE (21250), comm. de la Côte-d'Or ; 2 439 hab. *(Seurrois).* Composants électroniques. – Monuments anciens ; écomusée de la Saône.

SEVAN (lac), lac d'Arménie ; 1 416 km².

SÉVERAC (Déodat **de**), *Saint-Félix-de-Caraman 1872 - Céret 1921,* compositeur français. Il a exprimé son attachement au Roussillon dans un opéra (*le Cœur du moulin*, 1909) et dans des recueils pour piano (*En Languedoc*, *Cerdaña*).

SÉVÉRAC-D'AVEYRON (12150), bur. centr. de cant. de l'Aveyron ; 2 474 hab. *(Sévéragais).* Restes d'un château et vieilles maisons, dans un site escarpé.

SÉVÈRE, en lat. **Flavius Valerius Severus,** *en Illyrie - Rome 307,* empereur romain (306 - 307). Nommé césar par Dioclétien, puis auguste par Galère, il fut vaincu par Maxence et mis à mort.

SÉVÈRE ALEXANDRE, en lat. **Marcus Aurelius Severus Alexander,** *Arca Caesarea, Phénicie, 205 ou 208 - Germanie 235,* empereur romain (222 - 235). Il écarta la menace perse (232) et combattit ensuite les Germains (234). Il fut tué au cours d'une sédition militaire.

SÉVÈRES (les), dynastie romaine (193 - 235) qui compta les empereurs Septime Sévère, Caracalla, Geta, Élagabal et Sévère Alexandre. À leur règne succéda l'anarchie militaire (235 - 270).

SÉVERIN (saint), *m. v. 482,* apôtre du Norique, originaire d'Orient. Il fonda de nombreux monastères dans la région du Danube. Son corps est vénéré à Naples.

SÉVERIN (saint), *m. v. 540,* ermite chrétien. Il vécut sur les bords de la Seine, à Paris, et forma saint Cloud à la vie monastique.

SEVERINI (Gino), *Cortona, prov. d'Arezzo, 1883 - Paris 1966,* peintre italien. Il s'installa en 1906 à Paris, où il devint le principal représentant du futurisme, également attiré par le cubisme. Après 1920, il se consacra à l'art sacré et à la mosaïque.

SEVERN n.f., fl. du sud de la Grande-Bretagne, qui se jette par un estuaire dans le canal de Bristol ; 290 km.

SEVERNAÏA ZEMLIA (« Terre du Nord »), archipel arctique de la Russie, entre la mer de Kara et la mer des Laptev.

SEVERODVINSK, v. de Russie, sur la mer Blanche ; 192 265 hab.

SEVESO, v. d'Italie (Lombardie), au N. de Milan ; 22 796 hab. Pollution par la dioxine en 1976. (L'UE impose auj. que soient classés « Seveso » les sites industriels abritant des substances dangereuses et présentant des risques d'accidents majeurs.)

SÉVIGNÉ (Marie **de Rabutin-Chantal,** marquise **de**), *Paris 1626 - Grignan 1696,* femme de lettres française. Pendant plus de trente ans, elle écrivit des *Lettres*, en majorité destinées à sa fille, Mme de Grignan *(1646 - 1705)*, qui forment un témoignage pittoresque sur les mœurs du temps et qui, par leur style impressionniste, rompent avec le formalisme rhétorique du genre.

▲ La marquise de **Sévigné** par R. Nanteuil, v. 1670. (Musée Carnavalet, Paris.)

SÉVILLE, en esp. **Sevilla,** v. d'Espagne, cap. de l'Andalousie et ch.-l. de prov., sur le Guadalquivir ; 689 434 hab. *(Sévillans).* Archevêché. Centre commercial et touristique, avec quelques industries

▲ **Séville.** Vue de l'Alcazar.

(agroalimentaire, automobile). – Alcazar surtout du XIVe s. (art mudéjar ; beaux décors et jardins) ; cathédrale du XVe s. (œuvres d'art) avec tour de la *Giralda*, minaret de l'anc. Grande Mosquée, surélevé au XVIe s. ; édifices civils, palais et églises de l'époque mudéjare au baroque. Musée des Beaux-Arts (Zurbarán, Murillo, Valdés Leal, Martínez Montañés…) et Musée archéologique provincial. – Cité ibère puis romaine, Séville fut l'une des villes les plus florissantes de l'Espagne arabe. Après avoir appartenu au califat omeyyade (712 - 1031), elle devint la capitale des Abbadides et connut une grande prospérité à l'époque almohade (XIIe s.). Conquise par Ferdinand III de Castille (1248), elle obtint au XVIe s. le monopole du commerce avec le Nouveau Monde.

SEVRAN (93270), bur. centr. de cant. de la Seine-Saint-Denis ; 50 753 hab. *(Sevranais).* Parc forestier.

SÈVREMOINE, comm. de Maine-et-Loire ; 26 127 hab.

SÈVRE NANTAISE n.f., riv. de France, affl. de la Loire (r. g.), à Nantes ; 126 km.

SÈVRE NIORTAISE n.f., fl. de France, né dans les Deux-Sèvres et qui rejoint l'Atlantique ; 150 km. Elle passe à Niort.

SÈVRES (92310), comm. des Hauts-de-Seine, sur la Seine ; 23 718 hab. *(Sévriens).* Pavillon de Breteuil, siège du Bureau international des poids et mesures. – Manufacture royale, puis nationale, de porcelaine, auparavant à Vincennes, installée en 1756 en bordure du parc de Saint-Cloud ; musée national de Céramique.

SÈVRES (Deux-) [79], dép. de la Région Nouvelle-Aquitaine ; ch.-l. de dép. *Niort* ; ch.-l. d'arrond. *Bressuire, Parthenay* ; 3 arrond. ; 17 cant. ; 290 comm. ; 5 999 km^2 ; 385 395 hab. *(Deux-Sévriens).* Le dép. appartient à l'académie et à la cour d'appel de Poitiers, à la zone de défense et de sécurité Sud-Ouest. La moitié nord, en majeure partie dans le Massif armoricain, est une région surtout bocagère, vouée à l'élevage bovin ; elle s'oppose à la partie méridionale, formée de plaines calcaires, découvertes, consacrées surtout aux céréales. L'industrie est représentée par quelques usines alimentaires et textiles, par des constructions mécaniques et, localement (à Niort, seule ville importante), par le travail du bois et du cuir.

Sèvres (traité de) [10 août 1920], traité signé après la Première Guerre mondiale entre les Alliés et l'Empire ottoman, dont il consacrait la défaite, et qui perdait les quatre cinquièmes de ses anciens territoires. Il fut révisé en 1923 par le traité de Lausanne, consécutif aux victoires turques.

SEX PISTOLS (The), groupe britannique de rock. Formé en 1975, il se dissout en 1978. Composé du chanteur Johnny Rotten (John Lydon, dit), des bassistes Glen Matlock puis Sid Vicious, du guitariste Steve Jones et du batteur Paul Cook, il s'imposa comme le promoteur de la musique punk.

SEXTUS EMPIRICUS, *Mytilène ? IIe s.-IIIe s. apr. J.-C.*, philosophe, médecin et astronome grec. Il vécut à Alexandrie et à Athènes. En philosophie, il fut partisan du scepticisme, que son œuvre *(Hypotyposes pyrrhoniennes)* contribua à faire connaître, et dont il appliqua les principes dans son approche des sciences, promouvant notamment l'empirisme en médecine.

SEYCHELLES n.f. pl., État insulaire d'Afrique, dans l'océan Indien ; 410 km^2 ; 93 000 hab. *(Seychellois).* **CAP.** *Victoria.* **LANGUES :** *anglais, créole* et *français.* **MONNAIE :** *roupie des Seychelles.* (V. carte **Madagascar.**) C'est un archipel d'une trentaine d'îles et d'une soixantaine d'îlots. L'île principale est Mahé. Ce sont des îles coralliennes ou granitiques, au climat chaud, saisonnièrement humide, et dont le tourisme est devenu la ressource principale. – Occupées par les Français en 1756, les Seychelles passent sous contrôle britannique en 1814. Depuis 1976, elles forment un État indépendant, membre du Commonwealth, présidé par France-Albert René (1977 - 2004), James Michel (2004 - 2016), puis Danny Faure (depuis 2016).

SEYMOUR (Edward), duc **de Somerset,** *v. 1500 - Londres 1552*, homme d'État anglais. Frère de Jeanne Seymour, il fut protecteur d'Angleterre (régent) pendant la minorité de son neveu Édouard VI. Il consolida la Réforme protestante et s'efforça d'aider les classes populaires. Il fut renversé par Dudley, emprisonné et exécuté.

SEYMOUR (Jeanne) → **JEANNE SEYMOUR.**

SEYNE-SUR-MER (La) [83500], bur. centr. de cant. du Var, sur la rade de Toulon ; 65 691 hab. *(Seynois).*

SEYRIG (Delphine), *Beyrouth 1932 - Paris 1990*, actrice française. Elle devint, grâce à sa présence hiératique et à sa diction musicale, la comédienne de référence d'un cinéma d'inspiration littéraire (*l'Année dernière à Marienbad*, A. Resnais, 1961 ; *Baisers volés*, F. Truffaut, 1968 ; *le Charme discret de la bourgeoisie*, L. Buñuel, 1972 ; *India Song*, M. Duras, 1975).

SEYSSEL (74910), comm. de la Haute-Savoie, sur le Rhône ; 2 372 hab. *(Seysselans).* Il fait face à *Seyssel*, comm. de l'Ain (01420 et 1000 hab.). Barrage et centrale hydroélectrique.

SEYSSINET-PARISET (38170), comm. de l'Isère ; 12 418 hab. *(Seyssinettois).*

SÉZANNE (51120), bur. centr. de cant. de la Marne ; 5 138 hab. *(Sézannais).* Optique. – Église gothique du XVIe s.

SFAR (Joann), *Nice 1971*, dessinateur et scénariste français de bandes dessinées. Son œuvre foisonnante, nourrie par la culture juive, allie fantastique, drôlerie et poésie (*Donjon* [avec notamm. L. Trondheim], 1998-2014 ; *Petit Vampire*, depuis 1999 ; *le Chat du Rabbin*, depuis 2002 [qu'il a porté à l'écran en 2011] ; *Klezmer*, 2005-2014). Il écrit aussi des romans et a réalisé notamm. le film *Gainsbourg (vie héroïque)* en 2010.

SFAX, v. de Tunisie, sur le golfe de Gabès ; 295 496 hab. Port. Exportation de phosphates. Chimie. – Remparts du IXe s. Grande Mosquée (IXe-XIe s.).

SFIO (Section française de l'Internationale ouvrière), désignation du Parti socialiste français de 1905 à 1971.

SFORZA, seconde dynastie ducale de Milan (1450 - 1535), qui a pour nom le surnom de son

A B C D E F G H I J K L M N O P Q R S T U V W X Y Z

fondateur. — **Muzio** ou **Giacomo Attendolo,** surnommé **S.,** *Cotignola 1369 - près de Pescara 1424,* condottiere italien. Il servit surtout les Visconti de Milan et la reine Jeanne II de Naples. — **François Ier S.,** *San Miniato 1401 - Milan 1466,* homme d'État italien. Fils de Muzio Attendolo, il épousa la fille de Philippe Marie Visconti. Il se fit proclamer duc de Milan (1450). — **Jean-Galéas S.,** *Abbiategrasso 1469 - Pavie 1494,* homme d'État italien. Petit-fils de François Ier Sforza, il régna sous la régence de sa mère, puis fut évincé par son oncle Ludovic (→ **Ludovic Sforza le More**). — **Maximilien S.,** *1493 - Paris 1530,* homme d'État italien. Fils de Ludovic le More, duc en 1512, il fut battu à Marignan (1515) et dut céder ses États au roi de France François Ier. — **François II S.,** *1492 ou 1495 - 1535,* homme d'État italien. Deuxième fils de Ludovic le More, il récupéra son duché grâce à Charles Quint, à qui il le légua en mourant.

Sganarelle, personnage comique créé par Molière, tour à tour mari jaloux (*Sganarelle ou le Cocu imaginaire,* 1660), tuteur (*l'École des maris,* 1661), valet (*Dom Juan,* 1665), père (*l'Amour médecin,* 1665), fagotier (*le Médecin malgré lui,* 1666).

SHAANXI, prov. de la Chine du Nord ; 37 930 000 hab. ; cap. *Xi'an.*

SHABA → KATANGA.

SHACKLETON (sir Ernest), *Kilkee, Irlande, 1874 - Géorgie du Sud 1922,* explorateur britannique. Il tenta, sans succès, d'atteindre le pôle Sud (1907 - 1915) et mourut lors d'une seconde expédition.

SHAFTESBURY (Anthony **Ashley Cooper,** comte **de**), *Wimborne 1621 - Amsterdam 1683,* homme d'État anglais. Chef de l'opposition whig à Charles II et partisan de Monmouth, il dut fuir en Hollande en 1682.

SHAHJAHANPUR, v. d'Inde (Uttar Pradesh) ; 346 103 hab.

SHÂHPUR → CHÂHPUHR.

SHAKESPEARE (William), *Stratford-upon-Avon 1564 - id. 1616,* poète dramatique anglais. On connaît mal sa vie. Fils d'un commerçant ruiné, il se maria à dix-huit ans ; en 1594, il était acteur et actionnaire de la troupe du lord chambellan. Vers 1598, il s'installe au théâtre du Globe et, vers 1613, il se retire à Stratford. Son œuvre, qui comprend des poèmes (*Vénus et Adonis,* 1593) et un recueil de *Sonnets* (1609), est essentiellement dramatique. On peut distinguer dans son théâtre trois périodes : la jeunesse (1590 - 1600), marquée par un enthousiasme très élisabéthain, qui est l'époque des comédies légères et des fresques historiques (*Henri VI,* v. 1591-1595 ; *la Mégère apprivoisée,* av. 1592 ; *Richard* III* ; *Roméo* et Juliette* ; *le Songe d'une nuit d'été,* v. 1595 ; *le Marchand de Venise,* v. 1596 ; *Beaucoup de bruit pour rien,* v. 1598 ; *Jules César* ; *Comme il vous plaira* ; *les Joyeuses Commères de Windsor,* v. 1599) ; une période (1600 - 1610) où, sous l'effet des déceptions politiques et personnelles, les tragédies sombres alternent avec quelques comédies (*Hamlet** ; *la Nuit des rois,* v. 1601 ; *Othello** ; *le Roi* Lear* ; *Timon d'Athènes,* v. 1605 ; *Macbeth** ; *Antoine et Cléopâtre,* v. 1606 ; *Coriolan,* v. 1608) ; à partir de 1610, le retour à l'apaisement avec les pièces romanesques (*Cymbeline,* v. 1610 ; *Conte d'hiver* ; *la Tempête,* v. 1611). Écrit pour un public composé d'hommes du peuple et d'aristocrates, ce théâtre étonne par la variété et la vigueur du style, par le foisonnement des personnages et leur diversité sociale et psychologique, par la maîtrise de la construction dramatique.

▲ William **Shakespeare** par L. Coblitz, 1847. (Château de Versailles.)

Shakuntala ou **Çakuntala,** drame sanskrit de Kalidasa (IVe-Ve s. apr. J.-C.). Il relate les amours de Shakuntala et du roi Vishvamitra.

SHAKYAMUNI → BOUDDHA.

SHAMASH, dieu mésopotamien qui, assimilé au soleil, régit la justice et la divination.

▲ **Shanghai.** La tour de télévision, au bord du Huangpu.

SHAMIR (Yitzhak), *Ruzinoy, Pologne orientale, 1915 - Herzliya, au N. de Tel-Aviv, 2012,* homme politique israélien. Leader du Likoud (1983 - 1993), ministre des Affaires étrangères (1980 - 1986), il fut Premier ministre en 1983 - 1984 et à nouveau de 1986 à 1992.

SHANDONG, prov. de la Chine orientale ; 98 470 000 hab. ; cap. *Jinan.*

SHANGHAI ou **CHANG-HAI,** v. de Chine, sur le Huangpu, au débouché du Yangzi Jiang ; 20 207 612 hab. dans le district municipal, qui couvre 6 000 km² et dépend du pouvoir central. Premier port de Chine et un des tout premiers du monde, et principal centre industriel du pays, la ville a été largement réaménagée depuis l'ouverture de la Chine à l'international (années 1990) et à l'occasion de l'Exposition universelle de 2010. Zone franche. – Riche musée d'Art et d'Histoire.

SHANGRAO, v. de Chine, à l'E. de Nanchang ; 327 703 hab.

SHANKAR (Ravi), *Bénarès 1920 - San Diego, Californie, 2012,* sitariste et compositeur indien. Virtuose du sitar, il fit connaître hors de son pays la musique savante indienne et l'art du raga et écrivit notamm. des concertos pour sitar et des ballets.

SHANNON n.m., principal fl. d'Irlande, qui se jette dans l'Atlantique ; 368 km. Il forme des lacs.

SHANNON (Claude Elwood), *Gaylord, Michigan, 1916 - Medford, Massachusetts, 2001,* mathématicien américain. Il fut, avec W. Weaver, à l'origine de la théorie de l'information qui fait appel, notamm., au codage et à la statistique. Leurs travaux ont des applications importantes en intelligence artificielle.

SHANTOU, v. de Chine (Guangdong) ; 1 270 112 hab. (4 062 449 hab. dans l'agglomération). Port.

SHANXI, prov. de la Chine du Nord ; 36 640 000 hab. ; cap. *Taiyuan.* Fer. Charbon.

SHAOXING, v. de Chine, au S.-E. de Hangzhou ; 633 118 hab. Centre textile.

SHAPE (Supreme Headquarters Allied Powers Europe), quartier général des forces alliées de l'OTAN en Europe. Installé en 1951 à Rocquencourt (Yvelines), il a été transféré en 1967 sur un territoire auj. intégré dans la comm. de Mons.

SHAPLEY (Harlow), *Nashville, Missouri, 1885 - Boulder, Colorado, 1972,* astrophysicien américain. Ses travaux lui permirent de déterminer la distance de nombreux amas globulaires et de préciser la structure de la Galaxie. Il découvrit, par la photographie, des milliers de galaxies, dont il montra la distribution fréquente en amas.

SHARAKU ou **TOSHUSAI SHARAKU,** dessinateur d'estampes japonais, actif à Edo en 1794 et 1795, célèbre pour ses portraits d'acteurs, dont la sobriété technique met en relief la richesse psychologique.

SHARIF (Nawaz), *Lahore 1949,* homme d'affaires et homme politique pakistanais. Ministre en chef de la province du Pendjab (1985 - 1990), leader de la Ligue musulmane du Pakistan (PML-N), il a été Premier ministre à plusieurs reprises (1990 - 1993, 1997 - 1999 et 2013 - 2017).

SHARON, plaine du littoral de l'État d'Israël, au S. du mont Carmel.

SHARON (Ariel), *Kefar Malal 1928 - Ramat Gan 2014,* général et homme politique israélien. Il participa, à des postes de commandement, aux guerres israélo-arabes. Plusieurs fois ministre à partir de 1977, chef du Likoud (à partir de 1999), il devint Premier ministre en 2001. Mais, peu après son départ du Likoud pour former un nouveau parti, Kadima (nov. 2005), sa carrière politique fut brutalement interrompue, en janv. 2006, par un grave accident de santé.

SHAW (George Bernard), *Dublin 1856 - Ayot Saint Lawrence, Hertfordshire, 1950,* écrivain irlandais. Il est l'auteur de romans, d'essais et de pièces de théâtre (*le Héros et le Soldat,* 1894 ; *Pygmalion,* 1913 ; *Sainte Jeanne,* 1923), où le pessimisme est tempéré par l'humour. (Prix Nobel 1925.)

SHAWINIGAN, v. du Canada (Québec), sur le Saint-Maurice ; 49 349 hab. (*Shawiniganais*). Centre industriel.

SHAWN (Ted), *Kansas City, Missouri, 1891 - Orlando, Floride, 1972,* danseur et chorégraphe américain. Il est l'un des fondateurs de la modern dance aux États-Unis.

SHEBELI → CHÉBÉLI.

SHEFFIELD, v. de Grande-Bretagne (Angleterre), dans le Yorkshire ; 439 866 hab. (640 720 hab. dans l'agglomération). Centre métallurgique. – Musées.

SHELLEY (Percy Bysshe), *Field Place, Sussex, 1792 - au large de La Spezia 1822,* poète britannique. Il est l'auteur d'essais, de poèmes (*la Reine Mab,* 1813 ; *l'Ode au vent d'ouest,* 1819), de drames (*les Cenci,* 1819 ; *Prométhée délivré,* 1820), où l'inspiration romantique, liant l'homme et la nature en un même rythme vital, s'unit à l'influence de Platon. — **Mary Wollstonecraft,** dite **Mary S.,** *Londres 1797 - id. 1851,* femme de lettres britannique, épouse de P. B. Shelley. Elle est l'auteure du roman gothique *Frankenstein ou le Prométhée moderne* (1818).

SHENYANG, anc. **Moukden,** v. de Chine, cap. du Liaoning ; 5 303 053 hab. Métropole de la Chine du Nord-Est, centre administratif, universitaire et industriel. – Palais et mausolées impériaux (XVIIe s.).

SHENZHEN, v. de Chine (Guangdong), près de Hongkong ; 7 008 831 hab. Centre industriel dans une zone économique spéciale.

SHEN ZHOU, *Suzhou 1427 - 1509,* peintre chinois. Il est le plus important de l'école de Wu (l'école des amateurs lettrés de Suzhou). Son œuvre est une interprétation féconde des maîtres du passé.

SHEPARD (Alan Bartlett), *East Derry, New Hampshire, 1923 - Monterey, Californie, 1998,* pilote et astronaute américain. Il fut le premier Américain à être envoyé dans l'espace (5 mai 1961, à bord d'une cabine Mercury).

SHEPARD (Samuel Shepard **Rogers,** dit **Sam**), *Fort Sheridan, Illinois, 1943 - Midway, Kentucky, 2017,* auteur dramatique, scénariste et acteur américain. Ses pièces (*l'Enfant enfoui,* 1978 ; *l'Ouest, le vrai,* 1980) et ses scénarios (*Paris, Texas,* W. Wenders, 1984 ; *Don't Come Knocking,* id., 2005) reflètent le désenchantement d'une Amérique plus rurale qu'urbaine.

SHEPP (Archie), *Fort Lauderdale 1937,* saxophoniste et compositeur américain de jazz. L'un des plus talentueux représentants du free-jazz, il est revenu aux sources de la musique afro-américaine et a intégré les influences du rhythm and blues, du bop et de la musique électronique (*Malcom, Malcom, Semper Malcom,* 1965 ; *Attica Blues,* 1972 ; *Mama Rose,* 1982).

SHERATON (Thomas), *Stockton on Tees, Durham, 1751 - Londres 1806,* ébéniste et ornemaniste britannique. Il a publié des recueils de dessins influencés par les styles Adam et Louis XVI.

SHERBROOKE, v. du Canada (Québec), dans l'Estrie ; 161 323 hab. (*Sherbrookois*). Archevêché. Université. Centre commercial et industriel.

SHERIDAN (Richard Brinsley), *Dublin 1751 - Londres 1816*, auteur dramatique et homme politique britannique. Auteur de comédies de mœurs (*les Rivaux*, 1775 ; *l'École de la médisance*, 1777), il fit partie de plusieurs ministères whigs.

SHERMAN (Cindy), *Glen Ridge, New Jersey, 1954*, photographe américaine. Elle explore l'identité féminine et ses représentations, en jouant de sa propre image (*Untitled Film Stills*, 1975-1980 ; *History Portraits*, 1988-1990) ou de substituts (poupées et éléments corporels dans *Sex Pictures*, depuis 1992).

▲ Cindy **Sherman.** *Sans titre n° 359* (autoportrait), 2000.

SHERMAN (William), *Lancaster, Ohio, 1820 - New York 1891*, général américain. Un des meilleurs chefs nordistes de la guerre de Sécession, il reste célèbre pour sa « Grande Marche vers la mer » du Tennessee à Savannah (1864).

SHERPA, peuple montagnard du Népal.

SHERRINGTON (sir Charles Scott), *Londres 1857 - Eastbourne 1952*, physiologiste britannique. Il reçut le prix Nobel en 1932 pour ses recherches sur le système nerveux.

SHETLAND, archipel de Grande-Bretagne, au N. de l'Écosse ; 1 433 km^2 ; 23 167 hab. ; ch.-l. *Lerwick*. Terminal pétrolier (Sullom Voe).

SHETLAND DU SUD, archipel britannique de l'Atlantique Sud, au S. des Falkland, dont il dépend.

SHIHEZI, v. du nord-ouest de la Chine, à l'O.-N.-O. d'Ouroumtsi ; 590 115 hab.

Shiji (*Mémoires historiques*), histoire de la Chine rédigée par Sima Qian vers la fin du IIe s. et le début du Ier s. av. J.-C. L'ouvrage se compose d'*Annales*, de *Tableaux chronologiques*, de monographies et de biographies.

SHIJIAZHUANG, v. de Chine, cap. du Hebei ; 1 969 975 hab. Carrefour ferroviaire. Industries.

Shijing, anthologie de poèmes chinois anciens, composés entre le VIe et le IIe s. av. J.-C., l'un des « classiques » chinois. Il rassemble des chants populaires, protocolaires et religieux, dont la sélection est attribuée à Confucius.

SHIKOKU, île du Japon, au S. de Honshu ; 18 800 km^2 ; 3 977 205 hab.

SHILLONG, v. d'Inde, cap. du Meghalaya, sur le *plateau de Shillong* ; 132 876 hab.

SHILLUK ou **CHILLOUK,** peuple du Soudan du Sud, de langue nilo-saharienne.

SHIMAZAKI TOSON, *Magome 1872 - Oiso 1943*, écrivain japonais. D'abord poète romantique, il devint le chef de file du roman naturaliste (*Hakai [Transgression]*, *Une famille*).

SHIMIZU, v. du Japon (Honshu) ; 247 831 hab. Port.

SHIMONOSEKI, v. du Japon (Honshu), sur le *détroit de Shimonoseki* qui sépare Honshu et Kyushu ; 280 987 hab. Port.

Shimonoseki (traité de) [17 avr. 1895], traité signé entre le Japon et la Chine à la fin de la guerre sino-japonaise (1894 - 1895). Vaincue, la Chine dut reconnaître l'indépendance de la Corée et céder Formose (Taïwan) au Japon.

Shinkansen, train à grande vitesse japonais ; réseau ferroviaire construit spécifiquement pour la circulation de ce train et inauguré en 1964.

SHI TAO, *province du Guangxi 1641 - v. 1720*, peintre, calligraphe et poète chinois. Le plus inventif des « individualistes » de l'époque Qing, il laisse aussi de célèbres *Propos sur la peinture*.

SHIVA, SIVA ou **ÇIVA,** l'un des trois grands dieux de l'hindouisme avec Brahma et Vishnou. Il symbolise les forces de destruction, particulièrement le temps qui annihile tout et néanmoins régénère.

SHIZUOKA, v. du Japon (Honshu) ; 716 328 hab. Centre commercial et industriel.

SHKODËR ou **SHKODRA,** v. d'Albanie, sur le *lac de Shkodër* ; 74 876 hab. Citadelle médiévale.

SHLONSKY (Abraham), *Krementchoug, Ukraine, 1900 - Tel Aviv 1973*, poète israélien. Influencé par le symbolisme et le modernisme, il est l'un des fondateurs de la poésie israélienne moderne (*Pierres de la désolation*, *le Livre des échelles*).

Shoah n.f., mot hébreu signifiant « anéantissement » et par lequel on désigne l'extermination d'environ six millions de Juifs par les nazis durant la Seconde Guerre mondiale.

SHOCKLEY (William), *Londres 1910 - Palo Alto 1989*, physicien et technicien américain. Ses études sur les semi-conducteurs ont conduit à la mise au point des transistors. (Prix Nobel 1956.)

SHOLAPUR, v. d'Inde (Maharashtra) ; 873 037 hab.

SHOLES (Christopher Latham), *Mooresburg, Pennsylvanie, 1819 - Milwaukee, Wisconsin, 1890*, inventeur américain. Il mit au point avec Samuel Soulé et Carlos Glidden la première machine à écrire (1867), qui sera fabriquée par P. Remington.

SHONA, peuple du Zimbabwe et des régions frontalières du Mozambique, de langue bantoue.

SHOSHONE, peuple amérindien des Grandes Plaines des États-Unis (Idaho, Nevada, Utah, etc.) [env. 8 000], de langue uto-aztèque.

SHOTOKU TAISHI, *573 - 622*, nom posthume du prince Umayado, régent du Japon (600 - 622). Il favorisa le bouddhisme et fit entrer le Japon dans l'orbite culturelle de la Chine.

SHOWA TENNO → **HIROHITO.**

SHREVEPORT, v. des États-Unis (Louisiane) ; 198 242 hab. (398 604 hab. dans l'agglomération).

SHREWSBURY, v. de Grande-Bretagne (Angleterre), ch.-l. du Salop, sur la Severn ; 67 126 hab. Églises, maisons à colombages.

SHUAR → **JIVARO.**

SHUMWAY (Norman Edward), *Kalamazoo, Michigan, 1923 - Palo Alto 2006*, chirurgien américain. Il fut le précurseur de la chirurgie à cœur ouvert et des transplantations cardiaques.

SIALKOT, v. du Pakistan (Pendjab) ; 421 502 hab.

SIAM → **THAÏLANDE.**

SIAM (golfe de) ou golfe du **SIAM,** anc. nom du golfe de Thaïlande.

SIBELIUS (Johan Julius Christian, dit Jean), *Hämeenlinna 1865 - Järvenpää 1957*, compositeur finlandais. Avec une grande richesse d'inspiration, il a écrit un concerto pour violon, sept symphonies, des poèmes symphoniques (*Tapiola*), des musiques de scène de caractère romantique.

SIBÉRIE, partie nord-est de l'Asie, entre l'Oural et le Pacifique.

GÉOGRAPHIE La Sibérie est presque exclusivement russe, débordant toutefois au Kazakhstan. Les plateaux entre l'Ienisseï et la Lena séparent une partie occidentale, basse et marécageuse, d'une région orientale, souvent montagneuse. La rigueur du climat, aux hivers très froids et très longs, augmente avec la longitude et la latitude. Avec la disposition des reliefs, elle explique la succession zonale de la végétation : toundra, taïga, steppe. Les conditions climatiques, limitant considérablement les possibilités agricoles (les steppes du Sud-Ouest sont cependant partiellement mises en valeur), ont entravé le peuplement. Celui-ci (env. 25 000 000 hab.), amorcé avec la construction du Transsibérien, s'est développé rapidement, mais très localement, avec l'exploitation d'importantes ressources minières (charbon du Kouzbass, notamm.) et, plus récemment, avec l'édification de grandes centrales hydrauliques (Bratsk, Krasnoïarsk) et l'extraction des hydrocarbures, qui ont amené l'implantation de l'industrie lourde.

HISTOIRE À partir de la fin du IIIe s. av. J.-C., des populations mongoles et turques se substituent aux anciennes populations autochtones. **1428 :** naissance du khanat mongol de Sibérie, par suite du démembrement de la Horde d'Or. **V. 1582 :** début de la colonisation russe. **1598 :** les Cosaques détruisent le khanat de Sibérie. **1639 :** les Russes atteignent la mer d'Okhotsk. **1860 :** la Chine reconnaît la domination russe sur les territoires de l'Amour et de l'Oussouri. **1891 - 1916 :** la construction du Transsibérien permet alors la mise en valeur de la Sibérie méridionale.

SIBIU, v. de Roumanie, en Transylvanie ; 154 892 hab. Vestiges médiévaux ; musées.

SICAMBRES, peuple germanique établi dans le bassin de la Ruhr. Une partie d'entre eux s'installa en Gaule, et, au IIIe s., se mêla aux Francs.

SICANES, population primitive de la Sicile, où elle s'établit au IIIe millénaire av. J.-C.

SICARD (Roch Ambroise **Cucuron Sicard,** dit l'abbé), *Le Fousseret 1742 - Paris 1822*, pédagogue français. Prêtre, il s'intéressa à l'éducation des sourds-muets. (Acad. fr.)

SICHEM, cité cananéenne de la Palestine centrale, célèbre dans la Bible par le souvenir des patriarches. Métropole religieuse des Samaritains au retour de l'Exil, elle fut détruite en 128 av. J.-C. En 72 apr. J.-C., Vespasien fonda, près de son emplacement, Flavia Neapolis (auj. Naplouse).

SICHUAN, prov. de Chine ; 487 000 km^2 ; 82 040 000 hab. ; cap. *Chengdu*.

SICIÉ (cap), cap du dép. du Var, au S.-O. de Toulon (alt. 358 m).

SICILE, grande île d'Italie, dans la Méditerranée ; 25 708 km^2 ; 5 056 641 hab. (*Siciliens*) ; cap. *Palerme* ; 9 prov. (*Agrigente, Caltanissetta, Catane, Enna, Messine, Palerme, Raguse, Syracuse* et *Trapani*).

GÉOGRAPHIE Le nord de l'île, prolongement de l'Apennin, est montagneux, partiellement volcanique (Etna) et assez humide. Le centre et le sud, moins arrosés, sont formés de collines. Quelques petites plaines jalonnent le littoral, site des principales villes (Palerme, Catane, Messine). Malgré l'émigration, la densité de la population reste élevée. L'agriculture est variée, mais l'industrie demeure peu développée, beaucoup moins que le tourisme.

HISTOIRE **La préhistoire et l'Antiquité. IIIe - IIe millénaire :** la Sicile est peuplée par les Sicanes (à l'O.) et les Sicules (à l'E.). **IXe s. av. J.-C. :** les Phéniciens colonisent l'île. **VIIIe s. av. J.-C. :** les Grecs établissent à leur tour des comptoirs commerciaux et des colonies de peuplement sur les côtes orientales. **Ve - IVe s. av. J.-C. :** Syracuse, fondée par Corinthe v. 734, est la principale cité de l'île, sur laquelle elle exerce son hégémonie. **212 av. J.-C. :** à l'issue de la première guerre punique, Rome conquiert la Sicile, qui devient l'un de ses greniers à blé. Auguste y installe des colonies (Palerme, Syracuse, Catane...).

Le Moyen Âge. Ve s. apr. J.-C. : l'île subit successivement les incursions des Vandales et des Ostrogoths. **535 :** Bélisaire reconquiert la Sicile pour le compte de Byzance. **IXe - Xe s. :** la conquête arabe la transforme en un émirat prospère et fait de Palerme un centre brillant de la culture islamique. **1061 - 1091 :** Roger de Hauteville, frère de Robert Guiscard, établit la domination normande sur l'ensemble de l'île. **XIIe s. :** la Sicile devient le centre d'une monarchie riche et puissante, qui étend ses possessions hors de l'île et voit s'épanouir une civilisation brillante et composite. **1194 - 1250 :** le royaume passe sous le gouvernement de la dynastie impériale des Hohenstaufen, dont Frédéric II (1197 - 1250) est le principal représentant. **1266 :** le pape couronne roi de Sicile Charles Ier d'Anjou, frère de Saint Louis. **1282 :** la révolte des Vêpres siciliennes fait passer la Sicile sous le pouvoir de Pierre III d'Aragon. La Sicile aragonaise (Sicile insulaire) se sépare alors de la Sicile péninsulaire (royaume de Naples). **1442 :** les royaumes de Naples et de Sicile, réunis, forment le royaume des Deux-Siciles.

L'époque moderne et contemporaine. 1458 : séparée de Naples, la Sicile reste à l'Aragon. **1713 :** elle est attribuée à la maison de Savoie. **1718 :** celle-ci la cède aux Habsbourg contre la Sardaigne. **1734 :** le royaume des Deux-Siciles est reconstitué au profit de don Carlos de Bourbon et de sa descendance. **1860 :** après l'invasion de l'île par les troupes garibaldiennes et le soulèvement qu'elle suscite, la Sicile est incorporée par plébiscite au royaume d'Italie. **1948 :** éprouvée par la pauvreté et la Mafia, la Sicile reçoit un statut particulier d'autonomie.

SICILES (Deux-) → **DEUX-SICILES.**

SICULES, peuple primitif de l'est de la Sicile, où il s'établit vers la fin de l'âge du bronze.

SICYONE, v. de la Grèce ancienne (Péloponnèse). Elle connut une période brillante de 650 à 570 et au temps de la ligue Achéenne (IIIe s. av. J.-C.). – Vestiges hellénistiques et romains.

SIDI BEL ABBES, v. d'Algérie, ch.-l. de wilaya ; 212 935 hab. Centre de recrutement de la Légion étrangère française de 1843 à 1962.

Sidi-Brahim (combats de) [23 - 25 sept. 1845], épisode de la conquête de l'Algérie. Livrés par le 8e bataillon de chasseurs contre les cavaliers d'Abd el-Kader, ces combats sont à l'origine de la fête traditionnelle des chasseurs à pied.

SIDI-FERRUCH, station balnéaire d'Algérie, à l'O. d'Alger. Le corps expéditionnaire français débarqua sur ses plages le 14 juin 1830.

SIDNEY (sir Philip), *Penshurst 1554 - Arnhem 1586*, écrivain anglais, auteur de sonnets et d'un roman pastoral et chevaleresque (*l'Arcadie*, 1590).

SIDOBRE n.m., plateau granitique du sud-ouest du Massif central (France), dans le Tarn.

SIDOINE APOLLINAIRE (saint), *Lyon v. 431 - Clermont-Ferrand v. 487*, évêque de Clermont. D'abord préfet de Rome, il défendit l'Auvergne contre les Wisigoths après son retour en Gaule. – Il a laissé une importante œuvre poétique et épistolaire en latin.

SIDON, auj. **Sayda,** ville de Phénicie. Capitale d'un royaume cananéen (XVe s. av. J.-C.), elle devint la rivale de Tyr et fut à son apogée du XIIe au Xe s. av. J.-C. Elle fut détruite par les Assyriens (677) puis par les Perses (343). – Importantes nécropoles.

Siècle de Louis XIV (le), ouvrage historique de Voltaire (1751). Histoire du règne du Roi-Soleil, c'est aussi une critique du despotisme et de l'intolérance religieuse du monarque.

SIEGBAHN (Manne), *Örebro 1886 - Stockholm 1978*, physicien suédois. Il étudia les spectres de rayons X et découvrit, en 1925, leur réfraction. (Prix Nobel 1924.) — **Kai S.,** *Lund 1918 - Ängelholm, au nord-est de Helsingborg, 2007*, physicien suédois. Fils de Manne, il mit au point un dispositif permettant l'analyse chimique fine de la surface d'un matériau grâce aux rayons X. (Prix Nobel 1981.)

SIEGEN, v. d'Allemagne (Rhénanie-du-Nord-Westphalie) ; 99 187 hab. Centre industriel. – Monuments anciens.

Siegfried, héros de la mythologie germanique (*Chanson des Nibelungen**), l'équivalent du Scandinave Sigurd*. On le retrouve dans la *Tétralogie** de Wagner.

SIEGFRIED (André), *Le Havre 1875 - Paris 1959*, géographe et sociologue français. Il fut le promoteur de la sociologie électorale. (Acad. fr.)

Siegfried (ligne), position fortifiée construite par l'Allemagne de 1936 à 1940 sur sa frontière occidentale. Elle fut conquise par les Alliés au cours de l'hiver 1944 - 1945.

SIEMENS, famille d'ingénieurs et d'industriels allemands. — **Werner von S.,** *Lenthe, près de Hanovre, 1816 - Berlin 1892*. Il établit la première grande ligne télégraphique européenne entre Berlin et Francfort (1848 - 1849), et réalisa la première locomotive électrique (1879). — **Wilhelm S.,** puis sir **William Siemens,** *Lenthe 1823 - Londres 1883*, métallurgiste britannique d'origine allemande. Frère de Werner, il émigra en 1844 en Grande-Bretagne et y perfectionna le procédé d'élaboration de l'acier. — **Friedrich S.,** *Menzendorf 1826 - Dresde 1904*, ingénieur allemand. Frère de Werner et de Wilhelm, il imagina avec ce dernier le four à récupérateur de chaleur pour la fonte de l'acier et du verre (1856).

SIENKIEWICZ (Henryk), *Wola Okrzejska 1846 - Vevey, Suisse, 1916*, écrivain polonais. Il est l'auteur de romans historiques (*Par le fer et par le feu, Quo* vadis ?*). [Prix Nobel 1905.]

SIENNE, en ital. **Siena,** v. d'Italie (Toscane), ch.-l. de prov. ; 52 988 hab. (*Siennois*). Archevêché. – L'aspect de la vieille ville demeure celui qu'ont

▲ **Sienne.** La place du Campo avec, à droite, le campanile du Palais public.

modelé les XIIIe et XIVe s. Cathédrale des XIIe-XIVe s. (chaire de Nicola Pisano, dallage historié et nombreuses œuvres d'art) ; sur la célèbre place en éventail du Campo, Palais public du XIVe s., au campanile élancé (fresques de S. Martini et de A. Lorenzetti) ; autres églises et palais. Musées de l'Œuvre de la cathédrale (*Maestà* de Duccio) ; pinacothèque.

SIERPIŃSKI (Wacław), *Varsovie 1882 - id. 1969*, mathématicien polonais. Il fut l'un des fondateurs de l'école mathématique polonaise moderne, qui contribua au progrès de la théorie des ensembles, de la topologie et des fondements logiques des mathématiques.

SIERRA LEONE n.f., État d'Afrique occidentale, sur l'Atlantique ; 72 000 km² ; 6 092 000 hab. (*Sierra-Léonais* ou *Sierraléonais*).

CAP. *Freetown*. **LANGUE :** *anglais*. **MONNAIE :** *leone*.

GÉOGRAPHIE Dans ce pays formé surtout de plaines et de plateaux, proche de l'équateur, au climat tropical humide, les industries extractives dominent (bauxite, rutile, or et diamants) malgré la présence de cultures commerciales (caféiers, cacaoyers). L'islam a progressé dans une population formée majoritairement de Mendé et de Temné.

HISTOIRE **1462 :** le Portugais Pedro de Sintra découvre la péninsule et lui donne son nom actuel (« Montagne du lion »). **XVIe s. :** des guerriers d'origine mandingue envahissent la région et fournissent des esclaves aux négriers européens. **XVIIe s. :** les commerçants britanniques évincent les Portugais. **1787 :** à la suite des campagnes antiesclavagistes, le gouvernement britannique crée Freetown pour les premiers esclaves libérés de la Nouvelle-Angleterre et des Antilles. **1808 :** la Sierra Leone devient colonie de la Couronne. **XIXe s. :** l'intérieur du pays constitue un protectorat, distinct de la colonie, tandis que la frontière est fixée avec le Liberia et la Guinée. **1951 :** la Constitution fait de la Sierra Leone un État unitaire. **1961 :** la Sierra Leone devient indépendante dans le cadre du Commonwealth. **1971 :** la république est proclamée ; son président est Siaka Stevens, qui instaure en 1978 un système de parti unique. **1985 :** le général Joseph Momoh succède à S. Stevens. **1992 :** en dépit de la transition démocratique engagée en 1991, le général Momoh est renversé par un coup d'État militaire. Le nouveau pouvoir, sous la conduite du capitaine Valentine Strasser, doit faire face à une rébellion dans l'est du pays. **1996 :** Strasser est écarté par un coup d'État militaire. Ahmed Tejan Kabbah est élu à la présidence de la République. Chassé à son tour du pouvoir par un putsch en 1997, il est rétabli en 1998 avec l'aide du Nigeria, sans qu'il ait été mis fin aux combats opposant rebelles et forces gouvernementales. **2002 :** un accord de paix est conclu avec la rébellion ; A. T. Kabbah est réélu à la tête de l'État. **2007 :** Ernest Bai Koroma lui succède (réélu en 2012). **2014 :** le pays doit faire face à une grave épidémie due au virus Ebola, au lourd bilan humain (plus de 3 900 morts) et économique. **2018 :** Julius Maada Bio, ex-putschiste qui dirigea brièvement le pays en 1996, est élu président de la République.

SIERRE, v. de Suisse (Valais) ; 15 527 hab. *(Sierrois).* Tourisme. – Monuments anciens.

SIEYÈS [sjejɛs] (Emmanuel Joseph), *Fréjus 1748 - Paris 1836,* homme politique français. Vicaire général de Chartres, il publie en 1789 une brochure, *Qu'est-ce que le tiers état ?*, qui lui vaut une grande popularité. Député du tiers aux États généraux, il se montre partisan d'une monarchie constitutionnelle, mais, en 1792, député à la Convention, il vote la mort du roi. Membre et président des Cinq-Cents (1795), puis membre du Directoire (mai 1799), il prépare avec Bonaparte le coup d'État de brumaire an VIII (nov. 1799), qui profite finalement à ce dernier. Devenu l'un des consuls provisoires, il présente un projet de constitution qui déplaît à Bonaparte et il est écarté du pouvoir bien que comblé d'honneurs.

▲ **Sieyès.** Gravure de L. A. Claessens.

SIFFRE (Michel), *Nice 1939,* spéléologue français. Ses expériences d'isolement en l'absence de tout repère temporel (en partic. son séjour de deux mois dans le gouffre du Scarasson [Hérault] en 1962, relaté dans *Hors du temps,* 1963) ont fourni, outre leur parfum d'aventures, des éléments de compréhension de l'horloge interne humaine.

SIGEAN (11130), bur. centr. de cant. de l'Aude, au S. de l'*étang de Sigean* ; 5 565 hab. *(Sigeanais).* Réserve zoologique.

SIGEAN ou **BAGES ET DE SIGEAN** (étang de), étang littoral de l'Aude, au S. de Narbonne. Salines.

SIGEBERT Ier, 535 - *Vitry-en-Artois 575,* roi d'Austrasie (561 - 575), de la dynastie mérovingienne. Époux de Brunehaut, il fut assassiné par ordre de Frédégonde. — **Sigebert II,** *v. 601 - 613,* roi de Bourgogne et d'Austrasie (613), de la dynastie mérovingienne. — **Sigebert III,** *631 - 656,* roi d'Austrasie (634 - 656), de la dynastie mérovingienne. Fils de Dagobert Ier, il régna en fait sous la tutelle du maire du palais Grimoald.

SIGEBERT de Gembloux, *en Brabant v. 1030 - Gembloux 1112,* chroniqueur brabançon. Moine à l'abbaye bénédictine de Gembloux, il écrivit un *Chronicon* (ou *Chronographia*), chronique qui s'étend de 381 à 1111, particulièrement précieuse pour la période contemporaine de l'auteur.

SIGER de Brabant, *v. 1235 - Orvieto 1281 ou 1284,* théologien brabançon. Son enseignement à Paris, marqué par l'interprétation qu'Averroès donnait de l'aristotélisme, le fit accuser d'hérésie. Il mourut sans doute assassiné.

SIGIRIYA, site archéologique du Sri Lanka (Province centrale). Forteresse royale, dont les salles rupestres sont ornées de fresques (ve s.).

SIGISMOND (saint), *m. près d'Orléans en 523,* roi des Burgondes (516 - 523). Fils de Gondebaud, il fut tué par ordre de Clodomir. Converti de l'arianisme au catholicisme, il fonda le monastère d'Agaune à Saint-Maurice (Suisse).

SIGISMOND de Luxembourg, *Nuremberg 1368 - Znaim 1437,* roi de Hongrie (1387 - 1437), roi des Romains (1411 - 1433), empereur germanique (1433 - 1437) et roi de Bohême (1419 - 1437). Il convoqua le concile de Constance (1414 - 1418), qui mit fin au grand schisme d'Occident, et y laissa condamner le réformateur tchèque Jan Hus. Il ne fut reconnu roi de Bohême qu'en 1436.

SIGISMOND Ier JAGELLON, dit **le Vieux,** *Kozienice 1467 - Cracovie 1548,* grand-duc de Lituanie et roi de Pologne (1506 - 1548). — **Sigismond II Auguste Jagellon,** *Cracovie 1520 - Knyszyn 1572,* grand-duc de Lituanie et roi de Pologne (1548 - 1572). Il prépara l'Union de Lublin (1569). — **Sigismond III Vasa,** *Gripsholm 1566 - Varsovie 1632,* roi de Pologne (1587 - 1632) et roi de Suède (1592 - 1599). Il contribua au triomphe de la Réforme catholique en Pologne.

SIGMARINGEN, v. d'Allemagne (Bade-Wurtemberg), sur le Danube ; 15 189 hab. Cap. de l'anc. principauté de Hohenzollern. Siège d'une commission gouvernementale composée d'anciens membres du gouvernement de Vichy et résidence de Pétain (1944 - 1945).

SIGNAC (Paul), *Paris 1863 - id. 1935,* peintre français. Ami et continuateur de Seurat, il publia *D'Eugène Delacroix au néo-impressionnisme* (1899). La même recherche de la lumière caractérise ses toiles, divisionnistes, et ses aquarelles, d'une facture plus libre.

SIGNORELLI (Luca), *Cortona v. 1445 - id. 1523,* peintre italien. Héritier de Piero della Francesca, mais aussi de A. del Pollaiolo, il élabora un style d'une puissante tension, qui fait de lui le plus grand fresquiste toscan de la fin du xve s. (chapelle Sixtine, à Rome, v. 1480 ; cloître de Monte Oliveto Maggiore, près de Sienne ; chapelle S. Brizio de la cathédrale d'Orvieto, 1499-1504).

SIGNORET (Simone **Kaminker,** dite Simone), *Wiesbaden 1921 - Autheuil-Authouillet, Eure, 1985,* actrice française. De *Casque d'or* (J. Becker, 1952) à *la Vie devant soi* (M. Mizrahi, 1977) en passant par *Thérèse Raquin* (M. Carné, 1953), *les Chemins de la haute ville* (J. Clayton, 1959) – qui lui valut l'Oscar de la meilleure actrice –, *l'Armée des ombres* (J.-P. Melville, 1969), *le Chat* ou *la Veuve Couderc* (P. Granier-Deferre, 1971), elle a composé ses rôles avec noblesse et générosité. Elle était l'épouse d'Yves Montand.

▲ Simone **Signoret** dans *Casque d'or* (1952).

SIGÜENZA, v. d'Espagne (Castille-La Manche), sur le Henares ; 4 889 hab. Imposante cathédrale romane et gothique (œuvres d'art) ; musée.

Sigurd, héros de la mythologie scandinave, dans l'*Edda**. C'est le Siegfried* germanique.

SIHANOUK → **NORODOM SIHANOUK.**

SIHANOUKVILLE, anc. **Kompong Som,** v. du Cambodge ; 89 846 hab. dans l'agglomération. Port.

SIKASSO, v. du sud-est du Mali ; 134 774 hab. Centre cotonnier.

SIKELIANÓS (Ángelos), *Leucade 1884 - Athènes 1951,* poète grec. Il mêle symboles chrétiens et païens *(Prologue à la vie, Dédale en Crète).*

SIKHOTE-ALINE n.m., massif de la Russie, sur le Pacifique ; 2 078 m.

SIKKIM n.m., État de l'Inde, dans l'Himalaya oriental ; 7 100 km^2 ; 607 688 hab. ; cap. *Gangtok.*

HISTOIRE **V. 1641 :** une dynastie tibétaine s'établit au Sikkim et y impose le bouddhisme. **1774 - 1816 :** le pays est partiellement annexé par le Népal. **1861 - 1950 :** il est sous protectorat britannique. **1950 - 1974 :** il passe sous protectorat indien. **1975 :** il devient un État de l'Union indienne.

SIKORSKI (Władysław), *Tuszów Narodowy 1881 - Gibraltar 1943,* général et homme politique polonais. Après la défaite de 1939, il dirigea le gouvernement polonais réfugié en France, puis à Londres (1940), mais il se heurta au gouvernement soviétique. Il périt dans un accident aérien.

SILÈNE MYTH. GR. Dieu qui appartenait à un groupe de divinités des bois, proches des satyres.

SILÉSIE, en polon. **Śląsk,** en all. **Schlesien,** région d'Europe, traversée par l'Odra, partagée entre la Pologne (principalement) et la République tchèque (vers Ostrava). En Pologne, la *haute Silésie,* à l'E., est une grande région houillère et industrielle, centrée sur Katowice. La *basse Silésie,* à l'O., autour de Wrocław, demeure plus rurale.

HISTOIRE **Fin du Xe s. :** la Pologne annexe la région, qui est morcelée en un certain nombre de principautés. **XIIIe s. :** des colons allemands assurent sa mise en valeur. **XIVe s. :** les principautés silésiennes reconnaissent la suzeraineté de la Bohême. **1526 :** elles entrent avec cette dernière dans l'État autrichien des Habsbourg. **1742 :** la Prusse s'empare de la quasi-totalité de la Silésie. L'Autriche ne conserve que la partie méridionale de la haute Silésie. **1815 :** la Silésie s'agrandit d'une partie de la Lusace. L'exploitation des charbonnages lui vaut un essor économique considérable. **1921 :** un plébiscite aboutit au partage de l'ancienne Silésie autrichienne entre la Tchécoslovaquie et la Pologne. **1939 :** Hitler occupe l'ensemble de la Silésie. **1945 :** la fixation de la frontière Oder-Neisse inclut la Silésie dans le territoire administré par la Pologne ; la population allemande (3 millions de personnes) est expulsée.

SILHOUETTE (Étienne **de**), *Limoges 1709 - Bry-sur-Marne 1767,* homme d'État français. Contrôleur général des Finances de Louis XV (mars-nov. 1759), il voulut restaurer les finances en taxant les privilégiés et les riches. Ses ennemis donnèrent son nom à des dessins le représentant en quelques traits, pour évoquer ainsi l'état auquel ses mesures réduisaient ceux qu'elles touchaient.

SILICON VALLEY, petite région des États-Unis (Californie), au S.-S.-E. de San Francisco, entre San Jose et Palo Alto. Elle doit son nom au nombre des implantations de haute technologie.

SILIGURI, v. d'Inde, au pied de l'Himalaya ; 470 275 hab.

SILLANPÄÄ (Frans Eemil), *Hämeenkyrö 1888 - Helsinki 1964,* écrivain finlandais. Ses romans (*Sainte Misère,* 1919) et ses nouvelles (*Silja,* 1931) associent les êtres et les événements dans un même mouvement évolutionniste. (Prix Nobel 1939.)

SILLÉ-LE-GUILLAUME (72140), bur. centr. de cant. de la Sarthe ; 2 406 hab. *(Silléens).* Forêt domaniale. Plan d'eau de 35 ha. Constructions électriques. – Église en partie du xiiie s., château du xve s.

SILLERY, anc. v. du Canada (Québec), sur le Saint-Laurent, auj. intégrée dans Québec.

SILLERY (Nicolas **Brulart,** marquis **de**), *Sillery 1544 - id. 1624,* homme d'État français. Il remplit des missions diplomatiques pour Henri III puis pour Henri IV, pour qui il négocia le traité de Vervins (1598). Il fut garde des Sceaux (1604), puis chancelier (1607 - 1624).

SILLITOE (Alan), *Nottingham 1928 - Londres 2010,* écrivain britannique. Ses romans (*Samedi soir, dimanche matin,* 1958) et ses nouvelles (*la Solitude du coureur de fond,* 1959) font de lui l'un des auteurs les plus représentatifs du groupe des « Jeunes* Gens en colère ».

Sillon (le), mouvement social d'inspiration chrétienne fondé en 1894 par Marc Sangnier. Condamné par Pie X, il disparut en 1910. Il prépara la voie à la démocratie chrétienne.

SILLON ALPIN, nom donné à la dépression comprise entre les Préalpes françaises du Nord et les massifs centraux (val d'Arly, Combe de Savoie, Grésivaudan, vallée inférieure du Drac).

SILO, anc. v. de la Palestine, centre religieux des Hébreux jusqu'au règne de David.

SILOÉ (Gil **de**), sculpteur flamand, actif à Burgos dans le dernier quart du xve s. Il est l'auteur, à la chartreuse de Miraflores, d'un retable et de tombeaux d'un style gothique exubérant. — **Diego de S.,** *Burgos v. 1495 - Grenade 1563,* architecte et sculpteur espagnol, fils de Gil. Il séjourna en Italie, travailla à Burgos, puis se fixa à Grenade, où, à partir de 1528, il fit triompher le style de la Renaissance classique dans la construction de la cathédrale. Ce style sera repris aux cathédrales de Málaga, de Jaén, de Guadix, œuvres de D. de Siloé ou de ses continuateurs.

SILONE (Secondo **Tranquilli,** dit Ignazio), *Pescina, L'Aquila, 1900 - Genève 1978,* écrivain italien. Ses romans reflètent son engagement socialiste et chrétien *(le Pain et le Vin, le Grain sous la neige).*

SILVA (Aníbal António **Cavaco**), *Boliqueime, comm. de Loulé, Algarve, 1939,* homme politique portugais. Leader du Parti social-démocrate et Premier ministre de 1985 à 1995, il a été président de la République de 2006 à 2016.

Silvacane (anc. abbaye de), près de La Roque-d'Anthéron, ensemble typique de l'architecture cistercienne provençale de la fin du xiie s.

Silverstone, circuit automobile de Grande-Bretagne, au S.-O. de Northampton.

SILVESTRE (Israël), *Nancy 1621 - Paris 1691,* dessinateur et graveur français. Héritier de Callot, il travailla en Italie, puis fut au service de la Cour, à Paris, à partir de 1662 (vues urbaines, vie et mœurs du temps).

SILVESTRE DE SACY (Antoine Isaac), *Paris 1758 - id. 1838,* orientaliste français. Il fut un initiateur des études arabes (*Grammaire arabe,* 1810).

SIMA QIAN, *v. 145 av. J.-C. - v. 86 av. J.-C.,* écrivain chinois, auteur du *Shiji**.

SIMA XIANGRU, *Chengdu 179 av. J.-C. - Muling 117 av. J.-C.,* poète chinois. Il a illustré le genre *fu,* mélange de prose et de poésie.

SIMBIRSK, de 1924 à 1991 **Oulianovsk,** v. de Russie, sur la Volga ; 613 793 hab. Patrie de Lénine.

SIMENON (Georges), *Liège 1903 - Lausanne 1989,* écrivain belge de langue française. Ses nombreux romans policiers, dont le héros est le commissaire Maigret*, ont contribué à rénover le genre par leur sens de l'analyse psychologique et par la restitution à la fois réaliste et poétique de l'atmosphère d'une ville ou d'un milieu social.

◄ Georges **Simenon**

SIMÉON, personnage biblique, deuxième fils de Jacob, ancêtre éponyme d'une tribu méridionale israélite, disparue au temps de David.

SIMÉON (saint), personnage de l'Évangile de saint Luc. Lors de la présentation de Jésus au Temple, il le proclama comme le Messie prédit par les Prophètes.

SIMÉON Stylite (saint), dit **l'Ancien,** *Sis, Cilicie, v. 390 - v. 459,* ascète syrien. Il vécut de longues années au sommet d'une colonne, partageant sa vie entre la prière et la prédication.

SIMÉON Ier le Grand, *m. en 927,* khan des Bulgares (893 - 927). Il fit en vain le siège de Constantinople (913) pour s'y faire couronner basileus, envahit la Thrace et la Macédoine, puis soumit la Serbie (924).

SIMÉON II → **SAXE-COBOURG-GOTHA** (Siméon **de**).

SIMFEROPOL, off. v. d'Ukraine (rattachement de facto à la Russie en 2014, non reconnu par la communauté internationale), en Crimée ; 343 644 hab. Vestiges scythes ; musées.

SIMIAND (François), *Gières, près de Grenoble, 1873 - Saint-Raphaël 1935,* sociologue et économiste français. Il est le véritable précurseur de l'histoire économique et sociale en France (*le Salaire, l'évolution sociale et la monnaie,* 1932).

SIMÍTIS (Konstandínos, dit Kóstas), *Athènes 1936,* homme politique grec. Il a été Premier ministre et président du PASOK (socialiste) de 1996 à 2004.

SIMLA, v. d'Inde, cap. de l'Himachal Pradesh, à 2 205 m d'alt. ; 142 161 hab.

SIMMEL (Georg), *Berlin 1858 - Strasbourg 1918,* philosophe et sociologue allemand. D'inspiration kantienne, ayant abordé notamm. les questions de l'histoire et de la modernité, il apparaît comme le fondateur de la sociologie formelle (*Questions fondamentales de la sociologie,* 1917).

SIMMENTAL n.m., vallée de Suisse, dans les Alpes bernoises, drainée par la *Simme* (53 km).

SIMON (saint), dit **le Zélote,** apôtre de Jésus-Christ (Ier s.). Selon la tradition, il mourut martyr en Perse avec saint Jude.

SIMON (Claude), *Tananarive 1913 - Paris 2005,* écrivain français. Ses récits, qui tentent de saisir une réalité complexe et fragmentée en un flux langagier ample, mêlant inextricablement époques et lieux, font de lui l'un des principaux représentants du nouveau* roman (*la Route des Flandres,* 1960 ; *Histoire,* 1967 ; *la Bataille de Pharsale,* 1969 ; *les Géorgiques,* 1981 ; *l'Acacia,* 1989 ; *le Jardin des Plantes,* 1997 ; *le Tramway,* 2001). [Prix Nobel 1985.]

▲ Claude **Simon**

SIMON (Herbert A.), *Milwaukee 1916 - Pittsburgh 2001,* économiste américain. Ses travaux ont porté, notamm., sur le mécanisme de la prise de décision économique. (Prix Nobel 1978.)

SIMON (Jules **Suisse,** dit Jules), *Lorient 1814 - Paris 1896,* homme politique français. Professeur de philosophie à la Sorbonne, il fut suspendu lors du coup d'État du 2 déc. 1851. Député de l'opposition républicaine (1863 - 1870), ministre de l'Instruction publique dans le gouvernement de la Défense nationale (1870) et de 1871 à 1873, il devint président du Conseil en 1876, mais fut contraint à démissionner par Mac-Mahon en mai 1877. (Acad. fr.)

SIMON (François Joseph Michel, dit Michel), *Genève 1895 - Bry-sur-Marne 1975,* acteur français d'origine suisse. Il débuta au théâtre (*Jean de la Lune,* de M. Achard, 1929) et triompha au cinéma, imposant son anarchisme goguenard et sa sensibilité : *la Chienne* (J. Renoir, 1931) ; *Boudu sauvé des eaux* (id., 1932) ; *l'Atalante* (J. Vigo, 1934) ; *Drôle de drame* (M. Carné, 1937) ; *la Vie d'un honnête homme* (Guitry, 1953).

▲ Michel **Simon** dans *la Beauté du diable* de René Clair (1950).

SIMON (Richard), *Dieppe 1638 - id. 1712,* historien et oratorien français. Véritable fondateur de l'exégèse biblique (*Histoire critique du Vieux Testament,* 1678), il se heurta à l'incompréhension des théologiens de son temps.

SIMON le Magicien, personnage des Actes des Apôtres. Magicien converti au christianisme, il voulut acheter à saint Pierre les pouvoirs de l'Esprit-Saint : d'où le nom de *simonie* donné au trafic des choses saintes. Les anciens auteurs ont vu en lui l'initiateur du gnosticisme.

SIMONE (Eunice **Waymon,** dite Nina), *Tryon, Caroline du Nord, 1933 - Carry-le-Rouet, Bouches-du-Rhône, 2003,* pianiste et chanteuse américaine. Elle a interprété, de sa voix grave, aussi bien des chansons populaires (*Ne me quitte pas*), des standards de jazz, des blues, des gospels, que des thèmes empruntés au folklore africain.

SIMONIDE de Céos, *Iulis, île de Céos, auj. Kéa, v. 556 - Syracuse 467 av. J.-C.,* poète grec, auteur d'odes, d'élégies et d'épigrammes.

SIMONOV (Kirill Mikhaïlovitch, dit Konstantine), *Petrograd 1915 - Moscou 1979,* écrivain soviétique. Il est l'auteur de poèmes, de romans (*les Jours et les Nuits*) et de pièces sur la Seconde Guerre mondiale.

SIMONSTOWN, v. d'Afrique du Sud, au S. du Cap. Anc. base navale britannique, transférée à l'Afrique du Sud en 1957.

Simplicius Simplicissimus (la Vie de l'aventurier), roman picaresque de H. J. C. von Grimmelshausen (1669), qui relate les aventures d'un personnage ignorant et naïf pendant la guerre de Trente Ans.

SIMPLON n.m., col routier des Alpes suisses, entre le Valais et le Piémont ; 2 005 m. Double tunnel ferroviaire (long de 19,8 km, ouvert en 1906 et 1922).

SIMPSON (George Gaylord), *Chicago 1902 - Tucson 1984,* paléontologue américain. Spécialiste des vertébrés fossiles et des problèmes de l'évolution, il fut l'un des instigateurs et des défenseurs du néodarwinisme, et s'intéressa aussi à la taxinomie.

Simpson (les), série d'animation télévisée américaine (*The Simpsons*) conçue par Matt Groening en 1989. Elle fait, par l'entremise des aventures loufoques d'une famille de la classe moyenne, la satire de la société américaine contemporaine. Elle a été adaptée en bande dessinée et au cinéma.

▲ Les **Simpson**

SINAÏ n.m., péninsule montagneuse et désertique d'Égypte, entre les golfes de Suez et d'Aqaba ; 2 641 m. Gisements de pétrole. – Une tradition y a localisé la « montagne de Dieu », où Moïse reçut de Yahvé le Décalogue. Au Ve s., le Sinaï fut un centre du monachisme chrétien. – Enjeu de violents combats pendant les guerres israélo-arabes de 1967 et de 1973, la région, occupée par Israël, a été restituée à l'Égypte (1982). Depuis les années 2000, elle est en proie à une grande insécurité, gangrenée par les luttes entre Bédouins, islamistes et trafiquants.

SINAN (Mimar), *près de Kayseri 1489 - Istanbul 1588,* architecte turc. Sa synthèse géniale des traditions architecturales du Proche-Orient ancien et de Byzance fait de lui le créateur fécond de l'architecture ottomane classique (mosquée Selimiye [1569-1574] à Edirne).

SINATRA (Frank), *Hoboken, New Jersey, 1915 - Los Angeles 1998,* chanteur et acteur américain. Sa voix chaude et la préférence qu'il donna aux mélodies sentimentales firent de lui l'un des chanteurs de charme les plus célèbres du monde (*Melancholy Mood, Hello Dolly*). Il joua dans de nombreux films (*Tant qu'il y aura des hommes,* F. Zinnemann, 1953).

SINCLAIR (sir John), *Thurso Castle, Highlands, Écosse, 1754 - Édimbourg 1835,* économiste britannique, l'un des fondateurs de la statistique.

SINCLAIR (Upton), *Baltimore 1878 - Bound Brook, New Jersey, 1968,* écrivain américain, auteur de romans sociaux (*la Jungle*).

SIND n.m., région du sud-est du Pakistan ; v. princ. *Karachi.* Aride, il est partiellement cultivé (riz, coton) grâce à l'irrigation.

SINDELFINGEN, v. d'Allemagne (Bade-Wurtemberg) ; 60 534 hab. Construction automobile.

SINGAPOUR n.f., en angl. **Singapore,** État d'Asie du Sud-Est ; 699 km² ; 5 517 000 hab. (*Singapouriens*). **CAP.** *Singapour.*

LANGUES : *anglais, chinois, malais* et *tamoul.* **MONNAIE :** *dollar de Singapour.* (V. carte **Malaisie.**)

Proche de l'équateur, c'est un important port de transit (caoutchouc, étain) et un des tout premiers ports du monde, un centre financier et industriel (biotechnologies, électronique), une base navale. La population, très dense, est formée d'une forte majorité de Chinois (avec des minorités, malaise et indienne). – Musées. Foire d'art contemporain. – L'île, britannique à partir de 1819 et occupée par les Japonais de 1942 à 1945, devient un des quatorze États de la fédération de Malaisie (1963), puis se transforme en république indépendante (1965). Premier ministre à partir de 1959, Lee Kuan Yew préside au brillant essor économique de l'île. En 1990, il cède ses fonctions à Goh Chok Tong, lui-même remplacé en 2004 par Lee Hsien Loong (fils de Lee Kuan Yew).

SINGER (Isaac Bashevis), *Radzymin, près de Varsovie, 1904 - Miami 1991,* écrivain américain d'expression yiddish. Ses romans évoquent la vie des Juifs polonais (*la Corne du bélier,* 1935 ; *le Magicien de Lublin,* 1971). [Prix Nobel 1978.]

SINGER (Isaac Merrit), *Pittstown, New York, 1811 - Torquay, Devon, 1875,* inventeur américain. Il mit au point les premiers modèles pratiques de machine à coudre (1851).

SINGH (Manmohan), *Gah, Pendjab occidental, auj. Pakistan, 1932,* homme politique indien. Sikh, membre du parti du Congrès, ministre des Finances (1991 - 1996), il a été Premier ministre de 2004 à 2014.

SIN-KIANG → **XINJIANG.**

SIN-LE-NOBLE (59450), comm. du Nord ; 15 716 hab. (*Sinois*).

SINNAMARY (97315), comm. de la Guyane, à l'embouchure du fleuve *Sinnamary* (260 km) ; 2 985 hab. Extension du Centre spatial guyanais de Kourou (lancement des fusées Soïouz).

Sinn Féin (« Nous seuls »), mouvement nationaliste et républicain irlandais. Organisé à partir de 1902, notamm. par A. Griffith, il est dirigé de 1917 à 1926 par E. De Valera. Après l'insurrection de 1916, il milite pour la création d'une république d'Irlande unie et s'oppose à la partition de l'île selon le traité de Londres (1921). Le Sinn Féin, tout en se tenant en retrait des élections de 1927 à 1957, conserve un rôle notable en raison de ses liens avec l'IRA, dont il constitue la tribune politique. Présidé de 1983 à 2018 par Gerry Adams, il prend part à partir de 1997 aux négociations sur l'avenir institutionnel de l'Irlande du Nord et cosigne l'accord de Stormont (1998). Il participe au gouvernement semi-autonome nord-irlandais depuis son instauration, en 1999.

sino-japonaises (guerres), conflits provoqués par la volonté d'expansion du Japon et qui opposèrent ce dernier à la Chine (1894 - 1895, 1937 - 1945).

SINOP, anc. **Sinope,** v. de Turquie, sur la mer Noire ; 30 502 hab. Port. – Colonie de Milet (VIIe s. av. J.-C.), elle devint au IIe s. av. J.-C. la principale cité du royaume du Pont.

SINT-AGATHA-BERCHEM → **BERCHEM-SAINTE-AGATHE.**

SINT-GENESIUS-RODE → **RHODE-SAINT-GENÈSE.**

SINT-GILLIS-WAAS, comm. de Belgique (Flandre-Orientale) ; 18 968 hab.

SINT-JANS-MOLENBEEK → **MOLENBEEK-SAINT-JEAN.**

SINT-JOOST-TEN-NOODE → **SAINT-JOSSE-TEN-NOODE.**

SINT-KATELIJNE-WAVER, comm. de Belgique (prov. d'Anvers) ; 20 412 hab.

SINT-LAMBRECHTS-WOLUWE → **WOLUWE-SAINT-LAMBERT.**

SINT-MARTENS-LATEM → **LAETHEM-SAINT-MARTIN.**

SINT-NIKLAAS → **SAINT-NICOLAS.**

SINT-PIETERS-LEEUW, comm. de Belgique (Brabant flamand) ; 32 677 hab.

SINT-PIETERS-WOLUWE → **WOLUWE-SAINT-PIERRE.**

SINTRA, station balnéaire du Portugal, à l'O. de Lisbonne. Site pittoresque ; anc. palais royal des XIVe-XVIe s. – En 1808, Junot y signa avec les Anglais une convention prévoyant l'évacuation du Portugal par les Français.

SINT-TRUIDEN → **SAINT-TROND.**

SINUIJU, v. de Corée du Nord, à la frontière chinoise ; 334 031 hab.

SION, une des collines de Jérusalem. Ce terme est souvent synonyme de Jérusalem.

SION, v. de Suisse, ch.-l. du Valais, sur le Rhône ; 30 363 hab. *(Sédunois)* [63 420 hab. dans l'agglomération]. Cathédrale et église de Valère, romanes et gothiques ; musées.

SION-VAUDÉMONT, hauteur de Lorraine (Meurthe-et-Moselle), au S. de Nancy. Pèlerinage. C'est la « Colline inspirée » de Barrès.

SIOUAH ou **SIWA,** oasis du nord-ouest de l'Égypte. C'est l'oasis d'Amon, où Alexandre le Grand se rendit pour entendre l'oracle du dieu.

SIOULE n.f., riv. de France, en Auvergne, affl. de l'Allier (r. g.) ; 150 km. Gorges.

SIOUX, DAKOTA ou **LAKOTA,** ensemble de tribus amérindiennes des grandes plaines des États-Unis (principalement Dakota du Nord et du Sud) et du Canada (Alberta) [env. 110 000]. Ils se répartissent en quatre groupes (Santee, Teton, Yankton, Yanktonai). Ils s'illustrèrent sous la direction de leurs chefs Crazy Horse et Sitting Bull lors de la bataille de Little Big Horn (1876), où fut écrasée l'armée du général Custer, avant d'être eux-mêmes massacrés à Wounded Knee (1890). Leurs langues appartiennent à la famille dite *siouenne.*

SIQUEIROS (David **Alfaro**), *Chihuahua 1896 - Cuernavaca 1974,* peintre mexicain, muraliste d'un expressionnisme violent.

SIRET n.m., riv. d'Ukraine et de Roumanie, née dans les Carpates, affl. du Danube (r. g.) ; 700 km.

SIREY (Jean-Baptiste), *Sarlat 1762 - Limoges 1845,* jurisconsulte français. Il est l'auteur en 1791 d'un *Recueil des lois et arrêts* dont la publication s'est poursuivie après sa mort sous le titre *Recueil Sirey.*

SIRICE (saint), *Rome v. 320 - id. 399,* pape de 384 à 399. Il est l'auteur de la plus ancienne décrétale.

SIRIUS, étoile α de la constellation du Grand Chien, la plus brillante du ciel.

SIRK (Detlev **Sierk,** dit Douglas), *Skagen 1900 - Lugano 1987,* cinéaste américain d'origine danoise. Ses mélodrames déchirants confinent à la tragédie moderne : *l'Aveu* (1944) ; *Écrit sur du vent* (1957) ; *le Temps d'aimer et le Temps de mourir* (1958) ; *Mirage de la vie* (1959).

▲ Chapelle **Sixtine.** La *Création d'Adam,* fresque de Michel-Ange, v. 1511.

SIRMIONE, v. d'Italie (Lombardie), sur le lac de Garde ; 7 447 hab. Ruines romaines.

Sirven (affaire) [1764 - 1771], affaire judiciaire due à l'intolérance religieuse, dont la victime fut le protestant français Pierre Paul **Sirven** *(Castres 1709 - en Suisse 1777).* Il fut accusé d'avoir tué sa fille pour l'empêcher de se convertir au catholicisme. Condamné à mort par contumace, il se réfugia en Suisse, où il sollicita l'aide de Voltaire, qui obtint sa réhabilitation en 1771.

SISLEY (Alfred), *Paris 1839 - Moret-sur-Loing 1899,* peintre britannique de l'école française, paysagiste, un des maîtres de l'impressionnisme* *(la Neige à Louveciennes,* 1878, musée d'Orsay).

SISMONDI (Jean Charles Léonard **Simonde de**), *Genève 1773 - id. 1842,* historien et économiste suisse. Auteur des *Nouveaux Principes d'économie politique* (1819), il est l'un des précurseurs du courant social-démocrate en économie.

SISSI (Abdel Fattah al-), *Le Caire 1954,* homme politique égyptien. Ministre de la Défense et commandant général des Forces armées (2012 - 2014) sous la présidence de Mohamed Morsi, il est à la tête des hommes qui destituent celui-ci en juill. 2013 et devient alors l'homme fort de l'Égypte. Il est président de la République depuis 2014 (réélu en 2018).

SISTAN ou **SÉISTAN,** région aride d'Iran et d'Afghanistan.

SISTERON (04200), bur. centr. de cant. des Alpes-de-Haute-Provence, sur la Durance ; 7 514 hab. *(Sisteronais).* Cathédrale romane ; citadelle.

SISYPHE MYTH. GR. Roi légendaire de Corinthe, célèbre pour ses crimes. Il fut condamné dans les Enfers à faire rouler sur la pente d'une montagne un rocher qui retombait toujours avant d'avoir atteint le sommet. – Albert Camus en a fait le symbole de l'absurde inhérent à la condition humaine *(le Mythe de Sisyphe,* 1942).

SITTING BULL (« Taureau assis »), *Grand River, Dakota du Sud, v. 1831 - id. 1890,* surnom donné à Tatanka Iyotake, chef des Sioux du Dakota. Il fut l'adversaire des colons américains dans la conquête de l'Ouest.

SITTWE, anc. **Akyab,** v. de Birmanie, sur le golfe du Bengale ; 107 621 hab. Port.

SIVA → **SHIVA.**

SIVAS, v. de Turquie, sur le Kızıl Irmak ; 251 776 hab. Centre industriel. – Monuments seldjoukides, dont la Gök medrese (1271).

SIWALIK n.f. pl., montagnes d'Inde, avant-monts de l'Himalaya.

Six (groupe des), association de six compositeurs français. Fondé à Paris en 1918, il comprenait Louis Durey, A. Honegger, D. Milhaud, F. Poulenc, G. Auric et Germaine Tailleferre, qui, réagissant contre l'influence de Debussy, prirent E. Satie comme chef de file.

SIX-FOURS-LES-PLAGES (83140), comm. du Var ; 34 000 hab. *(Six-Fournais).*

Six-Jours (guerre des) → **israélo-arabes** (guerres).

Six-Nations (tournoi des), compétition annuelle de rugby qui, depuis 2000, oppose les équipes d'Angleterre, d'Écosse, du pays de Galles, d'Irlande, de France (anc. *tournoi des Cinq-Nations,* créé en 1910) et d'Italie.

SIXTE IV (Francesco **Della Rovere**), *Celle Ligure, près de Savone, 1414 - Rome 1484,* pape de 1471 à 1484. Il combattit les Turcs. Mécène, humaniste, il embellit Rome et commença notamm. la décoration de la chapelle *Sixtine.* — **Sixte V** ou **Sixte Quint** (Felice **Peretti**), *Grottammare, Marches, 1520 - Rome 1590,* pape de 1585 à 1590. Il travailla à la réforme de l'Église dans l'esprit du concile de Trente, intervint dans les querelles religieuses de la France (il soutint la Ligue et excommunia Henri de Navarre), finança contre l'Angleterre l'Invincible Armada (1588). Il donna au Sacré Collège sa forme définitive et partagea l'administration romaine entre quinze congrégations.

Sixtine (chapelle), grande chapelle construite au Vatican sur l'ordre de Sixte IV. Elle a été décorée de fresques par Botticelli, Ghirlandaio, Signorelli, le Pérugin, Cosimo Rosselli (1481-1482), ainsi que par Michel-Ange (*Création* d'Adam* et autres scènes de la Genèse à la voûte, 1508-1512 ; pathétique *Jugement dernier* sur le mur du fond, 1536-1541).

SIYAD BARRE (Muhammad), *région du Haut-Djouba 1919 - Abuja, Nigeria, 1995,* général et homme politique somalien. En 1969, il s'empara du pouvoir et dirigea la Somalie jusqu'en 1991.

SIZA (Álvaro), *Matosinhos, près de Porto, 1933,* architecte portugais. Il s'inspire des divers courants de la modernité internationale tout en respectant le site et la tradition constructive locale (Fondation Iberê-Camargo, Porto Alegre, 2008). Il a dirigé la reconstruction du quartier du Chiado à Lisbonne. (Prix Pritzker 1992.)

SJAELLAND, en all. **Seeland,** la plus grande des îles danoises, dans la Baltique ; 7 444 km^2 ; 2 115 317 hab. ; v. princ. *Copenhague.* Elle est reliée au littoral suédois par un pont-tunnel franchissant l'Øresund.

SJÖSTRÖM (Victor), *Silbodal 1879 - Stockholm 1960,* cinéaste et acteur suédois. Il fut l'un des grands pionniers de l'art cinématographique et un auteur lyrique et visionnaire *(les Proscrits,* 1917 ; *la Charrette fantôme,* 1920 ; *le Vent,* 1928).

SKAGERRAK, détroit entre le Danemark (Jylland) et la Norvège, qui unit la mer du Nord au Cattégat.

SKANDERBEG ou **SCANDERBEG** (Georges **Castriota,** dit), *1405 - Alessio, auj. Lezhë, 1468,* prince albanais. Chef de la lutte contre les Ottomans, il fut soutenu par la papauté, Naples et Venise.

SKELLEFTEÅ, v. de Suède, sur le golfe de Botnie ; 72 024 hab. Port.

SKHIRRA (La), v. de Tunisie, sur le golfe de Gabès ; 11 912 hab. Port pétrolier.

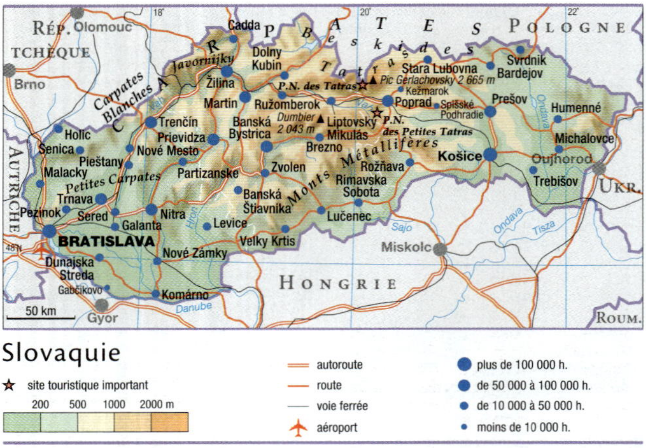

SKIKDA, anc. **Philippeville,** v. de l'Algérie orientale, ch.-l. de wilaya ; 163 618 hab. Port. Raffinerie de pétrole et pétrochimie. Liquéfaction et exportation du gaz naturel.

SKINNER (Burrhus Frederic), *Susquehanna, Pennsylvanie, 1904 - Cambridge, Massachusetts, 1990,* psychologue américain. Auteur de travaux sur l'apprentissage, il a développé un courant radical et autonome au sein du béhaviorisme.

SKOLEM (Albert), *Sandsvaer 1887 - Oslo 1963,* logicien norvégien. Il est l'auteur d'importants travaux en axiomatique.

SKOPJE, cap. de la Macédoine du Nord, sur le Vardar ; 501 000 hab. dans l'agglomération *(Skopiotes).* Ville reconstruite après le séisme de 1963. Université. Sidérurgie. – La ville fut la capitale de l'empire bulgare de Samuel (Xe s.). – Aux environs, monastères byzantins (XIIe-XIVe s.) aux remarquables fresques.

SKRIABINE → **SCRIABINE.**

SKYE, île de Grande-Bretagne (Écosse), dans les Hébrides ; 9 232 hab.

Skylab, station orbitale américaine. Placée en orbite autour de la Terre en 1973, elle est retombée dans l'atmosphère en 1979 après avoir été occupée en 1973 - 1974 par trois équipages d'astronautes.

SKÝROS, île de Grèce, dans la mer Égée.

SLÁNSKÝ (Rudolf), *Nezvěstice, Plzeň, 1901 - Prague 1952,* homme politique tchécoslovaque. Secrétaire général du Parti communiste (1945 - 1951), accusé d'être le chef d'une conspiration contre l'État et le parti, il fut exécuté. Il a été réhabilité en 1968.

SLAUERHOFF (Jan Jacob), *Leeuwarden 1898 - Hilversum 1936,* écrivain néerlandais. Ses romans et ses poèmes *(Clair-Obscur)* mêlent l'exotisme à l'inspiration romantique.

SLAVEJKOV (Penco), *Trjavna 1866 - Brunate, Italie, 1912,* écrivain bulgare, auteur de poèmes d'inspiration romantique ou satirique.

SLAVES, groupe ethnolinguistique de la famille indo-européenne, parlant des langues de même origine (langues *slaves*) et occupant la majeure partie de l'Europe centrale et orientale. On distingue entre *Slaves orientaux* (Russes, Ukrainiens, Biélorusses), *Slaves occidentaux* (Polonais, Tchèques, Slovaques, Sorabes) et *Slaves méridionaux* (Serbes, Croates, Bulgares, Slovènes, Macédoniens).

SLAVIANSK → **SLOVIANSK.**

SLAVONIE, région de l'est de la Croatie, entre la Save et la Drave.

SLEIMANE (Michel), *Amchit, au nord de Djebail, 1948,* général et homme politique libanais. Commandant en chef de l'armée (1998 - 2008), il a été président de la République de 2008 à 2014.

SLESVIG, nom danois du Schleswig (→ **Schleswig-Holstein**).

SLIPHER (Vesto Melvin), *Mulberry, Indiana, 1875 - Flagstaff, Arizona, 1969,* astronome américain. Il appliqua la spectrographie à l'étude des planètes et des nébuleuses et fut le premier à déterminer la vitesse radiale de galaxies (1912) et à déceler leur mouvement de rotation.

SLIVEN, v. de la Bulgarie orientale ; 91 620 hab. Centre industriel. – Musée archéologique.

SLOCHTEREN, v. des Pays-Bas, prov. de Groningue ; 15 622 hab. Gisement de gaz naturel.

SLODTZ, famille de sculpteurs français. — **Sébastien S.,** *Anvers 1655 - Paris 1726,* sculpteur français d'origine flamande. Il fut de ceux qui, à la fin du XVIIe s., tendirent à donner à l'art officiel plus de mouvement et d'expression. — **René Michel,** dit **Michel-Ange S.,** *Paris 1705 - id. 1764,* sculpteur français, fils de Sébastien. Pensionnaire de l'Académie de France, il séjourna à Rome de 1728 à 1747. Rentré à Paris, il fut nommé dessinateur des Menus Plaisirs (décors éphémères pour la Cour) et composa le mausolée, baroque, de Languet de Gergy à l'église St-Sulpice.

SLOUGH, v. de Grande-Bretagne (Angleterre), à l'O. de Londres ; 126 276 hab.

SLOVAQUIE n.f., en slovaque **Slovensko,** État d'Europe orientale, au S. de la Pologne ; 49 000 km² ; 5 450 000 hab. *(Slovaques).* **CAP.** *Bratislava.* **LANGUE :** *slovaque.* **MONNAIE :** *euro.*

INSTITUTIONS République à régime semi-présidentiel. Constitution de 1992, entrée en vigueur en 1993 et révisée en 1998. Le président de la République est élu au suffrage universel direct pour 5 ans. Il nomme le Premier ministre. Le Parlement (Conseil national) est élu au suffrage universel direct pour 4 ans.

GÉOGRAPHIE Occupant l'extrémité nord-ouest des Carpates, la Slovaquie associe encore largement forêts et pâturages. Les cultures (céréales principalement) sont présentes surtout dans les plaines du Sud-Ouest, proches du Danube. L'industrie autre qu'extractive (automobile, chimie, électronique [téléviseurs], optique) est implantée à Bratislava, Košice et Nitra. La population compte, au sud, une importante minorité de Hongrois de souche.

HISTOIRE **Xe s. :** les Hongrois détruisent la Grande-Moravie et annexent la Slovaquie, qui constitue dès lors la Haute-Hongrie. **1526 :** celle-ci entre avec le reste de la Hongrie dans le domaine des Habsbourg. **Apr. 1540 :** la plaine hongroise étant occupée par les Ottomans, le gouvernement hongrois s'établit à Presbourg (auj. Bratislava) et y demeure jusqu'en 1848. **XIXe s. :** le mouvement national slovaque se développe. **1918 :** la Slovaquie est intégrée à l'État tchécoslovaque. **1939 :** un État slovaque séparé, sous protectorat allemand et gouverné par Mgr Tiso, est créé. **1945 - 1948 :** la région est réintégrée dans la Tchécoslovaquie et la centralisation rétablie. **1969 :** la Slovaquie est dotée du statut de république fédérée. **1990 :** les députés slovaques obtiennent que la Tchécoslovaquie prenne le nom de République fédérative tchèque et slovaque. **1992 :** le chef du gouvernement, Vladimir Mečiar, prépare avec son homologue tchèque la partition de la fédération. **1er janv. 1993 :** la Slovaquie devient un État indépendant, dirigé par Michal Kováč (président) et V. Mečiar (Premier ministre). **1998 :** la fonction présidentielle reste vacante après le départ, en fin de mandat, de M. Kováč. L'opposition ayant remporté les élections législatives, Mikuláš Dzurinda est nommé à la tête du gouvernement. **1999 :** Rudolf Schuster est élu à la présidence de la République (au suffrage universel). **2004 :** Ivan Gašparovič lui succède (réélu en 2009). La Slovaquie est intégrée dans l'OTAN et adhère à l'Union européenne. **2006 :** les élections législatives portent au pouvoir les sociaux-démocrates (Robert Fico est Premier ministre), alliés aux populistes de V. Mečiar et aux nationalistes. **2010 :** les sociaux-démocrates arrivent en tête des élections, mais le gouvernement est confié à une coalition de partis de centre droit dirigée par Iveta Radicová. **2012 :** des polémiques sur la crise de l'euro et des affaires de corruption provoquent la chute du gouvernement. Fort de la majorité absolue obtenue par son parti lors des élections anticipées, R. Fico redevient Premier ministre. **2014 :** l'homme d'affaires et philanthrope Andrej Kiska remporte largement l'élection présidentielle. **2016 :** R. Fico reste Premier ministre à la tête d'une coalition comprenant les nationalistes. **2018 :** il démissionne après l'assassinat d'un journaliste qui enquêtait sur son entourage. Peter Pellegrini le remplace.

SLOVÉNIE n.f., en slovène **Slovenija,** État d'Europe centrale, au S. de l'Autriche ; 20 200 km² ; 2 072 000 hab. *(Slovènes).* **CAP.** *Ljubljana.* **LANGUE :** *slovène.* **MONNAIE :** *euro.*

INSTITUTIONS République à régime semi-présidentiel. Constitution de 1990, entrée en vigueur en 1991. Le président de la République est élu au suffrage universel direct pour 5 ans. Le Parlement comprend l'Assemblée nationale (qui désigne le Premier ministre), élue au suffrage universel direct pour 4 ans, et le Conseil national, élu pour 5 ans.

GÉOGRAPHIE Aux confins de l'Italie, de l'Autriche et de la Hongrie, au pied des Alpes, ouvert par les vallées de la Drave et de la Save, le pays est peuplé à près de 95 % de Slovènes de souche. Territoire de petites exploitations agricoles (céréales, élevage) et de sylviculture, il dispose d'atouts économiques non négligeables, avec une industrie (mécanique, électronique, chimie, textile, électroménager) et un tourisme actifs.

HISTOIRE **VIe s. :** des tribus slaves (Slovènes) s'établissent dans la région. **788 :** celle-ci est incorporée à l'empire de Charlemagne. **1278 :** elle passe sous la domination des Habsbourg. **XIXe s. :** un mouvement culturel et national se développe. **1918 :** la Slovénie entre dans le royaume des Serbes, Croates et Slovènes, qui prend en 1929 le nom de Yougoslavie. **1941 - 1945 :** elle est partagée entre l'Allemagne, l'Italie et la Hongrie. **1945 :** la Slovénie devient une des républiques fédérées de Yougoslavie. **1990 :** l'opposition démocratique remporte les premières élections libres. **1991 :** la Slovénie proclame son indépendance, reconnue par la communauté internationale en 1992. Milan Kučan, à la tête du pays depuis 1990, est président de la République. **2002 :** Janez Drnovšek (Premier ministre de 1992 à 2000 et de 2000 à 2002) lui succède. **2004 :** la Slovénie est intégrée dans l'OTAN et adhère à l'Union européenne. **2007 :** Danilo Türk est élu à la tête de l'État. **2012 :** Borut Pahor lui succède (réélu en 2017).

SLOVIANSK, v. de l'est de l'Ukraine ; 124 829 hab.

SŁOWACKI (Juliusz), *Krzemieniec 1809 - Paris 1849,* écrivain polonais, auteur de poèmes *(le Roi-Esprit)* et de drames *(Kordian)* romantiques.

SŁUPSK, v. de Pologne ; 95 882 hab.

SLUTER (Claus), *Haarlem v. 1340/1350 - Dijon 1405/1406,* sculpteur néerlandais. Installé à Dijon en 1385, il succède à Jean de Marville *(m. en 1389)* comme imagier du duc Philippe le Hardi. La plus célèbre de ses œuvres conservées est l'ensemble des six prophètes du *Puits de Moïse* (1395-1405 ; chartreuse de Champmol [auj. centre hospitalier La Chartreuse de Dijon]), sans doute achevé par son neveu Claus de Werve *(v. 1380 - 1439).* Sa puissance dramatique et son réalisme influenceront l'art européen du XVe s.

Smalkalde (articles de), confession de foi rédigée par Luther en 1537. C'est un des textes fondamentaux du luthéranisme.

Smalkalde (ligue de) [1531 - 1547], ligue religieuse et politique formée par des villes et des princes protestants d'Allemagne. Destinée à parer aux menaces proférées par Charles Quint contre les luthériens, elle fut dissoute après la victoire de ce dernier à Mühlberg.

SMALLEY (Richard Errett), *Akron 1943 - Houston 2005*, chimiste américain. Il découvrit en 1985, en collaboration avec Robert F. Curl Jr. *(né en 1933)* et H. W. Kroto, les premiers fullerènes, les C60, en forme de ballon de football. (Prix Nobel 1996.)

SMETANA (Bedřich), *Litomyšl 1824 - Prague 1884*, compositeur et pianiste tchèque. Principal représentant de la musique romantique de Bohême, il a écrit l'opéra *la Fiancée vendue* (1866) et des poèmes symphoniques (le recueil *Ma patrie* comprend *la Moldau*).

SMITH (Adam), *Kirkcaldy, Écosse, 1723 - Édimbourg 1790*, économiste britannique. Auteur des *Recherches sur la nature et les causes de la richesse des nations* (1776), il pense que la recherche par les hommes de leur intérêt personnel mène à la réalisation de l'intérêt général : il prône donc la liberté. Il approfondit la notion de valeur en distinguant valeur d'usage et valeur d'échange.

▲ Adam **Smith**

SMITH (Elizabeth, dite Bessie), *Chattanooga 1894 - Clarksdale, Mississippi, 1937*, chanteuse américaine de jazz. Surnommée l'Impératrice du blues, elle fut l'une des plus belles voix de l'art noir américain (*The Saint Louis Blues*, 1925 ; *Nobody Knows when you're down and out*, 1929).

SMITH (David), *Decatur, Indiana, 1906 - Bennington, Vermont, 1965*, sculpteur américain. Il a abordé en 1933 la sculpture en métal soudé et a atteint, après 1950, une rigueur abstraite annonciatrice de l'art minimal.

SMITH (Ian Douglas), *Selukwe, auj. Shurugwi, 1919 - Le Cap, Afrique du Sud, 2007*, homme politique du Zimbabwe. Premier ministre de Rhodésie (1964 - 1979), il proclama unilatéralement l'indépendance (1965), rompant ainsi avec Londres.

SMITH (Joseph), *Sharon, Vermont, 1805 - Carthage, Illinois, 1844*, fondateur du mouvement religieux des mormons. Accusé de favoriser la polygamie, il mourut lynché par la foule.

SMITH (dame Maggie), *Ilford, Essex, 1934*, actrice britannique. Figure de la scène londonienne et du cinéma international (*les Belles Années de miss Brodie*, R. Neame, 1969 ; *Gosford Park*, R. Altman, 2001), elle donne un caractère ironique à ses personnages dans les films *Harry Potter* (2001-2011) et dans la série télévisée *Downton Abbey* (2010-2015).

SMITH (Michael), *Blackpool 1932 - Vancouver 2000*, biochimiste canadien d'origine britannique. Il mit au point, en 1978, une méthode de modification ponctuelle du message génétique de l'ADN (la « mutagenèse dirigée »), qui permet d'étudier très précisément les fonctions des protéines. (Prix Nobel de chimie 1993.)

SMITH (Patricia Lee, dite Patti), *Chicago 1946*, chanteuse et auteure-compositrice américaine. Icône d'un rock mêlant avec énergie bohème, révolte et poésie (*Horses*, 1975 ; *Easter [Because The Night]*, 1978), elle s'exprime aussi par la peinture, le dessin, la photographie (*Land 250*, 2008) et l'écriture (nombreux poèmes ; *Glaneurs de rêves*, 1992 ; *Just Kids*, 2010 ; *M Train*, 2015).

SMITH (William Eugene), *Wichita, Kansas, 1918 - New York 1978*, photographe américain. Sa démarche intellectuelle et son regard humaniste – jamais voyeur – restent l'un des exemples les plus accomplis du photojournalisme (*Pittsburgh*, 1955 ; *Minamata*, 1972-1975).

SMITHSON (Robert), *Passaic, New Jersey, 1938 - dans un accident d'avion, près d'Amarillo, 1973*, artiste américain. Vouées à s'effacer sous l'effet du temps, ses interventions en sites naturels, mines, carrières ou friches industrielles, comptent parmi les plus connues du land art (*Asphalt Rundown*, 1969 ; *Spiral Jetty*, 1970). [V. ill. partie n. comm. **land art.**]

SMOLENSK, v. de Russie, sur le Dniepr, près de la Biélorussie ; 326 863 hab. Centre industriel. – Fortifications et églises anciennes ; musées. – Combats entre Soviétiques et Allemands en 1941 et en 1943.

SMOLLETT (Tobias George), *Cardross, près de Dumbarton, Écosse, 1721 - Livourne, Italie, 1771*, écrivain britannique, auteur de romans picaresques (*les Aventures de Roderick Random*, 1748).

SMUTS (Jan Christiaan), *Bovenplaats 1870 - Irene 1950*, homme politique sud-africain. Après avoir combattu dans les rangs des Boers (1899 - 1902), il participa à l'unification des colonies britanniques d'Afrique du Sud (1910). Il fut Premier ministre de 1919 à 1924 et de 1939 à 1948.

SMYRNE → **IZMIR.**

SNAKE RIVER n.f., riv. des États-Unis, affl. de la Columbia (r. g.) ; 1 600 km. Aménagements pour la production d'électricité et l'irrigation.

SNCF (Société nationale des chemins de fer français), entreprise chargée de l'exploitation du transport ferroviaire en France, créée en 1937 comme société d'économie mixte, et devenue en 1983 un établissement public à caractère industriel et commercial. En 1997, la gestion des infrastructures est partagée entre le Réseau ferré de France (RFF, établissement public), qui définit les principes directeurs, et la SNCF, qui les met en œuvre. En 2015, une loi ferroviaire (2014) crée un nouveau groupe public, constitué d'un établissement public de tête, la SNCF, flanqué de deux établissements publics, le gestionnaire d'infrastructure (SNCF Réseau) et l'exploitant ferroviaire (SNCF Mobilités). Enfin, une nouvelle loi ferroviaire (adoptée en 2018) prévoit la transformation, au 1er janv. 2020, du groupe SNCF en société anonyme à capitaux publics, formant avec ses filiales un groupe public unifié. Ce nouveau statut permettra une ouverture progressive à la concurrence.

SNEL VAN ROYEN (Willebrord), dit **Willebrordus Snellius**, *Leyde 1580 - id. 1626*, astronome et mathématicien hollandais. Il découvrit, avant Descartes, la loi de la réfraction de la lumière (1620) et introduisit en géodésie la méthode de triangulation.

SNIJDERS ou **SNYDERS** (Frans), *Anvers 1579 - id. 1657*, peintre flamand. Ses natures mortes de victuailles ont une ampleur décorative et un dynamisme qui doivent beaucoup à Rubens. Il a également peint des animaux et des scènes de chasse. Il est bien représenté au Prado, à l'Ermitage, aux Musées royaux de Bruxelles.

SNOILSKY (Carl, comte), *Stockholm 1841 - id. 1903*, poète suédois, auteur de *Sonnets* (1871) et de poèmes historiques (*Images suédoises*, 1886).

Snoopy, personnage de bande dessinée créé en 1950 aux États-Unis par C.M. Schulz dans la série *Peanuts*, chien cabot et philosophe.

SNORRI STURLUSON, *Hvammur v. 1179 - Reykjaholt 1241*, écrivain islandais. Il est l'auteur de l'*Edda* prosaïque* et d'un vaste recueil de sagas des rois de Norvège.

SNOWDON n.m., massif de Grande-Bretagne, dans le pays de Galles, portant le point culminant de la région ; 1 085 m.

SOARES (Mário Alberto **Nobre Lopes**), *Lisbonne 1924 - id. 2017*, homme politique portugais. Opposant à la dictature de Salazar, cofondateur et secrétaire général (1973 - 1986) du Parti socialiste, ministre des Affaires étrangères (1974 - 1975) puis Premier ministre (1976 - 1978 et 1983 - 1985), il fut président de la République de 1986 à 1996.

◀ Mário **Soares**

Sobibór, camp d'extermination allemand (1942 - 1943), au N. de Lublin (Pologne), où périrent 200 000 Juifs. Une importante révolte y eut lieu le 14 octobre 1943.

SOBOUL (Albert), *Ammi Moussa, Algérie, 1914 - Nîmes 1982*, historien français. Il a étudié la Révolution française dans une optique marxiste (*les Sans-culottes parisiens en l'an II*, 1958).

SOCHAUX (25600), comm. du Doubs ; 4 014 hab. (*Sochaliens*). Construction automobile. – Musée de l'Aventure Peugeot.

social-démocrate allemand (Parti) ou **SPD** (Sozialdemokratische Partei Deutschlands), parti politique allemand. Fondé en 1875, mis hors la loi par Hitler (1933), il se reconstitue en 1945. À l'Est, il fusionne avec le Parti communiste pour former, en 1946, le SED (Parti socialiste unifié d'Allemagne). À l'Ouest, le SPD, anticommuniste, est au pouvoir de 1969 à 1982. Le Parti social-démocrate est-allemand renaît en 1989 et fusionne en 1990 avec son homologue de RFA. Le SPD dirige à nouveau le gouvernement de 1998 à 2005.

social-démocrate de Russie (Parti ouvrier) ou **POSDR**, parti politique russe. Fondé en 1898, il se scinda en 1903 en mencheviques et en bolcheviques. Ceux-ci lui donnèrent en mars 1918 le nom de Parti communiste (bolchevique) de Russie.

sociale (guerre) [du lat. *bellum sociale*, guerre des Alliés (91 - 89/88 av. J.-C.)], insurrection des cités italiennes contre la domination romaine. Les peuples d'Italie, alliés *(socii)* de Rome, ne jouissaient pas du droit de cité romaine, mais supportaient les mêmes charges que les citoyens. Ils formèrent une confédération et obtinrent, malgré leur défaite, la citoyenneté romaine.

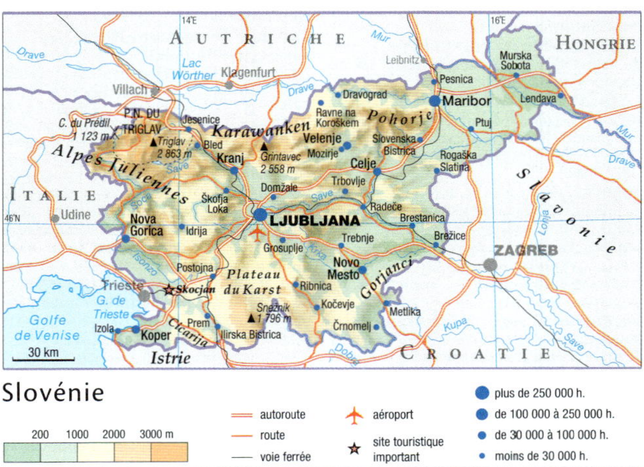

Slovénie

▲ **Sofia.** La cathédrale Alexandre-Nevski, édifiée au début du XXe s.

socialiste (Parti) → **PS.**
socialiste unifié (Parti) → **PSU.**
social-révolutionnaire (Parti) → **S-R.**

SOCIÉTÉ (îles de la), principal archipel de la Polynésie française (Océanie) ; 1 647 km^2 ; 227 807 hab. ; ch.-l. *Papeete.* On distingue les îles du Vent, avec Tahiti et Moorea, et les îles Sous-le-Vent. Plantations de cocotiers. Pêche. Tourisme. – Découvert par les Britanniques Samuel Wallis (1767) et James Cook (1769), l'archipel fut d'abord placé sous protectorat français (1843), puis annexé par la France (1880 - 1888).

Société des Nations → **SDN.**

Société nationale des chemins de fer français → **SNCF.**

SOCIN (Lelio Socini ou Sozzini, dit en fr. Lélius), *Sienne 1525 - Zurich 1562,* réformateur italien. Il niait la divinité de Jésus-Christ et le dogme de la Trinité, les estimant contraires au monothéisme. — **Fauste S.,** en ital. Fausto **Socini,** *Sienne 1539 - près de Cracovie 1604,* réformateur italien. Neveu de Lélius, il défendit les mêmes idées que son oncle, se réfugia en Pologne et y organisa une Église antitrinitaire, celle des « Frères polonais ».

SOCOTRA ou **SOCOTORA,** île de l'océan Indien, dépendance du Yémen ; 3 580 km^2.

SOCRATE, *Alôpekê, Attique, 470 av. J.-C. - Athènes 399 av. J.-C.,* philosophe grec. Il n'a rien écrit et n'est connu qu'à travers les œuvres de trois de ses contemporains : Aristophane, qui se moque de lui, Xénophon, qui le présente comme un moraliste simplet, et Platon, son disciple, qui a fait de lui le personnage central de ses *Dialogues.* L'image qui subsiste de Socrate est celle d'un homme qui interroge, tout en enseignant (c'est l'*ironie socratique*), qui fait découvrir à son interlocuteur ce qu'il croyait ignorer (c'est la *maïeutique,* ou art d'accoucher les esprits) et qui le fait avancer sur la voie de la vérité (c'est la *dialectique*). Dans le contexte de la guerre du Péloponnèse et des désastres d'Athènes, il fut considéré comme un opposant à la Cité : il fut condamné à boire la ciguë, sous l'accusation d'impiété envers les dieux et de corruption de la jeunesse.

▲ **Socrate.** (Musée du Capitole, Rome.)

SODDY (Frederick), *Eastbourne 1877 - Brighton 1956,* chimiste britannique. Ses travaux sur la radioactivité lui permirent d'expliquer le mécanisme de désintégration des atomes et de donner la loi de filiation (1902). Il découvrit, en 1903, l'isotopie. (Prix Nobel 1921.)

SODERBERGH (Steven), *Atlanta 1963,* cinéaste américain. Entre films expérimentaux (*Sexe, mensonges et vidéo,* 1989 ; *Traffic,* 2000) et productions hollywoodiennes (*Ocean's Eleven,* 2001 ; *Ma vie avec Liberace,* 2013 ; *Logan Lucky,* 2017), son œuvre prolixe analyse les malaises et les menaces qui pèsent sur les sociétés occidentales.

SÖDERTÄLJE, v. de Suède ; 92 235 hab.

SODOMA (Giovanni Antonio Bazzi, dit [il], en fr. [le]), *Verceil 1477 - Sienne 1549,* peintre italien. Il est l'auteur de fresques au couvent de Monte Oliveto Maggiore (succédant à Signorelli), à Rome (villa Farnésine) et à Sienne.

SODOME, anc. v. cananéenne (auj. Sedom) qui fut, avec Gomorrhe et d'autres cités du sud de la mer Morte, détruite par un cataclysme au XIXe s. av. J.-C. La Bible interprète cette catastrophe comme une punition de Dieu à l'endroit des habitants de ces villes, infidèles et immoraux.

SOEKARNO → **SUKARNO.**

SOFIA, cap. de la Bulgarie, au pied du massif de la Vitosa ; 1 222 000 hab. dans l'agglomération (*Sofiotes*). Centre administratif et industriel. – Églises et mosquées anciennes ; musées d'Archéologie, d'Art sacré, etc.

Sofres, société française de sondages et d'études de marché créée en 1963.

SOGDIANE, anc. contrée d'Asie centrale, qui correspond à l'Ouzbékistan ; v. princ. *Samarkand.*

SOGNEFJORD, le plus long fjord de Norvège, au N. de Bergen ; 200 km env.

SOHAG, v. d'Égypte, sur le Nil ; 190 132 hab.

SOHO, quartier du centre de Londres.

soie (route de la), voie de commerce qui reliait la région des capitales chinoises (proches de l'actuelle Xi'an) à l'Europe. Ouverte au IIe s. av. J.-C., elle fut abandonnée à la fin du XIIIe s. Les caravanes empruntaient divers itinéraires à travers l'Asie centrale. – Elle a été un lieu d'échanges entre les traditions hellénistiques (Aï-Khanoum) et celles du monde bouddhique (monastères : Bamiyan, Taxila, Yungang, Dunhuang, etc.).

SOIGNES (forêt de), forêt de Belgique, au S.-E. de Bruxelles.

SOIGNIES, v. de Belgique, ch.-l. d'arrond. du Hainaut ; 26 667 hab. (*Sonégiens*). Collégiale romane surtout des Xe-XIe s.

Soïouz ou **Soyouz,** vaisseau spatial russe de transport d'équipage. Mis en service en 1967, il est employé depuis 1971 pour la desserte de stations orbitales (Saliout, Mir et auj. la Station spatiale internationale). Son lancement est assuré par des *fusées Soïouz* (ou *Soyouz*), également utilisées pour lancer les vaisseaux Progress qui ravitaillent la Station spatiale internationale et pour mettre sur orbite des satellites commerciaux.

Soir (le), quotidien belge de langue française fondé à Bruxelles en 1887.

SOISSONS (02200), ch.-l. d'arrond. de l'Aisne, sur l'Aisne, dans le *Soissonnais ;* 29 397 hab. (*Soissonnais*). Évêché. Constructions électriques. – Belle cathédrale des XIIe-XIIIe s. (très restaurée), anc. abbaye St-Jean-des-Vignes et autres monuments ; musée. – En 486, Clovis y vainquit le Romain Syagrius, victoire qui est à l'origine de l'anecdote célèbre dite *du vase de Soissons :* Clovis ayant réclamé à un soldat, en surplus de sa part de butin, un vase pris dans une église afin de le remettre à l'évêque de Reims, le soldat brisa le vase, rappelant au roi l'égalité des guerriers dans le partage des dépouilles. L'année suivante, alors que le roi passait en revue les troupes, il fendit le crâne du soldat en disant : « Ainsi as-tu fait du vase de Soissons. » Soissons fut dévastée pendant la Première Guerre mondiale.

SOISY-SOUS-MONTMORENCY (95230), comm. du Val-d'Oise ; 18 314 hab. (*Soiséens*). Site de l'hippodrome d'Enghien.

SOKOLOVSKI (Vassili Danilovitch), *Kozliki 1897 - Moscou 1968,* maréchal soviétique. Commandant les forces soviétiques en Allemagne (1946 - 1949), il fut chef d'état-major général (1952 - 1960).

SOKOTO, v. du Nigeria, cap. de l'*État de Sokoto ;* 329 639 hab. Elle fut au XIXe s. le centre de l'empire peul du Sokoto, fondé par Ousmane* dan Fodio.

SOL (Marc Favreau, dit), *Montréal 1929 - id. 2005,* artiste comique canadien. Il jouait subtilement avec les mots dans des monologues empreints de poésie.

SOLAL (Martial), *Alger 1927,* musicien de jazz français. Pianiste, compositeur et chef d'orchestre, il oscille entre classicisme et modernité (*Suite en ré bémol pour quartette de jazz,* 1959). Il a écrit des musiques de film (*À bout de souffle,* J.-L. Godard, 1960 ; *Léon Morin, prêtre,* J.-P. Melville, 1961).

SOLANA MADARIAGA (Javier), *Madrid 1942,* homme politique espagnol. Ministre des Affaires étrangères de 1992 à 1995, il est ensuite secrétaire général de l'OTAN (1995 - 1999) puis haut représentant de l'Union européenne pour la Politique étrangère et de sécurité commune (1999 - 2009).

SOLARIO ou **SOLARI** (Cristoforo), sculpteur et architecte italien, actif entre 1489 et 1520. D'origine lombarde, il travailla à Venise, à la chartreuse de Pavie (tombeaux) et au dôme de Milan. — **Andrea S.,** peintre italien, actif de 1495 à 1520 env., frère de Cristoforo. Son style combine apports lombards et vénitiens. Il travailla en France en 1507 - 1509.

SOLDAT INCONNU (le), soldat français d'identité inconnue, tombé pendant la Première Guerre mondiale et inhumé en 1920 sous l'Arc de Triomphe, à Paris. Il symbolise le sacrifice des Français morts à la guerre.

SÖLDEN, station de sports d'hiver (alt. 1 377 - 3 040 m) d'Autriche (Tyrol).

SOLEIL, étoile autour de laquelle gravite la Terre. (V. partie n. comm.)

Soleil (autoroute du), autoroute de France, reliant Paris à Marseille par Lyon.

Soleil (Cirque du) → **CIRQUE DU SOLEIL.**

Soleil (Théâtre du), troupe fondée en 1964. Installé à la Cartoucherie de Vincennes depuis 1970, il est dirigé par Ariane Mnouchkine.

SOLENZARA (20145), station balnéaire de la Corse-du-Sud (comm. de Sari-Solenzara). Au N., base aérienne.

SOLER (Le) [66270], bur. centr. de cant. des Pyrénées-Orientales ; 7 772 hab. (*Solériens*).

SOLESMES [sɔlɛm] (72300), comm. de la Sarthe ; 1 282 hab. Son abbaye est, depuis 1837, l'abbaye mère de la congrégation bénédictine de France. Foyer de plain-chant grégorien. Dans l'abbatiale, célèbres groupes sculptés des XVe-XVIe s.

SOLEURE, en all. **Solothurn,** v. de Suisse, ch.-l. du *canton de Soleure,* sur l'Aar ; 16 066 hab. (*Soleurois*) [73 900 hab. dans l'agglomération]. Cathédrale reconstruite au XVIIIe s. (baroque italien) ; musées.

SOLEURE (canton de), canton de Suisse ; 791 km^2 ; 255 284 hab. (*Soleurois*) ; ch.-l. *Soleure.* Il a été admis dans la Confédération en 1481.

Solferino (bataille de) [24 juin 1859], bataille de la campagne d'Italie. Victoire des troupes franco-piémontaises de Napoléon III sur les Autrichiens de François-Joseph à Solferino (Lombardie, prov. de Mantoue). Le caractère sanglant de ce combat fut à l'origine de la fondation de la Croix-Rouge.

Solidarność, en fr. **Solidarité,** syndicat polonais indépendant, constitué à Gdańsk en 1980. Fer de lance de l'opposition au régime communiste, Solidarność, présidé par Lech Wałęsa (de 1981 à 1990), est mis hors la loi en 1982 et, après une période de clandestinité, redevient légal en 1989. Il exerce une influence durable sur la vie politique du pays à travers plusieurs partis de droite issus de ses rangs.

SOLIGNY-LA-TRAPPE → **TRAPPE** (Notre-Dame-de-la-).

SOLIHULL, v. de Grande-Bretagne (Angleterre), près de Birmingham ; 199 521 hab.

SOLIMAN Ier le Magnifique, en turc **Süleyman Ier Kanunî** (« le Législateur »), *Trébizonde 1494 - Szigetvár, Hongrie, 1566,* sultan ottoman (1520 - 1566). Fils de Selim Ier, il prit part à de nombreuses campagnes tant en Europe (prise de Belgrade, 1521 ; conquête de la Hongrie, 1526 ; siège de Vienne, 1529) qu'en Méditerranée (conquête de Rhodes, 1522) et en Orient (prise de Bagdad et de Tabriz, 1534). Il signa en 1528 un traité commercial avec François Ier, qu'il soutint contre Charles Quint. Il fut aussi un grand législateur.

▲ **Soliman Ier le Magnifique.** (Bibliothèque Millet, Istanbul.)

SOLIMENA (Francesco), *Canale di Serino, province d'Avellino, 1657 - Barra, près de Naples, 1747,* peintre italien. Il est, avec L. Giordano, l'une des principales figures du baroque napolitain (fougueuses fresques pour les églises, allégories, portraits).

SOLINGEN, v. d'Allemagne (Rhénanie-du-Nord-Westphalie) ; 155 265 hab. Coutellerie.

SOLJENITSYNE (Aleksandr Issaïevitch), *Kislovodsk 1918 - Moscou 2008*, écrivain russe. Son œuvre, qui dénonce le régime de Staline et le système de pensée sur lequel il est fondé, lui valut en 1974 d'être expulsé d'URSS (*Une journée d'Ivan Denissovitch*, 1962 ; *le Pavillon des cancéreux*, 1968 ; *l'Archipel du Goulag*, 1973-1976). En 1994, il revint dans son pays après des années d'exil aux États-Unis. (Prix Nobel 1970.)

▲ Aleksandr **Soljenitsyne**

SOLLERS (Philippe **Joyaux,** dit Philippe), *Talence 1936*, écrivain français. Animateur de *Tel* quel* (1960 - 1982), il est passé dans ses romans d'une écriture d'avant-garde (*le Parc*, 1961 ; *Nombres*, 1968 ; *Paradis*, 2 vol., 1981-1986) à une brillante traversée de la société contemporaine et de la culture (*Femmes*, 1983 ; *Portrait du joueur*, 1984 ; *la Fête à Venise*, 1991 ; *Mouvement*, 2016). On lui doit aussi des essais et une correspondance avec D. Rolin, dont le premier tome est paru en 2017.

SOLLIÈS-PONT (83210), bur. centr. de cant. du Var ; 11 098 hab. *(Sollièspontois)*. Fruits (figues). – Village perché de *Solliès-Ville* ; monuments anciens, musées, festival de la bande dessinée.

SOLOGNE n.f., région de France (Centre) dans la boucle de la Loire. Sableuse et argileuse, longtemps marécageuse et insalubre, la Sologne a été assainie et, partiellement, boisée. Elle est devenue surtout un terrain de chasses, à proximité relative de Paris.

SOLOMÓS (Dionýsios, comte), *Zante 1798 - Corfou 1857*, poète grec. Après avoir écrit en italien, il adopta le grec, sa langue maternelle, dès le début de la guerre d'indépendance (1821). Son *Hymne à la liberté* (1823) est devenu l'hymne national grec.

SOLON, *v. 640 av. J.-C. - v. 558 av. J.-C.*, homme politique athénien. Son nom reste attaché à la réforme sociale et politique qui provoqua l'essor d'Athènes. Il divisa les citoyens en quatre classes censitaires. Les riches eurent accès aux magistratures, les pauvres purent participer aux réunions de l'ecclésia et siégèrent désormais au tribunal de l'Héliée. Solon est l'un des Sept Sages de la Grèce.

SOLOTHURN → **SOLEURE.**

SOLOW (Robert Merton), *New York 1924*, économiste américain. Théoricien néoclassique, il a élaboré un modèle économétrique mesurant la croissance économique et étudié la relation entre croissance et progrès technique. (Prix Nobel 1987.)

SOLTI (sir Georg), *Budapest 1912 - Antibes 1997*, chef d'orchestre hongrois naturalisé britannique. D'abord assistant de Toscanini à Salzbourg, il dirigea notamm. l'orchestre de Covent Garden à Londres puis celui de Chicago. Dans le répertoire lyrique, puis symphonique, il s'est affirmé par la précision et la qualité dramatique de sa direction.

SOLUTRÉ, écart de la commune de Solutré-Pouilly (Saône-et-Loire). Gisement paléolithique éponyme du faciès solutréen. Musée de Préhistoire.

SOLVAY (Ernest), *Rebecq-Rognon 1838 - Bruxelles 1922*, industriel belge. De 1861 à 1865, il réalisa la fabrication industrielle du carbonate de sodium (« soude Solvay »). À partir de 1911, il organisa des conseils scientifiques internationaux auxquels participèrent les plus grands physiciens et chimistes.

SOMAIN (59490), comm. du Nord, à l'E. de Douai ; 12 794 hab. Gare de triage. Industrie automobile.

SOMALI, ensemble de peuples de Somalie et de l'est de Djibouti, de l'Éthiopie et du Kenya (18 millions). Ils parlent une langue couchitique.

SOMALIE n.f., État d'Afrique, sur l'océan Indien ; 638 000 km² ; 10 496 000 hab. *(Somaliens)*. **CAP.** *Mogadiscio (Muqdisho)*. **LANGUES :** *somali* et *arabe*. **MONNAIE :** *shilling somalien*.

GÉOGRAPHIE L'élevage nomade était la ressource essentielle de ce pays, en majeure partie aride. Seul le Sud, à une latitude équatoriale, possédait quelques cultures (canne à sucre, coton, banane), souvent irriguées. La sécheresse et surtout la guerre civile ont ruiné l'économie et provoquent de manière récurrente des déplacements de populations et des famines.

HISTOIRE La région est occupée par des populations nomades et pastorales, qui ont laissé des peintures rupestres. **Fin du IIIᵉ millénaire - IIᵉ millénaire :** ce premier peuplement est repoussé vers le sud par le dessèchement de la région. **IXᵉ - XIIᵉ s. apr. J.-C. :** des commerçants musulmans, puis des pasteurs, les Somali, repeuplent le pays, à partir des côtes. **XVᵉ - XVIᵉ s. :** les royaumes musulmans combattent l'Éthiopie chrétienne. **XIXᵉ s. :** l'Égypte, la Grande-Bretagne, l'Italie se disputent la région. Finalement sont constituées la Somalie britannique (Somaliland, 1887) et la Somalie italienne (Somalia, 1905). **1925 :** la Somalie italienne s'accroît du Trans-Djouba et de Kismayou, cédés par les Britanniques. **1936 :** avec l'Éthiopie et l'Érythrée, la Somalie est incluse dans l'Afrique-Orientale italienne. **1940 :** la Grande-Bretagne doit évacuer le Somaliland. **1941 :** elle reconquiert l'ensemble du pays. **1950 :** après neuf ans d'administration britannique, l'Italie reçoit de l'ONU, pour dix ans, la tutelle sur son ancienne colonie (hormis l'Ogaden, restitué à l'Éthiopie). **1960 :** la république indépendante est proclamée ; son premier président est Aden Osman. Formé des anciens Somaliland et Somalia, le nouvel État exprime aussitôt des prétentions sur l'Ogaden. **1969 :** le général Muhammad Siyad Barre s'empare du pouvoir et instaure un régime dictatorial. **1977 - 1978 :** un conflit oppose l'Éthiopie (soutenue par l'URSS) et la Somalie à propos de l'Ogaden, que l'armée somalienne doit évacuer. **1988 :** un accord de paix intervient entre la Somalie et l'Éthiopie. **1991 :** le général Siyad Barre est renversé. Le pays est déchiré par la guerre civile et ravagé par la famine. Une république indépendante (Somaliland) est proclamée dans le nord du pays. **1992 :** une force militaire internationale, à prépondérance américaine, intervient, sous l'égide de l'ONU, pour assurer la distribution de l'aide alimentaire. **1993 - 1994 :** les forces de l'ONU qui prennent le relais de cette opération ne parviennent pas à désarmer les milices. La famine est cependant jugulée. Les forces américaines et européennes se désengagent. **1995 :** la mission de l'ONU prend fin sans que la paix civile ait été rétablie. **2000 :** un gouvernement de transition est mis en place mais, contesté notamm. par certains chefs de guerre, il doit rester confiné à Baidoa. **2006 :** les miliciens d'un mouvement dit « des Tribunaux islamiques » prennent le pouvoir dans la capitale et dans plusieurs villes du pays. L'Éthiopie intervient directement aux côtés des forces somaliennes (déc.) pour les chasser et asseoir l'autorité du gouvernement de transition. **Début 2009 :** ayant totalement échoué, les troupes éthiopiennes se retirent. La Somalie reste en proie à l'anarchie et à la violence (attaques terroristes du groupe al-Chabab, issu des « Tribunaux islamiques »), tandis que se déve-

Somalie

500 | 1000 | 1500 m

— route

✈ aéroport

● plus de 1 000 000 h.

● de 200 000 à 1 000 000 h.

● de 50 000 à 200 000 h.

• moins de 50 000 h.

loppe le long de ses côtes une piraterie maritime à grande échelle. **2011 :** le Kenya lance une offensive militaire en Somalie, en riposte à des actions terroristes menées sur son territoire. **Depuis 2012 :** la transition démocratique engagée par la Somalie progresse avec l'adoption d'une Constitution provisoire, la mise en place d'un nouveau parlement et l'élection par celui-ci d'Hassan Sheikh Mohamud à la présidence (Mohamed Abdullahi Mohamed lui succède en 2017). Mais, en dépit d'un engagement international accru (missions de l'Union africaine et de l'ONU…), les attaques très meurtrières d'al-Chabab, qui contrôle une partie du territoire, continuent de peser sur l'avenir.

SOMALIE (courant de), courant marin chaud de l'océan Indien. Il se dirige, en hiver, du N.-E. vers le S.-O. le long des côtes de la Somalie.

SOMALIS (Côte française des) → **DJIBOUTI** (république de).

SOMBART (Werner), *Ermsleben, Halle, 1863 - Berlin 1941*, économiste, sociologue et historien allemand. Auteur d'importants travaux sur le développement du capitalisme (*le Socialisme et le mouvement social au* XIX*e siècle*, 1896), il évolua vers un socialisme national proche du national-socialisme.

SOMERS ou **SOMMERS** (John, baron), *près de Worcester 1651 - Londres 1716*, homme politique anglais. Un des chefs whigs, il devint conseiller personnel de Guillaume III et fut lord-chancelier (1697 - 1700) puis président du Conseil privé (1708 - 1710).

SOMERSET, comté du sud-ouest de l'Angleterre ; 529 972 hab. ; ch.-l. *Taunton.*

SOMEȘ n.m., en hongr. **Szamos,** riv. de Roumanie et de Hongrie, affl. de la Tisza (r. g.) ; 411 km.

SOMME n.f., fl. de France, en Picardie, qui se jette dans la Manche *(baie de Somme)* ; 245 km. Elle passe à Saint-Quentin, Péronne, Amiens, Abbeville. – Théâtre, de juill. à nov. 1916, d'une offensive franco-britannique qui soulagea le front de Verdun.

SOMME n.f. (80), dép. de la Région Hauts-de-France ; ch.-l. de dép. *Amiens* ; ch.-l. d'arrond. *Abbeville, Montdidier, Péronne* ; 4 arrond. ; 23 cant. ; 779 comm. ; 6 170 km² ; 584 143 hab. *(Samariens).* Le dép. appartient à l'académie et à la cour d'appel d'Amiens, à la zone de défense et de sécurité Nord. En arrière du littoral, jalonné de petits ports et de stations balnéaires et bordé par des régions basses, où domine l'élevage, le dép. s'étend sur la plaine crayeuse, recouverte de limon, de la Picardie. Celle-ci porte des cultures céréalières, betteravières et fourragères (associées à l'élevage bovin) ; elle est entaillée par la vallée humide de la Somme. L'industrie, en dehors des usines alimentaires disséminées, est surtout présente dans le Vimeu (petite métallurgie) et dans l'agglomération d'Amiens (qui concentre à elle seule près du tiers de la population).

SOMMERFELD (Arnold), *Königsberg 1868 - Munich 1951*, physicien allemand. Il a appliqué à l'atome, dès 1915, la mécanique relativiste conjointement à la théorie des quanta, expliquant ainsi la structure fine des raies spectrales. Il proposa un modèle d'atome avec des orbites elliptiques.

Somme théologique, en lat. **Summa theologiae,** principal ouvrage de saint Thomas d'Aquin (v. 1266-v. 1273). L'auteur, empruntant la méthode scolastique de la discussion, y expose l'ensemble des questions concernant la foi chrétienne.

SOMMIÈRES (30250), comm. du Gard ; 4 814 hab. *(Sommiérois).* Anc. place forte ; pont d'origine romaine ; demeures des XVIIe et XVIIIe s.

SOMOSIERRA (col de), passage de la sierra de Guadarrama (Espagne), reliant les deux Castilles ; 1 430 m.

SOMPORT (col du) ou col de **SOMPORT,** col routier des Pyrénées-Atlantiques, reliant la France (vallée d'Aspe) à l'Espagne (vallée de l'Aragón) ; 1 632 m. — Sous ce col, tunnel routier (long de 8,6 km, ouvert en 2003), percé parallèlement au tunnel ferroviaire de la ligne Pau - Canfranc, ouverte en 1928 et désaffectée depuis 1970.

SONDE (archipel de la), îles d'Indonésie, prolongeant la presqu'île de Malacca jusqu'aux Moluques. Aux îles principales, Sumatra et Java, séparées par le *détroit de la Sonde*, font suite les petites *îles de la Sonde* (Bali, Timor, etc.).

Sonderbund n.m., ligue formée en 1845 par les sept cantons suisses catholiques pour défendre leurs droits sur leurs territoires. Elle fut dissoute après l'intervention de l'armée fédérale commandée par le général Dufour (1847).

SONG, dynastie qui régna sur la Chine de 960 à 1279. Constamment menacée par les populations du Nord et du Nord-Est, elle se réfugia dans le Sud en 1127. Elle fut éliminée par les Mongols.

songe de Poliphile (Discours du), ouvrage de l'humaniste Francesco Colonna *(1433 - 1527)*, publié en 1499. Illustré de gravures sur bois, il constitue un bilan esthétique de la Renaissance.

Songe du vergier (le), ouvrage anonyme français, parfois attribué à Évrard de Trémaugnon (v. 1378), qui traite des rapports des pouvoirs spirituel et temporel. Après une dispute imaginaire, un chevalier, défenseur des droits de la Couronne, l'emporte sur un clerc dévoué au pape.

SONGHAÏ ou **SONRHAÏ,** peuple du Mali et du Niger (env. 700 000). Les Songhaï fondèrent l'empire qui porte leur nom. Ils sont islamisés, et parlent une langue nilo-saharienne.

SONGHAÏ (Empire), empire africain qui, à son apogée (XVIe s.), s'étendait du Sénégal à la boucle du Niger. Il disparut après l'occupation marocaine (1591). Ses grands souverains furent Sonni Ali (1464 - 1492) et Askia Mohammed (1492 - 1528).

SÔNG HÔNG → **ROUGE** (fleuve).

SONGNAM, v. de Corée du Sud ; 955 000 hab.

SONGYE, peuple du centre de la Rép. dém. du Congo, de langue bantoue.

SONINKÉ, SARAKOLÉ ou **MARKA,** peuple du Mali, du Sénégal et de Mauritanie. Fondateurs de l'empire du Ghana*, ils se sont disséminés après la destruction de celui-ci. Islamisés, ils parlent le *soninké*, ou *soningokan*, de la famille mandé.

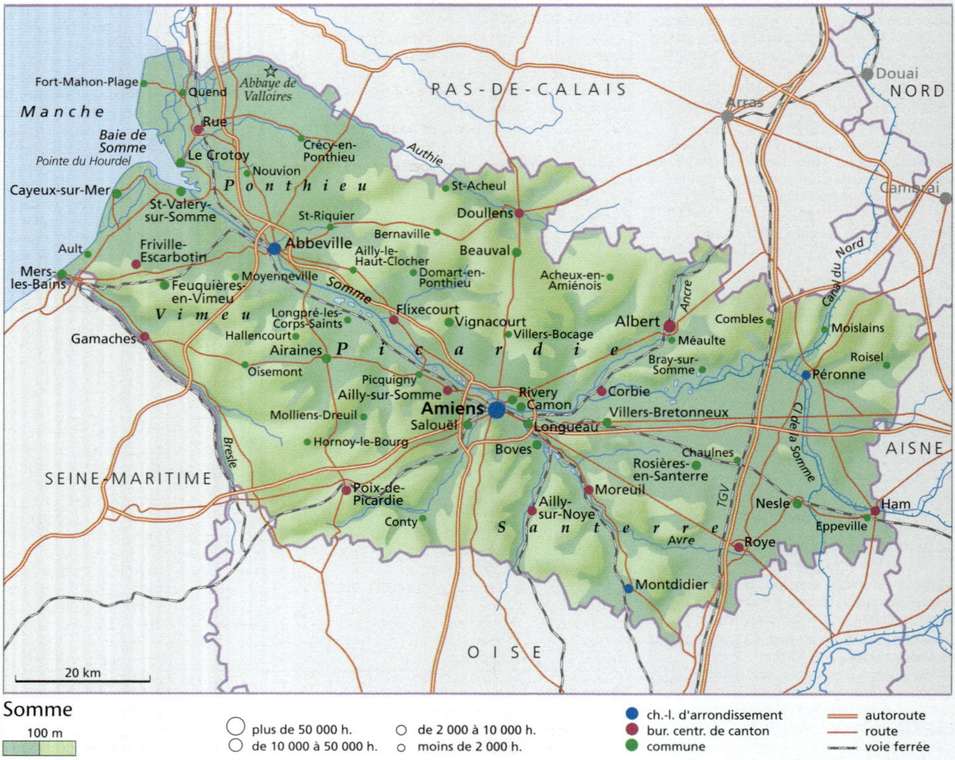

Somme

SONNINI DE MANONCOURT (Charles), *Lunéville 1751 - Paris 1812*, naturaliste français. Il est l'auteur des volumes sur les poissons et les cétacés de l'*Histoire naturelle* de Buffon (continuée par Lacépède) et d'une *Histoire naturelle des reptiles*.

SONTAG (Susan), *New York 1933 - id. 2004*, écrivaine américaine. Intellectuelle engagée, féministe, elle a analysé la culture contemporaine (*Sur la photographie*, 1977) et mené une réflexion sur la maladie et la mort (*la Maladie comme métaphore*, 1978 ; *Devant la douleur des autres*, 2003). Elle était aussi romancière (*En Amérique*, 1999).

Sophia-Antipolis (nom déposé), complexe culturel et scientifique des Alpes-Maritimes, sur le plateau de Valbonne*.

SOPHIE ALEKSEÏEVNA, *Moscou 1657 - id. 1704*, princesse russe de la dynastie des Romanov, régente de Russie (1682 - 1689). Fille du tsar Alexis, elle se fit confier la régence de son frère Ivan V (1682), puis fut écartée du pouvoir par son demi-frère Pierre le Grand (1689).

SOPHOCLE, *Colone v. 495 - Athènes 406 av. J.-C.*, poète tragique grec. Il ne reste de lui que sept tragédies (*Ajax, Antigone, Œdipe roi, Électre, les Trachiniennes, Philoctète, Œdipe à Colone*) et un fragment d'un drame satyrique (*les Limiers*). Il renouvela la forme de la tragédie : il ajouta un troisième acteur et porta de douze à quinze le nombre des choreutes. Il substitua à la trilogie liée (trois épisodes du même mythe) la trilogie libre (chaque drame est autonome). Il modifia le sens du tragique, en faisant de l'évolution du héros et de son caractère une part essentielle de la manifestation du destin et de la volonté des dieux.

SOPHONISBE, *Carthage 235 av. J.-C. - 203 av. J.-C.*, reine de Numidie. Épouse de Masinissa, elle s'empoisonna pour ne pas être livrée aux Romains. Son histoire a notamm. inspiré une tragédie à Trissino (v. 1515), à Mairet (1634), à Corneille (1663).

SOPOT, v. de Pologne, près de Gdańsk ; 38 690 hab. Station balnéaire.

SOPRON, v. de Hongrie, à la frontière autrichienne ; 55 594 hab. Monuments et maisons de l'époque gothique au baroque.

SORABES, peuple slave vivant en Allemagne orientale (Lusace) [env. 180 000]. Tombés au Xe s. sous la domination des Allemands, qui les appelaient *Wendes*, christianisés et réduits au servage, ils furent longtemps persécutés avant de se voir reconnaître (après la Seconde Guerre mondiale) leur autonomie culturelle et linguistique.

SORBIERS (42290), bur. centr. de cant. de la Loire ; 8 243 hab. (*Sorbérans*).

SORBON (Robert de), *Sorbon, près de Rethel, 1201 - Paris 1274*, théologien français. Chanoine de Paris (1258), maître de théologie et clerc de Saint Louis, il fonda le collège qui devint la Sorbonne (1253 - 1257).

Sorbonne (la), établissement public d'enseignement supérieur, à Paris (entre le Panthéon et la rue des Écoles), auj. partagé entre plusieurs universités. Elle a pris le nom de son fondateur, Robert de Sorbon, qui avait voulu créer une école de théologie pour les écoliers pauvres (1257). Dès 1554, la Sorbonne devint le lieu des délibérations générales de la faculté de théologie, que l'on appela dès lors « Sorbonne ». Hostile aux jésuites au XVIe s., elle condamna les jansénistes au XVIIe s. Elle intervenait en tant que tribunal ecclésiastique de la censure. – La Sorbonne fut rebâtie par Richelieu sur plans de Lemercier ; la chapelle, édifiée de 1635 à 1653, abrite le tombeau du cardinal par Girardon (1694). Les bâtiments des facultés ont été reconstruits, de 1885 à 1901, par l'architecte Paul Nénot.

SOREL (Agnès), *Fromenteau, Touraine, ou Froidmantel, Somme, v. 1422 - Anneville, Normandie, 1450*, favorite de Charles VII. Surnommée la Dame de Beauté (du nom de la seigneurie de Beauté-sur-Marne, que lui avait donnée le roi), elle fut la première maîtresse officielle d'un roi de France.

SOREL (Albert), *Honfleur 1842 - Paris 1906*, historien français. Spécialiste d'histoire diplomatique, il est l'auteur, notamm., de *l'Europe et la Révolution française* (1885-1904). [Acad. fr.]

SOREL (Charles), **sieur de Souvigny,** *Paris v. 1582 - id. 1674*, écrivain français. Il est l'auteur de *la Vraie Histoire comique de Francion* (1622), qui mêle le réalisme pittoresque à la liberté morale, et d'une parodie de roman pastoral (*le Berger extravagant*, 1627).

SOREL (Georges), *Cherbourg 1847 - Boulogne-sur-Seine 1922*, théoricien politique français. Marqué notamm. par Proudhon, il s'est fait le promoteur du syndicalisme révolutionnaire et l'apôtre d'une violence prolétarienne devant mener à la grève générale (*Réflexions sur la violence*, 1908). Le fascisme italien emprunta certains de ses thèmes.

Sorel (Julien), personnage principal du roman de Stendhal *le Rouge et le Noir* (1830). D'origine modeste, il lutte contre sa sentimentalité naturelle en s'obligeant à l'ambition et à l'énergie.

SOREL-TRACY, v. du Canada (Québec), sur le Saint-Laurent ; 34 755 hab. (*Sorelois*).

SØRENSEN (Søren), *Havrebjerg 1868 - Copenhague 1939*, chimiste danois. Auteur de travaux sur la théorie des ions, il a défini, en 1909, le pH (indice d'acidité) et a étudié la synthèse des acides aminés.

SORGUE DE VAUCLUSE n.f., riv. de France, qui sort de la *fontaine de Vaucluse*, affl. de l'Ouvèze (r. g.) ; 36 km.

SORGUES (84700), comm. de Vaucluse ; 18 467 hab. (*Sorguais*). Poudrerie.

SORIA, v. d'Espagne (Castille-León), ch.-l. de prov., sur le Douro ; 38 881 hab. Églises romanes ; musée de Numance.

SORLINGUES (îles) → **SCILLY** (îles).

SOROCABA, v. du Brésil (État de Sao Paulo) ; 570 434 hab.

SOROKIN (Pitirim), *Touria, près de Syktyvkar, 1889 - Winchester, Massachusetts, 1968*, sociologue américain d'origine russe. Il est l'initiateur des études sur le changement social (*la Dynamique sociale et culturelle*, 1937).

SORRENTE, en ital. **Sorrento,** v. d'Italie (Campanie), sur le golfe de Naples ; 16 627 hab. Célèbre par la beauté de son site. Tourisme. – Musée dans un palais du XVIIIe s.

SOSEKI → **NATSUME SOSEKI.**

Sosie, esclave d'Amphitryon dans la comédie *Amphitryon* de Plaute. Mercure réussit à faire douter Sosie, dont il a pris les traits, de sa propre identité. Le personnage de Sosie est repris par Molière (*Amphitryon*, 1668).

SOSNOWIEC, v. de Pologne, en haute Silésie ; 216 420 hab.

SOSPEL (06380), comm. des Alpes-Maritimes ; 3 849 hab. (*Sospellois*). Pont médiéval, vieilles maisons, église classique.

SOTATSU, *Kyoto 1re moitié du XVIIe s.*, peintre japonais. L'inspiration, le sens de la couleur et la maîtrise de la composition font de lui le précurseur de Korin et de l'art décoratif des Tokugawa.

SOTCHI, v. de Russie, sur la mer Noire ; 343 285 hab. Station balnéaire et de sports d'hiver.

Sotheby and Co. ou **Sotheby's,** la plus importante entreprise mondiale de vente aux enchères, fondée à Londres en 1744. Spécialisée dans les œuvres d'art, elle est auj. sous contrôle américain.

SOTHO, ensemble de peuples de langue bantoue répartis entre le Lesotho, l'est de l'Afrique du Sud, le sud du Zimbabwe et l'est du Botswana.

SOTO (Hernando de), *Barcarrota 1500 - sur les rives du Mississippi 1542*, conquistador espagnol. Compagnon de Pizarro, il explora à partir de 1539 la Floride, puis la région du Mississippi.

SOTTEVILLE-LÈS-ROUEN (76300), bur. centr. de cant. de la Seine-Maritime, sur la Seine ; 29 813 hab. (*Sottevillais*). Gare de triage.

SOTTSASS (Ettore), *Innsbruck 1917 - Milan 2007*, désigneur italien. Parti du design industriel, il s'est tourné vers le style Art déco ainsi que vers les formes ludiques et gratuites, devenant un des maîtres du « nouveau design ».

SOUABE n.f., en all. **Schwaben,** région historique d'Allemagne, à cheval sur l'O. de la Bavière et le Bade-Wurtemberg. Le duché, créé au début du Xe s., fut acquis par les Hohenstaufen (1079). Après l'extinction de cette famille (1268), l'anarchie s'installa. La Grande Ligue souabe, constituée en 1488 avec le soutien des Habsbourg, fut disloquée en 1534. L'ancien duché fut démantelé aux traités de Westphalie (1648).

SOUABE-FRANCONIE (bassin de), bassin sédimentaire d'Allemagne (englobant le Jura* souabe et franconien), au N. du Danube, entre la Forêt-Noire et le massif de Bohême.

SOUBISE (Charles de Rohan, prince de), *Versailles 1715 - Paris 1787*, maréchal de France. Ami de Louis XV et protégé de la marquise de Pompadour puis de Mme Du Barry, il contribua à la victoire de Fontenoy (1745), mais fut vaincu à Rossbach par Frédéric II (1757).

Soubise (hôtel de), demeure parisienne, dans le Marais, abritant auj. les Archives nationales et le musée des Archives nationales. François de Rohan, prince de Soubise, le fit construire par Pierre Alexis Delamair, puis par Boffrand (1705-1745, beaux décors intérieurs).

SOUCHON (Alain), *Casablanca 1944*, chanteur français. Également parolier (surtout de L. Voulzy) et compositeur, il a introduit rêve, tendresse et mélancolie dans la nouvelle chanson française (*J'ai dix ans, Allô maman bobo, la Ballade de Jim, Foule sentimentale*). En 2014, il signe avec L. Voulzy leur premier album en duo (*Derrière les mots*). Il a aussi interprété de beaux rôles au cinéma (*l'Été meurtrier*, J. Becker, 1983).

SOUDAN, nom donné autrefois à la zone climatique de l'Afrique boréale, intermédiaire entre le Sahel et la zone équatoriale. Cette zone se caractérise par le passage, du N. au S., de la steppe à la savane, résultant de l'allongement de la saison des pluies (été).

SOUDAN n.m., en ar. **al-Sūdān,** État fédéral d'Afrique, sur la mer Rouge ; 1 844 797 km^2 ; 37 964 000 hab. (*Soudanais*).

CAP. *Khartoum*. **LANGUE :** *arabe*. **MONNAIE :** *livre soudanaise*.

GÉOGRAPHIE Le pays, le troisième plus grand d'Afrique, compte plusieurs centaines de peuples, islamisés et arabophones. L'irrigation (à partir du Nil et du Nil Bleu) a permis le développement de cultures (coton et sorgho notamm., puis arachide et canne à sucre) dans le Centre, alors que le Nord, désertique, est voué à l'élevage nomade. L'industrie est quasi inexistante et le pays, lourdement endetté. Les importants gisements de pétrole sont situés, depuis la partition du pays, dans le Soudan du Sud. Pour compenser ces pertes de revenus, le Soudan mise, entre autres, sur l'exploitation aurifère.

HISTOIRE **Antiquité :** l'histoire du Soudan se confond avec celle de la Nubie*, qui en couvre la partie septentrionale. **V. 350 apr. J.-C. :** Méroé, capitale de la Nubie depuis le VIe s. av. J.-C. environ, est détruite par les Éthiopiens. **VIIe - XIVe s. :** converti au christianisme, le pays paie tribut aux Arabes, établis en Égypte depuis le VIIe s. **XVIe - XIXe s. :** des sultanats se constituent (celui des Fung, notamm.) ; de vastes zones sont dépeuplées par la traite. **1820 - 1840 :** Méhémet-Ali, vice-roi d'Égypte, conquiert la région. **1883 :** la Grande-Bretagne, qui a occupé l'Égypte en 1882, doit affronter l'insurrection du Mahdi, dont Kitchener écrase finalement les troupes à Omdurman (1898), avant d'obliger les Français de la colonne Marchand à se retirer de la ville de Fachoda. **1899 :** le Soudan devient condominium anglo-égyptien. **1956 :** la république indépendante du Soudan est proclamée. **1958 - 1969 :** des gouvernements militaires et civils se succèdent. **1969 :** Djafar al-Nimayri dirige un coup d'État militaire et met en place un régime d'inspiration socialiste. **1972 :** un accord est signé avec la rébellion sudiste, active depuis l'indépendance. **1977 :** un accord de réconciliation nationale permet le retour au Soudan des leaders de l'opposition islamique en exil. **1983 :** les combats reprennent dans le Sud après l'adoption de lois inspirées par la charia. **1985 :** une insurrection populaire renverse le régime de Nimayri. **1986 :** un gouvernement civil est formé, dirigé par Sadiq al-Mahdi. **1989 :** les militaires reprennent le pouvoir, sous la conduite du général Umar Hasan al-Bachir, et instaurent un régime autoritaire à tendance islamiste. **À partir de 1992 :** l'armée ne

Soudan, Soudan du Sud

★ site touristique important — route — voie ferrée — aéroport — puits de pétrole — oléoduc — port pétrolier

500 1000 2000 m

● plus de 1 000 000 h. ● de 100 000 à 1 000 000 h. ● de 10 000 à 100 000 h. • moins de 10 000 h.

parvient pas à réduire la rébellion sudiste, dirigée par le colonel John Garang. Les populations du Sud sont durement touchées par la famine. **1996 :** le général al-Bachir est confirmé à la tête de l'État par une élection (réélu en 2000, 2010 et 2015). **Depuis 2003 :** au Darfour, la répression meurtrière de mouvements d'insurrection par des milices locales, appuyées par l'armée, provoque une catastrophe humanitaire. **2005 :** le gouvernement soudanais et la rébellion sudiste signent un accord de paix. Le général Salva Kiir (successeur de J. Garang, mort accidentellement en juill.) devient premier vice-président de la République et un gouvernement d'union nationale est mis en place. **2009 :** le général al-Bachir est inculpé par la Cour pénale internationale de crimes de guerre et de crimes contre l'humanité (puis, en 2010, de génocide) pour sa responsabilité dans les atrocités commises au Darfour, et placé sous mandat d'arrêt international (l'enquête est suspendue en 2014). **2011 :** lors d'un référendum d'autodétermination tenu en janv. (prévu par l'accord de paix de 2005), le Soudan du Sud se prononce massivement en faveur de son indépendance, qui est proclamée le 9 juillet. Le Soudan accepte cette partition, mais la situation entre les deux pays reste tendue (contentieux pétrolier, tracé de la frontière, rébellions…).

SOUDAN DU SUD n.m., en angl. **South Sudan,** État d'Afrique orientale ; 644 329 km² ; 11 296 000 hab. (*Soudanais du Sud* ou *Sud-Soudanais*). **CAP.** *Djouba (Juba).* **LANGUE :** *anglais.* **MONNAIE :** *livre du Soudan du Sud.*

GÉOGRAPHIE Le pays, au climat très chaud, est constitué d'une cuvette centrale, traversée par le Nil et ses affluents, et de zones à l'altitude plus élevée sur les pourtours du Sud et de l'Ouest. Il rassemble de nombreux peuples (dont les Dinka et les Nuer), animistes ou chrétiens, sans unité linguistique. Comptant parmi les pays les plus pauvres du monde, il est tributaire de l'aide internationale. La guerre civile a stoppé pour le moment les espoirs de développement suscités par la mise en exploitation d'importants gisements de pétrole.

HISTOIRE **1956 :** dès la proclamation de l'indépendance du Soudan, les dissensions entre le Nord, à majorité musulmane, et le Sud, à majorité chrétienne et animiste, apparaissent et prennent un tour violent. **1972 :** un accord met fin à une première guerre civile, reconnaissant au Soudan méridional un certain degré d'autonomie. **1983 :** après l'adoption par le pouvoir central de lois inspirées par la charia, le Sud s'embrase à nouveau. La lutte est menée essentiellement par l'Armée populaire de libération du Soudan (APLS), conduite par le colonel John Garang. **2005 :** au terme de vingt-deux ans d'un conflit meurtrier, assorti de déplacements de populations et de famines (1998), le gouvernement soudanais et la rébellion sudiste, consolidant un cessez-le-feu conclu en 2002, signent un accord de paix. **2011 :** après la tenue d'un référendum d'autodétermination massivement favorable à son émancipation (janv.), le Soudan du Sud proclame son indépendance (9 juill.), qui est acceptée par Khartoum. Le général Salva Kiir (successeur de J. Garang, mort accidentellement en 2005) devient président de la République. Mais le nouvel État apparaît fragile, menacé à la fois par le retour de fortes tensions avec le Soudan (instabilité des régions frontalières) et par l'éclatement de petites guerres locales. **À partir de fin 2013 :** des combats entre l'armée et des unités rebelles, conduites par l'anc. vice-président Riek Machar, embrasent la capitale (déc.), puis se propagent au nord du pays. Cette rivalité au sommet de l'État dégénère en guerre civile, marquée par des massacres à caractère ethnique.

SOUDAN FRANÇAIS, nom porté par le Mali de 1920 à 1958, avant son indépendance.

SOUFFLENHEIM (67620), comm. du Bas-Rhin ; 5 008 hab. (*Soufflenheimois*). Poterie et céramique.

SOUFFLOT (Germain), *Irancy, près d'Auxerre, 1713 - Paris 1780*, architecte français. Il a contribué à l'embellissement de Lyon (loge du Change, hôtel-Dieu) et a construit le Panthéon*, à Paris, un des premiers monuments néoclassiques.

SOUFRIÈRE (la), volcan actif de la Guadeloupe ; 1 467 m.

Souge (camp de), camp militaire à l'ouest de Bordeaux.

SOUILLAC (46200), bur. centr. de cant. du Lot ; 3 762 hab. (*Souillagais*). Industrie alimentaire. – Festival de jazz. – Église romane, anc. abbatiale (sculptures, dont le célèbre relief d'*Isaïe* et le trumeau aux animaux enchevêtrés). Musée de l'Automate.

SOUILLY (55220), comm. de la Meuse ; 420 hab. (*Soliaciens*). Quartier général de Pétain pendant la bataille de Verdun (1916).

SOUK AHRAS, v. d'Algérie, à proximité de la frontière tunisienne ; 116 745 hab.

SOUKHOUMI, v. de Géorgie, ch.-l. de l'Abkhazie, sur la mer Noire ; 64 478 hab.

SOULAC-SUR-MER (33780), comm. de la Gironde ; 2 647 hab. (*Soulacais*). Station balnéaire.

SOULAGES (Pierre), *Rodez 1919*, peintre et graveur français. Des balafres immenses, associant le noir et la couleur, ont longtemps échafaudé le puissant clair-obscur de ses toiles. Depuis 1979, il élabore des monochromes noirs striés, accrochant la lumière, d'une composition rigoureuse. Il a aussi conçu les vitraux de Ste-Foy de Conques (1994). Musée à Rodez.

SOULE (pays de), anc. prov. du Pays basque. La capitale était Mauléon (auj. Mauléon-Licharre, Pyrénées-Atlantiques).

SOULOUQUE (Faustin), *Petit-Goâve 1782 - id. 1867*, empereur d'Haïti (1849 - 1859), sous le nom de Faustin Ier. Son despotisme provoqua sa chute.

SOULT (Jean de Dieu Nicolas), duc **de Dalmatie,** *Saint-Amans-la-Bastide, auj. Saint-Amans-Soult, Tarn, 1769 - id. 1851*, maréchal de France. Il prit part aux guerres de la Révolution, puis s'illustra à Austerlitz (1805) et commanda en Espagne (1808 - 1811 et 1814). Rallié à Louis XVIII en 1814, il devint ministre de la Guerre, mais combattit aux côtés de l'Empereur pendant les Cent-Jours. Banni en 1816, il fut sous Louis-Philippe ministre de la Guerre (1830 - 1832), puis plusieurs fois président du Conseil. En 1847, il reçut le titre exceptionnel de maréchal général de France.

SOULTZ-HAUT-RHIN [sults-] (68360), comm. du Haut-Rhin, près de Guebwiller ; 7 286 hab. (*Soultziens*). Église surtout des XIVe-XVe s.

SOULTZ-SOUS-FORÊTS (67250), comm. du Bas-Rhin ; 3 163 hab. (*Soultzois*). Constructions mécaniques. – Église au chœur du XVe s.

SOUMAGNE, comm. de Belgique (prov. de Liège), à l'E. de Liège ; 16 400 hab. Église et château surtout du XVIIe s.

SOUMAROKOV (Aleksandr Petrovitch), *Saint-Pétersbourg 1717 - Moscou 1777*, auteur dramatique russe. Il écrivit des tragédies inspirées des classiques français (*Khorev*, 1749).

SOUMGAIT, v. d'Azerbaïdjan, sur la Caspienne ; 309 700 hab. Centre industriel.

SOUMMAM n.f., nom du cours inférieur de l'oued Sahel (ou Sahel-Soummam), en Algérie.

SOUMY, v. du nord de l'Ukraine ; 293 141 hab.

SOUNDANAIS ou **SUNDANAIS,** peuple d'Indonésie (ouest de Java surtout) [env. 28 millions]. Proches des Javanais par leur culture et leur langue, ils s'en distinguent par leur expression artistique. Ils sont pour la plupart musulmans.

SOUNGARI n.m., en chin. **Songhua Jiang,** riv. de la Chine du Nord-Est, affl. de l'Amour (r. dr.) ; 1 800 km.

SOUNION ou **COLONNE** (cap), promontoire de l'extrémité sud-est de l'Attique (Grèce). Ruines du temple de Poséidon (milieu du ve s. av. J.-C.).

SOUPAULT (Philippe), *Chaville 1897 - Paris 1990,* écrivain français. Poète et auteur de récits, il a participé à l'implantation du mouvement dada en France, puis à la naissance du surréalisme, à travers notamm. la première tentative d'écriture automatique (*les Champs magnétiques*, en collab. avec A. Breton, 1920).

SOUPHANOUVONG (prince), *Luang Prabang 1909 - Vientiane 1995*, homme politique laotien. Fondateur du Pathet Lao (1950), il fut président de la République populaire démocratique du Laos, de l'abolition de la monarchie (1975) à 1986.

SOURDIS (François **d'Escoubleau,** cardinal **de**), *1575 - Bordeaux 1628*, prélat français. Archevêque de Bordeaux, il fit appliquer dans son diocèse les réformes du concile de Trente. — **Henri d'Escoubleau de S.,** *1593 - Auteuil, Yvelines, 1645*, prélat français. Frère de François, il lui succéda à l'archevêché de Bordeaux, et, surtout, se distingua lors de nombreuses batailles.

SOURGOUT, v. de Russie, en Sibérie occidentale ; 306 703 hab. Centre pétrolier.

SOUS (oued), fl. du Maroc méridional, qui draine la *plaine du Sous* ; 180 km.

SOUS-LE-VENT (îles), chapelet d'îles des Antilles, s'étendant le long de la côte du Venezuela et comprenant Curaçao, Aruba, Bonaire et Nueva Esparta. — îles **Sous-le-Vent,** en angl. **Leeward Islands,** nom donné par les Britanniques à la partie nord des îles du Vent* (Antigua, Montserrat, îles Vierges).

SOUS-LE-VENT (îles), partie nord-ouest de l'archipel de la Société (Polynésie française), au N. de Tahiti, comprenant les îles Bora Bora, Huahine, Maupiti, Raiatea et Tahaa ; 33 184 hab.

▲ **Sous-le-Vent.** Maupiti, une des îles Sous-le-Vent.

SOUSSE, en ar. **Sūsa,** v. de Tunisie, sur le golfe de Hammamet ; 239 124 hab. Port. Tourisme. – Un des plus anciens monuments islamiques, le *ribat* (couvent fortifié), y fut fondé au viiie s. Musée archéologique (belles mosaïques romaines).

SOUSTELLE (Jacques), *Montpellier 1912 - Neuilly-sur-Seine 1990*, homme politique et ethnologue français. Rallié à la France libre en 1940, gouverneur général de l'Algérie (janv. 1955 - févr. 1956), partisan de l'Algérie française, il s'opposa ensuite à de Gaulle et s'exila (1961 - 1968). Spécialiste de l'Amérique précolombienne, il est notamm. l'auteur de *la Vie quotidienne des Aztèques* (1955).

SOUSTONS (40140), bur. centr. de cant. des Landes, près de l'*étang de Soustons* ; 7 851 hab. *(Soustonnais).*

SOUTERRAINE (La) [23300], bur. centr. de cant. de la Creuse ; 5 575 hab. *(Sostraniens).* Métallurgie. – Église des xiie-xiiie s.

SOUTHAMPTON, v. de Grande-Bretagne (Angleterre), sur la Manche ; 234 224 hab. Port de commerce et de voyageurs. Centre industriel.

SOUTH BEND, v. des États-Unis (Indiana) ; 101 190 hab. (319 224 hab. dans l'agglomération).

SOUTHEND-ON-SEA, station balnéaire de Grande-Bretagne (Angleterre), à l'embouchure de la Tamise ; 173 658 hab. Musées.

SOUTHEY (Robert), *Bristol 1774 - Keswick 1843,* écrivain britannique, auteur de poèmes lyriques et épiques (*Jeanne d'Arc, Roderick, le dernier des Goths*) et de biographies (*Vie de Nelson*).

▲ Chaïm **Soutine.** *Le Garçon en bleu,* v. 1924. (Coll. part.)

SOUTHPORT, station balnéaire de Grande-Bretagne (Angleterre), sur la mer d'Irlande ; 91 404 hab. (115 882 hab. dans l'agglomération).

SOUTH SHIELDS, v. de Grande-Bretagne (Angleterre), sur l'estuaire de la Tyne ; 82 854 hab. Port, station balnéaire et centre industriel.

South West Africa People's Organization → **SWAPO.**

SOUTINE (Chaïm), *Smilovitchi, près de Minsk, 1893 - Paris 1943*, peintre français d'origine lituanienne. Il a pratiqué, non sans raffinement de palette, un expressionnisme virulent.

SOUVANNA PHOUMA (prince), *Luang Prabang 1901 - Vientiane 1984*, homme politique laotien. Plusieurs fois Premier ministre à partir de 1951, il mena une politique neutraliste. Après le cessez-le-feu (1973), il dirigea un gouvernement provisoire d'union nationale, puis fut renversé en 1975.

SOUVIGNY (03210), bur. centr. de cant. de l'Allier ; 1 917 hab. Église clunisienne des xie-xiie et xve s. (tombeaux des premiers ducs de Bourbon ; chapiteaux ; grand orgue) ; Musée lapidaire.

SOUVOROV (Aleksandr Vassilievitch, prince), *Moscou 1729 ou 1730 - Saint-Pétersbourg 1800*, général russe. Plusieurs fois vainqueur des Turcs (1787 - 1789), il réprima l'insurrection polonaise (1794). Il lutta ensuite avec succès contre les Français en Italie, mais fut arrêté par Masséna à Zurich (1799).

SOUZDAL, v. de Russie, au N.-E. de Moscou. Un des foyers de civilisation de la *principauté de Vladimir-Souzdal* ; ville-musée aux multiples églises et monastères des xiie-xviiie s.

SOW (Ousmane), *Dakar 1935 - id. 2016*, sculpteur sénégalais. Utilisant un matériau qu'il préparait lui-même, il modela de puissantes et émouvantes figures d'hommes et de femmes saisis dans leur quotidien (séries des *Nuba*, des *Masai*, des *Zoulous*, des *Peuls*). Il rendit aussi hommage aux Indiens (*Little Big Horn*) et aux grands hommes (*Victor Hugo, Charles de Gaulle*).

SOWETO (South Western Township), banlieue de Johannesburg (Afrique du Sud), à forte majorité noire ; env. 896 998 hab. Musée de l'Apartheid. – De graves émeutes s'y produisirent en 1976.

SOYINKA (Wole), *Abeokuta 1934*, écrivain nigérian d'expression anglaise. Son théâtre, ses poèmes, ses romans et son autobiographie (*Aké, les années d'enfance*, 1981 ; *Ibadan, les années pagaille*, 1994 ; *Il te faudra partir à l'aube*, 2006) composent une satire de l'Afrique décolonisée et évoquent la disparition de la culture ancestrale. (Prix Nobel 1986.)

Soyouz → **Soïouz.**

SPA, comm. de Belgique (prov. de Liège), dans l'Ardenne ; 10 487 hab. *(Spadois).* Station thermale. Tourisme. – Au S.-E., circuit automobile de *Spa-Francorchamps.* – Musée.

SPA (Société protectrice des animaux), association française fondée, en 1845, pour porter assistance aux animaux trouvés, abandonnés ou maltraités.

SPAAK (Paul-Henri), *Schaerbeek 1899 - Bruxelles 1972*, homme politique belge. Député socialiste, il fut plusieurs fois ministre des Affaires étrangères et Premier ministre entre 1936 et 1949. Président de l'Assemblée consultative du Conseil de l'Europe (1949 - 1951) puis de celle de la CECA (1952 - 1954), secrétaire général de l'OTAN (1957 - 1961), il fut vice-Premier ministre (1961 - 1965) et ministre des Affaires étrangères (1961 - 1966).

Spacelab, laboratoire spatial européen modulaire conçu pour fonctionner dans la soute de la navette spatiale américaine et utilisé de 1983 à 1998.

SPALATO → **SPLIT.**

SPALLANZANI (Lazzaro), *Scandiano 1729 - Pavie 1799*, biologiste italien. Il étudia la circulation du sang, la digestion et la fécondation.

SPANDAU, quartier de Berlin, sur la Spree. Lieu de détention (jusqu'à la mort de R. Hess, en 1987) des criminels de guerre allemands condamnés en 1946 au procès de Nuremberg.

SPANISH TOWN, v. de la Jamaïque, à l'O. de Kingston ; 147 152 hab. Cathédrale du xviiie s.

SPARTACUS, *m. en Lucanie en 71 av. J.-C.,* chef des esclaves révoltés contre Rome. Il mena le plus grand soulèvement d'esclaves de l'Antiquité et tint en échec l'armée romaine pendant deux ans (73 - 71) ; il fut vaincu et tué par Crassus.

SPARTE ou **LACÉDÉMONE,** v. de la Grèce ancienne, dans le Péloponnèse, sur l'Eurotas. Organisée au ixe s. av. J.-C. en un État oligarchique et militaire, fondé sur la distinction entre les citoyens « égaux » *(homoioi)*, les *ilotes* et les *périèques*, elle pratiqua jusqu'au vi^{e} s. av. J.-C. une politique d'expansion, qui fit d'elle une puissante cité. Au ve s. av. J.-C., elle vainquit Athènes lors de la guerre du Péloponnèse (431 - 404 av. J.-C.). Sa puissance lui fut ravie par Thèbes (bataille de Leuctres, 371 av. J.-C.). L'expansion de la Macédoine mit fin à son rôle politique. Intégrée à l'Empire romain en 146 av. J.-C., Sparte fut détruite par les Wisigoths au ive s. de notre ère.

SPD → **SOCIAL-DÉMOCRATE ALLEMAND** (Parti).

SPEARMAN (Charles), *Londres 1863 - id. 1945*, psychologue britannique. Ses travaux sont à l'origine du développement des méthodes d'analyse factorielle en psychologie.

Spectator (The), périodique britannique, publié par Addison et Steele de 1711 à 1714. C'était un tableau des mœurs de la société anglaise.

SPEER (Albert), *Mannheim 1905 - Londres 1981*, architecte et homme politique allemand. Inspecteur général des bâtiments de Berlin (1937), ministre de l'Armement (1942), il fut condamné à vingt ans de prison à Nuremberg.

SPEKE (John Hanning), *Bideford 1827 - près de Corsham 1864*, voyageur britannique. Parti avec Burton (1855), il explora le centre de l'Afrique, où il découvrit le lac qu'il nomma Victoria.

SPEMANN (Hans), *Stuttgart 1869 - Fribourg-en-Brisgau 1941*, biologiste allemand. Précurseur de l'embryologie évolutive, il reçut le prix Nobel en 1935 pour ses recherches sur les mécanismes de l'évolution des êtres vivants.

SPENCER (Herbert), *Derby 1820 - Brighton 1903*, philosophe britannique. Il caractérise l'évolution par le passage de l'homogène à l'hétérogène, appliquant à la psychologie et à la sociologie les mêmes principes d'explication (*Premiers Principes*, 1862).

SPENGLER (Oswald), *Blankenburg, Harz, 1880 - Munich 1936*, philosophe allemand. Critiquant le mythe du progrès, il assimila les civilisations à des êtres vivants soumis à la croissance, à la maturité et au déclin (*le Déclin de l'Occident*, 1918-1922).

SPENSER (Edmund), *Londres 1552 - id. 1599*, poète anglais. Il est l'auteur du poème pastoral *le Calendrier du berger* et de l'épopée allégorique *la Reine des fées*.

SPERRY (Roger Wolcott), *Hartford 1913 - Pasadena 1994*, neurophysiologiste américain. Il a notamm. étudié le système visuel des vertébrés et les fonctions des hémisphères cérébraux de l'homme. (Prix Nobel 1981.)

SPEZIA (La), v. d'Italie (Ligurie), ch.-l. de prov., sur le *golfe de La Spezia* ; 92 990 hab. Port. Construction navale. – Musée naval.

SPIEGELMAN (Arthur, dit Art), *Stockholm 1948*, dessinateur et scénariste américain de bandes dessinées. Figure du mouvement underground, il s'impose avec *Maus* (1972), roman graphique au dessin minimaliste sur la Shoah (transposée dans un univers animalier). Également illustrateur (*The New Yorker*), il évoque dans *À l'ombre des tours mortes* (2004) les attentats du 11 sept. 2001.

Spielberg (le), en tch. **Špilberk,** citadelle de Brno, en Moravie. Il servit aux Habsbourg de prison d'État (1742 - 1855), où furent détenus des patriotes italiens, dont S. Pellico.

SPIELBERG (Steven), *Cincinnati 1946*, cinéaste et producteur américain. Réalisateur de films d'aventures, de terreur ou de science-fiction (*les Dents de la mer*, 1975 ; *Rencontres du troisième type*, 1977 ; *les Aventuriers de l'arche perdue*, 1981, et les *Indiana Jones*, 1984, 1989 et 2008 ; *E.T., l'extraterrestre*, 1982 ; *Jurassic Park*, 1993 ; *Minority Report*, 2002), il aborde aussi l'histoire à travers des destins particuliers (*la Liste de Schindler*, 1994 ; *Il faut sauver le soldat Ryan*, 1998 ; *Lincoln*, 2012 ; *le Pont des espions*, 2015 ; *Pentagon Papers*, 2017).

SPILLIAERT (Léon), *Ostende 1881 - Bruxelles 1946*, peintre belge. Inquiète, imaginative, son œuvre, synthétique dans la forme, est à la charnière du symbolisme et de l'expressionnisme.

SPINOLA (Ambrogio, marquis de), *Gênes 1569 - Castelnuevo Scrivia 1630*, homme de guerre italien. Commandant en chef l'armée espagnole aux Pays-Bas, il s'empara de Breda (1625).

SPÍNOLA (António Sebastião **Ribeiro de**), *Estremoz 1910 - Lisbonne 1996*, maréchal et homme politique portugais. Gouverneur de la Guinée (1968 - 1973), il prend la tête du coup d'État militaire de 1974, devient président de la République, mais, s'opposant aux forces de gauche, il doit démissionner et s'exiler (1975). Revenu au Portugal (1976), il est promu maréchal en 1981.

SPINOZA (Baruch), *Amsterdam 1632 - La Haye 1677*, philosophe hollandais. Il étudia pour devenir rabbin, mais fut exclu de la communauté juive en 1656 et devint artisan (il polissait des verres de lunettes). La publication des *Principes de la philosophie de Descartes* (1663) et, surtout, du *Tractatus* theologico-politicus* (1670) lui attira l'hostilité des autorités religieuses. Ses autres œuvres parurent après sa mort : *Éthique**, *Traité de la réforme de l'entendement, Traité politique*. La pensée de Spinoza s'offre comme un message à la fois libérateur à l'égard de toutes les servitudes et porteur de la joie que procure la connaissance (béatitude). Pour arriver à cette connaissance de la nature, c'est-à-dire de Dieu, il faut accéder à celle des causalités qui donnent à chaque être, dont l'homme, sa spécificité. De cette nature, dite *substance*, l'homme ne peut percevoir que deux attributs : l'étendue et la pensée. Il existe trois modes de connaissance : la croyance, le raisonnement, l'intuition rationnelle. Spinoza conçoit la vie en société comme la réunion d'êtres qui se sont acceptés ; il existe donc un droit à l'insurrection quand la liberté publique est bafouée.

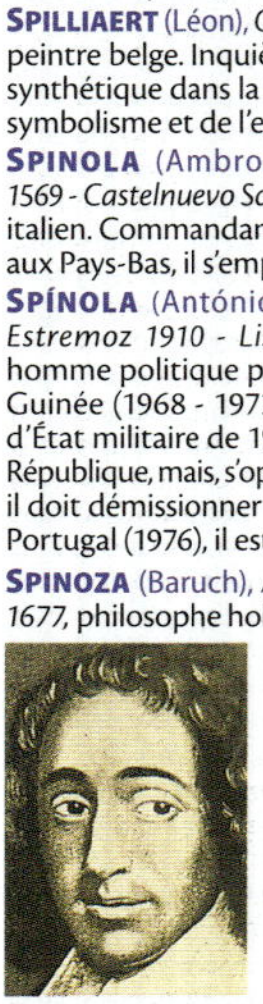

▲ **Spinoza**

SPIRE, en all. **Speyer,** v. d'Allemagne (Rhénanie-Palatinat), sur le Rhin ; 49 540 hab. Prestigieuse cathédrale du XIᵉ s., très restaurée. – Ville libre impériale en 1294, Spire accueillit plusieurs diètes, dont celle de 1529, où les princes réformés « protestèrent » contre la décision de Charles Quint restreignant la liberté religieuse.

SPIRE (André), *Nancy 1868 - Paris 1966*, écrivain français. Son œuvre lyrique (*Poèmes juifs*), prophétique et sarcastique, se double d'une théorisation du rythme (*Plaisir poétique et plaisir musculaire*) et d'un engagement sioniste.

Spirou, personnage de bande dessinée créé en 1938 par Rob-Vel (*Paris 1909 - Saint-Malo 1991*) et sa femme Davine, repris par plusieurs dessinateurs, dont Jijé et A. Franquin. Ce petit groom farceur a donné son nom à un hebdomadaire (1938), où ont été publiés les meilleurs auteurs belges de bandes dessinées.

SPIŠSKÉ PODHRADIE, v. de Slovaquie, au N.-O. de Košice ; 4 078 hab. Monuments anciens, dont la cathédrale romane (XIIIᵉ s.) de Spišská Kapitula et, aux environs, la puissante forteresse de Spišský hrad, en partie des XIIᵉ et XIIIᵉ s.

SPITTELER (Carl), *Liestal 1845 - Lucerne 1924*, poète suisse de langue allemande, auteur de poèmes épiques et allégoriques (*Printemps olympien*). [Prix Nobel 1919.]

SPITZ (Mark), *Modesto, Californie, 1950*, nageur américain. Il accomplit l'exploit (battu en 2008 par M. Phelps) de gagner 7 titres olympiques en 1972.

SPITZ (René Arpad), *Vienne 1887 - Denver 1974*, médecin et psychanalyste américain d'origine hongroise. Il a étudié la relation mère-enfant durant les deux premières années de la vie et les carences affectives.

SPITZBERG ou **SPITSBERG** n.m., principale île du Svalbard. Gisement houiller. Base scientifique.

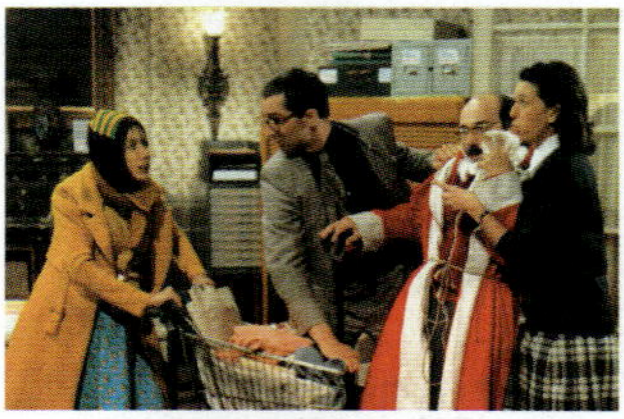

▲ Le **Splendid.** Scène du film *Le père Noël est une ordure*, de Jean-Marie Poiré (1982).

Splendid (troupe du **Splendid,** dite aussi **le**), troupe de théâtre fondée en 1974 dans le café-théâtre du même nom. Composée notamm. de Josiane Balasko, Michel Blanc, Marie-Anne Chazel, Christian Clavier, Gérard Jugnot et Thierry Lhermitte, elle incarne un esprit comique sans tabou et axé sur la satire des classes moyennes, à la scène (*Le père Noël est une ordure*, 1979) comme à l'écran (*les Bronzés*, P. Leconte, 1978).

SPLIT, en ital. **Spalato,** v. de Croatie, sur l'Adriatique ; 165 893 hab. Port. Tourisme. – Dioclétien y fit construire au début du IVᵉ s. un vaste ensemble palatial rectangulaire, autour duquel les anciens habitants de Salone construisirent à partir du VIIᵉ s. une nouvelle ville. Petites églises préromanes ; palais gothiques du XVᵉ s. ; musées.

SPLÜGEN n.m., col des Alpes à la frontière italo-suisse, entre Coire et le lac de Côme ; 2 113 m.

SPOERRI (Daniel), *Galați 1930*, artiste suisse d'origine roumaine. « Tableaux-pièges », « Détrompe-l'œil », « Multiplicateurs d'art », « Objets ethnosyncrétiques » sont parmi les principales séries d'assemblages, ironiques et corrosifs, de ce signataire du manifeste des « nouveaux réalistes » (1960).

SPOKANE, v. des États-Unis (État de Washington) ; 212 052 hab. (471 221 hab. dans l'agglomération).

SPOLÈTE, en ital. **Spoleto,** v. d'Italie (Ombrie) ; 38 495 hab. Cathédrale romane (remaniée aux XVIᵉ-XVIIᵉ s.) et autres monuments. – Siège d'un duché lombard puissant fondé en 571, sur lequel le Saint-Siège établit son autorité au XIIIᵉ s.

SPONDE (Jean de), *Mauléon 1557 - Bordeaux 1595*, humaniste et poète français. Ses sonnets religieux, éloquents et denses, sont l'un des chefs-d'œuvre de la poésie baroque.

SPONTINI (Gaspare), *Maiolati, Ancône, 1774 - id. 1851*, compositeur italien naturalisé français. Auteur des opéras *la Vestale* (1807) et *Fernand Cortez* (deux versions, 1809, 1817), il révéla au public parisien *Don Giovanni* de Mozart.

SPORADES, îles grecques de la mer Égée. On distingue les *Sporades du Nord*, voisines de l'île d'Eubée, et les *Sporades du Sud*, ou Dodécanèse, proches de la Turquie et comprenant notamm. Samos et Rhodes.

SPORADES ÉQUATORIALES → **LINE ISLANDS.**

Spot (Satellite Pour l'Observation de la Terre), nom des satellites français destinés à l'observation civile et scientifique de la Terre (cartographie, prospection minière, gestion des forêts, hydrologie, etc.), lancés depuis 1986.

Spoutnik, nom des premiers satellites artificiels soviétiques. Spoutnik 1, placé sur orbite le 4 oct. 1957, fut le premier satellite artificiel de la Terre.

SPRANGER (Bartholomeus), *Anvers 1546 - Prague 1611*, peintre flamand naturalisé tchèque en 1593. Il fut actif à Rome, à Vienne, puis à la cour de Prague (1581). Par son génie précieux et sensuel, il contribua à faire de Prague une capitale du maniérisme tardif.

SPRATLY (îles), archipel de la mer de Chine méridionale, entre les Philippines et le Viêt Nam. Ces deux pays, ainsi que Brunei, la Chine et la Malaisie, les revendiquent.

SPREE n.f., riv. d'Allemagne, qui se jette dans la Havel (r. dr.) ; 403 km. Elle passe à Berlin.

SPRIMONT, comm. de Belgique (prov. de Liège), au S.-E. de Liège ; 14 087 hab.

SPRINGER (Axel Caesar) → **Axel Springer Verlag.**

SPRINGFIELD, v. des États-Unis, cap. de l'Illinois ; 116 809 hab. (210 170 hab. dans l'agglomération). Souvenirs de A. Lincoln.

SPRINGFIELD, v. des États-Unis (Massachusetts) ; 153 991 hab. (692 942 hab. dans l'agglomération). Musée d'art.

SPRINGFIELD, v. des États-Unis (Missouri) ; 165 378 hab. (436 712 hab. dans l'agglomération).

SPRINGS, v. d'Afrique du Sud, près de Johannesburg ; 183 417 hab. Mines d'or. Centre industriel.

SPRINGSTEEN (Bruce), *Long Branch, New Jersey, 1949*, chanteur et compositeur américain. Ses albums (*Born to Run*, 1975 ; *The River*, 1980 ; *Born in the USA*, 1984 ; *The Ghost of Tom Joad*, 1995 ; *The Rising*, 2002 ; *High Hopes*, 2014) associent toutes les traditions musicales américaines (folk, country, rock, rhythm and blues).

SQUAW VALLEY, station de sports d'hiver des États-Unis (Californie), dans la sierra Nevada.

S-R ou **Parti social-révolutionnaire,** parti politique russe (1901 - 1922), né du rassemblement de groupes populistes. Après oct. 1917, il se scinda en S-R de gauche, qui soutinrent les bolcheviques, et S-R de droite, qui les combattirent.

SRAFFA (Piero), *Turin 1898 - Cambridge 1983*, économiste italien. Enseignant à Cambridge, il a notamment renouvelé l'étude de la formation des prix et diffusé la pensée de Ricardo.

SREBRENICA, v. de Bosnie-Herzégovine (Bosnie orientale). En juill. 1995, cette enclave à majorité musulmane (en territoire serbe), déclarée zone de sécurité par l'ONU en 1993, fut investie par des unités serbes de Bosnie – commandées par le général Mladić – qui y exécutèrent plus de 7 000 hommes et adolescents musulmans/bosniaques (massacre qualifié de génocide par le TPIY* et par d'autres juridictions internationales).

SRI JAYAWARDENEPURA KOTTE, cap. administrative et législative du Sri Lanka, au S.-E. de Colombo ; 125 515 hab. Ville fondée au XIVᵉ s., elle a accédé au statut de capitale en 1982.

SRI LANKA n.m., jusqu'en 1972 **Ceylan,** État insulaire d'Asie méridionale, au S.-E. de l'Inde ; 66 000 km² ; 21 273 000 hab. (*Sri Lankais, Sri-Lankais* ou *Srilankais*). **CAP.** *Colombo* (cap. commerciale) et *Sri Jayawardenepura Kotte* (cap. administrative et législative). **LANGUES :** *cinghalais* et *tamoul*. **MONNAIE :** *roupie du Sri Lanka*.

GÉOGRAPHIE Formée de plateaux et de collines entourant un massif montagneux central, l'île possède un climat tropical chaud, où la hauteur de pluies varie avec l'exposition à la mousson (l'Ouest est plus humide). L'agriculture, ressource presque exclusive, associe cultures vivrières (riz) et commerciales (caoutchouc et surtout thé). Mais la vie sociale et économique a été désorganisée par la lutte entre majorité cinghalaise, bouddhiste, et minorité tamoule, hindouiste (env. 20 % de la population, concentrés dans le Nord). En déclin pendant ce conflit et affecté par le tsunami meurtrier du 26 déc. 2004, le tourisme est auj. en plein renouveau.

Sri Lanka

- route
- voie ferrée
- aéroport
- 200 500 1000 2000 m
- plus de 500 000 h.
- de 100 000 à 500 000 h.
- de 50 000 à 100 000 h.
- moins de 50 000 h.
- site touristique important

HISTOIRE **IIIe s. av. J.-C. :** le bouddhisme est introduit à Ceylan, à partir de la capitale Anuradhapura. **Fin du Xe s. apr. J.-C. :** la monarchie d'Anuradhapura est renversée par un roi cola. **1070 :** l'île est reconquise par un prince cinghalais. À partir du XIVe s., les Cinghalais refluent vers le sud, tandis que les Tamoul constituent un royaume indépendant au nord, dans la presqu'île de Jaffna (XIVe-XVIe s.). **XVIe s. :** le Portugal occupe la côte tandis que le roi de Kandy domine le centre de Ceylan. **1658 :** les Hollandais évincent les Portugais. **1796 :** la Grande-Bretagne annexe l'île. **1815 :** elle s'empare du royaume de Kandy et développe une économie de plantation (café, thé). **1931 :** l'île de Ceylan est dotée d'un statut d'autonomie interne. **1948 :** elle accède à l'indépendance. **1948 - 1956 :** les conservateurs sont au pouvoir avec D. S. Senanayake (1948 - 1952), puis avec son fils, Dudley Senanayake (1952 - 1953), et J. Kotelawala (1953 - 1956). **1956 - 1965 :** la gauche – dirigée par Solomon Bandaranaike puis, après son assassinat (1959), par sa veuve, Sirimavo Bandaranaike – gouverne le pays. **1965 - 1970 :** D. Senanayake revient au pouvoir. **1970 - 1977 :** S. Bandaranaike lui succède. **À partir de 1974 :** des organisations tamoules militent pour la création d'un État tamoul indépendant. **1977 :** le conservateur J. R. Jayawardene dirige le gouvernement. **1978 :** il est élu président de la République. Ranasinghe Premadasa devient Premier ministre. **À partir de 1983 :** des affrontements opposant Tamoul et Cinghalais menacent l'unité du pays. **1989 :** R. Premadasa devient président de la République. L'intervention des troupes indiennes (1987 - 1990), en accord avec le Sri Lanka, ne parvient pas à résoudre le conflit intérieur lié au séparatisme tamoul (dont les éléments les plus radicaux forment le mouvement des Tigres de libération de l'Eelam tamoul, ou LTTE). **1993 :** R. Premadasa est assassiné. **1994 :** Chandrika [Bandaranaike] Kumaratunga, leader de l'opposition de gauche, est élue à la présidence de la République. Sa mère, S. Bandaranaike, redevient Premier ministre. **1995 :** un accord de cessez-le-feu est conclu entre le gouvernement et les séparatistes tamouls ; ces derniers ayant rompu la trêve, l'armée lance contre eux une vaste offensive (prise de Jaffna en déc.). **1999 :** C. Kumaratunga est réélue à la tête de l'État. **2000 :** S. Bandaranaike démissionne du poste de Premier ministre (août) et meurt peu après (oct.). **2001 :** des négociations sont relancées entre le gouvernement et les rebelles tamouls, avec la médiation de la Norvège (trêve [fragile] signée en févr. 2002). **2005 :** Mahinda Rajapakse (qui était Premier ministre depuis 2004) est élu à la présidence de la République. La confrontation avec les rebelles tamouls reprend un tour très violent. **2008 - 2009 :** la rébellion tamoule est écrasée dans le sang. **2010 :** M. Rajapakse est réélu à la tête de l'État. **2015 :** Maithripala Sirisena lui succède. **2018 :** la compétition à la tête de l'exécutif, favorisée par le rééquilibrage du pouvoir entre le président et le chef du gouvernement (réforme constitutionnelle de 2015), provoque une grave crise politique.

SRINAGAR, v. d'Inde, cap. (avec Jammu) de l'État de Jammu-et-Cachemire, à plus de 1 500 m d'alt. ; 894 940 hab. (1 273 312 hab. dans l'agglomération). Musée. Mosquée Madani du XVe s. ; jardins fondés par les empereurs moghols.

SS (sigle de *SchutzStaffel*, échelon de protection), organisation paramilitaire et policière nazie, créée en 1925 pour assurer la garde personnelle de Hitler. Dirigée par Himmler (1929), cette organisation permit à Hitler de briser Röhm et les SA en 1934. Les SS furent chargés de la sécurité intérieure du Reich puis (1939) du contrôle des territoires occupés. Ils assurèrent également la gestion et la garde des camps de concentration (SS « tête de mort »). Ils constituèrent en outre, à partir de 1940, les *Waffen-SS*, troupes de choc engagées dans toutes les batailles décisives et qui encadrèrent les volontaires étrangers de l'armée allemande.

SSR (Société suisse de radiodiffusion), entreprise nationale suisse de radiotélévision, fondée en 1931. Elle produit et diffuse, par l'intermédiaire de quatre sociétés régionales autonomes de droit privé, des émissions de radio et de télévision dans chacune des langues nationales.

STAAL DE LAUNAY (Marguerite Jeanne **Cordier**, baronne **de**), *Paris 1684 - Gennevilliers 1750*, femme de lettres française, auteure de *Lettres* et de *Mémoires* sur l'époque de la Régence.

STABIES, v. de la Campanie ancienne, voisine de Pompéi, et détruite en 79 apr. J.-C. par l'éruption du Vésuve. Villas romaines (peintures murales). C'est l'actuelle *Castellamare di Stabia*.

STABROEK [stabruk], comm. de Belgique (prov. d'Anvers) ; 18 140 hab.

STACE, en lat. **Publius Papinius Statius,** *Naples v. 40 - id. 96*, poète latin. Il est l'auteur d'épopées *(la Thébaïde, l'Achilléide)* et de poésies de circonstance *(les Silves)*.

STAËL [stal] (Germaine **Necker, baronne de Staël-Holstein,** dite Mme **de**), *Paris 1766 - id. 1817*, femme de lettres française. Fille de Necker, elle épousa le baron de Staël-Holstein, ambassadeur de Suède à Paris. Au début de la Révolution, elle ouvrit son salon à diverses tendances politiques, puis émigra et fit la connaissance de B. Constant en 1794. Suspecte au Directoire, elle dut s'exiler à Coppet lorsque Bonaparte témoigna son hostilité à B. Constant. Elle parcourut alors l'Europe. Elle est l'auteure de romans (*Delphine*, 1802 ; *Corinne ou l'Italie*, 1807) et du livre *De l'Allemagne* (1810), qui ouvrit la voie au romantisme français.

▲ Mme de **Staël**

STAËL (Nicolas **de**), *Saint-Pétersbourg 1914 - Antibes 1955*, peintre français d'origine russe. Plasticien audacieux et coloriste raffiné, il est passé de l'abstraction (1943) à une stylisation très personnelle du monde visible (1951).

STAFFA, une des îles Hébrides, où se trouve la grotte de Fingal (héros du cycle d'Ossian).

STAFFORD, v. de Grande-Bretagne (Angleterre), ch.-l. du *Staffordshire* ; 120 653 hab. Église gothique.

STAHL (Georg Ernst), *Ansbach 1660 - Berlin 1734*, médecin et chimiste allemand. Selon sa théorie, dite « animisme », l'âme pénètre toutes les parties du corps. En chimie, il proposa la théorie du phlogistique, fluide hypothétique expliquant la combustion.

STAINS [stɛ̃] (93240), comm. de la Seine-Saint-Denis ; 39 722 hab. *(Stanois)*.

STAKHANOV → **KADIÏVKA.**

STALINE (Iossif Vissarionovitch **Djougachvili**, dit Joseph), *Gori, Géorgie, 1878 [officiellement 1879] - Moscou 1953*, homme politique soviétique. Ancien élève du séminaire orthodoxe de Tiflis, il milite à partir de 1898 dans la social-démocratie géorgienne, puis prend le parti des bolcheviques. En 1917, il se rallie aux « thèses d'avril » de Lénine et assure avec Sverdlov la direction du parti lorsque Lénine part pour la Finlande. Commissaire du peuple aux Nationalités (1917 - 1922), il met en œuvre une politique de centralisation. Secrétaire général du parti à partir de 1922, il élimine de 1924 à 1929 les autres candidats à la succession de Lénine. S'alliant d'abord avec Kamenev et Zinoviev contre Trotski, il les évince tous les trois en 1927 avant d'éliminer Boukharine et Rykov (1929). En 1929 - 1930, il engage l'URSS dans une politique de collectivisation totale et immédiate des terres, les koulaks étant déportés par millions dans les camps du goulag. Pour développer l'industrie lourde, il recourt au travail forcé et à l'émulation socialiste, imposant sa volonté grâce à un appareil policier très puissant. Il fait procéder à des purges massives lors de procès truqués (« procès de Moscou », 1935 - 1938), liquidant ainsi la majorité des anciens dirigeants du parti, du Komintern et de l'Armée rouge. Malgré la signature du pacte germano-soviétique (août 1939), l'URSS est attaquée par l'Allemagne en juin 1941 et Staline redresse une situation initialement compromise en faisant appel au sentiment patriotique. Il place sous l'influence soviétique les pays européens libérés par son armée, crée le Kominform (1947) et engage contre l'Occident la « guerre froide ». Objet d'un culte, célébré tant en URSS que par les partis communistes des démocraties populaires et des pays occidentaux, Staline, surnommé le « petit père des peuples », fait procéder à de nouvelles purges (« complot des blouses blanches »), avant de mourir en mars 1953.

▲ **Staline.** (Coll. priv.)

Stalingrad (bataille de) [sept. 1942 - févr. 1943], bataille de la Seconde Guerre mondiale. Après de durs combats autour de Stalingrad (auj. Volgograd), les Soviétiques vainquirent la VIe armée allemande (commandée par Paulus), qui capitula le 2 févr. 1943. Cette bataille marqua le tournant décisif de la guerre sur le front russe.

STAMBOLIJSKI (Aleksandăr), *Slavovica 1879 - id. 1923*, homme politique bulgare. Chef de l'Union agrarienne à partir de 1905, il fut Premier ministre en 1919 - 1920 puis en 1920 - 1923. Il fut fusillé lors du coup d'État de 1923.

▲ Nicolas de **Staël**. *Portrait d'Anne*, 1953. (Musée Unterlinden, Colmar.)

STAMFORD, v. des États-Unis (Connecticut) ; 128 278 hab. Port.

STAMITZ (Johann Wenzel) ou **STAMIC** (Jan Václav), *Německý Brod, Bohême, 1717 - Mannheim 1757,* compositeur et violoniste tchèque. Il fit de Mannheim l'un des foyers de l'art symphonique en Europe, à l'origine du style galant.

Stampa (La), quotidien italien de tendance libérale progressiste, créé à Turin en 1894.

Stamp Act (1765), loi britannique qui frappa d'un droit de timbre les actes publics dans les colonies de l'Amérique du Nord. Très impopulaire, le Stamp Act fut à l'origine de la guerre de l'Indépendance.

Standaard (De), quotidien belge de tendance catholique, créé en 1914 à Anvers.

Stanford (université), université américaine fondée en 1885 (ouverte en 1891) à Palo Alto, en Californie.

STANHOPE (James, comte), *Paris 1673 - Londres 1721,* homme politique britannique. L'un des chefs du parti whig, secrétaire d'État (1714 - 1721), il privilégia l'alliance avec la France.

STANISLAS (saint), *Szczepanow, près de Tarnów, 1030 - Cracovie 1079,* martyr polonais. Évêque de Cracovie (1072), il fut tué par le roi Boleslas II, qu'il avait excommunié. Il est le patron de la Pologne.

STANISLAS Ier LESZCZYŃSKI, *Lwów 1677 - Lunéville 1766,* roi de Pologne en titre de 1704 à 1766, en fait de 1704 à 1709 et de 1733 à 1736. Beau-père de Louis XV, il dut abdiquer à l'issue de la guerre de la Succession de Pologne (1733 - 1738) et reçut les duchés de Lorraine et de Bar (1738). Il embellit ses capitales, Nancy et Lunéville.

STANISLAS II AUGUSTE PONIATOWSKI, *Wołczyn 1732 - Saint-Pétersbourg 1798,* dernier roi de Pologne (1764 - 1795). Ancien favori de Catherine II, imposé par la Russie (1764), il dut accepter le premier partage de la Pologne (1772). Il se consacra au relèvement du pays, interrompu par le deuxième partage de la Pologne (1793), puis abdiqua lors du troisième partage (1795).

STANISLAVSKI (Konstantine Sergueïevitch **Alekseïev,** dit), *Moscou 1863 - id. 1938,* acteur et metteur en scène de théâtre russe. Fondateur et animateur du Théâtre d'art de Moscou, pédagogue et théoricien (*Ma vie dans l'art,* 1925), il rénova la pratique théâtrale, la fondant sur la prise de conscience intérieure, par l'acteur, de son personnage.

STANKOVIĆ (Borisav), *Vranje 1875 - Belgrade 1927,* écrivain serbe. Ses récits (*le Sang impur*) peignent la Serbie sous influence turque.

STANLEY (John **Rowlands,** devenu sir Henry Morton), *Denbigh, pays de Galles, 1841 - Londres 1904,* explorateur britannique. Journaliste, il fut envoyé en Afrique à la recherche de Livingstone, qu'il retrouva (1871). Au cours d'un deuxième voyage (1874 - 1877), il traversa l'Afrique équatoriale d'est en ouest, découvrant le cours du Congo. Il se mit, en 1879, au service du roi des Belges, Léopold II, créant l'État indépendant du Congo (1885).

STANLEY (Wendell Meredith), *Ridgeville 1904 - Salamanque, Espagne, 1971,* biochimiste américain. Il a obtenu à l'état cristallisé le virus de la mosaïque du tabac. (Prix Nobel de chimie 1946.)

STANLEY POOL → **MALEBO POOL.**

STANLEYVILLE → **KISANGANI.**

STANOVOÏ (monts), chaîne de montagnes de Russie, en Sibérie orientale ; 2 412 m.

STANS, comm. de Suisse, ch.-l. du canton de Nidwald ; 7 961 hab. Musée.

Stansted, l'un des aéroports de Londres, à une soixantaine de kilomètres au N.-E. de la ville.

STANTON (Elizabeth), née Elizabeth **Cady,** *Johnstown, État de New York, 1815 - New York 1902,* féministe américaine. Elle dirigea avec L. Mott la première convention sur les droits de la femme aux États-Unis (1848), favorable au vote des femmes.

STARA PLANINA n.f., nom bulgare du mont Balkan.

STARA ZAGORA, v. de Bulgarie ; 138 272 hab. Vestiges romains. Musée national.

STARCK (Philippe), *Paris 1949,* désigneur et architecte français. Créateur à la notoriété internationale de meubles et d'objets d'une structure simple, mais inventive, il est attaché à l'expression symbolique des formes comme de l'espace.

STARK (Johannes), *Schickenhof 1874 - Traunstein 1957,* physicien allemand. Il a découvert le dédoublement des raies spectrales sous l'influence d'un champ électrique. Sous le régime nazi, il soutint l'idée d'une « science allemande » contre une « science juive ». (Prix Nobel 1919.)

STAROBINSKI (Jean), *Genève 1920,* critique suisse de langue française. Une formation de médecin et de psychiatre, une attention à l'histoire des idées et une « sympathie » phénoménologique se conjuguent dans une œuvre subtile et brillante (*Jean-Jacques Rousseau, la transparence et l'obstacle,* 1957 ; *l'Invention de la liberté,* 1964 ; *Largesse,* 1994 ; *Action et réaction,* 1999 ; *l'Encre de la mélancolie,* 2012).

START (STrategic Arms Reduction Talks), négociations menées à partir de 1982 entre les États-Unis et l'URSS, puis la Russie, sur la réduction des armes stratégiques. Faisant suite aux accords SALT, un premier traité (START I) est signé en 1991, auquel adhèrent, après la dissolution de l'URSS, la Russie (1992), le Kazakhstan, la Biélorussie et l'Ukraine (1993). D'autres négociations entre les États-Unis et la Russie, engagées en 1992, aboutissent en 1993 au traité START II. Un traité START III est conclu en 1997, mais il ne sera jamais ratifié. Le traité START I étant arrivé à échéance en déc. 2009, un nouveau traité START est signé en avr. 2010 entre les États-Unis et la Russie (ratifié en 2010 - 2011).

Stasi n.f. (abrév. de *Staatssicherheitsdienst,* service de la sûreté intérieure de l'État), police politique de la RDA (1950 - 1989).

STASSFURT, v. d'Allemagne (Saxe-Anhalt) ; 28 054 hab. Mines de potasse et de sel.

STATEN ISLAND, île des États-Unis, au S.-O. de Manhattan ; 468 730 hab. C'est un borough de New York. – Village-musée de Richmondtown.

Station spatiale internationale, station orbitale. (V. partie n. comm. **station.**)

Statue de la Liberté (la) → **Liberté éclairant le monde** (la).

STAUDINGER (Hermann), *Worms 1881 - Fribourg-en-Brisgau 1965,* chimiste allemand. Il a établi le premier l'individualité des macromolécules, relié la masse molaire des polymères à certaines de leurs caractéristiques physiques et montré l'existence de réseaux. (Prix Nobel 1953.)

STAUFFENBERG (Claus **Schenk,** comte **von**), *Jettingen 1907 - Berlin 1944,* officier allemand. Il prépara et exécuta l'attentat du 20 juill. 1944, auquel échappa Hitler. Il fut fusillé.

STAVANGER, v. de Norvège, sur l'Atlantique ; 107 430 hab. Port. Centre industriel. – Cathédrale romane et gothique.

STAVELOT, v. de Belgique (prov. de Liège) ; 7 051 hab. Anc. abbaye (musées) ; châsse de saint Remacle (XIIIe s.) dans l'église paroissiale.

Stavisky (affaire) [1933 - 1934], scandale financier à l'origine duquel se trouvait Alexandre **Stavisky** (*Slobodka, Ukraine, 1886 - Chamonix 1934*), auteur d'une escroquerie au Crédit municipal de Bayonne. La mort suspecte (suicide ou assassinat) de Stavisky fut largement exploitée par la droite et contribua à la chute du ministère Chautemps et aux émeutes du 6 février 1934.

STAVROPOL, v. de Russie ; 398 266 hab. Centre industriel. Gaz naturel et pétrole dans la région.

ST. CATHARINES, v. du Canada (Ontario), au S.-O. de Toronto ; 133 113 hab.

STEELE (sir Richard), *Dublin 1672 - Carmarthen, pays de Galles, 1729,* écrivain et journaliste irlandais. Avec Addison, il fonda *The Tatler* (*le Babillard*), puis *The Spectator.*

STEEMAN (Stanislas André), *Liège 1908 - Menton 1970,* écrivain belge de langue française. Ses romans policiers à énigmes mêlent complexité de l'intrigue et humour (*L'assassin habite au 21, Légitime Défense*).

STEEN (Jan), *Leyde v. 1626 - id. 1679,* peintre néerlandais, observateur fécond de la vie populaire.

STEENVOORDE [stɛ̃vɔrd] (59114), comm. du Nord ; 4 337 hab. Moulins à vent anciens.

STEFAN (Josef), *Sankt Peter, près de Klagenfurt, 1835 - Vienne 1893,* physicien autrichien. Il a donné la loi du rayonnement du corps noir, reliant la puissance rayonnée à la température.

STEFANÓPOULOS (Konstandínos, dit Kostís), *Patras 1926 - Athènes 2016,* homme politique grec. Il fut président de la République de 1995 à 2005.

STEICHEN (Edward), *Luxembourg 1879 - West Redding, Connecticut, 1973,* photographe américain. Son travail direct, sans manipulations (« photographie pure »), et son style rigoureux ont influencé l'expression photographique.

STEIN (Edith), *Breslau 1891 - Auschwitz 1942,* philosophe et religieuse allemande. Disciple de Husserl, elle doit, en 1933, abandonner son enseignement à Münster en raison de ses origines juives. Convertie au catholicisme dès 1922, elle entre au Carmel à Cologne puis à Echt (Pays-Bas), où elle est arrêtée par les nazis et déportée. Elle a été béatifiée en 1987 et canonisée en 1998 sous le nom de sainte Thérèse-Bénédicte de la Croix.

STEIN (Gertrude), *Allegheny, Pennsylvanie, 1874 - Neuilly-sur-Seine 1946,* écrivaine américaine. Établie à Paris et mêlée aux mouvements littéraires et picturaux d'avant-garde, elle a influencé les romanciers de la Génération* perdue (*l'Autobiographie d'Alice B. Toklas,* 1933 ; *l'Autobiographie de tout le monde,* 1938).

STEIN (Karl, baron **vom und zum**), *Nassau 1757 - Kappenberg 1831,* homme politique prussien. Ministre d'État (1804 - 1808), il fit d'importantes réformes libérales, abolissant notamm. le servage. Napoléon obtint son renvoi (1808).

STEIN (Peter), *Berlin 1937,* metteur en scène de théâtre et d'opéra allemand. Intendant de la Schaubühne de Berlin (1970 - 1985), influencé par Brecht, il fait de chaque mise en scène un travail collectif avec les acteurs (*le Prince de Hombourg, l'Orestie, Roberto Zucco, Faust, les Démons*).

STEINBECK (John), *Salinas, Californie, 1902 - New York 1968,* écrivain américain. Ses romans réalistes et critiques peignent les milieux populaires californiens (*Tortilla Flat,* 1935 ; *Des souris et des hommes,* 1937 ; *les Raisins de la colère,* 1939 ; *À l'est d'Éden,* 1952). [Prix Nobel 1962.]

◀ John **Steinbeck**

STEINBERG (Saul), *Rîmnicu Sărat, Munténie, 1914 - New York 1999,* dessinateur américain d'origine roumaine. Il a renouvelé l'humour et la satire par son exceptionnelle invention plastique.

STEINER (George), *Paris 1929,* penseur français et américain. Spécialiste de littérature comparée, il est aussi au cœur du mouvement des idées contemporain. Sa réflexion porte, pour l'essentiel, sur le statut de la culture après Auschwitz et sur l'analyse de l'acte de penser (*Dans le château de Barbe-Bleue,* 1971 ; *Réelles Présences. Les arts du sens,* 1989 ; *Errata* [autobiographie intellectuelle], 1997 ; *Poésie de la pensée,* 2011).

STEINER (Rudolf), *Kraljević, Croatie, 1861 - Dornach, près de Bâle, 1925,* philosophe et pédagogue autrichien. Il est l'auteur d'un système, l'*anthroposophie,* et d'une pédagogie qui supprime le cloisonnement entre les matières enseignées.

STEINERT (Otto), *Sarrebruck 1915 - Essen 1978,* photographe allemand. Ses théories sur la photographie subjective (objectivité illusoire, irréalité partout présente et perceptible) sont à l'origine du renouveau de la photographie abstraite.

STEINKERQUE, auj. **Steenkerque,** anc. comm. de Belgique, auj. rattachée à Braine-le-Comte. Lors de la guerre de la ligue d'Augsbourg, le maréchal de Luxembourg y vainquit Guillaume III le 3 août 1692.

STEINLEN (Théophile Alexandre), *Lausanne 1859 - Paris 1923,* dessinateur, graveur et peintre français d'origine suisse. Installé à Paris en 1881, il a représenté, dans un esprit libertaire, le peuple de Montmartre et la vie ouvrière.

STEINMEIER (Frank-Walter), *Detmold, Rhénanie-du-Nord-Westphalie, 1956,* homme politique allemand. Ministre des Affaires étrangères (2005 - 2009 et 2013 - 2017), vice-chancelier (2007 - 2009), il est président de la République depuis 2017.

Steinway, manufacture américaine de pianos, fondée à New York en 1853 par le facteur allemand Heinrich Engelhard **Steinweg** *(Wolfshagen 1797 - New York 1871)*.

STEKENE, comm. de Belgique (Flandre-Orientale) ; 17 575 hab.

STELLA (Frank), *Malden, Massachusetts, 1936*, peintre et sculpteur américain. Parti d'un strict minimalisme, puis travaillant les formes et les bandes de couleur de ses « toiles découpées » *(shaped canvases)* des années 1960, il est parvenu au baroque débridé des reliefs métalliques polychromes entrepris à la fin des années 1970.

STELVIO (col du), col routier des Alpes italiennes, entre Milan et Innsbruck ; 2 757 m. Parc national.

STENDHAL (Henri **Beyle,** dit), *Grenoble 1783 - Paris 1842*, écrivain français. Officier de dragons, puis intendant militaire pendant les guerres de la Révolution et de l'Empire, il découvre l'Italie, qui marque profondément sa sensibilité. À la chute de l'Empire, il va vivre à Milan et écrit des opuscules sur la musique et la peinture ainsi qu'un récit de voyage, *Rome, Naples et Florence* (1817-1826), qu'il signe du nom de « Stendhal ». Il publie ensuite *De l'amour* (1822) et un essai sur le romantisme, où il défend la tragédie en prose et prône l'abandon des règles classiques (*Racine et Shakespeare*, 1823-1825). Méconnu, il fait paraître *Armance* (1827), *le Rouge et le Noir* (1830), puis il retourne en Italie comme consul à Civitavecchia, persuadé que son œuvre ne peut être immédiatement comprise. Pendant un congé à Paris, il publie *les Mémoires d'un touriste* (1838), *la Chartreuse de Parme* (1839) et les *Chroniques italiennes* (id.). Son œuvre posthume l'a définitivement consacré (*Lamiel*, 1889 ; *Vie de Henry Brulard*, 1890 ; *Lucien Leuwen*, 1894). Son style nerveux anime dans une action rapide des héros lyriques (Julien Sorel*) qui dissimulent une grande sensibilité sous un apparent cynisme.

▲ **Stendhal** par O. J. Södermark. (Château de Versailles.)

STÉNON (Nicolas), en dan. **Niels Steensen,** *Copenhague 1638 - Schwerin 1686*, naturaliste danois. Il découvrit le canal excréteur de la glande parotide. Il a posé les bases de la stratigraphie, en observant les fossiles, et a fondé la tectonique.

STENTOR MYTH. GR. Héros de la guerre de Troie, célèbre pour la force de sa voix.

STEPHENSON (George), *Wylam, près de Newcastle, 1781 - Tapton House, Chesterfield, 1848*, ingénieur britannique. Il créa la traction à vapeur sur voie ferrée (locomotive Rocket, 1829). Son œuvre capitale fut l'établissement du chemin de fer de Liverpool à Manchester (1826 - 1830).

STERKFONTEIN, site paléontologique d'Afrique du Sud. Un squelette quasi complet d'australopithèque (probablement *Australopithecus prometheus*), baptisé « Little Foot » et vieux d'au moins 3 millions d'années, y a été mis au jour par l'équipe de Ronald J. Clark.

STERLITAMAK, v. de Russie, au S. d'Oufa ; 273 432 hab. Centre industriel.

STERN (Isaac), *Kremenets, région de Ternopil, 1920 - New York 2001*, violoniste américain d'origine ukrainienne. Éminent interprète de musique de chambre, il fonda en 1960, avec le pianiste Eugene Istomin *(1925 - 2003)* et le violoncelliste Leonard Rose *(1918 - 1984)*, un trio pour défendre le répertoire romantique.

STERN (Jacques), *Paris 1949*, mathématicien et informaticien français. Après des travaux portant sur la logique et la théorie des ensembles, il est devenu un spécialiste de la cryptologie et de ses applications. De 2007 à 2010, il a présidé l'Agence nationale de la recherche (créée en 2005).

STERN (Otto), *Sohrau, auj. Żory, 1888 - Berkeley 1969*, physicien américain d'origine allemande. Il a découvert, avec W. Gerlach, les propriétés magnétiques des atomes et vérifié le concept, introduit par de Broglie, d'onde associée à une particule. (Prix Nobel 1943.)

STERNBACH (Leo), *Abbazia, auj. Opatija, Croatie, 1908 - Chapell Hill, Caroline du Nord, 2005*, chimiste américain. Il découvrit le premier anxiolytique spécifique, une benzodiazépine, le Librium.

STERNBERG (Josef von), *Vienne 1894 - Los Angeles 1969*, cinéaste américain d'origine autrichienne. Peintre des passions violentes et des atmosphères troubles, magicien de l'image et de la lumière, il a fait de Marlene Dietrich l'archétype de la femme fatale : *l'Ange bleu* (1930), *Shanghai Express* (1932), *l'Impératrice rouge* (1934).

STERNE (Laurence), *Clonmel, Irlande, 1713 - Londres 1768*, écrivain britannique. Il est l'auteur de *la Vie et les opinions de Tristram Shandy* (1759-1767), roman inventif et ouvert aux digressions (qui a notamm. influencé Diderot), ainsi que d'impressions de voyage pleines d'humour et de fantaisie (*le Voyage sentimental*, 1768).

STÉSICHORE, *v. 640 - v. 550 av. J.-C.*, poète lyrique grec. Il contribua à l'essor du lyrisme choral en créant la triade : strophe, antistrophe, épode.

STÉTIÉ (Salah), *Beyrouth 1929*, poète libanais d'expression française. Il est l'auteur d'une œuvre dense, à la forme à la fois sensuelle et épurée (*l'Eau froide gardée*, 1973 ; *Inversion de l'arbre et du silence*, 1980 ; *l'Être poupée*, 1983 ; *l'Autre Côté brûlé du très pur*, 1992). Il contribue aussi, par l'essai et la traduction, à faire connaître la culture arabo-musulmane.

STETTIN → **SZCZECIN.**

STEVENAGE, v. de Grande-Bretagne (Angleterre), au N. de Londres ; 81 482 hab.

STEVENS (Alfred), *Bruxelles 1823 - Paris 1906*, peintre belge, portraitiste de la femme du monde.

STEVENS (John), *New York 1749 - Hoboken, New Jersey, 1838*, industriel américain. Il créa la première législation fédérale sur les brevets (1790) et contribua à l'essor de la navigation à vapeur et du transport ferroviaire aux États-Unis.

STEVENS (Siaka Probyn), *Moyamba 1905 - Freetown 1988*, homme politique de la Sierra Leone. Il fut Premier ministre (1968 - 1971) puis président de la République (1971 - 1985).

STEVENS (Stanley Smith), *Ogden 1906 - Vail, Colorado, 1973*, psychologue américain. Il a prôné la mesure directe des sensations en psychophysique et proposé une analyse des différentes sortes d'échelles utilisables en psychologie.

STEVENS (Wallace), *Reading, Pennsylvanie, 1879 - Hartford 1955*, poète américain. Son œuvre est orientée vers la connaissance sensuelle du monde (*Harmonium, les Aurores de l'automne*).

STEVENSON (Robert Louis **Balfour**), *Édimbourg, Écosse, 1850 - Vailima, îles Samoa, 1894*, écrivain britannique. Auteur à succès de romans d'aventures (*l'Île au trésor*, 1883) et de récits fantastiques (*Docteur* Jekyll et Mister Hyde*), il est aussi apprécié pour la profondeur trouble de son œuvre et la modernité de ses réflexions sur le roman.

◀ **Stevenson** par W. B. Richmond. (National Portrait Gallery, Londres.)

STEVIN (Simon), dit **Simon de Bruges,** *Bruges 1548 - Leyde ou La Haye 1620*, mathématicien et physicien flamand. Il reconnut les irrationnels comme nombres à part entière et introduisit les fractions décimales en Europe (1585). Il étudia l'hydrostatique et l'équilibre d'un corps sur un plan incliné, ce qui le conduisit à démontrer l'impossibilité du mouvement perpétuel (1586).

STEWART → **STUART.**

STEWART (Jackie), *Milton, Écosse, 1939*, coureur automobile britannique. Il a été champion du monde des conducteurs en 1969, 1971 et 1973.

STEWART (James), *Indiana, Pennsylvanie, 1908 - Beverly Hills 1997*, acteur américain. Pour les plus grands réalisateurs, il a su incarner l'innocence, la ténacité et le courage pudique (*Monsieur Smith au Sénat*, F. Capra, 1939 ; *Rendez-vous*, E. Lubitsch, 1940 ; *l'Appât*, A. Mann, 1953 ; *Sueurs froides*, A. Hitchcock, 1958 ; *l'Homme qui tua Liberty Valance*, J. Ford, 1962).

STEYR, v. d'Autriche, au confluent de la *Steyr* et de l'Enns ; 38 205 hab. Métallurgie. – Ensemble de maisons et de monuments anciens.

STIBITZ (George Robert), *York, Pennsylvanie, 1904 - Hanover, New Jersey, 1995*, ingénieur américain. Il conçut le premier circuit électronique binaire (1937), puis réalisa (1939 - 1945) des calculateurs électromécaniques de plus en plus perfectionnés. Ses travaux favorisèrent la mise au point du premier ordinateur électronique.

STIEGLITZ (Alfred), *Hoboken 1864 - New York 1946*, photographe américain. Son œuvre dépouillée est exemplaire de la « photographie pure », non manipulée, dont il fut un défenseur.

STIERNHIELM (Georg), *Vika 1598 - Stockholm 1672*, poète suédois, considéré comme le « Père de la poésie suédoise ».

STIFTER (Adalbert), *Oberplan, auj. Horní Planá, Bohême, 1805 - Linz 1868*, écrivain autrichien. Ses romans offrent une transposition poétique de la réalité quotidienne et de la beauté des paysages naturels (*le Château des fous*, 1842 ; *l'Été de la Saint-Martin* [ou *l'Arrière-saison*], 1857).

STIGLER (George Joseph), *Renton, État de Washington, 1911 - Chicago 1991*, économiste américain. Défenseur de la libre concurrence, il a approfondi les théories de la production et des coûts, des oligopoles, de l'information et des structures industrielles. (Prix Nobel 1982.)

STIGLITZ (Joseph Eugene), *Gary, Indiana, 1943*, économiste américain. Conseiller du président Clinton (1993 - 1997), vice-président de la Banque mondiale (1997 - 2000), il est favorable à l'intervention raisonnée de l'État dans l'économie. En 2008 - 2009, il a présidé en France une Commission sur la mesure des performances économiques et du progrès social. (Prix Nobel 2001, avec G. A. Akerlof et A. M. Spence.)

Stijl (De), revue et groupe artistiques néerlandais. *De Stijl* est fondé en 1917 par Mondrian et par un autre peintre, Theo Van Doesburg *(1883 - 1931)*, sur les bases théoriques d'une abstraction strictement construite, dite *néoplasticisme*. Il se désagrégea à la mort de Van Doesburg. Y participèrent, entre autres, les architectes Jacobus Johannes Pieter Oud *(1890 - 1963)* et Gerrit Thomas Rietveld *(1888 - 1964)*, le peintre et sculpteur belge Georges Vantongerloo *(1886 - 1965)*.

STILICON, en lat. **Flavius Stilicho,** *v. 360 - Ravenne 408*, général romain d'origine vandale. Maître de la milice, beau-père et régent d'Honorius, il défendit avec succès l'Italie contre les Barbares. Les troupes romaines, révoltées contre lui, obtinrent sa tête de l'empereur.

STILLER (Mosche, dit Mauritz), *Helsinki 1883 - Stockholm 1928*, cinéaste suédois. Il fut, avec Sjöström, l'un des maîtres de l'école suédoise, à l'époque du cinéma muet : *le Trésor d'Arne* (1919), *le Vieux Manoir* (1923), *la Légende de Gösta Berlin* (1924), qui révéla Greta Garbo.

STILWELL (Joseph), *Palatka, Floride, 1883 - San Francisco 1946*, général américain. Chef d'état-major de Jiang Jieshi (Tchang Kaï-chek) de 1941 à 1945, il fut en même temps adjoint de Mountbatten au commandement allié en Inde-Chine-Birmanie.

STIRING-WENDEL (57350), bur. centr. de cant. de la Moselle ; 12 389 hab. *(Stiringeois)*. Anc. centre houiller.

STIRLING, v. de Grande-Bretagne (Écosse) ; 32 673 hab. Université. – Château royal des XIIe-XVIe s., monuments et demeures anciennes.

STIRLING (sir James), *Glasgow 1926 - Londres 1992*, architecte et théoricien britannique. L'utilisation de matériaux industriels et un mélange d'imagination et de rigueur brutale caractérisent les travaux de sa maturité (dont l'école d'ingénieurs de l'université de Leicester, 1959-1964, avec J. Gowan). Il prend ensuite une orientation historiciste (Nouvelle Galerie d'État de Stuttgart, 1981-1984). [Prix Pritzker 1981.]

STIRNER (Max), *Bayreuth 1806 - Berlin 1856*, philosophe allemand. Il défendit un individualisme libertaire (*l'Unique et sa propriété*, 1845), qui lui attira la critique de Marx. Il est l'un des penseurs de référence de l'anarchisme.

ST. JOHN'S, v. du Canada, cap. de la prov. de Terre-Neuve-et-Labrador ; 108 860 hab. Archevêché.

STO (Service du travail obligatoire), service institué en France par une loi du gouvernement Laval (16 févr. 1943) pour fournir de la main-d'œuvre à l'effort de guerre allemand. Malgré les nombreux réfractaires qui gagnèrent le maquis, 875 000 Français furent envoyés en Allemagne.

STOCKHAUSEN (Karlheinz), *Mödrath, près de Cologne, 1928 - Kürten, Rhénanie-du-Nord-Westphalie, 2007,* compositeur allemand. Il débute au Studio de musique électronique de Cologne (*Klavierstücke*) et, le premier, utilise simultanément la bande magnétique et les instruments traditionnels. Avec *Gruppen,* pour 3 orchestres (1958), il s'oriente vers la musique aléatoire. *Stimmung* (1968) reflète une période méditative, influencée par les musiques de l'Inde. *Inori* (1974) fait appel à la danse. Après l'achèvement de *Sirius,* en 1977, il se consacre à de grands cycles : *Licht* (1977-2003), vaste opéra dont l'exécution est répartie sur les sept soirées d'une semaine, puis *Klang* (à partir de 2005).

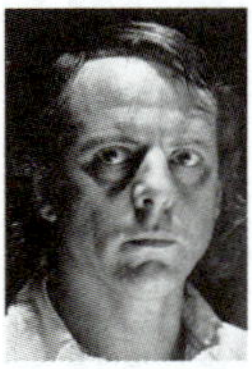

▲ Karlheinz **Stockhausen** en 1973.

STOCKHOLM, cap. de la Suède ; 795 163 hab. (*Stockholmois*) [1 464 000 hab. dans l'agglomération]. La ville s'étend sur des îles et des presqu'îles du lac Mälaren et de la Baltique. Centre administratif, commercial, culturel et industriel. – Église des Chevaliers (XIIIe s.) ; édifices civils élevés à partir du XVIIe s., dont le château royal (par N. Tessin le Jeune), et, aux environs, celui de Drottningholm. Musées consacrés aux antiquités nationales, au folklore (musée en plein air de Skansen), aux arts suédois et européens (Musée national), à l'art moderne, au sculpteur Carl Milles, etc. – Fondée vers 1250, Stockholm affirma son rôle politique à partir de 1523, avec l'affranchissement du royaume par Gustave Ier Vasa.

▲ **Stockholm.** Un quartier sur le lac Mälaren.

STOCKPORT, v. de Grande-Bretagne (Angleterre), sur la Mersey ; 136 082 hab.

STOCKTON, v. des États-Unis (Californie), sur le San Joaquin ; 302 389 hab. (685 306 hab. dans l'agglomération).

STOCKTON-ON-TEES, v. de Grande-Bretagne (Angleterre), sur la *Tees* ; 80 060 hab. Port.

STODOLA (Aurel), *Liptovský Mikuláš 1859 - Zurich 1942,* ingénieur suisse d'origine slovaque. Il développa les turbines à vapeur et à gaz.

STOETZEL (Jean), *Saint-Dié 1910 - Paris 1987,* psychosociologue français. Il a introduit les sondages en France en créant en 1938 l'Institut français d'opinion publique (IFOP) et contribué à l'étude scientifique de l'opinion.

STOFFLET (Jean), *Bathelémont 1753 - Angers 1796,* chef vendéen. Garde-chasse, il participa avec J. Cathelineau à la prise de Cholet (1793) et commanda en Anjou. Capturé, il fut exécuté.

▲ Vue du site de **Stonehenge.**

STOKE-ON-TRENT, v. de Grande-Bretagne (Angleterre), près de Manchester ; 249 008 hab. Céramiques ; musées.

STOKER (Abraham, dit Bram) → **Dracula.**

STOKES (sir George), *Skreen 1819 - Cambridge 1903,* physicien irlandais. Outre ses travaux d'hydrodynamique, il a aussi étudié la fluorescence et les rayons X, montrant que ceux-ci sont de même nature que la lumière (1896).

STOKOWSKI (Leopold), *Londres 1882 - Nether Wallop, Hampshire, 1977,* chef d'orchestre britannique naturalisé américain. De 1912 à 1938, il a dirigé le Philadelphia Orchestra, avec lequel il révéla Stravinsky.

STOLTENBERG (Jens), *Oslo 1959,* homme politique norvégien. Président du Parti travailliste (2002 - 2014), il a été à deux reprises Premier ministre (2000 - 2001 et 2005 - 2013). Il est, depuis 2014, secrétaire général de l'OTAN.

STOLYPINE (Piotr Arkadievitch), *Dresde 1862 - Kiev 1911,* homme politique russe. Président du Conseil (1906), il réprima durement l'opposition, fit dissoudre la deuxième douma (1907) et favorisa le démantèlement de la commune rurale *(mir)* afin de lutter contre le paupérisme paysan. Il fut assassiné par un révolutionnaire.

STONE (sir John Richard Nicholas), *Londres 1913 - Cambridge 1991,* économiste britannique. Ses travaux sur la technique du calcul du revenu national sont à l'origine des systèmes de comptabilité nationale. (Prix Nobel 1984.)

STONEHENGE, site de Grande-Bretagne (Wiltshire). Cet ensemble mégalithique, composé de monolithes disposés sur une aire circulaire, a subi de nombreux réaménagements successifs entre le néolithique final (v. 2400 av. J.-C.) et le début de l'âge du bronze. Il est interprété comme un sanctuaire du culte solaire.

STONEY (George Johnstone), *Oakley Park, King's County, 1826 - Londres 1911,* physicien irlandais. Il émit l'hypothèse (1874) selon laquelle l'électricité est due à des corpuscules élémentaires, qu'il appela « électrons » (1891).

STOPH (Willi), *Berlin 1914 - id. 1999,* homme politique allemand. Il fut chef du gouvernement de la RDA de 1964 à 1973, puis de 1976 à 1989, et président du Conseil d'État de 1973 à 1976.

STOPPARD (Tomáš **Straussler,** auj. sir Tom), *Zlín 1937,* auteur dramatique britannique d'origine tchèque. Ses pièces (*Rosencrantz et Guildenstern sont morts,* 1966 ; *Parodies,* 1974 ; *Arcadia,* 1993) et ses scénarios (*Shakespeare in Love*) manient avec humour et virtuosité les références littéraires, historiques et politiques.

STORA (Benjamin), *Constantine 1950,* historien français. Son œuvre est consacrée à la mémoire de la guerre d'Algérie (*la Gangrène et l'oubli,* 1991), à l'immigration maghrébine en France (*Ils venaient d'Algérie,* 1992) et à l'Algérie contemporaine (*Messali Hadj,* 1987 ; *Algérie, la guerre invisible,* 2000). Il est aussi l'auteur de plusieurs documentaires sur ces sujets (*les Années algériennes,* 1991). Dans *les Clés retrouvées* (2015), il livre un récit intime de son enfance à Constantine. Depuis 2014, il préside le conseil d'orientation du palais de la Porte Dorée (musée de l'Histoire de l'immigration et Aquarium).

STORM (Theodor), *Husum 1817 - Hademarschen 1888,* écrivain allemand. Ses poèmes et ses nouvelles (*l'Homme au cheval blanc*) célèbrent le Schleswig et analysent la difficulté d'être.

STOSS (Veit), en polon. **Wit Stwosz,** *v. 1448 - Nuremberg 1533,* sculpteur sans doute d'origine souabe. Son chef-d'œuvre, gothique, est l'immense retable en bois polychrome de Notre-Dame de Cracovie (1477-1486, *Dormition de la Vierge* au centre).

STRABON, *Amasya v. 58 av. J.-C. - entre 21 et 25 apr. J.-C.,* géographe grec. Sa *Géographie* est une présentation du monde antique au début de l'Empire romain.

STRACHEY (Lytton), *Londres 1880 - près de Hungerford, Berkshire, 1932,* écrivain britannique. Il est l'auteur de biographies vivantes, raffinées et irrévérencieuses (*Victoriens éminents,* 1918).

STRADELLA (Alessandro), *Rome 1644 - Gênes 1682,* compositeur italien. Musicien novateur, il a abordé tous les genres du XVIIe s., dont le concerto grosso, l'opéra, la cantate, la symphonie, l'oratorio (*San Giovanni Battista,* 1675).

STRADIVARI (Antonio), dit **Stradivarius,** *Crémone ? 1644 - Crémone 1737,* luthier italien. Ses plus beaux violons sont sortis de son atelier de Crémone entre 1700 et 1725.

STRAFFORD (Thomas **Wentworth,** comte de), *Londres 1593 - id. 1641,* homme d'État anglais. Lord-député d'Irlande (1632 - 1639), il pratiqua une politique arbitraire et brutale. Devenu, avec Laud, le conseiller de Charles Ier, il fut mis en accusation par le Parlement, puis exécuté.

STRAITS SETTLEMENTS → **DÉTROITS** (établissement des).

STRALSUND, v. d'Allemagne (Mecklembourg-Poméranie-Occidentale), sur la Baltique ; 56 729 hab. Port. – Églises et hôtel de ville gothiques imposants ; Musée océanographique.

STRAND (Paul), *New York 1890 - Orgeval, France, 1976,* photographe et cinéaste américain. Un langage réaliste puissant et hiératique marque son œuvre. Il a réalisé, avec F. Zinnemann et E. Gómez Muriel, le film *les Révoltés d'Alvarado* (1935).

▲ Paul **Strand.** *Photographie,* 1917.
(Musée d'Orsay, Paris.)

STRASBOURG, ch.-l. de la Région Grand-Est et du dép. du Bas-Rhin, sur l'Ill et le Rhin, à 457 km à l'E. de Paris ; 281 512 hab. (*Strasbourgeois*). Centre d'une métropole regroupant 33 communes (477 655 hab.). Siège du Conseil de l'Europe et du Parlement européen. Académie et université. Archevêché. Port fluvial sur le Rhin et centre industriel (métallurgie surtout, industrie du bois et du papier). – Festival international des musiques d'aujourd'hui (« Musica »). – Cathédrale reconstruite du XIIe au XVe s. (flèche haute de 142 m ; sculptures du XIIIe s., vitraux des XIIe-XIVe s.) ; musée de l'Œuvre. Autres monuments et maisons anciennes ; palais Rohan (XVIIIe s.), abritant le Musée archéologique, les musées des Beaux-Arts et des Arts décoratifs ; Musées alsacien, historique, d'Art moderne et contemporain, Tomi-Ungerer. – Intégrée à la Lotharingie (843), allemande en 870, Strasbourg fut dominée par ses évêques jusqu'en 1201, date à laquelle elle devint ville libre d'Empire. Foyer intense d'humanisme et de réforme religieuse (Calvin) aux XVe et XVIe s., siège d'une université (1621), la ville fut annexée par

▲ **Strasbourg.** Un pont sur l'Ill, dans le quartier de la Petite France.

Louis XIV en 1681. Prise par les Allemands en 1870, capitale du Reichsland d'Alsace-Lorraine à partir de 1871, elle revint à la France en 1918. Annexée par les Allemands pendant la Seconde Guerre mondiale, elle fut libérée par Leclerc en 1944.

Strasbourg (serments de) [842], serments prononcés par Louis le Germanique et Charles le Chauve, ligués contre Lothaire, pour confirmer leur alliance. C'est le plus ancien témoignage des langues française et allemande (texte conservé par l'historiographe Nithard).

STRATFORD-UPON-AVON, v. de Grande-Bretagne (Angleterre), au S.-E. de Birmingham ; 111 474 hab. Shakespeare Memorial Theatre. Vieilles maisons, dont celle où naquit le dramaturge (musée).

STRATON de Lampsaque, *m. v. 268 av. J.-C.*, philosophe grec. Élève et continuateur d'Aristote, il dirigea le Lycée, qu'il orienta vers les recherches physiques (raison pour laquelle il fut surnommé *le Physicien*).

STRATONICE, *m. en 254 av. J.-C.*, fille de Démétrios Poliorcète et épouse de Séleucos Ier Nikatôr. Ce dernier lui permit d'épouser son fils Antiochos Ier Sôtêr, à qui elle avait inspiré une vive passion.

STRAUSS (Botho), *Naumburg 1944*, écrivain allemand. Son œuvre théâtrale (*Trilogie du revoir, Grand et Petit, le Parc, le Temps et la Chambre*) et narrative (*le Jeune Homme*) met en scène, sous une forme fragmentaire, la tragédie de la solitude et de l'incommunicabilité modernes.

STRAUSS (David Friedrich), *Ludwigsburg 1808 - id. 1874*, théologien et exégète allemand. Il publia une *Vie de Jésus* (1835) où il soutient que les Évangiles sont des prédications, les éléments narratifs n'ayant qu'un rôle symbolique ou mythique. En dépit du scandale qu'elle causa, cette œuvre ouvrit à l'exégèse des voies nouvelles.

STRAUSS (Johann II), *Vienne 1825 - id. 1899*, compositeur autrichien. Fils de Johann **Strauss** (*1804 - 1849*), qui était directeur des bals de la Cour, il est l'auteur de valses célèbres (*le Beau Danube bleu*, 1867 ; *Sang viennois*, 1873) et d'opérettes (*la Chauve-Souris*, 1874).

STRAUSS (Leo), *Kirchhain, Allemagne, 1899 - Annapolis, Maryland, 1973*, philosophe américain d'origine allemande. Il a opposé la pensée politique de l'Antiquité à la pensée politique moderne, condamnée à faire le jeu des tyrannies par sa soumission à l'individualisme, à l'historicisme et au positivisme (*Droit naturel et Histoire*, 1950 ; *la Cité et l'Homme*, 1964).

STRAUSS (Richard), *Munich 1864 - Garmisch-Partenkirchen 1949*, compositeur et chef d'orchestre allemand. Il sut faire la synthèse de la tradition romantique et de l'idéal classique. Dans ses opéras, il prolongea et adapta la tradition wagnérienne sur des textes de O. Wilde (*Salomé*, 1905) et, surtout, de Hugo von Hofmannsthal (*Elektra*, 1909 ; *le Chevalier à la rose*, 1911 ; *Ariane à Naxos*, 1912). Il composa également des poèmes symphoniques à l'orchestration colorée (*Don Juan*, 1889 ; *Mort et Transfiguration*, 1890 ; *Till Eulenspiegel*, 1895), une magistrale étude pour 23 instruments, *Metamorphosen* (1945), et des lieder.

◀ Richard **Strauss** par Max Liebermann, 1918. (Galerie nationale de Berlin.)

STRAVINSKY ou **STRAVINSKI** (Igor), *Oranienbaum, près de Saint-Pétersbourg, 1882 - New York 1971*, compositeur russe naturalisé français, puis américain. Il fut un créateur original dans les domaines du rythme et de l'orchestration. Sa musique est surtout destinée à la danse : *l'Oiseau de feu* (1910), *Petrouchka* (1911), *le Sacre du printemps* (1913), *Renard* (1916), *l'Histoire du soldat* (1918), *Noces* (1923). Il composa également la *Symphonie de psaumes*, l'opéra *The Rake's Progress* (1951), des sonates, des concertos, abordant différentes esthétiques, du néoclassicisme au dodécaphonisme.

▲ Igor **Stravinsky** par J.-É. Blanche. (Musée des Beaux-Arts, Rouen.)

STRAWSON (sir Peter Frederick), *Londres 1919 - Oxford 2006*, philosophe britannique. Partant d'une critique de Russell et de la logique formelle, il s'est attaché à décrire les schèmes conceptuels saisis au niveau du parler ordinaire (*les Individus*, 1959 ; *Études de logique et de linguistique*, 1971).

STREEP (Mary Louise, dite Meryl), *Summit, New Jersey, 1949*, actrice américaine. Elle incarne avec une égale vérité des personnages d'Américaine moyenne ou de femme hors du commun : *Kramer contre Kramer* (R. Benton, 1979), *la Maîtresse du lieutenant français* (K. Reisz, 1981), *le Choix de Sophie* (A. J. Pakula, 1982), *Out of Africa* (S. Pollack, 1985), *Sur la route de Madison* (C. Eastwood, 1995), *Le diable s'habille en Prada* (D. Frankel, 2006), *la Dame de fer* (P. Lloyd, 2011), *Pentagon Papers* (S. Spielberg, 2017).

STREHLER (Giorgio), *Barcola, près de Trieste, 1921 - Lugano 1997*, acteur et metteur en scène de théâtre et d'opéra italien. Cofondateur avec Paolo Grassi (1947) et directeur du Piccolo Teatro de Milan jusqu'en 1996, directeur du Théâtre de l'Europe (à l'Odéon) de 1983 à 1990, il s'est attaché, à travers notamm. Brecht, Goldoni, Shakespeare, à renouveler le spectacle théâtral.

STREISAND (Barbara Joan, dite Barbra), *New York 1942*, chanteuse et actrice américaine. Capable de s'adapter à tous les styles, elle a renouvelé la comédie musicale dès les films *Funny Girl* (1968) et *Hello Dolly !* (1969).

STRESA, v. d'Italie (Piémont), sur le lac Majeur ; 4 851 hab. Centre touristique. — conférence de **Stresa,** conférence entre la France, la Grande-Bretagne et l'Italie, qui visait à faire face au réarmement allemand (11 - 14 avr. 1935). Elle resta sans lendemain, à la suite du refus par la France et par la Grande-Bretagne de reconnaître la conquête de l'Éthiopie par l'Italie.

STRESEMANN (Gustav), *Berlin 1878 - id. 1929*, homme politique allemand. Ministre des Affaires étrangères (1923 - 1929), il fit accepter à Poincaré le plan Dawes (1924) et l'évacuation de la Ruhr (1925). Après les accords de Locarno (1925), il obtint l'admission de l'Allemagne à la SDN. En 1928, il signa le pacte Briand-Kellogg. (Prix Nobel de la paix 1926.)

STRINDBERG (August), *Stockholm 1849 - id. 1912*, écrivain suédois. Après une enfance difficile, qu'il décrit dans *le Fils de la servante*, il publie le premier roman naturaliste suédois (*la Chambre rouge*, 1879). Une vie amoureuse et conjugale mouvementée accentue son déséquilibre nerveux et nourrit ses nouvelles, ses récits autobiographiques (*Inferno*), son théâtre (*Père*, 1887 ; *Mademoiselle Julie*, 1888). Auteur de pièces historiques (*Eric XIV, Christine*) et naturalistes (*la Danse de mort*, 1901), introducteur du symbolisme en Suède (*le Songe*), Strindberg évolue vers le mysticisme et crée le Théâtre-Intime, où il fait jouer les « Kammarspel » (*la Sonate des spectres, le Pélican*). Son œuvre a fortement influencé l'expressionnisme allemand.

◀ August **Strindberg.** (Musée August-Strindberg, Stockholm.)

STROESSNER (Alfredo), *Encarnación 1912 - Brasilia 2006*, général et homme politique paraguayen. Commandant en chef des forces armées (1951), il prit le pouvoir en 1954 et se maintint autoritairement à la tête de l'État jusqu'à son renversement en 1989.

STROHEIM (Erich Oswald **Stroheim,** dit Erich **von**), *Vienne 1885 - Maurepas, France, 1957*, cinéaste et acteur américain d'origine autrichienne. Le faste et les audaces de ses films (*Folies de femmes*, 1922 ; *les Rapaces*, 1925 ; *la Veuve joyeuse*, id ; *la Symphonie nuptiale*, 1928 ; *Queen Kelly*, id.), leur réalisme implacable éloignèrent de lui l'industrie hollywoodienne. Stroheim se consacra ensuite à sa carrière d'acteur (*la Grande Illusion*, J. Renoir, 1937 ; *les Disparus de Saint-Agil*, Christian-Jaque, 1938 ; *Boulevard du crépuscule*, B. Wilder, 1950).

▲ Erich von **Stroheim** dans *la Grande Illusion* de Jean Renoir (1937).

STROMBOLI, une des îles Éoliennes (Italie), formée par un volcan actif (alt. 926 m).

ŠTROSMAJER ou **STROSSMAYER** (Josip Juraj), *Osijek 1815 - Djakovo 1905*, prélat croate. Évêque de Djakovo (1849), fondateur de l'université de Zagreb (1874), il milita pour la réunion des Slaves du Sud dans un État.

STROZZI, famille florentine rivale des Médicis (XVe-XVIe s.) et qui, comme eux, bâtit sa fortune sur la banque. — **Filippo S.,** dit **il Vecchio,** *Florence 1428 - id. 1491*, commanditaire du *palais Strozzi* à Florence. — **Filippo S.,** *Florence 1489 - id. 1538*, homme politique florentin. Fils de Filippo il Vecchio, il combattit les Médicis et se suicida en prison.

STROZZI (Bernardo), *Gênes 1581 - Venise 1644*, peintre italien. Il subit l'influence flamande (*la Cuisinière*, palazzo Rosso, Gênes), puis, fixé à Venise en 1630, s'orienta vers une manière plus claire et plus brillante, d'esprit baroque (décors monumentaux, portraits).

STRUENSEE (Johann Friedrich, comte **de**), *Halle 1737 - Copenhague 1772*, homme d'État danois. Médecin du roi Christian VII, conseiller d'État, il devint l'amant de la reine. Il réalisa d'importantes réformes avant d'être inculpé de complot contre le roi et décapité.

STRUMA n.f., en gr. **Strimónas,** fl. de Bulgarie et de Grèce, qui se jette dans la mer Égée ; 430 km. (Anc. Strymon.)

Struthof, camp de concentration établi par les Allemands de 1941 à 1944 dans un écart de la comm. de Natzwiller (Bas-Rhin). Nécropole nationale des victimes du système concentrationnaire nazi (1950). Centre européen du Résistant déporté.

STRUVE ou **STROUVE,** famille d'astronomes russes d'origine allemande. — **Friedrich Georg Wilhelm von S.,** *Altona, Holstein, 1793 - Saint-Pétersbourg 1864*, astronome russe. Il étudia surtout les étoiles doubles et multiples et supervisa la construction de l'observatoire de Poulkovo, près de Saint-Pétersbourg, et en fut le premier directeur (1839 - 1862). — **Otto von S.,** *Dorpat 1819 - Karlsruhe 1905*, astronome russe. Fils de Friedrich Georg Wilhelm, il lui succéda à Poulkovo (1862 - 1890) et découvrit aussi de nombreuses étoiles doubles. — **Otto S.,** *Kharkov 1897 - Berkeley 1963*, astronome russe naturalisé américain. Petit-fils d'Otto, il s'illustra par des travaux de spectroscopie et d'astrophysique stellaire.

STUART, dynastie écossaise qui régna sur l'Écosse à partir de 1371 et dont les souverains furent également rois d'Angleterre de 1603 à 1714. Les Stuarts sont issus de l'ancienne famille écossaise des *Stewart*, dont le nom est orthographié *Stuart* depuis 1542.

Studenica (monastère de), monastère de Serbie, au N. de Novi Pazar. Église byzantino-romane de la Vierge, de la fin du XIIe s. (peintures murales, sculptures, trésor), et église royale, du XIVe s. (précieuses peintures).

STURE, nom de deux familles suédoises d'origine danoise. — **Sten Gustafson S.,** dit **l'Ancien,** *1440 - Jönkäping 1503,* homme d'État suédois. Régent (1470), il vainquit le roi de Danemark Christian Ier à Brunkeberg (1471). — **Sten Svantesson S.,** dit **le Jeune,** *1493 ? - près de Stockholm 1520,* homme d'État suédois. Régent (1512), il vainquit les Danois à Brännkyrka (1518).

STURGES (John), *Oak Park, Illinois, 1911 - San Luis Obispo, California, 1992,* cinéaste américain. Il fut un maître du western et du film d'action (*Règlement de comptes à O. K. Corral,* 1957 ; *les Sept Mercenaires,* 1960 ; *la Grande Évasion,* 1963).

Sturm und Drang (de *Tempête et Élan,* tragédie de Klinger), mouvement littéraire créé en Allemagne vers 1770 par réaction contre le rationalisme et le classicisme (*Aufklärung**). Goethe, Schiller, Lenz, Klinger, Herder y participèrent.

STURZO (Luigi), *Caltagirone, Sicile, 1871 - Rome 1959,* prêtre et homme politique italien. Fondateur du Parti populaire italien (1919), il dut s'exiler en 1924. Rentré en Italie (1946), il fut l'âme de la Démocratie chrétienne.

STUTTGART, v. d'Allemagne, cap. du Bade-Wurtemberg, sur le Neckar ; 585 890 hab. (2 700 000 hab. dans l'agglomération). Centre industriel (automobile, électronique) et culturel. – Monuments, très restaurés : collégiale gothique, deux châteaux, etc. ; musées.

Stutthof, en polon. **Sztutowo,** camp de concentration allemand (1938 - 1944), établi près de Gdańsk (Pologne).

STYMPHALE (lac) **MYTH. GR.** Lac de la Grèce ancienne (Arcadie). Sur ses bords, Héraclès aurait tué de ses flèches des oiseaux qui se nourrissaient de chair humaine.

STYRIE, en all. **Steiermark,** prov. d'Autriche ; 1 208 575 hab. ; ch.-l. *Graz.* Duché en 1180, la Styrie passa aux Habsbourg en 1278. En 1919, sa partie méridionale, composée de districts slovènes, fut attribuée à la future Yougoslavie.

STYRON (William), *Newport News 1925 - Oak Bluffs, île de Martha's Vineyard, Massachusetts, 2006,* écrivain américain. Ses récits dénoncent la cruauté de la société américaine (*Un lit de ténèbres,* 1951 ; *les Confessions de Nat Turner,* 1967 ; *le Choix de Sophie,* 1979).

STYX n.m. **MYTH. GR.** Le plus grand des fleuves des Enfers. Ses eaux rendaient invulnérable.

SUALEM (René) → **RENNEQUIN.**

SUARÈS (André), *Marseille 1868 - Saint-Maur-des-Fossés 1948,* écrivain français. Ses essais et ses récits (*le Voyage du condottiere,* 1910-1932) sont marqués par une mystique de la création artistique.

SUÁREZ (Francisco), *Grenade 1548 - Lisbonne 1617,* théologien jésuite espagnol. Il se soucia d'instituer un droit des peuples à propos des indigènes de l'Amérique espagnole.

SUÁREZ GONZÁLEZ (Adolfo), *Cebreros, prov. d'Ávila, 1932 - Madrid 2014,* homme politique espagnol. Président du gouvernement de 1976 à 1981, il mena la transition démocratique de l'Espagne après la mort de Franco.

SUBIACO, v. d'Italie (Latium) ; 9 107 hab. Monastère du XIIIe s. (fresques siennoises des XIIIe-XIVe s.). – Benoît de Nursie s'y réfugia dans la grotte du Sacro Speco et y fonda l'ordre des Bénédictins à la fin du Ve s. Centre d'une congrégation bénédictine depuis 1872.

SUBLEYRAS (Pierre), *Saint-Gilles, Gard, 1699 - Rome 1749,* peintre français. D'un classicisme raffiné, surtout peintre religieux et portraitiste, il fit carrière à Rome, où il fut envoyé après son grand prix de l'Académie royale de Paris (1727).

SUBOTICA, v. de Serbie (Vojvodine) ; 96 483 hab.

Succession d'Autriche (guerre de la) [1740 - 1748], conflit qui opposa, en Europe, la Prusse, la France, la Bavière, la Saxe et l'Espagne à l'Autriche, et qui fut doublé par une guerre, en partie maritime et coloniale, opposant l'Angleterre, alliée de l'Autriche, à la France, alliée de la Prusse. Ce conflit eut pour origine la contestation de la pragmatique sanction de 1713 qui assurait le trône à Marie-Thérèse, fille de l'empereur Charles VI (*m. en 1740*). L'Autriche céda la Silésie à la Prusse (1742), puis accorda la paix à la Bavière, vaincue (1745). Marie-Thérèse parvint à faire élire son mari, François de Lorraine, empereur germanique (1745). La France continua la guerre en Flandre. La victoire de Fontenoy (1745) lui livra les Pays-Bas, mais elle ne conserva aucune de ses conquêtes à la paix d'Aix-la-Chapelle (1748) qui reconnut la pragmatique sanction et la cession de la Silésie à la Prusse.

Succession de Pologne (guerre de la) [1733 - 1738], conflit qui opposa la France, alliée de l'Espagne, de la Sardaigne et de la Bavière, à la Russie et à l'Autriche, à propos de la succession d'Auguste II, roi de Pologne (1733). La Russie et l'Autriche soutenaient Auguste III, tandis que Stanislas Leszczyński était proclamé roi de Pologne par la diète de Varsovie, avec l'appui de son gendre Louis XV. Auguste III chassa son compétiteur. La France intervint, puis consentit, par la paix de Vienne (1738), à reconnaître Auguste III comme roi de Pologne. Stanislas obtint en compensation les duchés de Lorraine et de Bar.

Succession d'Espagne (guerre de la) [1701 - 1714], conflit qui opposa la France et l'Espagne à une coalition européenne. Elle a pour origine le testament de Charles II, qui assurait la couronne d'Espagne à Philippe d'Anjou (Philippe V), petit-fils de Louis XIV, ce dernier prétendant maintenir les droits de Philippe V à la couronne de France. La France dut combattre à la fois l'Autriche, l'Angleterre et les Provinces-Unies (grande alliance de La Haye, 1701). Après des succès en Allemagne (1702 - 1703), elle essuya des revers : proclamation à Barcelone de l'archiduc Charles roi d'Espagne (1705) ; défaite d'Audenarde, qui amena l'invasion de la France du Nord, arrêtée par Villars à la bataille de Malplaquet (1709) et par la victoire de Denain (1712). La guerre prit fin par les traités d'Utrecht (1713) et de Rastatt (1714).

SUCEAVA, v. du nord-est de la Roumanie ; 105 865 hab. Église (XVIe s.) du couvent St-Georges, typique de l'art de la Bucovine ; aux environs, couvent de Dragomirna, église peinte d'Arbore, église de Voroneţ, etc.

SUCHET (Louis), duc **d'Albufera,** *Lyon 1770 - Marseille 1826,* maréchal de France. Il se distingua en Italie (1800), à Austerlitz (1805) et, à la tête de l'armée de Catalogne, en Espagne (1813).

SUCRE, anc. **Chuquisaca,** cap. constitutionnelle de la Bolivie, dans les Andes, à plus de 2 700 m d'alt. ; 259 388 hab. Cathédrale du XVIIe s.

SUCRE (Antonio José **de**), *Cumaná 1795 - Berruecos, Colombie, 1830,* patriote vénézuélien. Lieutenant de Bolívar, il remporta la victoire d'Ayacucho (1824). Élu président à vie de la Bolivie (1826), il se retira en 1828 à la suite d'un pronunciamiento. Il défendit la Colombie contre les Péruviens. Il fut assassiné.

SUCY-EN-BRIE (94370), comm. du Val-de-Marne ; 26 603 hab. (*Sucyciens*). Flaconnage. – Église des XIIe-XIIIe s., château du XVIIe s.

SUD (île du), île la plus vaste (154 000 km²) avec les dépendances), mais la moins peuplée (1 004 397 hab.) de la Nouvelle-Zélande.

SUD-AFRICAINE (Union) → **AFRIQUE DU SUD.**

SUDBURY → **GRAND SUDBURY.**

Süddeutsche Zeitung, quotidien libéral allemand créé à Munich en 1945.

SUDÈTES (monts des), massif, aux confins de la Pologne et de la République tchèque, où il forme la bordure nord-est de la Bohême. Sur le plan historique, le nom des *Sudètes* s'est appliqué à toute la bordure de la Bohême et à son importante population allemande. La région des Sudètes fut annexée par l'Allemagne de 1938 à 1945. Lors de sa restitution à la Tchécoslovaquie (1945), la population d'origine allemande fut expropriée et expulsée vers l'Allemagne.

SU DONGPO → **SU SHI.**

Sud-Ouest, quotidien régional français fondé à Bordeaux en 1944.

SUD-OUEST AFRICAIN → **NAMIBIE.**

SUE [sy] (Marie-Joseph, dit Eugène), *Paris 1804 - Annecy 1857,* écrivain français. Ses romans-feuilletons partent d'une évocation des bas-fonds parisiens pour déboucher sur l'affirmation de revendications sociales (*les Mystères de Paris,* 1842-1843 ; *le Juif errant,* 1844-1845).

SUÈDE n.f., en suéd. **Sverige,** État d'Europe du Nord ; 450 000 km² ; 9 571 000 hab. (*Suédois*). **CAP.** *Stockholm.* **V. PRINC.** Göteborg et *Malmö.* **LANGUE :** *suédois.* **MONNAIE :** *krona (couronne suédoise).*

INSTITUTIONS Monarchie constitutionnelle à régime parlementaire. Constitution de 1975. Le souverain n'a qu'une autorité symbolique. Le Premier ministre, chef de la majorité parlementaire, est responsable devant le Parlement (*Riksdag*), élu au suffrage universel direct pour 4 ans.

GÉOGRAPHIE Vaste, formé surtout de plateaux s'abaissant de la frontière norvégienne vers le golfe de Botnie, le pays est peu peuplé. La population, stagnante, se concentre dans le tiers méridional, région de plaines et de lacs fortement urbanisée et au climat plus clément. L'industrie bénéficie de l'extension de la forêt (industries du bois), qui couvre environ la moitié du territoire, de la présence de fer et du potentiel hydraulique. Elle est dominée par les constructions mécaniques et électriques, la chimie, les nouvelles technologies. L'agriculture (céréales, pommes de terre, élevage bovin et porcin) satisfait la plupart des besoins nationaux. L'importance du commerce extérieur (30 % de la production sont exportés), équilibré et effectué en priorité au sein de l'Union européenne, tient à l'étroitesse du marché intérieur et à la traditionnelle vocation maritime.

HISTOIRE **Les origines. V. 1800 av. J.-C. :** peuplée dès le néolithique, la Suède établit des relations avec les pays méditerranéens. **IXe - XIe s. apr. J.-C. :** tandis que Danois et Norvégiens écument l'Ouest européen, les Suédois, appelés *Varègues,* commercent surtout en Russie. Le christianisme, prêché v. 830 par Anschaire, progresse après le baptême du roi Olof Skötkonung (1008).

Formation de la nation suédoise. 1157 : Erik le Saint (1156 - 1160) entreprend une croisade contre les Finnois. **1164 :** création de l'archevêché d'Uppsala, qui devient la capitale religieuse de la Suède. **1250 - 1266 :** Birger Jarl, fondateur de la dynastie des Folkung, établit sa capitale à Stockholm et renforce l'unité du pays. **1319 - 1363 :** les Folkung unissent la Suède et la Norvège. **1397 :** Marguerite Ire Valdemarsdotter fait couronner son petit-neveu Erik de Poméranie, corégent, roi de Suède, de Danemark et de Norvège (Union de Kalmar). Le pays devient un acteur important du commerce hanséatique. **1440 - 1520 :** l'opposition nationale suédoise se regroupe autour des Sture. **1520 - 1523 :** Gustave Ier Vasa chasse les Danois.

L'époque de la Réforme. 1523 - 1560 : Gustave Ier Vasa supprime les privilèges commerciaux de la Hanse et fait reconnaître l'hérédité de la Couronne (1544) ; le luthéranisme devient religion d'État. **1568 - 1592 :** Jean III Vasa entreprend la construction d'un empire suédois en Baltique. **1607 - 1611 :** cette expansion est poursuivie par Charles IX.

La période de grandeur. 1611 - 1632 : Gustave II Adolphe dote la Suède d'un régime parlementaire et forge une armée puissante, qui lui permet d'intervenir victorieusement dans la guerre de Trente Ans. **1632 - 1654 :** la reine Christine lui succède sous la régence d'Oxenstierna. **1648 :** les traités de Westphalie ratifient l'annexion par la Suède de la Poméranie et des îles danoises. **1654 - 1660 :** Charles X Gustave écrase les Danois, qui doivent signer le traité de Roskilde (1658) ; la Suède est alors maîtresse de la Baltique. **1660 - 1697 :** Charles XI établit une monarchie absolue. **1697 - 1718 :** Charles XII, entraîné dans la guerre du Nord (1700 - 1721), épuise son pays dans de coûteuses campagnes. Les traités de Frederiksborg (1720) et de Nystad (1721) entérinent le recul suédois en Allemagne et en Baltique.

L'ère de la liberté et l'épopée gustavienne. XVIIIe s. : sous l'influence des idées nouvelles, l'économie et la culture suédoises se développent. Les règnes de Frédéric Ier (1720 - 1751) et d'Adolphe-Frédéric (1751 - 1771) sont marqués par l'oppo-

Suède

★ site touristique important

200 · 400 · 1000 · 1500 m

autoroute
route
voie ferrée
aéroport

plus de 500 000 h.
de 100 000 à 500 000 h.
de 50 000 à 100 000 h.
moins de 50 000 h.

sition entre le parti des Bonnets, pacifiste, et le parti des Chapeaux, animé par l'esprit de revanche contre la Russie et profrançais. **1771 - 1792 :** Gustave III règne en despote éclairé, puis (1789) restaure l'absolutisme. **1808 :** Gustave IV Adolphe doit abandonner la Finlande à la Russie, ce qui provoque son abdication. **1809 - 1818 :** son oncle Charles XIII poursuit sa politique antifrançaise et adopte (1810) comme successeur le maréchal français Bernadotte (Charles XIV). **1812 :** celui-ci s'allie avec l'Angleterre et la Russie contre Napoléon.

L'union avec la Norvège. **1814 :** par le traité de Kiel, la Norvège est unie à la Suède. **1818 - 1844 :** Charles XIV pratique une politique résolument pacifiste. **1844 - 1859 :** Oscar Ier accélère la modernisation du pays. **1859 - 1872 :** Charles XV poursuit cette politique et octroie une Constitution libérale (1865). **1872 - 1907 :** sous Oscar II, la transformation économique et sociale est favorisée par l'adoption du libre-échange (1888). **1905 :** la Norvège se sépare de la Suède.

La démocratie moderne. Sous le règne de Gustave V (1907 - 1950), la Suède connaît une prospérité économique sans précédent. Une législation politique et sociale très avancée (socialisme « à la suédoise ») est obtenue par le Parti social-démocrate, fondé en 1889, au pouvoir sans interruption de 1932 à 1976 (Tage Fritiof Erlander, Premier ministre de 1946 à 1969). La Suède reste neutre durant les deux guerres mondiales. **1950 - 1973 :** règne de Gustave VI Adolphe. **1973 :** Charles XVI Gustave devient roi de Suède. **1969 - 1976 :** le social-démocrate Olof Palme, Premier ministre, se heurte à une grave crise sociale et économique. **1976 - 1982 :** les partis conservateurs (libéraux et centristes) accèdent au pouvoir. **1982 :** O. Palme est de nouveau Premier ministre. **1986 :** il est assassiné ; Ingvar Carlsson lui succède. **1991 :** Carl Bildt, leader des conservateurs, devient Premier ministre. **1994 :** les sociaux-démocrates reviennent au pouvoir. I. Carlsson redevient Premier ministre. **1995 :** la Suède adhère à l'Union européenne. **1996 :** I. Carlsson démissionne ; Göran Persson lui succède à la tête du Parti social-démocrate et du gouvernement. **2006 :** les conservateurs retrouvent le pouvoir, avec Fredrik Reinfeldt comme Premier ministre (reconduit au terme des élections de 2010, marquées notamm. par l'entrée de l'extrême droite au Parlement). **2014 :** après la défaite des conservateurs et une nouvelle poussée de l'extrême droite aux élections, les sociaux-démocrates forment un gouvernement de coalition dirigé par Stefan Löfven, rapidement mis en minorité par l'extrême droite. Mais, grâce à un accord de non-agression conclu par l'ensemble des partis traditionnels, la Suède évite une crise politique. **2018 :** en position d'arbitre à l'issue des élections (sept.), l'extrême droite bouscule les équilibres traditionnels, compliquant la formation d'un gouvernement.

SUENENS (Leo Jozef ou Léon Joseph), *Ixelles 1904 - Bruxelles 1996*, prélat belge. Archevêque de Malines-Bruxelles et primat de Belgique de 1961 à 1979, cardinal en 1982, il fut l'un des quatre « modérateurs » du concile Vatican II, où il joua un rôle majeur par son esprit d'ouverture.

SUESS (Eduard), *Londres 1831 - Vienne 1914*, géologue autrichien. Il a donné, avec *la Face de la Terre* (1885-1909), le premier exposé de géologie générale du globe, œuvre monumentale qui exerça une énorme influence.

SUÉTONE, en lat. **Caius Suetonius Tranquillus,** *v. 69 - v. 126*, historien latin. Protégé par Pline le Jeune, archiviste de l'empereur Hadrien, il fut disgracié et se consacra à la rédaction des *Vies des douze Césars* et du *De viris illustribus*.

SUÈVES, populations germaniques qui, au Ier s., se fixèrent en Souabe (*pays des Suèves*). Lors des grandes invasions, les Suèves atteignirent l'Espagne et fondèrent un royaume en Galice (début du Ve s.), qui fut détruit en 585 par les Wisigoths.

SUEZ, v. d'Égypte, sur la mer Rouge, au fond du *golfe de Suez*, à l'entrée sud du *canal de Suez* ; 512 135 hab. Port.

Suez (canal de), voie navigable, perçant l'*isthme de Suez*. Le canal mesure 161 km de Port-Saïd à Suez (193 km avec les chenaux en Méditerranée et en mer Rouge) ; il a raccourci presque de moitié le trajet entre le golfe Persique et la mer du Nord. Depuis 2015, la circulation est doublée sur 72 km et le temps de passage, réduit. – Il fut réalisé de 1859 à 1869 sous la direction de Ferdinand de Lesseps. La Grande-Bretagne en devint le principal actionnaire (1875) et en conserva le contrôle militaire jusqu'en 1954 - 1956. La nationalisation de la Compagnie du canal par Nasser (juill. 1956) provoqua en oct.-nov. une guerre, menée par Israël, la France et la Grande-Bretagne, qui cessa grâce à l'intervention de l'URSS, des États-Unis et de l'ONU. Le canal a été fermé à la navigation de 1967 à 1975 à la suite des guerres israélo-arabes.

SUEZ (isthme de), isthme entre la mer Rouge et la Méditerranée, séparant l'Asie et l'Afrique.

SUFFOLK, comté de Grande-Bretagne (Angleterre), sur la mer du Nord ; 728 163 hab. ; ch.-l. *Ipswich*.

SUFFREN DE SAINT-TROPEZ (Pierre André **de**), dit **le bailli de Suffren,** *Saint-Cannat, près d'Aix-en-Provence, 1729 - Paris 1788*, marin français. Commandeur et bailli de l'ordre de Malte, capitaine de vaisseau puis chef d'escadre dans la marine royale, il participa à la guerre de l'Indépendance américaine avant de servir glorieusement aux Indes contre la Grande-Bretagne (1782 - 1783). De retour en France (1784), il fut fait vice-amiral.

SUGER, *Saint-Denis ou Argenteuil v. 1081 - Saint-Denis 1151*, abbé et homme d'État français. Habile diplomate, il fut à la fois abbé de Saint-Denis (1122) et conseiller des rois Louis VI et Louis VII, ce dernier lui confiant même la régence du royaume (1147 - 1149) pendant la deuxième croisade. Il rénova son abbaye. Il a écrit des *Lettres* et une *Histoire de Louis le Gros*. On lui attribue en outre l'*Histoire de Louis VII*.

SUHARTO, *Godean, près de Yogyakarta, 1921 - Jakarta 2008*, général et homme politique indonésien. Ayant évincé Sukarno en 1966 - 1967, il devint président de la République en 1968. Sous la pression de l'opposition, il dut abandonner le pouvoir en 1998.

Suharto en 1998. ▶

SUHRAWARDI, *v. 1155 - Alep 1191*, philosophe et théologien iranien. Commentateur et interprète mystique d'Aristote, influencé par Avicenne, il a également intégré la gnose, l'hermétisme et le néoplatonisme dans la philosophie de l'islam et construit une métaphysique de l'illumination.

SUISSE n.f., en all. **die Schweiz,** en ital. **Svizzera,** État fédéral d'Europe ; 41 293 km² ; 8 078 000 hab. (*Suisses*). **CAP.** *Berne*. **V. PRINC.** *Zurich, Genève, Bâle* et *Lausanne*. **LANGUES :** *allemand, français, italien* et *romanche*. **MONNAIE :** *franc suisse*. *(V. aussi carte administrative page 2039.)*

INSTITUTIONS République. Constitution de 1999, entrée en vigueur en 2000. État fédéral (26 cantons, chacun ayant une souveraineté interne et une Constitution). Le Parlement (Assemblée fédérale), formé du Conseil national (200 membres, élus au suffrage universel direct pour 4 ans) et du Conseil des États (46 membres, élus par les cantons pour 4 ans), est l'autorité suprême et élit l'exécutif, le Conseil fédéral. Le président de la Confédération est élu par l'Assemblée fédérale, pour un an, parmi les 7 membres du Conseil fédéral.

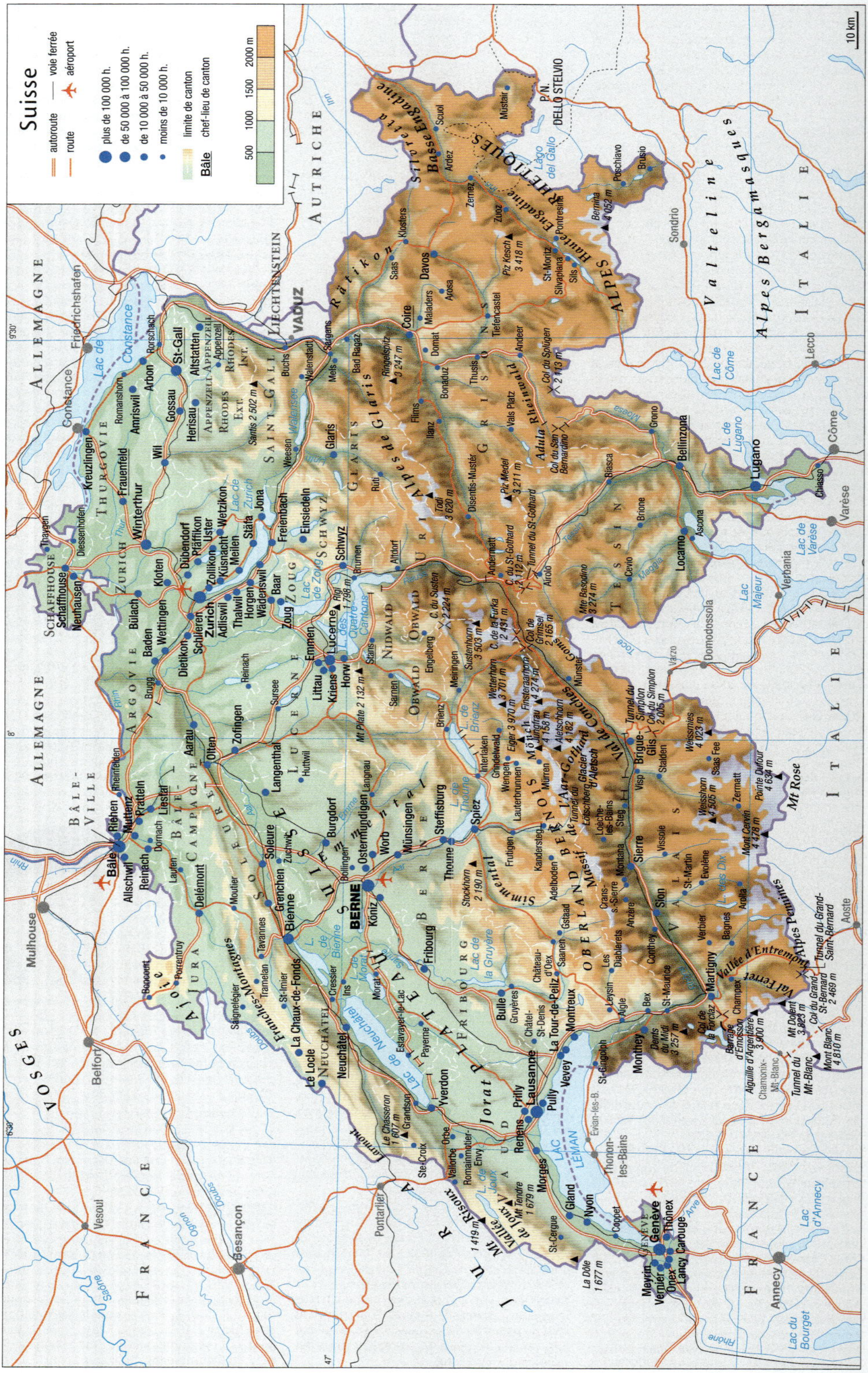

Suisse
autoroute
route
voie ferrée
aéroport
plus de 100 000 h.
de 50 000 à 100 000 h.
de 10 000 à 50 000 h.
moins de 10 000 h.
limite de canton
Bâle chef-lieu de canton
500
1000
1500
2000 m
10 km
ALLEMAGNE
AUTRICHE
LIECHTENSTEIN
VADUZ
FRANCE
ITALIE
VOSGES
JURA
BERNE
Zurich
Genève
Bâle
Lausanne
Lucerne
St-Gall
Winterthur
Bienne
Lugano
Fribourg
Neuchâtel
Sion
Coire
Schaffhouse
Soleure
Aarau
Zoug
Schwyz
Glaris
Frauenfeld
Herisau
Appenzell
Delémont
Altdorf
Stans
Sarnen
Liestal
Bellinzona
Locarno
Thoune
Interlaken
Montreux
Vevey
Yverdon
La Chaux-de-Fonds
Le Locle
Davos
St-Moritz
Lac de Constance
Lac Léman
Lac de Neuchâtel
Lac Majeur
Lac des Quatre-Cantons
Lac de Zurich
L. de Lugano
L. de Thoune
L. de Brienz
Rhin
Rhône
Aar
Inn
ALPES RHÉTIQUES
Alpes Pennines
OBERLAND BERNOIS
Massif de l'Aar-Gothard
TESSIN
VALAIS
GRISONS
Engadine
Mt Rose
Pointe Dufour 4 634 m
Jungfrau 4 158 m
Finsteraarhorn 4 274 m
Tödi 3 620 m
Bernina 4 052 m
Col du St-Gothard 2 112 m
Col du Simplon 2 005 m
Col du Grand-St-Bernard 2 469 m
Mt Blanc 4 810 m
Mulhouse
Belfort
Besançon
Vesoul
Pontarlier
Constance
Friedrichshafen
Annecy
Aoste
Domodossola
Côme
Varèse
Sondrio
Lecco
Valteline
Alpes Bergamasques

GÉOGRAPHIE Le pays est formé de 26 cantons : Appenzell Rhodes-Extérieures, Appenzell Rhodes-Intérieures, Argovie, Bâle-Campagne, Bâle-Ville, Berne, Fribourg, Genève, Glaris, Grisons, Jura, Lucerne, Neuchâtel, Nidwald, Obwald, Saint-Gall, Schaffhouse, Schwyz, Soleure, Tessin, Thurgovie, Uri, Valais, Vaud, Zoug et Zurich.

Au cœur de l'Europe, comme en témoignent la diversité linguistique (les germanophones sont toutefois de loin les plus nombreux) et le partage, presque égal, entre catholiques et protestants, la Suisse est un pays densément peuplé, d'étendue restreinte, mais dont le rayonnement déborde largement les frontières. Le milieu naturel n'est pas toujours favorable à l'homme, et la population, fortement urbanisée, se concentre dans le Plateau, ou Moyen-Pays, entre le Jura et surtout les Alpes (qui occupent 60 % du territoire).

L'actuelle prospérité se rattache à la tradition commerciale et à la neutralité politique, propices à une activité financière réputée. L'industrie, liée à la présence de capitaux et à la qualité de la main-d'œuvre, est représentée par l'horlogerie, activité ancienne, par la métallurgie de transformation, la chimie, l'agroalimentaire (qui valorise notamm. la production laitière résultant du développement de l'élevage bovin). Le tertiaire est dominé par le secteur bancaire, en pleine mutation (fin du secret bancaire), les activités des nombreux sièges de sociétés et d'organisations internationales, et le tourisme (principale ressource de la montagne, avec l'élevage, et loin devant la production d'hydroélectricité). La balance commerciale est équilibrée (la majorité des échanges se faisant avec l'Union européenne) et, tout à la fois en dépit et du fait des crises économiques mondiale et européenne, la monnaie reste très forte et le chômage, encore réduit.

HISTOIRE **Les origines et la Confédération.** **IXe s. - Ier s. av. J.-C. :** à l'âge du fer, les civilisations de Hallstatt et de La Tène se développent. **58 av. J.-C. :** le pays est conquis par César. **Ve s. :** l'Helvétie est envahie par les Burgondes et les Alamans, qui germanisent le Nord et le Centre. **VIIe - IXe s. :** elle est christianisée. **888 :** elle entre dans le royaume de Bourgogne. **1032 :** elle est intégrée avec celui-ci dans le Saint Empire. **XIe - XIIIe s. :** les Habsbourg acquièrent de grandes possessions dans la région. **Fin du XIIIe s. :** dans des circonstances devenues légendaires (Guillaume* Tell), les cantons défendent leurs libertés. **1291 :** les trois cantons forestiers (Uri, Schwyz, Unterwald) se lient en un pacte perpétuel ; c'est l'acte de naissance de la Confédération suisse. **1315 :** les cantons infligent au duc d'Autriche Léopold Ier la défaite de Morgarten. **1353 :** la Confédération comprend huit cantons après l'adhésion de Lucerne (1332), Zurich (1351), Glaris, Zoug (1352) et Berne (1353). Après les victoires de Sempach (1386) et de Näfels (1388), elle fait reconnaître son indépendance par les Habsbourg. **1476 :** la Confédération, soutenue par Louis XI, bat Charles le Téméraire à Grandson et à Morat. **1499 :** Maximilien Ier signe la paix de Bâle avec les Confédérés ; le Saint Empire n'exerce plus qu'une suzeraineté nominale. Des dissensions réapparaissent entre les cantons. **1513 :** la Confédération compte treize cantons après l'adhésion de Soleure et Fribourg (1481), Bâle et Schaffhouse (1501) puis Appenzell (1513). **1516 :** après leur défaite à Marignan, les Suisses signent avec la France une paix perpétuelle. **1519 :** la Réforme est introduite à Zurich par Zwingli. **1531 :** les catholiques battent les protestants à Kappel. Un équilibre s'établit entre les cantons : sept sont catholiques, quatre réformés et deux mixtes. **1536 :** Calvin fait de Genève la « Rome du protestantisme ». **1648 :** les traités de Westphalie reconnaissent *de jure* l'indépendance de la Confédération.

L'époque contemporaine. **1798 :** le Directoire impose une République helvétique, qui devient vite ingouvernable. **1803 :** l'Acte de médiation, reconstituant l'organisation confédérale, est ratifié par Bonaparte. **1813 :** il est abrogé. **1815 :** vingt-deux cantons (dont le Valais, Neuchâtel et Genève) signent un nouveau pacte confédéral. À l'issue du congrès de Vienne, la neutralité de la Suisse est reconnue. **1845 - 1847 :** sept cantons catholiques forment une ligue (le *Sonderbund*), qui est réprimée militairement. **1848 :** une nouvelle Constitution instaure un État fédératif, doté d'un gouvernement central siégeant à Berne. **1874 :** le droit de référendum est introduit. **1891 :** celui d'initiative populaire l'est également. **1914 - 1918, 1939 - 1945 :** la neutralité et la vocation humanitaire de la Suisse sont respectées. **1979 :** un nouveau canton de langue française, le Jura, est créé. **1992 :** par référendum, les Suisses se prononcent pour l'adhésion de leur pays au FMI et à la Banque mondiale (mai) et contre la ratification du traité qui prévoyait leur intégration dans l'EEE (déc.). Une demande d'adhésion à la CEE, déposée en mai par le gouvernement, est suspendue en déc. **1999 :** une nouvelle Constitution est adoptée. **2002 :** la Suisse devient membre de l'ONU.

LES PRÉSIDENTS DE LA CONFÉDÉRATION DEPUIS 2015

2015	Simonetta Myriam Sommaruga
2016	Johann Schneider-Ammann
2017	Doris Leuthard
2018	Alain Berset
2019	Ueli (« Ulrich ») Maurer

SUISSE NORMANDE, nom de la partie sud-est du Bocage normand (Calvados), la plus élevée de cette région.

SUISSE SAXONNE, région de l'Allemagne et de la République tchèque, de part et d'autre de l'Elbe.

SUITA, v. du Japon (Honshu) ; 355 567 hab.

SUKARNO ou **SOEKARNO,** *Surabaya, Java, 1901 - Jakarta 1970,* homme politique indonésien. Fondateur du Parti national indonésien (1927), il proclame en 1945 l'indépendance de la République indonésienne, dont il est le premier président. Il instaure après 1948 une forme de gouvernement dictatorial et cherche à s'imposer comme chef de file de l'Asie du Sud-Est révolutionnaire. Il est dépossédé de ses titres et fonctions par Suharto (1966 - 1967).

▲ **Sukarno** en 1945. — **Megawati Sukarnoputri,** *Yogyakarta 1947,* femme politique indonésienne. Fille de Sukarno, elle a été vice-présidente (1999 - 2001) puis présidente (2001 - 2004) de la République.

SUKHOTHAI, v. du nord de la Thaïlande. Anc. cap. du premier royaume thaï (XIIIe-XVe s.). – Nombreux monuments. Musée.

SUKKUR, v. du Pakistan, sur l'Indus ; 335 551 hab. Barrage pour l'irrigation.

SULAWESI → **CÉLÈBES.**

SULLA ou **SYLLA** (Lucius Cornelius), *138 - Cumes 78 av. J.-C.,* général et homme d'État romain. Lieutenant de Marius, il fut consul en 88 av. J.-C. et mit fin à la guerre sociale. Dépossédé illégalement de son commandement par Marius, il s'empara de Rome avec son armée tandis que celui-ci s'exilait en Afrique. Vainqueur de Mithridate VI Eupator, roi du Pont (86), il devint le chef du Parti aristocratique et écrasa le parti de Marius (82). Il se fit attribuer une dictature à vie (82), proscrivit les opposants et renforça les pouvoirs du sénat. À l'apogée de sa puissance, il renonça soudain à ses pouvoirs et se retira en Campanie (79).

SULLANA, v. du nord du Pérou ; 181 954 hab.

SULLIVAN (Louis), *Boston 1856 - Chicago 1924,* architecte et théoricien américain. Son Wainwright Building de Saint-Louis (avec l'ingénieur Dankmar Adler, 1890) a résolu les problèmes du gratte-ciel. Les magasins Carson, Pirie et Scott de Chicago (1899) associent au fonctionnalisme un décor d'esprit Art nouveau.

Sullom Voe, terminal pétrolier des Shetland.

Sully (hôtel de), anc. résidence parisienne, rue Saint-Antoine, dans le Marais. Construit dans un style pittoresque vers 1624, il fut acheté par Sully en 1634. Restauré, il abrite auj. le Centre des monuments nationaux.

SULLY (Maximilien **de Béthune,** baron de Rosny, duc de), *Rosny-sur-Seine 1559 - Villebon, Eure-et-Loir, 1641,* homme d'État français. Protestant, il devint, après avoir combattu aux côtés du futur Henri IV (1576 - 1590), son surintendant des Finances (1598). Principal ministre du royaume, il assainit les finances (création de la paulette en 1604) et favorisa l'agriculture (promotion du ver à soie) et le commerce, en développant notamm. le réseau de routes et de canaux. Après l'assassinat d'Henri IV (1610), il se consacra à ses Mémoires (*Économies royales,* 1638).

▲ **Sully.** Portrait attribué à F. Quesnel. (Musée Condé, Chantilly.)

SULLY PRUDHOMME (René François Armand **Prudhomme,** dit), *Paris 1839 - Châtenay-Malabry 1907,* poète français. Collaborateur au *Parnasse contemporain,* il évolua d'une inspiration intimiste (*les Solitudes,* 1869) à une veine plus didactique (*la Justice,* 1878 ; *le Bonheur,* 1888). [Acad. fr. ; prix Nobel 1901.]

SULLY-SUR-LOIRE (45600), bur. centr. de cant. du Loiret ; 5 488 hab. Constructions mécaniques. – Château des XIVe-XVIe s., acquis en 1602 par Maximilien de Béthune (duc de Sully en 1606).

SULPICE (saint), *m. en 647,* évêque de Bourges.

SULPICE SÉVÈRE, *en Aquitaine v. 360 - v. 420,* historien chrétien d'expression latine, qui doit sa renommée à sa *Vie de saint Martin.*

SULU (archipel de), îles des Philippines limitant, au S., la *mer de Sulu.*

SULUK → **TAUSUG.**

SUMATRA, la plus grande des îles de la Sonde (Indonésie) ; 473 600 km² ; 47 705 201 hab. ; v. princ. *Medan* et *Palembang.* Cultures vivrières (riz) et commerciales (épices, café, hévéas). Pétrole et gaz naturel.

SUMAVA n.f., en all. **Böhmerwald,** massif de la République tchèque, rebord sud-ouest de la Bohême ; 1 380 m.

SUMBA, île d'Indonésie, dans le groupe des petites îles de la Sonde ; 11 153 km².

SUMBAWA ou **SUMBAVA,** île d'Indonésie, à l'E. de Java.

ŠUMEN, anc. **Kolarovgrad,** v. du nord-est de la Bulgarie ; 80 855 hab.

SUMER, région de la basse Mésopotamie antique, près du golfe Persique.

SUMÉRIENS, peuple d'origine mal connue, établi au IVe millénaire en basse Mésopotamie. Ils fondèrent les premières cités-États (Lagash, Ourouk, Our, etc.), où s'épanouirent la première architecture religieuse, la statuaire, la glyptique, et où fut utilisée l'écriture dès la fin du IVe millénaire. L'installation des Sémites akkadiens en Mésopotamie (fin du IIIe millénaire) élimina les Sumériens de la scène politique ; mais leur culture littéraire et religieuse a survécu à travers toutes les cultures du Proche-Orient.

SUMNER (James Batcheller), *Canton, Massachusetts, 1887 - Buffalo 1955,* biochimiste américain. Il fut le premier à cristalliser une enzyme (l'uréase) et à montrer sa nature protéique (1926). [Prix Nobel de chimie 1946.]

Sun (The), quotidien populaire britannique conservateur. Issu du *Daily Herald* en 1966, il a le plus fort tirage des quotidiens britanniques.

SUND → **ØRESUND.**

SUNDANAIS → **SOUNDANAIS.**

SUNDERLAND, v. de Grande-Bretagne (Angleterre), sur la mer du Nord ; 177 739 hab. (182 974 hab. dans l'agglomération). Port. Industrie automobile. – Musées.

SUNDGAU n.m., petite région du sud de l'Alsace.

SUNDSVALL, v. de Suède, sur le golfe de Botnie ; 97 338 hab. Port. – Musées.

SUN YAT-SEN ou **SUN ZHONGSHAN,** *Xiangshan, Guangdong, 1866 - Pékin 1925,* homme politique chinois. Il fonda la Société pour la régénération de la Chine (1894), puis la Ligue jurée (1905), dont le programme politique est à l'origine de celui du Guomindang, qu'il créa en 1912. Lors

de la révolution de 1911, il fut élu président de la République à Nankin, mais dut s'effacer devant Yuan Shikai (1912). Élu président de la République (1921), il s'imposa à Pékin en 1925 après avoir réalisé l'alliance du Guomindang et du Parti communiste chinois (1923 - 1924).

▲ Sun Yat-sen

SUN ZI ou **SUN TSE**, *VIe - Ve s. av. J.-C.*, théoricien militaire chinois. Son *Art de la guerre*, où il privilégie le renseignement et la surprise, constitue le plus ancien traité de stratégie connu.

SUOCHE → **YARKAND.**

SUPERBAGNÈRES (31110), station de sports d'hiver (alt. 630 - 2 260 m) de la Haute-Garonne (comm. de Saint-Aventin), dans les Pyrénées, au S.-O. de Bagnères-de-Luchon.

SUPERBESSE → **BESSE-ET-SAINT-ANASTAISE.**

SUPERDÉVOLUY (05250), station de sports d'hiver (alt. 1 455 - 2 510 m) des Hautes-Alpes (comm. de Dévoluy).

SUPÉRIEUR (lac), le plus vaste et le plus occidental des cinq Grands Lacs nord-américains. Il est partagé entre les États-Unis et le Canada, et communique avec le lac Huron par la rivière Sainte-Marie ; 82 700 km^2.

SUPERLIORAN → **LIORAN.**

Superman, personnage de bande dessinée créé en 1938 aux États-Unis par le scénariste Jerry Siegel *(1914 - 1996)* et le dessinateur Joe Shuster *(1914 - 1992)* dans *Action Comics*. Super-héros venu d'une autre planète, il prend l'identité d'un modeste journaliste quand il ne combat pas les criminels. – Il a inspiré de nombreux films d'aventures. (V. ill. partie n. comm. **bande* dessinée.**)

SUPERVIELLE (Jules), *Montevideo 1884 - Paris 1960*, écrivain français. Poète des espaces de la pampa (*Débarcadères*, 1922 ; *Gravitations*, 1925) et des rythmes du corps (*Oublieuse Mémoire*, 1949 ; *Naissances*, 1951), il nimbe de merveilleux son théâtre (*la Belle au bois*, 1932) et ses nouvelles (*l'Enfant de la haute mer*, 1929).

Supports/Surfaces ou **Support/Surface,** nom adopté en 1970 par un groupe de jeunes artistes français, dont l'action organisée couvre surtout les années 1969 - 1971. S'inspirant notamm. de Matisse, de la « nouvelle abstraction » et du *minimal art* américains, de Français tels que Hantaï et Buren, ces artistes (dont les peintres Louis Cane, Vincent Bioulès, Daniel Dezeuze, Claude Viallat, Jean-Pierre Pincemin, le sculpteur Toni Grand) ont développé, sur un fond d'engagement politique, des expériences et des théories relatives à la matérialité de l'art.

suprématie (Acte de) [1534], loi que fit voter Henri VIII, faisant du roi le chef suprême de l'Église d'Angleterre (loi abolie par Marie Ire Tudor). En 1559, Élisabeth Ire fit voter une loi analogue.

SURABAYA, v. d'Indonésie (Java) ; 2 765 908 hab. Port. Centre industriel.

SURAKARTA, anc. **Solo,** v. d'Indonésie (Java) ; 500 642 hab.

SURAT, v. d'Inde (Gujerat) ; 2 433 787 hab. (4 585 367 hab. dans l'agglomération). Port. – Monuments anciens (XVIe-XVIIe s.).

SURCOUF (Robert), *Saint-Malo 1773 - id. 1827*, marin français. Corsaire, il mena dans l'océan Indien une redoutable guerre au commerce britannique (1795 - 1801 et 1807 - 1809), puis se retira à Saint-Malo, où il devint un très riche armateur.

◀ Robert **Surcouf.** (Musée de Saint-Malo.)

SÛRE n.f., riv. d'Europe, née en Belgique, affl. de la Moselle (r. g.) ; 170 km. Elle traverse le Luxembourg et sépare ce pays de l'Allemagne.

SURESNES [syren] (92150), comm. des Hauts-de-Seine, sur la Seine ; 49 113 hab. *(Suresnois)*. Musée d'histoire urbaine et sociale. – Festival de danse hip-hop (« Suresnes Cités Danse »).

SURGÈRES (17700), bur. centr. de cant. de la Charente-Maritime ; 6 993 hab. Enceinte de l'anc. château ; église romane ; musée d'Histoire naturelle.

SURINAME ou **SURINAM** n.m., anc. **Guyane hollandaise,** État d'Amérique du Sud ; 163 265 km^2 ; 539 000 hab. (*Surinamiens* ou *Surinamais*). **CAP.** *Paramaribo.* **LANGUE :** *néerlandais.* **MONNAIE :** *dollar du Suriname.* (V. carte **Guyana.**)

GÉOGRAPHIE Le territoire, au climat équatorial, occupe l'extrémité orientale du plateau des Guyanes, bordée au nord par une plaine marécageuse. La population, peu dense, mais diversifiée (Indiens et Indonésiens, créoles, Noirs), se concentre sur le littoral ou à proximité (près de la moitié vit à Paramaribo). La bauxite est la ressource essentielle et la principale exportation.

HISTOIRE **1667 :** occupée par les Anglais, la région est cédée aux Hollandais en échange de La Nouvelle-Amsterdam. **XVIIIe s. :** elle se développe grâce aux plantations de canne à sucre. **1796 - 1816 :** occupation anglaise. **1863 :** l'esclavage est aboli. Le pays se peuple d'Indiens et d'Indonésiens. **1948 :** il prend le nom de Suriname. **1975 :** le Suriname accède à l'indépendance. Il est gouverné par le Premier ministre Henck Arron jusqu'au coup d'État militaire de 1980, dirigé notamm. par le sergent-major – plus tard lieutenant-colonel – Desiré (dit Desi) Bouterse. **1982 :** après un nouveau putsch, D. Bouterse assied son pouvoir. La guérilla se développe dans le sud et l'est du pays. **1987 :** une nouvelle Constitution est adoptée. **1988 :** Ramsewak Shankar est élu président de la République. **1990 :** les militaires reprennent le pouvoir. **1991 :** Ronald Venetiaan, candidat d'une coalition multiethnique hostile aux militaires, est élu à la tête de l'État. **1992 :** un accord de paix est signé entre le gouvernement et la guérilla. **1996 :** Jules Wijdensbosch est élu président de la République. **2000 :** R. Venetiaan lui succède (réélu en 2005). **2010 :** D. Bouterse remporte l'élection présidentielle et dirige à nouveau le pays (réélu en 2015).

SURREY, comté de Grande-Bretagne (Angleterre), au S. de Londres ; 1 132 390 hab. ; ch.-l. *Kingston-upon-Thames.*

SURREY, v. du Canada (Colombie-Britannique), banlieue de Vancouver ; 517 887 hab.

SURREY (Henry Howard, comte de), *v. 1518 - Londres 1547*, homme politique et poète anglais. Il introduisit l'usage du vers blanc dans la poésie anglaise et créa la forme anglaise du sonnet.

SURYA, dieu-soleil du panthéon hindou.

SUSE, anc. capitale de l'Élam. Détruite v. 646 av. J.-C. par Assourbanipal, elle devint la capitale de l'Empire achéménide à la fin du VIe s. av. J.-C., avec Darios Ier. – Chapiteaux, reliefs, sculptures, orfèvrerie, etc., ont été recueillis, depuis 1884, dans les cités élamite et achéménide (en partie au Louvre).

SUSE, en ital. **Susa,** v. d'Italie (Piémont) ; 6 618 hab. La ville est située au débouché des routes du Mont-Cenis et de Montgenèvre, dit *pas de Suse*, barricadé par le duc de Savoie et forcé par Louis XIII en 1629. – Arc d'Auguste ; cathédrale du XIe s.

SU SHI, dit aussi **Su Dongpo,** *au Sichuan 1036 - Changzhou 1101*, poète chinois. Peintre, calligraphe et homme politique, il est le plus grand poète de la dynastie des Song *(la Falaise rouge)*.

SUSIANE, nom grec de la satrapie perse, puis séleucide, qui avait Suse pour capitale et qui correspondait au Khuzestan actuel.

SUSO (bienheureux Heinrich Seuse, dit Heinrich), *Constance ou Überlingen v. 1295 - Ulm 1366*, mystique allemand. Disciple de Maître Eckart, poète autant que théologien, il célèbre l'abandon à la volonté divine dans le dépouillement *(Livre de la sagesse éternelle)*.

suspects (loi des), loi votée par la Convention le 17 sept. 1793 et abrogée en oct. 1795. Définissant les suspects (partisans du fédéralisme, ennemis de la liberté, nobles, parents d'émigrés) et ordonnant leur arrestation, elle fut le moteur de la seconde Terreur.

SUSQUEHANNA n.f., fl. des États-Unis, tributaire de l'Atlantique, qui se jette dans la baie de Chesapeake ; 715 km.

SUSSEX, région de Grande-Bretagne (Angleterre), au S. de Londres, sur la Manche. Le Sussex est partagé en deux comtés (*East Sussex* et *West Sussex*). – Le royaume saxon du Sussex, fondé au Ve s., devint vassal du Wessex au IXe s.

SUSTEN (col du), col des Alpes suisses, reliant les vallées de l'Aar et de la Reuss ; 2 224 m.

SUTER (Martin), *Zurich 1948*, écrivain suisse de langue allemande. Ses thrillers psychologiques révèlent la noirceur de l'âme humaine en explorant les troubles de la mémoire ou l'envers des apparences policées (*Small World*, 1997 ; *Un ami parfait*, 2002 ; *Lila, Lila*, 2004 ; *Allmen et les libellules*, 2011 [1er vol. d'une série] ; *le Temps, le Temps*, 2012 ; *Montecristo*, 2015).

SUTHERLAND (Graham), *Londres 1903 - id. 1980*, peintre britannique, maître d'une tendance néoromantique teintée de surréalisme.

SUTLEJ ou **SATLEDJ** n.f., riv. de l'Inde et du Pakistan, dans le Pendjab, née en Chine ; 1 370 km.

SUTTNER (Bertha **Kinsky,** baronne **von**), *Prague 1843 - Vienne 1914*, femme de lettres et journaliste autrichienne. Militante pacifiste, elle publia le roman *Bas les armes !* (1889) et encouragea Alfred Nobel à créer les prix qui portent son nom. (Prix Nobel de la Paix 1905.)

SUVA, cap. des îles Fidji, sur l'île de Viti Levu ; 75 225 hab. (177 316 hab. dans l'agglomération). Université.

SUWON, v. de Corée du Sud ; 1 132 000 hab.

SUZANNE, femme juive d'une grande beauté, dont l'histoire est racontée dans un appendice du livre biblique de Daniel. Convoitée par deux vieillards qui la surprennent au bain, elle est accusée par eux d'adultère, puis sauvée par Daniel, qui prouve la forfaiture des accusateurs.

SUZE-SUR-SARTHE (La) [72210], bur. centr. de cant. de la Sarthe ; 4 517 hab. Industrie automobile.

SUZHOU, v. de Chine (Jiangsu), sur le Grand Canal ; 1 344 709 hab. (3 248 306 hab. dans l'agglomération). Centre industriel. – Pittoresque vieille ville ; célèbres jardins ; musées.

SUZUKA, v. du Japon, sur la baie d'Ise ; 199 184 hab. Circuit automobile.

SVALBARD n.m., archipel norvégien de l'océan Arctique, à l'E. du Groenland ; 62 700 km^2 ; 2 565 hab. ; v. princ. *Longyearbyen*. Le Spitzberg est l'île la plus vaste.

SVEALAND n.m., partie centrale de la Suède.

SVEN ou **SVEND,** nom de plusieurs rois de Danemark. — **Sven Ier Tveskägg** ou **Svend Ier Tveskaeg** (« Barbe fourchue »), *v. 960 - Gainsborough 1014*, roi de Danemark (986 - 1014). Il s'empara de toute l'Angleterre (1013).

SVERDLOVSK → **IEKATERINBOURG.**

SVERDRUP (îles), partie de l'archipel Arctique canadien, à l'O. de l'île d'Ellesmere.

SVERDRUP (Harald Ulrik), *Sogndal 1888 - Oslo 1957*, climatologue et océanographe norvégien. Il mena plusieurs expéditions dans les régions polaires, notamm. avec R. Amundsen.

SVEVO (Ettore **Schmitz,** dit Italo), *Trieste 1861 - Motta di Livenza, Trévise, 1928*, écrivain italien. Influencé par la psychanalyse, rénovateur des techniques narratives, il est l'un des maîtres du roman européen de l'entre-deux-guerres (*la Conscience de Zeno*, 1923).

SWAHILI ou **ARABO-SWAHILI,** ensemble de populations des îles et des centres côtiers de l'océan Indien, du Mozambique jusqu'en Tanzanie (env. 1 million). Descendants d'Arabes et de Perses immigrés dès la fin du premier millénaire et d'Africains, les Swahili jouèrent un rôle capital dans la traite des esclaves et de l'ivoire au XIXe s. Ils sont pour la plupart musulmans. Ils parlent une langue bantoue, le *kiswahili*.

SWAMMERDAM (Jan), *Amsterdam 1637 - id. 1680*, entomologiste hollandais. Il étudia l'anatomie et les métamorphoses chez les insectes.

SWAN (sir Joseph Wilson), *Sunderland 1828 - Warlingham 1914*, chimiste britannique. Il réalisa une lampe à incandescence à filament de carbone, à la même époque que T. Edison. Il inventa plusieurs papiers photographiques.

SWANSEA, v. de Grande-Bretagne, dans le sud du pays de Galles, sur le canal de Bristol ; 169 880 hab. (270 506 hab. dans l'agglomération). Port. – Musées.

SWAPO n.f. (South West Africa People's Organization, en fr. Organisation du peuple du Sud-Ouest africain), mouvement de libération de la Namibie dont les origines remontent à 1957 (fondé sous son nom actuel en 1960). Engagée à partir de 1966 dans la lutte armée contre le gouvernement sud-africain, la SWAPO arrive au pouvoir avec l'accession de la Namibie à l'indépendance (1990).

SWARTE (Joost), *Heemstede 1947,* dessinateur et scénariste néerlandais de bandes dessinées. Chef de file de la bande dessinée néerlandaise, il adopte un graphisme épuré marqué par l'influence d'Hergé.

SWATOW → **SHANTOU.**

SWAZILAND, nom porté de 1968 à 2018 par l'Eswatini*.

SWAZIS, peuple de l'Eswatini, de langue bantoue.

SWEDENBORG (Emanuel), *Stockholm 1688 - Londres 1772,* théosophe suédois. À la suite de visions (1743) dont il fait le récit dans les *Arcanes célestes,* il développa une doctrine, dite *de la Nouvelle Jérusalem,* selon laquelle tout a un sens spirituel, que Dieu seul connaît.

SWEELINCK (Jan Pieterszoon), *Deventer 1562 - Amsterdam 1621,* organiste et compositeur néerlandais. Il apporta à l'art vocal (psaumes, chansons) mais surtout au clavecin et à l'orgue (toccatas, variations) des innovations annonciatrices de Bach.

SWIFT (Jonathan), *Dublin 1667 - id. 1745,* écrivain irlandais. Secrétaire d'un diplomate, puis précepteur d'une jeune fille, à qui il adressa le *Journal à Stella,* il entra dans le clergé anglican et s'engagea dans les luttes littéraires *(la Bataille des livres),* religieuses *(le Conte du tonneau)* et politiques *(Lettres de M. B., drapier).* Ses ambitions déçues lui inspirèrent une virulente satire de la société de son époque, *les Voyages de Gulliver*.*

▲ Jonathan **Swift** par C. Jervas. (National Portrait Gallery, Londres.)

SWINBURNE (Algernon Charles), *Londres 1837 - id. 1909,* poète britannique. Écrivain érudit, influencé par le préraphaélisme, et dramaturge *(Atalante en Calydon),* héritier de la tradition romantique *(Poésies et ballades),* il évolua vers un idéal humanitaire *(Chants d'avant l'aube).* Il a laissé une œuvre critique importante.

SWINDON, v. de Grande-Bretagne (Angleterre), à l'O. de Londres ; 209 156 hab.

SWINGS (Polydore, dit Pol), *Ransart 1906 - Esneux 1983,* astrophysicien belge. Il a contribué à préciser, par des études spectroscopiques, la composition chimique d'une grande variété d'objets célestes, en particulier des comètes.

SYAGRIUS (Afranius), *v. 430 - 486,* chef gallo-romain. Il gouverna l'étroit territoire que les Romains possédaient encore en Gaule, entre la Somme et la Loire. Vaincu par Clovis à Soissons (486), il lui fut livré peu après.

SYBARIS, anc. v. grecque de l'Italie péninsulaire, sur le golfe de Tarente. Sa prospérité était proverbiale. Sa rivale Crotone la détruisit en 510 av. J.-C. Ruines grecques et romaines.

SYDENHAM (Thomas), *Wynford Eagle 1624 - Londres 1689,* médecin anglais. Il a décrit la chorée infantile *(chorée de Sydenham)* et a préconisé l'usage du laudanum.

SYDNEY, v. d'Australie, cap. de la Nouvelle-Galles du Sud, sur le Pacifique ; 4 391 674 hab. Port. Grand centre industriel et commercial. Université. – Galerie d'art de l'État.

SYDNEY, anc. v. du Canada (Nouvelle-Écosse), auj. intégrée dans Cape Breton.

Sykes-Picot (accord) [16 mai 1916], accord secret franco-britannique relatif au démembrement et au partage entre les Alliés des provinces non turques de l'Empire ottoman (Syrie, Palestine, etc.).

▲ **Sydney.** Vue de la baie, traversée par le Harbour Bridge.

SYKTYVKAR, v. de Russie, cap. de la république des Komis, à l'O. de l'Oural ; 235 006 hab.

SYLHET, v. du Bangladesh ; 526 412 hab.

SYLLA → **SULLA.**

Syllabus (8 déc. 1864), recueil de 80 propositions publié par Pie IX, résumant, selon lui, les principales « erreurs » du monde moderne (libéralisme, socialisme, naturalisme, etc.).

SYLT, île d'Allemagne, à l'O. de la côte du Schleswig-Holstein, à laquelle elle est reliée par une digue.

SYLVAIN MYTH. ROM. Divinité protectrice des bois et des champs.

SYLVESTER (James Joseph), *Londres 1814 - id. 1897,* mathématicien britannique. Il fonda, avec A. Cayley, la théorie des invariants algébriques et celle des déterminants.

SYLVESTRE Ier (saint), *m. à Rome en 335,* pape de 314 à 335. Sous son pontificat, le christianisme accéda avec Constantin Ier au statut de religion d'Empire. — **Sylvestre II** (Gerbert **d'Aurillac**), *en Auvergne v. 938 - Rome 1003,* pape de 999 à 1003. Célèbre pour son érudition (notamm. en mathématiques), il enseigna à Reims et eut pour élève le futur empereur Otton III. Il joua un rôle important dans la désignation d'Hugues Capet comme roi de France. Archevêque de Reims (991), puis de Ravenne (998), il fut le pape de l'an 1000.

SYLVESTRE (Anne **Beugras,** dite **Anne**), *Lyon 1934,* chanteuse et auteure-compositrice française. Une des figures majeures de la rive gauche parisienne des années 1950 - 1960, elle a poursuivi sa carrière entre chanson poétique ou engagée et *Fabulettes* pour les enfants.

SYMMAQUE, en lat. **Quintus Aurelius Symmachus,** *Rome v. 340 - v. 410,* orateur et homme politique romain. Préfet de Rome en 384, consul en 391, il fut l'un des derniers défenseurs du paganisme contre le christianisme.

SYNGE (John Millington), *Rathfarnham 1871 - Dublin 1909,* auteur dramatique irlandais. Ses drames mêlent la poésie des thèmes folkloriques à l'observation réaliste de la vie quotidienne de province *(le Baladin du monde occidental,* 1907).

SYNGE (Richard Laurence Millington), *Liverpool 1914 - Norwich 1994,* biochimiste britannique. Avec A. J. P. Martin, il créa, en 1944, l'analyse chromatographique sur papier. (Prix Nobel de chimie 1952.)

SYPHAX, *m. à Rome v. 202 av. J.-C.,* roi de la Numidie occidentale. Époux de Sophonisbe, il fut vaincu par Masinissa en 203 et livré à Scipion l'Africain.

SYRA → **SÝROS.**

SYRACUSE, v. des États-Unis (État de New York) ; 144 263 hab. (662 577 hab. dans l'agglomération). Université.

SYRACUSE, v. d'Italie (Sicile), ch.-l. de prov. ; 115 675 hab. Port. – Vestiges grecs et romains (temples, théâtre, amphithéâtre, latomies, etc.) ; monuments du Moyen Âge et de l'époque baroque. Musées. – Colonie corinthienne fondée v. 734 av. J.-C., Syracuse imposa au Ve s. av. J.-C. son hégémonie sur la Sicile en refoulant les Carthaginois. Avec Denys l'Ancien (405 - 367 av. J.-C.), son influence s'étendit aux cités grecques de l'Italie méridionale. Elle fut conquise par Rome au cours de la deuxième guerre punique, après l'un des plus longs sièges de l'Antiquité (213 - 212 av. J.-C.).

SYR-DARIA n.m., anc. **Iaxarte,** fl. de l'Asie centrale, né au Kirghizistan (sous le nom de *Naryn*) et qui se jette dans la mer d'Aral ; 3 019 km. Il traverse le Kazakhstan.

SYRIE, région historique de l'Asie occidentale, englobant les États actuels de la république de Syrie, du Liban, d'Israël et de Jordanie.

HISTOIRE **La Syrie antique. IIe millénaire :** par vagues successives s'infiltrent Cananéens, Amorrites, Hourrites, Araméens (auxquels appartiennent les Hébreux) et Peuples de la Mer. **539 av. J.-C. :** la prise de Babylone par Cyrus II met fin à la domination assyro-babylonienne et fait de la Syrie une satrapie perse. **332 av. J.-C. :** le pays est conquis par Alexandre le Grand. La Syrie est intégrée au royaume séleucide, dont la capitale, Antioche, est fondée en 301. **64 - 63 av. J.-C. :** la Syrie devient une province romaine. **395 apr. J.-C. :** elle est rattachée à l'Empire romain d'Orient.

La Syrie musulmane. 636 : les Arabes, vainqueurs des Byzantins sur la rivière Yarmouk, conquièrent le pays. **661 - 750 :** les Omeyyades font de la Syrie et de Damas le centre de l'Empire musulman. **VIIIe s. :** sous les Abbassides, Bagdad devient la capitale de l'empire au détriment de Damas. **1076 - 1077 :** les Turcs Seldjoukides prennent Damas puis Jérusalem. **XIe - XIIIe s. :** les croisés organisent la principauté d'Antioche (1098 - 1268), le royaume de Jérusalem (1099 - 1291) et le comté de Tripoli (1109 - 1289). Saladin (1171 - 1193) et ses successeurs ayyubides entretiennent des relations pacifiques avec les Francs. **1260 - 1291 :** les Mamelouks arrêtent les Mongols, puis reconquièrent les dernières possessions franques de Palestine et de Syrie. Ils gouvernent la région jusqu'à la conquête ottomane (1516).

La Syrie ottomane puis française. 1516 : les Ottomans s'emparent de la Syrie, qu'ils conserveront jusqu'en 1918. **1831 - 1840 :** ils sont momentanément chassés par Méhémet-Ali et Ibrahim Pacha. **1860 :** la France intervient au Liban en faveur des maronites. **1916 :** l'accord Sykes-Picot délimite les zones d'influence de la France et de la Grande-Bretagne au Moyen-Orient. Les Syriens rallient les forces anglo-françaises et hachémites. **1920 - 1943 :** la France exerce le mandat que lui a confié la SDN établissant une République syrienne (avec Damas et Alep), une république des Alawites et un État druze.

SYRIE n.f., en ar. **Sūriya,** État d'Asie occidentale, sur la Méditerranée ; 185 000 km^2 ; 21 898 000 hab. *(Syriens).* CAP. *Damas.* V. PRINC. *Alep* et *Homs.* LANGUE : *arabe.* MONNAIE : *livre syrienne.*

GÉOGRAPHIE Une barrière montagneuse (djabal Ansariyya, prolongé au sud par les chaînons de l'Anti-Liban et de l'Hermon) sépare une étroite plaine littorale, au climat méditerranéen, des plateaux de l'Est, désertiques. Les principales cultures (blé et orge surtout, coton, tabac, vigne, olivier) sont souvent liées à l'irrigation et proviennent du Ghab (dépression drainée par l'Oronte), des piémonts montagneux – sites des

A B C D E F G H I J K L M N O P Q R S T U V W X Y Z

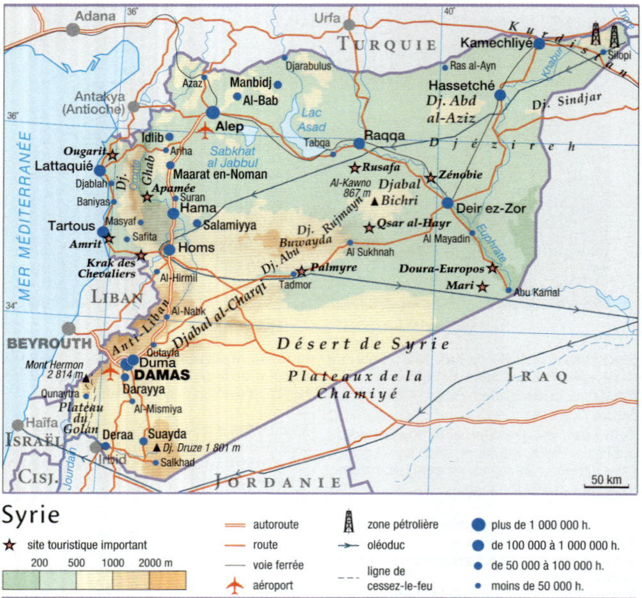

principales villes (Damas, Alep, Homs et Hama, en dehors du port de Lattaquié) – et de la vallée de l'Euphrate (barré à Tabqa). L'élevage ovin est la ressource essentielle des nomades de la Syrie orientale, où s'est développée l'extraction du pétrole (premier produit d'exportation). Le développement économique est réel au début du XXIe s., bien que dépendant de l'évolution des cours du pétrole et du contexte géopolitique régional, et ralenti par la forte croissance démographique. Mais, à partir de 2011, la crise intérieure conduit à une forte dégradation de la situation. La population, en majeure partie arabe, compte une petite minorité kurde. Elle est auj. en quasi-totalité islamisée.

HISTOIRE **1941 :** le général Catroux, au nom de la France libre, proclame l'indépendance du pays. **1943 - 1944 :** le mandat français sur la Syrie prend fin. **1946 :** les dernières troupes françaises et britanniques quittent le pays. **1948 :** la Syrie participe à la première guerre israélo-arabe. **1949 - 1956 :** des putschs portent au pouvoir des chefs d'État favorables ou hostiles aux Hachémites. **1958 - 1961 :** l'Égypte et la Syrie forment la République arabe unie. **1963 :** le parti Baath prend le pouvoir. **1967 :** la guerre des Six-Jours entraîne l'occupation du Golan par Israël. **1970 :** Hafiz al-Asad accède au pouvoir. **1973 :** la Syrie s'engage dans la quatrième guerre israélo-arabe. **À partir de 1976 :** elle intervient au Liban. **1980 :** l'opposition islamiste des Frères musulmans se développe. **1982 :** la répression par le pouvoir central de l'insurrection de la ville de Hama fait plusieurs milliers de morts (févr.). **À partir de 1985 :** la Syrie renforce sa tutelle sur le Liban, consacrée en 1991 par un traité de fraternité syro-libanais. **1991 :** lors de la guerre du Golfe, la Syrie participe à la force multinationale. Elle prend part à la conférence de paix sur le Proche-Orient, ouverte à Madrid en octobre. **1994 :** des négociations s'engagent entre la Syrie et Israël sur la restitution du Golan et sur la normalisation de leurs relations. **2000 :** Hafiz al-Asad meurt ; son fils Bachar lui succède. **2005 :** soupçonnée d'être impliquée dans l'attentat ayant coûté la vie à R. Hariri, la Syrie retire ses troupes du Liban. **2008 :** les deux pays entament une normalisation de leurs relations. Damas retrouve sa place dans le jeu politique international. **2011 - 2013 :** confronté, à partir de mars 2011, à une vague de contestation de son régime inscrite dans le mouvement des révolutions* arabes, Bachar al-Asad répond par une répression sanglante. Mais il ne peut empêcher la montée en puissance de la rébellion. Le conflit gagne peu à peu tout le pays, faisant des dizaines de milliers de morts et poussant de nombreux Syriens à fuir dans les pays voisins. Face à cette escalade meurtrière, la communauté internationale reste en retrait, paralysée par le veto de la Russie et de la Chine à toute action ferme à l'encontre du pouvoir de Damas, mais aussi inquiète de la présence grandissante de milices djihadistes étrangères aux côtés de la Coalition nationale syrienne (union de l'opposition intérieure formée en 2012). Cependant, en réaction à une attaque massive au gaz toxique perpétrée dans les faubourgs de Damas, le 21 août 2013, et imputée aux forces de B. al-Asad, l'ONU adopte, en sept., une résolution relative à la destruction de l'arsenal chimique syrien (achevée en août 2014), sous contrôle international. **2014 - 2015 :** morcelée entre forces loyalistes, milices djihadistes (dont l'organisation État* islamique), rebelles nationalistes et Kurdes, la Syrie est, à partir de sept., le théâtre d'une nouvelle bataille : les États-Unis, à la tête d'une vaste coalition, interviennent (par des frappes aériennes, en partic.) afin de stopper l'avancée de l'organisation État islamique (qui a proclamé, en juin, un « califat » en Iraq et en Syrie). En sept. 2015, la Russie entre à son tour dans le conflit à la demande de B. al-Asad, en recul sur plusieurs fronts. Les tentatives de pourparlers impulsées par les Occidentaux, États-Unis en tête (processus de Genève), se heurtent aux intérêts antagonistes des différents acteurs de la crise et des puissances (Arabie saoudite, Iran, Russie, Turquie…) qui les soutiennent. **2016 :** grâce notamm. à l'appui de l'aviation russe, l'armée loyaliste regagne rapidement du terrain sur les rebelles (Alep, en déc.). **2017 :** la Russie prend l'initiative dans la recherche d'un règlement au conflit, avec l'Iran, son allié sur le terrain, et la Turquie, proche des rebelles (processus d'Astana). En oct., la reconquête de Raqqa (« capitale » syrienne de l'organisation État islamique depuis 2014) par les Kurdes, soutenus par la coalition internationale, marque la fin du projet étatique des djihadistes. **2018 :** avec la reddition des dernières poches rebelles importantes, le régime de B. al-Asad reprend le contrôle de la majeure partie du pays, tandis qu'au nord-ouest la Turquie lance des offensives contre les Kurdes (avec l'accord de la Russie) pour les empêcher d'établir une région autonome à sa frontière. En déc., les États-Unis annoncent le retrait progressif de leurs troupes.

SYRIE (désert de), région aride de l'Asie, aux confins de la Syrie, de l'Iraq et de la Jordanie.

SYRINX **MYTH. GR.** Nymphe d'Arcadie, qui, pour échapper à l'amour de Pan, obtint d'être changée en roseau. De ce roseau Pan fit une flûte.

SÝROS ou **SYRA,** une des îles Cyclades (Grèce) ; ch.-l. *Ermoúpolis*.

SYRTE, v. de Libye, sur la côte occidentale du *golfe de Syrte* ; 75 000 hab. Port.

SYRTE (golfe de), échancrure du littoral de la Libye, entre Benghazi et Misourata.

SYZRAN, v. de Russie, sur la Volga ; 178 773 hab. Centre d'un bassin pétrolier.

SZASZ (Thomas Stephen), *Budapest 1920 - Manlius, New York, 2012*, psychiatre et psychanalyste américain d'origine hongroise. Sa critique des institutions psychiatriques se nourrit d'une conception humaniste et individualiste du sujet (*Fabriquer la folie*, 1970).

SZCZECIN, en all. **Stettin,** v. de Pologne, ch.-l. de voïévodie, sur l'Odra, près de la Baltique ; 410 131 hab. Port. Centre industriel. – Églises gothiques et château de la Renaissance.

SZEGED, v. de Hongrie, au confluent de la Tisza et du Maros (Mureș) ; 154 294 hab. Université.

SZÉKESFEHÉRVÁR, anc. **Albe Royale,** v. de Hongrie, au N.-E. du lac Balaton ; 96 320 hab. Monuments baroques et néoclassiques.

SZENT-GYÖRGYI (Albert), *Budapest 1893 - Woods Hole, Massachusetts, 1986*, biochimiste américain d'origine hongroise. Il obtint le prix Nobel de médecine en 1937 pour sa découverte de la vitamine C.

SZIGLIGETI (József **Szathmáry,** dit Ede), *Váradolaszi 1814 - Budapest 1878*, auteur dramatique hongrois, créateur du drame populaire dans son pays.

SZILARD (Leo), *Budapest 1898 - La Jolla, Californie, 1964*, physicien américain d'origine hongroise. Collaborateur de E. Fermi, il a réalisé la réaction des rayons γ sur le béryllium et participé à la construction de la première pile atomique (Chicago, 1942).

SZOLNOK, v. de Hongrie, sur la Tisza ; 72 040 hab.

SZOMBATHELY, v. de Hongrie ; 76 322 hab. Vestiges romains ; monuments gothiques et baroques ; musée.

SZYMANOWSKI (Karol), *Tymoszówka 1882 - Lausanne 1937*, compositeur polonais. L'un des chefs de l'école symphonique et dramatique polonaise, il écrivit deux concertos pour violon.

SZYMBORSKA (Wisława), *Bnin, auj. dans Kórnik, près de Poznań, 1923 - Cracovie 2012*, poétesse et critique polonaise. Elle a livré une poésie limpide, sobre et caustique, d'inspiration philosophique (*Cas où*, 1972 ; *les Gens sur le pont*, 1986). [Prix Nobel 1996.]

TABARIN (Antoine **Girard**, dit), *Paris 1584 - id. 1633*, bateleur français, célèbre joueur de farces.

TABARKA, port et station balnéaire du nord de la Tunisie (Kroumirie), sur la Méditerranée ; 19 770 hab. Pêche. – Festival de jazz.

TABARLY (Éric), *Nantes 1931 - en mer, au large des côtes du pays de Galles, 1998*, officier de marine et navigateur français. Vainqueur, notamment, de la Transat en solitaire en 1964 et en 1976 (respectivement sur *Pen Duick II* et sur *Pen Duick VI*), il fut à l'origine de nombreuses innovations en matière de conception et d'architecture des voiliers. Cité de la voile Éric-Tabarly, à Lorient.

◄ Éric **Tabarly**

Table ronde (cycle de la), autre nom du *cycle d'Arthur**.

TABORA, v. de Tanzanie ; 226 999 hab. dans l'agglomération.

TABOUROT (Jehan), *Dijon 1519 ou 1520 - Langres 1595 ou 1596*, écrivain français. Il est l'auteur, sous le pseudonyme de Thoinot Arbeau, du premier ouvrage de notation chorégraphique (*Orchésographie*, 1588).

Tabqa (al-), site d'un important barrage de Syrie, sur l'Euphrate.

TABRIZ, anc. **Tauris,** v. d'Iran ; 1 223 692 hab. Principal centre de l'Azerbaïdjan iranien. – Mosquée Bleue à beau décor de céramique émaillée (XVe s.).

TABUCCHI (Antonio), *Pise 1943 - Lisbonne 2012*, écrivain italien. Puisant l'essentiel de son inspiration en Toscane et au Portugal (grand traducteur de F. Pessoa), il bâtit autour de personnages aux expériences singulières l'univers raffiné, cosmopolite ou engagé de ses récits (*Nocturne indien*, 1984 ; *Requiem*, 1991 ; *Pereira prétend*, 1994 ; *Tristano meurt*, 2004 ; *Le temps vieillit vite*, 2009 ; *Pour Isabel* [posthume], 2013).

TACHKENT, cap. de l'Ouzbékistan, en Asie centrale ; 2 210 000 hab. dans l'agglomération. Nœud ferroviaire et centre industriel. – Musées.

TACITE, en lat. **Publius Cornelius Tacitus,** *v. 55 - v. 120*, historien latin. Tout en menant une carrière qu'il acheva comme proconsul d'Asie (v. 110 - 113), il écrivit les *Annales*, les *Histoires*, la *Vie d'Agricola* (qui était son beau-père), *la Germanie* et le *Dialogue des orateurs*. Son style expressif et concis fait de lui un maître de la prose latine.

TACOMA, v. des États-Unis (État de Washington) ; 205 159 hab.

TADEMAÏT (plateau du), région du Sahara algérien, au N. d'In Salah.

TADJIKISTAN n.m., État d'Asie centrale, à l'O. de la Chine ; 143 000 km² ; 8 208 000 hab. (*Tadjiks*). **CAP.** *Douchanbé*. **LANGUE :** *tadjik*. **MONNAIE :** *somoni*.

GÉOGRAPHIE Occupant une partie du Pamir, le Tadjikistan est un territoire montagneux, au climat rude (hivers rigoureux et étés souvent arides). Il juxtapose élevage (ovins) largement dominant et cultures généralement irriguées (coton). La production d'aluminium représente un tiers des exportations du pays. Les Tadjiks de souche constituent près des deux tiers de la population, qui comporte une notable minorité d'Ouzbeks et qui est en quasi-totalité islamisée.

HISTOIRE La frontière entre, d'une part, les régions du sud-est de l'Asie centrale conquises par les Russes (à partir de 1865) et le khanat de Boukhara, et, d'autre part, l'Afghanistan est fixée de 1886 à 1895 par une commission anglo-russe. **1924 :** la république autonome du Tadjikistan est créée au sein de l'Ouzbékistan. **1925 :** le Pamir septentrional lui est rattaché. **1929 :** le Tadjikistan devient une république fédérée de l'URSS. **1990 :** les communistes remportent les premières élections républicaines libres. **1991 :** le Soviet suprême proclame l'indépendance de la république (sept.), qui adhère à la CEI. **1992 - 1997 :** une guerre civile oppose islamistes et démocrates aux procommunistes. Ces derniers se maintiennent au pouvoir sous la conduite d'Emomali Rakhmonov (ou Rakhmon), président de la République depuis 1992, mais la paix intérieure reste très fragile.

TADJIKS, peuple vivant principalement au Tadjikistan, en Afghanistan et en Ouzbékistan, mais aussi au Kirghizistan, au Kazakhstan, en Iran et en Russie (env. 7,5 millions). En majorité musulmans sunnites, ils parlent le *tadjik*, forme du persan.

Tadj Mahall ou **Taj Mahal,** mausolée élevé au XVIIe s. près d'Agra, en Inde, par l'empereur Chah Djahan. Construit en marbre blanc incrusté de

▲ Le **Tadj Mahall** (1631-1641), près d'Agra.

pierres de couleur pour célébrer la mémoire de son épouse, Mumtaz Mahall, c'est l'une des plus belles œuvres de l'architecture moghole.

TADOUSSAC, village du Canada (Québec), à l'embouchure du Saguenay ; 799 hab. *(Tadoussaciens).* Centre touristique dans un site remarquable ; chapelle en bois de 1747.

TAEGU, v. de Corée du Sud ; 2 444 000 hab.

TAEJON, v. de Corée du Sud ; 1 495 000 hab.

TAFILALET ou **TAFILELT** n.m., région du Sahara marocain, au S. du Haut Atlas. Nombreuses oasis.

Tafna (traité de la) [30 mai 1837], traité signé entre Bugeaud et Abd el-Kader. L'autorité de ce dernier était reconnue par la France sur près des deux tiers de l'Algérie.

TAFT (William Howard), *Cincinnati 1857 - Washington 1930,* homme politique américain. Il fut président républicain des États-Unis de 1909 à 1913. — **Robert Alphonso T.,** *Cincinnati 1889 - New York 1953,* homme politique américain, fils de William Howard. Sénateur républicain, il inspira la loi *Taft-Hartley* limitant le droit de grève (1947).

TAGALOG ou **TAGAL,** peuple des Philippines (île de Luçon) [env. 27 millions]. D'origine malaise, ils ont été christianisés. Ils parlent le *tagalog* (ou *tagal*), base du filipino.

TAGANROG, v. de Russie, sur la mer d'Azov ; 257 692 hab. Port. – Maison-musée A.-Tchekhov.

TAGE n.m., en esp. **Tajo,** en port. **Tejo,** le plus long fl. de la péninsule Ibérique, né en Espagne et qui rejoint l'Atlantique par un estuaire sur lequel est établie Lisbonne ; 1 120 km. Il passe à Tolède, avant de traverser le Portugal. Hydroélectricité.

TAGLIONI (les), famille de danseurs italiens des XVIIIe et XIXe s. — **Filippo T.,** *Milan 1777 - Côme 1871,* chorégraphe italien, initiateur du ballet romantique (*la Sylphide,* 1832 ; *l'Ombre,* 1839). — **Maria** ou **Marie T.,** *Stockholm 1804 - Marseille 1884,* danseuse italienne. Fille de Filippo, elle fut la première à maîtriser assez la technique des pointes pour lui donner une dimension poétique et incarna la ballerine romantique idéale en créant *la Sylphide* et *le Pas de quatre* (1845).

◄ Maria **Taglioni.**
Lithographie (1840) de Belliard.

TAGORE (Rabindranath), *Calcutta 1861 - Shantiniketan 1941,* écrivain indien. Il est l'auteur de poèmes d'inspiration mystique ou patriotique (*Gitanjali,* 1910, traduit par Gide sous le titre de *l'Offrande lyrique*), de romans et de drames. (Prix Nobel 1913.)

◄ **Tagore** en 1920.

TAHITI, principale île de la Polynésie française, dans l'archipel de la Société ; 1 042 km^2 ; 178 133 hab. ; ch.-l. *Papeete.* Coprah. Tourisme. – Découverte par S. Wallis en 1767, dirigée par la dynastie des Pomaré à partir de la fin du XVIIIe s., l'île devint protectorat français en 1843, puis colonie française en 1880. En 1959, elle a été intégrée à la Polynésie française.

TAI'AN, v. de Chine, au S.-E. de Jinan ; 1 538 211 hab.

TAICHUNG, v. de Taïwan ; 989 047 hab.

TAIF, v. d'Arabie saoudite, dans le Hedjaz ; 521 273 hab.

TAIFAS (royaumes de), petits États musulmans de l'Espagne médiévale, formés après la disparition du califat de Cordoue (1031).

Taillebourg (bataille de) [21 juill. 1242], victoire de Saint Louis sur Henri III d'Angleterre, à Taillebourg, au nord de Saintes.

TAÏMYR (péninsule de), presqu'île du nord de la Russie, dans l'océan Arctique.

TAINAN, v. de Taïwan ; 725 985 hab. Port.

TAINE (Hippolyte), *Vouziers 1828 - Paris 1893,* philosophe, historien et critique français. Il a essayé d'expliquer par la triple influence de la race, du milieu et de l'époque les œuvres artistiques et les faits historiques (*Origines de la France contemporaine,* 1875-1894) et littéraires (*Essai sur les Fables de La Fontaine,* 1853 ; *les Philosophes français du XIXe siècle,* 1857 ; *Histoire de la littérature anglaise,* 1864-1872 ; *De l'intelligence,* 1870). [Acad. fr.]

Taïwan

TAIN-L'HERMITAGE (26600), bur. centr. de cant. de la Drôme ; 6 301 hab. *(Tainois).* Vignobles.

TAIPEI, cap. de Taïwan ; 2 654 039 hab. dans l'agglomération. Centre commercial et industriel. – Musée national (riche collection de peinture chinoise ancienne).

Taiping, mouvement politique et religieux qui agita la Chine de 1851 à 1864. Fondé par Hong Xiuquan (1814 - 1864), qui voulait sauver la Chine de la décadence, il fut appuyé par les sociétés secrètes hostiles aux Qing. Il fut anéanti en 1864.

TAIROV (Aleksandr Iakovlevitch **Kornblit,** dit Aleksandr Iakovlevitch), *Romny, Poltava, 1885 - Moscou 1950,* acteur et metteur en scène de théâtre soviétique. Fondateur du « Théâtre de chambre » de Moscou, inspiré du *Kammerspiel* allemand, il associa à la technique dramatique les autres modes d'expression : danse, musique, cinéma.

TAISHO TENNO, nom posthume de **Yoshihito,** *Tokyo 1879 - Hayama 1926,* empereur du Japon de 1912 à 1926. Dès 1921, il laissa la régence à son fils Hirohito.

TAÏWAN n.f., anc. **Formose,** île située au S.-E. de la Chine continentale, dont elle est séparée par le *détroit de Taïwan* ; 36 000 km^2 ; 23 200 000 hab. *(Taïwanais).* CAP. *Taipei.* Elle constitue une province de la Chine. Depuis 1949, elle est administrée de fait, sous le nom de république de Chine, par son propre gouvernement.

GÉOGRAPHIE L'île, traversée par le tropique et abondamment arrosée par la mousson en été, est formée, à l'est, de montagnes élevées et, à l'ouest, de collines et de plaines intensément mises en valeur (canne à sucre, riz, légumes et fruits). Le secteur industriel (textiles, matériel électrique et électronique, plastiques, jouets), à vocation exportatrice, est devenu le moteur d'une économie qui a connu un essor spectaculaire.

HISTOIRE Depuis le XIIe s., des marchands et des pirates chinois fréquentent l'île. **XVIIe s. :** celle-ci est peuplée par des immigrants chinois ; les Hollandais s'établissent dans le Sud (1624), les Espagnols dans le Nord (1626 - 1642). **1683 :** l'île passe sous le contrôle des empereurs Qing. **1895 :** le traité de Shimonoseki cède Formose au Japon. **1945 :** l'île est restituée à la Chine. **1949 :** elle sert de refuge aux nationalistes du Guomindang, présidé par Jiang Jieshi (Tchang Kaï-chek), qui y transfèrent le gouvernement de la république de Chine. **1950 - 1971 :** le siège de la Chine au Conseil de sécurité de l'ONU est occupé par ce gouvernement. **1975 :** Chiang Chin-kuo (Jiang Jingguo) succède à son père, Jiang Jieshi. **1979 :** les États-Unis reconnaissent la République populaire de Chine et rompent leurs relations diplomatiques avec Taïwan. L'île refuse l'« intégration pacifique » que lui propose la Chine populaire. **1987 :** un processus de démocratisation est engagé. **1988 :** mort de Chiang Chin-kuo. Lee Teng-hui lui succède. **1991 :** l'état de guerre avec la Chine est levé. **1995 :** la Chine accentue très fortement sa pression sur Taïwan. **1996 :** Lee Teng-hui remporte la première élection présidentielle au suffrage universel. **2000 :** interrompant un demi-siècle de suprématie du Guomindang, Chen Shui-bian, leader du Parti démocratique progressiste (de tendance indépendantiste), est élu à la présidence de la République (réélu en 2004). **2008 :** Ma Ying-jeou lui succède, consacrant le retour au pouvoir du Guomindang, assorti d'une nette amélioration des relations avec la Chine. Il est réélu en 2012. **2014 :** la politique de rapprochement avec Pékin provoque une mobilisation de la jeunesse (« révolution des tournesols »), puis la déroute du Guomindang aux municipales. **2015 :** rencontre historique entre les présidents taïwanais et chinois, à Singapour. **2016 :** Tsai Ing-wen, leader du Parti démocratique progressiste, devient la première femme présidente de Taïwan. L'île reprend ses distances vis-à-vis de la Chine.

TAIYUAN, v. de Chine, cap. du Shanxi ; 2 558 382 hab. Sidérurgie. Chimie. – Musée de la prov. du Shanxi ; monastère (peintures sur soie) ; à proximité, dans un parc, le *Jinci,* temple des Ancêtres aux bâtiments d'époques Song et Ming.

Taizé (Communauté de), communauté chrétienne fondée en 1940 à Taizé (Saône-et-Loire) par des protestants suisses autour du pasteur Roger Schutz (1915 - 2005). Œcuménique, devenue interconfessionnelle en 1969, elle accueille des jeunes du monde entier et les rassemble en des « conciles » périodiques sur tous les continents.

TAIZZ, v. du Yémen ; 751 000 hab.

TAJÍN (El), centre religieux précolombien de l'État de Veracruz (Mexique), florissant du VIIe au Xe s., avant d'être abandonné. Nombreux vestiges architecturaux, dont la pyramide aux 365 niches.

TAKAHATA ISAO, *Ise 1935 - Tokyo 2018,* cinéaste japonais. Maître de l'animation, il a construit une œuvre où le thème abordé (guerre, vie quotidienne, légende) appelle une esthétique particulière (réalisme, manga, art de l'estampe) : *le Tombeau des lucioles,* 1988 ; *Mes voisins les Yamada,* 1999 ; *le Conte de la princesse Kaguya,* 2013.

TAKAMATSU, v. du Japon (Shikoku) ; 419 291 hab. Port. – Célèbre jardin du XVIIIe s. dans le parc de Ritsurin.

TAKAOKA, v. du Japon (Honshu) ; 176 109 hab.

TAKASAKI, v. du Japon (Honshu) ; 371 352 hab.

TAKATSUKI, v. du Japon (Honshu) ; 357 423 hab.

TAKIS (Panayiótis **Vassilákis,** dit), *Athènes 1925,* artiste grec. Installé en France, il s'est orienté vers une poétique fondée sur les ressources de la technologie : « Sculptures électromagnétiques », « Télélumières », « Sculptures musicales », etc.

TAKLA-MAKAN ou **TAKLIMAKAN,** désert de Chine, dans le sud du Xinjiang.

TAKORADI → **SEKONDI-TAKORADI.**

TALABANI (Djalal), *Kalkan, prov. de Kirkuk, 1933 - Berlin 2017,* homme politique irakien. Fondateur en 1975 de l'Union patriotique du Kurdistan (UPK), un des chefs historiques de la rébellion kurde contre le régime de S. Husayn, il fut président de la République de 2005 à 2014.

TALANT (21240), comm. de la Côte-d'Or, banlieue N.-O. de Dijon ; 11 637 hab. Église gothique.

TALAT PAŞA (Mehmed), *Edirne 1874 - Berlin 1921,* homme politique ottoman. Membre des Jeunes-Turcs, il forma avec Enver et Djamal le triumvirat qui présida à partir de 1913 aux destinées de l'Empire ottoman, et fut grand vizir (1917 - 1918). Il fut assassiné par un Arménien.

TALAVERA DE LA REINA, v. d'Espagne (Castille-La Manche), sur le Tage ; 87 676 hab. Églises des XIIe-XVe s. ; céramiques.

TALBOT (John), **comte de Shrewsbury,** *v. 1384 - Castillon 1453,* homme de guerre anglais. Il combattit en Normandie et s'empara de Bordeaux en 1452. Il fut tué à la bataille de Castillon.

TALBOT (William Henry Fox), *Lacock Abbey, près de Chippenham, 1800 - id. 1877,* physicien britannique. Le premier, il mit au point, de 1835 à 1841, la photographie avec négatif et sur papier (*calotypie,* ou *talbotypie*). En 1851, il imagina un procédé de photographie instantanée.

TALCA, v. du Chili central ; 189 505 hab.

TALCAHUANO, v. du Chili central ; 161 692 hab. Port. Pêche. Chantiers navals. Université.

TALENCE (33400), bur. centr. de cant. de la Gironde, banlieue sud-ouest de Bordeaux ; 43 506 hab. (*Talençais*). Centre universitaire.

TALLAHASSEE, v. des États-Unis, cap. de la Floride ; 188 107 hab. (367 413 hab. dans l'agglomération). Université.

TALLEMANT DES RÉAUX (Gédéon), *La Rochelle 1619 - Paris 1692,* mémorialiste français. Ses *Historiettes* forment un témoignage savoureux sur la société mondaine de son temps.

TALLEYRAND-PÉRIGORD [talrɑ̃- ou talɛrɑ̃-] (Charles Maurice **de**), *Paris 1754 - id. 1838,* homme politique français. Devenu boiteux dans son enfance, il est destiné à une carrière ecclésiastique et devient évêque d'Autun (1788). Député aux États généraux et à l'Assemblée constituante (1789), il rompt avec l'Église après avoir soutenu la Constitution civile du clergé. Réfugié en Angleterre puis aux États-Unis (1792 - 1796), il est ministre des Relations extérieures du Directoire, puis du Consulat et de l'Empire (1797 - 1807) ; il inspire le traité de Lunéville (1801), le Concordat (1801), la paix d'Amiens (1802) et le traité de Presbourg (1805). Grand chambellan d'Empire et prince de Bénévent, il quitte les Affaires étrangères (1807) parce qu'il est opposé à la rupture avec l'Autriche ; il est disgracié en 1809. Chef du gouvernement provisoire en avril 1814, il fait voter par le Sénat la déchéance de Napoléon et la proclamation de Louis XVIII. Ministre des Affaires étrangères sous la première Restauration, il joue un rôle essentiel au congrès de Vienne (1814 - 1815). De nouveau chef du gouvernement de juill. à sept. 1815, il passe, à la fin de la Restauration, dans l'opposition libérale. Louis-Philippe fait de lui son ambassadeur à Londres (1830 - 1835).

▲ **Talleyrand** par A. Scheffer. (Musée Condé, Chantilly.)

TALLIEN (Jean Lambert), *Paris 1767 - id. 1820,* homme politique français. Député montagnard à la Convention, il revint à des positions plus modérées après sa rencontre avec Thérésa Cabarrus. Il fut l'un des instigateurs du 9 Thermidor. — **Thérésa Cabarrus,** Mme **T., marquise de Fontenay,** *Carabanchel Alto, près de Madrid, 1773 - Chimay 1835,* femme de Jean Lambert Tallien. Elle fut surnommée *Notre-Dame de Thermidor.*

TALLINN, en russe **Tallin,** anc. **Reval** ou **Revel,** cap. de l'Estonie, sur le golfe de Finlande ; 400 308 hab. Centre industriel et touristique. Université. – Citadelle médiévale ; musée dans un palais baroque du XVIIIe s.

TALLON (Roger), *Paris 1929 - id. 2011,* désigneur français. Ses réalisations concernent l'ensemble de la production industrielle : équipement ménager ; luminaires ; téléphones ; transports (métro de Mexico, 1969 ; train Corail, 1974 ; TGV Atlantique, 1986-1988, etc.) ; chaussures de ski ; montres...

TALMA (François Joseph), *Paris 1763 - id. 1826,* acteur français. Il fut l'acteur tragique préféré de Napoléon Ier. Soucieux de vérité historique dans les costumes et les décors, il rendit aussi la diction plus naturelle.

TALMONT-SAINT-HILAIRE (85440), bur. centr. de cant. de la Vendée ; 7 546 hab. (*Talmondais*). Forteresse remontant au XIe s. ; musée de l'Automobile.

Talmud (mot hébreu signifiant *étude*), compilation de commentaires sur la Loi mosaïque fixant l'enseignement des grandes écoles rabbiniques. Il est constitué par la *Mishna* (IIe-IIIe s.), codification de la Loi orale, et par la *Gemara* (IVe-VIe s.), commentaire de la Mishna, émanant des écoles de Palestine et de Babylone. Le Talmud est un des ouvrages les plus importants du judaïsme.

TALON (Jean), *Châlons-sur-Marne 1625 - 1694,* administrateur français. Premier intendant de la Nouvelle-France (1665 - 1668 et 1670 - 1672), il amorça l'essor du Canada.

TALON (Omer), *Paris 1595 - id. 1652,* magistrat français. Avocat général au parlement de Paris (1631), il défendit les droits du parlement, mais resta fidèle à la royauté pendant la Fronde.

TALON (Patrice), *Abomey 1958,* homme d'affaires et homme politique béninois. Il est président de la République depuis 2016.

TAMALE, v. du Ghana ; 202 317 hab.

TAMANRASSET ou **TAMANGHASSET,** v. d'Algérie, ch.-l. de wilaya, dans le Hoggar ; 92 635 hab. Oasis.

TAMATAVE → **TOAMASINA.**

TAMAYO (Rufino), *Oaxaca 1899 - Mexico 1991,* peintre mexicain. Ses toiles témoignent d'une riche invention symbolique et chromatique (*Prométhée,* 1958, maison de l'Unesco à Paris).

TAMBORA, volcan actif d'Indonésie (Sumbawa) ; 2 850 m. Siège de l'éruption volcanique la plus violente et la plus meurtrière de l'histoire, en 1815.

TAMBOV, v. de Russie, au S.-E. de Moscou ; 280 457 hab. Centre industriel.

TAMERLAN → **TIMUR LANG.**

TAMIL NADU, anc. **État de Madras,** État de l'Inde ; 130 000 km² ; 72 138 958 hab. ; cap. *Madras* (*Chennai*).

TAMISE n.f., en angl. **Thames,** fl. de Grande-Bretagne, en Angleterre, qui rejoint la mer du Nord ; 338 km. Elle traverse Londres.

TAMISE, en néerl. **Temse,** comm. de Belgique (Flandre-Orientale) ; 29 012 hab.

TAMMERFORS → **TAMPERE.**

TAMMOUZ, dieu assyro-babylonien du Printemps et de la Fertilité, appelé aussi *Doumouzi-Abzou.* Ses traits se retrouvent chez d'autres divinités du Proche-Orient (Adonis, Osiris).

TAMOUL ou **TAMIL,** peuple de l'Inde méridionale et du Sri Lanka, de religion hindouiste et parlant une langue dravidienne.

TAMPA, v. des États-Unis (Floride), sur le golfe du Mexique ; 358 699 hab. (2 484 401 hab. dans l'agglomération). Port.

TAMPERE, en suéd. **Tammerfors,** v. de Finlande ; 220 531 hab. Centre industriel. – Musées.

TAMPICO, v. du Mexique, sur le golfe du Mexique ; 297 057 hab. (858 620 hab. dans l'agglomération). Port. Raffinage et exportation du pétrole.

TAMPON (Le) [97430], comm. de La Réunion ; 77 339 hab. (*Tamponnais*).

TANA n.f. ou **TENO** n.m., fl. de Finlande et de Norvège (frontière entre les deux pays) ; 310 km.

TANA (lac), lac d'Éthiopie (env. 3 000 km²), dont est issu le Nil Bleu.

TANAGRA, village de Grèce (Béotie). Centre de production d'élégantes statuettes de terre cuite, principalement au IVe s. av. J.-C.

TANAÏS, nom anc. du Don.

Tanaka (plan), plan japonais d'expansion territoriale rédigé par le général Tanaka (1863 - 1929) et partiellement réalisé pendant la Seconde Guerre mondiale.

TANANARIVE → **ANTANANARIVO.**

TANCARVILLE (76430), comm. de la Seine-Maritime, sur l'estuaire de la Seine ; 1 322 hab. Pont routier. — canal de **Tancarville,** canal qui aboutit à l'arrière-port du Havre (26 km).

TANCRÈDE DE HAUTEVILLE, *m. à Antioche en 1112,* prince de Galilée (1099 - 1112), prince d'Antioche (1111 - 1112). Petit-fils de Robert Guiscard, il accompagna son oncle Bohémond Ier à la première croisade et administra la principauté d'Antioche en son absence (à partir de 1101), avant de lui succéder. Le Tasse a fait de lui le modèle du chevalier dans *la Jérusalem délivrée* (1581).

TANEGASHIMA, île du Japon, au S. de Kyushu. Base de lancement d'engins spatiaux.

TANEZROUFT n.m. (« Pays de la soif »), région très aride du Sahara algérien, à l'O. du Hoggar.

TANG, dynastie qui a régné sur la Chine de 618 à 907. Fondée par Tang Gaozu (618 - 626), cette dynastie étendit le territoire de l'Empire en Asie centrale, au Viêt Nam, en Mongolie et en Mandchourie méridionale.

TANGA, v. de Tanzanie. Port.

TANGANYIKA, nom que prit la partie de l'Afrique-Orientale allemande qui passa sous tutelle britannique en 1920. Ce territoire constitue auj. la partie principale de la Tanzanie.

TANGANYIKA (lac), grand lac de l'Afrique orientale, entre la Rép. dém. du Congo, le Burundi, la Tanzanie et la Zambie, qui se déverse dans le Congo (r. dr.) par la Lukuga ; 31 900 km².

TANGE KENZO, *Osaka 1913 - Tokyo 2005,* architecte et urbaniste japonais. Utilisateur audacieux du béton armé, alliant progressivement à la pureté des formes un expressionnisme aux effets saisissants, il a exercé une influence internationale. (Prix Pritzker 1987.)

TANGER, en ar. **Ṭandja,** v. du Maroc, ch.-l. de prov., sur le détroit de Gibraltar ; 1 065 601 hab. dans l'agglomération. Tanger fut zone internationale de 1923 à 1956, sauf pendant l'occupation espagnole (1940 - 1945). C'est un port franc depuis 1962. Centre industriel (cimenterie, conserveries, textile, industrie automobile). À 40 km à l'est a été construit le port Tanger-Méditerranée (conteneurs). – Anc. palais des sultans ; musées.

TANGSHAN, v. de Chine (Hebei), à l'E. de Pékin ; 1 711 311 hab. Séisme meurtrier en 1976.

TANG TAIZONG, nom posthume de **Li Shimin,** empereur de Chine (627 - 649), de la dynastie des Tang. Il étendit considérablement l'Empire.

TANGUY (Yves), *Paris 1900 - Woodbury, Connecticut, 1955,* peintre français naturalisé américain. Autodidacte, l'un des plus purs « rêveurs » du surréalisme (*À quatre heures d'été, l'espoir,* 1929, MNAM), il s'installa aux États-Unis en 1939.

A B C D E F G H I J K L M N O P Q R S T U V W X Y Z

TANIGUCHI JIRÔ, *Tottori, Honshu, 1947 - Tokyo 2017,* dessinateur et scénariste japonais de bandes dessinées. S'éloignant des mangas d'action traditionnels, il saisit la fugacité du quotidien et exprime la profondeur des sentiments humains (*l'Homme qui marche*, 1992 ; *le Journal de mon père*, 1995 ; *Quartier lointain*, 1998-1999 ; *Un zoo en hiver*, 2008 ; *les Contrées sauvages*, 2012).

TANINGES (74440), comm. de la Haute-Savoie ; 3 486 hab. Bourg pittoresque.

TANINTHARYI → **TENASSERIM.**

TANIS, v. de l'Égypte ancienne, dans le delta du Nil. Elle fut peut-être la capitale des Hyksos, et fut sûrement celle des XXIe et XXIIIe dynasties. – Dans le temple, tombes inviolées des XXIe et XXIIe dynasties, découvertes par Pierre Montet.

TANIT, importante divinité du panthéon carthaginois, déesse de la Fertilité.

TANIZAKI JUNICHIRO, *Tokyo 1886 - Yugarawa 1965,* écrivain japonais. Influencé par le réalisme occidental, il retrouva les formes d'expression traditionnelles dans des romans qui mêlent érotisme et fascination de la mort (*la Confession impudique* [ou *la Clef*], 1956 ; *Journal d'un vieux fou*, 1961).

TANJORE → **THANJAVUR.**

TANJUNG KARANG → **BANDAR LAMPUNG.**

TANLAY (89407), comm. de l'Yonne ; 1 068 hab. Important château des XVIe et XVIIe s.

Tannenberg (bataille de) [15 juill. 1410] → **Grunwald.**

Tannenberg (bataille de) [26 - 29 août 1914], bataille de la Première Guerre mondiale. Victoire décisive des Allemands de Hindenburg sur l'armée russe à Tannenberg (auj. *Stębark*, Pologne).

TANNER (Alain), *Genève 1929,* cinéaste suisse. Figure marquante du nouveau cinéma suisse, il a réalisé *Charles mort ou vif* (1969), *la Salamandre* (1971), *les Années lumière* (1981), *la Vallée fantôme* (1987), *la Femme de Rose Hill* (1989), *le Journal de Lady M* (1993), *Paul s'en va* (2004).

TANNHÄUSER, *Tannhausen ? v. 1200 - v. 1268,* poète allemand. Chanteur errant, auteur de poèmes lyriques et de chansons, il est le héros légendaire de récits populaires, qui inspirèrent de nombreux écrivains romantiques. Sur ce thème, R. Wagner composa le livret et la musique d'un opéra en trois actes (trois versions créées en 1845, 1861, 1875).

TANTAH ou **TANTA,** v. d'Égypte, au centre du delta du Nil ; 422 854 hab. Carrefour routier et ferroviaire.

TANTALE MYTH. GR. Roi de Phrygie ou de Lydie. Pour avoir offensé les dieux, il fut précipité dans les Enfers et condamné à une faim et à une soif dévorantes.

TANUCCI (Bernardo, marquis), *Stia, Toscane, 1698 - Naples 1783,* homme politique napolitain. Principal ministre (à Naples) de Charles III puis de Ferdinand IV (1754 - 1777), il pratiqua le despotisme éclairé.

TANZANIE n.f., État d'Afrique orientale, sur l'océan Indien ; 940 000 km^{2} ; 49 253 000 hab. (*Tanzaniens*). CAP. *Dar es Salam* (Dodoma étant la capitale désignée). LANGUES : *swahili* et *anglais*. MONNAIE : *shilling tanzanien*.

GÉOGRAPHIE La partie continentale de l'État (l'anc. Tanganyika) est formée d'une plaine côtière, limitée par un vaste plateau coupé de fossés d'effondrement et dominé par de hauts massifs volcaniques (Kilimandjaro). L'élevage (bovins surtout) et les cultures vivrières (manioc, maïs) sont complétés par des cultures commerciales (café, coton, sisal, thé, noix de cajou, clous de girofle des îles de Zanzibar et de Pemba). L'exploitation des ressources minières (or, diamants, étain) et le tourisme se développent. La découverte de gisements de gaz naturel (surtout offshore) ouvre de nouvelles perspectives. Mais, auj., les échanges sont déficitaires et le pays est très endetté. La population, qui augmente rapidement, est formée majoritairement de groupes bantous et se partage entre chrétiens, musulmans et animistes.

HISTOIRE **Les origines et l'époque coloniale.** **XIIe s. :** le pays est alors peuplé de Bantous, et la côte, intégrée au commerce arabe, est animée par des ports prospères, Kilwa et Zanzibar. **Fin du XIIIe s. :** le pouvoir est aux mains de la dynastie Mahdali. **1498 :** après la découverte du pays par Vasco de Gama, le Portugal installe des garnisons dans les ports. **1652 - fin du XVIIIe s. :** la domination arabe remplace celle du Portugal. **XIXe s. :** le sultanat d'Oman s'établit à Zanzibar et sur la côte ; les Arabes contrôlent les routes commerciales de l'intérieur, où les populations échangent ivoire et esclaves contre des armes, et où s'aventurent des explorateurs britanniques (Speke, Burton, Livingstone et Stanley). **1891 :** l'Allemagne impose son protectorat (Afrique-Orientale allemande). Elle réprime en 1905 - 1906 la révolte des ethnies du Sud (*maji-maji*).

La Tanzanie actuelle. **1920 - 1946 :** amputée de la région nord-ouest (Ruanda-Urundi), qui est confiée à la Belgique, l'Afrique-Orientale allemande, rebaptisée « territoire du Tanganyika », est donnée par la SDN en mandat à la Grande-Bretagne. **1946 :** le Tanganyika passe sous tutelle de l'ONU. **1958 :** le parti nationaliste de Julius Nyerere, la Tanganyika African Nationalist Union (TANU), remporte son premier grand succès électoral. **1961 :** l'indépendance est proclamée (elle exclut le sultanat de Zanzibar, qui reste protectorat britannique jusqu'en 1963). **1962 :** Nyerere est élu président de la nouvelle République. **1964 :** la Tanzanie est créée, par réunion de Zanzibar et du Tanganyika. **1965 - 1967 :** Nyerere instaure un régime socialiste à parti unique et signe un traité d'amitié avec la Chine (1966). **1977 :** une nouvelle Constitution instaure un régime plus libéral. **1985 :** Nyerere se retire ; les élections lui donnent pour successeur Ali Hassan Mwinyi. **1992 :** ce dernier restaure le multipartisme et engage le pays sur la voie du libéralisme économique. **1995 :** Benjamin Mkapa est élu à la présidence de la République (réélu en 2000). **2005 :** Jakaya Kikwete lui succède (réélu en 2010). **2015 :** John Magufuli devient chef de l'État.

TAO QIAN, dit aussi **Tao Yuanming,** *au Jiangxi v. 365 - id. 427,* écrivain chinois. L'un des poètes les plus aimés de la littérature chinoise, il a célébré, dans un style lumineux et transparent, l'union profonde entre la nature et l'homme.

TAORMINA, v. d'Italie (Sicile) ; 11 127 hab. Ruines antiques (théâtre) dans un site magnifique, sur la mer Ionienne. – Tourisme.

Tao-tö-king ou **Daodejing** (*le Livre de la Voie et de la Vertu*), principal texte du taoïsme, attribué à Laozi. C'est sans doute la compilation de textes antérieurs, effectuée au IIIe s. av. J.-C.

TAOYUAN, v. de Taïwan ; 316 438 hab. Aéroport.

TAO YUANMING → **TAO QIAN.**

TAPAJÓS n.m., riv. du Brésil, affl. de l'Amazone (r. dr.) ; 1 784 km.

TÀPIES (Antoni), *Barcelone 1923 - id. 2012,* peintre espagnol. Son œuvre a oscillé d'une sorte d'ascèse (la nudité du mur) à la paraphrase ironique du réel (objets ou détritus piégés dans l'épaisseur de la matière, voire assemblés en trois dimensions), en passant par l'intensité vitale des graffitis et des lacérations. Fondation à Barcelone.

TARANIS, dieu celte du Ciel et du Tonnerre, équivalent du Jupiter romain.

TARANTINO (Quentin), *Knoxville 1963,* cinéaste américain. Révélé au Festival de Cannes par ses films noirs (*Reservoir Dogs*, 1992 ; *Pulp Fiction*, 1994), il conjugue avec habileté esthétisme et extrême violence (*Jackie Brown*, 1997 ; *Kill Bill, 1 et 2*, 2003-2004 ; *Inglourious Basterds*, 2009 ; *Django Unchained*, 2012).

TARARE (69170), bur. centr. de cant. de l'ouest du Rhône ; 10 899 hab. (*Trariens*). Plastiques.

TARASCON (13150), comm. des Bouches-du-Rhône ; 15 190 hab. (*Tarasconnais*). Papeterie. – Église des XIIe-XIVe s., château fort du XVe s.

TARASCON-SUR-ARIÈGE (09400), bur. centr. de cant. de l'Ariège ; 3 270 hab. (*Tarasconnais*). Église gothique reconstruite au XVIIe s. Parc de la Préhistoire.

TARASCOS ou **TARASQUES,** peuple amérindien du Mexique (Michoacán) [env. 100 000]. Ils formèrent jadis un empire puissant face aux Aztèques. Leur langue appartient à la famille maya.

Tarass Boulba, récit de Gogol (1835). Tarass Boulba, incarnation de l'héroïsme du peuple cosaque, tue son fils Andreï, qui, par amour pour une Polonaise, a trahi son pays et les siens.

Tanzanie

site touristique important
500 1000 2000 3000 m
aéroport
route
voie ferrée
plus de 1 000 000 h.
de 100 000 à 1 000 000 h.
de 50 000 à 100 000 h.
moins de 50 000 h.

TARAZ, anc. **Djamboul,** puis **Jambyl,** v. du sud-est du Kazakhstan ; 320 634 hab.

Tarbela, barrage aménagé sur l'Indus, au Pakistan, au N.-O. de Rawalpindi.

TARBES (65000), ch.-l. du dép. des Hautes-Pyrénées, sur l'Adour, à 771 km au S.-O. de Paris ; 42 208 hab. *(Tarbais)*. Évêché. Aéronautique. Armement. – Anc. ch.-l. de la Bigorre. – Cathédrale en partie romane ; musée et jardin Massey.

TARDE (Gabriel de), *Sarlat 1843 - Paris 1904*, sociologue français. Il jeta les bases de la psychosociologie et de l'école française de criminologie.

TARDI (Jacques), *Valence 1946*, dessinateur et scénariste de bandes dessinées français. Inspiré par les ambiances du début du XXe s. et la banlieue parisienne, il crée notamm. *Adèle Blanc-Sec* (à partir de 1976) et adapte *Nestor Burma* (d'après Léo Malet, à partir de 1981). Il illustre aussi *Voyage au bout de la nuit*, de Céline (1988), puis transpose les carnets de son propre père (*Moi René Tardi prisonnier de guerre au Stalag IIB*, 3 vol., 2012-2018).

TARDIEU (André), *Paris 1876 - Menton 1945*, homme politique français. Appartenant à la droite, plusieurs fois ministre, président du Conseil (1929 - 1930, 1932), il mena une politique économique et sociale novatrice.

TARDIEU (Jean), *Saint-Germain-de-Joux, Ain, 1903 - Créteil 1995*, écrivain français. Poète *(Formeries)* et auteur dramatique *(Théâtre de chambre)*, il a conduit une recherche de l'identité à travers une recomposition cocasse du langage et la fascination pour la peinture.

TARENTAISE n.f., région des Alpes françaises (Savoie), formée par la vallée supérieure de l'Isère ; v. princ. *Bourg-Saint-Maurice* et *Moûtiers*. Élevage de bovins (race « tarine »). Aménagements hydroélectriques. Tourisme en amont.

TARENTE, en ital. **Taranto,** v. d'Italie (Pouilles), ch.-l. de prov., sur le *golfe de Tarente*, formé par la mer Ionienne ; 195 882 hab. *(Tarentins)*. Port. Archevêché. Centre industriel. – Musée national (archéologie). – Fondée v. 708 av. J.-C. par des colons venus de Sparte, ce fut une des villes les plus illustres de la Grande-Grèce. Elle fut conquise par les Romains en 272 av. J.-C. malgré l'intervention de Pyrrhos d'Épire. Ralliée à Hannibal, elle fut reprise par Rome en 209 av. J.-C.

TÂRGOVIŞTE, v. de Roumanie, en Munténie ; 89 429 hab. Centre industriel. – Églises valaques (XVIe-XVIIe s.) ; musées.

TÂRGU MUREŞ, v. de Roumanie, en Transylvanie, sur le Mureş ; 150 041 hab. Édifices baroques du XVIIIe s. – À proximité, hydrocarbures.

TARIM n.m., fl. de Chine, dans le Xinjiang, issu du Karakorum et qui s'achève dans la dépression du Lob Nor ; 2 179 km ; bassin de 350 000 km^2. Importants gisements de pétrole et de gaz naturel.

TARIQ IBN ZIYAD, chef d'origine berbère. Il conquit l'Espagne, après avoir franchi le détroit de Gibraltar (auquel il donna son nom : *djabal al-Tariq*) et vainquit le roi wisigoth Rodrigue en 711.

TARKOVSKI (Andreï), *Moscou 1932 - Paris 1986*, cinéaste soviétique. Prophétique, visionnaire, il recueille dans ses images la trace saisissante d'une expérience spirituelle : *l'Enfance d'Ivan* (1962), *Andreï Roublev* (1966), *Solaris* (1972), *le Miroir* (1974), *Stalker* (1979), *Nostalghia* (1983), *le Sacrifice* (1986).

TARN n.m., riv. du sud de la France, née au S. du mont Lozère, affl. de la Garonne (r. dr.) ; 375 km ; bassin de 12 000 km^2. Il traverse les Grands Causses en de pittoresques canyons *(gorges du Tarn)*, passe à Millau, Albi et Montauban.

TARN n.m. (81), dép. de la Région Occitanie ; ch.-l. de dép. *Albi* ; ch.-l. d'arrond. *Castres* ; 2 arrond. ; 23 cant. ; 319 comm. ; 5 758 km^2 ; 398 190 hab. *(Tarnais)*. Le dép. appartient à l'académie et à la cour d'appel de Toulouse, à la zone de défense et de sécurité Sud-Ouest. Il s'étend au nord-est et à l'est sur les confins du Massif central : Ségala, transformé en terre à blé par le chaulage ; monts de Lacaune, où s'est développé l'élevage des brebis ; hauteurs du Sidobre et de la Montagne Noire, souvent forestières. Le Centre et l'Ouest appartiennent au bassin d'Aquitaine (Lauragais et surtout Albigeois). Plateaux et collines sont le domaine de la polyculture à base céréalière (à laquelle est associé l'élevage des brebis) et sont entaillés par les vallées du Tarn et de l'Agout, qui portent des cultures maraîchères et, localement, des vignobles (Gaillac). L'industrie est représentée surtout par les constructions mécaniques, la chimie, la verrerie, nées de l'extraction houillère (région d'Albi et de Carmaux). Les activités traditionnelles, telles que le textile (Castres), le délainage des peaux (Mazamet) et la mégisserie (Graulhet), ont reculé.

Tarn

TARN-ET-GARONNE n.m. (82), dép. de la Région Occitanie ; ch.-l. de dép. *Montauban* ; ch.-l. d'arrond. *Castelsarrasin* ; 2 arrond. ; 15 cant. ; 195 comm. ; 3 718 km^2 ; 261 452 hab. *(Tarn-et-Garonnais)*. Le dép. appartient à l'académie et à la cour d'appel de Toulouse, à la zone de défense et de sécurité Sud-Ouest. Entre le bas Quercy, domaine de la polyculture et de l'élevage, et la Lomagne, surtout consacrée au blé, la vaste plaine alluviale construite au confluent de la Garonne et du Tarn constitue la partie vitale du dép. Elle porte des cultures céréalières, fruitières (prunes, chasselas, pêches), maraîchères (oignons, artichauts), des prairies (dans les vallées). L'industrie est représentée par l'agroalimentaire, les constructions électriques et mécaniques et la centrale nucléaire de Golfech.

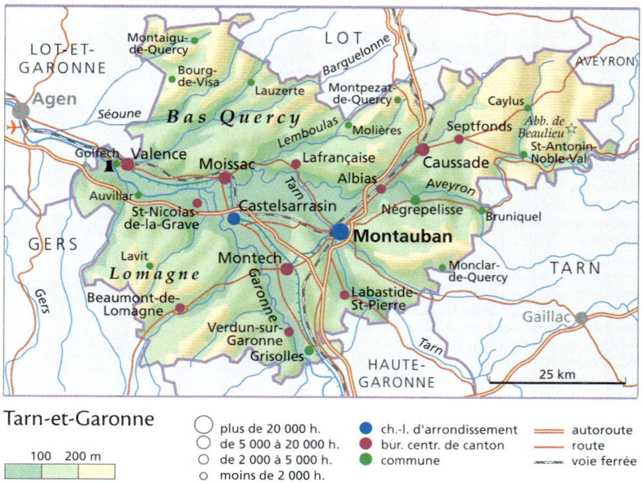

Tarn-et-Garonne

TARNIER (Stéphane), *Aiserey, Côte-d'Or, 1828 - Paris 1897*, chirurgien-accoucheur français. Il mit au point un modèle de forceps, et appliqua à l'obstétrique les notions d'asepsie que Semmelweis avait tenté d'introduire sans succès.

TARNOBRZEG, v. de Pologne, sur la Vistule ; 48 821 hab. Gisement de soufre. Chimie.

TARNOS (40220), comm. des Landes ; 12 717 hab. *(Tarnosiens)*. Aéronautique. Sidérurgie (laminoir).

TÂRNOVO → **VELIKO TÂRNOVO.**

TARNÓW, v. de la Pologne méridionale, à l'E. de Cracovie ; 114 053 hab. Centre industriel. – Hôtel de ville des XIVe-XVIe s. (musée), cathédrale gothique du XVIe.

TAROUDANNT, v. du Maroc méridional ; 80 149 hab. Tourisme.

TARPEIA MYTH. ROM. Jeune vestale qui, selon la légende, livra la citadelle de Rome aux Sabins, avant d'être tuée par eux.

TARPÉIENNE (roche), extrémité sud-ouest du Capitole, d'où l'on précipitait les condamnés coupables de trahison.

TARQUIN l'Ancien, en lat. **Lucius Tarquinius Priscus,** *616 av. J.-C. - 579 av. J.-C.*, cinquième roi légendaire de Rome (616 - 578 av. J.-C.). Premier roi étrusque, il aurait mené de grands travaux (Grand Cirque, temple de Jupiter Capitolin).

TARQUIN le Superbe, en lat. **Lucius Tarquinius Superbus,** *534 à 509 av. J.-C.*, dernier roi légendaire de Rome (534 - 509 av. J.-C.). La tradition le présente comme un tyran. Après le viol de Lucrèce par son fils Sextus, les Romains révoltés le chassèrent et la république fut instaurée.

TARQUINIA, v. d'Italie (Latium) ; 16 081 hab. Nécropoles aux tombes (VIe-Ier s. av. J.-C.) ornées de peintures murales. Tarquinia fut une des plus importantes cités étrusques. Musée archéologique national dans un palais du XVe s.

TARRACONAISE, anc. province romaine du N. de l'Espagne.

TARRAGONE, en esp. **Tarragona,** v. d'Espagne (Catalogne), ch.-l. de prov., sur la Méditerranée ; 131 507 hab. Port. Centre touristique et industriel. – Vestiges romains (restes de l'amphithéâtre et du cirque, prétoire, forum) et paléochrétiens ; cathédrale surtout romane (fin XIIe et XIIIe s.) ; musées, dont l'important Musée archéologique.

TARRASA, v. d'Espagne (Catalogne), près de Barcelone ; 214 406 hab. Églises d'origine wisigothique, restaurées aux IXe et XIIe s. ; musées. – C'est l'anc. *Egara* romaine.

TARSKI (Alfred), *Varsovie 1902 - Berkeley 1983*, logicien et mathématicien américain d'origine polonaise. Il a fondé la sémantique logique moderne, démontrant notamm. la nécessité de la distinction entre langage et métalangage. Il a contribué à répandre les idées du cercle de Vienne.

TARSUS, v. de Turquie, à l'O. d'Adana. Vestiges de l'antique *Tarse*, patrie de saint Paul.

TARTAGLIA (Niccolo **Fontana,** dit), *Brescia v. 1499 - Venise 1557*, mathématicien italien. Il fut l'un des premiers algébristes à résoudre les équations du 3e degré et à en établir la théorie. Il appliqua les mathématiques à l'art militaire et développa l'arithmétique commerciale.

TARTARE MYTH. GR. ET ROM. Région des Enfers, lieu de châtiment des grands coupables.

Tartarin de Tarascon (Aventures prodigieuses de), roman de A. Daudet (1872). Pour mériter la réputation que lui valent ses illusoires récits de chasse, un petit-bourgeois tarasconnais, naïf et vaniteux, part pour l'Algérie, où il finit par tuer un lion. Ses aventures se continuent dans *Tartarin sur les Alpes* (1885) et *Port-Tarascon* (1890).

TARTAS (40400), bur. centr. de cant. des Landes ; 3 299 hab. *(Tarusates)*. Papeterie.

TARTINI (Giuseppe), *Pirano 1692 - Padoue 1770*, compositeur et violoniste italien. On lui doit des concertos et des sonates pour son instrument *(le Trille du diable)*, et des traités.

TARTU, anc. **Dorpat,** v. d'Estonie ; 100 100 hab. Université. – Musée national estonien.

Tartuffe (le) ou **Tartufe,** comédie de Molière, en cinq actes et en vers. Les deux premières versions furent interdites (1664 et 1667), et la pièce ne fut autorisée qu'en 1669. Faux dévot, Tartuffe a conquis la confiance d'Orgon dont il obtient la promesse d'épouser la fille. Démasqué alors qu'il tente de séduire Elmire, femme d'Orgon, l'hypocrite essaie de nuire à ce dernier, mais la justice du roi met fin à l'imposture.

TARVIS (col de), en ital. **Tarvisio,** col des Alpes reliant l'Italie (Frioul) à l'Autriche (Carinthie) ; 812 m.

Tarzan, personnage d'une série de romans de E. R. Burroughs, créé en 1912, popularisé par le cinéma dès 1918, puis par la bande dessinée (H. Foster, 1929 ; B. Hogarth, 1937). Enfant sauvage devenu roi de la jungle, il met sa force au service des plus démunis.

TASCHER DE LA PAGERIE (Marie-Josèphe) → **JOSÉPHINE.**

TASCHEREAU (Elzéar-Alexandre), *Sainte-Marie 1820 - Québec 1898*, prélat canadien. Archevêque de Québec (1871), il fut le premier cardinal canadien (1886).

TASCHEREAU (Louis-Alexandre), *Québec 1867 - id. 1952*, avocat et homme politique canadien. Libéral, il fut Premier ministre de la province de Québec de 1920 à 1936.

TASMAN (Abel Janszoon), *Lutjegast, Groningue, 1603 - Batavia 1659*, navigateur néerlandais. Il découvrit le littoral sud de la terre de Van Diemen (auj. *Tasmanie*), la Nouvelle-Zélande et les îles Fidji (1642 - 1643).

TASMANIE, anc. **terre de Van Diemen,** État insulaire du sud-est de l'Australie ; 68 000 km^2 ; 495 354 hab. *(Tasmaniens)* ; cap. *Hobart*. Île séparée du continent par le détroit de Bass. – Peuplée de Mélanésiens, l'île fut abordée par A. Tasman en 1642. Occupée par les Britanniques au début du XIXe s., elle entra en 1901 dans le Commonwealth australien.

Tass → **ITAR-Tass.**

TASSE (Torquato **Tasso,** en fr. **le**), *Sorrente 1544 - Rome 1595*, poète italien. Il est l'auteur de la pastorale *Aminta* (1573) et du poème épique *la Jérusalem délivrée* (1581), où se mêlent les épisodes héroïques et romanesques. Sa vie mouvementée et marquée par la folie a notamm. inspiré Goethe (*Torquato Tasso*, composé en 1789).

TASSILI DES AJJER → **AJJER** (tassili des).

TASSILON III, *v. 741 - apr. 794*, duc de Bavière (748 - 788). Il voulut s'affranchir de la tutelle franque, mais Charlemagne le vainquit et s'empara de son duché.

TASSIN-LA-DEMI-LUNE (69160), comm. du Rhône ; 22 188 hab. *(Tassilunois)*.

TASSONI (Alessandro), *Modène 1565 - id. 1635*, écrivain italien, auteur du poème héroï-comique *le Seau enlevé* (1622).

TATA (Jamsetji Nasarwanji), *Navsari, Gujerat, 1839 - Bad Nauheim 1904*, industriel indien. Il contribua à l'industrialisation de son pays et au développement de Bombay.

TATABÁNYA, v. de Hongrie, à l'O. de Budapest ; 66 475 hab. Lignite.

TATARIE (détroit de) ou manche de **TATARIE,** détroit du Pacifique, entre la Sibérie et l'île de Sakhaline.

TATARS, peuple composite réparti sur le territoire de l'ancienne URSS (principalement en Russie, dans les républiques du Tatarstan et du Bachkortostan) [plus de 6 millions]. Les Russes ont appliqué le nom de *Tatars* aux populations d'origine mongole ou turque qui les dominèrent du XIIIe au XVe-XVIe s. (Horde* d'Or) et, plus généralement, à toutes les populations de semblable origine et de religion musulmane qu'ils eurent à combattre. Sont auj. comptabilisés comme Tatars trois grands groupes (les *Tatars de la Volga et de l'Oural*, dont les principaux sont les *Tatars de Kazan* ; les *Tatars de la région d'Astrakhan* ; les *Tatars de Sibérie*), auxquels on adjoint les *Tatars de Lituanie* (descendants de Tatars enrôlés pour combattre les chevaliers Teutoniques). En revanche, les *Tatars de Crimée* (env. 400 000) sont considérés comme un peuple à part. Issus de la fusion d'éléments turcs venus d'Asie et de populations autochtones, ils dominèrent la presqu'île jusqu'à la conquête russe (1783). Ils furent déportés, principalement en Ouzbékistan, en 1944. Revenus massivement à partir de 1990, les Tatars sont poussés à l'exil depuis l'annexion de la Crimée par la Russie, en 2014.

TATARSTAN ou **TATARIE,** république de Russie, sur la Volga moyenne ; 3 786 358 hab. ; cap. *Kazan*.

▲ **Tarzan.** Dessin de B. Hogarth (1937), extrait de l'hebdomadaire *Junior*.

Les Tatars de souche, guère plus nombreux que les Russes, forment à peine la moitié de la population. Gisements de pétrole.

Tate (The), ensemble de musées issus de la *Tate Gallery*, musée national fondé à Londres en 1897 à partir des œuvres données à l'État par l'industriel sir Henry Tate. Depuis 2000, les collections sont présentées à Londres dans deux musées : la *Tate Britain*, qui, sur le site originel de la Tate Gallery (Millbank), est un haut lieu de l'art britannique – abritant notamm. le fonds Turner, dans la « Clore Gallery » –, et la *Tate Modern* (Bankside) – agrandie en 2016 –, consacrée à l'art moderne et contemporain international. Autres musées à Liverpool et à St Ives, en Cornouailles.

TATI (Jacques **Tatischeff,** dit Jacques), *Le Pecq 1907 - Paris 1982*, cinéaste français. Reposant sur une observation minutieuse et ironique de la réalité quotidienne, ses œuvres (*Jour de fête*, 1949 ; *les Vacances de M. Hulot*, 1953 ; *Mon oncle*, 1958 ; *Playtime*, 1967 ; *Trafic*, 1971) ont renouvelé le film d'humour français.

▲ Jacques **Tati.** *Jour de fête* (1949).

TATIEN, *en Syrie v. 120 - apr. 173*, apologiste chrétien syrien. Disciple de saint Justin et adepte d'un ascétisme extrême (il fonda la secte des encratites), il fusionna dans son *Diatessaron* le texte des quatre Évangiles.

TATIUS MYTH. ROM. Roi légendaire des Sabins. Il régna avec Romulus sur les Romains et les Sabins réunis.

TATLINE (Vladimir Ievgrafovitch), *Moscou 1885 - id. 1953*, peintre, sculpteur et architecte russe. Un des principaux maîtres du constructivisme*.

TATRAS ou **TATRY** n.m. pl., partie la plus élevée des Carpates, aux confins de la Pologne et de la Slovaquie ; 2 655 m. Parc national.

TATUM (Arthur, dit Art), *Toledo, Ohio, 1910 - Los Angeles 1956*, pianiste américain de jazz. Sa profonde musicalité, son sens du swing et la richesse de ses conceptions harmoniques en font l'un des plus brillants solistes virtuoses de l'histoire du jazz *(Tenderly, Tea for Two)*.

TAUBATÉ, v. du Brésil (Sao Paulo) ; 275 218 hab.

TAUBE (Henry), *Neudorf, Saskatchewan, 1915 - Stanford 2005*, chimiste américain d'origine canadienne. Ses travaux de chimie minérale ont posé les fondements de la réactivité des complexes. Il a étudié les réactions de transfert d'électrons dans les complexes métalliques. (Prix Nobel 1983.)

TAUERN n.m. pl., massif des Alpes autrichiennes. On distingue les *Hohe Tauern* (culminant au Grossglockner, à 3 796 m), à l'O., et les *Niedere Tauern*, à l'E.

TAULER (Jean), *Strasbourg v. 1300 - id. 1361*, mystique alsacien. Dominicain, disciple et continuateur de Maître Eckart, il fut, par ses sermons, l'un des maîtres de la spiritualité chrétienne.

TAUNUS n.m., partie du Massif schisteux rhénan (Allemagne), au-dessus de Francfort ; 880 m.

TAUPO (lac), lac le plus vaste (606 km^2) de la Nouvelle-Zélande.

TAUREAU, constellation zodiacale. Son étoile la plus brillante est Aldébaran. — **Taureau,** deuxième signe du zodiaque, que le Soleil traverse du 20 avril au 20 mai.

TAURIDE, anc. nom de la Chersonèse Taurique des Grecs.

TAURUS n.m., système montagneux de Turquie, dominant la Méditerranée ; 3 734 m à l'Aladağ.

TAUSUG ou **SULUK,** peuple des Philippines (archipel Sulu) et de Malaisie (Bornéo) [env. 600 000], appartenant à l'ensemble malais.

TAUTAVEL (66720), comm. des Pyrénées-Orientales ; 897 hab. La « caune » (grotte) de l'Arago a livré, en 1971, un crâne humain daté d'environ 450 000 ans, aux caractères intermédiaires entre *Homo erectus* et l'homme de Neandertal.

TAUTOU (Audrey), *Beaumont 1976*, actrice française. Sa prédilection pour les rôles d'ingénue faussement candide s'exprime dans les registres les plus variés (*Vénus Beauté [Institut]*, T. Marshall, 1999 ; *le Fabuleux Destin d'Amélie Poulain*, J.-P. Jeunet, 2001 ; *Un long dimanche de fiançailles*, id., 2004 ; *Da Vinci Code*, R. Howard, 2006 ; *Coco avant Chanel*, A. Fontaine, 2009 ; *l'Écume des jours*, M. Gondry, 2013).

TAVAUX (39500), comm. du Jura ; 4 057 hab. *(Tavellois)*. Industrie chimique.

TAVERNIER (Bertrand), *Lyon 1941*, cinéaste français. Alternant sujets contemporains et historiques, cet ancien critique féru de cinéma américain apporte un éclairage intime sur l'humain : *l'Horloger de Saint-Paul* (1974), *le Juge et l'Assassin* (1976), *Coup de torchon* (1981), *Un dimanche à la campagne* (1984), *la Vie et rien d'autre* (1989), *l'Appât* (1995), *Capitaine Conan* (1996), *Dans la brume électrique* (2009), *la Princesse de Montpensier* (2010), *Quai d'Orsay* (2013).

TAVERNIER (Jean-Baptiste), *Paris 1605 - Smolensk ? 1689*, voyageur français. Auteur de récits de voyages en Turquie, en Perse et aux Indes.

TAVERNY (95150), bur. centr. de cant. du Val-d'Oise ; 26 351 hab. *(Tabernaciens)*. Église gothique du XIIIe s. (beau mobilier).

TAVIANI (les frères), cinéastes italiens. **Paolo T.,** *San Miniato, prov. de Pise, 1931*, et **Vittorio T.,** *San Miniato 1929 - Rome 2018*. Auteurs lyriques et rigoureux, privilégiant les thèmes sociohistoriques, ils ont réalisé *Sous le signe du scorpion* (1969), *Padre padrone* (1977), *la Nuit de San Lorenzo* (1982), *Good Morning Babilonia* (1987), *César doit mourir* (2012), *Una questione privata* (2017).

TAVOLIERE n.m., plaine d'Italie, dans les Pouilles.

TAVOY ou **DAWEI,** v. de Birmanie. Port.

TAWFIQ (Muhammad), *Le Caire 1852 - Hélouân 1892*, khédive d'Égypte (1879 - 1892). Fils d'Ismaïl Pacha, il céda en 1881 au mouvement nationaliste d'Urabi Pacha, ce qui provoqua l'intervention des Britanniques (1882).

TAXCO DE ALARCÓN, v. du Mexique, au S.-O. de Mexico ; 104 029 hab. Ville pittoresque, anc. centre minier ; église baroque S. Prisca (XVIIIe s.).

TAXILA, site archéologique du Pakistan, au nord-ouest de Rawalpindi, sur la route de la soie. Capitale du Gandhara oriental. Vestiges du VIe s. av. J.-C. au XIe s. apr. J.-C.

TAY n.f., fl. de Grande-Bretagne, en Écosse, qui rejoint la mer du Nord par un large estuaire *(Firth of Tay)*, sur lequel est établie Dundee ; 193 km.

TAYA (Maaouya **Ould** Sid Ahmed), *Atar, wilaya de l'Adrar, 1941*, officier et homme politique mauritanien. Arrivé au pouvoir au terme du putsch de 1984, il a été président de la République jusqu'en 2005 (renversé à son tour).

TAYGÈTE n.m., montagne de Grèce, dans le sud du Péloponnèse ; 2 404 m.

TAYLOR (Brook), *Edmonton, Middlesex, 1685 - Londres 1731*, mathématicien anglais. Il est l'un des fondateurs du calcul des différences finies, qu'il utilise dans l'interpolation et la sommation des séries. Son nom est resté attaché à un développement en série d'une fonction.

TAYLOR (Cecil Percival), *New York 1929 - id. 2018*, pianiste et compositeur américain de jazz. Figure du free-jazz, il a créé un monde sonore torrentiel dans lequel le piano tient une fonction de percussion (*Unit Structures*, 1966 ; *Indent*, 1972 ; *In Florescence*, 1989).

TAYLOR (Charles), *Montréal 1931*, philosophe canadien. Parti d'une critique du béhaviorisme (*l'Explication du comportement*, 1964), il a développé une vaste approche anthropologique du sujet (*les Sources du moi. La formation de l'identité moderne*, 1989) associée à une réflexion d'ordre éthique et politique (*Multiculturalisme. Différence et démocratie*, 1992).

TAYLOR (Frederick Winslow), *Philadelphie 1856 - id. 1915*, ingénieur et économiste américain. Promoteur de l'organisation scientifique du travail, il réalisa la première mesure pratique du temps d'exécution d'un travail. Ses recherches aboutirent à un ensemble de principes et de procédés, le « taylorisme ». Il mit au point la composition des aciers à coupe rapide.

TAYLOR (Isidore, baron), *Bruxelles 1789 - Paris 1879*, écrivain, administrateur et philanthrope français. Ses *Voyages pittoresques et romantiques de l'ancienne France* (1820-1863) sont illustrés par de nombreux artistes et par lui-même.

TAYLOR (Joseph), *Philadelphie 1941*, astrophysicien américain. Avec son élève R. Hulse, il a découvert le premier pulsar binaire (1974) puis, en l'étudiant, a pu établir l'existence des ondes gravitationnelles. (Prix Nobel de physique 1993.)

TAYLOR (dame Elizabeth, dite Liz), *Londres 1932 - Los Angeles 2011*, actrice américaine d'origine britannique. Ayant débuté au cinéma à l'âge de dix ans, elle fut l'une des dernières grandes stars d'Hollywood (*Une place au soleil*, G. Stevens, 1951 ; *Géant*, id., 1956 ; *Soudain l'été dernier*, J. Mankiewicz, 1959 ; *Cléopâtre*, id., 1963 ; *Qui a peur de Virginia Woolf ?*, M. Nichols, 1966 ; *Reflets dans un œil d'or*, J. Huston, 1967).

▲ Liz **Taylor** dans *la Chatte sur un toit brûlant* de Richard Brooks (1958).

TAYLOR (Paul), *Wilkinsburg, Pennsylvanie, 1930*, danseur et chorégraphe américain. Il représente le versant humoristique de la modern dance (*Three Epitaphs*, 1956 ; *Aureole*, 1962 ; *Esplanade*, 1975 ; *Speaking in Tongues*, 1988 ; *Arabesque*, 1999).

TAYLOR (Richard Edward), *Medicine Hat, Alberta, 1929 - Stanford, Californie, 2018*, physicien canadien. Il participa aux recherches qui, entre 1967 et 1973, aboutirent à la mise en évidence expérimentale des quarks. (Prix Nobel 1990.)

TAZA, v. du Maroc, ch.-l. de prov., entre le Rif et le Moyen Atlas, dans le *couloir de Taza* ; 27 729 hab.

TAZIEFF (Haroun), *Varsovie 1914 - Paris 1998*, géologue français d'origine russe. Spécialiste de volcanologie, il a vulgarisé cette discipline dans de nombreux livres et films.

TAZOULT, anc. **Lambèse,** v. d'Algérie, au N. de l'Aurès ; 27 493 hab. Importantes ruines romaines.

TBILISSI, anc. **Tiflis,** cap. de la Géorgie, sur la haute Koura ; 1 078 297 hab. Centre industriel. – Cathédrale de Sion et basilique d'Antchiskhati, remontant au VIe s. Riches musées.

TCHAD (lac), grand lac, peu profond et marécageux, de l'Afrique centrale, aux confins du Nigeria, du Niger, du Cameroun et du *Tchad*. Sa superficie maximale se situe auj. à moins de 2 000 km² (contre env. 25 000 km² avant 1973).

TCHAD n.m., État d'Afrique, au S. de la Libye, à l'E. du lac Tchad ; 1 284 000 km² ; 12 825 000 hab. *(Tchadiens)*. **CAP.** *Ndjamena.* **LANGUES :** *arabe* et *français*. **MONNAIE :** *franc CFA*.

(V. carte page suivante.)

GÉOGRAPHIE Au nord, le Tchad (qui couvre plus du double de la superficie de la France) s'étend sur le Sahara méridional, partiellement montagneux et volcanique (Tibesti), peu peuplé, domaine de l'élevage transhumant (bovin, ovin et caprin). La population juxtapose surtout Noirs et Arabes. Elle est auj. en majeure partie islamisée. Plus de la moitié se concentre dans les vallées du Chari et du Logone (mil, arachide, coton). L'exploitation, depuis 2002, du pétrole dans le sud du pays (Doba) a procuré de notables revenus à l'État, mais cette manne n'a guère profité aux habitants. Traditionnellement basée sur l'agriculture, l'économie est en cours de diversification (ciment, raffinage...). Le pays, enclavé, sans transports intérieurs, reste tributaire de l'aide internationale (France en tête).

HISTOIRE **Les origines et l'époque coloniale.** **Préhistoire :** des populations de chasseurs et éleveurs, qui ont laissé des gravures rupestres, vivent dans la région. Ceux-ci en sont chassés après 7000 av. J.-C. par l'assèchement du climat. **Fin du IXe s. apr. J.-C. :** création du royaume du Kanem, rapidement islamisé. Après un premier apogée au XIIIe s., il renaît au XVIe avec pour centre le Bornou. Il vassalise les autres royaumes, notamm. celui, esclavagiste, du Baguirmi, apparu au XVIe s. Les Arabes s'implantent dans le pays. **XIXe s. :** le lac Tchad est le point de convergence des explorateurs européens. Les ambitions des pays occidentaux se heurtent à celles des négriers arabes (notamm. de Rabah) et l'emportent finalement : entre 1884 et 1899, les frontières du Tchad sont artificiellement fixées (accords franco-allemand et franco-britannique) ; entre 1895 et 1900, les missions françaises de Lamy, Foureau et Gentil éliminent les dernières résistances. **1920 :** le Tchad devient colonie française. **1940 :** avec son gouverneur, Félix Éboué, il se rallie à la France libre. **1958 :** le Tchad devient république autonome, au sein de la Communauté.

L'État indépendant. 1960 : l'indépendance du Tchad est proclamée. **1962 :** François Tombalbaye devient président de la République. **1968 :** le Nord islamisé fait sécession, conduit par le Front de libération nationale du Tchad (Frolinat). **1969 :** la France apporte son aide au gouvernement tchadien contre la rébellion soutenue par la Libye. **1975 :** un coup d'État, au cours duquel Tombalbaye est assassiné, amène au pouvoir Félix Malloum, qui ne parvient pas à rétablir la situation. **1979 :** Malloum doit se retirer. Une guerre civile touche tout le pays et particulièrement la capitale, Ndjamena. **1980 :** après sa rupture avec Hissène Habré, avec qui il avait formé un gouvernement d'union nationale, Goukouni Oueddei, aidé par la Libye, devient président. **1981 :** un accord de fusion est signé entre la Libye et le Tchad. La France se rapproche peu à peu de Goukouni Oueddei. **1982 :** les forces de Hissène Habré occupent Ndjamena évacuée par la Libye. H. Habré devient président de la République. **1983 :** la France reporte son aide sur Hissène Habré, alors que la Libye occupe les palmeraies du nord du pays. **1984 :** les forces françaises se retirent en vertu d'un accord franco-libyen, que la Libye ne respecte pas. **1986 :** la France met en place un dispositif de protection militaire du Tchad au sud du 16e parallèle. Une partie de l'opposition tchadienne se rallie au président. **1987 :** les troupes de H. Habré remportent des victoires décisives sur les Libyens (reconquête de Faya-Largeau). **1988 :** le Tchad et la Libye rétablissent leurs relations diplomatiques, mais la paix intérieure reste fragile. **1990 :** H. Habré est renversé par Idriss Déby. **1994 :** la bande d'Aozou, occupée par la Libye depuis 1973, est rendue au Tchad. **Depuis 1996 :** I. Déby remporte l'élection présidentielle (réélu en 2001, 2006, 2011 et 2016). Mais le pouvoir central est confronté à d'importants mouvements rebelles, basés au Soudan (attaques, repoussées, contre Ndjamena en avr. 2006 et févr. 2008). Contesté à l'intérieur, le président Déby s'efforce de donner à son pays une nouvelle stature régionale, s'impliquant largement dans les crises du continent (entre autres, engagement militaire au Mali, depuis 2013, au Cameroun, au Niger et au Nigeria, contre les djihadistes de Boko Haram, depuis 2015). Le Tchad est auj. touché sur son sol par les attentats islamistes. **2018 :** les pouvoirs du président sont renforcés.

TCHAÏKOVSKI (Piotr Ilitch), *Votkinsk 1840 - Saint-Pétersbourg 1893*, compositeur russe. Il mena de front des activités de pédagogue au Conservatoire de Moscou, de chef d'orchestre et de compositeur. Son œuvre, nourrie d'art vocal italien et de romantisme allemand, se situe en marge du mouvement nationaliste du groupe des Cinq. Elle comprend des pièces pour piano, six symphonies dont la *Pathétique* (1893), des fantaisies-ouvertures (*Roméo et Juliette*, 1870), des ballets (*le Lac des cygnes*, 1876 ; *la Belle au bois dormant*, 1890 ; *Casse-Noisette*, 1892), des concertos dont trois pour piano et des opéras (*Eugène Onéguine*, 1879 ; *la Dame de pique*, 1890).

▲ **Tchaïkovski** par M. Serov.

TCHANG KAÏ-CHEK → **JIANG JIESHI.**

Tchad

TCHARDJOU → **TURKMENABAT.**

TCHEBOKSARY, v. de Russie, cap. de la Tchouvachie, sur la Volga ; 464 133 hab.

TCHEBYCHEV (Pafnouti Lvovitch), *Okatovo 1821 - Saint-Pétersbourg 1894,* mathématicien russe. Fondateur et directeur d'une importante école mathématique, il s'intéressa aux problèmes d'approximation, notamm. en probabilités, aux fonctions elliptiques et à la théorie des nombres.

TCHÉCOSLOVAQUIE, en tch. **Československo,** ancien État de l'Europe centrale, formé de la réunion de la Bohême et de la Moravie (qui constituent la République tchèque) et de la Slovaquie. Cap. *Prague.*

HISTOIRE **1918 :** la république de Tchécoslovaquie, réunissant les Tchèques et les Slovaques de l'ancienne Autriche-Hongrie, est créée. **1919 - 1920 :** l'Ukraine subcarpatique lui est rattachée ; les traités de Saint-Germain et de Trianon fixent les frontières de l'État tchécoslovaque. Celui-ci est présidé de 1918 à 1935 par T. Masaryk. **1935 - 1938 :** E. Beneš est président de la République. **1938 :** le pays doit accepter les décisions de la conférence de Munich et céder à l'Allemagne les Sudètes. **1939 :** l'Allemagne occupe la Bohême-Moravie et y instaure son protectorat ; la Slovaquie forme un État séparé. **1940 :** Beneš constitue à Londres un gouvernement en exil. **1945 :** Prague est libérée par l'armée soviétique. L'URSS se fait céder l'Ukraine subcarpatique. Beneš revient à la présidence de la République. Les minorités allemande (Sudètes) et hongroise sont expulsées du pays et leurs biens, confisqués (décrets Beneš). **1946 :** le communiste K. Gottwald devient président du Conseil. **1947 :** l'URSS oblige la Tchécoslovaquie à renoncer au plan Marshall. **Févr. 1948 :** les communistes s'emparent du pouvoir (« coup de Prague »). **1948 - 1953 :** Gottwald préside à l'alignement sur l'URSS. Des procès (1952 - 1954) condamnent Slánský et les « nationalistes slovaques ». **1953 - 1957 :** A. Novotný assume la direction du Parti communiste et A. Zápotocký celle de l'État. **1957 - 1968 :** Novotný cumule l'une et l'autre. La fronde des intellectuels et le mécontentement slovaque se développent à partir de 1962 - 1963. **1968 :** lors du « printemps de Prague », le parti, dirigé par Dubček, tente de s'orienter vers un « socialisme à visage humain ». L'intervention soviétique, en août, met un terme au cours novateur. **1969 :** la Tchécoslovaquie devient un État fédéral formé des Républiques tchèque et slovaque. G. Husák remplace Dubček à la tête du parti. C'est le début de la « normalisation ». **1975 :** Husák succède à Svoboda à la présidence de la République. **1987 :** Miloš Jakeš succède à Husák à la tête du parti. **1989 :** d'importantes manifestations contre le régime (nov.) entraînent la démission des principaux dirigeants (M. Jakeš, G. Husák), l'abolition du rôle dirigeant du parti et la formation d'un gouvernement d'entente nationale, dirigé par Marian Čalfa, où les communistes sont minoritaires. Le dissident Václav Havel est élu à la présidence de la République. Le rideau de fer entre la Tchécoslovaquie et l'Autriche est démantelé. Cette transition, pacifique, est désignée sous le nom de « révolution de velours ». **1990 :** le pays prend le nom de « République fédérative tchèque et slovaque ». Les premières élections libres (juin) sont remportées par les mouvements démocratiques (dont le Forum civique). **1991 :** les troupes soviétiques achèvent leur retrait du pays. **1992 :** V. Havel démissionne. Le processus de partition de la Tchécoslovaquie est négocié par le gouvernement tchèque de V. Klaus et le gouvernement slovaque de V. Mečiar. **1993 :** la Tchécoslovaquie est divisée en deux États, la Slovaquie et la République tchèque (1er janv.).

Tcheka n.f. (abrév. des mots russes signifiant Commission extraordinaire), organisation chargée de combattre la contre-révolution et le sabotage en Russie soviétique (fin 1917 - 1922).

TCHEKHOV (Anton Pavlovitch), *Taganrog 1860 - Badenweiler, Allemagne, 1904,* écrivain russe. Auteur de contes et de nouvelles (*la Salle no 6, la Dame au petit chien*), il a peint dans son théâtre l'enlisement de la vie dans les conventions de la société provinciale ou dans les vocations illusoires (*la Mouette,* 1896 ; *Oncle Vania,* 1897 ; *les Trois Sœurs,* 1901 ; *la Cerisaie,* 1904).

Tchekhov par I. E. Bras. ▶
(Galerie Tretiakov, Moscou.)

TCHELIABINSK, v. de Russie, dans l'Oural ; 1 130 273 hab. Métallurgie.

TCHÈQUE (République), en tch. **Česká republika,** État d'Europe centrale ; 79 000 km² ; 10 702 000 hab. (*Tchèques*). **CAP.** *Prague.* **LANGUE :** *tchèque.* **MONNAIE :** *koruna* (*couronne tchèque*).

INSTITUTIONS République. Constitution de 1992, entrée en vigueur en 1993 et révisée plusieurs fois (notamm. en 2012). Le président de la République est élu au suffrage universel direct pour 5 ans. Il nomme le Premier ministre. Le Parlement est composé de la Chambre des députés et du Sénat, élus au suffrage universel direct, respectivement pour 4 ans et 6 ans.

GÉOGRAPHIE Le pays est constitué de la Bohême, quadrilatère de moyennes montagnes entourant la fertile plaine du Polabí, drainée par l'Elbe (Labe) et la Vltava, et de la Moravie, ouverte par la Morava et l'Odra supérieur. Ethniquement homogène et anciennement urbanisé, il associe cultures (céréales, betterave à sucre), activités extractives (charbon surtout) et industries de transformation (constructions mécaniques, chimie, verrerie, agroalimentaire). Celles-ci sont localisées en priorité dans les principales villes (Prague, Ostrava, Brno, Plzeň). Le tourisme se développe. Après s'être convertie à l'économie de marché, la République tchèque a modernisé ses structures et a accru ses échanges, en partic. avec ses partenaires européens, se hissant en tête, pour ses performances économiques, des anc. pays de l'Est.

HISTOIRE Les Tchèques, après avoir créé des États (la Bohême et la Moravie), sont dominés par les Habsbourg d'Autriche. En 1918, ils forment avec les Slovaques la république de Tchécoslovaquie. **1969 :** la République tchèque est dotée du statut de république fédérée. **1992 :** Václav Klaus, chef du gouvernement, prépare avec son homologue slovaque la partition de la Fédération. **1993 :** la République tchèque devient indépendante (1er janv.). Václav Havel est élu à la tête du nouvel État. Le libéral V. Klaus dirige toujours le gouvernement. **1997 :** V. Klaus démissionne (remplacé par Josef Tosovský). **1998 :** V. Havel est réélu à la présidence. **1999 :** la République tchèque est intégrée dans l'OTAN. **2003 :** Václav Klaus succède à V. Havel à la présidence de la République. **2004 :** la République tchèque adhère à l'Union européenne. Des sociaux-démocrates dirigent les gouvernements successifs : Miloš Zeman (1998 - 2002), Vladimír Špidla (2002 - 2004), Stanislav Gross (2004 - 2005), Jiří Paroubek (2005 - 2006). **2006 :** au

République tchèque

200 500 1000 m

autoroute — route — voie ferrée — aéroport

plus de 1 000 000 h. — de 100 000 à 1 000 000 h. — de 50 000 à 100 000 h. — moins de 50 000 h.

terme d'élections indécises et d'une longue crise politique, Mirek Topolánek, leader de l'opposition de droite, devient Premier ministre. **2008 :** V. Klaus est réélu à la tête de l'État. **2009 :** Jan Fischer (sans étiquette) est appelé à diriger le gouvernement. **2010 :** à l'issue des élections, le pouvoir revient à une coalition de partis de droite et du centre, conduite par Petr Nečas. **2013 :** le social-démocrate Miloš Zeman, anc. Premier ministre, devient président de la République (mars ; réélu en 2018). Les démissions de P. Nečas, impliqué dans une affaire de corruption, puis de son successeur, Jiří Rusnok, marquent le retour de l'instabilité politique. Les sociaux-démocrates remportent les législatives anticipées (oct.) et forment un gouvernement de coalition dirigé par Bohuslav Sobotka (janv. 2014). **2017 :** à la suite des élections (oct.), l'homme d'affaires populiste Andrej Babiš devient Premier ministre (déc.). **2018 :** après l'échec d'un premier gouvernement minoritaire, il forme une coalition avec les sociaux-démocrates, soutenue par les communistes (juill.).

TCHÉRÉMISSES → **MARIS.**

TCHEREMKHOVO, v. de Russie, à l'O. du lac Baïkal ; 52 650 hab. Houille.

TCHERENKOV (Pavel Alekseïevitch), *Tchigla, région de Voronej, 1904 - Moscou 1990*, physicien soviétique. Il a découvert, en 1934, l'émission de lumière par les particules chargées se déplaçant dans un milieu à une vitesse supérieure à celle de la lumière dans ce milieu. (Prix Nobel 1958.)

TCHEREPOVETS, v. de Russie, à l'E. de Saint-Pétersbourg ; 312 311 hab. Centre industriel.

TCHERKASSY, v. d'Ukraine, sur le Dniepr ; 295 414 hab. Centre industriel.

TCHERKESSES ou **CIRCASSIENS,** peuple caucasien de Russie (république des Karatchaïs-Tcherkesses) [env. 55 000]. Ils constituent, avec les Adyguéens* et les Kabardes*, l'un des trois peuples constitutifs des Adygués*. (Au sens large, le nom désigne fréquemment l'ensemble des Adygués.)

TCHERNENKO (Konstantine Oustinovitch), *Bolchaïa Tes, gouv. de l'Ienisseï, 1911 - Moscou 1985*, homme politique soviétique. Il est secrétaire général du PCUS et président du Praesidium du Soviet suprême en 1984 - 1985.

TCHERNIHIV, anc. **Tchernigov,** v. du nord de l'Ukraine ; 304 994 hab. Centre industriel. – Cathédrales et églises, notamm. des XIe-XIIIe s.

TCHERNIKHOVSKY (Saül), *Mikhaïlovka, Ukraine, 1875 - Jérusalem 1943*, poète d'expression hébraïque. Il allie la tradition juive aux principes esthétiques occidentaux (*Visions et mélodies*).

TCHERNIVTSI, anc. **Tchernovtsy,** v. du sud-ouest de l'Ukraine ; 240 621 hab. Centre industriel.

TCHERNOBYL, en ukr. **Tchornobyl,** v. d'Ukraine. L'explosion, le 26 avril 1986, d'un des réacteurs de la centrale nucléaire de cette ville (fermée in fine en déc. 2000) provoqua un accident majeur, avec une pollution radioactive importante et étendue.

TCHERNYCHEVSKI (Nikolaï Gavrilovitch), *Saratov 1828 - id. 1889*, écrivain russe. Son roman *Que* faire ?* illustre sa conception de la littérature comme moyen d'action sociale.

TCHERRAPOUNDJI → **CHERRAPUNJI.**

TCHERSKI (monts), massif de Russie, en Sibérie orientale ; 3 147 m.

TCHÉTCHÈNES, peuple caucasien de Russie (Tchétchénie, Ingouchie) [env. 900 000]. Montagnards issus (comme leurs parents, les Ingouches*) d'un peuple de l'Antiquité – les Gargares –, les Tchétchènes furent païens, chrétiens, puis se convertirent à l'islam (vers 1790), pour une large part en réaction à l'invasion russe. Au premier rang dans les luttes armées contre le colonisateur (en particulier en 1828 - 1859), ils eurent à subir massacres, déportations et exil forcé vers l'Empire ottoman. En 1944, accusés faussement de collaboration avec les Allemands, ils furent tous déportés en Asie centrale, avant d'être « réhabilités » et autorisés à revenir sur leurs terres (1956). Ils parlent le *tchétchène*, langue caucasienne, et se donnent le nom de *Nokhtchi*.

TCHÉTCHÉNIE, république de Russie, en bordure du Caucase ; cap. *Groznyï*. Ayant proclamé une république indépendante en 1991, les Tchétchènes opposent une forte résistance à l'armée russe qui, à partir de déc. 1994, intervient pour réintégrer la Tchétchénie dans la Fédération de Russie. En 1996, un accord de paix est conclu et les troupes russes se retirent mais, en 1999, elles engagent une nouvelle offensive, soumettant la république à une guerre meurtrière (qui prend fin officiellement en 2009). Depuis 2006 - 2007, la région connaît une relative normalisation, émaillée toutefois d'attentats et de violences, sous la férule d'un pouvoir local prorusse.

TCHIATOURA, v. de Géorgie. Manganèse.

TCHICAYA U TAM'SI (Gérald), *Mpili 1931 - Bazancourt, Oise, 1988*, écrivain congolais. Poète exigeant (*Épitomé*, 1962) et dramaturge acerbe (*le Zulu*, 1977), il est l'auteur de récits (*les Cancrelats*, 1980 ; *Ces fruits si doux de l'arbre à pain*, 1987) sur le Congo à l'époque coloniale.

TCHIMKENT → **CHYMKENT.**

TCHIRTCHIK, v. d'Ouzbékistan, en amont de Tachkent. Électrochimie. Métallurgie.

TCHITA, v. de Russie, à l'E. du lac Baïkal ; 323 964 hab. Centre industriel.

TCHITCHERINE (Gueorgui Vassilievitch), *Karaoul 1872 - Moscou 1936*, homme politique soviétique. Commissaire du peuple aux Affaires étrangères (1918 - 1930), il signa le traité de Rapallo (1922).

TCHOIBALSAN (Khorlogyn), *Tsetsenkhanski, auj. Vostotchni, 1895 - Moscou 1952*, homme politique mongol. Commandant en chef de l'armée populaire (1924 - 1928), il fut Premier ministre et premier secrétaire du parti (1939 - 1952). Il instaura en Mongolie un régime stalinien.

TCHOUDES (lac des) → **PEÏPOUS** (lac).

TCHOUKTCHES, peuple autochtone de Russie (dans le nord-est de la Sibérie) [env. 15 000]. Ils se divisent en éleveurs de rennes et en chasseurs d'animaux marins. Leur culture (marquée par le chamanisme) et leur langue (le *tchouktche*, de la famille paléosibérienne) sont très menacées.

TCHOUVACHES, peuple vivant en Russie (surtout Tchouvachie) ainsi qu'en Ukraine et au Kazakhstan (env. 1,9 million). Traditionnellement agriculteurs et apiculteurs, ils sont majoritairement convertis à l'orthodoxie. Ils parlent le *tchouvache*, de la famille des langues turques.

TCHOUVACHIE, république de Russie, à l'E. de Moscou ; 1 251 599 hab. ; cap. *Tcheboksary*. La population est constituée d'env. deux tiers de Tchouvaches et de plus de 25 % de Russes.

TCHYSTIAKOVE, anc. **Torez** ou **Thorez,** v. d'Ukraine, dans le Donbass ; 72 346 hab. Centre houiller et industriel.

TEASDALE (Lucille), *Montréal 1929 - Besana in Brianza, près de Milan, Italie, 1996*, chirurgienne canadienne. Avec son mari, le pédiatre italien Piero **Corti** (*Besana in Brianza 1925 - Milan 2003*), elle s'est consacrée inlassablement à partir de 1961 au développement du St. Mary's Hospital Lacor, hôpital situé près de Gulu, en Ouganda.

TEBALDI (Renata), *Pesaro 1922 - Saint-Marin 2004*, soprano italienne. Choisie par Toscanini pour le gala de réouverture de la Scala de Milan en 1946, elle a triomphé dans le monde entier dans tout le répertoire de l'opéra italien du XIXe s.

TÉBESSA, v. de l'est de l'Algérie, ch.-l. de wilaya, au N. des *monts de Tébessa* ; 196 537 hab. Ruines romaines.

TÉCHINÉ (André), *Valence d'Agen 1943*, cinéaste français. Ses films, parfois maniérés mais toujours romanesques (*Paulina s'en va*, 1975 ; *Rendez-vous*, 1985 ; *les Témoins*, 2007 ; *Nos Années folles*, 2017), sont justes et inspirés dans l'évocation de la province (*la Matiouette ou l'Arrière-Pays*, 1983 ; *Ma saison préférée*, 1993 ; *les Roseaux sauvages*, 1994).

TECTOSAGES, anc. peuple de la Gaule Narbonnaise.

TECUMSEH, *Old Piqua, Ohio, 1768 - région du lac Érié 1813*, chef indien. En 1812, il soutint les Britanniques contre les Américains.

TEDDER (Arthur), *Glenguin, Central, Écosse, 1890 - Banstead, près de Londres, 1967*, maréchal britannique. Commandant l'aviation alliée en Tunisie et en Italie (1943), il fut l'adjoint d'Eisenhower dans le commandement des forces qui libérèrent l'Europe occidentale (1944 - 1945).

TEGAL, v. d'Indonésie, sur la côte nord de Java ; 242 127 hab.

TÉGÉE, anc. cité grecque d'Arcadie, soumise à Sparte v. 550 av. J.-C.

TÉGLATH-PHALASAR III, roi d'Assyrie de 745 à 727 av. J.-C. Il fit de l'Assyrie un empire fortement organisé. Vainqueur de l'Empire mède, de l'Ourartou, d'Israël et de Damas, il se proclama roi de Babylone.

TEGNÉR (Esaias), *Kyrkerud 1782 - près de Växjö 1846*, poète suédois, auteur de poèmes patriotiques et d'une adaptation de la *Saga de Frithiof*.

TEGUCIGALPA, cap. du Honduras ; 1 088 470 hab. Cathédrale de la fin du XVIIIe s.

▲ **Téhéran.** La tour Azadi (1971 ; architecte : Hossein Amanat).

TÉHÉRAN, cap. de l'Iran ; 8 154 051 hab. (*Téhéranais*). Palais et jardin du Golestan (XVIIIe-XIXe s.) ; musées. — **conférence de Téhéran**

(28 nov.-1er déc. 1943), conférence entre Staline, Churchill et Roosevelt. Staline se rallia au plan américain de débarquement en Provence.

TEHUANTEPEC, isthme du Mexique, large de 210 km, entre le golfe du Mexique et le Pacifique. Traditionnelle limite entre l'Amérique du Nord et l'Amérique centrale.

TEIL (Le) [07400], comm. de l'Ardèche, sur le Rhône, en face de Montélimar ; 8 747 hab. Carrières de pierre à chaux. – À Mélas, église des xe (?)-xiie s.

TEILHARD DE CHARDIN (Pierre), *Sarcenat, Puy-de-Dôme, 1881 - New York 1955*, jésuite, théologien et paléontologue français. Parallèlement à son œuvre scientifique (découverte du sinanthrope, 1929), il a cherché à adapter le catholicisme à la science moderne en élaborant une conception originale de l'évolution (*le Phénomène humain*, 1955).

TEISSERENC [tɛsrɛ̃k] **DE BORT** (Léon), *Paris 1855 - Cannes 1913*, météorologue français. Grâce à ses recherches expérimentales sur la haute atmosphère, notamm. par l'utilisation de ballons, il a mis en évidence une « couche isotherme », appelée plus tard *stratosphère*.

TEISSIER (Georges), *Paris 1900 - Roscoff 1972*, zoologiste français. Auteur de travaux d'embryologie et de génétique évolutive, il fut le promoteur de la biométrie.

TEKAKWITHA (sainte Kateri), *Ossernenon, auj. Auriesville, État de New York, 1656 - Montréal 1680*, jeune Iroquoise. Convertie au catholicisme à vingt ans, elle fit vœu de virginité. Béatifiée en 1980 et canonisée en 2012.

TE KANAWA (dame Kiri), *Gisborne, Auckland, 1944*, soprano néo-zélandaise. Elle a débuté à Covent Garden et s'est illustrée dans les opéras de Mozart, Verdi et Strauss.

TÉKÉ ou **BATÉKÉ,** peuple de l'ouest de la Rép. dém. du Congo, du sud du Congo et du sud-est du Gabon, de langue bantoue.

TELANGANA, État de l'Inde, créé en 2014 à partir de la région ouest de l'Andhra Pradesh ; 114 850 km^2 ; 35 193 978 hab. ; cap. *Hyderabad*.

TEL-AVIV-JAFFA, v. d'Israël, sur la Méditerranée ; 438 800 hab. (3 319 487 hab. dans l'agglomération). Université. Centre administratif, culturel et industriel (informatique, électronique, etc.). Tel-Aviv, principale ville du pays, a été la capitale de l'État d'Israël (jusqu'en 1980). – Fondée en 1909, elle a été le centre du mouvement d'immigration juive en Palestine. – Musées.

TELČ, v. de la République tchèque, en Moravie ; 6 053 hab. Château reconstruit à la Renaissance (xvie s.), place à arcades Renaissance et baroque.

télécommunications (Union internationale des) [UIT], institution spécialisée de l'ONU depuis 1947, dont l'origine remonte à 1865, et qui est chargée d'établir la réglementation internationale des télécommunications. (Siège : Genève.)

TELEMANN (Georg Philipp), *Magdebourg 1681 - Hambourg 1767*, compositeur allemand. Il réalise une synthèse de l'art musical européen, notamm. par ses opéras, ses Passions, sa musique instrumentale (sonates, suites, concertos, ouvertures).

TÉLÉMAQUE MYTH. GR. Personnage de *l'Odyssée*, fils d'Ulysse et de Pénélope. Son éducation fut assurée par Mentor. Il défendit son père contre les prétendants et l'aida à récupérer le trône d'Ithaque. – Fénelon a repris le personnage dans un ouvrage écrit pour l'éducation du duc de Bourgogne (*les Aventures de Télémaque*, 1699).

TELEMARK n.m., région du sud de la Norvège.

TELL n.m., ensemble des régions humides d'Afrique du Nord, dominant les plaines littorales.

TELL (Guillaume) → **GUILLAUME TELL.**

TELLER (Edward), *Budapest 1908 - Stanford, Californie, 2003*, physicien américain d'origine hongroise. Il participa à la mise au point de la première bombe atomique puis, contre l'avis de J. R. Oppenheimer, dirigea la réalisation de la bombe H américaine. Il inspira l'Initiative de défense stratégique (« guerre des étoiles ») du président Reagan (1983).

TELLIER (Charles), *Amiens 1828 - Paris 1913*, ingénieur français. Il aménagea le *Frigorifique*, premier navire qui réussit le transport à longue distance de viandes conservées par ses procédés de refroidissement (1876).

TELLO, nom actuel des ruines de la ville sumérienne de Girsou*.

Tel quel, revue littéraire française (1960-1982) animée par P. Sollers. Son principe était d'unir la pratique littéraire à la réflexion théorique.

TELUK BETUNG → **BANDAR LAMPUNG.**

TEMA, v. du Ghana ; 460 916 hab. Port et centre industriel.

TEMESVÁR → **TIMIŞOARA.**

TEMIN (Howard), *Philadelphie 1934 - Madison 1994*, biochimiste américain. Il a découvert la transcriptase inverse, enzyme qui explique la cancérisation des cellules par des virus à ARN, et les effets des rétrovirus dans le sida. (Prix Nobel de médecine 1975.)

TEMIRTAOU, v. du Kazakhstan ; 169 590 hab. Sidérurgie.

TÉMISCAMINGUE (lac), lac du Canada, partagé entre le Québec et l'Ontario ; 306 km^2.

TEMNE, peuple de la Sierra Leone.

TEMPELHOF, quartier du sud de Berlin. Anc. aéroport, transformé en parc.

Temple (le), anc. monastère fortifié des Templiers, à Paris, construit au xiiie s., rasé en 1808. L'enclos jouissait du droit d'asile. Louis XVI et sa famille y furent emprisonnés pendant la Révolution. Pichegru, Moreau, Cadoudal y furent aussi enfermés.

TEMPLE (sir William), *Londres 1628 - près de Farnham 1699*, diplomate et écrivain anglais. Ambassadeur à La Haye (1668 - 1671, 1674 - 1679), il négocia notamment la Triple-Alliance avec les Provinces-Unies et la Suède (1668), et le mariage de Marie II Stuart avec Guillaume III de Nassau (1677). Ses essais politiques font de lui un maître de la prose anglaise.

TEMPLEUVE-EN-PÉVÈLE (59242), bur. centr. de cant. du Nord ; 5 998 hab. *(Templeuvois)*.

Templiers ou **Chevaliers du Temple,** ordre militaire et religieux fondé en 1119 à Jérusalem par Hugues de Payns, et voué essentiellement à la protection des pèlerins. Les Templiers acquirent d'importantes richesses et devinrent les banquiers de la papauté et de nombreux princes. Philippe le Bel, désirant s'emparer de leurs biens et détruire leur puissance, fit arrêter 138 d'entre eux en 1307. Après un long procès (1307 - 1314), il en fit périr un grand nombre sur le bûcher, dont leur grand maître, Jacques de Molay. Dès 1312, le pape Clément V avait, à l'instigation du roi de France, supprimé l'ordre.

Temps (le), quotidien français libéral, fondé à Paris en 1861. Il eut une grande influence sous la IIIe République et cessa de paraître en 1942. Sa formule fut reprise par *le Monde*.

Temps (le), quotidien suisse de langue française. Il est issu de la fusion, en 1998, du *Journal de Genève et Gazette de Lausanne* (lui-même né en 1991 du rapprochement du *Journal de Genève*, fondé en 1826, et de la *Gazette de Lausanne*, créée en 1798) et du *Nouveau Quotidien* de Lausanne (1991).

Temps modernes (les), revue mensuelle française, politique et littéraire, fondée en 1945 par J.-P. Sartre. R. Aron, S. de Beauvoir, M. Leiris, M. Merleau-Ponty, J. Paulhan, R. Étiemble y ont collaboré.

TEMSE → **TAMISE.**

TEMUCO, v. du Chili ; 227 086 hab.

TÉNARE (cap), anc. nom du cap Matapan.

TENASSERIM ou **TANINTHARYI** n.m., partie méridionale de la Birmanie.

TENCIN (Pierre **Guérin de**), *Grenoble 1679 - Lyon 1758*, prélat français. Oratorien, diplomate, adversaire des jansénistes, il devint archevêque d'Embrun (1724), cardinal (1739), archevêque de Lyon (1740) et ministre d'État (1742 - 1751). — **Claudine Alexandrine Guérin,** marquise **de T.,** *Grenoble 1682 - Paris 1749*, femme de lettres française, sœur de Pierre. Mère de d'Alembert, romancière, elle tint un salon célèbre.

TENDE (06430), comm. des Alpes-Maritimes, au S. du *col de Tende* (1 871 m) ; 2 223 hab. *(Tendasques)*. Un tunnel, emprunté par la route de Nice à Turin, s'ouvre, au N., à 1 279 m d'alt. – Tende fut cédée par l'Italie à la France en 1947 à la suite d'un référendum. – Église des xve-xvie s.

TÈNE (La), village suisse, à l'extrémité orientale du lac de Neuchâtel, devenu site éponyme du second âge du fer (450 av. J.-C.-fin du Ier s. av. J.-C.). Riche nécropole.

TÉNÉRÉ n.m., région du Sahara nigérien.

TENERIFE ou **TÉNÉRIFFE,** la plus grande des îles Canaries ; 1 919 km^2 ; 908 555 hab. ; ch.-l. *Santa Cruz de Tenerife*. Île volcanique, très accidentée (3 718 m au pic de Teide). Vignobles. Orangers. Bananiers. Tourisme. – Observatoire astronomique.

TENIENTE (El), v. du Chili central. Cuivre.

TENIERS (David II, dit le Jeune), *Anvers 1610 - Bruxelles 1690*, membre le plus connu d'une famille de peintres flamands du xviie s. Fécond, raffiné, il excelle notamment dans la scène de genre populaire, dont il est le meilleur représentant après Brouwer.

TENNESSEE n.m., riv. de l'est des États-Unis, affl. de l'Ohio (r. g.) ; 1 600 km. Son bassin a été mis en valeur par la *Tennessee Valley Authority (TVA)* : hydroélectricité, irrigation, lutte contre l'érosion, développement industriel, etc.

TENNESSEE, État des États-Unis, entre le Mississippi et les Appalaches ; 6 715 984 hab. ; cap. *Nashville* ; v. princ. *Memphis*. Il est drainé par le *Tennessee*.

TENNYSON (Alfred, lord), *Somersby 1809 - Aldworth 1892*, poète britannique. Auteur des *Idylles du roi* (1859-1885), d'*Enoch Arden* (1864), il est le plus grand poète de l'ère victorienne.

TENOCHTITLÁN, cap. des Aztèques. Fondée en 1325 (ou 1345), elle fut prise par les Espagnols de Cortés en 1521. Mexico est située à son emplacement.

TÉNOS → **TÍNOS.**

TENSIFT (oued), fl. du Maroc, qui rejoint l'Atlantique ; 260 km.

TENZIN GYATSO, *Taktser, prov. du Qinghai, 1935*, quatorzième dalaï-lama du Tibet. Intronisé en 1940, il exerce son pouvoir à titre personnel à partir de 1950. Il s'exile en Inde en 1959. Jusque-là guide et chef souverain pour les Tibétains, il décide en 2011 de détacher la fonction politique de la mission du dalaï-lama, se consacrant désormais à son rôle spirituel. (Prix Nobel de la paix 1989.)

▲ **Tenzin Gyatso** en 1998.

TEOTIHUACÁN, site archéologique du Mexique, au nord-est de Mexico. Imposants vestiges d'une métropole précolombienne fondée au ive s. av. notre ère et dont l'apogée se situe à l'époque classique (250 - 650 apr. J.-C.) ; grandes pyramides (pyramides du Soleil, de la Lune), temples (dont celui de Quetzalcóatl) et palais, décorés de peintures murales et de bas-reliefs, de cette période.

TEPIC, v. du Mexique, près du Pacifique ; 380 074 hab. (429 161 hab. dans l'agglomération). Cathédrale du xviiie s.

TEPLICE, v. de la République tchèque, en Bohême ; 51 437 hab. Station thermale.

TERAMO, v. d'Italie (Abruzzes), ch.-l. de prov. ; 53 883 hab. Cathédrale des xiie et xive s.

TERAUCHI HISAICHI, *Tokyo 1879 - Saigon 1946*, maréchal japonais. Il commanda les armées japonaises en Chine, puis dans le Pacifique (1942 - 1945). Il capitula à Saigon (1945).

TERBORCH ou **TER BORCH** (Gerard), *Zwolle 1617 - Deventer 1681*, peintre néerlandais. D'abord portraitiste, il a donné ensuite des scènes d'intimité bourgeoise d'une poésie raffinée (*les Soins maternels*, Mauritshuis, La Haye).

TERBRUGGHEN ou **TER BRUGGHEN** (Hendrik), *Deventer 1588 - Utrecht 1629*, peintre néerlandais. Installé à Utrecht après avoir travaillé en Italie, c'est un caravagesque adepte de la « manière claire » (scènes diurnes : *le Duo*, Louvre).

TERCEIRA, île des Açores ; ch.-l. *Angra do Heroísmo*.

Tercio n.m., anc. nom de la Légion étrangère espagnole. (V. partie n. comm. **légion.**)

TERECHKOVA (Valentina Vladimirovna), *Maslennikovo, près de Iaroslavl, 1937,* cosmonaute russe. Première femme cosmonaute, elle a effectué 48 révolutions autour de la Terre (16 - 19 juin 1963).

◄ Valentina **Terechkova** en 1963.

TÉRENCE, en lat. **Publius Terentius Afer,** *Carthage v. 185 - 159 av. J.-C.,* poète comique latin. Esclave affranchi, membre du cercle de Scipion Émilien, il composa six comédies *(l'Andrienne, l'Eunuque, l'Hécyre, l'Heautontimoroumenos, Phormion, les Adelphes)* imitées de Ménandre et fondées sur l'analyse psychologique. Il devint un modèle pour les classiques français, notamment pour Molière.

TERESA DE CALCUTTA (sainte) [Agnes Gonxha **Bajaxhiu,** dite Mère **Teresa**], *Usküb, auj. Skopje, 1910 - Calcutta 1997,* religieuse indienne d'origine albanaise. Son action en faveur des déshérités lui a valu le prix Nobel de la paix (1979). Elle a été béatifiée en 2003 et canonisée en 2016.

◄ Mère **Teresa**

TERESINA, v. du Brésil, cap. de l'État de Piauí, sur le Parnaíba ; 797 029 hab. (901 645 hab. dans l'agglomération).

TERFEL (Bryn), *Pantglas, nord du pays de Galles, 1965,* baryton-basse gallois. D'abord formé au chant traditionnel de son pays, il est devenu un grand interprète d'opéra, privilégiant les répertoires de Mozart *(les Noces de Figaro),* Wagner *(Tannhäuser)* et Verdi *(Falstaff).*

TERGNIER (02700), bur. centr. de cant. de l'Aisne, sur le canal de Saint-Quentin ; 13 915 hab. *(Ternois).* Centre ferroviaire. Métallurgie.

TERMONDE, en néerl. **Dendermonde,** v. de Belgique, ch.-l. d'arrond. de la Flandre-Orientale ; 44 493 hab. Textile. Mécanique. – Église gothique Notre-Dame (beau mobilier) ; musée.

TERNAUX (Guillaume, baron), *Sedan 1763 - Saint-Ouen 1833,* fabricant français. Il fonda en France de très grandes manufactures de textiles.

TERNEUZEN, v. des Pays-Bas (Zélande), sur l'estuaire de l'Escaut occidental, à la tête du *canal Terneuzen-Gand* ; 54 729 hab. Port.

TERNI, v. d'Italie (Ombrie), ch.-l. de prov. ; 109 369 hab. Métallurgie. – Musées.

TERNOPIL, v. d'Ukraine ; 227 755 hab.

TERPSICHORE [-kɔr] **MYTH. GR.** Muse de la Danse et du Chant choral. Son attribut est la lyre.

TERRASSON-LAVILLEDIEU (24120), bur. centr. de cant. de la Dordogne ; 6 299 hab. Églises et pont du Moyen Âge ; « Jardins de l'imaginaire » (1996).

TERRAY (Joseph Marie), *Boën 1715 - Paris 1778,* ecclésiastique et homme d'État français. Contrôleur général des Finances de 1769 à 1774, il forma avec Maupeou et d'Aiguillon un « triumvirat » qui se rendit impopulaire par ses mesures fiscales.

TERRE, planète du Système solaire. (V. partie n. comm.)

TERREBONNE, v. du Canada (Québec), banlieue nord de Montréal ; 111 575 hab. *(Terrebonniens).*

TERRE DE FEU, en esp. **Tierra del Fuego,** anc. **archipel de Magellan,** groupe d'îles au S. de l'Amérique méridionale (Argentine et Chili), séparées du continent par le détroit de Magellan. On donne aussi le nom de *Terre de Feu* à la principale île de l'archipel.

TERRE-NEUVE, en angl. **Newfoundland,** île du Canada oriental ; 112 299 km² ; hab. *Terre-Neuviens* ; v. princ. *St. John's.* Découverte en 1497 par Jean Cabot, l'île fut disputée dès le XVIe s. entre colons français et anglais. Elle fut cédée à la Grande-Bretagne par le traité d'Utrecht (1713), mais la France conserva le monopole de la pêche sur la côte nord jusqu'en 1904. Dominion (à partir de 1917) auquel est rattachée la côte nord-est du Labrador en 1927, l'île est devenue la dixième province du Canada en 1949 (auj. prov. de Terre-Neuve-et-Labrador).

TERRE-NEUVE-ET-LABRADOR, en angl. **Newfoundland and Labrador,** prov. de l'est du Canada ; 406 000 km² ; 519 716 hab. ; cap. *St. John's.* Elle englobe l'*île de Terre-Neuve* et l'est de la *péninsule du Labrador.* La province associe sylviculture, extraction minière (fer, aux confins du Québec) et pêche (sur les *bancs de Terre-Neuve* notamm.).

TERRES-DE-CAUX (76640), comm. de la Seine-Maritime ; 4 137 hab. Centre agricole. Carrières. – Vestiges gallo-romains.

Terreur (la), nom donné à deux périodes de la Révolution française. La *première Terreur* (10 août-20 sept. 1792) eut pour cause l'invasion prussienne et se manifesta par l'arrestation du roi et les massacres de Septembre*. La *seconde Terreur* (5 sept. 1793 - 28 juill. 1794) suivit l'élimination des Girondins par les Montagnards. Elle se solda par l'incarcération de nombreux suspects, dont beaucoup furent guillotinés. Elle connut sa plus grande flambée (la *Grande Terreur,* juin-juill. 1794) lorsque Robespierre, par la loi du 10 juin 1794, enleva toutes garanties judiciaires aux accusés. Elle s'acheva avec la chute de Robespierre, le 9 Thermidor. Le Tribunal révolutionnaire fut l'un des instruments de la Terreur.

Terreur blanche (la), nom donné aux mouvements contre-révolutionnaires français dirigés par les royalistes contre leurs adversaires. La *première Terreur blanche* (mai-juin 1795) consista en représailles meurtrières contre les anciens partisans de Robespierre. La *seconde Terreur blanche* (été 1815), qui eut lieu dans le midi de la France à la suite de Waterloo, s'exerça contre les bonapartistes, les républicains et les protestants.

Tertry (bataille de) [v. 687], victoire de Pépin de Herstal sur Thierry III, roi de Neustrie, à Tertry, dans la Somme. Elle assura à Pépin de Herstal la domination sur la Neustrie.

TERTULLIEN, *Carthage v. 155 - id. v. 222,* le premier des écrivains chrétiens de langue latine. Païen converti, il exerça en Afrique du Nord un véritable magistère doctrinal. Auteur d'une *Apologétique* et du *Contre Marcion,* il pratiqua un ascétisme qui le fit dévier vers l'hérésie montaniste. Il eut une grande influence sur la formation de la langue théologique latine.

TERUEL, v. d'Espagne (Aragon), ch.-l. de prov. ; 35 484 hab. Églises aux tours mudéjares des XIIe-XIIIe s. ; cathédrale gothico-mudéjare reconstruite à la Renaissance. – Combats pendant la guerre civile, de 1936 à 1938, entre nationalistes et républicains.

TERVUREN, comm. de Belgique (Brabant flamand) ; 21 263 hab. Musée royal de l'Afrique centrale, en bordure du parc de l'anc. domaine des ducs de Brabant.

TERZIEFF (Laurent), *Toulouse 1935 - Paris 2010,* comédien français. Au cinéma *(les Tricheurs,* M. Carné, 1958 ; *la Prisonnière,* H.-G. Clouzot, 1968 ; *la Voie lactée,* L. Buñuel, 1969 ; *Médée,* P. P. Pasolini, 1970) comme au théâtre, où souvent il signait aussi la mise en scène *(Ce que voit Fox,* 1988 ; *Temps contre temps,* 1993 ; *l'Habilleur,* 2009), il choisissait ses auteurs et ses rôles avec exigence.

▲ Laurent **Terzieff** en 2009.

TESLA (Nikola), *Smiljan, Croatie, 1856 - New York 1943,* ingénieur et physicien américain d'origine serbe. Il réalisa le premier moteur asynchrone à champ tournant, imagina les courants polyphasés et les commutatrices, et inventa le couplage de deux circuits oscillants par induction mutuelle.

TESSAI, *Kyoto 1837 - id. 1924,* peintre japonais. Ce lettré, qui n'ignore pas l'art occidental, renouvelle l'art pictural japonais de son temps.

TESSIN n.m., en ital. **Ticino,** riv. de Suisse et d'Italie, affl. du Pô (r. g.) ; 248 km. Il traverse le lac Majeur et passe à Pavie. – Hannibal battit P. Cornelius Scipio sur ses bords (218 av. J.-C.).

TESSIN, canton de Suisse, sur le versant méridional des Alpes ; 2 813 km² ; 333 753 hab. *(Tessinois)* ; ch.-l. *Bellinzona.* Tourisme (lac Majeur). – Le canton du Tessin fut formé en 1803 par l'union des cantons de Bellinzona et de Lugano.

TESSIN (Nicodemus), dit **le Jeune,** *Nyköping 1654 - Stockholm 1728,* architecte suédois. Il acheva la décoration du château de Drottningholm, près de Stockholm (entrepris en 1662 par son père, Nicodemus l'Ancien), et construisit à partir de 1697 le château royal de la capitale suédoise, synthèse des styles italien et français.

Test Act (1673), loi votée par le Parlement anglais, imposant à tout candidat à un office public l'appartenance à la religion anglicane. Il fut abrogé en 1828 - 1829.

TESTART (Jacques), *Saint-Brieuc 1939,* biologiste français. Spécialiste en biologie de la reproduction, il est, avec R. Frydman, à l'origine de la naissance du premier bébé français conçu par fécondation in vitro (1982). Ses ouvrages portent notamm. sur les risques eugéniques liés au génie génétique (*Des grenouilles et des hommes,* 1995). Il milite aussi pour la protection de l'environnement.

TESTE-DE-BUCH (La) [33260], bur. centr. de cant. de la Gironde, sur le bassin d'Arcachon ; 26 493 hab. *(Testerins).* Station balnéaire. Ostréiculture.

TÊT [tɛt] n.f., fl. côtier de France, dans les Pyrénées-Orientales, qui se jette dans la Méditerranée ; 120 km. Elle passe à Prades et à Perpignan.

TETELA, peuple du centre de la Rép. dém. du Congo, de langue bantoue.

TÉTHYS **MYTH. GR.** Déesse de la Mer.

TÉTHYS n.f., mer des temps géologiques. Elle sépara le Gondwana de la Laurasie à partir du mésozoïque et pendant la majeure partie du cénozoïque.

TÉTOUAN, v. du Maroc, près de la Méditerranée ; 380 787 hab. Cap. du protectorat espagnol au Maroc (1913 - 1956).

Tétralogie (la), titre sous lequel est communément désigné le cycle d'opéras de Richard Wagner, *l'Anneau du Nibelung.* Ce festival scénique regroupe dans l'ordre *l'Or du Rhin, la Walkyrie, Siegfried* et *le Crépuscule des dieux,* sur des livrets de Wagner lui-même, inspirés d'une vieille épopée germanique. Créé dans son intégralité à Bayreuth en 1876, il est articulé sur un jeu de figures musicales (leitmotivs), liées aux personnages, et sur le rôle initiatique de l'orchestre.

TETUN ou **TETUM,** peuple d'Indonésie (Timor) [env. 480 000]. Christianisés, les Tetun parlent une langue malayo-polynésienne.

TETZEL (Johannes), *Pirna v. 1465 - Leipzig 1519,* dominicain allemand. Les excès de sa prédication sur les indulgences décidèrent Luther à publier ses 95 thèses (1517), point de départ de la Réforme.

TEUTATÈS ou **TOUTATIS,** dieu celte de la tribu, qu'il protégeait contre la guerre, et dieu de la Guerre elle-même.

Teutonique (ordre), ordre hospitalier (1190) puis ordre militaire (1198), fondé en Terre sainte et recrutant des membres dans l'aristocratie allemande. Ayant absorbé en 1237 les chevaliers Porte-Glaive, l'ordre propagea la culture germanique en Prusse et se constitua un vaste État. Sa puissance fut brisée par les Polonais à Tannenberg (1410). Après le traité de Toruń (1466), l'ordre ne conserva plus que la Prusse-Orientale, sous suzeraineté polonaise. Il fut sécularisé en 1525 par Albert de Brandebourg.

TEUTONS, anc. peuple germanique qui envahit la Gaule avec les Cimbres (IIe s. av. J.-C.), vaincu par Marius près d'Aix-en-Provence (102 av. J.-C.).

TEWKESBURY, v. de Grande-Bretagne (Angleterre, dans le Gloucestershire) ; 10 016 hab. Église romane et gothique, anc. abbatiale. – Édouard IV d'York y triompha des lancastriens, conduits par la reine Marguerite (3 mai 1471).

TEXAS n.m., État des États-Unis ; 690 000 km² ; 28 304 596 hab. *(Texans)* ; cap. *Austin* ; v. princ. *Houston, Dallas.* C'est le plus vaste (en dehors de l'Alaska) des États-Unis d'Amérique. Grands gisements de pétrole et de gaz naturel. – Espagnol puis mexicain (1821), le Texas devint une république indépendante de fait en 1836. Il fut incorporé aux États-Unis en 1845.

TEXEL, île néerlandaise de la mer du Nord.

TEYJAT (24300), comm. de la Dordogne ; 281 hab. *(Teyjatois)*. La grotte de la Mairie possède de remarquables gravures pariétales (magdalénien).

TEZCATLIPOCA, divinité guerrière précolombienne. D'origine toltèque, elle avait comme animal emblématique le jaguar.

TEZUKA OSAMU, *Toyonaka 1928 - Tokyo 1989*, dessinateur et scénariste japonais de bandes dessinées. Il est considéré comme le fondateur du manga (*Astro Boy*, 1951-1968).

TF 1 (Télévision Française 1), chaîne de télévision française. Héritière de la première chaîne, constituée en société nationale de programmes (1974), elle a été privatisée en 1987, avec pour actionnaire principal le groupe Bouygues.

TGV, sigle de train à grande vitesse. (V. partie n. comm. **train.**)

THABIT IBN QURRA, *Harran, Turquie, 836 - Bagdad 901*, savant arabe. Mathématicien astronome, médecin, il commenta et traduisit Archimède, Euclide et Apollonios. Il anticipa des théorèmes généraux de trigonométrie sphérique ou de théorie des nombres, et prépara l'extension aux réels positifs du concept de nombre.

THABOR ou **TABOR** (mont), montagne d'Israël, à l'O. du Jourdain et du lac de Tibériade ; 588 m.

THABOR (mont), sommet des Alpes françaises, en Savoie, au S.-O. de Modane ; 3 181 m.

THACKERAY (William Makepeace), *Calcutta 1811 - Londres 1863*, écrivain britannique. Journaliste et caricaturiste, il est l'auteur d'essais (*le Livre des snobs*) et de romans (*Mémoires de Barry Lyndon du royaume d'Irlande*, 1844 ; *la Foire aux vanités*, 1847-1848) qui font la satire de la société britannique.

THAÏLANDE n.f., en thaï **Prathet Thai,** anc. **Siam,** État d'Asie du Sud-Est ; 514 000 km² ; 67 011 000 hab. *(Thaïlandais)*. **CAP.** *Bangkok*. **LANGUE :** *thaï*. **MONNAIE :** *baht*.

GÉOGRAPHIE La population, formée pour 80 % de Thaïs (minorités de Chinois, de Malais, de Khmers), est très majoritairement bouddhiste. Elle se concentre dans la plaine centrale (drainée par la Chao Phraya), partie vitale du pays, domaine de la culture intensive du riz et site des grandes villes, parmi lesquelles émerge Bangkok. Le Nord et l'Ouest, montagneux, fournissent du bois de teck, tandis que des plantations d'hévéas et des mines d'étain sont situées au sud de l'isthme de Kra. La pêche est active. Le secteur industriel s'est développé (agroalimentaire, textile, montage automobile). Le tourisme a progressé et la croissance économique récente a été notable, même si tous deux ont été affectés par le tsunami meurtrier ayant touché le littoral sud du pays (Phuket) le 26 déc. 2004, par la crise économique mondiale et par les tensions politiques.

HISTOIRE **Des royaumes thaïs à la monarchie Chakri.** **VIIe s. :** le royaume de Dvaravati, de culture bouddhique et peuplé de Môn, se développe. **XIe - XIIe s. :** les Khmers conquièrent la région. **XIIIe s. :** les Thaïs, connus sous le nom de Syam (Siamois), fondent les royaumes de Sukhothai et de Lan Na (cap. Chiangmai). **V. 1350 :** ils créent le royaume d'Ayuthia. **1569 - 1592 :** le Siam est occupé par les Birmans. **XVIe - XVIIe s. :** il entretient des relations avec l'Occident, notamm. avec la France de Louis XIV. **1767 :** les Birmans mettent à sac Ayuthia. **1782 :** Rama Ier est couronné à Bangkok, la nouvelle capitale, et fonde la dynastie Chakri. **1782 - 1851 :** Rama Ier, II, III dominent en partie le Cambodge, le Laos et la Malaisie. **1893 - 1909 :** le Siam doit reculer ses frontières au profit de l'Indochine française et de la Malaisie.

La Thaïlande contemporaine. 1932 : un coup d'État provoque l'abdication de Rama VII (1935). **1938 :** le maréchal Pibul Songgram s'empare du pouvoir. Le pays prend le nom de Thaïlande. **1941 - 1 944 :** Pibul Songgram s'allie au Japon. **1946 :** Bhumibol Adulyadej devient roi sous le nom de Rama IX (couronné en 1950). **1948 - 1957 :** Pibul Songgram est de nouveau Premier ministre.

Thaïlande

1957 - 1973 : le pouvoir demeure dominé par les militaires, Sarit Thanarat (1957 - 1963) puis Thanom Kittikachorn (1963 - 1973). La guérilla communiste se développe à partir de 1962. **1976 :** l'armée reprend le pouvoir. **1979 :** après l'invasion du Cambodge par le Viêt Nam, des réfugiés affluent. **1980 :** le général Prem Tinsulanond devient Premier ministre. **1988 :** Chatichai Choonhavan, chef du parti Chart Thai, lui succède. **1991 :** il est renversé par un coup d'État militaire. **1992 :** des manifestations d'opposition au régime sont suivies par une révision constitutionnelle qui réduit le rôle des militaires. À l'issue des élections législatives, le leader du Parti démocrate, Chuan Leekpai, est nommé Premier ministre. **1995 :** le Chart Thai remporte les élections ; son leader, Banharn Silpa-Archa, devient Premier ministre. **1996 :** à l'issue de nouvelles élections, Chavalit Yongchaiyudh devient Premier ministre. **1997 :** Chuan Leekpai revient à la tête du gouvernement. **2001 :** fondateur d'un nouveau parti, qui obtient une large victoire aux élections, l'homme d'affaires Thaksin Shinawatra est nommé Premier ministre. **Depuis 2004 :** une insurrection se développe dans les provinces méridionales à majorité musulmane. **2006 :** très fortement contesté, Thaksin Shinawatra est finalement chassé du pouvoir par une junte militaire, avec l'assentiment du roi. Dès lors s'installe une grave crise politique, accompagnée d'affrontements souvent violents (qui atteignent un paroxysme au printemps 2010), opposant les alliés de l'ancien Premier ministre – vainqueurs des élections de 2007 – à ses détracteurs. **2011 :** la femme d'affaires Yingluck Shinawatra, sœur cadette de Thaksin, reprend le combat de ce dernier et remporte avec son parti la majorité absolue aux élections. Nommée à la tête du gouvernement, elle doit faire face rapidement à une conjoncture difficile (inondations meurtrières ravageant le pays). **2013 - 2014 :** les opposants à la famille Shinawatra se mobilisent (à la suite d'une tentative d'amnistie de Thaksin, réfugié à Dubai) contre la Première ministre, qui riposte en prononçant la dissolution du Parlement (déc.). Sur fond de grandes manifestations, des élections anticipées (boycottées par l'opposition) sont organisées (févr. 2014), mais la Cour constitutionnelle invalide le scrutin (mars), puis destitue Yingluck Shinawatra (7 mai). Cette nouvelle paralysie politique conduit l'armée, menée par le général Prayuth Chan-ocha, à prendre le pouvoir : instauration de la loi martiale (remplacée, en 2015, par un article constitutionnel garantissant les pleins pouvoirs à l'armée), suspension de la Constitution et mise en place d'un Conseil national pour la paix et l'ordre (22 mai). En août, Prayuth Chan-ocha prend la tête du gouvernement, tandis qu'un régime répressif s'installe. **2016 :** une nouvelle Constitution, entérinant le rôle de l'armée dans le champ politique, est adoptée par référendum (août ; promulguée en avr. 2017). La mort du roi Rama IX (oct.) provoque un profond émoi dans le pays. Son fils Maha Vajiralongkorn (Rama X) lui succède (déc.).

THAÏLANDE (golfe de), anc. **golfe du Siam** ou **de Siam,** golfe de l'Asie du Sud-Est bordant notamment la *Thaïlande*.

THAÏS, ensemble de peuples vivant en Thaïlande, en Birmanie, au Laos, au Viêt Nam et en Chine du Sud [env. 70 millions]. Venus de Chine en Asie du Sud-Est, bouddhistes influencés par le brahmanisme, les Thaïs parlent des langues *thaïes*, dont le *thaï* proprement dit, ou *siamois*, en Thaïlande.

THAÏS, courtisane grecque du IVe s. av. J.-C., amie de Ménandre, d'Alexandre, puis de Ptolémée Ier.

THAÏS (sainte), courtisane égyptienne repentie (IVe s.). Selon la *Légende dorée*, elle aurait été convertie par un anachorète. – Sa légende a inspiré à A. France un roman (*Thaïs*, 1890) d'après lequel L. Gallet a rédigé le livret de la comédie lyrique en 3 actes et 6 tableaux de J. Massenet (*Thaïs*, 1894).

THALÈS, *Milet v. 625 av. J.-C. - v. 547 av. J.-C.*, savant et philosophe grec de l'école ionienne, l'un des Sept Sages* de la Grèce. Il aurait rapporté d'Égypte et de Babylone les éléments de la géométrie et de l'algèbre. On lui attribue la première mesure exacte du temps, à l'aide du *gnomon*, et certaines connaissances sur les rapports des angles avec les triangles auxquels ils appartiennent, ainsi que sur le calcul des proportions (v. partie n. comm. **théorème de Thalès***). Il dut sa célébrité à la prédiction d'une éclipse de Soleil. Pour lui, l'eau était l'élément premier de l'Univers.

THALIE MYTH. GR. Muse de la Comédie.

THALWIL, v. de Suisse (canton de Zurich) ; 17 213 hab.

Thalys, service de trains à grande vitesse reliant principalement Paris, Bruxelles, Amsterdam et Cologne.

THAMES → **TAMISE.**

THANA, v. d'Inde (Maharashtra) ; 1 261 517 hab.

THANJAVUR ou **TANJORE,** v. d'Inde (Tamil Nadu) ; 215 725 hab. Monuments anciens, dont le grandiose sanctuaire shivaïte de Brihadishvara élevé vers l'an 1000 (musée). – Elle fut la dernière capitale de la dynastie des Cola.

THANN (68800), ch.-l. d'arrond. du Haut-Rhin, sur la Thur ; 8 059 hab. *(Thannois)*. Industrie chimique. – Belle collégiale des XIVe-XVIe s.

THANT (Sithu U), *Pantanaw 1909 - New York 1974*, homme politique birman. Il fut secrétaire général de l'ONU de 1961 à 1971.

Thapsus (bataille de) [46 av. J.-C.], victoire décisive de J. César sur les partisans de Pompée, à Thapsus, en Afrique proconsulaire (auj. Tunisie).

THAR (désert de), région aride du Pakistan et de l'Inde (État du Rajasthan), entre l'Indus et les monts Aravalli.

THARU, population aborigène de l'Inde et du Népal, vivant dans les plaines marécageuses à la frontière des deux pays.

THÁSSOS, île grecque du nord de la mer Égée. Nombreux vestiges antiques (fragments de l'enceinte du IVe s. av. J.-C., vaste agora, théâtre).

THATCHER (Margaret), baronne **Thatcher of Kesteven,** *Grantham, Lincolnshire, 1925 - Londres 2013*, femme politique britannique. Succédant à E. Heath à la tête du Parti conservateur (1975), elle devint Premier ministre en 1979 après la victoire de son parti aux élections. Surnommée la « Dame de fer », elle mena une politique de rigueur fondée sur un libéralisme strict, combattit avec succès l'invasion des Falkland par l'Argentine et s'opposa à un renforcement de l'intégration européenne. Reconduite au terme des élections de 1983 et 1987, elle a été le premier chef du gouvernement britannique, depuis 1945, à obtenir un troisième mandat. Elle démissionna en 1990.

◄ Margaret **Thatcher** en 1986.

THAU (étang de), lagune de l'Hérault, communiquant avec la mer par le canal de Sète ; 7 500 ha. Pêche. Ostréiculture et mytiliculture. Bassin industriel du port de Sète.

Théâtre-Libre, théâtre parisien créé en 1887 par André Antoine, afin de rénover le spectacle par une mise en scène réaliste et par l'interprétation de jeunes auteurs naturalistes (Zola, Curel) et de dramaturges étrangers (Ibsen, Strindberg). En 1897, il prit le nom de *Théâtre-Antoine*.

Théâtre national populaire (TNP), théâtre subventionné, fondé par l'État en 1920 à l'instigation de Firmin Gémier, son premier directeur. Installé au Trocadéro à Paris, puis au palais de Chaillot, le TNP a été dirigé par Jean Vilar (1951 - 1963), puis par G. Wilson (jusqu'en 1972). Depuis 1972, son siège est à Villeurbanne, où il est dirigé par R. Planchon (1972 - 2002) puis par Christian Schiaretti.

THÉBAÏDE n.f., partie méridionale de l'Égypte ancienne, qui avait Thèbes pour capitale. Elle fut aux premiers siècles chrétiens un centre important du monachisme.

THÈBES, v. de l'Égypte ancienne, sur le Nil. Des princes thébains réunifièrent l'Égypte et fondèrent la XIe dynastie, au XXIIe s. av. J.-C. De même, les princes thébains de la XVIIIe dynastie chassèrent les Hyksos (v. 1580). Au Nouvel Empire, Thèbes fut la capitale de l'Égypte et une grande métropole religieuse grâce au puissant clergé du dieu Amon. Elle fut détruite en 663 av. J.-C. lors de l'invasion assyrienne. – Il reste d'elle les sanctuaires de Louqsor et de Karnak. En face, sur la rive occidentale du fleuve, se trouvent les colosses de Memnon et l'immense nécropole englobant les temples funéraires de Deir el-Bahari et les hypogées de la Vallée des Rois, des Reines, des Nobles, etc.

THÈBES, en gr. **Thívai,** v. de Grèce ; 21 211 hab. *(Thébains)*. La légende y a situé le cycle d'Œdipe. – À partir du VIIe s. av. J.-C., la ville domina une confédération des villes de Béotie. Durant les guerres médiques, Thèbes s'allia aux Perses. Grâce à Épaminondas et à Pélopidas, elle eut un moment l'hégémonie sur les cités grecques (371 - 362 av. J.-C.). Alexandre la détruisit en 336 av. J.-C.

THEIN SEIN, *Kyonku, dans le delta de l'Irrawaddy, 1945*, général (revenu à la vie civile en 2010) et homme politique birman. Membre influent de la junte militaire à partir de la fin des années 1990, il a été Premier ministre (2007 - 2011) et président de la République (2011 - 2016).

Thélème (abbaye de), communauté laïque imaginée par Rabelais dans *Gargantua**. Contrepied exact de l'institution monacale, elle est régie par le précepte : « Fais ce que voudras. »

THÉMIS MYTH. GR. Déesse de la Justice. Ses attributs sont le glaive et la balance.

THÉMISTOCLE, *Athènes v. 528 - Magnésie du Méandre v. 462 av. J.-C.*, général et homme politique athénien. Il fit d'Athènes la grande puissance navale du monde hellénique, aménageant Le Pirée et réorganisant la flotte athénienne. Par la victoire de Salamine (480 av. J.-C.), il délivra la Grèce du péril perse (guerres médiques). En butte à la malveillance de ses adversaires politiques et aux intrigues de Sparte, il fut banni, à l'instigation de Cimon (partisan d'un partage de l'hégémonie sur la Grèce entre Sparte et Athènes), et se réfugia auprès d'Artaxerxès Ier.

THENARD (Louis Jacques, baron), *La Louptière, Aube, 1777 - Paris 1857*, chimiste français. Collaborateur de Gay-Lussac, il découvrit le bore (avec ce dernier) en 1808 et l'eau oxygénée en 1818 ; il étudia les esters (1807) et établit une classification des métaux.

THÉOCRITE, *Syracuse ? v. 310 - v. 250 av. J.-C.*, poète grec. Créateur de la poésie bucolique *(Idylles)*, il exprime, au sein d'une civilisation raffinée, la nostalgie d'une innocence « naturelle ».

THÉODAT ou **THÉODAHAT,** *m. à Ravenne en 536*, roi des Ostrogoths (534 - 536), neveu de Théodoric le Grand.

THÉODEBALD ou **THIBAUD,** *m. en 555*, roi d'Austrasie (547/548 - 555), de la dynastie mérovingienne. Il laissa son royaume à Clotaire Ier.

théodicée (Essais de), ouvrage de Leibniz (1710). L'auteur s'efforce de résoudre les problèmes posés par l'existence du mal et de démontrer que le monde que Dieu a créé est le meilleur de tous les mondes possibles.

THÉODORA, *Constantinople début VIe s. - id. 548*, impératrice byzantine (527 - 548). Femme de Justinien Ier, elle fut l'âme de son gouvernement. En 532, elle sauva l'empire en décidant Justinien à briser la sédition Nika.

◄ L'impératrice **Théodora.** (Église San Vitale, Ravenne.)

THÉODORA, *m. en 867*, impératrice régente de Byzance (842 - 856) pendant la minorité de son fils Michel III. Elle convoqua un concile qui rétablit définitivement le culte des images (843).

THÉODORE Ier LASCARIS, *m. en 1222*, premier empereur byzantin de Nicée (1204, en fait 1208 - 1222). — **Théodore II Doukas Lascaris,** *1222 - 1258*, empereur byzantin de Nicée (1254 - 1258), petit-fils de Théodore Ier Lascaris.

THÉODORIC Ier, *m. en 451*, roi des Wisigoths (418 - 451). Il fut tué en combattant Attila aux champs Catalauniques. — **Théodoric II,** *m. en 466*, roi des Wisigoths (453 - 466). Fils de Théodoric Ier, il fut le maître de la Gaule et de l'Espagne.

THÉODORIC le Grand, *en Pannonie v. 454 - Ravenne 526*, roi des Ostrogoths (493 - 526). Élevé à Constantinople, imprégné de culture gréco-romaine, il fit renaître un temps l'empire d'Occident. L'empereur Zénon l'ayant envoyé enlever l'Italie à Odoacre (493), Théodoric se rendit maître de la péninsule et des côtes dalmates. Aidé par deux ministres de valeur, Cassiodore et Boèce, il tenta sans succès la fusion des Romains et des Goths. Sous son règne, Ravenne fut une brillante capitale.

THÉODOROS II ou **THÉODORE II,** *Sarge, Kouara, 1818 - Magdala 1868*, empereur d'Éthiopie (1855 - 1868). Vaincu par l'armée britannique à Magdala, il se donna la mort.

THÉODOSE Ier, dit **le Grand,** en lat. **Flavius Theodosius,** *Cauca, Espagne, v. 347 - Milan 395*, empereur romain (379 - 395). Proclamé auguste en 379, il reçoit le gouvernement de l'Orient. Il conclut un accord avec les Goths (382), les installant dans le territoire impérial, et introduit un grand nombre de Barbares dans l'armée. Il refuse le titre de Grand Pontife, fait du christianisme une religion d'État (380) et interdit toute pratique païenne. À sa mort, l'Empire est partagé entre ses deux fils, Honorius et Arcadius. — **Théodose II,** *401 - 450*, empereur romain d'Orient (408 - 450). Petit-fils de Théodose Ier, il donna son nom au *Code Théodosien*.

Théodosien (Code), code de lois rédigé sur l'ordre de Théodose II de 435 à 438, et qui réunit les constitutions impériales depuis Constantin.

THÉODULF ou **THÉODULFE,** *en Catalogne v. 750 - Angers ? 821*, évêque d'Orléans. Il fut aussi abbé de Fleury (Saint-Benoît-sur-Loire), dont il fit un très brillant centre de culture. Constructeur de l'église de Germigny-des-Prés, poète et théologien, il fut l'un des principaux représentants de la renaissance carolingienne.

Théogonie ou **Généalogie des dieux,** poème mythologique d'Hésiode (VIIIe s. av. J.-C.), qui raconte la création du monde, du chaos initial au règne de Zeus.

THÉON d'Alexandrie, *fin du IVe s. apr. J.-C.*, savant grec. Seul ou avec sa fille Hypatie, il diffusa les œuvres majeures des mathématiques et de l'astronomie grecques.

THÉOPHRASTE, *Eresos, Lesbos, v. 372 av. J.-C. - Athènes 287 av. J.-C.*, philosophe grec. Disciple de Platon puis d'Aristote, remarquable par ses travaux de botanique *(Histoire des plantes)*, il est l'auteur des *Caractères*, recueil d'études morales et de portraits pittoresques, dont La Bruyère s'est inspiré.

Théorie générale de l'emploi, de l'intérêt et de la monnaie, ouvrage de J. M. Keynes (1936). L'auteur y introduit l'idée d'un sous-emploi permanent et met en valeur le rôle de l'État, seul capable d'élever la demande au niveau requis pour la réalisation du plein emploi. L'ouvrage a eu une influence considérable.

théosophique (Société), société religieuse fondée en 1875 à New York par Elena Blavatsky *(1831 - 1891)* et dont le siège est à Adyar, près de Madras, en Inde, depuis 1886. Affirmant l'éternité de l'Univers et l'universalité du divin, elle vise à développer en l'homme les pouvoirs qu'il détient en lui de façon latente.

THÉRAMÈNE, *Céos av. 450 - Athènes 404 av. J.-C.*, homme politique athénien. Il contribua au renversement de la démocratie en 411. Membre du gouvernement des Trente, il s'opposa aux excès de Critias et fut condamné à mort.

THÉRÈSE d'Ávila (sainte), *Ávila 1515 - Alba de Tormes, province de León, 1582*, mystique espagnole. Entrée au carmel d'Ávila (1536), elle entreprit, à partir de 1554, la réforme de son ordre avec l'aide de saint Jean de la Croix et ouvrit une quinzaine de monastères réformés. Ses écrits comptent parmi les chefs-d'œuvre de la langue castillane et du mysticisme chrétien. Son *Livre des demeures* ou *Château intérieur* (1577-1588) résume sa doctrine sur l'oraison, moyen privilégié pour rencontrer le Christ. Thérèse fut canonisée en 1622 et proclamée docteur de l'Église en 1970.

▲ **Thérèse d'Ávila.**
(Académie royale de la langue, Madrid.)

THÉRÈSE de l'Enfant-Jésus (sainte) [Thérèse Martin], dite sainte **Thérèse de Lisieux,** *Alençon 1873 - Lisieux 1897*, religieuse française. Entrée en 1888 au carmel de Lisieux, elle y mena une vie sans relief, mais son autobiographie, l'*Histoire d'une âme* (1897), témoigne d'une haute spiritualité fondée sur l'abandon à Dieu. Elle fut canonisée en 1925 et proclamée docteur de l'Église en 1997.

thermidor an II (journées des 9 et 10) [27 - 28 juill. 1794], journées révolutionnaires qui entraînèrent la chute de Robespierre et la fin de la Convention montagnarde. Arrêtés lors d'une séance de la Convention, Robespierre et ses amis furent momentanément libérés par la Commune de Paris, puis exécutés entre le 10 et le 12 thermidor.

Thermopyles (combat des) [480 av. J.-C.], bataille de la deuxième guerre médique. Le roi Léonidas et 300 Spartiates se firent massacrer sans parvenir à arrêter l'armée de Xerxès Ier au défilé des Thermopyles, en Locride orientale.

THÉSÉE MYTH. GR. Roi légendaire d'Athènes. Il aurait délivré la ville du joug de Minos en tuant le Minotaure. Les historiens grecs lui attribuaient le regroupement des villes de l'Attique en une seule cité autour d'Athènes. Son personnage apparaît dans de nombreuses légendes : expédition des Argonautes, lutte contre les Amazones, contre les Centaures.

THESSALIE n.f., région de Grèce, au S. du mont Olympe, sur la mer Égée ; 753 888 hab. ; v. princ. *Lárissa* et *Vólos* et, autrefois, Pharsale, Phères. (Hab. *Thessaliens*.)

THESSALONIQUE ou **SALONIQUE,** en gr. **Thessaloníki,** v. de Grèce (Macédoine), au fond du *golfe de Thessalonique* formé par la mer Égée ; 315 196 hab. *(Thessaloniciens)* [872 355 hab. dans l'agglomération]. Centre industriel. – Églises byzantines, dont celle de Ste-Sophie (VIIIe s.). Musée archéologique (trésors de Verghína). – De 1204 à 1224, Thessalonique fut la capitale d'un royaume latin. Sous la domination ottomane (1430 - 1913), elle s'appela *Salonique*. Base d'opérations des forces alliées d'Orient (1915 - 1918).

THETFORD MINES, v. du Canada (Québec), en Chaudière-Appalaches ; 25 403 hab. *(Thetfordois)*. Amiante. Métallurgie. Plastiques.

THÉTIS MYTH. GR. Une des Néréides. Elle était la mère d'Achille.

THEUX, comm. de Belgique (prov. de Liège), au S. de Verviers ; 12 037 hab. Église des XIe-XVIe s. ; maisons anciennes.

THIAIS (94320), bur. centr. de cant. du Val-de-Marne, au S. de Paris ; 29 254 hab. *(Thiaisiens)*. Cimetière parisien. Centre commercial.

THIBAUD → **THÉODEBALD.**

THIBAUD, nom de plusieurs comtes de Champagne. — **Thibaud IV le Chansonnier,** *Troyes 1201 - Pampelune 1253*, comte de Troyes et de Meaux (1201 - 1253), roi de Navarre (1234 - 1253) [Thibaud Ier]. Ennemi, puis allié de Blanche de Castille, il mena une croisade en Terre sainte. — Il est l'auteur de chansons qui enrichissent la tradition courtoise par l'usage de l'allégorie.

THIBAUD (Jacques), *Bordeaux 1880 - dans un accident d'avion près de Barcelonnette 1953*, violoniste français. Il forma avec P. Casals et A. Cortot un trio célèbre et fonda avec Marguerite Long un concours international d'interprétation.

THIBAUDET (Albert), *Tournus 1874 - Genève 1936*, critique littéraire français. Ses chroniques dans *la Nouvelle* Revue française* et ses essais *(Histoire de la littérature française de 1789 à nos jours)* sont marqués par l'influence de Bergson.

Thibault (les), roman de R. Martin du Gard (1922 - 1940), saga d'une famille française au début du XXe s.

THIÈLE → **ORBE.**

THIÉRACHE n.f., région occupant surtout l'extrémité nord-est du dép. de l'Aisne. Élevage bovin.

THIERRY Ier ou **THIERRI Ier,** *m. en 533 ou 534*, roi d'Austrasie (511 - v. 534), de la dynastie mérovingienne. Fils de Clovis, il ajouta à son domaine l'Albigeois, le Rouergue et l'Auvergne (507 - 508). — **Thierry II,** *587 - Metz 613*, roi de Bourgogne (595/596 - 613) et d'Austrasie (612 - 613), de la dynastie mérovingienne, fils de Childebert II. — **Thierry III,** *m. en 690 ou 691*, roi de Neustrie et de Bourgogne (673 et 675 - 690/691), de la dynastie mérovingienne. Fils de Clovis II, il fut détrôné par Childéric II, remonta sur le trône en 675, mais fut vaincu à Tertry (v. 687) par Pépin de Herstal. — **Thierry IV,** *m. en 737*, roi des Francs (721 - 737), de la dynastie mérovingienne. Charles Martel gouverna en son nom.

THIERRY (Augustin), *Blois 1795 - Paris 1856*, historien français. L'un des créateurs de l'histoire moderne, il est l'auteur notamm. des *Lettres sur l'histoire de France*, des *Récits des temps mérovingiens* (1835-1840), de *l'Essai sur la formation et les progrès de l'histoire du tiers état*.

THIERRY D'ARGENLIEU (Georges), *Brest 1889 - carmel du Relecq-Kerhuon 1964*, amiral français. Ancien officier de marine devenu carme en 1920 (en relig. Louis de la Trinité), il rejoignit de Gaulle à Londres (1940). Il fut haut-commissaire en Indochine (1945 - 1947) et grand chancelier de l'ordre de la Libération (1940 - 1958).

THIERS (63300), ch.-l. d'arrond. du Puy-de-Dôme, sur la Durolle (affluent de la Dore) ; 12 191 hab. *(Thiernois)*. Centre de coutellerie. Mécanique. – Église St-Genès, en partie du XIe s. ; maison des Couteliers (musée) et autres maisons anciennes.

THIERS (Adolphe), *Marseille 1797 - Saint-Germain-en-Laye 1877*, homme politique, journaliste et historien français. Il publie une *Histoire de la Révolution* (1823-1827), fonde le journal *le National* (1830), où il défend la thèse d'une monarchie parlementaire à l'anglaise, et contribue à l'établissement de la monarchie de Juillet. Ministre des Finances (1830 - 1831), puis de l'Intérieur (1832 - 1836), deux fois président du Conseil et ministre des Affaires étrangères (1836, 1840), il s'oppose à la Grande-Bretagne et doit se retirer devant Guizot (1840). Il entreprend alors la rédaction de l'*Histoire du Consulat et de l'Empire* (1845-1862). Député et âme de la réaction conservatrice sous la IIe République, mais hostile au rétablissement de l'Empire, il est proscrit après le coup d'État du 2 décembre 1851. Rentré en France en 1852, élu député en 1863, il stigmatise la politique impériale. Nommé chef du pouvoir exécutif (févr. 1871), il conclut le traité de Francfort avec la Prusse et écrase l'insurrection de la Commune. Président de la République (août 1871), il réorganise la France vaincue. Mais, ayant préconisé ouvertement le régime républicain, il est renversé par une coalition des partis monarchiste et conservateur (24 mai 1873). Il demeure le chef de l'opposition républicaine. (Acad. fr.)

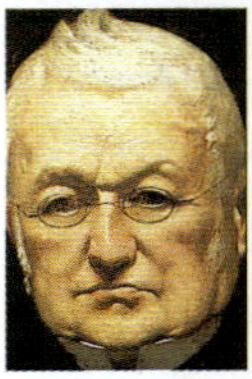

◄ Adolphe **Thiers**
par L. Bonnat.
(Château de Versailles.)

THIÈS, v. du Sénégal, au N.-E. de Dakar ; 273 218 hab. Industries mécaniques et textiles.

THILL (Georges), *Paris 1897 - Lorgues 1984*, ténor français. Il chanta les rôles importants de Wagner, Verdi ou de l'opéra comique français.

THIMONNIER (Barthélemy), *L'Arbresle 1793 - Amplepuis 1857*, tailleur et inventeur français. Il réalisa la première machine à coudre, brevetée en 1830.

THIMPHOU, THIMPHU ou **THIMBU,** cap. du Bhoutan ; 99 337 hab.

THIO, comm. de Nouvelle-Calédonie ; 3 140 hab. Nickel.

THIONVILLE (57100), ch.-l. d'arrond. de la Moselle, sur la Moselle ; 41 500 hab. *(Thionvillois)* [130 922 hab. dans l'agglomération]. Anc. place forte ; musée dans la *tour aux Puces*.

THIRY (Marcel), *Charleroi 1897 - Fraiture-en-Condroz 1977*, écrivain belge de langue française. Ses recueils lyriques *(Plongeantes Proues)* et ses récits *(Nouvelles du grand possible)* témoignent de sa passion de l'insolite.

THIS (Hervé), *Suresnes 1955*, physicien et chimiste français. Il est l'inventeur en 1988, avec le physicien Nicholas Kurti, de la gastronomie moléculaire. Il dirige auj. le Centre international de gastronomie moléculaire (AgroParisTech-INRA).

THISBÉ → **PYRAME.**

THIZY-LES-BOURGS (69240), bur. centr. de cant. du Rhône ; 6 278 hab. *(Thizerots)*.

THOIRY (78770), comm. des Yvelines ; 1 445 hab. *(Thoirysiens)*. Château des XVIe-XVIIe s. ; parc zoologique.

THOM (René), *Montbéliard 1923 - Bures-sur-Yvette 2002*, mathématicien français. Auteur de travaux sur la topologie différentielle, il est connu pour avoir créé la théorie des catastrophes. (Médaille Fields 1958.)

THOMAS (saint), surnommé **Didyme,** un des douze Apôtres de Jésus (Ier s.). Une tradition veut qu'il ait évangélisé la Perse et l'Inde. Son attitude dubitative à l'annonce de la résurrection du Christ *(Évangile de Jean)* a fait de lui le modèle de l'incrédule, qui ne croit que ce qu'il voit.

THOMAS d'Aquin (saint), *Roccasecca, Aquino, prov. de Frosinone, 1225 - abbaye de Fossanova, prov. de Latina, 1274*, théologien italien. Dominicain, maître en théologie (1256), il enseigna surtout à Paris, où il avait été l'élève d'Albert le Grand et avait découvert l'œuvre d'Aristote. L'essentiel de son enseignement *(thomisme)* se trouve dans la *Somme théologique* (v. 1266-v. 1273), qui s'attache à restaurer, en harmonie avec la foi, l'autonomie de la nature et de la raison. Docteur de l'Église (1567).

▲ Saint **Thomas d'Aquin.**
Fresque de Fra Bartolomeo, 1510-1511.
(Musée San Marco, Florence.)

THOMAS BECKET ou **THOMAS BECKETT** (saint), *Londres 1118 - Canterbury 1170*, prélat anglais. Ami du roi Henri II Plantagenêt, il fut fait par lui chancelier d'Angleterre (1155), puis archevêque de Canterbury (1162). Défenseur du clergé contre le roi, il excommunia ce dernier, qui le fit assassiner dans la cathédrale de Canterbury.

THOMAS MORE ou **MORUS** (saint), *Londres 1478 - id. 1535*, humaniste et homme politique anglais. Il est l'auteur de l'*Utopie** (1516). Juriste devenu chancelier du royaume (1529), il resta catholique au début de la Réforme et désavoua Henri VIII lors de son divorce. Disgracié (1532), emprisonné, il fut exécuté. Il fut canonisé en 1935.

THOMAS (Albert), *Champigny-sur-Marne 1878 - Paris 1932,* homme politique français. Député socialiste (1910), ministre de l'Armement (1916 - 1917), il organisa et présida le BIT (1920 - 1932).

THOMAS (Ambroise), *Metz 1811 - Paris 1896,* compositeur français, auteur de l'opéra *Mignon* (d'après *Wilhelm Meister* de Goethe, 1866).

THOMAS (Dylan Marlais), *Swansea 1914 - New York 1953,* poète britannique. Poète bohème et indépendant, il est également l'auteur d'un drame radiophonique (*Au bois lacté,* 1953) et de récits (*Portrait de l'artiste en jeune chien,* 1940 ; *Un Noël d'enfant au pays de Galles,* 1954-1955 ; *Aventures dans le commerce des peaux,* 1955).

THOMAS (Sidney Gilchrist), *Londres 1850 - Paris 1885,* métallurgiste britannique. Il découvrit, en collaboration avec son cousin Percy Gilchrist, un procédé d'affinage des fontes phosphoreuses (breveté en 1877), qui est auj. abandonné.

THOMAS A KEMPIS (Thomas **Hemerken,** dit), *Kempen, Rhénanie, 1379 ou 1380 - monastère de Sint Agnietenberg, près de Zwolle, 1471,* écrivain mystique allemand. Il est le principal représentant de la *Devotio* moderna.* On lui attribue l'*Imitation* de Jésus-Christ.*

THOMAS d'Angleterre, trouvère anglo-normand (XIIe s.), auteur d'un *Tristan**.

THOMAS de Celano, en ital. Tommaso da Celano, *Celano, province de L'Aquila, v. 1190 - près de L'Aquila v. 1260,* franciscain italien, l'un des premiers disciples de François d'Assise, et son premier biographe. On lui attribue une *Vie de sainte Claire* et des hymnes (*Dies irae*).

THOMIRE (Pierre Philippe), *Paris 1751 - id. 1843,* fondeur et ciseleur français, maître du bronze d'ameublement sous l'Empire.

THOMPSON (sir John Eric Sidney), *Londres 1898 - Cambridge 1975,* archéologue britannique. Ses travaux sont à l'origine des premiers déchiffrements de la langue maya.

THOMSEN (Christian Jürgensen), *Copenhague 1788 - id. 1865,* archéologue danois. Il est l'auteur d'un *Guide des antiquités nordiques* (1836), le premier ouvrage systématique de préhistoire européenne mettant en évidence la succession des âges de la pierre, du bronze et du fer.

THOMSON (Elihu), *Manchester 1853 - Swampscott, Massachusetts, 1937,* ingénieur américain d'origine britannique. Il est l'auteur de nombreuses inventions dans le domaine des applications industrielles de l'électricité. Il fut, avec Edwin Houston, l'un des fondateurs de la Thomson-Houston Company (1883), dont la filiale française, Thomson, longtemps spécialisée dans l'électronique professionnelle et grand public, fut créée en 1893 (elle a pris en 2010 le nom de Technicolor).

THOMSON (James), *Ednam, Écosse, 1700 - Richmond 1748,* poète britannique, auteur des *Saisons* (1726-1730).

THOMSON (sir Joseph John), *Cheetham Hill, près de Manchester, 1856 - Cambridge 1940,* physicien britannique. Élève de Maxwell, il détermina le quotient *e/m* de la charge par la masse de l'électron (1897), puis la valeur de cette charge. Il inventa le spectrographe de masse, qui devait servir à la découverte des isotopes. (Prix Nobel 1906.) — sir **George Paget T.,** *Cambridge 1892 - id. 1975,* physicien britannique. Fils de Joseph John, il a découvert, parallèlement à C. J. Davisson, la diffraction des électrons rapides dans les cristaux, confirmant ainsi le principe fondamental de la mécanique ondulatoire. (Prix Nobel 1937.)

THONBURI, v. de Thaïlande, banlieue de Bangkok. Anc. cap. de la Thaïlande (1767 - 1782). – Temples (XVIIe-XIXe s.).

THÔNES (74230), comm. de la Haute-Savoie ; 6 860 hab. (*Thônains*). Église du XVIIe s.

THÔNEX, comm. de Suisse (canton de Genève), banlieue de Genève ; 13 564 hab. (*Thonésiens*).

THONGA → **TSONGA.**

THONON-LES-BAINS (74200), ch.-l. d'arrond. de la Haute-Savoie, sur le lac Léman ; 36 110 hab. (*Thononais*). Station thermale (affections urinaires). Électronique. – Église St-Hippolyte, du XVIe s. ; musée du Chablais dans le château de Sonnaz ; château de Ripaille, des XIVe-XVIIIe s.

THOR ou **TOR,** dieu guerrier nord-germanique, maître du Tonnerre. On trouve son emblème, le marteau, sur les pierres runiques.

Thora → **Torah.**

THORBECKE (Johan Rudolf), *Zwolle 1798 - La Haye 1872,* homme politique néerlandais. Député libéral, principal rédacteur de la loi constitutionnelle de 1848, il fut plusieurs fois chef du gouvernement (1849 - 1853, 1862 - 1866 et 1871 - 1872) et se montra partisan du libre-échange.

THOREAU (Henry David), *Concord, Massachusetts, 1817 - id. 1862,* écrivain américain. Disciple d'Emerson, influencé par les mystiques hindous et les idéalistes allemands (*la Désobéissance civile,* 1849), il créa une prose nourrie de la langue populaire (*Walden ou la Vie dans les bois,* 1854).

THOREZ (Maurice), *Noyelles-Godault 1900 - en mer Noire 1964,* homme politique français. Mineur, membre du Parti communiste en 1920, il devint secrétaire général du PCF en 1930. Élu député d'Ivry en 1932, il fut l'un des artisans du Front populaire. En oct. 1939, il abandonna son régiment et se réfugia en URSS. Amnistié en 1944, il fut ministre d'État (1945 - 1946) puis vice-président du Conseil (1946 - 1947). Sa carrière est retracée dans *Fils du peuple* (1937).

THOREZ → **TCHYSTIAKOVE.**

THORNDIKE (Edward Lee), *Williamsburg, Massachusetts, 1874 - Montrose, État de New York, 1949,* psychologue américain. Ses travaux sur le comportement et l'apprentissage ont marqué la pédagogie américaine.

THORONET (Le) [83340], comm. du Var ; 2 477 hab. (*Thoronéens*). Anc. abbaye cistercienne (église et cloître, v. 1160 - 1180), d'une perfection austère. – Rencontres de musique médiévale.

THORVALDSEN (Bertel), *Copenhague 1770 - id. 1844,* sculpteur danois. L'essentiel de sa carrière se déroula à Rome, où il devint un maître du néoclassicisme. Musée à Copenhague.

THOT, dieu égyptien du Savoir et de l'Écriture, représenté avec une tête d'ibis. Au tribunal de l'au-delà, il était juge peseur des âmes. Il fut assimilé, à l'époque gréco-romaine, à Hermès Trismégiste.

THOU (Jacques **de**), *Paris 1553 - id. 1617,* historien et magistrat français. Il soutint la politique d'Henri IV et publia en latin une *Histoire universelle* (1604-1608), traduite plus tard en français (1734). — **François de T.,** *Paris 1607 - Lyon 1642,* magistrat français. Fils de Jacques, il fut décapité avec Cinq-Mars, dont il n'avait pas dénoncé la conspiration.

THOUARS (79100), bur. centr. de cant. des Deux-Sèvres ; 11 158 hab. (*Thouarsais*). Restes de fortifications médiévales, deux églises en partie romanes, château du XVIIe s.

THOUNE, en all. **Thun,** v. de Suisse (canton de Berne), près du *lac de Thoune* (48 km²) formé par l'Aar ; 42 623 hab. (94 414 hab. dans l'agglomération). Château en partie de la fin du XIIe s. (musée), église gothique et baroque.

THOUROTTE (60150), comm. de l'Oise ; 4 702 hab. (*Thourottois*). Verrerie.

THOUTMOSIS ou **THOUTMÈS,** nom de quatre pharaons de la XVIIIe dynastie. — **Thoutmosis III,** pharaon égyptien (v. 1484 - 1450 av. J.-C.). D'abord tenu à l'écart du pouvoir par sa belle-mère Hatshepsout, il conquit la Palestine et la Syrie jusqu'à l'Euphrate et soumit définitivement la Nubie.

THRACE n.f., région du sud-est de l'Europe occupant l'extrémité nord-est de la Grèce, la Turquie d'Europe et le sud de la Bulgarie. Le partage de cette région eut lieu en 1919 et en 1923.

THRASYBULE, *v. 445 - Aspendos 388 av. J.-C.,* général athénien. Il chassa les Trente (404 ou 403 av. J.-C.) et rétablit la démocratie à Athènes.

THUCYDIDE, *Athènes v. 460 - apr. 395 av. J.-C.,* historien grec. Auteur de l'*Histoire de la guerre du Péloponnèse,* il relate les faits avec rigueur et en explique les causes profondes. À la différence d'Hérodote, il donne aux faits économiques et sociaux leur importance véritable.

THUIN, v. de Belgique, ch.-l. d'arrond. du Hainaut ; 14 662 hab. Tourisme. – Restes d'enceinte médiévale de la ville haute.

THUIR (66300), bur. centr. de cant. des Pyrénées-Orientales ; 7 531 hab. (*Thuirinois*). Apéritifs.

THULÉ, nom donné par les Anciens à une île du nord de l'Europe (l'Islande ou l'une des Shetland). Sa légende a inspiré notamm. Goethe dans sa ballade du *Roi de Thulé* dans *Faust* (1808-1832), popularisée par Berlioz (*la Damnation de Faust,* 1846), puis par Gounod (*Faust,* 1859).

THULÉ, station du nord-ouest du Groenland. Base aérienne américaine.

THULÉ (culture de), culture préhistorique des Inuits. Depuis l'Arctique central, elle s'est étendue aux côtes de l'Alaska et de Sibérie. Dès la fin du Ier millénaire de notre ère, les Inuits poursuivaient les baleines jusqu'au Groenland ; fondée sur cette chasse intensive, la civilisation de Thulé s'est maintenue jusqu'au XIVe s.

▲ Culture de **Thulé.** Peigne en ivoire de morse, Xe-XIIIe s. (Musée canadien des Civilisations, Gatineau.)

THUN → **THOUNE.**

THUNDER BAY, v. du Canada (Ontario), sur le lac Supérieur ; 107 909 hab. Elle a été formée par la fusion de Port Arthur et de Fort William.

THURET (Gustave Adolphe), *Paris 1817 - Nice 1875,* botaniste français. Fondateur du jardin botanique d'Antibes, il a décrit, le premier, la fécondation chez les algues.

THURGOVIE, en all. **Thurgau,** canton de Suisse, sur le lac de Constance ; 991 km² ; 248 444 hab. (*Thurgoviens*) ; ch.-l. *Frauenfeld.* La Thurgovie est canton libre depuis 1803.

THURINGE, en all. **Thüringen,** Land d'Allemagne, qui s'étend sur le *Thüringerwald* (« forêt de Thuringe ») et sur le *bassin de Thuringe* ; 16 251 km² ; 2 158 128 hab. ; cap. *Erfurt.* Incorporée à la Germanie à la fin de l'époque carolingienne, la Thuringe est érigée en landgraviat en 1130. Son histoire se confond après 1264 avec celle de la Misnie puis de la Saxe. L'État de Thuringe est reconstitué en 1920. Son territoire fait partie de la RDA de 1949 à 1990.

THURROCK, v. de Grande-Bretagne (Angleterre), sur l'estuaire de la Tamise ; 157 705 hab.

THURSTONE (Louis Leon), *Chicago 1887 - Chapel Hill, Caroline du Nord, 1955,* psychologue américain. Ses importantes contributions à la psychologie différentielle ont porté surtout sur les méthodes de l'analyse factorielle.

THYESTE MYTH. GR. Fils de Pélops, frère d'Atrée et père d'Égisthe. La haine qui l'opposa à son frère marque le début du destin tragique des Atrides.

THYS (Philippe), *Anderlecht 1890 - Bruxelles 1971,* coureur cycliste belge. Il fut le premier triple vainqueur du Tour de France (1913, 1914, 1920).

THYSSEN (August), *Eschweiler 1842 - château de Landsberg, auj. dans Essen, 1926,* industriel allemand. Il fonda à Mülheim, en 1871, une société qui fut à l'origine d'un important konzern sidérurgique (auj. ThyssenKrupp).

TIAHUANACO, site archéologique de la rive bolivienne du lac Titicaca. Entre le Ve s. av. J.-C. et le XIIe s. apr. J.-C., il fut le centre d'une civilisation originale qui a laissé d'imposants vestiges, dont le monolithe de la porte du Soleil.

Tian'anmen, grande place publique de Pékin, théâtre, au printemps 1989, de manifestations d'étudiants réclamant la libéralisation du régime, qui se soldèrent par l'intervention de l'armée (3 - 4 juin) et par une répression sanglante.

TIANJIN ou **T'IEN-TSIN,** v. de la Chine du Nord ; 7 499 181 hab. Municipalité dépendant du pouvoir central. Important port, à l'embouchure du Hai He. Centre industriel (pétrochimie, aéronautique, etc.). Zone franche. – Les traités qui y furent signés en 1858 ouvrirent la Chine aux Européens. Celui du 9 juin 1885, conclu entre la France et la Chine, reconnut le protectorat français sur l'Annam et le Tonkin.

TIAN SHAN n.m., chaîne montagneuse de Chine (Xinjiang) et du Kirghizistan ; 7 439 m au pic Pobedy.

TIARET, v. d'Algérie, ch.-l. de wilaya, au pied de l'Ouarsenis ; 201 263 hab.

TIBÈRE, en lat. **Tiberius Julius Caesar,** *Rome v. 42 av. J.-C. - Misène 37 apr. J.-C.*, empereur romain (14 - 37 apr. J.-C.). Fils de Livie, il fut adopté par Auguste (4 apr. J.-C.), à qui il succéda. Il exerça une rigoureuse administration financière. En politique extérieure, il ramena la frontière de l'Empire sur le Rhin (17). Mais en 27, aigri et malade, Tibère se retira à Capri, laissant au préfet du prétoire Séjan la direction des affaires. Le règne de Tibère, après l'exécution de Séjan (31), qui convoitait le trône, a été présenté par les partisans du sénat comme une époque de terreur.

TIBÉRIADE, v. de Galilée, fondée v. 18 apr. J.-C., sur les bords du lac de Génésareth, auj. *lac de Tibériade*, ou mer de Galilée. Après la ruine de Jérusalem en 70, elle devint un centre important de la vie intellectuelle et nationale juive. L'actuelle ville israélienne de *Tibériade* (43 100 hab.) est située un peu au nord de la ville antique.

TIBESTI n.m., massif du nord du Tchad, dans le Sahara ; 3 415 m.

TIBET, région autonome de l'ouest de la Chine, au N. de l'Himalaya ; 1 221 000 km^2 ; 3 240 000 hab. *(Tibétains)* ; cap. *Lhassa*. Le Tibet est formé de hauts plateaux désertiques, dominés par de puissantes chaînes ouest-est (Kunlun, Transhimalaya). L'élevage (moutons, chèvres, yacks) fournit l'essentiel des ressources.

HISTOIRE **VIIe s. :** le roi Srong-btsan-Sgam-po donne à son royaume une organisation centralisée et fonde Lhassa. **VIIIe s. :** les Tibétains font des incursions en Chine et agrandissent leur empire. **1042 :** le bouddhiste indien Atisha arrive à Lhassa ; il est à l'origine de la création des sectes lamaïques du Tibet. **1207 :** le pays se soumet aux Mongols. **1447 :** le monastère de Tashilhunpo, dont les chefs prennent le titre de panchen-lama, est fondé. **1543 - 1583 :** le prince mongol Altan Khan organise l'Église tibétaine sous l'autorité du dalaï-lama. **1642 :** le dalaï-lama recouvre le pouvoir temporel et instaure un régime théocratique. **1751 :** les empereurs Qing établissent leur domination sur le pays. **1912 :** les Tibétains, avec l'aide des Britanniques, chassent les Chinois. **1950 :** la Chine populaire occupe le Tibet. **1959 :** le dalaï-lama part en exil. **1965 :** le Tibet est doté du statut de région autonome. La résistance tibétaine reste vive (jacquerie de 1970 ; émeutes, notamm. en 1987, 1989, 2008 ; gestes de défi : moines s'immolant par le feu, etc.). **2011 :** le dalaï-lama sépare pouvoir politique (désormais confié à un représentant élu) et pouvoir religieux, recentrant sa mission sur un rôle de guide spirituel.

TIBRE n.m., en lat. **Tiberis,** en ital. **Tevere,** fl. d'Italie, qui se jette dans la mer Tyrrhénienne ; 396 km. Il passe à Rome.

TIBULLE, en lat. **Albius Tibullus,** *v. 50 - 19 ou 18 av. J.-C.*, poète latin, auteur d'*Élégies*.

TIBUR → **TIVOLI.**

TIDIKELT, groupe d'oasis du Sahara algérien, au S. du Tademaït ; v. princ. *In Salah*.

TIECK (Ludwig), *Berlin 1773 - id. 1853*, écrivain allemand. Il orienta le romantisme allemand vers le fantastique (*Phantasus*, 1812-1816).

TIELT [tilt], v. de Belgique, ch.-l. d'arrond. de la Flandre-Occidentale ; 19 974 hab. Textile.

TIENEN → **TIRLEMONT.**

T'IEN-TSIN → **TIANJIN.**

TIEPOLO (Giovanni Battista ou Giambattista), *Venise 1696 - Madrid 1770*, peintre et graveur italien. Fresquiste virtuose, aimant le mouvement et le faste, doué d'un sens raffiné de la couleur claire, il fut le dernier des grands décorateurs baroques italiens (travaux à Udine, à Venise et en Vénétie, à Würzburg, à Madrid). Aquafortiste, il est l'auteur des suites des *Caprici* et des *Scherzi di fantasia*. — **Giovan Domenico** ou **Giandomenico T.,** *Venise 1727 - id. 1804*, peintre italien, fils de Giovanni Battista. Il collabora avec son père et, comme peintre de chevalet, se montra un observateur sensible et ironique de la vie vénitienne.

TIERCÉ (49125), bur. centr. de cant. de Maine-et-Loire ; 4 390 hab. *(Tiercéens)*.

TIFFANY (Louis Comfort), *New York 1848 - id. 1933*, décorateur et verrier américain. D'abord peintre, il fonda en 1878 sa firme d'arts décoratifs et de verrerie. À partir de 1890, il influença l'Art nouveau européen avec ses vitraux et ses vases en verre soufflé aux irisations variées.

TIFLIS → **TBILISSI.**

TIGHINA, anc. **Bender,** v. de Moldavie, sur le Dniestr ; 132 700 hab.

TIGNES (73320), comm. de la Savoie, dans la haute vallée de l'Isère, la plus haute d'Europe (2 100 m) ; 2 628 hab. *(Tignards)*. Sports d'hiver (alt. 1 550 - 3 650 m).

TIGRANE II le Grand, *v. 121 - v. 54 av. J.-C.*, roi d'Arménie (95 - 54 av. J.-C.). Allié de Mithridate, il conquit la Syrie, le nord de la Mésopotamie et une partie de l'Asie Mineure. Battu par Pompée, il devint vassal de Rome (66).

TIGRE n.m., fl. de Turquie et d'Iraq, qui forme avec l'Euphrate le Chatt al-Arab ; 1 950 km. Il passe à Bagdad.

TIGRÉ n.m., région du nord de l'Éthiopie.

TIGRÉENS, TIGRÉ ou **TIGRINYA,** peuple vivant au nord de l'Éthiopie et en Érythrée, christianisé et de langue sémitique.

Tihange, centrale nucléaire de Belgique (comm. de Huy), sur la Meuse.

TIJUANA, v. du Mexique (Basse-Californie) ; (1 751 302 hab. dans l'agglomération). Centre touristique et industriel.

TIKAL, centre cérémoniel maya du Guatemala (forêt du Petén). Cette cité, hérissée de temples, fut peut-être la capitale politique de la période classique (250 à 950 apr. J.-C.).

TIKAR, peuple du Cameroun.

TILBURG, v. des Pays-Bas (Brabant-Septentrional) ; 208 527 hab. Centre industriel.

TILDEN (William Tatem), *Philadelphie 1893 - Hollywood 1953*, joueur de tennis américain. Vainqueur à trois reprises à Wimbledon (1920, 1921, 1930), il a remporté sept fois la coupe Davis (de 1920 à 1926).

TILL (James) → **McCULLOCH** (Ernest).

Till Eulenspiegel, en fr. **Till l'Espiègle** → **Uilenspiegel.**

TILLICH (Paul), *Starzeddel, Prusse, 1886 - Chicago 1965*, théologien protestant américain d'origine allemande. Sa *Théologie systématique* (1951-1966) propose une pensée religieuse dépouillée de son dogmatisme et de ses symboles, incompréhensibles pour l'homme d'aujourd'hui.

TILLIER (Claude), *Clamecy 1801 - Nevers 1844*, écrivain français, auteur du roman *Mon oncle Benjamin* (1843).

TILLIEUX (Maurice), *Huy 1921 - Tours 1978*, dessinateur et scénariste belge de bandes dessinées. Représentant de la bande dessinée classique francophone, il a animé les aventures de *Gil Jourdan*, détective privé, dans le journal *Spirou* (1956-1978).

TILLION (Germaine), *Allègre, Haute-Loire, 1907 - Saint-Mandé 2008*, résistante et ethnologue française. Rescapée de Ravensbrück, elle n'a cessé de dénoncer le totalitarisme, puis le colonialisme. Disciple de M. Mauss, elle a consacré l'essentiel de ses travaux au Maghreb (*le Harem et les cousins*, 1966 ; *l'Algérie aurésienne*, avec N. Wood, 2001). Ses cendres ont été transférées au Panthéon en 2015.

TILLY (Jean **t'Serclaes,** comte **de**), *château de Tilly, Brabant, 1559 - Ingolstadt 1632*, général wallon au service du Saint Empire. Commandant l'armée de la Ligue catholique pendant la guerre de Trente Ans, il gagna la bataille de la Montagne Blanche (1620) sur les Tchèques et celle de Lutter (1626) sur les Danois. Il remplaça Wallenstein comme chef des troupes impériales (1630). Il fut battu (Breitenfeld, 1631) et tué par les Suédois.

Tilsit (traités de), traités signés à Tilsit (auj. Sovietsk), en Prusse-Orientale, d'une part entre Napoléon Ier et la Russie d'Alexandre Ier (7 juillet 1807), et d'autre part entre Napoléon Ier et la Prusse (9 juillet). Mettant fin à la quatrième coalition, ils consacraient la défaite de la Prusse et créaient une alliance secrète entre la France et la Russie contre l'Angleterre.

Times (The), quotidien britannique conservateur modéré, fondé en 1785.

TIMGAD, v. d'Algérie, à l'E. de Batna ; 11 828 hab. Colonie romaine fondée en 100 apr. J.-C., la cité fut ruinée par les Maures au VIe s. – Imposants vestiges de l'époque trajane (mosaïques).

TIMIŞOARA, en hongr. **Temesvár,** v. de Roumanie, dans le Banat ; 317 660 hab. Centre industriel. Université. – Églises du XVIIIe s. ; musée du Banat dans l'anc. château.

TIMMERMANS (Felix), *Lier 1886 - id. 1947*, écrivain belge de langue néerlandaise. Ses contes et ses romans (*Pallieter*, 1916) retrouvent la verve du folklore flamand.

TIMMINS, v. du Canada (Ontario), au N. de Grand Sudbury ; 41 788 hab. Centre minier.

TIMOCHENKO (Semen Konstantinovitch), *Fourmanka 1895 - Moscou 1970*, maréchal soviétique. Compagnon de Staline et de Vorochilov (1919), il devint commissaire à la Défense en 1940, coordonna en 1943 - 1944 la reconquête de l'Ukraine, puis supervisa les opérations en Roumanie et en Hongrie.

TIMOLÉON, *Corinthe v. 410 - Syracuse v. 336 av. J.-C.*, homme politique grec. Envoyé à Syracuse pour chasser le tyran Denys le Jeune, il vainquit ensuite les Carthaginois (341 ou 339 av. J.-C.). Il organisa à Syracuse une démocratie modérée, puis abdiqua (337 - 336).

TIMOR, île de la Sonde, au N. de la *mer de Timor* ; 30 000 km^2. L'île fut partagée à partir du XVIIe s. entre les Portugais et les Hollandais. La république d'Indonésie engloba la partie néerlandaise en 1950 et occupa la partie portugaise (Timor oriental) en 1975 - 1976. Le Timor oriental est devenu un État indépendant en 2002.

TIMOR ORIENTAL n.m., officiellement **Timor-Leste,** État d'Asie du Sud-Est, formé par l'est de l'île de Timor, les îles avoisinantes d'Atauro et de Jaco, et une petite région isolée dans la partie ouest (indonésienne) de Timor ; 18 900 km^2 ; 1 133 000 hab. (*Est-Timorais* ou *Timorais*). **CAP.** *Dili*. **LANGUES :** *tetun* (ou *tetum*) et *portugais*. **MONNAIE :** *dollar des États-Unis*. (V. carte **Indonésie.**) Pays montagneux où dominent les cultures vivrières, la production de café et l'élevage. Ressources gazières et pétrolières exploitées depuis quelques années. – Après l'occupation du Timor oriental (partie portugaise de Timor) par l'Indonésie, en 1975 - 1976, un mouvement de guérilla (FRETILIN, Front révolutionnaire pour l'indépendance du Timor oriental) se développe, qui s'oppose à cette annexion. En 1999, les Est-Timorais rejettent massivement un plan d'autonomie soumis à référendum par l'Indonésie ; cette manifestation de leur volonté d'indépendance est suivie d'une vague de terreur menée par des milices anti-indépendantistes soutenues par l'armée indonésienne. Une force multinationale intervient et le territoire est placé sous administration provisoire de l'ONU. En 2002, le Timor oriental accède à l'indépendance, avec pour président Xanana Gusmão (2002 - 2007), auquel succèdent José Ramos-Horta (2007 - 2012), José Maria de Vasconcelos, dit Taur Matan Ruak (2012 - 2017), et Francisco Guterres (depuis 2017).

TIMOTHÉE (saint), *m. à Éphèse en 97 ?*, disciple de Paul. La tradition en fait le premier évêque d'Éphèse, où il serait mort martyrisé. Les deux lettres de Paul dites *Épîtres à Timothée* concernent la vie spirituelle et matérielle des Églises ; leur authenticité est mise en doute.

TIMURIDES ou **TIMOURIDES,** dynastie issue de Timur Lang, qui régna sur le Khorasan et la Transoxiane de 1405 à 1507. Sa capitale, Harat, fut un brillant foyer de culture.

TIMUR LANG, en fr. **Tamerlan,** *Kech, près de Samarkand, 1336 - Otrar 1405,* émir de Transoxiane (1370 - 1405). Se déclarant l'héritier et le continuateur de Gengis Khan, il instaura un immense et éphémère Empire turc fondé sur la force militaire, sur la terreur et sur un système juridico-religieux alliant les lois mongole et islamique. Guerrier intrépide, il conquit le Kharezm (1379 - 1388), l'Iran et l'Afghanistan (1381 - 1387). Il vainquit la Horde d'Or (1391 - 1395), le sultanat de Delhi (1398 - 1399) et les Ottomans (1402). Il fit de Samarkand un grand centre intellectuel et artistique.

TINBERGEN (Jan), *La Haye 1903 - id. 1994,* économiste et statisticien néerlandais. Un des fondateurs de l'économétrie, il créa et dirigea le Bureau central de planification néerlandais. (Prix Nobel 1969.)

TINBERGEN (Nikolaas), *La Haye 1907 - Oxford 1988,* éthologiste britannique d'origine néerlandaise, frère de Jan Tinbergen. Ses recherches sur les comportements instinctifs d'animaux dans leur milieu naturel font de lui l'un des fondateurs de l'éthologie moderne. (Prix Nobel 1973.)

TINCHEBRAY-BOCAGE (61800), comm. de l'Orne ; 5 158 hab. *(Tinchebrayens).* Deux églises (XIIe-XIIIe et XVIIe s.) ; Musée ethnographique.

TINDEMANS (Léo), *Zwijndrecht 1922 - Edegem 2014,* homme politique belge. Social-chrétien, plusieurs fois ministre, président du Conseil de 1974 à 1978, il fut ministre des Affaires étrangères de 1981 à 1989.

TINDOUF, oasis du Sahara algérien, aux confins du Maroc.

TING (Samuel Chao Chung), *Ann Arbor, Michigan, 1936,* physicien américain. Il a mis en évidence, en 1974, indépendamment de B. Richter, la particule J qui confirmait l'existence du *charme,* quatrième « saveur » des quarks. (Prix Nobel 1976.)

TINGUELY (Jean), *Fribourg 1925 - Berne 1991,* sculpteur suisse. L'un des « nouveaux réalistes », il est l'auteur de machines d'esprit dadaïste, dérisoires et inquiétantes (« Metamatics », robots dessinateurs, 1955-1959 ; « Rotozazas », ludiques ou destructeurs, 1967 et suiv. ; *Mengele,* idole macabre, 1986). Avec N. de Saint Phalle, il a élaboré notamm. la *Fontaine Stravinsky,* près du CNAC G.-P. à Paris (1983). Musée à Bâle.

TÍNOS ou **TÊNOS,** île grecque des Cyclades ; 195 km^2 ; 8 590 hab. Marbre. – Vestiges antiques.

TINQUEUX (51430), comm. de la Marne, banlieue de Reims ; 10 250 hab. *(Aquatintiens).*

Tintin, personnage de bande dessinée créé en 1929 par Hergé dans l'hebdomadaire belge *le Petit Vingtième.* Jeune reporter accompagné de son chien Milou, il connaît toutes sortes d'aventures auxquelles participent le capitaine Haddock, grand amateur de whisky, le savant sourd et distrait Tournesol et les policiers farfelus Dupond(t). [V. ill. partie n. comm. **bande* dessinée**.]

TINTO (río), fl. de l'Espagne méridionale, qui se jette dans l'Atlantique ; 80 km. Il a donné son nom à des mines de cuivre.

TINTORET (Iacopo **Robusti,** dit **il Tintoretto,** en fr. **[le]**), *Venise 1518 - id. 1594,* peintre italien. Ses nombreuses œuvres religieuses sont remarquables par la fougue inventive, la virtuosité maniériste des raccourcis et des éclairages (palais des Doges et Scuola di S. Rocco, à Venise).

TIOUMEN, v. de Russie, en Sibérie occidentale ; 581 758 hab. Centre d'une région pétrolière.

TIOURATAM, v. du Kazakhstan, à l'E. de la mer d'Aral, sur le Syr-Daria. À proximité, cosmodrome désigné sous le nom de *Baïkonour* jusqu'en 1992.

TIPAZA ou **TIPASA,** v. d'Algérie, sur la Méditerranée ; 25 225 hab. Ruines romaines et paléochrétiennes.

▲ Le **Tintoret.** *Danaé,* v. 1570-1580. (Musée des Beaux-Arts, Lyon.)

TIPPERARY, en gaél. **Tiobraid Árann,** v. du sud de l'Irlande ; 4 395 hab.

TIPPETT (sir Michael), *Londres 1905 - id. 1998,* compositeur britannique. Il est l'auteur de ballets, de symphonies, d'œuvres dramatiques, oratorios *(A Child of our Time)* ou opéras (*The Midsummer Marriage,* 1955 ; *King Priam,* 1962 ; *The Ice Break,* 1977).

TIPPOO SAHIB ou **TIPU SAHIB,** *Devanhalli 1749 - Seringapatam 1799,* sultan du Mysore. Allié de la France, il chassa les Britanniques du Mysore (1784), mais fut tué en défendant Seringapatam.

TIRAN (détroit de), détroit entre le golfe d'Aqaba et la mer Rouge.

TIRANA, cap. de l'Albanie ; 421 286 hab. *(Tiranais).* Musée d'Archéologie et d'Ethnographie ; galerie des Beaux-Arts.

TIRASPOL, v. de Moldavie, sur le Dniestr ; 186 200 hab.

TIRÉSIAS MYTH. GR. Devin aveugle de Thèbes. Dans l'Antiquité, son tombeau était le siège d'un oracle réputé.

TIRIDATE, nom porté par des souverains parthes arsacides et par des rois d'Arménie. — **Tiridate II** (ou **III**), roi d'Arménie (287 - 330 env. apr. J.-C.). Il adopta le christianisme comme religion officielle.

TIRLEMONT, en néerl. **Tienen,** v. de Belgique (Brabant flamand), à l'E. de Louvain ; 33 233 hab. Églises médiévales.

TIRNOVO → **VELIKO TĂRNOVO.**

TIROLE (Jean), *Troyes 1953,* économiste français. S'appuyant sur les théories des jeux et de l'information, il a apporté des contributions fondamentales dans des domaines tels que l'économie industrielle (*Théorie de l'organisation industrielle,* 1988), le financement des entreprises, la réglementation des industries de réseau (télécoms, électricité), menant aussi des recherches novatrices sur l'interaction entre psychologie et économie. Par ailleurs, il a contribué au développement et à la notoriété de l'École d'économie de Toulouse (Toulouse School of Economics, TSE). [Prix Nobel 2014.]

TIRPITZ (Alfred **von**), *Küstrin 1849 - Ebenhausen, Bavière, 1930,* amiral allemand. Ministre de la Marine depuis 1898, il créa la flotte de haute mer et dirigea la guerre sous-marine de 1914 à 1916.

TIRSO DE MOLINA (Fray Gabriel **Téllez,** dit), *Madrid v. 1583 - Soria 1648,* auteur dramatique espagnol. Auteur de nombreuses pièces, comédies, drames historiques ou religieux *(le Damné par manque de foi),* il fut le premier à fixer le type populaire de Don* Juan dans *le Trompeur de Séville et le Convive de pierre* (v. 1625).

TIRUCHIRAPALLI, anc. **Trichinopoly,** v. de l'Inde méridionale (Tamil Nadu) ; 746 062 hab. (1 021 717 hab. dans l'agglomération). Centre industriel et universitaire. – Sanctuaires rupestres shivaïtes (VIIe s.). À Srirangam, immense temple dédié à Vishnou, de Ranganatha Swami (Xe-XVIe s.), qui est un célèbre lieu de pèlerinage.

TIRUNELVELI, v. de l'extrémité sud de l'Inde ; 498 984 hab.

TIRUPPUR, v. d'Inde, à l'E.-N.-E. de Coimbatore ; 962 982 hab. dans l'agglomération.

TIRYNTHE, anc. ville de l'Argolide, célèbre par ses puissantes fortifications en appareil cyclopéen, vestiges du palais du XIIIe s. av. J.-C.

TISO (Jozef), *Velká Bytča 1887 - Bratislava 1947,* ecclésiastique et homme politique slovaque. Chef du gouvernement autonome slovaque (1938), puis chef de l'État slovaque indépendant (1939 - 1945), il fut condamné à mort et exécuté.

TISSANDIER (Gaston), *Paris 1843 - id. 1899,* aéronaute et savant français. Il effectua plusieurs ascensions en ballon au-delà de 5 000 m d'altitude pour étudier l'atmosphère. En 1883, avec son frère Albert, il expérimenta avec succès un dirigeable muni d'une hélice entraînée par un moteur électrique.

TISSAPHERNE, *m. à Colosses en 395 av. J.-C.,* satrape perse. Il prit une part importante à la défaite de Cyrus le Jeune à Counaxa en 401, mais, vaincu par Agésilas II, roi de Sparte, il fut destitué et mis à mort par Artaxerxès II.

TISSERAND (Félix), *Nuits-Saint-Georges 1845 - Paris 1896,* astronome français. Son *Traité de mécanique céleste* (1889-1896) constitue une mise à jour de l'œuvre de Laplace en ce domaine.

TISZA n.f., riv. d'Europe, née en Ukraine, qui traverse la Hongrie, avant de rejoindre le Danube (r. g.) en Serbie ; 966 km.

TISZA (Kálmán), *Geszt 1830 - Budapest 1902,* homme politique hongrois. Chef du Parti libéral, il dirigea le gouvernement de 1875 à 1890. — **István T.,** *Budapest 1861 - id. 1918,* homme politique hongrois. Fils de Kálmán, chef du gouvernement de 1903 à 1905 et de 1913 à 1917, il fut assassiné.

TITAN, principal satellite de la planète Saturne, découvert en 1655 par C. Huygens. Diamètre : 5 150 km. Il possède une épaisse atmosphère à base d'azote, qui renferme aussi du méthane et divers autres composés organiques produits sous l'action du rayonnement solaire. La sonde européenne Huygens l'a étudié en détail avant de se poser au sol (14 janv. 2005) ; elle a révélé une surface gelée, présentant des indices d'une activité fluviale.

Titanic, paquebot transatlantique britannique qui, lors de son premier voyage, coula dans la nuit du 14 au 15 avr. 1912, après avoir heurté un iceberg au S. de Terre-Neuve. Plus de 1 500 personnes périrent dans ce naufrage. Localisée en 1985 par 4 000 m de fond, son épave a été visitée à plusieurs reprises depuis 1986. – La tragédie a inspiré les cinéastes, de J. Negulesco (*Titanic,* 1953, un des premiers films catastrophe) à James Cameron (*Titanic,* 1997).

TITANS MYTH. GR. Divinités primitives, nées d'Ouranos et de Gaia, qui, au nombre de douze, gouvernaient le monde avant Zeus et les dieux olympiens. Ayant détrôné leur père sous la conduite du plus jeune d'entre eux, Cronos, les Titans furent à leur tour vaincus par Zeus.

TITCHENER (Edward Bradford), *Chichester 1867 - Ithaca, État de New York, 1927,* psychologue américain d'origine britannique, principal représentant de la psychologie expérimentale aux États-Unis.

TITE (saint), Ier s., disciple de Paul. L'authenticité de sa lettre, dite *Épître à Tite*, est contestée.

TITE-LIVE, en lat. **Titus Livius,** *Padoue 59 av. J.-C. - Rome 17 apr. J.-C.,* historien latin. Il est l'auteur d'une *Histoire de Rome* (des origines jusqu'à 9 av. J.-C.) inachevée, en 142 livres, dont 35 sont conservés. Dans ce chef-d'œuvre, il utilise, outre l'œuvre des historiens antérieurs, les anciennes annales de Rome et s'efforce de faire revivre dans un style vivant le passé romain.

TITELOUZE (Jehan), *Saint-Omer 1563 ? - Rouen 1633,* compositeur français. Organiste de la cathédrale de Rouen, il créa par ses versets et ses « recherches » sur des thèmes de plain-chant l'école d'orgue française classique.

TITICACA (lac), lac des Andes (alt. 3 812 m), entre la Bolivie et le Pérou ; 8 340 km^2.

TITIEN (Tiziano **Vecellio,** dit en fr.), *Pieve di Cadore, Vénétie, 1488/1490 - Venise 1576,* peintre italien. Après une première période influencée par son maître Giorgione, il devint un artiste international, travaillant pour les papes, pour François Ier et surtout pour Charles Quint et Philippe II. À la fin de sa vie, son art atteignit un haut degré de lyrisme, allié à l'audace de ses innovations techniques. Son influence fut immense sur l'art européen. Hormis ses portraits, citons : *l'Amour sacré et l'Amour profane* (v. 1515, gal. Borghèse, Rome), *Bacchanale* (1518-1519, Prado), *la Mise au tombeau* (1523-1525, Louvre), *la Vénus d'Urbino* (1538, Offices), *Danaé* (Naples et Prado), *la Nymphe et le berger* (v. 1570, Vienne), *Pietà* (achevée par Palma le Jeune, Accademia de Venise).

TITISEE, petit lac de la Forêt-Noire (Allemagne).

TITO (Josip **Broz,** dit), *Kumrovec, Croatie, 1892 - Ljubljana 1980,* maréchal et homme politique yougoslave. Croate, secrétaire général du Parti communiste yougoslave à partir de 1936, il organise la lutte contre l'occupation allemande pendant la Seconde Guerre mondiale et est reconnu par tous les Alliés comme chef de la résistance. Devenu chef du gouvernement après la proclamation de la république (1945), il rompt avec Staline en 1948 et s'impose comme l'un des leaders du neutralisme et des pays non alignés. À l'intérieur, il s'éloigne du modèle soviétique pour mettre en place un socialisme autogestionnaire. Président de la République (1953), président à vie en 1974, chef charismatique et autoritaire, Tito a réussi à maintenir sous sa férule une Yougoslavie agitée par les particularismes. ▲ **Tito**

TITOGRAD → **PODGORICA.**

TITS (Jacques), *Uccle 1930,* mathématicien français d'origine belge. Auteur d'importantes découvertes en algèbre, il a contribué à fonder la théorie moderne des groupes, ou théorie des symétries. (Prix Abel 2008, avec l'Américain John Griggs Thompson.)

TITUS, en lat. **Titus Flavius Vespasianus,** *Rome 39 apr. J.-C. - Aquae Cutiliae, Sabine, 81,* empereur romain (79 - 81). Fils de Vespasien, il s'empara de Jérusalem (70). Son règne, très libéral, fut marqué par de grandes constructions (Colisée, arc de Titus) et par l'éruption du Vésuve (79), qui détruisit Pompéi, Herculanum et Stabies.

TIV, peuple de l'ouest du Nigeria (langue bantoue).

TIVA → **TOUVA.**

TIVOLI, anc. **Tibur,** v. d'Italie (Latium), à l'E. de Rome ; 52 496 hab. Lieu de villégiature des

▲ **Titien.** *La Femme au miroir*, v. 1515. (Louvre, Paris.)

Romains, où Mécène, Horace, Catulle et Hadrien (villa Hadriana*) eurent leurs résidences. Petits temples romains ; jardins de la villa d'Este*.

TIZI OUZOU, v. d'Algérie, ch.-l. de wilaya, en Grande Kabylie ; 135 088 hab.

TJIREBON → **CIREBON.**

TLALNEPANTLA, v. du Mexique, banlieue nord de Mexico ; 664 160 hab.

TLALOC, dieu de la Pluie, le plus ancien des dieux dans le panthéon du Mexique précolombien. Il est représenté les yeux cernés de serpents et la bouche garnie de crocs.

TLAPANÈQUES, peuple amérindien du centre-ouest du Mexique (État de Guerrero).

Tlatelolco (traité de) [14 févr. 1967], traité visant à l'interdiction des armes nucléaires en Amérique latine. Par la suite, d'autres zones dénucléarisées ont été définies par les traités de Rarotonga (6 août 1985, concernant le Pacifique sud), de Bangkok (15 déc. 1995, Asie du Sud-Est), de Pelindaba (11 avr. 1996, Afrique), de Semipalatinsk (8 sept. 2006, Asie centrale).

TLEMCEN, v. de l'ouest de l'Algérie, ch.-l. de wilaya ; 140 158 hab. Centre artisanal et industriel. – Grande Mosquée des Almoravides (décor andalou des XIe-XIIe s.). Tlemcen fut la capitale du Maghreb central du XIIIe au XVIe s.

TLINGITS, peuple amérindien de la côte nord-ouest des États-Unis (Alaska) et du Canada (Haida Gwaii) [env. 15 000]. Les Tlingits sont célèbres pour leur pratique du potlatch, leurs totems et leurs masques en bois.

TNP, sigle de Théâtre* national populaire.

TNP → **NON-PROLIFÉRATION DES ARMES NUCLÉAIRES** (traité sur la).

TOAMASINA, anc. **Tamatave,** v. de Madagascar, sur l'océan Indien ; 203 469 hab. dans l'agglomération. Port.

TOBA (lac), lac d'Indonésie (Sumatra), situé dans une caldeira ; 1 240 km^2.

TOBAGO, l'une des Petites Antilles ; 301 km^2 ; 54 084 hab. (→ **Trinité-et-Tobago**).

TOBEY (Mark), *Centerville, Wisconsin, 1890 - Bâle 1976,* peintre américain. Féru d'art extrême-oriental, il a transposé la calligraphie zen dans une sorte de foisonnement non figuratif.

Tobie (livre de), livre de l'Ancien Testament composé aux IIIe-IIe s. av. J.-C. Ce roman édifiant d'une famille juive déportée à Babylone (Tobie est le nom du père, aveugle, et celui du fils, qui part en voyage chercher le remède à la cécité de son père) évoque la vie religieuse des communautés juives en exil à l'époque hellénistique.

TOBIN (James), *Champaign, Illinois, 1918 - New Haven 2002,* économiste américain. On lui doit notamm. une théorie générale de l'équilibre pour les avoirs financiers et réels. Il a proposé au début des années 1970 l'instauration d'une taxe sur les transactions portant sur les devises (dite *taxe Tobin*) pour limiter la spéculation. (Prix Nobel 1981.)

TOBOL n.m., riv. de Russie, en Sibérie, affl. de l'Irtych (r. g.) ; 1 591 km.

TOBROUK, v. de Libye, en Cyrénaïque. — **bataille de Tobrouk** (1941 - 1942), bataille de la campagne de Libye. Enjeu stratégique entre les Britanniques et les forces de l'Axe, la ville fut libérée par Montgomery en nov. 1942.

TOCANTINS n.m., fl. du Brésil, qui se jette dans l'Atlantique ; 2 416 km.

TOCANTINS n.m., État du Brésil ; 1 373 551 hab. ; cap. *Palmas.*

TOCQUEVILLE (Charles Alexis **Clérel de**), *Paris 1805 - Cannes 1859,* historien et homme politique français. Magistrat, il étudia aux États-Unis le système pénitentiaire et en revint avec un ouvrage politique capital, *De la démocratie en Amérique* (1835-1840), livre de référence des partisans du libéralisme politique. Il fut ministre des Affaires étrangères du 2 juin au 30 oct. 1849. En 1856, il publia *l'Ancien Régime et la Révolution,* qui mettait en évidence les éléments de continuité existant entre la Révolution et la monarchie française (centralisation administrative et désagrégation des corps constitués). [Acad. fr.]

TODD (Alexander Robertus, baron), *Glasgow 1907 - Cambridge 1997,* chimiste britannique. Il a réalisé la synthèse des vitamines E et B1 puis, en 1955, élucidé la constitution de la vitamine B12. Il a également étudié la structure des nucléotides et les quatre bases de l'ADN. (Prix Nobel 1957.)

TÖDI n.m., sommet des Alpes suisses, au N.-E. du massif de l'Aar-Gothard ; 3 620 m.

TODOROV (Tzvetan), *Sofia 1939 - Paris 2017,* sémioticien et historien des idées français d'origine bulgare. Traducteur des formalistes russes (*Théorie de la littérature,* 1965), il définit les méthodes d'analyse structurale de la littérature (*Poétique de la prose,* 1971) avant de s'orienter vers une réflexion humaniste (*l'Esprit des Lumières,* 2006 ; *la Signature humaine. Essais 1983-2008,* 2009 ; *les Ennemis intimes de la démocratie,* 2012).

TODT (Fritz), *Pforzheim 1891 - Rastenburg 1942,* général et ingénieur allemand. Constructeur des autoroutes (1933 - 1938), puis de la ligne Siegfried (1938 - 1940), il donna son nom à une organisation paramilitaire qui, avec l'appoint forcé de travailleurs étrangers, réalisa notamm. le mur de l'Atlantique.

TOGLIATTI → **TOLIATTI.**

TOGLIATTI (Palmiro), *Gênes 1893 - Yalta 1964,* homme politique italien. Il contribua à la création du Parti communiste italien (1921), dont il fut le secrétaire général de 1927 à sa mort. Exilé au temps du fascisme, il fut vice-président du Conseil en 1944 - 1945 et ministre de la Justice en 1945 - 1946. Il prit position pour la déstalinisation et le polycentrisme dans le mouvement communiste.

TOGO n.m., État d'Afrique occidentale, sur le golfe de Guinée ; 56 600 km^2 ; 6 817 000 hab. (*Togolais*). **CAP.** *Lomé.* **LANGUE :** *français.* **MONNAIE :** *franc CFA.*

GÉOGRAPHIE Pays au climat tropical, de moins en moins humide du sud (forêts) au nord (savanes), le Togo demeure essentiellement rural. Les exportations de produits agricoles (palmistes, café, cacao, coton) viennent cependant loin derrière celles des phosphates du lac Togo, seule ressource notable du sous-sol. Le manioc et le maïs constituent les bases de l'alimentation. Le pays a lancé de grands chantiers d'infrastructures (amélioration des réseaux routier et ferroviaire, extension du port de Lomé).

HISTOIRE Avant le XVe s., l'histoire du Togo, peuplé de populations mêlées, n'est dominée par aucun grand royaume. **XVe - XVIe s. :** la côte est visitée par les Portugais, puis par les Danois. Des missionnaires portugais arrivent, mais un protectorat de fait est exercé par le Danemark. Le commerce des esclaves est prospère. **Seconde moitié du XIXe s. :** il est remplacé par le commerce d'huile de palme. **1884 :** l'explorateur Nachtigal établit le protectorat allemand sur le pays, auquel il donne son nom actuel. **1897 :** la capitale est établie à Lomé. **1914 :** les Alliés conquièrent aisément le protectorat. **1919 :** le Togo est partagé entre la France (qui obtient la côte de Lomé) et la Grande-Bretagne (qui obtient les terres de l'Ouest). **1922 :** le partage est confirmé par l'octroi de mandats de la SDN. **1946 :** le pays passe sous la tutelle de l'ONU. **1956 - 1957 :** le nord du Togo britannique est rattaché à la Côte-de-l'Or, qui devient l'État indépendant du Ghana. Le reste du pays forme une république autonome. **1960 :** cette république devient indépendante. Sylvanus Olympio est son premier président. **1963 :** Olympio est assassiné. **1967 :** un coup d'État amène au pouvoir le lieutenant-colonel Étienne Gnassingbé Eyadema, qui gouverne avec un parti unique. **1991 :** le multipartisme est restauré. **1993 :** le général Eyadema est confirmé à la tête de l'État lors d'une élection présidentielle pluraliste (réélu en 1998 et 2003), mais son pouvoir est largement contesté par une opposition puissante. **2005 :** mort du président Eyadema (févr.). Son fils Faure Gnassingbé, après avoir tenté de s'imposer par un coup de force institutionnel soutenu par l'armée, lui succède finalement au terme d'une élection présidentielle (avr.). Il est réélu en 2010 et 2015.

TOGO HEIHACHIRO, *Kagoshima 1847 - Tokyo 1934*, amiral japonais. Il vainquit les Russes à Port-Arthur et à Tsushima (1905). Amiral de la flotte en 1912, il est considéré comme un héros national.

Toison d'or MYTH. GR. Toison merveilleuse d'un bélier ailé, gardée en Colchide par un dragon. C'est pour la conquérir que Jason organisa l'expédition des Argonautes.

Toison d'or (ordre de la), ordre fondé en 1429 par Philippe le Bon, duc de Bourgogne. Il est passé à la maison de Habsbourg après le mariage de Marie de Bourgogne, fille de Charles le Téméraire, avec l'archiduc Maximilien d'Autriche, puis à l'Espagne (XVIe s.).

TOJO HIDEKI, *Tokyo 1884 - id. 1948*, général et homme politique japonais. Chef de l'état-major de l'armée (1938) puis chef du gouvernement de 1941 à 1944, il lança son pays dans la Seconde Guerre mondiale. Il fut exécuté comme criminel de guerre par les Américains.

▲ **Tokyo.** La ville avec, au fond à gauche, la tour de Tokyo.

TOJOLABAL, peuple amérindien du Mexique (Chiapas), de la famille maya.

Tokaido (le) ou **Cinquante-Trois Relais du Tokaido,** célèbre suite d'estampes réalisée (1833-1834) par Hiroshige. L'œuvre immortalise les relais qui, depuis le XVIIe s., jalonnent la route entre Kyoto et Edo. Commerçants affairés, longs cortèges officiels ou paysans y sont représentés au cœur de paysages où s'affirment le lyrisme et la vision poétique de l'artiste.

TOKAJ ou **TOKAY,** v. de la Hongrie septentrionale ; 4 195 hab. Vins blancs.

TOKIMUNE ou **HOJO TOKIMUNE,** *1251 - 1284*, homme d'État japonais. Régent de Kamakura (1268 - 1284), il repoussa les Mongols en 1274 et 1281.

TOKOROZAWA, v. du Japon (Honshu), banlieue nord-ouest de Tokyo ; 341 900 hab.

TOKUGAWA, clan aristocratique japonais, issu des Minamoto et qui constitua la troisième, la dernière et la plus importante dynastie shogunale (1603 - 1867).

TOKUGAWA IEYASU, *1542 - 1616*, homme d'État japonais. Fondateur de la dynastie des Tokugawa, il se proclama shogun héréditaire (1603) après avoir vaincu les fidèles de Toyotomi Hideyoshi.

TOKUSHIMA, v. du Japon (Shikoku) ; 264 764 hab. Centre industriel. – Jardin du XVIe s.

TOKYO, anc. **Edo** ou **Yedo,** cap. du Japon (Honshu) ; 8 949 447 hab. (*Tokyotes* ou *Tokyoïtes*) [37 833 000 hab. dans l'agglomération]. Port au fond d'une baie du Pacifique. Grand centre administratif, culturel, commercial et industriel. – Jardins paysagers. Musées, dont le Musée national et le Centre national d'art. Centre olympique et autres édifices dus à Tange Kenzo. – Dotée d'un château en 1457, la ville devint la capitale du Japon en 1868. Détruite par le séisme de 1923, reconstruite, elle fut bombardée par l'aviation américaine en 1945 (« typhon de feu » du 9 - 10 mars).

Tokyo (palais de), édifice parisien (XVIe arrond.) construit pour l'Exposition universelle de 1937. Il abrite le musée d'Art moderne de la Ville de Paris (1961) et constitue un site de premier plan pour la création contemporaine (2002, extension en 2012).

TOLBIAC, anc. ville de Gaule (auj. *Zülpich*, à l'ouest de Bonn). Les Francs du Rhin y remportèrent une victoire sur les Alamans en 496.

TOLBOUKHINE (Fiodor Ivanovitch), *Androniki 1894 - Moscou 1949*, maréchal soviétique. Il se distingua à Stalingrad (1942), entra à Sofia et à Belgrade (1944), puis en Autriche (1945).

TOLEARA ou **TOLIARA,** anc. **Tuléar,** v. de Madagascar, sur le canal du Mozambique (côte sud-ouest) ; 113 993 hab. dans l'agglomération. Port.

TOLÈDE, en esp. **Toledo,** v. d'Espagne, cap. de Castille-La Manche et ch.-l. de prov., sur le Tage ; 83 741 hab. Centre touristique. Archevêché. – Importants vestiges mauresques ; églises mudéjares, cathédrale gothique (œuvres d'art) et autres édifices religieux. Musées, dont celui de l'hôpital de la S. Cruz, par E. Egas ; maison du Greco. – Cap. des Wisigoths (v. 554), siège de nombreux conciles, Tolède fut conquise par les Arabes en 711. Reprise par Alphonse VI de León et de Castille en 1085, elle resta un important foyer culturel. Ce fut la capitale des rois castillans, puis de l'Espagne jusqu'en 1561.

TOLEDO, v. des États-Unis (Ohio), sur le Maumee, près du lac Érié ; 281 031 hab. (651 429 hab. dans l'agglomération). Port. Centre industriel. Université. – Musée d'art.

Tolentino (traité de) [19 févr. 1797], traité signé à Tolentino (Marches) par Bonaparte et le pape Pie VI lors de la campagne d'Italie. Il consacrait la réunion d'Avignon à la France.

TOLIATTI ou **TOGLIATTI,** anc. **Stavropol,** v. de Russie, sur la Volga ; 719 514 hab. Construction automobile.

TOLIMA (Nevado del), volcan des Andes de Colombie ; 5 215 m.

TOLKIEN (John Ronald Reuel), *Bloemfontein, Afrique du Sud, 1892 - Bournemouth 1973*, écrivain britannique. Après un récit pour enfants (*Bilbo le Hobbit*, 1937), il publia une œuvre culte de la fantasy, la trilogie épique *le Seigneur des anneaux* (*la Communauté de l'anneau*, 1954 ; *les Deux Tours*, id. ; *le Retour du roi*, 1955).

TOLLAN → **TULA.**

TOLLER (Ernst), *Samotschin, auj. Szamocin, Posnanie, 1893 - New York 1939*, auteur dramatique allemand. Ses drames expressionnistes (*l'Homme-Masse, Hinkemann, Hop là, nous vivons !*) reflètent ses convictions sociales et pacifistes.

TOLMAN (Edward Chace), *West Newton, Massachusetts, 1886 - Berkeley 1959*, psychologue américain. Il s'est démarqué du béhaviorisme traditionnel en privilégiant la notion de but dans l'analyse du comportement de tout être vivant (*Purposive Behavior in Animals and Men*, 1932).

TOLSTOÏ (Alekseï Nikolaïevitch), *Nikolaïevsk 1883 - Moscou 1945*, écrivain russe. Il est l'auteur de récits retraçant l'itinéraire des intellectuels russes de sa génération (*le Chemin des tourments*) et de romans historiques (*le Pain, Ivan le Terrible*).

TOLSTOÏ (Lev Nikolaïevitch, en fr. Léon, comte), *Iasnaïa Poliana, gouvernement de Toula, 1828 - Astapovo, gouvernement de Riazan, 1910*, écrivain russe. Son œuvre, qui présente une peinture d'une étonnante diversité de la société et de l'âme russes, est une tentative d'analyse personnelle et d'ascèse, à la lumière d'élans mystiques et de refus contestataires qui firent de lui l'idole de la jeunesse russe (*Guerre et Paix*, 1865-1869 ; *Anna* Karénine* ; *la Sonate à Kreutzer*, 1890 ; *Résurrection*, 1899).

▲ L. **Tolstoï** par I. N. Kramskoï. (Galerie Tretiakov, Moscou.)

TOLTÈQUES, peuple indien qui s'installa vers le milieu du Xe s. au N. de l'actuelle Mexico. Les Toltèques ont dominé tout le Mexique central, jusqu'à env. 1160, avec Tula pour capitale. Leurs vestiges révèlent des conceptions architecturales neuves : temple vaste, où est accueilli le guerrier, glorifié par une sculpture austère et rigide. Guerre et mort inspirent cet art jusque dans son répertoire décoratif qui associe l'aigle et le jaguar, symboles, comme plus tard chez les Aztèques, des ordres militaires.

TOLUCA ou **TOLUCA DE LERDO,** v. du Mexique, cap. de l'État de Mexico ; 819 679 hab. (1 846 602 hab. dans l'agglomération). Centre industriel. – Musées. Jardin botanique (vitraux).

TOMAKOMAI, v. du Japon (Hokkaido) ; 173 406 hab. Port.

TOMAR, v. du Portugal (Estrémadure) ; 15 764 hab. Ce fut le siège principal des Templiers. Église et couvent des XIIe-XVIe s.

TOMASI DI LAMPEDUSA (Giuseppe), *Palerme 1896 - Rome 1957*, écrivain italien. Il fut révélé par la publication posthume du *Guépard* (1958, adapté au cinéma par L. Visconti en 1963), fresque romanesque d'une noblesse en crise.

TOMBAUGH (Clyde William), *Streator, Illinois, 1906 - Las Cruces, Nouveau-Mexique, 1997,* astronome américain. Il a découvert la planète naine Pluton (1930), près de la position calculée par P. Lowell.

TOMBOUCTOU, v. du Mali, près du fleuve Niger ; 29 732 hab. Centre commercial. – Mosquée du XIVe s. – Fondée v. 1100, la ville devint aux XVe-XVIe s. un important centre religieux et intellectuel. Elle fut visitée par R. Caillié en 1828. Elle subit en 2012 les exactions de groupes salafistes (destruction de mausolées et de lieux saints de l'islam).

Tom Jones, héros de *Histoire de Tom Jones, enfant trouvé,* roman de H. Fielding (1749). Recueilli et élevé par un brave homme, il doit affronter la jalousie du neveu et héritier de ce dernier. Le livre a inspiré un opéra-comique à Danican-Philidor (*Tom Jones,* 1765) et un film à T. Richardson (*Tom Jones, entre l'alcôve et la potence,* 1963).

TOMONAGA SHINICHIRO, *Kyoto 1906 - Tokyo 1979,* physicien japonais. Il a proposé, en 1945, une formulation relativiste de la théorie des champs, utilisée par R. Feynman et J. Schwinger. (Prix Nobel 1965.)

TOMSK, v. de Russie, en Sibérie occidentale, sur le *Tom* (827 km, affluent de droite de l'Ob) ; 522 940 hab. Université. Pétrochimie.

TONGA n.f. pl., anc. **îles des Amis,** État d'Océanie ; 700 km^2 ; 105 000 hab. (*Tongiens, Tonguiens* ou *Tongans*). **CAP.** *Nuku'alofa.* **LANGUES :** *tongien* et *anglais.* **MONNAIE :** *pa'anga.* (V. carte **Océanie.**) C'est un archipel d'environ 170 îles et îlots, coralliens ou volcaniques, entre 15° S. et le tropique du Capricorne. Plus des deux tiers des habitants vivent sur l'île de Tongatapu. – Découvertes par J. Le Maire et W. C. Schouten en 1616, les îles Tonga, protectorat britannique en 1900, sont devenues indépendantes, dans le cadre du Commonwealth, en 1970. Elles ont été admises au sein de l'ONU en 1999.

TONGHUA, v. de la Chine du Nord-Est (Jilin) ; 460 148 hab. Centre industriel.

TONGRES, en néerl. **Tongeren,** v. de Belgique, ch.-l. d'arrond. du Limbourg ; 30 631 hab. Anc. ville romaine. – Basilique Notre-Dame, gothique pour l'essentiel (trésor) ; musées.

TONKIN, région du nord du Viêt Nam, correspondant au delta du Sông Hông (fleuve Rouge) et aux montagnes qui l'entourent ; v. princ. *Hanoï* et *Haiphong.* Le delta est très peuplé ; l'endiguement et l'irrigation y permettent la culture intensive du riz.

TONLÉ SAP n.m., lac du Cambodge, qui s'écoule vers le Mékong (dont il reçoit les eaux lors des crues). Sa superficie varie de 2 700 km^2 à 10 000 km^2. Pêche.

TONNAY-CHARENTE (17430), bur. centr. de cant. de la Charente-Maritime ; 8 188 hab. (*Tonnacquois*). Port sur la Charente.

TONNEINS [-nɛ̃s] (47400), bur. centr. de cant. de Lot-et-Garonne, sur la Garonne ; 9 291 hab. (*Tonneinquais*).

TONNERRE (89700), bur. centr. de cant. de l'Yonne, dans le *Tonnerrois,* sur l'Armançon ; 4 998 hab. (*Tonnerrois*). Électronique. – Hôpital fondé en 1293 (grande salle ; *Mise au tombeau* de 1453).

TÖNNIES (Ferdinand), *Riep, auj. dans Oldenswort, Schleswig, 1855 - Kiel 1936,* sociologue allemand. Il a analysé la crise de la modernité, marquée par la disparition de la « communauté », naturelle et organique, au profit de la « société », dirigée vers un objectif (*Communauté et Société,* 1887).

TOPEKA, v. des États-Unis, cap. du Kansas, sur la Kansas River ; 127 215 hab. (233 870 hab. dans l'agglomération).

TOPELIUS (Zacharias), *Kuddnäs 1818 - Sipoo 1898,* écrivain finlandais de langue suédoise. Chrétien et patriote, il est l'auteur de poèmes (*Fleurs de la lande*) et de contes.

TÖPFFER (Rodolphe), *Genève 1799 - id. 1846,* dessinateur et écrivain suisse de langue française. Auteur de récits pleins de fantaisie (*Voyages en zigzag, Nouvelles genevoises*), il est, par ses « histoires en images » (*Histoire de M. Jabot,* 1833), le précurseur de la bande dessinée.

Topkapı, palais des sultans ottomans à Istanbul. Construit du XVe au XIXe s., il est devenu l'un des plus riches musées d'art islamique.

TOPOR (Roland), *Paris 1938 - id. 1997,* dessinateur et écrivain français d'origine polonaise. Cofondateur du groupe Panique (1962), il développa, à travers l'anachronisme du style, un humour décapant fondé sur le fantasme et l'absurde.

TOR → **THOR.**

Torah, Tora ou **Thora** n.f., nom donné dans le judaïsme aux cinq premiers livres de la Bible, ou *Pentateuque,* qui contiennent l'essentiel de la Loi mosaïque. Dans le langage courant, ce terme désigne l'ensemble de la Loi juive.

TORAJA, peuple d'Indonésie (Célèbes) [env. 600 000].

TORBAY, station balnéaire de Grande-Bretagne (Angleterre), sur la Manche ; 130 959 hab.

TORCELLO, petite île de la lagune de Venise. Cathédrale des VIIe-XIe s., de style vénéto-byzantin (mosaïques des XIIe-XIIIe s. : *Jugement dernier*).

TORCY (77200), ch.-l. d'arrond. de Seine-et-Marne ; 23 709 hab. (*Torcéens*).

TORCY (Jean-Baptiste **Colbert,** marquis **de**), *Paris 1665 - id. 1746,* homme d'État et diplomate français. Neveu de Jean-Baptiste Colbert, il succéda à son père Charles Colbert de Croissy comme secrétaire d'État aux Affaires étrangères (1696) et prit une grande part aux négociations qui précédèrent l'ouverture de la guerre de la Succession d'Espagne, puis à celles du traité d'Utrecht (1713). Le Régent l'écarta dès 1715.

Tordesillas (traité de) [7 juin 1494], traité signé, à Tordesillas (Vieille-Castille), entre l'Espagne et le Portugal. Il fixait la ligne de démarcation séparant les possessions coloniales des deux pays à 370 lieues à l'ouest des îles du Cap-Vert.

TORELLI (Giuseppe), *Vérone 1658 - Bologne 1709,* compositeur et violoniste italien. Il innova dans les genres du concerto grosso (dont il imposa le cadre) et de la sonate.

TOREZ → **TCHYSTIAKOVE.**

TORGA (Adolfo Correia **da Rocha,** dit **Miguel**), *São Martinho de Anta, Trás-os-Montes, 1907 - Coimbra 1995,* écrivain portugais. Poète (*Poèmes ibériques*), conteur (*Lapidaires*) et romancier (*la Création du monde*), il nourrit un humanisme lucide de son enracinement dans sa province natale.

TORGAU, v. d'Allemagne (Saxe), sur l'Elbe ; 19 255 hab. Château médiéval et Renaissance. – Point de jonction entre les armées soviétique et américaine (25 avr. 1945).

TORHOUT, v. de Belgique (Flandre-Occidentale) ; 20 284 hab.

TORIGNY-LES-VILLES (50160), comm. de la Manche ; 4 417 hab. Château du XVIe s.

TORIYAMA AKIRA, *Aichi, Honshu, 1955,* dessinateur et scénariste japonais de bandes dessinées. Il s'inspire avec humour de la tradition des arts martiaux dans des séries très populaires (*Docteur Slump,* 1980-1984 ; *Dragon Ball,* 1984-1995). Ses mangas ont fait l'objet de nombreuses adaptations pour la télévision.

TORNE n.m., fl. de Suède et de Finlande, qui rejoint le golfe de Botnie ; 510 km. Il sert de frontière entre ces deux pays.

TORNGAT (monts), massif du Canada (Québec et Terre-Neuve-et-Labrador), entre la baie d'Ungava et la mer du Labrador. Il culmine au mont D'Iberville (1 622 m).

TORO (Guillermo **del**), *Guadalajara 1964,* cinéaste mexicain. Avec ses films peuplés de créatures effrayantes ou envoûtantes, il donne une intensité mystérieuse et poétique aux genres de l'horreur et du fantastique (*l'Échine du diable,* 2001 ; *le Labyrinthe de Pan,* 2006 ; *la Forme de l'eau,* 2017).

TORONTO, v. du Canada, cap. de l'Ontario, sur le lac Ontario ; 2 531 571 hab. (*Torontois*) [5 928 040 hab. dans l'agglomération, la plus peuplée du Canada]. Archevêché. Universités.

▲ **Toronto.** L'hôtel de ville (1958 ; architecte : Viljo Revell).

Centre financier, commercial et industriel. – Tour du Canadien National (553 m). Musées. – Festival international du film.

TORQUEMADA (Tomás **de**), *Valladolid 1420 - Ávila 1498,* dominicain et inquisiteur espagnol. Inquisiteur général pour l'ensemble de la péninsule Ibérique (1483), il est resté célèbre pour son intolérance et sa rigueur. Son *Instruction* (1484) servit de base au droit propre à l'Inquisition.

TORRANCE, v. des États-Unis (Californie) ; 148 495 hab.

TORRE ANNUNZIATA, v. d'Italie (Campanie), sur le golfe de Naples ; 43 638 hab. Station balnéaire et thermale. – Ruines romaines.

TORRE DEL GRECO, v. d'Italie (Campanie), sur le golfe de Naples ; 85 989 hab.

TORREMOLINOS, station balnéaire d'Espagne (Andalousie), sur la Costa del Sol ; 66 270 hab.

TORREÓN, v. du nord du Mexique ; 639 651 hab. (1 199 000 hab. dans l'agglomération). Centre ferroviaire.

TORRES (détroit de), bras de mer entre l'Australie et la Nouvelle-Guinée, reliant le Pacifique à l'océan Indien.

TORRES (Luis Váez **de**), navigateur portugais du XVIIe s., au service de l'Espagne. Il découvrit en 1606 le détroit qui porte son nom.

TORRES QUEVEDO (Leonardo), *Santa Cruz, près de Santander, 1852 - Madrid 1936,* ingénieur et mathématicien espagnol. Auteur de travaux sur les machines à calculer et les automates, il fut l'un des premiers à utiliser les ondes hertziennes pour la télécommande. Il construisit un téléphérique surplombant les chutes du Niagara.

TORRES RESTREPO (Camilo), *Bogota 1929 - région de San Vincente de Chucuri 1966,* prêtre et révolutionnaire colombien. Convaincu de la nécessité de réformes sociales radicales, il rompit avec la hiérarchie catholique et inspira un mouvement dont l'échec le conduisit à rejoindre la guérilla (1965). Il fut tué lors d'un accrochage avec l'armée.

TORRICELLI (Evangelista), *Faenza 1608 - Florence 1647,* mathématicien et physicien italien. Il fut l'un des élèves de Galilée. En 1641, il énonça implicitement le principe de la conservation de l'énergie ; en 1643, il mit en évidence la pression atmosphérique au moyen d'un tube à mercure puis formula la loi sur l'écoulement des liquides. En 1644, il calcula l'aire de la cycloïde.

TORRINGTON → **BYNG.**

TORSTENSSON (Lennart), comte **d'Ortala,** *château de Torstena 1603 - Stockholm 1651,* maréchal suédois. Il s'illustra dans la guerre de Trente Ans (victoires de Breitenfeld [1642] et de Jankowitz [1645]).

TORTELIER (Paul), *Paris 1914 - Villarceaux, Val-d'Oise, 1990,* violoncelliste et chef d'orchestre français. Il a enseigné au Conservatoire de Paris (1957 - 1969) et écrit une méthode de violoncelle.

TORTOSA, v. d'Espagne (Catalogne), sur l'Èbre ; 34 422 hab. Cathédrale gothique entreprise en 1347.

TORTUE (île de la), île au nord d'Haïti. Française de 1665 à 1804, elle fut l'une des bases des boucaniers.

TORUŃ, v. de Pologne, sur la Vistule ; 204 954 hab. Noyau gothique ; Musée poméranien. – Fondée en 1233 par les chevaliers Teutoniques, elle appartint à la Hanse, puis fut annexée par la Pologne (1454).

TORY (Geoffroy), *Bourges v. 1480 - Paris apr. 1533*, typographe, graveur et écrivain français. Imprimeur du roi, il réforma l'art typographique. On lui doit le *Champfleury*, traité de calligraphie et de typographie.

TOSA, lignée de peintres japonais, dont l'origine remonte au XIVe s. Les Tosa perpétuèrent (avec brio pendant les XVe et XVIe s., puis avec formalisme jusqu'au XIXe s.) la tradition de la peinture profane nipponne, ou *Yamato-e*, à la cour de Kyoto. — **Tosa Mitsunobu,** *v. 1430 - v. 1522*, principal représentant des Tosa, il créa le *Yamato-e*, dû à l'association de coloris vifs et de jeux d'encre.

TOSCANE, région de l'Italie centrale ; 3 742 437 hab. *(Toscans)* ; cap. *Florence* ; 10 prov. (*Arezzo, Florence, Grosseto, Livourne, Lucques, Massa et Carrare, Pise, Pistoia, Prato* et *Sienne*).

HISTOIRE Son territoire correspond à l'ancienne Étrurie. **1115 :** la comtesse Mathilde lègue la Toscane à la papauté. **XIIe - XIVe s. :** à la faveur des luttes d'influence entre papauté et Empire, des républiques urbaines se développent (Florence, Sienne, Pise, Lucques). **1569 :** le grand-duché de Toscane est constitué au profit des Médicis. **1737 :** à la mort de Jean-Gaston de Médicis, la Toscane passe dans la mouvance des Habsbourg. **1807 :** Napoléon Ier réunit la Toscane à la France et la confie à sa sœur Élisa. **1814 :** retour du grand-duc autrichien Ferdinand III. **1848 - 1849 :** échec de la révolution (restauration du grand-duc Léopold II). **1859 :** Léopold II est chassé du pays. **1860 :** la Toscane se rattache au Piémont.

TOSCANINI (Arturo), *Parme 1867 - New York 1957*, chef d'orchestre italien. Directeur de la Scala de Milan (1898 - 1903 ; 1920 - 1929), du Metropolitan Opera de New York, puis de l'Orchestre symphonique de New York, il créa de nombreuses œuvres lyriques, dont *la Bohème*, de Puccini (1896).

TOTILA ou **BADUILA,** *m. à Caprara en 552*, roi des Ostrogoths (541 - 552). Il s'opposa aux Byzantins, s'installa à Rome (549) et étendit sa domination sur l'Italie du Sud, la Sicile, la Sardaigne et la Corse. Mais il fut battu par Narsès en 552.

TOTO (Antonio **de Curtis Gagliardi Ducas Comneno di Bisanzio,** dit), *Naples 1898 - Rome 1967*, acteur italien. Il fut, sur la scène et à l'écran (série des *Toto*), l'un des acteurs comiques les plus populaires d'Italie.

TOTONAQUES, peuple indien anciennement établi dans la région du golfe du Mexique et vivant auj. dans les États de Veracruz et de Puebla. Dominés par les Aztèques, les Totonaques s'allièrent aux colons espagnols, mais, affaiblis, ils déclinèrent après la conquête.

TOUAREG, peuple berbère vivant au Niger, au Mali, au Burkina, en Algérie et en Libye (plus de 2 millions). Pasteurs nomades, les Touareg occupent les zones désertiques du Sahara et les zones semi-désertiques du Sahel. Constitués par des populations berbères ayant migré du nord vers le sud, organisés en tribus, ils se divisent en plusieurs ensembles (principalement Kel Ahaggar, Kel Ajjer, Kel Ayr, Kel Tademakket, Tagaragarayt). Les hommes portent un voile indigo *(tagelmust)*, d'où leur surnom d'« hommes bleus ». Musulmans sunnites, ils parlent une langue berbère *(tamacheq)* et utilisent un alphabet propre *(tifinagh)*.

TOUAT n.m., groupe d'oasis du Sahara algérien ; ch.-l. *Adrar*.

TOUBKAL (djebel), sommet du Haut Atlas (Maroc), point culminant de l'Afrique du Nord ; 4 165 m.

TOUBOU, peuple nomade du Tchad, du Niger et du sud de la Libye (env. 700 000).

TOUCOULEUR, peuple vivant au Sénégal, ainsi qu'au Mali et en Mauritanie. Musulmans, les Toucouleur sont célèbres par l'épopée conquérante d'El-Hadj* Omar.

TOUCY (89130), bur. centr. de cant. de l'Yonne ; 2 870 hab. *(Toucycois)*. Vestiges féodaux, église des XIIe-XVIe s. Monument à Pierre Larousse.

TOUGGOURT, oasis du Sahara algérien ; 39 409 hab. Centre commercial et touristique.

TOUKHATCHEVSKI (Mikhaïl Nikolaïevitch), *Aleksandrovskoïe, gouvernement de Smolensk, 1893 - Moscou 1937*, maréchal soviétique. Ancien officier tsariste rallié à la révolution russe, il commanda le front ouest contre les Polonais (1920). Chef d'état-major général (1925 - 1928), adjoint au commissaire du peuple à la Défense (1931), fait maréchal en 1935, il fut l'un des créateurs de l'Armée rouge. Accusé de trahison en 1937, il fut fusillé. Il a été réhabilité en 1961.

TOUL (54200), ch.-l. d'arrond. de Meurthe-et-Moselle, sur la Moselle ; 16 406 hab. *(Toulois)*. Logistique. – Cathédrale et église St-Gengoult, des XIIIe-XVe s. ; musée. – Toul fut l'un des Trois-Évêchés lorrains, qu'Henri II occupa en 1552. Le traité de Westphalie (1648) en confirma la possession à la France.

TOULA, v. de Russie, au S. de Moscou ; 501 129 hab. Centre industriel. – Kremlin du XVIe s.

TOULET (Paul-Jean), *Pau 1867 - Guéthary 1920*, écrivain français. Poète d'une fantaisie souvent amère, il s'attacha en particulier à la versification (*les Contrerimes*, éd. posthume, 1921). Influent dans les cercles littéraires, il fit aussi œuvre de romancier (*la Jeune Fille verte*, 1918-1919).

TOULON, ch.-l. du dép. du Var, sur la Méditerranée, à 840 km au S.-E. de Paris ; 169 517 hab. *(Toulonnais)*. Centre d'une métropole regroupant 12 communes (427 839 hab.). Siège de région maritime. Base navale. Centre administratif et commercial. Évêché (avec Fréjus). Université. Constructions navales. Armement. – Musées (d'Art, de la Marine, du Vieux-Toulon...). – En 1793, les royalistes livrèrent le port aux Britanniques, mais Dugommier, aidé de Bonaparte, le leur reprit. Le 27 nov. 1942, la flotte française s'y saborda pour ne pas tomber aux mains des Allemands.

TOULOUGES (66350), comm. des Pyrénées-Orientales, banlieue sud-ouest de Perpignan ; 6 829 hab. *(Toulougiens)*. Église du XIe s.

TOULOUSE, ch.-l. de la Région Occitanie et du dép. de la Haute-Garonne, à 679 km au S. de Paris ; 479 638 hab. *(Toulousains)*. Centre d'une métropole regroupant 37 communes (746 919 hab.). Archevêché. Cour d'appel. Académie et université. Écoles aéronautiques. Toulouse School of Economics (TSE). Centre commercial, industriel (automobiles, constructions aéronautiques, chimie, pharmacie, nanotechnologies, etc.) et scientifique. – Météopole (Météo-France). – Cité de l'espace. – Académie des jeux Floraux. – Basilique romane St-Sernin, vaste église de pèlerinage consacrée en 1096 (sculptures, peintures murales) ; cathédrale gothique ; église des Jacobins (XIIIe-XIVe s.) ; hôtels de la Renaissance ; Capitole (XVIIIe s.) ; etc. Musées, dont celui des Augustins (sculpture languedocienne ; peinture), le musée Saint-Raymond (musée des Antiques de Toulouse : archéologie celte et romaine), le musée de l'hôtel d'Assézat (Fondation Bemberg) et l'Espace d'art moderne et contemporain Les Abattoirs. – Romaine à partir de 120/100 av. J.-C., Toulouse fut capitale du royaume wisigothique (Ve s.) puis du royaume franc d'Aquitaine et, enfin, du *comté de Toulouse*, fondé par Raimond Ier (852 - 864). Au XIIe s., ses magistrats municipaux, les *capitouls*, assurèrent son émancipation vis-à-vis des comtes. Elle souffrit lors de la croisade contre les albigeois (XIIIe s.), et Simon de Montfort fut tué en faisant le siège de la ville (1218). L'ordre des Dominicains et une université (1229) y furent fondés pour combattre l'hérésie. Le comté de Toulouse, qui atteignit les confins de la Provence, entra dans le domaine royal en 1271.

▲ **Toulouse.** La basilique St-Sernin (XIe et XIIe s.) vue du chevet.

TOULOUSE (Louis Alexandre **de Bourbon,** comte **de**), *Versailles 1678 - Rambouillet 1737*, prince français. Troisième fils légitimé de Louis XIV et de Mme de Montespan, amiral de France (1683), il joua un rôle politique au début de la Régence. Il tint, avec son épouse Marie Victoire Sophie de Noailles, un salon brillant dans son château de Rambouillet.

▲ **Toulouse-Lautrec.** *Le Divan japonais*, 1892. (Musée de la Publicité, Paris.)

TOULOUSE-LAUTREC (Henri **de**), *Albi 1864 - château de Malromé, Saint-André-du-Bois, Gironde, 1901*, peintre et lithographe français. Il a peint des scènes de music-hall et de divers lieux de plaisir parisiens, des portraits, etc. Dessinateur au trait synthétique et fulgurant, il est l'un des pères de l'affiche moderne (*la Goulue au Moulin-Rouge*, 1891 ; *Aristide Bruant*, 1892 et 1893). Musée à Albi.

Toumaï, nom usuel donné à un hominidé fossile (*Sahelanthropus tchadensis*), dont le crâne, daté de 7 millions d'années, a été découvert au Tchad en 2001.

TOUNGOUSES, appellation qui désignait un ensemble de peuples de Sibérie (Evenks, Evènes, etc.) et, parfois, les seuls Evenks.

TOUNGOUSKA n.f., nom de trois riv. de Russie, en Sibérie, affl. de l'Ienisseï (r. dr.). On distingue la *Toungouska inférieure* (2 989 km), la *Toungouska moyenne* ou *pierreuse* (1 865 km), la *Toungouska supérieure*, ou Angara.

Toungouska (cataclysme de la), cataclysme survenu le 30 juin 1908 dans la région de la Toungouska pierreuse, en Sibérie centrale, et qui aurait été provoqué par l'explosion dans la haute atmosphère d'un fragment de noyau cométaire.

TOUQUET-PARIS-PLAGE (Le) [62520], comm. du Pas-de-Calais ; 4 530 hab. Station balnéaire. Thalassothérapie. Aérodrome. – Épreuve motocycliste d'endurance sur sable (« l'Enduropale »).

TOURAINE, région du sud-ouest du Bassin parisien, de part et d'autre de la vallée de la Loire, ayant formé le dép. d'Indre-et-Loire ; hab. *Tourangeaux* ; v. princ. *Tours*. La Touraine fut annexée au domaine royal en 1259.

TOURAINE (Alain), *Hermanville-sur-Mer, Calvados, 1925*, sociologue français. Il s'est intéressé à la sociologie du travail (*la Conscience ouvrière*, 1966), puis à la sociologie générale (*Production de la société*, 1973 ; *Critique de la modernité*, 1992 ; *le Monde des femmes*, 2006 ; *Nous, sujets humains*, 2015).

TOURANE → DA NANG.

TOURCOING (59200), bur. centr. de cant. du Nord ; 97 443 hab. *(Tourquennois)*. Textile. Électronique. – Monuments surtout du XIXe s. Musée (MUba Eugène-Leroy) ; Le Fresnoy - Studio national des arts contemporains ; antenne de l'Institut du monde arabe (dans anc. piscine Art déco).

Tour de France, course cycliste annuelle par étapes (qui suivait approximativement, à l'origine, le contour de la France), créée en 1903. Un Tour de France féminin, plus court, est disputé (sous divers noms) presque tous les ans depuis 1984.

PALMARÈS DU TOUR DE FRANCE

1903	M. Garin (Fr.)	1949	F. Coppi (It.)	1984	L. Fignon (Fr.)
1904	H. Cornet (Fr.)	1950	F. Kubler (S.)	1985	B. Hinault (Fr.)
1905	L. Trousselier (Fr.)	1951	H. Koblet (S.)	1986	G. LeMond (É-U)
1906	R. Pottier (Fr.)	1952	F. Coppi (It.)	1987	S. Roche (Irl.)
1907	L. Petit-Breton (Fr.)	1953	L. Bobet (Fr.)	1988	P. Delgado (Esp.)
1908	L. Petit-Breton (Fr.)	1954	L. Bobet (Fr.)	1989	G. LeMond (É-U)
1909	F. Faber (Lux.)	1955	L. Bobet (Fr.)	1990	G. LeMond (É-U)
1910	O. Lapize (Fr.)	1956	R. Walkowiak (Fr.)	1991	M. Indurain (Esp.)
1911	G. Garrigou (Fr.)	1957	J. Anquetil (Fr.)	1992	M. Indurain (Esp.)
1912	O. Defraye (Belg.)	1958	C. Gaul (Lux.)	1993	M. Indurain (Esp.)
1913	P. Thys (Belg.)	1959	F. Bahamontes (Esp.)	1994	M. Indurain (Esp.)
1914	P. Thys (Belg.)	1960	G. Nencini (It.)	1995	M. Indurain (Esp.)
1919	F. Lambot (Belg.)	1961	J. Anquetil (Fr.)	1996	B. Riis (Dan.)
1920	P. Thys (Belg.)	1962	J. Anquetil (Fr.)	1997	J. Ullrich (All.)
1921	L. Scieur (Belg.)	1963	J. Anquetil (Fr.)	1998	M. Pantani (It.)
1922	F. Lambot (Belg.)	1964	J. Anquetil (Fr.)	1999	Non attribué *
1923	H. Pélissier (Fr.)	1965	F. Gimondi (It.)	2000	Non attribué *
1924	O. Bottecchia (It.)	1966	L. Aimar (Fr.)	2001	Non attribué *
1925	O. Bottecchia (It.)	1967	R. Pingeon (Fr.)	2002	Non attribué *
1926	L. Buysse (Belg.)	1968	J. Janssen (P-B)	2003	Non attribué *
1927	N. Frantz (Lux.)	1969	E. Merckx (Belg.)	2004	Non attribué *
1928	N. Frantz (Lux.)	1970	E. Merckx (Belg.)	2005	Non attribué *
1929	M. De Waele (Belg.)	1971	E. Merckx (Belg.)	2006	O. Pereiro (Esp.)**
1930	A. Leducq (Fr.)	1972	E. Merckx (Belg.)	2007	A. Contador (Esp.)
1931	A. Magne (Fr.)	1973	L. Ocaña (Esp.)	2008	C. Sastre (Esp.)
1932	A. Leducq (Fr.)	1974	E. Merckx (Belg.)	2009	A. Contador (Esp.)
1933	G. Speicher (Fr.)	1975	B. Thévenet (Fr.)	2010	A. Schleck (Lux.)***
1934	A. Magne (Fr.)	1976	L. Van Impe (Belg.)	2011	C. Evans (Austr.)
1935	R. Maes (Belg.)	1977	B. Thévenet (Fr.)	2012	B. Wiggins (G-B)
1936	S. Maes (Belg.)	1978	B. Hinault (Fr.)	2013	C. Froome (G-B)
1937	R. Lapébie (Fr.)	1979	B. Hinault (Fr.)	2014	V. Nibali (It.)
1938	G. Bartali (It.)	1980	J. Zoetemelk (P-B)	2015	C. Froome (G-B)
1939	S. Maes (Belg.)	1981	B. Hinault (Fr.)	2016	C. Froome (G-B)
1947	J. Robic (Fr.)	1982	B. Hinault (Fr.)	2017	C. Froome (G-B)
1948	G. Bartali (It.)	1983	L. Fignon (Fr.)	2018	G. Thomas (G-B)

Après disqualification pour dopage de : * L. Armstrong (É-U), ** F. Landis (É-U), *** A. Contador (Esp.).

TOUR-DE-PEILZ (La), comm. de Suisse (Vaud), près de Vevey ; 10 786 hab. *(Boélans)*.

TOUR-DU-PIN (La) [38110], ch.-l. d'arrond. de l'Isère, sur la Bourbre ; 8 193 hab. *(Turripinois)*. Constructions mécaniques.

TOURÉ (Amadou Toumani), *Mopti 1948*, général et homme politique malien. Instigateur du coup d'État militaire de 1991, il préside le Comité de transition avant de remettre le pouvoir aux civils en 1992. Élu président de la République en 2002, réélu en 2007, il est renversé par un putsch en 2012.

TOURÉ (Sékou), *Faranah 1922 - Cleveland, Ohio, 1984*, homme politique guinéen. Président de la Confédération générale des travailleurs d'Afrique noire (1956), il refusa l'entrée de la Guinée dans la Communauté et obtint l'indépendance (1958). Il exerça un pouvoir dictatorial jusqu'à sa mort.

TOURFAN, oasis de la Chine (Xinjiang), anc. étape sur la route de la soie*. Mosquée (XVIIIe s.). À proximité, grottes « des Mille Bouddhas », ensemble monastique (VIe-Xe s.) et vestiges des anc. cités caravanières de Yar (Jiahoe) et Kotcho (Gaochang).

TOURGUENIEV (Ivan Sergueïevitch), *Orel 1818 - Bougival 1883*, écrivain russe. Ses romans, ses nouvelles (*Récits d'un chasseur*, 1852 ; *Pères et fils*, 1862 ; *les Eaux printanières*, 1872), ses pièces de théâtre (*Un mois à la campagne*, 1879) sont marqués par la pensée occidentale.

◄ **Tourgueniev** par I. I. Repine. (Galerie Tretiakov, Moscou.)

TOURMALET (col du), col routier des Pyrénées françaises (Hautes-Pyrénées), reliant la vallée de Campan à celle de Gavarnie ; 2 115 m.

TOURNAI, v. de Belgique, ch.-l. d'arrond. du Hainaut ; 69 667 hab. *(Tournaisiens)*. Centre industriel. – Imposante cathédrale romane et gothique des XIIe-XIIIe s. (trésor) et autres églises ; musées. Production de tapisseries aux XVe-XVIIIe s., de porcelaines aux XVIIIe et XIXe s. – Capitale des rois mérovingiens au Ve s., Tournai eut un évêché dès le VIe s. Elle connut une grande prospérité durant tout le XVe s. grâce à la tapisserie de haute lisse.

▲ **Tournai.** La cathédrale Notre-Dame.

TOURNEFEUILLE (31170), bur. centr. de cant. de la Haute-Garonne ; 27 045 hab. *(Tournefeuillais)*.

TOURNEFORT (Joseph Pitton de), *Aix-en-Provence 1656 - Paris 1708*, botaniste et voyageur français. Sa classification du règne végétal (*Éléments de botanique ou méthode pour connaître les plantes*, 3 vol., 1694) fait de lui le précurseur de Linné.

TOURNEMIRE (Charles), *Bordeaux 1870 - Arcachon 1939*, compositeur et organiste français. Élève de Franck, il a laissé de la musique de chambre, huit symphonies et un recueil de musique pour orgue (*l'Orgue mystique*).

TOURNEUR (Cyril), *v. 1575 - Kinsale, Irlande, 1626*, auteur dramatique anglais. *La Tragédie du vengeur*, qu'on lui attribue, illustre le goût pour l'horreur typique du théâtre élisabéthain.

TOURNIER (Michel), *Paris 1924 - Choisel, près de Rambouillet, 2016*, écrivain français. Ses romans (*Vendredi ou les Limbes du Pacifique*, 1967 ; *le Roi des Aulnes*, 1970 ; *les Météores*, 1975) et ses nouvelles manifestent son goût pour les légendes.

TOURNON (François de), *Tournon 1489 - Paris 1562*, prélat et homme d'État français. Cardinal en 1530, il joua un rôle politique important sous le règne de François Ier. Adversaire de la Réforme, il fonda le collège de Tournon (1536), dont il confia la direction aux jésuites (1560).

TOURNON-SUR-RHÔNE (07300), anc. Tournon, ch.-l. d'arrond. de l'Ardèche ; 10 936 hab. *(Tournonais)*. Construction automobile. – Château des XIVe-XVIe s. (musée) et autres monuments.

TOURNUS [-ny] (71700), bur. centr. de cant. de Saône-et-Loire, sur la Saône ; 6 030 hab. *(Tournusiens)*. Articles ménagers. – Église romane St-Philibert, avec narthex à étages datant env. de l'an 1000 ; Musée bourguignon et musée Greuze.

TOURNY (Louis, marquis de), *Paris 1695 - id. 1760*, administrateur français. Intendant du Limousin (1730), puis de la Guyenne (1743 - 1757), il a embelli Bordeaux.

TOURRETTE-LEVENS (06690), bur. centr. de cant. des Alpes-Maritimes ; 4 924 hab. *(Tourrettans)*.

TOURS [tur], ch.-l. du dép. d'Indre-et-Loire, sur la Loire, à 225 km au S.-O. de Paris ; 139 698 hab. *(Tourangeaux)*. Centre d'une métropole regroupant 22 communes (299 127 hab.). Archevêché. Université. Industries mécaniques et électroniques, édition. – Base aérienne militaire. – Cathédrale St-Gatien (XIIIe-XVIe s.), églises, demeures anciennes et vieux hôtels ; musées des Beaux-Arts, du Compagnonnage, des Vins de Touraine, etc. Aux env., restes du château de Plessis-lès-Tours, résidence de Louis XI. – Anc. capitale de la Touraine. Évêché au IIIe s., Tours devint un grand centre religieux grâce à ses évêques saint Martin (371 - 397) et saint Grégoire de Tours (573 - 594). La ville fut (du 12 sept. au 9 déc. 1870) le siège de la délégation du gouvernement de la Défense nationale (Gambetta).

Tours (congrès de) [25 - 30 déc. 1920], congrès national du parti socialiste SFIO, au cours duquel fut votée l'adhésion à l'Internationale communiste (IIIe Internationale), née à Moscou en 1919. Il marqua la scission entre les socialistes (L. Blum, M. Sembat, minoritaires) et les communistes français (motion Cachin-Frossard).

TOURVILLE (Anne de Costentin, comte de), *Tourville, Manche, 1642 - Paris 1701*, maréchal de France. Vice-amiral, il vainquit la flotte anglo-hollandaise à Beachy Head (1690). Il essuya ensuite un échec près de la Hougue (1692), mais détruisit en partie une flotte marchande anglo-hollandaise au large de Lagos (1693).

TOUSSAINES (signal de), sommet de l'ouest de la France, dans les monts d'Arrée ; 384 m env.

TOUSSAINT (Jean-Philippe), *Bruxelles 1957*, écrivain belge de langue française. Héritier du nouveau* roman, il campe dans son œuvre aux intrigues minimalistes des personnages lunaires, étrangers à leur monde (*la Salle de bain*, 1985 ; *Monsieur*, 1986 ; *la Télévision*, 1997 ; *Fuir*, 2005 [2e vol. du cycle de Marie, 4 vol., 2002-2013] ; *Made in China*, 2017).

TOUSSAINT LOUVERTURE, *Saint-Domingue 1743 - fort de Joux, près de Pontarlier, 1803*, homme politique et général haïtien. Il rallia le gouvernement français qui venait d'abolir l'esclavage (1794) et proclama son intention d'établir une république noire. Maître de l'île en 1801, il capitula devant l'expédition de Leclerc, et mourut pendant son internement en France.

TOUTANKHAMON, pharaon de la XVIIIe dynastie (v. 1354 - 1346 av. J.-C.). Probablement fils d'Aménophis IV Akhenaton, il dut, sous la pression du clergé, rétablir le culte du dieu Amon. Il mourut à 18 ans. Son riche tombeau, dans la Vallée des Rois, fut découvert en 1922 par lord Carnarvon et Howard Carter.

TOUTATIS → TEUTATÈS.

TOUVA ou **TIVA,** république de Russie, dans le bassin supérieur de l'Ienisseï ; 307 925 hab. ; cap. *Kyzyl.* La population comprend près de deux tiers de Touvas (ou Tivas), qui parlent une langue de la famille turque, et un tiers de Russes.

TOWNES (Charles Hard), *Greenville, Caroline du Sud, 1915 - Oakland 2015,* physicien américain. Il réalisa, en 1954, la première émission maser et fut à l'origine, en 1958, avec A. L. Schawlow, de l'invention du laser. (Prix Nobel 1964.)

TOWNSVILLE, v. d'Australie (Queensland) ; 95 464 hab. Port. Métallurgie. Pétrochimie.

TOYAMA, v. du Japon (Honshu), près de la *baie de Toyama* (mer du Japon) ; 421 890 hab.

TOYNBEE (Arnold), *Londres 1889 - York 1975,* historien britannique. Il est l'auteur d'ouvrages sur les civilisations, dont il a établi une théorie cyclique (*A Study of History,* 12 vol., 1934-1961).

TOYOHASHI, v. du Japon (Honshu) ; 376 861 hab. Centre industriel.

TOYONAKA, v. du Japon (Honshu), banlieue d'Osaka ; 389 359 hab.

TOYOTA, v. du Japon (Honshu) ; 421 552 hab. Industrie automobile.

TOYOTOMI HIDEYOSHI, *Nakamura 1536 - Fushimi 1598,* homme d'État japonais. Successeur d'Oda Nobunaga (1582), Premier ministre (1585 - 1598), il pacifia et unifia le Japon, mais échoua dans ses expéditions en Corée (1592, 1597).

TOZEUR, v. de Tunisie, dans une oasis, au bord du chott el-Djérid ; 37 370 hab. Tourisme.

TPIY ou **TPI** → **Tribunal pénal international pour l'ex-Yougoslavie.**

Tractatus logico-philosophicus, œuvre de L. Wittgenstein (1921), qui cherche à définir un univers logiquement parfait de par le langage employé pour le décrire. Il est à l'origine des idées du cercle de Vienne.

Tractatus theologico-politicus, traité de Spinoza (publié en 1670). L'auteur y fonde les éléments de la critique biblique et distingue révélation et raison.

TRACY, anc. v. du Canada (Québec), auj. intégrée dans Sorel-Tracy.

TRACY (Spencer), *Milwaukee 1900 - Los Angeles 1967,* acteur américain. Par la retenue et la justesse de son jeu, il s'est imposé dans des rôles attachants ou odieux (*Ceux de la zone,* F. Borzage, 1933 ; *Furie,* F. Lang, 1936 ; *Madame porte la culotte,* G. Cukor, 1949 ; *la Dernière Fanfare,* J. Ford, 1958).

Trafalgar (bataille de) [21 oct. 1805], bataille navale de l'Empire. Nelson y vainquit une flotte franco-espagnole commandée par Villeneuve, au large du *cap de Trafalgar* (nord-ouest du détroit de Gibraltar). La flotte britannique fut dès lors la maîtresse incontestée des mers.

Trafalgar Square, place de Londres, près de la Tamise. Colonne en l'honneur de Nelson.

▲ Masque funéraire de **Toutankhamon,** XVIIIe dynastie. (Musée égyptien du Caire.)

TRAJAN, en lat. **Marcus Ulpius Traianus,** *Italica 53 - Sélinonte de Cilicie 117,* empereur romain (98 - 117). Adopté par Nerva, il lui succéda en 98. Par la conquête de la Dacie (101 - 102 et 105 - 107), il assura la sécurité des frontières sur le Danube. En Orient, il lutta contre les Parthes et étendit l'Empire jusqu'à l'Arménie, la Mésopotamie et le nord-ouest de l'Arabie. Il fut un excellent administrateur et un grand bâtisseur.

▲ **Trajan.** (Musée archéologique, Venise.)

Trajane (colonne), colonne triomphale (hauteur : 39 m ; diamètre : 4 m), érigée en 113, sur le forum de Trajan à Rome, pour commémorer les victoires de l'empereur sur les Daces. Elle porte un décor en bas relief (où sont représentés près de 2 500 personnages) qui se déroule en hélice sur toute la hauteur.

TRAKL (Georg), *Salzbourg 1887 - Cracovie 1914,* poète autrichien. Il est le poète de l'angoisse de la mort et du regret de l'innocence (*Crépuscule et Déclin, Sébastien en rêve*). Il se suicida.

Tranchée des baïonnettes, tranchée française, près de Douaumont. Pendant la Première Guerre mondiale, après un violent bombardement (juin 1916), seules émergèrent les baïonnettes de ses défenseurs. Monument.

TRANCHE-SUR-MER (La) [85360], comm. de la Vendée ; 2 926 hab. (*Tranchais*). Station balnéaire. Tulipes.

TRANSALPINE (Gaule), nom que les Romains donnaient à la Gaule proprement dite, qui, pour eux, était située au-delà des Alpes, par opposition à la Gaule Cisalpine.

Transamazoniennes (routes), routes ouvertes dans la partie amazonienne du Brésil depuis 1970, la plus importante reliant Imperatriz à la frontière péruvienne.

TRANSCAUCASIE, région d'Asie, au S. du Caucase. Elle est composée de la Géorgie, de l'Arménie et de l'Azerbaïdjan.

Transgabonais n.m., voie ferrée du Gabon, reliant l'agglomération de Libreville à Franceville.

TRANSHIMALAYA n.m., système montagneux de la Chine (Tibet), au N. de l'Himalaya.

TRANSJORDANIE, anc. État du Proche-Orient. Émirat créé en 1921 et placé sous mandat britannique en 1922, érigé en royaume en 1946, il devint le royaume de Jordanie en 1949.

TRANSKEI, ancien bantoustan d'Afrique du Sud.

TRANSLEITHANIE, partie de l'Autriche-Hongrie (1867 - 1918), située à l'est de la *Leitha* (par oppos. à la Cisleithanie) et administrée par la Hongrie. Elle comprenait, outre la Hongrie, la Transylvanie et la Croatie-Slavonie.

TRANSNISTRIE, région de Moldavie, sur la rive est du Dniestr. Elle est peuplée majoritairement de russophones. En 1990, la sécession de la région (non reconnue par la communauté internationale) a été à l'origine d'une guerre civile (1992).

TRANSOXIANE, anc. nom de la région d'Asie centrale située au nord-est de l'Oxus (Amou-Daria) et dont la ville principale fut Samarkand.

Transsibérien n.m., grande voie ferrée de Russie, reliant Moscou à Vladivostok (9 297 km). Il a été construit entre 1891 et 1916.

TRANSTRÖMER (Tomas), *Stockholm 1931 - id. 2015,* poète suédois. Entre observation et méditation, simplicité et fulgurance, sa poésie resserrée jusqu'au haïku révèle les abîmes derrière l'évidence des expériences ordinaires (*Accords et traces,* 1966 ; *Baltiques,* 1974 ; *la Grande Énigme,* 2004). [Prix Nobel 2011.]

TRANSVAAL n.m., anc. prov. d'Afrique du Sud, partie nord-est du pays (v. princ. *Johannesburg* et *Pretoria*), ayant formé en 1994 les provinces de Transvaal-Est (auj. Mpumalanga), Transvaal-Nord (auj. Limpopo), Pretoria-Witwatersrand-Vereeniging (auj. Gauteng) et une partie de la province du Nord-Ouest. Le Transvaal, où les Boers s'installent lors du Grand Trek* (1834 - 1839), obtient son indépendance, reconnue par les Britanniques, en 1852. Un État afrikaner, appelé « république d'Afrique du Sud », y est organisé en 1857. Annexée temporairement par les Britanniques (1877 - 1881), cette république conserve son indépendance jusqu'à la victoire anglaise dans la guerre des Boers (1902), qui en fait alors une colonie de la Couronne. Le Transvaal devient l'une des quatre provinces de l'Union sud-africaine, créée en 1910.

TRANSYLVANIE, en roum. **Transilvania** ou **Ardeal,** en hongr. **Erdély,** région de la Roumanie située à l'intérieur de l'arc formé par les Carpates ; hab. *Transylvaniens* ; v. princ. *Brașov* et *Cluj-Napoca.* Intégrée au royaume de Hongrie au début du XIe s., la Transylvanie devint en 1526 une principauté vassale des Ottomans. Annexée par les Habsbourg (1691), elle fut rattachée à la Hongrie (1867). Sa réunion à la Roumanie (1918) fut entérinée par le traité de Trianon (1920).

TRANSYLVANIE (Alpes de), partie sud des Carpates (Roumanie), portant le point culminant de la Roumanie ; 2 543 m au Moldoveanu.

TRAORÉ (Moussa), *Sébétou, région de Kayes, 1936,* général et homme politique malien. Arrivé au pouvoir au terme du putsch de 1968, il a été président de la République jusqu'en 1991.

TRAPANI, v. d'Italie (Sicile), ch.-l. de prov. ; 69 355 hab. Port. – Églises (du gothique au baroque) ; musée.

Trappe (Notre-Dame-de-la-), abbaye cistercienne fondée en 1140 à Soligny (Orne). En 1664, l'abbé de Rancé la réforma et y installa les cisterciens de la stricte observance, appelés dès lors *trappistes.*

TRAPPES (78190), bur. centr. de cant. des Yvelines, près de Versailles ; 32 639 hab. (*Trappistes*). Dépôt et maintenance de matériel ferroviaire. Centre météorologique.

TRASIMÈNE (lac), lac d'Italie (Ombrie), à l'O. de Pérouse. — bataille du lac **Trasimène** (217 av. J.-C.), bataille de la deuxième guerre punique. Victoire d'Hannibal sur le consul romain Caius Flaminius.

TRÁS-OS-MONTES, anc. prov. du N. du Portugal.

TRAUNER (Alexandre), *Budapest 1906 - Omonville-la-Petite, Manche, 1993,* décorateur de cinéma français d'origine hongroise. Il créa les décors de nombreux films : *le Quai des brumes* (M. Carné, 1938), *les Enfants du paradis* (id., 1945), *la Garçonnière* (B. Wilder, 1960), *Monsieur Klein* (J. Losey, 1976), *Coup de torchon* (B. Tavernier, 1981).

travailliste (Parti) [*Labour Party*], parti socialiste britannique. Fondé en 1893, il prit son nom actuel en 1906 et fut pour la première fois au pouvoir en 1924. Principaux leaders : J. R. MacDonald, C. Attlee, Hugh Gaitskell, H. Wilson, J. Callaghan, Michael Foot, Neil Kinnock, John Smith, T. Blair, G. Brown, Edward (Ed) Miliband et, depuis 2015, Jeremy Corbyn.

TRAVANCORE, région historique de l'Inde, dans le sud de l'État de Kerala.

Travaux et les Jours (les), poème didactique d'Hésiode (VIIIe s. av. J.-C.), édictant des sentences morales et des préceptes d'économie domestique.

Traviata (la) → **Dame aux camélias.**

TRÈBES (11800), bur. centr. de cant. de l'Aude ; 5 739 hab. (*Trébéens*).

TRÉBEURDEN (22560), comm. des Côtes-d'Armor ; 3 776 hab. (*Trébeurdinais*). Station balnéaire.

TRÉBIE n.f., en ital. **Trebbia,** riv. d'Italie, affl. du Pô (r. dr.) ; 115 km. — bataille de la **Trébie** (218 av. J.-C.), bataille de la deuxième guerre punique. Victoire d'Hannibal sur le consul Sempronius Longus.

TRÉBIZONDE, en turc **Trabzon,** v. de Turquie, sur la mer Noire ; 214 949 hab. Port. – Monastères et églises (transformées en mosquées à l'époque ottomane) de style byzantin des XIIIe-XIVe s. – Capitale d'un empire grec (1204 - 1461) fondé par Alexis et David Comnène, et qui combattit les Latins, l'empire de Nicée et les Seldjoukides, la ville fut conquise par les Ottomans en 1461.

Treblinka, camp d'extermination allemand (1942 - 1943), situé à 80 km de Varsovie. Près de 750 000 Juifs y périrent.

TŘEBOŇ (le Maître du retable de), *actif à Prague vers 1380 - 1390,* peintre tchèque. Figure majeure de l'art gothique* de son temps (« beau style ») en Europe centrale, il a exercé une influence sur la peinture allemande (en Bavière, notamm.).

TRÉFOUËL (Jacques), *Le Raincy 1897 - Paris 1977*, chimiste et bactériologiste français. Directeur de l'Institut Pasteur (1940 - 1964), il a étudié le mode d'action des sulfamides. Ses travaux ont permis la découverte de nombreux bactériostatiques.

TRÉGASTEL (22730), comm. des Côtes-d'Armor ; 2 291 hab. *(Trégastellois)*. Station balnéaire. – Église du XVIe s.

TRÉGORROIS ou **TRÉGOR** n.m., région de Bretagne (Côtes-d'Armor), à l'O. de la baie de Saint-Brieuc.

TRÉGUEUX (22950), bur. centr. de cant. des Côtes-d'Armor ; 8 584 hab. *(Tréguesiens)*.

TRÉGUIER (22220), bur. centr. de cant. des Côtes-d'Armor ; 2 737 hab. (*Trégorrois* ou *Trégorois*). Cathédrale des XIVe-XVe s. (cloître) ; maisons à colombages, dont la maison natale de Renan.

Trek (le Grand) [1834 - 1839], mouvement d'émigration des Boers du Cap vers le Vaal et l'Orange provoqué par la poussée des Britanniques en Afrique du Sud.

TRÉLAZÉ (49800), comm. de Maine-et-Loire ; 14 390 hab. *(Trélazéens)*. Anc. ardoisières.

TRÉLISSAC (24750), bur. centr. de cant. de la Dordogne ; 6 886 hab. *(Trélissacois)*.

TRÉLON (59132), comm. du Nord ; 3 033 hab. *(Trélonais)*. Musée-atelier du Verre.

TREMBLADE (La) [17390], bur. centr. de cant. de la Charente-Maritime ; 4 707 hab. *(Trembladais)*. Parcs à huîtres.

TREMBLANT (mont), montagne du Canada (Québec), au N. de Montréal ; 968 m. Ski.

TREMBLAY (Gilles), *Arvida, Québec, 1932 - Montréal 2017*, pianiste et compositeur canadien. Marqué, notamment, par l'enseignement de O. Messiaen, il contribua à la vitalité de la recherche musicale contemporaine (*Souffles [Champs II]*, 1968 ; *Fleuves*, 1976 ; *l'Arbre de Borobudur*, 1994).

TREMBLAY (Michel), *Montréal 1942*, écrivain canadien de langue française. Son œuvre théâtrale (*les Belles-Sœurs*, 1968) et romanesque (*la Cité dans l'œuf*, 1985) exprime la révolte des nouvelles générations contre la société québécoise traditionnelle.

TREMBLAY-EN-FRANCE (93290), anc. **Tremblay-lès-Gonesse,** bur. centr. de cant. de la Seine-Saint-Denis ; 35 581 hab. *(Tremblaysiens)*. Circuit pour motos.

TRÉMERY (57300), comm. de la Moselle, au S.-E. de Thionville ; 1 104 hab. *(Trémerois)*. Industrie automobile.

TRENET (Charles), *Narbonne 1913 - Créteil 2001*, chanteur français. On lui doit des chansons pleines de poésie et de fantaisie (*Y a de la joie, Douce France, la Mer*), souvent influencées par le jazz.

Charles **Trenet.** Autoportrait. ▶

TRENT n.f., riv. de Grande-Bretagne, en Angleterre, qui rejoint l'Ouse pour former le Humber ; 270 km.

TRENTE, en ital. **Trento,** v. d'Italie, cap. du *Trentin-Haut-Adige* et ch.-l. de prov., sur l'Adige ; 114 609 hab. Cathédrale romano-gothique et château du Buonconsiglio (musée), des XIIIe-XVIe s. Musée d'Art moderne et contemporain (Mart) [Trente et ville voisine de Rovereto].

Trente (les), les trente membres d'un conseil oligarchique imposé par les Spartiates aux Athéniens (404 av. J.-C.). Ils se signalèrent par leur despotisme et de nombreuses exécutions. Critias en fut l'animateur. Thrasybule les chassa (déc. 404 ou janv. 403).

Trente (combat des) [27 mars 1351], combat entre Français et Anglais, lors de la guerre de la Succession de Bretagne. Faisant suite à un défi lancé aux Anglais par Jean de Beaumanoir, il opposa, près de Ploërmel, trente combattants désignés pour chaque armée. Les Français furent victorieux.

Trente (concile de), concile œcuménique qui se tint à Trente de 1545 à 1547, puis à Bologne de 1547 à 1549, et de nouveau à Trente en 1551 - 1552 et en 1562 - 1563. Convoqué par Paul III en 1545 et clos par Pie IV, il fut la pièce maîtresse de la Réforme catholique (ou Contre-Réforme), par laquelle l'Église romaine opposa aux protestants une révision complète de sa discipline et une réaffirmation solennelle de ses dogmes.

▲ Le **Concile de Trente.** Peinture à l'huile de l'école vénitienne du XVIe s. (Louvre, Paris.)

Trente Ans (guerre de) [1618 - 1648], grand conflit religieux et politique qui ravagea l'Europe et surtout le Saint Empire. Opposant une grande partie des pays européens, elle eut pour causes essentielles l'antagonisme des protestants et des catholiques et les inquiétudes suscitées en Europe par les ambitions de la maison d'Autriche. Le conflit éclata en Bohême, où les protestants se rebellèrent contre les Habsbourg (défenestration de Prague, 1618).

La période palatine (1618 - 1623). Le roi de Bohême, Ferdinand de Habsbourg, partisan d'une restauration catholique, est déposé au profit de l'Électeur palatin Frédéric V, calviniste. En 1620, les Tchèques sont vaincus à la Montagne Blanche par les troupes de Ferdinand, devenu empereur sous le nom de Ferdinand II, et par les troupes catholiques commandées par Tilly.

La période danoise (1625 - 1629). Christian IV de Danemark reprend les hostilités contre Ferdinand II, avec l'appui des princes protestants. Battu par Wallenstein en 1629, il signe la paix de Lübeck.

La période suédoise (1630 - 1635). Aidé financièrement par Richelieu, le roi de Suède Gustave II Adolphe, prince protestant, devient le chef du parti opposé à l'empereur. Vainqueur de Tilly à Breitenfeld (1631), il est tué à Lützen, où les Suédois l'emportent néanmoins sur Wallenstein.

La période française (1635 - 1648). Richelieu, après avoir soutenu secrètement les adversaires des Habsbourg, intervient directement en s'alliant à la Suède, aux Pays-Bas et aux protestants allemands. Les victoires françaises de Rocroi (1643) puis de Lens (1648) amènent les Habsbourg à signer les traités de Westphalie. L'Allemagne sort ruinée et dévastée de ces trente années de guerre.

Trente Glorieuses (les), nom donné, d'après un ouvrage de J. Fourastié (1979), aux trente années de croissance de l'économie française entre la fin de la Seconde Guerre mondiale et 1975.

TRENTIN n.m., région historique de l'Italie (*Vénétie Tridentine*), faisant auj. partie du *Trentin-Haut-Adige*. Annexée au Tyrol (1816), elle fut restituée à l'Italie par le traité de Saint-Germain-en-Laye (1919).

TRENTIN-HAUT-ADIGE n.m., en ital. **Trentino-Alto Adige,** région autonome du nord-est de l'Italie ; 1 062 860 hab. ; ch.-l. *Trente* ; 2 prov. (*Trente* et *Bolzano*). Il correspond au bassin supérieur de l'Adige, entre l'Ortler, l'Adamello et les Dolomites.

TRENTON, v. des États-Unis, cap. du New Jersey, sur la Delaware ; 84 913 hab.

TRÉPASSÉS (baie des), baie du Finistère, entre les pointes du Raz et du Van.

TRÉPORT (Le) [76470], comm. de la Seine-Maritime, sur la Manche ; 5 995 hab. *(Tréportais)*. Station balnéaire. – Église des XIVe-XVIe s.

Trésor de la langue française, dictionnaire publié de 1971 à 1994 par le CNRS (16 vol.).

Très Riches Heures, manuscrit enluminé par les frères de Limbourg, de 1413 à 1416, pour le duc Jean de Berry (château de Chantilly). Ce livre d'heures est célèbre pour ses peintures en pleine page qui unissent des qualités flamandes (observation précise du réel, apportant un témoignage précieux sur la vie de l'époque) et italiennes (valeurs plastiques nouvelles). [V. ill. **Berry** (Jean de France, duc de) et **Saumur.**]

TRES ZAPOTES, centre religieux des Olmèques (Mexique, au sud de l'État de Veracruz). Plusieurs têtes colossales et la plus ancienne stèle gravée (31 av. J.-C.) y ont été découvertes.

TRETS [trɛ] (13530), bur. centr. de cant. des Bouches-du-Rhône ; 11 117 hab. *(Tretsois)*. Monuments médiévaux.

TRÈVES, en all. **Trier,** v. d'Allemagne (Rhénanie-Palatinat), sur la Moselle ; 105 671 hab. Vestiges romains (Porta nigra, thermes, basilique), cathédrale (IVe-XIIe s. ; trésor) et autres monuments ; musées. – Fondée par Auguste v. 15 av. J.-C., la ville fut intégrée au Saint Empire au Xe s. Ses archevêques devinrent princes-électeurs en 1257.

TRÉVIRES, peuple gaulois, établi dans la vallée inférieure de la Moselle.

TRÉVISE, en ital. **Treviso,** v. d'Italie (Vénétie), ch.-l. de prov. ; 81 437 hab. *(Trévisans)*. Monuments du Moyen Âge et de la Renaissance ; musées.

TREVITHICK (Richard), *Illogan 1771 - Dartford 1833*, ingénieur britannique. Il construisit et fit fonctionner en 1803 la première locomotive à vapeur.

TREVOR (sir William Trevor **Cox**, dit William), *Mitchelstown, comté de Cork, 1928 - comté du Devon, Grande-Bretagne, 2016*, écrivain irlandais. Romancier et nouvelliste, il saisit au plus près, avec justesse et empathie, les aspirations contrariées des existences ordinaires (*les Enfants de Dynmouth*, 1976 ; *En lisant Tourgueniev* et *Ma maison en Ombrie*, 1991 ; *le Voyage de Felicia*, 1994 ; *Cet été-là*, 2009).

TRÉVOUX (01600), bur. centr. de cant. de l'Ain, sur la Saône ; 6 981 hab. *(Trévoltiens)*. La ville fut renommée pour son imprimerie, qui publia à partir de 1701 le *Journal de Trévoux*, puis le *Dictionnaire de Trévoux* (1re éd. 1704), rédigés par les jésuites pour combattre jansénistes et philosophes.

TRIANGLE D'OR, nom parfois donné à la région de l'Asie du Sud-Est aux confins de la Birmanie, de la Thaïlande et du Laos. Production d'opium.

Trianon (le Grand et le Petit), nom de deux châteaux royaux bâtis dans le parc de Versailles, le premier par J. H.-Mansart en 1687, le second par J. A. Gabriel en 1762.

Trianon (traité de) [4 juin 1920], traité signé au lendemain de la Première Guerre mondiale. Il régla le sort de la Hongrie, dont le territoire était réduit au centre de la plaine moyenne du Danube.

TRIBONIEN, *m. vers 545,* juriste et homme d'État byzantin. Il présida à la rédaction du *Code Justinien*, du *Digeste* et des *Institutes*.

TRIBOULET (**Févrial** ou **Le Feurial,** dit), *Blois v. 1498 - v. 1536,* bouffon de Louis XII puis de François Ier.

Tribunal pénal international pour l'ex-Yougoslavie (TPIY ou, couramment, TPI), juridiction internationale créée en 1993 (clôturée en 2017) sous l'égide des Nations unies pour juger les personnes présumées responsables de crimes (génocide, crimes contre l'humanité) commis dans l'ex-Yougoslavie à partir de 1991. Son siège est à La Haye. – Sur le même modèle, le **Tribunal pénal international pour le Rwanda** (TPIR) a siégé, de 1994 à 2015, à Arusha (Tanzanie). – Dans le même esprit ont été conçues d'autres juridictions, hybrides (associant droit national et droit international), telles que : les **Commissions spéciales pour les crimes graves au Timor oriental,** en 2000 ; le **Tribunal spécial pour la Sierra Leone,** en 2002 ; les **Chambres extraordinaires au sein des tribunaux cambodgiens,** chargées de juger les crimes du régime des Khmers rouges, en 2003 ; le **Tribunal spécial pour le Liban,** appelé notamm. à poursuivre les responsables de l'attentat ayant coûté la vie à Rafic Hariri (2005), en 2007 ; le **Tribunal spécial pour le Kosovo,** pour les crimes commis pendant le conflit de la fin des années 1990, en 2016.

Tribunal révolutionnaire, tribunal criminel d'exception, qui fonctionna à Paris, du 10 mars 1793 au 31 mai 1795. Il fut un instrument de la Terreur ; après la chute de Robespierre, ses attributions furent réduites. Il y eut quelques tribunaux révolutionnaires en province.

Tribunat, une des assemblées instituées par la Constitution de l'an VIII (1800). Composé de 100 membres nommés par le Sénat, il discutait les projets de loi et transmettait ensuite des vœux au Corps législatif, qui, seul, avait le droit de voter les lois. Considéré par Napoléon Ier comme un élément d'opposition, le Tribunat vit sa compétence réduite, avant de disparaître (1807).

Tribune de Genève (la), quotidien suisse de langue française, fondé en 1879.

TRICASTIN n.m., anc. pays du bas Dauphiné. Ce nom a été donné à la centrale et à l'usine d'enrichissement de l'uranium, construites partiellement sur la comm. de Saint-Paul-Trois-Châteaux.

TRICHINOPOLY → **TIRUCHIRAPALLI.**

TRICHUR, v. d'Inde, au N. de Cochin ; 317 474 hab. Pèlerinage shivaïte ; temples.

TRIEL-SUR-SEINE (78510), comm. des Yvelines ; 12 150 hab. *(Triellois).* Église gothique et Renaissance (vitraux du XVIe s.).

TRIER (**Lars,** dit **Lars von**), *Copenhague 1956,* cinéaste danois. Doué d'un grand sens plastique, volontiers provocateur, il joue avec le cinéma comme avec sa propre image, en brouillant les genres : thriller, mélodrame, comédie musicale, film d'horreur (*Element of Crime*, 1984 ; *Breaking the Waves*, 1996 ; *Dancer in the Dark*, 2000 ; *Dogville*, 2003 ; *Antichrist*, 2009 ; *Melancholia*, 2011 ; *The House That Jack Built*, 2018).

TRIESTE, v. d'Italie, cap. du Frioul-Vénétie Julienne et ch.-l. de prov., sur l'Adriatique, dans le *golfe de Trieste* ; 202 533 hab. Port. Centre industriel (raffinage du pétrole notamm.). – Vestiges romains ; cathédrale des XIe et XIVe s. ; château des XVe-XVIIe s. Musées. – Trieste, l'un des foyers de l'irrédentisme et principal débouché maritime de l'Autriche, fut cédée à l'Italie en 1919 - 1920. Elle fut prise par les Yougoslaves en 1945. Le traité de paix de 1947 créa le *Territoire libre de Trieste*, puis la ville revint à l'Italie en 1954.

▲ **Trianon.** La façade ouest du Petit Trianon donnant sur le jardin à la française.

TRIMBLE (David), *Belfast 1944,* homme politique nord-irlandais. Dirigeant protestant modéré, leader de l'Ulster Unionist Party (UUP, 1995 - 2005) et l'un des principaux artisans de l'accord institutionnel conclu en 1998, il a été Premier ministre du gouvernement semi-autonome d'Irlande du Nord de 1999 à 2002. (Prix Nobel de la paix 1998.)

TRIMURTI, triade divine hindouiste, composée des dieux Brahma, Vishnou et Shiva.

TRINITÉ (La) [06340], comm. des Alpes-Maritimes ; 10 285 hab. *(Trinitaires).*

TRINITÉ (La) [97220], ch.-l. d'arrond. de la Martinique ; 13 000 hab. *(Trinitéens).*

TRINITÉ-ET-TOBAGO n.f., en angl. **Trinidad and Tobago,** État des Antilles, à proximité du Venezuela ; 5 128 km² ; 1 341 000 hab. *(Trinidadiens).* **CAP.** *Port of Spain.* **LANGUE :** *anglais.* **MONNAIE :** *dollar de Trinité-et-Tobago.* (V. cartes **Petites Antilles*** et **Venezuela.**) *L'île de la Trinité* couvre 4 827 km² et concentre environ 95 % de la population totale, qui juxtapose Noirs et Indiens, structure héritée de la colonisation et du développement des plantations (canne à sucre, cacao). Mais le pétrole et le gaz naturel sont devenus les ressources essentielles. – Découverte par C. Colomb en 1498, la Trinité fut disputée par les grandes puissances, avant d'être cédée à la Grande-Bretagne en 1802. Depuis 1962, elle constitue avec *Tobago* un État indépendant, membre du Commonwealth.

TRINITÉ-SUR-MER (La) [56470], comm. du Morbihan ; 1 669 hab. *(Trinitains).* Petit port et station balnéaire.

TRINTIGNANT (Jean-Louis), *Piolenc, Vaucluse, 1930,* acteur français. Exigeant et subtil, il témoigne dans des rôles très divers d'une rare intelligence du texte et de ses personnages (*Et Dieu créa la femme*, R. Vadim, 1956 ; *Ma nuit chez Maud*, É. Rohmer, 1969 ; *le Voyage de noces*, N. Trintignant, 1976 ; *Vivement dimanche !*, F. Truffaut, 1983 ; *Trois Couleurs : Rouge*, K. Kieślowski, 1994 ; *Amour*, M. Haneke, 2012). Il joue aussi au théâtre (pièces classiques et contemporaines).

TRIOLET (Elsa), *Moscou 1896 - Saint-Arnoult-en-Yvelines 1970,* écrivaine française d'origine russe. Épouse et inspiratrice de L. Aragon, elle est l'auteure de romans et de nouvelles (*Le premier accroc coûte deux cents francs*, 1944).

tripartite (pacte) [27 sept. 1940], pacte signé entre l'Allemagne, l'Italie et le Japon et qui prévoyait l'instauration d'un ordre nouveau en Europe et en Extrême-Orient. La Hongrie, la Roumanie et la Slovaquie y adhérèrent en nov. 1940, suivies par la Bulgarie en mars 1941.

Triplice → **Alliance** (Triple-).

TRIPOLI, v. du nord du Liban. Port.

TRIPOLI, cap. de la Libye, sur la Méditerranée ; 1 126 950 hab. *(Tripolitains)* [2 189 000 hab. dans l'agglomération].

TRIPOLI (comté de), État latin du Levant fondé en Syrie par les comtes de Toulouse entre 1102 et 1109, et reconquis par les musulmans de 1268 à 1289.

TRÍPOLIS, v. de Grèce, ch.-l. de l'Arcadie, dans le Péloponnèse ; 47 254 hab.

TRIPOLITAINE, anc. province du nord-ouest de la Libye, sur la Méditerranée ; v. princ. *Tripoli.* Elle fut sous la domination de Carthage (Ve s. av. J.-C.), puis de Rome (106 av. J.-C.), avant d'être conquise par les Arabes (643). Elle devint ottomane en 1551 et fut cédée à l'Italie en 1912 puis réunie à la Cyrénaïque pour constituer la Libye italienne (1934). Sous contrôle britannique à partir de 1943, elle fut intégrée au royaume de Libye, indépendant en 1951.

TRIPURA, État du nord-est de l'Inde ; 10 500 km² ; 3 671 032 hab. ; cap. *Agartala.*

TRISSINO (Gian Giorgio), en fr. **le Trissin,** *Vicence 1478 - Rome 1550,* écrivain italien. Il est l'auteur de la première tragédie classique italienne (*Sophonisbe*, composée v. 1515).

TRISTAN (**Flore Tristan-Moscoso,** dite **Flora**), *Paris 1803 - Bordeaux 1844,* femme de lettres française. Socialiste, elle fut l'une des initiatrices du féminisme en France.

TRISTAN DA CUNHA, archipel britannique de l'Atlantique sud. L'île principale porte aussi ce nom. – L'archipel a été découvert en 1506.

▲ **Tristan et Iseut** buvant le philtre d'amour. Miniature extraite du *Livre de messire Lancelot du lac* de Gautier Map, 1470. (BnF, Paris.)

Tristan et Iseut, héros d'une légende du Moyen Âge, connue par de nombreuses versions (XIIe et XIIIe s.), notamm. celles de Béroul, de Thomas d'Angleterre et de Gottfried de Strasbourg. Le récit des amours de Tristan et d'Iseut la Blonde inaugure en Europe le thème de la passion fatale, et celui de la mort comme pouvant seule unir deux êtres qui s'aiment. – Ce thème a inspiré à Wagner un drame lyrique en trois actes (*Tristan et Isolde*, 1865).

TRISTAN L'HERMITE → **L'HERMITE.**

TRISTAN L'HERMITE (**François L'Hermite,** dit), *château de Soliers, Marche, v. 1601 - Paris 1655,* écrivain français. Il est l'auteur de tragédies *(Marianne)*, d'une autobiographie romanesque (*le Page disgracié*) et de poésies lyriques (*les Amours*). [Acad. fr.]

TRISTÃO ou **TRISTAM** (Nuno), *m. au Río de Oro en 1447,* navigateur portugais. Il atteignit l'embouchure du Sénégal en 1444.

TRITH-SAINT-LÉGER [tri-] (59125), comm. du Nord, sur l'Escaut ; 6 382 hab. *(Trithois).* Métallurgie. Industrie automobile.

TRIVANDRUM, v. d'Inde, cap. du Kerala ; 744 739 hab. Université.

TRIVULCE (Giangiacomo), en ital. **Trivulzio,** *Milan 1448 - Arpajon 1518,* homme de guerre italien. Condottiere au service des Sforza, il fut ensuite l'un des meilleurs généraux de Charles VIII. Maréchal de France en 1499, il contribua aux victoires d'Agnadel (1509) et de Marignan (1515).

TRNKA (Jiří), *Plzeň 1912 - Prague 1969,* cinéaste tchécoslovaque d'animation. Surtout connu pour ses films de marionnettes, il s'est aussi intéressé au dessin animé et à la technique des papiers découpés (*le Diable à ressorts et les SS*, 1946 ; *le Rossignol de l'empereur de Chine*, 1948 ; *les Vieilles Légendes tchèques*, 1952 ; *la Main*, 1965).

TROADE n.f., anc. contrée du nord-ouest de l'Asie Mineure ; v. princ. *Troie.*

Trocadéro (bataille de) [31 août 1823], bataille qui eut lieu au cours de l'intervention française en Espagne. La prise du fort de Trocadéro ouvrit aux Français les portes de Cadix.

Trocadéro (palais du) → **Chaillot** (palais de).

TROCHU (Louis), *Le Palais, Belle-Île, 1815 - Tours 1896,* général français. Gouverneur militaire de Paris en 1870, il présida le gouvernement de la Défense nationale (sept. 1870 - janv. 1871).

TROIE ou **ILION,** cité antique de l'Asie Mineure, située à l'emplacement de l'actuelle Hisarlık, près des Dardanelles. Déjà florissante au IIIe millénaire, elle subit plusieurs dévastations dues à des guerres ou à des catastrophes naturelles avant d'être détruite à la fin du XIIIe ou au début du XIIe s. av. J.-C. – Découverte au XIXe s. par Schliemann,

Troie comprend neuf couches archéologiques superposées, depuis le simple village fortifié du IVᵉ millénaire jusqu'à la bourgade de *Troie IX*, qui disparaît vers 400 apr. J.-C., en passant par *Troie II*, ville ceinte de remparts (2300 - 2100 av. J.-C.) et dont la prospérité est attestée par de nombreux objets précieux.

Troie (cheval de), gigantesque cheval de bois que les Grecs auraient abandonné devant Troie qu'ils assiégeaient. Les Troyens firent rentrer le cheval dans leur ville, ignorant que des guerriers grecs y étaient cachés. Ce stratagème permit aux Grecs de s'emparer de Troie.

Troie (guerre de), guerre légendaire qui évoque les expéditions des Achéens sur les côtes d'Asie Mineure, au XIIIᵉ s. av. J.-C. Elle a été racontée, sous une forme poétique, dans *l'Iliade* d'Homère.

Trois Contes, recueil de contes de Flaubert (1877) qui ont pour titre : *Un cœur simple ; la Légende de saint Julien l'Hospitalier ; Hérodias.*

TROIS-ÉVÊCHÉS (les), gouvernement de l'anc. France, constitué en territoire lorrain par les trois villes de Metz, Toul et Verdun. Appartenant au Saint Empire germanique, cette région fut conquise sur Charles Quint par Henri II en 1552. Son appartenance à la France fut reconnue *de facto* au traité du Cateau-Cambrésis (1559), et *de jure* aux traités de Westphalie (1648).

Trois-Gorges (barrage des), barrage de Chine, sur le Yangzi Jiang, en amont de Yichang (gorges Qutang, Wu et Xiling, prov. du Hubei). Cet ouvrage hydroélectrique, monté en production entre 2006 et 2009, est le plus puissant du monde, mais ses impacts négatifs sur l'environnement posent problème. (V. ill. **Yangzi Jiang.**)

TROISGROS (Pierre), *Chalon-sur-Saône 1928*, cuisinier français. Avec son frère **Jean** *(Chalon-sur-Saône 1926 - id. 1983)*, il a fait, à partir de 1954, de l'hôtel familial, à Roanne, un haut lieu gastronomique. Son fils **Michel** *(Roanne 1958)*, qui lui a succédé en 1993, installe, en 2017, l'établissement historique à Ouches, dans les environs de Roanne.

Trois Mousquetaires (les), roman de A. Dumas (1844). Athos, Porthos et Aramis, auxquels se joint d'Artagnan*, sont aussi les héros de *Vingt Ans après* (1845) et du *Vicomte de Bragelonne* (1850).

TROIS-RIVIÈRES (97114), bur. centr. de cant. de la Guadeloupe ; 8 625 hab. *(Trois-Riviériens).*

TROIS-RIVIÈRES, v. du Canada (Québec), au confluent du Saint-Laurent et du Saint-Maurice ; 134 416 hab. *(Trifluviens).* Papier journal. Université. Évêché. Pèlerinage (Cap-de-la-Madeleine). – Monuments du XVIIIᵉ s. ; musées.

TROIS-VALLÉES (les), région de Savoie, dans la Vanoise. Stations de sports d'hiver (Courchevel, Méribel-les-Allues, Les Menuires).

TROLLOPE (Anthony), *Londres 1815 - id. 1882*, écrivain britannique. Ses romans évoquent la vie de province *(les Tours de Barchester).*

TROMELIN, îlot français de l'océan Indien, à l'E. de Madagascar, partie des terres Australes* et Antarctiques françaises. Station météorologique.

TROMP (Maarten), *Brielle 1598 - Ter Heijde 1653*, amiral hollandais. Il écrasa la flotte espagnole au large du comté de Kent (1639). — **Cornelis T.,** *Rotterdam 1629 - Amsterdam 1691*, amiral hollandais. Fils de Maarten, il vainquit la flotte anglaise de Monck à Dunkerque (1666) et les Suédois à l'île d'Öland (1676).

TROMSØ, v. de Norvège, sur le *fjord de Tromsø* ; 50 523 hab. Port. Point de départ des expéditions polaires (Centre d'études polaires). – Cathédrale arctique. Musées.

TRONÇAIS (forêt de), forêt de l'Allier, à l'E. de la vallée du Cher ; 10 400 ha.

TRONCHET (François), *Paris 1726 - id. 1806*, juriste et homme politique français. Il fut l'un des défenseurs de Louis XVI devant la Convention et participa à la rédaction du Code civil (1800).

TRONDHEIM, v. de la Norvège centrale ; 144 247 hab. Port. Université. Métallurgie. – Cathédrale des XIIᵉ-XIVᵉ s. ; musées. – Fondée au Xᵉ s., elle fut la capitale de la Norvège jusqu'au XIVᵉ s.

TRONDHEIM (Laurent Chabosy, dit Lewis), *Fontainebleau 1964*, dessinateur et scénariste français de bandes dessinées. Simplicité ludique du trait et inventivité des techniques narratives font l'originalité de ce conteur éclectique, créateur en 1992 de l'univers de *Lapinot*, suivi d'autres séries (*Donjon* [avec J. Sfar], 1998-2014 ; *le Roi catastrophe*, 2001-2005 ; *les Petits Riens*, depuis 2006 ; *Ralph Azham*, depuis 2011).

Troppau (congrès de) [20 oct. - 30 déc. 1820], congrès européen réuni à Troppau (auj. Opava, Rép. tchèque) à l'initiative de Metternich, qui y fit admettre le principe d'une action de la Sainte-Alliance contre les révolutions.

TROTSKI (Lev Davidovitch **Bronstein,** dit Lev, en fr. Léon), *Ianovka, Ukraine, 1879 - Coyoacán, Mexique, 1940*, homme politique soviétique. Étudiant en mathématiques, puis en droit, il est arrêté pour son activité révolutionnaire (1898) et déporté en Sibérie (1900). Évadé, il rejoint Lénine à Londres. Membre du Parti ouvrier social-démocrate russe, il adhère en 1903 à la fraction menchevique, opposée à Lénine. Il préside le soviet de Saint-Pétersbourg pendant la révolution de 1905. Arrêté, il s'échappe et vit en exil à partir de 1907, principalement à Vienne. De retour en Russie (mai 1917), il rallie les bolcheviques (août) et devient l'un des organisateurs de la révolution d'Octobre. Commissaire du peuple à la Guerre (1918 - 1925), il crée l'Armée rouge, qu'il dirige pendant la guerre civile (1918 - 1920). À partir de 1925, il dénonce le pouvoir grandissant de Staline et s'oppose à la « construction du socialisme dans un seul pays » au nom de « la révolution permanente ». Relevé de ses fonctions (1925), il est exilé à Alma-Ata (1927), puis expulsé du territoire soviétique (1929). Il s'installe en France (1933 - 1935), en Norvège, puis au Mexique (1936). Il fonde la IVᵉ Internationale en 1938, mais est assassiné en août 1940, à l'instigation de Staline.

▲ Léon **Trotski**

TROUBETSKOÏ (Nikolaï Sergueïevitch), *Moscou 1890 - Vienne 1938*, linguiste russe. En relation avec R. Jakobson, il participa aux travaux du cercle de Prague. Influencé par Saussure et par Baudouin de Courtenay, il définit rigoureusement la notion de phonème et établit la distinction entre phonétique et phonologie (*Principes de phonologie*, 1939).

troubles (temps des), période de l'histoire de la Russie marquée par l'instabilité politique dans un contexte de grave crise économique. Pour certains historiens, cette crise débute en 1598 (mort de Fédor Iᵉʳ), pour d'autres, en 1605 (mort de Boris Godounov). Elle s'achève à l'avènement de Michel III Fiodorovitch (1613).

TROUILLOT (Lyonel), *Port-au-Prince 1956*, écrivain haïtien d'expression française et créole. Contes politiques ou récits intimistes, ses romans explorent les désordres de son pays (*Rue des pas perdus*, 1996 ; *Yanvalou pour Charlie*, 2009 ; *la Belle Amour humaine*, 2011 ; *Kannjawou*, 2016 ; *Ne m'appelle pas capitaine*, 2018).

TROUSSEAU (Armand), *Tours 1801 - Paris 1867*, médecin français. Il fut l'auteur des célèbres volumes de *Clinique médicale de l'Hôtel-Dieu.*

TROUVILLE-SUR-MER (14360), comm. du Calvados, à l'embouchure de la Touques ; 4 819 hab. *(Trouvillais).* Station balnéaire.

TROUY (18570), bur. centr. de cant. du Cher ; 4 061 hab. *(Trucidiens).*

TROYAT (Lev **Tarassov,** dit Henri), *Moscou 1911 - Paris 2007*, écrivain français d'origine russe. Ses cycles romanesques (*Tant que la terre durera*, 1947-1950 ; *les Semailles et les Moissons*, 1953-1956 ; *les Eygletière*, 1965-1967) et ses biographies (*Tolstoï*, 1965) évoquent l'histoire de la France et de la Russie. (Acad. fr.)

Troyens (les) → **Énéide.**

TROYES (10000), ch.-l. du dép. de l'Aube, sur la Seine, à 158 km au S.-E. de Paris ; 62 328 hab. *(Troyens)* [133 279 hab. dans l'agglomération]. Évêché. Université de technologie. Centre de la bonneterie. Mécanique. Agroalimentaire. – Anc. cap. de la Champagne. – Vestiges gallo-romains. Cathédrale (XIIIᵉ-XVIᵉ s.), église St-Urbain (XIIIᵉ s.) et autres églises médiévales ; musées.

Troyes (traité de) [21 mai 1420], traité signé à Troyes par les rois de France et d'Angleterre, Charles VI et Henri V. Conclu avec la complicité d'Isabeau de Bavière et l'appui du duc de Bourgogne, il faisait d'Henri V d'Angleterre l'héritier du trône de France à la mort de Charles VI, au détriment du Dauphin, le futur Charles VII.

TRUCHTERSHEIM (67370), comm. du Bas-Rhin ; 4 114 hab. « Maison du Kochersberg ».

TRUCIAL STATES → **ÉMIRATS ARABES UNIS.**

TRUDAINE (Daniel Charles), *Paris 1703 - id. 1769*, administrateur français. Intendant en Auvergne (1730), directeur des Ponts et Chaussées (1743), il fonda (avec J. R. Perronet) l'École des ponts et chaussées (1747) puis le corps des ingénieurs des Ponts et Chaussées (1750).

TRUDEAU (Pierre Elliott), *Montréal 1919 - id. 2000*, homme politique canadien. Chef du Parti libéral et Premier ministre du Canada de 1968 à 1979 et de 1980 à 1984, il œuvra pour le renforcement de la souveraineté canadienne.

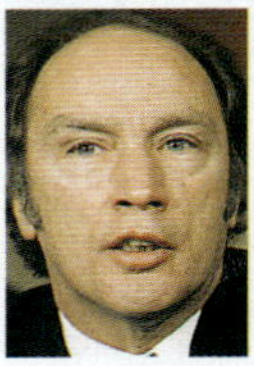

◀ Pierre Elliott **Trudeau.**

— **Justin T.,** *Ottawa 1971*, homme politique canadien. Fils de Pierre Elliott T., il prend la tête du Parti libéral en 2013 et devient Premier ministre en 2015.

TRUFFAUT (François), *Paris 1932 - Neuilly-sur-Seine 1984*, cinéaste français. Critique de cinéma d'une rare lucidité, il devient avec *les Quatre Cents Coups* (1959) le cinéaste le plus populaire de la nouvelle vague. Son intelligence du récit, sa sensibilité romanesque et la vérité de ses personnages font de lui un maître du cinéma français (*Jules et Jim*, 1962 ; *Baisers volés*, 1968 ; *l'Enfant sauvage*, 1970 ; *la Nuit américaine*, 1973 ; *le Dernier Métro*, 1980 ; *la Femme d'à côté*, 1981).

▲ François **Truffaut** en 1983.

TRUJILLO, v. du Pérou ; 682 834 hab. Port. Centre commercial. – Noyau urbain d'époque coloniale.

TRUJILLO Y MOLINA (Rafael), *San Cristóbal 1891 - Ciudad Trujillo, auj. Santo Domingo, 1961*, homme politique dominicain. Président de 1930 à 1952, il établit une dictature policière. Il conserva la réalité du pouvoir jusqu'à son assassinat.

TRUMAN (Harry S.), *Lamar, Missouri, 1884 - Kansas City 1972*, homme politique américain. Sénateur démocrate (1935), vice-président de F. D. Roosevelt, il est président des États-Unis de 1945 à 1953. Il met fin à la Seconde Guerre mondiale en utilisant la bombe atomique contre le Japon (1945). Pour limiter l'expansion du communisme, il crée la CIA (1947), favorise l'aide à l'Europe occidentale (plan Marshall, 1947) et contribue à la fondation de l'OTAN (1949). Il réagit à l'attaque de la Corée du Sud par la Corée du Nord (juin 1950) en envoyant des troupes américaines sous les ordres de MacArthur, mais il refuse de faire bombarder les bases chinoises. Il signe la paix avec le Japon (1951).

▲ Harry **Truman**

TRUMP (Donald John), *New York 1946*, homme d'affaires et homme politique américain. Candidat du Parti républicain, il devient président des États-Unis en 2017.

◀ Donald **Trump**

TRUYÈRE n.f., riv. de France, dans le Massif central, affl. du Lot (r. dr.) ; 160 km. Gorges. Aménagements hydroélectriques (barrages-réservoirs de Grandval, Sarrans et Couesque).

Tsahal (acronyme des mots hébreux signifiant *force de défense d'Israël*), appellation donnée à l'armée israélienne.

TSARITSYNE, anc. nom de Volgograd*.

TSARSKOÏE SELO, auj. **Pouchkine,** v. de Russie, près de Saint-Pétersbourg. Anc. résidence d'été des tsars (palais et parcs du XVIIIe s.).

TSCHUMI (Bernard), *Lausanne 1944*, architecte suisse et français. Ses conceptions, rompant avec la géométrie traditionnelle, ont renouvelé la vision de l'architecture tant en Suisse qu'en France (jardins du parc de la Villette, à Paris, 1985-1998 ; Le Fresnoy - Studio national des arts contemporains, à Tourcoing, 1994-1998 ; Zénith, à Rouen, 1999-2001), aux États-Unis (Alfred Lerner Hall, université Columbia, 1996-1999) ou en Grèce (musée de l'Acropole, 2001-2009).

TSELINOGRAD → **ASTANA.**

TS'EU-HI → **CIXI.**

TSHIKAPA, v. de la Rép. dém. du Congo, sur le Kasaï ; 587 548 hab. dans l'agglomération. Diamants.

TSHISEKEDI (Félix), *Kinshasa 1963*, homme politique congolais. Il est le fils d'Étienne Tshisekedi *(1932 - 2017)*, Premier ministre de S. S. Mobutu puis leader de l'opposition. Il est président de la République démocratique du Congo depuis 2019.

TSHOKWE → **CHOKWE.**

TSIGANES ou **TZIGANES,** ensemble de peuples vivant dans le monde entier, surtout en Europe (où ils sont 10 à 12 millions). Les Tsiganes ont migré depuis l'Inde par vagues successives à partir du IXe s., se différenciant en plusieurs groupes : les *Roms* ou *Roma*, les *Manuš* ou *Sinti* (Manouches), les *Calé* (Gitans) ; certains se reconnaissent simplement sous le nom de *Voyageurs*. Nomades, semi-nomades ou sédentarisés, ils partagent une identité marquée par les persécutions (depuis l'exigence d'assimilation jusqu'au génocide perpétré par les nazis). Ils sont chrétiens (avec progression du pentecôtisme) et de langue indo-européenne.

TS'ING-TAO → **QINGDAO.**

TSIOLKOVSKI (Konstantine Edouardovitch), *Ijevskoïe 1857 - Kalouga 1935*, savant russe. Précurseur et théoricien de l'astronautique, il fut le premier à énoncer les lois du mouvement d'une fusée (1903) ; il eut aussi l'idée du moteur-fusée à hydrogène et à oxygène liquides, des fusées à étages et des stations orbitales.

TSÍPRAS (Aléxis), *Athènes 1974*, homme politique grec. Leader de la coalition Syriza (gauche radicale ; devenue un parti en 2013) à partir de 2009, il est nommé Premier ministre en janv. 2015. En août, il démissionne et provoque des élections législatives anticipées (sept.), au terme desquelles il revient à la tête du gouvernement.

◄ Aléxis **Tsípras**

TSIRANANA (Philibert), *Anahidrano 1910 - Antananarivo 1978*, homme politique malgache. Il fut président de la République de 1959 à 1972.

TSITSIHAR → **QIQIHAR.**

TSONGA ou **THONGA,** peuple du sud du Mozambique et des régions limitrophes de l'Afrique du Sud et du Zimbabwe, de langue bantoue.

TSU, v. du Japon (Honshu) ; 285 728 hab.

TSUBOUCHI SHOYO, *Ota 1859 - Atami 1935*, écrivain japonais. Théoricien du réalisme romanesque (*la Moelle du roman*, 1885), il est aussi l'un des fondateurs du théâtre japonais moderne.

TSUGARU (détroit de), détroit séparant les îles de Honshu et de Hokkaido. Tunnel sous-marin.

TSUSHIMA, archipel japonais, entre la Corée et le Japon, au N.-O. du *détroit de Tsushima*. Pendant la guerre russo-japonaise, les Japonais y détruisirent une escadre russe (27 - 28 mai 1905).

TSVETAÏEVA (Marina Ivanovna), *Moscou 1892 - Ielabouga 1941*, poétesse russe. Ses poèmes, ses essais autobiographiques et critiques (*Mon Pouchkine*, 1937), passionnés et nourris de tradition populaire, manifestent une grande audace formelle.

▲ **Tunis.** La place de l'Indépendance, avec la cathédrale St-Vincent-de-Paul (XIXe s.) et l'avenue Habib-Bourguiba.

TSWANA, peuple du Botswana et de l'Afrique du Sud, de langue bantoue.

TUAMOTU (îles), archipel de la Polynésie française, à l'E. de Tahiti ; 880 km^2 ; 16 847 hab.

TUBIANA (Maurice), *Constantine 1920 - Paris 2013*, médecin radiothérapeute français, directeur de l'Institut Gustave-Roussy de Villejuif de 1982 à 1988.

TÜBINGEN, v. d'Allemagne (Bade-Wurtemberg), sur le Neckar ; 82 511 hab. Université. – Monuments médiévaux ; Institut archéologique.

TUBIZE, en néerl. **Tubeke,** comm. de Belgique (Brabant wallon) ; 24 505 hab. Musée.

TUBMAN (William), *Harper 1895 - Londres 1971*, homme politique libérien, tout-puissant président de la République libérienne de 1944 à sa mort.

TUBUAI, une des îles Australes (Polynésie française) ; 2 050 hab. Elle donne parfois son nom à l'archipel.

TUBY ou **TUBI** (Jean-Baptiste), *Rome v. 1635 - Paris 1700*, sculpteur français d'origine italienne. Collaborateur de Le Brun et de Coyzevox, il a réalisé le groupe *Apollon sur son char* (bassin d'Apollon, à Versailles).

TUCANO ou **TUKANO,** peuple amérindien de l'est de la Colombie et du nord-est du Brésil.

TUC-D'AUDOUBERT (le), site de la comm. de Montesquieu-Avantès (Ariège). Une grotte a livré des figures de bisons modelées dans l'argile et des gravures pariétales (magdalénien moyen).

TUCSON, v. des États-Unis (Arizona) ; 527 972 hab. (890 547 hab. dans l'agglomération). Centre touristique et industriel.

TUDJMAN (Franjo), *Veliko Trgovišće, nord de la Croatie, 1922 - Zagreb 1999*, homme politique croate. Leader de l'Union démocratique croate, à la tête de la république à partir de 1990, il a été le premier président de la Croatie indépendante, de 1992 à 1999 (mort au cours de son second mandat).

TUDOR, famille anglaise, originaire du pays de Galles, qui, de 1485 à 1603, donna cinq souverains à l'Angleterre : Henri VII, Henri VIII, Édouard VI, Marie Ire Tudor et Élisabeth Ire.

TUDOR (William **Cook,** dit Antony), *Londres 1909 - New York 1987*, danseur et chorégraphe britannique. Il fonda sa propre compagnie, le London Ballet, et fut directeur associé de l'American Ballet Theatre (1974). Parmi ses créations : *Pillar of Fire* (1942), *The Leaves are Fading* (1975).

TU DUC (**Hoang Nham,** dit), *1830 - 1883*, empereur du Viêt Nam (1848 - 1883). Il dut céder à la France la Cochinchine (1862 - 1867) et ne put résister à l'intervention française en Annam et au Tonkin (1883).

Tuileries (palais des), anc. palais de Paris, à l'ouest du Louvre. Commencé en 1564 par Delorme pour Catherine de Médicis, l'édifice fut continué et modifié, notamm., sous Henri IV et au début du règne personnel de Louis XIV. Abandonné par ce dernier, comme le Louvre, au profit de Versailles, le palais fut, sous la Révolution, le siège du pouvoir exécutif puis, dès l'Empire, la résidence des souverains. Partiellement incendié en 1871, il a été démoli en 1882. Jardins tracés primitivement par Le Nôtre (statuaire) ; musée de l'Orangerie (*Nymphéas* de C. Monet et collection Jean Walter et Paul Guillaume) et Jeu de paume (lieu dédié à la photographie et à l'image contemporaine).

TULA ou **TOLLAN,** anc. métropole de la civilisation toltèque, située près de l'actuel village de Tula, au Mexique (État de Hidalgo). Pyramide dominée par des atlantes en basalte.

TULÉAR → **TOLEARA.**

TULLE (19000), ch.-l. du dép. de la Corrèze, sur la Corrèze, à 463 km au S. de Paris ; 15 181 hab. *(Tullistes)*. Évêché. Manufacture d'armes. Industrie automobile. – Cathédrale des XIIe-XIVe s. (musée).

TULLINS [tylɛ̃s] (38210), bur. centr. de cant. de l'Isère ; 7 784 hab. *(Tullinois)*.

TULLUS HOSTILIUS, troisième roi de Rome, que la tradition fait régner v. 673 - 640 av. J.-C. Il conquit Albe (combat légendaire des Horaces et des Curiaces) et fit construire la Curie.

TULSA, v. des États-Unis (Oklahoma), sur l'Arkansas ; 399 682 hab. (937 478 hab. dans l'agglomération). Centre pétrolier.

TULSI DAS, *Rajpur ? v. 1532 - Bénarès ? v. 1623*, poète mystique indien d'expression hindi.

TULUNIDES, dynastie de gouverneurs autonomes de l'Égypte et de la Syrie (868 - 905), fondée par Ahmad ibn Tulun (*m. en 884*), officier du gouverneur abbasside d'Égypte.

TUNIS, en ar. **Tūnus,** cap. de la Tunisie, au fond du *golfe de Tunis*, sur la Méditerranée ; 790 205 hab. *(Tunisois)* [1 056 247 hab. dans l'agglomération]. Centre administratif, commercial, culturel et industriel. – Monuments anciens, dont la Grande Mosquée al-Zaytuna (IXe-XVIIe s.). Musée du Bardo. – Tunis se développa à partir du faubourg de *Tynes*, après la conquête arabe de Carthage (v. 698), et devint la brillante capitale économique de l'Ifriqiya. Résidence des Hafsides (1229 - 1574), assiégée vainement par Saint Louis en 1270, elle demeura la capitale de la Tunisie sous les dominations ottomane (1574 - 1881) puis française, et après l'indépendance (1956).

TUNISIE n.f., État d'Afrique, sur la Méditerranée ; 164 000 km^2 ; 10 997 000 hab. *(Tunisiens)*. **CAP.** *Tunis.* **LANGUE :** *arabe.* **MONNAIE :** *dinar tunisien.*

INSTITUTIONS République. Constitution de 2014. Le président de la République est élu au suffrage universel direct pour 5 ans. Il choisit normalement le chef du gouvernement parmi les membres du parti majoritaire à l'Assemblée des représentants du peuple (élue au suffrage universel pour 5 ans).

GÉOGRAPHIE À la partie septentrionale, assez bien arrosée, essentiellement montagneuse, ouverte par la vallée de la Medjerda, s'opposent le Centre et le Sud, formés de plateaux et de plaines steppiques et désertiques. La plus grande pluviosité explique la concentration des cultures (céréales, vigne, olivier) et de l'élevage bovin dans le Nord et sur le littoral, qui regroupent la majeure partie d'une population arabe et islamisée. À part Kairouan, les principales villes sont des ports (Tunis, Sfax, Sousse, Bizerte, Gabès). Le Sud est le domaine de l'élevage nomade des ovins, en dehors des oasis, qui fournissent des dattes. La pêche et l'industrie (excepté l'extraction des phosphates et du pétrole, et le textile) jouent un rôle secondaire. Le déficit commercial perdure en dépit des envois des émigrés et des recettes du tourisme balnéaire, gravement affecté par les troubles liés à la révolution de 2011, puis par des

attaques terroristes, visant des touristes, en 2015. Le chômage très élevé, en partic. chez les jeunes, et la fracture territoriale entre le littoral et les régions de l'intérieur, plus défavorisées, alimentent des mouvements sociaux récurrents.

HISTOIRE **La Tunisie antique.** **V. 814 av. J.-C. :** les Phéniciens fondent Utique et Carthage. **146 av. J.-C. :** Carthage est détruite et la province romaine d'Afrique est constituée. **193 - 235 apr. J.-C. :** celle-ci connaît une grande prospérité sous le règne des Sévères. **IIIe - IVe s. :** le christianisme est florissant. **429 - 533 :** les Vandales occupent le pays. **533 :** les Byzantins rétablissent leur domination sur la région de Carthage.

La Tunisie musulmane. **669 - 705 :** les Arabes conquièrent le pays et fondent Kairouan (670), où résident les gouverneurs omeyyades de l'Ifriqiya. **800 - 909 :** les Aghlabides gouvernent le pays. **909 :** ils sont éliminés par les Fatimides. **969 :** ceux-ci conquièrent l'Égypte et laissent l'Ifriqiya à leurs vassaux zirides. **Seconde moitié du XIe s. :** les invasions des Banu Hilal ruinent le pays. **1160 - 1229 :** les Almohades règnent sur la Tunisie. **1229 - 1574 :** sous les Hafsides, la capitale, Tunis, se développe grâce au commerce et aux établissements fondés par diverses nations chrétiennes. Conquise par Charles Quint en 1535, elle est reprise en 1556 - 1558 par les corsaires turcs. **1574 :** la Tunisie est intégrée à l'Empire ottoman ; la régence de Tunis est gouvernée par un dey, puis, à partir du XVIIIe s., par un bey. **1869 :** l'endettement conduit à la banqueroute, et une commission financière anglo-franco-italienne est créée.

Le protectorat français. **1881 :** le bey Muhammad al-Saduq (1859 - 1882) signe le traité du Bardo, qui établit le protectorat français sur la Tunisie. **1920 :** le Destour est fondé. **1934 :** le Néo-Destour d'Habib Bourguiba, nationaliste et laïque, s'en sépare. **Nov. 1942 - mai 1943 :** le pays est occupé par les Allemands. **1954 :** Mendès France accorde l'autonomie interne.

La Tunisie indépendante. **1956 :** la Tunisie accède à l'indépendance. Bourguiba promulgue le code du statut personnel, moderniste et laïque. **1957 :** il proclame la république, en devient le président et sera régulièrement réélu. **1963 :** la France évacue Bizerte. **1964 :** le Néo-Destour prend le nom de Parti socialiste destourien. Les terres des colons sont nationalisées. **1970 - 1978 :** l'opposition syndicale et étudiante au régime de parti unique de Bourguiba (élu président à vie en 1975) se développe ; des grèves et des émeutes éclatent. **1979 :** Tunis devient (jusqu'en 1990) le siège de la Ligue arabe. **1982 :** la Tunisie accueille (jusqu'en 1994) les organes directeurs de l'OLP. **1983 :** le multipartisme est instauré officiellement. **1987 :** le gouvernement doit faire face à la montée de l'islamisme. Bourguiba est destitué par son Premier ministre, Zine el-Abidine Ben Ali, qui le remplace à la tête de l'État. **1988 :** le Parti socialiste destourien devient le Rassemblement constitutionnel démocratique (RCD). **1989 :** Ben Ali est élu à la présidence de la République. Le gouvernement renforce la répression à l'égard des islamistes. **1994, 1999, 2004** et **2009 :** Ben Ali est plébiscité à la tête de l'État et les élections législatives confirment la position de quasi-monopole du RCD. Mais la dérive autoritaire du régime et sa corruption sont de plus en plus mal supportées par les citoyens. **2011 :** au terme de près d'un mois de manifestations populaires (point de départ, en déc. 2010, des révolutions* arabes), durement réprimées, Ben Ali, sous la pression de la rue, s'enfuit (janv.). Un gouvernement d'union nationale, plusieurs fois remanié, assure la transition. Le RCD est dissous. Les élections à l'Assemblée constituante (oct.) sont marquées par la très large victoire du parti islamiste Ennahda (ou Ennahdha) [« Renaissance »]. Cette Assemblée élit en déc. à la présidence de la République Moncef Marzouki, nationaliste de gauche et fondateur du Congrès pour la République, qui nomme Hamadi Jebali, secrétaire général d'Ennahda, au poste de Premier ministre. **2012 :** le processus démocratique (notamm. l'élaboration de la nouvelle Constitution) prend du retard et le doute s'installe dans un pays confronté à de fortes tensions sociales et, surtout, à la violence liée à l'activisme grandissant des salafistes. **2013 :** l'assassinat de deux leaders de l'opposition (févr. et juill.) et l'attaque menée contre des militaires près de la frontière algérienne (juill.) mettent à mal le processus de transition (suspension des travaux de l'Assemblée constituante). En oct., sous la médiation de quatre organisations de la société civile (prix Nobel de la paix 2015), un difficile dialogue s'engage entre l'opposition, qui ne cesse d'accentuer sa pression, et les islamistes au pouvoir pour sortir de l'impasse constitutionnelle et politique. **2014 :** en janv., une Constitution progressiste (liberté de conscience, avancées sur les droits des femmes…) est adoptée, tandis qu'un gouvernement de transition (sans islamistes) est mis en place. En oct., Nidaa Tounès, parti anti-islamiste créé en 2012, remporte les élections législatives et, deux mois plus tard, la présidentielle, avec la victoire de Béji Caïd Essebsi (Premier ministre de transition en 2011), qui prend ses fonctions en janv. 2015. **2015 :** Nidaa Tounès forme un gouvernement de coalition avec Ennahda. La Tunisie opère un tournant sécuritaire, en réponse à des attaques islamistes (musée du Bardo à Tunis, station balnéaire près de Sousse…). **Depuis 2016 :** alors que le mécontentement social enfle, les rivalités au sein de Nidaa Tounès provoquent une crise politique au sommet de l'État.

TÚPAC AMARU II (José Gabriel **Condorcanqui,** dit), *Tungasuca, Pérou, v. 1740 - Cuzco 1781*, noble péruvien. Métis, descendant en ligne directe du dernier souverain inca Túpac Amaru Ier, il souleva les Indiens contre l'administration coloniale (1780 - 1781) et fut exécuté.

TUPI, ensemble ethnolinguistique amérindien du Brésil. On distingue les Tupi proprement dits (nombreux groupes dispersés du sud du cours inférieur de l'Amazone au littoral atlantique et au Chaco) des Tupinamba et des Tupi-Guarani (également présents en Guyane [française]).

TUPINAMBA, peuple amérindien (tupi) du Brésil.

TUPOLEV ou **TOUPOLEV** (Andreï Nikolaïevitch), *Poustomazovo 1888 - Moscou 1972*, constructeur aéronautique soviétique. Il a conçu, avec son fils Alekseï *(Moscou 1925 - id. 2001)*, plus de 120 types d'avions civils et militaires.

TURA (Cosme ou Cosimo), *Ferrare v. 1430 - id. 1495*, peintre italien, chef de l'école de Ferrare. Acuité graphique et puissance du modelé concourent au caractère hallucinant de son art.

TURATI (Filippo), *Canzo 1857 - Paris 1932*, homme politique italien. Il devint en 1892 l'un des leaders (modéré) du Parti socialiste. Exclu en 1922, il s'opposa au fascisme, puis s'exila en France en 1926.

TURBALLE (La) [44420], comm. de la Loire-Atlantique ; 4 559 hab. *(Turballais)*. Pêche. Station balnéaire.

TURBIE (La) [06320], comm. des Alpes-Maritimes ; 3 160 hab. *(Turbiasques)*. Ruines d'un monument romain en l'honneur d'Auguste (« trophée des Alpes » ou « trophée d'Auguste ») ; musée.

TURBIGO, localité d'Italie (Lombardie), sur le Tessin ; 7 417 hab. — bataille de **Turbigo** (1800), bataille de la deuxième campagne d'Italie. Victoire de Bonaparte sur les Autrichiens.

TURCKHEIM (68230), comm. du Haut-Rhin ; 3 838 hab. Victoire de Turenne sur les impériaux (1675) pendant la guerre de Hollande.

TURCS, ensemble des peuples parlant des langues turques. Sans doute originaires de l'Altaï, les Turcs vivent auj. en Turquie, en Azerbaïdjan, au Turkménistan, en Ouzbékistan et au Kirghizistan ainsi qu'en Chine (Xinjiang). Les principaux empires turcs furent ceux des Tujue (VIe-VIIIe s.), des Ouïgours (v. 745 - 840), des Seldjoukides

(XIe-XIIIe s.) et des Ottomans, qui régnèrent du début du XIVe s. à 1922. De nos jours, Turcs et turcophones, disséminés du Xinjiang chinois à la Turquie, du N. de l'Iran à l'Asie centrale et au Caucase, sont tous musulmans.

TURENNE (Henri **de La Tour d'Auvergne, vicomte de**), *Sedan 1611 - Sasbach, Bade, 1675*, maréchal de France. Commandant de l'armée d'Allemagne pendant la guerre de Trente Ans, lieutenant général (1642), puis maréchal de France (1643), il occupe le Rhin de Philippsburg à Mayence ; avec Condé, il remporte la victoire de Nördlingen (1645) et gagne la bataille de Zusmarshausen (1648). Pendant la Fronde, il s'oppose d'abord à Mazarin, puis, battu à Rethel (1650), se rallie à la Cour et vainc Condé au faubourg Saint-Antoine (1652). Par la suite, ses succès à Arras (1654) et aux Dunes (1658) obligent Philippe IV à signer la paix des Pyrénées (1659), ce qui vaut à Turenne le titre de maréchal général des camps et armées du roi (1660). Tacticien prudent, sachant analyser dans l'instant la situation de ses armées, il est commandant de l'armée française pendant les guerres de Dévolution (1667) et de Hollande (1672). Il conquiert l'Alsace après avoir écrasé les impériaux à Turckheim (5 janv. 1675), mais est tué au cours de la bataille de Sasbach (27 juill.), remportée par ses troupes. Protestant, il avait été converti au catholicisme par Bossuet.

▲ **Turenne.** Peinture attribuée à Le Brun. (Château de Versailles.)

TURGOT (Anne Robert Jacques), baron **de Laulne**, *Paris 1727 - id. 1781*, homme d'État et économiste français. Intendant de la généralité de Limoges (1761), il transforme le Limousin. Influencé par les physiocrates, il place, dans ses *Réflexions sur la formation et la distribution des richesses* (1766), la question céréalière au centre de l'économie nationale. Nommé par Louis XVI contrôleur général des Finances et secrétaire d'État à la Marine (1774), il supprime les douanes intérieures et cherche à établir la liberté du commerce et de l'industrie par l'élimination des maîtrises et des jurandes. En 1776, il présente un projet d'impôt en argent touchant tous les propriétaires fonciers (sauf les ecclésiastiques) qui provoque sa disgrâce.

▲ **Turgot.** (Château de Versailles.)

TURIN, en ital. **Torino,** v. d'Italie, cap. du Piémont et ch.-l. de prov. ; 872 832 hab. *(Turinois)* [1 620 111 hab. dans l'agglomération]. Archevêché. Université. Centre administratif, culturel et industriel (automobiles surtout). – Cathédrale de la Renaissance ; sobre palais Ducal, puis Royal, du XVIIe s. ; monuments baroques par Guarini (palais Carignan) et Juvarra. Musée national du Cinéma, Musée égyptien, galerie Sabauda, galerie d'Art moderne, etc.

Turkménistan

0 200 500 1000 m

— route
— voie ferrée
✈ aéroport

● plus de 500 000 h.
● de 100 000 à 500 000 h.
● de 50 000 à 100 000 h.
• moins de 50 000 h.

TURING (Alan Mathison), *Londres 1912 - Wilmslow, Cheshire, 1954*, mathématicien britannique. Il a élaboré, en 1936 - 1938, le concept théorique d'une machine à calculer « universelle » *(machine de Turing)* qui simule les procédures de traitement de l'information à leur niveau le plus analytique. Il s'intéressa aussi à l'intelligence artificielle. Un prix d'informatique portant son nom a été créé en 1966.

TURKANA (lac), anc. **lac Rodolphe,** lac du nord du Kenya ; 8 500 km².

TURKESTAN, dénomination historique des territoires d'Asie centrale, peuplés majoritairement de Turcs. Il correspond à l'ensemble formé par le sud du Kazakhstan, le Kirghizistan, l'Ouzbékistan, le Tadjikistan et le Turkménistan. Sa partie orientale correspond à l'actuel Xinjiang.

TURKMENABAT, anc. **Tchardjou,** v. du Turkménistan, sur l'Amou-Daria ; 164 000 hab.

TURKMÈNES, peuple vivant surtout au Turkménistan, en Afghanistan, en Iran, en Iraq et en Turquie (env. 6 millions). Les Turkmènes se sont constitués comme groupe autonome au temps de la confédération Oghouz (Xe s.), alliance de peuples turcs d'Asie centrale, et de l'expansion des Seldjoukides (X^e-XIe s.). Traditionnellement pasteurs semi-nomades, ils sont réputés pour leurs tapis, leurs bijoux et la beauté de leurs chevaux. Musulmans sunnites, ils parlent une langue turque, le *turkmène*.

TURKMÉNISTAN n.m., État d'Asie centrale, sur la Caspienne ; 488 000 km² ; 5 240 000 hab. *(Turkmènes)*. **CAP.** *Achgabat.* **LANGUE :** *turkmène.* **MONNAIE :** *manat.* De la Caspienne à l'Afghanistan, le Turkménistan est en grande partie désertique (Karakoum). Peuplé à près de 75 % de Turkmènes de souche (minorités de Russes et d'Ouzbeks), il juxtapose élevage ovin et cultures irriguées (coton principalement). Le pétrole et le gaz naturel (réserves importantes) sont en majeure partie exportés. – Conquis par les Russes de 1863 à 1885, l'est de la Caspienne est intégré au Turkestan à partir de 1897. **1924 :** la république socialiste soviétique du Turkménistan est créée. **1990 :** les communistes remportent les premières élections libres. **1991 :** le Soviet suprême proclame l'indépendance du pays (oct.), qui adhère à la CEI (simple membre « associé » à partir de 2005). Saparmourad Niazov, élu président en 1990, exerce un pouvoir de plus en plus autocratique. **2007 :** après sa mort (déc. 2006), Gourbangouly Berdymoukhammedov est élu à la tête de l'État (réélu en 2012 et 2017).

TURKS (îles), archipel, au N. d'Haïti, formant avec les îles Caïcos, voisines, une colonie britannique (430 km² ; 31 458 hab.).

TURKU, en suéd. **Åbo,** v. de Finlande, sur la Baltique ; 182 103 hab. Port. Chantiers navals. – Cathédrale et château de la fin du XIIIe s. ; musées.

TURLUPIN (Henri **Le Grand,** dit **Belleville** ou), *Paris 1587 - id. 1637*, acteur français. Farceur sur les tréteaux du Pont-Neuf, à Paris, il fit partie de la troupe de l'Hôtel de Bourgogne.

TURNER (Annie Mae, dite Tina), née **Bullock,** *Brownsville, Tennessee, 1938 ou 1939*, chanteuse américaine. Diva de la soul dans le groupe de son mari, Ike Turner *(1931 - 2007)*, elle a connu une seconde consécration en solo dans les années 1980 *(Private Dancer, Break Every Rule)*.

TURNER (William), *Londres 1775 - id. 1851*, peintre britannique. Paysagiste, influencé par Claude Lorrain, il tendit, surtout après ses voyages en Italie (1819 et 1828), à dissoudre les formes

▲ William **Turner.** *Pluie, vapeur, vitesse*, 1844. (National Gallery, Londres.)

dans le frémissement de l'atmosphère et de la lumière (*l'Incendie du Parlement*, 1835, versions de Philadelphie et de Cleveland ; *Pluie, vapeur, vitesse*, 1844, National Gallery de Londres). Important fonds Turner dans une annexe de la Tate Britain.

TURNHOUT, v. de Belgique (prov. d'Anvers) ; 42 008 hab. Monuments anciens ; musée du Jeu de cartes.

TURPIN (Raymond), *Pontoise 1895 - Paris 1988*, médecin français. Pionnier de la cytogénétique, il a découvert en 1959, avec J. Lejeune* et M. Gautier*, l'anomalie chromosomique responsable de la trisomie 21. Il a aussi étudié la tétanie de l'enfant et créé l'enseignement de la génétique médicale en France.

TURQUIE n.f., en turc **Türkiye,** État d'Asie, englobant l'extrémité sud-est de l'Europe balkanique ; 780 000 km² ; 74 933 000 hab. *(Turcs)*. **CAP.** *Ankara*. **V. PRINC.** *Istanbul* et *Izmir*. **LANGUE :** *turc*. **MONNAIE :** *livre turque*.

INSTITUTIONS République depuis 1923. Constitution de 1982, révisée plusieurs fois (notamm. en 2007, 2010 et 2017). Le président de la République et l'Assemblée nationale sont élus au suffrage universel direct (pour 5 ans). Le président nomme le(s) vice-président(s), ainsi que le gouvernement qu'il dirige.

GÉOGRAPHIE Excepté dans sa partie européenne (moins du trentième de la superficie totale), la Turquie est un pays de hautes terres. Les chaînes Pontiques, au N., le Taurus, au S., enserrent le lourd plateau anatolien, qui s'élève par gradins au-dessus de la mer Égée et cède la place, vers l'est, au massif arménien, socle affecté par le volcanisme (mont Ararat). En dehors du littoral, souvent méditerranéen, le climat est caractérisé par des hivers rudes et des étés chauds et, la plupart du temps, secs. Ces traits se répercutent sur l'hydrographie (lacs salés, fréquent endoréisme), la végétation (souvent steppique), la population (groupée surtout près du littoral, en partic. sur le pourtour de la mer de Marmara) et l'économie. La population, en quasi-totalité islamisée, comportant une importante minorité kurde (env. 20 % de la pop. totale), est en majeure partie urbanisée.

Le pays, encore largement rural, produit des céréales (orge et, surtout, blé), du tabac, des fruits et du coton, qui assurent l'essentiel des exportations avec les produits d'un élevage surtout ovin très développé (fabrication de tapis). Les ressources du sous-sol sont variées, mais peu abondantes (sauf le chrome) ou insuffisamment exploitées. L'industrie se développe dans les agglomérations (automobile, textile, alimentation, métallurgie, chimie), tout en restant limitée et localisée essentiellement dans l'ouest du pays. Les envois des travailleurs émigrés (surtout en Allemagne) ont été longtemps une des principales sources de devises. Dans les années 2000, le pays a connu une croissance rapide, grâce notamm. à un tourisme en pleine expansion. Aujourd'hui, son économie, plus ouverte et donc plus dépendante de la conjoncture internationale, montre des signes d'essoufflement ; elle est aussi affectée par l'afflux de réfugiés syriens, des attentats à répétition qui minent l'industrie touristique et par la baisse des investissements étrangers.

HISTOIRE **1918 :** l'Empire ottoman est défait et occupé par les Alliés. Mustafa Kemal, dit Atatürk, entreprend de construire un État national turc à partir de l'Anatolie. **1920 :** il est élu président par la Grande Assemblée nationale d'Ankara (avr.). Les Grecs, soutenus par la Grande-Bretagne, débarquent en Asie Mineure (juin). Le sultan Mehmed VI signe le traité de Sèvres (août). **1922 :** les Grecs, battus, signent l'armistice de Mudanya. Mustafa Kemal abolit le sultanat. **1923 :** le traité de Lausanne fixe les frontières de la Turquie. Grecs et Turcs échangent leurs minorités (1 400 000 Grecs d'Asie contre 400 000 Turcs d'Europe). Arméniens et Kurdes sont abandonnés par les Alliés, qui les soutenaient. La république est instaurée ; Mustafa Kemal en devient le président et gouverne avec le parti républicain du Peuple, qu'il vient de créer. Il entreprend la « révolution nationale » pour faire de la Turquie un État laïque, moderne et occidentalisé. **1924 :** le califat est aboli. **1938 :** à la mort de Mustafa Kemal, Ismet Inönü devient président de la République. **1947 :** restée neutre jusqu'en 1945, la Turquie bénéficie du plan Marshall. **1950 :** A. Menderes, à la tête du Parti démocratique, accède au pouvoir. Il rompt avec le dirigisme étatique et tolère le retour aux traditions islamiques. **1952 :** la Turquie devient membre de l'OTAN. **1960 :** le général Gürsel prend le pouvoir et demeure à la présidence de la République de 1961 à 1966. **1961 - 1971 :** des gouvernements de coalition sont formés par I. Inönü (1961 - 1965), puis S. Demirel (1965 - 1971). **1970 - 1972 :** des troubles graves éclatent ; l'ordre est restauré par l'armée. **1974 :** Bülent Ecevit, Premier ministre, fait débarquer les forces turques à Chypre. **1975 - 1980 :** Demirel et Ecevit alternent au pouvoir. **1980 :** l'aggravation des troubles, causés par la double agitation des marxistes et des intégristes musulmans, ainsi que par les séparatistes kurdes, provoque un coup d'État militaire, dirigé par Kenan Evren. **1983 :** les partis politiques sont à nouveau autorisés et un gouvernement civil est formé par Turgut Özal. **1987 :** la Turquie dépose une demande d'adhésion à la CEE. **1989 :** T. Özal est élu à la présidence de la République. **1991 :** S. Demirel revient à la tête du gouvernement. La rébellion kurde s'intensifie. **1993 :** après la mort de T. Özal, S. Demirel est élu à la présidence de la République. Mme Tansu Çiller est nommée à la tête du gouvernement ; elle mène une politique de fermeté face à la radicalisation de la rébellion kurde. **1995 :** les islamistes, conduits par Necmettin Erbakan, arrivent en tête aux élections législatives. **1996 :** ils accèdent au pouvoir après l'éclatement d'un gouvernement d'union entre les partis traditionnels. **1997 :** sous la pression des tenants de la laïcité, les islamistes doivent se retirer (leur parti sera dissous au début de 1998). Un gouvernement de coalition est mis en place, dirigé par Mesut Yilmaz. **1999 :** B. Ecevit redevient Premier ministre. Le chef de la rébellion kurde, Abdullah Öcalan, est arrêté. Le parti au pouvoir remporte les élections, marquées par une percée de l'extrême droite nationaliste et par un recul des islamistes. **2000 :** Ahmet Necdet Sezer est élu président de la République. **2002 :** le parti musulman modéré AKP (parti de la Justice et du Développement), dirigé par Recep Tayyip Erdoğan, obtient la majorité absolue aux élections ; Abdullah Gül est nommé à la tête du gouvernement. **2003 :** R. T. Erdoğan devient Premier ministre. **2005 :** des négociations s'engagent avec l'Union européenne sur l'éventuelle intégration, à terme, de la Turquie dans l'espace communautaire. **2007 :** après une nouvelle et très large victoire de l'AKP aux élections, A. Gül est élu président de la République à l'issue d'une bataille politique ayant opposé les islamistes aux défenseurs de la laïcité. **2011 - 2012 :** l'AKP, dont les relations avec l'armée restent très tendues, domine à nouveau les élections (juin 2011). R. T. Erdoğan s'efforce, dans le contexte particulier des révolutions* arabes, de conforter le statut de puissance régionale de la Turquie, mais il se trouve confronté, à partir de 2012, aux effets déstabilisateurs de la crise syrienne (avec, notamm., un afflux de réfugiés). À l'intérieur, son gouvernement engage des pourparlers de paix avec les Kurdes (cessez-le-feu décrété par A. Öcalan en mai 2013). **2013 :** R. T. Erdoğan fait face, de manière autoritaire, à un vaste mouvement de protestation (déclenché par un projet immobilier à Istanbul [mai-juin]), à un scandale politico-financier et à des luttes politiques internes. **2014 :** nouvel acte de sa mainmise progressive sur le pays (justice, médias...), il accède au sommet de l'État à l'issue de la première élection présidentielle au suffrage universel. À l'extérieur, la Turquie reste en retrait dans le

Turquie

combat mené par la coalition internationale contre l'État* islamique en Iraq et en Syrie, par crainte d'un renforcement du poids des Kurdes dans la région. **2015 :** en juin, le principal parti politique kurde prive l'AKP de sa majorité absolue au Parlement. Après ce sérieux revers, R. T. Erdoğan décide, en août, de convoquer de nouvelles élections législatives (nov.). Se présentant comme le meilleur gage de stabilité pour le pays dans un contexte d'extrêmes tensions (retour des affrontements entre les séparatistes kurdes et l'armée, juill. ; menace croissante du terrorisme islamiste ; attentat très meurtrier à Ankara, oct.), il obtient – cette fois-ci – une large victoire pour son parti. En Syrie et en Iraq, la Turquie mène des offensives à la fois contre l'organisation État islamique et les rebelles kurdes. **2016 :** une tentative de coup d'État d'une partie de l'armée est maîtrisée en quelques heures (15 - 16 juill.). R. T. Erdoğan déclare l'état d'urgence, puis procède à une épuration sans précédent des principales institutions du pays (armée, justice, éducation, médias, monde des affaires, partis politiques...). À l'extérieur, la Turquie s'éloigne de ses partenaires occidentaux (États-Unis, Union européenne) et se rapproche de la Russie, en partic. sur le dossier syrien. **2018 :** R. T. Erdoğan convoque des élections générales anticipées, qu'il remporte (juin), et entame un second mandat (juill.) en même temps qu'entre en vigueur une réforme constitutionnelle (approuvée par référendum en avr. 2017) octroyant au président des pouvoirs très étendus.

TUSK (Donald), *Gdańsk 1957*, homme politique polonais. Libéral et proeuropéen, cofondateur (2001) et président (depuis 2003) de la Plateforme civique, il a été Premier ministre de 2007 à 2014. Il est à la tête du Conseil européen et préside les sommets de la zone euro depuis 2014.

TUTICORIN, en tamoul **Tuttukudi,** v. d'Inde (Tamil Nadu) ; 216 058 hab. Port.

TUTSI, population vivant au Rwanda, au Burundi et à l'extrême est de la Rép. dém. du Congo (ex-Zaïre). Les Tutsi composent, avec les Hutu (et quelques Pygmées Twa), les sociétés de la région et parlent les mêmes langues bantoues. Éleveurs, ils pénétrèrent à partir du XVIe s. dans les terres cultivées par les Hutu et imposèrent leur domination. Hutu et Tutsi étaient unis par des contrats de clientélisme, mais, depuis la fin des années 1950, ils sont en état d'hostilité. De nombreux massacres ont été commis, culminant avec le génocide de 1994 (env. 800 000 victimes, essentiellement tutsi).

TUTU (Desmond), *Klerksdorp, Transvaal, 1931*, évêque sud-africain. Noir, évêque de Johannesburg (1985 - 1986), chef de l'Église anglicane d'Afrique australe et archevêque du Cap (1986 - 1996), il lutta activement mais pacifiquement contre l'apartheid. (Prix Nobel de la paix 1984.)

◄ Desmond **Tutu**

TUVALU n.m., anc. **îles Ellice,** État d'Océanie, au N. des Fidji ; 24 km² ; 10 000 hab. (*Tuvalais* ou *Tuvaluans*). **CAP.** *Vaiaku (atoll de Funafuti)* [4 979 hab.]. **LANGUES :** *anglais* et *tuvaluan.* **MONNAIE :** *dollar australien.* (V. carte **Océanie.**) C'est un archipel de neuf atolls, proche de l'équateur. Coprah et pêche. – Devenu indépendant, dans le cadre du Commonwealth, en 1978, Tuvalu a été admis au sein de l'ONU en 2000.

TUXTLA GUTIÉRREZ, v. du Mexique, cap. du Chiapas ; 553 278 hab. (640 881 hab. dans l'agglomération).

Tuyên Quang (siège de) [1884 - 1885], siège que soutint, au Tonkin, contre les Chinois, une garnison française, aux ordres du commandant Dominé *(1848 - 1921).* Le sergent Bobillot *(1860 - 1885)* s'y distingua par sa conduite héroïque.

TUZLA, v. de Bosnie-Herzégovine ; 120 441 hab. Université. Marché agricole. Chimie.

TV5 ou **TV5 Monde,** chaîne de télévision internationale francophone. Créée en 1984, elle diffuse dans le monde entier des programmes fournis par les chaînes nationales partenaires et par des chaînes locales, ainsi que ses propres productions. Elle est un des opérateurs directs de l'Organisation internationale de la francophonie.

TVER, de 1931 à 1990 **Kalinine,** v. de Russie, sur la Volga ; 403 726 hab. Centrale nucléaire. – Musées.

TWAIN (Samuel Langhorne **Clemens,** dit Mark), *Florida, Missouri, 1835 - Redding, Connecticut, 1910*, écrivain américain. Premier grand écrivain de l'ouest des États-Unis, humoriste, il voulut dans ses romans « découvrir » l'Amérique à travers ses paysages et son folklore (*les Aventures de Tom Sawyer*, 1876 ; *les Aventures de Huckleberry Finn*, 1884).

◄ Mark **Twain**

TWEED n.f., fl. de Grande-Bretagne, qui se jette dans la mer du Nord ; 156 km. Son cours inférieur sépare l'Angleterre et l'Écosse.

TWICKENHAM, agglomération de la banlieue sud-ouest de Londres. Stade de rugby.

Twitter, service de microblogage créé aux États-Unis en 2006, qui permet aux utilisateurs d'envoyer et de recevoir des messages brefs, appelés Tweets*. Le réseau social ainsi constitué génère un flux dense d'informations en temps réel.

TWOMBLY (Edwin Parker, dit Cy), *Lexington, Virginie, 1928 - Rome 2011*, artiste américain. Marqué par la culture classique européenne, il crée dans son œuvre de peintre un vocabulaire graphique métaphorique où la ligne et la couleur sont sans cesse réinventées (*Summer Madness*, 1990 ; *Blooming*, 2007 ; *The Ceiling*, plafond pour la salle des Bronzes du Louvre, 2010). Il est aussi l'auteur de sculptures abstraites.

TYARD ou **THIARD** (Pontus de), *château de Bissy, Mâconnais, 1521 - Bragny-sur-Saône 1605*, poète français, évêque de Chalon-sur-Saône. Marqué par l'héritage de M. Scève, il fut membre de la Pléiade (*Livre des vers lyriques*).

TYLER (John), *Charles City County, Virginie, 1790 - Richmond 1862*, homme politique américain. Président des États-Unis de 1841 à 1845, il fit voter la réunion du Texas au territoire américain (1845).

TYLER (Wat ou Walter), *m. en 1381*, agitateur anglais. L'un des meneurs des paysans révoltés du Kent (1381), il obtint de Richard II d'importantes mesures sociales (affranchissement des serfs). Mais, à cause des pillages et des meurtres commis par les insurgés, il fut tué par le maire de Londres.

TYLOR (sir Edward Burnett), *Camberwell, Londres, 1832 - Wellington, Somerset, 1917*, anthropologue britannique. Évolutionniste, il s'est intéressé à la mythologie comparée et a proposé une théorie de l'animisme (*la Civilisation primitive*, 1871).

TYNDALL (John), *Leighlin Bridge 1820 - Hindhead 1893*, physicien irlandais. Il a découvert le phénomène de regel de la glace, qui lui permit de comprendre la marche des glaciers, ainsi que l'effet dû à la diffusion de la lumière par les colloïdes, qui explique la couleur bleue du ciel.

TYNDARE **MYTH. GR.** Roi de Sparte, époux de Léda (qui fut aimée de Zeus). Ménélas lui succéda.

TYNEMOUTH, v. de Grande-Bretagne (Angleterre), sur l'estuaire de la *Tyne* ; 17 056 hab. Port. Station balnéaire.

TYR, auj. **Sour,** v. du Liban, au S. de Beyrouth. Ruines phéniciennes, hellénistiques et romaines. – Port de la Phénicie, Tyr fonda (à partir du XIe s. av. J.-C.) sur les rives de la Méditerranée de nombreux comptoirs, dont Carthage (814 av. J.-C., selon la tradition). Rivale de Sidon, elle lutta longtemps contre les Empires assyrien et babylonien. Soumise par Alexandre (332 av. J.-C.), elle fut disputée par les Lagides et les Séleucides. Malgré la concurrence d'Alexandrie, elle demeura un centre culturel et commercial important jusqu'à l'invasion arabe (638 apr. J.-C.).

TYROL, prov. d'Autriche, occupant la haute vallée de l'Inn ; 709 319 hab. ; cap. *Innsbruck.* Le tourisme d'été et d'hiver constitue la principale activité. – Partie du patrimoine héréditaire des Habsbourg à partir de 1363, le Tyrol fut cédé à la Bavière en 1805, mais rendu à l'Autriche en 1814. En 1919, le traité de Saint-Germain céda à l'Italie, outre le Trentin, la province de Bolzano, dont la population allemande devait poser la question du Haut-Adige. Les accords austro-italiens de 1946 (complétés en 1969 et 1992) assurent une large autonomie à la région et l'égalité des droits entre les communautés allemande et italienne.

TYRRHÉNIENNE (mer), partie de la Méditerranée comprise entre la péninsule italienne, la Corse, la Sardaigne et la Sicile.

TYRTÉE, *en Attique VIIe s. av. J.-C.*, poète lyrique grec. Ses chants ranimèrent le courage des Spartiates dans la deuxième guerre de Messénie.

TZARA (Samuel **Rosenstock,** dit Tristan), *Moineşti 1896 - Paris 1963*, écrivain français d'origine roumaine. L'un des fondateurs du groupe dada (*Sept Manifestes dada*, 1924), il a traversé le surréalisme (*l'Homme approximatif*, 1931), puis le communisme, en maintenant dans sa poésie une imagination puissante et libre.

◄ Tristan **Tzara**

TZELTAL ou **TZELTALES,** peuple amérindien du Mexique (Chiapas). Cultivateurs sur brûlis, éleveurs, salariés dans les plantations de caféiers, les Tzeltal sont catholiques et de langue maya.

TZIGANES → **TSIGANES.**

TZIN TZUN TZAN, site archéologique du Mexique (Michoacán). Anc. cap. de l'empire des Tarasques, avec une architecture associant pyramides rectangulaires et circulaires.

TZOTZIL ou **TZOTZILES,** peuple amérindien du Mexique (Chiapas), de langue maya.

Uranus

Ulysse

Uruguay, Montevideo

U2, groupe irlandais de rock, fondé en 1978. Il est composé du chanteur **Bono** (Paul Hewson), *Dublin 1960*, du guitariste **The Edge** (Dave Evans), du bassiste **Adam Clayton** et du batteur **Larry Mullen.** Il a jeté les bases de la new wave, puis a écrit un chapitre exaltant de l'histoire du rock (*Sunday Bloody Sunday*, 1983 ; *Pride [In the Name of Love]*, 1984 ; *With or Without You*, 1987).

UA, sigle de Union* africaine.

UBAYE [ybaj] n.f., torrent des Alpes du Sud, qui rejoint la Durance (r. g.), dans le lac formé par le barrage de Serre-Ponçon ; 80 km.

UBE, v. du Japon (Honshu), sur la mer Intérieure ; 173 678 hab. Port.

UBERABA, v. du Brésil, dans l'ouest du Minas Gerais ; 288 235 hab.

UBERLÂNDIA, v. du Brésil, dans l'ouest du Minas Gerais ; 579 005 hab.

Ubu roi, comédie burlesque de A. Jarry (1896). Poussé par sa femme, le « père Ubu », caricature bouffonne de la stupidité bourgeoise et de la sauvagerie humaine, accède à un pouvoir absolu et libère ses pires instincts.

UCAYALI n.m., riv. du Pérou, formée par l'Apurimac et l'Urubamba ; 1 600 km. L'une des branches-mères de l'Amazone.

UCCELLO (Paolo di Dono, dit Paolo), *Florence ? 1397 - Florence 1475*, peintre italien. Son traitement de la figure et de la perspective revêt un caractère de jeu intellectuel aigu et complexe (fresques de la *Vie de Noé*, cloître Vert de S. Maria Novella, Florence ; trois panneaux de la *Bataille de San Romano*, Florence, Londres et Paris).

UCCLE, en néerl. **Ukkel,** comm. de Belgique (Bruxelles-Capitale), banlieue sud de Bruxelles ; 80 487 hab. Musée D. et A. Van Buuren.

▲ **Ubu roi.** « Véritable portrait de Monsieur Ubu », dessin de A. Jarry. (BnF, Paris.)

UDAIPUR, v. d'Inde (Rajasthan) ; 389 317 hab. Anc. cap. rajput. Nombreux monuments, dont l'immense palais royal (XVIe-XVIIIe s.). Musée.

UDERZO (Albert), *Fismes 1927*, dessinateur français de bandes dessinées. Dans des séries réalistes (*Tanguy et Laverdure*, avec J.-M. Charlier, 1959) ou humoristiques (*Astérix**), il a ouvert la bande dessinée française à un public plus adulte.

UDF (Union pour la démocratie française), formation politique française, créée en 1978 par le Parti républicain, le Centre des démocrates sociaux et le Parti radical*. Après le départ de Démocratie libérale (ex-Parti républicain) en 1998, Force démocrate (nom pris par le Centre des démocrates sociaux en 1995), le Parti radical et les autres membres de l'UDF transforment la confédération en un parti unifié. En 2002, un certain nombre de ses membres rejoignent l'UMP. À l'occasion de l'élection présidentielle de 2007, l'UDF se divise : une partie de ses adhérents soutient N. Sarkozy et sa majorité, formant le **Nouveau Centre** (rebaptisé **Les Centristes** en 2016), dirigé par Hervé Morin ; une autre tendance, prônant un positionnement indépendant, crée, sous l'impulsion de F. Bayrou, le **Mouvement démocrate (MoDem).** En 2012, une nouvelle formation politique, l'**UDI** (Union des démocrates et indépendants), calquée sur l'anc. UDF, est fondée sous l'impulsion de J.-L. Borloo et fédère plusieurs partis – notamm. le Parti radical et le Nouveau Centre – et personnalités de centre droit ; elle est présidée par J.-C. Lagarde. Le MoDem et l'UDI scellent une alliance (« L'Alternative ») en nov. 2013, dans la perspective des élections à venir. En 2015, l'UDI entame un rapprochement avec l'UMP (auj. Les Républicains), puis choisit, en 2017, de regagner son autonomie. Cette même année, le Parti radical, puis les Centristes, proches des Républicains, quittent l'UDI.

UDI (Union des démocrates et indépendants) → **UDF.**

UDINE, v. d'Italie (Frioul-Vénétie Julienne), ch.-l. de prov. ; 98 490 hab. Monuments du Moyen Âge au XVIIIe s. ; musées.

UDR (Union des démocrates pour la République), formation politique française. En 1958, l'Union pour la Nouvelle République (UNR) fut créée pour soutenir la politique du général de Gaulle. En 1968 lui succéda l'Union pour la défense de la République, remplacée en 1971 par l'Union des démocrates pour la République (UDR), avant de devenir en 1976 le RPR.

UE, sigle de Union* européenne.

UEDA AKINARI, *Osaka 1734 - Kyoto 1809*, écrivain japonais. Il a donné un style nouveau aux légendes fantastiques traditionnelles (*Contes de pluie et de lune*, 1776).

UÉLÉ, riv. de la Rép. dém. du Congo, branche-mère de l'Oubangui (r. g.) ; 1 300 km.

UEM (Union économique et monétaire) → **Union européenne.**

UGARIT → **OUGARIT.**

UGINE (73400), bur. centr. de cant. de la Savoie ; 7 322 hab. (*Uginois*). Électrométallurgie. Centrale hydroélectrique sur l'Arly.

UGOLIN → **GHERARDESCA.**

UHLAND (Ludwig), *Tübingen 1787 - id. 1862*, poète allemand, auteur de poésies populaires inspirées des légendes souabes.

UHLENBECK (George Eugene), *Batavia, auj. Jakarta, 1900 - Boulder 1988*, physicien américain d'origine néerlandaise. Avec S. A. Goudsmit, il énonça la théorie du spin de l'électron (1925).

▲ **Uccello.** Un des trois panneaux de la *Bataille de San Romano*, v. 1456. (National Gallery, Londres.)

UHURU (pic) → **KILIMANDJARO.**

UICN-Union mondiale pour la nature (Union internationale pour la conservation de la nature et des ressources naturelles-Union mondiale pour la nature), organisation internationale fondée en 1948 sous l'égide de l'ONU. Rassemblant un millier de membres (États, organismes gouvernementaux et organisations non gouvernementales), elle supervise de nombreux programmes de protection et d'utilisation rationnelle des ressources naturelles et publie notamm. une « Liste rouge des espèces menacées ». (Siège : Gland [Suisse].)

Uilenspiegel ou **Ulenspiegel** (Till), puis **Till Eulenspiegel,** en fr. **Till l'Espiègle,** personnage légendaire, d'origine allemande (XIVe s.), célèbre pour ses facéties. C. De Coster en fit le symbole de la résistance des Pays-Bas contre l'Espagne (*la Légende et les aventures d'Ulenspiegel et de Lamme Goedzak*, 1867).

Uitlanders, nom donné par les Boers aux immigrants attirés à partir de 1884 par les gisements d'or et de diamants du Transvaal et de l'Orange.

UJI, v. du Japon (Honshu) ; 189 609 hab. Remarquable villa de Fujiwara Yorichimi, devenue (1053) le temple bouddhique du Byodo-in (pavillon du Phénix abritant le bouddha de Jocho*).

UJJAIN, v. d'Inde (Madhya Pradesh) ; 515 215 hab. Université. – Monuments anciens (observatoire du XVIIIe s.). – C'est l'une des villes saintes de l'Inde.

UJUNG PANDANG, anc. **Macassar,** v. d'Indonésie, dans le sud de Célèbes, sur le *détroit de Macassar* (qui sépare les îles de Bornéo et de Célèbes) ; 1 339 374 hab. Port.

UK, sigle de United Kingdom.

UKRAINE n.f., État d'Europe orientale, sur la mer Noire ; 604 000 km² ; 45 239 000 hab. (*Ukrainiens*). **CAP.** *Kiev.* **LANGUE :** *ukrainien.* **MONNAIE :** *hrivna.*

GÉOGRAPHIE Un peu plus grande que la France (c'est le plus vaste État d'Europe, Russie exceptée), mais un peu moins peuplée, l'Ukraine est un pays de relief peu accidenté, s'étendant sur la zone des riches terres noires. Elle englobe la majeure partie du bassin houiller du Donbass, avec de grands gisements de fer et d'importants aménagements hydroélectriques. C'est une région agricole, productrice notamm. de blé, de sucre et d'orge, et possédant un notable troupeau bovin. Outre le charbon et le fer (base d'une sidérurgie active), le sous-sol recèle aussi du manganèse, un peu de pétrole et, surtout, du gaz naturel. Depuis fin 2013, l'Ukraine voit son économie durement touchée par la grave crise qu'elle traverse et la dégradation de ses relations avec la Russie, dont elle dépend pour le gaz. Elle est sous assistance financière de l'Union européenne et du FMI depuis 2014. Peuplé de près de 75 % d'Ukrainiens de souche, le pays compte une forte minorité russe, concentrée dans l'Est.

HISTOIRE **IXe - XIIe s. :** l'État de Kiev se développe. **XIIe s. :** la Galicie-Volhynie recueille les traditions kiéviennes. **1238 - 1240 :** la conquête mongole ruine la région de Kiev. **XIIIe - XIVe s. :** la Lituanie et la Pologne annexent toutes les régions où se développe la civilisation ukrainienne, hormis la Ruthénie subcarpatique, sous domination hongroise depuis le XIe s. **XVe - XVIe s. :** des communautés cosaques s'organisent sur le Don et le Dniepr. **1654 :** l'hetman (chef) des Cosaques Khmelnitski se place sous la protection de la Moscovie. **1667 :** l'Ukraine est partagée entre la Pologne et la Russie. **1709 :** Pierre le Grand écrase à Poltava l'hetman Mazeppa, qui a tenté de constituer une Ukraine réunifiée et indépendante. **1793 - 1795 :** à la suite des partages de la Pologne, toute l'Ukraine est sous la domination des Empires russe et autrichien. **XIXe s. :** l'Ukraine devient la région industrielle la plus riche de l'Empire russe. **Fin 1917 - début 1918 :** une république soviétique est créée à Kharkov par les bolcheviques, et une république indépendante est proclamée à Kiev par les nationalistes. **1919 - 1920 :** les armées russes blanches puis les Polonais interviennent en Ukraine. **1922 :** la république soviétique d'Ukraine adhère à l'Union soviétique. **1939 - 1940 :** l'URSS annexe les territoires polonais peuplés d'Ukrainiens, ainsi que la Bucovine du Nord et la Bessarabie. **1941 - 1944 :** un régime d'occupation très rigoureux est imposé par les nazis. **1945 :** l'Ukraine s'agrandit de la Ruthénie subcarpatique. **1954 :** la Crimée lui est rattachée. **1991 :** l'Ukraine accède à l'indépendance et adhère à la CEI. Le communiste Leonid Kravtchouk est élu à la présidence de la République. Des conflits d'intérêts opposent l'Ukraine à la Russie, notamm. sur le statut de la Crimée et sur le contrôle de la flotte de la mer Noire. **1994 :** Leonid Koutchma est élu à la tête de l'État (réélu en 1999). **2004 :** l'élection de son successeur à la présidence donne lieu à un long bras de fer entre Viktor Ianoukovytch, candidat du pouvoir, appuyé par la Russie, et Viktor Iouchtchenko, leader de l'opposition démocratique. Au terme d'un troisième tour de scrutin, V. Iouchtchenko l'emporte (déc.). **2005 :** il prend ses fonctions à la tête de l'État (janv.). Mais il est confronté à une succession de crises politiques, l'opposant tantôt à son ancien rival, V. Ianoukovytch (qui dirige le gouvernement en 2006 - 2007), tantôt à des personnalités issues de son propre camp (Ioulia Tymochenko, Premier ministre de janv. à sept. 2005 et de 2007 à 2010). En outre, les tensions persistent avec la Russie : cette dernière interrompt ses livraisons de gaz à l'Ukraine au tournant des années 2005 - 2006, puis 2008 - 2009. **2010 :** l'élection de V. Ianoukovytch à la présidence inaugure un rapprochement avec la Russie. **2011 - 2013 :** l'arbitraire politico-judiciaire du nouveau pouvoir – en partic. son acharnement contre I. Tymochenko (condamnée à de la prison [libérée lors des événements de févr. 2014]) – pèse sur l'image du pays à l'international. **Fin 2013 - 2014 :** l'Ukraine renonce à un accord d'association avec l'Union européenne (nov. 2013), au profit d'un partenariat avec Moscou, déclenchant une vague de protestation contre le président Ianoukovytch. Début 2014, la répression s'accentue à Kiev, provoquant une escalade de la violence (env. 80 morts les 18 - 20 févr.). V. Ianoukovytch est finalement destitué et un pouvoir intérimaire, mis en place, tandis que, dans l'est du pays, les russophones manifestent leur inquiétude devant les récents bouleversements. Des combattants prorusses prennent

Ukraine

200	500	1000 m

route
voie ferrée
aéroport

plus de 1 000 000 h.
de 500 000 à 1 000 000 h.
de 100 000 à 500 000 h.
moins de 100 000 h.

Crimée* : annexion à la Russie, non reconnue par la communauté internationale.

le contrôle de la Crimée (mars) – en présence de l'armée russe qui y stationne – et demandent le rattachement de la péninsule à la Russie (plébiscité par la population le 16 et entériné le 18). La situation dans l'est de l'Ukraine (Donbass) se détériore à son tour : l'activisme des séparatistes (prise de bâtiments officiels, notamm.), encouragés et armés par la Russie malgré les sanctions internationales, aboutit à une guerre ouverte avec l'armée ukrainienne. En mai, les villes de Donetsk et de Louhansk proclament chacune leur indépendance à la suite d'un référendum, tandis qu'à Kiev est élu un président proeuropéen, Petro Porochenko, qui, dans l'été, signe l'accord d'association avec l'UE (en vigueur depuis 2017), dissout l'Assemblée et convoque des élections législatives anticipées. Celles-ci sont remportées par les partis proeuropéens (oct.), sans la participation de l'est du pays. **Depuis 2015 :** après un premier protocole (sept. 2014), un nouvel accord destiné à résoudre la crise est signé à Minsk, en févr., par l'Ukraine, la Russie, les séparatistes et l'OSCE, en présence de l'Allemagne et de la France. Il comprend un volet sécuritaire et un volet politique (statut spécial pour certaines zones, amnistie, élections…). Mais les violences sur le terrain et le flou du calendrier des réformes ont depuis gelé l'application de cet accord.

UKRAINE SUBCARPATIQUE ou **RUTHÉNIE SUBCARPATIQUE,** région d'Ukraine. Annexée à la Hongrie au XIe s., elle fut rattachée à la Tchécoslovaquie de 1919 à 1938, puis cédée à l'URSS et rattachée à l'Ukraine (1945).

ULBRICHT (Walter), *Leipzig 1893 - Berlin 1973*, homme politique allemand. L'un des fondateurs du Parti communiste allemand (1919), il fut premier secrétaire du Parti socialiste unifié (SED) de 1950 à 1971, puis président du Conseil d'État de la RDA de 1960 à sa mort.

ULFILAS, ULFILA ou **WULFILA,** *v. 311 - Constantinople 383*, évêque et apôtre des Goths. Il traduisit en gotique le Nouveau Testament. Sa prédication fut marquée par une forme d'arianisme que les Goths transmirent en Occident au Ve s.

ULHASNAGAR, v. d'Inde (Maharashtra) ; 472 943 hab.

ULIS (Les) [91940], bur. centr. de cant. de l'Essonne ; 24 965 hab. *(Ulissiens)*. Informatique. Biotechnologies.

ULLMANN (Liv), *Tokyo 1938*, actrice norvégienne. Révélée au cinéma dans des films d'Ingmar Bergman (*Persona*, 1966), elle incarne, sous une apparente douceur, des personnages complexes, voire violents (*Cris et Chuchotements*, I. Bergman, 1972 ; *Scènes de la vie conjugale*, id., 1973 ; *Sonate d'automne*, id., 1978 ; *la Diagonale du fou*, R. Dembo, 1984). Elle a aussi réalisé plusieurs films (*Infidèle*, scénario de I. Bergman, 2000).

ULM, v. d'Allemagne (Bade-Wurtemberg), sur le Danube ; 116 761 hab. Cathédrale gothique (XIVe-XIXe s.) ; musée. – L'armée autrichienne y capitula devant les Français de Napoléon (20 oct. 1805).

ULPIEN, en lat. **Domitius Ulpianus**, *Tyr ? - Rome 223*, jurisconsulte romain. Préfet du prétoire sous Sévère Alexandre, il a laissé des écrits présents dans les compilations juridiques du temps de Justinien.

ULSAN, v. de Corée du Sud ; 1 082 000 hab. Port. Centre industriel.

ULSTER n.f., région du nord de l'Irlande. Elle englobe la *province de l'Ulster* (république d'Irlande) et l'Irlande du Nord (cap. Belfast), unie à la Grande-Bretagne.

ULSTER, prov. de la république d'Irlande ; 294 803 hab. Elle est formée de trois comtés, limitrophes de l'Irlande du Nord.

ULURU ou **AYERS ROCK,** montagne sacrée des Aborigènes, au centre de l'Australie ; 867 m.

ULYSSE, en gr. **Odusseus** MYTH. GR. Héros grec, roi légendaire d'Ithaque, fils de Laërte, époux de Pénélope, père de Télémaque, et l'un des principaux acteurs des poèmes homériques. *L'Iliade* le présente comme un guerrier habile et rusé, auteur du stratagème du cheval de Troie. Le retour d'Ulysse dans sa patrie est le thème de *l'Odyssée**, dont J. Joyce a donné dans son roman

▲ **Ulysse** écoutant le chant des sirènes. Mosaïque romaine de Dougga (Tunisie).

Ulysse (1922) une version moderne et parodique, le personnage légendaire s'incarnant dans celui de Léopold Bloom.

UMAR Ier ou **OMAR Ier** (Abu Hafsa ibn al-Khattab), *La Mecque v. 581 - Médine 644*, deuxième calife des musulmans (634 - 644). Il conquit la Syrie, la Perse, l'Égypte et la Mésopotamie.

UME ÄLV n.m., fl. de Suède, qui se jette dans le golfe de Botnie peu en aval d'*Umeå* (94 912 hab.) ; 460 km.

UMP → **RÉPUBLICAINS** (Les).

UNAMUNO (Miguel de), *Bilbao 1864 - Salamanque 1936*, écrivain espagnol. Essayiste (*le Sentiment tragique de la vie*, 1912 ; *l'Agonie du christianisme*, 1924), romancier (*Brouillard*, 1914) et poète, il apporte un témoignage important sur l'Espagne de son temps.

UNDSET (Sigrid), *Kalundborg, Danemark, 1882 - Lillehammer 1949*, romancière norvégienne, auteure de romans historiques (*Kristin Lavransdatter*, trilogie, 1920-1922) et de récits inspirés par ses convictions religieuses (*le Buisson ardent*, 1930). [Prix Nobel 1928.]

UNEDIC ou **Unédic** (Union nationale pour l'emploi dans l'industrie et le commerce), organisme paritaire français chargé de gérer au niveau national l'assurance chômage, créée en 1958, et en particulier de fixer les modalités d'indemnisation. L'UNEDIC constitue avec Pôle* emploi (issu de la fusion de son réseau d'ASSEDIC avec l'ANPE) l'organisme, unifié, de service public de l'emploi.

Unesco (United Nations Educational, Scientific and Cultural Organization, en fr. Organisation des Nations unies pour l'éducation, la science et la culture), institution de l'ONU créée en 1945 - 1946 pour contribuer au maintien de la paix et de la sécurité internationales, en resserrant, par l'éducation, la science, la culture et la communication, la collaboration entre nations pour le respect des droits de l'homme et des libertés fondamentales. Elle administre la Convention du patrimoine mondial (1972) et veille notamm. à la conservation des sites naturels et des monuments d'une valeur exceptionnelle inscrits sur la liste du patrimoine mondial (1 092 biens au total en 2018). Le siège de l'Unesco, à Paris, est l'œuvre des architectes Breuer, Nervi et Zehrfuss.

UNGARETTI (Giuseppe), *Alexandrie, Égypte, 1888 - Milan 1970*, poète italien. Chef de file de l'« hermétisme », oscillant entre modernité et classicisme, influences françaises et traditions nationales, il a créé une poésie dépouillée et dense (*Vie d'un homme*, 1969).

UNGARO (Emanuel), *Aix-en-Provence 1933*, couturier français. Formé auprès de C. Balenciaga, il initie une mode audacieuse où les motifs et les couleurs se juxtaposent, avec un usage très maîtrisé du drapé et du plissé.

UNGAVA (péninsule d'), extrémité nord de la province de Québec (Canada), entre la baie d'Hudson (à l'O.) et la *baie d'Ungava* (à l'E.).

UNGERER (Jean-Thomas, dit Tomi), *Strasbourg 1931- Cork*, Irlande, 2019, dessinateur français. Pratiquant un humour virulent dans ses dessins de presse, il donne libre cours à une fantaisie poétique dans ses illustrations de livres pour la jeunesse (série des *Mellops*, à partir de 1957) et dans ses affiches publicitaires. Musée à Strasbourg.

UNGERSHEIM (68190), comm. du Haut-Rhin ; 2 207 hab. *(Ungersheimois)*. Anc. mine de potasse. Centrale solaire photovoltaïque. – Vaste écomusée : maisons traditionnelles reconstituées.

Unicef (United Nations International Children's Emergency Fund, en fr. Fonds des Nations unies pour l'enfance), organisme humanitaire de l'ONU qui promeut l'aide à l'enfance, notamm. dans les pays en développement. Institué en 1946, il est devenu un organe permanent de l'ONU en 1953. (Siège : New York.) [Prix Nobel de la paix 1965.]

Unigenitus (bulle) [8 sept. 1713], constitution promulguée par le pape Clément XI et qui condamnait le jansénisme. Plusieurs prélats français refusèrent la bulle, qui fut l'objet de longues polémiques.

UNION (L') [31240], comm. de la Haute-Garonne ; 11 785 hab. *(Unionais)*. Châteaux de La Cornaudric et de Belbèze (XVIIIe s.).

union (Acte d') [1707], loi établissant l'union de l'Angleterre et de l'Écosse, formant ainsi le royaume de Grande-Bretagne. — Acte d'**union** (1800), loi établissant l'union de la Grande-Bretagne et de l'Irlande, formant désormais le Royaume-Uni de Grande-Bretagne et d'Irlande.

Union africaine (UA), jusqu'en 2002 **Organisation de l'unité africaine** (OUA), organisation intergouvernementale, créée en 1963. Destinée à renforcer l'unité, la solidarité, le développement économique et la stabilité des pays africains, elle compte auj. 55 membres (54 États indépendants [soit tous les États africains ; retiré de l'organisation depuis 1984, le Maroc l'a réintégrée en 2017] et la République arabe sahraouie). [Siège : Addis-Abeba.]

Union chrétienne-démocrate → **CDU.**

Union des démocrates et indépendants (UDI) → **UDF.**

Union des démocrates pour la République → **UDR.**

UNION DES RÉPUBLIQUES SOCIALISTES SOVIÉTIQUES → **URSS.**

Union européenne (UE), union économique et politique entre plusieurs États européens

(au nombre de 28 [27, sans la Grande-Bretagne], totalisant une population de près de 512 millions d'hab. [446 millions, sans la Grande-Bretagne]), instituée par le traité de Maastricht en 1992 et entrée en vigueur le 1er nov. 1993. Elle est le point d'aboutissement actuel du processus de construction européenne engagé peu après la Seconde Guerre mondiale. (Prix Nobel de la paix 2012 pour sa « contribution à la paix, à la réconciliation, à la démocratie et aux droits de l'homme en Europe ».)

Histoire et traités. On cite généralement comme événement fondateur de l'Europe communautaire la déclaration faite par Robert Schuman le 9 mai 1950, qui – pour éviter une nouvelle guerre – émettait l'idée, dans la ligne de Jean Monnet, d'unifier sous une autorité supranationale les productions de charbon et d'acier (ressources de base pour l'armement) de six pays européens. La **CECA** (Communauté européenne du charbon et de l'acier) est ainsi créée par le traité du 18 avr. 1951 (entré en vigueur en juill. 1952 et parvenu à expiration en juill. 2002). La **CEE** (Communauté économique européenne) est créée par le *traité de Rome* (25 mars 1957) pour établir progressivement une union douanière et économique et un « Marché commun ». Un second *traité de Rome* est signé le même jour, qui institue l'**Euratom** (Communauté européenne de l'énergie atomique) pour développer les énergies nucléaires. En 1962 a lieu le lancement de la PAC (politique agricole commune). Le 8 avril 1965, un *traité de fusion* (qui prend effet en 1967) unifie les instances exécutives des trois Communautés européennes existantes. En 1979, le système monétaire européen (SME), appelé à stabiliser le taux de change des monnaies participantes (avec une unité de compte européenne : l'écu, ou ECU [European Currency Unit]), entre en application. L'*Acte unique européen* (17 et 28 févr. 1986), ouvrant sur la perspective du « grand marché intérieur » – qui prend effet le 1er janv. 1993 –, traduit la volonté de poursuivre l'œuvre entreprise. Le *traité de Maastricht* (7 févr.

Union européenne
Berlin Capitale d'État
Frontière internationale
Pays membre de l'Union européenne
Pays candidat à l'adhésion (candidature validée par l'UE)
Pays membre de la zone euro
0 500 km
1 SLOVÉNIE
2 CROATIE
3 BOSNIE-HERZÉGOVINE
4 MACÉDOINE DU NORD
Crimée* : annexion à la Russie, non reconnue par la communauté internationale.
GRANDE-BRETAGNE* : situation au 1er janvier 2019.
OCÉAN ATLANTIQUE
Mer de Norvège
Cercle polaire arctique
Mer de Barents
Mer du Nord
Mer Baltique
Mer Méditerranée
Mer Noire
Mer Caspienne
OURAL
CAUCASE
Îles Féroé (Dan.)
ISLANDE
Reykjavík
IRLANDE
Dublin
GRANDE-BRETAGNE*
Londres
NORVÈGE
Oslo
SUÈDE
Stockholm
FINLANDE
Helsinki
ESTONIE
Tallinn
LETTONIE
Riga
LITUANIE
Vilnius
R.
DANEMARK
Copenhague
PAYS-BAS
Amsterdam
BELGIQUE
Bruxelles
LUX.
Luxembourg
ALLEMAGNE
Berlin
POLOGNE
Varsovie
RÉP. TCHÈQUE
Prague
SLOVAQUIE
Bratislava
AUTRICHE
Vienne
HONGRIE
Budapest
FRANCE
Paris
SUISSE
Berne
LIECH.
ITALIE
Rome
VATICAN
SAINT-MARIN
MONACO
ANDORRE
ESPAGNE
Madrid
PORTUGAL
Lisbonne
Gibraltar (G.-B.)
Ceuta (Esp.)
Melilla (Esp.)
Ljubljana
Zagreb
Sarajevo
SERBIE
Belgrade
MONT.
Podgorica
K.
Pristina
Skopje
ALBANIE
Tirana
GRÈCE
Athènes
ROUMANIE
Bucarest
BULGARIE
Sofia
MOLDAVIE
Chișinău
UKRAINE
Kiev
Crimée*
BIÉLORUSSIE
Minsk
RUSSIE
Moscou
KAZAKHSTAN
OUZB.
TURKM.
GÉORGIE
ARMÉNIE
AZERBAÏDJAN
AZ.
IRAN
IRAQ
SYRIE
LIBAN
TURQUIE
Ankara
CHYPRE
Nicosie
MALTE
La Valette
TUNISIE
ALGÉRIE
MAROC

UNION EUROPÉENNE

Les présidents de la Commission européenne

Walter Hallstein (All.)	1958 - 1967
Jean Rey (Belg.)	1967 - 1970
Franco Maria Malfatti (Ital.)	1970 - 1972
Sicco Mansholt (P-B)	1972 - 1973
François-Xavier Ortoli (Fr.)	1973 - 1977
Roy Jenkins (G-B)	1977 - 1981
Gaston Thorn (Lux.)	1981 - 1985
Jacques Delors (Fr.)	1985 - 1995
Jacques Santer (Lux.)	1995 - 1999
Romano Prodi (Ital.)	1999 - 2004
José Manuel Durão Barroso (Port.)	2004 - 2014
Jean-Claude Juncker (Lux.)	2014 -

Les présidents du Parlement européen

Robert Schuman (Fr.)	1958 - 1960
Hans Furler (All.)	1960 - 1962
Gaetano Martino (Ital.)	1962 - 1964
Jean Duvieusart (Belg.)	1964 - 1965
Victor Leemans (Belg.)	1965 - 1966
Alain Poher (Fr.)	1966 - 1969
Mario Scelba (Ital.)	1969 - 1971
Walter Behrendt (All.)	1971 - 1973
Cornelius Berkhouwer (P-B)	1973 - 1975
Georges Spénale (Fr.)	1975 - 1977
Emilio Colombo (Ital.)	1977 - 1979
Simone Veil (Fr.)*	1979 - 1982
Pieter Dankert (P-B)	1982 - 1984
Pierre Pflimlin (Fr.)	1984 - 1987
lord Henry Plumb (G-B)	1987 - 1989
Enrique Barón Crespo (Esp.)	1989 - 1992
Egon Klepsch (All.)	1992 - 1994
Klaus Hänsch (All.)	1994 - 1997
José María Gil Robles (Esp.)	1997 - 1999
Nicole Fontaine (Fr.)	1999 - 2002
Pat Cox (Irl.)	2002 - 2004
Josep Borrell Fontelles (Esp.)	2004 - 2007
Hans-Gert Pöttering (All.)	2007 - 2009
Jerzy Buzek (Pol.)	2009 - 2012
Martin Schulz (All.)	2012 - 2017
Antonio Tajani (Ital.)	2017 -

**Parlement élu pour la première fois au suffrage universel*

Les présidents du Conseil européen

Herman Van Rompuy (Belg.)	2009 - 2014
Donald Tusk (Pol.)	2014 -

1992) consacre la naissance de l'**Union européenne,** avec pour cadre institutionnel unique la Communauté européenne, ou CE, qui succède à la CEE. Il fixe au 1er janv. 1999 au plus tard le terme ultime de l'Union économique et monétaire, ou UEM (conçue dès 1988 et engagée en 1990), avec l'adoption d'une monnaie unique, et jette les bases d'une union politique. Il est révisé et complété par le *traité d'Amsterdam* (2 oct. 1997). Le 1er janv. 1999, l'euro devient la monnaie officielle unique d'une grande partie des États de l'Union (mise en circulation des billets et des pièces le 1er janv. 2002). Le *traité de Nice* (26 févr. 2001) apporte des aménagements aux institutions de l'Union européenne dans la perspective de son élargissement à de nombreux pays d'Europe centrale et orientale et d'Europe du Sud (dix le 1er mai 2004, deux le 1er janv. 2007, puis un le 1er juill. 2013). Cette réflexion se poursuit avec la Convention sur l'avenir de l'Europe (2002 - 2003), qui élabore un projet de Constitution européenne, signé le 29 oct. 2004. Mais la ratification de ce traité constitutionnel échoue du fait du rejet exprimé par la France et les Pays-Bas lors des référendums de mai et juin 2005. Un nouveau traité modificatif, le *traité de Lisbonne* (13 déc. 2007), entre en vigueur le 1er déc. 2009, après ratification par tous les États membres. Il accorde à l'Union européenne la pleine personnalité juridique (celle-ci se substituant à la CE) et instaure des changements institutionnels importants, qui visent pour l'essentiel à simplifier les processus de décision et à donner à l'Union européenne plus de poids sur

▲ **Union européenne.** Conférence de presse suivant la nomination (19 nov. 2009) de H. Van Rompuy et C. Ashton aux postes de hauts responsables européens créés par le traité de Lisbonne.

la scène internationale (avec notamm. la création des postes de président du Conseil européen et de haut représentant de l'Union européenne pour les Affaires étrangères et la Politique de sécurité). La crise grecque, d'une particulière gravité, et la crise de la dette souveraine dans plusieurs pays de la zone euro constituent, à partir de 2010, un défi majeur pour l'Union européenne. Fortement déstabilisatrice, cette situation offre aussi à l'Europe communautaire, au-delà des difficultés et des risques encourus, l'occasion de progresser sur la voie d'une intégration économique et financière accrue, avec une discipline – voire, à terme, une gouvernance – budgétaire et bancaire commune (à partir de 2012, création du Mécanisme européen de stabilité [MES], instrument financier permanent permettant de prévenir et de mieux gérer les crises financières au sein de la zone euro ; adoption du pacte budgétaire européen ou traité sur la stabilité, la coordination et la gouvernance [TSCG], instituant notamm. pour les États membres la « règle d'or » d'un équilibre des finances publiques ; instauration d'un mécanisme de *supervision* [ou surveillance] bancaire sous l'égide de la BCE, puis d'un mécanisme de *résolution* [ou sauvetage] bancaire), et de tester la réalité de sa volonté politique. Parallèlement, la crise et les mesures d'austérité souvent drastiques imposées par la « troïka » (UE, BCE et FMI) pour y remédier génèrent, dans les pays les plus en difficulté mais aussi de manière générale, un euroscepticisme grandissant. Outre le fossé historique entre le Nord et le Sud, une fracture se dessine au sein de l'UE avec certains pays de l'Europe centrale et orientale, sur trois points en partic. : la solidarité dans l'accueil des réfugiés depuis la crise migratoire de 2015 (afflux de migrants en provenance du Moyen-Orient et d'Afrique) ; le respect de l'État de droit (Hongrie et Pologne, notamm.) ; les modèles de développement économique. En même temps, fait sans précédent, le peuple d'un pays membre – la Grande-Bretagne – fait le choix de quitter l'UE (2016).

États membres. Allemagne, Belgique, France, Italie, Luxembourg, Pays-Bas (1958), Grande-Bretagne [retrait prévu en 2019], Danemark, Irlande (1973), Grèce (1981), Espagne, Portugal (1986), Autriche, Finlande, Suède (1995), Estonie, Lettonie, Lituanie, Hongrie, Pologne, Slovaquie, Slovénie, Rép. tchèque, Chypre, Malte (2004), Bulgarie, Roumanie (2007), Croatie (2013).

Institutions et organes principaux. Le Parlement* européen, le Conseil* de l'Union européenne, le Conseil* européen, la Commission* européenne, la Cour* de justice de l'Union européenne, la Cour des comptes européenne, le Comité économique et social européen, le Comité des régions, la Banque* centrale européenne et la Banque* européenne d'investissement.

Monnaie. *L'euro.*

Symboles. DRAPEAU : douze étoiles d'or (chiffre symbolique) sur fond bleu, formant un cercle en signe d'unité et d'harmonie entre les pays européens. HYMNE : thème musical de l'*Ode à la joie* de la 9e symphonie de Beethoven. FÊTE : 9 mai. DEVISE : « Unie dans la diversité ».

UNION FRANÇAISE, nom donné, de 1946 à 1958, à l'ensemble formé par la République française et les territoires et États associés d'outre-mer.

Union Jack, drapeau du Royaume-Uni. Il rassemble la croix de Saint-Georges anglaise (rouge sur fond blanc), la croix de Saint-André écossaise (blanche sur fond bleu) et la croix de Saint-Patrick irlandaise (rouge sur fond blanc).

Union mondiale pour la nature → UICN-Union mondiale pour la nature.

Union postale universelle (UPU), organisme international chargé d'assurer les relations postales entre ses États membres. Créée en 1874, institution spécialisée de l'ONU (1948), elle englobe la quasi-totalité des pays. Elle participe à l'élaboration du droit postal international. (Siège : Berne.)

Union pour la démocratie française → UDF.

Union pour la Méditerranée (UPM), organisation intergouvernementale, créée en 2008 dans le prolongement d'une initiative, dite processus de Barcelone, lancée en 1995, et visant à établir une coopération renforcée autour de la Méditerranée.

Union pour un mouvement populaire (UMP) → **Républicains** (Les).

UNION SUD-AFRICAINE → AFRIQUE DU SUD.

UNITA (Union nationale pour l'indépendance totale de l'Angola), organisation de lutte armée contre le gouvernement angolais, créée par Jonas Savimbi en 1965. À la mort de son chef, en 2002, elle conclut la paix avec le pouvoir central et devient un parti politique.

UNITED KINGDOM, nom anglais du Royaume-Uni* de Grande-Bretagne et d'Irlande du Nord.

UNITED STATES OF AMERICA ou **USA,** nom amér. des États-Unis*.

UNKEI, *Kyoto v. 1148 - 1223,* sculpteur japonais. Il est à l'origine du renouveau de la sculpture de l'époque Kamakura, renouant avec le réalisme.

UNR → UDR.

UNSA (Union nationale des syndicats autonomes), organisation syndicale française, créée en 1993 par plusieurs syndicats non confédérés de la fonction publique (dont la FGAF [Fédération générale autonome des fonctionnaires] et la FEN [Fédération de l'Éducation nationale]) et du secteur privé. – Groupement de syndicats des personnels de l'enseignement issu de la CGT en 1948, la FEN, devenue en 2000 **UNSA-Éducation,** a perdu sa position dominante dans le monde enseignant après la création, en 1993, de la FSU (Fédération syndicale unitaire).

Unter den Linden (« Sous les tilleuls »), avenue de Berlin, qui part de la porte de Brandebourg.

UNTERWALD, en all. **Unterwalden** (« Sous les forêts »), anc. canton de Suisse, au S. du lac des Quatre-Cantons ; 767 km² ; 76 609 hab. Créé en 1291, l'Unterwald fut l'un des trois premiers cantons de la Confédération. Il était formé des anc. demi-cantons de *Nidwald* et d'*Obwald.*

Upanishad, mot sanskrit désignant les textes sacrés hindous considérés comme révélés et qui datent de la fin de la période védique (entre 700 et 300 av. J.-C.). Réinterprétant les Veda*, ils insistent sur la nécessité de se libérer du cycle des renaissances par la connaissance de l'illusion.

L'URSS EN 1990
L'ORGANISATION FÉDÉRALE

Frontières de l'URSS en 1990
Capitale fédérale
Frontières des républiques fédérées
Capitale de république

Les quinze républiques fédérées :

République socialiste fédérative soviétique de Russie (RSFSR)

Autres républiques socialistes soviétiques (RSS)

Républiques socialistes soviétiques autonomes (RSSA)

Régions autonomes (RA)

1000 km

1 RSS de Géorgie
2 RSS d'Azerbaïdjan
3 RSS d'Arménie
4 RSSA du Tatarstan
5 RSSA de Bachkirie
6 RSSA des Tchétchènes-Ingouches
7 RSSA de Kabardino-Balkarie
8 RSSA des Maris
9 RSSA de Mordovie
10 RSSA d'Ossétie du Nord
11 RSSA des Oudmourtes
12 RSSA des Tchouvaches
13 RSSA d'Abkhazie
14 RSSA d'Adjarie
15 RSSA du Nakhitchevan
16 RSSA des Kalmouks
17 RA des Adygués
18 RA des Karatchaïs-Tcherkesses
19 RA d'Ossétie du Sud
20 RA du Haut-Karabakh

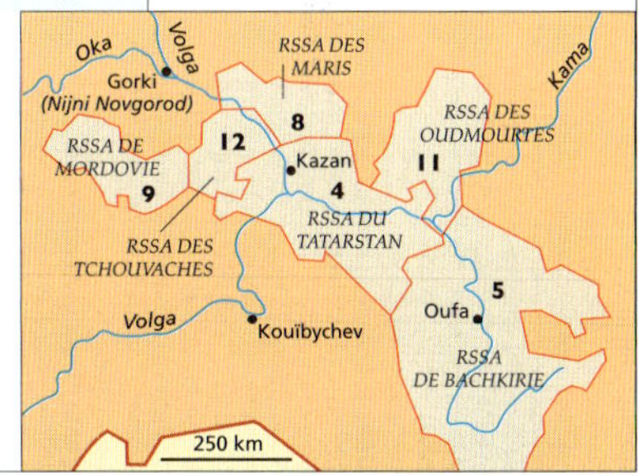

UPDIKE (John), *Reading, Pennsylvanie, 1932 - Danvers, Massachusetts, 2009*, écrivain américain. Ses nouvelles et ses romans composent une peinture ironique des fantasmes et des mythes de la société américaine (*Cœur de lièvre*, 1960 ; *le Centaure*, 1963 ; *Couples*, 1968 ; *les Sorcières d'Eastwick*, 1984 ; *Tu chercheras mon visage*, 2002).

UPOLU, île des Samoa.

UPPSALA, v. de Suède, au N. de Stockholm ; 207 362 hab. Université (1477). Pharmacie et biotechnologies. – C'est l'une des anc. capitales de la Scandinavie. Siège de l'archevêque primat du royaume. – Cathédrale gothique entreprise à la fin du XIIIe s. ; château fondé par G. Vasa ; musées.

UQBA IBN NAFI, *v. 630 - 683*, général arabe. Il conquit la Tunisie (670), fonda Kairouan, puis soumit le Maghreb central jusqu'à Tanger.

UR → **OUR.**

URABI PACHA ou **ARABI PACHA,** *près de Zagazig 1839 - Le Caire 1911*, officier égyptien. Chef de la résistance nationaliste, il fut imposé comme ministre de la Guerre en 1881. Battu par les Britanniques (sept. 1882), il fut déporté jusqu'en 1901.

URANIE MYTH. GR. Muse de l'Astronomie.

URANUS, planète du Système solaire, située au-delà de Saturne. Elle a été découverte par W. Herschel en 1781. Demi-grand axe de son orbite : 2 875 000 000 km (19,2 fois celui de l'orbite terrestre). Diamètre équatorial : 51 100 km (4 fois celui de la Terre). Uranus possède une épaisse atmosphère d'hydrogène, d'hélium et de méthane ; elle est entourée de fins anneaux de matière sombre. On lui connaît 27 satellites.

URAWA, v. du Japon (Honshu) ; 144 872 hab.

URBAIN II (bienheureux) [Odon ou Eudes **de Lagery**], *Châtillon-sur-Marne v. 1042 - Rome 1099*, pape de 1088 à 1099. Il lança la première croisade au concile de Clermont (1095). — bienheureux **Urbain V** (Guillaume **de Grimoard**), *château de Grizac, Lozère, 1310 - Avignon 1370*, pape d'Avignon (1362 - 1370). Il résida en Avignon pendant presque tout son pontificat, malgré un bref retour à Rome (1367 - 1370). — **Urbain VI** (Bartolomeo **Prignano**), *Naples v. 1318 - Rome 1389*, pape de 1378 à 1389. Son élection, imposée par le peuple romain, qui souhaitait un pape italien, marqua le début du Grand Schisme. — **Urbain VIII** (Maffeo **Barberini**), *Florence 1568 - Rome 1644*, pape de 1623 à 1644. Il fit condamner Galilée (1633) et l'*Augustinus* de Jansénius (1643).

URBAIN (Georges), *Paris 1872 - id. 1938*, chimiste français. Il étudia de nombreuses terres rares, parmi lesquelles il caractérisa, notamm., le lutécium.

URBINO, v. d'Italie (Marches) ; 15 534 hab. Archevêché. – Palais ducal remodelé par L. Laurana, chef-d'œuvre de la Renaissance (auj. galerie nationale des Marches : Piero della Francesca, P. Berruguete, Barocci, etc. ; majoliques d'Urbino). – Anc. capitale du duché d'Urbino, créé en 1443, réuni en 1631 aux États de l'Église.

UREY (Harold Clayton), *Walkerton, Indiana, 1893 - La Jolla, Californie, 1981*, chimiste américain. Il découvrit, en 1931, l'eau lourde et le deutérium. (Prix Nobel 1934.)

URFA, anc. **Édesse,** v. de Turquie, près de la frontière syrienne ; 385 588 hab. Barrage. – Ruines d'une forteresse et de remparts.

URFÉ (Honoré d'), *Marseille 1567 - Villefranche-sur-Mer 1625*, écrivain français. Il est l'auteur du roman pastoral *l'Astrée**.

URGEL → **SEO DE URGEL.**

URI n.m., canton de Suisse ; 1 077 km² ; 35 422 hab. *(Uranais)* ; ch.-l. *Altdorf.* Il est drainé par la Reuss. – Créé en 1291, l'Uri est l'un des trois premiers cantons de la Confédération.

URIAGE (38410), station thermale de l'Isère (comm. de Saint-Martin-d'Uriage).

URIBE VÉLEZ (Álvaro), *Medellín 1952*, homme politique colombien. Il a été président de la République de 2002 à 2010.

URRAQUE, en esp. **Urraca,** *1081 - Saldaña 1126*, reine de Castille et de León. Fille d'Alphonse VI, elle épousa Raimond de Bourgogne (avec qui elle eut Alphonse VII), puis Alphonse Ier d'Aragon (1109). Son mariage ayant été annulé, elle entra en guerre contre ce dernier (1110), qui dut reconnaître l'indépendance de la Castille.

URSINS (Marie-Anne **de** La **Trémoille,** princesse **des**), *Paris 1642 - Rome 1722*, princesse française. Elle joua un grand rôle dans les intrigues de la cour du roi d'Espagne Philippe V. Elle fut disgraciée en 1714.

URSS (Union des républiques socialistes soviétiques, en russe SSSR [Soïouz Sovietskikh Sotsialistitcheskikh Respoublik]), ancien État d'Europe et d'Asie. *(V. carte page précédente.)*

HISTOIRE **Les débuts du régime soviétique.** **1917 :** au lendemain de la révolution d'Octobre est formé le Conseil des commissaires du peuple, composé uniquement de bolcheviques et présidé par Lénine. **1918 :** la république socialiste fédérative soviétique de Russie (RSFSR) est proclamée. L'Allemagne lui impose le traité de Brest-Litovsk. La guerre civile oppose l'Armée rouge et les armées blanches. Le « communisme de guerre » est instauré et les nationalisations sont généralisées. **1919 :** l'Internationale communiste est fondée à Moscou. **1920 :** la Russie soviétique reconnaît l'indépendance des États baltes. La dernière armée blanche évacue la Crimée. L'Armée rouge occupe l'Arménie. **1921 :** elle occupe la Géorgie ; la paix est signée avec la Pologne. La Nouvelle Politique économique (NEP) est adoptée. **1922 :** Staline devient secrétaire général du Parti communiste. La Russie, la Transcaucasie (formée par la réunion de l'Azerbaïdjan, de l'Arménie et de la Géorgie), l'Ukraine et la Biélorussie s'unissent au sein de l'URSS. **1924 :** Lénine meurt. **1925 - 1927 :** Staline élimine de la direction du parti Zinoviev, Kamenev et Trotski.

La période stalinienne. **1929 :** la NEP est abandonnée. Le premier plan quinquennal donne la priorité à l'industrie lourde, et la collectivisation massive des terres est entreprise. **1930 :** les koulaks sont liquidés. **1934 :** l'URSS est admise à la SDN. **1936 :** une Constitution précise l'organisation de l'URSS en 11 républiques fédérées : Russie, Ukraine, Biélorussie, Kazakhstan, Kirghizistan, Ouzbékistan, Tadjikistan, Turkménistan, Arménie, Azerbaïdjan, Géorgie. **1936 - 1938 :** la police politique (Guépéou) envoie au goulag de nombreux déportés et fait disparaître la vieille garde du parti. **1939 :** le pacte germano-soviétique est conclu. **1939 - 1940 :** l'URSS annexe la Pologne orientale, les États baltes, la Carélie, la Bessarabie et la Bucovine du Nord. **1941 :** l'Allemagne envahit l'URSS. **1943 :** l'Armée rouge remporte la bataille de Stalingrad. **1944 - 1945 :** les forces soviétiques progressent en Europe orientale et, conformément aux accords de Yalta (févr. 1945), occupent la partie orientale de l'Allemagne. **1947 - 1949 :** le Kominform est créé et des régimes calqués sur celui de l'URSS sont instaurés sur l'ensemble de l'Europe de l'Est. Les Soviétiques font le blocus de Berlin-Ouest (1948 - 1949). La guerre froide se développe. **1950 :** traité d'amitié avec la Chine populaire. **1953 :** mort de Staline.

▲ **URSS.** Affiche soviétique à la gloire des ouvriers (1930). [BnF, Paris.]

Les limites de la déstalinisation et de la détente. **1953 :** N. Khrouchtchev est élu premier secrétaire du parti. **1955 :** l'URSS signe avec sept démocraties populaires le pacte de Varsovie. Les relations avec la Chine commencent à se détériorer. **1956 :** le XXe Congrès dénonce certains aspects du stalinisme. L'armée soviétique écrase la tentative de libéralisation de la Hongrie. **1957 :** le premier satellite artificiel de la Terre (Spoutnik I) est lancé. **1962 :** l'installation à Cuba de missiles soviétiques provoque une grave crise entre l'URSS et les États-Unis. **1964 :** Khrouchtchev est destitué ; L. Brejnev le remplace à la tête du parti. **1968 :** l'URSS intervient militairement en Tchécoslovaquie. **1969 :** la tension avec la Chine s'accroît. **1972 - 1979 :** l'URSS signe les accords SALT I et SALT II, qui tentent de limiter la course aux armements nucléaires. **1979 :** les troupes soviétiques occupent l'Afghanistan. **1982 :** à la mort de Brejnev, I. Andropov devient secrétaire général du parti. **1984 :** K. Tchernenko lui succède.

La perestroïka. **1985 - 1987 :** M. Gorbatchev assume la direction du parti et renouvelle ses cadres. Il met en œuvre la restructuration *(perestroïka)*, promouvant des réformes en vue d'une plus grande efficacité économique et d'une démocratisation des institutions, et relance la déstalinisation. Il renoue le dialogue avec les États-Unis (rencontres avec Reagan), avec lesquels il signe (1987) un accord sur l'élimination des missiles de moyenne portée en Europe. **1989 :** l'URSS achève le retrait de ses troupes d'Afghanistan (févr.) et poursuit le rapprochement avec la Chine. Les premières élections à candidatures multiples ont lieu (mars). Les revendications nationales se développent, notamm. dans les pays Baltes et au Caucase. Les tensions entre les nationalités s'aggravent et s'exacerbent en Arménie et en Azerbaïdjan. **1990 :** le rôle dirigeant du parti est aboli et un régime présidentiel est instauré. Gorbatchev est élu à la présidence de l'URSS par le Congrès des députés du peuple (mars). L'URSS, en signant le traité de Moscou, accepte l'unification de l'Allemagne. La désorganisation économique, qui met en cause l'efficacité de la réforme visant à l'instauration d'une économie de marché, et les tensions entre le gouvernement central et les républiques fédérées menacent la survie de la fédération soviétique.

La dissolution de l'Union soviétique. **1991 :** la tentative de coup d'État (août) des conservateurs contre Gorbatchev échoue grâce à la résistance menée par B. Ieltsine. La restauration de l'indépendance des pays Baltes (Estonie, Lettonie, Lituanie), reconnue par la communauté internationale (sept.), est suivie par la dissolution de l'URSS et la démission de Gorbatchev (déc.). La Russie, l'Ukraine, la Biélorussie, la Moldavie, les républiques d'Asie centrale et celles du Caucase (excepté la Géorgie), qui ont proclamé leur indépendance, créent la Communauté d'États indépendants (CEI). **1993 :** la Géorgie rejoint la CEI.

URSSAF (Unions de recouvrement des cotisations de sécurité sociale et d'allocations familiales), organismes français, en principe départementaux, obligatoires depuis 1960, chargés du recouvrement des cotisations de sécurité sociale et d'allocations familiales.

URSULE, *IIIe s. ?*, martyre. Cette sainte connut une grande popularité, liée à l'histoire des onze mille vierges qui auraient été martyrisées avec elle à Cologne.

URUGUAY n.m., fl. d'Amérique du Sud, qui, avec le Paraná, forme le Río de la Plata ; 1 580 km ; bassin de 350 000 km². Il sépare l'Argentine du Brésil, puis de l'Uruguay.

URUGUAY n.m., État d'Amérique du Sud, sur l'Atlantique ; 177 500 km² ; 3 407 000 hab. *(Uruguayens).* CAP. *Montevideo.*

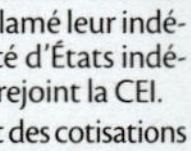

LANGUE : *espagnol.* MONNAIE : *peso uruguayen.*

GÉOGRAPHIE Formé de plaines et de bas plateaux, l'Uruguay possède un climat tempéré, qui

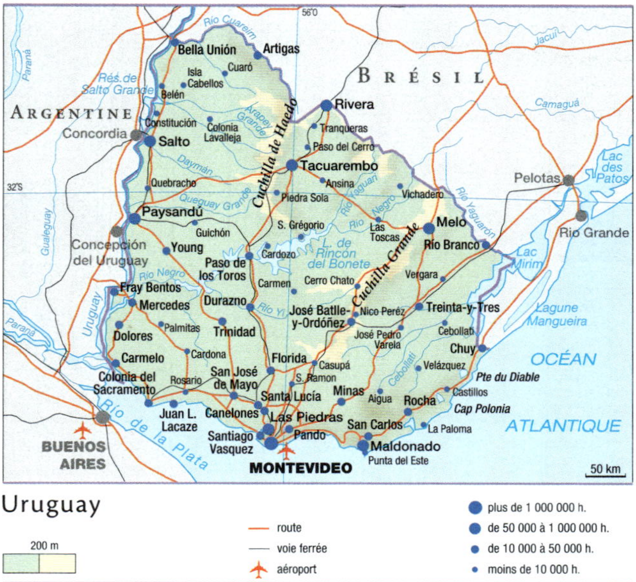

Uruguay

explique la prépondérance d'un peuplement d'origine européenne (espagnole surtout). Ses principales richesses sont l'élevage (bovins et ovins), avec les industries qui en dépendent (laines et peaux, viande), les cultures (en partic. le soja) ainsi que, dans une moindre proportion, la pêche. L'économie est en cours de diversification (industrie, tourisme, services). Le potentiel hydroélectrique est l'unique source énergétique. Montevideo regroupe près de la moitié de la population totale.

HISTOIRE **XVIe s. :** les Espagnols explorent le littoral. **V. 1726 :** ils fondent la forteresse de Montevideo. **1821 :** après l'échec du soulèvement de José Artigas, le pays est rattaché au Brésil. **1828 :** l'Uruguay accède à l'indépendance et forme un État tampon entre ses deux puissants voisins, l'Argentine et le Brésil. **1838 - 1865 :** la vie politique est marquée par les luttes entre les *blancos* (conservateurs) et les *colorados* (libéraux), et par la « grande guerre » (1839 - 1851) contre l'Argentine. **1890 :** l'arrivée au pouvoir des « civilistes » ouvre une ère de démocratisation. La population s'accroît rapidement (90 000 hab. en 1850, 1 million en 1900), grâce à une immigration massive. **1919 :** une Constitution libérale est adoptée. **1931 - 1938 :** frappé par la crise économique mondiale, l'Uruguay connaît la dictature du président Gabriel Terra. **1966 :** une réforme constitutionnelle renforce le rôle du président. La guérilla urbaine des Tupamaros se développe. **1972 - 1976 :** le président Juan María Bordaberry laisse l'armée mener la répression. **1976 - 1984 :** les militaires dirigent le pays. **1984 :** le pouvoir civil est rétabli avec l'élection à la présidence de Julio Sanguinetti (parti Colorado), qui entre en fonctions en 1985. **1990 :** Luis Lacalle (Parti national-Blanco) devient président de la République. **1995 :** J. Sanguinetti revient à la tête de l'État. **2000 :** Jorge Batlle (parti Colorado) lui succède. **2005 :** rompant avec l'alternance des blancos et des colorados, l'Uruguay se dote pour la première fois d'un président de la République de gauche, le socialiste Tabaré Vázquez. **2010 :** José Mujica, un ancien chef de la guérilla des Tupamaros (élu en nov. 2009 comme candidat de la gauche au pouvoir), accède à la présidence. **2015 :** T. Vázquez revient à la tête de l'État.

URUNDI → **BURUNDI.**

USA, sigle de United States of America (États-Unis* d'Amérique).

USA Today, quotidien américain créé en 1982.

USHUAIA, v. d'Argentine, ch.-l. de la prov. de la Terre de Feu ; 56 956 hab. C'est l'agglomération la plus méridionale du monde.

USINGER (Robert), *Fort Bragg, Californie, 1912 - San Francisco 1968,* entomologiste américain. Spécialiste des hémiptères, il stoppa pendant la Seconde Guerre mondiale l'expansion de la fièvre jaune dans le Pacifique, grâce à l'éradication des moustiques. Il milita pour la protection de la faune des îles Galápagos.

ÜSKÜDAR → **SCUTARI.**

USSEL (19200), ch.-l. d'arrond. de la Corrèze ; 10 176 hab. *(Ussellois).* Métallurgie. – Maisons anciennes ; musée du Pays d'Ussel.

USTARITZ [-rits] (64480), bur. centr. de cant. des Pyrénées-Atlantiques ; 7 127 hab. *(Uztariztar).*

USTER, comm. de Suisse (canton de Zurich) ; 32 265 hab. Constructions mécaniques et électriques.

ÚSTÍ NAD LABEM, v. de la République tchèque, en Bohême, sur l'Elbe ; 96 428 hab. Centre industriel. – Château fort des XIVe-XVIe s.

UTAH, État des États-Unis, dans les montagnes Rocheuses ; 3 101 833 hab. ; cap. *Salt Lake City.* Ressources minières (cuivre). – L'Utah est peuplé en majeure partie par les mormons, qui l'ont colonisé à partir de 1847.

UTAMARO, *1753 - Edo 1806,* graveur et peintre japonais. L'un des grands maîtres de l'estampe japonaise, il est célèbre pour la sensualité et l'élégance de ses représentations féminines.

UTHMAN IBN AFFAN, *m. à Médine en 656,* troisième calife (644 - 656). Il fit établir la version définitive du Coran. Il fut assassiné lors du conflit entre les Omeyyades et les partisans d'Ali.

UTIQUE, anc. v. d'Afrique du Nord, sur la Méditerranée, au N.-O. de Carthage. Fondée par des Tyriens, elle prit parti pour Rome lors de la troisième guerre punique et devint la capitale de la province romaine d'Afrique.

Utopie, essai en latin écrit par Thomas More (1516), traduit en anglais en 1551. Après une critique sévère de la société anglaise et européenne, l'auteur décrit une île imaginaire où règne un communisme idéal.

UTRECHT, v. des Pays-Bas, ch.-l. de la *prov. d'Utrecht,* au S. de l'IJsselmeer ; 321 916 hab. Université. Centre administratif, commercial (foire) et industriel. – Cathédrale gothique et autres monuments ; musées (peintres d'Utrecht, comme Van Scorel, Terbrugghen, Van Honthorst). – Au début du XVIIIe s., la diffusion du jansénisme y provoqua un schisme et la formation de l'Église des vieux-catholiques (1723).

Utrecht (traités d') [1713 - 1715], ensemble de traités qui mirent fin, avec celui de Rastatt, à la guerre de la Succession d'Espagne. Philippe V conservait la couronne d'Espagne, mais renonçait à la couronne de France. L'intégrité du territoire français était préservée, mais Louis XIV abandonnait plusieurs places (Tournai, Ypres, etc.) aux Provinces-Unies ; il reconnaissait la succession protestante en Angleterre et l'Électeur de Brandebourg comme roi de Prusse. L'Angleterre recevait d'importantes bases maritimes (Gibraltar, Minorque, Terre-Neuve, Acadie).

Utrecht (Union d') [23 janv. 1579], union des sept provinces protestantes des Pays-Bas contre l'Espagne, en réponse à l'Union d'Arras formée par les provinces catholiques (6 janv. 1579). Elle regroupait Hollande, Zélande, Utrecht, Gueldre, Overijssel, Frise et Groningue.

UTRILLO (Maurice), *Paris 1883 - Dax 1955,* peintre français, fils de Suzanne Valadon. Il a peint, d'abord dans une gamme de teintes sourdes et raffinées, puis en couleurs vives, des paysages urbains (principalement Montmartre), souvent inspirés de cartes postales.

UTSUNOMIYA, v. du Japon (Honshu) ; 511 296 hab.

UTTARAKHAND, de 2000 à 2006 **Uttaranchal,** État du nord de l'Inde ; 55 850 km² ; cap. *Dehra Dun.*

UTTAR PRADESH, État de l'Inde, dans la plaine du Gange ; 238 500 km² ; 199 581 477 hab. ; cap. *Lucknow ;* v. princ. *Kanpur, Bénarès, Agra, Allahabad.* C'est l'État le plus peuplé de l'Inde.

UXELLODUNUM, oppidum de la Gaule, dans le pays des Cadurques (Quercy), dont César s'empara en 51 av. J.-C. Il est le symbole de l'ultime résistance gauloise. – Sa localisation (longtemps objet de débats) au Puy-d'Issolud, près de Vayrac (Lot), a été confirmée dans les années 2000.

UXMAL, site archéologique du Mexique (Yucatán), au S. de Mérida. Beaux vestiges d'un centre cérémoniel maya florissant entre 600 et 950.

▲ **Uxmal.** La pyramide du Devin, 600-900.

UZERCHE (19140), bur. centr. de cant. de la Corrèze, sur la Vézère ; 2 962 hab. *(Uzerchois).* Belle église romane, vieilles maisons.

UZÈS (30700), bur. centr. de cant. du Gard ; 8 912 hab. *(Uzétiens).* Cathédrale avec clocher roman cylindrique (« tour Fenestrelle »), château des ducs (XIe-XVIe s.), vieilles demeures. Musée municipal, dans l'anc. palais épiscopal, et musée du Bonbon.

UZESTE (33730), comm. de la Gironde ; 404 hab. *(Uzestois).* Festival Uzeste musical (fondé par le musicien de jazz Bernard Lubat). – Collégiale Notre-Dame, surtout gothique.

Vienne, Opéra

Vérone

Viêt Nam

Venise

Vishnou

VAAL n.m., riv. d'Afrique du Sud, affl. de l'Orange (r. dr.) ; 1 200 km.

VAASA, v. de Finlande ; 66 391 hab. Port. Centre industriel.

VACCARÈS (étang de), le plus grand étang (6 000 ha) de la Camargue (Bouches-du-Rhône). Réserve botanique et zoologique.

VADODARA, anc. **Baroda,** v. d'Inde (Gujerat) ; 1 306 035 hab. (1 817 191 hab. dans l'agglomération). Centre industriel (textile, pétrochimie, mécanique). – Musée.

VADUZ, cap. du Liechtenstein ; 5 225 hab. Tourisme.

VAGANOVA (Agrippina Iakovlevna), *Saint-Pétersbourg 1879 - id. 1951,* danseuse soviétique. Son enseignement et son traité *les Fondements de la danse classique* (1934) eurent une grande influence.

VÁH n.m., riv. de Slovaquie, affl. du Danube (r. g.) ; 378 km. Centrales hydroélectriques.

VAILLAND (Roger), *Acy-en-Multien, Oise, 1907 - Meillonnas, Ain, 1965,* écrivain français. Cofondateur d'une revue proche du surréalisme (*le Grand Jeu*), il s'affirma dans ses romans (*Drôle de jeu, la Loi*) et son théâtre comme un moraliste ironique et libertin et comme un écrivain engagé.

VAILLANT (Auguste), *Mézières v. 1861 - Paris 1894,* anarchiste français. Il lança une bombe à la Chambre des députés (déc. 1893). Condamné à mort, il fut exécuté.

VAILLANT (Édouard), *Vierzon 1840 - Saint-Mandé 1915,* homme politique français. Responsable de l'Éducation publique durant la Commune (1871), proche de Blanqui, il dut se réfugier en Angleterre. Revenu en France en 1880, membre de la SFIO (1905), il fut un chef de file proche de Jaurès.

VAILLANT (Jean-Baptiste Philibert), *Dijon 1790 - Paris 1872,* maréchal de France. Ministre de la Guerre (1854 - 1859), il commanda en chef l'armée d'Italie (1859).

VAILLANT-COUTURIER (Paul), *Paris 1892 - id. 1937,* journaliste et homme politique français. Membre du Comité central du PCF (1925 - 1926, 1932 - 1936), il fut rédacteur en chef de *l'Humanité* (1928 - 1937).

VAIR (Guillaume Du) → **DU VAIR (Guillaume).**

VAIRES-SUR-MARNE (77360), comm. de Seine-et-Marne ; 13 739 hab. (*Vairois*). Gare de triage. Centrale thermique (turbines à combustion).

VAISON-LA-ROMAINE (84110), bur. centr. de cant. de Vaucluse, sur l'Ouvèze ; 6 237 hab. (*Vaisonnais*). Tourisme. – Ruines romaines : théâtre, thermes, etc. ; musée. Anc. cathédrale romane ; maisons médiévales.

VAJPAYEE (Atal Bihari), *Gwalior 1924 - New Delhi 2018,* homme politique indien. Leader du Bharatiya Janata Party (BJP), il fut Premier ministre quelques jours en 1996 et de 1998 à 2004.

VAKHTANGOV (Ievgueni), *Vladikavkaz 1883 - Moscou 1922,* metteur en scène et acteur russe. Disciple de Stanislavski et de Meyerhold, il fut favorable à la révolution d'Octobre. En 1913, il fonda à Moscou un théâtre (depuis 1926, Théâtre Vakhtangov), où il monta Tchekhov, Maeterlinck, Gozzi et où il forma des acteurs.

VALACHIE, anc. principauté danubienne, qui a formé avec la Moldavie le royaume de Roumanie. **V. 1310 - 1352 :** Basarab Ier crée la voïévodie de Valachie. **1396 :** les Ottomans soumettent celle-ci au tribut. **1774 :** la Valachie passe sous la protection de la Russie. **1859 :** Alexandre Cuza est élu prince de Moldavie et de Valachie. L'union des deux principautés devient définitive en 1862.

VALADON (Marie-Clémentine, dite Maria, puis Suzanne), *Bessines-sur-Gartempe 1865 - Paris 1938,* peintre française. D'abord modèle professionnel, elle se consacra à partir de 1892 à la peinture de nus, de natures mortes et de paysages au style ferme et intense. Elle conseilla son fils, Utrillo.

▲ Suzanne **Valadon.** *Utrillo, sa grand-mère et un chien,* 1910. (MNAM, Paris.)

VALAIS n.m., canton de Suisse, dans la vallée du Rhône ; 5 225 km² ; 312 684 hab. (*Valaisans*) ; ch.-l. *Sion.* Possession des évêques de Sion depuis 999, le Valais appartint à la République helvétique (1799), puis fut annexé à la France (1810) pour former le département du Simplon. Il entra dans la Confédération suisse en 1815.

VALBERG, station de sports d'hiver (alt. 1 650 - 2 025 m) des Alpes-Maritimes (comm. de Guillaumes), au pied de la *croix de Valberg* (1 829 m).

VALBONNE (06560), comm. des Alpes-Maritimes, en bordure du *plateau de Valbonne* ; 13 734 hab. (*Valbonnais*). Anc. abbaye remontant à 1199.

Valbonne (camp de la), camp militaire situé à 25 km au nord-est de Lyon (Ain).

VALBONNE (plateau de), site du complexe de Sophia-Antipolis*, au N. de Cannes.

VAL-CENIS (73480), station de sports d'hiver (alt. 1 400 - 2 800 m) de la Savoie (comm. de Lanslebourg-Mont-Cenis et Lanslevillard), en Maurienne. À Lanslevillard, peintures murales dans une chapelle du XVe s.

VALDAHON (25800), comm. du Doubs ; 5 573 hab. (*Valdahonnais*). Camp militaire.

VALDAÏ n.m., plateau du nord-ouest de la Russie d'où descendent la Dvina occidentale, le Dniepr et la Volga ; 343 m.

VAL-D'AJOL (Le) [88340], bur. centr. de cant. des Vosges ; 4 023 hab. (*Ajolais*).

VAL-DE-BRIEY, ch.-l. d'arrond. de Meurthe-et-Moselle ; 8 519 hab.

Val-de-Grâce (le), anc. couvent de Paris (Ve arrond.), construit au XVIIe s. d'après des plans de F. Mansart. Un dôme majestueux, dont la coupole est peinte par P. Mignard, surmonte la chapelle. L'ensemble fut transformé par la Convention en hôpital d'instruction militaire (fermé en 2016), auquel fut adossée en 1850 une École d'application du Service de santé des armées (devenue en 2005 l'École du Val-de-Grâce). Musée et bibliothèque du Service de santé des armées.

VAL DE LOIRE → **LOIRE** [fl.].

VALDEMAR Ier le Grand, *Slesvig 1131 - Vordingborg 1182,* roi de Danemark (1157 - 1182). Il restitua au Danemark sa puissance et son unité intérieure. — **Valdemar II Sejr** (le Victorieux), *1170 - Vordingborg 1241,* roi de Danemark (1202 - 1241). Il fit codifier les lois et établir un inventaire fiscal du royaume. — **Valdemar IV Atterdag,** *v. 1320 - 1375,* roi de Danemark (1340 - 1375). Il rétablit l'unité du royaume, mais ne put empêcher la Hanse d'y étendre son influence.

VAL-DE-MARNE n.m. (94), dép. de la Région Île-de-France ; ch.-l. de dép. *Créteil* ; ch.-l. d'arrond. *L'Haÿ-les-Roses, Nogent-sur-Marne* ; 3 arrond. ; 25 cant. ; 47 comm. ; 245 km² ; 1 384 068 hab. (*Val-de-Marnais*). Le dép. appartient à l'académie de Créteil, à la cour d'appel et à la zone de défense et de sécurité de Paris. La vallée de la Seine, jalonnée de centres industriels (Villeneuve-Saint-Georges, Vitry-sur-Seine, Alfortville, Ivry-sur-Seine), sépare deux secteurs à caractère plus résidentiel (Arcueil, Cachan, L'Haÿ-les-Roses à l'O., vallée de la Marne et communes limitrophes du bois de Vincennes à l'E.). Le secteur tertiaire emploie plus de 80 % des actifs. Le Sud-Est, plus éloigné de Paris, est encore partiellement rural.

VAL-DE-REUIL (27100), anc. **Le Vaudreuil**, bur. centr. de cant. de l'Eure ; 13 584 hab. *(Rolivalois)*. Production de vaccins. Bassin d'essais de carènes.

VALDÉS (Juan de), *Cuenca v. 1499 - Naples 1541*, humaniste espagnol, auteur d'un *Dialogue de la langue* (v. 1536), relatif au castillan de l'époque.

VALDÉS LEAL (Juan de), *Séville 1622 - id. 1690*, peintre espagnol. Il est le dernier maître andalou du Siècle d'or, et le plus résolument baroque.

VALDEZ, port pétrolier des États-Unis (Alaska).

VAL-D'ISÈRE (73150), comm. de Savoie, en Tarentaise ; 1 608 hab. *(Avalins)*. Station de sports d'hiver (alt. 1 850 - 3 550 m).

VALDIVIA, v. du Chili ; 127 750 hab. Port.

VALDIVIA (Pedro de), *La Serena, province de Badajoz, 1497 - Tucapel, Chili, 1553*, conquistador espagnol. Compagnon de Pizarro, il acheva la conquête du Chili, où il fonda Santiago (1541).

VALDO ou **VALDÈS** (Pierre), dit **Pierre de Vaux,** *Lyon 1140 - en Bohême ? v. 1217*, fondateur du mouvement religieux dit « des vaudois ». Riche marchand lyonnais, il se convertit en 1176 à la pauvreté absolue et créa un groupe dit « des pauvres du Christ » ou « des pauvres de Lyon ».

VALDOIE (90300), bur. centr. de cant. du Territoire de Belfort ; 5 600 hab. *(Valdoyens)*.

VAL-D'OISE n.m. (95), dép. de la Région Île-de-France ; ch.-l. de dép. *Pontoise* ; ch.-l. d'arrond. *Argenteuil, Sarcelles* ; 3 arrond. ; 21 cant. ; 184 comm. ; 1 246 km² ; 1 231 356 hab. *(Valdoisiens)*. Le dép. appartient à l'académie et à la cour d'appel de Versailles, à la zone de défense et de sécurité de Paris. En dehors de son extrémité méridionale et de la vallée de l'Oise (Persan, Beaumont et Cergy-Pontoise), secteurs correspondant à des axes de circulation où l'industrie (métallurgie, chimie) et les services se sont développés, le dép. a encore une vocation largement agricole. À l'O. de l'Oise, les plateaux du Vexin français portent des cultures céréalières et betteravières. À l'E., au-delà des massifs forestiers (Montmorency, L'Isle-Adam), apparaissent les plateaux dénudés du pays de France, domaines de la grande culture. La proximité de Paris, l'aménagement de l'agglomération de Cergy-Pontoise expliquent l'importance des grands ensembles résidentiels (Sarcelles) et des lotissements.

VAL-D'OR, v. du Canada (Québec), dans l'Abitibi ; 32 491 hab. *(Valdoriens)*. Or et cuivre.

VALÉE (Sylvain Charles, comte), *Brienne-le-Château 1773 - Paris 1846*, maréchal de France. Il réorganisa l'artillerie (1822), prit Constantine (1837) et fut gouverneur général de l'Algérie (1837 - 1840).

VALENÇAY (36600), bur. centr. de cant. de l'Indre ; 2 563 hab. *(Valencéens)*. Fromages. – Château des XVIe-XVIIIe s., qui a appartenu à Talleyrand.

VALENCE, en esp. **Valencia,** v. d'Espagne, cap. de la *communauté autonome de Valence* et ch.-l. de prov. ; 787 808 hab. Port à l'embouchure du Turia, sur la Méditerranée. Entourée d'une riche huerta (agrumes, primeurs, riz), c'est un centre industriel diversifié. – Cathédrale (XIIIe-XVIIIe s.), *Lonja de la Seda* (halle de la soie, gothique de la fin du XVe s.), palais de *Dos Aguas* (portail baroque du XVIIIe s.). Cité des Arts et des Sciences (palais des Arts, musée des Sciences, parc océanographique) et autres musées. – Valence fut la capitale d'un royaume maure indépendant de 1021 à 1238 (sauf pendant le règne du Cid* Campeador).

VALENCE (26000), ch.-l. du dép. de la Drôme, sur le Rhône, à 560 km au S.-E. de Paris ; 64 343 hab. *(Valentinois)* [126 832 hab. dans l'agglomération]. Évêché. Marché agricole (fruits). Constructions mécaniques. Aéronautique. Chimie. – Cathédrale en partie romane. Musée (beaux-arts et archéologie). Centre du patrimoine arménien.

VALENCE ou **VALENCE-D'AGEN** (82400), bur. centr. de cant. de Tarn-et-Garonne ; 5 453 hab. *(Valenciens)*. Bastide de la fin du XIIIe s.

VALENCE (communauté autonome de), région administrative d'Espagne ; 23 646 km² ; 2 563 342 hab. ; 3 prov. (*Alicante, Castellón* et *Valence*).

VALENCIA, v. du Venezuela, à l'O. de Caracas ; 829 856 hab. (1 378 958 hab. dans l'agglomération).

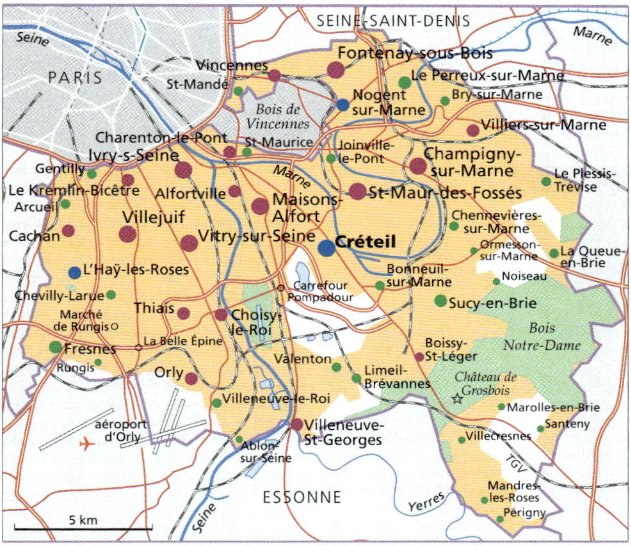

Val-de-Marne

plus de 50 000 h. | de 20 000 à 50 000 h. | de 10 000 à 20 000 h. | moins de 10 000 h.
ch.-l. d'arrondissement | bur. centr. de canton | commune | autre localité
autoroute | route | voie ferrée

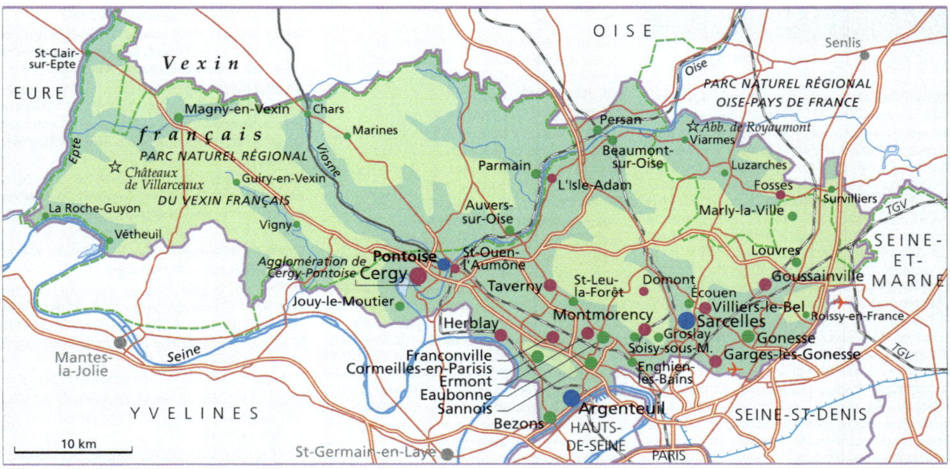

Val-d'Oise

100 m

plus de 50 000 h. | de 20 000 à 50 000 h. | de 5 000 à 20 000 h. | moins de 5 000 h.
ch.-l. d'arrondissement | bur. centr. de canton | commune
autoroute | route | voie ferrée

VALENCIENNES (59300), ch.-l. d'arrond. du Nord, sur l'Escaut ; 44 893 hab. *(Valenciennois)* [333 492 hab. dans l'agglomération]. Université. Automobiles. Matériel ferroviaire. Chimie. Infographie et création numérique. – Riche musée des Beaux-Arts (peinture, fonds Carpeaux).

VALENCIENNES (Achille), *Paris 1794 - id. 1865*, zoologiste français. Il a publié, entre 1828 et 1848, une *Histoire naturelle des poissons*, en 22 vol.

VALENCIENNES (Pierre Henri **de**), *Toulouse 1750 - Paris 1819*, peintre français. Maître du paysage historique, bon pédagogue, il a rapporté de ses voyages en Italie de nombreuses esquisses peintes sur le motif (Louvre).

VALENS ou **FLAVIUS VALENS,** *Cibalae, Pannonie, v. 328 - Hadrianopolis (Andrinople) 378*, empereur romain (364 - 378). Associé à son frère Valentinien Ier, il gouverna les provinces orientales de l'Empire. Il se rallia à l'arianisme et fut vaincu puis tué par les Wisigoths.

VALENSOLE (04210), bur. centr. de cant. des Alpes-de-Haute-Provence, sur le *plateau de Valensole* ; 3 228 hab. *(Valensolais)*. Culture de la lavande.

VALENTIA, île des côtes occidentales de l'Irlande. Anc. tête de ligne de câbles transatlantiques. Station météorologique.

VALENTIGNEY (25700), bur. centr. de cant. du Doubs, banlieue sud-est de Montbéliard, sur le Doubs ; 10 411 hab. *(Boroillots)*. Cycles. – Musée de la Paysannerie et des Vieux Métiers.

VALENTIN (saint), *IIIe s.*, martyr romain. À la suite d'une tradition médiévale, la Saint-Valentin, célébrée le 14 février (début de la période des amours chez les oiseaux), est devenue la fête des amoureux.

VALENTIN, *m. v. 160*, gnostique d'origine égyptienne. Sa doctrine, répandue en Italie, à Rome et en Orient, fut combattue par saint Irénée et Tertullien.

VALENTIN (Valentin **de Boulogne,** dit), *Coulommiers 1590/1591 - Rome 1632*, peintre français. Installé à Rome, il a interprété la leçon du Caravage avec une noblesse grave (*Judith*, musée de Toulouse ; *Réunion dans un cabaret*, deux *Concert*, etc., Louvre).

▲ **Valentin.** *La Diseuse de bonne aventure.* (Louvre, Paris.)

VALENTINIEN Ier, en lat. **Flavius Valentinianus,** *Cibalae, Pannonie, 321 - Brigetio, Pannonie, 375*, empereur romain (364 - 375). Associé à son frère Valens, il s'installa à Milan. Il contint les Barbares hors de l'Empire, dont il fortifia les frontières, et s'efforça d'améliorer la condition des classes populaires. — **Valentinien II,** en lat. **Flavius Valentinianus,** *v. 371 - Vienne 392*, empereur romain (375 - 392). Fils de Valentinien Ier, il régna sur l'Occident. Son tuteur, Arbogast, l'aurait fait assassiner. — **Valentinien III,** en lat. **Flavius Placidus Valentinianus,** *Ravenne 419 - Rome 455*, empereur romain d'Occident (425 - 455). Successeur d'Honorius, il perdit la Bretagne et laissa les Vandales s'installer en Afrique. Il fut assassiné par les fidèles d'Aetius, qu'il avait tué, malgré sa victoire sur Attila (451).

VALENTINO (Rodolfo **Guglielmi,** dit Rudolph), *Castellaneta, province de Tarente, 1895 - New York 1926*, acteur américain d'origine italienne. Incarnation du séducteur latin, il fut l'une des premières grandes stars hollywoodiennes (*les Quatre Cavaliers de l'Apocalypse*, R. Ingram, 1921 ; *le Cheikh*, G. Melford, id. ; *Arènes sanglantes*, F. Niblo, 1922).

VALENTON (94460), comm. du Val-de-Marne ; 14 544 hab. *(Valentonais)*.

VALERA (Eamon **de**) → **DE VALERA.**

VALERA Y ALCALÁ GALIANO (Juan), *Cabra 1824 - Madrid 1905*, écrivain espagnol. Ses romans évoquent la société andalouse ou madrilène (*Pepita Jiménez*, 1874).

VALÈRE MAXIME, en lat. **Valerius Maximus,** *Ier s. av. J.-C. - Ier s. apr. J.-C.*, historien romain. Ses *Faits et dits mémorables*, dédiés à Tibère, sont une compilation d'anecdotes morales.

VALÉRIEN, en lat. **Publius Licinius Valerianus,** *m. en 260*, empereur romain (253 - 260). Il associa à l'Empire son fils Gallien, à qui il confia l'Occident. Il persécuta les chrétiens (édits de 257 et 258) et fut vaincu par les Perses à Édesse. Fait prisonnier par le roi sassanide Châhpuhr Ier, il fut mis à mort.

VALÉRIEN (mont), butte de la banlieue ouest de Paris ; 161 m. Fort qui joua un grand rôle au cours du siège de Paris (1871), et où de nombreux Français furent fusillés par les Allemands lors de la Seconde Guerre mondiale. Mémorial.

VALERIUS PUBLICOLA (Publius), *m. en 503 av. J.-C.*, homme politique romain. Selon la tradition, il fut un des consuls de la première année de la République. Ses mesures en faveur du peuple le firent surnommer *Publicola* (« Ami du peuple »).

VALÉRY (Paul), *Sète 1871 - Paris 1945*, écrivain français. Disciple de Mallarmé, il publie des poèmes, puis se tourne vers l'étude des mathématiques et retrouve le goût de la création artistique en cherchant à établir l'unité créatrice de l'esprit (*Introduction à la méthode de Léonard de Vinci*, 1895). Il se compose une éthique intellectuelle (*la Soirée avec M. Teste*, 1896) et revient à la poésie (*la Jeune Parque*, 1917 ; *Charmes*, 1922, où figure *le Cimetière marin*), dont, à partir de 1937, il enseignera l'art au Collège de France. Il poursuit ses réflexions sur le langage, la peinture, la musique, les sciences, qui donnent matière à des essais (*Variété*, 1924-1944), à des dialogues de forme socratique (*l'Âme et la Danse*, 1923) et à une abondante œuvre posthume. Ses *Cahiers* furent le laboratoire de son œuvre. (Acad. fr.)

▲ Paul **Valéry** par J.-É. Blanche, 1923. (Musée des Beaux-Arts, Rouen.)

VALETTE (La), cap. de Malte, sur la côte est de l'île ; 5 784 hab. (197 000 hab. dans l'agglomération). Port. Tourisme. – Ville neuve, fortifiée, construite à partir de 1566 ; beaux monuments.

VALETTE-DU-VAR (La) [83160], comm. du Var ; 23 622 hab. *(Valettois)*. Jardins de Baudouvin. – Église des XIIe-XVIe s.

Valeur militaire (croix de la), décoration militaire française. Elle fut créée en 1956, à l'occasion de la guerre d'Algérie, pour récompenser les actions d'éclat dans les opérations de sécurité et de maintien de l'ordre.

VAL-HALL → **WALHALLA.**

VALKYRIES → **WALKYRIES.**

VALLA ou **DELLA VALLE** (Lorenzo), dit **Laurentius Vallensis,** *Rome 1407 - Naples 1457*, humaniste italien. Il chercha à concilier sagesse antique et foi chrétienne (*De la volupté*, 1431).

VALLADOLID, v. d'Espagne, cap. de la communauté autonome de Castille-León et ch.-l. de prov. ; 299 715 hab. Archevêché. Centre industriel (automobile, pneumatiques, chimie, maroquinerie). – Église S. Pablo et collège S. Gregorio aux façades-retables tapissées d'un fantastique décor sculpté (fin du XVe s.) ; cathédrale du style de la Contre-Réforme ; musée national de Sculptures polychromes (A. Berruguete, Juan de Juni, etc.).

Valladolid (controverse de) [août-sept. 1550 et avr.-mai 1551], débat qui réunit, à l'initiative de Charles Quint, des juristes et des théologiens (notamm. B. de Las* Casas) sur la légitimité de la guerre de conquête des Amériques et sur la manière de soumettre et d'évangéliser les Indiens.

VALLAURIS [-ris] (06220), comm. des Alpes-Maritimes, près du golfe Juan ; 26 153 hab. *(Vallauriens)*. Céramiques, dont Picasso relança la fabrication. Château-musée (chapelle romane décorée par Picasso : *la Guerre* et *la Paix*, 1952 ; musée Magnelli ; musée de la Céramique).

VALLEDUPAR, v. du nord de la Colombie ; 443 210 hab.

VALLE-INCLÁN (Ramón María **del**), *Villanueva de Arosa 1866 - Saint-Jacques-de-Compostelle 1936*, écrivain espagnol. Après des récits (*Sonates*) et des comédies (*le Marquis de Bradomín*) de facture moderniste, il évolua vers un art satirique et expressionniste avec ses *Comédies barbares* (1907-1922) et ses *esperpentos*, courtes farces en prose qui mettent en scène des personnages affligés de difformités physiques et morales.

VALLEJO (César), *Santiago de Chuco 1892 - Paris 1938*, poète péruvien. Son œuvre chante la souffrance et la solidarité humaines (*les Hérauts noirs*, 1918 ; *Trilce*, 1922 ; *Poèmes humains*, 1939).

VALLERY-RADOT (Pasteur) → **PASTEUR VALLERY-RADOT.**

VALLÈS (Jules), *Le Puy 1832 - Paris 1885*, écrivain français. Journaliste engagé (*l'Argent*, *la Rue*), il fit paraître *le Cri du peuple* et fut membre de la Commune. Ces expériences se retrouvent dans son cycle romanesque autobiographique de Jacques Vingtras (*l'Enfant*, *le Bachelier*, *l'Insurgé*, 1879-1886).

VALLESPIR n.m., région des Pyrénées orientales, parcourue par le Tech.

VALLET (44330), bur. centr. de cant. de la Loire-Atlantique ; 9 136 hab. *(Valletais)*. Muscadet.

VALLEYFIELD → **SALABERRY-DE-VALLEYFIELD.**

VALLON-PONT-D'ARC (07150), bur. centr. de cant. de l'Ardèche ; 2 408 hab. *(Vallonnais)*. Aux environs, grotte ornée, dite « grotte Chauvet-Pont-d'Arc* ».

VALLORBE, v. de Suisse (Vaud) ; 3 312 hab. *(Vallorbiers)*. Gare internationale.

VALLORCINE (74660), comm. de Haute-Savoie ; 408 hab. *(Vallorcins)*. Centre touristique.

VALLOTTON (Félix), *Lausanne 1865 - Paris 1925*, peintre et graveur français d'origine suisse. Lié aux nabis, il est l'auteur de mordantes gravures sur bois, parues dans de nombreux journaux à partir de 1892, puis en albums (*Intimités*, 1897-1898), et de toiles à la fois réalistes et audacieusement stylisées (*le Ballon*, 1899, musée d'Orsay).

VALLS (Manuel), *Barcelone 1962*, homme politique français. Membre du Parti socialiste (1980 - 2017), maire d'Évry (2001 - 2012) et député de l'Essonne (2002 - 2012), puis ministre de l'Intérieur (2012 - 2014), il a été Premier ministre de 2014 à 2016. En 2017, réélu député, il rejoint le groupe La République en marche à l'Assemblée nationale. En 2018, il démissionne de son mandat de député pour poursuivre sa carrière politique en Espagne.

VALMIKI, sage indien qui aurait vécu au IVe s. av. J.-C., à qui l'on attribue le *Ramayana**.

VALMOREL (73260), station de sports d'hiver (alt. 1 400 - 2 550 m) de la Savoie (comm. des Avanchers-Valmorel), près de Moûtiers.

Valmy (bataille de) [20 sept. 1792], victoire de Dumouriez et de Kellermann sur les Prussiens près de Sainte-Ménehould (Marne). Elle marqua l'arrêt de l'invasion et rendit confiance à l'armée française.

VALOGNES (50700), bur. centr. de cant. de la Manche ; 7 107 hab. *(Valognais)*. Demeures anciennes ayant échappé aux destructions de 1944.

VALOIS n.m., région de l'Île-de-France historique (Oise principalement et Aisne).

VALOIS, dynastie de rois qui régna sur la France de 1328 à 1589, depuis l'avènement de Philippe VI, cousin du dernier des Capétiens directs, Charles IV le Bel, jusqu'à la mort d'Henri III, qui n'avait pas de descendance.

VALOIS (Ninette **De**) → **DE VALOIS** (Ninette).

VALPARAÍSO, v. du Chili ; 263 499 hab. (873 752 hab. dans l'agglomération). Principal port du pays. Centre industriel.

VALRAS-PLAGE (34350), comm. de l'Hérault ; 4 240 hab. *(Valrassiens)*. Station balnéaire.

VALRÉAS [-as] (84600), bur. centr. de cant. de Vaucluse, enclavé dans la Drôme ; 9 727 hab. *(Valréassiens)*. Église romane, hôtel de ville dans un château des XVe-XVIIIe s.

VAL-REVERMONT (01370), comm. de l'Ain, au N.-E. de Bourg-en-Bresse ; 2 630 hab. Musée du Revermont.

VALROMEY, anc. pays de France (auj. dans l'Ain), cédé par la Savoie à la France (1601).

VAL-SAINT-LAMBERT, écart de la comm. belge de Seraing. Cristallerie.

VALS-LES-BAINS (07600), comm. de l'Ardèche ; 3 559 hab. *(Valsois)*. Station thermale (eaux minérales gazeuses).

VALTAT (Louis), *Dieppe 1869 - Paris 1952*, peintre français, précurseur du fauvisme.

VALTELINE n.f., en ital. **Valtellina,** région d'Italie, formée par la haute vallée de l'Adda ; v. princ. *Sondrio*. Pendant la guerre de Trente Ans, Richelieu l'occupa (1635 - 1637) pour empêcher la jonction entre les possessions des Habsbourg d'Espagne et celles des Habsbourg d'Autriche.

VAL-THORENS, station de sports d'hiver (alt. 2 300 - 3 300 m) de Savoie (comm. des Belleville), dans la Vanoise.

VAN, v. de Turquie, ch.-l. de prov., près du *lac de Van* ; 284 464 hab.

VAN (lac de), lac de la Turquie orientale (alt. 1 646 m) ; 3 700 km^2.

VAN ACKER (Achille), *Bruges 1898 - id. 1975*, homme politique belge. Socialiste, il fut Premier ministre en 1945 - 1946 et de 1954 à 1958.

VANADZOR, anc. **Kirovakan,** v. d'Arménie ; 86 199 hab.

VAN ALLEN (James Alfred), *Mount Pleasant, Iowa, 1914 - Iowa City 2006*, physicien américain. Il a découvert les ceintures de rayonnement entourant la Terre, auxquelles on a donné son nom. (Prix Crafoord 1989.)

VAN ARTEVELDE (Jacob), *Gand v. 1290 - id. 1345*, bourgeois de Gand. Chef des Flamands révoltés contre le comte de Flandre, il se heurta au particularisme des villes flamandes et périt dans une émeute. — **Filips Van A.,** *Gand 1340 - Rozebeke 1382*, bourgeois de Gand. Fils de Jacob, capitaine des Gantois, il écrasa l'armée du comte de Flandre (1382), mais fut tué à la bataille de Rozebeke, remportée par le roi de France.

VAN BENEDEN (Edouard), *Louvain 1846 - Liège 1910*, embryologiste belge. Il a étudié la morphologie cellulaire, la fécondation, l'embryologie des mammifères, et a découvert la réduction chromatique, ou *méiose*, des cellules reproductrices.

VANBRUGH (sir John), *Londres 1664 - id. 1726*, architecte et auteur dramatique anglais. À la fois palladien et baroque, il a notamm. élevé le palais de Blenheim, près d'Oxford (1705).

VAN BUREN (Martin), *Kinderhook, État de New York, 1782 - id. 1862*, homme politique américain. Président des États-Unis de 1837 à 1841, il poursuivit l'œuvre de Jackson et réorganisa le Parti démocrate.

VAN CAMPEN (Jacob), *Haarlem 1595 - près d'Amersfoort 1657*, architecte et peintre néerlandais. Il a donné les plans du Mauritshuis, à La Haye, et de l'anc. hôtel de ville d'Amsterdam (1648), au style inspiré de Palladio.

VAN CLEVE (Joos), *Clèves ? v. 1490 - Anvers v. 1541*, peintre flamand. Maître à Anvers en 1511, auteur de tableaux religieux (retables de *la Mort de Marie*, Munich et Cologne), il fut aussi un excellent portraitiste.

VAN COEHOORN (Menno, baron), *Britsum, près de Leeuwarden, 1641 - La Haye 1704*, ingénieur militaire néerlandais. Surnommé le *Vauban hollandais*, il dessina les fortifications de Nimègue, de Breda et de Bergen op Zoom. Son œuvre fit école.

VANCOUVER, v. du Canada (Colombie-Britannique), sur le détroit de Géorgie, en face de l'*île de Vancouver* ; 631 486 hab. (2 463 431 hab. dans l'agglomération, la troisième du pays). Archevêché. Université. Port. Débouché canadien sur le Pacifique, centre industriel (bois, construction navale, mécanique, alimentation) et touristique (musées, dont le musée d'Anthropologie ; parcs).

VANCOUVER (George), *King's Lynn 1757 - Richmond 1798*, navigateur britannique. Il fit le premier relevé exact de la côte ouest du Canada (1791 - 1795).

▲ Hugo **Van der Goes.** Volet droit du *Triptyque Portinari* (v. 1475) représentant sainte Marguerite et sainte Madeleine, avec Marie Portinari et sa fille. (Offices, Florence.)

VANCOUVER (île de), île canadienne de la côte de la Colombie-Britannique ; 32 137 km^2 ; v. princ. *Victoria*.

VANDALES, peuple germanique établi au sud de la Baltique au Ier s. apr. J.-C. Au début du Ve s., avec d'autres peuples barbares, ils envahirent la Gaule (407), l'Espagne (409). Sous la conduite de Geiséric (428 - 477), ils conquirent l'Afrique romaine, et fondèrent un royaume qui s'étendit à la Sicile, et où la plupart des institutions romaines d'Afrique furent conservées. Cet État disparut en 533 lors de la conquête byzantine de l'Afrique.

VAN DAM (José), *Bruxelles 1940*, baryton-basse belge. Il a notamm. créé le rôle-titre de l'opéra d'Olivier Messiaen *Saint François d'Assise* (1983, repris en 1992).

VAN DE GRAAFF (Robert Jemison), *Tuscaloosa, Alabama, 1901 - Boston 1967*, physicien américain. Il a réalisé les premières grandes machines électrostatiques, destinées à l'accélération des particules.

VANDEKEYBUS (Wim), *Herenthout, prov. d'Anvers, 1963*, danseur et chorégraphe belge. Proche de Jan Fabre, il fonde en 1986 la compagnie Ultima Vez. Il libère sur scène une énergie instinctive, accordant une place privilégiée à la musique et à la vidéo (*What the Body Does not Remember*, 1987 ; *Inasmuch as Life is Borrowed*, 2000 ; *Blush*, 2002 ; *Spiegel*, 2006 ; *Œdipus/bêt noir*, 2011).

Vandenberg, base militaire américaine de lancement de missiles et d'engins spatiaux, en Californie du Sud, sur la côte du Pacifique.

VAN DEN BERGHE (Frits), *Gand 1883 - id. 1939*, peintre belge. Membre de la seconde école de Laethem-Saint-Martin, il a donné à partir de 1925 - 1926 une version personnelle du surréalisme, hallucinante et sarcastique.

VAN DEN BOSCH (Johannes, comte), *Herwijnen, Gueldre, 1780 - La Haye 1844*, administrateur néerlandais. Gouverneur des Indes néerlandaises (1830 - 1833), il y imposa un système de cultures forcées, obligeant les paysans javanais à consacrer un cinquième de leurs terres à des cultures choisies par le gouvernement. Il fut ministre des Colonies de 1835 à 1839.

VAN DE POELE (Karel Joseph), *Lichtervelde 1846 - Lynn, Massachusetts, 1892*, technicien belge. Parmi ses inventions (concernant pour la plupart des applications de l'électricité) figure la traction électrique par trolley (1885).

VAN DER GOES (Hugo), *m. au monastère d'Auderghem, en forêt de Soignes, en 1482*, peintre flamand, maître à Gand en 1467. Monumental et pathétique, il a imprimé au réalisme flamand la marque de son esprit angoissé (*Triptyque Portinari*, v. 1475, Offices ; *la Mort de la Vierge*, Bruges).

VAN DER MEER (Simon), *La Haye 1925 - Genève 2011*, ingénieur néerlandais. Il conçut un système de production de faisceaux très fins d'antiprotons, qui, dans le supersynchrotron à protons du Cern, a permis la découverte des bosons intermédiaires. (Prix Nobel de physique 1984.)

VAN DER MEERSCH (Jan André), *Menin 1734 - Dadizeele 1792*, général flamand. Après avoir servi la France, puis l'Autriche, il se plaça en 1789 à la tête des insurgés brabançons.

VAN DER MEERSCH (Maxence), *Roubaix 1907 - Le Touquet-Paris-Plage 1951*, écrivain français. Attaché à sa Flandre natale, catholique militant, il porte un regard paternaliste sur la famille et sur le monde ouvrier (*la Maison dans la dune*, 1932 ; *l'Empreinte du Dieu*, 1936 ; *Corps et Âmes*, 1943).

VAN DER MEULEN (Adam Frans), *Bruxelles 1632 - Paris 1690*, peintre flamand, appelé en France par Le Brun (1664). Ses tableaux panoramiques relatent l'histoire militaire du règne de Louis XIV.

VANDERSTEEN (Willebrord, dit Willy), *Anvers 1913 - Edegem 1990*, dessinateur et scénariste belge de bandes dessinées. Les séries *Bob et Bobette* (1945) et *Bessy* (1952) font de ce créateur de langue néerlandaise l'une des grandes figures de la bande dessinée belge.

VANDERVELDE (Émile), *Ixelles 1866 - Bruxelles 1938*, homme politique belge. Député socialiste (1894), président de la IIe Internationale (1900), il fut ministre des Affaires étrangères (1925 - 1927) et signa les accords de Locarno (1925).

VAN DER WAALS (Johannes Diderik), *Leyde 1837 - Amsterdam 1923*, physicien néerlandais. Il étudia la continuité des états liquides et gazeux (1873) et les forces d'attraction d'origine électrostatique entre molécules. Il donna aussi une équation d'état des fluides. (Prix Nobel 1910.)

VAN DER WEYDEN (Rogier **de La Pasture,** ou Rogier), *Tournai v. 1400 - Bruxelles 1464*, peintre des Pays-Bas du Sud. Il est le plus célèbre des « primitifs flamands » après J. Van Eyck (*Descente de Croix*, v. 1435 ?, Prado ; *Saint Luc peignant la Vierge*, version de Boston notamm. ; retable du *Jugement dernier*, v. 1445-1450, hôtel-Dieu de Beaune ; *Triptyque Braque*, Louvre ; portrait de *l'Homme à la flèche*, Bruxelles).

VAN DE VELDE, famille de peintres paysagistes néerlandais du XVIIe s., dont les deux principaux sont : **Esaias Van de V.,** *Amsterdam v. 1590 - La Haye 1630*, qui inaugura la vision réaliste du paysage hollandais, et **Willem Van de V. le Jeune,** *Leyde 1633 - Greenwich 1707*, neveu d'Esaias, peintre de marines d'une grande qualité poétique.

▲ Willem **Van de Velde le Jeune.** *La Mer par temps calme.* (Musée Condé, Chantilly.)

VAN DE VELDE (Henry), *Anvers 1863 - Zurich 1957*, architecte, décorateur et peintre belge. Il fut l'un des principaux animateurs du mouvement moderniste en Europe, à la fois attaché à un Art nouveau retenu et au fonctionnalisme.

VAN DE WOESTIJNE (Karel), *Gand 1878 - Zwijnaarde 1929*, écrivain belge de langue néerlandaise. Ses poèmes (*l'Ombre dorée*) et ses récits (*Janus au double visage*) témoignent d'une lutte constante entre le mysticisme et la sensualité. — **Gustaaf Van de W.,** *Gand 1881 - Uccle 1947*, peintre belge, d'inspiration symboliste, frère de Karel. Tous deux firent partie du premier groupe de Laethem-Saint-Martin.

VAN DIEMEN (Anthony), *Culemborg 1593 - Batavia 1645*, administrateur néerlandais. Gouverneur général de la Compagnie des Indes néerlandaises (1636 - 1645), il étendit l'influence de celle-ci à Ceylan et à Malacca.

VAN DIJK (Peter), *Brême 1929 - Paris 1997*, danseur et chorégraphe allemand. Grand interprète (*Giselle, Petrouchka*), chorégraphe (*la Symphonie inachevée*), il s'est affirmé comme directeur de troupe (Ballet de l'Opéra de Hambourg, 1962 - 1970 ; Ballet du Rhin, 1974 - 1978).

VANDŒUVRE-LÈS-NANCY (54500), bur. centr. de cant. de Meurthe-et-Moselle, banlieue de Nancy ; 30 237 hab. (*Vandopériens*).

VAN DONGEN (Kees), *Delfshaven, près de Rotterdam, 1877 - Monte-Carlo 1968*, peintre français d'origine néerlandaise. Rallié au fauvisme (1905), grand coloriste, il est l'auteur de scènes de la vie contemporaine et de portraits d'une valeur synthétique percutante (*Saltimbanque au sein nu*, v. 1907-1908, MNAM, Paris).

VAN DYCK ou **VAN DIJCK** (Antoon ou Anthonie), *Anvers 1599 - Londres 1641*, peintre flamand. Collaborateur de Rubens d'env. 1618 à 1621, il travailla ensuite à Gênes, puis de nouveau à Anvers (peintures religieuses, portraits) ; en 1632, il devint le peintre de Charles Ier et de la cour d'Angleterre. Le succès de ses portraits, pleins de virtuosité et de distinction, fut immense.

VANEL (Charles), *Rennes 1892 - Cannes 1989*, acteur français. Au cours d'une carrière exceptionnellement longue et prolifique, il a développé un jeu sobre et juste pour incarner le plus souvent des hommes de devoir, notamm. dans *le Grand Jeu* (J. Feyder, 1934), *la Belle Équipe* (J. Duvivier, 1936), *Le ciel est à vous* (J. Grémillon, 1944), *le Salaire de la peur* (H.-G. Clouzot, 1953), *les Diaboliques* (id., 1954), *Trois Frères* (F. Rosi, 1981).

VÄNERN (lac), le plus grand lac de Scandinavie (Suède), se déversant dans le Cattégat par le Göta älv ; 5 585 km^2.

VANES, divinités agraires nord-germaniques, opposées aux dieux *Ases*.

VAN EYCK (Jan), *v. 1390 - Bruges 1441*, peintre flamand. Il travaille pour Jean de Bavière, futur comte de Hollande (miniatures des *Très Belles Heures de Notre-Dame*, Turin), puis pour Philippe le Bon (1425). Chargé de missions diplomatiques, il se fixe à Bruges vers 1430. Sa renommée grandit avec l'inauguration en 1432, à Gand, du retable de *l'Agneau* mystique* (entrepris par un Hubert Van Eyck, sans doute son frère aîné). Associant diverses techniques (dont l'huile) pour donner à la matière picturale un pouvoir de suggestion inédit, dégagé – au profit d'un réalisme attentif – du maniérisme ornemental propre au style gothique international, il est, avec le Maître de Flémalle, le fondateur de la grande école flamande, tant par ses tableaux religieux (*Vierge du chancelier Rolin*, Louvre) que par ses portraits ; celui d'*Arnolfini et sa femme* (National Gallery, Londres) est le premier exemple de scène intimiste bourgeoise dans la peinture.

▲ Jan **Van Eyck.** *Arnolfini et sa femme*, 1434. (National Gallery, Londres.)

VAN GENNEP (Arnold), *Ludwigsburg 1873 - Épernay 1957*, anthropologue et folkloriste français. Il est à l'origine d'une méthode rigoureuse d'analyse des faits recueillis sur le terrain. Il a écrit un monumental *Manuel de folklore français contemporain* (1937-1958).

VAN GOGH (Vincent), *Groot-Zundert, Brabant, 1853 - Auvers-sur-Oise 1890*, peintre néerlandais. Sa vie, marquée d'inquiétude spirituelle, fut brève et tragique. Après des séjours dans le Borinage et à Nuenen (près d'Eindhoven), il vécut à Paris (1886 - 1887), puis partit pour la Provence. Interné un moment (1889) à l'asile psychiatrique de Saint-Rémy-de-Provence, il s'installa ensuite à Auvers-sur-Oise (1890), où il mit fin à ses jours. Il a cherché à obtenir le maximum d'intensité et de vibration chromatique dans ses natures mortes et ses bouquets (*Tournesols*), ses portraits, ses paysages (les *Pont de Langlois*, les *Champ de blé aux cyprès*, *la Nuit étoilée* [MoMA, New York], etc.), et fut ainsi le précurseur des fauves et des expressionnistes. Il est représenté au musée d'Orsay (*Campement de Bohémiens, la Chambre, l'Église d'Auvers-sur-Oise*, autoportraits), mais mieux encore au musée national Van Gogh d'Amsterdam et au musée Kröller-Müller d'Otterlo.

▲ **Van Gogh.** *L'Église d'Auvers-sur-Oise*, 1890. (Musée d'Orsay, Paris.)

VAN GOYEN (Jan), *Leyde 1596 - La Haye 1656*, peintre néerlandais. L'un des meilleurs paysagistes de son pays, élève de E. Van de Velde, il est renommé pour ses vues fluviales aux miroitements argentés ou dorés.

VAN HAMME (Jean), *Bruxelles 1939*, scénariste belge de bandes dessinées. Il met son sens rare de la narration et son art du dialogue et du feuilleton au service d'histoires élaborées où prédomine l'aventure (*Thorgal*, 1977-2006 ; *le Grand Pouvoir du Chninkel*, 1988 ; *XIII*, 1984-2007 ; *Largo Winch*, 1990-2015).

VAN HEEMSKERCK (Maarten), *Heemskerk, près de Haarlem, 1498 - Haarlem 1574*, peintre et décorateur néerlandais. Italianisant, il est l'auteur de grands retables d'un expressionnisme tourmenté, de portraits, de dessins pour la tapisserie, le vitrail, la gravure.

VAN HELMONT (Jan Baptist), *Bruxelles 1579 - Vilvorde 1644*, médecin et chimiste flamand. Alchimiste disciple de Paracelse, il découvrit le gaz carbonique qui se dégage lorsqu'on brûle une substance naturelle et imagina le terme de « gaz ». Il élucida le rôle du suc gastrique dans la digestion.

VAN HONTHORST (Gerrit), *Utrecht 1590 - id. 1656*, peintre néerlandais. Passé par Rome, caravagesque, il s'est consacré à des scènes de genre d'un réalisme expressif, souvent des nocturnes éclairés à la bougie.

VAN HOVE (Ivo), *Heist-op-den-Berg 1958*, metteur en scène belge. Ses mises en scène des pièces classiques et contemporaines, aussi rigoureuses qu'audacieuses, souvent enrichies par l'apport de la vidéo, traduisent une vision puissante et subversive hantée notamm. par les thèmes du pouvoir et de l'ambition (*les Damnés*, d'après le film de L. Visconti, 2016).

VANIKORO, île de la Mélanésie, au N. de Vanuatu, dépendance des Salomon. C'est là que Lapérouse et les membres de son expédition périrent dans un naufrage (1788).

VANINI (Giulio Cesare), *Taurisano, Lecce, 1585 - Toulouse 1619*, philosophe italien. Prêtre, il voyagea à travers l'Europe, proposant une philosophie naturaliste et faisant état de son athéisme (*l'Amphithéâtre de l'éternelle Providence*, 1615). Il fut brûlé vif.

VAN LAER ou **VAN LAAR** (Pieter), dit **(il) Bamboccio,** *Haarlem 1599 - id. 1642*, peintre néerlandais. Installé à Rome, il excella à représenter des scènes de la vie populaire, qu'on appela, d'après son surnom, *bambochades*.

VAN LEEUWENHOEK (Antonie), *Delft 1632 - id. 1723*, naturaliste néerlandais. Un des fondateurs de la microbiologie, il observa et décrivit, avec des microscopes de sa fabrication, les spermatozoïdes, de nombreux protistes, les globules du sang et bien d'autres structures microscopiques.

VAN LOO ou **VANLOO,** famille de peintres français d'origine néerlandaise. — **Jean-Baptiste Van L.,** *Aix-en-Provence 1684 - id. 1745*, peintre français. Il travailla en Italie, à Paris (académicien en 1731) et à Londres comme peintre d'histoire, décorateur, portraitiste. — **Charles-André,** dit **Carle Van L.,** *Nice 1705 - Paris 1765*, peintre français, frère de Jean-Baptiste. Formé en Italie, professeur à l'Académie royale de Paris en 1737, premier peintre du roi en 1762, il représente le « grand style » au sein de l'esthétique rococo (tableaux religieux ou mythologiques, « turqueries », panneaux décoratifs). — **Louis Michel Van L.,** *Toulon 1707 - Paris 1771*, peintre français, fils de Jean-Baptiste. Il fit carrière à la cour d'Espagne. — **Charles Amédée Van L.,** *Rivoli, Piémont, 1719 - Paris 1795*, peintre français, frère de Louis Michel. Il fut surtout actif à la cour de Prusse. — **César Van L.,** *Paris 1743 - id. 1821*, peintre français, paysagiste préromantique, fils de Carle.

VAN MANDER (Carel), *Meulebeke, Flandre-Occidentale, 1548 - Amsterdam 1606*, peintre et écrivain d'art flamand. Il fonda, avec Goltzins, une académie d'art à Haarlem (1587). Son *Livre de peinture* (1604) est un témoignage sur les peintres flamands, hollandais et allemands des XVe et XVIe s.

VAN MONTAGU (Marc), *Gand 1933*, biologiste belge. Avec son compatriote Joseph **Schell** (*1935 - 2003*), il a découvert la façon dont des bactéries du sol modifient le matériel génétique de cellules végétales pour leur faire produire des substances qui leur sont nécessaires. À la suite, ils ont créé, en 1983, la première plante transgénique (un pied de tabac).

VAN MUSSCHENBROEK (Petrus), *Leyde 1692 - id. 1761*, physicien néerlandais. Il inventa (accidentellement) la « bouteille de Leyde », premier condensateur électrique (1746).

VANNES (56000), ch.-l. du dép. du Morbihan, près de l'Atlantique, à 450 km à l'O.-S.-O. de Paris ; 55 577 hab. (*Vannetais*) [132 660 hab. dans l'agglomération]. Évêché. Université. Agroalimentaire. Pneumatiques. – Remparts, cathédrale des XIIIe-XVIIIe s., maisons anciennes ; musées.

VANOISE (massif de la), massif des Alpes françaises (Savoie), entre les vallées de l'Arc et de l'Isère ; 3 852 m. Parc national (53 500 ha).

VAN ORLEY (Barend ou Bernard), *Bruxelles v. 1488 - id. 1541*, peintre et décorateur des Pays-Bas du Sud. Artiste officiel au style de transition, il est l'auteur de retables, de portraits ainsi que de cartons pour des vitraux et des tapisseries (*Chasses de Maximilien*, Louvre).

VAN OSTADE (Adriaen), *Haarlem 1610 - id. 1685*, peintre néerlandais. Il est l'auteur de scènes d'intérieur dans l'esprit de Brouwer. — **Isaac Van O.,** *Haarlem 1621 - id. 1649*, peintre néerlandais, frère d'Adriaen. Après avoir subi l'influence de son aîné, il se spécialisa dans le paysage.

VAN ROMPUY [vanrɔ̃pœj] (Herman), *Etterbeek 1947*, homme politique belge. Chrétien-démocrate flamand, président de la Chambre des représentants (2007 - 2008), il a été Premier ministre en 2008 - 2009. Il devient le 1er déc. 2009 le premier président permanent du Conseil européen (prise de fonctions en 2010), reconduit de 2012 à 2014. Il a aussi présidé les sommets de la zone euro de 2011 à 2014.

VAN RUISDAEL ou **RUYSDAEL** → **RUISDAEL.**

VAN RUUSBROEC ou **VAN RUYSBROECK** (Jan), dit **l'Admirable,** *Ruusbroec, près de Bruxelles, 1293 - Groenendaal, près de Bruxelles, 1381,* théologien et écrivain brabançon. Ses écrits mystiques, qui comptent parmi les premiers chefs-d'œuvre en néerlandais, marquèrent la Devotio moderna.

VAN RYSSELBERGHE (Théophile, dit Théo), *Gand 1862 - Saint-Clair, Var, 1926,* peintre belge. Ami de Signac et de nombreux écrivains, il fut l'un des initiateurs du néo-impressionnisme en Belgique. Il s'installa à Paris en 1898.

VAN SANT (Gus), *Louisville 1952,* cinéaste américain. Ses films, qui expriment dans un style à la fois tendre et rageur son intérêt pour les minorités et les marginaux (*My Own Private Idaho,* 1991 ; *Harvey Milk,* 2008), montrent aussi sans détour les ravages de l'exclusion et la montée de la violence dans les sociétés occidentales (*Elephant,* 2003 ; *Paranoid Park,* 2007).

VAN SCHENDEL (Arthur), *Batavia 1874 - Amsterdam 1946,* romancier néerlandais. Son œuvre est une peinture de la province hollandaise (*l'Homme de l'eau,* 1933).

VAN SCOREL (Jan), *Schoorl, près d'Alkmaar, 1495 - Utrecht 1562,* peintre néerlandais. Après des séjours à Venise, Rome, etc., il s'installa à Utrecht v. 1525. Il fut l'un des premiers à introduire l'influence italienne aux Pays-Bas. Réalisme nordique et expressionnisme n'en marquent pas moins son œuvre (retables, tel le *Polyptyque de Marchiennes* du musée de Douai ; portraits).

VANTAA, v. de Finlande, banlieue d'Helsinki ; 208 353 hab. Aéroport.

VAN'T HOFF (Jacobus Henricus), *Rotterdam 1852 - Berlin 1911,* chimiste néerlandais. Créateur, avec A. Le Bel, de la stéréochimie, il formula la théorie du carbone asymétrique. Il posa, en 1884, les fondements de la cinétique chimique. En 1886, il signala l'analogie entre les solutions et les gaz, et donna une théorie de la pression osmotique. (Prix Nobel 1901.)

VANUA LEVU, une des îles Fidji ; 5 535 km².

VANUATU n.m., anc. **Nouvelles-Hébrides,** État d'Océanie, au N.-E. de la Nouvelle-Calédonie ; 12 200 km² ; 253 000 hab. (*Vanuatais, Vanouatais* ou *Vanuatuans*). **CAP.** *Port-Vila.* **LANGUES :** *anglais, bichlamar* et *français.* **MONNAIE :** *vatu.* (V. carte **Océanie.**) Le climat tropical humide explique l'extension de la forêt, qui couvre environ 75 % du territoire. Pêche. Coprah. – Découvert en 1606 par les Portugais, l'archipel est tardivement colonisé. La commission navale franco-britannique, instaurée en 1887 à la suite de la rivalité entre les deux pays, aboutit à l'établissement d'un condominium (1906), qui remplace l'administration militaire par deux hauts-commissaires résidents. L'indépendance de l'archipel, qui prend le nom de Vanuatu, intervient en 1980.

VAN VELDE (Bram), *Zoeterwoude, près de Leyde, 1895 - Grimaud, Var, 1981,* peintre et lithographe néerlandais. L'orientation de son œuvre, à partir de 1945 surtout, a fait de lui l'un des principaux représentants de l'abstraction lyrique européenne. Son frère Geer (*Lisse, près de Leyde, 1898 - Cachan 1977*) fut également peintre.

VANVES (92170), comm. des Hauts-de-Seine, au S. de Paris ; 28 139 hab. (*Vanvéens*). Église gothique.

VAN VLECK (John Hasbrouck), *Middletown 1899 - Cambridge, Massachusetts, 1980,* physicien américain. Ses travaux ont porté sur la structure de la matière désordonnée, le magnétisme, le comportement des impuretés dans les cristaux et les propriétés semi-conductrices des solides amorphes. (Prix Nobel 1977.)

VAN ZEELAND (Paul), *Soignies 1893 - Bruxelles 1973,* homme politique belge. Membre du Parti catholique, Premier ministre de 1935 à 1937, il fut ministre des Affaires étrangères de 1949 à 1954.

VANZETTI, un des deux protagonistes de l'affaire Sacco* et Vanzetti.

VAR n.m., fl. du sud-est de la France, qui rejoint la Méditerranée ; 120 km. Il s'écoule presque entièrement dans les Alpes-Maritimes.

VAR n.m. (83), dép. de la Région Provence-Alpes-Côte d'Azur ; ch.-l. de dép. *Toulon* ; ch.-l. d'arrond. *Brignoles, Draguignan* ; 3 arrond. ; 23 cant. ; 153 comm. ; 5 973 km² ; 1 065 985 hab. (*Varois*). Le dép. appartient à l'académie de Nice, à la cour d'appel d'Aix-en-Provence, à la zone de défense et de sécurité Sud. Une dépression, domaine des cultures fruitières et du vignoble, importante voie de passage, sépare le massif des Maures, peu peuplé, des plateaux et chaînons calcaires du Nord. Les cultures fruitières et légumières (souvent irriguées) se sont ajoutées à la vigne et à l'élevage ovin. L'industrie est peu développée. L'importance du secteur tertiaire est partiellement liée à celle du tourisme estival, florissant notamm. sur le littoral, qui concentre plus de 80 % de la population (plus de 50 % dans la seule agglomération de Toulon).

VARANASI → **BÉNARÈS.**

VARDA (Agnès), *Ixelles, Belgique, 1928,* cinéaste française. Après *la Pointe courte* (1955), qui annonçait la nouvelle vague, elle a réalisé notamment *Cléo de 5 à 7* (1962), *le Bonheur* (1965), *Sans toit ni loi* (1985), *Jacquot de Nantes* (1991, à la mémoire de J. Demy, son époux), *les Glaneurs et la Glaneuse* (2000), *les Plages d'Agnès* (2008), *Visages, villages* (2017, avec l'artiste contemporain JR). Son art s'exprime aussi dans des installations.

VARDAR n.m., fl. de Macédoine du Nord et de Grèce, qui se jette dans la mer Égée ; 420 km.

VARÈGUES, Vikings qui, aux VIIIe-IXe s., pénétrèrent en Russie. Ils y pratiquèrent un commerce actif entre la Baltique, la mer Noire et la Caspienne. Intervenant dans la vie des cités des Slaves orientaux, ils ont donné à ceux-ci leur première dynastie, les Riourikides.

VARENNES, v. du Canada (Québec), sur le Saint-Laurent ; 21 257 hab. (*Varennois*).

Varennes (la fuite à) [20 - 25 juin 1791], épisode de la Révolution française. Alors qu'ils cherchaient à gagner l'étranger, Louis XVI et sa famille furent arrêtés à Varennes (auj. *Varennes-en-Argonne,* Meuse), après avoir été reconnus par J.-B. Drouet*.

VARENNES-VAUZELLES (58640), comm. de la Nièvre, banlieue de Nevers ; 9 702 hab.

VARÈSE, v. d'Italie (Lombardie), ch.-l. de prov., près du *lac de Varèse* ; 79 959 hab. Centre touristique et industriel. – Anc. palais d'Este (XVIIIe s.), avec beaux jardins ; musée.

VARÈSE (Edgard), *Paris 1883 - New York 1965,* compositeur français naturalisé américain. Également acousticien, il a renouvelé le matériel orchestral dans des œuvres qui combinent vents et percussions (*Hyperprism,* 1923 ; *Intégrales,* 1925) ou sont entièrement écrites pour des percussions (*Ionisation,* 1933), puis a abordé l'électroacoustique dans *Déserts* (1954), pour orchestre et bande magnétique.

VARGA (Ievgueni), *Budapest 1879 - Moscou 1964,* homme politique et économiste russe d'origine hongroise. Il fut le grand spécialiste des questions économiques mondiales au sein des organismes dirigeants de l'Internationale communiste.

VARGAS (Frédérique **Audoin-Rouzeau,** dite Fred), *Paris 1957,* écrivaine française. Elle nourrit de son érudition d'historienne des romans policiers où s'illustre le commissaire Adamsberg, héros débonnaire et intuitif (*l'Homme à l'envers,* 1999 ; *Pars vite et reviens tard,* 2001 ; *Sous les vents de Neptune,* 2004 ; *Quand sort la recluse,* 2017).

VARGAS (Getúlio), *São Borja, Rio Grande do Sul, 1883 - Rio de Janeiro 1954,* homme politique brésilien. Président de la République en 1934, il institua un régime corporatiste, autoritaire et nationaliste, l'« État nouveau ». Ses mesures sociales le rendirent très populaire. Déposé en 1945, il fut réélu en 1950 et se suicida en 1954.

VARGAS LLOSA (Mario), *Arequipa 1936,* écrivain péruvien et espagnol. Ses romans, pétris d'histoire et de politique (l'auteur fut lui-même candidat à la présidence du Pérou en 1990), forment une fresque satirique de la société latino-américaine, tout en atteignant l'universel (*la Ville et les Chiens,* 1962 ; *la Guerre de la fin du monde,* 1981 ; *Lituma dans les Andes,* 1993 ; *le Rêve du Celte,* 2010 ; *le Héros discret,* 2013). [Prix Nobel 2010.]

VARIGNON (Pierre), *Caen 1654 - Paris 1722,* mathématicien français. Auteur d'un traité de statique, il y énonça la règle de composition des forces concourantes et fut l'un des premiers, en France, à adopter le calcul infinitésimal.

VARIN ou **WARIN** (Jean), *Liège 1604 - Paris 1672,* médailleur et sculpteur français d'origine wallonne. Artiste et technicien hors pair, il fut nommé « tailleur général des Monnaies de France » en 1646.

VARLIN (Louis Eugène), *Claye-Souilly 1839 - Paris 1871,* homme politique et syndicaliste français. Ouvrier relieur, secrétaire de la section française de la Ire Internationale, membre de la Commune (1871), il fut fusillé par les « Versaillais ».

VARNA, v. de Bulgarie, sur la mer Noire ; 334 870 hab. Port, station balnéaire et centre industriel. – Au musée : vestiges du riche mobilier (cuivre et or) de la nécropole chalcolithique.

Varna (bataille de) [10 nov. 1444], victoire des Ottomans de Murad II sur les forces chrétiennes de Ladislas III Jagellon et János Hunyadi.

VARRON, en lat. **Terentius Varro,** *m. en 216 av. J.-C.*, consul romain. Il livra et perdit la bataille de Cannes contre Hannibal, en 216 av. J.-C.

VARRON, en lat. **Marcus Terentius Varro,** *Reate, auj. Rieti, 116 av. J.-C. - 27 av. J.-C.*, écrivain latin. Lieutenant de Pompée pendant la guerre civile, il se réconcilia avec César, qui le chargea d'organiser la première bibliothèque publique de Rome. De son œuvre ne nous sont parvenus que des fragments : les trois livres d'un traité d'économie rurale, une partie d'un traité de grammaire, des *Satires Ménippées*.

VARS (16330), bur. centr. de cant. de la Charente ; 2 094 hab. *(Varsois)*. Logistique.

VARS (col de), col routier des Alpes françaises, au S. de Guillestre ; 2 111 m. À proximité, sports d'hiver (alt. 1 650 - 2 750 m).

VARSOVIE, en polon. **Warszawa,** cap. de la Pologne, ch.-l. de voïévodie, sur la Vistule ; 1 700 612 hab. *(Varsoviens)*. Métropole politique, culturelle, commerciale et industrielle, la ville a été reconstruite après la Seconde Guerre mondiale. – Musées. – Capitale de la Pologne en 1596, cédée à la Prusse en 1795, capitale du grand-duché de Varsovie (1807), du royaume de Pologne (1815), dont le souverain était l'empereur de Russie, Varsovie se révolta en 1830 et en 1863. Capitale de la République polonaise en 1918, elle fut occupée par les Allemands dès 1939. Elle subit d'énormes destructions et pertes humaines lors de l'anéantissement du ghetto de Varsovie (1943) et de l'écrasement de l'insurrection de 1944. La ville fut libérée par les forces polono-soviétiques en janv. 1945.

▲ **Varsovie.** Un aspect de la vieille ville.

Varsovie (convention de), convention instituant en 1929 un régime juridique du transport aérien international et qui a unifié notamm. les règles de responsabilité du transporteur.

Varsovie (pacte de), alliance militaire qui regroupait autour de l'Union soviétique l'Albanie (jusqu'en 1968), la RDA, la Bulgarie, la Hongrie, la Pologne, la Roumanie et la Tchécoslovaquie. Créé en 1955 pour faire pièce à l'entrée de la RFA dans l'OTAN, il fut dissous en 1991. Le commandement suprême des forces du pacte était assuré par un général soviétique.

VARUS ou **PUBLIUS QUINTILIUS** (ou **QUINCTILIUS**) **VARUS,** *v. 46 av. J.-C. - Teutoburger Wald 9 apr. J.-C.*, général romain. Les Germains d'Arminius massacrèrent ses légions dans le Teutoburger Wald (Rhénanie du Nord).

VASA → GUSTAVE Ier VASA.

Vasaloppet n.f., célèbre course de ski nordique, disputée chaque année en Suède sur 85,8 km.

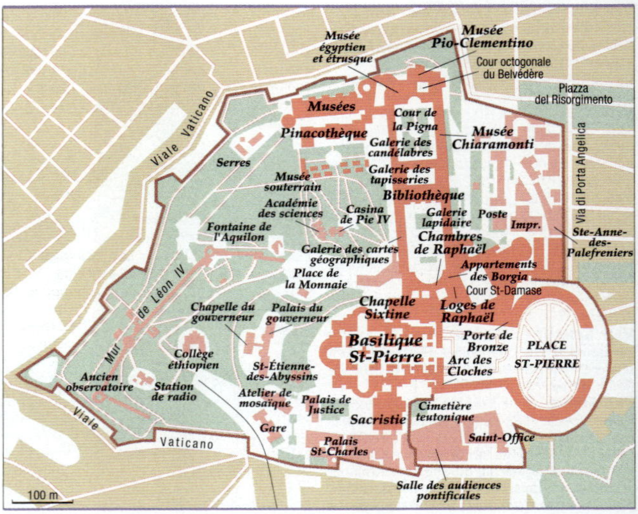

Vatican

basilique St-Pierre, palais du Vatican et musées
autres bâtiments de la Cité du Vatican
masse bâtie
espace vert

VASARELY (Victor **Vasarhelyi,** dit Victor), *Pécs 1906 - Paris 1997*, peintre français d'origine hongroise, l'un des maîtres de l'art cinétique « virtuel » (op art). Fondation à Aix-en-Provence.

VASARI (Giorgio), *Arezzo 1511 - Florence 1574*, peintre, architecte et écrivain d'art italien. Il est l'auteur d'un célèbre et précieux recueil de *Vies* d'artistes qui privilégie l'école florentine.

VASCO DE GAMA → GAMA.

VASCONS, ancien peuple d'Espagne qui occupait la Navarre actuelle et une partie des provinces voisines. De ce nom dérivent les noms de *Gascons* et de *Basques*.

VASSIEUX-EN-VERCORS (26420), comm. de la Drôme ; 322 hab. *(Vassivains)*. Le village fut incendié par les Allemands et la Milice en juillet 1944. Soixante-quinze habitants furent massacrés.

VASSILEVSKI (Aleksandr Mikhaïlovitch), *Novaïa Goltchikha 1895 - Moscou 1977*, maréchal soviétique. Il fut chef d'état-major de l'Armée rouge de 1942 à 1947, puis ministre adjoint et ministre de la Défense (1947 - 1953).

VASSILI Ier, *1371 - 1425*, grand-prince de Vladimir et de Moscou (1389 - 1425). — **Vassili II l'Aveugle,** *1415 - 1462*, grand-prince de Vladimir et de Moscou (1425 - 1462). Son règne fut marqué par une succession de graves crises politiques. Il refusa l'union de l'Église russe avec Rome, souscrite en 1439. — **Vassili III,** *1479 - 1533*, grand-prince de Vladimir et de Moscou (1503 - 1533). Fils d'Ivan III et de Zoé (Sophie) Paléologue, nièce du dernier empereur de Byzance, il poursuivit l'œuvre de son père.

VASSILI CHOUÏSKI, *1552 - Gotsynin, près de Varsovie, 1612*, tsar de Russie (1606 - 1610). Il fut renversé lors de l'invasion polonaise (1610).

VASSILIEV (Vladimir), *Moscou 1940*, danseur et chorégraphe russe. Technicien et virtuose de la danse classique, il créa les rôles-titres de *Spartacus* et *Ivan le Terrible* (Grigorovitch, 1968 et 1975), la version de *Petrouchka* de M. Béjart (1977) et s'illustra aussi comme chorégraphe (*Icare*, 1971 ; *Macbeth*, 1980 ; *Roméo et Juliette*, 1990), avant de diriger le théâtre Bolchoï de Moscou (1995 - 2000).

VASSIVIÈRE (lac de), lac du Limousin, aux confins de la Creuse et de la Haute-Vienne ; env. 10 km². Centre nautique. – Centre d'art contemporain.

VÄSTERÅS, v. de Suède, près du lac Mälaren ; 143 702 hab. Centre industriel. – Cathédrale du XIIIe s., château remontant au XIVe s.

VATEL (François), *m. à Chantilly en 1671*, maître d'hôtel du Grand Condé. Sa mort tragique a été rendue célèbre par Mme de Sévigné. À un dîner que Condé offrait à Louis XIV à Chantilly, le poisson n'ayant pas été livré à temps, Vatel se crut déshonoré et se transperça de son épée.

Vatican, résidence des papes, à Rome. Ensemble d'époques et de styles divers (notamm. de la Renaissance : XVe et XVIe s.) ; importants musées (antiques, peintures...) ; bibliothèque conservant de précieux manuscrits. C'est au Vatican que se trouvent la chapelle Sixtine*, les « Chambres » et les « Loges » de Raphaël.

VATICAN n.m. (État de la Cité du), État d'Europe, à Rome ; 0,44 km² ; 557 hab. **LANGUE :** *italien*. **MONNAIE :** *euro*. Il englobe la place et la basilique Saint-Pierre, le palais du Vatican et ses annexes, les jardins du Vatican. S'ajoute à ce domaine la pleine propriété de bâtiments, à Rome et à Castel Gandolfo (droits extraterritoriaux). La souveraineté temporelle du Vatican a été reconnue au pape par les accords du Latran conclus entre le Saint-Siège et Mussolini (11 févr. 1929). Le pape exerce ses pouvoirs, à la fois législatifs et exécutifs, par l'intermédiaire d'une commission de cardinaux.

Vatican (premier concile du) [8 déc. 1869 - 18 juill. 1870], concile œcuménique tenu dans la basilique Saint-Pierre de Rome, sous Pie IX. Le dogme de l'infaillibilité pontificale y fut proclamé, ce qui provoqua le schisme des vieux-catholiques.

Vatican (deuxième concile du) [11 oct. 1962 - 8 déc. 1965], dit couramment **Vatican II,** concile œcuménique tenu dans la basilique Saint-Pierre de Rome, en quatre sessions, sous les pontificats de Jean XXIII et de Paul VI. Jean XXIII annonça, le 25 janv. 1959, son intention de convoquer un concile qui devait assurer le renouveau de l'Église face au monde moderne *(aggiornamento)* et relancer le mouvement en faveur de l'unité des Églises chrétiennes. Avec près de 2 400 participants (évêques, théologiens, observateurs non catholiques), les travaux et conclusions du concile, d'esprit plus pastoral que dogmatique, eurent un grand retentissement.

VATNAJÖKULL, région englacée d'Islande.

VATRY (51320), comm. de la Marne, au S.-O. de Châlons-en-Champagne ; 139 hab. *(Vatriots)*. Aéroport international de fret (Paris-Vatry). Plateforme multimodale.

VATTEL (Emmer **de**), *Couvet 1714 - Neuchâtel 1767*, juriste suisse. Ses travaux sur le droit naturel (*le Droit des gens…*, 1758) font de lui l'un des fondateurs du droit international moderne.

VÄTTERN (lac), lac de Suède, se déversant dans la Baltique ; 1 912 km².

VAUBAN (Sébastien **Le Prestre de**), *Saint-Léger-de-Foucheret, auj. Saint-Léger-Vauban, Yonne, 1633 - Paris 1707*, maréchal de France. Commissaire général des fortifications (1678), il fortifia de nombreuses places des frontières françaises et dirigea plusieurs sièges (Lille, 1667 ; Namur, 1692). Son œuvre militaire est marquée par la recherche constante de l'innovation et par un effort d'adaptation permanent. Il a rédigé un *Traité de défense des places* (1706). Ses critiques de la politique de Louis XIV lui firent perdre la faveur du roi, et son *Projet d'une dîme royale*, préconisant un impôt sur le revenu, fut saisi peu avant sa mort.

VAUCANSON (Jacques **de**), *Grenoble 1709 - Paris 1782*, inventeur français. Après avoir créé trois automates célèbres, il fut chargé, à partir de 1741, de réorganiser l'industrie de la soie. Il créa de nombreuses machines préfigurant les machines-outils ainsi qu'un outillage perfectionné (notamm. un tour à charioter), pour les fabriquer.

VAUCLUSE n.m. (84), dép. de la Région Provence-Alpes-Côte d'Azur ; ch.-l. de dép. *Avignon* ; ch.-l. d'arrond. *Carpentras, Apt* ; 3 arrond. ; 17 cant. ; 151 comm. ; 3 567 km² ; 569 618 hab. (*Vauclusiens*). Le dép. appartient à l'académie d'Aix-Marseille, à la cour d'appel de Nîmes, à la zone de défense et de sécurité Sud. L'Ouest est formé par la plaine du Comtat, transformée par l'irrigation en une riche région maraîchère et fruitière (fraises, melons, pêches, abricots, tomates), portant localement des vignobles (Châteauneuf-du-Pape). Densément peuplé, surtout dans la vallée du Rhône, grand axe de circulation, il s'oppose à l'Est, constitué de hauteurs calcaires arides (Ventoux, monts de Vaucluse, Luberon), domaines de l'élevage ovin et de la culture de la lavande et qui se dépeuplent. L'industrie est en partie liée à l'agriculture (agroalimentaire). Le tourisme est très actif (Avignon, Orange, Vaison-la-Romaine, fontaine de Vaucluse).

VAUCLUSE (fontaine **de**), source abondante de France, dans le Vaucluse, à l'E. d'Avignon (comm. de *Fontaine-de-Vaucluse*). Elle a été immortalisée par les vers de Pétrarque.

VAUCOULEURS (55140), bur. centr. de cant. de la Meuse, sur la Meuse ; 2 000 hab. (*Valcolorois*). Le capitaine de Vaucouleurs, Robert de Baudricourt, accorda à Jeanne d'Arc une escorte pour aller trouver Charles VII à Chinon (1429).

VAUD, canton de Suisse ; 3 212 km² ; 713 281 hab. (*Vaudois*) ; ch.-l. *Lausanne*. C'est un des cantons francophones. – Il fut créé en 1803.

VAUDÉMONT → **SION-VAUDÉMONT.**

VAUDREUIL (Le) → **VAL-DE-REUIL.**

VAUDREUIL (Philippe **de Rigaud**, marquis **de**), *en Gascogne 1643 - Québec 1725*, administrateur français. Gouverneur du Canada (1703 - 1725), il ne put empêcher les Anglais de s'emparer de l'Acadie et de Terre-Neuve (1713). — **Pierre de Rigaud de Cavagnal**, marquis **de V.**, *Québec 1698 - Muides-sur-Loire 1778*, administrateur français. Fils de Philippe, il fut le dernier gouverneur de la Nouvelle-France (1755 - 1760).

VAUDREUIL-DORION, v. du Canada (Québec), banlieue ouest de Montréal ; 38 117 hab.

VAUGELAS [-la] (Claude **Favre**, seigneur **de**), *Meximieux, Ain, 1585 - Paris 1650*, grammairien français. Il s'est attaché, dans ses *Remarques sur la langue française* (1647), à régler et à unifier la langue en se référant au « bon usage », celui de la Cour. (Acad. fr.)

VAUGHAN, v. du Canada (Ontario), banlieue de Toronto ; 306 233 hab.

VAUGHAN (Sarah), *Newark 1924 - Los Angeles 1990*, chanteuse américaine de jazz. Son registre de voix étendu, sa technique très travaillée lui ont permis d'interpréter un large répertoire (romances populaires, improvisations, bop, swing).

VAUGHAN WILLIAMS (Ralph), *Down Ampney, Gloucestershire, 1872 - Londres 1958*, compositeur britannique. Puisant son inspiration dans le folklore, il a laissé six opéras, neuf symphonies, soixante mélodies, trois ballets.

VAUGNERAY (69670), bur. centr. de cant. du Rhône ; 5 558 hab. (*Valnigrins*).

VAULX-EN-VELIN [vo-] (69120), comm. du Rhône ; 47 746 hab. (*Vaudais*). Métallurgie.

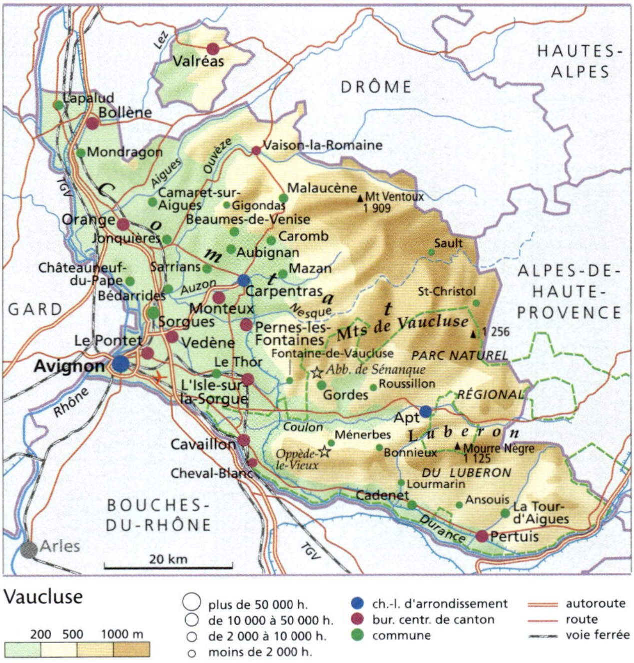

VAUQUELIN (Nicolas Louis), *Saint-André-d'Hébertot, Calvados, 1763 - id. 1829*, chimiste français. Élève de Fourcroy, il découvrit le chrome (1798) et étudia les sels de platine.

VAUQUELIN DE LA FRESNAYE (Jean), *La Fresnaye-au-Sauvage, Orne, 1536 - Caen 1606*, poète français, auteur d'un *Art poétique* (1605) qui rend hommage à la poésie du Moyen Âge.

VAURÉAL (95000), comm. du Val-d'Oise ; 16 481 hab. (*Vauréaliens*). Église du XVIe s.

Vautrin, personnage des romans *le Père Goriot* (1834-1835), *Illusions perdues* (1837-1843), *Splendeurs et misères des courtisanes* (1838-1847) et du drame *Vautrin* (1840), de H. de Balzac. Forçat évadé, il mène contre la justice et la société une lutte gigantesque, réalisant ses rêves de puissance par l'intermédiaire de jeunes gens (Rastignac*, Rubempré) qu'il pousse dans les sphères du pouvoir et de l'argent. Il finit par devenir chef de la Sûreté. Vidocq* a en partie inspiré ce personnage.

VAUVENARGUES (Luc **de Clapiers**, marquis **de**), *Aix-en-Provence 1715 - Paris 1747*, moraliste français. Il est l'auteur d'une *Introduction à la connaissance de l'esprit humain* (1746), accompagnée de *Réflexions et Maximes*, où il tente de réconcilier la raison et le sentiment.

VAUVERT (30600), bur. centr. de cant. du Gard ; 11 635 hab. (*Vauverdois*).

Vaux (fort **de**), fort situé sur un éperon des hauts de Meuse, au sud de *Vaux-devant-Damloup* (55400), dominant Verdun. L'un des hauts lieux de la bataille de Verdun, il succomba après une héroïque résistance le 7 juin 1916, mais il fut réoccupé par les Français de Mangin le 2 nov. suivant.

VAUX-LE-PÉNIL (77000), comm. de Seine-et-Marne ; 11 223 hab. (*Pénivauxois*). Église des XIIe-XVe s.

Vaux-le-Vicomte, château de la commune de Maincy (Seine-et-Marne), près de Melun. Il a été bâti par Le* Vau pour le surintendant Fouquet et décoré par Le Brun, avec des jardins de Le Nôtre (1656-1661). Il prélude à l'art de Versailles.

VAZOV (Ivan), *Sopot, région de Plovdiv, 1850 - Sofia 1921*, écrivain bulgare. Par ses romans (*Sous le joug*, 1890), ses poèmes (*l'Épopée des oubliés*, 1881-1884) et ses drames historiques (*Borislav*, 1909), il est l'un des plus grands noms de la littérature bulgare moderne.

VÁZQUEZ MONTALBÁN (Manuel), *Barcelone 1939 - Bangkok 2003*, écrivain espagnol. Journaliste, poète et essayiste, il est aussi l'auteur de romans qui sondent l'âme de l'Espagne contemporaine (*la Joyeuse Bande d'Atzavara*, 1987 ; *Moi, Franco*, 1992). Mais c'est comme créateur de Pepe Carvalho, détective privé barcelonais, héros de nombreux récits, qu'il acquit la célébrité.

VEAUCHE (42340), comm. de la Loire ; 8 954 hab. (*Veauchois*). Verrerie. – Église des Xe-XVIe s.

VEBLEN (Thorstein Bunde), *comté de Manitowoc, Wisconsin, 1857 - Menlo Park, Californie, 1929*, économiste et sociologue américain. Il a dénoncé l'exploitation de la masse par la « classe oisive ».

Veda, livres sacrés de l'hindouisme, écrits en sanskrit à partir de 1800 av. J.-C. Attribués à la révélation de Brahma, les quatre Veda sont des recueils de prières, d'hymnes, de formules se rapportant au sacrifice et à l'entretien du feu sacré.

VEDEL (Georges), *Auch 1910 - Paris 2002*, juriste français. Professeur de droit, membre du Conseil constitutionnel (1980 - 1989), il a joué un grand rôle dans l'élaboration doctrinale du droit public (*Traité de droit administratif*, 1959). [Acad. fr.]

VEDÈNE (84270), comm. de Vaucluse, au N.-E. d'Avignon ; 11 593 hab. (*Vedènais*). Zone industrielle. Vignobles. – Vieille ville.

VÉDRINES (Jules), *Saint-Denis 1881 - Saint-Rambert-d'Albon 1919*, aviateur français. Il participa à de nombreuses courses (victoire sur « Paris-Madrid » en 1911), exécuta des missions audacieuses pendant la Première Guerre mondiale et réussit en 1919 à atterrir sur le toit des Galeries Lafayette, à Paris.

VÉGA, étoile principale de la constellation de la Lyre. Elle est la plus brillante du ciel boréal.

Vega, lanceur spatial européen destiné à la mise en orbite de petits satellites. Son vol inaugural a eu lieu en 2012.

VEGA CARPIO (Félix Lope **de**), *Madrid 1562 - id. 1635,* écrivain espagnol. Il a écrit 1 800 pièces profanes, 400 drames religieux, de nombreux intermèdes, un roman pastoral *(l'Arcadie)*, des poèmes mystiques *(le Romancero spirituel)* et burlesques. Son génie dramatique est nourri de toutes les traditions historiques, religieuses et populaires de l'Espagne : *Peribáñez et le Commandeur d'Ocaña [Pedro et le Commandeur]* (1614), *le Chien du jardinier* (1618), *Fuenteovejuna* (id.), *le Chevalier d'Olmedo* (1641).

▲ Lope de **Vega** par F. Pacheco.

VÉGÈCE, en lat. **Flavius Vegetius Renatus,** *fin du IVe s. apr. J.-C.,* écrivain latin, auteur d'un *Traité de l'art militaire.*

Vehme ou **Sainte-Vehme,** ensemble des tribunaux secrets apparus en Westphalie au XIe s., pour condamner malfaiteurs et chevaliers-brigands, qui se répandirent dans le Saint Empire au XIIIe s. et disparurent au XVIe s.

VÉIES, en lat. **Veii,** en ital. **Veio,** cité étrusque qui fut soumise définitivement par Rome après un long siège (début du IVe s. av. J.-C.). Importants vestiges (notamm. statues en terre cuite, dont le célèbre *Apollon de Véies,* v. 510-490 av. J.-C.) et nécropole aux tombes ornées de peintures murales.

VEIL (Simone), née **Jacob,** *Nice 1927 - Paris 2017,* femme politique française. Déportée à Auschwitz (1944 - 1945), elle fut la première femme à occuper le poste de secrétaire général du Conseil supérieur de la magistrature (1970). Devenue ministre de la Santé (1974 - 1979), elle libéralisa l'accès à la contraception (1974) et fit voter la loi sur l'interruption volontaire de grossesse (1975). Présidente du Parlement européen (1979 - 1982), elle fut ensuite ministre des Affaires sociales, de la Santé et de la Ville (1993 - 1995) puis membre du Conseil constitutionnel (1998 - 2007). Ses cendres et celles de son mari, Antoine V., ont été transférées au Panthéon en 2018. (Acad. fr.)

◀ Simone **Veil** en 1996.

▲ **Velázquez.** *L'Infante Marguerite* (1654), à l'âge de trois ans. (Louvre, Paris.)

VEILHAN (Xavier), *Lyon 1963,* plasticien français. Ses sculptures monochromes aux formes simplifiées *(le Rhinocéros,* 1999 ; *Sophie,* 2009) et ses systèmes mécaniques *(le Coucou,* 2005), inspirés du futurisme et de l'art cinétique, comme ses environnements synthétiques *(la Forêt,* 1998) et ses scénographies explorent les possibilités de la représentation et les enjeux de toute exposition.

VEKSLER (Vladimir Iossifovitch), *Jitomir 1907 - Moscou 1966,* physicien soviétique. Étudiant la production de hautes énergies, il a formulé le principe du synchrotron.

VELATE ou **BELATE** (col de), col routier des Pyrénées espagnoles, emprunté par la route allant de Pampelune à Bayonne ; 847 m.

VELAY n.m., région du Massif central, entre l'Allier supérieur et le Vivarais. (Hab. *Vellaves.*) Il est formé de massifs et de plateaux, parfois volcaniques *(monts du Velay),* encadrant le bassin du Puy, drainé par la Loire.

VELÁZQUEZ (Diego **de Silva**), en fr. **Vélasquez,** *Séville 1599 - Madrid 1660,* peintre espagnol. Artiste préféré du roi Philippe IV, il est considéré comme l'un des plus grands coloristes de tous les temps. La plupart de ses toiles sont au musée du Prado : scènes de genre ; remarquables portraits (reines et infantes, nains de la cour) ; œuvres profanes innovant par l'iconographie et la composition *(la Forge de Vulcain,* v. 1630 ; *la Reddition de Breda,* 1635), et qui atteignent en dernier lieu à une virtuosité unique dans le traitement de la lumière et de l'espace *(les Ménines** et *les Fileuses,* v. 1656-1657).

Vél'd'Hiv (rafle du) [16 - 17 juill. 1942], arrestation de Juifs étrangers (ou apatrides) opérée à Paris et dans sa banlieue, sur ordre des autorités allemandes, avec la collaboration de la police française. Cette opération entraîna l'arrestation de 13 152 personnes, dont la plupart (4 115 enfants, 2 916 femmes et 1 129 hommes) furent entassées dans l'enceinte du Vél'd'Hiv (vélodrome d'Hiver, dans le XVe arrond.) avant leur déportation.

VÉLEZ DE GUEVARA (Luis), *Écija 1579 - Madrid 1644,* écrivain espagnol. Il est l'auteur de pièces de théâtre et du roman satirique *le Diable boiteux* (1641), qui fut imité par A. R. Lesage.

VELIKI NOVGOROD, anc. **Novgorod,** v. de Russie, au S. de Saint-Pétersbourg ; 218 724 hab. Dans l'enceinte du kremlin, cathédrale Ste-Sophie (v. 1050), inspirée de celle de Kiev ; autres églises médiévales. École d'icônes florissante du XIIe au XVe s. (collection au musée d'Art et d'Histoire). – Se libérant de la tutelle de Kiev au XIIe s., la ville devint une cité marchande libre (1136 - 1478), où la Hanse fonda un comptoir (XIIIe s.). Annexée par Ivan III (1478), elle fut ruinée par Ivan IV (1570).

VELIKO TĂRNOVO, anc. **Tărnovo** ou **Tirnovo,** v. de la Bulgarie septentrionale ; 68 783 hab. Elle fut la capitale du second Empire bulgare (1187 - 1393). – Églises de cette période.

VÉLIZY-VILLACOUBLAY (78140), comm. des Yvelines ; 21 339 hab. *(Véliziens).* Industrie aéro-

Vendée

nautique et automobile. Armement. Électronique. – Base aérienne militaire. Siège de la IIe région aérienne.

VELLÉDA, prophétesse germanique qui contribua à la révolte de Civilis et des Bataves contre les Romains en 69 - 70. Elle fut ensuite capturée et figura dans le triomphe de Domitien. – Son personnage a inspiré à Chateaubriand un épisode de l'épopée *les Martyrs* (1809).

VELLUR ou **VELLORE,** v. d'Inde (Tamil Nadu) ; 177 413 hab. Forteresse et temple du XVIe s.

VELOSO (Caetano Emanuel **Vianna Telles Velloso,** dit Caetano), *Santo Amaro da Purificação, Bahia, 1942,* chanteur et auteur-compositeur brésilien. L'un des artisans du renouveau de la musique brésilienne, guitariste virtuose, il a réussi la synthèse entre bossa nova et rock (*Estrangeiro*, 1989 ; *Circuladô*, 1991 ; *Livro*, 1999 ; *Noites do Norte*, 2000 ; *Abraçaço*, 2012).

VELPEAU (Alfred), *Brèches, Indre-et-Loire, 1795 - Paris 1867,* chirurgien français. Grand clinicien, il a donné son nom à une bande de contention.

VELSEN, v. des Pays-Bas (Hollande-Septentrionale) ; 67 122 hab.

VELUWE n.f., région de collines boisées des Pays-Bas, au N. du Rhin. Parc national.

VELVET UNDERGROUND (The), groupe américain de rock, formé à New York en 1965. Il comptait notamm. parmi ses membres le guitariste et chanteur **Lou Reed,** *New York 1942 - Southampton (Long Island), État de New York, 2013,* le claviériste, bassiste et chanteur **John Cale** et la chanteuse **Nico.**

VENAISSIN (Comtat) → **COMTAT VENAISSIN.**

VENANCE FORTUNAT (saint), *Trévise v. 530 - Poitiers v. 600,* poète latin et évêque de Poitiers (v. 597). Il est l'auteur d'hymnes, dont certains (*Pange lingua, Vexilla regis*) ont été adoptés par la liturgie chrétienne.

VENCE (06140), bur. centr. de cant. des Alpes-Maritimes, à l'O. de Nice ; 18 706 hab. *(Vençois).* Centre touristique et artisanal. – Cathédrale en partie romane ; chapelle conçue et décorée par Matisse (1950).

VENCESLAS (saint), *v. 907 - Stará Boleslav 935,* duc de Bohême (924 - 935). Assassiné par son frère Boleslav le Cruel, il est le patron de la Bohême.

VENCESLAS IV, *Nuremberg 1361 - Prague 1419,* roi de Bohême (1378 - 1419), roi des Romains (1376 - 1400), de la maison de Luxembourg. Déposé par les princes allemands (1400), il fut en Bohême bienveillant à l'égard du mouvement hussite naissant.

VENDA, ancien bantoustan d'Afrique du Sud.

VENDÉE n.f. (85), dép. de la Région Pays de la Loire ; ch.-l. de dép. *La Roche-sur-Yon* ; ch.-l. d'arrond. *Fontenay-le-Comte, Les Sables-d'Olonne* ; 3 arrond. ; 17 cant. ; 267 comm. ; 6 720 km² ; 685 673 hab. *(Vendéens).* Le dép. appartient à l'académie de Nantes, à la cour d'appel de Poitiers, à la zone de défense et de sécurité Ouest. Le Bocage vendéen occupe la majeure partie du dép. Il est formé de hauteurs dominant des plateaux où les céréales ont reculé devant l'élevage et les plantes fourragères. Cette région sépare le Marais breton, transformé en polder (élevage de bovins et de volailles), du Marais poitevin (même type d'économie, avec des cultures sur les terres relativement hautes), qui est prolongé à l'E. par la Plaine, où l'élevage bovin (lait) a progressé. Le littoral est animé par la pêche, l'ostréiculture, la mytiliculture et le tourisme estival (Les Sables-d'Olonne, Saint-Jean-de-Monts, îles d'Yeu et de Noirmoutier). L'industrie s'est développée, malgré la faiblesse de l'urbanisation.

Vendée (guerre de) [1793 - 1796], insurrection contre-révolutionnaire qui bouleversa les départements de Vendée, de Loire-Inférieure (auj. Loire-Atlantique) et de Maine-et-Loire. Elle a pour origine l'opposition de la population à la levée de 300 000 hommes décidée par la Convention le 23 févr. 1793. Les insurgés, en majorité paysans, se donnent pour chefs Cathelineau, Charette, Stofflet, Lescure, Bonchamps et La Rochejaquelein, et forment l'« armée catholique et royale ». Ils connaissent d'abord quelques succès à Cholet (mars), à Fontenay (mai) et à Saumur (juin). La Convention décide de détruire la Vendée et y envoie une armée commandée par Kléber et Marceau. Défaits à Cholet (sept.), les vendéens franchissent la Loire et gagnent Granville, où ils espèrent recevoir l'aide des Anglais. À leur retour, ils subissent les désastres du Mans et de Savenay (déc.). Cruautés et massacres de part et d'autre font de ce combat une guerre sans merci. Les républicains poursuivent l'extermination des vendéens (massacres des « colonnes infernales » de Turreau, de janv. à avr. 1794). Apaisée par les thermidoriens, l'insurrection reprend provisoirement lors du débarquement de Quiberon (juin 1795). En 1796, Hoche pacifie le pays.

Vendée Globe, course à la voile autour du monde en solitaire, sans escale ni assistance. Créée en 1989, elle a lieu tous les quatre ans au départ des Sables-d'Olonne.

vendémiaire an IV (journée du 13) [5 oct. 1795], journée révolutionnaire parisienne marquée par le soulèvement des royalistes. Elle fut provoquée par le décret visant à maintenir dans la future assemblée les deux tiers des membres de la Convention. Bonaparte ordonna de tirer sur les insurgés et écrasa le mouvement.

VENDÔME (41100), ch.-l. d'arrond. de Loir-et-Cher, sur le Loir ; 17 564 hab. *(Vendômois).* Constructions automobiles et électriques. Aéronautique. – Église de la Trinité (XIe-XVIe s.), anc. abbatiale, avec clocher roman isolé et façade flamboyante ; musées.

VENDÔME (famille de), famille comtale mentionnée dès le XIe s., qui fut élevée au duché-pairie par François Ier (1515). — **César de Bourbon,** duc **de V.,** *Coucy-le-Château-Auffrique 1594 - Paris 1665,* prince français. Fils légitimé d'Henri IV et de Gabrielle d'Estrées, il participa à plusieurs complots contre Louis XIII, qui lui valurent la prison et l'exil. Rentré en grâce, il battit la flotte espagnole devant Barcelone (1655). — **Louis Joseph de Bourbon,** duc **de Penthièvre,** puis duc **de V.,** *Paris 1654 - Vinaroz 1712,* prince français. Petit-fils de César, lieutenant général (1688), il prit Barcelone (1697), puis remporta la victoire de Villaviciosa (1710), qui consolida le trône de Philippe V. — **Philippe de Bourbon,** dit **le Prieur de Vendôme,** *Paris 1655 - id. 1727,* prince français. Frère de Louis Joseph, il fut grand prieur de France et lieutenant général (1693). Disgracié, il résida au Temple après 1715, où il mena la vie d'un libertin. Avec lui s'éteignit la famille.

Vendôme (place), place du Ier arrond. de Paris. C'est l'anc. place Louis-le-Grand, construite à la fin du XVIIe s. par J. H.-Mansart. Au milieu s'élève la colonne de la Grande Armée (1806-1810), imitée de la colonne Trajane de Rome et dont le bronze provient de 1 200 canons pris à l'ennemi ; au sommet, statue à l'antique de Napoléon.

VENELLES (13770), comm. des Bouches-du-Rhône, banlieue nord d'Aix-en-Provence ; 8 537 hab. *(Venellois).* Matériel d'irrigation. Serres.

VENET (Bernar), *Château-Arnoux-Saint-Auban 1941,* plasticien français. Après une période conceptuelle, il évolue vers plus de liberté formelle, tout en restant attaché au modèle mathématique, dans ses monumentales sculptures en acier (lignes, angles, arcs, « Lignes indéterminées ») comme dans sa peinture (« Équations », « Saturations »). Fondation Bernar-Venet au Muy (Var).

VÉNÈTES, nom porté, dans l'Antiquité, par des peuples indo-européens de l'Europe du Nord. Au Ier millénaire av. J.-C., un groupe s'installa en Italie du Nord (actuelle Vénétie) et un autre en Gaule, dans l'Armorique (région de Vannes).

VÉNÉTIE, en ital. **Veneto,** région de l'Italie du Nord ; 4 907 529 hab. ; cap. *Venise* ; 7 prov. (*Belluno, Padoue, Rovigo, Trévise, Venise, Vérone* et *Vicence*). Anc. territoire de la république de Venise, elle comprenait en outre la *Vénétie Tridentine* (Trentin-Haut-Adige) et la *Vénétie Julienne.* Elle fut cédée à l'Autriche par le traité de Campoformio en 1797, intégrée au royaume d'Italie en 1805, rendue aux Habsbourg en 1815, et, enfin, réunie à l'Italie en 1866.

VÉNÉTIE JULIENNE → **FRIOUL-VÉNÉTIE JULIENNE.**

VENEZIANO → **DOMENICO VENEZIANO** et **PAOLO VENEZIANO.**

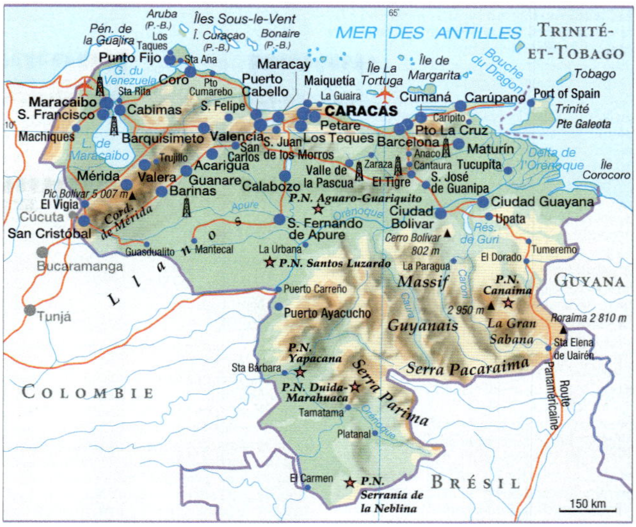

Venezuela, Trinité-et-Tobago

site touristique important — 200, 400, 1000, 2000 m — route — aéroport — puits de pétrole — plus de 1 000 000 h. — de 100 000 à 1 000 000 h. — de 50 000 à 100 000 h. — moins de 50 000 h.

VENEZUELA ou **VÉNÉZUÉLA** n.m., officiellement **République bolivarienne du Venezuela,** État fédéral d'Amérique du Sud ; 912 050 km² ; 30 405 000 hab. *(Vénézuéliens).* **CAP.** *Caracas.* **V. PRINC.** *Maracaibo.* **LANGUE :** *espagnol.* **MONNAIE :** *bolívar.*

GÉOGRAPHIE Les Llanos, plaines du bassin de l'Orénoque, séparent l'extrémité septentrionale des Andes (cordillère de Mérida) des lourds massifs de la Guyane vénézuélienne. La population, qui s'accroît rapidement, se concentre près du littoral, dans la région de Caracas (20 % du total) et autour du lac de Maracaibo, centre de l'exploitation du pétrole. Celle-ci demeure le fondement de l'économie, malgré l'extraction du fer et de la bauxite (à la base d'une notable production d'aluminium). Les productions agricoles (céréales, canne à sucre, café, cacao, élevage bovin) sont en expansion mais ne couvrent pas les besoins alimentaires. La grande dépendance par rapport au pétrole, l'étatisation progressive de l'économie et une gestion très peu structurée pèsent sur la lutte contre les inégalités, et le sous-emploi comme l'inflation sont importants. Récemment, le faible cours du pétrole et les sanctions internationales, conjugués à une grave crise politique, ont ruiné l'économie (récession, hyperinflation, pénuries, etc.), provoquant une crise sanitaire et alimentaire sans précédent, qui a poussé plus de deux millions de Vénézuéliens sur les routes de l'exil. Les États-Unis restent le premier partenaire commercial.

HISTOIRE **1498 :** la contrée est découverte par Christophe Colomb. **XVIIIe s. :** la culture du cacao et du café enrichit le pays, qui accède (1777) au rang de capitainerie générale. **1811 - 1812 :** Miranda proclame l'indépendance du Venezuela ; vaincu, il est livré aux Espagnols. **1821 - 1830 :** après la victoire de Carabobo, Bolívar organise la fédération de la Grande-Colombie (Venezuela, Colombie, puis Équateur). **1830 - 1848 :** après la démission de Bolívar, le Venezuela fait sécession. José Antonio Páez exerce une dictature militaire. **1858 - 1870 :** le pays est agité par la guerre civile. **1870 - 1887 :** A. Guzmán Blanco laïcise l'État et modernise l'économie. **1910 - 1935 :** la longue dictature de Juan Vicente Gómez s'accompagne de l'essor pétrolier (1920). **1935 - 1941 :** sous la présidence de López Contreras s'amorce un processus de démocratisation. **1948 - 1958 :** l'armée impose le général Marco Pérez Jiménez comme président. **1959 - 1964 :** Rómulo Betancourt consolide les institutions démocratiques, malgré l'opposition des militaires conservateurs et d'une guérilla castriste. Il est remplacé par Raúl Leoni, à qui succède Rafael Caldera Rodríguez (1969 - 1974). **1974 - 1979 :** sous la présidence de Carlos Andrés Pérez Rodríguez, l'industrie pétrolière est nationalisée. **1984 :** Jaime Lusinchi est élu président de la République. **1989 :** C. A. Pérez Rodríguez revient au pouvoir. **1993 :** accusé de corruption, il est destitué. **1994 :** R. Caldera Rodríguez retrouve la présidence. **1999 :** Hugo Chávez (élu en déc. 1998) lui succède et met en œuvre un programme de « révolution bolivarienne » visant à instaurer une « démocratie populaire et participative » socialiste. Régulièrement confronté à une forte opposition (manifestations, grèves, tentative de coup d'État [avr. 2002], référendum sur son maintien au pouvoir [août 2004]), le président Chávez bénéficie de l'embellie économique liée à l'envolée des prix du pétrole. **2006 :** il est très largement réélu à la tête de l'État. Après un premier échec en 2007, il parvient en 2009 à faire entériner par référendum une révision constitutionnelle abrogeant la limitation des mandats, dont celui du président. Mais il doit parallèlement faire face à une nouvelle vague de mécontentement, dans un contexte de dégradation de la situation économique et de montée de l'insécurité. Au niveau régional et international, il s'emploie à fédérer un front opposé au leadership des États-Unis et se pose en interlocuteur privilégié (médiation dans la libération d'otages des FARC en Colombie). **2012 :** bien qu'affaibli par la maladie depuis 2011, Hugo Chávez est facilement réélu à la présidence (oct.). **2013 :** en traitement à Cuba, il ne peut être présent pour l'investiture inaugurant son nouveau mandat, prévue en janv., et, de retour dans son pays en févr., il meurt le mois suivant. Son dauphin, Nicolás Maduro, vice-président chargé de l'intérim, est élu d'extrême justesse à la tête de l'État face au leader de l'opposition, Henrique Capriles (avr.). **2014 :** un mouvement de protestation étudiant, rejoint par l'opposition, se développe, avant d'être durement réprimé. **2015 :** l'opposition remporte largement les élections législatives. N. Maduro doit désormais cohabiter avec un Parlement dominé par le centre et la droite, ce qui conduit à un blocage politique et institutionnel. **2017 :** après avoir échoué à octroyer à la Cour suprême les attributions du Parlement (mars), N. Maduro impose l'élection d'une Assemblée constituante dont il s'assure le contrôle (juill.) et qui s'arroge les pouvoirs du Parlement (août). Malgré la mobilisation de l'opposition à partir du printemps (manifestations durement réprimées), le président concentre désormais tous les pouvoirs. **2019 :** alors que débute le nouveau mandat de N. Maduro (réélu lors du scrutin, très contesté, de mai 2018), le président du Parlement, Juan Guaidó, s'autoproclame président par intérim (janv.), précipitant le pays dans une grande confusion.

▲ **Venise.** L'église S. Maria della Salute, élevée à partir de 1631 par Longhena.

VENISE, en ital. **Venezia,** v. d'Italie, cap. de la Vénétie et ch.-l. de prov., bâtie sur un groupe d'îlots, au milieu de la *lagune de Venise* ; 263 996 hab. *(Vénitiens).* Centre administratif, culturel, touristique et industriel (artisanat d'art, métallurgie, chimie). – Venise est célèbre pour ses canaux et ses nombreux monuments et de magnifiques ensembles architecturaux : la place Saint-Marc*, avec la basilique du même nom, le palais des Doges (XIVe-XVe s. ; riches décors peints), 90 églises (dont le Redentore, de Palladio, et la Salute, de Longhena), les palais du Grand Canal (du gothique au baroque), les ponts (du Rialto, des Soupirs...), le théâtre de la Fenice, etc. Elle possède des musées (dont l'Accademia) où brille l'école vénitienne de peinture (les Bellini et Carpaccio ; Giorgione, Titien, Véronèse, le Tintoret ; Canaletto et F. Guardi, Piazzetta, les Tiepolo, les Ricci), mais aussi des lieux d'art contemporain (Fondation F. Pinault : palais Grassi et Pointe de la Douane). Biennale d'art. Festival international du film (« la Mostra »). Célèbre carnaval.

HISTOIRE **VIe s. :** les îlots de la lagune, jusqu'alors refuges temporaires des populations côtières contre les envahisseurs barbares (Ostrogoths, Lombards), se transforment en un lieu de peuplement permanent. **IXe s. :** le duc de Venise (doge) se rend en fait indépendant des Byzantins. **1082 :** Constantinople octroie d'importants privilèges commerciaux à Venise. **1143 :** le Grand Conseil est créé, consacrant le caractère aristocratique de la république. **1204 :** Venise détourne la quatrième croisade sur Constantinople et s'assure des principales escales sur les routes du Levant. **1204 - 1453 :** apogée de Venise, qui contrôle les côtes de l'Adriatique et les routes méditerranéennes. **XVe s. :** les expéditions françaises en Italie précipitent le déclin de la république. **1797 :** Bonaparte abolit l'État vénitien. La Vénétie devient autrichienne. **1815 :** le royaume lombard-vénitien autrichien est constitué. **1848 - 1849 :** échec de la révolution de D. Manin. **1866 :** Venise est intégrée au royaume d'Italie.

VÉNISSIEUX (69200), comm. du Rhône, banlieue de Lyon ; 64 718 hab. *(Vénissians).* Constructions automobiles et mécaniques.

VENIZÉLOS (Elefthérios), *La Canée, Crète, 1864 - Paris 1936,* homme politique grec. Il dirige l'émancipation de la Crète, puis devient Premier ministre (1910), accordant au pays une Constitution libérale et obtenant, à l'issue des guerres balkaniques (1912 - 1913), d'importants avantages territoriaux. Partisan de l'Entente, il doit démissionner (1915), mais forme à Thessalonique un gouvernement dissident (1916), puis déclare la guerre aux Empires centraux (1917). Président du Conseil (1928 - 1932), il s'exile à la suite d'un coup d'État (1935) de ses partisans en Crète.

VENLO, v. des Pays-Bas (Limbourg), sur la Meuse ; 100 159 hab. Monuments anciens, musées.

VENT (îles du), partie orientale des Antilles, directement exposée à l'alizé, formant un chapelet d'îles entre Porto Rico et la Trinité, et englobant les Antilles françaises. Les Britanniques appellent « îles du Vent » (Windward Islands) les États du Commonwealth qui constituent la partie sud de cet archipel : l'île de Grenade, Saint-Vincent-et-les-Grenadines, Sainte-Lucie, la Dominique.

VENTA (La), site archéologique du Mexique (État de Tabasco). Métropole de la civilisation olmèque, entre 1000 et 600 av. notre ère. Vestiges (reconstitution à Villahermosa).

VENTOUX (mont), montagne des Préalpes françaises, dans le Vaucluse ; 1 909 m.

VENTURA (Angiolino, dit Lino), *Parme 1919 - Saint-Cloud 1987,* acteur italien, installé en France dès 1927. Son physique de lutteur et son naturel ont fait de lui l'interprète idéal du film noir ou policier : *Classe tous risques* (C. Sautet, 1960), *les Tontons flingueurs* (G. Lautner, 1963), *le Deuxième Souffle* (J.-P. Melville, 1966), *Cadavres exquis* (F. Rosi, 1976).

◀ Lino **Ventura**

VENTURI (Adolfo), *Modène 1856 - Santa Margherita Ligure 1941,* historien de l'art italien. Il a écrit une monumentale *Histoire de l'art italien* (1901-1941). — **Lionello V.,** *Modène 1885 - Rome 1961,* historien de l'art italien, fils d'Adolfo. Il s'expatria de 1932 à 1945. Son *Histoire de la critique d'art* (1936) reprend et élargit celle de B. Croce.

VENTURI (Giovanni Battista), *Bibbiano 1746 - Reggio Emilia 1822,* physicien italien. Il a construit la tuyère à cônes divergents qui porte son nom et a étudié l'étendue des sons audibles.

VENTURI (Robert), *Philadelphie 1925 - id. 2018,* architecte américain. Un des théoriciens du postmodernisme, il souligna les notions de complexité et d'ambiguïté en architecture, et mit en pratique dans ses constructions un historicisme teinté d'humour. (Prix Pritzker 1991.)

VÉNUS, déesse italique des Jardins, puis de la Beauté et de l'Amour, par son assimilation à l'Aphrodite des Grecs.

VÉNUS, planète du Système solaire, située entre Mercure et la Terre. Visible tantôt dès le coucher du Soleil, tantôt avant son lever, elle est observée depuis l'Antiquité et traditionnellement appelée l'*étoile du Berger.* Demi-grand axe de son orbite : 108 200 000 km (0,72 fois celui de l'orbite terrestre). Diamètre équatorial : 12 102 km (0,95 fois celui de la Terre). Rotation dans le sens rétrograde. Vénus, de mieux en mieux connue grâce à l'envoi de plusieurs sondes spatiales depuis les années 1960 (américaines : Mariner 2, 5 et 10, Pioneer

Venus 1 et 2, Magellan ; soviétiques : programme Venera ; européenne : Venus Express), est entourée d'une épaisse atmosphère de gaz carbonique. Sa surface, très chaude (470 °C env.), recèle de nombreuses structures volcaniques.

Vénus de Milo → **Milo** (Aphrodite de).

Vêpres siciliennes (30 mars - fin avr. 1282), insurrection menée par les Siciliens contre Charles Ier d'Anjou. L'émeute débuta le lundi de Pâques au moment où les cloches appelaient les fidèles aux vêpres. Les Siciliens, soutenus par Pierre III d'Aragon, massacrèrent les Français qui se trouvaient dans l'île. La maison d'Aragon put ainsi remplacer celle d'Anjou sur le trône de Sicile. – Cet événement a inspiré un opéra (1855) à G. Verdi.

VERACRUZ, v. du Mexique (État de Veracruz), sur le golfe du Mexique ; 552 114 hab. (801 122 hab. dans l'agglomération). Port et station balnéaire. Centre industriel.

VERBIER, station de sports d'hiver (alt. 1 500 - 3 330 m) de Suisse (Valais). Festival musical.

VERBRUGGEN, famille de sculpteurs flamands. Les plus connus, nés et morts à Anvers, sont Pieter le Vieux *(1615 - 1686)* et ses fils Pieter le Jeune *(v. 1640 - 1691)* et Hendrik Frans *(1655 - 1724)*, tous voués à l'art baroque religieux (stalles et confessionnaux de Grimbergen, par Hendrik Frans).

VERCEIL, en ital. **Vercelli,** v. d'Italie (Piémont), ch.-l. de prov. ; 46 136 hab. Église médiévale S. Andrea, autres monuments et musées (peintres de l'école piémontaise, dont G. Ferrari). – Victoire de Marius sur les Cimbres (101 av. J.-C.).

VERCHÈRES (Madeleine **Jarret de**), *Verchères, Québec, 1678 - La Pérade 1747,* héroïne canadienne. En 1692, aidée de deux soldats, elle lutta courageusement contre les Iroquois qui attaquaient le fort de Verchères (Québec).

VERCINGÉTORIX, *en pays arverne v. 72 av. J.-C. - Rome 46 av. J.-C.,* chef gaulois. Issu d'une noble famille arverne, il est dans sa jeunesse connu et apprécié de César. Mais, quand éclate en 52 la grande révolte de la Gaule, il convainc les Gaulois, malgré l'opposition de nombreux chefs, de réaliser leur union. Il défend avec succès Gergovie, mais est enfermé par César dans Alésia. Une armée gauloise venue à son secours ne peut le délivrer, et il se rend à son vainqueur. Conduit à Rome, il est exécuté au terme d'une captivité de six années, après avoir figuré dans le triomphe de César.

VERCORS n.m., massif des Préalpes françaises, dans les dép. de la Drôme et de l'Isère ; 2 341 m. (Hab. *Vertacomiriens.*) Parc naturel régional, couvrant env. 206 000 ha. – En juin et juillet 1944, 3 500 maquisards français y résistèrent aux assauts des Allemands, qui se livrèrent ensuite à de sanglantes représailles.

VERCORS (Jean **Bruller,** dit), *Paris 1902 - id. 1991,* écrivain et dessinateur français. Célèbre pour son récit sur la Résistance, *le Silence de la mer,* écrit dans la clandestinité (1942), il a poursuivi une méditation amère sur la condition humaine (*Zoo ou l'Assassin philanthrope,* 1963).

VERDAGUER I SANTALÓ (Jacint), *Folgarolas 1845 - Vallvidrera 1902,* poète espagnol d'expression catalane. Il est l'auteur de *l'Atlàntida* et du *Canigou,* épopées qui mêlent les légendes locales au merveilleux chrétien et antique.

VERDI (Giuseppe), *Le Roncole 1813 - Milan 1901,* compositeur italien. Musicien romantique ou remarquable dramaturge, il imposa, face au germanisme de Wagner (qui l'influencera néanmoins quant au rôle de l'orchestre et à la continuité de la ligne mélodique), la tradition italienne (héritée de Bellini, Rossini et Donizetti) dans de nombreux opéras : *Nabucco* (1842), *Rigoletto* (1851), *la Traviata* (1853), *le Trouvère* (id.), *les Vêpres siciliennes* (1855), *Un bal masqué* (1859), *Don Carlos* (1867), *Aïda* (1871), *Otello* (1887), *Falstaff* (1893) et un *Requiem* (1874) célèbre. Dans ses dernières œuvres, il donna de plus en plus d'importance à l'orchestre et développa un style de chant entre le récitatif et l'arioso.

▲ Giuseppe **Verdi** par G. Barchetta. (Scala, Milan.)

VERDON n.m., riv. de France, affl. de la Durance (r. g.) ; 175 km. Gorges longées par une route touristique. Aménagements pour la production hydroélectrique et surtout l'irrigation. Parc naturel régional, couvrant env. 180 000 ha sur les dép. des Alpes-de-Haute-Provence et du Var.

VERDON-SUR-MER (Le) [33123], comm. de la Gironde, près de la pointe de Grave ; 1 363 hab. Avant-port de Bordeaux (conteneurs, croisières).

VERDUN (55100), ch.-l. d'arrond. de la Meuse ; 19 337 hab. *(Verdunois).* Évêché. – Cathédrale de tradition carolingienne, en partie des XIe et XIIe s., anc. palais épiscopal (abritant le Centre mondial de la paix) et autres monuments ; musées. – En 1552, Henri II réunit à la Couronne les Trois-Évêchés, dont Verdun faisait partie.

Verdun (bataille de) [févr.-déc. 1916], bataille de la Première Guerre mondiale. Un des combats les plus meurtriers de cette guerre, où les Français résistèrent victorieusement aux violentes offensives allemandes menées en direction de Verdun sur les deux rives de la Meuse (Douaumont, Vaux, cote 304, Mort-Homme). Les pertes humaines furent très lourdes (tués et blessés : 362 000 Français, 336 000 Allemands). – Mémorial de Verdun (musée) à Fleury-devant-Douaumont.

Verdun (traité de) [843], traité signé à Verdun entre les fils de l'empereur Louis le Pieux, qui partagea l'Empire carolingien en trois ensembles territoriaux. Louis le Germanique reçut la partie orientale (future Allemagne), Charles le Chauve, la partie occidentale (futur royaume de France), et Lothaire, la zone intermédiaire de la mer du Nord au sud de l'Italie, avec le titre impérial et les capitales Aix-la-Chapelle et Rome.

VERDUN-SUR-GARONNE (82600), bur. centr. de cant. de Tarn-et-Garonne ; 4 799 hab. *(Verdunois).* Église du XVe s., à deux vaisseaux.

VEREENIGING, v. d'Afrique du Sud, au S. de Johannesburg ; 620 618 hab. (1 143 000 hab. dans l'agglomération). Métallurgie. Constructions électriques. — traité de **Vereeniging** (31 mai 1902), traité qui mit fin à la guerre des Boers par l'annexion des républiques d'Orange et du Transvaal à l'Empire britannique. Négocié à Vereeniging, il fut signé à Pretoria.

VERFEIL (31590), comm. de la Haute-Garonne ; 3 570 hab. *(Verfeillois).* Anc. bastide cathare.

VERGA (Giovanni), *Catane 1840 - id. 1922,* écrivain italien. Le vérisme de ses nouvelles et romans est fondé sur le scientisme et une sympathie profonde pour la réalité sicilienne et sa misère.

VERGENNES (Charles **Gravier,** comte **de**), *Dijon 1719 - Versailles 1787,* homme d'État et diplomate français. Ambassadeur à Constantinople (1754 - 1768) puis à Stockholm, ministre des Affaires étrangères de Louis XVI (1774 - 1787), il rétablit le prestige de la France, terni après la guerre de Sept Ans. Il fut l'un des artisans de l'indépendance des États-Unis (1783) et signa un traité de commerce avec l'Angleterre (1786).

VERGÈZE (30310), comm. du Gard ; 5 127 hab. *(Vergézois).* Eau minérale gazeuse.

VERGNIAUD (Pierre Victurnien), *Limoges 1753 - Paris 1793,* homme politique français. Membre de la Convention, l'un des chefs des Girondins, adversaire acharné de la Commune, il fut guillotiné par les Montagnards.

VERHAEREN (Émile), *Sint-Amands 1855 - Rouen 1916,* poète belge de langue française. Il évolua du naturalisme (*les Flamandes,* 1883) au mysticisme et traversa une crise spirituelle (*les Flambeaux noirs,* 1891). Puis il célébra la poésie de la foule et des cités industrielles (*les Villes tentaculaires,* 1895) aussi bien que les paysages de son pays natal (*Toute la Flandre,* 1904-1911). Il écrivit aussi des contes, des critiques littéraires et des pièces de théâtre.

▲ Émile **Verhaeren** par Albin.

VERHOFSTADT (Guy), *Termonde 1953,* homme politique belge. Libéral flamand, il a été Premier ministre de 1999 à 2008.

Veritas ou **Bureau Veritas** (le), société française de classification des navires, fondée en 1828 à Anvers et qui a son siège à Paris depuis 1832.

VERKHOÏANSK, village de Russie, en Sibérie orientale, au N. des *monts de Verkhoïansk.* C'est l'un des points les plus froids du globe, où l'on a relevé des températures proches de – 70 °C.

VERLAINE (Paul), *Metz 1844 - Paris 1896,* poète français. D'abord « poète-fonctionnaire », il supporte mal son mariage et s'adonne à l'absinthe, écrivant des poèmes où se mêlent mélancolie et désirs (*Poèmes saturniens,* 1866 ; *Fêtes galantes,* 1869). Puis il rencontre Rimbaud, qui le fascine et bouleverse sa vie jusqu'à le conduire en prison (1873). Il aspire alors à une poésie musicale (*Romances sans paroles,* 1874) et revient au catholicisme (*Sagesse,* 1881). Promu initiateur du symbolisme, contribuant à faire connaître *les Poètes maudits* (1884), il mène une vie errante d'hôpitaux en cafés (*Jadis et Naguère,* 1884). Il a laissé une poésie tantôt nostalgique et crépusculaire, tantôt vive et libre, animée par le ton parlé et l'imprévu des rythmes impairs.

▲ **Verlaine** par Fantin-Latour. (Louvre, Paris.)

VERMANDOIS n.m., anc. pays de France, au N.-E. de l'Aisne, réuni à la Couronne en 1213.

▲ **Vermeer.** *La Dentellière.* (Louvre, Paris.)

VERMEER (Johannes), dit **Vermeer de Delft,** *Delft 1632 - id. 1675,* peintre néerlandais. Longtemps oublié, il est considéré comme l'un des plus grands peintres du XVIIe s. Son œuvre, peu abondante, comprend des scènes d'intérieur, quelques portraits et deux paysages urbains qui témoignent d'une des visions les plus intériorisées qui soient. Son goût pour l'essence silencieuse des choses est servi par la rigueur d'une technique aussi subtile dans les jeux de la lumière et de l'espace que dans le rendu des matières et les accords chromatiques (*Gentilhomme et dame buvant du vin,* Berlin ; *Vue de Delft,* La Haye ; *la Dentellière,* Louvre ; *la Laitière* et *la Lettre d'amour,* Amsterdam ; *l'Atelier,* Vienne ; *Dame debout à l'épinette,* National Gallery de Londres).

VERMONT, État des États-Unis, en Nouvelle-Angleterre ; 623 657 hab. ; cap. *Montpelier.*

VERNANT (Jean-Pierre), *Provins 1914 - Sèvres 2007,* helléniste français. Spécialiste de l'étude de la pensée dans la Grèce antique (*les Origines de la pensée grecque,* 1962 ; *Mythe et société en Grèce ancienne,* 1974 ; *l'Individu, la Mort, l'Amour. Soi-même et l'autre en Grèce ancienne,* 1989), il revient dans *Entre mythe et politique* (2 vol., 1996 et 2004) sur son travail d'historien et son engagement militant (notamm. dans la Résistance).

VERNE (Jules), *Nantes 1828 - Amiens 1905,* écrivain français. Sa série des *Voyages extraordinaires,* destinée à l'adolescence, inaugure le genre du roman scientifique d'anticipation (*Cinq Semaines en ballon,* 1863 ; *Voyage au centre de la Terre,*

1864 ; *De la Terre à la Lune*, 1865 ; *Vingt Mille Lieues sous les mers*, 1870 ; *le Tour du monde en quatre-vingts jours*, 1873 ; *Michel Strogoff*, 1876).

◀ Jules **Verne** par Nadar.

VERNEAU (Jean), *Vignot, Meuse, 1890 - Buchenwald 1944*, général français. Successeur du général Frère à la tête de l'Organisation de résistance de l'armée (ORA) [1943], il fut arrêté par la Gestapo et mourut en déportation.

VERNES (Charles **Dewisme,** dit Henri), *Ath 1918*, romancier et scénariste de bandes dessinées belge de langue française. Ses romans d'aventures pour la jeunesse mettent en scène, à partir de 1953, le personnage de Bob Morane, qu'il adapte en bande dessinée à partir de 1959 (divers dessinateurs).

VERNET (Joseph), *Avignon 1714 - Paris 1789*, peintre français. Il a exécuté, notamm. en Italie, de nombreux paysages (surtout des marines), tantôt d'une harmonie classique (série officielle des *Ports de France*), tantôt d'une veine préromantique. — **Antoine Charles Horace V.,** dit Carle **Vernet,** *Bordeaux 1758 - Paris 1836*, peintre et lithographe français, fils de Joseph. Il a composé des scènes de chasse, de courses, de la vie élégante ou populaire. — **Horace V.,** *Paris 1789 - id. 1863*, peintre français de batailles, fils de Carle.

VERNEUIL (Achod **Malakian,** dit Henri), *Rodosto, auj. Tekirdağ, Turquie, 1920 - Bagnolet 2002*, cinéaste français d'origine arménienne. Il dirigea une pléiade de grands acteurs dans des films humanistes ou d'action, au large succès populaire (*la Vache et le Prisonnier*, 1959 ; *Un singe en hiver*, 1962 ; *Mélodie en sous-sol*, 1963 ; *Week-end à Zuydcoote*, 1964 ; *le Clan des Siciliens*, 1969).

VERNEUIL-D'AVRE-ET-D'ITON, bur. centr. de cant. de l'Eure ; 8 380 hab. *(Vernoliens)*. Donjon du XIIe s. ; deux églises médiévales (œuvres d'art).

VERNEUIL-SUR-SEINE (78480), comm. des Yvelines ; 15 808 hab. Église du XIIIe s.

VERNIER, comm. de Suisse (canton de Genève), banlieue de Genève ; 32 844 hab. *(Verniolans)*.

VERNON (27200), bur. centr. de cant. de l'Eure, sur la Seine ; 24 798 hab. *(Vernonnais)*. Aéronautique. Métallurgie. – Église des XIe-XVIe s. ; musée.

VERNOUILLET (28500), comm. d'Eure-et-Loir ; 12 710 hab. *(Vernolitains)*.

VERNOUILLET (78540), comm. des Yvelines ; 10 148 hab. *(Vernolitains)*. Église des XIIe-XIIIe s.

VÉRONE, en ital. **Verona,** v. d'Italie (Vénétie), ch.-l. de prov., sur l'Adige ; 254 607 hab. *(Véronais)*. Centre commercial et touristique. – Arènes romaines, église romane S. Zeno, cathédrale, monuments gothiques et Renaissance des places delle Erbe et dei Signori ; musée du Castelvecchio (peintures des écoles véronaise et vénitienne). – La ville, république indépendante aux XIIIe et XIVe s., fut longtemps sous la domination de Venise. Le 17 avr. 1797, elle se révolta contre Bonaparte (« Pâques véronaises »). Elle fut rattachée au royaume d'Italie en 1866.

VÉRONÈSE (Paolo **Caliari,** dit **il Veronese,** en fr.), *Vérone 1528 - Venise 1588*, peintre italien, l'un des maîtres de l'école vénitienne. Ses tableaux se distinguent par leur mouvement, leur ampleur harmonieuse, la richesse de leur coloris clair. Les plus spectaculaires, ornés d'architectures somptueuses, sont d'immenses toiles peintes pour des réfectoires de communautés religieuses, tels *les Noces de Cana* du Louvre et *le Repas chez Lévi* de l'Accademia de Venise.

VÉRONIQUE (sainte), femme juive qui, selon la tradition chrétienne, aurait essuyé le visage de Jésus montant au Calvaire avec un linge qui conserva les traits du Sauveur.

VERPILLIÈRE (La) [38290], bur. centr. de cant. de l'Isère ; 7 096 hab. *(Vulpilliens)*. Constructions mécaniques et automobiles.

VERRAZZANO ou **VERRAZANO** (Giovanni **da**), en fr. Jean **de Verrazane,** *Val di Greve, près de Florence, 1485 - Antilles 1528*, navigateur et explorateur d'origine italienne. Au service de François Ier, il explora, en 1524, la côte atlantique des États-Unis actuels (des Carolines au Maine) et reconnut le site de New York. Il fit un second voyage au Brésil en 1526 - 1527 puis un troisième aux Antilles, où il fut tué et dévoré par des cannibales.

VERRÈS (Caius Licinius), *Rome v. 119 av. J.-C. - 43 av. J.-C.*, homme politique romain. Propréteur en Sicile (73 - 71), il se rendit odieux par ses malversations ; après avoir quitté sa charge, il fut accusé de concussion par les Siciliens, et Cicéron se fit l'avocat de l'accusation *(Verrines)*. Verrès s'exila avant d'être condamné (70). Cette affaire illustre le pillage des provinces à la fin de la République.

VERRIÈRES-LE-BUISSON (91370), comm. de l'Essonne, près du *bois de Verrières* ; 15 997 hab. Horticulture. Laboratoires de recherche.

VERROCCHIO (Andrea **di Cione,** dit **[il]**), *Florence 1435 - Venise 1488*, sculpteur, peintre et orfèvre italien. À partir de 1465, il dirigea à Florence un important atelier, rival de celui des Pollaiolo. Sa statue équestre du condottiere B. Colleoni à Venise, fondue après sa mort, est célèbre. Léonard de Vinci fut son élève.

VERSAILLES (78000), ch.-l. du dép. des Yvelines, à 14 km au S.-O. de Paris ; 87 814 hab. *(Versaillais)*. Évêché. Cour d'appel. Académie et université. Centre touristique et résidentiel. Armement. Électronique. École nationale supérieure du paysage (au Potager du roi). – Extension d'un rendez-vous de chasse de Louis XIII, le château, palais royal dû à la volonté de Louis XIV, a été construit à partir des années 1660 par Le Vau, D'Orbay, J. H.-Mansart, puis J. A. Gabriel, et décoré initialement sous la direction de Le Brun. Il fut le foyer de l'art classique français, dans sa version la plus opulente. Ses jardins et ses plans d'eau, dessinés par Le Nôtre, ont été enrichis de toute une statuaire élaborée sous la direction de Coyzevox et de Girardon. Le château comporte, outre les appartements des XVIIe et XVIIIe s. (ceux du roi et de la reine communiquant par la fastueuse galerie des Glaces), un musée de peintures et de sculptures relatives à l'histoire de France ; il accueille un centre de musique baroque. Dans le parc se trouvent le Grand et le Petit Trianon* (avec le hameau de la Reine qui en dépend) ; sur la place d'Armes donnent les Grandes Écuries (Académie du spectacle équestre) et les Petites Écuries. Dans la ville, cathédrale St-Louis et église Notre-Dame, nombreux hôtels particuliers des XVIIe et XVIIIe s. ; musée Lambinet. – C'est à Versailles, cité royale à partir de 1662, que fut signé le 3 septembre 1783, au nom des rois de France et de Grande-Bretagne et en présence des représentants de l'Espagne, le traité qui mettait fin à la guerre de l'Indépendance américaine (précédé, le matin même, de la ratification par la Grande-Bretagne de l'indépendance des États-Unis lors d'une rencontre entre les délégués américains et le plénipotentiaire britannique, à Paris [traité de Paris]). Le palais fut transformé par Louis-Philippe en musée (1837). L'Empire allemand fut proclamé (18 janv. 1871) dans le château, et l'Assemblée nationale puis le Parlement français y siégèrent de 1871 à 1879.

Versailles (traité de) [28 juin 1919], traité qui mit fin à la Première Guerre mondiale, conclu entre l'Allemagne et les puissances alliées et associées. Ses principales clauses étaient : la restitution de l'Alsace-Lorraine à la France ; l'administration de la Sarre par la SDN ; l'organisation d'un plébiscite au Schleswig et en Silésie ; la création du « couloir de Dantzig » donnant à la Pologne un accès à la mer ; la limitation du potentiel militaire allemand ; le versement par l'Allemagne de 20 milliards de marks-or au titre des réparations.

▲ André **Vésale** par Poncet.
(Musée des Beaux-Arts, Orléans.)

VERSEAU, constellation zodiacale. — **Verseau,** onzième signe du zodiaque, que le Soleil traverse du 20 janvier au 19 février.

VERT (cap), promontoire de la côte du Sénégal, sur l'Atlantique, le point le plus occidental de l'Afrique (pointe des Almadies).

VERTOU (44120), bur. centr. de cant. de la Loire-Atlantique, sur la Sèvre Nantaise ; 23 775 hab. *(Vertaviens)*. Agroalimentaire.

VERTOV (Denis Arkadevitch **Kaufman,** dit Dziga), *Białystok 1895 - Moscou 1954*, cinéaste soviétique. Il fut un pionnier du documentaire, prônant un cinéma qui saisit « la vie à l'improviste », le « ciné-œil » (Kino-Glaz) : *Soviet en avant !* (1926), *l'Homme à la caméra* (1929), *Trois Chants sur Lénine* (1934).

Verts (Les), nom de plusieurs partis écologistes. En Allemagne, le parti *Die Grünen* a été fondé en 1980. En France, *Les Verts* ont été créés en 1984 et ont fusionné en 2010 avec Europe Écologie (structure de rassemblement de la mouvance écologiste à partir des élections européennes de 2009) pour former *Europe Écologie - Les Verts* (EELV ou EE-LV) [secrétaire national : David Cormand]. D'autres mouvements, situés à gauche ou à droite, se réclament aussi de l'écologie politique.

VERTUMNE, dieu peut-être d'origine étrusque ou italique, protecteur de la végétation, et particulièrement des arbres fruitiers.

VERUS ou **LUCIUS AELIUS AURELIUS CEIONIUS COMMODUS VERUS,** *Rome 130 - 169*, empereur romain (161 - 169). Associé à l'Empire par Marc Aurèle, il conduisit victorieusement la campagne contre les Parthes (161 - 166).

VERVIERS, v. de Belgique, ch.-l. d'arrond. de la prov. de Liège, sur la Vesdre ; 55 733 hab. Centre industriel. – Monuments des XVIe-XIXe s. ; musées.

▲ **Versailles.** Le château depuis le bassin du Midi.

VERVINS (02140), ch.-l. d'arrond. de l'Aisne ; 2 684 hab. *(Vervinois).* Église des XIIe-XVIe s. (beau mobilier). – Anc. capitale de la Thiérache. Le 2 mai 1598, Henri IV et Philippe II y signèrent un traité qui mit fin à la guerre franco-espagnole.

VERWOERD (Hendrick Frensch), *Amsterdam 1901 - Le Cap 1966,* homme politique sud-africain. Premier ministre de l'Afrique du Sud (1958 - 1966), il consolida l'apartheid. Promoteur de la politique des bantoustans, il fut à l'origine de la proclamation de la république et du retrait de l'Afrique du Sud du Commonwealth. Il fut assassiné.

VESAAS (Tarjei), *Ytre Vinje 1897 - Oslo 1970,* écrivain norvégien. Poète, auteur dramatique, il peint dans ses romans la vie paysanne (*le Grand Jeu,* 1934), puis évolue vers un symbolisme allégorique et lyrique (*le Germe,* 1940 ; *les Oiseaux,* 1957).

VÉSALE (André), en néerl. Andries **Van Wesel,** *Bruxelles 1514 ou 1515 - île de Zante 1564,* anatomiste flamand. Il fut l'un des premiers à pratiquer la dissection du corps humain et combattit les positions traditionnelles de Galien.

VÉSINET (Le) [78110], comm. des Yvelines ; 16 466 hab. *(Vésigondins).*

VESLE [vɛl] n.f., riv. de France, en Champagne, affl. de l'Aisne (r. g.) ; 143 km. Elle passe à Reims.

VESOUL (70000), ch.-l. du dép. de la Haute-Saône, sur le Durgeon, à 362 km au S.-E. de Paris ; 16 190 hab. *(Vésuliens).* Constructions automobiles. – Église du XVIIIe s. ; musée.

VESPASIEN, en lat. **Titus Flavius Vespasianus,** *près de Reate, auj. Rieti, 9 - Aquae Cutiliae, Sabine, 79,* empereur romain (69 - 79), fondateur de la dynastie des Flaviens. Son règne mit fin à la guerre civile qui avait suivi la mort de Néron. Issu de la bourgeoisie italienne, énergique et menant une vie simple, il entreprit la pacification de la Judée (66 - 69), mit de l'ordre dans l'administration, rétablit les finances, commença l'édification du Colisée et reconstruisit le Capitole. Il réprima le soulèvement gaulois, envoya Agricola en Bretagne (actuelle Angleterre) [77 - 84] et entreprit la conquête des champs Décumates. Il affaiblit l'opposition de l'aristocratie en favorisant l'entrée des provinciaux au sénat. Il instaura la succession héréditaire en faveur de ses fils Titus et Domitien.

▲ **Vespasien.** (Musée du Capitole, Rome.)

VESPUCCI (Amerigo), en fr. Améric **Vespuce,** *Florence 1454 - Séville 1512,* navigateur italien. Il fit plusieurs voyages au Nouveau Monde (1499 et 1501 - 1502). Le géographe Martin Waldseemüller (*v. 1470 - Saint-Dié, entre 1518 et 1521*) lui attribua la découverte du Nouveau Continent, désigné d'après le prénom de Vespucci.

VESTA MYTH. ROM. Déesse du Foyer domestique. Son culte était desservi par le collège des vestales. Elle correspond à l'Hestia des Grecs.

VESTDIJK (Simon), *Harlingen 1898 - Utrecht 1971,* écrivain néerlandais. Poète et essayiste, il est l'auteur de romans psychologiques (*Anton Wachter,* 1934-1960) et historiques (*l'Île au rhum,* 1940).

VESTERÅLEN, archipel norvégien, au N. des îles Lofoten ; 30 469 hab.

VESTMANNAEYJAR, archipel volcanique au large de la côte sud de l'Islande.

VESTRIS (Gaétan), *Florence 1729 - Paris 1808,* danseur italien. Surnommé le « Dieu de la danse » (ainsi que son fils, Auguste), il débuta en Italie et, à partir de 1748, fit carrière à l'Opéra de Paris, où il tint les rôles principaux de plus de 70 ballets et opéras. — **Auguste V.,** *Paris 1760 - id. 1842,* danseur français. Il fit carrière à l'Opéra de Paris (1775 - 1816). Sa forte personnalité et ses prouesses techniques, alliées à une pantomime très expressive, le rendirent célèbre.

VÉSUVE n.m., en ital. **Vesuvio,** volcan actif d'Italie, à 8 km au S.-E. de Naples ; 1 281 m. L'éruption de l'an 79 apr. J.-C. ensevelit Herculanum, Pompéi et Stabies.

VESZPRÉM, v. de Hongrie, près du lac Balaton ; 56 624 hab. Monuments médiévaux et du XVIIIe s.

VETTEL (Sebastian), *Heppenheim, Hesse, 1987,* coureur automobile allemand. Il a été champion du monde des conducteurs de 2010 à 2013.

VEUILLOT (Louis), *Boynes, Loiret, 1813 - Paris 1883,* journaliste et écrivain français. Rédacteur en chef (1848) de *l'Univers,* il en fit la tribune du catholicisme ultramontain et intransigeant.

VEURNE → **FURNES.**

VEVEY, v. de Suisse (Vaud), sur le lac Léman ; 18 394 hab. *(Veveysans)* [86 100 hab. dans l'agglomération]. Centre touristique et industriel. – Temple St-Martin, remontant aux XIIe et XVe s., et autres monuments. Musée suisse de l'Appareil photographique et musées Jenisch, des Vignerons, etc. Biennale de photographie en plein air.

VEXIN n.m., région aux confins de l'Eure (*Vexin normand*), du Val-d'Oise et des Yvelines (*Vexin français,* qui constitue un parc naturel régional, couvrant env. 71 100 ha), débordant sur le sud-ouest de l'Oise. Formé de plateaux calcaires, souvent limoneux, le Vexin est une riche région agricole.

VEYNE (Paul), *Aix-en-Provence 1930,* historien français. Spécialiste de l'Antiquité, il est l'auteur d'ouvrages théoriques (*Comment on écrit l'histoire,* 1971) et de recherches sur la culture antique (*le Pain et le Cirque,* 1976 ; *Les Grecs ont-ils cru à leurs mythes ?,* 1983 ; *l'Empire gréco-romain,* 2005).

VEYRAT (Marc), *Annecy 1950,* cuisinier français. Marqué par son enfance en Haute-Savoie où ses parents tenaient une ferme d'hôtes, il déploie, notamment dans ses restaurants de Veyrier-du-Lac, Megève et Manigod, une cuisine moderne et très créative à base de plantes botaniques locales, mises en valeur par des techniques complexes, souvent expérimentales.

VÉZELAY (89450), comm. de l'Yonne, en bordure du Morvan ; 440 hab. *(Vézeliens).* Remarquable basilique romane Ste-Marie-Madeleine, anc. abbatiale (sculptures des portails intérieurs ; chœur gothique). Musée de l'Œuvre Viollet-le-Duc. Musée Zervos (art moderne) dans l'anc. maison de Romain Rolland. Maison Jules-Roy. – Saint Bernard y prêcha la deuxième croisade, le 31 mars 1146.

VÉZÈRE n.f., riv. de France, née sur le plateau de Millevaches, affl. de la Dordogne (r. dr.) ; 192 km. Sur ses bords, stations préhistoriques des Eyzies, de la Madeleine, etc. Gorges.

VIALA (Joseph Agricol), *Avignon 1780 - près d'Avignon 1793,* jeune patriote français. Il fut tué en défendant le passage de la Durance aux royalistes. Son héroïsme a été célébré par M. J. Chénier dans *le Chant du départ.*

VIALATTE (Alexandre), *Magnac-Laval 1901 - Paris 1971,* écrivain français. Traducteur (Nietzsche, T. Mann, et surtout Kafka), romancier (*Battling le ténébreux,* 1928 ; *les Fruits du Congo,* 1951), il fut aussi un chroniqueur de talent (notamm. pour *la Montagne*), s'imposant dans un style qui mêle humour satirique et lucidité mélancolique.

VIALLAT (Claude), *Nîmes 1936,* peintre français. Cofondateur du groupe Supports/Surfaces*, il procède par variations de couleur et de technique à partir d'un motif en forme d'osselet répété sur des bâches, des matériaux récupérés et d'autres supports (vitraux de l'église Notre-Dame-des-Sablons, Aigues-Mortes, 1991).

VIAN (Boris), *Ville-d'Avray 1920 - Paris 1959,* écrivain français. Ingénieur, trompettiste et critique de jazz, parolier et compositeur (*le Déserteur*), il fut une figure du Saint-Germain-des-Prés de l'après-guerre. Ses poèmes (*Cantilènes en gelée,* 1950), ses romans (*l'Écume des jours,* 1947 ; *l'Arrache-cœur,* 1953) et ses pièces de théâtre, d'une grande invention verbale, tiennent à la fois de l'humour et de l'absurde.

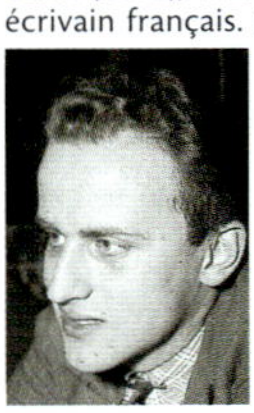

▲ Boris **Vian**

VIANDEN, ch.-l. de cant. du Luxembourg ; 1 731 hab. Centrale hydroélectrique sur l'Our. – Imposant château remontant à 1096, dans un site remarquable.

VIANNEY (Jean-Marie) → **JEAN-MARIE VIANNEY** (saint).

VIARDOT-GARCÍA (Pauline), *Paris 1821 - id. 1910,* mezzo-soprano française d'origine espagnole. Sœur cadette de la Malibran, elle créa des opéras de Gounod et de Meyerbeer.

VIAREGGIO, station balnéaire d'Italie (Toscane), sur la mer Tyrrhénienne ; 62 198 hab.

VIARMES (95270), comm. du Val-d'Oise ; 5 299 hab. Mairie dans un château du XVIIIe s.

VIATKA, de 1934 à 1991 **Kirov,** v. de Russie, sur la *Viatka* ; 473 668 hab. Métallurgie.

VIATKA n.f., riv. de Russie, affl. de la Kama (r. dr.) ; 1 314 km.

VIAU (Théophile **de**), *Clairac 1590 - Paris 1626,* poète français. Libertin, poursuivi par les jésuites et emprisonné deux ans, il est l'auteur de pièces de théâtre et de poésies lyriques qui s'écartent de l'idéal de régularité prôné par Malherbe.

VIAUR n.m., riv. de France, dans le Massif central, affl. de l'Aveyron (r. g.) ; 155 km. Il est franchi par un grand viaduc ferroviaire (ligne de Rodez à Albi) qui le domine de 120 m.

VIBRAYE [vibrɛ] (72320), comm. de la Sarthe ; 2 649 hab. *(Vibraysiens).* Forêt. Produits pharmaceutiques.

VIC, étang littoral de l'Hérault, au S. de Montpellier ; environ 1 300 ha.

VICAT (Louis), *Nevers 1786 - Grenoble 1861,* ingénieur français. Spécialiste de l'étude des chaux et des mortiers, il détermina la composition des ciments naturels et inventa en 1817 le ciment artificiel.

VIC-BILH n.m., petite région du N.-E. des Pyrénées-Atlantiques. Pétrole.

VIC-EN-BIGORRE (65500), bur. centr. de cant. des Hautes-Pyrénées ; 5 341 hab. *(Vicquois).* Belles demeures du XVIIIe s.

VICENCE, en ital. **Vicenza,** v. d'Italie (Vénétie), ch.-l. de prov. ; 111 681 hab. *(Vicentins).* Églises et palais du XIIe au XVIe s. ; édifices de Palladio, dont le palais Chiericati (musée) et la villa la Rotonda*.

VICENTE (Gil), *Guimarães v. 1465 - v. 1536,* auteur dramatique portugais d'expression portugaise et castillane. Ses pièces religieuses (*la Trilogie des barques,* 1516-1519), ses farces (*Inês Pereira*) et ses comédies font de lui le créateur du théâtre portugais.

VIC-FEZENSAC (32190), bur. centr. de cant. du Gers ; 3 573 hab. *(Vicois).* Eaux-de-vie. – Église romane et gothique. Arènes. – Festival de musique latino.

VICHY (03200), ch.-l. d'arrond. de l'Allier, sur l'Allier ; 25 502 hab. *(Vichyssois)* [77 428 hab. dans l'agglomération]. Station thermale (rhumatismes et troubles digestifs). – Opéra, de style Art nouveau. Musée municipal. Bibliothèque-musée Valery-Larbaud. Musée surréaliste François-Boucheix.

Vichy (gouvernement de), gouvernement de l'État français (juill. 1940 - août 1944). Nommé président du Conseil le 16 juin 1940, le maréchal Pétain, après avoir demandé l'armistice – signé le 22 juin –, devient, par un vote de l'Assemblée nationale (à l'exception de 80 députés), chef de l'État français (juill.). Il instaure, sous la devise « Travail, Famille, Patrie » et l'emblème de la francisque, un régime autoritaire, corporatiste, antisémite et anticommuniste (la « révolution nationale »), qui pratique dès l'automne 1940 une politique de collaboration avec l'Allemagne. Après l'invasion de la zone libre par les Allemands (nov. 1942), le régime, de plus en plus inféodé à l'occupant, ne cesse de perdre du crédit auprès des Français. La Libération entraîne son effondrement, tandis que le maréchal Pétain et le chef du gouvernement, Pierre Laval, sont transférés en Allemagne.

VICKSBURG, v. des États-Unis (Mississippi), sur le Mississippi ; 23 856 hab. Place sudiste pendant la guerre de Sécession, sa capitulation (1863) ouvrit la voie du Mississippi aux nordistes.

VIC-LE-COMTE (63270), bur. centr. de cant. du Puy-de-Dôme ; 5 135 hab. *(Vicomtois).* Papeterie de la Banque de France. – Sainte-chapelle de 1510, chœur de l'actuelle église.

VICO (Giambattista), *Naples 1668 - id. 1744,* historien et philosophe italien. Ses *Principes de la philosophie de l'histoire* (1725) distinguent dans l'histoire cyclique de chaque peuple trois âges : l'âge divin, l'âge héroïque et l'âge humain.

VICQ D'AZYR (Félix), *Valognes 1748 - Paris 1794,* médecin français. Il fut l'auteur des premiers travaux d'anatomie comparée, à usage vétérinaire principalement. (Acad. fr.)

VIC-SUR-CÈRE (15800), bur. centr. de cant. du Cantal ; 1 910 hab. *(Vicois).* Eaux minérales.

Victoire de Samothrace, marbre hellénistique (Louvre), du début du IIe s. av. J.-C., commémorant une victoire navale de Démétrios Ier Poliorcète. Représentant une femme ailée posée sur une proue de galère, c'est l'un des plus fougueux chefs-d'œuvre de l'art grec finissant.

VICTOR (Claude **Perrin,** dit), duc **de Bellune,** *Lamarche, Vosges, 1764 - Paris 1841,* maréchal de France. Il se distingua à Friedland (1807) et pendant la campagne de France (1814). Il fut ministre de la Guerre de Louis XVIII (1821 - 1823).

VICTOR (Paul-Émile), *Genève 1907 - Bora Bora 1995,* explorateur et ethnologue français. Il a dirigé de nombreuses expéditions au Groenland, en Laponie et en terre Adélie, et a créé en 1947 les Expéditions polaires françaises (relayées en 1992 par l'Institut français pour la recherche et la technologie polaires - Expéditions Paul-Émile Victor, devenu en 2002 l'Institut polaire français Paul-Émile Victor [IPEV]).

VICTOR-AMÉDÉE Ier, *Turin 1587 - Verceil 1637,* duc de Savoie (1630 - 1637). Époux de Christine de France, fille d'Henri IV, il dut céder Pignerol à la France (1630). — **Victor-Amédée II,** *Turin 1666 - Rivoli 1732,* duc de Savoie (1675), roi de Sicile (1713), puis de Sardaigne (1720). Il fonda une monarchie absolue, avant d'abdiquer en 1730. — **Victor-Amédée III,** *Turin 1726 - Moncalieri 1796,* roi de Sardaigne (1773 - 1796). Il lutta contre la Révolution française, qui lui imposa le traité de Paris et lui enleva la Savoie et Nice (1796).

VICTOR-EMMANUEL Ier, *Turin 1759 - Moncalieri 1824,* roi de Sardaigne (1802 - 1821). Les traités de 1815 lui rendirent ses États, mais l'insurrection de 1821 l'obligea à abdiquer. — **Victor-Emmanuel II,** *Turin 1820 - Rome 1878,* roi de Sardaigne (1849), puis roi d'Italie (1861). Fils de Charles-Albert, qui abdiqua en sa faveur, il fut l'allié de la France contre l'Autriche (1859) et le véritable créateur, avec son ministre Cavour, de l'unité italienne. Il dut céder à la France la Savoie et Nice (1860).

◄ **Victor-Emmanuel II.** (Musée du Risorgimento, Macerata.)

— **Victor-Emmanuel III,** *Naples 1869 - Alexandrie, Égypte, 1947,* roi d'Italie (1900 - 1946), empereur d'Éthiopie (1936) et roi d'Albanie (1939). Fils d'Humbert Ier, il laissa, de 1922 à 1943, le pouvoir réel à Mussolini, favorisant ainsi le développement du fascisme. En 1943, en accord avec le Grand Conseil fasciste, il fit arrêter Mussolini, mais il ne put rallier les partis politiques. Il abdiqua en faveur de son fils Humbert (II), avant de s'exiler (1946).

VICTORIA, État du sud-est de l'Australie ; 227 600 km² ; 5 354 042 hab. ; cap. *Melbourne.*

VICTORIA, grande île de l'archipel Arctique canadien (Territoires du Nord-Ouest et Nunavut) ; 212 000 km².

VICTORIA, v. du Canada, cap. de la Colombie-Britannique, dans l'île de Vancouver ; 85 792 hab. (367 770 hab. dans l'agglomération). Port. Université. – Musées.

VICTORIA, cap. des Seychelles, sur l'île de Mahé ; 26 609 hab. dans l'agglomération.

VICTORIA, *Londres 1819 - Osborne, île de Wight, 1901,* reine de Grande-Bretagne et d'Irlande (1837 - 1901) et impératrice des Indes (1876 - 1901). Petite-fille de George III, elle succède à son oncle Guillaume IV, mort sans héritier. Habilement conseillée par son Premier ministre lord Melbourne, par son oncle Léopold Ier de Belgique puis par Albert de Saxe-Cobourg-Gotha (qu'elle épouse en 1840), Victoria redonne rapidement à la Couronne, alors fort déconsidérée, dignité et prestige. Bien que respectant scrupuleusement les règles du régime parlementaire, la reine se trouve plusieurs fois en conflit avec ses principaux ministres (Wellington, Palmerston, Disraeli puis Gladstone). Victoria a fortement marqué de son empreinte personnelle la vie politique de la Grande-Bretagne, qui connut, sous son règne *(l'ère victorienne),* l'apogée de sa puissance politique et économique.

▲ **Victoria** vers 1870.

VICTORIA (chutes), chutes du Zambèze (108 m), aux confins du Zimbabwe et de la Zambie.

VICTORIA (lac), anc. **Victoria Nyanza,** grand lac de l'Afrique équatoriale, d'où sort le Nil ; 68 100 km².

VICTORIA (terre), région de l'Antarctique bordant la mer de Ross, accidentée de volcans.

VICTORIA (Tomás Luis **de**), *Ávila 1548 - Madrid 1611,* compositeur espagnol. Il vécut une grande partie de sa vie à Rome, où il enseignait au collège germanique. Il fut l'un des plus grands maîtres de la polyphonie religieuse (messes, motets, *Officium defunctorum* à six voix).

Victoria and Albert Museum, musée de Londres, fondé en 1852 et installé en 1909 dans un édifice neuf du quartier de South Kensington. Il a été rénové et agrandi en 2017. Vastes collections relatives aux arts décoratifs et aux beaux-arts du monde entier.

Victoria Cross, la plus haute distinction militaire britannique, instituée en 1856 par la reine Victoria.

VICTORIAVILLE, v. du Canada (Centre-du-Québec) ; 46 130 hab. *(Victoriavillois).*

VIDAL DE LA BLACHE (Paul), *Pézenas 1845 - Tamaris, Var, 1918,* géographe français. Fondateur de l'école géographique française, il a étudié les rapports entre éléments naturels et humains. Auteur d'un *Tableau de la géographie de la France* (1903), il conçut une grande *Géographie universelle.*

VIDAL-NAQUET (Pierre), *Paris 1930 - Nice 2006,* historien français. Spécialiste de la Grèce antique (*Mythe et tragédie en Grèce ancienne,* avec J.-P. Vernant, 2 vol., 1972 et 1986 ; *le Chasseur noir,* 1981), il est également l'auteur de travaux sur l'historiographie du peuple juif (*les Juifs, la mémoire et le présent,* 2 vol., 1981 et 1991). Il a mené un combat constant pour la défense des droits de l'homme.

VIDAUBAN (83550), comm. du Var, au S. de Draguignan ; 10 762 hab. *(Vidaubannais).* Vignobles. Châteaux.

VIDOCQ (François), *Arras 1775 - Paris 1857,* aventurier français. Ancien bagnard, il dirigea, sous l'Empire et la Restauration, la brigade de sûreté, recrutée parmi les forçats libérés. Balzac s'est inspiré de lui pour le personnage de Vautrin.

VIDOR (King), *Galveston 1894 - Pablo Robles 1982,* cinéaste américain. Son œuvre abondante témoigne d'un lyrisme et d'une grande vigueur épique : *la Foule* (1928), *Hallelujah* (1929), *Notre pain quotidien* (1934), *Duel au soleil* (1947).

VIEDMA, v. d'Argentine ; 57 678 hab.

VIEIL-ARMAND → **HARTMANNSWILLERKOPF.**

VIEILLEVILLE (François **de Scepeaux,** seigneur **de**), comte **de Durtal,** *1510 - Durtal, Maine-et-Loire, 1571,* maréchal de France. Il participa aux expéditions d'Italie, joua un rôle militaire et diplomatique sous Henri II puis Charles IX, et lutta contre les protestants au début des guerres de Religion.

VIEIRA (António), *Lisbonne 1608 - Bahia 1697,* écrivain portugais. Jésuite, défenseur des Indiens du Brésil, il est l'un des classiques de la prose portugaise *(Sermons, Correspondance).*

VIEIRA (João Bernardo), *Bissau 1939 - id. 2009,* général et homme politique de la Guinée-Bissau. Ayant participé à la lutte pour l'indépendance, il

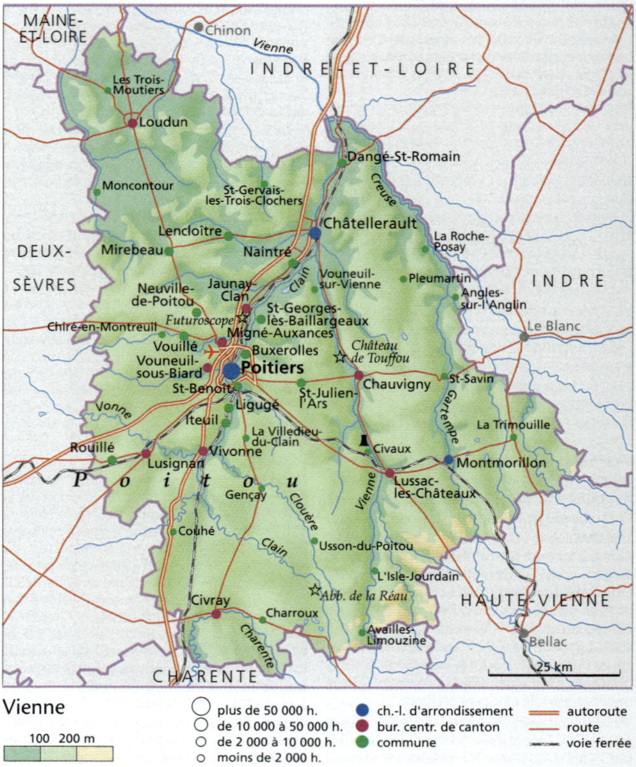

est au pouvoir une première fois à la suite d'un coup d'État (1980 - 1999), puis redevient président de la République à la faveur d'une élection en 2005. Il est tué par des militaires en 2009.

VIEIRA DA SILVA (Maria Elena), *Lisbonne 1908 - Paris 1992*, peintre française d'origine portugaise. Ses perspectives disloquées et son graphisme aigu engendrent un espace frémissant, souvent labyrinthique.

VIELÉ-GRIFFIN (Francis), *Norfolk, Virginie, 1864 - Bergerac 1937*, poète français d'origine américaine, d'inspiration symboliste (*Joies*).

VIELLA ou **VIELHA,** v. d'Espagne (Catalogne), ch.-l. du Val d'Aran ; 5 470 hab. Tunnel routier long de 5 km sous le *col de Viella*.

VIEN (Joseph Marie), *Montpellier 1716 - Paris 1809*, peintre français, précurseur du néoclassicisme.

VIENNE n.f., riv. de France, née sur le plateau de Millevaches, affl. de la Loire (r. g.) ; 350 km ; bassin de plus de 20 000 km². Elle passe à Limoges, Châtellerault et Chinon.

VIENNE (38200), ch.-l. d'arrond. de l'Isère, sur le Rhône ; 29 894 hab. (*Viennois*). Marché. – Festival de jazz. – Vestiges gallo-romains (temple d'Auguste et de Livie, grand théâtre, etc.) ; église St-Pierre (VIe et IXe-XIIe s.), auj. Musée archéologique, et cathédrale St-Maurice (XIIe-XVIe s.) ; musée des Beaux-Arts et d'Archéologie.

VIENNE n.f. (86), dép. de la Région Nouvelle-Aquitaine ; ch.-l. de dép. *Poitiers* ; ch.-l. d'arrond. *Châtellerault, Montmorillon* ; 3 arrond. ; 19 cant. ; 274 comm. ; 6 990 km² ; 445 927 hab. (*Viennois*). Le dép. appartient à l'académie et à la cour d'appel de Poitiers, à la zone de défense et de sécurité Sud-Ouest. La majeure partie du dép. s'étend sur les plaines du haut Poitou (ou *seuil du Poitou*), où l'économie rurale varie avec la nature des sols : élevage (bovins, porcs) sur les terres de brandes, améliorées, du Sud-Est ; cultures céréalières et fourragères, localement vigne, à l'ouest du Clain, où affleurent les calcaires ; céréales et élevage bovin dans le Nord. L'industrie est représentée par l'industrie automobile, les constructions électriques et mécaniques, les pneumatiques, et se localise surtout à Châtellerault et à Poitiers.

▲ **Vienne.** Le Burgtheater (Semper et Hasenauer, 1874-1888) sur le Ring.

VIENNE, en all. **Wien,** cap. de l'Autriche, sur le Danube ; 1 714 227 hab. (*Viennois*) [2 315 000 hab. dans l'agglomération]. Université. Centre administratif, culturel et commercial. – Cathédrale reconstruite aux XIVe-XVIe s. ; nombreux édifices baroques, dus notamment à J. B. Fischer von Erlach et à Hildebrandt ; œuvres de O. Wagner et de J. Hoffmann. Nombreux musées, dont le Kunsthistorisches* Museum, l'Albertina*, le Leopold Museum (importante collection d'œuvres d'Egon Schiele) et le MUMOK (musée d'Art moderne de la Fondation Ludwig) dans le MuseumsQuartier, et le musée du Baroque et la galerie d'Art autrichien des XIXe-XXe s. (œuvres de Klimt, Kokoschka et autres artistes de l'école de Vienne) dans les deux palais du Belvédère. – Forteresse romaine à la frontière de la Pannonie, la ville se développa au Moyen Âge grâce aux Babenberg, puis aux Habsbourg, qui l'acquirent en 1276. Résidence des empereurs du Saint Empire (partiellement après 1438, définitivement à partir de 1611), elle fut assiégée par les Turcs (1529, 1683). De nombreux traités y furent signés, notamm. celui de 1738 qui mit fin à la guerre de la Succession de Pologne. Vienne fut au XIXe s. l'un des principaux foyers culturels de l'Europe. Après l'effondrement de l'Empire austro-hongrois (1918), elle devint la capitale de la République autrichienne.

Vienne (cercle de), groupe d'intellectuels d'entre les deux guerres, qui se donnèrent comme mission la constitution d'un savoir organisé à partir des découvertes de la science et formalisé selon les vues de Russell et de Wittgenstein. Ses principaux membres furent les logiciens M. Schlick, K. Gödel et R. Carnap, le physicien P. Frank, le mathématicien H. Hahn, l'économiste O. Neurath.

Vienne (congrès de) [1814 - 1815], congrès réuni à Vienne (Autriche) afin de réorganiser l'Europe après la chute de Napoléon. (V. carte **Europe.**) Les décisions y furent prises par les quatre grands vainqueurs : Autriche (Metternich), Russie (Nesselrode), Grande-Bretagne (Castlereagh), Prusse (Hardenberg). Talleyrand y représentait la France de Louis XVIII. L'acte final, signé en juin 1815, s'inspirait des principes du droit monarchique et de l'équilibre européen, mais ignorait le principe des nationalités.

VIENNE (Haute-) [87], dép. de la Région Nouvelle-Aquitaine ; ch.-l. de dép. *Limoges* ; ch.-l. d'arrond. *Bellac, Rochechouart* ; 3 arrond. ; 21 cant. ; 200 comm. ; 5 520 km² ; 384 226 hab. (*Haut-Viennois*). Le dép. appartient à l'académie et à la cour d'appel de Limoges, à la zone de défense et de sécurité Sud-Ouest. Il s'étend sur la majeure partie du Limousin, formé ici de lourds plateaux, entaillés par des vallées profondes (Vienne, Gartempe). L'amélioration des communications de la région, longtemps isolée, a permis l'essor d'un important élevage bovin, pour la viande, favorisé par l'humidité du climat et l'extension des prairies naturelles. En dehors des branches extractives (gisements d'uranium), l'industrie est représentée principalement par la porcelaine (née de la présence du kaolin à Saint-Yrieix), les constructions électriques et mécaniques, la papeterie. Elle se localise essentiellement à Limoges, dont l'agglomération groupe la moitié de la population totale du département.

VIENNE (Jean de), *v. 1341 - Nicopolis 1396*, amiral de France. Il se distingua pendant la guerre de Cent Ans, organisa la marine de Charles V et mourut en combattant les Turcs.

VIENNOISE (la), diocèse de la Gaule romaine. Au Bas-Empire, elle s'étendait de l'Aquitaine aux Alpes ; cap. *Vienne*.

VIENTIANE, cap. du Laos, sur le Mékong ; 946 000 hab. dans l'agglomération (*Vientianais*).

VIERGE, constellation zodiacale. Son étoile la plus brillante est *Spica* (l'Épi). — **Vierge,** sixième signe du zodiaque, que le Soleil quitte à l'équinoxe d'automne.

Vierge aux rochers (la), œuvre de Léonard de Vinci, entreprise vers 1482-1483. Le peintre en a réalisé deux versions (huiles sur toile), conservées l'une au Louvre (coll. de François Ier) et l'autre à la National Gallery de Londres.

VIERGES (îles), en angl. **Virgin Islands,** archipel des Petites Antilles, partagé entre la Grande-Bretagne (Tortola, Anegada, Virgin Gorda, etc.) et les États-Unis (Saint Thomas, Sainte-Croix et Saint John).

VIERNE (Louis), *Poitiers 1870 - Paris 1937*, compositeur et organiste français. Organiste de Notre-Dame de Paris (1900 - 1937), improvisateur réputé, il a écrit 6 symphonies, 24 *Pièces en style libre*, des *Pièces de fantaisie* (4 vol., 1926-1927).

VIERZON (18100), ch.-l. d'arrond. du Cher, sur l'Yèvre et le Cher ; 27 555 hab. (*Vierzonnais*). Gare de triage. Constructions mécaniques. – Église des XIIe et XVe s.

Vies parallèles, recueil de récits biographiques de Plutarque (Ier s. apr. J.-C.), traduit par J. Amyot sous le titre de *Vies des hommes illustres* (1559). Elles sont consacrées aux grands hommes de la Grèce et de Rome.

Viêt-cong (du vietnamien *Việt Nam* et *công-san*, rouge), nom donné pendant la guerre du Viêt Nam aux communistes et à leurs alliés, qui se regroupèrent tous en 1960 dans le Front national de libération du Viêt Nam du Sud.

Viêt Nam

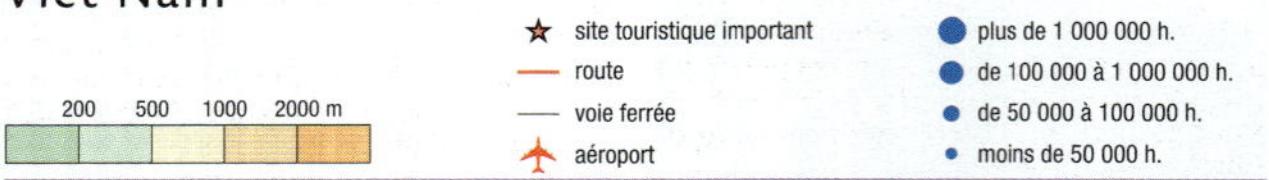

VIÈTE (François), *Fontenay-le-Comte 1540 - Paris 1603*, mathématicien français. Son œuvre est capitale pour la symbolisation en algèbre et son application à la géométrie. Il introduisit notamm. l'usage des lettres pour représenter les quantités connues ou inconnues et donna la solution géométrique de l'équation du 3e degré.

Viêt-minh (Front de l'indépendance du Viêt Nam), formation politique vietnamienne, issue en 1941 de la réunion du Parti communiste indochinois et d'éléments nationalistes. Le Viêt-minh dirigea le premier gouvernement vietnamien en 1945, et composa d'abord avec la France (1946), avant de prendre la tête de la lutte armée contre les forces françaises et leurs alliés vietnamiens. Il s'imposa dans le Viêt Nam du Nord avec Hô Chi Minh.

VIÊT NAM ou **VIETNAM** n.m., État d'Asie du Sud-Est ; 335 000 km² ; 91 680 000 hab. *(Vietnamiens).* **CAP.** *Hanoï.* **V. PRINC.** *Hô Chi Minh-Ville* et *Haiphong.* **LANGUE :** *vietnamien.* **MONNAIE :** *dông.*

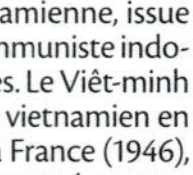

GÉOGRAPHIE Le pays s'étire sur env. 1 650 km. Une étroite bande de plateaux et de montagnes (l'Annam) sépare les deltas du fleuve Rouge (Tonkin) et du Mékong (Cochinchine). C'est dans les régions basses, chaudes et arrosées en été (par la mousson) que se concentre une population nombreuse, toujours majoritairement rurale et qui s'accroît rapidement. Les hautes terres sont peuplées de minorités, qui représentent 10 à 15 % d'une population en majeure partie bouddhiste. Le riz est la base de l'alimentation (il est aussi largement exporté) ; le caoutchouc, le thé, le café, le coprah sont les principales cultures commerciales. Le sous-sol recèle du charbon et du pétrole. L'industrie se développe et le tourisme contribue à l'essor des services. L'économie, ouverte et largement privatisée après avoir été longtemps régie par un système étatique, a connu une forte croissance, bénéficiant de la montée de la consommation intérieure, de l'augmentation des exportations et de l'afflux de capitaux étrangers. Cette dynamique n'a toutefois pas évincé certains maux structurels (lourdeurs bureaucratiques, corruption, déficit budgétaire) et s'est accompagnée d'un accroissement des inégalités sociales.

HISTOIRE **Des origines à l'empire du Viêt Nam.** Au néolithique, le brassage des Muong, des Viêt et d'éléments chinois dans le bassin du fleuve Rouge donne naissance au peuple vietnamien. **208 av. J.-C. :** le royaume du Nam Viêt est créé. **111 av. J.-C. :** il est annexé à l'Empire chinois des Han. **IIe s. apr. J.-C. :** le pays est pénétré par le bouddhisme. **939 apr. J.-C. :** Ngô Quyên fonde la première dynastie nationale. **968 - 980 :** la dynastie des Dinh règne sur le pays, appelé Dai Cô Viêt, encore vassal de la Chine. **980 - 1225 :** sous les dynasties impériales des Lê antérieurs (980 - 1009) puis des Ly (1010 - 1225), le pays, devenu le Dai Viêt (1054), s'organise et adopte des structures mandarinales et féodales. Il s'étend vers le sud au détriment du Champa. **1225 - 1413 :** sous la dynastie des Trân, les Mongols sont repoussés (1257, 1287), mais la Chine rétablit sa domination (1406). **1428 :** Lê Loi reconquiert l'indépendance et fonde la dynastie des Lê postérieurs (1428 - 1789). **1471 :** le Dai Viêt remporte une victoire décisive sur le Champa. **XVIe - XVIIe s. :** les clans seigneuriaux rivaux, Mac, Nguyên (qui gouvernent le Sud) et Trinh (qui domine le Nord), s'affrontent. Les jésuites diffusent le catholicisme et latinisent la langue vietnamienne. **1773 - 1792 :** les trois frères Tây Son dirigent la révolte contre les Nguyên et les Trinh.

L'empire du Viêt Nam et la domination française. Nguyên Anh, survivant de la famille Nguyên, reconquiert la Cochinchine, la région de Huê et celle de Hanoï avec l'aide des Français. **1802 :** devenu empereur sous le nom de Gia Long, il fonde l'empire du Viêt Nam. **1859 - 1883 :** la France conquiert la Cochinchine, qu'elle érige en colonie, et impose son protectorat à l'Annam et au Tonkin. **1885 :** la Chine reconnaît ces conquêtes au traité de Tianjin. **1885 - 1896 :** un soulèvement nationaliste agite le pays, qui est intégré à l'Union indochinoise, formée par la France en 1887. **1930 :** Hô Chi Minh crée le Parti communiste indochinois. **1932 :** Bao Dai devient empereur. **1941 :** le Front de l'indépendance du Viêt Nam (Viêt-minh) est fondé. **1945 :** les Japonais mettent fin à l'autorité française : Bao Dai abdique et une république indépendante est proclamée. La France reconnaît le nouvel État mais refuse d'y inclure la Cochinchine. **1946 - 1954 :** la guerre d'Indochine oppose la France, qui a rappelé Bao Dai et reconnu l'indépendance du Viêt Nam au sein de l'Union française, au Viêt-minh. **1954 :** la défaite française de Diên Biên Phu conduit aux accords de Genève, qui partagent le pays en deux de part et d'autre du 17e parallèle.

Nord et Sud Viêt Nam. **1955 :** dans le Sud, l'empereur Bao Dai est déposé par Ngô Dinh Diêm. La république du Viêt Nam est instaurée à Saigon. Elle bénéficie de l'aide américaine. Dans le Nord, la République démocratique du Viêt Nam (cap. Hanoï) est dirigée par Hô Chi Minh. **1956 :** les communistes rallient les opposants au régime de Ngô Dinh Diêm au sein du Viêt-cong. **1960 :** le Front national de libération du Viêt Nam du Sud est créé. **1963 :** assassinat de Ngô Dinh Diêm. **1964 :** les États-Unis interviennent directement dans la guerre du Viêt Nam aux côtés des Sud-Vietnamiens. **1969 :** à la mort d'Hô Chi Minh, Pham Van Dông devient Premier ministre et Lê Duan premier secrétaire du parti des Travailleurs (communiste). **1973 - 1975 :** en dépit des accords de Paris et du retrait américain, la guerre continue. **1975 :** les troupes du Nord prennent Saigon.

Le Viêt Nam réunifié. **1976 :** le Viêt Nam devient une république socialiste que des milliers d'opposants tentent de fuir *(boat people).* **1978 :** le Viêt Nam signe un traité d'amitié avec l'URSS et envahit le Cambodge, dont le régime des Khmers rouges était soutenu par la Chine. **1979 :** un conflit armé éclate avec la Chine. **1986 :** Nguyên Van Linh remplace Lê Duan à la tête du Parti communiste. **1987 :** Pham Hung succède au Premier ministre Pham Van Dông. **1988 :** après le décès de Pham Hung, Do Muoi devient Premier ministre. **1989 :** les troupes vietnamiennes se retirent totalement du Cambodge. **1991 :** Do Muoi est nommé secrétaire général du Parti tandis que Vo Van Kiet devient chef du gouvernement. La signature de l'accord de paix sur le Cambodge est suivie par la normalisation des relations avec la Chine. **1992 :** une nouvelle Constitution est adoptée ; l'Assemblée nationale, issue des élections, élit le général Lê Duc Anh à la tête de l'État et reconduit Vo Van Kiet à la tête du gouvernement. **1994 :** l'embargo imposé par les États-Unis depuis 1975 est levé. **1995 :** le Viêt Nam devient membre de l'ASEAN. **1997 :** les instances dirigeantes sont renouvelées ; Trân Duc Luong devient président de la République,

Phan Van Khai, Premier ministre, et le général Lê Kha Phieu, secrétaire général du Parti. **2001 :** Nong Duc Manh est nommé secrétaire général du Parti. **2006 :** Nguyên Minh Triet accède à la présidence de la République ; Nguyên Tân Dung est Premier ministre. **2011 :** le poste de secrétaire général du Parti est confié à Nguyên Phu Trong (reconduit en 2016). Truong Tân Sang est élu à la tête de l'État. **2016 :** Trân Dai Quang devient président de la République et Nguyên Xuân Phuc, Premier ministre. **2018 :** Trân Dai Quang meurt ; Nguyên Phu Trong lui succède, tout en conservant les fonctions de secrétaire général du Parti.

Viêt Nam (guerre du), nom donné par les Américains au conflit qui opposa de 1954 à 1975 le Viêt Nam du Nord au Viêt Nam du Sud. Ce conflit, où intervinrent l'URSS, la Chine populaire et les États-Unis, impliqua tous les États de la péninsule indochinoise (→ **Indochine** [guerres d']).

VIEUX-CONDÉ (59690), comm. du Nord ; 10 284 hab. *(Vieux-Condéens).* Automobiles.

Vieux de la montagne, nom donné par les croisés et par les historiens occidentaux aux chefs de la secte chiite ismaélienne des Assassins*.

VIEUX-HABITANTS (97119), bur. centr. de cant. de la Guadeloupe ; 7 602 hab. *(Habissois).*

VIF (38450), comm. de l'Isère ; 8 338 hab. *(Vifois).* Église St-Jean-Baptiste remontant au XIe s. (peintures murales, XIIIe-XIVe s.). Maison Champollion.

VIGAN (Le) [30120], ch.-l. d'arrond. du Gard, dans les Cévennes ; 4 061 hab. *(Viganais).* Bonneterie. – Musée cévenol.

VIGÉE-LEBRUN (Élisabeth **Vigée,** Mme), *Paris 1755 - id. 1842,* peintre française. Elle a laissé des portraits délicats et flatteurs, notamm. ceux de la reine Marie-Antoinette.

VIGEVANO, v. d'Italie (Lombardie) ; 60 360 hab. Place ducale et monuments des XIVe-XVIe s.

VIGNEAULT (Gilles), *Natashquan, Québec, 1928,* chanteur canadien d'expression française. Il écrit, compose et interprète des chansons qui évoquent les diverses facettes de son pays et de sa culture *(Mon pays, Tam ti delam).*

VIGNEMALE n.m., point culminant des Pyrénées françaises (Hautes-Pyrénées), à la frontière espagnole, au S. de Cauterets ; 3 298 m.

VIGNEUX-SUR-SEINE (91270), bur. centr. de cant. de l'Essonne ; 30 941 hab. *(Vigneusiens).*

VIGNOBLE n.m., région viticole, partie de la bordure occidentale du Jura, dans le dép. du Jura.

VIGNOLE (Iacopo **Barozzi,** dit **il Vignola,** en fr.), *Vignola, Modène, 1507 - Rome 1573,* architecte italien. Travaillant surtout à Rome, il a réalisé une œuvre considérable, de transition entre Renaissance maniériste et baroque : villa Giulia (Rome), palais Farnèse de Caprarola, etc., et église du Gesù (Rome, commencée en 1568), œuvre type de la Contre-Réforme, qui sera le modèle le plus suivi pendant deux siècles dans l'Occident catholique. Son traité intitulé *Règle des cinq ordres* (1562), interprétation simple et vigoureuse de Vitruve, n'aura pas moins de succès.

VIGNOLES (Charles Blacker), *Woodbrook, Irlande, 1793 - Hythe, Hampshire, 1875,* ingénieur britannique. Il introduisit en Grande-Bretagne le rail à patin, dû en réalité à l'Américain Robert Stevens et qui, depuis, porte à tort son nom.

VIGNON (Claude), *Tours 1593 - Paris 1670,* peintre français. Ayant fréquenté à Rome les caravagesques, averti de la peinture vénitienne, il s'installa à Paris vers 1627 et enseigna à l'Académie royale à partir de 1651 (*Adoration des Mages* et *Décollation de saint Jean-Baptiste,* église St-Gervais, Paris).

VIGNY (Alfred, comte **de**), *Loches 1797 - Paris 1863,* écrivain français. Auteur de recueils lyriques (*Poèmes antiques et modernes,* 1826), d'un roman historique (*Cinq-Mars,* 1826), il illustre la conception romantique du théâtre (*Chatterton,* 1835). Dans des ouvrages à thèse (*Stello,* 1832 ; *Servitude et Grandeur militaires,* 1835) et des grands poèmes (*la Mort du loup, la Maison du berger, le Mont des Oliviers*), il exprime la solitude du génie, l'indifférence de la nature et des hommes, et exalte la résignation stoïque qu'il convient de leur opposer. (Acad. fr.)

◄ Alfred de **Vigny.**
(Musée Renan, Paris.)

VIGO, v. d'Espagne (Galice), sur l'Atlantique ; 295 623 hab. Port. Pêche. Chantiers navals. Construction automobile.

VIGO (Jean), *Paris 1905 - id. 1934,* cinéaste français. Trois films (*À propos de Nice,* 1930 ; *Zéro de conduite,* 1933 ; *l'Atalante,* 1934) lui suffirent pour affirmer une vision du monde personnelle, toute de révolte, d'amour et de poésie.

VIIPURI → **VYBORG.**

VIJAYANAGAR, cap. (auj. en ruine) d'un grand empire du même nom (1336 - 1565), située sur l'actuel village de Hampi, dans le Karnataka (Inde). Cet empire se souleva pour la défense de l'hindouisme et atteignit son apogée au début du XVIe s. – Remarquables exemples d'architectures du XVIe s. aux décors sculptés.

VIJAYAVADA ou **BEZWADA,** v. d'Inde (Andhra Pradesh), sur la Krishna ; 825 436 hab. (1 491 202 hab. dans l'agglomération).

VIKINGS, guerriers, navigateurs et marchands des pays scandinaves qui, du VIIIe au XIe s., entreprirent des expéditions maritimes et fluviales de la Russie à l'Atlantique (→ **Normands**).

VILA → **PORT-VILA.**

VILAINE n.f., fl. de France, en Bretagne, qui rejoint l'Atlantique ; 225 km. Elle passe à Vitré, Rennes et Redon. Barrage à Arzal.

VILA NOVA DE GAIA, v. du Portugal, sur le Douro ; 178 255 hab. Commerce de vins (porto).

VILAR (Jean), *Sète 1912 - id. 1971,* acteur et metteur en scène de théâtre français. Fondateur du Festival d'Avignon (1947), directeur du Théâtre national populaire (1951 - 1963), il a donné une vie nouvelle aux œuvres classiques et rendu accessibles à un très large public les pièces d'auteurs contemporains.

◄ Jean **Vilar**
dans les coulisses du TNP
au début des années 1960.

VILIOUÏ n.m., riv. de Russie, en Sibérie, affl. de la Lena (r. g.) ; 2 650 km ; bassin de 454 000 km^2.

VILLA (Doroteo **Arango,** dit Francisco **Villa,** et surnommé Pancho), *San Juan del Río 1878 - Parral 1923,* révolutionnaire mexicain. Paysan pauvre devenu voleur de bétail, il fut l'un des principaux chefs de la révolution, à la tête de la division du Nord, avant de se rallier au président Obregón (1920). Il mourut assassiné.

VILLACH, v. d'Autriche (Carinthie) ; 59 324 hab. Église St-Jacques, des XIVe-XVe s. ; musée.

VILLACOUBLAY → **VÉLIZY-VILLACOUBLAY.**

VILLAFRANCA DI VERONA, v. d'Italie (Vénétie) ; 32 718 hab. En 1859, Napoléon III y conclut avec François-Joseph l'armistice et les préliminaires de paix qui mirent fin à la campagne d'Italie.

VILLAGES-VOVÉENS (Les) [28150], bur. centr. de cant. d'Eure-et-Loir, en Beauce ; 4 028 hab.

VILLAHERMOSA, v. du Mexique, cap. de l'État de Tabasco ; 755 416 hab. dans l'agglomération. Parc archéologique : reconstitution de La Venta* ; musée (civilisations olmèque et maya).

VILLAINES-LA-JUHEL (53700), bur. centr. de cant. de la Mayenne ; 2 971 hab. Constructions électriques.

VILLA-LOBOS (Heitor), *Rio de Janeiro 1887 - id. 1959,* compositeur brésilien. Sa musique symphonique, sa musique de chambre et ses opéras entendent évoquer l'âme brésilienne (*Choros,* 1920-1929), qu'il tente d'associer à son amour pour J. S. Bach (*9 Bachianas brasileiras*).

VILLANDRY (37510), comm. d'Indre-et-Loire, sur le Cher ; 1 122 hab. *(Colombiens).* Château des XIVe et XVIe s., jardin aux parterres Renaissance.

VILLANI (Cédric), *Brive-la-Gaillarde 1973,* mathématicien et homme politique français. Spécialiste de physique mathématique (résolution mathématique de problèmes physiques), il a étudié en partic. la théorie cinétique des gaz et la théorie du transport optimal. Dans *Théorème vivant* (2012), il entrouvre l'univers des mathématiques. En 2017, il entame une carrière politique en devenant député de La République en marche. (Médaille Fields 2010.)

VILLARD de Honnecourt, *début du XIIIe s.,* architecte français. Son carnet de croquis (BnF, Paris) constitue une source précieuse de connaissance sur les conceptions artistiques et les techniques de son temps.

VILLARD-DE-LANS [-lãs] (38250), comm. de l'Isère, dans le Vercors ; 4 402 hab. *(Villardiens).* Station d'altitude et de sports d'hiver (alt. 1 050 - 2 170 m).

VILLARS (Claude Louis Hector, duc **de**), *Moulins 1653 - Turin 1734,* maréchal de France. Lieutenant général au service de Louis XIV (1693), il s'illustra brillamment contre les Autrichiens lors de la guerre de la Succession d'Espagne, durant laquelle il devint maréchal (1702). Après la défaite de Malplaquet, où il résista vaillamment (1709), il remporta la victoire de Denain (1712), qui facilita les négociations de Rastatt (1714). Il lutta également contre les camisards, obtenant la soumission de Cavalier (1704). [Acad. fr.]

VILLARS-LES-DOMBES (01330), bur. centr. de cant. de l'Ain, dans les Dombes ; 4 548 hab. *(Villardois).* Parc ornithologique.

VILLAVICENCIO, v. de Colombie, au S.-E. de Bogota ; 473 766 hab.

Villaviciosa (bataille de) [10 déc. 1710], bataille de la guerre de la Succession d'Espagne. Victoire des Français du duc de Vendôme sur les impériaux à Villaviciosa de Tajuña, au N.-E. de Guadalajara (Espagne). Elle consolida Philippe V sur le trône d'Espagne.

VILLEBON-SUR-YVETTE (91140), comm. de l'Essonne ; 10 622 hab. *(Villebonnais).*

VILLE-D'AVRAY (92410), comm. des Hauts-de-Seine ; 11 703 hab. *(Dagovéraniens).* Église de la fin du XVIIIe s. (peintures de Corot).

VILLEDIEU-LES-POÊLES-ROUFFIGNY (50800), bur. centr. de cant. de la Manche ; 4 046 hab. Objets en cuivre et en aluminium. – Église des XVe-XVIe s.

VILLEFONTAINE (38090), comm. du nord-ouest de l'Isère ; 19 193 hab. *(Villards).*

VILLEFRANCHE-DE-CONFLENT (66500), comm. des Pyrénées-Orientales ; 216 hab. *(Villefranchois).* Enceinte médiévale et classique, église des XIIe-XIIIe s., ensemble de maisons anciennes.

VILLEFRANCHE-DE-LAURAGAIS (31290), comm. de la Haute-Garonne, sur l'Hers et le canal du Midi ; 4 414 hab. *(Villefranchois).* Église de style gothique méridional (XIIIe-XIVe s.).

VILLEFRANCHE-DE-ROUERGUE (12200), ch.-l. d'arrond. de l'Aveyron, sur l'Aveyron ; 12 642 hab. *(Villefranchois).* Bastide du XIIIe s. ; monuments religieux, dont l'anc. chartreuse.

VILLEFRANCHE-SUR-MER (06230), comm. des Alpes-Maritimes ; 5 159 hab. Rade sur la Méditerranée. Station balnéaire. – Vieille ville pittoresque ; anc. citadelle du XVIe s. (musée).

VILLEFRANCHE-SUR-SAÔNE (69400), ch.-l. d'arrond. du Rhône ; 37 207 hab. *(Caladois).* Anc. cap. du Beaujolais. – Industrie agroalimentaire. – Église des XIIe-XVIe s., maisons anciennes.

VILLEGLÉ (Jacques **Mahé de La Villeglé,** dit Jacques), *Quimper 1926,* plasticien français. Membre des « nouveaux réalistes », il s'emploie à détourner des affiches (publicitaires, politiques, etc.) collectées dans l'espace public urbain, se les appropriant par la lacération.

VILLEHARDOUIN, famille française d'origine champenoise, dont une branche s'illustra en Orient, à partir du XIIIe s., à la tête de la principauté d'Achaïe. — **Geoffroi de V.,** *1148 - en Thrace v. 1213,* chroniqueur français. Il prit part à la quatrième croisade, qui aboutit à la prise de Constantinople (1204), et devint le principal conseiller du roi de Thessalonique. Il laissa une remarquable *Histoire de la conquête de Constantinople.* — **Geoffroi Ier de V.,** prince d'Achaïe (v. 1209 - 1228/1230), neveu de Geoffroi. — **Geoffroi II de V.,** prince d'Achaïe (v. 1228/1230 - 1246), fils de Geoffroi Ier. — **Guillaume II de V.,** prince d'Achaïe (v. 1246 - 1278), second fils de Geoffroi Ier.

VILLEJUIF (94800), bur. centr. de cant. du Val-de-Marne ; 57 033 hab. *(Villejuifois).* Établissement de santé mentale. Pôle de la santé (écoles d'ingénieurs, laboratoires de recherche, hôpitaux, dont l'Institut de cancérologie Gustave-Roussy).

VILLÈLE (Jean-Baptiste Guillaume Joseph, comte de), *Toulouse 1773 - id. 1854,* homme d'État français. Chef des ultras sous la Restauration, président du Conseil en 1822, il se rendit impopulaire en faisant voter des lois réactionnaires. Devant l'opposition parlementaire, il fit dissoudre la Chambre des députés (1827), mais démissionna après la victoire électorale des libéraux (1828).

VILLEMAIN (Abel François), *Paris 1790 - id. 1870,* critique et homme politique français. Ministre de l'Instruction publique de 1839 à 1844, il fut aussi un pionnier de la littérature comparée. (Acad. fr.)

VILLEMIN (Jean Antoine), *Prey, Vosges, 1827 - Paris 1892,* médecin militaire français. Il démontra la transmissibilité de la tuberculose.

VILLEMOMBLE (93250), bur. centr. de cant. de la Seine-Saint-Denis, à l'E. de Paris ; 30 046 hab. *(Villemomblois).*

VILLEMOUSTAUSSOU (11620), bur. centr. de cant. de l'Aude ; 4 436 hab. *(Villemachois).*

VILLEMUR-SUR-TARN (31340), bur. centr. de cant. de la Haute-Garonne ; 5 975 hab. *(Villemuriens).* Construction aéronautique.

VILLENAVE-D'ORNON (33140), bur. centr. de cant. de la Gironde, dans les Graves ; 31 967 hab. *(Villenavais).* Vins rouges. – Église des XIe-XIIe et XVIe s.

VILLENEUVE (Denis), *Gentilly, comm. de Bécancour, 1967,* cinéaste canadien. Il s'attaque de manière puissante aux tragédies contemporaines (*Incendies,* 2010 ; *Sicario,* 2015) ou revisite le film de genre (thriller, science-fiction) en signant des œuvres ambitieuses (*Prisoners,* 2013 ; *Premier Contact,* 2016 ; *Blade Runner 2049,* 2017).

VILLENEUVE (Jacques), *Saint-Jean-sur-Richelieu, Québec, 1971,* coureur automobile canadien. Fils du coureur automobile Gilles Villeneuve *(Berthierville, Québec, 1950 - dans un accident, sur le circuit de Zolder, Belgique, 1982),* il remporte le titre de champion du monde des conducteurs en 1997.

VILLENEUVE (Pierre Charles de), *Valensole 1763 - Rennes 1806,* marin français. Commandant l'escadre de Toulon, il fut capturé après avoir été battu par Nelson à Trafalgar (1805). Libéré, il se suicida.

VILLENEUVE-D'ASCQ (59650), bur. centr. de cant. du Nord, banlieue est de Lille ; 62 699 hab. *(Villeneuvois).* Centre universitaire. – Lille Métropole - Musée d'Art moderne, d'Art contemporain et d'Art brut (le LaM).

VILLENEUVE-DE-BERG (07170), comm. de l'Ardèche ; 3 096 hab. Bastide royale de la fin du XIIIe s. ; hôtels particuliers des XVIIe et XVIIIe s.

VILLENEUVE-EN-RETZ (44580), comm. de la Loire-Atlantique ; 4 962 hab. Anc. port. Ostréiculture. – Musée du pays de Retz.

VILLENEUVE-LA-GARENNE (92390), comm. des Hauts-de-Seine, sur la Seine ; 24 572 hab. *(Villénogarennois).*

VILLENEUVE-LE-ROI (94290), comm. du Val-de-Marne, sur la Seine, près d'Orly ; 20 854 hab. *(Villeneuvois).* Constructions mécaniques. – Église des XIIe et XVIIe s.

VILLENEUVE-LÈS-AVIGNON (30400), bur. centr. de cant. du Gard, sur le Rhône ; 11 949 hab. *(Villeneuvois).* Résidence d'été des papes au XIVe s. – Fort St-André ; anc. chartreuse, fondée en 1356, auj. centre culturel ; musée (*Couronnement de la Vierge* de E. Quarton).

VILLENEUVE-LOUBET (06270), comm. des Alpes-Maritimes ; 14 423 hab. *(Villeneuvois).* Musée de l'Art culinaire dans la maison natale de A. Escoffier.

VILLENEUVE-SAINT-GEORGES (94190), bur. centr. de cant. du Val-de-Marne, sur la Seine ; 32 811 hab. *(Villeneuvois).* Gare de triage. – Église des XIIIe-XVIe s.

▲ Parc de la **Villette.** Vue de la Cité des sciences et de l'industrie, et de la Géode.

VILLENEUVE-SUR-LOT (47300), ch.-l. d'arrond. de Lot-et-Garonne, sur le Lot ; 23 535 hab. *(Villeneuvois).* Centrale hydroélectrique. – Bastide du XIIIe s.

VILLENEUVE-SUR-YONNE (89500), bur. centr. de cant. de l'Yonne ; 5 385 hab. *(Villeneuviens).* Anc. place forte royale ; église des XIIIe-XVIe s., ensemble de demeures classiques, vieux pont sur l'Yonne.

VILLEPARISIS (77270), comm. de Seine-et-Marne ; 26 473 hab. *(Villeparisiens).*

VILLEPIN (Dominique **Galouzeau de**), *Rabat 1953,* homme politique français. Membre du RPR puis de l'UMP (jusqu'en 2011), secrétaire général de la présidence de la République (1995 - 2002), ministre des Affaires étrangères (2002 - 2004), puis de l'Intérieur (2004 - 2005), il a été Premier ministre de 2005 à 2007.

VILLEPINTE (93420), comm. de la Seine-Saint-Denis, au N.-E. de Paris ; 36 691 hab. *(Villepintois).* Parc des expositions.

VILLEPREUX (78450), comm. des Yvelines, à l'O. de Versailles ; 10 245 hab. *(Villepreusiens).* Châteaux des XVIIIe et XIXe s.

VILLEQUIER, anc. comm., sur la Seine (→ **Rives-en-Seine**). Sépulture de Léopoldine Hugo et de son mari, noyés dans la Seine, ainsi que de Mme Victor Hugo et de sa dernière fille, Adèle.

VILLEREST (42300), comm. de la Loire ; 4 947 hab. *(Villerestois).* Barrage sur la Loire. – Restes d'enceinte, maisons gothiques et Renaissance.

VILLERET (Mohammed [dit Jacky] **Boufroura,** dit Jacques), *Tours 1951 - Évreux 2005,* acteur français. Il a su donner de l'étrangeté et de la profondeur aux personnages comiques qui ont fait sa renommée au théâtre (*la Contrebasse,* P. Süskind, 1991) et au cinéma (*la Soupe aux choux,* J. Girault, 1981 ; *le Dîner de cons,* F. Veber, 1998).

VILLERMÉ (Louis René), *Paris 1782 - id. 1863,* médecin français. Ses enquêtes, notamm. son *Tableau de l'état physique et moral des ouvriers dans les fabriques de coton, de laine et de soie* (1840), ont été à l'origine de la loi de 1841 portant limitation du travail des enfants.

VILLEROI (François **de Neufville, duc de**), *Lyon 1644 - Paris 1730,* maréchal de France. Il fut battu en Italie (1701 - 1702), puis à Ramillies (1706), et devint gouverneur de Louis XV (1716 - 1722).

VILLERS-COTTERÊTS (02600), bur. centr. de cant. de l'Aisne ; 11 408 hab. *(Cotteréziens).* Château reconstruit pour François Ier. – En 1539, le roi y signa une ordonnance qui imposait l'usage du français dans les actes officiels et de justice. – Point de départ de la première contre-offensive victorieuse de Foch en juill. 1918.

VILLERSEXEL (70110), bur. centr. de cant. de la Haute-Saône ; 1 557 hab. *(Villersexellois).* Bourbaki y battit les Prussiens le 8 janv. 1871.

VILLERS-LA-VILLE, comm. de Belgique (Brabant wallon) ; 10 306 hab. Ruines imposantes (XIIIe-XVIIIe s.) d'une abbaye cistercienne.

VILLERS-LE-LAC (25130), comm. du Doubs ; 4 926 hab. *(Villeriers).* Horlogerie et décolletage.

VILLERS-LÈS-NANCY (54600), comm. de Meurthe-et-Moselle ; 14 887 hab. *(Villarois).*

VILLERS-SEMEUSE (08000), bur. centr. de cant. des Ardennes ; 3 674 hab. *(Villersois).* Industrie automobile.

VILLERS-SUR-MER (14640), comm. du Calvados ; 2 787 hab. *(Villersois).* Station balnéaire.

VILLERUPT [-ry] (54190), bur. centr. de cant. de Meurthe-et-Moselle ; 9 660 hab. *(Villeruptiens).*

VILLETANEUSE (93430), comm. de la Seine-Saint-Denis, près de Saint-Denis ; 12 761 hab. Université.

Villette (parc de la), établissement public créé en 1979, à Paris, dans le quartier du même nom (XIXe arrond.). Sur le site de l'anc. marché national de la viande sont aménagés la Cité* des sciences et de l'industrie, la Philharmonie* de Paris, ainsi que le Conservatoire national supérieur de musique et de danse de Paris, la Grande Halle, la salle de concert le Zénith et un parc de 35 ha.

VILLEURBANNE (69100), comm. du Rhône, banlieue est de Lyon ; 150 091 hab. *(Villeurbannais).* Centre industriel et universitaire. – Théâtre national populaire. – Institut d'Art contemporain.

VILLIERS DE L'ISLE-ADAM (Auguste, comte de), *Saint-Brieuc 1838 - Paris 1889,* écrivain français. Auteur de vers romantiques, de romans *(Isis)* et de drames *(Axel),* il exprime dans des contes à la limite du fantastique son désir d'absolu et son dégoût de la vulgarité quotidienne (*Contes cruels,* 1883 ; *l'Ève future,* 1886 ; *Tribulat Bonhomet,* 1887 ; *Histoires insolites,* 1888).

VILLIERS DE L'ISLE-ADAM (Philippe de), *Beauvais 1464 - Malte 1534,* grand maître de l'ordre de Saint-Jean-de-Jérusalem. Il soutint dans Rhodes (1522) un siège fameux contre Soliman II le Magnifique. En 1530, Charles Quint lui céda l'île de Malte pour y installer son ordre.

VILLIERS-LE-BEL (95400), bur. centr. de cant. du Val-d'Oise ; 27 880 hab. *(Beauvillésois).* Église gothique et Renaissance.

VILLIERS-SUR-MARNE (94350), bur. centr. de cant. du Val-de-Marne ; 28 695 hab. Église du XVIe s.

▲ François **Villon.** Gravure de l'édition princeps des œuvres du poète. (BnF, Paris.)

VILLON [vijɔ̃ ou vilɔ̃] (François **de Montcorbier,** ou **des Loges,** dit François), *Paris 1431 - apr. 1463,* poète français. Il mena une vie aventureuse et risqua plusieurs fois la potence. Auteur du *Lais,* ou *Petit Testament,* et du *Grand Testament,* de l'*Épitaphe Villon* (dite *Ballade des pendus*), il apparaît comme le premier en date des grands poètes lyriques français modernes.

VILLON (Gaston **Duchamp,** dit Jacques), *Damville, Eure, 1875 - Puteaux 1963,* peintre et graveur français, frère de M. Duchamp et de Duchamp-Villon. Proche du cubisme dans les années 1911 - 1912, il en est venu à exprimer l'espace et les formes par un agencement de plans subtilement colorés.

VILNIUS, en polon. **Wilno,** en russe **Vilna** ou **Vilnious,** cap. de la Lituanie ; 538 968 hab. Lasers. Biotechnologies. – Monuments anciens ; musées. – Enlevée à la Lituanie en 1920, la ville fit partie de la Pologne jusqu'en 1939.

VILVORDE, en néerl. **Vilvoorde,** comm. de Belgique, ch.-l. d'arrond. (avec Hal) du Brabant flamand ; 41 432 hab. Centre industriel. – Église gothique Notre-Dame (XIVe-XVe s.).

VIMEU n.m., région de la Picardie, entre la Somme et la Bresle. Serrurerie et robinetterie.

VIMINAL (mont), une des sept collines de Rome, dans le nord-est de la ville.

VIMY (62580), comm. du Pas-de-Calais ; 4 334 hab. *(Vimynois)*. Monument commémorant les violents combats de 1915 et 1917, où s'illustrèrent les Canadiens.

VIÑA DEL MAR, v. du Chili, près de Valparaíso ; 286 931 hab. Station balnéaire.

VINAVER (Michel), *Paris 1927*, auteur dramatique français. Traitant souvent de sujets politiques *(les Coréens)*, du monde des affaires *(Par-dessus bord)* ou de faits divers *(l'Ordinaire)*, son « théâtre du quotidien » repose sur un art du dialogue fragmentaire et ambigu.

VINCENNES (94300), bur. centr. de cant. du Val-de-Marne, à l'E. de Paris, au N. du *bois de Vincennes* ; 49 908 hab. *(Vincennois)*. Château fort quadrangulaire du XIVe s. (puissant donjon [musée] ; sainte-chapelle achevée au XVIe s. ; pavillons du XVIIe s.), qui fut résidence royale et abrita une manufacture de porcelaine. – Dans les fossés du château, le duc d'Enghien fut fusillé (1804). – Le château abrite le Service historique de l'armée de terre (1946), de l'armée de l'air et de la marine (1974). — **bois de Vincennes,** bois appartenant à la Ville de Paris, qui englobe notamm. un parc zoologique, un parc floral, un hippodrome, l'Institut national du sport, de l'expertise et de la performance (INSEP).

VINCENT (saint), *Huesca ? - Valence 304*, diacre et martyr. Son culte, très populaire en Espagne, se répandit en France. Il est le patron des vignerons.

VINCENT (Hyacinthe), *Bordeaux 1862 - Paris 1950*, médecin militaire français. Il a découvert une variété d'angine et contribué à la prévention de la fièvre typhoïde et au traitement de la gangrène gazeuse.

VINCENT (Jean-Pierre), *Paris 1942*, metteur en scène de théâtre français. Après avoir privilégié Brecht, il fait une lecture sociale des œuvres classiques et modernes, tout en favorisant l'innovation dans ses divers postes de direction (Strasbourg, 1975 - 1983 ; Comédie-Française, 1983 - 1986 ; Nanterre-Amandiers, 1990 - 2001).

VINCENT DE BEAUVAIS, *v. 1190 - Beauvais 1264*, dominicain français. Précepteur et bibliothécaire à la cour de Saint Louis, il est l'auteur du *Speculum majus*, véritable encyclopédie qui embrasse l'ensemble des connaissances du temps.

VINCENT de Lérins (saint), *m. à Saint-Honorat v. 450*, écrivain ecclésiastique. Moine de Lérins, adversaire de la pensée de saint Augustin sur la grâce, il défendit une forme adoucie du pélagianisme.

VINCENT DE PAUL (saint), *Pouy, auj. Saint-Vincent-de-Paul, 1581 - Paris 1660*, prêtre français. Il occupa des postes d'aumônier, de précepteur et de curé avant d'être aumônier général des galères (1619). La misère matérielle et spirituelle du temps l'amena à fonder un institut missionnaire pour les campagnes, les Prêtres de la Mission ou lazaristes (1625), et à multiplier les fondations de charité : œuvre des Enfants trouvés, Dames de Charité et surtout congrégation des Filles de la Charité, fondée en 1633 avec Louise de Marillac et qui devint extrêmement populaire.

▲ Saint **Vincent de Paul** par S. Bourdon. (Église St-Étienne-du-Mont, Paris.)

VINCENT FERRIER (saint), *Valence, Espagne, 1350 - Vannes 1419*, dominicain et prédicateur espagnol. Il travailla à éteindre le grand schisme d'Occident et joua le rôle d'un médiateur dans la guerre de Cent Ans. Il parcourut l'Europe, attirant les foules par ses miracles et sa prédication.

VINCI (Léonard de) → **LÉONARD de Vinci.**

VINDEX (Caius Julius), *Ier s. apr. J.-C.*, général romain d'origine gauloise qui se souleva contre Néron en faveur de Galba. Vaincu (68), il se tua.

VINDHYA (monts), hauteurs de l'Inde continentale, au-dessus de la Narbada.

VINET (Alexandre), *Ouchy 1797 - Clarens 1847*, critique et théologien protestant suisse. Auteur d'études sur Pascal et sur la littérature française des XVIIe et XVIIIe s., il défendit dans son œuvre théologique l'indépendance des Églises vis-à-vis de l'État et la liberté intérieure du chrétien.

VINEUIL (41350), bur. centr. de cant. de Loir-et-Cher, près de la Loire ; 7 944 hab. *(Vinoliens)*.

VINLAND, le plus occidental des pays découverts par les Vikings vers l'an 1000, situé sans doute en Amérique du Nord, peut-être à Terre-Neuve.

VINNYTSIA, anc. **Vinnitsa,** v. d'Ukraine ; 356 665 hab. Centre industriel.

VINOGRADOV (Ivan Matveïevitch), *Milolioub 1891 - Moscou 1983*, mathématicien soviétique. Il est le principal représentant de l'école soviétique en théorie des nombres.

VINOY (Joseph), *Saint-Étienne-de-Saint-Geoirs 1800 - Paris 1880*, général français. Successeur de Trochu à la tête de l'armée de Paris, il signa l'armistice qui mit fin au siège de la capitale en 1871.

VINSON (mont), point culminant de l'Antarctique dans la partie ouest du continent ; 4 897 m.

VINTIMILLE, en ital. **Ventimiglia,** v. d'Italie (Ligurie), sur le golfe de Gênes, à l'embouchure de la Roya ; 23 091 hab. Gare internationale entre la France et l'Italie. Fleurs.

VIOLA (Bill), *New York 1951*, artiste américain. De la musique électronique il passe à l'art vidéo, dont il devient l'un des maîtres (*The Reflecting Pool*, 1977-1979). Ses installations prolongent la dimension lyrique de son œuvre (*The Sleepers*, 1992 ; *Catherine's Room*, 2001).

VIOLLET-LE-DUC (Eugène), *Paris 1814 - Lausanne 1879*, architecte et théoricien français. Il restaura, avec un parti pris souvent contesté, de nombreux monuments du Moyen Âge, dont l'abbatiale de Vézelay, Notre-Dame de Paris et d'autres cathédrales, le château de Pierrefonds, la Cité de Carcassonne. Il est l'auteur du monumental *Dictionnaire raisonné de l'architecture française du XIe au XVIe siècle* (1854-1868) et des *Entretiens sur l'architecture*, qui ont jeté les bases d'un nouveau rationalisme, incluant l'emploi du métal.

VIONNET (Madeleine), *Chilleurs-aux-Bois 1876 - Chassagne 1975*, couturière française. Sa maison de couture a été en activité entre 1912 et 1940, mais ses idées (coupe en biais appliquée à tout le vêtement, savantes combinaisons de drapés et de panneaux libres) se sont perpétuées. L'activité haute couture de la maison est même relancée en 2006.

VIOTTI (Giovanni Battista), *Fontanetto da Po 1755 - Londres 1824*, compositeur et violoniste piémontais. Il fut directeur de l'Opéra de Paris (1819 - 1821) et l'un des créateurs, par ses concertos, de l'école moderne de violon.

VIRCHOW (Rudolf), *Schivelbein, Poméranie, 1821 - Berlin 1902*, médecin et homme politique allemand. Il créa la pathologie cellulaire. Il lança l'expression de « Kulturkampf » et soutint Bismarck dans sa lutte contre les catholiques.

VIRE-NORMANDIE (14500), ch.-l. d'arrond. du Calvados, sur la *Vire* ; 18 543 hab. *(Virois)*. Marché. Laiterie. Articles de table. Industrie automobile. – Église des XIIIe-XVe s. ; restes de fortifications ; musée.

VIRET (Pierre), *Orbe 1511 - Orthez 1571*, réformateur suisse. Pasteur à Lausanne, il en fut chassé par les autorités bernoises en 1559. La reine de Navarre l'appela en Béarn pour enseigner la théologie au collège d'Orthez.

VIRGILE, en lat. **Publius Vergilius Maro,** *Andes, auj. Pietole, près de Mantoue, v. 70 av. J.-C. - Brindes 19 av. J.-C.*, poète latin. D'origine provinciale et modeste, membre du cercle cultivé d'Asinius Pollio, il composa *les Bucoliques** (42-39 av. J.-C.). Ami d'Octave, il rencontra Mécène et Horace et s'établit à Rome, où il publia *les Géorgiques** (39-29 av. J.-C.). Il entreprit ensuite une grande épopée nationale, *l'Énéide**, qu'il ne put terminer. Son influence fut immense sur les littératures latine et occidentale.

VIRGINIA BEACH, v. des États-Unis (Virginie) ; 450 980 hab. Station balnéaire.

VIRGINIE, État des États-Unis, sur l'Atlantique ; 8 470 020 hab. ; cap. *Richmond*.

VIRGINIE-OCCIDENTALE, État des États-Unis ; 1 815 857 hab. ; cap. *Charleston*.

VIRIATHE, *m. en 139 av. J.-C.*, chef des Lusitains révoltés contre la domination romaine. Il tint les troupes romaines en échec de 148 à 143 av. J.-C. Rome n'en triompha qu'en le faisant assassiner.

VIRILIO (Paul), *Paris 1932 - id. 2018*, urbaniste et philosophe français. Dans ses essais, il analysa les effets des mutations technologiques du monde contemporain (*Vitesse et politique. Essai de dromologie*, 1977 ; *la Bombe informatique*, 1998 ; *la Procédure silence*, 2000).

VIROFLAY (78220), comm. des Yvelines ; 16 038 hab. *(Viroflaysiens)*.

VIRTON, v. de Belgique, ch.-l. d'arrond. de la prov. de Luxembourg ; 11 540 hab. Tourisme. – Musée régional dans un anc. couvent.

VIRUNGA (chaîne des), massif volcanique, aux confins du Rwanda, de l'Ouganda et de la Rép. dém. du Congo ; 4 507 m au Karisimbi.

VIRY-CHÂTILLON (91170), bur. centr. de cant. de l'Essonne, sur la Seine ; 31 222 hab. *(Castelvirois)*.

VIS, anc. **Lissa,** île croate de l'Adriatique, en Dalmatie ; ch.-l. *Vis*.

VISAKHAPATNAM ou **VISHAKHAPATNAM,** v. d'Inde (Andhra Pradesh), sur le golfe du Bengale ; 1 730 320 hab. Port. Centre industriel.

VISAYA ou **BISAYAN,** population malaise des Philippines *(archipel des Visayas)* [11 millions].

VISAYAS (archipel des), groupe d'îles des Philippines entre Luçon et Mindanao.

VISBY, v. de Suède, dans l'île de Gotland. Centre touristique. Enceinte médiévale, cathédrale des XIIe-XIIIe s., musée.

VISCHER, famille de fondeurs et de sculpteurs de Nuremberg des XVe-XVIe s. — **Peter V.,** dit **l'Ancien,** *v. 1460 - 1529*, et ses quatre fils ont eu une importante production de sculptures funéraires, dont le style, animé, évolua vers une adhésion progressive à l'italianisme (mausolée ou « châsse » de saint Sebald [1488-1519], en laiton, Nuremberg).

VISCONTI, famille italienne, dont la branche la plus connue domina Milan de 1277 à 1447. — **Mathieu Ier V.,** *Invorio 1250 - Crescenzago 1322*, vicaire impérial de Lombardie (1294). — **Jean-Galéas V.,** *1351 - Melegnano 1402*, duc de Milan (1395) et de Lombardie (1397). Il maria sa fille, Valentine, à Louis, duc d'Orléans, frère du roi de France Charles VI. — **Jean-Marie V.,** *1389 - 1412*, duc de Milan (1402 - 1412). — **Philippe-Marie V.,** *1392 - 1447*, duc de Milan (1412 - 1447). Dernier membre de la branche ducale des Visconti, il laissa, à sa mort, le duché à François Sforza, qui avait épousé sa fille naturelle Blanche-Marie.

VISCONTI (Louis Tullius Joachim), *Rome 1791 - Paris 1853*, architecte français d'origine italienne. Il a réalisé le tombeau de Napoléon Ier aux Invalides et a donné, dans un style néo-Renaissance, les plans du nouveau Louvre (dont Hector Lefuel poursuivit les travaux).

▲ Luchino **Visconti.** Annie Girardot et Alain Delon dans *Rocco et ses frères* (1960).

VISCONTI (Luchino), *Milan 1906 - Rome 1976*, metteur en scène de théâtre et cinéaste italien. Il sut concilier le faste d'un art raffiné et lyrique et la rigueur du constat social : *Ossessione* (1943), film fondateur du néoréalisme, *La terre tremble* (1950), *Senso* (1954), *Rocco et ses frères* (1960), *le Guépard* (1963), *Mort à Venise* (1971).

VISÉ, v. de Belgique (prov. de Liège), sur la Meuse ; 17 453 hab. Dans l'église, châsse de saint Hadelin, une des plus anciennes du pays mosan (XIe-XIIe s., argent et bronze sur âme de bois).

VISHNOU ou **VISHNU,** deuxième dieu de la triade hindoue (*trimurti*). Sa fonction est d'assurer la conservation de l'univers créé. On lui attribue dix incarnations majeures (ses avatars), qui font de lui une divinité très populaire.

▲ **Vishnou.** Bronze. Art des Cola, XIIe s. (Musée national, Madras.)

VISIGOTHS → WISIGOTHS.

Visitation Sainte-Marie (ordre de la), ordre de moniales, fondé à Annecy par François de Sales et Jeanne de Chantal en 1610.

VISO (mont), massif des Alpes, aux confins de la France et de l'Italie ; 3 841 m.

VISTULE n.f., en polon. **Wisła,** principal fl. de Pologne, né dans les Carpates et qui rejoint la Baltique dans le golfe de Gdańsk ; 1 068 km ; bassin de 194 000 km^2. Elle passe à Cracovie et à Varsovie.

VITAL (saint), *m. à Ravenne au Ier s.*, martyr milanais. Patron de Ravenne.

VITEBSK, v. de Biélorussie, sur la Dvina occidentale ; 347 928 hab. Port. Centre industriel.

VITELLIUS (Aulus), *15 apr. J.-C. - Rome 69*, empereur romain (69). Proclamé empereur par les légions de Germanie, il battit Othon (69) mais, vaincu par les partisans de Vespasien à Crémone, il fut massacré par le peuple.

VITERBE, en ital. **Viterbo,** v. d'Italie (Latium), ch.-l. de prov. ; 63 382 hab. Quartier médiéval. Anc. palais des papes, du XIIIe s.

VITEZ (Antoine), *Paris 1930 - id. 1990*, metteur en scène de théâtre français. Directeur du Théâtre national de Chaillot (1981 - 1988), puis administrateur général de la Comédie-Française (1988 - 1990), il a contribué à renouveler la formation et le travail de l'acteur, donné une nouvelle interprétation des classiques et créé les œuvres d'auteurs modernes (*le Soulier de satin*, P. Claudel, 1987).

VITIGÈS, *m. en Asie en 542*, roi des Ostrogoths d'Italie (536 - 540). Il fut vaincu par les Byzantins.

VITI LEVU, la plus grande des îles Fidji ; 10 400 km^2.

VITIM n.m., riv. de Russie, en Sibérie, affl. de la Lena (r. dr.) ; 1 837 km ; bassin de 225 000 km^2.

VITÓRIA, v. du Brésil, cap. de l'État d'Espírito Santo, sur l'*île Vitória* ; 297 489 hab. (1 665 890 hab. dans l'agglomération). Port (exportation de minerai de fer).

VITORIA, v. d'Espagne, cap. du Pays basque et ch.-l. de la prov. d'Álava ; 246 976 hab. Centre industriel. – Cathédrale (reconstruite au XIVe s.), autres églises et belles demeures ; musées. – Victoire de Wellington sur les Français (21 juin 1813).

VITRAC (Roger), *Pinsac, Lot, 1899 - Paris 1952*, écrivain français. Poète, ami de A. Artaud, il fut l'un des initiateurs du théâtre surréaliste (*Victor ou les Enfants au pouvoir*, 1928).

VITRÉ (35500), bur. centr. de cant. d'Ille-et-Vilaine, sur la Vilaine ; 18 378 hab. (*Vitréens*). Agroalimentaire. Électronique. – Château des XIVe-XVe s. et fortifications, église de style gothique flamboyant.

VITROLLES (13127), bur. centr. de cant. des Bouches-du-Rhône, près de l'étang de Berre ; 34 481 hab. (*Vitrollais*). Constructions mécaniques.

VITRUVE, en lat. **Vitruvius,** ingénieur militaire et architecte romain du Ier s. av. J.-C. Les copies et les adaptations de son traité *De architectura* ont nourri, à partir du XVe s., l'évolution du classicisme européen.

VITRY (Philippe de) → **PHILIPPE DE VITRY.**

VITRY-LE-FRANÇOIS (51300), ch.-l. d'arrond. de la Marne, sur la Marne ; 13 220 hab. (*Vitryats*). Matériaux de construction. Métallurgie. – Église classique des XVIIe-XIXe s. – En 1545, François Ier bâtit cette ville pour les habitants de *Vitry-en-Perthois*, appelée « Vitry-le-Brûlé », que Charles Quint avait détruite en 1544. Violents bombardements pendant la Seconde Guerre mondiale.

VITRY-SUR-SEINE (94400), bur. centr. de cant. du Val-de-Marne, sur la Seine ; 93 133 hab. (*Vitriots*). Biotechnologies. Chimie. Centrale thermique (turbines à combustion). – Église des XIIIe et XIVe s. Musée d'Art contemporain du Val-de-Marne (MAC/VAL).

VITTEL (88800), bur. centr. de cant. des Vosges ; 5 372 hab. (*Vittellois*). Station thermale (affections urinaires, rhumatologiques et digestives). Eaux minérales. – Église des XIIe-XVIe s.

VITTORINI (Elio), *Syracuse 1908 - Milan 1966*, écrivain italien. Ses romans mêlent engagement politique et veine poétique (*Conversation en Sicile*, 1941 ; *les Hommes et les Autres*, 1945).

Vittorio Veneto (bataille de) [24 oct. 1918], bataille de la Première Guerre mondiale. Victoire des Italiens sur les Autrichiens à Vittorio Veneto (Vénétie), qui entraîna la signature de l'armistice de Villa Giusti (3 nov.), près de Padoue.

VIVALDI (Antonio), dit **Il Prete rosso** (*le Prêtre roux*), *Venise 1678 - Vienne 1741*, compositeur et violoniste italien. Ordonné prêtre, il fut exempté de ses devoirs ecclésiastiques et nommé maître de violon à l'Ospedale della Pietà de Venise, hospice pour orphelines et enfants illégitimes pour lesquels il écrivit ses œuvres. Célèbre virtuose, il a marqué de sa personnalité l'écriture du violon. Il fixa également la forme du concerto en trois parties. Il écrivit des opéras et de la musique religieuse, mais sa réputation lui vient surtout de sa musique instrumentale : sonates, concertos pour un ou plusieurs solistes (*La Notte*), dont certains regroupés en recueils (*L'Estro armonico*, 1711 ; *Il Cimento dell'armonia*, v. 1725, qui comporte « les Quatre Saisons »).

▲ Antonio **Vivaldi.** (Musée municipal, Bologne.)

VIVARAIS n.m., région montagneuse de la bordure orientale du Massif central, entre la Loire et le Rhône, correspondant pratiquement à l'actuel dép. de l'Ardèche.

VIVARINI, famille de peintres vénitiens. Elle comprend Antonio (*Murano v. 1420 - apr. 1470*), son frère Bartolomeo (*Murano v. 1430 - apr. 1491*) et Alvise (*Venise v. 1445 - id. v. 1505*), fils d'Antonio.

VIVIANI (René), *Sidi bel Abbès 1863 - Le Plessis-Robinson 1925*, homme politique français. Socialiste, il fut le premier ministre du Travail (1906 - 1910). Président du Conseil (1914 - 1915), il ordonna la mobilisation générale (1er août 1914).

VIVIER (Robert), *Chênée-lès-Liège 1894 - La Celle-Saint-Cloud 1989*, écrivain belge de langue française. Romancier (*Folle qui s'ennuie*), il est passé, dans sa poésie, du symbolisme (*la Route incertaine*, 1921) à une forme plus classique.

VIVIERS (07220), comm. de l'Ardèche, près du Rhône ; 3 787 hab. (*Vivarois*). Évêché. Cimenterie. – Cathédrale des XIIe-XVIIIe s., maisons anciennes.

VIVONNE (86370), bur. centr. de cant. de la Vienne ; 4 350 hab. (*Vivonnois*). Église gothique.

VIX (21400), comm. de la Côte-d'Or ; 114 hab. (*Vixois*). Site d'un oppidum gaulois qui a livré en 1953 une sépulture du Ve s. av. J.-C., au riche mobilier funéraire, dont un grand cratère de bronze d'origine grecque (musée de Châtillon-sur-Seine).

VIZCARRA (Martín), *Lima 1963*, homme politique péruvien. Il est vice-président (2016 - 2018) puis président (depuis 2018) de la République.

VIZILLE (38220), bur. centr. de cant. de l'Isère, sur la Romanche ; 7 639 hab. (*Vizillois*). Château de Lesdiguières, reconstruit de 1611 à 1620, où se tinrent en juill. 1788 les états du Dauphiné qui préludèrent à la convocation des états généraux de 1789 ; auj. musée de la Révolution française.

VLAARDINGEN, v. des Pays-Bas (Hollande-Méridionale), sur la Meuse, banlieue de Rotterdam ; 70 905 hab. Port. Centre industriel.

VLADIKAVKAZ, de 1954 à 1990 **Ordjonikidze,** v. de Russie, cap. de l'Ossétie du Nord-Alanie, dans le Caucase ; 311 635 hab. Musées.

VLADIMIR, v. de Russie, au N.-E. de Moscou ; 345 598 hab. Remarquables églises du XIIe s.

VLADIMIR Ier le Saint ou **le Grand,** *m. en 1015*, grand-prince de Kiev (980 - 1015). Il reçut le baptême et imposa à son peuple le christianisme de rite byzantin (v. 988). — **Vladimir II Monomaque,** *1053 - 1125*, grand-prince de Kiev (1113 - 1125). Il a laissé une *Instruction* qui est l'une des premières œuvres de la littérature russe.

VLADIMIR-SOUZDAL (principauté de), État russe qui se développa au XIIe s. quand le prince André Bogolioubski (1157 - 1174) délaissa Kiev pour Vladimir. Son essor fut interrompu en 1238 par la conquête mongole.

VLADIVOSTOK, v. de Russie, sur la mer du Japon, au terminus du Transsibérien ; 592 069 hab. Port franc. Centre industriel. – La ville fut fondée en 1860.

VLAMINCK (Maurice de), *Paris 1876 - Rueil-la-Gadelière, Eure-et-Loir, 1958*, peintre français. Surtout paysagiste, il fut l'un des maîtres du fauvisme.

VLASSOV (Andreï Andreïevitch), *Lomakino, province de Nijni Novgorod, 1900 - Moscou 1946*, général soviétique. Il combattit dans l'Armée rouge, fut fait prisonnier par les Allemands, passa à leur service (1942) et leva une armée dite « de la libération russe ». Capturé par les Américains en 1945, remis aux Soviétiques, il fut pendu en 1946.

VLISSINGEN → FLESSINGUE.

VLORË ou **VLORA,** v. d'Albanie ; 79 948 hab. Port et centre industriel.

VLT (angl. *Very Large Telescope*), ensemble de 4 télescopes européens de 8,20 m de diamètre chacun, construits sur le Cerro Paranal, au Chili, et progressivement mis en service entre 1998 et 2002. 4 télescopes auxiliaires mobiles de 1,80 m, mis en service entre 2001 et 2006, complètent l'équipement pour former un réseau interférométrique (VLTI). Un télescope de 39 m de diamètre (E-ELT, angl. *European Extremely Large Telescope*) est programmé pour 2024, à 20 km env. du Cerro Paranal. (V. ill. planche Les instruments de la connaissance de l'**Univers.**)

VLTAVA n.f., en all. **die Moldau,** riv. de la République tchèque, en Bohême, affl. de l'Elbe (r. g.) ; 434 km. Elle passe à Prague. Hydroélectricité.

VÔGE-LES-BAINS (La), comm. des Vosges ; 1 858 hab. Station thermale.

VOGELHERD, site archéologique d'Allemagne (Bade-Wurtemberg). Vestiges préhistoriques du paléolithique moyen au paléolithique supérieur (restes humains, sculptures d'animaux miniatures datés de l'aurignacien).

VOGOULES → MANSIS.

VOGÜÉ [vɔgɥe] (Eugène Melchior, vicomte de), *Nice 1848 - Paris 1910*, écrivain français. Il révéla au public français la littérature russe (*le Roman russe*, 1886 ; *Maxime Gorki*, 1905). [Acad. fr.]

VOIE LACTÉE (la), bande composée d'une multitude d'étoiles. (V. partie n. comm. **lacté.**)

VOIRON (38500), bur. centr. de cant. de l'Isère ; 21 108 hab. (*Voironnais*). Liqueur.

VOISARD (Alexandre), *Porrentruy 1930*, écrivain suisse de langue française. Poète régionaliste (*Liberté à l'aube*), il est l'auteur de récits oniriques marqués par le surréalisme (*l'Année des treize lunes*).

VOISIN (Catherine **Monvoisin,** née **Deshayes,** dite **la**), *Paris v. 1640 - id. 1680*, aventurière française. Avorteuse et diseuse de bonne aventure, elle fut compromise comme sorcière dans l'affaire des Poisons, décapitée et brûlée.

VOISIN (les frères), aviateurs et industriels français. — **Gabriel V.,** *Belleville-sur-Saône 1880 - Ozenay, Saône-et-Loire, 1973*. Il fonda, en 1906, avec son frère Charles, la première entreprise industrielle de construction aéronautique en France. À partir de 1918, il se consacra à la construction automobile et tenta d'améliorer l'aérodynamisme des carrosseries. — **Charles V.,** *Lyon 1882 - Corselles, Rhône, dans un accident d'automobile, 1912*, l'un des premiers aviateurs français (vol de 80 m, à Bagatelle, le 30 mars 1907).

VOISINS-LE-BRETONNEUX (78960), comm. des Yvelines ; 11 680 hab. *(Vicinois)*.

VOITURE (Vincent), *Amiens 1597 - Paris 1648*, écrivain français. Par sa poésie, ses *Lettres* et son art de la conversation, il fut l'un des modèles de la préciosité. (Acad. fr.)

Voix du Nord (la), journal et mouvement de la Résistance créés à Lille en 1941. Le journal est le plus important quotidien du nord de la France.

VOJVODINE, en serbe **Vojvodina,** région du nord de la Serbie, au N. du Danube ; 1 916 889 hab. ; ch.-l. *Novi Sad*. Elle compte une importante minorité hongroise.

Volcans d'Auvergne (parc naturel régional des), parc naturel englobant les massifs des monts Dôme, des monts Dore et du Cantal. Il couvre env. 395 000 ha sur les dép. du Cantal et du Puy-de-Dôme.

VOLGA n.f., fl. de Russie, né sur le plateau du Valdaï et qui se jette dans la Caspienne par un large delta ; 3 690 km ; bassin de 1 360 000 km^2. C'est le plus long fleuve d'Europe. La Volga passe à Iaroslavl, Nijni Novgorod, Kazan, Samara, Saratov, Volgograd et Astrakhan. Importante voie navigable (plus de la moitié du trafic fluvial russe) reliée à la mer Blanche et à la Baltique *(canal Volga-Baltique)*, à la mer d'Azov et à la mer Noire *(canal Volga-Don)*, elle est coupée d'importants aménagements hydroélectriques.

VOLGA (république des Allemands de la) [1924 - 1945], anc. république autonome de la RSFS de Russie (URSS), située sur le cours inférieur de la Volga. Elle était peuplée de descendants de colons allemands établis par Catherine II.

VOLGOGRAD, anc. **Tsaritsyne,** puis, de 1925 à 1961, **Stalingrad,** v. de Russie, sur la Volga ; 1 021 244 hab. Centre industriel. Aménagement hydroélectrique sur la Volga. – Grand monument commémorant la bataille de Stalingrad*.

VOLHYNIE n.f., en polon. **Wołyń,** région du nord-ouest de l'Ukraine. Rattachée à la Lituanie (XIVe s.) puis à la Pologne (1569), elle fut annexée par la Russie en 1793 - 1795. De nouveau partagée entre l'URSS et la Pologne (1921), elle revint tout entière à l'Union soviétique en 1939.

VOLJSKI, v. de Russie, sur la Volga, en face de Volgograd ; 314 436 hab.

VÖLKLINGEN, v. d'Allemagne (Sarre) ; 38 809 hab. Houille. Métallurgie. – Musée de l'Industrie dans une ancienne usine sidérurgique.

Volkswagen, société allemande de construction automobile, fondée en 1937 - 1938 à Wolfsburg pour la production d'une voiture populaire (conçue à partir de 1934 par F. Porsche). En 2012, Volkswagen rachète Porsche ; les deux constructeurs forment un groupe intégré.

VOLLARD (Ambroise), *Saint-Denis, île de La Réunion, 1868 - Paris 1939*, marchand de tableaux et éditeur d'estampes français. Il s'intéressa notamm. à Cézanne (qu'il exposa en 1895), Gauguin, Bonnard, Picasso, Rouault. Il a publié un volume de *Souvenirs* (1937).

VOLNAY (21190), comm. de la Côte-d'Or ; 250 hab. *(Volnaysiens)*. Vins de la côte de Beaune.

VOLNEY (Constantin François **de Chassebœuf,** comte **de**), *Craon, Anjou, 1757 - Paris 1820*, philosophe français. Il montre que les peuples, malgré leur diversité, sont unis dans la fraternité et le progrès (*les Ruines ou Méditation sur les révolutions des empires*, 1791). [Acad. fr.]

VOLOGDA, v. de Russie, sur la *Vologda* ; 301 642 hab. Centre industriel.

VOLOGÈSE Ier, *m. en 77 apr. J.-C.*, roi arsacide des Perses (50/51 - v. 77 apr. J.-C.). Il lutta contre Rome (54 - 63).

VÓLOS, v. de Grèce (Thessalie), sur le *golfe de Vólos* ; 144 449 hab. Port.

Volpone ou le Renard, comédie en cinq actes et en vers de B. Jonson (1606). Un riche marchand vénitien feint d'être moribond pour se faire couvrir de cadeaux par de faux amis qui ne s'intéressent qu'à son héritage. J. Romains et S. Zweig ont donné en 1928 une libre adaptation de cette œuvre *(Volpone)*, portée à l'écran par Maurice Tourneur en 1940.

VOLSQUES, peuple de l'Italie ancienne, dans le sud-est du Latium. Ennemis acharnés de Rome, ils ne furent soumis qu'au cours du IVe s. av. J.-C.

VOLTA n.f., fl. du Ghana. Elle est formée par la réunion du Mouhoun (anc. *Volta Noire*), du Nakambe (anc. *Volta Blanche*) et du Nazinon (anc. *Volta Rouge*), issus tous trois du Burkina. Le barrage d'Akosombo a créé le *lac Volta* (plus de 8 000 km^2).

VOLTA (Alessandro, comte), *Côme 1745 - id. 1827*, physicien italien. Il imagina l'eudiomètre (1776) et, reprenant les expériences de Galvani, il découvrit la pile électrique (1800). Bonaparte le nomma comte et sénateur du royaume d'Italie.

◀ Alessandro **Volta.** Gravure de A. Tardieu.

VOLTA (Haute-) → **BURKINA.**

VOLTAIRE (François Marie **Arouet,** dit), *Paris 1694 - id. 1778*, écrivain français. Ses débuts dans les lettres (vers contre le Régent) sont aussi le commencement de ses démêlés avec le pouvoir (il sera embastillé). Après un exil de trois ans en Angleterre, dont il vante l'esprit de liberté dans les *Lettres philosophiques* (1734), il ne cessera plus de chercher la sécurité, à Cirey, chez Mme Du Châtelet, auprès de Frédéric de Prusse (1750 - 1753), puis dans ses domaines des Délices (1755) et de Ferney (1759). Admirateur du XVIIe s., il cherche à égaler les écrivains classiques dans l'épopée (*la Henriade*, 1728) ou la tragédie (*Zaïre*, 1732). Mais il est surtout pour l'Europe un prince de l'esprit et des idées philosophiques, qu'il diffuse par ses poèmes (*Poème sur le désastre de Lisbonne*, 1756), ses contes (*Zadig**, *Candide**), ses essais historiques (*le Siècle de Louis XIV*, 1751), son *Dictionnaire philosophique* (1764) et ses campagnes en faveur des victimes d'erreurs judiciaires (Calas, Sirven, Lally-Tollendal). Idole d'une bourgeoisie libérale anticléricale, il reste un maître du récit vif et spirituel. (Acad. fr.)

▲ **Voltaire** par N. de Largillière. (Château de Versailles.)

VOLTA REDONDA, v. du Brésil, au N.-O. de Rio de Janeiro ; 246 210 hab. Sidérurgie.

VOLTERRA, v. d'Italie (Toscane) ; 10 651 hab. Porte de l'Arc, enceinte et nécropole, vestiges de *Velathri* (en lat.: *Volaterrae*), puissante cité étrusque prise par les Romains en 81 - 80 av. J.-C. – Monuments médiévaux (cathédrale). Musées.

VOLTERRA (Vito), *Ancône 1860 - Rome 1940*, mathématicien et physicien italien. Il fut l'un des créateurs de l'analyse fonctionnelle, qu'il appliqua à des problèmes de biologie (évolution des populations, par ex.) et de physique.

VOLUBILIS, site archéologique du Maroc, au N. de Meknès. Imposantes ruines romaines (thermes, temple, arc de Caracalla, etc.).

VOLVIC (63530), comm. du Puy-de-Dôme ; 4 555 hab. *(Volvicois)*. Eaux minérales. – Église à chœur roman, maisons anciennes ; ruines du château fort de Tournoël.

VÕ NGUYÊN GIÁP, *An Xa, Annam, 1911 - Hanoï 2013*, général vietnamien. Il commanda les forces du Viêt-minh contre les Français (1947 - 1954), notamm. lors du siège de Diên Biên Phu. Ministre de la Défense du Viêt Nam du Nord à partir de 1954 (et, de 1976 à 1980, du Viêt Nam réunifié), il dirigea l'effort de guerre contre les Américains pendant la guerre du Viêt Nam (1964 - 1975). Il fut vice-Premier ministre de 1976 à 1991.

VORARLBERG, prov. de l'ouest de l'Autriche ; 370 440 hab. ; ch.-l. *Bregenz*.

VOROCHILOV (Kliment Iefremovitch), *Verkhneïe, Ukraine, 1881 - Moscou 1969*, maréchal soviétique. Défenseur de Tsaritsyne (auj. Volgograd) contre les Russes blancs, il devint commissaire du peuple pour la Défense (1925 - 1940), puis président du Praesidium du Soviet suprême de l'URSS (1953 - 1960).

VOROCHILOVGRAD → **LOUHANSK.**

VORONEJ, v. de Russie, près du Don ; 889 989 hab. Centre industriel.

VÖRÖSMARTY (Mihály), *Kápolnásnyék 1800 - Pest 1855*, poète hongrois. Romantique, il est l'auteur de tragédies et de poèmes épiques (*la Fuite de Zalan*, 1825).

VORSTER (Balthazar Johannes), *Jamestown 1915 - Le Cap 1983*, homme politique sud-africain. Premier ministre (1966 - 1978), président de la République (1978 - 1979), il a mené une rigoureuse politique d'apartheid.

VOSGES n.f. pl., massif de l'est de la France, partagé entre la Lorraine (versant ouest) et l'Alsace (versant est) ; 1 424 m au Grand Ballon. (Hab. *Vosgiens*.) D'abord unies à la Forêt-Noire, les Vosges en ont été séparées par la formation du fossé rhénan. Les hautes Vosges, au sud, aux sommets (« ballons ») parfois arrondis et aux cols élevés (Bussang, Schlucht), s'opposent aux basses Vosges, au nord, aux formes tabulaires, plus franchissables (col de Saverne).

La population et les activités se concentrent dans les vallées (Meurthe, Moselle, Thur, Fecht, etc.), sites des principales villes (Saint-Dié-des-Vosges, Remiremont, Thann). L'élevage bovin (fromages) et les cultures (céréales, arbres fruitiers, vigne) sont surtout développés sur le versant alsacien, au climat d'abri. L'élevage transhumant sur les pâturages d'altitude, ou « hautes chaumes », a décliné comme le traditionnel textile. L'exploitation de la forêt, alimentant scieries et papeteries, constitue auj. la principale ressource de la montagne, qui bénéficie, en outre, de l'essor du tourisme.

VOSGES n.f. pl. (88), dép. de la Région Grand-Est ; ch.-l. de dép. *Épinal* ; ch.-l. d'arrond. *Neufchâteau, Saint-Dié-des-Vosges* ; 3 arrond. ; 17 cant. ; 507 comm. ; 5 874 km^2 ; 385 043 hab. *(Vosgiens)*. Le dép. appartient à l'académie de Nancy-Metz, à la cour d'appel de Nancy, à la zone de défense et de sécurité Est. Il s'étend principalement à l'est sur les hautes Vosges, région d'élevage et de forêts, à l'ouest sur le Plateau lorrain, gréseux et calcaire, pays découvert, d'habitat groupé, où la polyculture à base céréalière a reculé devant l'élevage, favorisé par l'humidité du climat. Malgré son déclin, le textile, développé après 1870 avec le repli d'Alsaciens et représenté dans les principales villes (Épinal, Saint-Dié-des-Vosges, Remiremont), demeure la branche majeure d'une industrie complétée par le travail du bois, la papeterie, la verrerie, le tourisme et le thermalisme (Vittel, Contrexéville, Plombières-les-Bains). *[V. carte page suivante.]*

Vosges (place des), anc. **place Royale,** dans le Marais, à Paris. Commencée en 1605 sous Henri IV, elle fut inaugurée en 1612. Elle est bordée de maisons à arcades en brique à chaînages de pierre.

Vosges du Nord (parc naturel régional des), parc naturel englobant l'extrémité nord du massif des Vosges (Bas-Rhin et Moselle), à la frontière de l'Allemagne ; env. 130 000 ha.

VOSNE-ROMANÉE [von-] (21700), comm. de la Côte-d'Or ; 366 hab. *(Vosniers)*. Vins rouges.

VOSS (Johann Heinrich), *Sommersdorf, Mecklembourg, 1751 - Heidelberg 1826*, poète allemand. Ses idylles paysannes ou bourgeoises (*Louise*, 1795) sont marquées par un souci de réalisme.

Vosges

500 1000 m

plus de 20 000 h. · de 5 000 à 20 000 h. · de 2 000 à 5 000 h. · moins de 2 000 h.
ch.-l. d'arrondissement · bur. centr. de canton · commune
autoroute · route · voie ferrée

VOSSIUS (Gerardus Johannis), *Heidelberg 1577 - Amsterdam 1649*, humaniste hollandais, auteur d'ouvrages pédagogiques pour l'étude du grec et du latin, d'ouvrages historiques et de travaux sur l'étude des religions.

VOSTOK (lac), le plus grand lac sous-glaciaire du monde (230 km de long, jusqu'à 85 km de large), dans l'Antarctique. Enfoui sous près de 4 km de glace, il a été découvert en 1996 grâce à des images obtenues par satellite. – Sur son emplacement, station de recherche géophysique russe *Vostok*, installée dès 1957 et où, en 1998, des forages de la calotte glaciaire jusqu'à 3 623 m de profondeur ont permis de reconstituer les variations du climat et de la composition de l'atmosphère depuis plus de 400 000 ans. En 2012, les forages ont atteint le lac lui-même, à 3 768 m de profondeur.

Vostotchnyï, base russe de lancement d'engins spatiaux (en chantier jusqu'à 2025 env.), dans la région de l'Amour.

VOTYAKS → **OUDMOURTES.**

VOUET (Simon), *Paris 1590 - id. 1649*, peintre français. Après une importante période romaine (1614 - 1627), il fit à Paris, grâce à son style aisé et décoratif (coloris vif, mouvement des compositions), une carrière officielle brillante (*le Temps vaincu par l'Amour, Vénus et l'Espérance*, musée de Bourges ; *Présentation au Temple*, allégorie dite *la Richesse*, Louvre).

VOUGEOT (21640), comm. de la Côte-d'Or ; 178 hab. *(Vougeotins)*. Vins rouges du *clos Vougeot* (cellier du XIIe s., château du XVIe).

Vouglans, aménagement hydroélectrique sur l'Ain. Barrage et lac de retenue (env. 1 500 ha) ; centrale.

VOUILLÉ (86190), comm. de la Vienne, à l'O. de Poitiers ; 3 718 hab. *(Vouglaisiens)*. Église du XIIe s. – Clovis y vainquit et tua Alaric II, roi des Wisigoths (507).

VOULTE-SUR-RHÔNE (La) [07800], bur. centr. de cant. de l'Ardèche ; 5 177 hab. *(Voultains)*. Château des XIVe-XVIe s.

VOULZY (Lucien, dit Laurent), *Paris 1948*, chanteur et auteur-compositeur français. Remarquable mélodiste, ayant de préférence A. Souchon pour parolier, il crée pour ce dernier et pour lui-même *(Rockollection, le Cœur grenadine, Belle-Île-en-Mer, Jeanne)* une pop française sophistiquée. En 2014, il signe avec A. Souchon leur premier album en duo *(Derrière les mots)*.

VOUNEUIL-SOUS-BIARD (86580), bur. centr. de cant. de la Vienne ; 5 802 hab. *(Vouneuillois)*.

VOUNEUIL-SUR-VIENNE (86210), comm. de la Vienne ; 2 174 hab. *(Vouneuillois)*. Château de Chitré (XVIe-XIXe s.) et moulin.

VOUVRAY (37210), bur. centr. de cant. d'Indre-et-Loire, sur la Loire ; 3 264 hab. *(Vouvrillons)*. Vins blancs, secs ou mousseux. Produits pharmaceutiques et cosmétiques.

VOUZIERS (08400), ch.-l. d'arrond. des Ardennes, sur l'Aisne ; 4 577 hab. *(Vouzinois)*. Église aux portails Renaissance.

Voyager 1 et 2, sondes spatiales automatiques américaines. Lancées en 1977, elles ont toutes deux survolé Jupiter (1979), puis Saturne (1980, 1981). Voyager 2 s'est approchée ensuite d'Uranus (1986), puis de Neptune (1989). Elles ont commencé à sortir du Système solaire respectivement en 2004 et 2007 avant d'atteindre l'espace interstellaire en août 2012 (V1) et déc. 2018 (V2).

VOYER (Marc René de), marquis **d'Argenson,** *Venise 1652 - Paris 1721*, homme d'État français. Il fut lieutenant général de police (1697 - 1718) puis garde des Sceaux (1718 - 1720). [Acad. fr.] — **René Louis de V.,** marquis **d'Argenson,** *Paris 1694 - id. 1757*, homme d'État français. Fils de Marc René, il fut secrétaire d'État aux Affaires étrangères (1744 - 1747) pendant la guerre de la Succession d'Autriche. Il était surnommé *la Bête* en raison de ses manières très frustes.

VOYNET (Dominique), *Montbéliard 1958*, femme politique française. Cofondatrice (1984), porte-parole (1991 - 1997) puis secrétaire nationale (2001 - 2003) du parti écologiste Les Verts, elle a été de 1997 à 2001 ministre de l'Aménagement du territoire et de l'Environnement.

VRACA, v. du nord-ouest de la Bulgarie, au pied du Balkan ; 60 692 hab.

VRANGEL ou **WRANGEL** (île), île russe, dans la mer de Sibérie orientale, près du détroit de Béring ; 7 300 km².

VRANGEL (Piotr) → **WRANGEL.**

VRANITZKY (Franz), *Vienne 1937*, homme politique autrichien. Président du SPÖ (Parti socialiste, devenu en 1991 Parti social-démocrate) de 1988 à 1997, il a été chancelier de 1986 à 1997.

VREDEMAN DE VRIES (Hans), *Leeuwarden 1527 - ? v. 1604*, dessinateur, peintre et architecte néerlandais. Il publia à Anvers des traités d'architecture et de perspective ainsi que des recueils gravés d'ornements de style maniériste italien et bellifontain, qui firent florès en Europe du Nord.

VRIES (Hugo De) → **DE VRIES.**

VROUBEL (Mikhaïl), *Omsk 1856 - Saint-Pétersbourg 1910*, peintre russe, importante figure du symbolisme et de l'Art nouveau.

Vue de Delft, toile de Vermeer (v. 1660), au Mauritshuis de La Haye. Proust l'a célébrée dans sa *Recherche* (*la Prisonnière*, 1923).

Vuelta (la), tour d'Espagne cycliste.

VUILLARD (Édouard), *Cuiseaux 1868 - La Baule 1940*, peintre français. Membre du groupe des nabis, il évolua vers un intimisme nuancé.

VUILLEMIN (Jules), *Pierrefontaine-les-Varans, Doubs, 1920 - Les Fourgs, Doubs, 2001*, philosophe français. Ses travaux, sous la double influence du criticisme kantien et de la pensée analytique, ont porté sur le rapport de la philosophie et de la science (*la Logique et le monde sensible*, 1971).

VULCAIN MYTH. ROM. Dieu du Feu et de la Métallurgie. Il correspond à l'Héphaïstos des Grecs.

Vulcania, parc européen du volcanisme inauguré en 2002, situé sur la comm. de Saint-Ours (Puy-de-Dôme), dans le nord du parc naturel régional des Volcans d'Auvergne.

VULCANO, une des îles Éoliennes (Italie), formée par un volcan actif (alt. 500 m) ; 715 hab.

Vulgate, traduction latine de la Bible adoptée par l'Église catholique. Elle est l'œuvre de saint Jérôme qui y travailla à partir du texte hébreu. Elle fit l'objet de plusieurs révisions jusqu'à celle du pape Clément VIII, qui en promulgua (1592) le texte définitif, reconnu comme officiel par l'Église latine pendant plus de trois siècles.

VULPIAN (Alfred), *Paris 1826 - id. 1887*, médecin et physiologiste français, auteur de travaux sur le système nerveux.

VUNG TAU, v. du sud du Viêt Nam ; 282 415 hab. Port.

VYBORG, en finn. **Viipuri,** v. de Russie, sur le golfe de Finlande ; 80 013 hab. La ville a été cédée par la Finlande à l'URSS en 1947.

VYGOTSKI (Lev Semenovitch), *Orcha, Biélorussie, 1896 - Moscou 1934*, psychologue soviétique. Il a défendu la thèse d'une genèse sociale du psychisme, structurée par des systèmes de signes (*Pensée et Langage*, 1934).

WAAL n.m., bras méridional du delta du Rhin, qui se confond avec la Meuse (en aval de Nimègue).

WAAS → **WAES.**

WACE, *Jersey v. 1100 - v. 1175*, poète anglo-normand. Il est l'auteur du *Roman de Brut*, première œuvre en langue vulgaire, qui raconte les aventures du roi Arthur, et du *Roman de Rou*, ou *Geste des Normands*.

WACKENRODER (Wilhelm Heinrich), *Berlin 1773 - id. 1798*, poète allemand, l'un des promoteurs du romantisme (*Effusions sentimentales d'un moine ami des arts*, 1797).

WACO, v. des États-Unis (Texas), au S. de Dallas ; 130 194 hab. (234 906 hab. dans l'agglomération).

WADDEN (mer des) ou **WADDENZEE,** partie de la mer du Nord comprise entre le continent et l'archipel de la Frise occidentale.

WADE (Abdoulaye), *Saint-Louis 1926*, homme politique sénégalais. Libéral, principal opposant à L. S. Senghor puis à A. Diouf, il a été président de la République de 2000 à 2012.

WÄDENSWIL, v. de Suisse (canton de Zurich), au bord du lac de Zurich ; 20 433 hab.

WAES [was], en néerl. **Waas,** région de Belgique (Flandre-Orientale), sur l'Escaut (r. g.), à la frontière néerlandaise.

Wafd, parti nationaliste égyptien fondé en 1918 - 1923, qui milita pour l'indépendance de l'Égypte et l'abolition de la monarchie. Interdit en 1953, il fut reconstitué en 1977 et légalisé en 1983.

WAGNER (Otto), *Penzing, près de Vienne, 1841 - Vienne 1918*, architecte autrichien. D'abord éclectique, il devint dans les années 1890 le chef de file de l'école moderniste viennoise (stations du métro de Vienne, 1894-1899 ; Caisse d'épargne postale de Vienne, 1904 ; église Am Steinhof, 1905).

WAGNER (Richard), *Leipzig 1813 - Venise 1883*, compositeur allemand. Maître de chapelle de la cour de Dresde, il dut se réfugier en Suisse (1849 - 1861) en raison de ses sympathies révolutionnaires. Il bénéficia de l'aide de F. Liszt (dont il épousa la fille, Cosima) et de Louis II de Bavière pour mener son œuvre à bien, composant les opéras *le Vaisseau fantôme* (1843), *Tannhäuser* (1845, 2e version, 1861), *Lohengrin* (1850), *Tristan et Isolde* (1865), *les Maîtres chanteurs de Nuremberg* (1868), *l'Anneau du Nibelung*, dit la *Tétralogie** (1876), *Parsifal* (1882). S'éloignant de l'opéra italien, il renonce aux fioritures vocales et intensifie le soutien orchestral des opéras. Partisan d'un théâtre mythique (il utilise les légendes germaniques), voire mystique et symbolique, il parvient à une fusion étroite entre texte et musique, entre voix et instruments, et à une profonde unité thématique, grâce à l'emploi du leitmotiv.

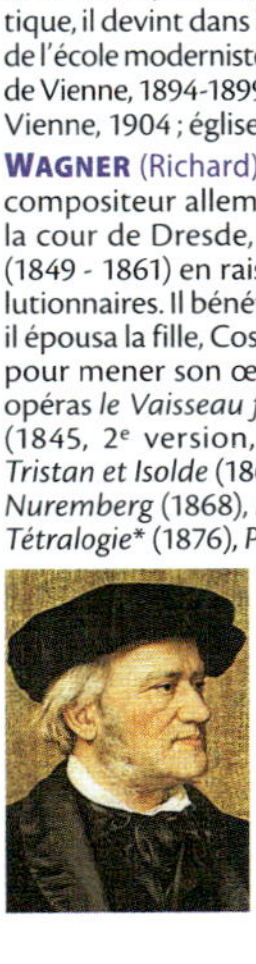

◄ Richard **Wagner.** Peinture anonyme du XIXe s. (Conservatoire de musique, Bologne.)

WAGNER-JAUREGG (Julius), *Wels, Haute-Autriche, 1857 - Vienne 1940*, psychiatre autrichien. Il reçut le prix Nobel en 1927 pour ses recherches sur le traitement de la paralysie générale syphilitique par inoculation du paludisme.

Wagram (bataille de) [6 juill. 1809], bataille de l'Empire. Victoire de Napoléon sur les Autrichiens de l'archiduc Charles, à Wagram, au N.-E. de Vienne. Elle préluda à la paix de Vienne (14 oct. 1809), signée avec l'Autriche.

WAIKIKI, plage d'Honolulu (Hawaii).

WAJDA (Andrzej), *Suwałki 1926 - Varsovie 2016*, cinéaste polonais. Dominée par le thème national, son œuvre allie une grande lucidité critique à un art baroque et romantique : *Cendres et Diamant* (1958), *le Bois de bouleaux* (1970), *la Terre de la grande promesse* (1975), *l'Homme de marbre* (1976), *Korczak* (1989), *Pan Tadeusz* (1999), *Katyń* (2007), *l'Homme du peuple* (2013).

WAJED (Hasina), *Tongipara 1947*, femme politique bangladaise. Fille aînée de Mujibur Rahman*, leader de la Ligue Awami, elle est Premier ministre de 1996 à 2001 et depuis 2009.

WAKAYAMA, v. du Japon (Honshu) ; 369 400 hab. Port. Centre industriel.

WAKE (île de), atoll du Pacifique, au N.-N.-O. des îles Marshall. Base aérienne américaine, l'île fut occupée par les Japonais de 1941 à 1945.

WAKHAN n.m., extrémité nord-est de l'Afghanistan.

WAKSMAN (Selman Abraham), *Prilouki, près de Kiev, 1888 - Hyannis, Massachusetts, 1973*, microbiologiste américain d'origine russe. Il reçut le prix Nobel en 1952 pour sa découverte, avec Albert Schatz, de la streptomycine.

WAŁBRZYCH, v. de Pologne, en basse Silésie ; 120 715 hab. Houille. Centre industriel.

WALBURGE (sainte) → **WALPURGIS.**

WALCOTT (Derek), *Castries, Sainte-Lucie, 1930 - à proximité de Gros Islet, Sainte-Lucie, 2017*, écrivain antillais de langue anglaise. Poète (*Une autre vie*, 1973 ; *le Royaume du fruit-étoile*, 1979 ; *le Chien de Tiepolo*, 2000) et dramaturge (*Rêve sur la montagne au singe*, 1970), influencé par les avant-gardes poétiques, il se tourna ensuite vers les traditions orales antillaises. (Prix Nobel 1992.)

WALCOURT, comm. de Belgique (prov. de Namur), au S. de Charleroi ; 18 215 hab. Basilique des XIIIe-XVIe s. (beau mobilier).

WALDECK-ROUSSEAU (Pierre), *Nantes 1846 - Corbeil 1904*, homme politique français. Ministre de l'Intérieur (1881 - 1882 ; 1883 - 1885), il fit voter la loi autorisant les syndicats (1884). Président du Conseil, il fit gracier Dreyfus (1899) et fut le maître d'œuvre de la loi de 1901 sur les associations.

WALDERSEE (Alfred, comte von), *Potsdam 1832 - Hanovre 1904*, maréchal allemand. Il commanda en 1900 les troupes internationales envoyées en Chine pendant la guerre des Boxers.

WALDHEIM (Kurt), *Sankt Andrä-Wördern 1918 - Vienne 2007*, homme politique autrichien. Secrétaire général de l'ONU de 1972 à 1981, il fut président de la République de 1986 à 1992. Ses activités durant la Seconde Guerre mondiale ont fait l'objet d'une vive controverse (1986).

WALENSEE ou **WALLENSEE,** lac de Suisse ; 30 km² env.

WALES, nom anglais du pays de Galles*.

WAŁĘSA (Lech), *Popowo 1943*, homme politique polonais. Il est le principal leader des mouvements revendicatifs de 1980, qui aboutissent à la création du syndicat Solidarność (qu'il préside de 1981 à 1990). Arrêté en 1981, il est libéré en 1982. Il est président de la République de 1990 à 1995. (Prix Nobel de la paix 1983.)

◄ Lech **Wałęsa** en 1990.

WALEWSKI (Alexandre Joseph **Colonna,** comte), *Walewice, Pologne, 1810 - Strasbourg 1868*, homme politique français. Fils naturel de Napoléon Ier et de la comtesse Walewska, il fut ministre des Affaires étrangères de Napoléon III (1855 - 1860) et présida le congrès de Paris (1856).

WALHALLA ou **VAL-HALL** n.m., séjour paradisiaque réservé aux guerriers morts en héros dans la mythologie nord-germanique.

Walkyrie (la), deuxième partie (première journée après le Prologue) de la *Tétralogie**.

WALKYRIES ou **VALKYRIES,** divinités guerrières de la mythologie nord-germanique. Messagères de Wotan (Odin) et hôtesses du Walhalla, elles y conduisent les héros morts au combat.

WALL (Jeff), *Vancouver 1946*, photographe canadien. Exploitant les liens entre la photographie et la peinture, l'affiche, le cinéma et la vidéo, il crée des images de grand format rétroéclairées et scénographiées avec minutie (*The Destroyed Room*, 1978 ; *Milk*, 1984 ; *Restoration*, 1993).

WALLACE (Alfred Russel), *Usk, Monmouthshire, 1823 - Broadstone, Dorset, 1913*, naturaliste britannique. Il conçut, indépendamment et en même temps que Darwin, le principe de la sélection naturelle. Il est le fondateur de la biogéographie.

WALLACE (sir Richard), *Londres 1818 - Paris 1890*, philanthrope britannique. Il dota Paris de cinquante petites fontaines d'eau potable. Sa collection de tableaux et d'objets d'art, léguée à la Grande-Bretagne, est riche en pièces du XVIIIe s. français (Wallace Collection, Londres).

WALLACE (sir William), *près de Paisley 1270 - Londres 1305*, héros de l'indépendance écossaise. À partir de 1297, il lutta contre Édouard Ier. Capturé, il fut décapité.

WALLASEY, v. de Grande-Bretagne (Angleterre), sur la mer d'Irlande ; 58 710 hab.

WALLENSEE → **WALENSEE.**

WALLENSTEIN ou **WALDSTEIN** (Albrecht Wenzel Eusebius von), *Hermanič 1583 - Eger, auj. Cheb, 1634*, général d'origine tchèque. Catholique, il mit, en 1618, une armée à la disposition de l'empereur germanique et combattit avec succès pendant la guerre de Trente Ans. Mais les princes de la Ligue catholique contraignirent Ferdinand II à le congédier (1630). Rappelé en 1631, vaincu à Lützen (1632), Wallenstein entama des négociations secrètes avec les protestants. Révoqué par l'empereur, il fut assassiné. – Son histoire a inspiré à Schiller une trilogie dramatique (*le Camp de Wallenstein, les Piccolomini, la Mort de Wallenstein*, 1798-1799), mise en musique par V. d'Indy (version définitive créée en 1888).

▲ **Wallenstein** par A. Van Dyck.
(Bayerisches National Museum, Munich.)

WALLER (Thomas, dit Fats), *New York 1904 - Kansas City 1943*, pianiste, chanteur et compositeur américain de jazz. Il fut l'un des grands maîtres du « piano stride », style issu du ragtime. Parmi ses interprétations : *Handful of Keys, Ain't Misbehavin'.*

WALLIS (John), *Ashford 1616 - Oxford 1703*, mathématicien anglais. Membre fondateur de la Royal Society, il a libéré l'arithmétique et l'algèbre de la représentation géométrique, et a reconnu les notions alors contestées de nombre négatif, irrationnel, de limite, etc.

WALLIS (Samuel), *Cornouailles v. 1728 - Londres 1795*, navigateur et explorateur britannique. Après avoir exercé un haut commandement au Canada, il fut envoyé en expédition dans le Pacifique et découvrit plusieurs des îles Tuamotu, Tahiti, et l'archipel qui porte son nom (1767).

WALLIS-ET-FUTUNA, archipel français, au N.-E. des Fidji, formant une collectivité d'outre-mer ; ch.-l. *Mata'Utu* ; 255 km² ; 12 197 hab. Monnaies : franc CFP (et euro). L'archipel est formé des îles *Wallis* (96 km² ; 8 584 hab.), *Futuna* et Alofi. – Découvert en 1767 par le Britannique Samuel Wallis, il devient protectorat français en 1887, puis opte pour le statut de territoire d'outre-mer (référendum de 1959 ; statut fixé en 1961). Le nouveau cadre institutionnel défini pour l'outre-mer en 2003 fait de Wallis-et-Futuna une collectivité d'outre-mer.

WALLON (Henri), *Valenciennes 1812 - Paris 1904*, historien et homme politique français. Professeur à la Sorbonne, député de 1871 à 1875, il fit adopter à une voix de majorité, le 30 janv. 1875, l'amendement aux lois constitutionnelles qui, en évoquant l'élection du « président de la République », instaurait le régime républicain. Ministre de l'Instruction publique en 1875 - 1876, il contribua au vote de la loi instaurant la liberté de l'enseignement supérieur (juill. 1875).

WALLON (Henri), *Paris 1879 - id. 1962*, psychologue français. Engagé dans la lutte antifasciste et la défense du rationalisme, il fonda le groupe français d'Éducation nouvelle. Outre ses importants travaux sur le développement de l'enfant (*l'Évolution psychologique de l'enfant*, 1941), il est l'auteur, avec P. Langevin, d'un projet de réforme de l'enseignement qui inspira la réforme de l'éducation de l'après-guerre.

WALLONIE [walɔni] ou **RÉGION WALLONNE,** région de la Belgique ; 16 847 km² ; 3 563 060 hab. *(Wallons)* ; cap. *Namur* ; 5 prov. *(Brabant wallon, Hainaut, Liège, Luxembourg, Namur)*. À partir de la fin du XIXe s., la Wallonie s'est affirmée comme une entité culturelle dans les régions de Belgique où sont traditionnellement parlés le français et des dialectes romans, principalement le wallon ; il existe une minorité germanophone (env. 75 000 hab.). Elle est devenue une région partiellement autonome (1970), puis l'une des trois Régions de l'État fédéral de Belgique (1993).

Wall Street, rue de New York, dans le sud de Manhattan, où est située la Bourse.

Wall Street (krach de) [1929], mouvement de panique boursière qui fut à l'origine de la crise économique de 1929. Le « jeudi noir » (24 oct. 1929) et les jours suivants, la Bourse de New York (Wall Street) connut un effondrement spectaculaire du cours des actions qui entraîna, aux États-Unis, une crise sans précédent. Celle-ci se répercuta, à des degrés variables, aux économies des pays occidentaux.

Wall Street Journal (The), quotidien américain économique et financier, créé en 1889 à New York par H. Dow et E. D. Jones.

WALPOLE (Robert), 1er comte **d'Orford,** *Houghton 1676 - Londres 1745*, homme politique britannique. L'un des chefs du Parti whig, premier lord du Trésor et chancelier de l'Échiquier (1715 - 1717 ; 1721 - 1742), il contrôla en fait la politique du pays et jeta les bases du régime parlementaire britannique.

◀ Robert **Walpole,** d'après J.-B. Van Loo. (National Portrait Gallery, Londres.)

— **Horace W.,** 4e comte **d'Orford,** *Londres 1717 - id. 1797*, écrivain britannique, fils de Robert. Il fut l'un des initiateurs du roman gothique (*le Château d'Otrante*, 1764).

WALPURGIS ou **WALBURGE** (sainte), *dans le Wessex v. 710 - Heidenheim, Allemagne, 779*, religieuse bénédictine anglaise. Elle fut abbesse du monastère de Heidenheim. Ses restes furent transportés en 870 à Eichstätt, où son tombeau devint un centre de pèlerinage. La fête commémorant ce transfert, célébrée le 1er mai, fut associée au folklore païen du retour du printemps. Ainsi naquit la légende selon laquelle, durant la « nuit de Walpurgis », les sorcières se donnaient rendez-vous sur le Brocken.

▲ **Wang Meng.** *Paysage*, 1367.
(Musée Cernuschi, Paris.)

WALRAS (Léon), *Évreux 1834 - Clarens, Suisse, 1910*, économiste français. Il a contribué à introduire en économie la méthode mathématique et le calcul à la marge. Chef de file de l'école de Lausanne (qui mit en place un modèle d'équilibre général), il a exercé une influence considérable sur la pensée économique.

WALSALL, v. de Grande-Bretagne (Angleterre), dans les Midlands ; 253 502 hab. Métallurgie.

WALSCHAP (Gerard), *Londerzeel 1898 - Anvers 1989*, écrivain belge de langue néerlandaise. Ses romans mettent en scène le conflit entre l'instinct et la morale catholique (*Adélaïde*, 1929).

WALSER (Martin), *Wasserburg 1927*, écrivain allemand. Ses romans (*Mi-temps*, 1960 ; *Au-delà de l'amour*, 1976 ; *Dorn ou le Musée de l'enfance*, 1991 ; *Une source vive*, 1998) et son théâtre (*Chêne et lapins angora*, 1962 ; *le Cygne noir*, 1964) dénoncent l'absurdité du monde contemporain.

WALSER (Robert), *Bienne 1878 - Herisau 1956*, écrivain suisse de langue allemande. Peintre des gens simples et sans ambition, interné en 1929, il ne fut reconnu comme l'un des plus grands écrivains suisses qu'après sa mort (*les Enfants Tanner*, 1907 ; *l'Institut Benjamenta*, 1909).

WALSH (Raoul), *New York 1887 - Simi Valley, Californie, 1980*, cinéaste américain. Il a excellé dans les westerns et les films de guerre et d'aventures : *le Voleur de Bagdad* (1924), *Gentleman Jim* (1942), *Aventures en Birmanie* (1945), *L'enfer est à lui* (1949), *la Femme à abattre* (1952), *la Charge de la huitième brigade* (1964).

WALTARI (Mika), *Helsinki 1908 - id. 1979*, écrivain finlandais, auteur de romans historiques (*Sinouhé l'Égyptien*, 1945).

WALTER (Bruno Walter **Schlesinger,** dit Bruno), *Berlin 1876 - Hollywood 1962*, chef d'orchestre allemand naturalisé américain. Il fit connaître Bruckner et Mahler (création du *Chant de la Terre* et de la *Neuvième Symphonie*) et excella dans l'interprétation de Mozart et de Beethoven.

WALTER TYLER → **TYLER.**

WALTHER von der Vogelweide, *v. 1170 - Würzburg ? v. 1230*, poète allemand. Il est le premier des minnesänger à avoir fait de ses poésies une arme politique, dirigée contre la papauté.

WALTZ (Sasha), *Karlsruhe 1963*, chorégraphe allemande. Cofondatrice de la compagnie Sasha Waltz & Guests (1993) à Berlin, très liée au théâtre et aux autres arts, elle nourrit son travail des lieux

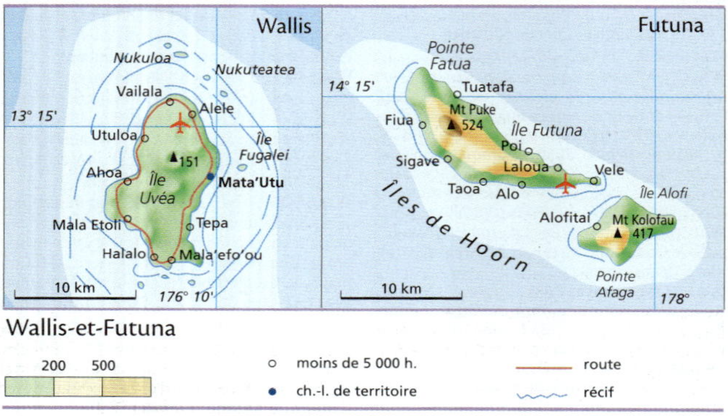

Wallis-et-Futuna

qu'elle investit et implique largement ses danseurs dans la création d'un mouvement à la fois sensuel et abstrait (compositions propres : *Travelogue I*, 1993 ; *Körper*, 2000 ; *noBody*, 2002, ou relecture d'œuvres classiques : *le Sacre du printemps*, 2013).

WALVIS BAY, v. de Namibie, sur l'Atlantique ; 61 300 hab. Base de pêche. Zone franche.

WANG MENG, *Wuxing, Zhejiang, v. 1308 - 1385*, peintre chinois, l'un des plus réputés de la dynastie Yuan. Rochers, arbres et torrents envahissent ses paysages à la touche énergique et leur confèrent puissance et intensité dramatique.

WANG WEI, *Taiyuan, Shanxi, 699 - 759*, peintre, calligraphe et poète chinois, créateur présumé de la peinture monochrome à l'encre. Son œuvre de poète paysagiste (connue par des copies) a été à l'origine de la peinture lettrée chinoise.

Wannsee (conférence de) [20 janv. 1942], conférence qui réunit à Wannsee (banlieue de Berlin) de hauts responsables du régime nazi (notamm. Heydrich et Eichmann) pour organiser la mise en application de la « solution finale » en Europe.

WANTZENAU (La) [67610], comm. du Bas-Rhin ; 5 873 hab. *(Wantzenauviens)*. Caoutchouc.

WANZE, comm. de Belgique (prov. de Liège), près de Huy ; 13 363 hab.

WARANGAL, v. d'Inde (Telangana) ; 528 570 hab. Temple de Hanamkonda (XIIe s.).

WARBURG (Otto), *Fribourg-en-Brisgau 1883 - Berlin 1970*, biochimiste et physiologiste allemand. Ses recherches ont porté sur les enzymes des oxydations cellulaires, en particulier dans les chaînes respiratoires. (Prix Nobel 1931.)

WAREGEM [warɔgɛm], comm. de Belgique (Flandre-Occidentale) ; 36 960 hab.

WAREMME [warɛm], comm. de Belgique, ch.-l. d'arrond. de la prov. de Liège ; 14 795 hab.

WARENS [varɑ̃] (Louise Éléonore **de La Tour du Pil,** baronne **de**), *Vevey, Suisse, 1700 - Chambéry 1762*, protectrice de J.-J. Rousseau, qu'elle accueillit aux Charmettes.

WARHOL (Andy), *Pittsburgh 1928 - New York 1987*, peintre et cinéaste américain d'origine slovaque. Comme plasticien, il est l'un des représentants du pop art, procédant par multiplication d'une même image à base photographique (boîte de soupe, portrait de Marilyn Monroe, etc.), avec permutations de coloris. Il fut l'un des chefs de file de la contre-culture, tant par ses attitudes que par ses œuvres. Musées à Pittsburgh et à Medzilaborce (Slovaquie).

▲ Andy **Warhol** en 1986.

WARIN (Jean) → **VARIN.**

WARNEMÜNDE, avant-port de Rostock (Allemagne).

WARREN, v. des États-Unis (Michigan), banlieue nord de Détroit ; 135 099 hab.

WARREN (Earl), *Los Angeles 1891 - Washington 1974*, juriste américain. Président de la Cour suprême des États-Unis (1953 - 1969), il fut l'instigateur d'un arrêt (1954) condamnant la ségrégation raciale dans les écoles, ainsi que de réformes constitutionnelles (séparation des Églises et de l'État, liberté de la presse, droits des accusés).

WARREN (Robert Penn), *Guthrie, Kentucky, 1905 - Stratton, Vermont, 1989*, écrivain américain. Ses romans (*les Fous du roi*, 1946) et ses poèmes, enracinés dans le Sud américain, posent le problème de la liberté humaine.

WARRINGTON, v. de Grande-Bretagne (Angleterre), sur la Mersey ; 202 228 hab. Elle a fusionné avec Runcorn. Centre industriel.

WARTA n.f., riv. de Pologne, affl. de l'Oder (r. dr.) ; 808 km.

Wartburg (château de la), château fort de Thuringe, près d'Eisenach. Il est fameux pour les concours des minnesänger, évoqués par Wagner dans *Tannhäuser*, et pour les séjours qu'y firent sainte Élisabeth de Hongrie, puis Luther (1521).

WARTBURG (Walther von), *Riedholz, Soleure, 1888 - Bâle 1971*, linguiste suisse. Auteur de travaux sur les langues romanes, il dirigea à partir de 1922 la réalisation d'un monumental *Dictionnaire étymologique du français et de ses dialectes*.

▲ **Washington.** La Maison-Blanche, édifiée (1792-1800) par James Hoban.

WARWICK (Richard **Neville,** comte **de**), dit **le Faiseur de rois,** *1428 - Barnet 1471*, seigneur anglais. Neveu de Richard d'York *(1411 - 1460)*, il joua un rôle prépondérant au début de la guerre des Deux-Roses. Poussant son oncle à revendiquer le trône d'Angleterre, il contribua à la victoire de Saint Albans (1455) puis, victorieux à Northampton (1460), captura le roi Henri VI. L'année suivante, il fit couronner roi son cousin Édouard IV mais, bientôt opposé à la politique bourguignonne de celui-ci, rétablit Henri VI sur le trône (1470). Il fut vaincu par Édouard IV et tué.

WARWICKSHIRE, comté de Grande-Bretagne (Angleterre) ; ch.-l. *Warwick*.

WASATCH (monts), massif de l'ouest des États-Unis (Utah) ; 3 750 m.

WASH n.m., golfe formé par la mer du Nord, sur la côte est de la Grande-Bretagne (Angleterre).

WASHINGTON, État des États-Unis, sur le Pacifique ; 7 405 743 hab. ; cap. *Olympia* ; v. princ. *Seattle*.

WASHINGTON, cap. des États-Unis, dans le district fédéral de Columbia, sur le Potomac ; 658 893 hab. *(Washingtoniens)* [4 896 000 hab. dans l'agglomération]. Édifiée sur un site choisi par G. Washington en 1790, la ville est le siège de la Maison-Blanche, résidence du président des États-Unis depuis 1800. – Très importants musées, dont ceux de la Smithsonian Institution.

Washington (accord de) ou accord d'**Oslo** (13 sept. 1993), accord israélo-palestinien négocié secrètement dans la capitale norvégienne, Oslo, en marge des négociations multilatérales sur la paix au Proche-Orient engagées en 1991, et signé solennellement à Washington. Précédé par la reconnaissance mutuelle entre Israël et l'OLP (9 sept.), cet accord consistait en une déclaration de principes sur des modalités intérimaires d'autonomie pour les territoires occupés, s'appliquant à une période de cinq ans, au terme de laquelle devait entrer en vigueur le statut définitif, préalablement négocié, de ces territoires.

WASHINGTON (George), *comté de Westmoreland, Virginie, 1732 - Mount Vernon 1799*, homme politique américain. Riche propriétaire, représentant de la Virginie aux congrès de Philadelphie (1774 et 1775), il prend position en faveur de l'indépendance. Commandant en chef (1775), aidé militairement par la France, il bat les Britanniques à Yorktown (1781) et devient le héros de l'indépendance américaine. Premier président des États-Unis (1789), réélu en 1792, il se montre partisan d'un fédéralisme fort, de l'indépendance financière du pays et proclame, à l'extérieur, la neutralité des États-Unis (1793). Il se retire de la vie politique en 1797.

▲ George **Washington** par G. Healy. (Château de Versailles.)

Washington Post (The), quotidien américain de tradition libérale. Créé en 1877, il a joué un rôle déterminant dans l'affaire du Watergate.

WASITI (Yahya ibn Mahmud, dit **al-**), calligraphe et miniaturiste arabe, originaire d'Iraq, actif au début du XIIIe s. C'est l'un des principaux représentants de l'école de Bagdad.

WASQUEHAL [waskal] (59290), comm. du Nord ; 21 215 hab. *(Wasquehaliens)*. Chimie.

WASSERBILLIG, v. du Luxembourg, sur la Moselle ; 2 186 hab. Port fluvial.

WASSERMANN (August **von**), *Bamberg 1866 - Berlin 1925*, médecin allemand. Il a mis au point une réaction sérologique, devenue désuète, permettant de déceler l'existence de la syphilis.

WASSY (52130), bur. centr. de cant. de la Haute-Marne ; 3 018 hab. *(Wasseyens)*. Église romane et gothique. – Le 1er mars 1562, le massacre d'une soixantaine de protestants de cette ville par les gens du duc François Ier de Guise déclencha les guerres de Religion.

WATERBURY, v. des États-Unis (Connecticut) ; 109 307 hab.

WATERFORD, en gaél. **Port Láirge,** v. d'Irlande (Munster) ; 46 732 hab. Port. Verrerie.

Watergate (scandale du) [1972 - 1974], affaire d'espionnage politique américaine. Pendant la campagne présidentielle de 1972, cinq individus furent appréhendés par la police, alors qu'ils inspectaient le siège du Parti démocrate (immeuble du *Watergate*, Washington). Une enquête du *Washington Post* révéla la responsabilité de la Maison-Blanche dans l'affaire et cinq collaborateurs de Nixon furent inculpés. Accusé d'avoir entravé l'action de la justice, Nixon dut démissionner (1974).

WATERLOO [watɛrlo], comm. de Belgique (Brabant wallon), au S. de Bruxelles ; 29 541 hab. Musée.

Waterloo (bataille de) [18 juin 1815], bataille de l'Empire. Victoire décisive remportée par les Britanniques de Wellington et les Prussiens de Blücher sur Napoléon, au sud de Waterloo (Belgique). Ce désastre allait provoquer la chute de l'Empereur.

WATERLOO, v. du Canada (Ontario) ; 104 986 hab. Université.

WATERMAEL-BOITSFORT [watɛrmalbwafɔr], en néerl. **Watermaal-Bosvoorde,** comm. de Belgique (Bruxelles-Capitale), banlieue sud-est de Bruxelles ; 24 467 hab.

WATSON (James Dewey), *Chicago 1928*, biologiste américain. À l'aide notamm. des clichés de R. Franklin, il élucida en 1953, avec F. Crick, la structure de l'ADN (modèle de la double hélice), confirmée ensuite par les travaux de M. Wilkins. (Prix Nobel 1962.)

WATSON (John Broadus), *Greenville, Caroline du Sud, 1878 - New York 1958*, psychologue américain. Il fut le fondateur et le principal théoricien du béhaviorisme (*le Béhaviorisme*, 1925).

WATSON-WATT (sir Robert Alexander), *Brechin, Angus, Écosse, 1892 - Inverness 1973*, physicien britannique. Il conçut le système de détection et de mesure de la distance d'un obstacle au moyen d'ondes hertziennes, ou radar (1935).

WATT (James), *Greenock, Écosse, 1736 - Heathfield, près de Birmingham, 1819*, ingénieur britannique. Il apporta de multiples améliorations à la machine atmosphérique de T. Newcomen, créant la machine à vapeur utilisable industriellement. Il imagina ainsi le condenseur (1769), l'action alternative de la vapeur sur les deux faces du piston (1780), le volant, le régulateur à boules, etc.

▲ James **Watt** par C. F. Van Breda. (National Portrait Gallery, Londres.)

WATTASIDES ou **WATTASSIDES,** dynastie qui régna au Maroc de 1472 à 1554.

WATTEAU (Antoine), *Valenciennes 1684 - Nogent-sur-Marne 1721*, peintre français. Rompant avec l'académisme du XVIIe s., empruntant à Rubens et aux Vénitiens, il a développé, dans l'ambiance d'une société raffinée, son art des scènes de comédie (*l'Amour au théâtre français* [v. 1712 ?], musée de Berlin-Dahlem) et surtout des « fêtes galantes », genre créé par lui et dont le *Pèlerinage* à l'île de Cythère* est le chef-d'œuvre. Watteau est un dessinateur et un coloriste de premier ordre ; sa touche est d'une nervosité originale, son inspiration, d'une poésie nostalgique et pénétrante (*l'Indifférent* et *la Finette*, *Nymphe et Satyre*, *Gilles* [ou *Pierrot*], Louvre ; *les Champs Élysées*, Wallace Collection, Londres ; *les Plaisirs d'amour*, Dresde ; *l'Enseigne* de Gersaint*, Berlin).

▲ Antoine **Watteau.** *Gilles*, v. 1718-1719. (Louvre, Paris.)

WATTERSON (Bill), *Washington 1958*, dessinateur et scénariste américain de bandes dessinées. Parue dans plus de 2 000 journaux à travers le monde, sa série *Calvin et Hobbes* (1985-1995), qui narre les aventures d'un petit garçon de 6 ans et de son tigre en peluche, mêle humour sarcastique et critique sociale.

WATTIGNIES [wa-] (59139), comm. du Nord, au S. de Lille ; 14 467 hab. (*Wattignisiens*).

WATTIGNIES-LA-VICTOIRE (59680), comm. du Nord ; 252 hab. (*Wattegniens*). Victoire de Jourdan sur les Autrichiens (16 oct. 1793).

WATTRELOS [watrəlo] (59150), comm. du Nord, près de Roubaix ; 41 492 hab. (*Wattrelosiens*). Filature.

WAT TYLER → **TYLER.**

WAUGH (Evelyn), *Londres 1903 - Combe Florey, près de Taunton, Somerset, 1966*, écrivain britannique. Ses romans présentent un tableau féroce des préjugés et impostures de la société anglaise (*le Cher Disparu*, *Retour à Brideshead*).

WAUQUIEZ (Laurent), *Lyon 1975*, homme politique français. Plusieurs fois ministre sous la présidence de N. Sarkozy, président du conseil régional Auvergne-Rhône-Alpes (depuis 2016), il est président des Républicains d'août à nov. 2016 (par intérim) et depuis déc. 2017.

WAVELL (Archibald Percival, comte), *Colchester 1883 - Londres 1950*, maréchal britannique. Commandant au Moyen-Orient en 1939, il vainquit les Italiens en Libye (1941) et fut vice-roi des Indes de 1943 à 1947.

WAVRE [wavr], v. de Belgique, ch.-l. du Brabant wallon ; 33 365 hab. Église des XVe-XVIIe s. ; musée.

WAYNE (Marion Michael **Morrison,** dit John), *Winterset, Iowa, 1907 - Los Angeles 1979*, acteur américain. L'un des acteurs les plus populaires du western, il a tourné notamm. sous la direction de J. Ford (*la Chevauchée fantastique*, 1939 ; *l'Homme tranquille*, 1952) et de H. Hawks (*la Rivière rouge*, 1948 ; *Rio Bravo*, 1959).

◀ John **Wayne**

WAZIRISTAN, région du nord-ouest du Pakistan.

WEALD n.m., région humide et boisée du sud-est de l'Angleterre.

WEAVER (Warren), *Reedsburg, Wisconsin, 1894 - New Milford 1978*, mathématicien américain. Il est l'auteur, avec C. Shannon, de la *Théorie mathématique de la communication* (1949), dont il a élargi l'objet à la communication sociale.

WEBB (Sidney), baron **Passfield,** *Londres 1859 - Liphook 1947*, homme politique et économiste britannique. L'un des fondateurs de la Fabian Society (1884), il marqua profondément le mouvement travailliste. — **Beatrice W.,** née Beatrice **Potter,** *près de Gloucester 1858 - Liphook 1943*, réformatrice et économiste britannique. Femme de Sidney Webb, elle réalisa de nombreux travaux avec son mari.

WEBER (Carl Maria von), *Eutin 1786 - Londres 1826*, compositeur et chef d'orchestre allemand. Auteur d'opéras (*Freischütz*, 1821 ; *Euryanthe*, 1823 ; *Oberon*, 1826), il est l'un des créateurs du style national allemand. Il composa aussi des œuvres brillantes pour piano (*Invitation à la valse*) et pour clarinette.

WEBER (Max), *Erfurt 1864 - Munich 1920*, sociologue allemand. Promoteur d'une sociologie « compréhensive » qui étudie les phénomènes sociaux en se référant à des « types idéaux », il s'est attaché à rendre compte de l'avènement du capitalisme et, plus généralement, du passage à la modernité (*l'Éthique protestante et l'esprit du capitalisme*, 1904-1905, rééd. 1920 ; *Sociologie de la religion*, 1920 ; *Économie et société*, 1922).

Max **Weber** vers 1917. ▶

WEBER (Wilhelm Eduard), *Wittenberg 1804 - Göttingen 1891*, physicien allemand. Ses travaux ont surtout porté sur l'électricité et le magnétisme. Il donna, en 1846, la loi des forces exercées par les particules électrisées en mouvement.

WEBERN (Anton von), *Vienne 1883 - Mittersill 1945*, compositeur autrichien. Un des pionniers du dodécaphonisme sériel (*Bagatelles*, pour quatuor à cordes, composées entre 1911 et 1913), il se forgea un style personnel caractérisé par l'abandon du développement et la rigueur (*Six Pièces*, pour orchestre, op. 6 ; *Symphonie*, op. 21).

Anton von **Webern** ▶ vers 1930.

WEBSTER (John), *Londres v. 1580 - id. v. 1624*, auteur dramatique anglais. Le réalisme de ses tragédies est marqué par le goût de l'atroce (*la Duchesse de Malfi*, 1614).

WEBSTER (Noah), *West Hartford, Connecticut, 1758 - New Haven, Connecticut, 1843*, lexicographe américain. Son *American Dictionary of the English Language* paru en 1828 a été, depuis, constamment mis à jour et réédité.

WEDEKIND (Frank), *Hanovre 1864 - Munich 1918*, auteur dramatique allemand. Il est l'un des principaux précurseurs de l'expressionnisme (*l'Éveil du printemps*, 1891 ; *Lulu*, 1913).

WEDGWOOD (Josiah), *Burslem, Staffordshire, 1730 - id. 1795*, céramiste et industriel britannique. Créateur, vers 1760, de la faïence fine, il fonda en 1768, à Burslem, la manufacture Etruria, où il produisit des modèles de style néoclassique. Son nom reste attaché à des grès fins ornés de bas-reliefs à l'antique se détachant en blanc sur un fond coloré.

WEENIX (Jan Baptist), *Amsterdam 1621 - près d'Utrecht 1663*, peintre néerlandais. Il est l'auteur de paysages dans le goût italien, de bambochades et de natures mortes de gibier. — **Jan W.,** *Amsterdam v. 1640 - id. 1719*, peintre néerlandais, fils de Jan Baptist et son continuateur.

WEGENER (Alfred), *Berlin 1880 - au Groenland 1930*, météorologue et géophysicien allemand. Il participa, comme météorologue, aux expéditions polaires danoises au Groenland. En 1915, il exposa sa théorie de la « dérive des continents », que la théorie de la tectonique des plaques a confortée cinquante ans plus tard.

◀ Alfred **Wegener**

WEHNELT (Arthur), *Rio de Janeiro 1871 - Berlin 1944*, physicien allemand. Auteur de travaux sur l'émission thermoélectronique, il perfectionna les tubes électroniques par l'invention du dispositif qui porte son nom.

Wehrmacht (mot all. signif. *force de défense*), nom donné de 1935 à 1945 à l'ensemble des forces armées allemandes. De 1939 à 1945, près de 18 millions d'hommes passèrent dans ses rangs.

WEIDMAN (Charles), *Lincoln, Nebraska, 1901 - New York 1975*, danseur et chorégraphe américain. Collaborateur de D. Humphrey, il fut l'un des chefs de file de la modern dance aux États-Unis. Parmi ses chorégraphies : *Quest* (1936), *Flickers* (1941), *Is Sex necessary ?* (1959).

WEIERSTRASS (Karl), *Ostenfelde 1815 - Berlin 1897*, mathématicien allemand. Un des grands rénovateurs de l'analyse, il développa la théorie des fonctions analytiques et construisit, notamment, une fonction continue qui n'est dérivable en aucun point. Pour pallier l'absence de fondement logique de l'arithmétique, il élabora une construction des nombres réels.

WEIFANG, v. de Chine (Shandong) ; 1 380 300 hab. Cité historique. Centre commercial et industriel.

WEIL (André), *Paris 1906 - Princeton, New Jersey, 1998*, mathématicien français. Frère de Simone Weil, il fut l'un des membres fondateurs du groupe Nicolas Bourbaki*. Il a apporté une contribution capitale dans de nombreux domaines des mathématiques contemporaines tels que la géométrie algébrique et, surtout, la théorie des nombres.

WEIL (Éric), *Parchim, district de Schwerin, 1904 - Nice 1977*, philosophe français d'origine allemande. Il s'est efforcé de penser, dans la postérité de Hegel, le caractère nécessairement systématique de la réflexion philosophique, en particulier dans son application au politique (*Philosophie politique*, 1956).

WEIL (Simone), *Paris 1909 - Ashford, Kent, 1943*, philosophe française, sœur d'André Weil. Sa vie et son œuvre (*la Pesanteur et la Grâce*, 1947) révèlent son mysticisme chrétien et son ardente recherche de la justice sociale.

Simone **Weil** en 1936. ▶

WEILL (Kurt), *Dessau 1900 - New York 1950*, compositeur allemand naturalisé américain. Il écrivit la musique de certaines pièces de B. Brecht (*l'Opéra de quat' sous*, 1928 [version cinématographique, G. W. Pabst, 1931] ; *Grandeur et Décadence de la ville de Mahagonny*, 1930).

WEIMAR, v. d'Allemagne (Thuringe) ; 62 764 hab. Centre universitaire, touristique et industriel.

– Monuments surtout du XVIIIe s. ; musées. – La ville fut, sous le règne de Charles-Auguste (1775 - 1828), un foyer intellectuel autour de Goethe.

Weimar (république de), régime politique de l'Allemagne de 1919 à 1933. L'insurrection spartakiste réprimée (janv. 1919), l'Assemblée constituante, réunie à Weimar, promulgue une Constitution démocratique qui crée une fédération de 17 États autonomes. Le premier président de la République est F. Ebert (1919 - 1925), qui doit faire face à une situation financière et économique catastrophique et à l'opposition des communistes et des nationalistes. Le second président, le maréchal Hindenburg *(m. en 1934)*, fait évoluer la république vers un régime de type présidentiel ; la crise mondiale, qui s'amorce en 1930, favorise le succès du national-socialisme, dont le leader, Adolf Hitler, accède au pouvoir en 1933.

WEINBERG (Steven), *New York 1933*, physicien américain. Sa théorie électrofaible (1967) permet d'unifier l'interaction électromagnétique et l'interaction faible. (Prix Nobel 1979.)

WEIPA, port d'Australie (Queensland). Extraction, traitement et exportation de bauxite.

WEISMANN (August), *Francfort-sur-le-Main 1834 - Fribourg-en-Brisgau 1914*, biologiste allemand. Il a établi l'indépendance précoce, dans l'embryon, de la lignée cellulaire germinale, ou *germen*, par rapport au *soma*.

August **Weismann** ▶

WEISS (Louise), *Arras 1893 - Paris 1983*, journaliste et femme politique française. Pacifiste et féministe, elle fonda la revue *l'Europe nouvelle* (1918-1940), puis créa en 1934 la Femme nouvelle, association militant pour le droit de vote des femmes. Elle devint, à 86 ans, députée européenne.

WEISS (Peter), *Nowawes, près de Berlin, 1916 - Stockholm 1982*, écrivain suédois d'origine allemande. Son théâtre est engagé dans les luttes sociales et politiques contemporaines (*Marat-Sade*, 1964 ; *Hölderlin*, 1971).

WEISS (Pierre), *Mulhouse 1865 - Lyon 1940*, physicien français. Il est le créateur de la théorie du ferromagnétisme.

WEISS (Rainer), *Berlin 1932*, physicien américain d'origine allemande. Ses travaux pionniers sur les ondes gravitationnelles, dont A. Einstein avait prédit l'existence dans sa théorie de la relativité générale, ont contribué à leur détection en 2015 à l'aide de l'observatoire américain LIGO (Laser Interferometer Gravitational-wave Observatory), dans le cadre d'un programme dont il est l'un des cofondateurs (1992). [Prix Nobel 2017, avec B. C. Barish et K. S. Thorne.]

WEISSENBACH (Jean), *Strasbourg 1946*, généticien français. Il a dirigé, en France, le programme de la carte génétique humaine (1990 - 1996), puis le Genoscope, centre national de séquençage des génomes, à Évry (1997 - 2015).

WEISSHORN n.m., sommet des Alpes suisses (Valais), au-dessus de Zermatt ; 4 505 m.

WEISSMULLER (John, dit Johnny), *Freidorf, près de Timişoara, 1904 - Acapulco 1984*, nageur américain. Premier homme à nager le 100 m nage libre en moins d'une minute, cinq fois champion olympique (1924 et 1928), il interpréta Tarzan à l'écran.

WEITLING (Wilhelm), *Magdebourg 1808 - New York 1871*, révolutionnaire allemand. Partisan d'un communisme chrétien, il s'opposa à Marx et participa à la révolution de 1848 (*l'Évangile d'un pauvre pécheur*, 1845).

WEIZMANN (Chaïm), *Motyl, Biélorussie, 1874 - Rehovot 1952*, homme politique israélien. Il fut le premier président de l'État d'Israël (1949 - 1952).

Chaïm **Weizmann** ▶

WEIZSÄCKER (Carl Friedrich, baron **von**), *Kiel 1912 - Starnberg, Bavière, 2007*, physicien et philosophe allemand, frère de Richard von Weizsäcker. En 1938, il détermina, indépendamment de Bethe, le cycle de réactions nucléaires au sein des étoiles. Après la guerre, il se consacra surtout à la philosophie des sciences.

WEIZSÄCKER (Richard, baron **von**), *Stuttgart 1920 - Berlin 2015*, homme politique allemand, frère de Carl Friedrich von Weizsäcker. Chrétien-démocrate, il présida la République fédérale de 1984 à 1994.

WELHAVEN (Johan Sebastian), *Bergen 1807 - Christiania 1873*, écrivain norvégien. Poète de la nature et du folklore norvégiens, il s'opposa cependant au « norvégianisme » de Wergeland.

Welland (canal), canal du Canada (Ontario), qui relie les lacs Érié et Ontario en évitant à la navigation les chutes du Niagara ; 44 km.

WELLES (Orson), *Kenosha, Wisconsin, 1915 - Los Angeles 1985*, cinéaste et acteur américain. Il débuta au théâtre puis à la radio avant de révolutionner la mise en scène cinématographique avec *Citizen Kane* (1941). Génie exubérant et singulier, il a réalisé aussi *la Splendeur des Amberson* (1942), *la Dame de Shanghai* (1948), *le Procès* (1962), *Vérités et Mensonges* (1975).

WELLESLEY (Richard **Colley**, marquis), *château de Dangan, près de Trim, Irlande, 1760 - Londres 1842*, homme politique britannique. Il fut gouverneur général de l'Inde, où il étendit la suzeraineté britannique (1797 - 1805), puis ministre des Affaires étrangères (1809 - 1812). Lord-lieutenant d'Irlande (1821 - 1828, 1833 - 1834), il prit la défense des catholiques irlandais.

WELLINGTON, cap. de la Nouvelle-Zélande, dans l'île du Nord, sur le détroit de Cook ; 190 956 hab. (380 000 hab. dans l'agglomération). Port. – Musée de la Nouvelle-Zélande (Te Papa Tongarewa).

WELLINGTON (Arthur **Wellesley**, duc **de**), *Dublin 1769 - Walmer Castle, Kent, 1852*, général britannique. Commandant les troupes britanniques au Portugal et en Espagne, il battit les Français à Vitoria (1813), puis envahit le sud de la France jusqu'à Toulouse (1814). À la tête des forces alliées aux Pays-Bas, il remporta la victoire de Waterloo (1815), puis commanda les forces d'occupation en France (1815 - 1818). Premier ministre de 1828 à 1830, il commanda les troupes britanniques en 1827 - 1828 et de 1842 à 1852.

WELLS, v. de Grande-Bretagne (Somerset). Importante cathédrale gothique (fin XIIe-fin XIVe s.) ; statues de la façade ouest, du XIIIe s.

WELLS (Herbert George), *Bromley 1866 - Londres 1946*, écrivain britannique. Il est l'auteur de romans satiriques et de récits de science-fiction (*la Machine à explorer le temps*, 1895 ; *l'Homme invisible*, 1897 ; *la Guerre des mondes*, 1898).

WELS, v. d'Autriche (Haute-Autriche) ; 58 591 hab. Centre commercial. – Église du XIVe s. et belle place aux maisons des XVIe-XVIIIe s.

Welt (Die), quotidien allemand de tendance conservatrice, fondé en 1946 en tant que journal allemand du gouvernement britannique. Il est contrôlé par le groupe A. Springer depuis 1953.

WELWYN GARDEN CITY, agglomération résidentielle (« cité-jardin », 1920) au nord de Londres.

WEMBLEY, agglomération de la banlieue nord-ouest de Londres. Stade de football.

WENDAKE, réserve du Canada (Québec), au N.-O. de Québec, peuplée de Hurons ; 2 134 hab. Centre artisanal. Tourisme.

WENDEL, famille d'industriels français originaires de Bruges, qui s'installèrent à Hayange (Lorraine) au début du XVIIIe s. Les Wendel ont fondé, en 1781 - 1785, les forges du Creusot, développées, après la Révolution, par les frères Schneider. La société de Wendel acquit, en 1879, le procédé Thomas, qui permit de transformer en acier le minerai phosphoreux lorrain.

WENDERS (Wim), *Düsseldorf 1945*, cinéaste allemand. Cinéaste de l'errance, il filme l'homme à la recherche de ses racines (*Alice dans les villes*, 1973 ; *Au fil du temps*, 1976 ; *Paris, Texas*, 1984 ; *les Ailes du désir*, 1987 ; *Si loin, si proche*, 1993). Il s'intéresse aussi à la musique (*Buena Vista Social Club*, 1998), à la danse (*Pina*, 2011) et à la photographie (*le Sel de la terre*, 2014 ; coréalisé avec J. R. Salgado).

▲ Orson **Welles,** auteur et interprète de *Citizen Kane* (1941).

WENDES, nom donné au Moyen Âge par les Allemands aux Slaves établis entre l'Oder et l'Elbe.

WENGEN, station d'été et de sports d'hiver (alt. 1 300 - 3 454 m) de Suisse (canton de Berne), au pied de la Jungfrau. Descente du Lauberhorn.

WENZHOU, v. de Chine (Zhejiang) ; 1 915 548 hab. Port et centre industriel dans une zone économique spéciale. – Vieille cité ; beau jardin. Dans les environs, monastères bouddhiques dans le massif du Yandangshan.

WEÖRES (Sándor), *Szombathely 1913 - Budapest 1989*, poète hongrois. Une virtuosité formelle, des aspirations métaphysiques élevées caractérisent son œuvre *(la Tour du silence)*.

WERFEL (Franz), *Prague 1890 - Beverly Hills, Californie, 1945*, écrivain autrichien, auteur de recueils de poèmes, de drames et romans expressionnistes ainsi que de biographies romancées.

WERGELAND (Henrik), *Kristiansand 1808 - Christiania 1845*, poète norvégien. Il défendit l'idée d'une culture spécifiquement norvégienne (*la Création, l'Homme et le Messie*, 1830) et est considéré comme le père du romantisme en Norvège.

WERNER (Abraham Gottlob), *Wehrau, Saxe, 1749 - Dresde 1817*, naturaliste allemand. L'un des créateurs de la minéralogie, il est le principal défenseur de la théorie du neptunisme.

WERNER (Alfred), *Mulhouse 1866 - Zurich 1919*, chimiste suisse. Il est l'auteur de travaux sur les organométalliques, complexes organiques de divers métaux. (Prix Nobel 1913.)

WERNER (Pierre), *Saint-André-lez-Lille 1913 - Luxembourg 2002*, homme politique luxembourgeois. Premier ministre de 1959 à 1974 et de 1979 à 1984, il œuvra largement à la construction européenne (en partic. à l'union monétaire).

WERNER (Wendelin), *Cologne 1968*, mathématicien français d'origine allemande. Spécialiste de la théorie des probabilités, il l'a développée pour l'étude de phénomènes physiques aléatoires. (Médaille Fields 2006.)

WERNICKE (Carl), *Tarnowitz 1848 - Thüringer Wald 1905*, neurologue allemand. Il fut l'un des premiers à décrire les aphasies.

WERTHEIMER (Max), *Prague 1880 - New York 1943*, psychologue allemand. Il fut l'un des promoteurs du gestaltisme.

Werther (les Souffrances du jeune), roman épistolaire de Goethe (1774). L'hypersensibilité de Werther contribua à créer l'image du héros romantique. – Le roman a inspiré le drame lyrique de Jules Massenet (1892), sur un livret de E. Blau et P. Milliet.

WERVIK [wɛrvik], v. de Belgique (Flandre-Occidentale), sur la Lys ; 18 398 hab. Église des XIVe-XVe s.

WESER n.f., fl. d'Allemagne, formé par la réunion de la Werra et de la Fulda et qui se jette dans la mer du Nord ; 440 km. Elle passe à Brême.

WESLEY (John), *Epworth 1703 - Londres 1791*, réformateur britannique. Il fonda en Angleterre, avec son frère Charles *(1707 - 1788)*, le méthodisme*.

◀ John **Wesley** par N. Home. (National Portrait Gallery, Londres.)

WESSELMANN (Tom), *Cincinnati 1931 - New York 2004*, peintre américain. Sa série de nus féminins *(Great American Nude)*, aux à-plats de couleurs vives avec collages ou assemblages incluant des objets réels, fit de lui, dans les années 1960, une figure majeure du pop art. Par la suite, il devint un adepte du métal découpé, peint à l'acrylique.

WESSEX, royaume saxon, fondé à la fin du Ve s. en Angleterre. Au IXe s., son roi Alfred le Grand et ses successeurs réalisèrent l'unité anglo-saxonne.

WEST (Morris), *Melbourne 1916 - Sydney 1999*, romancier australien. Ses romans évoquent les passions sourdes et les déchirements de la conscience *(la Seconde Victoire, les Bouffons de Dieu)*.

WEST BROMWICH, v. de Grande-Bretagne (Angleterre), près de Birmingham.

WEST END, quartiers résidentiels de l'ouest de Londres.

WESTERLO [wɛstɛrlo], comm. de Belgique (prov. d'Anvers), en Campine ; 24 497 hab.

WESTERWALD n.m., partie du Massif schisteux rhénan (Allemagne) ; 657 m.

WESTER WEMYSS (Rosslyn **Erskine,** lord), *Wemyss Castle, Fife, Écosse, 1864 - Cannes 1933*, amiral britannique. Premier lord de l'Amirauté en 1918, il signa l'armistice de Rethondes pour la Grande-Bretagne.

WESTINGHOUSE (George), *Central Bridge, New York, 1846 - id. 1914*, inventeur et industriel américain. Il inventa le frein à air comprimé (1872), adopté sur les chemins de fer du monde entier. L'un des premiers, il préconisa l'emploi de l'électricité dans le domaine ferroviaire. Il introduisit aux États-Unis le système de transport de l'électricité par courant alternatif monophasé à haute tension et créa, en 1886, la *Westinghouse Electric Corporation*, firme de construction électromécanique.

Westminster (City of), borough du centre de Londres, autour de *Westminster Abbey* (181 766 hab.). De celle-ci subsiste la splendide église (surtout des XIIIe-XVe s.), qui renferme les tombeaux des rois et des grands hommes de la Grande-Bretagne. Le *palais de Westminster* a été construit à partir de 1840 sur plans de Charles Barry, en style néogothique, pour servir de siège au Parlement.

▲ **Westminster.** L'église (XIIIe-XVe s.) de l'ancienne abbaye.

WESTMOUNT, v. du Canada (Québec), banlieue nord de Montréal ; 20 494 hab. *(Westmountais)*.

WESTON (Edward), *Highland Park, Illinois, 1886 - Carmel, Californie, 1958*, photographe américain. En réaction au pictorialisme, il a fondé avec Ansel Adams le Groupe f. 64 (diaphragme le plus étroit qui donne le meilleur piqué). Son œuvre est marquée par la rigueur et le rendu de la matière.

WESTPHALIE, en all. **Westfalen,** région historique d'Allemagne, qui fait partie, depuis 1946, du Land de Rhénanie-du-Nord-Westphalie*. Elle fut érigée en duché en 1180. Napoléon Ier créa le *royaume de Westphalie* (1807 - 1813), comprenant les territoires de la Hesse électorale, du Hanovre et du Brunswick, et le confia à son frère Jérôme.

Westphalie (traités de) [1648], traités qui mirent fin à la guerre de Trente Ans. Ils furent signés à Münster (où étaient réunies les délégations catholiques) entre l'Espagne et les Provinces-Unies et entre l'Empire germanique et la France ; à Osnabrück (délégations protestantes) entre l'Empire et la Suède. Ils donnaient aux princes allemands la liberté de religion dans leurs États, dont la souveraineté fut largement reconnue. La France se vit confirmer la possession des Trois-Évêchés et reçut la majeure partie de l'Alsace. La Suède, autre bénéficiaire de ces traités, reçut la Poméranie occidentale. Le Saint Empire dut reconnaître l'indépendance de la Confédération suisse et la pleine souveraineté des Provinces-Unies.

West Point, terrain militaire des États-Unis (New York), sur l'Hudson. Académie militaire, créée en 1802, destinée à la formation des officiers des armées de terre et de l'air. Les femmes y sont admises depuis la guerre du Viêt Nam.

WESTWOOD (dame Vivienne), *Glossop, près de Manchester, 1941*, créatrice de mode britannique. Originalité de la coupe, provocation, style rock et punk, citations et parodies des formes du passé s'allient dans ses réalisations. Elle est auj. fortement engagée dans l'écologie.

WETTEREN [wɛtərən], comm. de Belgique (Flandre-Orientale) ; 24 298 hab.

WETTERHORN n.m., sommet de l'Oberland bernois (Suisse) ; 3 701 m.

WETTINGEN, comm. de Suisse (Argovie), sur la Limmat ; 19 981 hab. Église, reconstruite au XVIe s., d'une anc. abbaye (mobilier baroque ; vitraux, notamm. d'après Holbein le Jeune, dans le cloître).

WETZIKON, comm. de Suisse, canton de Zurich ; 22 118 hab. Industries mécaniques et alimentaires.

WEVELGEM [wevəlgɛm], comm. de Belgique (Flandre-Occidentale) ; 31 100 hab.

WEYERGANS (François), *Etterbeek 1941*, écrivain et cinéaste belge de langue française. Dans ses romans, il relate avec humour ses expériences intimes et analyse de manière douce-amère les relations entre générations (*le Pitre*, 1973 ; *Franz et François*, 1997 ; *Trois Jours chez ma mère*, 2005 ; *Royal Romance*, 2012). [Acad. fr.]

WEYGAND (Maxime), *Bruxelles 1867 - Paris 1965*, général français. Chef d'état-major de Foch de 1914 à 1923, il anima la résistance des Polonais à l'Armée rouge pendant la guerre polono-soviétique de 1920, fut haut-commissaire en Syrie (1923), puis chef d'état-major de l'armée (1930). Succédant à Gamelin, il reçut au milieu de la débâcle le commandement de tous les théâtres d'opérations (mai 1940) et préconisa l'armistice. Délégué général en Afrique du Nord (1940), il fut rappelé sur l'ordre de Hitler (1941), puis arrêté par la Gestapo et interné en Allemagne (1942 - 1945). Libéré par les Alliés (1945) et traduit en Haute Cour, il obtint, en 1948, un non-lieu sur tous les chefs d'accusation. (Acad. fr.)

▲ Edward **Weston.** *Nude*, 1936. (Center for Creative Photography, Tucson, Arizona.)

WEYL (Hermann), *Elmshorn 1885 - Zurich 1955*, mathématicien américain d'origine allemande. On lui doit la première présentation rigoureuse de la théorie des fonctions de Riemann et d'importants résultats sur les groupes de Lie, sur la théorie des nombres et en physique mathématique.

WHARTON (Edith **Newbold Jones,** Mrs.), *New York 1862 - Saint-Brice, Seine-et-Marne, 1937*, romancière américaine. Elle dépeint les mœurs de la haute société américaine, menacée par les nouveaux riches (*Chez les heureux du monde*, 1905 ; *le Temps de l'innocence*, 1920).

WHEATSTONE (sir Charles), *Gloucester 1802 - Paris 1875*, physicien britannique. Il inventa le stéréoscope (1838), un télégraphe électrique à cadran et, en 1844, un appareil de mesure des résistances électriques *(pont de Wheatstone)*.

WHEELER (sir Robert Eric Mortimer), *Édimbourg 1890 - Leatherhead 1976*, archéologue britannique, célèbre pour sa méthode de fouilles (information stratigraphique rigoureuse et généralisée).

WHIPPLE (George Hoyt), *Ashland, New Hampshire, 1878 - Rochester 1976*, médecin américain. Il est l'auteur de travaux sur les anémies. (Prix Nobel 1934.)

WHISTLER (James Abbott **McNeill**), *Lowell, Massachusetts, 1834 - Londres 1903*, peintre et graveur américain. Installé à Londres après quelques années parisiennes (1855 - 1859), admirateur de l'art japonais et de Manet, il a poussé jusqu'à un extrême raffinement l'étude des harmonies chromatiques (*Jeune Fille en blanc*, 1862, National Gallery de Washington ; *Nocturne en bleu et argent*, 1872, Tate Britain).

WHITBY, v. du Canada (Ontario) ; 128 377 hab. Sidérurgie.

WHITE (Kenneth), *Glasgow 1936*, écrivain britannique et français. Poète et romancier voyageur, il cherche un art de vivre dans le contact avec la nature et le retour sur soi (*les Limbes incandescents*, 1976 ; *la Route bleue*, 1983 ; *Un monde ouvert*, anthologie, 2007 ; *les Vents de Vancouver*, 2013).

WHITE (Patrick), *Londres 1912 - Sydney 1990*, écrivain australien. Romancier (*l'Arbre de l'homme*, 1955 ; *Une ceinture de feuilles*, 1976) et dramaturge, il privilégie l'expérience intérieure, spirituelle autant que psychologique. (Prix Nobel 1973.)

Whitehall, avenue de Londres, entre Trafalgar Square et Westminster, siège des principaux ministères. Elle fut percée sur l'emplacement d'un ancien palais, incendié en 1698 et dont un bâtiment *(Banqueting House)*, dû à I. Jones, a été préservé.

WHITEHEAD (Alfred North), *Ramsgate 1861 - Cambridge, Massachusetts, 1947*, logicien et mathématicien britannique. Un des fondateurs de la logique mathématique, il est, avec B. Russell, l'auteur des *Principia mathematica* (1910-1913).

WHITEHEAD (Robert), *Bolton-Le-Moors, Lancashire, 1823 - Beckett Park, Berkshire, 1905,* ingénieur britannique. Spécialiste des constructions navales, il inventa les torpilles automobiles (1867), puis les dota d'un servomoteur (1876).

WHITEHORSE, v. du Canada, cap. du Yukon ; 25 085 hab.

WHITMAN (Walt), *West Hills 1819 - Camden 1892,* poète américain. Dans *Feuilles d'herbe* (1855-1892), il exalte, dans les termes les plus directs de la langue populaire, la sensualité et la liberté. Son lyrisme des vastes espaces est représentatif d'une sensibilité américaine.

◄ Walt **Whitman**

WHITNEY (mont), point culminant des États-Unis (hors l'Alaska), dans la sierra Nevada ; 4 418 m.

WHITNEY (William Dwight), *Northampton, Massachusetts, 1827 - New Haven, Connecticut, 1894,* linguiste américain. Ses études de linguistique générale (*Language and the Study of Language,* 1867 ; *The Life and Growth of Language,* 1875) ont influencé F. de Saussure.

WHITTLE (sir Frank), *Coventry 1907 - Columbia, Maryland, 1996,* ingénieur britannique. Cherchant à adapter la turbine à gaz pour la propulsion des avions, il mit au point le turboréacteur, réalisé en 1941 par Rolls Royce.

WHO (The), groupe britannique de rock (1964 - 1982). Composé du guitariste et compositeur **Pete Townshend,** du chanteur **Roger Daltrey,** du bassiste **John Entwistle** et du batteur **Keith Moon** (remplacé à sa mort, en 1978, par **Kenney Jones**), il a exprimé l'énergie revendicatrice et dévastatrice de la jeunesse (*My Generation ; Tommy,* opéra rock, 1969, et film de K. Russell, 1975).

WHORF (Benjamin Lee), *Winthrop, Massachusetts, 1897 - Wethersfield, Connecticut, 1941,* linguiste américain. Disciple de E. Sapir, il a émis l'hypothèse que le langage est en relation causale avec le système de représentation du monde.

WHYALLA, v. d'Australie (Australie-Méridionale) ; 21 991 hab. Port et centre minier (fer). Sidérurgie.

WHYMPER (Edward), *Londres 1840 - Chamonix 1911,* alpiniste britannique. Il effectua la première ascension du mont Cervin (1865).

WICHITA, v. des États-Unis (Kansas) ; 388 413 hab. (623 061 hab. dans l'agglomération). Centre commercial et industriel. – Musées.

WICKSELL (Knut), *Stockholm 1851 - Stocksund, près de Stockholm, 1926,* économiste suédois. Chef de file de la première école suédoise, spécialisée dans les théories sur l'équilibre monétaire, il annonce Keynes.

WIDAL (Fernand), *Dellys, auj. Delles, Algérie, 1862 - Paris 1929,* médecin français, auteur de travaux sur la fièvre typhoïde et les maladies des reins.

WIDODO (Joko), *Surakarta 1961,* homme politique indonésien. Il est président de la République depuis 2014.

WIDOR (Charles-Marie), *Lyon 1844 - Paris 1937,* compositeur et organiste français. Organiste de St-Sulpice à Paris, professeur au Conservatoire, il est l'initiateur d'un style d'orgue très symphonique (10 symphonies pour orgue).

WIECHERT (Ernst), *Kleinort, Prusse-Orientale, 1887 - Uerikon, canton de Zurich, 1950,* écrivain allemand. Ses nouvelles et ses récits sont empreints d'une inquiétude romantique (*Missa sine nomine,* 1950).

WIELAND (Christoph Martin), *Oberholzheim 1733 - Weimar 1813,* écrivain allemand. Souvent comparé à Voltaire, il exerça par ses poèmes (*Oberon*), ses essais et ses récits (*Agathon, les Abdéritains*) une influence profonde sur Goethe et les écrivains allemands.

WIELAND (Heinrich), *Pforzheim 1877 - Munich 1957,* chimiste allemand. Pionnier de la chimie des substances naturelles, il a proposé une théorie de l'oxydation biologique. (Prix Nobel 1927.)

WIELICZKA, v. de Pologne, près de Cracovie. Mines de sel exploitées du Moyen Âge à la fin du XXᵉ s. ; galeries souterraines percées de chambres et de chapelles, dont certaines forment de spectaculaires « grottes de cristal ».

WIEN (Wilhelm), *Gaffken 1864 - Munich 1928,* physicien allemand. Il a donné la loi relative au maximum d'émission du corps noir à une température donnée. (Prix Nobel 1911.)

WIENE (Robert), *Breslau ou en Saxe 1873 ou 1881 - Paris 1938,* cinéaste allemand. Auteur du *Cabinet du docteur Caligari* (1919), film manifeste du courant expressionniste, il réalisa aussi *Raskolnikov* (1923) et *les Mains d'Orlac* (1925).

WIENER (Norbert), *Columbia, Missouri, 1894 - Stockholm 1964,* mathématicien américain. Pendant la Seconde Guerre mondiale, participant à l'élaboration de systèmes de défense, il travailla sur les problèmes de communication et de commande. Élargissant ses réflexions à la neurophysiologie, à la régulation biochimique ou aux ordinateurs, il fonda la cybernétique (1948).

WIENERWALD n.m., massif boisé d'Autriche, s'étendant de la Basse-Autriche aux portes de Vienne.

WIERTZ (Antoine), *Dinant 1806 - Bruxelles 1865,* peintre belge. Il est le principal représentant du romantisme dans son pays (*la Belle Rosine,* musée Wiertz, Bruxelles).

Wies (Die), église de pèlerinage, sur la comm. de Steingaden (Bavière), près d'Oberammergau. Ce chef-d'œuvre du rococo bavarois (milieu du XVIIIᵉ s.) est dû à D. et J. B. Zimmermann.

WIESBADEN, v. d'Allemagne, cap. de la Hesse ; 269 121 hab. Station thermale. Ville de congrès, centre administratif et industriel. – Musée. – Anc. cap. du duché de Nassau.

WIESEL (Elie), *Sighet, Roumanie, 1928 - New York 2016,* écrivain américain d'expression française. Ses essais, romans et pièces de théâtre célèbrent le peuple juif, dans sa grandeur et ses souffrances (*la Nuit,* 1960 ; *le Mendiant de Jérusalem,* 1968 ; *le Testament d'un poète juif assassiné,* 1980 ; *Otage,* 2010). [Prix Nobel de la paix 1986.]

WIESENTHAL (Simon), *Buczacz, Autriche-Hongrie, auj. Boutchatch, Ukraine, 1908 - Vienne 2005,* publiciste autrichien. Prisonnier des camps de concentration de 1941 à 1945, il se consacra après sa libération à la défense des Juifs rescapés de la déportation et à la recherche des criminels nazis (*Justice n'est pas vengeance,* 1989).

WIEVIORKA (Michel), *Paris 1946,* sociologue français. Spécialiste des mouvements sociaux, il s'intéresse aussi à la violence, au racisme ou au terrorisme (*Sociétés et terrorisme,* 1988) et s'interroge sur la place de la diversité et de la construction individuelle dans un monde globalisé (*la Diversité,* 2008).

WIGHT (île de), île et comté anglais de la Manche ; 381 km² ; 138 265 hab. ; v. princ. *Newport.* Navigation de plaisance. Tourisme.

WIGMAN (Marie **Wiegmann,** dite Mary), *Hanovre 1886 - Berlin 1973,* danseuse et chorégraphe allemande. Son rôle fut déterminant pour l'essor de la danse expressionniste (*Hexentanz I,* 1914 ; *Das Totenmahl,* 1930 ; *le Sacre du printemps,* 1957).

WIGNER (Eugene Paul), *Budapest 1902 - Princeton 1995,* physicien américain d'origine hongroise. Il a contribué au développement de la physique théorique et fut l'un des promoteurs du programme de recherche nucléaire américain. (Prix Nobel 1963.)

Wikipedia, encyclopédie contributive sur Internet, gratuite, universelle et multilingue, créée en 2001.

WIL, comm. de Suisse (Saint-Gall) ; 18 000 hab. (71 842 hab. dans l'agglomération). Ensemble de maisons et monuments anciens.

WILDE (Oscar Fingal O'Flahertie Wills), *Dublin 1854 - Paris 1900,* écrivain irlandais. Esthète volontiers provocateur, il est célèbre autant par son personnage que par son œuvre : contes (*le Crime de lord Arthur Savile*), théâtre (*l'Éventail de lady Windermere,* 1892 ; *De l'importance d'être constant,* 1895), roman (*le Portrait de Dorian Gray,* 1891). Il fut emprisonné pour une affaire de mœurs (*Ballade de la geôle de Reading,* 1898) et vécut ensuite en France.

Oscar **Wilde** ►

WILDER (Samuel, dit Billy), *Sucha Beskidzka, au sud de Cracovie, 1906 - Beverly Hills 2002,* cinéaste américain d'origine autrichienne. Dans la lignée de Lubitsch, il a réalisé des films noirs ou dramatiques (*Assurance sur la mort,* 1944 ; *Boulevard du crépuscule,* 1950 ; *Fedora,* 1978) et des comédies légères (*Certains l'aiment chaud,* 1959 ; *Embrasse-moi, idiot,* 1964).

WILDER (Thornton Niven), *Madison, Wisconsin, 1897 - Hamden, Connecticut, 1975,* écrivain américain. Ses romans et ses pièces de théâtre (*Notre petite ville*) composent un tableau de l'Amérique et analysent les valeurs spirituelles.

WILES (sir Andrew John), *Cambridge 1953,* mathématicien britannique. En 1993, il a proposé la première démonstration intégrale du « grand théorème de Fermat », qu'il a complétée en 1994 avec l'un de ses collaborateurs, Richard Taylor. (Prix Abel 2016.)

WILHELMINE, *La Haye 1880 - château Het Loo 1962,* reine des Pays-Bas (1890 - 1948). Fille de Guillaume III, elle régna d'abord sous la régence de sa mère, Emma (1890 - 1898). Elle dut se réfugier à Londres de 1940 à 1945. En 1948, elle abdiqua en faveur de sa fille, Juliana.

Wilhelm Meister, roman de Goethe en deux parties : *les Années d'apprentissage de Wilhelm Meister* (1796) et *les Années de voyage de Wilhelm Meister* (1821). C'est le modèle du roman de formation.

WILHELMSHAVEN, v. d'Allemagne (Basse-Saxe), sur la mer du Nord ; 77 451 hab. Port (pétrole, conteneurs). Centre industriel.

WILKES (John), *Londres 1725 - id. 1797,* homme politique et journaliste britannique. Hostile aux tories et à George III, il se rendit populaire par ses écrits contre le gouvernement. Il fut lord-maire de la Cité de Londres (1774).

WILKINS (Maurice Hugh Frederick), *Pongaroa, Nouvelle-Zélande, 1916 - Londres 2004,* biophysicien britannique. Ses clichés obtenus par diffraction des rayons X confirment, à la suite des travaux de R. Franklin, le modèle en double hélice proposé par F. Crick et J. D. Watson pour la structure de l'ADN. (Prix Nobel 1962.)

WILKINSON (John), *Little Clifton, Cumberland, 1728 - Bradley, Staffordshire, 1808,* industriel britannique. On lui doit le premier pont en fonte (1776 - 1779) et le premier navire en fer (1787).

WILLAERT (Adriaan), *Bruges ou Roulers v. 1485 - Venise 1562,* compositeur flamand. Maître de chapelle à St-Marc de Venise, il est l'auteur de grands motets à double chœur, de madrigaux expressifs, de chansons françaises et de ricercari.

WILLEBROEK [wiləbruk], comm. de Belgique (prov. d'Anvers) ; 25 059 hab.

WILLEM-ALEXANDER → **GUILLAUME-ALEXANDRE.**

WILLEMSTAD, cap. de Curaçao ; 114 831 hab. dans l'agglomération. Raffinerie de pétrole.

WILLIAMS (Thomas Lanier, dit Tennessee), *Columbus, Mississippi, 1911 - New York 1983,* auteur dramatique américain. Ses pièces, souvent adaptées au cinéma, mettent en scène des héros culpabilisés et frustrés (*la Ménagerie de verre, Un tramway nommé Désir, la Chatte sur un toit brûlant, Soudain l'été dernier*).

◄ Tennessee **Williams**

WILLIAMS (Venus), *Lynwood, Californie, 1980,* joueuse de tennis américaine. Vainqueur cinq fois à Wimbledon (2000, 2001, 2005, 2007, 2008) et deux fois à Flushing Meadow (2000, 2001), elle a aussi été championne olympique en 2000. — **Serena W.,** *Saginaw, Michigan, 1981,* joueuse de tennis américaine. Sœur de Venus, elle a remporté sept titres à Wimbledon (2002, 2003, 2009, 2010, 2012, 2015, 2016) et aux Internationaux d'Australie (2003, 2005, 2007, 2009, 2010, 2015,

2017), six à Flushing Meadow (1999, 2002, 2008, 2012, 2013, 2014) et, enfin, trois à Roland-Garros (2002, 2013, 2015). Elle a aussi été championne olympique en 2012. Les sœurs Williams ont en outre gagné, associées en double, de nombreux tournois du Grand Chelem et trois titres olympiques (2000, 2008, 2012).

WILLIAMS (William Carlos), *Rutherford, New Jersey, 1883 - id. 1963*, écrivain américain. Poète (*Paterson*, 1946-1958) et romancier, il a expérimenté, pour s'accorder avec le dynamisme concret du monde américain, collages, intonations orales et rythmes syncopés.

WILLIBRORD ou **WILLIBROD** (saint), *en Northumbrie 658 - Echternach 739*, moine anglais. Archevêque d'Utrecht, il évangélisa la Frise, la Flandre et le Luxembourg. Pèlerinage sur sa tombe.

WILLSTÄTTER (Richard), *Karlsruhe 1872 - Muralto, Locarno, 1942*, chimiste allemand. Ses travaux portent sur la constitution et la synthèse de divers alcaloïdes, en partic. de la cocaïne, sur la chlorophylle et les pigments végétaux et animaux. (Prix Nobel 1915.)

WILMINGTON, v. des États-Unis (Delaware) ; 70 851 hab. Industrie chimique. – Musées.

WILMOTTE (Jean-Michel), *Soissons 1948*, désigneur et architecte français. Créateur de mobilier, muséographe, il est aussi à l'origine du concept d'« architecture intérieure des villes », qui joue sur toutes les composantes de l'urbanisme (éclairage, mobilier, espaces verts, transports…). Parmi ses œuvres les plus marquantes figure le Centre culturel et spirituel orthodoxe de Paris (2016).

WILSON (mont), sommet des États-Unis (Californie), dominant Los Angeles ; 1 740 m. Observatoire d'astrophysique.

WILSON (sir Angus Frank **Johnstone-Wilson**, dit Angus), *Bexhill 1913 - Bury Saint Edmunds 1991*, écrivain britannique, auteur de romans d'inspiration satirique (*la Ciguë et après*, 1952 ; *les Quarante Ans de Mrs Eliot*, 1958).

WILSON (Charles Thomson Rees), *Glencorse, Écosse, 1869 - Carlops, Borders, 1959*, physicien britannique. Il inventa, en 1912, la chambre humide à condensation pour la détection des particules chargées. (Prix Nobel 1927.)

WILSON (Edmund), *Red Bank, New Jersey, 1895 - Talcottville, État de New York, 1972*, écrivain américain. Critique littéraire, romancier et nouvelliste (*Mémoires du comté d'Hécate*, 1946), il a analysé la culture et les problèmes de civilisation américains.

WILSON (Edward Osborne), *Birmingham, Alabama, 1929*, biologiste américain. Ses études sur les insectes sociaux, en particulier les fourmis, l'ont conduit à élaborer une vaste synthèse unissant l'écologie, la génétique et l'éthologie et à fonder la théorie de la sociobiologie (*Sociobiology : The New Synthesis*, 1975). Il est le père des études sur la biodiversité. (Prix Crafoord 1990.)

WILSON (Georges), *Champigny-sur-Marne 1921 - Rambouillet 2010*, comédien et metteur en scène de théâtre français. Grande figure du TNP, qu'il dirigea de 1963 à 1972, il mit son jeu puissant et lyrique au service des dramaturges modernes (S. Beckett, H. Pinter) et de divers cinéastes (*Une aussi longue absence*, H. Colpi, 1961 ; *Je ne suis pas là pour être aimé*, S. Brizé, 2005). — **Lambert W.**, *Neuilly-sur-Seine 1958*, comédien français, fils de Georges. Sa large palette de jeu lui permet de renouveler constamment ses compositions, à la scène comme à l'écran (*Hiver 54, l'abbé Pierre*, D. Amar, 1989 ; *On connaît la chanson*, A. Resnais, 1997 ; *Des hommes et des dieux*, X. Beauvois, 2010).

WILSON (Harold), baron **Wilson of Rievaulx**, *Huddersfield 1916 - Londres 1995*, homme politique britannique. Leader du Parti travailliste (1963), il fut Premier ministre de 1964 à 1970. De nouveau au pouvoir en 1974, il démissionna en 1976.

WILSON (sir Henry Hughes), *Edgeworthstown, Irlande, 1864 - Londres 1922*, maréchal britannique. Ami de Foch, promoteur de la coopération franco-britannique pendant la Première Guerre mondiale, il fut chef d'état-major impérial de 1918 à 1922.

WILSON (Henry Maitland, baron), *Stowlangtoft Hall 1881 - près d'Aylesbury 1964*, maréchal britannique. Commandant les forces britanniques en Grèce (1941) puis au Moyen-Orient (1943), il remplaça Eisenhower en 1944 comme commandant interallié en Méditerranée.

WILSON (John Tuzo), *Ottawa 1908 - Toronto 1993*, physicien canadien. Il a fourni deux grandes contributions à la théorie de la tectonique des plaques en montrant l'existence des points chauds et celle des failles transformantes.

WILSON (Robert, dit Bob), *Waco, Texas, 1941*, metteur en scène de théâtre et d'opéra américain. Il recherche dans son théâtre, où la parole est souvent détournée et le temps distendu, une nouvelle forme de « spectacle total », fondée sur une esthétique de l'image (*le Regard du sourd, Einstein on the Beach, Orlando, la Maladie de la mort, le Songe, POEtry, Lulu, The Old Woman*). Il est aussi plasticien.

WILSON (Robert Woodrow), *Houston 1936*, physicien américain. (Prix Nobel de physique, avec A. Penzias*, 1978.)

WILSON (Theodore Shaw, dit Teddy), *Austin 1912 - New Britain, Connecticut, 1986*, pianiste américain de jazz. Également arrangeur et chef d'orchestre (big band, 1939 - 1940, puis petits ensembles), il mit son éblouissante technique au service du swing, jouant notamm. avec L. Armstrong, B. Carter, B. Goodman, B. Holiday et L. Young.

WILSON (Thomas Woodrow), *Staunton, Virginie, 1856 - Washington 1924*, homme politique américain. Professeur de sciences politiques à Princeton, leader du Parti démocrate, il fut élu, en 1912, président des États-Unis ; il appliqua alors un programme réformiste et antitrust. Réélu en 1916, il engagea son pays dans la guerre aux côtés des Alliés (1917). À la conférence de la Paix (janv. 1919), il imposa son programme en « quatorze points », fondé sur le droit des peuples à disposer d'eux-mêmes et la sécurité collective. Mais, s'il fut le créateur de la Société des Nations (SDN), il ne put obtenir l'adhésion de ses concitoyens à celle-ci. (Prix Nobel de la paix 1919.)

▲ Thomas Woodrow **Wilson**

WILTSHIRE, comté du sud de l'Angleterre ; 470 981 hab. ; ch.-l. *Trowbridge*.

WILTZ, ch.-l. de cant. du Luxembourg ; 4 906 hab. Château surtout des XIIIe-XVIIe s.

WIMBLEDON, quartier de la banlieue sud-ouest de Londres. Site d'un championnat international de tennis, créé en 1877.

WIMEREUX (62930), comm. du Pas-de-Calais ; 7 209 hab. (*Wimereusiens*). Station balnéaire. Station marine (recherche en océanographie).

WIMPFFEN (Emmanuel Félix de), *Laon 1811 - Paris 1884*, général français. Il succéda à Ducrot à la tête de l'armée de Châlons (sept. 1870), mais ne put éviter la capitulation de Sedan.

WINCHESTER, v. de Grande-Bretagne (Angleterre), ch.-l. du Hampshire ; 41 420 hab. Vaste cathédrale romane et gothique. Centre monastique d'enluminure de manuscrits aux Xe-XIIe s.

WINCKELMANN (Johann Joachim), *Stendal, Brandebourg, 1717 - Trieste 1768*, historien de l'art et archéologue allemand. Il fut l'un des principaux inspirateurs de l'art néoclassique.

WINDHOEK, cap. de la Namibie ; 356 000 hab. dans l'agglomération.

WINDISCHGRÄTZ (Alfred, prince zu), *Bruxelles 1787 - Vienne 1862*, maréchal autrichien. Il réprima, en 1848, les insurrections de Prague et de Vienne, mais fut battu par les Hongrois en 1849.

WINDSOR, v. du Canada (Ontario), sur la rivière Détroit, en face de Détroit ; 217 188 hab. Port et centre de l'industrie automobile canadienne.

WINDSOR ou **NEW WINDSOR**, v. de Grande-Bretagne (Angleterre), à l'O. de Londres ; 30 568 hab. Château royal construit et remanié du XIIe au XIXe s. (œuvres d'art, collection de dessins). – La maison royale britannique de Hanovre-Saxe-Cobourg-Gotha a pris en 1917 le nom de *maison de Windsor*.

WINDSOR (duc de) → **ÉDOUARD VIII.**

WINDWARD ISLANDS → **VENT** (îles du).

WINGLES [wɛ̃gl] (62410), bur. centr. de cant. du Pas-de-Calais, au N. de Lens ; 8 671 hab. (*Winglois*). Chimie. Verrerie.

WINNICOTT (Donald Woods), *Plymouth 1896 - Londres 1971*, pédiatre et psychanalyste britannique. Il a montré que le développement le plus précoce du nourrisson dépend notamm. des liens corporels entre la mère et l'enfant, qui traduisent leurs états affectifs. L'enfant passe ensuite au monde extérieur par l'intermédiaire d'« objets transitionnels » (*Jeu et réalité : l'espace potentiel*, 1971).

WINNIPEG, v. du Canada, cap. du Manitoba ; 778 489 hab. dans l'agglomération (*Winnipeguiens*). Nœud ferroviaire et centre industriel et commercial. Université. Archevêché. – Musées.

WINNIPEG (lac), lac du Canada (Manitoba), s'écoulant vers la baie d'Hudson par le Nelson ; 24 500 km².

WINNIPEGOSIS, lac du Canada (Manitoba), à l'O. du lac Winnipeg ; 5 440 km².

WINOCK (Michel), *Paris 1937*, historien et éditeur français. Spécialiste de l'histoire politique et intellectuelle de la République française (*le Siècle des intellectuels*, 1997 ; *Décadence fin de siècle*, 2017), il s'emploie aussi à la vulgarisation de sa discipline en fondant la revue *l'Histoire* (1978), avec M. Chodkiewicz, et en publiant des biographies grand public (*Madame de Staël*, 2010).

WINOGRAND (Gary), *New York 1928 - Mexico 1984*, photographe américain. Il a marqué toute une génération de créateurs, par sa pratique du petit format et son écriture brutale où dynamique et invention se font écho.

WINSTEIN (Saul), *Montréal 1912 - Los Angeles 1969*, chimiste américain d'origine canadienne. Il a contribué à définir la chimie organique physique, notamm. par l'étude des carbocations.

WINSTON-SALEM, v. des États-Unis (Caroline du Nord) ; 239 269 hab. Tabac. – Musées.

WINTERHALTER (Franz Xaver), *Menzenschwand, Forêt-Noire, 1805 - Francfort-sur-le-Main 1873*, peintre allemand. Installé en France, il y a exécuté, sous la protection de la reine Marie-Amélie, puis de l'impératrice Eugénie, d'élégants portraits et des scènes de cour.

WINTERTHUR, v. de Suisse (canton de Zurich) ; 101 308 hab. (144 187 hab. dans l'agglomération). Centre industriel. – Ensembles de peintures du musée des Beaux-Arts ainsi que de la Fondation et de la Collection Reinhart.

WINTZENHEIM (68000), bur. centr. de cant. du Haut-Rhin ; 7 961 hab. (*Wintzenheimois*). Mairie dans un manoir gothique.

WISCONSIN n.m., riv. des États-Unis, affl. du Mississippi (r. g.) ; 690 km.

WISCONSIN, État des États-Unis, entre le lac Supérieur et le lac Michigan ; 5 795 483 hab. ; cap. *Madison*.

WISEMAN (Frederick), *Boston 1930*, cinéaste américain. Dans ses documentaires, à la forme brute (absence d'entretiens et de commentaires) et au montage soigné, il fait un portrait critique de l'Amérique et de ses institutions (*Titicut Follies*, 1967 ; *Near Death*, 1989 ; *In Jackson Heights*, 2015). À l'étranger, il s'intéresse, en partic., aux établissements culturels (Opéra de Paris, National Gallery).

WISEMAN (Nicholas Patrick), *Séville 1802 - Londres 1865*, prélat catholique britannique. Recteur du collège anglais de Rome (1828), il contribua au succès du mouvement d'Oxford. Archevêque de Westminster et cardinal (1850), il écrivit le roman historique *Fabiola* (1854).

WISIGOTHS ou **VISIGOTHS** (« Goths sages »), branche des Goths installée au IVe s. dans la région danubienne et convertie à l'arianisme. Vainqueurs de l'empereur Valens à Andrinople (378), ils prirent Rome et la mirent à sac en 410 ; établis dans le sud-ouest de la Gaule (v. 418), ils conquirent une bonne partie de l'Espagne (412 - 476), puis furent chassés de la Gaule par Clovis, après la bataille de Vouillé (507). En 589, leur roi Reccared se convertit au catholicisme. En 711, les Wisigoths furent submergés par les Arabes ; seule une minorité d'entre eux se réfugia dans les Asturies, où elle fonda un royaume (718).

WISMAR, v. d'Allemagne (Mecklembourg-Poméranie-Occidentale), sur la Baltique ; 42 468 hab. Port. Centre industriel. – Église gothique St-Nicolas, en brique, des XIVe-XVe s. ; maisons anciennes. – Point de jonction des forces britanniques et soviétiques le 3 mai 1945.

WISSEMBOURG (67160), bur. centr. de cant. du Bas-Rhin, sur la Lauter ; 7 894 hab. *(Wissembourgeois).* Appareils scientifiques. – Église gothique (tour romane), maisons anciennes, musée.

Wissembourg (bataille de) [4 août 1870], bataille de la guerre franco-allemande. Victoire des Prussiens sur les Français de Mac-Mahon, qui furent contraints à la retraite.

WITKIEWICZ (Stanisław Ignacy), dit **Witkacy,** *Varsovie 1885 - Jeziory 1939,* écrivain et peintre polonais. Son œuvre théâtrale (*la Poule d'eau,* 1921) et romanesque (*l'Inassouvissement,* 1930) affirme « l'inadaptation absolue de l'homme à la fonction de l'existence ». Il fut un précurseur du théâtre de l'absurde. – Sa peinture est expressionniste.

WITT (Johan de Witt, en fr. **Jean de),** *Dordrecht 1625 - La Haye 1672,* homme d'État hollandais. Pensionnaire de Hollande (1653 - 1672), il dirigea la politique extérieure des Provinces-Unies. Il conclut la paix avec Cromwell (1654) et fit voter l'Acte d'exclusion contre la maison d'Orange (1667). En 1668, il s'allia à l'Angleterre et à la Suède contre la France, mais l'invasion victorieuse de Louis XIV (1672) lui fut imputée par les orangistes, qui le laissèrent assassiner, ainsi que son frère **Cornelis** *(Dordrecht 1623 - La Haye 1672),* par la population de La Haye.

WITTE ou **VITTE (Sergueï Ioulievitch, comte),** *Tiflis 1849 - Petrograd 1915,* homme d'État russe. Ministre des Finances de 1892 à 1903, il favorisa l'industrialisation grâce aux capitaux français. Rappelé par Nicolas II lors de la révolution de 1905, il incita le tsar à promulguer le « manifeste d'octobre », puis fut révoqué quand l'ordre fut rétabli (1906).

WITTELSBACH, famille princière qui régna sur la Bavière de 1180 à 1918.

WITTELSHEIM (68310), comm. du Haut-Rhin ; 10 513 hab. *(Wittelsheimois).* Anc. mine de potasse, transformée en lieu de stockage de déchets industriels toxiques ultimes (entreposage interrompu depuis 2004).

WITTEN, v. d'Allemagne (Rhénanie-du-Nord-Westphalie), dans la Ruhr ; 96 382 hab. Centre industriel.

WITTENBERG, v. d'Allemagne (Saxe-Anhalt), sur l'Elbe ; 47 390 hab. Le 31 oct. 1517, Luther afficha ses 95 thèses sur les portes de l'église du château, déclenchant ainsi le mouvement de la Réforme.

WITTENHEIM (68270), bur. centr. de cant. du Haut-Rhin, banlieue nord de Mulhouse ; 14 690 hab. *(Wittenheimois).* Anc. mine de potasse.

WITTGENSTEIN (Ludwig), *Vienne 1889 - Cambridge 1951,* philosophe et logicien britannique d'origine autrichienne. Sa première théorie pose qu'il existe une relation biunivoque entre les mots et les choses et que les propositions qui enchaînent les mots constituent des « images » de la réalité (*Tractatus logico-philosophicus,* 1921). Cette théorie, baptisée « atomisme logique », influença fortement le cercle de Vienne, mais fut progressivement abandonnée par Wittgenstein lui-même au profit d'une conception plus restreinte et plus concrète, qualifiée de « jeu de langage », où il met en lumière l'aspect humain du langage, c'est-à-dire imprécis, variable suivant les situations (*Investigations philosophiques,* 1936-1949, publié en 1953).

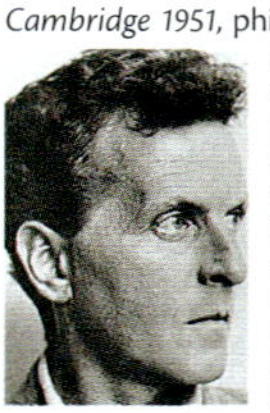

▲ Ludwig **Wittgenstein**

WITTIG (Georg), *Berlin 1897 - Heidelberg 1987,* chimiste allemand. Il mit au point la réaction (qui porte son nom) permettant de synthétiser des composés carbonés grâce à l'utilisation transitoire d'un atome étranger. (Prix Nobel 1979.)

WITWATERSRAND n.m., en abrégé **Rand,** région d'Afrique du Sud, à l'O. de Johannesburg. Importantes mines d'or.

WITZ (Konrad), *Rottweil ? v. 1400 - Bâle ou Genève v. 1445,* peintre originaire de la Souabe. Installé à Bâle en 1434, il a composé, sous l'influence des arts bourguignon et flamand, des panneaux de retables remarquables par leur puissance plastique et par l'attention portée au réel (*Pêche miraculeuse,* 1444, musée d'Art et d'Histoire, Genève).

WŁOCŁAWEK, v. de Pologne, sur la Vistule ; 116 783 hab.

WOËVRE [vwavr] n.f., région de la Lorraine, au pied des Côtes de Meuse.

WÖHLER (Friedrich), *Eschersheim 1800 - Göttingen 1882,* chimiste allemand. Il isola l'aluminium (1827), le bore, et réalisa une préparation de l'acétylène ainsi que, en 1828, la première synthèse de chimie organique, celle de l'urée.

WOIPPY (57140), comm. de la Moselle ; 13 748 hab. *(Woippyciens).* Gare de triage. Matériel agricole. Logistique. Presse.

WOLF (Christa), *Landsberg an der Warthe, auj. Gorzów Wielkopolski, Pologne, 1929 - Berlin 2011,* écrivaine allemande. Ses récits et ses essais évoquent, directement (*le Ciel partagé* [ou *divisé*], 1963) ou transposés (*Aucun lieu. Nulle part,* 1979 ; *Cassandre,* 1983 ; *Médée,* 1996), les problèmes de l'ex-RDA et de la société contemporaine.

WOLF (Hugo), *Windischgraz, auj. Slovenj Gradec, Slovénie, 1860 - Vienne 1903,* compositeur autrichien. Il fut l'un des maîtres du lied postromantique (*Spaniches Liederbuch,* 1891 ; *Italienisches Liederbuch,* 1892).

WOLFE (James), *Westerham 1727 - Québec 1759,* général britannique. Il vainquit Montcalm devant Québec (bataille des plaines d'Abraham), mais fut mortellement blessé au cours du combat.

WOLFE (Thomas Clayton), *Asheville, Caroline du Nord, 1900 - Baltimore 1938,* écrivain américain, auteur de romans lyriques et autobiographiques (*l'Ange exilé,* 1929).

WOLFE (Tom), *Richmond 1931 - New York 2018,* écrivain et journaliste américain. Son œuvre critique et romanesque (*Acid Test,* 1968 ; *l'Étoffe des héros,* 1979 ; *le Bûcher des vanités,* 1987 ; *Un homme, un vrai,* 1998 ; *Moi, Charlotte Simmons,* 2004 ; *Bloody Miami,* 2012) est une peinture acerbe de l'Amérique contemporaine.

WOLFF ou **WOLF (Christian, baron von),** *Breslau 1679 - Halle 1754,* philosophe allemand. Disciple de Leibniz, auteur d'un système totalement rationaliste (*Philosophie première,* 1729), il eut une influence considérable sur l'Aufklärung et sur Kant.

WOLFF (Étienne), *Auxerre 1904 - Paris 1996,* biologiste français, auteur d'importants travaux de tératologie et de cancérologie. (Acad. fr.)

WÖLFFLIN (Heinrich), *Winterthur 1864 - Zurich 1945,* historien de l'art et professeur suisse. Ses *Principes fondamentaux de l'histoire de l'art* (1915) ont renouvelé l'étude stylistique de l'œuvre.

WOLFRAM von Eschenbach, *Eschenbach, Bavière, v. 1170 - v. 1220,* poète allemand, auteur de poèmes épiques (*Parzival*).

WOLFSBURG, v. d'Allemagne (Basse-Saxe) ; 119 984 hab. Industrie automobile.

WOLIN, île polonaise qui ferme le golfe de Szczecin. Parc national.

WOLINSKI (Georges), *Tunis 1934 - Paris 2015,* dessinateur et scénariste français de bandes dessinées. Dès l'époque de *Hara Kiri* (1960), puis dans ses albums, son sens de la caricature sans tabou ni concession s'exerce aux dépens des mœurs politiques et sociales (*Monsieur Paul à Cuba,* 1998). Il fut une des victimes de l'attentat contre *Charlie* Hebdo,* le 7 janv. 2015.

WOLLASTON (William Hyde), *East Dereham, Norfolk, 1766 - Londres 1828,* chimiste et physicien britannique. Il découvrit le palladium et le rhodium (1803). Il perfectionna la pile de Volta.

WOLLONGONG, anc. **Greater Wollongong,** v. d'Australie (Nouvelle-Galles du Sud) ; 120 524 hab. Centre houiller et industriel au sud de l'agglomération de Sydney. Université.

WOLLSTONECRAFT (Mary Godwin, née), *Londres 1759 - id. 1797,* militante et femme de lettres britannique. Elle soutint la Révolution française, se lia aux radicaux anglais et fut l'épouse de W. Godwin (1797). Ses écrits font d'elle l'une des pionnières du féminisme (*A Vindication of the Rights of Woman,* 1792).

WOLOF ou **OUOLOF,** peuple du Sénégal et de Gambie, de langue ouest-atlantique.

WOLS (Wolfgang Schultze, dit), *Berlin 1913 - Paris 1951,* dessinateur et peintre allemand. Installé à Paris en 1932, d'abord photographe, il fut l'un des créateurs, vers 1945, de la peinture informelle.

WOLSELEY (Garnet Joseph, vicomte), *Golden Bridge, comté de Dublin, 1833 - Menton 1913,* maréchal britannique. Il se distingua dans les campagnes coloniales, notamm. au Transvaal (1879) et en Égypte (1884). Il fut commandant en chef de l'armée britannique de 1895 à 1901.

WOLSEY (Thomas), *Ipswich v. 1475 - Leicester 1530,* prélat et homme d'État anglais. Archevêque d'York (1514), cardinal et lord-chancelier du roi Henri VIII (1515), il dirigea pendant près de quinze ans la politique anglaise. N'ayant pu obtenir du pape le divorce du roi, il fut disgracié (1529).

WOLUWE-SAINT-LAMBERT [wɔlywe-], en néerl. **Sint-Lambrechts-Woluwe,** comm. de Belgique (Bruxelles-Capitale), banlieue est de Bruxelles ; 52 592 hab.

WOLUWE-SAINT-PIERRE, en néerl. **Sint-Pieters-Woluwe,** comm. de Belgique (Bruxelles-Capitale), banlieue est de Bruxelles ; 40 535 hab.

WOLVERHAMPTON, v. de Grande-Bretagne (Angleterre), dans les Midlands ; 236 573 hab. Métallurgie. Équipements automobiles (moteurs). – Église gothique St Peter.

WONDER (Steveland Judkins-Morris, dit **Stevie),** *Saginaw, Michigan, 1950,* pianiste, compositeur et chanteur américain. Aveugle de naissance, musicien prodige, il explore tous les courants de la pop en déployant son génie de la mélodie et de l'orchestration (*You Are the Sunshine of My Life, Happy Birthday, I Just Called to Say I Love You, For Your Love*).

WONG KAR-WAI, *Shanghai 1958,* cinéaste chinois (Hongkong). Dans un style nerveux mais non sans esthétisme, il filme des personnages souvent marginaux, confrontés à la solitude urbaine et en proie au temps qui passe et au désenchantement amoureux (*Nos années sauvages,* 1990 ; *Happy Together,* 1997 ; *In the Mood for Love,* 2000). Dans *The Grandmaster* (2013), il retrace la vie d'une des figures des arts martiaux.

WONSAN, v. de Corée du Nord, sur la mer du Japon ; 328 467 hab. Port. Centre commercial et industriel.

WOOD (Robert Williams), *Concord, Massachusetts, 1868 - Amityville, New York, 1955,* physicien américain. Il étudia certaines radiations ultraviolettes (*lumière de Wood,* ou *lumière noire*) capables d'induire des fluorescences, et qui sont utilisées dans les lampes qui portent son nom.

WOOD BUFFALO, v. du Canada (Alberta) ; 71 589 hab. Traitement des sables bitumineux.

WOODS (Eldrick, dit **Tiger),** *Cypress, Californie, 1975,* joueur de golf américain. Champion précoce, il a notamment remporté 14 tournois du grand chelem.

WOODSTOCK, v. du Canada (Ontario) ; 40 902 hab.

Woodstock (Festival de), festival de rock qui eut lieu à Bethel (près de Woodstock, État de New York) du 15 au 17 août 1969. Le « Woodstock Music and Arts Festival », symbole de l'éclectisme du rock, de la musique psychédélique et d'une jeunesse pacifiste qui prônait la liberté des mœurs et la vie en communauté, regroupa plus de 400 000 personnes.

WOODWARD (Robert Burns), *Boston 1917 - Cambridge, Massachusetts, 1979,* chimiste américain. Il a réalisé la synthèse de diverses substances naturelles : quinine (1944), cholestérol et cortisone (1951), strychnine (1955) et, surtout, chlorophylle (1961). [Prix Nobel 1965.]

WOOLF (Virginia), *Londres 1882 - Lewes 1941*, romancière britannique. Dans ses romans, pratiquement dépourvus d'intrigue, elle rend sensible la vie mouvante de la conscience (*Mrs. Dalloway*, 1925 ; *Orlando*, 1928 ; *les Vagues*, 1931). Elle a aussi laissé une correspondance (publiée entre 1977 et 1982) et un *Journal (1915-1941)* [1979-1985].

▲ Virginia **Woolf** par F. Dodd. (National Portrait Gallery, Londres.)

WORCESTER, v. des États-Unis (Massachusetts) ; 183 016 hab. Centre universitaire et industriel. – Musée d'art.

WORCESTER, v. de Grande-Bretagne (Angleterre), sur la Severn ; 93 358 hab. Cathédrale gothique (crypte romane de 1084) ; musées (porcelaines de Worcester, notamm.). – Charles II y fut battu par Cromwell (1651).

WORDSWORTH (William), *Cockermouth 1770 - Rydal Mount 1850*, poète britannique. Un des principaux lakistes, il est l'auteur, avec son ami Coleridge, des *Ballades lyriques* (1798), véritable manifeste du romantisme. Il fut un grand poète de la nature et du sacré (*le Prélude*, 1805-1850, publié trois mois après sa mort).

WORMHOUT (59470), bur. centr. de cant. du Nord ; 5 672 hab. (*Wormhoutois*). Église du XVIe s.

WORMS, v. d'Allemagne (Rhénanie-Palatinat), sur le Rhin ; 79 207 hab. Cathédrale romane à deux absides opposées (XIIe-XIIIe s.). – Un concordat y fut conclu en 1122 entre Calixte II et l'empereur Henri V, mettant fin à la querelle des Investitures. En 1521 s'y tint une diète qui mit Luther au ban de l'Empire.

WORTH (Charles Frédéric), *Bourn, Lincolnshire, 1825 - Paris 1895*, couturier français. Couturier de l'impératrice Eugénie, il fut le premier à présenter ses modèles sur des mannequins vivants, puis à délivrer la femme de la crinoline.

WORTHING, v. de Grande-Bretagne (Angleterre), sur la Manche ; 96 964 hab. Station balnéaire. Aux environs, cultures florales et fruitières.

WOTAN ou **ODIN,** grand dieu du panthéon nord-germanique, de la famille des Ases, dieu de la Guerre et du Savoir.

WOUNDED KNEE, site de la réserve indienne de Pine Ridge (Dakota du Sud), États-Unis. Le 29 déc. 1890, l'armée américaine y massacra plus de 200 Indiens Sioux, achevant ainsi la conquête de l'Amérique du Nord par les Blancs.

WOUTERS (Rik), *Malines 1882 - Amsterdam 1916*, peintre et sculpteur belge. Il fut le principal représentant du « fauvisme brabançon » (*la Vierge folle*, bronze, 1912, musée des Beaux-Arts, Lyon ; *le Flûtiste*, toile, 1914, Musées royaux, Bruxelles).

WOUWERMAN (Philips), *Haarlem 1619 - id. 1668*, peintre néerlandais, auteur de scènes de genre avec chevaux (chasses, escarmouches, haltes devant une auberge).

Woyzeck, personnage principal du drame inachevé de G. Büchner (composé en 1836, publié en 1879 et représenté en 1913). Soldat faible d'esprit et de caractère, il est humilié par tous, y compris par son épouse infidèle, Maria, qu'il tue avant de mourir à son tour. Le drame a inspiré à Alban Berg un opéra (*Wozzeck*, 1925) utilisant le *Sprechgesang* (parlé/chanté).

WRANGEL (île) → **VRANGEL.**

WRANGEL (Carl Gustaf), *Skokloster 1613 - Spieker 1676*, général suédois. Il prit part à la guerre de Trente Ans et aux expéditions du règne de Charles X Gustave.

WRANGEL ou **VRANGEL** (Piotr Nikolaïevitch, baron), *Novo-Aleksandrovsk 1878 - Bruxelles 1928*, général russe. Successeur de Denikine à la tête des armées blanches d'Ukraine (1920), il combattit l'Armée rouge et organisa un gouvernement qui fut reconnu par la France en août 1920.

WRAY (John) → **RAY.**

WREN (sir Christopher), *East Knoyle, Wiltshire, 1632 - Hampton Court 1723*, architecte et mathématicien anglais. Il a laissé des travaux en astronomie, en géométrie (étude de la cycloïde) et en mécanique (loi des chocs). – Après l'incendie de Londres (1666), il fut chargé de reconstruire de nombreuses églises ainsi que la cathédrale St Paul (1675-1710), à la structure savante et au style grandiose et élégant.

WRIGHT (Frank Lloyd), *Richland Center, Wisconsin, 1867 - Taliesin West, près de Phoenix, Arizona, 1959*, architecte américain. Il débuta comme collaborateur de Sullivan. Aussi inventif dans ses grands édifices (musée Guggenheim, New York, 1943 et suiv.) que dans ses maisons particulières (« maisons de la prairie » du début du siècle, maisons « usoniennes » après 1945), maître du courant organique, il a exercé une immense influence.

▲ Frank Lloyd **Wright.** Hall central de l'immeuble de la Johnson Wax (1936-1939) à Racine, Wisconsin.

WRIGHT (les frères), précurseurs de l'aviation américains. — **Wilbur W.,** *Millville, Indiana, 1867 - Dayton, Ohio, 1912*. En sept. 1904, il effectua le premier virage en vol, puis le premier vol en circuit fermé. — **Orville W.,** *Dayton 1871 - id. 1948*. Le 17 déc. 1903 à Kitty Hawk, à bord d'un avion à deux hélices, il réussit le premier vol propulsé et soutenu d'un appareil plus lourd que l'air.

▲ Orville et Wilbur **Wright**

WRIGHT (Richard), *Natchez, Mississippi, 1908 - Paris 1960*, écrivain américain. Noir, il dénonce dans ses récits la ségrégation raciale (*les Enfants de l'oncle Tom*, 1938 ; *Black Boy*, 1945).

WROCŁAW, en all. **Breslau,** v. de Pologne, ch.-l. de voïévodie, en basse Silésie, sur l'Odra ; 630 131 hab. Centre administratif, culturel et industriel. – Cathédrale et hôtel de ville gothiques, et autres monuments ; musée de Silésie.

WROŃSKI (Józef Maria Hoene-), *Wolsztyn, près de Poznań, 1776 - Neuilly 1853*, mathématicien et philosophe polonais. Établi en France (1801), il créa une religion qui repose sur la preuve mathématique (*Messianisme ou la Réforme absolue du savoir humain*, 1847).

WUHAN, v. de la Chine centrale, cap. du Hubei ; 8 312 700 hab. Carrefour ferroviaire et centre industriel. – Riche musée ; pavillon de la Grue jaune fondé sous les Song et restauré.

WUHU, v. de Chine (Anhui), sur le Yangzi Jiang ; 697 197 hab. Port fluvial.

WULFILA → **ULFILAS.**

WULUMUQI → **OUROUMTSI.**

WUNDT (Wilhelm), *Neckarau, auj. dans Mannheim, 1832 - Grossbothen, près de Leipzig, 1920*, psychologue et physiologiste allemand, l'un des fondateurs de la psychologie expérimentale (*Éléments de psychologie physiologique*, 1873-1874).

WUPPERTAL, v. d'Allemagne (Rhénanie-du-Nord-Westphalie), dans la Ruhr, sur la *Wupper* ; 342 661 hab. Centre industriel. Université. Siège de la compagnie de danse Tanztheater (P. Bausch).

WURTEMBERG, en all. **Württemberg,** anc. État de l'Allemagne du Sud-Ouest. Il s'étendait sur la bordure nord-est de la Forêt-Noire et sur la partie méridionale du bassin de Souabe-Franconie, auj. partie du *Bade-Wurtemberg*. Issu du duché de Souabe, le Wurtemberg fut comté en 1135, duché en 1495, puis tomba sous la suzeraineté des Habsbourg (1520 - 1599). Érigé en royaume en 1805, il fit partie de l'Empire allemand de 1871 à 1918. République, le Wurtemberg fut intégré au IIIe Reich en 1934.

WURTZ (Adolphe), *près de Strasbourg 1817 - Paris 1884*, chimiste français. Il découvrit les amines (1849), le glycol (1855) et établit la formule de la glycérine. Il a imaginé une méthode de synthèse générale en chimie organique. Il fut le promoteur de la théorie atomique en France.

WÜRZBURG, v. d'Allemagne (Bavière), sur le Main ; 124 297 hab. Centre commercial, universitaire et industriel. – Églises des XIIe-XIVe s. ; magnifique Résidence des princes-évêques, construite à partir de 1719 par J. B. Neumann (fresques de Tiepolo) ; musée.

WUUSTWEZEL, comm. de Belgique (prov. d'Anvers), près des Pays-Bas ; 19 731 hab.

WUXI, v. de Chine (Jiangsu) ; 1 425 766 hab. (3 222 086 hab. dans l'agglomération). Parc Xihui : jardin et gracieux pavillons du XVIIIe s.

WU ZHEN, *Jiaxing, Zhejiang, 1280 - 1354*, peintre, calligraphe et poète chinois de l'époque Yuan. Inspiré par le taoïsme, il est célèbre pour ses représentations de bambous.

WUZHOU, v. de Chine (Guangxi), sur le Xi Jiang ; 381 043 hab.

WWF (World Wide Fund for Nature, en fr. Fonds mondial pour la nature), ONG internationale de protection de la nature. Fondé en 1961 et appelé *World Wildlife Fund* jusqu'en 1986, le WWF collecte des capitaux et finance des projets de sauvegarde des espèces et de protection de l'environnement. (Siège : Gland [Suisse].)

WYCHERLEY (William), *Clive 1640 - Londres 1716*, auteur dramatique anglais. Il a écrit des comédies satiriques inspirées de Molière (*la Provinciale*, *l'Homme sans détours*).

WYCLIFFE ou **WYCLIF** (John), *North Riding of Yorkshire v. 1330 - Lutterworth, Leicestershire, 1384*, théologien anglais précurseur de la Réforme. Chef d'un mouvement hostile au pape et au clergé, il se rapprocha des vaudois, voyant dans une Église pauvre la seule qui soit conforme à l'Évangile. Niant la transsubstantiation dans l'eucharistie, il mit l'accent sur l'autorité exclusive de la Bible. Il fut condamné comme hérétique, à titre posthume, par le concile de Constance (1415).

▲ John **Wycliffe**

WYLER (William), *Mulhouse 1902 - Los Angeles 1981*, cinéaste américain d'origine suisse. Spécialiste des drames psychologiques et des adaptations d'œuvres littéraires, il a réalisé *la Vipère* (1941), *les Plus Belles Années de notre vie* (1946), *Ben Hur* (1959), *l'Obsédé* (1965).

WYOMING, État des États-Unis, dans les Rocheuses ; 579 315 hab. ; cap. *Cheyenne*.

WYSPIAŃSKI (Stanisław), *Cracovie 1869 - id. 1907*, auteur dramatique, peintre et décorateur polonais. Ses pièces, d'une grande imagination scénique, ont marqué le théâtre polonais (*la Varsovienne*, 1898 ; *les Noces*, 1901).

XAINTRAILLES [sɛ̃-] ou **SAINTRAILLES** (Jean Poton, seigneur de), *v. 1400 - Bordeaux 1461*, maréchal de France. Grand écuyer de Charles VII, compagnon de Jeanne d'Arc, il continua après la mort de celle-ci la lutte contre l'Angleterre en Normandie et en Guyenne.

XÁNTHI ou **XANTE,** v. de Grèce (Thrace) ; 65 133 hab.

XANTHOS, anc. ville de Lycie (auj. au sud-ouest de la Turquie). Vestiges datant du Ve s. av. J.-C. à l'époque byzantine.

XENAKIS (Iannis), *Brăila, Roumanie, 1921 ou 1922 - Paris 2001*, compositeur français d'origine grecque. Créateur du CEMAMU (Centre d'études de mathématique et automatique musicales), il eut recours à l'ordinateur dans certaines de ses œuvres (*Metastasis*, 1955 ; *Nomos Alpha*, pour violoncelle seul, 1966 ; *Polytope* de Cluny, 1972 ; *Jonchaies*, 1977).

◂ Iannis **Xenakis**

XÉNOCRATE, *Chalcédoine v. 400 - 314 av. J.-C.*, philosophe grec. Il s'efforça de concilier la doctrine de son maître Platon avec le pythagorisme.

XÉNOPHANE, *Colophon fin du VIe s. av. J.-C.*, philosophe grec. Il est le fondateur présumé de l'école éléate*.

XÉNOPHON, *Erkhia, Attique, v. 430 - v. 355 av. J.-C.*, écrivain, philosophe et homme politique grec. Il dirigea la retraite des Dix Mille (dont il fit le récit dans *l'Anabase**). Disciple de Socrate, il est l'auteur de traités consacrés à ce dernier *(les Mémorables)*, de récits historiques *(les Helléniques)*, d'ouvrages d'économie domestique et de politique *(l'Économique, la Constitution des Lacédémoniens)*, ainsi que d'une vie romancée de Cyrus le Grand *(la Cyropédie)*.

▴ **Xénophon**

▴ **Xi'an.** L'armée de terre cuite de l'empereur Qin Shi Huangdi.

XERES → **JEREZ DE LA FRONTERA.**

XERXÈS Ier, roi perse achéménide (486 - 465 av. J.-C.). Fils de Darios Ier, il réprima durement les révoltes de Babylone et de l'Égypte, mais ne put soumettre les Grecs, qui le défirent à Salamine (480 av. J.-C.), lors de la seconde guerre médique. Victime d'intrigues de palais, il fut assassiné.

XHOSA ou **XOSA,** peuple du sud-est de l'Afrique du Sud, de langue bantoue.

XIA GUI, peintre chinois originaire de Qiantang (Zhejiang), actif vers 1190 - 1225. Son écriture à la fois elliptique et expressive fait de lui l'un des principaux paysagistes des Song du Sud.

XIAMEN ou **AMOY,** v. de Chine (Fujian), dans une île en face de Taïwan ; 2 053 070 hab. Port.

XI'AN ou **SIAN,** v. de Chine, cap. du Shaanxi ; 4 481 508 hab. Centre industriel. – Capitale de la Chine, sous les Zhou, et, sous le nom de *Changan*, sous les Han et les Tang, elle garde de cette époque sa configuration urbaine. – Riche musée. Monuments anciens, dont la Grande Pagode des oies sauvages (Dayanta), d'époque Tang, et la Grande Mosquée (Qingzhensi), fondée en 742. Aux env., nombreuses nécropoles (tumulus impériaux, dont celui de Qin Shi Huangdi, avec son armée de terre cuite).

XIANGTAN, v. de Chine (Hunan), sur le Xiang Jiang ; 707 783 hab. Port. Centre industriel.

XIANYANG, v. de Chine (Shaanxi), au N.-O. de Xi'an ; 953 860 hab. Anc. cap. de Qin Shi Huangdi. Important site archéologique (nécropoles au riche mobilier funéraire). Riche musée.

XI JIANG n.m., fl. de Chine méridionale ; 2 000 km. Canton est établie sur une des branches de son delta.

XI JINPING, *Pékin 1953 (originaire de Fuping, Shaanxi)*, homme politique chinois. Secrétaire général du Parti communiste chinois (depuis 2012), président de la Commission militaire centrale du Parti (depuis 2012) et de l'État (depuis 2013), il est président de la République depuis 2013.

◂ **Xi Jinping**

XINGU n.m., riv. du Brésil, affl. de l'Amazone (r. dr.) ; 2 266 km.

Xinhua → **Chine nouvelle.**

XINING, v. de Chine, cap. du Qinghai ; 854 466 hab. Centre commercial et industriel. – Dans les env., vaste ensemble du *Kumbum*, monastère lamaïque fondé en 1560.

XINJI, v. de Chine, à l'E. de Shijiazhuang ; 623 219 hab.

XINJIANG ou **SIN-KIANG** (région autonome ouïgoure du), région du nord-ouest de la Chine ; 1 646 800 km^2 ; 23 600 000 hab. ; cap. *Ouroumtsi*. Région aride, vide en dehors des oasis (sur l'ancienne route de la soie). Élevage ovin. Extraction du pétrole. – Les relations y sont très tendues entre les Ouïgours, devenus minoritaires, et les Han.

▲ **Yangzi Jiang.** Coupant le fleuve, le gigantesque barrage des Trois-Gorges.

XINXIANG, v. de Chine, dans le nord du Henan ; 775 941 hab.

XINYU, v. de Chine, au S.-O. de Nanchang ; 778 391 hab.

XIXABANGMA, SHISHA PANGMA ou **GOSAINTHAN** n.m., sommet de l'Himalaya (Tibet) ; 8 046 m.

XUANHUA, v. de Chine (Hebei), au N.-O. de Pékin.

XUZHOU, v. de Chine (Jiangsu) ; 1 679 626 hab. Centre d'une région charbonnière.

Y

Yaciretá, barrage sur le Paraná, à la frontière de l'Argentine et du Paraguay.

YAFO → **JAFFA.**

YAHVÉ ou **JAHVÉ** (« Celui qui est »), nom que le peuple d'Israël a privilégié pour désigner son Dieu. Apparaissant pour la première fois dans le livre biblique de la Genèse (II, 4), il est mentionné comme ayant été révélé à Moïse (Exode, III, 14) avec cette signification : « Je suis ».

YAKOUTES → **IAKOUTES.**

Yale (université), université américaine, fondée en 1701 et installée à New Haven (Connecticut). Elle doit son nom à *Elihu Yale*, l'un de ses bienfaiteurs. Musées.

YALONG JIANG n.m., riv. de la Chine centrale, affl. du Yangzi Jiang (r. g.) ; 1 100 km.

YALTA ou **IALTA,** off. v. d'Ukraine, en Crimée (rattachement de facto à la Russie en 2014, non reconnu par la communauté internationale), sur la mer Noire ; 81 654 hab. Station balnéaire.

▲ Churchill, Roosevelt et Staline à la conférence de **Yalta** en février 1945.

Yalta (conférence de) [4 - 11 févr. 1945], conférence qui réunit Churchill, Roosevelt et Staline en vue de régler les problèmes posés par l'imminente défaite de l'Allemagne nazie. Elle admit le principe d'une amputation de la Pologne orientale au bénéfice de l'URSS, qui s'engagea en outre à attaquer le Japon. Elle prévoyait également la formation de gouvernements démocratiques dans l'Europe libérée.

YALU n.m., fl. d'Asie orientale, qui se jette dans la mer Jaune ; 790 km. Il sert de frontière entre la Chine et la Corée du Nord.

YAMAGATA, v. du Japon (Honshu) ; 254 084 hab. Centre industriel.

YAMAGUCHI, v. du Japon (Honshu) ; 191 682 hab. Centre industriel.

YAMAMOTO ISOROKU, *Nagaoka 1884 - dans les îles Salomon 1943*, amiral japonais. Commandant en chef de la flotte japonaise, il dirigea l'attaque sur Pearl Harbor (déc. 1941). Il commanda ensuite les opérations navales contre les Américains, de 1941 à 1943.

YAMASKA n.f., riv. du Canada (Québec), affl. du Saint-Laurent (r. dr.) ; 160 km.

YAMOUSSOUKRO, cap. de la Côte d'Ivoire, au centre du pays ; 207 412 hab. (*Yamoussoukrois*). Ville nouvelle, créée sur l'emplacement du village natal de l'anc. président Houphouët-Boigny. Institut national polytechnique (INP). – Basilique Notre-Dame-de-la-Paix.

YAMUNA, JUMNA ou **JAMNA** n.f., riv. d'Inde, affl. du Gange (r. dr.) ; 1 370 km. Elle passe à Delhi et à Agra.

YAN'AN, v. de Chine, au nord de Xi'an ; 297 590 hab. Siège du gouvernement communiste chinois après la Longue Marche (1935).

YANAON, un des anc. établissements français dans l'Inde, sur le delta de la Godavari, qui fut rattaché à l'Inde en 1954.

YANGON → **RANGOUN.**

YANGQUAN, v. de Chine (Shanxi) ; 655 317 hab. Métallurgie.

YANGZHOU, v. de Chine, au N.-E. de Nankin ; 321 500 hab. Musée. Monuments anciens des époques Tang et Song. Jardins jalonnés de pavillons (XVIIIe et XIXe s.).

YANGZI JIANG n.m., le plus long fl. de Chine, né au Tibet et qui rejoint la mer de Chine orientale par un estuaire au sud duquel s'est développée Shanghai ; 5 980 km ; bassin de 1 830 000 km². Il coule d'abord en gorges, mais, partiellement régularisé sur son cours moyen (importants aménagements hydrauliques autour de Yichang : barrage de Gezhouba et barrage des Trois-Gorges), il devient la principale voie navigable de Chine, passant à Wuhan et à Nankin. C'est l'anc. *fleuve Bleu*.

YANOMAMI ou **YANOMANI,** peuple amérindien vivant aux frontières du Venezuela et du Brésil (env. 7 500). Leur mode de vie traditionnel et leur existence sont menacés par les garimpeiros (chercheurs d'or) qui pillent leur territoire.

YANTAI, v. de Chine (Shandong) ; 1 724 404 hab. Port. Pêche. Centre industriel. – Musée.

▲ **Yamoussoukro.**
La basilique Notre-Dame-de-la-Paix (1986-1989).

YAO, v. du Japon (Honshu), banlieue d'Osaka ; 273 474 hab.

YAOUNDÉ, cap. du Cameroun, à env. 700 m d'alt. ; 2 930 000 hab. dans l'agglomération (*Yaoundéens*).

YAPURÁ → **JAPURÁ.**

YARKAND ou **SUOCHE,** v. de Chine (Xinjiang). Oasis.

YARMOUTH → **GREAT YARMOUTH.**

YAŞAR KEMAL (Kemal Sadık **Gökçeli**, dit), *Osmaniye, près d'Adana, 1923 - Istanbul 2015*, écrivain turc. Ses romans évoquent les paysans d'Anatolie (*Mémed le Mince*, 1955 ; *Terre de fer, ciel de cuivre*, 1963 ; *Meurtre au marché des forgerons*, 1973).

YATSUSHIRO, v. du Japon (Kyushu) ; 136 885 hab. Port.

YAVARI → **JAVARI.**

YAZD → **YEZD.**

YAZDGARD III, *617 - près de Merv 651*, dernier roi sassanide de Perse (632 - 651). Il fut vaincu par l'invasion arabe.

YAZILIKAYA, site archéologique de Turquie, à 3 km de Boğazköy. Sanctuaire rupestre hittite (XIIIe s. av. J.-C.). Reliefs sculptés.

YEATS (William Butler), *Sandymount 1865 - Roquebrune-Cap-Martin 1939*, écrivain irlandais. Cofondateur de l'Abbey Theatre, il est l'auteur d'essais, de poèmes et de drames (*la Comtesse Kathleen*, 1892 ; *Deirdre*, 1907) inspirés de l'esprit national et marqués par l'occultisme. (Prix Nobel 1923.)

YEDO → **EDO.**

YEKE, peuple du sud-est de la Rép. dém. du Congo. Les Yeke fondèrent au XIXe s. un vaste royaume. Ils parlent une langue bantoue.

YELLOWKNIFE, v. du Canada, cap. des Territoires du Nord-Ouest, sur la rive nord du Grand lac des Esclaves ; 19 569 hab. À proximité, gisements aurifères et diamantifères.

YELLOWSTONE n.m., riv. des États-Unis, affl. du Missouri (r. dr.) ; 1 080 km ; bassin de 181 300 km². Il traverse le *parc national de Yellowstone* (Wyoming surtout), aux nombreux geysers.

YÉMEN n.m., en ar. **al-Yaman,** État d'Asie, sur la mer Rouge et le golfe d'Aden ; 485 000 km² ; 24 407 000 hab. (*Yéménites*). **CAP.** *Sanaa*. **LANGUE :** *arabe*. **MONNAIE :** *rial yéménite*. (V. carte **Arabie saoudite.**)

GÉOGRAPHIE Presque aussi vaste que la France, le Yémen est en grande partie désertique. La population, islamisée (en majorité sunnite, avec une importante minorité chiite zaydite), se concentre sur les hauteurs de l'Ouest (dominant la mer Rouge), plus arrosées, et en quelques points du littoral, avec le port principal, Aden. L'émigration a traditionnellement pallié la faiblesse des ressources (élevage ovin et caprin, pêche, cultures du millet, du sorgho, du qat). Bien que peu développée, l'extraction du pétrole a constitué une part importante du revenu du pays jusqu'en 2015. Le conflit actuel a provoqué l'effondrement d'une économie fragile et une grave crise humanitaire.

HISTOIRE **L'Antiquité.** **Ier millénaire av. J.-C. :** divers royaumes se développent en Arabie du Sud, dont ceux de Saba et de l'Hadramaout. **VIe s. apr. J.-C. :** la région est occupée par les Éthiopiens puis par les Perses Sassanides.

Au sein du monde musulman. **Après 628 :** le Yémen devient une province de l'empire musulman. **893 :** les imams zaydites, professant un chiisme modéré, deviennent les maîtres du pays, où leur dynastie va se perpétuer jusqu'en 1962. **1570 - 1635 :** le Yémen est intégré à l'Empire ottoman qui, après 1635, n'a plus d'autorité réelle. **1839 :** les Britanniques conquièrent Aden et établissent leur protectorat sur le sud du Yémen. **1871 :** les Ottomans organisent, après la conquête de Sanaa, le vilayet du Yémen. **1920 :** l'indépendance du royaume gouverné par les imams zaydites est reconnue. **1959 - 1963 :** Aden et la plupart des sultanats du protectorat britannique d'Aden forment la fédération de l'Arabie du Sud. **1967 :** celle-ci accède à l'indépendance.

La République arabe du Yémen, ou Yémen du Nord. **1962 :** la république est proclamée à l'issue d'un coup d'État. **1962 - 1970 :** la guerre civile oppose les royalistes, qui s'appuient sur l'Arabie saoudite, et les républicains, soutenus par l'Égypte. **À partir de 1972 :** des affrontements éclatent sporadiquement à la frontière des deux Yémens. **1974 :** le colonel Ibrahim al-Hamdi prend le pouvoir et parvient à établir l'autorité du gouvernement central sur tout le Yémen septentrional. **1977 :** il est assassiné. **1978 :** Ali Abdallah al-Salih devient président de la République.

La République démocratique et populaire du Yémen, ou Yémen du Sud. **1970 :** Ali Rubayyi, au pouvoir depuis 1969, instaure une république démocratique et populaire, marxiste-léniniste. **1978 :** il est assassiné. **1978 - 1986 :** Ali Nasir Muhammad, Premier ministre, cumule à partir de 1980 la présidence du parti et celle de l'État. **1986 :** Abu Bakr al-Attas le renverse et prend le pouvoir.

L'unification. **1990 :** à la suite des accords signés en 1988 et en 1989 entre les deux Yémens, l'unification est proclamée (mai). La république du Yémen, nouvellement créée, a pour président Ali Abdallah al-Salih. **1994 :** des tensions entre le Nord et le Sud dégénèrent en une guerre civile ; la victoire des nordistes renforce l'autorité du président et de son parti, le Congrès populaire général. **Depuis 2004 :** le pouvoir central est confronté à une rébellion zaydite virulente dans le nord du pays. **2009 :** dans le Sud, la répression sévère de revendications sociales ravive le courant séparatiste. Cette fragilisation du cadre politique, associée à la pauvreté, offre un terrain favorable à l'essor du terrorisme islamiste (al-Qaida*). **2011 :** en butte à une forte contestation (qu'il réprime violemment), blessé dans une attaque du palais présidentiel (juin), Ali Abdallah al-Salih finit par accepter un plan de sortie de crise élaboré par les États du Golfe : sa charge est réduite à des fonctions honorifiques (nov. 2011) et son départ programmé pour 2012. **2012 :** le vice-président Abd Rabbo Mansour Hadi est élu à la tête de l'État. **Depuis 2014 :** fragilisé par les succès concomitants du terrorisme islamiste et de la guérilla zaydite (prise de contrôle d'une partie de Sanaa, en sept.), l'État provisoire est finalement renversé par cette minorité chiite (janv.-févr. 2015). À partir de mars, les forces zaydites, soutenues par l'anc. président al-Salih (tué, en 2017, après avoir rompu l'alliance avec les zaydites) et l'Iran, sont combattues par l'Arabie saoudite, à la tête d'une coalition arabe. Mais le conflit s'enlise, engendrant un chaos qui favorise l'expansion des djihadistes, notamm. d'al-Qaida, et ravive le séparatisme sudiste.

▲ **Yémen.** Maisons à étages en brique crue, à Habban (vallée de l'Hadramaout).

YENNE (73170), bur. centr. de cant. de la Savoie ; 3 016 hab. *(Yennois).* Église romane et gothique.

YEPES (Narciso), *Marchena, près de Lorca, 1927 - Murcie 1997,* guitariste et compositeur espagnol. Il est célèbre, notamm., pour son interprétation du *Concerto d'Aranjuez* (J. Rodrigo) et pour la musique du film *Jeux interdits* (R. Clément).

YERRES (91330), bur. centr. de cant. de l'Essonne, sur l'*Yerres* ; 29 254 hab. *(Yerrois).*

YERSIN (Alexandre), *Aubonne, canton de Vaud, Suisse, 1863 - Nha Trang, Viêt Nam, 1943,* bactériologiste français d'origine suisse. Il découvrit le bacille de la peste (1894).

YESO → **HOKKAIDO.**

YEU (île d'), île de l'Atlantique (Vendée), formant la commune et le canton de *L'Île-d'Yeu* (85350) ; 23 km^2 ; 4 868 hab. ; ch.-l. *Port-Joinville.*

YEZD ou **YAZD,** v. d'Iran, à l'E. d'Ispahan ; 473 149 hab. Mausolée du XIe s.

YGGDRASIL, arbre de vie (un frêne) qui, dans la mythologie nord-germanique, soutient le monde.

YIBIN, v. de Chine (Sichuan), sur le Yangzi Jiang ; 809 099 hab.

YICHANG, v. de Chine (Hubei), sur le Yangzi Jiang ; 712 738 hab. Port fluvial. Hydroélectricité.

YICHUN, v. de la Chine du Nord-Est, au N.-E. de Harbin ; 814 016 hab.

Yijing (le « Livre des mutations »), manuel de divination, le plus ancien des classiques chinois.

YINCHUAN, v. de Chine, cap. du Ningxia ; 807 487 hab. Centre administratif et industriel.

YINGCHENG, v. de Chine, au N.-O. de Wuhan ; 650 485 hab.

YINGKOU, v. de Chine (Liaoning) ; 848 743 hab. Port.

yin/yang (école du), école philosophique chinoise (IVe-IIIe s. av. J.-C.). Elle établissait une opposition dialectique entre deux principes de la réalité : le *yin* (femme, passivité, ombre, absorption, Terre) et le *yang* (mâle, activité, lumière, pénétration, Ciel).

YMIR ou **YMER,** géant de la mythologie nord-germanique.

YOCCOZ (Jean-Christophe), *Paris 1957 - Paris 2016,* mathématicien français. Spécialiste de la théorie des systèmes dynamiques, il inventa aussi, dans le cadre de la théorie des objets fractals de Mandelbrot, les « puzzles de Yoccoz ». (Médaille Fields 1994.)

YOFF, banlieue de Dakar. Aéroport international Léopold-Sédar-Senghor.

YOGYAKARTA ou **JOGJAKARTA,** v. d'Indonésie (Java) ; 388 088 hab. Université. – Musée.

YOKKAICHI, v. du Japon (Honshu) ; 307 807 hab. Port. Centre industriel.

YOKOHAMA, v. du Japon (Honshu), sur la baie de Tokyo ; 3 689 603 hab. Port. Centre industriel. – Parc de Sankei.

YOKOSUKA, v. du Japon (Honshu), sur la baie de Tokyo ; 418 448 hab. Port. Centre industriel.

Yomiuri Shimbun, quotidien japonais créé en 1874.

YONKERS, v. des États-Unis (État de New York), sur l'Hudson ; 200 667 hab.

YONNE n.f., riv. de France, dans le Bassin parisien, née dans le Morvan, affl. de la Seine (r. g.), rejointe à Montereau-Fault-Yonne ; 293 km ; bassin de 11 000 km^2. Elle passe à Auxerre et Sens.

YONNE n.f. (89), dép. de la Région Bourgogne-Franche-Comté ; ch.-l. de dép. *Auxerre* ; ch.-l. d'arrond. *Avallon, Sens* ; 3 arrond. ; 21 cant. ; 428 comm. ; 7 427 km^2 ; 351 302 hab. *(Icaunais).* Le dép. appartient à l'académie de Dijon, à la cour d'appel de Paris, à la zone de défense et de sécurité Est. Il est formé de plateaux et de plaines calcaires (Sénonais, Auxerrois, Tonnerrois), voués surtout aux cultures céréalières, localement à la vigne (Chablis), ou argileux et marneux (pays d'Othe, Puisaye), régions d'élevage bovin. La vallée de l'Yonne, voie de passage importante (avec celle de l'Armançon), est jalonnée par les principales villes (Auxerre et Sens) et juxtapose peupleraies et prairies. L'industrie est représentée par les constructions mécaniques et électriques, le travail du bois, l'agroalimentaire. *(V. carte page suivante.)*

YORCK VON WARTENBURG (Ludwig, comte), *Potsdam 1759 - Klein Oels, auj. Oleśniczka, Pologne, 1830,* feld-maréchal prussien. Commandant en 1812 le corps prussien de la Grande Armée contre les Russes, il négocia avec eux une convention préparant le passage de la Prusse aux côtés des ennemis de la France.

YORITOMO → **MINAMOTO.**

YORK, anc. v. du Canada (Ontario), auj. intégrée dans Toronto.

YORK, v. de Grande-Bretagne (Angleterre), sur l'Ouse ; 137 505 hab. Prestigieuse cathédrale gothique des XIIIe-XVe s. ; monuments ; maisons anciennes ; musées. – Capitale de la Bretagne romaine, puis du royaume angle (VIe s.) de Northumbrie, évêché, puis archevêché dès le VIIe s., York fut un important établissement danois (IXe s.). Elle fut la deuxième ville du royaume au Moyen Âge.

YORK (maison d'), branche de la famille des Plantagenêts, qui régna sur l'Angleterre de 1461 à 1485. Issue d'Edmond de Langley *(1341 - 1402),* fils d'Édouard III, duc d'York en 1385, elle fut la rivale des Lancastres lors de la guerre des Deux-Roses (elle portait sur ses armes la rose blanche). Elle donna trois rois à l'Angleterre (Édouard IV, Édouard V et Richard III) et fut supplantée par les Tudors en 1485.

YORKSHIRE, région de Grande-Bretagne, dans le nord-est de l'Angleterre ; v. princ. *Leeds.*

YORKTOWN, village des États-Unis (Virginie), au S.-E. de Richmond ; 195 hab. Le 19 oct. 1781, les troupes de Washington et Rochambeau y firent capituler l'armée britannique de Cornwallis.

YORUBA, peuple vivant au sud-ouest du Nigeria (env. 25 millions), au centre du Bénin (env. 1 million) et au Togo (env. 700 000). Les Yoruba s'organisèrent en royaumes indépendants (le principal étant celui d'Oyo) ; leur capitale culturelle était Ife*. Les esclaves yoruba ont fortement influencé la culture du Nouveau Monde en y diffusant des éléments de leur religion. Majoritairement christianisés ou islamisés, les Yoruba parlent une langue kwa.

Yosemite National Park, parc national des États-Unis (Californie), sur le versant occidental de la sierra Nevada.

YOSHIHITO → **TAISHO TENNO.**

YOUGOSLAVIE n.f., en serbo-croate **Jugoslavija,** officiellement **République populaire** (puis **socialiste**) **fédérative de Yougoslavie,** ancien État fédéral de l'Europe méridionale, dans

Yonne

la péninsule des Balkans, composé de la fin de la Seconde Guerre mondiale à 1991 - 1992 de six républiques : Bosnie-Herzégovine, Croatie, Macédoine, Monténégro, Serbie et Slovénie.

HISTOIRE Les fondements. 1918 : le royaume des Serbes, Croates et Slovènes est créé au profit de Pierre Ier Karadjordjević. Il réunit les Slaves du Sud qui, avant la Première Guerre mondiale, étaient divisés entre la Serbie et l'Empire austro-hongrois. **1919 - 1920 :** les traités de Neuilly-sur-Seine, de Saint-Germain-en-Laye, de Trianon et de Rapallo fixent ses frontières. **1921 :** une Constitution centraliste et parlementaire est adoptée. **1929 :** Alexandre Ier (1921 - 1934) établit un régime autoritaire. Le pays prend le nom de Yougoslavie (« pays des Slaves du Sud »). **1934 :** Alexandre Ier est assassiné par un extrémiste croate. Son cousin Paul assume la régence au nom de Pierre II. **1941 :** Paul signe avec l'Axe le pacte tripartite et est renversé par une révolution à Belgrade. La Yougoslavie est occupée par l'Allemagne. La résistance est organisée par D. Mihailović, Serbe de tendance royaliste et nationaliste, d'une part, par le Croate et communiste Tito, d'autre part. Pierre II se réfugie à Londres. **1943 :** Tito crée le Comité national de libération.

La République populaire fédérative de Yougoslavie. 1945 - 1946 : la République populaire fédérative de Yougoslavie est créée, constituée de six républiques. Tito dirige le gouvernement. **1948 - 1949 :** Staline exclut la Yougoslavie du monde socialiste et du Kominform. **1950 :** l'autogestion est instaurée. **1955 :** Khrouchtchev renoue les relations avec la Yougoslavie. **1961 :** une conférence des pays non alignés se réunit à Belgrade.

La République socialiste fédérative de Yougoslavie. 1963 : la République socialiste fédérative de Yougoslavie (RSFY) est instaurée. **1971 :** le développement du nationalisme (croate) entraîne le limogeage des dirigeants croates. **1974 :** une nouvelle Constitution renforce les droits des républiques. **1980 :** après la mort de Tito, les fonctions présidentielles sont exercées collégialement. **À partir de 1988 :** les tensions interethniques se développent (notamm. au Kosovo) et la situation économique, politique et sociale se détériore. **1990 :** la Ligue communiste yougoslave renonce au monopole politique. La Croatie et la Slovénie, désormais dirigées par l'opposition démocratique, s'opposent à la Serbie et cherchent à redéfinir leur statut dans la fédération yougoslave. **1991 :** elles proclament leur indépendance (juin). Après des affrontements, l'armée fédérale se retire de Slovénie ; des combats meurtriers opposent les Croates à l'armée fédérale et aux Serbes de Croatie. La Macédoine proclame son indépendance (sept.). **1992 :** la communauté internationale reconnaît l'indépendance de la Croatie et de la Slovénie (janv.), puis celle de la Bosnie-Herzégovine (avr.), où éclate une guerre meurtrière. La Serbie et le Monténégro créent la République fédérale de Yougoslavie (avr.).

YOUGOSLAVIE n.f., en serbe **Jugoslavija,** officiellement **République fédérale de Yougoslavie,** puis (de 2003 à 2006) **SERBIE-ET-MONTÉNÉGRO,** en serbe **Srbija i Crna Gora,** ancien État fédéral de l'Europe méridionale, dans la péninsule des Balkans, composé de 1992 à 2006 de deux républiques : Serbie et Monténégro.

HISTOIRE La République fédérale de Yougoslavie. 1992 : après l'éclatement de la République socialiste fédérative de Yougoslavie, la Serbie et le Monténégro instaurent (avr.) la République fédérale de Yougoslavie. De nombreux Serbes vivant en Croatie et en Bosnie-Herzégovine revendiquent leur rattachement au nouvel État. **1992 - 1995 :** la fédération est sanctionnée pour son implication dans la guerre (→ **Bosnie-Herzégovine** et **Serbie**). **1996 :** elle est reconnue, tardivement, par la communauté internationale. **1997 :** Slobodan Milošević est élu à la présidence de la République fédérale de Yougoslavie. **1999 :** en réponse à la répression serbe au Kosovo*, l'OTAN intervient militairement en Yougoslavie (frappes aériennes touchant, de mars à juin, la Serbie et, plus ponctuellement, le Monténégro). **2000 :** tardant à reconnaître sa défaite à l'élection présidentielle (sept.) face à Vojislav Koštunica, principal leader de l'opposition démocratique, S. Milošević est chassé du pouvoir par un mouvement de contestation à fort soutien populaire (oct.). L'arrivée de V. Koštunica à la tête de l'État est suivie de la réintégration de la Yougoslavie au sein de la communauté internationale.

La fédération de Serbie-et-Monténégro. 2003 : au terme d'un accord entre Belgrade et Podgorica, une nouvelle Charte constitutionnelle est adoptée, qui transforme la République fédérale de Yougoslavie en une fédération rénovée portant le nom de Serbie-et-Monténégro (févr.). Le Monténégrin Svetozar Marović est élu à la présidence. **2006 :** au terme d'un référendum d'autodétermination (mai), le Monténégro proclame son indépendance (juin), immédiatement reconnue par la communauté internationale. La fédération cesse donc d'exister, Serbie et Monténégro devenant deux États distincts.

YOUNG (Arthur), *Londres 1741 - id. 1820,* agronome britannique. Ses *Voyages en France* (1792) restent un modèle d'observation.

YOUNG (Brigham), *Whitingham, Vermont, 1801 - Salt Lake City 1877,* chef religieux américain. À la tête des mormons après la mort de Smith, il fonda en 1847 l'actuelle ville de Salt Lake City.

YOUNG (Edward), *Upham 1683 - Welwyn 1765,* poète britannique. Ses *Plaintes ou Pensées nocturnes sur la vie, la mort et l'immortalité* (1742-1745), connues sous le nom de *Nuits*, inaugurèrent en Angleterre... inaugurèrent le genre mélancolique développé par le romantisme.

YOUNG (Lester), *Woodville, Mississippi, 1909 - New York 1959,* saxophoniste et clarinettiste américain de jazz. Surnommé « Prez » (Président), il fut un remarquable saxophoniste ténor (*Lester leaps in*, 1939 ; *These Foolish Things*, 1945).

Young (plan), plan signé en 1929 par les Alliés en vue de régler la question des réparations dues par l'Allemagne aux Alliés. Conçu par l'expert américain Owen D. Young *(1874 - 1962)* pour succéder au plan Dawes, il réduisait le montant des réparations et échelonnait son versement sur 59 annuités. Il fut interrompu dès 1931.

YOUNG (Thomas), *Milverton 1773 - Londres 1829,* médecin, physicien et philologue britannique. Il découvrit l'accommodation de l'œil ainsi que les interférences lumineuses (expérience des *fentes de Young*, 1801), qu'il attribua à une nature ondulatoire de la lumière. En égyptologie, il fut l'un des premiers à déchiffrer les hiéroglyphes.

YOURCENAR (Marguerite de Crayencour, dite Marguerite), *Bruxelles 1903 - Mount Desert Island, Maine, États-Unis, 1987,* écrivaine française et américaine. Elle est l'auteure de poèmes, d'essais, de pièces de théâtre, de romans historiques (*Mémoires d'Hadrien*, 1951 ; *l'Œuvre au noir*, 1968) ou autobiographiques (*le Labyrinthe du monde*, avec *Souvenirs pieux*, 1974 ; *Archives du Nord*, 1977 ; *Quoi ? l'Éternité*, 1988) dans lesquels les problèmes modernes se lisent à travers les mythes antiques. Elle fut la première femme élue à l'Académie française (1980).

▲ Marguerite **Yourcenar**

YOUSAFZAI (Malala), *Mingaora, Pakistan, 1997,* militante pakistanaise. Elle lutte, depuis 2009, pour le droit à l'éducation des filles dans une région du nord du Pakistan sous influence talibane, dont elle est originaire. En 2012, elle est grièvement blessée dans une tentative d'assassinat, revendiquée par les talibans. Outre de nombreuses autres récompenses internationales, elle reçoit en 2014 le prix Nobel de la paix, devenant à 17 ans la plus jeune lauréate de l'académie des Nobel. (Prix Nobel 2014, avec Kailash Satyarthi, militant indien des droits de l'enfant.)

YOUSSOUFIA, anc. **Louis-Gentil,** v. du Maroc ; 67 628 hab. Phosphates.

YPORT (76111), comm. de la Seine-Maritime ; 863 hab. *(Yportais)*. Station balnéaire.

YPRES, en néerl. **Ieper,** v. de Belgique, ch.-l. d'arrond. de la Flandre-Occidentale ; 34 978 hab. *(Yprois)*. Monuments gothiques (halle aux draps, cathédrale) reconstruits après 1918. – Fondée au Xe s., Ypres fut l'un des grands centres drapiers du monde occidental du XIIe au XVe s. et participa aux grandes révoltes du XIVe s. contre le pouvoir comtal. – En saillant sur le front allié, la ville fut de 1914 à 1918 l'objet de violentes attaques allemandes. Les Allemands y utilisèrent pour la première fois les gaz asphyxiants : vagues de chlore en avril 1915 et *ypérite* en juillet 1917.

YPSILANTI, famille grecque phanariote qui donna à la Moldavie et à la Valachie plusieurs princes entre 1774 et 1806. — **Alexandre Y.,** *Istanbul 1792 - Vienne 1828*, chef de l'Hétairie (1820 - 1821). Il prépara la révolte des peuples des Balkans contre les Ottomans. — **Démétrios Y.,** *Istanbul 1793 - Vienne ou Nauplie 1832*, général en chef des insurgés grecs (1821). Frère d'Alexandre, il mena les derniers combats de la guerre d'Indépendance.

YS, cité légendaire bretonne, qui aurait été engloutie par les flots au IVe ou au Ve s.

YSAYE [izai] (Eugène), *Liège 1858 - Bruxelles 1931*, violoniste belge. Également chef d'orchestre et compositeur, il fut un grand interprète et créa la sonate de Franck, le *Poème* de Chausson, le quatuor de Debussy.

Ysengrin ou **Isengrin,** nom souvent donné au loup dans la littérature médiévale, notamm. dans le *Roman* de Renart*.

YSER n.m., fl. côtier de France et de Belgique, né en France et qui rejoint la mer du Nord ; 78 km. Sa vallée fut le théâtre d'une bataille acharnée au cours de laquelle les troupes belges et alliées arrêtèrent les Allemands (oct.-nov. 1914).

YSSINGEAUX (43200), ch.-l. d'arrond. de la Haute-Loire ; 7 658 hab. *(Yssingelais)*. Plasturgie. Métallurgie. Maroquinerie. – Hôtel de ville dans un château du XVe s. École nationale supérieure de la pâtisserie dans le château de Montbarnier.

YUAN, dynastie mongole qui régna en Chine de 1279 à 1368.

YUAN SHIKAI, *Xiangcheng, Henan, 1859 - Pékin 1916*, homme politique chinois. Chef de l'armée et Premier ministre à la chute de l'empire (1911), premier président de la République (1913 - 1916), il gouverna en dictateur. Il tenta en vain de se faire reconnaître empereur en 1915 - 1916.

YUCATÁN n.m., presqu'île du Mexique, entre le golfe du Mexique et la mer des Antilles. Il est constitué de bas plateaux calcaires, forestiers, peu peuplés. – Il fut l'un des centres de la civilisation des Mayas.

YUDHOYONO (Susilo Bambang), *Tremas, région de Pacitan, Java-Est, 1949*, officier et homme politique indonésien. Il a été président de la République de 2004 à 2014.

YUEYANG, v. de Chine, au N. de Changsha, sur le lac Dongting ; 912 993 hab.

YUKAWA HIDEKI, *Tokyo 1907 - Kyoto 1981*, physicien japonais. Pour expliquer les forces nucléaires, il émit, en 1935, l'hypothèse du méson, particule découverte l'année suivante dans les rayons cosmiques. (Prix Nobel 1949.)

YUKON n.m., fl. du Canada et des États-Unis (Alaska), qui se jette dans la mer de Béring ; 3 185 km. Il donne son nom à une division administrative de l'Alaska et à un territoire fédéral du Canada.

YUKON, territoire fédéral du nord-ouest du Canada, entre les Territoires du Nord-Ouest et l'Alaska ; 482 515 km^2 ; 35 874 hab. ; cap. *Whitehorse*. Ressources minières : or, argent, plomb, zinc, cuivre.

YUMEN, gisement pétrolifère de Chine (Gansu), dont la production est raffinée sur place.

YUN (Isang), *Tongyong 1917 - Berlin 1995*, compositeur coréen naturalisé allemand. Il a tenté une synthèse entre les musiques extrême-orientale et occidentale dodécaphonique.

YUNGANG, site de Chine (Shanxi) abritant un ensemble de monastères bouddhiques rupestres ornés de sculptures (milieu du Ve s.-VIIe s.).

YUNNAN ou **YUN-NAN,** prov. de Chine, limitrophe du Viêt Nam ; 47 420 000 hab. ; cap. *Kunming*.

YUNUS (Muhammad), *Chittagong 1940*, économiste bangladais. Pionnier du microcrédit, il fonde en 1983 et dirige jusqu'en 2011 la Grameen Bank, qui accorde des prêts aux plus démunis. (Prix Nobel de la paix 2006, conjointement avec la Grameen Bank.)

YUNUS EMRE, *v. 1238 - v. 1320*, poète mystique turc, héros de nombreuses légendes.

YUPANQUI (Héctor Roberto **Chavero,** dit Atahualpa), *El Campo de la Cruz, Argentine, 1908 - Nîmes 1992*, chanteur, guitariste et écrivain argentin. Représentant de la tradition musicale argentine, il participa à sa renaissance, célébrant et défendant dans ses chansons les opprimés, indiens et paysans.

YU'PIT, nom que se donnent les Esquimaux de Sibérie (arrondissement autonome des Tchouktches) et de la côte sud et sud-ouest de l'Alaska. Ils parlent le *yupik*.

YUROK, peuple amérindien de la côte ouest des États-Unis (Californie), de la famille algonquienne.

Yuste, monastère d'Espagne (Estrémadure), où se retira Charles Quint en 1556 et où il mourut (1558).

YUTZ (57970), bur. centr. de cant. de la Moselle ; 16 356 hab. *(Yussois)*. Métallurgie.

YVAIN (Maurice), *Paris 1891 - Suresnes 1965*, compositeur français. Il fut l'auteur d'opérettes et de chansons pour Mistinguett *(Mon homme)* et Maurice Chevalier.

Yvain ou le Chevalier au lion, roman courtois de Chrétien de Troyes (v. 1177). Un chevalier, accompagné d'un lion, se lance dans de folles aventures pour reconquérir l'estime de sa dame.

YVELINES n.f. pl. (78), dép. de la Région Île-de-France ; ch.-l. de dép. *Versailles* ; ch.-l. d'arrond. *Mantes-la-Jolie, Rambouillet, Saint-Germain-en-Laye* ; 4 arrond. ; 21 cant. ; 262 comm. ; 2 284 km^2 ; 1 454 532 hab. *(Yvelinois)*. Le dép. appartient à l'académie et à la cour d'appel de Versailles, à la zone de défense et de sécurité de Paris. La forêt de Rambouillet sépare l'extrémité nord-est de la Beauce, céréalière, des plateaux limoneux du Mantois, également céréaliers, entaillés de vallons (vergers) et limités au nord par la vallée de la Seine. Celle-ci s'est urbanisée et industrialisée, comme le Nord-Est, où cependant l'industrie s'efface largement devant les services et la fonction résidentielle (Versailles, Saint-Germain-en-Laye, Chevreuse, Marly-le-Roi).

YVERDON-LES-BAINS, v. de Suisse (Vaud), sur le lac de Neuchâtel ; 27 511 hab. Station thermale. – Château du XIIIe s. (musée).

YVES (saint), *Kermartin, Bretagne, 1253 - Louannec 1303*, prêtre et patron des gens de loi. Son tombeau, à Tréguier, fait l'objet d'un pèlerinage.

YVES de Chartres (saint), *en Beauvaisis v. 1040 - Chartres 1116*, théologien, canoniste et évêque de Chartres. Son œuvre eut une grande influence sur l'élaboration du droit canon.

YVETOT (76190), bur. centr. de cant. de la Seine-Maritime, dans le pays de Caux ; 12 569 hab. *(Yvetotais)*. Bonneterie. – Église circulaire à paroi-vitrail (1956).

YZEURE (03400), bur. centr. de cant. de l'Allier ; 13 654 hab. *(Yzeuriens)*. Constructions mécaniques. – Église en partie romane.

Z

ZAANSTAD, v. des Pays-Bas, banlieue d'Amsterdam ; 149 622 hab.

ZAB n.m. (Grand et Petit), riv. d'Iraq, dans le Kurdistan, affl. du Tigre (r. g.).

ZAB (monts du) ou monts des **ZIBAN,** massif d'Algérie, entre les Ouled Nail et l'Aurès. Les oasis du Zab ou des Ziban s'allongent au S. des monts du Zab et de l'Aurès.

ZABRZE, v. de Pologne, en haute Silésie ; 181 128 hab. Centre minier (charbon) et industriel.

ZABULON, personnage biblique. Dixième fils de Jacob, ancêtre éponyme d'une tribu israélite de Galilée.

ZACATECAS, v. du Mexique, au N. de Guadalajara ; 138 152 hab. (298 143 hab. dans l'agglomération). Vieux quartiers de style colonial, avec une cathédrale baroque du XVIIIe s.

ZACHARIE [-ka-], prophète biblique de la fin du VIe s. av. J.-C.

ZACHARIE [-ka-] (saint), prêtre juif (Ier s.). Époux d'Élisabeth et père de Jean-Baptiste (Évangile de Luc).

ZACHARIE [-ka-] (saint), *m. à Rome en 752*, pape de 741 à 752. S'appuyant sur Pépin le Bref, il travailla à la première réforme de l'Église.

ZACHÉE [-ʃe], personnage de l'Évangile de Luc. Publicain ou chef des collecteurs d'impôts de Jéricho, converti par le Christ, il a été confondu avec saint Amadour, à l'origine du pèlerinage de Rocamadour, site où il aurait été enterré.

ZADAR, v. de Croatie, en Dalmatie, sur l'Adriatique ; 70 674 hab. Port. – Église St-Donat, rotonde du IXe s. ; cathédrale romane ; musées.

ZADEK (Peter), *Berlin 1926 - Hambourg 2009*, metteur en scène allemand. Il s'attacha à une actualisation radicale des classiques, mêlant le tragique et le comique *(Othello, le Misanthrope, le Marchand de Venise, la Cerisaie, Hamlet)*.

Zadig ou la Destinée, conte philosophique de Voltaire (1748). Après de multiples épreuves, Zadig devient roi de Babylone et, philosophe, inaugure une ère de paix et de vertu.

ZADKINE (Ossip), *Vitebsk 1890 - Neuilly-sur-Seine 1967*, sculpteur français d'origine russe. Il a pratiqué une sorte de cubisme tantôt baroque et décoratif, tantôt expressionniste *(la Ville détruite*, 1947-1951, Rotterdam). Atelier-musée à Paris.

▲ **Zagreb.** Vue du centre, avec la cathédrale St-Étienne.

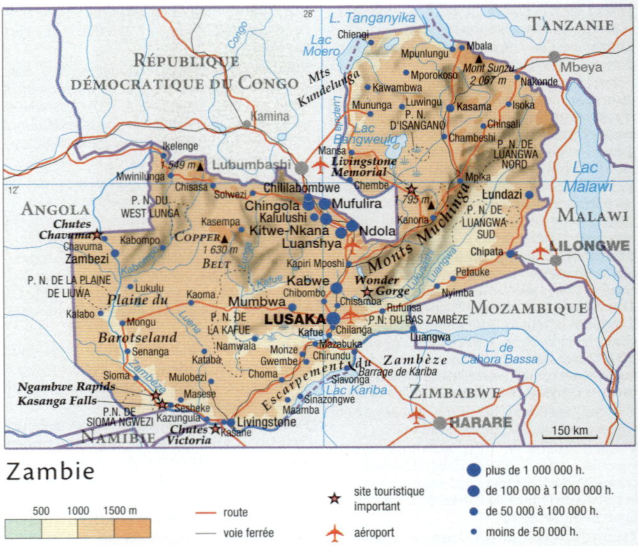

ZAFFARINES (îles), en esp. **Chafarinas,** îles espagnoles de la côte méditerranéenne de l'Afrique du Nord, limitrophes du Maroc.

ZAGAZIG, v. d'Égypte, sur le delta du Nil ; 302 840 hab.

ZAGORSK → **SERGUIEV POSSAD.**

ZAGREB, en all. **Agram,** cap. de la Croatie, sur la Save ; 686 439 hab. *(Zagrébois)*. Centre administratif, commercial (foire internationale), culturel et industriel. – Cathédrale gothique et autres monuments ; musées.

ZAGROS n.m., chaîne de l'Iran, dominant la Mésopotamie irakienne et le golfe Persique.

ZAHEDAN, v. d'Iran, dans le Baloutchistan ; 552 706 hab.

ZAHER CHAH (Mohammad), *Kaboul 1914 - id. 2007*, roi d'Afghanistan (1933 - 1973). Il fut renversé par un coup d'État et dut s'exiler. De retour dans son pays en 2002, il y présida la Loya Jirga (Assemblée traditionnelle) chargée de désigner un gouvernement intérimaire pour l'Afghanistan.

ZAHLÉ ou **ZAHLEH,** v. du Liban, dans la Beqaa.

ZAÏRE (république du), nom porté de 1971 à 1997 par la République démocratique du **Congo*.**

ZAKOPANE, v. de Pologne, dans les Tatras ; 27 857 hab. Centre touristique. Sports d'hiver.

ZÁKROS, site archéologique de Crète orientale. Ville et palais minoens du XVIe s. av. J.-C.

ZÁKYNTHOS ou **ZANTE,** une des îles Ioniennes (Grèce) ; ch.-l. *Zákynthos* ou *Zante*. Citadelle vénitienne ; musée.

Zama (bataille de) [202 av. J.-C.], bataille en Numidie, qui mit fin à la deuxième guerre punique. Victoire de Scipion l'Africain sur Hannibal, qui obligea Carthage à demander la paix.

ZAMBÈZE n.m., fl. d'Afrique australe, qui se jette dans l'océan Indien ; 2 660 km. Son cours est entrecoupé de rapides et de chutes. Importants barrages (Kariba et Cabora Bassa).

ZAMBIE n.f., en angl. **Zambia,** État d'Afrique australe ; 746 000 km² ; 14 539 000 hab. *(Zambiens)*. **CAP.** *Lusaka*. **LANGUE :** *anglais*. **MONNAIE :** *kwacha*.

GÉOGRAPHIE La Zambie, au climat tropical tempéré par l'altitude, est formée surtout de collines et de plateaux. La majorité de la population vit de l'agriculture (maïs surtout), mais ce sont les mines (cuivre en tête, cobalt, or, argent, etc.) de la Copper Belt qui fournissent l'essentiel des ressources du pays, qui souffre de son enclavement.

HISTOIRE Le pays, peuplé sans doute d'abord par des Pygmées puis par des Bantous, est divisé en chefferies jusqu'à l'arrivée des Européens. **1853 - 1873 :** Livingstone explore la région. **1899 :** le pays est entièrement occupé par les Britanniques, à l'initiative de Cecil Rhodes, qui dirige la British South Africa Company. **1911 :** la zone d'occupation britannique est divisée en deux régions, la Rhodésie du Nord (actuelle Zambie) et la Rhodésie du Sud (actuel Zimbabwe). **1924 :** un an après l'accession à l'autonomie de la Rhodésie du Sud, la Rhodésie du Nord devient colonie de la Couronne et se dote d'un Conseil législatif. La même année, d'importants gisements de cuivre sont découverts. **1948 :** un mouvement nationaliste se constitue, animé par Kenneth Kaunda. **1953 :** une fédération d'Afrique-Centrale est néanmoins instaurée, unissant les deux Rhodésies et le Nyassaland. **1963 :** les progrès de la revendication nationaliste aboutissent à la dissolution de la fédération. **1964 :** la Rhodésie du Nord acquiert l'indépendance dans le cadre du Commonwealth sous le nom de Zambie. K. Kaunda la dirige. **1972 :** il instaure un régime de parti unique. **1990 :** le multipartisme est rétabli. **1991 :** Frederick Chiluba, leader de l'opposition, devient président. **2002 :** Levy Mwanawasa lui succède (réélu en 2006). **2008 :** il meurt en cours de mandat. Rupiah Banda assure la transition à la tête de l'État. **2011 :** Michael Sata est élu à la présidence de la République. **2014 :** le vice-président Guy Scott remplace M. Sata, après son décès. **2015 :** Edgar Lungu est élu à la tête de l'État pour la fin du mandat de M. Sata (réélu en 2016).

ZAMBOANGA, v. des Philippines (Mindanao) ; 774 407 hab. Port.

ZAMENHOF (Lejzer Ludwik), *Białystok 1859 - Varsovie 1917*, linguiste polonais. Il est le créateur de l'espéranto.

ZAMIATINE (Ievgueni Ivanovitch), *Lebedian, près de Tambov, 1884 - Paris 1937*, écrivain soviétique. Ses récits satiriques pourfendent les conformismes et le totalitarisme (*la Caverne*, 1921).

ZAMORA, v. d'Espagne (Castille-León), ch.-l. de prov., sur le Douro ; 62 389 hab. Remparts ; églises romanes du XIIe s., dont la cathédrale ; maison du Cid ; musées.

ZAMOŚĆ, v. du sud-est de la Pologne ; 65 966 hab. Ensemble urbain en damier (fin XVIe s.) ; monuments de style Renaissance.

ZANDÉ, peuple du nord de la Rép. dém. du Congo, du Soudan du Sud et de la Rép. centrafricaine.

ZANDJAN, v. d'Iran, au N.-O. de Téhéran ; 341 801 hab.

ZANGWILL (Israel), *Londres 1864 - Midhurst 1926*, écrivain britannique. Propagandiste de la cause sioniste, il a fait dans ses récits une chronique réaliste et humoristique de la vie des communautés juives (*les Enfants du ghetto*, 1892).

ZANTE → **ZÁKYNTHOS.**

ZANZIBAR, île de l'océan Indien, près de la côte d'Afrique ; 1 658 km^2 ; 896 721 hab. ; ch.-l. *Zanzibar* (133 000 hab.). Zanzibar et l'île voisine de Pemba forment la Tanzanie insulaire. Pêche, plantations de cocotiers et riziculture.

HISTOIRE **1503 :** les Portugais s'installent à Zanzibar. **XVIIe s. :** ils sont remplacés par les sultans d'Oman, qui donnent à Zanzibar un grand essor. **1873 :** cet essor est brisé par la suppression du marché d'esclaves. **1890 :** les îles de Zanzibar et de Pemba passent sous protectorat britannique. **1963 :** le sultanat accède à l'indépendance. **1964 :** la république est proclamée et Zanzibar s'unit au Tanganyika pour constituer la Tanzanie.

ZANZOTTO (Andrea), *Pieve di Soligo, Trévise, 1921 - Conegliano, id., 2011,* poète italien. Son écriture désarticulée, traversée de citations, construit une quête de soi ironique et angoissée, à travers l'évocation des paysages de sa Vénétie (*la Beauté*, 1968 ; *le Galaté au bois*, 1978 ; *Idiome*, 1986).

▲ **Zao Wou-ki.** *Vent*, 1954. (MNAM, Paris.)

ZAO WOU-KI, *Pékin 1921 - Nyon 2013,* peintre français d'origine chinoise. D'un lyrisme intense, ses œuvres tiennent du « paysagisme abstrait » et de la calligraphie.

ZAOZHUANG, v. de Chine, au S.-O. de Qingdao ; 1 996 798 hab.

ZAPATA (Emiliano), *Anenecuilco, Morelos, v. 1879 - hacienda de Chinameca, Morelos, 1919,* révolutionnaire mexicain. Paysan indien, il souleva les péons du sud du pays (1911) et voulut réaliser une réforme agraire (plan d'Ayala), mais fut assassiné.

Emiliano **Zapata** ▶

ZAPATERO (José Luis **Rodríguez**) → **RODRÍGUEZ ZAPATERO** (José Luis).

ZÁPOLYA ou **SZAPOLYAI,** famille hongroise dont les membres les plus importants sont Jean, roi de Hongrie (1526 - 1540), et Jean Sigismond, prince de Transylvanie (1541 - 1571).

ZAPOPAN, v. du Mexique, banlieue nord-ouest de Guadalajara ; 1 243 538 hab.

ZAPORIJJIA, anc. **Zaporojie,** v. d'Ukraine, sur le Dniepr ; 815 256 hab. Port fluvial. Industries.

ZAPOROGUES, cosaques établis au-delà des rapides du Dniepr (XVIe-XVIIIe s.).

ZAPOTÈQUES, peuple de la vallée d'Oaxaca (Mexique) [auj. env. 500 000]. Fondateurs d'une

▲ Art des **Zapotèques.** Urne funéraire en terre cuite polychrome (Monte Albán).

civilisation qui fut à son apogée à l'époque classique (300 - 900), ils avaient pour principal centre Monte* Albán, dont les vestiges témoignent d'une religion complexe et d'un art raffiné.

ZAPPA (Frank), *Baltimore 1940 - Los Angeles 1993,* auteur-compositeur et chanteur américain. Artiste contestataire, guitariste exceptionnel, il réinvente, seul ou avec son groupe (The Mothers of Invention [1964 - 1975]), les codes du rock en y mêlant jazz, funk et musique d'avant-garde (*We're Only in It for the Money* [1968], *Hot Rats* [1969], albums).

ZARATHUSHTRA, ZARATHOUSTRA ou **ZOROASTRE,** *Iran VIIe - VIe s. av. J.-C.,* réformateur du mazdéisme. En butte à l'opposition du clergé mazdéen, il connut de grandes épreuves, mais la protection du roi Vishtaspa assura le succès de sa doctrine. Le *zoroastrisme* met l'accent sur la transcendance divine et prêche une morale d'action fondée sur la certitude du triomphe de la justice.

ZARDARI (Asif Ali) → **BHUTTO.**

ZARIA, v. du Nigeria ; 963 000 hab. dans l'agglomération. Anc. cap. d'un royaume haoussa.

ZARQA, v. de Jordanie, banlieue d'Amman ; 669 878 hab. Raffinage du pétrole.

ZÁTOPEK (Emil), *Kopřivnice 1922 - Prague 2000,* athlète tchèque. Champion olympique du 10 000 m en 1948, il réalisa le triplé (5 000 m, 10 000 m et marathon) en 1952.

ZAVATTA (Achille), *La Goulette, Tunisie, 1915 - Ouzouer-des-Champs, Loiret, 1993,* auguste et directeur de cirque français.

Achille **Zavatta** ▶

ZAVENTEM, comm. de Belgique (Brabant flamand) ; 31 960 hab. À proximité, aéroport de Bruxelles.

ZAWIYA, v. de Libye, à l'O. de Tripoli, sur la Méditerranée.

ZAY (Jean), *Orléans 1904 - Molles, Allier, 1944,* homme politique français. Ministre (radical-socialiste) de l'Éducation nationale (1936 - 1939), il fut à l'origine d'importantes réformes. Partisan de la Résistance dès juin 1940, il fut assassiné par des miliciens. Ses cendres ont été transférées au Panthéon en 2015.

ZAZZO (René), *Paris 1910 - id. 1995,* psychologue français. Auteur de travaux sur les jumeaux et sur l'examen psychologique de l'enfant, il fut aussi un précurseur de la psychologie scolaire.

ZEAMI MOTOKIYO, *1363 - 1443,* acteur et écrivain japonais. Comme son père, **Kanami** *(1333 - 1384),* il fut acteur et auteur de nô. Il écrivit d'importants traités de théorie théâtrale.

ZÉDÉ (Gustave), *Paris 1825 - id. 1891,* ingénieur français. Il établit les plans du premier sous-marin français, le *Gymnote* (1887).

ZEDELGEM, comm. de Belgique (Flandre-Occidentale) ; 22 349 hab.

ZEEBRUGGE [zebryʒ], port de Belgique, sur la mer du Nord. Il est relié à Bruges, dont il constitue le débouché maritime, par un canal de 10 km. Port pétrolier et centre industriel. – Pendant la Première Guerre mondiale, les Allemands y aménagèrent une base navale, qui fut obstruée en 1918 par les Britanniques.

ZEEMAN (Pieter), *Zonnemaire, Zélande, 1865 - Amsterdam 1943,* physicien néerlandais. Il découvrit, en 1896, l'action des champs magnétiques sur l'émission de la lumière (*effet Zeeman*) et étudia la propagation de la lumière dans les milieux en mouvement, confirmant ainsi les théories relativistes. (Prix Nobel 1902.)

ZEHRFUSS (Bernard), *Angers 1911 - Neuilly-sur-Seine 1996,* architecte français. Il est l'un des auteurs du CNIT, à la Défense (1958), et des édifices de l'Unesco, à Paris.

ZEIST, v. des Pays-Bas, près du delta du Rhin ; 61 420 hab. Château reconstruit au XVIIe s.

ZÉLANDE, en néerl. **Zeeland,** prov. des Pays-Bas, à l'embouchure de l'Escaut et de la Meuse ; 381 077 hab. (*Zélandais*) ; ch.-l. *Middelburg.*

ZELE [zel], comm. de Belgique (Flandre-Orientale) ; 20 744 hab. Église d'env. 1700 (mobilier).

ŻELEŃSKI (Tadeusz), dit **Boy,** *Varsovie 1874 - Lwów 1941,* écrivain polonais, traducteur et auteur d'ouvrages critiques et politiques.

ZELENTCHOUK, localité de Russie, au N. du Caucase. À 2 070 m d'alt., observatoire astronomique (télescope de 6 m de diamètre).

ZELL AM SEE, v. d'Autriche, prov. de Salzbourg, au bord du *lac de Zell* ; 9 528 hab. Tourisme.

ZELZATE, comm. de Belgique (Flandre-Orientale) ; 12 509 hab. Sidérurgie.

ZEMAN (Karel), *Ostroměř 1910 - Gottwaldov 1989,* cinéaste d'animation tchécoslovaque. Ses films combinent les marionnettes, le jeu d'acteur et le dessin animé (*Aventures fantastiques*, 1958 ; *le Baron de Crac*, 1961 ; *l'Apprenti sorcier*, 1977).

ZEMAN (Miloš), *Kolín, Bohême, 1944,* homme politique tchèque. Économiste, président de la Chambre des députés (1996 - 1998) puis Premier ministre (1998 - 2002), il est président de la République depuis 2013 (réélu en 2018).

ZEMST, comm. de Belgique (Brabant flamand) ; 22 437 hab.

ZENAWI (Meles), *Adoua, Tigré, 1955 - Bruxelles 2012,* homme politique éthiopien. Leader du FDRPE, il fut président du gouvernement provisoire de 1991 à 1995 et Premier ministre de 1995 à sa mort.

ZÉNÈTES ou **ZENATA,** groupe de tribus berbères du Maroc oriental et de l'Algérie (Aurès).

ZENICA, v. de Bosnie-Herzégovine ; 115 134 hab. Sidérurgie.

ZÉNOBIE, *m. en Italie v. 274,* reine de Palmyre (267 - 272). Elle gouverna après la mort de son époux, Odenath, et étendit son autorité de l'Asie Mineure à l'Égypte. L'empereur Aurélien la vainquit après deux ans de campagne (271 - 272).

ZÉNON, *v. 426 - 491,* empereur romain d'Orient (474 - 491). Son Édit d'union avec les monophysites, ou *Henotikon* (482), provoqua avec Rome un schisme qui dura jusqu'à Justinien.

ZÉNON de Kition ou **de Citium,** *Kition, Chypre, v. 335 - v. 264 av. J.-C.,* philosophe grec. Il est le fondateur du stoïcisme.

ZÉNON d'Élée, *Élée entre 490 et 485 - v. 430 av. J.-C.,* philosophe grec de l'école éléate. Disciple de Parménide, il proposa, pour établir l'impossibilité du mouvement et, de ce fait, l'unité de l'Être, des paradoxes restés célèbres, tels celui d'Achille qui ne rattrape jamais la tortue ou celui de la flèche qui vole et qui est immobile.

ZEP (Philippe **Chappuis,** dit), *Onex 1967,* dessinateur et scénariste suisse de bandes dessinées. Il crée à partir de 1992 les premiers albums de *Titeuf*, gamin espiègle croqué en quelques traits. Dans ses autres publications, sans délaisser l'humour (*les Filles électriques*, 1997 ; *Happy Parents*, 2014), il aborde des sujets plus graves avec délicatesse (*Une histoire d'hommes*, 2013 ; *Un bruit étrange et beau*, 2016).

ZEPPELIN (Ferdinand, comte von), *Constance 1838 - Berlin 1917*, officier puis industriel allemand. Il construisit de grands dirigeables rigides, dont le premier fut essayé en 1900 au-dessus du lac de Constance.

ZERAVCHAN (chaîne du), massif du Tadjikistan. Ses torrents alimentent Samarkand et Boukhara.

ZERMATT, comm. de Suisse (Valais), au pied du Cervin ; 5 720 hab. Grand centre touristique.

ZERMATTEN (Maurice), *Saint-Martin, près de Sion, 1910 - Sion 2001*, écrivain suisse de langue française. Ses romans mêlent foi et régionalisme valaisan (*la Colère de Dieu*, 1940 ; *À l'est du grand couloir*, 1983).

ZERMELO (Ernst), *Berlin 1871 - Fribourg-en-Brisgau 1953*, mathématicien et logicien allemand. Disciple de Cantor, il développa la théorie des ensembles, dont il donna, en 1908, une première axiomatisation, qui fut complétée par Fraenkel et Skolem.

ZERNIKE (Frederik), *Amsterdam 1888 - Naarden 1966*, physicien néerlandais. Il imagina le microscope à contraste de phase qui permet de rendre visibles des détails parfaitement transparents. (Prix Nobel 1953.)

ŻEROMSKI (Stefan), *Strawczyn 1864 - Varsovie 1925*, écrivain polonais. Ses romans (*les Cendres*, 1904) et ses drames combattent les oppressions politiques et sociales.

ZEROUAL (Liamine), *Batna 1941*, militaire et homme politique algérien. Ministre de la Défense (1993 - 1999), il a été président de la République de 1994 à 1999.

ZETKIN (Clara), *Wiederau 1857 - Arkhanguelskoïe, près de Moscou, 1933*, révolutionnaire allemande. Membre du Parti social-démocrate à partir de 1878, elle participa au mouvement spartakiste, puis adhéra au Parti communiste allemand (1919). Elle fut députée au Reichstag de 1920 à 1933.

ZETLAND → **SHETLAND.**

ZEUS MYTH. GR. Divinité suprême de l'Olympe, fils de Cronos et de Rhéa. Dieu du Ciel et maître des dieux, il fait régner sur la Terre l'ordre et la justice. Son attribut est le foudre. Célèbres sanctuaires à Olympie (statue en or et en ivoire de Phidias, une des Sept Merveilles* du monde antique), à Dodone et en Crète. Les Romains l'assimilèrent à Jupiter.

ZEUXIS, *seconde moitié du Ve s. av. J.-C.*, peintre grec. Connu par les auteurs anciens, il a été, comme Polygnote, un artiste novateur.

ZHANG YIMOU, *Xi'an 1950*, cinéaste chinois. Donnant libre cours à un style flamboyant, il obtient dès ses premières réalisations une reconnaissance internationale (*le Sorgho rouge*, 1987 ; *Épouses et concubines*, 1991 ; *Qiu Ju, une femme chinoise*, 1992 ; *Vivre*, 1994 ; *le Secret des poignards volants*, 2004 ; *la Cité interdite*, 2006). Il a aussi réalisé la scénographie des cérémonies d'ouverture et de clôture des JO de Pékin (2008).

ZHANJIANG, v. de Chine (Guangdong) ; 1 350 665 hab. Port. Centre industriel.

ZHAO MENGFU, *Huzhou, Zhejiang, 1254 - 1322*, peintre chinois, célèbre pour son style archaïsant et ses représentations de chevaux très réalistes.

ZHAO ZIYANG, *district de Huaxian, Henan, 1919 - Pékin 2005*, homme politique chinois. Successeur de Hua Guofeng à la tête du gouvernement (1980 - 1987) et secrétaire général du Parti communiste (1987 - 1989), il fut limogé en 1989.

ZHEJIANG, prov. du sud-est de la Chine ; 55 390 000 hab. ; cap. *Hangzhou*.

ZHENG HE, *Kunming 1371 - Nanning 1435*, navigateur chinois. Ses sept voyages vers l'Asie du Sud et du Sud-Est et jusqu'aux côtes de l'Afrique orientale (entre 1405 et 1433) contribuèrent à l'expansion de la puissance maritime chinoise.

ZHENGZHOU, v. de Chine, cap. du Henan ; 2 589 387 hab. Centre industriel. – Cap. de la dynastie Shang, dont elle conserve une nécropole.

ZHOU ENLAI ou **CHOU EN-LAI,** *Huai'an, Jiangsu, 1898 - Pékin 1976*, homme politique chinois. Il participa à la fondation du Parti communiste chinois (1921). Ministre des Affaires étrangères (1949 - 1958) et Premier ministre (1949 - 1976), il joua un rôle prépondérant en politique extérieure et prépara le rapprochement sino-américain (1972).

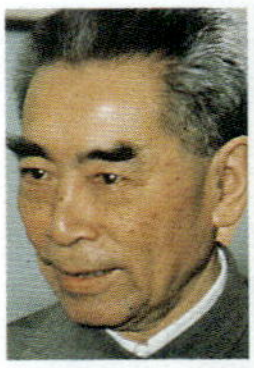

◄ **Zhou Enlai**

ZHOUKOUDIAN, village de Chine, au S.-O. de Pékin. Ce site préhistorique, formé d'un ensemble de grottes occupées par intervalles entre 400 000 et 30 000 ans, a livré notamm. les premiers restes du sinanthrope (forme d'*Homo erectus*), en 1921.

Zhuangzi, ouvrage fondamental du taoïsme dit « philosophique ». Son auteur, *Zhuangzi*, vivait à la fin du IVe s. av. J.-C.

ZHU DA, dit aussi **Bada Shanren,** *Nanchang 1625 - ? 1705*, moine, peintre et calligraphe chinois, l'un des plus féconds parmi les peintres individualistes de l'époque Ming.

ZHU DE, *Manchang, Sichuan, 1886 - Pékin 1976*, homme politique et maréchal chinois. Compagnon de Mao Zedong, commandant de l'armée rouge à partir de 1931, il dirigea la Longue Marche (1934 - 1935) puis lutta contre les Japonais de 1937 à 1945. Après la Seconde Guerre mondiale, il conquit la Chine continentale (1946 - 1949) en éliminant l'armée nationaliste de Jiang Jieshi.

ZHU XI, *You Xi, Fujian, v. 1130 - 1200*, philosophe chinois. Sa conception du confucianisme, liée à une réflexion sur les rapports du *li*, principe formel, et du *qi*, principe matériel, fit autorité jusqu'au XXe s. Il écrivit une histoire de la Chine.

ZIA UL-HAQ (Mohammad), *Jullundur 1924 - dans un accident d'avion, près de Bahawalpur, 1988*, officier et homme politique pakistanais. Chef d'état-major de l'armée en 1976, il dirigea le coup d'État militaire de juill. 1977. Il fut président de la République de 1978 à sa mort.

ZIA UR-RAHMAN, dit souvent **ZIA,** *Bagbari, district de Sylhet, 1936 - Chittagong 1981*, officier et homme politique bangladais. Figure de la guerre d'indépendance du Bangladesh (1971), arrivé au pouvoir à la faveur d'un putsch en 1975 et élu président de la République en 1978, il est assassiné en 1981. — **Khaleda Zia,** *Birbhum, Bengale-Occidental, ou district de Dinajpur, Bangladesh, 1944 ou 1945*, femme politique bangladaise. Veuve de Zia ur-Rahman, leader du Bangladesh National Party, elle a été Premier ministre de 1991 à 1996 et de 2001 à 2006.

ZIBAN → **ZAB** (monts du).

ZIBO, v. de Chine (Shandong) ; 2 817 479 hab. Centre industriel.

ZIDANE (Zinédine), *Marseille 1972*, footballeur français. Milieu de terrain offensif, il a été le meneur de jeu de l'équipe de France, avec laquelle il est devenu champion du monde (1998) et champion d'Europe (2000). Il a aussi été entraîneur du club de football espagnol, le Real Madrid (2016 - 2018).

▲ Zinédine **Zidane** en finale de la Coupe du monde 1998.

ZIEGLER (Jean), *Thoune 1934*, sociologue et homme politique suisse. Dans le cadre de la Commission (devenue Conseil) des droits de l'homme de l'ONU, il développe une vision critique de la mondialisation, génératrice notamm. de crise alimentaire (*l'Empire de la honte*, 2005 ; *la Haine de l'Occident*, 2008 ; *Destruction massive. Géopolitique de la faim*, 2011). Ses ouvrages consacrés à la Suisse sont eux aussi sans concession.

ZIELONA GÓRA, v. de Pologne, sur l'Odra ; 118 982 hab. Centre industriel.

Zig et Puce, personnages de bande dessinée créés en 1925 par A. Saint-Ogan dans le quotidien français *Excelsior*. Ces deux jeunes garçons sont accompagnés par le pingouin Alfred.

ZIGONG, v. de Chine (Sichuan) ; 1 051 384 hab. Pétrole et gaz naturel.

ZIGUINCHOR, v. du Sénégal, sur l'estuaire de la Casamance ; 162 887 hab. Port. Pêche.

ŽILINA, v. du nord-ouest de la Slovaquie ; 81 494 hab. Monuments anciens.

ZIMBABWE, site d'une ancienne ville du sud de l'actuel Zimbabwe. Fondée vers le Ve s. apr. J.-C., elle fut la capitale d'un État qui devint au XVe s. l'empire du Monomotapa. Son apogée se situe du XIIIe au XVe s. Ruines imposantes.

ZIMBABWE n.m., État d'Afrique australe ; 390 000 km² ; 14 150 000 hab. (*Zimbabwéens*). **CAP.** *Harare*. **LANGUE :** *anglais*. **MONNAIE :** *dollar des États-Unis*.

GÉOGRAPHIE C'est une région de plateaux, domaine de la forêt claire et de la savane. Héritage de la colonisation, le pays, demeuré en majeure partie rural, juxtapose cultures vivrières (maïs) et commerciales (coton, tabac) à côté de l'élevage (bovins surtout). Le sous-sol fournit du chrome, du nickel, du platine et du charbon. L'indépendance puis des réformes brutales ont provoqué le départ d'une grande partie de la minorité blanche et désorganisé l'économie. Depuis 2009, le pays a renoué avec la croissance, mais la reprise reste fragile, notamm. en raison du poids de la dette et de la méfiance des investisseurs.

HISTOIRE **Les origines et l'époque coloniale.** **IIIe - XVIe s. :** peuplé par des Bochimans puis par des Bantous, l'actuel Zimbabwe fournit au XVe s. le cadre de l'empire du Monomotapa (capitale Zimbabwe), qui tire sa richesse de l'exploitation de l'or. **XVIe s. :** les Portugais supplantent progressivement les musulmans dans le commerce des minerais. **1885 - 1886 :** Cecil Rhodes, pour le compte de la Grande-Bretagne, occupe de vastes régions, qui prennent en 1895 le nom de Rhodésie et parmi lesquelles figure l'actuel Zimbabwe. **1911 :** la Rhodésie est morcelée ; l'unification des régions du nord forme la Rhodésie du Nord (actuelle Zambie), celle des régions du sud constitue la Rhodésie du Sud (le futur Zimbabwe). **1923 :** la Rhodésie du Sud devient colonie de la Couronne britannique, dotée de l'autonomie interne. **1940 - 1953 :** la Seconde Guerre mondiale provoque une expansion économique rapide et l'arrivée de nombreux immigrants blancs. **1953 - 1963 :** une fédération unit le Nyassaland et les deux Rhodésies.

L'indépendance. **1965 - 1978 :** le Premier ministre Ian Smith, chef de la minorité blanche, proclame unilatéralement (1965) l'indépendance de la Rhodésie du Sud, puis instaure (1970) la République rhodésienne. Le nouvel État modèle sa politique sur celle de l'Afrique du Sud (apartheid) malgré une opposition intérieure grandissante et, à partir de 1972, la naissance d'une guérilla soutenue par le Mozambique. **1978 :** Ian Smith signe un accord avec les opposants les plus modérés. **1979 :** un gouvernement multiracial est constitué. **1980 :** des élections reconnues par la communauté internationale portent au pouvoir Robert Mugabe, chef de l'aile radicale du mouvement nationaliste. L'indépendance du Zimbabwe entraîne un exode des Blancs, qui continuent néanmoins à contrôler l'essentiel de la richesse économique du pays. **1987 :** établissement d'un régime présidentiel. Mugabe devient chef de l'État. Il est ensuite régulièrement réélu, mais, exerçant un pouvoir de plus en plus autoritaire, il doit faire face à une opposition intérieure grandissante et à la défiance de la communauté

Zimbabwe

★ site touristique important
— route
— voie ferrée
✈ aéroport
● plus de 1 000 000 h.
● de 100 000 à 1 000 000 h.
● de 10 000 à 100 000 h.
● moins de 10 000 h.
500 1000 1500 m

internationale. **2002 :** l'aboutissement de la réforme agraire, engagée dans les années 1980 mais radicalisée à partir de 2000 (expropriation des fermiers blancs par une législation coercitive et le recours à la violence), conduit à une grave crise économique. **2003 :** le Zimbabwe quitte le Commonwealth (dont il avait été suspendu en 2002). **2008 :** l'élection présidentielle débouche sur une impasse : après un premier tour aux résultats contestés (mars), R. Mugabe se déclare vainqueur d'un second tour sans adversaire (juin), le candidat de l'opposition, Morgan Tsvangirai, ayant renoncé à le disputer dans un contexte de graves violences. **2009 :** en application d'un accord de partage du pouvoir conclu en sept. 2008, M. Tsvangirai devient Premier ministre (févr.). Il hérite d'un pays exsangue (menaces de famine, épidémie de choléra), qu'il s'emploie à conduire sur la voie du redressement économique. **2013 :** après l'adoption par référendum d'une nouvelle Constitution (mars), R. Mugabe remporte l'élection présidentielle (juill.), face à M. Tsvangirai. Cette victoire met fin à la cohabitation entre les deux hommes. **2017 :** l'armée contraint R. Mugabe à démissionner (nov.), à la suite du limogeage du vice-président Emmerson Mnangagwa, qui prend ainsi sa succession. **2018 :** E. Mnangagwa légitime son accession au pouvoir en remportant l'élection présidentielle (juill.).

ZIMMERMANN (Bernd Alois), *Bliesheim, près de Cologne, 1918 - Königsdorf, auj. dans Cologne, 1970*, compositeur allemand. Il est l'auteur de l'opéra *les Soldats*, d'œuvres inspirées par le ballet *(Concerto pour violoncelle, en forme de pas de trois)* et de grandes fresques qui mêlent voix, orchestre et bande magnétique (*Requiem pour un jeune poète*, 1969).

ZIMMERMANN (Dominikus), *Gaispoint, auj. dans Wessobrunn, Bavière, 1685 - Wies 1766*, architecte et stucateur allemand. Son chef-d'œuvre est l'abbatiale de Wies (1746 et suiv.), une des créations les plus exubérantes et raffinées du rococo germanique. — **Johann Baptist Z.**, *Gaispoint, auj. dans Wessobrunn, 1680 - Munich 1758*, peintre et stucateur allemand, frère aîné de Dominikus. Il a assuré la riche décoration (fresques, stucs) de plusieurs des édifices construits par son frère (Steinhausen, en Souabe, Wies, etc.).

ZINDER, v. du sud du Niger ; 322 935 hab. Raffinerie de pétrole.

ZINNEMANN (Fred), *Vienne 1907 - Londres 1997*, cinéaste américain d'origine autrichienne. D'abord documentariste (*Benjy*, 1951), il réalisa ensuite des fictions hollywoodiennes centrées sur des conflits historiques ou moraux (*Le train sifflera trois fois*, 1952 ; *Tant qu'il y aura des hommes*, 1953 ; *Un homme pour l'éternité*, 1966).

ZINOVIEV (Grigori Ievseïevitch), *Ielizavetgrad 1883 - 1936*, homme politique soviétique. Proche collaborateur de Lénine à partir de 1902 - 1903, membre du bureau politique du parti (1917 - 1926), il dirigea le comité exécutif de l'Internationale communiste (1919 - 1926). Il rejoignit Trotski dans l'opposition à Staline (1926) et fut exclu du parti (1927). Jugé lors des procès de Moscou (1935 - 1936), il fut exécuté. Il a été réhabilité en 1988.

ZINZENDORF (Nikolaus Ludwig, comte von), *Dresde 1700 - Herrnhut 1760*, chef religieux saxon. Restaurateur de l'Église des Frères moraves, il influença le renouveau protestant du XVIIIe s.

ZIRIDES, dynastie berbère, dont une branche régna dans l'est de l'Afrique du Nord de 972 à 1167 et une autre en Espagne (Grenade) de 1025 à 1090.

ZITA (sainte), *Monsagrati, près de Lucques, 1218 - Lucques 1278*, servante italienne, patronne des gens de maison.

ZITA DE BOURBON-PARME, *Villa Pianore, près de Viareggio, 1892 - abbaye de Zizers, Grisons, 1989*, impératrice d'Autriche. Elle épousa en 1911 Charles Ier.

ŽIVKOV ou **JIVKOV** (Todor), *Pravec 1911 - Sofia 1998*, homme politique bulgare. Premier secrétaire du Parti communiste à partir de 1954, président du Conseil de 1962 à 1971, chef de l'État à partir de 1971, il démissionna de ses fonctions en 1989.

ŽIŽKA (Jan), *Trocnov v. 1360 ou 1370 - près de Přibyslav 1424*, patriote tchèque. Chef hussite, puis taborite (1420), il devint aveugle, mais poursuivit la lutte contre l'empereur Sigismond.

ZLATOOUST, v. de Russie, dans l'Oural ; 174 285 hab. Métallurgie.

ZLÍN, de 1948 à 1990 **Gottwaldov,** v. de la République tchèque, en Moravie ; 81 459 hab. Centre industriel (chaussures).

ZOBEL (Joseph), *Rivière-Salée 1915 - Alès 2006*, écrivain français. Son roman *la Rue Cases-Nègres* (1950), récit d'apprentissage d'un enfant noir, évoque avec humanisme et simplicité la vie dans les plantations en Martinique.

ZOÉ Porphyrogénète, *v. 978 - 1050*, impératrice byzantine. Fille de Constantin VIII, elle fit assassiner son mari, Romain III Argyre (1034), pour épouser et faire couronner empereur Michel IV, avec qui elle régna jusqu'en 1041. Après la mort de ce dernier (1041), elle épousa Constantin IX Monomaque (1042).

ZOERSEL [zursɛl], comm. de Belgique (prov. d'Anvers) ; 21 610 hab.

ZOETERMEER, v. des Pays-Bas, à l'E. de La Haye ; 123 092 hab.

ZOG Ier ou **ZOGU Ier** (Ahmed **Zogu,** dit), *Burgajet 1895 - Suresnes 1961*, roi d'Albanie (1928 - 1939). Président de la République (1925), il institua la monarchie (1928) et s'exila lors de l'invasion italienne (1939).

Zohar ou **Sefer ha-Zohar** (le « Livre de la splendeur »), ouvrage fondamental de la littérature kabbalistique juive. Écrit en araméen, vraisemblablement dû à Moïse de León, qui en aurait rédigé la plus grande part entre 1270 et 1300, il a exercé une influence majeure sur la pensée juive et au-delà.

ZOLA (Émile), *Paris 1840 - id. 1902*, écrivain français. Chef de l'école naturaliste, il voulut appliquer la rigueur scientifique à la description des faits humains et sociaux. Accordant un rôle capital au déterminisme dans les passions, il entreprit un vaste cycle romanesque reposant sur une minutieuse enquête préalable, *les Rougon-Macquart**, *histoire naturelle et sociale d'une famille sous le second Empire* (1871-1893). Attiré par les théories socialistes, puis évoluant vers une vision messianique de l'avenir humain (*les Quatre Évangiles*, 1899-1903), il prit parti en faveur de Dreyfus (*J'accuse*, 1898). Il a aussi laissé des ouvrages de critique d'art (*Édouard Manet*, 1867) et de critique littéraire (*le Roman expérimental*, 1880).

▲ Émile **Zola** par É. Manet. (Musée d'Orsay, Paris.)

Zolder, circuit automobile de Belgique, dans le Limbourg, au N. de Hasselt.

Zollverein (Deutscher) [« Union douanière allemande »], association douanière entrée en vigueur en 1834 sous l'impulsion de la Prusse. De 1834 à 1867, elle engloba l'ensemble des États allemands, jouant ainsi un rôle déterminant dans la formation de l'unité allemande.

ZOMBA, v. du Malawi ; 87 366 hab. Anc. capitale du Malawi.

ZONGULDAK, v. de Turquie, sur la mer Noire ; 104 276 hab. Port. Centre houiller.

ZONHOVEN [zɔnovɛn], comm. de Belgique (Limbourg) ; 21 022 hab.

ZORN (Anders), *Mora, Dalécarlie, 1860 - id. 1920*, peintre et graveur suédois. Il est spécialement estimé pour ses portraits à l'eau-forte aux hachures énergiques.

ZORN (Fritz **Angst,** dit Fritz), *Meilen 1944 - Zurich 1976*, écrivain suisse de langue allemande. Son autobiographie posthume (*Mars*, 1977) relie l'évocation de son cancer à celle d'une existence vide et étouffante dans la bourgeoisie de Zurich.

ZOROASTRE → **ZARATHUSHTRA.**

ZOROBABEL, prince juif, gouverneur de la province de Judée entre 520 et 518 av. J.-C. sous la domination perse. Il aida les exilés juifs à rentrer dans leur patrie et à reconstruire le Temple de Jérusalem.

ZORRILLA Y MORAL (José), *Valladolid 1817 - Madrid 1893*, écrivain espagnol. Ses poésies

A B C D E F G H I J K L M N O P Q R S T U V W X Y Z

et ses drames romantiques (*Don Juan Tenorio*, 1844) empruntent leurs thèmes aux légendes et aux traditions populaires de l'Espagne.

Zorro, personnage créé par l'Américain Johnston McCulley dans son roman *The Curse of Capistrano* (1919). Cavalier vêtu de noir, représentant l'archétype du justicier masqué, il fut popularisé par le cinéma.

ZOTTEGEM, comm. de Belgique (Flandre-Orientale) ; 25 580 hab. Château des comtes d'Egmont.

ZOUG, en all. **Zug,** v. de Suisse, ch.-l. du *canton de Zoug*, sur le *lac de Zoug* ; 26 327 hab. (112 240 hab. dans l'agglomération). Centre commercial, touristique et industriel. – Noyau ancien pittoresque.

ZOUG (canton de), canton de Suisse ; 239 km^2 ; 113 105 hab. ; ch.-l. *Zoug*. Il est entré dans la Confédération suisse en 1352.

ZOUG (lac de), lac de Suisse, entre les cantons de Zoug, de Lucerne et de Schwyz ; 38 km^2.

ZOULOUS ou **ZULU,** peuple d'Afrique du Sud (Kwazulu-Natal) [env. 7 millions]. Leur organisation sociale repose sur un système de classes d'âge, avec une forte militarisation, qui permit au début du XIXe s. au grand stratège Chaka (ou Shaka) de dominer l'ensemble des Ngoni (dont les Zoulous n'étaient jusqu'alors que l'un des clans), de fonder un royaume unifié et de mener des guerres victorieuses, à l'origine d'importants mouvements de populations. Les Zoulous repoussèrent les troupes anglaises en 1879, mais furent placés sous protectorat britannique en 1887 puis annexés en 1899. De 1972 à 1994, leur territoire fut érigé en un bantoustan appelé Kwazulu. Leur principal parti politique est l'Inkatha. Ils parlent une langue bantoue.

ZRENJANIN, v. de Serbie (Vojvodine) ; 75 743 hab. Industrie agroalimentaire. – Monuments de style baroque.

ZSIGMONDY (Richard), *Vienne 1865 - Göttingen 1929*, chimiste autrichien. Ses principales recherches ont porté sur les colloïdes. Pour déterminer la nature de ces substances, il imagina l'ultramicroscope*. (Prix Nobel 1925.)

ZUCCARI (Taddeo), *Sant' Angelo in Vado, Urbino, 1529 - Rome 1566*, peintre italien. Représentant du maniérisme tardif, il a réalisé de nombreux décors monumentaux (fresques) à Rome et dans la région. — **Federico Z.,** *Sant' Angelo in Vado v. 1540 - Ancône 1609*, peintre et théoricien italien, frère de Taddeo. Il collabora avec celui-ci et évolua vers un éclectisme académique.

ZUCKERBERG (Mark), *White Plains, État de New York, 1984*, informaticien et chef d'entreprise américain. Il a créé en 2004 le réseau social Facebook*.

ZUG → **ZOUG.**

ZUGSPITZE n.f., sommet des Alpes, à la frontière de l'Autriche et de l'Allemagne (dont il constitue le point culminant) ; 2 963 m.

▲ **Zurich.** La Limmat avec, à gauche, les tours de la cathédrale (XIIe-XIIIe s.).

▲ **Zurbarán.** *L'Annonciation.* (Musée de Grenoble.)

ZUIDERZEE, anc. golfe des Pays-Bas, fermé par une digue et constituant auj. un lac intérieur (lac d'IJssel, ou IJsselmeer). De grands polders y ont été reconquis. C'est l'ancien lac Flevo, qu'un raz de marée réunit à la mer du Nord au XIIIe s.

ZULIA, État du Venezuela ; 3 704 404 hab. ; cap. *Maracaibo*. Pétrole.

ZÜLPICH → **TOLBIAC.**

ZULU → **ZOULOUS.**

ZUMA (Jacob), *Inkandla, Natal, 1942*, homme politique sud-africain. Vice-président (1997 - 2007) puis président (2007 - 2017) de l'ANC, il a été président de la République de 2009 à 2018.

ZUMTHOR (Peter), *Bâle 1943*, architecte suisse. Il mêle rigueur architectonique et harmonie spatiale dans une œuvre qui, outre les célèbres thermes en quartzite de Vals (canton des Grisons, 1996), comprend plusieurs musées et édifices religieux (musée d'Art à Bregenz, 1997 ; chapelle St-Nicolas-de-Flue à Wachendorf, près de Cologne, 2007). [Prix Pritzker 2009.]

ZUÑI, peuple amérindien du sud-ouest des États-Unis (Nouveau-Mexique, Arizona), appartenant à l'ensemble Pueblo.

ZURBARÁN (Francisco de), *Fuente de Cantos, Badajoz, 1598 - Madrid 1664*, peintre espagnol. Surtout peintre religieux (sans oublier cependant ses natures mortes et ses portraits), il a notamm. travaillé pour les couvents de Séville, et a donné de grands ensembles pour la chartreuse de Jerez (musées de Cadix, de Grenoble, etc.) et pour le monastère de Guadalupe. Ses qualités plastiques (statisme monumental, beauté du coloris), sa spiritualité alliée à une simplicité rustique l'ont fait particulièrement apprécier au XXe s.

ZURBRIGGEN (Pirmin), *Saas-Almagell, Valais, 1963*, skieur suisse. Champion olympique (1988), il a remporté la Coupe du monde en 1984, 1987, 1988 et 1990.

ZURICH, en all. **Zürich,** v. de Suisse, ch.-l. du *canton de Zurich*, sur la Limmat, qui sort à cet endroit du *lac de Zurich* ; 372 857 hab. (1 217 751 hab. dans l'agglomération). Université. École polytechnique fédérale (ETHZ). Zurich est la plus grande ville de la Suisse et le principal centre industriel de la Confédération, son grand centre financier. – Cathédrale romane des XIIe-XIIIe s. et autres monuments ; importants musées. – Ville impériale libre en 1218, Zurich adhéra à la Confédération en 1351 ; Zwingli en fit un des centres de la Réforme (1523). En 1830, la ville se dota d'une Constitution libérale qui supprima l'antagonisme entre elle et le reste du canton. Victoire de Masséna sur les Autrichiens et les Russes en 1799. Traité signé à la suite de la victoire des Franco-Sardes sur les Autrichiens (1859).

ZURICH (canton de), canton de Suisse ; 1 729 km^2 ; 1 373 068 hab. ; ch.-l. *Zurich*. C'est le plus peuplé du pays.

ZURICH (lac de), lac de Suisse, entre les cant. de Zurich, de Schwyz et de Saint-Gall ; 90 km^2.

ZUSE (Konrad), *Berlin 1910 - Hünfeld 1995*, ingénieur allemand. Il réalisa, à partir de 1938, différents modèles de calculateurs électromécaniques programmables. L'un d'eux, le Z3 (1941), qui utilisait la numération binaire et le procédé de calcul en virgule flottante, peut être considéré comme le premier ordinateur.

ZWEIG (Stefan), *Vienne 1881 - Petrópolis 1942*, écrivain autrichien. S'enracinant dans le milieu viennois et le freudisme, ses drames, ses récits (*Amok*, 1922 ; *la Confusion* [ou *le Désarroi*] *des sentiments*, 1926 ; *le Joueur d'échecs*, 1943) et ses essais littéraires s'élargissent à toute la culture européenne. Parti en 1934 pour l'Angleterre, puis pour le Brésil, il se suicida.

▲ Stefan **Zweig**

ZWEVEGEM, comm. de Belgique (Flandre-Occidentale) ; 24 197 hab.

ZWICKAU, v. d'Allemagne (Saxe), au S. de Leipzig ; 93 081 hab. Centre industriel. – Cathédrale du XVe s.

ZWICKY (Fritz), *Varna, Bulgarie, 1898 - Pasadena 1974*, astrophysicien suisse. Il a étudié les supernovae, prédit l'existence des étoiles à neutrons (1935), étudié la répartition des galaxies dans l'Univers, postulant dès 1933 la présence de matière obscure inobservée (matière noire), et dressé un catalogue photographique de galaxies.

ZWIJNDRECHT [zwindreʃt], comm. de Belgique (prov. d'Anvers), sur la rive gauche de l'Escaut ; 18 794 hab. Chimie.

Zwin, réserve naturelle de Belgique (Flandre-Occidentale), sur la mer du Nord.

ZWINGLI (Ulrich ou Huldrych), *Wildhaus, canton de Saint-Gall, 1484 - Kappel 1531*, réformateur suisse. Curé de Glaris, il subit l'influence d'Érasme, puis adhéra vers 1520 à la Réforme, qu'il introduisit à Zurich. Parallèlement à la réforme du culte et de la constitution de l'Église, il s'efforça d'instituer un véritable État chrétien, idée qui sera reprise par Calvin à Genève. Il mourut en 1531 au cours d'un affrontement entre catholiques et protestants (bataille de Kappel).

▲ Ulrich **Zwingli.** (Bibliothèque de Zurich.)

ZWOLLE, v. des Pays-Bas, ch.-l. de l'Overijssel, sur l'IJssel ; 122 562 hab. Centre administratif, commercial et industriel. – Grande Église, gothique, et autres monuments.

ZWORYKIN (Vladimir), *Mourom 1889 - Princeton 1982*, ingénieur américain d'origine russe. Auteur de travaux d'optique électronique, il reste surtout connu pour son invention de l'iconoscope (1934), premier d'une longue lignée de tubes électroniques utilisés en télévision.

ZYRIÈNES → **KOMIS.**

Chronologie

- 13,7 milliards d'années DU BIG BANG AUX PREMIÈRES CIVILISATIONS - 460 

- 450 DE LA DÉMOCRATIE ATHÉNIENNE À L'EMPIRE ROMAIN 476 

481 ESSOR DE L'EMPIRE BYZANTIN, CONQUÊTE ARABE ET FÉODALITÉ 1090 

1096 CROISADES, CONFLITS DYNASTIQUES ET DÉBUT DE LA RENAISSANCE 1483 

1492 HUMANISME, DÉCOUVERTES ET CONFLITS RELIGIEUX 1648 

1649 ABSOLUTISME ET ÉMERGENCE DES IDÉES DES LUMIÈRES 1777 

1781 AU TEMPS DES RÉVOLUTIONS ET DU PRINTEMPS DES PEUPLES 1848 

1849 L'EUROPE À SON APOGÉE 1913 

1914 D'UN CONFLIT MONDIAL À L'AUTRE 1945 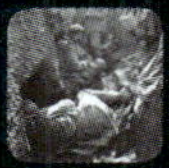

1946 CROISSANCE, GUERRE FROIDE ET DÉCOLONISATION 1969 

1970 ORDRE ET DÉSORDRES MONDIAUX 2010 

– 13,7 milliards d'années DU BIG BANG

Il y a près de 14 milliards d'années, le **big bang** engendre à la fois l'espace, le temps et la matière. L'**Univers** est une soupe de particules et d'antiparticules animées de mouvements désordonnés de vitesses proches de celle de la lumière. Un millionième de seconde après le big bang se constituent les premières particules lourdes, et une seconde après apparaissent les premiers noyaux atomiques légers.

Quelques centaines de millions d'années plus tard, les premières **galaxies** se forment. À partir d'éléments issus d'étoiles, la **Terre** se modèle en une sphère brûlante, qui, en refroidissant, expulse un gaz qui donne naissance à l'atmosphère. En se condensant, la vapeur d'eau contenue dans ce gaz forme des étendues propices à l'apparition des **premières cellules vivantes**. L'ère primaire est marquée par la diversification de la vie. L'ère secondaire est celle de l'apogée des reptiles, et le tertiaire voit apparaître plantes à fleurs et oiseaux. Les mammifères (dont la **famille humaine**) se développent dès la fin du tertiaire. Vers le IXe millénaire av. J.-C., la révolution **néolithique** voit l'homme se sédentariser et passer de la chasse et de la cueillette à une agriculture de production. Les premières villes sont bientôt érigées dans l'Orient ancien. L'**écriture** est inventée au IVe millénaire. De grandes **civilisations** voient le jour au Moyen-Orient (Égypte, Mésopotamie), en Chine, mais aussi en Amérique du Sud.

• **– 13 700 000 000.** Big* bang : naissance de l'Univers tel que nous le découvrons aujourd'hui.

• **– 4 566 000 000.** Formation du Système solaire*.

• **– 3 700 000 000.** Premières traces de vie.

• **– 540 000 000.** Début de l'ère primaire*.

• **– 245 000 000.** Début de l'ère secondaire*.

• **– 65 000 000.** Début de l'ère tertiaire*.

• **V. – 4 500 000.** Les australopithèques* sont les premiers primates qui acquièrent la bipédie.

• **– 3 000 000.** Début du paléolithique*.

• **V. – 2 500 000.** L'homininé *Homo*habilis* s'outille (choppers).

• **De – 1800 000 env. à – 1300 000.** L'homininé *Homo erectus* quitte l'Afrique et se répand en Europe et en Asie.

• **– 1 640 000.** Début du quaternaire*.

• **V. – 450 000.** *Homo erectus* produit du feu à volonté.

• **– 200 000.** Culture de l'acheuléen*.

•• **V. – 180 000.** *Homo sapiens*, espèce à laquelle se rattache l'homme actuel, proche de l'homme de Neandertal*, qui peuple l'Europe et le Proche-Orient, est le premier homme à parler.

• **– 70 000.** Culture du moustérien*.

• **V. – 70 000.** *Homo sapiens* colonise peu à peu toutes les terres.

• **V. – 40 000.** Des chasseurs originaires d'Asie auraient pénétré en Amérique du Nord par le détroit de Béring. Puis, l'homme moderne atteint aussi l'Australie.

• **De – 33 000 à – 26 000.** Cultures de l'aurignacien* et du périgordien*.

• **De – 30 000 à – 12 000 env.** L'art fait son apparition : peintures murales de la grotte Chauvet-Pont-d'Arc*, de la grotte de Lascaux* et de la grotte d'Altamira*.

[• De – 30 000 à – 12 000 env.]. Ours, peinture de la grotte Chauvet-Pont-d'Arc, France.

• **– 18 000.** Culture du solutréen*.

• **– 14 000.** Culture du magdalénien*.

• **V. – 9000.** En commençant à domestiquer des animaux et à cultiver des végétaux, l'homme

[• V. – 3500]. Scène agricole avec araire, peinture murale égyptienne, XIXe dynastie (de – 1296 à –1186).

• **VIIIe et VIIe millénaires.** Jéricho*, en Palestine, est la première ville de l'histoire. Puis Çatal* Höyük, en Turquie, sera une agglomération d'environ 5 000 habitants.

• **V. – 8000.** Au Moyen-Orient, le besoin d'ustensiles et de récipients pour stocker les produits de l'agriculture et de l'élevage explique l'invention de la poterie, qui utilise l'argile.

• **De – 7500 à – 1800 env.** L'essor de l'art de la poterie est associé aux cultures néolithiques japonaise de Jomon* et chinoises de Yangshao et de Longshan.

• **De – 5500 à – 2000 env.** Les découvertes du tassili des Ajjer, en Algérie, attestent la présence humaine au Sahara à une époque où la région était moins aride.

• **V^e millénaire.** La fabrication des premiers objets en cuivre fondu annonce le développement de l'usage des métaux. L'homme apprend aussi à travailler les fibres textiles naturelles.

• **– 4235.** Les Égyptiens seraient les premiers à reconnaître la durée approximative de l'année et à adopter un calendrier.

• **IVe millénaire.** Invention de l'écriture à Sumer*.

• **IVe et IIIe millénaires.** La basse Mésopotamie entre dans la civilisation urbaine. Ourouk puis Our, les plus importantes des cités gouvernées par un roi, sont les premiers foyers d'architecture religieuse.

[• IVe millénaire]. Écriture

• **V. – 3500.** À bord de navires non pontés, gréés d'une voile, les Égyptiens ouvrent l'ère de la navigation maritime.

• **V. – 3500.** Au Moyen-Orient, l'araire* remplace la houe.

• **V. – 3500.** La roue permet d'abord l'avènement du tour et révolutionne ensuite les transports.

• **V. – 3150.** La Haute-Égypte et la Basse-Égypte ne forment plus qu'une seule entité politique sous le règne du pharaon Narmer.

• **Av. – 3000.** Les besoins de l'économie et du commerce entraînent l'apparition des premiers systèmes de numération.

• **De – 3000 env. à – 2350.** Essor de Sumer*.

• **V. – 3000.** Début de l'âge du bronze*.

• **V. – 3000.** Ourouk*, berceau de la sculpture sur pierre.

• **IIIe millénaire.** Premier instrument de mesure du temps, le gnomon, cadran solaire primitif.

• **De – 2700 env. à – 2190.** En Égypte, Ancien Empire.

• **De – 2600 env. à – 1100.** Minoen*, civilisation de la Crète* à l'âge du bronze.

• **De – 2550 env. à – 2450.** Pyramides de Gizeh*.

• **De – 2500 env. à – 1500.** Civilisation de l'Indus*. Les sites de Harappa et de Mohenjo-Daro* révèlent un urbanisme évolué.

• **De – 2400 env. à – 1700.** Les mégalithes de Stonehenge* : cromlech construit en trois phases.

• **De – 2350 env. à 2160.** La dynastie akkadienne fondée par Sargon* met fin au règne des Sumériens.

• **V. – 2205.** En Chine, première dynastie royale, les Xia, qui aurait régné jusque v. – 1750.

• **De– 2160 env. à – 2060.** En Égypte, première période intermédiaire.

• **De – 2111 à – 2003.** À la fin de la dynastie akkadienne, Our* reprend la prépondérance à Sumer.

• **De – 2060 env. à – 1785.** En Égypte, période

AUX PREMIÈRES CIVILISATIONS – 460

• **V. – 2000.** Diffusion de la culture polynésienne en Mélanésie et en Micronésie.

• **De – 2000 à – 1750 env.** Selon le récit biblique, les Hébreux* migrent de Mésopotamie en Palestine (pays de Canaan).

[• De – 2000 à – 1750 env.]. Chandelier à sept branches, bas-relief hébraïque .

• **De – 1800 à – 1200 env.** Composition des premiers *Veda**.

• **De – 1793 à – 1750.** Hammourabi*, roi de Babylone*.

• **De – 1780 à – 1550 env.** En Égypte, seconde période intermédiaire.

• **V. – 1700.** Début de l'écriture de *l'Épopée de Gilgamesh**, plus ancien poème épique connu.

• **Entre – 1600 et – 1200 env.** Les Hittites*, peuple indo-européen, émigrent en Anatolie et y fondent un empire dont la capitale est Hattousa*.

• **V. – 1600.** Mycènes* supplante la Crète : les Achéens, venus des Balkans, s'installent dans le Péloponnèse.

• **Entre – 1580 et – 1085 env.** En Égypte, période du Nouvel Empire (Karnak*, Abou-Simbel*, Vallée des Rois*).

• **V. –1500.** Au Moyen-Orient et en Égypte, apparition d'articles en verre transparent et confection de récipients en verre creux.

• **Entre – 1500 et – 300 env.** Civilisation olmèque*.

• **De – 1484 à – 1450.** Thoutmosis* III, pharaon.

• **V. – 1400.** Invention de l'horloge à eau, ou clepsydre.

• **De– 1372 à – 1354.** Aménophis* IV [Akhenaton], pharaon.

• **De – 1360 à – 1330 env.** Fondation du premier Empire d'Assyrie*.

• **De – 1304 à – 1236.** Ramsès* II, pharaon.

• **De – 1300 à – 1200 env.** Invasions doriennes.

• **De – 1275 à – 1245.** Salmanasar Ier, roi d'Assyrie.

• **V. – 1250.** Épisode biblique de la sortie d'Égypte : parvenu au mont Sinaï, Moïse aurait livré aux Hébreux les Tables de la Loi (Décalogue).

• **V. – 1230 à – 1191.** Invasions des Peuples* de la Mer.

• **– 1184.** Les Achéens* prennent Troie*.

• **V. – 1050.** Sous la poussée des Doriens, les Grecs colonisent le littoral asiatique de la mer Égée.

• **V. – 1025.** En Chine, les Zhou succèdent aux Shang.

• **V. – 1010.** Selon le récit biblique, le roi David* unifie Israël.

• **De – 969 à – 962.** Selon le récit biblique, le roi Salomon* fait construire à Jérusalem un temple qui soit digne de la maison de Dieu.

• **De – 900 à – 450 env.** Premier âge du fer*. La période dite « de Hallstatt » désigne la première phase de diffusion de la métallurgie du fer en Europe centrale et occidentale.

[• – 776]. Coureurs à pied pendant les jeux Olympiques, peinture sur poterie, Grèce.

• **De – 883 à – 858.** Assournazirpal, roi d'Assyrie*.

• **De 858 à – 823.** Salmanasar* III, roi d'Assyrie.

• **– 814.** Les Phéniciens fondent Carthage*.

• **V. – 800.** Début de la civilisation étrusque*.

• **De – 800 à – 700 env.** La culture de Chavín* donne naissance à la première grande civilisation andine.

[• De – 800 à – 700 env.]. Tête sculptée ornant une pyramide, Chavín de Huantar, Pérou.

• **VIIIe s. av. J.-C.** *L'Iliade** et *l'Odyssée**, épopées attribuées à Homère*. Hésiode* fonde la poésie didactique.

• **– 776.** Premiers jeux Olympiques*.

• **– 753.** Fondation de Rome.

• **De – 700 à – 300 env.** Les *Upanishad** transforment le védisme*.

• **Entre – 700 et – 200 env.** Les Scythes* s'installent en Crimée.

• **De – 669 à – 627.** Assourbanipal*, roi d'Assyrie.

• **V. – 630.** Les Lydiens sont les premiers à mettre en circulation des pièces faites d'un alliage d'or et d'argent (l'électrum).

• **V. – 630.** La poétesse Sappho* invente une forme de lyrisme dont le sentiment amoureux est le thème. Après elle, Anacréon* et Pindare* feront la fortune de l'ode.

• **– 616.** Les Étrusques* règnent sur le Latium.

• **De – 605 à – 562.** À Babylone*, règne de Nabuchodonosor* II.

• **– 587.** Nabuchodonosor s'empare de Jérusalem et les Juifs sont déportés à Babylone.

• **V. – 560.** Construction du temple d'Artémis à Éphèse*.

• **– 556.** Début du règne de Cyrus* II le Grand, qui va fonder un vaste empire entre océan Indien et mer Méditerranée.

• **– 534.** Naissance de la tragédie grecque : le poète Thespis innove en faisant dialoguer avec le chœur un acteur masqué.

• **De – 534 à – 509.** Tarquin* le Superbe, dernier roi étrusque.

• **– 523.** L'illumination que le prince Siddharta Gautama obtient vers l'âge de trente ans fait de lui le Bouddha*.

• **– 513.** Darios* Ier, roi des Perses, conçoit les plans de Persépolis.

• **– 509.** À Rome*, fondation de la République.

• **– 507.** Due à Clisthène*, la première Constitution démocratique d'Athènes institue la boulê, assemblée représentative de tous les citoyens. La loi sur l'ostracisme* doit en outre prévenir tout retour à un gouvernement aristocratique.

• **Ve s. av. J.-C.** Naissance de l'histoire. Hérodote* mêle à l'histoire proprement dite la géographie et la mythologie. Naissance de la métaphysique. Disciples des pythagoriciens et adversaires d'Héraclite, Parménide et les philosophes présocratiques de l'école d'Élée affirment l'opposition de l'être au devenir.

• **De – 490 à – 479.** Guerres médiques*, opposant les Grecs à l'Empire perse.

• **De – 486 à – 465.** Xerxès Ier, roi des Perses.

• **– 485.** Naissance de la comédie : le plus grand poète comique grec sera Aristophane*.

• **De – 484 à – 406.** L'ère des grands tragiques : Eschyle* ouvre pour la tragédie, genre théâtral, une ère de gloire qui prend fin avec la mort de Sophocle* et d'Euripide*.

[• – 483]. Portrait de Confucius, aquarelle du XIXe s.

• **– 483** Confucius* entreprend la compilation des cinq classiques de la pensée chinoise.

• **De – 481 à – 221.** En Chine, époque des Royaumes* combattants.

• **De – 468 à – 456.** Le temple de Zeus édifié à Olympie.

• **De – 461 à – 429.** Périclès*, stratège d'Athènes*.

• **Entre – 460 et – 420.** Polyclète*, inventeur du canon de la sculpture de la Grèce classique, de même que Phidias* et Myron,* privilégie la mesure et l'équilibre des formes.

[• De – 605 à – 562]. Porte monumentale de Babylone.

– 450 DE LA DÉMOCRATIE ATHÉNIENNE

Europe. L'apparition de la **démocratie** en Grèce représente un moment privilégié de l'histoire de l'humanité. Néanmoins, la démocratie grecque, qui n'a jamais concerné qu'une faible partie de la population, est éphémère. Ébranlée par la victoire de Sparte dans la guerre du Péloponnèse, elle disparaît quand Philippe II de Macédoine impose son hégémonie sur la Grèce. Son fils **Alexandre** réussit en quelques années de conquêtes à constituer un immense empire, que ses généraux se partagent en royaumes hellénistiques à sa mort. Sous la République, **Rome**, après être venue à bout de ses voisins et de **Carthage**, se constitue progressivement un empire méditerranéen et poursuit cette expansion en **Gaule** et au nord-ouest de l'Europe. L'Empire, qui fait suite à la République, connaît son apogée sous le règne des Antonins. Les deux siècles suivants sont témoins de l'effondrement de l'**Empire romain d'Occident**, sous la pression des invasions **barbares**.
Asie. La Chine, qui avait connu un émiettement politique à l'époque des **Zhou**, voit, pendant la période des Royaumes combattants, la principauté de **Qin** dominer ses rivaux et constituer un puissant État unitaire. Vers 320 s'impose en Inde la dynastie des **Gupta**, dont le règne correspond à un véritable âge d'or dans les domaines de l'art et de la littérature.
Amérique. Au sud du Mexique, la civilisation des **Mayas** connaît un grand essor.

• **De – 450 à – 25 env.** Second âge du fer : période, dite « de La Tène* », de l'expansion des Celtes* en Europe continentale.
• **De – 447 à – 406.** L'Acropole* d'Athènes couronnée de ses temples, par Phidias* et l'architecte Ictinos* notamment.
• **De – 431 à – 404.** Guerre du Péloponnèse*.
• **V. – 400.** Hippocrate* fonde la médecine clinique. Les philosophes Leucippe* et Démocrite* envisagent pour la première fois la matière comme constituée d'éléments indivisibles, les atomes, de formes, de dimensions et d'arrangements variés.
• **IVe s. av. J.-C.** En Chine, des hauts-fourneaux produisent de la fonte.
• **IVe s. av. J.-C.** Le *Ramayana**, épopée indienne attribuée au sage Valmiki*, inspire une grande partie de la culture traditionnelle de l'Inde et de l'Asie du Sud-Est.
• **V. – 390.** Les Gaulois de Brennus* s'emparent de Rome.
• **– 387.** Platon* fonde l'Académie*.
• **Entre – 360 et – 330 env.** Nombreux chefs-d'œuvre du sculpteur grec Praxitèle*.
• **De – 356 à – 336.** Philippe* II, roi de Macédoine.
• **De – 351 à – 340.** Les *Philippiques* de Démosthène* contre Philippe* de Macédoine.
• **De – 336 à – 323.** Alexandre* le Grand, roi de Macédoine.
• **– 335.** Aristote* fonde le Lycée*.
••• **– 323** Les généraux d'Alexandre (les diadoques) se disputent l'immense empire qu'il a fondé. Commence alors l'ère hellénistique*.
• **– 312.** Zénon* de Kition fonde l'école du Portique : le stoïcisme* rayonnera durablement sur le monde antique. Épictète* et Marc* Aurèle en seront les principaux propagateurs.
• **– 306.** Épicure* fonde un courant de pensée qui s'apparente à une morale rationnelle du plaisir.
• **– 305.** Fondée par Ptolémée*, la dynastie des Lagides a pour capitale Alexandrie (Égypte).
• **IIIe s. av. J.-C.** Le secret de la fabrication du papier semble avoir été connu des Chinois dès cette époque.

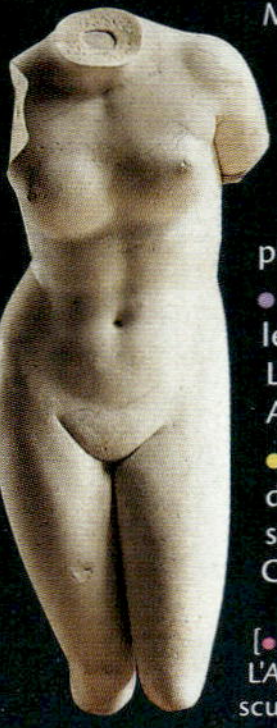

[• De – 360 à – 330 env.] L'*Aphrodite de Cnide*, sculpture de Praxitèle.

[• IVe s. av. J.-C.]. Le *Ramayana*, décor de temple indien.

• **IIIe s. av. J.-C.** Aristarque* de Samos fait l'hypothèse du mouvement de la Terre et des autres planètes autour du Soleil.
• **IIIe s. av. J.-C.** Ératosthène* parvient à évaluer les dimensions du globe terrestre.
• **IIIe s. av. J.-C.** Euclide* dresse, avec ses *Éléments*, une vaste synthèse de la géométrie grecque.
• **IIIe s. av. J.-C.** Archimède* énonce le théorème de l'hydrostatique portant son nom.
• **– 300.** Construction du théâtre d'Épidaure*.
• **V. – 280.** Construction de la statue de bronze du Colosse de Rhodes.
• **V. – 278 ?** Qu* Yuan, poète en exil considéré comme le père du lyrisme chinois, se suicide.
• **De – 269 à – 232.** L'Empire maurya* s'étend à la quasi-totalité de l'Inde. Ashoka* y favorise le rayonnement du bouddhisme, qui inspire sa propre politique.
• **De – 264 à – 146.** Guerres puniques entre Rome et Carthage* : la deuxième guerre punique (de – 218 à – 201) est marquée par les exploits d'Hannibal*, qui a passé les Alpes.

[• De – 264 à – 146]. Monnaie carthaginoise de la famille d'Hannibal.

• **V. – 250.** Les Parthes* règnent sur la Perse.
• **– 237.** Début de la construction du temple d'Horus à Edfou*.
• **– 221.** En Chine, le prince de Qin*, vainqueur des royaumes rivaux, prend le titre impérial. Il lance aussi les travaux de la Grande Muraille*.
• **– 208.** Au Viêt Nam, émergence du premier royaume national, le Nam Viêt, qui a pour berceau le Tonkin.
• **– 206.** Fondation de la dynastie des Han*.
• **IIe s. av. J.-C.** Hipparque* fonde l'astrométrie.
• **IIe s. av. J.-C.** Les Romains créent la route pavée, dont ils vont construire ensuite tout un réseau pour desservir leur empire.
• **– 196.** Rome libère la Grèce de la domination macédonienne et la place en fait sous son protectorat.
• **Entre – 133 et – 123.** À Rome, les frères Gracques* incarnent la conscience de classe de la plèbe romaine face à l'aristocratie sénatoriale.
• **– 125.** En Chine, les Han instituent le mandarinat.
• **De – 107 à – 86.** À Rome, gouvernement de Marius*.
• **Ier s. av. J.-C.** Invention du moulin à eau, en Chine.
• **Ier s. av. J.-C.** Invention du verre soufflé, au Proche-Orient.
• **– 92.** Les *Mémoires historiques* de Sima* Qian rassemblent les connaissances de son époque et livrent des renseignements irremplaçables sur la vie littéraire en Chine.
• **De – 91 à – 89.** La « guerre sociale », soulèvement des alliés italiens de Rome pour obtenir de la République le droit de cité.

[• – 52]. Scène de conquête honorant les légions romaines, bas-relief.

À L'EMPIRE ROMAIN 476

[• De 75 à 80]. Le Colisée de Rome.

• **De – 82 à – 79.** À Rome, gouvernement de Sulla*.

• **Entre – 80 et – 44.** Cicéron*, orateur à succès.

• **– 60.** À Rome, formation du premier triumvirat.

• **– 55.** À Rome, Jules César* commence à prolonger vers le nord le vieux forum* romain, auquel s'ajouteront les forums d'Auguste, de Vespasien, de Nerva et de Trajan.

• **– 52.** La Gaule devient romaine : défaite de Vercingétorix* à Alésia.

• **De – 51 à – 30.** Cléopâtre* VII, reine d'Égypte.

• **– 46.** César institue les années bissextiles.

• **– 44.** Assassinat de César.

• **– 43.** Formation du second triumvirat.

• **– 35.** Grand poète du siècle d'Auguste*, Horace* contribue, chez les Latins, à faire de la satire un genre littéraire accompli.

• **– 31.** La bataille d'Actium* sonne le glas de l'indépendance égyptienne.

• **De – 29 à – 19.** *L'Énéide* de Virgile relie le destin de Rome à celui de la Grèce légendaire.

• **– 27.** Tite-Live* entreprend son *Histoire de Rome*.

• **De – 27 à 14 apr. J.-C.** Auguste, empereur.

• **Ier – IVe s. apr. J.-C.** Au Gandhara*, berceau du bouddhisme du grand véhicule (mahayana), se développe un art essentiellement sculptural.

• **30 (ou 33).** Jésus-Christ* meurt sur la croix.

• **De 40 env. à 64.** L'œuvre philosophique de Sénèque* — traités, dialogues, *Lettres à Lucilius* — exprime l'essence même du stoïcisme latin.

• **V. 50.** Première mention de la charrue.

• **De 54 à 68.** Néron*, empereur romain.

• **70.** Destruction du Temple* de Jérusalem.

• **Entre 70 et 100 env.** Composition des quatre Évangiles*.

• **De 75 à 80.** À Rome, construction du Colisée*, ou « amphithéâtre Flavien ».

• **79.** L'éruption du Vésuve* détruit Pompéi* en même temps qu'Herculanum* et Stabies.

• **De 81 à 96.** Domitien*, empereur romain.

• **De 96 à 98.** Nerva*, empereur romain.

• **De 96 à 192.** Les Antonins* — surtout de Trajan* à Marc* Aurèle — renforcent la grandeur et la prospérité de Rome. La « paix romaine » s'étend alors à l'ensemble du monde antique.

• **Fin du Ier s.** La Bible* juive est parachevée.

• **V. 100.** En Chine, une frise en relief dans une tombe montre la première représentation connue d'une brouette.

[• 313]. Premier art chrétien, fresque des catacombes romaines.

• **IIe s.** Jusqu'au Ve s, l'oasis du Fayoum* en Égypte est un grand foyer artistique.

• **113.** Consécration de la colonne Trajane*.

• **De 118 à 125.** À Rome, reconstruction du Panthéon*, temple « dédié à tous les dieux ». Sa coupole est la première qui fut bâtie dans le monde romain.

• **IIe – IIIe s.** La cité phénicienne de Baalbek*, devenue colonie romaine, est le foyer d'un culte à Jupiter, Vénus et Mercure.

• **Entre 130 et 150.** Claude Ptolémée* donne une représentation géocentrique de l'Univers.

• **De 220 à 265.** En Chine, période des Trois Royaumes.

• **250.** Ville du bassin de Mexico, Teotihuacán* exerce son rayonnement sur l'Amérique centrale.

• **Entre 250 et 950.** Apogée de l'Empire maya*.

• **De 267 à 272.** Palmyre* défie Rome.

• **293.** L'empereur romain Dioclétien* réforme les institutions. Le régime de la tétrarchie* instaure le gouvernement de l'Empire à quatre.

• **Entre 300 et 900.** Apogée de la civilisation zapotèque*.

• **IVe s.** En Inde, le *Mahabharata**, épopée constituée d'apports successifs, mêle religion, mythologie et philosophie. La *Bhagavad-Gita*, qui lui est intégrée, est la principale source de la pensée indienne.

[• 250]. L'avenue des Morts, à Teotihuacán, Mexique.

• **313.** Édit de Milan : l'empereur Constantin* le Grand favorise l'essor du christianisme.

• **320.** Les Gupta*, maîtres de l'Inde du Nord.

• **324.** Début de la construction de Constantinople* qui devient capitale de l'Empire au Ve s.

• **354.** Premier ouvrage enluminé : un calendrier, dont les miniatures seront copiées sur des manuscrits carolingiens.

• **De 379 à 395.** Théodose* Ier, empereur romain.

• **De 391 à 406.** Saint Jérôme* traduit la Bible* en latin.

• **395.** À la mort de Théodose Ier, l'Empire romain est partagé entre l'Empire romain d'Occident et l'Empire romain d'Orient (dit, à partir du XVIIe s., l'Empire byzantin*).

• **De 397 à 426.** Les *Confessions* et *la Cité de Dieu* font de saint Augustin* le premier grand maître à penser de l'Occident chrétien.

• **Ve s.** Le sanctuaire bouddhique d'Ajanta*, dans le Deccan, composé de vingt-neuf grottes creusées dans une falaise, offre un ensemble exceptionnel de peintures pariétales.

• **De 406 à 409.** En Gaule, invasions barbares*.

• **De 408 à 450.** Théodose* II, empereur.

• **410.** Sac de Rome par les Wisigoths d'Alaric*.

• **De 418 à 451.** Théodoric* Ier, roi des Wisigoths.

• **425.** Achèvement du Talmud* palestinien.

[• De 406 à 409]. Peinture représentant les Barbares voguant vers l'Angleterre, lors des grandes invasions.

• **De 428 à 477.** Les Vandales* s'emparent de l'Afrique romaine. Geiséric* est le premier roi vandale d'Afrique.

• **451.** Après avoir franchi le Rhin à la tête des Huns*, Attila* est arrêté aux champs Catalauniques, en Champagne.

• **476.** Fin de l'Empire romain d'Occident. Le dernier empereur régnant sur l'Occident est déposé par les envahisseurs germains. Seuls les empereurs byzantins de Constantinople, empereurs d'Orient, représenteront désormais la puissance « romaine ».

481 ESSOR DE L'EMPIRE BYZANTIN,

Europe. Même si, à la chute de l'Empire romain d'Occident, les chefs **barbares** reconnaissent à l'empereur de **Constantinople** une autorité théorique, le premier souci des souverains de cet Empire byzantin, qui va durer encore quelque mille ans, est de restaurer l'unité impériale. Cette entreprise tout d'abord glorieuse réalisée sous **Justinien** se révèle éphémère. Dans l'Europe occidentale, la conquête de la Gaule par les **Francs** aboutit à une civilisation originale, dont la cohésion est assurée par le christianisme. La mainmise de l'Église trouve sa consécration avec le couronnement impérial de **Charlemagne**, et cette alliance sert de creuset à la société médiévale, qui s'exprime dans le système féodal.

Asie. La prédication de l'**islam** et de la révélation faite à **Mahomet** lance les Arabes dans une conquête rapide de la partie extra-européenne de l'Empire byzantin, qui les mène, en un siècle, de l'Afghanistan à l'Espagne et au sud de la Gaule en passant par le Moyen-Orient, l'Afrique méditerranéenne, Maroc inclus. En Chine, la dynastie des **Tang** fait suite à celle des Sui. L'unité du pays est néanmoins morcelée pendant la période des Cinq Dynasties. Les **Song** dirigent alors un territoire moins étendu que celui des Tang, mais la civilisation chinoise est toutefois très en avance sur celle de l'Europe.

Amérique. Les **Toltèques** s'installent sur le haut plateau du Mexique, tandis que la civilisation maya s'effondre.

[• De 532 à 537]. L'église byzantine Sainte-Sophie, devenue mosquée après 1453.

• **De 481/482 à 511.** Clovis* Ier, roi des Francs.

• **De 493 à 526.** Théodoric* le Grand, roi des Ostrogoths.

• **498.** Baptême, à Reims, de Clovis, fondateur de la monarchie franque.

• **511.** En vertu de la loi salique*, Clovis laisse son royaume en partage à ses fils. Ceux-ci se concilient des partisans (les leudes) par l'octroi de terres publiques.

• **V. 520.** L'arrivée en Chine de Bodhidharma (Da Mo en chinois), prince du sud de l'Inde, y introduit le bouddhisme zen, qui obtient aussitôt les faveurs de la dynastie Liang régnante.

• **De 527 à 565.** Justinien* Ier, empereur byzantin.

• **De 528 à 529 et 534.** Recueil rédigé en latin, le *Code Justinien** met de l'ordre dans toutes les lois promulguées depuis l'empereur Hadrien et les modernise parfois.

• **529.** Saint Benoît* de Nursie édicte la règle qui s'applique à l'ordre des Bénédictins.

• **De 532 à 537.** Édification de Sainte-Sophie* à Constantinople*, chef-d'œuvre de l'architecture byzantine.

• **De 575 à 591.** Dans son *Histoire des Francs*, saint Grégoire* de Tours fait la relation du haut Moyen Âge mérovingien.

• **581.** En Chine, fondation de la dynastie des Sui.

• **Av. 600.** En Inde, découverte du système décimal et du zéro, transmis au monde islamique au IXe s. par le mathématicien persan al-Kharezmi* et en Occident seulement au Xe s. par Gerbert d'Aurillac, le futur pape Sylvestre* II.

• **618.** En Chine, fondation de la dynastie des Tang*.

• **622.** Début de l'hégire : le prophète Mahomet* quitte La Mecque pour Médine. L'hégire sert de point de départ au calendrier musulman.

• **De 629 à 638.** Dagobert* Ier, roi des Francs.

• **De 630 à 645.** La dynastie Tang incarne la toute-puissance de la Chine.

• **De 642 à 661.** Les Arabes* font la conquête de l'Iran, qui est intégré à l'empire des Omeyyades*. Sous leur influence, l'islam s'impose et évince la religion zoroastrienne des Sassanides*.

• **De 644 à 656.** La version unique du Coran* est établie.

• **645.** Au Japon, l'ère Taika, dite « de la Grande Transformation », traduit l'influence de la Chine des Tang sur le Japon.

• **V. 650.** En Iran, premiers moulins à vent.

• **661.** La dynastie des Omeyyades* s'oppose à Ali, le quatrième calife de l'islam, dont les partisans donnent alors naissance à un courant dissident, le chiisme.

• **De 680 à 730.** La refonte du répertoire de chant d'église remontant au pape Grégoire* Ier donne naissance au chant grégorien.

• **691.** Construction à Jérusalem de la Coupole* du Rocher, premier monument de l'islam.

• **Entre 699 et 759.** Peintre paysagiste pour lequel « l'idée précède le pinceau », Wang* Wei serait l'inventeur de la peinture au lavis.

• **De 710 à 784.** Au Japon, Nara* devient la capitale impériale.

• **711.** Après la conquête du Maroc (700 - 710), les Arabes franchissent le détroit de Gibraltar et éliminent la monarchie wisigothique d'Espagne.

• **De 712 à 720.** La chronique dite *Nihongi* atteste pour la première fois l'existence du shinto, religion originelle du Japon, antérieure au bouddhisme.

[• 691]. Les débuts de l'art islamique, la Coupole du Rocher, à Jérusalem.

[• De 786 à 809]. Portrait du calife Harun al-Rachid, miniature persane.

• **V. 715.** L'épopée anglo-saxonne le *Lai de Beowulf* est, en Europe, le premier ouvrage composé en langue vernaculaire.

• **De 717 à 741.** Léon* III, empereur byzantin.

• **De 721 à 737.** Thierry* IV, roi des Francs.

• **730.** La réforme religieuse de l'empereur byzantin Léon* III interdit le culte des icônes et déclenche un conflit avec Rome.

• **732.** Les Arabes pénètrent en Gaule et pillent Bordeaux. Charles* Martel, maire du palais, bloque à Poitiers leur avancée en direction de la Loire.

• **735.** Des trois royaumes historiques de Corée, celui de Silla l'emporte avec l'aide militaire de la Chine des Tang* et unifie alors le territoire coréen.

• **750.** Les Abbassides*, califes de l'islam.

• **De 751 à 768.** Pépin* le Bref, roi des Francs.

• **756.** À Cordoue, l'Omeyyade Abd al-Rahman* fonde un émirat indépendant.

• **756.** Pépin* le Bref, roi des Francs, intervient pour chasser les Lombards des terres pontificales qu'ils ont investies et les rendre au pape.

• **De 780 à 850 env.** À Java, construction du mandala architectural de Barabudur* au centre duquel s'élève le plus haut stupa du monde bouddhique.

• **De 785 à 987.** Construction de la Grande Mosquée de Cordoue*.

• **De 786 à 809.** À Bagdad, califat abbasside d'Harun* al-Rachid.

• **IXe s.** Al-Kharezmi* fonde l'algèbre.

• **IXe - Xe s.** Al-Kindi*, le « philosophe des Arabes », et al-Farabi*, le « philosophe des musulmans », sont les premiers commentateurs de Platon et d'Aristote.

CONQUÊTE ARABE ET FÉODALITÉ 1090

• **800.** Charlemagne*, empereur d'Occident.

[• 800]. Statue équestre de Charlemagne.

• **V. 800.** En Allemagne, naissance de la poésie épique : *la Chanson de Hildebrand* ne comprend que 70 vers.

• **808.** Au Japon, le *Manyo*-shu*, issu d'une compilation antérieure, rassemble quelque 4 500 poèmes.

• **De 814 à 840.** Louis* Ier, empereur d'Occident.

• **842.** *Serments de Strasbourg**.

• **843.** Le partage de l'Empire carolingien est établi par le traité de Verdun* entre les petits-fils de Charlemagne.

• **De 843 à 877.** Charles* II, roi de France.

• **V. 850.** Venus du nord, les Toltèques* occupent le haut plateau central du Mexique ; ils auront pour capitale Tula.

• **V. 860.** Cyrille* et Méthode évangélisent les Slaves.

• **De 867 à 886.** Basile* Ier, empereur byzantin.

• **De 867 à 1057.** À Byzance, les empereurs de la dynastie dite « macédonienne » luttent avec succès contre les Arabes, les Russes et les Bulgares.

• **868.** En Chine, premier livre imprimé connu : *le Sutra du diamant*, dont il ne subsiste qu'un extrait, consiste en un rouleau de près de 5 m de long, imprimé par Wang Jie.

• **De 877 à 879.** Louis* II, roi de France.

• **878.** Vainqueur des Danois à Edington, le roi de Wessex Alfred* le Grand est reconnu roi de tous les Anglo-Saxons.

• **De 879 à 882.** Louis* III, roi de France.

• **882.** Kiev* est la capitale du premier État russe. Celui-ci aurait pour fondateurs les Varègues* (Vikings immigrés).

• **885 - 886.** Les Vikings* assiègent Paris.

[• 885 - 886]. Tête de Viking sculptée dans une corne d'élan.

• **896.** Sous la conduite de leur chef Árpád*, les Hongrois (ou Magyars) chassés de la région de l'Oural franchissent les Carpates.

• **De 898 à 923.** Charles* III, roi de France.

• **IXe s.** Apparition de l'attelage moderne.

• **911.** Les Normands signent avec Charles III le traité de Saint-Clair-sur-Epte, qui leur reconnaît la possession de la future Normandie.

• **De 936 à 954.** Louis* IV, roi de France.

• **950.** Les Mayas* sont à l'origine de l'essor d'une civilisation dont les grands centres, Palenque, Copán ou Tikal, sont abandonnés à la fin de la période classique.

• **V. 950.** *Les Mille* et Une Nuits* : ce recueil de contes contient tous les personnages dont les aventures ont nourri l'imaginaire arabo-persan.

• **960.** En Chine, les Song* reconstruisent l'unité.

• **De 961 à 1025.** Basile* II, empereur byzantin.

• **962.** Institution du Saint Empire romain germanique (ce nom ne sera donné qu'au xve s.) par Otton* Ier le Grand, couronné empereur à Rome.

• **966.** La dynastie des Piast* donne naissance au premier État polonais. Le roi Mieszko* Ier se fait baptiser avec sa cour.

• **De 973 à 983.** Otton* II, empereur germanique.

• **984.** Invention de l'écluse, en Chine.

• **De 986 à 987.** Louis* V, roi de France.

• **987.** Hugues* Capet est sacré roi de France.

• **De 996 à 1002.** Otton* III, empereur germanique.

[• 987]. Hugues Ier Capet, fondateur d'une dynastie franque.

• **Seconde moitié du Xe s.** L'art qui s'épanouit sous le règne d'Otton le Grand et de ses successeurs fait transition entre l'époque carolingienne et l'époque romane. Il touche à l'architecture, à la peinture, à l'orfèvrerie et à l'enluminure.

• **De 996 à 1031.** Robert* II, roi de France.

• **1000.** Les croyances millénaristes s'alimentent à la lecture du livre de l'Apocalypse*. Les terreurs de l'an 1000 reflètent bien l'inquiétude religieuse qui traverse la société de cette époque.

• **De 1000 à 1038.** Étienne* Ier, roi de Hongrie.

• **Début du XIe s.** Le *Canon de la médecine* d'Avicenne* fournit une description précise de nombreuses maladies.

• **1007.** Au Japon, apothéose du roman classique : une femme, Murasaki * Shikibu, est l'auteur du *Genji monogatari (Dit du Genji)*, qui offre une peinture raffinée de la vie de cour à Kyoto*.

[• 950]. Le temple du Soleil, à Palenque, Mexique.

[• 1066]. Guillaume, duc de Normandie, conquiert l'Angleterre.

• **V. 1010.** Le poète persan Ferdowsi* écrit le *Chah Namè (« le Livre des rois »)*.

• **De 1014 à 1024.** Henri* II, empereur germanique.

• **De 1016 à 1035.** En Angleterre, les Danois soumettent les Anglo-Saxons et confient la couronne à Knud* le Grand.

• **De 1031 à 1060.** Henri* Ier, roi de France.

• **De 1042 à 1066.** Édouard* le Confesseur, roi d'Angleterre.

• **1044.** En Chine, invention de la poudre.

• **De 1044 à 1077.** À l'époque du premier royaume birman, Pagan* commence à se couvrir d'édifices religieux.

• **De 1046 à 1056.** Henri* III, empereur germanique.

• **1051.** L'Iran tombe aux mains des Seldjoukides* du sultan Toghroul Beg. À Ispahan, ils enrichissent la Grande Mosquée du Vendredi de ses deux coupoles.

• **1054.** Consacrant l'opposition théologique entre Rome et Byzance, l'Église d'Orient provoque un schisme qui donne naissance à la religion orthodoxe*.

• **De 1060 à 1108.** Philippe* Ier, roi de France.

• **1063.** Reconstruction de la basilique Saint-Marc* de Venise.

• **1066.** Vainqueur de la bataille d'Hastings*, le duc de Normandie se fait couronner à Westminster sous le nom de Guillaume Ier le Conquérant.

• **1071.** La défaite des Byzantins à Mantzikert ouvre l'Empire aux invasions turques.

• **De 1073 à 1085.** Pontificat de Grégoire* VII.

• **1077.** Crise majeure de la féodalité, la querelle des Investitures* amène le pape Grégoire VII à excommunier le futur empereur Henri* IV, qui se résout à faire pénitence à Canossa*.

• **De 1084 à 1106.** Henri IV, empereur germanique.

• **1088.** Dernière phase de construction de Cluny*, qui influencera tout l'art roman bourguignon, tant en architecture qu'en sculpture.

• **V. 1090.** *La Chanson* de Roland* donne naissance au genre épique français.

1096 CROISADES, CONFLITS DYNASTIQUES

Europe. L'Occident connaît de profondes transformations : une caste militaire apparaît, les **chevaliers**, auxquels l'**Église** donne pour but la défense du faible et la lutte contre l'infidèle. Cela explique en grande partie les **croisades**. Un banal différend féodal doublé d'un problème dynastique est à l'origine de la **guerre de Cent Ans**, série de conflits qui opposent Français et Anglais, dans une Europe ravagée par la **Peste noire** et menacée de déclin économique. En Italie naît le mouvement artistique et intellectuel de la **Renaissance**, qui va bientôt gagner toute l'Europe.

Asie. Le Proche-Orient est le théâtre pendant deux siècles des huit croisades que l'Occident entreprend pour libérer le tombeau du Christ. Ces opérations à caractère militaire auront pour corollaire les échanges en Méditerranée et l'essor des places marchandes de Venise et de Gênes. En Asie centrale, **Gengis Khan** réunit toutes les tribus mongoles et se lance dans une vaste entreprise de conquêtes. Tandis que l'Empire khmer s'effondre, **Tamerlan**, qui se place en héritier de Gengis Khan, instaure un immense Empire turc, néanmoins éphémère. Les **Ottomans**, venus d'Anatolie, mènent le combat contre l'Empire byzantin, prennent pied en Europe et s'emparent de Constantinople.

Amérique. L'Empire **aztèque** atteint sa plus grande expansion et s'étend entre le golfe du Mexique et l'océan Pacifique.

[• De 1096 à 1099]. La prise de Jérusalem, lors de la première croisade.

- **De 1096 à 1099.** Première croisade*.
- **1099.** Les premiers croisés s'emparent de Jérusalem et en font la capitale d'un royaume latin.
- **XIIe s.** En Chine, dès la dynastie des Song* du Nord, les potiers impériaux se spécialisent dans la production de céramique verte (céladon).
- **De 1108 à 1137.** Louis* VI, roi de France.
- **De 1111 à 1125.** Henri* V, empereur germanique.
- **1113.** Sous l'influence de saint Bernard*, l'abbaye de Cîteaux suscite un nouvel élan en faveur de la stricte observance de la règle bénédictine.
- **De 1135 à 1144 env.** La basilique de Saint-Denis est le premier chef-d'œuvre de l'architecture gothique*.
- **De 1136 à 1155.** Issue d'une littérature orale transmise par des conteurs bretons, la légende arthurienne a pour héros les chevaliers de la Table ronde.
- **De 1137 à 1180.** Louis* VII, roi de France.
- **1139.** Alphonse* Ier Henriques est le fondateur de la monarchie portugaise.
- **De 1147 à 1149.** Deuxième croisade.
- **1152.** L'Aquitaine de la duchesse Aliénor* échoit par mariage au futur roi d'Angleterre, Henri II, déjà duc de Normandie et comte d'Anjou.
- **De 1154 à 1189.** Henri* II Plantagenêt, roi d'Angleterre.
- **De 1155 à 1190.** Frédéric* Ier Barberousse, empereur germanique.
- **De 1157 à 1182.** Valdemar* Ier, roi de Danemark.
- **De 1157 à 1250.** Lutte du Sacerdoce* et de l'Empire. Le conflit entre la papauté et l'Empire resurgit : la suprématie temporelle sur le monde chrétien en est l'enjeu. Il culmine sous les pontificats d'Innocent III et Innocent IV, qui prononcera la déposition de l'empereur Frédéric II.
- **Entre 1160 et 1180.** Averroès* reprend l'idée qu'il faut concilier la philosophie d'Aristote avec le Dieu du Coran.
- **V. 1170.** Dans le monde germanique, le Minnesang* est la forme que revêt la poésie courtoise.
- **Entre 1170 à 1250.** Le *Roman* de Renart*, parodie animalière de la chanson de geste et de la société chevaleresque.
- **De 1171 à 1193.** Saladin* fait l'unité politique et religieuse d'un territoire qui s'étend de l'Égypte à la Mésopotamie.
- **De 1180 à 1223.** Philippe* II Auguste, roi de France.
- **De 1189 à 1192.** Troisième croisade.
- **De 1189 à 1199.** Richard* Ier Cœur de Lion, roi d'Angleterre.
- **1190.** Maimonide*, philosophe juif nourri de pensée arabe, rédige le *Guide des égarés*.
- **1192.** Au Japon, instauration du shogunat*.
- **De 1198 à 1216.** Pontificat d'Innocent* III.
- **De 1199 à 1216.** Jean* sans Terre, roi d'Angleterre.
- **Fin du XIIe s.** La légende de Tristan et Yseut commence à se répandre dans des romans en vers composés en langue d'oïl.
- **XIIIe s.** La tradition de la statuaire en bronze est attestée chez les Yoruba de l'actuel Nigeria.
- **XIIIe s.** La *Chanson des Nibelungen** conte la geste du jeune guerrier Siegfried.
- **V. 1200.** Le gouvernail améliore la navigation.
- **De 1202 à 1204.** Quatrième croisade.
- **De 1204 à 1261.** L'Empire latin* de Constantinople (d'Orient) s'édifie sur les ruines de l'Empire byzantin.
- **De 1204 à 1453.** La république de Venise* gère un empire maritime dans le monde grec et un empire continental en Italie.
- **1206.** Gengis* Khan fonde l'Empire mongol.
- **De 1209 à 1216.** Franciscains* et dominicains* aspirent à un retour à la pauvreté évangélique.

[• 1291]. Le serment du Rütli, naissance de la Confédération helvétique.

[• De 1204 à 1453]. Venise, puissance politique et splendeur architecturale, miniature du XVe s.

- **1212.** En Espagne, les chrétiens coalisent leurs forces et remportent face aux Almohades* la décisive bataille de Las Navas* de Tolosa.
- **1214.** Philippe* Auguste triomphe à Bouvines*.
- **1215.** Les barons d'Angleterre en révolte contre Jean* sans Terre lui imposent la Grande Charte*, qui restreint les prérogatives royales.
- **1215.** Les guelfes*, partisans du pape, et les gibelins*, de l'empereur, s'opposent en Italie.
- **De 1217 à 1219.** Cinquième croisade.
- **De 1220 à 1250.** Frédéric* II, empereur germanique.
- **De 1223 à 1226.** Louis* VIII, roi de France.
- **De 1226 à 1244.** Croisade contre les albigeois*.
- **De 1226 à 1270.** Louis* IX [Saint Louis], roi de France.
- **De 1228 à 1229.** Sixième croisade.
- **De 1230 à 1275 env.** Le *Roman* de la Rose* transforme l'idéal courtois.
- **1232.** En Chine apparaît une arme nouvelle : la fusée.
- **De 1241 à 1248.** Saint Louis* édifie la Sainte-Chapelle*, à Paris.
- **De 1248 à 1254.** Septième croisade.
- **De 1250 à 1273.** Le Grand Interrègne* : à la mort du dernier Hohenstaufen, le Saint Empire romain germanique entre en crise.
- **1257.** Paris se dote de sa future université : la Sorbonne*.
- **De 1266 à 1273.** La *Somme théologique* de saint Thomas* d'Aquin est l'ouvrage de référence de l'enseignement de la scolastique*.

ET DÉBUT DE LA RENAISSANCE 1483

[• De 1434 à 1492]. Laurent de Médicis sur la fresque *le Cortège des Rois mages* de Gozzoli.

• **1269.** Œuvre du philosophe français Pierre Pèlerin* de Maricourt, *Epistola de magnete* (« Lettre sur l'aimant ») contient la première tentative d'explication du magnétisme.

• **1270.** Huitième croisade.

• **De 1270 à 1285.** Philippe* III, roi de France.

• **1279.** S'emparant de l'empire des Song*, le Mongol Kubilay* Khan règne sur toute la Chine.

• **V. 1280.** L'idée de corriger la vue par le port de lentilles se concrétise avec l'apparition des premières lunettes à lentilles convexes, pour presbytes.

• **De 1285 à 1314.** Philippe* IV le Bel, roi de France.

• **1291.** Le pacte que concluent les patriotes des cantons de Schwyz, Uri et Unterwald fonde la Confédération helvétique.

• **Entre 1296 et 1337.** Giotto* perfectionne l'art de la fresque.

• **De 1296 à 1316.** Le sultanat de Delhi* gouverne l'Inde historique.

• **1298.** Marco Polo* révèle les secrets de la Chine.

• **1299.** Le Turc Osman* fonde la dynastie ottomane, en prenant le titre de sultan.

• **Fin du XIIIe s.** Apparition des premières horloges mécaniques à poids et foliot.

• **De 1300 env. à 1314.** L'*Ars nova* enrichit la polyphonie occidentale.

• **1306.** Champion du séparatisme écossais, Robert Bruce* réussit à se faire couronner.

• **De 1307 à 1321.** Dante* écrit *la Divine Comédie*.

• **1309.** Le pape français Clément V (élu en 1305) quitte Rome et s'installe en Avignon.

• **1312.** L'ordre des Templiers* est brisé.

• **De 1312 à 1337.** Chef d'un État musulman qui s'étend du moyen Niger à l'Atlantique, Kongo Moussa tire sa richesse de l'or et du commerce avec les pays méditerranéens.

• **De 1314 à 1316.** Louis* X, roi de France.

• **De 1316 à 1322.** Philippe* V, roi de France.

• **1320.** Notre-Dame de Paris est achevée.

• **De 1322 à 1328.** Charles* IV, roi de France.

• **V. 1325.** L'Alhambra* de Grenade en chantier.

• **1327.** Pétrarque* dédie à Laure des poèmes qui seront réunis dans *le Canzionere*.

• **De 1327 à 1377.** Édouard* III, roi d'Angleterre.

• **De 1328 à 1350.** Philippe* VI de Valois, roi de France.

• **V. 1330.** Des bouches à feu sur les champs de bataille.

• **1337.** L'Aquitaine est l'enjeu à l'origine de la guerre de Cent* Ans, qui prolonge la rivalité elle-même séculaire entre les Plantagenêts et les Capétiens.

• **Entre 1346 et 1351-1352.** La Peste* noire se propage en Europe.

• **De 1349 à 1351.** Boccace* écrit le *Décaméron*, recueil de nouvelles dont l'amour est le thème central.

• **De 1350 à 1364.** Jean* II, roi de France.

• **Entre 1350 et 1450.** Zimbabwe, capitale du Monomotapa*.

• **1358.** Étienne Marcel* soulève Paris.

• **De 1359 à 1389.** Murad* Ier, sultan ottoman.

• **De 1364 à 1380.** Charles* V, roi de France.

• **Entre 1368 et 1398.** La dynastie Ming* refait l'unité politique et morale de la Chine sous l'autorité du confucianisme.

• **1370.** Association de villes marchandes du nord de l'Europe, la Hanse* impose au Danemark le traité de Stralsund.

• **1374.** Les pères du théâtre no*, Kanami et son fils Zeami Motokiyo, arrivent à la cour shogunale.

• **De 1375 à 1379.** Ibn* Khaldun écrit sa *Chronique universelle* qui fait la somme des connaissances de l'époque sur le monde arabo-berbère.

• **1376.** Le peintre Jean de Bruges réalise les cartons de la tenture de l'*Apocalypse**.

• **De 1378 à 1417.** Grand Schisme* d'Occident.

• **De 1380 à 1422.** Charles* VI, roi de France.

• **1386.** Le prince lituanien Jagellon* accède au trône de Pologne sous le nom de Ladislas II.

• **De 1389 à 1403.** Bayezid* Ier, sultan ottoman.

• **V. 1390.** Début de la parution des *Contes de Cantorbéry* de Chaucer*.

[• Entre 1450 et 1460]. Une grue dans le port de Bruges, cité phare du commerce flamand, miniature du XVe s.

• **1402.** Timur* Lang [Tamerlan] défait les Ottomans.

• **Entre 1406 et 1452.** Les architectes Brunelleschi* et Alberti*, les sculpteurs Ghiberti* et Donatello*, les peintres Fra Angelico*, Masaccio* et Filippo Lippi* sont parmi les artistes qui font la primauté de Florence au quattrocento.

• **1406.** En Chine, à Pékin, la Cité* interdite est en construction.

• **1415.** Déroute de la chevalerie française à Azincourt*.

• **1419.** L'exécution, en 1415, du réformateur Jan Hus* provoque une guerre en Bohême.

• **De 1421 à 1451.** Murad* II, sultan ottoman.

• **De 1422 à 1461.** Charles* VII, roi de France.

• **1428.** Maîtres de la vallée de Mexico, où ils ont fondé Tenochtitlán*, les Aztèques* poursuivent leur expansion militaire.

• **1430 - 1431.** Épopée militaire de Jeanne* d'Arc.

• **1432.** Les peintres de l'école de Bruges apprennent la technique de la peinture à l'huile. Leur maître est Jan Van* Eyck.

• **1432.** Au Cambodge, fin de la civilisation d'Angkor*.

[• 1432]. Le temple-montagne d'Angkor Vat, chef-d'œuvre de l'architecture khmère.

• **De 1434 à 1492.** La banque fait la puissance des Médicis*, qui gouvernent Florence*, et leur mécénat fait la gloire de la ville.

• **V. 1440.** Gutenberg* invente la typographie.

• **1445.** Invention de la triangulation.

• **V. 1450.** Le *Mystère de la Passion* d'Arnoul Gréban*, drame liturgique.

• **Entre 1450 et 1460.** Premières Bourses fondées à Bruges puis à Anvers.

• **Entre 1452 et 1464.** Piero* della Francesca réalise le cycle de la *Légende de la Vraie Croix*.

• **1453.** Fin de la guerre de Cent* Ans.

• **1453.** Constantinople tombe aux mains des Turcs Ottomans*.

• **De 1455 à 1485.** La guerre des Deux-Roses* oppose les prétentions à la couronne d'Angleterre des Yorks et des Lancastres.

• **De 1458 à 1490.** Mathias* Ier Corvin, roi de Hongrie.

• **1461.** François Villon* compose le *Testament*.

• **De 1461 à 1483.** Louis* XI, roi de France.

• **De 1462 à 1505.** Ivan* III, grand-prince de Moscou.

• **1469.** Mariage entre Ferdinand*, héritier de l'Aragon, et Isabelle*, héritière de la Castille.

• **1475.** Ivan* III fait appel à des architectes italiens pour embellir le Kremlin.

• **1478.** Botticelli* peint le *Printemps**.

• **Entre 1482 et 1516.** Léonard* de Vinci propose une véritable méditation sur la représentation du visible. Il parachève la conquête du clair-obscur et invente le sfumato.

• **De 1483 à 1498.** Charles* VIII, roi de France.

1492 HUMANISME, DÉCOUVERTES

Afrique. L'**Empire songhaï** atteint son apogée, s'étendant du Sénégal à la boucle du Niger. Au Maroc, les Sadiens chassent les Portugais d'Agadir, s'emparent de Marrakech et de Fès, puis de l'Empire songhaï.

Amérique. La découverte du Nouveau Monde par **Christophe Colomb** initie un siècle d'explorations et de conquêtes, qui se font aux dépens des grands empires amérindiens (**Aztèques, Incas, Mayas**).

Tandis que les Espagnols et les Portugais se partagent l'Amérique latine, Français puis Anglais prennent position en Amérique du Nord.

Asie. Alors qu'en Chine règnent les Ming, puis les **Qing**, en Inde s'installe la dynastie des **Moghols**. Les Portugais créent des colonies, bientôt suivis par les Hollandais et les Anglais.

Europe. La **pensée humaniste**, née en Italie, se répand dans une Europe meurtrie par une longue période de guerres, de famines et d'épidémies. Elle met au premier plan la dignité de l'homme et, dans l'étude de l'Univers, applique une démarche critique à l'égard des théories médiévales. L'humanisme trouve aussi des prolongements dans l'art de la Renaissance. Dans le domaine religieux, la **Réforme** protestante introduit une rupture décisive. En France, sa diffusion rapide va occasionner les violences des **guerres de Religion**. Ces conflits s'élargissent ensuite au Saint Empire (**guerre de Trente Ans**).

- **1492.** Christophe Colomb découvre le Nouveau Monde.
- **1492.** Victorieux du royaume de Grenade, les Castillans achèvent la Reconquista*.
- **De 1493 à 1525.** Apogée de l'Empire inca*.
- **1494.** Traité de Tordesillas*, qui fixe les limites des futurs empires portugais et espagnol.
- **De 1494 à 1559.** Guerres d'Italie*.
- **1498.** Dürer* grave l'*Apocalypse*.
- **De 1498 à 1515.** Louis* XII, roi de France.
- **De 1500 à 1510.** Le navigateur portugais Pedro Álvares Cabral* atteint le Brésil. En Inde, Afonso de Albuquerque* fait de Goa la capitale de la colonisation portugaise.
- **Entre 1500 et 1505.** Jérôme Bosch* peint son triptyque du *Jardin* des délices*.
- **De 1503 à 1513.** Pontificat de Jules* II, qui fait appel à de nombreux artistes pour embellir le Vatican.
- **XVIe s.** Grande époque de la peinture vénitienne : Giorgione* et Titien* sont les maîtres du luminisme* ; Tintoret*, Jacopo Bassano* et Véronèse* adoptent les canons du maniérisme*.
- **1506.** Reconstruction de Saint-Pierre* de Rome : Bramante*, puis Raphaël*, Sangallo* et Michel-Ange* y participent.
- **De 1509 à 1547.** Henri* VIII, roi d'Angleterre.
- **1510.** Adopté par la dynastie séfévide, le chiisme* devient religion d'État en Iran.
- **1511.** Publication à Paris de l'*Éloge de la folie* d'Érasme*.
- **De 1512 à 1520.** Règne de Selim* Ier à la tête de l'Empire ottoman.
- **1513.** Traversant l'isthme de Panama, le conquistador espagnol Balboa* aperçoit les eaux du Pacifique.

[• 1520]. Soliman le Magnifique, page enluminée célébrant la conquête de la Hongrie.

[• De 1562 à 1598]. Le massacre de la Saint-Barthélemy [1572], pendant les guerres de Religion en France, peinture de F. Dubois.

- **1513.** À Florence, Machiavel* écrit *le Prince*, dédié à Laurent* de Médicis.
- **1515.** Sacre du roi de France François* Ier, qui remporte la même année la bataille de Marignan.
- **Entre 1515 et 1516.** Thomas* More écrit *Utopie**.
- **1516 et 1532.** L'Arioste* publie le *Roland* furieux*, suite du *Roland* amoureux* de Boiardo*, interrompu en 1495.
- **1517.** Le moine allemand Martin Luther* publie ses 95 thèses. Elles donneront naissance au mouvement de la Réforme*.
- **1517.** Fin du sultanat d'Égypte dirigé par les Mamelouks, qui se rallient aux Ottomans*.
- **1519.** Magellan* entreprend le premier voyage autour du monde.
- **1519.** Charles* Quint accède au Saint Empire.
- **1520.** Soliman* le Magnifique, sultan ottoman.
- **1521.** La chute de Tenochtitlán, face aux Espagnols, sonne le glas de l'Empire aztèque. Hernán Cortés* sera gouverneur de la Nouvelle-Espagne de 1522 à 1527.
- **1523.** Après l'insurrection de Gustave* Vasa (1520), l'Union de Kalmar, qui liait la Suède au Danemark et à la Norvège depuis 1397, est rompue.
- **1525.** La guerre des Paysans*, qui s'appuie sur l'esprit de la Réforme, est cependant condamnée par Luther et réprimée par une coalition de princes catholiques et luthériens.
- **1526.** Victorieux à Mohács, les Ottomans de Soliman le Magnifique établissent la domination turque sur la Grande Plaine hongroise.
- **1526.** Descendant à la fois de Timur Lang (Tamerlan) et de Gengis Khan, Baber* fonde la dynastie des Grands Moghols*.
- **1530.** La *Confession d'Augsbourg*, formulaire rédigé par Melanchthon*, est lue devant la diète impériale.
- **1530.** Fondation du Collège* de France par François Ier sur les instances de l'humaniste Guillaume Budé*.
- **1532 et 1534.** Rabelais* publie *Pantagruel** et *Gargantua**.
- **1533.** Holbein* le Jeune, peintre de la cour en Angleterre, réalise *les Ambassadeurs*.
- **1533.** Effondrement de l'Empire inca face aux conquistadores de Pizarro*.

[• 1533]. Atahualpa, prisonnier de Francisco Pizarro, achète sa liberté, gravure de 1596, par J.T. de Bry.

- **1534.** Jacques Cartier* prend possession des terres canadiennes au nom du roi François Ier.
- **1534.** Par l'Acte de suprématie, Henri* VIII est reconnu comme le «chef unique et suprême de l'Église d'Angleterre ».
- **1536.** À Genève, Jean Calvin* publie l'*Institution de la religion chrétienne*, qui se présente comme le manifeste de la religion réformée.
- **De 1536 à 1541.** Au Vatican, dans la chapelle Sixtine*, Michel-Ange* peint le *Jugement dernier*.
- **1537.** Achèvement du château de Chambord*.
- **1539.** Prise par François Ier, l'ordonnance de Villers-Cotterêts rend obligatoire l'usage du français dans les actes politiques et judiciaires.
- **De 1540 à 1546.** Les Espagnols soumettent l'empire des Mayas*.
- **1543.** Le Flamand A. Vésale* publie le premier traité d'anatomie humaine.
- **1543.** Dans son *De revolutionibus orbium coelestium*, le Polonais N. Copernic* réfute la conception géocentrique de l'Univers.

ET CONFLITS RELIGIEUX 1648

- **1545.** Ouverture du concile de Trente, qui va mettre en œuvre la Réforme* catholique.
- **1547.** Le Louvre* de Pierre Lescot* consacre l'avènement du classicisme en France. L'architecte travaillera en collaboration avec le sculpteur Jean Goujon*.
- **1547.** Ivan* IV le Terrible, premier « tsar et grand-prince de toute la Russie ».
- **De 1547 à 1559.** Henri* II, roi de France.
- **1549.** *Défense* et illustration de la langue française* de Du* Bellay apparaît comme le manifeste de l'école de Ronsard*, le futur groupe de la Pléiade*.
- **1555.** Paix d'Augsbourg, signée par les catholiques et les luthériens.
- **1556.** Abdication de Charles Quint. Son frère Ferdinand de Habsbourg hérite de l'Empire.
- **De 1556 à 1605.** Akbar*, empereur moghol.
- **1558.** Élisabeth* Ire monte sur le trône d'Angleterre et d'Irlande.
- **1559.** Traités du Cateau-Cambrésis* : la France conserve Calais ; fin des guerres d'Italie.
- **De 1559 à 1560.** François* II, roi de France.
- **De 1560 à 1574.** Charles* IX, roi de France.
- **1562.** Réforme de l'ordre des Carmélites par sainte Thérèse* d'Ávila.
- **De 1562 à 1598.** Guerres de Religion* en France.
- **1565.** Cycle des « mois » et des « saisons » de Bruegel* l'Ancien.
- **Entre 1566 et 1569.** L'architecte Palladio* assume l'héritage classique tout en multipliant les innovations.
- **Entre 1569 et 1574.** L'architecte ottoman Sinan édifie la mosquée Selimiye à Édirne.
- **1571.** La Sainte Ligue vainc les Turcs à la bataille navale de Lépante*.
- **1571.** La Bourse de Londres est inaugurée.
- **1572.** Massacre de la Saint-Barthélemy*.
- **De 1574 à 1589.** Henri* III, roi de France.
- **1576.** Jean Bodin* publie son traité *la République**.
- **De 1577 à 1580.** Francis Drake* entreprend le premier voyage anglais de circumnavigation. Il découvrira la Californie.
- **1579.** L'Union d'Utrecht est proclamée. Elle consacre la division des Pays-Bas espagnols entre provinces du Sud catholiques et provinces du Nord calvinistes.
- **1580.** En Argentine, fondation de Buenos Aires.
- **1580.** Montaigne* présente ses *Essais*.
- **1581.** Le poète italien le Tasse* publie *la Jérusalem délivrée*.
- **1584.** Philippe* II d'Espagne s'installe à l'Escurial*.
- **1586.** Le Greco* peint *l'Enterrement* du comte d'Orgaz*, tableau qui lui vaut de multiples commandes.

[• 1613]. La Russie des Romanov. Pierre Ier le Grand, fondateur de Saint-Pétersbourg.

[• 1644]. Tournée d'inspection de l'empereur mandchou Kangxi, peinture sur soie.

- **1587.** En Perse, Abbas* Ier le Grand devient chah.
- **1588.** L'« Invincible Armada », flotte de guerre de Philippe II d'Espagne, subit un désastre devant Plymouth.
- **De 1589 à 1610.** Henri* IV, roi de France.
- **1591.** Le Maroc soumet l'Empire songhaï*.
- **1598.** Signature de l'édit de Nantes* par Henri IV.
- **1600 et 1602.** Création des premières compagnies de commerce : la Compagnie anglaise des Indes orientales, puis la Compagnie hollandaise des Indes orientales.
- **Entre 1600 et 1622.** Lope de Vega* Carpio passe maître dans l'art de la *comedia* espagnole.
- **Entre 1601 et 1606.** Apogée de l'œuvre de W. Shakespeare*.
- **1603.** Au Japon, avènement des Tokugawa, dynastie de shoguns.
- **1604.** Première « réduction* » jésuite au Paraguay.
- **Entre 1605 et 1615.** Cervantès* publie *Don Quichotte de la Manche*.
- **1607.** Naissance de l'art lyrique avec l'œuvre de Monteverdi*.
- **1608.** Fondation de Québec par Samuel de Champlain*.
- **1609.** J. Kepler* énonce deux lois fondamentales du mouvement des planètes en s'aidant des travaux du Danois Tycho Brahe*.
- **Entre 1609 et 1610.** Galilée* introduit l'emploi de la lunette en astronomie.
- **1610.** Le roi de France Henri IV est assassiné. Louis* XIII lui succède.
- **1610.** Mort du Caravage, considéré comme le fondateur de la peinture moderne.
- **1612.** La place Royale (future place des Vosges) est inaugurée à Paris.
- **Entre 1612 et 1613.** Œuvres majeures de Luis de Góngora* y Argote.
- **1613.** En Russie, les Romanov* accèdent au trône.
- **1614.** L'invention des logarithmes par l'Écossais J. Napier* simplifie les calculs de trigonométrie sphérique utilisés alors en astronomie ou pour la navigation.
- **Entre 1615 et 1625.** Rubens* maître de la peinture baroque.
- **De 1618 à 1648.** Guerre de Trente* Ans.
- **1620.** Les « Pères pèlerins », puritains anglais, arrivés sur le *Mayflower*, fondent la colonie de Plymouth (Massachusetts) et créent la tradition du Thanksgiving Day.
- **1620 et 1623.** Le philosophe Bacon* publie le *Novum Organum* et l'*Instauratio magna*.
- **1623.** W. Schickard* dessine et construit une machine à calculer.
- **1623.** T. Campanella* publie *la Cité du soleil*, utopie subversive par l'accent qu'elle met sur l'égalité.
- **1624.** Richelieu* entre au Conseil du roi Louis XIII.
- **Entre 1624 et 1655.** En Italie, grande époque du baroque avec Bernin*.
- **V. 1625.** Tirso* de Molina crée le personnage de Don Juan.
- **1628.** W. Harvey* fournit, le premier, une description exacte de la circulation du sang dans le corps.
- **De 1631 à 1641.** Construction du Tadj* Mahall.

[• De 1631 à 1641]. Le mausolée du Tadj Mahall, chef-d'œuvre de l'architecture moghole, en marbre blanc incrusté de pierres de couleur.

- **1632.** Galilée* établit la loi de la chute des corps dans le vide.
- **1632.** Avènement de la reine Christine* de Suède.
- **1635.** Richelieu fonde l'Académie* française.
- **V. 1635.** Calderón* de la Barca écrit des pièces religieuses, les autos sacramentals.
- **1637.** Corneille* publie *le Cid**.
- **1641.** Descartes* publie *les Méditations métaphysiques*.
- **1642.** Rembrandt* peint *la Ronde* de nuit*.
- **De 1642 à 1661.** En France, gouvernement de Mazarin*.
- **1643.** Louis XIV succède à Louis XIII.
- **1643.** Invention du baromètre par E. Torricelli*.
- **1644.** En Chine, les Qing, d'origine mandchoue, s'installent au pouvoir.
- **De 1645 à 1676.** Alexis Mikhaïlovitch, tsar de Russie.
- **1648.** Signature des traités de Westphalie*. La guerre de Trente Ans, qui a des antécédents à la fois territoriaux et religieux, a ravagé l'Europe. Les traités qui la concluent vont créer un nouvel équilibre aux dépens du Saint Empire.
- **De 1648 à 1653.** En France, période de la Fronde*.

1649 ABSOLUTISME ET ÉMERGENCE

Europe. Le long règne de **Louis XIV** consacre l'évolution de la monarchie française vers l'absolutisme et la prépondérance de la France après le **traité des Pyrénées**, dans un continent qui voit le passage de l'**Angleterre** à la monarchie constitutionnelle et la naissance de l'**État prussien**.

Dans ce contexte apparaît le mouvement de pensée des **Lumières**, qui tire son nom de la volonté des philosophes de l'époque de combattre les ténèbres de l'ignorance par la diffusion des savoirs. L'entreprise éditoriale de l'*Encyclopédie* en est un des symboles.

Amérique. L'indépendance américaine intervient comme un écho à ces idées nouvelles. Les insurgés, qui proclament par une **déclaration l'Indépendance des États-Unis**, reçoivent l'aide de la France.

Asie. En Inde, l'avènement d'**Aurangzeb** porte l'**Empire moghol** à son apogée, tandis que les Hollandais éliminent les Portugais de Ceylan. En Chine, les **Mandchous** établissent leur domination. Les empereurs Kangxi, Yongzheng et Qianlong étendent cette domination à la Corée, Formose, l'Asie centrale, le Tibet et la Dzoungarie.

Afrique. Les grandes nations européennes prennent pied sur le continent africain, dans le cadre parfois du commerce triangulaire (traite des Noirs entre Europe, Afrique et Amérique). Les **Peuls** créent un État musulman théocratique.

- **1649.** Exécution du roi Charles* Ier d'Angleterre ; dictature d'Oliver Cromwell*.
- **V. 1650.** Poussin* peint *Orphée et Eurydice*.
- **1651.** Hobbes* écrit *le Léviathan*.
- **1652.** Le kabuki, art théâtral japonais, évolue en un genre pourvu d'une action dramatique.
- **1654.** P. de Fermat* et B. Pascal* fondent le calcul des probabilités.
- **De 1654 à 1660.** Charles* X Gustave, roi de Suède.
- **1656.** Velázquez* peint *les Ménines**.
- **1657.** C. Huygens* invente un nouveau type d'horloge mécanique, beaucoup plus précise : la pendule.
- **De 1658 à 1707.** Aurangzeb*, empereur moghol.
- **1659.** Par le traité des Pyrénées*, l'Espagne perd la suprématie en Europe.
- **1660.** Aux Pays-Bas, Vermeer* peint *Vue de Delft*.
- **1661.** En France, début du règne personnel de Louis* XIV.
- **De 1661 à 1683.** En France, gouvernement de Colbert*.
- **De 1662 à 1722.** Kangxi*, empereur Qing.
- **1663.** Les terres françaises du Canada (Nouvelle-France) sont intégrées au domaine royal et dotées du statut de province.
- **1664.** La Nouvelle-Amsterdam, possession hollandaise, est annexée par les Anglais, qui la baptisent New York.
- **1664.** En Hollande, le peintre portraitiste Frans Hals* réalise *les Régents* et *les Régentes*.

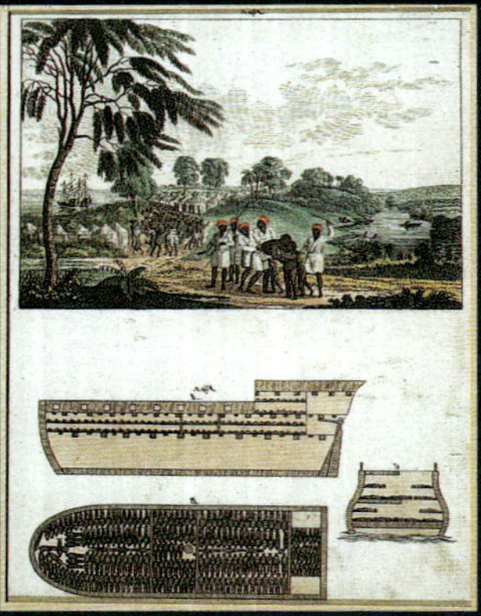

[• 1672]. L'esclavage : la traite des Noirs africains et les vaisseaux négriers.

[• 1663]. La Nouvelle-France : le site de Québec.

- **1665.** La peste sévit à Londres et ne sera éradiquée que par le Grand Incendie de septembre 1666.
- **1666.** Au Maroc, avènement de la dynastie alawite*.
- **De 1666 à 1671.** Molière* donne ses plus grandes comédies.
- **De 1666 à 1710.** Après le Grand Incendie de Londres, Christopher Wren* est chargé de rebâtir les cinquante églises de la City.
- **1667.** Le traité de Breda* accorde aux Néerlandais la liberté du commerce dans les ports anglais.
- **1667 et 1671.** Milton* écrit *le Paradis perdu* et *le Paradis reconquis*.
- **De 1667 à 1677.** De la création d'*Andromaque* à celle de *Phèdre*, Racine* se fait le peintre de la passion.
- **De 1668 à 1694.** La* Fontaine donne ses *Fables*.
- **1669.** Le *Simplicius Simplicissimus* de Grimmelshausen* dépeint une sorte de Candide aux aventures picaresques.
- **1669.** Dans un ouvrage intitulé *Prodromus*, le Danois N. Sténon* pose les bases de la stratigraphie.
- **1670.** Les *Pensées* de Pascal* sont publiées.
- **1670.** Insurrection des paysans russes ralliés au chef cosaque Stenka Razine*.
- **1672.** La Compagnie royale africaine se voue au commerce triangulaire qui va donner naissance à une importante migration humaine entretenue par le développement de l'esclavage en Amérique.
- **De 1672 à 1679.** Guerre de Hollande*.
- **1673.** *Cadmus et Hermione*, de Lully*, premier opéra à la française.
- **1673.** A. Van* Leeuwenhoek découvre au microscope l'existence de micro-organismes (protozoaires, levures, bactéries).
- **V. 1675.** Indépendamment l'un de l'autre, G.W. Leibniz* et I. Newton* fondent le calcul infinitésimal.
- **1676.** Le Danois O. Römer* établit que la lumière se propage à une vitesse finie.
- **1677.** Publication de l'*Éthique* de Spinoza*.
- **De 1678 à 1679.** La paix de Nimègue conclut la guerre de Hollande* déclenchée par Louis XIV.
- **1679.** Le Parlement anglais vote l'*Habeas* Corpus Act*.
- **De 1681 à 1713.** Corelli* parachève la forme de la sonate et invente celle du concerto grosso.
- **1682.** La France colonise la Louisiane*.
- **1682.** La Déclaration* du clergé de France rappelle l'indépendance absolue du roi à l'égard du pape pour toutes les affaires temporelles. Elle consacre la crise du gallicanisme*.
- **De 1682 à 1725.** Pierre* Ier, tsar de Russie.
- **1685.** En France, révocation de l'édit de Nantes*.
- **De 1685 à 1688.** Jacques* II, roi d'Angleterre et d'Irlande.
- **1687.** I. Newton* formule la loi de la gravitation universelle et expose les fondements théoriques de la mécanique.
- **De 1687 à 1694.** En France, querelle des Anciens* et des Modernes.
- **De 1688 à 1697.** Guerre de la ligue d'Augsbourg*.
- **1688 - 1689.** La monarchie anglaise devient constitutionnelle : la seconde révolution* (dite aussi la « Glorieuse Révolution ») détrône le roi Jacques II.

[• 1689]. Le parlementarisme anglais : le roi Guillaume III est reçu au Parlement.

- **1689.** Au Japon, Basho*, maître du haïku, court poème de circonstance qui accompagne le plus souvent des textes en prose.
- **De 1689 à 1695.** Purcell* compose sa musique de scène.
- **De 1690 à 1692.** Le droit de course permet aux « corsaires », tels Jean Bart* et René Duguay-Trouin*, agissant au nom du roi, de faire la chasse aux navires de commerce ennemis pour leur compte personnel.

DES IDÉES DES LUMIÈRES 1777

• **1690 et 1740.** Les philosophes John Locke* et David Hume* réfutent la théorie des idées innées issue du cartésianisme et fondent l'empirisme.

• **1695.** Peuple originaire de l'actuel Ghana, les Ashanti* sont les fondateurs d'un État monarchique dont la capitale est Kumasi.

[• 1695]. Pièce de joaillerie ashanti, royaume du Ghana.

• **1697.** Les traités de Ryswick*, qui terminent la guerre de la ligue d'Augsbourg, amputent la France de nombreux territoires.

• **1699.** Le conflit qui oppose les Habsbourg aux Ottomans aboutit à la paix de Karlowitz*, par laquelle la Hongrie cesse d'être possession ottomane.

• **1700.** Le contrôle de la mer Baltique oppose la Suède au Danemark, à la Russie et à la Pologne.

• **1701.** Guerre de la Succession* d'Espagne.

• **De 1701 à 1713.** Frédéric* Ier, roi en Prusse.

• **De 1702 à 1714.** Anne* Stuart, reine de Grande-Bretagne et d'Irlande.

• **1705.** E. Halley* établit pour la première fois qu'une comète, observée en 1682, décrit une ellipse autour du Soleil et annonce son retour pour 1758 ou 1759.

• **De 1705 à 1711.** Joseph* Ier, empereur germanique.

• **1707.** L'Acte d'union* proclamé par la reine Anne Stuart, fervente protestante, donne naissance à la Grande-Bretagne.

• **1712.** T. Newcomen* construit la première machine à vapeur réellement utilisable, comportant chaudière, cylindre et piston.

• **1714.** Leibniz* publie *la Monadologie**.

• **1715.** En France, mort de Louis XIV : la Régence dure jusqu'à la majorité de Louis XV (1723).

[• De 1751 à 1772]. Une planche de l'*Encyclopédie* : les techniques de confiserie.

[• Entre 1748 et 1759]. « Le génie de Voltaire et de Rousseau les conduit au temple de la gloire et de l'immortalité », gravure coloriée.

• **1719 et 1726.** Daniel Defoe*, dans *Robinson Crusoé*, et Jonathan Swift* avec *les Voyages de Gulliver* proposent des visions idéales de l'avenir de l'homme.

• **1720.** En France, banqueroute de John Law*.

• **1721.** Pierre* Ier, dit le Grand, qui règne depuis 1682, se proclame « tsar de toutes les Russies ».

• **De 1723 à 1750.** L'œuvre de Jean-Sébastien Bach* traduit le souci d'équilibrer l'effectif instrumental et prépare l'avènement de l'orchestre.

• **1725.** Les Peuls édifient au Fouta-Djalon un État qui témoigne de la force de l'islam comme facteur de civilisation sur le continent noir.

• **1733.** Guerre de la Succession* de Pologne.

• **1733.** En Grande-Bretagne, invention de la navette volante.

• **1735.** John Harrison réalise des chronomètres de marine de plus en plus performants.

• **De 1736 à 1796.** En Chine, Qianlong, empereur Qing.

• **1738.** Daniel Bernoulli* fonde l'hydrodynamique.

• **1740.** Frédéric le Grand sur le trône de Prusse.

• **1740.** Guerre de la Succession* d'Autriche.

• **1742.** Celsius* crée une échelle thermométrique pratique.

• **1745.** Le Hollandais P. Van* Musschenbroek et l'Allemand E.G. von Kleist réalisent un premier condensateur : la bouteille de Leyde.

• **De 1745 à 1780.** Marie-Thérèse* d'Autriche, impératrice.

• **1748.** Montesquieu* met en avant la théorie de la séparation des pouvoirs.

• **1748.** L. Euler* développe l'analyse mathématique.

• **Entre 1748 et 1759.** Voltaire* s'impose avant tout à la postérité par ses contes philosophiques.

• **Entre 1749 et 1804.** Buffon* publie son *Histoire naturelle*.

• **De 1750 à 1754.** Le Français N. de La* Caille cartographie le ciel de l'hémisphère Sud.

• **1751.** La Chine annexe le Tibet.

• **De 1751 à 1772.** Publication de l'*Encyclopédie*.

• **1752.** Benjamin Franklin* met au point le premier paratonnerre.

• **De 1756 à 1763.** Guerre de Sept* Ans.

• **1758.** En France, les physiocrates créent la science économique.

• **1758.** L'opticien britannique J. Dollond perfectionne la lunette astronomique.

• **1758.** Linné* généralise la nomenclature binominale* des espèces.

• **De 1760 à 1820.** George* III, roi de Grande-Bretagne et d'Irlande.

• **1762.** Catherine* II, impératrice de Russie

• **Entre 1762 et 1778.** Penseur politique Rousseau* est aussi l'auteur de romans et de *Confessions*.

• **Entre 1765 et 1784.** Watt* perfectionne la machine à vapeur.

• **De 1766 à 1769.** Premier tour du monde français par Bougainville*.

• **1769.** James Hargreaves met au point le premier métier à filer mécanique *(spinning jenny)* Richard Arkwright* invente une machine qui utilise l'énergie de l'eau *(water frame)*.

• **Entre 1772 et 1789.** Lavoisier* énonce les lois de conservation de la masse et des éléments, et participe à la création d'une nomenclature chimique rationnelle.

• **1773.** La « Boston Tea Party » annonce la guerre de l'Indépendance américaine.

• **1774.** James Cook* explore l'Antarctique.

• **1774.** Le traité de Kutchuk-Kaïnardji* conclut la guerre entre la Turquie et la Russie, qui y gagne l'accès à la mer Noire.

• **De 1774 à 1792.** Louis* XVI, roi de France

• **Entre 1774 et 1832.** Goethe*, précurseur du romantisme allemand, crée une nouvelle forme de roman.

• **1775.** L'Américain D. Bushnell* réalise le premier submersible digne de ce nom.

• **De 1775 à 1784.** Auteur de comédies, Beaumarchais* annonce l'évolution des valeurs sociales qui prépare la Révolution française.

• **1776.** Aux États-Unis, adoption de la Déclaration d'indépendance*.

• **1776.** Dans *Recherches sur la nature et les causes de la richesse des nations*, Adam Smith* formule les lois du marché et définit la division internationale du travail.

• **1776.** *Contes de pluie et de lune* : conte fantastique *(yomi-kon)* du poète Ueda* Akinari

• **1777.** Première fécondation artificielle.

[• 1776]. Portrait de Thomas Jefferson, l'un des pères de la Déclaration d'indépendance américaine.

1781 AU TEMPS DES RÉVOLUTIONS

Europe. En France, convoqués par le roi Louis XVI, les États généraux prennent le nom d'Assemblée nationale constituante. La monarchie parlementaire aboutit à la destitution du roi et la proclamation de la république, qui fait se dresser une vaste coalition face à la France. La Ire République est renversée par le coup d'État de Bonaparte. Consul, puis empereur des Français, celui-ci est finalement destitué en 1815. La Restauration rétablit la monarchie au pouvoir en France, jusqu'à ce que les deux coups de boutoir des révolutions de 1830 et 1848 ramènent la république et déclenchent dans l'Europe du congrès de Vienne une nouvelle flambée d'agitations, qui prend nom de « printemps des peuples ». Partie d'Angleterre, une autre révolution, industrielle, gagne l'Europe. Elle est stimulée par les progrès techniques et engendre des transformations sociales.

Afrique. Un grand Empire peul se constitue. Le Soudan est conquis par l'Égypte. Les Français se lancent à la conquête de l'Algérie. L'Afrique du Sud est passée sous une administration britannique, qui mécontente les Boers qui migrent finalement vers l'intérieur des terres.

Amérique. L'émancipation des colonies espagnoles d'Amérique du Sud a lieu en un quart de siècle, et Simón Bolívar fonde la république de Grande-Colombie (Nouvelle-Grenade, Venezuela) à laquelle est annexé l'Équateur.

[• 1789]. La Déclaration des droits de l'homme et du citoyen.

- **1781.** Kant* publie *Critique de la raison pure.*
- **1781.** Herschel* découvre Uranus.
- **1782.** À Bangkok, capitale du Siam, Rama Ier donne naissance à la dynastie régnante de la future Thaïlande.
- **Entre 1782 et 1791.** Mozart* fait triompher le *Singspiel* (opéra lyrique).
- **1783.** Le traité de Paris reconnaît l'existence des États-Unis d'Amérique.
- **1783.** Pilâtre* de Rozier et le marquis d'Arlandes* réussissent à bord d'une montgolfière le premier vol humain dans l'atmosphère.
- **1783.** Le Français Claude François de Jouffroy* d'Abbans expérimente la navigation d'un bateau à vapeur.
- **De 1783 à 1801.** Le Second Pitt*, Premier ministre britannique.
- **1784.** *Le Serment des Horaces* de David* apparaît comme le manifeste du néoclassicisme.
- **1785.** Le Français C.A. de Coulomb* établit les lois du magnétisme et de l'électrostatique.
- **1788.** La fondation d'une colonie pénitentiaire donne l'élan au mouvement de colonisation anglaise de l'Australie.

[• 1788]. Portrait d'un indigène du bush, Australie.

- **1789.** George Washington*, premier président des États-Unis.
- **1789.** En France, prise de la Bastille*, le 14 juillet. Premier acte populaire de la Révolution* française.
- **1792.** Le 22 septembre marque en France le début de l'an I de la république, instituée par la Convention* nationale.
- **1793.** Claude Chappe* crée la télégraphie aérienne.
- **1795.** Instauration en France du système métrique.
- **1795.** Démembrement de la Pologne au profit de la Prusse, de la Russie et de l'Autriche.
- **De 1795 à 1799.** En France, régime du Directoire*.
- **1796.** Laplace* développe l'hypothèse selon laquelle le Système solaire serait issu d'une nébuleuse en rotation.
- **1796.** E. Jenner* découvre le principe de la vaccination.
- **1798.** Naissance du romantisme anglais avec la parution des *Ballades lyriques* des poètes dits « lakistes », Wordsworth* et Coleridge*.
- **Entre 1798 et 1801.** L'œuvre de Haydn* contribue à fixer la structure classique de la symphonie et du quatuor. Ses oratorios marquent le passage du genre au domaine profane.
- **1799.** Napoléon* Bonaparte renverse le Directoire.
- **1799.** Volta* invente la pile électrique.
- **De 1799 à 1804.** En France, régime du Consulat*.
- **1800.** Création du Royaume-Uni.
- **1800.** Découverte du rayonnement infrarouge par Herschel*.
- **1800 et 1802.** La parution des œuvres de Mme de Staël*, *De la littérature,* et de Chateaubriand*, *le Génie du christianisme,* consacre l'apogée du romantisme français.
- **De 1800 à 1824.** Beethoven* écrit ses neuf symphonies.
- **1801.** Bichat* fonde l'anatomie générale.
- **1801.** Jacquard* perfectionne le métier à tisser.
- **1801.** T. Young* découvre le phénomène des interférences.
- **1801.** G. Piazzi*, à Palerme, découvre Cérès, premier représentant d'une très nombreuse famille d'astéroïdes.
- **De 1801 à 1809.** Jefferson*, président des États-Unis.
- **De 1801 à 1825.** Alexandre* Ier, empereur de Russie.
- **1802.** Fondation de l'empire du Viêt* Nam.
- **1803.** Supposant que chaque corps pur est formé d'atomes identiques, J. Dalton* explique les lois pondérales des combinaisons chimiques.
- **1803.** Première locomotive à vapeur, réalisée par R. Trevithick*.
- **1803 et 1815.** Le *Traité* puis le *Catéchisme* de Jean-Baptiste Say* sont à l'origine de l'école française d'économie politique.

[• 1799]. Bonaparte au pont d'Arcole, pendant les campagnes d'Italie.

- **De 1804 à 1814/1815.** Napoléon* Ier, empereur des Français.
- **1804.** Fondé par le prédicateur musulman Ousmane* dan Fodio, l'empire peul du Sokoto réunit des territoires faisant partie des actuels Niger et Nigeria.
- **1804.** N.T. de Saussure publie *Recherches chimiques sur la végétation* et fonde la physiologie végétale.
- **1805.** Méhémet-Ali*, vice-roi d'Égypte.
- **1806.** Le Saint Empire est dissous au lendemain de la création, sous le contrôle de Napoléon, de la Confédération du Rhin.
- **1807.** Dans *la Phénoménologie de l'esprit,* Hegel* décrit les développements du concept d'Absolu au moyen de la dialectique.
- **1809.** Lamarck* propose la première théorie explicative de l'évolution des espèces animales.
- **1810.** Le procédé de conservation des aliments de N. Appert* permet l'essor de l'industrie des conserves alimentaires.
- **1811.** J. Fourier* découvre les séries trigonométriques qui portent à présent son nom.
- **1812.** Laplace* applique l'analyse mathématique aux lois du hasard et apporte une contribution théorique fondamentale au calcul statistique.
- **1812.** Byron* publie le *Pèlerinage de Childe Harold.*
- **1812.** La campagne de Russie* marque un tournant de la politique européenne de Napoléon.

ET DU PRINTEMPS DES PEUPLES 1848

- **1814.** Fraunhofer* fonde la spectroscopie.
- **1814.** Les toiles de Goya* *Dos de mayo* et *Tres de mayo* sont une dénonciation bouleversante des atrocités commises par l'armée napoléonienne.
- **De 1814 à 1824.** Louis* XVIII, roi de France.
- **Entre 1814 et 1828.** Schubert* compose plus de six cents lieder, dont la facture enjouée renouvelle la musique de chambre.
- **De 1814 à 1846.** A. Cauchy* fonde la théorie des fonctions d'une variable complexe.
- **1815.** Le congrès de Vienne* règle le sort de la nouvelle Europe.
- **1815.** Après l'épisode des Cent-Jours*, Louis XVIII monte à nouveau sur le trône.
- **Entre 1816 et 1822.** Successivement, l'Argentine (1816), le Chili (1818), les pays formant la république de Grande-Colombie (1819), le Mexique et le Pérou (1821), puis le Brésil (1822) rompent avec la tutelle coloniale.

[• Entre 1816 et 1822]. L'indépendance de l'Amérique latine, Simón Bolívar, le « Libérateur ».

- **Entre 1816 et 1826.** N. Niépce* obtient les premières images photographiques.
- **1818 et 1830.** Le romantisme, en peinture, affirme le primat du geste et de la matière : les Anglais Constable* et Turner* et les Français Géricault* et Delacroix* en sont des représentants.

[• 1830]. Vue d'Alger au début du XIXe s.

- **1819.** A. Fresnel* montre qu'en attribuant à la lumière une nature ondulatoire, il devient possible d'expliquer un ensemble de phénomènes expérimentaux.
- **1820.** À la suite des observations faites par le Danois Œrsted*, le Français Ampère* développe la théorie de l'électromagnétisme.
- **1824.** Sadi Carnot* énonce l'un des principes fondamentaux de la thermodynamique, d'après lequel la transformation de chaleur en énergie mécanique exige l'emploi d'au moins deux sources de chaleur ayant des températures différentes.
- **De 1824 à 1830.** Charles* X, roi de France.
- **1825.** Première ligne commerciale de chemin de fer en Grande-Bretagne.
- **Entre 1825 et 1842.** L'Italie du Risorgimento* s'incarne en littérature dans la fresque historique *les Fiancés* de Manzoni*.
- **1826.** N. Lobatchevski* crée la première géométrie non euclidienne, dite hyperbolique.
- **1827.** G.S. Ohm* établit la relation de proportionnalité existant entre la tension et l'intensité du courant dans un circuit électrique.

[• 1848]. Révolution de 1848 : estampe sur le suffrage universel.

- **1827.** En France, mise au point, par B. Fourneyron*, de la première turbine hydraulique moderne.
- **De 1830 à 1848.** Louis-Philippe* Ier, roi des Français.
- **1830.** La colonisation française de l'Algérie* est lancée.
- **1830.** L'insurrection bruxelloise contre la tutelle néerlandaise conduit à la création d'un royaume belge indépendant.
- **1830.** *Hernani* de Victor Hugo* pousse à l'émeute les partisans du classicisme.
- **1830.** Après la bataille de Navarin* (1827), l'indépendance d'un État grec est reconnue.
- **1830 et 1857.** Stendhal* *(le Rouge et le Noir)* et Flaubert* *(Madame Bovary)* reflètent les tourments de leur époque.
- **1831.** Dernier des romantiques allemands, Heine* est l'auteur de *Tableaux de voyage*, qui lui apportent la célébrité.
- **1831.** M. Faraday* découvre qu'un courant électrique peut être induit par les variations d'un champ magnétique.
- **1831.** C.H. McCormick* invente une moissonneuse qui connaîtra un grand succès.
- **1831 et 1832.** É. Galois* expose les fondements de la théorie des groupes.
- **Entre 1831 et 1833.** Les *Trente-Six Vues du mont Fuji* d'Hokusai* sont, entre autres, à l'origine du courant japoniste français.
- **De 1831 à 1836.** Pouchkine* domine les lettres russes.
- **1832.** Le ballet *la Sylphide* créé à l'Opéra de Paris innove par le recours au fantastique.
- **1833.** En Espagne, les partisans de Don Carlos* s'opposent à l'avènement de sa fille, la future Isabelle* II.
- **De 1834 à 1839.** En Afrique du Sud, Grand Trek* des Boers*.
- **Entre 1835 et 1840.** Tocqueville* publie *De la démocratie en Amérique*, texte fondateur du libéralisme politique.
- **1837.** En Grande-Bretagne, Victoria* est couronnée.
- **1837.** Invention, par les Britanniques W.F. Cooke* et C. Wheatstone*, du premier télégraphe électrique à usage commercial.
- **1838.** F.W. Bessel* parvient à mesurer pour la première fois la distance d'une étoile.
- **1838.** Charles Dickens* publie *Oliver* Twist*
- **Entre 1838 et 1839.** Les Allemands J. Schleiden* et T. Schwann* fondent la théorie cellulaire
- **1839.** Invention, par C. Goodyear*, du procédé de vulcanisation.
- **De 1840 à 1845.** Edgar Allan Poe* crée le fantastique moderne.
- **1841.** Énoncé de la loi de J.P. Joule*.
- **Entre 1841 et 1863.** Berlioz* développe une somptueuse écriture orchestrale.
- **1842.** Le traité de Nankin* cède Hongkong* à la Grande-Bretagne. Il inaugure l'ère des « traités inégaux » qui permettront aux puissances occidentales de se tailler en Chine des zones d'influence économiques.
- **1842.** Honoré de Balzac* initie *la Comédie humaine*.
- **1842.** Fin de la publication du *Cours de philosophie positive* d'Auguste Comte*.
- **Entre 1842 et 1846.** Premières opérations chirurgicales sous anesthésie par C.W. Long*
- **1845.** Invention d'un nouveau type de presse à imprimer, la rotative, par R.M. Hoe
- **1846.** Les États-Unis et le Mexique en guerre
- **De 1846 à 1878.** Pontificat de Pie* IX.
- **1847.** G. Boole* fonde la logique mathématique moderne.
- **1847.** En Suisse, guerre du Sonderbund*.
- **1848.** La révolution de février, en France donne naissance à la IIe République*. Elle est suivie de soulèvements en Italie, en Autriche en Allemagne, en Europe centrale et orientale
- **1848.** En Grande-Bretagne, les peintres préraphaélites* veulent renouer avec la peinture médiévale antérieure à Raphaël.
- **Entre 1848 et 1855.** Claude Bernard* définit l'homéostasie.

[• 1842]. Le port de Shanghai vers 1850 : la Chine s'ouvre au commerce international.

1849 L'EUROPE

Europe. Dans la seconde moitié du XIXe s., les puissances européennes connaissent une forte **expansion coloniale**. Elles y trouvent l'occasion d'affirmer leur volonté de domination et leur prestige. Non sans arrière-pensées religieuses, la **colonisation** est facilitée par les progrès technologiques, et des armements. Le partage du monde qui s'ensuit ne tarde pas à susciter des rivalités entre les puissances. L'exploitation par les métropoles des ressources des pays conquis (quel que soit le mode d'administration des colonies) a néanmoins favorisé la diffusion des savoirs et des techniques de l'Occident et a permis la mise en valeur des territoires, principalement au profit des colons et des métropoles. En Europe, la misère ouvrière qui accompagne la **révolution industrielle** donne naissance aux **doctrines socialistes**. Les différents mouvements de ce courant de pensée tentent vainement de se rassembler au sein d'une Association internationale du travail, dissoute en 1876.

Asie. Au Japon, le **shogunat** ayant été aboli, tout le pouvoir revient à l'empereur, qui rétablit la monarchie et prend le nom de **Meiji**. Il supprime les privilèges qui étaient liés au système féodal. Le pays fait appel à des techniciens occidentaux pour se doter d'une industrie moderne. Bientôt devenu la première puissance asiatique, le Japon engage une politique d'expansion dirigée d'abord contre la Chine.

[• 1851]. Le Crystal Palace, édifié pour la première Exposition universelle, à Londres.

- **1849.** Courbet* peint *Un enterrement à Ornans*.
- **1851.** En Chine, révolte des Taiping*.
- **1851.** Première Exposition internationale et universelle, à Londres.
- **1851.** W. Thomson (futur lord Kelvin*) propose le concept du zéro absolu (proche de – 273 °C).
- **1851.** Pose, entre Douvres et Calais, du premier câble télégraphique sous-marin.
- **De 1852 à 1870.** Napoléon* III, empereur des Français.
- **1855 et 1856.** Invention, par l'Anglais H. Bessemer*, d'un procédé économique de conversion de la fonte en acier, puis, par les Allemands W. et F. Siemens*, d'un four à récupération de chaleur.
- **1856.** À la suite de la guerre de Crimée*, Napoléon* III réunit en triomphateur le congrès de Paris.
- **1857.** Dans le recueil *les Fleurs du mal*, Baudelaire* fait œuvre de novateur.
- **1859.** G.R. Kirchhoff* et R.W. Bunsen* créent l'analyse spectrale.
- **1859.** Aux États-Unis, premier forage pétrolier, réalisé par E.L. Drake*.
- **1859.** Dans *De l'origine des espèces au moyen de la sélection naturelle*, C. Darwin* expose sa théorie de l'évolution des espèces.
- **1860.** Le Français É. Lenoir* fait breveter le premier moteur à combustion interne véritablement opérationnel.
- **1860.** Succès de l'expédition des Mille* : débarquement de Garibaldi* et de ses compagnons en Italie méridionale.
- **1861.** Abolition du servage en Russie.
- **De 1861 à 1865.** Lincoln*, président des États-Unis.
- **Entre 1861 et 1869.** P. Michaux* crée le vélocipède, puis André Guilmet met au point la bicyclette.
- **De 1861 à 1878.** Victor-Emmanuel* II, roi d'Italie.
- **1862.** L. Pasteur* réfute l'hypothèse de la génération spontanée.
- **1862.** En Italie, naissance d'un mouvement pictural antiacadémique, les macchiaioli*.
- **De 1862 à 1890.** Gouvernement de Bismarck.*
- **1863.** Le métro est inauguré à Londres.
- **1863.** Création de la Croix-Rouge à l'initiative d'Henry Dunant*.
- **1864.** J.C. Maxwell* unifie les théories de l'électricité et du magnétisme.
- **1864.** Réunion de la Ire Internationale*.
- **1865.** Aux États-Unis, fin de la guerre de Sécession*.
- **1865.** Lewis Carroll* publie *Alice au pays des merveilles*.
- **1865 et 1877.** Tolstoï* sonde la société russe (*Guerre et Paix*, *Anna Karenine*).
- **1866.** La Prusse triomphe de l'Autriche à Sadowa*.

[• 1865]. La guerre de Sécession : la reddition des confédérés.

[• 1867]. Meiji Tenno, premier empereur de l'ère Meiji, au Japon.

- **1866.** G. Mendel* publie les lois de l'hybridation, l'un des fondements de la génétique.
- **1866 et 1868.** Dostoïevski* publie *Crime et Châtiment* et *l'Idiot*.
- **Entre 1866 et 1876.** En France, le Parnasse contemporain réunit les poètes adeptes de la théorie de l'« art pour l'art » de Théophile Gautier*.
- **Entre 1866 et 1886.** Sa rencontre foudroyante avec Rimbaud* (*Illuminations*) entraîne Verlaine* (*Poèmes saturniens*) vers le symbolisme.
- **1867.** L'Acte de l'Amérique du Nord britannique crée la Confédération du Canada.
- **1867.** J. Lister* introduit l'antisepsie en chirurgie.
- **1867.** Au Japon, début de l'ère Meiji*.
- **1868.** Le premier livre du *Capital* de Karl Marx* est édité.
- **1869.** Inauguration du canal de Suez*.
- **1869.** Mendeleïev* crée la classification périodique des éléments.
- **1870.** La prise de Rome et l'annexion des États de l'Église par le jeune royaume d'Italie achèvent l'unification de ce dernier.
- **1870 - 1871.** Guerre franco-allemande.
- **1871.** Construction, par Z. Gramme*, de la première machine génératrice de courant continu utilisable à l'échelle industrielle.
- **1871.** A. Meucci* invente le téléphone.
- **1871.** Verdi* compose *Aïda*.
- **De 1871 à 1873.** Thiers*, premier président de la IIIe République.

[• 1859]. Première installation de forage pétrolier, en Pennsylvanie.

[• 1869]. La fin des travaux de percement du canal de Suez.

À SON APOGÉE 1913

• **Entre 1871 et 1893.** Émile Zola* publie le cycle romanesque des Rougon-Macquart.

• **Entre 1872 et 1883.** Nietzsche* diffuse sa philosophie de la volonté de puissance.

• **1874.** L'Allemand G. Cantor* bâtit sa théorie des ensembles.

• **1874.** Le Français A. Le Bel et le Hollandais J. H. Van't Hoff jettent les bases de la stéréochimie.

• **Entre 1874 et 1886.** Des peintres tels que Monet, Pissarro et Sisley donnent naissance au courant de l'impressionnisme.

• **1876.** À Bayreuth, Wagner* crée *la Tétralogie*.

• **1876.** N. Otto* réalise et fait breveter un moteur à gaz fonctionnant selon le cycle à quatre temps exposé par Beau de Rochas.

• **1876.** Le premier phonographe est fabriqué par T. Edison*.

[• 1870 - 1871]. Proclamation du IIe Reich au château de Versailles, le 18 janvier 1871.

• **1879.** Présentation, à l'Exposition de Berlin, de la première locomotive électrique, fabriquée par W. von Siemens* et J.G. Halske.

• **1880.** Mise au point, grâce aux travaux de J.W. Swan* et de T. Edison*, de la lampe à incandescence.

• **1881.** H. Poincaré* fournit une méthode générale de résolution des équations différentielles linéaires.

• **1882.** Formation de la Triplice (Triple-Alliance*) entre l'Allemagne, l'Autriche-Hongrie et l'Italie.

• **1883.** Construction à Chicago du premier gratte-ciel (à ossature métallique).

• **1884.** Adoption du système des fuseaux horaires.

• **1885.** Le roi des Belges Léopold* II crée l'État indépendant du Congo (conférence de Berlin).

• **1885.** L. Pasteur applique à l'homme le vaccin antirabique qu'il a mis au point avec É. Roux*.

• **Entre 1885 et 1888.** Premier moteur à courant alternatif mis au point aux États-Unis par N. Tesla*.

• **1886.** Le tricycle à pétrole de C. Benz* et la calèche équipée par G. Daimler* d'un moteur à essence léger marquent la naissance de l'automobile moderne.

• **Entre 1887 et 1889.** Construction de la tour Eiffel* à Paris.

• **1888.** Le Britannique J.B. Dunlop* met au point le pneumatique.

• **Entre 1888 et 1898.** Une toile du peintre Sérusier*, *le Talisman*, est à l'origine du groupe des nabis*, fidèles à l'enseignement de Gustave Moreau*.

• **De 1888 à 1918.** Guillaume* II, empereur d'Allemagne.

• **1889.** Arrivé en Provence, Van* Gogh peint, entre autres, *la Nuit étoilée*.

[• 1912]. Chaîne d'assemblage de la Ford T.

• **1890.** Le massacre de Wounded* Knee scelle le sort des Indiens d'Amérique du Nord.

• **1890.** À Saint-Pétersbourg, le Français Marius Petipa* fait appel à Tchaïkovski* pour donner à ses ballets une pleine dimension orchestrale.

• **Entre 1891 et 1898.** Rodin* sculpte son *Balzac*.

• **Entre 1893 et 1897.** Conception par R. Diesel* d'un moteur à combustion interne.

• **1894.** Émile Durkheim* publie *les Règles de la méthode sociologique*.

• **1894 - 1895.** Guerre sino-japonaise*.

• **De 1894 à 1906.** Affaire Dreyfus*.

• **1895.** W. Röntgen* met en évidence les rayons X.

• **1895.** Dans *Analysis situs*, H. Poincaré* fonde la topologie algébrique.

• **1895.** Les frères Lumière* créent le cinéma.

• **1896.** H. Becquerel* découvre la radioactivité.

• **1896.** Rénovation des jeux Olympiques par le baron Pierre de Coubertin*.

• **1896.** L'Italien Marconi* invente la TSF.

• **1897.** Le peintre Gustav Klimt* est l'un des protagonistes de la Sécession* viennoise.

• **1898.** L'affaire de Fachoda*, au Soudan, se dénoue au bénéfice de la Grande-Bretagne face à la France.

• **1898.** Guerre hispano-américaine*.

• **1899.** Guerre des Boers*.

• **1900.** M. Planck* pose la première base de la théorie quantique.

• **1900.** Freud* découvre l'inconscient psychique.

• **1900.** La défaite chinoise face au Japon, lors de la guerre de 1894-1895, provoque une réaction nationale conduite par la société secrète des Boxers*.

• **1902.** Claude Debussy* crée à l'Opéra-Comique le drame musical *Pelléas et Mélisande*.

• **1902.** Georges Méliès* réalise son *Voyage dans la Lune*.

• **Entre 1902 et 1905.** W.M. Bayliss et E.H. Starling établissent le rôle des hormones.

• **1903.** Le Panama concède aux États-Unis une zone large pour percer le canal transocéanique.

• **1903.** Pierre et Marie Curie* obtiennent le prix Nobel de physique.

• **1903.** L'Américain O. Wright* réussit le premier vol propulsé d'un avion.

• **1903.** Tsiolkovski* énonce les lois du mouvement des fusées.

• **Entre 1903 et 1906.** E. Rutherford* élabore le premier modèle de structure de l'atome.

• **1904 - 1905.** Guerre russo-japonaise*. La Russie subit un désastre. Celui-ci exaspère la crise intérieure, marquée par l'affaire du cuirassé *Potemkine**. Mais la première révolution menée par l'opposition au tsarisme échoue.

• **Entre 1904 et 1906.** Le Britannique J.A. Fleming* invente la diode.

• **1905.** A. Einstein* publie sa théorie de la relativité restreinte.

• **1905.** Naissance du fauvisme*.

• **1906.** En Suisse, le tunnel du Simplon* est en service.

• **1907.** *Les Demoiselles* d'Avignon* peintes par Picasso* sont considérées comme le manifeste du cubisme*.

• **1909.** Aux États-Unis, la Bakélite est brevetée par le chimiste d'origine belge L. Baekeland*.

• **1909.** À l'initiative de Serge de Diaghilev*, les Ballets* russes se produisent au théâtre du Châtelet.

• **1909.** Manifeste du futurisme* de l'Italien Marinetti*.

• **Entre 1910 et 1915.** T.H. Morgan* montre que les chromosomes sont le support matériel des gènes de l'hérédité.

• **1911.** Fondé à Munich par Kandinsky*, Macke* ou Jawlensky*, *Der Blaue* Reiter* constitue l'avant-garde de la peinture allemande.

• **1911.** H. Kamerlingh* Onnes découvre que la résistivité électrique de certains corps disparaît au-dessous d'une certaine température.

• **Entre 1911 et 1917.** Au Mexique la dictature du général Díaz* est écrasée. La révolution a pour principaux protagonistes Emiliano Zapata* et Pancho Villa*.

[• Entre 1911 et 1917]. Les leaders révolutionnaires mexicains Pancho Villa et Emiliano Zapata.

• **1912.** N. Bohr* propose un modèle quantique de la structure de l'atome, qui parvient à rendre compte de la stabilité de celui-ci.

• **1912.** Le Danois E. Hertzsprung* et l'Américain H.N. Russell* établissent indépendamment une classification des étoiles.

• **1912.** La vitamine A est identifiée par E.V. McCollum et T.B. Osborne.

• **1912.** Première chaîne de montage d'automobiles aux usines Ford*, à Détroit.

• **1912.** C. Fabry* met en évidence dans la haute atmosphère terrestre une couche d'ozone.

• **1912 - 1913.** Guerres balkaniques.

• **1913.** Proust* commence *À la recherche du temps perdu*.

• **De 1913 à 1921.** Wilson*, président des États-Unis.

1914 D'UN CONFLIT

Le conflit qui éclate en Europe en 1914 prend, par le jeu des alliances, une dimension mondiale et est particulièrement meurtrier et destructeur. La **Première Guerre mondiale** a pour conséquence l'effondrement de quatre empires (russe, allemand, austro-hongrois et ottoman) et l'ordre mondial est définitivement ébranlé. Les traités de paix qui s'ensuivent portent en eux les germes des **totalitarismes** et **nationalismes** qui engendreront le conflit mondial suivant. La reconstruction favorise d'abord la relance de l'activité et une certaine prospérité (aux États-Unis notamment), mais la rigidité du système économique mondial et l'instabilité du système financier américain aboutissent à ce que, en 1929, une simple **crise boursière** se transforme en une crise mondiale. Dans ce contexte, la nouvelle donne internationale de la création de l'**URSS** et de l'instauration de régimes ayant des arrière-pensées expansionnistes (forces de l'Axe) débouche sur la **Seconde Guerre mondiale** déclenchée par l'invasion de la Pologne par l'Allemagne nazie. Quand le **Japon** attaque leur base navale de Pearl Harbor, les États-Unis entrent aussi dans la guerre, générant un second front en Extrême-Orient et dans le Pacifique. Le conflit le plus meurtrier de l'histoire, dans le cadre duquel les populations civiles ont été particulièrement touchées (massacres, bombardements, **Shoah**, répression), prend fin avec l'usage de l'arme atomique.

[• 1916]. Tranchée occupée par les Français, à Verdun.

- **1914.** L'assassinat de l'archiduc François-Ferdinand d'Autriche à Sarajevo provoque l'entrée en guerre de l'Autriche contre la Serbie, puis, par le jeu des alliances, la Première Guerre* mondiale.
- **1915.** Théorie de Wegener* de dérive des continents.
- **1916.** A. Einstein* publie la version définitive de sa théorie de la relativité générale.
- **1916.** De février à décembre s'engage à Verdun* la bataille la plus meurtrière de la guerre.
- **1916.** Produit en série, le tank Mark 1 inaugure l'emploi de l'arme blindée.
- **1917.** Le peintre hollandais Piet Mondrian* lance, avec Theo Van* Doesburg, la revue d'avant-garde *De Stijl*.
- **1917.** En Russie, la révolution* de Février renverse le tsar Nicolas* II. Puis le gouvernement républicain provisoire est ensuite balayé par la révolution* d'Octobre.
- **De 1917 à 1924.** En Russie, gouvernement de Lénine*.

[• 1917]. Harangue de Lénine, pendant la révolution russe, à Moscou.

- **1918.** L'armistice du 11 novembre met fin à la guerre mondiale.
- **1919.** Walter Gropius* ouvre à Weimar une école d'arts appliqués, le Bauhaus*.
- **1919.** *Le Cabinet du docteur Caligari* de Robert Wiene*, film manifeste du cinéma expressionniste.
- **1919.** Le traité de Versailles* rend l'Alsace-Lorraine à la France. Création de la SDN*.
- **1919.** Parti de Zurich, le mouvement dada* se développe sous l'impulsion de l'écrivain Tristan Tzara*.
- **Entre 1920 et 1935.** Man* Ray s'installe à Paris et y découvre le photogramme (« rayogramme »).
- **1922.** L'Allemand H. Staudinger* jette les bases de la chimie des polymères.
- **1922.** James Joyce* publie le roman *Ulysse*.
- **1922.** Marche* sur Rome : le parti fasciste de Mussolini* s'empare du pouvoir.
- **1922.** En s'appuyant sur la théorie de la relativité, A. Friedmann* développe des modèles d'univers.
- **De 1922 à 1924.** En Turquie, Mustafa Kemal Atatürk* instaure la république.
- **1923.** Arnold Schoenberg* et ses disciples de l'école de Vienne* inventent la musique dodécaphonique.
- **1923.** Mise au point du BCG, vaccin antituberculeux, par A. Calmette* et C. Guérin*.
- **1924.** En mettant en évidence des étoiles dans la « nébuleuse d'Andromède », E. Hubble* établit l'existence de galaxies extérieures à la nôtre.
- **1924.** L. de Broglie* développe la mécanique ondulatoire.
- **1924.** A.S. Eddington* élabore un modèle de la structure interne des étoiles.
- **Entre 1924 et 1930.** *Manifestes du surréalisme* par A. Breton*.
- **1925.** W. Heisenberg* développe la mécanique quantique.
- **1925.** A. Berg* compose le premier opéra atonal, *Wozzeck*.
- **De 1925 à 1934.** En Allemagne, Hindenburg*, président de la république de Weimar*.
- **De 1925 à 1945.** En Italie, gouvernement de Mussolini*.
- **1925 et 1926.** Franz Kafka* publie *le Procès* et *le Château*.
- **1926.** R.H. Goddard* procède au premier lancement d'une fusée à ergols liquides.
- **1926.** E. Freyssinet* invente le béton précontraint.
- **1926.** Diffusion publique d'images télévisées, à Londres, par J.L. Baird*.
- **1926.** La chorégraphe Martha Graham* crée sa propre compagnie.
- **De 1926 à 1989.** Hirohito*, empereur du Japon.
- **1927.** M. Heidegger* publie *Être et Temps*.
- **1927.** L'Américain Lindbergh* réussit la traversée en avion sans escale de l'Atlantique nord.
- **1928.** Découverte, par A. Fleming*, du premier antibiotique, la pénicilline.

[• 1929]. Chômeurs new-yorkais attendant la soupe populaire pendant la crise de 1929.

- **1928.** *La Passion de Jeanne d'Arc*, film du réalisateur danois Carl Dreyer*.
- **1929.** Krach boursier du jeudi 24 octobre à New York.
- **De 1929 à 1953.** En URSS, gouvernement de Staline*.
- **1929 et 1939.** Tandis que les romans de William Faulkner* s'attachent au Sud mythique des États-Unis *(le Bruit et la Fureur)*, ceux de John Steinbeck* s'enracinent en Californie *(les Raisins de la colère)*.
- **1929.** À Bruxelles, Hergé* crée *Tintin et Milou*.
- **1930.** Luis Buñuel* et Salvador Dalí* réalisent *l'Âge d'or*, film culte du cinéma surréaliste.
- **1931.** Invention du microscope électronique par les Allemands E. Ruska* et M. Kroll.
- **1931 - 1932.** Aux États-Unis, découverte fortuite de l'émission radioélectrique du centre de la Galaxie par K.G. Jansky*. Construction du cyclotron, à Berkeley, sur le principe décrit par E.O. Lawrence* et de l'accélérateur électrostatique, construit à Princeton par R.J. Van* de Graaf.
- **1932.** Georges Simenon* crée le personnage du commissaire Maigret.
- **1932.** Découverte, par le Britannique J. Chadwick*, du neutron et, par l'Américain C. Anderson*, du positron (électron positif).

MONDIAL À L'AUTRE 1945

• **1932 et 1949.** Aldous Huxley* publie *le Meilleur des mondes* et George Orwell*, *1984*.

• **1933.** En Allemagne, l'incendie criminel du Reichstag fournit au parti nazi d'Adolf Hitler* le prétexte attendu pour éliminer les opposants et accéder au pouvoir.

• **De 1933 à 1945.** F.D. Roosevelt*, président des États-Unis.

• **1934.** Aux États-Unis, V. Zworykin* réalise un premier tube électronique de prise de vues, l'iconoscope, préfigurant la télévision.

• **1934.** En bombardant des atomes stables par des particules alpha, les Français Irène et Jean Frédéric Joliot-Curie* obtiennent des isotopes radioactifs (radioactivité artificielle).

• **1934 - 1935.** En Chine, les nationalistes de Jiang* Jieshi et les communistes de Mao* Zedong s'opposent.

• **1935.** La firme AEG réalise un appareil d'enregistrement magnétique du son, le magnétophone.

• **1935.** Invention du radar par R.A. Watson-Watt*.

• **1936.** En France, le Front* populaire remporte les élections et confie le gouvernement au socialiste Léon Blum*.

• **1936.** Keynes* justifie le recours à l'État pour suppléer, dans certains cas, les forces du marché.

• **De 1936 à 1939.** Guerre civile d'Espagne*.

• **Entre 1936 et 1940.** Charlie Chaplin* interprète le personnage de Charlot, vagabond aux mimiques bouleversantes d'humanité *(les Temps modernes ; le Dictateur)*.

• **1937.** W. Disney* réalise son premier long-métrage : *Blanche-Neige et les sept nains*.

• **1937 et 1941.** Sergueï Prokofiev* *(Cantate pour le 20e anniversaire de la Révolution)* et Dmitri Chostakovitch* *(Symphonie Leningrad)* régénèrent la tradition classique russe.

• **1938.** En Allemagne, découverte de la fission de l'uranium par O. Hahn* et F. Strassmann.

• **1938.** Découverte par H.A. Bethe* et C. von Weizsäcker*, du cycle de réactions thermonucléaires d'où les étoiles tirent leur énergie.

• **1938.** Premier concert de blues et de jazz au Carnegie Hall de New York, qui réunit notamment Count Basie* et Big Bill Broonzy.

• **1938.** Commercialisation du Nylon par la firme Du Pont de Nemours.

• **1938.** Hitler annexe l'Autriche *(Anschluss)* et impose à la Grande-Bretagne et à la France les accords de Munich.

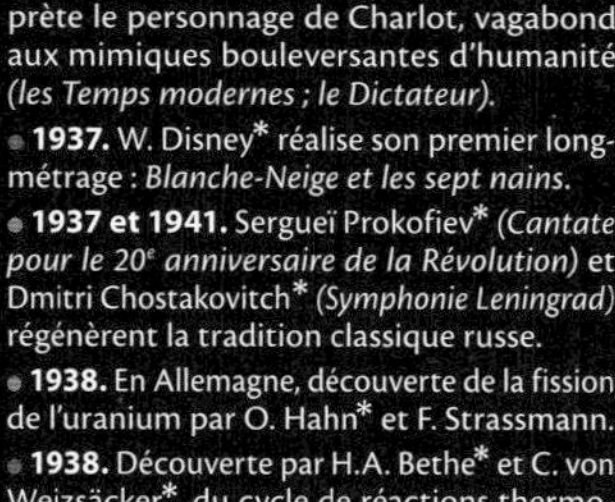

[• 1938]. Le Français E. Daladier signe les accords avec l'Allemagne lors de la conférence de Munich.

• **1938 - 1939.** M. Carné* réalise sa trilogie : *Hôtel du Nord, le Quai des brumes* et *Le jour*

[• De 1941 à 1945]. Les horreurs du nazisme : déportation de femmes en camp de concentration.

• **1938 et 1946.** Avec Prokofiev* pour la musique, Eisenstein* donne deux de ses plus grands films : *Alexandre Nevski* et *Ivan le Terrible*.

• **De 1938 à 1948.** Jean-Paul Sartre* définit une philosophie humaniste, qui prône la nécessité de l'engagement.

• **De 1939 à 1958.** Pontificat de Pie* XII.

• **1939.** En Allemagne, premier vol d'un avion à réaction, le « Heinkel He-178 », conçu par H. P. von Ohain.

• **1939.** *La Chevauchée fantastique* de John Ford*, référence du genre western.

• **1939.** Sous le pseudonyme de N. Bourbaki*, un groupe de jeunes mathématiciens commence à publier un ouvrage de référence s'appuyant sur la logique formelle et la théorie des ensembles, *Éléments de mathématiques*.

• **1939.** J.F. Joliot-Curie, H. Halban et L. Kowarski découvrent que la fission de l'uranium s'accompagne de l'émission de neutrons susceptibles d'être utilisés pour entretenir la réaction.

• **1939.** La Pologne est envahie sans déclaration de guerre par les troupes de l'Allemagne nazie, ce qui déclenche la Seconde Guerre* mondiale.

• **De 1940 à 1945 et de 1951 à 1955.** Churchill*, Premier ministre du Royaume-Uni.

• **1940.** Découverte des propriétés insecticides du DDT par l'Allemand P. Müller*.

• **1940.** L'Allemagne poursuit son invasion de l'Europe ; l'Italie entre en guerre à ses côtés.

• **1940.** La France est occupée ; le 18 juin, le général de Gaulle* lance son appel à la résistance.

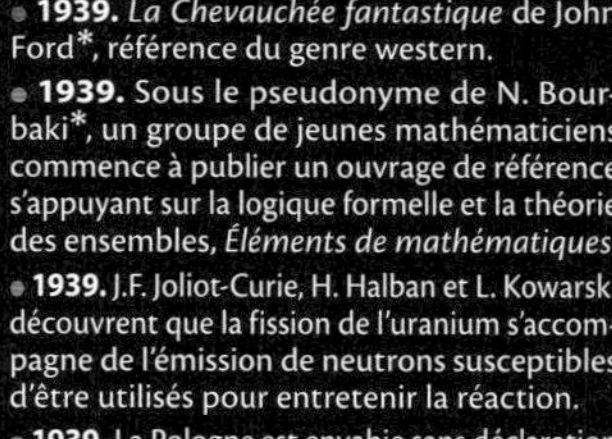

[• 1940]. De Gaulle et la Résistance : l'appel du 18 juin lancé à la BBC de Londres.

• **1941.** Aux États-Unis, découverte du plutonium par G.T. Seaborg* et E.M. McMillan*.

• **1941.** L'attaque de Pearl* Harbor par l'aéronavale nipponne provoque l'entrée en guerre des États-Unis.

• **1942–1943.** Bataille de Stalingrad*.

• **De 1941 à 1945.** Les nazis adoptent le

ordre est donné de déporter les Juifs en camps de concentration (six millions d'entre eux y seront voués à la mort).

• **1942.** Réacteur nucléaire expérimental construit par l'Italien E. Fermi*.

• **1944.** Production par les nazis du V2, sous la direction de W. von Braun*.

• **1944.** O.T. Avery, C. MacLeod et M. McCarty démontrent que la substance chimique constituant le patrimoine génétique est l'acide désoxyribonucléique (ADN).

• **1944.** Le 6 juin, les forces anglo-américaines commandées par le général Eisenhower* lancent l'opération Overlord (débarquement allié en Normandie).

• **1945.** Lors de la conférence de San Francisco, les émissaires de cinquante nations élaborent la Charte de l'ONU*.

• **1945.** Le be-bop part à la conquête du monde sous l'égide du saxophoniste Charlie Parker*.

• **1945.** Churchill, Roosevelt et Staline signent les accords de Yalta*.

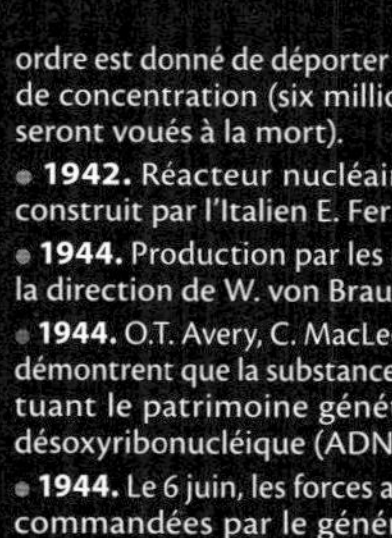

[• 1945]. L'organisation du monde d'après-guerre : la conférence de Yalta.

• **1945.** M. Merleau-Ponty* publie *Phénoménologie de la perception*.

• **1945.** Si Luchino Visconti* ouvre la voie au courant néoréaliste (*Ossessione*, 1943), l'esthétique des films de Roberto Rossellini* *(Rome , ville ouverte)* en est le couronnement.

• **De 1945 à 1953.** H. Truman*, président des États-Unis.

• **1945.** Le président américain Truman décide de recourir à l'arme atomique contre le Japon, à Hiroshima* et Nagasaki*.

[• 1945]. Explosion de la bombe atomique

1946 CROISSANCE, GUERRE FROIDE

L'après-guerre s'ouvre sur une période de reconstruction et de croissance d'environ trois décennies à laquelle l'économiste Jean Fourastié a donné le nom de « Trente Glorieuses ». La formule s'applique aux pays développés du bloc de l'Ouest et ne peut se rapporter à l'ensemble des pays de l'Est et au tiers-monde.

L'actualité de ce dernier ensemble est plus accaparée par l'émancipation par rapport aux anciennes métropoles coloniales. Si l'indépendance des pays d'Afrique noire, tant anglophones que francophones, se déroule sans trop de heurts et de violences (à quelques exceptions près comme le Congo belge), celle de l'Indochine et celle de l'Algérie vont entraîner la France, qui veut maintenir sa domination, dans deux longues guerres, tout comme les Pays-Bas, en Indonésie, et le Portugal, plus tard, dans ses colonies africaines. Les pays nouvellement indépendants choisissent des voies très diverses allant du maintien de liens étroits avec l'ancienne métropole à des ruptures plus brutales.

Ils tentent parfois, comme à la conférence des non-alignés de Bandung, d'envisager une troisième voie face à l'alternative proposée par la nouvelle donne bipolaire de la guerre froide. Cette dernière, qui voit d'abord les deux nouvelles grandes puissances (États-Unis et URSS) s'affronter par procuration sur des champs de bataille extérieurs à leur propre territoire, évolue ensuite en une coexistence pacifique.

[1947]. L'Inde sur la voie de l'indépendance : lord Mountbatten et Nehru lors des pourparlers.

1946. Mise en service de l'ENIAC, premier ordinateur entièrement électronique, construit par J. Eckert* et J.W. Mauchly.

De 1946 à 1958. En France, IVe République*.

De 1946 à 1975. Guerres d'Indochine*.

De 1946 à 1955. En Argentine, Juan Perón*, largement élu, met en application la doctrine du « justicialisme », qui associe dirigisme économique et justice sociale.

1947. Le secrétaire d'État américain George Marshall* propose un plan d'aide économique à la reconstruction des pays d'Europe.

1947. L'Américain C. Yeager réussit le premier vol supersonique, à bord d'un avion Bell X-1.

1947. Dior* invente le « new-look ».

1947. Indépendance de l'Inde pour laquelle le Mahatma Gandhi* se bat depuis près de trente ans ; la partition est cependant inévitable : création du Pakistan.

1948. Le physicien P. Goldmark invente, pour le compte de la firme CBS, le disque microsillon en résine vinylique.

1948. N. Wiener* fonde la cybernétique.

1948. Mise en service, à l'observatoire du mont Palomar*, en Californie, d'un télescope de 5 m de diamètre.

1948. R. Alpher, H. Bethe* et G. Gamow* proposent une nouvelle théorie cosmologique : le big* bang.

1948. La mise au point du transistor par J. Bardeen*, W. Brattain* et W. Shockley* ouvre l'ère de la microélectronique.

1948. Conformément au plan de partage de la Palestine*, l'État d'Israël*est créé afin d'attribuer une terre aux Juifs de la Diaspora.

1948. En publiant l'*Anthologie de la nouvelle poésie nègre et malgache de langue française*, Léopold Sédar Senghor* donne un contenu culturel au concept de négritude né de sa plume et de celle d'Aimé Césaire*.

1948. À Prague, les communistes prennent le pouvoir.

1948 - 1949. Blocus de Berlin.

1949. Bertolt Brecht* fonde le Berliner Ensemble, qu'il inaugure par la création de *Maître Puntila et son valet Matti*.

1949. Édith Piaf* crée *l'Hymne à l'amour*.

1949. Avec *le Deuxième Sexe*, Simone de Beauvoir* inaugure l'écriture féminine engagée. Marguerite Duras* prolongera le mouvement en imposant une œuvre mystérieuse et marginale, tandis que Kate Millett*, aux États-Unis, sera à la pointe du combat pour le féminisme.

De 1949 à 1963. Adenauer*, chancelier de la République fédérale d'Allemagne.

De 1949 à 1976. En Chine, gouvernement de Mao* Zedong.

De 1950 à 1953. Guerre de Corée*.

De 1950 à 1954. Aux États-Unis, mise en place du programme de « lutte contre les activités antiaméricaines » du sénateur McCarthy*.

1951 et 1952. Inspirée du music-hall, la comédie musicale est érigée en véritable genre cinématographique : *Un Américain à Paris* et *Chantons sous la pluie*, avec le comédien et chorégraphe Gene Kelly*.

[1948]. Proclamation de l'État d'Israël : David Ben Gourion le 14 mai 1948.

De 1951 à 1993. Baudouin* Ier, roi des Belges.

1952. Mise au point sous la direction de E. Teller*, la première bombe thermonucléaire (américaine) est expérimentée dans le Pacifique sud.

1952. Avènement d'Élisabeth* II.

1953. L'Américain J. Watson* et le Britannique F. Crick* établissent la structure en double hélice de l'acide désoxyribonucléique (ADN).

1953. Samuel Beckett* invente un théâtre qui met en scène la parole au profit du corps des comédiens.

1953 et 1954. De Mizoguchi* (*les Contes de la lune vague après la pluie*) à Kurosawa* (*les Sept Samouraïs*), l'esthétique des films nippons envoûte par la double impression de violence et de sérénité qu'ils communiquent.

Entre 1953 et 1960. Couvent Sainte-Marie de La Tourette (Rhône) par Le* Corbusier.

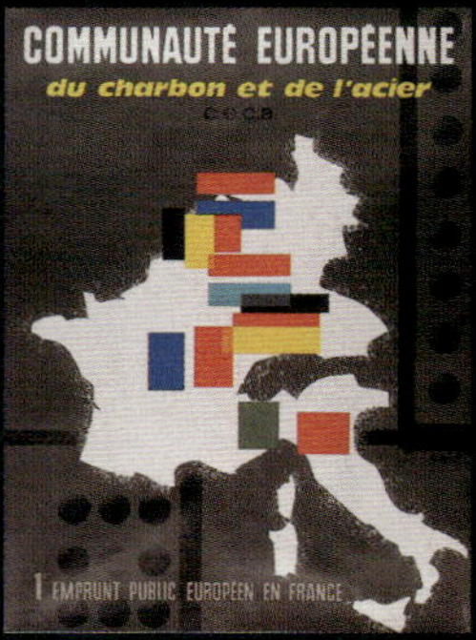

[1957]. La construction de l'Europe : affiche de 1951 pour la CECA, organisation à la base de la CEE.

De 1953 à 1961. Eisenhower*, président des États-Unis.

De 1953 à 1964. En URSS, gouvernement de N. Khrouchtchev*.

De 1954 à 1962. Guerre d'Algérie*.

De 1954 à 1970. En Égypte, gouvernement de Nasser*.

1954. La pilule anticonceptionnelle est mise au point aux États-Unis par G. Pincus*.

1954. Mise en service du premier sous-marin à propulsion nucléaire, le *Nautilus*.

1954. À Diên* Biên Phu les forces françaises capitulent face aux troupes viêt-minh.

1955. Première centrale nucléaire civile à Calder Hall, en Grande-Bretagne.

1955. Conférence afro-asiatique de Bandung*, vingt-neuf pays se regroupent pour trouver une troisième voie entre les blocs occidental et soviétique : celle du non-alignement.

[1955]. La nouvelle identité du tiers-monde : la conférence afro-asiatique de Bandung.

Entre 1955 et 1966. La Grande-Bretagne, la France et la Belgique se résolvent à accorder l'indépendance à leurs possessions d'Afrique noire.

1956. Nasser nationalise le canal de Suez.

ET DÉCOLONISATION 1969

[• 1962]. La joie éclate après l'obtention de l'indépendance en Algérie, au lendemain de la guerre.

- **1956.** Deux ans après l'« électrochoc » de *Rock Around The Clock* (Bill Haley*), le rock prend la dimension d'une culture mondiale avec *Heartbreak Hotel*, enregistré par Elvis Presley*.
- **1956.** Au XXe Congrès du PCUS, Nikita Khrouchtchev* présente un rapport où il dénonce le culte de la personnalité et prône la coexistence pacifique. La même année, il brise l'insurrection de Budapest.
- **1957.** Le romancier américain Jack Kerouac* publie *Sur la route*.
- **1957.** À Rome, deux traités sont signés par l'Allemagne fédérale, la Belgique, la France, l'Italie, le Luxembourg et les Pays-Bas. L'un crée l'Euratom ; l'autre donne naissance à la CEE.
- **1957.** Les œuvres du nouveau* roman revendiquent la déconstruction du récit, l'abolition du temps, le bannissement de la psychologie.
- **1957.** En URSS, lancement et mise en orbite du premier satellite artificiel de la Terre, *Spoutnik 1*.
- **De 1957 à 1987.** Bourguiba*, président de la République tunisienne.
- **De 1958 à 1961.** « Grand Bond en avant » : Mao* Zedong impose à son pays un programme de collectivisation des terres et de modernisation de la petite industrie.
- **De 1958 à 1963.** Pontificat de Jean* XXIII.
- **Entre 1958 et 1968.** Âge d'or de la soul music.
- **1959.** À Cuba, Fidel Castro* et ses partisans, les Barbudos, viennent à bout de la dictature de Batista*.
- **1959 et 1960.** Claude Chabrol* *(le Beau Serge)*, François Truffaut* *(les Quatre Cents Coups)* et Jean-Luc Godard* *(À bout de souffle)* incarnent la «nouvelle vague» du cinéma français.
- **De 1959 à 1969.** De Gaulle*, président de la République.
- **1960.** T.H. Maiman construit le premier laser (à rubis).
- **1960.** Le bathyscaphe *Trieste*, ayant à son bord J. Piccard*, effectue une plongée à la profondeur record de 10 916 m dans la fosse des Mariannes, dans l'océan Pacifique.
- **1961.** L'Américain Andy Warhol* commence à créer des séries de la même image en se servant de la photographie ; il deviendra l'artiste le plus médiatisé du courant pop art.
- **1961.** Le Soviétique I. Gagarine* accomplit un vol orbital autour de la Terre.
- **De 1961 à 1963.** J.F. Kennedy*, président des États-Unis.
- **De 1961 à 1999.** Hasan* II, roi du Maroc.
- **1962.** Premier satellite relais actif de télécommunications, le satellite américain *Telstar 1* autorise, le 11 juillet, la première liaison transatlantique de télévision par satellite.
- **1962.** Les accords d'Évian que la France signe avec le FLN mettent fin à sept ans et demi de guerre coloniale et reconnaissent l'indépendance de l'Algérie.
- **De 1962 à 1965.** Concile Vatican* II.
- **1963.** M. Schmidt, J. Greenstein et T. Matthews annoncent la découverte d'un nouveau type d'astres, les quasars.
- **De 1963 à 1969.** L.B Johnson*, président des États-Unis.
- **1963 à 1978.** Pontificat de Paul* VI.
- **1964.** Karlheinz Stockhausen* compose *Mikrophonie I*.
- **1964.** Le chorégraphe Merce Cunningham* est l'initiateur du postmodernisme. Avec le compositeur John Cage*, il renouvelle le rapport danse-musique.
- **1964.** M. Gell-Mann* introduit le concept de quarks, particules élémentaires dont seraient constitués les protons et les neutrons.
- **De 1964 à 1971.** Claude Lévi-Strauss* montre, dans *Mythologiques*, que les mythes expriment les principes fondamentaux de la pensée humaine.
- **1965.** A. Penzias* et R. Wilson* découvrent fortuitement un rayonnement radioélectrique provenant de toutes les directions du ciel : il s'agit du plus ancien vestige du big bang.
- **1966.** Mao* engage la Révolution culturelle.
- **1966.** La première exposition d'art conceptuel, qui a lieu à New York, entreprend l'analyse du fonctionnement de l'art comme idée.
- **1967.** En Afrique du Sud, C. Barnard* réalise la première transplantation cardiaque.
- **1967.** Analyste de la « technostructure », J. K. Galbraith* démontre aussi que la politique économique des grandes firmes est génératrice d'inflation.
- **1967.** Les Britanniques A. Hewish et J. Bell mettent en évidence les pulsars.

[• 1966]. Mao acclamé par la foule, affiche prônant la Révolution culturelle.

[• 1968]. Les événements de mai 1968 : les manifestants face à la Sorbonne.

- **1967.** L'album *Sergeant Pepper's Lonely Hearts Club Band* porte à son zénith la carrière des Beatles* et la contre-culture psychédélique.
- **1967.** Guerre des Six*-Jours, qui permet à Israël d'occuper le Sinaï, la Cisjordanie, la bande de Gaza et le plateau du Golan, dont l'ONU exige aussitôt l'évacuation.
- **1967 - 1968.** Les Américains W. Morgan et D. McKenzie, et le Français X. Le* Pichon, développent la théorie de la tectonique des plaques.
- **1967 - 1968.** L'indigénisme et la dénonciation des dictatures sont les thèmes principaux de la littérature latino-américaine de l'après-guerre : *Cent Ans de solitude* de García* Marquez et *Terra nostra* de Fuentes*.
- **1968.** En France une crise universitaire se mue en mai en crise politique et sociale.
- **1968.** En Tchécoslovaquie, tentative d'Alexander Dubček* de promouvoir un « socialisme à visage humain », qui provoque l'intervention armée des Soviétiques et de plusieurs de leurs alliés.
- **1969.** Aux États-Unis, Ezra Pound* publie les *Cantos*.
- **1969.** Dans le cadre de la mission Apollo 11, deux astronautes, N. Armstrong* et E. [Buzz] Aldrin*, marchent sur la Lune.

[• 1969]. E. [Buzz] Aldrin photographié sur la Lune par N. Armstrong.

- **1969.** Premier vol du Concorde*, avion supersonique de transport long-courrier.
- **1969.** L'Ulster est en proie à une guerre civile, à la fois de religion et de libération nationale.
- **De 1969 à 1974.** R. Nixon*, président des États-Unis.
- **De 1969 à 1974.** G. Pompidou*, président de la République française.
- **De 1969 à 1974.** W. Brandt*, chancelier de la République fédérale d'Allemagne.

1970 ORDRE ET

Les deux **chocs pétroliers** des années 1970 viennent altérer l'optimisme des années de croissance de l'après-guerre. L'économie des pays industrialisés s'en trouve pénalisée et ceux-ci entrent bientôt dans une période de crise, que, mis à part quelques embellies, ils ne quitteront plus (**chômage** récurrent, croissance plutôt faible). Ces événements ont néanmoins l'avantage de faire prendre conscience aux pays industrialisés de la nécessité de développer des formes d'énergie de substitution. Cette réflexion vient s'ajouter à celles auxquelles se livre le **courant écologiste** naissant sur l'urgence de mettre en œuvre un mode de développement durable de notre planète. Au lendemain de la guerre du Viêt Nam, dernier grand conflit lié à la décolonisation et qui voit les Américains enregistrer la première défaite militaire de leur histoire, c'est au tour du camp des pays de l'Est de ressentir les premières fissures dans ses fondements : les événements de **Pologne**, l'échec de l'intervention en **Afghanistan** et celui du mouvement de réformes initié par **Gorbatchev** aboutissent à l'effondrement du modèle soviétique, qui trouve son illustration symbolique dans la chute du **mur de Berlin**. Une à une, les nations européennes du **bloc de l'Est** se tournent vers l'Occident pour intégrer l'**Union européenne**. Alors que les États-Unis semblent sur le point de devenir la seule superpuissance, on assiste en fait à l'émergence de nouveaux géants (**Chine**, **Inde**, **Brésil**, etc.) dans un contexte de mondialisation de l'économie, de conflits locaux meurtriers et de montée du **terrorisme**.

[• 1973]. Le coup d'État au Chili : le président Allende quelques instants avant sa mort.

• **1970 et 1972.** Luis Buñuel* et Carlos Saura* se livrent à la critique de la société franquiste. Les interprétations de Catherine Deneuve dans *Tristana* et de Geraldine Chaplin dans *Ana et les loups* servent à poser le problème de l'identité féminine dans une société puritaine et masculine.

• **1971.** Mise au point du premier microprocesseur, l'*Intel 4004*, un circuit hautement intégré regroupant 2 300 transistors sur une plaquette carrée de silicium de 7 mm de côté et disposant de l'ensemble des fonctionnalités de l'unité centrale d'un ordinateur.

• **1971.** Des observations par satellites d'une source céleste intense de rayonnement X située dans la constellation du Cygne, *Cygnus X-1*, fournissent la première présomption expérimentale de l'existence des trous noirs.

• **1971.** Satellisée autour de la Terre, la station orbitale Saliout 1 inaugure un nouveau type de vaisseau spatial, conçu pour des vols humains de longue durée.

• **1972 - 1973.** Des images beaucoup plus fines des organes ou du corps entier sont obtenues grâce au scanner, inventé par G.N. Hounsfield*, et à la résonance magnétique nucléaire (RMN).

• **1973.** Au Chili, le général Pinochet*, chef de la junte militaire, fomente un coup d'État. Salvador Allende*, le président élu, est retrouvé mort.

• **1973.** S. Cohen et H. Boyer réalisent la première transgenèse en greffant des gènes étrangers dans une bactérie.

• **Entre 1973 et 1974.** Affaire du Watergate* : deux journalistes du *Washington Post* rendent public un espionnage politique : le président Richard Nixon* est contraint à démissionner.

• **1973 - 1976.** Avec *l'Archipel du Goulag*, Aleksandr Soljenitsyne* fournit à l'Occident une preuve supplémentaire de la nature du stalinisme.

• **1973 et 1979.** Deux chocs pétroliers successifs accroissent les ressources des pays producteurs et pénalisent les économies des pays industrialisés.

• **1974.** L'automate programmable industriel, conçu par O. Struger, va devenir l'équipement de référence de nombreuses applications d'automatisme.

• **1974.** Le dictateur Salazar* est renversé par une junte militaire. Des élections libres en 1975 sont favorables aux forces de gauche.

• **De 1974 à 1981.** Valéry Giscard* d'Estaing, président de la République française.

• **1975.** Mort de Franco* et avènement de Juan Carlos Ier.

• **1975.** Les Nord-Vietnamiens et leurs alliés du Viêt-cong entrent dans Saigon et mettent fin à la guerre du Viêt Nam.

• **Entre 1975 et 1991.** Le médecin et psychanalyste Jacques Lacan* publie les vingt volumes de son *Séminaire*.

• **1976.** En Afrique du Sud, les émeutes de Soweto* attirent l'attention du monde sur la politique dite « de développement séparé » qui est menée par les Blancs au détriment de la majorité noire.

[• 1976]. Affiche anonyme dénonçant l'apartheid : *Soweto lives, aparthate kills*, « Soweto vit, l'apartheid tue ».

• **Entre 1976 et 1990.** Dans les grandes villes du Liban, la guerre que se livrent les milices chrétiennes et les Palestiniens va provoquer les interventions de la Syrie et d'Israël.

• **1977.** Chantre du merveilleux, Steven Spielberg* aime aussi à délivrer un message humaniste dès *Rencontres du troisième type*, tandis que les effets spéciaux deviennent un art à part entière dans *la Guerre des étoiles* de George Lucas*.

• **1978.** Les Vietnamiens envahissent le Cambodge et y découvrent l'ampleur des atrocités commises par les Khmers* rouges.

• **1978.** Naissance de Louise Brown, premier bébé issu d'une fécondation in vitro et d'une transplantation embryonnaire sur une femme stérile, réalisées par R.G. Edwards* et P.C. Steptoe.

• **De 1978 à 2005.** Pontificat de Jean-Paul* II.

• **1979.** Avec la fusée Ariane, l'Europe devient une grande puissance spatiale.

• **1979.** Le chah d'Iran, Mohammad* Reza Pahlavi, doit se démettre sous la pression des manifestants islamistes et partir en exil. L'ayatollah Khomeyni* proclame la république islamique.

[• 1979]. L'avènement de la république islamique d'Iran : l'ayatollah Khomeyni acclamé.

• **Entre 1979 et 1980.** Les premiers réseaux commerciaux de téléphonie mobile sont inaugurés.

• **De 1979 à 1990.** Margaret Thatcher*, Premier ministre du Royaume-Uni.

• **De 1980 à 1988.** Guerre Iran-Iraq*.

• **1981.** Mise en service de la navette spatiale américaine.

• **1981.** Premier ordinateur personnel commercialisé par la firme IBM : le PC (Personal Computer).

• **1981.** Mise en service du TGV (train à grande vitesse).

• **De 1981 à 1989.** R. Reagan*, président des États-Unis.

DÉSORDRES MONDIAUX 2010

• **De 1981 à 1995.** François Mitterrand*, président de la République française.

• **1982.** Invention du disque compact audionumérique développé conjointement par les firmes Philips (Pays-Bas) et Sony (Japon).

• **1982 - 1983.** Au lendemain de la défaite des Argentins dans la guerre des Malouines, la junte militaire est déchue. Le président R. Alfonsín* est élu.

• **De 1982 à 1998.** Helmut Kohl*, chancelier de la République fédérale d'Allemagne.

• **1983.** Découverte, par L. Montagnier* et son équipe de l'Institut Pasteur, du virus HIV (*human immunodeficiency virus*) associé au sida.

• **1986.** Des équipes britanniques et japonaises détectent une importante diminution de la teneur en ozone de la stratosphère au-dessus du pôle Sud au printemps austral.

• **1986.** Explosion dans la centrale nucléaire de Tchernobyl*, provoquant une très forte pollution radioactive.

• **1987.** À Gaza et en Cisjordanie, début de l'Intifada*, une guerre où les enfants s'arment de pierres.

• **1988 - 1989.** Le chasseur Lockheed F-117A et le bombardier Northrop B-2A constituent les premiers spécimens d'avions furtifs.

• **De 1988 à 1991.** En URSS, gouvernement réformiste de M. Gorbatchev* (secrétaire général du PCUS à partir de 1985).

[• 1989]. La chute du mur de Berlin.

• **1989.** Chute du mur de Berlin*, épisode hautement symbolique de l'effondrement du système communiste en Europe de l'Est.

• **De 1989 à 1993.** George Bush*, président des États-Unis.

• **1990.** La Namibie devient indépendante.

• **1990.** Mise en orbite du télescope spatial Hubble*.

• **1990.** T. Berners-Lee* met au point le World Wide Web (« Toile mondiale », www ou Web).

• **1990 - 1991.** Guerre du Golfe*.

• **1991.** L'URSS implose et sa dissolution est prononcée.

• **De 1991 à 1995.** L'indépendance que proclament quatre des six républiques ex-yougoslaves est suivie de guerres en Croatie et en Bosnie-Herzégovine.

• **De 1991 à 1999.** Boris Ieltsine*, président de la Russie.

• **1992.** Les quinze États de la CEE signent le traité de Maastricht* créant l'Union* européenne.

• **De 1993 à 2001.** Bill Clinton*, président des États-Unis.

• **1993.** L'Érythrée devient indépendante.

• **1993.** L'Israélien Y. Rabin* et le Palestinien Y. Arafat* signent, sous l'égide des États-Unis, l'accord de Washington (ou accord d'Oslo), qui prévoit un régime d'autonomie pour les « territoires occupés ».

[• 1993]. Le processus de paix au Proche-Orient : l'accord de Washington.

• **1994.** Au Rwanda, le conflit entre Hutu et Tutsi dégénère en guerre ethnique.

• **1994.** L'armée russe intervient pour briser la résistance de la Tchétchénie* (qui s'est autoproclamée indépendante en 1991), ouvrant une guerre meurtrière.

• **1995.** Les Suisses M. Mayor* et D. Queloz mettent en évidence la première exoplanète.

• **De 1995 à 2007.** Jacques Chirac*, président de la République française.

• **1998 - 1999.** Guerre du Kosovo*.

• **De 1999 à 2008.** Vladimir Poutine*, président de la Russie.

• **2000.** En Yougoslavie, l'élection du président Koštunica* met un terme au régime de Slobodan Milošević*.

• **2000.** La Station spatiale internationale accueille ses premiers occupants, W. Shepherd (É-U), I. Guidzenko et S. Krikalev (Russie).

• **De 2001 à 2009.** George W. Bush*, président des États-Unis.

• **2001.** Première analyse du séquençage du génome humain complet.

• **2001.** Quatre avions-suicides sont lancés contre des symboles de la puissance américaine. Les deux premiers percutent les tours jumelles du World Trade Center, à New York, et provoquent leur effondrement. Les États-Unis lancent une riposte armée en Afghanistan contre les réseaux terroristes islamistes d'al-Qaida* et leur chef, Oussama Ben* Laden, et contre le régime des talibans, accusé de les protéger.

• **2002.** Mise en circulation de l'euro.

• **2002.** Indépendance du Timor* oriental.

• **2003.** Guerre en Iraq menée par une coalition de forces américano-britanniques – sans l'aval du Conseil de sécurité de l'ONU –, qui aboutit à la chute du régime de Saddam Husayn*.

[• 2001]. L'attentat du 11 septembre sur les tours jumelles du World Trade Center, à New York.

• **2004.** Madrid frappée par des attentats meurtriers attribués à al-Qaida.

• **2004.** Élargissement de l'Union européenne à dix nouveaux États (Chypre, Estonie, Hongrie, Lettonie, Lituanie, Malte, Pologne, République tchèque, Slovaquie et Slovénie).

• **2004.** Un tsunami submerge le littoral des pays riverains de l'océan Indien, faisant environ 230 000 victimes.

• **2004 - 2005.** M. Abbas succède à Y. Arafat à la tête des instances palestiniennes.

• **2005.** Élection du pape Benoît* XVI.

• **2005.** En France, première greffe du visage.

• **2005.** Angela Merkel* devient chancelière de l'Allemagne.

• **2006.** Propagation du virus de la grippe aviaire (A/H5N1), suivie en 2009 d'une pandémie de grippe de souche A/H1N1.

• **2006.** Pluton perd le statut de planète et devient une planète naine.

• **2007.** Élargissement de l'Union européenne à la Bulgarie et à la Roumanie.

• **De 2007 à 2012.** Nicolas Sarkozy*, président de la République française.

• **2007.** Le prix Nobel de la paix est attribué à Al Gore* et au GIEC* pour leur lutte contre les effets du réchauffement climatique.

• **2007 - 2008.** La crise financière dite des *subprimes* (liée à des crédits immobiliers à risque), née aux États-Unis, évolue en une crise économique mondiale majeure.

• **2008.** Indépendance du Kosovo*.

• **2008.** Retrait de Fidel Castro*.

• **De 2008 à 2012.** Dmitri Medvedev*, président de la Russie.

• **2008.** Barack Obama*, élu président des États-Unis.

[• 2009]. Barack Obama, 44e président des États-Unis, prête serment sur la Bible de Lincoln.

• **2008 - 2009.** Au Sri Lanka, la rébellion tamoule est écrasée dans le sang.

• **2008 - 2009.** Offensive israélienne à Gaza.

• **2009.** En Iran, manifestations après la réélection contestée de M. Ahmadinejad*.

• **2010.** Tremblement de terre meurtrier en Haïti (région de Port-au-Prince).

• **2010.** L'éruption du volcan islandais Eyjafjöll répand un nuage de cendres dans le ciel du nord de l'Europe.

• **2010.** Le président polonais L. Kaczyński* meurt dans un accident d'avion.

• **2010.** Au bord de la faillite, la Grèce doit faire appel à l'aide de l'Union européenne et du FMI. Début de la crise de la dette souveraine dans plusieurs pays de la zone euro.

• **2010.** L'explosion d'une plateforme pétrolière dans le golfe du Mexique provoque une gigantesque marée noire.

• **2010.** La Chine devient la 2e économie mondiale.

Les prix Nobel de la paix

1901 Henry Dunant (Suisse)

1926 Gustav Stresemann (Allemagne) et Aristide Briand (France)

1922 Fridtjof Nansen (Norvège). L' Office international Nansen pour les réfugiés reçut le prix Nobel de la paix en 1938.

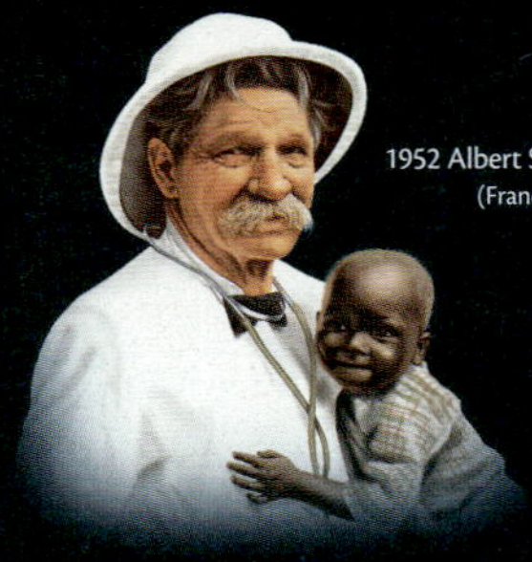

1952 Albert Schweitzer (France)

1964 Martin Luther King (États-Unis)

1979 Mère Teresa (Inde)

1986 Elie Wiesel (États-Unis)

1901 H. Dunant (Suisse)
F. Passy (Fr.)
1902 É. Ducommun (Suisse)
C. A. Gobat (Suisse)
1903 W. R. Cremer (G-B)
1904 Institut de droit international de Gand
1905 B. von Suttner (Autr.)
1906 T. Roosevelt (É-U)
1907 E. T. Moneta (Ital.)
L. Renault (Fr.)
1908 K. P. Arnoldson (Suède)
F. Bajer (Dan.)
1909 A. Beernaert (Belg.)
P. d'Estournelles (Fr.)
1910 Bureau international permanent de la paix
1911 T. M. C. Asser (P-B)
A. H. Fried (Autr.)
1912 E. Root (É-U)
1913 H. La Fontaine (Belg.)
1914 à 1916 *Non attribué*
1917 Comité international de la Croix-Rouge
1918 *Non attribué*
1919 T. W. Wilson (É-U)
1920 L. Bourgeois (Fr.)
1921 H. Branting (Suède)
C. L. Lange (Norv.)
1922 F. Nansen (Norv.)
1923 et 1924 *Non attribué*
1925 A. Chamberlain (G-B)
C. G. Dawes (É-U)
1926 A. Briand (Fr.)
G. Stresemann (All.)
1927 F. Buisson (Fr.)
L. Quidde (All.)
1928 *Non attribué*
1929 F. B. Kellogg (É-U)
1930 N. Söderblom (Suède)
1931 J. Addams (É-U)
N. M. Butler (É-U)
1932 *Non attribué*
1933 N. Angell (G-B)
1934 A. Henderson (G-B)
1935 C. von Ossietzky (All.)
1936 C. Saavedra Lamas (Argent.)
1937 E. Cecil of Chelwood (G-B)
1938 Office international Nansen pour les réfugiés
1939 à 1943 *Non attribué*
1944 Comité international de la Croix-Rouge
1945 C. Hull (É-U)
1946 E. G. Balch (É-U)
J. R. Mott (É-U)
1947 The Friends Service Council (G-B)
The American Friends Service Committee (É-U)
1948 *Non attribué*
1949 J. Boyd Orr (G-B)
1950 R. Bunche (É-U)
1951 L. Jouhaux (Fr.)
1952 A. Schweitzer (Fr.)
1953 G. C. Marshall (É-U)
1954 Haut-Commissariat des Nations unies pour les réfugiés (HCR)
1955 et 1956 *Non attribué*
1957 L. B. Pearson (Can.)
1958 D. G. Pire (Belg.)
1959 P. J. Noel-Baker (G-B)
1960 A. J. Luthuli (Un. sud-afr.)
1961 D. Hammarskjöld (Suède)
1962 L. C. Pauling (É-U)
1963 Comité international de la Croix-Rouge
Ligue internationale des sociétés de la Croix-Rouge
1964 M. L. King (É-U)
1965 Unicef
1966 et 1967 *Non attribué*
1968 R. Cassin (Fr.)
1969 Organisation internationale du travail
1970 N. E. Borlaug (É-U)
1971 W. Brandt (RFA)
1972 *Non attribué*
1973 H. Kissinger (É-U)
Lê Duc Tho (Viêt Nam) *[décline le prix]*
1974 Sato Eisaku (Jap.)
S. MacBride (Irl.)
1975 A. Sakharov (URSS)
1976 M. Corrigan (Irl.)
B. Williams (Irl.)
1977 Amnesty International
1978 M. Begin (Isr.)
A. el-Sadate (Égypte)
1979 Mère Teresa (Inde)
1980 A. Pérez Esquivel (Argent.)
1981 Haut-Commissariat des Nations unies pour les réfugiés (HCR)
1982 A. Myrdal (Suède)
A. García Robles (Mex.)
1983 L. Wałęsa (Pol.)
1984 D. M. Tutu (Afr. du S.)
1985 Internationale des médecins pour la prévention de la guerre nucléaire
1986 E. Wiesel (É-U)
1987 O. Arias Sánchez (Costa Rica)
1988 Forces de l'ONU pour le maintien de la paix
1989 Tenzin Gyatso (Tibet)
1990 M. S. Gorbatchev (URSS)
1991 Aung San Suu Kyi (Birm.)
1992 R. Menchú Tum (Guat.)
1993 F. W. De Klerk (Afr. du S.)
N. R. Mandela (Afr. du S.)
1994 Y. Arafat
Y. Rabin (Isr.)
S. Peres (Isr.)
1995 J. Rotblat (G-B)
Organisation Pugwash
1996 C. F. X. Belo
J. Ramos-Horta (Timor oriental)
1997 Campagne internationale pour l'interdiction des mines antipersonnel
J. Williams (É-U)
1998 J. Hume (Irl. du Nord)
D. Trimble (Irl. du Nord)
1999 Médecins sans frontières
2000 Kim Dae-jung (Corée du S.)
2001 ONU
K. Annan (Ghana)
2002 J. Carter (É-U)
2003 C. Ebadi (Iran)
2004 W. Maathai (Kenya)
2005 Agence internationale de l'énergie atomique (AIEA)
M. el-Baradei (Égypte)
2006 M. Yunus (Bangladesh)
Grameen Bank
2007 GIEC (Groupe d'experts intergouvernemental sur l'évolution du climat)
A. Gore (É-U)
2008 M. Ahtisaari (Finl.)
2009 B. H. Obama (É-U)
2010 Liu Xiaobo (Chine)
2011 E. Johnson Sirleaf (Liberia)
L. Gbowee (Liberia)
T. Karman (Yémen)
2012 Union européenne
2013 Organisation pour l'interdiction des armes chimiques (OIAC)
2014 K. Satyarthi (Inde)
M. Yousafzai (Pak.)
2015 Quartet du dialogue national tunisien (Union générale tunisienne du travail, Union tunisienne de l'industrie, du commerce et de l'artisanat, Ligue tunisienne des droits de l'homme, Ordre national des avocats de Tunisie)
2016 J. M. Santos Calderón (Col.)
2017 Campagne internationale pour abolir les armes nucléaires (Ican)
2018 D. Mukwege (RDC)
N. Murad (Iraq)

Prix Nobel

Créé en 1901, le prix Nobel est attribué chaque année aux auteurs de contributions remarquables dans différents domaines : physique, chimie, physiologie ou médecine, littérature, paix et sciences économiques (depuis 1969 pour ce dernier).

• Littérature

1901 R. Sully Prudhomme (Fr.)
1902 T. Mommsen (All.)
1903 B. Bjørnson (Norv.)
1904 F. Mistral (Fr.)
J. Echegaray (Esp.)
1905 H. Sienkiewicz (Pol.)
1906 G. Carducci (Ital.)
1907 R. Kipling (G-B)
1908 R. C. Eucken (All.)
1909 S. Lagerlöf (Suède)
1910 P. von Heyse (All.)
1911 M. Maeterlinck (Belg.)
1912 G. Hauptmann (All.)
1913 R. Tagore (Inde)
1914 *Non attribué*
1915 R. Rolland (Fr.)
1916 V. von Heidenstam (Suède)
1917 K. Gjellerup (Dan.)
H. Pontoppidan (Dan.)
1918 *Non attribué*
1919 C. Spitteler (Suisse)
1920 K. Hamsun (Norv.)
1921 A. France (Fr.)
1922 J. Benavente (Esp.)
1923 W. B. Yeats (Irl.)
1924 W. S. Reymont (Pol.)
1925 G. B. Shaw (Irl.)
1926 G. Deledda (Ital.)
1927 H. Bergson (Fr.)
1928 S. Undset (Norv.)
1929 T. Mann (All.)
1930 S. Lewis (É-U)
1931 E. A. Karlfeldt (Suède)
1932 J. Galsworthy (G-B)
1933 I. A. Bounine (URSS)
1934 L. Pirandello (Ital.)
1935 *Non attribué*
1936 E. O'Neill (É-U)
1937 R. Martin du Gard (Fr.)
1938 P. Buck (É-U)
1939 F. E. Sillanpää (Finl.)
1940 à 1943 *Non attribué*
1944 J. V. Jensen (Dan.)
1945 G. Mistral (Chili)
1946 H. Hesse (Suisse)
1947 A. Gide (Fr.)
1948 T. S. Eliot (G-B)
1949 W. Faulkner (É-U)
1950 B. Russell (G-B)
1951 P. Lagerkvist (Suède)
1952 F. Mauriac (Fr.)
1953 W. L. Churchill (G-B)
1954 E. Hemingway (É-U)
1955 H. K. Laxness (Isl.)
1956 J. R. Jiménez (Esp.)
1957 A. Camus (Fr.)
1958 B. L. Pasternak (URSS)
1959 S. Quasimodo (Ital.)
1960 Saint-John Perse (Fr.)
1961 I. Andrić (Youg.)
1962 J. Steinbeck (É-U)
1963 G. Seféris (Grèce)
1964 J.-P. Sartre (Fr.)
[décline le prix]
1965 M. A. Cholokhov (URSS)
1966 N. Sachs (Suède)
S. J. Agnon (Isr.)
1967 M. A. Asturias (Guat.)
1968 Kawabata Yasunari (Jap.)
1969 S. Beckett (Irl.)
1970 A. Soljenitsyne (URSS)
1971 P. Neruda (Chili)
1972 H. Böll (RFA)
1973 P. White (Austr.)
1974 E. Johnson (Suède)
H. Martinson (Suède)
1975 E. Montale (Ital.)
1976 S. Bellow (É-U)
1977 V. Aleixandre (Esp.)
1978 I. B. Singer (É-U)
1979 O. Elýtis (Grèce)
1980 C. Miłosz (É-U)
1981 E. Canetti (G-B)
1982 G. García Márquez (Colomb.)
1983 W. Golding (G-B)
1984 J. Seifert (Tchéc.)
1985 C. Simon (Fr.)
1986 W. Soyinka (Nigeria)
1987 J. Brodsky (É-U)
1988 N. Mahfuz (Égypte)
1989 C. J. Cela (Esp.)
1990 O. Paz (Mex.)
1991 N. Gordimer (Afr. du S.)
1992 D. Walcott (Sainte-Lucie)
1993 T. Morrison (É-U)
1994 Oe Kenzaburo (Jap.)
1995 S. Heaney (Irl.)
1996 W. Szymborska (Pol.)
1997 D. Fo (Ital.)
1998 J. Saramago (Port.)
1999 G. Grass (All.)
2000 Gao Xingjian (Fr.)
2001 V. S. Naipaul (G-B)
2002 I. Kertész (Hongr.)
2003 J. M. Coetzee (Afr. du S.)
2004 E. Jelinek (Autr.)
2005 H. Pinter (G-B)
2006 O. Pamuk (Turquie)
2007 D. Lessing (G-B)
2008 J.M.G. Le Clézio (Fr.)
2009 H. Müller (All.)
2010 M. Vargas Llosa (Pérou, Esp.)
2011 T. Tranströmer (Suède)
2012 Mo Yan (Chine)
2013 A. Munro (Can.)
2014 P. Modiano (Fr.)
2015 S. A. Aleksievitch (Biél.)
2016 B. Dylan (É-U)
2017 Ishiguro Kazuo (G-B)
2018 *Non attribué*

• Sciences économiques

1969 J. Tinbergen (P-B)
R. Frisch (Norv.)
1970 P. A. Samuelson (É-U)
1971 S. Kuznets (É-U)
1972 J. R. Hicks (G-B)
K. J. Arrow (É-U)
1973 W. Leontief (É-U)
1974 F. A. von Hayek (G-B)
K. G. Myrdal (Suède)
1975 T. C. Koopmans (É-U)
L. V. Kantorovitch (URSS)
1976 M. Friedman (É-U)
1977 B. Ohlin (Suède)
J. E. Meade (G-B)
1978 H. A. Simon (É-U)
1979 W. A. Lewis (G-B)
T. W. Schultz (É-U)
1980 L. R. Klein (É-U)
1981 J. Tobin (É-U)
1982 G. J. Stigler (É-U)
1983 G. Debreu (É-U)
1984 J. R. N. Stone (G-B)
1985 F. Modigliani (É-U)
1986 J. M. Buchanan (É-U)
1987 R. M. Solow (É-U)
1988 M. Allais (Fr.)
1989 T. Haavelmo (Norv.)
1990 H. M. Markowitz (É-U)
M. H. Miller (É-U)
W. Sharpe (É-U)
1991 R. Coase (G-B)
1992 G. S. Becker (É-U)
1993 R. W. Fogel (É-U)
D. C. North (É-U)
1994 J. C. Harsanyi (É-U)
R. Selten (All.)
J. F. Nash (É-U)
1995 R. E. Lucas Jr. (É-U)
1996 J. Mirrlees (G-B)
W. Vickrey (Can.)
1997 R. C. Merton (É-U)
M. S. Scholes (É-U)
1998 A. Sen (Inde)
1999 R. A. Mundell (Can.)
2000 J. J. Heckman (É-U)
D. L. McFadden (É-U)
2001 G. A. Akerlof (É-U)
A. M. Spence (É-U)
J. E. Stiglitz (É-U)
2002 D. Kahneman (É-U, Isr.)
V. L. Smith (É-U)
2003 R. F. Engle (É-U)
C. W. J. Granger (G-B)
2004 F. E. Kydland (Norv.)
E. C. Prescott (É-U)
2005 R. J. Aumann (Isr., É-U)
T. C. Schelling (É-U)
2006 E.S. Phelps (É-U)
2007 L. Hurwicz (É-U)
E. S. Maskin (É-U)
R. B. Myerson (É-U)
2008 P. R. Krugman (É-U)
2009 E. Ostrom (É-U)
O. E. Williamson (É-U)
2010 P. A. Diamond (É-U)
D. T. Mortensen (É-U)
C. A. Pissarides (G-B, Chypre)
2011 T. J. Sargent (É-U)
C. A. Sims (É-U)
2012 A. E. Roth (É-U)
L. S. Shapley (É-U)
2013 E.F. Fama (É-U)
L. P. Hansen (É-U)
R. J. Shiller (É-U)
2014 J. Tirole (Fr.)
2015 A. S. Deaton (É-U, G-B)
2016 O. Hart (É-U)
B. Holmström (Finl.)
2017 R. H. Thaler (É-U)
2018 W. D. Nordhaus (É-U)
P. M. Romer (É-U)

• Physiologie ou médecine

1901 E. von Behring (All.)
1902 R. Ross (G-B)
1903 N. R. Finsen (Dan.)
1904 I. P. Pavlov (Russie)
1905 R. Koch (All.)
1906 C. Golgi (Ital.)
S. Ramón y Cajal (Esp.)
1907 A. Laveran (Fr.)
1908 P. Ehrlich (All.)
I. I. Metchnikov (Russie)
1909 E. T. Kocher (Suisse)
1910 A. Kossel (All.)
1911 A. Gullstrand (Suède)
1912 A. Carrel (Fr.)
1913 C. Richet (Fr.)
1914 R. Bárány (Autr.)
1915 à 1918 *Non attribué*
1919 J. Bordet (Belg.)
1920 A. Krogh (Dan.)
1921 *Non attribué*
1922 A. V. Hill (G-B)
O. Meyerhof (All.)
1923 F. G. Banting (Can.)
J. Macleod (G-B)
1924 W. Einthoven (P-B)
1925 *Non attribué*
1926 J. Fibiger (Dan.)
1927 J. Wagner-Jauregg (Autr.)
1928 C. Nicolle (Fr.)
1929 C. Eijkman (P-B)
F. G. Hopkins (G-B)
1930 K. Landsteiner (Autr.)
1931 O. Warburg (All.)
1932 C. Sherrington (G-B)
E. D. Adrian (G-B)
1933 T. H. Morgan (É-U)
1934 G. Whipple (É-U)
W. Murphy (É-U)
G. Minot (É-U)
1935 H. Spemann (All.)
1936 H. Dale (G-B)
O. Loewi (All.)
1937 A. Szent-Györgyi (Hongr.)
1938 C. Heymans (Belg.)
1939 G. Domagk (All.)
1940 à 1942 *Non attribué*
1943 E. A. Doisy (É-U)
H. Dam (Dan.)
1944 J. Erlanger (É-U)
H. S. Gasser (É-U)
1945 A. Fleming (G-B)
E. B. Chain (G-B)
H. W. Florey (Austr., G-B)
1946 H. J. Muller (É-U)
1947 C. F. Cori (É-U)
G. T. Cori (É-U)
B. A. Houssay (Argent.)
1948 P. H. Müller (Suisse)
1949 A. C. Moniz (Port.)
W. R. Hess (Suisse)
1950 P. S. Hench (É-U)
E. C. Kendall (É-U)
T. Reichstein (Suisse)
1951 M. Theiler (Un. sud-afr.)
1952 S. A. Waksman (É-U)
1953 H. A. Krebs (G-B)
F. A. Lipmann (É-U)
1954 J. Enders (É-U)
T. Weller (É-U)
F. Robbins (É-U)
1955 H. Theorell (Suède)

1956 A. Cournand (É-U)
W. Forssmann (RFA)
D. W. Richards (É-U)
1957 D. Bovet (Ital.)
1958 G. Beadle (É-U)
E. Tatum (É-U)
J. Lederberg (É-U)
1959 S. Ochoa (É-U)
A. Kornberg (É-U)
1960 M. Burnet (Austr.)
P. Medawar (G-B)
1961 G. von Békésy (É-U)
1962 M. Wilkins (G-B)
F. Crick (G-B)
J. Watson (É-U)
1963 A. Hodgkin (G-B)
A. F. Huxley (G-B)
J. C. Eccles (Austr.)
1964 K. Bloch (É-U)
F. Lynen (RFA)
1965 F. Jacob (Fr.)
A. Lwoff (Fr.)
J. Monod (Fr.)
1966 P. Rous (É-U)
C. Huggins (É-U)
1967 R. Granit (Suède)
H. K. Hartline (É-U)
G. Wald (É-U)
1968 R. W. Holley (É-U)
H. G. Khorana (É-U)
M. Nirenberg (É-U)
1969 M. Delbrück (É-U)
A. D. Hershey (É-U)
S. Luria (É-U)
1970 J. Axelrod (É-U)
B. Katz (G-B)
U. von Euler (Suède)
1971 E. W. Sutherland (É-U)
1972 G. M. Edelman (É-U)
R. R. Porter (G-B)
1973 K. Lorenz (Autr.)
K. von Frisch (Autr.)
N. Tinbergen (G-B)
1974 A. Claude (Belg., É-U)
C. de Duve (Belg.)
G. Palade (É-U)
1975 H. Temin (É-U)
R. Dulbecco (É-U)
D. Baltimore (É-U)
1976 C. Gajdusek (É-U)
B. Blumberg (É-U)
1977 R. Guillemin (É-U)
A. Schally (É-U)
R. Yalow (É-U)
1978 W. Arber (Suisse)
D. Nathans (É-U)
H. Smith (É-U)
1979 A. M. Cormack (É-U)
G. Hounsfield (G-B)
1980 J. Dausset (Fr.)
G. D. Snell (É-U)
B. Benacerraf (É-U)
1981 D. H. Hubel (É-U)
R. W. Sperry (É-U)
T. N. Wiesel (Suède)
1982 S. K. Bergström (Suède)
B. I. Samuelsson (Suède)
J. R. Vane (G-B)
1983 B. McClintock (É-U)
1984 N. Jerne (Dan.)
G. J. F. Köhler (RFA)
C. Milstein (Argent., G-B)
1985 M. S. Brown (É-U)
J. L. Goldstein (É-U)
1986 S. Cohen (É-U)
R. Levi-Montalcini (Ital., É-U)
1987 Tonegawa Susumu (Jap.)
1988 J. Black (G-B)
G. Elion (É-U)
G. H. Hitchings (É-U)
1989 M. Bishop (É-U)
H. Varmus (É-U)
1990 J. E. Murray (É-U)
E. D. Thomas (É-U)
1991 E. Neher, B. Sakmann (All.)
1992 E. Fischer, E. Krebs (É-U)
1993 R. J. Roberts (G-B)
P. A. Scharp (É-U)
1994 A. G. Gilman (É-U)
M. Rodbell (É-U)
1995 E. B. Lewis (É-U)
C. Nüsslein-Volhard (All.)
E. F. Wieschaus (É-U)
1996 P. Doherty (Austr.)
R. Zinkernagel (Suisse)
1997 S. B. Prusiner (É-U)
1998 R. F. Furchgott (É-U)
F. Murad (É-U)
L. J. Ignarro (É-U)
1999 G. Blobel (É-U)
2000 A. Carlsson (Suède)
P. Greengard (É-U)
E. R. Kandel (É-U)
2001 L. H. Hartwell (É-U)
R. T. Hunt (G-B)
P. M. Nurse (G-B)
2002 S. Brenner (G-B)
H. R. Horvitz (É-U)
J. E. Sulston (G-B)
2003 P. C. Lauterbur (É-U)
P. Mansfield (G-B)
2004 R. Axel (É-U)
L. B. Buck (É-U)
2005 B. J. Marshall (Austr.)
J. R. Warren (Austr.)
2006 A. Z. Fire (É-U)
C. C. Mello (É-U)
2007 M. R. Capecchi (É-U)
M. J. Evans (G-B)
O. Smithies (É-U)
2008 H. zur Hausen (All.)
F. Barré-Sinoussi (Fr.)
L. Montagnier (Fr.)
2009 E. H. Blackburn (Austr., É-U)
C. W. Greider (É-U)
J. W. Szostak (É-U)
2010 R. G. Edwards (G-B)
2011 B. A. Beutler (É-U)
J. Hoffmann (Fr.)
R. M. Steinman (Can.)
2012 J. B. Gurdon (G-B)
Yamanaka Shinya (Jap.)
2013 J. E. Rothman (É-U)
R. W. Schekman (É-U)
T. C. Südhof (All.)
2014 J. O'Keefe (É-U, G-B)
M.-B. Moser (Norv.)
E. I. Moser (Norv.)
2015 W. C. Campbell (É-U, Irl.)
Omura Satoshi (Jap.)
Tu Youyou (Chine)
2016 Ohsumi Yoshinori (Jap.)
2017 J. C. Hall (É-U)
M. Rosbash (É-U)
M. W. Young (É-U)
2018 J. P. Allison (É-U)
Honjo Tasuku (Jap.)

• Physique

1901 W. C. Röntgen (All.)
1902 H. A. Lorentz (P-B)
P. Zeeman (P-B)
1903 H. Becquerel (Fr.)
P. Curie (Fr.)
M. Curie (Fr.)
1904 J. W. S. Rayleigh (G-B)
1905 P.E.A. Lenard (All.)
1906 J. J. Thomson (G-B)
1907 A. A. Michelson (É-U)
1908 G. Lippmann (Fr.)
1909 G. Marconi (Ital.)
K. F. Braun (All.)
1910 J. D. Van der Waals (P-B)
1911 W. Wien (All.)
1912 N. G. Dalén (Suède)
1913 H. Kamerlingh Onnes (P-B)
1914 M. von Laue (All.)
1915 W. Bragg (G-B)
L. Bragg (G-B)
1916 *Non attribué*
1917 C. G. Barkla (G-B)
1918 M. Planck (All.)
1919 J. Stark (All.)
1920 C. É. Guillaume (Suisse)
1921 A. Einstein (Suisse, All.)
1922 N. Bohr (Dan.)
1923 R. A. Millikan (É-U)
1924 M. Siegbahn (Suède)
1925 J. Franck (All.)
G. Hertz (All.)
1926 J. Perrin (Fr.)
1927 A. H. Compton (É-U)
C. T. R. Wilson (G-B)
1928 O. W. Richardson (G-B)
1929 L. de Broglie (Fr.)
1930 C. V. Raman (Inde)
1931 *Non attribué*
1932 W. Heisenberg (All.)
1933 E. Schrödinger (Autr.)
P. Dirac (G-B)
1934 *Non attribué*
1935 J. Chadwick (G-B)
1936 V. Hess (Autr.)
C. D. Anderson (É-U)
1937 C. J. Davisson (É-U)
G. P. Thomson (G-B)
1938 E. Fermi (Ital.)
1939 E. O. Lawrence (É-U)
1940 à 1942 *Non attribué*
1943 O. Stern (É-U)
1944 I. I. Rabi (É-U)
1945 W. Pauli (Autr.)
1946 P. W. Bridgman (É-U)
1947 E. V. Appleton (G-B)
1948 P. M. S. Blackett (G-B)
1949 Yukawa Hideki (Jap.)
1950 C. F. Powell (G-B)
1951 J. D. Cockcroft (G-B)
E. T. S. Walton (Irl.)
1952 F. Bloch (É-U)
E. M. Purcell (É-U)
1953 F. Zernike (P-B)
1954 M. Born (G-B)
W. Bothe (RFA)
1955 W. E. Lamb (É-U)
P. Kusch (É-U)
1956 W. B. Shockley (É-U)
J. Bardeen (É-U)
W. H. Brattain (É-U)
1957 Yang Chen Ning (Chine, É-U)
Lee Tsung-dao (Chine, É-U)
1958 P. A. Tcherenkov (URSS)
I. M. Frank (URSS)
I. I. Tamm (URSS)
1959 E. Segrè (É-U)
O. Chamberlain (É-U)
1960 D. A. Glaser (É-U)
1961 R. Hofstadter (É-U)
R. Mössbauer (RFA)
1962 L. D. Landau (URSS)
1963 E. P. Wigner (É-U)
M. Goeppert-Mayer (É-U)
H. D. Jensen (RFA)
1964 C. H. Townes (É-U)
N. G. Bassov (URSS)
A. M. Prokhorov (URSS)
1965 Tomonaga Shinichiro (Jap.)
J. Schwinger (É-U)
R. P. Feynman (É-U)
1966 A. Kastler (Fr.)
1967 H. A. Bethe (É-U)
1968 L. Alvarez (É-U)
1969 M. Gell-Mann (É-U)
1970 H. Alfvén (Suède)
L. Néel (Fr.)
1971 D. Gabor (G-B)
1972 J. Bardeen (É-U)
L. N. Cooper (É-U)
J. R. Schrieffer (É-U)
1973 Esaki Leo (Jap.)
I. Giaever (É-U)
B. D. Josephson (G-B)
1974 M. Ryle (G-B)
A. Hewish (G-B)
1975 J. Rainwater (É-U)
A. Bohr (Dan.)
B. R. Mottelson (Dan.)
1976 B. Richter (É-U)
S. C. C. Ting (É-U)
1977 P. W. Anderson (É-U)
N. F. Mott (G-B)
J. H. Van Vleck (É-U)
1978 P. L. Kapitsa (URSS)
A. A. Penzias (É-U)
R. W. Wilson (É-U)
1979 S. L. Glashow (É-U)
A. Salam (Pak.)
S. Weinberg (É-U)
1980 J. W. Cronin (É-U)
V. L. Fitch (É-U)
1981 N. Bloembergen (É-U)
A. L. Schawlow (É-U)
K. Siegbahn (Suède)
1982 K. G. Wilson (É-U)
1983 S. Chandrasekhar (É-U)
W. A. Fowler (É-U)
1984 C. Rubbia (Ital.)
S. Van der Meer (P-B)
1985 K. von Klitzing (RFA)
1986 G. Binnig (RFA)
H. Rohrer (Suisse)
E. Ruska (RFA)
1987 J. G. Bednorz (RFA)
K. A. Müller (Suisse)
1988 L. M. Lederman (É-U)
M. Schwartz (É-U)
J. Steinberger (É-U)
1989 H. G. Dehmelt (É-U)
W. Paul (RFA)
N. F. Ramsey (É-U)
1990 J. I. Friedman (É-U)
H. W. Kendall (É-U)
R. E. Taylor (Can.)
1991 P.-G. de Gennes (Fr.)
1992 G. Charpak (Fr.)
1993 R. A. Hulse (É-U)
J. H. Taylor (É-U)
1994 C. G. Shull (É-U)
B. N. Brockhouse (Can.)
1995 M. L. Perl (É-U)
F. Reines (É-U)
1996 D. Lee (É-U)
D. Osheroff (É-U)
R. Richardson (É-U)
1997 S. Chu (É-U)
C. Cohen-Tannoudji (Fr.)
W. D. Phillips (É-U)
1998 R. B. Laughlin (É-U)
H. L. Störmer (All.)
D. C. Tsui (É-U)
1999 G. 't Hooft (P-B)
M. J. G. Veltman (P-B)

2000 J. I. Alferov (Russie)
H. Kroemer (All.)
J. S. Kilby (É-U)
2001 E. A. Cornell (É-U)
W. Ketterle (All.)
C. E. Wieman (É-U)
2002 R. Davis Jr. (É-U)
Koshiba Masatoshi (Jap.)
R. Giacconi (É-U)
2003 A. A. Abrikosov (É-U, Russie)
V. L. Ginzburg (Russie)
A. J. Leggett (G-B, É-U)
2004 D. J. Gross (É-U)
H. D. Politzer (É-U)
F. Wilczek (É-U)
2005 R. J. Glauber (É-U)
J. L. Hall (É-U)
T. W. Hänsch (All.)
2006 J. C. Mather (É-U)
G. F. Smoot (É-U)
2007 A. Fert (Fr.)
P. Grünberg (All.)
2008 Y. Nambu (É-U)
Kobayashi Makoto (Jap.)
Maskawa Toshihide (Jap.)
2009 C. K. Kao (G-B, É-U)
W. S. Boyle (Can., É-U)
G. E. Smith (É-U)
2010 A. Geim (P-B)
K. Novoselov (Russie, G-B)
2011 S. Perlmutter (É-U)
B. P. Schmidt (É-U, Austr.)
A. G. Riess (É-U)
2012 S. Haroche (Fr.)
D. J. Wineland (É-U)
2013 F. Englert (Belg.)
P. W. Higgs (G-B)
2014 Akasaki Isamu (Jap.)
Amano Hiroshi (Jap.)
Nakamura Shuji (É-U)
2015 Kajita Takaaki (Jap.)
A. B. McDonald (Can.)
2016 D. J. Thouless (G-B)
F. D. M. Haldane (G-B)
J. M. Kosterlitz (G-B, É-U)
2017 R. Weiss (É-U)
B. C. Barish (É-U)
K. S. Thorne (É-U)
2018 A. Ashkin (É-U)
G. Mourou (Fr.)
D. Strickland (Can.)

• Chimie

1901 J. H. Van't Hoff (P-B)
1902 E. H. Fischer (All.)
1903 S. A. Arrhenius (Suède)
1904 W. Ramsay (G-B)
1905 A. von Baeyer (All.)
1906 H. Moissan (Fr.)
1907 E. Buchner (All.)
1908 E. Rutherford of Nelson (G-B)
1909 W. Ostwald (All.)
1910 O. Wallach (All.)
1911 M. Curie (Fr.)
1912 V. Grignard (Fr.)
P. Sabatier (Fr.)
1913 A. Werner (Suisse)
1914 T. W. Richards (É-U)
1915 R. M. Willstätter (All.)
1916 et 1917 *Non attribué*
1918 F. Haber (All.)
1919 *Non attribué*
1920 W. H. Nernst (All.)
1921 F. Soddy (G-B)
1922 F. W. Aston (G-B)
1923 F. Pregl (Autr.)
1924 *Non attribué*
1925 R. Zsigmondy (Autr.)
1926 T. Svedberg (Suède)
1927 H. Wieland (All.)
1928 A. Windaus (All.)
1929 A. Harden (G-B)
H. von Euler-Chelpin (All.)
1930 H. Fischer (All.)
1931 C. Bosch (All.)
F. Bergius (All.)
1932 I. Langmuir (É-U)
1933 *Non attribué*
1934 H. C. Urey (É-U)
1935 J. F. Joliot-Curie (Fr.)
I. Joliot-Curie (Fr.)
1936 P. J. W. Debye (P-B)
1937 N. Haworth (G-B)
P. Karrer (Suisse)
1938 R. Kuhn (All.)
1939 A. F. J. Butenandt (All.)
L. Ružička (Suisse)
1940 à 1942 *Non attribué*
1943 G. de Hevesy (Suède)
1944 O. Hahn (All.)
1945 A. I. Virtanen (Finl.)
1946 J. B. Sumner (É-U)
J. H. Northrop (É-U)
W. M. Stanley (É-U)
1947 R. Robinson (G-B)
1948 A. Tiselius (Suède)
1949 W. F. Giauque (É-U)
1950 O. Diels, K. Alder (RFA)
1951 E. M. McMillan (É-U)
G. T. Seaborg (É-U)
1952 A. J. P. Martin (G-B)
R. L. M. Synge (G-B)
1953 H. Staudinger (RFA)
1954 L. C. Pauling (É-U)
1955 V. Du Vigneaud (É-U)
1956 C. N. Hinshelwood (G-B)
N. N. Semenov (URSS)
1957 A. R. Todd (G-B)
1958 F. Sanger (G-B)
1959 J. Heyrovský (Tchéc.)
1960 W. F. Libby (É-U)
1961 M. Calvin (É-U)
1962 J. C. Kendrew (G-B)
M. F. Perutz (G-B)
1963 G. Natta (Ital.)
K. W. Ziegler (RFA)
1964 D. M. Hodgkin (G-B)
1965 R. B. Woodward (É-U)
1966 R. S. Mulliken (É-U)
1967 M. Eigen (RFA)
R. G. W. Norrish (G-B)
G. Porter (G-B)
1968 L. Onsager (É-U)
1969 D. H. R. Barton (G-B)
O. Hassel (Norv.)
1970 L. F. Leloir (Argent.)
1971 G. Herzberg (Can.)
1972 C. B. Anfinsen (É-U)
S. Moore (É-U)
W. Stein (É-U)
1973 E. O. Fischer (RFA)
G. Wilkinson (G-B)
1974 P. J. Flory (É-U)
1975 V. Prelog (Suisse)
J. W. Cornforth (Austr.)
1976 W. N. Lipscomb (É-U)
1977 I. Prigogine (Belg.)
1978 P. D. Mitchell (G-B)
1979 H. C. Brown (É-U)
G. Wittig (RFA)
1980 F. Sanger (G-B)
P. Berg (É-U)
W. Gilbert (É-U)
1981 R. Hoffmann (É-U)
Fukui Kenishi (Jap.)
1982 A. Klug (G-B)
1983 H. Taube (É-U)
1984 B. Merrifield (É-U)
1985 H. A. Hauptman (É-U)
J. Karle (É-U)
1986 D. R. Herschbach (É-U)
J. C. Polanyi (Can.)
Y. T. Lee (É-U)
1987 D. J. Cram (É-U)
J.-M. Lehn (Fr.)
C. J. Pedersen (É-U)
1988 J. Deisenhofer (RFA)
R. Huber (RFA)
H. Michel (RFA)
1989 S. Altman (Can., É-U)
T. R. Cech (É-U)
1990 E. J. Corey (É-U)
1991 R. R. Ernst (Suisse)
1992 R. A. Marcus (É-U)
1993 K. B. Mullis (É-U)
M. Smith (Can.)
1994 G. A. Olah (É-U)
1995 P. Crutzen (P-B)
M. J. Molina (É-U)
F. S. Rowland (É-U)
1996 R. Curl (É-U)
H. Kroto (G-B)
R. E. Smalley (É-U)
1997 P. D. Boyer (É-U)
J. C. Skou (Dan.)
J. E. Walker (G-B)
1998 W. Kohn (É-U)
J. A. Pople (G-B)
1999 A. H. Zewail (Égypte, É-U)
2000 A. J. Heeger (É-U)
A. G. MacDiarmid (É-U)
Shirakawa Hideki (Jap.)
2001 W. S. Knowles (É-U)
Noyori Ryoji (Jap.)
K. B. Sharpless (É-U)
2002 J. B. Fenn (É-U)
Tanaka Koichi (Jap.)
K. Wüthrich (Suisse)
2003 P. Agre (É-U)
R. MacKinnon (É-U)
2004 A. Ciechanover (Isr.)
A. Hershko (Isr.)
I. Rose (É-U)
2005 Y. Chauvin (Fr.)
R. H. Grubbs (É-U)
R. R. Schrock (É-U)
2006 R. D. Kornberg (É-U)
2007 G. Ertl (All.)
2008 Shimomura Osamu (Jap.)
M. Chalfie (É-U)
R. Y. Tsien (É-U)
2009 V. Ramakrishnan (É-U)
T.A. Steitz (É-U)
A. E. Yonath (Isr.)
2010 R. F. Heck (É-U)
Negishi Ei-ichi (Jap.)
Suzuki Akira (Jap.)
2011 D. Shechtman (Isr.)
2012 R. J. Lefkowitz (É-U)
B. K. Kobilka (É-U)
2013 M. Karplus (Autr., É-U)
M. Levitt (É-U, G-B, Isr.)
A. Warshel (É-U, Isr.)
2014 E. Betzig (É-U)
S. W. Hell (All.)
W. E. Moerner (É-U)
2015 T. Lindahl (Suède)
P. L. Modrich (É-U)
A. Sancar (É-U, Turq.)
2016 J.-P. Sauvage (Fr.)
J. F. Stoddart (G-B, É-U)
B. L. Feringa (P-B)
2017 J. Dubochet (Suisse)
J. Frank (All., É-U)
R. Henderson (G-B)
2018 F. H. Arnold (É-U)
G. P. Smith (É-U)
G. P. Winter (G-B)

Médaille Fields

Créée en 1936, la médaille Fields est attribuée tous les quatre ans par un comité issu de l'Union mathématique internationale à un ou des mathématiciens de moins de quarante ans. Quatre médailles au plus sont décernées depuis 1966.

1936 L. Ahlfors (Finl.), J. Douglas (É-U)
1950 A. Selberg (Norv.), L. Schwartz (Fr.)
1954 Kodaira Kunihiko (Jap.), J.-P. Serre (Fr.)
1958 K. F. Roth (G-B), R. Thom (Fr.)
1962 L. Hörmander (Suède), J. W. Milnor (É-U)
1966 M. F. Atiyah (G-B), P. J. Cohen (É-U), A. Grothendieck (Fr.), S. Smale (É-U)
1970 A. Baker (G-B), Hironaka Heisuke (Jap.), S. P. Novikov (URSS), J. G. Thompson (É-U)
1974 E. Bombieri (It.), D. B. Mumford (É-U)
1978 P. Deligne (Belg.), C. Fefferman (É-U), D. Quillen (É-U), G. A. Margoulis (URSS)
1982 A. Connes (Fr.), W. P. Thurston (É-U), S.-T. Yau (É-U)
1986 G. Faltings (RFA), M. H. Freedman (É-U), S. K. Donaldson (G-B)
1990 V. Drinfeld (URSS), V. F. R. Jones (N-Z), Mori Shigefumi (Jap.), E. Witten (É-U)
1994 P.-L. Lions (Fr.), J.-C. Yoccoz (Fr.), J. Bourgain (Belg.), I. I. Zelmanov (Russie)
1998 M. Kontsevich (Russie), R. E. Borcherds (G-B), W. T. Gowers (G-B), C. T. McMullen (É-U)
2002 L. Lafforgue (Fr.), V. Voevodsky (Russie)
2006 W. Werner (Fr.), T. Tao (Austr.), A. Okounkov (Russie), G. Perelman (Russie) *[décline la récompense]*
2010 E. Lindenstrauss (Isr.), Ngô Bao Châu (Viêt Nam, Fr.), S. Smirnov (Russie), C. Villani (Fr.)
2014 A. Avila (Brésil, Fr.), M. Bhargava (Can., É-U), M. Hairer (Autr.), M. Mirzakhani (Iran)
2018 C. Birkar (Iran, G-B), A. Figalli (Ital.), P. Scholze (All.), A. Venkatesh (Austr.)

Académie française (au 19 février 2019)

	né en	élu en
Jean-Denis Bredin, *écrivain*	1929	1989
Michel Serres, *philosophe*	1930	1990
Hélène Carrère d'Encausse, *historienne*	1929	1990
Marc Fumaroli, *écrivain*	1932	1995
Pierre Rosenberg, *historien de l'art*	1936	1995
Jean-Marie Rouart, *écrivain*	1943	1997
Erik Orsenna, *écrivain*	1947	1998
René de Obaldia, *écrivain*	1918	1999
Florence Delay, *écrivaine*	1941	2000
Gabriel de Broglie, *haut fonctionnaire*	1931	2001
Pierre Nora, *historien*	1931	2001
Angelo Rinaldi, *écrivain*	1940	2001
Yves Pouliquen, *médecin*	1931	2001
Frédéric Vitoux, *journaliste et écrivain*	1944	2001
François Cheng, *écrivain*	1929	2002
Valéry Giscard d'Estaing, *homme politique*	1926	2003
Dominique Fernandez, *écrivain*	1929	2007
Jean-Loup Dabadie, *écrivain, scénariste et parolier*	1938	2008
Claude Dagens, *évêque*	1940	2008
Jean Clair, *conservateur général du patrimoine*	1940	2008
Jean-Christophe Rufin, *médecin et écrivain*	1952	2008
Jean-Luc Marion, *philosophe*	1946	2008
François Weyergans, *écrivain et cinéaste*	1941	2009
Danièle Sallenave, *écrivaine*	1940	2011
Amin Maalouf, *écrivain*	1949	2011
Jules Hoffmann, *biologiste*	1941	2012
Michael Edwards, *écrivain*	1938	2013
Dominique Bona, *écrivaine*	1953	2013
Xavier Darcos, *homme politique*	1947	2013
Dany Laferrière, *écrivain*	1953	2013
Alain Finkielkraut, *écrivain, essayiste et philosophe*	1949	2014
Marc Lambron, *écrivain*	1957	2014
Andreï Makine, *écrivain*	1957	2016
Michel Zink, *écrivain et philologue*	1945	2017
Barbara Cassin, *philologue et philosophe*	1947	2018
Patrick Grainville, *écrivain*	1947	2018

X*** X*** X*** X***

Secrétaire perpétuel : *Hélène Carrère d'Encausse.*
40 membres (X*** : siège vacant)

Prix Goncourt

Créé en 1903, le prix Goncourt est attribué chaque année par l'Académie des Goncourt à un ouvrage d'imagination en prose, de langue française, paru dans l'année.

1903 John-Antoine Nau, *Force ennemie.*
1904 Léon Frapié, *la Maternelle.*
1905 Claude Farrère, *les Civilisés.*
1906 Jérôme et Jean Tharaud, *Dingley, l'illustre écrivain.*
1907 Émile Moselly, *Terres lorraines.*
1908 Francis de Miomandre, *Écrit sur de l'eau.*
1909 Marius et Ary Leblond, *En France.*
1910 Louis Pergaud, *De Goupil à Margot.*
1911 Alphonse de Châteaubriant, *Monsieur des Lourdines.*
1912 André Savignon, *les Filles de la pluie.*
1913 Marc Elder, *le Peuple de la mer.*
1914 Prix décerné en 1916.
1915 René Benjamin, *Gaspard.*
1916 Henri Barbusse, *le Feu.*
Adrien Bertrand, *l'Appel du sol* (prix 1914).
1917 Henri Malherbe, *la Flamme au poing.*
1918 Georges Duhamel, *Civilisation.*
1919 Marcel Proust, *À l'ombre des jeunes filles en fleurs.*
1920 Ernest Pérochon, *Nêne.*
1921 René Maran, *Batouala.*
1922 Henri Béraud, *le Vitriol de lune ; le Martyre de l'obèse.*
1923 Lucien Fabre, *Rabevel ou le Mal des ardents.*
1924 Thierry Sandre, *le Chèvrefeuille ; le Purgatoire ; le Chapitre XIII d'Athénée.*
1925 Maurice Genevoix, *Raboliot.*
1926 Henri Deberly, *le Supplice de Phèdre.*
1927 Maurice Bedel, *Jérôme 60° latitude nord.*
1928 Maurice Constantin-Weyer, *Un homme se penche sur son passé.*
1929 Marcel Arland, *l'Ordre.*
1930 Henri Fauconnier, *Malaisie.*
1931 Jean Fayard, *Mal d'amour.*
1932 Guy Mazeline, *les Loups.*
1933 André Malraux, *la Condition humaine.*
1934 Roger Vercel, *Capitaine Conan.*
1935 Joseph Peyré, *Sang et Lumières.*
1936 Maxence Van der Meersch, *l'Empreinte du dieu.*
1937 Charles Plisnier (1), *Faux Passeports.*
1938 Henri Troyat, *l'Araigne.*
1939 Philippe Hériat, *les Enfants gâtés.*
1940 Francis Ambrière (2), *les Grandes Vacances.*
1941 Henri Pourrat, *Vent de mars.*
1942 Marc Bernard, *Pareils à des enfants.*
1943 Marius Grout, *Passage de l'homme.*
1944 Elsa Triolet, *Le premier accroc coûte deux cents francs.*
1945 Jean-Louis Bory, *Mon village à l'heure allemande.*
1946 Jean-Jacques Gautier, *Histoire d'un fait divers.*
1947 Jean-Louis Curtis, *les Forêts de la nuit.*
1948 Maurice Druon, *les Grandes Familles.*
1949 Robert Merle, *Week-End à Zuydcoote.*
1950 Paul Colin, *les Jeux sauvages.*
1951 Julien Gracq (3), *le Rivage des Syrtes.*
1952 Béatrix Beck, *Léon Morin, prêtre.*
1953 Pierre Gascar, *le Temps des morts ; les Bêtes.*
1954 Simone de Beauvoir, *les Mandarins.*
1955 Roger Ikor, *les Eaux mêlées.*
1956 Romain Gary, *les Racines du ciel.*
1957 Roger Vailland, *la Loi.*
1958 Francis Walder (1), *Saint-Germain ou la Négociation.*
1959 André Schwarz-Bart, *le Dernier des justes.*
1960 Vintila Horia (3), *Dieu est né en exil.*
1961 Jean Cau, *la Pitié de Dieu.*
1962 Anna Langfus, *les Bagages de sable.*
1963 Armand Lanoux, *Quand la mer se retire.*
1964 Georges Conchon, *l'État sauvage.*
1965 Jacques Borel, *l'Adoration.*
1966 Edmonde Charles-Roux, *Oublier Palerme.*
1967 André Pieyre de Mandiargues, *la Marge.*
1968 Bernard Clavel, *les Fruits de l'hiver.*
1969 Félicien Marceau, *Creezy.*
1970 Michel Tournier, *le Roi des Aulnes.*
1971 Jacques Laurent, *les Bêtises.*
1972 Jean Carrière, *l'Épervier de Maheux.*
1973 Jacques Chessex (1), *l'Ogre.*
1974 Pascal Lainé, *la Dentellière.*
1975 Émile Ajar (4), *la Vie devant soi.*
1976 Patrick Grainville, *les Flamboyants.*
1977 Didier Decoin, *John l'Enfer.*
1978 Patrick Modiano, *Rue des boutiques obscures.*
1979 Antonine Maillet, *Pélagie la Charrette.*
1980 Yves Navarre, *le Jardin d'acclimatation.*
1981 Lucien Bodard, *Anne-Marie.*
1982 Dominique Fernandez, *Dans la main de l'Ange.*
1983 Frédérick Tristan, *les Égarés.*
1984 Marguerite Duras, *l'Amant.*
1985 Yann Queffélec, *les Noces barbares.*
1986 Michel Host, *Valet de nuit.*
1987 Tahar Ben Jelloun (1), *la Nuit sacrée.*
1988 Erik Orsenna, *l'Exposition coloniale.*
1989 Jean Vautrin, *Un grand pas vers le Bon Dieu.*
1990 Jean Rouaud, *les Champs d'honneur.*
1991 Pierre Combescot, *les Filles du Calvaire.*
1992 Patrick Chamoiseau, *Texaco.*
1993 Amin Maalouf (1), *le Rocher de Tanios.*
1994 Didier Van Cauwelaert, *Un aller simple.*

1995 Andreï Makine, *le Testament français.*
1996 Pascale Roze, *le Chasseur Zéro.*
1997 Patrick Rambaud, *la Bataille.*
1998 Paule Constant, *Confidence pour confidence.*
1999 Jean Echenoz, *Je m'en vais.*
2000 Jean-Jacques Schuhl, *Ingrid Caven.*
2001 Jean-Christophe Rufin, *Rouge Brésil.*
2002 Pascal Quignard, *les Ombres errantes.*
2003 Jacques-Pierre Amette, *la Maîtresse de Brecht.*
2004 Laurent Gaudé, *le Soleil des Scorta.*
2005 François Weyergans, *Trois Jours chez ma mère.*
2006 Jonathan Littell (1), *les Bienveillantes.*
2007 Gilles Leroy, *Alabama Song.*
2008 Atiq Rahimi, *Syngué sabour. Pierre de patience.*
2009 Marie NDiaye, *Trois Femmes puissantes.*
2010 Michel Houellebecq, *la Carte et le territoire.*
2011 Alexis Jenni, *l'Art français de la guerre.*
2012 Jérôme Ferrari, *le Sermon sur la chute de Rome.*
2013 Pierre Lemaitre, *Au revoir là-haut.*
2014 Lydie Salvayre, *Pas pleurer.*
2015 Mathias Énard, *Boussole.*
2016 Leïla Slimani, *Chanson douce.*
2017 Éric Vuillard, *l'Ordre du jour.*
2018 Nicolas Mathieu, *Leurs enfants après eux.*

(1) écrivain étranger
(2) prix réservé à un prisonnier ou à un déporté politique et décerné en juin 1946
(3) décline le prix
(4) pseudonyme littéraire de Romain Gary

Grand Prix de la Ville d'Angoulême

Le Grand Prix de la Ville d'Angoulême, créé en 1974, est attribué chaque année à un dessinateur ou un scénariste, francophone ou étranger, pour l'ensemble de son œuvre et/ou sa contribution à l'évolution de la bande dessinée.

1974 André Franquin
1975 Will Eisner
1976 Pellos
1977 Jijé
1978 Jean-Marc Reiser
1979 Marijac
1980 Fred
1981 Moebius
1982 Paul Gillon
1983 Jean-Claude Forest
1984 Jean-Claude Mézières
1985 Jacques Tardi
1986 Jacques Lob
1987 Enki Bilal
1988 Philippe Druillet
1989 René Pétillon
1990 Max Cabanes
1991 Marcel Gotlib
1992 Frank Margerin
1993 Gérard Lauzier
1994 Nikita Mandryka
1995 Philippe Vuillemin
1996 André Juillard
1997 Daniel Goossens
1998 François Boucq
1999 Robert Crumb
2000 Florence Cestac
2001 Martin Veyron
2002 François Schuiten
2003 Régis Loisel
2004 Zep
2005 Georges Wolinski
2006 Lewis Trondheim
2007 José Muñoz
2008 Charles Berbérian, Philippe Dupuy
2009 Blutch
2010 Baru
2011 Art Spiegelman
2012 Jean-Claude Denis
2013 Willem
2014 Bill Watterson
2015 Otomo Katsuhiro
2016 Hermann
2017 Cosey
2018 Richard Corben
2019 Takahashi Rumiko

Festival de Cannes : Palme d'or

La Palme d'or (appelée de 1946 à 1954 et de 1964 à 1974 Grand Prix) récompense chaque année le meilleur film en compétition dans le cadre du Festival international du film de Cannes.

1949	*le Troisième Homme*	Carol Reed
1951	*Mademoiselle Julie*	Alf Sjöberg
	Miracle à Milan	Vittorio De Sica
1952	*Deux Sous d'espoir*	Renato Castellani
	Othello	Orson Welles
1953	*le Salaire de la peur*	Henri-Georges Clouzot
1954	*la Porte de l'enfer*	Kinugasa Teinosuke
1955	*Marty*	Delbert Mann
1956	*le Monde du silence*	Jacques-Yves Cousteau
1957	*la Loi du Seigneur*	William Wyler
1958	*Quand passent les cigognes*	Mikhaïl Kalatozov
1959	*Orfeu negro*	Marcel Camus
1960	*La Dolce Vita*	Federico Fellini
1961	*Viridiana*	Luis Buñuel
	Une aussi longue absence	Henri Colpi
1962	*la Parole donnée*	Anselmo Duarte
1963	*le Guépard*	Luchino Visconti
1964	*les Parapluies de Cherbourg*	Jacques Demy
1965	*le Knack... et comment l'avoir*	Richard Lester
1966	*Un homme et une femme*	Claude Lelouch
	Ces messieurs dames	Pietro Germi
1967	*Blow Up*	Michelangelo Antonioni
1968	Non décerné	
1969	*If*	Lindsay Anderson
1970	*M.A.S.H.*	Robert Altman
1971	*le Messager*	Joseph Losey
1972	*l'Affaire Mattei*	Francesco Rosi
	La classe ouvrière va au paradis	Elio Petri
1973	*l'Épouvantail*	Jerry Schatzberg
	la Méprise	Alan Bridges
1974	*Conversation secrète*	Francis Ford Coppola
1975	*Chronique des années de braise*	Mohamed Lakhdar Hamina
1976	*Taxi Driver*	Martin Scorsese
1977	*Padre Padrone*	Paolo et Vittorio Taviani
1978	*l'Arbre aux sabots*	Ermanno Olmi
1979	*Apocalypse Now*	Francis Ford Coppola
	le Tambour	Volker Schlöndorff
1980	*Que le spectacle commence !*	Bob Fosse
	Kagemusha	Kurosawa Akira
1981	*l'Homme de fer*	Andrzej Wajda
1982	*Missing*	Costa-Gavras
	Yol	Yilmaz Güney
1983	*la Ballade de Narayama*	Imamura Shohei
1984	*Paris, Texas*	Wim Wenders
1985	*Papa est en voyage d'affaires*	Emir Kusturica
1986	*Mission*	Roland Joffé
1987	*Sous le soleil de Satan*	Maurice Pialat
1988	*Pelle le Conquérant*	Bille August
1989	*Sexe, mensonges et vidéo*	Steven Soderbergh
1990	*Sailor et Lula*	David Lynch
1991	*Barton Fink*	Joel et Ethan Coen
1992	*les Meilleures Intentions*	Bille August
1993	*la Leçon de piano*	Jane Campion
	Adieu ma concubine	Chen Kaige
1994	*Pulp Fiction*	Quentin Tarantino
1995	*Underground*	Emir Kusturica
1996	*Secrets et mensonges*	Mike Leigh
1997	*l'Anguille*	Imamura Shohei
	le Goût de la cerise	Abbas Kiarostami
1998	*l'Éternité et un jour*	Theo Angelopoulos
1999	*Rosetta*	Jean-Pierre et Luc Dardenne
2000	*Dancer in the Dark*	Lars von Trier
2001	*la Chambre du fils*	Nanni Moretti
2002	*le Pianiste*	Roman Polanski
2003	*Elephant*	Gus Van Sant
2004	*Fahrenheit 9/11*	Michael Moore
2005	*l'Enfant*	Jean-Pierre et Luc Dardenne
2006	*Le vent se lève*	Ken Loach
2007	*4 mois, 3 semaines, 2 jours*	Cristian Mungiu
2008	*Entre les murs*	Laurent Cantet
2009	*le Ruban blanc*	Michael Haneke
2010	*Oncle Boonmee (celui qui se souvient de ses vies antérieures)*	Apichatpong Weerasethakul
2011	*The Tree of Life*	Terrence Malick
2012	*Amour*	Michael Haneke
2013	*la Vie d'Adèle - Chapitres 1 et 2*	Abdellatif Kechiche
2014	*Winter Sleep*	Nuri Bilge Ceylan
2015	*Dheepan*	Jacques Audiard
2016	*Moi, Daniel Blake*	Ken Loach
2017	*The Square*	Ruben Östlund
2018	*Une affaire de famille*	Kore-eda Hirokazu

ACADÉMIE FRANÇAISE, PRIX ET PALMARÈS

César du meilleur film

Le César du meilleur film récompense chaque année, depuis 1976, le meilleur film français, ou de coproduction majoritairement française, ou encore de coproduction minoritairement française mais de langue française majoritaire, présenté en salles l'année précédente.

1976	*le Vieux Fusil*	Robert Enrico
1977	*Monsieur Klein*	Joseph Losey
1978	*Providence*	Alain Resnais
1979	*l'Argent des autres*	Christian de Chalonge
1980	*Tess*	Roman Polanski
1981	*le Dernier Métro*	François Truffaut
1982	*la Guerre du feu*	Jean-Jacques Annaud
1983	*la Balance*	Bob Swaim
1984	*le Bal*	Ettore Scola
	À nos amours	Maurice Pialat
1985	*les Ripoux*	Claude Zidi
1986	*Trois Hommes et un couffin*	Coline Serreau
1987	*Thérèse*	Alain Cavalier
1988	*Au revoir les enfants*	Louis Malle
1989	*Camille Claudel*	Bruno Nuytten
1990	*Trop belle pour toi*	Bertrand Blier
1991	*Cyrano de Bergerac*	Jean-Paul Rappeneau
1992	*Tous les matins du monde*	Alain Corneau
1993	*les Nuits fauves*	Cyril Collard
1994	*Smoking/No Smoking*	Alain Resnais
1995	*les Roseaux sauvages*	André Téchiné
1996	*la Haine*	Mathieu Kassovitz
1997	*Ridicule*	Patrice Leconte
1998	*On connaît la chanson*	Alain Resnais
1999	*la Vie rêvée des anges*	Érick Zonka
2000	*Vénus Beauté (Institut)*	Tonie Marshall
2001	*le Goût des autres*	Agnès Jaoui
2002	*le Fabuleux Destin d'Amélie Poulain*	Jean-Pierre Jeunet
2003	*le Pianiste*	Roman Polanski
2004	*les Invasions barbares*	Denys Arcand
2005	*l'Esquive*	Abdellatif Kechiche
2006	*De battre mon cœur s'est arrêté*	Jacques Audiard
2007	*Lady Chatterley*	Pascale Ferran
2008	*la Graine et le Mulet*	Abdellatif Kechiche
2009	*Séraphine*	Martin Provost
2010	*Un prophète*	Jacques Audiard
2011	*Des hommes et des dieux*	Xavier Beauvois
2012	*The Artist*	Michel Hazanavicius
2013	*Amour*	Michael Haneke
2014	*Les garçons et Guillaume, à table !*	Guillaume Gallienne
2015	*Timbuktu*	Abderrahmane Sissako
2016	*Fatima*	Philippe Faucon
2017	*Elle*	Paul Verhoeven
2018	*120 Battements par minute*	Robin Campillo
2019	*Jusqu'à la garde*	Xavier Legrand

Oscar du meilleur film

L'Oscar du meilleur film récompense chaque année, depuis 1929, le meilleur film américain présenté en salles l'année précédente.

1929	*les Ailes*	William Wellman
1930 (1)	*The Broadway Melody*	Harry Beaumont
1930 (2)	*À l'ouest rien de nouveau*	Lewis Milestone
1931	*Cimarron*	Wesley Ruggles
1932	*Grand Hôtel*	Edmund Goulding
1934	*Cavalcade*	Frank Lloyd
1935	*New York-Miami*	Frank Capra
1936	*les Révoltés du Bounty*	Frank Lloyd
1937	*le Grand Ziegfeld*	Robert Z. Leonard
1938	*la Vie d'Émile Zola*	William Dieterle
1939	*Vous ne l'emporterez pas avec vous*	Frank Capra
1940	*Autant en emporte le vent*	Victor Fleming
1941	*Rebecca*	Alfred Hitchcock
1942	*Qu'elle était verte ma vallée*	John Ford
1943	*Madame Miniver*	William Wyler
1944	*Casablanca*	Michael Curtiz
1945	*la Route semée d'étoiles*	Leo McCarey
1946	*le Poison*	Billy Wilder
1947	*les Plus Belles Années de notre vie*	William Wyler
1948	*le Mur invisible*	Elia Kazan
1949	*Hamlet*	Laurence Olivier
1950	*les Fous du roi*	Robert Rossen
1951	*Ève*	Joseph L. Mankiewicz
1952	*Un Américain à Paris*	Vincente Minnelli
1953	*Sous le plus grand chapiteau du monde*	Cecil B. De Mille
1954	*Tant qu'il y aura des hommes*	Fred Zinnemann
1955	*Sur les quais*	Elia Kazan
1956	*Marty*	Delbert Mann
1957	*le Tour du monde en 80 jours*	Michael Anderson
1958	*le Pont de la rivière Kwaï*	David Lean
1959	*Gigi*	Vincente Minnelli
1960	*Ben Hur*	William Wyler
1961	*la Garçonnière*	Billy Wilder
1962	*West Side Story*	Robert Wise, J. Robbins
1963	*Lawrence d'Arabie*	David Lean
1964	*Tom Jones*	Tony Richardson
1965	*My Fair Lady*	George Cukor
1966	*la Mélodie du bonheur*	Robert Wise
1967	*Un homme pour l'éternité*	Fred Zinnemann
1968	*Dans la chaleur de la nuit*	Norman Jewison
1969	*Oliver !*	Carol Reed
1970	*Macadam Cowboy*	John Schlesinger
1971	*Patton*	Franklin J. Schaffner
1972	*French Connection*	William Friedkin
1973	*le Parrain*	Francis Ford Coppola
1974	*l'Arnaque*	George Roy Hill
1975	*le Parrain II*	Francis Ford Coppola
1976	*Vol au-dessus d'un nid de coucou*	Milos Forman
1977	*Rocky*	John G. Avildsen
1978	*Annie Hall*	Woody Allen
1979	*Voyage au bout de l'enfer*	Michael Cimino
1980	*Kramer contre Kramer*	Robert Benton
1981	*Des gens comme les autres*	Robert Redford
1982	*Les Chariots de feu*	Hugh Hudson
1983	*Gandhi*	Richard Attenborough
1984	*Tendres Passions*	James L. Brooks
1985	*Amadeus*	Milos Forman
1986	*Out of Africa*	Sydney Pollack
1987	*Platoon*	Oliver Stone
1988	*le Dernier Empereur*	Bernardo Bertolucci
1989	*Rain Man*	Barry Levinson
1990	*Miss Daisy et son chauffeur*	Bruce Beresford
1991	*Danse avec les loups*	Kevin Costner
1992	*le Silence des agneaux*	Jonathan Demme
1993	*Impitoyable*	Clint Eastwood
1994	*la Liste de Schindler*	Steven Spielberg
1995	*Forrest Gump*	Robert Zemeckis
1996	*Braveheart*	Mel Gibson
1997	*le Patient anglais*	Anthony Minghella
1998	*Titanic*	James Cameron
1999	*Shakespeare in Love*	John Madden
2000	*American Beauty*	Sam Mendes
2001	*Gladiator*	Ridley Scott
2002	*Un homme d'exception*	Ron Howard
2003	*Chicago*	Rob Marshall
2004	*le Retour du roi (le Seigneur des anneaux III)*	Peter Jackson
2005	*Million Dollar Baby*	Clint Eastwood
2006	*Collision*	Paul Haggis
2007	*les Infiltrés*	Martin Scorsese
2008	*No Country for Old Men*	Joel et Ethan Coen
2009	*Slumdog Millionaire*	Danny Boyle
2010	*Démineurs*	Kathryn Bigelow
2011	*le Discours d'un roi*	Tom Hooper
2012	*The Artist*	Michel Hazanavicius
2013	*Argo*	Ben Affleck
2014	*12 Years a Slave*	Steve McQueen
2015	*Birdman*	Alejandro González Iñárritu
2016	*Spotlight*	Tom McCarthy
2017	*Moonlight*	Barry Jenkins
2018	*la Forme de l'eau*	Guillermo del Toro
2019	*Green Book : sur les routes du Sud*	Peter Farrelly

Atlas

RUSSIE
120°
60°
0°
Mer de Beaufort
Yukon
Alaska (É.-U.)
Golfe de l'Alaska
Grand lac de l'Ours
Grand lac des Esclaves
CANADA
Nelson
Saskatchewan
L. Winnipeg
Baie d'Hudson
Baie de Baffin
Mer du Labrador
Groenland (Dan.)
Mer du Groenland
Svalbard (Norv.)
Jan Mayen (Norv.)
Cercle polaire arctique
ISLANDE
Reykjavík
Îles Féroé (Dan.)
SUÈDE
FINLANDE
NORVÈGE
Oslo
Stockholm
ESTONIE
LETTONIE
LITUANIE
Mer du Nord
DANEMARK
Copenhague
GRANDE-BRETAGNE
IRLANDE
Dublin
Londres
P.-B.
BELG.
LUX.
Berlin
POLOGNE
ALLEMAGNE
Varsovie
R. TCH.
SLOVA.
Paris
FRANCE
SUISSE
AUTR.
SL.
HONGR.
ROUMANIE
CR.
B.-H.
SERBIE
M.
ST-M.
ITALIE
M.-K.
BULG.
ALB.
MAC. DU N.
A.
Rome
GRÈCE
Athènes
Madrid
PORTUGAL
ESPAGNE
Lisbonne
Missouri
L. Supérieur
L. Michigan
L. Huron
Montréal
Ottawa
St-Laurent
L. Ontario
L. Érié
ÉTATS-UNIS
Chicago
New York
Washington
Colorado
Mississippi
Rio Grande
Los Angeles
St-Pierre-et-Miquelon (Fr.)
Açores (Port.)
Bermudes (G.-B.)
Océan Atlantique
Madère (Port.)
Canaries (Esp.)
Rabat
MAROC
Alger
Tunis
TUNISIE
MALTE
Méditerranée
Tripoli
Le Caire
ALGÉRIE
LIBYE
ÉGYPTE
Sahara
Golfe du Mexique
Tropique du Cancer
MEXIQUE
Mexico
La Havane
Nassau
BAHAMAS
CUBA
RÉP. DOMINICAINE
Porto-Rico (É.-U.)
JAMAÏQUE
HAÏTI
BELIZE
Port-au-Prince
Saint-Domingue
ST-KITTS-ET-NEVIS
ANTIGUA-ET-BARBUDA
Guadeloupe (Fr.)
DOMINIQUE
Martinique (Fr.)
GUATEMALA
Guatemala
HONDURAS
San Salvador
SALVADOR
NICARAGUA
Managua
Mer des Antilles
STE-LUCIE
ST-VINCENT-ET-LES-GRENADINES
BARBADE
TRINITÉ-ET-TOBAGO
Port of Spain
Clipperton (Fr.)
San José
COSTA RICA
Panama
PANAMA
Caracas
VENEZUELA
Georgetown
GUYANA
Paramaribo
SURINAME
Guyane (Fr.)
Bogota
COLOMBIE
Équateur
Îles Galapagos (Éq.)
Quito
ÉQUATEUR
Amazone
Amazonie
PÉROU
Océan Pacifique
Lima
BRÉSIL
Brasilia
La Paz
BOLIVIE
Sucre
PARAGUAY
Asunción
Rio de Janeiro
Sao Paulo
Tropique du Capricorne
CHILI
Paraná
Sala y Gomez (Chili)
Île de Pâques (Chili)
URUGUAY
Montevideo
Buenos Aires
Santiago
ARGENTINE
Îles Juan Fernández (Chili)
Falkland (G.-B.)
Géorgie du Sud (G.-B.)
Tristan da Cunha (G.-B.)
Bouvet (Norv.)
Océan Atlantique
Ascension (G.-B.)
Ste-Hélène (G.-B.)
MAURITANIE
Nouakchott
MALI
Sahel
NIGER
TCHAD
CAP-VERT
Dakar
SÉNÉGAL
Banjul
GAMBIE
Bissau
GUINÉE-B.
GUINÉE
Bamako
Conakry
Freetown
SIERRA LEONE
Monrovia
LIBERIA
CÔTE D'IVOIRE
Yamoussoukro
BURKINA
Niamey
BÉNIN
TOGO
GHANA
Accra
Lomé
Porto-Novo
NIGERIA
Abuja
Ndjamena
Khartoum
SOUDAN
RÉP. CENTRAFRICAINE
SOUDAN DU SUD
CAMEROUN
Bangui
Yaoundé
G. ÉQ.
SAO TOMÉ-ET-PRINCIPE
Libreville
GABON
CONGO
Congo
Brazzaville
Kinshasa
Kampala
RWANDA
BURUNDI
RÉP. DÉM. DU CONGO
Luanda
ANGOLA
ZAMBIE
Lusaka
Harare
ZIMBABWE
NAMIBIE
Windhoek
BOTSWANA
Gaborone
Pretoria
LESOTHO
AFRIQUE DU SUD
Le Cap
Capitale d'État
Cercle polaire antarctique
120°
60°
0°

60°
120°
180°
Océan Glacial Arctique
Mer des Tchouktches
Alaska (É.-U.)
CANADA
Mer de Barents
Ienisseï
Lena
Sibérie
Mer de Béring
Helsinki
Ob
RUSSIE
Mer d'Okhotsk
Îles Aléoutiennes (É.-U.)
Moscou
Amour
L. Baïkal
Minsk
BIÉLORUSSIE
Volga
Astana
Oulan-Bator
MONGOLIE
Kouriles (Russie)
Kiev
UKRAINE
KAZAKHSTAN
L. Balkhach
MOLDAVIE
Mer d'Aral
Mer Caspienne
Bucarest
Mer Noire
GÉORGIE
OUZBÉKISTAN
Tachkent
Bichkek
KIRGHIZISTAN
CORÉE DU NORD
Pyongyang
Pékin
Séoul
JAPON
Ankara
ARMÉNIE
AZERB.
TURKMÉNISTAN
TADJIKISTAN
CHINE
CORÉE DU SUD
Tokyo
TURQUIE
Achgabat
Douchanbé
CHYPRE
SYRIE
Téhéran
Kaboul
Huang He
LIBAN
Damas
Bagdad
AFGHANISTAN
Islamabad
Shanghai
ISRAËL
IRAQ
Indus
Tibet
Amman
IRAN
Yangzi Jiang
Mer de Chine orientale
Midway (É.-U.)
JORDANIE
KOWEÏT
PAKISTAN
Gange
NÉPAL
BHOUT.
ARABIE
BAHR.
New Delhi
Dacca
Mékong
Riyad
QATAR
É.A.U.
BANGLADESH
Wake (É.-U.)
Nil
Mer Rouge
Mascate
Calcutta
BIRMANIE
Hanoï
Marianes du Nord (É.-U.)
SAOUDITE
INDE
Nay Pyi Taw
LAOS
Mer de Chine
Mer des Philippines
OMAN
Bombay
Vientiane
Asmara
Mer d'Oman
Golfe du Bengale
THAÏLANDE
VIÊT NAM
Manille
ÉRYTHRÉE
Sanaa
YÉMEN
Bangkok
méridionale
Guam (É.-U.)
CAMBODGE
PHILIPPINES
DJIBOUTI
Socotra (Y.)
Phnom Penh
Addis-Abeba
SRI LANKA
ÉTATS FÉDÉRÉS DE MICRONÉSIE
MARSHALL
ÉTHIOPIE
Colombo
PALAOS
Sri Jayawardenepura Kotte
BRUNEI
Djouba
SOMALIE
MALDIVES
Kuala Lumpur
OUGANDA
Mer de Célèbes
KENYA
Mogadiscio
Putrajaya
MALAISIE
Océan Pacifique
Nairobi
SINGAPOUR
Kigali
NAURU
Bujumbura
KIRIBATI
Dodoma
SEYCHELLES
INDONÉSIE
PAPOUASIE-NLLE-GUINÉE
TANZANIE
Dar es Salam
Océan Indien
Jakarta
ÎLES SALOMON
Dili
TIMOR ORIENTAL
Port Moresby
TUVALU
COMORES
Honiara
MALAWI
Îles Cocos (Austr.)
Î. Christmas (Austr.)
Mayotte (Fr.)
Wallis-et-Futuna (Fr.)
Lilongwe
MOZAMBIQUE
Mer de Corail
SAMOA
Antananarivo
VANUATU
MAURICE
Port-Vila
FIDJI
MADAGASCAR
La Réunion (Fr.)
Suva
Maputo
ESWATINI
Nlle-Calédonie (Fr.)
AUSTRALIE
Darling
Amsterdam (Fr.)
Sydney
Îles Kermadec (N.-Z.)
St-Paul (Fr.)
Canberra
Murray
Îles du Prince-Édouard (Afr. du S.)
Mer de Tasman
Îles Crozet (Fr.)
Tasmanie
NOUVELLE-ZÉLANDE
Kerguelen (Fr.)
Wellington
Île Heard (Austr.)
Îles Chatham (N.-Z.)
Î. Bounty (N.-Z.)
Î. Macquarie (Austr.)
Î. Auckland (N.-Z.)
Î. Antipodes (N.-Z.)
Î. Campbell (N.-Z.)
Antarctique
60°
120°
180°

GRANDE-BRETAGNE
Manche
Îles
Anglo-Normandes
OCÉAN
ATLANTIQUE
Boulogne-sur-Mer
Le Touquet-Paris-Plage
Saint-Valery-sur-Somme
Le Tréport
Eu
Dieppe
St-Valery-en-Caux
Neufchâtel-en-Bray
Fécamp
76
Seine-Maritime
Bolbec
Yvetot
Le Havre
Rouen
Honfleur
Deauville
Pont-Audemer
Elbeuf
Les Andelys
Louviers
Gaillon
Cabourg
Lisieux
Bernay
Vernon
Eure
Évreux
27
Breteuil
Cherbourg-Octeville
Valognes
Ste-Mère-Église
Carentan
Isigny-s/-Mer
Bayeux
Caen
Manche
50
St-Lô
Villers-Bocage
Calvados
14
Coutances
NORMANDIE
Granville
Vire
Falaise
Argentan
Villedieu-les-Poêles
Flers
Avranches
Orne
61
L'Aigle
Mortain
Domfront
Bagnoles-de-l'Orne
Sées
Mortagne-au-Perche
Dreux
Alençon
Chartres
La Loupe
Bellême
Eure-et-
28
Nogent-le-Rotrou
Châteaudun
Perros-Guirec
Roscoff
Lannion
St-Pol-de-Léon
Ouessant
Morlaix
Guingamp
St-Quay-Portrieux
St-Malo
Dinard
Le Mont-St-Michel
Brest
Landerneau
St-Brieuc
Lamballe
Dinan
Finistère
Côtes-d'Armor
Combourg
Crozon
29
Rostrenen
22
BRETAGNE
Fougères
Île de Sein
Douarnenez
Châteaulin
Loudéac
Ille-et-
Vitré
Audierne
Quimper
Pontivy
Rennes
Vilaine
35
Pont-l'Abbé
Concarneau
Josselin
Guilvinec
Pont-Aven
Hennebont
56
Ploërmel
Lorient
Morbihan
Bain-de-Bretagne
Île de Groix
Auray
Vannes
Redon
Vilaine
La Trinité-sur-Mer
Quiberon
Mayenne
Ernée
53
Sillé-le-Guillaume
Mamers
Mayenne
Bonnétable
Laval
PAYS
Le Mans
La Ferté-Bernard
Craon
Sarthe
Sablé-sur-Sarthe
72
Château-Gontier
La Flèche
Le Lude
Vendôme
Loir-et-Cher
Montval-sur-Loir
Chambord
Blois
Châteaubriant
Segré-en-Anjou-Bleu
DE LA
44
Loire-
Atlantique
Angers
Baugé-en-Anjou
Indre-et-
Loire
CEN
37
Tours
Amboise
41
La Turballe
Saint-Nazaire
Donges
Belle-Île
Ancenis
Maine-et-Loire
Paimbœuf
Loire
49
Saumur
Bourgueil
La Baule-Escoublac
Nantes
LOIRE
Azay-le-Rideau
Chenonceaux
Rezé
Pornic
Cholet
Montreuil-Bellay
Chinon
Loches
Valençay
Clisson
Île de de Noirmoutier
Mortagne-sur-Sèvre
Thouars
Loudun
VAL DE
Bressuire
Descartes
Châteauroux
St-Jean-de-Monts
Pouzauges
Châtellerault
Vendée
Creuse
Indre
Île d'Yeu
St-Gilles-Croix-de-Vie
La Roche-sur-Yon
85
Deux-
86
Vienne
Le Blanc
Parthenay
Sèvres
St-Savin
Fontenay-le-Comte
Poitiers
Argenton-sur-Creuse
Les Sables-d'Olonne
Luçon
79
Lusignan
Montmorillon
St-Maixent-l'École
Île de Ré
Niort
87
Melle
Civray
Vienne
Haute-
La Rochelle
Surgères
Bellac
Vienne
Île d'Oléron
Tonnay-Charente
Saint-Jean-d'Angély
Ruffec
Confolens
Oradour-sur-Glane
Rochefort
Rochechouart
Marennes
Saintes
Cognac
Charente
Aixe-sur-Vienne
Limoges
Royan
Charente-
Maritime
Angoulême
16
Gironde
17
Nontron
St-Yrieix-la-Perche
Jonzac
Barbezieux-St-Hilaire
Lesparre-Médoc
Brantôme
Uzerche
Ribérac
NOUVELLE-
Pauillac
Périgueux
Isle
Brive-la-Gaillarde
Castelnau-de-Médoc
Blaye
Montpon-Ménestérol
Dordogne
Vézère
Libourne
Les Eyzies-de-Tayac-Sireuil
24
Mérignac
Bordeaux
Bergerac
Pessac
Sarlat-la-Canéda
Talence
Gironde
Dordogne
Arcachon
Gourdon
Garonne
Lot
33
Langon
47
Fumel
Marmande
Villeneuve-sur-Lot
Bazas

BELGIQUE
PAYS-BAS
ALLEMAGNE
LUXEMBOURG
SUISSE
ITALIE
Dunkerque
Calais
Wissant
St-Omer
Armentières
Tourcoing
Roubaix
Lille
Pas-de-Calais
Béthune
Montreuil
62
Liévin
Lens
Berck
Hesdin
Douai
Anzin
Valenciennes
Arras
Denain
Maubeuge
Nord
59
HAUTS-DE-
Cambrai
Avesnes-sur-Helpe
Givet
Abbeville
80
Albert
Fourmies
Somme
Péronne
Rocroi
Revin
Amiens
St-Quentin
Guise
Hirson
FRANCE
Oise
Aisne
Vervins
Charleville-Mézières
Roye
02
Sedan
Montdidier
Tergnier
Breteuil
Oise
Noyon
Chauny
Laon
Sissonne
Ardennes
Montmédy
Longwy
Gournay-en-Bray
Aisne
Rethel
08
Stenay
Thionville
Clermont
Beauvais
60
Compiègne
Soissons
Vouziers
Meuse
Étain
Briey
Boulay-Moselle
Forbach
Gisors
Creil
Villers-Cotterêts
Fismes
Reims
GRAND-EST
Verdun
Metz
St-Avold
Sarreguemines
Chantilly
Senlis
Château-Thierry
51
Ste-Ménehould
Pont-à-Mousson
Moselle
Wissembourg
Val-d'Oise
Marne
Meuse
57
Haguenau
Pontoise
95
Épernay
Châlons-en-Champagne
Bar-le-Duc
St-Mihiel
Château-Salins
Bas-Rhin
Nanterre
93
Bobigny
Meaux
Montmirail
55
Meurthe-
Saverne
Versailles
PARIS
Torcy
Seine-
77
Fère-Champenoise
Toul
Nancy
Sarrebourg
Strasbourg
Yvelines
92
94
Créteil
Sézanne
Commercy
Lunéville
Molsheim
78
Évry
et-Marne
Vitry-le-François
St-Dizier
Ligny-en-Barrois
et-Moselle
ÎLE-DE-FRANCE
Provins
Meurthe
Baccarat
67
Essonne
Melun
Marne
54
Saint-Dié-des-Vosges
Sélestat
91
Fontainebleau
Nogent-sur-Seine
Brienne-le-Château
Neufchâteau
Moselle
Loir
Aube
Vosges
Épinal
Ribeauvillé
Rhin
Malesherbes
Montereau-Fault-Yonne
10
Bar-sur-Aube
Colombey-les-Deux-Églises
Pithiviers
Nemours
Troyes
Aube
Vittel
88
Gérardmer
Colmar
Sens
Chaumont
Haut-Rhin
Loiret
Courtenay
Bar-sur-Seine
52
Remiremont
Guebwiller
Orléans
45
Montargis
Yonne
Joigny
Haute-
Bourbonne-les-Bains
Luxeuil-les-Bains
Thann
68
Yonne
Tonnerre
Châtillon-sur-Seine
Langres
Haute-
90
Mulhouse
Olivet
Jargeau
Auxerre
Chablis
Marne
Saône
70
Lure
St-Louis
La Ferté-St-Aubin
89
Montbard
Vesoul
Ronchamp
Belfort
Altkirch
Gien
Briare
BOURGOGNE-
Sochaux
TRE-
Avallon
21
Montbéliard
Clamecy
Semur-en-Auxois
Gray
Baume-les-Dames
Salbris
Sancerre
Cosne-Cours-sur-Loire
Vézelay
Dijon
Saône
Besançon
Doubs
Romorantin-Lanthenay
Cher
Saulieu
Côte-d'Or
Doubs
Corbigny
Auxonne
18
Nuits-St-Georges
25
Vierzon
Nièvre
FRANCHE-
Dole
Arc-et-Senans
Bourges
Loire
58
Beaune
LOIRE
Nevers
Château-Chinon (VILLE)
Autun
71
Arbois
Pontarlier
Issoudun
St-Florent-sur-Cher
Chagny
Jura
Imphy
Le Creusot
Chalon-sur-Saône
39
St-Amand-Montrond
Indre
Decize
COMTÉ
Saône-
Lons-le-Saunier
36
Cher
Bourbon-l'Archambault
Montceau-les-Mines
et-Loire
Louhans
La Châtre
Moulins
Digoin
Tournus
Morez
Lac Léman
Évian-les-Bains
Allier
Charolles
Cluny
St-Claude
Thonon-les-Bains
03
St-Pourçain-sur-Sioule
Paray-le-Monial
Mâcon
Gex
Morzine
Montluçon
Bourg-en-Bresse
Oyonnax
St-Julien-en-G.
Creuse
Commentry
Ain
Nantua
Cluses
Gannat
Vichy
Roanne
Villefranche-sur-Saône
Ain
Bellegarde-sur-Valserine
Bonneville
Guéret
23
Haute-Savoie
Chamonix
01
Annecy
74
Aubusson
63
Châtel-Guyon
Loire
Trévoux
Bourganeuf
Riom
Tarare
Megève
Volvic
42
Rhône
Belley
Ugine
Clermont-Ferrand
Thiers
69
Lyon
Villeurbanne
Aix-les-Bains
Albertville
Bourg-St-Maurice
Puy-de-Dôme
Montbrison
Givors
Bourgoin-Jallieu
Savoie
La Bourboule
Rive-de-Gier
La Tour-du-Pin
Chambéry
Ussel
Allier
St-Chamond
Vienne
Moûtiers
Val-d'Isère
Corrèze
Mont-Dore
Ambert
Issoire
St-Étienne
Isère
73
Courchevel
Bort-les-Orgues
Firminy
19
AUVERGNE-RHÔNE-ALPES
Isère
Modane
Tulle
Brioude
La Chaise-Dieu
Annonay
Grenoble
St-Jean-de-Maurienne
Yssingeaux
L'Alpe-d'Huez
Mauriac
Langeac
Haute-Loire
Tournon-sur-Rhône
Romans-sur-Isère
38
Argentat
Cantal
Le Puy-en-Velay
43
Le Bourg-d'Oisans
Briançon
15
St-Flour
07
Valence
Aurillac
Rhône
La Mure
05
St-Céré
St-Chély-d'Apcher
Ardèche
Crest
Die
Gramat
Langogne
Privas
Drôme
Hautes-Alpes
Vars
Lozère
Figeac
Conques
Laguiole
Marvejols
Vals-les-Bains
Aubenas
Montélimar
Gap
Embrun
Lot
Decazeville
26
Veynes
Espalion
Mende
Largentière
Villefranche-
Barcelonnette

BRETAGNE
Île de Sein
Douarnenez
Audierne
Châteaulin
Quimper
Pont-l'Abbé
Guilvinec
Concarneau
Pont-Aven
Pontivy
Loudéac
Josselin
Hennebont
56
Ploërmel
Lorient
Morbihan
Île de Groix
Auray
Vannes
Redon
La Trinité-sur-Mer
Quiberon
Belle-Île
La Turballe
Saint-Nazaire
Donges
Paimbœuf
La Baule-Escoublac
Pornic
Île de Noirmoutier
Île d'Yeu
St-Gilles-Croix-de-Vie
St-Jean-de-Monts
Les Sables-d'Olonne
Rennes
Ille-et-Vilaine
Vitré
35
Bain-de-Bretagne
Vilaine
Châteaubriant
44
Loire-Atlantique
Ancenis
Nantes
Rezé
Clisson
Mayenne
Ernée
53
Laval
Craon
Château-Gontier
Segré-en-Anjou-Bleu
PAYS DE LA LOIRE
Angers
Maine-et-Loire
49
Cholet
Montreuil-Bellay
Saumur
Loire
Sillé-le-Guillaume
Mamers
Bonnétable
Le Mans
Sarthe
Sablé-sur-Sarthe
72
La Flèche
Le Lude
Baugé-en-Anjou
La Ferté-Bernard
Nogent-le-Rotrou
Eure-et-
28
Châteaudun
Vendôme
Loir-et-Cher
Chambord
Blois
41
Montval-sur-Loir
Indre-et-Loire
37
Tours
Amboise
Bourgueil
Chinon
Azay-le-Rideau
Chenonceaux
Loches
Valençay
CEN
VAL DE
Mortagne-sur-Sèvre
Vendée
85
La Roche-sur-Yon
Pouzauges
Fontenay-le-Comte
Luçon
Thouars
Bressuire
Deux-Sèvres
Parthenay
79
Niort
St-Maixent-l'École
Loudun
Châtellerault
86
Vienne
Poitiers
Lusignan
Descartes
Creuse
Châteauroux
Indre
Le Blanc
St-Savin
Argenton-sur-Creuse
Montmorillon
Île de Ré
La Rochelle
Surgères
Melle
Civray
Île d'Oléron
Tonnay-Charente
Rochefort
Saint-Jean-d'Angély
Ruffec
Confolens
87
Haute-Vienne
Bellac
Oradour-sur-Glane
Rochechouart
Limoges
Marennes
Saintes
Cognac
Charente
16
Angoulême
Aixe-sur-Vienne
Royan
Charente-Maritime
17
Jonzac
Barbezieux-St-Hilaire
Nontron
St-Yrieix-la-Perche
Uzerche
Brantôme
Gironde
Lesparre-Médoc
Pauillac
Castelnau-de-Médoc
Blaye
NOUVELLE-AQUITAINE
Ribérac
Périgueux
Isle
Brive-la-Gaillarde
Montpon-Ménestérol
Dordogne
24
Vézère
Les Eyzies-de-Tayac-Sireuil
Libourne
Bergerac
Sarlat-la-Canéda
Mérignac
Pessac
Talence
Bordeaux
Arcachon
33
Langon
Garonne
47
Villeneuve-sur-Lot
Fumel
Gourdon
Lot
Cahors
46
Bazas
Marmande
Lot-et-Garonne
Agen
Nérac
Tarn-et-Garonne
82
Castelsarrasin
Moissac
Montauban
Mimizan
Labouheyre
Landes
Morcenx
40
Roquefort
Mont-de-Marsan
Tartas
Adour
St-Sever
Condom
Lectoure
Eauze
Vic-Fezensac
Fleurance
Gers
32
Auch
Baïse
L'Isle-Jourdain
Toulouse
Soustons
Hossegor
Capbreton
Dax
St-Vincent-de-Tyrosse
Hagetmau
Mirande
31
Muret
Biarritz
St-Jean-de-Luz
Hendaye
Bayonne
Gave de Pau
Orthez
Pyrénées-Atlantiques
Pau
Cambo-les-Bains
64
Oloron-Ste-Marie
St-Jean-Pied-de-Port
Laruns
Tarbes
Haute-Garonne
St-Gaudens
Pamiers
Argelès-Gazost
Hautes-Pyrénées
Bagnères-de-Bigorre
Ariège
Foix
St-Girons
Cauterets
65
Bagnères-de-Luchon
09
St-Lary-Soulan
ANDORRE
OCÉAN
ATLANTIQUE
ESPAGNE
Limite de Région
Limite de département
Rouen
Chef-lieu de Région
Chef-lieu de département
Chef-lieu d'arrondissement
Commune
Autoroute ou grande route
100 km

BOURGOGNE-FRANCHE-COMTÉ
AUVERGNE-RHÔNE-ALPES
PROVENCE-ALPES-CÔTE D'AZUR
OCCITANIE
CORSE
SUISSE
ITALIE
MONACO
Mer Méditerranée
Loiret
Orléans
Yonne
Auxerre
Aube
Troyes
Haute-Marne
Chaumont
Vosges
Épinal
Haut-Rhin
Colmar
Mulhouse
Haute-Saône
Vesoul
Belfort
Côte-d'Or
Dijon
Doubs
Besançon
Nièvre
Nevers
Cher
Bourges
Saône-et-Loire
Mâcon
Jura
Lons-le-Saunier
Allier
Moulins
Creuse
Guéret
Corrèze
Tulle
Puy-de-Dôme
Clermont-Ferrand
Loire
St-Étienne
Rhône
Lyon
Ain
Bourg-en-Bresse
Haute-Savoie
Annecy
Savoie
Chambéry
Isère
Grenoble
Cantal
Aurillac
Haute-Loire
Le Puy-en-Velay
Ardèche
Privas
Drôme
Valence
Hautes-Alpes
Gap
Lozère
Mende
Aveyron
Rodez
Gard
Nîmes
Vaucluse
Avignon
Alpes-de-Haute-Provence
Digne-les-Bains
Alpes-Maritimes
Nice
Tarn
Albi
Hérault
Montpellier
Bouches-du-Rhône
Marseille
Var
Toulon
Aude
Carcassonne
Pyrénées-Orientales
Perpignan
Haute-Corse
Bastia
Corse-du-Sud
Ajaccio
Lac Léman
Évian-les-Bains
Thonon-les-Bains
Chamonix
Briançon
Sisteron
Arles
Aix-en-Provence
Cannes
Antibes
Menton
St-Tropez
Hyères
Narbonne
Béziers
Sète
Millau
Vichy
Roanne
Montluçon
Aubusson
Vienne
Montélimar
Orange
Carpentras
Nyons
Corte
Calvi
Porto
Sartène
Bonifacio
Porto-Vecchio
Aléria
Propriano

Guadeloupe, Saint-Barthélemy et Saint-Martin

200 500 1000 m

ch.-l. ou ch.-l. d'arrondissement
bur. centr. de canton
commune
route
aéroport

plus de 20 000 h.
de 10 000 à 20 000 h.
de 5 000 à 10 000 h.
moins de 5 000 h.

Martinique

plus de 50 000 h.
de 10 000 à 50 000 h.
de 5 000 à 10 000 h.
moins de 5 000 h.

ch.-l. d'arrond.
commune

200 500 m

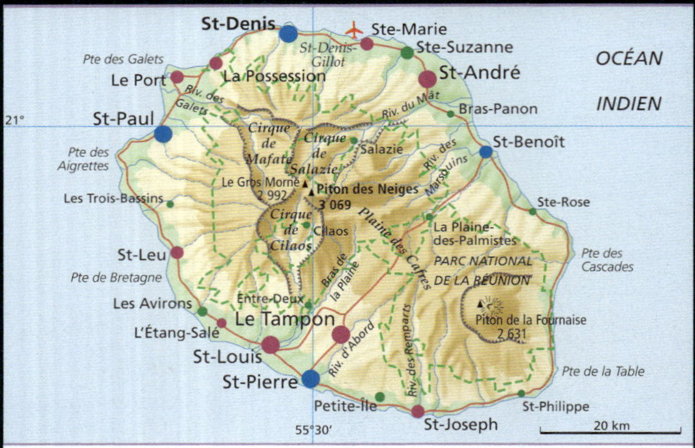

La Réunion

200 1000 2000 m

plus de 50 000 h.
de 20 000 à 50 000 h.
de 10 000 à 20 000 h.
moins de 10 000 h.

ch.-l. d'arrondissement
bur. centr. de canton
commune

route
aéroport

Guyane

aéroport

plus de 20 000 h.
de 10 000 à 20 000 h.
de 2 000 à 10 000 h.
moins de 2 000 h.

ch.-l. d'arrond.
commune

100 200 m

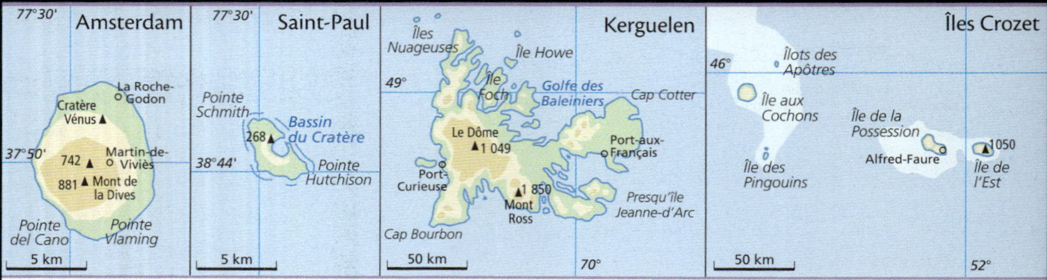

Terres Australes et Antarctiques françaises

200 500 1000 m

récif-barrière

Nouvelle-Calédonie

200 500 m

- plus de 20 000 h.
- de 5 000 à 20 000 h.
- de 2 000 à 5 000 h.
- moins de 2 000 h.
- chef-lieu
- commune
- route
- récif-barrière

Mayotte

200 500

- bur. centr. de canton
- plus de 10 000 h.
- moins de 10 000 h.
- route
- récif

Polynésie française

200 500 1000 m

- plus de 30 000 h.
- de 15 000 à 30 000 h.
- moins de 15 000 h.
- ch.-l. de territoire
- commune

au-dessous du niveau de la mer

200 3000 5000 m

Saint-Pierre-et-Miquelon

- plus de 5 000 h.
- moins de 5 000 h.
- ch.-l. de territoire
- commune

200

- route

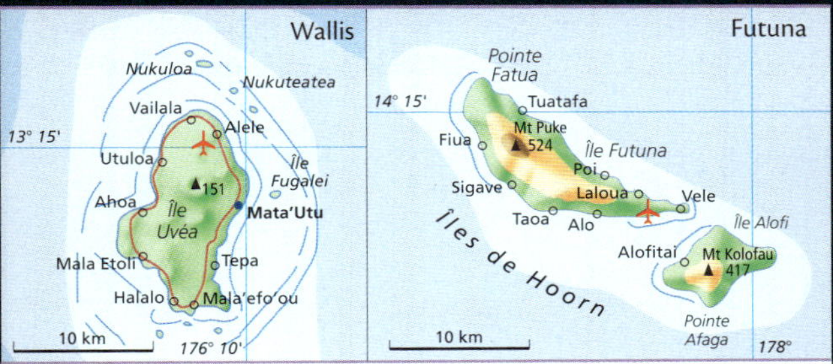

Wallis-et-Futuna

200 500

- moins de 5 000 h.
- ch.-l. de territoire
- route
- récif

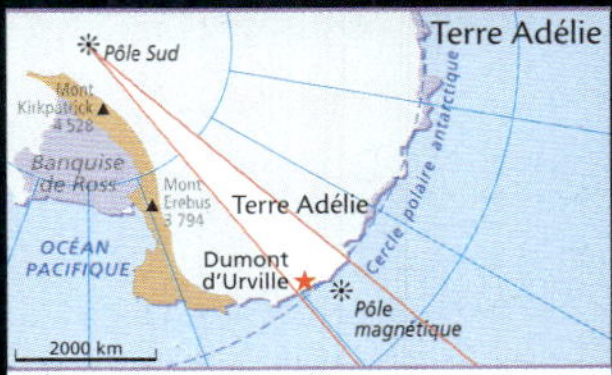

- banquise

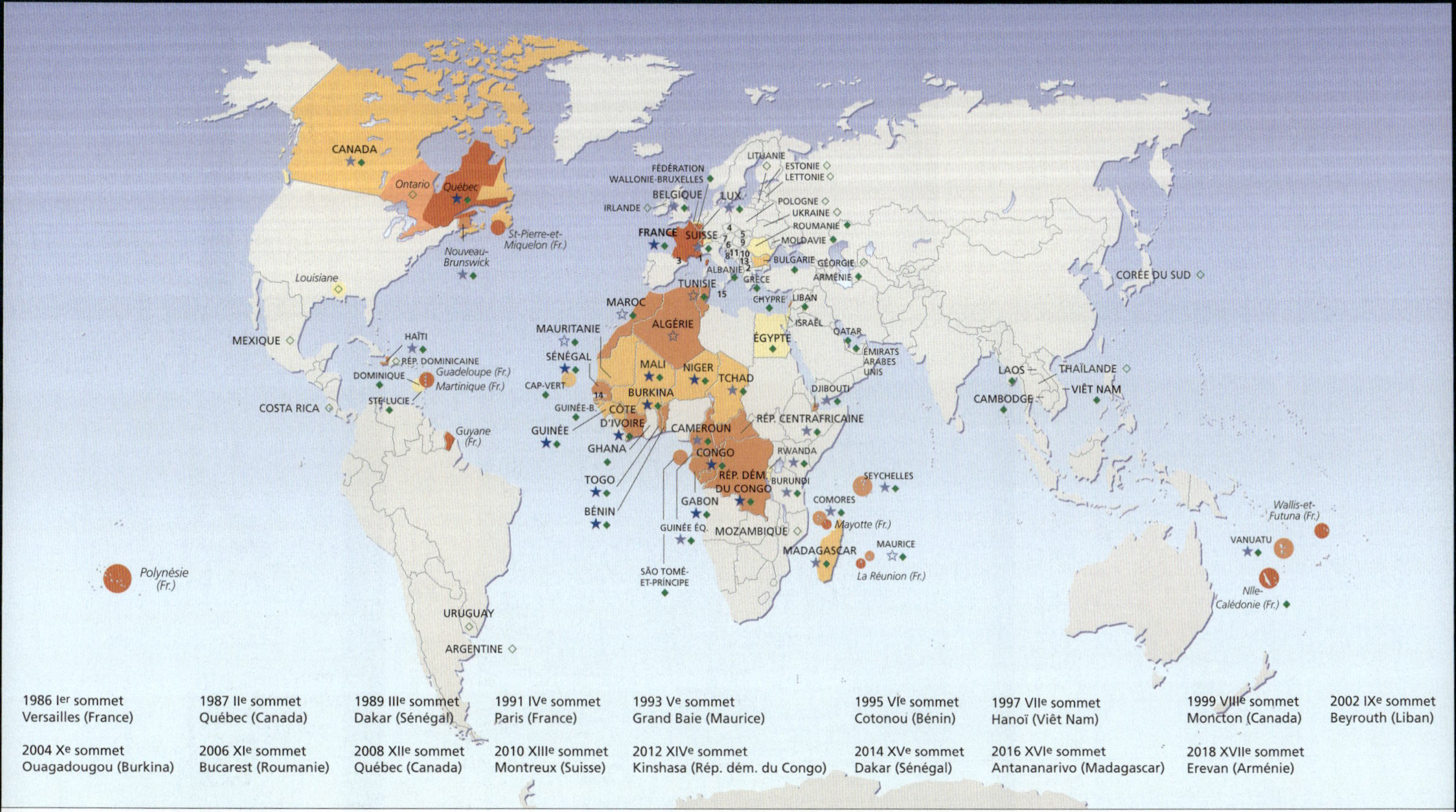

1986 Ier sommet Versailles (France)
1987 IIe sommet Québec (Canada)
1989 IIIe sommet Dakar (Sénégal)
1991 IVe sommet Paris (France)
1993 Ve sommet Grand Baie (Maurice)
1995 VIe sommet Cotonou (Bénin)
1997 VIIe sommet Hanoï (Viêt Nam)
1999 VIIIe sommet Moncton (Canada)
2002 IXe sommet Beyrouth (Liban)
2004 Xe sommet Ouagadougou (Burkina)
2006 XIe sommet Bucarest (Roumanie)
2008 XIIe sommet Québec (Canada)
2010 XIIIe sommet Montreux (Suisse)
2012 XIVe sommet Kinshasa (Rép. dém. du Congo)
2014 XVe sommet Dakar (Sénégal)
2016 XVIe sommet Antananarivo (Madagascar)
2018 XVIIe sommet Erevan (Arménie)

LA FRANCOPHONIE DANS LE MONDE

Pays ou régions francophones : part de la population parlant le français
- de 1 % à 10 %
- de 10 % à 25 %
- de 25 % à 75 %
- plus de 75 %

Statut du français
- ★ langue officielle unique
- ★ une des langues officielles
- ☆ langue véhiculaire

Organisation internationale de la francophonie
- ◆ pays membre ou membre associé
- ◇ pays observateur ou membre observateur

1 MONACO ★ ◆
2 MACÉDOINE DU N. ◆
3 ANDORRE ◆
4 RÉP. TCHÈQUE ◇
5 SLOVAQUIE ◇
6 SLOVÉNIE ◇
7 AUTRICHE ◇
8 CROATIE ◇
9 HONGRIE ◇
10 SERBIE ◆
11 BOSNIE-H. ◇
12 MONTÉNÉGRO ◇
13 KOSOVO ◆
14 GAMBIE ◇
15 MALTE ◇

PAYS-BAS
ALLEMAGNE
LUXEMBOURG
FRANCE
Mer du Nord
FLANDRE
WALLONIE
Flandre-Occidentale
Flandre-Orientale
Anvers
Limbourg
Brabant flamand
Brabant wallon
Hainaut
Namur
Liège
Luxembourg
BRUXELLES
Anvers
Gand
Bruges
Hasselt
Louvain
Wavre
Mons
Namur
Liège
Arlon
Escaut occidental
Escaut
Dendre
Lys
Yser
Meuse
Sambre
Ourthe
Semois
Limite de région
Limite de province
Chef-lieu de province
Chef-lieu d'arrondissement
Autoroute ou grande route
25 km
BRUXELLES-CAPITALE
Jette
Ganshoren
Berchem-Ste-Agathe
Koekelberg
Molenbeek-St-Jean
Anderlecht
Evere
Schaerbeek
St-Josse-ten-Noode
BRUXELLES
Woluwe-St-Lambert
Woluwe-St-Pierre
Etterbeek
Ixelles
St-Gilles
Forest
Uccle
Auderghem
Watermael-Boitsfort
5 km

OCÉAN ARCTIQUE
Îles de la Reine-Élisabeth
Ellesmere
Eureka
Axel-Heiberg
Îles Sverdrup
Grise Fiord
Devon
Bathurst
Cornwallis
Mackenzie King
Prince-Patrick
Melville
GROENLAND (DANEMARK)
Baie de Baffin
Cercle polaire arctique
Mer du Labrador
Île de Baffin
Iqaluit
Lake Harbour
Hall Beach
Arctic Bay
Devon
Somerset
Prince-de-Galles
Bathurst
Melville
Banks
Sachs Harbour
Victoria
Cambridge Bay
Taloyoak
Naujaat
Southampton
Chesterfield Inlet
Arviat
Churchill
Back
NUNAVUT
Bathurst Inlet
Kugluktuk
Echo Bay
OCÉAN ARCTIQUE
Mer de Beaufort
Inuvik
Aklavik
Mackenzie
Tulita
Grand lac de l'Ours
TERRITOIRES DU NORD-OUEST
Yellowknife
Grand lac des Esclaves
Fort Resolution
Fort Smith
Pine Point
Fort Simpson
Hay
Uranium City
Fond du Lac
Lac Athabasca
Athabasca
Fort McMurray
Fort Vermilion
ALBERTA
Edmonton
Red Deer
Calgary
Lethbridge
Riv. de la Paix
Fort Nelson
COLOMBIE-BRITANNIQUE
Prince George
Fraser
Kamloops
Kelowna
Columbia
Vancouver
Victoria
Île de Vancouver
Prince-Rupert
Haida Gwaii
OCÉAN PACIFIQUE
ALASKA (ÉTATS-UNIS)
Yukon
YUKON
Dawson
Whitehorse
Lac Reindeer
Churchill
La Ronge
Prince Albert
Saskatchewan
Saskatoon
SASKATCHEWAN
Regina
Lynn Lake
Thompson
Nelson
MANITOBA
The Pas
Lac Winnipeg
Winnipeg
Baie d'Hudson
Ivujivik
Kangirsuk
Inukjuak
Baie James
Chisasibi
La Grande Rivière
Fort Albany
Albany
ONTARIO
Thunder Bay
Lac Supérieur
Sault Ste. Marie
Lac Michigan
Lac Huron
Toronto
Hamilton
London
Windsor
Lac Érié
Lac Ontario
Kingston
OTTAWA
Montréal
Trois-Rivières
Québec
Saguenay
Baie-Comeau
Sept-Îles
QUÉBEC
Schefferville
Labrador City
Nain
Rigolet
Happy Valley-Goose Bay
Churchill
La Tabatière
TERRE-NEUVE-ET-LABRADOR
Île de Terre-Neuve
Gander
Bonavista
St. John's
Corner Brook
St-Pierre-et-Miquelon (FRANCE)
Île d'Anticosti
Gaspé
Saint-Laurent
ÎLE-DU-PRINCE-ÉDOUARD
Charlottetown
NOUVEAU-BRUNSWICK
Fredericton
Moncton
Sherbrooke
NOUVELLE-ÉCOSSE
Sydney
Dartmouth
Halifax
Yarmouth
OCÉAN ATLANTIQUE
ÉTATS-UNIS
Limite de province ou de territoire
Capitale d'État
Capitale de province
Autoroute ou grande route
500 km

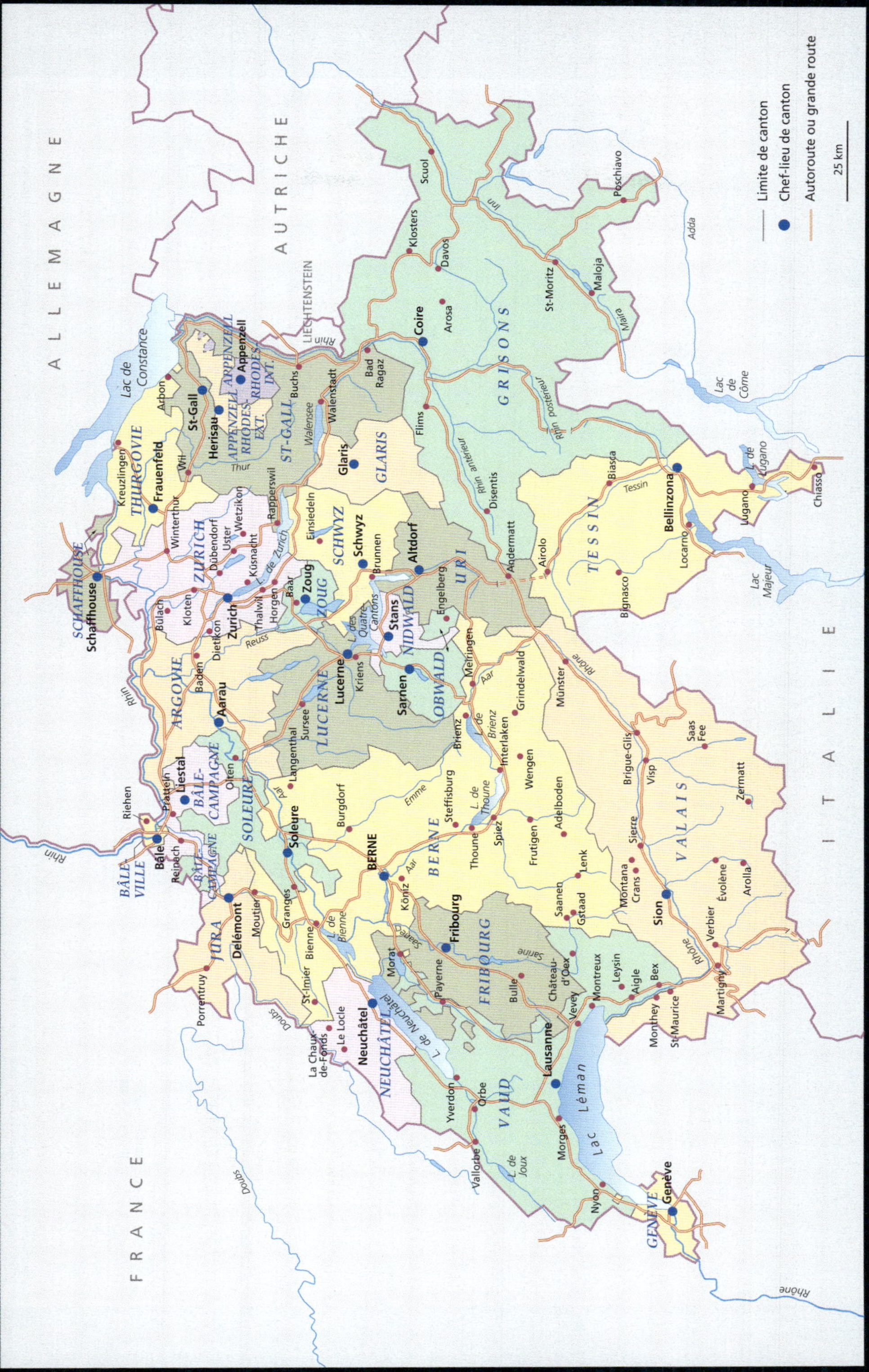
ALLEMAGNE
AUTRICHE
LIECHTENSTEIN
FRANCE
ITALIE
Lac de Constance
Lac de Côme
Lac Majeur
L. de Lugano
Lac Léman
L. de Neuchâtel
L. de Bienne
L. de Thoune
L. de Brienz
L. de Zurich
L. des Quatre Cantons
L. de Joux
Walensee
Rhin
Rhône
Aar
Reuss
Thur
Emme
Sarine
Doubs
Inn
Adda
Maira
Tessin
Rhin antérieur
Rhin postérieur
SCHAFFHOUSE
THURGOVIE
ZURICH
ARGOVIE
BÂLE-VILLE
BÂLE-CAMPAGNE
JURA
SOLEURE
LUCERNE
ZOUG
SCHWYZ
GLARIS
ST-GALL
APPENZELL RHODES-EXT.
APPENZELL RHODES-INT.
GRISONS
URI
NIDWALD
OBWALD
BERNE
FRIBOURG
NEUCHÂTEL
VAUD
GENÈVE
VALAIS
TESSIN
Schaffhouse
Frauenfeld
Zurich
Aarau
Bâle
Liestal
Delémont
Soleure
Lucerne
Zoug
Schwyz
Glaris
St-Gall
Herisau
Appenzell
Coire
Altdorf
Stans
Sarnen
BERNE
Fribourg
Neuchâtel
Lausanne
Genève
Sion
Bellinzona
Kreuzlingen
Arbon
Wil
Winterthur
Bülach
Kloten
Dübendorf
Uster
Wetzikon
Küsnacht
Rapperswil
Thalwil
Horgen
Dietikon
Baden
Baar
Einsiedeln
Brunnen
Buchs
Walenstadt
Bad Ragaz
Flims
Arosa
Davos
Klosters
Scuol
St-Moritz
Maloja
Poschiavo
Disentis
Andermatt
Airolo
Biasca
Bignasco
Locarno
Lugano
Chiasso
Engelberg
Meiringen
Kriens
Sursee
Langenthal
Olten
Pratteln
Riehen
Reinach
Moutier
Granges
Bienne
Porrentruy
St-Imier
La Chaux-de-Fonds
Le Locle
Burgdorf
Steffisburg
Thoune
Spiez
Interlaken
Brienz
Grindelwald
Wengen
Frutigen
Adelboden
Lenk
Gstaad
Saanen
Köniz
Morat
Payerne
Bulle
Château-d'Œx
Vevey
Montreux
Leysin
Aigle
Bex
Monthey
St-Maurice
Martigny
Verbier
Évolène
Arolla
Montana
Crans
Sierre
Visp
Brigue-Glis
Saas Fee
Zermatt
Münster
Yverdon
Orbe
Vallorbe
Morges
Nyon
Limite de canton
Chef-lieu de canton
Autoroute ou grande route
25 km

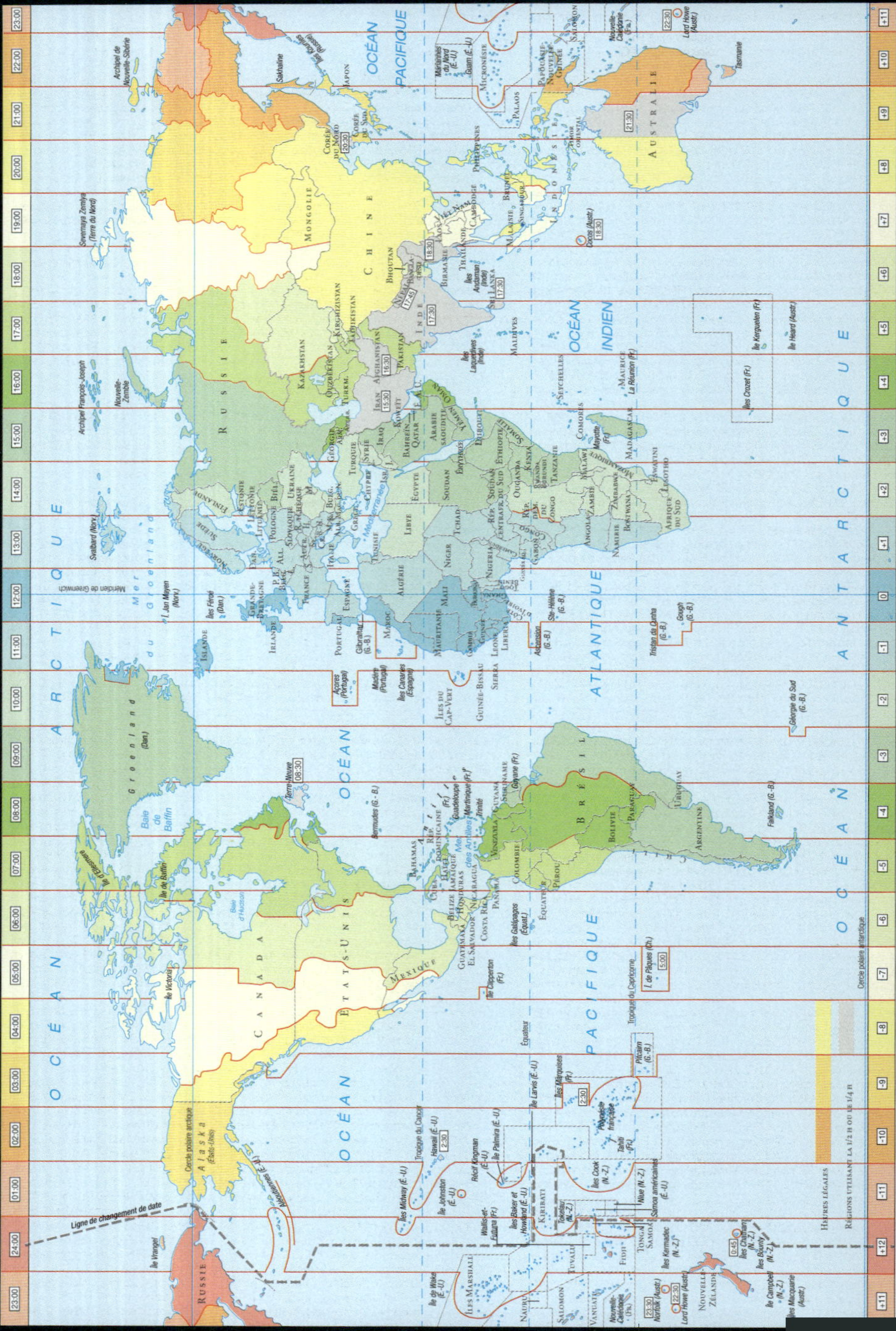

Nombre d'heures à ajouter à l'heure du fuseau 0 pour obtenir l'heure locale.

ombre d'heures à soustraire du fuseau 0 pour obtenir l'heure locale.
our la France et les pays limitrophes concernés, l'heure d'hiver a été retenue.

Crédits photographiques

Les droits de reproduction des illustrations sont réservés en notre comptabilité pour les auteurs ou ayants droit dont nous n'avons pas trouvé les coordonnées malgré nos recherches et dans les cas éventuels où les mentions n'auraient pas été spécifiées.

Crédits photographiques du **corpus** des noms communs, des noms propres et des annexes

La lecture s'effectue de haut en bas et colonne après colonne, de gauche à droite.

36. ©Lepine/Météo France, **40.** 1. ©Androas68:Fotolia.com • 2. Ph.Coll. Archives Larbor, **50.** Coll.Archives Larbor, **55.** ©wlad074/Fotolia.com, **56.** ©E.Isselée/Fotolia.com, **57.** ©Farinoza/Fotolia.com, **59.** 1. ©J.P. Fuentes S/Fotolia.com • 2. ©lucag/Fotolia.com, **60.** 1. ©Givois/Vandystadt • 2. ©Fouchez/Scope, **62.** ©Ducasse/Rapho, **67.** 1. ©W. Kruck/Fotolia.com • 2. ©Jan Vancura/Fotolia.com, **71.** ©Patterson/SPL/Cosmos, **73.** 1. H.et B.Devos©Archives Larbor • 2. ©Weiss/Rapho, **75.** ©Musée Des Arts Décoratifs, Paris, **84.** ©Bongarts/Presse-Sports, **88.** ©G.Santa Maria/Fotolia.com, **90.** ©NPO Energya/Ciel et Espace, **95.** 1. ©E. Isselée/Fotolia.com • 2. ©Archives Larbor, **97.** ©Fluing Colaure's/Fotolia.com, **109.** ©C. Carreau/ESA, **110.** Coll.Archives Nathan, **112.** 1. ©D.Peebles/Corbis • 2. ©Scala, **119.** ©Archives Nathan, **122.** ©Photocreo/Fotolia.com, **127.** 1. ©kazakovmaksim/Fotolia.com • 2. ©Lja/Fotolia.com, **129.** ©D.Vernier/Fotolia.com, **130.** ©Dowsett/SPL/Cosmos, **138.** ©David Ball/Corbis, **142.** 1. ©lioneldivepix /Fotolia.com • 2. ©DR, **144.** ©Archives Larbor, **151.** ©R.Mazin, **152.** ©L.Vandoorne /Fotolia.com, **153.** 1. ©Sudres J.D/Scope • 2. ©massimhokuto/Fotolia.com, **162.** ©belizar/Fotolia.com, **165.** ©Curutchet/DPPI-Sipa, **174.** ©K.Eppele/Fotolia.com, **175.** ©Pascal06 /Fotolia.com, **177.** 1. ©jura taranik/Fotolia.com • 2. ©J.Gichigi/Getty images/AFP, **182.** ©Kletr/Fotolia.com, **183.** ©Archives Larbor, **185.** ©R.Mazin, **187.** ©photolifepnw /Fotolia.com, **188.** Coll.Larousse, **190.** ©F.J.Gil/Fotolia.com, **191.** ©pierre foto/Fotolia.com, **194.** Coll.Archives Larousse, **195.** Guiley Lagache©Archives Larbor, **197.** ©J.M.Jardinier/Fotolia.com, **198.** ©H.Lewandowski/RMN, **200.** ©Larrieu/RMN, **201.** ©cj81/Fotolia.com, **207.** 1. ©isabelle_bonaire/Fotolia.com • 2. Coll.Archives Larbor, **212.** 1. ©S.Held • 2. ©J.deGrouchy, **217.** ©Lavaud, **219.** Coll.Archives Larbor, **221.** 1. ©Archives Larbor • 2. ©Gontier/Jerrican, **224.** ©F.Monnot/Fotolia.com, **225.** ©Scala, **226.** ©Werner Forman, **227.** ©Hunta/Fotolia.com, **231.** ©C.L.B./Pix/Getty Images/DR, **242.** ©E.Isselée/Fotolia.com, **245.** ©Archives Larbor, **248.** ©Erni/Fotolia.com, **251.** ©D.Acosta Allely/Fotolia.com, **253.** Courtesy Galerie Denise René, Paris, **262.** ©G.Dagli Orti, **269.** Coll.Archives Larbor-DR, **270.** ©Clément/Explorer/Hoa-Qui, **273.** ©Loke Kun Tan/NASA, **274.** ©Archives Larbor, **275.** ©Seubert-Beaussant Lefèvre, **281.** ©J.Zoiner/Alamy/Photo12,com, **282.** ©Migeat/MNAM Centre G. Pompidou, Paris/RMN, **290.** ©RMN, **301.** ©O.Demchishina/Fotolia.com, **305.** ©Photoerik/Fotolia.com, **315.** ©Scala, **320.** ©viter/Fotolia.com, **321.** ©Vidady/Fotolia.com, **332.** ©Ch.Lenars, **335.** ©ESA, **352.** ©Archives Larbor, **358.** ©J.Descloitres,MODIS Land Science Team/NASA, **363.** ©Archives Larbor, **365.** ©Raffael/Leemage, **370.** 1. ©S.Held • 2. ©Wild/Hoa-Qui, **378.** ©DR, **379.** ©Gonnet, **386.** Pedicini©Archives Larbor, **391.** H.Josse©Archives Larbor, **393.** ©Scope, **397.** 1. Coll.Archives Larbor • 2. ©gparigot/Fotolia.com, **399.** ©ChantalS/Fotolia.com, **400.** ©A.Izzotti/Fotolia.com, **403.** Coll.Archives Larbor, **405.** ©Archives Larbor, **406.** ©V.Buffi /Fotolia.com, **415.** Coll.Archives Larousse, **424.** P. Feuillade©Archives Larbor, **432.** ©Barde/Scope, **435.** Coll.Archives Nathan, **439.** Coll.Archives Larbor, **453.** ©L.Vicenzotti/Fotolia.com, **457.** ©DR, **463.** 1. ©CNES/Spot Image/Explorer/Hoa-Qui • 2. ©a_korn/Fotolia.com, **468.** ©vilainecrevette/Fotolia.com, **469.** ©Archives Larbor, **472.** Coll.Archives Larbor, **481.** ©Archives Larbor, **484.** L.Joubert©Archives Larbor, **490.** ©Perri/Cosmos, **496.** ©nikkytok/Fotolia.com, **497.** 1. ©Lauros/Bridgeman Giraudon • 2. ©Archives Larbor, **499.** ©Musée des Antiquités nationales, Stockholm, **501.** ©D.Ball/Spectrum/Imagestate/Top/Gamma Rapho, **502.** 1. Coll.Archives Larbor • 2. ©Nejron Photo/Fotolia.com, **514.** Jeanbor©Archives Larbor, **517.** ©F.Espenak/Cosmos, **526.** ©E.Isselée/Fotolia.com, **527.** H. Josse©Archives Larbor, **529.** ©Hinous/Top/Rapho, **534.** O.Ploton©Archives Larousse, **536.** Philip Bernard©Archives Larbor, **544.** ©EcoView/Fotolia.com, **557.** Coll.Archives Larousse, **565.** ©Vandystadt, **569.** ©M.Campbell/AFP, **571.** ©S.Che'Lah/Fotolia.com, **573.** Coll.Archives Larousse, **576.** Alvaro de Leiva Coll.Archives Larbor, **578.** ©mihailzhukov/Fotolia.com, **579.** ©gabylegeai/Fotolia.com, **581.** ©Archives Larbor, **582.** Coll.Larousse, **590.** 1. O.Ploton©Archives Larousse-DR • 2. ©panuruangjan/Fotolia.com, **592.** ©G.Plisson/Sygma/Corbis, **598.** ©Julia/Fotolia.com, **599.** Jeanbor©Archives Larbor, **601.** ©P.Bigeriego/Fotolia.com, **608.** Coll.Archives Nathan, **610.** Coll. Archives Larbor, **642.** ©M.Rose/Bongarts/Getty images/AFP, **646.** ©TemSport/Corbis, **650.** ©Delaborde/Explorer/Hoa-Qui, **651.** ©Archives Larbor, **652.** ©L.Ricciarini/Leemage, **659.** Coll. Dia Center for the Arts, New York, **661.** ©Archives Larbor, **662.** ©Laz'e-Pete/Fotolia.com, **663.** H.Josse©Archives Larbor, **667.** Coll.Archives Larbor, **673.** ©Ddniki/Fotolia.com, **675.** ©Archives Larousse, **684.** ©michaklootwijk/Fotolia.com, **686.** ©Lauros/Bridgeman Giraudon, **688.** 1. ©Yggdrasill/Fotolia.com • 2. ©Archives Larbor, **690.** ©Archives Larbor, **694.** ©RMN, **698.** 1. ©B.Breton/Fotolia.com • 2. Coll. Archives Larbor, **703.** ©Martin/Vandystadt, **706.** Ph. Jeanbor©Archives Larbor, **709.** ©massimhokuto/Fotolia.com, **710.** Ph. Rocco Pedicini©Archives Larbor, **717.** ©Alamy/Photo12.com, **720.** ©S.Marmounier, **724.** H.Josse©Archives Larbor, **727.** ©V.Tyakht/Fotolia.com, **736.** ©A.S - Archives Larbor - DR, **739.** Coll.Archives Larbor, **740.** ©Lewandowski/RMN, **749.** ©G.Dagli Orti, **757.** ©Archives Larbor, **759.** ©Michel/Rapho, **760.** ©Z.Camernik/Fotolia.com, **772.** H.Josse©Archives Larbor, **778.** 1. ©NASA • 2. Ph. Gerhard Reinhold©Archives Larbor, **779.** ©ESA, **780.** ©Nneirda/Fotolia.com, **782.** DR/Coll.Archives Larbor, **785.** H.Josse©Archives Larbor, **786.** ©Archives Larbor, **789.** J. Dubout©Archives Larbor, **796.** ©Archives Larbor, **804.** ©Peetsa/Fotolia.com, **809.** ©SPL/Cosmos, **816.** ©Brun/Jacana/Hoa-Qui, **821.** 1. ©G.Andrushko/Fotolia.com • 2. ©lanau/Fotolia.com, **826.** ©kris-la-Reunion/Fotolia.com, **828.** ©Archives Nathan, **830.** ©Wilde (de)/Hoa-Qui, **831.** 1. ©wusuowei/Fotolia.com • 2. ©tdway/Fotolia.com, **839.** ©Givois D./Vandystadt, **841.** ©Colombel P./Corbis, **845.** Coll.Archives Larbor, **847.** ©Archives Larbor, **849.** 1. ©M.Stockman/getty images/AFP • 2. ©T.Kitamura/AFP, **850.** ©MNAM Centre G. Pompidou, Paris/RMN/DR, **852.** ©Archives Larbor, **854.** 1. ©Lonni/Fotolia.com • 2. ©Jalain/Explorer/Hoa-Qui, **867.** ©edan/Fotolia.com, **869.** ©tschmittjohn/Fotolia.com, **873.** ©H.Josse, **874.** L.Joubert©Archives Larbor, **875.** ©Hohner SA pour Kawaï, **876.** ©Puyo/Coll.Archives Larbor, **880.** ©E.Isselée/Fotolia.com, **885.** Prod.:Titanus, SCG, S.N. Pathé Cinéma.Coll. Archives Larousse-DR, **890.** Coll.Archives Larbor, **895.** J.J. Hautefeuille©Archives Larbor, **903.** ©Scala, **910.** ©Archives Larbor, **912.** Coll.Archives Larbor, **920.** Jupp Franz©Archives Larbor, **921.** ©Archives Larbor, **927.** ©Archives Larousse, **931.** Coll.Archives Larbor, **949.** 1. ©jurra8/Fotolia.com • 2. ©Archives Larbor, **954.** ©M.Viard, **956.** Coll.Archives Larbor, **964.** ©Bavaria/Pix/Getty Images/DR, **969.** ©R.Gilmanshin/Fotolia.com, **971.** ©hkuchera/Fotolia.com, **973.** Coll.Archives Larbor, **976.** B.Wilms/Minden Pictures/Joel Halioua Editorial Agency, **984.** Coll.Archives Larousse, **994.** ©P.Leijen/Fotolia.com, **997.** ©Archives Larbor, **1005.** ©Archives Nathan, **1010.** Jeanbor©Archives Larbor, **1013.** ©B.Edmayer/SPL/Cosmos, **1026.** ©petrsalinger/Fotolia.com, **1028.** ©scooperdigital/Fotolia.com, **1039.** Ph.Coll. Archives Larbor, **1041.** Coll.Archives Larbor, **1042.** Coll.Archives Larousse, **1044.** ©Martin/Vandystadt, **1045.** ©Robert Harding/Hemis.fr, **1047.** 1. ©Efendy - Fotolia.com • 2. Jeanbor©Archives Larbor • 3. ©Lauros/Bridgeman Giraudon, **1062.** Coll.Archives Larbor, **1066.** ©HBK - Fotolia.com, **1068.** Coll.Archives Larousse, **1076.** 1. ©Allsport/Vandystadt • 2. ©Sporting Pictures/Vandystadt, **1077.** ©Sport Agence Magazine, **1084.** J.M.Labat©Archives Larbor, **1085.** ©ESA, **1097.** 1. ©D. Muench/Corbis • 2. ©Guichaoua/Vandystadt, **1099.** 1. ©F.Guiziou-Collection Terra/Corbis • 2. ©Musée de l'Ermitage, Saint-Pétersbourg, **1103.** Sonneville©Archives Nathan, **1109.** 1. ©galam - Fotolia.com • 2. G. Tomsich©Archives Larbor, **1111.** Courtesy Galerie Gmurzynska, Cologne, **1113.** 1. ©Cavataio/Allsport/Vandystadt • 2. ©A.Dennis/AFP, **1123.** ©R.Niebrugge/Alamy/Photo12,com, **1129.** 1. ©torugo - Fotolia.com • 2. ©Archives Larbor, **1141.** 1. ©J. Brun/Explorer/Hoa-Qui • 2. ©Archives Larbor, **1144.** ©Uryadnikov Sergey - Fotolia.com, **1147.** ©bierman - Fotolia.com, **1150.** ©Capnord - Fotolia.com, **1156.** ©Sunshine Pics - Fotolia.com, **1157.** 1. ©Scanrail - Fotolia.com • 2. ©Grambo/Firstlight/Gamma Rapho, **1161.** ©Zephyr/SPL/Cosmos, **1169.** ©plazaccameraman - Fotolia.com, **1173.** ©Archives Nathan, **1181.** ©Etienne Marie/Akg-images, **1182.** ©Moulu/Vandystadt, **1187.** ©Archives Larbor, **1189.** Coll.Archives Larousse, **1192.** ©Archives Larbor, **1194.** Coll.Archives Larbor, **1195.** ©Erni - Fotolia.com, **1197.** ©Archives Larbor, **1199.** Coll.Archives Larbor, **1208.** ©Lauros/Bridgeman Giraudon, **1211.** ©Erni - Fotolia.com, **1216.** 1. ©M.Mochet/AFP • 2. ©A.Newman/Florida Keys News Bureau/AFP, **1223.** ©seraphic06 - Fotolia.com, **1224.** Mirisch Corporation, Alpha Productions. Coll.Archives Larousse - DR, **1225.** ©RMN, **1226.** ©Kimpin - Fotolia.com, **1227.** ©mattiaath - Fotolia.com, **1228.** ©Maylin, **1230.** ©Licha67 - Fotolia.com, **1249.** ©Woolfitt/Sygma/Corbis, **1250.** 1. Coll.Archives Larousse • 2. ©Sappa/Cedri/Hoa-Qui, **1252.** ©Bettman/Sygma/Corbis, **1257.** 1. ©Bridgeman Giraudon • 2. ©Schütze/Rodermann/AKG-images, **1258.** ©S.Lido, **1260.** 1. ©Magnin/Sipa Press • 2. ©F.Brunel, **1261.** 1. ©Charlier/Sipa Press • 2. ©P.Lorette, **1262.** 1. ©Bjul/Fotolia.com • 2. H.Josse©Archives Larbor, **1263.** 1. ©E.Lessing/AKG-images • 2. ©Lauros/Bridgeman Giraudon • 3. ©S.Held, **1264.** ©Moonbo/Fotolia.com, **1266.** Coll.Archives Larbor, **1268.** 1. ©Artistes associés/Coll.J.L. Passek • 2. ©Depardon/Gamma, **1271.** 1. ©Scala • 2. ©Anders/Bildarchiv Preussischer Kulturbesitz, **1272.** 1. ©Lewandowski/RMN • 2. ©De Agostini Picture Library/Rex/Shutterstock, **1273.** ©Jonathan/Fotolia.com, **1276.** 1. Coll.Larousse • 2. ©Keystone • 3. ©Borisb17/Fotolia.com, **1277.** 1. ©Huci/Fotolia.com • 2. ©Musée Andersen • 3. ©Kipa/Corbis • 4. Documentation du MNAM- ©Ando Tadao, **1278.** 1. ©Scala • 2. ©Archives Larbor • 3. ©C.Musat/Fotolia.com, **1279.** ©Watjaz Krivic/Sipa Press, **1280.** 1. ©Valentin/Hoa-Qui • 2. ©RMN • 3. Coll.Archives Larbor, **1283.** 1. ©Photo12.Com • 2. ©Leoks/Shutterstock, **1284.** 1. ©Lauros/Bridgeman Giraudon • 2. Coll.Archives Larbor-DR, **1286.** 1. ©Sygma/Corbis • 2. ©Lauros/Bridgeman Giraudon • 3. ©Rey/Gamma, **1287.** ©Archives Larbor, **1288.** ©AKG-images, **1291.** Coll.Christophe L, **1292.** 1. ©A.Held/Bridgeman Giraudon • 2. ©Bettman/Corbis • 3. ©Rue des Archives, **1293.** 1. ©M.N.A.M-centre G. Pompidou, Paris/RMN • 2. Prod.Société des Cinéromans.Ph.Coll.Archives Larbor, **1294.** ©Frilet/Sipa Press, **1296.** 1. ©2010 Les Éditions Albert René/Goscinny-Uderzo • 2. ©Jean/RMN • 3. Coll.Christophe L • 4. ©P.Lorette, **1297.** 1. ©Rol/Coll.Archives Larbor • 2. ©Atget E./Coll.Archives Larbor • 3. ©Kord/Photononstop • 4. ©Manos/Magnum, **1298.** ©A.Held, **1299.** Coll.Larousse, **1300.** 1. Coll.Archives Larbor • 2. ©Bridgeman Giraudon • 3. ©Miladinovic/Sipa Press • 4. ©Bevilacqua/Visa/Diaporama, **1303.** ©G.Dagli Orti, **1305.** 1. ©R.Mazin • 2. ©Karinkamon/Fotolia.com, **1306.** ©Lauros/Bridgeman Giraudon, **1307.** 1. Coll.Archives Larbor • 2. ©Lauros/Bridgeman Giraudon • 3. ©North/Sygma/Corbis, **1308.** 1. Coll. Larousse • 2. ©National Portrait Gallery, Londres • 3. ©Lauros/Bridgeman Giraudon, **1309.** 1. ©Gester/Rapho • 2. ©Superstock/Leemage • 3. ©CNAC/MNAM/RMN, **1310.** ©Sinuswelle/Fotolia.com, **1311.** 1. Coll.Archives Larousse • 2. ©Arsicaud, **1312.** ©Guiziou/Pix/Getty Images/DR, **1313.** ©Happystock/Fotolia.com, **1314.** 1. ©Ginies/Sipa Press • 2. ©MasterLu/Fotolia.com • 3. Coll.Christophe L, **1315.** Prod.Comptoir du Film Français, Films Derby. Coll. Archives Larbor, **1316.** 1. Noyer/Coll.Archives Larbor • 2. ©The Walters Art Museum, Baltimore, **1317.** 1. ©Lauros/Bridgeman Giraudon • 2. ©Carjat/Coll.Archives Larbor • 3. ©Vioujard, **1318.** 1. ©Goyhenex/Sipa Press • 2. ©P.Schnetz/epa/Corbis • 3. Coll.Larousse, **1319.** 1. ©Cullin (Mc)/Magnum • 2. ©Angeli, **1320.** 1. ©Guiley-Lagache • 2. ©Repérant/Rapho • 3. ©AFP • 4. ©Kharbine Tapabor ©Hachette LivreGautier-Languereau • 5. ©R.Saint Paul/Rue des Archives • 6. ©Monier/AFP, **1321.** 1. Coll.Archives Larousse • 2. ©Achache/Gamma • 3. ©J.Loew/kipa/Corbis, **1324.** 1. Coll.Archives Larbor • 2. ©Roux/Sygma/Corbis, **1325.** 1. ©Ammar/Sipa Press • 2. ©Apesteguy • 3. ©Dzain/Fotolia.com • 4. ©Magnum, **1326.** 1. ©Arturo Mari/Osservatore Romano Pool/AFP • 2. ©Scala • 3. ©Bildarchiv Preussischer Kultubesitz, **1327.** 1. Coll.Archives Larbor • 2. ©Nana Productions/Sipa Press • 3. M.Didier©Archives Larbor • 4. ©Freed/Magnum • 5. P.Petit/Coll.Archives Larousse, **1328.** 1. ©J.Thys/AFP • 2. ©Izis • 3. ©Nimatallah/AKG-image • 4. Coll.Archives Larbor • 5. ©Pixelshop/Fotolia.com • 6. ©Centre des Monuments Nationaux, **1329.** 1. ©Scala • 2. ©Lauros/Bridgeman Giraudon • 3. Coll.Larousse, **1330.** 1. ©Academie Royale des Sciences, Stockholm. • 2. ©Cordier • 3. ©diak/Fotolia.com, **1331.** ©Lauros/Bridgeman Giraudon, **1332.** ©Lauros/Bridgeman Giraudon, **1334.** 1. Coll.Archives Larbor • 2. ©Maitre/Gamma • 3. ©Droits Réservés, **1335.** 1. ©Chris Young/Poll/AFP • 2. ©Jahan/Explorer/Hoa-Qui • 3. ©Droits Réservés, **1336.** 1. Coll.Archives Larousse • 2. Coll.Archives Larousse • 3. ©Sappa/Hoa-Qui • 4. ©Keystone, **1337.** 1. ©Nimatallah/AKG-image • 2. ©Warner Bros/J.L.Coll. Passek, **1338.** 1. Coll.Archives Larbor • 2. H.Josse©Archives Larbor, **1339.** 1. ©G.Dagli Orti • 2. ©Christophe Simon/AFP • 3. ©Kistryn Malgorzata/Fotolia.com, **1340.** 1. ©Lauros/Bridgeman Giraudon • 2. ©H.Josse • 3. Coll.Larousse • 4. ©Lauros/Bridgeman Giraudon • 5. ©O'Sughrue Claude • 6. ©G.Dagli Orti • 7. ©Lauros/Bridgeman Giraudon • 8. ©Lauros/Bridgeman Giraudon • 9. ©Robert P./Sygma/Corbis, **1341.** 1. L.Joubert©Archives Larbor • 2. ©Barnes/Photononstop • 3. ©Bassouls/Sygma/Corbis, **1342.** ©G.Dagli Orti, **1343.** ©Lauros/Bridgeman Giraudon, **1344.** ©Lauros/Bridgeman Giraudon, **1345.** 1. ©S.Held • 2. Nadar/Coll.Archives Larbor • 3. ©Bisson/Sygma/Corbis • 4. ©S.Held, **1346.** 1. ©Roland • 2. ©Pix/Getty Images/DR, **1347.** 1. ©Vioujard • 2. ©Dalmas/Sipa Press • 3. ©News Press/Sipa Press, **1348.** 1. ©Det Nationalhistoriske • 2. ©AKG-images • 3. ©Nou J.L./Akg-images, **1349.** 1. ©Off/AFP • 2. ©AKG-images • 3. ©Ledru/DR • 4. ©Eli Coory/Fotolia.com • 5. ©Pelletier/Gamma, **1350.** 1. Coll.Archives Larbor • 2. ©Riboud/Magnum • 3. Ph.Coll.Archives Larousse, **1352.** 1. Coll.Archives Larbor • 2. Coll.Archives Larbor, **1353.** 1. Coll.Larousse • 2. H.Manuel/Coll.Archives Larbor, **1354.** 1. Coll.Christophe L • 2. Coll.Christophe L, **1355.** 1. ©E.Lessing/AKG-images • 2. ©A.Bodrov/Fotolia.com, **1356.** 1. ©Wojtek Buss/Hoa-Qui • 2. ©Bowman/Consortium Photographers/Photononstop • 3. Archives Nathan, **1358.** ©Photo12.Com, **1361.** 1. ©Markel/liaison/Gamma • 2. ©UPI/Gamma • 3. ©diak/Fotolia.com • 4. Coll.archives Larousse, **1363.** ©Sime/Photononstop, **1364.** 1. ©UAIP/Rue des Archives • 2. Coll.Larousse • 3. ©H.Josse, **1366.** 1. ©2009 Twentieth Century Fox Film Corporation and Dune Entertainment LLC All Rights Reserved • 2. ©Bridgeman Giraudon • 3. ©Secrétariat à l'information, Lisbonne, **1367.** ©Rue des Archives, **1369.** Coll.Archives Larousse, **1370.** ©Michaeljung/Fotolia.com, **1371.** ©Capa/Magnum, **1372.** 1. ©Scala • 2. ©Guillard/Scope • 3. ©J.Carstensen/DPA/AFP, **1373.** 1. ©Claude Lê-Ahn • 2. Prod./Les Films SEDIF, Imperial Films. R.Kahan/Coll.Archives Larbor • 3. ©Lauros/Bridgeman Giraudon, **1374.** Coll.Archives Larbor, **1375.** 1. ©Scala • 2. ©E.Tweedy • 3. ©Garcin/Photononstop, **1376.** ©Stevens/Sipa Press, **1377.** ©Brack/Studio B, **1378.** 1. ©Lauros/Bridgeman Giraudon • 2. ©H.Josse • 3. ©Alinari/Giraudon/Bridgeman, **1379.** 1. ©Scala • 2. ©Torregano/Sipa Press, **1380.** 1. ©F.Pagès • 2. ©E.Lessing/Magnum, **1381.** ©A.Chicurel/Hemis.fr, **1382.** 1. ©Oronoz • 2. ©Bassouls/Sygma/Corbis • 3. ©G.Julien/AFP • 4. Coll.Archives Larbor, **1383.** ©Migeat P./M.N.A.M- centre G. Pompidou, Paris/©RMN, **1384.** 1. ©Gsell/Photononstop • 2. Coll.Larousse • 3. ©Archives Larousse, **1385.** 1. ©Chanel/Coll.Archives Larousse • 2. ©Association Chaplin, **1386.** 1. ©Archives Larbor • 2. Archives I.R.L, **1387.** 1. ©Artothek • 2. ©Lauros/Bridgeman Giraudon • 3. ©Galerie de peinture de Berlin, **1388.** 1. ©Lauros/Bridgeman Giraudon • 2. ©Bridgeman Giraudon • 3. ©Sichov/Sipa Press, **1389.** 1. ©Lauros/Bridgeman Giraudon • 2. ©Hinous/Top/Rapho, **1390.** 1. ©E.Lessing/AKG-images • 2. ©Takasa, **1391.** 1. ©J.Barreto/AFP • 2. ©Ch.Lenars, **1392.** ©E.Fougere/Kipa/Corbis, **1393.** 1. ©Photo12.Com • 2. ©f9photos/Fotolia.com, **1395.** ©TF1 - Sureau/Sipa Press, **1398.** 1. ©Lauros/Bridgeman Giraudon • 2. ©Lauros/Bridgeman Giraudon • 3. Bisson/Coll.Archives Larbor • 4. ©NASA, **1399.** 1. Coll.Archives Larousse • 2. J.Russell & Sons/Library of Congress, Washington, **1400.** ©Scala, **1401.** ©Layma/Explorer/Hoa-Qui, **1402.** 1. ©Willi/Bridgeman Giraudon • 2. ©Gisèle Freund • 3. Coll.Larousse, **1403.** 1. Coll.Archives Larbor • 2. ©Frazza/AFP, **1404.** 1. ©G.Dagli Orti • 2. ©Farabola/ Leemage, **1405.** 1. ©Mairie de Bourges • 2. ©H.Josse • 3. ©Rapho • 4. ©H.Josse, **1406.** 1. ©Jenifoto/Fotolia.com • 2. ©Bulloz/RMN • 3. ©Mellow10/Fotolia.com, **1407.** ©Ginies/Sipa Press, **1408.** Coll.Larousse, **1409.** 1. ©Lauros/Bridgeman Giraudon • 2. ©Lauros/Bridgeman Giraudon • 3. Coll.Archives Larbor, **1412.** 1. ©Archives Larbor • 2. ©Faillet/Keystone, **1413.** 1. ©Warner Bros/J.L.Coll. Passek • 2. ©Nimatallah/AKG-image • 3. Coll.Archives Larbor, **1414.** ©Emperorcosar/Shutterstock, **1416.** 1. H.Josse©Archives Larbor • 2. ©AKG-images, **1420.** O.Ploton©Archives Larousse, **1421.** 1. H.Josse©Archives Larbor • 2. ©Saola/Vallet-Rosenfeld/Gamma, **1422.** 1. ©Jo/Fotolia.com • 2. ©Petersen, **1423.** ©Archives Larbor, **1425.** 1. ©Bridgeman Giraudon • 2. Nadar/Coll.Archives Larbor, **1426.** Prod DB©El Deseo/DR, **1427.** 1. Library of Congress, Washington • 2. H.Manuel/Coll.Archives Larbor • 3. ©Archives Larbor, **1428.** 1. Coll. Archives Larousse • 2. ©The Walters Art Museum, Baltimore • 3. ©Saiko3p/Fotolia.com, **1429.** 1. Coll.Archives Larbor • 2. Coll.Archives Larbor • 3. ©WitR/shutterstock, **1430.** 1. ©Hervy/Explorer/Hoa-Qui • 2. H.Manuel/Coll.Archives Larousse • 3. ©Benaroch/Sipa Press • 4. ©Bridgeman Giraudon • 5. ©Rapho, **1432.** 1. ©Alinari/Giraudon/Bridgeman • 2. ©Lauros/Bridgeman Giraudon • 3. ©Atrophie/Fotolia.com, **1433.** 1. ©National Portrait Gallery, Londres • 2. H.Josse©Archives Larbor • 3. ©Carjat/Coll.Archives Larbor • 4. ©Ollivier/RMN, **1434.** 1. ©Archives Maison Alexandra David-Néel,

Digne-les-Bains • 2. ©AFP • 3. ©Musées royaux des Beaux-Arts, Bruxelles, **1435.** 1. Coll.Larousse • 2. H.Manuel/Coll. Archives Larousse, **1436.** 1. ©WPS • 2. ©Archives Larbor • 3. H.Josse©Archives Larbor • 4. ©South African Info/Sipa Press • 5. H.Josse©Archives Larbor, **1437.** 1. O.Ploton©Archives Larousse • 2. Coll.Archives Larousse • 3. ©Gotin/Hémisphères Images, **1438.** 1. ©Compagnie française de distribution/Droits Réservés • 2. ©Slatter/Hémisphères Images • 3. ©Giraudon/Bridgeman-©Succession Picasso, 2016, **1439.** 1. ©Films du Carossse/DR • 2. ©M.Riboud • 3. ©Archives Larbor • 4. ©Ginies/Sipa Press, **1440.** 1. ©Lalance/Sipa Press • 2. ©F.Fife/AFP, **1441.** H.Josse©Archives Larbor, **1442.** 1. ©L.Monier • 2. ©WPS • 3. ©A.Held, **1443.** 1. ©pixs sell/Fotolia.com • 2. ©Percheron, **1444.** 1. Coll.Archives Larbor • 2. ©Walt Disney Company (France) • 3. ©National Portrait Gallery, Londres, **1445.** 1. ©R.Doisneau/Rapho • 2. ©V.Hache/AFP, **1446.** 1. ©L.Monier • 2. ©Scala, **1447.** 1. ©Scala • 2. ©Memory Shop/Sygma/Corbis • 3. Coll.Archives Larbor, **1448.** 1. ©Droits Réservés • 2. ©Cercle d'Art, **1450.** Jeanbor©Archives Larbor, **1451.** 1. ©Goess/Sipa Press • 2. Coll.Archives Larbor • 3. ©Wojtek/Hoa-Qui, **1452.** 1. ©MNAM Centre G. Pompidou, Paris/RMN • 2. L.Joubert©Archives Larbor, **1453.** 1. ©Lauros/Bridgeman Giraudon • 2. ©Lauros/Bridgeman Giraudon • 3. ©Lauros/Bridgeman Giraudon, **1454.** 1. ©Lauros/Bridgeman Giraudon • 2. ©Borel-Boissonnas G. • 3. ©Bridgeman Giraudon • 4. Coll.Larousse • 5. ©Lartige/Sipa Press, **1455.** 1. ©Unclesam/Fotolia.com • 2. ©Schachmes/DR • 3. H.Manuel/Coll.Archives Larbor • 4. ©E.Lessing/AKG-images, **1456.** ©Ginier/Sipa Press, **1457.** 1. ©JSSImages/Bei/Rex/Shutterstock • 2. ©G.Dagli Orti, **1458.** Coll.Archives Larousse, **1459.** 1. ©Tréla • 2. DR • 3. G.Tomish©Archives Larbor, **1462.** 1. Coll.Archives Larousse • 2. ©Karsh/Camera Press/Gamma • 3. Coll.Archives Larbor, **1463.** 1. ©H.Josse • 2. ©H.Josse • 3. ©Bettman/Corbis, **1464.** Segalat/Coll.Archives Larousse-DR, **1465.** 1. ©AKG-images • 2. Coll.Archives Larousse • 3. Archives Larbor, **1466.** ©Thinkstock, **1467.** ©Drop of Light/Shutterstock, **1468.** Coll.Archives Larousse, **1469.** ©Oronoz, **1478.** ©Lauros/Bridgeman Giraudon, **1483.** 1. Library of Congress, Washington • 2. ©Gelen Rowell/Corbis • 3. ©Uzan/Gamma, **1485.** 1. ©Musée de Taipei, Taïwan • 2. ©Nimatallah/AKG-image, **1486.** 1. Library of Congress, Washington • 2. Jeanbor©Archives Larbor • 3. Coll.Archives Larbor • 4. ©Bettman/Corbis, **1487.** 1. ©M.Kolbe/Getty images/AFP • 2. Prod.:Riana Film, Grey-Film, Pathé consortium. Ph.Coll.Archives Larbor • 3. Coll.Archives Larbor, **1488.** 1. ©The Art Institute of Chicago • 2. Les Films Marcel Pagnol. Coll.Archives Larbor • 3. ©J.M.Huron/AFP • 4. ©Lounes M./Gamma, **1489.** 1. Coll. Archives Larbor • 2. ©I.Ivan/Fotolia.com, **1491.** 1. ©Bettman/Corbis • 2. ©Dite, **1492.** 1. Coll.Archives Larousse • 2. ©Archives Larousse • 3. ©Imperial War Museum, Londres, **1493.** 1. ©pavel068/Fotolia.com • 2. Coll.Larousse, **1494.** 1. ©Erlanger de Rosen • 2. ©Plessy/Explorer/Hoa-Qui, **1495.** 1. Coll.Archives Larousse • 2. Coll.Archives Larbor, **1496.** 1. ©Droits Réservés • 2. Coll.Archives Larbor • 3. ©Viard/Gamma • 4. ©Lauros/Bridgeman Giraudon • 5. ©Galerie de peinture de Berlin • 6. Archives Snark/Oasis, **1497.** ©Bridgeman Giraudon, **1506.** 1. ©Keystone • 2. ©Bridgeman Giraudon, **1507.** 1. ©A.Pizzoli/AFP • 2. ©Lauros/Bridgeman Giraudon • 3. ©Nimatallah/AKG-image, **1508.** 1. ©National Portrait Gallery, Londres • 2. Kurpfälzisches Museum, Heidelberg, **1509.** ©Halberstadt, **1510.** ©DSK-DPA Archives/Keystone, **1511.** 1. ©Yamashita/Rapho • 2. ©Grassart/Sygma/Corbis, **1512.** Prod.OrexFilms.Coll.Archives Larbor, **1513.** 1. ©Keystone • 2. ©Jeanneau/Sipa Press, **1514.** 1. ©Jean/RMN • 2. Coll.Archives Larousse • 3. ©Tréla • 4. Coll.Archives Larbor • 5. ©Lauros/Bridgeman Giraudon, **1515.** 1. ©Brad Pict/Fotolia.com • 2. ©Imapress • 3. ©Archives Larbor • 4. Coll.Archives Larbor • 5. ©ALGAR, **1516.** 1. ©Robert/Sipa Press • 2. Coll.Archives Larousse, **1518.** 1. ©N.Pavlova/Fotolia.com • 2. ©Lauros/Bridgeman Giraudon • 3. ©Beretty/Rapho • 4. ©Bildarchiv Preussischer Kultubesitz • 5. ©Lauros/Bridgeman Giraudon, **1519.** 1. Coll.Archives Larbor • 2. ©Renaudeau/Hoa-Qui-©Frank Gehry, **1520.** 1. ©AFP • 2. ©Mandel, **1522.** 1. H.Josse©Archives Larbor • 2. ©Dite, **1524.** 1. ©Scala • 2. Coll.Larousse • 3. ©Berlitz/Rapho • 4. H.Manuel/Coll.Archives Larbor, **1525.** 1. ©Gisèle Freund • 2. ©Scala • 3. Coll.Archives Larousse, **1526.** 1. Coll.Archives Larbor • 2. ©Adam/Imapress, **1527.** 1. ©S.Held • 2. ©National Portrait Gallery, Londres • 3. ©NASA, **1528.** 1. ©R.Cauchetier/Rue des Archives • 2. ©Schneiders • 3. ©Bettman/Corbis, **1529.** ©Boccon-Gibod/Keystone, **1530.** ©Tréla, **1531.** 1. ©Rougemont/Gamma • 2. ©G.Dagli Orti • 3. ©Keystone, **1532.** 1. ©Dite • 2. ©Souricat/Explorer/Hoa-Qui, **1535.** 1. ©Vioujard • 2. L.Joubert©Archives Larbor, **1538.** 1. ©National Gallery of Art ,Washington • 2. ©R.Berson/Roger-Viollet, **1539.** 1. ©J.da Cunha • 2. ©A.Todd • 3. ©Sborisov/Fotolia.com, **1540.** ©F.Wasserführer/Fotolia.com, **1541.** ©Lauros/Bridgeman Giraudon, **1543.** Coll.Archives Larbor/©Succession Picasso, 2016, **1551.** Coll.Archives Larbor, **1553.** Coll.Archives Larbor, **1554.** 1. ©Keystone • 2. Coll.Archives Larbor, **1555.** 1. Coll.Archives Larbor • 2. ©Schaarwächter • 3. ©R.Utrecht/Pool/Epa/Corbis • 4. ©C.Masson/Roger-Viollet, **1557.** 1. ©Lauros/Bridgeman Giraudon • 2. ©Château de Gripsholm • 3. ©Scala • 4. ©Schneiders, **1558.** Ph.Coll. Archives Larbor, **1559.** ©Scala, **1560.** 1. ©CNES/Gamma • 2. ©Deville-Abbas-Sipahioglu/Sipa Press, **1561.** 1. Coll.Archives Larbor • 2. ©Chesnot/Sipa Press • 3. ©Archives Nathan, **1562.** 1. ©National Portrait Gallery, Londres • 2. Ambassade d'Allemagne, **1563.** 1. ©Bridgeman Giraudon • 2. ©Body/Hoa-Qui, **1564.** 1. ©Bridgeman Giraudon • 2. ©Simon/Gamma, **1565.** 1. ©Kmiragay/Fotolia.com • 2. ©Mathieu/Gamma, **1566.** 1. Coll.Archives Larbor • 2. ©C.Mueller/Shutterstock • 3. ©Bulloz/RMN, **1567.** 1. ©Musée des Beaux-Arts, Strasbourg • 2. Coll.Archives Larbor • 3. ©DR • 4. ©Musée de Hambourg • 5. ©DR, **1568.** 1. ©Boisvieux/Hoa-Qui • 2. ©Heyman/Rapho • 3. ©Rex Features/Sipa Press • 4. ©Biblioteca Apostolica Vaticana, **1569.** 1. ©National Portrait Gallery, Londres • 2. ©Nimatallah/AKG-image • 3. ©G.Dagli Orti • 4. ©Lauros/Bridgeman Giraudon, **1570.** ©S.Willauer/Fotolia.com, **1571.** 1. ©Archives Larousse • 2. National Portrait Gallery, Londres, **1572.** ©Tréla, **1573.** 1. Coll.Archives Larousse • 2. Coll.Larousse, **1574.** 1. ©Gamma • 2. Coll.Archives Larousse • 3. Alfred J.Hitchcock Productions, Universal Pictures.Ph.Coll.Archives Larbor • 4. ©Keystone • 5. ©M.Levassort, **1575.** 1. ©National Portrait Gallery, Londres • 2. ©M.Riboud • 3. ©AKG-images • 4. Coll.Archives Larbor, **1576.** 1. ©Staatliche Museen zu Berlin • 2. ©F.Dufour/AFP, **1577.** ©A.Kazarin/Shutterstock, **1578.** Coll.Archives Larousse, **1579.** 1. ©RMN • 2. Coll.Archives Larbor • 3. ©Bridgeman Giraudon • 4. ©J.C.Martel/Rapho, **1580.** 1. Coll.Archives Larbor • 2. ©NASA • 3. Coll.Archives Nathan, **1581.** 1. ©Nivier-Nebing/Sipa Press • 2. ©G.Dagli Orti • 3. ©Harvey/Camera Press/Gamma • 4. ©Leroy/Sipa Press, **1582.** 1. ©British Council, Londres • 2. ©Bildarchiv Preussischer Kultubesitz • 3. ©H.Josse • 4. ©P.Michaud/Fotolia.com, **1583.** 1. ©Sygma/Corbis • 2. ©Vaering/Nasjonalgalleriet, Oslo, **1584.** 1. ©Apesteguy • 2. ©Oronoz, **1585.** M.Rehak/Fotolia.com, **1590.** ©F.Brunel, **1591.** 1. ©Scala • 2. H. Josse©Archives Larbor, **1592.** ©L.Monier, **1597.** ©Oronoz, **1598.** ©National Gallery of Art, Washington, **1600.** ©Rossi/Altitude, **1603.** 1. ©Ria-Novosti • 2. ©vicspacewalker/Fotolia.com, **1604.** 1. ©Catarina/Stills • 2. Coll.Archives Larbor, **1605.** ©National Portrait Gallery, Londres, **1606.** ©Lauros/Bridgeman Giraudon, **1609.** 1. ©Archives Larousse • 2. ©Archivves Larbor, **1610.** 1. ©Musée Jean-Jaurès, Castres • 2. ©Olympia/Sipa Press, **1611.** 1. Josse©Archives Larbor • 2. ©Mc Cabe/Camera Press/Gamma • 3. Coll.Archives Larbor, **1612.** 1. ©Jeiwolf/Fotolia.com • 2. ©G.Dagli Orti, **1613.** 1. ©Bristol/Camera Press/Gamma • 2. Coll.Archives Larbor, **1614.** 1. ©Lauros/Bridgeman Giraudon • 2. ©Bettman/Corbis • 3. Coll.Archives Larbor • 4. Coll.Archives Larbor, **1615.** ©Kunsthistorisches Museum, Vienne, **1616.** 1. ©Faillet/Keystone • 2. ©Bridgeman Giraudon • 3. ©Imperial War Museum, Londres • 4. Coll.Larousse • 5. Prod.Corniglion-Molonier.Ph.Coll.Archives Larbor • 6. Coll.Archives Larbor, **1617.** 1. ©Imapress • 2. ©Sirpa • 3. ©Scala, **1618.** 1. Coll.Archives Larbor • 2. ©W.Schwarze • 3. ©JPL/University of Arizona/NASA, **1619.** 1. ©G.Dagli Orti • 2. ©Frankix/Fotolia.com, **1620.** 1. ©Gamma • 2. Coll.Archives Larbor, **1621.** ©Etra Arte/Fotolia.com, **1622.** 1. ©MNAM Centre G. Pompidou, Paris/RMN • 2. ©AKG-images • 3. ©Bettman/Corbis, **1623.** ©Corbis, **1624.** 1. ©Rue des Archives • 2. ©Rue des Archives • 3. ©J.L.Passek, **1625.** ©JFK Library/Sipa Press, **1626.** 1. ©AKG-images • 2. ©British Council, Londres, **1627.** 1. ©Gysembergh/Imapress • 2. ©Karsh/Camera Press/Gamma, **1628.** 1. ©D.Huot/Hoa-Qui • 2. ©Morandi/Diaf/Photononstop • 3. Coll. Archives Larousse • 4. ©WPS, **1629.** ©Steffen/Imapress, **1630.** 1. Coll.Archives Larbor • 2. Coll.Archives Larbor • 3. ©AKG-images • 4. ©E.Lessing/AKG-images • 5. Coll.Archives Larbor, **1631.** ©Maous/Gamma, **1632.** Coll.Archives Larbor, **1633.** 1. Coll.Larousse • 2. ©Wojtek/Hoa-Qui, **1634.** 1. ©Photo12.Com • 2. ©Coll.Archives Larbor • 3. ©Monier/Rue des Archives, **1635.** 1. Coll.Christophe L • 2. ©M.Lefort/Fotolia.com • 3. ©M.Prusaczyck/Fotolia.com, **1636.** 1. ©Varga/Keystone • 2. ©Fouchet/Rapho, **1637.** 1. ©Lauros/Bridgeman Giraudon • 2. Coll.Archives Larbor • 3. ©G.Dagli Orti, **1638.** 1. Coll.Archives Larbor • 2. ©F.Kohler, **1639.** 1. Coll.Larousse • 2. ©H.Josse • 3. ©RMN, **1640.** Prod.:Nero.Film, AG.Ph.Coll Bifi/Coll.Archives Larbor, **1641.** 1. ©Musée du Vatican • 2. ©J.J.Cordier/Fotolia.com, **1642.** ©G.Dagli Orti, **1643.** 1. Coll.Larousse • 2. ©Ajoulat N./ministère de la Culture/CNP, **1644.** 1. H. Josse©Archives Larbor • 2. ©Keystone • 3. ©Nana Productions©Sipa Press, **1645.** 1. ©Musée du séminaire de Québec • 2. ©S.Boue/Presse Sports, **1646.** 1. ©H.Josse • 2. Coll.Archives Larousse • 3. Prod.Les Films du Carrosse.Ph.Coll.Archives Larbor-DR, **1647.** 1. ©Guillemot/Top/Rapho • 2. ©Rue des Archives • 3. ©Keystone • 4. ©Monier/Rue des Archives • 5. ©C.Sarramon, **1648.** 1. ©Atsushi Tomura/Getty Images/AFP • 2. ©AKG-images, **1649.** ©Lauros/Bridgeman Giraudon, **1650.** 1. ©Keystone • 2. ©Scala, **1651.** 1. ©Lorette/Bridgeman Giraudon • 2. ©Lorette/Bridgeman Giraudon, **1652.** 1. ©Bouchard/Archives nationales du Québec • 2. P.Petit/Coll. Archives Larousse • 3. ©Fay Godwin's Photo, **1653.** 1. ©Rieger/Hémisphères Images • 2. Coll.Larousse • 3. ©Karsh/Camera Press/Gamma • 4. ©Ginies/Sipa Press, **1654.** ©Lauros/Bridgeman Giraudon, **1656.** ©Archives Larbor, **1657.** ©H.Botond/Fotolia.com, **1658.** 1. DR/Coll.Archives Larbor • 2. ©Gyssels/Diaf/Photononstop • 3. ©Gabanaou/Photononstop, **1659.** 1. ©Vaisse/Hoa-Qui • 2. Library of Congress, Washington • 3. ©Fox/Explorer/Hoa-Qui • 4. ©National Museum of Stockholm, **1660.** 1. ©Torleif Svensson/Corbis • 2. ©Archives Larbor • 3. ©Nimatallah/AKG-image, **1661.** 1. ©BBC/Hulton Archives/Getty Images • 2. ©Keystone, **1665.** 1. Coll.Archives Larbor • 2. ©Michel Renaudeau/Hoa-Qui, **1666.** 1. ©Sunset/Kipa/Corbis • 2. H.Josse©Archives Larbor • 3. ©le Tac/Paris-Match, **1667.** ©Sohm-Chromosohm Inc/Corbis, **1668.** 1. ©Delphin • 2. ©Bayerische Staatsammlung, Munich • 3. ©Archives Larbor • 4. ©Brooklyn Museum, New York, **1669.** 1. Coll.Archives Larbor • 2. ©Oronoz • 3. H.Josse©Archives Larbor • 4. Coll.Archives Larbor • 5. ©H.Josse, **1670.** 1. ©Bulloz/RMN • 2. ©Traventf/Photononstop • 3. ©Lauros/Bridgeman Giraudon • 4. ©Claquin/Explorer/Hoa-Qui, **1671.** 1. ©RMN • 2. ©R.Mazin • 3. DR, **1673.** 1. ©Evaristo/AFP • 2. ©Lauros/Bridgeman Giraudon • 3. ©Dalmas/Sipa Press • 4. ©Nimatallah/AKG-image • 5. ©Archives Larbor, **1674.** 1. ©mascfoto/Fotolia.com • 2. ©Bildarchiv Preussischer Kultubesitz, **1675.** 1. Coll.Larousse • 2. ©Iornet/Fotolia.com • 3. ©A.Tauzin/Fotolia.com • 4. ©Scala, **1676.** ©Keystone, **1677.** ©Zucconi, **1678.** 1. Coll.Larousse • 2. H.Josse©Archives Larbor • 3. ©R.Sachs/Rex/Shutterstock • 4. ©P.Tricolet/Rex/Shutterstok, **1679.** ©De Wilde/Hoa-Qui, **1680.** 1. Coll.Archives Larbor DR • 2. ©ESO • 3. ©Photo12.Com • 4. Coll.Archives Larbor, **1681.** 1. ©Österreichische Nationalbibliothek, Vienne • 2. Coll.Archives Larbor • 3. ©Philippot/Sygma/Corbis • 4. ©Denize/Gamma • 5. ©Archives Larbor, **1682.** 1. ©G.Dagli Orti • 2. ©Burnett/Gamma, **1684.** 1. ©AKG-images • 2. Coll.Archives Larbor, **1685.** 1. ©Agraci • 2. H.Manuel/Coll.Archives Larousse • 3. J.Austin©Archives Larbor, **1686.** ©Witt/Sipa Press, **1687.** 1. Studio Photorob©Archives Larbor • 2. ©Bourseiller/Altitude • 3. Coll.Larousse, **1688.** 1. ©B.Juge • 2. ©Scala • 3. Coll.Archives Larbor, **1689.** 1. Coll.Archives Larbor • 2. ©Lauros/Bridgeman Giraudon, **1690.** ©Musée Marey, Beaune/Coll.Archives Larbor, **1691.** 1. ©Lido/Sipa Press • 2. ©Oronoz • 3. ©Bridgeman Giraudon • 4. ©H.Josse • 5. ©Lauros/Bridgeman Giraudon, **1692.** 1. ©H.Josse • 2. ©Lauros/Bridgeman Giraudon • 3. ©Scala • 4. ©Sygma/Corbis, **1695.** 1. ©JPL-Caltech/Nasa • 2. ©Sierpinski/Photononstop • 3. ©Lalmand/Diaf/Photononstop, **1696.** Coll.Archives Larbor, **1697.** 1. ©AKG-images • 2. ©Sipa Press • 3. ©BBC/Hulton Archives/Getty Images • 4. ©Scala, **1698.** Coll.Larousse, **1699.** 1. ©Lauros/Bridgeman Giraudon • 2. Coll.Archives Larbor, **1700.** 1. ©(A.et P.)Ligey • 2. ©Nimatallah/AKG-image, **1701.** 1. ©Rex/Shutterstock • 2. ©Lénars Ch./Sygma/Corbis, **1702.** 1. ©Lauros/Bridgeman Giraudon • 2. ©Manwan Naamani/AFP, **1703.** 1. ©Lauros/Bridgeman Giraudon • 2. ©AKG-images, **1704.** 1. ©Simonpietri/Sygma/Corbis • 2. Coll.Christophe L, **1705.** 1. Coll.Larousse • 2. Abecassis/Sipa Press • 3. ©Keystone • 4. ©G.Dagli Orti • 5. ©Maous/Gamma, **1706.** 1. ©Ipon-Boness/Sipa Press • 2. Coll.Archives Larbor, **1707.** ©Benoîte Fanton, **1709.** 1. ©Baumann/Sipa Press • 2. ©Shigeru Ban Architects Europe et Jean de Gastines Architectes/Metz Metropole/Centre Pompidou Metz/Photo Roland Halbe • 3. ©National Gallery of Art, Washington • 4. ©Alpenland/Chancellerie, Vienne, **1712.** ©Freund G./Agence Nina Beskow, **1713.** 1. Coll.Archives Larbor • 2. ©Lauros/Bridgeman Giraudon • 3. H.Josse©Archives Larbor • 4. Coll.Larousse- ©Walt Disney Company (France), **1714.** ©Kohlhas-Zefa/Hoa-Qui, **1715.** ©Arnaudet/RMN, **1716.** 1. ©Lauros/Bridgeman Giraudon • 2. ©Museum of Modern Art, New York/Scala • 3. ©Keystone, **1717.** 1. Coll.Archives Larbor • 2. ©Cham/Sipa Press • 3. ©Neema/Sygma/Corbis, **1718.** 1. ©A.Wong:Newscom/Sipa-Press • 2. ©Baltel/Sipa-Press • 3. ©Lauros/Bridgeman Giraudon • 4. Coll.Archives Larbor, **1719.** 1. H.Josse©Archives Larbor • 2. ©J.P.Deya/Hoa-Qui/HFP, **1720.** 1. Coll.Archives Larbor • 2. Coll.Archives Larbor, **1721.** 1. Coll.Archives Larbor • 2. Coll.A. Marinie, **1722.** 1. ©Bridgeman Giraudon • 2. ©P.Victor/Artcomart • 3. ©Coll. Ginies/Sipa Press • 4. ©Archives publiques du Canada, **1723.** 1. ©H.Josse • 2. ©Lauros/Bridgeman Giraudon • 3. ©Fabbri, **1724.** 1. ©Popperfoto • 2. ©Lauros/Bridgeman Giraudon • 3. ©Sierpinski/Scope • 4. ©Pink Candy/Fotolia.com, **1725.** 1. ©DR • 2. ©Dean Moriarty/Fotolia.com, **1726.** 1. Prod.NepiFilm,Silver Films,Sofitedip. Coll. Archives Larbor • 2. Coll.Archives Larbor, **1727.** ©Gaudenti/Kipa/Corbis, **1728.** 1. ©Dimbar76/Fotolia.com • 2. ©Langevin/Sygma/Corbis, **1729.** ©Keystone, **1732.** 1. Coll.Archives Larousse • 2. ©Sutton/Gamma • 3. ©Chesnot-Stevens/Sipa press • 4. Coll.Archives Larbor, **1733.** ©Wojtek/Hoa-Qui, **1734.** 1. ©Rudling/Gamma • 2. ©Lauros/Bridgeman Giraudon • 3. Coll.Larousse, **1735.** ©Schmidt/RMN, **1736.** 1. ©Alexander van Diressche • 2. ©PlanetearthPictures/Fotolia.com, **1737.** 1. ©T.Pajot/Fotolia.com • 2. ©TL-Studio/Fotolia.com • 3. ©Lauros/Bridgeman Giraudon, **1738.** 1. ©Lauros/Bridgeman Giraudon • 2. ©Karsh/Camera Press/Gamma • 3. ©Arnaudet/RMN, **1739.** 1. ©MNAM Centre G. Pompidou, Paris/RMN • 2. ©Martinot/Top/Rapho, **1740.** 1. Coll.Archives Larbor • 2. ©Keystone • 3. ©National Portrait Gallery, Londres, **1741.** 1. ©G.Dagli Orti • 2. Coll.Archives Larbor, **1742.** 1. ©Lido/Sipa Press • 2. ©Lauros/Bridgeman Giraudon, **1743.** 1. ©Yamashita/Sygma/Corbis • 2. ©Aivolie/Fotolia.com, **1744.** 1. ©A.Todorovic/Fotolia.com • 2. ©H.Josse, **1745.** 1. ©J.L.Charmet/Bridgeman Giraudon • 2. ©AKG-images, **1747.** 1. ©Veiller/Explorer/Hoa-Qui • 2. ©Corbis • 3. ©A.Wolf, **1748.** 1. ©Keystone • 2. ©Fondation Nobel, Stockholm, **1751.** ©Langevin/Sygma/Corbis, **1752.** 1. ©Rex Features/Sipa Press • 2. ©Beboy/Fotolia.com • 3. ©Artedia/Leemage, **1753.** ©R.Pierse/Getty Images/AFP, **1755.** ©Keystone, **1756.** ©Brooks Kraft /CORBIS, **1759.** 1. ©1998 Les Armateurs/Odec Kid Cartoons/France 3 Cinema/Monipoly/Trans Europe Film/Exposure/RTBF/Studio O • 2. ©Archives Larousse • 3. ©Nadar/Centre des Monuments Nationaux, **1761.** 1. H.Josse©Archives Larbor • 2. ©S.Held, **1762.** ©C.Vaisse:Hoa-Qui/Gamma Rapho, **1763.** 1. ©Studio Photo AG/Fotolia.com • 2. O.Ploton©Archives Larousse • 3. ©AFP • 4. ©Kalicanin/Explorer/Hoa-Qui, **1764.** ©Boutin/Explorer/Hoa-Qui, **1765.** 1. ©Lauros/Bridgeman Giraudon • 2. ©Lauros/Bridgeman Giraudon • 3. ©Lauros/Bridgeman Giraudon, **1766.** O.Ploton©Archives Larousse, **1767.** ©Vibe Images/Fotolia.com, **1768.** ©DR, **1769.** ©AFP, **1772.** 1. Coll.Archives Larbor • 2. Courtesy Electronic Arts Intermix, New York-DR, **1774.** ©Photo Josse/Leemage, **1775.** ©The Walters Art Museum, Baltimore, **1776.** ©Archives publiques du Canada, **1777.** 1. ©Kovgabor79/Fotolia.com • 2. ©Bridgeman Giraudon, **1779.** 1. ©Hautemanière/Scope • 2. ©N.Biyahmadine/Fotolia.com, **1780.** ©L.Y.Loirat, **1781.** 1. ©Lauros/Bridgeman Giraudon • 2. ©Ruding/Gamma, **1782.** 1. Coll.Archives Larbor • 2. Coll.Larousse, **1783.** 1. ©Berry/Magnum • 2. ©Catlife/Sipa Press, **1785.** 1. ©S.Held • 2. ©Musée Péguy, Orléans, **1786.** H. Josse©Archives Larbor, **1787.** 1. ©Bassouls/Sygma/Corbis • 2. ©Bouvet/Gamma, **1788.** 1. ©British Museum • 2. Coll.Archives Larbor, **1790.** 1. ©Vivien • 2. Coll. Archives Larbor, **1791.** 1. Coll.Archives Larbor-©Editions Gallimard • 2. ©Nimatallah/AKG-image, **1792.** 1. ©E.Shaw/Getty Images/AFP • 2. ©Nana Productions/Sipa Press • 3. ©S.Held, **1793.** 1. ©T.Roger/Epa/Corbis • 2. Coll.Archives Larousse • 3. ©Nimatallah/AKG-image • 4. ©M.Stewart/Camerapress/Gamma Rapho • 5. Coll.Larousse • 6. ©Ciccione/Bulloz/RMN, **1795.** 1. ©Keystone/Gamma Rapho • 2. H.Manuel/Coll.Archives Larbor • 3. ©Bettman/Corbis • 4. ©Anadolu Agency/AFP, **1796.** 1. ©National Gallery, Londres • 2. ©Alinari • 3. ©Scala • 4. ©Karsh/Camera Press/Gamma • 5. ©M.Delius, **1797.** 1. ©Bridgeman Giraudon • 2. ©Rijksmuseum, Amsterdam • 3. ©Morris/Sipa Press, **1798.** 1. ©Lauros/Bridgeman Giraudon • 2. ©Keystone • 3. ©Lauros/Bridgeman Giraudon • 4. ©Smith/Sipa Press • 5. ©Retna/Putland/Starface, **1799.** 1. H.Manuel/Coll.Archives Larbor • 2. ©Bridgeman Giraudon • 3. ©Nicolas/Hémisphères Images • 4. ©Lauros/Bridgeman Giraudon, **1800.** 1. Coll.Archives Larbor • 2. ©ESA • 3. H.Josse©Archives Larbor, **1801.** 1. ©NASA/JHUAPL/SWRI • 2. ©WPS, **1802.** 1. Coll.Larousse • 2. Nadar/Coll.Archives Larbor • 3. Prod DB©Lomitas-DR, **1803.** 1. ©Dite • 2. Coll.Archives Nathan, **1805.** 1. ©G.Dagli Orti • 2. ©Bridgeman Giraudon • 3. ©shimyra/Fotolia.com, **1806.** ©Depardon/Gamma, **1809.** 1. ©Couturier/Archipress • 2. ©Ruiz/Hoa-Qui, **1810.** 1. ©Ria-Novosti • 2. Coll.Archives Larbor • 3. ©Sichov/Sipa Press, **1811.** ©Mirvav/Fotolia.com, **1812.** 1. ©Sipa Press • 2. ©Belot/RMN • 3. ©R.Doisneau/Rapho, **1813.** 1. Coll.Archives Larbor • 2. Coll.Archives Larbor • 3. H.Josse©Archives Larbor • 4. Coll.Archives Larbor, **1814.** ©Bridgeman Giraudon, **1815.** 1. Coll.Archives Larbor • 2. Chuzeville/Coll.Archives Larbor, **1816.** ©Bridgeman Giraudon, **1818.** O.Ploton©Archives Larousse, **1819.** 1. ©F.Guénet/Akg-images • 2. ©Imagestate/Leemage, **1821.** ©C.Cheadle/All Canada Photos/Corbis, **1822.** 1. Jeanbor©Archives Larbor • 2. ©Baumgartner/Explorer/Hoa-Qui, **1823.** 1. ©Y.Travert/Akg-images • 2. ©S.Grandadam/Hoa-Qui/Gamma Rapho, **1824.** 1. ©Bridgeman Giraudon • 2. ©A.G.Viela/Fotolia.com • 3. ©Milner/Sygma/Corbis • 4. Canonges©Archives Larbor, **1825.** 1. ©Arnaudet/RMN • 2. ©Ledru/DR, **1826.** 1. ©Explorer/Hoa-Qui • 2. ©Bibliothèque cantonale et universitaire, Lausanne, **1827.** 1. Pirou/Coll.Archives Larousse • 2. ©seqoya/Fotolia.com • 3. ©Archives Larbor • 4.

©Corbis, **1828.** 1. H.Manuel/Coll.Archives Larbor • 2. ©Scala • 3. Coll.Archives Larousse, **1829.** ©Evans/Gamma, **1830.** 1. ©Sazo/Rapho • 2. Jeanbor©Archives Larbor, **1831.** 1. O.Ploton©Archives Larousse • 2. ©Decaux/Sipa Press • 3. ©Lauros/Bridgeman Giraudon, **1833.** 1. ©R.Villalon/Fotolia.com • 2. Prod.NEF.Ph.Coll.Archives Larbor • 3. ©Philadelphia Museum of Art, **1834.** Coll.Larousse, **1838.** 1. ©Fleming • 2. ©RMN • 3. ©Tuulimaa/Fotolia.com, **1839.** Coll.Archives Larbor, **1840.** 1. ©Bildarchiv Preussischer Kultubesitz • 2. ©Lauros/Bridgeman Giraudon • 3. ©M.Rigaud/Fotolia.com, **1842.** ©Lauros/Bridgeman Giraudon, **1843.** 1. ©Ojeda/Le Mage/RMN • 2. ©Bernier/Gamma, **1844.** ©Trayer-Spooner/Gamma, **1845.** ©Romer/Explorer/Hoa-Qui, **1847.** 1. ©Rijksmuseum, Amsterdam • 2. Studio J.J.Morian©Archives Larbor • 3. Coll.Archives Larbor • 4. Library of Congress, Washington, **1848.** 1. Coll.Christophe L • 2. ©Bridgeman Giraudon • 3. Coll.Archives Larbor, **1849.** 1. ©Vanhacker/Fotolia.com • 2. ©J.Pimentel/Kipa/Corbis • 3. ©Luider/Top/Rapho • 4. ©Régent/Diaf/Photononstop, **1851.** 1. J.Tarascon©Archives Larbor • 2. H.Josse©Archives Larbor • 3. ©P.Victor/Artcomart, **1852.** 1. ©Archives Larbor • 2. O.Ploton©Archives Larbor, **1853.** 1. ©Bridgeman Giraudon • 2. ©Blackstar/Studio B, **1856.** ©Archives Larbor, **1857.** 1. ©TWA • 2. ©Bettman/Corbis, **1858.** 1. ©Keystone • 2. ©Scorcelletti/Gamma • 3. ©D.Pichugin/Fotolia.com, **1860.** 1. ©G.Dagli Orti • 2. ©Photogolfer/Fotolia.com, **1861.** 1. ©Faraways/Fotolia.com • 2. Ph. Coll. Archives Larbor, **1862.** 1. ©J.Bottin • 2. ©Bulloz/RMN, **1864.** 1. ©Yvann K/Fotolia.com • 2. O.Ploton©Archives Larousse • 3. ©Alinari Archives/Corbis, **1865.** Tomsich©Archives Larbor, **1866.** 1. ©Sipa Press • 2. ©DR • 3. ©J.L.Charmet/Bridgeman Giraudon, **1867.** ©Sappa/Hoa-Qui, **1868.** ©Evgenly Agarkov/Fotolia.com, **1869.** 1. ©Bridgeman Giraudon • 2. ©Wojtek/Hoa-Qui, **1870.** 1. ©Rex/Shutterstock • 2. ©Tupungato/Fotolia.com, **1871.** ©Ross B./Rapho, **1872.** 1. ©Faget/AFP • 2. ©Pascal/Coll.Archives Larbor, **1873.** 1. ©Pavlovsky/Rapho • 2. ©NASA • 3. ©Bridgeman Giraudon • 4. Coll.Larousse, **1875.** 1. ©Scala • 2. ©Nadar/Centre des Monuments Nationaux, **1876.** 1. ©Scala • 2. Coll.Archives Larbor • 3. ©H.Josse, **1877.** 1. ©Sygma/Corbis • 2. Carjat/Coll.Archives Larbor • 3. ©Keystone, **1878.** 1. ©AKG-images • 2. ©Communautés européennes, 1958 • 3. Coll.Archives Larousse, **1879.** 1. Coll.Archives Larbor • 2. ©WPS • 3. ©J.L.Charmet/Bridgeman Giraudon, **1880.** 1. ©Archives Larbor • 2. ©Eschen/Bavaria Verlag Bildagentur • 3. Carjat/Coll.Archives Larbor, **1884.** ©Santos/Rapho, **1886.** 1. H. Josse©Archives Larbor • 2. Jeanbor©Archives Larbor, **1887.** ©A.Todorovic/Fotolia.com, **1888.** 1. Coll.Archives Larbor • 2. ©Kalafoto/Fotolia.com, **1889.** ©Courtesy of the artist and Metro Pictures, New York, **1890.** ©Maurosessanta/Fotolia.com, **1891.** 1. Coll.Archives Larbor • 2. Coll.A. Marinie, **1892.** 1. ©Andanson/Sygma/Corbis • 2. ©L.Monier • 3. Franco London Film, Universalia Films.Ph.Coll.Archives Larbor • 4. Prod.DB©20th Century Fox TV-DR, **1893.** Coll.Archives Larousse, **1895.** 1. Coll.Archives Larousse • 2. ©Aubert/Keystone, **1896.** 1. ©Dechevm/Fotolia.com • 2. ©G.Dagli Orti • 3. ©R. et S.Michaud/Rapho, **1897.** ©Sipa Press, **1901.** 1. ©wrobel27/Fotolia.com • 2. Coll.Archives Larousse, **1902.** 1. ©Oronoz • 2. Prod.Trinaca Films.PH.Coll. Archives Larousse-DR, **1903.** 1. ©Varga/Keystone • 2. ©J.L.Charmet/Bridgeman Giraudon • 3. ©Lauros/Bridgeman Giraudon, **1904.** Coll.Archives Larbor, **1905.** 1. ©Lauros/Bridgeman Giraudon • 2. ©WPS, **1906.** 1. ©Keystone/Getty Images/AFP • 2. ©Pratt-Pries/Diaf/Photononstop • 3. ©Boutin/Hoa-Qui • 4. ©Strand/RMN, **1907.** 1. ©P.Narayan/Age Fotostock/Hoa-Qui • 2. ©Bildarchiv Preussischer Kultubesitz • 3. ©Lauros/Bridgeman Giraudon • 4. ©Musée August-Strindberg, Stockholm • 5. Prod.RAC.Ph.Coll.Archives Larousse, **1909.** ©Aunos/Gamma, **1911.** 1. Coll.Archives Larbor • 2. ©Lauros/Bridgeman Giraudon, **1912.** 1. ©R.Dazy • 2. ©Musée de Saint-Malo, **1913.** 1. ©National Portrait Gallery, Londres • 2. ©Thinkstock, **1915.** 1. ©Gamma • 2. ©Koch/Rapho, **1916.** 1. ©Bildarchiv Preussischer Kultubesitz • 2. ©EO Hoppé/Sygma/Corbis, **1917.** ©Lauros/Bridgeman Giraudon, **1920.** 1. ©DR/©Kharbine Tapabor • 2. Prod.: Gady Films, Panoramic Films.Ph.Coll.Archives Larbor, **1921.** 1. Coll.Christophe L • 2. ©J.L.Charmet/Bridgeman Giraudon, **1922.** ©Ria-Novosti, **1923.** ©B.Mirahmadian/Shutterstock, **1924.** ©Vianneport/Sipa Press, **1925.** 1. ©AFP • 2. ©Lochon/Gamma • 3. ©Le Fougere/VIP images/Corbis, **1927.** 1. ©Sven Nackstrand/AFP • 2. ©G.Dagli Orti, **1928.** 1. ©Oronoz • 2. ©Lauros/Bridgeman Giraudon • 3. ©Bridgeman Giraudon, **1929.** ©Musée canadien des Civilisations, Ottawa, **1931.** ©Archives Larbor, **1932.** 1. ©Karsh/Camera Press/Gamma • 2. Coll.Archives Larbor, **1933.** 1. ©jedi-master/Fotolia.com • 2. ©Galerie Tretiakov, Moscou, **1934.** ©S.Spiro/Fotolia.com, **1935.** 1. ©Barde/Scope • 2. Coll.Archives Larbor, **1936.** 1. ©Ria-Novosti • 2. ©Sappa/Cedri/Hoa-Qui, **1937.** 1. ©El Dakhakhny/Sipa Press • 2. ©G.Dagli Orti, **1938.** 1. DR/Coll.Archives Larbor • 2. ©Archives Larousse, **1939.** 1. ©Packshot/Fotolia.com • 2. Coll.Archives Larbor, **1940.** 1. ©Tallandier • 2. ©Keystone • 3. ©Morell/Kipa/Corbis • 4. Coll.Archives Larbor • 5. ©Rex/Shutterstock, **1941.** 1. ©Sean Gallup/Getty Images/AFP • 2. ©Boutin/Explorer/Hoa-Qui, **1943.** 1. ©G.Dagli Orti • 2. ©Lauros/Bridgeman Giraudon • 3. ©E.Lessing/AKG-images, **1945.** 1. ©De Keerle/Gamma • 2. ©Bettman/Corbis • 3. ©E.B.Weill, **1946.** 1. ©Faillet/Keystone • 2. Coll.Archives Larbor, **1948.** ©Archives Larbor, **1950.** ©C.Licoppe-B.van den Broucke/Photonews/Gamma Rapho, **1952.** Ph. Jeanbor©Archives Larbor, **1953.** ©J.F. Raga/Corbis, **1954.** ©MNAM Centre G. Pompidou, Paris/RMN, **1956.** 1. ©Bridgeman Giraudon • 2. Ellebé©Archives Larbor, **1957.** 1. ©Lauros/Bridgeman Giraudon • 2. ©Scala, **1958.** 1. ©Bridgeman Giraudon • 2. ©Archives Larbor, **1960.** ©Hoa-Qui, **1962.** 1. ©D.Ramos • 2. ©Guez/Files/AFP • 3. ©Bridgeman Giraudon, **1964.** 1. ©Wysocki/Hémispheres Images • 2. ©Mous/Sipa Press, **1965.** 1. ©Nimatallah/AKG-image • 2. ©Droits Réservés • 3. ©Lauros/Bridgeman Giraudon • 4. ©Ojeda/RMN, **1966.** 1. Nadar/Coll.Archives Larbor • 2. ©C.Coquilleau/Fotolia.com • 3. ©J.L.Charmet/Bridgeman Giraudon, **1967.** 1. ©G.Dagli Orti • 2. ©Delmas/Sipa Press, **1968.** 1. ©G.Dagli Orti • 2. ©Bassano, **1969.** ©Wojtek/Hoa-Qui, **1971.** 1. ©Lauros/Bridgeman Giraudon • 2. ©Studio B, **1972.** 1. ©Le Bot A./Photononstop • 2. Coll.Archives Larbor, **1973.** 1. ©Lauros/Bridgeman Giraudon • 2. Prod : Titanus, Films Marceau. Ph.Coll.Archives Larbor-DR, **1974.** 1. Coll.Christophe L • 2. ©Nimatallah/AKG-image, **1975.** 1. Coll.Larousse • 2. Coll.Archives Larbor, **1977.** 1. ©G.Dagli Orti • 2. ©Chesnot/Sipa Press, **1978.** 1. ©Artothek • 2. ©National Portrait Gallery, Londres • 3. Coll.Larousse, **1979.** 1. ©LGI Stock/Corbis • 2. ©Serailler/Rapho • 3. ©G.Dagli Orti, **1980.** 1. ©Fleming/National Portrait Gallery, Londres • 2. H.Josse©Archives Larbor • 3. ©Cinémaphoto/Corbis • 4. ©Bildarchiv Preussischer Kultubesitz • 5. ©Bildarchiv Preussischer Kultubesitz • 6. Coll.Archives Larbor • 7. Coll.Archives Larbor, **1981.** 1. ©Bildarchiv Preussischer Kultubesitz • 2. ©Associated Press • 3. ©Droits Réservés, **1982.** 1. ©National Portrait Gallery, Londres • 2. ©Kersting • 3. ©Weston/Ludwig Museum, Cologne, **1983.** 1. ©Dite • 2. ©British Council, Londres • 3. ©UPI - Bettmann/Corbis, **1984.** ©Dite, **1985.** ©Bundespressedienst, **1986.** 1. ©Fleming/National Portrait Gallery, Londres • 2. ©Documentation C.C.I • 3. ©Musée de L'Air et de L'Espace • 4. Coll.Archives Larousse, **1987.** 1. ©Ulf Andersen/Sipa Press • 2. Coll. Archives Larousse • 3. ©E.Feferberg/AFP • 4. ©photocosmos1/shutterstock, **1988.** 1. Coll.Archives Larbor • 2. ©Xinhua/Gamma • 3. ©Y.Arthus-Bertrand/Altitude, **1989.** ©JJ Travel/Robert Harding/Getty Images, **1990.** ©Gisèle Freund, **1992.** ©Shutterstock, **1993.** 1. ©CNAC/MNAM/RMN • 2. Coll.Archives Larbor • 3. ©Ch.Lenars • 4. ©Schachmes/DR, **1994.** 1. ©Fischbeck/Imapress • 2. ©G.Bouys/AFP, **1995.** ©Archives Larbor, **1996.** 1. ©Raga/Explorer/Hoa-Qui • 2. ©Musée de Grenoble • 3. Alpenland/Coll.Archives Larbor • 4. Coll.Archives Larbor.

Crédits photographiques des **planches** des noms communs, des noms propres et des annexes

Les crédits sont classés et numérotés (en italique) par ordre d'apparition des images dans la page, la lecture s'effectuant de gauche à droite et de haut en bas.

39. 1. ©Colorphoto Hinz • 2. ©Fabbri • 3. ©Akg-images • 4. ©Migeat/MNAM Centre G. Pompidou, Paris/RMN • 5. ©Y.Bresson/Musée d'art moderne, Saint-Étienne, **53.** 1. Coll.Archives Larbor • 2. Coll. Archives Larbor • 3. Coll.Archives Larbor • 4. Coll.Archives Larbor, **83.** 1. Pat Sullivan Cartoons.Prod DB©DR • 2. Prod DB©Walt Disney/DR • 3. Prod Ceskoslovensky Statini Film©Archives du 7ème Art/Photo12.com • 4. Prod DB©Films Gibé/DR • 5. Prod DB©Aardman Productions/DR • 6. Prod DB©Walt Disney-Pixar/DR • 7. Prod DB©Tokuma-Dentsu/DR, **104.** 1. ©Musée Des Arts Décoratifs, Paris • 2. ©Coll. Lalique, Paris • 3. Coll.Archives Larousse-DR, **105.** 1. ©Hinous/Top/Rapho©DR • 2. Coll.Archives Larousse • 3. Coll.Archives Larbor • 4. ©Archives Larbor • 5. ©I.Pompe/Hemis.fr, **111.** 1. ©Nathalie P/Fotolia.com • 2. ©Presse-Sports • 3. ©A.Denisov-Ria Novosti/AFP, **119.** 1. ©Pascal Huit/Presse Sports • 2. ©A.A./Sipa • 3. ©Thierry Gromik/Presse Sports, **120.** 1. ©Martyn Goddard/Corbis • 2. Dessin Archives Larousse • 3. ©Droits Réservés Ford • 4. ©Musée de l'Automobile, coll. Schlumpf, Mulhouse • 5. ©CM ARTE • 6. ©CM ARTE • 7. ©CM ARTE • 8. ©CM ARTE • 9. ©Transtock/Corbis • 10. ©Thinkstock/coll.AbleStock.com • 11. ©Keystone-France/Gamma Rapho, **121.** 1. ©Volkswagen • 2. ©Thinkstock/Mathieu Viennet • 3. ©Thinkstock/coll.iStockphoto • 4. ©Thinkstock/coll.iStockphoto • 5. ©Thinkstock/coll.iStockphoto • 6. ©CM ARTE • 7. ©Thinkstock/Ingram Publishing • 8. ©Thinkstock/coll.AbleStock.com • 9. ©CM ARTE • 10. ©CM ARTE • 11. ©CM ARTE • 12. ©CM ARTE • 13. ©CM ARTE • 14. ©CM ARTE • 15. ©CM ARTE, **124.** ©Boeing, **126.** 1. ©Robineau/Dassault Aviation • 2. ©Airbus Group, **135.** 1. ©J.Cooke/Corbis • 2. ©Hulton-Deutsch Collection/Corbis • 3. ©C.Masson/Roger-Viollet • 4. ©Ullstein Bild-Lieberenz/Akg-images • 5. ©Benoite Fanton/Wikispectacle • 6. ©J.C. Carbonne/Artcomart, **137.** 1. ©Hergé/Moulinsart 2010 • 2. Courtesy Galerie 9e Art, Paris.©DR • 3. ©Cong SA. • 4. One Piece©1997 by Eiichiro Oda/Shueisha Inc • 5. ©Éditions Gallimard, **141.** 1. ©Archives Larbor • 2. ©AKG-images • 3. ©Scala • 4. ©Bildarchiv Monheim/Akg-images • 5. ©Everts/Rapho • 6. ©Boutin/Explorer/Hoa-Qui, **144.** ©P.Yates/Fotolia.com, **145.** 1. ©Chine nouvelle/Sipa • 2. ©M.Slocum/AP/Sipa, **146.** 1. Coll.Archives Larbor • 2. ©Akg-images • 3. Coll.Archives Larbor • 4. H.Josse©Archives Larbor, **147.** 1. Coll.Archives Larbor • 2. H.Josse©Archives Larbor • 3. US Army /Coll.Archives Larousse • 4. ©ullstein bild/Akg-images, **223.** 1. ©Sovereign /ISM • 2. ©Camazine & Trainor/BSIP • 3. ©Sovereign /ISM • 4. ©Sovereign /ISM • 5. ©Cavallini James/BSIP • 6. ©Sovereign /ISM • 7. ©Zephyr/SPL/Cosmos • 8. ©Zephyr/SPL/Cosmos • 9. ©Sovereign /ISM, **228.** 1. ©König/Jacana/Hoa-Qui • 2. ©CNRI • 3. ©Grospas/Bios • 4. ©CNRI, **237.** 1. ©F.Cormon/Hemis.fr • 2. ©M.Busselle/Corbis • 3. ©Gavin Hellier/Corbis, **252.** 1. Prod DB©Fidélité Films/DR • 2. Prod DB©Stockbridge Hiller Productions/DR • 3. ©Coll.Christophe L • 4. ©Cinéstar, **255.** 1. ©P.Poirier/Wikispectacle • 2. ©B.Fanton/Wikispectacle • 3. ©P.Victor/Artcomart • 4. ©Ch. Raynaud de Lage, **259.** 1. H. Josse©Archives Larbor • 2. ©Couturier/Archipress • 3. ©R.Mazin • 4. Coll. Larousse, **292.** 1. ©Stedelijk Museum, Amsterdam • 2. ©C.Gray-DR • 3. ©J.Chauvelin-DR, **330.** 1. Ph. Luc Joubert©Archives Larbor • 2. ©Philadelphia Museum of Art • 3. ©Y.Bresson/Musée d'art moderne, Saint-Étienne, **337.** 1. Coll.Archives Larousse • 2. Coll.Archives Larbor-DR, **339.** 1. Sonneville©Archives Nathan • 2. ©Atsuko Tannaka/Corbis • 3. ©T.Bonaventura/Contrasto/REA • 4. ©V. Pontet/Wikispectacle, **350.** 1. Coll.Archives Larbor • 2. Coll.Archives Nathan • 3. G.Tomisch©Archives Larbor • 4. ©Russ Heinl/All Canada Photos/Corbis • 5. L.Joubert©Archives Larbor, **351.** 1. Coll.Archives Larbor • 2. J.L.Charmet©Archives Larbor • 3. Coll.Archives Larousse • 4. ©NASA, **371.** 1. ©Gae Aulenti-Martinelli Luce • 2. ©Starck Network, **373.** 1. ©Archives Larbor • 2. ©Scala • 3. ©Musées royaux des Beaux-Arts, Bruxelles • 4. H.Josse©Archives Larbor • 5. H.Josse©Archives Larbor, **412.** 1. Coll.Archives Larbor • 2. ©Photo Josse/Leemage • 3. Coll.Archives Larbor • 4. Prod DB©20th Century Fox/DR • 5. Coll.Archives Larousse, **413.** 1. ©Bettmann/Corbis • 2. J. Dubout©Archives Larbor • 3. Coll. Archives Larbor • 4. ©AFP, **458.** 1. ©C.Carreau/ESA • 2. ©NASA • 3. ©NASA • 4. ©NASA • 5. ©British Council-DR • 6. ©NASA • 7. ©NASA • 8. ©NASA • 9. ©N.Budarin/Russian Space Research Institute/NASA • 10. ©N.A.Armstrong/Lunar Module commander/NASA, **459.** 1. ©Planck HFI & LFI Consortia/ESA • 2. ©CXC/SAO/M.Karovska et al./NASA • 3. ©CfA/David Aguilar/NASA • 4. ©NASA • 5. ©JPL/Space Science Institute/NASA • 6. ©JPL/USGS/NASA • 7. ©JPL/Ted Stryk/NASA • 8. ©Galileo Project/JPL/NASA • 9. ©Galileo Project/JPL/NASA • 10. ©JPL/University of Arizona/NASA • 11. ©Galileo Project/DLR/JPL/NASA • 12. ©NASA • 13. ©AOES Medialab/ESA • 14. ©JPL-Caltech/NASA • 15. ©JPL-Caltech/MSSS/Panorama by A.Bodrov/NASA, **462.** 1. Coll.Archives Larbor • 2. Coll.Archives Larbor • 3. ©Archives Larbor • 4. Coll.Archives Larbor • 5. Coll.Archives Larbor, **466.** ©ACS Science/NASA, **478.** 1. Ralph Kleinhempel©Archives Larbor • 2. ©MNAM Centre G. Pompidou, Paris/RMN • 3. Coll.Archives Larbor • 4. Institut Royal du patrimoine artistique, Bruxelles • 5. Coll.Archives Larbor, **510.** 1. ©F.J.Brown/AFP • 2. ©P.Cozzaglio/AFP, **549.** ©M.Feldman/Getty images/AFP, **551.** 1. ©Stritt Pascal/Hoa-Qui/Eyedea Presse • 2. ©A.F.Kersting • 3. ©H.Chamollion/Top/Gamma Rapho • 4. ©Guillo/Archives CDA/Akg-images • 5. ©Y.Guichaoua/Hoa-Qui/Gamma Rapho • 6. ©Bildarchiv Monheim/Akg-images, **583.** ©C.Andersen/Getty images/AFP, **605.** 1. H.Josse©Archives Larbor • 2. ©Lauros/Bridgeman Giraudon • 3. J.P. Vieil©Archives Larbor • 4. ©Lauros/Bridgeman Giraudon • 5. ©Lauros/Bridgeman Giraudon • 6. H.Josse©Archives Larbor, **635.** 1. ©P.Seux/Hemis/Corbis • 2. ©Hellier/Harding/Explorer/Hoa-Qui • 3. ©Aisa/Leemage • 4. ©Jgz/Fotolia.com • 5. ©Rodionov/Ria-Novosti • 6. ©Jose Fuste Raga/Corbis, **641.** 1. ©Rudy Sulgan/Corbis • 2. ©Pratt-Pries/Diaf/Photononstop • 3. ©Desjardins /Top/Rapho, **676.** 1. Coll.Archives Larbor • 2. Coll.Archives Larbor • 3. Coll.Archives Larbor • 4. Coll.Archives Larbor, **677.** 1. Jeanbor©Archives Larbor • 2. Coll.Archives Larbor • 3. ©Dondero/Leemage, **700.** 1. Coll.Archives Larousse • 2. ©Scala, **705.** 1. ©Rex Features/Sipa Press • 2. ©Jerrican • 3. ©Nippon Kokan, **707.** 1. ©C.Davesne/Marine Nationale • 2. ©Sirpa/Sipa Press • 3. ©Marine nationale, **714.** 1. ©Photlook/Fotolia.com • 2. ©National Intitute of Standards and technology • 3. ©M.Brice/Cern • 4. ©Bell James/SPL/Cosmos, **715.** 1. ©2005 Peter Ginter/CERN • 2. ©2012 CERN, for the benefit of the CMS Collaboration, **734.** 1. © E.Grave/BSIP • 2. ©E.Grave/BSIP • 3. © Kunkel/ Phototake/ BSIP • 4. © Kunkel/Phototake/BSIP • 5. © IMA/BSIP • 6. ©J.Carr/CDC/BSIP • 7. © Kunkel/Phototake/BSIP • 8. © Kunkel/Phototake/BSIP • 9. ©Cavallini James/BSIP • 10. © Cavallini James/ BSIP • 11. © Science Source/ USDA/BSIP • 12. © Lee D. Simon/BSIP • 13. ©J.Carr/CDC/BSIP, **744.** 1. Jeanbor ©Archives Larbor • 2. ©Selva/Leemage • 3. © »Patrimoine Lanvin » • 4. Coll.Archives Larousse • 5. O.Ploton©Archives Larousse-DR • 6. ©Bettmann:Corbis • 7. ©Botti/Stills/Gamma Rapho, **745.** 1. O.Ploton©Archives Larousse©Balmain • 2. ©P.Simon/Stevens/Gamma Rapho • 3. ©Botti/Stills/Gamma Rapho • 4. ©G.Marineau • 5. ©G.Marineau • 6. ©G.Marineau • 7. ©S.Cardinale/Corbis, **768.** 1. ©DR • 2. Coll.Archives Larbor • 3. ©E.Lessing/Akg-images • 4. Coll.Archives Larbor, **769.** 1. ©Heritage Images/Leemage • 2. Coll; Archives Larbor • 3. ©F.Buffetrille/Leemage • 4. ©PrismaArchivo/Leemage, **774.** 1. ©Martin/Vandystadt • 2. ©Martin/Vandystadt • 3. ©Martin/Vandystadt • 4. ©Martin/Vandystadt, **776.** 1. ©Per-Andre Hoffmann/Hemis.fr • 2. ©Ed Delvers/imagestate/Gamma Rapho • 3. ©D.Keister/Corbis • 4. ©F.Krahmer/Corbis • 5. ©Jose Fusta Raga/Corbis • 6. ©Jonathan Blair/Corbis, **777.** 1. ©Chase Swift/Corbis • 2. ©Layne Kennedy/Corbis • 3. ©E.Nguyen/Corbis • 4. ©Michael S.Yamashita/Corbis • 5. ©D.Muench/Corbis • 6. ©AP/Sipa Press, **781.** 1. ©G.Dagli Orti • 2. ©RMN, **793.** 1. ©Momatiuk-Eastcott/Corbis • 2. ©J.Arnold/Corbis, **796.** 1. Coll.Archives Larbor • 2. Coll.Archives Larbor • 3. Coll.Archives Larbor • 4. Coll.Archives Larbor • 5. Coll.Archives Larbor • 6. Coll.Archives Larbor, **870.** 1. ©L.Ricciarini/Leemage • 2. ©Aisa/Leemage • 3. H.Josse©Archives Larbor • 4. Giacomelli©Archives Larbor, **871.** 1. ©Bianchetti/Leemage • 2. Coll.Archives Larbor • 3. ©Ullstein bild/Akg-images, **877.** 1. ©Visuals Unlimited/Corbis • 2. ©Smithsonion Institution/Corbis • 3. ©Fleming/SPL/Cosmos • 4. ©Fleming/SPL/Cosmos, **886.** ©Pierre et Délia Vignes, **900.** 1. ©Archives Nathan • 2. Archives Larousse • 3. ©Heritage Images/Corbis • 4. ©Electa/Leemage, **901.** 1. ©Photo Josse/Leemage • 2. ©Akg-images • 3. ©Ullstein Bild/Akg-images, **906.** 1. ©CEVM Eiffage/Foster&partners/D.Jamme • 2. © Colin Garratt/Corbis • 3. ©C. Boisvieux/Hoa-Qui/Eyedea Presse • 4. © M. Falzione/JAI/Corbis • 5. © Ding Xiaochun/Xinhua Press/Corbis • 6. ©John Edward Linden/Arcaid/Corbis • 7. ©B. Decout/REA • 8. ©José Fuste Raga/AGE Fotostock/Hoa-Qui/Eyedea Presse • 9. ©DR, **907.** 1. ©Y.Bresson/Musée d'art moderne de Saint-Étienne-Métropole • 2. ©Museum Ludwig, Cologne, **908.** 1. ©Paul Burns/Corbis-LD • 2. ©D. Lehman/Corbis, **909.** 1. ©Jj/Fotolia.com • 2. ©R.Kneschke/Fotolia.com, **924.** 1. Musée du quai Branly, Paris © musée du quai Branly, photo P. Gries/V. Torre/Scala • 2. Musée du quai Branly, Paris ©Labat/CFAO/RMN • 3. Musée du quai Branly, Paris © Jean-Gilles Berizzi/RMN • 4. Musée du quai Branly, Paris © Labat/CFAO/RMN • 5. Museum of Ife Antiquities (Nigeria) © Archives Larbor • 6. British Museum, Londres ©Werner Forman /Akg-images • 7. Musée du quai Branly, Paris J.M. Labat © Archives Larbor • 8. Musée National,Abidjan. © J.L. Nou/Akg-images • 9. © Museum of Anthropology, University of British Columbia-/Werner Forman/Akg-images • 10. Alaska Gallery of Eskimo Art © Werner Forman /Akg-images • 11. Ethnologisches Museum, Berlin © Dietrich Graf/BPK, Berlin -Dist. RMN, **925.** 1. British Museum, Londres. Coll. Archives Larousse • 2. Musée du quai Branly,Paris.©musée du quai Branly, photo P. Gries/Scala • 3. Musée de l'Or, Lima © Archives Larbor • 4. British Museum, Londres © Archives Larbor • 5. British Museum, Londres © E.Lessing /Akg-images • 6. Musée du quai Branly, Paris ©musée du quai Branly, photo P. Gries /B.Jeanneton /Scala • 7. In situ, Borobudur.© Archives Larbor • 8. © Bowers Museum of Cultural Art /Corbis • 9. musée du quai Branly, Paris ©D.Arnaudet/RMN • 10. Musée Barbier-Mueller, Genève © Guillemot/ CDA/Akg-images • 11. Museum of Mankind,Londres. © Werner Forman /Akg-images • 12. Musée du quai Branly, Paris © Hervé Lewandowski/RMN, **928.** 1. Ch. de Gaulle ©Keystone/Gamma Rapho • 2. G.Pompidou © Keystone/Gamma Rapho • 3. V. Giscard d'Estaing -Droits Réservés • 4. F. Mitterand ©Th. Orban/ Sygma/Corbis • 5. J. Chirac © J.F. Deroubaix/Gamma Rapho • 6. F. Hollande ©F. Dufour/AFP • 7. N. Sarkozy © E. Fougère/VIP Images /Corbis • 8. E. Macron ©F. Dufour/AFP, **974.** 1. ©Archives Nathan • 2. Coll. Larousse • 3. ©Archives Nathan, **990.** 1. ©Kica Henk/Fotolia.com • 2. ©J.Hicks/Corbis • 3. ©F.de Noyelle/Godong/Corbis • 4. ©R.Osservatore/AFP • 5. ©J.Arnold/Hemis.fr,

991. 1. ©A.Nusca/Gamma Rapho • 2. ©J.Hardy/ZenShui/Corbis • 3. ©R. et S.Michaud/Gamma Rapho • 4. ©J.Hicks/Corbis, **1017.** 1. ©NASA • 2. ©Dean Moriarty/Fotolia.com • 3. ©Silver/Fotolia.com • 4. ©Barthe:Fotolia.com • 5. ©S.Wallis/Fotolia.com • 6. Jeanbor©Archives Larbor • 7. Jeanbor©Archives Larbor • 8. Jeanbor©Archives Larbor • 9. Jeanbor©Archives Larbor • 10. ©Lotharingia/Fotolia.com, **1018.** 1. ©Sunset Boulevard/Corbis • 2. ©Michael Ochs Achives /Corbis • 3. ©Francis Peter/Camerapress /Gamma • 4. ©Neal Preston /Corbis • 5. ©Selva /Leemage • 6. © P.Tarnoff/Retna Ltd. / Corbis, **1019.** 1. ©D. O'Regan/Corbis • 2. © Archivio Arici / Leemage • 3. ©Neal Preston/Corbis • 4. ©T. Orban /Sygma /Corbis • 5. ©Gamma • 6. ©M.Laye/Corbis • 7. ©Andy King /Sygma/Corbis • 8. ©Jared Milgrim/Corbis, **1021.** 1. ©Lauros/Bridgeman Giraudon • 2. ©Scala • 3. ©Oronoz • 4. ©Guillard/Scope • 5. ©S.Chirol • 6. ©H.Champollion/Top/Gamma Rapho, **1022.** 1. Coll.Archives Larbor • 2. Coll.Archives Larousse • 3. Coll.Archives Larbor • 4. Coll.Archives Larbor • 5. H.Josse©Archives Larbor • 6. Coll.Archives Larbor • 7. Coll.Archives Nathan • 8. H.Josse©Archives Larbor, **1023.** 1. ©Archives Larbor • 2. H.Josse©Archives Larbor • 3. ©Archives Larbor • 4. L.Joubert©Archives Larbor • 5. H.Josse©Archives Larbor • 6. H.Josse©Archives Larbor • 7. ©Archives Larbor • 8. ©Archives Nathan, **1024.** 1. ©Lauros/Bridgeman Giraudon • 2. ©Lauros/Bridgeman Giraudon • 3. ©Lauros/Bridgeman Giraudon, **1031.** 1. ©Ph.Cole/Getty images/AFP • 2. ©F.Fife/AFP, **1040.** 1. ©CNRI • 2. ©Phototake/CNRI • 3. ©White/CNRI, **1050.** 1. ©The Granger Collection/Rue des Archives • 2. ©Science Source/BSIP • 3. ©Heritage Images/Leemage • 4. Coll.Archives Larbor • 5. Coll.Archives Larbor, **1051.** 1. ©Archives Larbor • 2. ©MP/Leemage • 3. ©SPL/Akg-images • 4. ©Mehau Kulyk/SPL/Cosmos • 5. ©Coll. Kharbine-Tapabor, **1052.** 1. Prod.Star Film. Coll.Archives Larousse • 2. Prod.Universum Film AG/Coll. Archives Larbor • 3. Prod DB©20th Century Fox-DR • 4. Prod DB©Paramount-DR • 5. ©DR • 6. Prod DB©20th Century Fox-Apjac-DR, **1053.** 1. Prod DB©MGM-DR • 2. Prod DB©Columbia-DR • 3. Prod DB©Lucasfilm-DR • 4. Prod.Century Associates/Coll. Archives Larbor • 5. Prod DB©Ladd Co-DR • 6. Prod.Warner Bros. Pictures/Akg-images • 7. Prod 20th Century Fox/Akg-Images, **1055.** 1. ©M.Borchi/Corbis • 2. Coll.Archives Larbor • 3. ©Jean Bernard/Leemage, **1082.** 1. ©NASA • 2. ©NASA • 3. ©JPL/NASA • 4. ©NASA • 5. ©USGS/NASA/ESA • 6. ©NASA • 7. ©JPL/NASA, **1083.** 1. ©JPL/NASA • 2. ©NASA/JPL/Space Science Institute/ESA • 3. ©JPL/NASA • 4. ©JPL/NASA • 5. ©NASA/JPL/University of Arizona/ESA • 6. ©JPL/NASA • 7. ©JPL/NASA, **1105.** 1. ©Guillemot/CDA/AKG-images • 2. ©Bridgeman Giraudon • 3. ©Freeman/Top/Rapho • 4. ©Bridgeman Giraudon • 5. Coll. Larousse • 6. ©Bridgeman Giraudon • 7. ©Lauros/Bridgeman Giraudon, **1115.** 1. Coll.Archives Larbor • 2. Prod. Vicomte de Noailles. Coll.Archives Larbor • 3. ©J.P. Lescourret/Corbis, **1117.** 1. Coll.Archives Larbor • 2. ©Cameraphoto/AKG-images • 3. Coll. Archives Larbor, **1127.** 1. H.Josse©Archives Larbor • 2. L.Joubert©Archives Larbor, **1132.** 1. ©Scanrail/Fotolia.com • 2. ©Cern • 3. ©Inria/Photo Kaksonen • 4. ©B.Horvat/AFP • 5. ©Inria/Photo Kaksonen, **1133.** 1. ©P.Aventurier/Gamma-Rapho • 2. ©Haruyoschi Yamaguchi/Sygma/Corbis • 3. ©Yoshikazu Tsuno/AFP • 4. ©Segway France • 5. ©Smithmore/Fotolia.com • 6. ©Renault communication/Renault Design/Droits réservés • 7. ©Thinkstock/coll.iStockphoto • 8. ©Renault communication/Renault Design/Droits réservés, **1138.** 1. ©P.Walter/Getty images/AFP • 2. ©C.Brunskill/Getty Images/AFP, **1139.** ©Hans/Vandystadt, **1184.** 1. © NASA • 2. ©ESO • 3. ©ESO • 4. ©CERN • 5. © CEA/Irfu • 6. Dessin ©F. Montanet, CNRS/IN2P3 and UJF for Antares • 7. © H.E.S.S Collaboration • 8. © CNRS Photothèque / EGO-VIRGO, **1188.** 1. ©V.Perrin • 2. O.Ploton©Archives Larousse. • 3. ©Picture Hooked/Loop Images/Corbis, **1213.** 1. ©Archives Nathan • 2. ©V.Durruty/Hoa-Qui/Gamma Rapho, **1218.** 1. ©CRI Nancy Lorraine/Krafft/Hoa-Qui/Gamma Rapho • 2. ©CRI Nancy Lorraine/Krafft/Hoa-Qui/Gamma Rapho • 3. ©Artic-images/Corbis, **1219.** ©K.Nogi/AFP, **1254.** 1. ©Musée royal de l'Afrique centrale, Tervuren • 2. ©Huet/Hoa-Qui • 3. ©Musée Barbier-Mueller, Genève • 4. ©Renaudeau/Hoa-Qui • 5. ©Hoa-Qui, **1360.** 1. ©R.Michaud/Rapho • 2. ©Scala • 3. Coll. Archives Larbor • 4. ©Loirat/Explorer/Hoa-Qui • 5. ©Percheron • 6. ©Loirat/Explorer/Hoa-Qui • 7. ©Explorer/Hoa-Qui, **1397.** 1. ©Lauros/Bridgeman Giraudon • 2. ©The Nelson-Atkins Museum of Art • 3. ©G. Dagli Orti • 4. ©S.Held • 5. ©Musée national du palais de Taipei, Taiwan • 6. Coll. Archives Larbor, **1461.** 1. ©J.Ross/Rapho • 2. ©G. Dagli Orti • 3. ©G. Dagli Orti • 4. ©G. Dagli Orti • 5. ©G. Dagli Orti • 6. ©Lewandowski/ RMN • 7. ©RMN, **1477.** 1. ©H.Stierlin • 2. ©RMN • 3. ©Scala • 4. ©L.Ricciarini/Leemage • 5. ©Archives Larbor, **1537.** 1. ©M.M.Maylin • 2. ©Lewandowski/RMN • 3. ©G.Dagli Orti • 4. ©Akg-images • 5. ©Scala, **1544.** 1. Olivier Ploton©Archives Larousse • 2. Michel Didier©Archives Larbor • 3. Historial de la Grande Guerre, Péronne.O. Ploton©Archives Larousse • 4. Kahn/Coll. Archives Larousse • 5. J. J. Moreau©Archives Larousse • 6. Coll. Archives Larousse • 7. ©Archives Larbor • 8. Historial de la Grande Guerre, Péronne.O. Ploton©Archives Larousse, **1545.** 1. Coll. Archives Larousse • 2. Coll. Archives Larousse • 3. Historial de la Grande Guerre, Péronne23/01/2013O. Ploton©Archives Larousse • 4. ©Archives Larbor • 5. Coll. Archives Larbor • 6. ©Y. Roland/Fotolia.com, **1546.** 1. Coll. Archives Larbor • 2. Coll. Archives Larousse • 3. Coll. Archives Larousse • 4. Coll. Archives Larousse • 5. Coll. Archives Larousse • 6. Coll. Archives Larousse • 7. Coll. Archives Larousse • 8. J. Bottet©Archives Larbor-DR • 9. Coll. Archives Larousse • 10. ©Archives Larbor • 11. ©Archives Larbor • 12. ©Archives Larbor, **1547.** 1. Coll. Archives Larbor • 2. J.L. Charmet©Archives Larbor • 3. Moreau©Archives Larousse • 4. Moreau © Archives Larbor • 5. J.L. Charmet©Archives Larbor • 6. J.J. Moreau © Archives Larousse • 7. Coll. Archives Larbor • 8. J.-L. Charmet©Archives Larbor • 9. Manuel /Coll. Archives Larousse • 10. ©Archives Larbor • 11. Moreau©Archives Larbor • 12. Coll. Archives Larousse • 13. J.L. Charmet©Archives Larbor • 14. Monde et Caméra - Coll. Archives Larbor • 15. Coll. Archives Larousse • 16. ©Archives Larousse, **1550.** 1. Coll. Archives Larbor • 2. Coll. Archives Larbor • 3. Coll. Archives Larbor • 4. O.Ploton©Archives Larousse • 5. Coll. Archives Larousse • 6. Prod.:Charles Chaplin Productions. Ph. Coll. Archives Larbor - DR • 7. Coll. Archives Larbor • 8. ©DR • 9. ©International Spy Museum, Washington • 10. O.Ploton ©Archives Larousse, **1551.** 1. ©Archives Larbor • 2. Coll. Archives Larbor • 3. Coll. Archives Larbor • 4. M.Didier©Archives Larbor -DR • 5. Coll.Archives Larousse • 6. ©Dite-Usis/Leemage, **1552.** 1. US Army/Coll.Archives Larousse • 2. Coll.Archives Larousse • 3. Coll.Archives Larbor • 4. Coll.Archives Larousse • 5. O.Ploton©Archives Larousse • 6. Coll. Archives Larousse • 7. Coll. Archives Larbor • 8. Jeanbor©Archives Larbor • 9. Coll.Archives Larbor • 10. Coll.Archives Larousse • 11. Grimm/Signal-Coll. Archives Larbor • 12. Otto/Signal -Coll. Archives Larbor • 13. Coll. Archives Larousse -DR, **1553.** 1. Coll.Archives Larbor • 2. Coll.Archives Larousse • 3. ©Archives Larbor • 4. Jeanbor©Archives Larbor • 5. Coll.Archives Larousse - DR • 6. H. Josse©Archives Larbor • 7. Coll.Archives Larousse • 8. Signal/Coll. Archives Larousse • 9. US Army/ Coll. Archives Larousse • 10. US Army/ Coll.Archives Larousse • 11. Jeanbor©Archives Larbor • 12. Coll. Library of Congress, Washington • 13. Coll. Archives Larousse • 14. Coll. Archives Larbor • 15. US Force Army/Coll. Archives Larousse • 16. Coll. Archives Larbor - DR • 17. Coll. Archives Larousse, **1588.** 1. ©R.et S.Michaud/Rapho • 2. ©J.L.Nou/Akg-images • 3. ©RMN • 4. ©S.Held • 5. ©F.Brunel • 6. ©J.L.Nou/Akg-images • 7. ©Lauros/Bridgeman Giraudon • 8. ©J.L.Nou/Akg-images, **1593.** 1. ©Ch.Lenars • 2. ©RMN • 3. ©RMN • 4. ©Koch/Rapho • 5. ©RMN • 6. ©S.Held • 7. ©R.et S.Michaud./Rapho • 8. ©Magnum, **1608.** 1. ©Lauros/Bridgeman Giraudon • 2. ©Ogawa • 3. ©Ogawa • 4. ©Fondation Seikado, Tokyo • 5. ©G. Dagli Orti • 6. ©G. Dagli Orti, **1708.** 1. ©G. Dagli Orti • 2. ©G. Dagli Orti • 3. ©G. Dagli Orti • 4. ©G. Dagli Orti • 5. ©G. Dagli Orti • 6. ©G. Dagli Orti • 7. ©G. Dagli Orti • 8. ©G. Dagli Orti, **1729.** 1. ©G. Dagli Orti • 2. ©G. Dagli Orti • 3. ©G. Dagli Orti • 4. ©G. Dagli Orti, **1757.** 1. ©G. Dagli Orti • 2. ©G. Dagli Orti • 3. ©G. Dagli Orti • 4. ©G. Dagli Orti • 5. ©G. Dagli Orti • 6. ©G. Dagli Orti, **1832.** 1. ©National Gallery of Art,Washington • 2. ©G. Dagli Orti • 3. ©Jemolo/leemage • 4. ©G. Dagli Orti • 5. Coll.Archives Larousse • 6. ©dbrnjhrj/Fotolia.com, **1846.** 1. ©G. Dagli Orti • 2. ©G. Dagli Orti • 3. ©G. Dagli Orti • 4. ©G. Dagli Orti • 5. ©G. Dagli Orti • 6. ©G. Dagli Orti, **2020.** 1. Gad-Borel Boissonnas/ Coll. Archives Larousse • 2. Coll. Archives Larousse • 3. Coll. Archives Larbor • 4. Van der Weyde/ Coll. Archives Larousse • 5. Coll. Archives Larbor • 6. ©Bettmann/Corbis • 7. ©Tekee Tanwar/Corbis • 8. ©J.P. Muller/Corbis.

Crédits photographiques de la **chronologie**

La lecture s'effectue de haut en bas et colonne après colonne, de gauche à droite.

1998. 1. ©Jean Clottes/Direction régionale des affaires culturelles de Rhône-Alpes • 2. ©G.Dagli Orti • 3. ©G.Dagli Orti, **1999.** 1. Musée du Louvre, Paris. H.Josse©Archives Larbor • 2. Musée du Louvre, Paris.©G.Dagli Orti • 3. Sonneville©Archives Nathan • 4. Coll.Archives Larbor • 5. Musée Pergamon, Berlin ©Akg-images, **2000.** 1. Musée du Louvre, Paris ©RMN • 2. ©S.Held • 3. Coll.Archives Larbor • 4. Musée du Louvre, Paris.©G.Dagli Orti, **2001.** 1. ©D.Babenko/Fotolia.com • 2. ©S.Roche/Fotolia.com • 3. ©Scala • 4. Coll.Archives Larbor, **2002.** 1. Jeanbor©Archives Larbor • 2. ©S.Held • 3. ©H.Josse, **2003.** 1. Musée du Louvre, Paris. H.Josse©Archives Larbor • 2. Musée des Antiquités nationales, Stokholm. S.Hallgren©Archives Larbor • 3. ©Archives Larbor • 4. ©Nicophotographer/Fotolia.com. • 5. ©Bodleian Library, Oxford/Archives Larousse, **2004.** 1. ©Archives Larbor • 2. ©Akg-images • 3. Bodleian Library, Oxford. Coll.Archives Larbor, **2005.** 1. Palais Medici Riccardi, Florence. ©Archives Larbor • 2. Coll.Archives Larbor • 3. ©Superepi2000/Fotolia.com, **2006.** 1. Palais de Topkapi, Istanbul.©G.Dagli Orti • 2. Musée des Beaux-Arts, Lausanne. Coll. Archives Larbor • 3. Coll.Archives Larousse, **2007.** 1. Stiftung Maximilianum, Munich©Akg-images • 2. ©CRPH/Coll.Archives Larousse • 3. ©M.Downey/PhotoDisc, **2008.** 1. MAAO, Paris.©G.Dagli Orti • 2. Archives historiques de la Marine. ©Bridgeman Giraudon • 3. ©Archives Larbor, **2009.** 1. ©Werner Forman/Corbis • 2. O.Ploton©Archives Larousse • 3. Jeanbor©Archives Larbor • 4. ©Sygma/Corbis, **2010.** 1. Coll.Archives Larbor • 2. Muséum d'Histoire naturelle, Le Havre. Coll.Archives Larbor • 3. Musée du Louvre, Paris. S.Guiley-Lagache©Archives Larbor, **2011.** 1. Institut de la Coopération, Madrid.©Oronoz/Artephot • 2. Coll. Archives Larousse • 3. Coll.Archives Larbor • 4. Royal Geographical Society, Londres ©Bridgeman Art Library, **2012.** 1. Coll.Archives Larousse • 2. ©DITE • 3. ©Getty Images • 4. ©Archives Larbor • 5. Coll. Archives Larbor, **2013.** 1. Musée Carnavalet, Paris.©G.Dagli Orti • 2. ©DITE • 3. ©Bridgeman Art Library, **2014.** 1. Ph. Moreau©Archives Larbor • 2. ©Hulton Deutsch-Sygma/Corbis • 3. ©Keystone, **2015.** 1. O.Vanek/Coll.Archives Larousse • 2. ©Keystone • 3. Coll.Archives Larbor • 4. Coll.Archives Larbor • 5. US Air Force/Coll Archives Larousses, **2016.** 1. ©Keystone • 2. ©Keystone • 3. Coll.Archives Larbor/DR • 4. Coll.Archives Larousse, **2017.** 1. ©AFP • 2. J.J.Hautefeuille©Archives Larbor/DR • 3. ©Archives Larbor • 4. ©NASA/Coll.Archives Larbor, **2018.** 1. ©Keystone • 2. Jeanbor©Archives Larbor • 3. ©A.Kele/Sygma/Corbis, **2019.** 1. ©R.Bossu/Sygma/Corbis • 2. ©Stone/Sygma/Corbis • 3. ©S.Platt/Gety Images/AFP • 4. ©Kevin Dretsch/UPI/Eyedea Presse.

Artistes représentés par l'ADAGP

©ADAGP, Paris, 2019 : **39.** 4. • 5., **53.** 2. • 4., **253.** 1., **282.** 1., **292.** 1., **330.** 1., **478.** 2. • 3. • 4. • 6., **659.** 1., **789.** 1., **907.** 2., **973.** 1., **1055.** 1. • 2. • 3., **1115.** 1. • 3., **1188.** 2., **1213.** 2., **1293.** 1., **1308.** 3., **1309.** 3., **1311.** 1., **1349.** 4., **1383.** 1., **1430.** 4., **1452.** 1. • 2., **1453.** 1., **1465.** 2., **1468.** 1., **1647.** 5., **1680.** 4., **1716.** 2., **1739.** 1., **1809.** 1., **1828.** 3., **1864.** 2., **1903.** 3., **1982.** 3., **1986.** 2., **1993.** 1.

avec mentions particulières :

478. 6. ©Fondation Oskar Kokoschka, **659.** 1. Art©Holt-Smithson Foundation, **973.** 1. ©Association Marcel Duchamp, **1055.** 3. ©The Easton Foundation, **1115.** 3. ©Successió Miró, **1213.** 2. ©Niemeyer, Oscar, **1308.** 3. ©The Estate of Francis Bacon/ All rights reserved/Adagp, Paris and DACS, London, **1309.** 3. ©Succession Brancusi-All rights reserved, **1349.** 4. ©Niemeyer, Oscar, **1430.** 4. ©Salvador Dali, Fundació Gala-Salvador Dali, **1647.** 5. ©F.L.C.pour le Corbusier et ©Adagp pour Pierre Jeanneret, **1716.** 2. ©Successió Miró, **1828.** 3. ©Robert Rauschenberg Foundation, **1864.** 2. ©2019 Niki Charitable Art Foundation, **1982.** 3. ©Center for Creative Photography, The University of Arizona Foundation.

Courrier des lecteurs
Écrire à l'adresse suivante : Département Petit Larousse, 21, rue du Montparnasse 75283 Paris Cedex 06

Imprimé et relié en France par Pollina - 12520
Dépôt légal : mai 2019
322692-01/11039679-mai 2019